Le président de la République

Der Staatspräsident (**le président de la République**) wird in freier und geheimer Wahl nach dem Mehrheitswahlrecht (**le scrutin majoritaire**) für fünf Jahre direkt vom Volk gewählt. Er ernennt den Premierminister (**Premier ministre**) und auf dessen Vorschlag hin die Minister. Er definiert die großen politischen Orientierungen des Landes, bestimmt die Außenpolitik, ist Chef der französischen Armee und kann alleine darüber bestimmen, ob Atomwaffen eingesetzt werden. Seine Funktion ist vergleichbar mit der des Bundeskanzlers, auch wenn seine Machtbefugnisse darüber hinausgehen. In einer schweren Staatskrise kann er nach Artikel 16 der Verfassung vorübergehend die exekutive und legislative Macht (**les pleins pouvoirs**) übernehmen.

Letztes bzw. erstes Stichwort auf der Seite

Info-Fenster mit zusätzlichen Informationen zu Landeskunde und weiteren Themen

régime présidentiel Präsidialsystem *n*
présider [pʀezide] **I** *v/t* **1.** den Vorsitz führen (*une réunion* bei e-r Versammlung); *présidé par* unter dem Vorsitz von (*ou + gén*) **2.** *présider un repas* bei e-m Essen den Ehrenplatz einnehmen **II** *v/t/indir présider à qc* etw leiten
présignalisation [pʀesiɲalizasjõ] *f* AUTO *triangle m de présignalisation* Warndreieck *n*
présomptif [pʀezõptif] *adj* ⟨**-ive** [-iv]⟩ mutmaßlich
présomption [pʀezõpsjõ] *f* **1.** (*supposition*) Vermutung *f* (*a* JUR); Mutmaßung *f* **2.** (*suffisance*) Überheblichkeit *f*; Anmaßung *f*; Dünkel *m*
présomptueux [pʀezõptɥø] *adj* ⟨**-euse** [-øz]⟩ überheblich; anmaßend; eingebildet
▸ **presque** [pʀesk] *adv* fast; beinahe
presqu'île [pʀeskil] *f* Halbinsel *f*
pressage [pʀesaʒ] *m* Pressen *n*, -üng *f*
pressant [pʀesã] *adj* ⟨**-ante** [-ãt]⟩ dringend; dringlich
▸ **presse** [pʀes] *f* **1.** Presse *f*; Zeitungswesen *n*; *la grande presse* die großen Tageszeitungen *f/pl*; *presse du cœur* Regenbogenpresse *f*; *avoir bonne, mauvaise presse* e-e gute, schlechte Presse haben **2.** TECH (Druck)Presse *f*; *sous presse* im Druck
▸ **pressé** [pʀese] **I** *adj* ⟨**~e**⟩ **1.** *travail, lettre* eilig; dringend; *être pressé personne* es eilig haben; in Eile sein; *travail, lettre* eilen; eilig sein **2.** *fruits* ausgepresst; *orange pressée* (frisch ausgepresster) Orangensaft **II** *m aller, parer au plus pressé* das Dringendste zuerst erledigen
presse-agrume *m* ⟨*inv*⟩ Zitruspresse *f*
presse-ail *m* ⟨*inv*⟩ Knoblauchpresse *f*
presse-bouton *adj* ⟨*inv*⟩ vollautomatisch; F per Knopfdruck
presse-citron *m* ⟨*inv*⟩ Zitronenpresse *f*
presse-fruits *m* ⟨*inv*⟩ Fruchtpresse *f*

Römische Ziffern zur Unterscheidung von Wortarten

Arabische Ziffern zur Bedeutungsdifferenzierung

Aussprache in internationaler Lautschrift

Sachgebietsangaben in KAPITÄLCHEN

Stilebenenangaben

A B C D E F G H I J K L M N O P Q R S T U V W XY Z

Langenscheidt

Abitur-Wörterbuch
Französisch

Französisch–Deutsch
Deutsch–Französisch

Völlige Neuentwicklung

Herausgegeben von der
Langenscheidt-Redaktion

Langenscheidt

Berlin · München · Wien · Zürich · New York

Lexikografische Bearbeitung: Dr. Birgit Klausmann
Muttersprachliche Bearbeitung: Dr. Valérie Kervio-Berthou
Projektleitung: Herbert Horn

Info-Fenster:
Dr. Günter Jehle und Wolfgang Spengler
in Zusammenarbeit mit der Langenscheidt-Redaktion
muttersprachliche Durchsicht: Dr. Valérie Kervio-Berthou

Prüfungstrainer:
Wolfgang Spengler

Neue deutsche Rechtschreibung
nach DUDEN-Empfehlungen (Stand 1.8.2006):
Dr. Birgit Klausmann

Landkarten:
GeoGraphic Publishers GmbH & Co. KG, München

Umschlagfoto: Getty Images GmbH, München

Ergänzende Hinweise, für die wir jederzeit dankbar sind,
bitten wir zu richten an:
redaktion.wb@langenscheidt.de

© 2008 Langenscheidt KG, Berlin und München
Satz: Hagedorn medien[design]
Druck und Bindung: Kösel, Krugzell
Printed in Germany
ISBN 978-3-468-13095-3

1. 2. 3. 4. 5. 12 11 10 09 08

Inhaltsverzeichnis
Table des matières

Vorwort

Mit dem **Abitur-Wörterbuch Französisch** präsentiert Langenscheidt ein umfassendes und hochaktuelles zweisprachiges Wörterbuch, das speziell für die Bedürfnisse der Schülerinnen und Schüler in der gesamten Oberstufe entwickelt wurde. Es ist daher ein ideales Hilfsmittel für die Vorbereitung auf die Abschlussprüfung.

Der als separates Extraheft beiliegende und somit in der Prüfungssituation herausnehmbare **Prüfungstrainer** führt seine Benutzer auf 48 Seiten Schritt für Schritt an die Anforderungen der schriftlichen und mündlichen Prüfung heran: Der praktische Leitfaden stellt eine langfristige Strategie für die erfolgreiche Klausur vor, macht mit den verschiedenen aktuellen Prüfungsinhalten vertraut, zeigt effektive Lern- und Arbeitstechniken auf und bietet Lösungen für die Aufgabentypen *compréhension*, *analyse*, *commentaire* und *version*. Darüber hinaus gibt er wertvolle Tipps für ein effizientes Zeitmanagement sowie für das Vorgehen in der mündlichen Prüfung.

In das Wörterbuch integriert sind **Hunderte Info-Fenster** aus den Themenbereichen Landeskunde, Sprachgebrauch, Wortschatzerweiterung, falsche Freunde und typische Fehlerquellen. Inhalt und Aufbau dieser Info-Fenster orientieren sich an den Anforderungen in der Oberstufe. Jedes Info-Fenster trägt ein Symbol, an dem leicht zu erkennen ist, welchen Themenbereich es behandelt.

Die farbigen **Landkarten** von Europa, Frankreich, Deutschland, der Schweiz und Österreich zeigen mit ihrer durchgängig französischen Beschriftung interessante sprachliche und geografische Aspekte auf.

Die **Wörterbucheinträge** zeichnen sich durch ihre besondere **Übersichtlichkeit** aus: Schnelle Orientierung ermöglichen die blau hervorgehobenen Stichwörter, die jeweils auf einer neuen Zeile stehen. Am Eintragsanfang, aber auch in grammatischen Konstruktionen und Anwendungsbeispielen, sind sie voll ausgeschrieben, sodass keine Verständnisprobleme aufkommen können. Hinzu kommt die klare Unterscheidung der Informationen in den Einträgen durch verschiedene Schriftarten und die Durchnummerierung der Bedeutungen. Die ausführlichen Hinweise zu Grammatik, Sachgebieten, Stilebenen und feinen Bedeutungsunterschieden gewährleisten, dass die im jeweiligen Zusammenhang passende Übersetzung gefunden wird, und sie erleichtern das Formulieren französischer Texte. Die Wörter und Wendungen des französischen Grundwortschatzes sind zum besseren Einprägen durch schwarze Dreiecke ▶ im Teil Französisch – Deutsch hervorgehoben. Die Aussprache der französischen Stichwörter wird durch die Lautschrift der *Association Phonétique Internationale* wiedergegeben.

Im Mittelpunkt des sorgfältig ausgewählten **Wortschatzes** steht das heute allgemein gebräuchliche Französisch bzw. Deutsch. Dabei sind hochaktuelle Begriffe ebenso zahlreich vertreten wie schweizerische und österreichische Ausdrücke. Da idiomatische und umgangssprachliche Wendungen eine Sprache erst lebendig machen, finden sie in diesem Wörterbuch besondere Berücksichtigung. Die Schreibung des Deutschen folgt den gültigen amtlichen Regelungen sowie den DUDEN-Empfehlungen (Stand 1.8.2006).

Durch seine vielfältigen Informationen ist das **Langenscheidt Abitur-Wörterbuch Französisch** das optimale Arbeitsmittel für die gesamte Oberstufe und – über die schulischen Anforderungen hinaus – ein hilfreiches Nachschlagewerk für alle, die sich für die französische Sprache interessieren.

In diesem Sinne wünschen wir viel Erfolg in der Oberstufe und viel Spaß beim Nachschlagen, Lernen und Schmökern!

LANGENSCHEIDT VERLAG

Hinweise für die Benutzer

1. Alphabetische Reihenfolge

Die Stichwörter sind streng alphabetisch geordnet (mit Ausnahme mancher Feminina, die mit der maskulinen Form zusammengefasst sind, z. B. *consommateur, -trice*, dann erst *consommation* oder *Rebell(in)*, dann erst *rebellieren*). An alphabetischer Stelle stehen auch orthografische Varianten, unregelmäßige Formen (*buvez, yeux, geflogen, roch* usw.), mit Bindestrich geschriebene Zusammensetzungen (*mont-de-piété, porte-voix* usw.), Eigennamen und Abkürzungen.

2. Rechtschreibung

Für die Schreibung der französischen Wörter dienen als Grundlage die Regeln der Académie française, für die deutschen Wörter die DUDEN-Empfehlungen auf der Basis der neuen deutschen Rechtschreibung, gültig seit 1.8.2006.

In diesem Wörterbuch wird der Bindestrich am Zeilenanfang wiederholt, wenn mit Bindestrich geschriebene Wörter getrennt werden:

... auto-
-école ...

3. Aussprache

Die Aussprachebezeichnung der französischen Stichwörter steht in eckigen Klammern: [...]. Die Umschrift wird durch die Zeichen der „Association Phonétique Internationale" angegeben (s. S. 8–9).

Zusammengesetzte und abgeleitete Stichwörter erhalten keine phonetische Umschrift, wenn sich die Aussprache leicht aus den Wortelementen herleiten lässt (*amour-propre, découvrir, porte-manteau* usw.).

4. Grammatische Hinweise

Grammatische Hinweise stehen in spitzen Klammern: ⟨...⟩. Sie umfassen im Wesentlichen die unregelmäßigen Formen der Substantive, Adjektive und Verben. Die einzelnen grammatischen Angaben zu den französischen Substantiven und Adjektiven sind im Anhang des Wörterbuchs erläutert. Bei den unregelmäßigen französischen Verben werden diejenigen Grundformen angegeben, aus denen sich die restlichen Formen ableiten lassen. Außerdem wird auf die Besonderheiten der Verben auf –er sowie auf die Bildung der zusammengesetzten Zeiten der intransitiven Verben mit *être* hingewiesen (siehe auch die Konjugationstabellen S. 1298 ff.):

craindre ... *v/t* ⟨je crains, il craint, nous craignons; je craignais; je craignis; je craindrai; que je craigne; craignant; craint⟩

lever ... ⟨-è-⟩: nous levons, *aber* je lève

jeter ... ⟨-tt-⟩: nous jetons, *aber* je jette

appeler ... ⟨-ll-⟩: nous appelons, *aber* j'appelle

avancer ... ⟨-ç-⟩: j'avance, *aber* nous avançons

manger ... ⟨-ge-⟩: je mange, *aber* nous mangeons

employer ... ⟨-oi-⟩: nous employons, *aber* j'emploie

appuyer ... ⟨-ui-⟩: nous appuyons, *aber* j'appuie

essayer ... ⟨-ai- *od* -ay-⟩: j'essaie *oder* j'essaye

arriver ... ⟨être⟩: je suis arrivé(e)

5. Info-Fenster

Die Info-Fenster stellen wichtige sprachliche und kulturelle Besonderheiten vor. Sie befinden sich in beiden Wörterverzeichnissen gleich vor bzw. nach dem Stichwort, auf das sie sich beziehen. Sie behandeln die Bereiche Landeskunde (z. B. *La Bastille*), Wortfelder (z. B. *Internet-Begriffe*), Sprachgebrauch (z. B. *Adverbien bilden*), Fehlerquellen (*changer*) und falsche Freunde (z. B. *Spektakel ≠ spectacle*). Jedes Info-Fenster trägt ein Symbol, das die schnelle Zuordnung zu einem der Themenbereiche ermöglicht.

Ein nach Themengebieten und Stichwörtern alphabetisch geordnetes Verzeichnis der Info-Fenster befindet sich auf S. 1319 und 1320.

6. Lexikografische Zeichen

~ Die **Tilde** (das Wiederholungszeichen) vertritt das Stichwort innerhalb des Artikels:

> **Student** ... *m* ... ⟨~en; ~en⟩ (= des Studenten; die Studenten)

~̈ Die **zwei Punkte über der Tilde** zeigen den Umlaut an:

> **Glas** ... *n* ⟨~es; ~̈er⟩ (= Gläser)

- Der **Bindestrich** steht für Teile von deutschen und französischen Wörtern:

> fort-, mitreißen (= fortreißen)
> **poussif** ... *adj* ⟨**-ive**⟩ (= poussive)

; Der **Strichpunkt** kennzeichnet das Ende einer Übersetzung.

, Das **Komma** bedeutet dagegen, dass die Übersetzung noch nicht abgeschlossen, sondern mit anderen Übersetzungen zusammengefasst ist:

> **rupfen** ... *Unkraut* arracher; *Geflügel* plumer; *fig* **j-n rupfen** plumer, tondre qn
> (= plumer qn; tondre qn)

' Zeichen für **h aspiré** (das heißt, in der Aussprache gibt es keine Bindung und der Artikel *le* bzw. *la* wird nicht gekürzt):

> '**hasard** (= le hasard)
> '**hanche** (= la hanche)
> *aber* **heure** (= l'heure)

→ bedeutet *siehe*

~¢s
~$
¢$
¢
} **Durchgestrichene Buchstaben** bedeuten, dass zwei grammatische Formen möglich sind:

> **Buch** ... *n* ⟨~¢s; ~̈er⟩ (= des Buches / des Buchs)
> **reisen** ... ⟨¢$, sn⟩ (= du reist / du reisest)
> **handeln** ... ⟨¢⟩ (= handle / handele)

▶ Das **Dreieck** kennzeichnet französische Stichwörter und Wendungen, die zum Grundwortschatz gehören.

> ▸**passeport** [paspɔʀ] *m* (Reise)Pass *m*

Zur Aussprache des Französischen

1. Erklärung der Lautschriftzeichen

Vokale

[i]	ici	geschlossenes i
[e]	léger	geschlossenes e
[ɛ]	sec, père, tête, lait, neige	offenes e
[a]	patte, noix	helles a
[ɑ]	âme, phrase	dunkles a
[o]	pot, dôme, taupe, beau	geschlossenes o
[ɔ]	poche, Laure	offenes o
[ø]	peu, nœud	geschlossenes ö
[œ]	seul, cœur	offenes ö
[ə]	que, dehors, petit	kurzes, dumpfes ö (e caduc, e instable, e muet)
[u]	souci	geschlossenes u
[y]	usure, sûr	geschlossenes ü
[ɛ̃]	vin, impair, plainte, bien	nasales ɛ
[ɑ̃]	dans, lampe, entrer, embêter	nasales a
[õ]	ton, pompe	nasales o
[œ̃]	lundi, parfum	nasales œ

Halbvokale (Halbkonsonanten)

[j]	bien, abeille	j-Laut
[w]	Louis, trois	gleitendes u
[ɥ]	lui, nuage	gleitendes ü

Konsonanten

[p]	pont, apporter	stimmloser p-Laut, ohne Behauchung
[t]	ton, thé, patte	stimmloser t-Laut, ohne Behauchung
[k]	cou, qui, chaos, képi	stimmloser k-Laut, ohne Behauchung
[b]	robe, abbé	(„weicher") b-Laut
[d]	dans	(„weicher") d-Laut
[g]	gant, gueule	(„weicher") g-Laut
[f]	neuf, photo	f-Laut
[s]	son, tasse, ces, ça, section	stimmloser s-Laut
[ʃ]	chou, tache	(stimmloser) sch-Laut
[v]	vent, rive	w-Laut
[z]	rose, zéro	stimmhafter s-Laut
[ʒ]	jour, cage, gilet	stimmhafter sch-Laut
[l]	long, aller	l-Laut
[ʀ]	rue, barre, verve	stark geriebenes Zäpfchen-R
[m]	mes, femme	m-Laut
[n]	nom, année	n-Laut
[ɲ]	gagner, vigne	nj-Laut
[ŋ]	camping	ng-Laut

2. Betonung

Die Betonung der französischen Wörter wird in diesem Wörterbuch nicht angegeben, da sie vom Zusammenhang abhängt:

Beim isoliert gesprochenen französischen Einzelwort liegt die Betonung immer auf der letzten Silbe:

maison [mɛ'zõ]
pantalon [pãta'lõ]
amour [a'muʀ]

Im Satzzusammenhang verlagert sich die Betonung in der Regel auf die letzte Silbe des Sprechtaktes:

C'est une maison **neuve** [sɛtynmɛzõ'nœv]
Elle porte un pantalon **noir** [ɛlpɔʀtœ̃pãtalõ'nwaʀ]
Ils vivent un amour **fou** [ilvivœ̃namuʀ'fu]

3. Bindung

Unter Bindung versteht man im Französischen die Aussprache eines gewöhnlich stummen Endkonsonanten eines Wortes, wenn das folgende Wort mit Vokal oder stummem h beginnt. Die gebundenen Wörter müssen dem Sinn nach zusammengehören.

Unerlässliche Bindungen:
Artikel + Substantiv: *les amis* [lezami], *un imbécile* [ɛ̃nɛ̃besil]
Pronomen + Substantiv: *ces arbres* [sezaʀbʀ], *son habit* [sõnabi]
Zahlwort + Substantiv: *deux élèves* [døzelɛv], *trois images* [tʀwazimaʒ]
Adjektiv + Substantiv: *un petit homme* [œ̃ptitɔm], *les grands enfants* [legʀãzãfã]
Pronomen + Verb: *nous allons* [nuzalõ], *il les a vus* [illezavy], *j'en ai* [ʒãne], *on y va* [õniva]
nach **c'est:** *c'est incroyable* [sɛtɛ̃kʀwajabl]
nach den Präpositionen **chez, dans, en, sans, sous:** *chez eux* [ʃezø], *en hiver* [ãnivɛʀ]
nach den Adverbien **très, tout, plus, moins:** *très utile* [tʀɛzytil], *moins habile* [mwɛ̃zabil]

Unmöglich ist die Bindung nach **et** und vor **h aspiré** (im Wörterbuch mit '**h** bezeichnet).

Prononciation de l'allemand
Explication des signes phonétiques

VOYELLES

[iː]	Dieb, ihnen, mir	i long et fermé
[i]	Diplom, Antiquität	i bref et fermé
[ɪ]	Kinn, List, binden	i bref et ouvert
[eː]	Lehm, See, regnen	é long et fermé
[e]	elegant, Reflex	é bref et fermé
[ə]	Stille, Bezirk, rosten	e muet, mais moins arrondi
[ɛː]	Mähne, Bär, quälen	è long et ouvert
[ɛ]	messen, Kern, fällen	è bref et ouvert
[aː]	Zahl, Paar, haben	a long
[a]	zappeln, Ast, Dach	a bref
[oː]	hohl, Moor, toben	o long et fermé
[o]	monoton, Oase	o bref et fermé
[ɔ]	voll, Stock, Post	o bref et ouvert
[øː]	hören, Öfen, Goethe	eu comme dans «Meuse»
[ø]	möblieren, ökonomisch	eu comme dans «yeux»
[œ]	können, Götter, löschen	eu comme dans «neuf»
[uː]	Huhn, gut, du	ou long et fermé
[u]	Musik, Ruine	ou bref et fermé
[ʊ]	Mutter, Busch, Hund	ou bref et ouvert
[yː]	rühmen, müde, Wüste	u long et fermé
[y]	amüsieren, Büro	u bref et fermé
[ʏ]	füllen, Hütte, Büchse	u bref et ouvert

DIPHTONGUES

[aɪ]	Mai, Eisen	ressemble à ail dans «bétail»
[aʊ]	Aufbau, Baum	ressemble à aou dans «Raoul»
[ɔʏ]	euch, läuten	ressemble à eui dans «seuil»

SEMI-VOYELLE

[j]	Junge, jagen, Boje	comme dans «mayonnaise»

CONSONNES

[p]	Panne, Sumpf, Staub[1]	p aspiré
[t]	Tinte, Platz, Geld[1]	t aspiré
[k]	Kino, Quark, Ochse, Weg[1]	k aspiré
[b]	Bach, blau, beben	comme dans «barbe»
[d]	Dame, Handlung, Felder	comme dans «dedans»
[g]	Gans, Sorge, gleich	comme dans «gant»

[f]	Fach, Harfe, Vogel	comme dans «faire»
[v]	was, Löwe, Vase	comme dans «vite»
[s]	aus, lassen, Maß	comme dans «sot»
[z]	Saal, sausen, Felsen	comme dans «rose»
[ʃ]	Busch, Stadt, spielen	comme dans «vache»
[ʒ]²⁾	Genie, Garage, Giro	
[l]	Land, Welt, füllen	comme dans «lait»
[r]³⁾	Rabe, rühren, Schrank	comme dans «rare»
[m]	mischen, Lampe, kommen	comme dans «manger»
[n]	Naht, Binse, Tanne	comme dans «nager»
[ŋ]	bringen, Zeitung, Anker	comme dans «camping»
[h]	Hals, Uhu, aha	se prononce avec un souffle perceptible
[ç]	ich, mancher, wenig	se rapproche de la semi-consonne i dans «miel», «fille»
[x]	Nacht, hoch, Rauch	ressemble au r grasseyé des Parisiens dans «gare», «alerte»

AUTRES SIGNES

[ʔ]	indique le coup de glotte («Knacklaut»)
[']	indique l'accent tonique et précède la syllabe accentuée
[ː]	allonge la voyelle précédente
[~]⁴⁾	indique la nasalisation

---

¹⁾ b – d – g se transforment en consonnes sourdes à la fin d'un mot et à la fin d'une syllabe quand il s'agit de mots composés; elles se prononcent donc comme p, t, k («Auslautverhärtung»). Cela s'applique également aux groupes de consonnes -gd-, -gt-, -bt-:
ab [ap], und [ʊnt], Tag [taːk], ablaufen ['aplaʊfən], endgültig ['ɛntgʏltɪç], Jagd [jaːkt], gesagt [gə'zaːkt], gibt [giːpt].

²⁾ S'emploie surtout dans des mots venant du français. La prononciation populaire est [ʃ].

³⁾ Le r allemand tend à se vocaliser devant une consonne et à la fin d'un mot, surtout dans le suffixe -er:
für [fyːr], stark [ʃtark], Lehrer ['leːrər]

⁴⁾ Les nasales s'emploient dans les mots venant du français:
Chance ['ʃãːsə], Bassin [ba'sɛ̃], Bonbon [bõ'bõː]
On entend souvent la prononciation ['ʃaŋsə], [ba'sɛŋ], [bɔŋ'bɔŋ].

Französisch – Deutsch

A

A, a¹ [ɑ, a] *m* ⟨*inv*⟩ A, a *n*; *fig* **de A à Z** von A bis Z; **prouver qc par a + b** etw klar beweisen

a² [a] → **avoir**¹

▸ **à** [a] *prép* ⟨„*à le*" *wird zu* **au**, „*à les*" *zu* **aux** *zusammengezogen*⟩ **1.** *lieu*: **a)** *question* «*wo?*»: in, auf, an (+ *dat*); *être, arriver* **à Paris** in Paris; **au Portugal** in Portugal; **aux États-Unis** in den Vereinigten Staaten; **à Madagascar** auf Madagaskar; **à la fenêtre** am Fenster; **à l'hôtel** im Hotel **b)** *question* «*wohin?*»: nach (+ *dat*); in, an, auf (+ *acc*); zu (+ *dat*); *aller, envoyer* **à Paris** nach Paris; **au Canada** nach Kanada; **à Chypre** nach Zypern; **aux Pays-Bas** in die Niederlande **2.** *temps*: **à son arrivée** bei s-r Ankunft; **à six heures** um sechs (Uhr); **au mois de janvier** im (Monat) Januar; **à lundi!** bis Montag! **3.** *destination, but*: **marché** *m* **aux poissons** Fischmarkt *m*; **tasse** *f* **à café** Kaffeetasse *f*; **machine** *f* **à écrire** Schreibmaschine *f*; **avoir beaucoup à faire** viel zu tun haben **4.** *introduisant un complément d'obj/indir*: *souvent traduit par un datif*: **arracher aux flammes** den Flammen entreißen; **donner qc à qn** j-m etw geben; **penser à qn** an j-n denken; **à toi!** du bist dran!; RAD **à vous Paris!** Paris, bitte melden! **5.** *appartenance*: **ce livre est à moi** dieses Buch gehört mir!; **c'est mon livre à moi** das ist mein Buch; **un ami à moi** ein Freund von mir **6.** *manière*: **à bicyclette** mit dem (Fahr)Rad; **à mes frais** auf meine Kosten; *se chauffer* **au mazout** mit Öl; **aux yeux bleus** mit blauen Augen; **à la française, à l'italienne**, *etc* auf französische, italienische *etc* Art; F **à la Picasso** nach Picassos Art; im Stil Picassos; F à la Picasso **7.** *mesures et nombres*: **au kilo** *vendre* kiloweise; *prix* pro Kilo; **à 20 euros (la) pièce** das Stück zu 20 Euro; **à cinq** zu fünft; zu fünfen; **à dix contre un** zehn gegen einen; **à 100 m d'ici** 100 m von hier; **on voit à 50 m** man sieht 50 m weit; **à 100 degrés** bei 100 Grad; **à 100 à l'heure** mit 100 Stundenkilometern; **4 à 5 heures** 4 bis 5 Stunden; **de 4 à 6 heures** von 4 bis 6 Uhr

abaissant [abɛsɑ̃] *adj* ⟨**-ante** [-ɑ̃t]⟩ erniedrigend; entwürdigend

abaisse [abɛs] *f* CUIS (ausgerollter) Teig; (Kuchen)Boden *m*

abaissement [abɛsmɑ̃] *m* Senkung *f*; Herabsetzung *f*

abaisser [abese] **I** *v/t* **1.** *prix, niveau* senken; herabsetzen **2.** *fig* erniedrigen; demütigen **II** *v/pr* **s'abaisser** *fig* sich erniedrigen; sich demütigen; **s'abaisser à faire qc** sich herabwürdigen, etw zu tun

abandon [abɑ̃dɔ̃] *m* **1.** (*action de quitter*) Verlassen *n*; **abandon d'enfant** Kindesaussetzung *f* **2.** (*cessation*) Aufgabe *f* (*a* SPORTS); Verzicht *m* (**de** auf + *acc*); Preisgabe *f* **3.** (*délaissement*)

Verwahrlosung *f*; **laisser à l'abandon** verwahrlosen lassen **4.** (*nonchalance*) Ungezwungenheit *f*; Gelöstheit *f*

abandonné [abɑ̃dɔne] *adj* ⟨**~e**⟩ verlassen; (*négligé*) verwahrlost; *animal, voiture* herrenlos

▸ **abandonner** [abɑ̃dɔne] **I** *v/t* **1.** verlassen; im Stich lassen; *bébé, animal* aussetzen **2.** *métier, projet, combat, espoir* aufgeben (*a abs*) **3.** **abandonner qn à son triste sort** j-n s-m Schicksal überlassen, preisgeben **II** *v/pr* **s'abandonner 4.** sich hingeben, sich überlassen (**à un sentiment** e-m Gefühl) **5.** (*s'épancher*) sich aussprechen; sein Herz ausschütten

abasourdi [abazuʀdi] *adj* ⟨**~e**⟩ **1.** *par le bruit* benommen; betäubt **2.** (*étonné*) verblüfft; verdutzt

abasourdir [abazuʀdiʀ] *v/t* **1.** benommen machen; betäuben **2.** (*étonner*) verblüffen; verdutzen

abâtardir [abɑtaʀdiʀ] *v/pr* **s'abâtardir** degenerieren

abat-jour [abaʒuʀ] *m* ⟨*inv*⟩ Lampenschirm *m*

abats [aba] *m/pl* Innereien *pl*

abattage [abataʒ] *m* **1.** *d'un arbre* Fällen *n* **2.** *d'un animal* Schlachten *n*

abattant [abatɑ̃] *m* (Klapp)Deckel *m*

abattement [abatmɑ̃] *m* **1.** FIN Abschlag *m*; Ermäßigung *f* **2.** (*fatigue*) Mattigkeit *f*; Kraftlosigkeit *f*; *moral* Niedergeschlagenheit *f*

abattis [abati] *m/pl* **1.** Hühner- *ou* Gänseklein *n* **2.** F *fig* Gliedmaßen *f/pl*

abattoir [abatwaʀ] *m* Schlachthaus *n*, -hof *m*

abattre [abatʀ] ⟨→ **battre**⟩ **I** *v/t* **1.** *arbre* fällen; *maison* niederreißen; *avion* abschießen **2.** *animal* schlachten; CH erlegen; schießen **3.** **abattre qn** j-n niederschießen, erschießen, F *péj* abknallen **4.** **abattre de la besogne** flink, tüchtig arbeiten **5.** *maladie* **abattre qn** j-n schwächen, entkräften **6.** *échec* **abattre qn** j-n niederschlagen machen, niederdrücken; **ne pas se laisser abattre** sich nicht unterkriegen lassen **II** *v/pr* **7. s'abattre** *arbre* umstürzen; *avion* abstürzen **8. s'abattre sur** *orage* niedergehen auf (+ *acc*); *sauterelles* herfallen über (+ *acc*); *fig malheur* kommen über (+ *acc*)

abattu [abaty] *adj* ⟨**~e**⟩ niedergeschlagen, -gedrückt

abbatial [abasjal] *adj* ⟨**~e; -aux** [-o]⟩ Abtei...; Abts...

abbaye [abei] *f* Abtei *f*

abbé [abe] *m* **1.** Geistliche(r) *m*; Pfarrer *m* **2.** *d'un monastère* Abt *m*

abbesse [abɛs] *f* Äbtissin *f*

abc [abese] *m* ⟨*inv*⟩ *fig* Abc *n*; Einmaleins *n*

abcès [apsɛ] *m* Abszess *m*; *fig* **crever l'abcès** das Übel an der Wurzel packen

abdication [abdikasjɔ̃] *f* Abdankung *f*

abdiquer [abdike] *v/i* **1.** abdanken **2.** *fig* aufgeben; kapitulieren

abdomen [abdɔmɛn] *m* Bauch *m*; Unterleib *m*

abdominal [abdɔminal] **I** *adj* ⟨~e; -aux [-o]⟩ Bauch...; Unterleibs... **II** *abdominaux m/pl* Bauchmuskeln *m/pl*; *par ext* Übungen *f/pl* zur Kräftigung der Bauchmuskeln

abécédaire [abesedɛʀ] *m* Fibel *f*

▸ **abeille** [abɛj] *f* Biene *f*

aberrant [abɛʀɑ̃] *adj* ⟨-ante [-ɑ̃t]⟩ abwegig; aberwitzig

aberration [-asjõ] *f* Verirrung *f*; Absurdität *f*

abêtir [abetiʀ] *v/t et v/i* verdummen; verblöden

abêtissant [-isɑ̃] *adj* ⟨-ante [-ɑ̃t]⟩ stumpfsinnig; geisttötend

abêtissement [-ismɑ̃] *m* Verdummung *f*; Verblödung *f*; *état a* Stumpfsinn *m*

abhorrer [abɔʀe] *litt v/t* verabscheuen

abîme [abim] *m* Abgrund *m* (*a fig*)

▸ **abîmer** [abime] **I** *v/t* beschädigen; F ramponieren; F kaputt machen; *cheveux* strapazieren; *santé* angreifen **II** *v/pr* **1.** *s'abîmer* beschädigt, schadhaft werden; *denrées* verderben; schlecht werden; F kaputtgehen **2.** *s'abîmer les yeux* sich (*dat*) die Augen verderben

abject [abʒɛkt] *adj* ⟨~e⟩ niederträchtig; gemein; schändlich

abjection [-sjõ] *f* Verworfenheit *f*; tiefste Erniedrigung

abjuration [abʒyʀasjõ] *f* Abschwörung *f*

abjurer [-e] *v/t* abschwören (+ *dat*)

ablation [ablasjõ] *f* operative Entfernung

ablette [ablɛt] *f* Weißfisch *m*

ablution [ablysjõ] *f* (rituelle) Waschung

abnégation [abnegasjõ] *f* Selbstverleugnung *f*; Selbstlosigkeit *f*

aboiements [abwamɑ̃] *m/pl* Gebell *n*; Bellen *n*

abois *adj* *aux abois* [ozabwa] in äußerster Bedrängnis; in e-r auswegslosen Lage

abolir [abɔliʀ] *v/t* abschaffen; aufheben

abolition [-isjõ] *f* Abschaffung *f*; Aufhebung *f*

abolitionnisme [-isjɔnism] *m* HIST *aux* U.S.A. Abolitionismus *m*

abolitionniste [-lisjɔnist] **I** *adj* abolitionistisch **II** *m,f* Abolitionist(in) *m(f)*

abominable [abɔminabl] *adj* abscheulich; scheußlich; gräulich

abomination [-asjõ] *f* Abscheulichkeit *f*; Gräuel *m*

abondamment [abõdamɑ̃] *adv* → *abondant*

abondance [abõdɑ̃s] *f* Fülle *f*; Überfluss *m* (*de* an + *dat*); *en abondance* reichlich; im Überfluss; in Hülle und Fülle

abondant [abõdɑ̃] *adj* ⟨-ante [-ɑ̃t]⟩ reichlich; ausgiebig; üppig; *récolte* reich

abonder [abõde] *v/i* **1.** reichlich, im Überfluss vorhanden sein; *abonder en* reich sein an (+ *dat*) **2.** *abonder dans le sens de qn* j-m voll und ganz beipflichten

abonné [abɔne] *m* à un journal Bezieher *m*; Abonnent *m* (*a* THÉ); *au gaz* Abnehmer *m*; CH DE FER Zeitkarteninhaber *m*; *abonnés du* ou *au téléphone* Fernsprechteilnehmer *m/pl*

abonnement [abɔnmɑ̃] *m* Abonnement *n*; *carte f d'abonnement pour transports en commun* Zeitkarte *f*; *pour musées, piscine* Dauerkarte *f*

abonner [abɔne] **I** *v/t* *abonner qn à un journal*

für j-n e-e Zeitung abonnieren **II** *v/pr s'abonner à une revue* e-e Zeitschrift abonnieren

abord [abɔʀ] *m* **1.** *abords pl* (unmittelbare, nächste) Umgebung **2.** *d'un abord facile lieu* leicht zugänglich; *personne* umgänglich **3.** ▸ *d'abord* zuerst; zunächst; *tout d'abord* zu-(aller)erst; *au premier abord* auf den ersten Blick; zunächst

abordable [abɔʀdabl] *adj* (*prix d'une*) *chose* erschwinglich

abordage [abɔʀdaʒ] *m* MAR **1.** *assaut* Entern *n*, -ung *f* **2.** *accident* Kollision *f*; (Schiffs)Zusammenstoß *m*

aborder [abɔʀde] **I** *v/t* **1.** *navire* entern **2.** *aborder qn* j-n ansprechen, anreden **3.** *(arriver à)* herangehen, -kommen, *véhicule* heranfahren an (+ *acc*) **4.** *sujet* anschneiden; zur Sprache bringen; aufgreifen; ansprechen **II** *v/i* MAR anlegen; landen

aborigène [abɔʀiʒɛn] **I** *adj* einheimisch **II** *m/pl* *aborigènes* Ureinwohner *m/pl*; Eingeborene(n) *pl*

abortif [abɔʀtif] MÉD, PHARM **I** *adj* ⟨-ive [-iv]⟩ abtreibend; Abtreibungs... **II** *m* Abtreibungsmittel *n*

abouler [abule] *v/t arg* (*donner*) F rausrücken

aboulie [abuli] *f* MÉD (krankhafte) Willenlosigkeit

aboulique [-ik] *adj* (krankhaft) willenlos, entschlusslos

aboutir [abutiʀ] **I** *v/t/i/indir aboutir à* **1.** *chemin, etc* münden in (+ *acc*); enden in (+ *dat*) **2.** *fig* (*mener à*) führen zu **II** *v/i* zu e-m Ergebnis führen

aboutissants [abutisɑ̃] *m/pl* → *tenant II 2*

aboutissement [abutismɑ̃] *m* Ergebnis *n*; Erfolg *m*

▸ **aboyer** [abwaje] *v/i* ⟨-oi-⟩ **1.** *chien* bellen; *aboyer après qn* j-n anbellen **2.** *fig* belfern; zetern; schreien

abracadabrant [abʀakadabʀɑ̃] *adj* ⟨-ante [-ɑ̃t]⟩ wunderlich; unwahrscheinlich; grotesk

abracadabrantesque [-ɑ̃tɛsk] *adj* unglaublich; *idée* absurd; überspannt; *reproche* ungeheuerlich

abrasif [abʀazif] *adj* ⟨-ive [-iv]⟩ scheuernd; Schleif...

abrasion [abʀazjõ] *f* **1.** TECH Abschleifen *n*; Abrieb *m* **2.** GÉOL Abrasion *f*

abrégé [abʀeʒe] *m* Kurzfassung *f*; (kurzer) Abriss; *en abrégé* in Kurzfassung; (ab)gekürzt; kurz gesagt

abrègement *ou* **abrégement** [abʀɛʒmɑ̃] *m* *d'un texte, d'un mot* Kürzung *f*; *de la vie, d'un délai* Verkürzung *f*

abréger [abʀeʒe] *v/t* ⟨-è-; -ge-⟩ *texte* kürzen; *mot, itinéraire, souffrances* ab-, verkürzen

abreuver [abʀœve] **I** *v/t* **1.** *animaux* tränken **2.** *fig abreuver qn d'injures* j-n mit Beleidigungen überschütten **II** *v/pr s'abreuver animal* trinken; F *personne* ausgiebig trinken

abreuvoir [abʀœvwaʀ] *m* Tränke *f*

abréviatif [abʀevjatif] *adj* ⟨-ive [-iv]⟩ Abkürzungs...

abréviation [abʀevjasjõ] *f* Abkürzung *f*

abri [abʀi] *m* **1.** Schutzdach *n*; *à l'arrêt d'un bus* Wartehäuschen *n*; *par ext* (*protection*) Schutz *m*; (*habitation*) Obdach *n*; Unterschlupf *m*;

à l'abri de sicher vor (+ *dat*); geschützt gegen; **à l'abri du vent** windgeschützt; im Windschatten; **être à l'abri** in Sicherheit, sicher sein; **se mettre à l'abri** sich unterstellen; Schutz suchen; **être sans abri** obdachlos sein **2.** MIL Unterstand *m*; *pour les civils* Schutzraum *m*
abribus [abribys] *m* Wartehäuschen *n*
abricot [abriko] *m* **1.** Aprikose *f* **2.** *adjt* ⟨*inv*⟩ aprikosenfarbig
abricotier [abrikɔtje] *m* Aprikosenbaum *m*
abriter [abrite] **I** *v/t* **1.** Schutz bieten (**qn** j-m), schützen (**de** gegen; vor + *dat*); **abrité** (wind-, wetter)geschützt **2.** *fig* beherbergen **II** *v/pr* **s'abriter 3.** sich schützen; Schutz suchen; sich unterstellen **4.** *fig* **s'abriter derrière qn** sich hinter j-m verschanzen
abrogation [abrɔgasjõ] *f* JUR Aufhebung *f*; Außerkraftsetzung *f*
abroger [abrɔʒe] *v/t* ⟨**-ge-**⟩ aufheben; außer Kraft setzen
abrupt [abrypt] *adj* ⟨**~e**⟩ **1.** (*raide*) steil; abschüssig; schroff **2.** *question* unvermittelt; direkt; schonungslos
abruptement [abryptəmã] *adv* plötzlich; abrupt
abruti(e) [abryti] *m(f)* *injure* blöder Kerl; Blödmann *m*; blöde Ziege, Kuh
abrutir [abrytir] **I** *v/t* abstumpfen; (*abêtir*) verdummen **II** *v/pr* **s'abrutir** abstumpfen; verblöden
abrutissant [abrytisã] *adj* ⟨**-ante** [-ãt]⟩ stumpfsinnig; geisttötend; *vacarme* ohrenbetäubend
abrutissement [-mã] *m* Verdummung *f*; Verblödung *f*
ABS [abeɛs] *m abr* (*Anti-lock Braking System*) ABS *n*
abscisse [apsis] *f* MATH Abszisse *f*
absence [apsãs] *f* **1.** Abwesenheit *f*; Fehlen *n*; **absence d'enfants, de ressources** Kinder-, Mittellosigkeit *f* **2.** **avoir des absences** an Gedächtnisschwäche leiden; (*être distrait*) zeitweilig geistesabwesend sein
▸ **absent** [apsã] **I** *adj* ⟨**-ente** [-ãt]⟩ **1.** abwesend; **être absent** *a* fehlen (*a chose*) **2.** (*distrait*) geistesabwesend; zerstreut **II** **absent(e)** *m(f)* Abwesende(r) *f(m)*
absentéisme [apsãteism] *m* häufiges Fernbleiben; ADM Fehlzeiten *f/pl*; F Krankfeiern *n*; *à l'école* F Schulschwänzen *n*
absentéiste [-ist] *m,f* j, der (häufig) der Arbeit fernbleibt
absenter [apsãte] *v/pr* **s'absenter** weggehen; sich (kurz) entfernen
abside [apsid] *f* Apsis *f*
absinthe [apsɛ̃t] *f* **1.** BOT Wermut *m* **2.** *liqueur* Absinth *m*
absolu [apsɔly] **I** *adj* ⟨**~e**⟩ **1.** absolut; unbedingt; völlig; **majorité absolue** absolute Mehrheit; **monarchie absolue** absolute Monarchie **2.** *personne* **être trop absolu** zu kompromisslos urteilen **II** *m* **3. l'absolu** das Absolute **4.** *dans l'absolu* losgelöst von der Wirklichkeit
▸ **absolument** [apsɔlymã] *adv* unbedingt; absolut; *avec adj a* völlig; **absolument!** unbedingt!; durchaus!
absolution [apsɔlysjõ] *f* Absolution *f*; Lossprechung *f*

absolutisme [-tism] *m* Absolutismus *m*
absolutiste [-tist] *adj* absolutistisch
absorbant [apsɔrbã] *adj* ⟨**-ante** [-ãt]⟩ **1.** absorbierend; aufsaugend; *pour le bruit* schallschluckend **2.** *fig* in Anspruch nehmend
absorber [apsɔrbe] **I** *v/t* **1.** (*résorber*) (in sich) aufnehmen; absorbieren; *liquide a* aufsaugen **2.** *aliment* zu sich nehmen; *médicament* einnehmen **3.** *fig capitaux* aufzehren; verschlingen; *entreprise* F schlucken **4.** *activité* **absorber qn** j-n (stark, ganz) in Anspruch nehmen; **absorbé** (**dans ses pensées**) in Gedanken versunken **II** *v/pr* **s'absorber dans qc** sich in etw (*acc*) vertiefen, versenken; in etw (*dat*) aufgehen
absorption [apsɔrpsjõ] *f* **1.** Aufnahme *f*; Aufsaugung *f*; Absorption *f* **2.** *de médicaments* Einnahme *f*
absoudre [apsudr] *v/t* ⟨**j'absous, il absout, nous absolvons; j'absolvais; j'absoudrai; que j'absolve; absolvant; absous, absoute**⟩ CATH lossprechen; absolvieren
abstenir [apstənir] *v/pr* ⟨→ **venir**⟩ **1.** **s'abstenir de qc** sich e-r Sache (*gén*) enthalten; etw unterlassen **2.** (*ne pas voter*) **s'abstenir** sich der Stimme enthalten
abstention [apstãsjõ] *f* (Stimm)Enthaltung *f*
abstentionnisme [apstãsjɔnism] *m* Stimmenthaltung *f*; Wahlmüdigkeit *f*
abstentionniste [-ist] *m,f* Nichtwähler(in) *m(f)*
abstinence [apstinãs] *f* Abstinenz *f*; Enthaltsamkeit *f*; **faire abstinence** Enthaltsamkeit üben
abstraction [apstraksjõ] *f* **1.** Abstraktion *f* **2.** **faire abstraction de** absehen von
abstraire [apstrɛr] ⟨→ **traire**⟩ **I** *v/t* abstrahieren **II** *v/pr* **s'abstraire** s-e Umwelt vergessen
▸ **abstrait** [apstrɛ] *adj* ⟨**-aite** [-ɛt]⟩ abstrakt; begrifflich; *art abstrait* abstrakte Kunst
absurde [apsyrd] *adj* absurd; unsinnig; widersinnig
absurdité [-ite] *f* Absurdität *f*
abus [aby] *m* **1.** Missbrauch *m*; **abus d'alcool** übermäßiger Alkoholgenuss; JUR **abus de confiance** Untreue *f*; F **il y a de l'abus** das geht zu weit **2.** (*injustice*) Missstand *m*
abuser [abyze] **I** *v/t* täuschen **II** *v/t/indir* **abuser de** missbrauchen; ausnutzen; *abs* zu weit gehen **III** *v/pr* **s'abuser** sich täuschen; (sich) irren
abusif [abyzif] *adj* ⟨**-ive** [-iv]⟩ **1.** missbräuchlich; *emploi d'un mot* fälschlich; **usage abusif** übermäßiger Gebrauch; Missbrauch *m* **2.** *mère, père* besitzergreifend
abysse [abis] *m* **1.** GÉOGR Tiefseegraben *m* **2.** *fig* Abgrund *m*
acabit [akabi] *m péj* **de cet acabit** dieses Schlages; von der Art, Sorte
acacia [akasja] *m* Akazie *f*
académicien [akademisjɛ̃] *m*, **académicienne** [-jɛn] *f* Akademiemitglied *n*
académie [akademi] *f* **1.** Akademie *f*; gelehrte Gesellschaft; **l'Académie (française)** die Académie française; → *Info nächste Seite* **2.** *école* Akademie *f*; (Hoch)Schule *f* **3.** *circonscription* Schulaufsichtsbezirk *m*
académique [akademik] *adj* **1.** Akademie... **2.**

L'Académie française

Oberste Sprachinstitution in Frankreich ist die **Académie française**, die 1635 von Kardinal Richelieu gegründet wurde. Sie hat 40 Mitglieder, les **Académiciens**, wichtige Persönlichkeiten aus Kultur und Politik (→ *weitere Infos bei* **immortel**).

Hauptaufgabe der **Académie** ist es, die Reinheit der französischen Sprache zu bewahren. Deshalb bekämpft sie das Eindringen von Fremdwörtern, insbesondere von Begriffen aus dem Englischen, ins Französische und schlägt dafür französische Entsprechungen vor. Diese setzen sich allerdings nur zum Teil durch. Einige Beispiele:

englisches Fremdwort	offiziell empfohlener Ausdruck
le come-back	**la rentrée**
le tie-break	**le jeu décisif**
le week-end	**la fin de semaine**
le software	**le logiciel**
le hardware	**le matériel**

fig akademisch; schulmäßig
acajou [akaʒu] *m* Mahagoni *n*
acariâtre [akaʀjɑtʀ] *adj* mürrisch; griesgrämig
acariens [akaʀjɛ̃] *m/pl* Milben *f/pl*
accablant [akablɑ̃] *adj* ⟨**-ante** [-ɑ̃t]⟩ *chaleur* drückend; *preuves* erdrückend; *nouvelle* niederdrückend
accablement [-əmɑ̃] *m* Bedrückung *f*; Niedergeschlagenheit *f*
accabler [akable] *v/t* **1.** *accabler qn chaleur* j-m zu schaffen machen; *soucis* j-n (be)drücken; *témoignage* j-n schwer belasten; *accablé de travail* (mit Arbeit) überlastet **2.** *accabler qn de qc* j-n mit etw überhäufen, überschütten
accalmie [akalmi] *f* kurze, momentane Beruhigung (*a fig*)
accaparement [akapaʀmɑ̃] *m* **1.** *de marchandises* Aufkauf(en) *m(n)*; Hamstern *n* **2.** *par ext* Mit-Beschlag-Belegen *n* (*a d'une personne*)
accaparer [akapaʀe] *v/t place* in Beschlag nehmen; beanspruchen; *conversation* an sich (*acc*) ziehen; *attention* auf sich (*acc*) ziehen, lenken; *accaparer qn* j-n mit Beschlag belegen; *travail* j-n (völlig) in Anspruch nehmen; j-n (stark) beanspruchen
accéder [aksede] *v/t/indir* ⟨**-è-**⟩ *accéder à* **1.** *personne* gelangen zu; erreichen **2.** *fig accéder à qc* zu etw gelangen; etw erlangen **3.** *accéder aux désirs de qn* j-s Wünschen nachkommen
accélérateur [akseleʀatœʀ] *m* **1.** AUTO Gashebel *m*, -pedal *n*; *donner un coup d'accélérateur* aufs Gas treten, Gas geben (*a fig*) **2.** PHYS *accélérateur de particules* Teilchenbeschleuniger *m*
accélération [akseleʀasjõ] *f* Beschleunigung *f* (*a* PHYS)
accéléré [akseleʀe] *m* Zeitraffer *m*
▸ **accélérer** [akseleʀe] ⟨**-è-**⟩ **I** *v/t* beschleunigen **II** *v/i* AUTO Gas geben **III** *v/pr* **s'accélérer** schneller werden
▸ **accent** [aksɑ̃] *m* **1.** PHON Ton *m*; Betonung *f*; Akzent *m* (*a signe*) **2.** Akzent *m*; Tonfall *m*; *avoir un accent* mit (e-m) Akzent sprechen **3.** *fig dans la voix* Unterton *m*; Beiklang *m* **4.** *fig mettre l'accent sur* Nachdruck, den Ton legen auf (+ *acc*)
accentuation [aksɑ̃tɥasjõ] *f* **1.** Betonung *f*; Akzentuierung *f* **2.** *fig* Verstärkung *f*; Verschärfung *f*
accentuer [aksɑ̃tɥe] **I** *v/t* **1.** betonen; akzentuieren **2.** *fig* (*souligner*) betonen; unterstreichen; hervorheben; *efforts* verstärken **II** *v/pr* **s'accentuer** *tendance* sich verstärken; *froid* sich verschärfen
acceptable [akseptabl] *adj* annehmbar; akzeptabel; *travail a* zumutbar
acceptation [-asjõ] *f* Annahme *f*; Akzeptierung *f*
▸ **accepter** [aksepte] *v/t* annehmen; akzeptieren; *personne a* anerkennen; *proposition a* eingehen auf (+ *acc*); *thèse* gelten lassen; *échec, la mort* hinnehmen; akzeptieren; *accepter de* (+ *inf*) sich bereit erklären, zusagen zu (+ *inf*)
acception [aksɛpsjõ] *f* Bedeutung *f*; Sinn *m*
accès [aksɛ] *m* **1.** Zugang *m* (*a fig*); *pour véhi-*

---

cules Zufahrt *f*; *pour personnes a* Zutritt *m*; *lieu*, *fig* **d'un accès facile** leicht zugänglich; **donner accès à** führen zu; *à un métier* den Zugang eröffnen zu **2.** (*crise*) Anfall *m*; *d'émotion a* Anwandlung *f*; **accès de colère, de fièvre** Wut-, Fieberanfall *m* **3.** INFORM Zugriff *m*; **accès à Internet** Internetzugang *m*

accessibilité [aksesibilite] *f* Zugänglichkeit *f*

accessible [aksesibl] *adj* **1.** *lieu* zugänglich (*à* für); erreichbar **2.** *œuvre* zugänglich, verständlich (*à qn* j-m) **3.** *personne* empfänglich (*à qc* für etw)

accession [aksesjō] *f* Erlangung *f* (*à gén*)

accessit [aksesit] *m* ÉCOLE ehrenvolle Erwähnung; Belobigung *f*

accessoire [akseswaʀ] **I** *adj* nebensächlich; untergeordnet **II** *m* **1.** TECH Zubehörteil *n*; **accessoires** *pl* Zubehör *n* **2.** **accessoires** *pl* (*de mode*) Accessoires *n/pl*; modisches Zubehör **3.** THÉ Requisit *n*

accessoirement [akseswaʀmā] *adv* in zweiter Linie; (*en plus*) zusätzlich

accessoiriser [-ize] *v/t* COUT mit Accessoires schmücken, versehen

accessoiriste [-ist] *m* THÉ Requisiteur *m*

▸ **accident** [aksidā] *m* **1.** Unfall *m*; Unglück *n*; **accident d'avion, de train** Flugzeug-, Zugunglück *n*; **accident de la route, de voiture** Verkehrs-, Autounfall *m* **2.** **accident** (*de parcours*) Zwischenfall *m*; Panne *f* **3.** **accident de terrain** Unebenheit *f* (des Geländes)

accidenté [aksidāte] **I** *adj* ⟨∼e⟩ **1.** *terrain* hügelig; uneben **2.** *personne*, *véhicule* verunglückt **II** **accidenté(e)** *m(f)* Verunglückte(r) *f(m)*; Unfallopfer *n*

accidentel [aksidātεl] *adj* ⟨∼le⟩ **1.** (*fortuit*) zufällig **2.** **mort accidentelle** Unfalltod *m*

acclamations [aklamasjō] *f/pl* begeisterte Zurufe *m/pl*; Jubel *m*

acclamer [-e] *v/t* zujubeln (*qn* j-m)

acclimatation [aklimatasjō] *f* Akklimatisierung *f*; Eingewöhnung *f*

acclimater [aklimate] **I** *v/t* akklimatisieren; heimisch machen **II** *v/pr* **s'acclimater** sich akklimatisieren; sich eingewöhnen; heimisch werden; *personne a* sich einleben

accolade [akɔlad] *f* **1.** (zeremonielle) Umarmung **2.** TYPO (geschweifte) Klammer

accoler [akɔle] *v/t* nebeneinandersetzen; **accoler qc à qc** etw an etw (*acc*) anfügen

accommodant [akɔmɔdā] *adj* ⟨**-ante** [-āt]⟩ umgänglich

accommodation [-asjō] *f* Anpassung *f*

accommodement [-mā] *m* Ausgleich *m*; Arrangement *n*

accommoder [akɔmɔde] **I** *v/t* CUIS zubereiten; *restes* verwerten **II** *v/pr* **1.** **s'accommoder à** sich anpassen (+ *dat*) **2.** **s'accommoder de** sich abfinden mit; sich schicken in (+ *acc*); vorliebnehmen mit

accompagnateur [akōpaɲatœʀ] *m*, **accompagnatrice** [-tʀis] *f* Begleitperson *f*; Begleiter(in) *m(f)* (*a* MUS); *d'un voyage organisé* Reiseleiter(in) *m(f)*

accompagnement [akōpaɲəmā] *m* **1.** Begleitung *f* (*a* MUS) **2.** CUIS Beilage *f*

▸ **accompagner** [akōpaɲe] *v/t* **1.** begleiten (*a* MUS); **bagages accompagnés** Reisegepäck

n **2.** **accompagner un mets** zu e-m Gericht serviert werden

accompli [akōpli] *adj* ⟨∼e⟩ vollendet; **fait accompli** vollendete Tatsache; **mettre qn devant le fait accompli** j-n vor vollendete Tatsachen stellen

accomplir [akōpliʀ] **I** *v/t mission* erfüllen; *action* ausführen; *formalités* erledigen; *temps de service* ableisten **II** *v/pr* **s'accomplir** sich erfüllen; in Erfüllung gehen

accomplissement [akōplismā] *m* Erfüllung *f*; Ausführung *f*

accord [akɔʀ] *m* **1.** (*entente*) Übereinstimmung *f*; Einvernehmen *n*; **d'un commun accord** in gegenseitigem Einvernehmen; **en accord avec** in Übereinstimmung mit; ▸ **être d'accord** (sich) einig sein, (darin) übereinstimmen (**avec qn** mit j-m); **se mettre d'accord, tomber d'accord** sich einig werden, sich einigen (**sur** über + *acc*) **2.** (*approbation*) Einverständnis *n*; **d'accord!**, F **d'acc!** einverstanden!; ▸ **être d'accord** (damit) einverstanden sein **3.** (*convention*) Vereinbarung *f*; Übereinkunft *f*; Absprache *f*; Abkommen *n*; Einigung *f* **4.** MUS Akkord *m* **5.** GR Kongruenz *f*; Übereinstimmung *f*

Les accords de Munich – das Münchner Abkommen

Das Münchner Abkommen gilt als Symbol der Appeasement-Politik, das heißt, einer **Politik der Beschwichtigung** durch den französischen Regierungschef Daladier und seinen Außenminister Georges Bonnet, denen es um den „Frieden um jeden Preis" ging. Das Abkommen wurde am **30.9.1938** von den Regierungschefs des deutschen Reiches (Hitler), Italiens (Mussolini), Großbritanniens (Chamberlain) und Frankreichs (Daladier) unterzeichnet. Die Sowjetunion und die betroffene Tschechoslowakei waren nicht anwesend. Die Regierungschefs gaben Hitler mit diesem Abkommen ihre Zustimmung zum Anschluss des Sudetenlandes, dessen Bevölkerung überwiegend deutschsprachig war. Faktisch hatte dieses Abkommen die Auflösung des tschechoslowakischen Staatsverbandes zur Folge.

---

accordéon [akɔʀdeō] *m* **1.** MUS Akkordeon *n*; Ziehharmonika *f* **2.** *fig* **en accordéon** *chaussettes* Falten werfend; **circulation** *f* **en accordéon** Stop-and-go-Verkehr *m*

accordéoniste [akɔʀdeɔnist] *m,f* Akkordeon-, Ziehharmonikaspieler(in) *m(f)*

accorder [akɔʀde] **I** *v/t* **1.** (*donner*) gewähren; bewilligen; *confiance* schenken; **accorder à qn que …** j-m zugestehen, dass … **2.** (*mettre en accord*) in Übereinstimmung bringen (**avec** mit) (*a* GR); abstimmen (auf + *acc*) **3.** *instru-*

ment de musique stimmen **II** *v/pr* **4.** *s'accorder* harmonieren; zusammenpassen; sich vertragen **5.** GR *s'accorder avec* sich richten nach **6.** *s'accorder qc* sich (*dat*) etw gönnen

accordeur [akɔʀdœʀ] *m* Stimmer *m*

accostage [akɔstaʒ] *m* MAR Anlegen *n*

accoster [akɔste] **I** *v/t qn* ansprechen; anreden **II** *v/i* MAR anlegen

accotement [akɔtmã] *m* Rand-, Seitenstreifen *m*

accouchée [akuʃe] *f* Wöchnerin *f*

accouchement [akuʃmã] *m* Entbindung *f*; Geburt *f*

accoucher [akuʃe] **I** *v/t* entbinden **II** *v/t/indir accoucher de* **1.** entbunden werden von; *abs* entbinden **2.** *fig et plais* zuwege bringen

accoucheur [akuʃœʀ] *m* (Arzt und) Geburtshelfer *m*

accouder [akude] *v/pr s'accouder* sich mit dem *ou* den Ellbogen aufstützen (*à, sur* auf + *acc*)

accoudoir [-waʀ] *m* Armlehne *f*, -stütze *f*

accouplement [akupləmã] *m* **1.** ZO Paarung *f*; Begattung *f* **2.** TECH Kopp(e)lung *f*

accoupler [akuple] **I** *v/t* **1.** *animaux* paaren (*et, à* mit) **2.** TECH koppeln **3.** *fig* zusammenbringen **II** *v/pr s'accoupler* sich paaren; sich begatten

accourir [akuʀiʀ] *v/i* ⟨→ **courir**; *meist* **être**⟩ herbeieilen; *accourir vers qn* auf j-n zueilen

accoutrement [akutʀəmã] *m péj* Aufzug *m*; Aufmachung *f*; Ausstaffierung *f*

accoutrer [-e] *v/t* (*et v/pr s'accoutrer* sich) ausstaffieren

accoutumance [akutymãs] *f* Gewöhnung *f* (*à* an + *acc*)

accoutumé [akutyme] *adj* ⟨~e⟩ gewohnt; *comme à l'accoutumée* wie gewöhnlich; *être accoutumé à qc* an etw (*acc*) gewöhnt sein; etw gewohnt sein

accoutumer [akutyme] *v/t* (*et v/pr s'accoutumer* sich) gewöhnen (*à* an + *acc*)

accréditer [akʀedite] *v/t* **1.** DIPL akkreditieren; beglaubigen **2.** *nouvelle* bestätigen

accro [akʀo] F *adj* ⟨*f inv*⟩ süchtig

accroc [akʀo] *m* **1.** Riss *m* **2.** *fig* Schwierigkeit *f*; Hindernis *m*

accrochage [akʀɔʃaʒ] *m* AUTO, MIL, *fig* Zusammenstoß *m*

accroche [akʀɔʃ] *f* Blickfang *m*; werbewirksamer Spruch

accroche-cœur *m* ⟨**accroche-cœurs**⟩ Schmachtlocke *f*

▸ **accrocher** [akʀɔʃe] **I** *v/t* **1.** *tableau, manteau, etc* aufhängen; *remorque* anhängen; (*attacher*) festmachen (*à* an + *dat*); *rester accroché à qc* an etw (*dat*) hängenbleiben **2.** *piéton, véhicule* anfahren; zusammenstoßen mit **II** *v/i* **3.** *publicité, film* zugkräftig sein; ziehen **III** *v/pr* **4.** *s'accrocher* (*rester accroché*) hängenbleiben (*à* an + *dat*) **5.** *s'accrocher* (*se cramponner*) sich festhalten (*à* an + *dat*); *fig s'accrocher à qn, qc* sich an j-n, etw klammern **6.** *s'accrocher* (*s'efforcer*) sich anstrengen; F sich ranhalten **7.** *fig s'accrocher avec qn* mit j-m zusammenstoßen; sich mit j-m anlegen

accrocheur [akʀɔʃœʀ] *adj* ⟨**-euse** [-øz]⟩ **1.** *personne* zäh; ausdauernd **2.** *publicité* zugkräftig

accroire [akʀwaʀ] *v/t* ⟨*nur inf*⟩ *il veut m'en faire accroire* er will mir etw weismachen

accroissement [akʀwasmã] *m* Zunahme *f*; Anwachsen *n*; Vermehrung *f*; Vergrößerung *f*; Steigerung *f*

accroître [akʀwatʀ] ⟨**j'accrois, il accroît, nous accroissons**; **j'accroissais**; **j'accrus**; **j'accroîtrai**; **que j'accroisse**; **accroissant**; *Vorgang* **avoir**, *Zustand* **être accru**⟩ **I** *v/t* vermehren; vergrößern; steigern **II** *v/pr s'accroître* zunehmen; wachsen; größer werden

accroupi [akʀupi] *adj* ⟨~e⟩ kauernd; hockend

accroupir [-iʀ] *v/pr s'accroupir* sich niederkauern; in die Hocke gehen

accru [akʀy] *p/p* → **accroître**

accueil [akœj] *m* Aufnahme *f*, Empfang *m* (*a endroit*); *de réfugiés a* Betreuung *f*

accueillant [akœjã] *adj* ⟨-ante [-ãt]⟩ **1.** *personne* (gast)freundlich **2.** *maison* gastlich; gemütlich

accueillir [akœjiʀ] *v/t* ⟨→ **cueillir**⟩ aufnehmen; *avec cérémonie* empfangen

acculer [akyle] *v/t* **1.** in die Enge treiben **2.** *fig acculer qn à qc* j-n zu etw zwingen

acculturation [akyltyʀasjõ] *f* kultureller Anpassungsprozess

accumulateur [akymylatœʀ] *m* Akkumulator *m*; F Akku *m*

accumulation [-sjõ] *f* **1.** Anhäufung *f*; Ansammlung *f* **2.** TECH Speicherung *f*

accumuler [akymyle] **I** *v/t an-*, aufhäufen; ansammeln **II** *v/pr s'accumuler* sich ansammeln; *signes, erreurs* sich häufen

accus [aky] F *m/pl* (Auto)Batterie *f*

accusateur [akyzatœʀ], **accusatrice** [-tʀis] **I** *m,f* Ankläger(in) *m(f)* **II** *adj* anklagend

accusatif [akyzatif] *m* Akkusativ *m*; Wenfall *m*

accusation [akyzasjõ] *f* **1.** JUR Anklage *f* **2.** An-, Beschuldigung *f*

accusé [akyze] **I 1.** *accusé(e)* *m(f)* Angeklagte(r) *f(m)* **2.** *accusé m de réception* Empfangsbestätigung *f* **II** *adj* ⟨~e⟩ ausgeprägt; *traits a* scharf

▸ **accuser** [akyze] *v/t* **1.** anklagen; *accuser qn de qc* j-n e-r Sache (*gén*) beschuldigen, bezichtigen; JUR j-n wegen e-r Sache (*gén*) anklagen **2.** *contours, différences* hervortreten lassen; betonen; deutlich machen; *hausse* aufweisen **3.** *accuser réception* den Empfang bestätigen

acerbe [asɛʀb] *adj* scharf; verletzend

acéré [aseʀe] *adj* ⟨~e⟩ scharf (*a fig*)

acétate [asetat] *m* Azetat *n*

acétique [asetik] *adj* CHIM Essig...

acétone [asetɔn] *f* Azeton *n*

acétylène [asetilɛn] *m* CHIM Azetylen *n*

achalandé [aʃalãde] *adj* ⟨~e⟩ *magasin* **bien achalandé** mit breit gefächertem, reichhaltigem Warenangebot; gut sortiert

acharné [aʃaʀne] *adj* ⟨~e⟩ verbissen; hartnäckig; *combat a* erbittert

acharnement [aʃaʀnəmã] *m* Verbissenheit *f*; Hartnäckigkeit *f*; **acharnement thérapeutique** künstliche Lebensverlängerung; **avec acharnement** verbissen; hartnäckig

acharner [aʃaʀne] *v/pr* **1.** *s'acharner contre, sur* nicht ablassen von **2.** *s'acharner à (faire) qc* verbissen, hartnäckig an etw (*dat*) festhalten

▸ **achat** [aʃa] *m* Kauf *m*; Einkauf *m*; ÉCON *pouvoir m d'achat* Kaufkraft *f*

acheminement [aʃminmã] *m* Beförderung *f*; Weiterleitung *f*

acheminer [aʃmine] **I** *v/t* befördern; weiterleiten **II** *v/pr s'acheminer vers* s-e Schritte lenken, sich begeben nach; *fig* entgegengehen (+ *dat*)

achetable [aʃtabl] *adj* käuflich

▸ **acheter** [aʃte] ⟨**-è-**⟩ **I** *v/t* **1.** kaufen; (*faire les courses*) einkaufen; *meuble, voiture a* (sich [*dat*]) anschaffen; *marchandises a* abnehmen; beziehen; *acheter qc à qn pour qn* j-m etw kaufen; etw für j-n kaufen; *de qn* j-m etw abkaufen; etw von j-m kaufen **2.** *témoin, fonctionnaire* bestechen; kaufen; *complicité, bonheur* erkaufen **II** *v/pr s'acheter qc* sich (*dat*) etw kaufen

acheteur [aʃtœr] *m*, **acheteuse** [-øz] *f* **1.** Käufer(in) *m(f)*; *de marchandises a* Abnehmer(in) *m(f)*. *d'un grand magasin* Einkäufer(in) *m(f)*

achevé [aʃve] *adj* ⟨∼**e**⟩ vollendet

achèvement [aʃɛvmã] *m* Vollendung *f*; Fertigstellung *f*; Beendigung *f*

achever [aʃve] ⟨**-è-**⟩ **I** *v/t* **1.** vollenden; fertigstellen; beenden; abschließen; *livre* auslesen **2.** (*tuer*) den Gnadenstoß geben (+ *dat*); vollends töten; *fig achever qn* F j-m den Rest geben **II** *v/pr s'achever* zu Ende gehen

achoppement [aʃɔpmã] *m* **pierre f d'achoppement** Stolperstein *m*; Hindernis *n*; Klippe *f*

achromatique [akrɔmatik] *adj* OPT achromatisch

acide [asid] **I** *adj* **1.** sauer **2.** *fig* scharf; bissig **II** *m* **3.** CHIM Säure *f* **4.** F LSD *n*

acidité [asidite] *f* **1.** saurer Geschmack; Säure *f* **2.** *fig* Schärfe *f* **3.** CHIM Säuregrad *m*, -gehalt *m*

acidulé [asidyle] *adj* ⟨∼**e**⟩ säuerlich; *bonbons* sauer

▸ **acier** [asje] *m* **1.** Stahl *m*; **en acier, d'acier** aus Stahl; Stahl...; *fig d'acier* stählern **2.** *adjt bleu, gris acier* ⟨*inv*⟩ stahlblau, -grau

aciérie [asjeri] *f* Stahlwerk *n*

acné [akne] *f* Akne *f*

acnéique *adj* Akne...; *personne* an Akne leidend

acolyte [akɔlit] *m péj* Komplize *m*; Helfershelfer *m*

acompte [akõt] *m* Anzahlung *f*

acoquiner [akɔkine] *v/pr s'acoquiner avec qn* sich mit j-m einlassen

à-côté [akote] *m* ⟨**à-côtés**⟩ **1.** nebensächlicher Punkt **2.** *pl* **à-côtés** Nebeneinkünfte *pl*

à-coup [aku] *m* ⟨**à-coups**⟩ Ruck *m*; Stoß *m*; **par à-coups** ruck-, stoßweise; ungleichmäßig

acouphène [akufɛn] *m* MÉD Tinnitus *m*

acousticien [akustisjẽ] *m*, **acousticienne** [-jen] *f* (Raum)Akustiker(in) *m(f)*

acoustique [akustik] **I** *adj* **1.** MÉD (Ge)Hör... **2.** PHYS akustisch; Schall... **II** *f* Akustik *f*

acquéreur [akerœr] *m* Erwerber *m*

acquérir [akerir] ⟨**j'acquiers, il acquiert; nous acquérons, ils acquièrent; j'acquérais; j'acquis; j'acquerrai; que j'acquière, que nous acquérions; acquérant; acquis**⟩ *v/t* **1.** erwerben; *livres, meubles a* (sich [*dat*]) anschaffen **2.** *savoir* (sich [*dat*]) erwerben; sich (*dat*) aneignen; *gloire, certitude* erlangen; *ex-*

périence sammeln

acquiers, acquiert [akjɛr] → *acquérir*

acquiescement [akjesmã] *m* Einwilligung *f*

acquiescer [-e] *v/t/indir* zustimmen (*à dat*); einwilligen (in + *acc*)

acquis [aki] **I** *p/p* → *acquérir et adj* ⟨**-ise** [-iz]⟩ **1.** erworben (*a* BIOL) **2.** (*sûr*) gesichert; feststehend **3.** *personne être acquis à une cause* e-r Sache (*dat*) ganz ergeben sein **II** *m* Erfahrung(sschatz) *f(m)*; **les acquis sociaux** der soziale Besitzstand

acquisition [akizisjõ] *f* **1.** Erwerb *m*; Anschaffung *f*; *de connaissances* Erlangung *f*; Aneignung *f* **2.** (*bien acquis*) Anschaffung *f*; Erwerbung *f*

acquit [aki] *m* **1.** *pour acquit* Betrag (dankend) erhalten **2.** *par acquit de conscience* um sein Gewissen zu beruhigen

acquittement [akitmã] *m* **1.** JUR Freispruch *m* **2.** *d'une obligation* Erfüllung *f*

acquitter [akite] **I** *v/t* **1.** JUR freisprechen **2.** (*payer*) begleichen **3.** COMM quittieren **II** *v/pr s'acquitter d'une dette, d'une mission* sich e-r Schuld, e-s Auftrags entledigen

acre [akr] *f* AGR *autrefois* Morgen *m*

âcre [ɑkr] *adj goût, odeur* herb; scharf (*a fig*); *fumée* beißend

âcreté [ɑkrəte] *f* Schärfe *f*; Herbheit *f* (*a fig*)

acrimonie [akrimɔni] *f* Schärfe *f*; Bitterkeit *f*

acrobate [akrɔbat] *m,f* Akrobat(in) *m(f)*; Artist(in) *m(f)*

acrobatie [akrɔbasi] *f* **1.** *art* Akrobatik *f*; **acrobatie aérienne** Kunstflug *m* **2.** *tour* Akrobatenstück *n* (*a fig*)

acrobatique [akrɔbatik] *adj* akrobatisch; artistisch

acrylique [akrilik] *adj* Acryl...

acte [akt] *m* **1.** Handlung *f*; Akt *m*; Tat *f*; PSYCH *acte manqué* Fehlleistung *f*; *acte médical* ärztliche Leistung *f*; *faire acte d'autorité* ein Machtwort sprechen; durchgreifen; *faire acte de présence* sich nicht aktiv beteiligen; passiv dasitzen; *passer aux actes* handeln; zur Tat schreiten **2.** JUR Urkunde *f*; *acte de mariage* Heiratsurkunde *f*; Trauschein *m*; *fig prendre acte de qc* sich (*dat*) etw (für später) merken; etw zur Kenntnis nehmen **3.** *actes pl d'un colloque* Abhandlungen *f/pl*; Protokolle *n/pl* **4.** THÉ Akt *m*; Aufzug *m*

▸ **acteur** [aktœr] *m*, **actrice** [aktris] *f* **1.** Schauspieler(in) *m(f)*; *acteur de cinéma* Filmschauspieler *m* **2.** *fig* Akteur *m*; Beteiligte(r) *f(m)*

▸ **actif** [aktif] **I** *adj* ⟨**-ive** [-iv]⟩ **1.** *personne* aktiv; betriebsam; rege; rührig; tatkräftig **2.** MIL, CHIM, GR aktiv **3.** *la population active* die erwerbstätige Bevölkerung; *vie active* Erwerbsleben *n* **II** *m* **4.** FIN Aktiva *pl*; Vermögenswerte *m/pl*; *d'un bilan* Aktivseite *f*; *fig avoir à son actif* für sich verbuchen können; *iron délits* auf dem Kerbholz haben **5.** GR Aktiv *n*; Tätigkeitsform *f*

▸ **action** [aksjõ] *f* **1.** (*acte*) Handlung *f*; Tat *f*; (*activité*) Handeln *n*; Tun *n*; Vorgehen *n*; Wirken *n*; POL Aktion *f*; *bonne action* gute Tat; *action d'éclat* Glanzleistung *f*, -stück *n*; *entrer en action* in Aktion, Tätigkeit treten; tätig werden; *passer à l'action* zur Tat schreiten; handeln **2.** (*effet produit*) (Ein)Wirkung *f*; *sous l'action* *de* unter der Einwirkung von (*ou* + *gén*); infolge (+ *gén*) **3.** THÉ, CIN Handlung *f*; *film m d'action* Actionfilm *m* **4.** COMM Aktie *f* **5.** *action (en justice)* Klage *f*

actionnaire [aksjɔnɛʀ] *m* Aktionär *m*

actionnariat [-aʀja] *m* Aktienbesitz *m*

actionnement [aksjɔnmɑ̃] *m* Betätigung *f*; Ingangsetzung *f*

actionner [-e] *v/t* betätigen; in Gang setzen

activation [aktivasjɔ̃] *f* CHIM, PHYS Aktivierung *f*

activement [aktivmɑ̃] *adv* aktiv; tatkräftig

activer [aktive] **I** *v/t* aktivieren; *travaux a* vorantreiben; *feu* anfachen **II** *v/pr s'activer* sich eifrig betätigen

activisme [aktivism] *m* POL (gewalttätiger) Aktivismus

activiste [-ist] *m* (gewalttätiger) Aktivist

▸ **activité** [aktivite] *f* **1.** Tätigkeit *f* (*a d'un volcan*); Aktivität *f*; *activités pl a* Treiben *n*; Betätigung *f*; *activité (professionnelle)* Berufs-, Erwerbstätigkeit *f* **2.** (*dynamisme*) Aktivität *f*; Betriebsamkeit *f*; Rührigkeit *f* **3.** *fonctionnaire en activité* im aktiven Dienst

actualisation [aktɥalizasjɔ̃] *f* Aktualisierung *f*

actualiser [-e] *v/t* aktualisieren

▸ **actualité** [aktɥalite] *f* **1.** *de qc* Aktualität *f*; Zeit-, Gegenwartsnähe *f*; *être d'actualité* aktuell sein **2.** (*événements actuels*) Zeit-, Tagesgeschehen *n* **3.** *actualités pl* (Fernseh)-Nachrichten *f/pl*

▸ **actuel** [aktɥɛl] *adj* ⟨**~le**⟩ **1.** (*du moment*) gegenwärtig; derzeitig; augenblicklich **2.** *sujet* aktuell; zeit-, gegenwartsnah; zeitgemäß

▸ **actuellement** [aktɥɛlmɑ̃] *adv* im Moment; zurzeit

acuité [akɥite] *f* Schärfe *f*; *acuité visuelle* Sehschärfe *f*

acuponcteur *ou* **acupuncteur** [akypɔ̃ktœʀ] *m* Akupunkteur *m*

acuponcture *ou* **acupuncture** [akypɔ̃ktyʀ] *f* Akupunktur *f*

acyclique [asiklik] *adj* azyklisch

adage [adaʒ] *m* Sinnspruch *m*; Lebensweisheit *f*

adagio [adadʒjo] MUS **I** *adv* adagio **II** *m* Adagio *n*

adaptabilité [adaptabilite] *f* Anpassungsfähigkeit *f*, -vermögen *n*

adaptable *adj* [-abl] anpassungsfähig; TECH passend (*à* für)

adaptateur [adaptatœʀ] *m*, **adaptatrice** [-tʀis] *f* **1.** THÉ, CIN Bearbeiter(in) *m(f)* **2.** *m* TECH Adapter *m*; ÉLECT Netzgerät *n*; *fiche* Zwischenstecker *m*

adaptation [adaptasjɔ̃] *f* **1.** Anpassung *f* (*à* an + *acc*) **2.** *d'un roman, etc* Bearbeitung *f*; CIN *a* Verfilmung *f*

adapter [adapte] **I** *v/t* **1.** anpassen (*à* an + *acc*) **2.** *œuvre littéraire* bearbeiten, THÉ, CIN, TV *a* adaptieren; CIN *a* verfilmen **II** *v/pr s'adapter* **3.** sich anpassen (*à dat*); sich ein-, umstellen (auf + *acc*) **4.** TECH passen (*à* zu)

additif [aditif] *m* **1.** *au budget* Nachtrag *m*; *à un écrit* Zusatz *m* **2.** CHIM Zusatz(stoff) *m*

▸ **addition** [adisjɔ̃] *f* **1.** MATH Addition(s-aufgabe) *f* **2.** *au restaurant* Rechnung *f*; *l'addition, s'il vous plaît!* zahlen, bitte! **3.** (*adjonc-*

tion) Hinzufügung *f*; Zusatz *m*

additionnel [adisjɔnɛl] *adj* ⟨**~le**⟩ zusätzlich; nachträglich

additionner [adisjɔne] **I** *v/t* **1.** MATH addieren; zusammenzählen **2.** *additionner qc de qc* e-r Sache (*dat*) etw zusetzen, hinzufügen, beimengen **II** *v/pr s'additionner* sich summieren

adducteur [adyktœʀ] *m* ANAT Adduktor *m*

adduction [-sjɔ̃] *f* Zuleitung *f*; Zufuhr *f*

adepte [adɛpt] *m,f* Anhänger(in) *m(f)*

adéquat [adekwa(t)] *adj* ⟨**-ate** [-at]⟩ adäquat; angemessen; passend

adhérence [adeʀɑ̃s] *f* **1.** *adhérence (au sol)* (Boden)Haftung *f* **2.** MÉD, BOT Verwachsung *f*

adhérent [adeʀɑ̃] **I** *adj* ⟨**-ente** [-ɑ̃t]⟩ **1.** TECH haftend (*à* an + *dat*) **2.** BIOL verwachsen (*à* mit) **II** *adhérent(e)* *m(f)* Mitglied *n*

adhérer [adeʀe] *v/t/indir* ⟨**-è-**⟩ **1.** *adhérer à qc* an etw (*dat*) haften **2.** *adhérer à un parti* e-r Partei (*dat*) beitreten **3.** *adhérer à une opinion* beipflichten (+ *dat*); *à un idéal* anhängen (+ *dat*)

adhésif [adezif] **I** *adj* ⟨**-ive** [-iv]⟩ klebend; Klebe...; *pansement adhésif* (Heft)Pflaster *n* **II** *m* Klebstoff *m*; Kleber *m*

adhésion [adezjɔ̃] *f* **1.** *à un parti, etc* Beitritt(serklärung) *m(f)* (*à* zu) **2.** *à une opinion* Zustimmung *f* (*à* zu)

ad hoc [adɔk] (eigens) zu diesem Zweck; (hierfür) passend

adieu [adjø] **I** *int* leb(e) wohl!; leben Sie wohl!; *litt* ade! **II** *m souvent pl* **adieux** Abschied *m*; *faire ses adieux à qn* von j-m Abschied nehmen; j-m Lebewohl sagen

adipeux [adipø] *adj* ⟨**-euse** [-øz]⟩ **1.** ANAT Fett... **2.** *par ext* feist; verfettet

adiposité [adipozite] *f* (lokaler) Fettansatz; Fettpolster *n/pl*

adjacent [adʒasɑ̃] *adj* ⟨**-ente** [-ɑ̃t]⟩ angrenzend

▸ **adjectif** [adʒɛktif] *m* **adjectif (qualificatif)** Adjektiv *n*; Eigenschaftswort *n*; *adjectif démonstratif* attributives Demonstrativpronomen

adjectival [adʒɛktival] *adj* ⟨**~e**; **-aux** [-o]⟩ adjektivisch

adjectivement [adʒɛktivmɑ̃] *adv* **employer adjectivement** adjektivisch, als Adjektiv gebrauchen

adjectiver [adʒɛktive] *v/t seulement p/p* (*être*) **adjectivé** adjektivisch, als Adjektiv gebraucht (werden)

adjoindre [adʒwɛ̃dʀ] ⟨**→ joindre**⟩ **I** *v/t* **adjoindre qc à qc** e-r Sache (*dat*) etw beifügen **II** *v/pr s'adjoindre un collaborateur* sich (*dat*) e-n Mitarbeiter (zur Hilfe) nehmen

adjoint [adʒwɛ̃] **I** *m* Stellvertreter *m*; Beigeordnete(r) *m*; *adjoint (au maire)* zweiter Bürgermeister **II** *adj* ⟨**adjointe** [adʒwɛ̃t]⟩ stellvertretend

adjonction [adʒɔ̃ksjɔ̃] *f* Hinzufügung *f* (*à* zu)

adjudant [adʒydɑ̃] *m* Stabsfeldwebel *m*

adjudant-chef *m* ⟨**adjudants-chefs**⟩ MIL Oberstabsfeldwebel *m*

adjudication [adʒydikasjɔ̃] *f* **1.** *adjudication (administrative)* öffentliche Ausschreibung, Vergabe **2.** (*attribution*) Zuschlag(erteilung) *m(f)* (*à* an + *acc*)

adjuger [adʒyʒe] ⟨**-ge-**⟩ **I** *v/t* **1.** *aux enchères* den Zuschlag erteilen (*qc* für etw) **2.** *récompense* zuerkennen **II** *v/pr* **s'adjuger** *qc* sich (*dat*) etw nehmen, aneignen

adjuration [adʒyRasjõ] *f* inständige(s) Bitte(n)

adjurer [-e] *v/t* inständig bitten; beschwören

adjuvant [adʒyvã] *m* unterstützendes Mittel; unterstützende Therapie

▸ **admettre** [admɛtR] *v/t* ⟨→ **mettre**⟩ **1.** *personne* aufnehmen (*à, dans* in + *acc*); zulassen (zu) **2.** *raisons* gelten lassen; anerkennen; *admettre que* ... (+ *subj ou ind*) a zugeben, dass ... **3.** *comme hypothèse* annehmen **4.** (*tolérer*) *ne pas admettre qc* etw nicht dulden, zulassen

administrateur [administRatœR] *m*, **administratrice** [-tRis] *f* Verwalter(in) *m(f)*; Administrator *m*

administratif [administRatif] *adj* ⟨**-ive** [-iv]⟩ Verwaltungs...; administrativ

administration [administRasjõ] *f* **1.** (*gestion*) Verwaltung *f*; *administration de biens* Vermögensverwaltung *f* **2.** *service* Verwaltung(sbehörde) *f*; Behörde *f*; *Administration* Verwaltung(sdienst) *f(m)*

administrativement [administRativmã] *adv* verwaltungsmäßig; auf dem Verwaltungsweg

administré(e) [administRe] *m(f)* Bürger(in) *m(f)*

administrer [administRe] *v/t* **1.** (*gérer*) verwalten **2.** *médicament*, F *coups* verabreichen; *sacrement* spenden

admirable [admiRabl] *adj* bewundernswert; wunderbar

admirateur [admiRatœR] *m*, **admiratrice** [-tRis] *f* Bewunderer *m*, Bewund(r)erin *f*; Verehrer(in) *m(f)*

admiratif [admiRatif] *adj* ⟨**-ive** [-iv]⟩ voll Bewunderung; *regard* bewundernd

admiration [admiRasjõ] *f* Bewunderung *f*; *iron* *être en admiration devant qn* voller Bewunderung für j-n sein

▸ **admirer** [admiRe] *v/t* bewundern

admis [admi] *p/p* → **admettre**

admissibilité [admisibilite] *f* Anspruch *m* auf Zulassung zur mündlichen Prüfung

admissible [admisibl] *adj* **1.** *candidat* zur mündlichen Prüfung zugelassen **2.** *ne pas être admissible* inakzeptabel, nicht hinnehmbar, indiskutabel sein

admission [admisjõ] *f* **1.** Aufnahme *f* (*à* in + *acc*); Zulassung *f* (zu) **2.** TECH Eintritt *m*; Einströmen *n*

admonestation [admɔnɛstasjõ] *st/s f* (scharfe) Zurechtweisung; (strenger) Verweis

admonester [-e] *st/s v/t* (scharf) zurechtweisen

ADN [adeɛn] *m abr* (*acide désoxyribonucléique*) DNS *f* (Desoxyribonukleinsäure); *adjt* **test** *m* **ADN** DNA-Test *m*

ado [ado] *m,f abr* → **adolescent**

adolescence [adɔlesãs] *f* Jugendalter *n*

adolescent [adɔlesã] *m*, **adolescente** [-ãt] *f* Jugendliche(r) *f(m)*; Teenager *m*

adonis [adɔnis] *m iron* Adonis *m*

adonner [adɔne] *v/pr* **s'adonner à** *qc* sich e-r Sache (*dat*) hingeben, widmen; *adonné à la boisson* dem Trunk ergeben

adoptant [adɔptã] *m*, **adoptante** [-ãt] *f* Adoptierende(r) *f(m)*

adopté(e) [-e] *m(f)* Adoptierte(r) *f(m)*

adopter [adɔpte] *v/t* **1.** *enfant* adoptieren; F annehmen **2.** *attitude* einnehmen; *méthode, point de vue, mœurs* übernehmen; *ton* anschlagen **3.** *projet de loi, résolution* annehmen; verabschieden; *faire adopter* durchbringen

---

L'administration territoriale de la France

Die Verwaltungsstruktur Frankreichs ist hierarchisch gegliedert. Es gibt:

22	Regionen (**régions**) + 4 Überseeregionen (**régions d'outre-mer**)
96	Departements (**départements**)
329	Arrondissements (**arrondissements**)
3 879	Kantone (**cantons**) und
36 571	Kommunen (**communes**)

Diese Verwaltungstruktur gibt es seit der Französischen Revolution 1789. Nur die Zusammenfassung mehrerer Departements in Regionen (→ **région**) existiert erst seit 1950. Keine der Verwaltungseinheiten hat gesetzgeberische Funktion.

Das **département** wird geleitet durch den **conseil général**, ebenfalls gewählt für 6 Jahre. Die Departements wurden 1790 geschaffen mit dem Ziel, dass jeder Bürger mit einem Tagesritt den Verwaltungsort erreichen konnte. Jedes département hat einen **préfet**.

Es ist unterteilt in mehrere **arrondissements**, denen ein sous-préfet vorsteht, der dem préfet de département zuarbeitet.

Jedes arrondissement ist wiederum in mehrere **cantons** unterteilt, die vor allem dazu dienen, die Personen zu wählen, die die Kantone im conseil général vertreten.

Die kleinste administrative Einheit sind die **cantons**, die in der Regel dem Gebiet einer Stadt oder eines Dorfes entsprechen. Die Kommune wird geführt durch einen Stadtrat (**conseil municipal**), der für 6 Jahre gewählt wird und dem ein Bürgermeister (**maire**) vorsteht.

adoptif [adɔptif] *adj* ⟨**-ive** [-iv]⟩ Adoptiv...
adoption [adɔpsjõ] *f* **1.** JUR Adoption *f* **2.** *d'adoption* Wahl...; ***Parisien*** *m* ***d'adoption*** Wahlpariser *m* **3.** *d'une méthode* Übernahme *f* **4.** *d'une loi* Annahme *f*; Verabschiedung *f*
adorable [adɔʀabl] *adj* entzückend; reizend; F goldig; F süß
adorateur [adɔʀatœʀ] *m*, **adoratrice** [-tʀis] *f* REL, *fig* Anbeter(in) *m(f)*; *fig a* glühender Verehrer, glühende Verehrerin
adoration [adɔʀasjõ] *f* Anbetung *f*; *d'une personne a* Vergötterung *f*
adoré(e) [adɔʀe] *m(f)* Angebetete(r) *f(m)*
▶ **adorer** [adɔʀe] *v/t* anbeten (*a fig*); *fig a* vergöttern; abgöttisch lieben; glühend verehren; F *chose* F schrecklich gern mögen
adossé [adose] *adj* ⟨**~e**⟩ HÉRALDIQUE Rücken an Rücken
adosser [adose] **I** *v/t* **adosser à** *ou* **contre qc** (mit der Rückseite) an etw (*acc*) stellen, lehnen **II** *v/pr* **s'adosser au mur** sich mit dem Rücken an die Wand lehnen
adoubement [adubmã] *m* Ritterschlag *m*
adouber [-e] *v/t* zum Ritter schlagen
adoucir [adusiʀ] **I** *v/t* **1.** mildern; *douleur a* lindern **2.** *peau* weich, geschmeidig machen; *l'eau* enthärten; weich machen **II** *v/pr* **s'adoucir** milder werden
adoucissant [adusisã] *m* Weichspüler *m*
adoucissement [adusismã] *m* **1.** **adoucissement** (**de la température**) Milderung *f* **2.** *de l'eau* Enthärtung *f*
adoucisseur [adusisœʀ] *m* (Wasser)Enthärter *m*; *pour le linge* Weichspüler *m*
adrénaline [adrenalin] *f* Adrenalin *n*
adressage [adʀesaʒ] *m* INFORM Adressierung *f*
▶ **adresse**¹ [adʀɛs] *f* **1.** Anschrift *f*; Adresse *f* (*a* INFORM); *fig* **se tromper d'adresse** an die falsche Adresse geraten **2.** **à l'adresse de qn** für j-n (bestimmt); an die Adresse (+ *gén*); auf j-n gemünzt
adresse² *f* (*habileté*) Geschick(lichkeit) *n(f)*; Gewandtheit *f*
▶ **adresser** [adʀese] **I** *v/t* **adresser à** richten an (+ *acc*); *lettre a* adressieren an (+ *acc*); *personne*

schicken zu; verweisen an (+ *acc*); **adresser la parole à qn** das Wort an j-n richten; j-n ansprechen **II** *v/pr* ▶ **s'adresser à** sich wenden an (+ *acc*); *livre, film a* sich richten an (+ *acc*)
adret [adʀɛ] *m* GÉOGR Süd-, Sonnenhang *m*, -seite *f*
Adriatique [adʀijatik] *f* **l'Adriatique** die Adria
▶ **adroit** [adʀwa] *adj* ⟨**adroite** [adʀwat]⟩ geschickt; gewandt
adsorption [adsɔʀpsjõ] *f* PHYS Adsorption *f*
adulateur [adylatœʀ] *m*, **adulatrice** [-tʀis] *f* Lobhudler(in) *m(f)*
adulation [-sjõ] *st/s f* Lobhudelei *f*
aduler [adyle] *v/t* vergöttern
▶ **adulte** [adylt] **I** *adj* erwachsen; *plante, animal* ausgewachsen; **âge** *m* **adulte** Erwachsenenalter *n* **II** *m,f* Erwachsene(r) *f(m)*
adultère [adyltɛʀ] **I** *adj* ehebrecherisch; **homme** *m* (**femme** *f*) **adultère** Ehebrecher(in) *m(f)* **II** *m* Ehebruch *m*
adultérin [adylteʀɛ̃] *adj* ⟨**-ine** [-in]⟩ außerehelich
advenir [advəniʀ] *v/imp* ⟨→ **venir**; **être**⟩ geschehen; **advienne que pourra** komme, was (da) wolle
adventiste [advãtist] *m,f* REL Adventist(in) *m(f)*
▶ **adverbe** [advɛʀb] *m* Adverb *n*; Umstandswort *n*
adverbial [-jal] *adj* ⟨**~e; -aux** [-o]⟩ adverbial
adverbialement [advɛʀbjalmã] *adv* **employer adverbialement** adverbial, als Adverb gebrauchen
▶ **adversaire** [advɛʀsɛʀ] *m,f* Gegner(in) *m(f)*; Kontrahent(in) *m(f)*; Widersacher(in) *m(f)*
adverse [advɛʀs] *adj* gegnerisch; **partie** *f* **adverse** Gegenpartei *f*
adversité [advɛʀsite] *f* Unglück *n*; widriges Geschick
aérateur [aeʀatœʀ] *m* Lüfter *m*
aération [-asjõ] *f* (Be)Lüftung *f*
aéré [aeʀe] *adj* ⟨**~e**⟩ **1.** *pièce* luftig **2.** *tissu* locker; luftig; *fig texte* aufgelockert
aérer [aeʀe] ⟨**-è-**⟩ **I** *v/t* **1.** *pièce* (durch)lüften; TECH belüften; *lits* auslüften **2.** *fig* auflockern

---

Das Adverb und seine Stilvarianten   `SG`

Abgeleitete Adverbien (**franc, franche** → **franchement**) wirken nicht immer elegant. Es gibt hierzu oft Alternativen, bestehend aus einer Präposition + Substantiv. Gestalten Sie so Ihren Stil variantenreicher:

Elle a **éloquemment** exprimé sa pensée → Elle a exprimé sa pensée **avec éloquence**.

Ähnlich:

consciemment	→ de façon consciente	intentionnellement	→ avec intention
finalement	→ à la fin, en fin de compte	maladroitement	→ avec maladresse
franchement	→ avec franchise	pensivement	→ d'un air pensif
hâtivement	→ en (toute) hâte	résolument	→ d'un air résolu
impatiemment	→ avec impatience	secrètement	→ en secret
impitoyablement	→ sans pitié	silencieusement	→ en silence
indubitablement	→ sans doute	soigneusement	→ avec soin

II *v/pr* **s'aérer** an die frische Luft gehen; F sich auslüften

aérien [aeʀjɛ̃] *adj* ⟨**-ienne** [-jɛn]⟩ **1.** Luft…; **attaque aérienne** Luft-, Fliegerangriff *m*; **ligne aérienne** AVIAT Luftverkehrs-, Fluglinie *f*; ÉLECT Freileitung *f*; **métro aérien** Hochbahn *f* **2.** *fig* ätherisch; *démarche* leichtfüßig

aérobic [aeʀɔbik] *f* Aerobic *n*

aérobie [aeʀɔbi] **I** *adj* BIOL aerob; TECH luftatmend **II** *m* BIOL Aerobier *m*

aéro-club [aeʀɔklœb] *m* ⟨**aéro-clubs**⟩ Luft-, Flugsportverein *m*

aérodrome [aeʀɔdʀom] *m* Flugplatz *m*

aérodynamique [aeʀɔdinamik] **I** *adj* stromlinienförmig; Stromlinien…; windschlüpfig **II** *f* Aerodynamik *f*

aérofrein [aeʀɔfʀɛ̃] *m* AVIAT Bremsklappen *f/pl*

aérogare [aeʀɔgaʀ] *f* Abfertigungsgebäude *n(pl)*; Terminal *m ou n*

aéroglisseur [aeʀɔglisœʀ] *m* Luftkissenfahrzeug *n*

aérogramme [aeʀɔgʀam] *m* Luftpostleichtbrief *m*

aérolithe [aeʀɔlit] *m* Meteorstein *m*

aéromodélisme [aeʀɔmɔdelism] *m* Flug-(zeug)modellbau *m*

aéronaute [aeʀɔnot] *m* Ballonfahrer *m*; *autrefois* Aeronaut *m*

aéronautique [aeʀɔnotik] **I** *adj* Luftfahrt…; Flugzeug… **II** *f* Luftfahrt *f*

aéronaval [aeʀɔnaval] MAR MIL *adj* ⟨**~e**; **-als**⟩ **forces aéronavales** Marineluftstreitkräfte *f/pl*

aéronef [aeʀɔnɛf] *m* Luftfahrzeug *n*

aérophagie [aeʀɔfaʒi] *f* MÉD Luftschlucken *n*

aéroplane [aeʀɔplan] *m* AVIAT *autrefois* Aeroplan *m*

► **aéroport** [aeʀɔpɔʀ] *m* Flughafen *m*

aéroporté [aeʀɔpɔʀte] *adj* ⟨**~e**⟩ **troupes aéroportées** Luftlandetruppen *f/pl*

aéroportuaire [aeʀɔpɔʀtɥeʀ] *adj* Flughafen…

aéropostal [aeʀɔpɔstal] *adj* ⟨**~e**; **-aux** [-o]⟩ Luftpost…

aérosol [aeʀɔsɔl] *m* Aerosol *n*; *adjt* **bombe** *f* **aérosol** Spray-, Sprühdose *f*

aérospatial [aeʀɔspasjal] *adj* ⟨**~e**; **-aux** [-o]⟩ Luft- und Raumfahrt…

aérotrain [aeʀɔtʀɛ̃] *m* Luftkissenzug *m*

affabilité [afabilite] *f* Freundlichkeit *f*; Liebenswürdigkeit *f*; Leutseligkeit *f*

affable [afabl] *adj* freundlich; liebenswürdig; leutselig

affabulation [afabylasjɔ̃] *f* unwahre, erdichtete Geschichte; Fabel *f*

affadir [afadiʀ] *v/t* langweilig, fade machen

affadissement [-ismã] *m* Fade-, Langweiligwerden *n*

affaiblir [afebliʀ] **I** *v/t* schwächen; *personne a* entkräften; *sens d'un mot* abschwächen **II** *v/pr* **s'affaiblir** schwächer werden; *vue* nachlassen; *sens d'un mot, souvenir* verblassen

affaiblissement [afeblismã] *m* Schwächung *f*; *des forces* Nachlassen *n*

► **affaire** [afɛʀ] *f* **1.** Angelegenheit *f*; Sache *f*; **affaire d'État** wichtige Staatsangelegenheit; *fig* Staatsaffäre *f*, -aktion *f*; **avoir affaire à qn** mit j-m zu tun haben; **il aura affaire à moi!** er bekommt, F kriegt es mit mir zu

tun!; **c'est (une) affaire de goût** das ist Geschmack(s)sache *f*; **c'est l'affaire d'une seconde** das dauert nur e-n Augenblick; **c'est toute une affaire** das ist so e-e Sache; *ce morceau de ficelle* **fera l'affaire** … tut es auch; **j'en fais mon affaire** ich werde mich der Sache annehmen **2.** *péj* Affäre *f*; F Geschichte *f*; **affaire de mœurs** Sitten-, Sexskandal *m*; **se tirer d'affaire** sich aus der Affäre ziehen **3.** JUR Fall *m*; Sache *f* **4.** *(marché)* Geschäft *n*; F **une affaire** ein günstiges, vorteilhaftes Geschäft **5.** *(entreprise)* Geschäft *n*; Betrieb *m* **6.** COMM ► **affaires** *pl* Geschäft(e) *n(pl)*; **… d'affaires** Geschäfts…; **pour affaires** geschäftlich **7.** ► **affaires** *pl (objets personnels)* Sachen *f/pl* **8.** **affaire de cœur** Liebschaft *f*

affairé [afeʀe] *adj* ⟨**~e**⟩ viel beschäftigt; geschäftig

affairement [afeʀmã] *m* Geschäftigkeit *f*; geschäftiges Treiben

affairer [afeʀe] *v/pr* **s'affairer** sich zu schaffen machen (**à** an + *dat*)

affairisme [afeʀism] *m* (üble) Geschäftemacherei

affairiste [-ist] *m,f* übler Geschäftemacher, üble Geschäftemacherin

affaissement [afɛsmã] *m* Senkung *f*; Einsinken *n*

affaisser [afese] *v/pr* **s'affaisser 1.** *sol* sich senken; einsinken **2.** *personne* zusammensacken, -sinken

affaler [afale] *v/pr* **s'affaler dans un fauteuil** sich in e-n Sessel fallen lassen

affamé [afame] *adj* ⟨**~e**⟩ **1.** hungrig; ausgehungert; hungernd **2.** *fig* **affamé de gloire** ruhmsüchtig

affamer [afame] *v/t* MIL aushungern

affect [afɛkt] *m* PSYCH Affekt *m*

affectation¹ [afɛktasjɔ̃] *f* **1.** *(destination)* Verwendung *f*, (Zweck)Bestimmung *f* (**à** für) **2.** ADM, MIL dienstliche Verwendung; Versetzung *f*; *par ext* (Dienst)Posten *m*

affectation² *f (manque de naturel)* Geziertheit *f*; Affektiertheit *f*

affecté [afɛkte] *adj* ⟨**~e**⟩ geziert; affektiert; gekünstelt

affecter¹ [afɛkte] *v/t* **1.** *(destiner)* verwenden, bestimmen, bereitstellen (**à** für) **2.** **affecter à un poste** auf e-n Posten (ver)setzen, beordern; auf e-m Posten einsetzen

affecter² *v/t* **1.** *(feindre)* vortäuschen; heucheln; mimen **2.** *chose* **affecter une forme** e-e Form aufweisen

affecter³ *v/t* **1.** *(émouvoir)* betrüben; bewegen; schmerzlich berühren; nahegehen (**qn** j-m) **2.** *(agir sur)* berühren; einwirken auf (+ *acc*); *organe* in Mitleidenschaft ziehen

affectif [afɛktif] *adj* ⟨**-ive** [-iv]⟩ affektiv; gefühlsbetont; **vie affective** Gefühlsleben *n*

affection¹ [afɛksjɔ̃] *f* Zuneigung *f*; Zuwendung *f*; Liebe *f*; **terme** *m* **d'affection** Kosewort *n*; **prendre en affection** lieb gewinnen

affection² *f* MÉD Erkrankung *f*; Leiden *n*

affectionné [afɛksjɔne] *adj* ⟨**~e**⟩ *st/s fin de lettre* **votre affectionné X** Ihr ergebener X

affectionner [afɛksjɔne] *v/t* e-e Vorliebe haben für

affectivité [afɛktivite] *f* PSYCH Affektivität *f*;

Emotionalität *f*

affectueusement [afɛktɥøzmã] *adv* → **affectueux**; *à la fin d'une lettre* (**bien**) **affectueusement** herzliche Grüße; herzlichst

affectueux [afɛktɥø] *adj* ⟨**-euse** [-øz]⟩ liebevoll; zärtlich; *animal* anhänglich

afférent[1] [aferã] *adj* ⟨**-ente** [-ãt]⟩ ADM, JUR *somme, part d'héritage* **afférent à qn** j-m zustehend; auf j-n entfallend; **les devoirs afférents à sa charge** die mit s-m Amt verbundenen Pflichten *f/pl*

afférent[2] [aferã] *adj* ⟨**-ente** [-ãt]⟩ PHYSIOLOGIE afferent; zu e-m Organ hinführend

affermir [afɛRmiR] *v/t* festigen; stärken

affermissement [-ismã] *m* Festigung *f*; Stärkung *f*

affichage [afiʃaʒ] *m* **1.** Anschlagen *n* von Plakaten **2.** INFORM Anzeige *f*; Display *n*

▸ **affiche** [afiʃ] *f* Plakat *n*; Anschlag *m*; Aushang *m*; *pièce, film* **rester à l'affiche** lange gespielt werden, auf dem Spielplan stehen

afficher [afiʃe] **I** *v/t* **1.** anschlagen; durch Plakat, Anschlag, Aushang bekannt machen **2.** *fig* zur Schau tragen **3.** INFORM anzeigen **II** *v/pr* **s'afficher avec qn** sich mit j-m öffentlich sehen lassen

affichette [afiʃɛt] *f* klein(formatig)es Plakat

afficheur [-œR] *m* Plakatkleber *m*

affichiste [-ist] *m,f* Werbegrafiker(in) *m(f)*; Plakatmaler(in) *m(f)*

affilée [afile] *d'affilée* hintereinander

affiler [afile] *v/t* wetzen; schleifen

affiliation [afiljasjõ] *f action* Beitritt *m* (*à* zu); *état* Mitgliedschaft *f* (in + *dat*)

affilié(e) [afilje] *m(f)* Mitglied *n*

affilier [afilje] *v/pr* **s'affilier à un club** e-m Verein beitreten; Mitglied e-s Vereins werden

affinage [afinaʒ] *m* **1.** TECH Raffination *f*; Läuterung *f* (*a du verre*); ACIÉRIE Frischen *n* **2.** *du fromage* Reifung(sprozess) *f(m)*

affinement [afinmã] *m du goût etc* Verfeinerung *f*; Kultivierung *f*

affiner [afine] **I** *v/t* **1.** TECH raffinieren; reinigen **2.** *fromage* reifen (lassen) **3.** *fig goût* verfeinern; kultivieren **II** *v/pr* **s'affiner** sich verfeinern

affinité [afinite] *f* (Wesens)Verwandtschaft *f*; Ähnlichkeit *f*; Affinität *f*

affirmatif [afiRmatif] *adj* ⟨**-ive** [-iv]⟩ **1.** *ton, personne* entschieden; bestimmt **2.** *réponse*, GR bejahend; positiv

affirmation [afiRmasjõ] *f* Behauptung *f*; Versicherung *f*

affirmative [afiRmativ] *f* **dans l'affirmative** im Fall(e) e-r positiven Antwort; **répondre par l'affirmative** (die Frage) bejahen; mit Ja antworten

affirmativement [afiRmativmã] *adv* **répondre affirmativement** bejahen; mit Ja antworten

▸ **affirmer** [afiRme] **I** *v/t* **1.** (*soutenir*) behaupten; versichern **2.** *sa détermination, etc* bekräftigen; unter Beweis stellen **II** *v/pr* **s'affirmer** *caractère, talent* sich (klar) zeigen; (deutlich) sichtbar werden

affixe [afiks] *m* LING Affix *n*

affleurement [aflœrmã] *m* GÉOL Ausstrich *m*; Ausbiss *m*

affleurer [-e] *v/i* zutage treten; zum Vorschein kommen

affliction [afliksjõ] *f st/s* Betrübnis *f*; Bekümmernis *f*

affligé [afliʒe] *adj* ⟨**~e**⟩ betrübt; bekümmert

affligeant [afliʒã] *adj* ⟨**-ante** [-ãt]⟩ betrüblich; beklagenswert

affliger [afliʒe] ⟨**-ge-**⟩ **I** *v/t* **1.** *st/s* **être affligé de qc** mit etw geschlagen sein **2.** (*attrister*) betrüben; bekümmern **II** *v/pr* **s'affliger** betrübt, bekümmert sein (**de** über + *acc*)

affluence [aflyãs] *f* (Menschen)Andrang *m*; **heures** *f/pl* **d'affluence** Stoßzeiten *f/pl*; Hauptverkehrszeit(en) *f(pl)*; Berufsverkehr *m*

affluent [aflyã] *m* Nebenfluss *m*

affluer [aflye] *v/i* **1.** *sang* **affluer au visage** ins Gesicht steigen **2.** *personnes* herbei-, zusammenströmen; *capitaux* **affluer dans un pays** in ein Land strömen

afflux [afly] *m* **1.** **afflux de sang** (plötzlicher) Blutandrang **2.** *de visiteurs* Andrang *m*; *de capitaux* Zustrom *m*; Zufluss *m*

affolant [afɔlã] *adj* ⟨**-ante** [-ãt]⟩ beunruhigend; erschreckend

affolé [afɔle] *adj* ⟨**~e**⟩ kopflos; aufgeregt

affolement [afɔlmã] *m* Kopflosigkeit *f*; Aufregung *f*; panische Angst

affoler [afɔle] **I** *v/t* kopflos machen; in Aufregung, Panik versetzen **II** *v/pr* **s'affoler** kopflos werden; den Kopf verlieren; sich (F wahnsinnig) aufregen

affranchi(e) [afrãʃi] *m(f)* **1.** HIST Freigelassene(r) *f(m)* **2.** (*émancipé[e]*) j, der sich von der herrschenden Moral, von gesellschaftlichen Zwängen befreit hat

▸ **affranchir** [afrãʃiR] **I** *v/t* **1.** *lettre* frankieren; freimachen **2.** *esclave* freilassen; *peuple* befreien **3.** F (*mettre au courant*) aufklären; ins Bild setzen **II** *v/pr* **s'affranchir** sich frei machen (**de** von); sich befreien (von)

affranchissement [-ismã] *m* **1.** Frankierung *f*; Freimachung *f* **2.** Freilassung *f*; Befreiung *f*

affres [afR] *st/s f/pl* Qualen *f/pl*

affrètement [afRɛtmã] *m* Chartern *n*; Charter *m*

affréter [afRete] *v/t* ⟨**-è-**⟩ chartern

affreusement [afRøzmã] *adv* F furchtbar; F schrecklich; *souffrir* F entsetzlich

▸ **affreux** [afRø] *adj* ⟨**-euse** [-øz]⟩ abscheulich; grauenhaft; entsetzlich; fürchterlich; schrecklich; scheußlich

affriolant [afRijɔlã] *adj* ⟨**-ante** [-ãt]⟩ verführerisch

affrioler [-e] *v/t* anlocken; verführen

affront [afRõ] *m* Kränkung *f*; Beleidigung *f*; Affront *m*; Brüskierung *f*; **faire un affront à qn** j-m e-e Beleidigung, Kränkung zufügen

affrontement [afRõtmã] *m* Konfrontation *f*

affronter [afRõte] **I** *v/t* trotzen (+ *dat*); die Stirn bieten (+ *dat*) **II** *v/pr* **s'affronter** sich gegenüberstehen; miteinander konfrontiert sein

affubler [afyble] *v/t* (*et v/pr* **s'affubler** sich) ausstaffieren (**de** mit)

affût [afy] *m* CH Anstand *m*; Hochsitz *m*; *fig* **être à l'affût de qc** auf etw (*acc*) lauern, aus sein

affûtage [afytaʒ] *m* Schärfen *n*; Schleifen *n*

affûter [-e] *v/t* schärfen; schleifen

affûteur [-œR] *m* Schärfer *m*; Scharfschleifer *m*

affûteuse [-øz] *f* Schleifmaschine *f*
afghan [afgã] **I** *adj* ⟨**-ane** [-an]⟩ afghanisch **II 1.** *Afghan(e)* *m(f)* Afghane *m*, Afghanin *f* **2.** LING *l'afghan m* das Afghanische; Afghanisch *n*
Afghanistan [afganistã] *l'Afghanistan m* Afghanistan *n*
aficionado [afisjɔnado] *m* Fan *m*
afin [afɛ̃] **I** *prép* **afin de** (+ *inf*) um zu (+ *inf*) **II** *conj* **afin que** (+ *subj*) damit
a fortiori [afɔʀsjɔʀi] *adv* umso mehr *ou* eher; erst recht
AFP [aɛfpe] *f abr* (*Agence France-Presse*) frz Nachrichtenagentur
▸ **africain** [afʀikɛ̃] **I** *adj* ⟨**-aine** [-ɛn]⟩ afrikanisch **II** *Africain(e)* *m(f)* Afrikaner(in) *m(f)*
africanisation [afʀikanizasjõ] *f* Afrikanisierung *f*
africaniser [-ize] *v/t* afrikanisieren
africanisme [-ism] *m* Afrikanistik *f*
africaniste [-ist] *m,f* Afrikanist(in) *m(f)*
afrikaans [afʀikãs] *m* LING *l'afrikaans* das Afrikaans; Afrikaans *n*
▸ **Afrique** [afʀik] *l'Afrique f* Afrika *n*
afro [afʀo] *adj* ⟨*inv*⟩ *coiffure f* **afro** Afrolook *m*
afro-asiatique [afʀoazjatik] *adj* afro-asiatisch
afro-cubain *adj* ⟨**-aine** [-ɛn]⟩ afrokubanisch
after-shave [aftœʀʃɛv] *m* Aftershave-Lotion *f*; Rasierwasser *n*
agaçant [agasã] *adj* ⟨**-ante** [-ãt]⟩ ärgerlich; enervierend
agacement [agasmã] *m* Gereiztheit *f*; (ge-reizte) Nervosität; Verärgerung *f*
agacer [agase] *v/t* ⟨**-ç-**⟩ **1.** (*énerver*) **agacer qn** j-m auf die Nerven gehen; F j-n nerven **2.** (*embêter*) reizen; ärgern **3.** (*taquiner*) necken; durch kleine Späße (auf)reizen
agaceries [agasʀi] *f/pl* Neckerei *f*
agapes [agap] *plais f/pl* Festessen *n*; Schlemmermahl *n*
agate [agat] *f* **1.** MINÉR Achat *m* **2.** *bille* bunte Glasmurmel
agave [agav] *m* Agave *f*
▸ **âge** [aʒ] *m* **1.** Alter *n*; *d'une personne a* Lebensalter *n*; *le troisième âge* das Alter (*a coll*); der Lebensabend; *coll a* die Senioren *m/pl*; *âge de raison* Alter, in dem das Kind schon vernünftig wird; *à l'âge de* im Alter von; *vieux avant l'âge* vorzeitig; *enfant m en bas âge* Kleinkind *n*; *entre deux âges* mittleren Alters; *quel âge a-t-il?* wie alt ist er?; *avoir le même âge* gleichalt(e)rig, gleich alt sein **2.** (*ère*) Zeit(alter) *f(n)*; *âge du bronze* Bronzezeit *f*; MYTH, *fig l'âge d'or* das Goldene Zeitalter
▸ **âgé** [aʒe] *adj* ⟨~e⟩ **1.** (*vieux*) alt; betagt; bejahrt; *les personnes âgées* die älteren, alten Menschen *m/pl*; die Senioren *m/pl* **2.** *âgé de trente ans* dreißig Jahre alt
agence [aʒãs] *f* **1.** Agentur *f*; Büro *n*; Geschäftsstelle *f*; *agence de presse* Nachrichten-, Presseagentur *f*; *agence de publicité* Werbeagentur *f*; ▸ *agence de voyages* Reisebüro *n* **2.** *d'une banque* Zweigstelle *f*; Filiale *f*
agencement [aʒãsmã] *m* Anordnung *f*; Gestaltung *f*; Komposition *f*; (Auf)Bau *m*; *d'un appartement* Raumaufteilung *f*
agencer [aʒãse] *v/t* ⟨**-ç-**⟩ anordnen; gestalten;

komponieren; gliedern; *appartement* **bien agencé** räumlich gut aufgeteilt
agenda [aʒɛ̃da] *m* **1.** Taschenkalender *m*; *de bureau* Terminkalender *m* **2.** POL **agenda 2000** Agenda *f* 2000
agenouillement [aʒnujmã] *st/s m* Nieder-, Hinknien *n*
agenouiller [aʒnuje] *v/pr* **s'agenouiller** niederknien; sich hinknien; *être agenouillé* knien
▸ **agent** [aʒã] *m* **1.** ADM Bedienstete(r) *f(m)* **2.** *agent (de police)* Polizeibeamte(r) *m*; (Verkehrs)Polizist *m*; F Schutzmann *m* **3.** ÉCON Agent *m*; (*représentant*) Vertreter *m*; *agent immobilier* Immobilienhändler *m*; Grundstücksmakler *m*; *agent de change* Börsenmakler *m* **4.** POL Agent(in) *m(f)*; *agent secret* Geheimagent(in) *m(f)* **5.** (*substance*) Agens *n*; Wirkstoff *m*; *agent pathogène* Krankheitserreger *m*
agglomérat [aglomeʀa] *m* MINÉR Agglomerat *n*
agglomération [aglomeʀasjõ] *f* **1.** geschlossene Ortschaft; (An)Siedlung *f*; *urbaine* Ballungsraum *m*, -gebiet *n* **2.** Zusammenballung *f*
aggloméré [aglomeʀe] *m* (*panneau m d'*) **aggloméré** Spanplatte *f*; Hartfaserplatte *f*
agglomérer [aglomeʀe] ⟨**-è-**⟩ *v/t* (*et v/pr* **s'agglomérer** sich) zusammenballen
agglutinant [aglytinã] *adj* ⟨**-ante** [-ãt]⟩ MÉD verklebend; verklumpend
agglutination [-asjõ] *f* MÉD Verkleben *n*; Verklumpen *n*
agglutiner [aglytine] **I** *v/t* verkleben; MÉD *a* agglutinieren **II** *v/pr* **s'agglutiner** *personnes* sich (zusammen)drängen, (-)ballen
aggravant [agʀavã] *adj* ⟨**-ante** [-ãt]⟩ JUR erschwerend
aggravation [-asjõ] *f* Verschlimmerung *f*; Verschlechterung *f*
aggraver [agʀave] **I** *v/t* verschlimmern; (nur) noch schlimmer machen; *peine* verschärfen; *sort de qn* erschweren **II** *v/pr* ▸ **s'aggraver** sich verschlimmern; sich verschlechtern; *situation a* sich zuspitzen
agile [aʒil] *adj* flink; behände; gewandt; agil; *fig esprit* wendig; beweglich; rege
agilité [-ite] *f* Flinkheit *f*; Behändigkeit *f*; Gewandtheit *f*; Agilität *f*; *fig de l'esprit* Wendigkeit *f*; Beweglichkeit *f*
agio [aʒjo] *m* (Kredit)Kosten *pl*
▸ **agir** [aʒiʀ] **I** *v/i* **1.** handeln; *mal agir envers qn* schlecht an j-m handeln **2.** *médicament* wirken (*sur qn* bei j-m); *qn, qc agir sur qn, qc* auf j-n, etw einwirken **II** *v/pr et v/imp* **il s'agit de qn, qc**, es handelt sich, es dreht sich um j-n, etw; es geht um j-n, etw; *il s'agit de* (+ *inf*) es heißt *ou* man muss (+ *inf*)
agissant [aʒisã] *adj* ⟨**-ante** [-ãt]⟩ aktiv; wirksam
agissements [aʒismã] *m/pl péj* Machenschaften *f/pl*; Umtriebe *m/pl*
agitateur [aʒitatœʀ] *m*, **agitatrice** [-tʀis] *f* Aufwiegler(in) *m(f)*; Agitator(in) *m(f)*
agitation [aʒitasjõ] *f* **1.** heftige Bewegung; *des gens* geschäftiges, emsiges Treiben **2.** (*nervosité*) Unruhe *f*; Erregung *f* **3.** POL Unruhe *f*; Aufruhrstimmung *f*
agité [aʒite] *adj* ⟨~e⟩ *mer* bewegt; unruhig; stürmisch; *sommeil, malade, enfant, vie* unru-

hig; *vie a* bewegt
agiter [aʒite] **I** *v/t* **1.** *mouchoir, drapeau, bras*
schwenken; *vent: feuilles* bewegen; **agiter**
avant usage vor Gebrauch schütteln; *fig* **agi-**
ter la menace de qc mit etw drohen **2.** *ques-*
tion erörtern; diskutieren **II** *v/pr* **s'agiter** *ma-*
lade, élèves unruhig werden *ou* sein
▸ **agneau** [aɲo] *m* ⟨*∼x*⟩ **1.** Lamm *n* **2.** CUIS
Lamm(fleisch) *n*
agnelet [aɲəlɛ] *m* Lämmchen *n*
Agnès [aɲɛs] *f Vorname*
agnosticisme [agnɔstisism] *m* PHILOS Agnosti-
zismus *m*
agnostique [agnɔstik] **I** *adj* agnostizistisch **II** *m*
Agnostiker *m*
agonie [agɔni] *f* Agonie *f* (*a fig*); Todeskampf
m; **être à l'agonie** im Sterben liegen
agonir [agɔniʀ] *v/t* ⟨*meist nur inf u p/p*⟩ **agonir**
qn d'injures j-n mit Beschimpfungen über-
schütten; *en public* j-n anpöbeln
agonisant [agɔnizɑ̃] *adj* ⟨**-ante** [-ɑ̃t]⟩ im Ster-
ben liegend
agoniser [agɔnize] *v/i* **1.** im Sterben liegen **2.**
fig in den letzten Zügen liegen
agora [agɔʀa] *f dans la Grèce antique* Agora *f*
agoraphobie [agɔʀafɔbi] *f* Platzangst *f*
agrafage [agʀafaʒ] *m* **1.** MÉD Klammern *n* **2.** *de*
papiers Heften *n*
agrafe [agʀaf] *f* **1.** COUT Haken *m* **2.** **agrafe (de**
bureau) Heftklammer *f* **3.** MÉD (Wund)Klam-
mer *f*
agrafer [agʀafe] *v/t* **1.** *vêtement* zuhaken **2.** *pa-*
piers (zusammen)heften
agrafeuse [-øz] *f* Heftapparat *m*
agraire [agʀɛʀ] *adj* **réforme** *f* **agraire** Bodenre-
form *f*
agrandir [agʀɑ̃diʀ] **I** *v/t* vergrößern (*a* PHOT); er-
weitern **II** *v/pr* **s'agrandir** **1.** sich vergrößern;
größer werden; sich ausdehnen **2.** *entrepreneur*
sein Geschäft vergrößern, erweitern; F sich
vergrößern
agrandissement [agʀɑ̃dismɑ̃] *m* Vergrößerung
f (*a* PHOT); Erweiterung *f*
agrandisseur [-œʀ] *m* Vergrößerungsapparat
m; Vergrößerer *m*
▸ **agréable** [agreabl] *adj* angenehm; *maison,*
région nett; hübsch; *visite, nouvelle a* willkom-
men; *physique a* ansprechend; gefällig
agréablement [agreabləmɑ̃] *adv* **agréable-**
ment surpris angenehm überrascht
agréer [agree] *v/t* **1.** *demande, excuse* günstig
aufnehmen; **veuillez agréer, Monsieur, mes**
salutations distinguées mit freundlichen
Grüßen **2.** (*admettre*) zulassen
agrèg [agʀɛg] *f abr* F → **agrégation**
agrégat [agʀega] *m* **1.** MINÉR Aggregat *n* **2.** *fig et*
st/s Konglomerat *n*
agrégatif [agʀegatif] *m*, **agrégative** [-iv] *f* Stu-
dent(in), der (die) sich auf die „Agrégation"
vorbereitet
agrégation [agʀegasjɔ̃] *f Prüfung im Auswahl-*
verfahren für das Lehramt an Gymnasien u
Universitäten
agrégé(e) [agʀeʒe] *m(f)* Gymnasiallehrer(in)
ou Dozent(in), der (die) die „Agrégation" be-
sitzt
agréger [agʀeʒe] *v/t* ⟨**-è-**; **-ge-**⟩ **1.** *cristaux* ver-
festigen; zusammenbacken (**en** zu) **2.** *fig* **agré-**

L'agrégation

Die **agrégation** ist eine Staatsprüfung
für Gymnasiallehrer, aber keine Stu-
dienabschlussprüfung, wie es die licence
und die maîtrise bisher waren. Es han-
delt sich um einen **concours**, das heißt,
eine jährlich stattfindende Zugangsprü-
fung, über die eine jeweils begrenzte
und je nach Bedarf in den einzelnen
Schulfächern wechselnde Zahl beamte-
ter Gymnasiallehrer rekrutiert wird.
Die Meldung zur agrégation setzt min-
destens eine maîtrise (vier Jahre Studi-
um) im betreffenden Fach voraus. Die
Misserfolgsquote liegt bei 80 – 90 %,
weil die Zahl der Kandidaten die Zahl
der jeweils ausgeschriebenen Stellen bei
Weitem übersteigt. Das Überstehen des
Ausleseverfahrens berechtigt zu einem
einjährigen Studiengang an dem Lehrer-
ausbildungszentrum Institut Universitaire
de Formation des Maîtres (IUFM). Die
Absolventen der agrégation, die **agré-**
gé(e)s, stellen die Elite der gymnasialen
Lehrerschaft dar. Sie unterrichten in
der Regel in den höheren Klassen des
lycée oder in den anspruchsvollen **clas-**
ses préparatoires, die auf den **con-**
cours der **grandes écoles** (→ **école**)
vorbereiten.

ger qn à un groupe j-n in e-e Gruppe aufneh-
men
agrément [agʀemɑ̃] *m* **1.** *surtout pl* **agréments**
Annehmlichkeiten *f/pl*; Reize *m/pl*; **jardin** *m*
d'agrément Ziergarten *m*; **voyage** *m* **d'agré-**
ment Vergnügungsreise *f* **2.** (*consentement*)
Zustimmung *f*; Genehmigung *f*
agrémenter [agʀemɑ̃te] *v/t* verzieren (**de** mit);
ausschmücken (mit)
agrès [agʀɛ] *m/pl* (Turn)Geräte *n/pl*
agressé [agʀese] *m* **1.** MIL Angegriffene(r) *m*;
angegriffenes Land **2.** *dans la rue* Überfalle-
ne(r) *m* **3.** e-r körperlichen *ou* seelischen Be-
lastung, dem Stress Ausgesetzte(r) *m*
agresser [agʀese] *v/t* **1.** überfallen; anfallen **2.**
(*gêner*) belästigen; MÉD belasten **3.** *verbale-*
ment **agresser qn** j-n angreifen
agresseur [agʀesœʀ] *m* Angreifer *m* (*a* MIL);
Täter *m*; MIL *a* Aggressor *m*
agressif [agʀesif] *adj* ⟨**-ive** [-iv]⟩ aggressiv; an-
griffslustig; herausfordernd
agression [agʀesjɔ̃] *f* **1.** MIL Angriff *m*; Aggres-
sion *f* (*a* PSYCH); Überfall *m* (*a contre une per-*
sonne) **2.** *par des nuisances* Belästigung *f*; MÉD
Belastung *f*
agressivité [agʀesivite] *f* Aggressivität *f* (*a*
PSYCH)
▸ **agricole** [agʀikɔl] *adj* landwirtschaftlich;
Land(wirtschafts)...; Agrar...
▸ **agriculteur** [agʀikyltœʀ] *m*, **agricultrice**

[agʀikyltʀis] *f* Landwirt(in) *m(f)*
▸ **agriculture** [agʀikyltyʀ] *f* Landwirtschaft *f*
agripper [agʀipe] **I** *v/t* packen; ergreifen **II** *v/pr* **s'agripper** sich festklammern (*à* an + *dat*)
agroalimentaire [agʀoalimãtɛʀ] *m* Nahrungsmittelsektor *m*
agronome [agʀɔnɔm] *m* Agronom *m*
agronomie [-i] *f* Agrarwissenschaften *f/pl*; Agronomie *f*
agronomique [-ik] *adj* agronomisch; agrarwissenschaftlich
agrumes [agʀym] *m/pl* Zitrusfrüchte *f/pl*
aguerrir [ageʀiʀ] *v/t* (*et v/pr* **s'aguerrir** sich) abhärten (*à*, *contre* gegen)
aguets [agɛ] *être aux aguets* auf der Lauer sein, liegen; (*sur ses gardes*) auf der Hut sein
aguichant [agiʃã] *adj* ⟨**-ante** [-ãt]⟩ aufreizend
aguicher [-e] *v/t* aufreizen; umgarnen
aguicheuse [agiʃøz] *une petite aguicheuse* ein kokettes, F kesses Ding
ah [ɑ] *int étonné, admiratif* ah!; oh!; *déçu a* ach!; *iron ou étonné* **ah ah!** aha!
ahuri [ayʀi] **I** *adj* ⟨**~e**⟩ (völlig) verblüfft, verdutzt; perplex **II** *m injure* Hornochse *m*
ahurir [ayʀiʀ] *v/t* (völlig) verblüffen, verdutzen
ahurissant [-isã] *adj* ⟨**-ante** [-ãt]⟩ verblüffend; *nouvelle* unglaublich
ahurissement [-ismã] *m* Verblüffung *f*; Sprachlosigkeit *f*
ai [e] → **avoir¹**
aï [ai] *m* zo Ai *n*; Dreifingerfaultier *n*
▸ **aide¹** [ɛd] *f* **1.** *action* Hilfe *f*; Unterstützung *f*; *à l'aide de* mithilfe (+ *gén*); mittels (+ *gén*); *appeler qn à son aide* j-n zu Hilfe rufen; *venir en aide à qn* j-m zu Hilfe kommen **2.** (finanzielle, materielle) (Bei)Hilfe; *aide sociale* Sozialhilfe *f*
aide² **1.** *m,f personne* Hilfe *f*; Hilfskraft *f*; Gehilfe *m*, Gehilfin *f*; Helfer(in) *m(f)*; *aide familiale* Familienhelferin *f*, -pflegerin *f* **2.** *m* MIL *aide de camp* Adjutant *m*
aide-comptable [ɛdkõtabl] *m,f* ⟨**aides-comptables**⟩ Buchhaltungsgehilfe, -gehilfin *m,f*; Hilfsbuchhalter(in) *m(f)*
aide-cuisinier *m* ⟨**aides-cuisiniers**⟩ Beikoch *m*
aide-maçon *m* ⟨**aides-maçons**⟩ Maurergehilfe *m*; Handlanger *m*
aide-mémoire [ɛdmemwaʀ] *m* ⟨*inv*⟩ kurzer Abriss
▸ **aider** [ede] **I** *v/t* **aider qn** j-m helfen, j-m beistehen, j-m behilflich sein, j-n unterstützen (*à faire qc* etw zu tun *ou* bei etw); *aider qn à obtenir qc* j-m zu etw verhelfen **II** *v/t/indir* **aider à qc** zu etw beitragen **III** *v/pr* **s'aider de qc** etw zu Hilfe nehmen
aide-soignante [ɛdswaɲãt] *f* ⟨**aides-soignantes**⟩ Schwesternhelferin *f*
▸ **aïe** [aj] *int* au!; aua!; autsch!; *fig* **aïe! aïe!** (**aïe!**) au weh!
aïeul(e) [ajœl] *st/s m(f)* Großvater, -mutter *m,f*; *südd* Ahn *m*; Ahne *m,f*; *aïeuls m/pl* Großeltern *pl*
aïeux [ajø] *m/pl st/s* Ahnen *m/pl*
aigle [ɛgl] *m* Adler *m*
aiglefin [ɛgləfɛ̃] *m* Schellfisch *m*
aigre [ɛgʀ] *adj* **1.** sauer; *vin a* säuerlich **2.** *fig vent* scharf; *voix* schrill; *remarque* scharf; bis-

sig
aigre-doux [ɛgʀədu] *adj* ⟨**aigre-douce** [-dus]⟩ **1.** süßsauer **2.** *fig* herb; bittersüß
aigrelet [ɛgʀəlɛ] *adj* ⟨**-ette** [-ɛt]⟩ **1.** leicht säuerlich **2.** *fig voix* piepsig
aigrette [ɛgʀɛt] *f* **1.** zo Silberreiher *m* **2.** *ornement* Federbusch *m*
aigreur [ɛgʀœʀ] *f* **1.** saurer Geschmack; Säure *f* **2.** *fig* Schärfe *f*; Bissigkeit *f* **3.** *aigreurs (d'estomac)* saures Aufstoßen
aigri [egʀi] *adj* ⟨**~e**⟩ verbittert
aigrir [egʀiʀ] **I** *v/t fig* verbittern **II** *v/i* (*et v/pr*) **1.** (**s'**)**aigrir** sauer werden; säuern **2.** *fig il s'est aigri* er ist verbittert, bitter geworden
aigu [egy] *adj* ⟨**aiguë** [egy]⟩ **1.** spitz (*a angle*); *pointe* scharf **2.** *son, cri* schrill; grell; *voix, son a* hoch **3.** *accent aigu* [-tegy] Accent aigu *m* **4.** *douleur* heftig; stark; stechend; *maladie* akut; *crise* zugespitzt **5.** *intelligence* scharf; durchdringend
aigue-marine [ɛgmaʀin] *f* ⟨**aigues-marines**⟩ MINÉR Aquamarin *m*
aiguière [egjɛʀ] *f* Wasserkanne *f*
aiguillage [egɥijaʒ] *m* CH DE FER **1.** Weiche *f* **2.** *manœuvre* Weichenstellung *f* (*a fig*)
▸ **aiguille** [egɥij] *f* **1.** COUT (Näh)Nadel *f*; MÉD Nadel *f*; *aiguille à tricoter* Stricknadel *f* **2.** *d'une montre* Zeiger *m*; *du compteur de vitesse* Nadel *f* **3.** BOT Nadel *f* **4.** GÉOL (Fels)Nadel *f* **5.** *adjt talons m/pl aiguilles* Pfennigabsätze *m/pl*
aiguillée [egɥije] *f* Nähfaden *m*
aiguiller [egɥije] *v/t fig* lenken; führen; leiten
aiguilleur [egɥijœʀ] *m* **1.** CH DE FER Weichensteller *m*, -wärter *m* **2.** *aiguilleur du ciel* Fluglotse *m*
aiguillon [egɥijõ] *m* **1.** zo, BOT Stachel *m* **2.** *fig* Ansporn *m*
aiguillonner [egɥijɔne] *v/t* anspornen; anstacheln
aiguisage [eg(ɥ)izaʒ] *m* Schärfen *n*; Wetzen *n*; Schleifen *n*
aiguiser [egize] *v/t* **1.** schärfen; wetzen; schleifen **2.** *fig curiosité* steigern; *appétit* anregen
aiguiseur [egizœʀ] *m* Schleifer *m*
aiguisoir [-waʀ] *m* Schleifwerkzeug *n*
aïkido [aikido] *m* SPORTS Aikido *n*
ail [aj] *m* Knoblauch *m*
▸ **aile** [ɛl] *f* **1.** zo Flügel *m* (*a* MIL, SPORTS); *des oiseaux a* Schwinge *f*; *fig* **battre de l'aile** angeschlagen sein; *fig* **donner des ailes à qn** j-n beflügeln; *fig* **voler de ses propres ailes** auf eigenen Füßen stehen **2.** AVIAT (Trag)Flügel *m* **3.** AUTO Kotflügel *m* **4.** ARCH (Seiten)Flügel *m*; Seitentrakt *m* **5.** ANAT *aile du nez* Nasenflügel *m*
ailé [ele] *adj* ⟨**~e**⟩ zo geflügelt
aileron [ɛlʀõ] *m* **1.** Flügelspitze *f* **2.** *de certains poissons* Flosse *f* **3.** AVIAT Querruder *n*
ailier [elje] *m* Außen-, Flügelstürmer *m*
aille [aj] → **aller¹**
▸ **ailleurs** [ajœʀ] *adv* anderswo; woanders; F sonstwo; *avec un verbe de mouvement* anderswohin; ▸ *d'ailleurs* übrigens; im Übrigen; *par ailleurs* andererseits; *nulle part ailleurs* sonst nirgends; *fig il est ailleurs* er ist mit s-n Gedanken (ganz) woanders
ailloli [ajɔli] *m* Knoblauchmayonnaise *f*
▸ **aimable** [ɛmabl] *adj* liebenswürdig, freund-

lich (**avec qn** zu j-m)
aimablement [ɛmabləmɑ̃] *adv recevoir qn* freundlich; liebenswürdig; *informer qn* freundlicher-, liebenswürdigerweise
aimant¹ [ɛmɑ̃] *m* Magnet *m*
aimant² *adj* ⟨-ante [-ɑ̃t]⟩ liebevoll
aimantation [ɛmɑ̃tasjõ] *f* Magnetisierung *f*
aimanter [-e] *v/t* magnetisieren
aimé [eme] *adj* ⟨~e⟩ geliebt (*de, par* von); *acteur* beliebt (*du public* beim Publikum)
▸ **aimer** [eme] **I** *v/t* lieben; mögen; gernhaben; *personne, animal a* lieb haben; *mets a* gern essen; **aimer qn** (*être amoureux*) j-n lieben; **aimer faire qc** gern etw tun; **j'aimerais faire qc** ich möchte gern, würde gern etw tun; **aimer que ...** (+ *subj*) es gern sehen, gernhaben, dass ...; **j'aime autant ça** das ist mir lieber; **aimer mieux qc** etw lieber mögen, haben, etw vorziehen; ▸ **aimer mieux faire qc** etw lieber tun **II** *v/pr* **s'aimer** sich lieben
aine [ɛn] *f* ANAT Leiste *f*
▸ **aîné** [ene] **I** *adj* ⟨~e⟩ (*le plus âgé*) älteste; (*plus âgé*) ältere **II** **aîné(e)** *m(f)* Älteste(r) *f(m)*
aînesse [ɛnɛs] *f* HIST **droit** *m* **d'aînesse** Erstgeburtsrecht *n*
▸ **ainsi** [ɛ̃si] *adv* **1.** so; **c'est ainsi que ...** so ...; **ainsi soit-il!** amen!; **s'il en est ainsi** wenn dem so ist; **pour ainsi dire** sozusagen; gewissermaßen; **ainsi que** *comparaison* (so) wie; *énumération* sowie; wie auch **2. ainsi (donc)** (so) also; folglich
aïoli [ajɔli] *m* → **ailloli**
▸ **air¹** [ɛʀ] *m* Luft *f*; **à l'air** an der (frischen) *ou* an die (frische) Luft; **au grand air** [-t-] an *ou* in der frischen Luft; im Freien; **être dans l'air** *maladie* umgehen; grassieren; *idée* in der Luft liegen; **en l'air** in die Luft; *fig promesses* leer; *projets* unrealistisch; **tête** *f* **en l'air** gedankenlos; vergesslich; zerstreut; F *fig* **foutre en l'air** F weg-, fortschmeißen; ▸ **en plein air** [ɑ̃plɛnɛʀ] im Freien; unter freiem Himmel; AGR im Freiland; (*aller*) **prendre l'air** (frische) Luft schöpfen, F schnappen; an die (frische) Luft gehen
air² *m* (*apparence*) Aussehen *n*; (*mine*) Miene *f*; Gesicht(sausdruck) *n(m)*; **air de famille** Familienähnlichkeit *f*; **d'un air embarrassé** mit verlegener Miene; **avoir l'air** (+ *adj*) aussehen; wirken; **avoir l'air de** (+ *inf*) scheinen zu (+ *inf*); so aussehen, als ob ...; **ça en a tout l'air** das sieht ganz danach aus; **avoir l'air de** (+ *subst*) aussehen wie; **n'avoir l'air de rien** nach nichts aussehen; **avoir un drôle d'air** komisch aussehen; **prendre de grands airs** vornehm tun; großtun; angeben
air³ *m* **1.** Melodie *f* **2.** (*chanson*) Weise *f*; Lied *n* **3.** *d'un opéra* Arie *f*
airbag [ɛʀbag] *m* Airbag *m*; **airbag latéral** Seitenairbag *m*
airbus® [ɛʀbys] *m* AVIAT Airbus® *m*
aire [ɛʀ] *f* **1.** (*surface*) (Boden)Fläche *f*; **aire (de repos)** Rastplatz *m* **2.** MATH Flächeninhalt *m* **3.** *des rapaces* Horst *m*
airelle [ɛʀɛl] *f* Heidel-, Blaubeere *f*; **airelle rouge** Preiselbeere *f*
aisance [ɛzɑ̃s] *f* **1.** (*facilité*) Gewandtheit *f*; Leichtigkeit *f* **2.** (*richesse*) Wohlstand *m*;

Wohlhabenheit *f*
aise¹ [ɛz] *f* **1. à votre aise!** wie es (Ihnen) beliebt!; ganz nach (Ihrem) Belieben!; **être à l'aise, à son aise** sich wohlfühlen; **être mal à l'aise** sich unbehaglich fühlen; sich nicht wohlfühlen; **mettez-vous à l'aise** legen Sie doch ab!; **mettre qn à l'aise** j-m die Befangenheit nehmen; **en prendre à son aise avec qc** es sich (*dat*) mit etw leicht machen **2. aises** *pl* Bequemlichkeit *f*; **prendre ses aises** es sich (*dat*) (ganz ungeniert) bequem machen; sich breitmachen **3.** (*richesse*) **être à son aise** wohlhabend, gut situiert sein **4.** F **à l'aise** (*facilement*) leicht
aise² *adj* *st/s* **être bien aise de** (+ *inf*) erfreut sein, zu (+ *inf*)
aisé [eze] *adj* ⟨~e⟩ **1.** *ton* ungezwungen; *style* flüssig **2.** (*riche*) wohlhabend; gut situiert **3.** *st/s* (*facile*) einfach; leicht
aisément [-mɑ̃] *adv* leicht; mühelos
aisselle [ɛsɛl] *f* Achsel(höhle) *f*
Aix-la-Chapelle [ɛkslaʃapɛl] Aachen *n*
ajonc [aʒõ] *m* Stechginster *m*
ajouré [aʒuʀe] *adj* ⟨~e⟩ durchbrochen
ajournement [aʒuʀnəmɑ̃] *m* **1.** *d'un projet etc* Verschiebung *f*; Vertagung *f* **2.** *d'un candidat* Zurückstellung *f*
ajourner [aʒuʀne] *v/t* **1.** verschieben (*à* auf + *acc*; **d'une semaine** um e-e Woche); auf-, hinausschieben; *séance a* vertagen **2.** *candidat* zurückstellen
ajout [aʒu] *m* Hinzufügung *f*
▸ **ajouter** [aʒute] **I** *v/t* hinzufügen (**à** zu); *en parlant a* hinzusetzen; *à un nombre* hinzu- *ou* dazuzählen (zu); CUIS *a* hinzu- *ou* dazugeben, -tun (zu) **II** *v/t/indir* **ajouter à qc** etw noch vergrößern; (*aggraver*) verschlimmern **III** *v/pr* (*venir*) **s'ajouter à** noch hinzu-, dazukommen zu
ajustage [aʒystaʒ] *m* TECH An-, Einpassen *n*
ajustement [aʒystəmɑ̃] *m* **1.** TECH **a)** → **ajustage b)** (*degré de serrage*) Passung *f*; Sitz *m* **2.** *fig* Anpassung *f* (**à** an +*acc*); Abstimmung *f* (mit)
ajuster [aʒyste] **I** *v/t* **1.** passend machen (**à** für); TECH anpassen (+ *dat*); einpassen (in + *acc*); **ajusté** *vêtement* eng anliegend **2.** *fig* anpassen (**à** *dat*); abstimmen (mit) **II** *v/pr* **s'ajuster à** passen zu *ou* in, auf (+ *acc*)
ajusteur [aʒystœʀ] *m* Schlosser *m*
akkadien [akadjɛ̃] HIST **I** *adj* ⟨-ienne [-jɛn]⟩ akkadisch **II** **1. Akkadiens** *m/pl* Akkader *m/pl* **2.** *m* LING **l'akkadien** das Akkadische; Akkadisch *n*
Alain [alɛ̃] *m* Vorname
alaise [alɛz] *f* (Gummi)Unterlage *f*
alambic [alɑ̃bik] *m* Destillierapparat *m*, -kolben *m*; Retorte *f*
alambiqué [alɑ̃bike] *adj* ⟨~e⟩ geschraubt; gewunden
alangui [alɑ̃gi] *adj* ⟨~e⟩ träge; matt
alanguir [-iʀ] *v/t* träge, matt machen
alarmant [alaʀmɑ̃] *adj* ⟨-ante [-ɑ̃t]⟩ alarmierend; besorgniserregend
alarme [alaʀm] *f* **1.** Alarm *m*; **donner l'alarme** Alarm schlagen (*a fig*) **2.** *dispositif* Alarmanlage *f*
alarmer [alaʀme] **I** *v/t* beunruhigen; alarmieren; ängstigen **II** *v/pr* **s'alarmer** sich beunruhi-

gen, ängstigen
alarmiste [alaʀmist] *adj* Angst verbreitend
Alaska [alaska] *l'Alaska m* Alaska *n*
albanais [albanɛ] **I** *adj* ⟨**-aise** [-ɛz]⟩ albanisch
II 1. Albanais(e) *m(f)* Albaner(in) *m(f)* **2.**
LING *l'albanais m* das Albanische; Albanisch
n
Albanie [albani] *l'Albanie f* Albanien *n*
albâtre [albɑtʀ] *m* Alabaster *m*
albatros [albatʀos] *m* Albatros *m*
Albert [albɛʀ] *m Vorname*
albinisme [albinism] *m* Albinismus *m*
albinos [albinos] *m,f* Albino *m*
album [albɔm] *m* **1.** Album *n* (*a de disques*); *al-
bum de photos* Fotoalbum *n* **2.** (*livre illustré*)
Buch *n*; Band *m*
albumine [albymin] *f* Albumin *n*; F *dans les uri-
nes* Eiweiß *n*
alcali [alkali] *m* **1.** CHIM Alkali *n* **2.** COMM Salmi-
akgeist *m*
alcalin [alkalɛ̃] *adj* ⟨**-ine** [-in]⟩ alkalisch
alcaloïde [alkalɔid] *m* CHIM Alkaloid *n*
alchimie [alʃimi] *f* Alchimie *f*
alchimique [-ik] *adj* alchimistisch
alchimiste [-ist] *m* Alchimist *m*
► **alcool** [alkɔl] *m* **1.** Alkohol *m*; *alcool à brûler*
Brennspiritus *m* **2.** *par ext* Schnaps *m*
alcoolémie [alkɔlemi] *f* Blutalkohol(gehalt,
-spiegel) *m*
alcoolique [alkɔlik] **I** *adj* **1.** alkoholisch **2.** *per-
sonne* alkoholabhängig, -krank **II** *m,f* Alkoho-
liker(in) *m(f)*; Trinker(in) *m(f)*
alcoolisation [alkɔlizasjõ] *f* **1.** Alkoholisieren
n, -ung *f*; Zusetzen *n* von Alkohol **2.** MÉD *de
l'organisme* Anreicherung *f* mit Alkohol **3.**
Umwandlung *f* in Alkohol
alcooliser [alkɔlize] **I** *v/t* Alkohol zusetzen (+
dat); *boisson* **alcoolisé** alkoholisch; *non al-
coolisé* alkoholfrei **II** *v/pr* F *s'alcooliser* sich
betrinken
alcoolisme [alkɔlism] *m* Alkoholismus *m*;
Trunksucht *f*
alcoolo [alkɔlo] *adj et m,f* F *abr* → *alcoolique I*
2, II
alco(o)test® [alkɔtɛst] *m* Alkoholtest(gerät)
m(n)
alcôve [alkov] *f* Alkoven *m*; Bettnische *f*
al dente [aldɛnte] *adj* ⟨*inv*⟩ *et adv* CUIS al dente
aléas [alea] *m/pl* Zufälligkeiten *f/pl*; (unange-
nehme) Überraschungen *f/pl*
aléatoire [aleatwaʀ] *adj* zufallsbedingt; vom
Zufall abhängig
alémanique [alemanik] **I** *adj* alemannisch **II** *m*
LING *l'alémanique* das Alemannische; Ale-
mannisch *n*
alentours [alɑ̃tuʀ] *m/pl* **1.** Umgebung *f*; Umge-
gend *f* **2.** *aux alentours de local* in der Gegend
von; *temporel, fig* (so) gegen; (so) um … her-
um
alerte¹ [alɛʀt] *adj personne* munter; flink; mo-
bil; *esprit* rege; aufgeweckt; *style* lebendig;
flott
alerte² *f* **1.** Alarm *m* (*a* MIL); *fig fausse alerte*
falscher, blinder Alarm; *alerte à la bombe, à
l'ozone* Bomben-, Ozonalarm *m*; *donner
l'alerte* Alarm geben **2.** *fig* (drohende) Gefahr;
Alarmsignal *n*
alerter [alɛʀte] *v/t* alarmieren

alésage [alezaʒ] *m* Zylinderbohrung *f*, -durch-
messer *m*
alèse [alɛz] *f* → *alaise*
aléser [aleze] *v/t* ⟨**-è-**⟩ TECH auf-, ausbohren
alevin [alvɛ̃] *m* (Be)Satzfisch *m*
Alexandrie [alɛksɑ̃dʀi] *f en Égypte* Alexandria
n ou Alexandrien *n*
alexandrin [alɛksɑ̃dʀɛ̃] *m vers* Alexandriner
m
alezan [alzɑ̃] *adj* ⟨**-ane** [-an]⟩ fuchsrot
alfa [alfa] *m* **1.** BOT Alfa-, Halfagras *n*; Esparto-
gras *n* **2.** Alfapapier *n*
algarade [algaʀad] *f* Wortwechsel *m*
algèbre [alʒɛbʀ] *f* Algebra *f*
algébrique [alʒebʀik] *adj* algebraisch
Alger [alʒe] Algier *n*
► **Algérie** [alʒeʀi] *l'Algérie f* Algerien *n*

La guerre d'Algérie

Nach dem Zweiten Weltkrieg lehnte
Frankreich die Unabhängigkeit Alge-
riens weiterhin ab. In Algerien stand ei-
ne starke französische Minderheit von
rund einer Million Siedlern (colons) ca.
acht Millionen Einwohnern gegenüber.
Am 1. November 1954 begann die **FLN**
(Front de libération nationale) den be-
waffneten Widerstand gegen die Koloni-
almacht Frankreich. Dieses Datum wur-
de später zum algerischen Nationalfeier-
tag erhoben. Frankreich verstärkte seine
Truppen, auch unter Heranziehung der
Fremdenlegion und entwickelte eine
durch ihre Rücksichtslosigkeit berüch-
tigte Strategie zur Bekämpfung der
Aufständischen. Wegen der Kämpfe
kam es in Frankreich zu heftigen innen-
politischen Auseinandersetzungen. In
einem Referendum im Jahre 1961 spra-
chen sich 78 % der französischen Bevöl-
kerung für eine Beendigung des Krieges
und die Unabhängigkeit Algeriens aus.
Die französischen Siedler beziehungs-
weise ihre Geheimorganisation **OAS**
(Organisation armée secrète) reagierten
mit Terrorakten auf diese Entscheidung,
die mit Vergeltungsschlägen der FLN
beantwortet wurden. Nach langen Ver-
handlungen erkannte Charles de Gaulle
im Abkommen von Evian am 18. März
1962 das Recht Algeriens auf Selbstbe-
stimmung an. Daraufhin kam es zu ei-
ner Massenflucht der französischen
Siedler nach Frankreich. Am 1. Juli
1962 stimmten die Algerier mit 99 %
für die Unabhängigkeit ihres Landes.
Zwei Tage später, am 3. Juli, erkannte
Frankreich die Unabhängigkeit Alge-
riens an.

algérien [alʒeʀjɛ̃] **I** adj ⟨**-ienne** [-jɛn]⟩ algerisch **II 1.** *Algérien(ne)* m(f) Algerier(in) m(f) **2.** LING *l'algérien* m der in Algerien gesprochene arabische Dialekt
algérois [alʒeʀwa] adj ⟨**-oise** [-waz]⟩ (*et subst* *Algérois* Einwohner) von Algier
algorithme [algɔritm] m MATH, INFORM Algorithmus m
algorithmique [-ik] adj algorithmisch
algue [alg] f Alge f
alias [aljɑs] adv alias; auch … genannt
alibi [alibi] m Alibi n (*a fig*)
alicament [alikamɑ̃] m gesundes Lebensmittel; *enrichi en certains éléments* a Lebensmittel n mit gesundheitsfördernden Zusatzstoffen
aliénable [aljenabl] adj JUR veräußerlich; übertragbar
aliénant [-ɑ̃] adj ⟨**-ante** [-ɑ̃t]⟩ *travail, situation* (den Menschen s-m Wesen) entfremdend
aliénation [aljenasjõ] f **1.** JUR (Eigentums)-Übertragung f **2.** MÉD Geistesgestörtheit f **3.** PHILOS Entfremdung f
aliéné(e) [aljene] m(f) Geisteskranke(r) f(m)
aliéner [aljene] ⟨**-è-**⟩ **I** v/t **1.** JUR veräußern; übertragen **2.** (*éloigner*) entfremden (*à dat*) **II** v/pr *s'aliéner qn* sich j-m entfremden; *s'aliéner les sympathies* sich (*dat*) die Sympathien verscherzen
alignement [aliɲmɑ̃] m **1.** (schnurgerade) Ausrichtung, Reihe **2.** CONSTR (Bau)Flucht(linie) f **3.** *fig* Ausrichtung f (*sur* nach); Angleichung f (an + acc)
aligner [aliɲe] **I** v/t **1.** in gerader Linie aufstellen; ausrichten; *phrases, chiffres* aneinanderreihen **2.** *fig* *aligner qc sur qc* etw nach etw ausrichten **II** v/pr *s'aligner* **3.** *personnes* sich in e-r Reihe aufstellen; *objets* aufgereiht sein, stehen **4.** *fig* *s'aligner sur* sich ausrichten nach; einschwenken auf (+ acc)
aligot [aligo] m CUIS Spezialität aus der Auvergne (aus Kartoffelpüree u Hartkäse)
aliment [alimɑ̃] m **1.** Nahrungsmittel n; *aliments* pl a Nahrung f; Lebensmittel n/pl **2.** *fig* Nahrung f
alimentaire [alimɑ̃tɛʀ] adj **1.** Nahrungs…; Ernährungs… **2.** *pension f alimentaire* Unterhaltsrente f **3.** *péj travail* (lediglich) dem Broterwerb dienend
alimentation [alimɑ̃tasjõ] f **1.** Ernährung f; Beköstigung f; Verpflegung f; (*nourriture*) Nahrung f; Kost f **2.** TECH Versorgung f (*en* mit)
alimenter [alimɑ̃te] **I** v/t **1.** (*nourrir*) ernähren **2.** (*approvisionner*) versorgen (*en* mit) **3.** *fig* *alimenter les conversations* Gesprächsstoff liefern **II** v/pr *s'alimenter* sich ernähren; *malade* Nahrung zu sich nehmen
Aline [alin] f Vorname
alinéa [alinea] m TYPO Absatz m
aliter [alite] **I** v/t *être alité* bettlägerig sein; das Bett hüten müssen **II** v/pr *s'aliter* sich ins Bett legen
alizé [alize] m Passat(wind) m
Allah [ala] m REL Allah m
allaitement [alɛtmɑ̃] m Stillen n
allaiter [-e] v/t stillen; ZO säugen
allant [alɑ̃] m Schwung m; Tatkraft f
alléchant [aleʃɑ̃] adj ⟨**-ante** [-ɑ̃t]⟩ verlockend
allécher [-e] v/t ⟨**-è-**⟩ (an)locken

allée [ale] f **1.** Allee f; *dans un cinéma, etc* Gang m **2.** *allées et venues* Laufereien f/pl
allégation [alegasjõ] f Behauptung f
allégé [aleʒe] adj ⟨**~e**⟩ light; leicht; kalorienarm
allégeance [aleʒɑ̃s] f Treuepflicht f
allégement [alɛʒmɑ̃] m **1.** *d'un fardeau* Gewichtsverringerung f **2.** *de charges financières* Verminderung f; Verringerung f; *des programmes scolaires* stoffliche Entlastung
alléger [aleʒe] v/t ⟨**-è-**; **-ge-**⟩ **1.** *fardeau* leichter machen **2.** *charge financière* verringern; senken; *programmes scolaires* entlasten
allégorie [alegɔri] f Allegorie f
allégorique adj [-ik] allegorisch; sinnbildlich
allègre [alɛgʀ] adj fröhlich; vergnügt; munter
allégrement [alɛgʀəmɑ̃] adv munter; frisch--fröhlich (*a iron*)
allégresse [alegʀɛs] f (laute, ausgelassene) Freude; Jubel m
allegretto [alegʀɛ(t)to] adv MUS allegretto; lebhaft
allégretto [alegʀɛ(t)to] m MUS Allegretto n
allegro [alegʀo] adv MUS allegro
allégro [alegʀo] m MUS Allegro n
alléguer [alege] v/t ⟨**-è-**⟩ anführen; vorbringen; ins Feld führen
alléluia [aleluja] **I** int halleluja *ou* alleluja **II** m Halleluja *ou* Alleluja n
▸ **Allemagne** [almaɲ] f *l'Allemagne* f Deutschland n
▸ **allemand** [almɑ̃] **I** adj ⟨**-ande** [-ɑ̃d]⟩ deutsch **II** subst **1.** *Allemand(e)* m(f) Deutsche(r) f(m) **2.** *langue l'allemand* m das Deutsche; Deutsch n
▸ **aller**[1] [ale] ⟨**je vais, tu vas, il va, nous allons, ils vont; j'allais; j'allai; j'irai; que j'aille, que nous allions; va!, aber: vas-y!** [vazi]; **allant; être allé**⟩ **I** v/i **1.** gehen; (*dans un*) *véhicule* fahren; *allez!* los!; vorwärts!; marsch!; *allons! du calme!* nur ruhig Blut!; *allons donc! ou allez donc! ce n'est pas vrai!* ach, geh(en Sie) …; *aller dehors* hinaus-, F rausgehen; *vas-y!, allez--y!* nur zu!; los!; *allons-y! ou on y va!* auf geht's!; *aller à ou en vélo* mit dem (Fahr)Rad fahren; *aller à l'étranger, à Paris, en France* ins Ausland, nach Paris, nach Frankreich gehen, fahren, reisen; *aller à pied* zu Fuß gehen; laufen; *aller chez le*, F *au coiffeur* zum Friseur gehen; *aller en ou par avion* (mit dem Flugzeug) fliegen; *aller en bateau* mit dem Schiff fahren; *aller et venir* hin und her gehen, laufen, fahren; auf und ab gehen; kommen und gehen **2.** (*se porter*) gehen; ▸ *comment allez-vous?* wie geht es Ihnen?; ▸ *comment vas-tu?* wie geht es dir?; F (*comment*) *ça va?* wie geht's?; *ça va* es geht (mir, uns) ganz gut; *choses* das geht; das ist nicht schlecht; *je vais bien*, F *ça va bien* es geht mir gut **3.** (*être seyant*) ▸ *aller bien à qn* j-m (gut) stehen; j-n (gut) kleiden **4.** (*convenir*) *aller à ou avec qc* zu etw passen; *vêtement aller à qn* j-m (in der Größe) passen **II** v/aux **5.** *avec inf ou p/pr*: ▸ *aller chercher qn, qc* j-n, etw holen; ▸ *aller se coucher* schlafen gehen; *aller croissant* zunehmen; *aller en s'améliorant* sich allmählich bessern **6.** *futur proche*: *aller faire qc* gleich, bald, sofort etw tun; *vous allez com-*

prendre Sie werden gleich verstehen; *c'est ce que j'allais dire* das wollte ich gerade, eben sagen **III** *v/imp il y va de …* es geht um … **IV** *v/pr* ▸ *s'en aller* weg-, fortgehen; *tache* weg-, herausgehen; *bouton* bald abgehen

aller[2] *m* **1.** Hinweg *m*, -fahrt *f*, -reise *f*; AVIAT Hinflug *m*; *à l'aller* auf der Hinfahrt *etc* **2.** CH DE FER einfache Fahrkarte; ▸ *aller (et) retour* Rückfahrkarte *f*; *deux allers (et) retours pour Lyon* zweimal Lyon hin und zurück **3.** *adjt* *match m aller* Hinspiel *n*

allergène [alɛʀʒɛn] *m* Allergen *n*

allergénique [alɛʀʒenik] *adj* e-e Allergie hervorrufend

allergie [alɛʀʒi] *f* Allergie *f* (*à* gegen; *a fig*)

allergique [-ik] *adj* allergisch (*à* gegen; *a fig*)

allergologie [alɛʀgɔlɔʒi] *f* Allergologie *f*

allergologue [-lɔg] *m,f* Allergologe, -login *m,f*

alliage [aljaʒ] *m* Legierung *f*

alliance [aljɑ̃s] *f* **1.** POL *et par ext* Bündnis *n*; Allianz *f* **2.** *parent par alliance* angeheiratet; *être parents par alliance* verschwägert sein **3.** *bague* Trau-, Ehering *m*

allié [alje] **I** *adj* ⟨∼e⟩ verbündet; alliiert **II** *m* Verbündete(r) *m*; Alliierte(r) *m*; Bundesgenosse *m*

allier [alje] **I** *v/t* **1.** TECH legieren **2.** *fig allier qc à ou avec qc* etw mit etw verbinden, vereinen **II** *v/pr s'allier* POL sich verbünden (*à* mit)

alligator [aligatɔʀ] *m* Alligator *m*

allitération [aliteʀasjɔ̃] *f* Stabreim *m*; Alliteration *f*

▸ **allo** *ou* **allô** [alo] *int* TÉL hallo!

allocataire [alɔkatɛʀ] *m,f* Beihilfe-, Unterstützungsempfänger(in) *m(f)*, *a* -berechtigte(r) *f(m)*

allocation [alɔkasjɔ̃] *f* Beihilfe *f*; Unterstützung *f*; Zuschuss *m*; *allocations familiales* Kindergeld *n*; *allocation (de) logement* Wohngeld *n*

allocution [alɔkysjɔ̃] *f* Ansprache *f*

allogène [alɔʒɛn] *adj population* zugewandert

allonge [alɔ̃ʒ] *f* **1.** BOUCHERIE Fleischerhaken *m* **2.** BOXE Reichweite *f*

allongé [alɔ̃ʒe] *adj* ⟨∼e⟩ **1.** *forme* länglich **2.** (*couché*) liegend; *être allongé* liegen

allongement [alɔ̃ʒmɑ̃] *m* **1.** *dans l'espace, dans le temps* Verlängerung *f* **2.** PHON, TECH Dehnung *f*; Längung *f*

allonger [alɔ̃ʒe] ⟨-ge-⟩ **I** *v/t* **1.** länger machen; verlängern; *fig allonger le pas* schneller gehen **2.** *membre* (aus)strecken; *cou* recken **3.** F *coup* versetzen; verpassen **4.** F *somme d'argent* zahlen; F blechen **II** *v/pr s'allonger* **5.** länger werden; *fig mine* immer länger werden **6.** (*se coucher*) sich hinlegen; *s'allonger sur* sich legen auf (+ *acc*)

allopathie [alɔpati] *f* MÉD Allopathie *f*

allouer [alwe] *v/t* bewilligen; gewähren

allumage [alymaʒ] *m* **1.** AUTO Zündung *f*; Zündanlage *f* **2.** *d'un feu* Anzünden *n*; *d'une lampe, etc* Einschalten *n*

▸ **allumé** [alyme] *adj* ⟨∼e⟩ *lampe, bougie* brennend; *être allumé* brennen (*a lumière*); F an sein (*a radio, télé, chauffage*)

allume-cigare [alymsigaʀ] *m* ⟨**allume-cigares**⟩ AUTO Zigarettenanzünder *m*

allume-gaz *m* ⟨*inv*⟩ Gasanzünder *m*

▸ **allumer** [alyme] **I** *v/t* **1.** anzünden; *feu a* entzünden; entfachen; F anmachen; *cigarette a* anstecken **2.** *appareil* ein-, anschalten; F anmachen; *lumière, lampe a* F anknipsen; *allumer (l'électricité, la lumière)* Licht machen; F das Licht anmachen **3.** *fig désir* wecken; erregen; F *allumer qn* F j-n anmachen **II** *v/pr s'allumer* **4.** *bois, papier* anbrennen; sich entzünden **5.** *lampe, lumière* angehen; aufleuchten (*a fig regard*)

▸ **allumette** [alymɛt] *f* Zünd-, Streichholz *n*

allumeur [alymœʀ] *m* **1.** AUTO (Zünd)Verteiler *m* **2.** TECH Zündvorrichtung *f*

allumeuse [alymøz] *f* F Anmacherin *f*

allure [alyʀ] *f* **1.** (*vitesse*) Tempo *n*; Geschwindigkeit *f*; *à toute allure* rouler mit hohem Tempo; *faire qc* im Eiltempo **2.** (*démarche*) Gang *m*; *d'animaux a* Gangart *f* **3.** (*aspect*) Aussehen *n*; Erscheinung *f*; *avoir de l'allure* vornehm wirken, aussehen; Stil haben; F viel hermachen

allusif [alyzif] *adj* ⟨**-ive** [-iv]⟩ e-e Anspielung enthaltend; vielsagend

▸ **allusion** [alyzjɔ̃] *f* Anspielung *f* (*à* auf + *acc*); Andeutung *f*; *faire allusion à* anspielen auf (+ *acc*)

alluvial [alyvjal] *adj* ⟨∼e; **-aux** [-o]⟩ GÉOL Alluvial…; angeschwemmt

alluvions [-ɔ̃] *f/pl* GÉOL Anschwemmungen *f/pl*

almanach [almana] *m* Almanach *m*

aloès [alɔɛs] *m* Aloe *f*

aloi [alwa] *de bon aloi succès* Achtung gebietend; *gaîté* echt

▸ **alors** [alɔʀ] **I** *adv* **1.** *dans le passé* damals; *d'alors* damalige; *jusqu'alors* bis dahin **2.** *consécutif* da; dann; *et alors* und dann **3.** F *alors?* was nun?; *alors, ça va?* F na, wie gehts?; *ça alors!* na so was!; *et (puis) alors?* na und? **II** ▸ *alors que* während

alouette [alwɛt] *f* Lerche *f*

alourdir [aluʀdiʀ] *v/t* **1.** schwer(er) machen; *fig* schwerfällig machen (*a style*) **2.** *charges fiscales* erhöhen

alourdissement [aluʀdismɑ̃] *m* Schwererwerden *n*

aloyau [alwajo] *m* Lendengegend *f*

alpaga [alpaga] *m* Alpaka *n*

alpage [alpaʒ] *m* Alm *f*

alpaguer [alpage] *v/t arg policier alpaguer qn* F j-n schnappen

alpe [alp] *f* Alm *f*

Alpe d'Huez *L'Alpe d'Huez* [lalpədɥɛz] *frz Wintersportort*

▸ **Alpes** [alp] *les Alpes f/pl* die Alpen *pl*

Alpes-de-Haute-Provence [alp(ə)dəotpʀɔvɑ̃s] *les Alpes-de-Haute-Provence f/pl frz Departement*

Alpes-Maritimes [alp(ə)maʀitim] *les Alpes-Maritimes f/pl frz Departement*

alpestre [alpɛstʀ] *adj* Alpen…

alpha [alfa] *m lettre grecque* Alpha *n*

alphabet [alfabɛ] *m* Alphabet *n*; Abc *n*

alphabétique [alfabetik] *adj* alphabetisch

alphabétisation [-izasjɔ̃] *f* Alphabetisierung *f*; Beseitigung *f* des Analphabetentums

alphabétiser [-ize] *v/t* alphabetisieren; (das) Lesen und Schreiben beibringen (*qn* j-m)

alphabétisme [-ism] *m* Buchstabenschrift *f*

alphanumérique [alfanymeʀik] *adj* INFORM alphanumerisch
Alphonse [alfõs] *m* Vorname
alpin [alpɛ̃] *adj* ⟨**-ine** [-in]⟩ Alpen…; alpin
alpinisme [alpinism] *m* Bergsteigen *n*; Alpinismus *m*
alpiniste [-ist] *m,f* Bergsteiger(in) *m(f)*
▸ **Alsace** [alzas] *l'Alsace f* das Elsass
Alsace-Lorraine [alzaslɔʀɛn] HIST *l'Alsace--Lorraine f* Elsass-Lothringen *n*
alsacien [alzasjɛ̃] **I** *adj* ⟨**-ienne** [-jɛn]⟩ elsässisch; Elsässer **II** *Alsacien(ne)* *m(f)* Elsässer(in) *m(f)*
altération [alteʀasjõ] *f* Verschlechterung *f*; Beeinträchtigung *f*; Veränderung *f*
altercation [altɛʀkasjõ] *f* (kurze, heftige) Auseinandersetzung
alter ego [altɛʀego] *m* Alter Ego *n*; zweites, anderes Ich
altérer [alteʀe] ⟨**-è-**⟩ **I** *v/t* **1.** verschlechtern; *relations* beeinträchtigen; *aliments* verderben; *d'une voix altérée* mit versagender Stimme **2.** (*falsifier*) verfälschen; *vérité, texte a* entstellen **3.** *altérer qn* j-n durstig machen **II** *v/pr s'altérer* schlechter werden; sich verschlechtern; *visage, couleurs* sich verändern
altérité [alteʀite] *f* PHILOS Andersheit *f*
altermondialisation [altɛʀmõdjalizasjõ] *f* globalisierungskritische Bewegung
altermondialiste [-ist] **I** *adj* mouvement globalisierungskritisch **II** *m,f* Globalisierungskritiker(in) *m(f)*
alternance [altɛʀnɑ̃s] *f* (regelmäßiger) Wechsel; POL (demokratischer) Machtwechsel
alternant [altɛʀnɑ̃] *adj* ⟨**-ante** [-ɑ̃t]⟩ (ab)wechselnd; alternierend
alternateur [-atœʀ] *m* ÉLECT Wechselstromgenerator *m*
alternatif [altɛʀnatif] *adj* ⟨**-ive** [-iv]⟩ **1.** regelmäßig wechselnd; alternierend; *courant alternatif* Wechselstrom *m* **2.** *solution, médecine* alternativ
alternative [altɛʀnativ] *f* **1.** Alternative *f* **2.** *alternatives pl* regelmäßiger Wechsel
alternativement [-mɑ̃] *adv* abwechselnd; wechselseise
alterné [altɛʀne] *adj* ⟨**∼e**⟩ abwechselnd; Wechsel…; alternierend
alterner [-e] *v/i* (ab)wechseln (*avec* mit); alternieren
Altesse [altɛs] *f titre* Hoheit *f*
altier [altje] *adj* ⟨**-ière** [-jɛʀ]⟩ stolz
altimètre [altimɛtʀ] *m* Höhenmesser *m*
altimétrie [-metʀi] *f* Höhenmessung *f*
▸ **altitude** [altityd] *f* Höhe *f* (über dem Meeresspiegel); *voler à basse altitude* in geringer Höhe; *en altitude* in großer Höhe
alto [alto] *m* Bratsche *f*
altruisme [altʀɥism] *m* Altruismus *m*; Selbstlosigkeit *f*
altruiste [-ist] **I** *adj* altruistisch; selbstlos **II** *m,f* Altruist(in) *m(f)*
alu [aly] *m abr* (*aluminium*) F Alu *n*; *adjt papier m alu* Alufolie *f*
aluminium [alyminjɔm] *m* Aluminium *n*
alunir [alyniʀ] *v/i* auf dem Mond landen
alunissage [-isaʒ] *m* Mondlandung *f*
alvéolaire [alveɔlɛʀ] *adj* ANAT, PHON *sc* alveo-

lar; Alveolar…; das Zahnfach *bzw* die Lungenbläschen betreffend; *consonne a* mit der Zungenspitze am Zahnfleisch gebildet
alvéole [alveɔl] *f* **1.** *d'abeille* Zelle *f* **2.** ANAT *sc* Alveole *f*; *alvéole dentaire* Zahnfach *n*; *alvéole pulmonaire* Lungenbläschen *n* **3.** *par ext* Wabe *f*; Zelle *f*
alvéolé [alveɔle] *adj* ⟨**∼e**⟩ zellen-, wabenartig
alzheimer [alzajmœʀ] *m* MÉD Alzheimerkrankheit *f*
amabilité [amabilite] *f* Liebenswürdigkeit *f*; Freundlichkeit *f*
amadouer [amadwe] *v/t* besänftigen; für sich gewinnen
amaigri [amegʀi] *adj* ⟨**∼e**⟩ abgemagert
amaigrir [amegʀiʀ] *v/t* *amaigrir qn* an j-m zehren
amaigrissant [amegʀisɑ̃] *adj* ⟨**-ante** [-ɑ̃t]⟩ *régime amaigrissant* Abmagerungsdiät *f*
amaigrissement [amegʀismɑ̃] *m* Abmagerung *f*; Gewichtsverlust *m*
amalgame [amalgam] *m* MÉD, *fig* Amalgam *n*; *fig a* Gemisch *n*
amalgamer [-e] *v/t fig* miteinander vermischen, verquicken
amande [amɑ̃d] *f* **1.** Mandel *f*; *fig yeux en amande* Mandelaugen *n/pl* **2.** *dans un noyau* Samen(kern) *m* **3.** *adjt vert amande* ⟨*inv*⟩ lind-, zartgrün
amandier [amɑ̃dje] *m* Mandelbaum *m*
amandine [-in] *f pâtisserie* Mandelteilchen *n*, -schnitte *f*
amanite [amanit] *f* Knollenblätterpilz *m*; Wulstling *m*
amant [amɑ̃] *m* Geliebte(r) *m*; Liebhaber *m*; *les amants* die Liebenden *pl*
amante [amɑ̃t] *litt f* Geliebte *f*
amarrage [amaʀaʒ] *m* **1.** *d'un bateau* Festmachen *n*; Vertäuen *n* **2.** *d'un engin spatial* Andocken *n*; Ankoppeln *n*
amarre [amaʀ] *f* MAR Haltetau *n*; Leine *f*
amarrer [-e] *v/t bateau* festmachen; vertäuen; *engin spatial* andocken; ankoppeln
amaryllis [amaʀilis] *f* BOT Amaryllis *f*
amas [ama] *m* **1.** Haufen *m* **2.** *fig* Anhäufung *f*, Ansammlung *f* (*de* von)
amasser [amase] **I** *v/t* anhäufen; ansammeln; zusammentragen; horten **II** *v/pr s'amasser* sich anhäufen; sich ansammeln
amateur [amatœʀ] *m* **1.** Liebhaber(in) *m(f)*; Freund(in) *m(f)*; *amateur de musique* Musikliebhaber(in) *m(f)*, -freund(in) *m(f)* **2.** SPORTS Amateur(in) *m(f)*; THÉ Laienspieler(in) *m(f)*; *photographe m amateur* Amateurfotograf *m*; Fotoamateur *m* **3.** *péj* Amateur(in) *m(f)*; Dilettant(in) *m(f)*; *en amateur* amateurhaft; dilettantisch
amateurisme [amatœʀism] *m* **1.** SPORTS Amateurstatus *m* **2.** *péj* Dilettantismus *m*
amazone [amazon] *f* Reiterin *f*; Amazone *f* (*a* MYTH); *en amazone* im Damensitz
Amazone [amazon] *f l'Amazone f* der Amazonas
Amazonie [amazɔni] *f l'Amazonie f* Amazonien *n*
amazonien [amazɔnjɛ̃] *adj* ⟨**-ienne** [-jɛn]⟩ Amazonas…
ambages [ɑ̃baʒ] *f sans ambages* ohne Um-

schweife; freiheraus

ambassade [ãbasad] *f* Botschaft *f*

ambassadeur [ãbasadœʀ] *m* Botschafter *m* (*a fig*)

ambassadrice [-dʀis] *f* Botschafterin *f*

▸ **ambiance** [ãbjãs] *f* Stimmung *f*; Atmosphäre *f*; Ambiente *n*; *dans une entreprise* Betriebsklima *n*; **mettre de l'ambiance** für Stimmung sorgen

ambiant [ãbjã] *adj* ⟨**-ante** [-ãt]⟩ umgebend; **température ambiante** Raumtemperatur *f*

ambidextre [ãbidɛkstʀ] *adj* beidhändig

ambigu [ãbigy] *adj* ⟨**ambiguë** [ãbigy]⟩ **1.** zwei-, doppel-, mehrdeutig **2.** *péj* zweideutig; undurchsichtig

ambiguïté [ãbigɥite] *f* Zwei-, Doppel-, Mehrdeutigkeit *f*; **sans ambiguïté** unzweideutig; unmissverständlich

ambitieux [ãbisjø] **I** *adj* ⟨**-euse** [-øz]⟩ ehrgeizig; *péj* ambitiös; *personne a* ambitioniert; strebsam **II ambitieux, ambitieuse** *m,f* ehrgeiziger Mensch; *péj* Ehrgeizling *m*

ambition [ãbisjõ] *f* **1.** Ehrgeiz *m*; **ambitions** *pl* Ambitionen *f/pl* **2.** **l'ambition de** (+ *inf*) das Bestreben zu (+ *inf*)

ambitionner [ãbisjɔne] *v/t* erstreben; **ambitionner de** (+ *inf*) danach streben zu (+ *inf*)

ambivalence [ãbivalãs] *f* Ambivalenz *f*; Doppelwertigkeit *f*; *des sentiments* Zwiespältigkeit *f*

ambivalent *adj* ⟨**-ente** [-ãt]⟩ ambivalent; doppelwertig; zwiespältig

amble [ãbl] *m* Passgang *m*

ambre [ãbʀ] *m* **1. ambre (jaune)** Bernstein *m* **2. ambre (gris)** Amber *m*; Ambra *f*

ambré [ãbʀe] *adj* ⟨**~e**⟩ **1.** *parfum* nach Ambra duftend **2.** *couleur* bernsteinfarben

Ambroise [ãbʀwaz] *m Vorname*

▸ **ambulance** [ãbylãs] *f* Krankenwagen *m*

ambulancier [-je] *m*, **ambulancière** [-jɛʀ] *f* Krankenwagenfahrer(in) *m(f)*

ambulant [ãbylã] *adj* ⟨**-ante** [-ãt]⟩ umherziehend; COMM ambulant; *fig cadavre* wandelnd; **comédiens ambulants** Wanderbühne *f*

ambulatoire [ãbylatwaʀ] *adj* MÉD ambulant

▸ **âme** [ɑm] *f* Seele *f* (*a* REL, *fig personne*); Gemüt *n*; PSYCH Psyche *f*; **état m d'âme** Gemutsverfassung *f*; **avec âme** gefühlvoll; *être artiste* **dans l'âme** mit Leib und Seele; **en son âme et conscience** nach bestem Wissen und Gewissen; **errer comme une âme en peine** ruhelos, ziellos umherirren; **ne pas rencontrer âme qui vive** keiner Menschenseele begegnen; **rendre l'âme** s-n Geist aufgeben (*a fig*)

Amédée [amede] *m Vorname*

Amélie [ameli] *f Vorname*

améliorant [ameljɔʀã] *adj* ⟨**-ante** [-ãt]⟩ AGR *plantes* den Boden verbessernd

amélioration [ameljɔʀasjõ] *f* Verbesserung *f*; *de l'état de santé* Besserung *f*; **amélioration (du temps)** Wetterbesserung *f*

améliorer [ameljɔʀe] **I** *v/t* verbessern **II** *v/pr* ▸ **s'améliorer** sich bessern; besser werden

amen [amɛn] *adv* amen

aménagement [amenaʒmã] *m* **1.** Einrichtung *f* (**en** als); Ausstattung *f*; Gestaltung *f*; (*transformation*) Umgestaltung *f*; Umbau *m*, Ausbau *m* (**en bureau** als Büro); Umstellung *f*; Anpas-

sung *f* **2. aménagement du territoire** Raumordnung *f*; Regionalplanung *f*

aménager [amenaʒe] *v/t* ⟨**-ge-**⟩ einrichten; ausstatten; gestalten; *pour le tourisme* erschließen; *parc* anlegen; *pour une autre utilisation* umgestalten; um-, ausbauen (**en** als); *horaires, programmes* umstellen; (den jeweiligen Bedürfnissen) anpassen

▸ **amende** [amãd] *f* **1.** JUR Geldstrafe *f*; Bußgeld *n*; **sous peine d'amende** bei (Geld)Strafe **2. faire amende honorable** um Verzeihung bitten; Abbitte leisten

amendement [amãdmã] *m* POL Änderungsantrag *m*

amender [amãde] **I** *v/t* **1.** POL (ab)ändern **2.** AGR *sol* verbessern **II** *v/pr* **s'amender** sich bessern

amène [amɛn] *st/s adj* liebenswürdig

amener [amne] ⟨**-è-**⟩ **I** *v/t* **1.** (mit-, her)bringen **2.** *à un certain point* bringen; *liquide a* leiten **3.** (*entraîner*) (mit sich) bringen; zur Folge haben **4. amener qn à faire qc** j-n dazu bringen *ou* j-n veranlassen, etw zu tun **II** *v/pr* F **s'amener** F aufkreuzen

amenuisement [amənɥizmã] *m* Verminderung *f*; Verringerung *f*

amenuiser [amənɥize] *v/pr* **s'amenuiser** sich verringern; sich vermindern

▸ **amer** [amɛʀ] *adj* ⟨**-ère** [-ɛʀ]⟩ **1.** *goût* bitter **2.** *fig* bitter; herb; *personne* verbittert

amèrement [amɛʀmã] *adv se plaindre, regretter* bitter; *pleurer* bitterlich

▸ **américain** [ameʀikɛ̃] **I** *adj* ⟨**-aine** [-ɛn]⟩ amerikanisch **II Américain(e)** *m(f)* Amerikaner(in) *m(f)*

américanisation [ameʀikanizasjõ] *f* Amerikanisierung *f*

américaniser [-ize] *v/t* amerikanisieren

américanisme [-ism] *m* LING Amerikanismus *m*

américaniste [-ist] *m,f* Amerikanist(in) *m(f)*

amérindien [ameʀɛ̃djɛ̃] *sc adj* ⟨**-ienne** [-jɛn]⟩ Indianer...; der Indianer

▸ **Amérique** [ameʀik] *f* **l'Amérique** *f* Amerika *n*; **l'Amérique centrale** Mittelamerika *n*; **l'Amérique du Nord, du Sud** Nord-, Südamerika *n*

Amerloque [amɛʀlɔk] *m* F (*Américain*) F Ami *m*; Yankee *m*

amerrir [ameʀiʀ] *v/i* AVIAT wassern

amerrissage [-isaʒ] *m* Wassern *n*, -ung *f*

amertume [amɛʀtym] *f* **1.** bitterer Geschmack **2.** *fig* Bitterkeit *f*; Verbitterung *f*

améthyste [ametist] *f* Amethyst *m*

ameublement [amœbləmã] *m* (Zimmer-, Wohnungs)Einrichtung *f*

ameublir [amœbliʀ] *v/t terre* (auf)lockern

ameublissement [-ismã] *m* **1.** *de la terre* (Auf)Lockern *n*, -ung *f* **2.** JUR *de la fortune immobilière d'un époux* Einbringung *f* in das Gesamtgut

ameuter [amøte] *v/t* **1. ameuter les gens** e-n Menschenauflauf hervorrufen **2.** (*soulever*) aufhetzen (**contre** gegen)

▸ **ami(e)** [ami] **I** *m(f)* Freund(in) *m(f)*; **petit(e) ami(e)** Freund(in) *m(f)* (*Geliebte[r]*); **ami(e) d'enfance** Jugendfreund(in) *m(f)*; **chambre f d'ami(s)** Gast-, Gästezimmer *n*; **se faire des amis** Freunde gewinnen **II** *adj* **1.** befreundet; *fig* **être ami de qc** etw lieben, schätzen **2.**

(*amical*) freundlich
amiable [amjabl] **à l'amiable** gütlich; auf gütlichem Wege
amiante [amjɑ̃t] *m* Asbest *m*
amibe [amib] *f* Amöbe *f*
amibien [-jɛ̃] *adj* ⟨**-ienne** [-jɛn]⟩ MÉD Amöben...
▸ **amical** [amikal] *adj* ⟨∼e; **-aux** [-o]⟩ *ton, relations* freundschaftlich; *air, ton a* freundlich; *match amical* Freundschaftsspiel *n*
amicale [amikal] *f* Verein *m*
amicalement [-mɑ̃] *adv* freund(schaft)lich; *à la fin d'une lettre* mit herzlichem Gruß
amidon [amidõ] *m* CHIM Stärke *f*
amidonnage [amidɔnaʒ] *m du linge* Stärken *n*
amidonner [-e] *v/t linge* stärken
amidonnerie [-ʀi] *f* Stärkefabrik *f*
amidonnier [-je] *m* **1.** Stärkehersteller *m*, -fabrikant *m* **2.** Arbeiter *m* in e-r Stärkefabrik
Amiens [amjɛ̃] *Stadt im Dep. Somme*
amincir [amɛ̃siʀ] **I** *v/t* schlank machen; schlanker erscheinen lassen **II** *v/pr* **s'amincir** dünner werden
aminé [amine] *adj* ⟨∼e⟩ CHIM Amino...
amiral [amiral] *m* ⟨**-aux** [-o]⟩ Admiral *m*
amirauté [amiʀote] *f* MAR Admiralität *f*
▸ **amitié** [amitje] *f* **1.** Freundschaft *f*; *prendre qn en amitié* j-n lieb gewinnen **2.** *amitiés pl* (freundliche, herzliche) Grüße *m/pl*
ammoniac [amɔnjak] *m* Ammoniak *n*
ammoniaque [amɔnjak] *f* Salmiakgeist *m*
amnésie [amnezi] *f* Gedächtnisschwund *m*
amnésique [-ik] *adj et m,f* an Gedächtnisschwund leidend, Leidende(r) *f(m)*
amniocentèse [amnjosɛ̃tɛz] *f* Fruchtwasseruntersuchung *f*
amniotique [amnjɔtik] *adj liquide m amniotique* Fruchtwasser *n*
amnistie [amnisti] *f* Amnestie *f*; *loi f d'amnistie* Amnestiegesetz *n*
amnistié(e) [amnistje] *m(f)* Amnestierte(r) *f(m)*
amnistier [amnistje] *v/t* amnestieren; *être amnistié* unter die Amnestie fallen
amocher [amɔʃe] F *v/t* übel zurichten (*a qn*); F ramponieren
amoindrir [amwɛ̃dʀiʀ] **I** *v/t* verringern; (ver)mindern **II** *v/pr* **s'amoindrir** sich verringern; sich vermindern; *forces* abnehmen; schwinden
amoindrissement [amwɛ̃dʀismɑ̃] *m* Verringerung *f*; (Ver)Minderung *f*; *des forces* Abnahme *f*
amok [amɔk] *m* **1.** Amok(lauf) *m* **2.** Amokläufer *m*
amollir [amɔliʀ] **I** *v/t* aufweichen **II** *v/pr* **s'amollir 1.** aufweichen **2.** *énergie* erschlaffen; erlahmen
amollissant [amɔlisɑ̃] *adj* ⟨**-ante** [-ɑ̃t]⟩ *climat* schlapp, träge machend
amollissement [-mɑ̃] *m* Erschlaffung *f*; Nachlassen *n*
amonceler [amõsle] ⟨**-ll-**⟩ **I** *v/t* an-, aufhäufen **II** *v/pr* **s'amonceler** sich aufhäufen; sich stapeln; sich (auf)türmen
amoncellement [amõsɛlmɑ̃] *m* Haufen *m*; Berg *m*; (*pile*) Stapel *m*
amont [amõ] *m* **en amont** strom-, flussaufwärts; **en amont de** oberhalb von (*ou + gén*)

amoral [amɔʀal] *adj* ⟨∼e; **-aux** [-o]⟩ amoralisch
amoralisme [-ism] *m* Amoralismus *m*
amoraliste [-ist] **I** *adj* amoralistisch **II** *m,f* Amoralist *m*; amoralischer Mensch
amoralité [-ite] *f* Amoralität *f*
amorçage [amɔʀsaʒ] *m* **1.** TECH *et fig* Ingangsetzung *f* **2.** *de munitions* Scharfmachen *n* **3.** ÉLECT Erregung *f*
amorce [amɔʀs] *f* **1.** PÊCHE Köder *m* **2.** *d'explosif* Zündhütchen *n*; Sprengkapsel *f* **3.** (*début*) Auftakt *m* (**de** zu); Beginn *m*
amorcer [amɔʀse] ⟨**-ç-**⟩ **I** *v/t* **1.** PÊCHE ködern **2.** (*commencer*) in Gang bringen; in die Wege leiten; anbahnen; beginnen **3.** *charge explosive* scharf machen **II** *v/pr* **s'amorcer** in Gang kommen; sich anbahnen; beginnen
amorphe [amɔʀf] *adj* energie-, willenlos; F schlapp; F lahm
amorti [amɔʀti] *m* FOOTBALL Stoppen *n* (des Balls); TENNIS **a)** Kurzschlagen *n* **b)** Stoppschlag *m*
amortir [amɔʀtiʀ] *v/t* **1.** *choc, bruit* dämpfen **2.** *dette* tilgen; amortisieren **3.** *matériel* abschreiben; amortisieren
amortissement [amɔʀtismɑ̃] *m* **1.** *d'une dette* Tilgung *f*; Amortisation *f* **2.** *d'un investissement* Abschreibung *f*; Amortisation *f* **3.** *d'un choc, d'un bruit* Dämpfung *f*
amortisseur [-œʀ] *m* Stoßdämpfer *m*
▸ **amour** [amuʀ] *m* **1.** Liebe *f*; **amour de son métier** Liebe zu s-m Beruf; **amour du prochain** Nächstenliebe *f*; **amour de la vérité** Wahrheitsliebe *f*; *quand qn éternue* **à tes, vos amours!** Gesundheit!; ▸ **éprouver de l'amour pour qn** Liebe für j-n empfinden, fühlen; **faire l'amour** sich (*sexuell*) lieben; **filer le parfait amour** im sieb(en)ten Himmel sein; *fig* **vivre d'amour et d'eau fraîche** von Luft und Liebe leben **2.** (*personne aimée*) Liebe *f*; **mon amour** (mein) Liebling *m*, Schatz *m*, Herzchen *n* **3.** **amours** *f/pl* Liebschaften *f/pl*; Amouren *pl*; *fig* **revenir, retourner à ses premières amours** zu s-r ersten Liebe zurückkehren; s-r alten Leidenschaft (*dat*) wieder frönen **4.** F *fig* **un amour de ...** e-e (ein) allerliebste(r, -s), herzige(r, -s), F goldige(r, -s) ... **5.** MYTH **l'Amour** Amor *m*
amouracher [amuʀaʃe] *v/pr* **s'amouracher de qn** *péj* sich in j-n vernarren, F verknallen
amourette [amuʀɛt] *f* Liebelei *f*
▸ **amoureux** [amuʀø] **I** *adj* ⟨**-euse** [-øz]⟩ verliebt (**de** in + *acc*); **vie amoureuse** Liebesleben *n*; **être amoureux de qn** in j-n verliebt sein; **tomber amoureux de qn** sich in j-n verlieben **II** **amoureux, amoureuse** *m,f* Liebende(r) *f(m)*; Verliebte(r) *f(m)*; *d'une femme* Liebhaber *m*
amour-propre *m* ⟨**amours-propres**⟩ Selbstachtung *f*, -(wert)gefühl *n*
amovibilité [amɔvibilite] *f d'un fonctionnaire* Ab-, Versetzbarkeit *f*
amovible [-ibl] *adj* **1.** *fonctionnaire* versetzbar; (*révocable*) absetzbar **2.** *doublure* herausnehmbar; ausknöpfbar; *housse* abnehmbar
ampérage [ɑ̃peʀaʒ] *m* Stromstärke *f*
ampère [ɑ̃pɛʀ] *m* Ampere *n*
ampère-heure *m* ⟨**ampères-heures**⟩ ÉLECT Amperestunde *f*

ampèremètre *m* ÉLECT Amperemeter *n*; Strommesser *m*

amphétamine [ɑ̃fetamin] *f* Amphetamin *n*; Weckamin *n*

amphi [ɑ̃fi] *m abr* F → **amphithéâtre**

amphibie [ɑ̃fibi] *adj* **1.** BIOL amphibisch **2.** *véhicule m* **amphibie** Amphibienfahrzeug *n*

amphibiens [ɑ̃fibjɛ̃] *m/pl* ZO Amphibien *f/pl*; Lurche *m/pl*

amphithéâtre [ɑ̃fiteɑtʀ] *m* **1.** Hörsaal *m*; Auditorium *n* **2.** *antique* Amphitheater *n*

amphore [ɑ̃fɔʀ] *f* Amphore *f*

ample [ɑ̃pl] *adj* **1.** *vêtement* weit; *mouvement* weit ausholend **2.** *sujet* weitläufig; **de plus amples renseignements** nähere Auskünfte *f/pl*

amplement [ɑ̃pləmɑ̃] *adv suffire* völlig

ampleur [ɑ̃plœʀ] *f* **1.** *d'un vêtement* Weite *f* **2.** *fig* Ausmaß *n*; Umfang *m*; **prendre de l'ampleur** sich ausweiten

ampli [ɑ̃pli] F *m ou* **amplificateur** [ɑ̃plifikatœʀ] *m* Verstärker *m*

amplification [ɑ̃plifikasjɔ̃] *f* **1.** ÉLECTRON Verstärkung *f* **2.** *d'une crise, de relations commerciales* Ausweitung *f*; Erweiterung *f*; *d'un mouvement de grève a* Ausbreitung *f*; Anschwellen *n*

amplifier [ɑ̃plifje] **I** *v/t* **1.** ÉLECTRON verstärken **2.** *fig* ausweiten; erweitern **II** *v/pr* **s'amplifier** *crise* sich ausweiten; *son* anschwellen

amplitude [ɑ̃plityd] *f* PHYS Amplitude *f*

▸ **ampoule** [ɑ̃pul] *f* **1.** PHARM Ampulle *f* **2.** ÉLECT Glühlampe *f*; (Glüh)Birne *f*; **changer une ampoule** e-e Birne auswechseln **3.** *sous la peau* Blase *f*; **se faire des ampoules aux pieds** sich (*dat*) Blasen laufen

ampoulé [ɑ̃pule] *adj* ⟨**~e**⟩ schwülstig

amputation [ɑ̃pytasjɔ̃] *f* **1.** MÉD Amputation *f* **2.** *fig* Kürzung *f*

amputé(e) [ɑ̃pyte] *m(f)* Amputierte(r) *f(m)*; **amputé(e) d'un bras** Armamputierte(r) *f(m)*; Einarmige(r) *f(m)*

amputer [ɑ̃pyte] *v/t* **1.** amputieren; *membre a* abnehmen; **amputer qn d'une jambe** j-m ein Bein amputieren, abnehmen **2.** *fig* kürzen (**de** um)

Amsterdam [amstɛʀdam] Amsterdam *n*

amuïr [amyiʀ] *v/pr* PHON **s'amuïr** verstummen

amuïssement [-ismɑ̃] *m* PHON Verstummen *n*

amulette [amylɛt] *f* Amulett *n*

▸ **amusant** [amyzɑ̃] *adj* ⟨**-ante** [-ɑ̃t]⟩ lustig; unterhaltend; amüsant; vergnüglich

amuse-bouche [amyzbuʃ] *m* ⟨**amuse-bouche(s)**⟩ *ou* **amuse-gueule** *m* ⟨**amuse-gueule(s)**⟩ Appetithäppchen *n*

amusement [amyzmɑ̃] *m* Vergnügen *n*; Belustigung *f*; Amüsement *n*

▸ **amuser** [amyze] **I** *v/t* **1.** belustigen; erheitern; amüsieren; **qc amuse qn** *a* etw macht j-m Spaß **2.** (*détourner l'attention*) **amuser qn** j-n ablenken, hinhalten **II** *v/pr* ▸ **s'amuser** sich vergnügen, sich belustigen, sich amüsieren (**avec** mit); **s'amuser à faire qc** s-n Spaß daran haben, etw zu tun; **pour s'amuser** (einfach) zum Spaß; ▸ **amuse-toi, amusez-vous bien!** viel Vergnügen!

amusette [amyzɛt] *f* (kleiner, harmloser) Zeitvertreib

amuseur [-œʀ] *m* Spaßmacher *m*

amygdale [ami(g)dal] *f* ANAT Mandel *f*

▸ **an** [ɑ̃] *m* Jahr *n*; ▸ **au nouvel an, le jour de l'An** zu, an Neujahr; am Neujahrstag; **il y a un an** vor e-m Jahr; **à vingt ans** mit zwanzig (Jahren); *enfant* **de neuf ans** neunjährig; von neun Jahren; **par an** jährlich; im, pro Jahr; **tous les ans** alljährlich; jedes Jahr; alle Jahre; **bon an, mal an** im Durchschnitt; **aller sur ses cinquante ans** auf die fünfzig zugehen; **avoir trente ans** dreißig (Jahre alt) sein

anabolisant [anabɔlizɑ̃] *m* Anabolikum *n*

anachronique [anakʀɔnik] *adj* anachronistisch; *par ext a* unzeitgemäß

anachronisme [-ism] *m* Anachronismus *m*

anaérobie [anaeʀɔbi] *adj* **1.** BIOL anaerob; ohne Sauerstoff lebend; **micro-organismes** *m/pl* **anaérobies** *ou subst* **anaérobies** *m/pl* Anaerobier *m/pl* **2.** TECH *propulseur* nicht an die Lufthülle gebunden; autogen

anagramme [anagʀam] *f* Anagramm *n*

anal [anal] *adj* ⟨**~e**; **-aux** [-o]⟩ anal; After...

analeptique [analɛptik] *m* PHARM Anregungsmittel *n*

analgésique [analʒezik] *m* schmerzstillendes Mittel

anallergique [analɛʀʒik] *adj* keine Allergie hervorrufend

analogie [analɔʒi] *f* Analogie *f*; Ähnlichkeit *f*; Entsprechung *f*; **par analogie avec** in Analogie zu

analogique [analɔʒik] *adj* analog (*a* INFORM); Analogie...

analogue [analɔg] *adj* analog; ähnlich (**à** wie); entsprechend (+ *dat*)

analphabète [analfabɛt] *m,f* Analphabet(in) *m(f)*

analphabétisme [analfabetism] *m* Analphabetentum *n*; Analphabetismus *m*

analyse [analiz] *f* **1.** Analyse *f*; PSYCH Psychoanalyse *f*; GR Zerlegung *f*; Zergliederung *f*; **en dernière analyse** letztlich; letzten Endes **2.** *de l'eau*, MÉD Untersuchung *f* **3.** TV Bildzerlegung *f*

analyser [analize] *v/t* **1.** analysieren; GR *phrase* zergliedern; zerlegen; PSYCH **se faire analyser** sich e-r Psychoanalyse unterziehen **2.** *eau, sang, urines, etc* untersuchen

analyste [analist] *m,f* Analytiker(in) *m(f)*; PSYCH (Psycho)Analytiker(in) *m(f)*

analyste-programmeur *m* ⟨**analystes-programmeurs**⟩ Systemanalytiker *m*

analytique [analitik] *adj* analytisch

ananas [anana(s)] *m* Ananas *f*

anaphore [anafɔʀ] *f* RHÉT Anapher *f*

anarchie [anaʀʃi] *f* Anarchie *f*

anarchique [-ik] *adj* anarchisch

anarchisant [-izɑ̃] *adj* ⟨**-ante** [-ɑ̃t]⟩ zum Anarchismus tendierend

anarchisme [-ism] *m* Anarchismus *m*

anarchiste [anaʀʃist] **I** *adj* anarchistisch **II** *m,f* Anarchist(in) *m(f)*

anathème [anatɛm] *m* Kirchenbann *m*; Bannfluch *m*

Anatole [anatɔl] *m Vorname*

anatomie [anatɔmi] *f* Anatomie *f*

anatomique [-ik] *adj* anatomisch

ancestral [ɑ̃sɛstʀal] *adj* ⟨**~e**; **-aux** [-o]⟩ alt (-überliefert) ancêtre [ɑ̃sɛtʀ] *m,f* **1.** Vorfahr(in) *m(f)*; **ancêtres** *m/pl* Vorfahren *m/pl*; *st/s* Ahnen *m/pl* **2.** *fig* Vorläufer *m*

anche [ɑ̃ʃ] *f* MUS Rohrblatt *n*; Zunge *f*; **instrument** *m* **à anche** Rohrblattinstrument *n*

anchois [ɑ̃ʃwa] *m* An(s)chovis *f*; Sardelle *f*

▸ ancien [ɑ̃sjɛ̃] **I** *adj* ⟨**-ienne** [-jɛn]⟩ **1.** (*vieux*) alt; *meuble, bijou a* antik; **logement ancien** Altbauwohnung *f* **2.** (*précédent*) ehemalige; frühere; vormalige **II** *m/pl* **les anciens d'une tribu** die Ältesten *m/pl*; die Alten *m/pl*; *d'une école* die Ehemaligen *m/pl*; **les Anciens** die Völker *n/pl* der Antike

---

ancien (Stellung)

Dieses Adjektiv kann dem Substantiv folgen – oder vorangehen. Von der Stellung vor oder nach dem Substantiv hängt die Bedeutung ab:

1. ancien <u>vor</u> dem Substantiv: ‚ehemalig‘

Ce bâtiment est une ancienne prison. Aujourd'hui, c'est le commissariat de police.
Dieses Gebäude ist ein ehemaliges Gefängnis. Heute ist es die Polizeistation.

2. ancien <u>nach</u> dem Substantiv: ‚alt‘

Michèle a beaucoup de livres anciens.
Michèle hat viele alte Bücher.

---

anciennement [ɑ̃sjɛnmɑ̃] *adv* früher; ehemals; vormals

ancienneté [ɑ̃sjɛnte] *f* **1.** *d'un monument, etc* (hohes) Alter **2.** *dans une fonction* Dienstalter *n*; *par ext* Betriebszugehörigkeit *f*; Berufsjahre *n/pl*

ancrage [ɑ̃kʀaʒ] *m* Verankerung *f* (*a fig*)

ancre [ɑ̃kʀ] *f* Anker *m*; **jeter l'ancre** vor Anker gehen; ankern; **lever l'ancre** a) den Anker lichten; b) F (*partir*) F sich verziehen

ancrer [ɑ̃kʀe] **I** *v/t* verankern; *fig* **être ancré dans** verankert sein in (+ *dat*) **II** *v/pr idée* **s'ancrer** sich festsetzen, einnisten

andalou [ɑ̃dalu] **I** *adj* ⟨**-ouse** [-uz]⟩ andalusisch **II Andalou(se)** *m(f)* Andalusier(in) *m(f)*

Andalousie [ɑ̃daluzi] **l'Andalousie** *f* Andalusien *n*

Andes [ɑ̃d] **les Andes** *f/pl* die Anden *pl*

Andorre [ɑ̃dɔʀ] **l'Andorre** *f* Andorra *n*

andouille [ɑ̃duj] *f* **1.** CUIS Kaldaunen-, Kuttelwurst *f* **2.** F *fig* Dummkopf *m*; F Blödmann *m*

andouillette [-ɛt] *f* Kaldaunen-, Kuttelbratwurst *f*

androgène [ɑ̃dʀɔʒɛn] *m* BIOL Androgen *n*

androgyne [ɑ̃dʀɔʒin] **I** *adj sc* androgyn **II** *m* Zwitter *m*

Andromaque [ɑ̃dʀɔmak] *f* MYTH Andromache *f*

Andromède [ɑ̃dʀɔmɛd] *f* MYTH Andromeda *f*

▸ âne [ɑn] *m* Esel *m* (*a fig injure*); *fig* **âne bâté** Riesenkamel *n*; Vollidiot *m*; **bonnet** *m* **d'âne** Eselskappe *f* (, die schlechte Schüler zur Strafe tragen mussten); *personne* **être comme l'âne**

---

de Buridan sich zu keinem Entschluss durchringen können

anéantir [aneɑ̃tiʀ] **I** *v/t* **1.** (*détruire*) vernichten; *espoirs* zunichtemachen **2. anéantir qn** j-n niederschmettern, erschüttern **II** *v/pr* **s'anéantir** zunichtewerden

anéantissement [-ismɑ̃] *m* **1.** Vernichtung *f*; Zunichtewerden *n* **2.** (*abattement*) Niedergeschlagenheit *f*

anecdote [anɛkdɔt] *f* **1.** Anekdote *f* **2.** *par ext* **l'anecdote** das Nebensächliche

anecdotique [-ik] *adj* anekdotisch; anekdotenhaft

anémie [anemi] *f* Blutarmut *f*; Anämie *f*

anémier [anemje] *v/t* **anémier qn** bei j-m zu Blutarmut führen

anémique [anemik] *adj* **1.** MÉD blutarm; anämisch **2.** *fig* kümmerlich; kraftlos

anémone [anemɔn] *f* Anemone *f*

ânerie [ɑnʀi] *f* Dummheit *f*; F Eselei *f*

ânesse [ɑnɛs] *f* Eselin *f*; Eselstute *f*; **lait** *m* **d'ânesse** Eselsmilch *f*

anesthésie [anɛstezi] *f* Anästhesie *f*; **anesthésie générale** (Voll)Narkose *f*; **anesthésie locale** örtliche Betäubung; Lokalanästhesie *f*; **sous anesthésie** in Narkose

anesthésier [anɛstezje] *v/t* betäuben (*a fig*); anästhesieren

anesthésique [anɛstezik] **I** *adj* den Schmerz ausschaltend; anästhetisch **II** *m* Anästhetikum *n*

anesthésiste [anɛstezist] *m,f* Narkosearzt, -ärztin *m,f*; Anästhesist(in) *m(f)*

aneth [anɛt] *m* Dill *m*

anévrisme [anevʀism] *m* Erweiterung *f* e-r Arterie; *sc* Aneurysma *n*

anfractuosité [ɑ̃fʀaktɥozite] *f* Spalte *f*; Riss *m*

▸ ange [ɑ̃ʒ] *m* Engel *m* (*a fig*); **ange gardien** Schutzengel *m* (*a fig*); *fig* **patience** *f* **d'ange** Engelsgeduld *f*; F Lammsgeduld *f*; **être aux anges** im sieb(en)ten Himmel sein; *silence soudain* **un ange passe** Schweigen im Walde; ein Engel geht durchs Zimmer

Angèle [ɑ̃ʒɛl] *f* Vorname

angélique [ɑ̃ʒelik] **I** *adj* engelhaft **II** *f* BOT Engelwurz *f*

Angélique [ɑ̃ʒelik] *f* Vorname

angelot [ɑ̃ʒlo] *m* Engelchen *n*

angélus [ɑ̃ʒelys] *m* Angelus(läuten) *m(n)*

Angers [ɑ̃ʒe] *Stadt im Dep. Maine-et-Loire*

angevin [ɑ̃ʒvɛ̃] *adj* ⟨**-ine** [-in]⟩ (*et subst* **Angevin**) Bewohner *m* von Angers *ou* von Anjou

angine [ɑ̃ʒin] *f* Angina *f*; Hals-, Rachen-, Mandelentzündung *f*; **angine de poitrine** Angina pectoris *f*

▸ anglais [ɑ̃glɛ] **I** *adj* ⟨**-aise** [-ɛz]⟩ **1.** englisch **2. pommes** *f/pl* (**de terre**) **à l'anglaise** Salzkartoffeln *f/pl* **3.** *fig* **filer à l'anglaise** sich auf Französisch empfehlen; französisch Abschied nehmen **II** *subst* **4. Anglais(e)** *m(f)* Engländer(in) *m(f)* **5.** *langue* **l'anglais** *m* das Englische; Englisch *n* **6. boucles anglaises** *f/pl* F Korkenzieher-, Ringellocken *f/pl*

angle [ɑ̃gl] *m* **1.** (*coin*) Ecke *f*; *d'une pièce a* Winkel *m*; **angle de la rue** Straßenecke *f*; *fig* **arrondir les angles** ausgleichend wirken **2.** MATH Winkel *m*; **objectif** *m* **grand angle** Weitwinkelobjektiv *n* **3.** (**vu**) **sous cet angle** unter diesem Blickwinkel (gesehen)

▶ **Angleterre** [ãglətɛʀ] *l'Angleterre* f England n

anglican [ãglikã] *adj* ⟨**-ane** [-an]⟩ REL anglikanisch; *l'Église anglicane* die anglikanische Kirche

anglicanisme [ãglikanism] *m* REL Anglikanismus *m*

angliciser [ãglisize] *v/t nom etc* anglisieren; *mode de vie etc* e-n englischen Anstrich geben (+*dat*)

anglicisme [-ism] *m* LING Anglizismus *m*; englische Spracheigentümlichkeit

angliciste [-ist] *m*,*f* Anglist(in) *m(f)*

anglo-... [ãglo] *adj* englisch-...; anglo-...

anglomanie [ãglɔmani] *f* Anglomanie *f*

anglo-normand [ãglonɔʀmã] *adj* ⟨**-ande** [-ãd]⟩ HIST anglonormannisch; GÉOGR *îles Anglo-Normandes* Kanalinseln *f/pl*

anglophile [ãglɔfil] *adj* englandfreundlich; anglophil

anglophilie [-fili] *f* Englandfreundlichkeit *f*; Anglophilie *f*

anglophobe [-fɔb] *adj* allem Englischen abgeneigt; anglophob

anglophobie [-fɔbi] *f* Abneigung *f* gegen alles Englische; Anglophobie *f*

anglophone [-fɔn] *adj* Englisch sprechend; englischsprachig; anglophon

anglo-saxon I *adj* ⟨**-onne**⟩ angelsächsisch II *Anglo-Saxons m/pl* Angelsachsen *m/pl*

angoissant [ãgwasã] *adj* ⟨**-ante** [-ãt]⟩ beängstigend

angoisse [ãgwas] *f* Angst(gefühl) *f(n)*; Bangigkeit *f*; Beklemmung *f*

angoissé [ãgwase] *adj* ⟨~**e**⟩ ängstlich; angsterfüllt; verängstigt; bang(e)

angoisser [-e] *v/t* (*et v/pr s'angoisser* sich) ängstigen

Angola [ãgɔla] *l'Angola m* Angola *n*

angolais [ãgɔlɛ] I *adj* ⟨**-aise** [-ɛz]⟩ angolanisch II *Angolais(e) m(f)* Angolaner(in) *m(f)*

angora [ãgɔʀa] *adj* ⟨*f inv*⟩ Angora...; *chat m angora* Angorakatze *f*

angström [ãgstʀøm] *m* PHYS Ångström (-cinhcit) *n(f)*

anguille [ãgij] *f* Aal *m*; *fig il y a anguille sous roche* da steckt (doch) etwas dahinter

angulaire [ãgylɛʀ] *adj* **1.** *pierre f angulaire* Eckstein *m* **2.** MATH Winkel...

anguleux [ãgylø] *adj* ⟨**-euse** [-øz]⟩ eckig; kantig

anicroche [anikʀɔʃ] *f* (kleine) Schwierigkeit; *sans anicroche* reibungslos; glatt

▶ **animal** [animal] I *m* ⟨**-aux** [-o]⟩ **1.** Tier *n* **2.** *fig cet animal-là* F dieser blöde Kerl II *adj* ⟨~**e**; **-aux** [-o]⟩ **3.** tierisch; animalisch; Tier... **4.** *réaction* instinktiv

animalerie [animalʀi] *f* Tier-, Zoohandlung *f*

animalité [-ite] *f* tierisches Wesen; Animalität *f*

animateur [animatœʀ] *m*, **animatrice** [-tʀis] *f d'un spectacle* Conférencier *m*; Showmaster *m*; *d'une émission* Moderator(in) *m(f)*; *d'un débat* Diskussions-, Gesprächsleiter(in) *m(f)*; *de vacances* Animateur(in) *m(f)*

animation [animasjõ] *f* **1.** *en ville* reges Leben und Treiben; reger Betrieb; *de la discussion, du visage* Lebhaftigkeit *f* **2.** *socioculturelle*

Freizeitgestaltung *f*; Animation *f* **3.** *film m d'animation* Animationsfilm *m*

animé [anime] *adj* ⟨~**e**⟩ **1.** *ville* belebt; *discussion* lebhaft (*a visage*); rege; angeregt **2.** ▶ *dessin(s) animé(s)* Zeichentrickfilm *m* **3.** (*vivant*) lebend; belebt

animer [anime] I *v/t* **1.** beleben; mit Leben erfüllen **2.** *sentiment animer qn* j-n beseelen, erfüllen **3.** *spectacle* führen durch; *émission* moderieren; *débat* leiten II *v/pr s'animer* sich beleben; *conversation* lebhaft werden

animisme [animism] *m* Animismus *m*

animosité [animozite] *f* Feindseligkeit *f*; Animosität *f*

anion [anjõ] *m* Anion *n*

anis [ani(s)] *m* Anis *m*

aniser [anize] *v/t* mit Anis würzen

anisette [-ɛt] *f* Anislikör *m*

Anjou [ãʒu] *l'Anjou m* Anjou *n*

ankylose [ãkiloz] *f* Gelenkversteifung *f*; sc Ankylose *f*

ankyloser [ãkiloze] *v/pr s'ankyloser* (ganz) steif werden; *ankylosé* steif

annales [anal] *f/pl* Annalen *pl*

Anne [an] *f* Vorname

anneau [ano] *m* ⟨~**x**⟩ **1.** Ring *m*; *d'un arbre* Jahresring *m*; *anneau nasal* Nasenring *m* **2.** (Finger)Ring *m* **3.** SPORTS *anneaux pl* Ringe *m/pl*

Annecy [ansi] *Stadt im Dep. Haute-Savoie*

▶ **année** [ane] *f* Jahr *n*; *d'une personne a* Lebensjahr *n*; *du vin* Jahrgang *m*; *bonne année!* ein gutes neues Jahr!; prosit Neujahr!; *année scolaire* Schuljahr *n*; *les années trente* die Dreißigerjahre; *cette année* dieses Jahr; in diesem Jahr; *chaque année* jedes Jahr; Jahr für Jahr; *d'année en année* von Jahr zu Jahr; *depuis des années* seit Jahren

année-lumière *f* ⟨*années-lumière*⟩ Lichtjahr *n*

annexe [anɛks] *f* **1.** Nebengebäude *n*; *d'un hôtel* Dependance *f* **2.** *d'un dossier* **annexes** *pl* Anlagen *f/pl*

annexer [anɛkse] *v/t* **1.** POL annektieren **2.** *document* beilegen (*à dat*)

annexion [anɛksjõ] *f* Annexion *f*; Annektierung *f*

annexionnisme [anɛksjɔnism] *m* POL Annexionismus *m*

annihilation [aniilasjõ] *f* **1.** *des efforts* Zunichtemachung *f* **2.** PHYS NUCL Annihilation *f*

annihiler [-e] *v/t* zunichtemachen

▶ **anniversaire** [anivɛʀsɛʀ] *m* **1.** Geburtstag *m*; *bon anniversaire!* ich gratuliere dir *ou* Ihnen zum Geburtstag!; herzlichen Glückwunsch, alles Gute zum Geburtstag! **2.** (*jour m*) *anniversaire* Jahres-, Gedenktag *m*; *anniversaire de mariage* Hochzeitstag *m*

▶ **annonce** [anõs] *f* **1.** Ankündigung *f*; Mitteilung *f*; Bekanntgabe *f*; RAD a Ansage *f* **2.** (Zeitungs)Annonce *f*; Anzeige *f*; Inserat *n*; *petite annonce* Kleinanzeige *f*; *passer une annonce* e-e Annonce *etc* aufgeben; inserieren; annoncieren **3.** (*indice*) Anzeichen *n* (*de* für *ou gén*)

▶ **annoncer** [anõse] ⟨**-ç-**⟩ I *v/t* **1.** ankünd(ig)en; mitteilen; bekannt geben; PRESSE *a* melden; RAD *a* ansagen; *nouvelle* verkünden **2.** *un visiteur* melden **3.** *symptôme annoncer qc* ein (An)Zeichen für etw sein; auf etw (*acc*) hin-

deuten **II** *v/pr* **4. *s'annoncer bien*** sich gut anlassen **5.** *crise* ***s'annoncer*** sich ankündigen
annonceur [anõsœʀ] *m* **1.** PRESSE Inserent *m* **2.** RAD, TV Auftraggeber *m* e-r Werbesendung
annonciateur [anõsjatœʀ] *adj* ⟨**-trice** [-tʀis]⟩ *st/s* ankündigend (*de qc* etw); ***signes annonciateurs de la tempête*** Vorzeichen *n/pl*, Vorboten *m/pl* des Sturmes
Annonciation [anõsjasjõ] *f* ***l'Annonciation*** Mariä Verkündigung *f*
annotation [anɔtasjõ] *f* (kritische) Anmerkung; *en marge* Randbemerkung *f*
annoter [-e] *v/t* mit (kritischen) Anmerkungen versehen
▸ **annuaire** [anɥɛʀ] *m* **1.** Jahrbuch *n* **2. *annuaire du téléphone*** Telefonbuch *n*
annuel [anɥɛl] *adj* ⟨**~le**⟩ **1.** jährlich; Jahres…; ***revenu annuel*** jährliches Einkommen; Jahreseinkommen *n* **2.** *plante* einjährig
annuellement [anɥɛlmã] *adv* (all)jährlich
annuité [anɥite] *f* Jahreszahlung *f*, -rate *f*
annulaire [anylɛʀ] *m* Ringfinger *m*
annulation [anylasjõ] *f* Annullierung *f*; Rückgängigmachung *f*; COMM Stornierung *f*
annuler [anyle] **I** *v/t* annullieren; rückgängig machen; aufheben; *rendez-vous* absagen; COMM stornieren; JUR *a* für nichtig, ungültig erklären **II** *v/pr* **s'annuler** sich (gegenseitig) aufheben
anoblir [anɔbliʀ] *v/t* adeln
anoblissement [-ismã] *m* Adelung *f*; Erhebung *f* in den Adelsstand
anode [anɔd] *f* ÉLECT Anode *f*
anodin [anɔdɛ̃] *adj* ⟨**-ine** [-in]⟩ harmlos; ungefährlich; (*insignifiant*) unbedeutend
anomalie [anɔmali] *f* Abnormität *f*; Anomalie *f* (*a* BIOL)
ânon [ɑnõ] *m* kleiner, junger Esel
ânonnement [ɑnɔnmã] *m* stockendes Aufsagen *ou* Lesen; *péj* Gestotter *n*; Gestammel *n*
ânonner [-e] *v/t* stockend aufsagen *ou* lesen; *abs* stockend sprechen
anonymat [anɔnima] *m* Anonymität *f*; ***conserver, garder l'anonymat*** die Anonymität wahren; anonym, ungenannt bleiben
anonyme [anɔnim] *adj* **1.** anonym; *auteur a* unbekannt; *victimes* namenlos; ungenannt **2.** *fig* unpersönlich
anorak [anɔʀak] *m* Anorak *m*
anorexie [anɔʀɛksi] *f* Magersucht *f*
anorexique [anɔʀɛksik] **I** *adj* *troubles* durch (die) Magersucht verursacht, bedingt; *personne* magersüchtig **II** *m,f* Magersüchtige(r) *f(m)*
anormal [anɔʀmal] *adj* ⟨**~e; -aux** [-o]⟩ **1.** anormal; unnormal; abnorm; ungewöhnlich **2.** *personne* nicht (ganz) normal
anormalement [anɔʀmalmã] *adv* *bas* abnorm; *gai* ungewöhnlich
Anouilh [anuj] *frz* Dramatiker
ANPE [αɛnpeə] *f abr* (*Agence nationale pour l'emploi*) Arbeitsamt *n*
anse [ɑs] *f* **1.** *d'une tasse, etc* Henkel *m*; *fig* ***faire danser l'anse du panier*** zu viel (Geld) ausgeben **2.** (*petite baie*) kleine seichte Bucht
antagonique [ãtagɔnik] *adj* → ***antagoniste I***
antagonisme [-ism] *m* Antagonismus *m*; Gegensatz *m*; Widerstreit *m*
antagoniste [-ist] **I** *adj* gegensätzlich; wider-

ANPE

ANPE steht für Agence nationale pour l'emploi, eine nationale Agentur öffentlichen Rechts zur Arbeitsvermittlung, die 1967 in Frankreich gegründet wurde und dem Ministerium für Wirtschaft, Finanzen und Beschäftigung untersteht. Ihre Aufgabe besteht darin, Arbeitsstellenangebot und Arbeitsstellensuche zu koordinieren, Statistiken über die Arbeitslosen zu führen und Arbeitslose bei ihrer Arbeitssuche zu unterstützen.

---

streitend **II** *m,f* Gegner(in) *m(f)*; Widersacher(in) *m(f)*
antalgique [ãtalʒik] *adj* PHARM schmerzlindernd, -stillend
antan [ãtã] *litt* ***d'antan*** aus vergangener Zeit
Antarctide [ãtaʀktid] *f* ***l'Antarctide*** *f* die Antarktis
antarctique [ãtaʀktik] **I** *adj* antarktisch **II** ***l'Antarctique*** *m* die Antarktis
antécédence [ãtesedãs] *f* Antezedenz *f*
antécédent [ãtesedã] *m* **1. *antécédents*** *pl de* qn Vorleben *n*; *d'un événement* Vorgeschichte *f* **2.** GR Bezugswort *n*
Antéchrist [ãtekʀist] *m* Antichrist *m*
antédiluvien [ãtedilyvjɛ̃] *adj* ⟨**-ienne** [-jɛn]⟩ *fig* vorsintflutlich
antenne [ãtɛn] *f* **1.** TECH Antenne *f* **2. *heures f/pl d'antenne*** Sendezeit *f*; *déclarer* '*hors antenne*' außerhalb der Sendung; ***être à*** *ou* ***sur l'antenne*** auf Sendung sein **3.** ZO Fühler *m*; *fig* ***avoir des antennes*** e-e gute Spürnase haben; F e-e Antenne dafür haben **4.** *d'une institution* Außenstelle *f*
antépénultième [ãtepenyltjɛm] *f* drittletzte Silbe
antéposer *v/t* GR voranstellen
antéposition *f* GR Voranstellen *n*, -stehen *n*
antérieur [ãteʀjœʀ] *adj* ⟨**~e**⟩ **1.** (*de devant*) vordere; Vorder… **2.** *dans le temps* frühere; ***être antérieur à qc*** (zeitlich) vor etw (*dat*) liegen
antérieurement [ãteʀjœʀmã] *adv* vorher; früher
antériorité [ãteʀjɔʀite] *f* zeitliches Vorangehen
anthologie [ãtɔlɔʒi] *f* Anthologie *f*; Blütenlese *f*
anthracite [ãtʀasit] *m* **1.** Anthrazit *m* **2.** *adjt* ⟨*inv*⟩ anthrazit(farben)
anthrax [ãtʀaks] *m* **1.** MÉD Karbunkel *m* **2.** → ***charbon 2 a***
anthropologie [ãtʀɔpɔlɔʒi] *f* Anthropologie *f*
anthropologique [-lɔʒik] *adj* anthropologisch
anthropologiste [-lɔʒist] *m,f ou* **anthropologue** [-lɔg] *m,f* Anthropologe, -login *m,f*
anthropométrie [-metʀi] *f de la police* Erkennungsdienst *m*
anthropométrique [-metʀik] *adj* erkennungsdienstlich
anthropomorphe [-mɔʀf] *adj* menschlich gestaltet; anthropomorph
anthropomorphiser [-mɔʀfize] *v/t* vermenschlichen

anthropomorphisme [-mɔʀfism] *m* Anthropomorphismus *m*; Vermenschlichung *f*
anthropophage [-faʒ] *m* Menschenfresser *m*; Kannibale *m*
anthropophagie [-faʒi] *f* Menschenfresserei *f*; Kannibalismus *m*
anti... [ɑ̃ti] *préfixe* anti...; Anti...; gegen...; Gegen...
antiaérien *adj* ⟨**-ienne** [-ɛn]⟩ Flugabwehr...; Flak...; **abri antiaérien** Luftschutzraum *m*
antialcoolique *adj* **ligue** *f* **antialcoolique** Liga *f* zur Bekämpfung des Alkoholismus
antialcoolisme *m* Antialkoholismus *m*; Kampf *m* gegen den Alkoholismus
antiaméricain *adj* ⟨**-aine** [-ɛn]⟩ antiamerikanisch; amerikafeindlich
antiaméricanisme *m* Antiamerikanismus *m*; Amerikafeindlichkeit *f*
antianémique *adj* antianämisch
antiatomique *adj* Strahlenschutz...; **abri** *m* **antiatomique** Atombunker *m*
Antibes [ɑ̃tib] *Stadt im Dep. Alpes-Maritimes*
antibiotique [ɑ̃tibjɔtik] *m* Antibiotikum *n*; **être sous antibiotiques** mit Antibiotika behandelt werden
antiblocage *adj* **système** *m* **antiblocage** Antiblockiersystem *n*
antibrouillard *adj* (**phare** *m*) **antibrouillard** *m* Nebelscheinwerfer *m*
antibruit *adj* ⟨*inv*⟩ Lärmschutz...; Lärmbekämpfungs...
antibuée *adj* ⟨*inv*⟩ Antibeschlag...
anticalcaire *adj* Entkalkungs...
anticancéreux *adj* ⟨**-euse**⟩ Krebsbekämpfungs...
anticapitaliste *adj* antikapitalistisch
anticasseurs *adj* **loi** *f* **anticasseurs** Gesetz *n* gegen Chaoten, Randalierer
antichambre *f* Vorzimmer *n*
antichar *adj* ⟨*f inv*⟩ Panzerabwehr...
antichoc *adj* ⟨*f inv*⟩ *montre* stoßfest, -sicher
antichrétien I *adj* ⟨**-ienne**⟩ christenfeindlich; gegen das Christentum (eingestellt) **II** *antichrétien(ne)* *m*(*f*) Gegner(in) *m*(*f*) des Christentums
anticipation [ɑ̃tisipɑsjɔ̃] *f* (gedankliche) Vorwegnahme; Vorgriff *m* (**de** auf + *acc*); **roman** *m* **d'anticipation** utopischer Roman; Zukunftsroman *m*
anticipé [ɑ̃tisipe] *adj* ⟨**~e**⟩ vorzeitig; vorgezogen (*a élections*); **retraite anticipée** Vorruhestand *m*
anticiper [ɑ̃tisipe] **I** *v/t paiement* vorzeitig, vor Fälligkeit leisten **II** *v/t*/*indir* **anticiper sur qc** etw vorwegnehmen; e-r Sache (*dat*) vorgreifen; **n'anticipons pas** wir wollen nicht vorgreifen
anticlérical *adj* ⟨**~e**; **-aux** [-o]⟩ antiklerikal; kirchenfeindlich
anticléricalisme [-ism] *m* Antiklerikalismus *m*
anticoagulant [ɑ̃tikɔagylɑ̃] MÉD **I** *adj* ⟨**-ante** [-ɑ̃t]⟩ blutgerinnungshemmend **II** *m* Antikoagulans *n*; blutgerinnungshemmendes Mittel
anticolonialisme *m* Antikolonialismus *m*
anticommunisme *m* Antikommunismus *m*
anticommuniste I *adj* antikommunistisch; kommunistenfeindlich **II** *m,f* Antikommunist(in) *m*(*f*)

anticonceptionnel [ɑ̃tikõsɛpsjɔnɛl] *adj* ⟨**~le**⟩ empfängnisverhütend
anticonformisme *m* Nonkonformismus *m*
anticonformiste I *adj* nonkonformistisch **II** *m,f* Nonkonformist(in) *m*(*f*)
anticonstitutionnel *adj* ⟨**~le**⟩ verfassungswidrig
anticorps *m* Antikörper *m*
anticorrosion *adj* ⟨*inv*⟩ gegen Korrosion
anticyclone *m* Hoch(druckgebiet) *n*
antidate *f* früheres, älteres Datum
antidater *v/t* (zu)rückdatieren
antidémocratique *adj* un-, antidemokratisch
antidépresseur [-deprɛsœʀ] *m* Antidepressivum *n*
antidérapant [-deʀapɑ̃] *adj* ⟨**-ante** [-ɑ̃t]⟩ rutschfest; gleitsicher
antidétonant *m* AUTO Antiklopfmittel *n*
antidiphtérique [-difterik] *adj* gegen Diphtherie
antidopage *ou* **antidoping** *adj* ⟨*f inv*⟩ **contrôle** *m* **antidopage** *ou* **antidoping** Dopingkontrolle *f*
antidote [ɑ̃tidɔt] *m fig* Gegenmittel *n*
antidouleur I *adj* ⟨*inv*⟩ *médicament* schmerzstillend; Schmerz... **II** *m* Schmerzmittel *n*
antienne [ɑ̃tjɛn] *f* ÉGL Antiphon *f*
antiesclavagiste I *adj* gegen die Sklaverei **II** *m,f* Gegner(in) *m*(*f*) der Sklaverei
antifascisme *m* Antifaschismus *m*
antifasciste I *adj* antifaschistisch **II** *m,f* Antifaschist(in) *m*(*f*)
antigang *adj* **brigade** *f* **antigang** Abteilung *f* zur Bekämpfung von Bandenkriminalität
antigel *m* Frostschutzmittel *n*
antigène *m* Antigen *n*
antigivrage *m* AVIAT Enteisung *f*; Schutz *m* vor Vereisung
antigivrant I *adj* ⟨**-ante** [-ɑ̃]⟩ eisbildungshemmend; Enteisungs... **II** *m* (*liquide antigivrant*) Enteisungsflüssigkeit *f*; Enteiser *m*
Antigone [ɑ̃tigɔn] *f* MYTH Antigone *f*
antigouvernemental *adj* ⟨**~e**; **-aux**⟩ regierungsfeindlich
antigrève *adj* Antistreik...
antigrippal *adj* ⟨**~e**; **-aux** [-o]⟩ *ou* **antigrippe** *adj* ⟨*f inv*⟩ gegen Grippe
antihéros *m* Antiheld *m*
antihygiénique *adj* unhygienisch
anti-inflammatoire *adj* entzündungshemmend
anti-inflationniste *adj* zur Inflationsbekämpfung; antiinflationistisch
antillais [ɑ̃tijɛ] *adj* ⟨**-aise** [-ɛz]⟩ (*et subst* **Antillais** Bewohner) der (Kleinen) Antillen
Antilles [ɑ̃tij] *les* **Antilles** *f*/*pl* die Antillen *pl*
antilope [ɑ̃tilɔp] *f* Antilope *f*
antimilitarisme *m* Antimilitarismus *m*
antimilitariste [-ist] **I** *adj* antimilitaristisch **II** *m,f* Antimilitarist(in) *m*(*f*)
antimissile *adj* Raketenabwehr...
antimite(s) *m* Mottenschutzmittel *n*
antimoine [ɑ̃timwan] *m* Antimon *n*
antimonarchique *adj* antimonarchisch; monarchiefeindlich
antimonarchiste [-ist] *m,f* Antimonarchist(in) *m*(*f*); Gegner(in) *m*(*f*) der Monarchie
antimondialisation *f* Antiglobalisierungsbewegung *f*

antimondialiste [-ist] **I** *adj* globalisierungskritisch; Antiglobalisierungs… **II** *m,f* Globalisierungsgegner(in) *m(f)*, -kritiker(in) *m(f)*
antinataliste *adj* auf Geburtenbeschränkung abzielend
antinational *adj* ⟨~e; -aux⟩ antinational
antinazi I *adj* ⟨~e⟩ antinazistisch **II** *m,f* Nazigegner(in) *m(f)*
antinévralgique *adj* schmerzstillend
antinomie [ãtinɔmi] *f* Antinomie *f*
antinomique [-ik] *adj* antinomisch
antinucléaire *m,f* Kernkraftgegner(in) *m(f)*
antipaludéen [ãtipalydeẽ] **I** *adj* ⟨-enne [-ɛn]⟩ Malaria… **II** *m* Mittel *n* gegen Malaria; Malariamittel *n*
antipape *m* HIST Gegenpapst *m*
antiparasite *m* ÉLECT Störschutz *m*
antiparasiter [-paʀazite] *v/t* ÉLECT (funk)entstören
antiparlementarisme *m* Antiparlamentarismus *m*
antipathie [ãtipati] *f* Antipathie *f*; Abneigung *f*
antipathique [-ik] *adj* unsympathisch
antipatriotique *adj* unpatriotisch
antipatriotisme *m* unpatriotische Haltung, Einstellung
antipelliculaire [-pɛlikylɛʀ] *adj* zur Schuppenbekämpfung; gegen Kopfschuppen
antipersonnel *adj* ⟨inv⟩ MIL **mine** *f* **antipersonnel** Tretmine *f*
antiphrase *f* STYLISTIQUE Antiphrase *f*
antipodes [ãtipɔd] *m/pl* **être aux antipodes de** GÉOGR auf der Erdkugel diametral gegenüberliegen (+ *dat*); *fig* genau das Gegenteil sein von (*ou* + *gén*)
antipolio *adj* ⟨inv⟩ gegen Polio
antipollution *adj* ⟨inv⟩ umweltfreundlich; gegen Umweltverschmutzung
antiprotectionniste *adj* antiprotektionistisch
antiquaire [ãtikɛʀ] *m,f* Antiquitätenhändler(in) *m(f)*
antique [ãtik] *adj* **1.** *civilisation* antik **2.** *coutume* (ur)alt; *iron* antiquiert; altertümlich
antiquité [ãtikite] *f* **1.** *l'Antiquité* die Antike; *par ext* das Altertum **2.** *antiquités pl* Antiquitäten *f/pl*
antirabique [ãtirabik] *adj* gegen Tollwut
antiraciste *adj* gegen den Rassismus; antirassistisch
antireflet *adj* ⟨f inv⟩ *verre* entspiegelt
antireligieux *adj* ⟨-euse⟩ antireligiös; religionsfeindlich
antiride(s) *adj* gegen Falten(bildung)
antirouille *adj* ⟨inv⟩ Rostschutz…
antiscientifique *adj* wissenschaftsfeindlich
antisèche *f arg scolaire* Spickzettel *m*
antiségrégationniste I *adj* gegen die Rassentrennung (gerichtet) **II** *m,f* Gegner(in) *m(f)* der Rassentrennung
antisémite I *adj* antisemitisch **II** *m,f* Antisemit(in) *m(f)*
antisémitisme *m* Antisemitismus *m*
antiseptique [ãtiseptik] *m* Antiseptikum *n*; keimtötendes Mittel
antisionisme *m* Ablehnung *f* des Zionismus
antisioniste [-ist] **I** *adj* gegen den Zionismus (gerichtet) **II** *m,f* Gegner(in) *m(f)* des Zionismus

antisocial *adj* ⟨~e; -aux⟩ unsozial
antisolaire *adj* Sonnenschutz…
anti-sous-marin *adj* ⟨-ine [-in]⟩ MIL zur U-Boot-Bekämpfung, U-Boot-Abwehr
antispasmodique MÉD **I** *adj* krampflösend **II** *m* Spasmolytikum *n*; Antispasmodikum *n*
antisportif *adj* ⟨-ive [-iv]⟩ unsportlich
antitabac *adj* ⟨inv⟩ gegen das Rauchen
antiterroriste *adj* Antiterror…; **lutte** *f* **antiterroriste** Terrorismusbekämpfung *f*
antitétanique [ãtitetanik] *adj* gegen Wundstarrkrampf, Tetanus
antithéâtre *m* LITTÉRATURE Antitheater *n*
antithèse [ãtitɛz] *f* **1.** PHILOS Antithese *f* **2.** *fig* Gegenteil *n*; Gegensatz *m*
antithétique [ãtitetik] *adj* antithetisch; gegensätzlich
antitoxine *f* MÉD Antitoxin *n*; Gegengift *n*
antitrust *adj* ⟨f inv⟩ Antitrust…
antituberculeux *adj* ⟨-euse [-øz]⟩ MÉD gegen Tuberkulose; zur Tuberkulosebekämpfung
antityphoïdique [-tifɔidik] *adj* MÉD gegen Typhus, Typhus…
antivariolique [-vaʀjɔlik] *adj* MÉD Pocken(schutz)…
antiviral *adj* ⟨~e; -aux [-o]⟩ MÉD gegen Viren, Viruserkrankungen
antivirus *m et adj* ⟨inv⟩ INFORM (**programme** *m*) **antivirus** Antivirenprogramm *n*; Virenschutzprogramm *n*
antivol *m* Diebstahlsicherung *f*; AUTO Lenkradschloss *n*; VÉLO Fahrradschloss *n*
Antoine [ãtwan] *m* **1.** *Vorname* **2.** *saint* Antonius *m*
Antonin [ãtɔnẽ] *m Vorname*
antonyme [ãtɔnim] *m* LING Antonym *n*
antonymie [-i] *f* Antonymie *f*
antre [ãtʀ] *m* **1.** *des fauves* Höhle *f* **2.** *fig* Refugium *n*; Schlupfwinkel *m*
anus [anys] *m* After *m*
Anvers [ãvɛʀ] Antwerpen *n*
anxiété [ãksjete] *f* Angst *f*; Beklemmung *f*; innere Unruhe
anxieux [ãksjø] *adj* ⟨-euse [-øz]⟩ angsterfüllt; ängstlich; bang(e)
AOC *abr* (*appellation d'origine contrôlée*) höchste Qualitätsklasse bei Weinen correspond à Prädikatswein *m*
aorte [aɔʀt] *f* Aorta *f*; Hauptschlagader *f*
Aoste [aɔst] Aosta *n*; **le val d'Aoste** das Aostatal
▸ **août** [u(t)] *m* August *m*; REL **le 15 Août** Mariä Himmelfahrt
aoûtat [auta] *m* Larve *f* der Erntemilbe
aoûtien [ausjẽ] *m*, **aoûtienne** [-jɛn] *f* Augusturlauber(in) *m(f)*
apache [apaʃ] *m* **1.** *malfaiteur* (Großstadt)Ganove *m* **2.** **Apaches** *pl Indiens* Apachen *m/pl*
apaisant [apɛzã] *adj* ⟨-ante [-ãt]⟩ *paroles* beruhigend; beschwichtigend
apaisement [-mã] *m* Beruhigung *f*; Beschwichtigung *f*; Besänftigung *f*; *des souffrances* Linderung *f*
apaiser [apeze] **I** *v/t personne* beruhigen; besänftigen (*a colère*); beschwichtigen; begütigen; *souffrance* lindern; *désir, douleur* stillen **II** *v/pr* **s'apaiser** sich beruhigen; *douleur, tempête* nachlassen; sich legen

apanage [apanaʒ] *m* **être l'apanage de qn** j-m vorbehalten sein

aparté [apaʀte] *m* **1.** THÉ beiseite Gesprochene(s) *n* **2.** *entretien* vertrauliches, abseits geführtes Gespräch

apartheid [apaʀtɛd] *m* Apartheid *f*

apathie [apati] *f* Apathie *f*; Teilnahmslosigkeit *f*

apathique [-ik] *adj* apathisch; teilnahmslos

apatride [apatʀid] *m,f* Staatenlose(r) *f(m)*

apatridie [-di] *f* Staatenlosigkeit *f*

apercevoir [apɛʀsɔvwaʀ] ⟨→ **recevoir**⟩ **I** *v/t* erblicken; erkennen; *st/s* gewahren **II** *v/pr* **s'apercevoir de qc** etw (be)merken; *st/s* etw *ou* e-r Sache (*gén*) gewahr werden

aperçu [apɛʀsy] *m* kurzer Überblick (**de** über + *acc*); (kleiner) Einblick (in + *acc*)

apéritif [apeʀitif] *m* Aperitif *m*; **prendre l'apéritif** e-n Aperitif nehmen, trinken

apéro [apeʀo] *m abr* F → **apéritif**

apesanteur [apəzɑ̃tœʀ] *f* Schwerelosigkeit *f*

à-peu-près [apøpʀɛ] *m* ⟨*inv*⟩ Halbheit *f*; Unvollkommene(s) *n*

apeuré [apœʀe] *adj* ⟨~**e**⟩ verängstigt

aphasie [afazi] *f* Aphasie *f*; Störungen *f/pl* des Sprachvermögens und -verständnisses

aphasique [-ik] *adj* an Aphasie leidend

aphone [afɔn] *adj* ohne Stimme; völlig heiser

aphonie [-ni] *f* Stimmlosigkeit *f*; *sc* Aphonie *f*

aphorisme [afɔʀism] *m* Aphorismus *m*

aphrodisiaque [afʀɔdizjak] **I** *adj* aphrodisisch; den Geschlechtstrieb steigernd **II** *m* Aphrodisiakum *n*

aphte [aft] *m* Bläschen *n* im Mund; *sc* Aphthe *f*

aphteux [aftø] *adj* ⟨-**euse** [-øz]⟩ **fièvre aphteuse** Maul- und Klauenseuche *f*

à-pic [apik] *m* ⟨*inv*⟩ Steilwand *f*, -hang *m*

apicole [apikɔl] *adj* Imker…

apiculteur [-kyltœʀ] *m* Bienenzüchter *m*; Imker *m*

apiculture *f* Bienenzucht *f*; Imkerei *f*

apitoiement [apitwamɑ̃] *m* Mitleid *n*; Erbarmen *n*

apitoyer [apitwaje] ⟨-**oi-**⟩ **I** *v/t* **apitoyer qn** das Mitleid j-s erregen **II** *v/pr* **s'apitoyer sur** Mitleid empfinden, haben mit; bemitleiden

A.P.L. [apeɛl] *f abr* ⟨*inv*⟩ (*aide personnalisée au logement*) Wohngeld *n*

aplanir [aplaniʀ] *v/t* **1.** *terrain* planieren; (ein)ebnen **2.** *fig difficultés* aus dem Weg räumen; beseitigen

aplanissement [aplanismɑ̃] *m* **1.** Planierung *f*; (Ein)Ebnung *f* **2.** *fig* Beseitigung *f*; Behebung *f*

aplati [aplati] *adj* ⟨~**e**⟩ platt; platt gedrückt

aplatir [aplatiʀ] **I** *v/t* **1.** abflachen; platt drücken; *à coups de marteau* flach, platt schlagen **2.** *pli* ausstreichen; *au fer* ausbügeln; *cheveux* glatt streichen; andrücken **II** *v/pr* **3.** **s'aplatir** F (*tomber*) der Länge nach hinfallen **4.** *fig* **s'aplatir** (**devant qn**) (vor j-m) kriechen, katzbuckeln

aplatissement [aplatismɑ̃] *m* **1.** Abflachen *n*; Plattdrücken *n* **2.** *de la Terre* Abplattung *f*

aplomb [aplɔ̃] *m* **1.** Lot-, Senkrechte *f*; **d'aplomb** lot-, senkrecht; *fig* **ne pas se sentir d'aplomb** sich nicht wohlfühlen; in schlechter Verfassung sein **2.** *péj* Kühnheit *f*; Dreistigkeit *f*; Frechheit *f*

apnée [apne] *f* Atemstillstand *m*

apocalypse [apɔkalips] *f* Apokalypse *f*; *fig* **une vision d'apocalypse** ein Bild des Grauens

apocalyptique [apɔkaliptik] *adj* apokalyptisch; *fig a* grauenvoll; schrecklich

apogée [apɔʒe] *m fig* Höhepunkt *m*; Gipfel *m*; Zenit *m*

apolitique [apɔlitik] *adj* unpolitisch

Apollon [apɔlõ] *m* **1.** MYTH Apollo *m*; *poét a* Apoll *m* **2.** *iron* Apoll *m*; schöner Mann

apologie [apɔlɔʒi] *f* **1.** Apologie *f*; Verteidigung(sschrift) *f* **2.** (*éloge*) Verherrlichung *f*

apologiste [apɔlɔʒist] *st/s m,f* Apologet(in) *m(f)* (*a* REL); Verfechter(in) *m(f)*

apophyse [apɔfiz] *f* ANAT Apophyse *f*; Knochenfortsatz *m*

apoplectique [apɔplɛktik] MÉD **I** *adj* apoplektisch; *personne a* zu Schlaganfällen neigend **II** *m,f* Apoplektiker(in) *m(f)*

apoplexie [apɔplɛksi] *f* Schlaganfall *m*; Gehirnschlag *m*; *sc* Apoplexie *f*

a posteriori [apɔsteʀjɔʀi] *adv* nachträglich; im Nachhinein

apostille [apɔstij] *f* ADM Randbemerkung *f*; Zusatz *m* (auf dem Rand)

apostolat [apɔstɔla] *m* **1.** REL Apostolat *n* **2.** *fig* Sendung *f*; Berufung *f*

apostolique [-ik] *adj* apostolisch (*a du Saint--Siège*)

apostrophe [apɔstʀɔf] *f* **1.** barsche Anrede; barscher Zuruf **2.** *signe* Apostroph *m*; Auslassungszeichen *n*

apostropher [-e] *v/t* anfahren; anherrschen; anschreien

apothéose [apɔteoz] *f* Höhepunkt *m*; Krönung *f*; (Schluss)Apotheose *f*

apothicaire [apɔtikɛʀ] *m* **compte** *m* **d'apothicaire** komplizierte Rechnung

apôtre [apotʀ] *m* **1.** REL Apostel *m* **2.** *fig* Verfechter *m*

app [ap] *m* F *abr* (*appétit*) **bon app!** guten Appetit!

▸ **apparaître** [apaʀɛtʀ] ⟨→ **connaître**; **être**⟩ **I** *v/i* **1.** erscheinen; auftauchen; zum Vorschein kommen; *problèmes* auftreten; sichtbar werden; *vérité* zutage treten; ans Licht kommen; *fantôme* **apparaître à qn** j-m erscheinen; **faire apparaître** ans Licht, zutage bringen **2.** (*sembler*) **apparaître à qn** j-m vorkommen, erscheinen (**comme** wie) **II** *v/imp* **il apparaît que …** es wird offensichtlich, es zeigt sich, dass …

apparat [apaʀa] *m* Prunk *m*; Gepränge *n*; **d'apparat** Prunk…; Gala…

▸ **appareil** [apaʀɛj] *m* **1.** TECH Gerät *n*; Apparat *m*; **appareil à sous** Spielautomat *m* **2.** ANAT Organe *n/pl*; Apparat *m* **3.** **appareil** (**téléphonique**) (Telefon)Apparat *m*; **qui est à l'appareil?** wer ist am Apparat? **4.** (*avion*) Maschine *f* **5.** ▸ **appareil** (**photo**) (Foto)Apparat *m*; Kamera *f*; F Foto *m* **6.** MÉD (Zahn)Spange *f*; (*dentier*) Prothese *f*; Gebiss *n* **7.** *fig*, POL Apparat *m* **8.** *personne* **dans le plus simple appareil** nackt; hüllenlos

appareillage [apaʀejaʒ] *m* **1.** MAR Auslaufen *n*; Ablegemanöver *n/pl* **2.** TECH Apparatur *f*

appareiller[1] [apaʀeje] *v/i bateau* ablegen; auslaufen (**pour** nach); in See stechen

appareiller² *v/t* (*assortir*) passend zusammenstellen, kombinieren; *adjt* **être bien, mal appareillés** gut, schlecht zusammenpassen
apparemment [apaʀamɑ̃] *adv* anscheinend; allem Anschein nach
apparence [apaʀɑ̃s] *f* **1.** (*aspect*) Aussehen *n* **2.** (*façade*) Anschein *m*; (äußerer) Schein; **en apparence** scheinbar; **selon toute apparence** allem Anschein nach; **sauver les apparences** den Schein wahren; **les apparences sont trompeuses** der Schein trügt
apparent [apaʀɑ̃] *adj* ⟨**-ente** [-ɑ̃t]⟩ **1.** (*visible*) sichtbar; **sans raison apparente** ohne ersichtlichen Grund **2.** (*en apparence seulement*) scheinbar; Schein...; **mort apparente** Scheintod *m*
apparenté [apaʀɑ̃te] *adj* ⟨~**e**⟩ **1.** **apparenté à** verwandt mit (*a fig*) **2.** POL *listes* verbunden
apparenter [apaʀɑ̃te] *v/pr fig* **s'apparenter à qc** e-r Sache (*dat*) ähneln, verwandt sein
apparier [apaʀje] *v/t* **1.** *oiseaux* paaren **2.** *objets* paarweise zusammenstellen
appariteur [apaʀitœʀ] *m* UNIVERSITÉ Hausmeister *m*
apparition [apaʀisjɔ̃] *f* **1.** Erscheinen *n*; Auftauchen *n*; *de problèmes* Auftreten *n*; *d'idées* Aufkommen *n*; **faire son apparition** erscheinen; auftauchen **2.** (*vision*) Erscheinung *f*
appart [apaʀt] *m* F *abr* → **appartement**
▸ **appartement** [apaʀtəmɑ̃] *m* Wohnung *f*
appartenance [apaʀtənɑ̃s] *f* Zugehörigkeit *f* (*à* zu); *à une organisation* Mitgliedschaft *f* (in + *dat*)
▸ **appartenir** [apaʀtəniʀ] ⟨→ **venir**⟩ **I** *v/t/indir* **1. appartenir à qn** j-m gehören **2.** *à un milieu, etc* **appartenir à** angehören (+ *dat*) **II** *v/imp* **il appartient à qn de** (+ *inf*) es steht j-m zu *ou* es kommt j-m zu *ou* es ist Sache j-s zu (+ *inf*)
apparu [apaʀy] → **apparaître**
appas [apɑ] *litt m/pl* (weibliche) Reize *m/pl*
appât [apɑ] *m* Köder *m*
appâter [apɑte] *v/t* ködern (*a fig*)
appauvrir [apovʀiʀ] **I** *v/t* arm machen; verarmen lassen; *sol* auslaugen **II** *v/pr* **s'appauvrir** verarmen; *sol* unfruchtbar werden
appauvrissement [-ismɑ̃] *m* Verarmung *f*; *du sol* Auslaugung *f*
▸ **appel** [apɛl] *m* **1.** (*cri*) Ruf(en) *m(n)*; Zuruf *m*; **appel au secours** Hilferuf *m*; **faire appel à qn, qc** an j-n, etw appellieren; *activité* **faire appel à certaines compétences** gewisse Fachkenntnisse erfordern **2.** (*signe*) **appel de phares** Zeichen *n* mit der Lichthupe; **faire un appel, des appels de phare** die Lichthupe betätigen; *fig* **appel du pied** Wink *m* mit dem Zaunpfahl **3. appel** (**téléphonique**) (Telefon)-Anruf *m* **4.** *nominal* (namentlicher) Aufruf; Namensaufruf *m*; **faire l'appel** die Namen aufrufen, verlesen **5.** *au public* Aufruf *m*; Appell *m*; Aufforderung *f*; **appel à la révolte** Aufruf, Aufforderung zur Revolte; **appel d'offres** Ausschreibung *f* **6.** MIL Einberufung *f* **7.** JUR Berufung *f*; **cour** *f* **d'appel** Berufungsgericht *n*; *fig* **sans appel** unwiderruflich; **faire appel** Berufung einlegen **8.** SPORTS Absprung *m* **9. appel d'air** Luftzug *m*; Sog *m*
appelé [aple] *m* MIL Einberufene(r) *m*
▸ **appeler** [aple] ⟨**-ll-**⟩ **I** *v/t* **1.** (*faire venir*) (her-

bei)rufen; *ascenseur* holen; **appeler qn a** nach j-m rufen; **appeler la police** die Polizei (herbei)rufen **2.** (*désigner*) berufen; **appeler qn à un poste** j-n auf e-n Posten berufen **3.** (*nommer*) nennen **4. appeler** (**sous les drapeaux**) einberufen **5.** TÉL **appeler qn** j-n anrufen **6.** INFORM aufrufen **7.** (*exiger*) *chose* **appeler qc** etw erfordern, *st/s* erheischen **II** *v/t/indir* **en appeler à qc** an etw (*acc*) appellieren **III** *v/pr* ▸ **s'appeler** heißen
appellation [apɛ(l)lasjɔ̃] *f* Bezeichnung *f*; Benennung *f*; **appellation** (**d'origine**) **contrôlée** geprüfte Herkunftsbezeichnung
appendice [apɛ̃dis] *m* **1.** ANAT Wurmfortsatz *m* (des Blinddarms); F Blinddarm *m* **2.** *dans un livre* Anhang *m*
appendicite [-it] *f* Blinddarmentzündung *f*
appentis [apɑ̃ti] *m* angebauter Schuppen
appesantir [apəzɑ̃tiʀ] *v/pr* **s'appesantir sur un sujet** sich über ein Thema verbreiten, (lang und breit) auslassen
appétence [apetɑ̃s] *litt f* Verlangen *n*, Begierde *f* (**de** nach)
appétissant [apetisɑ̃] *adj* ⟨**-ante** [-ɑ̃t]⟩ appetitlich (*a fig personne*); *mets a* lecker; einladend
▸ **appétit** [apeti] *m* **1.** Appetit *m*; Esslust *f*; **bon appétit!** guten Appetit!; **manger de bon appétit** mit (gutem) Appetit essen; **cela m'a coupé l'appétit** das hat mir den Appetit verdorben; jetzt ist mir der Appetit vergangen; **mettre qn en appétit** j-m Appetit machen; *prov* **l'appétit vient en mangeant** der Appetit kommt beim Essen (*prov*) **2.** *fig* Hunger *m*, *péj* Gier *f* (**de** nach) **3. appétits** (**sexuels**) Begehrlichkeit *f*; fleischliche Begierde
applaudimètre [aplodimɛtʀ] *m plais* Applausmesser *m*
▸ **applaudir** [aplodiʀ] **I** *v/t et v/i* **applaudir** (**qn, qc**) (j-m, e-r Sache) Beifall klatschen, spenden; (j-m, e-r Sache) applaudieren; klatschen **II** *v/t/indir st/s* **applaudir à qc** etw begrüßen
applaudissements [aplodismɑ̃] *m/pl* Beifall (-klatschen) *m(n)*; Applaus *m*
applicabilité [aplikabilite] *f* Anwendbarkeit *f* (**à** auf + *acc*); Verwendbarkeit *f* (für)
applicable [-abl] *adj* anwendbar (**à** auf + *acc*)
applicateur [aplikatœʀ] **I** *adj* ⟨~**e**⟩ zum Auftragen; Auftrag...; **pinceau applicateur** Auftragpinsel *m* **II** *m* Applikator *m* (*a* MÉD)
application [aplikasjɔ̃] *f* **1.** *d'un produit, etc* Auftragen *n*; Aufbringen *n*; *d'une compresse* Auflegen *n* **2.** *d'une loi, d'une méthode* Anwendung *f* (**à** auf + *acc*); **les applications** die Anwendungsmöglichkeiten *f/pl*; **mettre en application** praktisch anwenden; in die Praxis umsetzen **3.** (*zèle*) Fleiß *m*; Eifer *m*
applique [aplik] *f* Wandleuchte *f*
appliqué [aplike] *adj* ⟨~**e**⟩ **1.** *sciences* angewandt **2.** *personne* fleißig; eifrig; *écriture* sorgfältig
appliquer [aplike] **I** *v/t* **1.** *produit, peinture, etc* auftragen, aufbringen, *compresse* auflegen (**sur** auf + *acc*); *pansement* anlegen **2.** *loi, méthode* anwenden (**à** auf + *acc*) **II** *v/pr* **3.** *personne* **s'appliquer** fleißig, eifrig sein **4.** *loi* **s'appliquer** Anwendung finden; gelten; *remarque* **s'appliquer à** gelten für; zutreffen auf (+ *acc*)
appoint [apwɛ̃] *m* **1. faire l'appoint** mit abge-

zähltem Geld bezahlen **2. *d'appoint*** zusätzlich; Zusatz...; Neben...

appointements [apwɛ̃tɑ̃] *m/pl* Gehalt *n*; *d'un fonctionnaire* (Dienst)Bezüge *m/pl*

appointer [-e] *v/t* Gehalt zahlen (***qn*** j-m); entlohnen; *fonctionnaire* besolden

appontage [apɔ̃taʒ] *m* AVIAT Landung *f*, Aufsetzen *n* auf dem Flugdeck (*e-s Flugzeugträgers*)

appontement [-mɑ̃] *m* MAR Pier *m ou f*; Landungs-, Anlegebrücke *f*

apponter [-e] *v/i* AVIAT auf dem Flugdeck (*e-s Flugzeugträgers*) landen, aufsetzen

apport [apɔʀ] *m* **1.** FIN Einlage *f* **2.** *fig* (*contribution*) Beitrag *m*

▸ **apporter** [apɔʀte] *v/t objet* (her)bringen; *avec soi* mitbringen; *nouvelle* (über)bringen; *capitaux* einbringen (***dans*** in + *acc*); *preuve* (er)bringen; *difficultés, changements* mit sich bringen; *énergie, soin* aufbringen; aufwenden

apposer [apoze] *v/t* anbringen (***sur un mur*** an e-r Mauer); *affiche* anschlagen; *signature* ***apposer au bas de*** setzen unter (+ *acc*)

apposition [apozisjɔ̃] *f* **1.** GR Apposition *f* **2.** *action* Anbringung *f*

appréciable [apʀesjabl] *adj* **1.** (*considérable*) erheblich; beachtlich **2.** (*précieux*) schätzenswert

appréciation [apʀesjasjɔ̃] *f* **1.** (*évaluation*) (Ab)Schätzung *f* **2.** (*jugement*) Einschätzung *f*; Beurteilung *f*; *positive* Würdigung *f*; ***laisser qc à l'appréciation de qn*** etw dem Ermessen j-s überlassen

apprécier [apʀesje] *v/t* **1.** (*évaluer*) schätzen; *distance, vitesse a* abschätzen **2.** (*juger*) einschätzen; beurteilen; *valeur a* ermessen **3.** (*goûter*) schätzen; (zu) würdigen (wissen)

appréhender [apʀeɑ̃de] *v/t* **1.** (*craindre*) ***appréhender qc*** etw fürchten **2.** (*arrêter*) festnehmen; dingfest machen

appréhension [apʀeɑ̃sjɔ̃] *f* Befürchtung *f*; Besorgnis *f*

apprenant [apʀənɑ̃] *m* Lerner *m*; Lernende(r) *m*

▸ **apprendre** [apʀɑ̃dʀ] *v/t* ⟨→ **prendre**⟩ **1.** lernen (*a abs*); *métier, langue a* erlernen; ▸ ***apprendre à conduire, à lire*** Autofahren, lesen lernen **2.** (*enseigner*) ***apprendre qc à qn*** j-n etw lehren; j-m etw beibringen; *fig* ***cela lui apprendra (à vivre)!*** das wird ihm e-e Lehre sein! **3.** *nouvelle* erfahren, hören (***par qn*** durch j-n, von j-m) **4.** (*faire savoir*) ***apprendre qc à qn*** j-m etw mitteilen, melden

▸ **apprenti(e)** [apʀɑ̃ti] *m(f)* Lehrling *m*; Auszubildende(r) *f(m)* (*abr* Azubi *m,f*); ***apprenti boulanger*** Bäckerlehrling *m*

apprentissage [apʀɑ̃tisaʒ] *m* **1.** Lehre *f*; ***être en apprentissage*** in der Lehre sein, stehen **2.** *d'une langue* Erlernung *f*

apprêt [apʀɛ] *m* **1.** TECH Appretur *f* (*a substance*); Zurichtung *f* **2.** *fig* ***sans apprêt*** ungekünstelt; natürlich

apprêté [apʀɛte] *adj* ⟨~e⟩ gekünstelt; geziert

apprêter [apʀɛte] **I** *v/t* TECH appretieren; zurichten **II** *v/pr* **1.** ***s'apprêter à faire qc*** sich anschicken *ou* Anstalten machen, etw zu tun **2.** (*se parer*) ***s'apprêter*** sich zurechtmachen

appris [apʀi] → **apprendre**

apprivoisable [apʀivwazabl] *adj* zähmbar

apprivoisement [-mɑ̃] *m* Zähmung *f*

apprivoiser [apʀivwaze] **I** *v/t* zähmen; ***apprivoisé*** zahm **II** *v/pr* ***s'apprivoiser* 1.** *animal* zahm werden **2.** *personne* umgänglich(er) werden

approbateur [apʀobatœʀ] *adj* ⟨-**trice** [-tʀis]⟩ *ou* **approbatif** *adj* ⟨-**ive** [-iv]⟩ zustimmend; billigend

approbation [apʀobasjɔ̃] *f* **1.** (*accord*) Billigung *f*; Zustimmung *f*; Plazet *n* **2.** (*jugement favorable*) Beifall *m*; Anerkennung *f*

approchant [apʀoʃɑ̃] *adj* ⟨-**ante** [-ɑ̃t]⟩ annähernd; ***qc d'approchant*** etwas Ähnliches

▸ **approche** [apʀoʃ] *f* **1.** (*action d'approcher*) (Heran)Nahen *n*; Näherkommen *n*; Annäherung *f*; AVIAT (Lande)Anflug *m* **2.** (*façon d'aborder*) Sehweise *f*; Sicht *f*; Ansatz *m*; Approach *m*; Zugang *m* (***de*** zu)

approché [apʀoʃe] *adj* ⟨~e⟩ *résultat* annähernd genau

approcher [apʀoʃe] **I** *v/t* **1.** *objet* näher rücken; heranrücken, -schieben, -ziehen (***de*** an + *acc*) **2.** ***approcher qn*** sich j-m nähern; an j-n herankommen; *dans sa vie* mit j-m Kontakt haben **II** *v/t/indir* **3.** ***approcher de qc*** sich e-r Sache (*dat*) nähern; *fig* e-r Sache (*dat*) nahekommen, ähneln; ***approcher de la trentaine*** auf die dreißig zugehen **III** *v/i* (*et v/pr*) **4.** (***s'***)***approcher*** nahen; sich nähern; *personne a* näher kommen, treten; *date a* näher rücken **5. *s'approcher de qn, de qc*** sich j-m, e-r Sache nähern; sich j-m nahen

approfondi [apʀofɔ̃di] *adj* ⟨~e⟩ gründlich; eingehend; *connaissances a* profund; fundiert

approfondir [-iʀ] *v/t* **1.** vertiefen; tiefer machen **2.** *fig savoir, pensée* vertiefen; *domaine* tiefer eindringen in (+ *acc*)

approfondissement [apʀofɔ̃dismɑ̃] *m* Vertiefung *f* (*a fig*)

appropriation [apʀopʀijasjɔ̃] *f* JUR Aneignung *f*; Besitzergreifung *f*

approprié [apʀopʀije] *adj* ⟨~e⟩ angemessen; passend; geeignet; entsprechend

approprier [apʀopʀije] *v/pr* ***s'approprier qc*** sich (*dat*) etw (unrechtmäßig) aneignen

▸ **approuver** [apʀuve] *v/t* billigen; gutheißen; ***approuver qn*** j-s Verhalten billigen; (*se déclarer de son opinion*) j-m beipflichten, zustimmen

approvisionnement [apʀovizjɔnmɑ̃] *m* **1.** Versorgung *f* (***en*** mit); Belieferung *f* (mit) **2.** (*provisions*) Vorrat *m*; Bestand *m*

approvisionner [apʀovizjɔne] **I** *v/t* **1.** versorgen, eindecken, *marché a* beliefern, beschicken (***en, de*** mit) **2.** *compte en banque* auffüllen **II** *v/pr* ***s'approvisionner en qc*** sich mit etw versorgen, eindecken

approximatif [apʀoksimatif] *adj* ⟨-**ive** [-iv]⟩ ungefähr; annähernd; approximativ

approximation [-sjɔ̃] *f* (ungefähre, grobe) Schätzung *f*

approximativement [apʀoksimativmɑ̃] *adv* schätzungsweise; ungefähr

appui [apɥi] *m* **1.** Stütze *f*; Halt *m*; ***prendre appui sur*** sich stützen auf (+ *acc*) **2.** *d'un balcon* Brüstung *f*; *d'une fenêtre* Fensterbank *f* **3.** *fig* (*soutien*) Unterstützung *f*; (***avec***) ***preuves à l'appui*** durch Beweise gestützt

appui-tête [apɥitɛt] *m* ⟨**appuis-tête**⟩ *ou* **ap-**

puie-tête *m* ⟨*inv*⟩ Kopfstütze *f*
appuyé [apɥije] *adj* ⟨~e⟩ *regard* eindringlich
▸ appuyer [apɥije] ⟨-ui-⟩ **I** *v/t* **1.** (ab)stützen; **appuyer qc contre** etw lehnen gegen; etw (an)lehnen an (+ *acc*); **appuyer qc sur** etw (auf)stützen, drücken auf (+ *acc*); *fig affirmation* stützen auf (+ *acc*) **2.** *fig* (*soutenir*) unterstützen; *qc a* befürworten **II** *v/i* **3.** *en écrivant* aufdrücken; **appuyer sur** drücken auf (+ *acc*) **4.** *fig* **appuyer sur** stark betonen; den Ton legen auf (+ *acc*) **III** *v/pr* **5.** *s'appuyer contre* sich lehnen gegen; sich anlehnen an (+ *acc*); *s'appuyer sur* sich stützen auf (+ *acc*; *a fig*) **6.** *fig* *s'appuyer sur qn* sich auf j-n verlassen **7.** F *s'appuyer* *une corvée* auf sich (*acc*) nehmen müssen; F am Hals haben (*a qn*)
âpre [ɑpʀ] *adj* **1.** *goût, fruit, vin* (unangenehm) herb; *goût a* scharf; *voix* rau; *froid* beißend; schneidend **2.** *lutte* heftig; erbittert; *discussion* hitzig **3.** *âpre au gain* gewinnsüchtig; geldgierig
aprèm(e) [apʀɛm] *m ou f abr* F → **après-midi**
âprement [ɑpʀəmɑ̃] *adv* heftig; erbittert; verbissen
▸ après [apʀɛ] **I** *prép* **1.** *dans le temps, dans l'ordre* nach (+ *dat*); *après avoir lu le journal, il …* nachdem er die Zeitung gelesen hatte, …; F *après manger* nach dem Essen; *après cela* danach; dann; *après quoi* wonach; worauf; *après tout* im Grunde (genommen); schließlich **2.** *dans l'espace* **a)** (*derrière*) nach (+ *dat*); hinter (+ *dat ou acc*); *traîner après soi* hinter sich (*dat*) herziehen **b)** F (*à, sur*) an (+ *dat ou acc*) **3.** ▸ *d'après* nach (+ *dat*); gemäß (+ *dat*); *peindre d'après nature* nach der Natur; *d'après lui* s-r Meinung nach **II** *adv* **4.** *temporel* danach; darauf; später; nachher; hinterher; *sa famille passe après* s-e Familie kommt erst danach; (*et*) *après?* *que vous a-t-il dit?* und (dann)? …; *défi et (puis) après!* na und?; *la semaine d'après* in der Woche danach **5.** *local* **a)** (*derrière*) danach; dahinter **b)** F (*dessus*) daran; F dran **III** *conj* *après que* (+ *ind*, *abus* + *subj*) nachdem
▸ après-demain *adv* übermorgen

après-guerre *m ou f* ⟨**après-guerres**⟩ Nachkriegszeit *f*; *d'après-guerre* Nachkriegs…
▸ après-midi *m ou f* ⟨*inv*⟩ Nachmittag *m*; *cet après-midi* heute Nachmittag; *l'après-midi* am Nachmittag; nachmittags
après-rasage *adj* ⟨*inv*⟩ (*lotion f*) *après-rasage m* Rasierwasser *n*
après-ski *m* ⟨**après-ski(s)**⟩ Schneestiefel *m*
après-vente *adj* ⟨*inv*⟩ ▸ *service m après-vente* Kundendienst *m*
âpreté [ɑpʀəte] *f* Herbe *f*; Schärfe *f*; *d'une discussion* Heftigkeit *f*
a priori [apʀijɔʀi] *adv* von vornherein; auf den ersten Blick; a priori
apriorisme [apʀijɔʀism] *m* Apriorismus *m*
aprioriste [-ist] *adj* aprioristisch
apr. J.-C. *abr* (*après Jésus-Christ*) n. Chr.
à-propos [apʀopo] *m* Schlagfertigkeit *f*
apte [apt] *adj* *apte à* geeignet für; fähig zu (*a* JUR); tauglich zu; *être apte à* (*faire*) *qc a* sich für etw eignen; für *ou* zu etw taugen
aptitude [aptityd] *f* Eignung *f* (*à, pour* für); Fähigkeit *f* (zu) (*a* JUR); Tauglichkeit *f* (zu); *aptitudes pl a* Begabung *f*
apurement [apyʀmɑ̃] *m* FIN Rechnungsprüfung *f*, -abschluss *m*
apurer [-e] *v/t compte* prüfen
aquaculture [akwakyltyʀ] *f* Aquakultur *f*
aquaplanage [-planaʒ] *m ou* aquaplaning [-planiŋ] *m* AUTO Aquaplaning *n*
aquarelle [akwaʀɛl] *f* **1.** *tableau* Aquarell *n* **2.** Aquarellmalerei *f*
aquarelliste [akwaʀelist] *m,f* Aquarellmaler(in) *m(f)*
aquarium [akwaʀjɔm] *m* Aquarium *n*
aquatique [akwatik] *adj* Wasser…
aqueduc [akdyk] *m* Aquädukt *m*
aqueux [akø] *adj* ⟨**-euse** [-øz]⟩ wäss(e)rig
aquilin [akilɛ̃] *adj* ⟨*m*⟩ *nez aquilin* leicht gebogene, schmale Adlernase
aquitain [akitɛ̃] **I** *adj* ⟨**-aine** [-ɛn]⟩ aquitanisch **II** *Aquitain(e)* *m(f)* Aquitanier(in) *m(f)*
Aquitaine [akitɛn] *l'Aquitaine f* Aquitanien *n*
arabe [aʀab] **I** *adj* arabisch **II** *Arabe m,f* Araber(in) *m(f)*

La langue arabe

In der französischen Sprache gibt es viele Wörter, die arabischer Herkunft sind. Wörter wie alchimie, alcool, algèbre, douane, gazette, magasin, sorbet, razzia oder zénith kommen aus dem Arabischen. Es gibt aber auch eine Reihe von Wörtern, die direkt aus dem Arabischen in die französische Umgangssprache übernommen worden sind:

le bled	das Kaff
le barda	der Kram
le caïd	der Gangsterboss
le kawa	der Kaffee
c'est kif-kif	das ist gehüpft wie gesprungen, das ist Jacke wie Hose
kiffer qc	auf etwas stehen, etwas geil finden
le klebs	der Köter
la merguez	die Grillwurst, (scharf gewürzte) Bratwurst
le toubib	der Arzt, Doktor

arabesque [aʀabɛsk] *f* Arabeske *f*
Arabie [aʀabi] *l'Arabie f* Arabien *n*
arabisant [aʀabizɑ̃] *m*, **arabisante** [-ɑ̃t] *f* Arabist(in) *m(f)*
arabisation [-izasjɔ̃] *f* Arabisierung *f*
arabiser [-ize] *v/t* arabisieren
arabisme [-ism] *m* arabische Spracheigentümlichkeit; Arabismus *m*
arable [aʀabl] *adj* **terre(s)** *f(pl)* **arable(s)** Ackerboden *m*, -land *n*
arabophone [aʀabɔfɔn] *adj* Arabisch sprechend; arabischsprachig
arachide [aʀaʃid] *f* Erdnuss *f*; *huile f d'arachide* Erdnussöl *n*
Aragon [aʀagɔ̃] *l'Aragon m* Aragonien *n*
▸ **araignée** [aʀeɲe] *f* Spinne *f*; F *fig avoir une araignée au plafond* F nicht ganz richtig im Kopf, im Oberstübchen sein; → *cinglé*
Aral [aʀal] *la mer d'Aral* der Aralsee
araser [aʀaze] *v/t* **1.** CONSTR abgleichen **2.** GÉOL abschleifen
aratoire [aʀatwaʀ] *adj instrument m aratoire* Ackergerät *n*
arbalète [aʀbalɛt] *f* Armbrust *f*
arbalétrier [-etʀije] *m* Armbrustschütze *m*
arbitrage [aʀbitʀaʒ] *m* **1.** JUR Schiedsgerichtsbarkeit *f*; Schlichtung *f*; *(sentence)* Schiedsspruch *m* **2.** SPORTS Schiedsrichteramt *n*; *erreur f d'arbitrage* Fehlentscheidung *f* des Schiedsrichters
arbitraire [aʀbitʀɛʀ] **I** *adj* willkürlich **II** *m* Willkür *f*
arbitrairement [aʀbitʀɛʀmɑ̃] *adv* willkürlich
arbitral [aʀbitʀal] *adj* ⟨**~e**; **-aux** [-o]⟩ Schieds…; schiedsrichterlich; *jugement arbitral, sentence arbitrale* Schiedsspruch *m*
▸ **arbitre** [aʀbitʀ] *m* **1.** Schiedsrichter *m* (*a* SPORTS); *dans un conflit tarifaire* Schlichter *m*; BOXE Ringrichter *m* **2.** *libre arbitre* freier Wille; Willensfreiheit *f*
arbitrer [aʀbitʀe] *v/t* **1.** *litige* durch Schiedsspruch beilegen; *conflit tarifaire* schlichten **2.** SPORTS Schiedsrichter sein; schiedsrichtern
arboré [aʀbɔʀe] *adj* ⟨**~e**⟩ mit einzelnen Bäumen oder Gehölzen bestanden
arborer [aʀbɔʀe] *v/t* **1.** *drapeau* aufpflanzen; hissen **2.** *fig* zur Schau tragen; *sourire, air* aufsetzen
arborescence [aʀbɔʀɛsɑ̃s] *f* baumartiges Wachstum; baumartige Form
arborescent [-ɛsɑ̃] *adj* ⟨**-ente** [-ɑ̃t]⟩ BOT baumartig, -förmig
arboricole [-ikɔl] *adj* ZO auf Bäumen lebend
arboriculteur [-ikyltœʀ] *m* Baumzüchter *m*; *au sens strict* Obstgärtner *m*
arboriculture [-ikyltyʀ] *f* Baumzucht *f*; *fruitière* Obstbau *m*
arborisation [-izasjɔ̃] *f sur des roches* baumartige Zeichnung
arbousier [aʀbuzje] *m* BOT Erdbeerbaum *m*
▸ **arbre** [aʀbʀ] *m* **1.** Baum *m*; *arbre fruitier* Obstbaum *m*; *arbre de Noël* Weihnachts-, Christbaum *m*; *prov c'est l'arbre qui cache la forêt* das verstellt den Blick fürs Ganze; das ist nur die Spitze des Eisbergs; *prov les arbres cachent la forêt* man sieht den Wald vor lauter Bäumen nicht **2.** TECH Welle *f*
arbrisseau [aʀbʀiso] *m* ⟨**~x**⟩ (Groß)Strauch *m*

arbuste [aʀbyst] *m* Strauch *m*; Busch *m*
arc [aʀk] *m* Bogen *m*; *arc de cercle* Kreisbogen *m*; *en arc de cercle* bogen-, halbkreisförmig; *arc de triomphe* Triumphbogen *m*; *tirer à l'arc* mit Pfeil und Bogen schießen
arcade [aʀkad] *f* **1.** ARCH Arkade *f*; *arcades pl a* Bogengang *m* **2.** *arcade sourcilière* Augenbrauenbogen *m*
arcane [aʀkan] *m* **1.** ALCHIMIE Geheimmittel *n* **2.** *litt d'une science arcanes pl* Geheimnisse *n/pl*
arc-boutant [aʀkbutɑ̃] *m* ⟨**arcs-boutants**⟩ Strebebogen *m*
arc-bouter [aʀkbute] *v/pr s'arc-bouter contre qc* sich gegen etw stemmen
arceau [aʀso] *m* ⟨**~x**⟩ **1.** Bogen *m* **2.** *arceau de sécurité* Überrollbügel *m*
arc-en-ciel [aʀkɑ̃sjɛl] *m* ⟨**arcs-en-ciel** [aʀkɑ̃sjɛl]⟩ Regenbogen *m*
archaïque [aʀkaik] *adj* archaisch; altertümlich
archaïsant [-izɑ̃] *adj* ⟨**-ante** [-ɑ̃t]⟩ archaisierend; altertümelnd
archaïsme [aʀkaism] *m* **1.** LING Archaismus *m* **2.** *(caractère archaïque)* archaischer, altertümlicher Charakter
archange [aʀkɑ̃ʒ] *m* Erzengel *m*
arche [aʀʃ] *f* **1.** ARCH (Brücken)Bogen *m* **2.** *l'arche de Noé* die Arche Noah
archéologie [aʀkeɔlɔʒi] *f* Archäologie *f*
archéologique [-lɔʒik] *adj* archäologisch
archéologue [-lɔg] *m,f* Archäologe, -login *m,f*
archéoptéryx [aʀkeɔpteʀiks] *m oiseau fossile* Archäopteryx *m*
archer [aʀʃe] *m* Bogenschütze *m*
archet [aʀʃe] *m* MUS Bogen *m*
archétype [aʀketip] *m* Archetyp(us) *m*; Urform *f*; Urbild *n*
archevêché [aʀʃəveʃe] *m* **1.** *territoire* Erzbistum *n* **2.** *siège* Sitz *m* des Erzbischofs
archevêque [aʀʃəvɛk] *m* Erzbischof *m*
archi… [aʀʃi] F *préfixe* völlig; total
archicomble [aʀʃikɔ̃bl] *adj* F → *archiplein*
archiconnu F *adj* ⟨**~e**⟩ längst bekannt
archidiacre [aʀʃidjakʀ] *m* ÉGL Archidiakon *m*
archidiocèse *m* ÉGL Erzdiözese *f*
archiduc *m* HIST Erzherzog *m*
archiduchesse *f* HIST Erzherzogin *f*
archiépiscopal *adj* ⟨**~e**; **-aux**⟩ ÉGL erzbischöflich; des Erzbischofs
archiépiscopat *m* erzbischöfliche Würde; Amt *n* des Erzbischofs
archifaux F *adj* ⟨**-fausse**⟩ völlig, total falsch
Archimède [aʀʃimɛd] *m* Archimedes *m*
archinul F *adj* ⟨**~le**⟩ F grottenschlecht
archipel [aʀʃipel] *m* Archipel *m*; Inselgruppe *f*
archiplein F *adj* ⟨**-pleine**⟩ brechend, gestopft, F gerammelt voll; F proppenvoll
archiprêtre [aʀʃipʀɛtʀ] *m* ÉGL Erzpriester *m*; Archipresbyter *m*
architecte [aʀʃitekt] *m,f* Architekt(in) *m(f)*
architectonique [aʀʃitektɔnik] **I** *adj* architektonisch **II** *f* Architektonik *f*
architectural [aʀʃitektyʀal] *adj* ⟨**~e**; **-aux** [-o]⟩ architektonisch; baulich
architecture [aʀʃitektyʀ] *f* **1.** Architektur *f*; Baukunst *f* **2.** *fig* Aufbau *m*
archivage [aʀʃivaʒ] *m* Archivierung *f*
archiver [-e] *v/t* archivieren

L'argot

Das Argot ist eine besondere Variante des gesprochenen Französisch. Früher war es eine Art Umgangs- und Geheimsprache der Kleinkriminellen. Heute bezeichnet der Begriff **argot** sämtliche Sondersprachen bestimmter Berufs- und Gesellschaftsgruppen. So sprechen z. B. Schüler das **argot scolaire**, Soldaten das **argot militaire**, Sportler das **argot sportif** usw.

Immer mehr Argotausdrücke gehen in die Umgangssprache, **le langage familier**, über. Die Grenzen sind fließend.
Beispiele:

argot	Übersetzung	Standardsprache
les godasses	die Latschen	**les chaussures**
la clope	der Glimmstängel	**la cigarette**
la came	der Stoff (Droge)	**la drogue**
la taule	der Knast	**la prison**
être crevé	kaputt sein	**être épuisé**

archives [aʀʃiv] f/pl Archiv n
archiviste [-ist] m,f Archivar(in) m(f)
arçon [aʀsõ] m SPORTS **cheval** m **d'arçons** (Seit)Pferd n
arctique [aʀktik] **I** adj arktisch; Nordpolar... **II** m **l'Arctique** die Arktis
Ardèche [aʀdɛʃ] **l'Ardèche** f Fluss u Departement in Frankreich
ardemment [aʀdamã] adv → **ardent**
Ardennes [aʀdɛn] **les Ardennes** f/pl **1.** die Ardennen pl **2.** frz Departement
ardent [aʀdã] adj ⟨**-ente** [-ãt]⟩ **1.** litt (qui brûle) brennend; soleil glühend (heiß); **chapelle ardente** Raum m, in dem ein Toter, von brennenden Kerzen umgeben, aufgebahrt wird: **2.** fig amour glühend; désir sehnlich(st); brennend (a soif, curiosité); foi inbrünstig; personne feurig; heißblütig
ardeur [aʀdœʀ] f d'une passion Glut f; d'une prière Inbrunst f; d'une personne Feuer n; (mitreißender) Schwung; Ungestüm n; au travail Feuereifer m
ardillon [aʀdijõ] m (Schnallen)Dorn m
ardoise [aʀdwaz] f **1.** MINÉR Schiefer m **2.** ÉCOLE Schiefertafel f; fig **avoir une ardoise chez qn** bei j-m in der Kreide stehen
ardu [aʀdy] adj ⟨**-e**⟩ schwierig
are [aʀ] m Ar n m
arène [aʀɛn] f **1.** Arena f (a fig) **2.** **arènes** pl Stierkampfarena f
aréole [aʀeɔl] f **1.** ANAT Warzenhof m **2.** MÉD roter Hof, Kreis
arête [aʀɛt] f **1.** de poisson Gräte f **2.** **arête du nez** Nasenrücken m **3.** (angle) Kante f **4.** en montagne Grat m; Kamm m
▸ **argent** [aʀʒã] m **1.** Silber n; **d'argent, en argent** silbern; Silber...; couleur a silb(e)rig **2.** Geld n; **argent comptant** bares Geld; Bargeld n; fig **prendre qc pour argent comptant** etw für bare Münze nehmen; fig **jeter l'argent par les fenêtres** das Geld zum Fenster hinauswerfen; prov **l'argent n'a pas d'odeur** Geld stinkt nicht (prov); prov **l'argent ne fait pas le bonheur (mais il y contribue)** Geld macht nicht glücklich(, aber es beruhigt) (prov)

argenté [aʀʒãte] adj ⟨**~e**⟩ **1.** métal versilbert **2.** couleur silbern; silberglänzend; cheveux a silberweiß
argenter [aʀʒãte] v/t **1.** métal versilbern **2.** fig et poét e-n Silberglanz verleihen (+dat)
argenterie [aʀʒãtʀi] f (Tafel)Silber n; couverts Silberbestecke n/pl
Argenteuil [aʀʒãtœj] Stadt im Dep. Val-d'Oise
argentier [aʀʒãtje] m plais **grand argentier** Finanzminister m (a HIST)
argentin [aʀʒãtɛ̃] **I** adj ⟨**-ine** [-in]⟩ **1.** silberhell; silbern **2.** argentinisch **II** **Argentin(e)** m(f) Argentinier(in) m(f)
Argentine [aʀʒãtin] **l'Argentine** f Argentinien n
argile [aʀʒil] f Ton m; Lehm m; **d'argile** tönern; Ton...
argileux [aʀʒilø] adj ⟨**-euse** [-øz]⟩ lehmig; Lehm...; tonig
argot [aʀgo] m **1.** du milieu Argot n ou m; Gaunersprache f; Rotwelsch n **2.** Jargon m; (Sonder)Sprache f
argotique [aʀgɔtik] adj Argot...
Argovie [aʀgɔvi] **le canton d'Argovie** der (Kanton) Aargau
arguer [aʀgɥe] ⟨**j'arguë** od **j'argue**⟩ v/t/indir st/s **arguer de qc** etw geltend machen, ins Feld führen
▸ **argument** [aʀgymã] m Argument n; **tirer argument de qc** etw als Argument benützen
argumentaire [aʀgymãtɛʀ] m PUBLICITÉ Sales-Folder m; Argumentationshilfe f
argumentation [-asjõ] f Argumentation f; Beweisführung f
argumenter [-e] v/i argumentieren
argus [aʀgys] m Informationsblatt n, -dienst m; AUTO **l'Argus** die Preisliste für Gebrauchtwagen
argutie(s) [aʀgysi] f(pl) Spitzfindigkeit(en) f(pl)
aria [aʀja] f MUS Arie f
aride [aʀid] adj **1.** sol trocken (a climat); dürr; ausgedörrt **2.** fig sujet trocken; nüchtern; ledern
aridité [-ite] f **1.** Trockenheit f; Dürre f **2.** fig

A

Trockenheit *f*; Nüchternheit *f*
Ariège [aʀjɛ3] *l'Ariège f Fluss u Departement in Frankreich*
ariette [aʀjɛt] *f* MUS Ariette *f*; kleine Arie
Aristide [aʀistid] *m Vorname*
aristo [aʀisto] *m,f abr* F → **aristocrate**
aristocrate [-ɔkʀat] *m,f* Aristokrat(in) *m(f)*
aristocratie [-ɔkʀasi] *f* Aristokratie *f (a par ext)*
aristocratique [-ɔkʀatik] *adj* aristokratisch
Aristote [aʀistɔt] *m* Aristoteles *m*
aristotélicien [-elisjɛ̃] PHILOS **I** *adj* ⟨**-ienne** [-jɛn]⟩ aristotelisch **II** *m* Aristoteliker *m*
aristotélisme [-elism] *m* PHILOS Aristotelismus *m*
arithmétique [aʀitmetik] **I** *adj* arithmetisch **II** *f* Arithmetik *f*; Zahlenrechnung *f*
Arkansas [aʀkɑ̃sas] *l'Arkansas m* Arkansas *n*
arlequin [aʀləkɛ̃] *m* Harlekin *m*
arlequinade [-inad] *f* THÉ Harlekinade *f*; Hanswurstiade *f*
Arles [aʀl] *Stadt im Dep. Bouches-du-Rhône*
arlésien [aʀlezjɛ̃] *adj* ⟨**-ienne** [-jɛn]⟩ *(et subst* **Arlésien** Einwohner) von Arles
armada [aʀmada] *f* **1.** HIST Armada *f* **2.** F *fig* Heer *n*; Pulk *m*
armagnac [aʀmaɲak] *m Weinbrand aus der Gegend von Bordeaux*
armateur [aʀmatœʀ] *m* Reeder *m*
armature [aʀmatyʀ] *f* **1.** TECH Gerüst *n*; Stütz-, Tragwerk *n*; *de soutien-gorge* Rundbügel *m*; *du béton* Armierung *f*; Bewehrung *f* **2.** *fig* Stütze *f*; Gerüst *n*; Halt *m*
▸ **arme** [aʀm] *f* **1.** Waffe *f (a fig)*; MIL *a (fusil)* Gewehr *n*; *arme absolue* Wunderwaffe *f (a fig)*; *armes nucléaires* Atom-, Kernwaffen *f/pl*; ▸ *arme à feu* Feuer-, Schusswaffe *f*; *aux armes!* zu den Waffen!; *à armes égales* mit gleichen Waffen *(a fig)*; *avec armes et bagages* mit Sack und Pack; *déposer, rendre les armes* die Waffen strecken *(a fig)*, niederlegen; *fig* *faire ses premières armes* s-e Laufbahn beginnen; sich *(dat)* s-e ersten Sporen verdienen; F *fig* *passer l'arme à gauche* F ins Gras beißen; *prendre les armes* zu den Waffen greifen **2.** *(division de l'armée)* Waffen-, Truppengattung *f* **3.** *armes pl (armoiries)* Wappen *n*
armé [aʀme] *adj* ⟨**~e**⟩ **1.** bewaffnet; *forces armées* Streitkräfte *f/pl*; *attaque à main armée* bewaffnet **2.** *fig personne* gewappnet *(contre* gegen; *armé de* ausgerüstet, *personne a* gewappnet mit **3.** *béton armé* Stahl-, Eisenbeton *m*
▸ **armée** [aʀme] *f* **1.** Armee *f*; Heer *n*; Truppe *f*; Militär *n*; *armée de l'air* Luftwaffe *f*; *armée de métier* Berufsheer *n*, -armee *f*; *armée de terre* Landstreitkräfte *f/pl*; Heer *n*; *à, dans l'armée* bei, in der Armee; beim Militär; *être dans l'armée* Berufssoldat sein **2.** *Armée du Salut* Heilsarmee *f* **3.** *fig* *une armée de ...* ein Heer *n*, Scharen *f/pl* von ...
armement [aʀməmɑ̃] *m* **1.** *d'un pays* *armements pl (Auf)*Rüstung *f* **2.** *des troupes* Bewaffnung *f* **3.** *d'une arme à feu* Durchladen *n*; Spannen *n (a* PHOT) **4.** *d'un bateau* Ausrüstung *f*
Arménie [aʀmeni] *l'Arménie f* Armenien *n*
arménien [aʀmenjɛ̃] **I** *adj* ⟨**-ienne** [-jɛn]⟩ ar-

menisch **II** *Arménien(ne) m(f)* Armenier(in) *m(f)*
armer [aʀme] **I** *v/t* **1.** bewaffnen; *pays* aufrüsten **2.** *arme à feu* durchladen; spannen *(a appareil photo)* **3.** *bateau* ausrüsten **II** *v/pr s'armer* **4.** sich bewaffnen *(de* mit) **5.** *fig* sich wappnen *(contre* gegen; *de* mit); *iron* sich bewaffnen *(de* mit)
armistice [aʀmistis] *m* Waffenstillstand *m*
▸ **armoire** [aʀmwaʀ] *f* Schrank *m*; *surtout* Kleiderschrank *m*; *armoire à glace* Spiegelschrank *m*; F *fig d'un homme* (Kleider-) Schrank *m*
armoire-penderie *f* ⟨**armoires-penderies**⟩ kombinierter Kleider-Wäsche-Schrank
armoiries [aʀmwaʀi] *f/pl* Wappen *n*
armoricain [aʀmɔʀikɛ̃] *adj* ⟨**-aine** [-ɛn]⟩ armorikanisch *(bretonisch)*
armure [aʀmyʀ] *f* **1.** HIST Rüstung *f*; Harnisch *m* **2.** TEXT Bindung *f*
armurerie [aʀmyʀʀi] *f* Waffengeschäft *n*
armurier [-je] *m* Waffenhändler *m*
ARN [aɛʀɛn] *m abr (acide ribonucléique)* BIOCHIMIE RNS *f* (Ribonukleinsäure)
arnaque [aʀnak] F *f* Betrug *m*; Schwindel *m*
arnaquer [-e] *v/t* F übers Ohr hauen; F bescheißen
arnaqueur [-œʀ] F *m* Betrüger *m*; Schwindler *m*
Arnaud [aʀno] *m Vorname*
arnica [aʀnika] *f* Arnika *f*
arobas [aʀɔbas] *m ou* **arobase** [aʀɔbɑz] *f* INFORM @ *n*; Klammeraffe *m*
aromate [aʀɔmat] *m* Gewürz *n*
aromatique [aʀɔmatik] *adj* aromatisch; wohlriechend, -schmeckend; *plante f aromatique* Gewürzpflanze *f*
aromatisant [aʀɔmatizɑ̃] *m* Aroma *n*
aromatiser [-e] *v/t* aromatisieren
arôme *ou* **arome** [aʀom] *m* Aroma *n (a* CHIM); Duft *m*; Wohlgeruch *m*
arpège [aʀpɛ3] *m* Arpeggio *n*
arpent [aʀpɑ̃] *m* Morgen *m (Feldmaß)*
arpentage [-ta3] *m* **a)** *d'un terrain* Vermessung *f* **b)** *science* Vermessungstechnik *f*, -wesen *n*
arpenter [-te] *v/t* **1.** *terrain* vermessen **2.** *fig pièce* mit großen Schritten auf und ab gehen in (+ *dat)*, durchmessen
arpenteur [-tœʀ] *m* Vermessungsingenieur *m*; Geometer *m*
arpète [aʀpɛt] F *m,f* Lehrling *m*; F Stift *m*
arpion [aʀpjõ] *m* F *(pied)* F Flosse *f*
arqué [aʀke] *adj* ⟨**~e**⟩ gebogen; *sourcils* geschwungen; *jambes arquées* O-Beine *n/pl*
arquer [aʀke] *v/t* TECH biegen; krümmen
arr. *abr (arrondissement)* Stadtbezirk *m*
arrachage [aʀaʃa3] *m (Her)*Ausreißen *n*; Ausrupfen *n*; *de pommes de terre* Ernten *n*; Ausmachen *n*
arraché [aʀaʃe] *m* **1.** SPORTS Reißen *n* **2.** *à l'arraché* mit großer Anstrengung; unter Aufbietung aller Kräfte
arrache-clou [aʀaʃklu] *m* ⟨**arrache-clous**⟩ Geißfuß *m*; Nagelheber *m*
arrachement [-mɑ̃] *m* schmerzliche Trennung; Trennungsschmerz *m*
arrache-pied [aʀaʃpje] *d'arrache-pied* unermüdlich; unablässig; rastlos; *travailler d'arra-*

che-pied *a* hart, auf Hochtouren, F volle Pulle arbeiten
▸ **arracher** [aʀaʃe] **I** *v/t* **1.** aus-, heraus-, F rausreißen; *pommes de terre* ernten; *clou* herausziehen; *dent* ziehen; *affiche* ab-, losreißen; *arracher qc à qn* j-m etw entreißen, wegreißen **2.** *fig* **arracher à qn** *sourire, secret* j-m entlocken; *promesse* j-m abringen; *aveu, secret a* j-m entreißen; *augmentation de salaire* von j-m erzwingen **3.** *arracher qn à sa famille* j-n aus s-r Familie herausreißen; *arracher qn à la misère* j-n dem Elend entreißen **II** *v/pr* **4.** *s'arracher à ou de qc* sich von etw losreißen; sich e-r Sache (*dat*) entziehen **5.** (*se disputer*) *s'arracher qn, qc* sich um j-n, etw reißen **6.** F (*s'efforcer*) *s'arracher* F sich mächtig ins Zeug legen
arracheur [aʀaʃœʀ] *m* **mentir comme un arracheur de dents** lügen, dass sich die Balken biegen; lügen wie gedruckt
arracheuse [aʀaʃøz] *f* AGR Kartoffel-, Rübenernter *m*
arraisonnement [aʀɛzɔnmɑ̃] *m* *d'un bateau, avion* Durchsuchung *f*
arraisonner [-e] *v/t* *bateau* (anhalten und) durchsuchen
arrangeant [aʀɑ̃ʒɑ̃] *adj* ⟨**-ante** [-ɑ̃t]⟩ entgegenkommend; gefällig
arrangement [aʀɑ̃ʒmɑ̃] *m* **1.** (*disposition*) Anordnung *f*; Einrichtung *f*; *de la coiffure* Ordnen *n* **2.** MUS Arrangement *n*; Bearbeitung *f* **3.** (*accord*) Vereinbarung *f*; Abmachung *f*; Übereinkunft *f*; Arrangement *n*
▸ **arranger** [aʀɑ̃ʒe] ⟨**-ge-**⟩ **I** *v/t* **1.** (*disposer*) (hübsch, geschmackvoll) anordnen, arrangieren, zusammenstellen; *coiffure, vêtements* ordnen; in Ordnung bringen; richten; *appartement* einrichten **2.** (*organiser*) arrangieren; organisieren **3.** *conflit* beilegen; *affaire* regeln; in Ordnung bringen; einrenken **4.** (*réparer*) wieder in Ordnung bringen, instand setzen **5.** (*convenir*) *cela m'arrange* das passt mir gut **6.** F (*malmener*) *arranger qn* j-n übel, *iron* schön zurichten **II** *v/pr* *s'arranger* **7.** *affaire* sich regeln; wieder in Ordnung kommen; sich einrenken **8.** (*ajuster sa toilette*) sich zurechtmachen **9.** (*se mettre d'accord*) *s'arranger* (*avec qn*) sich (mit j-m) arrangieren, einigen **10.** (*faire en sorte de*) *s'arranger pour* (+ *inf*) es *ou* sich so einrichten, dass …; zusehen, dass …; *abs* **arrangez-vous!** seht zu, wie ihr das macht, wie ihr zurechtkommt! **11.** (*prendre son parti*) *s'arranger de qc* sich mit etw abfinden
arrangeur [aʀɑ̃ʒœʀ] *m* MUS Arrangeur *m*
Arras [aʀas] *Stadt im Dep. Pas-de-Calais*
arrérages [aʀeʀaʒ] *m/pl* (Renten)Rückstände *m/pl*
▸ **arrestation** [aʀɛstasjõ] *f* Verhaftung *f*; Festnahme *f*
▸ **arrêt** [aʀɛ] *m* **1.** (An)Halten *n*; Stoppen *n*; Halt *m*; CH DE FER Aufenthalt *m*; TECH (*action d'arrêter*) Abstellen *n*; Ausschalten *n*; *de la respiration, du cœur* Aussetzen *n*; Stocken *n*; Stillstand *m*; **arrêt de travail** Arbeitsunterbrechung *f*, -einstellung *f*; MÉD Krankschreibung *f*; *d'un magnétoscope* **arrêt sur image** Standbild *n*; **temps** *m* **d'arrêt** (kurze) Pause; *fig* Sto-

ckung *f*; Stillstand *m*; **marquer un temps d'arrêt** kurz innehalten; *véhicule* **à l'arrêt** haltend; stehend; ▸ **sans arrêt** pausenlos; ununterbrochen; ständig; in einem fort; *fig* **tomber en arrêt devant qc** (staunend) vor etw (*dat*) stehen bleiben **2.** *de bus* Haltestelle *f* **3.** JUR Urteil(sspruch) *n(m)*
arrêté[1] [aʀete] *m* **1.** ADM Erlass *m* **2.** *arrêté de compte* Kontoabschluss *m*
arrêté[2] *adj* ⟨**~e**⟩ **1.** haltend; stehend; *être arrêté véhicule* halten; stehen (*a montre*); *production, travail* ruhen; stillstehen **2.** *idée, intention* **bien arrêté** fest
▸ **arrêter** [aʀete] **I** *v/t* **1.** anhalten; stoppen; zum Stehen bringen; *appareil* abstellen; ausschalten; *hémorragie* zum Stillstand bringen; *production, importation* stoppen; einstellen; *évolution* aufhalten; hemmen; *hostilités* einstellen; beenden; *négociations, jeu* ab-, unterbrechen **2.** *difficulté* **arrêter** j-n auf-, ab-, zurückhalten **3.** (*fixer*) festlegen, -setzen **4.** (*appréhender*) **arrêter qn** j-n verhaften, festnehmen **5.** F *médecin* **arrêter qn** j-n krankschreiben **6.** *compte* abschließen **II** *v/i* **7.** (*ne plus avancer*) (an)halten; stehen bleiben **8.** (*cesser*) aufhören (**de** + *inf* zu + *inf*); **arrête!** hör auf!; halt! **III** *v/pr* ▸ *s'arrêter* **9.** *piéton, voiture* (an)halten; stoppen; stehen bleiben (*a moteur, montre*); *hémorragie* zum Stillstand, Stehen kommen; *bruit* aufhören; verstummen; *cœur, respiration* aussetzen; stocken; stillstehen; *personne dans son activité* innehalten **10.** *en chemin* haltmachen; Rast, Station machen; *train* halten (**à** in) **11.** (*cesser*) aufhören (**de** + *inf* zu + *inf*) **12.** *s'arrêter à qc* sich mit *ou* bei etw aufhalten; sich mit etw abgeben
arrêt-pipi [aʀɛpipi] *m* F Pinkelpause *f*
arrhes [aʀ] *f/pl* Anzahlung *f*
arriération [aʀjeʀasjõ] *f* **1.** *arriération* (*mentale*) (geistiges) Zurückgebliebensein **2.** *d'un pays* *ou* Rückständigkeit *f*
▸ **arrière** [aʀjɛʀ] **I** *adv* **en arrière** rückwärts; zurück; nach hinten; **rester en arrière** zurückbleiben **II** *prép* **en arrière de** hinter (+ *dat ou* + *acc*) **III** *adj* ⟨*inv*⟩ Rück…; Hinter…; *roue f* arrière Hinterrad *n*; **siège** *m* **arrière** Rücksitz *m* **IV** *m* **1.** *d'un véhicule* Heck *n*; **à l'arrière** hinten; **à l'arrière du car** hinten im Bus **2.** MIL **arrières** *pl* Etappe(ngebiet) *f(n)*; *fig* **assurer ses arrières** sich absichern **3.** SPORTS Abwehrspieler *m*; Verteidiger *m*
arrière-… *préfixe* ⟨*im pl inv, z. B.* **arrière-boutiques**⟩ Hinter…; Nach…; → *les articles correspondants*
arriéré [aʀjeʀe] **I** *adj* ⟨**~e**⟩ **1.** *pays, idées* rückständig **2.** *enfant* (geistig) zurückgeblieben **II** *m* Rückstand *m*; ausstehende Zahlung
arrière-ban *m* ⟨**arrière-bans**⟩ HIST Heerbann *m*; *fig* **convoquer le ban et l'arrière-ban de ses amis, de ses parents** alle verfügbaren Freunde, s-e gesamte Sippschaft zusammentrommeln
arrière-boutique *f* ⟨**arrière-boutiques**⟩ Hinter-, Nebenraum *m*
arrière-cour *f* ⟨**arrière-cours**⟩ Hinterhof *m*
arrière-cuisine *f* ⟨**arrière-cuisines**⟩ (Abstell-, Wirtschafts)Raum *m* hinter, neben der Küche
arrière-garde *f* ⟨**arrière-gardes**⟩ MIL Nachhut

f; *fig* **mener un combat d'arrière-garde** auf verlorenem Posten kämpfen
arrière-gorge *f* ⟨**arrière-gorges**⟩ ANAT Rachen *m*
arrière-goût *m* ⟨**arrière-goûts**⟩ Nachgeschmack *m* (*a fig*)
arrière-grand-mère *f* ⟨**arrière-grands-mères**⟩ Urgroßmutter *f*
arrière-grand-père *m* ⟨**arrière-grands-pères**⟩ Urgroßvater *m*
arrière-grands-parents *m/pl* Urgroßeltern *pl*
arrière-neveu *m* ⟨**arrière-neveux**⟩ Großneffe *m*
arrière-nièce *f* ⟨**arrière-nièces**⟩ Großnichte *f*
arrière-pays *m* ⟨*inv*⟩ Hinterland *n*
arrière-pensée *f* ⟨**arrière-pensées**⟩ Hintergedanke *m*
arrière-petite-fille *f* ⟨**arrière-petites-filles**⟩ Urenkelin *f*
arrière-petit-fils *m* ⟨**arrière-petits-fils**⟩ Urenkel *m*
arrière-petits-enfants *m/pl* Urenkel *m/pl*
arrière-plan *m* ⟨**arrière-plans**⟩ Hintergrund *m* (*a fig*)
arrière-saison *f* ⟨**arrière-saisons**⟩ Spätherbst *m*
arrière-salle *f* ⟨**arrière-salles**⟩ *d'un restaurant* Neben-, Hinterraum *m*
arrière-train *m* ⟨**arrière-trains**⟩ **1.** zo Hinterteil *n*, -leib *m* **2.** F (*fesses*) F Hintergestell *n*; Hintern *m*
arrimage [aʀimaʒ] *m* **1.** *du chargement* **a)** MAR Stauen *n*; (Be)Laden *n* **b)** *par ext* Festmachen *n*, -binden *n* **2.** *d'un vaisseau spatial* Ankoppeln *n*; Andocken *n* (**avec** mit)
arrimer [aʀime] *v/t* **1.** MAR stauen; festmachen, -zurren **2.** *vaisseau spatial* ankoppeln (**avec** an + *acc*)
arrivage [aʀivaʒ] *m* **1.** *de marchandises* Anlieferung *f*; (Waren)Eingang *m* **2.** *marchandises* angelieferte, eingetroffene Ware **3.** *plais* **un arrivage de touristes** e-e Ladung (von) Touristen
arrivant [aʀivɑ̃] *m*, **arrivante** [-ɑ̃t] *f* Ankommende(r) *f(m)*; Ankömmling *m*
arrivé [aʀive] **I** *adj* ⟨**~e**⟩ (*qui a réussi*) arriviert; erfolgreich **II** *subst* **les premiers, derniers arrivés** die zuerst, zuletzt Gekommenen
▸ **arrivée** [aʀive] *f* **1.** Ankunft *f*; Eintreffen *n*; *d'une personne a* Kommen *n*; *du courrier* Eingang *m*; **à l'arrivée** bei der Ankunft **2.** SPORTS Ziel *n* **3.** Zufuhr *f*; Eintritt *m*
▸ **arriver** [aʀive] ⟨**être**⟩ *v/i* **1.** ankommen; kommen; eintreffen; *personne a* anlangen; *courrier* eingehen; *informations* einlaufen; **arriver en courant** angelaufen kommen **2.** (*atteindre*) **arriver à** (+ *subst*) gelangen, kommen zu ou an (+ *acc*); **à un but** erreichen (+ *acc*); **à un âge**, *stade* kommen in (+ *acc*); **à une certaine taille** reichen bis zu; gehen bis an (+ *acc*); **arriver au pouvoir** an die Macht kommen; **n'arriver à rien** es zu nichts bringen; zu nichts kommen **3.** (*réussir*) ▸ **arriver à** (+ *inf*) es schaffen, fertigbekommen, fertigbringen, F fertigkriegen zu (+ *inf*); **arriver à ouvrir qc** etw aufbekommen, F -bringen, F -kriegen; **j'y arrive** ich schaffe es **4.** **en arriver à faire qc** so weit ou dahin kommen, dass man etw tut ou etw zu

tun **5.** *abs personne* es zu etwas bringen; erfolgreich sein **6.** (*se produire*) geschehen; passieren; vorfallen; vorkommen; sich ereignen; sich zutragen; **arriver à qn** j-m passieren, zustoßen; **qu'est-ce qui t'arrive?** was ist denn mit dir los?; **quoi qu'il arrive** was auch (immer) geschehen, kommen mag; **il arrive que ...** (+ *subj*) es kommt vor, es passiert (schon einmal), dass ...
arrivisme [aʀivism] *m* Strebertum *n*
arriviste [-ist] *m,f* Streber(in) *m(f)*
arrobas [aʀɔbas] *m ou* **arrobase** [aʀɔbɑz] *f* INFORM @ *n*; Klammeraffe *m*
arrogance [aʀɔgɑ̃s] *f* Arroganz *f*; Anmaßung *f*
arrogant [-ɑ̃] *adj* ⟨**-ante** [-ɑ̃t]⟩ arrogant; überheblich; anmaßend; hochnäsig
arroger [aʀɔʒe] *v/pr* ⟨**-ge-**⟩ **s'arroger qc** sich (*dat*) etw anmaßen, herausnehmen
arrondi [aʀɔdi] **I** *adj* ⟨**~e**⟩ rundlich (*a visage*); (ab)gerundet **II** *m* Rundung *f*
arrondir [aʀɔdiʀ] **I** *v/t* **1.** abrunden; arrondieren; *lèvres* runden **2.** *somme* ab- ou aufrunden; *fig* **arrondir ses fins de mois** etwas dazuverdienen **II** *v/pr* **s'arrondir** rund werden; sich runden
arrondissement [aʀɔdismɑ̃] *m* **1.** Unterbezirk *m* e-s Departements; Kreis *m* **2.** (Stadt)Bezirk *m*
arrosage [aʀozaʒ] *m* (Be)Gießen *n*; (Be)-Sprengen *n*
▸ **arroser** [aʀoze] *v/t* **1.** *à l'arrosoir* (be)gießen; *gazon* sprengen; *personne* nass spritzen; *rôti* begießen; **arroser d'essence** mit Benzin übergießen **2.** F *fig* *événement* F begießen; **ça s'arrose!**, **il faut arroser ça!** F das muss begossen werden!; **arroser le repas d'un bon vin** zur Mahlzeit e-n guten Wein trinken **3.** *fleuve*: *contrée* bewässern; durchfließen **4.** F *fig* **arroser qn** j-n bestechen, F schmieren
arroseur [aʀozœʀ] *m appareil* (Rasen)Sprenger *m*; Sprinkler *m*
arrosoir [-waʀ] *m* Gießkanne *f*
arsenal [aʀsənal] *m* ⟨**-aux** [-o]⟩ **1.** (Marine)-Werft *f* **2.** *d'armes* Waffenarsenal *n*, -lager *n* **3.** *fig* Arsenal *n*; Sammlung *f*; Ausrüstung *f*
Arsène [aʀsɛn] *m* Vorname
arsenic [aʀsənik] *m* Arsen *n*
arsouille [aʀsuj] **I** *adj* Ganoven... **II** *m* Ganove *m*
▸ **art** [aʀ] *m* Kunst *f*; **arts appliqués, décoratifs** Kunstgewerbe *n*; **art nouveau** Jugendstil *m*; **œuvre f d'art** Kunstwerk *n*; **le septième art** die Filmkunst; **dans (toutes) les règles de l'art** nach allen Regeln der Kunst; *fig* **avoir l'art de** (+ *inf*) es meisterlich verstehen zu (+ *inf*)
artefact [aʀtefakt] *m* Artefakt *n* (*a* MÉD)
Artémis [aʀtemis] *f* MYTH Artemis *f*
artère [aʀtɛʀ] *f* **1.** ANAT Arterie *f*; Schlagader *f* **2.** (**grande**) **artère** Verkehrsader *f*; Hauptverkehrsstraße *f*
artériel [aʀteʀjɛl] *adj* ⟨**~le**⟩ arteriell; **tension artérielle** Blutdruck *m*
artériosclérose [aʀteʀjɔskleʀoz] *f* Arterienverkalkung *f*; Arteriosklerose *f*
artérite [-it] *f* Arterienentzündung *f*
artésien [aʀtezjɛ̃] **I** *adj* ⟨**-ienne** [-jɛn]⟩ **1.** **puits artésien** artesischer Brunnen **2.** des Artois

(*historische Provinz in Nordfrankreich*) **II Artésien(ne)** *m(f)* Bewohner(in) *m(f)* des Artois
arthrite [aʀtʀit] *f* Gelenkentzündung *f*; Arthritis *f*
arthritique I *adj* arthritisch; *personne* an Arthritis leidend **II** *m,f* an Arthritis Leidende(r) *f(m)*; Arthritiker(in) *m(f)*
arthropodes [aʀtʀɔpɔd] *m/pl* ZO Gliederfüßer *m/pl*
arthrose [aʀtʀoz] *f* Arthrose *f*
Arthur [aʀtyʀ] *m* **1.** *Vorname* **2.** MYTH **le roi Arthur** König Artus *m*
artichaut [aʀtiʃo] *m* Artischocke *f*; F *fig* **avoir un cœur d'artichaut** sein Herz leicht verschenken
▸ **article** [aʀtikl] *m* **1.** *de presse* Artikel *m*; Aufsatz *m*; **article de fond** Leitartikel *m* **2.** *dans une encyclopédie* Artikel *m*; Stichwort *n* **3.** JUR Paragraph *m*; Artikel *m* **4.** COMM (Handels)Artikel *m*; **article de consommation courante** Artikel des täglichen Bedarfs; **articles de sport, de voyage** Sport-, Reiseartikel *m/pl*; **faire l'article** s-e Ware anpreisen; *fig* Reklame machen **5.** GR Artikel *m*; Geschlechtswort *n* **6. être à l'article de la mort** im Sterben liegen
articulaire [aʀtikylɛʀ] *adj* Gelenk...
articulation [aʀtikylasjõ] *f* **1.** ANAT, TECH Gelenk *n* **2.** PHON Artikulation *f*; (deutliche) Aussprache **3.** *fig* Gliederung *f*
articulatoire [aʀtikylatwaʀ] *adj* PHON Artikulations...; Lautbildungs...
articulé [aʀtikyle] *adj* ⟨~e⟩ beweglich (verbunden); Gelenk...; **poupée articulée** Gliederpuppe *f*
articuler [aʀtikyle] **I** *v/t* PHON artikulieren; (deutlich) sprechen **II** *v/pr* **s'articuler 1.** ANAT durch Gelenk(e), TECH beweglich verbunden sein (*avec, sur* mit) **2.** *fig* **s'articuler autour de qc** auf etw (*dat*) aufbauen
artifice [aʀtifis] *m* **1.** Kunstgriff *m*; Trick *m* **2. feu** *m* **d'artifice** Feuerwerk *n* (*a fig*)
▸ **artificiel** [aʀtifisjɛl] *adj* ⟨~le⟩ **1.** künstlich; Kunst...; **jambe artificielle** (Bein)Prothese *f* **2.** *fig* gekünstelt; künstlich; unnatürlich
artificier [aʀtifisje] *m* Feuerwerker *m*
artificieux [aʀtifisjø] *litt adj* ⟨-**euse** [-øz]⟩ *personne* verschlagen; *a paroles, attitude* hinterhältig, -listig
artillerie [aʀtijʀi] *f* Artillerie *f*
artilleur [aʀtijœʀ] *m* Artillerist *m*
artimon [aʀtimõ] *m* MAR Besanmast *m*
▸ **artisan** [aʀtizã] *m* **1.** Handwerker *m* **2.** *fig* Urheber(in) *m(f)*
artisanal [aʀtizanal] *adj* ⟨~e; -**aux** [-o]⟩ handwerklich
artisanat [aʀtizana] *m* Handwerk *n* (*coll*); **artisanat d'art** Kunsthandwerk *n*
▸ **artiste** [aʀtist] **I** *m,f* **1.** Künstler(in) *m(f)*; **artiste peintre** Kunstmaler(in) *m(f)* **2.** THÉ darstellender Künstler, darstellende Künstlerin **II** *adj* künstlerisch veranlagt
artistement [aʀtistəmã] *adv* kunstvoll
artistique [aʀtistik] *adj* künstlerisch; Kunst...; **enseignement** *m* **artistique** musischer Unterricht
artistiquement [aʀtistikmã] *adv* künstlerisch
Artois [aʀtwa] *l'Artois m* historische Provinz in

Nordfrankreich
arum [aʀɔm] *m* BOT Aronstab *m*
aryen [aʀjɛ̃] *adj* ⟨-**yenne** [-jɛn]⟩ arisch
arythmie [aʀitmi] *f* MÉD **arythmie (cardiaque)** unregelmäßige Herztätigkeit; *sc* Arrhythmie *f*
as¹ [as, ɑs] *m* **1.** Ass *n*; **as de pique** Pikass *n*; F *fig* **être ficelé comme l'as de pique** komisch, unmöglich angezogen sein; F *fig* **être plein aux as** F stein-, stinkreich sein **2.** *sur un dé* Eins *f* **3.** F *fig* (*champion*) F Ass *n*; SPORTS *a* Kanone *f*
as² [a] → **avoir¹**
asbeste [asbɛst] *m* MINÉR Asbest *m*
ascaride [askaʀid] *m ou* **ascaris** [askaʀis] *m* ZO Spulwurm *m*
ascendance [asɑ̃dɑ̃s] *f* aufsteigende Linie; *coll* Vorfahren *m/pl*
ascendant [asɑ̃dɑ̃] **I** *adj* ⟨-**ante** [-ɑ̃t]⟩ aufsteigend **II** *m* **1.** (*influence*) (starker, mächtiger) Einfluss (*sur qn* auf j-n) **2.** ASTROLOGIE Aszendent *m* **3. ascendants** *pl* Vorfahren *m/pl*
▸ **ascenseur** [asɑ̃sœʀ] *m* Aufzug *m*; Fahrstuhl *m*; Lift *m*; **appeler l'ascenseur** den Aufzug holen; **prendre l'ascenseur** mit dem Aufzug fahren; *fig* **renvoyer l'ascenseur** e-n Gegendienst erweisen; F sich revanchieren
ascension [asɑ̃sjõ] *f* **1.** Besteigung *f*; **faire l'ascension d'une montagne** e-n Berg besteigen **2.** *d'une fusée* Aufsteigen *n* **3.** *fig* Aufstieg *m* **4.** REL **l'Ascension** Christi Himmelfahrt *f*; **à l'Ascension** *ou* **le jour de l'Ascension** (an) Himmelfahrt
ascensionnel [asɑ̃sjɔnɛl] *adj* ⟨~**le**⟩ aufsteigend; Steig...
ascèse [asɛz] *f* Askese *f*
ascète [asɛt] *m* Asket *m*
ascétique [asetik] *adj* asketisch
ascétisme [-ism] *m* REL Askese *f*; *par ext* asketische Lebensweise
ASCII [aski] *m abr* (*American Standard Code for Information Interchange*) INFORM **code** *m* **ASCII** ASCII-Code *m*
ascorbique [askɔʀbik] *adj* **acide** *m* **ascorbique** Askorbinsäure *f*
asepsie [asɛpsi] *f* Asepsis *f*; Keimfreiheit *f*
aseptique [-tik] *adj* aseptisch; keimfrei
aseptisation [-tizasjõ] *f* Keimfreimachung *f*
aseptisé [asɛptize] *adj* ⟨~e⟩ **1.** MÉD keimfrei **2.** *fig* steril; kalt; nüchtern
aseptiser [asɛptize] *v/t* keimfrei machen
asexué [asɛksɥe] *adj* ⟨~e⟩ geschlechtslos; *reproduction* ungeschlechtlich
▸ **asiatique** [azjatik] **I** *adj* asiatisch **II Asiatique** *m,f* Asiat(in) *m(f)*
▸ **Asie** [azi] *l'Asie f* Asien *n*
asile [azil] *m* **1.** Asyl *n*; *par ext* Zuflucht(sort) *f(m)*; **droit** *m* **d'asile** Asylrecht *n* **2. asile (d'aliénés)** Irrenanstalt *f*
Asnières [anjɛʀ] *Stadt im Dep. Hauts-de-Seine*
asocial [asɔjal] **I** *adj* ⟨~e; -**aux** [-o]⟩ asozial **II asociaux** *m/pl* Asoziale(n) *m/pl*
asparagus [aspaʀagys] *m* plante ornementale Asparagus *m*; *chez le fleuriste a* Schnittgrün *n*
aspartam(e)® [aspaʀtam] *m* PHARM Aspartam® *n* (*Süßstoff*)
aspect [aspɛ] *m* **1.** (*apparence*) Aussehen *n*; Anblick *m* **2.** (*point de vue*) Aspekt *m*; Blick-, Gesichtspunkt *m*

asperge [aspɛʀʒ] *f* **1.** BOT, CUIS Spargel *m* **2.** F *fig de qn* F lange Latte

asperger [aspɛʀʒe] *v/t* (*et v/pr*) ⟨**-ge-**⟩ (**s'**)**asperger** (sich) besprengen, besprühen, bespritzen (**de** mit)

aspérité [aspɛʀite] *f* Unebenheit *f*

aspersion [aspɛʀsjɔ̃] *f* **1.** Besprühen *n*; Bespritzen *n* **2.** ÉGL CATH Besprengung *f* mit Weihwasser

asphaltage [asfaltaʒ] *m* **1.** *action* Asphaltieren *n*; Asphaltierung *f* **2.** *revêtement* Asphalt(decke) *m*(*f*)

asphalte [asfalt] *m* Asphalt *m*

asphalter [-e] *v/t* asphaltieren

asphyxiant [asfiksjɑ̃] *adj* ⟨**-ante** [-ɑ̃t]⟩ erstickend (*a fig*)

asphyxie [-i] *f* **1.** MÉD Ersticken *n* **2.** *fig* Dahinsiechen *n*; Absterben *n*

asphyxier [asfiksje] **I** *v/t* zum Erstickungstod führen (*qn* bei j-m) **II** *v/pr* **1.** *s'asphyxier* ersticken; *s'asphyxier au gaz* sich (*dat*) mit Gas das Leben nehmen **2.** *fig économie* *s'asphyxier* dahinsiechen; zugrunde gehen

aspic [aspik] *m* **1.** ZO Aspisviper *f* **2.** CUIS Aspik *m*; Sülze *f*

aspirant[1] [aspiʀɑ̃] *m* Offiziersanwärter *m*; MAR Seekadett *m*

aspirant[2] [aspiʀɑ̃] *adj* ⟨**-ante** [-ɑ̃t]⟩ (an)saugend; Saug…; *pompe aspirante* Saugpumpe *f*

▸ **aspirateur** [aspiʀatœʀ] *m* Staubsauger *m*; *passer l'aspirateur* staubsaugen *ou* Staub saugen

aspirateur-balai *m* ⟨**aspirateurs-balais**⟩ Handstaubsauger *m*

aspirateur-traîneau *m* ⟨**aspirateurs-traîneaux**⟩ Bodenstaubsauger *m*

aspiration [aspiʀasjɔ̃] *f* **1.** *d'air* Einatmen *n* **2.** TECH An-, Absaugen *n* **3.** (*désir*) *souvent pl* **aspirations** Streben *n*, Trachten *n*, Verlangen *n*, Sehnen *n* (**à** nach); Bestrebung *f*

aspiré [aspiʀe] *adj* ⟨**~e**⟩ PHON behaucht; aspiriert

aspirer [aspiʀe] **I** *v/t* **1.** *air* einatmen **2.** TECH an-, absaugen **II** *v/t/indir* **aspirer à** streben, trachten, verlangen, sich sehnen nach

aspirIne® [aspiʀin] *f* Aspirin® *n*

assagir [asaʒiʀ] *v/pr* *s'assagir* ruhiger, gesetzter, ausgeglichener werden; *enfant* vernünftiger werden

assagissement [asaʒismɑ̃] *m* **1.** Klüger-, Vernünftigerwerden *n* **2.** Ruhigerwerden *n*; Gesetztheit *f*; *des passions* Abkühlung *f*

assaillant [asajɑ̃] *m* Angreifer *m*

assaillir [asajiʀ] *v/t* ⟨**j'assaille, nous assaillons; j'assaillais; j'assaillis; j'assaillirai,** *a* **j'assaillerai; que j'assaille; assaillant; assailli**⟩ **1.** MIL angreifen; anstürmen (**qc** gegen etw) **2.** *fig assaillir qn de questions* j-n mit Fragen bestürmen **3.** *fig doute* **assaillir qn** j-n befallen

assainir [aseniʀ] *v/t* **1.** *quartier* sanieren; *air* reinigen **2.** *économie* sanieren; gesunden lassen

assainissement [-ismɑ̃] *m* Sanierung *f*

assainisseur [-isœʀ] *m* Luftreiniger *m*

assaisonnement [asɛzɔnmɑ̃] *m* Würze *f*; Dressing *n*

assaisonner [asɛzɔne] *v/t* **1.** würzen; abschmecken; *salade* anmachen **2.** *fig discours* würzen

(**de** mit) **3.** F *fig* (*réprimander*) F zusammenstauchen

assassin [asasɛ̃] *m* Mörder(in) *m*(*f*)

assassinat [asasina] *m* Mord *m* (**de qn** an j-m); Ermordung *f*

▸ **assassiner** [asasine] *v/t* ermorden

assaut [aso] *m* Sturm(angriff) *m*; Angriff *m* (**de** auf + *acc*); *char m* **d'assaut** Sturmpanzer *m*; *fig* **faire assaut de qc** in etw (*dat*) wetteifern; **prendre d'assaut** stürmen (*a fig*)

assèchement [asɛʃmɑ̃] *m* Trockenlegung *f*; Austrocknung *f*

assécher [aseʃe] ⟨**-è-**⟩ **I** *v/t marais* trockenlegen **II** *v/pr* **s'assécher** austrocknen

ASSEDIC *ou* **Assedic** [asedik] *f/pl abr* ⟨*inv*⟩ (*associations pour l'emploi dans l'industrie et le commerce*) Arbeitslosenversicherung *f*; F **toucher les Assedic** F Arbeitslosengeld kriegen

assemblage [asɑ̃blaʒ] *m* **1.** Zusammenfügen *n*, -bau *m*; TECH Verbindung *f* **2.** *fig* Gemisch *n*

assemblée [asɑ̃ble] *f* Versammlung *f*; Gremium *n*; ▸ **l'Assemblée nationale** die (französische) Nationalversammlung

assembler [asɑ̃ble] **I** *v/t* zusammenfügen, -setzen, -bauen; *fig idées* verknüpfen; verbinden **II** *v/pr* **s'assembler** sich versammeln; zusammenkommen

assembleur [asɑ̃blœʀ] *m* INFORM Assembler *m*

assener *ou* **asséner** [asene] *v/t* ⟨**-è-**⟩ **assener** *ou* **asséner un coup à qn** j-m e-n kräftigen Schlag versetzen

assentiment [asɑ̃timɑ̃] *m* Zustimmung *f*; Einwilligung *f*

asseoir [aswaʀ] ⟨**j'assieds** *ou* **j'assois, a j'asseois, il assied** *ou* **assoit, a asseoit, nous asseyons** *ou* **assoyons, ils asseyent** *ou* **asseoient, a asseoient; j'asseyais** *ou* **j'assoyais; j'assis; j'assiérai** *ou* **j'assoirai, a j'asseoirai; que j'asseye** *ou* **que j'assoie; asseyant** *ou* **assoyant; assis**⟩ **I** *v/t* **1.** *enfant, malade* setzen (**sur** auf + *acc*) **2.** *fig théorie* **asseoir sur qc** auf etw (*acc*) gründen, stützen **II** *v/pr* ▸ **s'asseoir** sich setzen (**sur une chaise** auf e-n Stuhl); sich hinsetzen; **faire asseoir qn** j-n Platz nehmen lassen, zum Sitzen auffordern

assermenté [asɛʀmɑ̃te] *adj* ⟨**~e**⟩ vereidigt; beeidigt

assertion [asɛʀsjɔ̃] *f* Behauptung *f*

asservir [asɛʀviʀ] *v/t* ⟨→ **servir**⟩ unterwerfen

asservissement [-ismɑ̃] *m* Unterwerfung *f*, -jochung *f*; *pl/fort* Versklavung *f*; *état* Knechtschaft *f*; sklavische Abhängigkeit (**à qc** von etw)

assesseur [asesœʀ] *m* JUR Beisitzer *m*

asseyons [asejɔ̃], **asseyez** [aseje] → **asseoir**

▸ **assez** [ase] *adv* **1.** (*suffisamment*) genug; genügend; zur Genüge; hinlänglich; **assez de** (+ *subst*) genug, genügend (+ *subst*); **assez d'argent** genug, genügend Geld; Geld genug; F ▸ **en avoir assez de qn, qc** j-n, etw satthaben; genug von j-m, etw haben **2.** (*plutôt*) ziemlich; **assez avancé pour son âge** ziemlich weit für sein Alter

assidu [asidy] *adj* ⟨**~e**⟩ **1.** (*ponctuel*) pünktlich; gewissenhaft; (*appliqué*) fleißig; eifrig **2.** *travail* ausdauernd; beharrlich; stetig **3.** (*empressé*) **être assidu auprès de qn** sich ständig, un-

ermüdlich um j-n bemühen
assiduité [asidɥite] *f* **1.** (*ponctualité*) Pünkt-
lichkeit *f*; Gewissenhaftigkeit *f*; (*application*)
beharrlicher Fleiß, Eifer; (*présence conti-
nuelle*) regelmäßige, ständige Anwesenheit
2. *péj* **poursuivre qn de ses assiduités** j-m
gegenüber immer aufdringlicher werden
assidûment [asidymɑ̃] *adv* → **assidu**
assied(s) [asje] → **asseoir**
assiégé [asjeʒe] **I** *adj ville, citadelle* belagert **II**
m Belagerte(r) *m*
assiégeant [asjeʒɑ̃] *m* Belagerer *m*
assiéger [asjeʒe] *v/t* ⟨**-è-; -ge-**⟩ **1.** *ville* belagern
2. *guichet* um-, belagern; sich drängen um
▸ **assiette** [asjɛt] *f* **1.** Teller *m*; *fig* **assiette au
beurre** Futterkrippe *f* **2.** **assiette anglaise**
kalte (Fleisch)Platte; Platte *f* mit kaltem Bra-
ten **3.** *fig* **ne pas être dans son assiette** sich
nicht recht wohlfühlen **4.** *de l'impôt, etc* Be-
messungsgrundlage *f* **5.** *d'un cavalier* Sitz *m*
assiettée [asjete] *f* Teller *m* (voll)
assignation [asiɲasjõ] *f* **1.** JUR (Vor)Ladung *f*
2. (*attribution*) Zuweisung *f*
assigner [asiɲe] *v/t* **1.** **assigner qc à qn** j-m etw
zuweisen **2.** (*fixer*) (fest)setzen **3.** JUR **assigner
qn** j-n vorladen
assimilable [asimilabl] *adj* **1.** **assimilable à qn,
à qc** j-m, e-r Sache vergleichbar, gleichzustel-
len(d) **2.** BIOL *aliment* assimilierbar; *fig
connaissances* erfassbar **3.** *personnes* anpas-
sungsfähig
assimilateur [asimilatœʀ] *adj* ⟨**-trice** [-tʀis]⟩ **1.**
BIOL assimilatorisch **2.** *fig esprit, intelligence*
rasch erfassend, begreifend
assimilation [asimilasjõ] *f* **1.** (*rapprochement*)
Gleichsetzung *f*, -stellung *f* (**à** mit) **2.** SOCIOLO-
GIE, BIOL Assimilation *f*; Assimilierung *f* **3.** *fig
de connaissances* Aufnahme *f*; (geistige) Ver-
arbeitung
assimilé [asimile] *adj* ⟨**~e**⟩ **1.** (*catégorie de*) *per-
sonnes* assimiliert; angepasst **2.** ADM gleichge-
stellt
assimiler [asimile] **I** *v/t* **1.** (*considérer comme
semblable*) gleichsetzen, -stellen (**à** *dat*) **2.**
étrangers assimilieren; verschmelzen (**à** mit)
3. BIOL assimilieren **4.** *fig connaissances* auf-
nehmen; verarbeiten **II** *v/pr* **s'assimiler 5.** *per-
sonnes* sich anpassen, sich angleichen (**à** an +
acc); aufgehen (in + *dat*); sich assimilieren **6.**
aliment assimiliert werden
assis [asi] *p/p* → **asseoir** *et adj* ⟨**-ise** [-iz]⟩ **1.**
sitzend; **place assise** Sitzplatz *m*; ▸ **être assis**
sitzen; **rester assis** sitzen bleiben **2.** *fig* **bien
assis** *réputation* fest begründet; *autorité* fest
verankert
assise [asiz] *f* **1.** CONSTR (Stein)Schicht *f* **2.** *fig*
Fundament *n*
assises [asiz] *f/pl* **1.** (**cour** *f* **d'**)**assises** Schwur-
gericht *n* **2.** (*réunion*) Tagung *f*; Kongress *m*
assistanat [asistana] *m* Amt *n* des Hochschul-
assistenten
assistance [asistɑ̃s] *f* **1.** (*public*) Anwesende(n)
m/pl; Publikum *n* **2.** (*secours*) Beistand *m*;
Hilfe(leistung) *f*; Unterstützung *f*; *de l'État*
Fürsorge *f*
assistant [asistɑ̃] *m*, **assistante** [-ɑ̃t] *f* Assis-
tent(in) *m*(*f*); **assistante sociale** (Sozial)Für-
sorgerin *f*; Sozialarbeiterin *f*

assisté [asiste] **I** *adj* ⟨**~e**⟩ TECH *direction as-
sistée* Lenkhilfe *f*; Servolenkung *f*; **assisté
par ordinateur** computergestützt, -unterstützt
II **assisté(e)** *m*(*f*) Sozialhilfeempfänger(in)
m(*f*); **mentalité** *f* **d'assisté** Versorgungsden-
ken *n*
assister [asiste] **I** *v/t* **assister qn** j-m beistehen,
helfen **II** *v/t/indir* ▸ **assister à qc** bei etw zu-
gegen sein, anwesend sein, dabei sein; etw mit-
erleben
associatif [asɔsjatif] *adj* ⟨**-ive** [-iv]⟩ **1.** assozia-
tiv **2.** **vie associative** Vereinsleben *n*
▸ **association** [asɔsjasjõ] *f* **1.** (*groupement*)
Verein(igung) *m*(*f*); Verband *m*; **association
sportive** Sportverein *m*; **association de
consommateurs** Verbraucherverband *m*, -ge-
nossenschaft *f* **2.** *action* Verbindung *f*; Ver-
knüpfung *f*; **association d'idées** Assoziation
f
associé(e) [asɔsje] *m*(*f*) Teilhaber(in) *m*(*f*);
Geschäftspartner(in) *m*(*f*); Kompagnon *m*;
Gesellschafter(in) *m*(*f*)
associer [asɔsje] **I** *v/t* **1.** **associer qn à** j-n be-
teiligen, teilhaben lassen an (+ *dat*) **2.** *person-
nes, qualités* verein(ig)en, verbinden, *idées* a
verknüpfen, assoziieren (**à** mit) **II** *v/pr* **3.** *per-
sonne(s)* **s'associer** sich zusammentun,
-schließen, sich assoziieren (**à** *ou* **avec** mit)
4. s'associer à *la joie de qn* teilen (+ *acc*); An-
teil nehmen an (+ *dat*); *au point de vue de qn* a
sich anschließen (+ *dat*) **5.** *chose(s)* **s'associer
à** gepaart, vereint sein mit
assoiffé [aswafe] *adj* ⟨**~e**⟩ (sehr) durstig
assolement [asɔlmɑ̃] *m* AGR Fruchtwechsel *m*,
-folge *f*
assombrir [asõbʀiʀ] *v/t* (*et* *v/pr* **s'assombrir**
sich) verdunkeln, verfinstern, verdüstern (*a
fig visage*)
assombrissement [-ismɑ̃] *m* Verfinsterung *f*;
Verdüsterung *f* (*a fig*); *état* Düsterkeit *f*
assommant [asɔmɑ̃] *adj* ⟨**-ante** [-ɑ̃t]⟩ (tod)-
langweilig; geisttötend
assommer [asɔme] *v/t* **1.** *animal* erschlagen;
totschlagen; *personne* niederschlagen; nieder-
strecken **2.** *fig* (*ennuyer*) tödlich langweilen; F
anöden
assommoir [asɔmwaʀ] *m* Zola **L'Assommoir**
Der Totschläger
Assomption [asõpsjõ] *f* **l'Assomption** Mariä
Himmelfahrt *f*
assonance [asɔnɑ̃s] *f* Assonanz *f*
assorti [asɔrti] *adj* ⟨**~e**⟩ **1.** passend (**à** zu) **2.**
magasin **bien assorti** mit breit gefächertem,
reichhaltigem Warenangebot; gut sortiert **3.**
assorti de (versehen) mit
assortiment [asɔrtimɑ̃] *m* **1.** **assortiment de
couleurs** Farbzusammenstellung *f*, -kombina-
tion *f* **2.** *d'objets* Sortiment *n* (*a* COMM), reiche
Auswahl (**de** an + *dat*); Kollektion *f*
assortir [asɔrtiʀ] **I** *v/t* abstimmen (**à** auf + *acc*);
plusieurs objets, couleurs aufeinander abstim-
men; (passend) zusammenstellen **II** *v/pr* **s'as-
sortir à** passen zu; **s'assortir bien** gut zuein-
anderpassen
assoupir [asupiʀ] *v/pr* **s'assoupir** eindösen,
-nicken, -schlummern
assoupissement [-ismɑ̃] *m* Dösen *n*; Schläf-
rigkeit *f*

assouplir [asupliʀ] **I** *v/t* **1.** geschmeidig, *corps a* gelenkig machen; lockern **2.** *règlement* lockern; (ab)mildern **II** *v/pr* **s'assouplir 3.** geschmeidig werden **4.** *fig caractère* nachgiebig(er), gefügig(er) werden

assouplissant [asuplisɑ̃] *m* Weichspüler *m*

assouplissement [-mɑ̃] *m* Lockerung *f* (*a fig*); Geschmeidigmachen *n ou* -werden *n*

assouplisseur [-œʀ] *m* Weichspüler *m*

assourdir [asuʀdiʀ] *v/t* **1.** *personne* ganz benommen machen; betäuben **2.** *bruit* dämpfen

assourdissant [-isɑ̃] *adj* ⟨**-ante** [-ɑ̃t]⟩ (ohren)-betäubend

assourdissement [-ismɑ̃] *m* **1.** *d'une personne* Benommensein *n*; Betäubung *f* **2.** *des bruits* Dämpfung *f*; Gedämpftheit *f*

assouvir [asuviʀ] *v/t faim* stillen (*a fig*); *fig a* befriedigen

assouvissement [-ismɑ̃] *m fig* Stillung *f*; Befriedigung *f*

assujetti [asyʒeti] *adj* ⟨**∼e**⟩ *être assujetti à qc* e-r Sache (*dat*) unterworfen sein, unterliegen; *assujetti à l'impôt* steuerpflichtig

assujettir [asyʒetiʀ] **I** *v/t* **1.** *assujettir qn, qc à qc* j-n, etw e-r Sache (*dat*) unterwerfen **2.** (*fixer*) festmachen; befestigen **II** *v/pr* **s'assujettir à qc** sich e-r Sache (*dat*) unterwerfen, fügen, beugen

assujettissant [asyʒetisɑ̃] *adj* ⟨**-ante** [-ɑ̃t]⟩ *métier, travail* anstrengend; anspruchsvoll

assujettissement [asyʒetismɑ̃] *m st/s* **1.** Unterwerfung *f* (*à* unter +*acc*); Gebundensein *n* (*à un horaire* an e-n Zeitplan); Abhängigkeit *f* (von) **2.** (*contrainte*) (lästiger) Zwang

assumer [asyme] **I** *v/t* **1.** übernehmen; *responsabilité a* auf sich (*acc*) nehmen; *frais a* tragen; aufkommen für **2.** *sa condition* (innerlich) annehmen, akzeptieren; *son passé* bewältigen **II** *v/pr* **s'assumer** sich (so wie man ist) akzeptieren, annehmen

assurable [asyʀabl] *adj* versicherbar; versicherungsfähig

▸ **assurance** [asyʀɑ̃s] *f* **1.** (*confiance en soi*) (Selbst)Sicherheit *f*; *avoir de l'assurance* ein sicheres Auftreten haben **2.** (*garantie*) Versicherung *f*; Zusicherung *f* **3.** *contrat* Versicherung *f*; **assurances** *pl* Versicherung(s-gesellschaft) *f*; *assurance auto(mobile)* Kraftfahrzeugversicherung *f*; *assurance maladie* Krankenversicherung *f*; *assurances sociales* Sozialversicherung *f*; *assurance vie* Lebensversicherung *f*; *assurance vieillesse* Altersversicherung *f*

assurance-maladie [asyʀɑ̃smaladi] *f* ⟨**assurances-maladie**⟩, **assurance-vie** [-vi] *f* ⟨**assurances-vie**⟩ → **assurance** 3

assuré [asyʀeɛ̃] **I** *adj* ⟨**∼e**⟩ **1.** sicher; *succès a* gewiss; *retraite* gesichert; *voix* fest; *voix, démarche* *mal assuré* unsicher **2.** (*être*) *assuré* versichert (sein) (*contre* gegen) **II** *assuré(e)* *m(f)* Versicherte(r) *f(m)*; Versicherungsnehmer *m*

assurément [asyʀemɑ̃] *adv* sicher(lich); gewiss

▸ **assurer** [asyʀe] **I** *v/t* **1.** *assurer* (*à qn*) *que …* (j-m) versichern, dass … **2.** *assurer qn de qc* (*de son amitié, etc*) *st/s* j-n e-r Sache (*gén*) versichern **3.** (*garantir*) sichern; garantieren; gewährleisten; sicherstellen; *un service* verse-

hen; *assurer une permanence* e-n Bereitschaftsdienst unterhalten **4.** *par contrat* **assurer qn, qc** j-n, etw versichern (*contre* gegen) **5.** *alpiniste* sichern **II** *v/i* **6.** F (*être à la hauteur*) etwas können; F etwas draufhaben **III** *v/pr* **7.** (*vérifier*) **s'assurer** sich vergewissern (*de qc* e-r Sache [*gén*]; *que* dass; *si* ob); sich davon überzeugen (dass, ob) **8.** (*se pourvoir de*) **s'assurer qc** sich (*dat*) etw sichern **9.** **s'assurer contre qc** sich gegen etw versichern

assureur [asyʀœʀ] *m* Versicherer *m*; Versicherungsträger *m*

Assyrie [asiʀi] *l'Assyrie f* HIST Assyrien *n*

assyrien [asiʀjɛ̃] HIST **I** *adj* ⟨**-ienne** [-jɛn]⟩ assyrisch **II** *m/pl* **Assyriens** Assyrer *m/pl*

aster [astɛʀ] *m* Aster *f*

astérisque [asteʀisk] *m* TYPO Sternchen *n*

astéroïde [asteʀɔid] *m* Asteroid *m*; kleiner Planet

asthénie [asteni] *f* MÉD allgemeine Körperschwäche; Kraftlosigkeit *f*

asthénique [-ik] **I** *adj symptôme* die allgemeine Körperschwäche betreffend; *personne* an allgemeiner Körperschwäche leidend; kraftlos **II** *m,f* Astheniker(in) *m(f)*; an allgemeiner Körperschwäche Leidende(r) *f(m)*

asthmatique [asmatik] **I** *adj* asthmatisch **II** *m,f* Asthmatiker(in) *m(f)*

asthme [asm] *m* Asthma *n*; *crise f d'asthme* Asthmaanfall *m*; *faire de l'asthme* Asthma haben

asticot [astiko] *m* **1.** ZO Made *f* **2.** F *fig* komischer Kerl, Kauz

asticoter [astikɔte] F *v/t* ärgern

astigmate [astigmat] *adj* MÉD astigmatisch

astigmatisme [-ism] *m* Astigmatismus *m* (*Sehstörung infolge krankhafter Veränderung der Hornhautkrümmung*)

astiquage [astikaʒ] *m* Blankreiben *n*; Polieren *n*

astiquer [-e] *v/t* blank reiben; polieren

astragale [astʀagal] *m* **1.** ANAT Sprungbein *n* **2.** ARCH Rundprofil *n*

astrakan [astʀakɑ̃] *m* Persianer *m* (*a manteau*)

astral [astʀal] *adj* ⟨**∼e**; **-aux** [-o]⟩ astral; der Sterne

astre [astʀ] *m* Gestirn *n*

astreignant [astʀɛɲɑ̃] *adj* ⟨**-ante** [-ɑ̃t]⟩ *métier, tâche, travail* anstrengend; anspruchsvoll

astreindre [astʀɛ̃dʀ] ⟨→ **peindre**⟩ *v/t* (*et v/pr* **s'astreindre** sich) zwingen (*à qc, à faire qc* zu etw, etw zu tun)

astreinte [astʀɛ̃t] *f* **1.** Zwang *m* **2.** JUR *correspond à* Beugestrafe *f*, Verurteilung *f* zu Zwangsgeld

astringent [astʀɛ̃ʒɑ̃] *m* adstringierendes Mittel; Adstringens *n*

astrologie [astʀɔlɔʒi] *f* Astrologie *f*

astrologique [-lɔʒik] *adj* astrologisch

astrologue [-lɔg] *m,f* Astrologe, -login *m,f*; Sterndeuter(in) *m(f)*

▸ **astronaute** [astʀonot] *m,f* Astronaut(in) *m(f)*; (Welt)Raumfahrer(in) *m(f)*

astronautique [-ik] *f* Astronautik *f*; Raumfahrt *f*

astronef [astʀɔnɛf] *m* (Welt)Raumschiff *n*

astronome [astʀɔnɔm] *m,f* Astronom(in) *m(f)*

astronomie [-i] *f* Astronomie *f*; Stern-, Him-

melskunde *f*
astronomique [-ik] *adj* astronomisch (*a fig prix, chiffres*)
astrophysicien [astʀɔfizisjɛ̃] *m* Astrophysiker *m*
astrophysique *f* Astrophysik *f*
astuce [astys] *f* **1.** *qualité* Schlauheit *f*; Findigkeit *f* **2.** *d'un métier* Trick *m*; Kniff *m*; Finesse *f* **3.** (*plaisanterie*) Witz *m*
astucieux [astysjø] *adj* ⟨**-euse** [-øz]⟩ raffiniert; pfiffig; *personne a* findig; schlau; einfallsreich
asymétrie [asimetʀi] *f* Asymmetrie *f*; Ungleichmäßigkeit *f*
asymétrique [-ik] *adj* asymmetrisch; unsymmetrisch
asynchrone [asɛ̃kʀɔn] *adj* asynchron
atavique [atavik] *adj* atavistisch
atavisme [-ism] *m* Atavismus *m*
atchoum [atʃum] *int* hatschi!; hatzi!
▸ **atelier** [atəlje] *m* **1.** TECH Werkstatt *f* **2.** *d'artiste* Atelier *n* **3.** ÉCOLE Arbeitsgruppe *f*; (*colloque*) Workshop *m*
atermoiements [atɛʀmwamɑ̃] *m/pl* Hinauszögern *n*; (*faux-fuyants*) Ausflüchte *f/pl*
atermoyer [atɛʀmwaje] *v/i* ⟨**-oi-**⟩ die Dinge hinausziehen, -zögern
athée [ate] **I** *adj* atheistisch **II** *m,f* Atheist(in) *m(f)*
athéisme [-ism] *m* Atheismus *m*
athénée [atene] *m en Belgique* Gymnasium *n*
Athènes [atɛn] Athen *n*
athénien [atenjɛ̃] **I** *adj* ⟨**-ienne** [-jɛn]⟩ athenisch **II** *Athénien(ne)* *m(f)* Athener(in) *m(f)*
Athis-Mons [atismɔ̃s] *Stadt im Dep. Essonne*
▸ **athlète** [atlɛt] **1.** *m,f* SPORTS Leichtathlet(in) *m(f)*; Wettkämpfer(in) *m(f)* **2.** *m fig* Athlet *m*; Kraftmensch *m*
athlétique [atletik] *adj* athletisch
▸ **athlétisme** [atletism] *m* Leichtathletik *f*
atlante [atlɑ̃t] *m* ARCH Atlant *m*
Atlantide [atlɑ̃tid] *l'Atlantide f* MYTH Atlantis *n*
atlantique [atlɑ̃tik] *adj* atlantisch; Atlantik...; *l'(océan m) Atlantique m* der Atlantische Ozean; der Atlantik
atlas [atlɑs] *m* Atlas *m*
Atlas [atlɑs] *l'Atlas m* GÉOGR der Atlas
atmosphère [atmɔsfɛʀ] *f* Atmosphäre *f* (*a fig*)
atmosphérique [atmɔsferik] *adj* atmosphärisch; Luft...; *conditions f/pl atmosphériques* Wetterlage *f*; *pression f atmosphérique* Luftdruck *m*
atoll [atɔl] *m* Atoll *n*
atome [atom] *m* Atom *n*; *fig avoir des atomes crochus avec qn* j-m innerlich verwandt sein
▸ **atomique** [atɔmik] *adj* atomar; Atom...
atomisation [atɔmizasjɔ̃] *f* **1.** *d'un liquide* Zerstäubung *f*; Versprühung *f* **2.** *fig* Aufsplitterung *f*; Atomisierung *f*
atomisé(e) [atɔmize] *m(f)* durch e-n Atombombenangriff Strahlengeschädigte(r) *f(m)*
atomiser [atɔmize] *v/t* **1.** *liquide* zerstäuben; versprühen **2.** (*morceler*) atomisieren **3.** (*détruire*) (durch Atomwaffen) vernichten
atomiseur [atɔmizœʀ] *m* Zerstäuber *m*
atomiste [atɔmist] *m,f* Atom-, Kernphysiker(in) *m(f)*; Atomforscher(in) *m(f)*
atomistique [-ik] *f* Atomwissenschaft *f*

atonal [atɔnal] *adj* ⟨**~e; -als**⟩ MUS atonal
atonalité [-ite] *f* MUS Atonalität *f*
atone [atɔn, atɔn] *adj* **1.** MÉD schlaff; spannungslos **2.** *regard, voix* ausdruckslos **3.** PHON unbetont
atonie [atɔni] *f* **1.** MÉD Schlaffheit *f*; Erschlaffung *f* **2.** *fig* Lust-, Teilnahmslosigkeit *f*
atours [atuʀ] *m/pl plais* Putz *m*; Staat *m*; *paré de ses plus beaux atours* herausgeputzt; in vollem Staat
atout [atu] *m* **1.** Trumpf(farbe *f*, -karte *f*) *m* **2.** *fig* Trumpf *m*; (*avantage*) Vorteil *m*
atoxique [atɔksik] *adj* ungiftig; atoxisch
âtre [ɑtʀ] *m* Feuerstelle *f*; *par ext* Kamin *m*
atrium [atrijɔm] *m* ARCH Atrium *n*; Innenhof *m*
atroce [atʀɔs] *adj* entsetzlich; abscheulich; grauenhaft; scheußlich; grässlich
atrocement [atʀɔsmɑ̃] *adv* → *atroce*
atrocité [atʀɔsite] *f* **1.** *caractère* Abscheulichkeit *f*; Scheußlichkeit *f* **2.** *fig* Greuel *m*; *-cités* Gräuel(taten) *m/pl(f/pl)* **3.** *propos* *atrocités pl* Gräuelmärchen *n/pl*; Abscheulichkeiten *f/pl*
atrophie [atʀɔfi] *f* MÉD Schwund *m*; Verkümmerung *f* (*a fig*); *sc* Atrophie *f*
atrophier [atʀɔfje] *v/pr s'atrophier* verkümmern (*a fig*); *atrophié* verkümmert
attabler [atable] *v/pr s'attabler* sich an den Tisch setzen
attachant [ataʃɑ̃] *adj* ⟨**-ante** [-ɑ̃t]⟩ fesselnd; anziehend
attache [ataʃ] *f* **1.** Befestigung *f*; Halter(ung) *m(f)*; *de vêtement, tableau* Aufhänger *m* **2.** *point m d'attache* Standort *m*, -quartier *n*; *port m d'attache* Heimathafen *m* **3.** ANAT *attaches pl* Hand- und Fußgelenke *n/pl* **4.** *fig attaches pl affectives* (innere) Bindung(en) *f(pl)*; (*relations*) Verbindungen *f/pl*; Beziehungen *f/pl*
attaché¹ [ataʃe] *adj* ⟨**~e**⟩ **1.** *personne être attaché à qn, qc* an j-m, etw hängen **2.** INFORM *fichier attaché* Attachment *n*
attaché² *m* DIPL Attaché *m*; *attaché de presse* Presseattaché *m*; *d'une entreprise* Pressereferent *m*, -sprecher *m*
attaché-case [ataʃekɛz] *m* ⟨**attaché-cases**⟩ Akten-, Diplomatenkoffer *m*
attachement [ataʃmɑ̃] *m* Anhänglichkeit *f* (*à ou pour qn, qc* an j-n, etw); (*Zu)Neigung *f* (*zu* j-m)
▸ **attacher** [ataʃe] **I** *v/t* **1.** fest- *ou* anbinden, festmachen, befestigen (*à* an + *dat*); binden (*an* + *acc*); *plusieurs objets ensemble* zusammenbinden; *tablier*, (*lacets de*) *chaussures* zubinden **2.** *fig attacher qn à qn, qc* j-n (innerlich) mit j-m, etw verbinden; j-n an j-n, etw binden **3.** *attacher de l'importance à qc* e-r Sache (*dat*) Bedeutung beimessen, beilegen **II** *v/i* **4.** CUIS anbacken, anhängen (*à* an + *dat*) **III** *v/pr* **5.** *en voiture, avion s'attacher* sich an-, festschnallen **6.** *fig personne s'attacher à qn, à qc* j-n, etw lieb gewinnen; Zuneigung zu j-m fassen **7.** *souvenirs, avantages s'attacher à qc* mit etw verbunden, verknüpft sein **8.** (*s'appliquer*) *s'attacher à* (+ *inf*) bestrebt sein zu (+ *inf*)
attaquable [atakabl] *adj* **1.** angreifbar **2.** *contrat, testament* anfechtbar

attaquant [-ɑ̃] *m*, **attaquante** [-ɑ̃t] *f* **1.** MIL Angreifer *m* **2.** SPORTS Angriffsspieler(in) *m(f)*; Stürmer *m*
▸ **attaque** [atak] *f* **1.** MIL, *fig* Angriff *m* (**contre** gegen, auf + *acc*); *fig a* Attacke *f*; **attaque à main armée** bewaffneter Überfall **2.** SPORTS Angriff *m*; Sturm *m* **3.** MÉD Anfall *m*; Attacke *f*; **attaque cérébrale** Gehirnschlag *m* **4.** F *fig* **être d'attaque** fit, in Form sein
▸ **attaquer** [atake] **I** *v/t* **1.** MIL, SPORTS, *fig* angreifen; *fig a* attackieren; *qn dans la rue* überfallen; **attaquer qn en justice** j-n gerichtlich belangen; j-n verklagen **2.** *rouille, acide* **attaquer qc** etw angreifen, anfressen; *parasites* **attaquer qc** etw befallen, heimsuchen **3.** *tâche* in Angriff nehmen; anpacken; angehen; F *plat* herfallen, F sich hermachen über (+ *acc*) **II** *v/pr* **4.** *personne* **s'attaquer à qn, à qc** j-n, etw angreifen, bekämpfen; gegen etw angehen, ankämpfen **5.** **s'attaquer à** *un problème* anpacken, angehen (+ *acc*)
attardé [ataʀde] *adj* ⟨**~e**⟩ **1.** (*en retard*) verspätet **2.** *enfant* zurückgeblieben
attarder [ataʀde] *v/pr* **s'attarder 1.** sich verspäten; *quelque part* sich zu lange aufhalten **2.** **s'attarder à** *ou* **sur un sujet** sich bei *ou* mit e-m Thema aufhalten
▸ **atteindre** [atɛ̃dʀ] ⟨→ **peindre**⟩ **I** *v/t* **1.** *lieu, but, niveau* erreichen **2.** *avec un projectile* treffen **3.** *fig critique* **atteindre qn** j-n treffen, verletzen; *réputation* **être atteint** erschüttert, angeschlagen sein **4.** *maladie* **atteindre qn** j-n befallen, heimsuchen **II** *v/t/indir st/s* **atteindre à qc** etw erreichen, erlangen
atteinte [atɛ̃t] *f* **1.** '**hors d'atteinte** außer Reichweite; unerreichbar **2.** (*préjudice*) Beeinträchtigung *f*, Schädigung *f* (*à gén*); **porter atteinte à qc** e-r Sache (*dat*) schaden, abträglich sein; etw beeinträchtigen, schädigen **3.** *d'un mal* **premières atteintes** erste Anzeichen *n/pl*
attelage [atlaʒ] *m* Gespann *n*
atteler [atle] ⟨**-ll-**⟩ **I** *v/t animal* anspannen (**à** an + *acc*) **II** *v/pr* **s'atteler à un travail** sich in e-e Arbeit hineinknien
attelle [atɛl] *f* MÉD Schiene *f*
attenant [at(ə)nɑ̃] *adj* ⟨**-ante** [ɑ̃t]⟩ angrenzend, anstoßend (**à** an + *acc*)
attendant [atɑ̃dɑ̃] **en attendant** unterdessen; inzwischen; einstweilen
▸ **attendre** [atɑ̃dʀ] ⟨→ **rendre**⟩ **I** *v/t* erwarten; warten auf (+ *acc*); *occasion* abwarten; **attendre le bus** auf den Bus warten; **attendre un enfant** ein Kind erwarten; **attendre qc de qn** etw von j-m erwarten; **attendre que ...** (+ *subj*) warten, bis ... **II** *v/t/indir* F **attendre après qn, qc** auf j-n, etw warten **III** *v/i* (ab)warten; **en attendant mieux** in Erwartung e-s Besser(e)n; **se faire attendre** auf sich (*acc*) warten lassen **IV** *v/pr* ▸ **s'attendre à qc** auf etw (*acc*) gefasst sein; mit etw rechnen; **s' attendre à ce que ...** (+ *subj*) damit rechnen, darauf gefasst sein, dass ...
attendrir [atɑ̃dʀiʀ] **I** *v/t* **1.** *personne* rühren; weich stimmen **2.** *viande* weich, mürbe klopfen **II** *v/pr* **s'attendrir** gerührt werden *ou* sein (**sur** von)
attendrissant [atɑ̃dʀisɑ̃] *adj* ⟨**-ante** [-ɑ̃t]⟩ rührend

attendrissement [-mɑ̃] *m* Rührung *f*
attendrisseur [-œʀ] *m* BOUCHERIE Fleischklopfer *m*; Steaker *m*
attendu [atɑ̃dy] **I** *adj* ⟨**~e**⟩ erwartet **II** *prép* angesichts, in Anbetracht (+ *gén*); JUR **attendu que** in Anbetracht der Tatsache, dass
attentat [atɑ̃ta] *m* **1.** Attentat *n*, Anschlag *m* (**contre** auf, gegen); **attentat au plastic** Sprengstoffattentat *n* **2.** JUR **attentat à la pudeur** unzüchtige Handlung; Unzucht *f*
attentatoire [atɑ̃tatwaʀ] *adj* ADM *mesure, action* **attentatoire à qc** etw beeinträchtigend, verletzend; in etw (*acc*) eingreifend
attente [atɑ̃t] *f* **1.** Warten *n* (**de qn, qc** auf j-n, etw); *durée* Wartezeit *f*; **dans l'attente de qc** in Erwartung e-r Sache (*gén*) **2.** (*prévision*) Erwartung *f*; **contre toute attente** wider Erwarten; entgegen allen Erwartungen
attenter [atɑ̃te] *v/t/indir* **attenter à qc** etw zu beeinträchtigen, anzutasten versuchen; **attenter à la vie de qn** j-m nach dem Leben trachten
attentif [atɑ̃tif] *adj* ⟨**-ive** [-iv]⟩ aufmerksam; **être attentif à** (+*inf*) darauf bedacht sein zu (+ *inf*)
▸ **attention** [atɑ̃sjɔ̃] *f* **1.** Aufmerksamkeit *f*; **attention!** Achtung!; Vorsicht!; aufgepasst!; *lettre* **à l'attention de** zu Händen von (*abr z. H.* [v.]); ▸ **faire attention à qc** auf etw (*acc*) achten, achtgeben, aufpassen; etw beachten; **fais attention!** pass auf!; gib acht! **2.** *fig souvent pl* **attentions** Aufmerksamkeiten *f/pl*
attentionné [atɑ̃sjɔne] *adj* ⟨**~e**⟩ (sehr) aufmerksam (**pour qn** gegenüber j-m)
attentisme [atɑ̃tism] *m* abwartende Haltung
attentiste [-ist] *adj* sich abwartend verhaltend
attentivement [atɑ̃tivmɑ̃] *adv* aufmerksam
atténuant [atenɥɑ̃] *adj* ⟨**-ante** [-ɑ̃t]⟩ **circonstances atténuantes** mildernde Umstände *m/pl*
atténuateur [atenɥatœʀ] *m* TECH Dämpfungsglied *n*
atténuation [-sjɔ̃] *f* Milderung *f*; Linderung *f*
atténué [atenɥe] *adj* ⟨**~e**⟩ *lumière* gedämpft; mild; *symptôme* abgeschwächt; *sens d'un mot* abgeschwächt; verblasst
atténuer [atenɥe] **I** *v/t douleur* lindern; *punition* mildern; *lumière* dämpfen; *expression* abschwächen **II** *v/pr* **s'atténuer** *douleur* nachlassen
atterrant [atɛʀɑ̃] *adj* ⟨**-ante** [-ɑ̃t]⟩ niederschmetternd; bestürzend
atterrer [-e] *v/t* aufs Höchste bestürzen; niederschmettern
▸ **atterrir** [atɛʀiʀ] *v/t* AVIAT landen (*a* F *fig*)
atterrissage [atɛʀisaʒ] *m* Landung *f*; **atterrissage sans visibilité** Blindlandung *f*
attestation [atɛstasjɔ̃] *f* Bescheinigung *f*
attesté [atɛste] *adj* ⟨**~e**⟩ *fait* bewiesen; bezeugt; LING belegt
attester [-e] *v/t* bezeugen; bestätigen; *par écrit* bescheinigen
attiédir [atjediʀ] *st/s v/pr* **s'attiédir 1.** lauwarm werden **2.** *fig sentiment* erkalten; sich abkühlen
attiédissement [-ismɑ̃] *m st/s de sentiments* Erkalten *n*; Abkühlung *f*
attifer [atife] *v/t* (*et v/pr* **s'attifer** *péj* sich) herausputzen, F (sich) ausstaffieren (**de** mit)

attiger [atiʒe] F v/i ⟨**-ge-**⟩ übertreiben; F dick auftragen

Attila [atila] m HIST Attila m; Etzel m

attique [atik] m ARCH Attika f (halbgeschossartiger Aufsatz über dem Hauptgesims e-s Bauwerks)

attirail [atiʀaj] m Ausrüstung f; F Kram m

attirance [atiʀɑ̃s] f Anziehungskraft f; **éprouver une certaine attirance pour** sich hingezogen fühlen zu

attirant [atiʀɑ̃] adj ⟨**-ante** [-ɑ̃t]⟩ anziehend

▸ **attirer** [atiʀe] **I** v/t **1.** anziehen (a PHYS); an-, herbeilocken; **attirer qn dans un piège** j-n in e-e Falle locken **2. attirer qc à** ou **sur qn** j-m etw verschaffen, (ein)bringen **3. attirer l'attention de qn sur qc** die Aufmerksamkeit j-s auf etw (acc) lenken **II** v/pr **s'attirer qc** sich (dat) etw zuziehen, einhandeln; **compliments** ernten

attiser [atize] v/t feu, fig schüren; anfachen

attitré [atitʀe] adj ⟨**~e**⟩ fest; ständig

attitude [atityd] f **1.** (Körper)Haltung f **2.** (disposition) Haltung f; Einstellung f; (comportement) Verhalten n; péj Attitüde f

attouchements [atuʃmɑ̃] m/pl Berührungen f/pl; Streicheln n

attractif [atʀaktif] adj ⟨**-ive** [-iv]⟩ attraktiv; verlockend

attraction [atʀaksjɔ̃] f **1.** PHYS Anziehung(skraft) f **2.** fig Anziehungskraft f **3.** pour le public Attraktion f; pl **attractions** au cirque Attraktionen f/pl; d'une boîte de nuit Varietédarbietungen f/pl; Einlagen f/pl

attrait [atʀɛ] m Reiz m; (Ver)Lockung f; st/s d'une femme **attraits** pl Reize m/pl

attrape [atʀap] f (**farces** f/pl et) **attrapes** Scherzartikel m/pl

attrape-nigaud m ⟨**attrape-nigauds**⟩ Bauernfängerei f; plumper Trick

▸ **attraper** [atʀape] **I** v/t **1.** fangen; F erwischen; **balle** a auffangen; **chien attraper qc** etw schnappen **2.** train, bus erreichen; F erwischen; F kriegen **3.** F maladie bekommen; F sich (dat) holen; F kriegen; **attraper froid** sich erkälten **4.** (tromper) (he)reinlegen; zum Narren halten **5.** F (réprimander) F abkanzeln **II** v/pr **s'attraper** F maladie ansteckend sein

attrayant [atʀɛjɑ̃] adj ⟨**-ante** [-ɑ̃t]⟩ verlockend; reizvoll; attraktiv

attribuable [atʀibɥabl] adj **être attribuable à qc** e-r Sache (dat) zuzuschreiben sein

attribuer [atʀibɥe] **I** v/t **1.** dans une répartition zuteilen; zuweisen; vergeben; crédit gewähren; prix zuerkennen; verleihen **2.** (imputer) **attribuer qc à qn, à qc** j-m, e-r Sache etw zuschreiben; etw auf etw (acc) zurückführen; qualités, défauts j-m etw unterstellen; etw in j-n hineinlegen **II** v/pr **s'attribuer qc** sich (dat) etw zuschreiben; etw für sich in Anspruch nehmen

attribut [atʀiby] m **1.** Attribut n; charakteristisches Merkmal n **2.** GR Prädikatsnomen n; prädikative Ergänzung; adjt **adjectif** m **attribut** prädikatives Adjektiv

attributif [atʀibytif] adj ⟨**-ive** [-iv]⟩ **1.** JUR (ein Recht) zuerkennend, übertragend **2.** GR **verbe attributif** Verb, das ein Prädikatsnomen erfordert **3.** LOGIQUE prädikativ

attribution [atʀibysjɔ̃] f **1.** Zuteilung f; Zuweisung f; Vergabe f; de crédits Gewährung f; d'un prix Zuerkennung f; Verleihung f **2. attributions** pl Aufgabenbereich m

attristant [atʀistɑ̃] adj ⟨**-ante** [-ɑ̃t]⟩ betrüblich

attrister [-e] **I** v/t traurig stimmen; betrüben **II** v/pr **s'attrister** traurig werden

attroupement [atʀupmɑ̃] m Menschenauflauf m, -ansammlung f

attrouper [atʀupe] v/pr **s'attrouper** zusammenströmen; sich ansammeln

atypique [atipik] adj atypisch; untypisch

au [o] → **à**

aubade [obad] f Morgenständchen n

aubaine [obɛn] f (**bonne**) **aubaine** Glücksfall m; unverhofftes Glück

aube [ob] f **1.** Morgengrauen n, -dämmerung f; **à l'aube** im Morgengrauen; bei Tagesanbruch **2.** de communiants langes weißes Gewand

Aube [ob] **l'Aube** f Fluss u Departement in Frankreich

Aubenas [obnɑ] Stadt im Dep. Ardèche

aubépine [obepin] f Weißdorn m

auberge [obɛʀʒ] f **1.** (Land)Gasthof m; Landgasthaus n; autrefois Herberge f; fig **auberge espagnole** primitive Unterkunft; F fig **on n'est pas sorti de l'auberge** F wir sind noch nicht über den Berg **2.** ▸ **auberge de jeunesse** Jugendherberge f

aubergine [obɛʀʒin] f Aubergine f

aubergiste [obɛʀʒist] m,f (Gast)Wirt(in) m(f)

Aubervilliers [obɛʀvilje] Stadt im Dep. Seine-Saint-Denis

aubette [obɛt] f Wartehäuschen n

auburn [obœʀn] adj ⟨inv⟩ cheveux kastanienbraun

Auch [oʃ] Stadt im Dep. Gers

▸ **aucun** [okɛ̃, okœ̃] m, **aucune** [okyn] f **I** adj/ind ⟨mit **ne** beim Verb⟩ (gar, überhaupt) kein(e); keinerlei (inv); **en aucun cas** auf keinen Fall; keinesfalls; **sans aucun effort** ohne jede, jegliche Anstrengung **II** pr/ind **1.** ⟨mit **ne** beim Verb⟩ keiner, f keine, n kein(e)s **2.** litt **d'aucuns** einige; manche

aucunement [okynmɑ̃] adv ⟨mit **ne** beim Verb⟩ keineswegs; durchaus nicht; mitnichten

audace [odas] f **1.** Kühnheit f; Wagemut m **2.** péj Keckheit f; Kühnheit f; pl/fort Dreistigkeit f

audacieux [odasjø] adj ⟨**-euse** [-øz]⟩ **1.** kühn; personne a wagemutig **2.** péj keck; kühn

Aude [od] **l'Aude** m Fluss u Departement in Frankreich

au-dedans [od(ə)dɑ̃] adv (dr)innen; im Inner(e)n (a fig); prép **au-dedans de** innerhalb, im Inner(e)n (+ gén)

au-dehors [odəɔʀ] adv (dr)außen; prép **au-dehors de** außerhalb (+ gén)

au-delà [od(ə)la] **I** adv darüber hinaus **II** prép **au-delà de** jenseits (+ gén); fig über (+ acc) hinaus **III** m REL Jenseits n

▸ **au-dessous** [od(ə)su] **I** adv darunter; unterhalb **II** prép **au-dessous de** unterhalb (+ gén); unter (+ dat ou acc); **c'est au-dessous de moi** das ist unter meiner Würde; fig **être au-dessous de tout** gar nichts taugen

▸ **au-dessus** [od(ə)sy] adv darüber; oberhalb; weiter oben; prép **au-dessus de** oberhalb (+

gén); über (+ *dat ou acc*)

au-devant [od(ə)vã] *prép* **aller au-devant de qn** j-m entgegengehen

audibilité [odibilite] *f* Hörbarkeit *f*; Vernehmbarkeit *f*

audible [-ibl] *adj* hörbar; vernehmbar

audience [odjãs] *f* **1.** (*entrevue*) Audienz *f* **2.** JUR (Gerichts)Verhandlung *f*; Termin *m* **3.** (Rundfunk)Hörer *m/pl*; (Fernseh)Zuschauer *m/pl*; (*taux d'écoute*) Einschaltquote *f*

audimat [odimat] *m* (System *n* zur Ermittlung der) Einschaltquote *f*

audio [odjo] *adj* ⟨*inv*⟩ Audio...; Hör...

audiomètre *m* MÉD Audiometer *n* (*elektroakustisches Gerät zur Bestimmung der Hörleistung*)

audiophone [-fɔn] *m* MÉD Audiphon *n*; Hörgerät *n*

audioprothésiste [-prɔtezist] *m,f* Hörgeräteakustiker(in) *m(f)*

audiovisuel I *adj* ⟨**-le**⟩ audiovisuell **II** *m* **1.** *domaine* audiovisueller Bereich **2.** *médias* audiovisuelle Medien *n/pl*; Hörfunk *m* und Fernsehen *n* **3.** ÉCOLE audiovisuelle Arbeitsmittel *n/pl*

audit [odit] *m* Wirtschaftsprüfung *f*

▸ **auditeur** [oditœr] *m*, **auditrice** [oditris] *f* Zuhörer(in) *m(f)*; RAD Hörer(in) *m(f)*

auditif [oditif] *adj* ⟨**-ive** [-iv]⟩ Hör...; Gehör...; *appareil auditif* Hörgerät *n*

audition [odisjõ] *f* **1.** (*ouïe*) Hören *n* **2.** JUR **audition des témoins** Zeugenvernehmung *f* **3.** *de cassettes* Ab-, Anhören *n* **4.** (*essai*) THÉ Vorsprechen *n*; MUS Vorsingen *n*; Vorspielen *n*

auditionner [odisjɔne] *v/t* anhören

auditoire [oditwar] *m* Zuhörer *m/pl*

auditorium [oditɔrjɔm] *m* Sendesaal *m*

auge [oʒ] *f* Trog *m*

▸ **augmentation** [ɔgmãtasjõ, og-] *f* **1.** Vermehrung *f*; Vergrößerung *f*; Steigerung *f*; Zunahme *f*; *des prix* Anstieg *m*; Erhöhung *f* **2.** *abs* Lohn-, Gehaltserhöhung *f*

▸ **augmenter** [ɔgmãte, og-] **I** *v/t* **1.** vermehren; vergrößern; *prix, impôts, etc* erhöhen; heraufsetzen; *capital a* aufstocken; *salaire* erhöhen; aufbessern; *vente, valeur, vitesse* erhöhen; steigern **2.** *salarié* **être augmenté** e-e Lohn-, Gehaltserhöhung bekommen **II** *v/i* zunehmen; größer werden; sich vergrößern; sich vermehren; *prix* steigen, anziehen, heraufgehen (**de** um); *marchandise* aufschlagen; teurer werden; *jours* länger werden; zunehmen

augural [ogyral] *adj* ⟨**-e**; **-aux** [-o]⟩ Auguren...

augure [ogyr] *m* **être de bon, de mauvais augure** ein gutes, böses Vorzeichen, Omen sein; Glück, Unglück bedeuten

augurer [ogyre] *v/t* **n'augurer rien de bon** nichts Gutes verheißen

auguste [ogyst] *st/s adj* erhaben; hehr; *assemblée* erlaucht

Auguste [ogyst] *m* **1.** *prénom* August *m* **2.** *empereur romain* Augustus *m* **3.** *au cirque* **auguste** dummer August

Augustin [ogystɛ̃] *m saint* Augustinus *m*

▸ **aujourd'hui** [oʒurdɥi] *adv* **1.** heute; am heutigen Tag; **d'aujourd'hui** heutig; von heute **2.** (*à notre époque*) heute; heutzutage

Aulnay [o(l)nɛ] *frz Ortsname*

aulne [on] *m* Erle *f*

Aulne [on] *l'Aulne Fluss in der Bretagne*

aumône [omon] *f* Almosen *n*; milde Gabe

aumônerie [omonri] *f* ÉGL Militär-, Gefängnis-, Krankenseelsorge *f*

aumônier [omonje] *m* Anstaltsgeistliche(r) *m*; **aumônier militaire** Militärgeistliche(r) *m*, -pfarrer *m*

aumônière [omonjɛr] *f autrefois* (*petite bourse*) Gürteltasche *f*

aune [on] *m* → **aulne**

auparavant [oparavã] *adv* vorher; zuvor

auprès [oprɛ] *prép* **auprès de 1.** bei (+ *dat*) **2.** (*en comparaison de*) im Vergleich zu (+ *dat*)

auquel [okɛl] → **lequel**

aurai [ɔrɛ], **auras** [ɔra], *etc* → **avoir¹**

Auray [ɔrɛ] *Stadt im Dep. Morbihan*

auréole [ɔreɔl] *f* **1.** Heiligenschein *m*, Nimbus *m* (*a fig*); Gloriole *f* **2.** *autour d'une tache* Rand *m*

auréoler [-e] *v/t fig* mit e-m Nimbus umgeben

auriculaire [ɔrikylɛr] *m* kleiner Finger

aurifère [ɔrifɛr] *adj* goldhaltig

Aurillac [ɔrijak] *Stadt im Dep. Cantal*

aurochs [ɔrɔk] *m* Auerochse *m*; Ur *m*

aurore [ɔrɔr] *f* **1.** Morgenröte *f*; Morgenrot *n* **2.** **aurore boréale, polaire** Nord-, Polarlicht *n*

auscultation [oskyltasjõ, ɔs-] *f* MÉD Abhorchen *n*; Abhören *n*

ausculter [-e] *v/t* MÉD abhorchen; abhören

auspices [ospis] *m/pl* **sous de meilleurs auspices** unter besseren Auspizien, Umständen

▸ **aussi** [osi] **I** *adv* **1.** (*également*) auch; **lui aussi** er auch **2.** ▸ **aussi** (+ *adj ou adv*) **que** (eben)so ... wie; **aussi vite que possible** so schnell wie möglich; **aussi** (+ *adj*) **que** (+ *subj*) so wie ... auch (immer); **aussi riche qu'il soit** *ou* **soit-il** so reich er auch sein mag; (**tout**) **aussi bien** ebenso gut; genauso gut; **aussi bien que** wie auch; sowie; sowohl ... als auch **II** *conj* daher, deshalb auch; **..., aussi coûtent-ils cher** ..., darum sind sie auch teuer

▸ **aussitôt** [osito] **I** *adv* sofort; (so)gleich; alsbald; **aussitôt dit, aussitôt fait** gesagt, getan **II** *conj* **aussitôt que** sobald; sowie

austère [ostɛr] *adj* **1.** *personne* (sitten)streng; *mœurs* streng; *vie* einfach; karg **2.** *style* nüchtern; schmucklos

austérité [osterite] *f* **1.** (Sitten)Strenge *f*; *de la vie* strenge Einfachheit **2.** *d'un style* Nüchternheit *f*; Schmucklosigkeit *f*; Strenge *f* **3.** (*politique d'*)**austérité** Sparpolitik *f*

Austerlitz [ostɛrlits, ɔs-] *hist* Austerlitz *n*

austral [ostral] *adj* ⟨**-e**; **-als**⟩ südlich; Süd...

▸ **Australie** [ostrali] *l'Australie f* Australien *n*

▸ **australien** [ostraljɛ̃] **I** *adj* ⟨**-ienne** [-jɛn]⟩ australisch **II** *Australien(ne)* *m(f)* Australier(in) *m(f)*

australopithèque [ostralɔpitɛk] *m* PALÉONTOLOGIE Australopithekus *m*

austro-... [ostro] *adj* österreichisch-...

austro-hongrois *adj* ⟨**-e**⟩ österreichisch-ungarisch

▸ **autant** [otã] **I** *adv* (eben)so viel; *avec verbe a* (eben)so sehr; **autant de** (+ *subst*) **que** (eben)so viel ... wie; (eben)so viele ... wie; **autant de garçons que de filles** ebenso, genauso viele Jungen wie Mädchen; **il travaille autant qu'il**

peut er arbeitet, so viel er kann; **autant parler à un sourd** ebenso gut könnte man zu e-m Tauben sprechen; **en faire autant** dasselbe tun; es ebenso, genauso machen; **autant de personnes, autant d'avis différents** so viele Personen, so viele verschiedene Meinungen; **autant il l'adore, autant elle le déteste** sosehr er sie anbetet, sosehr verabscheut sie ihn; **d'autant** in gleichem Maße; gleichermaßen; **pour autant** deswegen **II** *conj* (**pour**) **autant que je sache** soviel ich weiß; meines Wissens; **d'autant que** zumal; **d'autant plus (que)** umso mehr (als); umso (+ *comp*) (als)
autarcie [otaʀsi] *f* Autarkie *f*
autarcique [-ik] *adj* autark(isch)
autel [otɛl] *m* Altar *m*
▸ **auteur** [otœʀ] *m* **1.** Urheber(in) *m(f)*; *d'un accident* Verursacher(in) *m(f)*; **auteur d'un attentat** Attentäter(in) *m(f)*; **auteur (du crime)** Täter(in) *m(f)* **2.** *(écrivain)* Autor(in) *m(f)*; Verfasser(in) *m(f)*
authenticité [otãtisite] *f* **1.** Echtheit *f*; Authentizität *f* **2.** *fig (sincérité)* Aufrichtigkeit *f*
authentification [otãtifikasjõ] *f* Beglaubigung *f*
authentifier [-fje] *v/t* beglaubigen
authentique [otãtik] *adj* **1.** echt; *information* verbürgt *(a fait)*; authentisch **2.** *par ext sentiments* aufrichtig; echt
autisme [otism] *m* Autismus *m*
autiste [-ist] *m,f* Autist(in) *m(f)*
▸ **auto** [oto] *f abr (automobile)* Auto *n*
auto... [oto] *préfixe* **1.** *(soi-même)* Selbst...; selbst...; Auto...; auto... **2.** *(voiture)* Auto...
autoaccusation *f* Selbstanklage *f*
autoallumage *m* AUTO Selbstzündung *f*
autoanticorps *m* MÉD Autoantikörper *m (Antikörper, der gegen körpereigene Substanzen wirkt)*
autobiographie *f* Autobiographie *f*
autobiographique [-ik] *adj* autobiographisch
autobronzant [otobrõzã] **I** *adj* ⟨**-ante** [-ãt]⟩ Selbstbräunungs... **II** *m* Selbstbräuner *m*
▸ **autobus** *m* Autobus *m*; Omnibus *m*
▸ **autocar** *m* Reisebus *m*
autocensure *f* PRESSE, CIN Selbstkontrolle *f*
autochenille *f* Gleisketten-, Raupenfahrzeug *n*
autochtone [ɔtɔktɔn] *m,f* Einheimische(r) *f(m)*
autocollant **I** *adj* ⟨**-ante**⟩ selbstklebend **II** *m* Aufkleber *m*
autoconsommation *f* ÉCON Selbst-, Eigenverbrauch *m*
autocontrôle *m* Selbstkontrolle *f*; TECH automatische Kontrolle
autocopiant [-kɔpjã] *adj* ⟨**-ante** [-ãt]⟩ *papier* selbstdurchschreibend; Durchschreibe...
autocouchettes *adj* **train** *m* **autocouchettes** Autoreisezug *m*
autocrate [otokʀat] *m* Autokrat *m*
autocratie [-si] *f* Autokratie *f*
autocratique [-tik] *adj* autokratisch
autocritique *f* Selbstkritik *f*
autocuiseur [otokɥizœʀ] *m* Schnellkochtopf *m*
autodafé [-dafe] *m* HIST Autodafé *n (a fig)*; Ketzergericht *n*, -verbrennung *f*; *fig* öffentliche Verbrennung
autodéfense *f* Selbstverteidigung *f*

autodestructeur *adj* ⟨**-trice** [-tʀis]⟩ selbstzerstörerisch
autodestruction *f* Selbstzerstörung *f*
autodétermination *f* Selbstbestimmung *f*
autodidacte [otodidakt] *m,f* Autodidakt(in) *m(f)*
autodiscipline *f* Selbstdisziplin *f*
autodrome [otodʀom] *m* Auto-, Motodrom *n*; Rundkurs *m*
auto-école *f* ⟨**auto-écoles**⟩ Fahrschule *f*
auto-épuration *f* Selbstreinigung *f*
autoérotisme *m* Autoerotik *f*, -erotismus *m*
autofécondation *f* BIOL Selbstbefruchtung *f*
autofinancement *m* Eigen-, Selbstfinanzierung *f*
autofinancer [-e] *v/pr* ⟨**-ç-**⟩ **s'autofinancer** sich selbst finanzieren
autofocus [otofɔkys] *m* Autofokus *m*
autogène *adj* TECH, MÉD autogen
autogéré [otoʒeʀe] *adj* ⟨**~e**⟩ selbst verwaltet
autogérer *v/t (et v/pr)* ⟨**-è-**⟩ **(s'autogérer** sich) selbst verwalten
autogestion *f* Selbstverwaltung *f*
autogestionnaire *adj* Selbstverwaltungs...
autographe [otogʀaf] *m* **1.** *signature* Autogramm *n* **2.** *texte* Autograph *n*
autogreffe *f* MÉD Autoplastik *f*, -transplantation *f*
autoguidage [-gidaʒ] *m* AVIAT, MIL Selbstlenkung *f*, -steuerung *f*
autoguidé [-gide] *adj* ⟨**~e**⟩ AVIAT, MIL selbstgelenkt, -gesteuert
auto-immun [otoi(m)mœ̃] *adj* ⟨**-une** [-yn]⟩ **maladie auto-immune** Autoimmunkrankheit *f*
auto-immunité *f* natürliche, angeborene Immunität *f*
auto-infection *f* Selbstansteckung *f*; Autoinfektion *f*
auto-intoxication *f* Selbstvergiftung *f*
autojustification *f* Selbstrechtfertigung *f*
automate [ɔtɔmat] *m* Automat *m (a fig)*
automaticité [-atisite] *f* automatisches Arbeiten; automatischer Ablauf
automation [-asjõ] *f* Automation *f*
▸ **automatique** [ɔtɔmatik] *adj* **1.** TECH automatisch; selbsttätig; **boîte** *f* **automatique** Automatik(getriebe) *f(n)* **2.** *fig geste* automatisch; unwillkürlich; mechanisch
automatiquement [ɔtɔmatikmã] *adv* **1.** TECH automatisch **2.** *fig (forcément)* unweigerlich; zwangsläufig
automatisation [ɔtɔmatizasjõ] *f* Automatisierung *f*
automatiser [-e] *v/t* automatisieren
automatisme [ɔtɔmatism] *m* Automatismus *m*
automédication [otomedikasjõ] *f* Selbstmedikation *f*
automitrailleuse *f* MIL (Rad)Panzer(fahrzeug) *m(n)*
automnal [otɔnal] *adj* ⟨**~e; -aux** [-o]⟩ herbstlich; Herbst...
▸ **automne** [otɔn] *m* Herbst *m*; **en automne** im Herbst
automobile **I** *adj* Auto(mobil)...; Kraftfahrzeug...; Kfz-...; **industrie** *f* **automobile** Auto(mobil)-, Kraftfahrzeugindustrie *f* **II** *f* Automobil *n*; ADM Kraftfahrzeug *n*
Automobile-Club *m* **Automobile-Club de**

France Automobilklub *m* von Frankreich

automobilisme [otomɔbilism] *m* **1.** *domaine* Kraftfahr(zeug)wesen *n* **2.** *sport* Automobilsport *m*

▸ **automobiliste** [otomɔbilist] *m,f* Autofahrer(in) *m(f)*

automoteur *adj* ⟨**-trice** [-tʀis]⟩ mit Motorantrieb; motorgetrieben

automotrice [-tʀis] *f* Triebwagen *m*

automutilation *f* Selbstverstümmelung *f*

autonettoyant *adj* ⟨**-ante** [-ãt]⟩ *four* selbstreinigend; mit vollautomatischer Selbstreinigung

autonome [otonom, ɔtɔnɔm] *adj* autonom; selbstständig (*a personne*); eigenständig

autonomie [otonɔmi] *f* **1.** Autonomie *f*; Selbstständigkeit *f* (*a d'une personne*); Eigenständigkeit *f*; **autonomie** (**administrative**) Selbstverwaltung *f* **2.** *d'un véhicule* Reichweite *f*; Aktionsradius *m*

autonomisme [otonɔmism] *m* POL Autonomiebestrebungen *f/pl*

autonomiste [-ist] *m* POL Autonomist *m*

autopalpation [otopalpasjõ] *f* MÉD Selbstabtastung *f*

autopompe *f* **1.** *des pompiers* Löschfahrzeug *n* **2.** *de la police* Wasserwerfer *m*

autoportrait *m* Selbstporträt *n*, -bildnis *n*

autopropulsé [otopʀɔpylse] *adj* ⟨**~e**⟩ *engin* mit eigenem Antrieb; mit Eigenantrieb

autopropulsion [-jõ] *f* TECH Eigenantrieb *m*

autopsie [otɔpsi] *f* Autopsie *f*; Sektion *f*; JUR Obduktion *f*

autopsier [-je] *v/t* sezieren; obduzieren

autopunition *f* PSYCH Selbstbestrafung *f*

autoradio *m* Autoradio *n*

autorail *m* (Diesel)Triebwagen *m*

autorégulation *f* Selbstregulation *f*; selbsttätige, automatische Regelung

autorisation [ɔtɔʀizasjõ] *f* Erlaubnis *f*; Genehmigung *f*; Befugnis *f*; Ermächtigung *f*

autorisé [ɔtɔʀize] *adj* ⟨**~e**⟩ **1.** (*qui fait autorité*) maßgebend; maßgeblich **2.** (*permis*) erlaubt; *personne* befugt; berechtigt; ermächtigt; autorisiert

autoriser [ɔtɔʀize] **I** *v/t* **1.** **autoriser qc** etw erlauben, gestatten, genehmigen; **autoriser qn à faire qc** j-m erlauben, gestatten, etw zu tun; j-n ermächtigen, autorisieren, etw zu tun **2.** *situation* **autoriser qc** zu etw berechtigen **II** *v/pr* **s'autoriser de qc** sich auf etw (*acc*) berufen

autoritaire [ɔtɔʀitɛʀ] *adj* autoritär; herrisch

autoritarisme [ɔtɔʀitaʀism] *m* Autoritätsanspruch *m*

autorité [ɔtɔʀite] *f* **1.** (*pouvoir*) (Befehls-, Amts)Gewalt *f*; Macht(befugnis) *f*; **autorité parentale** elterliche Gewalt; **d'autorité** eigenmächtig; ungefragt; einfach von sich aus; **être sous l'autorité de qn** j-m unterstehen **2.** (*influence*) Autorität *f*; Ansehen *n*; **faire autorité** maßgebend sein; *personne a* als Autorität gelten **3.** (*expert*) Autorität *f*; Kapazität *f* **4.** ADM **autorités** *pl* Behörden *f/pl*

▸ **autoroute** *f* **1.** Autobahn *f* **2.** **autoroute de l'information** Datenautobahn *f*

autoroutier *adj* ⟨**-ière** [-jɛʀ]⟩ Autobahn...

autosatisfaction *f* Selbstzufriedenheit *f*

autos-couchettes *adj* **train** *m* **autos-couchettes** Autoreisezug *m*

auto-stop *m* Autostopp *m*; Trampen *n*; **faire de l'auto-stop** per Anhalter fahren, reisen; trampen

auto-stoppeur *m* ⟨**auto-stoppeurs**⟩, **auto-stoppeuse** *f* Anhalter(in) *m(f)*; Tramper(in) *m(f)*

autosuggestion *f* Autosuggestion *f*

▸ **autour** [otuʀ] **I** *adv* d(a)rum herum; **tout autour** rings(her)um; rund(her)um **II** *prép* **autour de** um (... herum) (*a = environ*)

▸ **autre** [otʀ] **I** *adj/ind* andere(r, -s); sonstige(r, -s); weitere(r, -s); *non traduit* **nous autres** wir; *attribut* **tout autre** ganz anders (**que** als);

▸ **autre chose** etwas and(e)res; **l'autre jour** neulich; kürzlich; vor kurzem **II** *pr/ind* **un(e) autre** ein and(e)rer, e-e and(e)re, ein and(e)res; **d'autres** and(e)re; F **à d'autres!** das kannst du ander(e)n weismachen!; **l'autre** der, die, das and(e)re; F der da *ou* die da; **les autres** die ander(e)n; F **comme dit l'autre** wie man (so schön) sagt; wie es heißt; **et autres** und andere (*abr* u. a.); **entre autres** unter anderem (*abr* u. a.); **aucun autre, personne d'autre** ⟨**+ ne**⟩ kein and(e)rer; sonst niemand; **quelqu'un d'autre** jemand ander(e)s *ou* anderer; sonst jemand; **rien d'autre** nichts and(e)res; sonst *ou* weiter nichts; **il n'en fait jamais d'autres** so macht er es immer; **j'en ai vu bien d'autres** ich habe schon Schlimmeres erlebt, gesehen; → **un**

▸ **autrefois** [otʀəfwa] *adv* früher; einst

▸ **autrement** [otʀəmã] *adv* **1.** (*différemment*) anders (**que** als) **2.** (*sinon*) sonst; andernfalls **3.** (+ *adj*) viel (+ *comp*); **autrement dangereux** viel gefährlicher

▸ **Autriche** [otʀiʃ] **l'Autriche** *f* Österreich *n*

▸ **autrichien** [otʀiʃjɛ̃] **I** *adj* ⟨**-ienne** [-jɛn]⟩ österreichisch **II** **Autrichien(ne)** *m(f)* Österreicher(in) *m(f)*

autruche [otʀyʃ] *f* ZO Strauß *m*; *fig* **politique** *f* **de l'autruche** Vogel-Strauß-Politik *f*

autrui [otʀɥi] *pr/ind* die ander(e)n; **le bien d'autrui** fremdes Gut

auvent [ovã] *m* Vordach *n*

auvergnat [ovɛʀɲa] **I** *adj* ⟨**-ate** [-at]⟩ der Auvergne **II** **Auvergnat(e)** *m(f)* Bewohner(in) *m(f)* der Auvergne

Auvergne [ovɛʀɲ] **l'Auvergne** *f* die Auvergne

aux [o] → **à**

Auxerre [osɛʀ] *Stadt im Dep. Yonne*

auxiliaire [oksiljɛʀ] **I** *adj* Hilfs...; **personnel** *m* **auxiliaire** Aushilfspersonal *n*, -kräfte *f/pl*; (**verbe**) **auxiliaire** *m* Hilfsverb *n* **II** *m,f* Hilfskraft *f*

Auxonne [osɔn] *Stadt im Dep. Côte-d'Or*

auxquel(le)s [okɛl] → **lequel**

av. *abr* (*avenue*) Straße; Allee

avachi [avaʃi] *adj* ⟨**~e**⟩ **1.** *chaussures* ausgetreten; *vêtement* ausgebeult **2.** *personne* energielos; F schlapp

avachir [avaʃiʀ] *v/pr* **s'avachir 1.** *chaussures* weich und weit werden; *a vêtement* die Form, Fasson verlieren **2.** F *personne physiquement* F auseinandergehen; F in die Breite gehen **3.** *personne psychiquement* energielos werden; sich gehen lassen

avachissement [avaʃismã] *m* Energie-, Wil-

lenlosigkeit *f*; F Schlappheit *f*
aval[1] [aval] *en aval* strom-, flussabwärts; *en aval de* unterhalb von (*ou* + *gén*)
aval[2] *m* ⟨**avals**⟩ **1.** FIN Aval *m ou n*; Wechselbürgschaft *f* **2.** *fig* Unterstützung *f*
avalanche [avalɑ̃ʃ] *f* Lawine *f* (*a fig*)
avaler [avale] *v/t* **1.** (hinunter)schlucken; verschlucken; F *le manger* hinunterschlingen **2.** *fig mots* verschlucken **3.** *fig* (*supporter, croire*) F schlucken
avaleur [avalœʀ] *m avaleur de sabres* Schwertschlucker *m*
avaliser [avalize] *v/t* **1.** FIN avalieren **2.** *fig* unterstützen
avance [avɑ̃s] *f* **1.** MIL Vormarsch *m* **2.** Vorsprung *m* (*a fig*); *prendre de l'avance* e-n Vorsprung gewinnen (*sur* vor + *dat*) **3.** zeitlicher Vorsprung; *avoir une heure d' avance* eine Stunde früher da sein; ▸ *être en avance* zu früh dran sein; *fig être en avance sur son temps* s-r Zeit voraus sein; *enfant être très en avance pour son âge* sehr weit für sein Alter sein **4.** ▸ *à l'avance, d'avance* vorher; im Voraus **5.** *somme d'argent* Vorschuss *m* **6.** *avances pl* Avancen *f/pl*; Annäherungsversuche *m/pl*
avancé [avɑ̃se] *adj* ⟨**~e**⟩ **1.** *saison, journée* vorgeschritten; *travail, maladie, végétation* fortgeschritten; *à une heure avancée* zu vorgerückter Stunde; *d'un âge avancé* in vorgerücktem, fortgeschrittenem Alter **2.** *idées* fortschrittlich **3.** *viande* leicht verdorben; angegangen; *fruits* überreif
avancée [avɑ̃se] *f* Vorsprung *m*; vorspringender Teil
avancement [avɑ̃smɑ̃] *m* **1.** Aufstieg *m*; Beförderung *f*; *avoir de l'avancement* aufrücken; befördert werden **2.** *de travaux* Fortgang *m*, -schreiten *n*
▸ **avancer** [avɑ̃se] ⟨**-ç-**⟩ **I** *v/t* **1.** vorrücken, -schieben; *main* ausstrecken (*vers* nach); *cou, main* vorstrecken; *pied* vorsetzen; *voiture* vorfahren **2.** *travail* vorantreiben; *personne* voran-, weiterbringen **3.** *argent* vorstrecken; vorschießen; auslegen **4.** *montre* vorstellen; *rendez-vous* vorverlegen **5.** *fait* behaupten; *thèse* vorbringen **II** *v/i* **6.** vorankommen; vorwärtskommen; von der Stelle, vom Fleck kommen; MIL vorrücken, -dringen, -stoßen; *personne a* vorwärts gehen, *véhicule* fahren **7.** *toit, etc* vorspringen; *dents* vorstehen **8.** *personne dans son travail* voran-, weiterkommen; vorwärts kommen; *travail* vorangehen; fortschreiten **9.** *dans une carrière* aufsteigen, -rücken; avancieren **10.** *nuit, saison* vorrücken **11.** *montre* vorgehen **III** *v/pr* **12.** *s'avancer vers qn, qc* auf j-n, etw zugehen **13.** *fig personne s'avancer trop* sich zu weit vorwagen
avanies [avani] *f/pl* Kränkungen *f/pl*; Affront *m*
▸ **avant** [avɑ̃] **I** *prép* vor (+ *dat ou acc*); *avant déjeuner* vor dem Mittagessen; *avant cela* davor; vorher; *avant tout* vor allem; vor allen Dingen; ▸ *avant de* (+ *inf*) *ou conj* ▸ *avant que ...* (*ne*) (+ *subj*) ehe; bevor; → *Info bei* **vor II** *adv* **1.** *temporel* vorher; zuvor; davor; *dans l'ordre* davor; *le jour d'avant* am Tag vorher, zuvor, davor **2.** ▸ *en avant* nach vorn; vor-

wärts; *en avant!* vorwärts!; *fig mettre qc en avant* etw vorbringen, anführen; *fig se mettre en avant* sich in den Vordergrund drängen, schieben; *en avant de* vor (+ *dat ou acc*) **III** *adj* ⟨*inv*⟩ Vorder...; *roue f, siège m avant* Vorderrad *n*, -sitz *m* **IV** *m* **3.** *d'un véhicule* Vorderteil *n ou m*; *à l'avant* vorn; *fig aller de l'avant* entschlossen handeln **4.** SPORTS Stürmer *m*
avant-... [avɑ̃] *préfixe* ⟨*im pl inv, z. B.* **avant-gardes**⟩ Vor...; vor...; → *les articles correspondants*
▸ **avantage** [avɑ̃taʒ] *m* **1.** Vorteil *m*; Vorzug *m*; (*privilège*) Vergünstigung *f*; *d'une entreprise* **avantages sociaux** Sozialleistungen *f/pl*; *à l'avantage de qn* zum Vorteil, zugunsten j-s; vorteilhaft für j-n **2.** (*supériorité*) Überlegenheit *f*; *prendre l'avantage sur qn* die Oberhand über j-n gewinnen **3.** SPORTS Vorteil *m*
avantager [avɑ̃taʒe] *v/t* ⟨**-ge-**⟩ **1.** bevorzugen; begünstigen; *être avantagé par rapport à qn* j-m gegenüber im Vorteil sein **2.** *vêtement avantager qn* vorteilhaft für j-n sein; j-m gut stehen
avantageusement [avɑ̃taʒøzmɑ̃] *adv* vorteilhaft; günstig
avantageux [avɑ̃taʒø] *adj* ⟨**-euse** [-øz]⟩ **1.** vorteilhaft; günstig; *à un prix avantageux* preisgünstig, -wert **2.** (*prétentieux*) selbstgefällig
avant-bras *m* ⟨*inv*⟩ Unterarm *m*
avant-centre *m* ⟨**avants-centres**⟩ Mittelstürmer *m*
avant-coureur *adj* ⟨*nur m*⟩ *signe avant-coureur* An-, Vorzeichen *n*; Vorbote *m*
avant-dernier *adj* ⟨**-ière** [-jɛʀ]⟩ vorletzte
avant-garde *f* ⟨**avant-gardes**⟩ **1.** MIL Vorhut *f* **2.** *fig* Avantgarde *f*; Vorkämpfer *m/pl*; *d'avant-garde* avantgardistisch
avant-gardisme [avɑ̃gaʀdism] *m* Avantgardismus *m*
avant-gardiste [avɑ̃gaʀdist] **I** *adj* avantgardistisch **II** *m,f* Avantgardist(in) *m(f)*
avant-goût *m fig* Vorgeschmack *m* (*de* auf + *acc*)
avant-guerre *m ou f* ⟨**avant-guerres**⟩ Vorkriegszeit *f*; *d'avant-guerre* Vorkriegs...
▸ **avant-hier** [avɑ̃tjɛʀ] *adv* vorgestern
avant-midi *m* ⟨*inv*⟩ *en Belgique et au Canada* Vormittag *m*; Morgen *m*
avant-poste *m* MIL Vorposten *m*
avant-première *f* Vorpremiere *f*
avant-projet *m* Vorentwurf *m*; SCULP *a* Rohentwurf *m*
avant-propos *m* ⟨*inv*⟩ Vorwort *n*
avant-scène *f* THÉ **a)** Vorbühne *f*; Proszenium *n* **b)** *loge* Proszeniumsloge *f*
avant-train *m* **1.** *d'une voiture à cheval* vorderes Fahrgestell *n* **2.** *de quadrupèdes* Vorderteil *n*; *de grands animaux a* Vorhand *f*
avant-veille *f l'avant-veille de* zwei Tage vor (+ *dat*)
▸ **avare** [avaʀ] **I** *adj* geizig; *fig être avare de qc* mit etw geizen **II** *m,f* Geizhals *m*
avarice [avaʀis] *f* Geiz *m*
avarie [avaʀi] *f* MAR Havarie *f*; *par ext* (Transport)Schaden *m*
avarié [avaʀje] *adj* ⟨**~e**⟩ **1.** MAR havariert; beschädigt **2.** *aliment* verdorben
avarier [avaʀje] *v/pr s'avarier aliment* verder-

ben

avatar [avataʀ] *m* **1.** (*mésaventure*) Unglück *n*; Widerwärtigkeit *f* **2.** (*transformation*) Wandlung *f*

Ave [ave] *m* ⟨*inv*⟩ ÉGL CATH **Ave (Maria)** Ave(--Maria) *n*

▸ **avec** [avɛk] **I** *prép* mit (+ *dat*); *dans un magasin **et avec ça?*** (bekommen Sie) sonst noch etwas?; darf es sonst noch etwas sein?; ***avoir qn avec soi*** j-n bei sich haben; ***avec le temps qu'il fait*** bei dem Wetter; ***manger des légumes avec la viande*** Gemüse zum Fleisch essen **II** *adv* damit; F ***faire avec*** das Beste daraus machen

avenant [avnɑ̃] **I** *adj* ⟨**-ante** [-ɑ̃t]⟩ liebenswürdig; freundlich; *manières a* ansprechend **II** *adv* ***à l'avenant*** (dem)entsprechend

avènement [avɛnmɑ̃] *m* **1.** Thronbesteigung *f*; Regierungsantritt *m* **2.** *fig* Beginn *m*; Aufkommen *n*

▸ **avenir** [avniʀ] *m* Zukunft *f*; ***d'avenir*** Zukunfts…; *personne* vielversprechend; *métier* aussichtsreich; ***à l'avenir*** in Zukunft; künftig

Avent [avɑ̃] *m* Advent(szeit) *m(f)*; ***dimanche m de l'Avent*** Adventssonntag *m*

▸ **aventure** [avɑ̃tyʀ] *f* **1.** Abenteuer *n*; ***roman m d'aventures*** Abenteuerroman *m*; ***avoir l'esprit d'aventure*** abenteuerlustig sein **2.** *en amour* (Liebes)Affäre *f*; (Liebes)Abenteuer *n* **3.** ***à l'aventure*** aufs Geratewohl; auf gut Glück; *st/s* ***d'aventure*** zufällig; von ungefähr **4.** ***dire la bonne aventure à qn*** j-m wahrsagen

aventurer [avɑ̃tyʀe] *v/pr* ***s'aventurer*** sich wagen (***dans*** in + *acc*); ***s'aventurer trop loin*** sich zu weit vorwagen

aventureux [avɑ̃tyʀø] *adj* ⟨**-euse** [-øz]⟩ **1.** *personne* abenteuerlustig **2.** *vie* abenteuerlich; abenteuerreich **3.** *projet* riskant; abenteuerlich

aventurier [avɑ̃tyʀje] *m*, **aventurière** [-jɛʀ] *f* Abenteurer *m*, Abenteu(r)erin *f*

aventurisme [-ism] *m* politisches Abenteurertum; Abenteu(r)erpolitik *f*

aventuriste [-ist] *adj* POL abenteuerlich

avenu [avny] *adj* ***nul et non avenu*** ⟨**nulle et non ~e**⟩ null und nichtig

▸ **avenue** [avny] *f* Avenue *f*; Prachtstraße *f*; breite (Auffahrts)Allee

avéré [aveʀe] *adj* ⟨**~e**⟩ erwiesen

avérer [aveʀe] *v/pr* ⟨**-è-**⟩ ***s'avérer juste,*** *etc* sich als richtig *etc* erweisen

averse [avɛʀs] *f* (Regen)Schauer *m*

aversion [avɛʀsjɔ̃] *f* Abneigung *f*, Aversion *f* (***pour*** gegen)

averti [avɛʀti] *adj* ⟨**~e**⟩ (*expérimenté*) erfahren, versiert (***de*** in + *dat*); (*compétent*) sachkundig

▸ **avertir** [avɛʀtiʀ] *v/t* **1.** (*informer*) ***avertir qn de qc*** j-n von etw verständigen, in Kenntnis setzen **2.** (*mettre en garde*) warnen (***de*** vor + *dat*)

avertissement [avɛʀtismɑ̃] *m* **1.** (*mise en garde*) Warnung *f*; (*avis*) Wink *m*; Hinweis *m* **2.** *mesure disciplinaire* Verwarnung *f*; Verweis *m* **3.** (*préface*) (kurzes) Vorwort

avertisseur [avɛʀtisœʀ] *m* **1.** Warnanlage *f*; ***avertisseur d'incendie*** Feuermelder *m* **2.** AUTO Hupe *f*

aveu [avø] *m* ⟨**~x**⟩ **1.** (Ein)Geständnis *n*; JUR ***aveux*** *pl* Geständnis *n*; ***passer aux aveux*** ein Geständnis ablegen; gestehen **2.** ***de l'aveu de*** nach dem Zeugnis, nach Aussagen (+ *gén*)

aveuglant [avœglɑ̃] *adj* ⟨**-ante** [-ɑ̃t]⟩ blendend; grell

▸ **aveugle** [avœgl] **I** *adj* blind (*a fig*); ***devenir aveugle*** erblinden; blind werden **II** *m,f* **1.** Blinde(r) *f(m)* **2.** *fig* ***en aveugle*** unüberlegt

aveuglement [avœgləmɑ̃] *m fig* Verblendung *f*; Blindheit *f*

aveuglément [avœglemɑ̃] blind(lings); unüberlegt

aveugler [avœgle] **I** *v/t* **1.** (*priver de la vue, éblouir*) blenden **2.** *fig passion* ***aveugler qn*** j-n blind machen, mit Blindheit schlagen, verblenden **II** *v/pr* ***s'aveugler sur qc*** für etw blind sein

aveuglette [avœglɛt] ***à l'aveuglette*** (wie ein Blinder) tastend; *fig* blind(lings); aufs Geratewohl

Aveyron [aveʀɔ̃] ***l'Aveyron*** *m Fluss u Departement in Frankreich*

aviaire [avjɛʀ] *adj* Vogel…; der Vögel; ***grippe f aviaire*** Vogelgrippe *f*

aviateur [avjatœʀ] *m*, **aviatrice** [-tʀis] *f* Flieger(in) *m(f)*

aviation [avjasjɔ̃] *f* **1.** Luftfahrt *f*; Fliegerei *f*; Flugwesen *n* **2.** MIL Luftwaffe *f*

avicole [avikɔl] *adj* Geflügelzucht…; Vogelzucht…; ***ferme f avicole*** Geflügelfarm *f*

aviculteur [avikyltœʀ] *m*, **avicultrice** [-tʀis] *f* Geflügel-, Vogelzüchter(in) *m(f)*

aviculture [-tyʀ] *f de volailles* Geflügelzucht *f*; *d'oiseaux* Vogelzucht *f*

avide [avid] *adj* **1.** *regard* gierig; *personne* ***avide de*** begierig auf (+ *acc*); ***être avide de*** (+ *inf*) begierig sein zu (+ *inf*) **2.** (*gourmand*) essgierig; *péj* gefräßig **3.** (*cupide*) hab-, geld-, raffgierig

avidement [avidmɑ̃] *adv* begierig; *manger* gierig

avidité [-ite] *f* Gier *f*; Begierde *f*

Avignon [aviɲɔ̃] *Stadt im Dep. Vaucluse*

avilir [aviliʀ] **I** *v/t* erniedrigen; entwürdigen **II** *v/pr* ***s'avilir*** sich erniedrigen, entwürdigen

avilissant [-isɑ̃] *adj* ⟨**-ante** [-ɑ̃t]⟩ erniedrigend; entwürdigend

avilissement [-ismɑ̃] *m* Erniedrigung *f*; Entwürdigung *f*

aviné [avine] *adj* ⟨**~e**⟩ (*ivre*) betrunken; *haleine* nach Wein riechend

aviner [avine] *v/t fût* mit Wein anfeuchten, tränken

▸ **avion** [avjɔ̃] *m* Flugzeug *n*; Maschine *f*; F Flieger *m*; ***avion commercial*** Verkehrsflugzeug *n*, -maschine *f*; ***avion de ligne*** Linienmaschine *f*; *courrier* ▸ ***par avion*** mit Luftpost; ***prendre l'avion*** (mit dem Flugzeug) fliegen; → *Info nächste Seite*

avion-espion *m* ⟨**avions-espions**⟩ Spionageflugzeug *n*

avionique [avjɔnik] *f* TECH Bordelektronik *f*

avionneur [avjɔnœʀ] *m* Flugzeugproduzent *m*, -bauer *m*

aviron [aviʀɔ̃] *m* **1.** (*rame*) Ruder *n* **2.** SPORT Rudern *n*; Rudersport *m*

▸ **avis** [avi] *m* **1.** (*opinion*) Ansicht *f*; Meinung *f*; *d'expert* Urteil *n*; Stellungnahme *f*; ***à mon avis*** meiner Meinung, Ansicht nach; meines Er-

Dans l'avion – Im Flugzeug [WF]	
l'appareil *m*	die Maschine
le charter	das Charterflugzeug
l'avion *m* supersonique	das Überschallflugzeug
le commandant de bord	der Flugkapitän
le pilote	der Pilot
l'hôtesse *f* de l'air	die Stewardess
le steward	der Steward
le passager	der Passagier
la passagère	die Passagierin
décoller	abheben
voler	fliegen
survoler une montagne	einen Berg überfliegen
atterrir	landen

achtens; *de l'avis de* nach Ansicht, Meinung (+ *gén*); *je suis de votre avis* ich bin Ihrer Meinung, Ansicht; *être d'avis que …* (+ *subj*) der Meinung, der Ansicht sein, dass … **2.** (*information*) Mitteilung *f*; Benachrichtigung *f*; **avis** (**au public**) Bekanntmachung *f*; **avis de recherche** Suchanzeige *f*; RAD, TV Suchmeldung *f*
avisé [avize] *adj* ⟨**~e**⟩ klug; besonnen
aviser [avize] **I** *v/t aviser qn de qc* j-n von etw benachrichtigen; j-m etw mitteilen **II** *v/pr* **1.** (*remarquer*) *s'aviser* bemerken (**de qc** etw; **que** dass); gewahr werden (+ *acc ou gén*) **2.** (*avoir l'audace de*) *s'aviser de* (+ *inf*) auf den Gedanken kommen, sich unterstehen zu (+ *inf*)
aviver [avive] *v/t* **1.** *couleurs* auffrischen **2.** *fig* → *raviver 2*
av. J.-C. *abr* (*avant Jésus-Christ*) v. Chr.
▸ **avocat**[1] [avɔka] *m*, **avocate** [avɔkat] *f* **1.** JUR (Rechts)Anwalt *m*, (Rechts)Anwältin *f*; **avocat général** Staatsanwalt *m* **2.** *fig* Anwalt *m*; Sachwalter(in) *m(f)*; Fürsprecher(in) *m(f)*; *d'une cause a* Verfechter(in) *m(f)*; **avocat du diable** Advocatus *m* Diaboli
avocat[2] *m fruit* Avocado *f*
avocatier [avɔkatje] *m* Avocadobaum *m*
avoine [avwan] *f* Hafer *m*
▸ **avoir**[1] [avwaʀ] ⟨**j'ai, tu as, il a, nous avons, vous avez, ils ont; j'avais; j'eus; j'aurai; que j'aie, qu'il ait, que nous ayons; aie!, ayons!, ayez!; ayant; avoir eu**⟩ **I** *v/aux* haben; sein (*verbes de mouvement, de changement d'état, verbe être*); *j'ai dormi* ich habe geschlafen; *j'ai couru* ich bin gerannt; *il a vieilli* er ist gealtert; *j'ai été* ich bin gewesen **II 1.** haben; *qn comme invité* (da)haben; ▸ *j'ai froid* mir ist kalt; ich friere; *avoir les cheveux blancs* wei-

ßes Haar haben; *j'ai les mains qui tremblent* mir zittern die Hände; F *en avoir après qn* etwas gegen j-n haben; *en avoir pour son argent* etwas für sein Geld haben; *nous en avons pour deux heures* wir brauchen zwei Stunden dafür; *qu'est-ce qu'il a?* was hat er?; was ist mit ihm los?; *avoir tout d'un gangster* ganz wie ein Gangster wirken, aussehen **2.** (*obtenir*) bekommen; F kriegen; *il a eu son bac* er hat das Abitur bestanden; *j'ai eu mon train de justesse* ich habe meinen Zug gerade noch bekommen, gekriegt, erwischt; *faire avoir qc à qn* j-m etw besorgen, verschaffen **3.** F (*tromper*) *avoir qn* F j-n reinlegen; *se faire, se laisser avoir* F reinfallen (*par qn* auf j-n); sich reinlegen lassen (von j-m); j-m aufsitzen **4.** (*porter*) *vêtement* anhaben; *chapeau* aufhaben **5.** *âge, mesure* sein; *quel âge avez-vous?* wie alt sind Sie?; *avoir cinq mètres de haut* fünf Meter hoch sein **6.** *avoir à faire qc* etw zu tun haben; etw tun müssen; *j'ai à te parler* ich muss mit dir reden; *n'avoir qu'à faire qc* nur etw zu tun brauchen **III** *v/imp* ▸ *il y a* [ilja, F ja] **7.** es gibt; (es) ist *ou* sind; *il y a des gens qui …, il y en a qui …* es gibt Leute, es gibt welche, die …; *combien y a-t-il d'ici à Paris?* wie weit ist es von hier nach Paris?; *il n'y en a plus* es gibt nichts, keine mehr; es ist nichts, es sind keine mehr da; *qu'est-ce qu'il y a?* was ist los?; was gibt's?; *il n'y a qu'à* (+ *inf*) man braucht nur zu (+ *inf*) **8.** *temporel:* vor; *il est parti il y a deux ans* vor zwei Jahren; ▸ *il y a deux ans que …* es ist zwei Jahre her, dass …
avoir[2] *m* FIN Guthaben *n*; **avoir fiscal** Steuergutschrift *f*
avoisinant [avwazinã] *adj* ⟨**-ante** [-ãt]⟩ benachbart; angrenzend
avoisiner [-e] *v/t* grenzen an (+ *acc*) (*a fig*)
avortement [avɔʀtəmã] *m* Abtreibung *f*
avorter [avɔʀte] *v/i* **1.** *se faire avorter* abtreiben (lassen) **2.** *fig* scheitern; fehlschlagen
avorteur [avɔʀtœʀ] *m*, **avorteuse** [-øz] *f péj* Engelmacher(in) *m(f)*
avorton [avɔʀtõ] *m péj* Kümmerling *m*
avouable [avwabl] *adj but, motif etc* ehrenwert
avoué [avwe] *m* (Rechts)Anwalt *m*
▸ **avouer** [avwe] **I** *v/t* **1.** JUR gestehen; *abs* geständig sein **2.** (*admettre*) (ein)gestehen; zugeben; *amour* gestehen **II** *v/pr s'avouer coupable* sich schuldig bekennen; *s'avouer vaincu* sich geschlagen geben
▸ **avril** [avril] *m* April *m*
axe [aks] *m* **1.** Achse *f* (*a* MATH, POL) **2.** (*auto*)*route* (**grand**) **axe** Hauptverkehrsweg *m* **3.** *fig* Zielrichtung *f*; Ausrichtung *f*
axer [akse] *v/t axer sur* ausrichten auf (+ *acc*)
axial [aksjal] *adj* ⟨**~e; -aux** [-o]⟩ Axial…; Achsen…
axiome [aksjom] *m* Axiom *n*
ayant [ɛjã] **I** *p/pr* → *avoir*[1] **II** *m ayant droit* ⟨**ayants droit**⟩ Anspruchsberechtigte(r) *m*
Aymé [eme, ɛme] *Marcel Aymé* frz *Schriftsteller*
azalée [azale] *f* Azalee *f*
Azerbaïdjan [azɛʀbaidʒã] *l'Azerbaïdjan m* Aserbaidschan *n*
azimut [azimyt] *m* **1.** ASTR Azimut *n ou m* **2.**

tous azimuts allseitig; rundum; umfassend
azote [azɔt] *m* Stickstoff *m*
azoté [azɔte] *adj* ⟨~**e**⟩ CHIM stickstoffhaltig; Stickstoff...
azoter[-e] *v/t* CHIM Stickstoff einführen in (+*acc*)
AZT® [azɛdte] *m abr* (*azidothymidine*) MÉD AZT® *n* (Azidothymidin)
aztèque [astɛk] *adj* **I** *adj* aztekisch **II** *m/pl* **Az-**

tèques Azteken *m/pl*
azur [azyʀ] *m* Himmelsblau *n*; *poét* Azur *m*;
ciel *m* **d'azur** azurblauer, tiefblauer Himmel
azuré [azyʀe] *st/s adj* ⟨~**e**⟩ azurblau; tiefblau
azuréen [azyʀeɛ̃] *adj* ⟨**-enne** [-ɛn]⟩ der Côte d'Azur; der Riviera
azyme [azim] *adj* **pain** *m* **azyme** ungesäuertes Brot; *des juifs* Matze(n) *f*(*m*)

B

B, b [be] *m* ⟨*inv*⟩ **1.** B, b *n* **2.** *fig* **b a ba** [beɑbɑ]
Anfangsgründe *m/pl*; Abc *n*
B.A. [bea] *f abr* ⟨*inv*⟩ (*bonne action*) gute Tat
baba¹ [baba] F *adj* ⟨*inv*⟩ verblüfft; F baff; F platt
baba² *m* CUIS **baba au rhum** *Hefenapfkuchen, der mit Sirup und Rum übergossen wird*
baba³ *m,f ou* **baba cool** [babakul] *m,f* ⟨**babas cool**⟩ F Alternativler(in) *m*(*f*)
b.a.-ba [beɑbɑ] *m* Anfangsgründe *m/pl*; Abc *n*; **enseigner à qn le b.a.-ba** (**de qc**) j-m die Anfangsgründe, das Abc (+*gén*) beibringen
Babel [babɛl] BIBL Babel *n*
babeurre [babœʀ] *m* Buttermilch *f*
babil [babil] *m* → **babillage**
babillage [babijaʒ] *m* Geplapper *n*
babiller [-e] *v/i* plappern
babine [babin] *f* **1.** ZO Lefze *f* **2.** F *fig* **s'en lécher les babines** mit Genuss essen; *à l'avance* sich (*dat*) die Lippen lecken
babiole [babjɔl] *f* Kleinigkeit *f*
bâbord [bɑbɔʀ] *m* Backbord *n*; **à bâbord** backbord(s)
babouche [babuʃ] *f* Babusche *f*; F *a* Schlappen *m*
babouin [babwɛ̃] *m* Pavian *m*
baby-boom [babibum, be-] *m* ⟨**baby-booms**⟩ Baby-Boom *m*
baby doll [babidɔl, be-] *m* ⟨*inv*⟩ Babydoll *n*
baby-foot [babifut] *m* ⟨*inv*⟩ (Tisch)Fußball-

spiel *n*; F Kicker *m*
Babylone [babilɔn] HIST Babylon *n*
babylonien [babilɔnjɛ̃] **I** *adj* ⟨**-ienne** [-jɛn]⟩ babylonisch **II** LING **le babylonien** das Babylonische; Babylonisch *n*
baby-sitter [babisitœʀ, be-] *m,f* ⟨**baby-sitters**⟩ Babysitter *m*
baby-sitting [babisitiŋ, be-] *m* Babysitten *n*
bac¹ [bak] *m* **1.** *bateau* Fähre *f* **2.** Schale *f*; Kasten *m*; Wanne *f*; Trog *m*; **bac à sable** Sandkasten *m*
▸ **bac**² *m abr* F (*baccalauréat*) F Abi *n*; **passer le bac** das Abi machen; → *Info bei* **lycée**
bacantes [bakɑ̃t] F *f/pl* Schnurrbart *m*
baccalauréat [bakalɔʀea] *m* Abitur *n*; Reifeprüfung *f*; *österr* Matura *f*; → *Info bei* **lycée**
baccara [bakaʀa] *m jeu* Bakkarat *n*
baccarat [bakaʀa] *m* Kristallglas *n* aus Baccarat
bacchantes [bakɑ̃t] F *f/pl* Schnurrbart *m*
Bach [bak] **Jean-Sébastien Bach** Johann Sebastian Bach
bâche [baʃ] *f* (Wagen)Plane *f*
bachelier [baʃəlje] *m*, **bachelière** [-jɛʀ] *f* Abiturient(in) *m*(*f*)
bâcher [bɑʃe] *v/t* mit e-r Plane ab-, zudecken
bachot [baʃo] *m* F Abi *n*
bachotage [baʃɔtaʒ] *m* Büffelei *f*
bachoter [-e] *v/i* F büffeln; F pauken
bachoteur [-œʀ] *m*, **bachoteuse** [-øz] *f* F Schü-

Le baccalauréat – le bac   SG

Häufig verwendete Wörter werden in der gesprochenen Sprache oft abgekürzt:

le baccalauréat	le bac	das Abi(tur)
la faculté	la fac	die Uni(versität)
la manifestation	la manif	die Demo(nstration)
le football	le foot	der Fußball
la motocyclette	la moto	das Motorrad
la diapositive	la diapo	das Dia(positiv)
sympathique	sympa	sympathisch

B

ler(in), Student(in), der (die) büffelt, paukt
bacillaire [basilɛʀ] *adj* bazillär; Bazillen...
bacille [basil] *m* Bazillus *m*
background [bakgʀaund] *m* Hintergrund *m*;
Background *m*
backslash [bakslaʃ] *m* TYPO Backslash *m*
bâclage [bɑklaʒ] *m* F (Hin)Pfuschen *n*; (Hin)-
Schludern *n*
bâcler [-e] *v/t* F hinpfuschen, -schludern; *abs*
pfuschen; schludern
bacon [bekɔn] *m* Frühstücksspeck *m*; Bacon *m*
bactéricide [bakteʀisid] *adj* bakterizid; keim-
tötend
bactérie [bakteʀi] *f* Bakterie *f*
bactérien [bakteʀjɛ̃] *adj* ⟨**-ienne** [-jɛn]⟩ bakte-
riell; Bakterien...
bactériologie [bakteʀjɔlɔʒi] *f* Bakteriologie *f*
bactériologique [-ik] *adj* bakteriologisch
bactériologiste [-ist] *m,f* Bakteriologe, -login
m,f
bactériostatique [bakteʀjostatik] *adj* MÉD
bakteriostatisch; die Vermehrung von Bakte-
rien hemmend
badaboum [badabum] *int* F bums!
badaud [bado] *m* Schaulustige(r) *m*; *péj* Gaffer
m
Bade [bad] *le* (*pays de*) *Bade* Baden *n*
Bade-Wurtemberg [badvyʀtɛbɛʀ] *le Bade-*
-Wurtemberg Baden-Württemberg *n*
badge [badʒ] *m* Plakette *f*; Abzeichen *n*
badigeon [badiʒõ] *m* Tünche *f*
badigeonnage [badiʒɔnaʒ] *m* 1. (Über)Tün-
chen *n*; Weiße(l)n *n* 2. MÉD (Be)Pinseln *n*
badigeonner [badiʒɔne] *v/t* 1. (über)tünchen;
weißen; *südd* weißeln 2. *péj* anmalen, voll-
schmieren (*de* mit)
badin [badɛ̃] *adj* ⟨**-ine** [-in]⟩ scherzhaft; launig
badinage [badinaʒ] *m* Scherzen *n*; Spaßen *n*
badine [badin] *f* Gerte *f*; Stöckchen *n*
badiner [badine] *v/i* scherzen; spaßen; *ne pas*
badiner nicht mit sich spaßen lassen
badinerie [badinʀi] *st/s f* → *badinage*
badminton [badmintɔn] *m* Federball(spiel)
m(*n*); Badminton *m*
badois [badwa] **I** *adj* ⟨**-oise** [-waz]⟩ badisch **II**
Badois(*e*) *m*(*f*) Badener(in) *m*(*f*)
baffe [baf] *f* F → *gifle*
baffle [bafl] *m* 1. *écran* Schallwand *f* 2. *boîte*
Lautsprecherbox *f*
bafouer [bafwe] *v/t* verspotten; verhöhnen;
zum Gespött machen
bafouillage [bafujaʒ] *m* Gestammel *n*; Gestot-
ter *n*
bafouille [bafuj] *f* F Schrieb *m*; F Wisch *m*
bafouiller [bafuje] *v/t et v/i* stammeln; stottern
bafouilleur [-œʀ] *m*, **bafouilleuse** [-øz] *f* F Fa-
selhans *m*, -liese *f*
bâfrer [bɑfʀe] *v/i* F fressen
bâfreur [-œʀ] *m* F Fresssack *m*; Vielfraß *m*
bagad [bagad] *m* ⟨ **bagadou** [bagadu]⟩ *Musik-*
gruppe mit traditionellen bretonischen Instru-
menten
bagage [bagaʒ] *m* 1. Gepäckstück *n*; ► *baga-*
ges pl Gepäck *n*; *bagages à main* Handge-
päck *n*; *plier bagage* s-e Sachen, s-e Koffer
packen (*fig*) 2. *fig* Rüstzeug *n*
bagagiste [bagaʒist] *m* Kofferträger *m*; Hotel-
diener *m*

► **bagarre** [bagaʀ] *f* 1. Schlägerei *f*; Prügelei *f*;
Rauferei *f* 2. F *fig* harter Kampf; F Gerangel *n*
bagarrer [bagaʀe] **I** *v/i* kämpfen; streiten **II**
v/pr se bagarrer (sich) raufen, sich prügeln
bagarreur [-œʀ] *m* Raufbold *m*
bagatelle [bagatɛl] *f* 1. Kleinigkeit *f* (*a somme*);
Lappalie *f*; Bagatelle *f* 2. F *être porté sur la*
bagatelle F scharf auf Frauen sein
Bagdad [bagdad] Bagdad *n*
bagnard [baɲaʀ] *m* (Bagno)Sträfling *m*
bagne [baɲ] *m* 1. HIST Bagno *n* 2. *fig* Hölle *f*
bagnole [baɲɔl] F *f* Auto *n*; F Karre *f*; F Schlit-
ten *m*
bagou(t) [bagu] F *m* F Mundwerk *n*; *avoir du*
bagou(t) ein tüchtiges Mundwerk haben
► **bague** [bag] *f* 1. (Finger)Ring *m*; *bague de*
fiançailles Verlobungsring *m* 2. TECH Ring *m*
baguenaude [bagnod] *f* 1. BOT Frucht *f* des Bla-
senstrauchs 2. F Bummel *m*
baguenauder [-e] *v/i* F (*et v/pr se*) *baguenau-*
der umherschlendern; F bummeln; e-n Bum-
mel machen
baguenaudier [-je] *m* BOT Blasenstrauch *m*
baguer [bage] *v/t* *oiseaux* beringen
► **baguette** [bagɛt] *f* 1. Stab *m*; Stock *m*; Gerte
f; Rute *f*; *pour manger* (Ess)Stäbchen *n*; *ba-*
guette de sourcier Wünschelrute *f*; *baguette*
(*de chef d'orchestre*) Taktstock *m*; *baguettes*
de tambour (Trommel)Schlegel *m/pl*; *ba-*
guette magique Zauberstab *m*; *fig mener*
qn à la baguette j-n herumkommandieren;
gängeln 2. *pain* Baguette *f ou n* 3. (*moulure*)
(Profil-, Zier)Leiste *f*
bah [bɑ] *int* pah!; ach was!
Bahamas [baamas] *les* (*îles*) *Bahamas f/pl* die
Bahamas *pl*; die Bahamainseln *f/pl*
Bahia [baja] GÉOGR Bahia *n*
Bahreïn [baʀɛjn] *le Bahreïn* Bahrain *n*
bahut [bay] *m* 1. (rustikales) Büfett 2. F (*lycée*)
F Penne *f*
bai [bɛ] *adj* ⟨**~e**⟩ *cheval* (rot)braun
baie [bɛ] *f* 1. (Meeres)Bucht *f*; Bai *f* 2. (Mauer-,
Wand)Öffnung *f*; *baie vitrée* großes (Glas)-
Fenster 3. BOT Beere *f*
baignade [bɛɲad] *f* 1. Baden *n* 2. Badestelle *f*,
-platz *m*
baigner [beɲe] **I** *v/t* 1. baden 2. *mer: île* umspü-
len; *côte* bespülen; *fig baigné de larmes* trä-
nenüberströmt **II** *v/i* CUIS *baigner dans qc* in
etw (*dat*) schwimmen; F *fig ça baigne* (*dans*
l'huile) F es ist alles in Butter **III** *v/pr* ► *se bai-*
gner (sich) baden
baigneur [bɛɲœʀ], **baigneuse** [-øz] 1. *m,f* Ba-
dende(r) *f*(*m*) 2. *m* (Zelluloid)Babypuppe *f*
► **baignoire** [bɛɲwaʀ] *f* 1. (Bade)Wanne *f* 2.
THÉ Parterreloge *f*
Baïkonour [baikonuʀ] GÉOGR Baikonur *n*
bail [baj] *m* ⟨**baux** [bo]⟩ 1. JUR Pacht(vertrag)
f(*m*); Miete *f*; Mietvertrag *m* 2. F *fig ça fait un*
bail F es ist e-e Ewigkeit her
bâillement [bɑjmã] *m* Gähnen *n*
bâiller [bɑje] *v/i* 1. gähnen (*d'ennui* vor Lange-
weile) 2. *porte* nicht fest schließen; *col* nicht
richtig anliegen; abstehen
bailleur [bajœʀ] *m bailleur de fonds* Geld-,
Kapitalgeber *m*
bâillon [bɑjõ] *m* Knebel *m*
bâillonnement [bɑjɔnmã] *m* Knebelung *f*; *fig a*

Mundtotmachen *n*
bâillonner [-e] *v/t* knebeln; *fig a* mundtot machen
▸ **bain** [bɛ̃] *m* **1.** Bad *n* (*a* CHIM, TECH); Baden *n*; **bain de bouche** Mundspülung *f*; **bain de boue(s)** Moor-, Schlammbad *n*; *fig* **bain de foule** Bad in der Menge; **bain de pied** Fußbad *n*; *fig* **être dans le bain** (*au courant*) Bescheid wissen; im Bilde sein; (*compromis*) in die Sache verwickelt sein **2. bains** *pl* Bad(eanstalt) *n(f)*; **petit bain** Nichtschwimmerbecken *n* **3. bain de soleil** Sonnenbad *n*; (**robe** *f*) **bain de soleil** Strandkleid *n*
bain-marie [bɛ̃maRi] *m* ⟨**bains-marie**⟩ CUIS Wasserbad *n*
baïonnette [bajɔnɛt] *f* **1.** MIL Bajonett *n*; Seitengewehr *n* **2.** *adjt* TECH (**à**) **baïonnette** Bajonett…
baise [bɛz] *f* P Bumsen *n*; *vulgaire* Ficken *n*; *vulgaire* Vögeln *n*
baisemain [bɛzmɛ̃] *m* Handkuss *m*
baiser[1] [beze] *v/t* **1.** (*embrasser*) küssen **2.** F **se faire baiser** F sich reinlegen lassen; P beschissen werden **3.** P bumsen, *vulgaire* vögeln (**qn** mit j-m); *vulgaire* ficken
▸ **baiser**[2] *m* Kuss *m*
baiseur [bɛzœR] *m*, **baiseuse** [-øz] *f vulgaire* Ficker(in) *m(f)*
baisodrome [bɛzodRom] *m* P Bude *f*, Absteige *f* zum Bumsen
▸ **baisse** [bɛs] *f* (Ab)Sinken *n*; Fallen *n*; Zurückgehen *n*; Rückgang *m*; *des prix a* Nachgeben *n*; **être en baisse** fallen; *marchandise* im Preis sinken, zurückgehen; billiger werden
▸ **baisser** [bese] **I** *v/t* **1.** *vitre, store* herunterlassen, -kurbeln; *yeux* niederschlagen; *tête* senken; neigen **2.** *prix* senken; herab-, heruntersetzen **3.** *voix* senken; dämpfen; *radio* leiser stellen; *chauffage* drosseln; niedriger stellen; *gaz, lumière* kleiner stellen **II** *v/i* (ab)sinken; fallen; zurückgehen; *soleil* sinken; *influence* schwinden; TECH *pression, tension* abfallen; *forces, vue* nachlassen; abnehmen; *personne* abbauen; hinfällig werden; *malade* schwächer werden; *prix a* nachgeben; heruntergehen; **faire baisser les prix** die Preise drücken **III** *v/pr*
▸ **se baisser** sich bücken, niederbeugen
baissier [besje] *m* BOURSE Baissier *m*; Baissespekulant *m*
bajoue [baʒu] *f* **1. bajoues** *pl* Hängebacken *f/pl* **2.** *d'un animal* Backe *f*
bakchich [bakʃiʃ] *m* Bakschisch *n*
Bakou [baku] GÉOGR Baku *n*
bal [bal] *m* Ball *m*; Tanzvergnügen *n*, -veranstaltung *f*; **aller au bal** tanzen gehen
balade [balad] F *f* Spaziergang *m*; F Bummel *m*; *en voiture* Spazierfahrt *f*; (*excursion*) Ausflug *m*
balader [balade] F **I** *v/t* spazieren führen **II** *v/pr* **se balader** spazieren gehen; F (herum)bummeln; *en voiture* spazieren fahren; F in der Gegend rumfahren
baladeur [baladœR] *m* Walkman® *m*
baladeuse [-øz] *f* Handlampe *f*
baladin [baladɛ̃] *m* Gaukler *m*
balafre [balafR] *f* Schmarre *f*; Schmiss *m*
balafrer [-e] *v/t* e-e Hiebwunde, Schmarre beibringen (**qn** j-m)

▸ **balai** [balɛ] *m* **1.** (Kehr)Besen *m*; *fig* **coup** *m* **de balai** (brutale) Entlassungen *f/pl*; F Rausschmiss *m*; **donner un coup de balai** mal schnell (zusammen)kehren; *fig* mit eisernem Besen kehren **2. balai d'essuie-glace** (Scheiben)Wischerblatt *n* **3.** F (*dernier train, bus*) F Lumpensammler *m*; *adjt* **voiture** *f* **balai** Schlussfahrzeug *n* **4.** F **avoir trente balais** dreißig sein
balai-brosse *m* ⟨**balais-brosses**⟩ Scheuerbürste *f*; Schrubber *m*
balaise [balɛz] → **balèze**
▸ **balance** [balɑ̃s] *f* **1.** Waage *f*; *fig* **mettre dans la balance** in die Waagschale werfen; *fig* **faire pencher la balance en faveur de** den Ausschlag geben für **2.** *fig* (*équilibre*) Gleichgewicht *n* **3. balance commerciale, des paiements** Handels-, Zahlungsbilanz *f* **4.** ASTR **la Balance** die Waage
balancé [balɑ̃se] *adj* ⟨**~e**⟩ F **bien balancé** F gut gebaut
balancelle [balɑ̃sɛl] *f* Hollywoodschaukel *f*
balancement [balɑ̃smɑ̃] *m* (Hinundher)-Schwingen *n*; Schaukeln *n*
balancer [balɑ̃se] ⟨**-ç-**⟩ **I** *v/t* **1.** (hin- und her)-schwingen; schaukeln; *jambes* baumeln lassen; **balancer les bras** mit den Armen schlenkern **2.** F *qc* F (weg-, fort)schmeißen; *qn* F rausschmeißen; feuern **3.** *arg* (*dénoncer*) F verpfeifen **II** *v/i* fig schwanken (**entre** zwischen + *dat*) **III** *v/pr* **se balancer 5.** (hin- und her)schwingen; pendeln; baumeln; *bateau* schaukeln; sich wiegen; *personne* (sich) schaukeln; wippen; **se balancer sur sa chaise** mit dem Stuhl schaukeln; F kippeln **6.** F **je m'en balance** F das ist mir wurscht, F schnuppe
balancier [balɑ̃sje] *m* **1.** *d'une horloge* Pendel *n*; Perpendikel *m ou n* **2.** *d'un funambule* Balancierstange *f*
balançoire [balɑ̃swaR] *f* Schaukel *f*; (*bascule*) Wippe *f*
balane [balan] *f* ZO Seepocke *f*
balayage [balɛjaʒ] *m* **1.** Kehren *n*; Fegen *n* **2.** ÉLECTRON Abtastung *f* **3.** COIFFURE Strähnchen *n/pl*
▸ **balayer** [baleje] *v/t* ⟨**-ay-** *od* **-ai-**⟩ **1.** kehren; fegen; *pièce* auskehren; ausfegen; *saletés* weg-, zusammenkehren, -fegen **2.** *par ext nuages, fig soucis* verjagen; vertreiben; *résistance* hinwegfegen; *objections* vom Tisch fegen **3.** *projecteur: ciel* absuchen; streichen über (+ *acc*); ÉLECTRON abtasten
balayette [balɛjɛt] *f* **1.** Handfeger *m* **2.** Klo(sett)bürste *f*
balayeur [-jœR] *m* Straßenkehrer *m*, -feger *m*
balayeuse [-øz] *f* Kehrmaschine *f*
balayures [-yR] *f/pl* Kehricht *m*
balbutiement [balbysimɑ̃] *m* **1.** Stammeln *n*; Gestammel *n* **2.** *fig* **balbutiements** *pl* allererste, schüchterne Anfänge *m/pl*, Versuche *m/pl*
balbutier [balbysje] *v/t et v/i* stammeln; stottern; *bébé* F brabbeln
▸ **balcon** [balkõ] *m* **1.** Balkon *m* **2.** THÉ Balkon *m*; Rang *m*
balconnet [balkɔnɛ] *m* Balconnet-BH *m*
baldaquin [baldakɛ̃] *m* Baldachin *m*; **lit** *m* **à baldaquin** Himmelbett *n*
Bâle [bal] Basel *n*

Baléares [baleaʀ] *les Baléares* *f/pl* die Balearen *pl*

▸ **baleine** [balɛn] *f* **1.** Wal *m*; F Walfisch *m* **2.** *de soutien-gorge* Stäbchen *n*; *baleine de parapluie* Schirmstrebe *f*

baleiné [balene] *adj* ⟨~e⟩ *corset* mit Fischbein (-stäbchen), Stahlfedern verstärkt; *soutien--gorge* mit Armatur

baleineau [-o] *m* ⟨~x⟩ zo junger Wal

baleinier [-je] *m* Walfangschiff *n*

baleinière [-jɛʀ] *f* MAR Walfangboot *n*

balèze [balɛz] F *adj* stämmig; vierschrötig

balisage [balizaʒ] *m* Ausbakung *f*; Befeuerung *f*; Markierung *f*; Leiteinrichtung *f*

balise [baliz] *f* **1.** MAR, AVIAT Bake *f*; Leucht- *ou* Funkfeuer *n*; MAR *a* Seezeichen *n* **2.** *d'une route* Leitpfosten *m*; *d'un sentier* Markierung *f*; Wegzeichen *n* **3.** INFORM Tag [tɛk] *n*

baliser [balize] *v/t* **1.** MAR, AVIAT ausbaken; befeuern **2.** *route* durch Leitpfosten abgrenzen; *sentier* markieren

balistique [balistik] **I** *adj* ballistisch **II** *f* Ballistik *f*

balivernes [balivɛʀn] *f/pl* leeres Geschwätz; ungereimtes Zeug

balkanique [balkanik] *adj* Balkan…; balkanisch

Balkans [balkã] *les Balkans* *m/pl* der Balkan

ballade [balad] *f* Ballade *f*

ballant [balã] *adj* ⟨-ante [-ãt]⟩ *jambes* baumelnd; *bras* schlenkernd; herabhängend

ballast [balast] *m* CH DE FER Schotter *m*

▸ **balle** [bal] *f* **1.** Ball *m*; *fig* *enfant m de la balle* Artistenkind *n*; *fig* *renvoyer la balle à qn* j-m die Antwort nicht schuldig bleiben; *fig* *saisir la balle au bond* die Gelegenheit beim Schopf ergreifen **2.** Kugel *f*; Geschoss *n*; *balle dans la tête* Kopfschuss *m* **3.** COMM Ballen *m* **4.** F *fig* *mille balles* tausend Franc

ballerine [balʀin] *f* **1.** Balletttänzerin *f*; Ballerina *f* **2.** Ballerinenschuh *m*

ballet [balɛ] *m* Ballett *n*

▸ **ballon** [balõ] *m* **1.** (großer) Ball; *ballon de football* Fußball *m* **2.** *jouet* Luftballon *m* **3.** AVIAT Ballon *m*; *ballon d'essai* Versuchsballon *m* (*a fig*) **4.** *adjt* *manche f ballon* Puffärmel *m*; *verre m ballon* Kognakschwenker *m*; bauchiges Rotweinglas **5.** MÉD *ballon d'oxygène* Atembeutel *m* **6.** *alcootest* *souffler dans le ballon* in die Tüte, ins Röhrchen blasen

ballonné [balɔne] *adj* ⟨~e⟩ aufgebläht; aufgetrieben

ballonnement [-mã] *m* Blähung *f*

ballonner [-e] *v/t* *aliments* Blähungen hervorrufen, zu Blähungen führen (*qn* bei j-m); *abs* blähen

ballon-sonde *m* ⟨**ballons-sondes**⟩ Registrierballon *m*

ballot [balo] *m* **1.** Packen *m*; Bündel *n* **2.** F Esel *m*; Trottel *m*; *südd* Depp *m*

ballottage [balɔtaʒ] *m* Stichwahl *f*

ballottement [balɔtmã] *m* *d'un véhicule* Rütteln *n*; Hin-und-her-Schütteln *n*; *d'un objet* Hin-und-her-Rutschen *n*, -Rollen *n*

ballotter [balɔte] **I** *v/t* *être ballotté* **1.** hin und her geworfen, durchgeschüttelt, durchgerüttelt werden **2.** *fig* hin und her gerissen werden (*entre* zwischen + *dat*) **II** *v/i* hin und her rut-

schen, rollen; *poitrine* wippen; hüpfen; F schwabbeln

ballottine [balɔtin] *f* CUIS kleine Galantine (*mit Aspik überzogene Pastete aus Fisch od Fleisch*)

ball-trap [baltʀap] *m* ⟨**ball-traps**⟩ (Wurfmaschine *f* beim) Trapschießen *n*

balluchon [balyʃõ] F *m* (Kleider)Bündel *n*; *fig* *faire son balluchon* sein Bündel schnüren

balnéaire [balneɛʀ] *adj* *station f balnéaire* Seebad *n*

balnéothérapie [balneoteʀapi] *f* MÉD Heilbehandlung *f* durch Bäder; *sc* Balneotherapie *f*

bâlois [bɑlwa] **I** *adj* ⟨-oise [-waz]⟩ Bas(e)ler **II** *Bâlois(e)* *m(f)* Bas(e)ler(in) *m(f)*

balourd [baluʀ] *adj* ⟨-ourde [-uʀd]⟩ plump; unbeholfen; tölpelhaft

balourdise [baluʀdiz] *f* Plumpheit *f*; Tölpelhaftigkeit *f*; Unbeholfenheit *f*

balsa [balza] *m* Balsa(holz) *n*

balsamique [balzamik] *adj* balsamisch; PHARM *a* Balsam enthaltend

balte [balt] **I** *adj* baltisch; *les pays m/pl baltes* das Baltikum **II** *Balte* *m,f* Balte *m*, Baltin *f*

Baltique [baltik] *adj* *la mer Baltique* die Ostsee

baluchon → *balluchon*

balustrade [balystʀad] *f* Balustrade *f*; Brüstung *f*; Geländer *n*

Balzac [balzak] *frz Dichter*

balzacien [balzasjɛ̃] *adj* ⟨-ienne [-jɛn]⟩ in der Art Balzacs; Balzac…

bambin [bãbɛ̃] *m* kleiner Junge; F Knirps *m*

bambocher [bãbɔʃe] *v/i* F herumsumpfen

bambou [bãbu] *m* **1.** Bambus *m* **2.** F *fig* *c'est le coup de bambou* F das ist der reinste Nepp

bamboula [bãbula] *f* *faire la bamboula* e-n Kneipenbummel machen

ban [bã] *m* **1.** *bans pl* (*du mariage*) Aufgebot *n*; *faire publier les bans* das Aufgebot bestellen **2.** *mettre qn au ban de la société* j-n ächten, in Acht und Bann tun; *être en rupture de ban* mit allen Konventionen gebrochen haben **3.** rhythmischer Applaus

banal [banal] *adj* ⟨~e; -als⟩ banal; alltäglich

banalisation [banalizasjõ] *f* Banalisierung *f*; Alltäglichwerden *n*

banaliser [banalize] *v/t* banalisieren; banal, alltäglich machen; *voiture* (*de police*) *banalisée* Zivilstreifenwagen *m*

banalité [banalite] *f* Banalität *f*; Alltäglichkeit *f*

banana split [bananasplit] *m* ⟨*inv*⟩ CUIS Bananensplit *n*

▸ **banane** [banan] *f* **1.** Banane *f* **2.** F *coiffure* Einschlagfrisur *f* **3.** (*sac m*) *banane* Gürteltasche *f*

bananeraie [bananʀɛ] *f* Bananenplantage *f*

bananier [bananje] *m* **1.** BOT Banane(nstaude) *f* **2.** MAR Bananenfrachter *m*, -dampfer *m*

▸ **banc** [bã] *m* **1.** (Sitz)Bank *f*; *banc des accusés* Anklagebank *f* **2.** *banc de sable* Sandbank *f* **3.** *de poissons* Schwarm *m*; *d'huîtres* Bank *f* **4.** TECH, *fig* *banc d'essai* Prüfstand *m*

bancable [bãkabl] *adj* *effet de commerce* bank-, rediskontfähig

bancaire [bãkɛʀ] *adj* Bank…

bancal [bãkal] *adj* ⟨~e; -als⟩ **1.** *personne* humpelnd; hinkend (*a fig*) **2.** *meuble* wack(e)lig

banco [bãko] *m* BACCARA *faire banco* die Bank

La bande dessinée – der Comic [WF]

l'album *m*	(Comic-)Band	les plans *m/pl*	Darstellungsper-
le dessinateur	Zeichner		spektiven
le scénariste	Drehbuchautor	la plongée	Perspektive von
le scénario	Story		oben
l'illustration *f*	Illustration	la contre-plongée	Perspektive von un-
illustrer	bebildern		ten
la planche	Bildtafel	la taille des per-	Größe der Perso-
la vignette, la case	Einzelbild	sonnages	nen
la bulle	Sprechblase	le découpage	Auswahl der Bilder
le dessin humoris-	Karikatur	le montage	Zusammenstellung
tique			der Bilder
		le plan général	Totale

halten

bandage [bɑ̃daʒ] *m* MÉD Verband *m*; *pour maintenir* Bandage *f*

bandagiste [bɑ̃daʒist] *m* Bandagist *m*

bande [bɑ̃d] *f* **1.** *(groupe)* Schar *f*; Trupp *m*; Schwarm *m*; Rudel *n*; Gruppe *f*; *péj* Bande *f* (*a malfaiteurs*); *péj* Rotte *f*; Bande *f*; **faire bande à part** sich absondern; eigene Wege gehen **2.** Band *n*; Streifen *m*; CIN Filmstreifen *m*; **bande magnétique** Magnetband *n*; AUTOROU-TE **bande d'arrêt d'urgence** Standspur *f*; **ban-de de terre** Landstreifen *m*; Streifen Land; **sur bande** auf Band (gespeichert) **3.** ▸ **bande dessinée** Comic(strip) *m*; Cartoon *m ou n* **4.** MÉD Binde *f* **5.** BILLARD Bande *f* **6.** MAR **donner de la bande** Schlagseite haben; krängen

bandé [bɑ̃de] *adj* ⟨~e⟩ verbunden

bande-annonce [bɑ̃dɑ̃nõs] *f* ⟨**bandes-annon-ces**⟩ CIN Trailer *m*; (Werbe)Vorspann *m*

bandeau [bɑ̃do] *m* ⟨~x⟩ **1.** Stirn-, Haarband *n*; Augenbinde *f* **2.** gescheiteltes, eng am Kopf anliegendes Haar

bandelette [bɑ̃dlɛt] *f* kleiner, schmaler (Stoff)-Streifen; *d'une momie* Binde *f*

bander [bɑ̃de] **I** *v/t* **1.** verbinden; *membre a* bandagieren; *yeux* zu-, verbinden **2.** *arc* spannen **II** *v/i* P *homme* P e-n Steifen, Ständer haben; kriegen

banderille [bɑ̃dʀij] *f* CORRIDA Banderilla *f*

banderole [bɑ̃dʀɔl] *f* Spruchband *n*; Transparent *n*

bandit [bɑ̃di] *m* Gangster *m*; Räuber *m*; Bandit *m*; *fig* Halsabschneider *m*

banditisme [bɑ̃ditism] *m* Gangstertum *n*; Banditenunwesen *n*

bandonéon [bɑ̃dɔneõ] *m* MUS Bandoneon *ou* Bandonion *n*

bandoulière [bɑ̃duljɛʀ] *f sac m* **en bandoulière** Umhängetasche *f*; **porter qc en bandoulière** etw umgehängt, über die Schulter gehängt tragen

bang [bɑ̃g] *m* (Überschall)Knall *m*

Bangkok [bɑ̃kɔk, baŋ-] Bangkok *n*

Bangladesh [bɑ̃gladɛʃ] *le Bangladesh* Banglades(c)h *n*

banjo [bɑ̃dʒo] *m* MUS Banjo *n*

▸ **banlieue** [bɑ̃ljø] *f* Vororte *m/pl*; Stadtrandge-

biet *n*; **grande banlieue** Einzugsgebiet *n*; **train** *m* **de banlieue** Nahverkehrs-, Vorortzug *m*; **habiter en banlieue** in e-m Vorort wohnen

banlieusard [bɑ̃ljøzaʀ] *m*, **banlieusarde** [-aʀd] *f* Vorortbewohner(in) *m(f)*

banni [bani] **I** *adj* ⟨~e⟩ verbannt; des Landes verwiesen **II** **banni(e)** *m(f)* Verbannte(r) *f(m)*; des Landes Verwiesene(r) *f(m)*

bannière [banjɛʀ] *f* Banner *n*; ÉGL Kirchenfahne *f*

bannir [baniʀ] *v/t* verbannen (*a fig* **de** aus)

bannissement [-ismɑ̃] *m* Verbannung *f*

banquable [bɑ̃kabl] → **bancable**

▸ **banque** [bɑ̃k] *f* **1.** Bank *f* (*a* JEUX); Geldinstitut *n* **2.** **banque de données** Datenbank *f*; **banque d'organes** Organbank *f*

banquer [bɑ̃ke] *v/i* F blechen

banqueroute [bɑ̃kʀut] *f* Bankrott *m*

banquet [bɑ̃kɛ] *m* Bankett *n*; Festessen *n*, -mahl *n*

banquette [bɑ̃kɛt] *f* (Sitz)Bank *f*

banquier [bɑ̃kje] *m* **1.** Bankier *m*; F Banker *m* **2.** JEUX Bankhalter *m*

banquise [bɑ̃kiz] *f* Packeis *n*

banyuls [banjyls] *m Aperitifwein aus dem Roussillon*

Banyuls [banjyls] *Ort im Dep. Pyrénées-Orientales*

baobab [baɔbab] *m* Affenbrotbaum *m*

baptême [batɛm] *m* REL Taufe *f* (*a d'un navire*); *fig* **baptême de l'air** Lufttaufe *f*; erster Flug; MAR **baptême de la ligne** Äquatortaufe *f*

baptiser [batize] *v/t* **1.** REL taufen **2.** *fig* nennen; F taufen **3.** F *fig vin* F taufen

baptismal [batismal] *adj* ⟨~e; -aux⟩ [-o]⟩ Tauf…

baptisme [batism] *m* REL Baptismus *m*

baptiste [-ist] REL **I** *adj* baptistisch **II** *m,f* Baptist(in) *m(f)*

baptistère [batistɛʀ] *m* ÉGL Taufkapelle *f*; Baptisterium *n*

baquet [bakɛ] *m* **1.** Bottich *m* **2.** AUTO Schalensitz *m*

▸ **bar** [baʀ] *m* **1.** Bar *f*; Stehkneipe *f*; *(comptoir)* Bar *f*; Theke *f*; Schanktisch *m*; *meuble* Hausbar *f*; **au bar** an der Bar, Theke **2.** *poisson* See-, Wolfsbarsch *m*

baragouinage [baʀagwinaʒ] F *m* Kauderwel-

schen *n*; Radebrechen *n*
baragouiner [baʀagwine] F **I** *v/t* radebrechen **II**
v/i Kauderwelsch reden
baraka [baʀaka] *f* F *avoir la baraka* Glück, F
Schwein, F Dusel haben
baraque [baʀak] *f* **1.** Baracke *f*; (*cabane*) Bude *f*
2. F *péj* (Bruch)Bude *f*
baraqué [baʀake] *adj* ⟨~e⟩ F (*bien*) *baraqué*
groß und kräftig; athletisch
baraquement [baʀakmɑ̃] *m* Barackenlager *n*;
Baracken *f/pl*
baratin [baʀatɛ̃] F *m* schöne Worte *n/pl*; F
Schmus *m*
baratiner [baʀatine] F **I** *v/t* beschwatzen; F ein-
seifen **II** *v/i* schöne Worte, F (viel) Schmus ma-
chen
baratineur [-œʀ] F *m*, **baratineuse** [-øz] F *f*
Schwätzer(in) *m(f)*
barattage [baʀataʒ] *m* Buttern *n*
baratte [baʀat] *f autrefois* Butterfass *n*
baratter [-e] *v/t crème* verbuttern; *abs* buttern
barbacane [baʀbakan] *f* **1.** FORTIF Barbakane *f*
2. CONSTR Entwässerungsschlitz *m*
Barbade [baʀbad] *la Barbade* Barbados *n*
barbadien [baʀbadjɛ̃] **I** *adj* ⟨-ienne [-jɛn]⟩ bar-
badisch; aus Barbados **II** *Barbadien(ne)* *m(f)*
Barbadier(in) *m(f)*; Einwohner(in) *m(f)* von
Barbados
barbant [baʀbɑ̃] F *adj* ⟨-ante [-ɑ̃t]⟩ F sterbens-,
stinklangweilig
barbaque [baʀbak] F *f* Fleisch *n*
barbare [baʀbaʀ] **I** *adj* barbarisch **II** *m,f* Bar-
bar(in) *m(f)*; Unmensch *m*
barbaresque [baʀbaʀɛsk] *adj* HIST der Berbe-
rei; des Maghreb
barbarie [baʀbaʀi] *f* Barbarei *f*
Barbarie [baʀbaʀi] *la Barbarie* HIST die Berbe-
rei (*Nordafrika*)
barbarisme [baʀbaʀism] *m* GR Barbarismus *m*
▶ **barbe** [baʀb] *f* **1.** Bart *m*; *à la barbe de qn* vor
den Augen j-s; *fig rire dans sa barbe* heim-
lich, versteckt lachen; sich (*dat*) ins Fäustchen
lachen **2.** F *la barbe!* jetzt langt's mir aber!; F
quelle barbe! F so was Blödes! **3.** *barbe à pa-
pa* Zuckerwatte *f* **4.** *d'un épi* Granne *f*
barbeau [baʀbo] *m* ⟨~x⟩ ZO Barbe *f*
Barbe-Bleue [baʀbəblø] *m* Blaubart *m*
barbecue [baʀbəkju, -ky] *m* **1.** Holzkohlengrill
m; Barbecue *n* **2.** Grillparty *f*
barbelé [baʀbəle] *m* Stacheldraht *m*
barber [baʀbe] F **I** *v/t* anöden **II** *v/pr se bar-
ber* sich langweilen; F sich mopsen
Barberousse [baʀbəʀus] *m* HIST Barbarossa *m*
Barbès [baʀbɛs] *frz Revolutionär*
barbiche [baʀbiʃ] *f* kurzer, spitzer Kinnbart
barbichette [-ɛt] F *f* spitzes Kinnbärtchen
barbier [baʀbje] *m* HIST Barbier *m*; Bader *m*
barbillon [baʀbijõ] *m chez certains poissons*
Bartfaden *m*
barbiturique [baʀbityʀik] *m* Barbiturat *n*
barbon [baʀbõ] *m plais un* (*vieux*) *barbon* F
ein alter Knabe, *péj* Knacker *m*
barbotage [baʀbɔtaʒ] *m* **1.** *dans l'eau* Plan(t)-
schen *n* **2.** CHIM *d'un gaz* Hindurchströmen
n (durch e-e Flüssigkeit)
barboter [baʀbɔte] **I** *v/t* F klauen; F stibitzen **II**
v/i planschen
barboteuse [baʀbɔtøz] *f* Spielhöschen *n*, -an-

zug *m*
barbouillage [baʀbujaʒ] *m péj* Geschmiere *n*;
Gekritzel *n*; Kleckserei *f*
barbouiller [baʀbuje] *v/t* **1.** (*salir*) beschmieren,
vollschmieren (*de* mit) **2.** *péj* (*peindre*) anpin-
seln; *toile* vollklecksen **3.** *papier* bekritzeln;
vollkritzeln **4.** F *fig avoir l'estomac bar-
bouillé* e-n verdorbenen, F verkorksten Magen
haben
barbouilleur [baʀbujœʀ] *m péj* Kleckser *m*
barbouze [baʀbuz] F *f* **1.** Bart *m* **2.** ⟨*a m*⟩ Ge-
heimagent *m*, -polizist *m*
barbu [baʀby] *adj* ⟨~e⟩ bärtig
barbue [baʀby] *f* Glattbutt *m*
barcasse [baʀkas] *f* MAR Barkasse *f*
Barcelone [baʀsəlɔn] Barcelona *n*
barda [baʀda] *m* F Kram *m*; F Krempel *m*
bardane [baʀdan] *f* Klette *f*
barde[1] [baʀd] *m* (*poète celte*) Barde *m*
barde[2] *f* *barde* (*de lard*) Speckscheibe *f*
bardeau [baʀdo] *m* ⟨~x⟩ Schindel *f*
barder [baʀde] **I** *v/t* **1.** *bardé de décorations*
mit Orden behangen **2.** CUIS mit Speck
(-scheiben) umwickeln **II** *v/imp* F *ça va barder*
F dann kracht es, knallt es
bardot [baʀdo] *m* ZO Maulesel *m*
barème [baʀɛm] *m* Tabelle *f*; ÉCOLE Beno-
tungsschema *n*
Barents [baʀɛnts] *la mer de Barents* die Ba-
rentssee
barge [baʀʒ] *f* MAR Schute *f*
baril [baʀil] *m* **1.** Fass *n*; Fässchen *n*; *baril de
lessive* Waschmitteltonne *f* **2.** *de pétrole* Bar-
rel *n*
barillet [baʀije, -ʀijɛ] *m* **1.** *d'un revolver* Trom-
mel *f* **2.** *d'une serrure* Schließzylinder *m*
bariolage [baʀjɔlaʒ] *m* buntes Farbengemisch;
Buntheit *f*; Buntscheckigkeit *f*
bariolé [-le] *adj* ⟨~e⟩ bunt(scheckig)
barioler [-le] *v/t* bunt bemalen
barjo [baʀʒo] *adj* ⟨*f inv*⟩ F → *cinglé*
barmaid [baʀmɛd] *f* Bardame *f*, -frau *f*
barman [baʀman] *m* ⟨~s *od* -men [-mɛn]⟩ Bar-
keeper *m*, -mann *m*, -mixer *m*
Barnabé [baʀnabe] *m* BIBL Barnabas *m*
barnache [baʀnaʃ] *f* → *bernache*
baromètre [baʀɔmɛtʀ] *m* Barometer *n* (*a fig*);
fig a Gradmesser *m*
barométrique [-metʀik] *adj* Barometer...;
Luftdruck...
baron[1] [baʀõ] *m* Baron *m* (*a fig*); Freiherr *m*

Le baron Haussmann
(1809 – 1891)

Napoleon III. ernannte Georges-Eugène
Baron Haussmann 1853 zum Präfekten
des Département de la Seine. Den ein-
flussreichen Posten als Architekt und
Städteplaner hatte Haussmann bis 1870
inne, er war mit außergewöhnlichen Be-
fugnissen ausgestattet. Napoleon III.
wollte Paris radikal umgestalten, und
Haussmann schien ihm das ausreichen-
de Durchsetzungsvermögen und die ent-

sprechende Kompetenz als Städteplaner zu besitzen. Haussmann widmete sich vor allem dem Ausbau des Verkehrsnetzes, der Sanierung ganzer Stadtviertel und der Schaffung eines modernen Kanalisationssystems. Mit großer Rücksichtslosigkeit gegenüber ärmeren Bevölkerungsschichten und gegen die Bedenken von traditionsbewussten Einwohnern, die wichtige Kulturgüter gefährdet sahen, ließ er ganze Stadtviertel niederreißen, um große Boulevards und Avenuen zu schaffen, die heute die Großzügigkeit des Pariser Stadtbildes ausmachen. Dabei entstanden auch weiträumige Grünanlagen nach englischem Vorbild (Parc des Buttes-Chaumont, Jardin du Luxembourg, Bois de Boulogne), die noch heute das Stadtbild prägen.

baron[2] [baʀõ] *m* CUIS *baron d'agneau* Lammrücken *m* mit beiden Keulen
baronne [baʀɔn] *f* Baronin *f*; Freifrau *f*
baroque [baʀɔk] **I** *adj* **1.** *style* Barock... **2.** (*bizarre*) wunderlich; verschroben **II** *m* Barock *n* *ou m*; Barockstil *m*
baroud [baʀud] *m* *baroud d'honneur* Scheingefecht *n*; symbolischer Kampf
baroudeur [baʀudœʀ] *m* F *un* (*vieux*) *baroudeur* F ein (alter) Haudegen
barouf [baʀuf] *m* F Krach *m*; F Radau *m*
barque [baʀk] *f* Boot *n*; Kahn *m*
barquette [baʀkɛt] *f* **1.** Obsttörtchen *n* **2.** *emballage* Schale *f*
barracuda [baʀakyda] *m* ZO Barrakuda *m*; Pfeilhecht *m*
barrage [baʀaʒ] *m* **1.** Sperrung *f*; Sperre *f*; *barrage de police* Polizeisperre *f*; *fig faire barrage à* e-n Riegel vorschieben (+ *dat*) **2.** TECH Staudamm *m*, -mauer *f*; Talsperre *f*
barre [baʀ] *f* **1.** Stange *f*; Stab *m*; SPORTS Latte *f*; *barre fixe* Reck *n*; *barres parallèles* Barren *m*; *barre de chocolat* Riegel *m* Schokolade; *barre de fer* Eisenstange *f*; F *fig avoir un coup de barre* F total fertig sein; F *fig c'est le coup de barre* F das ist der reinste Nepp; *fig baisser la barre* das Niveau, die Grenze herabsetzen **2.** (*lingot*) *en barre* Barren... **3.** (*trait*) Strich *m*; *barre de fraction* Bruchstrich *m* **4.** MAR Ruderpinne *f*; POL *coup m de barre à gauche* Linksschwenk *m*; *fig avoir barre sur qn* ein Druckmittel gegen j-n haben; *être à la barre* am Ruder sein (*a fig*) **5.** JUR *barre des témoins* Zeugenstand *m* **6.** *avoir une barre à l'estomac* Magendrücken haben **7.** ARCH lang gestrecktes Hochhaus; F langer Kasten
barré [baʀe] *adj* ⟨~e⟩ **1.** *route* gesperrt **2.** *chèque barré* Verrechnungsscheck *m*; gekreuzter Scheck (*in Frankreich üblich*)
barreau [baʀo] *m* ⟨~x⟩ **1.** (Gitter)Stab *m*; *d'une chaise, échelle* Sprosse *f* **2.** JUR Anwaltsstand *m*, -beruf *m*; Anwaltschaft *f*
barrer [baʀe] **I** *v/t* **1.** *route* sperren; *passage* ver-

sperren **2.** (*rayer*) (aus)streichen; *chèque barré* Verrechnungsscheck *m* **II** *v/pr* F *fig se barrer* F abhauen
barrette [baʀɛt] *f* **1.** Haarspange *f* **2.** *broche* Anstecknadel *f* **3.** CATH Birett *n*
barreur [baʀœʀ] *m* Steuermann *m*
barricade [baʀikad] *f* Barrikade *f*
barricader [baʀikade] *v/t* (*et v/pr se barricader* sich) verbarrikadieren
barrière [baʀjɛʀ] *f* Barriere *f* (*a fig*); Absperrung *f*; Sperre *f*; Schranke *f* (*a* CH DE FER, *fig*); *à la frontière* Schlagbaum *m*
barrique [baʀik] *f* Fass *n* (*200-250 l*)
barrir [baʀiʀ] *v/i éléphant* trompeten
barrissement *m* *d'un éléphant* Trompeten *n*
Barthélemy [baʀtelemi, -tɛlmi] *m* Vorname
barycentre [baʀisɑ̃tʀ] *m* Schwerpunkt *m*; *sc* Baryzentrum *n*
baryton [baʀitõ] *m* MUS Bariton *m*
▸ **bas**[1] [ba] **I** *adj* (*basse* [bas]) **1.** niedrig; untere (*a* GÉOGR); *côte* flach; *nuages* tief hängend; *soleil* tief stehend; *front bas* niedrige, flache Stirn; *ville basse* Unterstadt *f*; *pièce bas de plafond* niedrig; mit niedriger Decke **2.** *salaire, nombre, etc* niedrig; *température a* tief; *dans une hiérarchie a* niedere; *les basses besognes* die niedrigen Arbeiten; *fig* die schmutzigen Geschäfte **3.** Spät...; *bas latin* Spät-, Mittellatein *n* **4.** *voix* leise; MUS tief **II** *adv* **5.** tief; niedrig; *dans un texte plus bas* weiter unten; *malade il est bien bas* es steht schlecht mit ihm; *animal mettre bas* (Junge) werfen; *fig il est tombé bien bas* er ist tief gesunken; *voler bas* tief fliegen **6.** *parler, chanter* leise; MUS tief **7.** *à bas ...!* nieder mit ...!; ▸ *en bas* unten; (*vers le bas*) nach unten; abwärts; hinunter; hinab; *passer par en bas* unten entlang; untenherum; ▸ *en bas de* unten an (+ *dat ou acc*); am Fuß (+ *gén*) **III** *m* unterer Teil; Fuß *m*; *au bas de* unten an (+ *dat ou acc*); am Fuß (+ *gén*); *par le bas* von unten (her, herauf)
bas[2] *m* (Damen)Strumpf *m*; *fig bas de laine* Sparstrumpf *m*; *par ext* Ersparnisse *f/pl*
basal [bazal] *adj* ⟨~e; -aux [-o]⟩ basal
basalte [bazalt] *m* MINÉR Basalt *m*
basaltique [-ik] *adj* MINÉR Basalt...
basané [bazane] *adj* ⟨~e⟩ **1.** sonnenverbrannt **2.** *péj* dunkelhäutig
bas-bleu [bablø] *m* ⟨*bas-bleus*⟩ *péj* Blaustrumpf *m*
bas-côté [bakote] *m* ⟨*bas-côtés*⟩ **1.** Seiten-, Randstreifen *m*; Straßenrand *m* **2.** ARCH Seitenschiff *n*
basculant [baskylɑ̃] *adj* ⟨-ante [-ɑ̃t]⟩ kipp-, klappbar; Kipp...; Klapp...
bascule [baskyl] *f* **1.** *balance* Brückenwaage *f* **2.** (*balançoire*) Wippe *f* **3.** *cheval m, fauteuil m à bascule* Schaukelpferd *n*, -stuhl *m* **4.** ÉLECTRON Kippschaltung *f*
basculement [baskylmɑ̃] *m* (Um-, Aus)Kippen *n*
basculer [baskyle] **I** *v/t* (*faire*) *basculer* kippen **II** *v/i* **1.** (um)kippen **2.** *fig, POL basculer dans* einschwenken auf (+ *acc*)
basculeur [baskylœʀ] *m* **1.** TECH Kipper *m*; Kippvorrichtung *f* **2.** ÉLECTRON Kipp-, Flipflopschaltung *f*
base [baz] *f* **1.** Basis *f* (*a* ANAT); *d'une statue a*

Sockel *m*; MATH Grundfläche *f*, -linie *f*, -zahl *f*; INFORM **base de données** Database *f* **2.** MIL (Militär)Basis *f*; Stützpunkt *m*; **base aérienne** Luftwaffenbasis *f*; Fliegerhorst *m*; **base navale** Flottenbasis *f*; Flotten-, Marinestützpunkt *m* **3.** *fig* Basis *f* (*a d'un parti*); Grundlage *f*; Fundament *n*; **de base** Grund...; grundlegend; **salaire m de base** Grundgehalt *n*; *produit* **à base de ...** auf ...basis; **sur la base de** auf der Basis, Grundlage von (*ou* + *gén*); **avoir des bases solides** ein solides Grundwissen haben; **être à la base de qc** e-r Sache (*dat*) zugrunde liegen **4.** CHIM Base *f*; Lauge *f*
base-ball [bɛzbol] *m* Baseball *m*
Bas-Empire [bazɑ̃piʀ] *m* HIST **le Bas-Empire** das spätrömische Reich; das Römische Reich der Spätantike
baser [baze] **I** *v/t* **1. baser sur** gründen, stützen (+ *acc*); **être basé sur** basieren, fußen auf (+ *dat*) **2.** MIL **être basé** stationiert sein (*à* in + *dat*) **II** *v/pr* **se baser sur qc** sich auf etw (*acc*) stützen
bas-fond [bafɔ̃] *m* ⟨**bas-fonds**⟩ **1.** *de la mer, d'un fleuve* Untiefe *f*; seichte Stelle **2.** *fig* **bas-fonds** *pl* a) *d'une ville* Elends-, Verbrecherviertel *n/pl*; b) *de société* Abschaum *m*
basic [bazik] *m* INFORM BASIC *n*
basicité [bazisite] *f* CHIM Basizität *f*
Basile [bazil] *m* Vorname
basilic [bazilik] *m* Basilikum *n*
basilique [bazilik] *f* Basilika *f*
basique [bazik] *adj* CHIM basisch; alkalisch
basket [baskɛt] **1.** *m abr* → **basket-ball 2.** *f/pl* **baskets** Turn-, Sportschuhe *m/pl*; F *fig* **lâche-moi les baskets!** lass mich in Ruhe!
basket-ball [baskɛtbol] *m* Basketball *m*
basketteur [baskɛtœʀ] *m*, **basketteuse** [-øz] *f* Basketballspieler(in) *m(f)*
basoche [bazɔʃ] *f* HIST Juristen *m/pl*
basquaise [baskɛz] *adj f* CUIS (*à la*) **basquaise** mit rohem Schinken, Paprika und Tomaten
basque[1] [bask] **I** *adj* baskisch; **le Pays basque** das Baskenland; **pelote** *f* **basque** Pelota *f* **II** *subst* **1. Basque** *m,f* Baske *m*, Baskin *f* **2.** LING **le basque** Baskisch *n*
basque[2] *f fig* **être toujours pendu aux basques de qn** dauernd an den Rockschößen j-s hängen
bas-relief [baʀəljɛf] *m* ⟨**bas-reliefs**⟩ Flach-, Basrelief *n*
Bas-Rhin [baʀɛ̃] *m* **le Bas-Rhin** das Unterelsass
basse [bas] *f* **1.** Bass *m*; (*voix f de*) *basse* Bass (-stimme) *m(f)* **2.** → **contrebasse**
Basse-Autriche [basotʀiʃ] *f* **la Basse-Autriche** Niederösterreich *n*
basse-cour *f* ⟨**basses-cours**⟩ Hühnerhof *m*
bassement [basmã] *adv* auf gemeine Weise
Basse-Normandie [basnɔʀmãdi] *f* **la Basse-Normandie** *frz* Region
Basse-Saxe [basaks] *f* **la Basse-Saxe** Niedersachsen *n*
bassesse [basɛs] *f* niedrige Gesinnung; Gemeinheit *f*
basset [basɛ] *m* Basset *m*; Dackel *m*
Basse-Terre [bastɛʀ] *Stadt auf Guadeloupe*
bassin [basɛ̃] *m* **1.** Becken *n* (*a* GÉOGR, ANAT); Schüssel *f*; **bassin** (**hygiénique**) Bettschüssel *f*, -pfanne *f* **2.** (*pièce d'eau*) (Wasser)Becken *n*;

Bassin *n*; MAR Hafenbecken *n*
bassinant [basinã] *adj* ⟨**-ante** [-ãt]⟩ F → **barbant**
bassine [basin] *f* Wanne *f*; große Schüssel *f*
bassiner [basine] *v/t* F **bassiner qn** F j-m auf die Nerven gehen, auf den Wecker fallen
bassinoire [basinwaʀ] *f* Bettwärmer *m*
bassiste [basist] *m* (Kontra)Bassist *m*
basson [basɔ̃] *m* Fagott *n*
Bastia [bastja] *Stadt auf Korsika*
bastide [bastid] *f en Provence* Land-, Bauernhaus *n*
Bastien [bastjɛ̃] *m* Vorname
Bastille [bastij] *f* HIST *à Paris* Bastille *f*

La Bastille

Die Bastille war zunächst ein befestigtes Stadttor im Osten von Paris, bevor sie zum Gefängnis wurde. Der **Sturm auf die Bastille** (**la prise de la Bastille**) am **14. Juli 1789** wird häufig als symbolischer Auftakt der Französischen Revolution interpretiert. Im Juli 1789 befand sich das Volk von Paris in Unruhe. Durch hohe Brotpreise fühlte es sich in seiner Existenz bedroht. Seit dem 10. Juli wurden Zollhäuser rund um Paris in Brand gesteckt in der Hoffnung, dass die Waren in der Stadt billiger würden, allerdings ohne Erfolg. Am 12. Juli erreichte die Nachricht von der Entlassung des Finanzministers Jacques Necker Paris. Am selben Tag kam es zu gewalttätigen Auseinandersetzungen. Waffenhandlungen wurden geplündert, und am 14. Juli belagerte eine Menschenmenge die Bastille, um an die dort gelagerten Munitionsvorräte zu gelangen. Nachdem der Kommandant auf die Menschenmenge schießen ließ, stürmte die aufgewühlte Menge die Bastille, befreite die wenigen Gefangenen und tötete die Wachmannschaft. Der 14. Juli ist noch heute französischer Nationalfeiertag.

---

bastingage [bastɛ̃gaʒ] *m* Reling *f*
bastion [bastjɔ̃] *m* Bastion *f* (*a fig*); Bastei *f*
bastonnade [bastɔnad] *f* Stockschläge *m/pl*
bastringue [bastʀɛ̃g] *m* F Tingeltangel *n ou m*
bas-ventre [bavãtʀ] *m* ⟨**bas-ventres**⟩ Unterleib *m*
bât [ba] *m* Packsattel *m*; *fig* **c'est là que le bât blesse** da drückt der Schuh; das ist ein wunder Punkt
bataclan [bataklã] F *m* (Sieben)Sachen *f/pl*; Zeug *n*; F Kram *m*; F Krempel *m*; **et tout le bataclan** und was sonst noch so dazugehört
▸ **bataille** [bataj] *f* **1.** Schlacht *f* (*a fig*); **bataille navale** a) Seeschlacht *f*; b) *jeu* Schiffchen versenken; F **bataille rangée** regelrechte (Stra-

ßen)Schlacht; *fig* **avoir les cheveux en bataille** zerzaustes Haar haben **2.** *einfaches Kartenspiel*
batailler [bataje] *v/i* kämpfen; sich einsetzen; sich abmühen
batailleur [batajœʀ] **I** *adj* ⟨**-euse** [-øz]⟩ streitbar, -lustig, -süchtig **II** *m* Kämpfer(natur) *m(f)*
bataillon [batajõ] *m* Bataillon *n*
bâtard [batɑʀ] **I** *adj* ⟨**-arde** [-aʀd]⟩ Misch...; **(chien)** *bâtard m* nicht reinrassiger Hund; *péj* Promenadenmischung *f* **II** *m* **1.** *péj* Bastard *m* **2.** *pain* kurzes Stangenbrot
batave [batav] *adj plais* holländisch
batavia [batavja] *f* Batavia(salat) *m*
bâté [bate] *adj fig* **âne bâté** F alter Esel
▸ **bateau** [bato] *m* ⟨**~x**⟩ **1.** Schiff *n*; *non ponté* Boot *n*; **bateau à moteur** Motorschiff *n*, -boot *n*; **bateau à voiles** Segelschiff *n*, -boot *n*; **bateau de pêche** Fischdampfer *m*; Fischerboot *n*; *fig* **mener qn en bateau** j-m e-n Bären aufbinden; j-n auf den Arm nehmen **2.** (abgesenkte Grundstücks)Ein-, Ausfahrt **3.** *adjt* F *thème* abgedroschen; alltäglich
bateau-citerne *m* ⟨**bateaux-citernes**⟩ Tanker *m*; Tankschiff *n*
bateau-mouche *m* ⟨**bateaux-mouches**⟩ Rundfahrtschiff *n* (auf der Seine)
bateau-pilote *m* ⟨**bateaux-pilotes**⟩ Lotsenboot *n*
bateau-pompe *m* ⟨**bateaux-pompes**⟩ Feuerlöschboot *n*
bateleur [batlœʀ] *m* Gaukler *m*
batelier [batəlje] *m* Schiffer *m*
batellerie [batɛlʀi] *f* Binnen-, Flussschifffahrt *f*
bâter [bate] *v/t* e-n Packsattel auflegen (+*dat*); → *âne*
bâti [bati] **I** *adj* ⟨**~e**⟩ **1.** *terrain* bebaut **2.** *bien bâti personne* gut gebaut; gut gewachsen **II** *m* **3.** TECH Gestell *n*; Rahmen *m* **4.** COUT Heftstiche *m/pl*, -fäden *m/pl*
batifolage [batifɔlaʒ] *m* Herumtollen *n*
batifoler [-e] *v/i* herumtollen
batik [batik] *m* Batik *m ou f*
▸ **bâtiment** [batimã] *m* **1.** Gebäude *n*; Bau (-werk) *m(n)* **2.** *secteur* Bau *m*; Baufach *n*, -branche *f*, -wesen *n*; Hochbau *m* **3.** MAR (groβes) Schiff
bâtir [batiʀ] *v/t* **1.** bauen; erbauen; *terrain* bebauen **2.** *fig théorie* konstruieren; aufstellen; *fortune, réputation* (be)gründen (**sur** auf + *acc*) **3.** COUT (zusammen)heften
bâtissable [batisabl] *adj* **terrain** *m* **bâtissable** Bauland *m*, -grund *m*
bâtisse [batis] *f* Bau(werk) *m(n)*; Gebäude *n*; *péj* F Kasten *m*
bâtisseur [batisœʀ] *m* **1.** Erbauer *m* **2.** *fig* (Be)Gründer *m*
batiste [batist] *f* TEXT Batist *m*
▸ **bâton** [batõ] *m* **1.** Stock *m*; Stab *m*; Stecken *m*; Knüppel *m*; Prügel *m*; **bâton de maréchal** Marschallstab *m*; *fig* Krönung *f* der Karriere; **bâton de ski** Skistock *m*; *fig* **bâton de vieillesse** Stütze *f* des Alters; *fig* **mener une vie de bâton de chaise** ein Lotterleben führen; *fig* **mettre à qn des bâtons dans les roues** j-m Knüppel zwischen die Beine werfen; **parler à bâtons rompus** vom Hundertsten ins Tausendste kommen **2.** **bâton de craie** Stück

n Kreide; **bâton de rouge à lèvres** Lippenstift *m* **3.** senkrechter Strich
bâtonnet [batɔnɛ] *m* **1.** Stäbchen *n* **2.** CUIS **bâtonnet de poisson** Fischstäbchen *n*
bâtonnier [batɔnje] *m* JUR Präsident *m* (der Anwaltskammer)
batraciens [batʀasjẽ] *m/pl* Amphibien *f/pl*; Lurche *m/pl*
battage [bataʒ] *m* **1.** *du blé* Dreschen *n*; Drusch *m* **2.** *fig* F (Reklame)Rummel *m*
battant [batã] **I** *adj* ⟨**-ante** [-ãt]⟩ schlagend; klopfend; **pluie battante** prasselnder Regen **II** *subst* **1.** *m* (Glocken)Klöppel *m*, (-)Schwengel *m* **2.** *m* (Tür- *ou* Fenster)Flügel *m* **3.** **battant(e)** *m(f)* Kämpfer(in) *m(f)*; Kämpfernatur *f*
batte [bat] *f* SPORTS Schlagholz *n*
battement [batmã] *m* **1.** Schlagen *n*; *du cœur a* Klopfen *n*; Pochen *n*; *de la pluie* Prasseln *n*; **battement d'ailes** Flügelschlag(en) *m(n)*; **battement des cils, des paupières** Lidschlag *m*; (Augen)Zwinkern *n*; Blinzeln *n*; **avoir des battements de cœur** Herzklopfen haben **2.** (verfügbare Zwischen)Zeit; Pause *f*
batterie [batʀi] *f* **1.** ÉLECT Batterie *f*; *fig* **recharger ses batteries** (wieder) neue Kräfte sammeln **2.** MIL Batterie *f*; *fig* **dévoiler ses batteries** s-e Taktik zu erkennen geben **3.** MUS Schlagzeug *n* **4.** **batterie de cuisine** Batterie *f* von Töpfen und Pfannen
batteur [batœʀ] *m* **1.** CUIS Handmixer *m*, -rührgerät *n* **2.** MUS Schlagzeuger *m*
batteuse [-øz] *f* AGR Dreschmaschine *f*
battoirs [batwaʀ] *m/pl* F (*mains larges*) F Pranken *f/pl*; F Tatzen *f/pl*
▸ **battre** [batʀ] ⟨**je bats, il bat, nous battons; je battais; je battis; je battrai; que je batte; battant; battu**⟩ *v/t* **1.** (*donner des coups*) schlagen; (ver)prügeln **2.** *adversaire* schlagen; besiegen; *record* brechen **3.** *tapis* klopfen; *tambour, mesure* schlagen; *œufs, crème* schlagen; *cartes* mischen; *fer* schmieden; *blé* dreschen; **battre monnaie** Münzen, Geld prägen **4.** *région* (kreuz und quer) durchstreifen; F abgrasen **II** *v/i* **5.** schlagen; *cœur a* pochen; klopfen; *pluie* **battre contre les vitres** gegen die Scheiben schlagen, prasseln, klatschen; **battre des cils, des paupières** zwinkern; blinzeln; **battre des mains** (in die Hände) klatschen **III** *v/pr*
▸ **se battre 6.** MIL, *fig* kämpfen (**contre, pour qn, qc** gegen, für j-n, etw); sich schlagen **7.** (*se bagarrer*) sich schlagen, sich balgen, sich prügeln, (sich) raufen (**avec qn** mit j-m); *fig* **se battre avec qc** sich mit etw herumschlagen, abmühen
battu [baty] *p/p* → *battre et adj* ⟨**~e**⟩ **1.** **avoir les yeux battus** (tiefe) Schatten unter den Augen haben **2.** TENNIS **terre battue** Hartplatz *m*; *fig* **sentiers battus** ausgetretene Pfade *m/pl*
battue [baty] *f* Treibjagd *f*
Batz [ba] **l'île** *f* **de Batz** bretonische Insel
baudet [bode] F *m* Esel *m*; **chargé comme un baudet** beladen wie ein Packesel
baudrier [bodʀije] *m portant le sabre* Säbelgürtel *m*; *portant l'épée* Degengürtel *m*; ALPINISME Klettergürtel *m*
baudroie [bodʀwa] *f* ZO Seeteufel *m*
baudruche [bodʀyʃ] *f* **ballon** *m* **de baudruche**

Luftballon *m*

bauge [boʒ] *f* Suhle *f*

baume [bom] *m* Balsam *m* (*a fig*)

bauxite [boksit] *f* Bauxit *m*

bavard [bavaʀ] **I** *adj* ⟨**-arde** [-aʀd]⟩ gesprächig; redselig; *péj* geschwätzig; (*indiscret*) schwatzhaft **II** *bavard(e)* *m(f)* Schwätzer(in) *m(f)*; F Klatschbase *f*

bavardage [bavaʀdaʒ] *m* **1.** *action* Schwatzen *n* **2.** *propos* Geschwätz *n*; F *péj* Gewäsch *n*; *indiscret* Klatsch *m*; Gerede *n*

▸ **bavarder** [bavaʀde] *v/i* schwatzen (*a péj*); plaudern; F klatschen

bavarois [bavaʀwa] **I** *adj* ⟨**-oise** [-waz]⟩ bay(e)risch **II 1.** *Bavarois(e)* *m(f)* Bayer *m*, Bay(e)rin *f* **2.** LING *le bavarois* das Bairische; Bairisch *n*

bave [bav] *f* **1.** Speichel *m*; F Sabber *m*; Geifer *m* **2.** *de la limace* Schleim *m*

baver [bave] *v/i* **1.** speicheln; geifern; *bébé* F sabbern **2.** *encre, peinture* verlaufen **3.** F *fig baver d'admiration* vor Bewunderung vergehen **4.** F *fig en baver* es schwer haben; *en faire baver à qn* j-m das Leben schwer machen

bavette [bavɛt] *f* **1.** Latz *m* **2.** F *tailler une bavette* F ein Schwätzchen, e-n Schwatz halten **3.** BOUCHERIE Bauchlappen *m*

baveux [bavø] *adj* ⟨**-euse** [-øz]⟩ **1.** voll Speichel; F sabbernd **2.** *omelette* leicht durchgebacken

Bavière [bavjɛʀ] *la Bavière* Bayern *n*

bavoir [bavwaʀ] *m* (Sabber)Lätzchen *n*

bavure [bavyʀ] *f* **1.** verkleckste Stelle; (Schmutz)Fleck *m*; *fig sans bavure(s)* makellos; tadellos; einwandfrei **2.** *fig* Missgriff *m*; Panne *f*; *de la police* Übergriff *m*

bayer [baje] *v/i* ⟨**-ay-** *od* **-ai-**⟩ *bayer aux corneilles* Maulaffen feilhalten

Bayonne [bajɔn] *Stadt im Dep. Pyrénées-Atlantiques*

bazar [bazaʀ] *m* **1.** *en Orient* Basar *m* **2.** *magasin* Kramladen *m* **3.** F → *fouillis*, *bataclan*

bazarder [bazaʀde] *v/t* F wegschmeißen

bazooka [bazuka] *m* MIL Bazooka *f*

BCBG [besebeʒe] *adj abr* ⟨*inv*⟩ (*bon chic bon genre*) schick; elegant; smart

BCE [beseə] *f abr* (*Banque centrale européenne*) EZB *f* (Europäische Zentralbank)

BCG [beseʒe] *m abr* (*bacille Calmette-Guérin*) MÉD BCG-Schutzimpfung *f* (*gegen Tuberkulose*)

bd *abr* → *boulevard*

BD [bede] *f abr* ⟨*inv*⟩ F (*bande dessinée*) Comic(s) *m(pl)*

bê [bɛ] *int mouton* mäh!; bäh!

Les BD – Comics

Für Franzosen sind Comics Teil ihres nationalen Kulturguts. Leser sind keineswegs nur Jugendliche, sondern auch Erwachsene aus allen sozialen Schichten. In großen Buchhandlungen gibt es ganze Abteilungen ausschließlich für Comics. Jeder Jugendliche kennt *Tintin*, *Astérix et Obélix* oder *Titeuf*. Erwach-

sene lesen gerne Comics von Wolinski, Reiser, Cabu, Lauzier, Enki Bilal oder Serre, sie lieben Serien wie *Les Bidochons* (Binet), *Aggripine* (Claire Bretécher), *Le Chat* (Philippe Geluck). Das Angebot ist äußerst vielfältig, von der Umsetzung klassischer Literatur über Krimis bis zu Science-Fiction ist jedes Genre vertreten. Auf Festivals wie dem Festival d'Angoulème werden die neuesten Comics vorgestellt.

beach volley [bitʃvɔlɛ] *m* Beachvolleyball *m*

béant [beɑ̃] *adj* ⟨**-ante** [-ɑ̃t]⟩ klaffend; *gouffre* gähnend

Béarn [beaʀn] *le Béarn historische Provinz in Südwestfrankreich*

béarnais [beaʀnɛ] *adj* ⟨**-aise** [-ɛz]⟩ des Béarn; CUIS *sauce béarnaise* Sauce béarnaise *f*

béat [bea] *adj* ⟨**-ate** [-at]⟩ einfältig, dümmlich (und glücklich); selig

béatification [beatifikasjɔ̃] *f* Seligsprechung *f*

béatifier [-fje] *v/t* seligsprechen

béatifique [-fik] *adj* selig machend

béatitude [beatityd] *f* **1.** REL Seligkeit *f* **2.** *st/s* Glückseligkeit *f*

beatnik [bitnik] *m* Gammler *m*

Béatrice [beatʀis] *f* Vorname

▸ **beau** [bo] **I** *adj* ⟨*m vor Vokal u stummem h* **bel** [bɛl]; *f* **belle** [bɛl]; *m/pl* **beaux** [bo]⟩ **1.** schön; *un beau geste* e-e schöne, edle Geste; *les beaux quartiers* die vornehmen Viertel *n/pl*; *un beau soleil* (e-e) strahlende Sonne; *beau temps* schönes, gutes Wetter; *un beau jour* e-s schönen Tages; *se faire beau* sich schön machen; sich fein machen **2.** *iron* schön; heiter; reizend; nett; *j'en apprends de belles* ich höre ja schöne, reizende Dinge, Geschichten; *en dire de belles* dummes Zeug reden **3.** *somme* ziemlich groß; F schön; F hübsch; *morceau* groß; F ordentlich; *gifle*, *rhume* F gehörig; F tüchtig; *un bel âge* ein schönes, hohes Alter; *au beau milieu de* mitten in, auf (+ *dat*) **II** *adv avoir beau faire qc* etw noch so sehr tun können, mögen; *vous avez beau dire* Sie können *ou* mögen sagen, was Sie wollen; *il fait beau* es ist schön(es Wetter); *menace il ferait beau voir que …* das wäre ja noch schöner, wenn …; *bel et bien* tatsächlich; wirklich; in der Tat; *de plus belle* noch mehr, heftiger, stärker, schlimmer **III** *subst* **4.** *le beau* das Schöne **5.** *un vieux beau* ein alter Beau, Schönling; *chien faire le beau* Männchen machen; F schönmachen **6.** *iron c'est du beau!* das ist ja heiter, reizend! **7.** *être au beau fixe baromètre* auf Schön stehen; *temps* beständig sein; *fig relations* bestens, ungetrübt sein **8.** *plais sa belle* s-e Liebste; *ma belle!* meine Liebe, Beste, Gute! **9.** *belle f* JEU entscheidende Partie; SPORTS Entscheidungsspiel *n* **10.** *arg* (*se*) *faire la belle* F ausrücken; F ausbüxen

Beauce [bos] *la Beauce Landschaft im Südwesten von Paris*

▸ **beaucoup** [boku] *adv* viel; sehr; (*de nombreuses personnes*) viele; ▸ *beaucoup de* (+ *subst*) viel(e) (+ *subst*); *lire beaucoup* viel lesen; *il a beaucoup changé* er hat sich sehr verändert; *beaucoup mieux* viel, weit besser; *de beaucoup* bei weitem; weitaus; mit Abstand; *beaucoup d'accidents* viele Unfälle; *beaucoup de chance* viel Glück; *avoir beaucoup de choses à faire* viel zu tun haben; *il y est pour beaucoup* er ist daran maßgeblich beteiligt; *beaucoup le pensent* viele denken so

beauf [bof] *m abr* F **1.** → *beau-frère* **2.** *péj* Spießer *m*

beau-fils *m* ⟨**beaux-fils**⟩ **1.** (*fils du conjoint*) Stiefsohn *m* **2.** (*gendre*) Schwiegersohn *m*

▸ **beau-frère** *m* ⟨**beaux-frères**⟩ Schwager *m*

Beaujolais [boʒɔlɛ] **1.** *le Beaujolais* Weingegend nördlich von Lyon **2.** *beaujolais m vin* Beaujolais *m*

Beaune [bon] *Stadt im Dep. Côte-d'Or*

beau-papa [bopapa] *m* ⟨**beaux-papas**⟩ *appellatif* Schwiegerpapa *m*

▸ **beau-père** *m* ⟨**beaux-pères**⟩ **1.** (*père du conjoint*) Schwiegervater *m* **2.** (*époux de la mère*) Stiefvater *m*

▸ **beauté** [bote] *f* Schönheit *f*; *une beauté* (*belle femme*) e-e Schönheit; *terminer en beauté* mit Glanz; glänzend; *être en beauté* besonders schön aussehen; F *se refaire une beauté* das Make-up erneuern

beaux-arts [bozaʀ] *m/pl les beaux-arts* die schönen Künste *f/pl*; die bildende Kunst

▸ **beaux-parents** [bopaʀɑ̃] *m/pl* Schwiegereltern *pl*

▸ **bébé** [bebe] *m* Baby *n*; Säugling *m*; *fig jeter le bébé avec l'eau du bain* das Kind mit dem Bad ausschütten

bébé-éprouvette *m* ⟨**bébés-éprouvette**⟩ Retortenbaby *n*

bébête [bebɛt] F *adj* kindisch; albern

be-bop [bibɔp] *m* MUS Bebop *m*

bec [bɛk] *m* **1.** Schnabel *m*; *coup m de bec* Schnabelhieb *m*; *fig* Seitenhieb *m*; *fig rester le bec dans l'eau* nicht wissen, woran man ist **2.** F *fig* (*bouche*) F Schnabel *m*; *un bec fin* ein Feinschmecker *m*; *prise f de bec* (heftiger) Wortwechsel; Auseinandersetzung *f*; *claquer du bec* F Kohldampf schieben; *clouer le bec à qn* F j-m den Mund stopfen **3.** *d'une cafetière, etc* Schnabel *m*; Ausguss *m*; Tülle *f*; *d'une plume* Spitze *f*; MUS Mundstück *n*; F *fig tomber sur un bec* e-e harte Nuss zu knacken haben

bécane [bekan] F *f* **1.** (*vélo*) F Stahlross *n*; Drahtesel *m* **2.** (*moto*) F Maschine *f*

bécarre [bekaʀ] *m* MUS Auflösungszeichen *n*

bécasse [bekas] *f* **1.** ZO (Wald)Schnepfe *f* **2.** F *fig* dumme Gans, Pute

bécasseau [bekaso] *m* ⟨**~x**⟩ ZO Strandläufer *m*

bécassine [bekasin] *f* **1.** ZO Bekassine *f*; Sumpfschnepfe *f* **2.** F *fig* → *bécasse*

bec-de-cane [bɛkdəkan] *m* ⟨**becs-de-cane**⟩ **a)** *serrure* schlüsselloses Fallenschloss **b)** *poignée* Türklinke *f*; Drehknauf *m*

bec-de-lièvre [bɛkdəljɛvʀ] *m* ⟨**becs-de-lièvre**⟩ Hasenscharte *f*

béchage [beʃaʒ] *m* JARD Umgraben *n*

béchamel [beʃamɛl] *f* Béchamelsoße *f*

bêche [bɛʃ] *f* Spaten *m*

bêcher [beʃe] **I** *v/t* umgraben **II** F *v/i* eingebil-

det, hochnäsig sein

bêcheur [beʃœʀ] *m* F eingebildeter Schnösel

bêcheuse [-øz] *f* F eingebildete Pute

bécot [beko] *m* Küsschen *n*

bécoter [bekɔte] F *v/t* (*et v/pr se bécoter* sich) abküssen, F abknutschen

becquée [beke] *f donner la becquée* füttern (*à acc*)

becquerel [bɛkʀɛl] *m* PHYS Becquerel *n*

becqueter [bɛkte] F *v/t* ⟨**-tt-**⟩ *personne* F futtern

becter [bɛkte] F *v/t* essen; F futtern

bedaine [bədɛn] *f* F Wanst *m*

bedeau [bədo] *m* ⟨**~x**⟩ Küster *m*; Kirchendiener *m*

bedon [bədõ] *m* F → *bedaine*

bedonnant [bədɔnɑ̃] F *adj* ⟨**-ante** [-ɑ̃t]⟩ dick-, F schmerbäuchig

bédouin [bedwɛ̃], **bédouine** [-in] **I** *m,f* Beduine *m*, Beduinenfrau *f* **II** *adj* Beduinen...

bée [be] *adj f rester bouche bée* mit offenem Mund dastehen; F Mund und Augen aufreißen

beefsteak [biftɛk] *m* → *bifteck*

béer [bee] *v/i litt béer d'admiration* vor Bewunderung den Mund weit aufreißen

Beethoven [betɔvɛn] *m* Beethoven *m*

beffroi [befʀwa] *m* Uhr-, Rathausturm *m*

bégaiement [begɛmɑ̃] *m* Stottern *n*

bégayer [begeje] *v/t et v/i* ⟨**-ay-** *od* **-ai-**⟩ stottern

bégonia [begɔnja] *m* Begonie *f*

bègue [bɛg] **I** *adj être bègue* stottern **II** *m,f* Stotterer *m*, Stotterin *f*

bégueule [begœl] *adj* prüde

béguin [begɛ̃] *m* F **1.** *avoir le béguin pour qn* in j-n vernarrt, F verknallt sein **2.** *personne* F Schwarm *m*

béhaviorisme [beavjɔʀism] *m* Behaviorismus *m*

béhavioriste [-ist] **I** *adj* behavioristisch **II** *m,f* Behaviorist(in) *m(f)*

beige [bɛʒ] *adj* beige; sandfarben

beigne [bɛɲ] *f* F → *gifle*

beignet [bɛɲe] *m* Krapfen *m*; Berliner *m*

bel [bɛl] → *beau*

bêlement [bɛlmɑ̃] *m des moutons* Blöken *n*; *des chèvres* Meckern *n*

bêler [-e] *v/i mouton* blöken; *chèvre* meckern

belette [bəlɛt] *f* Wiesel *n*

Belfort [bɛlfɔʀ, be-] *Hauptstadt des Dep. Territoire de Belfort*

▸ **belge** [bɛlʒ] **I** *adj* belgisch **II** *Belge m,f* Belgier(in) *m(f)*

belgicisme [bɛlʒisism] *m* LING belgische Spracheigentümlichkeit; Belgizismus *m*

▸ **Belgique** [bɛlʒik] *la Belgique* Belgien *n*

Belgrade [bɛlgʀad] Belgrad *n*

bélier [belje] *m* **1.** ZO Widder *m*; Schafbock *m* **2.** ASTR *Bélier* Widder *m* **3.** HIST Sturmbock *m*

belladone [bɛladɔn] *f* BOT Tollkirsche *f*; Belladonna *f*

bellâtre [bɛlɑtʀ] *m* Beau *m*; Schönling *m*

belle [bɛl] → *beau*

belle-de-jour [bɛldəʒuʀ] *f* ⟨**belles-de-jour**⟩ BOT Winde *f*

belle-de-nuit *f* ⟨**belles-de-nuit**⟩ BOT Wunderblume *f*

belle-doche [bɛldɔʃ] *péj f* ⟨*pl* **belles-doches**⟩ Schwiegermutter *f*

belle-famille *f* ⟨**belles-familles**⟩ Familie *f* des

Ehepartners; angeheiratete Familie
▸ **belle-fille** *f* ⟨**belles-filles**⟩ 1. (*bru*) Schwiegertochter *f* 2. (*fille du conjoint*) Stieftochter *f*
belle-maman *f* ⟨**belles-mamans**⟩ *appellatif* Schwiegermama *f*
▸ **belle-mère** *f* ⟨**belles-mères**⟩ 1. (*mère du conjoint*) Schwiegermutter *f* 2. (*épouse du père*) Stiefmutter *f*
belles-lettres [bɛlɛtʀ] *f/pl autrefois* schöne Literatur; Belletristik *f*
▸ **belle-sœur** *f* ⟨**belles-sœurs**⟩ Schwägerin *f*
bellicisme [bɛlisism] *m* kriegerische Gesinnung; Kriegshetze *f*
belliciste [bɛlisist] I *adj* den Krieg befürwortend; kriegshetzerisch II *m,f* Befürworter(in) *m(f)* des Krieges; Kriegshetzer(in) *m(f)*
belligérance [bɛliʒeʀɑ̃s] *f* Status *m* e-r Krieg führenden Macht
belligérant [bɛliʒeʀɑ̃] *adj* ⟨**-ante** [-ɑ̃t]⟩ Krieg führend
belliqueux [belikø] *adj* ⟨**-euse** [-øz]⟩ 1. kriegerisch 2. streit-, kampflustig
belon [bəlɔ̃] *f flache, runde* Austernart
belote [bəlɔt] *f frz* Kartenspiel
Béloutchistan [belutʃistɑ̃] GÉOGR **le Béloutchistan** Belutschistan *n*
belvédère [belvedɛʀ] *m* Aussichtspunkt *m*, -terrasse *f*, -turm *m*
bémol [bemɔl] *m* MUS B *n*; *adjt* **do bémol** ces(-Moll) ou Ces(-Dur)
ben [bɛ̃] *adv*, *int* F (**eh**) **ben** → **bien¹** I 5
bénédicité [benedisite] *m* Tischgebet *n*
bénédictin [benediktɛ̃] *m* Benediktiner *m*
bénédiction [benediksjɔ̃] *f* Segen *m* (*a fig*); *action* Segnung *f*; **bénédiction nuptiale** kirchliche Trauung
bénef [benɛf] *m abr* F → **bénéfice**; **c'est tout bénef** das bringt Vorteile
▸ **bénéfice** [benefis] *m* 1. COMM Gewinn *m*; Ertrag *m*; Profit *m* 2. (*avantage*) Vorteil *m*; Nutzen *m*; **au bénéfice de** zugunsten (+ *gén*); **laisser à qn le bénéfice du doute** im Zweifelsfall zu j-s Gunsten entscheiden
bénéficiaire [benefisjɛʀ] I *adj* gewinnbringend; Gewinn... II *m,f* Begünstigte(r) *f(m)*; *d'une prestation* Empfänger(in) *m(f)*; Bezieher(in) *m(f)*
bénéficier [benefisje] *v/t/indir* **bénéficier de qc** in den Genuss e-r Sache (*gén*) kommen; *d'une prestation* etw beziehen; **faire bénéficier qn de qc** j-m etw zugutekommen lassen
bénéfique [benefik] *adj* wohltuend; *effet* günstig
Benelux [benelyks] **le Benelux** die Beneluxstaaten *m/pl*
benêt [bənɛ] *m* (**grand**) **benêt** Tölpel *m*
bénévolat [benevɔla] *m* Freiwilligendienst *m*
bénévole [benevɔl] I *adj* ehrenamtlich; freiwillig; unbezahlt II *m* ehrenamtlicher Helfer
bengalais [bɛ̃galɛ] *adj et subst* ⟨**-aise** [-ɛz]⟩ → **bengali**
Bengale [bɛ̃gal] **le Bengale** Bengalen *n*
bengali [bɛ̃gali] I *adj* bengalisch II 1. **Bengali(e)** *m(f)* Bengale *m*, Bengalin *f* 2. LING **le bengali** das Bengali; Bengali *n* 3. *m* ZO Prachtfink *m*
Beng(h)azi [bɛ̃gazi] GÉOGR Bengasi *n*
bénigne → **bénin**

bénignité [beniɲite] *f d'une maladie* Gutartigkeit *f*; Harmlosigkeit *f*
bénin [benɛ̃] *adj* ⟨**bénigne** [beniɲ]⟩ gutartig (*a* MÉD); harmlos
Bénin [benɛ̃] **le Bénin** Benin *n*
béninois [beninwa] I *adj* ⟨**-oise** [-waz]⟩ beninisch II **Béninois(e)** *m(f)* Beniner(in) *m(f)*
béni-oui-oui [beniwiwi] *m/pl* F Jasager *m/pl*
bénir [beniʀ] *v/t* 1. REL segnen 2. *par ext* dankbar sein (**qn** j-m); heilfroh sein (**qc** über etw [*acc*])
bénit [beni] *adj* ⟨**-ite** [-it]⟩ geweiht; **eau bénite** Weihwasser *n*
bénitier [benitje] *m* Weihwasserbecken *n*, -kessel *m*; F **grenouille** *f* **de bénitier** F Betschwester *f*
benjamin [bɛ̃ʒamɛ̃] *m*, **benjamine** [-in] *f* Jüngste(r) *f(m)*; Benjamin *m*; *d'une famille a* Nesthäkchen *n*
Benjamin [bɛ̃ʒamɛ̃] *m Vorname*
benne [bɛn] *f* (Wagen)Kasten *m*; **benne à ordures** Müllauto *n*
Benoît [bənwa] *m* Benedikt *m*
benzène [bɛ̃zɛn] *m* CHIM Benzol *n*
benzine [bɛ̃zin] *f* Waschbenzin *n*
Béotie [beɔsi] GÉOGR **la Béotie** Böotien *n*
béotien [beɔsjɛ̃] *m*, **béotienne** [-jɛn] *f* Banause *m*
BEP [beape, bɛp] *m abr* ⟨*inv*⟩ (*brevet d'études professionnelles*) Berufsschulabschluss *m*
BEPC [beapese] *m abr* ⟨*inv*⟩ (*brevet d'études du premier cycle*) *correspond à* mittlere Reife
béquille [bekij] *f* 1. Krücke *f*; **marcher avec des béquilles** an Krücken gehen 2. *d'une moto, etc* Ständer *m*; Stütze *f* 3. *de serrure* (Tür)Klinke *f*
Bérangère [beʀɑ̃ʒɛʀ] *f Vorname*
berbère [bɛʀbɛʀ] I *adj* Berber... II 1. **Berbère** *m,f* Berber(in) *m(f)* 2. LING **le berbère** die Berbersprache
bercail [bɛʀkaj] *m plais* Schoß *m* der Familie; häuslicher Herd
berce [bɛʀs] *f* BOT Bärenklau *m*
berceau [bɛʀso] *m* ⟨**~x**⟩ Wiege *f* (*a fig*)
bercement [bɛʀsəmɑ̃] *m* Wiegen *n*; Schaukeln *n*
bercer [bɛʀse] ⟨**-ç-**⟩ I *v/t* 1. *bébé* wiegen; schaukeln 2. *fig* **bercer qn de vaines promesses** j-n mit leeren Versprechungen hinhalten II *v/pr fig* **se bercer de qc** sich in etw (*dat*) wiegen
berceur [bɛʀsœʀ] *adj* ⟨**-euse** [-øz]⟩ *rythme* wiegend; *bruit monotone* einlullend
berceuse [-øz] *f* Wiegenlied *n*
Bérénice [beʀenis] *f* HIST Berenike *f*; Berenice *f*
béret [beʀɛ] *m* Tellermütze *f*; **béret basque** Baskenmütze *f*
bergamote [bɛʀgamɔt] *f agrume* Bergamotte *f*
berge [bɛʀʒ] *f* 1. (Ufer)Böschung *f* 2. F **avoir trente berges** dreißig Jahre alt sein
berger [bɛʀʒe] *m* 1. Schäfer *m*; (Schaf)Hirt(e) *m*; **l'étoile** *f* **du berger** der Morgen- *ou* Abendstern (*Venus*) 2. **berger** (**allemand**) (Deutscher) Schäferhund
Bergerac [bɛʀʒəʀak] *Stadt im Dep. Dordogne*
bergère [bɛʀʒɛʀ] *f* 1. Schäferin *f*; (Schaf)Hirtin *f* 2. (*gepolsterter*) Lehnsessel *m*
bergerie [bɛʀʒəʀi] *f* Schafstall *m*; Schäferei *f*
bergeronnette [bɛʀʒəʀɔnɛt] *f* Bachstelze *f*

Béring [beʀiŋ] *le détroit de Béring* die Beringstraße; *la mer de Béring* das Beringmeer
berk [bɛʀk] *int* F igitt(igitt)!; pfui!
Berlin [bɛʀlɛ̃] Berlin *n*
berline [bɛʀlin] *f* (viertürige) Limousine
berlingot [bɛʀlɛ̃go] *m* **1.** (tetraedrischer) Fruchtbonbon **2.** (Milch-, Saft)Tüte *f*
berlinois [bɛʀlinwa] ⟨*-oise* [-waz]⟩ **I** *adj* Berliner; berlinerisch **II** *Berlinois(e)* *m(f)* Berliner(in) *m(f)*
Berlioz [bɛʀljoz] *frz Komponist*
berlue [bɛʀly] *f avoir la berlue* blind sein (*fig*); sich täuschen, irren
bermuda(s) [bɛʀmyda] *m(pl)* Bermudashorts *pl*; Bermudas *pl*
Bermudes [bɛʀmyd] *les Bermudes* *f/pl* die Bermudainseln *f/pl*
bernache [bɛʀnaʃ] *f* **1.** *oiseau* Wildgans *f* **2.** *crustacé* Entenmuschel *f*
bernacle [bɛʀnakl] *f* → *bernache*
Bernadette [bɛʀnadɛt] *f Vorname*
Bernard [bɛʀnaʀ] *m Vorname*
bernard-l'(h)ermite [bɛʀnaʀlɛʀmit] *m* ⟨*inv*⟩ Einsiedlerkrebs *m*
berne [bɛʀn] *f en berne* auf halbmast
Berne [bɛʀn] Bern *n*
berner [bɛʀne] *v/t* zum Narren, zum Besten haben, halten; narren
bernicle [bɛʀnikl] *ou* bernique [bɛʀnik] *f* Napfschnecke *f*
Bernin [bɛʀnɛ̃] *le Bernin* Bernini *m*
berrichon [bɛʀiʃõ] *adj* ⟨*-onne* [-ɔn]⟩ (*et subst* *Berrichon* Bewohner) des Berry
Berry [bɛʀi] *le Berry Landschaft in Mittelfrankreich*
Berthe [bɛʀt] *f Vorname*
Bertrand [bɛʀtʀɑ̃] *m Vorname*
berzingue [bɛʀzɛ̃g] *à tout berzingue* schleunigst; F wie ein geölter Blitz
besace [bəzas] *f* Bettelsack *m*
Besançon [bəzɑ̃sõ] *Stadt im Dep. Doubs*
Bescherelle [beʃʀɛl] *frz Grammatiker*
bésef [bezɛf] → *bézef*
bésicles [bezikl] *plais* *f/pl* Brille *f*
besogne [bəzɔɲ] *f* Arbeit *f*; *fig aller vite en besogne* glcich aufs Ganze gehen
besogner [b(ə)zɔɲe] *v/i* schwer, hart arbeiten
besogneux [-ø] *adj* ⟨*-euse* [-øz]⟩ fleißig arbeitend
▸ besoin [bəzwɛ̃] *m* **1.** Bedürfnis *n*, Verlangen *n*, Drang *m* (*de* nach); Erfordernis *n*; *besoin d'activité* Tätigkeitsdrang *m*; *besoin de repos* Ruhebedürfnis *n*; *au besoin, si besoin est* nötigenfalls; falls erforderlich; bei Bedarf; *pour les besoins de la cause* extra hierfür; *mentir* notgedrungen; *avoir besoin de* brauchen; benötigen; nötig haben; *subvenir aux besoins de* für den Unterhalt (+ *gén*) aufkommen **2.** *besoins pl* Bedarf *m* (*en* an + *dat*); *besoins en matières premières* Rohstoffbedarf *m* **3.** F *faire ses besoins* s-e Notdurft, F sein Geschäft verrichten **4.** Not *f*; Armut *f*; Bedürftigkeit *f*; *être dans le besoin* Not, Mangel leiden; in Armut leben
bestiaire [bɛstjɛʀ] *m* **1.** *recueil* Tierbuch *n*; Bestiarium *n* **2.** *gladiateur* Tierkämpfer *m*
bestial [bɛstjal] *adj* ⟨∼*e*; *-aux* [-o]⟩ tierisch; viehisch; bestialisch; roh

bestialité [-ite] *f* Bestialität *f*; Rohheit *f*
bestiaux [bɛstjo] *m/pl* Vieh *n*
bestiole [bɛstjɔl] *f* Tierchen *n*; kleines (harmloses) Tier; Insekt *n*
best-seller [bɛstsɛlœʀ] *m* ⟨*best-sellers*⟩ Bestseller *m*
bêta [bɛta] F **I** *adj* ⟨*bêtasse* [bɛtas]⟩ dumm; F doof **II** *m gros bêta* F Dummerchen *n*
bêtabloquant [betablɔkɑ̃] *m* MÉD Betablocker *m*
bétail [betaj] *m* Vieh *n*; *gros, petit bétail* Groß-, Kleinvieh *n*
bétaillère [betajɛʀ] *f* Viehtransporter *m*
▸ bête[1] [bɛt] *f* **1.** Tier *n*; *bête à bon Dieu* Marienkäfer *m*; *fig chercher la petite bête* an allem, immer etwas auszusetzen haben; F an allem herummäkeln **2.** *fig grosse, grande bête!* F (du) Dummerchen!; *péj sale bête* gemeiner Kerl; Miststück *n*; F *bête à concours* Examenstyp *m*; *c'est sa bête noire* er *ou* sie *ou* das ist ihm ein Gräuel; *faire la bête* sich dumm stellen
▸ bête[2] *adj* dumm; F blöd(e); F doof; F dämlich; *par ext un accident bête* ein ganz dummer, blöder Unfall; F *bête à manger du foin, comme ses pieds* F dumm wie Bohnenstroh; strohdumm
bétel [betɛl] *m* **1.** BOT Betelpfeffer *m* **2.** *stimulant* Betel *m*
bêtement [betmɑ̃] *adv* **1.** dumm; F blöd(e) **2.** *tout bêtement* ganz einfach, simpel
Bethléem [betleɛm] Bethlehem *n*
bêtifiant [betifjɑ̃] *adj* ⟨*-ante* [-ɑ̃t]⟩ zur Verdummung der Leute beitragend; dumm; albern
bêtifier [-fje] *v/i* kindisch plappern
▸ bêtise [betiz] *f* **1.** Dummheit *f*; Torheit *f*; *bêtises pl a* dummes Zeug; Unsinn *m*; F Quatsch *m* **2.** (*motif futile*) Kleinigkeit *f*; Lappalie *f*
bêtisier [betizje] *m* Stilblütensammlung *f*
▸ béton [betõ] *m* Beton *m*; *de ou en béton* Beton...; *fig* (*en*) *béton* hieb- und stichfest
bétonnage [betɔnaʒ] *m* **1.** CONSTR Betonieren *n* **2.** *par ext d'une côte etc* Zubetonieren *n*
bétonner [betɔne] **I** *v/t* betonieren; *péj région* zubetonieren **II** *v/i* FOOTBALL mauern
bétonneuse [betɔnøz] *f ou* bétonnière [-jɛʀ] *f* Betonmischmaschine *f*
bette [bɛt] *f* Mangold *m*
betterave [bɛtʀav] *f* Rübe *f*; *betterave rouge* Rote Rübe, Bete
beuglante [bøglɑ̃t] F *f* laut gesungenes Lied
beuglement [bøgləmɑ̃] *m* **1.** *des bovins* Muhen *n*; Brüllen *n* **2.** F *péj* F Gejohle *n*; Gebrüll *n*; Gegröle *n*
beugler [bøgle] *v/i* **1.** *bovins* muhen; brüllen **2.** F *péj* johlen; brüllen; F grölen; plärren (*a radio*)
beur [bœʀ] F *m,f* (in Frankreich geborene[r]) Nordafrikaner(in) *m(f)*

Les beurs

Der Begriff **beur** ist aus dem Wort **arabe** entstanden (→ *siehe Info bei* ***ver-lan***) und bezeichnet die in Frankreich geborenen und aufgewachsenen Kinder

nordafrikanischer Einwanderer (besonders aus Algerien, Tunesien und Marokko). Da sie auf französischem Boden geboren sind, haben sie die französische Staatsangehörigkeit.
Die **beurs** haben durch ihre Verbundenheit mit zwei Kulturen ein eigenes Selbstverständnis entwickelt und haben großen Einfluss auf die französische (Jugend)Kultur. Ein Beispiel hierfür ist die Musikrichtung **le raï**.

beurette [bœrɛt] *f* F → *beur*
beurk [bœrk] *int* F igitt(igitt)!; pfui!
▸ **beurre** [bœr] *m* **1.** Butter *f*; *au beurre noir* in stark gebräunter Butter; F *fig œil m au beurre noir* blaues Auge; *fig faire son beurre* sein Schäfchen ins Trockene bringen; F sich gesundstoßen; F *fig compter pour du beurre* überhaupt nicht zählen; *fig mettre du beurre dans les épinards* s-e Finanzen aufbessern **2.** *petit beurre* Butterkeks *m*
beurré [bœre] F *adj* ⟨~e⟩ F besoffen; F blau
beurrer [bœre] *v/t* mit Butter (be)streichen; *tartine beurrée* Butterbrot *n*
beurrier [bœrje] *m* Butterdose *f*
beuverie [bœvri] *f* Trink-, Zech-, F Saufgelage *n*; F Sauferei *f*
bévue [bevy] *f* (dummer, peinlicher) Fehler, F Schnitzer
Beyrouth [bɛrut] Beirut *n*
bézef [bezɛf] *adv* F *c'est pas bézef* das ist nicht gerade viel
Béziers [bezje] *Stadt im Dep. Hérault*
B.H.V. [beaʃve] *m abr* (*Bazar de l'Hôtel de ville*) *Name e-r Kaufhausgruppe*
biais [bjɛ] *m* **1.** *de ou en biais* schräg **2.** *fig* Umweg *m*; (Aus)Weg *m*; *péj* Winkelzug *m*; *de biais* auf Umwegen; indirekt; *par le biais de* auf dem Umweg über (+ *acc*)
biaiser [bjeze] *v/i* ausweichen; sich winden; Winkelzüge machen
Biarritz [bjarits] *Stadt im Dep. Pyrénées-Atlantiques*
biathlon [biatlõ] *m* Biathlon *n*
bibelot [biblo] *m* Nippfigur *f*, -sache *f*
Bibendum [bibɛ̃dɔm] *m* das Michelin-Reifenmännchen
biberon [bibrõ] *m* Fläschchen *n*
biberonner [bibrɔne] *v/i* F gern einen über den Durst trinken
bibi [bibi] F *pr/pers* ich; F unsereiner
bibiche [bibiʃ] *f* F (mein) Herzchen *n*, Schatz *m*
bibine [bibin] *f* F Gesöff *n*
▸ **Bible** [bibl] *f* Bibel *f* (*fig bible*); *fig Le Capital de Marx*, *c'est sa bible* ... ist s-e Bibel, ist für ihn die Bibel
bibliobus [biblijobys] *m* Fahrbücherei *f*
bibliographe [biblijɔgraf] *m,f* Bibliograph(in) *m(f)*
bibliographie [-i] *f* Bibliographie *f*; *liste a* Literatur-, Bücherverzeichnis *n*
bibliographique [-ik] *adj* bibliographisch
bibliophile [biblijɔfil] *m,f* Bücherliebhaber(in) *m(f)*

bibliophilie [-i] *f* Bibliophilie *f*
bibliothécaire [biblijɔtekɛr] *m,f* Bibliothekar(in) *m(f)*
▸ **bibliothèque** [biblijɔtɛk] *f* **1.** Bibliothek *f*; *publique a* Bücherei *f* **2.** *meuble* Bücherschrank *m*
biblique [biblik] *adj* biblisch; Bibel...
bic® [bik] *m* Kugelschreiber *m*; F Kuli *m*
bicarbonate [bikarbɔnat] *m bicarbonate de soude* (doppeltkohlensaures) Natron
bicentenaire [bisɑ̃tnɛr] *m* zweihundertster Jahrestag; Zweihunderjahrfeier *f*
bicéphale [bisefal] *adj* zwei-, doppelköpfig
biceps [bisɛps] *m* Bizeps *m*
biche [biʃ] *f* **1.** zo Hirschkuh *f*; *fig yeux m/pl de biche* Rehaugen *n/pl* **2.** *ma biche* mein Herzchen *n*, Schätzchen *n*
bicher [biʃe] *v/i* F **1.** sich freuen; F strahlen **2.** *ça biche?* geht's gut?; F alles o.k.?
bichette [biʃɛt] *f ma bichette* → *biche*
bichon [biʃõ] *m chien* Malteser *m*
bichonner [biʃɔne] *v/t* **1.** (*pomponner*) herausputzen **2.** (*soigner*) hätscheln
bicolore [bikɔlɔr] *adj* zweifarbig
biconcave *adj* opt bikonkav
biconvexe *adj* opt bikonvex
bicoque [bikɔk] *f péj* Bruchbude *f*
bicorne [bikɔrn] *m* Zweispitz *m*
bicot [biko] *m injure* (*sale*) *bicot* dreckiger Araber, Nordafrikaner
bicross [bikrɔs] *m* BMX-Rad *n*
▸ **bicyclette** [bisiklɛt] *f* (Fahr)Rad *n*; *aller à*, F *en bicyclette* (mit dem) Rad fahren; F radeln
bidasse [bidas] F *m* Rekrut *m*
bide [bid] F *m* **1.** (dicker) Bauch; F Wanst *m* **2.** thé *faire un bide* F ein Flop *m* sein; durchfallen
bidet [bidɛ] *m* **1.** Bidet *n* **2.** *plais* (*cheval*) Pferd(-chen) *n*
bidoche [bidɔʃ] F *f* Fleisch *n*
bidon [bidõ] *m* **1.** Kanister *m* **2.** F → *bide* **3.** F Bluff *m*; Schwindel *m*; *adjt* ⟨*inv*⟩ vorgetäuscht; Schein...
bidonnant [bidɔnɑ̃] F *adj* ⟨-**ante** [-ɑ̃t]⟩ spaßig; lustig; ulkig
bidonner [-e] *v/pr* F *se bidonner* F sich tot-, schieflachen
bidonville [bidõvil] *m* Slum *m*; Bidonville *n*
bidouillage [bidujaʒ] F *m* Bastelei *f*; F Fummelei *f*
bidouiller [-je] *v/t* F herumbasteln, -fummeln an (+ *dat*)
bidule [bidyl] *m* F Dings(da, -bums) *n*
bief [bjɛf] *m d'un cours d'eau* Abschnitt *m*; *d'un canal* Staustrecke *f*; *d'un moulin* Mühlbach *m*
bielle [bjɛl] *f* tech Pleuel(stange) *m(f)*; *couler une bielle* F e-n Kolbenfresser haben
biélorusse [bjelɔrys] **I** *adj* weißrussisch **II** *m,f* **Biélorusse** Weißrusse, -russin *m,f*
Biélorussie [bjelɔrysi] *la Biélorussie* Weißrussland *n*
▸ **bien**[1] [bjɛ̃] **I** *adv* **1.** gut (*a note*); *st/s* wohl; *assez bien* ziemlich gut; *note* befriedigend; *très bien* sehr gut (*a note*) **2.** (*juste*) gut; richtig; recht; *bien conseiller qn* j-n gut, richtig beraten **3.** *intensité* sehr; viel; ganz; recht; reichlich;

bien content recht, *p/fort* sehr zufrieden; **bien jeune** reichlich, noch recht jung; **bien mieux** viel, weit besser; **bien des** *ou* **du** *ou* **de la** (+ *subst*) (sehr) viele *ou* viel **4.** *emphatique* wohl; doch; schon; wirklich; *résignation* halt; **bien à vous** mit herzlichen Grüßen Ihr(e); **j'irais bien avec vous** ich würde (ja) gern mit Ihnen gehen; **c'est bien lui** das ist er wirklich, tatsächlich; **je pense bien** ich denke schon, wohl **5.** *int* ▸ **eh bien**, F **eh ben** nun!; na!; also! **II** *adj* ⟨*inv*⟩ **6.** gut; **bien!** gut!; *iron* **nous voilà bien!** da sitzen wir schön in der Tinte, im Schlamassel!; *être, se sentir bien* sich wohlfühlen; *être bien avec qn* (sich) gut mit j-m stehen; *prov* **tout est bien qui finit bien** *prov* Ende gut, alles gut **7.** (*beau*) *être bien* gut aussehen **8.** F (*distingué*) fein; vornehm; besser; (*comme il faut*) ordentlich; anständig; *des gens bien* feine, bessere Leute *pl*; ordentliche, anständige Leute *pl* **III** *conj* ▸ **bien que** (+ *subj*) obwohl; obgleich; *si bien que* sodass

bien² *m* **1.** Wohl *n*; Beste(s) *n*; Gute(s) *n*; *bien public* öffentliches Wohl; (All)Gemeinwohl *n*; *dire du bien de qn, qc* Gutes über j-n, etw sagen; j-m, e-r Sache Gutes nachsagen; *c'est pour son bien* das geschieht zu s-m Besten; *faire du bien à qn repos, etc* j-m guttun, wohltun; *personne* j-m Gutes tun, erweisen; *iron* **grand bien vous fasse!** wohl bekomm's!; *mener à bien* zum Erfolg führen **2.** *le bien* Gute; *en tout bien tout honneur* in allen Ehren; *faire le bien* Gutes tun **3.** *matériel* Gut *n*; Hab und Gut *n*; Habe *f*; Besitz *m*; *biens de consommation* Konsum-, Verbrauchsgüter *n/pl*

bien-aimé [bjɛ̃neme] **I** *adj* ⟨~e⟩ innig geliebt **II** **bien-aimé(e)** *m(f)* Geliebte(r) *f(m)*

bien-être [bjɛ̃nɛtʁ] *m* **1.** Wohlbehagen *n*, -gefühl *n* **2.** TOURISME Wellness *f*; *centre* **m** *de bien-être* Wellnesscenter *n*; *espace* **m** *bien--être* Wellnessbereich *m*; *week-end* **m** *bien--être* Wellnesswochenende *n* **3.** *matériel* Wohlstand *m*

bienfaisance [bjɛ̃fəzɑ̃s] *f* Wohltätigkeit *f*

bienfaisant [-ɑ̃] *adj* ⟨-ante [-ɑ̃t]⟩ wohltuend; erquickend

bienfait [bjɛ̃fɛ] *m* **1.** Wohltat *f*; *fig* **bienfaits** *pl* Segnungen *f/pl* **2.** *d'un traitement* wohltuende Wirkung

bienfaiteur [bjɛ̃fɛtœʁ] *m*, **bienfaitrice** [-tʁis] *f* Wohltäter(in) *m(f)* (*a fig*)

bien-fondé [bjɛ̃fɔ̃de] *m* Rechtmäßigkeit *f*; Berechtigung *f*; Stichhaltigkeit *f*

bienheureux [bjɛ̃nøʁø] *adj* ⟨-euse [-øz]⟩ **1.** glücklich **2.** BIBL, CATH selig

biennal [bjenal] **I** *adj* ⟨~e; -aux [-o]⟩ **a)** (*pour deux ans*) zweijährig **b)** (*tous les deux ans*) zweijährlich; alle zwei Jahre stattfindend **II** *f* **biennale** Biennale *f*

bien-pensant [bjɛ̃pɑ̃sɑ̃] *adj* ⟨-ante [-ɑ̃t]⟩ *péj* konformistisch

bienséance [bjɛ̃seɑ̃s] *f* Anstand *m*; Schicklichkeit *f*

bienséant [-ɑ̃] *adj* ⟨-ante [-ɑ̃t]⟩ schicklich; wohlanständig

▸ **bientôt** [bjɛ̃to] *adv* bald; *à bientôt!* auf baldiges Wiedersehen!; F bis, auf bald!

bienveillance [bjɛ̃vɛjɑ̃s] *f* Wohlwollen *n*

bienveillant [-ɑ̃] *adj* ⟨-ante [-ɑ̃t]⟩ wohlwollend

bienvenu [bjɛ̃vny] **I** *adj* ⟨~e⟩ willkommen **II** *être le bienvenu, la bienvenue* willkommen sein

▸ **bienvenue** [bjɛ̃vny] *f* Willkommen *n*; *souhaiter la bienvenue à qn* j-n willkommen heißen

▸ **bière¹** [bjɛʁ] *f* Bier *n*; *bière blonde, brune* helles, dunkles Bier

bière² *f* Sarg *m*; *mettre en bière* einsargen

biffer [bife] *v/t* (aus-, durch)streichen

bifocal [bifɔkal] *adj* ⟨~e; -aux [-o]⟩ OPT bifokal

▸ **bifteck** [biftɛk] *m* (Beef)Steak *n*; F *fig* **défendre son bifteck** s-e Interessen verteidigen

bifurcation [bifyʁkasjɔ̃] *f* Gabelung *f*; Abzweigung *f*

bifurquer [bifyʁke] *v/i* **1.** *route* sich gabeln, verzweigen **2.** *véhicule* abbiegen (*vers, sur* nach) **3.** *dans une carrière* überwechseln (*vers* zu); F umsatteln (auf + *acc*)

bigame [bigam] *adj* bigamistisch; in Bigamie lebend

bigamie [bigami] *f* Bigamie *f*; Doppelehe *f*

bigarade [bigaʁad] *f* BOT Pomeranze *f*

bigarré [bigaʁe] *adj* ⟨~e⟩ **1.** bunt (gemustert) **2.** *fig foule* bunt gemischt

bigarreau [bigaʁo] *m* ⟨~x⟩ Kirschsorte *f*

big bang [bigbɑ̃g] *m* Urknall *m*

bigler [bigle] **I** *v/t* F (*regarder*) F angucken **II** *v/i* F (*loucher*) schielen

bigleux [biglø] *adj* ⟨-euse [-øz]⟩ F *être bigleux* (*voir mal*) kurzsichtig sein; (*loucher*) schielen

bigophone [bigɔfɔn] F *m* Telefon *n*; F Quasselstrippe *f*

bigorneau [bigɔʁno] *m* ⟨~x⟩ Strandschnecke *f*

bigot [bigo] *m*, **bigote** [-ɔt] *f* Frömmler(in) *m(f)*; Betbruder *m*, -schwester *f*

bigoterie [bigɔtʁi] *f* Bigotterie *f*; Frömmelei *f*

bigoudi [bigudi] *m* Lockenwickler *m*

bigre [bigʁ] *int* F Donnerwetter!

bigrement [bigʁəmɑ̃] *adv* F verdammt; verflixt

bihebdomadaire [biɛbdɔmadɛʁ] *adj* *revue* zweimal wöchentlich erscheinend

▸ **bijou** [biʒu] *m* ⟨~x⟩ Schmuckstück *n*; Juwel *n*, Kleinod *n* (*a fig*); *pl* **bijoux** *a* Schmuck(sachen) *m(f/pl)*

bijouterie [biʒutʁi] *f* **1.** Schmuck(waren)geschäft *n*; Juweliergeschäft *n* **2.** Schmuck (-waren) *m(f/pl)*

bijoutier [biʒutje] *m* Juwelier *m*

bikini® [bikini] *m* Bikini *m*

bilame [bilam] *f* TECH Bimetallstreifen *m*

bilan [bilɑ̃] *m* **1.** Bilanz *f* (*a fig*); *fig* **faire le bilan de qc** (die) Bilanz, das Fazit aus etw ziehen **2.** *bilan de santé* Check-up *m ou n*; Generaluntersuchung *f*

bilatéral [bilateʁal] *adj* ⟨~e; -aux [-o]⟩ zweiseitig; bilateral; *stationnement bilatéral* beidseitiges Parken

bilboquet [bilbɔkɛ] *m* *Geschicklichkeitsspiel*, *bei dem e-e durchbohrte Kugel mit e-m spitzen Stock aufgefangen werden muss*

bile [bil] *f* **1.** Galle(nflüssigkeit) *f* **2.** *fig se faire de la bile* sich (*dat*) Sorgen machen

biler [bile] *v/pr* F *ne pas se biler* unbesorgt sein; sich (*dat*) keine Sorgen machen

bileux [bilø] *adj* ⟨-euse [-øz]⟩ F *ne pas être bi-*

leux → *biler*
biliaire [biljɛʀ] *adj* Gallen...
bilieux [biljø] *adj* ⟨**-euse** [-øz]⟩ **1.** MÉD gallehaltig; *teint* gelb(lich) **2.** *st/s personne, tempérament* gallig
▸ **bilingue** [bilɛ̃g] *adj* zweisprachig
bilinguisme [bilɛ̃gɥism] *m* Zweisprachigkeit *f*
billard [bijaʀ] *m* **1.** Billard(spiel) *n*; **billard électrique** Flipper *m* **2.** Billard(tisch) *n*(*m*); F *fig* **passer sur le billard** F unter das Messer kommen
bille [bij] *f* **1.** (*boule*) Kugel *f*; *au billard* Ball *m*; *jeu d'enfants* Murmel *f*; Klicker *m*; **stylo** *m* (**à**) **bille** Kugelschreiber *m*; *fig* **reprendre ses billes** nicht mehr mitmachen; abspringen; F aussteigen **2.** F *fig* → **bouille**
▸ **billet** [bijɛ] *m* **1.** *d'entrée* Eintrittskarte *f*; *pour voyager* Fahrkarte *f*, -schein *m*; **billet d'avion** Flugticket *n*, -schein *m*; **billet de cinéma** Kinokarte *f* **2.** ▸ **billet (de banque)** (Geld)Schein *m*; Banknote *f*; *pl* **billets** *a* Papiergeld *n*; **faux billet** falsche Banknote; F Blüte *f*; **billet de cent euros** Hundert-Euro-Schein *m* **3.** COMM Wechsel *m* **4.** *st/s* kurze Mitteilung; **billet doux** Liebesbriefchen *n* **5.** *de loterie* Los *n*; **billet gagnant** Gewinnlos *n*; Treffer *m*
billetterie [bijɛtʀi] *f* Geldautomat *m*
billevesées [bilvəze] *litt f/pl* ungereimtes Zeug; leeres, hohles Geschwätz
billion [biljõ] *m* Billion *f*
billot [bijo] *m* Hack-, Hauklotz *m*
bimbeloterie [bɛ̃blɔtʀi] *f* Herstellung *f* von, Handel *m* mit Nippsachen
bimensuel [bimɑ̃sɥɛl] *adj* ⟨**~le**⟩ *revue* monatlich zweimal erscheinend
bimestriel [bimɛstʀijɛl] *adj* ⟨**~le**⟩ *revue* alle zwei Monate erscheinend
bimétallisme [bimetalism] *m* FIN Doppelwährung *f*; Bimetallismus *m*
bimillénaire [bimi(l)lenɛʀ] **I** *adj* zweitausendjährig **II** *m* Zweitausendjahrfeier *f*
bimoteur [bimɔtœʀ] *adj* AVIAT zweimotorig
binage [binaʒ] *m* JARD Hacken *n*
binaire [binɛʀ] *adj sc* binär
biner [bine] *v/t* JARD hacken
binette [binɛt] *f* **1.** JARD Hacke *f* **2.** F Gesicht *n*; *péj* Visage *f*
bineuse [binøz] *f* AGR Hackmaschine *f*
bing [biŋ] *int* peng!
biniou [binju] *m* Dudelsack *m*
binoclard [binɔklaʀ] F **I** *adj* ⟨**-arde** [-aʀd]⟩ brilletragend **II** **binoclard(e)** *m*(*f*) F Brillenschlange *f*
binocle [binɔkl] *m* **1.** (*pince-nez*) Kneifer *m*; Zwicker *m* **2.** *pl* **binocles** *plais* (*lunettes*) Brille *f*
binoculaire [binɔkylɛʀ] *adj* OPT beidäugig; binokular (*a instrument*)
binôme [binom] *m* MATH Binom *n*
bio [bjo] F *adj* ⟨*inv*⟩ Bio...; **produits** *m/pl* **bio** Bioerzeugnisse *n/pl*; *advt* **manger bio** Biokost essen
biocarburant *m* Biotreibstoff *m*
biochimie *f* Biochemie *f*
biochimique *adj* biochemisch
biochimiste *m,f* Biochemiker(in) *m*(*f*)
biodégradable [bjodegʀadabl] *adj* biologisch abbaubar

biodiversité *f* Artenvielfalt *f*, -reichtum *m*
bioéthique *f* Bioethik *f*
biographe [bjɔgʀaf] *m,f* Biograph(in) *m*(*f*)
biographie [-i] *f* Biographie *f*; Lebensgeschichte *f*
biographique [-ik] *adj* biographisch
bio-industrie *f* Biotechnologiebranche *f*; Biotech-Industrie *f*
▸ **biologie** [bjɔlɔʒi] *f* Biologie *f*
biologique [-ik] *adj* biologisch
biologiste [-ist] *m,f* Biologe, -login *m,f*
biomasse *f* Biomasse *f*
biomédical *m* ⟨**~e; -aux** [-o]⟩ biomedizinisch
biométrie [-metʀi] *f* Biometrie *f*; Biometrik *f*
biométrique *adj* biometrisch
bionique [bjɔnik] **I** *adj* bionisch **II** *f* Bionik *f*
biophysique *f* Biophysik *f*
biopsie [bjɔpsi] *f* MÉD Biopsie *f*
biorythme [bjɔʀitm] *m* Biorhythmus *m*
biosphère *f* Biosphäre *f*
biotechnologie *f* Biotechnologie *f*; Biotechnik *f*
biotope [bjɔtɔp] *m* Biotop *m* *ou* *n*
bioxyde [bjɔksid] *m* CHIM Dioxid *n*
bipartisme [bipaʀtism] *m* POL Zweiparteiensystem *n*
bipartite [-it] *adj* POL Zweier...; Zweiparteien...
bip-bip [bipbip] *m* ⟨*inv*⟩ **1.** Piepton *m* **2.** *appareil* F Piepser *m*
bipède [bipɛd] *m* Zweifüßer *m*
biplace [biplas] *adj* AVIAT, AUTO zweisitzig
biplan [biplɑ̃] *m* AVIAT Doppeldecker *m*
bipolaire [bipɔlɛʀ] *adj* PHYS, MATH zweipolig; *sc* bipolar
bipolarisation [-pɔlaʀizasjõ] *f* POL Polarisierung *f*
bipolarité [-pɔlaʀite] *f* PHYS Zweipoligkeit *f*; *sc* Bipolarität *f*
bique [bik] F *f* **1.** ZO Ziege *f*; Geiß *f* **2.** *fig et péj* **grande bique** F Hopfenstange *f*; **vieille bique** alte Ziege, F Zicke
biquet [bikɛ] F *m*, **biquette** [-ɛt] F *f* Zicklein *n*
birbe [biʀb] *m* F *péj* **un vieux birbe** F ein alter Knacker
biréacteur [biʀeaktœʀ] *m* AVIAT zweistrahlige Maschine *f*
birman [biʀmɑ̃] **I** *adj* ⟨**-ane** [-an]⟩ birmanisch **II** **1. Birman(e)** *m*(*f*) Birmane *m*, Birmanin *f* **2.** LING **le birman** das Birmanische; Birmanisch *n*
Birmanie [biʀmani] *f* **la Birmanie** Birma *n*
bis¹ [bi] *adj* ⟨**bise** [biz]⟩ graubraun; **pain bis** Grau-, Mischbrot *n*
bis² [bis] **I** *adv avec un numéro* a; **habiter au 12 bis** Nummer 12 a wohnen; **itinéraire** *m* **bis** Ausweichstrecke *f*, -route *f* **II** *m* Wiederholung *f*; MUS *a* Dakapo *n*
bisaïeul(e) [bizajœl] *st/s m*(*f*) Urgroßvater *m*, -mutter *f*; **bisaïeuls** *m/pl* Urgroßeltern *pl*
bisannuel [bizanɥel] *adj* ⟨**~le**⟩ zweijährlich; *plante* zweijährig
bisbille [bizbij] *f* F **être en bisbille avec qn** mit j-m schmollen, im Streit liegen
biscornu [biskɔʀny] F *adj* ⟨**~e**⟩ bizarr; wunderlich; verschroben
biscoteau [biskɔto] F *m* ⟨**~x**⟩ *ou* **biscoto** F *m* → **biceps**
biscotte [biskɔt] *f* Zwieback *m*

biscuit [biskꙗi] *m* **1.** (*gâteau sec*) Keks *m*; *biscuit de chien* Hundekuchen *m* **2.** *biscuit de Savoie* Biskuit *n ou m*; *biscuit à la cuiller* Löffelbiskuit *n ou m*
biscuiterie [biskꙗitʀi] *f* **a**) *fabrication* Keksherstellung *f* **b**) *usine* Keksfabrik *f*
bise[1] [biz] *f* kalter Nord(ost)wind
bise[2] F *f* Kuss *m*, Küsschen *n* (auf die Wange); *grosse bise* dicker Kuss; F Schmatz *m*; *formule épistolaire* *grosses bises* tausend Küsse

---

Faire la bise

Begrüßungen unter Verwandten, Freunden oder Bekannten fallen in Frankreich meist sehr herzlich aus. Man gibt sich ein, zwei oder mehr Küsschen auf die Wange.
Das nennt man **faire la bise**. Unter jungen Leuten gehören die Küsschen zur üblichen Begrüßung, auch wenn man sich gerade erst kennenlernt.
Unter Männern sind **bises** nicht üblich. Sie geben sich in der Regel nur die Hand.

---

biseau [bizo] *m* ⟨∼**x**⟩ *en biseau* mit abgeschrägter Kante
biseauter [bizote] *v/t* abschrägen; abkanten
bisexualité [biseksꙗalite] *f* **1.** BIOL Doppel-, Zweigeschlechtigkeit *f* **2.** PSYCH Bisexualität *f*
bisexué [bisɛksꙗe] *adj* ⟨∼**e**⟩ BIOL doppel-, zweigeschlechtig
bisexuel [-ɛl] *adj* ⟨∼**le**⟩ bisexuell
bismuth [bismyt] *m* CHIM Wismut *n*
bison [bizõ] *m* **1.** Bison *m*; *bison d'Europe* Wisent *m* **2.** *Bison futé* Name e-s Verkehrsleitservice
bisou [bizu] *m* F → *bise*[2]
bisque [bisk] *f* *bisque de homard* Hummersuppe *f*
bisquer [biske] *v/i* F *faire bisquer qn* j-n ärgern, F auf die Palme bringen
bissectrice [bisɛktʀis] *f* Winkelhalbierende *f*
bisser [bise] *v/t* **1.** *public: artiste* zu e-r Wiederholung, zu e-m Dakapo bewegen **2.** *artiste: chanson* wiederholen; noch einmal singen
bissextile [bisɛkstil] *adj* *année bissextile* Schaltjahr *n*
bistouri [bisturi] *m* Skalpell *n*
bistre [bistʀ] *adj* ⟨inv⟩ *ou* **bistré** [bistʀe] *adj* ⟨∼**e**⟩ (dunkel)braun
▶ **bistro(t)** [bistʀo] *m* F Kneipe *f*
bistrotier [bistʀɔtje] F *m* Kneipenwirt *m*
bit [bit] *m* INFORM Bit *n*
bite [bit] *m* → *bitte 2*
bitte [bit] *f* **1.** MAR Poller *m* **2.** P (*pénis*) P Pimmel *m*; P Schwanz *m*; P Riemen *m*
bitture [bityʀ] *f* F *prendre une bitture* F sich volllaufen lassen
bitturer [bityʀe] *v/pr* F *se bitturer* F sich besaufen; sich vollaufen lassen
bitume [bitym] *m* Bitumen *n*; Asphalt *m*
bitumer [-e] *v/t* bituminieren
biture [bityʀ] *f* → *bitture*
bivouac [bivwak] *m* Biwak *n*

bivouaquer [bivwake] *v/i* biwakieren
▶ **bizarre** [bizaʀ] *adj* seltsam; sonderbar; wunderlich; F komisch; bizarr
bizarrerie [bizaʀʀi] *f* Seltsamkeit *f*; Absonderlichkeit *f*
bizarroïde [-ɔid] *adj* F → *bizarre*
bizness [biznɛs] *m* → *business*
bizut(h) [bizy(t)] *m* F *dans certaines grandes écoles* Student *m* im ersten Studienjahr
bizutage [bizytaʒ] F *m Mutproben für Neulinge e-r Grande École*
bizuter [-e] *v/t* *élève dans une grande école* e-r Mutprobe (*dat*) unterziehen
blablabla [blablabla] *m* F Blabla *n*
black [blak] F **I** *m,f* Schwarze(r) *f(m)* **II** *adj* schwarz; *black blanc beur* ⟨inv⟩ multikulturell; F multikulti
blackbouler [blakbule] *v/t* F *se faire blackbouler* e-e Niederlage erleiden; *à un examen* durchfallen
black-out [blakawt] *m* **1.** MIL Verdunk(e)lung *f* **2.** *fig faire le black-out sur qc* etw totschweigen
blafard [blafaʀ] *adj* ⟨-**arde** [-aʀd]⟩ fahl; bleich
blague [blag] *f* **1.** Scherz *m*; Spaß *m*; Witz *m*; *sans blague!* im Ernst? **2.** (*farce*) Streich *m*; Ulk *m* **3.** (*erreur*) F Schnitzer *m* **4.** *blague* (*à tabac*) Tabaksbeutel *m*
blaguer [blage] F *v/i* Spaß, Witze machen
blagueur [-œʀ] *m*, **blagueuse** [-øz] *f* Spaßmacher(in) *m(f)*, -vogel *m*; Witzbold *m*
blaireau [blɛʀo] *m* ⟨∼**x**⟩ **1.** ZO Dachs *m* **2.** Rasierpinsel *m*
blairer [blɛʀe] *v/t* F *ne pas pouvoir blairer qn* F j-n nicht riechen können
Blaise [blɛz] *m* Vorname
blâmable [blɑmabl] *adj* tadelnswert
blâme [blɑm] *m* Tadel *m*; Rüge *f*; Zurechtweisung *f*
blâmer [-e] *v/t* tadeln; rügen; zurechtweisen
▶ **blanc** [blɑ̃] **I** *adj* ⟨**blanche** [blɑ̃ʃ]⟩ **1.** weiß; *peau a* hell; *raisin* grün; *arme blanche* blanke Waffe **2.** *fig examen blanc* Probeexamen *n*; *mariage blanc* nicht vollzogene Ehe; Scheinehe *f*; *nuit blanche* schlaflose Nacht; *voix blanche* tonlose Stimme **3.** *page* unbeschrieben; unbedruckt; leer; frei; *bulletin blanc* leerer Stimmzettel **4.** (*propre*) sauber; rein; *fig a* unbefleckt; unschuldig **II** *subst* **5.** *m* Weiß *n*; *chauffeur à blanc* bis zur Weißglut erhitzen; *tirer à blanc* mit Übungsmunition, Platzpatronen schießen; *habillé en blanc* in Weiß; weiß **6.** *Blanc, Blanche m,f* Weiße(r) *f(m)* **7.** *m blanc* (*d'œuf*) Eiweiß *n* **8.** *m de volaille* Brust *f*; weißes Fleisch **9.** *m linge* Weißwaren *f/pl*; Weißzeug *n*; *au lavage* Kochwäsche *f* **10.** *m vin* Weißwein *m*; F Weiße(r) *m* **11.** *m dans un texte* unbeschriebene, unbedruckte, freie, leere, weiße Stelle; *chèque m en blanc* Blankoscheck *m* **12.** MUS *blanche f* halbe Note
blanc-bec [blɑ̃bɛk] *m* ⟨**blancs-becs**⟩ Grünschnabel *m*; grüner Junge
blanchâtre [blɑ̃ʃɑtʀ] *adj* weißlich
blanche [blɑ̃ʃ] *adj et subst f* → *blanc*
Blanche-Neige *f* Schneewittchen *n*
blancheur [blɑ̃ʃœʀ] *f* Weiße *f*; Weiß *n*
blanchi [blɑ̃ʃi] *m pour marquer un arbre* (flache) Kerbe *f*

blanchiment [blɑ̃ʃimɑ̃] *m* **1.** *d'un mur* Wei-ße(l)n *n* **2.** CUIS Abbrühen *n*; Blanchieren *n* **3.** *fig* Geldwäsche *f*

blanchir [blɑ̃ʃiʀ] **I** *v/t* **1.** weiß machen; *mur, plafond* weiße(l)n; weiß tünchen **2.** CUIS abbrühen; blanchieren **3.** *fig (disculper)* **blanchir qn** j-n reinwaschen **4.** *argent de la drogue* waschen **II** *v/i cheveux* weiß werden

blanchissage [blɑ̃ʃisaʒ] *m* Waschen *n* (in der Wäscherei)

blanchissant [blɑ̃ʃisɑ̃] *adj* ⟨**-ante** [-ɑ̃t]⟩ *produit blanchissant* Bleichmittel *n*

blanchissement [blɑ̃ʃismɑ̃] *m des cheveux* Weißwerden *n*

blanchisserie [blɑ̃ʃisʀi] *f* Wäscherei *f*; Waschanstalt *f*

blanchisseur [-œʀ] *m*, blanchisseuse [-øz] *f* Wäscher(in) *m(f)*; Wäschereibesitzer(in) *m(f)*

Blanc-Mesnil [blɑ̃menil] *Stadt im Dep. Seine--Saint-Denis*

blanc-seing [blɑ̃sɛ̃] *m* ⟨**blancs-seings**⟩ Blankounterschrift *f*

Blandine [blɑ̃din] *f Vorname*

blanquette [blɑ̃kɛt] *f* **blanquette de veau** *Kalbfleisch in weißer Soße*

blasé [blaze] *adj* ⟨**~e**⟩ blasiert

blaser [blaze] *v/pr* **se blaser** blasiert werden; abstumpfen (**de qc** gegen etw)

blason [blazɔ̃] *m* Wappen *n*; *fig* **redorer son blason** e-e reiche Heirat machen

blasphémateur [blasfematœʀ] *m*, blasphématrice [-tʀis] *f* Gotteslästerer, -lästerin *m,f*

blasphématoire [-twaʀ] *adj* gotteslästerlich; blasphemisch

blasphème [blasfɛm] *m* Gotteslästerung *f*; Blasphemie *f*

blasphémer [blasfeme] *v/i* ⟨**-è-**⟩ gotteslästerliche Reden führen

blatte [blat] *f* (Küchen)Schabe *f*

blazer [blezœʀ, bla-] *m* Blazer *m*

▸ blé [ble] *m* **1.** AGR Weizen *m* **2.** F (*argent*) → **fric**

bled [blɛd] *m* F *péj* Kaff *n*; Nest *n*

blême [blɛm] *adj* bleich; (leichen)blass

blêmir [blemiʀ] *v/i* erbleichen

blennorragie [blenɔʀaʒi] *f* Tripper *m*; Gonorrhö(e) *f*

blessant [blesɑ̃] *adj* ⟨**-ante** [-ɑ̃t]⟩ *paroles, allusions etc* verletzend; beleidigend

blessé [blese] **I** *adj* ⟨**~e**⟩ verletzt; *soldat* verwundet **II** *blessé(e) m(f)* Verletzte(r) *f(m)*; *soldat* Verwundete(r) *m*

▸ blesser [blese] **I** *v/t* **1.** verletzen; *à la guerre* verwunden; *chaussures*: *qn, pied* (wund) scheuern; aufscheuern; *fig* **blesser l'oreille, les yeux** den Ohren, Augen wehtun; das Ohr, das Auge beleidigen **2.** (*offenser*) verletzen; kränken; beleidigen **II** *v/pr* **se blesser** sich verletzen

▸ blessure [blesyʀ] *f* **1.** Verletzung *f*; *de guerre* Verwundung *f*; (*plaie*) Wunde *f* **2.** (*offense*) Kränkung *f*; Beleidigung *f*

blet [blɛ] *adj* ⟨**blette** [blɛt]⟩ überreif

blette [blɛt] *f* → **bette**

▸ bleu [blø] **I** *adj* ⟨**~e**⟩ **1.** blau **2.** *fig* **peur bleue** schreckliche Angst; F Heidenangst *f* **3.** *bifteck* englisch **II** *m* **4.** *couleur* Blau *n* **5.** *sur la peau* blauer Fleck **6.** **bleu** (**de travail**) blauer Ar-

beitsanzug, Overall **7.** **truite** *f* **au bleu** Forelle *f* blau **8.** F (*débutant*) Neuling *m*; Anfänger *m*; MIL Rekrut *m* **9.** *fromage* Blauschimmelkäse *m* **10.** FOOTBALL **les Bleus** die französische Nationalmannschaft

bleuâtre [bløɑtʀ] *adj* bläulich

bleuet [bløɛ] *m* Kornblume *f*

bleuir [bløiʀ] **I** *v/t* blau anlaufen lassen **II** *v/i* blau werden, anlaufen; *sich blau färben*

bleuissement [bløismɑ̃] *m* **1.** Blauwerden *n*, -färbung *f* **2.** *du bois* Blaufärbung *f*; Bläue *f*

bleuté [bløte] *adj* ⟨**~e**⟩ bläulich

blindage [blɛ̃daʒ] *m* Panzerung *f*

blindé [blɛ̃de] **I** *adj* ⟨**~e**⟩ **1.** gepanzert; Panzer... **2.** F *fig* gefeit, immun (**contre** gegen) **II** *m* MIL Panzer *m*

blinder [blɛ̃de] *v/t* panzern

blini [blini] *m* CUIS kleiner Buchweizenpfannkuchen

blister [blistɛʀ] *m* Blister(verpackung) *m(f)*; durchsichtige Kunststoffverpackung

blizzard [blizaʀ] *m* Blizzard *m*

bloc [blɔk] *m* **1.** Block *m* (*a* TECH *et fig* POL); *bloc de marbre* Marmorblock *m*; *bloc* (*de papier à lettres*) Briefblock *m*; *serrer, visser à bloc* fest; ganz; *fig* **en bloc** en bloc; in Bausch und Bogen; im Ganzen; als Ganzes; pauschal; *fig* **faire bloc** e-n Block bilden **2.** MÉD *bloc opératoire* Operationstrakt *m* **3.** F (*prison*) F Knast *m*

blocage [blɔkaʒ] *m* **1.** Blockierung *f*; TECH *a* Feststellen *n*; *du ballon* Stoppen *n*; Abblocken *n* **2.** *d'un compte* Sperrung *f*; Sperre *f*; *blocage des prix* Preisstopp *m* **3.** PSYCH innerer Widerstand

bloc-cuisine [blɔkkµizin] *m* ⟨**blocs-cuisines**⟩ Küchenblock *m*

blockhaus [blɔkos] *m* MIL Bunker *m*

bloc-notes [blɔknɔt] *m* ⟨**blocs-notes**⟩ Notizblock *m*; Schreibblock *m*

blocus [blɔkys] *m* Blockade *f*

blog(ue) [blɔg] *m abr* (*weblog*) INFORM Blog *n ou m*; Weblog *n ou m*

bloguer [blɔge] *v/i* INFORM bloggen

blogueur [blɔgœʀ] *m*, blogueuse [-øz] *f* INFORM Blogger(in) *m(f)*

▸ blond [blɔ̃] **I** *adj* ⟨**blonde** [blɔ̃d]⟩ **1.** blond **2.** *bière, tabac* hell; *cigarette* aus hellem Tabak **II** *subst* **3.** *blond(e) m(f)* Blonde(r) *f(m)*; Blondine *f*; *une fausse blonde* F e-e Wasserstoffblondine **4.** *m couleur* Blond *n* **5.** *blonde f bière* Helle(s) *n* **6.** *blonde f* Zigarette *f* aus hellem Tabak

blondasse [blɔ̃das] *adj péj* matt-, strohblond

blondeur [-œʀ] *f* Blondheit *f*

blondin [blɔ̃dɛ̃] *m*, blondine [-in] *f* blonder junger Mann, blondes junges Mädchen; *d'un jeune enfant* Blondschopf *m*

blondinet [blɔ̃dinɛ] *m*, blondinette [-ɛt] *f* Blondschopf *m*

blondir [blɔ̃diʀ] *v/i* **1.** heller werden **2.** CUIS *faire blondir* anbräunen

▸ bloquer [blɔke] **I** *v/t* **1.** blockieren; *route a* versperren; TECH *a* feststellen; *vis, frein* fest anziehen; FOOTBALL *ballon* (ab)stoppen; abblocken; *rester bloqué* stecken bleiben; festsitzen **2.** *fig projet* blockieren; *compte bancaire* sperren; *prix* einfrieren **3.** (*grouper*) zusammenlegen **4.** PSYCH *il est bloqué* bei ihm ist ein innerer

Widerstand da **II** v/pr **se bloquer** blockieren (a freins); klemmen
blottir [blɔtiʀ] v/pr **se blottir** sich (zusammen)kauern; sich ducken; **se blottir contre qn** sich an j-n kuscheln, schmiegen
blouse [bluz] f **1.** (Arbeits)Kittel m; Kittelschürze f **2.** (Damen)Bluse f
blouser [bluze] **I** v/t F reinlegen **II** v/i COUT blusig fallen
blouson [bluzõ] m **1.** Blouson n ou m **2.** fig **blouson noir** Halbstarke(r) m
▸ **blue-jean** [bludʒin] m ⟨**blue-jeans**⟩ Blue Jeans pl
blues [bluz] m Blues m
bluff [blœf] m Bluff m; Täuschung(smanöver) f(n)
bluffer [-e] F v/t et v/i bluffen; täuschen
bluffeur [-œʀ] m, **bluffeuse** [-øz] f Bluffer(in) m(f)
bluter [blyte] v/t farine sieben
BNP Paribas [beɛnpepaʀibɑ] f abr (Banque nationale de Paris Paribas) frz Großbank
boa [bɔa] m Boa f (a tour de cou)
bob [bɔb] m abr → **bobsleigh**
bobard [bɔbaʀ] F m (Lügen)Märchen n
bobeur [bɔbœʀ] m SPORTS Bobfahrer m
bobinage [bɔbinaʒ] m **1.** TEXT Auf-, Umspulen n **2.** ÉLECT Wicklung f
bobine [bɔbin] f **1.** Rolle f; Spule f **2.** F (figure) Gesicht n; péj Visage f
bobiner [bɔbine] v/t fil, pellicule (auf-, um)spulen
bobo [bobo] m enf Wehweh n; F iron Wehwehchen n
bobonne [bɔbɔn] f F péj Alte f; Olle f
bobsleigh [bɔbslɛg] m **1.** Bob m **2.** Bobsport m, -fahren n
bocage [bɔkaʒ] m Knicklandschaft f
bocal [bɔkal] m ⟨**-aux** [-o]⟩ Glas(behälter) n(m); à conserves Einmach-, Weckglas n
Boche [bɔʃ] F péj m,f Deutsche(r) f(m); injure Scheißdeutsche(r) f(m)
bock [bɔk] m **un bock** ein kleines Bier; F ein Kleines
body [bɔdi] m ⟨a **bodies**⟩ Body m
bodybuilding [bɔdibildiŋ] m Bodybuilding n
Boers [buʀ] m/pl Buren m/pl
▸ **bœuf** [bœf] m ⟨**~s** [bø]⟩ **1.** Ochse m **2.** viande Rind-, Ochsenfleisch n **3.** F adjt ⟨inv⟩ F Bomben…; gewaltig; **succès** m **bœuf** Bombenerfolg m
bof [bɔf] int pah!; bah!; ach was!; was soll's!; (alles) egal!; null Bock!
bof-génération f F Null-Bock-Generation f
bogue[1] [bɔg] f d'une châtaigne (stachelige) Fruchtschale
bogue[2] [bɔg] m INFORM (Programmier)Fehler m
▸ **bohème** [bɔɛm] **1.** m,f Bohemien m; adjt **être bohème** ein Bohemeleben führen **2.** f milieu Boheme f
Bohême [bɔɛm] **la Bohême** Böhmen n
bohémien [bɔemjɛ̃] m, **bohémienne** [-jɛn] f Zigeuner(in) m(f)
▸ **boire** [bwaʀ] ⟨**je bois, il boit, nous buvons, ils boivent; je buvais; je bus; je boirai; que je boive, que nous buvions; buvant; bu**⟩ v/t **1.** trinken; gros animal a saufen; fig **boire les paroles de qn** wie gebannt an j-s Mund, Lippen hängen; F fig **il y a à boire et à manger** hier sind Gutes und Schlechtes eng miteinander verquickt; **donner à boire à** zu trinken geben (+ dat); au bétail tränken (+ acc) **2.** abs avec excès trinken; F saufen **3.** buvard, sol: liquide aufsaugen **II** m Trinken n
▸ **bois** [bwa] m **1.** Holz n; **de ou en bois** hölzern; Holz…; aus Holz; fig **je vais lui faire voir de quel bois je me chauffe!** F der soll mich (noch) kennenlernen!; fig **je touche du bois!** (unberufen) toi, toi, toi! **2.** (forêt) Wald m **3.** **bois de lit** hölzerne Bettstelle **4.** d'un cerf **bois** pl Geweih n **5.** MUS **bois** pl Holz(blasinstrumente) n(pl)
boisé [bwaze] adj ⟨**~e**⟩ bewaldet
boisement [-mã] m Aufforstung f; Bewaldung f
boiser [-e] v/t aufforsten; bewalden
boiseries [bwazʀi] f/pl (Holz)Täfelung f
▸ **boisson** [bwasõ] f Getränk n
▸ **boîte** [bwat] f **1.** Schachtel f; en carton a Karton m; **boîte postale** (abr **BP**) Postfach n; **boîte à gants** Handschuhfach n; ▸ **boîte aux lettres** Briefkasten m; **boîte à outils, à ouvrage** Werkzeug-, Nähkasten m; **boîte d'allumettes** Schachtel f Streichhölzer; Streichholzschachtel f; F fig **mettre qn en boîte** F j-n aufziehen, auf den Arm, auf die Schippe nehmen **2.** en métal Dose f; Büchse f; **boîte à musique** Spieldose f, -uhr f; ▸ **boîte de conserve** Konservenbüchse f, -dose f; **en boîte** Büchsen…; Dosen… … f, AVIAT **boîte noire** Black Box f **4.** AUTO **boîte de vitesses** (Wechsel)Getriebe n **5.** F Disko f; **boîte (de nuit)** Nachtlokal n; Bar f; **aller en boîte** in die Disko gehen **6.** **boîte crânienne** Gehirnschädel m; Hirnschale f **7.** F péj (lieu de travail) F (Saft)Laden m; (école) F Penne f
boitement [bwatmã] m Hinken n; Humpeln n
boiter [-e] v/i hinken (a fig raisonnement); humpeln
boiteux [bwatø] adj ⟨**-euse** [-øz]⟩ **1.** personne hinkend; humpelnd **2.** table, chaise wack(e)lig **3.** fig raisonnement hinkend; schief; vers holp(e)rig; compromis F faul; paix F wack(e)lig
boîtier [bwatje] m Gehäuse n
boitillant [bwatijã] adj ⟨**-ante** [-ãt]⟩ leicht hinkend
boitiller [-e] v/i leicht hinken
boit-sans-soif [bwasãswaf] m,f ⟨inv⟩ → **soûlard, soûlarde**
▸ **bol** [bɔl] m **1.** (Trink)Schale f; fig **prendre un bol d'air** F frische Luft tanken; sich auslüften **2.** F fig **avoir du bol** Glück, F Schwein haben
bolchevik [bɔlʃevik, bɔlʃə-] m,f → **bolcheviste II**
bolchevisme [-ism] m POL Bolschewismus m
bolcheviste [-ist] POL **I** adj bolschewistisch **II** m,f Bolschewik(in) m(f); Bolschewist(in) m(f)
bolée [bɔle] f **une bolée de cidre** e-e Schale (voll) Apfelwein
boléro [bɔleʀo] m **1.** MUS Bolero m **2.** Bolero (-jäckchen) m(n)
bolet [bɔlɛ] m Röhrenpilz m; Röhrling m
bolide [bɔlid] m Rennwagen m; **arriver comme un bolide** F angesaust kommen
Bolivie [bɔlivi] **la Bolivie** Bolivien n
bolivien [bɔlivjɛ̃] **I** adj ⟨**-ienne** [-jɛn]⟩ bolivia

nisch **II** *Bolivien(ne)* m(f) Bolivianer(in) m(f)
Bologne [bɔlɔɲ] Bologna n
Bolzano [bɔlzano] Bozen n
bombance [bõbãs] f *faire bombance* schlemmen
bombarde [bõbaʀd] f **1.** MUS Pommer m; Bombarde f **2.** HIST MIL Bombarde f
bombardement [bõbaʀdəmã] m Bombardement n; Bombardierung f (*a fig de* mit); AVIAT a Bombenangriff m; *d'obus* Beschuss m
▸ **bombarder** [bõbaʀde] v/t **1.** MIL bombardieren; *d'obus* beschießen; *ville bombardée* a zerbombte Stadt **2.** *de tomates, fig de questions* bombardieren, *de tomates, etc a* bewerfen (*de* mit) **3.** F *fig bombarder qn à un poste* F j-n in e-e Stellung katapultieren
bombardier [bõbaʀdje] m Bomber m; Bombenflugzeug n
Bombay [bõbɛ] Bombay n
▸ **bombe** [bõb] f **1.** Bombe f; *attentat m à la bombe* Bombenanschlag m; *éclater comme une bombe, faire l'effet d'une bombe* wie e-e Bombe einschlagen **2.** CUIS *bombe glacée* Eisbombe f **3.** Spray(dose) m ou n(f) **4.** F *faire la bombe* tüchtig, ordentlich, F feste feiern **5.** *casquette* Reitkappe f
bombé [bõbe] adj ⟨~**e**⟩ gewölbt; *verre* bauchig
bombement [bõbmã] m *d'une route* Wölbung f
bomber [bõbe] **I** v/t **1.** wölben; *bomber le torse* (stolz) die Brust wölben, herausstrecken **2.** *slogan etc* sprühen, sprayen (*sur* auf + acc) **II** v/i F (*rouler vite*) F sausen; rasen
bombonne [bõbɔn] f → *bonbonne*
bombyx [bõbiks] m ZO Seidenspinner m
▸ **bon**[1] [bõ, adj vor Vokal u stummem h bɔn] **I** adj ⟨**bonne** [bɔn]⟩ **1.** gut; *un bon médecin* ein guter Arzt; *bonnes vacances!* schöne Ferien!; *c'est bon* das ist, schmeckt gut; *bon à* gut, geeignet zu; *à quoi bon?* wozu?; was nützt das (schon)?; *il n'est bon à rien* er taugt zu nichts, ist zu nichts nütze; *bon en mathématiques* gut in Mathematik; *bon pour la santé* gesund; gut für die Gesundheit; *bon pour le service* wehrdiensttauglich **2.** (*qui montre de la bonté*) gut(mütig, -herzig); gütig; lieb; *péj ou iron* (zu) gut(mütig); naiv; *le bon Dieu* der liebe Gott; F *avoir qn à la bonne* j-n gernhaben, mögen; j-n gut leiden können; *être bon* gut(herzig), ein guter Mensch sein **3.** *quantité* gut; reichlich; *une bonne cuillerée de sucre* ein gehäufter Löffel Zucker; *une bonne heure* e-e gute, reichliche Stunde; gut (und gern) e-e Stunde; *un bon moment* e-e ganze, geraume Weile; *arriver bon dernier* weit hinter den anderen eintreffen **4.** *intensité un bon rhume* F ein tüchtiger, anständiger Schnupfen **5.** (*correct*) richtig; recht; *la bonne clé* der richtige Schlüssel **6.** *une bonne histoire* e-e lustige, amüsante Geschichte; F *tu en as de bonnes!* F du bist vielleicht gut, drollig!; du hast Einfälle!; *elle est bien bonne!* das ist wirklich gut!; F das ist ja köstlich! **7.** *int* (*c'est*) *bon! accord* (es ist) gut!; *conclusion* (na) gut!; na schön!; *bon, bon!* schon gut!; *ah bon!* ach so!; ▸ *ah bon?* ach was?; ach ja? **II** *adv il fait bon* es ist angenehm warm; *il fait bon vivre ici* hier lässt sich's gut leben; *sentir bon* gut riechen; *pour de bon* ernstlich;

wirklich **III** *subst* **8.** *le bon* das Gute; *avoir du bon* sein Gutes haben **9.** *les bons* m/pl die Guten m/pl **10.** *bon m à rien* Taugenichts m; Nichtsnutz m
bon[2] [bõ] m Gutschein m; Bon m; *bon de commande* Bestellschein m
Bonaparte [bɔnapaʀt] Bonaparte
bonapartisme [bɔnapaʀtism] m POL Bonapartismus m
bonapartiste [bɔnapaʀtist] **I** adj bonapartistisch **II** m,f Bonapartist(in) m(f)
bonasse [bɔnas] adj (zu) gutmütig
▸ **bonbon** [bõbõ] m Bonbon m ou n
bonbonne [bõbɔn] f (große) Korbflasche; Glasballon m
bonbonnière [bõbɔnjɛʀ] f **1.** Bonbon-, Konfektdose f; Bonbonniere f **2.** *fig appartement* Schmuckkästchen n
bond [bõ] m Sprung m; Satz m; *fig bond en avant* Sprung nach vorn; *d'un bond* mit e-m Satz, Sprung; *se lever d'un bond* aufspringen; *par bonds* sprungweise; in Sprüngen; *fig prix, etc faire un bond* sprunghaft ansteigen; *fig faire faux bond à qn* j-n versetzen, im Stich lassen
bonde [bõd] f **1.** Abfluss(loch n, -öffnung f) m; *d'un tonneau* Spundloch n **2.** (*bouchon*) Stöpsel m; Zapfen m; Spund m
bondé [bõde] adj ⟨~**e**⟩ überfüllt; gepfropft voll; F proppenvoll
bondieuseries [bõdjøzʀi] f/pl Devotionalien pl; *péj* religiöser Kitsch
bondir [bõdiʀ] v/i springen; hüpfen; *fig bondir de joie* vor Freude bis an die Decke springen; *bondir sur sa proie* sich auf s-e Beute stürzen
bondissant [bõdisã] adj ⟨-**ante** [-ãt]⟩ springend
bondissement [-ismã] m Springen n
▸ **bonheur** [bɔnœʀ] m Glück n; *quel bonheur de* (+inf)! welch ein Glück, wie schön zu (+inf)!; *au petit bonheur* (*la chance*) auf gut Glück; aufs Geratewohl; *par bonheur* zum Glück; glücklicherweise; *faire le bonheur de qn* j-n glücklich machen
bonhomie [bɔnɔmi] f Gutmütigkeit f; Biederkeit f
bonhomme [bɔnɔm] m ⟨**bonshommes** [bõzɔm]⟩ **1.** F *un bonhomme* ein Mann m; F ein Mannsbild n; *petit bonhomme* kleiner Junge; F kleiner Mann; *fig aller son petit bonhomme de chemin* ruhig, unbeirrt s-n Weg gehen **2.** Männchen n; *bonhomme de neige* Schneemann m **3.** *adjt* ⟨~**s**⟩ *air* gutmütig; bieder
boniche [bɔniʃ] f → *bonniche*
bonification [bɔnifikasjõ] f **1.** COMM Bonifikation f **2.** SPORTS Bonus m; Punktvorteil m
bonifier [bɔnifje] **I** v/t verbessern **II** v/pr *se bonifier* vin besser werden; *fig caractère* sich bessern
boniment [bɔnimã] m **1.** F (Lügen)Märchen n **2.** *camelot faire du boniment* s-e Ware wortreich, F mit viel Tamtam anpreisen
bonimenteur [bɔnimãtœʀ] m **1.** (*baratineur*) Marktschreier m **2.** (*menteur*) j, der Märchen auftischt
bonjour [bõʒuʀ] m *bonjour!* guten Tag!; guten Morgen!; *südd* grüß Gott!; F *donner le bon-*

jour à qn (*de la part de qn*) j-m e-n Gruß (von j-m) ausrichten, bestellen; *simple comme bonjour* ganz, höchst einfach; kinderleicht
bonne [bɔn] *f* Hausgehilfin *f*; Dienstmädchen *n*; *bonne d'enfants* Kindermädchen *n*
Bonne-Espérance [bɔnɛspeRɑ̃s] *le cap de Bonne-Espérance* das Kap der Guten Hoffnung
bonnement [bɔnmɑ̃] *adv tout bonnement* ganz einfach
bonnet [bɔnɛ] *m* **1.** Mütze *f*; Kappe *f*; Haube *f*; F *fig gros bonnet* F hohes Tier; Bonze *m*; *bonnet de bain* Badekappe *f*, -mütze *f*; *bonnet de nuit* Schlaf-, Nachtmütze *f*; *fig* Griesgram *m*; F Sauertopf *m*; *fig avoir la tête près du bonnet* ein Hitzkopf sein; rasch aufbrausen; *fig c'est bonnet blanc et blanc bonnet* F das ist Jacke wie Hose, gehupft wie gesprungen; *femme jeter son bonnet par-dessus les moulins* sich über die Moral, guten Sitten hinwegsetzen **2.** *de soutien-gorge* Körbchen *n*; Schale *f*; Cup *m*
bonneterie [bɔnɛtRi] *f* Wirk- und Strickwaren *f/pl*; Trikotagen *f/pl*
bonnetier [bɔntje] *m*, **bonnetière** [-jɛR] *f* Wirk- und Strickwarenfabrikant(in) *m(f)*, *commerçant(e)* -händler(in) *m(f)*
bonniche [bɔniʃ] *péj f* Dienstmädchen *n*; F Minna *f*
bonsaï [bõ(d)zaj] *m* Bonsai *m*
bonsoir [bõswaR] *m bonsoir!* guten Abend!
bonté [bõte] *f* **1.** Güte *f* **2.** *bontés pl* erwiesene Freundlichkeit(en) *f(pl)*
bonus [bɔnys] *m* Bonus *m*; Schadenfreiheitsrabatt *m*
bonze [bõz] *m* REL, *fig* Bonze *m*
boogie-woogie [bugiwugi] *m* MUS Boogie-Woogie *m*
bookmaker [bukmɛkœR] *m* Buchmacher *m*
boom [bum] *m* ÉCON Boom *m*; *fig boom touristique* Touristen-, Reiseboom *m*
boomerang [bumRɑ̃g] *m* Bumerang *m* (*a fig*); *fig faire boomerang* sich als Bumerang erweisen
booster [buste] F *v/t* ankurbeln; in Schwung bringen
borborygmes [bɔRbɔRigm] *m/pl* Magenknurren *n*
► **bord** [bɔR] *m* **1.** Rand *m*; *d'un chapeau* Krempe *f*; (*arête*) Kante *f*; (*rive*) Ufer *n*; *bord de la route* Straßenrand *m*; *bord du trottoir* Bordsteinkante *f*; *au bord du* Rand(e) (+ *gén*) (*a fig*); *au bord de la mer* am Meer; an der See; *fig au bord des larmes* den Tränen nahe; *fig être un peu* (+ *adj*) *sur les bords* (so) ein bisschen, leicht (+ *adj*) sein **2.** MAR, AVIAT Bord *m*; ► *à bord* (*de*) an Bord (+ *gén*); *monter à bord* an Bord gehen; *fig être du même bord* Gesinnungsgenossen sein; im gleichen Lager stehen
bordé [bɔRde] *m* MAR Außenhaut *f*
bordeaux [bɔRdo] *m* **1.** Bordeaux(wein) *m* **2.** *adj* ⟨*inv*⟩ bordeaux-, weinrot
Bordeaux [bɔRdo] *Stadt im Dep. Gironde*
bordée [bɔRde] *f* MAR MIL Breitseite *f*; *fig bordée d'injures* Schimpfkanonade *f*
bordel [bɔRdɛl] *m* **1.** P (*maison de prostitution*) Bordell *n*; P Puff *m ou n* **2.** F *fig* heilloses Durcheinander; Chaos *n*; P Saustall *m* **3.** *int*

P *bordel!* F verdammter Mist!; P Scheiße!
bordelais [bɔRdəlɛ] **I** *adj* ⟨*-aise* [-ɛz]⟩ von Bordeaux **II** *Bordelais(e)* *m(f)* Einwohner(in) *m(f)* von Bordeaux
bordélique [bɔRdelik] F *adj* F schlampig
border [bɔRde] *v/t* **1.** (ein)säumen; einfassen (*a* COUT; *de* mit) **2.** *border un lit* das Überschlaglaken und die Decke (unter die Matratze) einschlagen; *border qn* j-n zudecken
bordereau [bɔRdəRo] *m* ⟨*~x*⟩ Aufstellung *f*; Verzeichnis *n*
bordure [bɔRdyR] *f* **1.** Einfassung *f*; Umrandung *f*; Rand *m*; *en bordure de* am Rand (+ *gén*) **2.** COUT Bordüre *f*; Borte *f*
boréal [bɔReal] *adj* ⟨*~e*; *-aux* [-o]⟩ nördlich; Nord...
borgne [bɔRɲ] *adj* **1.** einäugig **2.** *fig* (*mal famé*) verrufen; anrüchig
borne [bɔRn] *f* **1.** Grenzstein *m*; *par ext* Markierungsstein *m*; Steinpfosten *m*; *borne kilométrique* Kilometerstein *m* **2.** *borne d'appel* (Not)Rufsäule *f*; *borne d'incendie* Überflurhydrant *m* **3.** *fig bornes pl* Grenzen *f/pl*; *sans bornes* grenzenlos; *dépasser les bornes* zu weit gehen; alle Grenzen überschreiten **4.** F Kilometer *m* **5.** ÉLECT (Anschluss)Klemme *f*
borné [bɔRne] *adj* ⟨*~e*⟩ engstirnig; borniert; F kleinkariert
Bornéo [bɔRneo] Borneo *n*
borner [bɔRne] **I** *v/t* begrenzen (*a fig*) **II** *v/pr se borner à qc* sich auf etw (*acc*) beschränken
bortsch [bɔRtʃ] *m* CUIS Borschtsch *m*
bosniaque [bɔsnjak] **I** *adj* bosnisch **II** *Bosniaque* *m,f* Bosnier(in) *m(f)*
Bosnie(-Herzégovine) [bɔsni(ɛRzegɔvin)] *la Bosnie(-Herzégovine)* Bosnien(-Herzegowina) *n*
Bosphore [bɔsfɔR] *le Bosphore* der Bosporus
bosquet [bɔskɛ] *m* Wäldchen *n*; Baumgruppe *f*
boss [bɔs] *m* F Boss *m*
bossa-nova [bɔsanɔva] *f danse* Bossa Nova *m*
bosse [bɔs] *f* **1.** *due à un choc* Beule *f* **2.** *d'un bossu* Buckel *m*; F Höcker *m*; F *fig rouler sa bosse* weit herumkommen **3.** *de terrain* Buckel *m* **4.** *d'un chameau*, ANAT Höcker *m*; F *fig avoir la bosse de qc* begabt für etw sein
bosser [bɔse] F **I** *v/t examen* buffeln für **II** *v/i* F werke(l)n; *p/fort* F schuften
bosseur [bɔsœR] *m*, **bosseuse** [-øz] *f* F Arbeitstier *n*
bossu [bɔsy] **I** *adj* ⟨*~e*⟩ buck(e)lig; *par ext être bossu* e-n krummen Rücken machen **II** *bossu(e)* *m(f)* Bucklige(r) *f(m)*; F *rire comme un bossu* F sich schieflachen; F sich (*dat*) e-n Ast lachen
bot [bo] *adj pied bot* Klumpfuß *m*
botanique [bɔtanik] **I** *adj* botanisch **II** *f* Botanik *f*; Pflanzenkunde *f*
botaniste [-ist] *m,f* Botaniker(in) *m(f)*
► **botte** [bɔt] *f* **1.** *de radis, etc* Bund *n* **2.** *chaussure* Stiefel *m*; *fig sous la botte de* unter der Gewaltherrschaft (+ *gén*) **3.** ESCRIME Stoß *m*; *fig botte secrète* Geheimwaffe *f*
botter [bɔte] *v/t* **1.** F *botter le derrière à qn* F j-m e-n Tritt in den Hintern geben **2.** F *ça me botte* das sagt mir zu, gefällt mir
bottier [bɔtje] *m* Schuhmacher (der Schuhe nach Maß anfertigt)

bottillon [bɔtijõ] *m* Halbstiefel *m*; Stiefelette *f*
bottin [bɔtɛ̃] *m* Telefonbuch *n*
bottine [bɔtin] *f* Damenhalbstiefel *m*; Stiefelette *f*
bouc [buk] *m* **1.** Ziegenbock *m*; REL *et fig* **bouc émissaire** Sündenbock *m* **2.** *fig* Spitzbart *m*
boucan [bukɑ̃] F *m* Krach *m*; Lärm *m*; F Radau *m*; F Spektakel *m*
boucaner [bukane] *v/t viande, poisson* räuchern
bouchage [buʃaʒ] *m d'un trou* Zu-, Verstopfen *n*; *dans le sol* Zuschütten *n*; *d'une fente* Abdichten *n*; *d'un récipient* (Ver)Schließen *n*; *d'une bouteille* Zu-, Verkorken *n*
▸ **bouche** [buʃ] *f* **1.** Mund *m*; *fig* **bouche inutile** unnützer Esser; **la bouche en cœur** mit unschuldsvoller Miene; **de bouche à oreille** von Mund zu Mund; *subst* **le bouche à oreille** die Mundpropaganda; *fig* **en avoir plein la bouche** immer wieder darauf zu sprechen kommen; **avoir toujours qc à la bouche** ständig von etw reden; *un mot* ständig im Mund führen; *fig* **faire la fine bouche** sehr wählerisch sein; **garder qc pour la bonne bouche** etw (*das Beste*) bis zuletzt aufheben **2.** *de certains animaux* Maul *n* **3.** (*ouverture*) Öffnung *f*; **bouche d'aération** Luftschacht *m*; **bouche d'égout** Gully *m ou n*; **bouche d'incendie** Hydrant *m*; **bouche de métro** U-Bahn-Eingang *m*
bouché [buʃe] *adj* ⟨~e⟩ **1.** *bouteille* verkorkt; zugekorkt **2.** *route, tuyau, nez* verstopft **3.** *temps* trüb(e); *ciel* grau; verhangen **4.** F *fig* (*bête*) beschränkt; F vernagelt
bouche-à-bouche [buʃabuʃ] *m* ⟨*inv*⟩ Mund--zu-Mund-Beatmung *f*; Atemspende *f*
bouchée [buʃe] *f* **1.** Bissen *m*; *fig* **pour une bouchée de pain** F für ein Butterbrot; F für e-n Apfel und ein Ei; *fig* **ne faire qu'une bouchée de qn** leicht mit j-m fertig werden; *fig* **mettre les bouchées doubles** doppelt so schnell arbeiten **2. bouchée à la reine** Königinpastete *f* **3.** (*chocolat*) Praline *f*
▸ **boucher**[1] [buʃe] **I** *v/t* **1.** *ouverture* zu-, verstopfen; *bouteille* zu-, verkorken; *fig* **boucher un trou** ein Loch stopfen **2.** *passage, route* versperren; blockieren; **boucher la vue à qn** j-m die Sicht versperren, nehmen **II** *v/pr* **3. se boucher le nez** sich (*dat*) die Nase zuhalten; *fig* **se boucher les oreilles** nicht(s) hören wollen **4.** *lavabo* sich verstopfen
▸ **boucher**[2] [buʃe] *m* **1.** Fleischer *m*; Metzger *m*; Schlachter *m*; *österr* Fleischhauer *m* **2.** *fig* Bluthund *m*; (*chirurgien maladroit*) Metzger *m*
▸ **bouchère** [buʃɛʀ] *f* Fleischersfrau *f*
▸ **boucherie** [buʃʀi] *f* **1.** Fleischerei *f*; Metzgerei *f*; Schlachterei *f* **2.** *fig* Gemetzel *n*; Blutbad *n*
boucherie-charcuterie *f* ⟨**boucheries-charcuteries**⟩ Fleisch- und Wurstwarengeschäft *n*
Bouches-du-Rhône [buʃdyʀon] *frz Departement*
bouche-trou [buʃtʀu] *m* ⟨**bouche-trous**⟩ Lückenbüßer *m*; *chose a* Füller *m*
▸ **bouchon** [buʃõ] *m* **1.** Verschluss(kappe) *m(f)*; *d'une bouteille* Korken *m*; Pfropfen *m*; Stopfen *m*; Stöpsel *m* **2.** *de circulation* (Verkehrs)Stau

m **3.** PÊCHE Schwimmer *m*; Floß *n*
bouchonner [buʃɔne] *v/i* F **ça bouchonne** es bilden sich Staus
bouchot [buʃo] *m* Muschelzaun *m*; **moules de bouchot** Zuchtmiesmuscheln *f/pl*
bouclage [buklaʒ] *m* **1.** MIL, POLICE Abriegelung *f*; Umstellung *f* **2.** PRESSE Redaktionsschluss *m*
boucle [bukl] *f* **1.** *de ceinture* Schnalle *f*; Schließe *f* **2. boucle d'oreille** Ohrring *m* **3.** *de cheveux* (Ringel)Locke *f* **4.** (*courbe quasi fermée*) Schleife *f* (*a* INFORM)
bouclé [bukle] *adj* ⟨~e⟩ lockig; gelockt
boucler [bukle] **I** *v/t* **1.** *ceinture* zuschnallen; **boucler sa valise** s-e, die Koffer packen **2.** F *porte, etc* zumachen; schließen; F *personne* einsperren; *police: quartier* abriegeln; F *fig* **boucle-la!** F halt die Klappe! **3.** *circuit* (durch)laufen, (-)fahren; *fig travail* abschließen; *fig* **boucler la boucle** die Sache zu Ende führen; den Kreis schließen; *fig* **boucler son budget** F über die Runden kommen **4.** *cheveux* zu Locken drehen **II** *v/i cheveux* sich locken; sich ringeln **III** *v/pr* F **se boucler dans sa chambre** sich in sein *ou* in s-m Zimmer einschließen
bouclette [buklɛt] *f* Löckchen *n*
bouclier [buklije] *m* Schild *m*; *fig a* Schutzschild *m*
Bouddha [buda] *m* Buddha *m*
bouddhique [budik] *adj* buddhistisch
bouddhisme [-ism] *m* Buddhismus *m*
bouddhiste [-ist] *m,f* Buddhist(in) *m(f)*
bouder [bude] **I** *v/t* **bouder qn** mit j-m schmollen; **bouder qc** etw meiden; e-r Sache (*dat*) aus dem Weg gehen **II** *v/i* schmollen
bouderie [budʀi] *f* Schmollen *n*
boudeur [budœʀ] *adj* ⟨-euse [-øz]⟩ schmollend
boudin [budɛ̃] *m* **1.** Blutwurst *f*; **boudin blanc** Weißwurst *f* **2.** *fig* (*bourrelet*) Wulst *m*; Rolle *f* **3.** *fig* **boudins** *pl* F Wurstfinger *m/pl* **4.** F *péj d'une fille* F Pummel *m*
boudiné [budine] *adj* ⟨~e⟩ **1. être boudiné** (in ein Kleidungsstück) eingezwängt sein **2. doigts boudinés** F Wurstfinger *m/pl*
boudiner [budine] *v/t vêtement trop serré* **ça (me) boudine** das zwängt mich so ein, dass sich richtige Wülste bilden; F das sitzt so eng wie e-e Wurstpelle
boudoir [budwaʀ] *m* **1.** Boudoir *n* **2.** Löffelbiskuit *n ou m*
▸ **boue** [bu] *f* Schlamm *m* (*a* GÉOL); Schmutz *m*; Morast *m*; F Dreck *m*; *fig* **traîner dans la boue** in den Schmutz, Dreck ziehen
bouée [bwe] *f* Boje *f*; **bouée de sauvetage** Rettungsring *m*; *fig* (letzte) Rettung
boueux [buø, bwø] **I** *adj* ⟨-euse [-øz]⟩ schmutzig; schlammig; morastig **II** *m* F Müllmann *m*
bouffant [bufɑ̃] *adj* ⟨-ante [-ɑ̃t]⟩ bauschig; *cheveux* füllig
bouffarde [bufaʀd] F *f* (Tabaks)Pfeife *f*
bouffe [buf] F *f* Essen *n*; *péj* P Fressen *n*; **se faire une (petite) bouffe** zu e-m zwanglosen kleinen Essen zusammenkommen; **ne penser qu'à la bouffe** immer nur ans Essen denken
bouffée [bufe] *f* **1.** *en inspirant* Zug *m*; *en expirant* Hauch *m* **2.** *d'air* Lufthauch *m*, -zug *m*; Schwall *m*; *d'odeurs* Dunstwolke *f*; Schwaden

m; MÉD **bouffée de chaleur** Hitzewallung *f*;
fliegende Hitze **3.** *fig* **une bouffée d'orgueil**
e-e Anwandlung von Stolz
bouffer[1] [bufe] *v/i* sich bauschen
bouffer[2] F **I** *v/t* essen (*a abs*); *péj* P fressen (*a* F
fig); **n'avoir rien à bouffer** nichts zu essen, F
beißen haben **II** *v/pr* **se bouffer le nez** F sich in
den Haaren liegen
bouffetance [buftɑ̃s] *f* F → **bouffe**
bouffi [bufi] *adj* ⟨**.e**⟩ (auf)gedunsen; aufge-
schwemmt; *yeux* verschwollen; verquollen;
fig **bouffi d'orgueil** aufgeblasen
bouffir [bufiR] **I** *v/t* *visage* aufgedunsen ma-
chen; aufschwemmen **II** *v/i* *visage* aufgedun-
sen, aufgeschwemmt werden
bouffon [bufõ] *m* Possenreißer *m*; Spaßmacher
m; **bouffon** (**du roi**) Hofnarr *m*
bouffonnerie [bufɔnRi] *f* **1.** Possenhaftigkeit *f*
2. bouffonneries *pl* derbe Späße *m/pl*; Possen
m/pl
bouge [buʒ] *m* *péj* Spelunke *f*
bougeoir [buʒwaR] *m* (Kerzen)Leuchter *m* mit
Griff
bougeotte [buʒɔt] *f* F **avoir la bougeotte** a) F
kein Sitzfleisch haben; *enfant a* ein Zappelphi-
lipp sein; b) sehr reiselustig sein
▸ **bouger** [buʒe] ⟨**-ge-**⟩ **I** *v/t* bewegen; *objet*
(ver)rücken; *adjt photo* **bougé** verwackelt **II**
v/i **1.** sich bewegen; sich rühren; sich regen;
dent, manche wackeln **2.** F **ne pas bouger**
nichts unternehmen; F sich nicht rühren, re-
gen; *prix* stabil bleiben **3.** POL in Bewegung ge-
raten; aktiv werden; **ça bouge** es gärt **III** *v/pr*
F **se bouger** sich bewegen; sich rühren; sich
regen
▸ **bougie** [buʒi] *f* **1.** Kerze *f* **2.** AUTO Zündkerze *f*
bougnoul(e) [buɲul] F *péj m* Araber *m*
bougon [bugõ] *adj* ⟨**-onne** [-ɔn]⟩ mürrisch; F
brummig
bougonner [bugɔne] *v/i* murren; brummen
bougre [bugR] F *m* **1.** F Kerl *m*; **un pauvre bou-
gre** ein armer Kerl, Teufel **2.** *péj* **bougre
d'idiot** du Idiot
bougrement [bugRəmɑ̃] *adv* F verdammt; ver-
flixt; verteufelt
bougresse [bugRɛs] *f* F *péj* Weib(sbild) *n*
boui-boui [bwibwi] *m* ⟨**bouis-bouis**⟩ F mieses
Lokal; F miese Kneipe
bouillabaisse [bujabɛs] *f* *provenzalisches
Fischgericht*
bouillant [bujɑ̃] *adj* ⟨**-ante** [-ɑ̃t]⟩ kochend
(heiß)
bouillasse [bujas] F *f* F Dreck *m*; F Pampe *f*
bouille [buj] F *f* Gesicht *n*; **avoir une bonne
bouille** sympathisch, nett aussehen
bouilleur [bujœR] *m* Branntweinbrenner *m*;
bouilleur de cru privater Eigenbrenner
bouilli [buji] **I** *adj* ⟨**.e**⟩ gekocht; *eau, lait a* ab-
gekocht **II** *m* gekochtes (Rind)Fleisch
bouillie [buji] *f* Brei *m*; **en bouillie** zu Brei,
Mus zerkocht; F *fig* zerquetscht
▸ **bouillir** [bujiR] ⟨**je bous, il bout, nous bouil-
lons; je bouillais; je bouillis; je bouillirai; que
je bouille; bouillant; bouilli**⟩ **I** F *v/t* (ab)ko-
chen **II** *v/i* kochen (*a fig*); *liquide a* sieden;
fig **bouillir de colère** vor Zorn kochen; *fig*
bouillir d'impatience vor Ungeduld vergehen;
faire bouillir (ab)kochen; *eau, lait a* abkochen;

tétine, etc auskochen
bouilloire [bujwaR] *f* Wasser-, Teekessel *m*
bouillon [bujõ] *m* **1.** Brühe *f*; **bouillon gras**
Fleischbrühe *f*; Bouillon *f*; F *iron* **bouillon
d'onze heures** Gifttrank *m*; F *fig* **boire un
bouillon** Wasser schlucken; *fig* viel Geld ein-
büßen **2. bouillon de culture** BIOL Nährlösung
f; *fig* Nährboden *m* **3. bouillons** *pl* (Dampf)-
Blasen *f/pl*; **bouillir à gros bouillons** spru-
deln; brodeln
bouillonnant [bujɔnɑ̃] *adj* ⟨**-ante** [-ɑ̃t]⟩ *eau*
sprudelnd; brodelnd
bouillonnement [bujɔnmɑ̃] *m* *d'un liquide, fig*
d'idées Sprudeln *n*
bouillonner [bujɔne] *v/i* **1.** sprudeln; brodeln;
(auf)wallen **2.** *fig* brodeln
bouillotte [bujɔt] *f* Wärm-, Bettflasche *f*
▸ **boulanger** [bulɑ̃ʒe] *m* Bäcker *m*
▸ **boulangère** [bulɑ̃ʒɛR] *f* Bäckerin *f*
▸ **boulangerie** [bulɑ̃ʒRi] *f* Bäckerei *f*; Bäckerla-
den *m*
boulangerie-pâtisserie *f* ⟨**boulangeries-pâ-
tisseries**⟩ Bäckerei *f* und Konditorei *f*; Brot-
und Feinbäckerei *f*
▸ **boule** [bul] *f* **1.** Kugel *f*; **boule puante** Stink-
bombe *f*; **boules Quies**® [bulkjɛs] Ohropax®
n; **boule de neige** Schneeball *m*; *fig* **faire bou-
le de neige** lawinenartig anwachsen, um sich
greifen; **en boule** kugelförmig; F *fig* **se mettre
en boule** F in die Luft gehen; *fig* **avoir une
boule dans la gorge** e-n Kloß im Hals haben
2. jeu *m* **de boules** Boule(spiel) *n ou* f(*n*);
jouer aux boules Boule *ou* Boccia spielen
3. F *fig* (*tête*) Kopf *m*; **perdre la boule** F durch-
drehen; F *fig* **avoir les boules** F genervt sein; F
ausrasten
bouleau [bulo] *m* ⟨**.x**⟩ Birke *f*
boule-de-neige [buldənɛʒ] *f* ⟨**boules-de-nei-
ge**⟩ BOT Schneeball *m*
bouledogue [buldɔg] *m* Bulldogge *f*
bouler [bule] *v/i* F **envoyer bouler** → **prome-
ner** *I 3*
boulet [bulɛ] *m* **1.** Kanonenkugel *f*; *fig* **tirer sur
qn à boulets rouges** j-n heftig angreifen **2.**
HIST *des bagnards* Eisenkugel *f*; *fig* **traîner
un boulet** e-n Klotz am Bein haben
boulette [bulɛt] *f* **1.** Kügelchen *n* **2. boulette
(de viande)** Fleischklößchen *n*; Frikadelle *f*
3. F *fig* **faire une boulette** F e-n Schnitzer ma-
chen; F e-n Bock schießen
▸ **boulevard** [bulvaR] *m* **1.** breite (Ring)Straße;
Boulevard *m* **2. théâtre** *m* **de boulevard** Bou-
levardtheater *n*
bouleversant [bulvɛRsɑ̃] *adj* ⟨**-ante** [-ɑ̃t]⟩ er-
schütternd
bouleversement [bulvɛRsəmɑ̃] *m* **1.** Umwäl-
zung *f*; tiefgreifende Veränderung *f* **2.** *d'une
personne* Erschütterung *f*
bouleverser [bulvɛRse] *v/t* **1.** völlig durchein-
anderbringen; *par ext* grundlegend, tiefgrei-
fend verändern **2. bouleverser qn** j-n erschüt-
tern
boulimie [bulimi] *f* Heißhunger *m* (*a fig* **de** auf
+ *acc*); MÉD Bulimie *f*
boulimique *adj* [-ik] heißhungrig
bouliste [bulist] *m* Boulespieler *m*
boulodrome [bulɔdRom] *m* Bouleplatz *m*
Boulogne-Billancourt [bulɔɲbijãkuR] *Stadt*

B

im Dep. Hauts-de-Seine
boulon [bulõ] *m* Schraube(nbolzen) *f(m)* (mit Mutter)
boulonner [bulɔne] **I** *v/t* ver-, zusammenschrauben **II** F *v/i* arbeiten
▸ **boulot** [bulo] *m* F **1.** Arbeit *f*; F Job *m*; *petit boulot* Gelegenheitsjob *m*; *vivre de petits boulots* F herumjobben; *chercher du boulot* Arbeit, F e-n Job suchen **2.** *adjt ⟨inv⟩ être boulot boulot* nichts als s-e Arbeit kennen
boulotte [bulɔt] *adj f* F pummelig
boulotter [bulɔte] F *v/t* essen; F futtern
boum [bum] **I** *int* bum!; peng!; *chute a* bums!; plumps! **II** *subst* **1.** *m* Bums *m*; Plumps *m* **2.** *fig être en plein boum* alle Hände voll zu tun haben **3.** F *f* Party *f*; F Fete *f*
boumer [bume] *v/i* F *ça boume?* alles in Ordnung?; F alles o.k.?
bounioul [buɲul] *m* F *péj* → **bicot**
▸ **bouquet** [bukɛ] *m* **1.** (Blumen)Strauß *m*; *st/s* Bukett *n* **2.** CUIS *bouquet garni* Petersilie, Thymian und Lorbeerblätter **3.** *d'un vin* Bukett *n*; Blume *f* **4.** F *c'est le bouquet!* F das ist doch der Gipfel, die Höhe! **5.** ZO rosa Garnele *f*
bouquetin [buktɛ̃] *m* Steinbock *m*
bouquin [bukɛ̃] F *m* Buch *n*; F Schmöker *m*
bouquiner [bukine] *v/i* F schmökern
bouquiniste [-ist] *m,f* Bouquinist(in) *m(f)* (*Straßenbuchhändler am Seineufer*)
bourbe [buʀb] *f* Morast *m*; Schlamm *m*
bourbeux [buʀbø] *adj ⟨-euse* [-øz]*⟩* morastig; schlammig
bourbier [buʀbje] *m* **1.** Schlammloch *n* **2.** *fig* üble Lage; F Klemme *f*
bourbon [buʀbõ] *m* Bourbon(whisky) *m*
Bourbons [buʀbõ] *m/pl* HIST Bourbonen *m/pl*
bourde [buʀd] *f* (grober) Fehler, F Schnitzer; (große) Dummheit
bourdon [buʀdõ] *m* **1.** ZO Hummel *f*; *faux bourdon* Drohne *f* **2.** F *avoir le bourdon* deprimiert, F down sein **3.** große Glocke
bourdonnant [buʀdɔnɑ̃] *adj ⟨-ante* [-ɑ̃t]*⟩ insecte* summend
bourdonnement [buʀdɔnmɑ̃] *m* **1.** *d'insectes* Summen *n*; Gesumm *n* **2.** *d'un moteur* Brummen *n* **3.** *de voix* (dumpfes) Stimmengewirr **4.** *bourdonnement d'oreilles* Ohrensausen *n*
bourdonner [buʀdɔne] *v/i* **1.** summen; brummen **2.** *avoir les oreilles qui bourdonnent* Ohrensausen haben
bourg [buʀ] *m ou* **bourgade** [buʀgad] *f* Marktflecken *m*
bourge [buʀʒ] *m,f abr* F (*bourgeois*) *péj* Besitzbürger *m*
Bourg-en-Bresse [buʀkɑ̃bʀɛs] *Stadt im Dep. Ain*
bourgeois [buʀʒwa] **I** *adj ⟨-oise* [-waz]*⟩* **1.** bürgerlich **2.** *péj* spieß-, kleinbürgerlich; spießig **II** *subst* **3.** *bourgeois(e) m(f)* Bürger(in) *m(f)*; *grands, petits bourgeois* Groß-, Kleinbürger *m/pl* **4.** *m péj* Spieß-, Kleinbürger *m*; Spießer *m*; Bourgeois *m*
bourgeoisie [buʀʒwazi] *f* Bürgertum *n*; Bourgeoisie *f*
bourgeon [buʀʒõ] *m* Knospe *f*; Auge *n*
bourgeonnement [buʀʒɔnmɑ̃] *m* Knospentreiben *n*; Ausschlagen *n*

bourgeonner [buʀʒɔne] *v/i* **1.** Knospen treiben; knospen; ausschlagen **2.** *visage* Pickel bekommen
Bourges [buʀʒ] *Stadt im Dep. Cher*
bourgmestre [buʀgmɛstʀ] *m en Belgique, Hollande, Allemagne, Suisse* Bürgermeister *m*
Bourgogne [buʀgɔɲ] **1.** *la Bourgogne* Burgund *n* **2.** *bourgogne m* Burgunder(wein) *m*
bourguignon [buʀgiɲõ] **I** *adj ⟨-onne* [-ɔn]*⟩* burgundisch **II** *Bourguignon(ne) m(f)* Burgunder(in) *m(f)*
bourlinguer [buʀlɛ̃ge] *v/i* ein unstetes, abenteuerliches Leben führen
bourlingueur [-œʀ] *m* Abenteuernatur *f*
bourrache [buʀaʃ] *f* BOT Borretsch *m*
bourrade [buʀad] *f* Klaps *m*; (leichter) Puff; Rippenstoß *m*
bourrage [buʀaʒ] *m* *bourrage de crâne* POL propagandistische, ideologische Bearbeitung; *scolaire* F Einpaukerei *f*
bourrasque [buʀask] *f* jäher, heftiger Windstoß; (Wind)Bö(e) *f*
bourratif [buʀatif] *adj ⟨-ive* [-iv]*⟩* sehr sättigend; *être bourratif a* stopfen
bourre [buʀ] *f* **1.** TEXT Faserabfälle *m/pl* **2.** F *être à la bourre* spät dran sein
bourré [buʀe] *adj ⟨~e⟩* **1.** gestopft voll; *bourré de* vollgestopft mit; voller (*+ subst*) **2.** F (*ivre*) F voll; F blau
bourreau [buʀo] *m ⟨~x⟩* **1.** Henker *m*; Scharfrichter *m* **2.** *fig* Peiniger *m*; *plais bourreau des cœurs* Herzensbrecher *m*; *bourreau d'enfants* Rabenmutter *f ou* -vater *m*; *bourreau de travail* Arbeitstier *n*
bourrelet [buʀlɛ] *m* **1.** Wulst *m ou f*; *bourrelet (de graisse)* Fettpolster *n*; Speckfalte *f* **2.** Dichtungsband *n*, -streifen *m*
bourrelier [buʀəlje] *m* Sattler *m*; Geschirrmacher *m*
bourrer [buʀe] **I** *v/t* **1.** vollstopfen, vollpfropfen (*de* mit); *fig bourrer qn de coups* j-n tüchtig verprügeln **2.** *pipe* stopfen; *coussin* füllen; *fig bourrer le crâne de qn* POL j-n propagandistisch bearbeiten; *à l'école* j-n mit reinem Faktenwissen vollstopfen **II** *v/i aliment* stopfen **III** *v/pr se bourrer* sich vollstopfen (*de* mit)
bourriche [buʀiʃ] *f* (länglicher) Korb (ohne Henkel)
bourrichon [buʀiʃõ] *m* F *se monter le bourrichon* sich (*dat*) etwas vormachen
bourricot [buʀiko] *m* (kleiner) Esel
bourrin [buʀɛ̃] *m* F Gaul *m*
bourrique [buʀik] *f* Esel *m* (*a f fig*); *faire tourner qn en bourrique* F j-n wahnsinnig machen
bourru [buʀy] *adj ⟨~e⟩* **1.** bärbeißig; unwirsch **2.** *vin bourru* Federweiße(r) *m*
bourse [buʀs] *f* **1.** Geldbeutel *m*; (Geld)Börse *f*; *fig sans bourse délier* ohne e-n Pfennig auszugeben **2.** *bourse (d'études)* Stipendium *n* **3.** ANAT *bourses pl* Hodensack *m*
Bourse [buʀs] *f* **1.** Börse *f* **2.** *Bourse du travail* Gewerkschaftshaus *n*
boursicotage [buʀsikɔtaʒ] *m* kleine Börsengeschäfte *n/pl*
boursicoter [-e] *v/i* kleine Börsengeschäfte machen
boursier [buʀsje] **I** *adj ⟨-ière* [-jɛʀ]*⟩* Börsen... **II** *boursier, boursière m,f* Stipendiat(in) *m(f)*

boursouflé [buʀsufle] *adj* ⟨~**e**⟩ **1.** (an-, auf)geschwollen **2.** *fig style* schwülstig; geschwollen *n*
boursoufler [-e] *v/t* anschwellen lassen
boursouflure [-yʀ] *f* Schwellung *f*; (*cloque*) Blase *f*
bousculade [buskylad] *f* **1.** Gedränge *n*; F Drängelei *f* **2.** Eile *f*; Hast *f*
bousculer [buskyle] **I** *v/t* **1.** (*pousser*) (an)stoßen; F schubsen; *p/fort* zur Seite stoßen; (*renverser*) umstoßen **2.** (*presser*) hetzen; drängen; antreiben **3.** *fig traditions, etc* ins Wanken bringen; erschüttern **II** *v/pr* **4. se bousculer** sich drängen, stoßen, F schubsen, F drängeln **5.** *fig idées* **se bousculer dans la tête de qn** j-m im Kopf herumschwirren
bouse [buz] *f* **bouse** (**de vache**) Kuhfladen *m*
bouseux [-ø] *m* F *péj* Mistbauer *m*
bousillage [buzijaʒ] F *m* **1.** (*action de casser*) F Kaputtmachen *n* **2.** (*travail mal fait*) Stümperei *f*; F Schluder-, Pfuscharbeit *f*
bousiller [buzije] F *v/t* **1.** *travail* F hinschludern, -pfuschen **2.** *mécanisme* F kaputt machen **3.** (*tuer*) F abmurksen
bousilleur [buzijœʀ] F *m*, **bousilleuse** [-øz] F *f* Stümper(in) *m(f)*; F Pfuscher(in) *m(f)*
boussole [busɔl] *f* (Magnet)Kompass *m*; F *fig* **perdre la boussole** den Kopf verlieren
boustifaille [bustifaj] F *f* Essen *n*; F Fressalien *pl*; *péj* P Fressen *n*
▸ **bout**[1] [bu] *m* **1.** (*extrémité*) Ende *n*; Spitze *f*; *d'une cigarette* Mundstück *n*; **bout du doigt, de la langue, du nez** Finger-, Zungen-, Nasenspitze *f*; *fig* **connaître, savoir qc sur le bout des doigts** etw in- und auswendig kennen; etw aus dem Effeff können; **avoir un mot sur le bout de la langue** ein Wort auf der Zunge haben; *fig* **mener qn par le bout du nez** j-n gängeln; j-n nach s-r Pfeife tanzen lassen; **bout à bout** [butabu] aneinander; zusammen; **à bout de bras** mit ausgestreckten Armen; **à tout bout de champ** alle Augenblicke; F alle nase(n)lang; **au bout de** am Ende + *gén*); **de bout en bout, d'un bout à l'autre** von Anfang bis Ende; von A bis Z; *fig* **aller jusqu'au bout** nicht auf halbem Wege stehen bleiben; **être à bout** (*fatigué*) am Ende (s-r Kräfte), F vollkommen fertig sein; (*exaspéré*) wütend, erbost sein; **être à bout de qc** mit etw am Ende sein; *fig* **joindre les deux bouts** mit s-m Geld gerade so aus-, hinkommen; F über die Runden kommen; **pousser qn à bout** j-n aufbringen, F auf die Palme bringen; **venir à bout de** fertig werden mit **2.** (*terme*) Ende *n*; ▸ **au bout de** nach (+ *dat*); nach Ablauf von (*ou* + *gén*) **3.** (*morceau*) Stück *n*; F Ende *n*; CIN **bout d'essai** Probeaufnahme *f*; **un petit bout de femme** ein kleines Persönchen; **un bout de papier** ein Stück Papier; ein Zettel *m*; **bout de rôle** kleine Rolle; Nebenrolle *f*; **depuis un bon bout de temps** seit geraumer Zeit; seit e-r ganzen Weile; F **en connaître un bout** etwas davon verstehen; **ça fait un bout jusque là** es ist ein ganz schönes Stück, F ein ganzes Ende bis dorthin; F **manger un bout** e-e Kleinigkeit, F e-n Happen essen; F *fig* **mettre les bouts** F abhauen
bout[2] → **bouillir**
boutade [butad] *f* (geistvoller) Scherz; Scherzwort *n*

boute-en-train [butɑ̃tʀɛ̃] *m* ⟨*inv*⟩ F Stimmungskanone *f*
▸ **bouteille** [butɛj] *f* Flasche *f*; *vin* **une bonne bouteille** ein edler Tropfen; **bouteille à la mer** Flaschenpost *f*; **bouteille de bière, de vin** Bier-, Weinflasche *f*; Flasche Bier, Wein; *adjt* **vert bouteille** ⟨*inv*⟩ flaschengrün; **mettre en bouteilles** in Flaschen (ab)füllen; F *fig* **prendre de la bouteille** älter werden; altern
bouter [bute] *v/t Jeanne d'Arc* **ils** (*les Anglais*) **seront boutés 'hors de France** sie werden aus Frankreich vertrieben, hinausgeworfen werden
▸ **boutique** [butik] *f* **1.** Laden *m*; **boutique de mode** Boutique *f*; **fermer boutique** sein Geschäft aufgeben **2.** F *péj* (Saft)Laden *m*
boutiquier [butikje] *m*, **boutiquière** [-jɛʀ] *f* Ladeninhaber(in) *m(f)*; *péj* Krämer *m*
boutoir [butwaʀ] *m du sanglier* Rüssel *m*; Schnauze *f*
▸ **bouton** [butõ] *m* **1.** BOT Knospe *f* **2.** *sur la peau* Pickel *m*; **bouton de fièvre** Fieberbläschen *n* **3.** COUT Knopf *m* **4.** TECH (Bedienungs)Knopf *m*; **bouton de porte** Türknauf *m*, -knopf *m*; **bouton de sonnette** Klingelknopf *m* **5.** INFORM **bouton de souris** Maustaste *f*; **bouton gauche, droit de la souris** linke, rechte Maustaste
bouton-d'or [butõdɔʀ] *m* ⟨**boutons-d'or**⟩ Butterblume *f*; Hahnenfuß *m*
boutonnage [butɔnaʒ] *m* (Zu)Knöpfen *n*
boutonner [-e] **I** *v/t* zuknöpfen **II** *v/pr* **se boutonner 1.** s-e Jacke, s-n Mantel *etc* zuknöpfen **2.** *vêtement* (zu)geknöpft werden
boutonneux [butɔnø] *adj* ⟨**-euse** [-øz]⟩ pick(e)lig
boutonnière [butɔnjɛʀ] *f* Knopfloch *n*
bouton-pression *m* ⟨**boutons-pression**⟩ Druckknopf *m*
bouture [butyʀ] *f* Steckling *m*; Steckreis *n*
bouvier [buvje] *m* Rinderhirt *m*
bouvreuil [buvʀœj] *m* ZO Dompfaff *m*; Gimpel *m*
bovidés [bɔvide] *m/pl* Horntiere *n/pl*
bovin [bɔvɛ̃] **I** *adj* ⟨**-ine** [-in]⟩ **1.** Rinder… **2.** F *fig regard* stumpf; ausdruckslos **II** *m/pl* **bovins** Rinder *n/pl*
bowling [boliŋ, bu-] *m* **1.** *jeu* Bowling *n* **2.** *lieu* Bowlingbahn *f*
box [bɔks] *m* ⟨~**es** [bɔks]⟩ **1.** *d'écurie* Box *f*; *d'un garage* Abstellplatz *m*; *d'une salle* abgeteilter Raum; **box des accusés** Anklagebank *f* **2.** *cuir* Boxkalf *m*
boxe [bɔks] *f* Boxen *n*; Boxsport *m*; **combat** *m*, **match** *m* **de boxe** Boxkampf *m*; **faire de la boxe** boxen
boxer[1] [bɔkse] **I** *v/t* F **boxer qn** j-n boxen **II** *v/i* boxen
boxer[2] [bɔksɛʀ] *m chien* Boxer *m*
boxeur [bɔksœʀ] *m* SPORTS Boxer *m*
box-office [bɔksɔfis] *m* ⟨**box-offices**⟩ Hitliste *f*, -parade *f*
boxon [bɔksõ] P *m* P Puff *m ou n*
boy [bɔj] *m* (farbiger) Diener; Boy *m*
boyau [bwajo] *m* ⟨~**x**⟩ **1.** Darm *m*; **boyaux** *pl* Gedärme *n/pl* **2.** *passage* F Schlauch *m* **3.** *pour vélo de course* Schlauchreifen *m*
boycott [bɔjkɔt] *m ou* **boycottage** [-aʒ] *m* Boy-

kott *m*; Boykottierung *f*
boycotter [-e] *v/t* boykottieren
boycotteur [-œʀ] *m*, **boycotteuse** [-øz] *f* Boy-
kotteur(in) *m(f)*
BP *abr* (*boîte postale*) Postfach
B.P.F. *abr* (*bon pour francs*) HIST *sur un chèque
etc* in französischer Währung
Bq *abr* (*becquerel*[s]) PHYS NUCL Bq (Becque-
rel)
bracelet [bʀaslɛ] *m* **1.** Armband *n*, -reif *m*,
-spange *f* **2. bracelet (de force)** Gelenkstütze
f, -schutz *m*
bracelet-montre *m* 〈**bracelets-montres**〉
Armbanduhr *f*
braconnage [bʀakɔnaʒ] *m* Wilddieberei *f*; Wil-
derei *f*; Wildern *n*
braconner [-e] *v/i* wildern
braconnier [-je] *m* Wilddieb *m*; Wilderer *m*
brader [bʀade] *v/t* zu Schleuderpreisen verkau-
fen; verschleudern; F verramschen; F ver-
scherbeln
braderie [bʀadʀi] *f* Straßensonderverkauf *m* zu
Schleuderpreisen
braguette [bʀagɛt] *f* Hosenschlitz *m*
braillard [bʀɑjaʀ] F I *adj* 〈**-arde** [-aʀd]〉 schrei-
end; brüllend II *braillard(e)* *m(f)* Schreier(in)
m(f); F Schreihals *m*
braille [bʀaj] *m* Blinden-, Brailleschrift *f*
braillement [bʀɑjmɑ̃] F *m* Geschrei *n*; *p/fort*
Gebrüll *n*; *d'un enfant a* F Geplärr(e) *n*;
d'un ivrogne F Gegröle *n*
brailler [bʀɑje] F I *v/t* F grölen; plärren II *v/i*
schreien; *p/fort* brüllen; *enfant a* plärren
braiment [bʀɛmɑ̃] *m de l'âne* Iahen *n*; Schreien
n
brainstorming [bʀɛnstɔʀmiŋ] *m* Brainstor-
ming *n*
braire [bʀɛʀ] *v/i* 〈**il brait, ils braient; il brayait;
il braira; brayant; brait**〉 **1.** *âne* iahen; schreien
2. F *fig* → **brailler**
braise [bʀɛz] *f* (Holz-, Kohlen)Glut *f*; *fig yeux
m/pl* **de braise** glühende, feurige Augen *n/pl*
braiser [bʀɛze] *v/t* schmoren
brame [bʀɑm] *m ou* **bramement** [-mɑ̃] *m du
cerf* Röhren *n*
bramer [bʀɑme] *v/i cerf* röhren
brancard [bʀɑ̃kaʀ] *m* **1.** (Kranken)Trage *f*;
Tragbahre *f* **2.** Deichselstange *f*; *fig ruer dans
les brancards* sich sträuben
brancardier [bʀɑ̃kaʀdje] *m* Krankenträger *m*
branchage [bʀɑ̃ʃaʒ] *m* Astwerk *n*
▶ **branche** [bʀɑ̃ʃ] *f* **1.** Ast *m*; *plus mince* Zweig
m; *céleri* **en branche** Stangen-, Stauden-,
Bleichsellerie *m ou f* **2.** (*secteur*) Zweig *m*;
ÉCON *a* Branche *f*; (*discipline*) Sparte *f*; Fach
n **3.** *d'un compas* Schenkel *m*; *de lunettes* Bü-
gel *m* **4.** *d'une famille* Ast *m*; Zweig *m*; Linie *f*
5. F *vieille branche!* F altes Haus!
branché [bʀɑ̃ʃe] *adj* 〈**~e**〉 **être branché** F in
sein; F auf Zack sein
branchement [bʀɑ̃ʃmɑ̃] *m* **1.** TECH Anschluss *m*
(**sur** an + *acc*); Anschlussleitung *f* **2.** INFORM
Verzweigung *f*
brancher [bʀɑ̃ʃe] *v/t* **1.** TECH anschließen (**sur**
an + *acc*); (*allumer*) anschalten; anstellen **2.**
fig **brancher sur** lenken auf (+ *acc*) **3.** F **bran-
cher qn** j-n ansprechen, F antörnen
branchies [bʀɑ̃ʃi] *f/pl* Kiemen *f/pl*

brandade [bʀɑ̃dad] *f* CUIS *Stockfischmus mit
Knoblauch, Öl u Sahne*
Brandebourg [bʀɑ̃dbuʀ] *le Brandebourg*
Brandenburg *n*
brandebourgeois [bʀɑ̃dbuʀʒwa] **I** *adj* 〈**-oise**
[-waz]〉 brandenburgisch **II** *Brandebour-
geois(e)* *m(f)* Brandenburger(in) *m(f)*
brandir [bʀɑ̃diʀ] *v/t* (drohend) schwingen; *dra-
peau, pancarte* schwenken
brandons [bʀɑ̃dɔ̃] *m/pl* brennende Trümmer
pl, Teile *n/pl*
brandy [bʀɑ̃di] *m* Brandy *m*
branlant [bʀɑ̃lɑ̃] *adj* 〈**-ante** [-ɑ̃t]〉 **1.** wack(e)lig;
wackelnd **2.** *fig* wankend
branle [bʀɑ̃l] *m* (**se**) **mettre en branle** (sich) in
Bewegung setzen
branle-bas *m* 〈*inv*〉 **branle-bas (de combat)**
MAR Klarmachen *n* zum Gefecht; *fig* Durchei-
nander *n*; Aufregung *f*; F Rummel *m*
branlement [bʀɑ̃lmɑ̃] *m* **branlement de tête**
Kopfwackeln *n*
branler [bʀɑ̃le] **I** *v/t* F (*faire*) tun; F treiben **II** *v/i*
1. wackeln **2.** P (*a v/pr* **se**) **branler** (*se mastur-
ber*) P wichsen; P sich (*dat*) einen runterholen
braquage [bʀakaʒ] *m* **1.** AUTO Einschlagen *n*;
rayon *m* **de braquage** Wendekreis *m* **2.** F (be-
waffneter) Raubüberfall; *a* Banküberfall *m*
braque[1] [bʀak] *m* ZO, CH Bracke *m ou f*
braque[2] F *adj* verschroben; F spinnig
braquer [bʀake] **I** *v/t* **1.** *arme, caméra* **braquer
sur** richten auf (+ *acc*) **2.** F *banque* überfallen;
ausrauben **3.** *fig* **braquer qn** j-n aufbringen
(**contre** gegen) **II** *v/i roues* einschlagen (*abs*);
voiture **braquer mal** e-n zu großen Wende-
kreis haben **III** *v/pr* **se braquer contre** sich wi-
dersetzen (+ *dat*)
braquet [bʀakɛ] *m d'une bicyclette*
Übersetzung(sverhältnis) *f(n)*; Gang *m*
braqueur [bʀakœʀ] F *m* (Bank)Räuber *m*
▶ **bras** [bʀa, bʀɑ] *m* **1.** Arm *m*; ANAT Oberarm
m; *fig* **le bras droit de qn** die rechte Hand j-s;
fig **bras de fer** Kraftprobe *f*; **bras d'honneur**
obszöne Geste der Verachtung (*erhobener Un-
terarm*); **bras dessus, bras dessous** Arm in
Arm; ein-, untergehakt; untergefasst; *accueil-
lir* **à bras ouverts** mit offenen Armen; **à tour
de bras** *frapper* mit aller Kraft; *fig* **dépenser**
mit vollen Händen; **en bras de chemise** in
Hemdsärmeln; *fig* **avoir le bras long** e-n lan-
gen Arm haben; *fig* **avoir qn, qc sur les bras** F
j-n, etw auf dem Hals, etw am Hals haben; *fig*
baisser les bras sich (von vornherein) ge-
schlagen geben; *fig* **couper bras et jambes
à qn** j-n völlig lähmen; F j-n fertigmachen;
fig **lever les bras au ciel** die Hände über
dem Kopf zusammenschlagen; **prendre, ser-
rer qn dans ses bras** j-n in die Arme schlie-
ßen; *fig* **les bras m'en tombent** da bin ich
sprachlos, perplex, F platt **2.** *fig* Arbeitskraft
f **3.** *d'un fleuve* Arm *m*; **bras de mer** Meeres-
arm *m* **4.** *d'un fauteuil* Armlehne *f*; **bras de
lecture** Tonarm *m*; PHYS **bras de levier** Hebel-
arm *m*
brasage [bʀazaʒ] *m* TECH Hartlöten *n*
braser [-e] *v/t* TECH hartlöten
brasero [bʀazeʀo] *m* Kohlenbecken *n*
brasier [bʀazje] *m* **1.** Feuersglut *f*; Flammen-
meer *n* **2.** *fig* Inferno *n*

bras-le-corps [bʀalkɔʀ] **saisir qn à bras-le--corps** j-n fest um den Leib fassen
brassage [bʀasaʒ] m **1.** (Bier)Brauen n **2.** fig Verschmelzung f
brassard [bʀasaʀ] m Armbinde f; Armschleife f; **brassard de deuil** Trauerflor m
brasse [bʀas] f Brustschwimmen n
brassée [bʀase] f **une brassée de fleurs, de bois** ein Armvoll m Blumen, Holz
Brassens [bʀasɛ̃s] frz Liedermacher m
brasser [bʀase] v/t **1.** bière brauen **2.** (mélanger) (um-, durch)rühren; air umwälzen **3.** fig **brasser des millions** mit Millionen umgehen
brasserie [bʀasʀi] f **1.** (Bier)Brauerei f **2.** Bräu n; Bierhalle f; Großgaststätte f
brasseur[1] [bʀasœʀ] m **1.** (Bier)Brauer m **2.** fig **brasseur d'affaires** Geschäftemacher m
brasseur[2] [bʀasœʀ] m, **brasseuse** [-øz] f Brustschwimmer(in) m(f)
brassière [bʀasjɛʀ] **1.** (Baby)Jäckchen n **2.** adjt **maillot** m **brassière** zweiteiliger Badeanzug
Bratislava [bʀatislava] Pressburg n
bravache [bʀavaʃ] m Maulheld m; Großmaul n; adjt **air** m **bravache** großsprecherisches, großmäuliges Auftreten
bravade [bʀavad] f Herausforderung f; **par bravade** aus Trotz
▸ **brave** [bʀav] adj **1.** ⟨nach dem subst⟩ (courageux) tapfer; mutig; beherzt **2.** (honnête et bon) brav; rechtschaffen; bieder; nett; **mon brave!** guter, lieber Mann!

---

brave und seine Stellung   [SG]

Unterscheide:

un brave homme — ein rechtschaffener Mann

aber:

un homme brave — ein tapferer Mann

Je nach Bedeutung muss **brave** also vor oder hinter das Substantiv gestellt werden!

---

bravement [bʀavmɑ̃] adv tapfer; mutig
braver [bʀave] v/t **braver qn, qc** j-m, e-r Sache trotzen; j-m die Stirn bieten; sich über etw (acc) hinwegsetzen
bravo [bʀavo] **I** int bravo! **II** m Bravo(ruf) n(m); Beifall(sruf) m
bravoure [bʀavuʀ] f **1.** Tapferkeit f; Mut m **2.** **morceau** m **de bravoure** Bravour-, Glanzstück n
break [bʀɛk] m Kombi(wagen) m
brebis [bʀəbi] f **1.** (Mutter)Schaf n **2.** fig, BIBL Schaf n
brèche [bʀɛʃ] f **1.** MIL Bresche f; fig **battre en brèche** heftig attackieren; fig **être toujours sur la brèche** immer im Einsatz sein **2.** Loch n; Lücke f; Öffnung f **3.** à une lame Scharte f
bréchet [bʀeʃɛ] m Brustbeinkamm m
bredouillant [bʀədujɑ̃] adj ⟨ -ante [-ɑ̃t]⟩ stammelnd; F nuschelnd; F brabbelnd
bredouille [bʀəduj] adj **rentrer bredouille** mit leeren Händen zurückkehren

bredouiller [bʀəduje] v/t et v/i hastig und undeutlich sprechen; F nuscheln; F brabbeln; excuses stammeln
bref [bʀɛf] **I** adj ⟨**brève** [bʀɛv]⟩ kurz; **soyez bref!** fassen Sie sich kurz! **II** adv kurz (und gut); kurzum
brelan [bʀəlɑ̃] m JEUX Dreier(pasch) m
breloque [bʀəlɔk] f **1.** Armbandanhänger m **2.** fig cœur **battre la breloque** unregelmäßig schlagen; F verrücktspielen
brème [bʀɛm] f ZO Brachse(n) f(m)
Brême [bʀɛm] Bremen n
Brésil [bʀezil] **le Brésil** Brasilien n
brésilien [bʀeziljɛ̃] **I** adj ⟨-ienne [-jɛn]⟩ brasilianisch **II 1. Brésilien(ne)** m(f) Brasilianer(in) m(f) **2.** LING **le brésilien** das brasilianische Portugiesisch; Brasilianisch n
Bresle [bʀɛl] **la Bresle** Fluss in Nordfrankreich
Bresse [bʀɛs] **la Bresse** Landschaft in Ostfrankreich
Brest [bʀɛst] Stadt im Dep. Finistère
Bretagne [bʀətaɲ] **la Bretagne** die Bretagne
bretelle [bʀətɛl] f **1. bretelles** pl Hosenträger m(pl); de lingerie féminine Träger m/pl **2.** Trag(e)- ou Schultergurt m; d'un sac Tragriemen m **3.** AUTOROUTE Verbindungsstraße f; Spange f; **bretelle** (**d'accès**) Zubringer m
breton [bʀətɔ̃] **I** adj ⟨-onne [-ɔn]⟩ bretonisch **II 1. Breton(ne)** m(f) Bretone m, Bretonin f **2.** LING **le breton** das Bretonische; Bretonisch n
bretonnant [bʀətɔnɑ̃] adj ⟨-ante [-ɑ̃t]⟩ **les Bretons bretonnants** die Bretonen, die die bretonische Sprache und die alten Traditionen pflegen und bewahren
bretzel [bʀɛdzɛl] m (Salz)Brezel f
breuvage [bʀœvaʒ] m Trank m
brève [bʀɛv] → **bref**
brevet [bʀəvɛ] m **1.** Abschluss(zeugnis) m(n); Diplom n; **brevet** (**des collèges**) mittlere Reife **2. brevet** (**d'invention**) Patent n
brevetable [bʀəvtabl] adj invention, procédé patentfähig; patentierbar
breveté [bʀəvte] adj ⟨~e⟩ **1.** patentiert **2.** staatlich geprüft; diplomiert
breveter [bʀəvte] v/t ⟨-tt-⟩ (**faire**) **breveter** patentieren (lassen)
bréviaire [bʀevjɛʀ] m Brevier n
brévité [bʀevite] f PHON Kürze f
bribes [bʀib] f/pl Brocken m/pl; Bruchstücke n/pl; Fetzen m/pl
bric-à-brac [bʀikabʀak] m ⟨inv⟩ Trödel m; alter Kram; (altes) Gerümpel
bric et de broc [bʀikedbʀɔk] **de bric et de broc** von überall her (zusammengestoppelt)
bricolage [bʀikɔlaʒ] m **1.** Basteln n; Bastelarbeit f **2.** péj Bastelei f; Flickarbeit f
bricole [bʀikɔl] f Kleinigkeit f; Nebensächlichkeit f
bricoler [bʀikɔle] **I** v/t zusammenbasteln; péj zurechtfummeln **II** v/i **1.** basteln; (herum)werkeln **2.** par ext mal dies, mal das machen
▸ **bricoleur** [bʀikɔlœʀ] m, **bricoleuse** [-øz] f Bastler(in) m(f); Heimwerker(in) m(f)
bride [bʀid] f **1.** Zaum(zeug) m(n); (rênes) Zügel m/pl; fig **à bride abattue** in größter Eile **2.** d'un bouton Schlinge f; d'une ceinture Schlaufe f

B

bridé [bʀide] *adj* ⟨~e⟩ *yeux bridés* Schlitzaugen *n*/*pl*
brider [bʀide] *v*/*t* **1.** *cheval* (auf)zäumen **2.** *fig* zügeln; im Zaum halten **3.** CUIS *volaille* mit e-m Faden umwickeln
bridge [bʀidʒ] *m* **1.** *jeu de cartes* Bridge *n* **2.** *prothèse dentaire* Brücke *f*
Brie [bʀi] **1.** *la Brie* Landschaft im Südosten von Paris **2.** *brie m* Brie(käse) *m*
briefing [bʀifiŋ] *m* **1.** MIL Einsatzbesprechung *f* **2.** *par ext* Informations-, Lagebesprechung *f*
brièvement [bʀijɛvmã] *adv* kurz; in *ou* mit kurzen, knappen Worten
brièveté [bʀijɛvte] *f* Kürze *f*
brigade [bʀigad] *f* **1.** MIL Brigade *f* **2.** POLICE Abteilung *f* **3.** *d'ouvriers* Gruppe *f*; Trupp *m*; Kolonne *f*
brigadier [bʀigadje] *m* **1.** MIL Gefreite(r) *m* **2.** Gendarmeriebrigadier *m*
brigadier-chef [bʀigadjeʃɛf] *m* ⟨**brigadiers--chefs**⟩ MIL Hauptgefreite(r) *m*
brigand [bʀigã] *m* **1.** (Straßen)Räuber *m*; *fig histoire f de brigands* Räuberpistole *f*, -geschichte *f* **2.** *fig* Halsabschneider *m*; Schurke *m*; *plais* Schlingel *m*
brigandage [bʀigãdaʒ] *m* Bandenraub *m*; schwerer Raub
Brigitte [bʀiʒit] *f* Vorname
briguer [bʀige] *v*/*t* an-, erstreben; trachten nach
brillamment [bʀijamã] *adv fig* glänzend; brillant; glanzvoll
brillance [bʀijãs] *f* PHYS Leuchtdichte *f*
brillant [bʀijã] **I** *adj* ⟨**-ante** [-ãt]⟩ glänzend (*a fig*); schimmernd; *fig a* brillant **II** *m* **1.** Glanz *m*; Schimmer *m* **2.** *fig* Brillanz *f* **3.** *diamant* Brillant *m*
▸ **briller** [bʀije] *v*/*i* **1.** glänzen; schimmern; *soleil* scheinen; *yeux* glänzen, strahlen, leuchten (*de joie* vor Freude); *faire briller* (auf Hochglanz) polieren; F wienern; *prov tout ce qui brille n'est pas (d')or* es ist nicht alles Gold, was glänzt (*prov*) **2.** *fig* glänzen (*a iron*); brillieren
brimade [bʀimad] *f* Schikane *f*
brimbaler [bʀɛ̃bale] → *bringuebaler*
brimer [bʀime] *v*/*t* schikanieren; drangsalieren
brin [bʀɛ̃] *m* **1.** Halm *m*; Stängel *m*; *fig un beau brin de fille* ein hübsches Mädchen; *brin de paille* Strohhalm *m* **2.** Fädchen *n*; *brin de laine* Wollfädchen *n* **3.** *fig un brin de* (+ *subst*) ein bisschen, ein (klein) wenig (+ *subst*); *faire un brin de toilette* sich schnell (noch) ein bisschen frisch machen
brindezingue [bʀɛ̃dzɛ̃g] *adj* F → *cinglé*
brindille [bʀɛ̃dij] *f* Zweiglein *n*; *brindilles pl a* Reisig *n*
bringue [bʀɛ̃g] *f* **1.** F *une grande bringue* F e-e Hopfenstange, lange Latte **2.** F *faire la bringue* F einen draufmachen; e-e Sause machen
bringuebaler [bʀɛ̃gbale] *ou* **brinquebaler** [bʀɛ̃kbale] *v*/*i* (hin und her) gerüttelt, geschüttelt werden
brio [bʀijo] *m avec brio* mit Bravour
brioche [bʀijɔʃ] *f* **1.** *ein Hefekuchen* **2.** F *fig avoir, prendre de la brioche* F ein Bäuchlein

kriegen
brioché [bʀijɔʃe] *adj* ⟨~e⟩ *pain brioché* leicht gesüßtes Hefebrot in Kastenform
brique [bʀik] *f* **1.** Ziegel(stein) *m*; Backstein *m*; *adjt* ⟨*inv*⟩ ziegelrot **2.** Milchtüte *f* **3.** F *fig* e-e Million alte Franc
briquer [bʀike] *v*/*t* polieren; blank reiben, putzen; F wienern
▸ **briquet** [bʀike] *m* Feuerzeug *n*
briqueterie [bʀikɛtʀi] *f* Ziegelei *f*; Ziegelbrennerei *f*
briquette [bʀikɛt] *f* Brikett *n*
bris [bʀi] *m* Bruch *m*; *bris de glace* Glasbruch *m*, -schaden *m*
brisant [bʀizã] *m* Klippe *f*; (Felsen)Riff *n*
brise [bʀiz] *f* Brise *f*; leichter, sanfter Wind
brisé [bʀize] *adj* ⟨~e⟩ **1.** gebrochen; *pâte brisée* Mürbeteig *m*; *fig cœur brisé* gebrochenes Herz **2.** *fig brisé de fatigue* wie zerschlagen; wie gerädert
brisées [bʀize] *f*/*pl st*/*s marcher sur les brisées de qn* j-m ins Gehege kommen
brise-fer F *m* ⟨*inv*⟩ → *brise-tout*
brise-glace(s) *m* ⟨*inv*⟩ Eisbrecher *m*
brise-jet *m* ⟨*inv*⟩ Wasserstrahlregler *m*
brise-lames *m* ⟨*inv*⟩ Wellenbrecher *m*
briser [bʀize] **I** *v*/*t* **1.** *st*/*s* zerbrechen; *fig chaînes* sprengen **2.** *fig résistance, grève, cœur* brechen; *carrière* ruinieren; *briser qn* j-m das Rückgrat brechen **II** *v*/*pr se briser* **3.** *vagues* sich brechen **4.** *fig espoirs* zunichtewerden
brise-tout [bʀiztu] *m* ⟨*inv*⟩ F j, der alles kaputt macht, was er in die Hände bekommt
briseur [bʀizœʀ] *m briseur de grève* Streikbrecher *m*
Brisgau [bʀizgo] *le Brisgau* der Breisgau
bristol [bʀistɔl] *m* **1.** Bristolkarton *m* **2.** Visitenkarte *f*
brisure [bʀizyʀ] *f* → *cassure*
▸ **britannique** [bʀitanik] **I** *adj* britisch; *les îles f*/*pl Britanniques* die Britischen Inseln *f*/*pl* **II** *Britannique m,f* Brite *m*, Britin *f*
broc [bʀo] *m* (Wasser)Kanne *f*, (-)Krug *m*
brocante [bʀokãt] *f* (Handel *m* mit) Trödelwaren *f*/*pl*
brocanter [-e] *v*/*i* mit Trödel(waren) handeln
brocanteur [-œʀ] *m* Trödler *m*; Altwarenhändler *m*
brocards [bʀokaʀ] *litt m*/*pl* beißender Spott; Sticheleien *f*/*pl*
brocart [bʀokaʀ] *m* TEXT Brokat *m*
brochage [bʀoʃaʒ] *m* **1.** *d'un livre* Broschieren *n*; Broschur *f* **2.** TEXT Broschieren *n*
broche [bʀoʃ] *f* **1.** *bijou* Brosche *f*; Anstecknadel *f* **2.** CUIS Bratspieß *m*; *à la broche* am Spieß (gebraten); *poulet m à la broche a* Hähnchen *n* vom Grill **3.** TECH Dorn *m*; Stift *m*; Spindel *f*; MÉD Draht *m*
broché [bʀoʃe] *adj* ⟨~e⟩ broschiert
brocher [-e] *v*/*t livre*, TEXT broschieren
brochet [bʀoʃɛ] *m* Hecht *m*
brochette [bʀoʃɛt] *f* **1.** CUIS kleiner Bratspieß; *plat* Schaschlik *n ou m* **2.** *plais: de jeunes filles, etc* (wie aufgereiht nebeneinandersitzende) Gruppe
brochure [bʀoʃyʀ] *f* Broschüre *f*
brocoli [bʀokɔli] *m* Brokkoli *pl ou m*; Spargelkohl *m*

brodequin [bʀɔdkɛ] *m* Schnürstiefel *m*
broder [bʀɔde] **I** *v/t* sticken; *tissu* besticken **II** *v/i fig* etliches hinzudichten; fabulieren
broderie [bʀɔdʀi] *f* Stickerei *f*
brodeuse [bʀɔdœz] *f* **1.** *personne* Stickerin *f* **2.** *machine* Stickmaschine *f*
bromure [bʀɔmyʀ] *m* Bromid *n*
broncher [bʀɔ̃ʃe] *v/i ne pas broncher* F (sich) nicht mucksen; *sans broncher* ohne zu murren; ohne Widerrede
bronches [bʀɔ̃ʃ] *f/pl* Bronchien *f/pl*
bronchite [bʀɔ̃ʃit] *f* Bronchitis *f*
bronchitique [-ik] *adj* Bronchitis…; *personne* an Bronchitis erkrankt, leidend
bronzage [bʀɔ̃zaʒ] *m* **1.** Bräunen *n*; Braunwerden *n* **2.** *résultat* Bräune *f*
bronze [bʀɔ̃z] *m* Bronze *f* (*a objet d'art*); *de ou en bronze* bronzen; Bronze…
bronzé [bʀɔ̃ze] *adj* ⟨**~e**⟩ braun (gebrannt); (sonnen)gebräunt
▸ **bronzer** [bʀɔ̃ze] *v/i* braun werden; bräunen; *se faire bronzer* sich braun brennen lassen; sich bräunen
brossage [bʀɔsaʒ] *m* (Ab-, Aus)Bürsten *n*
brosse [bʀɔs] *f* **1.** Bürste *f*; ▸ *brosse à dents* Zahnbürste *f*; *brosse à chaussures, à cheveux, à habits, à ongles* Schuh-, Haar-, Kleider-, Nagelbürste *f*; F *fig passer la brosse à reluire* auf plumpe Weise schmeicheln **2.** (*cheveux m/pl en*) *brosse* Bürsten(haar)schnitt *m*
▸ **brosser** [bʀɔse] **I** *v/t* **1.** (ab)bürsten; *vêtement a* ausbürsten; *cheveux* bürsten; *dents* putzen **2.** *fig* **brosser un tableau de la situation** e-n knappen Überblick über die Lage geben **II** *v/pr* **se brosser** sich abbürsten; *se brosser les dents* sich (*dat*) die Zähne putzen; F *fig tu peux te brosser!* da kannst du lange warten!
brosserie [bʀɔsʀi] *f* Bürsten-, Besen- und Pinselherstellung *f*
brou [bʀu] *m brou de noix* dunkelbraune Beize (aus grünen Walnussschalen)
brouet [bʀuɛ] *m péj* undefinierbar aussehende Suppe; F abscheuliche Brühe
brouette [bʀuɛt] *f* Schubkarre(n) *f(m)*
brouettée [bʀuete] *f une brouettée de sable* e-e Schubkarre (voll) Sand
brouetter [bʀuete] *v/t sable* karren
brouhaha [bʀuaa] *m* wirrer Lärm; Stimmengewirr *n*
brouillage [bʀujaʒ] *m* RAD Stören *n*; Störung *f*
▸ **brouillard** [bʀujaʀ] *m* Nebel *m*; *il y a du brouillard* es ist neb(e)lig; es herrscht Nebel; *fig être dans le brouillard* nicht klarsehen
brouille [bʀuj] *f* Streit *m*; Zerwürfnis *n*
brouillé [bʀuje] *adj* ⟨**~e**⟩ **1.** *œufs brouillés* Rührei(er) *n(pl)* **2.** *ciel* verhangen; grau **3.** *teint* unrein **4.** *être brouillé* (*avec qn* mit j-m) entzweit, zerstritten, F verkracht sein; F *être brouillé avec qc* F mit etw auf Kriegsfuß stehen
brouiller [bʀuje] **I** *v/t* **1.** in Unordnung bringen; *brouiller les idées de qn* j-n verwirren, durcheinanderbringen; *brouiller les pistes* die Spuren verwischen **2.** *émission* stören **II** *v/pr* **3.** *ma vue se brouille* mir schwimmt es vor den Augen **4.** *se brouiller temps* sich eintrüben **5.** *se brouiller* sich überwerfen, F sich verkrachen

(*avec qn* mit j-m)
brouilleur [bʀujœʀ] *m* RAD Störsender *m*
brouillon¹ [bʀujɔ̃] *adj* ⟨**-onne** [-ɔn]⟩ unordentlich; chaotisch
brouillon² *m* Konzept *n*; (erster) Entwurf; Rohfassung *f*; *papier m* (*de*) *brouillon* Konzeptpapier *n*
broum [bʀum] *int* brumm, brumm!
broussaille [bʀusaj] *f* **1.** *broussailles pl* Gestrüpp *n*; Dickicht *n* **2.** *fig en broussaille* struppig; *sourcils* buschig
broussailleux [bʀusajø] *adj* ⟨**-euse** [-øz]⟩ **1.** mit Gestrüpp bewachsen **2.** → *broussaille*
brousse [bʀus] *f* GÉOGR Busch *m*
brouter [bʀute] **I** *v/t* abweiden; abfressen; *abs* weiden; grasen **II** *v/i* TECH rattern
broutilles [bʀutij] *f/pl* Lappalien *f/pl*; Kleinigkeiten *f/pl*
browning [bʀɔniŋ] *m* Browning *m* (*Pistole mit Selbstladevorrichtung*)
broyage [bʀwajaʒ] *m* Zerkleinern *n*; Zermahlen *n*; *du chanvre* Brechen *n*; *de couleurs* Anreiben *n*; *de substances molles* Zerdrücken *n*; Zerquetschen *n*
broyer [bʀwaje] *v/t* ⟨**-oi-**⟩ **1.** zerkleinern; zermahlen; zerquetschen (*a doigts*) **2.** *fig broyer du noir* trüben, schwarzen Gedanken nachhängen; F Trübsal blasen
broyeur [bʀwajœʀ] *m* Zerkleinerer *m*
brr [bʀʀ] *int froid* brr!; *peur* hu(ch)!
bru [bʀy] *f* Schwiegertochter *f*
bruant [bʀyɑ̃] *m* ZO Ammer *f*
brucellose [bʀyseloz] *f* MÉD Brucellose *f* (*Infektionskrankheit*)
Bruges [bʀyʒ] Brügge *n*
brugnon [bʀyɲɔ̃] *m* Nektarine *f*
bruine [bʀɥin] *f* Niesel-, Sprühregen *m*
bruiner [bʀɥine] *v/imp* nieseln
bruineux [bʀɥinø] *adj* ⟨**-euse** [-øz]⟩ *temps bruineux* Nieselwetter *n*
bruire [bʀɥiʀ] *st/s v/i* ⟨*déf*: il bruit, ils bruissent; il bruissait, ils bruissaient; bruissant⟩ sanft, leise rauschen; säuseln; *papier, soie* rascheln
bruissement [bʀɥismɑ̃] *st/s m* leises Rauschen; Säuseln *n*; Rascheln *n*
▸ **bruit** [bʀɥi] *m* **1.** Geräusch *n*; *pl/fort* Lärm *m*; *des vagues* Rauschen *n*; *de chaînes* Geklirr *n*; Gerassel *n*; *bruit de fond* Geräusch, Lärm im Hintergrund; *sans bruit* geräusch-, lautlos; leise; *faire du bruit* ein Geräusch, Lärm, F Krach machen; *fig* Aufsehen erregen; Staub aufwirbeln **2.** (*rumeur*) Gerücht *n*
bruitage [bʀɥitaʒ] *m* Geräuschkulisse *f*; Geräuscheffekte *m/pl*
bruiteur [-œʀ] *m* Geräuschtechniker *m*
brûlage [bʀylaʒ] *m des herbes sèches* Ab-, Verbrennen *n*; *des cheveux* Absengen *n*
brûlant [bʀylɑ̃] *adj* ⟨**-ante** [-ɑ̃t]⟩ **1.** glühend heiß **2.** *fig sujet brûlant* heißes Eisen; heikles Thema; *d'une actualité brûlante* von brennender Aktualität **3.** *fig regard* glühend; *désir a* brennend
brûlé [bʀyle] **I** *adj* ⟨**~e**⟩ **1.** verbrannt; *maison, forêt* ab-, niedergebrannt; CUIS angebrannt; *linge* angesengt; versengt **2.** *fig tête brûlée* Hitzkopf *m* **3.** *fig* (*démasqué*) entlarvt; F aufgeflogen; *homme politique* diskreditiert **II** *m* **4.** (*grand*) *brûlé* Verletzte(r) *m* mit (schweren)

B

Verbrennungen **5.** *odeur f de brûlé* Brandgeruch *m*; *sentir le brûlé* brenzlig, *plat* angebrannt riechen; F *fig affaire* F brenzlig, F mulmig werden

brûle-gueule [bʀylgœl] *m* ⟨*inv*⟩ Stummelpfeife *f*

brûle-parfum [bʀylpaʀfœ̃, -ɛ̃] *m* ⟨*inv*⟩ Räuchergefäß *n*, -pfanne *f*

brûle-pourpoint [bʀylpuʀpwɛ̃] *à brûle-pourpoint* geradeheraus; ohne Umschweife

▸ **brûler** [bʀyle] **I** *v/t* **1.** verbrennen; *linge en repassant* an-, versengen; *soleil: plantes a* versengen; *plaie brûler qn* brennen (*abs*) **2.** *brûler un feu rouge* bei Rot durchfahren **II** *v/i* **3.** (ver)brennen; *feu a* lodern; *maison, forêt a* ab-, niederbrennen **4.** *plat* anbrennen; *laisser brûler* anbrennen lassen **5.** *soleil* brennen **6.** *fig brûler d'impatience* vor Ungeduld brennen, vergehen; *brûler de faire qc* darauf brennen, etw zu tun **7.** *à certains jeux tu brûles!* (ganz) heiß! **III** *v/pr* ▸ *se brûler* sich verbrennen; (*s'ébouillanter*) sich verbrühen

brûleur [bʀylœʀ] *m* Brenner *m*

brûlis [bʀyli] *m* AGR abgesengtes Feld

brûlot [bʀylo] *m* MAR HIST Brandschiff *n*; Brander *m*

brûlure [bʀylyʀ] *f* **1.** Verbrennung *f*; Brandwunde *f* **2.** *brûlures d'estomac* Sodbrennen *n* **3.** *dans un tissu, etc* Brandfleck *m*

brumaire [bʀymɛʀ] *m* HIST Brumaire *m* (*2. Monat des frz Revolutionskalenders*)

brume [bʀym] *f* Dunst *m*; Nebel *m*

brumeux [bʀymø] *adj* ⟨*-euse* [-øz]⟩ **1.** dunstig; diesig **2.** *fig* unklar; nebulös

brumisateur [bʀymizatœʀ] *m* Zerstäuber *m*

▸ **brun** [bʀɛ̃, bʀœ̃] **I** *adj* ⟨*brune* [bʀyn]⟩ braun; *personne* braun-, dunkelhaarig; brünett; *bière, tabac* dunkel **II** *subst* **1.** *brun(e)* *m(f)* Dunkel-, Braunhaarige(r) *f(m)*; *femme a* Brünette *f* **2.** *m* Braun *n* **3.** *brune f bière* Dunkle(s) *n* **4.** *brune* Zigarette *f* aus dunklem Tabak

brunâtre [bʀynɑtʀ] *adj* bräunlich

brunch [bʀœnʃ] *m* ⟨*brunches*⟩ Brunch *m*

brunette [bʀynet] *f* Brünette *f*

bruni [bʀyni] **I** *adj* ⟨*~e*⟩ **1.** *peau* (sonnen)gebräunt; braun (gebrannt) **2.** *métal* glänzend; poliert **II** *m d'un métal poli* Glanz *m*; Politur *f*

brunir [bʀyniʀ] *v/t et v/i* bräunen

Bruno [bʀyno] *m Vorname*

brushing [bʀœʃiŋ] *m* Föhnfrisur *f*; *se faire faire un brushing* sich (*dat*) die Haare waschen und föhnen lassen

brusque [bʀysk] *adj* **1.** (*rude*) barsch; schroff; unwirsch; grob **2.** (*soudain*) plötzlich; jäh; abrupt

brusquement [bʀyskəmɑ̃] *adv* plötzlich; unvermittelt

brusquer [bʀyske] *v/t* **1.** *qn* (barsch, grob) anfahren; anherrschen **2.** *décision, etc* beschleunigen; überstürzen; übereilen; übers Knie brechen

brusquerie [bʀyskəʀi] *f* Barschheit *f*; Schroffheit *f*; Grobheit *f*

brut [bʀyt] **I** *adj* ⟨*~e*⟩ **1.** roh; unbearbeitet; *pétrole brut* Rohöl *n* **2.** (*champagne*) *brut m* sehr trocken, herber Champagner **3.** COMM Brutto...; *salaire brut* Bruttogehalt *n*, -lohn

m **II** *advt* brutto

brutal [bʀytal] *adj* ⟨*~e*; *-aux* [-o]⟩ **1.** brutal; roh; grob; rücksichtslos; gewalttätig; schonungslos **2.** (*soudain*) plötzlich; unerwartet

brutaliser [bʀytalize] *v/t* grob, roh, brutal behandeln

brutalité [-ite] *f* Brutalität *f*; Rohheit *f*; Grobheit *f*; Rücksichtslosigkeit *f*; Gewalttätigkeit *f*

brute [bʀyt] *f* **1.** Rohling *m*; *pl/fort* Bestie *f* **2.** *brute épaisse* Banause *m*; F Hohlkopf *m*

Bruxelles [bʀy(k)sɛl] Brüssel *n*

bruxellois [bʀy(k)sɛlwa] **I** *adj* ⟨*-oise* [-waz]⟩ von, aus Brüssel; Brüsseler **II** *Bruxellois(e)* *m(f)* Brüsseler(in) *m(f)*

bruyamment [bʀɥijamɑ̃, bʀyjamɑ̃] *adv* → *bruyant*

▸ **bruyant** [bʀɥijɑ̃, bʀyjɑ̃] *adj* ⟨*-ante* [-ɑ̃t]⟩ laut; geräuschvoll; lärmend

bruyère [bʀɥijɛʀ, bʀyjɛʀ] *f* Heidekraut *n*; Heide *f*; Erika *f*

BTS [beteɛs] *m abr* (*brevet de technicien supérieur*) Fachhochschulabschluss *m*

bu [by] *p/p* → *boire*

buanderie [bɥɑ̃dʀi] *f* Waschküche *f*

Bucarest [bykaʀɛst] Bukarest *n*

buccal [bykal] *adj* ⟨*~e*; *-aux* [-o]⟩ Mund...; *par voie buccale* oral

bûche [byʃ] *f* **1.** (Holz)Scheit *n* **2.** *bûche de Noël* Weihnachtskuchen *m* **3.** F *ramasser une bûche* hinfallen

bûcher¹ [byʃe] *m* Scheiterhaufen *m*; Holzstoß *m*

bûcher² *v/t* F pauken, büffeln (*a abs*)

bûcheron [byʃʀɔ̃] *m* Holzfäller *m*

bûcheronne [-ɔn] *f* Frau *f* des Holzfällers

bûchette [byʃet] *f* kleines Holzscheit

bûcheur [byʃœʀ] *m*, **bûcheuse** [-øz] *f* F Büffler(in) *m(f)*

bucolique [bykɔlik] **I** *adj* bukolisch **II** *f* Hirten-, Schäfergedicht *n*, -idylle *f*

Budapest [bydapɛst] Budapest *n*

budget [bydʒe] *m* Haushalt([s]plan) *m*; Budget *n* (*a par ext: somme*); Etat *m*

budgétaire [bydʒetɛʀ] *adj* Haushalt(s)...; Budget...

budgétisation [bydʒetizasjɔ̃] *f* Aufnahme *f* in den Haushalt(s)plan; Veranschlagung *f* im Etat

budgétiser [-e] *v/t* in den Haushalt(s)plan aufnehmen; im Etat veranschlagen

buée [bɥe] *f* feuchter Beschlag; Kondenswasser *n*; *se couvrir de buée* (sich) beschlagen; anlaufen

Buenos Aires [bwenozɛʀ] Buenos Aires *n*

buffet [byfɛ] *m* **1.** Büfett *n*; Anrichte *f*; Geschirrschrank *m*; F *fig danser devant le buffet* F Kohldampf schieben **2.** kaltes Büfett **3.** *buffet (de gare)* Bahnhofsgaststätte *f*, -restaurant *n*

buffle [byfl] *m* Büffel *m*

bug [bœg] *m* → *bogue²*

bugle [bygl] *m* MUS Flügelhorn *n*

building [bildiŋ] *m* Hochhaus *n*

buis [bɥi] *m* Buchs(baum) *m*

▸ **buisson** [bɥisɔ̃] *m* Busch *m*; Gebüsch *n*

buissonneux [bɥisɔnø] *adj* ⟨*-euse* [-øz]⟩ **1.** *terrain* mit Gebüsch, Buschwerk bewachsen **2.** *arbre* buschartig

buissonnière [bɥisɔnjɛʀ] *adj* **faire l'école buissonnière** die Schule schwänzen
bulbe [bylb] *m* **1.** (Blumen)Zwiebel *f* **2.** ARCH Zwiebel(dach) *f(n)*
bulbeux [bylbø] *adj* ⟨**-euse** [-øz]⟩ BOT Zwiebel…
bulgare [bylgaʀ] **I** *adj* bulgarisch **II** *Bulgare* *m,f* Bulgare *m*, Bulgarin *f*
Bulgarie [bylgaʀi] *la Bulgarie* Bulgarien *n*
bulldozer [byldɔzɛʀ, -zœʀ] *m* Planierraupe *f*; Bulldozer *m*
bulle [byl] *f* **1.** (Luft)Blase *f*; *bulle de savon* Seifenblase *f* **2.** *de bande dessinée* Sprechblase *f* **3.** *du pape* Bulle *f*
▸ **bulletin** [byltɛ̃] *m* **1.** ADM Bulletin *n*; Bericht *m* (*a* PRESSE); *bulletin météorologique* Wetterbericht *m*; *bulletin de santé* ärztliches Bulletin **2.** ÉCOLE Zeugnis *n* **3.** (*reçu*) Schein *m* **4.** *bulletin (de vote)* Stimmzettel *m*
bulletin-réponse [byltɛ̃ʀepõs] *m* ⟨**bulletins--réponses**⟩ COMM Kupon *m*, Gutschein *m* (zum Einsenden); *pour un concours* Teilnahmeabschnitt *m*
bull-terrier [bultɛʀje, byl-] *m* ⟨**bull-terriers**⟩ Bullterrier *m*
bungalow [bɛ̃galo, bɑ̃-] *m* Bungalow *m*
buraliste [byʀalist] *m,f* **1.** Inhaber(in) *m(f)* e-s Tabakwarengeschäfts; *österr* (Tabak)Trafikant(in) *m(f)* **2.** *à la poste* Schalterbeamte(r) *m*, -beamtin *f*
bure [byʀ] *f* grober brauner Wollstoff (*für Mönchskutten*)
▸ **bureau** [byʀo] *m* ⟨**~x**⟩ **1.** *meuble* Schreibtisch *m* **2.** *lieu de travail* Büro(raum) *n(m)*; ADM Amts-, Dienst-, Geschäftszimmer *n*; *d'une personne a* Arbeitszimmer *n* **3.** (*service ouvert au public*) Dienst-, Geschäftsstelle *f*; Büro *n*; Amt *n*; *bureau de change* Wechselstube *f*; *bureau de location* Theaterkasse *f*; Vorverkaufsstelle *f*; ▸ *bureau de poste* Post® *f*; Postamt *n*; ▸ *bureau de tabac* Tabakladen *m*, -warengeschäft *n*; *österr* (Tabak)Trafik *f*; *bureau de vote* Wahllokal *n* **4.** *d'une entreprise* Abteilung *f*; Büro *n*; *d'un ministère* Referat *n*; *Deuxième Bureau* militärischer Geheimdienst **5.** *d'un parti, d'un syndicat* Vorstand *m*
bureaucrate [byʀokʀat] *m,f péj* Bürokrat(in) *m(f)*; Federfuchser *m*
bureaucratie [-si] *f* Bürokratie *f* (*a péj*)
bureaucratique [byʀokʀatik] *adj* bürokratisch (*a péj*)
bureaucratisation [-izasjõ] *f péj* (Ver)Bürokratisierung *f*
bureaucratiser [-ize] *v/t péj* (ver)bürokratisieren
bureaucratisme [-ism] *m péj* Bürokratismus *m*; F Amtsschimmel *m*
bureautique [byʀotik] *f* Bürokommunikation *f*
burette [byʀɛt] *f* Kännchen *n*; CATH Messkännchen *n*
burgrave [byʀgʀav] *m* HIST Burggraf *m*
burin [byʀɛ̃] *m* **1.** *pour gravure* (Grab)Stichel *m*; Graviernadel *f* **2.** TECH Meißel *m*
buriné [byʀine] *adj* ⟨**~e**⟩ *visage* von tiefen Falten durchzogen; zerfurcht
buriner *v/t* **1.** *gravure* mit dem (Grab)Stichel bearbeiten, ritzen **2.** TECH meißeln
Burkina Faso [byʀkinafazo] *le Burkina Faso*

Burkina Faso *n*
burlesque [byʀlɛsk] *adj* burlesk; possenhaft
burlingue [byʀlɛ̃g] F *m* Büro *n*
burnous [byʀnu(s)] *m* Burnus *m*
burundais [buʀundɛ] **I** *adj* ⟨**-aise** [-ɛz]⟩ burundisch; aus Burundi **II** *Burundais(e)* *m(f)* Burundier(in) *m(f)*
Burundi [buʀundi] *le Burundi* Burundi *n*
▸ **bus¹** [bys] *m* Bus *m*; *prendre le bus* den Bus nehmen; mit dem Bus fahren
bus² [by] → *boire*
busard [byzaʀ] *m* ZO Weihe *f*
buse [byz] *f* **1.** ZO Bussard *m* **2.** *fig* F dumme Gans, Ziege **3.** TECH Düse *f*
business [biznɛs] *m* Business *n*; Geschäft *n*
businessman [biznɛsman] *m* ⟨**~s** *ou* **-men** [-mɛn]⟩ Geschäftsmann *m*
busqué [byske] *adj* ⟨**~e**⟩ *nez busqué* Haken-, Habichtsnase *f*
buste [byst] *m* **1.** (*torse*) Oberkörper *m* **2.** (*seins*) Büste *f* **3.** SCULP Büste *f*
bustier [bystje] *m* Bustier *n*
▸ **but¹** [by(t)] *m* **1.** (*objectif*) Ziel *n*; (*fin*) Zweck *m*; *dans un but scientifique* für e-n wissenschaftlichen Zweck; *dans le but de* (+ *inf*) in der Absicht, mit dem Ziel zu (+ *inf*); *fig de but en blanc* unvermittelt; mir nichts, dir nichts; *sans but* ziellos; *se fixer un but* sich (*dat*) ein Ziel setzen; *poursuivre un but* ein Ziel, e-e Absicht verfolgen **2.** FOOTBALL, *etc* Tor *n*; RUGBY Mal *n*; (*but marqué*) *a* Treffer *m*; *but en or* Golden Goal *n*; *gagner par trois buts à deux* (mit) drei zu zwei (Toren) gewinnen
but² [by] → *boire*
butane [bytan] *m* Butan(gas) *n*
buté [byte] *adj* ⟨**~e**⟩ bockig; halsstarrig; eigensinnig; verstockt
butée [byte] *f* **1.** ARCH Widerlager *n* **2.** TECH Anschlag *m*
buter [byte] **I** *v/t qn* bockig, halsstarrig machen **II** *v/i buter contre* (an)stoßen an (+ *acc*); stoßen gegen; *fig buter sur une difficulté* auf e-e Schwierigkeit stoßen; *fig buter sur un mot* über ein Wort stolpern **III** *v/pr se buter* (*s'entêter*) bockig, halsstarrig werden
buteur [bytœʀ] *m* FOOTBALL Torjäger *m*
butin [bytɛ̃] *m* **1.** *de guerre* Beute *f*; *d'un vol* Diebesbeute *f*, -gut *n* **2.** *d'une recherche* Ausbeute *f*
butiner [bytine] *v/i abeilles* Honig sammeln, eintragen
butoir [bytwaʀ] *m* **1.** *d'une porte* Türpuffer *m* **2.** CH DE FER Prellbock *m* **3.** *adjt date f butoir* (End)Termin *m*
butor [bytɔʀ] *m* **1.** ZO Rohrdommel *f* **2.** *fig* Flegel *m*, Rüpel *m*
buttage [byta3] *m* JARD, AGR Häufeln *n*
butte [byt] *f* (Erd)Hügel *m*; Anhöhe *f*; *fig être en butte à qc* e-r Sache (*dat*) ausgesetzt sein; die Zielscheibe (+ *gén*) sein
butter [byte] *v/t* F abmurksen
butyrique [bytiʀik] *adj* CHIM *acide m butyrique* Buttersäure *f*
buvable [byvabl] *adj* trinkbar
buvais, buvai(en)t [byvɛ] → *boire*
buvard [byvaʀ] *m* **1.** (*papier m*) *buvard* Lösch-, Fließpapier *n* **2.** *feuille* Löschblatt *n*

buvette [byvɛt] *f* Ausschank *m*; Erfrischungs-
stand *m*, -raum *m*
buveur [byvœʀ] *m*, **buveuse** [-øz] *f* **1.** (*alcooli-
que*) Trinker(in) *m(f)* **2. buveur de bière, de
vin** Bier-, Weintrinker *m*

buvez [byve], **buvons** [byvõ] → *boire*
Byzance [bizãs] HIST Byzanz *n*
byzantin [bizãtɛ̃] **I** *adj* ⟨-**ine** [-in]⟩ **1.** byzanti-
nisch **2.** *fig* spitzfindig **II** *m/pl* **Byzantins** By-
zantiner *m/pl*

C

C, c [se] *m* ⟨*inv*⟩ C, c *n*
c' [s] → *ce*
▸ **ça** [sa] F *pr/dém* das (da); dies(es); ▸ *comme*
ça so; *après subst* so ein(e); *par ext* F toll; F
klasse; *c'est comme ça* das ist nun mal so;
comme ci, comme ça F so lala; F soso; *pour
ça* deshalb; dafür; *sans ça* sonst; ander(e)n-
falls; *ça alors!* na so was!; nanu!; *ah, ça
non!* ganz bestimmt nicht!; *pas de ça!* kommt
nicht infrage!; nichts da!; *qui ça?* wer denn?;
(*comment*) *ça va?* wie geht's?; ▸ *ça y est!* es
ist so weit!; jetzt haben wir's; so, das wäre ge-
schafft!; *ça y est?* bist du so weit?; wird's
bald?; ▸ *c'est ça!* (ja,) so ist's!; (das ist) rich-
tig!; ja!; das stimmt; das ist gut so!
çà [sa] *adv* **çà et là** hier und dort *ou* da; da und
dort; bald hierhin, bald dorthin
cabale [kabal] *f* Intrige *f*; Ränke *m/pl*; *litt* Ka-
bale *f*
cabalistique [kabalistik] *adj* unverständlich;
geheimnisvoll
caban [kabã] *m* Cabanjacke *f*
cabane [kaban] *f* Hütte *f*; Schuppen *m*; *cabane
à lapins* Kaninchenstall *m*; *mettre qn en ca-
bane* F j-n einbuchten, -lochen
cabanon [kabanõ] *m* Wochenendhaus *n*
cabaret [kabaʀɛ] *m* Nachtlokal *n*; Bar *f*
cabas [kaba] *m* Einkaufstasche *f*
cabestan [kabɛstã] *m* Winde *f*; Spill *n*
cabillaud [kabijo] *m* Kabeljau *m*
cabine [kabin] *f* Kabine *f*; *cabine spatiale*
Raumkabine *f*, -kapsel *f*; ▸ *cabine téléphoni-
que* Telefon-, Fernsprechzelle *f*; *cabine de
bain* Bade-, Umkleidekabine *f*; *cabine d'es-
sayage* Anprobe-, Umkleidekabine *f*; *cabine
de pilotage* Cockpit *n*
cabinet [kabinɛ] *m* **1. cabinet de toilette** (klei-
ner) Waschraum **2. cabinets** *pl* Toilette *f*; WC
n; F Klo *n* **3.** *d'un médecin, avocat* Praxis *f* **4.**
d'un ministre Stab *m*; *chef m de cabinet* per-
sönlicher Referent
câblage [kɑblaʒ] *m* **1.** TECH Verseilung *f*; Kabel-
herstellung *f* **2.** ÉLECT Verkabelung *f*; Kabel-
verbindung(en) *f(pl)* **3.** TÉLÉCOMMUNICATIONS
Kabeln *n*; Drahten *n* **4.** TV Verkabelung *f*
▸ **câble** [kɑbl] *m* **1.** Seil *n*; Kabel *n*; MAR *a* Tau *n*
2. ÉLECT Kabel *n*; Leitung *f* **3.** (*télégramme*)
Kabel *n*
câblé [kɑble] *adj* ⟨**~e**⟩ **1.** *fil* gezwirnt **2.** TV *quar-
tier etc* verkabelt **3.** F *fig personne* **être câblé** F

in sein
câbler [kɑble] *v/t* **1.** *dépêche* kabeln; drahten **2.**
TV verkabeln
cabochard [kabɔʃaʀ] F *adj* ⟨-**arde** [-aʀd]⟩ dick-
köpfig
caboche [kabɔʃ] *f* F (*tête*) Kopf *m*; F Schädel *m*
cabossé [kabose] *adj* ⟨**~e**⟩ verbeult; eingebeult
cabosser [-e] *v/t voiture, valise, chapeau* ver-
beulen; F ramponieren
cabot [kabo] *m* **1.** F *péj* (*chien*) *péj* Köter *m*;
nordd Töle *f* **2.** MIL F (*caporal*) Gefreite(r) *m*
cabotage [kabɔtaʒ] *m* Küstenschifffahrt *f*
caboteur [-œʀ] *m* Küstenschiff *n*
cabotin [kabɔtɛ̃] *m*, **cabotine** [-in] *f péj* Schau-
spieler(in) *m(f)*; Komödiant(in) *m(f)*
cabotinage [kabɔtinaʒ] *m péj* Schauspielerei *f*;
Komödiantentum *n*
caboulot [kabulo] *m péj* Kaschemme *f*
cabrer [kabʀe] *v/pr* **se cabrer 1.** *cheval* sich
(auf)bäumen; steigen **2.** *personne* sich sträu-
ben; sich aufbäumen
cabri [kabʀi] *m* Zicklein *n*
cabriole [kabʀijɔl] *f* Luft-, Bocksprung *m*
cabriolet [kabʀijɔlɛ] *m* Kabriolett *n*
CAC [kak] *abr* (*cotation assistée en continu*)
fortlaufende Computernotierung; *indice m
CAC 40 correspond à* DAX® *m*
caca [kaka] *m* **1.** *enf* Aa *n*; *faire caca* Aa ma-
chen **2. caca d'oie** *adj* ⟨*inv*⟩ gelbgrün
cacahouète [kakawɛt] *ou* **cacahuète** [-ɥɛt] *f*
Erdnuss *f*
cacao [kakao] *m* Kakao *m*
cacaoté [-te] *adj* ⟨**~e**⟩ Kakao enthaltend
cacatoès [kakatɔɛs] *m* Kakadu *m*
cachalot [kaʃalo] *m* Pottwal *m*
cache[1] [kaʃ] *m* PHOT Maske *f*
cache[2] *f* (*cachette*) Versteck *n*
caché [kaʃe] *adj* ⟨**~e**⟩ verborgen
cache-cache *m* **jouer à cache-cache** Verste-
cken spielen
cache-cœur *m* ⟨*inv*⟩ Wickelbluse *f*
cache-col *m* ⟨*inv*⟩ Schal *m*
Cachemire [kaʃmiʀ] **1. le Cachemire** Kaschmir
n **2. cachemire** *m* TEXT Kaschmir *m*
cache-misère *m* ⟨*inv*⟩ Mantel *m*, der zum Ver-
decken schlechter Kleidung getragen wird
cache-nez *m* ⟨*inv*⟩ (Woll)Schal *m*
cache-pot *m* ⟨*inv*⟩ Übertopf *m*
▸ **cacher** [kaʃe] **I** *v/t* **1.** verstecken; verbergen **2.**
par ext verdecken; *vue* versperren **3.** *fig cacher*

qc à qn j-m etw verheimlichen, verschweigen; etw vor j-m verbergen, geheim halten; **cacher son jeu** mit verdeckten Karten spielen; sich (*dat*) nicht in die Karten gucken lassen **II** *v/pr* ▸ **se cacher 4.** sich verstecken, sich verbergen (*derrière, sous* hinter, unter + *dat*) **5.** *fig* **se cacher de qn pour faire qc** etw hinter dem Rücken j-s, heimlich tun
cache-radiateur *m* ⟨*inv*⟩ Heizkörperverkleidung *f*
cachère [kaʃɛʀ] *adj* REL koscher
cache-sexe *m* ⟨*inv*⟩ Minislip *m*
cachet [kaʃɛ] *m* **1.** (*sceau*) Siegel *n*; Petschaft *n* **2. cachet de la poste** Poststempel *m* **3.** HIST **lettre f de cachet** königlicher Geheimbefehl **4.** *d'acteurs* Gage *f* **5.** *fig* Gepräge *n*; Eigenart *f*; Charakter *m*; Stempel *m* **6.** PHARM Tablette *f*
cacheter [kaʃte] *v/t* ⟨**-tt-**⟩ *lettre* zukleben; verschließen
cachette [kaʃɛt] *f* Versteck *n*; Schlupfwinkel *m*; **en cachette** heimlich
cachot [kaʃo] *m* **1.** Kerker *m*; Verlies *n* **2.** *en prison* Einzelhaft *f*
cachotterie [kaʃɔtʀi] *f* Geheimniskrämerei *f*; Heimlichtuerei *f*; **faire des cachotteries** heimlichtun
cachottier [kaʃɔtje] *m*, **cachottière** [-jɛʀ] *f* Heimlichtuer(in) *m(f)*; Geheimniskrämer(in) *m(f)*
cachou [kaʃu] *m* Hustenpastille *f* (mit Katechugeschmack)
cacique [kasik] *m* F Primus *m*, Beste(r) *m* bei der Aufnahmeprüfung in die „École normale supérieure"
cacophonie [kakɔfɔni] *f* Kakophonie *f*
cacophonique [-ik] *adj* kakophonisch
cactus [kaktys] *m* **1.** BOT Kaktus *m* **2.** F (*difficulté*) F Haken *m*
c.-à.-d. *abr* (*c'est-à-dire*) d. h.
cadastre [kadastʀ] *m* Kataster *m ou n*; Flurbuch *n*
cadavérique [kadaveʀik] *adj* Leichen...; Kadaver...
cadavre [kadavʀ] *m* **1.** *humain* Leiche *f*; Leichnam *m*; *d'un animal* Kadaver *m* **2.** F (völlig) geleerte Flasche

---

Le cadavre   **SG**

Des passants ont découvert le cadavre de la jeune fille dans une forêt.
Passanten entdeckten die Leiche des Mädchens in einem Wald.

Wie dieses Beispiel zeigt, ist das Bedeutungsspektrum von **cadavre** breiter als das des deutschen Wortes „Kadaver": Im Französischen bezieht sich **cadavre** nicht nur auf tote Tiere, sondern auch auf tote Menschen.

---

caddie® [kadi] *m* Einkaufswagen *m*; AVIAT, CH DE FER Kofferkuli *m*
▸ **cadeau** [kado] *m* ⟨**~x**⟩ Geschenk *n*; **cadeau d'anniversaire** Geburtstagsgeschenk *n*; **faire un cadeau à qn** j-m ein Geschenk machen;

j-m etwas schenken; j-n beschenken; **faire cadeau de qc à qn** j-m etw zum Geschenk machen; j-m etw schenken
cadenas [kadna] *m* Vorhängeschloss *n*
cadenasser [kadnase] *v/t* mit e-m Vorhängeschloss verschließen, sichern
cadence [kadɑ̃s] *f* **1.** Rhythmus *m*; Takt *m* **2.** *par ext* (*vitesse*) Tempo *n*
cadencé [kadɑ̃se] *adj* ⟨**~e**⟩ **marcher au pas cadencé** im Gleichschritt marschieren
cadencer [kadɑ̃se] *v/t* ⟨**-ç-**⟩ *ses phrases etc* rhythmisch gliedern, gestalten
cadet [kadɛ] *m*, **cadette** [-ɛt] *f* **1.** jüngerer *ou* jüngster Sohn; jüngere *ou* jüngste Tochter; Jüngste(r) *f(m)*; *adjt* **frère cadet** jüngerer *ou* jüngster Bruder; *fig* **c'est le cadet de mes soucis** das ist meine geringste Sorge **2.** SPORTS Jugendspieler(in) *m(f)*
Cadix [kadiks] Cádiz *n*
cadrage [kadʀaʒ] *m* Bildeinstellung *f*
cadran [kadʀɑ̃] *m* **1.** *d'une horloge, etc* Zifferblatt *n*; *d'un instrument de mesure* Skala *f*; TÉL Nummern-, Wählscheibe *f*; *fig* **faire le tour du cadran** zwölf Stunden hintereinander schlafen **2. cadran solaire** Sonnenuhr *f*
cadre [kadʀ] *m* **1.** Rahmen *m* (*a d'un vélo*) **2.** *fig* Rahmen *m*; Umgebung *f*; **dans le cadre de** im Rahmen (+ *gén*); innerhalb (+ *gén*) **3.** *dans une entreprise* Angestellte(r) *m* (mit Weisungsbefugnis); **cadre moyen** mittlere Führungskraft; **cadre supérieur** leitender Angestellter; Führungskraft *f*

Les cadres

Bei den **cadres** handelt es sich um mittlere Führungskräfte (**cadres moyens**) und leitende Angestellte (**cadres supérieurs**) sowohl im öffentlichen Dienst als auch in Privatunternehmen mit entsprechenden verantwortungsvollen Funktionen. Die **cadres supérieurs** gehören in der Regel der wissenschaftlich-technischen Intelligenz an und kommen meist von den **grandes écoles**, den Eliteschulen Frankreichs.

---

cadrer [kadʀe] *v/i* **cadrer avec** übereinstimmen mit; passen zu; entsprechen (+ *dat*)
cadreur [kadʀœʀ] *m* Kameramann *m*
caduc [kadyk] *adj* ⟨**caduque** [kadyk]⟩ **1.** veraltet; überholt **2. arbre m à feuilles caduques** sommergrüner Laubbaum
caducée [kadyse] *m* Äskulapstab *m*
cæcum [sekɔm] *m* Blinddarm *m*
Caen [kɑ̃] *Stadt im Dep. Calvados*
cafard [kafaʀ], **cafarde** [-aʀd] **1.** *m,f* ÉCOLE *péj* Petzer *m*; Petze *f* **2.** F **avoir le cafard** trübsinnig, trübselig, deprimiert, F down sein **3.** *m* ZO (Küchen)Schabe *f*
cafarder [kafaʀde] *v/i péj* petzen
cafardeux [kafaʀdø] *adj* ⟨**-euse** [-øz]⟩ trübsinnig; trübselig (*a temps*)
▸ **café** [kafe] *m* **1.** Kaffee *m*; **café crème, au lait** Milchkaffee *m*; *adjt* ⟨*inv*⟩ hellbraun; **invi-**

ter *qn* **à prendre le café** j-n zum Kaffee einladen; F *fig* **c'est un peu fort de café** F das ist doch allerhand, ein starkes Stück **2.** *lieu public* Lokal *n*; (Schank)Wirtschaft *f*; Bar *f*; Kneipe *f*; *plus élégant* Café *n*; *österr* Kaffeehaus *n*

Le café

Wenn man in Frankreich **un café** bestellt, bekommt man eine kleine Tasse Kaffee ohne Milch.
Will man einen Kaffee mit Milch, so verlangt man **un café crème** (kurz: **un crème**) oder **un café au lait**.

---

caféier [kafeje] *m* Kaffeestrauch *m*
caféine [kafein] *f* Koffein *n*
café-restaurant *m* ⟨**cafés-restaurants**⟩ Gaststätte *f*; Restaurant *n*
cafèt [kafɛt] *f abr* F → **cafétéria**
café-tabac *m* ⟨**cafés-tabacs**⟩ Lokal *n* mit Tabakladen
cafeter [kafte] F *v/i péj* petzen
cafétéria [kafeteʀja] *f* Cafeteria *f*
café-théâtre *m* ⟨**cafés-théâtres**⟩ Kleinkunstbühne *f*
cafetier [kaftje] *m* (Schank)Wirt *m*
cafetière [kaftjɛʀ] *f* Kaffeekanne *f*; **cafetière électrique** Kaffeemaschine *f*
cafouillage [kafujaʒ] F *m* Durcheinander *n*; Wirrwarr *m*
cafouiller [kafuje] F *v/i personne* ein Durcheinander anrichten; F murksen; *dans une entreprise* **ça cafouille** alles geht durcheinander
cafouilleur [kafujœʀ] *ou* **cafouilleux** [-ø] F *adj* ⟨**-euse** [-øz]⟩ wirr; chaotisch
cafouillis [-i] F *m* → **cafouillage**
cafter → **cafeter**
cage [kaʒ] *f* **1.** Käfig *m*; *à oiseaux a* Bauer *n*; **cage à lapin** Kaninchenstall *m*; *fig* enge, kleine Wohnung **2.** TECH **cage d'ascenseur** Aufzugsschacht *m*; **cage d'escalier** Treppenhaus *n*; PHYS **cage de Faraday** faradayscher Käfig **3.** ANAT **cage thoracique** Brustkorb *m*
cageot [kaʒo] *m* Lattenkiste *f*; Steige *f*
cagibi [kaʒibi] F *m* Abstell-, Rumpelkammer *f*; Verschlag *m*; F Kabuff *n*
cagneux [kaɲø] *adj* ⟨**-euse** [-øz]⟩ **jambes cagneuses** X-Beine *n/pl*
cagnotte [kaɲɔt] *f* Spielkasse *f*; Gemeinschaftskasse *f*
cagoule [kagul] *f* **1.** Kapuze *f* mit Augenschlitzen; *de gangsters* Strumpfmaske *f* **2.** *bonnet* Kapuzenmütze *f*
cagoulé [kagule] *adj* ⟨**~e**⟩ vermummt
▸ **cahier** [kaje] *m* **1.** (Schreib)Heft *n*; **cahier de brouillon** Schmier-, Konzeptheft *n*; Kladde *f*; **cahier de textes** Aufgabenheft *n* **2.** **cahier des charges** Lastenheft *n*; Leistungsverzeichnis *n*; Vergabebedingungen *f/pl*
cahin-caha [kaɛ̃kaa] F *adv* mühsam; recht und schlecht
Cahors [kaɔʀ] *Stadt im Dep. Lot*
cahot [kao] *m* Stoß *m*; Ruck *m*; **cahots** *pl* Rütteln *n*; Rumpeln *n*

cahotant [kaɔtɑ̃] *adj* ⟨**-ante** [-ɑ̃t]⟩ *véhicule* rüttelnd; *chemin* holp(e)rig
cahoter [kaɔte] *v/i* rumpeln; holpern
cahoteux [kaɔtø] *adj* ⟨**-euse** [-øz]⟩ holprig
cahute [kayt] *f* Hütte *f*
caïd [kaid] *m* F **1.** *péj* Bandenführer *m*, -chef *m*; Gangsterboss *m* **2.** F Bonze *m*; F Boss *m*
caillasse [kajas] F *f* Schotter *m*; Kies *m*
caille [kaj] *f* Wachtel *f*
caillé [kaje] *adj* **lait caillé** geronnene Milch; Dick-, Sauermilch *f*
caillebotis [kajbɔti] *m* Lattenrost *m*
cailler [kaje] *v/i* **1.** gerinnen **2.** F *fig* **ça caille** F ganz schön kalt!
caillette [kajɛt] *f* Labmagen *m*
caillot [kajo] *m* **caillot (de sang)** Blutgerinnsel *n*
caillou [kaju] *m* ⟨**~x**⟩ **1.** Kiesel(stein) *m*; Stein (-chen) *m*(*n*); **cailloux** *pl* Schotter *m*; Kies *m* **2.** F *fig* **n'avoir plus un poil sur le caillou** völlig kahl(köpfig) sein
caillouteux [kajutø] *adj* ⟨**-euse** [-øz]⟩ steinig
caïman [kaimɑ̃] *m* Kaiman *m*
Caïn [kaɛ̃] *m* BIBL Kain *m*
Caire [kɛʀ] **Le Caire** Kairo *n*
▸ **caisse** [kɛs] *f* **1.** Kiste *f*; Kasten *m*; *pour arbustes, etc* Kübel *m*; **caisse à outils** Werkzeugkasten *m*, -kiste *f* **2.** **grosse caisse** große Trommel; *fig* **battre la grosse caisse** die Werbetrommel rühren **3.** COMM Kasse *f*; *österr* Kassa *f*; **ticket** *m* **de caisse** Kassenbon *m*, -zettel *m*; **faire la, sa caisse** F Kassensturz machen; *fig* **vous pouvez passer à la caisse** Sie sind (fristlos) entlassen **4.** *institution* Kasse *f*; **caisse d'épargne** Sparkasse *f* **5.** F *partir de la caisse* (*être tuberculeux*) F die Motten haben **6.** F (*voiture*) F Kiste *f*; F *fig* **à fond la caisse** F mit Karacho; F mit e-m Affenzahn
caissette [kɛsɛt] *f emballage* Schale *f*
caissier [kɛsje] *m*, **caissière** [-jɛʀ] *f* Kassierer(in) *m*(*f*); *südd, österr* Kassier(in) *m*(*f*)
caisson [kɛsõ] *m* **1.** **caisson (à air comprimé)** Caisson *m*; Senkkasten *m* **2.** ARCH Kassette *f*; **plafond** *m* **à caissons** Kassettendecke *f* **3.** F **se faire sauter le caisson** sich (*dat*) e-e Kugel durch den Kopf schießen, jagen
cajoler [kaʒɔle] *v/t* liebkosen; umschmeicheln; *enfant* hätscheln; herzen
cajoleries [-ʀi] *f/pl* Liebkosungen *f/pl*; Schmeicheleien *f/pl*
cajoleur [-œʀ] *adj* ⟨**-euse** [-øz]⟩ *voix* (ein)schmeichelnd; schmeichlerisch; *enfant* anschmiegsam
cajou [kaʒu] *m* **noix** *f* **de cajou** Cashewnuss *f*
cake [kɛk] *m* englischer Sandkuchen
cal [kal] *m* Schwiele *f*
calabrais [kalabʀɛ] **I** *adj* ⟨**-aise** [-ɛz]⟩ kalabrisch **II 1. Calabrais(e)** *m*(*f*) Kalabrier(in) *m*(*f*) **2.** LING **le calabrais** das Kalabrische; Kalabrisch *n*
Calabre [kalabʀ] **la Calabre** Kalabrien *n*
calage [kalaʒ] *m* **1.** TECH Verkeilen *n*; Festklemmen *n* **2.** *d'un moteur* Abwürgen *n*
Calais [kalɛ] *Stadt im Dep. Pas-de-Calais*
calamar [kalamaʀ] *m* Kalmar *m* (*ein Tintenfisch*)
calaminé [kalamine] *adj* ⟨**~e**⟩ verrußt
calaminer [kalamine] *v/pr* **se calaminer** bou-

gie verrußen

calamité [kalamite] *f* Unglück *n*; Unheil *n*; Katastrophe *f*

calancher [kalɑ̃ʃe] *v/i arg* (*mourir*) P abkratzen; abschrammen

calandre [kalɑ̃dʀ] *f* Kühlergrill *m*

calanque [kalɑ̃k] *f* (kleine) Felsbucht

calcaire [kalkɛʀ] **I** *adj* Kalk...; kalkig; kalkhaltig (*a eau*) **II** *m* **1.** *roche* Kalk(stein) *m* **2.** (*tartre*) Kesselstein *m*; Kalkansatz *m*

calcification [kalsifikasjõ] *f* Verkalkung *f*

calcifié [-fje] *adj* ⟨**~e**⟩ verkalkt

calcination [kalsinasjõ] *f* Glühen *n*; *du calcaire* Brennen *n*

calciné [-ne] *adj* ⟨**~e**⟩ verbrannt; verkohlt

calciner [kalsine] *v/t* **1.** TECH, CHIM glühen; *calcaire* brennen **2.** (*brûler*) verbrennen

calcium [kalsjɔm] *m* Kalzium *n*

calcul[1] [kalkyl] *m* **1.** Rechnen *n*; Rechnung *f*; Berechnung *f*; COMM Kalkulation *f*; *calcul mental* Kopfrechnen *n*; *être bon en calcul* im Rechnen gut sein; gut rechnen können; *faire des calculs* rechnen; Berechnungen anstellen **2.** *fig* (*estimation*) Berechnung *f*; Erwartung *f*; Kalkül *n ou m*; *faire un mauvais calcul* sich verrechnen; sich verkalkulieren **3.** *péj agir par calcul* aus Berechnung handeln

calcul[2] *m* MÉD Stein *m*; *calcul biliaire, rénal* Gallen-, Nierenstein *m*

calculable [kalkylabl] *adj* berechenbar

calculateur [kalkylatœʀ] **I** *adj* ⟨**-trice** [-tʀis]⟩ *péj* berechnend **II** *m ordinateur* Rechner *m*

calculatrice [kalkylatʀis] *f* Rechenmaschine *f*; *calculatrice de poche* Taschenrechner *m*

▸ **calculer** [kalkyle] *v/t* **1.** rechnen; be-, aus-, errechnen; COMM (aus)kalkulieren; *abs* rechnen; *machine f à calculer* (Tisch)Rechenmaschine *f* **2.** *fig* (*estimer*) berechnen; abwägen; (ein)kalkulieren; *ses chances* ausrechnen; *calculer que ...* schätzen, rechnen, dass ...; *adjt risque calculé* kalkuliertes Risiko

calculette [kalkylɛt] *f* Taschenrechner *m*

Calcutta [kalkyta] Kalkutta *n*

Caldoche [kaldɔʃ] F *m,f* Neukaledonienfranzose *m*, -französin *f*

cale [kal] *f* **1.** MAR Schiffs-, Laderaum *m*; *cale sèche* Trockendock *n* **2.** (*coin*) (Unterleg)Keil *m*

calé [kale] F *adj* ⟨**~e**⟩ beschlagen, bewandert (*en* in + *dat*); *c'est trop calé pour moi* F das ist mir zu hoch

calebasse [kalbas] *f* **1.** BOT Flaschenkürbis *m* **2.** *récipient* Kalebasse *f*

calèche [kalɛʃ] *f* Kalesche *f*; Kutsche *f*

▸ **caleçon** [kalsõ] *m* **1.** Unterhose *f*; *caleçon de bain* Badehose *f* **2.** *vêtement de femme* Leggin(g)s *pl*

Calédonie [kaledɔni] *la Calédonie* Kaledonien *n*

calédonien [kaledɔnjẽ] *adj* ⟨**-ienne** [-jɛn]⟩ kaledonisch

calembour [kalɑ̃buʀ] *m* Wortspiel *n*; *péj* Kalauer *m*

calembredaines [kalɑ̃bʀədɛn] *litt f/pl* Albernheiten *f/pl*; ungereimtes Zeug

calendes [kalɑ̃d] *f/pl* *renvoyer qc aux calendes grecques* etw auf den Sankt-Nimmerleins-Tag verschieben

calendrier [kalɑ̃dʀije] *m* **1.** Kalender *m* **2.** (*emploi du temps*) Terminkalender *m*

Le calendrier républicain

Der republikanische Kalender wurde während der Französischen Revolution eingerichtet, und zwar am 24. Oktober 1793. Er sollte den gregorianischen Kalender ablösen. Im Namen der Vernunft, der Wissenschaft und der Natur wurden der Sonntag sowie alle kirchlichen Feiertage abgeschafft. Der erste Tag des Jahres I der neuen Republik wurde auf den 22. September 1792 festgelegt, dem Tag der herbstlichen Tag- und Nachtgleiche (l'équinoxe). Das Jahr wurde in zwölf Monate mit je 30 Tagen eingeteilt, die ihrerseits wiederum in drei **décades** von 10 Tagen unterteilt wurden. Die Monate erhielten neue Namen, orientiert an den Jahreszeiten und an Ereignissen in der Natur, z. B. der **mois des vendanges** (Monat der Weinernte) vom 22. September bis 21. Oktober oder der **mois de brumaire** (Monat des Nebels) usw. Der republikanische Kalender wurde durch Napoleon am 9. September 1805 wieder abgeschafft.

cale-pied *m* ⟨**cale-pieds**⟩ Pedalhaken *m*

calepin [kalpẽ] *m* Notizbuch *n*

caler [kale] **I** *v/t* **1.** *moteur* abwürgen **2.** *table, chaise* e-n Keil legen unter (+ *acc*) **II** *v/i* **3.** *personne de* abwürgen; *moteur* absterben **4.** *fig* F *en mangeant* nicht mehr können; F *mets sattˈmachen* **III** *v/pr* *se caler* es sich (*dat*) bequem machen

calfeutrage [kalføtʀaʒ] *m* Abdichten *n*

calfeutrer [kalføtʀe] **I** *v/t* abdichten **II** *v/pr* *se calfeutrer* (*chez soi*) sich in s-r Wohnung verkriechen

calibrage [kalibʀaʒ] *m* **1.** TECH Kalibrieren *n* **2.** *des fruits, œufs* Sortieren *n* der Größe nach

calibre [kalibʀ] *m* **1.** TECH, MIL Kaliber *n* **2.** *des œufs, fruits* Größe *f* **3.** F *péj* Schlag *m*; Kaliber *n*

calibrer [kalibʀe] *v/t œufs, fruits* der Größe nach sortieren

calice [kalis] *m* **1.** ÉGL (Abendmahls)Kelch *m* **2.** BOT (Blüten)Kelch *m*

calicot [kaliko] *m* **1.** TEXT Kaliko *m* **2.** (*banderole*) Spruchband *n*

calife [kalif] *m* Kalif *m*

Californie [kalifɔʀni] *la Californie* Kalifornien *n*

californien [kalifɔʀnjẽ] **I** *adj* ⟨**-ienne** [-jɛn]⟩ kalifornisch **II** *Californien(ne)* *m(f)* Kalifornier(in) *m(f)*

califourchon [kalifuʀʃõ] *à califourchon* rittlings

câlin [kɑlẽ] **I** *adj* ⟨**-ine** [-in]⟩ zärtlich; zärtlichkeitsbedürftig; anschmiegsam; *enfant câlin*

Schmeichel-, F Schmusekatze *f* **II** *m* **faire (un) câlin** F schmusen (**à qn** mit j-m)
câliner [kɑline] *v/t* zärtlich sein zu; F schmusen mit
câlineries [-ri] *f/pl* Zärtlichkeiten *f/pl*; F Schmusen *n*
calisson [kalisõ] *m* Mandelkonfekt *n*
calleux [kallø] *adj* ⟨**-euse** [-øz]⟩ schwielig
call-girl [kolgœrl] *f* Callgirl *n*
calligraphie [kaligʀafi] *f* Kalligraphie *f*; Schönschreibkunst *f*
calligraphier [-je] *v/t* in Schönschrift schreiben; malen
callosité [kalozite] *f* Schwiele *f*; Hornhaut *f*
calmant [kalmɑ̃] *m* Beruhigungs- und Schmerzmittel *n*
calmar [kalmaʀ] *m* → **calamar**
▸ **calme** [kalm] **I** *adj* ruhig (*a mer*); still; *personne a* gelassen; **rester calme** ruhig, gelassen bleiben **II** *m* **1.** Ruhe *f*; Stille *f*; MAR Windstille *f*; **calme plat** völlige Windstille; Flaute *f* (*a fig*); *fig* **le calme avant la tempête** die Ruhe vor dem Sturm **2.** *d'une personne* Ruhe *f*; Gelassenheit *f*; Gemütsruhe *f*; **perdre son calme** s-e Gelassenheit, die Beherrschung verlieren
calmement [kalməmɑ̃] *adv* ruhig; still; gelassen
calmer [kalme] **I** *v/t* **1.** *personne* beruhigen; besänftigen; beschwichtigen **2.** *douleur* mildern; lindern; stillen; *toux* lindern; *soif, faim* stillen; *impatience* beschwichtigen **II** *v/pr* **se calmer** **3.** *personne* sich beruhigen **4.** *tempête* sich legen; abflauen; *fièvre, douleur* nachlassen; *passion* sich abkühlen; *discussion* ruhiger werden
calomniateur [kalɔmnjatœʀ] *m*, **calomniatrice** [-tʀis] *f* Verleumder(in) *m(f)*
calomnie [kalɔmni] *f* Verleumdung *f*
calomnier [kalɔmnje] *v/t* verleumden
calomnieux [kalɔmnjø] *adj* ⟨**-euse** [-øz]⟩ verleumderisch
calorie [kalɔʀi] *f* Kalorie *f*
calorifique [kalɔʀifik] *adj* Wärme...; Heiz...; Wärme erzeugend
calorifuge [-fyʒ] *adj* wärmeisolierend, -dämmend
calorique [kalɔʀik] *adj* Kalorien...
calot [kalo] *m* **1.** MIL Schiffchen *n*; Käppi *n* **2.** (*grosse bille*) große Murmel
calotin [kalɔtɛ̃] F *péj m* Klerikale(r) *m*; F *péj* Pfaffenknecht *m*; Schwarze(r) *m*
calotte [kalɔt] *f* **1.** *bonnet* (Scheitel)Käppchen *n*; ÉGL Kalotte *f* **2.** *péj* **la calotte** *péj* die Pfaffen *m/pl* **3.** **calotte glaciaire** Eiskappe *f* **4.** F leichte Ohrfeige
calotter [kalɔte] *v/t* F **1.** (*gifler*) ohrfeigen **2.** (*voler*) F klauen
calque [kalk] *m* Pause *f* (*Zeichnung*)
calquer [kalke] *v/t* nachahmen; kopieren
calumet [kalymɛ] *m* **fumer le calumet de la paix** die Friedenspfeife rauchen
calva [kalva] *m* F *ou* **calvados** [kalvados] *m* Calvados *m* (*Apfelbranntwein*); → *Info bei* **digestif**
Calvados [kalvados] **1.** **le Calvados** *frz Departement* **2.** **calvados** *m* Calvados *m* (*Apfelbranntwein*)
calvaire [kalvɛʀ] *m* **1.** Kreuzigung *f* Christi; Kreuzigungsgruppe *f* **2.** *fig* Leidensweg *m*; Martyrium *n*

calvinisme [kalvinism] *m* Kalvinismus *m*
calviniste [kalvinist] **I** *adj* kalvinistisch **II** *m,f* Kalvinist(in) *m(f)*
calvitie [kalvisi] *f* Glatze *f*; Kahlköpfigkeit *f*; F Platte *f*
▸ **camarade** [kamaʀad] *m,f* **1.** Kamerad(in) *m(f)*; F Kumpan *m*; **camarade d'école** Schulkamerad(in) *m(f)*, -freund(in) *m(f)*; Mitschüler(in) *m(f)* **2.** POL Genosse *m*, Genossin *f*
camaraderie [camaʀadʀi] *f* Kameradschaft *f*
camard [kamaʀ] **I** *adj* ⟨**-arde** [-aʀd]⟩ **nez camard** Sattelnase *f* **II** *fig* **la Camarde** der Tod; der Knochenmann
camarguais [kamaʀgɛ] **I** *adj* ⟨**-aise** [-ɛz]⟩ (aus) der Camargue **II** **Camarguais(e)** *m(f)* Bewohner(in) *m(f)* der Camargue
Camargue [kamaʀg] **la Camargue** die Camargue (*Landschaft im Rhonedelta*)
Cambodge [kɑ̃bɔdʒ] **le Cambodge** Kambodscha *n*
cambodgien [kɑ̃bɔdʒjɛ̃] **I** *adj* ⟨**-ienne** [-jɛn]⟩ kambodschanisch **II** **Cambodgien(ne)** *m(f)* Kambodschaner(in) *m(f)*
cambouis [kɑ̃bwi] *m* (gebrauchtes) Schmieröl, -fett
cambré [kɑ̃bʀe] *adj* ⟨**∼e**⟩ *pied* gewölbt; **reins cambrés** etwas hohles Kreuz
cambrer [kɑ̃bʀe] *v/pr* **se cambrer** den Körper straffen
cambriolage [kɑ̃bʀijɔlaʒ] *m* Einbruch *m*
cambrioler [kɑ̃bʀijɔle] *v/t* einbrechen (**qc** in etw [*acc*]); **j'ai été cambriolé** bei mir ist eingebrochen worden
▸ **cambrioleur** [kɑ̃bʀijɔlœʀ] *m*, **cambrioleuse** [kɑ̃bʀijɔløz] *f* Einbrecher(in) *m(f)*
cambrousse [kɑ̃bʀus] *f* F *péj* **en pleine cambrousse** F in e-r gottverlassenen Gegend
cambrure [kɑ̃bʀyʀ] *f* Wölbung *f*
cambuse [kɑ̃byz] *f* **1.** *péj* elende Behausung *f*; Loch *n* **2.** MAR Bottlerei *f*
came [kam] *f* **1.** TECH **arbre** *m* **à cames** Nockenwelle *f* **2.** *arg* (*cocaïne*) F Koks *m*; (*drogue*) F Stoff *m*
camé [kame] *m arg* Fixer *m*
camée [kame] *m* Kamee *f*
caméléon [kameleõ] *m* Chamäleon *n*
camélia [kamelja] *m* Kamelie *f*
camelot [kamlo] *m* Straßenhändler *m*, -verkäufer *m*
camelote [kamlɔt] *f* F Schund *m*; F Ramsch *m*
camembert [kamɑ̃bɛʀ] *m* Camembert *m*
camer [kame] *v/pr* **se camer** *arg* fixen
▸ **caméra** [kameʀa] *f* (Film)Kamera *f*; **caméra de télévision** Fernsehkamera *f*
cameraman [kameʀaman] *m* ⟨**cameramen** [-men]⟩ Kameramann *m*
Cameroun [kamʀun] **le Cameroun** Kamerun *n*
camerounais [kamʀunɛ] **I** *adj* ⟨**-aise** [-ɛz]⟩ kamerunisch **II** **Camerounais(e)** *m(f)* Kameruner(in) *m(f)*
caméscope [kameskɔp] *m* Camcorder *m*
Camille [kamij] *m,f Vorname*
camion [kamjõ] *m* **1.** Last(kraft)wagen *m*; Lastauto *n*; Laster *m*; Lkw *ou* LKW *m*; **camion à benne basculante** Kipper *m*; **camion à trois essieux** Dreiachser *m*; **camion à plate-forme** Pritschenwagen *m*; **camion à remorque** Lkw mit Anhänger; Lastzug *m*; **camion de démé-**

nagement Möbelwagen *m*; ***camion de trois tonnes*** Dreitonner *m* **2.** *des peintres* Farbeimer *m* **3.** *(petite épingle)* kleine Stecknadel
camion-citerne *m* ⟨**camions-citernes**⟩ Tank-(last)wagen *m*
camionnage [kamjɔnaʒ] *m* **1.** Lkw-Transport *m*; Straßentransport *m* **2.** *prix* Transportkosten *pl*; Rollgeld *n*
camionnette [-ɛt] *f* Lieferwagen *m*; kleiner Lastwagen
camionneur [-œʀ] *m* Lkw-Fahrer *m*; Lastwagenfahrer *m*
camisole [kamizɔl] *f* ***camisole de force*** Zwangsjacke *f*
camomille [kamɔmij] *f* **1.** BOT Kamille *f* **2.** *tisane* Kamillentee *m*
camouflage [kamuflaʒ] *m* Tarnung *f*
camoufler [kamufle] *v/t* **1.** MIL tarnen **2.** *fig* tarnen; verschleiern
camouflet [kamuflɛ] *litt m* Kränkung *f*
camp [kã] *m* Lager *n* (*a fig*, POL); ***camp de concentration*** Konzentrationslager *n* (*abr* KZ); ***camp de réfugiés*** Flüchtlingslager *n*; ***camp de vacances*** Ferienlager *n*; *fig* ***changer de camp*** ins andere Lager überwechseln; F ***fiche(r)***, P ***foutre le camp*** *personne* F abhauen; F sich aus dem Staub machen; F verduften; P sich verpissen; *bouton* abgehen
campagnard [kɑ̃paɲaʀ] **I** *adj* ⟨**-arde** [-aʀd]⟩ ländlich; Land...; *péj* bäu(e)risch **II** ***campagnard(e)*** *m(f)* Landbewohner(in) *m(f)*; *péj* Bauer *m*, Bäuerin *f*
▸ **campagne** [kɑ̃paɲ] *f* **1.** Land *n* (*im Gegensatz zur Stadt*); ***à la campagne*** auf dem *ou* das Land **2.** MIL Feldzug *m* **3.** *fig* Feldzug *m*; Kampagne *f*; ***campagne électorale*** Wahlkampf *m*; ***campagne publicitaire*** Werbekampagne *f*; Werbe-, Reklamefeldzug *m*; ***faire campagne pour qc*** für etw Propaganda machen; sich für etw einsetzen
campagnol [kɑ̃paɲɔl] *m* Schermaus *f*; Wasserratte *f*
campanile [kɑ̃panil] *m* Kampanile *m*
campanule [kɑ̃panyl] *f* Glockenblume *f*
campé [kɑ̃pe] *adj* ⟨**~e**⟩ *dans un roman* ***personnage bien campé*** lebendig dargestellte Figur
campement [kɑ̃pmɑ̃] *m* Lager *n*; Lagerplatz *m*
camper [kɑ̃pe] **I** *v/t* lebendig darstellen **II** *v/i* **1.** campen; *sous la tente a* zelten **2.** MIL kampieren (*a fig chez qn*); lagern **III** *v/pr* ***se camper*** sich aufstellen, F sich aufpflanzen (***devant*** vor + *dat*)
campeur [kɑ̃pœʀ] *m*, **campeuse** [-øz] *f* Camper(in) *m(f)*
camphre [kɑ̃fʀ] *m* Kampfer *m*
▸ **camping** [kɑ̃piŋ] *m* **1.** Camping *n*; Campen *n*; *sous la tente* Zelten *n*; ***faire du camping*** campen; zelten **2.** ***(terrain m de) camping*** Campingplatz *m*
camping-car *m* ⟨**camping-cars**⟩ Wohnmobil *n*; Campingbus *m*
camping-gaz *m* ⟨*inv*⟩ Campinggaskocher *m*
campus [kɑ̃pys] *m* Universitätsgelände *n*; Campus *m*
camus [kamy] *adj* ⟨**-use** [-yz]⟩ ***nez camus*** platte Nase; Stumpf-, Sattelnase *f*
canada [kanada] *f pomme: e-e Renettensorte*
▸ **Canada** [kanada] ***le Canada*** Kanada *n*

▸ **canadien** [kanadjɛ̃] **I** *adj* ⟨**-ienne** [-jɛn]⟩ kanadisch **II 1.** ***Canadien(ne)*** *m(f)* Kanadier(in) *m(f)* **2.** ***canadienne*** *f* Lammfelljacke *f*
canadienne [kanadjɛn] *f* **1.** *veste* Lammfelljacke *f* **2.** *canoë* Kanadier *m* **3.** *tente* Firstzelt *n*
canaille [kanaj] **I** *f* Schurke *m*; Halunke *m*; Lump *m*; Kanaille *f* **II** *adj* pöbelhaft; ordinär
canaillerie [kanajʀi] *f* Gemeinheit *f*; Schurkerei *f*; *action a* Schurkenstreich *m*
▸ **canal** [kanal] *m* ⟨**-aux** [-o]⟩ Kanal *m* (*a TV*); ***le canal de Suez*** der Sueskanal; *fig* ***par le canal de*** über (+ *acc*)
canalisation [kanalizasjõ] *f* *de gaz, etc* Leitung(snetz) *f(n)*; *d'eaux usées* Kanalisation *f*
canaliser [kanalize] *v/t* kanalisieren (*a fig*)
▸ **canapé** [kanape] *m* **1.** Couch *f*; Sofa *n*; Kanapee *n* **2.** CUIS Kanapee *n*; ***sur canapés*** auf Weißbrotscheiben serviert
canapé-lit *m* ⟨**canapés-lits**⟩ Schlaf-, Bettcouch *f*
Canaques [kanak] *m/pl* Kanaken *m/pl*
▸ **canard** [kanaʀ] *m* **1.** ZO Ente *f*; ***canard (mâle)*** Erpel *m*; Enterich *m*; ***canard de Barbarie*** Moschusente *f* **2.** F *péj (journal)* F Käseblatt *n* **3.** in Schnaps getauchtes Stück Zucker
canarder [kanaʀde] *v/t* F ***canarder qn*** (aus gedeckter Stellung) auf j-n feuern
canari [kanaʀi] *m* Kanarienvogel *m*
Canaries [kanaʀi] ***les (îles f/pl) Canaries*** *f/pl* die Kanarischen Inseln *f/pl*
canasson [kanasõ] F *m* F Gaul *m*
cancan [kɑ̃kɑ̃] *m* **1.** ***cancans*** *pl* Klatsch *m*; F Tratsch *m*; ***raconter des cancans sur qn*** über j-n Gerüchte, Klatsch verbreiten **2.** *french cancan* Cancan *m*
cancaner [kɑ̃kane] *v/i* klatschen; F tratschen
cancanier [-je] *adj* ⟨**-ière** [-jɛʀ]⟩ klatschsüchtig, -haft
▸ **cancer** [kɑ̃sɛʀ] *m* **1.** MÉD Krebs *m*; ***cancer du sein*** Brustkrebs *m* **2.** ASTR Cancer Krebs *m*
cancéreux [kɑ̃seʀø] **I** *adj* ⟨**-euse** [-øz]⟩ **1.** Krebs...; ***tumeur cancéreuse*** Krebsgeschwulst *f*; *sc* Karzinom *n* **2.** *personne* krebskrank **II** ***cancéreux, cancéreuse*** *m,f* Krebskranke(r) *f(m)*
cancérigène [kɑ̃seʀiʒɛn] *ou* **cancérogène** [kɑ̃seʀɔʒɛn] *adj* krebserregend, -erzeugend
cancérologie [kɑ̃seʀɔlɔʒi] *f* Krebsforschung *f*
cancérologue [-lɔg] *m,f* Krebsforscher(in) *m(f)*
cancre [kɑ̃kʀ] F *m* schlechter *ou* fauler Schüler; F Faulpelz *m*
cancrelat [kɑ̃kʀəla] *m* (Küchen)Schabe *f*; Kakerlake *f*
candélabre [kɑ̃delɑbʀ] *m* Kandelaber *m*; großer Armleuchter
candeur [kɑ̃dœʀ] *f* Arglosigkeit *f*; Treuherzigkeit *f*; Naivität *f*
candi [kɑ̃di] *adj* ***sucre m candi*** Kandis(zucker) *m*
▸ **candidat** [kɑ̃dida] *m*, **candidate** [kɑ̃didat] *f* Kandidat(in) *m(f)* (*a* POL); Bewerber(in) *m(f)*; ***être, se porter candidat, candidate*** kandidieren
▸ **candidature** [kɑ̃didatyʀ] *f* Kandidatur *f* (*a* POL); Bewerbung *f*; ***poser sa candidature*** sich bewerben (***à un poste*** um e-e Stellung); kandidieren (***à une élection*** bei e-r Wahl)

candide [kɑ̃did] *adj* arglos; treuherzig; naiv; unschuldig; ohne Falsch

cane [kan] *f* (weibliche) Ente

caner [kane] *v/i* **1.** F (*reculer*) F kneifen, sich drücken (*devant* vor +*dat*) **2.** P (*mourir*) P krepieren; F abkratzen

caneton [kantõ] *m* Entchen *n*; cuis Jungente *f*

canette [kanɛt] *f* **1.** *boîte en métal* (Getränke)-Dose *f* **2.** *bouteille* Bierflasche *f* **3.** *d'une machine à coudre* Spule *f*

canevas [kanva] *m* Kanevas(stickerei) *m(f)*

caniche [kaniʃ] *m* Pudel *m*

caniculaire [kanikylɛR] *adj chaleur f caniculaire* Gluthitze *f*

canicule [kanikyl] *f* **1.** *époque* Hundstage *m/pl* **2.** *chaleur* Gluthitze *f*

canif [kanif] *m* Taschenmesser *n*

canin [kanɛ̃] *adj* ⟨**-ine** [-in]⟩ Hunde...

canine [kanin] *f* Eck-, Augenzahn *m*

caniveau [kanivo] *m* ⟨**~x**⟩ Rinnstein *m*; Gosse *f*

cannabis [kanabis] *m* Cannabis *m*

▸ **canne** [kan] *f* **1.** *canne à sucre* Zuckerrohr *n* **2.** (Spazier)Stock *m*; *canne blanche* Blindenstock *m*; *marcher avec une canne* am Stock gehen **3.** *canne à pêche* Angelrute *f*

canné [kane] *adj* ⟨**~e**⟩ aus Rohrgeflecht

cannelé [kanle] *adj* ⟨**~e**⟩ kanneliert

cannelle [kanɛl] *f* Zimt *m*

cannelloni(s) [kanɛlɔni] *m/pl* cuis Cannelloni *pl*

cannelure [kanlyR] *f* Rille *f*; Hohlkehle *f*; *d'une colonne* Kannelüre *f*

canner [kane] *v/t* mit (e-m) Rohrgeflecht versehen

Cannes [kan] *Stadt im Dep. Alpes-Maritimes*

cannette [kanɛt] *f* → *canette*

cannibale [kanibal] *m* Kannibale *m*; Menschenfresser *m*

cannibalisme [-ism] *m* Kannibalismus *m*

canoë [kanɔe] *m* Kanu *n*

canoéiste [kanɔeist] *m,f* Kanute *m*

canon[1] [kanõ] *m* **1.** mil Geschütz *n*; Kanone *f*; *canon à eau* Wasserwerfer *m*; *canon à neige* Schneekanone *f* **2.** *de fusil, etc* Lauf *m* **3.** F (*verre de vin*) Glas *n* Wein

canon[2] *m* **1.** égl, *fig* Kanon *m*; *adjt droit m canon* kanonisches Recht; (katholisches) Kirchenrecht **2.** mus Kanon *m*

canonique [kanɔnik] *adj* F *être d'un âge canonique* in e-m ehrwürdigen, respektablen Alter sein

canonisation [kanɔnizasjõ] *f* Heiligsprechung *f*; Kanonisation *f*

canoniser [-e] *v/t* heiligsprechen; kanonisieren

cannonade [kanɔnad] *f* Kanonade *f*; Geschützfeuer *n*

canonner [-e] *v/t* beschießen; mit Geschützfeuer belegen

canonnier [-je] *m* Kanonier *m*

canonnière [-jɛR] *f* Kanonenboot *n*

canot [kano] *m* Boot *n*; Kahn *m*; *canot de sauvetage* Rettungsboot *n*

canotage [kanɔtaʒ] *m* Kahnfahren *n*

canoter [-e] *v/i* Kahn fahren; rudern

canoteur [-œR] *m* Kahnfahrer *m*

canotier [kanɔtje] *m* F Kreissäge *f* (*Hut*)

Cantal [kɑ̃tal] **1.** *le Cantal Bergmassiv in der Auvergne u Departement* **2.** *cantal m ein Hart-*

käse aus der Auvergne

cantatrice [kɑ̃tatRis] *f* (Opern)Sängerin *f*

cantilène [kɑ̃tilɛn] *f* Klagelied *n*

cantine [kɑ̃tin] *f* **1.** Kantine *f*; *manger à la cantine* in der Kantine essen **2.** (Leicht)Metallkiste *f*, -truhe *f*

cantinière [kɑ̃tinjɛR] *f autrefois* mil Marketenderin *f*

cantique [kɑ̃tik] *m* geistliches Lied; Kirchenlied *n*; prot Choral *m*

canton [kɑ̃tõ] *m* Kanton *m*

cantonade [kɑ̃tɔnad] *f crier qc à la cantonade* etw in den Raum rufen

cantonal [kɑ̃tɔnal] *adj* ⟨**~e; -aux** [-o]⟩ kantonal; Kantons...; *en France élections cantonales* Departementswahlen *f/pl*

cantonné [kɑ̃tɔne] *adj* ⟨**~e**⟩ arch an den Ecken mit Pfeilern *etc* verziert

cantonnement [kɑ̃tɔnmɑ̃] *m* mil Quartier *n*

cantonner [kɑ̃tɔne] **I** *v/t* unterbringen; mil *a* einquartieren **II** *v/pr se cantonner fig* sich beschränken (*dans* auf + *acc*)

cantonnier [kɑ̃tɔnje] *m* Straßenwärter *m*

canulant [kanylɑ̃] F *adj* ⟨**-ante** [-ɑ̃t]⟩ *il est canulant* F er nervt mich

canular [kanylaR] F *m* Streich *m*; Ulk *m*; *monter un canular* j-n an der Nase herumführen; j-m e-n Bären aufbinden

canularesque [kanylaRɛsk] F *adj histoire f canularesque* (Lügen)Märchen *n*; Ammenmärchen *n*

canule [kanyl] *f* Kanüle *f*

canyon [kanjõ] *m* Cañon *m*

canyoning [kanjɔniŋ] *m* Canyoning *n*

CAO [seaɔ] *f abr* (*conception assistée par ordinateur*) CAD *n*

caoutchouc [kautʃu] *m* **1.** Kautschuk *m*; *caoutchouc* (*vulcanisé*) Gummi *m ou n* **2.** Gummiband *n ou* -ring *m* **3.** Gummimantel *m*; *caoutchoucs pl* Gummi(über)schuhe *m/pl*

caoutchouteux [kautʃutø] *adj* ⟨**-euse** [-øz]⟩ gummiartig

cap [kap] *m* **1.** Kap *n*; *fig passer le cap* es überstehen; über den Berg sein; *fig avoir* (*dé*)*passé le cap de la quarantaine* über die vierzig sein; die vierzig überschritten haben **2.** mar Kurs *m*; *mettre le cap sur* Kurs nehmen auf **3.** *de pied en cap* von Kopf bis Fuß; vom Scheitel bis zur Sohle

Cap [kap] *Le Cap* Kapstadt *n*

CAP [seape] *m abr* ⟨*inv*⟩ (*certificat d'aptitude professionnelle*) Facharbeiter-, Gesellenbrief *m ou* -prüfung *f*

cap' [kap] *abr* (*capable*) F *t'es pas cap'!* F wetten, dass du's nicht schaffst!

▸ **capable** [kapabl] *adj* **1.** *capable de* (+ *inf*) fähig, in der Lage, imstande zu (+ *inf*); *capable de qc* zu etw fähig **2.** (*compétent*) fähig; tüchtig

capacité [kapasite] *f* **1.** (*aptitude*) Fähigkeit *f*; Tüchtigkeit *f*; Befähigung *f*; *capacités pl* Fähigkeiten *f/pl* **2.** (*contenance*) Fassungsvermögen *n*; Kapazität *f*; (*volume*) Rauminhalt *m*; *capacité d'accueil* Aufnahmefähigkeit *f*, -kapazität *f*; Unterbringungsmöglichkeit *f* **3.** (*potentiel*) Kapazität *f*; Leistung(sfähigkeit) *f*

cape [kap] *f* Umhang *m*; Cape *n*; *roman m de cape et d'épée* Mantel-und-Degen-Roman *m*; *fig rire sous cape* heimlich, versteckt lachen;

sich (dat) ins Fäustchen lachen
capeline [kaplin] f breitkrempiger (Damen)-Hut
CAPES [kapɛs] m abr (certificat d'aptitude professionnelle à l'enseignement secondaire) correspond à zweites Staatsexamen (für das höhere Lehramt)

Le CAPES

Das **CAPES** ist eine Staatsprüfung, die angehenden Lehrern das Unterrichten an Sekundarschulen (collège und lycée) ermöglicht. Sie werden verbeamtet und haben eine Lehrverpflichtung von 18 Wochenstunden. Nach der CAPES-Prüfung absolvieren die Kandidaten eine einjährige Referendarzeit an dem Lehrerausbildungszentrum IUFM (Institut Universitaire de Formation des Maîtres).

capésien [kapesjɛ̃] m, **capésienne** [-jɛn] f Inhaber(in) m(f) des CAPES
Capétiens [kapesjɛ̃] m/pl Kapetinger m/pl
capharnaüm [kafaʀnaɔm] F m Rumpelkammer f, Trödelladen m (fig)
capillaire [kapilɛʀ] **I** adj Haar...; **vaisseaux** m/pl **capillaires** Kapillar-, Haargefäße n/pl; Kapillaren f/pl **II** m BOT Frauenhaarfarn m
capillarité [kapilaʀite] f **1.** (finesse) Feinheit f **2.** PHYS Kapillarität f; Kapillarwirkung f
capilotade [kapilɔtad] F **j'ai le dos en capilotade** F ich bin wie gerädert; F ich bin ganz kreuzlahm
▸ **capitaine** [kapitɛn] m **1.** MIL Hauptmann m; **capitaine des pompiers** Brandmeister m **2.** MAR (Schiffs)Kapitän m **3.** SPORTS (Mannschafts)Kapitän m
capitainerie [kapitɛnʀi] f MAR Hafenamt n
capital¹ [kapital] adj ⟨~e; -aux [-o]⟩ **1.** Haupt...; hauptsächlich; wesentlich; entscheidend; kapital; grundlegend; CATH **les sept péchés capitaux** die sieben Hauptsünden f/pl **2.** peine **capitale** Todesstrafe f
capital² m ⟨-aux [-o]⟩ Kapital n; (fortune) Vermögen n; **capitaux** pl Gelder n/pl; (Geld)Mittel n/pl; Kapital(ien) n(pl); **capital d'investissement** Anlagekapital n
▸ **capitale** [kapital] f **1.** Hauptstadt f; **capitale commerciale** Handelszentrum n; Lyon, **capitale de la soie** Zentrum der Seidenindustrie **2.** TYPO Großbuchstabe m
capitalisable [kapitalizabl] adj kapitalisierbar
capitalisation [-izasjõ] f Kapitalisierung f; abs Kapitalbildung f
capitaliser [kapitalize] **I** v/t rente, etc kapitalisieren; intérêts zum Kapital schlagen **II** v/i Kapital bilden
capitalisme [-ism] m Kapitalismus m
capitaliste [-ist] **I** adj kapitalistisch **II** m,f Kapitalist(in) m(f)
capital-risque m ⟨nur sg⟩ ÉCON Risikokapital n
capiteux [kapitø] adj ⟨-euse [-øz]⟩ vin, parfum in den Kopf steigend; schwer

Capitole [kapitɔl] à Rome et Washington **le Capitole** das Kapitol
capiton [kapitõ] m **1.** Polsterkaro n, -karree n **2.** MÉD Fettpölsterchen n; Fettablagerung f
capitonnage [kapitɔnaʒ] m **1.** action Polstern n (und Absteppen n) **2.** (rembourrage) Polsterung f
capitonner [kapitɔne] v/t polstern (und absteppen)
capitulaire [kapitylɛʀ] adj CATH Kapitel...; **salle** f **capitulaire** Kapitelsaal m
capitulation [kapitylasjõ] f Kapitulation f
capitule [kapityl] m (Blüten)Körbchen n
capituler [kapityle] v/i kapitulieren (a fig)
caporal [kapɔʀal] m ⟨-aux [-o]⟩ Gefreite(r) m
caporal-chef [kapɔʀalʃɛf] m ⟨caporaux-chefs⟩ Ober- ou Hauptgefreite(r) m
capot [kapo] m Motorhaube f
capote [kapɔt] f **1.** AUTO, d'un landau Verdeck n **2.** Soldatenmantel m **3.** F **capote anglaise** F Pariser m
capoter [kapɔte] v/i **1.** sich überschlagen **2.** fig F schiefgehen
cappuccino [kaputʃino] m Cappuccino m
câpre [kɑpʀ] f Kaper f
caprice [kapʀis] m Laune f; **caprices** pl Launen f/pl (a fig du temps, etc); Launenhaftigkeit f; enfant **faire un caprice** eigensinnig sein; F ein kleiner Eigensinn sein
capricieux [kapʀisjø] adj ⟨-euse [-øz]⟩ launenhaft; launisch; kapriziös; enfant eigensinnig; **humeur capricieuse** Launenhaftigkeit f
Capricorne [kapʀikɔʀn] m ASTR Steinbock m
capsule [kapsyl] f **1.** de bouteilles Kron(en)korken m; par ext Verschluss m **2.** ANAT, BOT, TECH Kapsel f; **capsule spatiale** Raumkapsel f
capsuler [kapsyle] v/t bouteilles verkapseln
captage [kaptaʒ] m **1.** d'une source Fassen n **2.** RAD de signaux etc Auffangen n
captateur [kaptatœʀ] m Erbschleicher m
captation [-sjõ] f Erbschleicherei f
capter [kapte] v/t **1.** attention fesseln **2.** source fassen **3.** émetteur hereinbekommen; signal auffangen
capteur [kaptœʀ] m **capteur solaire** Sonnenkollektor m
captieux [kapsjø] adj ⟨-euse [-øz]⟩ verfänglich
captif [kaptif] **I** adj ⟨-ive [-iv]⟩ **1.** gefangen **2.** ballon captif Fesselballon m **II** captif, captive m,f Gefangene(r) f(m)
captivant [kaptivɑ̃] adj ⟨-ante [-ɑ̃t]⟩ fesselnd; spannend; packend; personne faszinierend
captiver [-e] v/t in Bann schlagen; fesseln; faszinieren
captivité [kaptivite] f Gefangenschaft f
capture [kaptyʀ] f **1.** Fangen n; de personnes Festnahme f; MAR Aufbringung f; HIST Kapern f **2.** (butin) Fang m; Beute f
capturer [kaptyʀe] v/t animal fangen; personne fassen; festnehmen; MIL gefangen nehmen; bateau aufbringen; HIST kapern
capuche [kapyʃ] f Kapuze f
capuchon [kapyʃõ] m **1.** Kapuze f **2.** d'un stylo Kappe f
capucin [kapysɛ̃] m Kapuziner(mönch) m
capucine [-in] f Kapuzinerkresse f
cap-verdien [kapvɛʀdjɛ̃] **I** adj ⟨-ienne [-jɛn]⟩

kapverdisch **II** *subst* **Cap-Verdien(ne)** *m(f)* Kapverdier(in) *m(f)*

Cap-Vert [kapvɛʀ] **le Cap-Vert** Kap Verde *n*

caquet [kakɛ] *m* **rabattre le caquet à qn** j-m den Mund stopfen

caqueter [kakte] *v/i* ⟨**-tt-**⟩ **1.** *poule* gackern **2.** *fig* F klatschen; F tratschen

▸ **car**[1] [kaʀ] *conj* denn

car[2] *m* Reise(omni)bus *m*; (Überland)Bus *m*; **car de ramassage scolaire** Schulbus *m*

carabin [kaʀabɛ̃] F *m* Medizinstudent *m*

carabine [kaʀabin] *f* Karabiner *m*; Stutzen *m*; Gewehr *n*; **carabine à air comprimé** Luftgewehr *n*

carabiné [kaʀabine] F *adj* ⟨**~e**⟩ heftig (*a grippe*); *amende* F saftig; **rhume carabiné** F Mordsschnupfen *m*

carabinier [kaʀabinje] *m en Italie* Karabiniere *m*; *en Espagne* Zollbeamte(r) *m*

caraco [kaʀako] *m* kurze, weite Bluse

caracoler [kaʀakɔle] *v/i cheval* tänzeln

▸ **caractère** [kaʀaktɛʀ] *m* **1.** *d'une personne* Charakter *m*; Wesen(sart) *n(f)*; (**force f de**) **caractère** Charakter(stärke) *m(f)*; Willensstärke *f*, -kraft *f*; **avoir mauvais caractère** e-n schwierigen Charakter haben; **être jeune de caractère** im Wesen jung geblieben sein **2.** (*particularité*) Merkmal *n*; Eigenschaft *f*; Wesenszug *m*; Kennzeichen *n*; Eigenart *f*; Gepräge *n*; Charakter *m*; **le caractère difficile des négociations** die Schwierigkeit der Verhandlungen **3.** Schriftzeichen *n*; Letter *f*; Buchstabe *m*; **caractères d'imprimerie** Druckschrift *f*; **en gros caractères** mit großen Buchstaben; groß gedruckt

caractériel [kaʀakteʀjɛl] **I** *adj* ⟨**~le**⟩ **troubles caractériels** Verhaltensstörungen *f/pl* **II** **caractériel(le)** *m(f)* verhaltensgestörtes, schwer erziehbares Kind

caractérisation [kaʀakteʀizasjõ] *f* Charakterisierung *f*; Charakteristik *f*

caractérisé [-ze] *adj* ⟨**~e**⟩ eindeutig; ausgeprägt

caractériser [-ze] *v/t* charakterisieren; kennzeichnen

caractéristique [kaʀakteʀistik] **I** *adj* charakteristisch, kennzeichnend, bezeichnend (**de** für) **II** *f* **1.** Kennzeichen *n*; Merkmal *n*; Charakteristikum *n* **2.** TECH **caractéristiques** *pl* technische Daten *pl*

carafe [kaʀaf] *f* **1.** Karaffe *f*; **vin** *m* **en carafe** offener Wein; Schoppenwein *m* **2.** F **rester en carafe** stecken bleiben

carafon [kaʀafõ] *m* F (*tête*) F Dez *m*

caraïbe [kaʀaib] **I** *adj* karibisch **II** *subst* **la mer des Caraïbes** die Karibik; das Karibische Meer

carambolage [kaʀɑ̃bɔlaʒ] *m* Zusammenstoß *m*; (Massen)Karambolage *f*

caramboler [-e] *v/i* BILLARD karambolieren

caramel [kaʀamɛl] *m* **1.** Karamell *m* **2.** Karamellbonbon *m ou n* **3.** *adj* ⟨*inv*⟩ karamell(-farben)

caraméliser [kaʀamelize] *v/t* karamellisieren; **sucre caramélisé** Karamellzucker *m*

carapace [kaʀapas] *f* ZO Panzer *m* (*a fig*)

carapater [kaʀapate] *v/pr* F **se carapater** F abhauen; F verduften

carat [kaʀa] *m* Karat *n*; **or** *m* **à dix-huit carats** achtzehnkarätiges Gold

▸ **caravane** [kaʀavan] *f* **1.** Karawane *f* (*a par ext*) **2.** Wohnwagen *m*, -anhänger *m*; Caravan *m*

caravanier [kaʀavanje] **I** *m* **1.** (*conducteur d'une caravane*) Führer *m* (der Lasttiere) e-r Karawane **2.** (*voyageur en caravane*) Wohnwagentourist *m* **II** *adj* ⟨**-ière** [-jɛʀ]⟩ Wohnwagen-(reisen)…; Caravan…

caravaning [kaʀavaniŋ] *m* Wohnwagentourismus *m*; Caravaning *n*

caravelle [kaʀavɛl] *f* MAR Karavelle *f*

carbonate [kaʀbɔnat] *m* CHIM Karbonat *n*

carbone [kaʀbɔn] *m* **1.** CHIM Kohlenstoff *m* **2.** *adjt* **papier** *m* **carbone** Kohlepapier *n*

carbonique [kaʀbɔnik] *adj* **gaz** *m* **carbonique** Kohlendioxyd *n*; *dans une boisson* Kohlensäure *f*; **neige** *f* **carbonique** Kohlensäureschnee *m*

carbonisation [kaʀbɔnizasjõ] *f* Verkohlung *f*

carbonisé [kaʀbɔnize] *adj* ⟨**~e**⟩ verkohlt; **il est mort carbonisé** er verbrannte

carboniser [kaʀbɔnize] *v/t* verkohlen

carburant [kaʀbyʀɑ̃] *m* Kraft-, Treibstoff *m*

carburateur [-atœʀ] *m* Vergaser *m*

carburation [-asjõ] *f* Gemischbildung *f*

carbure [kaʀbyʀ] *m* Kohlenstoffverbindung *f*; **carbure** (**de calcium**) (Kalzium)Karbid *n*

carburer [kaʀbyʀe] *v/i* **1.** F (*marcher*) funktionieren; laufen (*a fig*) **2.** F (*boire*) **carburer au café, au rouge** *etc* nur Kaffee, Rotwein *etc* trinken

carcan [kaʀkɑ̃] *m* **1.** HIST Halseisen *n* **2.** *fig* Zwang(sjacke) *m(f)*

carcasse [kaʀkas] *f* **1.** *d'animaux* Gerippe *n*; CUIS Karkasse *f*. F **ma vieille carcasse** meine alten Knochen **3.** TECH Gerippe *n*; Skelett *n*; Gestell *n*; *d'un pneu* Karkasse *f*

carcéral [kaʀseʀal] *adj* ⟨**~e**; **-aux** [-o]⟩ Gefängnis…

cardage [kaʀdaʒ] *m* TEXT Krempeln *n*; Karden *n*

cardan [kaʀdɑ̃] *m* (**joint** *m* **de**) **cardan** Kardangelenk *n*

carde [kaʀd] *f* **1.** TEXT Karde *f*; Krempel *f* **2.** *légumes* (essbarer) Blattstiel

carder [kaʀde] *v/t* TEXT krempeln; karden

cardiaque [kaʀdjak] **I** *adj* **1.** ANAT, MÉD Herz… **2.** *personne* herzkrank, -leidend **II** *m,f* Herzkranke(r) *f(m)*

cardigan [kaʀdigɑ̃] *m* Strickjacke *f*

cardinal[1] [kaʀdinal] *adj* ⟨**~e**; **-aux** [-o]⟩ **nombre cardinal** Grund-, Kardinalzahl *f*; **les** (**quatre**) **points cardinaux** die (vier) Himmelsrichtungen *f/pl*

cardinal[2] *m* ⟨**-aux** [-o]⟩ CATH Kardinal *m*

cardinal-évêque *m* ⟨**cardinaux-évêques**⟩ CATH Kardinalbischof *m*

cardiogramme [kaʀdjogʀam] *m* MÉD Kardiogramm *n*

cardiographe [-gʀaf] *m* MÉD Kardiograph *m*

cardiologie [-lɔʒi] *f* MÉD Kardiologie *f*

cardiologue [-lɔg] *m,f* MÉD Herzspezialist(in) *m(f)*; Kardiologe, -login *m,f*

cardio-pulmonaire *adj* MÉD kardiopulmonal

cardio-vasculaire *adj* MÉD kardiovaskulär; Herz und Gefäße betreffend

cardon [kaʀdõ] *m* Gemüseartischocke *f*; Kardone *f*

carême [kaʀɛm] *m* REL Fastenzeit *f*; *fig* **arriver comme mars, marée en carême** unweigerlich so kommen müssen

carence [kaʀɑ̃s] *f* **1. carence en vitamines** Vitaminmangel *m* **2.** POL Versagen *n*; Nichtstun *n*

carène [kaʀɛn] *f* Unterwasserschiff *n*

caréné [kaʀene] *adj* ⟨~e⟩ stromlinienförmig

caréner [kaʀene] *v/t* ⟨-è-⟩ **1.** MAR **caréner un navire** das Unterwasserschiff (e-s Schiffes) überholen **2.** AUTO *etc* Stromlinienform geben (+*dat*)

caressant [kaʀɛsɑ̃] *adj* ⟨-ante [-ɑ̃t]⟩ zärtlich

caresse [kaʀɛs] *f* Zärtlichkeit *f*; Streicheln *n*; *st/s* Liebkosung *f*; **faire des caresses à** streicheln (+ *acc*)

caresser [kaʀese] *v/t* **1.** *personne* streicheln (*a animal*); zärtlich sein zu; *st/s* liebkosen; *objet* zärtlich streichen über (+ *acc*); **caresser qn du regard** j-n zärtlich anblicken **2.** *fig vent* **caresser qn** j-n (sanft) streicheln **3.** *fig rêve* hegen; *idée* nachhängen (+ *dat*)

car-ferry [kaʀfeʀi] *m* ⟨**car-ferries**⟩ Autofähre *f*

cargaison [kaʀgɛzõ] *f* Ladung *f*; Fracht *f*

cargo [kaʀgo] *m* Frachter *m*; Frachtschiff *n*

cariatide [kaʀjatid] *f* ARCH Karyatide *f* (*weibliche Figur als Säule*)

caribou [kaʀibu] *m* ZO Karibu *n*

caricatural [kaʀikatyʀal] *adj* ⟨~e; -aux [-o]⟩ karikaturistisch; karikaturenhaft

caricature [kaʀikatyʀ] *f* Karikatur *f*

caricaturer [-e] *v/t* karikieren; als Karikatur darstellen

caricaturiste [-ist] *m* Karikaturist *m*; Cartoonist *m*

carie [kaʀi] *f* **carie (dentaire)** Karies *f*; Zahnfäule *f*

carié [kaʀje] *adj* ⟨~e⟩ *dent* hohl; *sc* kariös

carier [kaʀje] MÉD **I** *v/t dent* mit Karies anstecken **II** *v/pr* **se carier** *dent* hohl werden; faulen

carillon [kaʀijõ] *m* **1.** *d'un beffroi* Glockenspiel *n*; *d'une église* Geläut *n* **2.** *d'une pendule* Schlagwerk *n*; (**horloge *f* à**) **carillon** Schlaguhr *f*

carillonner [kaʀijɔne] **I** *v/t fig nouvelle* ausposaunen **II** *v/i cloches* läuten

carillonneur [kaʀijɔnœʀ] *m* Glöckner *m*

Carinthie [kaʀɛ̃ti] **la Carinthie** Kärnten *n*

cariste [kaʀist] *m* Gabelstaplerfahrer *m*

caritatif [kaʀitatif] *adj* ⟨-ive [-iv]⟩ karitativ

carlin [kaʀlɛ̃] *m* Mops *m*

carlingue [kaʀlɛ̃g] *f* AVIAT Kabine *f*

carmagnole [kaʀmaɲɔl] *f* HIST *danse* Carmagnole *f*

carme [kaʀm] *m* Karmelit(er) *m*

carmélite [kaʀmelit] *f* Karmelit(er)in *f*

Carmen [kaʀmɛn] *f* Vorname

carmin [kaʀmɛ̃] *adj* ⟨*inv*⟩ karmin-, karmesinrot

carnage [kaʀnaʒ] *m* Gemetzel *n*; Blutbad *n*

carnassier [kaʀnasje] **I** *adj* ⟨-ière [-jɛʀ]⟩ fleischfressend **II** *m/pl* **carnassiers** Landraubtiere *n/pl*

carnassière [kaʀnasjɛʀ] *f* Jagdtasche *f*

carnation [kaʀnasjõ] *f* Teint *m*; Gesichtsfarbe *f*

carnaval [kaʀnaval] *m* Karneval *m*; *südd* Fasching *m*

carnavalesque [kaʀnavalɛsk] *adj* Karne-

vals...; karnevalistisch

carne [kaʀn] *f* F *péj* zähes Fleisch

carné [kaʀne] *adj* ⟨~e⟩ Fleisch...

▸ **carnet** [kaʀne] *m* Notizbuch *n*; Heftchen *n*; **carnet d'adresses** Adress(en)büchlein *n*; **carnet de chèques** Scheckheft *n*; **carnet de commandes** Auftrags-, Bestellbuch *n*; **carnet (de métro)** Fahrkartenblock *m* (für die U-Bahn); **carnet (de notes)** Zeugnis(heft) *n*; **carnet de timbres** Briefmarkenheftchen *n*

carnier [kaʀnje] *m* kleine Jagdtasche

carnivore [kaʀnivɔʀ] **I** *adj* fleischfressend **II** *m/pl* **carnivores** fleischfressende Tiere *n/pl*; Fleischfresser *m/pl*; *sc* Karnivoren *pl*

Caroline [kaʀɔlin] **1.** *f Vorname* **2.** **la Caroline du Nord, du Sud** Nord-, Südkarolina *n*

carolingien [kaʀɔlɛ̃ʒjɛ̃] **I** *adj* ⟨-ienne [-jɛn]⟩ karolingisch; Karolinger... **II** *m/pl* **Carolingiens** Karolinger *m/pl*

carotène [kaʀɔtɛn] *m* Karotin *n*

carotide [kaʀɔtid] *f* Halsschlagader *f*

▸ **carotte** [kaʀɔt] *f* **1.** Möhre *f*; Karotte *f*; Mohrrübe *f*; Gelbe Rübe; *fig* **la carotte et le bâton** Zuckerbrot *n* und Peitsche *f* **2.** *adjt* **poil de carotte** ⟨*inv*⟩ fuchsrot

carotter [kaʀɔte] *v/t* F **carotter qc à qn** F j-m etw stibitzen; F bei j-m etw abstauben

caroubier [kaʀubje] *m* Johannisbrotbaum *m*

carpe[1] [kaʀp] *f* ZO Karpfen *m*; SPORTS **saut** *m* **de carpe** Hechtsprung *m*; **muet comme une carpe** stumm wie ein Fisch

carpe[2] *m* ANAT Handwurzel *f*

Carpentras [kaʀpɑ̃tʀɑ] *Stadt im Dep. Vaucluse*

carpette [kaʀpɛt] *f* Brücke *f*; Bettvorleger *m*

carpien [kaʀpjɛ̃] *adj* ⟨-ienne [-jɛn]⟩ **os carpiens** Handwurzelknochen *m/pl*

carquois [kaʀkwa] *m* Köcher *m*

carre [kaʀ] *f* (Ski)Kante *f*

▸ **carré** [kaʀe] **I** *adj* ⟨~e⟩ **1.** quadratisch; Quadrat... (*a* MATH); F viereckig; TECH Vierkant...; **mètre carré** Quadratmeter *m ou n*; **racine carrée** Quadratwurzel *f* **2.** *visage* eckig; *épaules* breit; *personne* **aux épaules carrées** breitschult(e)rig **3.** **être carré en affaires** offen handeln **II** *m* **4.** Quadrat *n* (*a* MATH); Geviert *n*; F Viereck *n*; MATH *a* Quadratzahl *f*; **5 au carré** 5 im Quadrat **5.** **carré de soie** Seidentuch *n* **6.** JARD (Gemüse)Beet *n* **7.** *de chocolat* Stückchen *n* **8.** CUIS **a)** *de porc* Rippenstück *n*; *österr* Karree *n* **b)** **carré de l'Est** ein Weichkäse aus Lothringen

carreau [kaʀo] *m* ⟨~x⟩ **1.** (*vitre*) (Fenster)Scheibe *f* **2.** (*dalle*) Fliese *f*; (Stein)Platte *f*; **carreau de faïence** Kachel *f* **3.** *sol* Fliesen-, Plattenboden *m*; **carreau de mine** Gruben-, Zechengelände *n*; *fig* **rester sur le carreau** tot *ou* verwundet liegen bleiben; *par ext* auf der Strecke bleiben **4.** *dessin* Karo *n*; **à carreaux** kariert; gewürfelt **5.** *aux cartes* Karo *n*; Schellen *n*; *fig* **se tenir à carreau** vorsichtig, gewarnt sein

carrée [kaʀe] *f arg* (*chambre*) F Bude *f*

▸ **carrefour** [kaʀfuʀ] *m* **1.** (Straßen)Kreuzung *f*; *fig* **être à un carrefour** am Kreuz-, Scheideweg stehen **2.** *fig* Treffpunkt *m*; Schnittstelle *f*; (*réunion*) Treffen *n*; Begegnung *f*

carrelage [kaʀlaʒ] *m* Fliesenboden *m*

carrelé [kaʀle] *adj* ⟨~e⟩ gefliest; gekachelt

carreler [-e] *v/t* ⟨-ll-⟩ *pièce* (aus)fliesen; mit

Fliesen, Platten auslegen
carrelet [kaʀlɛ] *m* **1.** zo Scholle *f*; Goldbutt *m* **2.** viereckiges Senknetz
carreleur [kaʀlœʀ] *m* Fliesenleger *m*
carrément [kaʀemɑ̃] *adv dire* geradeheraus; F klipp und klar; *refuser* rundweg; F glatt
carrer [kaʀe] *v/pr* **se carrer** es sich (*dat*) bequem machen (**dans** in + *dat*)
carrière [kaʀjɛʀ] *f* **1.** TECH Steinbruch *m*; **carrière de marbre** Marmorbruch *m* **2.** (*profession*) Beruf *m*; Laufbahn *f*; Karriere *f*; beruflicher Werdegang; **militaire** *m* **de carrière** Berufssoldat *m*; **faire carrière** Karriere machen **3.** **donner carrière à qc** e-r Sache (*dat*) freien Lauf lassen
carriérisme [kaʀjeʀism] *m péj* Karrierismus *m*; Karrieremacherei *f*
carriériste [-ist] *m,f péj* Karrieremacher *m*, Karrierefrau *f*; Karrierist(in) *m(f)*
carriole [kaʀjɔl] *f* (kleiner) Karren
carrossable [kaʀɔsabl] *adj* befahrbar; **chemin** *m* **carrossable** Fahrweg *m*
carrosse [kaʀɔs] *m* Karosse *f*; Staatskutsche *f*
carrosserie [kaʀɔsʀi] *f* Karosserie *f*; Aufbau *m*
carrossier [kaʀɔsje] *m* **a)** *réparateur* Karosserieschlosser *m*; *südd* Autospengler *m* **b)** *constructeur* Karosseriebauer *m* **c)** *dessinateur* Karosseriekonstrukteur *m*; Karossier *m*
carrousel [kaʀuzɛl] *m* **1.** HIST Reiterspiele *n/pl* **2.** *fig de voitures, etc* Gewimmel *n* **3.** *à l'aéroport* Verteilerband *n*
carrure [kaʀyʀ] *f* **1.** Schulterbreite *f*; Schultern *f/pl* **2.** *fig* Format *n*
cartable [kaʀtabl] *m* Schulmappe *f*, -tasche *f*; *à bretelles* Schulranzen *m*
▸ **carte** [kaʀt] *f* **1.** *donnant certains droits* Karte *f*; Ausweis *m*; **Carte bleue** Visakarte *f*; ▸ **carte grise** Kraftfahrzeugschein *m*; F Zulassung *f*; **carte orange** Netz-, Zeitkarte *f*; **carte vermeil** Seniorenpass *m*; AUTO **carte verte** grüne Versicherungskarte; **carte à puce** Chipkarte *f*; ▸ **carte de crédit** Kreditkarte *f*; AVIAT **carte d'embarquement** Bordkarte *f*; **carte d'étudiant** Studentenausweis *m*; ▸ **carte d'identité** Personalausweis *m*; **carte de séjour** Aufenthaltserlaubnis *f* **2.** **carte (à jouer)** (Spiel)Karte *f*; **battre les cartes** die Karten mischen; *fig* **brouiller les cartes** die Angelegenheit verschleiern; *fig* **jouer sa dernière carte** s-n letzten Trumpf ausspielen; *fig* **jouer cartes sur table** mit offenen Karten spielen **3.** **carte (de géographie)** (Land)Karte *f*; **carte routière** Straßen-, Autokarte *f*; **carte d'Allemagne** Deutschlandkarte *f* **4.** *au restaurant* (Speise-) Karte *f*; **manger à la carte** à la carte essen **5.** ▸ **carte postale** (Ansichts)Postkarte *f*; Ansichtskarte *f*; **carte de visite** Visitenkarte *f*; *fig* **avoir carte blanche** freie Hand haben
cartel [kaʀtɛl] *m* Kartell *n*
carte-lettre [kaʀtəlɛtʀ] *f* ⟨**cartes-lettres**⟩ Kartenbrief *m*
cartellisation [kaʀtelizasjõ] *f* ÉCON Kartellbildung *f*
carter [kaʀtɛʀ] *m* TECH Gehäuse *n*; Kasten *m*; *de vélo* Kettenschutz(blech) *m(n)*
carte-réponse [kaʀt(ə)ʀepõs] *f* ⟨**cartes-réponses**⟩ Antwortkarte *f*
cartésianisme [kaʀtezjanism] *m* PHILOS Karte-

sianismus *m*
cartésien [kaʀtezjɛ̃] *adj* ⟨**-ienne** [-jɛn]⟩ PHILOS kartesianisch; *esprit* logisch, methodisch und rational
Carthage [kaʀtaʒ] HIST Karthago *n*
Carthagène [kaʀtaʒɛn] GÉOGR Cartagena *n*
carthaginois [kaʀtaʒinwa] HIST **I** *adj* ⟨**-oise** [-waz]⟩ karthagisch **II** **Carthaginois(e)** *m(f)* Karthager(in) *m(f)*
cartilage [kaʀtilaʒ] *m* Knorpel *m*
cartilagineux [kaʀtilaʒinø] *adj* ⟨**-euse** [-øz]⟩ knorp(e)lig; Knorpel...
cartographe [kaʀtɔgʀaf] *m* Kartograph *m*
cartographie [-i] *f* Kartographie *f*
cartographique [-ik] *adj* kartographisch; Karten...
cartomancie [kaʀtɔmɑ̃si] *f* Kartenlegen *n*; Kartenlesekunst *f*
cartomancienne *f* [-jɛn] Kartenlegerin *f*
▸ **carton** [kaʀtõ] *m* **1.** *matière* Karton *m*; Pappe *f*; Papp(en)deckel *m* **2.** *boîte* (Papp)Schachtel *f*; Karton *m* **3.** **carton à dessin** Zeichenmappe *f* **4.** **faire un carton** (in der Schießbude) schießen; *fig* Erfolg haben **5.** FOOTBALL **carton jaune, rouge** Gelbe, Rote Karte
cartonnage [kaʀtɔnaʒ] *m* **1. a)** *fabrication* Herstellung *f* von Kartonagen **b)** *emballage* Kartonage *f* **2.** *d'un livre* Kartonage *f*; Kartonierung *f*
cartonné [kaʀtɔne] *adj* ⟨**~e**⟩ kartoniert
cartonner [kaʀtɔne] *v/imp* F **ça a cartonné** F da hat's geknallt
carton-pâte *m* ⟨**cartons-pâtes**⟩ Papp-, Papiermaché *n*
cartouche[1] [kaʀtuʃ] *f* **1.** MIL, CH Patrone *f*; **cartouche à blanc** Platzpatrone *f* **2.** PHOT, *d'un stylo* Patrone *f*; PHOT *à* Kassette *f* **3.** *de cigarettes* Stange *f*
cartouche[2] *m ornement* Kartusche *f*
cartoucherie [kaʀtuʃʀi] *f* Patronenfabrik *f*
cartouchière [-jɛʀ] *f* Patronentasche *f*
carvi [kaʀvi] *m* BOT (Echter) Kümmel *m*
▸ **cas** [kɑ] *m* **1.** Fall *m* (*a* JUR); **cas de conscience** Gewissensfrage *f*; **cas de figure** Möglichkeit *f*; Hypothese *f*; ▸ **au cas où, dans le cas où** (+ *conditionnel*) falls; wenn; im Fall(e), dass; **dans bien des cas** in vielen Fällen; **dans ce cas(-là)** in dem, diesem Fall; **en aucun cas** auf keinen Fall; keinesfalls; ▸ **en tout cas** auf jeden Fall; jedenfalls; auf alle Fälle; **en cas de** im Fall(e) (+ *gén*); **en cas de besoin** im Not-, Bedarfsfall; not-, nötigenfalls; **en cas de pluie** bei Regen; falls es regnet; **c'est (bien) le cas de le dire** das kann man wohl sagen **2.** *d'une personne* Fall *m* (*a* MÉD); **cas social** Sozial-, Härtefall *m* **3.** **faire grand cas de qn, qc** auf j-n große Stücke halten; auf etw großen Wert legen; **faire peu de cas de qn, qc** wenig Aufhebens von j-m, etw machen **4.** GR Fall *m*; Kasus *m*
casanier [kazanje] *adj* ⟨**-ière** [-jɛʀ]⟩ häuslich; **être casanier** *péj* ein Stubenhocker sein
casaque [kazak] *f* Jockeijacke *f*; *fig* **tourner casaque** umschwenken; s-e Meinung radikal ändern
casbah [kazba] *f en Afrique du Nord* Kasba(h) *f*
cascade [kaskad] *f* **1.** (kleinerer) Wasserfall;

Kaskade *f* **2.** *fig* Schwall *m*; Flut *f*; **cascade de rires** Lachsalve *f*
cascadeur [kaskadœʀ] *m* CIN Stuntman *m*; CIRQUE Kaskadeur *m*
case [kɑz] *f* **1.** *d'un damier* Feld *n*; *de formulaires, mots croisés* Feld *n*; F Kästchen *n* **2.** *d'armoires, etc* Fach *n*; F *fig* **il a une case de vide** F bei ihm ist e-e Schraube locker; er hat nicht alle Tassen im Schrank **3.** (Eingeborenen)-Hütte *f*
caséine [kazein] *f* Kasein *n*
casemate [kazmat] *f* Kasematte *f*; Bunker *m*
caser [kɑze] **I** *v/t* **1.** *chose* unterbringen; verstauen **2.** F *personne* unterbringen; *femme* F unter die Haube, an den Mann bringen **II** *v/pr* F **réussir à se caser** F sich (*dat*) e-n Mann angeln
caserne [kazɛʀn] *f* **1.** MIL Kaserne *f* **2.** F *péj* immeuble Mietskaserne *f*
cash [kaʃ] *adv* F *payer cash* bar (be)zahlen
casher [kaʃɛʀ] *adj* ‹**-ère**› koscher
casier [kɑzje] *m* **1.** (*case*) (Ablage)Fach *n* **2.** (*étagère*) Regal *n*; Ständer *m* **3.** *casier judiciaire* Strafregister *n*; *avoir un casier judiciaire chargé, vierge* (bereits) vorbestraft, nicht vorbestraft sein **4.** PÊCHE Langustenreuse *f*
casino [kazino] *m* (Spiel)Kasino *n*; Spielbank *f*
casoar [kazɔaʀ] *m* rotweißer Federbusch am Tschako der „Saint-Cyriens"
Caspienne [kaspjɛn] *la* (*mer*) *Caspienne* das Kaspische Meer
▸ **casque** [kask] *m* **1.** Helm *m* (*a* MIL); *d'ouvrier* Schutzhelm *m*; *de motard* Sturzhelm *m*; *fig* **les casques bleus** die Blauhelme *m/pl* (*UNO-Soldaten*) **2.** (*sèche-cheveux*) Trockenhaube *f* **3.** ÉLECTRON Kopfhörer *m*
casqué [kaske] *adj* ‹**~e**› behelmt; mit Helm
casquer [kaske] *v/i* F blechen
casquette [kaskɛt] *f* (Schirm)Mütze *f*; *fig* **porter plusieurs casquettes** mehrere Funktionen innehaben
cassable [kasabl, kɑ-] *adj* zerbrechlich
cassant [kasã] *adj* ‹**-ante** [-ãt]› **1.** *matériau* spröde; brüchig **2.** *personne, paroles* schroff **3.** F *ce n'est pas cassant* F dabei reißt man sich (*dat*) kein Bein aus
cassation [kasasjõ] *f* JUR Kassation *f*; Aufhebung *f*
casse[1] [kɑs] *f* **1.** *il y a de la casse* es gibt Scherben; *payer la casse* für den Schaden aufkommen **2.** F *il va y avoir de la casse* F es wird krachen **3.** *de voitures, machines* Schrott *m*; *mettre à la casse* verschrotten (lassen)
casse[2] *arg m* Einbruch *m*
cassé [kase] *adj* ‹**~e**› **1.** zerbrochen; entzwei; F kaputt; *jambe, etc* gebrochen **2.** *pois cassés* getrocknete Erbsen *f/pl*; Trockenerbsen *f/pl* **3.** *blanc cassé* gebrochenes Weiß **4.** *voix* heiser; rau
casse-cou ‹*inv*› **I** *adj* draufgängerisch; tollkühn; waghalsig **II** *m* Draufgänger *m*; *crier casse-cou à qn* j-n warnen
casse-croûte *m* ‹*inv*› Imbiss *m*; *südd* Vesper *n*; Brotzeit *f*; *österr* Jause *f*; *nordd* Stulle(n) *f*(*pl*); (zweites) Frühstück
casse-croûter F *v/i südd* vespern; Brotzeit machen; *österr* jaus(n)en; *nordd* s-e Stulle(n) essen; zweites Frühstück machen

casse-gueule *m* ‹*inv*› F *endroit* gefährliche Stelle; *entreprise* riskantes Unternehmen
cassement [kasmã, kɑs-] *m* *cassement de tête* Kopfzerbrechen *n*
casse-noisette(s) *m* ‹**casse-noisettes**› *ou*
casse-noix *m* ‹*inv*› Nussknacker *m*
casse-pieds ‹*inv*› F **I** *adj* lästig; nervtötend **II** *m,f* F Nervensäge *f*
casse-pipe F *m* ‹*inv*› Krieg *m*
▸ **casser** [kase, kɑ-] **I** *v/t* **1.** zerbrechen; zerschlagen; entzweischlagen; F kaputt machen (*a appareil*); *vitre a* einwerfen; einschlagen; *branche* (ab)knicken; CUIS *œufs* aufschlagen; *dent* ausschlagen; *noix* (auf)knacken; *pointe, poignée* abbrechen; *bois* hacken; F *fig* **casser la croûte** *südd* vespern; Brotzeit machen; *nordd* s-e Stulle(n) essen; F *fig* **casser les pieds à qn** j-m auf die Nerven gehen, auf den Wecker fallen; F j-n nerven; F *fig* **elle ne casse rien** das taugt nicht viel; F *fig* **elle ne casse rien** e-e Schönheit ist sie ja nicht gerade; F *à tout casser* F ganz toll; (*tout au plus*) höchstens; maximal **2.** *fig prix* radikal senken; brechen; *casser le moral à qn* j-s Moral untergraben, aufweichen **3.** JUR *jugement* aufheben; kassieren **4.** *officier* degradieren **II** *v/i* **5.** *verre, etc* (zer)brechen; (zer)springen; F kaputtgehen; *fil* (zer-, ab)reißen **III** *v/pr* **6.** *se casser verre, etc* → 5; *dent, branche* abbrechen **7.** *personne* **se casser le bras**, *etc* sich (*dat*) den Arm *etc* brechen; F *fig* **il ne s'est pas cassé** F er hat sich (*dat*) (dabei) kein Bein ausgerissen **8.** F *fig* **je me casse** F ich hau ab
▸ **casserole** [kasʀɔl] *f* Stieltopf *m*; Kasserolle *f*; F *chanter comme une casserole* falsch und unmelodisch singen; F *fig* **passer à la casserole** F dran glauben müssen
casse-tête *m* ‹*inv*› *être un casse-tête pour qn* j-m viel Kopfzerbrechen machen
▸ **cassette** [kasɛt] *f* **1.** ÉLECTRON Kassette *f* **2.** (Geld-, Schmuck)Kassette *f*, (-)Schatulle *f*
casseur [kasœʀ] *m* gewalttätiger Demonstrant; Chaot *m*; Randalierer *m*
cassis[1] [kasis] *m* **1.** BOT Schwarze Johannisbeere **2.** Likör *m* aus Schwarzen Johannisbeeren
cassis[2] *m sur la route* Querrinne *f*
cassolette [kasɔlɛt] *f* **1.** Räucherpfanne *f* **2.** CUIS kleine Pfanne
cassonade [kasɔnad] *f* Rohrzucker *m*
cassoulet [kasulɛ] *m Eintopf aus Fleisch, Wurst u weißen Bohnen*
cassure [kasyʀ] *f* **1.** Bruch(stelle) *m*(*f*) **2.** *fig* Bruch *m*; Einschnitt *m*
castagnette [kastaɲɛt] *f* Kastagnette *f*
caste [kast] *f* Kaste *f* (*a péj*)
castel [kastɛl] *m* Schlösschen *n*
casting [kastiŋ] *m* CIN, THÉ Casting *n*
castor [kastɔʀ] *m* Biber *m*
castrat [kastʀa] *m* Kastrat *m*
castration [-asjõ] *f* Kastration *f*; Kastrierung *f*
castrer [-e] *v/t* kastrieren
castriste [kastʀist] *m,f* Anhänger(in) *m*(*f*) Fidel Castros
casuel [kazɥɛl] *litt adj* ‹**~le**› zufällig
casuiste [kazɥist] *m* REL *et fig* Kasuist *m*
casus belli [kazysbɛ(l)li] *m* ‹*inv*› Casus Belli *m*
cataclysme [kataklism] *m* Naturkatastrophe *f*

catacombes [katakõb] *f/pl* Katakomben *f/pl*
catadioptre [katadjɔptʀ] *m* Rückstrahler *m*; F Katzenauge *n*
catalan [katalɑ̃] **I** *adj* ⟨**-ane** [-an]⟩ katalanisch **II 1.** *Catalan(e)* *m(f)* Katalane *m*, Katalanin *f* **2.** LING *le catalan* das Katalanische; Katalanisch *n*
Catalogne [katalɔɲ] *la Catalogne* Katalonien *n*
catalogue [katalɔg] *m* Katalog *m*
cataloguer [katalɔge] *v/t* **1.** katalogisieren **2.** *péj il est, on l'a catalogué* man weiß, was man von ihm zu halten hat
catalyse [kataliz] *f* Katalyse *f*
catalysé [katalize] *adj* ⟨**~e**⟩ *voiture* mit Katalysator; F Kat...
catalyser [katalize] *v/t* **1.** CHIM katalysieren **2.** *fig forces, etc* wecken; wachrufen
catalyseur [-œʀ] *m* Katalysator *m* (*a fig*)
catalytique [katalitik] *adj* AUTO ▸ *pot m catalytique* Katalysator *m*; F Kat *m*
catamaran [katamaʀɑ̃] *m* Katamaran *m*; Doppelrumpfboot *n*
cataphote [katafɔt] *m* → *catadioptre*
cataplasme [kataplasm] *m* Kataplasma *n*; Breiumschlag *m*
catapultage [katapyltaʒ] *m* Katapultstart *m*; Katapultieren *n*
catapulte [katapylt] *f* Katapult *n ou m*
catapulter [-e] *v/t* katapultieren (*a fig*); schleudern
cataracte [kataʀakt] *f* **1.** Katarakt *m*; Wasserfall *m* **2.** MÉD grauer Star
catarrhe [kataʀ] *m* MÉD Katarrh *m*
▸ catastrophe [katastʀɔf] *f* **1.** Katastrophe *f*; (schweres) Unglück; *courir à la catastrophe* e-r Katastrophe entgegengehen **2.** *en catastrophe* überstürzt; in größter Eile; *atterrir en catastrophe* notlanden
catastrophé [katastʀɔfe] F *adj* ⟨**~e**⟩ niedergeschmettert; F am Boden zerstört
catastropher [-e] F *v/t échec, nouvelle* niederschmettern; F fertigmachen
catastrophique [-ik] *adj* katastrophal, verheerend (*a* F *péj*)
catastrophisme [-ism] *m* Schwarzmalerei *f*
catch [katʃ] *m* Catchen *n*; Catch-as-catch-can *n*
catcher [-e] *v/i* catchen
catcheur [-œʀ] *m*, catcheuse [-øz] *f* Catcher(in) *m(f)*
caté [kate] *m* F *abr* → *catéchisme*
catéchiser [kateʃize] *v/t* katechisieren
catéchisme [kateʃism] *m* Religionsunterricht *m*; *aller au catéchisme* in den Religionsunterricht gehen
catéchiste [kateʃist] *adj dame f catéchiste* Katechetin *f*
catégorie [kategɔʀi] *f* Kategorie *f*; Klasse *f*; Gruppe *f*; Sparte *f*; *de viande, etc* Qualität *f*
catégorique [kategɔʀik] *adj* kategorisch; entschieden; sehr bestimmt; *être catégorique sur qc* etw kategorisch behaupten
catégoriquement [kategɔʀikmɑ̃] *adv* kategorisch; entschieden
catégoriser [kategɔʀize] *v/t* kategorisieren; nach Kategorien (ein)ordnen
caténaire [katenɛʀ] *f* Fahrdraht *m*; Oberleitung *f*

cathares [kataʀ] *m/pl* REL Katharer *m/pl*
▸ cathédrale [katedʀal] *f* Kathedrale *f*; Dom *m*; Münster *n*
Catherine [katʀin] *f Vorname*
catherinette [katʀinɛt] *f* Mädchen, *das mit 25 Jahren noch nicht verheiratet ist*
cathéter [katetɛʀ] *m* MÉD Katheter *m*
cathode [katɔd] *f* ÉLECT Kathode *f*
cathodique [-ik] *adj* ÉLECT kathodisch; Kathoden(strahl)...
catholicisme [katɔlisism] *m* Katholizismus *m*
▸ catholique [katɔlik] **I** *adj* **1.** katholisch **2.** F *fig pas très catholique* F nicht ganz koscher, astrein **II** *m,f* Katholik(in) *m(f)*
catimini [katimini] *adv en catimini* heimlich
catin [katɛ̃] *f péj* Hure *f*; *litt* Metze *f*
catogan [katɔgɑ̃] *m* im Nacken zusammengebundenes Haar
cauchemar [koʃmaʀ] *m* Albtraum *m* (*a fig*); Albdruck *m*
cauchemarder [-de] *v/i* Albträume haben
cauchemardesque [-dɛsk] *adj* grausig; Schreckens...
caudal [kodal] *adj* ⟨**~e**; **-aux** [-o]⟩ Schwanz...
causal [kozal] *adj* ⟨**~e**; **-aux** [-o]⟩ ursächlich; kausal
causalité [kozalite] *f* Ursächlichkeit *f*; Kausalität *f*
causant [kozɑ̃] F *adj* ⟨**-ante** [-ɑ̃t]⟩ gesprächig
▸ cause [koz] *f* **1.** (*origine, motif*) Ursache *f*; Grund *m*; Anlass *m*; ▸ *à cause de* wegen (+ *gén*, F + *dat*); *à cause de moi* meinetwegen; *pour cause de maladie* wegen Krankheit; krankheitshalber; *et pour cause!* und das *ou* und zwar aus gutem Grund! **2.** (*intérêt*) Sache *f*; Angelegenheit *f*; *pour la bonne cause* für die gute *ou* gerechte Sache; F (*pour épouser*) er hat ernste Absichten; *faire cause commune* gemeinsame Sache machen **3.** JUR (Rechts)Sache *f*; (Rechts)Fall *m*; *par ext en tout état de cause* auf jeden Fall; in jedem Fall; in jeder Lage; *ne pas être en cause* außer Frage, nicht zur Debatte stehen; *mettre qn en cause* j-n (mit) hineinziehen; *remettre qc en cause* etw infrage stellen; *mettre qn 'hors de cause* j-n von jedem Verdacht freisprechen
▸ causer[1] [koze] *v/t* (*provoquer*) verursachen; *dommages a* anrichten; *chagrin, joie, soucis a* machen; bereiten (*a surprise*); *désordre a* stiften
causer[2] *v/t/indir et v/i* **1.** (*s'entretenir*) *causer* (*avec qn de qc, qn*) sich unterhalten, plaudern (mit j-m über etw, j-n) **2.** F (*parler*) sprechen, reden (*à qn* mit j-m)
causerie [kozʀi] *f* Plauderei *f*
causette [kozɛt] *f* F *faire la causette, un brin de causette* F ein Schwätzchen *n*, e-n Schwatz, e-n Plausch halten
causeur [kozœʀ] **I** *m* Plauderer *m*; Unterhalter *m* **II** *adj* ⟨**-euse** [-øz]⟩ gesprächig
causeuse [kozøz] *f* kleines Sofa
causse [kos] *m* (dürres) Kalkplateau
causticité [kostisite] *f* **1.** CHIM ätzende Wirkung **2.** *fig d'une personne* Scharfzüngigkeit *f*; Bissigkeit *f*; *d'une satire, critique* Bissigkeit *f*; Schärfe *f*
caustique [kostik] *adj* **1.** ätzend; CHIM kaustisch **2.** *fig* scharf; bissig; *ironie* beißend; *personne*

scharfzüngig

cauteleux [kotlø] *adj* ⟨**-euse** [-øz]⟩ verschlagen; abgefeimt

cautère [kotɛʀ] *m* **c'est un cautère sur une jambe de bois** das hilft absolut nichts

cautérisation [koteʀizasjõ] *f* MÉD Kauterisation *f*; Ausbrennen *n*

cautériser [-e] *v/t* MÉD kauterisieren; ausbrennen

caution [kosjõ] *f* Kaution *f*; Bürgschaftssumme *f*; *mettre en liberté* **sous caution** gegen Kaution; *sujet à caution* nicht verbürgt; unzuverlässig

cautionnement [kosjɔnmã] *m* **1.** JUR **a)** *contrat* Bürgschaft(svertrag) *f(m)* **b)** *somme d'argent* Kaution *f*; Sicherheitsleistung *f* **2.** *fig (appui)* Unterstützung *f*

cautionner [kosjɔne] *v/t politique, etc* unterstützen; stehen hinter (+ *dat*)

Caux [ko] *le pays de Caux* Landschaft in der Normandie

Cavaillon [kavajõ] **1.** *Stadt im Dep. Vaucluse* **2.** *cavaillon m* Netzmelone *f*

cavalcade [kavalkad] *f* **1.** Kavalkade *f*; Reiter(auf)zug *m* **2.** *fig* Horde *f*; (lärmende) Schar

cavalcader [kavalkade] *v/i* rennen; F traben

cavale [kaval] *f arg* **être en cavale** ausgebrochen, flüchtig sein

cavaler [kavale] F *v/i* rennen; **cavaler après qn** j-m nachlaufen (*a fig*); F *fig* hinter j-m her sein

cavalerie [kavalʀi] *f* **1.** HIST Kavallerie *f*; Reiterei *f* **2.** Panzertruppe *f*

cavaleur [kavalœʀ] F *m* F Schürzenjäger *m*

cavaleuse [kavaløz] *f* F **c'est une cavaleuse** F sie ist scharf auf Männer

cavalier [kavalje], **cavalière** [-jɛʀ] **I** *subst* **1.** *m,f* Reiter(in) *m(f)* **2.** *m,f à table* Tischherr *m*, -dame *f*; *au bal* Tanzpartner(in) *m(f)*; Tänzer(in) *m(f)*; Herr *m*; Dame *f*; *par ext* Begleiter(in) *m(f)*; Kavalier *m*; *fig* **faire cavalier seul** e-n Alleingang unternehmen, machen; auf eigene Faust handeln **3.** *m* ÉCHECS Springer *m* **II** *adj* **4.** ungehörig; ungezogen **5.** **allée cavalière** Reitweg *m*

▸ **cave¹** [kav] *f* **1.** Keller *m*; **cave** (*à vin*) Weinkeller *m* **2.** *cabaret* Kellerlokal *n*, -bar *f*

cave² *arg m* j, der nicht den Ganovenkreisen angehört

cave³ *adj yeux* tief liegend; **veine** *f* **cave** Hohlvene *f*

caveau [kavo] *m* ⟨~**x**⟩ Gruft *f*; Grabgewölbe *n*; **caveau de famille** Familiengruft *f*

caverne [kavɛʀn] *f* **1.** Höhle *f* **2.** MÉD Kaverne *f*

caverneux [kavɛʀnø] *adj* ⟨**-euse** [-øz]⟩ **1.** **voix caverneuse** Grabesstimme *f* **2.** ANAT **corps caverneux** Schwellkörper *m*

caviar [kavjaʀ] *m* Kaviar *m*; **caviar rouge** Lachskaviar *m*

caviarder [kavjaʀde] *v/t texte* unleserlich machen; zensieren

caviste [kavist] *m* Kellermeister *m*

cavité [kavite] *f* Hohlraum *m*; ANAT Höhle *f*

Cayenne [kajɛn] *Hauptstadt von Französisch-Guayana*

CB [sibi] *f abr (citizen band)* CB-Funk *m*

CCP [sesepe] *m abr* ⟨*inv*⟩ (*compte chèque postal*) Postgirokonto *n*

CD [sede] *m abr* ⟨*inv*⟩ (*compact disc*) CD *f*;

double, maxi CD Doppel-, Maxi-CD *f*

CDD [sedede] *m abr (contrat à durée déterminée)* befristeter Arbeitsvertrag; Zeitvertrag *m*; **être en CDD** e-n befristeten Arbeitsvertrag, e-e befristete Stelle haben

CDI [sedei] *m abr (contrat à durée indéterminée)* unbefristeter Arbeitsvertrag; **être en CDI** fest angestellt sein

▸ **CD-ROM** [sedeʀɔm] *m* ⟨*inv*⟩ CD-ROM *f*; **sur CD-ROM** auf CD-ROM

▸ **ce** [s(ə)] **I** *adj démonstratif m* ⟨*vor Vokal u stummem h* **cet** [sɛt], *f* **cette** [sɛt], *pl* **ces** [se]⟩ dieser, diese, dieses; *pl* diese; **cet homme** dieser Mann; **ce livre-là** das Buch da; **cette année** dieses Jahr; in diesem Jahr; **ce matin, soir** heute Morgen, Abend; F **il a un de ces rhumes** F er hat e-n Mordsschnupfen **II** *pr/dém neutre* das; es; **ce que** *tu fais* (das,) was...; **ce qui** *me gêne* (das,) was...; **c'est** es ist; das ist; → **être¹**; **et ce** und das; und zwar; **et pour ce** (*faire*) zu diesem Zweck; dafür; **sur ce** und damit; und nun; darauf(hin); **ce faisant** dabei; als er *etc* das tat

CE₁ [seəɛ̃] *m abr*, **CE₂** [seədø] *m abr* → **cours**

céans [seã] *adv* **maître** *m* **de céans** Hausherr *m*

ceci [səsi] *pr/dém* dies(es); das (hier)

Cécile [sesil] *f Vorname*

cécité [sesite] *f* Blindheit *f*

▸ **céder** [sede] ⟨**-è-**⟩ **I** *v/t* **1.** **céder qc à qn** j-m *ou* an j-n etw abtreten; j-m etw überlassen; etw an j-n abgeben; **céder le pas à qn** j-m den Vortritt lassen; AUTO **céder le passage à qn** j-m die Vorfahrt lassen **2.** (*vendre*) veräußern; **créance,** *etc* abtreten (*à qn* an j-n); *commerce* abgeben **II** *v/t/indir et v/i* **3.** nachgeben, weichen (*à dat*) **4.** **ne le céder en rien à qn, qc** j-m, e-r Sache in nichts nachstehen **5.** *branche, digue, etc* nachgeben; *corde* reißen

cédérom [sedeʀɔm] *m* CD-ROM *f*

Cedex *ou* **CEDEX** [sedɛks] *m abr (courrier d'entreprise à distribution exceptionnelle)* Postadresscode für Großkunden

cédille [sedij] *f* Cedille *f*

La cédille

La cédille ist das Häkchen unter dem **c** bei **ç** (**c cédille**), das bewirkt, dass der Buchstabe **c** vor **a**, **o** und **u** nicht wie [k], sondern wie [s] ausgesprochen wird, zum Beispiel:

le glaçon [glasõ] der Eiswürfel
aber
le faucon [fokõ] der Falke

---

cèdre [sɛdʀ] *m* Zeder *f*

CEE [seəə] *f abr (Communauté économique européenne)* EWG *f*; EG *f*

cégétiste [seʒetist] *m,f* Mitglied *n* der CGT

CEI [seəi] *abr (Communauté des États indépendants)* **la CEI** die GUS

ceindre [sɛ̃dʀ] ⟨→ **peindre**⟩ *litt v/t* **ceindre une écharpe** e-e Schärpe umlegen; *adj t* **ceint de** ... umgeben von ...

▶ **ceinture** [sɛ̃tyʀ] *f* **1.** Gürtel *m*; Gurt *m*; JUDO **ceinture noire** Schwarzgurtträger *m*; **ceinture de cuir** Ledergürtel *m*; ▶ **ceinture de sécurité** Sicherheitsgurt *m*; **attacher sa ceinture** sich anschnallen; den Gurt anlegen; F *fig* **faire ceinture** leer ausgehen; F in die Röhre, in den Mond gucken; F *fig* **se serrer la ceinture** F den Gürtel enger schnallen **2.** Gürtellinie *f*; Taille *f*; *de jupe, de pantalon* Bund *m*; **jusqu'à la ceinture** bis zur Taille

ceinturer [sɛ̃tyʀe] *v/t adversaire* umklammern

ceinturon [sɛ̃tyʀɔ̃] *m* Koppel *n*

▶ **cela** [s(ə)la] *pr/dém* das; dies(es); **de cela** davon; darüber; **il y a cinq ans de cela** es, das ist fünf Jahre her

célébrant [selebʀɑ̃] *m* ÉGL CATH Zelebrant *m*

célébration [selebʀasjɔ̃] *f* Feier *f*

▶ **célèbre** [selɛbʀ] *adj* berühmt

célébrer [selebʀe] *v/t* ⟨**-è-**⟩ *fête, événement* feiern; festlich begehen; *messe* zelebrieren; *prêtre, maire* **célébrer le mariage** die Trauung vornehmen, vollziehen

célébrité [selebʀite] *f* Berühmtheit *f* (*a personne*)

celer [səle] *litt v/t* ⟨**-è-**⟩ verheimlichen

céleri [sɛlʀi] *m* Sellerie *m ou f*

céleri-rave *m* ⟨**céleris-raves**⟩ Knollensellerie *m ou f*

célérité [seleʀite] *f* Schnelligkeit *f*; Flinkheit *f*

céleste [selɛst] *adj* **1.** Himmels... **2.** REL, *fig* himmlisch

Célestin [selɛstɛ̃] *m Vorname*

Célestine [selɛstin] *f Vorname*

célibat [seliba] *m* Ehelosigkeit *f*; **célibat** (**des prêtres**) Zölibat *m ou n*

▶ **célibataire** [selibatɛʀ] **I** *adj* ledig; unverheiratet; **mère** *f* **célibataire** ledige Mutter **II** *m,f* Junggeselle, -gesellin *m,f*; Ledige(r) *f(m)*; Unverheiratete(r) *f(m)*

Céline [selin] *f Vorname*

celle → **celui**

cellier [selje] *m* Vorratsraum *m* (für Wein *etc*)

cellophane® [selɔfan] *f* Cellophan® *n*

cellulaire [selylɛʀ] *adj* **1.** BIOL Zell...; Zellen... **2.** *en prison* **régime** *m* **cellulaire** Einzelhaft *f*; **fourgon** *m* **cellulaire** Zellenwagen *m*

cellular [selylaʀ] *m* **chemise** *f* **en cellular** Netzhemd *n*

cellule [selyl] *f* Zelle *f* (*a* BIOL, TECH, *fig*); BIOL **cellule souche** Stammzelle *f*

cellulite [selylit] *f* Zellulitis *f*

celluloïd [selylɔid] *m* Zelluloid *n*

cellulose [selyloz] *f* Zellulose *f*; Zellstoff *m*

cellulosique [-ik] *adj* Zellulose...

celte [sɛlt] **I** *adj* keltisch **II 1.** **Celtes** *m/pl* Kelten *m/pl* **2.** LING **le celte** das Keltische; Keltisch *n*

celtique [sɛltik] *adj* keltisch

▶ **celui** [səlɥi] *pr/dém m* ⟨*f* **celle** [sɛl]; *m/pl* **ceux** [sø], *f/pl* **celles** [sɛl]⟩ der(-), die(-), das (-jenige), *pl* die(jenigen); **celui de mon frère** der *ou* den meines Bruders; **celui qui** der (-jenige), der; wer

▶ **celui-ci** [səlɥisi] *pr/dém m* ⟨*f* **celle-ci**; *m/pl* **ceux-ci**, *f/pl* **celles-ci**⟩ dieser, diese, dieses, *pl* diese (hier); der, die, das, *pl* die (hier)

▶ **celui-là** [səlɥila] *pr/dém m* ⟨*f* **celle-là**; *m/pl* **ceux-là**, *f/pl* **celles-là**⟩ dieser, diese, dieses,

pl diese (da); der, die, das, *pl* die (da, dort); *opposé à* «*celui-ci*» jener, jene, jenes, *pl* jene

cénacle [senakl] *m* Kreis *m*; Gruppe *f*

▶ **cendre** [sɑ̃dʀ] *f* Asche *f*; **réduire, mettre en cendres** in Schutt und Asche legen; einäschern; niederbrennen; **renaître de ses cendres** aus der Asche erstehen; wiedererstehen

cendré [sɑ̃dʀe] *adj* ⟨**~e**⟩ aschfarben; **blond cendré** ⟨*inv*⟩ aschblond

cendrée [sɑ̃dʀe] *f* Aschenbahn *f*

▶ **cendrier** [sɑ̃dʀije] *m* Asch(en)becher *m*; F Ascher *m*

Cendrillon [sɑ̃dʀijɔ̃] *f* Aschenbrödel *n*, -puttel *n*

Cène [sɛn] *f* REL Abendmahl *n*

censé [sɑ̃se] *adj* ⟨**~e**⟩ **il est censé être malade** er soll krank sein; **je ne suis pas censé le savoir** man kann von mir nicht verlangen *ou* erwarten, dass ich es weiß

censément [sɑ̃semɑ̃] *adv* anscheinend; (*pratiquement*) so gut wie

censeur [sɑ̃sœʀ] *m* **1.** LYCÉE *autrefois* Assistent *m* des Direktors **2.** CIN, PRESSE Zensor *m*; *fig* strenger Kritiker, Richter

censure [sɑ̃syʀ] *f* Zensur(behörde) *f*

censurer [-e] *v/t livre, film* verbieten; *scène, passage* streichen

▶ **cent** [sɑ̃] **I** *num/c* (ein)hundert; **deux cent(s)** ⟨*bei folgender Zahl sowie als Ordnungszahl ohne s*⟩ zweihundert **II** *m* **1.** *chiffre* Hundert *f* **2.** *quantité* Hundert *n*; **un cent de** hundert **3.** ▶ **pour cent** Prozent *n*; **cinq pour cent** (**5 %**) fünf Prozent (5 %); fünf vom Hundert (*abr* v. H.); *adjt* (**à**) **cent pour cent** hundertprozentig

▶ **centaine** [sɑ̃tɛn] *f* **1.** **une centaine** (**de**) etwa, ungefähr, rund, zirka, an die hundert; **par centaines** zu Hunderten **2.** *dans les nombres* Hunderter *m*

centaure [sɑ̃tɔʀ] *m* Zentaur *ou* Kentaur *m*

centaurée [sɑ̃tɔʀe] *f* Flockenblume *f*

centenaire [sɑ̃tnɛʀ] **I** *adj* hundertjährig **II** *subst* **1.** *m,f* Hundertjährige(r) *f(m)* **2.** *m* hundertster Jahrestag; hundertjähriges Jubiläum; Hundertjahrfeier *f*

centésimal [sɑ̃tezimal] *adj* ⟨**~e**; **-aux** [-o]⟩ zentesimal; hundertteilig

▶ **centième** [sɑ̃tjɛm] **I** *num/o* hundertste **II** *subst* **1.** **le, la centième** der, die, das hundertste **2.** *m* MATH Hundertstel *n*

centigrade [sɑ̃tigʀad] *adj* **degré** *m* **centigrade** Grad *m* Celsius

centigramme [sɑ̃tigʀam] *m* Zentigramm *n* (*abr* cg)

centilitre [litʀ] *m* (*abr* **cl**) Zentiliter *m ou n* (*abr* cl)

▶ **centime** [sɑ̃tim] *m en Suisse* Rappen *m*; HIST *en France, en Belgique* Centime *m*

▶ **centimètre** [sɑ̃timetʀ] *m* **1.** Zentimeter *m ou n* **2.** **centimètre** (**de couturière**) Zentimetermaß *n*

centrafricain [sɑ̃tʀafʀikɛ̃] *adj* ⟨**-aine** [-ɛn]⟩ **la République centrafricaine** die Zentralafrikanische Republik

▶ **central** [sɑ̃tʀal] **I** *adj* ⟨**~e**; **-aux** [-o]⟩ zentral; Zentral...; Mittel...; zentral gelegen; **l'Europe centrale** Mitteleuropa *n* **II** *subst* **1.** *m* ⟨**-aux** [-o]⟩ **central** (**téléphonique**) (Telefon)Zentrale f, (-)Vermittlung f **2.** f **centrale (électrique)** Kraftwerk n; Elektrizitätswerk n; E-Werk n; ▸ **centrale nucléaire** Kernkraftwerk n **3.** f **centrale syndicale** Gewerkschaftsbund m **4.** f **centrale** prison Zentralgefängnis n

centralisateur [sɑ̃tʁalizatœʁ] adj ⟨**-trice** [-tʁis]⟩ zentralisierend; zentralistisch

centralisation [-izasjõ] f Zentralisierung f

centraliser [-ize] v/t zentralisieren; zusammenfassen

centralisme [-ism] m Zentralismus m

centraliste [-ist] **I** adj zentralistisch **II** m,f Anhänger(in) m(f) des Zentralismus

▸ **centre** [sɑ̃tʁ] m **1.** Mittelpunkt m (a MATH); Zentrum n; Mitte f; **le centre de la France** ou **le Centre** Mittelfrankreich n; ▸ **centre (de la) ville** Stadtzentrum n, -mitte f; **au centre** in der Mitte (**de** gén); **en plein centre de** mitten in (+ dat) **2.** lieu Zentrum n; Hauptort m; **centre industriel, touristique** Industrie-, Fremdenverkehrszentrum n; **grands centres urbains** Großstädte f/pl; **centre des affaires** Geschäftsviertel n **3.** service Zentrum n; Zentrale f; Stelle f; Anstalt f; Institut n; ▸ **centre commercial** Einkaufszentrum n; **centre hospitalier** Krankenhaus n; **centre d'accueil** Betreuungsstelle f; **centre de chèques postaux** Postgiroamt n; **centre de formation professionnelle** Berufsbildungszentrum n; **centre de loisirs** Freizeitzentrum n **4.** POL Mitte f; **centre gauche** gemäßigte Linke; linke Mitte **5.** fig **centre d'intérêt** Mittel-, Brennpunkt m des Interesses; (zentrales) Thema **6.** SPORTS (**avant** m) **centre** Mittelstürmer m

centrer [sɑ̃tʁe] **I** v/t PHOT in den Bildmittelpunkt legen; TECH zentrieren; **1.** fig **être centré sur** gerichtet sein auf (+ acc) **II** v/i SPORTS (zur Mitte) flanken

centrifuge [sɑ̃tʁifyʒ] adj zentrifugal

centrifugeuse [-øz] f Zentrifuge f

centriste [sɑ̃tʁist] adj POL der Mitte

centuple [sɑ̃typl] m **le centuple** das Hundertfache

centupler [sɑ̃typle] **I** v/t verhundertfachen **II** v/i sich verhundertfachen; auf das Hundertfache steigen

centurion [sɑ̃tyʁjõ] m HIST Zenturio m

cep [sɛp] m Wein-, Rebstock m

cépage [sepaʒ] m Rebsorte f

cèpe [sɛp] m Steinpilz m

▸ **cependant** [s(ə)pɑ̃dɑ̃] conj jedoch; doch; indessen; dennoch

céramique [seʁamik] f Keramik f

céramiste [-ist] m,f Keramiker(in) m(f)

cerbère [sɛʁbɛʁ] m MYTH **Cerbère** et fig Zerberus m

cerceau [sɛʁso] m ⟨**∼x**⟩ Reif(en) m

▸ **cercle** [sɛʁkl] m **1.** Kreis m (a MATH, GÉOGR) **2.** (groupe) Kreis m; Zirkel m; **de dames** Kränzchen n; **cercle d'amis** Freundeskreis m **3.** **cercle vicieux** Teufelskreis m; Circulus vitiosus m

cerclé [sɛʁkle] adj ⟨∼**e**⟩ lunettes **cerclé d'or** mit Goldrand

cercueil [sɛʁkœj] m Sarg m

Cerdagne [sɛʁdaɲ] f **la Cerdagne** Landschaft in den Pyrenäen

▸ **céréale** [seʁeal] f **1.** Getreideart f; **céréales** pl Getreide n **2.** au petit-déjeuner **céréales** pl Ge-

treideflocken f/pl

céréalier [seʁealje] **I** adj ⟨**-ière** [-jɛʁ]⟩ Getreide...; **culture céréalière** Getreideanbau m **II** m Getreideproduzent m

cérébral [seʁebʁal] adj ⟨∼**e; -aux** [-o]⟩ **1.** (Ge)-Hirn... **2.** fig geistig; subst **un cérébral** ein Verstandesmensch m

cérémonial [seʁemɔnjal] m ⟨**-als**⟩ Zeremoniell n

▸ **cérémonie** [seʁemɔni] f **1.** Zeremonie f; Feier (-lichkeit) f; (mariage) **cérémonie civile, religieuse** standesamtliche, kirchliche Trauung **2.** **sans cérémonie** zwanglos; ungezwungen; **faire des cérémonies** Umstände machen

cérémonieux [seʁemɔnjø] adj ⟨**-euse** [-øz]⟩ zeremoniell; förmlich

▸ **cerf** [sɛʁ] m Hirsch m

cerfeuil [sɛʁfœj] m Kerbel m

cerf-volant [sɛʁvɔlɑ̃] m ⟨**cerfs-volants**⟩ **1.** (Papier)Drachen m **2.** ZO Hirschkäfer m

cerisaie [s(ə)ʁizɛ] f Kirschgarten m

▸ **cerise** [s(ə)ʁiz] f **1.** Kirsche f; **cerises anglaises** Sauerkirschen f/pl **2.** adj t (rouge) **cerise** ⟨inv⟩ kirschrot

cerisier [s(ə)ʁizje] m Kirschbaum m

cerne [sɛʁn] m → **cerné**

cerné [sɛʁne] adj ⟨∼**e**⟩ **avoir les yeux cernés** ou **avoir des cernes autour des yeux** Schatten unter den Augen, (dunkle) Ringe um die Augen haben

cerneau [sɛʁno] m ⟨∼**x**⟩ halbreifer Nusskern

cerner [sɛʁne] v/t **1.** umzingeln; einkreisen; abriegeln **2.** fig problème klar erfassen; ausleuchten **3.** dessin konturieren

▸ **certain** [sɛʁtɛ̃] **I** adj ⟨**-aine** [-ɛn]⟩ ⟨nach dem subst⟩ sicher; **c'est certain** das ist sicher, gewiss; das steht fest; personne **être certain de qc** e-r Sache (gén) sicher sein; **être certain de** (+ inf) ou **que ...** sicher sein zu (+ inf) ou dass ... **II** adj/ind ⟨vor dem subst⟩ gewisse(r, -s); bestimmte(r, -s); **d'un certain âge** [-sɛʁtɛnaʒ] nicht mehr ganz jung **III** pr/ind **certains** pl gewisse Leute; einige, manche (Leute)

▸ **certainement** [sɛʁtɛnmɑ̃] adv sicher(lich); gewiss; bestimmt

certes [sɛʁt] st/s adv gewiss

certificat [sɛʁtifika] m Zeugnis n; Bescheinigung f; Schein m; Nachweis m; Zertifikat n; **certificat médical** ärztliches Attest; **certificat d'études (primaires)** Volksschulabschluss (-zeugnis) m(n)

certifié(e) [sɛʁtifje] m(f) ou adj **professeur certifié** Gymnasiallehrer(in) m(f) mit CAPES

certifier [sɛʁtifje] v/t **1. certifier à qn que ...** j-m bestätigen, versichern, dass ... **2. copie certifiée conforme** beglaubigte Abschrift

certitude [sɛʁtityd] f Gewissheit f

cérumen [seʁymɛn] m Ohrenschmalz n

Cervantès [sɛʁvɑ̃tɛs] m Cervantes m

▸ **cerveau** [sɛʁvo] m ⟨∼**x**⟩ **1.** (Ge)Hirn n; Großhirn n **2.** fig (bedeutender) Kopf; **fuite** f **des cerveaux** Brain-Drain m **3. cerveau électronique** Elektronengehirn n

cervelas [sɛʁvəla] m Fleischwurst f

cervelet [sɛʁvəlɛ] m Kleinhirn n

cervelle [sɛʁvɛl] f **1.** Hirnsubstanz f, -masse f; **se brûler** ou **se faire sauter la cervelle** sich (dat) e-e Kugel durch den Kopf schießen, jagen **2.** CUIS Hirn *n*; Bregen *m* **3.** *fig* Hirn *n*; Verstand *m*; *avoir une cervelle d'oiseau* F ein Spatzenhirn haben; keine Grütze im Kopf haben

cervical [sɛʀvikal] *adj* ⟨~e; -aux [-o]⟩ Hals...; Nacken...; *vertèbre cervicale* Halswirbel *m*

cervidés [sɛʀvide] *m/pl* Hirsche *m/pl*

Cervin [sɛʀvɛ̃] *le mont Cervin* das Matterhorn

cervoise [sɛʀvwaz] *f* HIST Bier *n*

ces → *ce*

C.E.S. [seəɛs] *m abr* → *collège*

Césaire [sezɛʀ] *m Vorname*

César [sezaʀ] *m* HIST Cäsar *m*

césarienne [sezaʀjɛn] *f* Kaiserschnitt *m*

cessant [sɛsɑ̃] *adj* ⟨-ante [-ɑ̃t]⟩ ADM *toute(s) affaire(s) cessante(s)* vordringlich; unverzüglich

cessation [sɛsasjõ] *f* Einstellung *f*; *cessation de commerce* Geschäftsaufgabe *f*

cesse [sɛs] *f* **1.** *sans cesse* unaufhörlich; ständig; dauernd **2.** *n'avoir de cesse que ...* (+ *subj*) keine Ruhe geben, bis ...

▸ **cesser** [sese] **I** *v/t* einstellen; aufhören mit; *cesser de* (+ *inf*) aufhören zu (+ *inf*) **II** *v/i* aufhören; *faire cesser qc* e-r Sache (*dat*) ein Ende machen

cessez-le-feu [seselfø] *m* ⟨*inv*⟩ Waffenruhe *f*; Feuereinstellung *f*

cession [sesjõ] *f* JUR Übertragung *f*; Abtretung *f*; (*vente*) Veräußerung *f*

c'est [sɛ, se] → *être*¹

▸ **c'est-à-dire** [setadiʀ] *conj* das heißt; nämlich

césure [sezyʀ] *f d'un vers* Zäsur *f*

▸ **cet** → *ce*

cétacé [setase] *m* Wal *m*

cétone [setɔn] *f* CHIM Keton *n*

▸ **cette** → *ce*

ceux → *celui*

Cévennes [sevɛn] *les Cévennes f/pl* die Cevennen *pl*

cévenol [sev(ə)nɔl] *adj* ⟨~e⟩ (*et subst Cévenol*) Bewohner(der Cevennen

Ceylan [sɛlɑ̃] HIST Ceylon *n*

ceylanais [sɛlane] **I** *adj* ⟨-aise [-ɛz]⟩ ceylonesisch **II** *Ceylanais(e) m(f)* Ceylonese, -nesin *m,f*

cf. *abr* (*confer*) vgl.

CFA [seɛfa] *abr* (*Communauté financière africaine*) *franc m CFA* CFA-Franc *m*

CFDT [seɛfdete] *f abr* (*Confédération française* [*et*] *démocratique du travail*) sozialistisch orientierte Gewerkschaft

CGC [seʒese] *f abr* (*Confédération générale des cadres*) Angestelltengewerkschaft

CGT [seʒete] *f abr* (*Confédération générale du travail*) kommunistisch orientierte Gewerkschaft

ch *abr* (*cheval-vapeur*) PS (Pferdestärke)

chablis [ʃabli] *m* ein Weißwein aus Burgund

chabrol [ʃabʀɔl] *m ou* **chabrot** [ʃabʀo] *m* Wein *m* mit Fleischbrühe

chacal [ʃakal] *m* ⟨-als⟩ Schakal *m*

▸ **chacun** [ʃakɛ̃, -kœ̃] *pr/ind* ⟨**chacune** [ʃakyn]⟩ jede(r, -s) (einzelne); *chacun de nous ou d'entre nous* jeder von uns; *st/s tout un chacun* jedermann; ein jeder; *il leur consacre dix minutes chacun* er widmet jedem zehn Minuten

chafouin [ʃafwɛ̃] *adj* ⟨-ine [-in]⟩ durchtrieben; verschlagen

chagrin [ʃagʀɛ̃] **I** *adj* ⟨-ine [-in]⟩ *st/s* (*triste*) bekümmert; *litt* (*morose*) grämlich **II** *m* Kummer *m*; Gram *m*; Betrübnis *f*; Leid *n*; *chagrin d'amour* Liebeskummer *m*; *avoir du chagrin* Kummer haben

chagriner [ʃagʀine] *v/t* bekümmern; betrüben; bedrücken

chah [ʃa] *m* HIST *le chah* (*d'Iran*) der Schah (von Persien)

chahut [ʃay] *m* Krach *m*; F Radau *m*; F Rabatz *m*

chahuter [ʃayte] **I** *v/t chahuter un professeur* den Unterricht e-s Lehrers dauernd stören **II** *v/i* Krach, F Radau, F Rabatz machen

chahuteur [ʃaytœʀ] **I** *adj* ⟨-euse [-øz]⟩ undiszipliniert; aufsässig **II** *m* Krachmacher *m*

chai [ʃɛ] *m* Weinlager *n*

▸ **chaîne** [ʃɛn] *f* **1.** Kette *f* (*a bijou*); AUTO *chaînes pl* Schneeketten *f/pl*; *chaîne* (*de bicyclette*) Fahrradkette *f* **2.** *chaîne de montage* Fließ-, Montageband *n*; *travailler à la chaîne* am Fließband arbeiten **3.** *fig* Kette *f*; Reihe *f*; *chaîne* (*de montagnes*) Gebirgskette *f*, -zug *m*; (Ketten)Gebirge *n*; *chaîne du froid* Kühlkette *f*; *chaîne de magasins* Ladenkette *f*; *faire la chaîne* e-e Kette bilden **4.** *fig et litt chaînes* Fesseln *f/pl*; Bande *n/pl*; Ketten *f/pl* **5.** RAD, TV Sender(netz) *m(n)*; Programm *n*; *sur la première chaîne* im ersten Programm **6.** ▸ *chaîne* ('hi-fi, stéréo) Stereoanlage *f*; Hi-Fi-Anlage *f* **7.** TEXT Kette *f*

chaînette [ʃɛnɛt] *f* Kettchen *n*; *point m de chaînette* Kettenstich *m*

chaînon [ʃɛnõ] *m* (Ketten)Glied *n*

chair [ʃɛʀ] *f* Fleisch *n* (*a d'un fruit*, REL); *fig chair à canon* Kanonenfutter *n*; *chair à saucisse* Hackepeter *m*; *fig chair de poule* Gänsehaut *f*; *adjt* (*couleur*) *chair* ⟨*inv*⟩ fleischfarben; *fig en chair et en os* leibhaftig; in eigener Person; *être bien en chair* rundlich, wohlgenährt sein

chaire [ʃɛʀ] *f* **1.** ÉGL Kanzel *f* **2.** UNIVERSITÉ Lehrstuhl *m*; Professur *f*

▸ **chaise** [ʃɛz] *f* Stuhl *m*; *chaise longue* Liegestuhl *m*; *chaise percée* Nachtstuhl *m*; *chaise roulante* Rollstuhl *m*; *chaise à porteurs* Sänfte *f*; Tragsessel *m*

chaland [ʃalɑ̃] *m* (Last-, Fracht-, Schlepp)Kahn *m*; Zille *f*

châle [ʃal] *m* Dreiecks-, Umschlag(e)tuch *n*

chalet [ʃalɛ] *m* (Schweizer) Chalet *n*; Landhaus *n* im Schweizer Stil

▸ **chaleur** [ʃalœʀ] *f* **1.** Wärme *f* (*a* PHYS); *pl/fort* Hitze *f*; *les grandes chaleurs* die heißen Tage *m/pl*; *dégager, donner de la chaleur* Wärme, Hitze abgeben, ausstrahlen **2.** *fig* (*cordialité*) Wärme *f*; Herzlichkeit *f*; (*ardeur*) Feuer *n*; Eifer *m* **3.** *en chaleur animal* brünstig; hitzig; F heiß; CH brunftig; *chienne läufig*; *chat rollig*

chaleureusement [ʃalœʀøzmɑ̃] *adv* herzlich; warm

chaleureux [ʃalœʀø] *adj* ⟨-euse [-øz]⟩ *fig* warm; herzlich

châlit [ʃali] *m* Bettstelle *f*, -gestell *n*

challenge [ʃalɑ̃ʒ] *m* **1.** SPORTS Titel-, Pokalkampf *m* **2.** *fig* Herausforderung *f*

challenger [ʃalãʒœʀ] *m ou* challengeur [-œʀ] *m* SPORTS, *fig* Herausforderer *m*
chaloupe [ʃalup] *f* Boot *n*; Schaluppe *f*
chaloupé [ʃalupe] *adj* ⟨**~e**⟩ wiegend; schaukelnd
chalumeau [ʃalymo] *m* ⟨**~x**⟩ **1.** TECH Schweiß-, Schneidbrenner *m* **2.** MUS Schalmei *f*
chalut [ʃaly] *m* (Grund)Schleppnetz *n*
chalutier [ʃalytje] *m* Trawler *m*
chamade [ʃamad] *f cœur* **battre la chamade** zum Zerspringen klopfen
chamailler [ʃamaje] *v/pr* F **se chamailler** streiten; sich zanken
chamailleries [ʃamajʀi] F *f/pl* Zank *m*; Zankerei *f*; Streiterei *f*
chamailleur [ʃamajœʀ], chamailleuse [-øz] F I *m,f* F Streithammel *m*, -hansel *m* II *adj* streitsüchtig
chamarré [ʃamaʀe] *adj* ⟨**~e**⟩ bunt verziert (**de** mit)
chamarrures [-yʀ] *f/pl* Verzierungen *f/pl*; *péj* Flitterkram *m*
chambard [ʃãbaʀ] F *m* Krach *m*
chambardement [ʃãbaʀdəmã] F *m* Umwälzung *f*; Umsturz *m*
chambarder [-e] F *v/t* in Unordnung bringen; *fig* umstürzen; über den Haufen werfen
chambellan [ʃãbɛlã] *m* Kammerherr *m*
chambouler [ʃãbule] F *v/t* → **chambarder**
chambranle [ʃãbʀãl] *m* Zarge *f*; Tür- *ou* Fensterstock *m*
▸ chambre [ʃãbʀ] *f* **1.** Zimmer *n* (*in dem man schläft*); ▸ **chambre double** Doppelzimmer *n*; ▸ **chambre simple** Einzelzimmer *n*; **chambre à coucher** Schlafzimmer *n* (*a meubles*); **chambre à deux lits** Zweibettzimmer *n*; **chambre d'ami(s)** Gäste-, Gastzimmer *n*; **chambre d'enfants** Kinderzimmer *n*; **chambre d'étudiant** Studentenzimmer *n*; **chambre (d'hôtel)** Hotel-, Fremdenzimmer *n*; **faire chambre à part** getrennt schlafen; *malade* **garder la chambre** das Zimmer hüten (müssen); → *Info bei* **Zimmer 2.** (*pièce*) Raum *m*; Kammer *f*; **chambre forte** Tresor(raum) *m*; Stahlkammer *f*; **chambre froide** Kühlraum *m*, -kammer *f*; **chambre à gaz** Gaskammer *f* **3.** JUR, POL Kammer *f*; **Chambre des députés** Abgeordnetenhaus *n*, -kammer *f*; **chambre de commerce** Handelskammer *f* **4.** TECH Kammer *f*; PHOT **chambre noire** Dunkelkammer *f*; *d'un pneu* **chambre à air** Schlauch *m* **5.** **musique** *f* **de chambre** Kammermusik *f*
chambrée [ʃãbʀe] *f* MIL Stube(ngemeinschaft) *f*
chambrer [ʃãbʀe] *v/t vin* temperieren; auf Zimmertemperatur anwärmen
chambrette [ʃãbʀɛt] *f* Kämmerchen *n*
chambrière [ʃãbʀijɛʀ] *f* Peitsche *f*
chameau [ʃamo] *m* ⟨**~x**⟩ **1.** Kamel *n*; *à deux bosses* Trampeltier *n* **2.** F *fig* Schuft *m*; gemeiner Kerl; *femme* F Biest *n*
chamelier [ʃaməlje] *m* Kameltreiber *m*
chamelle [-ɛl] *f* Kamelstute *f*
chamois [ʃamwa] *m* **1.** Gämse *f* **2.** **peau** *f* **de chamois** Fenster-, Autoleder *n*
chamoisage [ʃamwazaʒ] *m* Sämischgerbung *f*
Chamonix [ʃamɔni] *Stadt im Dep. Haute-Savoie*

▸ champ [ʃã] *m* **1.** Feld *n*; Acker *m*; **champ de blé** Getreidefeld *n*; **champ de pommes de terre** Kartoffelacker *m*; **à travers champs** querfeldein; **en plein champ** auf freiem, offenem Feld **2.** (*terrain*) Feld *n*; Gelände *n*; Platz *m*; **champ de bataille** Schlachtfeld *n* (*a fig*); **champ de courses** Rennplatz *m*, -bahn *f*; **champ de mines**, **de pétrole** Minen-, Ölfeld *n*; **champ de tir** Schießstand *m*, -platz *m*; **tomber au champ d'honneur** auf dem Feld(e) der Ehre fallen **3.** PHYS, OPT Feld *n*; CIN Bild(feld) *n*; **champ visuel** Blick-, Gesichtsfeld *n* **4.** *fig* Feld *n*; Bereich *m*; Gebiet *n*; **champ d'action** Wirkungsbereich *m*, -feld *n*, -kreis *m*; **laisser le champ libre à qn, à qc** j-m freie Hand lassen; e-r Sache (*dat*) Tor und Tür öffnen; **prendre du champ** Abstand gewinnen
Champagne [ʃãpaɲ] **la Champagne** die Champagne
▸ champagne *m* Champagner *m*
Champagne-Ardenne [ʃãpaɲaʀdɛn] **la Champagne-Ardenne** *frz Region*
champenois [ʃãpənwa] *adj* ⟨**-oise** [-waz]⟩ (*et subst* **Champenois** Bewohner) der Champagne
champêtre [ʃãpɛtʀ] *adj* ländlich; **garde** *m* **champêtre** Feldhüter *m*
▸ champignon [ʃãpiɲõ] *m* **1.** BOT, CUIS, MÉD Pilz *m*; **champignon de Paris** Champignon *m*; **cueillir, ramasser des champignons** Pilze suchen, sammeln; **pousser comme un champignon** sehr schnell wachsen; aufschießen **2.** F Gaspedal *n*; **appuyer sur le champignon** F auf die Tube drücken
champignonnière [ʃãpiɲɔnjɛʀ] *f* Champignonkultur *f*
▸ champion [ʃãpjõ] *m*, championne [ʃãpjɔn] *f* **1.** SPORTS Meister(in) *m(f)*; Champion *m*; **champion, championne olympique** Olympiasieger(in) *m(f)*; **champion, championne du monde** Weltmeister(in) *m(f)*; *adjt* **équipe championne** Meistermannschaft *f* **2.** (Vor-)Kämpfer(in) *m(f)* (**d'une cause** für e-e Sache); Verfechter(in) *m(f)* (e-r Sache)
▸ championnat [ʃãpjɔna] *m* Meisterschaft *f*
Champs-Élysées [ʃãzelize] *m/pl Prachtstraße in Paris*
▸ chance [ʃãs] *f* **1.** Glück *n*; Chance *f*; **bonne chance!** viel Glück!; **coup** *m* **de chance** Glücksfall *m*; **par chance** glücklicherweise; durch ein glücklichen Zufall; **pas de chance!** F so ein Pech!; Pech gehabt!; **porter chance** Glück bringen **2.** **chances** *pl* Chancen *f/pl*; Aussichten *f/pl*; **chances de succès** Erfolgsaussichten *f/pl*, -chancen *f/pl*; **il n'a qu'une chance sur cent de le retrouver** die Chancen stehen eins zu hundert dagegen, dass er ihn wiederfindet
chancelant [ʃãslã] *adj* ⟨**-ante** [-ãt]⟩ (sch)wankend (*a fig*)
chanceler [ʃãsle] *v/i* ⟨**-ll-**⟩ **1.** (sch)wanken; taumeln **2.** *fig* ins Wanken geraten
▸ chancelier [ʃãsəlje] *m* Kanzler *m*
▸ chancelière[1] [ʃãsəljɛʀ] *f* Kanzlerin *f*
chancelière[2] *f* Fußsack *m*
chancellerie [ʃãsɛlʀi] *f* Kanzlei *f*; **en Allemagne** Kanzleramt *n*; **en France** Justizministerium *n*

changer 🔊FQ

Bei **changer** muss man auf verschiedene Konstruktionen achten:

changer	Il a beaucoup **changé**.	Er hat sich sehr verändert.
changer qn	La mort de sa mère l'a beaucoup **changé**.	Der Tod seiner Mutter hat ihn sehr verändert.
changer de	Il a **changé d'avis**.	Er hat seine Meinung geändert.
	Il a **changé de pantalon**.	Er hat eine andere Hose angezogen.
se changer	Elle **s'est changée**.	Sie hat sich umgezogen.

chanceux [ʃɑ̃sø] *adj* ⟨**-euse** [-øz]⟩ *être chanceux* Glück haben; ein Glückskind sein
chancre [ʃɑ̃kʀ] *m* MÉD Schanker *m*
chandail [ʃɑ̃daj] *m* Pullover *m*
Chandeleur [ʃɑ̃dlœʀ] *la Chandeleur* (Mariä) Lichtmess *f*
chandelier [ʃɑ̃dəlje] (Kerzen)Leuchter *m*
chandelle [ʃɑ̃dɛl] *f* **1.** (Talg)Kerze *f*; *fig brûler la chandelle par les deux bouts* a) mit s-r Gesundheit Raubbau treiben; b) das Geld mit vollen Händen ausgeben; *fig devoir une fière chandelle à qn* j-m e-e ganze Menge zu verdanken haben; *dîner aux chandelles* bei Kerzenschein essen; *fig en voir trente-six chandelles* Sterne sehen; *le jeu n'en vaut pas la chandelle* das, es lohnt sich nicht; das ist der *ou* die Mühe nicht wert **2.** FOOTBALL, GYMNASTIQUE Kerze *f*; AVIAT *monter en chandelle* im Steilflug hochsteigen
chanfrein [ʃɑ̃fʀɛ̃] *m* **1.** TECH Fase *f* **2.** *du cheval* Gesicht *n*
change [ʃɑ̃ʒ] *m* **1.** Tausch *m*; *gagner, perdre au change* e-n guten, schlechten Tausch machen **2.** FIN (Geld)Wechsel *m*; *bureau m de change* Wechselstube *f* **3.** *donner le change à qn* j-n hinters Licht führen **4.** *pour bébés change* (*complet*) Wegwerfwindel *f*
changeant [ʃɑ̃ʒɑ̃] *adj* ⟨**-ante** [-ɑ̃t]⟩ **1.** *temps* wechselhaft; veränderlich; unbeständig; *a personne* launisch **2.** *couleur* changierend; schillernd
▸ **changement** [ʃɑ̃ʒmɑ̃] *m* **1.** (Ver)Änderung *f*; Wechsel *m*; Wandel *m*; Umstellung *f*; *changement d'adresse* Änderung der Anschrift; *changement d'air* Luftveränderung *f*; *changement de décor* THÉ Szenenwechsel *m*; *fig* Orts-, F Tapetenwechsel *m*; plötzliche Änderung der Lage; *changement de direction* (Fahrt)Richtungsänderung *f*; *changement de programme* Programmänderung *f*; *changement de propriétaire* Besitz(er)wechsel *m*; *changement de temps* Wetteränderung *f*; *changement de vitesse* *mécanisme* Gangschaltung *f*; *manœuvre* Schalten *n*; *aimer le changement* die Abwechslung lieben; *faire des changements* Veränderungen vornehmen (*à, dans* an + *dat*); *il y a eu du changement* es hat sich manches, einiges geändert **2.** CH DE FER Umsteigen *n* **3.** ADM Versetzung *f*
▸ **changer** [ʃɑ̃ʒe] ⟨**-ge-**⟩ **I** *v/t* **1.** (*modifier*) (ver)ändern; (*remplacer*) (aus)wechseln; (*échanger*) (um-, ein-, aus)tauschen; *changer*

qn j-n verändern; *changer les draps* die Bettwäsche wechseln; das Bett *ou* die Betten frisch beziehen; *changer une roue* ein Rad auswechseln; *changer qc à qc* etw an etw (*dat*) ändern; *changer des euros en dollars* Euros gegen, für Dollars (ein)wechseln, (ein)tauschen; *changer qc de place* etw an e-n anderen Platz stellen; etw umräumen, umstellen; *changer qn de poste* j-n versetzen **2.** (*transformer*) verwandeln, umwandeln (*en* in + *acc*) **3.** *bébé* trockenlegen; frisch wickeln **4.** *ça me* (*ou nous, etc*) *change* das ist etwas anderes (*de* als) **II** *v/t/indir* **5.** *changer de* wechseln, ändern (+ *acc*); *changer d'avis* s-e Ansicht, Meinung ändern; *faire changer qn d'avis* j-n umstimmen; *changer de bus, train* umsteigen; *changer de chemise* ein frisches Hemd anziehen; *changer de couleur* sich verfärben; *changer de médecin* den Arzt wechseln; *changer de métier* den Beruf wechseln; F umsatteln; *changer de professeur* e-n neuen Lehrer bekommen; *changer de voiture* sich (*dat*) e-n anderen, neuen Wagen anschaffen, F zulegen **III** *v/i* **6.** ⟨*Zustand* être⟩ sich ändern; anders werden; *personne il n'a pas changé* er hat sich überhaupt nicht verändert; *le temps va changer* das Wetter ändert sich **7.** *changer avec qn* mit j-m tauschen **8.** CH DE FER *etc* umsteigen **IV** *v/pr* **9.** ▸ *se changer* sich umziehen, umkleiden **10.** *se changer en* sich verwandeln in (+ *acc*); werden zu
changeur [ʃɑ̃ʒœʀ] *m* Geldwechsler *m*
Chang-hai [ʃɑ̃gaj] Schanghai *n*
chanoine [ʃanwan] *m* Domherr *m*
chanoinesse [-ɛs] *f autrefois* Stiftsdame *f*; Kanonissin *f*
▸ **chanson** [ʃɑ̃sõ] *f* Lied *n*; Schlager *m*; Chanson *n*; *chanson d'amour* Liebeslied *n*; F *fig c'est toujours la même chanson* es ist immer die alte Leier
chansonnette [ʃɑ̃sɔnɛt] *f* Liedchen *n*
chansonnier [ʃɑ̃sɔnje] *m* Kabarettist *m*
chant [ʃɑ̃] *m* **1.** *action* Singen *n*; Gesang *m* **2.** (*air*) Lied *n*; Gesang *m* **3.** *des oiseaux* Singen *n*; Gesang *m*; *du coq* Krähen *n*; *au chant du coq* beim ersten Hahnenschrei
chantage [ʃɑ̃taʒ] *m* Erpressung *f*
chantant [ʃɑ̃tɑ̃] *adj* ⟨**-ante** [-ɑ̃t]⟩ melodisch; singend
▸ **chanter** [ʃɑ̃te] **I** *v/t* **1.** singen **2.** *fig* (*célébrer*) besingen; preisen **3.** F *péj qu'est-ce que tu me chantes là?* was erzählst du da für e-n Un-

sinn? **II** v/i **4.** singen; *chanter faux, juste* falsch, richtig singen **5.** *oiseaux* singen; *rossignol* schlagen; *coq* krähen; *cigales* zirpen **6.** F *fig si ça vous chante* wenn Sie (dazu) Lust haben **7.** *faire chanter qn* j-n erpressen

chanterelle [ʃɑ̃tʀɛl] f **1.** BOT Pfifferling *m* **2.** MUS höchste Saite

▸ **chanteur** [ʃɑ̃tœʀ] *m*, **chanteuse** [ʃɑ̃tøz] f **1.** Sänger(in) m(f); *chanteur, chanteuse de charme* Schlager-, *péj* Schnulzensänger(in) m(f) **2.** *adjt oiseaux chanteurs* Singvögel m/pl **3.** *adjt maître chanteur* a) Erpresser *m*; b) MUS HIST Meistersinger *m*

▸ **chantier** [ʃɑ̃tje] *m* **1.** Baustelle f; *chantier naval* (Schiffs)Werft f; *panneau chantier interdit au public!* Betreten der Baustelle verboten!; *fig mettre qc en chantier* etw in Angriff nehmen **2.** F *fig quel chantier!* was für ein Chaos!

Chantilly [ʃɑ̃tiji] **1.** *Stadt im Dep. Oise* **2.** → *crème* l l

chantonner [ʃɑ̃tɔne] v/t *et* v/i trällern; vor sich (acc) hin singen

chantourner [ʃɑ̃tuʀne] v/t aussägen; dekupieren

chantre [ʃɑ̃tʀ] *m* **1.** REL Vorsänger *m* **2.** *fig* Sänger *m*; Dichter *m*

chanvre [ʃɑ̃vʀ] *m* Hanf *m*

chaos [kao] *m* Chaos *n*

chaotique [kaɔtik] *adj* chaotisch; wirr

chapardage [ʃapaʀdaʒ] *m* F Klauen *n*; F Stibitzen *n*

chaparder [-e] v/t F klauen; F stibitzen

chapardeur [-œʀ] F *adj* ⟨*-euse* [-øz]⟩ diebisch

chape [ʃap] f TECH Deckel *m*; Kappe f; (*couche*) Schicht f

▸ **chapeau** [ʃapo] *m* ⟨**~x**⟩ **1.** Hut *m*; *chapeau de paille* Strohhut *m*; *fig chapeau (bas)!* Hut ab!; alle Achtung!; F *fig faire porter le chapeau à qn* j-m die Schuld in die Schuhe schieben; F *fig travailler du chapeau* F spinnen **2.** *des champignons* Hut *m* **3.** *chapeau de roue* Radkappe f; *fig sur les chapeaux de roue(s)* F mit zig Sachen; *démarrer sur les chapeaux de roue(s)* e-n Blitzstart hinlegen **4.** MUS *chapeau chinois* Schellenbaum *m*

chapeauté [ʃapote] *adj* ⟨**~e**⟩ mit Hut

chapeauter [-e] F *fig* v/t kontrollieren

chapelain [ʃaplɛ̃] *m* (Haus)Kaplan *m*

chapelet [ʃaplɛ] *m* **1.** CATH Rosenkranz *m* **2.** *fig* Reihe f; Kette f

chapelier [ʃapəlje] *m*, **chapelière** [-jɛʀ] f Hutmacher(in) m(f)

chapelle [ʃapɛl] f **1.** Kapelle f **2.** *fig et péj* Clan *m*; Clique f

chapelure [ʃaplyʀ] f Paniermehl *n*

chaperon [ʃapʀõ] *m* **1.** Anstandsdame f **2.** *le Petit Chaperon rouge* Rotkäppchen *n*

chaperonner [ʃapʀɔne] v/t *jeune fille* als Anstandsdame begleiten

chapiteau [ʃapito] *m* ⟨**~x**⟩ **1.** ARCH Kapitell *n* **2.** Zirkuszelt *n*

chapitre [ʃapitʀ] *m* Kapitel *n* (*a fig*, ÉGL); *fig sur ce chapitre* diesbezüglich; zu diesem Punkt

chapitrer [ʃapitʀe] v/t *chapitrer qn* j-m die Leviten lesen

Chaplin [ʃaplɛ̃] *Charlie Chaplin* Charlie Chaplin

chapon [ʃapõ] *m* Kapaun *m*

▸ **chaque** [ʃak] *adj/ind* jede(r, -s)

char [ʃaʀ] *m* **1.** MIL *char (d'assaut)* Panzer *m* **2.** (*voiture*) Wagen *m*; ANTIQUITÉ *course* f *de chars* Wagenrennen *n*

charabia [ʃaʀabja] *m* F Kauderwelsch *n*

charade [ʃaʀad] f Scharade f

▸ **charbon** [ʃaʀbõ] *m* **1.** Kohle f; *charbon de bois* Holzkohle f; *fig être sur des charbons ardents* (wie) auf glühenden Kohlen sitzen **2.** **a)** *des animaux, de l'homme* Milzbrand *m* **b)** BOT (Getreide)Brand *m*

charbonnage [ʃaʀbɔnaʒ] *m* Kohlenbergwerk *n*; Zeche f

charbonnier [ʃaʀbɔnje] **I** *adj* ⟨*-ière* [-jɛʀ]⟩ **1.** Kohlen... **2.** *mésange charbonnière* Kohlmeise f **II** *m* **3.** Kohlenhändler *m* **4.** *autrefois* Köhler *m*

charcuter [ʃaʀkyte] f F *charcuter qn* F an j-m herumschnippeln, -schnipseln; *se charcuter le doigt* im Finger (*nach e-m Splitter*) herumstochern

▸ **charcuterie** [ʃaʀkytʀi] f **1.** Fleisch- und Wurstwaren f/pl (*aus Schweinefleisch*); Wurst f **2.** Fleischerei f; Metzgerei f

charcutier [ʃaʀkytje] *m* Fleischer *m*; (Schweine)Metzger *m*

chardon [ʃaʀdõ] *m* Distel f

chardonneret [ʃaʀdɔnʀɛ] *m* Distelfink *m*; Stieglitz *m*

charentais [ʃaʀɑ̃tɛ] **I** *adj* ⟨*-aise* [-ɛz]⟩ der Charente **II** **1.** *Charentais(e)* m(f) Bewohner(in) m(f) der Charente **2.** *charentaise* f Pantoffel *m*

Charente [ʃaʀɑ̃t] *la Charente Fluss u Departement in Frankreich*

Charente-Maritime *la Charente-Maritime frz Departement*

▸ **charge** [ʃaʀʒ] f **1.** Last f; *d'un véhicule* Ladung f; Fracht f **2.** *d'une arme* Ladung f; *charge d'explosifs* Sprengladung f **3.** *fig* Last f; Belastung f (*a* JUR); *st/s* Bürde f; *d'un loyer charges pl* Nebenkosten pl; *charges fiscales* Steuerlast f; steuerliche Belastung(en) f(pl); *charges sociales* Soziallasten f/pl; *d'une entreprise* Lohnnebenkosten pl; *enfant m à charge* unterhaltsberechtigtes Kind; *avoir qn à charge* für den Unterhalt j-s aufkommen müssen; für j-n sorgen müssen; *être à la charge de qn personne* von j-m unterhalten werden; F j-m auf der Tasche liegen; *frais zu Lasten j-s gehen*; *de lourdes charges pèsent sur lui* er ist dringend der Tat verdächtig **4.** (*responsabilité*) Aufgabe f; Auftrag *m*; *avoir charge d'âme* für andere, für j-n verantwortlich sein; *prendre qn, qc en charge* sich j-s, e-r Sache annehmen; etw übernehmen **5.** (*fonction publique*) Amt *n* **6.** (*attaque*) Angriff *m*; Attacke f; *fig revenir à la charge* nicht lockerlassen

chargé [ʃaʀʒe] **I** *adj* ⟨**~e**⟩ **1.** beladen, bepackt, belastet (*de* mit); *estomac* überladen; *langue* belegt; *fig emploi du temps* ausgefüllt; voll; *lettre chargée* Wertbrief *m* **2.** *arme* geladen **3.** (*responsable*) *chargé de* beauftragt mit; zuständig für; *être chargé de famille* für e-e Familie zu sorgen haben **II** *chargé m d'affaires* Geschäftsträger *m*; *chargé(e) m(f) de cours*

Lehrbeauftragte(r) *f(m)*

chargement [ʃaʀʒəmɑ̃] *m* **1.** Beladen *n*; TECH Laden *n*; *de marchandises* Ein-, Verladen *n* **2.** (*cargaison*) Ladung *f*; Fracht *f*

▸ **charger** [ʃaʀʒe] ⟨**-ge-**⟩ **I** *v/t* **1.** beladen, bepacken (*de* mit); *marchandises* (ver-, ein)laden; F *taxi: client* mitnehmen **2.** *fig* belasten, beschweren (*de* mit); *charger qn* j-n belasten (*a* JUR) **3.** (*confier*) *charger qn de* (+ *inf*) j-n damit beauftragen *ou* betrauen zu (+ *inf*) **4.** *arme, batterie, ordinateur* laden; *appareil photo* den, e-n Film einlegen in (+ *acc*) **5.** (*attaquer*) angreifen (*a abs*) **II** *v/pr* ▸ *se charger de qc* etw übernehmen, in die Hand nehmen; *se charger de qn* sich j-s annehmen

chargeur [ʃaʀʒœʀ] *m d'un fusil* Magazin *n*

chariot [ʃaʀjo] *m* Wagen *m*; Karren *m*; *de supermarché* Einkaufswagen *m*; AVIAT, CH DE FER Kofferkuli *m*; TECH Schlitten *m*

charismatique [kaʀismatik] *adj* charismatisch

charisme [-m] *m* Charisma *n*

charitable [ʃaʀitabl] *adj* mildtätig; barmherzig

charitablement [-mɑ̃] *adv* aus Barmherzigkeit (*a iron*)

charité [ʃaʀite] *f* Mildtätigkeit *f*; Barmherzigkeit *f*; REL Nächstenliebe *f*; *faire la charité* (ein) Almosen geben

charivari [ʃaʀivaʀi] *m* Krach *m*; F Radau *m*; F Spektakel *m*

charlatan [ʃaʀlatɑ̃] *m péj* Scharlatan *m*; Quacksalber *m*; Kurpfuscher *m*

Charlemagne [ʃaʀləmaɲ] *m* Karl der Große

Charles [ʃaʀl] *m* Karl *m*

charleston [ʃaʀlestɔn] *m danse* Charleston *m*

Charlot [ʃaʀlo] *m* Charlie Chaplin *m*

charlotte [ʃaʀlɔt] *f* **1.** *Süßspeise aus Löffelbiskuits* **2.** (Frauen)Haube *f*

Charlotte [ʃaʀlɔt] *f Vorname*

charmant [ʃaʀmɑ̃] *adj* ⟨**-ante** [-ɑ̃t]⟩ reizend (*a iron*); bezaubernd; charmant; *prince charmant* Märchenprinz *m* (*a fig*)

▸ **charme**[1] [ʃaʀm] *m* **1.** Zauber *m*; Bann *m*; Charme *m*; Reiz *m*; *être sous le charme de qn* im Bann j-s stehen; *faire du charme à qn* F versuchen, j-n zu bezirzen; *il se porte comme un charme* es geht ihm blendend **2.** *les charmes* die (weiblichen) Reize *m/pl*

charme[2] *m* Weiß-, Hage-, Hainbuche *f*

charmer [ʃaʀme] *v/t* bezaubern; faszinieren; entzücken; *p/fort* verzaubern; in s-n Bann schlagen; *être charmé* entzückt sein (*de* + *inf* zu + *inf*)

charmeur [ʃaʀmœʀ] *m* **1.** *charmeur de serpent* Schlangenbeschwörer *m* **2.** (*séducteur*) Charmeur *m*

charmille [ʃaʀmij] *f* Laubengang *m*

charnel [ʃaʀnɛl] *adj* ⟨**~le**⟩ fleischlich; *amour charnel* körperliche Liebe

charnier [ʃaʀnje] *m* Massengrab *n*

charnière [ʃaʀnjɛʀ] *f* **1.** Scharnier *n* **2.** *fig* Nahtstelle *f*; Übergang *m*

charnu [ʃaʀny] *adj* ⟨**~e**⟩ fleischig

charognard [ʃaʀɔɲaʀ] *m* Aasgeier *m*

charogne [ʃaʀɔɲ] *f* **1.** Aas *n* **2.** *injure* Miststück *n*; Rabenaas *n*

charolais [ʃaʀɔlɛ] *m weiße Rinderrasse aus Burgund*

charpente [ʃaʀpɑ̃t] *f* **1.** CONSTR (Trag)Gerüst *n*;

charpente (*du toit*) Dachstuhl *m*; Gebälk *n* **2.** **charpente** (*osseuse*) Knochengerüst *n*

charpenté [ʃaʀpɑ̃te] *adj* ⟨**~e**⟩ *être bien charpenté* kräftig, stattlich gebaut sein

charpentier [ʃaʀpɑ̃tje] *m* Zimmermann *m*

charpie [ʃaʀpi] *f en charpie* in Fetzen; *viande* ganz zerkocht; *livre* zerfleddert

charretée [ʃaʀte] *f* Ladung *f*; Fuhre *f*

charretier [ʃaʀtje] *m* Fuhrmann *m*

charrette [ʃaʀɛt] *f* Karren *m*; Wagen *m*; *charrette à bras* Handkarren *m*

charrier [ʃaʀje] **I** *v/t* **1.** *fleuve: glaces* führen **2.** F **charrier qn** F j-n auf den Arm nehmen **II** F *v/i* F es zu bunt treiben

charron [ʃaʀɔ̃] *m* Wagner *m*; Stellmacher *m*

charrue [ʃaʀy] *f* Pflug *m*; *fig mettre la charrue avant les bœufs* das Pferd beim Schwanz aufzäumen

charte [ʃaʀt] *f* JUR, POL Charta *f*; HIST Urkunde *f*

charter [ʃaʀtɛʀ] *m* **1.** Chartermaschine *f*, -flugzeug *n* **2.** *adjt* Charter...

Chartres [ʃaʀtʀ] *Stadt im Dep. Eure-et-Loir*

chartreuse [ʃaʀtʀøz] *f* **1.** CATH Kartause *f*; Kartäuserkloster *n* **2.** *liqueur* Chartreuse *m*

chartreux [ʃaʀtʀø] *m* CATH Kartäuser(mönch) *m*

chas [ʃa] *m* (Nadel)Öhr *n*

▸ **chasse** [ʃas] *f* **1.** Jagd *f*; Jagdzeit *f*, -revier *n*; *chasse sous-marine* Unterwasserjagd *f*; *chasse aux canards* Entenjagd *f*; *chasse à courre* Hetz-, Parforcejagd *f*; *aller, partir à la chasse* auf die Jagd gehen **2.** *fig* Jagd *f*; *chasse à l'homme* Verfolgungsjagd *f*; *chasse aux sorcières* Hexenjagd *f*; *faire la chasse à qn, prendre qn, qc en chasse* auf j-n, etw Jagd machen **3.** *avion m de chasse* Jäger *m*; Jagdflugzeug *n* **4.** *chasse* (*d'eau*) Wasserspülung *f*

châsse [ʃas] *f* **1.** Reliquienschrein *m* **2.** *arg* **châsses** *pl* Augen *n/pl*

chassé-croisé [ʃasekʀwaze] *m* ⟨**chassés--croisés**⟩ Hin und Her *n*

chasselas [ʃasla] *m* Gutedel *m* (*süße weiße Tafeltraube*)

chasse-neige *m* ⟨*inv*⟩ TECH, SKI Schneepflug *m*

▸ **chasser** [ʃase] **I** *v/t* **1.** jagen; *papillons* fangen; **chasser le lièvre** auf die Hasenjagd gehen **2.** (*faire partir*) verjagen; weg-, fort-, davonjagen; vertreiben; (*congédier*) F hinauswerfen; *mauvaise odeur, etc* vertreiben; *soucis, pensées a* verscheuchen **II** *v/i roues* (weg)rutschen; *ancre* nicht fassen

chasseur [ʃasœʀ] *m* **1.** CH Jäger *m*; *fig chasseur d'autographes* Autogrammjäger *m*; *chasseur de têtes* Kopfjäger *m*; ÉCON Headhunter *m* **2.** MIL *chasseurs alpins* Gebirgsjäger *m/pl* **3.** AVIAT Jagdflugzeug *n*; Jäger *m* **4.** *d'hôtel* Page *m*; Boy *m* **5.** *adjt* ⟨*inv*⟩ CUIS nach Jägerart

chassie [ʃasi] *f* Augenbutter *f*

chassieux [ʃasjø] *adj* ⟨**-euse** [-øz]⟩ *avoir les yeux chassieux* Schmutz in den Augenwinkeln haben

châssis [ʃasi, ʃa-] *m* **1.** (*cadre*) Rahmen *m* **2.** AUTO Fahrgestell *n*; Chassis *n*; Rahmen *m*; F *fig elle a un beau châssis* F sie ist gut gebaut **3.** *de fenêtre* (Fenster)Flügel *m* **4.** JARD Frühbeetfenster *n*

chaste [ʃast] *adj* keusch; züchtig; *chastes oreilles f/pl* zarte Ohren *n/pl*
chasteté [ʃastəte] *f* Keuschheit *f*
chasuble [ʃazybl] *f* 1. CATH Messgewand *n* 2. *adjt robe f chasuble* Chasuble *n*
► **chat**¹ [ʃa] *m* Katze *f*; *mâle* Kater *m*; *fig* **appeler un chat un chat** das Kind beim Namen nennen; *fig il n'y a pas un chat* kein Mensch ist zu sehen; *fig* **avoir un chat dans la gorge** e-n Frosch im Hals haben; *fig* **avoir d'autres chats à fouetter** andere Sorgen haben; *enfants* **jouer à chat** Fangen spielen; *prov* **quand le chat n'est pas là, les souris dansent** wenn die Katze aus dem Haus ist, tanzen die Mäuse (auf dem Tisch) (*prov*)
chat² [tʃat] *m* INFORM Chat *m*
châtaigne [ʃatɛɲ] *f* 1. BOT (Edel-, Ess)Kastanie *f* 2. F Faustschlag *m*
châtaignier [ʃatɛɲe] *m* (Edel)Kastanie *f*; Kastanienbaum *m*
châtain [ʃatɛ̃] *adj* ⟨*f inv*⟩ *cheveux* braun; *personne* **être châtain** braunes Haar haben
► **château** [ʃato] *m* ⟨~**x**⟩ 1. Schloss *n*; *château fort* Burg *f*; *château de cartes* Kartenhaus *n*; *fig* **bâtir des châteaux en Espagne** Luftschlösser bauen 2. *château d'eau* Wasserturm *m*
chateaubriand *ou* **châteaubriant** [ʃatobʀijɑ̃] *m* dickes Filetsteak vom Grill
Chateaubriand [ʃatobʀijɑ̃] *frz Schriftsteller*
châtelain [ʃatlɛ̃, ʃa-] *m*, **châtelaine** [-ɛn] *f* 1. Schlossherr(in) *m(f)* 2. MOYEN ÂGE Burgherr, -frau *m,f*; Burggraf, -gräfin *m,f*
chat-huant [ʃayɑ̃] *m* ⟨**chats-huants**⟩ Waldkauz *m*
châtier [ʃatje] *v/t st/s* 1. (be)strafen 2. *adjt style* **châtié** gepflegt
chatière [ʃatjɛʀ] *f* 1. Durchschlupf *m* für Katzen 2. Lüftungsöffnung *f*
châtiment [ʃatimɑ̃] *m* *châtiment corporel* (körperliche) Züchtigung; Prügelstrafe *f*; *subir, recevoir un châtiment* bestraft, gezüchtigt werden
chatoiement [ʃatwamɑ̃] *m* Schillern *n*
chaton [ʃatɔ̃] *m* 1. ZO, BOT Kätzchen *n* 2. ORFÈVRERIE Fassung *f*
chatouillement [ʃatujmɑ̃] *m* Kitzel(n) *m(n)*
chatouiller [ʃatuje] *v/t* 1. kitzeln 2. *fig le palais* kitzeln; *la vanité de qn* schmeicheln (+ *dat*)
chatouilles [ʃatuj] *f/pl* F *faire des chatouilles à qn* j-n kitzeln
chatouilleux [ʃatujø] *adj* ⟨**-euse** [-øz]⟩ kitz(e)lig (*a fig*)
chatoyant [ʃatwajɑ̃] *adj* ⟨**-ante** [-ɑ̃t]⟩ schillernd
chatoyer [-e] *v/i* ⟨**-oi-**⟩ schillern
châtré [ʃatʀe] *adj* ⟨~**e**⟩ kastriert; verschnitten
châtrer [-e] *v/t* kastrieren; verschneiden
chatte [ʃat] *f* 1. ZO (weibliche) Katze 2. *adjt fig* **elle est chatte** sie ist anschmiegsam wie ein Kätzchen 3. P (*sexe de la femme*) P Muschi *f*
chatter [tʃate] *v/i* INFORM chatten
chatteries [ʃatʀi] *f/pl* 1. *faire des chatteries à qn* zu j-m zärtlich sein 2. Leckereien *f/pl*
chatterton [ʃatɛʀtɔn] *m* Isolierband *n*
► **chaud** [ʃo] **I** *adj* ⟨**chaude** [ʃod]⟩ 1. warm (*a vêtement*); *p/fort* heiß; *vin chaud* Glühwein *m*; *manger chaud* etwas Warmes essen; *servir*

chaud heiß servieren 2. *fig félicitations, couleur, voix* warm; *discussion, tempérament* hitzig; *partisan* glühend; *bataille,* POL *journées* heiß; *nouvelle toute chaude* brühwarme Neuigkeit; *il n'est pas très chaud (pour ce projet)* er kann sich dafür nicht recht erwärmen; *opérer à chaud* bei akuter Entzündung; *reportage m à chaud* Live-Reportage *f* **II** *m* Wärme *f*; *p/fort* Hitze *f*; *au chaud* im Warmen; *plat garder, tenir au chaud* warm stellen; *j'ai chaud* mir ist warm, *p/fort* heiß; *fig j'ai eu chaud* F mir wurde ziemlich mulmig; *il fait chaud* es ist warm, *p/fort* heiß; *fig ça ne me fait ni chaud ni froid* das ist mir gleichgültig, egal; *prendre un chaud et froid* sich verkühlen(, wenn man schwitzt)
chaudement [ʃodmɑ̃] *adv* warm; *fig a* wärmstens
chaud-froid *m* ⟨**chauds-froids**⟩ Geflügel-, Wildsülze
chaudière [ʃodjɛʀ] *f* (Heiz)Kessel *m*
chaudron [ʃodʀɔ̃] *m* (Koch)Kessel *m*
chaudronnerie [ʃodʀɔnʀi] *f* 1. *usine* Blech- *ou* Kupferschmiede *f* 2. *objets* Blech- *ou* Kupferwaren *f/pl*
chaudronnier [ʃodʀɔnje] *m* Kessel- *ou* Kupferschmied *m*
► **chauffage** [ʃofaʒ] *m* Heizung *f*; *chauffage central* Zentralheizung *f*; *chauffage solaire* Solarheizung *f*; *chauffage au gaz, au mazout* Gas-, Ölheizung *f*; *appareil m de chauffage* Heizgerät *n*; *bois m de chauffage* Brennholz *n*; *arrêter, mettre le chauffage* die Heizung aus-, anstellen
chauffagiste [ʃofaʒist] *m* Heizungsmonteur *m*
chauffant [ʃofɑ̃] *adj* ⟨**-ante** [-ɑ̃t]⟩ Heiz…; beheizbar
chauffard [ʃofaʀ] *m* Verkehrsrowdy *m*
chauffe-biberon [ʃofbibʀɔ̃] *m* ⟨**chauffe-biberons**⟩ (Baby)Flaschenwärmer *m*
chauffe-eau *m* ⟨*inv*⟩ Heiß-, Warmwasserbereiter *m*
chauffe-plats *m* ⟨*inv*⟩ Warmhalteplatte *f*
► **chauffer** [ʃofe] **I** *v/t* erwärmen; *p/fort* erhitzen; *appartement* heizen **II** *v/i* 1. warm, *p/fort* heiß werden; sich erwärmen; *faire chauffer* warm, heiß machen; erhitzen; *le manger* (auf) wärmen; *moteur* warm laufen lassen; *mettre de l'eau à chauffer* Wasser aufsetzen 2. *moteur, essieu* (sich) heiß laufen 3. *poêle, combustible* heizen; *soleil* brennen 4. F *fig ça va chauffer* F es ist dicke Luft **III** *v/pr se chauffer* 5. sich wärmen (*au soleil* an der Sonne) 6. heizen (*au bois* mit Holz)
chaufferette [ʃofʀɛt] *f* Fußwärmer *m*
chaufferie [ʃofʀi] *f* Heizraum *m*; Heizungskeller *m*
chauffeur [ʃofœʀ] *m* Fahrer(in) *m(f)*; Chauffeur *m*; *chauffeur de taxi* Taxifahrer(in) *m(f)*, -chauffeur *m*
chauffeur-livreur [ʃofœʀlivʀœʀ] *m* ⟨**chauffeurs-livreurs**⟩ Verkaufsfahrer *m*; Ausfahrer *m*
chauffeuse [ʃoføz] *f* tiefer Sessel
chauler [ʃole] *v/t* kalken
chaume [ʃom] *m* 1. Stoppel *f*; *champ* Stoppelfeld *n* 2. *toit m de chaume* Strohdach *n*
chaumière [ʃomjɛʀ] *f* 1. (strohgedeckte) Hütte

2. kleines Landhaus

chaussant [ʃosɑ̃] *adj* ⟨**-ante** [-ɑ̃t]⟩ *chaussures* **être chaussantes** gut sitzen; angenehm zu tragen sein

chaussée [ʃose] *f* Fahrbahn *f*

chausse-pied [ʃospje] *m* ⟨**chausse-pieds**⟩ Schuhanzieher *m*, -löffel *m*

chausser [ʃose] **I** *v/t* **1.** *chaussures* anziehen; *par ext skis* anschnallen; F *lunettes* aufsetzen; **chausser qn** j-m die Schuhe anziehen; **chausser du 37** Schuhgröße 37 haben **2.** *chaussures* **chausser (qn) bien** gut sitzen **3.** *véhicule* bereifen **II** *v/pr* **4. se chausser** (sich) die Schuhe anziehen **5. se chausser chez X** s-e Schuhe bei X kaufen

chausse-trape [ʃostʀap] *f* ⟨**chausse-trapes**⟩ **1.** Fallgrube *f* **2.** *fig* Falle *f*

▸ **chaussette** [ʃosɛt] *f* Kniestrumpf *m*; Socke *f*

chausson [ʃosõ] *m* **1.** Hausschuh *m*; *de bébés* Babyschuh *m*; **chausson (de danse)** Ballettschuh *m* **2. chausson aux pommes** Apfeltasche *f*

▸ **chaussure** [ʃosyʀ] *f* **1.** Schuh *m*; **chaussures** *pl a* Schuhwerk *n*; **chaussure basse** Halbschuh *m*; **chaussures de marche** Straßenschuhe *m/pl*; **chaussures de ski** Skistiefel *m/pl*; **enlever ses, mettre des, ses chaussures** die, s-e Schuhe, sich (*dat*) die Schuhe aus-, anziehen; *fig* **trouver chaussure à son pied** das Passende finden **2.** Schuhbranche *f*

chaut [ʃo] **peu me chaut** das schert mich wenig

chauve [ʃov] *adj* kahl; kahlköpfig

chauve-souris [ʃovsuʀi] *f* ⟨**chauves-souris**⟩ Fledermaus *f*

chauvin [ʃovɛ̃] **I** *adj* ⟨**-ine** [-in]⟩ chauvinistisch **II** *chauvin(e) m(f)* Chauvinist(in) *m(f)*

chauvinisme [ʃovinism] *m* Chauvinismus *m*

chaux [ʃo] *f* Kalk *m*; *fig* **être bâti à chaux et à sable** e-e robuste Natur haben

chavirement [ʃaviʀmɑ̃] *m* Kentern *n*

chavirer [ʃaviʀe] **I** *v/t fig adj* **j'en suis tout chaviré** das hat mich zutiefst berührt, aufgewühlt **II** *v/i* kentern; **faire chavirer** zum Kentern bringen

chéchia [ʃeʃja] *f* (*Art*) Fes *ou* Fez *m*

check-list [ʃɛklist] *f* ⟨**check-lists**⟩ AVIAT Check-list(e) *f*

check-up [(t)ʃɛkœp] *m* ⟨*inv*⟩ Generaluntersuchung *f*; Check-up *m ou n*

▸ **chef** [ʃɛf] *m*, F *a f* **1.** Chef(in) *m(f)*; (An)Führer(in) *m(f)*; Leiter(in) *m(f)*; Vorsteher(in) *m(f)*; Oberhaupt *n*; *d'indigènes* Häuptling *m*; **chef comptable** Haupt-, Oberbuchhalter *m*; **chef (cuisinier)** Chefkoch *m*; Küchenchef *m*; **chef de bande** Bandenchef *m*, -führer *m*; **chef de chantier** Bauführer *m*, -leiter *m*; ▸ **chef d'entreprise** Unternehmer *m*; **chef d'État, de l'État** Staatsoberhaupt *n*, -chef *m*; **chef de famille** Familienoberhaupt *n*; ADM Haushaltungsvorstand *m*; **chef de file** (An)Führer *m*; führender Kopf; ▸ **chef d'orchestre** Dirigent *m*; Kapellmeister *m*; **chef de produit** Produktmanager *m*; **chef de service** Abteilungsleiter *m*; **médecin-chef** Chefarzt *m*; **rédacteur m en chef** Chefredakteur *m* **2. au premier chef** in erster Linie; **de son propre chef** auf eigene Faust; von sich aus; eigenmächtig **3.** JUR **chef d'accusation** (Haupt)An-

klagepunkt *m*

chef-d'œuvre [ʃedœvʀ] *m* ⟨**chefs-d'œuvre**⟩ Meisterwerk *n*

chef-lieu *m* ⟨**chefs-lieux**⟩ Hauptort *m*

cheftaine [ʃɛftɛn] *f de scouts* Führerin *f*

cheik(h) [ʃɛk] *m* Scheich *m*

chelem [ʃlɛm] *m* SPORT **faire le grand chelem** e-e Siegesserie für sich verbuchen können

▸ **chemin** [ʃ(ə)mɛ̃] *m* **1.** Weg *m* (**de** nach, zu) (*a fig*); **chemin creux** Hohlweg *m*; CATH **chemin de croix** Kreuzweg *m*; **chemin du retour** Heim-, Rückweg *m*; FORTIF **chemin de ronde** Wehrgang *m*; **chemin de terre** Feldweg *m*; **en chemin** unterwegs; **être en chemin** unterwegs sein; *fig* **aller son (petit bonhomme de) chemin** unbeirrt s-n Weg gehen; sich nicht beirren lassen; *fig* **ne pas y aller par quatre chemins** nicht lange fackeln; nicht viel Federlesens, Umstände machen; **chemin faisant** unterwegs; während der Fahrt; **faire du chemin** (gut) vorwärtskommen; vorankommen (*a fig*); *fig* **faire son chemin** s-n Weg machen; *idée* sich allmählich durchsetzen; **passer son chemin** weitergehen; *fig* **reprendre le chemin de l'école** wieder die Schulbank drücken; *prov* **tous les chemins mènent à Rome** alle Wege führen nach Rom (*prov*) **2. chemin de table** Tischläufer *m*

▸ **chemin de fer** [ʃ(ə)mɛ̃dfɛʀ] *m* (Eisen)Bahn *f*; **voyager en chemin de fer** mit der Bahn reisen

chemineau [ʃ(ə)mino] *m* ⟨**~x**⟩ Landstreicher *m*; F Tippelbruder *m*

▸ **cheminée** [ʃ(ə)mine] *f* **1.** (offener) Kamin; *conduit* Schornstein *m*; Esse *f*; Rauchfang *m*; **cheminée d'usine** Fabrikschornstein *m*; (Fabrik)Schlot *m* **2.** ESCALADE Kamin *m* **3.** *de volcan* Schlot *m*

cheminement [ʃ(ə)minmɑ̃] *m* Wandern *n*; *des eaux* langsames Rinnen

cheminer [ʃ(ə)mine] *v/i* **1.** s-s Weges ziehen **2.** *fig idée* sich allmählich durchsetzen

cheminot [ʃ(ə)mino] *m* Eisenbahner *m*

▸ **chemise** [ʃ(ə)miz] *f* **1.** Hemd *n*; *d'homme a* Oberhemd *n*; *dessous féminin* Unterhemd *n*; **chemise de nuit** Nachthemd *n*; *fig* **changer d'avis comme de chemise** s-e Meinung wie sein Hemd wechseln; **il donnerait sa chemise** er würde sein letztes Hemd hergeben; F **je m'en moque comme de ma première chemise** F das ist mir piepe, schnurzegal **2.** *pour documents* Aktendeckel *m*

chemiserie [ʃ(ə)mizʀi] *f* Herrenwäschegeschäft *n*

chemisette [-ɛt] *f* kurzärm(e)liges Sporthemd

▸ **chemisier** [ʃ(ə)mizje] *m* Hemdbluse *f*; *adjt* **robe f chemisier** Hemdblusenkleid *n*

chenal [ʃ(ə)nal] *m* ⟨**-aux** [-o]⟩ Fahrrinne *f*

chenapan [ʃ(ə)napɑ̃] *m plais* Strolch *m*; Schlingel *m*

▸ **chêne** [ʃɛn] *m* Eiche *f*; **de, en chêne** eichen; Eichen...

chéneau [ʃeno] *m* ⟨**~x**⟩ Dachrinne *f*

chêne-liège *m* ⟨**chênes-lièges**⟩ Korkeiche *f*

chenet [ʃ(ə)nɛ] *m* Feuerbock *m*

chenil [ʃ(ə)nil] *m* Hundezwinger *m*

chenille [ʃ(ə)nij] *f* **1.** ZO Raupe *f* **2.** *véhicule m à chenilles* Raupen-, Gleiskettenfahrzeug *n*

117

cheveu

chenillé [ʃ(ə)nije] adj ⟨~e⟩ véhicule Gleisketten...; Raupen...
chenu [ʃəny] litt adj ⟨~e⟩ weißhaarig
cheptel [ʃɛptɛl] m Vieh(bestand) n(m); cheptel bovin Rinderbestand m
▸ chèque [ʃɛk] m Scheck m (de mille euros über tausend Euro); chèque postal Postscheck m; chèque au porteur Inhaber-, Überbringerscheck m; chèque de voyage Reisescheck m; chèque en bois ungedeckter Scheck; faire un chèque e-n Scheck ausstellen; payer par chèque mit, durch, per Scheck (be)zahlen
chèque-restaurant m ⟨chèques-restaurant⟩ Essen(s)marke f
chéquier [ʃekje] m Scheckheft n, -buch n
▸ cher [ʃɛʀ] I adj ⟨chère⟩ 1. lieb; st/s teuer; st/s wert; (mes) chers auditeurs liebe ou verehrte Zuhörer; mon vœu le plus cher mein innigster Wunsch 2. (coûteux) teuer; kostspielig; (précieux) kostbar; vie chère hohe Lebenshaltungskosten pl II adv teuer; moins cher billiger; F je l'ai eu pour pas cher F ich hab es billig gekriegt; payer cher teuer bezahlen (a fig erreur, etc); fig il me le payera cher! das wird er mir büßen!; vendre cher teuer verkaufen (a fig sa vie)
Cher [ʃɛʀ] le Cher Fluss u Departement in Frankreich
Cherbourg [ʃɛʀbuʀ] Stadt im Dep. Manche
▸ chercher [ʃɛʀʃe] I v/t 1. suchen (a abs); chercher qn, qc j-n, etw suchen; nach j-m, etw suchen; chercher ses mots nach Worten suchen; chercher du secours Hilfe holen; chercher qn du regard, des yeux sich nach j-m umsehen; nach j-m Ausschau halten 2. aller chercher qn, qc j-n, etw holen; venir chercher qn, qc j-n, etw abholen; etw holen 3. danger suchen; herausfordern; chercher l'accident es auf e-n Unfall ankommen lassen, p/fort anlegen; il l'a cherché! er hat es herausgefordert! 4. F chercher qn mit j-m Streit, Händel suchen, anfangen wollen II v/t/indir 5. chercher à (+ inf) (ver)suchen zu (+ inf); chercher à plaire a gefallen wollen 6. F chercher après qn j-n, nach j m suchen 7. F ça va chercher dans les mille euros das kostet etwa, an die tausend Euro
chercheur [ʃɛʀʃœʀ] m 1. Forscher m 2. chercheur d'or Goldsucher m, -gräber m
chercheuse [ʃɛʀʃøz] f 1. Forscherin f 2. adjt d'une fusée tête chercheuse Suchkopf m
chère [ʃɛʀ] f aimer la bonne chère gerne gut essen; faire bonne chère gut essen
chèrement [ʃɛʀmɑ̃] adv victoire, succès payer chèrement teuer bezahlen, erkaufen
chéri [ʃeri] I adj ⟨~e⟩ geliebt; lieb II chéri(e) m(f) Liebling m; Schatz m
chérir [ʃeʀiʀ] v/t (zärtlich) lieben; chérir le souvenir de qn j-s in Liebe gedenken
chérot [ʃeʀo] F adj ⟨nur m⟩ F ganz schön teuer
cherté [ʃɛʀte] f cherté de la vie hohe Lebenshaltungskosten pl
chérubin [ʃeʀybɛ̃] m d'un enfant Engelchen n
chétif [ʃetif] adj ⟨-ive [-iv]⟩ enfant schwächlich; schmächtig; plante kümmerlich
▸ cheval [ʃ(ə)val] m ⟨-aux [-o]⟩ 1. Pferd n; F Gaul m; st/s Ross n; cheval blanc Schimmel

m; cheval noir Rappe m; fig cheval de bataille Lieblingsthema n; Steckenpferd n; cheval de course Rennpferd n; fig fièvre de cheval starkes, hohes Fieber; fig remède m de cheval F Rosskur f; à cheval zu Pferd(e); beritten; à cheval! aufsitzen!; à cheval sur rittlings sitzend auf (+ dat); fig in beide (+ subst) hineinreichend; fig être à cheval sur les principes ein Prinzipienreiter sein; aller à cheval reiten; fig monter sur ses grands chevaux aufbrausen; F hochgehen; ça ne se trouve pas sous le pas, sous le sabot d'un cheval das (das Geld) kann man nicht so einfach aus dem Ärmel schütteln; das liegt nicht auf der Straße 2. (équitation) Reiten n; Reitsport m; faire du cheval reiten; (den) Reitsport betreiben 3. (jeu m de) petits chevaux pl Mensch-ärgere-dich-nicht n 4. F fig un grand cheval e-e große derbknochige Frau; fig (vieux) cheval de retour F alter Bekannter der Polizei; F c'est pas un mauvais cheval er ou sie ist kein schlechter Kerl 5. PHYS (abr ch) Pferdestärke f (abr PS n); AUTO cheval (fiscal) (abr CV) Steuer-PS n; par ext une cinq chevaux ein Wagen m mit 5 CV
chevaleresque [ʃ(ə)valʀɛsk] adj ritterlich
chevalerie [ʃ(ə)valʀi] f Rittertum n
chevalet [ʃ(ə)valɛ] m 1. Bock m; Gestell n; de peintre Staffelei f 2. de violon Steg m
chevalier [ʃ(ə)valje] m Ritter m; iron chevalier servant ständiger Begleiter
chevalière [ʃ(ə)valjɛʀ] f Siegelring m
chevalin [ʃ(ə)valɛ̃] adj ⟨-ine [-in]⟩ Pferde...
cheval-vapeur m ⟨chevaux-vapeur⟩ TECH Pferdestärke f
chevauchée [ʃ(ə)voʃe] f (Spazier)Ritt m
chevauchement [ʃ(ə)voʃmɑ̃] m Überlappung f; de tuiles Sichüberdecken n; fig Überschneidung f
chevaucher [ʃ(ə)voʃe] I v/t reiten auf (+ dat) II v/i (et v/pr se) chevaucher übereinanderstehen (a dents); übereinanderliegen; sich überlappen; fig sich überschneiden
chevêche [ʃəvɛʃ] f Steinkauz m
chevelu [ʃəvly] adj ⟨~e⟩ 1. cuir chevelu Kopfhaut f 2. personne langhaarig; mit dichtem Schopf
chevelure [ʃəvlyʀ] f 1. Haar n (coll) 2. d'une comète Schweif m
chevet [ʃ(ə)vɛ] m 1. lampe f de chevet Nachttischlampe f; livre m de chevet Lieblingsbuch n; au chevet de qn am (Kranken)Bett j-s 2. ARCH (Chor)Apsis f
▸ cheveu [ʃ(ə)vø] m ⟨~x⟩ 1. (Kopf)Haar n; cheveux pl Haar(e) n/pl; → Info bei Haar; fig à un cheveu près um ein Haar; um Haaresbreite; fig avoir un cheveu sur la langue mit der Zunge anstoßen; lispeln; fig avoir mal aux cheveux F e-n Kater, den ou e-n Katzenjammer haben; fig couper les cheveux en quatre Haarspalterei treiben; ein Haarspalter sein; fig faire dresser les cheveux sur la tête à qn j-m die Haare zu Berge stehen lassen; fig se faire des cheveux sich (dat) große Sorgen machen; il perd ses cheveux ihm gehen die Haare aus; fig c'est tiré par les cheveux das ist an den Haaren herbeigezogen; fig ça vient, arrive comme un cheveu sur la soupe

das passt wie die Faust aufs Auge **2.** *cheveux pl d'ange* a) feine Fadennudeln *f/pl*; b) *décoration de Noël* Engelshaar *n* **3.** BOT *cheveu de Vénus* Frauenhaar *n*

▸ **cheville** [ʃ(ə)vij] *f* **1.** ANAT (Fuß)Knöchel *m*; *par ext* Fessel *f*; *fig il ne lui arrive pas à la cheville* er kann ihm das Wasser nicht reichen; F *fig tu as les chevilles qui enflent* F gib nicht so an!; bläh dich nicht so auf! **2.** TECH Dübel *m*; *fig cheville ouvrière* treibende Kraft **3.** *de violon* Wirbel *m*

chevillé [ʃ(ə)vije] *adj* ⟨~e⟩ *avoir l'âme chevillée au corps* ein zähes Leben haben

cheviller [ʃ(ə)vije] *v/t* verdübeln

▸ **chèvre** [ʃɛvʀ] *f* **1.** Ziege *f*; Geiß *f*; *fig ménager la chèvre et le chou* es mit keinem verderben wollen **2.** (*fromage m de*) *chèvre m* Ziegenkäse *f*

chevreau [ʃəvʀo] *m* ⟨~x⟩ **1.** Zicklein *n* **2.** *cuir* Ziegenleder *n*

chèvrefeuille *m* Geißblatt *n*; Jelängerjelieber *n*

▸ **chevreuil** [ʃəvʀœj] *m* Reh *n*

chevrier [ʃəvʀije] *m*, **chevrière** [-ijɛʀ] *f* Ziegenhirt(in) *m(f)*

chevron [ʃəvʀɔ̃] *m* **1.** CONSTR Dachsparren *m* **2.** TEXT Fischgrätenmuster *n* **3.** MIL Winkel *m*

chevronné [ʃəvʀɔne] *adj* ⟨~e⟩ erfahren; routiniert

chevrotant [ʃəvʀɔtɑ̃] *adj* ⟨-ante [-ɑ̃t]⟩ *voix* zitt(e)rig; zitternd

chevrotement [-mɑ̃] *m de la voix* Zittern *n*

chevroter [-e] *v/i voix* zitt(e)rig sein; zittern; *personne* mit zitt(e)riger Stimme singen, reden

chevrotin [ʃəvʀɔtɛ̃] *m* **1.** ZO Rehkitz *n* **2.** *ein Ziegenkäse*

chevrotine [ʃəvʀɔtin] *f* CH Posten *m*

chewing-gum [ʃwiŋɡɔm] *m* ⟨**chewing-gums**⟩ Kaugummi *m ou n*

▸ **chez** [ʃe] *prép* bei (+ *dat*); zu (+ *dat*); *chez Voltaire* bei Voltaire; *chez moi* bei mir (zu Hause) *ou* zu mir (nach Hause); *derrière chez moi* hinter meiner Wohnung, meinem Haus; *par chez nous* bei uns; in unserer Gegend; *acheter qc chez le boulanger* etw beim Bäcker kaufen; *aller chez le coiffeur* zum Friseur gehen; *être chez soi* zu Hause, daheim sein; *rentrer chez soi* nach Hause gehen *ou* kommen; *je viens de chez lui* ich komme von ihm, aus s-r Wohnung

chez-moi *m*, **chez-nous** *m*, **chez-soi** *m*, **chez-toi** *m*, **chez-vous** *m* ⟨*alle inv*⟩ Zuhause *n*; Heim *n*; *je suis content de retrouver mon chez-moi* ich freue mich, wieder nach Hause zu kommen

chiadé [ʃjade] F *adj* ⟨~e⟩ F verzwickt

chialer [ʃjale] *v/i* F heulen; F flennen

chialeur [ʃjalœʀ] *m*, **chialeuse** [-øz] *f* F Heulpeter *m*, -suse *f*

chiant [ʃjɑ̃] P *adj* ⟨-ante [-ɑ̃t]⟩ P beschissen; P saublöd

chianti [kjɑ̃ti] *m* Chianti(wein) *m*

chiasse [ʃjas] *f* P *avoir la chiasse* P Dünnschiss haben

▸ **chic** [ʃik] **I** *adj* ⟨*inv, pl a* ~s⟩ **1.** (*élégant*) schick; chic; *les gens chic(s)* die feinen Leute **2.** F *chic* (*alors*)! F toll!; F klasse! **II** *m* **3.** Schick *m*; (modischer) Pfiff; *bon chic bon genre* → BCBG **4.** *iron avoir le chic pour faire*

qc ein besonderes Geschick, Talent (dafür) haben, etw zutun

chicane [ʃikan] *f* **1.** kleinliche Streiterei; Schikane *f*; *chercher chicane à qn* mit j-m Streit, Händel suchen **2.** *chicanes pl* Zickzackdurchlass *m*; SPORTS Schikane *f*

chicaner [ʃikane] **I** *v/t chicaner qn* an j-m herumnörgeln; mit j-m Streit suchen; *chicaner sur les chiffres* es mit den Zahlen pedantisch genau nehmen; allzu kleinlich mit den Zahlen sein **II** *v/pr* *se chicaner* (sich) streiten

chicanerie [ʃikanʀi] *f* kleinliche Streiterei

chicaneur [-œʀ] *adj* ⟨**-euse** [-øz]⟩ streitsüchtig; nörglerisch

chiche [ʃiʃ] *adj* **1.** kärglich; kümmerlich; *être chiche de compliments* mit Komplimenten sparsam sein, F knausern **2.** *pois m chiche* Kichererbse *f* **3.** F *chiche!* F wetten dass!

chichement [ʃiʃmɑ̃] *adv vivre* kümmerlich; kärglich

chichi [ʃiʃi] *m* Getue *n*; Gehabe *n*; *faire des chichis* sich zieren; Umstände machen

chichiteux [ʃiʃitø] F *adj* ⟨**-euse** [-øz]⟩ geziert; formell

chicon [ʃikɔ̃] *m* Chicorée *f ou m*

chicorée [ʃikɔʀe] *f* **1.** *chicorée* (*frisée*) Endivie *f* **2.** *boisson* Zichorienkaffee *m*

chicot [ʃiko] *m* Zahnstummel *m*

chicotin [ʃikɔtɛ̃] *m* *amer comme chicotin* galle(n)bitter

chiée [ʃje] P *une chiée de ...* F ein Haufen ...

▸ **chien** [ʃjɛ̃] *m* **1.** Hund *m*; *chien d'aveugle, de chasse, de garde* Blinden-, Jagd-, Wachhund *m*; *coup m de chien* a) plötzlicher Sturm; b) plötzlicher Aufruhr; F *temps m de chien* F Hunde-, Sauwetter *n*; F *vie f de chien* F Hundeleben *n*; F *être d'une humeur de chien* e-e Stinklaune haben; F *j'ai eu un mal de chien* F es war irrsinnig schwer; *entre chien et loup* in der Abenddämmerung; F *j'ai été malade comme un chien* F mir war hundeelend; *enfant faire le jeune chien* herumtollen; F *je lui garde un chien de ma chienne* das soll er mir büßen; *recevoir qn comme un chien dans un jeu de quilles* j-n sehr ungnädig, unfreundlich empfangen; *se regarder en chiens de faïence* sich feindselig anblicken **2.** *fig avoir du chien* das gewisse Etwas haben **3.** *du fusil* Hahn *m*; *être couché en chien de fusil* mit angezogenen Beinen

chien-assis [ʃjẽasi] *m* ⟨**chiens-assis**⟩ Dachgaube *f*

chiendent [ʃjẽdɑ̃] *m* Quecke *f*

chienlit [ʃjɑ̃li] F *f* Chaos *n*

chien-loup *m* ⟨**chiens-loups**⟩ Wolfshund *m*

chienne [ʃjɛn] *f* Hündin *f*

chier [ʃje] *v/i* P **1.** P scheißen; P kacken **2.** P *tu me fais chier* F du tötest mir den letzten Nerv; P *ça me fait chier* F das stinkt mir; P das kotzt mich an; P *se faire chier* F sich mopsen

chiffe [ʃif] *f* *fig* F Waschlappen *m*; Schlappschwanz *m*

▸ **chiffon** [ʃifɔ̃] *m* **1.** (*étoffe usée*) Lumpen *m*; *pour nettoyer* Putzlappen *m*; *chiffon* (*à poussière*) Staubtuch *n*, -lappen *m* **2.** *fig chiffon de papier* Fetzen *m* Papier; F Wisch *m* **3.** F *parler chiffons* über Mode reden

chiffonnade [ʃifɔnad] *f* CUIS Gericht *n* aus

Kopfsalat und Sauerampfer

chiffonné [ʃifɔne] *adj* ⟨~e⟩ *vêtement* zerknittert; zerdrückt; F zerknautscht; *papier* zerknüllt; *fig figure* eingefallen

chiffonner [ʃifɔne] **I** *v/t fig* **ça me chiffonne** das geht mir gegen den Strich **II** *v/pr* **se chiffonner** *étoffe* (stark) knittern

chiffonnier [ʃifɔnje] *m*, **chiffonnière** [-jɛʀ] *f* Lumpensammler(in) *m(f)*

chiffrable [ʃifʀabl] *adj* bezifferbar

chiffrage [ʃifʀaʒ] *m* **1.** (*évaluation*) Bezifferung *f* **2.** *d'un message* Chiffrierung *f*; Verschlüsselung *f*

▸ **chiffre** [ʃifʀ] *m* **1.** Ziffer *f*; Zahlzeichen *n*; **chiffre arabe** arabische Ziffer, Zahl **2.** (*montant*) Zahl *f*; Gesamtzahl *f*, -ziffer *f*; **chiffre d'affaires** Umsatz *m*; **en chiffres ronds** in runden Zahlen **3.** (Geheim)Kode *m*; Geheimschrift *f*

chiffrement [ʃifʀəmɑ̃] *m* Chiffrieren *n*

chiffrer [ʃifʀe] **I** *v/t* **1.** beziffern, taxieren (**à** auf + *acc*) **2.** *message* chiffrieren; verschlüsseln **II** *v/i* **ça finit par chiffrer** das summiert sich **III** *v/pr* **se chiffrer par millions** sich auf Millionen beziffern, belaufen

chiffreur [ʃifʀœʀ] *m* Chiffreur *m*

chignole [ʃiɲɔl] *f* Handbohrmaschine *f*

chignon [ʃiɲõ] *m* (Haar)Knoten *m*; **cheveux ramassés en chignon** zu e-m Knoten zusammengefasste Haare *n/pl*; F **se crêper le chignon** sich an den Haaren reißen; *fig* sich (*dat*) in den Haaren liegen; F sich (*dat*) in die Wolle kriegen

chiite [ʃiit] **I** *adj* schiitisch **II** *m/pl* **chiites** Schiiten *m/pl*

Chili [ʃili] **le Chili** Chile *n*

chilien [ʃiljɛ̃] **I** *adj* ⟨**-ienne** [-jɛn]⟩ chilenisch **II** **Chilien(ne)** *m(f)* Chilene *m*, Chilenin *f*

chimère [ʃimɛʀ] *f* Schimäre *f*; Hirngespinst *n*; Trugbild *n*

chimérique [ʃimeʀik] *adj espoir* trügerisch; *projet* utopisch

▸ **chimie** [ʃimi] *f* Chemie *f*

chimiothérapie [ʃimjɔteʀapi] *f* Chemotherapie *f*

▸ **chimique** [ʃimik] *adj* chemisch; **produits** *m/pl* **chimiques** Chemikalien *f/pl*

chimiste [ʃimist] *m,f* Chemiker(in) *m(f)*; **ingénieur** *m* **chimiste** Verfahrenstechniker *m*

chimpanzé [ʃɛ̃pɑ̃ze] *m* Schimpanse *m*

chinchilla [ʃɛ̃ʃila] *m* **1.** zo Chinchilla *f ou n* **2.** *fourrure* Chinchilla(pelz) *n(m)*

▸ **Chine** [ʃin] **la Chine** China *n*

chiné [ʃine] *adj* ⟨~e⟩ TEXT chiniert

chiner [ʃine] **I** *v/t qn* aufziehen; foppen **II** *v/i* die Trödelläden, Flohmärkte abklappern

chineur [ʃinœʀ] *m* **1.** Liebhaber *m* von Trödelwaren **2.** (*taquin*) Schelm *m*

▸ **chinois** [ʃinwa] **I** *adj* ⟨**-oise** [-waz]⟩ chinesisch **II** **Chinois(e)** *m(f)* Chinese *m*, Chinesin *f*

chinoiseries [ʃinwazʀi] *f/pl* Schikanen *f/pl*

chiot [ʃjo] *m* Welpe *m*; junger Hund

chiottes [ʃjɔt] *f/pl* P Scheißhaus *n*

chiper [ʃipe] F *v/t* F stibitzen; F klauen

chipeur [ʃipœʀ] *m*, **chipeuse** [-øz] *f* F Langfinger *m*

chipie [ʃipi] *f péj* Biest *n*; **quelle vieille chipie!**

F dieser alte Drachen!

chipolata [ʃipɔlata] *f* Schweinswürstchen

chipotage [ʃipɔtaʒ] *m* kleinliche Streiterei; Nörgelei *f*

chipoter [ʃipɔte] *v/i* **1.** **chipoter sur qc** an etw (*dat*) herumnörgeln **2.** mit langen Zähnen essen

chips [ʃips] *f/pl* (Kartoffel)Chips *m/pl*

chique [ʃik] *f* **1.** Kautabak *m*; Priem *m*; F *fig* **couper la chique à qn** j-m die Sprache, Rede verschlagen **2.** F *fig* dicke Backe

chiqué [ʃike] *m* F **c'est du chiqué** F das ist nur Mache

chiquenaude [ʃiknod] *f* Schnipser *m*; Schneller *m*; **faire tomber qc d'une chiquenaude** etw wegschnipsen *ou* -schnippen

chiquer [ʃike] *v/i* Tabak kauen; priemen; **tabac** *m* **à chiquer** Kautabak *m*

Chirac [ʃiʀak] **Jacques Chirac** *frz Staatspräsident*

chiromancie [kiʀɔmɑ̃si] *f* Handlesekunst *f*

chiromancienne [-jɛn] *f* Handleserin *f*

chiropracteur [kiʀɔpʀaktœʀ] *m* MÉD Chiropraktiker *m*

chiropractie [-pʀakti] *ou* **chiropraxie** [-pʀaksi] *f* MÉD Chiropraktik *f*

chirurgical [ʃiʀyʀʒikal] *adj* ⟨~e; **-aux** [-o]⟩ chirurgisch; **intervention chirurgicale** chirurgischer Eingriff

chirurgie [ʃiʀyʀʒi] *f* Chirurgie *f*

▸ **chirurgien** [ʃiʀyʀʒjɛ̃] *m* **1.** Chirurg *m* **2.** **chirurgien dentiste** Zahnarzt *m*

chiure [ʃjyʀ] *f* Fliegendreck *m*

chlore [klɔʀ] *m* Chlor *n*

chloré [klɔʀe] *adj* chlorhaltig; Chlor…

chlorer [-e] *v/t eau* chloren; chlorieren

chlorhydrique [klɔʀidʀik] *adj* **acide** *m* **chlorhydrique** Salzsäure *f*

chloroforme [klɔʀɔfɔʀm] *m* Chloroform *n*

chloroformer [-e] *v/t* chloroformieren; (mit Chloroform) betäuben

chlorophylle [klɔʀɔfil] *f* Chlorophyll *n*; Blattgrün *n*

chlorure [klɔʀyʀ] *m* Chlorid *n*

▸ **choc** [ʃɔk] *m* **1.** (*coup*) Stoß *m*; Schlag *m*; Erschütterung *f*; (*impact*) An-, Aufprall *m*; (*collision*) Zusammenstoß *m*, -prall *m*, *fig* **c'est le choc en retour de qc** etw erweist sich als Bumerang **2.** (*émotion brutale*) Schock *m* (a MÉD); **choc opératoire** Operationsschock *m*; **être encore sous le choc** noch unter Schock stehen; **ça m'a fait, donné un choc** das hat mir e-n Schlag versetzt; das war ein Schock für mich **3.** MIL, POLICE Zusammenstoß *m*; **troupes** *f/pl* **de choc** Eingreiftruppen *f/pl*; **résister au choc** dem Angriff standhalten **4.** *adjt* **argument** *m* **choc** verblüffend treffendes Argument; **prix** *m* **choc** sensationeller Preis

chochotte [ʃɔʃɔt] *f* F iron **chochotte!** die feine Dame!

▸ **chocolat** [ʃɔkɔla] **I** *m* **1.** Schokolade *f*; **chocolat à croquer** bittere Schokolade; **chocolat à cuire, au lait, aux noisettes** Block-, Milch-, Nussschokolade *f* **2.** **un chocolat** e-e Praline; **une boîte de chocolats** e-e Schachtel Pralinen **3.** *boisson* Kakao *m*; Schokolade *f* **II** *adj* ⟨*inv*⟩ **4.** schokolade(n)braun **5.** F **être chocolat** F in die Röhre, in den Mond gucken

chocolaté [ʃɔkɔlate] *adj* ⟨~e⟩ Schokolade(n)…; mit Schokolade

chocolaterie [ʃɔkɔlatʀi] *f* Schokolade(n)fabrik *f*

chocolatier [ʃɔkɔlatje] *adj* ⟨-ière [-jɛʀ]⟩ Schokolade(n)…

chocottes [ʃɔkɔt] *f/pl* F **avoir les chocottes** Angst, F Bammel haben

chœur [kœʀ] *m* **1.** Chor *m*; **en chœur** im Chor **2.** ARCH Chor *m*

choir [ʃwaʀ] *v/i* ⟨*déf*: **je chois, il choit; je chus; chu**⟩ *litt* (*tomber*) fallen; F *fig* **laisser choir qn** j-n fallen lassen

choisi [ʃwazi] *adj* ⟨~e⟩ ausgesucht; (aus)erlesen; *langage* gewählt; **morceaux choisis** ausgewählte Lesestücke *n/pl*

▸ **choisir** [ʃwaziʀ] *v/t* **1.** (*sélectionner*) (aus)wählen; → *Info bei* **wählen**; (sich [*dat*]) aussuchen **2.** *abs* (*décider*) wählen; e-e Wahl treffen; sich entscheiden (*de* + *inf* zu + *inf*)

▸ **choix** [ʃwa] *m* **1.** Wahl *f*; Auswahl *f*; (*décision*) Entscheidung *f*; **choix d'un métier** Berufswahl *f*; **au choix** nach Wahl; **je n'ai pas le choix** ich habe keine (andere) Wahl; **il a arrêté son choix sur** s-e Wahl fiel auf (+ *acc*); **faire son choix** s-e Wahl treffen; **faire un bon, mauvais choix** e-e gute, schlechte Wahl treffen; gut, schlecht wählen **2.** (*assortiment*) Auswahl *f* (**de** von, an + *dat*) **3.** **de** (**premier**) **choix** erster Wahl, Güte; erstklassig; erlesen

choléra [kɔleʀa] *m* Cholera *f*

cholérique [-ik] *adj* Cholera…

cholestérol [kɔlɛsteʀɔl] *m* Cholesterin *n*

▸ **chômage** [ʃomaʒ] *m* Arbeitslosigkeit *f*; **chômage partiel** Kurzarbeit *f*; **allocation** *f* **de chômage** Arbeitslosenunterstützung *f*, -geld *n*; **être au chômage** arbeitslos sein; **s'inscrire au chômage** sich arbeitslos melden

chômé [ʃome] *adj* ⟨~e⟩ **jour chômé** arbeitsfreier Tag

chômedu [ʃomdy] *arg m* Arbeitslosigkeit *f*; **être au chômedu** F auf der Straße stehen

chômer [ʃome] *v/i* nicht arbeiten; *fig* **on ne chôme pas** F wir haben ganz schön viel zu tun

▸ **chômeur** [ʃomœʀ] *m*, **chômeuse** [ʃomøz] *f* Arbeitslose(r) *f(m)*; **chômeur partiel, chômeuse partielle** Kurzarbeiter(in) *m(f)*; **chômeur de longue durée** Langzeitarbeitslose(r) *m*

chope [ʃɔp] *f* Bierkrug *m*; (Bier)Seidel *n*

choper [ʃɔpe] F *v/t* **1.** (*voler*) F klauen **2.** *rhume* F erwischen

chopine [ʃɔpin] F *f* Flasche *f* Wein

choquant [ʃɔkã] *adj* ⟨-ante [-ãt]⟩ schockierend; anstößig; empörend

choquer [ʃɔke] *v/t* **1.** (*offusquer*) **choquer qn** j-n schockieren; bei j-m Anstoß erregen; **choquer la vue** das Auge beleidigen; **être choqué** schockiert, entsetzt sein (**par, de** über + *acc*) **2.** (*traumatiser*) **être choqué** geschockt sein (**par** durch)

choral [kɔral] *m* ⟨-als⟩ Choral *m*

chorale [kɔral] *f* Chor *m*; Gesangverein *m*

chorégraphe [kɔʀegʀaf] *m,f* Choreograph(in) *m(f)*

chorégraphie [-i] *f* Choreographie *f*

chorégraphique [-ik] *adj* choreographisch; Tanz…

choriste [kɔʀist] *m,f* Chorsänger(in) *m(f)*, -mitglied *n*

chorus [kɔʀys] *m* **faire chorus** im Chor einfallen

▸ **chose** [ʃoz] *f* **1.** Ding *n*; Sache *f*; ▸ **autre chose** etwas and(e)res; **la même chose** dasselbe; das Gleiche; (**vous lui direz**) **bien des choses de ma part** richten Sie ihm *ou* ihr viele Grüße von mir aus; **avant toute chose** vor allen Dingen; **de deux choses l'une** eins von beiden; **je vais vous dire une chose** ich werde Ihnen etwas sagen; **voilà où en sont les choses** so steht die Sache; so liegen die Dinge; **c'est chose faite** die Sache ist erledigt; **bien faire les choses** großzügig sein; F sich nicht lumpen lassen; **parler de choses et d'autres** von diesem und jenem sprechen **2.** *pr/ind* ▸ **quelque chose** etwas; F was; **quelque chose de beau** etw Schönes; **c'est quelque chose!** das ist allerhand!; **vous prendrez bien** (**un petit**) **quelque chose?** ich darf Ihnen doch etwas, e-e Kleinigkeit anbieten? **3.** F **être porté sur la chose** F scharf auf Frauen sein **4.** *m* F (*truc*) F Dings(da, -bums) *n* **5.** *adjt* **se sentir tout chose** sich unbehaglich fühlen

▸ **chou** [ʃu] *m* ⟨~x⟩ **1.** Kohl *m*; *südd a* Kraut *n*; **un chou** ein Kohlkopf *m*; **chou rouge** Rotkohl *m*; **chou de Bruxelles** Rosenkohl *m*; **chou de Milan** Wirsing(kohl) *m*; **bête comme chou** kinderleicht; F *fig* **il a fait chou blanc** F das ist in die Hose gegangen; F *fig* **faire ses choux gras** F e-n guten Schnitt machen (**de qc** bei etw); *bébés* **naître dans les choux** vom Storch gebracht werden; F *fig* **il lui est rentré dans le chou** er hat ihn angegriffen **2.** *fig* **mon** (**petit**) **chou**, *f a* **ma choute** [ʃut] (mein) Liebling *m*, Schätzchen *n*; **un** (**petit**) **bout de chou** ein Dreikäsehoch *m*; *adjt* **ce qu'il est chou!** ist der süß, niedlich! **3.** **chou à la crème** Windbeutel *m* mit Schlagsahne; **pâte** *f* **à chou** Brandteig *m*

choucas [ʃuka] *m* Dohle *f*

chouchen [ʃuʃɛn] *m* bretonischer Honigwein

chouchou [ʃuʃu] F *m* ⟨~s⟩, **chouchoute** [ʃuʃut] F *f* Liebling *m*

chouchouter [ʃuʃute] F *v/t* (ver)hätscheln

▸ **choucroute** [ʃukʀut] *f* Sauerkraut *n*

chouette[1] [ʃwɛt] *f* zo Eule *f*

chouette[2] *adj* F toll; F klasse

▸ **chou-fleur** *m* ⟨**choux-fleurs**⟩ Blumenkohl *m*

chouïa [ʃuja] F **un chouïa** ein wenig, bisschen

chou-navet *m* ⟨**choux-navets**⟩ Kohl-, Steckrübe *f*

chou-rave *m* ⟨**choux-raves**⟩ Kohlrabi *m*

chouraver [ʃuʀave] *arg v/t* F klauen

choute [ʃut] → **chou** 2

chow-chow [ʃoʃo] *m* ⟨**chows-chows**⟩ zo Chow-Chow *m*

choyer [ʃwaje] *v/t* ⟨-oi-⟩ umhegen

chrême [kʀɛm] *m* ÉGL (**saint**) **chrême** Chrisam *n ou m*; Salböl *n*

▸ **chrétien** [kʀetjɛ̃] **I** *adj* ⟨-ienne [-jɛn]⟩ christlich **II** *chrétien(ne)* *m(f)* Christ(in) *m(f)*

chrétien-démocrate [kʀetjɛ̃demɔkʀat] *adj* POL christlich-demokratisch

chrétiennement [kʀetjɛnmã] *adv* christlich; im christlichen Glauben

chrétienté [kʀetjɛ̃te] *f* Christenheit *f*

Christ [kʀist] *m* **1.** *le Christ* Christus *m* **2.** *christ* Christus(figur *f*, -bild *n*) *m*
christianisation [kʀistjanizasjõ] *f* Christianisierung *f*
christianiser [-ize] *v/t* christianisieren
christianisme [-ism] *m* Christentum *n*
chromatique [kʀɔmatik] *adj* **1.** MUS, OPT chromatisch **2.** BIOL *réduction f chromatique* Chromosomenreduktion *f*
chrome [kʀom] *m* **1.** Chrom *n* **2.** *chromes pl* Chromteile *m/pl*
chromé [kʀome] *adj* ⟨**~e**⟩ verchromt; Chrom...
chromer [-e] *v/t* verchromen
chromo [kʀomo] *m* **1.** Farbdruck *m* **2.** *péj* billige, kitschige Reproduktion
chromosome [kʀomozom] *m* Chromosom *n*
chromosomique [-ik] *adj* Chromosomen...
chronicité [kʀɔnisite] *f* chronischer Verlauf, Charakter
chronique [kʀɔnik] **I** *adj* chronisch **II** *f* **1.** Chronik *f* (*a* HIST) **2.** MÉDIA Bericht *m*; Rundschau *f*; Magazin *n*
chroniqueur [kʀɔnikœʀ] *m* **1.** HIST Chronist *m* **2.** *chroniqueur sportif* Sportredakteur *m*
chrono [kʀono] *m abr* F (*chronomètre*) *faire du 130 chrono* F 130 gestoppte Stundenkilometer fahren
chronologie [kʀɔnɔlɔʒi] *f* Chronologie *f*; chronologische, zeitliche Abfolge
chronologique [kʀɔnɔlɔʒik] *adj ordre m chronologique* chronologische Reihenfolge
chronométrage [kʀɔnɔmetʀaʒ] *m* Zeitnahme *f*; Zeitmessung *f*
chronomètre *m* Stoppuhr *f*
chronométrer *v/t* ⟨**-è-**⟩ stoppen; mit der Stoppuhr messen
chronométreur *m* Zeitnehmer *m*
chronométrie [-metʀi] *f* Chronometrie *f*; Zeitmessung *f*
chronométrique *adj* chronometrisch
chrysalide [kʀizalid] *f* zo Puppe *f*; *fig sortir de sa chrysalide* sich entfalten
chrysanthème [kʀizãtɛm] *m* Chrysantheme *f*
ch'timi [ʃtimi] F *m* Nordfranzose *m*
CHU [seaʃy] *m abr* ⟨*inv*⟩ (*centre hospitalier universitaire*) Universitätsklinikum *n*
chuchotement [ʃyʃɔtmã] *m* Geflüster *n*; Getuschel *n*
▸ **chuchoter** [ʃyʃɔte] *v/t et v/i* flüstern; tuscheln; wispern; *chuchoter qc à qn* j-m etw zuflüstern
chuchoteries [ʃyʃɔtʀi] *f/pl* Getuschel *n*; Tuscheleien *f/pl*
chuintante [ʃɥɛ̃tãt] *f* Zischlaut *m*; Sch-Laut *m*
chuintement [ʃɥɛ̃mã] *m* **1.** *vice de prononciation* Aussprache *f* sch statt s **2.** *de la vapeur* Zischen *n*
chuinter [ʃɥɛte] *v/i vapeur* zischen
chut [ʃyt] *int* pst!; st!; still!
▸ **chute** [ʃyt] *f* **1.** *d'une personne* Fall *m* (*a morale*); Sturz *m*; *faire une chute* stürzen, fallen (*de bicyclette* vom Fahrrad) **2.** *de choses* Fall *m* (*a* PHYS); *fig des cours, des prix, de température* Sturz *m*; *chute des cheveux* Haarausfall *m*; *chute d'eau* Wasserfall *m*; *chutes de neige* Schneefälle *m/pl*; *les chutes du Niagara* die Niagarafälle *m/pl*; *chute de pierres* Steinschlag *m*; ÉLECT *chute de tension* Spannungs-

abfall *m*; *point m de chute d'un projectile* Einschlagstelle *f*; *fig* Bleibe *f*; Standort *m*; *en chute libre* PHYS in freiem Fall; *fig* ÉCON auf Talfahrt **3.** POL *d'un régime* Sturz *m*; MIL *d'une ville* Fall *m*; *la chute du mur de Berlin* der Fall der Berliner Mauer **4.** *chute de cuir* Lederrest *m*, -abfall *m* **5.** *avoir une belle chute de reins* ein wohlgeformtes Gesäß haben **6.** *d'un texte* Schlusspointe *f*
chuter [ʃyte] F *v/i* **1.** fallen; stürzen **2.** *fig* scheitern
Chypre [ʃipʀ] Zypern *n*
chypriote [ʃipʀijɔt] **I** *adj* zyprisch; zypriotisch **II** *m,f* **Chypriote** Zyprer(in) *m(f)*; Zypriot(in) *m(f)*
ci [si] **I** *adv* hier; *ce banc-ci* diese Bank (hier); *ces jours-ci* dieser Tage; in diesen Tagen **II** *pr/dém* F *comme ci comme ça* F so lala
ci-après [siapʀɛ] *adv* weiter unten; nachstehend (angeführt)
cibiste [sibist] *m,f* CB-Funker(in) *m(f)*
cible [sibl] *f* **1.** Zielscheibe *f* (*a fig*); Schießscheibe *f*; Ziel *n* **2.** *adjt langue f cible* Zielsprache *f* **3.** PUBLICITÉ Zielgruppe *f*
ciboire [sibwaʀ] *m* CATH Ziborium *n*; Speisekelch *m*
ciboulette [sibulɛt] *f* Schnittlauch *m*
ciboulot [sibulo] *m* F Schädel *m*; F Dez *m*
cicatrice [sikatʀis] *f* Narbe *f* (*a fig*)
cicatrisant [sikatʀizã] *adj* ⟨**-ante** [-ãt]⟩ *remède* die Narbenbildung fördernd; Wundheilungs...
cicatrisation [-asjõ] *f* Vernarbung *f*; Narbenbildung *f*
cicatriser [sikatʀize] **I** *v/t blessure, a fig* vernarben lassen **II** *v/i* (*et v/pr* **se**) *cicatriser* vernarben (*a fig*); zuheilen
ci-contre *adv* nebenstehend
ci-dessous *adv* nachstehend; weiter unten
ci-dessus *adv* weiter oben
cidre [sidʀ] *m* Apfelwein *m*; Most *m*
cidrerie [sidʀəʀi] *f* Apfelweinkellerei *f*
Cie *abr* (*compagnie*) Co.
▸ **ciel** [sjɛl] *m* ⟨**cieux** [sjø], PEINT **~s**⟩ Himmel *m* (*a* REL, ASTR, PEINT); *ciel de lit* ⟨**~s**⟩ Betthimmel *m*; *adjt* (*bleu*) *ciel* ⟨*inv*⟩ himmelblau; *à ciel ouvert* MINES im Tagebau; *égout* offen; *dans le ciel* am Himmel; *sous d'autres cieux* unter e-m anderen Himmelsstrich; *aller au ciel* in den Himmel kommen; *fig remuer ciel et terre* Himmel und Hölle, alle Hebel in Bewegung setzen; *fig tomber du ciel* im richtigen Moment, zur rechten Zeit, F wie gerufen kommen
cierge [sjɛʀʒ] *m* (lange Wachs)Kerze
cieux [sjø] *m/pl* → *ciel*
cigale [sigal] *f* Zikade *f*
▸ **cigare** [sigaʀ] *m* Zigarre *f*
▸ **cigarette** [sigaʀɛt] *f* **1.** Zigarette *f* **2.** *cigarette* (*russe*) Hohlwaffel *f*
cigarillo [sigaʀijo] *m* Zigarillo *m ou n*
ci-gît [siʒi] hier ruht
cigogne [sigɔɲ] *f* Storch *m*; *nid m de cigogne* Storchennest *n*
ciguë [sigy] *f* Schierling *m*; *boire la ciguë* den Schierlingsbecher trinken
ci-inclus *ou* **ci-joint** *adj et adv* an-, beiliegend; in der *ou* als Anlage; anbei

cil [sil] *m* (Augen)Wimper *f*
cilice [silis] *m* Büßerhemd *n*, -gewand *n*
ciller [sije] *v/i* zwinkern; blinzeln; *fig* **ne pas ciller** F nicht mucksen
cimaise [simɛz] *f* **1.** ARCH Karnies *n* **2.** *avoir les honneurs de la cimaise* an bevorzugter Stelle ausgestellt sein
cime [sim] *f d'un arbre* Wipfel *m*; Krone *f*; *d'une montagne* Gipfel *m*; Spitze *f*
ciment [simɑ̃] *m* Zement *m*
cimentation [simɑ̃tasjɔ̃] *f* Zementierung *f*
cimenter [simɑ̃te] *v/t* **1.** zementieren **2.** *fig amitié* festigen
cimenterie [simɑ̃tʀi] *f usine* Zementwerk *n*
cimentier [-je] *m* Zementarbeiter *m*
cimeterre [simtɛʀ] *m* Krummsäbel *m*
▸ **cimetière** [simtjɛʀ] *m* Friedhof *m*; Kirchhof *m*; *par ext* **cimetière de voitures** Autofriedhof *m*
cimier [simje] *m* Helmzier *f*
ciné [sine] *m abr* F (*cinéma*) Kino *n*
cinéaste [sineast] *m,f* Cineast(in) *m(f)*; Filmschaffende(r) *f(m)*; Filmemacher(in) *m(f)*
ciné-club *m* ⟨**ciné-clubs**⟩ Filmklub *m*
▸ **cinéma** [sinema] *m* **1.** Film(kunst) *m(f)*; Filmen *n*; Kino *n*; *par ext* Filmbranche *f*; *faire du cinéma* Filmschauspieler(in) sein; filmen **2.** (*salle f de*) *cinéma* Kino *n*; Filmtheater *n*; *aller au cinéma* ins Kino gehen **3.** F *fig c'est du*

cinéma das ist doch nur Theater
cinémascope® [sinemaskɔp] *m* Cinemascope® *n*; *film m* **en cinémascope** Cinemascopefilm® *m*
cinémathèque [sinematɛk] *f* Filmarchiv *n*; Filmothek *f*
cinématographe [sinematɔgʀaf] *m* Kinematograph *m*
cinématographie [-i] *f* Kinematographie *f*
cinématographique [-ik] *adj* kinematographisch; Film…
cinéphile [sinefil] *m,f* Filmkenner(in) *m(f)*; Filmfan *m*
cinéraire [sineʀɛʀ] *adj* **urne** *f* **cinéraire** Aschen-, Graburne *f*
cinétique [sinetik] *adj* kinetisch
cingalais [sɛ̃galɛ] *adj* ⟨**-aise** [-ɛz]⟩ singhalesisch
cinglant [sɛ̃glɑ̃] *adj* ⟨**-ante** [-ɑ̃t]⟩ *vent, fig paroles* schneidend; *pluie* peitschend
cinglé [sɛ̃gle] F *adj* ⟨**~e**⟩ F bekloppt; F behämmert; F bescheuert; F übergeschnappt; F plemplem; F meschugge; *être cinglé a* F spinnen; F e-n Vogel haben; F nicht alle Tassen im Schrank haben; *subst* **un cinglé** *a* ein Spinner *m*
cingler[1] [sɛ̃gle] *v/i* **cingler vers** segeln nach
cingler[2] *v/t* peitschen (*a fig pluie, vent*)
cinoche [sinɔʃ] *m* F Kintopp *m ou n*

Le cinéma – der Film

WF

le producteur	Produzent	**le plan général**	Totale
le réalisateur	Regisseur	**le plan moyen**	Halbtotale (*man sieht die Personen von Kopf bis Fuß*)
le scénario	Drehbuch		
le / la scénariste	Drehbuchautor(in)		
tourner un film	einen Film drehen	**le plan américain**	halbnahe Einstellung (*man sieht die Person bis zur Hüfte*)
la caméra	Kamera		
l'acteur *m* / **l'actrice** *f*	Schauspieler(in)		
		le gros plan	Großaufnahme
le cascadeur	Stuntman	**le ralenti**	Zeitlupe
le son	Ton	**le retour en arrière / le flashback**	Rückblende
tourner en studio	im Studio drehen		
tourner en extérieur	draußen drehen	**le générique**	Vorspann
le tournage	Dreharbeiten	**en version originale (VO)**	in Originalfassung
le montage	Filmmontage		
le mixage	Tonmischung	**sous-titré**	mit Untertiteln
les effets spéciaux	Spezialeffekte	**le dessin animé**	Zeichentrickfilm
le truquage	Trickaufnahme	**le documentaire**	Dokumentarfilm
le travelling	Kamerafahrt	**le film policier**	Kriminalfilm
la plongée	Perspektive von oben	**le film d'aventures**	Abenteuerfilm
		le western	Wildwestfilm
la contre-plongée	Perspektive von unten	**le film de science-fiction**	Science-Fiction-Film

▸ **cinq** [sɛ̃k, *vor Konsonant a* sɛ̃] **I** *num/c* fünf; *le*
cinq mai der fünfte *ou* am fünften Mai; F *en*
cinq sec im Handumdrehen; im Nu; *fig il était*
moins cinq es hätte nicht mehr viel gefehlt **II**
m ⟨*inv*⟩ Fünf *f*; Fünfer *m*; *le cinq (du mois)*
der Fünfte *ou* am Fünften (des Monats)
cinquantaine [sɛ̃kãtɛn] *f* **1.** *une cinquantaine*
(de) etwa, ungefähr, rund fünfzig **2.** *âge* Fünf-
zig *f*; Fünfziger(jahre) *n/pl*
▸ **cinquante** [sɛ̃kãt] **I** *num/c* fünfzig **II** *m* ⟨*inv*⟩
Fünfzig *f*
cinquantenaire [sɛ̃kãtnɛʀ] *m* fünfzigster Jah-
restag; fünfzigjähriges Jubiläum
▸ **cinquantième** [sɛ̃kãtjɛm] **I** *num/o* fünfzigste
II *subst* **1.** *le, la cinquantième* der, die, das
Fünfzigste **2.** *m* MATH Fünfzigstel *n*
▸ **cinquième** [sɛ̃kjɛm] **I** *num/o* fünfte **II** *subst* **1.**
le, la cinquième der, die, das Fünfte **2.** *m* MATH
Fünftel *n* **3.** *m étage au cinquième* im fünften
Stock **4.** *f* zweite Klasse im Gymnasium; Quin-
ta *f*
cinquièmement [sɛ̃kjɛmmã] *adv* fünftens
cintre [sɛ̃tʀ] *m* **1.** Kleiderbügel *m* **2.** ARCH (*arc*
m en) *plein cintre* Rundbogen *m* **3.** THÉ
Schnürboden *m*
cintré [sɛ̃tʀe] *adj* ⟨~e⟩ *veste* (an)tailliert
cintrer [sɛ̃tʀe] *v/t* **1.** TECH biegen **2.** *veste* (an)-
taillieren
CIO [seio] *m abr* (*Comité international olympi-*
que) IOK *n*
Ciotat *La Ciotat* [lasjɔta] *Stadt im Departement*
Bouches-du-Rhône
ci-présent [sipʀezã] JUR *le ci-présent, la ci-*
-présente ... der, die hier anwesende ...
cirage [siʀaʒ] *m* **1.** Schuhcreme *f*; F Schuhwich-
se *f* **2.** F *fig être dans le cirage* F im Tran sein
circoncire [siʀkõsiʀ] *v/t* ⟨→ **suffire**; *aber p/p*
circoncis⟩ REL beschneiden
circoncis [-si] *adj* ⟨**-ise** [-iz]⟩ REL beschnitten
circoncision [-sizjõ] *f* REL Beschneidung *f*
circonférence [siʀkõfeʀãs] *f* Kreis(linie) *m*(*f*);
(Kreis)Umfang *m*
circonflexe [siʀkõflɛks] *adj* **accent** *m* **circon-**
flexe Accent circonflexe *m*
circonlocutions [siʀkõlɔkysjõ] *f/pl* Umschrei-
bungen *f/pl*
circonscription [siʀkõskʀipsjõ] *f* Bezirk *m*;
circonscription (électorale) Wahlkreis *m*
circonscrire [siʀkõskʀiʀ] *v/t* ⟨→ **écrire**⟩ **1.**
MATH, *fig sujet* umschreiben **2.** *incendie, épidé-*
mie eindämmen
circonspect [siʀkõspɛ(kt)] *adj* ⟨**-ecte** [-ɛkt]⟩
vorsichtig; umsichtig
circonspection [siʀkõspɛksjõ] *f* Vorsicht *f*;
Umsicht *f*
circonstance [siʀkõstãs] *f* Umstand *m*; ▸ *cir-*
constances pl Umstände *m/pl*; Lage *f*; Situa-
tion *f*; Verhältnisse *n/pl*; *de circonstance* den
Umständen, dem Anlass entsprechend, ange-
messen; *être de circonstance* (sehr) ange-
bracht sein; *dans les circonstances actuel-*
les unter den gegenwärtigen Umständen;
étant donné les circonstances unter diesen
Umständen; *pour la circonstance* bei, zu die-
ser Gelegenheit; aus, zu diesem Anlass
circonstancié [siʀkõstãsje] *adj* ⟨~e⟩ ausführ-
lich; (sehr) detailliert
circonstanciel [-jɛl] *adj* ⟨~le⟩ → **complément**

circonvenir [siʀkõvniʀ] *v/t* ⟨→ **venir**; *aber*
avoir⟩ zu s-n Gunsten beeinflussen
circonvolutions [siʀkõvɔlysjõ] *f/pl* **circonvo-**
lutions cérébrales Gehirnwindungen *f/pl*
▸ **circuit** [siʀkɥi] *m* **1.** *circuit (touristique)*
Rundreise *f*, -fahrt *f* **2.** SPORTS Rundstrecke *f*,
-kurs *m*; Ring *m* **3.** *circuit (électrique)* Strom-
kreis *m*; *circuit intégré* integrierter Schalt-
kreis; *en circuit* eingeschaltet; *mettre 'hors*
circuit ausschalten (*a fig*) **4.** ÉCON Wirtschafts-
kreislauf *m*; *circuit de distribution* Verteiler-
netz *n*
▸ **circulaire** [siʀkylɛʀ] **I** *adj* Kreis...; *coup* *m*
d'œil circulaire Blick *m* in die Runde **II** *f*
Rundschreiben *n*; Umlauf *m*
▸ **circulation** [siʀkylasjõ] *f* **1.** Verkehr *m*; *circu-*
lation automobile Auto-, Kraftverkehr *m*;
route f, voie f à grande circulation Hauptver-
kehrsstraße *f*; F *fig avoir disparu de la circu-*
lation von der Bildfläche verschwunden sein
2. *circulation (sanguine, du sang)* (Blut)-
Kreislauf *m*, (-)Zirkulation *f*; *circulation*
d'air Luftzirkulation *f* **3.** *d'argent, etc* Umlauf
m; Verkehr *m*; (*libre*) *circulation des mar-*
chandises (freier) Warenverkehr; *de person-*
nes libre circulation Freizügigkeit *f*; *mettre*
en circulation in Umlauf setzen, bringen; in
Verkehr bringen
circulatoire [siʀkylatwaʀ] *adj* **appareil** *m* **cir-**
culatoire Kreislaufsystem *n*; **troubles** *m/pl*
circulatoires Kreislaufstörungen *f/pl*
▸ **circuler** [siʀkyle] *v/i* **1.** *véhicules* verkehren;
fahren; *circulez!* weitergehen!; *circuler bien*
(im Verkehr) gut vorankommen, vorwärts-
kommen **2.** *eau, gaz, sang* fließen (*a courant*);
strömen; zirkulieren (*a air*) **3.** *argent m ou* in
Umlauf sein; *a lettre* zirkulieren; umlaufen **4.**
nouvelle, bruit kursieren; umgehen; zirkulie-
ren
cire [siʀ] *f* **1.** Wachs *n*; *pour parquet* (Bohner)-
Wachs *n*; *cire d'abeille* Bienenwachs *n* **2.** *cire*
à cacheter Siegellack *m*
ciré [siʀe] **I** *adj* ⟨~e⟩ *toile cirée* Wachstuch *n* **II**
m Seglerjacke *f*; MAR Ölzeug *n*
cirer [siʀe] *v/t parquet* (wachsen und) bohnern;
meuble polieren; *chaussures* wichsen; eincre-
men; blank putzen
cireur [siʀœʀ] *m* **cireur de chaussures**
Schuh-, Stiefelputzer *m*
cireuse [siʀøz] *f* Bohnermaschine *f*
▸ **cirque** [siʀk] *m* **1.** Zirkus *m* **2.** F *fig quel cir-*
que! so ein (F Affen)Theater, Zirkus! **3.** GÉOL
Felsenkessel *m*; Kar *n*
cirrhose [siʀoz] *f* Zirrhose *f*
cirrus [siʀys] *m* Zirruswolke *f*
cisaille(s) [sizaj] *f/pl* (große) Schere; Blech-
schere *f*
cisaillement [sizajmã] *m* **1.** (Zer-, Durch)-
Schneiden *n* **2.** *usure* Abscherung *f*
cisailler [sizaje] *v/t* durchschneiden
cisalpin [sizalpɛ̃] *adj* ⟨**-ine** [-in]⟩ HIST *la Gaule*
cisalpine Gallia cisalpina *f*
ciseau [sizo] *m* ⟨~x⟩ *f* ▸ **ciseaux** *pl* Schere *f*;
une paire de ciseaux e-e Schere; *ciseaux à*
ongles Nagelschere *f* **2.** TECH Meißel *m* **3.** *sau-*
ter en ciseaux e-n Scherensprung machen
ciseler [sizle] *v/t* ⟨**-è-**⟩ ziselieren
ciseleur [-œʀ] *m* Ziseleur *m*; Ziselierer *m*

ciselure [-yʀ] *f* Ziselierung *f*
Cisjordanie [sisʒɔʀdani] *la Cisjordanie* das Westjordanland; die Westbank
cistercien [sistɛʀsjɛ̃] **I** *adj* ⟨-ienne [-jɛn]⟩ Zisterzienser… **II** *m* Zisterzienser *m*
citadelle [sitadɛl] *f* **1.** Zitadelle *f* **2.** *fig* Bollwerk *n*; Bastion *f*; Hochburg *f*
citadin [sitadɛ̃] **I** *adj* ⟨-ine [-in]⟩ städtisch **II** *citadin(e)* *m(f)* Städter(in) *m(f)*
citation [sitasjõ] *f* **1.** Zitat *n* **2.** JUR (Vor)Ladung *f* **3.** MIL ehrenvolle Erwähnung
cité [site] *f* **1.** (*ville*) Stadt *f* **2.** (*vieille ville*) Cité City *f*; Innenstadt *f* **3.** (*immeubles*) (Wohn-)Siedlung *f*; *cité universitaire* Studentenwohnheim *n*; *plus grand* Studentenstadt *f* **4.** *fig avoir droit de cité* allgemein anerkannt sein
cité-dortoir *f* ⟨cités-dortoirs⟩ Schlafstadt *f*
▸ **citer** [site] *v/t* **1.** zitieren; anführen; nennen **2.** JUR (vor)laden; vor Gericht zitieren **3.** MIL lobend erwähnen
citerne [sitɛʀn] *f* **1.** *d'eau de pluie* Zisterne *f* **2.** (*cuve*) Tank *m*
cithare [sitaʀ] *f* Zither *f*
▸ **citoyen** [sitwajɛ̃] *m* **1.** (Staats)Bürger *m*; *citoyen d'honneur* Ehrenbürger *m* **2.** F *fig un drôle de citoyen* ein komischer Kauz
▸ **citoyenne** [sitwajɛn] *f* (Staats)Bürgerin *f*
citoyenneté [-te] *f* Staatsbürgerschaft *f*
Citroën [sitʀɔɛn] *une Citroën* ein Citroën *m*
▸ **citron** [sitʀõ] *m* **1.** Zitrone *f*; *adjt* (*jaune*) *citron* ⟨*inv*⟩ zitronengelb; *fig presser qn comme un citron* j-n wie e-e Zitrone auspressen **2.** F (*tête*) F Birne *f*; F Dez *m*
citronnade [sitʀɔnad] *f* Zitronenwasser *n*, -getränk *n*
citronné [sitʀɔne] *adj* ⟨~e⟩ **a)** mit Zitrone **b)** nach Zitrone duftend
citronnelle [sitʀɔnɛl] *f* Zitronenkraut *n*
citronnier [-je] *m* Zitronenbaum *m*
citrouille [sitʀuj] *f* Gartenkürbis *m*
civet [sivɛ] *m* *civet de lapin* Kaninchenpfeffer *m*
civette [sivɛt] *f* Zibetkatze *f*
civière [sivjɛʀ] *f* (Trag)Bahre *f*; Trage *f*
civil [sivil] **I** *adj* ⟨~e⟩ **1.** JUR Zivil…; zivilrechtlich; bürgerlich; *année civile* Kalenderjahr *n*; *mariage civil* standesamtliche Trauung; Ziviltrauung *f*, -ehe *f*; *se constituer partie civile* als Nebenkläger auftreten **2.** (*des citoyens*) Bürger…; *guerre civile* Bürgerkrieg *m* **3.** (*non militaire*) zivil; Zivil… **4.** *litt* (*poli*) korrekt; höflich **II** *m* Zivilist *m*; ein Zivil in Zivil (-kleidung); *dans le civil* im Zivilleben
civilement [sivilmã] *adv* **1.** nicht kirchlich **2.** JUR zivilrechtlich
▸ **civilisation** [sivilizasjõ] *f* Zivilisation *f*; Kultur *f*
civilisé [sivilize] *adj* ⟨~e⟩ zivilisiert; gesittet
civiliser [-e] *v/t* zivilisieren
civilité [sivilite] *f litt* Korrektheit *f*; Höflichkeit *f*
civique [sivik] *adj* (staats)bürgerlich; *courage m civique* Zivilcourage *f*; *droits m/pl civiques* bürgerliche Ehrenrechte *n/pl*
civisme [sivism] *m* Bürgersinn *m*; staatsbürgerliche Gesinnung *f*
clac [klak] *int* klack(s)!; klapp!
clafoutis [klafuti] *m* Kirschpudding *m*

claie [klɛ] *f* (Gitter)Rost *m*
▸ **clair** [klɛʀ] **I** *adj* ⟨~e⟩ **1.** *pièce, couleur, teint, cheveux* hell; *eau, temps, ciel* klar; *voix, son* hell; klar; *bleu clair* ⟨*inv*⟩ hellblau **2.** *fig* klar; eindeutig; (leicht) verständlich; *clair comme le jour* sonnenklar **3.** (*peu épais*) (zu) dünn **II** *adv il fait (déjà) clair* es ist (schon) hell; *voir clair* gut, genug sehen; *fig y voir clair (dans qc)* klarsehen; etw durchschauen **III** *m* **4.** *clair de lune* Mondschein *m* **5.** *mettre sabre au clair* blankziehen; *tirer qc au clair* etw (auf)-klären, klarstellen; Klarheit in etw (*acc*) bringen; *en clair, il ne veut pas* F im Klartext; *s'habiller en clair* helle Kleidung tragen **6.** PEINT *clairs pl* Lichter *n/pl* **7.** *le plus clair de* der größte Teil von (*ou + gén*)
claire [klɛʀ] *f fines f/pl de claire* *ou pl* **claires** Austern *f/pl* aus der Charente
clairement [klɛʀmã] *adv* klar; deutlich
clairette [klɛʀɛt] *f* leichter (weißer) Schaumwein
claire-voie *f* ⟨claires-voies⟩ Latten-, Staketenzaun *m*; *volet m à claire-voie* Fensterladen *m* mit Lamellen
clairière [klɛʀjɛʀ] *f* (Wald)Lichtung *f*
clair-obscur *m* ⟨clairs-obscurs⟩ **1.** PEINT Helldunkel *n*; Clair-obscur *n* **2.** (*pénombre*) Halbdunkel *n*; Dämmerlicht *n*
clairon [klɛʀõ] *m* **1.** Clairon *n*; Signalhorn *n* **2.** *musicien* Claironbläser *m*
claironnant [klɛʀɔnã] *adj* ⟨-ante [-ãt]⟩ *voix* schmetternd; durchdringend
claironner [-e] *v/t* ausposaunen
clairsemé [klɛʀsəme] *adj* ⟨~e⟩ dünn gesät; *cheveux* schütter; licht; spärlich
clairvoyance [klɛʀvwajãs] *f* Scharfblick *m*; Klarsicht *f*
clairvoyant [-ã] *adj* ⟨-ante [-ãt]⟩ klar-, weitblickend; scharfsinnig, -sichtig
clamecer [klamse] *v/i* ⟨-ç-⟩ → *clamser*
clamer [klame] *v/t* hinausschreien; *clamer son innocence* lauthals s-e Unschuld beteuern
clameur [klamœʀ] *f* Geschrei *n*
clamser [klamse] *v/i arg* (*mourir*) P krepieren; P abkratzen
clan [klã] *m* Clique *f*; Clan *m*
clandestin [klɑ̃dɛstɛ̃] **I** *adj* ⟨-ine [-in]⟩ heimlich; geheim; *passager clandestin* blinder Passagier **II** *m* illegaler Einwanderer
clandestinement [klɑ̃dɛstinmã] *adv* heimlich; im Geheimen
clandestinité [klɑ̃dɛstinite] *f vivre dans la clandestinité* im Untergrund leben
clapet [klapɛ] *m* **1.** TECH Ventil *n*; Klappe *f* **2.** F *fig* Mundwerk *n*; F Klappe *f*
clapier [klapje] *m* Kaninchenstall *m*
clapotement [klapɔtmã] *m* Plätschern *n*
clapoter [-e] *v/i* plätschern
clapotis [klapɔti] *m* Plätschern *n*
clappement [klapmã] *m* Schnalzen *n* (*mit der Zunge*); Schnalzer *m*
clapper [-e] *v/i* mit der Zunge schnalzen
claquage [klakaʒ] *m* *claquage (d'un muscle)* Muskelzerrung *f*
claquant [klakã] F *adj* ⟨-ante [-ãt]⟩ sehr ermüdend
claque [klak] *f* **1.** Ohrfeige *f*; *tête f à claques* Ohrfeigen-, Backpfeifengesicht *n* **2.** THÉ Cla-

que *f* **3.** F *j'en ai ma claque* mir reicht's
claqué [klake] F *adj* ⟨∼e⟩ F total erledigt; F ka-
putt
claquement [klakmɑ̃] *m* Knallen *n*; Zuschla-
gen *n*; *claquement de dents* Zähneklappern
n
claquemurer [klakmyʀe] *v/pr se claquemurer*
sich verkriechen
claquer [klake] **I** *v/t* **1.** *porte* zuschlagen; F zu-
knallen **2.** F *argent* durchbringen; F auf den
Kopf hauen **3.** F *travail* **claquer qn** F j-n
schlauchen **II** *v/i* **4.** *drapeau* knattern (*au vent*
im Wind); *porte* zuschlagen; *volet* schlagen;
fouet, coup de feu knallen; *claquer des dents*
mit den Zähnen klappern; *faire claquer ses
doigts, sa langue* mit den Fingern, mit der
Zunge schnalzen **5.** F (*mourir*) F ins Gras bei-
ßen; *l'affaire lui a claqué dans la main* F die
Sache ist danebengegangen **III** *v/pr* **6.** F *se cla-
quer* (*pour qc*) F schuften (für etw) **7.** *se cla-
quer un muscle* sich (*dat*) e-n Muskel zerren
claquette [klakɛt] *f* **1.** CIN Klappe *f* **2.** *claquet-
tes pl* Stepp(tanz) *m*; *danseur m à claquettes*
Stepptänzer *m*
clarification [klaʀifikasjɔ̃] *f d'une situation*
Klärung *f*; Aufhellung *f*
clarifier [klaʀifje] *v/t* klären
clarinette [klaʀinɛt] *f* Klarinette *f*
clarinettiste [-ist] *m,f* Klarinettist(in) *m(f)*
clarté [klaʀte] *f* **1.** Helle *f*; Helligkeit *f*; Licht
(-schein) *n(m)*; *clarté du jour* Tageslicht *n* **2.**
de l'eau, fig de la langue, etc Klarheit *f*
▸ **classe** [klɑs] *f* **1.** *sociale*, CH DE FER, AVIAT,
BIOL, *etc* Klasse *f*; *classes moyennes* Mittel-
stand *m*; *classe ouvrière* Arbeiterklasse *f*;
classe d'âge Altersgruppe *f*, -klasse *f* **2.** ÉCO-
LE Klasse *f*; (*cours*) Schule *f*; Unterricht *m*;
rentrée f des classes Schulbeginn *m*, -anfang
m; (*salle f de*) *classe* Klasse(nzimmer) *f(n)*;
classe verte Schullandheim *n*; *classe de nei-
ge* Skilager *n*; *en classe* in der Schule; im Un-
terricht; *aller en classe* in die, zur Schule ge-
hen; *faire la classe* unterrichten; Schule hal-
ten; Unterricht erteilen **3.** *fig* Klasse *f*; Rang
m; Format *n*; *avoir de la classe* erstklassig
sein; Format haben; große Klasse sein; *femme
a apart sein* **4.** (*soldat m de*) *deuxième classe*
m Grenadier *m* **5.** MIL (*année*) Jahrgang *m*;
classe 1998 Jahrgang 1998
classement [klɑsmɑ̃] *m* **1.** An-, Einordnung *f*;
Klassifizierung *f* **2.** ÉCOLE Bewertung *f*; SPORTS
Wertung *f*; Tabelle *f*
classer [klɑse] **I** *v/t* **1.** (*ranger*) (an-, ein)ordnen;
sortieren; einstufen; *a* BOT, ZO einteilen; klas-
sifizieren; *être classé monument historique*
unter Denkmalschutz stehen **2.** *documents* ab-
legen; *dossier* schließen; *fig affaire* ad acta, zu
den Akten legen; *affaire classée* abgeschlos-
sene Sache **3.** F *péj* *classer qn* j-n taxieren,
durchschauen **II** *v/pr* *se classer parmi les
... zu den ... gehören, zählen
classeur [klɑsœʀ] *m en carton* Ordner *m*; *meu-
ble* Aktenschrank *m*
classicisme [klasisism] *m* Klassik *f*; Klassizis-
mus *m*
classification [klasifikasjɔ̃] *f* Klassifizierung *f*
classifier [-fje] *v/t* (in Klassen) einteilen; klas-
sifizieren

classique [klasik] **I** *adj* **1.** *littérature, musique,
Antiquité* klassisch; *architecture, peinture, style*
klassizistisch; *auteur m classique* Klassiker
m; klassischer Autor; *lycée m classique* hu-
manistisches Gymnasium **2.** *fig* (*courant*) klas-
sisch; herkömmlich; konventionell; typisch; F
c'est (*le coup*) *classique* das ist immer so (in
solchen Fällen) **3.** *fig* (*qui fait autorité*) klas-
sisch; mustergültig **II** *m* Klassiker *m*
claudication [klodikasjɔ̃] *f* Hinken *n*
clause [kloz] *f* Klausel *f*; Bestimmung *f*
claustré [klostʀe] *p/p* ⟨∼e⟩ *rester claustré*
(*chez soi*) sich zu Hause verkriechen
claustrophobe [klostʀofɔb] *adj* an Klaustro-
phobie, F Platzangst leidend
claustrophobie [-i] *f* Klaustrophobie *f*; F Platz-
angst *f*
clavecin [klavsɛ̃] *m* Cembalo *n*
clavette [klavɛt] *f* (Einlege-, Treib)Keil *m*
clavicule [klavikyl] *f* Schlüsselbein *n*
▸ **clavier** [klavje] *m* MUS Klaviatur *f*; *d'un ordi-
nateur, etc* Tastatur *f*; Tastenfeld *n*
claviste [klavist] *m,f* Texterfasser(in) *m(f)*;
TYPO Taster(in) *m(f)*
clayette [klɛjɛt] *f* Traggitter *n*, -rost *m*
clayonnage [klɛjɔnaʒ] *m* Flechtwerk *n*
▸ **clé** [kle] *f* **1.** Schlüssel *m*; *clé de contact*
Zündschlüssel *m*; *clé de voiture* Autoschlüs-
sel *m*; *fermer à clé* ab-, zuschließen, -sperren;
verschließen; *maison clés en main* schlüssel-
fertig; *sous clé* unter Verschluss; eingesperrt;
mettre sous clé weg-, einschließen; *laisser la
clé sur la porte* den Schlüssel stecken lassen;
fig prendre la clé des champs das Weite su-
chen **2.** TECH (Schrauben)Schlüssel *m*; *clé Al-
len* [alɛn] Inbusschlüssel *m*; *clé anglaise* Eng-
länder *m*; Franzose *m* **3.** *fig* Schlüssel *m* (*de qc*)
zu etw); *la clé de l'énigme* des Rätsels Lösung
f; *roman m à clé(s)* Schlüsselroman *m* **4.** *adj*
Schlüssel...; entscheidend; wesentlich; *per-
sonnage m clé* Schlüsselfigur *f*; *position f
clé* Schlüsselstellung *f* (*a* MIL) **5.** MUS (Noten)-
Schlüssel *m*; *fig récompense* **à la clé** in Aus-
sicht **6.** *clé de voûte* ARCH Schlussstein *m*;
fig Grundlage *f*
clébard [klebaʀ] *m ou* **clebs** [klɛps] *m* F Köter
m
clef [kle] *f* → *clé*
clématite [klematit] *f* Klematis *f*
clémence [klemɑ̃s] *f* Milde *f*
clément [-ɑ̃] *adj* ⟨**-ente** [-ɑ̃t]⟩ mild(e)
clémentine [klemɑ̃tin] *f* Klementine *f*
clémentinier [-je] *m* Klementinenbaum *m*
Cléopâtre [kleopatʀ] *f* HIST Kleopatra *f*
cleptomane, **cleptomanie** → **kleptomane**,
kleptomanie
clerc [klɛʀ] *m* *clerc de notaire* Notariatsgehil-
fe *m*; *fig* *pas besoin d'être grand clerc* man
braucht kein großes Kirchenlicht zu sein
(*pour* + *inf* um zu + *inf*)
clergé [klɛʀʒe] *m* Klerus *m*; Geistlichkeit *f*
clérical [kleʀikal] *adj* ⟨∼e; **-aux** [-o]⟩ **1.** ÉGL
geistlich; klerikal **2.** POL *et péj* klerikal; kleri-
kalistisch
cléricalisme [kleʀikalism] *m* POL *et péj* Klerika-
lismus *m*
Clermont-Ferrand [klɛʀmɔ̃feʀɑ̃] *Stadt im Dep.
Puy-de-Dôme*

clic [klik] **I** *int* klick! **II** *m* **1.** Klicken *n* **2.** INFORM *clic* (*de la souris*) Mausklick *m*; *double clic* Doppelklick *m*

clic-clac *m* ⟨*inv*⟩ Bettcouch *f*; Schlafcouch *f*

cliché [kliʃe] *m* **1.** PHOT Negativ *n* **2.** *fig* Klischee *n*; Gemeinplatz *m*

▸ **client** [klijã] *m*, **cliente** [klijãt] *f* COMM Kunde *m*, Kundin *f*; *d'un taxi a* Fahrgast *m*; *d'un hôtel, café* Gast *m*; MÉD Patient(in) *m*(*f*); JUR Klient(in) *m*(*f*); Mandant(in) *m*(*f*); ÉCON *d'un pays* Abnehmer *m*; *prix à la tête du client* je nachdem wie der Kunde eingeschätzt wird

clientèle [klijãtɛl] *f* COMM Kunden(kreis) *m/pl*(*m*); Kundschaft *f*; *d'un hôtel, café* Gäste *m/pl*; MÉD Patienten *m/pl*; JUR Klientel *f*; *fig* **clientèle électorale** Wähler *m/pl*; Anhänger *m/pl*; **clientèle d'habitués** Stammkundschaft *f ou* -gäste *m/pl*; **clientèle de passage** Laufkundschaft *f*

clignement [kliɲmã] *m* **clignement d'yeux** Blinzeln *n*

cligner [kliɲe] *v/t*/*indir* **cligner des yeux** blinzeln; die Augen zusammenkneifen; **cligner de l'œil à qn** j-m zublinzeln, zuzwinkern

▸ **clignotant** [kliɲɔtã] *m* **1.** AUTO Blinker *m* **2.** *fig* Warnsignal *n*

clignotement [kliɲɔtmã] *m* **1.** *de lumières* Blinken *n* **2.** *d'yeux* Blinzeln *n*

clignoter [kliɲɔte] *v/i* blinken; **feu clignotant** Blinklicht *n*

clim [klim] F *f* → **climatisation**

▸ **climat** [klima] *m* Klima *n* (*a fig*)

climatique [klimatik] *adj* klimatisch; Klima…; **station f climatique** Luftkurort *m*

climatisation [klimatizasjõ] *f* **1.** Klimatisierung *f* **2.** *dispositif* Klimaanlage *f*

climatiser [klimatize] *v/t* klimatisieren; *adjt* **climatisé** klimatisiert

climatiseur [klimatizœr] *m* Klimaanlage *f*

climatologie [klimatɔlɔʒi] *f* Klimatologie *f*; Klimakunde *f*

climatologique [-ik] *adj* klimatologisch; Klima…

clin [klɛ̃] *m* **clin(s) d'œil, clins d'yeux** Blinzeln *n*; Zwinkern *n*; **en un clin d'œil** im Nu; im Handumdrehen; **faire un clin d'œil à qn** j-m zublinzeln, zuzwinkern

clinicien [klinisjɛ̃] *m* praktizierender Arzt

▸ **clinique** [klinik] **I** *adj* klinisch **II** *f* (Privat)Klinik *f*

clinquant [klɛ̃kã] **I** *adj* ⟨**-ante** [-ãt]⟩ kitschig **II** *m* Flitter(kram) *m*; Talmi *n*

clip [klip] *m* Klipp *ou* Clip *m*

clipper [klipœr] *m* MAR HIST Klipper *m*; Schnellsegler *m*

clique [klik] *f* **1.** *péj* Clique *f*; Klüngel *m* **2.** Musikzug *m*

cliquer [klike] *v/i* INFORM klicken; **cliquer sur qc** etw anklicken

cliques [klik] *f/pl* F **prendre ses cliques et ses claques** F mit Sack und Pack abziehen

cliquet [klikɛ] *m* TECH Sperrklinke *f*

cliqueter [klikte] *v/i* ⟨**-tt-**⟩ klirren; klappern

cliquetis [-ti] *m* Klirren *n*; Klappern *n*

clitoris [klitɔris] *m* Kitzler *m*; Klitoris *f*

clivage [klivaʒ] *m* Spaltung *f* (*a fig*)

cloaque [klɔak] *m* Kloake *f*

clochard [klɔʃar] *m*, **clocharde** [-ard] *f* Stadt-

streicher(in) *m*(*f*); F Penner *m*

clochardisation [-ardizasjõ] *f* Verelendung *f*; Verwahrlosung *f*

▸ **cloche** [klɔʃ] *f* **1.** Glocke *f*; F *fig* **sonner les cloches à qn** F j-n herunterputzen; F j-m den Marsch blasen **2.** **cloche à fromage** Käseglocke *f* **3.** F *fig* **se taper la cloche** schlemmen; F sich (*dat*) den Bauch vollschlagen **4.** F *fig* **quelle cloche!**, *adjt* **ce qu'il est cloche!** F ist der dämlich, dusselig! **5.** F **la cloche** die Penner *m/pl*

cloche-pied: **à cloche-pied** auf e-m Bein (**sauter** hüpfen)

▸ **clocher**[1] [klɔʃe] *m* Kirchturm *m*; Glockenturm *m*; *fig* **esprit m de clocher** Lokalpatriotismus *m*; Engstirnigkeit *f*

clocher[2] *v/i* **il y a qc qui cloche** da stimmt etwas nicht

clocheton [klɔʃtõ] *m* Türmchen *n*

clochette [klɔʃɛt] *f* Glöckchen *n*; Schelle *f*

clodo(t) [klɔdo] F *m* → **clochard**

cloison [klwazõ] *f* **1.** (Zwischen)Wand *f*; Trennwand *f* **2.** BOT, ANAT Scheidewand *f*

cloisonnage [klwazɔnaʒ] *m* **1.** Einziehen *n* von Wänden **2.** Zwischen-, Trennwände *f/pl*

cloisonné [klwazɔne] *m* ⟨**~e**⟩ *fig* (gegeneinander) abgeschirmt; abgekapselt

cloisonnement [-mã] *m fig* Abkapselung *f*

cloisonner [-e] *v/t* durch Trennwände (ab)teilen

cloître [klwatr] *m* Kreuzgang *m*

cloîtrer [klwatre] *v/pr* **se cloîtrer** sich ganz zurückziehen

clonage [klonaʒ] *m* Klonen *n*

clone [klon] *m* Klon *m*

cloner [klone] *v/t* klonen

clope [klɔp] F **1.** *m* (*mégot*) F Kippe *f* **2.** *f* (*cigarette*) F Glimmstängel *m*

cloper [klɔpe] F *v/i* rauchen; F paffen

clopin-clopant [klɔpɛ̃klɔpã] F *adv* **aller, marcher clopin-clopant** humpeln

clopinettes [klɔpinɛt] *f/pl* F **des clopinettes** gar nichts

cloporte [klɔpɔrt] *m* (Keller)Assel *f*

cloque [klɔk] *f* Blase *f*

cloqué [klɔke] *adj* ⟨**~e**⟩ **tissu cloqué** Cloqué *m*; Blasenkrepp *m*

clore [klɔr] *v/t* ⟨*déf*: **je clos, tu clos, il clôt, ils closent; je clorai; que je close; clos**⟩ *séance* schließen; *débat* abschließen

clos [klo] **I** *p/p* → **clore** *et adj* ⟨**close** [kloz]⟩ geschlossen; *fig* **l'incident est clos** der Zwischenfall ist erledigt **II** *m* **1.** eingefriedetes Grundstück **2.** Weinberg *m*

clôture [klotyr] *f* **1.** Zaun *m*; Einfriedung *f* **2.** ADM, COMM (Ab)Schluss *m*; Schließung *f*

clôturer [klotyre] *v/t* **1.** *terrain* einfrieden; einzäunen **2.** *débat, etc* abschließen; *séance* schließen

▸ **clou** [klu] *m* **1.** Nagel *m*; **maigre comme un clou** spindel-, klapperdürr; *fig* **river son clou à qn** j-m den Mund stopfen; *fig* **ça ne vaut pas un clou** das ist keinen Pfifferling wert **2.** F **clous** *pl* (*passage clouté*) Fußgängerüberweg *m* **3.** *fig* (*attraction*) Höhepunkt *m*; Clou *m* **4.** MÉD Furunkel *m* **5.** F **un vieux clou** *véhicule* F ein alter Klapperkasten **6.** F (*mont-de-piété*) **mettre qc au clou** etw versetzen **7.** F **des**

clous! nichts da!; F von wegen!; F denkste!
clouer [klue] *v/t* **1.** (zusammen-, an-, fest)nageln **2.** *fig maladie* **clouer qn au lit** j-n ans Bett fesseln; *rester cloué (sur place)* wie angewurzelt stehen bleiben
clouté [klute] *adj* ⟨**~e**⟩ mit Nägeln beschlagen; *passage clouté* Fußgängerüberweg *m*
clovisse [klɔvis] *f* Venusmuschel *f*
clown [klun] *m* Clown *m*
clowneries [klunʀi] *f/pl* Possen *m/pl*; Faxen *f/pl*
clownesque [klunɛsk] *adj* clownesk; Clowns…
▸ **club** [klœb] *m* **1.** Klub *ou* Club *m*; Verein *m*; *club de vacances* Ferienklub *m* **2.** (*fauteuil m*) *club* Klubsessel *m* **3.** *de golf* Golfschläger *m*
Clusaz La Clusaz [laklyza] *Wintersportort im Departement Haute-Savoie*
cluse [klyz] *f* Schlucht *f*
cm *abr* (*centimètre*) cm
cm² *abr* (*centimètre[s] carré[s]*) cm² (Quadratzentimeter)
cm³ *abr* (*centimètre[s] cube[s]*) cm³ (Kubikzentimeter)
CM₁ [seɛmɛ̃] *m abr*, **CM₂** [seɛmdø] *m abr* → *cours*
CNED [knɛd] *m abr* (*Centre national d'enseignement à distance*) staatliches französisches Fernlehrinstitut
CNES [knɛs] *m abr* (*Centre national d'études spatiales*) Französisches Raumfahrtforschungszentrum
CNPF [seɛnpeɛf] *m abr* (*Conseil national du patronat français*) HIST *frz* Arbeitgeberverband
CNRS [seɛnɛʀɛs] *m abr* (*Centre national de la recherche scientifique*) *correspond à* Max--Planck-Gesellschaft *f*
c/o *abr* (*care of*; *aux bons soins de*) bei
co… [ko] *préfixe* Ko…; Mit…; ko…; mit…
coaccusé(e) *m(f)* Mitangeklagte(r) *f(m)*
coach [kotʃ] *m* zweitüriger Wagen; F Zweitürer *m*
coacquéreur *m* Miterwerber *m*
coagulable [kɔagylabl] *adj* gerinnungsfähig; koagulierbar
coagulant [-ɑ̃] *m* Koagulans *n*; (blut)gerinnungsförderndes Mittel; CHIM *a* Flockungsmittel *n*
coagulation [-asjɔ̃] *f* Gerinnung *f*; Koagulation *f*
coaguler [kɔagyle] **I** *v/t* gerinnen lassen **II** *v/i* (*et v/pr* **se**) **coaguler** gerinnen; koagulieren
coalisé [kɔalize] *adj* ⟨**~e**⟩ verbündet; Koalitions…
coaliser [kɔalize] *v/pr* **se coaliser** sich verbünden; koalieren
coalition [kɔalisjɔ̃] *f* Koalition *f*; Bündnis *n*
coassement [kɔasmɑ̃] *m de la grenouille* Quaken *n*
coasser [-e] *v/i* quaken
coassocié(e) *m(f)* (Mit)Teilhaber(in) *m(f)*; Partner(in) *m(f)*
coauteur *m* Mitverfasser *m*; Koautor *m*
coaxial [kɔaksjal] *adj* ⟨**~e**; **-aux** [-o]⟩ TECH koaxial
cobalt [kɔbalt] *m* Kobalt *n*
cobaye [kɔbaj] *m* Meerschweinchen *n*; *fig* ***servir de cobaye*** als Versuchskaninchen dienen
Coblence [kɔblɑ̃s] Koblenz *n*

cobra [kɔbʀa] *m* Kobra *f*
coca¹ [kɔka] *f* BOT Koka(strauch) *f(m)*
coca² [kɔka] *m abr* (*coca-cola*) Coke *n*; F Cola *f ou n*
coca-cola® [kɔkakɔla] *m* ⟨*inv*⟩ Coca-Cola® *n ou f*
cocagne [kɔkaɲ] *f* **1.** ***pays*** *m* ***de cocagne*** Schlaraffenland *n* **2.** ***mât*** *m* ***de cocagne*** Klettermast *m*
cocaïne [kɔkain] *f* Kokain *n*
cocaïnomane [kɔkainɔman] *m,f* Kokainsüchtige(r) *f(m)*; F Kokser(in) *m(f)*
cocaïnomanie [-i] *f* Kokainsucht *f*
cocarde [kɔkaʀd] *f* Kokarde *f*
cocardier [kɔkaʀdje] *adj* ⟨**-ière** [-jɛʀ]⟩ chauvinistisch
cocasse [kɔkas] *adj* spaßig; lustig; ulkig
cocasserie [-ʀi] *f* Komik *f*; Komische(s) *n*
coccinelle [kɔksinɛl] *f* **1.** ZO Marienkäfer *m* **2.** F AUTO Käfer *m*
coccyx [kɔksis] *m* Steißbein *n*
coche [kɔʃ] *m* Kutsche *f*; F *fig* ***rater le coche*** die Gelegenheit verpassen
cocher¹ [kɔʃe] *m* Kutscher *m*
cocher² *v/t* abhaken; markieren
cochère [kɔʃɛʀ] *adj f* ***porte cochère*** Toreinfahrt *f*; Torweg *m*
▸ **cochon** [kɔʃɔ̃] **I** *m* **1.** ZO Schwein *n*; CUIS Schweinefleisch *n*; ***cochon d'Inde*** Meerschweinchen *n*; ***cochon de lait*** Spanferkel *n*; *fig* ***temps*** *m* ***de cochon*** F Sauwetter *n*; ***ils sont copains comme cochons*** F sie sind dicke Freunde; *enfant* ***faire le cochon pendu*** den Kniehang machen; ***manger comme un cochon*** F wie ein Schwein essen **2.** F *fig personne* (*a au moral*) F Schwein *n*; P Sau *f*; *enfant* F Ferkel *n*; F Dreckspatz *m*; ***tour*** *m* ***de cochon*** übler Streich; ***avoir une tête de cochon*** ein Dickkopf, F -schädel sein **II** *adj* ⟨**-onne** [-ɔn]⟩ F **3.** *personne* F schmudd(e)lig **4.** *histoire* schweinisch; zotig; P säuisch
cochonnaille [kɔʃɔnaj] F *f* CUIS Schweinerne(s) *n*
cochonne [kɔʃɔn] *f* F Schlampe *f*; *enfant* F Ferkel *n*
cochonner [kɔʃɔne] *v/t* **1.** *travail* hinschludern, -schlampen **2.** (*salir*) F verdrecken; P versauen
cochonnerie [kɔʃɔnʀi] *f* F **1.** (*saleté*) Schmutz *m*; F Dreck *m* **2.** (*chose sans valeur*) Schund *m*; F Mist *m*; F Dreck *m*; *nourriture* F (Schlangen)Fraß *m* **3.** ***raconter des cochonneries*** Schweinereien *f/pl*, Zoten *f/pl* erzählen; F schweinigeln
cochonnet [kɔʃɔnɛ] *m* Zielkugel *f* (*beim Boulespiel*)
cocker [kɔkɛʀ] *m* Cockerspaniel *m*
cockpit [kɔkpit] *m* Cockpit *n*
cocktail [kɔktɛl] *m* **1.** Cocktail *m* **2.** Cocktail(-party) *m(f)* **3.** ***cocktail Molotov*** Molotowcocktail *m*
coco¹ [koko] *m* ***noix*** *f* ***de coco*** Kokosnuss *f*
coco² *m* **1.** *enf* (*œuf*) Ei *n* **2.** ***mon coco*** mein Schatz *m* **3.** *péj* ***un drôle de coco*** F ein sauberes Früchtchen
coco³ *f* F (*cocaïne*) F Koks *m*
cocon [kɔkɔ̃] *m* Kokon *m*
cocooning [kɔkuniŋ] *m* häusliche Gemütlich-

keit
cocorico [kɔkɔʀiko] *m* Kikeriki *n*
cocoter [kɔkɔte] *v/i* F miefen
cocotier [kɔkɔtje] *m* Kokospalme *f*
cocotte[1] [kɔkɔt] *f* **1.** enf (*poule*) Henne *f*; *enf* Putput *n*; *cocotte en papier* aus Papier gefalteter Vogel **2.** *ma cocotte* (mein) Schätzchen *n* **3.** *péj* Halbweltdame *f*; Kokotte *f*
cocotte[2] *f* Schmortopf *m*; *cocotte minute* Schnellkochtopf *m*
cocu [kɔky] F *m* betrogener, F gehörnter Ehemann; *litt* Hahnrei *m*; *fig avoir une veine de cocu* F Dusel haben; *faire qn cocu* F j-m Hörner aufsetzen
cocufier [kɔkyfje] *v/t* F *cocufier qn* j-n betrügen; F j-m Hörner aufsetzen
codage [kɔdaʒ] *m* Kodierung *f*
code [kɔd] *m* **1.** *Code civil* Bürgerliches Gesetzbuch (*abr* BGB); *code pénal* Strafgesetzbuch *n*; ▸ *code de la route* Straßenverkehrsordnung *f* **2.** F (*code de la route*) Verkehrsregeln *f/pl*; *examen* theoretische Fahrprüfung; *codes pl* Abblendlicht *n*; *se mettre en code(s)* abblenden **3.** *fig* Kodex *m* **4.** (*système de symboles*) Kode *ou* Code *m* **5.** *code confidentiel, secret* Geheimnummer *f*; ▸ *code postal* Postleitzahl *f*; *code de la banque* Bankleitzahl *f*

Le Code civil

Der **Code civil** ist das französische Gesetzbuch zum Zivilrecht, das durch Napoleon Bonaparte am 21. März 1804 eingeführt wurde und noch heute in wesentlichen Teilen in Frankreich Gültigkeit hat. Da zu diesem Zeitpunkt im Süden Frankreichs das römische Recht, im Norden überliefertes Gewohnheitsrecht herrschte, wollte Napoleon mit dem Code civil eine Rechtsvereinheitlichung erreichen. Er schuf damit ein bedeutendes Gesetzeswerk, dessen Wirkung nicht auf Frankreich beschränkt blieb, sondern sich in West- und Südeuropa und auch in Nord- und Südamerika verbreitete. 1808 wurde der Code civil ins Deutsche übersetzt und fand Anwendung in Westphalen.

---

code-barres *m* ⟨**codes-barres**⟩ Strichkode *m*
coder [kɔde] *v/t* kodieren *ou* codieren; *par ext* verschlüsseln
codétenteur *m*, **codétentrice** *f* JUR Mitbesitzer(in) *m(f)*; Mitinhaber(in) *m(f)*
codétenu(e) *m(f)* Mitgefangene(r) *f(m)*
codex [kɔdɛks] *m* (*französisches*) Arzneibuch
codification [kɔdifikasjõ] *f* Kodifizierung *f*
codifier [-fje] *v/t* kodifizieren
codirecteur *m*, **codirectrice** *f* *d'un journal* Mitherausgeber(in) *m(f)*
coédition *f* Koedition *f*
coefficient [kɔefisjã] *m* Koeffizient *m*; *d'une matière d'examen* Notengewicht *n*

coéquipier *m*, **coéquipière** *f* Mannschaftskamerad(in) *m(f)*
coercitif [kɔɛʀsitif] *st/s adj* ⟨-**ive** [-iv]⟩ Zwangs...; *mesures coercitives* Zwangsmaßnahmen *f/pl*
coercition [kɔɛʀsisjõ] *st/s f* Zwang *m*
▸ **cœur** [kœʀ] *m* **1.** ANAT Herz *n*; *opération f à cœur ouvert* Operation *f* am offenen Herzen; *avoir le cœur qui bat* Herzklopfen haben **2.** *fig* Herz *n*; *coup m de cœur* Liebe *f* auf den ersten Blick; *femme f de cœur* Frau *f* mit Herz; *de bon cœur, de grand cœur* donner, *accepter* von Herzen gern; herzlich gern; *rire* herzlich; *de tout son cœur* von ganzem Herzen; ▸ *par cœur* auswendig; *sans cœur* herzlos; *avoir bon cœur, du cœur* ein gutes Herz haben; *il a le cœur gros* ihm ist schwer ums Herz; *je n'ai pas eu le cœur de* (+ *inf*) ich habe es nicht übers Herz gebracht zu (+ *inf*); *je veux en avoir le cœur net* ich möchte Gewissheit haben, ganz sicher sein; *avoir le cœur sur la main* sehr großzügig sein; *si le cœur vous en dit* wenn Sie Lust (dazu) haben; *donner à qn du cœur à l'ouvrage* j-m Auftrieb geben; *faire mal au cœur à qn* j-m (in der Seele) wehtun; *faire le joli cœur* den Charmeur spielen; *parler à cœur ouvert* offen, freimütig sprechen; *prendre qc à cœur* sich (*dat*) etw zu Herzen nehmen; *cela lui tient à cœur* das liegt ihm *ou* ihr am Herzen **3.** (*estomac*) *j'ai mal au cœur* mir ist *ou* wird schlecht, übel; *ça me donne mal au cœur ou ça me soulève le cœur* da dreht sich mir der Magen um **4.** *fig* (*centre*) Mittelpunkt *m*; Mitte *f*; Kern *m*; *au cœur de* mitten in (+ *dat ou acc*); *5 aux cartes* Herz *n*; *as m de cœur* Herzass *n* **5.** *de salade* Herz *n*; *d'un fruit* Innere(s) *n*; *cœur de palmier* Palm(en)herz *n*
cœur-poumon *m* ⟨**cœurs-poumons**⟩ *cœur--poumon artificiel* Herz-Lungen-Maschine *f*
coexistence *f* Nebeneinanderbestehen *n*; *coexistence pacifique* friedliche Koexistenz
coexister *v/i* gleichzeitig, nebeneinander existieren, bestehen
coffrage [kɔfraʒ] *m* (Ver)Schalung *f*
coffre [kɔfʀ] *m* **1.** Truhe *f*; *coffre à jouets* Spiel(zeug)kiste *f* **2.** AUTO Kofferraum *m* **3.** → *coffre-fort* **4.** F *fig avoir du coffre* e-e kräftige Stimme haben
coffre-fort [kɔfʀəfɔʀ] *m* ⟨**coffres-forts**⟩ Safe *m*; Panzer-, Geldschrank *m*; Tresor *m*
coffrer [kɔfʀe] *v/t* **1.** F *se faire coffrer* F eingelocht werden **2.** CONSTR (ver-, ein)schalen
coffret [kɔfʀɛ] *m* Kästchen *n*; Schatulle *f*; Kassette *f* (*a pour disques, livres*)
cogérance *f* JUR Mitgeschäftsführung *f*; *au sens strict* Mitpacht *f*
cogérer [-e] *v/t* ⟨-**è**-⟩ mitverwalten; mitbestimmen in (+*dat*)
cogestion *f* Mitbestimmung *f*
cogitations [kɔʒitasjõ] *f/pl* Gedanken *m/pl*; Überlegungen *f/pl*
cogiter [-e] *v/i* (nach)denken; überlegen
cognac [kɔɲak] *m* Kognak *m*; → *Info bei digestif*
cognassier [kɔɲasje] *m* Quittenbaum *m*
cogne [kɔɲ] *m* F *péj* Bulle *m*
cognée [kɔɲe] *f* (Holzfäller)Axt *f*

cognement [kɔɲmɑ̃] *m* Klopfen *n* (*a d'un moteur*); *d'un moteur Diesel* Nageln *n*
cogner [kɔɲe] **I** *v/t* **1.** (*heurter*) **cogner qc** an etw (*acc*) anstoßen; **cogner qn** j-n anstoßen, F anrempeln **2.** F (*battre*) verprügeln; F verhauen **II** *v/i* klopfen (*a moteur*); pochen; schlagen; *moteur Diesel* nageln **III** *v/pr* **se cogner à, contre qc** gegen etw stoßen
cognition [kɔɲnisjɔ̃] *f* Erkenntnis *f*
cohabitation *f* **1.** Zusammenleben *n*, -wohnen *n* **2.** POL Zusammenarbeit *f* zwischen dem Staatspräsidenten und der e-r anderen politischen Richtung zugehörigen Regierung

---

La cohabitation

Dabei handelt es sich um ein besonderes Machtverhältnis in der französischen Regierung. Man spricht von **cohabitation**, wenn der in direkter Wahl vom Volk gewählte Staatspräsident (président de la République) aus einem anderen politischen Lager stammt als die Partei, die die Parlamentswahlen gewonnen hat, daraufhin die Regierung bildet und den Premierminister (Premier ministre) stellt. Staatspräsident und Premierminister müssen sich dann bemühen, eine effiziente Regierungsarbeit zustande zu bringen, ohne sich ständig gegenseitig zu blockieren. Zur ersten cohabitation kam es 1986, als François Mitterrand (Parti socialiste) Jacques Chirac (damals RPR) als Folge des Sieges der Bürgerlichen bei den Parlamentswahlen zum Premier ministre ernannte. Diese erste cohabitation dauerte von 1986 bis 1988. Zwischen 1993 und 1995 sowie 1997 und 2002 gab es weitere cohabitations.

---

cohabiter *v/i* zusammenleben, zusammen wohnen (**avec** mit)
cohérence [kɔeʀɑ̃s] *f de vues, d'un système* Zusammenhang *m*; Kohärenz *f*; *d'un groupe* Zusammenhalt *m*
cohérent [kɔeʀɑ̃] *adj* ⟨**-ente** [-ɑ̃t]⟩ zusammenhängend
cohéritier *m*, **cohéritière** *f* Miterbe *m*, -erbin *f*
cohésion [kɔezjɔ̃] *f* **1.** PHYS Kohäsion *f* **2.** *fig* Zusammenhalt *m*
cohorte [kɔɔʀt] F *f* Trupp *m*; Gruppe *f*
cohue [kɔy] *f* Gedränge *n*; Gewühl *n*; (*foule*) Menschenmenge *f*
coi [kwa] *adj* ⟨**coite** [kwat]⟩ **se tenir coi** still sein; **il en resta coi** es verschlug ihm die Sprache
coiffant [kwafɑ̃] *adj* ⟨**-ante** [-ɑ̃t]⟩ **1.** Haar...; **gel coiffant** Haargel *n* **2.** *coupe de cheveux* kleidsam
coiffe [kwaf] *f* (Trachten)Haube *f*
coiffé [kwafe] *adj* ⟨∼**e**⟩ **1. bien, mal coiffé** gut, unordentlich frisiert **2. être coiffé d'une casquette** e-e Mütze auf dem Kopf haben, aufha-

ben
coiffer [kwafe] **I** *v/t* **1.** (*peigner*) frisieren **2.** *fig* (*contrôler*) übergeordnet sein (+ *dat*); kontrollieren **3.** SPORTS **coiffer au poteau** um e-e Nasenlänge schlagen (*a fig*) **II** *v/pr* ▸ **se coiffer** sich frisieren
▸ **coiffeur** [kwafœʀ] *m* Friseur *m*; **coiffeur pour dames** Damenfriseur *m*
▸ **coiffeuse** [kwaføz] *f* **1.** Friseuse *f* **2.** Frisierkommode *f*, -tisch *m*
▸ **coiffure** [kwafyʀ] *f* **1.** Frisur *f*; Haartracht *f* **2.** (*couvre-chef*) Kopfbedeckung *f*
▸ **coin** [kwɛ̃] *m* **1.** Ecke *f*; Eck *n*; (*angle*) Winkel *m*; **coin cuisine** Kochnische *f*; CH DE FER **coin fenêtre** Fensterplatz *m*; **coin de l'œil** Augenwinkel *m*; *fig* **sourire** *m* **en coin** hämisches Lächeln; **au coin du feu** am Kamin; **aux quatre coins du monde** überall auf der Welt; **au coin de la rue** an der Straßenecke; F *fig* **ça t'en bouche un coin** F da staunste, biste platt; **jouer aux quatre coins** „Bäumchen, wechsle dich" spielen **2.** (*endroit*) Fleckchen *n* (Erde); **un coin de terre** ein Stück *n* Land; **vous êtes du coin?** sind Sie von hier, aus der Gegend? **3.** F *fig* **le petit coin** F das (stille) Örtchen; **aller au petit coin** F mal (verschwinden) müssen **4.** TECH Keil *m*
coincement [kwɛ̃smɑ̃] *m* TECH Verklemmtsein *n*
coincer [kwɛ̃se] ⟨-ç-⟩ **I** *v/t* **1.** einklemmen; TECH ver-, festkeilen; *adj* **être coincé** TECH klemmen; *dans la foule, etc* eingekeilt sein **2.** F *fig* (*coller*) **coincer qn** j-n in die Enge treiben **3.** F *fig voleur* F schnappen **II** *v/pr* **4.** *mécanisme* **se coincer** sich verklemmen **5.** **se coincer le doigt** sich (*dat*) den Finger einklemmen
coïncidence [kɔɛ̃sidɑ̃s] *f* Zusammentreffen *n*; Fügung *f*; Zufall *m*
coïncident [-ɑ̃] *adj* ⟨**-ente** [-ɑ̃t]⟩ MATH kongruent; deckungsgleich
coïncider [kɔɛ̃side] *v/i* **1.** *dates* (zeitlich) zusammentreffen, fallen (**avec** mit) **2.** *témoignages* (miteinander) übereinstimmen; sich decken **3.** MATH deckungsgleich, kongruent sein
coin-coin [kwɛ̃kwɛ̃] *int* quak, quak!
co-inculpé(e) *m(f)* Mitbeschuldigte(r) *f(m)*
coing [kwɛ̃] *m* Quitte *f*
coït [kɔit] *m* Beischlaf *m*; Koitus *m*
coke[1] [kɔk] *m* Koks *m*
coke[2] F *f* (*cocaïne*) F Koks *m*; F Schnee *m*
cokerie [kɔkʀi] *f* Kokerei *f*
▸ **col** [kɔl] *m* **1.** Kragen *m*; **col droit** Stehkragen *m*; **faux col** abknöpfbarer Kragen; *fig d'un verre de bière* Schaum *m*; F **pull** *m* **à col roulé** Rollkragenpulli *m* **2.** *fig* **cols blancs** Angestellte(n) *m/pl*; F **cols bleus** F blaue Jungs *m/pl* **3.** *d'un récipient*, ANAT Hals *m*; **col du fémur, de l'utérus** Oberschenkel-, Gebärmutterhals *m* **4.** GÉOGR (Gebirgs)Pass *m*
colback [kɔlbak] *m* F **attraper qn par le colback** F j-n am Schlafittchen packen
colchique [kɔlʃik] *m* Herbstzeitlose *f*
coléoptère [kɔleɔptɛʀ] *m* Käfer *m*
▸ **colère** [kɔlɛʀ] *f* **1.** Zorn *m*; *p/fort* Wut *f*; **être dans une colère noire** vor Wut kochen; F fuchsteufelswild sein; **être en colère** (**contre qn**) zornig, böse, wütend sein (auf, über j-n); **mettre qn en colère** j-n zornig, böse, wütend

machen **2.** *accès* Wutanfall *m*, -ausbruch *m*; F **piquer une colère** e-n Wutanfall, F e-n Koller kriegen
coléreux [kɔleʀø] *adj* ⟨**-euse** [-øz]⟩ *ou* **colérique** [-ik] *adj* jähzornig; aufbrausend; cholerisch
colibacille [kɔlibasil] *m* Kolibakterie *f*
colibri [kɔlibʀi] *m* Kolibri *m*
colifichet [kɔlifiʃɛ] *m* (billiger) Schmuckgegenstand
colimaçon [kɔlimasõ] *m* **escalier** *m* **en colimaçon** Wendeltreppe *f*
colin [kɔlɛ̃] *m* Seehecht *m*
colin-maillard [kɔlɛ̃majaʀ] *m* **jouer à colin- -maillard** Blindekuh spielen
colique [kɔlik] *f* **1. colique hépatique, néphrétique** Gallen-, Nierenkolik *f* **2. avoir la colique** Durchfall haben; F *fig (avoir peur)* P Schiss haben; F *fig* **donner la colique à qn** F j-n nerven
colis [kɔli] *m* Paket *n*
Colisée [kɔlize] *à Rome* **le Colisée** das Kolosseum
collabo [kɔlabo] *m abr* F → **collaborateur** 2
collaborateur [kɔlabɔʀatœʀ] *m*, **collaboratrice** [-tʀis] *f* **1.** Mitarbeiter(in) *m(f)* **2.** *m* POL Kollaborateur *m*
collaboration [kɔlabɔʀasjõ] *f* **1.** Mitarbeit *f*; Mitwirkung *f*; Zusammenarbeit *f* **2.** POL Kollaboration *f*

La collaboration

Am 10. Juli 1940, nach der totalen Niederlage gegen die deutsche Wehrmacht, trat die französische Nationalversammlung im nicht besetzten Teil Frankreichs in **Vichy** zusammen und erteilte Maréchal **Philippe Pétain** besondere Vollmachten. Die Bezeichnung République française wurde durch État français ersetzt. Pétain etablierte ein autoritäres Regime, das weniger faschistisch als traditionalistisch und antirepublikanisch war. Die Devise Liberté, Égalité, Fraternité wurde ersetzt durch Travail, Famille, Patrie. Eine Révolution nationale sollte die Zeit angeblich dekadenter, parlamentarischer Demokratie beenden zugunsten einer nationalen Erneuerung. Vichy suchte die Zusammenarbeit (**collaboration**) mit Deutschland, zunächst zurückhaltend, dann aber immer engagierter. Mit zunehmender Kollaboration mit den Nationalsozialisten, brutalen Morden an Widerstandskämpfern und der Verfolgung Andersdenkender nahm die Popularität des Regimes schnell ab. Es erließ harte Maßnahmen zur Ausgrenzung und Verfolgung von Ausländern, Freimaurern und vor allem Juden. 1942 wurde der Judenstern in Vichy-

Frankreich eingeführt und später ein großer Teil der jüdischen Bevölkerung interniert, nach Deutschland deportiert und dort ermordet. Hunderttausende Franzosen wurden zur Zwangsarbeit in Deutschland gezwungen. Nach der Befreiung Frankreichs durch die Alliierten wurden die Kollaborateure (**collaborateurs**, in der Umgangssprache **collabos**) hart bestraft.

collaborer [kɔlabɔʀe] **I** *v/t/indir* **collaborer à qc** an etw *(dat)* mitarbeiten, mitwirken **II** *v/i* POL mit dem Feind zusammenarbeiten; kollaborieren
collage [kɔlaʒ] *m* **1.** BEAUX-ARTS Collage *f* **2.** F wilde Ehe
collagène [kɔlaʒɛn] *m* BIOL Kollagen *n*
▸ **collant** [kɔlɑ̃] **I** *adj* ⟨**-ante** [-ɑ̃t]⟩ **1. papier collant** Klebepapier *n* **2.** *doigts* klebrig **3.** *robe, jeans* eng anliegend; hauteng **4.** F *fig* **ce qu'il est collant!** was für e-e Klette! **II** *subst* **5.** *m* Strumpfhose *f* **6.** ÉCOLE F **collante** *f* schriftliche Aufforderung zu e-r Prüfung
collapsus [kɔlapsys] *m* MÉD Kollaps *m*
collatéral [kɔlateʀal] *adj* ⟨**~e**; **-aux** [-o]⟩ Seiten...; Neben...
collation [kɔlasjõ] *f* Imbiss *m*
collationner [kɔlasjɔne] **I** *v/t des textes* kollationieren **II** *plais v/i* e-n Imbiss zu sich nehmen
▸ **colle** [kɔl] *f* **1.** Klebstoff *m*; Leim *m*; Kleber *m*; **colle forte** Alleskleber *m*; **colle à bois** Holzleim *m*; **colle d'amidon** Kleister *m*; F *plais* **faites chauffer la colle!** F da hat's gescheppert! **2.** F ÉCOLE **a)** knifflige Frage **b)** *punition* Nachsitzen *n*
collecte [kɔlɛkt] *f* (Geld-, Spenden)Sammlung *f*
collecter [-e] *v/t* sammeln
collecteur [kɔlɛktœʀ] *(égout)* **collecteur** *m* Haupt(sammel)kanal *m*
collectif [kɔlɛktif] **I** *adj* ⟨**-ive** [-iv]⟩ kollektiv; Kollektiv...; Gemeinschafts...; gemeinsam; Sammel...; *(nom)* **collectif** *m* Kollektivum *n*; Sammelbegriff *m*, -name *m* **II** *m* **collectif budgétaire** Nachtragshaushalt *m*
▸ **collection** [kɔlɛksjõ] *f* **1.** Sammlung *f*; **collection de timbres** Briefmarkensammlung *f*; **faire collection de** sammeln **2.** *d'un éditeur* (Buch)Reihe *f* **3.** COMM (Muster)Kollektion *f*
▸ **collectionner** [kɔlɛksjɔne] *v/t* **1.** sammeln **2.** *iron* **collectionner qc** e-e ganze Sammlung von etw haben
collectionneur [kɔlɛksjɔnœʀ] *m*, **collectionneuse** [-øz] *f* Sammler(in) *m(f)*
collectivement [kɔlɛktivmɑ̃] *adv* kollektiv; gemeinschaftlich; gemeinsam
collectivisation [-izasjõ] *f* Kollektivierung *f*
collectivisme [-ism] *m* Kollektivismus *m*
collectivité [kɔlɛktivite] *f* **1.** Gemeinschaft *f*; Kollektiv *n* **2.** ADM **collectivité locale** Gebietskörperschaft *f*
▸ **collège** [kɔlɛʒ] *m* **1. collège** (*d'enseignement secondaire*) Gesamtschule *f* (*vierklassige Ganztagsschule der Sekundarstufe I*); → *Info bei* **lycée 2. collège électoral** Wähler-

m/pl
collégial [kɔleʒjal] *adj* ⟨~**e**; **-aux** [-o]⟩ **1.** ÉGL CATH Stifts… **2.** (*en commun*) kollegial; durch ein Kollegium erfolgend
collégiale [kɔleʒjal] *f* Stiftskirche *f*
collégialité [-ite] *f* **1.** kollegiale Leitung **2.** ÉGL CATH Kollegialität *f*
collégien [kɔleʒjẽ] *m*, **collégienne** [-jɛn] *f* Schüler(in) *m(f)* e-s „collège"; Gymnasiast(in) *m(f)*
▸ **collègue** [kɔlɛg] *m,f* Kollege *m*, Kollegin *f*
▸ **coller** [kɔle] **I** *v/t* **1.** (an-, auf-, ver-, zusammen)kleben; *enveloppe* zukleben; **coller qc sur qc** etw auf etw (*acc*) kleben **2.** *fig visage, oreille* drücken, pressen (**contre, à** an + *acc*) **3.** F *fig* **coller qc à qn** F j-m etw verpassen; **coller une gifle à qn** F j-m eine kleben; **coller qc dans un coin** F etw in e-e Ecke schmeißen **4.** F *fig* **être toujours collés ensemble** F immer zusammenstecken **5.** F *élève* **a)** e-e knifflige Frage stellen (**qn** j-m) **b)** *à un examen* **être collé, se faire coller** F durchfliegen, -rasseln, -segeln **c)** *punir* **être collé** nachsitzen müssen **II** *v/t/indir et v/i* **6.** (*adhérer*) kleben (**à** an + *dat*) (*a fig*) **7.** F *fig* **ça colle** F es klappt **III** *v/pr fig* **se coller contre, à** sich (an)schmiegen, pressen, drücken an (+ *acc*)
collerette [kɔlʀɛt] *f* Halskrause *f*
collet [kɔlɛ] *m* **1.** *adjt fig* **collet monté** steif; förmlich; **saisir qn au collet** j-n am Kragen packen **2.** CH Schlinge *f* **3.** ANAT Zahnhals *m*
colleter [kɔlte] *v/pr* ⟨**-tt-**⟩ **se colleter** sich prügeln
colleur [kɔlœʀ] *m* **colleur d'affiches** Plakat-(an)kleber *m*
▸ **collier** [kɔlje] *m* **1.** Halsband *n*, -kette *f*; Kollier *n*; **collier de perles** Perlenkette *f*, -schnur *f* **2.** *d'animaux* Halsband *n*; *d'un cheval* Kum(me)t *n*; *fig* **donner un coup de collier** sich ins Zeug legen **3.** **collier (de barbe)** Fräse *f* **4.** TECH Schelle *f* **5.** BOUCHERIE Hals *m*
collimateur [kɔlimatœʀ] *m* OPT Kollimator *m*; *fig* **avoir qn dans le collimateur** F j-n auf dem Kieker haben
▸ **colline** [kɔlin] *f* Hügel *m*
collision [kɔlizjõ] *f* Zusammenstoß *m*, -prall *m*; Kollision *f* (*a fig*); **collision en chaîne** Massenkarambolage *f*; **entrer en collision** zusammenstoßen (**avec** mit)
collocation [kɔlɔkasjõ] *f* **1.** JUR Rangzuweisung *f* **2.** LING Kollokation *f*
colloque [kɔlɔk] *m* Kolloquium *n*
collusion [kɔlyzjõ] *f* abgekartetes Spiel
collutoire [kɔlytwaʀ] *m* Mund- und Rachenantiseptikum *n*
collyre [kɔliʀ] *m* Augentropfen *m/pl*
colmatage [kɔlmataʒ] *m* Abdichten *n*
colmater [-e] *v/t* abdichten
colo [kɔlo] *f abr* F → **colonie**
colocataire *m,f* Mitbewohner(in) *m(f)* e-s Mietshauses
Cologne [kɔlɔɲ] Köln *n*
Colomb [kɔlõ] HIST **Christophe Colomb** Christoph Kolumbus
colombage [kɔlõbaʒ] *m* Fachwerk *n*; **maison** *f* **à colombages** Fachwerkhaus *n*
colombe [kɔlõb] *f* Taube *f*; *fig* **colombe de la paix** Friedenstaube *f*

Colombie [kɔlõbi] **la Colombie** Kolumbien *n*
colombien [kɔlõbjẽ] **I** *adj* ⟨**-ienne** [-jɛn]⟩ kolumbianisch **II** **Colombien(ne)** *m(f)* Kolumbianer(in) *m(f)*
colombier [kɔlõbje] *m* Taubenschlag *m*
colombin [kɔlõbẽ] F *m* Kothaufen *m*; F Kaktus *m*
colombophile [kɔlõbɔfil] *m,f* Brieftaubenzüchter(in) *m(f)*
colon [kɔlõ] *m* HIST (An)Siedler *m*; Kolonist *m*
côlon [kolõ] *m* Grimmdarm *m*
colonel [kɔlɔnɛl] *m* Oberst *m*
colonial [kɔlɔnjal] *adj* ⟨~**e**; **-aux** [-o]⟩ kolonial; Kolonial…; **casque colonial** Tropenhelm *m*
colonialisme [kɔlɔnjalism] *m péj* Kolonialismus *m*
colonialiste [-ist] *péj* **I** *adj* kolonialistisch **II** *m* Kolonialist *m*
▸ **colonie** [kɔlɔni] *f* **1.** HIST Kolonie *f* (*a par ext*); Niederlassung *f*; Siedlung *f* **2.** ▸ **colonie (de vacances)** Ferienkolonie *f*, -lager *n* **3.** BIOL Kolonie *f*; **colonie d'abeilles** Bienenvolk *n*
colonisateur [kɔlɔnizatœʀ] **I** *adj* ⟨**-trice** [-tʀis]⟩ kolonisatorisch; kolonisierend **II** *m* Kolonisator *m*
colonisation [kɔlɔnizasjõ] *f* Kolonisation *f*; Besied(e)lung *f*
coloniser [-e] *v/t* kolonisieren; besiedeln
colonnade [kɔlɔnad] *f* Kolonnade *f*; Säulenreihe *f*
colonne [kɔlɔn] *f* **1.** ARCH Säule *f* (*a fig*); **colonne Morris** [mɔʀis] Litfaß-, Anschlagsäule *f*; **colonne de fumée** Rauchsäule *f* **2.** TECH **colonne montante** Steigleitung *f*, -rohr *n* **3.** ▸ **colonne vertébrale** Wirbelsäule *f*; Rückgrat *n* **4.** *d'un journal* Spalte *f*; Kolumne *f*; *de chiffres* Kolonne *f*; *par ext* **dans les colonnes du journal X** in der Zeitung X **5.** (*file*) Kolonne *f* (*a* MIL); POL **cinquième colonne** fünfte Kolonne; **colonne de secours** Rettungsmannschaft *f*
colophane [kɔlɔfan] *f* Kolophonium *n*
coloquinte [kɔlɔkẽt] *f* BOT Koloquinte *f*
colorant [kɔlɔʀã] *m* Farbstoff *m*
coloration [kɔlɔʀasjõ] *f* Färbung *f*; Farbe *f*; *par ext* **se faire faire une coloration** sich (*dat*) die Haare färben lassen
coloré [kɔlɔʀe] *adj* ⟨~**e**⟩ farbig (*a fig description*); *teint* rot; blühend
colorer [kɔlɔʀe] *v/t* färben; **colorer en bleu** blau färben
coloriage [kɔlɔʀjaʒ] *m* Malen *n* (mit Buntstift); *d'images* Ausmalen *n*
colorier [kɔlɔʀje] *v/t dessin* ausmalen; *abs* malen; **album** *m* **à colorier** Malbuch *n*
coloris [kɔlɔʀi] *m* Farbe *f*; Färbung *f*
coloriste [kɔlɔʀist] *m* Kolorist *m*
colossal [kɔlɔsal] *adj* ⟨~**e**; **-aux** [-o]⟩ riesenhaft; Riesen…; gewaltig; kolossal
colossalement [-mã] *adv* gewaltig; ungeheuer
colosse [kɔlɔs] *m* Koloss *m* (*a fig*)
colostrum [kɔlɔstʀɔm] *m* Kolostrum *n*; Vormilch *f*
colportage [kɔlpɔʀtaʒ] *m* COMM Hausieren *n*; Hausierhandel *m*
colporter [kɔlpɔʀte] *v/t* **1.** COMM hausieren (gehen) mit **2.** *nouvelle* kolportieren; überall herumerzählen

colporteur [kɔlpɔʀtœʀ] *m*, **colporteuse** [-øz] *f*
Hausierer(in) *m(f)*
colt [kɔlt] *m* Colt *m*
coltiner [kɔltine] *v/pr* F *se coltiner un travail* F
sich *(dat)* e-e Arbeit aufhalsen
columbarium [kɔlõbaʀjɔm] *m* Urnenhalle *f*;
Kolumbarium *n*
colvert [kɔlvɛʀ] *m* Stockente *f*
colza [kɔlza] *m* Raps *m*
coma [kɔma] *m* tiefe Bewusstlosigkeit; *sc* Koma *n*; *coma dépassé* Gehirntod *m*; *être dans
le coma* im Koma liegen
comateux [kɔmatø] *m* Patient *m* im Koma
▸ **combat** [kõba] *m* Kampf *m* (*a fig et* SPORTS);
MIL *a* Gefecht *n*; *combat aérien* Luftkampf *m*;
combat de boxe Boxkampf *m*; *combat de
coqs* Hahnenkampf *m*; *avion m de combat*
Kampfflugzeug *n*; *'hors de combat* außer Gefecht; kampfunfähig
combatif [kõbatif] *adj* ⟨**-ive** [-iv]⟩ kämpferisch
combativité [kõbativite] *f* Kampfgeist *m*
combattant [kõbatɑ̃] *m* **1.** MIL *combattants pl*
kämpfende Truppe(n) *f(pl)*; *ancien combattant* (ehemaliger) Kriegsteilnehmer, Frontkämpfer **2.** F *séparer les combattants* die
Streitenden, F Kampfhähne trennen
▸ **combattre** [kõbatʀ] ⟨→ **battre**⟩ **I** *v/t* bekämpfen; kämpfen gegen **II** *v/i* kämpfen
combe [kõb] *f* Erosionstal *n*
▸ **combien** [kõbjɛ̃] **I** *adv* **1.** wie viel; *combien
de fois* wie oft; wievielmal; wie viele Male;
combien de jours restez-vous? wie viel Tage
…?; *combien de temps* wie lang(e); wie viel
Zeit; ▸ *combien coûte …?* wie viel, was kostet …?; F *c'est combien? ou ça fait combien?*
wie viel macht das? **2.** (*à quel point*) wie sehr;
avec adj wie **II** *subst* **3.** F *le combien sommes-nous?* den Wievielten haben wir heute? **4.** F
tu es le, la combien? der, die wievielte bist
du?; *bus* F *il passe tous les combien?* wie
oft, in welchen Abständen fährt er?
combientième [kõbjɛ̃tjɛm] F *pr/ind le, la combientième* der, die, das wievielte
combinaison [kõbinɛzõ] *f* **1.** Kombination *f*;
Zusammenstellung *f*; CHIM Verbindung *f* **2.**
fig (*combine*) Mittel *n*; Kniff *m*; Trick *m* **3.**
a) Overall *m*; Kombination *f*; *combinaison
de bébé* Strampler *m*; *combinaison de ski*
Skianzug *m* **b)** *sous-vêtement* Unterkleid *n*,
-rock *m*
combinard [kõbinaʀ] F *péj adj* ⟨**-arde** [-aʀd]⟩
durchtrieben; F gerissen
combinatoire [kõbinatwaʀ] *adj* kombinatorisch
combine [kõbin] F *f* Trick *m*; Kniff *m*; F Dreh
m; F Masche *f*; *être dans la combine* Bescheid wissen
combiné [kõbine] *m* **1.** TÉL Hörer *m* **2.** SKI Kombination *f*
combiner [kõbine] *v/t* **1.** kombinieren; zusammenstellen **2.** *fig* organisieren; arrangieren
comble¹ [kõbl] *m* **1.** Gipfel *m*; Höhepunkt *m*;
pour comble de malheur zu allem Unglück;
c'est le, un comble! das ist doch die Höhe,
der Gipfel!; *être au comble de la joie* überglücklich, selig sein **2.** CONSTR Dach(stuhl)
n(m); *combles pl* Dachgeschoss *n*
comble² *adj salle* (gedrängt) voll; *bus* überfüllt;

voll besetzt
comblement [kõbləmɑ̃] *m* Zuschütten *n*; Auffüllen *n*
combler [kõble] *v/t* **1.** *fossé, etc* zuschütten; auffüllen **2.** *fig lacune* ausfüllen; schließen; *déficit*
ausgleichen; *retard* aufholen **3.** *vœux* erfüllen;
combler qn j-n überglücklich machen; *combler qn de qc* j-n mit etw überschütten, überhäufen; *combler qn de joie* j-n mit Freude erfüllen
combustibilité [kõbystibilite] *f* Brennbarkeit *f*
combustible [-ibl] **I** *adj* brennbar **II** *m* Brennstoff *m*
combustion [-jõ] *f* Verbrennung *f*
Côme [kom] Como; *le lac de Côme* der Comer
See
▸ **comédie** [kɔmedi] *f* **1.** Komödie *f*; Lustspiel
n; *comédie musicale* Musical *n*; *comédie
de boulevard* Boulevardstück *n*; → *Info bei
Komödie* **2.** *fig* (F Affen)Theater *n*; Schauspielerei *f*; *c'est de la comédie* das ist nur
Theater, F Mache
Comédie-Française *f* Comédie Française *f*
(*Nationaltheater in Paris*)
comédien [kɔmedjɛ̃] *m*, **comédienne** [-jɛn] *f* **1.**
Schauspieler(in) *m(f)* **2.** *fig* Komödiant(in)
m(f)
comédon [kɔmedõ] *m* Mitesser *m*
comestible [kɔmɛstibl] **I** *adj* essbar; genießbar; *champignon m comestible* Speisepilz
m **II** *m/pl* **comestibles** Esswaren *f/pl*; Nahrungs-, Lebensmittel *n/pl*
comète [kɔmɛt] *f* Komet *m*; *fig tirer des plans
sur la comète* Luftschlösser bauen
comices [kɔmis] *m/pl* **comices agricoles** Bauerntag *m*; Landwirtschaftsmesse *f*
▸ **comique** [kɔmik] **I** *adj* **1.** THÉ, CIN komisch;
Komödien…; *auteur m comique* Komödien-,
Lustspieldichter *m*; *pièce f comique* Komödie *f* **2.** (*amusant*) komisch; spaßig; lustig **II**
m **3.** *d'une scène, etc* Komik *f* **4.** *acteur m* Komiker *m*; Darsteller *m* komischer Rollen
comité [kɔmite] *m* Ausschuss *m*; Komitee *n*;
Gremium *n*; *comité directeur* Vorstand *m*; *comité d'entreprise* Betriebsrat *m*; *comité des
fêtes* Festkomitee *n*; *fig en petit comité* in
engstem, kleinem Kreis
commandant [kɔmɑ̃dɑ̃] *m* **1.** MIL **a)** *grade* Major *m* **b)** (*chef*) Kommandeur *m*; MAR, AVIAT
Kommandant *m*; *commandant en chef*
(Ober)Befehlshaber *m* **2.** MAR Kapitän *m*; AVIAT
commandant de bord Flugkapitän *m*
▸ **commande** [kɔmɑ̃d] *f* **1.** COMM Bestellung *f*;
Auftrag(serteilung) *m(f)*; *fig sourire de commande* zur Schau getragen; gespielt; *sur commande* auf Bestellung; *fig* auf Befehl, Kommando; *passer une commande à qn* bei
j-m e-e Bestellung aufgeben **2.** TECH Steuerung
f; *commande à distance* Fernsteuerung *f*;
être aux commandes, fig tenir les commandes steuern, lenken (*de qc* etw)
commandement [kɔmɑ̃dmɑ̃] *m* **1.** MIL Kommando *n* (*a ordre*); Befehl(sgewalt) *m(f)* **2.**
REL Gebot *n*
▸ **commander** [kɔmɑ̃de] **I** *v/t* **1.** COMM, *qc au café, taxi* bestellen **2.** MIL *troupes* kommandieren; befehligen; *par ext commander qn* j-n
kommandieren; j-m befehlen; F j-n herum-

kommandieren **3.** MIL *attaque, retraite* befehlen; *par ext mesures* anordnen **4.** (*dominer*) (durch s-e Lage) beherrschen **5.** (*exiger*) erfordern; verlangen **6.** TECH betätigen; steuern **II** *v/t/indir* **7.** *commander à qn de* (+ *inf*) j-m befehlen zu (+ *inf*) **8.** *fig commander à ses passions* s-e Leidenschaften beherrschen **III** *v/i* befehlen; das Kommando führen **IV** *v/pr sentiment ne pas se commander* sich nicht erzwingen lassen
commandeur [kɔmɑ̃dœʀ] *m de la Légion d'honneur* Kommandeur *m*; Komtur *m*
commanditaire [kɔmɑ̃ditɛʀ] *m* Kommanditist *m*; *par ext* Geldgeber *m*
commandite [kɔmɑ̃dit] *f* Kommanditgesellschaft *f*
commanditer [-e] *v/t* finanzieren
commando [kɔmɑ̃do] *m* Kommando *n*; *raid m de commando* Kommandounternehmen *n*
▸ **comme** [kɔm] **I** *conj* **1.** *comparaison* wie; *tout comme* genau(so) wie; so gut wie; *comme son frère* (ebenso) wie sein Bruder; F *comme tout* äußerst; höchst; *comme autrefois* wie früher; ▸ *comme si* als ob; F als wenn; *comme vous voulez* wie Sie wollen **2.** (*en tant que*) als; *travailler comme secrétaire* als Sekretärin arbeiten; *comme livres, il n'a que ...* an Büchern hat er nur ... **3.** *temporel* als **4.** *causal* da **II** *adv* wie; *comme c'est laid!* wie hässlich das ist!
commedia dell'arte [kɔmedjadɛlaʀte] *f* THÉ Commedia dell'Arte *f*
commémoratif [kɔmemɔʀatif] *adj* ⟨**-ive** [-iv]⟩ Gedenk...; Gedächtnis...
commémoration [kɔmemɔʀasjɔ̃] *f* **1.** Gedenken *n*; *st/s* Gedächtnis *n*; *en commémoration de* zum Gedenken an (+ *acc*) **2.** *cérémonie* Gedächtnis-, Gedenkfeier *f*
commémorer [kɔmemɔʀe] *v/t* gedenken (+ *gén*); feierlich begehen
commençant [kɔmɑ̃sɑ̃] *m*, **commençante** [-ɑ̃t] *f* Anfänger(in) *m(f)*
▸ **commencement** [kɔmɑ̃smɑ̃] *m* Anfang *m*; Beginn *m*; *commencement du monde* Entstehung *f* der Welt; *au commencement* am Anfang; zu, bei Beginn; *anfangs*; anfänglich
▸ **commencer** [kɔmɑ̃se] ⟨**-ç-**⟩ **I** *v/t* **1.** *personne commencer qc* (mit) etw beginnen, anfangen; *commencer qc par qc* etw mit etw beginnen, anfangen **2.** *chose commencer qc* am Anfang e-r Sache (*gén*) stehen; etw einleiten **II** *v/t/indir commencer à ou litt de* (+ *inf*) anfangen, beginnen zu (+ *inf*); *commencer à manger* zu essen, mit dem Essen anfangen, beginnen; *il commence à pleuvoir* es fängt an, beginnt zu regnen; *commencer par faire qc* zuerst, anfangs etw tun; *commencer par qc* mit etw beginnen, anfangen **III** *v/i* ⟨*Zustand* **être**⟩ anfangen; beginnen; *personne a* den Anfang machen
commensal [kɔmɑ̃sal] *m* ⟨**-aux** [-o]⟩ *litt* Tischgenosse *m*
commensurable [kɔmɑ̃syʀabl] *adj* MATH kommensurabel
▸ **comment** [kɔmɑ̃] **I** *adv* wie; *comment?* wie (bitte)?; *mais comment donc!* aber selbstverständlich, natürlich!; *et comment!* und wie!;
▸ *comment allez-vous?* wie geht es Ihnen?;

comment faire? wie soll man *ou* soll ich *ou* sollen wir das machen? **II** *subst* ⟨*inv*⟩ *le comment* das Wie
commentaire [kɔmɑ̃tɛʀ] *m* **1.** Kommentar *m*; *fig pas de commentaire!* kein Wort mehr!; keine Widerrede!; *sans commentaire!* Kommentar überflüssig!; *par ext faire des commentaires sur* abfällige Bemerkungen machen über (+ *acc*) **2.** ÉCOLE *commentaire* (*composé, de texte*) Textinterpretation *f*, -analyse *f*
commentateur [kɔmɑ̃tatœʀ] *m*, **commentatrice** [-tʀis] *f* Kommentator *m*, Kommentatorin *f*
commenter [kɔmɑ̃te] *v/t* kommentieren
commérages [kɔmeʀaʒ] *m/pl* Klatsch *m*; Gerede *n*; F Tratsch *m*
commerçant [kɔmɛʀsɑ̃] **I** *adj* ⟨**-ante** [-ɑ̃t]⟩ *rue commerçante* Geschäftsstraße *f*; *il est très commerçant* er ist ein sehr guter Geschäftsmann **II** ▸ *commerçant(e)* *m(f)* Kaufmann *m*, Kauffrau *f*; *par ext* Geschäftsmann *m*, -frau *f*; *les petits commerçants* die (kleinen) Einzelhändler *m/pl*
▸ **commerce** [kɔmɛʀs] *m* **1.** Handel *m*; *faire du commerce* Handel treiben; *faire le commerce de qc* mit etw handeln **2.** (*magasin*) Geschäft *n*; Laden *m*; *tenir un commerce* ein Geschäft haben, führen **3.** *litt il est d'un commerce agréable* der Umgang mit ihm ist angenehm
commercer [kɔmɛʀse] *v/i* ⟨**-ç-**⟩ Handel treiben (*avec qn* mit j-m)
▸ **commercial** [kɔmɛʀsjal] *adj* ⟨∼**e**; **-aux** [-o]⟩ **1.** Handels...; kaufmännisch; kommerziell; Geschäfts...; *français commercial* Kaufmannsfranzösisch *n* **2.** *péj* nur dem Kommerz dienend; *par ext* reißerisch
commerciale [kɔmɛʀsjal] *f* Kombi *m*
commercialisation [kɔmɛʀsjalizasjɔ̃] *f* Vertrieb *m*; Vermarktung *f*; Kommerzialisierung *f* (*a péj duy sport etc*)
commercialiser [-e] *v/t* in den Handel bringen; vermarkten; kommerzialisieren (*a fig et péj*)
commère [kɔmɛʀ] *f* Klatschbase *f*
commérer [kɔmeʀe] *v/i* ⟨**-è-**⟩ klatschen; F tratschen
commettre [kɔmɛtʀ] ⟨→ **mettre**⟩ begehen; *crime a* verüben
comminatoire [kɔminatwaʀ] *adj* drohend; Droh...
commis [kɔmi] *m* **1.** Gehilfe *m* **2.** *commis voyageur* Handlungsreisende(r) *m* **3.** *les grands commis de l'État* die hohen Staatsbeamten *m/pl*
commisération [kɔmizeʀasjɔ̃] *f* Mitleid *n*
commissaire [kɔmisɛʀ] *m* **1.** *commissaire (de police)* Polizei-, Kriminalrat *m* **2.** ADM, POL Kommissar *m*; *commissaire européen* EU-Kommissar *m*; *commissaire aux comptes* Wirtschaftsprüfer *m* **3.** SPORTS Kampfrichter *m*
commissaire-priseur [-pʀizœʀ] *m* ⟨**commissaires-priseurs**⟩ Auktionator *m*; Versteigerer *m*
▸ **commissariat** [kɔmisaʀja] *m* **1.** *commissariat* (*de police*) Polizeirevier *n*, -dienststelle *f* **2.** ADM, POL Kommissariat *n* (*à* für)
commission [kɔmisjɔ̃] *f* **1.** (*message*) Auftrag *m*; (*course*) Besorgung *f*; *commissions pl*

(tägliche) Einkäufe *m/pl*, Besorgungen *f/pl*; **faire les commissions** einkaufen (gehen); **faire une commission pour qn** für j-n etw besorgen; für j-n e-n Auftrag erledigen; **transmettre une commission à qn** j-m e-n Auftrag, e-e Nachricht übermitteln; j-m etw bestellen **2.** *groupe* Kommission *f*; Ausschuss *m* **3.** COMM Provision *f*; Vermittlungsgebühr *f* **4.** *enf* **faire sa grosse, sa petite commission** *enf* ein großes, kleines Geschäft verrichten
commissionnaire [kɔmisjɔnɛʀ] *m* **1.** COMM Kommissionär *m* **2.** (*coursier*) Bote *m*
commissure [kɔmisyʀ] *f* **commissure des lèvres** Mundwinkel *m*
commode¹ [kɔmɔd] *adj* **1.** bequem; praktisch; leicht **2.** *personne* **n'être pas commode** schwierig sein
commode² *f* Kommode *f*
commodément [kɔmɔdemɑ̃] *adv* bequem
commodité [kɔmɔdite] *f* **1.** Bequemlichkeit *f* **2.** **commodités** *pl* Komfort *m*; Annehmlichkeiten *f/pl*
commotion [kɔmɔsjɔ̃] *f* **commotion cérébrale** Gehirnerschütterung *f*
commotionner [kɔmɔsjɔne] *v/t* in e-n Schockzustand versetzen
commuable [kɔmɥabl] *adj peine* umwandelbar
commuer [-e] *v/t peine* umwandeln (**en** in + *acc*)
▸ **commun** [kɔmɛ̃, -mœ̃] **I** *adj* ⟨**-une** [-yn]⟩ **1.** gemeinsam; gemeinschaftlich; Gemein-

schafts…; **fosse commune** Massen-, Sammelgrab *n*; **vie commune** *a* Zusammenleben *n*; **en commun** gemeinsam; zusammen **2.** (*banal*) gewöhnlich (*a péj*); alltäglich; üblich; weitverbreitet; **peu commun** außergewöhnlich; nicht alltäglich **3.** ZO, BOT gemein **II** *m* **4.** **le commun des mortels** die große Masse (der Menschen); der gewöhnliche Sterbliche **5.** '**hors du commun** außergewöhnlich **6.** **communs** *pl* Wirtschaftsgebäude *n/pl*
communal [kɔmynal] *adj* ⟨**~e**; **-aux** [-o]⟩ Gemeinde…; kommunal; **école communale** (fünfklassige) Volksschule
communautaire [kɔmynotɛʀ] *adj* **1.** Gemeinschafts… **2.** POL der EU; EU-…
communautarisme [kɔmynotaʀism] *m* SOCIOLOGIE Kommunitarismus *m*
▸ **communauté** [kɔmynote] *f* **1.** Gemeinschaft *f* (*a* POL, REL); ADM Gemeinwesen *n*; *de personnes vivant en commun* Wohngemeinschaft *f* **2.** JUR Gütergemeinschaft *f* **3.** *de goûts, etc* Gemeinsamkeit *f*
▸ **commune** [kɔmyn] *f* Gemeinde *f*; Kommune *f*
communément [kɔmynemɑ̃] *adv* gemeinhin; (für) gewöhnlich
communiant [kɔmynjɑ̃] *m*, **communiante** [-ɑ̃t] *f* CATH **premier** (**première**) **communiant(e)** Erstkommunikant(in) *m(f)*
communicable [kɔmynikabl] *adj* mitteilbar

La Commune de Paris (18 mars – 28 mai 1871)

Diese erste Erhebung des französischen Proletariats wird von der internationalen Arbeiterbewegung als erste proletarische Revolution angesehen.
Nach der Niederlage der Franzosen und der Gefangennahme Napoleons III. bei Sedan im Deutsch-Französischen Krieg im September 1870 erzwang die Bevölkerung die Ausrufung der Dritten Republik. Durch die lange preußische Belagerung der Stadt und die Unterzeichnung des Waffenstillstandes am 28. Januar 1871 fühlte sich die Pariser Bevölkerung gedemütigt. Auslöser der Unruhen waren zwei sehr unpopuläre Entscheidungen der Nationalversammlung: zum einen die Streichung des Solds für die Pariser Nationalgarde, zum anderen die Unterdrückung demokratischer Aktivitäten (Presse, Clubs). Am 18. März versuchten Regierungstruppen, die verteidigungsbereite Nationalgarde zu entwaffnen, 200 Kanonen abzuziehen und die Stadt zu besetzen. Dies führte zum offenen Aufstand. Die Regierung floh nach Versailles. Damit war die Hauptstadt in den Händen der Aufständischen. Ein Zentralkomitee der Nationalgarde übernahm die Macht in Paris. Nach kurzem Wahlkampf wurde am 26. März die **Commune** gewählt, am 28. März der „Rat" der Commune gebildet. Ihm gehörten 25 Mitglieder an, Arbeiter sowie Vertreter der kleinen und mittleren Bourgeoisie. Er ordnete die allgemeine Volksbewaffnung und die Verteidigung von Paris sowohl gegen die vor der Hauptstadt stehenden deutschen Truppen als auch gegen die französischen Regierungstruppen an. Soziale, wirtschaftliche und politische Maßnahmen zur Verbesserung der Lebensbedingungen der Bevölkerung wurden ergriffen. Am 21. Mai 1871 drangen Regierungstruppen in die Stadt ein und schlugen in der sogenannten **semaine sanglante** (blutige Woche) nach erbitterten Barrikadenkämpfen den Aufstand nieder. Die Verluste der Commune beliefen sich auf 20 000 – 30 000. Es folgte eine Repression ungeahnten Ausmaßes. 40 000 **communards** (Kommunarden) wurden verhaftet, 10 000 verurteilt, exekutiert, deportiert oder zu Zwangsarbeit verurteilt. Für die Arbeiterbewegung gewann die Erinnerung an die Commune einen zentralen Stellenwert. Seit 1880 demonstriert die französische Arbeiterbewegung am 18. März an der **mur des fédérés** auf dem Friedhof Père Lachaise, wo die letzten Gefechte der semaine sanglante stattgefunden hatten.

communicant [-ũ] *adj* ⟨**-ante** [-ũt]⟩ miteinander in Verbindung stehend
communicatif [kɔmynikatif] *adj* ⟨**-ive** [-iv]⟩ **1.** *personne* mitteilsam; kontaktfreudig **2.** *rire* ansteckend
▸ communication [kɔmynikasjõ] *f* **1.** (*contact*) Kommunikation *f* (*a sc*); Verbindung *f*; Verständigung *f*; Kontakt *m*; *être en communication avec qn* mit j-m in Verbindung stehen **2.** (*message*) Mitteilung *f*; *action a* Übermittlung *f*; *demander communication d'un dossier* Einsicht in e-e Akte verlangen **3.** (*liaison*) Verbindung *f*; *communications pl* Verkehrsverbindungen *f/pl*; *porte f de communication* Verbindungstür *f* **4.** TÉL Verbindung *f*; (*conversation*) Gespräch *n*
communier [kɔmynje] *v/i* **1.** CATH kommunizieren; zur Kommunion gehen; PROT das Abendmahl nehmen **2.** *st/s* sich eins fühlen
communion [kɔmynjõ] *f* **1.** CATH Kommunion *f*; PROT Abendmahl *n*; *première communion* Erstkommunion *f* **2.** REL (*union*) Gemeinschaft *f* **3.** *st/s* (*accord*) Einssein *n*
communiqué [kɔmynike] *m* Mitteilung *f*; Meldung *f*; POL Kommuniqué *n*
communiquer [kɔmynike] **I** *v/t* **1.** *renseignements* mitteilen; *nouvelle a* bekannt geben; durchgeben; *dossier* übermitteln **2.** *maladie, enthousiasme,* PHYS *mouvement* übertragen (*à* auf + *acc*); *communiquer qc à qn* j-n mit etw anstecken (*a fig*) **II** *v/i* **3.** in Verbindung stehen *ou* treten (*entre eux* miteinander; *avec qn* mit j-m); sich verständigen (*par signes* mit Zeichen) **4.** *pièces* miteinander in Verbindung stehen **III** *v/pr feu se communiquer* sich ausbreiten (*à* auf + *acc*)
communisme [kɔmynism] *m* Kommunismus *m*
▸ communiste [kɔmynist] **I** *adj* kommunistisch **II** *m,f* Kommunist(in) *m(f)*
commutable [kɔmytabl] *adj* → commuable
commutateur [kɔmytatœr] *m* ÉLECT Schalter *m*
commutatif [-if] *adj* ⟨**-ive** [-iv]⟩ MATH kommutativ
commutation [kɔmytasjõ] *f* **1.** JUR *commutation de peine* Strafumwandlung *f* **2.** TÉL Schaltung *f*
commuter [kɔmyte] *v/t* MATH, LING kommutieren; vertauschen
Comores [kɔmɔr] *les Comores f/pl* die Komoren *pl*
comorien [kɔmɔrjɛ̃] **I** *adj* ⟨**-ienne** [-jɛn]⟩ komorisch **II** *Comorien(ne) m(f)* Komorer(in) *m(f)*
compacité [kõpasite] *f* Dichte *f*; Kompaktheit *f*
compact [kõpakt] **I** *adj* ⟨**~e**⟩ **1.** (*dense*) dicht; fest; kompakt **2.** (*peu encombrant*) Kompakt...; raumsparend **II** *m disque* CD *f*
compactage [kõpaktaʒ] *m* **1.** TRAVAUX PUBLICS Verdichtung *f* (des Bodens) **2.** INFORM Komprimieren *n*; Komprimierung *f*
compacter [-e] *v/t* INFORM komprimieren
compagne [kõpaɲ] *f* Gefährtin *f*; *d'un homme* Lebensgefährtin *f*; *compagne de classe* Schulkameradin *f*
▸ compagnie [kõpaɲi] *f* **1.** Gesellschaft *f*; *de compagnie* (*avec*) gemeinsam, zusammen

(mit); *en compagnie de* in Begleitung, Gesellschaft von (*ou* + *gén*); *tenir compagnie à qn* j-m Gesellschaft leisten **2.** COMM Gesellschaft *f*; F ... *et compagnie* F ... und Co.; ▸ *compagnie aérienne* Fluggesellschaft *f*; *compagnie d'assurances* Versicherungsgesellschaft *f* **3.** *compagnie de théâtre* Theaterensemble *n* **4.** MIL Kompanie *f*
compagnon [kõpaɲõ] *m* **1.** Gefährte *m*; Kamerad *m* (*a animal*); *d'une femme* Lebensgefährte *m*; *compagnon d'infortune* Leidensgenosse *m*; *compagnon de voyage* Reisegefährte *m* **2.** *artisan* Geselle *m*
compagnonnage [kõpaɲɔnaʒ] *m* HIST Gesellenbruderschaft *f*
comparable [kõparabl] *adj* vergleichbar (*à* mit *ou* + *dat*)
▸ comparaison [kõparɛzõ] *f* Vergleich *m*; Gegenüberstellung *f*; *en comparaison de* im Vergleich zu; verglichen mit; *par comparaison* vergleichsweise; *faire la comparaison* e-n Vergleich ziehen, anstellen
comparaître [kõparɛtr] *v/i* ⟨→ connaître⟩ JUR erscheinen (*en justice* vor Gericht)
comparateur [kõparatœr] *m* TECH Komparator *m*
comparatif [-if] **I** *adj* ⟨**-ive** [-iv]⟩ vergleichend **II** *m* GR Komparativ *m*
comparatiste [-ist] *m* Komparatist *m*; vergleichender Literatur- *ou* Sprachwissenschaftler
comparativement [kõparativmã] *adv* vergleichsweise; *comparativement à* im Vergleich zu
comparé [kõpare] *adj* ⟨**~e**⟩ *science* vergleichend
▸ comparer [kõpare] *v/t* (miteinander) vergleichen; *comparer à, avec* vergleichen mit
comparse [kõpars] *m,f* Randfigur *f*; F kleiner Fisch
▸ compartiment [kõpartimã] *m* **1.** *d'un tiroir, meuble* Fach *n*; *d'un damier* Feld *n* **2.** CH DE FER Abteil *n*
compartimentage [kõpartimãtaʒ] *m fig* Abschottung *f*; Abkapselung *f*
compartimenté [kõpartimãte] *adj* ⟨**~e**⟩ *société* streng aufgegliedert
compartimenter [kõpartimãte] *v/t* **1.** in Fächer, Felder einteilen **2.** *fig* (streng) aufgliedern; (gegeneinander) abschotten
comparution [kõparysjõ] *f* JUR Erscheinen *n* (vor Gericht)
compas [kõpa] *m* **1.** Zirkel *m*; *boîte f à compas* Reißzeug *n*; *fig avoir le compas dans l'œil* ein ausgezeichnetes Augenmaß haben **2.** MAR, AVIAT Kompass *m*
compassé [kõpase] *adj* ⟨**~e**⟩ steif
compassion [kõpasjõ] *f* tiefes Mitgefühl, Mitleid (*pour* mit)
compatibilité [kõpatibilite] *f* Vereinbarkeit *f*; Kompatibilität *f* (*a* INFORM); Verträglichkeit *f*
compatible [-bl] *adj* (miteinander) vereinbar; kompatibel (*a* INFORM)
compatir [kõpatir] *v/t/indir compatir à* Anteil nehmen an (+ *dat*); mitfühlen mit
compatissant [kõpatisã] *adj* ⟨**-ante** [-ãt]⟩ teilnahmsvoll; mitfühlend
compatriote [kõpatrijɔt] *m,f* Landsmann *m*, Landsmännin *f*

compensable [kõpãsabl] *adj* kompensierbar; JUR aufrechenbar

compensateur [-atœʀ] *adj* ⟨**-trice** [-tʀis]⟩ ausgleichend; Ausgleichs...

compensation [kõpãsasjõ] *f* Ausgleich *m*; Kompensation *f*; Ersatz *m*; **en compensation** zum Ausgleich; als Ersatz; dafür

compensatoire [kõpãsatwaʀ] *adj* kompensatorisch; Ausgleichs...

compensé [kõpãse] *adj* ⟨**~e**⟩ **semelle compensée** Keilabsatz *m*

compenser [kõpãse] *v/t* ausgleichen; kompensieren; wettmachen; aufwiegen; **pour compenser** zum Ausgleich; dafür

compère [kõpɛʀ] *m* **1.** *litt* Gevatter *m* **2.** *péj* Helfershelfer *m*; Kumpan *m*

compère-loriot *m* ⟨**compères-loriots**⟩ MÉD Gerstenkorn *n*

compétence [kõpetãs] *f* **1.** (*connaissances*) **compétence(s)** Fach-, Sachkenntnis(se) *f*(*pl*); Sachverstand *m*; Kompetenz *f* **2.** (*ressort*) Zuständigkeit *f*, Kompetenz *f* (*a* JUR)

compétent [kõpetã] *adj* ⟨**-ente** [-ãt]⟩ **1.** (*capable*) sachverständig; kompetent; fach-, sachkundig **2.** JUR zuständig; kompetent

compétiteur [kõpetitœʀ] *m* Mitbewerber *m* (*à* um); Konkurrent *m*

compétitif [-if] *adj* ⟨**-ive** [-iv]⟩ konkurrenz-, wettbewerbsfähig

▸ **compétition** [kõpetisjõ] *f* Wettbewerb *m*; ÉCON *a* Konkurrenzkampf *m*; **compétition** (**sportive**) Wettkampf *m*; **esprit** *m* **de compétition** Wetteifer *m*; Kampfgeist *m*

compétitivité [kõpetitivite] *f* Wettbewerbsfähigkeit *f*

compétitrice [-tʀis] *f* Mitbewerberin *f* (*à* um); Konkurrentin *f*

Compiègne [kõpjɛɲ] *Stadt im Dep. Oise*

compilateur [kõpilatœʀ] *m* INFORM Compiler *m*

compilation [-asjõ] *f* Kompilation *f*; Zusammenstellung *f*

compiler [-e] *v/t* kompilieren (*a péj*); zusammentragen, -stellen

complainte [kõplɛ̃t] *f* Klagelied *n*

complaire [kõplɛʀ] *v/pr* ⟨→ **plaire**⟩ **se complaire dans qc** sich (*dat*) in etw (*dat*) gefallen

complaisamment [cõplɛzamã] *adv* → **complaisant**

complaisance [kõplɛzãs] *f* **1.** (*amabilité*) Entgegenkommen *n*; Gefälligkeit *f* **2.** *péj* (*indulgence*) Willfährigkeit *f*; allzu große Nachsicht, Gefälligkeit; **certificat** *m* **de complaisance** Gefälligkeitsattest *n* **3.** *péj* (*satisfaction*) Selbstgefälligkeit *f*; **avec complaisance** selbstgefällig

complaisant [kõplɛzã] *adj* **1.** entgegenkommend; gefällig **2.** *péj* **mari complaisant** *iron* verständnisvoller Ehemann **3.** *péj* (*satisfait*) selbstgefällig

complément [kõplemã] *m* **1. complément d'information** ergänzende, zusätzliche Information; **complément** (**d'une somme**) fehlende Summe; Restsumme *f* **2.** GR *d'objet* Ergänzung *f*; *déterminatif* nähere Bestimmung; Attribut *n*; **complément circonstanciel, de circonstance** Umstands-, Adverbialbestimmung *f*; Adverbial(e) *n*

complémentaire [kõplemãtɛʀ] *adj* ergänzend; zusätzlich; Zusatz...; **couleurs** *f*/*pl* **complémentaires** Komplementärfarben *f*/*pl*; (**retraite** *f*) **complémentaire** *f* zusätzliche Altersrente; Zusatzrente *f*

complémentarité [kõplemãtaʀite] *f sc* Komplementarität *f*

▸ **complet** [kõplɛ] **I** *adj* ⟨**-ète** [-ɛt]⟩ **1.** (*entier*) vollständig; vollkommen; komplett; völlig; gesamt; **aliment complet** Vollwertkost *f*; **pain complet** Vollkornbrot *n*; **au** (**grand**) **complet** vollzählig (versammelt) **2.** (*plein*) (voll) besetzt; *hôtel a* (voll) belegt; *théâtre* ausverkauft **II** *m* (Herren)Anzug *m*

▸ **complètement** [kõplɛtmã] *adv* völlig; vollständig; total

compléter [kõplete] ⟨**-è-**⟩ *v/t* ergänzen; vervollständigen

complétif [kõpletif] *adj* ⟨**-ive** [-iv]⟩ GR *proposition* Ergänzungs...; Objekt...

complexe [kõplɛks] **I** *adj* vielschichtig; komplex; kompliziert **II** *m* Komplex *m* (*a industriel*); **complexe d'infériorité** Minderwertigkeitskomplex *m*; **sans complexes** ganz ungeniert; ohne Hemmungen

complexé [kõplɛkse] **F** *adj* ⟨**~e**⟩ mit Komplexen behaftet; gehemmt; verklemmt

complexer [kõplɛkse] *v/t* F **ça le complexe** F da(von) kriegt er Komplexe

complexion [kõplɛksjõ] *f* Konstitution *f*

complexité [kõplɛksite] *f* Vielschichtigkeit *f*; Komplexität *f*

complication [kõplikasjõ] *f* **1.** (*complexité*) Kompliziertheit *f* **2.** (*difficulté*) Komplikation *f* (*a* MÉD); Verwicklung *f*; Schwierigkeit *f*

complice [kõplis] **I** *adj* mitschuldig; sourire verständnisinnig **II** *m,f* Komplize *ou* Komplice *m*, Komplizin *f*; Helfershelfer(in) *m*(*f*); JUR *a* Mittäter(in) *m*(*f*)

complicité [kõplisite] *f* Komplizenschaft *f*; (geheimes) Einverständnis; JUR *a* Mittäterschaft *f*; Beihilfe *f* (**de** zu)

compliment [kõplimã] *m* **1.** Kompliment *n*; (**tous**) **mes compliments!** mein Kompliment!; alle Achtung!; **avec les compliments de ...** mit den besten Empfehlungen (+ *gén*) **2.** Glückwunschansprache *f*

complimenter [kõplimãte] *v/t* **complimenter qn** j-m ein Kompliment, Komplimente machen

complimenteur [kõplimãtœʀ] **I** *adj* ⟨**-euse** [-øz]⟩ *péj* schmeichlerisch **II** *m péj* Lobhudler *m*

▸ **compliqué** [kõplike] *adj* ⟨**~e**⟩ kompliziert; verwickelt; schwierig; (**esprit**) **compliqué** *m* F Umstandskrämer *m*

compliquer [kõplike] *v/t* (*et v/pr* **se compliquer** sich) komplizieren

complot [kõplo] *m* Komplott *n*; Verschwörung *f*; *par ext* **mettre qn dans le complot** j-n einweihen

comploter [kõplɔte] **I** *v/t* **1. comploter de faire qc** etw planen **2.** F **comploter qc** F etw aushecken **II** *v/i* ein Komplott schmieden; sich verschwören

comploteur [kõplɔtœʀ] *m* Verschwörer *m*

componction [kõpõksjõ] *f* **air** *m* **de componction** übertrieben würdevolle Miene

comportement [kɔpɔʀtəmã] *m* Verhalten *n*
comporter [kɔpɔʀte] **I** *v/t* **1.** (*contenir*) enthalten; beinhalten; (*se composer de*) bestehen aus **2.** (*impliquer*) mit sich bringen; zur Folge haben **II** *v/pr* ▸ **se comporter** sich verhalten (*a* TECH); sich benehmen; sich betragen; *péj* sich aufführen
composant [kɔpozã] *m* Bestandteil *m*; Komponente *f*; ÉLECTRON Bauteil *n*
composante [-ãt] *f* Komponente *f*
composé [kɔpoze] **I** *adj* ⟨**~e**⟩ zusammengesetzt **II** *m* **1.** *composé* (*chimique*) (chemische) Verbindung **2.** GR Kompositum *n*; Zusammensetzung *f*
composées [kɔpoze] *f/pl* BOT Korbblütler *m/pl*
▸ **composer** [kɔpoze] **I** *v/t* **1.** (*assembler*) zusammensetzen, -stellen, herstellen (*de* aus); TÉL *numéro* wählen **2.** (*constituer*) bilden; ausmachen **3.** *poème* verfassen; MUS komponieren **4.** TYPO setzen **II** *v/i* **5.** (*s'arranger*) sich gütlich einigen, Kompromisse schließen (*avec* mit) **III** *v/pr* **6.** ▸ **se composer de** sich zusammensetzen, zusammengesetzt sein, bestehen aus **7.** *se composer un visage de circonstance* e-e dem Anlass entsprechende Miene aufsetzen
composite [kɔpozit] *adj* **1.** ARCH Komposit...; TECH Verbund... **2.** (bunt) zusammengewürfelt
▸ **compositeur** [kɔpozitœʀ] *m*, **compositrice** [kɔpozitʀis] *f* MUS Komponist(in) *m(f)*
composition [kɔpozisjɔ] *f* **1.** Zusammensetzung *f*, -stellung *f*; *d'un tableau* Komposition *f*; SPORTS *composition d'une équipe* Mannschaftsaufstellung *f* **2.** ÉCOLE Klassenarbeit *f* (*de chimie* in Chemie) **3.** MUS Komposition *f* **4.** *personne être de bonne composition* umgänglich sein **5.** TYPO Setzen *n*; Satz *m*
compost [kɔpɔst] *m* Kompost *m*
compostage [-aʒ] *m* Düngen *n* mit Kompost
▸ **composter** [kɔpɔste] *v/t billet* entwerten
composteur [-œʀ] *m* Entwerter *m*
▸ **compote** [kɔ̃pɔt] *f* **1.** Mus *m*; *au sirop* Kompott *n* **2.** F *fig en compote* (wie) zerschlagen; wund
compotier [kɔpɔtje] *m* Obstschale *f*
compréhensibilité [kɔpʀeãsibilite] *f* Verständlichkeit *f*; Begreiflichkeit *f*
compréhensible [kɔpʀeãsibl] *adj* verständlich; begreiflich; nachvollziehbar
compréhensif [-if] *adj* ⟨**-ive** [-iv]⟩ verständnisvoll
compréhension [kɔpʀeãsjɔ] *f* **1.** Verständnis *n* (*a pour qn*) **2.** *faculté* Begriffsvermögen *n*; Auffassungsgabe *f*
▸ **comprendre** [kɔpʀãdʀ] ⟨→ **prendre**⟩ **I** *v/t* **1.** (*saisir*) verstehen; begreifen; *tu y comprends qc?* a) (*tu t'y connais?*) verstehst du (et)was davon?; b) (*tu saisis?*) verstehst, begreifst du das?; *faire comprendre qc à qn* j-m etw begreiflich machen, verständlich machen, zu verstehen geben; *se faire comprendre* sich verständlich machen **2.** (*comporter*) umfassen **3.** (*inclure*) mitrechnen; mitzählen **II** *v/pr* **se comprendre** sich, einander verstehen
compresse [kɔ̃pʀɛs] *f* Kompresse *f*; Umschlag *m*
compresser [kɔ̃pʀese] *v/t* **1.** zusammendrücken, -pressen **2.** INFORM komprimieren
compresseur [kɔ̃pʀesœʀ] *m* Kompressor *m*
compressibilité [kɔ̃pʀɛsibilite] *f* **1.** PHYS Verdichtbarkeit *f*; Kompressibilität *f* **2.** *des dépenses* Reduzierbarkeit *f*
compressible [-ibl] *adj* **1.** PHYS verdichtbar; kompressibel **2.** *dépenses* reduzierbar
compressif [kɔ̃pʀɛsif] *adj* ⟨**-ive** [-iv]⟩ MÉD *bandage compressif* Druck-, Kompressionsverband *m*
compression [kɔ̃pʀɛsjɔ] *f* **1.** TECH Kompression *f*; Verdichtung *f* **2.** *des dépenses* Senkung *f*; Reduzierung *f*; *du personnel* Abbau *m*
comprimable [kɔ̃pʀimabl] *adj* → **compressible**
▸ **comprimé** [kɔ̃pʀime] *m* Tablette *f*
comprimer [kɔ̃pʀime] *v/t* **1.** TECH komprimieren; verdichten; *air comprimé* Press-, Druckluft *f* **2.** (*serrer*) zusammendrücken, -pressen **3.** *dépenses* reduzieren; vermindern; senken
compris [kɔ̃pʀi] *p/p* → **comprendre** *et adj* ⟨**-ise** [-iz]⟩ **1.** (*y*) *compris* ⟨*vor dem subst inv*⟩ (mit) (e)inbegriffen; inklusive (*abr* inkl.); einschließlich; *service non compris* zuzüglich Bedienung; *tout compris* alles inklusive **2.** *compris entre ...* zwischen (+ *dat*) (liegend)
compromettant [kɔ̃pʀɔmɛtã] *adj* ⟨**-ante** [-ãt]⟩ kompromittierend
compromettre [kɔ̃pʀɔmɛtʀ] ⟨→ **mettre**⟩ **I** *v/t* **1.** *qc* gefährden; aufs Spiel setzen; beeinträchtigen **2.** *qn* kompromittieren; bloßstellen **II** *v/pr* *s'être compromis dans qc* in etw (acc) verwickelt sein
compromis [kɔ̃pʀɔmi] *m* Kompromiss *m*
compromissions [kɔ̃pʀɔmisjɔ] *f/pl* (*péj* faule) Kompromisse *m/pl*
comptabilisation [kɔ̃tabilizasjɔ] *f* Verbuchung *f*; (buchmäßige) Erfassung *f*
comptabiliser [-e] *v/t* **1.** COMM (ver)buchen **2.** *par ext* zusammenrechnen
comptabilité [kɔ̃tabilite] *f* Buchführung *f*, -haltung *f*; *livres m/pl de comptabilité* Geschäftsbücher *n/pl*; *tenir la comptabilité* die Bücher führen
comptable [kɔ̃tabl] *m,f* Buchhalter(in) *m(f)*
comptage [kɔ̃taʒ] *m* Zählung *f*
comptant [kɔ̃tã] *adj et adv* (*au*) *comptant* (in, gegen) bar; Bar...; *800 euros comptant* ⟨*inv*⟩ 800 Euro in bar; *paiement m au comptant* Barzahlung *f*
▸ **compte** [kɔ̃t] *m* **1.** Zählen *n*; Berechnung *f*; *compte rond* runde Zahl, Summe; *fig à ce compte-là* wenn es, das so ist; *être à son compte* selbstständig sein; *se mettre à son compte* sich selbstständig machen; *fig pour mon compte* ich meinerseits; was mich betrifft; *pour le compte de* auf, für Rechnung von (*ou* + *gén*); im Auftrag von (*ou* + *gén*); *dire qc sur le compte de qn* über j-n; *en fin de compte* schließlich; letztlich; letzten Endes; im Endeffekt; *tout compte fait* genau genommen; alles in allem; F *avoir son compte* sein(en) Teil, F sein Fett abkriegen; (*être ivre*) F blau, besoffen sein; *donner son compte à qn* j-n ausahlen; F *son compte est bon* F jetzt geht's ihm an den Kragen; *fig être loin du compte* sich stark verrechnet haben; *faire le compte de* (ab-, zusammen)zählen; *faire ses comptes* Buch führen; abrechnen; *fig régler son compte à qn* mit j-m abrechnen;
▸ *tenir compte de qc* etw berücksichtigen,

in Betracht ziehen; e-r Sache (*dat*) Rechnung tragen; *compte tenu de* unter Berücksichtigung von (*ou* + *gén*); *s'en tirer à bon compte* gut dabei wegkommen; *y trouver son compte* auf s-e Kosten, Rechnung kommen **2.** *en banque*, COMM Konto *n*; *compte chèque postal* Postgirokonto *n*; *compte courant* laufendes Konto; Girokonto *n*; *compte en banque* Bankkonto *n* **3.** *compte(s)* (*explications*) Rechenschaft *f*; *compte rendu* Bericht *m*; *d'une séance* Protokoll *n*; *d'un livre* Rezension *f*; ÉCOLE Nacherzählung *f*; *demander des comptes à qn* von j-m Rechenschaft fordern; *je n'ai pas de comptes à vous rendre* ich bin Ihnen keine Rechenschaft schuldig; *rendre compte de qc* über etw (*acc*) Bericht erstatten; ▸ se rendre compte de qc sich (*dat*) über etw (*acc*) klar werden; etw bemerken, feststellen; *tu te rends compte!* stell dir das mal vor!
compte-gouttes *m* ⟨*inv*⟩ Tropfenzähler *m*; *fig au compte-gouttes* tröpfchen-, scheibchen-, F kleckerweise
▸ **compter** [kɔ̃te] **I** *v/t* **1.** (*dénombrer*) zählen; abzählen; (*inclure*) mit-, dazuzählen, -rechnen; *suffrages* auszählen; *compter qc, qn parmi les meilleurs* etw, j-n zu den Besten zählen, rechnen; *sans compter* (+ *subst*) ohne; nicht mitgerechnet; *sans compter que* abgesehen davon, dass; außerdem **2.** (*prévoir*) rechnen (mit); *compter que* ... damit rechnen, dass ... **3.** (*avoir l'intention*) *compter* (+ *inf*) beabsichtigen, vorhaben zu (+ *inf*) **4.** *compter qc à qn* a) (*facturer*) j-m etw berechnen, in Rechnung stellen; b) (*verser*) j-m etw auszahlen **5.** (*avoir*) *années, habitants* haben; *st/s* zählen **II** *v/i* **6.** (*calculer*) zählen; rechnen; *sans compter* großzügig; *dépenser* mit vollen Händen; *à compter de* von ... ab, an; ab **7.** (*avoir de l'importance*) zählen; wichtig sein; gelten **III** *v/t/indir compter avec qc, qn* mit etw, j-m rechnen; *compter sur qc, qn* auf etw, j-n zählen; mit etw, j-m rechnen; sich auf etw, j-n verlassen; *j'y compte* ich rechne (fest) damit; ich verlasse mich darauf
compte rendu *m* ⟨**comptes rendus**⟩ → **compte**
compte-tours *m* ⟨*inv*⟩ Drehzahlmesser *m*; Tourenzähler *m*
compteur [kɔ̃tœʀ] *m* Zähler *m*; *compteur électrique* Stromzähler *m*; *compteur Geiger* [ʒɛʒɛʀ] Geigerzähler *m*; *compteur à eau, à gaz* Wasser-, Gaszähler *m*, -messer *m*, -uhr *f*; *compteur de taxi* Fahrpreisanzeiger *m*; *compteur (de vitesse)* Tachometer *m ou n*; F Tacho *m*
comptine [kɔ̃tin] *f* Abzählvers *m*, -reim *m*
comptoir [kɔ̃twaʀ] *m* **1.** *d'un bar* Theke *f*; Schanktisch *m*; Tresen *m* **2.** *d'un magasin* Ladentisch *m*; (Laden)Theke *f* **3.** HIST (Handels)-Kontor *n*; Handelsniederlassung *f*
compulsation [kɔ̃pylsasjɔ̃] *f* ADM Einsichtnahme *f* (*de* in +*acc*)
compulser [-e] *v/t* durchsehen
compulsif [kɔ̃pylsif] *adj* ⟨**-ive** [-iv]⟩ Zwangs...; zwangshaft
compulsion [-jɔ̃] *f* Zwang(shandlung) *m(f)*
comte [kɔ̃t] *m* Graf *m*
comté [kɔ̃te] *m* **1.** Grafschaft *f* **2.** *Art Schweizer*

Käse
comtesse [kɔ̃tɛs] *f* Gräfin *f*
▸ **con** [kɔ̃] P **I** *adj* ⟨*f inv od* **conne** [kɔn]⟩ P saublöd, -doof **II** *subst* **1.** *con, conne m,f* P Blödmann *m*; *d'une femme* blöde Kuh; *injure* P Arschloch *n* **2.** *m obscène* Fotze *f* (*Vulva*)
conard [kɔnaʀ] P *m*, **conasse** [kɔnas] P *f* → *con II 1*
concassage [kɔ̃kasaʒ] *m de pierres* Brechen *n*; *de céréales* Schroten *n*
concassé [kɔ̃kase] *m* Schotter *m*
concasser [-e] *v/t* zerstoßen; zerkleinern
concasseur [-œʀ] *m de pierres* Brecher *m*
concave [kɔ̃kav] *adj* konkav; *miroir m* **concave** Hohlspiegel *m*
concavité [kɔ̃kavite] *f* **1.** OPT Konkavität *f* **2.** (*creux*) Vertiefung *f*; Einbuchtung *f*
concéder [kɔ̃sede] *v/t* ⟨**-è-**⟩ **1.** *droit* gewähren; einräumen; zugestehen **2.** *concéder que* ... zugeben, einräumen, dass ... **3.** SPORTS *but* hinnehmen müssen
concentration [kɔ̃sɑ̃tʀasjɔ̃] *f* Konzentration *f* (*a d'esprit*); Konzentrierung *f*; *camp m de concentration* Konzentrationslager *n*
concentrationnaire [kɔ̃sɑ̃tʀasjɔnɛʀ] *adj* e-s Konzentrationslagers; KZ-...
concentré [kɔ̃sɑ̃tʀe] **I** *adj* ⟨**~e**⟩ konzentriert (*a fig personne*); *lait m* **concentré** Kondens-, Dosenmilch *f* **II** *m* Konzentrat *n*; *concentré de tomates* Tomatenmark *n*
concentrer [kɔ̃sɑ̃tʀe] **I** *v/t* konzentrieren; *troupes a* zusammenziehen **II** *v/pr* **se concentrer** sich konzentrieren (*sur* auf + *acc*)
concentrique [kɔ̃sɑ̃tʀik] *adj* konzentrisch
concept [kɔ̃sɛpt] *m* Begriff *m*
conception [kɔ̃sɛpsjɔ̃] *f* **1.** (*idée*) Anschauung *f*; Auffassung *f*; Vorstellung *f*; Begriff *m* **2.** (*création*) Konzeption *f*; Entwurf *m*; Gestaltung *f* **3.** BIOL Empfängnis *f*
conceptualiser [kɔ̃sɛptɥalize] *v/t* in Begriffe fassen
conceptuel [kɔ̃sɛptɥɛl] *adj* ⟨**~le**⟩ begrifflich; Begriffs...
concernant [kɔ̃sɛʀnɑ̃] *prép* hinsichtlich, bezüglich (+ *gén*); ADM betreffs (+ *gén*)
concerné [kɔ̃sɛʀne] *adj* ⟨**~e**⟩ betroffen; *être concerné* betroffen sein (*par* von)
▸ **concerner** [kɔ̃sɛʀne] *v/t* *concerner qc, qn* etw, j-n betreffen, angehen; *en ce qui concerne* ... was (+ *acc*) betrifft, anbelangt, angeht
▸ **concert** [kɔ̃sɛʀ] *m* **1.** MUS Konzert *n*; *fig concert d'avertisseurs* Hupkonzert *n* **2.** *agir de concert* im Einvernehmen
concertation [kɔ̃sɛʀtasjɔ̃] *f* Absprache *f*; Verständigung *f*
concerter [kɔ̃sɛʀte] *v/pr* **se concerter** sich (miteinander) verständigen; sich absprechen, abstimmen, bereden
concertiste [kɔ̃sɛʀtist] *m,f* Instrumentalist(in) *m(f)*, der (die) Konzerte gibt
concerto [kɔ̃sɛʀto] *m* Konzert *n*
concessif [kɔ̃sesif] *adj* ⟨**-ive** [-iv]⟩ GR konzessiv; einräumend
concession [kɔ̃sesjɔ̃] *f* **1.** (*compromis*) Zugeständnis *n*; Konzession *f* **2.** ADM Konzession *f* **3.** *funéraire* Familiengrab *n*; *concession à perpétuité* Erbbegräbnis *n*
concessionnaire [kɔ̃sesjɔnɛʀ] *m* COMM Ver-

tragshändler *m*
concevable [kõsvabl] *adj* vorstellbar; denkbar; begreiflich
concevoir [kõs(ə)vwaʀ] ⟨→ **recevoir**⟩ *v/t* **1.** (*comprendre*) begreifen; verstehen; (*s'imaginer*) sich (*dat*) vorstellen **2.** *projet, ouvrage* entwerfen; konzipieren; ersinnen **3.** *st/s sentiment* empfinden **4.** BIOL empfangen
▸ **concierge** [kõsjɛʀӡ] **1.** *m,f* Hausmeister(in) *m(f)*; Pförtner(in) *m(f)* **2.** *f fig* Klatschbase *f*
concile [kõsil] *m* Konzil *n*
conciliable [kõsiljabl] *adj* miteinander vereinbar
conciliabules [kõsiljabyl] *m/pl* Getuschel *n*
conciliant [kõsiljã] *adj* ⟨-ante [-ãt]⟩ entgegenkommend; verbindlich; konziliant; *paroles* versöhnlich
conciliateur [kõsiljatœʀ] *m,* **conciliatrice** [-tʀis] *f* Schlichter(in) *m(f)*
conciliation [kõsiljasjõ] *f* **1.** Ausgleich *m*; Schlichtung *f* **2.** JUR gütliche Einigung; **tentative *f* de conciliation** Sühneversuch *m*
conciliatoire [kõsiljatwaʀ] *adj* Vergleichs...; vermittelnd; POL **procédure *f* conciliatoire** Vergleichsverfahren *n*
concilier [kõsilje] **I** *v/t* in Einklang, Übereinstimmung bringen **II** *v/pr* **se concilier la bienveillance de qn** das Wohlwollen j-s gewinnen, erringen
concis [kõsi] *adj* ⟨-ise [-iz]⟩ prägnant; bündig; kurz gefasst; knapp; gedrängt
concision [kõsizjõ] *f* Prägnanz *f*; Knappheit *f*; Kürze *f*
concitoyen [kõsitwajɛ̃] *m,* **concitoyenne** [-jɛn] *f* Mitbürger(in) *m(f)*
conclave [kõklav] *m* ÉGL CATH Konklave *n*
concluant [kõklyã] *adj* ⟨-ante [-ãt]⟩ schlüssig; stichhaltig; beweiskräftig
conclure [kõklyʀ] ⟨**je conclus, il conclut, nous concluons**; **je concluais**; **je conclus**; **je conclurai**; **que je conclue**; **concluant**; **conclu**⟩ *v/t* **1.** *affaire* abschließen; tätigen; *traité* schließen **2.** (*clore*) beenden; abschließen **3.** (*déduire*) **j'en conclus que ...** ich schließe, folgere daraus, dass ... **II** *v/t/indir* **conclure à qc** auf etw (*acc*) schließen
▸ **conclusion** [kõklyzjõ] *f* **1.** *d'un traité, d'une affaire* Abschluss *m* **2.** (*fin*) (Ab)Schluss *m*; Ende *n* **3.** (*déduction*) Schluss(folgerung) *m(f)*; **conclusion, ...** Fazit, ...; mit e-m Wort, ...; **tirer des conclusions** Schlüsse, Folgerungen ziehen (*de* aus)
concocter [kõkɔkte] *plais v/t surprise, etc* F aushecken; CUIS zusammenbrauen, -mixen
concombre [kõkõbʀ] *m* Gurke *f*
concomitance [kõkɔmitãs] *f* Konkomitanz *f*
concomitant [kõkɔmitã] *adj* ⟨-ante [-ãt]⟩ Begleit...
▸ **concordance** [kõkɔʀdãs] *f* **1.** Übereinstimmung *f* **2.** GR **concordance des temps** Zeitenfolge *f*
concordant [kõkɔʀdã] *adj* ⟨-ante [-ãt]⟩ übereinstimmend
concordat [kõkɔʀda] *m* Konkordat *n*
concorde [kõkɔʀd] *f* Eintracht *f*
concorder [kõkɔʀde] *v/i* übereinstimmen (*avec* mit); *caractères* zusammenpassen; **faire concorder** in Einklang bringen

concourant [kõkuʀã] *adj* ⟨-ante [-ãt]⟩ MATH *droites* konvergent; konvergierend
concourir [kõkuʀiʀ] ⟨→ **courir**⟩ **I** *v/t/indir* **1.** **concourir à qc** beitragen zu etw **2.** MATH zusammenlaufen **II** *v/i* an e-m, am Wettbewerb teilnehmen; SPORTS **concourir pour un titre** um e-n Titel kämpfen
concours [kõkuʀ] *m* **1.** (*compétition*) Wettbewerb *m*; ÉCOLE, EMPLOI (Prüfung *f* im) Auswahlverfahren *n*; **concours hippique** Reit- und Fahrturnier *n*; **concours publicitaire** Preisausschreiben *n*; **concours de beauté** Schönheitswettbewerb *m*; **concours d'entrée** Aufnahmeprüfung *f* (im Auswahlverfahren) **2.** (*aide*) Unterstützung *f*; Hilfe *f*; (*collaboration*) Mitwirkung *f* **3.** **concours de circonstances** Zusammentreffen *n* mehrerer Umstände

Le concours

Bei einem **concours** handelt es sich um ein strenges Auswahlverfahren auf allen Ebenen des öffentlichen Dienstes sowie im Schul- und Hochschulwesen. Es ist eine anonyme Wettbewerbsprüfung, die z. B. die Voraussetzung für die Verbeamtung oder den Zugang zu den grandes écoles darstellt. Dabei können nur so viele Bewerber den concours bestehen, wie Stellen ausgeschrieben sind – ohne Rücksicht auf die Qualifikation und den Kenntnisstand der übrigen Bewerber. Der concours unterscheidet sich also in seinem Wettbewerbscharakter deutlich von den deutschen Staatsexamina.

▸ **concret** [kõkʀɛ] *adj* ⟨**concrète** [kõkʀɛt]⟩ konkret; gegenständlich; anschaulich
concrètement [kõkʀɛtmã] *adv* (ganz) konkret
concrétisation [kõkʀetizasjõ] *f* Konkretisierung *f*; Veranschaulichung *f*
concrétiser [kõkʀetize] *v/t* konkretisieren; veranschaulichen; vergegenständlichen; verdeutlichen
conçu [kõsy] *p/p* → **concevoir** *et adj* ⟨~e⟩ **1.** TECH konzipiert, an-, ausgelegt (**pour** für) **2.** (*rédigé*) **ainsi conçu** mit folgendem Wortlaut
concubin [kõkybɛ̃] *m,* **concubine** [-in] *f* Lebensgefährte *m*, -gefährtin *f*
concubinage [kõkybinaӡ] *m* Konkubinat *n*; wilde Ehe; ADM nicht eheliche Lebensgemeinschaft
concupiscence [kõkypisãs] *f* (sinnliche, fleischliche) Begierde; Fleischeslust *f*
concupiscent [-ã] *adj* ⟨-ente [-ãt]⟩ begehrlich; lüstern
concurremment [kõkyʀamã] *adv* (*ensemble*) gemeinsam; (*simultanément*) gleichzeitig
▸ **concurrence** [kõkyʀãs] *f* **1.** Konkurrenz *f* (*a coll*); Wettbewerb *m*; Konkurrenzkampf *m*; **libre concurrence** freier Wettbewerb; **faire concurrence à qn** j-m Konkurrenz machen **2.** **jusqu'à concurrence de** mille euros bis

zu ...

concurrencer [kõkyʀãse] *v/t* ⟨**-ç-**⟩ konkurrieren mit

concurrent [kõkyʀã] *m*, **concurrente** [-ãt] *f* Konkurrent(in) *m(f)*; Mitbewerber(in) *m(f)*; SPORTS Wettkampfteilnehmer(in) *m(f)*

concurrentiel [kõkyʀãsjɛl] *adj* ⟨**~le**⟩ konkurrierend; *prix* konkurrenzfähig

condamnable [kõdanabl] *adj* verwerflich; zu verurteilen(d)

condamnation [kõdanasjõ] *f* Verurteilung *f*; *(peine)* Strafe *f*

condamnatoire [kõdanatwaʀ] *adj* **sentence** *f* **condamnatoire** Verurteilung *f*

condamné(e) [kõdane] *m(f)* Verurteilte(r) *f(m)*; **condamné à mort** zum Tode Verurteilte(r) *m*

▸ **condamner** [kõdane] *v/t* **1.** JUR verurteilen (*à* zu; *pour* wegen); aburteilen **2.** *(forcer)* **être condamné à** verurteilt, verdammt sein zu **3.** *(blâmer)* verurteilen; verwerfen; *p/fort* verdammen **4.** *malade* aufgeben **5.** *porte* zumauern; (mit Brettern) vernageln

condensateur [kõdãsatœʀ] *m* Kondensator *m*

condensation [kõdãsasjõ] *f* Kondensation *f*; **eau** *f* **de condensation** Kondenswasser *n*

condensé [kõdãse] *adj* ⟨**~e**⟩ **1.** **lait condensé** Kondens-, Dosenmilch *f* **2.** **texte condensé** Kurzfassung *f*; Zusammenfassung *f*

condenser [kõdãse] **I** *v/t* **1.** PHYS kondensieren **2.** *fig texte* zusammenfassen; komprimieren **II** *v/pr vapeur* **se condenser** kondensieren; sich niederschlagen

condenseur [kõdãsœʀ] *m* **1.** OPT Kondensor *m* **2.** TECH Kondensator *m*

condescendance [kõdesãdãs] *f* Herablassung *f*

condescendant [-ã] *adj* ⟨**-ante** [-ãt]⟩ herablassend; gönnerhaft

condescendre [kõdesãdʀ] *v/t/indir* ⟨→ **rendre**⟩ **condescendre à** (+ *inf*) sich (dazu) herablassen zu (+ *inf*)

condiment [kõdimã] *m* Gewürz *n*; Würzstoff *m*

condisciple [kõdisipl] *m,f* Mitschüler(in) *m(f)*; Kommilitone, -in *m,f*

▸ **condition** [kõdisjõ] *f* **1.** Bedingung *f*; Voraussetzung *f*; **conditions** *pl* *(circonstances)* Verhältnisse *n/pl*; Umstände *m/pl*; *(situation)* Lage *f*; **conditions atmosphériques** Witterung *f*; **la condition féminine** die Lage der Frau; **conditions de paiement** Zahlungsbedingungen *f/pl*, -konditionen *f/pl*; **à (la) condition que** (+ *subj ou futur*), **à condition de** (+ *inf*) unter der Voraussetzung, Bedingung, dass ...; vorausgesetzt(, dass) ...; (nur) wenn ...; **dans ces conditions** unter diesen Umständen, Bedingungen; **sans condition** bedingungslos **2.** *(forme)* Verfassung *f*; *d'un sportif* Kondition *f*; **être en bonne condition** in Form, in guter Kondition, fit sein; *fig* **mettre en condition** formen; *péj* bearbeiten; präparieren **3.** *(rang social)* Stellung *f*; Stand *m*; Rang *m*; **de condition modeste** (von) bescheidener Herkunft

conditionné [kõdisjɔne] *adj* ⟨**~e**⟩ **1.** (*à*) **air conditionné** (mit) Klimaanlage *f* **2.** **réflexe conditionné** bedingter Reflex

conditionnel [kõdisjɔnɛl] *adj* ⟨**~le**⟩ **1.** bedingt

(a JUR) **2.** GR *(mode)* **conditionnel** *m* Konditional *m*

conditionnement [kõdisjɔnmã] *m* **1.** COMM Verpackung *f* und Aufmachung *f* **2.** **conditionnement** *(de l'air)* Klimatisierung *f*

conditionner [kõdisjɔne] *v/t* **1.** COMM (abpacken und) aufmachen **2.** *(être la condition de)* bedingen **3.** *(influencer)* formen; *péj* bearbeiten; präparieren

condoléances [kõdɔleãs] *f/pl* Beileid *n*; **mes sincères condoléances** (mein) herzliches *ou* aufrichtiges Beileid

condom [kõdɔm] *m* *vieux, sc* Kondom *n*

condor [kõdɔʀ] *m* Kondor *m*

conducteur [kõdyktœʀ] **I** *adj* ⟨**-trice** [-tʀis]⟩ **1.** PHYS leitend **2.** *fig* **fil conducteur** roter Faden **II** *subst* **3.** ▸ **conducteur, conductrice** *m,f* Fahrer(in) *m(f)*; **conducteur d'engin** Kran- *ou* Baggerführer *m* **4.** *m* PHYS Leiter *m*

conductibilité [kõdyktibilite] *f* PHYS Leitfähigkeit *f*

conductible [-ibl] PHYS *adj* leitfähig

conduction [kõdyksjõ] *f* PHYS, PHYSIOLOGIE Leiten *n*; Leitung *f*

conductivité [kõdyktivite] *f* PHYS spezifische Leitfähigkeit

▸ **conduire** [kõdɥiʀ] ⟨**je conduis; il conduit; nous conduisons; je conduisais; je conduisis; je conduirai; que je conduise; conduisant; conduit**⟩ **I** *v/t* **1.** führen; *personne a* bringen; geleiten; *cortège, délégation* anführen; *entreprise* führen; leiten **2.** *chose* **conduire à** führen zu (*a fig*); *route* (hin)führen nach, zu **3.** *voiture* fahren (*a qn en voiture*); *machine* steuern; **savoir conduire** (Auto) fahren können; **permis** *m* **de conduire** Führerschein *m* **4.** *électricité, chaleur, eau* leiten **II** *v/pr* **se conduire** sich benehmen; sich verhalten; sich betragen; *péj* sich aufführen

conduit [kõdɥi] *m* **1.** TECH (Zu)Leitung *f*; *(tuyau)* Rohr *n* **2.** ANAT Gang *m*

▸ **conduite** [kõdɥit] *f* **1.** *(comportement)* Benehmen *n*; Verhalten *n*; Betragen *n* (*a* ÉCOLE); JUR Führung *f* **2.** AUTO Fahren *n*; Lenken *n*; **conduite en état d'ivresse** Trunkenheit *f* am Steuer; **leçons** *f/pl* **de conduite** Fahrstunden *f/pl*; *par ext* **conduite intérieure** Limousine *f* **3.** *(direction)* Leitung *f*; Führung *f*; *(accompagnement)* Begleitung *f* **4.** TECH (Zu)Leitung *f*; **conduite d'eau, de gaz** Wasser-, Gasleitung *f*

cône [kon] *m* Kegel *m* (*a* MATH)

confection [kõfɛksjõ] *f* Anfertigung *f*; *d'un plat* Zubereitung *f*

confectionner [kõfɛksjɔne] *v/t* **1.** anfertigen; *plat* zubereiten **2.** *vêtements* konfektionieren

confectionneur [kõfɛksjɔnœʀ] *m* Hersteller *m* von Konfektion(skleidung); Konfektionär *m*

confédéral [kõfedeʀal] *adj* ⟨**~e; -aux** [-o]⟩ der, e-r Konföderation

confédération [kõfedeʀasjõ] *f* Staatenbund *m*; Konföderation *f*; **Confédération helvétique** Schweizerische Eidgenossenschaft

confédéré [kõfedeʀe] *adj* ⟨**~e**⟩ verbündet

confédérer [-e] *v/t* ⟨**-è-**⟩ zusammenschließen; verbünden

conférence [kõfeʀãs] *f* **1.** *(réunion)* Konferenz *f*; Besprechung *f*; **conférence de presse** Pres-

sekonferenz *f* **2.** (*exposé*) Vortrag *m*; Referat *n*
conférencier [kõfeRãsje] *m*, **conférencière**
[-jɛR] *f* Redner(in) *m(f)*; Vortragende(r)
f(m); Referent(in) *m(f)*
conférer [kõfeRe] ⟨-è-⟩ **I** *v/t* verleihen **II** *v/i*
konferieren
confesse [kõfɛs] *f aller à confesse* zur Beich-
te gehen
confesser [kõfese] **I** *v/t* **1.** *ses péchés* beichten
2. *confesser qn* j-m die Beichte abnehmen; F
fig j-n aushorchen **3.** (*avouer*) (ein)gestehen;
zugeben **II** *v/pr* **se confesser** beichten
confesseur [kõfesœR] *m* Beichtvater *m*
confession [kõfesjõ] *f* **1.** Beichte *f*; Sündenbe-
kenntnis *n* **2.** (*foi*) Konfession *f*; Bekenntnis *n*
3. (*aveu*) Bekenntnis *n*; (Ein)Geständnis *n*
confessionnal [kõfesjɔnal] *m* ⟨-aux [-o]⟩
Beichtstuhl *m*
confessionnel [kõfesjɔnɛl] *adj* ⟨~le⟩ Konfessi-
ons...; konfessionell
confetti(s) [kõfeti] *m/pl* Konfetti *n*
▸ **confiance** [kõfjãs] *f* Vertrauen *n* (**en, dans**
zu; in *ou* auf + *acc*); Zutrauen *n* (zu); *d'un en-
fant, animal* Zutraulichkeit *f*; **confiance en
soi** Selbstvertrauen *n*; **personne** *f* **de confian-
ce** Vertrauensperson *f*; **de confiance, en
toute confiance** vertrauensvoll; **faire con-
fiance à qn, qc** j-m, e-r Sache vertrauen
confiant [kõfjã] *adj* ⟨-ante [-ãt]⟩ vertrauens-
voll; *enfant, animal* zutraulich; **trop confiant**
(zu) vertrauensselig
confidence [kõfidãs] *f* **1.** vertrauliche Mittei-
lung *f*; **faire des confidences à qn** sich j-m
anvertrauen **2.** (*secret*) **en confidence** im Ver-
trauen; vertraulich; **être dans la confidence**
(ins Geheimnis) eingeweiht sein
confident [kõfidã] *m*, **confidente** [-ãt] *f* Ver-
traute(r) *f(m)* (*a* THÉ)
confidentialité [kõfidãsjalite] *f* Vertraulichkeit
f
confidentiel [kõfidãsjɛl] *adj* ⟨~le⟩ vertraulich
confier [kõfje] **I** *v/t* **confier qc, qn à qn** j-m etw,
j-n anvertrauen **II** *v/pr* **se confier à qn** sich j-m
anvertrauen
configuration [kõfigyRasjõ] *f* Form *f*; Gestalt
f; *sc* Konfiguration *f*
configurer [-e] *v/t* INFORM *logiciel, hardware*
konfigurieren
confiné [kõfine] *adj* ⟨~e⟩ *air* verbraucht; *at-
mosphère* stickig; dumpf
confinement [kõfinmã] *m* **1.** *st/s* Abgeschlos-
senheit *f* von der Welt; Abkapselung *f* **2.** NUCL
Abschirmung *f*
confiner [kõfine] **I** *v/t* **confiner qn** j-n einsper-
ren **II** *v/t/indir* **confiner à** grenzen an (+ *acc*) (*a
fig*) **III** *v/pr* **se confiner chez soi** sich abkap-
seln
confins [kõfɛ̃] *m/pl* **aux confins de** an der
Grenze zu; am Rande (+ *gén*)
confire [kõfiR] *v/t* ⟨*déf: nur inf u p/p* **confit**⟩
confire des fruits Früchte kandieren
confirmand [kõfiRmã] *m*, **confirmande** [-ãd] *f*
CATH Firmling *m*; PROT Konfirmand(in) *m(f)*
confirmation [kõfiRmasjõ] *f* **1.** Bestätigung *f* **2.**
CATH Firmung *f*; PROT Konfirmation *f*; Einseg-
nung *f*
confirmé [kõfiRme] *adj* ⟨~e⟩ *médecin, traduc-
teur* erfahren

confirmer [kõfiRme] **I** *v/t* **1.** *réservation, nouvel-
le, etc* bestätigen **2.** **confirmer qn dans son
opinion** j-n in s-r Meinung bestärken **3.** CATH
firmen; PROT konfirmieren; einsegnen **II** *v/pr*
se confirmer sich bestätigen
confiscation [kõfiskasjõ] *f* JUR, ADM Beschlag-
nahmung *f*; Konfiszierung *f*
confiserie [kõfizRi] *f* **1.** Süßigkeit *f*; **confise-
ries** *pl a* Süßwaren *f/pl* **2.** *magasin* Süßwaren-
geschäft *n*
confiseur [kõfizœR] *m*, **confiseuse** [-øz] *f* Süß-
warenhändler(in) *m(f)*
confisquer [kõfiske] *v/t* beschlagnahmen; kon-
fiszieren (*a à l'école*)
confit [kõfi] **I** *adj* ⟨-ite [-it]⟩ **1.** *fruits* kandiert **2.**
confit en dévotion bigott **II** *m* **confit d'oie** im
eigenen Fett konservierte Gänsestücke *n/pl*
▸ **confiture** [kõfityR] *f* Marmelade *f*; Konfitüre
f
confiturier [kõfityRje] *m* Konfitüre-, Marmela-
denglas *n*, -dose *f*
conflagration [kõflagRasjõ] *st/s f* Umwälzung *f*
conflictuel [kõfliktɥɛl] *adj* ⟨~le⟩ Konflikt...
▸ **conflit** [kõfli] *m* Konflikt *m*; Auseinanderset-
zung *f*; Streit(igkeit) *m(f)*; **conflit social** Tarif-
konflikt *m*
confluent [kõflyã] *m* Zusammenfluss *m*
confluer [-e] *v/i rivières* zusammenfließen
confondant [kõfõdã] *adj* ⟨-ante [-ãt]⟩ verblüf-
fend; erstaunlich
▸ **confondre** [kõfõdR] ⟨→ **rendre**⟩ **I** *v/t* **1.** (*mé-
langer*) verwechseln (**avec, et** mit) **2.** (*décon-
certer*) verwirren; (*étonner*) verblüffen **3.** *litt*
(*démasquer*) entlarven; überführen **II** *v/pr* **4.**
se confondre (*se mélanger*) sich vermischen;
verschmelzen **5.** **se confondre en excuses,
remerciements** sich vielmals entschuldigen;
sich überschwänglich bedanken
conformation [kõfɔRmasjõ] *f* Form *f*; (Auf)-
Bau *m*
conforme [kõfɔRm] *adj* **conforme à** gemäß (+
dat); entsprechend (+ *dat*); **conforme au rè-
glement** vorschriftsmäßig; **pour copie con-
forme** für die Richtigkeit der Abschrift
conformé [kõfɔRme] *adj* ⟨~e⟩ *enfant* **bien con-
formé** ohne Missbildungen
conformément [kõfɔRmemã] *adv* **conformé-
ment à** gemäß, entsprechend (+ *dat*)
conformer [kõfɔRme] *v/pr* **se conformer à qc**
sich nach etw richten; sich an etw (*acc*) halten
conformisme [kõfɔRmism] *m* Konformismus
m; allzu bereitwillige Anpassung
conformiste [-ist] *adj* konformistisch; bereit,
sich anzupassen
conformité [kõfɔRmite] *f* Übereinstimmung *f*;
en conformité avec in Übereinstimmung mit
▸ **confort** [kõfɔR] *m* Bequemlichkeit *f*; Komfort
m; Behaglichkeit *f*; *adjt* **tout confort** mit allem
Komfort ausgestattet
▸ **confortable** [kõfɔRtabl] *adj* **1.** *maison, voitu-
re, etc* bequem; komfortabel; *situation* behag-
lich **2.** *revenus* reichlich; ansehnlich; *majorité* F
komfortabel; F satt
confortablement [kõfɔRtabləmã] *adv* **1.** *être
assis, installé* bequem; behaglich **2.** *vivre* sehr
gut; im Wohlstand; *gagner* reichlich
conforter [kõfɔRte] *v/t* stärken; **conforter qn
dans qc** j-n in etw (*dat*) bestärken

confraternel [kõfʀatɛʀnɛl] *adj* ⟨**~le**⟩ kollegial; unter Kollegen

confraternité [-ite] *st/s f* gutes kollegiales Verhältnis

confrère [kõfʀɛʀ] *m* Kollege *m*

confrérie [kõfʀeʀi] *f* REL Bruderschaft *f*

confrontation [kõfʀõtasjõ] *f* Gegenüberstellung *f*; Konfrontation *f*

confronter [kõfʀõte] *v/t* einander gegenüberstellen; miteinander konfrontieren; *être confronté à qc* mit etw konfrontiert sein

confucianisme [kõfysjanism] *m* PHILOS Konfuzianismus *m*

Confucius [kõfysjys] *m* Konfuzius *m*

confus [kõfy] *adj* ⟨**-use** [-yz]⟩ **1.** *forme, bruit* undeutlich **2.** *fig idées, etc* unklar; konfus; verworren; wirr **3.** (*embarrassé*) verlegen; betreten; verwirrt; *je suis confus* es ist mir peinlich

confusément [kõfyzemã] *adv* undeutlich; vage

confusion [kõfyzjõ] *f* **1.** (*désordre*) Verwirrung *f*; Durcheinander *n*; Konfusion *f* **2.** (*embarras*) Verlegenheit *f*; Betretenheit *f*; Verwirrung *f* **3.** (*erreur*) Verwechslung *f*

▸ **congé** [kõʒe] *m* **1.** Urlaub *m*; *congés payés* bezahlter Urlaub; *congé de maternité* Mutterschaftsurlaub *m*; *avoir congé* freihaben; *avoir un jour de congé* e-n freien Tag haben; *être en congé* in, im, auf Urlaub sein **2.** Kündigung *f*; *patron donner son congé à qn* j-n entlassen; j-m, F j-n kündigen **3.** *prendre congé* sich verabschieden

congédiement [kõʒedimã] *m* Entlassung *f*; Kündigung *f*

congédier [-dje] *v/t* entlassen

congelable [kõʒlabl] *adj* gefrierbar

▸ **congélateur** [kõʒelatœʀ] *m* Gefriertruhe *f*, -schrank *m*; (Tief)Kühltruhe *f*

congélation [kõʒelasjõ] *f* Gefrieren *n*; Erstarren *n*; *de denrées alimentaires* Einfrieren *n*; Tiefkühlen *n*

congeler [kõʒle] *v/t* ⟨**-è-**⟩ einfrieren; tiefkühlen; *viande congelée* Gefrierfleisch *n*

congénère [kõʒenɛʀ] *m,f* Artgenosse, -genossin *m,f*; *fig lui et ses congénères* er und seinesgleichen

congénital [kõʒenital] *adj* ⟨**~e; -aux** [-o]⟩ angeboren

congère [kõʒɛʀ] *f* Schneeverwehung *f*

congestion [kõʒɛstjõ] *f* Blutandrang *m*; *congestion cérébrale* Schlaganfall *m*

congestionné [kõʒɛstjɔne] *adj* ⟨**~e**⟩ **1.** *visage* hoch-, blaurot **2.** *route* verstopft; überlastet

congestionner [kõʒɛstjɔne] *v/t* **1.** Blutandrang verursachen in (+*dat*); *toux, rire: visage* hochrot, blaurot färben **2.** *route* verstopfen; überlasten

conglomérat [kõglɔmeʀa] *m* Konglomerat *n*

Congo [kõgo] *le Congo* der Kongo

congolais [kõgɔlɛ] **I** *adj* ⟨**-aise** [-ɛz]⟩ kongolesisch **II** *subst* **1.** *Congolais(e) m(f)* Kongolese *m*, -sin *f* **2.** *m gâteau* Kokosmakrone *f*

congratulations [kõgʀatylasjõ] *plais f/pl* Gratulation(en) *f(pl)*

congratuler [kõgʀatyle] *plais v/t* gratulieren (*qn* j-m)

congre [kõgʀ] *m* Meeraal *m*

congrégation [kõgʀegasjõ] *f* Kongregation *f*

congrégationalisme [kõgʀegasjɔnalism] *m* Kongregationalismus *m*

congrès [kõgʀɛ] *m* Kongress *m*; Tagung *f*

congressiste [kõgʀesist] *m,f* Kongress-, Tagungsteilnehmer(in) *m(f)*

congru [kõgʀy] *adj* ⟨**~e**⟩ *en être réduit à la portion congrue* am Rande des Existenzminimums leben

congruent [kõgʀyã] *adj* ⟨**-ente** [-ãt]⟩ kongruent

conifère [kɔnifɛʀ] *m* Nadelbaum *m*; Konifere *f*; *conifères pl a* Nadelhölzer *n/pl*

conique [kɔnik] *adj* kegelförmig

conjectural [kõʒɛktyʀal] *adj* ⟨**~e; -aux** [-o]⟩ auf Vermutungen beruhend; spekulativ

conjecture [kõʒɛktyʀ] *f* Vermutung *f*; Mutmaßung *f*

conjecturer [-e] *v/t* mutmaßen

conjoint [kõʒwɛ̃] *m*, **conjointe** [-ʒwɛ̃t] *f* Ehegatte, -gattin *m,f*; *conjoints pl* Ehegatten *m/pl*, -leute *pl*

conjointement [kõʒwɛ̃tmã] *adv* gemeinsam; gemeinschaftlich

conjonctif [kõʒõktif] *adj* ⟨**-ive** [-iv]⟩ *tissu conjonctif* Bindegewebe *n*

conjonction [kõʒõksjõ] *f* Bindewort *n*; Konjunktion *f* (*a* ASTR)

conjonctive [kõʒõktiv] *f* Bindehaut *f*

conjonctivite [-it] *f* Bindehautentzündung *f*

conjoncture [kõʒõktyʀ] *f* **1.** (*situation*) Lage *f*; Umstände *m/pl* **2.** ÉCON Konjunktur *f*; Wirtschaftslage *f*

conjoncturel [-ɛl] *adj* ⟨**~le**⟩ konjunkturell; konjunkturbedingt

conjoncturiste [kõʒõktyʀist] *m* Konjunkturexperte *m*, -forscher *m*

conjugable [kõʒygabl] *adj* konjugierbar

conjugaison [kõʒygɛzõ] *f* Konjugation *f*; Beugung *f* (des Verbs)

conjugal [kõʒygal] *adj* ⟨**~e; -aux** [-o]⟩ Ehe...; ehelich; Gatten...

conjugué [kõʒyge] *adj* ⟨**~e**⟩ **1.** *forces* verein(ig)t; gemeinsam **2.** zugeordnet; MATH konjugiert **3.** BOT *feuille* paarig gefiedert

conjuguer [kõʒyge] *v/t* **1.** *conjuguer ses efforts* gemeinsame Anstrengungen unternehmen **2.** GR konjugieren; beugen

conjuration [kõʒyʀasjõ] *f* Verschwörung *f*

conjuré [kõʒyʀe] *m* Verschwörer *m*

conjurer [kõʒyʀe] *v/t* **1.** (*implorer*) *conjurer qn de* (+ *inf*) j-n beschwören zu (+ *inf*) **2.** *danger* abwenden; bannen **3.** *mauvais esprits* bannen; beschwören

connaissable [kɔnɛsabl] *adj* erkennbar; zu erkennen(d)

▸ **connaissance** [kɔnɛsãs] *f* **1.** (*savoir*) Kenntnis *f*; *connaissances d'anglais* Englischkenntnisse *f/pl*; *à ma connaissance* meines Wissens; *en connaissance de cause* in Kenntnis der Sache, Sachlage; *avoir connaissance de qc* Kenntnis von etw haben; *prendre connaissance de qc* Kenntnis nehmen von **2.** PHILOS Erkenntnis *f*; Erkennen *n* **3.** (*conscience*) *sans connaissance* bewusst-, besinnungslos; ohnmächtig; *avoir toute sa connaissance* bei vollem Bewusstsein sein; *perdre connaissance* das Bewusstsein verlieren; bewusstlos, ohnmächtig werden; *reprendre*

connaissance wieder zu sich kommen; das Bewusstsein wiedererlangen **4.** *personne* Bekannte(r) *f(m)* **5.** (*action de connaître*) Bekanntschaft *f*; ***visage*** *m* **de connaissance** bekanntes Gesicht; ***faire connaissance avec qn, qc*** *ou* ***faire la connaissance de qn, qc*** j-n, etw kennenlernen; mit j-m, etw bekannt werden; die Bekanntschaft j-s machen; ***lier connaissance avec qn*** mit j-m Bekanntschaft schließen

connaisseur [kɔnɛsœʀ] **I** *adj* ⟨*selten* **-euse** [-øz]⟩ Kenner... **II** *m* Kenner *m*; ***en connaisseur*** als Kenner; mit Sachkenntnis; ***être connaisseur en vins*** (ein) Weinkenner sein

▸ **connaître** [kɔnɛtʀ] ⟨**je connais, il connaît, nous connaissons; je connaissais; je connus; je connaîtrai; que je connaisse; connaissant; connu**⟩ **I** *v/t* **1.** kennen; *personne a* bekannt sein mit; ***connaître l'anglais*** Englisch können; ***on lui connaît deux faiblesses*** man kennt zwei Schwächen an ihm; ***je n'y connais rien*** ich verstehe nichts davon; ***faire connaître qc*** etw mitteilen; ***faire connaître qn*** j-n bekannt machen; ***se faire connaître*** bekannt werden (***par, pour*** durch) **2.** (*faire la connaissance de*) kennenlernen (***qn, qc*** j-n, etw); *réussite* haben; *sort a* erleben; erfahren **II** *v/pr* ***se connaître* 3.** *réciproquement* sich, einander kennen *ou* kennenlernen **4.** *soi-même* sich (selbst) kennen **5.** ***s'y connaître*** sich auskennen (***en*** mit, in + *dat*); etwas davon verstehen

connard [kɔnaʀ] P *m*, **connasse** [kɔnas] P *f* → **con** *II I*

connecter [kɔnɛkte] **I** *v/t* ÉLECT anschließen (***à*** an + *acc*); verbinden (mit) **II** *v/pr* INFORM ***se connecter*** (sich) einloggen

connecteur [-œʀ] *m* TECH, ÉLECT Schalter *m*; Schaltgerät *n*; CH DE FER Verbindungsstück *n*

▸ **connerie** [kɔnʀi] P *f péj* Idiotie *f*; F Quatsch *m*; F Mist *m*; F Stuss *m*

connexe [kɔnɛks] *adj* zusammenhängend

connexion [kɔnɛksjɔ̃] *f* Verbindung *f*

connivence [kɔnivɑ̃s] *f* heimliches Einverständnis; ***être de connivence avec qn*** mit j-m unter einer Decke stecken

connotation [kɔnɔtasjɔ̃] *f* LING Konnotation *f*

▸ **connu** [kɔny] *p/p* → **connaître** *et adj* ⟨**~e**⟩ bekannt (***de, par qn*** j-m)

conque [kɔ̃k] *f* ZO Tritonshorn *n*

conquérant [kɔ̃keʀɑ̃] **I** *adj* ⟨**-ante** [-ɑ̃t]⟩ *air* siegessicher **II** *m* Eroberer *m*

conquérir [kɔ̃keʀiʀ] ⟨→ **acquérir**⟩ *v/t* erobern; *liberté, droit* erringen; *fig* ***conquérir qn*** j-n für sich einnehmen

conquête [kɔ̃kɛt] *f* **1.** Eroberung *f*; *fig* ***faire la conquête de qn*** j-n erobern, für sich einnehmen **2.** *technique, etc* Errungenschaft *f*

conquis [kɔ̃ki] *p/p* ⟨**-ise** [-iz]⟩ → **conquérir**

conquistador [kɔ̃kistadɔʀ] *m* ⟨**~es**⟩ HIST Konquistador *m*

consacré [kɔ̃sakʀe] *adj* ⟨**~e**⟩ **1.** REL geweiht **2.** *expression* üblich (geworden)

consacrer [kɔ̃sakʀe] *v/t* **1.** widmen (***à qc, à qn*** e-r Sache, j-m) **2.** REL weihen

consanguin [kɔ̃sãgɛ̃] *adj* ⟨**-ine** [-in]⟩ blutsverwandt

consanguinité [kɔ̃sãginite, -gyi-] *f* Blutsver-

wandtschaft *f*

consciemment [kɔ̃sjamã] *adv* bewusst

▸ **conscience** [kɔ̃sjɑ̃s] *f* **1.** *morale* Gewissen *n*; **conscience professionnelle** berufliches Pflichtbewusstsein; ***en conscience*** ganz ehrlich; ***avoir bonne conscience*** ein gutes, reines Gewissen haben; ***il n'a pas la conscience tranquille*** er hat kein ganz reines, sauberes Gewissen; ***avoir qc sur la conscience*** etw auf dem Gewissen haben; ***mettre beaucoup de conscience à faire qc*** etw äußerst gewissenhaft tun, machen **2.** *psychologique* Bewusstsein *n*; ***prise f de conscience*** Bewusstwerden *n*, -ung *f*; ***avoir conscience de qc*** sich (*dat*) e-r Sache (*gén*) bewusst sein; ***perdre conscience*** bewusstlos, ohnmächtig werden; ***prendre conscience de qc*** sich (*dat*) e-r Sache (*gén*) bewusst werden

consciencieux [kɔ̃sjɑ̃sjø] *adj* ⟨**-euse** [-øz]⟩ gewissenhaft

conscient [kɔ̃sjã] *adj* ⟨**-ente** [-ãt]⟩ bewusst; (*pas évanoui*) bei Bewusstsein; ***être conscient de qc*** sich (*dat*) e-r Sache (*gén*) bewusst sein

conscription [kɔ̃skʀipsjɔ̃] *f* HIST MIL Aushebung *f*; Konskription *f*

conscrit [kɔ̃skʀi] *m* Wehrpflichtige(r) *m*; Rekrut *m*; ***les conscrits de la classe 1990*** die 1990 Einberufenen *m/pl*

consécration [kɔ̃sekʀasjɔ̃] *f* **1.** REL Weihe *f* **2.** CATH Wandlung *f* **3.** (*sanction*) (glänzende) Bestätigung; Sanktionierung *f*

consécutif [kɔ̃sekytif] *adj* ⟨**-ive** [-iv]⟩ **1.** aufeinanderfolgend; ***pendant trois jours consécutifs*** drei Tage hintereinander **2.** **consécutif à** als Folge von (*ou* + *gén*)

consécutivement [kɔ̃sekytivmã] *adv* nach-, hintereinander; ***consécutivement à*** infolge (+*gén*)

▸ **conseil** [kɔ̃sɛj] *m* **1.** (*recommandation*) Rat (-schlag) *m*; ***demander*** (**un**) ***conseil à qn*** j-n um Rat fragen **2.** *personne* Berater *m*; ***conseil juridique*** Rechtsberater *m*; Justitiar *m* **3.** *assemblée* Rat *m*; *réunion* Ratssitzung *f*, -versammlung *f*; ***conseil général*** Departementsvertretung *f*; ▸ ***conseil municipal*** Gemeinde-, Stadtrat *m*; ***conseil de classe*** Lehrerkonferenz *f*; ***Conseil de l'Europe*** Europarat *m*; ***conseil de famille*** Familienrat *m*; ***conseil de guerre*** Kriegsgericht *n*; ***conseil des ministres*** Ministerrat *m*; MIL ***conseil de révision*** Musterungsausschuss *m*; ***Conseil de sécurité*** (Welt)Sicherheitsrat *m*; *d'une SA* ***conseil de surveillance*** Aufsichtsrat *m*

▸ **conseiller**[1] [kɔ̃seje] *v/t* ***conseiller qn*** j-n beraten; ***conseiller qc à qn*** j-m etw anraten; j-m zu etw raten; ***conseiller à qn de*** (+ *inf*) j-m raten zu (+ *inf*); ***être mal conseillé*** schlecht beraten sein; ***prix conseillé*** empfohlener Preis; Richtpreis *m*

conseiller[2] *m* Berater *m*; Ratgeber *m*; ***membre d'un conseil*** Rat *m*; ***conseiller municipal*** Gemeinde-, Stadtrat(smitglied) *m(n)*; Stadtverordnete(r) *m*

conseillère [kɔ̃sejɛʀ] *f* Beraterin *f*; Ratgeberin *f*

consensuel [kɔ̃sãsɥɛl] *adj* ⟨**~le**⟩ durch beidseitige Willenserklärung rechtsgültig; ***contrat consensuel*** Konsensualvertrag *m*, -kontrakt

m
consensus [kõsɛ̃sys] *m* Konsens *m*
consentant [kõsɑ̃tɑ̃] *adj* ⟨-ante [-ɑ̃t]⟩ (bereit)-willig; einverstanden
consentement [kõsɑ̃tmɑ̃] *m* Einwilligung *f*; Zustimmung *f*
consentir [kõsɑ̃tiʀ] ⟨→ sentir⟩ **I** *v/t* gewähren; einräumen **II** *v/t/indir* **consentir à qc** in etw (*acc*) einwilligen; e-r Sache (*dat*) zustimmen
▸ **conséquence** [kõsekɑ̃s] *f* **1.** (*suite*) Konsequenz *f*; Folge *f*; **en conséquence** (dem)entsprechend; **sans conséquence** ohne (jede) Bedeutung; (völlig) unwichtig; bedeutungslos; **avoir pour conséquence** zur Folge haben; **cela ne tire pas à conséquence** das hat weiter keine Folgen, (weiter) nichts auf sich **2.** (*déduction*) Folgerung *f*; Konsequenz *f*
conséquent [kõsekɑ̃] *adj* ⟨-ente [-ɑ̃t]⟩ **1.** (*logique*) konsequent **2.** (*important*) bedeutend; wichtig **3.** **par conséquent** folglich; infolgedessen
conservateur [kõsɛʀvatœʀ] **I** *adj* ⟨-trice [-tʀis]⟩ konservativ (*a* POL) **II** *subst* **1.** *d'un musée* conservateur, **conservatrice** *m,f* Konservator(in) *m(f)* **2.** POL **conservateur, conservatrice** *m,f* Konservative(r) *f(m)*; **les conservateurs** die Konservativen *m/pl* **3.** *m pour aliments* Konservierungsmittel *n*
conservation [kõsɛʀvasjõ] *f* **1.** Erhaltung *f*; Bewahrung *f* **2.** *des aliments* Haltbarmachung *f*; Konservierung *f*; *adjt* **lait** *m* **longue conservation** H-Milch *f*
conservatisme [kõsɛʀvatism] *m* Konservativismus *m*
conservatoire [kõsɛʀvatwaʀ] *adj* JUR Sicherungs…
Conservatoire [kõsɛʀvatwaʀ] *m* **1.** Musikhochschule *f*; Konservatorium *n* **2.** Schauspielschule *f*
conserve [kõsɛʀv] *f* **1.** Konserve *f*; **en conserve** aus der Dose; Dosen…; Büchsen…; *fig* **musique** *f* **en conserve** F Musik *f* aus der Konserve **2.** **de conserve** gemeinsam; zusammen
conservé [kõsɛʀve] *adj* ⟨~e⟩ *personne* **bien conservé** gut erhalten
conserver [kõsɛʀve] *v/t* **1.** (*garder*) (auf)bewahren; behalten; aufheben; *habitude* beibehalten; bewahren; **bien conservé** gut erhalten (*a personne*) **2.** *aliments* haltbar machen; konservieren
conserverie [kõsɛʀvəʀi] *f* **1.** *usine* Konservenfabrik *f* **2.** *industrie* Konservenindustrie *f*
considérable [kõsideʀabl] *adj* beträchtlich; beachtlich; erheblich
considérablement [kõsideʀabləmɑ̃] *adv* beträchtlich; erheblich
considérant [kõsideʀɑ̃] *conj* ADM **considérant que …** in Anbetracht dessen, dass …
considération [kõsideʀasjõ] *f* **1.** (*réflexion*) Überlegung *f*; Erwägung *f*; (*attention*) Beachtung *f*; Rücksicht *f*; **en considération de** in Anbetracht (+ *gén*); mit Rücksicht auf (+ *acc*); **je ne peux entrer dans ces considérations** ich kann darauf keine Rücksicht nehmen; **prendre qc en considération** etw in Erwägung, Betracht ziehen; etw berücksichtigen **2.** (*estime*) Achtung *f*; Ansehen *n*; Wertschätzung *f*

considérer [kõsideʀe] *v/t* ⟨-è-⟩ **1.** (*examiner*) bedenken; erwägen; berücksichtigen; **tout bien considéré** alles in allem; wenn man es recht bedenkt **2.** **je considère que …** ich finde, ich bin der Meinung, (dass) … **3.** **considérer comme** ansehen, betrachten als; halten für **4.** (*regarder attentivement*) betrachten; eingehend mustern **5.** **être bien considéré** geschätzt, geachtet sein *ou* werden (**de** von)
consignation [kõsiɲasjõ] *f* JUR Hinterlegung *f*
consigne [kõsiɲ] *f* **1.** (*instruction*) (An)Weisung *f*; Verhaltensmaßregel *f*; Vorschrift(en) *f(pl)* **2.** *pour bagages* Gepäckaufbewahrung *f*; **consigne automatique** Schließfächer *n/pl* **3.** *d'un emballage* Pfand(betrag) *n(m)* **4.** ÉCOLE Nachsitzen *n*
consigner [kõsiɲe] *v/t* **1.** (*mettre par écrit*) schriftlich festhalten **2.** *emballage* mit Pfand belegen; **bouteille consignée** Pfandflasche *f*; Mehrwegflasche *f* **3.** *élève* nachsitzen lassen; *soldat* Ausgehverbot anordnen für **4.** *bagages* zur (Gepäck)Aufbewahrung geben
consistance [kõsistɑ̃s] *f* Konsistenz *f*; Festigkeit *f*; *fig* **sans consistance** *rumeur* haltlos; unverbürgt; *personnage* farblos; ohne Substanz
consistant [kõsistɑ̃] *adj* ⟨-ante [-ɑ̃t]⟩ *plat* nahrhaft
consister [kõsiste] *v/t/indir* **consister en, dans** bestehen aus, in (+ *dat*); **consister à** (+ *inf*) darin bestehen zu (+ *inf*)
consœur [kõsœʀ] *f* Kollegin *f*
consolable [kõsɔlabl] *adj* zu trösten(d)
consolant [-ɑ̃] *adj* ⟨-ante [-ɑ̃t]⟩, **consolateur** [-atœʀ] *adj* ⟨-trice [-tʀis]⟩ tröstlich; Trost bringend; trostreich
consolation [kõsɔlasjõ] *f* Trost *m*
console [kõsɔl] *f* **1.** *table* Konsoltisch *m* **2.** ARCH Konsole *f* **3.** INFORM (Daten)Endgerät *n* **4.** TECH Bedienungspult *n*
▸ **consoler** [kõsɔle] **I** *v/t* trösten **II** *v/pr* **se consoler** sich trösten; **se consoler de qc** über etw (*acc*) hinwegkommen; etw verschmerzen
consolidation [kõsɔlidasjõ] *f* **1.** CONSTR Verstärkung *f* **2.** *fig* Festigung *f*; Stärkung *f*; Konsolidierung *f* (*a* FIN)
consolidé [kõsɔlide] *adj* ⟨~e⟩ **1.** FIN *dette d'État* fundiert **2.** MÉD *fracture* zusammengeheilt
consolider [-e] *v/t* **1.** *mur* verstärken **2.** *fig* festigen; stärken; konsolidieren (*a dette*)
consommable [kõsɔmabl] *adj* genießbar
▸ **consommateur** [kõsɔmatœʀ] *m*, **consommatrice** [kõsɔmatʀis] *f* Verbraucher(in) *m(f)*; Konsument(in) *m(f)*; *dans un café* Gast *m*
▸ **consommation** [kõsɔmasjõ] *f* **1.** ÉCON Verbrauch *m*; Konsum *m*; **faire une grande consommation de …** viel … (ver)brauchen **2.** *d'une voiture* Benzinverbrauch *m* (**aux 100 km** auf 100 km) **3.** *dans un café* Getränk *n*
consommé [kõsɔme] **I** *adj* ⟨~e⟩ vollendet; perfekt **II** *m* Kraftbrühe *f*
consommer [kõsɔme] *v/t* **1.** verbrauchen (*a essence*); konsumieren; *aliments a* verzehren **2.** JUR *mariage* vollziehen; *crime* vollenden
consomption [kõsɔpsjõ] *f* MÉD Auszehrung *f*
consonance [kõsɔnɑ̃s] *f* Klang *m*
consonantique [kõsɔnɑ̃tik] *adj* konsonan-

tisch; Konsonanten...
consonne [kõsɔn] *f* Konsonant *m*; Mitlaut *m*
consort [kõsɔʀ] **I** *adj* **prince** *m* **consort** Prinz-gemahl *m* **II** *m/pl* ... *et consorts* ... und Kon-sorten *m/pl*
consortium [kõsɔʀsjɔm] *m* Konsortium *n*
conspirateur [kõspiʀatœʀ] *m*, **conspiratrice** [-tʀis] *f* Verschwörer(in) *m(f)*
conspiration [-sjõ] *f* Verschwörung *f*; Konspi-ration *f*
conspirer [kõspiʀe] *v/i* konspirieren, sich ver-schwören (*contre* gegen)
conspuer [kõspɥe] *v/t* niederschreien; ausbu-hen
constamment [kõstamã] *adv* (be)ständig; (an)-dauernd
constance [kõstãs] *f* Beständigkeit *f*; Beharr-lichkeit *f*; Stetigkeit *f*; Ausdauer *f*
Constance [kõstãs] *le lac de Constance* der Bodensee
constant [kõstã] *adj* ⟨**-ante** [-ãt]⟩ **1.** (*continuel*) (be)ständig; (an)dauernd; konstant; stet(ig) **2.** *st/s* (*persévérant*) beständig; beharrlich
Constantinople [kõstãtinɔpl] HIST Konstanti-nopel *n*
constat [kõsta] *m* **1.** JUR Protokoll *n*; AUTO **constat amiable** einvernehmliches Unfallpro-tokoll **2.** *fig* Feststellung *f*; **constat d'échec** negative Bilanz
constatation [kõstatasjõ] *f* Feststellung *f*
▸ **constater** [kõstate] *v/t* feststellen; konstatie-ren
constellation [kõstɛlasjõ] *f* Sternbild *n*
constellé [kõstɛle] *adj* ⟨**~e**⟩ übersät (*de* mit)
consternant [kõstɛʀnã] *adj* ⟨**-ante** [-ãt]⟩ be-stürzend
consternation [-asjõ] *f* Bestürzung *f*; Betrof-fenheit *f*; Fassungslosigkeit *f*
consterner [kõstɛʀne] *v/t* betroffen machen; **consterné** bestürzt, betroffen, konsterniert, fassungslos (*par* über + *acc*)
constipant [kõstipã] *adj* ⟨**-ante** [-ãt]⟩ MÉD (ver)stopfend (wirkend); zu Verstopfung füh-rend
constipation [-asjõ] *f* MÉD Verstopfung *f*
constipé [kõstipe] *adj* ⟨**~e**⟩ **1.** MÉD verstopft **2.** F verklemmt
constiper [-e] *v/t* MÉD zu Verstopfung führen (*qn* bei j-m)
constituant [kõstitɥã] *adj* ⟨**-ante** [-ãt]⟩ **1.** (*élé-ment*) **constituant** *m* Bestandteil *m* **2.** **assem-blée constituante** verfassunggebende, konsti-tuierende Versammlung
constitué [kõstitɥe] *adj* ⟨**~e**⟩ **être bien cons-titué** von kräftiger Konstitution sein
constituer [kõstitɥe] **I** *v/t* **1.** (*être*) bilden; aus-machen; darstellen **2.** (*créer*) bilden; konsti-tuieren; *dossier, collection* anlegen **II** *v/pr* **se constituer prisonnier** sich (der Polizei) stel-len
constitutif [kõstitytif] *adj* ⟨**-ive** [-iv]⟩ wesent-lich; konstitutiv
constitution [kõstitysjõ] *f* **1.** POL Verfassung *f* **2.** (*création*) Bildung *f*; Gründung *f*; Konstitu-ierung *f*; *d'un dossier* Anlegen *n* **3.** *d'un indi-vidu* (physische) Konstitution **4.** (*structure*) Aufbau *m*; Struktur *f*; Zusammensetzung *f*
constitutionnaliser [kõstitysjɔnalize] *v/t* Ver-

fassungscharakter geben (+*dat*); in die Verfas-sung aufnehmen
constitutionnalité [-ite] *f* Verfassungsmäßig-keit *f*
constitutionnel [kõstitysjɔnɛl] *adj* ⟨**~le**⟩ **1.** POL Verfassungs...; verfassungsmäßig; konstitutio-nell **2.** *faiblesse* konstitutionell
constructeur [kõstʀyktœʀ] *m* **1.** TECH Konst-rukteur *m*; (*bâtisseur*) Erbauer *m*; **construc-teur d'avions** Flugzeugkonstrukteur *m*, -bau-er *m* **2.** *fig* (Be)Gründer *m*
constructible [kõstʀyktibl] *adj terrain* baureif
constructif [-if] *adj* ⟨**-ive** [-iv]⟩ konstruktiv
▸ **construction** [kõstʀyksjõ] *f* **1.** Bau *m* (*a ré-sultat*); TECH *a* Konstruktion *f*; *action a* Erbau-ung *f*; Errichtung *f*; **construction de loge-ments** Wohnungsbau *m*; **en construction** im Bau (befindlich) **2.** GR, GÉOMÉTRIE, *fig* Konstruktion *f*
▸ **construire** [kõstʀɥiʀ] *v/t* ⟨→ **conduire**⟩ **1.** bauen; TECH *a* konstruieren; *édifice a* erbauen; errichten; **il fait construire** er baut (sich [*dat*] ein Haus) **2.** *phrase* bilden; konstruieren (*a triangle, etc*)
consul [kõsyl] *m* Konsul *m*
consulaire [-ɛʀ] *adj* konsularisch
consulat [kõsyla] *m* Konsulat *n*
consultable [kõsyltabl] *adj ouvrage de référen-ce* **être consultable** eingesehen werden kön-nen
consultant [kõsyltã] *m* Berater *m*
consultatif [kõsyltatif] *adj* ⟨**-ive** [-iv]⟩ bera-tend; konsultativ
consultation [kõsyltasjõ] *f* **1.** *pour donner un avis* Beratung *f*; Konsultation *f* **2.** *pour deman-der un avis* Befragung *f*; Konsultation *f*; *d'un expert a* Anhörung *f*; *d'un ouvrage* Nachschla-gen *n* (*de* in + *dat*) **3.** MÉD Sprechstunde *f*; **heu-res** *f/pl* **de consultation** Sprechstunde(n) *f(pl)*; **donner des consultations** Sprechstun-de (ab)halten, haben
consulter [kõsylte] **I** *v/t* **1.** *personne* befragen; um Rat fragen; *médecin, avocat, expert* konsul-tieren; zurate ziehen; *expert a* anhören; hinzu-ziehen **2.** *ouvrage, manuel* nachschlagen, nachsehen in (+ *dat*); *horoscope* befragen **II** *v/i médecin* Sprechstunde haben
consumer [kõsyme] **I** *v/t* **1.** *feu: édifice* vernich-ten; *st/s* verzehren **2.** *st/s chagrin* **consumer** *qn st/s* j-n verzehren **II** *v/pr cigarette* **se consumer** herunterbrennen
▸ **contact** [kõtakt] *m* **1.** *de deux choses* Kontakt *m*; Berührung *f*; ÉLECT **mauvais contact** Wa-ckelkontakt *m*; AUTO **clé** *f* **de contact** Zünd-schlüssel *m*; **au contact de** durch die, bei der Berührung mit; AUTO **mettre le contact** die Zündung einschalten **2.** *entre personnes* Kontakt *m*; Fühlung(nahme) *f*; Verbindung *f*; **au contact de qn** durch den Kontakt, die Verbindung mit j-m; **se mettre en contact avec qn** sich mit j-m in Verbindung setzen; **prendre contact avec qn** mit j-m Kontakt, Verbindung aufnehmen **3.** **lentilles** *f/pl*, **verres** *m/pl* **de contact** Kontaktlinsen *f/pl*; Haftscha-len *f/pl*
contacter [kõtakte] *v/t* **contacter qn** sich mit j-m in Verbindung setzen; j-n kontaktieren
contacteur [kõtaktœʀ] *m* ÉLECT Schütz *n*;

Schalter *m*
▸ **contagieux** [kɔ̃taʒjø] *adj* ⟨**-euse** [-øz]⟩ ansteckend (*a fig rire*); *personne* **être contagieux** e-e ansteckende Krankheit haben
contagion [kɔ̃taʒjɔ̃] *f* Ansteckung *f*
container [kɔ̃tɛnɛʀ] *m* → **conteneur**
contamination [kɔ̃taminasjɔ̃] *f* Verseuchung *f*; Kontamination *f*
contaminer [kɔ̃tamine] *v/t* (*infecter*) anstecken (*a fig*); (*polluer*) verseuchen
conte [kɔ̃t] *m* Erzählung *f*; **conte** (**de fées**) Märchen *n*
contemplatif [kɔ̃tɑ̃platif] *adj* ⟨**-ive** [-iv]⟩ beschaulich; kontemplativ
contemplation [kɔ̃tɑ̃plasjɔ̃] *f* **1.** Betrachtung *f*; **rester en contemplation devant qc** etw voller Bewunderung betrachten **2.** REL Kontemplation *f*
contempler [kɔ̃tɑ̃ple] *v/t* (aufmerksam, bewundernd) betrachten, anschauen
contemporain [kɔ̃tɑ̃pɔʀɛ̃] **I** *adj* ⟨**-aine** [-ɛn]⟩ zeitgenössisch **II** *m* Zeitgenosse *m*
contenance [kɔ̃tnɑ̃s] *f* **1.** *d'un récipient* Fassungsvermögen *n* **2.** *d'une personne* Haltung *f*; **faire bonne contenance** Haltung bewahren; **perdre contenance** die Fassung verlieren
contenant [kɔ̃tnɑ̃] *m* Behältnis *n*
conteneur [kɔ̃tnœʀ] *m* Container *m*
▸ **contenir** [kɔ̃tniʀ] ⟨→ **venir**⟩ **I** *v/t* **1.** (*renfermer*) enthalten; (*avoir une capacité de*) fassen **2.** (*retenir*) *foule* zurückhalten; *émotions* im Zaum halten; beherrschen **II** *v/pr* **se contenir** sich beherrschen
▸ **content** [kɔ̃tɑ̃] **I** *adj* ⟨**-ente** [-ɑ̃t]⟩ (*satisfait*) zufrieden (**de** mit); (*heureux*) erfreut, froh (über + *acc*); **être content de** (+ *inf*) sich freuen zu (+ *inf*); **content de soi** selbstzufrieden **II** *m* **avoir son content de qc** genug, reichlich von etw bekommen
contentement [kɔ̃tɑ̃tmɑ̃] *m* Zufriedenheit *f*
contenter [kɔ̃tɑ̃te] **I** *v/t personne* zufriedenstellen; *envie, curiosité* befriedigen **II** *v/pr* **se contenter de qc** sich mit etw zufriedengeben, begnügen; mit etw vorliebnehmen
contentieux [kɔ̃tɑ̃sjø] *m* **1.** (*litiges*) Streitsachen *f/pl* **2.** *service* Rechtsabteilung *f*
▸ **contenu** [kɔ̃tny] *m* Inhalt *m*
conter [kɔ̃te] *v/t* erzählen; *iron* **en conter de belles** *iron* schöne, reizende Geschichten, Dinge erzählen
contestable [kɔ̃tɛstabl] *adj* bestreitbar; strittig; anfechtbar
contestataire [kɔ̃tɛstatɛʀ] **I** *adj* protestierend; rebellierend **II** *m,f* Protestler(in) *m(f)*
contestation [kɔ̃tɛstasjɔ̃] *f* **1.** Bestreitung *f*; JUR Anfechtung *f*; (*discussion*) Disput *m* **2.** POL Protest(bewegung) *m(f)*
conteste [kɔ̃tɛst] **sans conteste** unbestritten; unbestreitbar
contesté [kɔ̃tɛste] *adj* ⟨~e⟩ umstritten; strittig
contester [kɔ̃tɛste] **I** *v/t* be-, abstreiten; in Abrede stellen; anfechten (*a* JUR) **II** *v/i* POL (öffentlich) protestieren
conteur [kɔ̃tœʀ] *m*, **conteuse** [-øz] *f* Erzähler(in) *m(f)*; Märchendichter(in) *m(f)*
contexte [kɔ̃tɛkst] *m* Kontext *m*, Zusammenhang *m* (*a par ext*)
contextuel [kɔ̃tɛkstɥɛl] *adj* ⟨~le⟩ kontextuell

contigu [kɔ̃tigy] *adj* ⟨**-guë** [-gy]⟩ aneinandergrenzend, -stoßend
contiguïté [kɔ̃tigɥite] *f* Aneinandergrenzen *n*, -stoßen *n*
continence [kɔ̃tinɑ̃s] *f* (sexuelle) Enthaltsamkeit
continent [kɔ̃tinɑ̃] *m* Kontinent *m*; Erdteil *m*; *par rapport à une île* Festland *n*
continental [kɔ̃tinɑ̃tal] *adj* ⟨~e; **-aux** [-o]⟩ Kontinental...; kontinental
contingence [kɔ̃tɛ̃ʒɑ̃s] *f* **les basses contingences matérielles** die banalen, materiellen Dinge des Alltags
contingent [kɔ̃tɛ̃ʒɑ̃] *m* **1.** MIL (Jahrgang *m* der) Wehrdienstpflichtige(n) *m/pl* **2.** Kontingent *n*; Quote *f*; Anteil *m*
contingenter [kɔ̃tɛ̃ʒɑ̃te] *v/t* kontingentieren
continu [kɔ̃tiny] *adj* ⟨~e⟩ kontinuierlich; stetig; fortdauernd, -laufend; Dauer...; **courant continu** Gleichstrom *m*
continuation [kɔ̃tinɥasjɔ̃] *f* Fortsetzung *f*; Weiterführung *f*; Fortdauer *f*, -gang *m*; F **bonne continuation!** weiterhin alles Gute!
continuel [kɔ̃tinɥɛl] *adj* ⟨~le⟩ (be)ständig; (an)dauernd; fortwährend
continuellement [kɔ̃tinɥɛlmɑ̃] *adv* ständig; (an)dauernd; fortwährend
▸ **continuer** [kɔ̃tinɥe] **I** *v/t* fortsetzen; weiterführen; **continuer ses études** *a* weiterstudieren; **continuer à ou de** (+ *inf*) weiter... (+ *inf*); weiterhin (+ *inf*) **II** *v/i* **1.** *personne* weitermachen; fortfahren (*a à parler*); *à marcher* weitergehen **2.** *spectacle, etc* andauern; weitergehen (*a route*)
continuité [kɔ̃tinɥite] *f* Kontinuität *f*; Stetigkeit *f*; Fortbestand *m*
contondant [kɔ̃tɔ̃dɑ̃] *adj* ⟨**-ante** [-ɑ̃t]⟩ **arme contondante** stumpfer Gegenstand
contorsion [kɔ̃tɔʀsjɔ̃] *f* Verrenkung *f* (*a fig*)
contorsionner [kɔ̃tɔʀsjɔne] *v/pr* **se contorsionner** die Glieder verrenken
contorsionniste [-ist] *m* Schlangenmensch *m*; Kontorsionist *m*
contour [kɔ̃tuʀ] *m* Umriss *m*; Kontur *f*
contourné [kɔ̃tuʀne] *adj* ⟨~e⟩ **1.** verkrümmt; verdreht **2.** *raisonnement, style* gewunden; geschraubt
contournement *m* Umgehen *n*; Umgehung *f*
contourner [kɔ̃tuʀne] *v/t* **1.** herumgehen um; (*en*) *voiture* herumfahren um; umfahren; *route* **contourner qc** um etw herumführen **2.** *fig difficulté, loi* umgehen
contraceptif [kɔ̃tʀasɛptif] *m* Verhütungsmittel *n*
contraception [-sjɔ̃] *f* Empfängnisverhütung *f*
contractant [kɔ̃tʀaktɑ̃] *adj* ⟨**-ante** [-ɑ̃t]⟩ vertragschließend
contracté [kɔ̃tʀakte] *adj* ⟨~e⟩ verkrampft
contracter [kɔ̃tʀakte] **I** *v/t* **1.** *alliance, mariage* schließen; eingehen; *assurance* abschließen; *dettes* machen **2.** *habitude* annehmen; **contracter une maladie** sich (*dat*) e-e Krankheit zuziehen **3.** *muscles* zusammenziehen **II** *v/pr* **se contracter** sich zusammenziehen
contraction [kɔ̃tʀaksjɔ̃] *f* Zusammenziehung *f*; *sc* Kontraktion *f*; *du visage* Verkrampfung *f*
contractuel [kɔ̃tʀaktɥɛl] **I** *adj* ⟨~le⟩ vertraglich **II** **contractuel(le)** *m(f)* Hilfspolizist(in) *m(f)*;

Politesse *f*
contracture [kõtʀaktyʀ] *f* **1.** MÉD krankhafte Anspannung (der Muskeln); (bleibende) Kontraktur **2.** ARCH *d'une tige de colonne* Verjüngung *f*
contradicteur [kõtʀadiktœʀ] *m* j, der widerspricht; Opponent *m*
contradiction [kõtʀadiksjõ] *f* Widerspruch *m*; *esprit m de contradiction* Widerspruchsgeist *m*
contradictoire [kõtʀadiktwaʀ] *adj* **1.** widersprüchlich **2.** *débat* mit Diskussion
contradictoirement *adv* JUR in Anwesenheit der Parteien
contraignant [kõtʀɛɲɑ̃] *adj* ⟨**-ante** [-ɑ̃t]⟩ lästig
contraindre [kõtʀɛ̃dʀ] ⟨→ **craindre**⟩ *v/t* zwingen, nötigen (*à* + *inf* zu + *inf*)
contraint [kõtʀɛ̃] *adj* ⟨**-ainte** [-ɛ̃t]⟩ gezwungen; unnatürlich
contrainte [kõtʀɛ̃t] *f* Zwang *m*; *parler sans contrainte* ungezwungen; *agir sous la contrainte* unter Zwang, Druck
▸ contraire [kõtʀɛʀ] **I** *adj* gegensätzlich; konträr; entgegengesetzt; gegenteilig; Gegen...; *vent m contraire* Gegenwind *m*; *contraire à* gegen; *contraire au règlement* vorschriftswidrig; *être contraire à qc* im Gegensatz zu etw stehen **II** *m* **1.** (*contraire logique*) Gegenteil *n*; ▸ *au contraire* im Gegenteil **2.** (*opposé*) *au contraire de* im Gegensatz zu
contrairement [kõtʀɛʀmɑ̃] *prép* **contrairement à** im Gegensatz zu; entgegen (+ *dat*)
contralto [kõtʀalto] *m* MUS Alt *m*
contrariant [kõtʀaʀjɑ̃] *adj* ⟨**-ante** [-ɑ̃t]⟩ **1.** (*ennuyeux*) ärgerlich; unangenehm **2.** *il n'est pas contrariant* er macht nie Schwierigkeiten
contrarié [kõtʀaʀje] *adj* ⟨**~e**⟩ **1.** *amour* ver-, behindert; *projets* durchkreuzt **2.** *air, personne* verstimmt; verärgert
contrarier [kõtʀaʀje] *v/t* **1.** (*gêner*) behindern; entgegenwirken (+ *dat*); *projets* durchkreuzen **2.** (*mécontenter*) (ver)ärgern; verstimmen
contrariété(s) [kõtʀaʀjete] *f(pl)* Ärger *m*
contraste [kõtʀast] *m* Kontrast *m* (*a* OPT); Gegensatz *m*
contrasté [kõtʀaste] *adj* ⟨**~e**⟩ kontrastreich; starke Kontraste aufweisend
contraster [kõtʀaste] *v/i* kontrastieren (**avec** mit); im Kontrast, Gegensatz stehen (zu)
contrastif [kõtʀastif] *adj* ⟨**-ive** [-iv]⟩ kontrastiv
▸ contrat [kõtʀa] *m* Vertrag *m*; Kontrakt *m*; *contrat de mariage, de travail* Ehe-, Arbeitsvertrag *m*; *par contrat* vertraglich; durch Vertrag; *être sous contrat* unter Vertrag stehen; *fig remplir son contrat* sein Versprechen halten
contravention [kõtʀavɑ̃sjõ] *f* gebührenpflichtige Verwarnung; Strafmandat *n*
▸ contre [kõtʀ] **I** *prép* **1.** *opposition* gegen (+ *acc*); entgegen (+ *dat*); *st/s* wider (+ *acc*) **2.** *échange* für (+ *acc*); gegen (+ *acc*) **3.** *contact* an (+ *acc*); *pousser la table contre le mur* den Tisch an die Wand rücken **II** *adv* dagegen; *être contre* dagegen sein; *par contre* dagegen; hingegen; wiederum **III** *m* **4.** *le pour et le contre* das Für und Wider **5.** *aux cartes* Kontra *n* **6.** SPORTS Konter *m*
contre-... [*vor Konsonant* kõtʀə..., *vor Vokal*

kõtʀ...] *préfixe* ⟨*im pl inv*: **contre-accusations, etc**⟩ Gegen...; gegen...
contre-accusation *f* Gegenbeschuldigung *f*
contre-allée *f* Seitenallee *f*
contre-amiral *m* Flottilleadmiral *m*
contre-attaque *f* Gegenangriff *m*
contre-attaquer *v/t* e-n Gegenangriff führen (**qn** gegen j-n)
contrebalancer ⟨**-ç-**⟩ **I** *v/t* aufwiegen; ausgleichen **II** *v/pr* F *je m'en contrebalance* F ich pfeif drauf
contrebande *f* Schmuggel *m*; (**marchandise** *f* **de**) *contrebande* Schmuggelware *f*; *faire de la contrebande* schmuggeln
contrebandier [kõtʀəbɑ̃dje] *m*, contrebandière [-jɛʀ] *f* Schmuggler(in) *m(f)*
contrebas *adv* **en contrebas** tiefer; weiter unten; *prép* **en contrebas de** unterhalb (+ *gén*)
contrebasse *f* Bassgeige *f*; (Kontra)Bass *m*
contrebassiste [-ist] *m,f* Kontrabassist(in) *m(f)*
contrebraquer *v/t* gegensteuern, -lenken
contrecarrer *v/t* hintertreiben; durchkreuzen; entgegenwirken (+ *dat*)
contrechamp *m* CIN Gegeneinstellung *f*
contrecœur *adv* **à contrecœur** widerwillig; mit Widerwillen
contrecoup *m* Rück-, Nachwirkung *f*; *par contrecoup* als indirekte Folge
contre-courant *m adv* **à contre-courant** gegen die Strömung; *fig* gegen den Strom
contre-culture *f* Subkultur *f*
contredanse *f* F (*contravention*) F Strafzettel *m*; F Knöllchen *n*
▸ contredire ⟨→ **dire**; *aber* **vous contredisez**⟩ **I** *v/t* **contredire qn, qc** j-m, e-r Sache widersprechen **II** *v/pr* **se contredire** sich (*dat*) widersprechen
contredit *adv* **sans contredit** zweifelsohne; unbestritten
contrée [kõtʀe] *f* Gegend *f*
contre-espionnage *m* Gegenspionage *f*; Spionageabwehr *f*
contre-expertise *f* Gegengutachten *n*
contrefaçon *f* Nachahmung *f*; Fälschung *f*
contrefaire ⟨→ **faire**⟩ *v/t* **1.** *sa voix, son écriture* verstellen **2.** *frauduleusement* nachmachen; fälschen
contrefait *adj* ⟨**-aite**⟩ missgestaltet
contreficher *v/pr* F *je m'en contrefiche* F ich pfeif drauf
contre-filet *m* → *faux-filet*
contrefort *m* **1.** CONSTR Widerlager *n*; Strebepfeiler *m* **2.** GÉOGR **contreforts** *pl* Vorberge *m/pl*; Ausläufer *m(pl)*
contre-indication *f* Gegenanzeige *f*; Kontraindikation *f*
contre-indiqué *adj* ⟨**~e**⟩ **être contre-indiqué** MÉD kontraindiziert sein; *fig* nicht zu empfehlen sein
contre-jour *m* Gegenlicht *n*; (**photo prise à**) *contre-jour* Gegenlichtaufnahme *f*; *à contre-jour* gegen das Licht; im Gegenlicht
contremaître *m* Vorarbeiter *m*; *en usine a* Werkmeister *m*; CONSTR Polier *m*
contremaîtresse *f* Vorarbeiterin *f*
contre-manifestation *f* Gegendemonstration *f*
contre-manifester *v/i* e-e Gegendemonstrati-

on veranstalten
contremarque *f* **1.** COMM nachträglich ange-
brachtes Markenzeichen; *sur de l'or etc* zweiter
Stempel **2.** THÉ Kontrollmarke *f*, -karte *f* (, die
zum Wiedereintritt während der Vorstellung
berechtigt)
contre-mesure *f* Gegenmaßnahme *f*
contre-offensive *f* Gegenoffensive *f*
contre-ordre → *contrordre*
contrepartie *f* Ausgleich *m* (*de* für); Gegenleis-
tung *f*; **en contrepartie** dafür; zum Ausgleich;
als Gegenleistung
contre-performance *f* (unerwartet) schlechte
Leistung
contrepèterie [kõtʀəpɛtʀi] *f* Silbenvertau-
schung *f*; Schüttelreim *m*
contre-pied *m* **prendre le contre-pied de qc**
das genaue Gegenteil von etw tun *ou* sagen
contreplaqué *m* Sperrholz *n*
contre-plongée *f* Aufnahme *f* von unten, aus
der Froschperspektive
contrepoids *m* Gegengewicht *n* (*a fig*)
contrepoint *m* MUS, *fig* Kontrapunkt *m*
contrepoison *m* Gegengift *n*
contre-propagande *f* Gegenpropaganda *f*
contre-proposition *f* Gegenvorschlag *m*
contrer [kõtʀe] **I** *v/t* kontern; **contrer qn, qc**
j-m, e-r Sache entgegentreten; j-n, etw kontern
II *v/i aux cartes* Kontra geben
Contre-Réforme *f* HIST REL Gegenreformation *f*
contre-révolution *f* Gegen-, Konterrevolution *f*
contre-révolutionnaire I *adj* gegen-, konterre-
volutionär **II** *m* Konterrevolutionär *m*
contresens [kõtʀəsɑ̃s] *m* Fehldeutung *f*; Sinn-
widrigkeit *f*; **à contresens** *interpréter* sinnwid-
rig; *rouler* in der entgegengesetzten, falschen,
verkehrten (Fahrt)Richtung
contresigner *v/t* gegenzeichnen
contretemps *m* (unerwartet auftretendes) Hin-
dernis; widriger Umstand; **à contretemps** im
ungünstigsten Moment
contre-terrorisme *m* Gegenterror *m*
contre-valeur *f* Gegenwert *m*
contrevenant [kõtʀəvnɑ̃] *m*, **contrevenante**
[-ɑ̃t] *f* Zuwiderhandelnde(r) *f(m)*
contrevenir [kõtʀəvniʀ] *v/t/indir* ⟨→ **venir**;
aber **avoir**⟩ **contrevenir à qc** e-r Sache (*dat*)
zuwiderhandeln
contrevent *m* Fensterladen *m*
contre-vérité *ou* **contrevérité** *f* Unwahrheit *f*;
unwahre Behauptung
contribuable [kõtʀibɥabl] *m* Steuerzahler *m*,
-pflichtige(r) *m*
contribuer [kõtʀibɥe] *v/t/indir* **contribuer à qc**
zu etw beitragen; s-n Beitrag zu etw leisten
contributif [kõtʀibytif] *adj* ⟨-ive [-iv]⟩ Steu-
er...
contribution [kõtʀibysjõ] *f* **1.** (*part*) Beitrag *m*
(*à* zu); Anteil *m* (an + *dat*); **mettre qn à con-
tribution** j-s Dienste in Anspruch nehmen **2.**
(*impôt*) Steuer *f*; Abgabe *f*
contrit [kõtʀi] *adj* ⟨-ite [-it]⟩ zerknirscht; reu-
mütig
contrition [kõtʀisjõ] *f* Reue *f*; Zerknirschung *f*
contrôlable [kõtʀolabl] *adj* kontrollierbar;
überprüfbar
▸ **contrôle** [kõtʀol] *m* **1.** (*vérification*) Kontrolle
f; Überprüfung *f*; AUTO **contrôle technique**

Hauptuntersuchung *f*; F TÜV *m*; **contrôle
des billets** Fahrscheinkontrolle *f*; **contrôle
des changes** Devisenbewirtschaftung *f*; **con-
trôle d'identité** Ausweiskontrolle *f* **2.** (*maîtri-
se*) Kontrolle *f*; Beherrschung *f*; **contrôle des
naissances** Geburtenkontrolle *f*; **perdre le
contrôle de son véhicule** die Herrschaft,
Kontrolle, Gewalt über sein Fahrzeug verlie-
ren **3.** ÉCOLE Klassenarbeit *f*; **contrôle conti-
nu** studienbegleitende Leistungskontrollen
f/pl
▸ **contrôler** [kõtʀole] *v/t* **1.** (*vérifier*) kontrollie-
ren; überprüfen **2.** (*dominer*) kontrollieren (*a
ÉCON, MIL*); beherrschen
contrôle-radar *m* ⟨*inv*⟩ Radarkontrolle *f*
▸ **contrôleur** [kõtʀolœʀ] *m* Kontrolleur *m*; CH
DE FER Schaffner *m*; **contrôleur aérien** Flug-
leiter *m*, -lotse *m*
▸ **contrôleuse** [kõtʀoløz] *f* Kontrolleurin *f*
contrordre [kõtʀɔʀdʀ] *m* Gegenbefehl *m*; Wi-
derruf *m*
controuvé [kõtʀuve] *litt adj* ⟨~e⟩ erfunden; er-
dichtet
controverse [kõtʀɔvɛʀs] *f* Kontroverse *f*; Mei-
nungsstreit *m*
controversé [kõtʀɔvɛʀse] *adj* ⟨~e⟩ umstritten;
strittig; kontrovers
contumace [kõtymas] JUR **par contumace** in
Abwesenheit
contusion [kõtyzjõ] *f* Prellung *f*; Quetschung *f*
contusionner [kõtyzjone] *v/t* quetschen
convaincant [kõvɛ̃kɑ̃] *adj* ⟨-ante [-ɑ̃t]⟩ über-
zeugend
▸ **convaincre** [kõvɛ̃kʀ] *v/t* ⟨→ **vaincre**⟩ **1.** über-
zeugen (**qn de qc** j-n von etw) **2. convaincre
qn de mensonge** j-n der Lüge (*gén*) überfüh-
ren
convaincu [kõvɛ̃ky] *adj* ⟨~e⟩ überzeugt
convalescence [kõvalesɑ̃s] *f* Genesung *f*; Re-
konvaleszenz *f*; **être en convalescence** sich
auf dem Weg(e) der Genesung befinden
convalescent [kõvalesɑ̃] *m*, **convalescente**
[-ɑ̃t] *f* Genesende(r) *f(m)*; Rekonvaleszent *m*
convection [kõvɛksjõ] *f* PHYS Konvektion *f*
convenable [kõvnabl] *adj* **1.** (*approprié*) pas-
send; angemessen **2.** (*assez bon*) (recht) or-
dentlich; F anständig **3.** (*décent*) schicklich; an-
ständig
convenablement [kõvnabləmɑ̃] *adv* ordent-
lich; angemessen
convenance [kõvnɑ̃s] *f* **1. convenances** *pl* An-
standsregeln *f/pl*; Konventionen *f/pl* **2. qc à
ma convenance** etwas, was meinen Vorstel-
lungen entspricht; **pour convenances per-
sonnelles** aus persönlichen Gründen
▸ **convenir** [kõvniʀ] *v/t/indir* ⟨→ **venir**⟩ **I** *v/t/indir* **1.**
⟨**avoir**⟩ **convenir à qc** passen zu etw; e-r Sache
(*dat*) angemessen sein; **convenir à qn** j-m pas-
sen, zusagen **2.** ⟨**avoir**, *st/s* **être**⟩ **convenir de
qc** (*s'accorder*) etw vereinbaren, verabreden,
ab-, ausmachen **3. convenir de qc** (*avouer*)
etw zugeben, einräumen **II** *v/imp* **il convient
de** (+ *inf*) es empfiehlt sich zu (+ *inf*)
convention [kõvɑ̃sjõ] *f* **1.** (*accord*) Abkommen
n; Vereinbarung *f*; Abmachung *f*; Konvention
f; **convention collective** Tarifvertrag *m* **2.
conventions** *pl* Konventionen *f/pl*
conventionné [kõvɑ̃sjone] *adj* ⟨~e⟩ **médecin**

conventionné Kassenarzt *m*
conventionnel [kõvãsjɔnɛl] *adj* ⟨~le⟩ konventionell
conventionnellement [kõvãsjɔnɛlmã] *adv* **1.** konventionell **2.** durch Vereinbarung
conventuel [kõvãtɥɛl] *adj* ⟨~le⟩ Kloster...
convenu [kõvny] *adj* ⟨~e⟩ vereinbart
convergence [kõvɛʀʒãs] *f* Konvergenz *f* (*a fig*)
convergent [-ã] *adj* ⟨-ente [-ãt]⟩ konvergierend; konvergent
converger [kõvɛʀʒe] *v/i* ⟨-ge-⟩ **1.** (in e-m Punkt) zusammenlaufen; konvergieren (*a* PHYS, MATH); *regards converger sur* sich richten auf (+ *acc*) **2.** *fig* demselben Ziel zustreben; übereinstimmen
▸ conversation [kõvɛʀsasjõ] *f* Unterhaltung *f*; Gespräch *n*; Konversation *f*; *conversation téléphonique* Telefongespräch *n*; Telefonat *n*; *il n'a pas de conversation* mit ihm kann man sich über nichts unterhalten; *détourner la conversation* vom Thema ablenken
converser [kõvɛʀse] *v/i* sich unterhalten
conversion [kõvɛʀsjõ] *f* **1.** REL Bekehrung *f*, Konversion *f*, Übertritt *m* (*à* zu) **2.** FIN Umwandlung *f* (*a* MATH), Konversion *f*, MATH *a* Umrechnung *f* (*en* in + *acc*)
converti [kõvɛʀti] REL **I** *adj* ⟨~e⟩ bekehrt **II** *converti*(*e*) *m*(*f*) Konvertit(in) *m*(*f*)
convertibilité [kõvɛʀtibilite] *f d'une monnaie* Konvertierbarkeit *f*; Konvertibilität *f*; *d'un emprunt, d'une dette* Umwandelbarkeit *f*
convertible [kõvɛʀtibl] *adj monnaie* konvertierbar; konvertibel
convertir [kõvɛʀtiʀ] **I** *v/t* **1.** *convertir qn* j-n bekehren (*à* zu) **2.** FIN umwandeln (*a* MATH), konvertieren, MATH *a* umrechnen (*en* in + *acc*) **II** *v/pr se convertir* REL sich bekehren (*à* zu); konvertieren, übertreten (zu)
convertisseur [kõvɛʀtisœʀ] *m* **1.** MÉTALLURGIE Konverter *m* **2.** TECH Wandler *m*; ÉLECT Umformer *m*
convexe [kõvɛks] *adj* konvex
convexité [kõvɛksite] *f* **1.** OPT Konvexität *f* **2.** (*courbure*) Gewölbtsein *n*; Wölbung *f*
conviction [kõviksjõ] *f* **1.** Überzeugung *f*; *convictions pl* Überzeugungen *f*/*pl*, Ansichten *f*/*pl* **2.** *pièce f à conviction* Beweisstück *n*; Corpus delicti *n*
convier [kõvje] *v/t convier qn à qc* j-n zu etw einladen
convive [kõviv] *m,f* Gast *m*
convivial [kõvivjal] *adj* ⟨~e; -aux [-o]⟩ **1.** gastlich; einladend; gemütlich **2.** INFORM benutzerfreundlich
convivialité [kõvivjalite] *f* **1.** Gastlichkeit *f*; gesellige Gemütlichkeit **2.** INFORM Benutzerfreundlichkeit *f*
convocation [kõvɔkasjõ] *f* **1.** *d'une assemblée* Einberufung *f* **2.** JUR Vorladung *f*; *convocation à l'examen* Aufforderung *f*, sich zur Prüfung einzufinden
convoi [kõvwa] *m* **1.** *de véhicules* Kolonne *f*; Konvoi *m*; MAR Geleitzug *m*; *convoi exceptionnel* Schwertransport *m* **2.** *convoi* (*funèbre*) Leichen-, Trauerzug *m* **3.** CH DE FER Zug *m*
convoiter [kõvwate] *v/t* (heftig) begehren
convoitise [-iz] *f* Begehrlichkeit *f*

convoler [kõvɔle] *v/i plais convoler en justes noces plais* in den Hafen der Ehe einlaufen
convoquer [kõvɔke] *v/t* **1.** *assemblée* einberufen **2.** JUR (vor)laden; *élève, employé* kommen lassen; zu sich zitieren
convoyage [kõvwajaʒ] *m* Geleitschutzflug *m*; Überführung *f*
convoyer [-e] *v/t* ⟨-oi-⟩ (zum Schutz) begleiten; eskortieren
convoyeur [kõvwajœʀ] *m* **1.** *convoyeur de fonds* Begleiter *m* e-s Geldtransports **2.** MAR Geleitschiff *n* **3.** TECH Förderer *m*
convoyeuse [kõvwajøz] *f convoyeuse de l'air* Flugbegleiterin *f*
convulsé [kõvylse] *adj* ⟨~e⟩ verkrampft; verzerrt
convulser [-e] *v/t* verkrampfen; (krampfhaft) verzerren
convulsif [-if] *adj* ⟨-ive [-iv]⟩ krampfhaft, -artig
convulsion [-jõ] *f* Krampf *m*; Zuckung *f*
convulsionner [-jɔne] *v/t* in Krämpfe, Zuckungen verfallen lassen
convulsivement [kõvylsivmã] *adv* krampfhaft; konvulsiv(isch); *rire convulsivement* e-n Lachkrampf haben
cooccupant *m* JUR Mitbewohner *m*
cookie [kuki] *m* CUIS, INFORM Cookie *m*
cool [kul] *adj* ⟨*inv*⟩ F cool
coolie [kuli] *m* Kuli *m*
coopérant [kɔɔpeʀã] *m* Entwicklungshelfer *m*
coopérateur *m*, coopératrice *f* **1.** (*collaborateur*) Mitarbeiter(in) *m*(*f*) **2.** *d'une coopérative* Genossenschaftsmitglied *n*; Genossenschaft(l)er(in) *m*(*f*)
coopératif *adj* ⟨-ive [-iv]⟩ kooperativ; zur Zusammenarbeit bereit
coopération *f* **1.** Mitarbeit *f*, -wirkung *f*; Zusammenarbeit *f*, Kooperation *f* (*a* POL) **2.** *au Tiers-Monde* Entwicklungshilfe *f*
coopératisme [kɔɔpeʀatism] *m* genossenschaftliches System
coopérative [kɔɔpeʀativ] *f* Genossenschaft *f*
coopérer ⟨-è-⟩ **I** *v/t/indir coopérer à qc* an etw (*dat*) mitarbeiten, -wirken **II** *v/i* zusammenarbeiten; kooperieren
cooptation [kɔɔptasjõ] *f* Hinzuwahl *f*
coopter [-e] *v/t* hinzuwählen
coordinateur *m* Koordinator *m*
coordination *f* **1.** Koordinierung *f*; Koordination *f* **2.** *conjonction f de coordination* nebenordnende Konjunktion
coordonnateur → coordinateur
coordonné *adj* ⟨~e⟩ **1.** koordiniert; aufeinander abgestimmt **2.** GR *phrase* neben-, beigeordnet; *adjt proposition coordonnée* nebengeordneter Satz **3.** CH DE FER *ligne* im Zuge der Rationalisierung stillgelegt
coordonnée *f* **1.** MATH Koordinate *f* **2.** F *coordonnées pl* Adresse *f*, Telefonnummer *f etc*; *donnez-moi, laissez-moi vos coordonnées* wie kann ich Sie erreichen?
coordonner *v/t* koordinieren; aufeinander abstimmen
coordonnés *m*/*pl habillement* Coordinates *pl*
▸ copain [kɔpɛ̃] F *m* Freund *m*; F Kumpel *m*; *petit copain a péj* Kumpan *m*
copain-copain *adjt* ⟨*inv*⟩ F *ils ne sont pas copain-copain* F sie sind nicht gerade dicke

Freunde
copeau [kɔpo] *m* ⟨~x⟩ Span *m*
Copenhague [kɔpɛnag] Kopenhagen *n*
Copernic [kɔpɛʀnik] *m* Kopernikus *m*
copiage [kɔpjaʒ] *m dans un examen* Abschreiben *n*; F Spicken *n*
▸ **copie** [kɔpi] *f* **1.** *d'un écrit* Kopie *f*; Abschrift *f* **2.** *d'une œuvre d'art* Kopie *f*; Nachbildung *f* **3.** (*imitation*) Nachahmung *f*; *péj* Abklatsch *m* **4.** ÉCOLE **a)** *feuille* Blatt *n* (Papier) **b)** *devoir* (Klassen)Arbeit *f*
copier [kɔpje] *v/t* **1.** abschreiben (**dans un livre** aus e-m Buch; **sur son voisin** von s-m Nachbarn) **2.** (*imiter, reproduire*) nachahmen; nachmachen; kopieren
copieur [kɔpjœʀ] *m*, **copieuse** [-øz] *f* Abschreiber(in) *m(f)*; F Spicker(in) *m(f)*
copieusement [kɔpjøzmɑ̃] *adv* reichlich; ausgiebig
copieux [kɔpjø] *adj* ⟨**-euse** [-øz]⟩ reichlich; ausgiebig; üppig
copilote *m* Kopilot *m*
copinage [kɔpinaʒ] *m péj* Kumpanei *f*; Klüngelei *f*; Cliquenwirtschaft *f*
▸ **copine** [kɔpin] F *f* Freundin *f*
copiner [kɔpine] *v/i* F Kumpel sein; **copiner avec qn** j-s Kumpel sein
copinerie [kɔpinʀi] *f* F Kumpanei *f* (*a coll*); *coll* Kumpel *m/pl*; *péj* → **copinage**
copiste [kɔpist] *m* Kopist *m*
coprésidence *f* Mitvorsitz *m*
coproducteur *m* Koproduzent *m*
coproduction [-sjõ] *f* Koproduktion *f*; Gemeinschaftsproduktion *f*
copropriétaire *m* Miteigentümer *m*
copropriété *f* Miteigentum *n*; **logement** *m* **en copropriété** Eigentumswohnung *f*
copte [kɔpt] **I** *adj* koptisch **II Copte** *m,f* Kopte *m*, Koptin *f*
copulatif [kɔpylatif] *adj* ⟨**-ive** [-iv]⟩ GR verbindend; anreihend
copulation [kɔpylasjõ] *f* Kopulation *f*; Begattung *f*
copuler [-e] *v/i* sich begatten; kopulieren
copyright [kɔpiʀajt] *m* Copyright *n*
▸ **coq** [kɔk] *m* **1.** Hahn *m*; **coq de bruyère** Auerhahn *m*; **rouge comme un coq** puterrot; **être comme un coq en pâte** sehr verwöhnt werden **2.** *adjt* BOXE **poids** *m* **coq** Bantamgewicht *m*
coq-à-l'âne *m* ⟨*inv*⟩ **faire des coq-à-l'âne** von e-m Thema zum anderen springen
coquard [kɔkaʀ] F *m* blaues Auge; F Veilchen *n*
coque [kɔk] *f* **1.** *de noix, etc* Schale *f*; **œuf** *m* **à la coque** weiches, weich gekochtes Ei **2.** *d'un navire* Rumpf *m* **3.** ZO Herzmuschel *f*
coquelet [kɔklɛ] *m* CUIS Hähnchen *n*
coquelicot [kɔkliko] *m* Klatschmohn *m*
coqueluche [kɔklyʃ] *f* **1.** MÉD Keuchhusten *m* **2.** *fig* **être la coqueluche de qn** der Liebling, F der Schwarm j-s sein
coquet [kɔkɛ] *adj* ⟨**-ette** [-ɛt]⟩ **1.** (*soigné*) adrett; schmuck; hübsch (anzusehen); fesch **2.** (*cherchant à plaire*) kokett; *péj* gefallsüchtig **3.** F **coquette somme** hübsches Sümmchen
coquetier [kɔktje] *m* Eierbecher *m*
coquetterie [kɔkɛtʀi] *f* **1.** (*désir de plaire, affectation*) Koketterie *f* **2.** (*élégance*) Eleganz *f*;

Geschmack *m* **3.** F **coquetterie dans l'œil** F Silberblick *m*
coquillage [kɔkijaʒ] *m* Muschel *f*
coquille [kɔkij] *f* **1.** *des mollusques* Schale *f*; Muschel *f*; *d'escargot* (Schnecken)Haus *n*; **coquille Saint-Jacques** Jakobsmuschel *f*; **sortir de sa coquille** (ein wenig) aus sich herausgehen **2.** *d'œufs, de noix* Schale *f*; *fig bateau* **coquille de noix** Nussschale *f* **3.** **coquille de poisson** kleine Portion Fisch (*in Muschelschälchen*) **4.** TYPO Satzfehler *m*
coquillettes [kɔkijɛt] *f/pl* Hörnchen *n/pl* (*Teigware*)
coquin [kɔkɛ̃] **I** *adj* ⟨**-ine** [-in]⟩ **1.** *enfant, regard* schelmisch; neckisch **2.** *histoire* pikant **II** *subst* (**petit[e]**) **coquin(e)** (kleiner) Schelm; Schlingel *m*
coquinerie [kɔkinʀi] *f* **1.** (*malice*) Schelmerei *f*; Spitzbüberei *f* **2.** (*ruse*) Durchtriebenheit *f*; F Gerissenheit *f*
cor [kɔʀ] *m* **1.** MUS Horn *n*; **cor de chasse** Jagdhorn *n*; *fig réclamer* **à cor et à cri** ungestüm; lauthals **2.** **cor (au pied)** Hühnerauge *n* **3.** **un cerf (de) dix cors** ein Zehnender *m*
corail [kɔʀaj] *m* ⟨**-aux** [-o]⟩ **1.** Koralle *f* **2.** *adjt* (**couleur**) **corail** ⟨*inv*⟩ korallenrot
corallien [kɔʀaljɛ̃] *adj* ⟨**-ienne** [-jɛn]⟩ Korallen...
Coran [kɔʀɑ̃] *m* Koran *m*
coranique [kɔʀanik] *adj* des Korans; Koran...
corbeau [kɔʀbo] *m* ⟨~x⟩ Rabe *m*
▸ **corbeille** [kɔʀbɛj] *f* **1.** Korb *m*; **corbeille à papier** Papierkorb *m*; *fig* **corbeille de mariage** Hochzeitsgeschenke *n/pl* **2.** THÉ Balkon- *ou* Rangloge *f* **3.** BOURSE Maklerschranken *f/pl*; Ring *m*
Corbières [kɔʀbjɛʀ] **1.** *f/pl* Weingegend nordöstlich der Pyrenäen **2.** *m* **corbières** Rotwein aus den Corbières
corbillard [kɔʀbijaʀ] *m* Leichenwagen *m*
cordage [kɔʀdaʒ] *m* **1.** MAR Tau *n* **2.** *d'une raquette* Bespannung *f*
▸ **corde** [kɔʀd] *f* **1.** Leine *f*; Strick *m* (*a pour pendre qn*); *épaisse* Seil *n*; (*ficelle*) Schnur *f*; **corde à linge** Wäscheleine *f*; *fig* **il pleut des cordes** es regnet Bindfäden **2.** SPORTS Seil *n*; **corde lisse** Kletterseil *n*; **corde raide** Drahtseil *n*; **corde à sauter** Springseil *n*; *fig* **prendre un virage à la corde** e-e Kurve so eng wie möglich nehmen **3.** *d'un arc* Sehne *f* (*a* MATH); *fig* **avoir plusieurs cordes à son arc** mehrere, verschiedene Talente, Qualifikationen haben **4.** MUS *d'une raquette* Saite *f*; **cordes** *pl* Streichinstrumente *n/pl*; *fig* **faire vibrer, toucher la corde sensible (de qn)** an die Gefühle j-s appellieren **5.** **usé jusqu'à la corde** abgewetzt; abgenutzt (*a fig*) **6.** **cordes vocales** Stimmbänder *n/pl*
cordeau [kɔʀdo] *m* ⟨~x⟩ Schnur *f*; *fig* **tracé au cordeau** ganz regelmäßig
cordée [kɔʀde] *f* Seilschaft *f*
cordelette [kɔʀdəlɛt] *f* dünne Schnur
corder [kɔʀde] *v/t raquette* bespannen
corderie [kɔʀdəʀi] *f* Seilerei *f*
cordial [kɔʀdjal] ⟨~e; **-aux** [-o]⟩ **I** *adj* herzlich **II** *m* Stärkungsmittel *n*
cordialement [kɔʀdjalmɑ̃] *adv* herzlich; **cordialement vôtre** mit herzlichen Grüßen (Ihr)

cordialité [kɔʀdjalite] *f* Herzlichkeit *f*; **avec** **cordialité** herzlich
cordier [kɔʀdje] *m* Seiler *m*
cordillère [kɔʀdijɛʀ] *f* Kettengebirge *n*; Gebirgskette *f*
cordon [kɔʀdõ] *m* **1.** Schnur *f*; *fig* **tenir les cordons de la bourse** allein über das (gemeinsame) Geld verfügen **2.** *d'une décoration* Ordensband *n* **3.** **cordon ombilical** Nabelschnur *f* **4.** *de police* (Posten)Kette *f*; Kordon *m*; Sperrgürtel *m*; **cordon sanitaire** Cordon sanitaire *m* **5.** **cordon littoral** Küstenstreifen *m*
cordon-bleu *m* ⟨**cordons-bleus**⟩ gute, ausgezeichnete Köchin
cordonnerie [kɔʀdɔnʀi] *f* Schuster-, Schuhmacherwerkstatt *f*
cordonnier [kɔʀdɔnje] *m* Schuster *m*; Schuhmacher *m*
Cordoue [kɔʀdu] Córdoba *n*
Corée [kɔʀe] **la Corée** Korea *n*; **la Corée du Nord, du Sud** Nord-, Südkorea *n*
coréen [kɔʀeɛ̃] **I** *adj* ⟨**-enne** [-ɛn]⟩ koreanisch **II 1.** **Coréen(ne)** *m(f)* Koreaner(in) *m(f)* **2.** LING **le coréen** das Koreanische; Koreanisch *n*
coreligionnaire [kɔʀəliʒjɔnɛʀ] *m* Glaubensbruder *m*, -genosse *m*
coresponsabilité *f* Mitverantwortung *f*
coresponsable [-abl] *adj* mitverantwortlich
Corfou [kɔʀfu] Korfu *n*
coriace [kɔʀjas] *adj* **1.** *viande* zäh **2.** *fig* **être coriace en affaires** F ein knallharter Geschäftsmann sein
coriandre [kɔʀjɑ̃dʀ] *f* Koriander *m*
coricide [kɔʀisid] *m* Hühneraugenmittel *n*
corindon [kɔʀɛ̃dõ] *m* Korund *m*
cormoran [kɔʀmɔʀɑ̃] *m* Kormoran *m*
cornac [kɔʀnak] *m* Elefantenführer *m*; Kornak *m*
cornaline [kɔʀnalin] *f* Karneol *m*
cornard [kɔʀnaʀ] F → **cocu**
▸ **corne** [kɔʀn] *f* **1.** *des chèvres, etc* Horn *n*; *des escargots* Fühler *m*; **corne d'abondance** Füllhorn *n*; *fig mari* **porter des cornes** betrogen werden **2.** *substance* Horn *n*; *de l'épiderme* Hornhaut *f* **3.** *d'une page* Eselsohr *n* **4.** **corne de brume** Nebelhorn *n*
corné [kɔʀne] *adj* ⟨~**e**⟩ hornartig; Horn...
cornée [kɔʀne] *f* Hornhaut *f* (des Auges)
cornéen [kɔʀneɛ̃] *adj* ⟨**-enne** [-ɛn]⟩ Hornhaut...
corneille [kɔʀnɛj] *f* Krähe *f*
cornélien [kɔʀneljɛ̃] *adj* ⟨**-ienne** [-jɛn]⟩ **1.** Corneilles **2.** *fig* von tragischer Größe
cornemuse [kɔʀnəmyz] *f* Dudelsack *m*
corner[1] [kɔʀne] **I** *v/t page* umknicken **II** *v/i* F **corner aux oreilles de qn** j-m in die Ohren schreien
corner[2] [kɔʀnɛʀ] *m* FOOTBALL Eckball *m*; Ecke *f*; *coup a* Eckstoß *m*
cornet [kɔʀnɛ] *m* **1.** spitze Tüte; Tütchen *n*; **cornet de frites** Tüte *f* Pommes **2.** MUS **cornet à pistons** Kornett *n* **3.** **cornet à dés** Würfel-, Knobelbecher *m*
cornette [kɔʀnɛt] *f de religieuses* Flügelhaube *f*
corniaud [kɔʀnjo] *m* **1.** *chien* Promenadenmischung *f* **2.** F Doofkopp *m*; F Depp *m*
corniche [kɔʀniʃ] *f* **1.** (**route** *f* **en**) **corniche** kurvenreiche Küstenstraße (an e-r Steilküste)

2. ARCH Kranzgesims *n*
cornichon [kɔʀniʃõ] *m* **1.** CUIS Essig-, Gewürzgürkchen *n* **2.** F Dummerjan *m*
Cornouaille [kɔʀnwaj] **1.** **la Cornouaille** *Landschaft in der Bretagne* **2.** **les Cornouailles** *f/pl* **en Angleterre** Cornwall *n*
cornu [kɔʀny] *adj* ⟨~**e**⟩ gehörnt
cornue [kɔʀny] *f* Retorte *f*
corollaire [kɔʀɔlɛʀ] *m* unmittelbare Folge
corolle [kɔʀɔl] *f* (Blumen)Krone *f*
coron [kɔʀõ] *m* Bergarbeitersiedlung *f*
coronaire [kɔʀɔnɛʀ] *adj* (Herz) Kranz...; Koronar...
corporatif [kɔʀpɔʀatif] *adj* ⟨**-ive** [-iv]⟩ **1.** *mouvement, système* berufsständisch **2.** HIST Zunft...
corporation [kɔʀpɔʀasjõ] *f* **1.** Berufsstand *m* **2.** HIST Gilde *f*; Zunft *f*
corporatisme [kɔʀpɔʀatism] *m doctrine* Korporativismus *m*
corporel [kɔʀpɔʀɛl] *adj* ⟨~**le**⟩ körperlich
▸ **corps** [kɔʀ] *m* **1.** Körper *m*; Leib *m* (*a* REL); **corps et âme** mit Leib und Seele; **corps à corps** Mann gegen Mann; *m* Handgemenge *n*; MIL Nahkampf *m*; **à son corps défendant** widerwillig; ungern; **à corps perdu** ungestüm; blindlings **2.** (*cadavre*) Leiche *f*; Leichnam *m* **3.** (*groupe*) Körperschaft *f*; Gremium *n*; Korps *n* (*a* MIL, DIPL); **corps électoral** Wähler(schaft) *m/pl(f)*; **corps médical** Ärzteschaft *f*; **esprit** *m* **de corps** Korpsgeist *m* **4.** (*partie principale*) Haupt(bestand)teil *m*; *d'un bâtiment* Haupt-, Mittelbau *m*, -trakt *m*; *navire* **perdu corps et biens** mit Mann und Maus untergegangen **5.** (*objet, substance*) Körper *m*; **corps céleste** Himmelskörper *m*; **corps composé** (chemische) Verbindung; **corps étranger** Fremdkörper *m*; **corps gras** Fett *n*; **corps simple** (chemisches) Element; Grundstoff *m*; **corps du délit** Corpus delicti *n*; Beweisstück *n*; **vin avoir du corps** vollmundig sein; **faire corps** (**avec**) e-e Einheit bilden (mit); *fig* **prendre corps** Gestalt annehmen, gewinnen
corps-à-corps [kɔʀakɔʀ] *m* ⟨*inv*⟩ **1.** (*mêlée*) Handgemenge *n* **2.** MIL Einzel-, Nahkampf *m* **3.** BOXE Clinch *m*
corpulence [kɔʀpylɑ̃s] *f* Beleibtheit *f*; Korpulenz *f*
corpulent [-ɑ̃] *adj* ⟨**-ente** [-ɑ̃t]⟩ beleibt; korpulent
corpus [kɔʀpys] *m de textes*, LING Korpus *ou* Corpus *n*
corral [kɔʀal] *m* ⟨**-als**⟩ Pferch *m* (für Großvieh); Korral *m*
▸ **correct** [kɔʀɛkt] *adj* ⟨~**e**⟩ **1.** richtig; fehlerfrei; korrekt **2.** *personne, tenue* korrekt; **politiquement correct** politisch korrekt **3.** *prix, salaire* angemessen; *hôtel* annehmbar
correctement [kɔʀɛktəmɑ̃] *adv* (*sans fautes*) richtig; korrekt
correcteur [kɔʀɛktœʀ], **correctrice** [-tʀis] **1.** *m,f* Korrektor(in) *m(f)* **2.** *m* INFORM Rechtschreib(korrektur)programm *n*
correctif [kɔʀɛktif] **I** *adj* ⟨**-ive** [-iv]⟩ **gymnastique corrective** Ausgleichsgymnastik *f* **II** *m mesure* Korrektiv *n*
▸ **correction** [kɔʀɛksjõ] *f* **1.** Verbesserung *f*; Korrektur *f*; **correction des épreuves** Kor-

rekturlesen *n*; Fahnenkorrektur *f* **2.** (*châtiment corporel*) Tracht *f* Prügel; Schläge *m/pl* **3.** *qualité* Korrektheit *f*

correctionnel [kɔʀɛksjɔnɛl] *adj* ⟨**~le**⟩ *peine correctionnelle* Strafe *f* für ein Vergehen

correctionnelle [kɔʀɛksjɔnɛl] *f* Strafkammer *f*

corrélatif [kɔʀelatif] *adj* ⟨**-ive** [-iv]⟩ korrelativ; (sich) wechselseitig (bedingend)

corrélation [kɔʀelasjõ] *f* Wechselbeziehung *f*; Korrelation *f*

▸ **correspondance** [kɔʀɛspõdɑ̃s] *f* **1.** Briefwechsel *m*; Schriftverkehr *m*; Korrespondenz *f*; *enseignement m par correspondance* Fernunterricht *m* **2.** TRANSPORTS Anschluss *m* (*pour* nach) **3.** (*analogie*) Übereinstimmung *f*; Entsprechung *f*

correspondancier [kɔʀɛspõdɑ̃sje] *m*, **correspondancière** [-jɛʀ] *f* Korrespondent(in) *m(f)*

▸ **correspondant** [kɔʀɛspõdɑ̃] **I** *adj* ⟨**-ante** [-ɑ̃t]⟩ entsprechend **II** *subst* **1.** **correspondant(e)** *m(f)* Briefpartner(in) *m(f)*; ÉCOLE Brieffreund(in) *m(f)* **2.** **correspondant(e)** *m(f)* PRESSE Korrespondent(in) *m(f)*; Berichterstatter(in) *m(f)* **3.** *m* TÉL Gesprächspartner *m*

correspondre [kɔʀɛspõdʀ] *v/i* ⟨→ **rendre**⟩ **1.** korrespondieren, in Briefwechsel stehen (*avec* mit) **2.** ▸ **correspondre à** entsprechen (+ *dat*); übereinstimmen mit

Corrèze [kɔʀɛz] *la Corrèze* Fluss u Departement in Frankreich

corrida [kɔʀida] *f* **1.** Stierkampf *m* **2.** *fig* F Zirkus *m*; F Theater *n*

corridor [kɔʀidɔʀ] *m* (enger, schmaler) Flur, Korridor, Gang

corrigé [kɔʀiʒe] *m* Musterlösung *f*

▸ **corriger** [kɔʀiʒe] ⟨**-ge-**⟩ **I** *v/t* **1.** verbessern; korrigieren (*a texte*); berichtigen **2.** (*battre*) schlagen; verhauen **II** *v/pr* **se corriger** sich bessern; **se corriger de qc** sich (*dat*) etw abgewöhnen

corrigible [kɔʀiʒibl] *adj* verbesserungsfähig; korrigierbar

corroborant [kɔʀɔbɔʀɑ̃] *adj* ⟨**-ante** [-ɑ̃t]⟩ bekräftigend; bestätigend

corroborer [-e] *v/t* bekräftigen; bestätigen; erhärten

corroder [kɔʀɔde] *v/t* ätzen; angreifen; zerfressen

corrompre [kɔʀõpʀ] ⟨→ **rompre**⟩ *v/t* **1.** *jeunesse, mœurs* verderben **2.** *témoin, etc* bestechen

corrompu [kɔʀõpy] *adj* ⟨**~e**⟩ korrupt

corrosif [kɔʀɔzif] *adj* ⟨**-ive** [-iv]⟩ ätzend (*a fig*); korrosiv

corrosion [-jõ] *f* Korrosion *f*

corroyeur [kɔʀwajœʀ] *m ouvrier* Zurichter *m*

corrupteur [kɔʀyptœʀ] *st/s adj* ⟨**-trice** [-tʀis]⟩ (moralisch) verderblich

corruptible [kɔʀyptibl] *adj* **1.** *fonctionnaire* bestechlich **2.** *substance* zersetzbar; verderblich

corruption [kɔʀypsjõ] *f* **1.** Korruptheit *f*; *corruption des mœurs* Sittenverderbnis *f* **2.** *de témoins, etc* Bestechung *f*; Korruption *f*

corsage [kɔʀsaʒ] *m* Bluse *f*

corsaire [kɔʀsɛʀ] *m* **1.** HIST Freibeuter *m*; Korsar *m* **2.** (*pantalon m*) *corsaire* Caprihose *f*

▸ **Corse** [kɔʀs] *la Corse* Korsika *n*

corse I *adj* korsisch **II** *Corse m,f* Korse *m*, Kor-

sin *f*

corsé [kɔʀse] *adj* ⟨**~e**⟩ **1.** *vin* vollmundig; körperreich; *plat* scharf gewürzt; *café* stark **2.** *fig* saftig; gepfeffert

Corse-du-Sud *la Corse-du-Sud* *frz* Departement auf Korsika

corser [kɔʀse] *v/pr* **se corser** kompliziert, spannend werden

corset [kɔʀsɛ] *m* Korsett *n*; Mieder *n*

corso [kɔʀso] *m* **corso fleuri** Blumenkorso *m*

cortège [kɔʀtɛʒ] *m* Zug *m*; *d'un haut personnage* Gefolge *n*; *cortège de manifestants* Demonstrationszug *m*

cortex [kɔʀtɛks] *m* ANAT **cortex (cérébral)** (Groß)Hirnrinde *f*; *sc* Kortex *m*

cortisone [kɔʀtizɔn] *f* Kortison *n*

corvéable [kɔʀveabl] *adj* **1.** HIST zum Frondienst verpflichtet **2.** *fig* → **taillable**

corvée [kɔʀve] *f* **1.** lästige Arbeit, Aufgabe; Last *f*; MIL (bestimmter Sonder)Dienst; *corvées ménagères* (lästige) Haushaltsarbeiten *f/pl* **2.** HIST Fron(dienst) *f(m)*

coryphée [kɔʀife] *litt m* Führer *m*

coryza [kɔʀiza] *m* Schnupfen *m*

cosaque [kɔzak] *m* Kosak *m*

cosignataire *m* Mitunterzeichner *m*

cosinus [kɔsinys] *m* MATH Kosinus *m*

cosmétique [kɔsmetik] **I** *adj* kosmetisch **II** *m/pl* **cosmétiques** Kosmetika *n/pl*

cosmétologie [kɔsmetɔlɔʒi] *f* Kosmetologie *f*

cosmique [kɔsmik] *adj* kosmisch

cosmologie [kɔsmɔlɔʒi] *f* Kosmologie *f*

cosmologique [-ik] *adj* kosmologisch

cosmonaute [kɔsmɔnot] *m,f* Kosmonaut(in) *m(f)*; Raumfahrer(in) *m(f)*

cosmopolite [kɔsmɔpɔlit] *adj* kosmopolitisch; *ville f cosmopolite* Weltstadt *f*

cosmopolitisme [kɔsmɔpɔlitism] *m* Kosmopolitismus *m*; Weltbürgertum *n*

cosmos [kɔsmos] *m* Kosmos *m*; Weltraum *m*

cossard [kɔsaʀ] F *adj* ⟨**-arde** [-aʀd]⟩ (F stink)-faul

cosse [kɔs] *f* **1.** *de petits pois, etc* Schote *f*; Hülse *f* **2.** ÉLECT Kabelschuh *m*

cossu [kɔsy] *adj* ⟨**~e**⟩ *personne* wohlhabend; F betucht; *maison* stattlich

costal [kɔstal] *adj* ⟨**~e**; **-aux** [-o]⟩ Rippen...

costard [kɔstaʀ] F *m* (Herren)Anzug *m*

Costa Rica [kɔstaʀika] *le Costa Rica* Costa Rica *n*

costaud [kɔsto] F *adj* ⟨*f inv*⟩ **1.** robust; kräftig **2.** *objet* robust; solide

▸ **costume** [kɔstym] *m* **1.** *pour homme* (Herren)Anzug *m* **2.** THÉ, *déguisement* Kostüm *n*; *costume régional* (Volks)Tracht *f*

costumé [kɔstyme] *adj* ⟨**~e**⟩ kostümiert; *bal costumé* Kostümball *m*

costumer [kɔstyme] *v/t (et v/pr* **se**) **costumer** (sich) kostümieren (*en* als + *acc*)

costumier [kɔstymje] *m*, **costumière** [-jɛʀ] *f* **1.** Kostümverleiher(in) *m(f)* **2.** THÉ Kostümbildner(in) *m(f)*

cosy [kɔzi] *m* Anbauliege *f*

cotangente [kɔtɑ̃ʒɑ̃t] *f* Kotangens *m*

cotation [kɔtasjõ] *f* (Kurs)Notierung *f*

cote [kɔt] *f* **1.** BOURSE Kursnotierung *f* **2.** GÉOGR Höhenangabe *f*; *cote d'alerte* Hochwassermarke *f*; *fig* kritischer Punkt **3.** (*appréciation*)

Bewertung *f*; **cote de popularité** Beliebtheits-
grad *m*; **avoir la cote** hoch im Kurs stehen
▸ **côte** [kot] *f* **1.** *de la mer* Küste *f*; **la Côte**
(d'Azur) die Côte d'Azur; die (französische)
Riviera; **sur la côte** an der *ou* die Küste **2.**
(*montée*) Steigung *f*; Hang *m* **3.** ANAT Rippe
f; **côte à côte** nebeneinander; Seite an Seite
4. BOUCHERIE *de porc, etc* Kotelett *n*; *de bœuf*
Rippenstück *n*
coté [kɔte] *adj* ⟨~e⟩ **1.** geschätzt; begehrt **2.** **co-**
té en Bourse an der Börse notiert
▸ **côté** [kote] **I** *m* Seite *f*; **10 cm de côté** 10 cm
Seitenlänge; **à côté** (*tout près*) nebenan; Ne-
ben…; (*à côté du but*) daneben; **pièce** *f* **à côté**
Nebenzimmer *n*; Zimmer *n* nebenan; **verser à**
côté danebengießen; ▸ **à côté de** (*près de*) ne-
ben (+ *dat ou* + *acc*); *fig* (*en comparaison de*)
neben (+ *dat*); gegenüber (+ *dat*); **aux côtés de**
qn an der Seite j-s, j-m zur Seite (*a fig*); **de cô-**
té (*à l'écart*) auf der *ou* die Seite; zur Seite; bei-
seite (*a fig*); **mettre de côté** beiseitelegen (*a*
argent); **de l'autre côté** *venir* von der ander(e)n
Seite; *être* auf der ander(e)n Seite; *aller* auf die
andere Seite; **d'un côté …, de l'autre côté …**
einerseits …, andererseits …; **de ce côté(-ci)**
von *ou* auf *ou* nach dieser Seite; *fig* **de ce côté-**
-là diesbezüglich; in dieser Hinsicht; **du côté**
maternel mütterlicherseits; **de mon côté** mei-
nerseits; **du côté de** (*aux environs de*) in der
Nähe von (*ou* + *gén*); bei (+ *dat*); (*dans la di-*
rection de) in Richtung auf (+ *acc*) **II** F *prép*
was (+ *acc*) angeht; in puncto …
coteau [kɔto] *m* ⟨~x⟩ Anhöhe *f*; (sanfter) Hü-
gel; Hang *m*
Côte-d'Ivoire [kotdivwaʀ] **la Côte-d'Ivoire** die
Elfenbeinküste
Côte-d'Or [kotdɔʀ] **la Côte-d'Or** frz Departe-
ment
côtelé [kotle] *adj* **velours côtelé** Cord(samt)
m; Rippensamt *m*
▸ **côtelette** [kotlɛt, kɔt-] *f* Kotelett *n*
Cotentin [kɔtɑ̃tɛ̃] **le Cotentin** Halbinsel der
Normandie
coter [kɔte] *v/t* **1.** BOURSE notieren **2.** *par ext* be-
werten
coterie [kɔtʀi] *f pej* Klüngel *m*; Clique *f*
Côtes-d'Armor [kotdaʀmɔʀ] **les Côtes-d'Ar-**
mor *f/pl* frz Departement
côtes-du-Rhône [kotdyʀon] *m* ⟨inv⟩ Rotwein
aus dem südlichen Rhonetal
côtier [kotje] *adj* ⟨-ière [-jɛʀ]⟩ Küsten…
cotillon [kɔtijõ] *m* **1.** **cotillons** *pl*, **accessoires**
m/pl **de cotillon** Partyartikel *m/pl* (aus Papier)
2. *litt* **courir le cotillon** hinter jedem Rock her-
laufen; ein Schürzenjäger sein
cotisant [kɔtizɑ̃] *adj* ⟨-ante [-ɑ̃t]⟩ *membre* zah-
lend
cotisation [kɔtizasjõ] *f* (Mitglieds)Beitrag *m*
(**à** an + *acc*)
cotiser [kɔtize] **I** *v/i* (s-n) Beitrag zahlen (**à** an +
acc) **II** *v/pr* **se cotiser** zusammenlegen (**pour**
für)
▸ **coton** [kɔtõ] *m* **1.** Baumwolle *f*; *fig* **filer un**
mauvais coton übel, schlimm dran sein **2.**
fil Baumwollgarn *n*; **coton à repriser** Stopf-
garn *n* **3.** **coton (hydrophile)** (Verband[s])-
Watte *f*; (**morceau** *m* **de**) **coton** Wattebausch
m; *enfant* **élever dans du coton** in Watte pa-

cken **4.** *adjt* F **c'est coton!** F das ist kniff(e)lig,
verzwickt!
cotonnade [kɔtɔnad] *f* Baumwollzeug *n*
cotonneux [kɔtɔnø] *adj* ⟨-euse [-øz]⟩ **1.** *brume*
wie Watte **2.** *feuille* flaumig **3.** *fruit* mehlig **4.**
bruit gedämpft
cotonnier [kɔtɔnje] *adj* ⟨-ière [-jɛʀ]⟩ Baum-
woll…
coton-tige *m* ⟨**cotons-tiges**⟩ Wattestäbchen *n*
côtoyer [kotwaje] *v/t* ⟨-oi-⟩ **1.** **côtoyer qn** mit
j-m zusammenkommen **2.** *fig* **côtoyer qc** mit
etw in (enger) Berührung stehen **3.** *route: ri-*
vière sich entlangziehen an (+ *dat*)
cottage [kɔtɛdʒ] *m* Cottage *n*; kleines Land-
haus
cotte [kɔt] *f* HIST **cotte de mailles** Kettenhemd
n
cotutelle *f* Mitvormundschaft *f*
cotuteur *m* Mitvormund *m*
▸ **cou** [ku] *m* Hals *m*; **cou de taureau** Stierna-
cken *m*; **autour du cou** um den Hals (ge-
schlungen); **être endetté jusqu'au cou** bis
zum Hals in Schulden stecken; **se jeter au**
cou de qn j-m um den Hals fallen
couac [kwak] *m* falscher Ton
couardise [kwaʀdiz] *st/s f* Feigheit *f*
couchage [kuʃaʒ] *m* **sac** *m* **de couchage**
Schlafsack *m*
couchant [kuʃɑ̃] *adj* **soleil couchant** unterge-
hende Sonne
couche [kuʃ] *f* **1.** Schicht *f*; **couche de neige**
Schneedecke *f*; **couche de peinture** Farb-
schicht *f*; F *fig* **il en tient une couche** F der
ist ganz schön blöd, vernagelt **2.** *fig* **couches**
sociales Gesellschaftsschichten *f/pl*; soziale
Schichten *f/pl* **3.** *pour bébés* Windel *f* **4.** *fausse*
couche Fehlgeburt *f*; **femme** *f* **en couches**
Wöchnerin *f*
couché [kuʃe] *adj* ⟨~e⟩ **1.** liegend; ▸ **être cou-**
ché liegen; *au lit* im Bett sein **2.** *écriture* schräg
couche-culotte *f* ⟨**couches-culottes**⟩ Hös-
chenwindel *f*
coucher[1] [kuʃe] **I** *v/t* **1.** **coucher qn** j-n (hin)le-
gen (**sur** auf + *acc*); *enfant* ins Bett legen; zu
Bett bringen; **coucher qn (chez soi)** j-n (für
die Nacht) (bei sich) unterbringen **2.** *objet*
(hin)legen; *pluie: blés* umlegen **3.** **coucher**
qc par écrit etw schriftlich niederlegen; **cou-**
cher qn sur son testament j-n in s-m Testa-
ment bedenken **II** *v/i* **4.** (*dormir*) schlafen;
coucher à l'hôtel im Hotel übernachten; *fig*
nom *m* **à coucher dehors** unaussprechbarer
Name **5.** F **coucher avec qn** (*avoir des rap-*
ports sexuels) mit j-m schlafen **III** *v/pr* ▸ **se**
coucher 6. *pour dormir* sich schlafen legen;
schlafen gehen; ins, zu Bett gehen **7.** (*s'éten-*
dre) sich hinlegen; **se coucher sur qc** sich tief
beugen über etw (*acc*) **8.** *soleil* untergehen
coucher[2] *m* ▸ (**au**) **coucher du soleil** (bei)
Sonnenuntergang *m*
coucheries [kuʃʀi] *f/pl péj* Bettgeschichten *f/pl*
couche-tard *m* ⟨inv⟩ Nachtarbeiter *m ou*
-schwärmer *m*
couche-tôt *m* ⟨inv⟩ j, der mit den Hühnern ins
Bett geht
▸ **couchette** [kuʃɛt] *f* **1.** CH DE FER Platz *m* im
Liegewagen **2.** MAR Kabinenbett *n*; Koje *f*
coucheur [kuʃœʀ] *m* **c'est un mauvais cou-**

cheur mit ihm ist nicht gut Kirschen essen
coucheuse [kuʃøz] *f* Gautschpresse *f*
couci-couça [kusikusa] *adv* F so lala
coucou [kuku] **I** *m* **1.** zo Kuckuck *m* **2.** *pendule* Kuckucksuhr *f* **3.** bot Schlüsselblume *f* **4.** F (*vieil avion*) (**vieux**) **coucou** F alte Kiste **II** *int* kuckuck!
▸ **coude** [kud] *m* **1.** Ell(en)bogen *m*; **coude à coude** dicht nebeneinander; Schulter an Schulter (*a fig*); **jouer des coudes** die Ellbogen gebrauchen (*a fig*); F *fig* **lever le coude** F (gern) einen heben; *fig* **se serrer les coudes** zusammenhalten **2.** *d'une rivière* Krümmung *f*; Biegung *f*; Knie *n*; *d'une route* Knick *m*
coudée [kude] *f* **avoir les coudées franches** Handlungsfreiheit haben
cou-de-pied [kudpje] *m* ⟨**cous-de-pied**⟩ Spann *m*; (Fuß)Rist *m*
coudoyer [kudwaje] ⟨**-oi**⟩ *v/t* **coudoyer qn** mit j-m in Berührung, Kontakt kommen
▸ **coudre** [kudʀ] *v/t* ⟨**je couds, il coud, nous cousons; je cousais; je cousis; je coudrai; que je couse; cousant; cousu**⟩ nähen (*a* méd); *bouton* annähen (**à** an + *acc*)
coudrier [kudʀije] *m* **baguette** *f* **de coudrier** Wünschelrute *f*
couenne [kwan] *f* (Speck)Schwarte *f*
couette [kwɛt] *f* **1.** (*édredon*) Federbett *n* **2.** *cheveux* F Schwänzchen *n*
couffin [kufɛ̃] *m* strohgeflochtene Tragetasche *f*
couilles [kuj] P *f/pl* Hoden *m/pl*; P Eier *n/pl*
couic [kwik] *int* quiek!; F *fig* **faire couic à qn** F j-m den Hals umdrehen
couillon [kujõ] *m* F Blödmann *m*
couillonner [kujɔne] *v/t* F **couillonner qn** F j-n reinlegen
couinement [kwinmɑ̃] F *m* *d'un animal* Quieken *n*
couiner [-e] F *v/i* *animal* quieken; *frein* quietschen
coulant [kulɑ̃] *adj* ⟨**-ante** [-ɑ̃t]⟩ **1.** **nœud coulant** Schlinge *f* **2.** F *personne* entgegenkommend
coulée [kule] *f* **coulée de boue** Schlammlawine *f*; Mure *f*; **coulée de lave** Lavastrom *m*
▸ **couler** [kule] **I** *v/t* **1.** tech gießen **2.** *navire* versenken **3.** *fig personne* erledigen; F fertigmachen **4.** **couler des jours heureux** glückliche Tage verbringen **II** *v/i* **5.** *liquides* fließen; rinnen; *p/fort* strömen; (her)auslaufen; *beurre* zerlaufen; *fromage* laufen; **faire couler le sang** Blut vergießen **6.** *robinet, bougie* tropfen; *stylo* klecksen; **mon nez coule** mir läuft die Nase; meine Nase läuft **7.** *navire* untergehen; (ver)sinken **III** *v/pr* F **se la couler douce** sich (*dat*) ein angenehmes Leben machen
▸ **couleur** [kulœʀ] *f* **1.** Farbe *f*; **en couleurs** Farb...; Bunt...; **'haut en couleur(s)** farbenfroh, -freudig; bunt; *fig personnage* urwüchsig; F *fig* **en faire voir à qn de toutes les couleurs** j-m das Leben schwer machen; *fig* **passer par toutes les couleurs** abwechselnd rot und blass werden **2.** *substance* Farbe *f*; Farbstoff *m* **3.** *fig* Farbe *f*; Färbung *f*; Farbigkeit *f*; **couleur locale** Lokalkolorit *n*; **sans couleur** farblos; **sous couleur de** (+ *inf*) unter dem Vorwand zu (+ *inf*) **4.** *pl* **couleurs** (**nationales**) Landes-, Nationalfarben *f/pl*; *par ext* (*dra-*

peau) Flagge *f* **5.** *fig, surtout* pol Richtung *f*; Schattierung *f*; Färbung *f*; Couleur *f* **6.** *linge* Buntwäsche *f*

Les couleurs	WF
blanc, blanche	weiß
bleu, bleue	blau
brun, brune	braun
gris, grise	grau
jaune	gelb
marron	braun
mauve	lila
noir, noire	schwarz
orange	orangefarben
rose	rosa
rouge	rot
turquoise	türkis
vert, verte	grün
violet, violette	violett
bleu clair	hellblau
bleu foncé	dunkelblau
Achtung: Verbindungen von Farben mit **clair** und **foncé** bleiben in der weiblichen Form und im Plural unverändert:	
une voiture vert foncé	ein dunkelgrünes Auto
des yeux bleu clair	hellblaue Augen
Wendungen:	
rire jaune	gezwungen lachen
être gris	beschwipst sein
être noir	besoffen sein
passer une nuit blanche	die ganze Nacht kein Auge zutun

couleuvre [kulœvʀ] *f* Natter *f*; *fig* **avaler des couleuvres** allerhand hinnehmen, F schlucken; (*être crédule*) sehr leichtgläubig sein
coulis [kuli] *m* **coulis de fraises** passierte Erdbeeren *f/pl*; **coulis de tomates** Tomatenpüree *n*, -mark *n*
coulissant [kulisɑ̃] *adj* ⟨**-ante** [-ɑ̃t]⟩ Schiebe...
coulisse [kulis] *f* **1.** thé **coulisses** *pl* Seiten- und Hinterbühne(n) *f(pl)*; *fig* **se tenir dans la coulisse** nach außen hin nicht in Erscheinung treten **2.** (*glissière*) Führung(sschiene) *f*; **à** Schiebe...; *fig* **regard** *m* **en coulisse** verstohlener Blick
coulisser [kulise] *v/i* in Schienen gleiten
▸ **couloir** [kulwaʀ] *m* Gang *m*; Korridor *m*; Flur *m*; sports Bahn *f*; **couloirs** *pl a* Wandelgänge *m/pl*; **couloir aérien** Luftkorridor *m*; Flugschneise *f*; **couloir d'autobus** Busspur *f*

Verbindungen aus coup und de	
Im Französischen gibt es viele Verbindungen aus **coup** + **de** + Substantiv. Hier einige wichtige Beispiele:	
le coup d'État	der Staatsstreich
le coup de feu	der Schuss
le coup de fil	der Telefonanruf
le coup de foudre	Liebe auf den ersten Blick
le coup d'œil	der Blick
le coup de soleil	der Sonnenbrand
donner un coup de main à quelqu'un	jemandem helfen, jemandem zur Hand gehen

coulommiers [kulɔmje] *m ein Weichkäse*
coulpe [kulp] *f* **battre sa coulpe** sich (*dat*) an die Brust schlagen
coulure [kulyʀ] *f* **1.** AGR Blütenfall *m* **2.** *en peinture, glaçure* heruntergelaufener Tropfen; F Nase *f*
▸ **coup** [ku] *m* **1.** Schlag *m* (*a fig*); Hieb *m*; (*choc*) Stoß *m*; *de couteau* Stich *m*; *d'une arme à feu* Schuss *m*; *fig* (*action*) Tat *f*; Coup *m*; F Stückchen *n*; **coup bas** BOXE Tiefschlag *m*; *fig* Schlag *m* unter die Gürtellinie; *fig* **coup monté** abgekartete Sache; F *fig* **sale coup** gemeiner, hinterhältiger Schlag, Streich; JUR **coups et blessures** *f/pl* Körperverletzung *f*; **coups de bâton** Stockschläge *m/pl*; MÉD **coup de chaleur** Hitzschlag *m*; **coup de couteau** Messerstich *m*; **coup du lapin** Schleudertrauma *n*; **coup de marteau** Hammerschlag *m*; **coup de pied** (Fuß)Tritt *m*; **coup de pistolet** Pistolenschuss *m*; **coup de téléphone** (Telefon)Anruf *m*; **donner un coup de téléphone à qn** j-n anrufen; **à coup(s) de** mit(hilfe von *ou* + *gén*); **à coup sûr** mit Sicherheit; ganz bestimmt, gewiss; **à tous les coups** jedes Mal; ▸ **tout à coup** plötzlich; auf einmal; **après coup** hinterher; nachher; im Nachhinein; F **du coup** aus diesem Grund; **du même coup** bei dieser Gelegenheit; **du premier coup** auf Anhieb; (gleich) beim ersten Mal; **d'un (seul) coup** auf einmal; mit einem Schlag; **tout d'un coup** plötzlich; auf einmal; **sous le coup de** unter der (Ein)Wirkung, unter dem Eindruck von (*ou* + *gén*); **tomber sous le coup de la loi** unter das Gesetz fallen; strafbar sein; **coup sur coup** Schlag auf Schlag; **être tué sur le coup** auf der Stelle, sofort tot sein; **sur le coup de dix heures** etwa um, gegen zehn Uhr; *fig* **accuser le coup** Wirkung zeigen; *fig* **compter les coups** nur Zuschauer sein; **donner un coup de chiffon (à qc)** (etw) flüchtig abstauben; *fig* **être aux cent coups** Todesängste ausstehen; furchtbar aufgeregt sein; **être dans le coup** (*au courant*) Bescheid wissen; (*participer*) in die Sache (mit) verwickelt sein; *fig* **faire coup double** zwei Fliegen mit einer Klappe schlagen; F **faire les quatre cents coups** übermütige, tolle Streiche verüben; F **en mettre un coup** F sich ins Zeug legen; **en prendre un coup** einiges dabei abbekommen, F abkriegen; *fig* ziemlich hart getrof-

fen werden; **il a raté, manqué son coup** die Sache ist schiefgegangen; *horloge* **sonner six coups** sechsmal schlagen; **tenir le coup** aus-, durch-, standhalten; *chose* (sich) halten; F **valoir le coup** sich lohnen **2.** (*quantité bue*) Schluck *m*; *vider son verre* **d'un seul coup** auf einen Zug; F **boire un coup** F einen trinken, heben **3.** ÉCHECS (Spiel)Zug *m*
▸ **coupable** [kupabl] **I** *adj* schuldig (**de** *gén*); *comportement* schuldhaft **II** *m,f* Schuldige(r) *f(m)*
coupage [kupaʒ] *m du vin* Verschnitt *m*
coupant [kupɑ̃] *adj* ⟨**-ante** [-ɑ̃t]⟩ scharf; *fig ton* *a* schneidend
coup-de-poing [kudpwɛ̃] *m* ⟨**coups-de- -poing**⟩ **coup-de-poing (américain)** Schlagring *m*
coupe [kup] *f* **1.** Schale *f*; **coupe à champagne** Sektschale *f* **2.** SPORTS Pokal(wettbewerb) *m*; **Coupe du monde de football** Fußballweltmeisterschaft *f*; SKI Weltcup *m* **3.** (*action de couper*) Schneiden *n*; Schnitt *m* (*a résultat*); **coupe** (**de cheveux**) (Haar)Schnitt *m*; *fig* **coupes sombres** einschneidende Kürzungen *f/pl* **4.** (*section*) Schnitt *m* **5.** **être sous la coupe de qn** unter j-s Fuchtel sein
coupé [kupe] *m* AUTO Coupé *n*
coupe-cigares *m* ⟨*inv*⟩ Zigarrenabschneider *m*
coupe-circuit *m* ⟨*inv*⟩ ÉLECT Sicherung *f*
coupe-coupe *m* ⟨*inv*⟩ Buschmesser *n*
coupée [kupe] *f* **échelle** *f* **de coupée** Fallreep *n*
coupe-faim *m* ⟨*inv*⟩ Appetitzügler *m*
coupe-feu *adj* ⟨*inv*⟩ **mur** *m* **coupe-feu** Brandmauer *f*
coupe-file *m* ⟨*inv*⟩ Passierschein *m*; Sonderausweis *m*
coupe-gorge *m* ⟨*inv*⟩ gefährliche Gegend; (*bar louche*) Räuberhöhle *f*
coupelle [kupɛl] *f* TECH Kupelle *ou* Kapelle *f*
coupe-ongles *m* ⟨*inv*⟩ Nagelzange *f*
coupe-papier *m* ⟨*inv*⟩ Brieföffner *m*
▸ **couper** [kupe] **I** *v/t* **1.** schneiden (*a cheveux*); *en deux* zer-, durchschneiden; (*découper*) zerschneiden; (*enlever*) abschneiden; *plante, haie* beschneiden; *herbe* (ab)mähen; *arbres* fällen; COUT *tissu* zuschneiden; *fig vent* **couper le visage** ins Gesicht schneiden; **se faire couper les cheveux** sich (*dat*) die Haare schneiden lassen; *brouillard* **à couper au couteau** un-

durchdringlich; dick; *couper avec les dents* ab-, durchbeißen; *couper en morceaux* in Stücke schneiden; *fleurs coupées* Schnittblumen *f/pl* **2.** (*interrompre*) *route* unterbrechen; *neige: village* abschneiden; *gaz, eau, électricité, téléphone* sperren; abstellen; *électricité a* ausschalten; *médicament: fièvre* senken; *électricité être coupé a* ausfallen; TÉL *nous avons été coupés* wir sind unterbrochen worden; *être coupé du monde* von der Außenwelt abgeschnitten sein; *couper le vent* den Wind abhalten **3.** *passage d'un texte* (heraus)streichen; *scène d'un film* herausschneiden **4.** (*châtrer*) kastrieren; verschneiden **5.** TENNIS *balle* anschneiden **6.** *liquide* mit Wasser verdünnen, mischen **7.** (*croiser*) *ligne, virage* schneiden **II** *v/t/indir* **8.** F *tu n'y couperas pas* F da kommst du nicht drum herum **III** *v/i* **9.** *couteau, etc* schneiden **10.** (*séparer les cartes*) abheben; (*prendre avec un atout*) stechen **11.** *couper à travers champs* querfeldein gehen **IV** *v/pr se couper* **12.** sich schneiden (*le ou au doigt* in den Finger) **13.** *tissu* brüchig werden **14.** *fig* (*se trahir*) sich verplappern
couperet [kupRɛ] *m* **1.** Hackbeil *n*; Wiegemesser *n* **2.** *de la guillotine* Fallbeil *n*
couperose [kupRoz] *f* erweiterte Äderchen *n/pl*; *sc* Couperose *f*
couperosé [kupRoze] *adj* ⟨~e⟩ mit erweiterten Äderchen
coupeur [kupœR] *m* *coupeur de cheveux en quatre* Haarspalter *m*
coupeuse [kupøz] *f* **1.** *ouvrière* Zuschneiderin *f* **2.** *machine* Schneidemaschine *f*
coupe-vent *m* ⟨*inv*⟩ Windjacke *f*
couplage [kuplaʒ] *m* TECH, ÉLECT Kopp(e)lung *f*; ÉLECT *a* Schaltung *f*
▶ **couple** [kupl] *m* Paar *n*; (*mari et femme*) Ehepaar *n*; *couple d'amoureux* Liebespaar *n*, -pärchen *n*
couplé [kuple] *m* Zwillingswette *f*
coupler [kuple] *v/t* koppeln
couplet [kuplɛ] *m* Strophe *f*
coupole [kupɔl] *f* Kuppel *f*
coupon [kupõ] *m* **1.** *d'étoffe* Stoffrest *m* **2.** FIN Coupon *m*; Zinsschein *m* **3.** *d'un ticket* Abschnitt *m*
coupon-réponse *m* ⟨**coupons-réponse**⟩ Antwortschein *m*
coupure [kupyR] *f* **1.** *blessure* Schnitt(wunde) *m(f)* **2.** *fig* Einschnitt *m* **3.** *coupure de courant* Stromsperre *f ou* -ausfall *m*; *il y aura une coupure d'eau* das Wasser wird abgestellt **4.** *dans un film, texte* Kürzung *f* **5.** *coupure de journal* Zeitungsausschnitt *m* **6.** (*billet de banque*) (Geld)Schein *m*
▶ **cour** [kuR] *f* **1.** *d'un bâtiment* Hof *m*; *cour* (*de récréation*) Schul-, Pausenhof *m* **2.** *d'un souverain* (Königs-, Fürsten)Hof *m*; *par ext* Hofstaat *m*; *fig cour d'admirateurs* Schwarm *m*, Kreis *m* von Verehrern; *faire la cour à qn* j-m den Hof machen **3.** *cour* (*de justice*) Gericht(shof) *n(m)*; *Cour des comptes* Rechnungshof *m*
▶ **courage** [kuRaʒ] *m* **1.** (*bravoure*) Mut *m*; Tapferkeit *f*; Courage *f*; *prendre son courage à deux mains* sich (*dat*) ein Herz fassen **2.** (*énergie*) Mut *m*; Entschlossenheit *f*; Beherztheit *f*;

Einsatz *m*; Eifer *m*; *bon courage!* mach's gut!; *ne pas avoir le courage de faire qc* sich nicht dazu aufraffen *ou* entschließen können, etw zu tun
▶ **courageux** [kuRaʒø] *adj* ⟨**-euse** [-øz]⟩ **1.** (*brave*) mutig; tapfer **2.** (*énergique*) beherzt; entschlossen; *au travail* einsatzfreudig; eifrig
couramment [kuRamã] *adv* **1.** *parler une langue* fließend **2.** (*habituellement*) üblicherweise; häufig
▶ **courant** [kuRã] **I** *adj* ⟨**-ante** [-ãt]⟩ **1.** (*habituel*) üblich; gebräuchlich; *dépenses, affaires* laufend; COMM *article* gängig; *c'est courant* das kommt häufig vor **2.** *eau courante* fließendes Wasser **3.** COMM *l'année courante* das laufende *ou* im laufenden Jahr **II** *m* **4.** ÉLECT Strom *m* **5.** *d'un fluide* Strömung *f*; *courant d'air* Zug (-luft) *m(f)*; Luftzug *m*; *il y a un courant d'air ici* hier zieht es; *faire un courant d'air* Durchzug machen **6.** *dans le courant de la semaine* im Laufe der Woche **7.** *fig d'idées, de tendances* Strömung *f*; Richtung *f* **8.** ▶ *être au courant* auf dem Laufenden sein, im Bilde sein, Bescheid wissen (*de* über + *acc*); *mettre au courant* informieren (*de* über + *acc*); in Kenntnis setzen (von); (*se*) *tenir au courant* (sich) auf dem Laufenden halten
courante [kuRãt] F *f* Durchfall *m*
courbatu [kuRbaty] *adj* ⟨~e⟩ wie zerschlagen; wie gerädert
courbature [kuRbatyR] *f* Gliederschmerzen *m/pl*; Muskelkater *m*
courbaturé [kuRbatyRe] *adj* ⟨~e⟩ *être courbaturé* Muskelkater haben
courbaturer [kuRbatyRe] *v/t* Muskelkater verursachen (+*dat*)
courbe [kuRb] **I** *adj* gebogen; gekrümmt; krumm **II** *f* Kurve *f* (*a* MATH); Krümmung *f*; Biegung *f*; Bogen *m*; Wölbung *f*; *courbes de niveau* Höhenlinien *f/pl*
courbé [kuRbe] *adj* ⟨~e⟩ *vieillard* vom Alter gebeugt
courber [kuRbe] **I** *v/t* **1.** biegen; krümmen **2.** *tête, front* beugen **II** *v/pr se courber* sich biegen; sich krümmen
courbette [kuRbɛt] *f* Verneigung *f*; Bückling *m*; *fig faire des courbettes à, devant qn* vor j-m katzbuckeln
courbure [kuRbyR] *f* Krümmung *f*; Biegung *f*; Wölbung *f*
coureur [kuRœR] *m* **1.** Läufer *m*; *coureur* (*cycliste*) (Rad)Rennfahrer *m* **2.** *péj coureur* (*de jupons*) Schürzenjäger *m*
coureuse [kuRøz] *f* **1.** Läuferin *f* **2.** *péj* (*petite*) *coureuse* Flittchen *n*
courge [kuRʒ] *f* Kürbis *m*
courgette [kuRʒɛt] *f* Zucchini *f*
▶ **courir** [kuRiR] ⟨*je cours, il court, nous courons; je courais; je courus; je courrai; que je coure; courant; couru*⟩ **I** *v/t* **1.** *courir le danger, le risque de* (+ *inf*) Gefahr laufen zu (+ *inf*); *courir un danger* sich e-r Gefahr aussetzen **2.** *courir les magasins* dauernd in die Geschäfte rennen; F die Geschäfte abklappern **3.** *courir les filles* den Mädchen nachlaufen **4.** *courir le cent mètres* die 100 Meter laufen **II** *v/i* **5.** laufen; rennen; eilen; *courir après qc, qn* hinter etw, j-m herlaufen;

fig hinter e-r Sache, j-m hersein; *malfaiteur il court toujours* er läuft noch frei herum; *j'y cours* ich gehe sofort hin; F ich fliege; *courir chercher le médecin* schnell den Arzt holen; *faire courir qn* j-n herumhetzen; F *fig tu peux toujours courir* da kannst du lange warten **6.** *bruits*, *nouvelle* sich verbreiten; *bruits a* umlaufen; in Umlauf sein; kursieren; *le bruit court que …* es geht das Gerücht, dass …; *faire courir* in Umlauf setzen; verbreiten; ausstreuen **7.** SPORTS an e-m Rennen, Lauf teilnehmen **8.** *eau*, *ruisseau* fließen **9.** *délai*, *intérêts* laufen (*à partir de …* von … an); *par les temps qui courent* heutzutage

courlis [kuʀli] *m* Brachvogel *m*
► **couronne** [kuʀɔn] *f* **1.** *d'un roi*, *d'une dent*, *monnaie* Krone *f* **2.** *de fleurs* Kranz *m* **3.** (*brioche* *f en*) *couronne* Kranzkuchen *m*
couronné [kuʀɔne] *adj* 〈~e〉 **1.** *tête couronnée* gekröntes Haupt **2.** *ouvrage*, *auteur* preisgekrönt **3.** *fig couronné de succès* von Erfolg gekrönt **4.** *genou* aufgeschürft
couronnement [kuʀɔnmã] *m* Krönung *f* (*a fig*)
couronner [kuʀɔne] *v/t* **1.** *souverain et fig* krönen **2.** *ouvrage*, *auteur* mit e-m Preis auszeichnen
courre [kuʀ] *chasse f à courre* Hetzjagd *f*; Parforcejagd *f*
courriel [kuʀjɛl] *m* INFORM E-Mail *f*
► **courrier** [kuʀje] *m* **1.** (*lettres*) Post *f*; Korrespondenz *f*; *courrier électronique* elektronische Post; E-Mail *f*; *faire son courrier* s-e Korrespondenz erledigen; *porter le courrier* die Post bringen, austragen **2.** *dans un journal courrier du cœur* Ratgeberecke *f*; Kummerecke *f*; *courrier des lecteurs* Leserbriefe *m/pl*
courroie [kuʀwa] *f* Riemen *m*; Gurt *m*; AUTO Keilriemen *m*
courroucé [kuʀuse] *adj* 〈~e〉 zornig; erzürnt
courroux [kuʀu] *st/s m* Zorn *m*
► **cours** [kuʀ] *m* **1.** (*suite de leçons*) Kurs *m*; Lehrgang *m*; (*leçon*) Unterrichtsstunde *f*; UNIVERSITÉ Vorlesung *f*; *cours préparatoire* (*abr CP*) erste Grundschulklasse; *cours élémentaire* (*abr CE₁, CE₂*) 2. und 3. Grundschulklasse *f*; *cours moyen* (*abr CM₁, CM₂*) 4. und 5. Grundschulklasse *f*; *cours privé* Privatschule *f*; *cours d'histoire* Geschichtsstunde *f*; *cours du soir* Abendschule *f*, -kurs *m*; *faire un cours* e-e Stunde geben, halten; e-n Kurs abhalten **2.** *manuel* Lehrbuch *n* **3.** *d'un fleuve* Lauf *m*; *cours rapide* starke Strömung; *cours d'eau* Wasserlauf *m*; *fig donner libre cours à* freien Lauf lassen (+ *dat*) **4.** *des événements* Gang *m*; Lauf *m*; *au cours de* im Laufe (+ *gén*); während (+ *gén*); *l'année en cours* das laufende Jahr; *en cours de construction* im Bau (befindlich); *en cours de route* unterwegs; *être en cours* im Gange sein; laufen; *suivre son cours* s-n (gewohnten) Gang gehen **5.** FIN Kurs *m*; *cours du change* Wechselkurs *m*; *avoir cours* gültig sein; *fig* üblich sein
► **course** [kuʀs] *f* **1.** (*action de courir*) Lauf *m*; Laufen *n* **2.** SPORTS *à pied* Lauf *m*; *de véhicules* Rennen *n*; *course automobile, cycliste* Auto-, Radrennen *n*; *fig course aux armements* Wettrüsten *n*; Rüstungswettlauf *m*; *courses* (*de chevaux*) Pferderennen *n*(*pl*); *course*

de taureaux Stierkampf *m*; *fig être dans la course* mit der Zeit Schritt halten (können); *enfants faire la course* e-n Wettlauf machen **3.** *course en montagne* Bergtour *f* **4.** *course en taxi* Taxifahrt *f* **5.** ► *courses pl* Besorgungen *f/pl*; Einkäufe *m/pl*; *faire des courses* Besorgungen machen, erledigen; Einkäufe machen
course-poursuite *f* 〈**courses-poursuites**〉 Verfolgungsjagd *f*
coursier [kuʀsje] *m*, **coursière** [-jɛʀ] *f* Bote *m*, Botin *f*
coursive [kuʀsiv] *f* MAR Gang *m*
► **court¹** [kuʀ] **I** *adj* 〈**courte** [kuʀt]〉 kurz; *à court terme* kurzfristig; *avoir la vue courte* kurzsichtig sein (*a fig*) **II** *adv* kurz; (*brusquement*) plötzlich; schnell; *tout court* (ganz) einfach; *cheveux coupés court* kurz geschnitten; *fig couper court à qc* e-r Sache (*dat*) rasch ein Ende machen; *fig prendre qn de court* j-n überrumpeln; *fig tourner court* fehlschlagen; scheitern; *être à court d'argent*, *etc* kein Geld *etc* mehr haben
court² [kuʀ] *m court* (*de tennis*) Tennisplatz *m*; *court central* Centre-Court *m*
courtage [kuʀtaʒ] *m* **1.** *activité* Maklertätigkeit *f*; (*vente par courtiers*) Vertrieb *m* durch Vertreter, Agenten, Makler **2.** *commission* Maklergebühr *f*, -provision *f*; BOURSE Courtage *f*; COMM Provision *f*
court-bouillon *m* 〈**courts-bouillons**〉 Sud *m*
court-circuit *m* 〈**courts-circuits**〉 Kurzschluss *m*
court-circuiter [kuʀsiʀkɥite] *v/t court-circuiter qn, qc* j-n, etw um-, übergehen
courtepointe *f* Steppdecke *f* (als Tagesdecke)
courtier [kuʀtje] *m* Vertreter *m*; Agent *m*; Börsenmakler *m*
courtisan [kuʀtizã] *m* Höfling *m*
courtisane [kuʀtizan] *f* Kurtisane *f*
courtiser [kuʀtize] *v/t courtiser une femme* e-r Frau (*dat*) den Hof machen
courtois [kuʀtwa] *adj* 〈-oise [-waz]〉 **1.** *personne* höflich **2.** *poésie* höfisch; *amour courtois* Minne *f*
courtoisie [kuʀtwazi] *f* Höflichkeit *f*
couru [kuʀy] *adj* 〈~e〉 **1.** *spectacle* *être couru* großen Zulauf haben **2.** F *c'est couru* das steht fest
couscous [kuskus] *m* CUIS Couscous *ou* Kuskus *m*
couscoussier [kuskusje] *m* CUIS Kuskustopf *m*
► **cousin** [kuzɛ̃] *m* **1.** Cousin *m*; Vetter *m* **2.** ZO Stechmücke *f*
► **cousine** [kuzin] *f* Cousine *ou* Kusine *f*
► **coussin** [kusɛ̃] *m* **1.** Kissen *n*; *d'un fauteuil* Polster *n* **2.** *coussin d'air* Luftkissen *n*
coussinet [kusinɛ] *m* **1.** TECH Lager(buchse) *n*(*f*) **2.** *du chat* Sohlenballen *m*
cousu [kuzy] *p/p → coudre et adj* 〈~e〉 genäht; *cousu main* handgenäht; F *fig du cousu main* F große Klasse
coût [ku] *m* Kosten *pl*; *coût de la vie* Lebenshaltungskosten *pl*
coûtant [kutã] *adj* (*au*) *prix coûtant* (zum) Selbstkostenpreis *m*
► **couteau** [kuto] *m* 〈~x〉 **1.** Messer *n*; *couteau à cran d'arrêt* Springmesser *n*; *couteau de*

cuisine, de poche Küchen-, Taschenmesser *n*; *fig* **être à couteaux tirés** einander spinnefeind sein **2.** zo Messermuschel *f*
couteau-scie *m* ⟨**couteaux-scies**⟩ Messer *n* mit Wellenschliff
coutelas [kutlɑ] *m* Fleischermesser *n*
coutelier [kutəlje] *m* Schneidwaren-, Messerfabrikant *m*
coutellerie [kutɛlʀi] *f* Schneidwaren(industrie *f*, -geschäft *n*) *f/pl*
▸ **coûter** [kute] **I** *v/t efforts, vie* kosten (**à qn** j-n) **II** *v/i* kosten; **coûter cher** teuer sein; viel (Geld) kosten; *fig* **coûter cher à qn** j-n teuer zu stehen kommen; ▸ **combien ça coûte?** wie viel *ou* was kostet das?; *fig* **coûte que coûte** koste es, was es wolle; *fig* **il m'en coûte de** (+ *inf*) es fällt mir schwer zu (+ *inf*)
coûteux [kutø] *adj* ⟨**-euse** [-øz]⟩ teuer; kostspielig
coutil [kuti] *m* Drell *m*; Drillich *m*
coutume [kutym] *f* Brauch *m*; Sitte *f*; **comme de coutume** wie üblich; wie gewohnt; **avoir coutume de** (+ *inf*) die Gewohnheit haben zu (+ *inf*); pflegen zu (+ *inf*); **la coutume veut que ...** (+ *subj*) es ist Sitte, dass ...
coutumier [kutymje] *adj* ⟨**-ière** [-jɛʀ]⟩ **1.** **il est coutumier du fait** er ist dafür bekannt **2.** **droit coutumier** Gewohnheitsrecht *n*
couture [kutyʀ] *f* **1.** *action* Nähen *n*; Schneidern *n*; Näherei *f* **2.** *profession* Modebranche *f*; **'haute couture** Haute Couture *f*; **maison** *f* **de couture** Modesalon *m* **3.** (*points*) Naht *f* (*a cicatrice*); *fig* **battre qn à plate(s) couture(s)** j-n haushoch schlagen
couturé [kutyʀe] *adj* ⟨**~e**⟩ *visage* von Narben zerfurcht
couturier [kutyʀje] *m* Modeschöpfer *m*
couturière [kutyʀjɛʀ] *f* Schneiderin *f*; Näherin *f*
couvaison [kuvɛzõ] *f des oiseaux* Brutzeit *f*
couvée [kuve] *f* Brut *f*
couvent [kuvã] *m* **1.** Kloster *n* **2.** *pensionnat* Klosterschule *f*
couver [kuve] **I** *v/t* **1.** œufs aus-, bebrüten **2.** *fig enfant* verhätscheln; verzärteln; **couver des yeux** zärtlich *ou* begehrlich anblicken **3.** *fig maladie* ausbrüten **II** *v/i* **4.** *oiseau* brüten **5.** *feu* schwelen
▸ **couvercle** [kuvɛʀkl] *m* Deckel *m*
▸ **couvert** [kuvɛʀ] **I** *p/p* → **couvrir** *et adj* ⟨**-erte** [-ɛʀt]⟩ **1.** zugedeckt; bedeckt (*a ciel*); *marché* überdacht; *temps* trüb(e); **couvert de** bedeckt mit; voll(er) (+ *subst*); **couvert de sang** blutverschmiert; *personne* **être (bien) couvert** warm angezogen sein **2.** *fig dire* **à mots couverts** durch die Blume; andeutungsweise **II** *m* **3.** *à table* Gedeck *n*; **mettre le couvert** den Tisch decken **4.** (*cuiller et fourchette*) Besteck *n* **5.** **sous (le) couvert de** unter dem Deckmantel von (*ou* + *gén*)
couverte [kuvɛʀt] *f* TECH Glasur *f*
▸ **couverture** [kuvɛʀtyʀ] *f* **1.** Decke *f*; Bettdecke *f*; **couverture chauffante** Heizdecke *f*; *fig* **tirer la couverture à soi** auf s-n Vorteil bedacht sein; alles für sich beanspruchen **2.** *d'un livre* Einband *m*; Deckel *m*; *d'un magazine* Cover *n*; Umschlag *m* **3.** CONSTR Bedachung *f*; Dach *n* **4.** MIL, FIN Deckung *f*; **couver-**

ture sociale soziale Absicherung; soziales Netz
couveuse [kuvøz] *f* MÉD Brutkasten *m*
couvrant [kuvʀã] *adj* ⟨**-ante** [-ãt]⟩ deckend; Deck...
couvrante [kuvʀãt] *f* F (*couverture*) (Bett)Decke *f*
couvre-chef [kuvʀəʃɛf] *plais m* ⟨**couvre-chefs**⟩ Kopfbedeckung *f*
couvre-feu *m* ⟨**couvre-feux**⟩ Ausgangssperre *f*
couvre-lit *m* ⟨**couvre-lits**⟩, **couvre-pied(s)** *m* ⟨**couvre-pieds**⟩ Tagesdecke *f*
couvreur [kuvʀœʀ] *m* Dachdecker *m*
▸ **couvrir** [kuvʀiʀ] ⟨**je couvre, il couvre, nous couvrons; je couvrais; je couvris; je couvrirai; que je couvre; couvrant; couvert**⟩ **I** *v/t* **1.** zu-, bedecken (**de** mit); *personne a* warm anziehen; *toit* decken **2.** *fig* überschütten, überhäufen (**de** mit); **couvrir de baisers** mit Küssen bedecken **3.** MIL sichern; decken; *fig* **couvrir qn** j-n decken; j-m Rückendeckung geben **4.** *distance* zurücklegen; *période* umfassen; *secteur* versorgen **5.** *son, voix* übertönen **6.** *frais* decken; *assurance: risques* (ab)decken; absichern **7.** *journaliste: événement* (ausführlich) berichten über (+ *acc*) **II** *v/pr* **se couvrir** **8.** *personne* sich warm anziehen **9.** *ciel* sich bewölken; sich beziehen
cover-girl [kɔvœɾgœʀl] *f* ⟨**cover-girls**⟩ Covergirl *n*
covoiturage [kovwatyʀaʒ] *m* Fahrgemeinschaft *f*
cow-boy [kobɔj] *m* ⟨**cow-boys**⟩ Cowboy *m*
coyote [kɔjɔt] *m* Kojote *m*; Präriewolf *m*
CP [sepe] *m abr* → **cours**
C.P.E. [sepeə] *m,f abr* ⟨*inv*⟩ (*conseiller* [*conseillère*] *principal*[*e*] *d'éducation*) ÉCOLE Beauftragte(r) *f(m)* für Disziplin, Verwaltung und Beratung
C.Q.F.D. [sekyɛfde] *abr* (*ce qu'il fallait démontrer*) was zu beweisen war
crabe [kʀab] *m* Krebs *m*; Krabbe *f*
crac [kʀak] *int* krach!; knack(s)!
crachat [kʀaʃa] *m* Auswurf *m*; Spucke *f*
craché [kʀaʃe] *adj* ⟨**~e**⟩ **c'est son père tout craché** er ist s-m Vater wie aus dem Gesicht geschnitten
crachement [kʀaʃmã] *m* **1.** Ausspucken *n* **2.** *par ext* **crachement de flammes** Flammenspeien *n* **3.** *d'un haut-parleur* Knattern *n*; Geknatter *n*
cracher [kʀaʃe] **I** *v/t* **1.** *bonbon, etc* ausspucken; *du sang* spucken **2.** *volcan: lave* auswerfen; *feu, flammes* speien **3.** F *fig* **cracher (de l'argent)** F Geld ausspucken **4.** *fig injures* ausstoßen **II** *v/i* **5.** (aus)spucken **6.** F *fig* **ne pas cracher sur qc** kein Verächter von etw sein
crachin [kʀaʃɛ̃] *m* Sprüh-, Nieselregen *m*
crachiner [kʀaʃine] *v/imp* nieseln
crachoir [kʀaʃwaʀ] *m* Spucknapf *m*
crachotement [kʀaʃɔtmã] *m* **1.** *action* häufiges Ausspucken **2.** *bruit* Knattern; Geknatter *n*
crachoter [kʀaʃɔte] *v/i* **1.** häufig (aus)spucken **2.** *haut-parleur* knattern
crack [kʀak] *m* **1.** F (*as*) F Kanone *f*; F Ass *n* **2.** *drogue* Crack *n*
cracra [kʀakʀa] F *adj* ⟨*f inv*⟩ *ou* **cradingue** [kʀadɛ̃g] F *adj ou* **crado** [kʀado] F *adj* ⟨*f*

inv⟩ schmutzig; schmuddelig
▸ **craie** [kʀɛ] *f* Kreide *f*
▸ **craindre** [kʀɛ̃dʀ] *v/t* ⟨**je crains**, **il craint**, **nous craignons**; **je craignais**; **je craignis**; **je craindrai**; **que je craigne**; **craignant**; **craint**⟩ **1.** *craindre qn*, *qc* j-n, etw fürchten; sich vor j-m, etw fürchten; *abs* **craindre pour qn** um j-n, um das Leben j-s fürchten, bangen; **se faire craindre** sich (*dat*) Respekt verschaffen (*de qn* bei j-m); **craindre que ... (ne)** (+ *subj*) (be)fürchten, dass ... **2.** *plantes* **craindre la gelée** Frost nicht vertragen **3.** F **ça ne craint rien** da besteht keine Gefahr **4.** *abs* F **ça craint** F das ist mies
▸ **crainte** [kʀɛ̃t] *f* Furcht *f*; Befürchtung *f*; Angst *f*; Scheu *f*; **dans la crainte de** *ou* **de crainte de** aus Angst, Furcht zu (+ *inf*) *ou* vor (+ *dat*)
craintif [kʀɛ̃tif] *adj* ⟨**-ive** [-iv]⟩ furchtsam; ängstlich
cramer [kʀame] F *v/i plat* anbrennen; *maison* abbrennen
cramoisi [kʀamwazi] *adj* ⟨**⁓e**⟩ leuchtend rot; hochrot; *teint* F knallrot
crampe [kʀɑ̃p] *f* Krampf *m*; **crampe d'estomac** Magenkrampf *m*
crampon [kʀɑ̃põ] *m* **1.** TECH Klammer *f*; *de chaussures* Stollen *m*; Spike *m* **2.** F *fig* **quel crampon!** F so e-e Klette!
cramponner [kʀɑ̃pɔne] *v/pr* **se cramponner à** sich klammern an (+ *acc*) (*a fig*)
cran [kʀɑ̃] *m* **1.** (*entaille*) Einschnitt *m*; Kerbe *f*; Stufe *f* (*a fig*); *d'une ceinture* Loch *n*; TECH Raste *f* **2.** F (*courage*) Kühnheit *f*; F Schneid *m* **3.** F *fig* **il est à cran** F er ist auf hundertachtzig **4.** *coiffure* **crans** *pl* Wellen *f/pl*
▸ **crâne** [kʀɑn] *m* Schädel *m*
crâner [kʀane] *v/i* F angeben
crâneur [kʀanœʀ] *m*, **crâneuse** [-øz] *f* F Angeber(in) *m(f)*
crânien [kʀanjɛ̃] *adj* ⟨**-ienne** [-jɛn]⟩ Schädel...
crapahuter [kʀapayte] F *v/i* in schwierigem Gelände marschieren
crapaud [kʀapo] *m* Kröte *f*
crapule [kʀapyl] *f péj* Lump *m*
crapulerie [-ʀi] *f péj* Lumperei *f* (*a Figenschaft*); krumme Geschäfte *n/pl*
crapuleux [kʀapylø] *adj* ⟨**-euse** [-øz]⟩ *crime* **crapuleux** Raubmord *m*
craquage [kʀakaʒ] *m* CHIM Kracken *n*
craquant [kʀakɑ̃] *adj* ⟨**-ante** [-ɑ̃t]⟩ F süß; allerliebst
craque [kʀak] F *f* Lüge(nmärchen) *f(n)*
craquelé [kʀakle] *adj* ⟨**⁓e**⟩ mit feinen Rissen; rissig
craqueler [kʀakle] ⟨**-ll-**⟩ *v/t* rissig machen
craquelure [kʀaklyʀ] *f* feiner Riss; Haarriss *m*; *dans la porcelaine* Craquelé *n*; PEINT Krakelüre *f*
craquement [kʀakmɑ̃] *m* Knacken *n*; Knarren *n*; Krachen *n*
craquer [kʀake] **I** *v/t allumette* anzünden **II** *v/i* **1.** knacken; *parquet* knarren; *biscotte* krachen; **faire craquer ses doigts** mit den Fingern knacken **2.** *couture* platzen; *fig* **plein à craquer** zum Bersten, Brechen voll; brechend voll **3.** F (*céder à la tentation*) F schwach werden; **craquer pour qn, qc** F auf j-n, etw stehen; **il a cra-**

qué *ou* **ses nerfs ont craqué** er hat die Nerven verloren
craquètement [kʀakɛtmɑ̃] *m* **1.** *bruit sec* Knistern *n* **2.** *de la cigogne* Klappern *n*
craqueter [kʀakte] *v/i* ⟨**-tt-**⟩ **1.** *bruit sec* knistern **2.** *cigogne* klappern
craquettement → **craquètement**
crash [kʀaʃ] *m atterrissage* Bauchlandung *f*; (*écrasement au sol*) Absturz *m*
crasse[1] [kʀas] *f* **1.** Schmutz *m*; F Dreck *m* **2.** F *fig* **faire une crasse à qn** zu j-m gemein sein
crasse[2] *adj ignorance* krass
crasseux [kʀasø] *adj* ⟨**-euse** [-øz]⟩ verdreckt; dreckig
cratère [kʀatɛʀ] *m* Krater *m*
cravache [kʀavaʃ] *f* Reitpeitsche *f*
cravacher [kʀavaʃe] **I** *v/t* mit der Peitsche antreiben **II** *v/i* F sich ranhalten
▸ **cravate** [kʀavat] *f* Krawatte *f*; F Schlips *m*
cravater [kʀavate] *v/t* (*saisir par le cou*) in den Würgegriff nehmen
crawl [kʀol] *m* Kraul *n*; Kraulen *n*; Kraulschwimmen *n*
crawler [-e] *v/i* SPORTS kraulen
▸ **crayon** [kʀɛjõ] *m* (Blei-, Farb-, Zeichen)Stift *m*; **crayon feutre** Filzstift *m*; Faserschreiber *m*; **crayon noir** Bleistift *m*; **crayon optique** Lichtstift *m*; **crayon rouge** Rotstift *m*; **crayon à sourcils** Augenbrauenstift *m*; **crayon de couleur** Farb-, Buntstift *m*; **dessin** *m* **au crayon** Bleistiftzeichnung *f*
crayon-feutre *m* ⟨**crayons-feutres**⟩ Filzstift *m*; Faserschreiber *m*
crayonnage [kʀɛjɔnaʒ] *m* (Bleistift)Gekritzel *n*
crayonner [-e] *v/t* kritzeln
créance [kʀeɑ̃s] *f* JUR Forderung *f*
créancier [kʀeɑ̃sje] *m*, **créancière** [-jɛʀ] *f* Gläubiger(in) *m(f)*
créateur [kʀeatœʀ], **créatrice** [-tʀis] **I** *m,f* Schöpfer(in) *m(f)*; Begründer(in) *m(f)* **II** *adj* schöpferisch; kreativ
créatif [kʀeatif] *adj* ⟨**-ive** [-iv]⟩ kreativ
création [kʀeasjõ] *f* **1.** REL **la Création** die Schöpfung; **la création du monde** die Erschaffung der Welt **2.** (*fondation*) Schaffung *f*; (Be)Gründung *f*, Errichtung *f* **3.** ART *activité* Schaffen *n*; *œuvre* Schöpfung *f* **4.** THÉ *d'un rôle* Kreieren *n*; *d'une pièce* Erstinszenierung *f* **5.** *des grands couturiers* Kreation *f*
créativité [kʀeativite] *f* Kreativität *f*
créature [kʀeatyʀ] *f* Geschöpf *n*; Kreatur *f*
crécelle [kʀesɛl] *f* Schnarre *f*; Knarre *f*; *fig* **voix** *f* **de crécelle** schrille Stimme
crèche [kʀɛʃ] *f* **1.** BIBL Krippe *f* **2.** *pour enfants* Kinderkrippe *f*
crécher [kʀeʃe] *v/i* ⟨**-è-**⟩ F (*loger*) F hausen
crédence [kʀedɑ̃s] *f* Kredenz *f* (*a* ÉGL CATH)
crédibilité [kʀedibilite] *f* Glaubwürdigkeit *f*
crédible [-ibl] *adj* glaubwürdig
▸ **crédit** [kʀedi] *m* **1.** Kredit *m*; Kredit...; **à crédit** auf Kredit, Borg, F Pump; **faire crédit à qn** j-m Kredit geben, gewähren **2.** (*prestige*) Ansehen *n*; Kredit *m* **3.** **donner du crédit à qc** e-r Sache (*dat*) Glauben schenken **4.** **crédits** *pl* (Geld)Mittel *n/pl* **5.** COMPTABILITÉ Haben *n*
crédit-bail *m* Leasing *n*
crédité [kʀedite] *m* Kreditnehmer *m*

créditer [kʀedite] *v/t* **créditer un compte d'une somme** e-m Konto e-n Betrag gutschreiben
créditeur [kʀeditœʀ] *adj* ⟨**-trice** [-tʀis]⟩ **compte créditeur** Aktivkonto *n*
credo [kʀedo] ÉGL, *fig* Credo *n*; Glaubensbekenntnis *n*
crédule [kʀedyl] *adj* leichtgläubig
crédulité [-ite] *f* Leichtgläubigkeit *f*
▸ **créer** [kʀee] *v/t* **1.** REL (er)schaffen **2.** *œuvre artistique* schaffen; *produit, mode, rôle* kreieren; *spectacle* zum ersten Mal inszenieren **3.** (*fonder*) (be)gründen; errichten; ins Leben rufen; *emplois, besoins* schaffen **4.** **créer des ennuis à qn** j-m Ärger bereiten
crémaillère [kʀemajɛʀ] *f* **1.** **pendre la crémaillère** s-n Einzug in die neue Wohnung feiern **2.** **chemin de fer** *m* **à crémaillère** Zahnradbahn *f*
crémant [kʀemɑ̃] *m* leicht moussierender Wein
crémation [kʀemasjɔ̃] *f* (Leichen)Verbrennung *f*; Einäscherung *f*
crématoire [kʀematwaʀ] *adj* **four** *m* **crématoire** Verbrennungsofen *m*
crématorium [kʀematɔʀjɔm] *m* Krematorium *n*
▸ **crème** [kʀɛm] **I** *f* **1.** *du lait* Sahne *f*; *südd* Rahm *m*; **crème Chantilly** [ʃɑ̃tiji] *ou* **crème fouettée** Schlagsahne *f*; *österr* Schlagobers *n*; (**café** *m*) **crème** *m* Milchkaffee *m* **2.** *entremets* Creme *f*; **crème renversée** gestürzter Pudding **3.** *produit de toilette* (Haut)Creme *f* **4.** *liqueur* **crème de banane** Bananenlikör *m* **5.** F **c'est la crème des hommes** er ist der gutmütigste Mensch **II** *adj* ⟨*inv*⟩ cremefarben
crémerie [kʀɛmʀi] *f* Milchgeschäft *n*
crémeux [kʀemø] *adj* ⟨**-euse** [-øz]⟩ sahnig
crémier [kʀemje] *m*, **crémière** [-jɛʀ] *f* Milchhändler(in) *m(f)*
crémone [kʀemɔn] *f* Treibriegelverschluss *m*
créneau [kʀeno] *m* ⟨**~x**⟩ **1.** FORTIF Zinne *f* **2.** AUTO Parklücke *f*; **faire un créneau** einparken **3.** **créneau** (**horaire**) freie Zeit **4.** ÉCON Marktlücke *f*
créole [kʀeɔl] **I** *adj* kreolisch **II** **1.** *m,f* Kreole *m*, Kreolin *f* **2.** LING **le créole** Kreol(isch) *n*
crêpage [kʀɛpaʒ] *m* **1.** *des cheveux* Toupieren *n* **2.** TEXT Kreppen *n*
crêpe[1] [kʀɛp] *m* **1.** TEXT Krepp *m* **2.** *en signe de deuil* Trauerflor *m* **3.** **semelles** *f/pl* (**de**) **crêpe** Kreppsohlen *f/pl*
crêpe[2] *f* CUIS (dünner) Pfann-, Eierkuchen
crêper [kʀepe] **I** *v/t cheveux* toupieren **II** *v/pr* F **se crêper le chignon** sich in die Haare geraten, kriegen
crêperie [kʀepʀi] *f* Lokal *n*, Café *n*, in dem „crêpes" serviert werden
crépi [kʀepi] *m* (rauer) (Ver)Putz
crépier [kʀepje] *m*, **crépière** [-jɛʀ] *f* Crêpeverkäufer(in) *m(f)*
crépine [kʀepin] *f* **1.** TECH Saugkorb *m*; Sieb *n* **2.** BOUCHERIE Netz *n*
crépir [kʀepiʀ] *v/t* verputzen
crépissage [-isaʒ] *m* (Rau)Verputzen *n*
crépitation [kʀepitasjɔ̃] *f* Knistern *n*; Prasseln *n*
crépitement [-mɑ̃] *m d'un feu de bois* Knistern *n*; Prasseln *n*; *d'une mitrailleuse* Knattern *n*;

Rattern *n*
crépiter [-e] *v/i feu* knistern; prasseln; *applaudissements* aufbranden; aufbrausen; *mitrailleuse* knattern
crépon [kʀepɔ̃] *adj* **papier** *m* **crépon** Krepppapier *n*
CREPS [kʀɛps] *m abr* (*centre régional d'éducation physique et sportive*) *correspond à* Sporthochschule *f*
crépu [kʀepy] *adj* ⟨**~e**⟩ **cheveux crépus** Kraushaar *n*
crépusculaire [kʀepyskylɛʀ] *adj* **lumière** *f* **crépusculaire** Dämmerlicht *n*
crépuscule [kʀepyskyl] *m* (Abend)Dämmerung *f*
crescendo [kʀeʃɛndo] MUS **I** *adv* crescendo **II** *m* Crescendo *n*
cresson [kʀɛsɔ̃, kʀə-] *m* Kresse *f*
Crésus [kʀezys] *m* HIST Krösus *m*; *fig* **il est riche comme Crésus** er ist ein Krösus
crétacé [kʀetase] *m* Kreide(zeitalter) *f(n)*
crête [kʀɛt] *f du coq, d'une montagne, d'une vague* Kamm *m*; *d'un toit* First *m*; *d'un mur* Krone *f*
Crète [kʀɛt] **la Crète** Kreta *n*
crétin [kʀetɛ̃] *m*, **crétine** [-in] *f* **1.** *péj* Dummkopf *m*; Idiot *m* **2.** *m* MÉD Kretin *m*
crétinerie [kʀetinʀi] *f* Dummheit *f*; Blödsinn *m*
crétiniser [-ize] *v/t* verdummen
crétinisme [-ism] *m* **1.** MÉD Kretinismus *m* **2.** (*bêtise*) Dummheit *f*; Blödsinn *m*
crétois [kʀetwa] **I** *adj* ⟨**-oise** [-waz]⟩ kretisch **II** **1.** **Crétois**(**e**) *m(f)* Kreter(in) *m(f)* **2.** LING **le crétois** das Kretische; Kretisch *n*
Creuse [kʀøz] **la Creuse** Fluss u Departement *in Frankreich*
creusement [kʀøzmɑ̃] *m* Graben *n*; Aushöhlen *n*
creuser [kʀøze] **I** *v/t* **1.** graben; *tunnel a* bohren; *fosse, tranchée* ausheben; (*rendre creux*) aushöhlen **2.** *fig* **creuser l'estomac** hungrig machen; *visage* **creusé de rides** verrunzelt; zerfurcht **3.** *fig sujet, question* vertiefen **II** *v/i* **4.** *dans la terre* graben **5.** F *fig* hungrig machen **III** *v/pr* **se creuser 6.** *joues* hohl werden; *fig* **un fossé se creuse entre eux** ein Graben tut sich zwischen ihnen auf **7.** *fig* **se creuser la cervelle** sich (*dat*) den Kopf zerbrechen
creuset [kʀøzɛ] *m* Schmelztiegel *m* (*a fig*)
Creutzfeldt-Jakob [kʀøtsfɛltʒakɔb] **maladie** *f* **de Creutzfeldt-Jakob** Creutzfeldt-Jakob--Krankheit *f*
▸ **creux** [kʀø] **I** *adj* ⟨**creuse** [kʀøz]⟩ **1.** hohl (*a dent, joues*); **assiette creuse** tiefer Teller **2.** *fig* **heures creuses** verkehrsschwache Zeiten *f/pl*; Zeiten, in denen wenig Betrieb ist **3.** *son* hohl **4.** *fig phrases, discours* leer; hohl **II** *m* **5.** Vertiefung *f*; Mulde *f*; **creux de l'estomac** Magen-, Herzgrube *f*; *fig* **j'ai un creux** (**à l'estomac**) ich habe e-n leeren Magen; **creux de la main** hohle Hand; **creux d'une vague** Wellental *n* **6.** COMM Flaute *f*
crevaison [kʀəvɛzɔ̃] *f* Reifenpanne *f*; F Platte(r) *m*
crevant [kʀəvɑ̃] *adj* ⟨**-ante** [-ɑ̃t]⟩ F **1.** (*épuisant*) anstrengend; strapaziös **2.** (*drôle*) F zum Totlachen
crevasse [kʀəvas] *f* **1.** *d'un mur, du sol* Riss *m*

2. *de la peau* **crevasses** *pl* Schrunden *f/pl*; Risse *m/pl* **3.** Gletscherspalte *f*
crevassé [kʀəvase] *adj* ⟨**~e**⟩ rissig; *peau a* aufgesprungen
crevasser [-e] *v/t froid*: *mains* aufspringen lassen; rissig machen
crève [kʀɛv] *f* F **attraper la crève** F sich (*dat*) den Tod holen
crevé [kʀəve] *adj* ⟨**~e**⟩ **1.** (*éclaté*) ge-, zerplatzt **2.** *plante, animal* eingegangen; *animal a* verendet **3.** F (*épuisé*) F vollkommen fertig; kaputt
crève-cœur *m* ⟨*inv*⟩ Jammer *m*
crève-la-faim *m* ⟨*inv*⟩ F Hungerleider *m*
crever [kʀəve] ⟨**-è-**⟩ **I** *v/t* **1.** (*faire éclater*) zum Platzen bringen; *pneu avec un couteau* zerstechen; aufschlitzen; *œil* ausschlagen; *fig* **crever le cœur à qn** j-m das Herz zerreißen, brechen; *fig* **ça crève les yeux** F das sieht doch ein Blinder **2.** F (*épuiser*) **crever qn** F j-n kaputtmachen **II** *v/i* **3.** (*éclater*) (auf-, zer)platzen; bersten; *abcès* aufgehen; *nuage* sich entladen; *pneu* platzen; *par ext* **j'ai crevé** F ich habe e-n Platten (gehabt); *fig* **crever de jalousie** vor Neid platzen; **c'est à crever de rire** F es ist zum Totlachen, Schießen **4.** F *animal, plante* eingehen; F kaputtgehen; P *personne* P krepieren; P verrecken; F *fig* **crever de faim** F vor Hunger vergehen; F **chaleur** *f* **à crever** F Bullen-, Bruthitze *f* **III** *v/pr* **5.** **se crever** (**au travail**) F sich zu Tode arbeiten, schuften **6. se crever les yeux** sich (*dat*) die Augen verderben
▸ **crevette** [kʀəvɛt] *f* Garnele *f*; F Krabbe *f*; **crevette grise** Sandgarnele *f*; **crevette rose** rosa Garnele *f*
▸ **cri** [kʀi] *m* Schrei *m*; Ruf *m*; **cris** *pl a* Geschrei *n*; Schreien *n*; *fig* **le dernier cri** der letzte Schrei; der Dernier Cri; **cri d'alarme** Warnruf *m*; **cris de joie** Freudengeschrei *n*; Jubel *m*; *fig* **c'est le cri du cœur** das ist nicht gespielt
criailleries [kʀijaʀi] *f/pl* Gezeter *n*; Gekeife *n*
criant [kʀijɑ̃] *adj* ⟨**-ante** [-ɑ̃t]⟩ *injustice* schreiend
criard [kʀijaʀ] *adj* ⟨**-arde** [-aʀd]⟩ **1.** *voix, enfant* kreischend **2.** *couleur* grell; schreiend
criblage [kʀibla3] *m* (Aus)Sieben *n*
crible [kʀibl] *m* Sieb *n*; *fig* **passer au crible** unter die Lupe nehmen
criblé [kʀible] *adj* ⟨**~e**⟩ **criblé de balles** mit Kugeln durchsiebt; *fig* **être criblé de dettes** völlig verschuldet sein; F tief in Schulden stecken
cribler [kʀible] *v/t* **1.** (*percer*) durchbohren; durchlöchern **2.** TECH (durch-, aus)sieben
cric [kʀik] *m* Wagenheber *m*
cricket [kʀikɛt] *m* Kricket *n*
cri-cri *m* ⟨*inv*⟩ Grille *f*
criée [kʀije] *f* (**vente** *f* **à la**) **criée** öffentliche Versteigerung
▸ **crier** [kʀije] **I** *v/t* schreien; rufen; **crier à qn de** (+ *inf*) j-m zurufen zu (+ *inf*); **crier vengeance** nach Rache schreien **II** *v/i* **1.** schreien; rufen; **crier au scandale** es e-n Skandal nennen; **crier au secours** um Hilfe rufen, schreien; F **crier après qn** j-n anschreien **2.** (*grincer*) quietschen
crieur [kʀijœʀ] *m* **crieur de journaux** Zeitungsverkäufer *m*
CRIF [kʀif] *m abr* (*Conseil représentatif des ins-*

titutions juives de France) *correspond à* Zentralrat *m* der Juden
▸ **crime** [kʀim] *m* Verbrechen *n*; **crime contre l'humanité** Verbrechen gegen die Menschlichkeit; **crime de guerre** Kriegsverbrechen *n*; **arme** *f* **du crime** Tatwaffe *f*
Crimée [kʀime] *la* **Crimée** die Krim
criminaliser [kʀiminalize] *v/t* als Verbrechen einstufen; zur Strafsache machen
criminaliste [kʀiminalist] *m* Kriminalist *m*
criminalistique [-ik] *f* Kriminalistik *f*
criminalité [kʀiminalite] *f* Kriminalität *f*
▸ **criminel** [kʀiminɛl] **I** *adj* ⟨**~le**⟩ kriminell; verbrecherisch; JUR Kriminal…; Straf…; **acte criminel** Verbrechen *n*; Straftat *f*; **incendie criminel** Brandstiftung *f* **II** *m* Verbrecher *m*; **grand criminel** Schwerverbrecher *m*
criminellement [kʀiminɛlmɑ̃] *adv* **1.** *agir* verbrecherisch; kriminell **2.** JUR *poursuivre* strafrechtlich
criminologie [kʀiminɔlɔ3i] *f* Kriminologie *f*; Kriminalwissenschaft *f*
criminologiste [-lɔ3ist] *m,f ou* **criminologue** [-lɔg] *m,f* Kriminologe, -login *m,f*
crin [kʀɛ̃] *m* Rosshaar *n*; *fig* **à tout crin** mit Leib und Seele
crinière [kʀinjɛʀ] *f* Mähne *f* (*a fig*)
crique [kʀik] *f* kleine Bucht
criquet [kʀikɛ] *m* Feldheuschrecke *f*; **criquet pèlerin** Wanderheuschrecke *f*
▸ **crise** [kʀiz] *f* **1.** MÉD Anfall *m*; **crise cardiaque** Herzanfall *m*; *mortelle* Herzschlag *m*; **crise de foie** (akute) Leberbeschwerden *f/pl*; **crise de larmes** Weinkrampf *m*; **crise de nerfs** Nervenzusammenbruch *m*; F **piquer une crise** F e-n Tobsuchtsanfall kriegen **2.** POL, ÉCON Krise *f*; **crise du logement** Wohnungsnot *f*
crispant [kʀispɑ̃] *adj* ⟨**-ante** [-ɑ̃t]⟩ unerträglich; auf die Nerven gehend
crispation [kʀispasjɔ̃] *f* **1.** *du visage* Verkrampfung *f* **2.** (*irritation*) Gereiztheit *f*; Erregung *f*
crispé [kʀispe] *adj* ⟨**~e**⟩ verkrampft (*a personne, sourire*); *par la douleur* verzerrt
crisper [kʀispe] *v/t* **1.** verkrampfen; verzerren **2.** F *fig* **crisper qn** F j-n nerven; F j-n auf die Palme bringen
crissement [kʀismɑ̃] *m* Knirschen *n*; *de pneus* Quietschen *n*
crisser [-e] *v/i gravier* knirschen; *pneus* quietschen
cristal [kʀistal] *m* ⟨**-aux** [-o]⟩ **1.** *verre* Kristall (-glas) *n* **2.** CHIM, MINÉR Kristall *m*; **cristal de roche** Bergkristall *m* **3.** ÉLECTRON **cristaux** *pl* **liquides** Flüssigkristalle *m/pl*
cristallerie [kʀistalʀi] *f* **1.** *fabrication* Kristall(glas)herstellung *f* **2.** *usine* Kristallglasfabrik *f* **3.** *objets* Kristallglas *n*
cristallin [kʀistalɛ̃] **I** *adj* ⟨**-ine** [-in]⟩ *eaux, son* kristallklar **II** *m de l'œil* Linse *f*
cristallisation [kʀistalizasjɔ̃] *f* **1.** CHIM **a**) *action* Kristallbildung *f*; Kristallisation *f* **b**) *résultat* **cristallisations** *pl* Kristallformen *f/pl*, -bildungen *f/pl* **2.** *fig et st/s* Konkretisierung *f*; Fixierung *f*
cristalliser [kʀistalize] *v/i* (*et v/pr* **se**) **cristalliser 1.** CHIM (aus)kristallisieren; **sucre cristallisé** (grober) Kristallzucker **2.** *fig et st/s* sich konkretisieren

cristallographie [kʀistalɔgʀafi] *f* Kristallographie *f*

critère [kʀitɛʀ] *m* Kriterium *n*

critérium [kʀitɛʀjɔm] *m* SPORTS Kriterium *n*

critiquable [kʀitikabl] *adj* tadelnswert; zu kritisieren(d)

▸ **critique** [kʀitik] **I** *adj* kritisch; *esprit m critique* kritischer Geist (*a personne*) **II** *subst* **1.** *f* Kritik *f* (*a coll et* = *désapprobation*); *d'un livre* Besprechung *f*; Rezension *f*; *faire la critique d'un livre* ein Buch besprechen, rezensieren; *formuler des critiques* Kritik üben **2.** *m* Kritiker(in) *m(f)*; *critique de cinéma* Filmkritiker(in) *m(f)*

▸ **critiquer** [kʀitike] *v/t* kritisieren

croassement [kʀɔasmɑ̃] *m du corbeau* Krächzen *n*

croasser [-e] *v/i* krächzen

croate [kʀɔat] **I** *adj* kroatisch **II** *Croate m,f* Kroate *m*, Kroatin *f*

Croatie [kʀɔasi] *la Croatie* Kroatien *n*

croc [kʀo] *m* **1.** Fangzahn *m*; *chien montrer les crocs* die Zähne fletschen **2.** *instrument* Haken(stange) *m(f)*

croc-en-jambe [kʀɔkɑ̃ʒɑ̃b] *m* ⟨**crocs-en-jambe** [kʀɔkɑ̃ʒɑ̃b]⟩ → *croche-patte*

croche [kʀɔʃ] *f* Achtelnote *f*; *double croche* Sechzehntelnote *f*

croche-patte [kʀɔʃpat] F *m* ⟨**croche-pattes**⟩ *ou* **croche-pied** *m* ⟨**croche-pieds**⟩ *faire un croche-patte ou un croche-pied à qn* j-m ein Bein stellen (*a fig*)

crochet [kʀɔʃɛ] *m* **1.** *pour suspendre* Haken *m* **2.** *aiguille* Häkelnadel *f*; *faire du crochet* häkeln **3.** BOXE Haken *m* **4.** (*détour*) *faire un crochet* e-n Abstecher machen (*par Reims* nach Reims) **5.** F fig *vivre aux crochets de qn* F j-m auf der Tasche liegen **6.** TYPO *crochets pl* eckige Klammern *f/pl*

crochetage [kʀɔʃtaʒ] *m* Öffnen *n* mit e-m Dietrich

crocheter [-e] *v/t* ⟨**-è-**⟩ mit e-m Dietrich öffnen

crocheteur [-œʀ] *m* Dieb, der mit e-m Dietrich arbeitet

crochu [kʀɔʃy] *adj* ⟨**~e**⟩ krumm; gebogen; hakenförmig

croco [kʀɔko] *m sac m en croco* Krokotasche *f*

crocodile [kʀɔkɔdil] *m* Krokodil *n*

crocus [kʀɔkys] *m* Krokus *m*

▸ **croire** [kʀwaʀ] ⟨*je crois, il croit, nous croyons; je croyais; je crus; je croirai; que je croie; croyant; cru*⟩ **I** *v/t croire qc* etw glauben; *croire qn* j-m glauben; *je vous crois* ich glaube (es) Ihnen; *je vous crois capable de* (+ *inf*) ich halte Sie für fähig zu (+ *inf*); *croire que ...* glauben, dass ...; *je crois que non, que oui* ich glaube nein, ja; *on croirait que ..., c'est à croire que ...* man könnte meinen, (dass) ...; *à l'en croire* nach dem, was er sagt; wenn man ihm glauben kann, soll; *ne pas en croire ses oreilles, ses yeux* s-n Ohren, s-n Augen nicht trauen; *faire croire qc à qn* j-m etw weismachen **II** *v/t/indir croire à qc, à qn* an etw, an j-n glauben; *croire en qn* an j-n glauben; *croire en Dieu* an Gott glauben **III** *v/i* glauben; REL *a* gläubig sein **IV** *v/pr se croire* (*être prétentieux*) eingebildet sein; sehr von sich selbst überzeugt sein; *il*

se croit intelligent er hält sich für intelligent; er glaubt, er sei intelligent

croisade [kʀwazad] *f* Kreuzzug *m* (*a fig*)

croisé [kʀwaze] **I** *adj* ⟨**~e**⟩ gekreuzt; *jambes* übereinandergeschlagen; *veste* zweireihig; *mots croisés* Kreuzworträtsel *n(pl)*; *fig rester les bras croisés* die Hände in den Schoß legen **II** *m* HIST Kreuzritter *m*, -fahrer *m*

croisée [kʀwaze] *f* **1.** *fig être à la croisée des chemins* am Scheideweg stehen **2.** Fenster (-kreuz) *n* **3.** ARCH *croisée d'ogives* Kreuzrippe *f*; *croisée du transept* Vierung *f*

croisement [kʀwazmɑ̃] *m* **1.** (*carrefour*) Kreuzung *f* **2.** BIOL Kreuzen *n*, -ung *f*

croiser [kʀwaze] **I** *v/t* **1.** *bras* verschränken; kreuzen; *jambes* übereinanderschlagen **2.** *croiser qn* j-m begegnen **3.** *route*: *voie ferrée, etc* kreuzen; sich kreuzen mit **4.** BIOL kreuzen **5.** *croiser le fer* die Klinge(n) kreuzen **II** *v/i* **6.** *vêtement* übereinandergehen **7.** MAR kreuzen **III** *v/pr* **8.** *se croiser routes, lettres* sich, einander kreuzen; *personnes, regards, véhicules* sich, einander begegnen **9.** *se croiser les bras* die Arme verschränken, kreuzen; *fig* die Hände in den Schoß legen

croiseur [kʀwazœʀ] *m* Kreuzer *m*

▸ **croisière** [kʀwazjɛʀ] *f* Kreuzfahrt *f*; *en croisière* kreuzend

croisillon [kʀwazijõ] *m* (Fenster)Sprosse *f*

croissance [kʀwasɑ̃s] *f* Wachstum *n*

▸ **croissant** [kʀwasɑ̃] **I** *adj* ⟨**-ante** [-ɑ̃t]⟩ wachsend; steigend; zunehmend **II** *m* **1.** CUIS Hörnchen *n*; Croissant *n* **2.** *croissant* (*de lune*) Mondsichel *f* **3.** ISLAM Halbmond *m*

croître [kʀwatʀ] *v/i* ⟨*je croîs, il croît, nous croissons; je croissais; je crûs; je croîtrai; que je croisse; croissant; crû, crue*⟩ **1.** BIOL wachsen **2.** (*augmenter*) (an)wachsen; zunehmen

▸ **croix** [kʀwa] *f* Kreuz *n*; *croix de guerre* Kriegsverdienstkreuz *n*; *en croix* kreuzweise; über Kreuz; gekreuzt; *les bras m/pl en croix* mit ausgebreiteten Armen; *fig c'est la croix et la bannière* F das ist (immer) ein furchtbares Theater; *fig tu peux faire une croix dessus* das kannst du abschreiben, vergessen

Croix-Rouge: *la Croix-Rouge* das Rote Kreuz

Cro-Magnon [kʀomaɲõ] *vorgeschichtliche Fundstätte im Dep. Dordogne*

Cronos [kʀɔnɔs, -ɔs] *m* MYTH Kronos *m*

croquant [kʀɔkɑ̃] **I** *adj* ⟨**-ante** [-ɑ̃t]⟩ *biscuit* knusp(e)rig; *pomme* knackig **II** *m péj* Bauer *m*

croque au sel [kʀɔkosɛl] *à la croque au sel* nur mit Salz (gewürzt)

croquembouche [kʀɔkɑ̃buʃ] *m aus mehreren Etagen bestehende Torte*

croque-mitaine [kʀɔkmitɛn] *m* ⟨**croque-mitaines**⟩ schwarzer Mann (*Kinderschreck*)

croque-monsieur [kʀɔkmøsjø] *m* ⟨*inv*⟩ getoastetes Schinken-Käse-Sandwich

croque-mort [kʀɔkmɔʀ] F *m* ⟨**croque-morts**⟩ Sargträger *m*

croquer [kʀɔke] **I** *v/t* **1.** *bonbon* zerbeißen; *biscuits, noisettes* knabbern; *croquer* (*dans*) *une pomme* herzhaft in e-n Apfel beißen; F *fig à croquer* F zum Anbeißen **2.** *fig argent* verprassen; durchbringen **3.** (*esquisser*) skizzieren **II** *v/i* knacken; krachen

croquet [kʀɔkɛ] *m* Krocket *n*
croquette [kʀɔkɛt] *f* Krokette *f*
croquis [kʀɔki] *m* Skizze *f*
cross [kʀɔs] *m* Geländelauf *m*; **vélo** *m* **cross**
BMX-Rad *n*
crosse [kʀɔs] *f* **1.** *d'un fusil* Gewehrkolben *m*; **à
coups de crosse** mit Kolbenhieben **2.** ÉGL Bi-
schofs-, Krummstab *m* **3.** **crosse** (**de hockey**)
(Hockey)Schläger *m*
crotale [kʀɔtal] *m* Klapperschlange *f*
crotte [kʀɔt] **I** *f* **1.** *excrément* Kot(kugel) *m*(*f*); F
crotte de nez F (Nasen)Popel *m* **2.** **crotte de,
en chocolat** Praline *f* **II** *int* F verflixt!
crotté [kʀɔte] *adj* ⟨**~e**⟩ F dreckig
crotter [kʀɔte] *v/pr* **se crotter** sich schmutzig, F
dreckig machen
crottin [kʀɔtɛ̃] *m* **1.** *de cheval* Pferdeäpfel *m/pl*,
-mist *m* **2.** kleiner runder Ziegenkäse
croulant [kʀulɑ̃] **I** *adj* ⟨-ante [-ɑ̃t]⟩ *murs* bau-
fällig; altersschwach; *p/fort* verfallen **II** *m/pl* F
les croulants die Alten *m/pl*; F die Gruftis
m/pl
crouler [kʀule] *v/i* zusammenbrechen (**sous**
unter + *dat*); *maison* einstürzen
croup [kʀup] *m* MÉD Krupp *m*
croupe [kʀup] *f* **1.** *du cheval* Kruppe *f*; Kreuz *n*;
prendre qn en croupe j-n hinten aufsitzen las-
sen **2.** *d'une colline* Kuppe *f*
croupetons [kʀuptɔ̃] **à croupetons** (auf den
Fersen) hockend, kauernd
croupi [kʀupi] *adj* ⟨**~e**⟩ *eau* faul(ig); brackig
croupier [kʀupje] *m* Croupier *m*
croupière [kʀupjɛʀ] *f fig* **tailler des croupiè-
res à qn** j-m Schwierigkeiten bereiten
croupion [kʀupjɔ̃] *m* Bürzel *m*
croupir [kʀupiʀ] *v/i* **1.** *eau* stehen und faulig
werden **2.** *personne* dahinvegetieren
croupissant [kʀupisɑ̃] *adj* ⟨**-ante** [-ɑ̃t]⟩ *eau*
faulig
CROUS [kʀus] *m abr* (*centre régional des œu-
vres universitaires et scolaires*) *correspond à*
Studentenwerk *n*
croustade [kʀustad] *f* (Blätterteig)Pastete *f*
croustillant [kʀustijɑ̃] *adj* ⟨**-ante** [-ɑ̃t]⟩ **1.**
knusp(e)rig **2.** *fig histoires* pikant
croustiller [kʀustije] *v/i pain*, *galette etc*
knusp(e)rig sein
croûte [kʀut] *f* **1.** *du pain*, *d'un gratin* Kruste *f*;
du pain a, *du fromage* Rinde *f*; F *fig* **gagner sa
croûte** F s-e Brötchen verdienen **2.** *sur une
plaie* Schorf *m*; Kruste *f*; *nordd* Borke *f* **3.**
croûte terrestre Erdkruste *f*, -rinde *f* **4.** F
fig (*mauvais tableau*) F Schinken *m*
croûter [kʀute] *v/i* F futtern
croûton [kʀutɔ̃] *m* **1.** *de pain* Anfangs- *ou* End-
stück *n*; *nordd* Kanten *m*; *österr* Scherzel *n* **2.**
gerösteter Brotwürfel; Croûton *m*
croyable [kʀwajabl] *adj* **à peine croyable**
kaum glaublich; kaum zu glauben
croyance [kʀwajɑ̃s] *f* Glaube(n) *m* (**à** an + *acc*);
croyances religieuses Glaubensüberzeugun-
gen *f/pl*
croyant [kʀwajɑ̃] **I** *adj* ⟨**-ante** [-ɑ̃t]⟩ gläubig;
religiös **II** *m* Gläubige(r) *m*
CRS [seɛʀɛs] *abr* (*compagnies républicaines de
sécurité*) *m* Bereitschaftspolizist *m*; **les CRS**
m/pl die Bereitschaftspolizei
▸ **cru**[1] [kʀy] *adj* ⟨**~e**⟩ **1.** *aliment* roh; ungekocht;

TECH Roh... **2.** *lumière* grell **3.** *propos* brutal;
roh; *vérité* schonungslos; ungeschminkt **4.**
monter à cru ohne Sattel reiten
cru[2] *m* **1.** Wein(bau)gebiet *n*; *par ext* **grand cru**
berühmter Wein **2.** *fig* **de son cru** F auf s-m
Mist gewachsen
cru[3] *p/p* → **croire**
crû [kʀy] *p/p* → **croître**
cruauté [kʀyote] *f* Grausamkeit *f*
cruche [kʀyʃ] *f* **1.** Krug *m* **2.** F *péj* dumme Gans
cruchon [kʀyʃɔ̃] *m* kleiner Krug; Krüglein *n*
crucial [kʀysjal] *adj* ⟨**~e**; **-aux** [-o]⟩ entschei-
dend; ausschlaggebend
crucifères [kʀysifɛʀ] *f/pl* BOT Kreuzblütler
m/pl
crucifié [kʀysifje] *adj* ⟨**~e**⟩ **1.** *litt cœur* gepei-
nigt; schmerzgequält **2.** (*mis en croix*) gekreu-
zigt
crucifier [kʀysifje] *v/t* kreuzigen
crucifix [kʀysifi] *m* Kruzifix *n*
crucifixion [kʀysifiksjɔ̃] *f* Kreuzigung *f*
cruciforme [kʀysifɔʀm] *adj* **vis** *f* **cruciforme**
Kreuzschlitzschraube *f*
cruciverbiste [kʀysivɛʀbist] *m,f* Kreuzwort-
rätselfreund(in) *m(f)*
crudité [kʀydite] *f* **1.** **crudités** *pl* Rohkost *f*; **as-
siette** *f* **de crudités** Salatplatte *f* **2.** *des cou-
leurs, de la lumière* Grellheit *f* **3.** *de propos,
d'une description* Brutalität *f*; Schonungslosig-
keit *f*
crue [kʀy] *f* Hochwasser *n*; *rivière* **en crue**
Hochwasser führend
▸ **cruel** [kʀyɛl] *adj* ⟨**~le**⟩ grausam; *épreuve, per-
te* schmerzlich; hart
cruellement [kʀyɛlmɑ̃] *adv* **1.** *traiter qn* grau-
sam; hart **2.** *souffrir, faire défaut* sehr
crûment [kʀymɑ̃] *adv* *dire* schonungslos; un-
verblümt
crustacés [kʀystase] *m/pl* Krusten-, Krebstie-
re *n/pl*; Krebse *m/pl*
crypte [kʀipt] *f* Krypta *f*
crypter [kʀipte] *v/t* kodieren; verschlüsseln;
chaîne cryptée Pay-TV *n*
cryptogamique [kʀiptɔgamik] *adj* **maladies**
f/pl **cryptogamiques** Pilzkrankheiten *f/pl*
cryptogramme [kʀiptɔgʀam] *m* Geheimtext *m*
CSG [seɛsʒe] *f abr* (*contribution sociale généra-
lisée*) Sozialsteuer zum Ausgleich des Defizits
der Sécurité sociale
Cuba [kyba] Kuba *n*; **à Cuba** auf Kuba
cubage [kybaʒ] *m* **1.** *volume* Raum-, Kubikin-
halt *m* **2.** *évaluation* Rauminhaltsberechnung *f*
cubain [kybɛ̃] **I** *adj* ⟨**-aine** [-ɛn]⟩ kubanisch **II**
Cubain(e) *m(f)* Kubaner(in) *m(f)*
cube [kyb] *m* **1.** Würfel *m*; **jeu** *m* **de cubes**
Bauklötzchen *n/pl*, -klotze *m/pl* **2.** *adj* Ku-
bik...; **centimètre** *m* **cube** Kubikzentimeter
m ou n; **mètre** *m* **cube** Kubikmeter *m ou n*
3. MATH Kubikzahl *f*; **élever au cube** in die
dritte Potenz erheben **4.** CUIS Suppenwürfel *m*
cuber [kybe] *v/i* **ça cube** F das läppert sich
(zusammen)
cubique [kybik] *adj* **1.** würfelförmig **2.** MATH **ra-
cine** *f* **cubique** Kubikwurzel *f*; dritte Wurzel
cubisme [kybism] *m* Kubismus *m*
cubiste [-ist] **I** *adj* kubistisch **II** *m,f* Kubist(in)
m(f)
cubitus [kybitys] *m* ANAT Elle *f*

cucul [kyky] *adj* ⟨*inv*⟩ F doof
cucurbitacées [kykyʀbitase] *f/pl* Kürbisgewächse *n/pl*
cueillette [kœjɛt] *f action* Pflücken *n*; *résultat* Ernte *f*
cueilleur [kœjœʀ] *m*, **cueilleuse** [-øz] *f* Pflücker(in) *m(f)*
▸ **cueillir** [kœjiʀ] *v/t* ⟨**je cueille, il cueille, nous cueillons; je cueillais; je cueillis; je cueillerai; que je cueille; cueillant; cueilli**⟩ **1.** pflücken; *fruits a* ernten **2.** F *cueillir qn* F j-n schnappen
cui-cui [kɥikɥi] *int* piep, piep!
▸ **cuiller** [kɥijɛʀ] *f* **1.** Löffel *m*; **cuiller à café** *ou* **petite cuiller** Kaffee-, Teelöffel *m*; **cuiller à soupe** Esslöffel *m* **2.** PÊCHE Spinner *m*
cuillère → **cuiller**
cuillerée [kɥij(e)ʀe] *f* Löffelvoll *m*
▸ **cuir** [kɥiʀ] *m* **1.** Leder *n* **2.** **cuir chevelu** Kopfhaut *f* **3.** F (*liaison fautive*) falsche Bindung
cuirasse [kɥiʀas] *f* **1.** HIST Harnisch *m*; Küraß *m*; *fig* **défaut** *m* **de la cuirasse** Schwachstelle *f* **2.** MAR, ZO, *fig* Panzer *m*
cuirassé [kɥiʀase] *m* Panzerkreuzer *m*
cuirasser [kɥiʀase] *v/t* **cuirasser un navire** ein Schiff panzern
cuirassier [kɥiʀasje] *m* MIL HIST Kürassier *m*
▸ **cuire** [kɥiʀ] ⟨**je cuis, il cuit, nous cuisons; je cuisais; je cuisis; je cuirai; que je cuise; cuisant; cuit**⟩ **I** *v/t* **1.** *légumes, viande à l'eau* kochen; *pain, gâteau* backen; *viande à la poêle ou au four* braten; *à feu doux* garen **2.** TECH brennen **II** *v/i* **3.** kochen; *pain* backen; *viande* braten; **faire cuire qc** etw kochen (lassen), backen, braten **4.** *peau, coup de soleil* brennen **5.** F *fig* **on cuit ici** F hier ist e-e Bullenhitze **III** *v/imp fig* **il lui en cuira** das wird er bereuen
cuisant [kɥizã] *adj* ⟨**-ante** [-ãt]⟩ *déception* bitter; *échec* schmählich
▸ **cuisine** [kɥizin] *f* **1.** *pièce* Küche *f* **2.** (*art culinaire*) Küche *f*; (*plats préparés*) Kost *f* **3.** (*préparation des aliments*) Kochen *n*; **faire la cuisine** kochen; das Essen (zu)bereiten **4.** *fig et péj* üble Praktiken *f/pl*, Machenschaften *f/pl*
cuisiné [kɥizine] *adj* ⟨**~e**⟩ **plat cuisiné** Fertiggericht *n*
cuisiner [kɥizine] **I** *v/t* **1.** kochen; (zu)bereiten **2.** F *fig* **cuisiner qn** F j-n ausquetschen, bearbeiten **II** *v/i* kochen (können)
cuisinette [kɥizinɛt] *f* Kochnische *f*
▸ **cuisinier** [kɥizinje] *m* Koch *m*
▸ **cuisinière** [kɥizinjɛʀ] *f* **1.** Köchin *f* **2.** (Küchen)Herd *m*; **cuisinière électrique** Elektroherd *m*
cuissage [kɥisaʒ] *m* HIST **droit** *m* **de cuissage** Jus primae noctis *n*
cuissard [kɥisaʀ] *m* Radlerhose *f*
cuissarde [-aʀd] *f* Anglerstiefel *m*
cuisse [kɥis] *f* **1.** ANAT (Ober)Schenkel *m* **2.** CUIS **cuisses de grenouille** Froschschenkel *m/pl*; **cuisse de poulet** Hühnerkeule *f*, -schlegel *m*
cuisseau [kɥiso] *m* ⟨**~x**⟩ Kalbskeule *f*
cuisson [kɥisõ] *f* **1.** CUIS Kochen *n*; Backen *n*; Braten *n*; Garen *n* **2.** TECH Brennen *n*
cuissot [kɥiso] *m* Keule *f*; Schlegel *m*
cuistot [kɥisto] F *m* Koch *m*
cuistre [kɥistʀ] *litt m* Schulmeister *m* (*fig*)

cuit [kɥi] *p/p* → *cuire et adj* ⟨**cuite** [kɥit]⟩ **1.** CUIS gekocht; gebacken; gebraten; (*assez*) **cuit** gar; *bifteck* **bien cuit** gut durchgebraten **2.** F *fig* **il est cuit** jetzt ist er erledigt; *fig* **c'est du tout cuit** das kann gar nicht schiefgehen
cuite [kɥit] F *f* Rausch *m*; **prendre une (bonne) cuite** F sich volllaufen lassen
cuiter [kɥite] *v/pr* F **se cuiter** F sich volllaufen lassen; P sich besaufen
▸ **cuivre** [kɥivʀ] *m* **1.** Kupfer *n*; **cuivre jaune** Messing *n*; **cuivre rouge** reines Kupfer **2.** **cuivres** *pl* Kupfergeschirr *n* **3.** MUS **cuivres** *pl* Blech(blas)instrumente *n/pl*
cuivré [kɥivʀe] *adj* ⟨**~e**⟩ kupferfarben; rötlich (braun)
cuivrer [kɥivʀe] *v/t* verkupfern
cul [ky] *m* **1.** P Arsch *m*; F **être comme cul et chemise** unzertrennlich sein **2.** *adjt* **ce qu'il est cul!** F ist der blöd! **3.** *d'une bouteille, casserole* Boden *m*; *fig* **faire cul sec** ex trinken
culasse [kylas] *f* *d'un moteur* Zylinderkopf *m*
culbute [kylbyt] *f* **faire une culbute dans l'escalier** die Treppe (hinab)/(hinunter)stürzen, -kollern; F *fig* **faire la culbute** a) Pleite machen; b) COMM F e-n Reibach von 100 Prozent machen
culbuter [kylbyte] **I** *v/t* umwerfen **II** *v/i* umkippen
culbuteur [kylbytœʀ] *m* **1.** AUTO Kipphebel *m* **2.** TECH Kippvorrichtung *f*
cul-de-jatte [kydʒat] *m* ⟨**culs-de-jatte**⟩ Krüppel *m* ohne Beine
cul-de-lampe [kydlãp] *m* ⟨**culs-de-lampe**⟩ **1.** ARCH Anhängling *m* **2.** TYPO ornamentierte Schlussvignette
cul-de-poule [kydpul] **bouche** *f* **en cul-de-poule** verkniffener Mund
cul-de-sac [kydsak] *m* ⟨**culs-de-sac**⟩ Sackgasse *f* (*a fig*)
culée [kyle] *f* ARCH Widerlager *n*
culinaire [kylinɛʀ] *adj* Koch…; **art** *m* **culinaire** Kochkunst *f*
culminant [kylminã] *adj* **point culminant** höchster Punkt; *fig* Höhepunkt *m*
culmination [kylminasjõ] *f* Kulmination *f*
culminer [kylmine] *v/i montagne* s-n höchsten Punkt haben (**à 3000 mètres** bei 3000 Metern); *fig* s-n Höhepunkt erreichen; kulminieren
culot [kylo] *m* **1.** F (*effronterie*) Frechheit *f*; Unverfrorenheit *f*; Dreistigkeit *f*; Unverschämtheit *f* **2.** *d'une ampoule* Sockel *m*
▸ **culotte** [kylɔt] *f* **1.** (kurze) Hose; *sous-vêtement féminin* Schlüpfer *m*; F *fig* **femme porter la culotte** F die Hosen anhaben **2.** BOUCHERIE Hüfte *f*
culotté [kylɔte] F *adj* ⟨**~e**⟩ frech; unverfroren; dreist; unverschämt
culpabilisation [kylpabilizasjõ] *f* Erwecken *n* von Schuldgefühlen
culpabiliser [-e] *v/t* Schuldgefühle erwecken (**qn** bei j-m)
culpabilité [kylpabilite] *f* Schuld *f*; **sentiment** *m* **de culpabilité** Schuldgefühl *n*
culte [kylt] *m* **1.** REL, *fig* Kult *m*; *fig* **culte de la personnalité** Personenkult *m* **2.** (*religion*) Religion *f ou* Konfession *f* **3.** PROT Gottesdienst *m*

4. *adjt* Kult…; *film-culte m* Kultfilm *m*
cul-terreux [kytɛʀø] *m* ⟨**culs-terreux**⟩ F *péj* Mist-, Dreckbauer *m*
cultivable [kyltivabl] *adj* AGR bebaubar; anbaufähig
cultivateur [kyltivatœʀ] *m*, **cultivatrice** [-tʀis] *f* Landwirt(in) *m(f)*
cultivé [kyltive] *adj* ⟨**∼e**⟩ **1.** (*instruit*) gebildet **2.** *plante cultivée* Kulturpflanze *f*; *surface cultivée* Anbaufläche *f*
▸ **cultiver** [kyltive] **I** *v/t* **1.** terre, *champ* bebauen; bestellen; *céréales, légumes* anbauen; kultivieren; *fleurs* züchten **2.** *fig dons, relations* pflegen; kultivieren **II** *v/pr se cultiver* sich bilden
cultuel [kyltɥɛl] *adj* ⟨**∼le**⟩ ADM Kult…
▸ **culture** [kyltyʀ] *f* **1.** AGR *d'une terre* Bebauung *f*; Bestellung *f*; *de légumes, de fruits* Anbau *m*; *cultures pl* bebautes, bestelltes Land; Kulturland *n* **2.** BIOL Kultur *f* **3.** *d'une personne* Bildung *f*; Kultur *f*; *culture générale* Allgemeinbildung *f* **4.** (*civilisation*) Kultur *f*; *culture occidentale* abendländische Kultur **5.** *culture physique* Leibesübungen *f/pl*
culturel [kyltyʀɛl] *adj* ⟨**∼le**⟩ **1.** kulturell; Kultur… **2.** Bildungs…
culturisme [kyltyʀism] *m* Bodybuilding *n*
culturiste [-ist] **I** *adj* Bodybuilding… **II** *m,f* Bodybuilder(in) *m(f)*
cumin [kymɛ̃] *m* Kreuzkümmel *m*
cumul [kymyl] *m* Häufung *f*; *cumul de fonctions* Ämterhäufung *f*
cumulard [kymylaʀ] *péj m* Doppelverdiener *m*
cumulatif [kymylatif] *adj* ⟨**-ive** [-iv]⟩ kumulativ
cumuler [kymyle] *v/t traitements* gleichzeitig beziehen; *fonctions* auf sich (*dat*) vereinigen
cumulo-nimbus [kymylonɛ̃bys] *m* ⟨*inv*⟩ Gewitterwolke *f*
cumulus [kymylys] *m* Haufenwolke *f*; Kumulus *m*
cunéiforme [kyneifɔʀm] *adj écriture f cunéiforme* Keilschrift *f*
cupide [kypid] *adj* habgierig
cupidité [-ite] *f* Hab-, Geldgier *f*
Cupidon [kypidõ] *m* Cupido *m*
curabilité [kyʀabilite] *f* Heilbarkeit *f*
curable [-abl] *adj* heilbar
Curaçao [kyʀaso] **1.** *île* Curaçao *n* **2.** *m cura-çao liqueur* Curaçao *m*
curare [kyʀaʀ] *m* Kurare *n*
curatelle [kyʀatɛl] *f* JUR Pflegschaft *f*
curateur [kyʀatœʀ] *m*, **curatrice** [-tʀis] *f* JUR Pfleger(in) *m(f)*
curatif [kyʀatif] *adj* ⟨**-ive** [-iv]⟩ Heil…
cure[1] [kyʀ] *f* **1.** MÉD Kur *f*; *cure de raisin* Traubenkur *f*; *cure de repos* Erholungskur *f* **2.** *n'avoir cure de qc* sich (*acc*) um etw nicht kümmern
cure[2] *f* CATH Pfarrstelle *f*
curé [kyʀe] *m* CATH Pfarrer *m*
cure-dent [kyʀe] *m* ⟨**cure-dents**⟩ Zahnstocher *m*
curée [kyʀe] *f* Jagd *f* (*nach Posten, Ehren*)
cure-ongle(s) *m* ⟨**cure-ongles**⟩ Nagelreiniger *m*
cure-oreille *m* ⟨**cure-oreilles**⟩ Ohrenreiniger *m*
curer [kyʀe] **I** *v/t* reinigen; säubern **II** *v/pr se*

curer les ongles sich (*dat*) die Nägel reinigen, sauber machen
curetage [kyʀtaʒ] *m* MÉD Ausschabung *f*
cureter [-e] *v/t* ⟨**-tt-**⟩ MÉD ausschaben
cureton [kyʀtõ] *m péj* Pfaffe *m*
curie [kyʀi] *f* CATH Kurie *f*
curieusement [kyʀjøzmã] *adv* seltsam(-), merkwürdig(erweise)
▸ **curieux** [kyʀjø] **I** *adj* ⟨**-euse** [-øz]⟩ **1.** (*indiscret*) neugierig **2.** (*intéressé*) wissbegierig; interessiert; *être curieux de savoir qc* auf etw (*acc*) neugierig, gespannt sein **3.** (*bizarre*) seltsam; eigenartig; merkwürdig; sonderbar; kurios **II** *subst les curieux m/pl* die Neugierigen *m/pl*, Schaulustigen *m/pl*
curiosité [kyʀjozite] *f* **1.** (*indiscrétion*) Neugier(de) *f* **2.** *curiosité* (*d'esprit*) Wissbegier *f*; Wissensdrang *m* **3.** *d'une ville curiosités pl* Sehenswürdigkeiten *f/pl* **4.** (*objet rare*) Kuriosität *f*
curiste [kyʀist] *m,f* Kurgast *m*
curling [kœʀliŋ] *m* Eis(stock)schießen *n*
curriculum [kyʀikylɔm] *ou* **curriculum vitae** [kyʀikylɔmvite] *m* Lebenslauf *m*
curry [kyʀi] *m* Curry *n ou m*
curseur [kyʀsœʀ] *m* **1.** INFORM Cursor *m* **2.** TECH Läufer *m*
cursif [kyʀsif] *adj* ⟨**-ive** [-iv]⟩ **1.** TYPO *écriture cursive* Schreibschrift *f* **2.** *fig style, lecture* flüchtig; kursorisch
cursive [kyʀsiv] *f* TYPO Schreibschrift *f*
cursus [kyʀsys] *m* Studiengang *m*
cutané [kytane] *adj* ⟨**∼e**⟩ Haut…
cuti [kyti] *f abr* → **cuti-réaction**; F *fig virer sa cuti* völlig umschwenken
cuti-réaction *f* ⟨**cuti-réactions**⟩ *cuti-réaction* (*à la tuberculine*) Tuberkulinprobe *f*
cuve [kyv] *f* Bottich *m*; Bütte *f*; *cuve à mazout* (Heiz)Öltank *m*
cuvée [kyve] *f* Jahrgang *m* (*a fig*)
cuvelage [kyvlaʒ] *m* MINES **1.** *action* (Schacht)-Ausbau *m* **2.** *tubes* Tübbings *m/pl*
cuver [kyve] *v/t* F *fig cuver son vin* s-n Rausch ausschlafen
cuvette [kyvɛt] *f* **1.** (Wasch)Schüssel *f*; *de W.-C.* Klosettbecken *n*, -schüssel *f* **2.** GÉOGR Kessel *m*
▸ **CV**[1] [seve] *m abr* (*curriculum vitae*) Lebenslauf *m*
CV[2] *abr* → **cheval** 5
cyanose [sjanoz] *f* MÉD Blausucht *f*; Zyanose *f*
cyanure [sjanyʀ] *m cyanure* (*de potassium*) Zyankali *n*
cybercafé [sibɛʀkafe] *m* Internetcafé *n*
cybercriminalité *f* Internetkriminalität *f*
cyberespace *m* Cyberspace *m*
cybermarchand *m* Internethändler *m*
cybermonde *m* → **cyberespace**
cybernaute [-not] *m,f* Internet-Surfer(in) *m(f)*
cybernéticien [sibɛʀnetisjɛ̃] *m*, **cybernéticienne** [-jɛn] *f* Kybernetiker(in) *m(f)*
cybernétique [sibɛʀnetik] *f* Kybernetik *f*
cybersexe [sibɛʀsɛks] *m* Cybersex *m*
cyclable [siklabl] *adj piste f cyclable* Rad-(fahr)weg *m*
Cyclades [siklad] *les Cyclades f/pl* die Kykladen *pl*
cyclamen [siklamɛn] *m* Alpenveilchen *n*
cycle [sikl] *m* **1.** Zyklus *m*; *dans la nature* Kreis-

C

lauf *m* **2.** ÉTUDES ***premier cycle*** 1.-4. Gymnasialklasse *f*; *à l'université* Grundstudium *n*; ***second cycle*** 5.-7. Gymnasialklasse *f* (*Abschluss „baccalauréat"*); *à l'université* Hauptstudium *n*; ***troisième cycle*** Aufbau- und Promotionsstudium *n*

D

cycles [sikl] *m/pl* Fahrräder *n/pl* (und Mofas *n/pl*); ADM Zweiräder *n/pl*
cyclique [siklik] *adj crise, phénomène* zyklisch
cyclisme [siklism] *m* Radsport *m*
▸ **cycliste** [siklist] **I** *adj* (Fahr)Rad...; ***coureur*** *m* ***cycliste*** Radrennfahrer *m* **II** *subst* **1.** *m,f* Radfahrer(in) *m(f)*; F Radler(in) *m(f)* **2.** *m* Radlerhose *f*
cyclo-cross [siklokʀɔs] *m* ⟨*inv*⟩ Querfeldeinrennen *n*
cyclomoteur *m* Mofa *n*
cyclomotoriste [-mɔtɔʀist] *m,f* Mofafahrer(in) *m(f)*
cyclone [siklon] *m* **1.** Wirbelsturm *m* **2.** *fig personne* Wirbelwind *m*
cyclonique [siklɔnik] *adj* mit Wirbelsturm (einhergehend)
cyclope [siklɔp] *m* MYTH Zyklop *ou* Kyklop *m*
cyclopéen [siklɔpeɛ̃] *adj* ⟨**-enne** [-ɛn]⟩ riesenhaft; Zyklopen...
cyclo-pousse [siklopus] *m* ⟨**cyclo-pousses**⟩ Fahrradrikscha *f*
cyclotourisme *m* Radwandern *n*
cyclotouriste *m,f* Radwanderer *m*, -wand(r)erin *f*; Fahrradtourist(in) *m(f)*
cygne [siɲ] *m* Schwan *m*
cylindre [silɛ̃dʀ] *m* TECH, MATH Zylinder *m*; (*rouleau*) Walze *f*; AUTO ***une six cylindres*** ein Sechszylinder *m*
cylindrée [silɛ̃dʀe] *f* Hubraum *m*
cylindrer [-e] *v/t* walzen
cylindrique [-ik] *adj* zylindrisch
cymbale [sɛ̃bal] *f* MUS Becken *n*
cynique [sinik] *adj* zynisch
cynisme [-ism] *m* Zynismus *m*
cyprès [sipʀɛ] *m* Zypresse *f*
cyrillique [siʀilik] *adj* kyrillisch
cystite [sistit] *f* Blasenentzündung *f*
cytise [sitiz] *m* BOT Goldregen *m*

D

D, d [de] *m* ⟨*inv*⟩ D, d *n*; F ***système*** *m* ***D*** Kniffe *m/pl*; F Drehs *m/pl*
d' [d] → ***de***
▸ **d'abord** [dabɔʀ] → ***abord***
d'acc(ord) [dak(ɔʀ)] → ***accord*** *2*
dacron® [dakʀõ] *m* Dacron® *n*
dactylo [daktilo] *f* **1.** *personne* Schreibkraft *f* **2.** *action* Maschine(n)schreiben *n*
dactylographe [daktilɔgʀaf] *m,f* Schreibkraft *f*
dactylographie [-i] *f* Maschine(n)schreiben *n*
dactylographier [-je] *v/t* mit, auf der Maschine schreiben; (ab)tippen
dactylographique [-ik] *adj* Schreibmaschinen...; maschinenschriftlich
dada [dada] *m* **1.** *enf* Hottepferd *n* **2.** F *fig* Lieblingsthema *n*; Steckenpferd *n*
dadais [dadɛ] *m* ***(grand) dadais*** Tollpatsch *m*
dadaïsme [dadaism] *m* ART Dadaismus *m*
dadaïste [dadaist] ART **I** *adj* dadaistisch **II** *m,f* Dadaist(in) *m(f)*
dahlia [dalja] *m* Dahlie *f*
daigner [deɲe] *v/t* ***daigner*** (+ *inf*) die Güte haben, *iron* geruhen zu (+ *inf*)
d'ailleurs [dajœʀ] → ***ailleurs***
daim [dɛ̃] *m* **1.** ZO Damhirsch *m* **2.** *cuir* Wildleder *n*
dais [dɛ] *m* Baldachin *m*
dalaï-lama [dalailama] *m* Dalai-Lama *m*
dallage [dalaʒ] *m* Plattenbelag *m*
dalle [dal] *f* **1.** Steinplatte *f*; Fliese *f* **2.** P ***se rincer la dalle*** F einen heben, kippen **3.** F ***que dalle*** nichts
daller [dale] *v/t* mit (Stein)Platten belegen, abdecken
daltonien [daltɔnjɛ̃] **I** *adj* ⟨**-ienne** [-jɛn]⟩ farbenblind **II** *m* Farbenblinde(r) *m*
daltonisme [-ism] *m* Farbenblindheit *f*
dam [dam, dɑ̃] ***au grand dam de*** zum großen Missfallen, Unwillen (+ *gén*)
damas [dama] *m* Damast *m*
Damas [damas] Damaskus *n*
damassé [damase] *adj* ⟨**~e**⟩ Damast...
damasser [-e] *v/t* **1.** TEXT damastartig weben **2.** *acier* damaszieren
▸ **dame** [dam] *f* **1.** Dame *f*; Frau *f*; ***dame de compagnie*** Gesellschafterin *f*; SPORTS ***100 mètres dames*** 100 Meter Damen **2.** JEUX Dame *f*; ***dame de cœur, de pique*** Herz-, Pikdame *f*; ***jeu*** *m* ***de dames*** Damespiel *n*; ***jouer aux dames*** Dame spielen
damer [dame] *v/t* **1.** *pion* zur Dame machen; *fig* ***damer le pion à qn*** j-n ausstechen **2.** TECH (fest)stampfen
damier [damje] *m* **1.** Damebrett *n* **2.** Schachbrett-, Würfelmuster *n*
damnation [danasjõ] *f* Verdammung *f*; *état* Verdammnis *f*
damné [dane] *m* REL ***les damnés*** die Verdammten *pl*; *fig* ***souffrir comme un damné*** Höllenqualen leiden
damner [dane] *v/t* verdammen
dan [dan] *m* JUDO Meistergrad *m*; Dan *m*
dancing [dɑ̃siŋ] *m* Tanzlokal *n*, -diele *f*
dandinement [dɑ̃dinmɑ̃] *m* Schwanken *n*;

Schaukeln *n*; *en marchant* Watscheln *n*
dandiner [-e] *v/pr se dandiner* hin und her
schwanken, schaukeln; *en marchant* watscheln
dandy [dãdi] *m* Dandy *m*
dandysme [dãdism] *m* Dandytum *n*
▸ Danemark [danmaʀk] *le Danemark* Däne-
mark *n*
▸ danger [dãʒe] *m* Gefahr *f*; *danger de mort*
Lebens-, Todesgefahr *f*; *sans danger* unge-
fährlich; gefahrlos; *courir un danger* sich in
Gefahr begeben; sich e-r Gefahr (*dat*) ausset-
zen; *courir le danger de* (+*inf*) Gefahr laufen
zu (+*inf*); *être en danger* in Gefahr sein,
schweben; gefährdet sein; *être 'hors de dan-
ger* außer Gefahr sein; *mettre en danger* in
Gefahr bringen; gefährden
▸ dangereux [dãʒʀø] *adj* ⟨*-euse* [-øz]⟩ gefähr-
lich; *zone dangereuse* Gefahrenzone *f*
danois [danwa] **I** *adj* ⟨*-oise* [-waz]⟩ dänisch **II**
1. *Danois(e)* Däne *m*, Dänin *f* **2.** LING *le
danois* das Dänische; Dänisch *n*
▸ dans [dã] *prép* **1.** *lieu*: **a)** *question* «*wo?*»: in (+
dat); *dans Paris* in(nerhalb von) Paris; *dans la
Drôme, le Var, etc* im Departement Drôme,
Var *etc*; *dans la foule* in der Menge; *dans la
rue* auf der Straße; *par ext dans Sartre* bei
Sartre; *il est dans sa chambre* er ist in, auf
s-m Zimmer; *boire dans une tasse* aus e-r
Tasse trinken; *dans tout ce qu'il fait* bei allem,
was er tut; *il est dans le commerce* er ist im
Handel tätig **b)** *question* «*wohin?*»: in (+ *acc*);
in ... hinein; *entrer dans la maison* ins Haus
(hinein)gehen **2.** *temps*: **a)** in (+ *dat*); *dans une
semaine* in e-r Woche **b)** innerhalb von (*ou* +
gén); binnen (+ *dat*); *dans les 24 heures* inner-
halb von, binnen 24 Stunden; *dans l'année* im
Laufe des Jahres **3.** *manière*: *dans un acci-
dent* bei e-m Unfall; *dans ces circonstances*
unter diesen Umständen **4.** *dans les ...* etwa;
ungefähr; um die ...
dansant [dãsã] *adj* ⟨*-ante* [-ãt]⟩ **1.** Tanz...; *soi-
rée dansante* Tanzabend *m* **2.** tanzend (*a fig
reflets*)
▸ danse [dãs] *f* Tanz *m*; *danse classique* klas-
sisches Ballett; *danse de salon* Gesellschafts-
tanz *m*; *danse du ventre* Bauchtanz *m*
▸ danser [dãse] *v/t et v/i* tanzen; *faire danser
qn* mit j-m tanzen
danseur [dãsœʀ] *m*, danseuse [-øz] *f* Tän-
zer(in) *m(f)*; *danseurs pl a* Tanzende(n) *pl*;
CYCLISME *en danseuse* in den Pedalen ste-
hend
dantesque [dãtɛsk] *adj* dantisch
Danube [danyb] *le Danube* die Donau
d'après [dapʀɛ] *prép* → *après I 3*
dard [daʀ] *m* Stachel *m*
Dardanelles [daʀdanɛl] *les Dardanelles f/pl*
die Dardanellen *pl*
darder [daʀde] *v/t soleil darder ses rayons*
brennen; sengen; *darder un regard sur qn*
j-n mit e-m Blick durchbohren
dare-dare [daʀdaʀ] F *adv* F dalli, dalli!; in aller
Eile; schnurstracks
darne [daʀn] *f* Fischsteak *n*; (Fisch)Scheibe *f*
dartres [daʀtʀ] *f/pl* (Haut)Flechten *f/pl*
Darwin [daʀwin] *m* Darwin *m*
darwinien [daʀwinjɛ̃] *adj* ⟨*~ne*⟩ darwinsche(r,
-s)

darwinisme [-ism] *m* Darwinismus *m*
darwiniste [-ist] **I** *adj* darwinistisch **II** *m* Dar-
winist *m*
datable [databl] *adj* datierbar
datage [-aʒ] *m* Datierung *f*
datation [datasjõ] *f* **1.** *d'un document* Datie-
rung *f*; Datumsangabe *f* **2.** GÉOL *etc* Datierung
f; Altersbestimmung *f*
▸ date [dat] *f* **1.** Datum *n*; *date de naissance*
Geburtsdatum *n* **2.** Zeitpunkt *m*; Termin *m*;
ADM *a* Stichtag *m*; *date limite de conserva-
tion* Mindesthaltbarkeitsdatum *n*; *à cette date*
zu diesem Zeitpunkt; *à la date convenue* zum
vereinbarten Zeitpunkt, Termin; COMM ter-
mingerecht; *à date fixe* zu e-m festen Termin;
à quelle date? an welchem Tag?; zu welchem
Zeitpunkt?; *à une date ultérieure* zu e-m spä-
teren Zeitpunkt, Termin; *de fraîche date*
neueren Datums; *de longue date* seit Lan-
gem; seit langer Zeit; *adj* langjährig; *fig faire
date* e-n bedeutenden Einschnitt darstellen;
Epoche machen
dater [date] **I** *v/t* datieren (*a œuvre*) **II** *v/i* **1.** *da-
ter de* stammen, datieren aus; *à dater de* ab
...; von ... an, ab **2.** (*être démodé*) veraltet sein
datif [datif] *m* Dativ *m*; Wemfall *m*
datte [dat] *f* Dattel *f*
dattier [-je] *m* Dattelpalme *f*
daube [dob] *f* Schmoren *n*; *par ext* Schmorbra-
ten *m*
dauber [dobe] *v/t* herabsetzen; schlechtma-
chen
dauphin [dofɛ̃] *m* **1.** ZO Delfin *m* **2.** HIST *Dau-
phin* Dauphin *m* (*frz Thronfolger*) **3.** *fig* Kron-
prinz *m*
Dauphiné [dofine] *le Dauphiné* die Dauphiné
(*historische Provinz in Südostfrankreich*)
dauphinois [dofinwa] **I** *adj* ⟨*-oise* [-waz]⟩
(aus) der Dauphiné **II** *Dauphinois(e) m(f)* Be-
wohner(in) *m(f)* der Dauphiné
daurade [doʀad] *f* ZO Dorade *f*; Goldbrassen *m*
d'autant [dotã] → *autant I*
davantage [davãtaʒ] *adv* (noch) mehr; *davan-
tage que* mehr als; *davantage de* (+ *subst*)
mehr (+ *subst*)
DCA [desea] *f abr* (*défense contre avions*) Flak *f*
▸ de [d(ə)] ⟨*vor Vokal u stummem h d', „de le"
wird zu du, „de les" zu des zusammengezo-
gen*⟩ **I** *prép* **1.** *lieu*: **a)** *origine, point de départ*
von; aus; von ... her; von ... aus; *particule de
noblesse* von; *venir de l'étranger, de la gare*
aus dem Ausland, vom Bahnhof kommen;
▸ *de la porte à la fenêtre* von der Tür zum
Fenster; *de ville en ville* von Stadt zu Stadt
b) *direction*: *le train de Paris* der Zug von
ou nach Paris **2.** *temps*: *de jour* bei, am Tag(e);
tagsüber; *ne rien faire de* (*toute*) *la journée*
den ganzen Tag; ▸ *de lundi à jeudi* von Mon-
tag bis Donnerstag **3.** *appartenance*: von; *sou-
vent traduit par un génitif le livre de Pierre* Pe-
ters Buch; das Buch von Peter; *le prix du pain*
der Brotpreis **4.** *cause*: *de colère, honte* vor
Zorn, Scham; *trembler de froid* vor Kälte zit-
tern; *se plaindre de qn, qc* sich über j-n, etw
ou wegen j-m, etw beklagen **5.** *matière*: aus;
von; *plaque f de marbre* Marmorplatte *f*;
Platte *f* aus Marmor **6.** *contenu*: *non traduit*;
trois verres de vin drei Glas Wein; *collection*

f de timbres Briefmarkensammlung *f* **7.**
moyen, outil: mit; **coup** *m* **de matraque**
Schlag *m* mit dem Gummiknüppel; **se nourrir**
de riz sich von Reis ernähren **8.** *sujet, thème:*
über (+ *acc*); von; **parler de qn, qc** von j-m,
etw, über j-n, etw sprechen **9.** *manière:* **de for-**
ce mit Gewalt; **d'un pas ferme** mit festem
Schritt; festen Schrittes; ▸ **de plus en plus**
grand immer größer; **livres** *m/pl* **d'enfants**
Kinderbücher *n/pl*; **père** *m* **de cinq enfants**
Vater *m* von fünf Kindern; F **le ciel est d'un**
bleu! F der Himmel ist unwahrscheinlich blau!
10. *fonction syntaxique:* **le mois de mai** der
Monat Mai; **la ville de Paris** die Stadt Paris;
une drôle de voiture ein komisches Auto;
âgé de dix ans zehn Jahre alt; **la hauteur**
est de trois mètres die Höhe beträgt drei Me-
ter; **cesser de parler** aufhören zu sprechen; **et**
tout le monde de rire und alle fingen an zu
lachen; **en voici une de terminée** hier ist
e-e fertig; **qc de beau** etwas Schönes; **qn de**
résolu jemand Entschlossenes; **si j'étais**
(que) de vous ich an Ihrer Stelle; wenn ich
Sie wäre **II** *article partitif: souvent non traduit;*
11. *de l'eau, des épinards, du pain, de la sa-*
lade Wasser *n*, Spinat *m*, Brot *n*, Salat *m*; F **du**
solide etwas Solides; **écouter du Mozart** Mo-
zart hören; **du bon travail** gute Arbeit; **de** *ou* F
des belles fleurs schöne Blumen *f/pl*; **travail-**
ler pour de l'argent für Geld arbeiten **12.** *seu-*
lement de: **beaucoup d'argent** viel Geld; **un**
litre de lait ein Liter Milch; **il n'a jamais eu de**
succès er hat nie Erfolg gehabt

dé¹ [de] *m* **1.** (Spiel)Würfel *m*; *fig* **les dés sont**
jetés die Würfel sind gefallen; **jouer aux dés**
würfeln **2.** CUIS **couper en dés** in Würfel
schneiden

dé² *m* **dé** (**à coudre**) Fingerhut *m*

dé... [de] *préfixe* ⟨vor Vokal **dés...**, vor s meist
des...⟩ *souvent* ent...; Ent...

DEA [deəa] *m abr* ⟨*inv*⟩ (*diplôme d'études ap-*
profondies) Forschungsdiplom *im Anschluss*
an die „maîtrise"

dealer [dilœʀ] *m* Dealer *m*

déambulatoire [deãbylatwaʀ] *m* Chorumgang
m

déambuler [deãbyle] *v/i* umhergehen, -schlen-
dern

débâcle [debɑkl] *f* **1.** MIL wilde Flucht; Auflö-
sung *f* **2.** *fig* Zusammenbruch *m*; Debakel *n*

déballage [debalaʒ] *m* **1.** Auspacken *n* **2.** F *fig*
rückhaltloses Geständnis

déballé [debale] F *adj* ⟨**~e**⟩ entmutigt; nieder-
geschlagen

déballer [debale] *v/t* auspacken (*a* F *fig*)

débandade [debɑdad] *f* Auseinanderlaufen *n*;
wilde Flucht; **ce fut la débandade générale**
alles lief auseinander, davon; MIL alles war
in Auflösung begriffen

débander [debɑde] **I** *v/t* **1.** die Binde, den Ver-
band abnehmen (**une plaie** von e-r Wunde);
débander les yeux à qn j-m die Binde von
den Augen abnehmen **2.** *arc* lockern **II** *v/i* F
pénis schlaff werden

débaptiser *v/t* umbenennen; umtaufen

débarbouillage *m* (rasche) Gesichtswäsche

débarbouiller I *v/t* **débarbouiller qn** j-m das
Gesicht sauber machen **II** *v/pr* **se débarbouil-**

ler sich (*dat*) (rasch) das Gesicht waschen

débarcadère [debaʀkadɛʀ] *m* Landungsbrü-
cke *f*, -steg *m*; Anlegestelle *f*; Pier *m ou f*

débarder *v/t* MAR ausladen; löschen

débardeur [debaʀdœʀ] *m* Pullunder *m*

débarquement [debaʀkəmã] *m* **1.** Anlandge-
hen *n*; Aussteigen *n* **2.** Ausladen *n*; MAR Lö-
schen *n* **3.** MIL Landung *f*

Le débarquement

Le débarquement war die bisher größte
Landungsoperation in der Geschichte:
Am 6. Juni 1944 (**le jour J**) landeten
die Alliierten in der Normandie und lei-
teten damit die endgültige Niederlage
Nazideutschlands und die Befreiung
Frankreichs ein. Stalin hatte die Alliier-
ten gebeten, eine zweite Front gegen
die Deutschen zu eröffnen. 3 Millionen
alliierte Soldaten überquerten den Är-
melkanal, um einen Brückenkopf zu er-
richten.

---

débarquer [debaʀke] **I** *v/t* **1.** *marchandises* aus-
laden; MAR löschen; *passagers* an Land setzen
2. F *fig* **débarquer qn** F j-n ausbooten **II** *v/i* **3.**
an Land gehen; von Bord gehen (*a* AVIAT) **4.** F
fig **débarquer chez qn** F bei j-m hereinge-
schneit kommen, aufkreuzen **5.** F *fig* **il débar-**
que F er lebt hinter dem Mond

débarras [debaʀa] *m* **1.** F **bon débarras!** F e-e
wahre Erlösung! **2.** *lieu* Abstellraum *m*; Rum-
pelkammer *f*

débarrasser [debaʀase] **I** *v/t* befreien (**de** von);
place frei machen; räumen; *pièce* ausräumen;
table abräumen; **débarrasser qn de qc** j-n von
etw befreien; j-m etw abnehmen; **être débar-**
rassé de qn, qc j-n, etw los sein, vom Halse
haben **II** *v/pr* ▸ **se débarrasser de qc, de**
qn sich e-r Sache, j-s entledigen; sich (*dat*)
etw, j-n vom Halse schaffen; etw, j-n loswerden

débat [deba] *m* Debatte *f*; Erörterung *f*; Aus-
sprache *f*; Diskussion *f*; POL **débats** *pl* Debatte
f

débattre ⟨→ **battre**⟩ *v/t* debattieren, diskutie-
ren über (+ *acc*); erörtern; *prix* aushandeln;
prix **à débattre** nach Vereinbarung **II** *v/pr*
se débattre 1. um sich schlagen; sich wehren
2. *fig* sich herumschlagen (**contre** mit)

débauchage [deboʃaʒ] *m* (*licenciement*) Ent-
lassung *f*; Abbau *m*

débauche [deboʃ] *f* **1.** Ausschweifung *f*; JUR
Unzucht *f* **2.** *fig* **une débauche de** e-e ver-
schwenderische Fülle von

débauché(e) [deboʃe] *m(f)* Wüstling *m*; lieder-
liches Frauenzimmer

débaucher [deboʃe] *v/t* **1.** (*détourner de son tra-*
vail) von der Arbeit abbringen; *chercheur,*
sportif abwerben **2.** (*licencier*) entlassen **3.** F
(*distraire*) verführen; verleiten

débecter *ou* **débecqueter** [debɛkte] *v/t* P (*dé-*
goûter) P ankotzen; **ça me débecte** *ou* **dé-**
becquète das widert, P kotzt mich an

débile [debil] **I** *adj* F blöd; F doof; F schwach-

sinnig **II** *m,f* **1. débile mental(e)** Schwachsin-
nige(r) *f(m)* **2.** F Idiot(in) *m(f)*
débilitant [debilitã] *adj* ⟨**-ante** [-ãt]⟩ demorali-
sierend; deprimierend
débilité [debilite] *f* Schwachsinn *m*; **débilité
mentale** Schwachsinn *m*; **débilité sénile** Al-
tersschwäche *f*
débiner F **I** *v/t* schlechtmachen **II** *v/pr* **se débi-
ner** F abhauen
débit [debi] *m* **1.** *de marchandises* Absatz *m*;
Vertrieb *m*; Umsatz *m* **2. débit de boissons**
(Getränke)Ausschank *m*; **débit de tabac** Ta-
bakladen *m*; *österr* (Tabak)Trafik *f* **3.** (*manière
de parler*) Sprechweise *f*; *rapide* Redefluss *m*
4. *d'un robinet, etc* Durchflussmenge *f* **5.** COMM
Soll *n*
débitage [debitaʒ] *m du bois* Zuschneiden *n*;
Zuschnitt *m*
débitant [debitã] *m de boissons* Schankwirt *m*;
de tabac Tabakwarenhändler *m*; *österr* (Ta-
bak)Trafikant *m*
débiter [debite] *v/t* **1.** *marchandises* absetzen;
vertreiben; umsetzen; *boissons* ausschenken
2. *péj sottises* von sich geben; F verzapfen;
par cœur her(unter)leiern **3.** *bois* zuschneiden;
animal zerlegen **4.** COMM **débiter un compte
d'une somme** ein Konto mit e-m Betrag belas-
ten
débiteur [debitœr] *m*, **débitrice** [-tris] *f*
Schuldner(in) *m(f)*
déblaiement [deblɛmã] *m* Freimachen *n*; Auf-
räumen *n*
déblais [deblɛ] *m/pl* Aushub *m*; Abraum *m*
déblatérer [deblatere] *v/t/indir* ⟨**-è-**⟩ **déblaté-
rer contre** herziehen über (+ *acc*)
déblayage [deblɛjaʒ] *m* → **déblaiement**
déblayer [deblɛje] *v/t* ⟨**-ay-** *od* **-ai-**⟩ **1.** *rue, en-
trée* frei machen; aufräumen; *décombres* weg-
schaffen; weg-, abräumen **2.** *terrain* abtragen;
terre ausheben **3.** *fig* **déblayer le terrain** den
Weg ebnen; die Bahn frei machen
déblocage *m* **1.** TECH Lösen *n*; Entriegeln *n* **2.**
ÉCON Freigabe *f*
débloquer **I** *v/t* **1.** *freins* lösen; *serrure* wieder
gängig machen **2.** *prix, etc* freigeben; **déblo-
quer les salaires** den Lohnstopp aufheben
II F *v/i* F Quatsch reden
débobiner [debɔbine] *v/t* abwickeln; abspulen
déboires [debwar] *m/pl* (bittere) Enttäuschun-
gen *f/pl*; Verdruss *m*
déboisage [debwazaʒ] *m* TECH Rauben *n* (der
Zimmerung)
déboisement [-mã] *m* Abholzen *n*, -ung *f* (des
Waldes); Entwaldung *f*
déboiser [-e] *v/t* abholzen; entwalden
déboîtement [debwatmã] *m* **1.** MÉD Aus-, Ver-
renkung *f* **2.** AUTO Ausscheren *n*
déboîter [debwate] **I** *v/t* MÉD aus-, verrenken;
auskugeln **II** *v/i* AUTO ausscheren
débonnaire [debɔnɛr] *adj* gutmütig
débordant [debɔrdã] *adj* ⟨**-ante** [-ãt]⟩ *joie*
überströmend; überschwänglich; *activité* rast-
los; *imagination* blühend
débordé [debɔrde] *adj* ⟨**∼e**⟩ **être débordé**
überlastet sein
débordement [debɔrdemã] *m* **1.** *d'un fleuve*
Übertreten *n*; *d'un récipient* Überlaufen *n* **2.**
fig **débordement de joie** Überschwang *m*

der Freude **3. débordements** *pl* Exzesse
m/pl; Ausschweifungen *f/pl*
déborder *v/i* **1.** *fleuve* über die Ufer treten; *li-
quide, récipient* überlaufen; F überschwappen;
fig **faire déborder le vase** das Fass zum Über-
laufen bringen **2.** *fig* **déborder d'enthousias-
me** vor *ou* von Begeisterung überströmen; **dé-
border de vie** vor *ou* von Lebenslust, Tempe-
rament übersprudeln, überschäumen
débotter **I** *v/t* **débotter qn** j-m die Stiefel aus-
ziehen **II** *v/pr* **se débotter** (sich [*dat*]) die Stie-
fel ausziehen
débouchage [debuʃaʒ] *m* **1.** *d'une bouteille*
Aufmachen *n*; Entkorken *n* **2.** → **débouche-
ment**
débouché *m* **1.** *d'une rue* Einmündung *f*; *d'une
vallée* Ausgang *m* **2.** ÉCON Absatzmarkt *m* **3.** *pl*
débouchés Berufsaussichten *f/pl*
débouchement [debuʃmã] *m d'un évier* Besei-
tigung *f* der Verstopfung; Freimachen *n*
déboucher **I** *v/t* **1.** *bouteille* aufmachen; öffnen;
entkorken **2.** *évier* frei machen **II** *v/i* **3. débou-
cher de** (heraus)kommen aus **4.** *chemin* **dé-
boucher dans** (ein)münden in (+ *acc*) **5.** *fig*
déboucher sur einmünden in (+ *acc*); führen
zu
déboulé [debule] *m* SPORTS Stürmen *n*; voller
Lauf
débouler [debule] *v/i* (*a v/t*) **débouler** (*l'esca-
lier* die Treppe) F hinunterkullern, -purzeln
déboulonnage [debulɔnaʒ] *m* Los-, Abschrau-
ben *n*
déboulonner *v/t* **1.** abschrauben **2.** F *fig* **débou-
lonner qn** F j-n absägen
débourber [deburbe] *v/t* **1.** *étang* vom Schlamm
reinigen; entschlammen **2.** *minerai* läutern **3.**
VIT vorklären
débourrer **I** *v/t* *pipe* reinigen; ausklopfen **II** *v/i*
P (*déféquer*) P kacken
débourser [deburse] *v/t* ausgeben
déboussoler [debusɔle] F *v/t* **déboussoler qn**
j-n aus der Fassung bringen; **déboussolé** rat-,
hilflos
debout [d(ə)bu] *adv et adj* ⟨*inv*⟩ **1.** stehend; auf-
recht (stehend); **place** *f* **debout** Stehplatz *m*;
▸ **être debout** stehen; **manger debout** im Ste-
hen essen; **mettre qc debout** etw (auf)stcllcn;
rester debout stehen bleiben; **ne plus tenir
debout** sich nicht mehr auf den Beinen halten
können **2.** auf; aufgestanden; **être debout** auf
sein; auf den Beinen sein; **rester debout** auf-
bleiben **3.** *fig histoire* **à dormir debout** ganz
unwahrscheinlich; *argument* **tenir debout**
Hand und Fuß haben
débouté [debute] *m* **1.** Abweisung *f* der Klage
2. abgewiesener Kläger
déboutement [-mã] *m* Abweisung *f* (e-r Klage)
débouter *v/t* **débouter qn de sa demande** j-s
Klage abweisen
déboutonner **I** *v/t* aufknöpfen **II** *v/pr* **se dé-
boutonner** s-e Jacke *etc* aufknöpfen
débraillé [debraje] *adj* ⟨**∼e**⟩ *personne* nachläs-
sig, schlampig, (allzu) salopp gekleidet; *allure*
salopp; lässig
débrailler [debraje] *v/pr* F **se débrailler** F halb
nackt herumlaufen
débranchement *m* Ab-, Ausschalten *n*
débrancher *v/t* den Stecker (+ *gén*) herauszie-

hen; *circuit* ab-, ausschalten; **débrancher une batterie** eine Batterie abklemmen

débrayage [debʀɛjaʒ] *m* **1.** AUTO Auskuppeln *n*; **double débrayage** Schalten *n* mit Zwischengas **2.** *fig* Arbeitsniederlegung *f*; Ausstand *m*

débrayer [debʀeje] *v/i* ⟨**-ay-** *od* **-ai-**⟩ **1.** AUTO auskuppeln; (auf) die Kupplung treten **2.** *fig* die Arbeit niederlegen; in den Ausstand treten

débridé [debʀide] *adj* ⟨**~e**⟩ zügellos; ungezügelt; hemmungslos

débridement [-mã] *m* Entfesselung *f*; Zügellosigkeit *f*

débrider [debʀide] *v/t* **1.** *cheval* abzäumen **2.** CUIS die Fäden entfernen von

débris [debʀi] *m/pl* **1.** *de verre, etc* Scherben *f/pl*; *d'une statue, etc* Trümmer *pl* **2.** *fig* Überreste *m/pl*; Trümmer *pl*

débrouillard [debʀujaʀ] *adj* ⟨**-arde** [-aʀd]⟩ pfiffig; findig; F gewieft

débrouillardise [debʀujaʀdiz] *f* Improvisationskunst *f*; F Gewieftheit *f*

débrouiller **I** *v/t* **1.** entwirren (*a fig*) **2.** F **débrouiller qn** j-m die Grundbegriffe beibringen **II** *v/pr* ▸ **se débrouiller** sich (*dat*) zu helfen wissen; zurechtkommen; zurande kommen; F sich durchwursteln

débroussailler [debʀusaje] *v/t* **1.** das Gestrüpp entfernen (**qc** von, aus) **2.** *fig* Licht bringen in (+ *acc*)

débureaucratiser [debyʀokʀatize] *v/t* entbürokratisieren

débusquer [debyske] *v/t* **1.** aufscheuchen; aufstöbern **2.** *fig* **débusquer qn** *de sa position* j-n vertreiben, verdrängen

▸ **début** [deby] *m* **1.** Anfang *m*; Beginn *m*; **au début** anfangs; am Anfang, zu Beginn (**de** *gén*); **du début à la fin** von Anfang bis Ende; **début mai** Anfang Mai; **en début de semaine** (am) Anfang der Woche **2.** *pl* **débuts** Debüt *n*; **faire ses débuts** sein Debüt geben **3.** *fig pl* **débuts** Anfänge *m/pl*; erste Schritte *m/pl*

débutant [debytã] **I** *adj* ⟨**-ante** [-ãt]⟩ angehend **II** *subst* **1.** **débutant(e)** *m(f)* Anfänger(in) *m(f)* **2.** **débutante** *f* Debütantin *f*

débuter *v/t et v/i* **1.** anfangen; beginnen; **débuter dans la vie** ins Leben treten **2.** *artiste* debütieren

déca [deka] *m abr* F → **décaféiné**

deçà [dəsa] **en deçà de** diesseits (+ *gén*)

décacheter *v/t* ⟨**-tt-**⟩ *lettre* öffnen; aufreißen

décade [dekad] *f* Dekade *f*

décadence *f* Dekadenz *f*; Kulturverfall *m*; Niedergang *m*

décadent [dekadã] *adj* ⟨**-ente** [-ãt]⟩ dekadent

décaféiné [dekafeine] *adj* ⟨**~e**⟩ koffeinfrei; entkoffeiniert; *subst* **du décaféiné** koffeinfreier Kaffee

décaféiner [dekafeine] *v/t* entkoffeinieren

décaisser [dekese] *v/t* **1.** *marchandise* aus der Kiste nehmen; auspacken **2.** *argent* auszahlen; der Kasse entnehmen

décalage [dekalaʒ] *m* **1.** Verschiebung *f*; **décalage horaire** Zeitunterschied *m* **2.** *fig* Diskrepanz *f*; Missverhältnis *n*

décalaminer [dekalamine] *v/t* AUTO entrußen; die Ölkohle entfernen von

décalcification [dekalsifikasjõ] *f* Kalziumver-

lust *m*; Kalkmangel *m*

décalcomanie [dekalkɔmani] *f* Abziehbild *n*

décalé *adj* ⟨**~e**⟩ abgehoben; F abgedreht

décaler *v/t* verschieben; *dans le temps a* verlegen; **décaler le repas d'une heure** das Essen um e-e Stunde verschieben, verlegen

décalquage [dekalkaʒ] *m* (Ab-, Durch)Pausen *n*

décalquer *v/t* ab-, durchpausen

décamètre [dekamɛtʀ] *m* Dekameter *n ou m*

décamper *v/i* F sich aus dem Staub machen; F abhauen

décan [dekã] *m* ASTR Dekade *f*

décaniller [dekanije] *v/i* F abhauen

décantage [dekãtaʒ] *m ou* **décantation** [dekãtasjõ] *f* Klären *n* (durch Absetzenlassen); Dekantieren *n*

décanter [dekãte] **I** *v/t* **1.** *liquide* klären **2.** *fig* **idées** sich abklären lassen **II** *v/pr* **se décanter** **3.** sich klären; **laisser décanter** absetzen lassen **4.** *fig* sich klären

décapage [dekapaʒ] *m* **1.** *métal* Beizen *n*; Dekapieren *n* **2.** *peinture* Abbeizen *n*

décapant [dekapã] **I** *m* Abbeizmittel *n* **II** *adj* ⟨**-ante** [-ãt]⟩ *fig* ätzend

décaper [dekape] *v/t* abbeizen; *par ext* blank scheuern

décapitation [dekapitasjõ] *f* Enthauptung *f*

décapiter [-e] *v/t* **1.** *personne* enthaupten; köpfen (*a arbre*) **2.** *fig* führerlos machen

décapotable [dekapɔtabl] *adj* (**voiture** *f*) **décapotable** *f* Kabriolett *n*

décapoter [-e] *v/t* das Verdeck zurückklappen (**une voiture** e-s Wagens)

décapsuler [dekapsyle] *v/t* *bouteille* öffnen; aufmachen

décapsuleur [-œr] *m* Flaschenöffner *m*

décarcasser [dekaʀkase] *v/pr* F **se décarcasser** F sich abrackern

décathlon [dekatlõ] *m* Zehnkampf *m*

décathlonien [dekatlɔnjɛ̃] *m* Zehnkämpfer *m*

décati [dekati] *adj* ⟨**~e**⟩ abgelebt; verblüht; gealtert

décavé [dekave] *adj* ⟨**~e**⟩ F **1.** ruiniert; F pleite **2.** *physiquement* mitgenommen

décéder *v/i* ⟨**-è-**; **être**⟩ (ver)sterben; **décédé** verstorben

décelable [deslabl] *adj* nachweisbar; feststellbar; erkennbar

décèlement [deselmã] *m* Nachweis *m*; Feststellung *f*

déceler [desle] *v/t* ⟨**-è-**⟩ **1.** (*découvrir*) nachweisen; feststellen; **déceler un complot** ein Komplott aufdecken **2.** (*indiquer*) **déceler qc** etw erkennen lassen; auf etw (*acc*) schließen lassen

décélération [deseleʀasjõ] *f* **1.** TECH Geschwindigkeitsabnahme *f* **2.** *fig* Verlangsamung *f*

▸ **décembre** [desãbʀ] *m* Dezember *m*

décemment [desamã] *adv* → **décent**

décence [desãs] *f* **1.** (*bienséance*) Anstand *m*; Schicklichkeit *f* **2.** (*tact*) Zurückhaltung *f*; Diskretion *f*

décennal [desenal] *adj* ⟨**~e**; **-aux** [-o]⟩ **1.** *durée* zehnjährig **2.** *répétition* zehnjährlich

décennie [deseni] *f* Jahrzehnt *n*

décent [desã] *adj* ⟨**-ente** [-ãt]⟩ **1.** *tenue, propos, etc* anständig; schicklich; geziemend **2.** *conditions, salaire, etc* annehmbar; akzeptabel

décentralisateur I *adj* ⟨**-trice** [-tʀis]⟩ dezentralisierend; Dezentralisations... II *m* Anhänger *m* der Dezentralisation

décentralisation [-asjõ] *f* Dezentralisation *f*; Dezentralisierung *f*

décentraliser [-e] *v/t* dezentralisieren; *entreprise* in die Provinz verlegen

décentrer *v/t* OPT, PHOT dezentrieren; exzentrisch verstellen

déception [desɛpsjõ] *f* Enttäuschung *f*

décernement [desɛʀnəmã] *m* Zuerkennung *f*; Verleihung *f*

décerner *v/t* **1.** zuerkennen; *prix a* verleihen **2.** JUR *décerner un mandat d'arrêt* Haftbefehl erlassen

décès [desɛ] *m* Ableben *n*; Tod *m*; Todes-, Sterbefall *m*

décevant [des(ə)vã] *adj* ⟨**-ante** [-ãt]⟩ enttäuschend

▸ **décevoir** [des(ə)vwaʀ] *v/t* ⟨→ **recevoir**⟩ enttäuschen

déchaîné [deʃene] *adj* ⟨**~e**⟩ entfesselt; *mer, passions a* aufgewühlt; *personne* außer Rand und Band

déchaînement [deʃɛnmã] *m* Entfesselung *f*; Ausbruch *m*; *des éléments* Aufruhr *m*

déchaîner [deʃene] I *v/t éléments, passions* entfesseln; *hilarité* hervorrufen; *colère* auslösen; entfachen II *v/pr* **se déchaîner 1.** *tempête* losbrechen; toben; wüten; *passions* ausbrechen **2.** *personne* toben, F losziehen (**contre** gegen)

déchanter *v/i* zurückstecken

▸ **décharge** *f* **1.** ÉLECT Entladung *f*; *recevoir une décharge* e-n elektrischen Schlag bekommen; sich elektrisieren **2.** *décharge publique* Müllkippe *f*; Deponie *f* **3.** JUR, COMM Entlastung *f*

déchargement *m* Entladung *f*; Ausladen *n*

décharger ⟨**-ge-**⟩ I *v/t* **1.** *véhicule, marchandise* ent-, ausladen; *personne* s-e Last abnehmen (+ *dat*) **2.** *arme* **a)** *à feu* **a)** entladen **b)** *(tirer)* abfeuern (**sur** auf + *acc*) **3.** *batterie* entladen **4.** *fig décharger qn (d'un travail)* j-n (in s-r Arbeit) entlasten; j-m Arbeit abnehmen **5.** *fig sa conscience* entlasten; erleichtern; *sa colère* **décharger sur qn** an j-m auslassen **6.** JUR entlasten II *v/pr* **se décharger d'un travail sur qn** e-e Arbeit an j-n abgeben **8.** *batterie* **se décharger** sich entladen

décharné [deʃaʀne] *adj* ⟨**~e**⟩ abgemagert

déchaussé [deʃose] *adj* ⟨**~e**⟩ **1.** ohne Schuhe **2.** *dent* mit bloß liegendem Zahnhals; freigelegt; *mur* mit bloß liegendem Fundament

déchausser I *v/t* **déchausser qn** j-m die Schuhe ausziehen II *v/pr* **se déchausser 1.** (sich [*dat*]) die Schuhe ausziehen **2.** *dent* locker, lose werden

dèche [dɛʃ] *f* F (Geld)Klemme *f*

déchéance [deʃeãs] *f* **1.** Verfall *m*; Niedergang *m*; Zerrüttung *f* **2.** JUR Verwirkung *f*; Aberkennung *f*

déchet [deʃɛ] *m* **1.** *pl* ▸ **déchets** Abfälle *m/pl*; Abfall *m*; **déchets radioactifs, nucléaires** Atommüll *m* **2.** *fig* **un déchet de l'humanité** ein heruntergekommenes Subjekt

déchetterie [deʃɛtʀi] *f* Müllsammelstelle *f*

déchiffrable *adj* entzifferbar

déchiffrage [-aʒ] *m* MUS Vom-Blatt-Spielen *n*

ou Vom-Blatt-Singen *n*

déchiffrement [deʃifʀəmã] *m* Entzifferung *f*; Entschlüsselung *f*; Dechiffrierung *f*

déchiffrer *v/t* **1.** *écriture, texte* entziffern; *message secret* entschlüsseln; dechiffrieren **2.** MUS vom Blatt spielen *ou* singen

déchiquetage [deʃiktaʒ] *m* Zerreißen *n*; Zerfetzen *n*

déchiqueter [deʃikte] *v/t* ⟨**-tt-**⟩ in Stücke, Fetzen reißen; zerfetzen; *adjt* **déchiqueté** *feuille, relief* gezackt; *côte* zerklüftet

déchirant [deʃiʀã] *adj* ⟨**-ante** [-ãt]⟩ herzzerreißend; **un cri déchirant** ein markerschütternder Schrei

déchiré [deʃiʀe] *adj* ⟨**~e**⟩ **1.** zerrissen; *muscle* gerissen **2.** *fig* (innerlich) zerrissen; entzweit

déchirement [deʃiʀmã] *m* **1.** tiefer (seelischer) Schmerz **2.** *pl* **déchirements** (innere) Zerrissenheit; Zwietracht *f*

déchirer [deʃiʀe] I *v/t* **1.** zerreißen; **déchirer en morceaux** in Stücke reißen **2.** *fig* **déchirer (le cœur de) qn** j-m das Herz zerreißen **3.** *peuple* entzweien; spalten II *v/pr* **4.** **se déchirer** zerreißen; *corde, sachet, muscle* reißen; *au bord* einreißen **5.** **se déchirer un muscle** sich (*dat*) e-n Muskelriss zuziehen

déchirure [deʃiʀyʀ] *f* Riss *m*; **déchirure musculaire** Muskelriss *m*

déchoir *v/i* ⟨*déf:* **je déchois, il déchoit, nous déchoyons; je déchus; déchu; avoir** *u* **être**⟩ *socialement* (ab)sinken; *physiquement* verfallen

déchristianisation [dekʀistjanizasjõ] *f* Entchristlichung *f*

déchristianiser [-e] *v/t* entchristlichen; dem Christentum entfremden

déchu [deʃy] *p/p* → **déchoir** *et adj* ⟨**~e**⟩ abgesunken; heruntergekommen; *souverain* gestürzt; abgesetzt; **ange déchu** gefallener Engel

de-ci [dəsi] *adv* **de-ci de-là** hier und da

décibel [desibɛl] *m* Dezibel *n*

▸ **décidé** [deside] *adj* ⟨**~e**⟩ **1.** *personne, attitude* entschlossen; *attitude a* entschieden; (sehr) bestimmt; **être décidé à faire qc** entschlossen sein, etw zu tun **2.** *chose* entschieden; beschlossen

décidément [desidemã] *adv* (also) wirklich; wahrhaftig

▸ **décider** [deside] I *v/t* **1.** **décider qc** etw beschließen; **décider de** (+ *inf*) beschließen zu (+ *inf*) **2.** **décider qn à qc** j-n zu etw bestimmen, veranlassen, bewegen II *v/t/indir* **3.** **décider de qc** über etw (*acc*) entscheiden; etw bestimmen III *v/i* **4.** entscheiden; bestimmen IV *v/pr* ▸ **se décider 5.** sich entschließen (**à qc** zu etw; **à faire qc** etw zu tun) **6.** (*choisir*) sich entscheiden (**pour** für) **7.** *issue, avenir* sich entscheiden

décideur [desidœʀ] *m* Entscheidungsträger *m*

décigramme [desigʀam] *m* Dezigramm *n*

décilitre *m* Deziliter *m ou n*

décimal [desimal] *adj* ⟨**~e**; **-aux** [-o]⟩ Dezimal...; Zehner...

décimale [desimal] *f* Dezimale *f*; Dezimalstelle *f*

décimation [desimasjõ] *f* Dezimierung *f*

décimer [desime] *v/t* dezimieren

décimètre [desimɛtʀ] *m* **1.** Dezimeter *m ou n* **2.** *double décimètre* Lineal *n* von 20 cm Länge

décisif [desizif] *adj* ⟨**-ive** [-iv]⟩ entscheidend; ausschlaggebend; maßgeblich

▸ **décision** [desizjõ] *f* **1.** Entscheidung *f*; *d'un comité a* Beschluss(fassung) *m(f)*; (*résolution*) Entschluss *m*; ADM *a* Entscheid *m*; Bescheid *m*; *prendre une décision* e-e Entscheidung treffen; e-n Beschluss *ou* Entschluss fassen **2.** *qualité* Entschiedenheit *f*; Bestimmtheit *f*

décisionnel [desizjɔnɛl] *adj* ⟨**~le**⟩ Entscheidungs…

déclamation [deklamasjõ] *f* Deklamation *f*

déclamatoire [-twaʀ] *adj* deklamatorisch; pathetisch

déclamer [deklame] *v/t* deklamieren

déclarable [deklaʀabl] *adj à la douane* zu verzollen(d); *revenu m déclarable* anzugebendes Einkommen

déclaratif [deklaʀatif] *adj* ⟨**-ive** [-iv]⟩ **1.** JUR feststellend; deklaratorisch **2.** GR *verbe déclaratif* Verb *n* des Sagens und Denkens

▸ **déclaration** [deklaʀasjõ] *f* **1.** Erklärung *f*; Aussage *f*; Deklaration *f*; *faire une déclaration* e-e Erklärung abgeben **2.** *déclaration (d'amour)* Liebeserklärung *f* **3.** ADM Anmeldung *f*; Anzeige *f*; Erklärung *f*; Deklaration *f*; *déclaration d'impôts* Steuererklärung *f*

déclaré [deklaʀe] *adj* ⟨**~e**⟩ *ennemi, etc* erklärt

▸ **déclarer** [deklaʀe] **I** *v/t* **1.** (*faire savoir*) erklären; äußern; bekannt geben **2.** ADM (an)melden; angeben; anzeigen; COMM *a* deklarieren; *à la douane* verzollen **II** *v/pr* *se déclarer* **3.** sich äußern, Stellung nehmen (*sur un point* zu e-m Punkt) **4.** *amoureux* sich erklären **5.** *incendie, maladie* ausbrechen

déclassé [deklase] **I** *adj* ⟨**~e**⟩ deklassiert; abgesunken; zurückgesetzt **II** *m* Deklassierte(r) *m*

déclassement *m* **1.** Deklassierung *f*; Zurücksetzung *f* **2.** *de personnel, d'hôtel* niedrigere Einstufung; Zurückstufung *f*

déclasser *v/t* **1.** deklassieren; sozial zurücksetzen **2.** *personnel, hôtel* niedriger einstufen; zurückstufen; SPORTS zurückversetzen

déclenchement [deklɑ̃ʃmɑ̃] *m* **1.** TECH Auslösen *n*, -ung *f* **2.** *d'une crise* Auslösung *f*

déclencher [deklɑ̃ʃe] **I** *v/t* auslösen (*a* TECH) **II** *v/pr* *se déclencher* ausgelöst werden; *crise, guerre* ausbrechen

déclencheur [-œʀ] *m* PHOT Auslöser *m*

déclic [deklik] *m* **1.** TECH Auslösevorrichtung *f*, -knopf *m* **2.** *bruit* Klicken *n*; *fig il y a eu un déclic* F da machte es klick

déclin [deklɛ̃] *m* **1.** Niedergang *m*; Schwinden *n*; Verfall *m* **2.** *st/s déclin du jour* Abenddämmerung *f*

déclinable [deklinabl] *adj* GR deklinierbar; beugbar

déclinaison [-ɛzõ] *f* GR, PHYS Deklination *f*

déclinant [-ɑ̃] *adj* ⟨**-ante** [-ɑ̃t]⟩ *gloire, forces* schwindend; nachlassend

décliner [dekline] **I** *v/t* **1.** (*refuser*) ablehnen **2.** *identité* angeben **3.** GR deklinieren **II** *v/i* verfallen; *forces a* nachlassen; schwinden; *st/s jour* sich neigen

déclivité [deklivite] *f* Gefälle *n*

décloisonnement *m* Abbau *m* von Trennendem

décloisonner [-e] *v/t* das Trennende zwischen (+*dat*) abbauen

déclouer *v/t planche* los-, abmachen, *caisse* aufmachen (durch Ausziehen der Nägel)

décocher *v/t* **1.** *flèche* abschießen; abschnellen **2.** *fig remarque* fallen lassen; *regard* zuwerfen (*à qn* j-m)

décoction [dekɔksjõ] *f* Absud *m*; PHARM Dekokt *n*

décodage [dekɔdaʒ] *m* Dekodieren *n*, -ung *f*

décoder [-e] *v/t* dekodieren

décodeur [-œʀ] *m* Decoder *m*

décoffrer *v/t* ausschalen

décoiffer *v/t* **1.** *décoiffer qn* die Frisur, Haare j-s in Unordnung bringen **2.** F *fig ça décoiffe* F das ist 'ne Wucht

décoincer *v/t* ⟨**-ç-**⟩ **1.** lockern **2.** F *fig décoincer qn* j-n lockerer, ungezwungener werden lassen

décolérer [dekɔleʀe] *v/i* ⟨**-è-**⟩ *ne pas décolérer* immer noch wütend sein

décollage *m* Start *m*; Abheben *n*

décollé [dekɔle] *adj* ⟨**~e**⟩ *oreilles* abstehend

décollement [dekɔlmɑ̃] *m* Ablösung *f*

▸ **décoller** **I** *v/t* ablösen; abmachen **II** *v/i* **1.** *avion* starten; abheben **2.** F *ne pas décoller* nicht von der Stelle weichen **3.** ÉCON e-n Aufschwung nehmen **4.** F (*maigrir*) F vom Fleisch fallen **III** *v/pr* *se décoller affiche, etc* sich ablösen; abgehen; *enveloppe* aufgehen; *meuble, livre* F aus dem Leim gehen

décolleté [dekɔlte] **I** *adj* ⟨**~e**⟩ *robe* (tief) ausgeschnitten; *femme* dekolletiert **II** *m* Dekolleté *n*; (tiefer) Ausschnitt

décolleter ⟨**-tt-**⟩ *v/t* **1.** COUT dekolletieren; *robe a* tief ausschneiden **2.** TECH abstechen

décolonisation [dekɔlɔnizasjõ] *f* Entkolonialisierung *f*

décoloniser [-e] *v/t* entkolonialisieren

décolorant **I** *adj* ⟨**-ante** [-ɑ̃t]⟩ bleichend; Bleich… **II** *m* Bleichmittel *n*

décoloration *f* Bleichen *n*; TECH *a* Entfärben *n*; *se faire faire une décoloration* sich (*dat*) das Haar bleichen lassen

décoloré *adj* ⟨**~e**⟩ *cheveux* gebleicht; *tissu* ausgeblichen; verschossen

décolorer *v/t* bleichen **II** *v/pr* **1.** *se décolorer* (*les cheveux*) sich (*dat*) das Haar bleichen **2.** *se décolorer tissu* (aus-, ver)bleichen; verschießen

décombres [dekõbʀ] *m/pl* Trümmer *pl*; Schutt *m*

décommander I *v/t marchandises* abbestellen; *invitation* absagen; *invités* ausladen **II** *v/pr* *se décommander* absagen

décompactage [dekõpaktaʒ] *m* INFORM Dekomprimierung *f*

décompacter [-e] *v/t* INFORM dekomprimieren

décomplexé *adj* ⟨**~e**⟩ frei von Komplexen

décomplexer [-e] *v/t* von s-n Komplexen befreien

décomposable [dekõpozabl] *adj* zerlegbar

décomposer I *v/t* **1.** (in s-e Bestandteile) zerlegen **2.** *personne décomposée* bleich und mitgenommen aussehend **II** *v/pr* *se décomposer* sich zersetzen; verwesen

décomposition *f* **1.** Zerlegung *f* (*en* in + *acc*) **2.** Zersetzung *f*; Verwesung *f*

décompresser [dekõpʀese] *v/i* F den Stress

loswerden; relaxen
décompression [-jõ] *f* Druckabfall *m*, -verminderung *f*
décomprimer *v/t* INFORM dekomprimieren
décompte *m* **1.** (*déduction*) Abzug *m* **2.** *d'un total* Abrechnung *f*; Aufschlüsselung *f*
décompter [-e] *v/t* abziehen; abrechnen
déconcentration *f* ADM Dekonzentration *f*
déconcentrer *v/t* **1.** ADM dekonzentrieren **2. déconcentrer qn** j-s Konzentration stören
déconcertant [dekõsɛʀtã] *adj* ⟨-ante [-ãt]⟩ verwirrend; beunruhigend
déconcerté [dekõsɛʀte] *adj* ⟨~e⟩ verwirrt; verunsichert
déconcerter [-e] *v/t* verunsichern; irritieren
déconfit *adj* ⟨-ite [-it]⟩ betreten; enttäuscht
déconfiture *f* F Pleite *f*
décongélation [dekõʒelasjõ] *f* (Wieder)Auftauen *n*
décongeler *v/t* ⟨-è-⟩ (wieder) auftauen
décongestionner [dekõʒɛstjɔne] *v/t* *route, etc* entlasten
déconnecter I *v/t* ÉLECT trennen (*a fig*); unterbrechen; abklemmen **II** *v/pr* INFORM *se déconnecter* (sich) ausloggen
déconner [dekɔne] *v/i* F Mist reden *ou* machen; *appareil* F spinnen
déconnexion *f* TECH Trennung *f*; Unterbrechung *f*; ÉLECT *a* Abschaltung *f*
déconseiller *v/t* *déconseiller qc à qn* j-m von etw abraten
déconsidération *st/s f* Verruf *m*; Misskredit *m*
déconsidérer [-e] *v/t* ⟨-è-⟩ in Verruf, Misskredit bringen
décontamination *f* Dekontamination *f*; Entseuchung *f*; Entgiftung *f*
décontaminer [-e] *v/t* dekontaminieren; entseuchen; entgiften
décontenancer [dekõtnãse] *v/t* ⟨-ç-⟩ aus der, außer Fassung bringen
▸ **décontracté** *adj* ⟨~e⟩ entspannt; locker; *par ext* unbekümmert; lässig; *fête, tenue* zwanglos
décontracter [-e] *v/pr* *se décontracter* sich entspannen
décontraction [-sjõ] *f* Unbekümmertheit *f*; Zwanglosigkeit *f*; Lässigkeit *f*
déconvenue [dekõvny] *f* Enttäuschung *f*
décor [dekɔʀ] *m* **1.** Ausstattung *f*; Zierrat *m*; Dekor *m ou n* **2.** *pl* **décors** THÉ Bühnenbild *n*; Kulisse(n) *f(pl)*; CIN Bauten *m/pl* **3.** *fig* Umgebung *f*; Rahmen *m*; F *rentrer dans le(s) décor(s)* von der Fahrbahn abkommen
décorateur [dekɔʀatœʀ] *m*, **décoratrice** [-tʀis] *f* **1.** Dekorateur(in) *m(f)*; Raumausstatter(in) *m(f)* **2.** THÉ Bühnenbildner(in) *m(f)*
décoratif [dekɔʀatif] *adj* ⟨-ive [-iv]⟩ **1. arts décoratifs** Kunstgewerbe *n* **2.** dekorativ; *personne* etwas darstellend
décoration [dekɔʀasjõ] *f* **1.** Ausschmückung *f*; Verzierung *f*; Dekoration *f*; Ausstattung *f* **2.** (*insigne*) Auszeichnung *f*; Orden *m*
décoré [dekɔʀe] **I** *adj* ⟨~e⟩ *personne* (mit e-m Orden) ausgezeichnet, dekoriert **II** *décoré(e) m(f)* Ordensträger(in) *m(f)*
▸ **décorer** [dekɔʀe] *v/t* **1.** (aus)schmücken, verzieren, *vitrine* dekorieren, *appartement* ausstatten (*de qc* mit etw); *objet* **décorer qc** etw zieren, schmücken **2. décorer qn** j-n aus-

zeichnen, dekorieren (*d'une médaille* mit e-r Medaille)
décorner [dekɔʀne] *il fait un vent à décorner les bœufs* es stürmt fürchterlich
décorticage [dekɔʀtikaʒ] *m du riz* Schälen *n*; Enthülsen *n*
décortiquer [dekɔʀtike] *v/t* **1.** schälen; enthülsen **2.** *fig* **décortiquer un texte** einen Text zerpflücken
décorum [dekɔʀɔm] *m* Etikette *f*
découcher *v/i* nicht zu Hause schlafen, übernachten
découdre ⟨→ **coudre**⟩ **I** *v/t* COUT auftrennen; **découdre un bouton** einen Knopf abtrennen **II** *v/i fig* **en découdre** sich schlagen; kämpfen **III** *v/pr* **se découdre** aufgehen; aufplatzen
découler *v/i* **découler de** herrühren von; sich ergeben aus
découpage *m* **1.** **découpages** *pl* Ausschneidebilder *n/pl* **faire des découpages** Bilder ausschneiden **2.** **découpage électoral** Wahlkreiseinteilung *f*
découpe *f* COUT Passe *f*; Einsatz *m*
découpé [dekupe] *adj* ⟨~e⟩ ausgeschnitten; BOT *feuille* gesägt; gezähnt; *côte* zerklüftet
découper I *v/t* **1.** zerschneiden; *rôti* aufschneiden; *volaille* tranchieren; zerlegen **2.** ausschneiden (**dans** aus); **découper à la scie** aussägen; **découper une photo dans le journal** ein Bild aus der Zeitung ausschneiden **II** *v/pr* **se découper sur** sich abheben von, gegen
découpures *f/pl* gezackter Rand
décourageant [dekuʀaʒã] *adj* ⟨-ante [-ãt]⟩ entmutigend; deprimierend
découragement [-mã] *m* Mutlosigkeit *f*
▸ **décourager** [dekuʀaʒe] ⟨-ge-⟩ **I** *v/t* **décourager qn** j-n entmutigen; j-m den Mut, die Lust nehmen (**de faire qc** etw zu tun); (*dissuader*) j-n abschrecken; **découragé** entmutigt; mutlos **II** *v/pr* **se décourager** den Mut verlieren; mutlos werden
décousu *adj* ⟨~e⟩ **1.** aufgetrennt; aufgeplatzt **2.** *fig* unzusammenhängend; zusammenhang(s)los
découvert I *adj* ⟨-erte [-ɛʀt]⟩ unbedeckt; bloß; *terrain* frei; offen; *véhicule* offen **II** *adv* **à découvert 1.** MIL ohne Deckung **2.** *fig* offen; unverhohlen **3.** FIN ungedeckt; ohne Deckung; *compte* überzogen **III** *m* FIN ungedeckter Betrag; *d'un compte* Überziehung *f*
découverte [dekuvɛʀt] *f* Entdeckung *f*
découvreur [dekuvʀœʀ] *m*, **découvreuse** [-øz] *f* Entdecker(in) *m(f)*
▸ **découvrir** ⟨→ **couvrir**⟩ *v/t* **1.** *panier, enfant* aufdecken; *épaules* entblößen **2.** (*trouver*) entdecken; herausfinden; *complot* aufdecken **3.** (*révéler*) offenbaren; enthüllen **II** *v/pr* **se découvrir 4.** den Hut abnehmen, ziehen **5.** *en dormant* sich aufdecken
décrassage [dekʀasaʒ] *m ou* **décrassement** [-mã] *m* Reinigung *f*; Säuberung *f*
décrasser [dekʀase] *v/t* **I** *v/t* säubern **II** *v/pr fig* **se décrasser** bessere Manieren annehmen
décrêper *v/t* *cheveux* entkräuseln
décrépir [dekʀepiʀ] **I** *v/t* (den) Putz entfernen, abschlagen, abkratzen (**qc** von etw) **II** *v/pr* **le mur s'est décrépi** von der Mauer ist der Putz abgefallen

décrépit [dekʀepi] *adj* ⟨**-ite** [-it]⟩ alters-schwach; hinfällig

décrépitude [dekʀepityd] *f* Verfall *m*

decrescendo [dekʀeʃɛndo] MUS **I** *adv* decre-scendo **II** *m* Decrescendo *n*

décret [dekʀɛ] *m* Verordnung *f*; Erlass *m*; De-kret *n*

décréter [dekʀete] *v/t* ⟨**-è-**⟩ **1.** anordnen; verfü-gen; dekretieren **2.** (*décider*) bestimmen

décret-loi *m* ⟨**décrets-lois**⟩ Verordnung *f* mit Gesetzeskraft

décrier *litt v/t* in Verruf bringen; verunglimpfen

▸ **décrire** [dekʀiʀ] *v/t* ⟨→ **écrire**⟩ beschreiben (*a par ext: courbe*); schildern

décrispation [dekʀispasjõ] *f fig* Entkramp-fung *f*

décrisper [-e] *v/t fig* entkrampfen

décrochage [dekʀɔʃaʒ] *m* **1.** *de rideaux* Ab-nehmen *n*; TECH Los-, Aushaken *n*; *d'un wa-gon* Abhängen *n*; Abkuppeln *n* **2.** MIL Absetz-bewegung *f*

décrochement [-mã] *m d'un mur* zurückver-setzter Teil

▸ **décrocher** [dekʀɔʃe] **I** *v/t* **1.** *rideaux* abneh-men; TECH loshaken; *remorque* abhängen; TÉL (den Hörer) abnehmen, abheben **2.** F *fig prix* F sich (*dat*) holen; *place* F ergattern **II** *v/i* F *fig* aufhören; aufgeben; F aufstecken

décroiser *v/t jambes* nebeneinanderstellen; *bras* aus der Verschränkung lösen; wieder fal-len lassen

décroissance *f* Abnahme *f*; Rückgang *m*; Nachlassen *n*

décroissant [-ã] *adj* ⟨**-ante** [-ãt]⟩ abnehmend; rückläufig

décroissement [-mã] *m* Abnehmen *n* (*a der Tage, des Mondes*)

décroître *v/i* ⟨→ **accroître**⟩ abnehmen; zurück-gehen

décrottage [dekʀɔtaʒ] *m* Säubern *n*; Abkrat-zen *n*

décrotter [-e] *v/t* den Schmutz abkratzen (*qc* von etw)

décrue *f* Rückgang *m* (des Hochwassers)

décrypter *v/t* entziffern; entschlüsseln

déçu [desy] *p/p* → **décevoir** *et adj* ⟨**~e**⟩ ent-täuscht (*de* von)

déculotter [dekylɔte] *v/t* (*et v/pr* **se déculotter** sich [*dat*]) die Hose ausziehen (*qn* j-m)

déculpabiliser *v/t* **déculpabiliser qn** j-m das Schuldgefühl nehmen

décuple [dekypl] **I** *adj* zehnfach **II** *subst* **le dé-cuple** das Zehnfache; **le décuple de la som-me** die zehnfache Summe

décuplement [dekypləmã] *m* Verzehnfachung *f*

décupler [dekyple] *v/i* sich verzehnfachen

dédaignable [dedɛɲabl] *adj* **ne pas être dédai-gnable** nicht zu verachten sein

dédaigner *v/t* verachten; gering schätzen; *aide, offre* verschmähen

dédaigneusement [dedɛnøzmã] *adv* gering-schätzig; verächtlich; **traiter dédaigneuse-ment qn** j-n von oben herab behandeln

dédaigneux [dedɛɲø] *adj* ⟨**-euse** [-øz]⟩ ver-ächtlich; geringschätzig

dédain [dedɛ̃] *m* Verachtung *f*; Geringschät-zung *f*

dédale [dedal] *m* Labyrinth *n*; Irrgarten *m*; Ge-wirr *n*; **un dédale de ruelles** ein Gewirr von Gässchen

▸ **dedans** [d(ə)dã] **I** *adv* darin; F drin; *dans un lieu* drinnen; *avec mouvement* hinein *ou* her-ein; F rein; **de dedans** von drinnen; von innen; **en dedans** nach innen; F *fig* **foutre qn dedans** F j-n reinlegen **II** *m* Innere(s) *n*

dédicace [dedikas] *f* Widmung *f*

dédicacer [-e] *v/t* ⟨**-ç-**⟩ mit e-r Widmung verse-hen

dédier [dedje] *v/t* **dédier à qn** j-m widmen

dédire *v/pr* ⟨→ **dire**, *aber* **vous dédisez**⟩ **se dé-dire** sein Wort, das Gesagte zurücknehmen; *invité* absagen

dédit [dedi] *m* Abstandsgeld *n*

dédommagement [dedɔmaʒmã] *m* Entschädi-gung *f*

dédommager [-e] *v/t* ⟨**-ge-**⟩ entschädigen (**qn de qc** j-n für etw)

dédouanement [dedwanmã] *m* Verzollung *f*; zollamtliche Abfertigung

dédouaner [-e] *v/t* verzollen

dédoublage *m de l'alcool* Verdünnen *n* (mit Wasser)

dédoublement *m* **1.** Zweiteilung *f*; Halbierung *f* **2.** PSYCH *de la personnalité* Spaltung *f*

dédoubler *v/t* halbieren; teilen

dédramatiser *v/t* entdramatisieren; F herunter-spielen

déductible [dedyktibl] *adj* abzugsfähig; absetz-bar

déductif [-if] *adj* ⟨**-ive** [-iv]⟩ deduktiv; ablei-tend

déduction [dedyksjõ] *f* **1.** Abzug *m*; Absetzung *f* **2.** Schluss *m*; (Schluss)Folgerung *f*

déduire [dedɥiʀ] *v/t* ⟨→ **conduire**⟩ **1.** COMM ab-ziehen (**de** von); *des impôts* absetzen **2.** (*con-clure*) schließen, folgern (**de** aus)

déesse [deɛs] *f* Göttin *f*

défaillance [defajãs] *f* **1.** Schwäche(anfall) *f*(*m*) **2.** TECH, *fig* Versagen *n*; Ausfall *m*; TECH *a* De-fekt *m*

défaillant [defajã] *adj* ⟨**-ante** [-ãt]⟩ schwach; *personne a* geschwächt; *mémoire a* lückenhaft

défaillir *v/i* ⟨→ **assaillir**⟩ **1.** e-n Schwächeanfall erleiden **2.** *fig* versagen; nachlassen

défaire ⟨→ **faire**⟩ **I** *v/t* ab-, wegmachen; *valise* auspacken; *nœud* lösen; aufbinden; *paquet* aufmachen; aufschnüren; *chaussures* auszie-hen; *couture* auftrennen; *lit* abziehen; *coiffure* in Unordnung bringen **II** *v/pr* **se défaire 1.** *nat-te, couture, etc* aufgehen; sich auflösen; *coiffu-re* in Unordnung geraten **2.** **se défaire de** sich entledigen (+ *gén*); loswerden (+ *acc*); *habitude* ablegen; (*vendre*) abstoßen

défait *adj* ⟨**défaite** [defɛt]⟩ **1.** aufgegangen; auf-gelöst; *lit* nicht gemacht; ungemacht **2.** **avoir la mine défaite** mitgenommen aussehen

▸ **défaite** [defɛt] *f* Niederlage *f*

défaitisme [defetism] *m* Defätismus *m*; F Mies-macherei *f*

défaitiste [-ist] **I** *adj* defätistisch **II** *m,f* Defä-tist(in) *m*(*f*)

défalcation [defalkasjõ] *f* COMM Abzug *m*

défalquer [defalke] *v/t* abziehen

▸ **défaut** [defo] *m* **1.** (*absence*) Mangel *m* (**de** an + *dat*); Fehlen *n*; **à défaut de** in Ermangelung von (*ou* + *gén*); mangels (+ *gén*); **faire défaut**

fehlen 2. (*imperfection*) Fehler *m*; Mangel *m* **3.** (*vice*) Fehler *m*; Laster *n*; **prendre qn en défaut** j-n bei e-m Fehler ertappen

défaveur *f* Ungunst *f*; Ungnade *f*

défavorable *adj* ungünstig; *personne* **être défavorable à qc, qn** e-r Sache, j-m ablehnend gegenüberstehen

défavoriser *v/t* benachteiligen

défécation [defekasjõ] *f* Darmentleerung *f*; Stuhlgang *m*

défectif [defɛktif] *adj* ⟨**-ive** [-iv]⟩ **verbe défectif** defektives, unvollständiges Verb; Defektivum *n*

défection [defɛksjõ] *f* **1.** POL Abfall *m*; Abtrünnigwerden *n* **2.** (*absence*) Fernbleiben *n*; Nichterscheinen *n*

défectueux [defɛktɥø] *adj* ⟨**-euse** [-øz]⟩ fehler-, mangelhaft

défectuosité [-ozite] *f* Fehler-, Mangelhaftigkeit *f*

défendable [defãdabl] *adj* **1.** vertretbar; *thèse* haltbar **2.** MIL zu halten(d)

défendeur [defãdœr] *m*, **défenderesse** [defãdrɛs] *f* JUR Beklagte(r) *f(m)*

▸ **défendre** ⟨→ **rendre**⟩ **I** *v/t* **1.** verteidigen (**contre** gegen); *cause* verfechten; eintreten für **2.** verbieten, untersagen (**qc à qn** j-m etw; **à qn de faire qc** j-m, etw zu tun) **II** *v/pr* **se défendre 3.** sich verteidigen, wehren (**contre** gegen) **4.** F sich tapfer schlagen; ganz gut zurechtkommen **5.** **se défendre de critiquer,** *etc* sich der Kritik *etc* enthalten **6.** **ça se défend** das lässt sich vertreten

défenestration [defɔnɛstrasjõ] *f* Fenstersturz *m*

défenestrer [-e] *v/t* aus dem Fenster stürzen

▸ **défense** [defãs] *f* **1.** Verteidigung *f* (*a* JUR); SPORTS, MIL *a* Abwehr *f*; *de l'organisme* Abwehrkräfte *f/pl*; JUR **en état de légitime défense** in Notwehr; **être sans défense** schutzlos sein; **prendre la défense de qn** j-n verteidigen; für j-n eintreten **2.** (*interdiction*) Verbot

---

La Défense

La Défense hat nichts – wie der Name vielleicht vermuten lässt – mit Verteidigung zu tun. **La Défense** ist vielmehr ein supermodernes Pariser Geschäftszentrum und Wohnviertel, das nordwestlich des Eiffelturms entstanden ist. Besonders bekannt wurde **la Grande Arche** (der große Bogen), ein Gebäude, das in der Form eines riesigen Würfels gebaut wurde, der mehr als 100 Meter hoch und breit ist und in der Mitte eine Öffnung hat. In diesem Bauwerk haben vor allem verschiedene Behörden ihren Sitz.
Wegen der vielen Bürohochhäuser, in die vor allem Erdölkonzerne und Computerfirmen eingezogen sind, heißt dieser Stadtteil im Volksmund auch **le Manhattan de Paris**.

---

n; **défense d'entrer** Eintritt verboten! **3.** ZO Stoßzahn *m*

défenseur [defãsœr] *m* **1.** Verteidiger(in) *m(f)* (*a* JUR); *d'une thèse* Verfechter(in) *m(f)* **2.** SPORTS Abwehrspieler *m*

défensif [defãsif] *adj* ⟨**-ive** [-iv]⟩ Verteidigungs...; defensiv

défensive [defãsiv] *f* Defensive *f*; Verteidigungs-, Abwehrstellung *f*; **être sur la défensive** in der Defensive, in Verteidigungsstellung sein

déféquer [defeke] *v/i* ⟨**-è-**⟩ Stuhlgang haben

déférence [deferãs] *f* Achtung *f*; Ehrerbietung *f*

déférent [deferã] *adj* ⟨**-ente** [-ãt]⟩ ehrerbietig; respektvoll; **se montrer déférent envers qn, à l'égard de qn** sich j-m gegenüber respektvoll verhalten

déférer [defere] *v/t* ⟨**-è-**⟩ **déférer à la justice** vor Gericht bringen

déferlant [defɛrlã] *adj* ⟨**-ante** [-ãt]⟩ **vague déferlante** Brandungswelle *f*; sich brechende Welle

déferlement [defɛrləmã] *m* **1.** Brandung *f* **2.** *fig* **déferlement d'enthousiasme** aufbrandende Begeisterung

déferler [defɛrle] *v/i* **1.** *vagues* sich brechen; *mer* branden **2.** *fig foule* strömen; *enthousiasme* aufbranden

déferrer *v/t* **1.** (die) Eisenbeschläge entfernen, lösen (**une caisse** von e-r Kiste) **2.** **déferrer un cheval** e-m Pferd ein *ou* die Hufeisen abmachen **3.** **déferrer un prisonnier** e-m Gefangenen die Ketten abnehmen

défi [defi] *m* **1.** Herausforderung *f*; **lancer un défi à qn** j-n herausfordern; **relever le défi** die Herausforderung annehmen **2.** **mettre qn au défi de faire qc** → **défier**

défiance [defjãs] *f* Argwohn *m*; Misstrauen *n*

défiant [-ã] *adj* ⟨**-ante** [-ãt]⟩ argwöhnisch; misstrauisch

déficeler [defisle] *v/t* ⟨**-ll-**⟩ aufschnüren

déficience [defisjãs] *f* Schwäche *f*

déficient [defisjã] *adj* ⟨**-ente** [-ãt]⟩ schwach (*a fig*)

déficit [defisit] *m* Defizit *n*; Fehlbetrag *m*

déficitaire [defisitɛr] *adj* mit Verlust abschließend; defizitär

défier [defje] **I** *v/t* **1.** **défier qn** j-n herausfordern (**à qc** zu etw) **2.** *fig* **défier le danger** der Gefahr (*dat*) trotzen; *prix* **défier toute concurrence** konkurrenzlos niedrig sein **3.** **défier qn de faire qc** wetten, dass j etw nicht tun kann *ou* wird **II** *v/pr st/s* **se défier de qn, qc** j-m, e-r Sache misstrauen

défiguration *f* Entstellung *f*; *d'un texte* verzerrte, entstellte Wiedergabe

défigurer [-e] *v/t* entstellen (*a fig*); verunstalten; *fig a* verzerren

défilé [defile] *m* **1.** Aufmarsch *m*; Parade *f*; Vorbeimarsch *m*; *de voitures* endlose Reihe; **défilé de mode** Mode(n)schau *f* **2.** GÉOGR Engpass *m*

défiler I *v/i* defilieren (*abs*); vorbeimarschieren, -ziehen (**devant** an + *dat*); *clients* sich die Klinke in die Hand geben **II** *v/pr* **se défiler** F sich drücken; F kneifen

défini *adj* ⟨**~e**⟩ bestimmt; genau abgegrenzt; GR

article défini bestimmter Artikel
définir v/t definieren; bestimmen; festlegen
définissable [-isabl] adj definier-, bestimmbar
▸ **définitif** [definitif] adj ⟨-ive [-iv]⟩ **1.** endgültig; definitiv **2. en définitive** schließlich; letzten Endes
définition f **1.** Begriffsbestimmung f; Definition f; **par définition** definitionsgemäß; wie das Wort schon sagt **2.** par ext Bestimmung f; Festlegung f **3.** télévision f **'haute définition** hochauflösendes Fernsehen
définitivement [definitivmã] adv endgültig; definitiv
déflagration [deflaɡʀasjõ] f Explosion f
déflation [deflasjõ] f Deflation f
déflationniste [deflasjɔnist] adj deflationär; deflationistisch
déflecteur [deflɛktœʀ] m AUTO Ausstellfenster n
défleurir v/i die Blüten verlieren; ver-, abblühen
défloration [deflɔʀasjõ] f Defloration f; Entjungferung f
déflorer [-e] v/t entjungfern; deflorieren
défolier [defɔlje] v/t entlauben
défonce [defõs] f arg Turn m
défoncer ⟨-ç-⟩ **I** v/t mur eindrücken, -schlagen; rue **défoncé** voller Schlaglöcher **II** v/pr **se défoncer 1.** F dans un travail das Letzte hergeben **2.** arg sich antörnen
déformable [defɔʀmabl] adj deformierbar; leicht verformbar
déformant [defɔʀmã] adj ⟨-ante [-ãt]⟩ glace Zerr…; Vexier…
déformation f **1.** Verformung f; Deformation f (a MÉD) **2.** fig Verzerrung f; Entstellung f; Verbildung f
déformer I v/t **1.** verformen; deformieren; chaussures austreten; image verzerren **2.** fig verzerren; entstellen; goût verbilden **II** v/pr **se déformer** sich verformen
défoulement [defulmã] m Abreaktion f
défouler [-e] v/pr **se défouler 1.** sich abreagieren **2.** par ext sich austoben
défraîchi [defʀeʃi] adj ⟨∼e⟩ nicht mehr neu; getragen
défraîchir v/pr **se défraîchir** nicht mehr neu aussehen; couleur verblassen
défrayer v/t ⟨-ay- od -ai-⟩ **1.** die Kosten übernehmen (qn für j-n) **2.** fig **défrayer la chronique** von sich reden machen
défrichage [defʀiʃaʒ] m ou **défrichement** [-mã] m **1.** Urbarmachung f; Rodung f **2.** fig Beseitigung f der Anfangsschwierigkeiten
défricher [defʀiʃe] v/t **1.** terre urbar machen; roden **2.** fig die Vorarbeit leisten (**un domaine** auf e-m Gebiet)
défriper v/t vêtement glätten; glatt streichen
défriser v/t **1.** cheveux entkrausen **2.** F fig **ça te défrise?** ärgert dich das?
défroisser v/t glatt streichen
défroqué [defʀɔke] m ehemaliger Mönch ou Priester
défroquer [-e] v/i die Mönchskutte, das Priestergewand ablegen
défunt [defɛ̃, -fœ̃] m, **défunte** [defɛ̃t, -fœ̃t] f Verstorbene(r) f(m)
dégagé [degaʒe] adj ⟨∼e⟩ **1.** nuque, front, vue

frei; ciel klar; wolkenlos **2.** allure ungezwungen; leger
dégagement [degaʒmã] m **1.** Befreiung f; de blessés Bergung f **2.** d'une rue, etc Freimachen n; Räumung f; **voie** f **de dégagement** Umgehungs-, Entlastungsstraße f **3.** ARCH Gang m; Flur m **4.** d'énergie Freisetzung f
dégager ⟨-ge-⟩ **I** v/t **1.** blessés befreien; bergen; objets a hervor-, herausziehen, -holen **2.** passage frei machen; räumen; nuque frei lassen **3.** énergie entwickeln; abgeben; freisetzen; odeur verströmen **4.** fig idée herausstellen, -arbeiten **5. dégager qn de qc** j-n von etw befreien, entbinden; **dégager qn de toute responsabilité** j-n aus der Verantwortung entlassen **II** v/i **6.** FOOTBALL klären **III** v/pr **se dégager 7.** personne sich befreien (**de** aus) **8.** rue frei, leer werden; nez wieder frei werden; **le ciel se dégage** es klart auf **9.** énergie frei werden; odeur ausströmen; fumée aufsteigen **10.** fig résultat hervortreten (**de** aus); zutage treten; d'une contrainte sich lösen (**de** aus); sich freimachen (von)
dégaine F f (lächerliche) Haltung; (komischer) Gang
dégainer v/i blankziehen; s-n Revolver ziehen
déganter [degãte] v/pr **se déganter** s-e Handschuhe ausziehen
dégarnir I v/t aus-, abräumen; réfrigérateur, compte plündern; **front dégarni** Stirnglatze f **II** v/pr **se dégarnir** tête, arbre kahl werden; rangs sich lichten
▸ **dégât** [degɑ] m Schaden m; **dégâts matériels** Sachschaden m; **causer de grands dégâts** großen Schaden anrichten (a fig); große Schäden verursachen; fig **limiter les dégâts** möglichst wenig Schaden anrichten; das Schlimmste verhüten
dégazage [degazaʒ] m **1.** TECH Gasentzug m; Entgasen n **2.** MAR d'un pétrolier Reinigung f von Ölrückständen
dégazer [-e] v/i pétrolier Ölrückstände ins Meer ablassen
dégel m (Auf)Tauen n; Tauwetter n (a fig)
dégelée [deʒle] f F Keile f; Dresche f
dégeler [deʒle] ⟨-è-⟩ **I** v/t **1.** auftauen **2.** fig qn aus s-r Reserve herauslocken; situation entspannen **3.** crédits freigeben **II** v/i auftauen; **faire dégeler un produit congelé** Tiefkühlkost auftauen (lassen) **III** v/imp **il dégèle** es taut **IV** v/pr **se dégeler** fig personne auftauen
dégénéré [deʒeneʀe] adj ⟨∼e⟩ degeneriert
dégénérer v/i ⟨-è-⟩ **1.** degenerieren; entarten **2.** fig ausarten (**en** in + acc)
dégénérescence [deʒeneʀesãs] f Degeneration f; Entartung f
dégingandé [deʒɛ̃gãde, deʒɛ̃-] adj ⟨∼e⟩ F schlaksig
dégivrage [deʒivʀaʒ] m Abtauen n; Enteisung f (a AVIAT); Entfrostung f
dégivrant [deʒivʀã] adj ⟨-ante [-ãt]⟩ **glace arrière dégivrante** (be)heizbare Heckscheibe
dégivrer [deʒivʀe] v/t abtauen; enteisen; entfrosten
dégivreur [-œʀ] m TECH Defroster(anlage) m(f)
déglacer v/t ⟨-ç-⟩ CUIS **déglacer la poêle, la sauteuse** den Bratensatz ablöschen (**avec, à** mit)

déglinguer [deglɛ̃ge] F **I** v/t F kaputt machen; *adjt* **déglingué** klapp(e)rig **II** v/pr **se déglinguer** F kaputtgehen

déglutir [deglytiʀ] v/t schlucken

déglutition [-isjɔ̃] f Schlucken n; Schluckakt m

dégobiller [degɔbije] v/t et v/i P kotzen

dégoiser [degwaze] F *péj* **I** v/t *sottises* F verzapfen **II** v/i schwatzen; F quatschen

dégommer v/t F *personne* hinauswerfen; F feuern

dégonflage F *fig* m feiger Rückzieher

dégonflé [degɔ̃fle] **I** *adj* ⟨~e⟩ nicht aufgepumpt **II** m F Hasenfuß m

dégonflement [degɔ̃fləmɑ̃] m Verlieren n, Ablassen n der *ou* von Luft

dégonfler I v/t (die) Luft herauslassen (**qc** aus etw) **II** v/pr **se dégonfler 1.** *pneu* (die) Luft verlieren **2.** F *fig* F Bammel, P Schiss bekommen

dégorgement [degɔʀʒəmɑ̃] m **1.** *des égouts* Entleerung f **2.** CUIS (Aus)Wässern n; *des escargots* Ausschwemmen n

dégorger [degɔʀʒe] ⟨**-ge-**⟩ **I** v/t frei machen; reinigen **II** v/i CUIS **faire dégorger** Wasser ziehen lassen; entwässern

dégot(t)er [degɔte] v/t F auftreiben; F ergattern

dégoulinade [degulinad] f (länglicher) Tropfen

dégoulinement [-mɑ̃] m Tropfen n; Rieseln n

dégouliner [-e] v/i (herab)tropfen, (-)rieseln

dégoupiller v/t *grenade* entsichern

dégourdi [deguʀdi] *adj* ⟨~e⟩ aufgeweckt; gewandt; gewitzt; wendig

dégourdir [deguʀdiʀ] **I** v/t **1.** *membres* bewegen; lockern **2.** *fig* **dégourdir qn** j-n gewandter, aufgeweckter machen **II** v/pr **se dégourdir les jambes** sich (dat) die Beine vertreten

dégoût m Ekel m, Abscheu m (**pour** vor + dat); Widerwille m (gegen)

dégoûtant [degutɑ̃] *adj* ⟨-ante [-ɑ̃t]⟩ **1.** ekelerregend; ekelhaft; ek(e)lig; widerlich **2.** *personne, acte* abscheulich; widerlich; F (**type**) **dégoûtant** m widerlicher Kerl; F Ekel n

dégoûté [degute] *adj* ⟨~e⟩ **1.** angeekelt; angewidert **2.** **n'être pas dégoûté** nicht gerade wählerisch, *fig* zimperlich sein **3.** **dégoûté de qn, de qc** j-s, e-r Sache überdrüssig

dégoûter I v/t **1.** **dégoûter qn** j-n anekeln, anwidern **2.** **dégoûter qn de qc** j-m etw verleiden **II** v/pr **se dégoûter de qc, de qn** e-r Sache, j-s überdrüssig werden; etw, j-n leid werden

dégoutter v/i (herab)tropfen

dégradant [degradɑ̃] *adj* ⟨-ante [-ɑ̃t]⟩ erniedrigend; entwürdigend

dégradation [degradasjɔ̃] f **1.** Degradierung f; Rangverlust m **2.** (*dégât*) Beschädigung f; **dégradations** pl Schäden m/pl **3.** *fig* Verschlechterung f

dégradé m Abstufung f

dégrader [degrade] **I** v/t **1.** MIL, JUR degradieren **2.** *moralement* erniedrigen; moralisch sinken lassen **3.** (*abîmer*) beschädigen **II** v/pr **se dégrader 4.** *situation, santé* sich verschlechtern **5.** *maison* verfallen; verwittern

dégrafer [degrafe] v/t aufhaken

dégraissage m d'une entreprise Verschlankung f

dégraissant [-ɑ̃] m Entfettungsmittel n; Fettlöser m

dégraisser v/t **1.** CUIS das Fett abschöpfen (**qc** von etw); degraissieren **2.** *fig entreprise* verschlanken; F abspecken

▸ **degré** [dəgre] m **1.** Grad m (*a température*, GÉOGR, MATH); (*échelon*) Stufe f; **le plus 'haut degré** de *l'échelle sociale* die höchste Stufe, Sprosse; **degré de parenté** Verwandtschaftsgrad m; **brûlure** f **du second degré** Verbrennung f zweiten Grades; **par degré(s)** stufen-, schrittweise; **au plus 'haut degré** im höchsten Maß, Grad **2.** (Volum)Prozent n; **degré d'alcool** Alkoholgehalt m **3.** **enseignement** m **du premier, second degré** Grundschulwesen n, höheres Schulwesen

dégressif [degresif] *adj* ⟨-ive [-iv]⟩ degressiv; abnehmend

dégrèvement [degrɛvmɑ̃] m Steuerermäßigung f

dégriffé *adj* ⟨~e⟩ ohne Markenzeichen

dégringolade [degrɛ̃gɔlad] F f **1.** Sturz m **2.** *fig* Kurssturz m; F Talfahrt f

dégringoler [degrɛ̃gɔle] F **I** v/t *escalier* F runterstürzen, -sausen **II** v/i ⟨**être** *od* **avoir**⟩ **1.** F runterpurzeln **2.** *fig actions* stark fallen; F purzeln

dégriser v/t **1.** nüchtern machen **2.** *fig* ernüchtern

dégrossir v/t **1.** TECH grob bearbeiten **2.** *fig travail* aufbereiten **3.** **dégrossir qn** j-m Schliff *ou* die Anfangsgründe beibringen; **mal dégrossi** ungehobelt; grob

dégrouiller v/pr **se dégrouiller** F sich tummeln; F sich ranhalten

déguenillé [deg(ə)nije] *adj* ⟨~e⟩ zerlumpt

déguerpir [degɛʀpiʀ] v/i sich davonmachen; F abhauen; **faire déguerpir qn** j-n vertreiben, verjagen; F j-m Beine machen

dégueu [degø] *adj abr* ⟨*inv*⟩ F → **dégueulasse**

dégueulasse [degœlas] P *adj* ekelhaft; P zum Kotzen; **pas dégueulasse** F nicht übel

dégueuler v/t et v/i P kotzen

dégueulis [degœli] m P Kotze f

déguisé [degize] *adj* ⟨~e⟩ **1.** verkleidet **2.** (*caché*) verstellt; versteckt

déguisement [degizmɑ̃] m Verkleidung f

déguiser [degize] **I** v/t **1.** verkleiden (**en** als) **2.** *voix* verstellen **II** v/pr **se déguiser** sich verkleiden (**en** als)

dégurgiter [degyrʒite] v/t unverdaut wieder von sich geben (*a fig*)

dégustateur [degystatœʀ] m Weinprüfer m, -verkoster m

dégustation [degystasjɔ̃] f **dégustation de vins** Weinprobe f

déguster [degyste] v/t **1.** kosten; probieren; (*savourer*) genießen **2.** F *fig* abkriegen

déhanchement [deɑ̃ʃmɑ̃] m Wiegen n in den Hüften; Schwingen n der Hüften

déhancher [deɑ̃ʃe] v/pr **se déhancher** sich in den Hüften wiegen

▸ **dehors** [dəɔʀ] **I** *adv* draußen; *avec déplacement* hinaus *ou* heraus; F raus; ▸ **dehors!** raus!; **de dehors** von draußen; **en dehors** nach außen **II** *prép* ▸ **en dehors de** außerhalb (+ *gén*); außer (+ *dat*) **III** m Äußere(s) n; **sous des dehors gentils** hinter e-m freundlichen

Äußeren
déhoussable [deusabl] **I** *adj canapé* mit abnehmbarem Schonbezug **II** *m* Sofa *n*, Couch *f* mit abnehmbarem Schonbezug
déification [deifikasjõ] *f* Erhebung *f* zum Gott
déifier [-fje] *v/t* zum Gott erheben, machen
déisme [deism] *m* Deismus *m*
déiste [deist] **I** *m* Deist *m* **II** *adj* deistisch
▸ **déjà** [deʒa] *adv* **1.** schon; bereits **2. comment s'appelle-t-il déjà?** wie heißt er doch gleich?
déjanté [deʒɑ̃te] F *adj* ⟨~e⟩ F durchgeknallt; F ausgeflippt
déjanter [-e] **I** *v/t pneu* von der Felge ziehen **II** *v/i* F *fig personne* F spinnen; F verrücktspielen
déjections [deʒɛksjõ] *f/pl* Exkremente *n/pl*
▸ **déjeuner** [deʒœne] **I** *v/i* **1.** *à midi* zu Mittag essen **2.** *le matin* frühstücken **II** *m* **3.** Mittagessen *n*; **déjeuner d'affaires** Geschäfts-, POL Arbeitsessen *n* **4. petit déjeuner** Frühstück *n* **5.** Frühstücksgedeck *n*
déjouer *v/t* vereiteln; durchkreuzen
déjuger *v/pr* ⟨-ge-⟩ **se déjuger** s-e Meinung, s-n Entschluss ändern
delà [dəla] **en delà** [ãdla] darüber hinaus
délabré [delabʀe] *adj* ⟨~e⟩ **1.** *maison* verfallen; baufällig **2.** *fig* zerrüttet
délabrement [delabʀəmã] *m* **1.** Baufälligkeit *f* **2.** *fig* Zerrüttung *f*
délabrer [delabʀe] **I** *v/t santé* ruinieren; zerstören **II** *v/pr* **se délabrer 1.** *maison* verfallen; verkommen **2.** *fig santé* sich verschlechtern; *affaires* immer schlechter gehen
délacer *v/t* ⟨-ç-⟩ aufschnüren, -binden
▸ **délai** [delɛ] *m* **1.** Frist *f*; Zeit(raum) *f(m)*; **dans un délai de** innerhalb (von); binnen; **dans les délais** fristgemäß; termingerecht; **dans les plus brefs délais** in kürzester Frist, Zeit; **fixer un délai à qn** j-m e-e Frist setzen; **passé ce délai ...** nach Ablauf dieser Frist, Zeit ... **2.** (*prolongation*) Aufschub *m*; **sans délai** unverzüglich
délaissé [delese] *adj* ⟨~e⟩ *conjoint* verlassen; *enfant* vernachlässigt
délaissement [delesmã] *m* Verlassenheit *f*
délaisser *v/t* **1.** *qn* verlassen; im Stich lassen; F sitzen lassen; (*négliger*) vernachlässigen **2.** *études* aufgeben
délassant [delasã] *adj* ⟨-ante [-ãt]⟩ erholsam; entspannend
délassement [-mã] *m* Erholung *f*; Entspannung *f*
délasser **I** *v/t* entspannen; erquicken **II** *v/pr* **se délasser** sich erholen, entspannen
délateur [delatœʀ] *m*, **délatrice** [-tʀis] *f* Denunziant(in) *m(f)*
délation [-sjõ] *f* Denunziation *f*; *par ext* Denunziantentum *n*
délavé [delave] *adj* ⟨~e⟩ verwaschen; *jeans* vorgewaschen
délaver [-e] *v/t* **1.** *couleurs* (durch Wasser) aus-, verwischen **2.** *sol, chemin* aufweichen
délayage [delɛjaʒ] *m fig* **faire du délayage** sich in weitschweifigen, langatmigen Ausführungen ergehen
délayé [deleje] *m* → **délayage**
délayer [-e] *v/t* ⟨-ay- *od* -ai-⟩ anrühren
delco® [dɛlko] *m* AUTO Batteriezündanlage *f*
délectable [delɛktabl] *adj* köstlich

délectation [-asjõ] *f* Genuss *m*
délecter [delɛkte] *v/pr* **se délecter à** *ou* **de qc** sich an etw (*dat*) erfreuen, ergötzen; etw genießen
délégation *f* **1.** *groupe* Delegation *f*; Abordnung *f*; Vertretung *f* **2.** Übertragung *f*, Delegierung *f* (**de pouvoirs à qn** von Macht-, Amtsbefugnissen auf j-n) **3.** (*mandat*) Auftrag *m*; Vollmacht *f*; **par délégation** im Auftrag
délégué(e) [delege] *m(f)* Delegierte(r) *f(m)*; Vertreter(in) *m(f)*; Beauftragte(r) *f(m)*; **délégué(e) de classe** Klassensprecher(in) *m(f)*
déléguer *v/t* ⟨-è-⟩ **1.** *personne* entsenden; abordnen; delegieren **2.** *pouvoirs* übertragen; delegieren (*a tâche*)
délestage [delɛstaʒ] *m* **itinéraire** *m* **de délestage** Entlastungsstrecke *f*
délester *v/t* **1.** entlasten **2.** *fig* (*voler*) **délester qn de qc** j-n um etw erleichtern
délétère [deletɛʀ] *adj* **1.** *émanations* (lebens)gefährlich; schädlich **2.** *fig et st/s influence* *f* **délétère** schädlicher Einfluss
délibérant [delibeʀã] *adj* ⟨-ante [-ãt]⟩ beschlussfassend
délibération *f* **1.** (*débat*) Beratung *f* **2.** (*réflexion*) Überlegung *f*
délibéré [delibeʀe] *adj* ⟨~e⟩ **1.** (*décidé*) entschlossen **2. de propos délibéré** absichtlich; bewusst
délibérément [delibeʀemã] *adv* wohlüberlegt; bewusst; absichtlich
délibérer *v/i* ⟨-è-⟩ beraten, beratschlagen (**sur qc** etw *ou* über etw [*acc*])
délicat [delika] *adj* ⟨-ate [-at]⟩ **1.** (*fin*) fein; *peau, santé* zart **2.** *fig question, situation* heikel; delikat **3.** *personne* feinfühlig; zart fühlend; rücksichts-, taktvoll **4.** *personne* (*difficile*) wählerisch; anspruchsvoll
délicatement [delikatmã] *adv* **1.** *travaillé* fein **2.** *agir* behutsam; vorsichtig; *par ext* taktvoll
délicatesse [delikatɛs] *f* **1.** Feinheit *f*; Zartheit *f* **2.** Fein-, Zartgefühl *n*; Rücksichtnahme *f*; Takt(gefühl) *m(n)*; **manque** *m* **de délicatesse** Taktlosigkeit *f*
délice [delis] **1.** *f/pl* **délices** Wonnen *f/pl* **2.** *m* Wonne *f*; Genuss *m*
délicieux [delisjø] *adj* ⟨-euse [-øz]⟩ **1.** *mets* köstlich; lecker; wohlschmeckend; *parfum* lieblich **2.** *sensation* sehr angenehm; *femme, robe* entzückend; reizend
délictueux [deliktɥø] *adj* ⟨-euse [-øz]⟩ strafbar
délié [delje] *adj* ⟨~e⟩ **1. avoir la langue déliée** ein flinkes Mundwerk haben **2.** *esprit* scharf; klar
délier *v/t* **1.** auf-, losbinden; lösen **2.** *fig* **délier qn de qc** j-n von etw entbinden
délimitation *f* Abgrenzung *f*
délimiter *v/t* abgrenzen (*a fig*)
délinquance [delɛ̃kãs] *f* Kriminalität *f*; Straffälligkeit *f*; **délinquance juvénile** Jugendkriminalität *f*; **petite délinquance** Kleinkriminalität *f*
délinquant [delɛ̃kã] *m*, **délinquante** [-ãt] *f* Straftäter(in) *m(f)*; Delinquent(in) *m(f)*
déliquescence [delikesãs] *f* völliger Verfall; Dekadenz *f*
déliquescent [delikesã] *adj* ⟨-ente [-ãt]⟩ **1.** CHIM zerfließbar; stark hygroskopisch **2.** *fig*

demander !FQ

demander qn	On demande M. Leroux au téléphone.	Man verlangt M. Leroux am Telefon.
demander qc	Le SDF demande de l'argent.	Der Obdachlose bittet um Geld.
demander qc à qn	Le SDF demande de l'argent **aux** gens.	Der Obdachlose bittet die Leute um Geld.
demander de faire qc	Le SDF demande de lui donner de l'argent.	Der Obdachlose bittet darum, ihm Geld zu geben.
demander à qn de faire qc	Le SDF demande aux gens de lui donner un peu d'argent.	Der Obdachlose bittet die Leute, ihm etwas Geld zu geben.

mœurs dekadent; *vieillard* hinfällig

délirant [deliʀɑ̃] *adj* ⟨**-ante** [-ɑ̃t]⟩ **1.** *joie, imagination* überschwänglich **2.** F wahnsinnig

délire [deliʀ] *m* **1.** MÉD Delirium *n*; (Fieber)-Wahn *m* **2.** *fig* Toben *n*; Raserei *f*; **foule** *f* **en délire** tobende, rasende Menge **3.** F *c'est du délire!* das ist Wahnsinn!

délirer [deliʀe] *v/i* **1.** MÉD im Delirium sein **2.** *fig* **délirer de joie** vor Freude außer Rand und Band sein **3.** F *il délire* F er spinnt

delirium tremens [deliʀjɔmtʀemɛ̃s] *m* Delirium tremens *n*

▶ **délit** [deli] *m* Delikt *n*; Vergehen *n*; Straftat *f*; **délit de fuite** Fahrer-, Unfallflucht *f*; **commettre un délit** ein Delikt begehen

délivrance [delivʀɑ̃s] *f* **1.** *fig* Befreiung *f*; Erleichterung *f*; Erlösung *f* **2.** MÉD Entbindung *f* **3.** ADM Ausstellung *f*; Ausfertigung *f*

délivrer *v/t* **1.** *prisonnier* befreien **2.** *fig* **délivrer qn de qc** j-n von etw befreien, erlösen **3.** *passeport* ausstellen; *billets* ausgeben; *brevet* erteilen

délocalisation *f d'une entreprise etc* Ver-, Auslagerung *f*; Verlegung *f*

délocaliser [-e] *v/t industrie* ver-, auslagern; verlegen

déloger *v/t* ⟨**-ge-**⟩ ausquartieren; (*chasser*) verjagen, -treiben

déloyal *adj* ⟨**~e**; **-aux** [-o]⟩ unfair; unaufrichtig; unehrenhaft; unredlich; **concurrence déloyale** unlauterer Wettbewerb

déloyauté *f* Unkorrektheit *f*; Unehrenhaftigkeit *f*; Unaufrichtigkeit *f*; Treulosigkeit *f*; **faire acte, preuve de déloyauté** sich unfair, unkorrekt, unehrenhaft verhalten

delta [dɛlta] *m* Delta *n*

deltaplane [dɛltaplan] *m* **1.** (Flug)Drachen *m*; F Drachenflieger *m* **2.** *sport* Drachenfliegen *n*

deltoïde [dɛltɔid] *adj* (**muscle** *m*) **deltoïde** *m* Deltamuskel *m*

déluge [delyʒ] *m* **1.** BIBL **Déluge** Sintflut *f*; *fig* **remonter au déluge** uralt sein **2.** sintflutartige Regenfälle *m/pl* **3.** *fig de larmes* Strom *m*; *de paroles* Flut *f*

déluré [delyʀe] *adj* ⟨**~e**⟩ **1.** munter; pfiffig **2.** *péj* ungeniert; kess

démago [demago] F *abr* → **démagogue**

démagogie [demagɔʒi] *f* Demagogie *f*; Volksverhetzung *f*

démagogique [-ik] *adj* demagogisch

démagogue [demagɔg] **I** *m* Demagoge *m*; Volksverführer *m* **II** *adj* demagogisch

▶ **demain** [d(ə)mɛ̃] *adv* morgen (*a fig*); **à demain!** bis morgen!; **la journée de demain** der morgige Tag

démancher [demɑ̃ʃe] *v/t* **1.** *outil* den Stiel, den Griff abmachen (**qc** von etw) **2.** F *bras etc* ver-, ausrenken; auskugeln

▶ **demande** [d(ə)mɑ̃d] *f* **1.** Bitte *f*; Ersuchen *n*; Anfrage *f*; ADM Antrag *m*; Gesuch *n*; Eingabe *f*; **demande d'emploi** Stellengesuch *n*; **à, sur la demande de qn** auf die Bitte j-s (hin); **à la demande générale** auf allgemeinen Wunsch; **sur demande** e-n Antrag stellen (**à** bei) **2.** **demande en mariage** Heiratsantrag *m* **3.** ÉCON Nachfrage *f* (**de qc** nach etw) **4.** JUR Klage *f*; **demande en divorce** Scheidungsklage *f*

demandé [d(ə)mɑ̃de] *adj* ⟨**~e**⟩ gefragt; begehrt

▶ **demander** [d(ə)mɑ̃de] **I** *v/t* **1.** (*solliciter*) bitten (**qc à qn** j-n um etw); erbitten (etw von j-m); ersuchen (j-n um etw); ADM beantragen; **demander la parole** ums Wort bitten; sich zu Wort melden; **demander à qn de faire qc** j-n (darum) bitten, etw zu tun; **demander que ...** (+ *subj*) (darum) bitten, dass ... **2.** (*exiger*) verlangen, fordern (**qc à qn** etw von j-m); abverlangen (j-m etw); (*désirer*) wünschen, begehren (etw von j-m); **il ne demande que ça** darauf wartet er nur; das will er ja gerade; **demander trop à qn** a j-m zu viel zumuten; j-n überfordern; **demander à** (+ *inf*) verlangen, wünschen zu (+ *inf*) **3.** *chose* **demander qc** etw verlangen, erfordern, benötigen, brauchen; *situation* **demander réflexion** Bedenkzeit erfordern; **demander beaucoup de soins** viel Pflege brauchen, benötigen; *résultat* **demander à être vérifié** geprüft werden müssen **4.** **demander qn** j-n *ou* nach j-m verlangen; **on vous demande** Sie werden verlangt; man wünscht Sie zu sprechen **5.** *par question* fragen (**qc à qn** j-n nach etw); **demander son chemin** (**à qn**) (j-n) nach dem Weg fragen **6.** JUR **demander le divorce** die Scheidung einreichen **7.** **demander qn en mariage** um die Hand j-s anhalten **II** *v/t/indir* F **demander après qn** nach j-m fragen **III** *v/pr* **se demander** sich fragen

demandeur¹ [d(ə)mɑ̃dœʀ] *m*, **demanderesse** [d(ə)mɑ̃dʀɛs] *f* JUR Kläger(in) *m(f)*
demandeur² *m*, **demandeuse** [-øz] *f* **demandeur, demandeuse d'asile** Asylbewerber(in) *m(f)*; Asylant(in) *m(f)*; **demandeur, demandeuse d'emploi** Arbeit(s)-, Stellung(s)suchende(r) *f(m)*
démangeaison [demɑ̃ʒɛzõ] *f* Jucken *n*; Juckreiz *m*
démanger [demɑ̃ʒe] *v/t et v/i* ⟨-ge-⟩ **1.** jucken (*qn ou à qn* j-n) **2.** *fig* **cela le démange de** (+ *inf*) F es kribbelt ihm in den Fingern zu (+ *inf*)
démantèlement [demɑ̃tɛlmɑ̃] *m* **1.** Schleifen *n*; Niederreißen *n* **2.** Zerschlagung *f*
démanteler [demɑ̃t(ə)le] *v/t* ⟨-è-⟩ **1.** *forteresse* schleifen **2.** *fig* zerschlagen
démantibuler [demɑ̃tibyle] *v/t* F kaputt machen, schlagen
démaquillage *m* Abschminken *n*
démaquillant [demakijɑ̃] *adj* ⟨-ante [-ɑ̃t]⟩ (*produit, lait*) **démaquillant** *m* Reinigungscreme *f*, -milch *f*
démaquiller *v/t* (*et v/pr* **se démaquiller** sich) abschminken
démarcage *m* → **démarquage**
démarcation [demaʀkasjõ] *f* Grenzziehung *f*; Abgrenzung *f* (*a fig*); **ligne** *f* **de démarcation** Demarkationslinie *f*
démarchage [demaʀʃaʒ] *m* Kundenwerbung *f*; Akquisition *f*
démarche *f* **1.** (*allure*) Gang *m* **2.** *fig* Vorstoß *m*; **démarches** *pl* Schritte *m/pl*; **faire des démarches** Schritte unternehmen **3.** *de la pensée* Aufbau *m*; Weg *m*
démarcheur *m*, **démarcheuse** [-øz] *f* Kundenwerber(in) *m(f)*; Akquisiteur *m*; F Drücker *m*
démarquage *m* **1.** Nachahmung *f*; Kopieren *n*; *résultat* Plagiat *n*; Kopie *f* **2.** SPORTS Freilaufen *n*, -spielen *n*
démarque *f* COMM Entfernung *f* des Markenzeichens, der Markierung (*d'un article* von e-m Artikel)
démarquer I *v/t* **1.** COMM das Markenzeichen entfernen (*qc* von etw); *par ext* im Preis herabsetzen **2.** kopieren; plagiieren **3.** SPORTS *joueur* freispielen II *v/pr* **se démarquer 4.** SPORTS sich freilaufen; sich freispielen **5.** *fig* sich profilieren
démarrage [demaʀaʒ] *m* **1.** Anfahren *n*; Start *m* **2.** *fig* Start *m*; Anlaufen *n*; Beginn *m*
▸ **démarrer** I F *v/i* beginnen; starten II *v/i* **1.** anfahren; starten; *moteur* anspringen; **faire démarrer** *moteur* anlassen; anwerfen; starten (*a véhicule*) **2.** *fig* anlaufen; in Gang kommen; beginnen
démarreur [demaʀœʀ] *m* Anlasser *m*; Starter *m*
démasquer I *v/t* entlarven; demaskieren; *espion a* enttarnen II *v/pr* **se démasquer** s-e Maske fallen lassen
démâtage [demɑtaʒ] *m* Entmasten *n*; Verlust *m* der Masten
démâter [-e] I *v/t* entmasten II *v/i* entmastet werden; die Masten verlieren
d'emblée [dɑ̃ble] → **emblée**
démêlage [demɛlaʒ] *m* Entwirren *n*
démêlé [demele] *m* Streit *m*; Auseinandersetzung *f*; **avoir des démêlés avec** Streit haben, in Streit liegen mit; *avec la police, la justice* zu tun haben mit
démêler *v/t* **1.** *cheveux* auskämmen, -bürsten **2.** *fig* entwirren; Licht bringen in (+ *acc*); (*distinguer*) auseinanderhalten; **démêler le vrai du faux** das Wahre vom Falschen unterscheiden
démembrement [demɑ̃bʀəmɑ̃] *m* (Auf)Teilung *f*; Zerstückelung *f*
démembrer [-e] *v/t* (auf)teilen; zerstückeln
déménagement *m* Umzug *m*; Auszug *m*
▸ **déménager** ⟨-ge-⟩ I *v/t* umräumen II *v/i* um-, ausziehen
déménageur [-œʀ] *m* **1.** Möbelpacker *m* **2.** Möbelspediteur *m*
démence [demɑ̃s] *f* Irrsinn *m*
démener [demne] *v/pr* ⟨-è-⟩ **se démener 1.** (herum)toben **2.** *fig* sich plagen; sich abmühen
dément [demɑ̃] *adj* ⟨-ente [-ɑ̃t]⟩ irrsinnig; irre (*a* F *fig*)
démenti [demɑ̃ti] *m* Dementi *n*
démentiel [demɑ̃sjɛl] *adj* ⟨⁓le⟩ unsinnig; verrückt
démentir ⟨→ **partir**⟩ I *v/t* **1.** **démentir qn** j-m (offiziell) widersprechen **2.** *nouvelle* dementieren **3.** *chose* **démentir qc** etw Lügen strafen II *v/pr* **ne pas se démentir** nicht nachlassen; abflauen
démerdard [demɛʀdaʀ] P *m et adj* → **débrouillard**
démerder *v/pr* P **se démerder** → **débrouiller** II
démérite *litt m* Verfehlung *f*; Fehler *m*; *par ext* Schuldhaftigkeit *f*
démériter *v/i* **démériter aux yeux de qn** sich in den Augen j-s schuldig machen
démesure *f* Maßlosigkeit *f*
démesuré *adj* ⟨⁓e⟩ **1.** immens; riesig **2.** *fig orgueil, etc* maßlos
démesurément *adv* maßlos; übermäßig; unendlich
démettre ⟨→ **mettre**⟩ I *v/t* **démettre qn de ses fonctions** j-n s-s Amtes entheben; j-n absetzen II *v/pr* **1.** **se démettre le bras** sich (*dat*) den Arm ver-, ausrenken, auskugeln **2.** **se démettre** (*de ses fonctions*) sein Amt niederlegen
demeurant [dəmœrɑ̃] *st/s* **au demeurant** im Übrigen; ansonsten
demeure [dəmœʀ] *f* **1.** Wohnsitz *m*; *fig* **dernière demeure** letzte Ruhestätte **2.** **à demeure** auf Dauer **3.** **mettre qn en demeure de** (+ *inf*) j-n auffordern, mahnen zu (+ *inf*)
demeuré [dəmœre] *adj* ⟨⁓e⟩ (geistig) zurückgeblieben; *péj* schwachköpfig
demeurer [dəmœre] *v/i* **1.** (*habiter*) wohnen **2.** ⟨**être**⟩ (*rester*) bleiben
▸ **demi** [d(ə)mi] I *adj* **un jour et demi** anderthalb *ou* eineinhalb Tage *m/pl*; **trois heures et demie** dreieinhalb Stunden *f/pl*; **à trois heures et demie** um halb vier II *adv* **à demi** halb; zur Hälfte III *subst* **1. demi(e)** *m(f)* Halbe(r, -s) *f(m, n)* **2.** *m* MATH Halbe(s) *n* **3.** *bière* **un demi** ein (kleines) Glas Bier **4.** *m* SPORT Mittelfeldspieler *m* **5.** *heure* **à la demie** um halb
demi-... [d(ə)mi] *préfixe* ⟨*f u pl inv*: **demi-places, etc**⟩ halb...; Halb...
demi-botte *f* Halbstiefel *m*

demi-bouteille f halbe ou kleine Flasche
demi-cercle m Halbkreis m; **en demi-cercle** im Halbkreis
demi-deuil m Halbtrauer f
demi-dieu m Halbgott m
demi-douzaine f halbes Dutzend
demi-écrémé [d(ə)miekreme] adj ⟨~e⟩ **lait de-mi-écrémé** Halbmilch f; Trockenmilch f mit geringerem Fettgehalt (für Säuglinge)
demi-finale f sports Halb-, Semifinale n
demi-finaliste m,f sports Teilnehmer(in) m(f) am Halb-, Semifinale
demi-fond m sports Mittelstrecke f; **coureur** f **de demi-fond** Mittelstreckenläufer m m
demi-frère m Halb-, Stiefbruder m
▶ **demi-heure** f halbe Stunde
demi-jour m Dämmer-, Zwielicht n; Halbdunkel n
demi-journée f halber Tag
démilitarisation [demilitarizasjõ] f Entmilitarisierung f
démilitariser [-e] v/t entmilitarisieren
demi-litre m halber Liter
demi-longueur f sports halbe Länge
demi-lune f 1. fortif Außenwerk m 2. arch halbkreisförmiger, halbrunder Platz 3. adjt ⟨inv⟩ meuble halbkreisförmig; halbrund
demi-mal m **il n'y a que demi-mal** es ist (nur) halb so schlimm
demi-mesure f halbe Sache; Halbheit f
demi-morte litt adj ⟨-morte [-mɔrt]⟩ halb tot
demi-mot m **à demi-mot** ohne viel Worte; mithilfe von Andeutungen
déminage [deminaʒ] m Minenräumung f; Entminung f
déminer [-e] v/t entminen; von Minen säubern; abs Minen räumen
déminéralisation [demineralizasjõ] f Demineralisation f
déminéraliser [demineralize] v/pr **se déminé-raliser** (die) Mineralien verlieren
démineur m mil Minenräumer m
demi-pause f mus halbe Pause
demi-pension f 1. Halbpension f 2. Ganztagsschule f (mit gemeinsamem Mittagessen)
demi-pensionnaire m,f Ganztagsschüler(in) m(f)
demi-place f (um die Hälfte) ermäßigte Fahrkarte
demi-pointure f chaussures Zwischengröße f
demi-portion f F fig halbe Portion
demi-queue m Stutzflügel m
démis [demi] p/p → **démettre** et adj ⟨-ise [-iz]⟩ verrenkt
demi-saison f Übergangszeit f
demi-sec adj ⟨-sèche [-sɛʃ]⟩ champagne halbtrocken
demi-sel adj ⟨inv⟩ leicht gesalzen
demi-siècle m halbes Jahrhundert
demi-sœur f Halb-, Stiefschwester f
demi-sommeil m Halbschlaf m
demi-soupir m mus Achtelpause f
▶ **démission** f 1. pol a Demission f; d'un salarié Kündigung f; **lettre** f **de démis-sion** Rücktrittsgesuch n; **donner sa démis-sion** den Rücktritt einreichen, erklären; salarié kündigen 2. fig Verzicht m; Aufgabe f
démissionnaire [demisjɔnɛr] adj 1. zurückge-

treten 2. parents die aufgeben, versagen
▶ **démissionner** [demisjɔne] v/i 1. zurücktreten; salarié kündigen 2. fig aufgeben
demi-tarif: **(à) demi-tarif** zum halben Preis
demi-teinte f peint Halbton m (a fig)
demi-tour m Kehrtwendung f; ▶ **faire demi-tour** kehrtmachen; umkehren
démobilisation f 1. mil Demobilisierung f 2. fig Demotivation f
démobiliser v/t 1. mil demobilisieren 2. fig demotivieren; adjt **démobilisé** demotiviert; ohne Einsatzfreude
démocrate [demɔkrat] I m,f Demokrat(in) m(f) II adj demokratisch; aux États-Unis **parti démocrate** Demokratische Partei
démocrate-chrétien adj ⟨-ienne [-jɛn]⟩ christlich-demokratisch
▶ **démocratie** [demɔkrasi] f Demokratie f
démocratique [-tik] adj demokratisch
démocratiquement [-tikmã] adv demokratisch
démocratisation [demɔkratizasjõ] f Demokratisierung f
démocratiser [demɔkratize] I v/t demokratisieren II v/pr **se démocratiser** 1. pol demokratisch werden 2. allen Bevölkerungsschichten zugänglich werden
démodé [demɔde] adj ⟨~e⟩ altmodisch; unmodern; überholt
démoder [demɔde] v/pr **se démoder** unmodern werden; aus der Mode kommen
démographe [demɔgraf] m,f Demograph(in) m(f)
démographie [demɔgrafi] f Demographie f; **démographie galopante** sprunghafte Bevölkerungszunahme
démographique [demɔgrafik] adj demographisch; Bevölkerungs…
demoiselle [d(ə)mwazɛl] f 1. Fräulein n 2. iron junge Dame 3. **demoiselle d'honneur** Brautjungfer f
▶ **démolir** [demɔlir] v/t 1. construction abreißen; abbrechen 2. (casser) demolieren; kaputt machen 3. fig zerstören; zunichtemachen 4. F (frapper) **démolir qn** F j-n zusammenschlagen 5. fig **démolir qn** j-n diffamieren, in Verruf bringen; par la critique j-n verreißen
démolissage [demɔlisaʒ] m d'un auteur, d'une œuvre Verriss m; vernichtende Kritik (**de** an +dat)
démolisseur [demɔlisœr] m 1. Abbrucharbeiter m 2. fig Zerstörer m
démolition [demɔlisjõ] f 1. Abriss m; Abbruch m 2. fig Zerstörung f
démon [demõ] m rel, fig Dämon m; Teufel m; enfant **petit démon** Wildfang m; fig **démon de midi** Midlife-Crisis f
démoniaque [demɔnjak] adj dämonisch; teuflisch
démonstrateur [demõstratœr] m, **démonstratrice** [-tris] f Demonstrator m; Vorführdame f; Propagandist(in) m(f)
démonstratif [demõstratif] adj ⟨-ive [-iv]⟩ 1. personne mitteilsam; überschwänglich 2. (pronom) **démonstratif** m Demonstrativpronomen n; hinweisendes Fürwort
démonstration [demõstrasjõ] f 1. (raisonnement) Beweisführung f 2. d'un appareil, etc Vorführung f; Demonstration f 3. de senti-

ments Bekundung *f*; Äußerung *f*; **démonstra-tion de force** Demonstration *f* der Stärke (*a* MIL)

démontable [demõtabl] *adj* zerlegbar

démontage *m* Zerlegung *f*; Demontage *f*; Abbau *m*; *d'un pneu* Abmontieren *n*

démonté [demõte] *adj* ⟨**~e**⟩ *mer* aufgewühlt

démonte-pneu [demõtpnø] *m* ⟨**démonte-pneus**⟩ Montierhebel *m*

démonter **I** *v/t* **1.** zerlegen; auseinandernehmen; demontieren; *tente* abbrechen; *échafaudage* abbauen **2.** *roue* abmontieren; *pièce* ausbauen **3.** *fig* **démonter qn** j-n aus der Fassung bringen **II** *v/pr* **se démonter** sich aus der Fassung bringen lassen

démontrable [demõtʀabl] *adj* beweisbar

▸ **démontrer** *v/t* beweisen; *par ext a* demonstrieren; hinweisen auf (+ *acc*)

démoralisant [demɔralizã] *adj* ⟨**-ante** [-ãt]⟩ entmutigend; deprimierend; demoralisierend

démoralisateur [-atœr] *adj* ⟨**-trice** [-tʀis]⟩ demoralisierend; zersetzend

démoralisation [-asjõ] *f* **a)** *action* Demoralisierung *f*; Entmutigung *f* **b)** *état* Mutlosigkeit *f*; Deprimiertheit *f*

démoraliser [-e] **I** *v/t* demoralisieren; entmutigen **II** *v/pr* **se démoraliser** den Mut, die Zuversicht verlieren

démordre *v/t/indir* ⟨→ **rendre**⟩ **ne pas démordre d'une opinion** von e-r Meinung nicht abgehen; auf e-r Meinung beharren; **il n'en démord pas** er lässt sich nicht davon abbringen; er beharrt darauf; er lässt nicht locker

démotiver *v/t* demotivieren

démoulage *m* Herausnehmen *n* aus der Form

démouler [-e] *v/t* aus der Form nehmen

démoustiquer [demustike] *v/t* von Mücken befreien; die Mücken vernichten (**un lieu** an e-m Ort)

démultiplicateur *m* Untersetzungsgetriebe *n*

démultiplication [-asjõ] *f* TECH Übersetzung *f*

démultiplier *v/t* TECH übersetzen

démunir **I** *v/t* **démunir qn de qc** j-m etw wegnehmen; j-n um etw bringen; **être démuni** ohne Geld, mittellos, *fig* hilflos dastehen **II** *v/pr* **se démunir de qc** etw weggeben

démystification *f* Aufklärung *f*; Desillusionierung *f*

démystifier [-fje] *v/t* **1.** *personne* aufklären; desillusionieren **2.** *chose* das Geheimnisvolle nehmen (+*dat*)

démythification [demitifikasjõ] *f* Entmythisierung *f*

démythifier [-fje] *v/t* entmythisieren; *par ext* realistisch, kritisch betrachten

dénatalité *f* Geburtenrückgang *m*

dénationalisation *f* Reprivatisierung *f*; Rückführung *f* in Privathand

dénationaliser [-e] *v/t* reprivatisieren

dénaturalisation *f* Ausbürgerung *f*

dénaturaliser [-e] *v/t* ausbürgern

dénaturant [denatyrã] *m* Denaturierungsmittel *n*

dénaturation [-asjõ] *f* Denaturierung *f*

dénaturé [denatyre] *adj* ⟨**~e**⟩ entartet; **mère dénaturée, père dénaturé** *a* Rabenmutter *f*, -vater *m*

dénaturer [denatyre] *v/t* **1.** entstellen; verfäl-

schen **2.** TECH denaturieren

dénazification [denazifikasjõ] *f* Entnazifizierung *f*

dénazifier [-fje] *v/t* entnazifizieren

dénégation *f* Abstreiten *n*; Leugnen *n*

déneigement [denɛʒmã] *m* Schneeräumung *f*

déni [deni] *m* **déni de justice** Rechtsverweigerung *f*

déniaiser [denjeze] *v/t* die Unschuld nehmen (**qn** j-m)

dénicher **1.** aus dem Nest nehmen **2.** (*trouver*) aufstöbern; auftreiben; F ergattern

dénicheur [deniʃœr] *m*, **dénicheuse** [-øz] *f* j, der Nester ausnimmt

dénicotinisation [denikɔtinizasjõ] *f* Nikotinentzug *m*

dénicotiniser [denikɔtinize] *v/t* das Nikotin entziehen (+*dat*); *adjt* **dénicotinisé** nikotinarm *ou* -frei

denier [dənje] *m* **1.** HIST Denar *m*; Heller *m* **2.** **deniers publics** öffentliche Gelder *n/pl*; **denier du culte** Kirchgeld *n*

dénier *v/t* **dénier qc à qn** j-m etw verweigern, absprechen

dénigrant [denigrã] *adj* ⟨**-ante** [-ãt]⟩ herabsetzend

dénigrement [denigrəmã] *m* Herabsetzung *f*; Verunglimpfung *f*

dénigrer [-e] *v/t* anschwärzen; herabsetzen; schlechtmachen

dénivelée [denivle] *f* Höhenunterschied *m*

déniveler [-e] *v/t* ⟨**-ll-**⟩ *sol, rue* uneben machen; senken

dénivellation [denivɛlasjõ] *f ou* **dénivellement** [-mã] *m* Höhenunterschied *m*

dénombrable [denõbrabl] *adj* zählbar

dénombrement [denõbrəmã] *m* Zählung *f*

dénombrer [denõbre] *v/t* zählen

dénominateur [denɔminatœr] *m* Nenner *m*; **dénominateur commun** gemeinsamer Nenner (*a fig*); **réduire au même dénominateur** auf den gleichen Nenner bringen; gleichnamig machen

dénominatif [denɔminatif] *adj* ⟨**-ive** [-iv]⟩ *mot m*, **verbe** *m* Denominativ(um) *n*

dénomination *f* Bezeichnung *f*; Benennung *f*

dénommer *v/t* (be)nennen; bezeichnen; **le dénommé X** der besagte X

dénoncer [denõse] *v/t* ⟨**-ç-**⟩ **1.** anzeigen (**à la police** bei der Polizei); *bassement* denunzieren **2.** *fig abus, etc* anprangern **3.** *accord* (auf)-kündigen

dénonciateur [denõsjatœr] *m*, **dénonciatrice** [-tris] *f péj* Denunziant(in) *m(f)*

dénonciation [denõsjasjõ] *f* **1.** Anzeige *f*; *péj* Denunziation *f* **2.** *fig* Anprangerung *f*

dénoter *v/t* schließen lassen, hindeuten auf (+ *acc*)

dénouement [denumã] *m* Ausgang *m* (*a* THÉ); Lösung *f*

dénouer **I** *v/t* **1.** aufbinden; aufknoten **2.** *fig* entwirren; *crise* lösen **II** *v/pr* **se dénouer** aufgehen; sich lösen (*a* THÉ, *difficultés*)

dénoyauter *v/t* entsteinen; entkernen

denrée [dãre] *f* **1.** (Ess)Ware *f*; **denrées** *pl* Lebensmittel *n/pl*; **denrées alimentaires** Nahrungsmittel *n/pl* **2.** *fig* **une denrée rare** e-e Seltenheit, Rarität

dense [dɑ̃s] *adj* **1.** dicht; *foule* dicht gedrängt **2.** *fig style* gedrängt

densité [dɑ̃site] *f* Dichte *f* (*a* PHYS)

▶ **dent** [dɑ̃] *f* **1.** Zahn *m*; **dent de lait, de sagesse** Milch-, Weisheitszahn *m*; **à belles dents** *mordre* kräftig; *fig* **déchirer qn à belles dents** kein gutes Haar an j-m lassen; *parler* **entre les dents** undeutlich; vor sich hin; F *fig* **avoir la dent** F e-n Mordshunger haben; *fig* **avoir les dents longues** geldgierig *ou* ehrgeizig sein; *fig* **avoir une dent contre qn** F e-n Pik auf j-n haben; *fig* **être sur les dents** in äußerster Anspannung sein; *bébé* **faire, percer ses dents** s-e Zähne bekommen; zahnen; **n'avoir rien à se mettre sous la dent** nichts zu beißen haben **2.** *d'une fourchette* Zinke *f*; *d'un peigne, d'un timbre* Zahn *m*; *d'une scie a* Zacke *f*

dentaire [dɑ̃tɛʀ] *adj* **1.** Zahn... **2.** zahnärztlich

dental [dɑ̃tal] *adj* ⟨∼e; -aux [-o]⟩ **consonne** *f* **dentale** Dentallaut *m*

dentale [dɑ̃tal] *f* Dentallaut *m*

denté [dɑ̃te] *adj* ⟨∼e⟩ TECH gezahnt; **roue dentée** Zahnrad *n*

dentelé [dɑ̃tle] *adj* ⟨∼e⟩ gezahnt; gezähnt; gezackt

denteler [-e] *v/t* ⟨-ll-⟩ mit Zähnen *ou* Zacken versehen; auszacken

dentelle [dɑ̃tɛl] *f* Spitze *f*

dentellier [dɑ̃təlje] *adj* ⟨-ière [-jɛʀ]⟩ Spitzen...

dentellière [dɑ̃təljɛʀ] *f* (Spitzen)Klöpplerin *f*

dentelure [dɑ̃tlyʀ] *f* Auszackung *f*, -zahnung *f*

dentier [dɑ̃tje] *m* (künstliches) Gebiss; (Zahn)-Prothese *f*

▶ **dentifrice** [dɑ̃tifʀis] *m* Zahncreme *f*, -pasta *f*

▶ **dentiste** [dɑ̃tist] *m,f* Zahnarzt, -ärztin *m,f*

dentisterie [dɑ̃tistəʀi] *f* Zahnmedizin *f*, -heilkunde *f*

dentition [dɑ̃tisjɔ̃] *f* (natürliches) Gebiss *n*

denture [dɑ̃tyʀ] *f d'une scie* Zahnung *f*

dénucléarisé [denykleaʀize] *adj* ⟨∼e⟩ kern-, atomwaffenfrei

dénucléariser [-e] *v/t* zur kern-, atomwaffenfreien Zone erklären, machen

dénudé [denyde] *adj* ⟨∼e⟩ nackt; entblößt; *paysage, crâne* kahl; *câble* blank

dénuder [-e] *v/t* entblößen; *câble* bloß legen; freilegen

dénué [denye] *adj* ⟨∼e⟩ **dénué de qc** ohne etw; ...los; **dénué d'intérêt** uninteressant; ohne Interesse; **dénué de sens** sinnlos

dénuement [denymɑ̃] *m* Mittellosigkeit *f*; Not *f*

dénutrition *f* Mangelernährung *f*

déodorant *m* Deodorant *n*

déontologie [deɔ̃tɔlɔʒi] *f* Berufsethos *n*

dépaillé [depaje] *adj* ⟨∼e⟩ **chaise dépaillée** Stuhl, dessen Strohsitz sich auflöst

dépannage [depanaʒ] *m* **1.** Pannenhilfe *f*; Reparatur *f*; AUTO **service** *m* **de dépannage** Pannen-, Abschleppdienst *m* **2.** F *fig* Hilfe (-leistung) *f*

dépanner [depane] *v/t* **1.** die Panne beheben (**la voiture** am Auto); reparieren; *voiture a* abschleppen **2.** F *fig* **dépanner qn** j-m aus der Verlegenheit helfen; j-m aus-, weiterhelfen

dépanneur [depanœʀ] *m* Kundendienst (-techniker) *m*

dépanneuse [-øz] *f* Abschleppwagen *m*

dépaqueter [depakte] *v/t* ⟨-tt-⟩ auspacken

dépareillé [depaʀeje] *adj* ⟨∼e⟩ *collection* nicht komplett; *gant* einzeln; *tasses* nicht zusammengehörend

dépareiller [-e] *v/t collection* unvollständig machen

déparer *v/t* verschandeln

▶ **départ** [depaʀ] *m* **1.** Abreise *f*; Aufbruch *m*; *d'un train, bus* Abfahrt *f*; *d'un avion* Abflug *m*; **être sur le départ** im Begriff sein abzureisen **2.** SPORTS Start *m*; **donner le départ** das Startzeichen geben (*a fig*) (**à** für); **prendre le départ** starten **3.** (*début*) Anfang *m*; Beginn *m*; **au départ** am Anfang; zu Beginn **4.** *d'un fonctionnaire* Abgang *m* **5. prix** *m* **départ usine** Preis *m* ab Werk

départager *v/t* ⟨-ge-⟩ die Entscheidung herbeiführen zwischen (+ *dat*)

département [depaʀtəmɑ̃] *m* **1.** *territoire* Departement *n* **2.** ADM Abteilung *f*

départemental [depaʀtəmɑ̃tal] *adj* ⟨∼e; -aux [-o]⟩ Departements...; (**route**) **départementale** *f* Landstraße *f*

départir *v/pr* ⟨→ **partir**⟩ **se départir de qc** etw aufgeben

dépassé *adj* ⟨∼e⟩ überholt; veraltet

dépassement [depɑsmɑ̃] *m* **1.** Überholen *n*; Überholvorgang *m* **2.** FIN Überschreitung *f*; Überziehung *f*

▶ **dépasser I** *v/t* **1.** (*doubler*) überholen (*a abs*) **2.** *en dimensions* überragen; hinausragen über (+ *acc*) **3.** *temps, quantité, etc* überschreiten; übersteigen; *espoirs* übertreffen **4.** *fig* **cela le dépasse** da ist er überfordert; **il est dépassé** (**par les événements**) die Dinge wachsen ihm über den Kopf **II** *v/i* hinausragen (**de** über + *acc*); herausragen, -stehen (aus); *vêtement* hervorschauen **III** *v/pr* **se dépasser** (**soi-même**) über sich (*acc*) selbst hinauswachsen; sich selbst übertreffen

dépassionner *v/t* entschärfen; versachlichen

dépatouiller [depatuje] *v/pr* F **se dépatouiller** F sich (*dat*) selbst aus der Patsche helfen

dépaysement [depeizmɑ̃] *m* **1.** Fremdsein *n*; Verloren-, Verlassenheit *f* **2.** *positif* Orts-, F Tapetenwechsel *m*

dépayser [depeize] *v/t* ein Gefühl der Fremdheit geben (**qn** j-m); **se sentir dépaysé** sich (*dat*) fremd, verlassen vorkommen

dépeçage [depəsaʒ] *m* Zerreißen *n*; Zerlegen *n*; Auseinandernehmen *n*

dépecer [-e] *v/t* ⟨-è-, -ç-⟩ *proie* in Stücke reißen; *bœuf* zerlegen

dépêche [depɛʃ] *f* Depesche *f*

dépêcher I *v/t* **dépêcher qn auprès de qn** j-n schnell zu j-m schicken **II** *v/pr* ▶ **se dépêcher** sich beeilen (**de faire qc** etw zu tun, mit etw)

dépeigner *v/t* → **décoiffer** *1*

dépeindre *v/t* ⟨→ **peindre**⟩ beschreiben; schildern

dépenaillé [dep(ə)naje] *adj* ⟨∼e⟩ zerlumpt

dépendance [depɑ̃dɑ̃s] *f* **1.** Abhängigkeit *f* (*a d'une drogue*) **2.** MÉD Pflegebedürftigkeit *f* **3.** *pl* **dépendances** Nebengebäude *n/pl*

dépendant *adj* ⟨-ante [-ɑ̃t]⟩ **1.** abhängig (**de** von) **2. dépendant** (**d'une drogue**) drogenabhängig **3.** MÉD pflegebedürftig; **personne dépendante** *a* Pflegefall *m*

▶ **dépendre** ⟨→ **rendre**⟩ **I** *v/t* abhängen; abnehmen **II** *v/t/indir* **1. dépendre de qc, de qn** von etw, von j-m abhängen; *personne* **dépendre de qn** *a* von j-m abhängig sein; auf j-n angewiesen sein; *abs* **ça dépend** das kommt d(a)rauf an; je nachdem **2.** (*faire partie*) **dépendre de qc** zu etw gehören

dépens [depã] *m/pl* **aux dépens de** auf Kosten von (*ou* + *gén*) (*a fig*); **à mes dépens** auf meine Kosten

dépense [depãs] *f* **1.** Ausgabe *f*; Auslage *f* **2.** *fig* Aufwand *m*; **dépense physique** physische Anstrengung, Belastung; **dépense d'énergie** Engergieverbrauch *m*

▸ **dépenser I** *v/t* **1.** *argent* ausgeben **2.** *fig temps* aufwenden; *énergie* verbrauchen **II** *v/pr* **se dépenser** sich (physisch) verausgaben

dépensier [depãsje] *adj* ⟨**-ière** [-jɛʀ]⟩ verschwenderisch; ausgabenfreudig

déperdition *f* Verlust *m*; **déperdition de chaleur** Wärmeverlust *m*

dépérir *v/i* dahinsiechen; verkümmern; allmählich zugrunde gehen

dépérissement [depeʀismã] *m* **1.** *d'un malade* Dahinsiechen *n*; *d'une plante* Verkümmern *n*; Eingehen *n* **2.** *fig* Niedergang *m*; Verfall *m*

dépêtrer [depetʀe] **I** *v/t* befreien, herausholen (**de** aus) **II** *v/pr* **se dépêtrer** loskommen, sich frei machen (**de qn, qc** von j-m, etw)

dépeuplement *m* Entvölkerung *f*

dépeupler [-e] *v/t* (*et v/pr* **se dépeupler** sich) entvölkern

déphasage [defazaʒ] *m* **1.** PHYS Phasenverschiebung *f* **2.** *fig* mangelnde Anpassung; Orientierungslosigkeit *f*

déphasé [defaze] *adj* ⟨∼**e**⟩ **1.** PHYS phasenverschoben **2.** *fig* nicht angepasst; orientierungs-. los; **être déphasé** sich nicht mehr zurechtfinden

dépiauter [depjote] F *v/t* ab-, enthäuten

dépilation [depilasjõ] *f* **1.** MÉD Haarschwund *m*; Haarausfall *m* **2.** → **épilation**

dépilatoire [-twaʀ] *m* Enthaarungsmittel *n*

dépistage [depistaʒ] *m* MÉD Erkennung *f*; Nachweis *m*; **dépistage précoce** Früherkennung *f*; Vorsorge *f*

dépister [depiste] *v/t maladie* nachweisen; feststellen; erkennen; *fraude, criminel* auf die Spur kommen (+ *dat*); aufspüren

dépit [depi] *m* **1.** Verdruss *m*; Verstimmung *f*; Missmut *m*; **par dépit** aus Trotz **2. en dépit de** trotz (+ *gén*); **en dépit du bon sens** völlig planlos

dépité [depite] *adj* ⟨∼**e**⟩ verstimmt; missmutig

dépiter [-e] *v/t* verstimmen; verärgern

déplacé *adj* ⟨∼**e**⟩ **1.** unpassend; unangebracht; fehl am Platz; deplatziert **2. personne déplacée** Vertriebene(r) *f(m)*

déplacement *m* **1.** Umstellung *f*; Verschiebung *f*; Bewegung *f* **2.** Reise *f*; Fahrt *f*; **être en déplacement** auswärts *ou* im Außendienst arbeiten

déplacer ⟨**-ç-**⟩ **I** *v/t* umstellen; verrücken; verschieben; *fonctionnaire* versetzen; *fig problème* verlagern **II** *v/pr* **se déplacer 1.** (*bouger*) sich (fort)bewegen **2.** (*voyager*) (ver)reisen **3.** (*se déranger*) eigens kommen

déplaire ⟨→ **plaire**⟩ **I** *v/t/indir* **déplaire à qn** j-m missfallen, nicht zusagen **II** *v/pr* **se déplaire** sich nicht wohlfühlen

déplaisant *adj* ⟨**-ante** [-ãt]⟩ unangenehm; *personne a* unsympathisch; *remarque* unfreundlich

déplaisir *m* Missfallen *n*

déplanter *v/t* um-, verpflanzen; um-, versetzen

déplâtrer *v/t* den Gipsverband, F den Gips abnehmen (**un membre** von e-m Glied; **qn** j-m)

dépliage [deplijaʒ] *m* Auseinander-, Entfalten *n*

dépliant *m* Faltprospekt *m*, -blatt *n*

déplier *v/t* auseinanderfalten; entfalten

déplisser *v/t* die Falten entfernen aus

déploiement [deplwamã] *m* **1.** Entfaltung *f*; Aufbietung *f*; Zurschaustellung *f*; Demonstration *f* **2.** MIL Aufmarsch *m*

déplorable [deploʀabl] *adj* **1.** beklagens-, bedauernswert; bedauerlich **2.** (*mauvais*) miserabel; erbärmlich

déplorer [-e] *v/t perte, victime* beklagen; *incident, absence* bedauern

déployer ⟨**-oi-**⟩ **I** *v/t* **1.** auseinanderfalten; entfalten; ausbreiten (*a ailes*) **2.** *fig zèle, courage* entfalten; aufbieten; *puissance, luxe* zur Schau stellen **II** *v/pr* **se déployer 3.** sich entfalten **4.** MIL aufmarschieren

déplumé [deplyme] *adj* ⟨∼**e**⟩ F *personne* (fast) kahl (*a crâne*); kahl-, glatzköpfig

déplumer *v/pr* F **se déplumer** kahl werden; F e-e Platte bekommen

dépoli *adj* ⟨∼**e**⟩ **verre dépoli** Mattglas *n*

dépolir *v/t* mattieren; matt schleifen

dépolitisation *f* Entpolitisierung *f*

dépolitiser [-e] *v/t* entpolitisieren

dépolluer *v/t* sanieren; reinigen

dépollution *f* Beseitigung *f* der Umweltverschmutzung; Entgiftung *f*

dépopulation *f* Entvölkerung *f*; Bevölkerungsrückgang *m*

déportation [depoʀtasjõ] *f* Deportation *f*; Verschleppung *f* (in ein Konzentrationslager)

déporté(e) *m(f)* Deportierte(r) *f(m)*

déportement [depoʀtemã] *m* Zur-Seite-gedrückt-Werden *n*; Ausscheren *n*

déporter I *v/t* **1.** *véhicule* abdrängen; zur Seite drücken **2.** deportieren; (in ein Konzentrationslager) verschleppen **II** *v/pr* **se déporter** von der Fahrtrichtung abkommen; ausscheren

déposant [depozã] *m* COMM Deponent *m*; Hinterleger *m*; *d'argent* Einzahler *m*

déposé *adj* ⟨∼**e**⟩ *marque, nom* eingetragen; *modèle* Gebrauchs...

déposer I *v/t* **1.** *objet* ab-, nieder-, hinstellen, -legen; *couronne* niederlegen; *passager* absetzen; *alluvions* ablagern **2.** *en lieu sûr* deponieren; hinterlegen; in Verwahrung geben; *argent* einzahlen; *bagages* abgeben **3.** *brevet* anmelden; **marque déposée** Marke *f*; **déposer son bilan** Konkurs anmelden, beantragen **4.** *souverain* absetzen **II** *v/i au tribunal* aussagen **III** *v/pr* **se déposer** *poussière, boue* sich ablagern; *lie* sich absetzen

dépositaire [depozitɛʀ] *m* **1.** Verwahrer *m*; FIN Depositar *m* **2.** *d'un secret* Mitwisser *m* **3.** COMM Auslieferer *m*

déposition *f* JUR (Zeugen)Aussage *f*

déposséder *v/t* ⟨**-è-**⟩ **déposséder qn de qc** j-m etw entziehen

dépossession *f* Enteignung *f*; Entzug *m*
dépôt [depo] *m* **1.** *d'une couronne* Niederlegung *f*; *d'une somme* Hinterlegung *f*; **dépôt de bilan** Konkurs *m*; **dépôt des ordures** Müll-, Schuttabladen *n* **2.** FIN (Spar)Einlage *f* **3.** *lieu* Depot *n*; Lager *n*; *pour transports publics* Betriebshof *m*; Depot *n*; **dépôt de pain** Brotverkauf(sstelle) *m(f)* **4.** *(prison)* Arrestlokal *n* **5.** *dans un liquide* Bodensatz *m*; Rückstand *m*; GÉOL Ablagerung *f*
dépoter [depɔte] *v/t* umtopfen
dépotoir [depɔtwaʀ] *m* Schuttabladeplatz *m*; Müllkippe *f* (*a fig*)
dépouille [depuj] *f* **1.** abgezogenes Fell; Balg *m* **2.** *st/s* **dépouille (mortelle)** sterbliche Hülle; sterbliche Überreste *pl*
dépouillé [depuje] *adj* ⟨~e⟩ *style* streng; schmucklos; nüchtern
dépouillement [depujmɑ̃] *m* **1.** **dépouillement du scrutin** Auszählung *f* der Stimmen **2.** Strenge *f*; Schmucklosigkeit *f*
dépouiller [depuje] *v/t* **1.** **dépouiller qn de qc** j-m etw wegnehmen; j-n e-r Sache (*gén*) berauben; **dépouiller qn** j-n be-, ausrauben **2.** (genau) durchsehen; prüfen; *questionnaire* auswerten; **dépouiller le scrutin** die Stimmen auszählen
dépourvu I *adj* ⟨~e⟩ **dépourvu de qc** ohne etw; ...los **II** **prendre qn au dépourvu** j-n (völlig) überraschen; j-n unvorbereitet treffen
dépoussiérage [depusjeʀaʒ] *m* Entstaubung *f*; TECH *a* Staubentfernung *f*, -abscheidung *f*
dépoussiérer [depusjeʀe] *v/t* ⟨-è-⟩ **1.** ab-, entstauben **2.** *fig* frischen Wind bringen in (+ *acc*)
dépravation [depʀavasjɔ̃] *f* Verdorbenheit *f*
dépravé [depʀave] *adj* ⟨~e⟩ **1.** verdorben; lasterhaft **2.** *goût* abwegig
dépraver [-e] *v/t* verderben
dépréciatif [depʀesjatif] *adj* ⟨-ive [-iv]⟩ LING pejorativ; abwertend
dépréciation [-sjɔ̃] *f* Wertminderung *f*, -verlust *m*
déprécier [depʀesje] **I** *v/t* **1.** den Wert mindern (+ *gén*) **2.** *fig* gering schätzen; herabsetzen **II** *v/pr* **se déprécier** an Wert verlieren
déprédation [depʀedasjɔ̃] *f* **1.** **déprédations** *pl* (*dégâts*) Schaden *m* **2.** *de fonds publics* Veruntreuung *f* **3.** ÉCOL Raubbau *m*
dépressif [depʀesif] *adj* ⟨-ive [-iv]⟩ depressiv
dépression *f* **1.** GÉOGR Senke *f* **2.** MÉTÉO Tief *n* **3.** **dépression nerveuse** nervöse Erschöpfung; Depression *f/pl* **4.** ÉCON Depression *f*; Flaute *f*; Konjunkturtief *n*
dépressionnaire [depʀesjɔnɛʀ] *adj* MÉTÉO Tiefdruck...
dépressurisation *f* Druckabfall *m*
déprimant [depʀimɑ̃] *adj* ⟨-ante [-ɑ̃t]⟩ deprimierend; bedrückend
déprime F *f* depressive Stimmung; **être en pleine déprime** F ganz down sein
déprimer I *v/t* deprimieren; bedrückt machen; *adj t* **déprimé** deprimiert; niedergeschlagen **II** F *v/i* in e-r depressiven Stimmung sein; F down sein
dépuceler [depysle] F *v/t* ⟨-ll-⟩ entjungfern
▸ **depuis** [d(ə)pɥi] **I** *prép* **1.** *temps* seit (+ *dat*); **depuis toujours** schon immer; von jeher **2.** *lieu* von ... ab; von ... aus; **depuis Paris**

von Paris ab; **depuis ma fenêtre** von meinem Fenster aus **3. depuis ... jusqu'à ...** von ... bis (zu) ... **II** *adv* seitdem; seither **III** *conj* ▸ **depuis que** seit(dem)
dépuratif [depyʀatif] *m* Entschlackungsmittel *n*
députation [depytasjɔ̃] *f* **1.** Abordnung *f* **2.** POL Abgeordnetenmandat *n*
▸ **député** [depyte] *m* Abgeordnete(r) *f(m)*; **une femme député** e-e Abgeordnete
député-maire *m* ⟨**députés-maires**⟩ Abgeordnete(r) und Bürgermeister *m*
der [dɛʀ] F (*dernier*) **le, la der des ders** der, die, das Allerletzte
déraciné [deʀasine] **I** *adj* ⟨~e⟩ *personne* entwurzelt **II** *subst* **déraciné(e)** *m(f)* Entwurzelte(r) *f(m)*
déracinement [deʀasinmɑ̃] *m* Entwurzelung *f* (*a fig*)
déraciner [deʀasine] *v/t* **1.** *arbre, fig personne* entwurzeln **2.** *fig préjugés* ausrotten
déraillement [deʀɑjmɑ̃] *m* Entgleisung *f*
dérailler [-e] *v/i* **1.** CH DE FER entgleisen **2.** F *fig* dummes Zeug faseln; *mécanisme* F spinnen; verrücktspielen
dérailleur [deʀɑjœʀ] *m* Ketten-, Gangschaltung *f*; **dérailleur à trois vitesses** Dreigangschaltung *f*
déraison *st/s* *f* Unvernunft *f*; Unverstand *m*
déraisonnable *adj* unvernünftig
déraisonner [-e] *v/i* Unsinn reden
dérangement *m* **1.** Unordnung *f* **2.** Störung *f* (*a* TÉL); TÉL **en dérangement** gestört
▸ **déranger** ⟨-ge-⟩ **I** *v/t* **1.** *objets* in Unordnung bringen; durcheinanderbringen **2.** F *fig* **être dérangé** nicht ganz richtig im Kopf sein **3.** **déranger qn** j-n stören; j-m Umstände machen **II** *v/pr* **se déranger** s-n Platz verlassen; sich persönlich bemühen
dérapage [deʀapaʒ] *m* **1.** *d'un véhicule* Schleudern *m* **2.** *fig* Außer-Kontrolle-Geraten *n*; *de langage* Entgleisung *f*; F Ausrutscher *m*
déraper [deʀape] *v/i* **1.** schleudern; rutschen; ins Schleudern kommen **2.** *fig* außer Kontrolle geraten; abgleiten
dératé *m* **courir comme un dératé** laufen wie ein Wiesel
dératisation [deʀatizasjɔ̃] *f* Rattenbekämpfung *f*
dératiser [-e] *v/t* die Ratten vernichten (**un immeuble** in e-m Gebäude)
derby [dɛʀbi] *m* Derby *n*
déréglé *adj* ⟨~e⟩ **1.** gestört; nicht in Ordnung; *machine* unregelmäßig laufend **2.** *vie* unstet; unregelmäßig
dérèglement *m* unregelmäßiges Funktionieren; unregelmäßiger Lauf
déréglementation *f* Deregulierung *f*
dérégler ⟨-è-⟩ **I** *v/t* in Unordnung bringen; stören **II** *v/pr* **se dérégler** *machine, pendule* unregelmäßig laufen
dérider [deʀide] **I** *v/t* **dérider qn** j-n aufheitern **II** *v/pr* **se dérider** heiter werden
dérision [deʀizjɔ̃] *f* Spott *m*; *p/fort* Hohn *m*; **tourner qc en dérision** etw verspotten, lächerlich machen
dérisoire [deʀizwaʀ] *adj* lächerlich; **à un prix dérisoire** spottbillig

dérivatif [deʀivatif] *m* Ablenkung *f* (*à* von)

dérivation [-sjõ] *f* Ableitung *f* (*a* LING)

dérive *f* 1. MAR, AVIAT Abdrift *f*; *aller à la dérive* treiben; driften; *fig personne* sich treiben lassen; *entreprise* führungslos dahintreiben 2. *d'un bateau* Schwert *n*

dérivé [deʀive] *m* 1. LING Ableitung *f* 2. CHIM Derivat *n*

dériver I *v/t cours d'eau*, MATH ableiten II *v/t/indir dériver de* zurückgehen auf (+ *acc*) III *v/i* MAR, AVIAT, *fig* abdriften

dériveur [deʀivœʀ] *m* Schwertboot *n*

dermato [dɛʀmato] F *abr* → *dermatologie*, *dermatologue*

dermatologie [dɛʀmatɔlɔʒi] *f* Dermatologie *f*

dermatologue [-lɔg] *m,f* Hautarzt, -ärztin *m,f*

dermatose [dɛʀmatoz] *f* Dermatose *f*; Hautkrankheit *f*

derme [dɛʀm] *m* Lederhaut *f*

dermique [-ik] *adj* (Leder)Haut...

▸ dernier [dɛʀnje] I *adj* ⟨-ière [-jɛʀ]⟩ 1. letzte; *dernier étage* oberste Etage; *en dernier* (*lieu*) an letzter Stelle; zuletzt 2. (*extrême*) äußerste; höchste; letzte 3. (*le plus proche*) letzte; neueste; jüngste; vorige; *l'an dernier, l'année dernière* das letzte Jahr; *adv* letztes Jahr; im letzten Jahr; *information f de dernière minute* letzte, allerneueste Meldung; *elliptiquement connaissez-vous la dernière?* wissen Sie schon das Neueste? II *subst* 4. *le dernier, la dernière* der, die, das Letzte; *petit dernier* Nesthäkchen *n*; *le dernier des imbéciles* der größte Dummkopf; *être le dernier de sa classe* Klassenletzter sein 5. *ce dernier, cette dernière* Letzterer, Letztere

dernièrement [dɛʀnjɛʀmã] *adv* kürzlich; vor Kurzem; letzthin

dernier-né *m* ⟨derniers-nés⟩, dernière-née *f* ⟨dernières-nées⟩ 1. Letztgeborene(r, -s) *f(m, n)* 2. *fig dernier-né des avions* neuestes Flugzeugmodell

dérobade [deʀɔbad] *f* Ausweichmanöver *n*

dérobé [deʀɔbe] *adj* ⟨∼e⟩ *porte dérobée* Geheimtür *f*; *regarder qn à la dérobée* j-n verstohlen ansehen

dérober [deʀɔbe] I *v/t* 1. *st/s* entwenden (*qc à qn* j-m etw) 2. *fig* (weg)nehmen; entziehen II *v/pr* 3. *se dérober à qc* sich e-r Sache (*dat*) entziehen; *abs se dérober* ausweichen 4. *sol se dérober sous* nachgeben unter (+ *dat*)

dérogation [deʀɔgasjõ] *f* 1. JUR Abweichung *f* (*à* von) 2. *par ext* Sondergenehmigung *f*

dérogatoire [-twaʀ] *adj* Abweichungs...; abweichend

déroger [deʀɔʒe] *v/t/indir* ⟨-ge-⟩ abweichen (*à* von)

dérouillée [deʀuje] *f* F Dresche *f*

dérouiller I *v/t* entrosten II *v/i* F verdroschen, versohlt werden III *v/pr se dérouiller les jambes* sich (*dat*) die Beine vertreten

déroulement *m* Verlauf *m*; Ablauf *m*

dérouler I *v/t* abrollen; *tapis, rouleau a* auf-, entrollen; *fil, pelote a* abwickeln II *v/pr se dérouler* *événements* verlaufen; *drame* sich abspielen; *se dérouler devant qn* vor j-m ablaufen, abrollen

dérouleur [deʀulœʀ] *m dérouleur de bande*

Magnetbandgerät *n*

déroutant [deʀutã] *adj* ⟨-ante [-ãt]⟩ verwirrend

déroute *f* 1. wilde Flucht; *mettre en déroute* in die Flucht schlagen 2. *fig* (völliger) Zusammenbruch

dérouté [deʀute] *adj* ⟨∼e⟩ verwirrt; verunsichert

déroutement [deʀutmã] *m* MAR, AVIAT Kursänderung *f*

dérouter [deʀute] *v/t* 1. *dérouter qn* j-n verwirren, verunsichern 2. *avion* umleiten

derrick [deʀik] *m* Bohrturm *m*

▸ derrière [dɛʀjɛʀ] I *prép* 1. hinter (+ *dat question* «*wo?*»; + *acc question* «*wohin?*»); *de derrière* hinter (+ *dat*) hervor 2. *fig* hinter (+ *dat*); *il faut toujours être derrière lui* man muss immer hinter ihm her sein II *adv* hinten; *regarder derrière* nach hinten schauen; *par derrière* = *par-derrière* III *m* 3. *de derrière* Hinter...; hintere; *patte f de derrière* Hinterpfote *f*

des [de] I *article défini* der (*gén pl*); *la mère des enfants* die Mutter der Kinder II *article indéfini et article partitif: non traduit: des amis* Freunde *m/pl*; *des mois entiers* monatelang

▸ dès [dɛ] I *prép* schon von ... an; schon seit; schon, gleich in *ou* an (+ *dat*); *dès mon retour* gleich bei meiner Rückkehr; *dès maintenant* schon, gleich jetzt; schon von jetzt an II *conj* ▸ *dès que* sobald; sowie

dés... [dez...] *préfixe* → *dé...*

désabonnement *m* Abbestellung *f*, Auflösung *f* des Abonnements

désabonner I *v/t désabonner qn* j-s Abonnement abbestellen, lösen II *v/pr se désabonner* sein Abonnement abbestellen, lösen

désabusé [dezabyze] *adj* ⟨∼e⟩ desillusioniert; enttäuscht; ernüchtert

désabuser *v/t désabuser qn* j-n ernüchtern; j-m die Augen öffnen

désacclimater I *v/t* 1. *plante, animal* aus dem gewohnten Klimabereich nehmen 2. *fig désacclimater qn* j-n aus s-r gewohnten Umgebung reißen II *v/pr se désacclimater* s-e gewohnte Umgebung verlieren *ou* verlassen

désaccord *m* Uneinigkeit *f*; Unstimmigkeit *f*; *être en désaccord avec qn* mit j-m uneinig, uneins sein (*sur* in + *dat ou* über + *acc*)

désaccordé *adj* ⟨∼e⟩ MUS verstimmt

désaccorder [-e] *v/t* MUS verstimmen

désaccoutumer *v/pr se désaccoutumer de* (+*inf*) sich (*dat*) etw abgewöhnen; *je me suis désaccoutumé de fumer* ich habe mir das Rauchen abgewöhnt

désacralisation [desakʀalizasjõ] *f* Verlust *m* des sakralen Charakters

désacraliser [-e] *v/t* den sakralen Charakter, *par ext* s-n Nimbus nehmen (*qc* e-r Sache [*dat*])

désactivation [dezaktivasjõ] *f* NUCL Abklingen(lassen) *n*

désadapté [dezadapte] *adj* ⟨∼e⟩ nicht (mehr) angepasst; unangepasst

désadapter [-e] *v/pr se désadapter* s-e Anpassung verlieren

désaffectation *f* 1. *d'un bâtiment* a) Zweckentfremdung *f* b) Nicht-mehr-Benutzen *n* 2. CH DE

FER, MINES Stilllegung *f*
désaffecté *adj* ⟨~e⟩ **1.** *bâtiment* nicht mehr benutzt; leer stehend; CH DE FER, MINES stillgelegt **2.** (*utilisé autrement*) zweckentfremdet
désaffecter *v/t* nicht mehr (für den vorgesehenen Zweck) benutzen; stilllegen
désaffection *f* Abkehr *f* (*pour qc* von etw); Desinteresse *n* (an + *dat*)
▸ **désagréable** *adj* unangenehm; *être désagréable avec qn* unfreundlich zu j-m sein
désagrégation *f* Zerfall *m* (*a fig*)
désagréger [dezagʀeʒe] ⟨-è-, -ge-⟩ I *v/t* zersetzen II *v/pr* *se désagréger* sich zersetzen; zerfallen (*a fig*)
désagrément *m* Unannehmlichkeit *f*
désaimanter *v/t* entmagnetisieren
désaliéner *v/t* ⟨-è-⟩ (von Zwängen) befreien, frei machen
désaltérant [dezalteʀɑ̃] *adj* ⟨-ante [-ɑ̃t]⟩ durststillend
désaltérer [-e] ⟨-è-⟩ I *v/i* den Durst stillen, löschen II *v/pr* *se désaltérer* s-n Durst löschen
désamorçage [dezamɔʀsaʒ] *m* Entschärfung *f* (*a fig*)
désamorcer *v/t* ⟨-ç-⟩ *bombe* entschärfen (*a fig conflit*)
désamour *m* Abkehr *f* (*pour* von)
désappointé [dezapwɛ̃te] *adj* ⟨~e⟩ enttäuscht
désappointement [-mɑ̃] *m* Enttäuschung *f*
désappointer [-e] *v/t* enttäuschen
désapprendre *v/t* ⟨→ prendre⟩ verlernen
désapprobateur *adj* ⟨-trice [-tʀis]⟩ missbilligend
désapprobation [-sjõ] *f* Missbilligung *f*
désapprouver *v/t* *désapprouver qc* etw missbilligen; etw nicht billigen; *désapprouver qn* j-n tadeln; j-s Verhalten missbilligen
désarçonner [dezaʀsɔne] *v/t* **1.** *cavalier* abwerfen **2.** *fig* aus dem Konzept, aus der Fassung bringen
désargenté *adj* ⟨~e⟩ ohne Geld; mittellos
désargenter [dezaʀʒɑ̃te] *v/pr* *se désargenter* die Versilberung verlieren
désarmant [dezaʀmɑ̃] *adj* ⟨-ante [-ɑ̃t]⟩ *fig* entwaffnend
désarmement *m* Abrüstung *f*
désarmer I *v/t* **1.** entwaffnen (*a fig*); *pays* abrüsten **2.** *arme à feu* entladen *ou* sichern II *v/i* **3.** POL, MIL abrüsten **4.** *fig* *ne pas désarmer* nicht nachlassen
désarroi [dezaʀwa] *m* Verwirrung *f*; Bestürzung *f*; *être en plein, grand désarroi* in großer Verwirrung, Bestürzung sein; völlig verwirrt, bestürzt sein
désarticuler I *v/t* ausrenken II *v/pr* *se désarticuler* sich nach allen Seiten verrenken
désassembler *v/t* auseinandernehmen
désassorti *adj* ⟨~e⟩ *service de table* nicht mehr vollständig, komplett
désastre *m* Katastrophe *f*; Desaster *n*; Unheil *n*
désastreux [dezastʀø] *adj* ⟨-euse [-øz]⟩ katastrophal; verheerend
désavantage *m* Nachteil *m*
désavantager [-e] *v/t* ⟨-ge-⟩ benachteiligen
désavantageux [-ø] *adj* ⟨-euse [-øz]⟩ nachteilig; unvorteilhaft
désaveu *m* ⟨~x⟩ **1.** Widerruf *m*; Nichtanerkennung *f* **2.** *fig* Missbilligung *f*

désavouer *v/t* **1.** *déclaration* widerrufen **2.** *acte*, *œuvre* nicht als das Seinige anerkennen **3.** *fig conduite* missbilligen; *personne* desavouieren
désaxé [dezakse] → **déséquilibré(e)**
Descartes [dekaʀt] *frz Philosoph*
desceller [desele] I *v/t* **1.** TECH herausreißen, -nehmen, -lösen **2.** *document* das Siegel entfernen (*qc* von etw) II *v/pr* *se desceller gonds etc* herausbrechen
descendance [desɑ̃dɑ̃s] *f* Nachkommenschaft *f*
descendant [desɑ̃dɑ̃] I *adj* ⟨-ante [-ɑ̃t]⟩ absteigend (*a gamme*); fallend II **descendant(e)** *m(f)* Nachkomme *m*; Abkömmling *m*
descendeur [desɑ̃dœʀ] *m*, **descendeuse** [-øz] *f* SKI Abfahrtsläufer(in) *m(f)*
▸ **descendre** [desɑ̃dʀ] ⟨→ rendre⟩ I *v/t* **1.** *montagne, rue, escalier* hinunter- *ou* herunter-, F runtergehen, -steigen, -kommen, (*en*) *voiture* -fahren **2.** *objet* hinunter- *ou* herunter-, F runterbringen, -tragen, -schaffen; *de l'armoire* herunter-, F runternehmen, -holen **3.** *avion, oiseau* abschießen; F herunterholen; F *personne* F ab-, niederknallen II *v/i* ⟨être⟩ **4.** herunter- *ou* hinunter-, F runtergehen, -steigen, -kommen, (*dans un*) *véhicule* -fahren; *d'un sommet a* absteigen (von); *d'un véhicule* aussteigen (aus); *dans un hôtel* absteigen (in + *dat*); **descendre de cheval** vom Pferd steigen; absitzen **5.** (*tenir son origine*) **descendre de** abstammen von **6.** *terrain* abfallen; *route* bergab, abwärtsgehen,-führen; *avion* tiefer gehen; *niveau, fig prix* fallen **7.** (*atteindre*) **descendre** (**jusqu'**)**à** (hinunter)reichen bis zu **8.** F *nourriture* verdaulich, bekömmlich sein; F runterrutschen
▸ **descente** [desɑ̃t] *f* **1.** Abstieg *m*; *dans un véhicule* Abwärtsfahrt *f*; *d'un avion* Sinken *n*; *d'un organe* Senkung *f*; **descente sur les lieux** Lokaltermin *m*; **descente de police** (Polizei)-Razzia *f*; **faire une descente** F (lärmend) ziehen, einfallen (**dans** in + *acc*) **2.** **Descente de croix** Kreuzabnahme *f* **3.** (*pente*) Gefällstrecke *f*; Abfahrt *f* **4.** SKI Abfahrtslauf *m* **5.** **descente de lit** Bettvorleger *m*
descriptible *adj* [deskʀiptibl] beschreibbar
descriptif [-if] I *adj* ⟨-ive [-iv]⟩ beschreibend; deskriptiv II *m* Baubeschreibung *f*
▸ **description** [deskʀipsjõ] *f* Beschreibung *f*; Schilderung *f*; Darstellung *f*
désembourber *v/t* *voiture* aus dem Schlamm, Dreck ziehen
désembouteiller [dezɑ̃buteje] *v/t* (vom Verkehr) entlasten; Verkehrsstauungen beseitigen (**l'autoroute** auf der Autobahn; **le centre** im Zentrum)
désembuer *v/t* *vitre* frei machen
désemparé [dezɑ̃paʀe] *adj* ⟨~e⟩ hilf-, ratlos
désemparer *adv* **sans désemparer** unablässig
désemplir *v/i* **ne pas désemplir** ständig voll sein
désenchanté *adj* ⟨~e⟩ desillusioniert; ernüchtert
désenchantement [-mɑ̃] *m* Desillusionierung *f*; Ernüchterung *f*
désenchanter [-e] *litt v/t* desillusionieren; ernüchtern
désenclaver *v/t* an den Verkehr anschließen

désencombrer *v/t* frei machen (**de** von); entlasten

désencrasser *v/t* (vom Schmutz) säubern, reinigen

désendettement *m* Entschuldung *f*

désendetter *v/pr* **se désendetter** s-e Schulden bezahlen, abtragen

désenfler *v/i* ⟨*Vorgang* **avoir**, *Ergebnis* **être**⟩ MÉD abschwellen

désengagement *m* POL, MIL Disengagement *n*; Auseinanderrücken *n*

désengager [-e] *v/pr* ⟨**-ge-**⟩ **se désengager** sich von e-r Verpflichtung frei machen; sich aus e-r Verpflichtung lösen

désengorger *v/t* ⟨**-ge-**⟩ *conduite* wieder frei machen

désenneiger [dezãneʒe] *v/t* ⟨**-ge-**⟩ von Schnee räumen, befreien

désensabler *v/t canal etc* von Sand säubern; *bateau* aus dem Sand befreien, herausholen

désensibilisant [desãsibilizã] *m* PHARM Desensibilisierungsmittel *n*

désensibilisateur [-atœr] *m* PHOT Desensibilisator *m*

désensibilisation [-asjõ] *f* MÉD, PHOT Desensibilisierung *f*

désensibiliser [-e] *v/t* MÉD, PHOT desensibilisieren

désensorceler *v/t* ⟨**-ll-**⟩ aus der Verzauberung befreien; entzaubern

désentortiller *v/t* auswickeln

désentraver *v/t* von den Fesseln befreien (*a fig*)

désenvenimer *v/t situation* entschärfen; *atmosphère* entgiften

désépaissir *v/t cheveux* ausdünnen; effilieren

déséquilibre *m* **1.** seelische Störungen *f/pl* **2.** *des forces, etc* Unausgewogenheit *f*; Ungleichgewicht seelische Störungen *f/pl* **3.** PHYS ungleichmäßige Gewichtsverteilung; **en déséquilibre** wack(e)lig

déséquilibré(e) *m(f)* seelisch Gestörte(r) *f(m)*; Psychopath(in) *m(f)*

déséquilibrer [-e] *v/t* aus dem Gleichgewicht bringen (*a fig*)

▸ **désert** [dezɛr] **I** *adj* ⟨**-erte** [-ɛrt]⟩ **1.** *île* unbewohnt; einsam; *région* öde **2.** *rue* menschenleer; wie ausgestorben **II** *m* **3.** Wüste *f* **4.** *par ext* Einöde *f*; *fig* **prêcher dans le désert** tauben Ohren predigen

déserter [dezɛrte] **I** *v/t* **1.** *lieu* (für immer) verlassen **2.** *un parti* abtrünnig werden (+ *dat*) **II** *v/i* MIL desertieren; fahnenflüchtig werden

déserteur [-œr] *m* Deserteur *m*; Fahnenflüchtige(r) *m*

désertification [dezɛrtifikasjõ] *f* **1.** Versteppung *f* **2.** *par ext* Verödung *f*

désertion [dezɛrsjõ] *f* **1.** MIL Desertion *f*; Fahnenflucht *f* **2.** *d'un parti* Abtrünnigwerden *n*

désertique [dezɛrtik] *adj* **1.** Wüsten… **2.** wüstenartig; öde

désespérant *litt f* Hoffnungslosigkeit *f*

désespérant [-ã] *adj* ⟨**-ante** [-ãt]⟩ entmutigend; zum Verzweifeln

▸ **désespéré** [dezɛspere] *adj* ⟨**~e**⟩ verzweifelt (*a effort*); *situation a* hoffnungs-, ausweglos

désespérément [dezɛsperemã] *adv* **1.** hoffnungs-, trostlos **2.** *s'efforcer* verzweifelt

désespérer ⟨**-è-**⟩ **I** *v/t* **désespérer qn** j-n zur Verzweiflung bringen **II** *v/t/indir* **désespérer de** (+ *inf*) die Hoffnung aufgeben, verlieren zu (+ *inf*); **désespérer de la vie** am Leben verzweifeln **III** *v/i* (*et v/pr* **se**) **désespérer** verzweifeln

désespoir *m* Verzweiflung *f*; Hoffnungslosigkeit *f*; **en désespoir de cause** als letzten Ausweg; **faire le désespoir de qn** j-n zur Verzweiflung bringen

déshabillage [dezabijaʒ] *m* Entkleiden *n*; Ausziehen *n*

déshabillé [dezabije] *m* Negligé *n*

▸ **déshabiller** [dezabije] *v/t* (*et v/pr* **se déshabiller** sich) ausziehen, entkleiden

déshabituer I *v/t* **déshabituer qn de qc** j-m etw abgewöhnen **II** *v/pr* **se déshabituer de** (+ *inf*) sich (*dat*) etw abgewöhnen

désherbage *m* Unkrautvernichtung *f*, -bekämpfung *f*

désherbant [-ã] *m* Unkrautvernichtungsmittel *n*

désherber [-e] *v/t et v/i* (Unkraut) jäten

déshérité(e) [dezerite] *m(f) fig* Benachteiligte(r) *f(m)*; Bedürftige(r) *f(m)*

déshériter [-e] *v/t* enterben

déshonneur *m* Unehre *f*; Schande *f*

déshonorant [dezɔnɔrã] *adj* ⟨**-ante** [-ãt]⟩ unehrenhaft; entehrend; schimpflich

déshonorer [-e] **I** *v/t* entehren **II** *v/pr* **se déshonorer** sich mit Schande bedecken; s-e Ehre verlieren

déshumaniser *v/t* entmensch(lich)en

déshydratation [dezidratasjõ] *f* **1.** CHIM, TECH Entwässerung *f*; Dehydratation *f* **2.** MÉD Wasserverlust *m*

déshydraté [dezidrate] *adj* ⟨**~e**⟩ **1.** ausgetrocknet; **légumes déshydratés** Trockengemüse *n* **2.** F **être complètement déshydraté** F e-n Mordsdurst haben

déshydrater *v/t* CHIM, TECH Wasser entziehen (+*dat*); dehydratisieren

desiderata [deziderata] *m/pl* Wünsche *m/pl*; *par ext* Anliegen *n/pl*

design [dizajn] *m* Design *n*

désignation [deziɲasjõ] *f* **1.** Bezeichnung *f* **2.** *d'un successeur* Designierung *f*

designer [dizajnœr] *m* Designer *m*

désigner [deziɲe] *v/t* **1.** (*dénommer*) bezeichnen **2.** (*montrer*) zeigen, (hin)weisen auf (+ *acc*) **3.** *successeur* designieren; bestimmen

désillusion *f* Desillusion *f*; Enttäuschung *f*

désillusionner *v/t* desillusionieren; enttäuschen

désincarné *adj* ⟨**~e**⟩ **1.** *âme st/s* dem Körper entflohen **2.** *a iron* wirklichkeitsfremd

désincrustant [dezɛ̃krystã] *m* **1.** TECH Kesselsteinlösemittel *n* **2.** COSMÉTIQUE Tiefenreinigungsmittel *n*

désincrustation [-asjõ] *f* **1.** TECH Lösen *n* des Kesselsteins **2.** *de la peau* Tiefenreinigung *f*

désincruster [-e] *v/t* **1.** TECH den Kesselstein lösen (*qc* von etw) **2.** *peau* porentief reinigen

désinence [dezinãs] *f* GR Endung *f*

désinfectant [dezɛ̃fɛktã] *m* Desinfektionsmittel *n*

désinfecter [-e] *v/t* desinfizieren

désinfection *f* Desinfektion *f*

désinflation *f* Rückgang *m* der Inflation

désinformation *f* Desinformation *f*
désinstaller *v/t* INFORM deinstallieren
désintégration *f* Auflösung *f*; Zerfall *m* (*a* NUCL); Desintegration *f*
désintégrer ⟨**-è-**⟩ **I** *v/t* NUCL zertrümmern; spalten **II** *v/pr* **se désintégrer** sich auflösen; zerfallen (*a* NUCL)
désintéressé *adj* ⟨**~e**⟩ uneigennützig; selbstlos
désintéressement [-mã] *m* Uneigennützigkeit *f*; Selbstlosigkeit *f*
désintéresser *v/pr* **se désintéresser de** das Interesse verlieren an (+ *dat*)
désintérêt *m* Desinteresse *n*
désintoxication *f* Entgiftung *f*; Entwöhnung *f*; **cure** *f* **de désintoxication** Entziehungskur *f*
désintoxiquer *v/t* entgiften (*a fig*); *drogués* entwöhnen
désinvolte [dezɛ̃vɔlt] *adj* ungezwungen; *péj* lässig; (zu) frei; ungeniert
désinvolture [dezɛ̃vɔltyʀ] *f* Lässigkeit *f*; Ungeniertheit *f*
désir [deziʀ] *m* **1.** Wunsch *m* (**de qc** nach etw *ou* **de** + *inf* zu + *inf*); *pl/fort* Verlangen *n*, Sehnsucht *f* (**de qc** nach etw) **2.** *sexuel* (sinnliche) Begierde, Lust
désirable [deziʀabl] *adj* **1.** wünschenswert **2.** *personne* begehrenswert
désiré [deziʀe] *adj* ⟨**~e**⟩ erwünscht
désirer [deziʀe] *v/t* **1.** (sich [*dat*]) wünschen; **désirer** (+ *inf*) wünschen zu (+ *inf*); gern(e) mögen (+ *inf*); ▸ **vous désirez?**, **que désirez-vous?** was wünschen Sie?; was darf es sein?; **se faire désirer** auf sich (*acc*) warten lassen; **laisser à désirer** zu wünschen übrig lassen **2.** *personne* begehren
désireux [deziʀø] *adj* ⟨**-euse** [-øz]⟩ **désireux de** (+ *inf*) bestrebt zu (+ *inf*)
désistement [dezistəmã] *m* Rücktritt *m*; Verzicht *m*
désister [deziste] *v/pr* **se désister en faveur de qn** zugunsten von j-m (von der Kandidatur) zurücktreten
Desnos [dɛsnɔs] *Robert Desnos frz Dichter*
désobéir *v/t/indir* **désobéir à qn**, **à un ordre** j-m, e-m Befehl nicht gehorchen; *enfant a* j-m nicht folgen; *abs a* ungehorsam sein
désobéissance *f* Ungehorsam *m*
désobéissant [-ã] *adj* ⟨**-ante** [-ãt]⟩ ungehorsam; unfolgsam
désobligeance *st/s f* Ungefälligkeit *f*
désobligeant [-ʒã] *adj* ⟨**-ante** [-ãt]⟩ *personne* ungefällig; *remarque* unfreundlich
désobliger [-ʒe] *v/t* ⟨**-ge-**⟩ kränken; vor den Kopf stoßen
désodorisant [dezɔdɔʀizã] *m* Deodorant *n*
désodoriser [-e] *v/t* desodorieren; den unangenehmen Geruch beseitigen (**une pièce** in e-m Raum)
désœuvré [dezœvʀe] *adj* ⟨**~e**⟩ untätig; *st/s* müßig
désœuvrement [dezœvʀəmã] *m* Untätigkeit *f*; *st/s* Müßiggang *m*
désolant [dezɔlã] *adj* ⟨**-ante** [-ãt]⟩ trostlos
désolation [-asjõ] *f* tiefe Betrübnis
▸ **désolé** [dezɔle] *adj* ⟨**~e**⟩ **1.** tief betrübt; untröstlich; (**je suis**) **désolé** (es) tut mir leid **2.** *région* öde; trostlos
désoler [dezɔle] **I** *v/t* tief betrüben; traurig

stimmen **II** *v/pr* **se désoler** traurig, betrübt sein
désolidariser *v/pr* **se désolidariser de** sich distanzieren von
désopilant [dezɔpilã] *adj* ⟨**-ante** [-ãt]⟩ urkomisch
désordonné *adj* ⟨**~e**⟩ **1.** *personne* unordentlich; F schlampig **2.** *vie* unordentlich; zügellos
▸ **désordre** *m* **1.** Unordnung *f*; Durcheinander *n*; **en désordre** in Unordnung; ungeordnet; *lieu* unaufgeräumt **2.** (*trouble*) Unruhe *f*; Verwirrung *f*; **désordres** *pl* Aufruhr *m*; Unruhen *f/pl*
désorganisation *f* Desorganisation *f*; Auflösung *f*
désorganiser **I** *v/t* desorganisieren; in Unordnung bringen; auflösen **II** *v/pr* **se désorganiser** in Unordnung geraten; sich auflösen
désorienté *adj* ⟨**~e**⟩ verwirrt; verunsichert
désorienter [-e] *v/t* verwirren; verunsichern
désormais [dezɔʀmɛ] *adv* von nun *ou* jetzt an
désosser [dezɔse] *v/t* von den Knochen lösen; entbeinen
désoxydant *m* Desoxidationsmittel *n*
désoxyder [-e] *v/t* desoxidieren
despote [dɛspɔt] *m* Despot *m* (*a fig*); Alleinherrscher *m*; *péj* Gewaltherrscher *m*
despotique [-ik] *adj* despotisch
despotisme [dɛspɔtism] *m* **1.** POL Despotismus *m*; Alleinherrschaft *f*; *péj* Despotie *f* **2.** *fig* Tyrannei *f*
desquamation [dɛskwamasjõ] *f* Abschuppung *f*; Abschilferung *f*
desquamer [-e] *v/i* (*et v/pr* **se**) **desquamer** sich (ab)schuppen; abschilfern
desquels, desquelles [dekɛl] → **lequel**
DESS [deəsɛs] *m abr* ⟨*inv*⟩ (*diplôme d'études supérieures spécialisées*) *praxisorientiertes Diplom im Anschluss an die „maîtrise"*
dessaisir [deseziʀ] *v/pr* **se dessaisir de qc** etw abgeben, abtreten
dessalage [desalaʒ] *m ou* **dessalaison** [-ɛzõ] *f* Entsalzen *n*, -ung *f*
dessaler [desale] **I** *v/t* entsalzen; *hareng* wässern **II** *v/pr* **se dessaler** *fig* s-e Naivität *ou* Schüchternheit ablegen; **dessalé** recht keck; *pl/fort* abgebrüht
desséchant [deseʃã] *adj* ⟨**-ante** [-ãt]⟩ **1.** *vent* trocken; der alles verdorren lässt **2.** *fig études* trocken; abstumpfend
dessèchement [deseʃmã] *m* Austrocknen *n*; Vertrocknen *n*; Trockenheit *f*
dessécher [deseʃe] ⟨**-è-**⟩ **I** *v/t* **1.** austrocknen **2.** *fig* abstumpfen **II** *v/pr* **se dessécher 3.** austrocknen; *végétation* vertrocknen; verdorren **4.** *fig* abstumpfen; verhärten **5.** *vieillard* zusammenfallen; verschrumpeln
dessein [desɛ̃] *st/s m* Absicht *f*; **à dessein** absichtlich
desseller [desele] *v/t cheval* absatteln
desserrer [deseʀe] *v/t* **1.** lockern; *frein* lösen **2.** *fig* **ne pas desserrer les dents** den Mund nicht auftun *ou* aufmachen; kein Wort sagen **II** *v/pr* **se desserrer** sich lockern
▸ **dessert** [desɛʀ] *m* Dessert *n*; Nachtisch *m*, -speise *f*
desserte [desɛʀt] *f* **1.** Abstell-, Beistell-, Serviertisch *m* **2.** Verkehrsverbindung *f* (**de** zu,

nach)
desservant [desɛʀvã] *m* Pfarrverweser *m*
desservir [desɛʀviʀ] *v/t* ⟨→ **servir**⟩ **1.** *bus, train* (regelmäßig) fahren zu, halten in (+ *dat*); *port* (regelmäßig) anlaufen, *aéroport* anfliegen **2.** **desservir (la table)** (den Tisch) abdecken, abräumen **3.** (*nuire*) **desservir qn** j-m schaden
dessiller [desije] *v/t* **dessiller les yeux à qn** j-m die Augen öffnen
▶ **dessin** [desɛ̃] *m* **1.** Zeichnung *f*; ▶ **dessin(s) animé(s)** Zeichentrickfilm *m*; **dessin humoristique** Karikatur *f* **2.** *action* Zeichnen *n*; **dessin industriel** technisches Zeichnen; **dessin publicitaire** Werbegrafik *f* **3.** *d'un tissu* Muster *n* **4.** (*lignes*) Zeichnung *f*; Züge *m/pl*
dessinateur [desinatœʀ] *m* Zeichner *m*; **dessinateur humoristique** Karikaturist *m*; Cartoonist *m*; **dessinateur industriel** technischer Zeichner
dessinatrice [desinatʀis] *f* Zeichnerin *f*
▶ **dessiner** [desine] **I** *v/t* **1.** zeichnen **2.** *contours* hervortreten lassen **II** *v/pr* **se dessiner** sich abzeichnen (**à l'horizon** am Horizont) (*a fig*)
dessouder [desude] *v/t* auseinanderschweißen
dessoûler [desule] **I** *v/t* **dessoûler qn** j-n nüchtern machen **II** *v/i* nüchtern werden; ausnüchtern
dessous [d(ə)su] **I** *adv* darunter *ou* F (unten)drunter; **en dessous** darunter *ou* F drunter; unten; F **par en dessous** von unten her **II** *prép* **de dessous** unter (+ *dat*) hervor; **en dessous de** → **au-dessous II III** *m* **1.** *d'objets* Unterseite *f* **2.** (**étage** *m* **du**) **dessous** untere Etage; unteres Stockwerk **3.** *fig* **avoir le dessous** unterlegen sein; *fig* **être au trente-sixième dessous** völlig deprimiert, ganz verzweifelt sein **4.** **dessous** *pl* Dessous *n/pl*; (Damen)Unterwäsche *f* **5.** *fig* **dessous** *pl* *d'une affaire* Hintergründe *m/pl*
dessous-de-bouteille *m* ⟨*inv*⟩ Flaschenuntersatz *m*, -untersetzer *m*
dessous-de-bras *m* ⟨*inv*⟩ COUT Arm-, Schweißblatt *n*
dessous-de-plat *m* ⟨*inv*⟩ Untersetzer *m*
dessous-de-table *m* ⟨*inv*⟩ Schmier-, Draufgeld *n*
dessous-de-verre *m* ⟨*inv*⟩ Gläseruntersatz *m*, -untersetzer *m*
dessus [d(ə)sy] **I** *adv* darauf; F (oben)drauf; **en dessus** oben; F obendrauf **II** *prép* **de dessus** von ... hoch **III** *m* **1.** *d'objets* Oberseite *f* **2.** (**étage** *m* **du**) **dessus** obere Etage; oberes Stockwerk **3.** *fig* **le dessus du panier** die oberen zehntausend; die Creme der Gesellschaft **4.** **avoir le dessus** überlegen sein; die Oberhand gewinnen; (**re**)**prendre le dessus** F sich (wieder) auf-, hochrappeln
dessus-de-lit [d(ə)sydli] *m* ⟨*inv*⟩ Tagesdecke *f*
déstabilisation *f* Destabilisierung *f*
déstabiliser [-e] *v/t* destabilisieren
déstalinisation [destalinizasjõ] *f* Entstalinisierung *f*
déstaliniser [-e] *v/t* entstalinisieren
destin [dɛstɛ̃] *m* Schicksal *n*
destinataire [dɛstinatɛʀ] *m* Empfänger *m*; Adressat *m*
destination [dɛstinasjõ] *f* **1.** Bestimmung *f*; Verwendungszweck *m* **2.** *lieu* Bestimmungsort

m; Ziel *n*; **à destination de** nach
destinée [dɛstine] *f* Schicksal *n*; Los *n*
destiner [dɛstine] **I** *v/t* **1.** **destiner qn à qc** j-n zu etw bestimmen, ausersehen **2.** **destiner qc à qn** etw für j-n bestimmen; **être destiné à qn, à qc** für j-n, für etw bestimmt sein; j-m zugedacht sein **II** *v/pr* **se destiner à l'enseignement** den Lehrberuf wählen
destituer [dɛstitɥe] *v/t* absetzen; **destituer qn de ses fonctions** j-n s-s Amtes entheben
destitution [dɛstitysjõ] *f* Absetzung *f*; Amtsenthebung *f*
destroyer [dɛstʀwaje] *m* MAR Zerstörer *m*
destructeur [dɛstʀyktœʀ] *adj* ⟨**-trice** [-tʀis]⟩ zerstörerisch; *fig a* destruktiv
destructible [-ibl] *adj* zerstörbar
destructif [-if] *adj* ⟨**-ive** [-iv]⟩ Zerstörungs...
▶ **destruction** [dɛstʀyksjõ] *f* **1.** Zerstörung *f* **2.** *de parasites* Vernichtung *f*; Vertilgung *f*
déstructurer *v/t* die Struktur auflösen (+*gén*)
désuet [dezɥe, des-] *adj* ⟨**-ète** [-ɛt]⟩ altmodisch; antiquiert
désuétude [dezɥetyd, des-] *f* **tomber en désuétude** außer Gebrauch kommen; unüblich werden
désuni [dezyni] *adj* ⟨**~e**⟩ **1.** entzweit; zerstritten **2.** *sportif* aus dem Tritt, Rhythmus gekommen
désunion *f* Zwietracht *f*
désunir *v/t* entzweien
détachable [detaʃabl] *adj* abreißbar
détachage [-aʒ] *m* (chemische) Fleck(en)entfernung (**de qc** aus etw)
détachant [-ã] *m* Fleck(en)entferner *m*
détaché [detaʃe] *adj* ⟨**~e**⟩ **1.** **pièce détachée** Einzelteil *n*; Ersatzteil *n* **2.** *air* unbeteiligt; uninteressiert
détachement [detaʃmã] *m* **1.** erloschenes Interesse **2.** MIL (Sonder)Trupp *m*, (-)Abteilung *f*, (-)Kommando *n*
▶ **détacher**[1] *v/t* **1.** lösen; los-, abmachen; abtrennen; *chien* losbinden; *feuille* abreißen (**de** von); *remorque* abhängen **2.** *mots, syllabes* getrennt aussprechen; *lettres* getrennt schreiben **3.** **détacher qn** j-n abstellen, abordnen, MIL abkommandieren; *fonctionnaire* vorübergehend versetzen **II** *v/pr* **4.** **se détacher** sich lösen; abgehen; *chien* sich losreißen **5.** *fig* **se détacher de qc** sich nicht mehr für etw interessieren; *fig* **se détacher de qn** sich (gefühlsmäßig) von j-m lösen **6.** **se détacher sur qc** sich abheben gegen etw
détacher[2] *v/t* die Flecken entfernen (**qc** aus etw)
▶ **détail** [detaj] *m* **1.** (**commerce** *m* **de**) **détail** Einzel-, Kleinhandel *m*; **vendre au détail** in kleinen Mengen, einzeln verkaufen **2.** Einzelheit *f*; Detail *n*; **en détail** im Einzelnen; ausführlich; F **ne pas faire de** *ou* **le détail** sich nicht mit Einzelheiten aufhalten **3.** (*vétille*) Kleinigkeit *f*
détaillant [detajã] *m*, **détaillante** [-ãt] *f* Einzel-, Kleinhändler(in) *m(f)*
détaillé [detaje] *adj* ⟨**~e**⟩ detailliert; ausführlich; ins Einzelne gehend
détailler [detaje] *v/t* **a)** im, über den Einzelhandel verkaufen, vertreiben **b)** in kleineren Mengen *ou* einzeln, stückweise verkaufen
détaler *v/i* F abhauen

détartrage [detaʀtʀaʒ] *m* Entkalkung *f*

détartrant [-ɑ̃] *m produit* Entkalker *m*

détartrer [detaʀtʀe] *v/t* **1.** entkalken **2.** *détartrer les dents* den Zahnstein entfernen

détaxation *f ou* **détaxe** *f* **a)** *réduction* Steuer-, Gebührenermäßigung *f*, -nachlass *m* **b)** *suppression* Steuer-, Gebührenbefreiung *f*, -erlass *m*

détaxé [detakse] *adj* ⟨**~e**⟩ steuerermäßigt *ou* -frei; gebühren- *ou* zollfrei

détaxer *v/t* **détaxer qc** die Steuer, mit der etw belegt ist, senken *ou supprimer* aufheben

détecter [detɛkte] *v/t* feststellen; auffinden; aufspüren (*a fig*)

détecteur [-œʀ] *m* Detektor *m*; Anzeigegerät *n*

détection [detɛksjõ] *f* Feststellung *f*; Auffindung *f*; Aufspürung *f* (*a fig*)

détective [detɛktiv] *m* **détective (privé)** (Privat)Detektiv *m*

déteindre *v/i* ⟨→ **peindre**⟩ **1.** ausbleichen; verschießen **2.** **déteindre sur** abfärben auf (+ *acc*) (*a fig*)

dételer [detle] *v/t* ⟨**-ll-**⟩ ausspannen

détendre ⟨→ **rendre**⟩ **I** *v/t* **1.** *arc* lockern **2.** *fig* entspannen **II** *v/pr* ▸ **se détendre 3.** sich lockern; erschlaffen **4.** *fig personne, situation* sich entspannen

détendu *adj* ⟨**~e**⟩ entspannt

détenir *v/t* ⟨→ **venir**⟩ **1.** besitzen; innehaben; *record* halten; *secret* bewahren **2.** **détenir qn** j-n gefangen halten, in Haft halten

détente *f* **1.** *d'une arme à feu* Abzug *m*; F *fig* **être dur à la détente** F nichts herausrücken wollen **2.** *d'un ressort* Lockerung *f*; Erschlaffung *f* **3.** *fig* Entspannung *f*; **politique f de détente** Entspannungspolitik *f* **4.** SPORTS Wurf- *ou* Sprungvermögen *n*

détenteur [detɑ̃tœʀ] *m*, **détentrice** [-tʀis] *f* Besitzer(in) *m(f)*; Inhaber(in) *m(f)*; **détenteur, détentrice d'un record** Rekordhalter(in) *m(f)*

détention [detɑ̃sjõ] *f* **1.** Besitz *m*; **détention d'armes** Waffenbesitz *m* **2.** Haft *f*; **détention provisoire** Untersuchungshaft *f*

détenu(e) [detny] *m(f)* Häftling *m*

détergent [detɛʀʒɑ̃] *m* Waschmittel *n*

détérioration [deteʀjoʀasjõ] *f* **1.** Beschädigung *f* **2.** *fig* Verschlechterung *f*

détériorer [deteʀjoʀe] **I** *v/t* **1.** beschädigen **2.** *fig* verschlechtern **II** *v/pr* **se détériorer 3.** schadhaft werden; verkommen **4.** *fig* sich verschlechtern; sich verschlimmern

déterminable [detɛʀminabl] *adj* bestimmbar; festlegbar

déterminant [-ɑ̃] *adj* ⟨**-ante** [-ɑ̃t]⟩ bestimmend; ausschlaggebend

déterminatif [detɛʀminatif] *adj* ⟨**-ive** [-iv]⟩ **adjectif déterminatif** attributives Pronomen (und Zahlwort); **complément déterminatif** nähere Bestimmung; Attribut *n*

détermination [detɛʀminasjõ] *f* **1.** Bestimmung *f*; Festlegung *f* **2.** (*résolution*) Entschluss *m*; (*fermeté*) Entschlossenheit *f*

déterminé *adj* ⟨**~e**⟩ **1.** (*défini*) bestimmt **2.** (*résolu*) entschlossen

déterminer I *v/t* **1.** bestimmen; festlegen; *cause* feststellen; ermitteln **2.** **déterminer qn à** (+ *inf*) j-n bestimmen, veranlassen zu (+ *inf*) **3.** *réaction* bewirken; hervorrufen **II** *v/pr* **se dé-**

terminer à (+ *inf*) sich entschließen zu (+ *inf*)

déterminisme [detɛʀminism] *m* Determinismus *m*

déterministe [-isz] **I** *adj* deterministisch **II** *m,f* Determinist(in) *m(f)*

déterré [deteʀe] *m* **avoir une mine de déterré** leichen-, totenblass aussehen, sein

déterrer *v/t* ausgraben (*a fig*)

détestable [detɛstabl] *adj* abscheulich; scheußlich

▸ **détester** [detɛste] *v/t* verabscheuen; hassen; nicht ausstehen können

détonant [detonɑ̃] *adj* ⟨**-ante** [-ɑ̃t]⟩ explosiv

détonateur [detɔnatœʀ] *m* **1.** Zünder *m* **2.** *fig* Auslöser *m*

détonation [-sjõ] *f* Detonation *f*; Knall *m*

détoner [detɔne] *v/i* detonieren

détonner *v/i* **1.** MUS falsch singen *ou* spielen **2.** *fig* nicht passen

détordre *v/t* ⟨→ **rendre**⟩ aufdrehen; *corde* aufdröseln

▸ **détour** *m* **1.** Umweg *m* (*a fig*); *fig a* Winkelzug *m*; **faire un détour** e-n Umweg machen; *fig* **sans détour** ohne Umschweife; freiheraus **2.** (*tournant*) Biegung *f*; Krümmung *f*

détourné *adj* ⟨**~e**⟩ indirekt

détournement [detuʀnəmɑ̃] *m* **1.** **détournement d'avion** Flugzeugentführung *f* **2.** **détournement de fonds** Unterschlagung *f*; Veruntreuung *f* **3.** **détournement de mineur** Verführung *f* Minderjähriger

détourner I *v/t* **1.** *avion* entführen **2.** *tête, regard* ab-, wegwenden **3.** *fig* **détourner qn de qc** j-n von etw abbringen **4.** *fig attention* ablenken; *soupçons* zerstreuen; **détourner sur qn** auf j-n lenken; **détourner la conversation** vom Thema ablenken **5.** *fonds* unterschlagen; veruntreuen **II** *v/pr* **se détourner** sich abwenden

détracteur *m*, **détractrice** [-tʀis] *f péj* Kritiker(in) *m(f)*

détraqué(e) [detʀake] F *m(f)* Geistesgestörte(r) *f(m)*

détraquement [detʀakmɑ̃] *m* Störung *f*; F Kaputtgehen *n*

détraquer I *v/t* F kaputt machen **II** *v/pr* **se détraquer 1.** F kaputtgehen **2.** F *temps* schlecht werden **3.** F **se détraquer l'estomac** sich (*dat*) den Magen verderben, F verkorksen

détrempé *adj* ⟨**~e**⟩ aufgeweicht

détremper *v/t* **1.** *couleurs, mortier* anrühren **2.** *pluie: sol* aufweichen

détresse *f* **1.** Not *f*; Bedrängnis *f*; **être dans la détresse** in Not, im Elend sein **2.** **en détresse** *bateau* in Seenot; *avion* in e-r Notsituation

détriment [detʀimɑ̃] *m* **au détriment de** zum Schaden, Nachteil von (*ou* + *gén*)

détritus [detʀitys] *m/pl* Abfälle *m/pl*

détroit [detʀwa] *m* Meerenge *f*; Straße *f*

détromper I *v/t* **détromper qn** j-n über s-n Irrtum aufklären **II** *v/pr* **détrompez-vous!** glauben Sie es nicht!

détrôner *v/t* entthronen (*a fig*)

détrousser *v/t plais* ausplündern

▸ **détruire** [detʀɥiʀ] *v/t* ⟨→ **conduire**⟩ **1.** zerstören **2.** *parasites* vernichten; vertilgen **3.** *fig espoirs, etc* zerstören; zunichtemachen

▸ **dette** [dɛt] *f* COMM Schuld *f*; **dette publique** Staatsschuld(en) *f(pl)*; *fig* **avoir une dette en-**

vers qn in j-s Schuld stehen
DEUG [døg] *m abr* ⟨*inv*⟩ (*diplôme d'études universitaires générales*) Abschlussprüfung *f*, -diplom *n* des „premier cycle" (*nach 2 Studienjahren*)

D

deuil [dœj] *m* **1.** Trauer *f*; F *fig* ***faire son deuil de qc*** F etw abschreiben, in den Kamin schreiben **2.** Trauerkleidung *f*; ***être en deuil*** in Trauer sein **3.** (*décès*) Trauerfall *m*
deus ex machina [deyseksmakina] *m* THÉ *et fig* Deus ex Machina *m*
▸ **deux** [dø] **I** *num/c* zwei; ▸ ***les deux*** beide; die beiden; ***tous (les) deux*** alle beide, zwei; ***Élisabeth II*** Elisabeth II. (die Zweite); ***le deux mai*** der zweite *ou* am zweiten Mai; ***à deux*** zu zweit; zu zweien; ***couper en deux*** in zwei Teile schneiden; ***partager en deux*** halbieren; ***deux par*** *ou* ***à deux*** je zwei und zwei; immer zwei; paarweise; F *fig* ***en moins de deux*** F in Null Komma nichts **II** *m* Zwei *f*; Zweier *m*; ***le deux (du mois)*** der Zweite *ou* am Zweiten (des Monats); TV F ***sur la deux*** im Zweiten (*Programm*)
▸ **deuxième** [døzjɛm] **I** *num/o* zweite **II** *subst* **1.** ***le, la deuxième*** der, die, das Zweite **2.** *m étage* ***au deuxième*** im zweiten Stock
deuxièmement [døzjɛmmɑ̃] *adv* zweitens
deux-mâts *m* ⟨*inv*⟩ Zweimaster *m*
deux-pièces *m* ⟨*inv*⟩ **1.** zweiteiliger Badeanzug; Bikini *m* **2.** Jackenkleid *n*; Deux-pièces *n*; F Zweiteiler *m* **3.** Zweizimmerwohnung *f*
deux-places *m* ⟨*inv*⟩ Zweisitzer *m*
deux-points *m/pl* Doppelpunkt *m*
deux-roues *m* ⟨*inv*⟩ Zweirad *n*
Deux-Sèvres [døsɛvʀ] ***les Deux-Sèvres*** *f/pl frz Departement*
deux-temps *m* ⟨*inv*⟩ Zweitakter *m*; Zweitaktmotor *m*
deuzio [døzjo] F *adv* zweitens
dévaler [devale] *v/t* *escalier* hinuntereilen, -stürzen; *pente* hinuntersausen
dévaliser [devalize] *v/t* **1.** ausplündern, -rauben **2.** *fig* *magasin* leer kaufen
dévalorisation *f* Entwertung *f*; Wertverlust *m*, -minderung *f*
dévaloriser **I** *v/t* **1.** entwerten **2.** *fig* herabsetzen **II** *v/pr* ***se dévaloriser*** s-n Wert verlieren; wertlos werden
dévaluation [devalɥasjõ] *f* Abwertung *f*
dévaluer [-e] *v/t* abwerten
devancement [dəvɑ̃smɑ̃] *m* **1.** Zuvorkommen *n* **2.** MIL ***devancement d'appel*** vorzeitige Ableistung des (Grund)Wehrdienstes
devancer [d(ə)vɑ̃se] *v/t* ⟨**-ç-**⟩ **1.** kommen vor (+ *dat*); vorangehen (+ *dat*); ***devancer une question*** e-r Frage zuvorkommen **2.** *fig* *rival* übertreffen; voraus sein (+ *dat*) **3.** MIL ***devancer l'appel*** den (Grund)Wehrdienst vorzeitig ableisten
devancier [dəvɑ̃sje] *m*, **devancière** [-jɛʀ] *f* Vorgänger(in) *m(f)*
▸ **devant** [d(ə)vɑ̃] **I** *prép* vor (+ *dat question* «*wo?*»; + *acc question* «*wohin?*»); → *Info bei* ***vor***; ***aller droit devant soi*** geradeaus gehen; *fig* s-n Weg unbeirrt gehen **II** *adv* vorn(e); *avec des verbes de mouvement* voraus…; voran…; ***regarder devant*** nach vorn(e) schauen **III** *m* Vorderfront *f*, -seite *f*; vorderer Teil; ***patte de devant*** Vorderpfote *f*; ***loger sur le devant*** nach vorn(e) (hinaus) wohnen; *fig* ***prendre les devants*** j-m zuvorkommen
devanture [d(ə)vɑ̃tyʀ] *f* Schaufenster *n*; Auslage *f*
dévastateur [devastatœʀ] *adj* ⟨**-trice** [-tʀis]⟩ **1.** *tempête* verheerend **2.** *fig* *passion* zerstörerisch; unheilvoll
dévastation [-asjõ] *f* Verwüstung *f*; Verheerung *f*
dévaster [-e] *v/t* verwüsten; verheeren
déveine *f* F Pech *n*
développé [devlɔpe] *m* HALTÉROPHILIE Drücken *n*
▸ **développement** [devlɔpmɑ̃] *m* **1.** Entwicklung *f*; ÉCON *a* Aufwärtsentwicklung *f*; *des sciences a* Weiterentwicklung *f*; *des relations a* Ausbau *m* **2.** *d'un thème* Ausführung *f* **3.** ***développements*** *pl d'une affaire* Folgen *f/pl* **4.** PHOT Entwickeln *n* **5.** *d'un vélo* Übersetzung *f*
développer [devlɔpe] **I** *v/t* entwickeln (*a* PHOT); entfalten; *relations a* ausbauen; *idées a* näher ausführen **II** *v/pr* ▸ ***se développer*** sich entwickeln; *talent a* sich entfalten; ÉCON sich aufwärtsentwickeln
▸ **devenir** [dəv(ə)niʀ] *v/i* ⟨→ **venir**; **être**⟩ werden; ***qu'allons-nous devenir?*** was wird aus uns werden?; F ***que devenez-vous?*** was machen, F treiben Sie denn so?
dévergondage [devɛʀgõdaʒ] *m* Zügellosigkeit *f*; Schamlosigkeit *f*; Ausschweifungen *f/pl*
dévergondé [devɛʀgõde] *adj* ⟨**~e**⟩ zügellos; ausschweifend; schamlos
dévergonder [devɛʀgõde] *v/pr* ***se dévergonder*** ein ausschweifendes, zu freies Leben führen
déverrouillage [deveʀujaʒ] *m* Ent-, Aufriegeln *n*
déverrouiller [-e] *v/t* ent-, aufriegeln
déversement *m* Abfließen *n*; Ableiten *n*; Entleeren *n*
déverser **I** *v/t* entleeren; ausschütten; *bombes* abwerfen; *fig* *voyageurs* F ausspucken **II** *v/pr* ***se déverser*** sich ergießen; abfließen
dévêtir ⟨→ **vêtir**⟩ *v/t* (*et v/pr* ***se dévêtir*** sich) aus-, entkleiden
déviance [devjɑ̃s] *f* SOCIOLOGIE normabweichendes Verhalten; Devianz *f*
déviant [-ɑ̃] *adj* ⟨**-ante** [-ɑ̃t]⟩ von der Norm abweichend; deviant
▸ **déviation** [devjasjõ] *f* **1.** Umleitung *f* **2.** PHYS Ablenkung *f* **3.** ***déviation de la colonne vertébrale*** Rückgratverkrümmung *f* **4.** *fig*, POL Abweichung *f*
déviationniste [devjasjɔnist] *m,f* Abweichler(in) *m(f)*
dévider *v/t* abspulen; abwickeln
dévidoir [devidwaʀ] *m* **1.** TEXT Haspel *f* **2.** *pour tuyau d'arrosage* Schlauchrolle *f*
dévier [devje] **I** *v/t* *circulation* umleiten **II** *v/i* abweichen (**de** von) (*a fig*)
devin [dəvɛ̃] *m*, **devineresse** [dəvinʀɛs] *f* Hellseher(in) *m(f)*
devinable [d(ə)vinabl] *adj* erratbar; vorhersehbar
▸ **deviner** [d(ə)vine] *v/t* *énigme* raten; *intentions, secret* erraten; *avenir* ahnen; ***devine!*** rate mal!

devinette [d(ə)vinɛt] *f* Rätsel *n*; **devinettes** *pl* Ratespiel *n*; **poser une devinette** ein Rätsel aufgeben

devis [d(ə)vi] *m* Kostenvoranschlag *m*; **établir un devis** e-n Kostenvoranschlag machen, aufstellen

dévisager [devizaʒe] *v/t* ⟨**-ge-**⟩ anstarren

devise [d(ə)viz] *f* **1.** Devise *f*; Wahlspruch *m*; Motto *n* **2.** FIN **devises** *pl* Devisen *f/pl*

deviser [dəvize] *st/s v/i* plaudern

dévissage *m* Ab-, Aufschrauben *n*

dévisser **I** *v/t* (*défaire*) abschrauben; (*ouvrir*) aufschrauben **II** *v/i alpiniste* abstürzen

dévitaliser [devitalize] *v/t* den Nerv entfernen (*une dent* e-s Zahnes)

dévoilement [devwalmã] *m* **1.** Enthüllung *f* **2.** *fig* Enthüllung *f*; Offenbarung *f*

dévoiler **I** *v/t* **1.** *statue* enthüllen **2.** *fig* enthüllen; offenbaren; *secret a* lüften **II** *v/pr* **se dévoiler** *fig* sich enthüllen; offenbar werden

▸ **devoir**[1] [d(ə)vwaʀ] ⟨**je dois**, **il doit**, **nous devons**, **ils doivent**; **je devais**; **je dus**; **je devrai**; **que je doive**; **devant**; **dû**, **due**⟩ **I** *v/t* **1.** *argent*, *fig explication*, *respect* **devoir à qn** j-m schulden, schuldig sein; → **dû 2.** *situation*, *surnom*, *vie*, *etc* **devoir à qn** j-m (zu) verdanken (haben) **II** *v/aux avec inf* **3.** *nécessité* müssen; *obligation* müssen; sollen; haben zu; **ne pas devoir** nicht dürfen, sollen; **cela devait arriver!** das musste so kommen! **4.** *probabilité* müssen; wohl werden; **il a dû avoir une panne** er muss, wird wohl e-e Panne gehabt haben **5.** *futur dans le passé* sollen; **il devait mourir deux jours plus tard** zwei Tage später sollte er sterben **III** *v/pr* **comme il se doit** wie es sich gehört, gebührt; **se devoir de faire qc** es sich (*dat*) schuldig sein, etw zu tun

▸ **devoir**[2] *m* **1.** Pflicht *f*; **par devoir** aus Pflichtgefühl; **faire son devoir** s-e Pflicht tun **2.** ÉCOLE Aufgabe *f*; **devoirs** *pl* Hausaufgaben *f/pl*; **devoir sur table** Klassenarbeit *f*

dévolu [devɔly] *m* **jeter son dévolu sur** sein Auge werfen auf (+ *acc*)

dévorant [devɔrã] *adj* ⟨**-ante** [-ãt]⟩ *feu* verheerend; *passion* verzehrend; *curiosité* unersättlich

dévorer [devɔre] *v/t* **1.** fressen; verschlingen (*a fig livre*); *fig* **dévorer des yeux** mit den Augen verschlingen **2.** *fig passion*, *remords* **dévorer qn** j-n verzehren

dévot [devo] *m*, **dévote** [devɔt] *f* Fromme(r) *f(m)*; *péj* Frömmler(in) *m(f)*

dévotion [devosjõ] *f* **1.** Frömmigkeit *f*; **fausse dévotion** Frömmelei *f* **2.** *fig* glühende Verehrung

dévoué [devwe] *adj* ⟨**~e**⟩ ergeben (**à qn** j-m)

dévouement [devumã] *m* Ergebenheit *f*; *p/fort* Hingabe *f*; Aufopferung *f*; Opferbereitschaft *f*

dévouer *v/pr* **se dévouer 1.** sich aufopfern **2.** F *plais* sich opfern (**pour faire qc** und etw tun) **3.** **se dévouer à une cause** sich e-r Sache (*dat*) ganz hingeben

dévoyé [devwaje] *adj* ⟨**~e**⟩ auf die schiefe Bahn geraten

dextérité [dɛksterite] *f* Fingerfertigkeit *f*; Geschicklichkeit *f*

dextrose [dɛkstroz] *m* Dextrose *f*; Traubenzucker *m*

dézipper [dezipe] *v/t* INFORM entzippen; entpacken

diabète [djabɛt] *m* Zuckerkrankheit *f*; Diabetes *m*

diabétique [djabetik] **I** *adj* zuckerkrank **II** *m,f* Diabetiker(in) *m(f)*; Zuckerkranke(r) *f(m)*

▸ **diable** [djɑbl] **I** *m* **1.** Teufel *m*; F *fig* **boucan** *m* **du diable** F Höllenlärm *m*; **à la diable** flüchtig; oberflächlich; **au diable …!** zum Teufel mit …!; *se démener* **comme un** (**beau**) **diable** wie wild, toll; **c'est bien le diable si …** es müsste mit dem Teufel zugehen, wenn …; *fig* **tirer le diable par la queue** kaum sein Auskommen haben; *p/fort* am Hungertuch nagen **2.** *int* **diable!** Teufel auch!; **où diable …?** wo zum Teufel …? **3.** *fig* **pauvre diable** F armer Teufel, Schlucker **4.** *chariot* Sack-, Stechkarre *f* **II** *adj enfant* wild

diablement [djɑbləmã] *adv* F verteufelt; verdammt; verflucht

diablerie [djɑbləri] *f* Streich *m*; Schelmenstück *n*

diablesse [djɑblɛs] *f* **1.** MYTH Teufelin *f* **2.** *fig* Teufelsweib *n*

diablotin [djɑblɔtɛ̃] *m* kleiner Teufel (*a fig enfant*)

diabolique [djɑbɔlik] *adj* teuflisch; diabolisch

diabolo [djɑbɔlo] *m* **1.** *jouet* Diabolo *n* **2.** **diabolo menthe** Limonade *f* mit Pfefferminzsirup

diachronique [djakrɔnik] *adj* LING diachron(isch)

diacre [djakr] *m* Diakon *m*

diadème [djadɛm] *m* Diadem *n*

diagnostic [djagnɔstik] *m* Diagnose *f*

diagnostiquer [djagnɔstike] *v/t* diagnostizieren (*a fig*)

diagonal [djagɔnal] *adj* ⟨**~e**; **-aux** [-o]⟩ diagonal

diagonale [djagɔnal] *f* Diagonale *f*; **en diagonale** diagonal; schräg

diagramme [djagram] *m* Diagramm *n*

dialectal [djalɛktal] *adj* ⟨**~e**; **-aux** [-o]⟩ Dialekt…; dialektal; mundartlich

dialecte [djalɛkt] *m* Dialekt *m*; Mundart *f*

dialecticien [djalɛktisjɛ̃] *m*, **dialecticienne** [-jɛn] *f* Dialektiker(in) *m(f)*

dialectique [djalɛktik] **I** *adj* dialektisch **II** *f* Dialektik *f*

dialectologie [djalɛktɔlɔʒi] *f* Dialektologie *f*; Mundartenforschung *f*

dialogue [djalɔg] *m* Dialog *m* (*a* THÉ, CIN, INFORM); Zwiegespräch *n*; *fig* **c'est un dialogue de sourds** sie reden aneinander vorbei

dialoguer [djalɔge] *v/i* **dialoguer avec qn** mit j-m e-n Dialog, ein Gespräch führen

dialoguiste [djalɔgist] *m* CIN Dialogautor *m*

dialyse [djaliz] *f* Dialyse *f*; Blutwäsche *f*

diamant [djamã] *m* Diamant *m*

diamantaire [djamãtɛr] *m* **1.** *ouvrier* Diamantschleifer *m* **2.** *négociant* Diamantenhändler *m*

diamétralement [djametralmã] *adv fig* **diamétralement opposé** diametral entgegengesetzt

diamètre [djamɛtr] *m* Durchmesser *m*

diapason [djapazõ] *m* Stimmgabel *f*; Diapason *m*; *fig* **être au diapason de qn** auf j-n eingestellt sein

diaphane [djafan] *adj* durchscheinend
diaphragme [djafʀagm] *m* **1.** ANAT Zwerchfell *n*
2. PHOT Blende *f* **3.** MÉD Diaphragma *n*
diapo [djapo] *f abr* F Dia *n*
diaporama [djapɔʀama] *m* Tonbildschau *f*
diapositive [djapozitiv] *f* Diapositiv *n*
diarrhée [djaʀe] *f* MÉD Durchfall *m*
diaspora [djaspɔʀa] *f* Diaspora *f*
diatonique [djatɔnik] *adj* MUS diatonisch
diatribe [djatʀib] *f* heftige, beißende Kritik
(**contre qn** an j-m)
dico [diko] *m* F → **dictionnaire**
dictaphone [diktafɔn] *m* Diktiergerät *n*
dictateur [diktatœʀ] *m* Diktator *m*
dictatorial [diktatɔʀjal] *adj* ⟨**~e; -aux** [-o]⟩ diktatorisch (*a fig*)
▸ **dictature** [diktatyʀ] *f* Diktatur *f* (*a fig*)
▸ **dictée** [dikte] *f* Diktat *n* (*a* ÉCOLE)
dicter [-e] *v/t* diktieren (*a fig*)
diction [diksjõ] *f* Vortrags-, Sprechweise *f*; Diktion *f*
▸ **dictionnaire** [diksjɔnɛʀ] *m* Wörterbuch *n*;
Lexikon *n*; **dictionnaire bilingue** zweisprachiges Wörterbuch
dicton [diktõ] *m* sprichwörtliche Redensart;
volkstümlicher Spruch
didacticiel [didaktisjɛl] *m* Lernsoftware *f*
didactique [-ik] *adj* didaktisch
dièse [djɛz] *m* MUS Kreuz *n*; *adjt* **do dièse** cis(--Moll) ou Cis(-*Dur*)
diesel [djezɛl] *m* Dieselmotor *m*, *par ext* -fahrzeug *n*; F Diesel *m*; *adjt* **moteur** *m* **Diesel** Dieselmotor *m*
diète¹ [djɛt] *f* Nulldiät *f*; (*régime*) Diät *f*; Schonkost *f*
diète² *f* **1.** HIST Reichstag *m* **2.** *aujourd'hui en Allemagne* Landtag *m*
diététicien [djetetisjɛ̃] *m*, **diététicienne** [-jɛn] *f* Diätassistent(in) *m(f)*
diététique [djetetik] *f* Diätetik *f*; Ernährungslehre *f*; **magasin** *m* **de diététique** Reformhaus *n*
▸ **Dieu** [djø] *m* **1.** REL Gott *m*; ▸ **mon Dieu!** mein Gott!; ach Gott!; **Dieu sait pourquoi, quand**, *etc* Gott weiß warum, wann *etc*; **si Dieu le veut** so Gott will **2. dieu** ⟨**dieux**⟩ MYTH Gott *m*; **jurer ses grands dieux** Stein und Bein schwören
diffamant [difamã] *adj* ⟨**-ante** [-ãt]⟩ diffamierend; ehrenrührig; verleumderisch
diffamateur [difamatœʀ] *m*, **diffamatrice** [-tʀis] *f* Verleumder(in) *m(f)*
diffamation [-sjõ] *f* Diffamierung *f*; Verleumdung *f*; JUR üble Nachrede
diffamatoire [-twaʀ] *adj* diffamatorisch; verleumderisch
diffamer [difame] *v/t* diffamieren; verleumden
différé [difeʀe] *m* **émission** *f* **en différé** Aufzeichnung *f*; **diffuser en différé** als Aufzeichnung, in e-r Aufzeichnung senden
différemment [difeʀamã] *adv* anders
▸ **différence** [difeʀãs] *f* Unterschied *m*; Differenz *f* (*a* MATH); **différence d'âge** Altersunterschied *m*, -abstand *m*; **à la différence de** im Unterschied zu
différenciation [difeʀãsjasjõ] *f* **1.** (*distinction*) Differenzierung *f*; Unterscheidung *f* **2.** (*fait de se différencier*) Differenzierung *f*; Auseinan-

derentwicklung *f*
différencier [difeʀãsje] **I** *v/t* differenzieren (*a* MATH); unterscheiden **II** *v/pr* **se différencier** sich differenzieren
différend [difeʀã] *m* Meinungsverschiedenheit *f*; Differenz *f*
▸ **différent** [difeʀã] *adj* ⟨**-ente** [-ãt]⟩ **1.** verschieden (**de** von); unterschiedlich; anders (als) **2.** ⟨*nur pl u vorangestellt*⟩ **différents** verschiedene; mehrere
différentiation [difeʀãsjasjõ] *f* MATH Differenzieren *n*; Differentiation *f*
différentiel [difeʀãsjɛl] **I** *adj* ⟨**~le**⟩ **calcul différentiel** Differentialrechnung *f* **II** *m* AUTO Ausgleichsgetriebe *n*; Differential *n*
différer [difeʀe] ⟨**-è-**⟩ **I** *v/t* auf-, ver-, hinausschieben **II** *v/i* abweichen (**de** von); sich unterscheiden (von); *abs opinions a* differieren; auseinandergehen
▸ **difficile** [difisil] *adj* **1.** schwierig; schwer; mühsam; *caractère a* diffizil; *enfant a* schwer erziehbar **2.** *personne* heikel; wählerisch; **faire le, la difficile** wählerisch sein
difficilement [difisilmã] *adv* schwer; mit Mühe
▸ **difficulté** [difikylte] *f* Schwierigkeit *f*; **sans difficulté** ohne Schwierigkeit; mühelos; **être en difficulté** in Schwierigkeiten sein, stecken
difforme [difɔʀm] *adj* difform; missgestaltet; (*gros*) unförmig
difformité [-ite] *f* Difformität *f*; Unförmigkeit *f*; (*malformation*) Missbildung *f*
diffraction [difʀaksjõ] *f* PHYS Beugung *f*
diffus [dify] *adj* ⟨**-use** [-yz]⟩ diffus; *fig a* verschwommen
diffuser [difyze] *v/t* **1.** OPT (zer)streuen **2.** RAD, TV ausstrahlen; senden; übertragen **3.** *fig* verbreiten
diffuseur [difyzœʀ] *m* **1.** AUTO Lufttrichter *m* **2.** TECH Diffusor *m* **3.** *d'une lampe* Blendschutz *m*; Abdeckung *f*
diffusion [difyzjõ] *f* **1.** Ausstrahlung *f*; Übertragung *f* **2.** *fig* Verbreitung *f*
digérer [diʒeʀe] *v/t* ⟨**-è-**⟩ verdauen (*a fig*, F)
digest [diʒɛst, daj(d)ʒɛst] *m revue*, *résumé* Digest *m ou n*
digeste [diʒɛst] *adj* leicht verdaulich
digestif [diʒɛstif] **I** *adj* ⟨**-ive** [-iv]⟩ **1.** Verdauungs... **2.** verdauungsfördernd **II** *m* Digestif *m*; Verdauungstrank *m*

Les digestifs français

Nach einem guten Essen greift der Franzose gern zu einem **digestif**, einem alkoholischen Getränk, das die Verdauung anregen soll. Bekannte **digestifs** sind unter anderem **le calvados**, ein normannischer Apfelschnaps (43 %), der in Eichenfässern gelagert wird, und **le cognac**, ein Branntwein, der aus Weißweinen hergestellt wird, die nur aus einem genau festgelegten Anbaugebiet um die Stadt Cognac stammen dürfen. Guter Cognac hat einen mehrjähri-

gen Reifungsprozess in Fässern aus Li-
mousin-Eiche hinter sich.
Aus dem Elsass stammende **digestifs**
sind **la framboise** (Himbeergeist), **le
kirsch** (Kirschwasser) sowie **la quetsche**
(Zwetschgenwasser).

---

digestion [diʒɛstjõ] *f* Verdauung *f*
digicode® [diʒikɔd] *m* elektronisches Tür-
schloss
digital [diʒital] *adj* ⟨~e; -aux [-o]⟩ **1.** Finger… **2.**
INFORM Digital…
digitale [diʒital] *f* BOT Fingerhut *m*
digitalisation [diʒitalizasjõ] *f* Digitalisierung *f*
digitaliser [-e] *v/t* digitalisieren
digne [diɲ] *adj* würdig (**de qc** e-r Sache [*gén*]);
air a würdevoll; **digne de confiance** vertrau-
enswürdig; **digne d'intérêt** Interesse verdie-
nend
dignement [diɲmã] *adv* würdig; würdevoll (*a
iron*)
dignitaire [diɲitɛʀ] *m* Würdenträger *m*
dignité [diɲite] *f* Würde *f*
digression [digʀɛsjõ] *f* Abschweifung *f*; Ex-
kurs *m*
digue [dig] *f* Deich *m*; Damm *m* (*a fig*)
diktat [diktat] *m* POL Diktat *n*
dilapidateur [dilapidatœʀ] *m*, **dilapidatrice** *f*
[-tʀis] Verschwender(in) *m(f)*; Vergeuder(in)
m(f)
dilapidation [dilapidasjõ] *f* Verschwendung *f*;
Vergeudung *f*
dilapider [-e] *v/t* verschwenden; vergeuden
dilatable [dilatabl] *adj* PHYS (aus)dehnbar
dilatation [dilatasjõ] *f* **1.** PHYS Ausdehnung *f* **2.**
MÉD Erweiterung *f*
dilater [dilate] *v/t* (*et v/pr* **se**) **dilater 1.** PHYS
(sich) ausdehnen **2.** MÉD (sich) erweitern
dilemme [dilɛm] *m* Dilemma *n*
dilettante [diletãt] *m,f* Dilettant(in) *m(f)*; **en
dilettante** dilettantisch
dilettantisme [diletãtism] *m* Dilettantismus *m*;
Dilettantentum *n*
diligence [diliʒãs] *f* **1.** HIST Postkutsche *f* **2.** *st/s*
(*zèle*) Eifer *m*; Beflissenheit *f*
diluant [dilɥã] *m* Verdünnungsmittel *n*
diluer [dilɥe] *v/t* verdünnen; (*dissoudre*) auflö-
sen
dilution [dilysjõ] *f* **1.** Verdünnung *f* **2.** Auflösen
n; *résultat* Lösung *f*
diluvien [dilyvjɛ̃] *adj* ⟨-ienne [-jɛn]⟩ *pluies*
sintflutartig
▸ **dimanche** [dimãʃ] *m* Sonntag *m*; F *fig* **chauf-
feur** *m* **du dimanche** Sonntagsfahrer *m*
dimension [dimãsjõ] *f* **1.** Abmessung *f*; Dimen-
sion *f*; Maß *n*; **dimensions** *pl a* Größe *f*; Aus-
dehnung *f*; **à trois dimensions** dreidimensio-
nal **2.** *fig* Ausmaß *n*; Dimension *f*; Bedeutung *f*
▸ **diminué** [diminɥe] *adj* ⟨~e⟩ *personne* ge-
schwächt
▸ **diminuer** [diminɥe] **I** *v/t* **1.** vermindern; ver-
ringern; herabsetzen **2.** *fig* verringern; *mérites
a* schmälern; *forces* schwächen **3.** **diminuer qn**
(*dénigrer*) j-n herabsetzen, schlechtmachen **II**
v/i **4.** sich vermindern; sich verringern; *prix a*
heruntergehen; sinken; fallen; *marchandise*

billiger werden; *production* zurückgehen; *cha-
leur, pluies* nachlassen; schwächer werden;
jours abnehmen; kürzer werden **5.** *fig forces,
enthousiasme* nachlassen; abnehmen; schwä-
cher werden
diminutif [diminytif] *m* Diminutiv(um) *n*; Ver-
kleinerungswort *n*; *d'un nom* Koseform *f*
diminution [diminysjõ] *f* Verminderung *f*; Ver-
ringerung *f*; Herabsetzung *f*; Rückgang *m*;
Abnahme *f*; Nachlassen *n*
dinar [dinaʀ] *m monnaie* Dinar *m*
dînatoire [dinatwaʀ] *adj* **goûter** *m* **dînatoire**
vorgezogene Abendmahlzeit
▸ **dinde** [dɛ̃d] *f* **1.** ZO Truthenne *f*; Pute *f*; CUIS *a*
Truthahn *m*; Puter *m* **2.** *fig* F dumme Pute,
Gans
dindon [dɛ̃dõ] *m* Truthahn *m*; Puter *m*; *fig* **être
le dindon de la farce** der Dumme sein
dindonneau [dɛ̃dɔno] *m* ⟨~x⟩ junger Truthahn,
Puter; CUIS Babypute *f*
▸ **dîner** [dine] **I** *v/i* zu Abend essen; *st/s* dinieren
II *m* Abendessen *n*, -mahlzeit *f*, -brot *n*; *st/s*
Diner *n*
dînette [dinɛt] *f* Puppengeschirr *n*
ding [diŋ] *int sonnette* kling(e)ling!; **ding,
dong!** [diŋdõg] *carillon* bim, bam!
dingo [dɛ̃go] **I** *m* ZO Dingo *m* **II** F *adj et subst* ⟨*f
inv*⟩ → **dingue**
dingue [dɛ̃g] F **I** *adj* **1.** wahnsinnig; → **cinglé 2.**
F toll; → wahnsinnig **II** *m,f* Wahnsinnige(r)
f(m); **dingue de la télé** F Fernsehnarr *m*
dinosaure [dinɔzɔʀ] *m* Dinosaurier *m* (*a fig*)
diocésain [djɔsezɛ̃] **I** *adj* ⟨-aine [-ɛn]⟩ Diöze-
san… **II** *m* Diözesan *m*
diocèse [djɔsɛz] *m* Diözese *f*
diode [djɔd] *f* Diode *f*
dioxine [djɔksin] *f* Dioxin *n*
diphtérie [difteʀi] *f* Diphtherie *f*
diphtongue [diftõg] *f* Diphthong *m*; Doppel-
laut *m*
diplomate [diplɔmat] **I** *m* Diplomat *m* (*a fig*) **II**
adj fig diplomatisch
diplomatie [diplɔmasi] *f* Diplomatie *f* (*a fig*)
diplomatique [diplɔmatik] *adj* **1.** diplomatisch
(*a fig*); **corps** *m* **diplomatique** diplomatisches
Korps **2.** *fig* **maladie** *f* **diplomatique** vorge-
schobene, politische Krankheit
▸ **diplôme** [diplom] *m* Diplom *n*; Zeugnis *n*
diplômé [diplome] *adj* ⟨~e⟩ diplomiert; Dip-
lom…; staatlich geprüft
diplômer [diplome] *v/t* das Diplom verleihen
(**qn** j-m); diplomieren
▸ **dire¹** [diʀ] ⟨**je dis, il dit, nous disons, vous
dites, ils disent; je disais; je dis; je dirai; que
je dise; disant; dit**⟩ **I** *v/t* **1.** sagen; *poème* auf-
sagen; *acteur: texte* sprechen; vortragen; **dire
la messe** die Messe lesen; **dire que …** wenn
man bedenkt, dass …; **dire à qn de faire qc** j-m
sagen, dass er etw tun soll; **à ce qu'il dit** nach
dem, was er sagt; s-n Worten nach; **qui l'eût
dit?** wer hätte das gedacht?; **qu'est-ce que
tu en dis?** was sagst du dazu?; **c'est beau-
coup dire** das wäre zu viel gesagt; **comment
dirais-je?** wie soll ich sagen, mich ausdrü-
cken?; F **dis donc!** F sag (doch) mal!; he
du!; F **eh ben, dis donc!** na so was!; **c'est tout
dire** das (be)sagt alles; **pour tout dire** kurz
(und gut); **cela va sans dire** (das) versteht sich

dire und seine Alternativen

Um einen selbst verfassten Text stilistisch zu verbessern, ist es ratsam, statt der ständigen Wiederholung von **dire** präzisere Verben zu benutzen. Hier eine Übersicht:

raconter qc	etwas erzählen (*was man gesehen oder erfahren hat*)	**avouer qc**	etwas eingestehen (*was man schlecht gemacht hat*)
ajouter qc	etwas hinzufügen	**révéler qc**	etwas verdeutlichen, aufdecken (*was dem anderen unbekannt war*)
avertir qn	j-n warnen	**avancer qc**	etwas vorbringen, vortragen
annoncer qc	etwas ankündigen	**assurer que...**	versichern, dass ...
prétendre qc	etwas vorgeben	**confier qc à qn**	j-m etwas anvertrauen
exposer qc	etwas darstellen (*was man erklären will*)	**rapporter qc**	etwas mitteilen (*was man gehört oder erfahren hat*)
exprimer qc	etwas ausdrücken (*was man fühlt oder denkt*)	**soutenir le point de vue que...**	die Ansicht vertreten, dass ...
déclarer qc	etwas (öffentlich) erklären	**répéter qc**	etwas wiederholen

(von selbst); das ist selbstverständlich; *est-ce à dire que ...?* heißt, bedeutet das, dass ...?; *si j'ose (le) dire* wenn ich so sagen darf; *on dit que ...* man sagt, es heißt, es wird behauptet, dass ...; *comme on dit* wie man so sagt; wie es heißt; *on dirait* man möchte meinen; *on dirait un gangster* man könnte ihn für e-n Gangster halten; *dis, dites* sag, sagen Sie; nicht wahr? **2.** *visage, nom, etc* **dire qc à qn** j-m etw sagen; j-m bekannt vorkommen **3.** *(faire envie)* **dire à qn** j-m zusagen, gefallen; *est-ce que cela vous dit?* haben Sie dazu Lust?; würde Ihnen das gefallen? **4.** *chose* ▸ *vouloir dire* bedeuten; heißen; *ça ne veut rien dire* das will gar nichts heißen, (be)sagen; das bedeutet gar nichts **II** *v/pr* **5.** *se dire* (zu) sich sagen; *dis-toi bien que ...* denk daran, dass ... **6.** *cela ne se dit plus* das sagt man nicht mehr; *comment ça se dit en français?* wie heißt das, wie sagt man dazu auf Französisch?

dire² *m* *d'après les dires de ou au dire de* nach Aussage (+ *gén*); nach den Worten (+ *gén*)

direct [diʀɛkt] **I** *adj* ⟨**~e**⟩ direkt; *chemin a* gerade; *contact, cause a* unmittelbar; *train direct* Eilzug *m* **II** *m* **1.** BOXE Gerade *f* **2.** ▸ *émission f en direct* Live-Sendung *f*

▸ **directement** [diʀɛktəmã] *adv* direkt

▸ **directeur** [diʀɛktœʀ] **I** *m* **1.** Direktor *m*; Leiter *m*; **directeur sportif** Sportfunktionär *m*; **directeur de la publication** Herausgeber *m* **2. directeur** *(d'école)* Rektor *m*; Schulleiter *m* **II** *adj* ⟨**-trice** [-tʀis]⟩ **3.** leitend; *comité directeur* Vorstand *m*; Direktorium *n* **4.** *fig idée* Leit...

directif [diʀɛktif] *adj* ⟨**-ive** [-iv]⟩ autoritär

▸ **direction** [diʀɛksjõ] *f* **1.** *action* Führung *f*; Leitung *f*; *sous la direction de* unter der Leitung von **2.** *comité* Direktion *f*; Geschäfts-, Betriebsleitung *f* **3.** *d'un ministère* **direction** *(générale)* Abteilung *f* **4.** TECH Lenkung *f*; Steuerung *f* **5.** *(sens)* Richtung *f*; *panneau* **toutes directions** Fernverkehr *m*; Gesamt-(durchgangs)verkehr *m*; *en direction de la gare* in Richtung Bahnhof

directionnel [diʀɛksjɔnɛl] *adj* ⟨**~le**⟩ *antenne directionnelle* Richtantenne *f*

directives [diʀɛktiv] *f/pl* Direktiven *f/pl*; Richtlinien *f/pl*; Weisungen *f/pl*

directoire [diʀɛktwaʀ] *m* *d'une SA* Vorstand *m*

▸ **directrice** [diʀɛktʀis] *f* Direktorin *f*; Leiterin *f*; *d'une école primaire* Rektorin *f*; Schulleiterin *f*

dirham [diʀam] *m* *monnaie* Dirham *m*

dirigé [diʀiʒe] *adj* ⟨**~e**⟩ *économie dirigée* (staatlich) gelenkte Wirtschaft; Planwirtschaft *f*

dirigeable [diʀiʒabl] *m* Luftschiff *n*; Zeppelin *m*

dirigeant [diʀiʒã] **I** *adj* ⟨**-ante** [-ãt]⟩ führend; herrschend **II** **dirigeant(e)** *m(f)* Führer(in) *m(f)*; **dirigeants** *pl* *de l'industrie* Führungskräfte *f/pl*; *d'un parti* Führung *f*; Führungsspitze *f*; POL Machthaber *m/pl*

▸ **diriger** [diʀiʒe] ⟨**-ge-**⟩ **I** *v/t* **1.** *(mener)* leiten; *orchestre a* dirigieren; *journal* herausgeben; *pays* lenken; regieren **2.** *(guider)* dirigieren, schicken *(sur, vers* nach) **3.** *(orienter)* richten *(vers, sur* auf + *acc*; *contre* gegen) **II** *v/pr* **se diriger vers qc** auf etw *(acc)* zugehen, zusteuern; *fig* **se diriger vers les sciences** sich den

Discours indirect (Zeitenfolge)

Steht bei der **indirekten Rede / Frage** das **einleitende Verb** im **Präsens**, dann steht das Verb im **Nebensatz** in **derselben Zeit wie in der direkten Rede**.

Wenn bei der indirekten Rede oder Frage das einleitende Verb in einer **Zeit der Vergangenheit** steht, so ergeben sich im **Nebensatz** folgende **Zeitverschiebungen** gegenüber der direkten Rede / Frage:

Maman a dit : « Je **prépare** le dîner. »	Maman **a dit** qu'elle **préparait** le dîner.	**Présent** → **Imparfait**
Maman a demandé : « Qu'est-ce que vous **avez fait** cet après-midi ? »	Maman **a demandé** ce que nous **avions fait** cet après-midi.	**Passé composé** → **Plus-que-parfait**
Maman a dit: « Je vous **raconterai** une histoire après le dîner. »	Maman **a dit** qu'elle **raconterait** une histoire après le dîner.	**Futur simple** → **Conditionnel présent**

Naturwissenschaften zuwenden

dirigisme [diʀiʒism] *m* Dirigismus *m*

dirigiste [-ist] *adj* dirigistisch

dirlo [diʀlo] *langage d'écolier m,f* Direktor *m*, Direktorin *f*; F Direx *m*

discal [diskal] *adj* ⟨**~e**; **-aux** [-o]⟩ Bandscheiben...

discernable [disɛʀnabl] *adj* wahrnehmbar; erkennbar; unterscheidbar

discernement [disɛʀnəmɑ̃] *m* Urteilsvermögen *n*; Einsicht *f*

discerner [disɛʀne] *v/t* erkennen (*a fig vérité*); unterscheiden

disciple [disipl] *m* Schüler *m*; Jünger *m* (*a* REL)

disciplinable [disiplinabl] *adj* **être disciplinable** an Disziplin zu gewöhnen sein

disciplinaire [disiplinɛʀ] *adj* disziplinarisch; Disziplinar...

discipline [disiplin] *f* **1.** (*obéissance*) Disziplin *f*; Zucht *f* **2.** (*matière*) Lehr-, Unterrichtsfach *n*; Disziplin *f* **3.** SPORTS Disziplin *f*; Sportart *f*

discipliné [disipline] *adj* ⟨**~e**⟩ diszipliniert

discipliner [disipline] *v/t* **1.** an Disziplin gewöhnen; Disziplin beibringen (**qn** j-m) **2.** *sentiments, instincts* im Zaum halten; disziplinieren **3.** *cheveux* bändigen

disc-jockey [diskʒɔkɛ] *m* ⟨**disc-jockeys**⟩ Discjockey *m*

disco [disko] *m* Diskosound *m*; *adjt* **musique** *f* **disco** Diskomusik *f*

discontinu [diskõtiny] *adj* ⟨**~e**⟩ **1.** *ligne* unterbrochen; gestrichelt **2.** *fig* diskontinuierlich

discontinuer [diskõtinɥe] **sans discontinuer** ohne Unterlass; unablässig

discontinuité [diskõtinɥite] *f d'un travail* fehlende, mangelnde Kontinuität; zeitweilige Unterbrechung

disconvenir [diskõvniʀ] *v/t/indir* ⟨→ **venir**⟩ **ne pas disconvenir de qc** etw nicht in Abrede stellen, nicht leugnen

discordance [diskɔʀdɑ̃s] *f* **1.** *d'opinions* Nichtübereinstimmung *f*; Nichtzusammenpassen *n* (*a des couleurs*) **2.** MUS Diskordanz *f*; Missklang *m*

discordant [diskɔʀdɑ̃] *adj* ⟨**-ante** [-ɑ̃t]⟩ **1.** nicht zusammenpassend **2.** MUS disharmonisch **3.** *voix, cris* misstönend

discorde [diskɔʀd] *f* Zwietracht *f*

discothèque [diskɔtɛk] *f* **1.** Disko(thek) *f* **2.** Schallplattensammlung *f*

discount [diskawnt] *m* Discountgeschäft *n*

discourir [diskuʀiʀ] *v/i* ⟨→ **courir**⟩ lang und breit reden; schwadronieren

▸ **discours** [diskuʀ] *m* **1.** Rede *f*; **faire, prononcer un discours** e-e Rede halten **2.** *péj* Geschwätz *n*; Gerede *n* **3.** GR **discours direct, indirect** direkte *ou* wörtliche, indirekte *ou* abhängige Rede

discourtois [diskuʀtwa] *st/s adj* ⟨**-oise** [-waz]⟩ unhöflich

discrédit [diskʀedi] *m* Misskredit *m*

discréditer [diskʀedite] **I** *v/t* in Misskredit, Verruf bringen; diskreditieren **II** *v/pr* **se discréditer** in Verruf geraten

discret [diskʀɛ] *adj* ⟨**-ète** [-ɛt]⟩ **1.** taktvoll; diskret; unaufdringlich; *couleur, vêtement a* dezent **2.** diskret; verschwiegen

discrètement [diskʀɛtmɑ̃] *adv* diskret; unauffällig; unaufdringlich

discrétion [diskʀesjõ] *f* **1.** Takt *m*; Diskretion *f*; Unaufdringlichkeit *f*; Dezenz *f* **2.** Diskretion *f*; Verschwiegenheit *f* **3.** **à discrétion** nach Belieben

discrétionnaire [diskʀesjɔnɛʀ] *adj* JUR **pouvoir** *m* **discrétionnaire** (freies) Ermessen; Ermessensfreiheit *f*

discriminant [diskʀiminɑ̃] *m* MATH Diskriminante *f*

discriminateur [-atœʀ] *m* ÉLECT, RAD Diskriminator *m*

discrimination [diskʀiminasjõ] *f* **1.** Unterscheidung *f* **2.** *sociale* Diskriminierung *f*; Ungleichbehandlung *f*; **discrimination raciale** Rassendiskriminierung *f*

discriminatoire [diskʀiminatwaʀ] *adj* diskriminierend

discriminer [-e] *v/t* diskriminieren

disculper [diskylpe] **I** *v/t* **disculper qn** j-n entlasten **II** *v/pr* **se disculper** s-e Unschuld beweisen; sich (von Schuld) reinwaschen

discursif [diskyʀsif] *adj* ⟨**-ive** [-iv]⟩ diskursiv

▸ **discussion** [diskysjõ] *f* **1.** Diskussion *f*, Aussprache *f* (**de** über + *acc*); Erörterung *f*, Besprechung *f* (+ *gén*); POL *a* Debatte *f* (über +

acc) **2. pas de discussion!** keine Widerrede! **3.** (*dispute*) Auseinandersetzung *f*; Wortwechsel *m*

discutable [diskytabl] *adj* anfechtbar; fragwürdig

discutailler [diskytaje] *v/i* F *péj* palavern

discuté [diskyte] *adj* ⟨~e⟩ **très discuté** viel diskutiert; umstritten

▸ **discuter** [diskyte] **I** *v/t* **1.** diskutieren; erörtern; besprechen; **discuter politique** über Politik diskutieren **2.** (*contester*) infrage stellen; anzweifeln **II** *v/i* **3.** diskutieren, sprechen, reden, debattieren (**de, sur** über + *acc*; **avec qn** mit j-m) **4.** (*protester*) widersprechen

disert [dizɛʀ] *litt adj* ⟨-**erte** [-ɛʀt]⟩ redegewandt

disette [dizɛt] *f* Hunger(snot) *m(f)*

diseur [dizœʀ] *m*, **diseuse** [-øz] *f* **excellent diseur** Vortragskünstler *m*; **diseuse de bonne aventure** Wahrsagerin *f*

disgrâce [dizgʀɑs, dis-] *f* Ungnade *f*

disgracieux [dizgʀasjø, dis-] *adj* ⟨-**euse** [-øz]⟩ ohne Anmut; ungraziös; unschön

disjoindre [dis3wɛ̃dʀ] *v/t* ⟨→ **joindre**⟩ (voneinander) trennen

disjoint [dis3wɛ̃] *adj* ⟨-**jointe** [-3wɛ̃t]⟩ aus den Fugen gegangen; *dalles* mit weiten Fugen

disjoncter [dis3ɔ̃kte] *v/i* F spinnen; F ausrasten

disjoncteur [-tœʀ] *m* ÉLECT Sicherungsautomat *m*

disjonction [-sjɔ̃] *f* Trennung *f*

dislocation [dislɔkasjɔ̃] *f* **1.** Auseinanderbrechen *n*, -fallen *n* (*a fig*) **2.** MÉD Verrenkung *f* **3.** *d'un cortège* Auflösung *f*

disloquer [dislɔke] **I** *v/t* **1.** *membre* aus-, verrenken **2.** *fig cortège* auflösen; *empire* zerschlagen **II** *v/pr* **se disloquer 3.** auseinanderbrechen, -fallen (*a fig empire*) **4.** *clown* sich verrenken **5.** *cortège* sich auflösen

▸ **disparaître** [dispaʀɛtʀ] *v/i* ⟨→ **connaître**⟩ **1.** verschwinden; *objets a* abhandenkommen; *tache a* weggehen; *douleurs, soucis* vergehen; *espèce* aussterben; **faire disparaître** *document* verschwinden lassen; *tache, douleur, fig personne* beseitigen **2.** (*mourir*) dahingehen; sterben

disparate [dispaʀat] *adj* uneinheitlich; ungleich; disparat

disparité [-ite] *f* Ungleichheit *f*, Diskrepanz *f*, Disparität *f* (**entre** zwischen + *dat*)

▸ **disparition** [dispaʀisjɔ̃] *f* **1.** Verschwinden *n*; *d'une espèce* Aussterben *n* **2.** (*mort*) Hinscheiden *n*

disparu [dispaʀy] **I** *p/p* → **disparaître** *et adj* ⟨~e⟩ *personne* vermisst; verschollen; **disparu en mer** auf See verschollen **II** **disparu(e)** *m(f)* **1.** Vermisste(r) *f(m)* **2.** (*mort[e]*) Verstorbene(r) *f(m)*

dispatcher [dispatʃœʀ] *m* Dispatcher *m*

dispatching [dispatʃiŋ] *m* Überwachungszentrale *f*

dispendieux [dispɑ̃djø] *adj* ⟨-**euse** [-øz]⟩ kostspielig; aufwendig

dispensaire [dispɑ̃sɛʀ] *m* Ambulanz *f*; Poliklinik *f*; Gesundheitsamt *n*

dispensateur [dispɑ̃satœʀ] *m*, **dispensatrice** [-tʀis] *f litt* Spender(in) *m(f)*

dispense [dispɑ̃s] *f* Dispens *f ou m*; Befreiung *f* (**de** von); Ausnahmebewilligung *f*

dispenser [dispɑ̃se] **I** *v/t* **1. dispenser qn de qc** j-n von etw befreien, dispensieren; j-m etw erlassen **2.** *bienfaits* erweisen; zuteilwerden lassen; *lumière* spenden **II** *v/pr* **se dispenser d'une obligation** sich e-r Verpflichtung (*dat*) entziehen

dispersé [dispɛʀse] *adj* ⟨~e⟩ *habitat, famille* weitverstreut

disperser [dispɛʀse] **I** *v/t* **1.** zerstreuen; *collection* zersplittern; aufteilen **2.** *fig attention, forces* verzetteln **II** *v/pr* **se disperser 3.** *foule* sich zerstreuen **4.** *personne* sich verzetteln

dispersion [dispɛʀsjɔ̃] *f* **1.** Zerstreuen *n*, -ung *f* **2.** *fig* Verzettelung *f* **3.** PHYS Streuung *f*; Dispersion *f* (*a* CHIM)

disponibilité [dispɔnibilite] *f* **1.** Verfügbarkeit *f*; Disponibilität *f*; *morale* innere Bereitschaft **2. disponibilités** *pl* verfügbare Mittel *n/pl*. *fonctionnaire* **être en disponibilité** beurlaubt sein

disponible [dispɔnibl] *adj* verfügbar; *personne a* abkömmlich; *moralement* bereit; offen; *place ce a* frei; FIN *a* disponibel; *marchandise a* greifbar; vorrätig

dispos [dispo] *adj* ⟨*nur m*⟩ **frais et dispos** frisch und munter; ausgeruht

disposé [dispoze] *adj* ⟨~e⟩ **bien, mal disposé** gut, schlecht aufgelegt; **bien disposé envers qn** j-m wohlgesinnt, gewogen; **être disposé à faire qc** bereit *ou* gewillt sein, etw zu tun

disposer [dispoze] **I** *v/t* anordnen; arrangieren; aufstellen **II** *v/t/indir* **disposer de qc, qn** über etw, j-n verfügen **III** *v/pr* **se disposer à faire qc** sich anschicken, etw zu tun

dispositif [dispozitif] *m* **1.** TECH Vorrichtung *f*; Anlage *f* **2. dispositif policier** Polizeiaufgebot *n*

disposition [dispozisjɔ̃] *f* **1.** *d'objets* Anordnung *f* **2.** Verfügung *f*; **avoir qc à sa disposition** etw zu s-r Verfügung haben; **être à la disposition de qn** j-m zur Verfügung stehen **3.** JUR Bestimmung *f*; Vorschrift *f* **4. prendre des dispositions** Vorbereitungen, *face à un danger* Vorkehrungen treffen **5. dispositions** *pl* (*dons*) Anlagen *f/pl*, Begabung *f* (**pour** für)

disproportion [dispʀɔpɔʀsjɔ̃] *f* Missverhältnis *n*

disproportionné [dispʀɔpɔʀsjɔne] *adj* ⟨~e⟩ **1. disproportionné à qc** in keinem Verhältnis zu etw stehend **2.** unproportioniert; übergroß

dispute [dispyt] *f* Streit *m*; Auseinandersetzung *f*

disputer [dispyte] **I** *v/t* **1. disputer qc à qn** j-m etw streitig machen **2.** *match* austragen; **disputer un titre** um e-n Titel kämpfen **3.** F *enfant* ausschimpfen **II** *v/pr* ▸ **se disputer** (sich, miteinander) streiten; sich zanken; **se disputer avec qn** (sich) mit j-m streiten

disquaire [diskɛʀ] *m,f* Schallplattenhändler(in) *m(f)*

disqualification [diskalifikasjɔ̃] *f* Disqualifizierung *f*; Disqualifikation *f*

disqualifier [diskalifje] **I** *v/t* SPORTS disqualifizieren **II** *v/pr* **se disqualifier** *fig* sich disqualifizieren

▸ **disque** [disk] *m* **1.** Schallplatte *f*; Platte *f* (*a* INFORM); ▸ **disque dur** Festplatte *f*; F *fig* **changer de disque** F e-e andere Platte auflegen **2.**

Scheibe *f* (*a* TECH); **disque intervertébral** Bandscheibe *f*; **disque de stationnement** Parkscheibe *f* **3.** SPORTS Diskus *m*; Wurfscheibe *f*

▸ **disque-jockey** *m* → **disc-jockey**

▸ **disquette** [diskɛt] *f* Diskette *f*

dissection [disɛksjõ] *f* Sezieren *n*

dissemblable [disãblabl] *adj* unähnlich; ungleich

dissemblance [-ãs] *f* Unähnlichkeit *f*; Ungleichheit *f*; Verschiedenartigkeit *f*

dissémination [diseminasjõ] *f* Ausstreuung *f*; Verbreitung *f*

disséminer [disemine] **I** *v/t* **1.** ausstreuen; verbreiten **2.** *personnes* zerstreuen; *adjt* **être disséminé** verstreut sein **3.** *armes atomiques* verbreiten; weitergeben **II** *v/pr* **se disséminer** sich aus-, verbreiten

dissensions [disãsjõ] *f/pl* Streitigkeiten *f/pl*; Zwistigkeiten *f/pl*

disséquer [diseke] *v/t* ⟨**-è-**⟩ MÉD, *fig* sezieren

dissertation [disɛrtasjõ] *f* (Besinnungs)Aufsatz *m*

disserter [disɛrte] *v/t/indir* **disserter sur, de qc** etw abhandeln, (ausführlich) behandeln

dissidence [disidãs] *f* **1.** *d'un parti* Spaltung *f* **2.** *coll* Dissidenten *m/pl*

dissident [disidã] *m*, **dissidente** [-ãt] *f* Dissident(in) *m(f)*; Andersdenkende(r) *f(m)*

dissimulateur [disimylatœr] *m*, **dissimulatrice** [-tris] *f* Heuchler(in) *m(f)*

dissimulation [disimylasjõ] *f* **1.** Verstellung(skunst) *f*; Heuchelei *f* **2.** *de qc* Verheimlichung *f*

dissimulé [disimyle] *adj* ⟨**~e**⟩ *personne* heuchlerisch; falsch

dissimuler [disimyle] **I** *v/t* verheimlichen; verhehlen; verbergen; *revenus* verschleiern; *abs* sich verstellen **II** *v/pr* **se dissimuler** sich verbergen

dissipation [disipasjõ] *f* **1.** Verschwendung *f* **2.** Unaufmerksamkeit *f*; Undiszipliniertheit *f*

dissipé [disipe] *adj* ⟨**~e**⟩ *élèves* unaufmerksam; undiszipliniert

dissiper [disipe] **I** *v/t* **1.** *nuages* vertreiben **2.** *fig soucis, doutes* zerstreuen; *malentendu* beseitigen; ausräumen **3.** *fortune* verschwenden; vergeuden **4.** *élèves* ablenken; von der Arbeit abhalten **II** *v/pr* **se dissiper 5.** *brume* sich auflösen **6.** *fig soucis* verfliegen **7.** *élèves* unaufmerksam werden

dissociable [disɔsjabl] *adj* voneinander trennbar

dissociation [disɔsjasjõ] *f* **1.** CHIM, PSYCH Dissoziation *f* **2.** *fig* Trennung *f*

dissocier [disɔsje] *v/t* **1.** voneinander trennen **2.** CHIM dissoziieren

dissolu [disɔly] *adj* ⟨**~e**⟩ ausschweifend; lasterhaft; liederlich

dissolubilité [disɔlybilite] *f* POL Auflösbarkeit *f*

dissoluble [-l] *adj* POL *parlement* auflösbar

dissolution [disɔlysjõ] *f* **1.** Auflösung *f* (*a* JUR, *fig*) **2.** *liquide* Lösung *f*; *colle* Gummilösung *f*

dissolvant [disɔlvã] *m* **1.** CHIM Lösungsmittel *n* **2.** Nagellackentferner *m*

dissonance [disɔnãs] *f* MUS, *fig* Dissonanz *f*

dissoudre [disudr] ⟨→ **absoudre**⟩ *v/t* (*et v/pr*

se dissoudre sich) auflösen (*a* JUR, *fig*)

dissous [disu] *p/p* ⟨**dissoute** [disut]⟩ → **dissoudre**

dissuader [disɥade] *v/t* **dissuader qn de faire qc** j-n davon abbringen, etw zu tun

dissuasif [disɥazif] *adj* ⟨**-ive** [-iv]⟩ abschreckend; Abschreckungs…

dissuasion [disɥazjõ] *f* Abschreckung *f*

dissyllabe [disi(l)lab] **I** *adj* zweisilbig **II** *m* zweisilbiges Wort

dissyllabique [-ik] *adj* zweisilbig

dissymétrie [disimetri] *f* fehlende Symmetrie; Mangel *m* an Symmetrie

dissymétrique [-ik] *adj* unsymmetrisch

▸ **distance** [distãs] *f* **1.** Entfernung *f*; Abstand *m* (*a fig*); Distanz *f* (*a* SPORTS, *fig*); **à distance** aus der Ferne; Fern…; **commande f à distance** Fernsteuerung *f*; *fig* **garder ses distances** Distanz, den nötigen Abstand wahren; *fig* **prendre ses distances** sich (von j-m, etw) distanzieren; **tenir qn à distance** j-n auf Distanz halten (*a fig*) **2.** *dans le temps* **à distance** aus der Distanz; **à quelques années de distance** im Abstand von einigen Jahren

distancer [distãse] *v/t* ⟨**-ç-**⟩ distanzieren; hinter sich (*dat*) lassen

distanciation [distãsjasjõ] *f* THÉ Verfremdung *f*

distant [distã] *adj* ⟨**-ante** [-ãt]⟩ **1.** entfernt (**de 2 km** 2 km) **2.** *fig* distanziert

distendre [distãdr] ⟨→ **rendre**⟩ **I** *v/t* überdehnen **II** *v/pr* **se distendre 1.** sich (über)dehnen; *peau* schlaff werden **2.** *fig liens* sich lockern

distension [distãsjõ] *f* (Über)Dehnung *f*; *d'un muscle a* Zerrung *f*

distillateur [distilatœr] *m* Destillateur *m*; Branntweinbrenner *m*

distillation [-sjõ] *f* Destillation *f*; *du vin a* Brennen *n*

distiller [distile] *v/t* **1.** destillieren; **eau distillée** destilliertes Wasser **2.** BIOL ausscheiden; *fig ennui* verbreiten

distillerie [distilri] *f* (Branntwein)Brennerei *f*

distinct [distɛ̃] *adj* ⟨**-incte** [-ɛ̃kt]⟩ **1.** (*clair*) deutlich **2.** (*différent*) unterschiedlich; verschieden (**de** von)

distinctement [distɛ̃ktəmã] *adv* deutlich

distinctif [distɛ̃ktif] *adj* ⟨**-ive** [-iv]⟩ Unterscheidungs…; **signe distinctif** Kennzeichen *n*

distinction [distɛ̃ksjõ] *f* **1.** *action* Unterscheidung *f*; (*différence*) Unterschied *m*; **sans distinction** unterschiedslos **2.** (*honneur*) Auszeichnung *f* **3.** (*élégance*) Vornehmheit *f*

distingué [distɛ̃ge] *adj* ⟨**~e**⟩ vornehm

▸ **distinguer** [distɛ̃ge] **I** *v/t* **1.** (*percevoir*) unterscheiden; erkennen **2.** (*différencier*) unterscheiden (**de** von; **entre** zwischen + *dat*); auseinanderhalten **II** *v/pr* **3.** **se distinguer** (*être différent*) sich unterscheiden (**de** von) **4.** **se distinguer** (*s'illustrer*) sich auszeichnen (**par** durch)

distinguo [distɛ̃go] *m* (feine) Unterscheidung *f*; **faire le distinguo entre …** (fein) unterscheiden zwischen (+*dat*)

distorsion [distɔrsjõ] *f* Verzerrung *f*

▸ **distraction** [distraksjõ] *f* **1.** (*inattention*) Zerstreutheit *f* **2.** (*diversion*) Zerstreuung *f*; Ablenkung *f*; Abwechslung *f* **3.** (*passetemps*) Un-

terhaltung *f*; Freizeitbeschäftigung *f*
▸ **distraire** [distʀɛʀ] ⟨→ traire⟩ **I** *v/t* **1.** *distraire qn* j-n ablenken (*de son travail* von s-r Arbeit) **2.** *public* unterhalten **II** *v/pr* **se distraire** sich ablenken; sich zerstreuen
distrait [distʀɛ] *adj* ⟨-aite [-ɛt]⟩ zerstreut; geistesabwesend
distrayant [distʀɛjã] *adj* ⟨-ante [-ãt]⟩ unterhaltsam
distribué [distʀibɥe] *adj* ⟨~e⟩ *appartement bien distribué* gut aufgeteilt, geschnitten
▸ **distribuer** [distʀibɥe] *v/t* **1.** (*répartir*) ver-, austeilen, ausgeben (*à qn* an j-n) **2.** *courrier* zustellen; austragen **3.** *gaz, eau* verteilen; weiterleiten; liefern **4.** *rôles* verteilen; *film, pièce* besetzen **5.** COMM vertreiben
distributeur [distʀibytœʀ] *m* **1.** *distributeur de films* Filmverleiher *m* **2.** COMM Vertreiber *m* **3.** *distributeur (automatique)* Automat *m*; *distributeur de billets* Geldautomat *m* **4.** AUTO (Zünd)Verteiler *m*
distributif [distʀibytif] *adj* ⟨-ive [-iv]⟩ LING, MATH distributiv; Distributiv...
distribution [distʀibysjõ] *f* **1.** Ver-, Austeilung *f*; Ausgabe *f* **2.** *du courrier* Zustellung *f* **3.** *distribution de l'électricité, du gaz* Strom-, Gasversorgung *f* **4.** THÉ, CIN Rollenverteilung *f*; Besetzung *f* **5.** COMM Vertrieb *m*
district [distʀikt] *m* Distrikt *m*; (Verwaltungs)-Bezirk *m*
dit [di] *p/p* → **dire¹** *et adj* ⟨dite [dit]⟩ **1.** (*fixé*) genannt; festgesetzt **2.** (*surnommé*) genannt; mit Beinamen **3.** *autrement dit* anders gesagt, ausgedrückt; *cela, ceci dit* abgesehen davon; trotzdem; *soit dit en passant* beiläufig, nebenbei gesagt
diurétique [diyʀetik] *adj* harntreibend
diurne [diyʀn] *adj* Tag(es)...
diva [diva] *f* gefeierte Sängerin; Diva *f*
divagations [divagasjõ] *f/pl* wirres Gerede; Fantastereien *f/pl*
divaguer [divage] *v/i* irrereden; ungereimtes Zeug reden
divan [divã] *m* Liege(sofa) *f(n)*
divergence [divɛʀʒãs] *f* **1.** Divergenz *f* (*a* MATH, OPT) **2.** *fig* Meinungsverschiedenheit *f*; Divergenz *f*
divergent [-ã] *adj* ⟨-ente [-ãt]⟩ divergierend; divergent; *fig a* abweichend
diverger [divɛʀʒe] *v/i* ⟨-ge-⟩ **1.** *lignes, rues* auseinanderlaufen **2.** *fig* divergieren; voneinander abweichen; auseinandergehen
divers [divɛʀ] *adj* ⟨-erse [ɛʀs]⟩ **1.** (*varié*) verschieden(artig); *fait divers* Lokalnachricht *f*; ▸ *faits divers a* Vermischte(s) *n* **2.** (*plusieurs*) verschiedene; diverse
diversement [divɛʀsəmã] *adv* verschieden; unterschiedlich
diversification [divɛʀsifikasjõ] *f* ÉCON Diversifikation *f*
diversifié [-fje] *adj* ⟨~e⟩ vielfältig, -seitig
diversifier [-fje] *v/t* vielseitig(er), abwechslungsreicher gestalten; ÉCON diversifizieren
diversion [divɛʀsjõ] *f* Ablenkung *f*
diversité [divɛʀsite] *f* Verschiedenheit *f*; Verschiedenartigkeit *f*; Vielfalt *f*
divertir [divɛʀtiʀ] **I** *v/t* unterhalten; belustigen **II** *v/pr* **se divertir** sich unterhalten, vergnügen

divertissant [divɛʀtisã] *adj* ⟨-ante [-ãt]⟩ unterhaltsam; vergnüglich
divertissement [divɛʀtismã] *m* Unterhaltung *f*; Vergnügen *n*
dividende [dividãd] *m* FIN Dividende *f*
divin [divɛ̃] *adj* ⟨-ine [-in]⟩ **1.** göttlich; Gottes... **2.** *fig* göttlich; himmlisch
divinateur [divinatœʀ] *adj* ⟨-trice [-tʀis]⟩ (hell)seherisch
divination [-sjõ] *f* Wahrsagen *n*; Weissagen *n*; *par ext* Hellsehen *n*
divinatoire [-twaʀ] *adj* Wahrsage...; Weissage...
divinement [divinmã] *adv* **divinement bien** göttlich; himmlisch
divinisation [divinizasjõ] *f* Erhebung *f* zum Gott
diviniser [-e] *v/t* zum Gott erheben; als Gott verehren
divinité [divinite] *f* **1.** (*nature divine*) Göttlichkeit *f* **2.** (*dieu*) Gottheit *f*
diviser [divize] **I** *v/t* **1.** (ein)teilen (*en* in + *acc*); gliedern (in + *acc*) **2.** MATH dividieren; teilen **3.** *fig* entzweien; *divisé* uneinig; gespalten **II** *v/pr* **se diviser** sich teilen (*en* in + *acc*)
diviseur [divizœʀ] *m* MATH Divisor *m*; Teiler *m*; **plus grand commun diviseur** größter gemeinsamer Teiler
divisibilité [divizibilite] *f* Teilbarkeit *f*
divisible [-ibl] *adj* teilbar
division [divizjõ] *f* **1.** (Ein)Teilung *f*; Gliederung *f* **2.** MATH Dividieren *n*; Teilen *n* **3.** *d'un thermomètre* Einteilung *f* **4.** MIL, SPORTS Division *f* **5.** *fig* Uneinigkeit *f*; Zwietracht *f*
▸ **divorce** [divɔʀs] *m* **1.** (Ehe)Scheidung *f* **2.** *fig* Kluft *f*
▸ **divorcé** [divɔʀse] **I** *adj* ⟨~e⟩ geschieden **II** *divorcé(e) m(f)* Geschiedene(r) *f(m)*
▸ **divorcer** [divɔʀse] *v/i* ⟨-ç-⟩ sich scheiden lassen (*d'avec qn* von j-m)
divulgateur [divylgatœʀ] *m*, **divulgatrice** [-tʀis] *f d'un secret* Verbreiter(in) *m(f)*
divulgation [divylgasjõ] *f* Verbreitung *f*; Bekanntmachung *f*
divulguer [-ge] *v/t* verbreiten; unter die Leute bringen
▸ **dix** [dis *vor Konsonant* di, *vor Vokal* diz] **I** *num/c* zehn; *Charles X* Karl X. (der Zehnte); *le dix mars* der zehnte *ou* am zehnten März; F *fig ça vaut dix* F das ist (ja) zum Kugeln, Schießen, Totlachen **II** *m* Zehn *f*; Zehner *m*; *le dix (du mois)* der Zehnte *ou* am Zehnten (des Monats)
▸ **dix-huit** [dizɥit] *num/c* achtzehn
dix-huitième [dizɥitjɛm] *num/o* achtzehnte
▸ **dixième** [dizjɛm] **I** *num/o* zehnte **II** *subst* **1.** *le, la dixième* der, die, das Zehnte **2.** *m* MATH Zehntel *n*
dixièmement [dizjɛmmã] *adv* zehntens
▸ **dix-neuf** [diznœf] *num/c* neunzehn
▸ **dix-neuvième** [diznœvjɛm] *num/o* neunzehnte
▸ **dix-sept** [di(s)sɛt] *num/c* siebzehn
dix-septième [di(s)sɛtjɛm] *num/o* siebzehnte
▸ **dizaine** [dizɛn] *f* **1.** *une dizaine (de)* etwa, ungefähr zehn; *des dizaines de ...* Dutzende von ... **2.** *dans les nombres* Zehner *m*
DJ [didʒi, didʒe] *m abr* (*disque-jockey*) DJ *m*
djellaba [dʒɛlaba] *f* Dschellaba *f*

Djibouti [dʒibuti] Dschibuti *n*
djiboutien [dʒibusjɛ̃] **I** *adj* ⟨**-ienne** [-jɛn]⟩ dschibutisch **II** *Djiboutien(ne)* *m(f)* Dschibutier(in) *m(f)*
djihad [dʒi(j)ad] *m* Dschihad *m*; heiliger Krieg (der Moslems)
do [do] *m* ⟨*inv*⟩ MUS c *ou* C *n*
doberman [dɔbɛrman] *m* ZO Dobermann *m*
docile [dɔsil] *adj* folgsam; fügsam; gefügig
docilement [-mɑ̃] *adv* willig
docilité [-ite] *f* Folgsam-, Fügsam-, Gefügigkeit *f*
dock [dɔk] *m* **1.** Hafenbecken *n*; Dock *n* **2.** *docks pl* Lagerhäuser *n/pl*
docker [dɔkɛr] *m* Hafenarbeiter *m*; *dockers pl a* Schauerleute *pl*
docte [dɔkt] *adj péj* hochgelehrt; schulmeisterlich
▸ **docteur** [dɔktœr] *m* **1.** (*médecin*) Doktor *m*; Arzt *m ou* Ärztin *f* **2.** *docteur en droit, ès lettres* Doktor der Rechte, der Philosophie
doctoral [dɔktɔral] *adj* ⟨**~e; -aux** [-o]⟩ *péj* professoral
doctorat [dɔktɔra] *m* Doktorwürde *f*, -grad *m*, *par ext* -prüfung *f*; Habilitation *f*
doctoresse [dɔktɔrɛs] F *f* Ärztin *f*
doctrinaire [dɔktrinɛr] *m* Doktrinär *m* (*a péj*)
doctrinal [-al] *adj* ⟨**~e; -aux** [-o]⟩ die Doktrin, Lehre betreffend
doctrine [dɔktrin] *f* Doktrin *f*; Lehre *f*
▸ **document** [dɔkymɑ̃] *m* Dokument *n*; Schriftstück *n*; Beweisstück *n*; *documents pl a* Unterlagen *f/pl*
documentaire [dɔkymɑ̃tɛr] **I** *adj* dokumentarisch **II** *m* Dokumentar-, Kulturfilm *m*
documentaliste [dɔkymɑ̃talist] *m,f* Dokumentar(in) *m(f)*; (Schul)Bibliothekar(in) *m(f)*
documentation [-asjõ] *f* Dokumentation *f*; Unterlagen *f/pl*; Informationsmaterial *n*
documenté [dɔkymɑ̃te] *adj* ⟨**~e**⟩ **1.** *personne bien documenté* gut informiert **2.** *rapport bien documenté* gut dokumentiert *ou* dokumentarisch belegt
documenter [dɔkymɑ̃te] *v/pr se documenter* sich (*dat*) Unterlagen beschaffen; sich informieren
dodeliner [dɔdline] *v/i dodeliner de la tête* den Kopf hin und her wiegen, bewegen
dodo [dodo] *m enf* **1.** *faire dodo* schlafen; *enf* heia machen **2.** (*lit*) *enf* Heia(bettchen) *f(n)*
dodu [dody] *adj* ⟨**~e**⟩ fleischig; *bébé, bras* rundlich; F pummelig
dogmatique [dɔgmatik] *adj* dogmatisch
dogmatiser [-ize] *v/i* sich in e-m dogmatischen Ton äußern (*sur* über *+acc*)
dogmatisme [-ism] *m* Dogmatismus *m*
dogme [dɔgm] *m* REL, *fig* Dogma *n*; Glaubenssatz *m*
dogue [dɔg] *m* Dogge *f*
▸ **doigt** [dwa] *m* **1.** Finger *m*; *petit doigt* kleiner Finger; *fig ne pas lever le petit doigt* F keinen Finger krumm machen; ▸ *doigt de pied* Zehe *f*; Zeh *m*; *être comme les deux doigts de la main* ein Herz und e-e Seele sein; F *fig gagner les doigts dans le nez* spielend, mühelos siegen; *élève lever le doigt* den Finger heben; sich melden; *fig mettre le doigt sur qc* den Kern e-r Sache (*gén*) treffen; F *fig se mettre*

le doigt dans l'œil F sich (*dat*) in den Finger schneiden; F schiefgewickelt sein; *fig obéir au doigt et à l'œil* aufs Wort gehorchen **2.** *mesure un doigt de* ein Fingerhut voll; ein ganz klein wenig; *à deux doigts, à un doigt de qc* ganz nahe an etw (*dat*)
doigté [dwate] *m* **1.** Fingerspitzengefühl *n* **2.** MUS Fingersatz *m*
doigtier [dwatje] *m* Fingerling *m*
dois, doit [dwa] → *devoir*[1]
doléances [dɔleɑ̃s] *f/pl* Beschwerden *f/pl*; Klagen *f/pl*
dollar [dɔlar] *m* Dollar *m*

Les dolmens –
Zeugen der Vorgeschichte

Die keltischen Wörter **dol** und **men** bedeuten so viel wie ‚Tisch' bzw. ‚Stein'. Ein **dolmen** ist ein aus schweren Steinen bestehendes tischartiges Gebilde, bei dem senkrecht aufgestellte Steine eine Grabkammer bilden, die von einem riesigen Deckstein nach oben abgeschlossen wird. Man nimmt an, dass in den sogenannten Megalithkulturen (im ausgehenden 4. und 3. Jahrttausend vor Christus) in diesen **dolmens** Stammeshäuptlinge bestattet wurden. Der **dolmen** wurde zumeist mit einem mehrere Meter hohen Stein- oder Erdhügel (**le tumulus**) bedeckt. Die imposantesten **dolmens** sind an der Südküste der Bretagne zu bewundern (wie zum Beispiel **la Table des marchands** in Locmariaquer).

Dolomites [dɔlɔmit] *les Dolomites f/pl* die Dolomiten *pl*
▸ **domaine** [dɔmɛn] *m* **1.** (Land)Gut *n*; *domaines pl a* Ländereien *f/pl* **2.** *Domaine* (*de l'État*) Staatsbesitz *m* **3.** *fig* Bereich *m*; Gebiet *n*; Domäne *f*, Sparte *f*; *dans ce domaine* auf diesem Gebiet; *être du domaine de qn* in j-s Bereich, Kompetenz (*acc*) fallen
domanial [dɔmanjal] *adj* ⟨**~e; -aux** [-o]⟩ staatseigen; *forêt domaniale* Staatsforst *m*
dôme [dom] *m* Kuppel *f*
domestication [dɔmɛstikasjõ] *f* **1.** Zähmung *f* **2.** *fig* Bändigung *f*
domesticité [dɔmɛstisite] *litt f* Gesinde *n*; Dienerschaft *f*
domestique [dɔmɛstik] **I** *adj* Haus…; häuslich; ▸ *animal m domestique* Haustier *n* **II** *m,f* Dienstbote *m*; Diener(in) *m(f)*
domestiquer [dɔmɛstike] *v/t* **1.** *animal* zähmen **2.** *fig* bändigen
▸ **domicile** [dɔmisil] *m* Wohnsitz *m*; Wohnung *f*; Domizil *n*; *domicile conjugal* eheliche Wohnung; *à domicile livrer* ins Haus; *travailler* zu Hause; *travail m à domicile* Heimarbeit *f*; *sans domicile fixe* ohne festen Wohnsitz; *élire domicile* s-n Wohnsitz nehmen; sich niederlassen
domicilié [dɔmisilje] *adj* ⟨**~e**⟩ *domicilié à*

wohnhaft, mit Wohnsitz in
domicilier [dɔmisilje] *v/t traite* domizilieren
dominance [dɔminãs] *f* Dominanz *f*
dominant [dɔminã] *adj* ⟨**-ante** [-ãt]⟩ **1.** vor-, beherrschend; dominierend; *opinion* herrschend **2.** BIOL dominant
dominante [-ãt] *f* dominierendes Merkmal; Dominante *f* (*a* MUS)
dominateur [dɔminatœʀ] *adj* ⟨**-trice** [-tʀis]⟩ herrisch; herrschsüchtig
domination [dɔminasjõ] *f* Herrschaft *f* (**sur** über + *acc*)
dominatrice [dɔminatʀis] *f* **1.** *st/s* Beherrscherin *f* **2.** *prostituée* Domina *f*
dominer [dɔmine] **I** *v/t* beherrschen (*a fig*); *passions a* zügeln; im Zaum halten; *situation a* dominieren; *concurrents a* überlegen sein (**qn** j-m); *monument: ville a* überragen **II** *v/i* vorherrschen; überwiegen; dominieren (*a* SPORTS) **III** *v/pr* **se dominer** sich beherrschen; sich in der Gewalt haben
dominicain [dɔminikɛ̃] *m*, **dominicaine** [-ɛn] *f* Dominikaner(in) *m(f)*
dominical [dɔminikal] *adj* ⟨**~e**; **-aux** [-o]⟩ sonntäglich; Sonntags...
domino [dɔmino] *m* **1.** Dominostein *m*; **dominos** *pl* Domino(spiel) *n* **2.** Domino(kostüm) *m(n)*
dommage [dɔmaʒ] *m* **1.** Schaden *m*; **dommage corporel, matériel** Personen-, Sachschaden *m*; **dommages et intérêts** Schaden(s)ersatz *m* **2.** ▸ (**c'est**) **dommage** (das ist) schade; **quel dommage!** wie schade!
dommageable [dɔmaʒabl] *adj* **dommageable à qn, à qc** schädlich, nachteilig für j-n, für etw
dommages-intérêts [dɔmaʒɛ̃teʀɛ] *m/pl* Schaden(s)ersatz *m*
dompter [dõ(p)te] *v/t* **1.** *animaux* bändigen **2.** *fig rebelles* bezwingen; *passions* bezähmen
dompteur [-œʀ] *m*, **dompteuse** [-øz] *f* Dompteur *m*, Dompteuse *f*
DOM-TOM [dɔmtɔm] *m/pl abr* (*départements et territoires d'outre-mer*) überseeische Departements und Gebiete *pl*

Les DOM-TOM

Les DOM-TOM sind die Überseegebiete Frankreichs.

Es gibt vier **DOM** (**Départements d'outre-mer**):

Martinique	*Karibik*
Guadeloupe	*Karibik*
Réunion	*Indischer Ozean*
Französisch-Guayana	*Südamerika*

und vier **TOM** (**Territoires d'outre-mer**):

Neukaledonien	*Pazifik*
Wallis und Futuna	*Pazifik*
Französisch-Polynesien	*Pazifik*

Terres Australes et Antarctiques Françaises	*Antarktis und Indischer Ozean*

don [dõ] *m* **1.** Schenkung *f* (*a* JUR); *par charité* Spende *f*; **faire don de qc à qn** j-m etw schenken *ou* spenden **2.** (*talent*) Gabe *f* (*a iron*); Begabung *f* (**pour** für); **avoir le don de** (+*inf*) a) *chose* geeignet, dazu angetan sein zu (+*inf*); b) *personne iron* die Gabe haben zu (+*inf*)
donataire [dɔnatɛʀ] *m,f* JUR Beschenkte(r) *f(m)*
donateur [dɔnatœʀ] *m*, **donatrice** [-tʀis] *f* Spender(in) *m(f)*; Stifter(in) *m(f)*
donation [-sjõ] *f* JUR Schenkung *f*
▸ **donc** [dõk] *conj* **1.** *conséquence* also; folglich; demnach; demzufolge **2.** *dans des interrogatives* denn; **qui donc?** wer denn? **3.** *avec impératif* doch; F **dites donc** F sagen Sie (doch) mal! **4.** **et moi donc!** und ich erst!
dondon [dõdõ] *f* F **grosse dondon** F Dampfwalze *f*; F Tonne *f*
döner [dønɛʀ] *m* Döner(kebab) *m*
donjon [dõʒõ] *m* Bergfried *m*
don Juan [dõʒɥã] *m* Casanova *m*; Frauenheld *m*; Don Juan *m*
donjuanesque [dõʒɥanɛsk] *adj* e-s Casanova, Frauenhelden
donnant [dɔnã] **donnant donnant** nichts ohne Gegenleistung; do ut des (*prov*)
donne [dɔn] *f* **1.** CARTES Geben *n* **2.** *fig* Gesamtlage *f*; Ausgangssituation *f*
donné [dɔne] *adj* ⟨**~e**⟩ **1.** gegeben (*a* MATH); (*déterminé*) bestimmt **2.** **c'est donné** das ist geschenkt, spottbillig **3.** **étant donné que** da (ja); in Anbetracht der Tatsache, dass
donnée [dɔne] *f* **1.** ▸ **données** *pl* INFORM Daten *n/pl*; *par ext* Ausgangsmaterial *n*; Gegebenheiten *f/pl*; **banque f de données** Datenbank *f* **2.** MATH gegebene, bekannte Größe
▸ **donner** [dɔne] **I** *v/t* **1.** geben; *mot d'ordre* ausgeben; *manteau au vestiaire* abgeben; *son nom* angeben; *de l'appétit, de l'espoir* machen; **donner qc à qn** j-m etw geben; *arbre* **donner** (**des fruits**) Früchte tragen; *radio* **donner des nouvelles** Nachrichten bringen; **je me demande ce que ça va donner** ich frage mich, was daraus werden soll; *les recherches* **n'ont rien donné** haben nichts gebracht *ou* ergeben; **donner à penser à qn** j-m zu denken geben; **donner qc à réparer** etw zur Reparatur bringen **2.** **donner trente ans à qn** j-n auf dreißig Jahre schätzen **3.** F **donner du directeur à qn** j-n (mit) Herr Direktor titulieren; j-n mit Herr Direktor anreden **4.** F **complice** verraten; F verpfeifen **II** *v/i* **5.** (*cogner*) schlagen; stoßen; *par ext soleil* brennen **6.** *personne* **donner dans qc** in etw (*acc*) geraten; *fig* e-r Sache (*dat*) verfallen **7.** *fenêtre, pièce* ▸ **donner sur la cour** auf den Hof gehen; zum Hof (hin) *ou* auf der Hofseite liegen **III** *v/pr* **se donner à qc** sich e-r Sache (*dat*) hingeben, widmen; **femme se donner à qn** sich j-m hingeben
donneur [dɔnœʀ] *m*, **donneuse** [-øz] *f* **1.** Geber(in) *m(f)* **2.** MÉD Spender(in) *m(f)*; **donneur de sang** Blutspender *m*
▸ **dont** [dõ] *pr/rel* **1.** *complément d'un subst*:

dessen; deren; **un chanteur dont les disques** *connaissent un grand succès* ein Sänger, dessen Platten ... **2.** *complément d'un verbe:* von dem; von der; von denen; wovon; **l'accident dont on parle** der Unfall, von dem *ou* über den man spricht; **la manière dont il est habillé** die Art, wie er gekleidet ist **3.** *six enfants,* **dont cinq filles** davon *ou* darunter fünf Mädchen

donzelle [dõzɛl] *f* F launisches Ding

dopage [dɔpaʒ] *m* Dopen *n*; Doping *n*

dopant [-ã] *m* Aufputschmittel *n*

dope [dɔp] *f* F Stoff *m*; F Dope *n*

doper [dɔpe] *v/t (et v/pr* **se doper**) sich) dopen

doping [dɔpiŋ] *m* → **dopage**

dorade *f* → **daurade**

Dordogne [dɔrdɔɲ] *la Dordogne Fluss u Departement in Frankreich*

doré [dɔre] *adj* ⟨**~e**⟩ **1.** vergoldet; Gold... **2.** *couleur* goldfarben; golden; goldbraun *(a* CUIS)

dorénavant [dɔrenavã] *adv* von nun an

dorer [dɔre] **I** *v/t* **1.** vergolden **2.** CUIS mit Eigelb bestreichen **II** *v/i* CUIS goldbraun werden **III** *v/pr* **se dorer au soleil** sich von der Sonne bräunen lassen

d'ores et déjà [dɔrzedeʒa] *adv* schon jetzt; jetzt schon

dorloter [dɔrlɔte] *v/t* verhätscheln; verzärteln

dormant [dɔrmã] *adj* ⟨**-ante** [-ãt]⟩ **eau dormante** stehendes Wasser, Gewässer

dormeur [dɔrmœr] *m,* **dormeuse** [-øz] *f* Schlafende(r) *f(m)*; Schläfer(in) *m(f)*

▸ **dormir** [dɔrmir] *v/i* ⟨**je dors, il dort, nous dormons; je dormais; je dormis; je dormirai; que je dorme; dormant; dormi**⟩ **1.** schlafen *(a fig)* **2.** *affaire* ruhen; **capitaux qui dorment** totes Kapital

dorsal [dɔrsal] *adj* ⟨**~e; -aux** [-o]⟩ Rücken...

dortoir [dɔrtwar] *m* **1.** Schlafsaal *m* **2.** *adjt* **ville** *f* **dortoir** Schlafstadt *f*

dorure [dɔryr] *f* **1.** Vergoldung *f* **2.** **dorures** *pl* Goldverzierung(en) *f(pl)*

doryphore [dɔrifɔr] *m* Kartoffelkäfer *m*

▸ **dos** [do] *m* **1.** Rücken *m*; *transporter* **à dos de chameau** auf Kamelen; **vu de dos** von hinten gesehen; *fig* **chose avoir bon dos** ein bequemer Vorwand sein; F *fig* **en avoir plein le dos** F die Nase voll haben; *fig* **être toujours sur le dos de qn** j-m ständig auf die Finger sehen; **faire le gros dos** *chat* e-n Buckel machen; *fig* sich ducken; *fig* **mettre qc sur le dos de qn** j-m etw in die Schuhe schieben; *fig* **se mettre qn à dos** sich *(dat)* j-n zum Feind machen; **tourner le dos à qn, à qc** j-m, e-r Sache den Rücken zuwenden, *fig* kehren **2.** *d'objets* Rücken *m*; *d'une feuille* Rückseite *f*; *d'une chaise* Rückenlehne *f*; **dos de la main** Handrücken *m* **3.** **dos d'âne** Bodenwelle *f*; Querrinne *f*

dosage [dozaʒ] *m* Dosierung *f*

dose [doz] *f* Dosis *f*; *par ext* Menge *f*; **forcer la dose** zu viel nehmen; *fig* zu viel des Guten tun

doser [doze] *v/t* dosieren *(a fig)*

doseur [dozœr] *m* Dosier-, Abmessvorrichtung *f*

dossard [dosar] *m* SPORTS Start-, Rückennummer *f*

▸ **dossier** [dosje] *m* **1.** *d'un siège* Rückenlehne *f*

2. *(documents)* Akten *f/pl*; Akte *f*; Vorgang *m*; Unterlagen *f/pl*

dot [dɔt] *f* Mitgift *f*

dotation [dɔtasjõ] *f* **1.** *(revenus)* Dotierung *f* **2.** Ausstattung *f* **(en** mit)

doter [dɔte] *v/t* **1.** e-e Mitgift geben **(qn** j-m) **2.** *(équiper)* ausstatten **(de** mit)

douairière [dwɛrjɛr] *f péj* F reiche alte Schachtel

▸ **douane** [dwan] *f* Zoll *m*

douanier [dwanje] **I** *m* Zollbeamte(r) *m*; F Zöllner *m* **II** *adj* ⟨**-ière** [-jɛr]⟩ Zoll...

doublage [dublaʒ] *m* CIN Synchronisierung *f*

▸ **double** [dubl] **I** *adj* doppelt; Doppel...; zweifach **II** *adv* doppelt; **voir double** doppelt sehen *(a fig)* **III** *m* **1.** **le double** das Doppelte; doppelt, zweimal so viel **2.** Dublette *f*; Doppelstück *n*; **avoir qc en double** etw doppelt haben **3.** *d'un document* Doppel *n*; Zweitausfertigung *f* **4.** TENNIS Doppel *n* **5.** *fig personne* Geistes-, Seelenverwandte(r) *f(m)*

doublé [duble] **I** *adj* ⟨**~e**⟩ **1.** COUT gefüttert **2.** CIN synchronisiert **3.** *fig* **doublé de** und zugleich, gleichzeitig **II** *m* SPORTS, *fig* Doppelerfolg *m*, -sieg *m*

double-clic *m* ⟨**double-clics**⟩ INFORM Doppelklick *m*

double-cliquer *v/i* INFORM doppelklicken **(sur** auf +*acc*)

double-commande *f* ⟨**doubles-commandes**⟩ AUTO doppelte Bremse und Kupplung; AVIAT Doppelsteuerung *f*

double-croche *f* ⟨**doubles-croches**⟩ Sechzehntelnote *f*

doublement [dubləmã] **I** *adv* doppelt; zweifach **II** *m* Verdopp(e)lung *f*

doubler [duble] **I** *v/t* **1.** verdoppeln **2.** *vêtement* (ab)füttern **3.** *acteur* doubeln **4.** *film* synchronisieren **5.** *(dépasser)* überholen *(a abs)*; SPORTS überrunden **6.** F **doubler qn** j-n hintergehen **II** *v/i* sich verdoppeln **III** *v/pr* **se doubler de qc** von etw begleitet sein

doublet [dublɛ] *m* **1.** ORFÈVRERIE falscher (Edel)Stein; Dublette *f* **2.** LING Dublette *f*

doublure [dublyr] *f* **1.** COUT Futter *n* **2.** THÉ, CIN Double *n*

Doubs [du] **le Doubs** *Fluss u Departement in Frankreich*

douce → **doux**

douce-amère *f* Bittersüßer Nachtschatten

douceâtre [dusatr] *adj* süßlich-fad(e)

▸ **doucement** [dusmã] *adv* **1.** sanft; sachte; *poser* behutsam; *parler, marcher* leise **2.** *(lentement)* langsam **3.** *(médiocrement)* mittelmäßig; leidlich **4.** *int* **doucement!** immer sachte!

doucereux [dusrø] *adj* ⟨**-euse** [-øz]⟩ *fig* zuckersüß; süßlich

doucettement [dusɛtmã] F *adv* in aller Ruhe; gemächlich; ganz langsam

douceur [dusœr] *f* **1.** Süße *f*; **douceurs** *pl* Leckereien *f/pl*; Schleckereien *f/pl* **2.** *de la musique* Sanftheit *f*; *du climat* Milde *f*; *de la peau* Zartheit *f*; Weichheit *f* **3.** *fig* Annehmlichkeit *f*; **la douceur de vivre** ein angenehmes und friedliches Leben **4.** **douceur (de caractère)** Sanftmut *f*, -heit *f*; Milde *f* **5.** *atterrir, démarrer* **en douceur** weich; sanft

▸ **douche** [duʃ] *f* **1.** Dusche *f*; **prendre une dou-**

che (sich) duschen **2.** *fig* **douche écossaise** Wechselbad *n*

doucher [duʃe] **I** *v/t* **1.** (ab)duschen **2.** *fig* **se faire doucher** e-e (Regen)Dusche abkriegen **II** *v/pr* **se doucher** (sich) duschen

doudou [dudu] F *f* Frau *f* von den Antillen; kaffeebraune Schönheit

doudoune [dudun] F *f* Daunenjacke *f*

▸ **doué** [dwe] *adj* ⟨**~e**⟩ **1.** begabt (*pour qc* für etw); **doué pour les langues** sprachbegabt **2.** **doué de** ausgestattet mit; **doué de raison** vernunftbegabt

douer [dwe] *v/t* **douer qn de qc** j-n mit etw versehen, ausstatten; j-m etw mitgeben

douille [duj] *f* **1.** *d'une ampoule* Fassung *f* **2.** (Patronen)Hülse *f*

douillet [dujɛ] *adj* ⟨**-ette** [-ɛt]⟩ **1.** mollig (weich); F kuschelig **2.** (*confortable*) behaglich; gemütlich **3.** *personne* überempfindlich; zimperlich

douillettement [dujɛtmã] *adv enfant* **élever douillettement** verweichlichen

▸ **douleur** [dulœʀ] *f* **1.** Schmerz *m*; **de douleur** vor Schmerz(en) **2.** **douleurs** *pl* (Geburts)Wehen *f/pl* **3.** *morale* Schmerz *m*; Leid *n*

douloureusement [duluʀøzmã] *adv* schmerzlich

douloureux [duluʀø] **I** *adj* ⟨**-euse** [-øz]⟩ **1.** schmerzhaft; *partie du corps* schmerzend **2.** *fig perte, souvenir* schmerzlich; *regard* schmerzvoll **II** F **la douloureuse** die Rechnung

▸ **doute** [dut] *m* Zweifel *m*; Bedenken *n*; ▸ **sans doute** sicher(lich); wohl; **sans aucun doute** zweifellos; ohne (jeden) Zweifel; **il n'y a pas de doute** es besteht kein Zweifel (daran); **mettre qc en doute** etw in Zweifel ziehen

▸ **douter** [dute] **I** *v/i et v/t/indir* **douter de qc** an etw (*dat*) zweifeln; etw be-, anzweifeln; **douter de qn** an j-m zweifeln; j-m misstrauen; **douter que …** (+ *subj*) bezweifeln, dass … **II** *v/pr* ▸ **se douter de qc** etw ahnen, vermuten; sich (*dat*) etw denken können

douteux [dutø] *adj* ⟨**-euse** [-øz]⟩ **1.** zweifelhaft; ungewiss; fraglich **2.** *péj réputation, goût* zweifelhaft; dubios; fragwürdig; *vêtements, vaisselle* nicht ganz sauber

douve [duv] *f* FORTIF Wassergraben *m*

Douvres [duvʀ] Dover *n*

▸ **doux** [du] **I** *adj* ⟨**douce** [dus]⟩ **1.** *fruit, vin* süß; **eau douce** Süßwasser *n* **2.** *musique, pente, par ext énergie* sanft; *lumière, climat, savon* mild; *peau* weich (*a lit*); zart; **drogue douce** weiche Droge **3.** *fig émotion, souvenir* angenehm; freudig **4.** *personne, regard* sanft(mütig) **5.** **faire les yeux doux à qn** j-m schöne, verliebte Augen machen **II** *adv* **en douce** heimlich; unauffällig

doux-amer [duzamɛʀ] *adj* ⟨**douce-amère** [dusamɛʀ]⟩ *fig et st/s* bittersüß

▸ **douzaine** [duzɛn] *f* **1.** Dutzend *n*; **à la douzaine** dutzendweise; im Dutzend **2.** **une douzaine (de)** etwa, ungefähr zwölf

▸ **douze** [duz] **I** *num/c* zwölf; **le douze mai** der zwölfte *ou* am zwölften Mai; **Pie XII** Pius XII. (der Zwölfte) **II** *m* ⟨*inv*⟩ Zwölf *f*; Zwölfer *m*; **le douze (du mois)** der Zwölfte *ou* am Zwölften (des Monats)

▸ **douzième** [duzjɛm] **I** *num/o* zwölfte **II** *subst* **1.** **le, la douzième** der, die, das Zwölfte **2.** *m* MATH Zwölftel *n*

douzièmement [duzjɛmmã] *adv* zwölftens

doyen [dwajɛ̃] *m*, **doyenne** [dwajɛn] *f* **1.** *m* Dekan *m*; ÉGL *a* Dechant *m* **2.** Älteste(r) *f(m)*; DIPL Doyen *m*; **doyen, doyenne d'âge** Alterspräsident(in) *m(f)*

draconien [dʀakɔnjɛ̃] *adj* ⟨**-ienne** [-jɛn]⟩ drakonisch

dragée [dʀaʒe] *f* **1.** (Zucker)Dragée *n*; Wiener Mandel *f*; *fig* **tenir la dragée 'haute à qn** j-n teuer bezahlen lassen; *par ext* j-n s-e Macht spüren lassen **2.** Dragée *n*; (Arznei)Pille *f*

dragéifié [dʀaʒeifje] *adj* ⟨**~e**⟩ dragiert; mit e-r Zuckerschicht überzogen

dragon [dʀagõ] *m* **1.** MYTH Drache(n) *m* **2.** HIST MIL Dragoner *m*

dragonne [dʀagɔn] *f* (Halte)Schlaufe *f*

drague [dʀag] *f* **1.** TECH (Schwimm)Bagger *m* **2.** F Anmache *f*

draguer [dʀage] *v/t* **1.** ausbaggern **2.** F anmachen; F aufreißen; F anbaggern

dragueur [dʀagœʀ] *m*, **dragueuse** [-øz] *f* **1.** F Anmacher(in) *m(f)* **2.** **dragueur de mines** Minensuch-, Minenräumboot *n*

drain [dʀɛ̃] *m* **1.** AGR Drän(röhre) *m(f)*; Entwässerungsröhre *f* **2.** MÉD Drain *m*

drainage [dʀɛnaʒ] *m* AGR, MÉD Drainage *ou* Dränage *f*

drainer [dʀene] *v/t* **1.** AGR, MÉD drainieren *ou* dränieren **2.** *fig capitaux, main-d'œuvre* an sich (*acc*) ziehen; zusammenziehen

dramatique [dʀamatik] **I** *adj* dramatisch (*a fig*); Bühnen…; Theater…; **art** *m* **dramatique** Schauspielkunst *f* **II** *f* TV Fernsehspiel *n*

dramatisation [dʀamatizasjõ] *f fig* Dramatisierung *f*

dramatiser [-e] *v/t fig* dramatisieren

dramaturge [dʀamatyʀʒ] *m* Bühnenautor *m*; Theaterdichter *m*

dramaturgie [-ʒi] *f* Dramaturgie *f*

drame [dʀam] *m* Drama *n* (*a fig*); Schauspiel *n*

▸ **drap** [dʀa] *m* **1.** TEXT Tuch *n* **2.** **drap (de lit)** Betttuch *n*; (Bett)Laken *n*; **drap de bain** Badetuch *n*; *fig* **être dans de beaux draps** (schön) in der Klemme, F Patsche sitzen

drapé [dʀape] *m* Faltenwurf *m*

▸ **drapeau** [dʀapo] *m* ⟨**~x**⟩ Fahne *f*; Flagge *f*; **drapeau tricolore** Trikolore *f*; *fig* **être sous les drapeaux** Soldat sein

draper [dʀape] **I** *v/t* drapieren **II** *v/pr* **1.** **se draper** sich (ein)hüllen (*dans* in + *acc*) **2.** *fig* **se draper dans sa dignité** sich in beleidigtes Schweigen hüllen

draperie [dʀapʀi] *f* **1.** PEINT, SCULP Faltenwurf *m*; Draperie *f* **2.** *tenture* Stoffdekoration *f*, -draperie *f* **3. a)** *fabrication* Tuchfabrikation *f* **b)** *commerce* Tuchhandel *m*

drap-housse [dʀaus] *m* ⟨**draps-housses**⟩ Spannbetttuch *n*

drapier [dʀapje] *m* **a)** *fabricant* Tuchfabrikant *m*, -macher *m* **b)** *marchand* Tuchhändler *m*

drastique [dʀastik] *adj mesures* drastisch

dreadlocks [dʀɛdlɔks] *f/pl* Rastalocken *f/pl*

Dresde [dʀɛzd] Dresden *n*

dressage [dʀɛsaʒ] *m* Dressur *f* (*a fig*); *péj* Drill *m*

dresser [dʀese] **I** *v/t* **1.** *échelle, mât* aufstellen; *monument* errichten; *tente* aufschlagen; *tête* aufrichten; *fig* **dresser l'oreille** die Ohren spitzen; *fig* **faire dresser les cheveux sur la tête à qn** j-m die Haare zu Berge stehen lassen **2.** *plan, bilan, liste* aufstellen; *liste a* anlegen; anfertigen; *procès-verbal, inventaire* aufnehmen; *contrat* aufsetzen; *facture* ausfertigen **3.** **dresser qn contre qn** j-n gegen j-n aufbringen, aufhetzen **4.** *animaux* dressieren; abrichten **5.** *fig et péj* drillen; dressieren **6.** CUIS anrichten; dressieren **II** *v/pr* **se dresser 7.** sich aufrichten; **se dresser sur la pointe des pieds** sich auf die Zehenspitzen stellen **8.** *montagne, tour* emporragen; sich erheben **9.** *fig* **se dresser contre** sich auflehnen gegen
dresseur [dʀesœʀ] *m*, **dresseuse** [-øz] *f* Dresseur *m*, Dresseuse *f*
dressoir [-waʀ] *m* Geschirrbord *n*
Dreyfus [dʀɛfys] *m officier français* Dreyfus *m*
DRH [deɛʀaʃ] *f abr* (*direction des ressources humaines*) Personalabteilung *f*
dribble [dʀibl] *m* Dribbling *n*
dribbler [dʀible] **I** *v/t adversaire* umspielen **II** *v/i* dribbeln
drille [dʀij] *m* **joyeux drille** lustiger, fideler Kerl, Geselle; F fideles Haus
dring [dʀiŋ] *int* drr!
▸ **drogue** [dʀɔg] *f* **1.** Droge(n) *f(pl)*; Rauschgift *n*; **drogue douce, dure** weiche, harte Droge **2.** *fig* Droge *f*; Suchtmittel *n* **3.** *péj* Arznei *f*; F Mittelchen *n*
drogué(e) [dʀɔge] *m(f)* Drogen-, Rauschgiftsüchtige(r) *f(m)*
droguer [dʀɔge] **I** *v/t* unter Drogen setzen; **droguer qn** j-m Drogen, Rauschgift geben **II** *v/pr* **se droguer 1.** Drogen, Rauschgift nehmen **2.** (zu) viele Arzneien nehmen
droguerie [dʀɔgʀi] *f* Drogerie *f*
droguiste [-ist] *m,f* Drogist(in) *m(f)*
▸ **droit**[1] [dʀwa] *m* **1.** ⟨*ohne pl*⟩ Recht *n*; **droit civil** bürgerliches Recht; Zivilrecht *n*; **droit pénal** Strafrecht *n*; **droit du plus fort** Recht des Stärkeren; Faustrecht *n*; **s'adresser à qui de droit** sich an die zuständige Stelle, Person wenden **2.** *science* Rechtswissenschaft *f*; Jura *n/pl*; **Rechte** *n/pl*; *osterr* Jus *n* **3.** Recht *n*; Berechtigung *f*; Befugnis *f*; Anrecht *n*; Anspruch *m*; ▸ **droits de l'homme** Menschenrechte *n/pl*; **droit de vote** Wahlrecht *n*; **avoir le droit, être en droit de** (+ *inf*) das Recht haben, berechtigt sein zu (+ *inf*); **avoir droit à qc** ein (An)Recht, e-n Anspruch auf etw (*acc*) haben; **être dans son droit** im Recht sein **4.** (*taxe*) Gebühr *f*; Abgabe *f*
▸ **droit**[2] [dʀwa] **I** *adj* ⟨**droite** [dʀwat]⟩ **1.** (*à droite*) rechte **2.** (*rectiligne*) gerade; *écriture a* steil; *veston* einreihig; **angle droit** rechter Winkel; **en ligne droite** in gerader Linie; in Luftlinie **3.** *fig personne* aufrecht; gerade; rechtschaffen; redlich **II** *adv* gerade; **tout droit ou droit devant soi** geradeaus; *fig* **aller droit au but** geradewegs aufs Ziel losgehen; **se tenir droit** sich gerade halten **III** *m* BOXE Rechte *f*
▸ **droite** [dʀwat] *f* **1.** Rechte *f*; rechte Seite; **à droite** rechts *ou* nach rechts; **à droite de** rechts von; **à** *ou* **sur la droite de qn** rechts von j-m; zur Rechten j-s; **tenir sa droite** sich rechts hal-

ten; rechts fahren **2.** POL **la droite** die Rechte; **de droite** Rechts…; rechts stehend **3.** MATH Gerade *f*
droitier [dʀwatje] *m*, **droitière** [-jɛʀ] *f* Rechtshänder(in) *m(f)*
droiture [dʀwatyʀ] *f* Geradheit *f*; Aufrichtigkeit *f*; Rechtschaffenheit *f*
▸ **drôle** [dʀol] *adj* **1.** (*amusant*) lustig; spaßig; ulkig; drollig **2.** ⟨*a* **drôle de**⟩ (*bizarre*) komisch; seltsam; sonderbar; merkwürdig; **une drôle d'idée** e-e komische Idee; **je me sens tout drôle** mir ist so komisch (zumute) **3.** F **drôle de** (*énorme*) ungeheuer; enorm; F unheimlich
drôlement [dʀolmã] *adv* **1.** komisch; seltsam; sonderbar **2.** F (*très*) enorm; ungeheuer; F unheimlich
drôlerie [dʀolʀi] *f* Komik *f*; Lustigkeit *f*
dromadaire [dʀɔmadɛʀ] *m* Dromedar *n*
Drôme [dʀom] **la Drôme** Fluss u Departement in Frankreich
drosser [dʀose] *v/t* MAR (ab)treiben
dru [dʀy] **I** *adj* ⟨**~e**⟩ dicht **II** *adv pluie* **tomber dru** prasseln
drugstore [dʀœgstɔʀ] *m* Drugstore *m*
druide [dʀʉid] *m* Druide *m*
DST [deɛste] *f abr* (*Direction de la surveillance du territoire*) Geheimdienst *m*
▸ **du** [dy] → **de**
dû [dy] **I** *p/p* → **devoir**[1] *et adj* ⟨**due**⟩ **1.** *somme* geschuldet **2.** **en bonne et due forme** formgerecht; vorschriftsmäßig **3.** **être dû à qc** auf etw (*acc*) zurückzuführen sein **4.** *honneurs* **être dû à qn** j-m gebühren, zukommen **II** *subst* **mon dû** das mir Zukommende, Gebührende
dualité [dyalite, dya-] *f* Dualität *f*; Zweiheit *f*
dubitatif [dybitatif] *adj* ⟨**-ive** [-iv]⟩ Zweifel ausdrückend; zweifelnd
duc [dyk] *m* **1.** Herzog *m* **2.** ZO **grand duc** Uhu *m*
duché [dyʃe] *m* Herzogtum *n*
duchesse [dyʃɛs] *f* **1.** Herzogin *f* **2.** (*poire f*) **duchesse** Butterbirne *f*
duel [dyɛl] *m* **1.** Duell *n*; Zweikampf *m*; **se battre en duel** sich duellieren **2.** *fig* **duel oratoire** Rededuell *n*
duettiste [dyetist] *m,f* **1.** *qui chante* Duettsänger(in) *m(f)* **2.** *qui joue* Duospieler(in) *m(f)*
dulcinée [dylsine] *f plais* Dulzinea *f*; Angebetete *f*
dûment [dymã] *adv* **1.** gebührend **2.** JUR ordnungsgemäß
dumping [dœmpiŋ] *m* Dumping *n*
dune [dyn] *f* Düne *f*
Dunkerque [dɛ̃kɛʀk, dœ̃-] Dünkirchen *n*
duo [dyo] *m vocal* Duett *n*; *instrumental* Duo *n* (*a fig et plais*); *chanter* **en duo** im Duett
duodénum [dyɔdenɔm] *m* Zwölffingerdarm *m*
dupe [dyp] **I** *f* **être la dupe de qn** von j-m betrogen, geprellt, übers Ohr gehauen werden **II** *adj* **être dupe de qc** auf etw (*acc*) hereinfallen
duper [dype] *v/t* betrügen; prellen
duperie [-ʀi] *f* Schwindel *m*; Betrug *m*
duplex [dyplɛks] *m* **1.** TECH Duplexbetrieb *m*; RAD, TV Konferenzschaltung *f* **2.** Maiso(n)nettewohnung *f*
duplicata [dyplikata] *m* ⟨*inv*⟩ Duplikat *n*; Zweitschrift *f*, -ausfertigung *f*
duplicateur [-tœʀ] *m* Vervielfältigungsapparat

m
duplicité [dyplisite] *f* Doppelzüngigkeit *f*; Falschheit *f*
duquel [dykɛl] → *lequel*
▸ **dur** [dyʀ] **I** *adj* **1.** (*ferme*) hart; *viande* zäh; *œuf* hart (gekocht) **2.** *combats* hart; F *coup dur* harter, schwerer (Schicksals)Schlag; *drogue dure* harte Droge **3.** (*difficile*) schwer; schwierig **4.** (*sévère*) hart; streng; *personne a* hartherzig **II** *adv frapper* fest; kräftig; *travailler* hart; *croire à qc dur comme fer* (an) etw (*acc*) felsenfest glauben **III** *subst* **5.** F *un dur (à cuire)* F ein hartgesottener Bursche **6.** *m construction f en dur* Massivbau *m* **7.** *élevé à la dure* streng, spartanisch erzogen **8.** *coucher sur la dure* auf der bloßen Erde schlafen
durabilité [dyʀabilite] *f* Dauerhaftigkeit *f*; Beständigkeit *f*; Nachhaltigkeit *f*
durable [dyʀabl] *adj* dauerhaft; nachhaltig; *développement m durable* nachhaltige Entwicklung
durant [dyʀã] *prép* während (+ *gén*, F *a* + *dat*); *durant l'été a* den Sommer über; *une heure durant* e-e (ganze) Stunde lang
duratif [dyʀatif] *adj* ⟨**-ive** [-iv]⟩ durativ; die Dauer ausdrückend; *aspect duratif* durative Aktionsart
durcir [dyʀsiʀ] **I** *v/t* **1.** hart machen **2.** *fig* verhärten **II** *v/i* **3.** hart werden; erhärten **III** *v/pr se durcir* **4.** hart werden **5.** *fig* sich verhärten
durcissement [dyʀsismã] *m* **1.** Hartwerden *n* **2.** *fig* Verhärtung *f*
durcisseur [dyʀsisœʀ] *m* TECH Härter *m*; Härtungsmittel *n*
▸ **durée** [dyʀe] *f* Dauer *f*; Zeit(dauer) *f*; *durée du travail* Arbeitszeit *f*; *de courte durée* von kurzer Dauer
durement [dyʀmã] *adv* **1.** *touché, éprouvé* hart; schwer **2.** *parler, répondre* hart; in hartem Ton
▸ **durer** [dyʀe] *v/i* **1.** dauern; an-, fortdauern;

beau temps anhalten; *mode, œuvre* sich halten; *pourvu que cela dure!* hoffentlich bleibt es so!; *faire durer qc* etw hinausziehen, in die Länge ziehen **2.** *objet, matériau* halten
dureté [dyʀte] *f* Härte *f* (*a fig*)
durillon [dyʀijõ] *m* Schwiele *f*
durit® [dyʀit] *f* Kühlwasserschlauch *m*
DUT [deyte] *m abr* ⟨*inv*⟩ (*diplôme universitaire de technologie*) Abschlussdiplom *n* e-r Fachhochschule
duvet [dyvɛ] *m* **1.** *plumes* Daunen *f/pl*; Flaumfedern *f/pl* **2.** *sac de couchage* (Daunen)Schlafsack *m* **3.** (*poils doux*) Flaum *m*
duveter [dyvte] *v/pr* ⟨**-tt-**⟩ *se duveter* Flaumhaare, e-n Flaum bekommen
duveteux *adj* ⟨**-euse** [-øz]⟩ flaumig; mit Flaum bedeckt; *tissu* flauschig
DVD [devede] *m abr* (*digital versatile disc*) DVD *f*
dynamique [dinamik] **I** *adj* dynamisch; *personne a* tatkräftig **II** *f* PHYS, *fig* Dynamik *f*
dynamiser [dinamize] *v/t* dynamisieren
dynamisme [-ism] *m* Dynamik *f*
dynamitage [dinamitaʒ] *m* Sprengung *f* mit Dynamit
dynamite [dinamit] *f* Dynamit *n*
dynamiter [-e] *v/t* (mit Dynamit) sprengen
dynamo [dinamo] *f* ÉLECT Dynamo *m*; AUTO Lichtmaschine *f*
dynamomètre *m* Dynamometer *n*; Kraftmesser *m*
dynastie [dinasti] *f* Dynastie *f* (*a fig*)
dysenterie [disãtʀi] *f* MÉD Ruhr *f*
dysfonctionnement [disfõksjɔnmã] *m* Funktionsstörung *f*
dyslexie [disleksi] *f* Legasthenie *f*
dyslexique [-ik] **I** *adj* legasthenisch **II** *m,f* Legastheniker(in) *m(f)*
dyspepsie [dispɛpsi] *f* Verdauungsstörung *f*

E

E, e [ə] *m* ⟨*inv*⟩ E, e *n*
E. *abr* (*est*) O (Ost[en])
▸ **eau** [o] *f* ⟨**~x**⟩ **1.** Wasser *n*; *eaux pl* GÉOGR Gewässer *n/pl*; (*sources thermales*) Heilquellen *f/pl*; *eau froide* kaltes Wasser; Kaltwasser *n*; *eaux thermales* warme Quellen *f/pl*; Thermalquellen *f/pl*; *eau de Cologne* Kölnisch Wasser; *eau de cuisson* Kochwasser *n*; *eau de mer* Meerwasser *n*; *eau de pluie* Regenwasser *n*; *eau de toilette* Eau de Toilette *n*; *eau de vaisselle* Abwasch-, Spülwasser *n*; *fig, péj* dünne Brühe; CUIS *à l'eau* (in Wasser) gekocht; *au bord de l'eau* am Ufer; am Wasser; *entre deux eaux* in e-r gewissen Wassertiefe; *fig nager entre deux eaux* es mit keinem

verderben wollen; geschickt lavieren; *fig amener de l'eau au moulin de qn* Wasser auf die Mühle j-s sein; *être en eau* in Schweiß gebadet sein; *se jeter à l'eau* ins (*fig* kalte) Wasser springen; *fig mettre de l'eau dans son vin* zurückstecken; *cela me met l'eau à la bouche* das Wasser läuft mir im Munde zusammen; *passer à l'eau* CUIS abschrecken; *vaisselle* (kurz) abspülen; *fig pêcher en eau trouble* im Trüben fischen; *prendre l'eau* nicht wasserdicht sein **2.** *Eaux et Forêts f/pl* Forstwesen *n*
eau-de-vie [odvi] *f* ⟨**eaux-de-vie**⟩ Schnaps *m*; Branntwein *m*
eau-forte [ofɔrt] *f* ⟨**eaux-fortes**⟩ Radierung *f*
ébahi [ebai] *adj* ⟨**~e**⟩ verdutzt; verblüfft; *tout*

ébahi ganz verdutzt; bass erstaunt; sprachlos
ébahir [ebaiʀ] **I** v/t verblüffen **II** v/pr litt **s'ébahir** sich wundern; erstaunt, verblüfft sein
ébahissement [ebaismã] m Verblüffung f
ébarber [ebaʀbe] v/t TECH ab-, entgraten; MÉTALLURGIE (guss)putzen; plumes reißen; schleißen; papier beschneiden
ébats [eba] st/s et plais m/pl Herumtollen n; (muntere) Spiele n/pl; **ébats amoureux** Liebesspiele n/pl
ébattre [ebatʀ] v/pr ⟨→ **battre**⟩ st/s **s'ébattre** herumtollen
ébauche [eboʃ] f **1.** (erster) Entwurf; Skizze f **2.** fig Andeutung f
ébaucher [eboʃe] v/t **1.** entwerfen; skizzieren **2.** fig sourire andeuten
ébène [ebɛn] f Ebenholz n
ébéniste [ebenist] m (Kunst)Tischler m; Möbeltischler m
ébénisterie [ebenistəʀi] f (Kunst-, Möbel)-Tischlerei f
éberlué [ebɛʀlɥe] adj ⟨~e⟩ verdutzt
éblouir [eblwiʀ] v/t **1.** (aveugler) blenden **2.** fig beeindrucken; pl/fort hinreißen
éblouissant [ebluisã] adj ⟨-ante [-ãt]⟩ blendend (a fig); teint strahlend
éblouissement [ebluismã] m **1.** Blendung f; **j'ai des éblouissements** es wird mir schwarz, es flimmert mir vor den Augen **2.** fig **un éblouissement** etwas Wunderbares
éborgner [ebɔʀɲe] v/t **éborgner qn** j-m ein Auge ausstechen, ausschlagen
éboueur [ebwœʀ] m Arbeiter m bei der Müllabfuhr; Müllwerker m
ébouillanter [ebujãte] **I** v/t abbrühen **II** v/pr **s'ébouillanter** sich verbrühen
éboulement [ebulmã] m Erdrutsch m; d'une falaise Einsturz m
ébouler [ebule] v/pr **s'ébouler** einstürzen; talus abrutschen
éboulis [ebuli] m Geröll n; Schutt m
ébouriffant [ebuʀifã] F adj ⟨-ante [-ãt]⟩ unglaublich; péj haarsträubend
ébouriffé [ebuʀife] adj ⟨~e⟩ zerzaust; F strubbelig
ébouriffer [ebuʀife] v/t **1.** **ébouriffer les cheveux de qn** j-m das Haar, die Haare zerzausen, F verstrubbeln **2.** F fig verblüffen; verdutzen
ébranlement [ebʀãlmã] m **1.** Erschütterung f **2.** fig de la confiance, du pouvoir Erschütterung f; de la santé Zerrüttung f; du trône Wanken n **3.** psychique Erschütterung f; Schock m
ébranler [ebʀãle] **I** v/t **1.** vitres, sol erschüttern; erzittern lassen **2.** fig confiance, pouvoir erschüttern; ins Wanken bringen; qn unsicher machen; santé zerrütten; adjt **ébranlé** nerfs, santé a angeschlagen **II** v/pr **s'ébranler** sich in Bewegung setzen
ébréché [ebʀeʃe] adj ⟨~e⟩ lame schartig; tasse angeschlagen; dent ab-, ausgebrochen
ébrécher [-e] v/t ⟨-è-⟩ schartig machen; anschlagen
ébriété [ebʀijete] f Trunkenheit f
ébrouer [ebʀue] v/pr **s'ébrouer** sich schütteln
ébruitement [ebʀɥitmã] m Ruchbarwerden n; Verbreitung f
ébruiter [ebʀɥite] **I** v/t verbreiten; ausplaudern

II v/pr **s'ébruiter** sich herumsprechen; bekannt werden
ébullition [ebylisjõ] f **1.** (Auf)Kochen n; Sieden n **2.** fig **en ébullition** in Aufruhr
écaille [ekaj] f **1.** ZO, BOT Schuppe f **2.** de peinture Plättchen n **3.** de tortues Schildpatt n; **lunettes** f/pl **d'écaille** Hornbrille f
écailler[1] [ekaje] **I** v/t **1.** poisson abschuppen **2.** huîtres aufbrechen; öffnen **II** v/pr **s'écailler** abblättern
écailler[2] [ekaje] m, **écaillère** [-ɛʀ] f Austernhändler(in) m(f)
écaler [ekale] v/t schälen
écarlate [ekaʀlat] adj scharlachrot; visage hochrot
écarquiller [ekaʀkije] v/t **écarquiller les yeux** die Augen aufreißen, aufsperren
écart [ekaʀ] m **1.** (distance) Abstand m; (différence) Unterschied m; Abweichung f; Spanne f **2.** fig (irrégularité) Abweichung f; Verfehlung f; **écart de langage** sprachliche Entgleisung **3.** (brusque mouvement) **faire un écart** auf die Seite, zur Seite springen **4.** **grand écart** Spagat m ou n; **faire le grand écart** (e-n) Spagat machen **5.** **à l'écart** beiseite; abseits (**de** gén); fig **tenir qn à l'écart** j-n fernhalten (**de** von); **vivre à l'écart** zurückgezogen leben
écarté [ekaʀte] adj ⟨~e⟩ **1.** yeux auseinanderstehend **2.** lieu abgelegen
écartèlement [ekaʀtɛlmã] m **1.** HIST Vierteilen n **2.** fig Zerrissensein n, Hin-und-her-Gerissen-Sein n (**entre** zwischen +dat)
écarteler [ekaʀtəle] v/t ⟨-è-⟩ **1.** HIST vierteilen **2.** fig **être écartelé** hin- und hergerissen sein (**entre** zwischen + dat)
écartement [ekaʀtəmã] m Abstand m; Entfernung f; CH DE FER Spurweite f
écarter [ekaʀte] **I** v/t **1.** bras ausbreiten; doigts, jambes spreizen; SPORTS jambes grätschen **2.** (éloigner) wegrücken, -schieben; zur Seite rücken, schieben **3.** fig idée verwerfen; fallen lassen; problème ausklammern; danger abwenden **4.** qn du bon chemin entfernen (**de** von); abbringen (von; a fig) **II** v/pr **s'écarter** sich entfernen (**de** von) (a fig); zur Seite rücken; foule sich teilen; zurückweichen; fig **s'écarter du droit chemin** vom rechten Weg abkommen; auf Abwege geraten
ecchymose [ekimoz] f blauer Fleck; blutunterlaufene Stelle
ecclésiastique [eklezjastik] **I** adj kirchlich; geistlich **II** m Geistliche(r) m
écervelé [esɛʀvəle] adj ⟨~e⟩ leichtsinnig; gedankenlos; kopflos
échafaud [eʃafo] m Schafott n
échafaudage [eʃafodaʒ] m **1.** CONSTR (Bau)Gerüst n **2.** fig (Gedanken)Gebäude n
échafauder [-e] v/t plan entwerfen; théorie aufstellen
échalas [eʃala] m **1.** (pieu) Pfahl m **2.** F fig **grand échalas** F lange Latte; F Bohnenstange f
échalote [eʃalɔt] f Schalotte f
échancré [eʃãkʀe] adj ⟨~e⟩ **1.** COUT ausgeschnitten **2.** côte zerklüftet
échancrer [eʃãkʀe] v/t COUT ausschneiden; TECH schweifen
échancrure [eʃãkʀyʀ] f Ausschnitt m

E

▸ **échange** [eʃɑ̃ʒ] *m* **1.** Austausch *m*; Tausch *m*; **échanges** (*commerciaux*) Warenaustausch *m*, -verkehr *m*; **échange scolaire** Schüleraustausch *m*; **échange de vues** Meinungsaustausch *m* **2.** COMM Umtausch *m* **3.** **en échange** als Gegenleistung; als Ersatz; dafür; **en échange de** (als Ersatz) für

échangeable [eʃɑ̃ʒabl] *adj* austauschbar; **article** *m* **non échangeable** vom Umtausch ausgeschlossene Ware

▸ **échanger** [eʃɑ̃ʒe] *v/t* ⟨**-ge-**⟩ **1.** tauschen (**qc contre qc** etw gegen etw); *idées, prisonniers* austauschen; *regards, lettres* wechseln; **échanger un sourire** einander, sich zulächeln **2.** *marchandises* umtauschen

échangeur [eʃɑ̃ʒœʀ] *m* kreuzungsfreier Verkehrsknoten; Verkehrskreuz *n*; *d'autoroutes* Autobahnkreuz *n*

échangisme [eʃɑ̃ʒism] *m* Partnertausch *m*

échangiste [-ist] *m* Tauschpartner *m*; Tauschende(r) *m*

échantillon [eʃɑ̃tijõ] *m* **1.** COMM (Waren)Probe *f*; (Waren)Muster *n*; Probestück *n* **2.** *fig* Kostprobe *f* **3.** STATISTIQUE Stichprobe *f*; repräsentative Auswahl; Sample *n*

échantillonnage [eʃɑ̃tijɔnaʒ] *m* **1.** COMM Musterkollektion *f*; *fig* Auswahl *f* **2.** STATISTIQUE Stichprobenerhebung *f*; Repräsentativbefragung *f*

échantillonner [eʃɑ̃tijɔne] *v/t* **1.** COMM Proben zusammenstellen, e-e Probe anfertigen (**qc** von etw) **2.** STATISTIQUE auswählen; e-e Auswahl treffen (von) **3.** TECH Proben *ou* e-e Probe entnehmen (+*dat*)

échappatoire [eʃapatwaʀ] *f* Ausflucht *f*; Ausrede *f*; *par ext* Ausweg *m*

échappe [eʃap] **touche** *f* **échappe** Escape-Taste *f*

échappé [eʃape] *adj* ⟨**~e**⟩ *animal* entlaufen; *oiseau* entflogen

échappée [eʃape] *f* **1.** CYCLISME Ausreißversuch *m* **2.** (*perspective*) (schmaler) Durchblick (**sur** auf + *acc*)

échappement [eʃapmɑ̃] *m* Auspuff *m*

échapper [eʃape] **I** *v/t* **l'échapper belle** noch einmal *ou* mit dem Schrecken davonkommen **II** *v/i* **1.** *personne* **échapper à qn** j-m entkommen, entwischen; **échapper à qc** e-r Sache (*dat*) entgehen, entrinnen **2.** *parole* entfahren, entschlüpfen, herausrutschen (**à qn** j-m); **laisser échapper** *cri, soupir* ausstoßen **3.** *nom* entfallen (sein) (**à qn** j-m) **4.** *faute, détail* entgehen (**à qn** j-m) **5.** *objet* **échapper des mains à qn** j-m aus den Händen gleiten; j-m entgleiten **III** *v/pr* **s'échapper 6.** (*s'évader*) entkommen; entlaufen (*a animal*); entfliehen; entspringen; entwischen; *oiseau* entfliegen **7.** *gaz, fumée* entweichen (**de** aus); ausströmen

écharde [eʃaʀd] *f* Splitter *m*; *südd* Spreißel *m*

écharpe [eʃaʀp] *f* **1.** (*cache-nez*) Schal *m*; Halstuch *n* **2.** *insigne* Schärpe *f* **3.** MÉD Schlinge *f*; (Arm)Binde *f*; *bras* **porter en écharpe** in der Schlinge tragen **4.** *véhicule* **prendre en écharpe** (seitlich) rammen

écharper [eʃaʀpe] *v/t* **1.** in Stücke reißen **2.** F *fig* **se faire écharper** F fertiggemacht werden

échasse [eʃas] *f* Stelze *f*

échassier [eʃasje] *m* Stelzvogel *m*

échauder [eʃode] *v/t* **1.** CUIS brühen; überbrühen **2.** *fig* **être échaudé** sich (*dat*) die Finger verbrennen

échauffement [eʃofmɑ̃] *m* **1.** Erwärmung *f*; *p/fort* Erhitzung *f*; TECH Heißlaufen *n* **2.** SPORTS Aufwärmen *n*

échauffer [eʃofe] **I** *v/t* erwärmen; *p/fort* erhitzen **II** *v/pr* **s'échauffer 1.** SPORTS sich aufwärmen; sich warm laufen **2.** *fig personne* sich ereifern; *esprits* sich erhitzen, erregen

échauffourée [eʃofuʀe] *f* Zusammenstoß *m*; Krawall *m*

échéance [eʃeɑ̃s] *f* **1.** COMM, JUR Fälligkeit *f*; Fälligkeitsdatum *n*, -termin *m* **2.** *paiement* fällige Zahlung **3.** **à brève, longue échéance** auf kurze, lange Sicht; kurz-, langfristig

échéancier [eʃeɑ̃sje] *m* Terminplan *m*

échéant [eʃeɑ̃] **le cas échéant** gegebenenfalls

▸ **échec** [eʃɛk] *m* **1.** Misserfolg *m*; Scheitern *n*; Fehlschlag *m*; *à un examen* Durchfallen *n*; **faire échec à** vereiteln; zum Scheitern bringen **2.** **échecs** *pl* Schach *n*; **jeu** *m* **d'échecs** Schachspiel *n*; *adjt* **échec et mat** schachmatt; *fig* **tenir qn en échec** j-n in Schach halten

échelle [eʃɛl] *f* **1.** Leiter *f*; **la grande échelle** die Feuerwehrleiter; **faire la courte échelle à qn** j-m hinaufhelfen **2.** (*graduation*) Skala *f* (*a fig*); **échelle des salaires** Lohnskala *f*, -tabelle *f* **3.** (*hiérarchie*) Rangordnung *f*; Stufenleiter *f* **4.** (*rapport*) Maßstab *m*; **à l'échelle de 1/10000** (**un dix-millième**) im Maßstab 1:10000 (eins zu zehntausend); *fig* **à l'échelle nationale** auf nationaler Ebene; *fig* **être à l'échelle de** entsprechen (+ *dat*); angemessen sein (+ *dat*); *fig* **sur une grande, vaste échelle** in großem Maßstab, Stil, Umfang

échelon [eʃlõ] *m* **1.** *d'une échelle* Sprosse *f* **2.** *fig* Stufe *f* **3.** ADM Rang(stufe) *m(f)*; Dienstgrad *m*

échelonnement [eʃlɔnmɑ̃] *m* Staffelung *f*; Verteilung *f*

échelonner [eʃlɔne] **I** *v/t* staffeln; verteilen (**sur un an** auf, über ein Jahr) **II** *v/pr* **s'échelonner** sich erstrecken (**sur** auf, über + *acc*)

écheveau [eʃvo] *m* ⟨**~x**⟩ **1.** *de laine, etc* Strang *m* **2.** *fig* Wirrwarr *m*

échevelé [eʃəvle] *adj* ⟨**~e**⟩ **1.** mit zerzaustem, fliegendem Haar **2.** *fig* wild; hemmungslos

échevin [eʃ(ə)vɛ̃] *m en Belgique* Beigeordnete(r) *m* des Bürgermeisters

échine [eʃin] *f* **1.** Rückgrat *n*; Wirbelsäule *f*; *fig* **plier l'échine** sich unterordnen; katzbuckeln **2.** **échine de porc** Schweinekamm *m*

échiner [eʃine] *v/pr* **s'échiner** sich abplagen, F abrackern (**à** + *inf* um zu + *inf*)

échiquier [eʃikje] *m* **1.** Schachbrett *n* **2.** *fig* Schauplatz *m*; Kräftespiel *n*

écho [eko] *m* Echo *n*, Widerhall *m* (*a fig*); *rubrique de journal* **échos** *pl* Spalte *f*, Seite *f* mit Gesellschaftsnachrichten, -klatsch; *proposition* **éveiller, trouver un vif écho** ein lebhaftes Echo, großen Anklang finden

échographie [ekografi] *f* Ultraschalluntersuchung *f*; Sonographie *f*

échoir [eʃwaʀ] ⟨*déf*: **il échoit**, **ils échoient**; **il échut**; **il échoira**; **échéant**; **échu**; **être** *od* **avoir**⟩ **I** *v/t/indir* **échoir à qn** j-m zufallen; *st/s* j-m anheimfallen **II** *v/i* dette fällig werden *ou* sein; *date* verfallen; ablaufen

échoppe [eʃɔp] *f* kleiner (Kram)Laden
échouage [eʃwaʒ] *m* MAR Stranden *n*; Auflaufen *n*
▸ échouer [eʃwe] *v/i* **1.** *personne, projet* scheitern; *projet a* fehlschlagen; misslingen; **échouer à un examen** in, bei e-r Prüfung durchfallen; durch e-e Prüfung fallen **2.** *bateau* ⟨*a v/pr* **s'échouer**⟩ stranden; auf Grund laufen; auflaufen **3.** *fig (arriver)* landen
échu [eʃy] *p/p* → **échoir**
écimer [esime] *v/t arbres* kappen; köpfen
éclabousser [eklabuse] *v/t* **1.** bespritzen; vollspritzen **2.** *fig* **éclabousser qn** den Ruf j-s schädigen
éclaboussure [eklabusyʀ] *f* **1.** Spritzer *m* **2.** *fig* Fleck *m* auf der weißen Weste
▸ éclair [eklɛʀ] *m* **1.** Blitz *m*; **il y a** *ou* **il fait un éclair, des éclairs** es blitzt; *fig* **en un éclair** blitzartig **2.** *fig* Aufblitzen *n*; Aufleuchten *n*; **éclair de génie** Geistesblitz *m* **3.** *adjt* ⟨*inv*⟩ Blitz...; **guerre** *f* **éclair** Blitzkrieg *m*; **visite** *f* **éclair** Blitzbesuch *m*; F Stippvisite *f* **4.** *gâteau* Eclair *n*; Liebesknochen *m*
éclairage [eklɛʀaʒ] *m* Beleuchtung *f*; **sous cet éclairage** in diesem Licht
éclairagiste [eklɛʀaʒist] *m* Beleuchtungstechniker *m*
éclairant [eklɛʀɑ̃] *adj* ⟨**-ante** [-ɑ̃t]⟩ leuchtend; Leucht...
éclaircie [eklɛʀsi] *f* **1.** MÉTÉO (Zwischen)Aufheiterung *f* **2.** *fig* Lichtblick *m*; Silberstreif(en) *m* am Horizont
éclaircir [eklɛʀsiʀ] **I** *v/t* **1.** *couleur* aufhellen **2.** *fig* (auf)klären; klarstellen; Licht, Klarheit bringen in (+ *acc*) **II** *v/pr* **s'éclaircir** *ciel* sich aufhellen, aufheitern; *temps* aufklaren; *couleur* sich aufhellen; heller werden; *cheveux, rangs* sich lichten; **s'éclaircir la voix** sich räuspern
éclaircissement [eklɛʀsismɑ̃] *m* Klarstellung *f*; (Auf)Klärung *f*; Aufschluss *m*
éclairé [eklɛʀe] *adj* ⟨**~e**⟩ **1.** be-, erleuchtet **2.** *fig* aufgeklärt; aufgeschlossen; ohne Vorurteile
éclairement [eklɛʀmɑ̃] *m* Beleuchtung *f*; Beleuchtungsstärke *f*
▸ éclairer [eklɛʀe] *v/t* **1.** **éclairer qc** etw beleuchten, erleuchten, erhellen; *abs lampe* **éclairer mal** ein schlechtes Licht geben **2.** **éclairer qn** j-m leuchten **3.** *fig* **éclairer qn** j-n aufklären, j-m Aufschluss geben (**sur** über + *acc*); **éclairer qc** etw aufklären, klarlegen, erhellen **II** *v/pr* **s'éclairer 4.** *pièce* hell werden; *fenêtre* sich erhellen; *fig visage* aufleuchten; sich erhellen **5.** *fig (devenir intelligible)* klar, verständlich werden
éclaireur [eklɛʀœʀ] *m* **1.** MIL Aufklärer *m*; Kundschafter *m*; *fig* **envoyer qn en éclaireur** (zur Erkundung) j-n vor(aus)schicken **2.** *(scout)* Pfadfinder *m*
éclaireuse [eklɛʀøz] *f* Pfadfinderin *f*
éclat [ekla] *m* **1.** *(fragment)* Splitter *m*; **éclat d'obus** Granatsplitter *m* **2.** **éclat de rire** lautes Auflachen; schallendes Gelächter; **des éclats de voix** heftige, erregte Stimmen *f/pl*; **rire aux éclats** schallend lachen **3.** *(scandale)* Skandal *m*; Eklat *m* **4.** *(luminosité)* Glanz *m* (*a fig*); *des couleurs* Leuchtkraft *f*; Pracht *f*; *fig* **coup** *m* **d'éclat** Glanzleistung *f*, -stück *n*; **sans éclat**

glanzlos, matt (*a fig*)
éclatant [eklatɑ̃] *adj* ⟨**-ante** [-ɑ̃t]⟩ **1.** *rire, voix* schallend; *bruit* durchdringend **2.** *(brillant)* strahlend; *couleur* leuchtend **3.** *fig succès, victoire* glänzend
éclatement [eklatmɑ̃] *m* **1.** Platzen *n*; Bersten *n* **2.** *fig* Aufspaltung *f*; Aufteilung *f*
▸ éclater [eklate] **I** *v/i* **1.** *pneu* platzen; *bombe* krepieren; *vitres* bersten; zersplittern; zerspringen **2.** *fig parti* sich aufspalten; *institution* aufgeteilt, aufgegliedert werden **3.** *coups de feu* knallen; krachen; *orage* losbrechen; sich entladen; *applaudissements* aufbranden; **éclater de rire** in Gelächter ausbrechen; laut auflachen **4.** *maladie, guerre* ausbrechen **5.** *(se manifester)* sich zeigen; zum Ausdruck kommen **II** *v/pr* F **s'éclater** sich austoben; P die Sau rauslassen
éclectique [eklɛktik] **I** *adj* **1.** PHILOS eklektisch **2.** *par ext personne, goûts* vielseitig **II** *m* PHILOS Eklektiker *m*
éclectisme [eklɛktism] *m* **1.** PHILOS Eklektizismus *m* **2.** *par ext* Vielseitigkeit *f*
éclipse [eklips] *f* **1.** **éclipse de Lune, de Soleil** Mond-, Sonnenfinsternis *f* **2.** *fig* (zeitweiliges) Verschwinden
éclipser [eklipse] **I** *v/t* **éclipser qn** j-n in den Schatten stellen **II** *v/pr* F **s'éclipser** verschwinden; F sich verdrücken
écliptique [ekliptik] *m* ASTR Ekliptik *f*
éclopé [eklɔpe] *adj* ⟨**~e**⟩ schlecht zu Fuß; gehbehindert; fußkrank
éclore [eklɔʀ] *v/i* ⟨*déf*: **il éclôt** *od* **éclot, ils éclosent**; **éclos**; **être** *od* **avoir**⟩ **1.** *poussin* ausschlüpfen; aus dem Ei schlüpfen **2.** *fleurs* aufblühen **3.** *fig* sich entfalten
éclosion [eklozjõ] *f* **1.** ZO Ausschlüpfen *n* **2.** BOT Aufblühen *n* **3.** *fig* Entfaltung *f*
écluse [eklyz] *f* Schleuse *f*
écluser [eklyze] *v/t* **1.** (durch)schleusen **2.** P *(boire)* P saufen
éclusier [eklyzje] *m*, **éclusière** [-jɛʀ] *f* Schleusenwärter(in) *m(f)*
éco [eko] *adj abr (économique)* F **sciences** *f/pl* **éco** Wirtschaftswissenschaften *f/pl*
écœurant [ekœʀɑ̃] *adj* ⟨**-ante** [-ɑ̃t]⟩ **1.** widerlich (*a fig*); ekelhaft; *(trop sucré)* widerlich süß **2.** *(décourageant)* entmutigend
écœurement [ekœʀmɑ̃] *m* Ekel *m*; Widerwille(n) *m* (*a fig*)
écœurer [ekœʀe] *v/t* **1.** anekeln; anwidern (*a fig*) **2.** *fig (démoraliser)* entmutigen
▸ école [ekɔl] *f* **1.** Schule *f* (*a coll*); *locaux a* Schulhaus *n*; **grande école** Elitehochschule *f*; → *Info nächste Seite*; **aller à l'école** in die, zur Schule gehen **2.** ÉQUITATION **'haute école** Hohe Schule **3.** *fig* Schule *f*; **être à bonne école** in e-r guten Schule sein (*a iron*); **faire école** Schule machen
▸ écolier [ekɔlje] *m*, **écolière** [ekɔljɛʀ] *f* Schüler(in) *m(f)*; *fig* **prendre le chemin des écoliers** Umwege machen
écolo [ekɔlo] F *abr (écologiste)* **I** *m,f* Grüne(r) *f(m)*; Umweltschützer(in) *m(f)* **II** *adj* der Grünen; Umwelt(schutz)...
▸ écologie [ekɔlɔʒi] *f* Ökologie *f*; *par ext* Umweltschutz *m*
▸ écologique [ekɔlɔʒik] *adj* ökologisch; Um-

Les grandes écoles

Grandes écoles ist eine nicht offizielle Sammelbezeichnung für die von den Universitäten unabhängigen öffentlichen und privaten Hochschulen. Es handelt sich um technische, landwirtschaftliche, militärtechnische, geisteswissenschaftliche, Verwaltungs- und Wirtschaftshochschulen. Der Zugang erfolgt über ein sehr anspruchsvolles Selektionsverfahren. Die meisten Studenten werden über eine Aufnahmeprüfung (**le concours**), eine geringere Anzahl aufgrund von Diplomen ausgewählt. Der Prüfung geht eine zweijährige Vorbereitung in den sogenannten **classes préparatoires** voraus, zu denen nur die besten Abiturienten zugelassen werden. Die Elitehochschulen bieten eine breit angelegte Ausbildung für angehende Führungskräfte in Wirtschaft, Industrie und Verwaltung (z. B. École polytechnique, École nationale d'administration (ENA), HEC usw.). Das System der grandes écoles begünstigt die Erhaltung einer überkommenen Sozialstruktur und eine gesellschaftliche Kastenbildung.

welt...; *par ext* Umweltschutz...
écologisme [ekɔlɔʒism] *m* Umweltbewegung *f*
▸ **écologiste** [ekɔlɔʒist] *m,f* Ökologe, -login *m,f*; *par ext* Umweltschützer(in) *m(f)*
e-commerce [ikɔmɛʀs] *m* E-Commerce *m*
écomusée *m* Freilichtmuseum *n*; Heimatmuseum *n*
éconduire [ekõdɥiʀ] *v/t* ⟨→ **conduire**⟩ abweisen; hinauskomplimentieren; *soupirant* e-n Korb geben (*qn* j-m)
économat [ekɔnɔma] *m* **1.** (Wirtschafts)Verwaltung *f* **2.** MIL heereseigene Verkaufsstelle
économe [ekɔnɔm] **I** *adj* sparsam; haushälterisch **II** *m,f* Wirtschaftsdirektor(in) *m(f)*; Verwalter(in) *m(f)*
▸ **économie** [ekɔnɔmi] *f* **1.** Wirtschaft *f*; *science* Wirtschaftswissenschaft *f*; **économie politique** Volkswirtschaft(slehre) *f*; Nationalökonomie *f*; **économie de marché** (freie) Marktwirtschaft **2.** (*contraire: gaspillage*) Sparsamkeit *f* **3.** *d'argent* ▸ **économies** *pl* Ersparnisse *f/pl*; Ersparte(s) *n* **4.** *de place*, *d'énergie, etc* Einsparung *f*; Ersparnis *f*; *fig* **faire des économies de bouts de chandelle** an lächerlichen Kleinigkeiten sparen
▸ **économique** [ekɔnɔmik] *adj* **1.** ÉCON Wirtschafts...; wirtschaftlich; ökonomisch **2.** *chauffage, voiture, etc* wirtschaftlich; sparsam (im Verbrauch); **classe** *f* **économique** Economyklasse *f*
économiquement [ekɔnɔmikmã] *adv* **1.** wirtschaftlich; ökonomisch; **les économiquement faibles** *m/pl* die sozial Schwachen *pl*

2. (*en dépensant peu*) sparsam; billig
▸ **économiser** [ekɔnɔmize] *v/t* **1.** *argent* (er)sparen; *énergie, etc* sparen; *matériel, personnel* einsparen; **économiser sur qc** an etw (*dat*) sparen **2.** *fig* (*ménager*) sparsam umgehen, haushalten mit
économiseur [ekɔnɔmizœʀ] *m* INFORM **économiseur d'écran** Bildschirmschoner *m*
économiste [ekɔnɔmist] *m,f* Wirtschaftswissenschaftler(in) *m(f)*, -experte *m*, -expertin *f*
écope [ekɔp] *f* MAR Wasserschöpfer *m*, -schaufel *f*
écoper [ekɔpe] *v/t* **1.** *bateau* leer schöpfen **2.** F **écoper** (**de**) *punition* F aufgebrummt kriegen
écorce [ekɔʀs] *f* **1.** BOT Rinde *f* **2.** *d'orange* Schale *f* **3.** **écorce terrestre** Erdrinde *f*, -kruste *f*
écorcer [ekɔʀse] *v/t* ⟨-ç-⟩ **1.** *arbre* entrinden **2.** *orange, riz* schälen
écorché [ekɔʀʃe] *m* **1.** **écorché vif** überempfindlicher Mensch; Mimose *f*; **sensibilité** *f* **d'écorché vif** mimosenhafte Empfindlichkeit **2.** PEINT, SCULP Muskelmann *m*
écorcher [ekɔʀʃe] **I** *v/t* **1.** (*dépiauter*) die Haut abziehen (+ *dat*); enthäuten **2.** *blesser* aufschürfen; *fig* **écorcher les oreilles** in den Ohren wehtun **3.** *mot* entstellen; falsch aussprechen **II** *v/pr* **s'écorcher** sich aufschürfen, aufscheuern
écorchure [ekɔʀʃyʀ] *f* Schürfwunde *f*; Schramme *f*
écorner [ekɔʀne] *v/t* die Ecken, Kanten abstoßen (*qc* an etw [*dat*])
écossais [ekɔsɛ] **I** *adj* ⟨-aise [-ɛz]⟩ schottisch; *fig* **douche écossaise** Wechselbad *n*; **jupe écossaise** Schottenrock *m*; (*tissu*) **écossais** *m* Schotten(stoff) *m* **II** **Écossais(e)** *m(f)* Schotte *m*, Schottin *f*
Écosse [ekɔs] **l'Écosse** *f* Schottland *n*
écosser [ekɔse] *v/t* aus-, enthülsen
écosystème [ekɔsistɛm] *m* Ökosystem *n*
écot [eko] *m* Anteil *m* (*an der Zeche*)
écotaxe [ekɔtaks] *f* Ökosteuer *f*
écoulement [ekulmã] *m* **1.** Abfluss *m*; Abfließen *n*; *fig des véhicules* Fluss *m* **2.** COMM Absatz *m*; Vertrieb *m*
écouler [ekule] **I** *v/t* *marchandises* absetzen; vertreiben; verkaufen **II** *v/pr* **s'écouler 1.** *liquide* abfließen; ab-, auslaufen **2.** *foule* sich verlaufen; strömen (**de** aus); *temps* vergehen; verrinnen; **l'année** *des* abgelaufene Jahr; **deux jours se sont écoulés** depuis cet incident ... sind zwei Tage vergangen **3.** *marchandises* Absatz finden; gehen
écourter [ekuʀte] *v/t* abkürzen
écoute [ekut] *f* RAD Hören *n*; TÉL Abhören *n*; **heure** *f* **de grande écoute** Hauptsendezeit *f*; **table** *f* **d'écoute** Abhörgerät *n*; **être à l'écoute de qn** j-m zuhören
▸ **écouter** [ekute] **I** *v/t* **1.** *qc* anhören; hören (*a abs*); *aux portes, etc* horchen (*abs ou auf* + *acc*); **écouter qn** j-m zuhören; j-m lauschen; **écouter un concert à la radio** sich (*dat*) ein Konzert im Radio anhören; **écouter la radio** Radio hören; → *Info bei* **hören 2.** *avec bienveillance* **écouter qn** j-n anhören; j-m Gehör schenken **3.** (*suivre*) **écouter qn, qc** auf j-n, etw hören; **n'écouter que son courage** nicht an die Ge-

fahr denken **II** *v/pr* **4. *s'écouter parler*** sich (selbst) gern reden hören **5. *s'écouter* (*trop*)** zu sehr auf s-e Gesundheit achten
écouteur [ekutœʀ] *m* TECH Hörer *m*
écoutille [ekutij] *f* MAR Luke *f*
écrabouillage [ekʀabujaʒ] F *m* Zerquetschen *n*
écrabouiller [-e] F *v/t* zerquetschen
▸ **écran** [ekʀɑ̃] *m* **1.** *de protection* Abschirmung *f*; (Sicht)Blende *f*; (Schutz)Wand *f*; *par ext* **écran total** Sonnencreme *f* mit höchstem Schutzfaktor **2.** CIN Leinwand *f*; **vedette *f* de l'écran** Filmstar *m*; **porter à l'écran** verfilmen **3.** TV, INFORM Bildschirm *m*; **le petit écran** das Fernsehen; **écran plat** Flachbildschirm *m*
écrasant [ekʀazɑ̃] *adj* 〈-ante [-ɑ̃t]〉 **1.** *poids* enorm; gewaltig **2.** *fig majorité* erdrückend; überwältigend; *défaite* vernichtend; *chaleur* drückend; **succès écrasant** überwältigender, durchschlagender Erfolg
écrasement [ekʀazmɑ̃] *m* **1.** Zerdrücken *n*; Zermalmen *n*; Zerquetschen *n* **2.** *fig d'une révolte* Niederschlagung *f*, -werfung *f*; *d'une armée* Vernichtung *f*; Zerschlagung *f*
▸ **écraser** [ekʀaze] **I** *v/t* **1.** zerdrücken; zerquetschen; zermalmen; *cigarette* ausdrücken; *accélérateur* ganz durchtreten; *ver* zertreten; *personne* überfahren; **se faire écraser par une voiture** von e-m Auto überfahren werden; F **rubrique *f* des chiens écrasés** vermischte (Lokal)Nachrichten *f/pl*; **nez écrasé** platt gedrückte Nase **2.** *fig révolte* niederschlagen, -werfen; MIL vernichten; zerschlagen; SPORTS vernichtend schlagen **3.** *fig* **écraser qn** *soucis* j-n drücken; *travail* j-n (fast) erdrücken; *responsabilité* schwer auf j-m lasten **4.** F **en écraser** F wie ein Sack schlafen **II** *v/pr* **s'écraser 5.** *fruits* zer-, aufplatzen; *avion* **s'écraser (au sol)** abstürzen; am Boden zerschellen; *voiture* **s'écraser contre un mur** gegen e-e Mauer prallen **6.** P (*s'effacer*) P die Schnauze halten; P **écrase!** P (halt die)Schnauze!
écraseur [ekʀazœʀ] *m* F Verkehrsrowdy *m*
écrémage [ekʀemaʒ] *m* Entrahmen *n*
écrémer [ekʀeme] *v/t* 〈-è-〉 **1.** *lait* entrahmen; **lait écrémé** Magermilch *f* **2.** *fig* (sich [*dat*]) das Beste nehmen (**qc** von etw)
écrémeuse [ekʀemøz] *f* Milchzentrifuge *f*; Entrahmer *m*
écrevisse [ekʀəvis] *f* (Fluss)Krebs *m*; *fig* **rouge comme une écrevisse** krebsrot
écrier [ekʀije] *v/pr* **s'écrier** ausrufen
écrin [ekʀɛ̃] *m* Schmuckkästchen *n*; Schatulle *f*
▸ **écrire** [ekʀiʀ] 〈**j'écris, il écrit, nous écrivons**; **j'écrivais**; **j'écrivis**; **j'écrirai**; **que j'écrive**; **écrivant**; **écrit**〉 **I** *v/t* schreiben; (*noter*) aufschreiben; **écrire qc à qn** j-m etw schreiben; an j-n etw schreiben **II** *v/pr* **s'écrire 1.** *mot* geschrieben werden **2.** *personnes* sich schreiben
écrit [ekʀi] **I** *p/p* → **écrire** *et adj* 〈-ite [-it]〉 **1.** schriftlich; geschrieben; *feuille* beschrieben; **langue écrite** Schriftsprache *f*; **écrit à la machine, à la main** maschine(n)-, handgeschrieben **2. *être écrit*** *dans un texte* stehen; BIBL geschrieben stehen; *fig* **c'était écrit** es musste so kommen **II** *m* **3.** *ouvrage* Schrift *f* **4.** *examen* schriftliche Prüfung; Schriftliche(s) *n*; **échouer à l'écrit** im Schriftlichen durchfallen

5. *par écrit* schriftlich; **mettre par écrit** niederschreiben
écriteau [ekʀito] *m* 〈~x〉 (Hinweis)Schild *n*
écritoire [ekʀitwaʀ] *f autrefois* Schreibzeug *n*, -garnitur *f*
▸ **écriture** [ekʀityʀ] *f* **1.** Schrift *f*; *action, à l'école* Schreiben *n* **2.** *de qn* (Hand)Schrift *f* **3.** COMM **écritures** *pl* Geschäftsbücher *n/pl* **4. *l'Écriture* (sainte)** *ou* **les (Saintes) Écritures** die (Heilige) Schrift
écrivailleur [ekʀivajœʀ] *m péj* Schreiberling *m*
▸ **écrivain** [ekʀivɛ̃] *m*, *parfois* **écrivaine** [-ɛn] *f* **1.** Schriftsteller(in) *m(f)*; Dichter(in) *m(f)*; **un grand écrivain** ein großer Schriftsteller, Dichter **2.** **écrivain public** öffentlicher Schreiber
écrou [ekʀu] *m* **1.** TECH (Schrauben)Mutter *f* **2.** JUR Inhaftierung *f*
écrouelles [ekʀuɛl] *f/pl* MÉD HIST Skrofeln *f/pl*
écrouer [ekʀue] *v/t* inhaftieren
écroulement [ekʀulmɑ̃] *m* **1.** Einsturz *m* **2.** *fig* Zusammenbruch *m*
écrouler [ekʀule] *v/pr* **s'écrouler 1.** einstürzen **2.** *fig* zusammenbrechen (*a personne*) **3.** F *fig* (*s'affaler*) sich fallen lassen (**dans** + *acc*)
écru [ekʀy] *adj* 〈~e〉 ungebleicht; naturfarben
ecstasy [ɛkstazi] *f* Ecstasy *f*
écu [eky] *m* **1.** HIST MIL Schild *m* **2.** HÉRALDIQUE (Wappen)Schild *m ou n* **3.** HIST *monnaie* Taler *m* **4.** FIN Ecu *m*
écueil [ekœj] *m* Riff *n*; Klippe *f* (*a fig*); *fig* **éviter un écueil** e-e Klippe umschiffen
écuelle [ekɥɛl] *f* Napf *m*
éculé [ekyle] *adj* 〈~e〉 **1.** *chaussures* abgelaufen; schief getreten **2.** *fig* abgedroschen
écume [ekym] *f* Schaum *m*; **sur les vagues a** Gischt *m ou f*
écuménique [ekymenik] *adj* ökumenisch
écumer [ekyme] **I** *v/t* **1.** den Schaum abschöpfen (**qc** von etw) **2.** *fig* ausrauben; plündern **II** *v/i* **3.** schäumen **4.** *fig* **écumer (de rage)** vor Wut schäumen
écumeux [ekymø] *adj* 〈-euse [-øz]〉 schaumbedeckt; schäumend
écumoire [ekymwaʀ] *f* Schaumlöffel *m*
écureuil [ekyʀœj] *m* Eichhörnchen *n*
écurie [ekyʀi] *f* **1.** (Pferde)Stall *m* **2.** SPORTS Rennstall *m* **3.** *fig* (*lieu sale*) Schweinestall *m*
écusson [ekysõ] *m* Schild *n*; Abzeichen *n*; *österr* Wapperl *n*
écuyer [ekɥije] *m*, **écuyère** [-ɛʀ] *f* Kunstreiter(in) *m(f)*
eczéma [ɛgzema] *m* Ekzem *n*
eczémateux [ɛgzematø] *adj* 〈-euse [-øz]〉 ekzematös; ekzemartig
edelweiss [edɛlvɛs] *m* Edelweiß *n*
éden [edɛn] *m fig* Paradies *n*
édenté [edɑ̃te] *adj* 〈~e〉 zahnlos; *peigne* mit abgebrochenen Zähnen
EDF [ədeɛf] *f abr* (*Électricité de France*) staatliche *frz* Elektrizitätsgesellschaft
édicter [edikte] *v/t* verordnen
édifiant [edifjɑ̃] *adj* 〈-ante [-ɑ̃t]〉 erbaulich
édification [edifikasjõ] *f* **1.** (*construction*) Errichtung *f* (*a fig*); Erbauung *f*; Bau *m* **2.** *des fidèles* Erbauung *f*; (*instruction*) Belehrung *f*
édifice [edifis] *m* Gebäude *n* (*a fig*); Bauwerk *n*; Bau *m*
édifier [edifje] *v/t* **1.** (*construire*) erbauen; er-

richten; erstellen **2.** *fig empire, etc* errichten; schaffen; *théorie* aufstellen **3.** *fidèles* erbauen **4.** *iron (instruire)* belehren; aufklären

édit [edi] *m* HIST Edikt *n*

éditer [edite] *v/t* herausgeben; verlegen; herausbringen (*a disque*)

éditeur [editœʀ], **éditrice** [-tʀis] **1.** *m,f* Verleger(in) *m(f)*; Herausgeber(in) *m(f)*; Verlag *m* **2.** *m* INFORM Editor *m*

édition [edisjõ] *f* **1.** *œuvre* Ausgabe *f*; Edition *f*; *action* Herausgabe *f* (*a de disques*); *d'un journal* **édition spéciale** Extrablatt *n*; Sonderausgabe *f*; **maison** *f* **d'édition** Verlag *m*; **les éditions X** der Verlag X; **travailler dans l'édition** im Verlagswesen tätig sein **2.** (*tirage*) Auflage *f*; **nouvelle édition** Neuauflage *f* (*a fig*)

éditorial [editɔʀjal] *m* ⟨**-aux** [-o]⟩ Leitartikel *m*

éditorialiste [-ist] *m* Leitartikler *m*

édredon [edʀədõ] *m* Daunendecke *f*; Federbett *n*; Plumeau *n*

éducable [edykabl] *adj* erziehungsfähig; erziehbar

éducateur [edykatœʀ], **éducatrice** [-tʀis] **I** *m,f* Erzieher(in) *m(f)* **II** *adj* erzieherisch

éducatif [edykatif] *adj* ⟨**-ive** [-iv]⟩ erzieherisch; pädagogisch (wertvoll); Lern…

▸ **éducation** [edykasjõ] *f* **1.** Erziehung *f*; Bildung *f*; ▸ **éducation physique** Sportunterricht *m*; Turnen *n*; Leibeserziehung *f*; **éducation sexuelle** Sexualerziehung *f*, -kunde *f*; **ministère** *m* **de l'Éducation nationale** Erziehungs-, Kultusministerium *n*; **avoir de l'éducation** gut erzogen sein; **ne pas avoir d'éducation** kein (gutes) Benehmen, keine Bildung haben; schlecht erzogen sein **2.** *d'une faculté* Schulung *f*; Ausbildung *f*

édulcorant [edylkɔʀã] *m* Süßstoff *m*

édulcorer [-e] *v/t* mildern; abschwächen

éduquer [edyke] *v/t* erziehen; bilden

effaçable [efasabl] *adj* (aus)löschbar

effacé [efase] *adj* ⟨**~e**⟩ *personne* unauffällig; unscheinbar

effacement [efasmã] *m* **1.** *d'un enregistrement* Löschung *f* **2.** *d'une personne* (bescheidene) Zurückhaltung

▸ **effacer** [efase] ⟨**-ç-**⟩ **I** *v/t* **1.** *chose écrite* (aus)löschen; aus-, wegwischen; *tableau* abwischen; (*gommer*) aus-, wegradieren; *traces* verwischen; *enregistrement* löschen **2.** *fig souvenir* (aus)löschen **3.** *épaules* zurücknehmen **II** *v/pr* **s'effacer 4.** (*disparaître*) verblassen (*a fig souvenir*) **5.** *personne* zur Seite treten; *fig* zurückstehen (**devant qn** hinter j-m); sich (bescheiden) zurückhalten

effaceur [efasœʀ] *m* Tintenkiller *m*

effarant [efaʀã] *adj* ⟨**-ante** [-ãt]⟩ erschreckend; bestürzend; *prix* horrend

effaré [efaʀe] *adj* ⟨**~e**⟩ fassungslos; bestürzt

effarement [-mã] *m* Bestürzung *f*; Betroffenheit *f*

effarer [-e] *v/t* bestürzen

effarouchement [efaʀuʃmã] *m* Verschüchterung *f*

effaroucher [efaʀuʃe] *v/t* **1.** *animal* verscheuchen **2.** *fig* ein-, verschüchtern; erschrecken

effectif [efɛktif] **I** *adj* ⟨**-ive** [-iv]⟩ wirklich; tatsächlich (vorhanden); effektiv **II** *m ou* **effectifs** *pl* Personalbestand *m*; *d'une classe* Stärke

f; MIL Truppenstärke *f*

effectivement [efɛktivmã] *adv* tatsächlich; in der Tat

effectuer [efɛktɥe] **I** *v/t* aus-, durchführen; vornehmen; *paiements* leisten; *achats* tätigen **II** *v/pr* **s'effectuer** erfolgen; sich vollziehen; vor sich gehen

efféminé [efemine] *adj* ⟨**~e**⟩ *péj* weibisch; unmännlich; weichlich

effervescence [efɛʀvesãs] *f* **1.** CHIM Aufbrausen *n*, -wallen *n* **2.** *fig* **en effervescence** in Aufruhr, Wallung

effervescent [efɛʀvesã] *adj* ⟨**-ente** [-ãt]⟩ Brause…; **comprimé effervescent** Brausetablette *f*

▸ **effet** [efɛ] *m* **1.** Wirkung *f*; Effekt *m*; **effet de serre** Treibhauseffekt *m*; **à cet effet** zu diesem Zweck; **en effet** (*car*) nämlich; (*effectivement*) in der Tat; allerdings; **sans effet** wirkungslos; **sous l'effet de** unter der Wirkung von (*ou* + *gén*); **avoir pour effet** zur Folge haben; **faire l'effet de** den Eindruck (+ *gén*) machen; wirken wie; *médicament* **faire son effet** s-e Wirkung tun; wirken; **faire (un) bon, mauvais effet** e-n guten, schlechten Eindruck machen (**sur** auf + *acc*); **faire de l'effet** wirken (**à qn** auf j-n); beeindrucken (j-n); JUR **prendre effet** in Kraft treten; wirksam werden **2.** COMM Wertpapier *n*; Wechsel *m*

effeuillage [efœjaʒ] *m* **1.** AGR Abblatten *n*; Entlauben *n* **2.** *fig* Striptease *m ou n*

effeuillaison [efœjezõ] *f* Laubfall *m*; Abfallen *n* der Blätter

effeuiller [efœje] *v/t* entblättern; *fleur* die Blütenblätter auszupfen (+ *gén*)

effeuilleuse [efœjøz] *f* F Stripperin *f*

▸ **efficace** [efikas] *adj* wirksam; effektiv; effizient; *aide* tatkräftig; *personne* (leistungs)fähig; tüchtig

efficacement [-mã] *adv* wirksam; wirkungsvoll; *aider* tatkräftig; *intervenir* erfolgreich

efficacité [-ite] *f* Wirksamkeit *f*; Effektivität *f*; (*rendement*) Effizienz *f*; *d'une personne* (Leistungs)Fähigkeit *f*; Tüchtigkeit *f*

efficience [efisjãs] *f* Effizienz *f*

efficient [-ã] *adj* ⟨**-ente** [-ãt]⟩ effizient

effigie [efiʒi] *f* Bild(nis) *n*; *sur une monnaie* Kopfbild(nis) *n*; *pièce* **à l'effigie de** mit dem Bildnis (+*gén*)

effilé [efile] *adj* ⟨**~e**⟩ schmal; dünn; spitz (zulaufend)

effiler [efile] **I** *v/t* *bord d'un tissu* Fäden auszupfen, ausziehen (*qc* aus etw); *cheveux* effilieren; gleichmäßig ausdünnen **II** *v/pr* **s'effiler 1.** *tissu* (aus)fransen; *fil de laine* sich auflösen; sich spalten **2.** *objet* spitz zulaufen; sich verjüngen

effiloche [efilɔʃ] *f* TEXT Flockseide *f*

effilocher [efilɔʃe] *v/pr* **s'effilocher** ausfasern; ausfransen

efflanqué [eflãke] *adj* ⟨**~e**⟩ dürr; mager; ausgemergelt

effleurage [eflœʀaʒ] *m* MÉD Streichmassage *f*

effleurement [-mã] *m* Streifen *n*; leichte Berührung

effleurer [eflœʀe] *v/t* **1.** streifen (*a fig problème*); flüchtig berühren **2.** *idée* **effleurer qn** j-m in den Sinn kommen

efflorescent [eflɔʀesã] *adj* ⟨**-ente** [-ãt]⟩ **1.**

CHIM, MINÉR ausblühend; auswitternd **2.** *litt et fig* aufblühend

effluent [eflyã] *m* **effluent urbain** städtische Abwässer *n/pl*

effluves [eflyv] *m/pl* Duft *m*; Düfte *m/pl*

effondrement [efõdRəmã] *m* **1.** (*écroulement*) Einsturz *m* **2.** *fig* Zusammenbruch *m*; **effondrement des prix** Preissturz *m*, -einbruch *m* **3.** GÉOL (Ein)Bruch *m*

effondrer [efõdRe] *v/pr* **s'effondrer 1.** einstürzen; *pont, tribune a* zusammenbrechen; *maison a* einfallen **2.** *fig empire, prix* zusammenbrechen; (rasch) zerfallen; *espoirs* sich zerschlagen **3.** *fig personne* zusammenbrechen; **effondré** gebrochen; völlig niedergeschlagen

▸ **efforcer** [efɔRse] *v/pr* ⟨**-ç-**⟩ **s'efforcer** sich bemühen, sich anstrengen (**de** + *inf* zu + *inf*)

▸ **effort** [efɔR] *m* **1.** Anstrengung *f*; Bemühung *f*; Mühe *f*; Anspannung *f*; **sans effort** mühelos; **faire un effort** a) sich anstrengen; *es versuchen*; b) F *financier* große Summen (aus)geben **2.** TECH Beanspruchung *f*

effraction [efRaksjõ] *f* Einbruch *m*; **vol** *m* **avec effraction** Einbruch(s)diebstahl *m*

effraie [efRɛ] *f* Schleiereule *f*

effranger [efRãʒe] *v/t* ⟨**-ge-**⟩ ausfransen

effrayant [efRɛjã] *adj* ⟨**-ante** [-ãt]⟩ schrecklich (*a* F *chaleur, etc*); erschreckend

effrayer [efRɛje] ⟨**-ay-** *od* **-ai-**⟩ **I** *v/t* erschrecken **II** *v/pr* **s'effrayer** (sich) erschrecken

effréné [efRene] *adj* ⟨**~e**⟩ zügellos; hemmungslos; wild; unbändig

effritement [efRitmã] *m* **1.** *des roches* Verwitterung *f*; Ab-, Zerbröckeln *n* **2.** *fig* Zerfall *m*; Auflösung *f*; *des cours de la Bourse* Abbröckeln *n*

effriter [efRite] *v/pr* **s'effriter 1.** zerbröckeln; *roche a* verwittern **2.** *fig* zerfallen; sich auflösen; *cours* abbröckeln

effroi [efRwa] *st/s m* Entsetzen *n*

effronté [efRõte] *adj* ⟨**~e**⟩ frech; unverschämt; unverfroren; dreist

effronterie [efRõtRi] *f* Frechheit *f*; Dreistigkeit *f*; Unverschämtheit *f*

effroyable [efRwajabl] *adj* entsetzlich; fürchterlich; grauenhaft

effroyablement [efRwajabləmã] *adv* → **effroyable**

effusion [efyzjõ] *f* **1.** **effusion de sang** Blutvergießen *n* **2.** (Gefühls)Überschwang *m*; **avec effusion** überschwänglich

égailler [egaje] *v/pr* **s'égailler** sich zerstreuen

▸ **égal** [egal] **I** *adj* ⟨**~e**; **-aux** [-o]⟩ **1.** gleich; **à parts égales** zu gleichen Teilen; **être égal à qc** e-r Sache (*dat*) gleich sein **2.** (*constant*) gleichmäßig; *humeur* gleichbleibend; **il est toujours égal à lui-même** er bleibt sich (*dat*) immer gleich **3.** *terrain* flach; eben **4.** (*indifférent*) gleich(gültig); egal; **cela m'est égal** das ist mir gleich(gültig), egal, einerlei **5.** GÉOMÉTRIE deckungsgleich; kongruent **II** *subst* ⟨*m/pl* **-aux** [-o]⟩ **être l'égal de qn** j-m gleich, ebenbürtig sein; **à l'égal de** ⟨*inv*⟩ ebenso (sehr) wie; **traiter qn d'égal à égal** ⟨*inv*⟩ j-n wie seinesgleichen behandeln; **sans égal** ohnegleichen; **être sans égal** nicht seinesgleichen haben

égalable [egalabl] *adj* **difficilement égalable**

dem *ou* der schwer gleichzukommen ist

▸ **également** [egalmã] *adv* **1.** (*d'une manière égale*) gleichermaßen; in gleicher Weise **2.** (*aussi*) ebenfalls; gleichfalls

égaler [egale] *v/t* **1.** **égaler qc, qn** e-r Sache, j-m gleichkommen **2.** MATH **3 plus 3 égale**(*nt*) **6** 3 und *ou* plus 3 ist 6 **3.** *record* einstellen; egalisieren

égalisateur [egalizatœR] *adj* ⟨**-trice** [-tRis]⟩ ausgleichend; Ausgleichs…

égalisation [-sjõ] *f* Ausgleich *m* (*a* SPORTS); Angleichung *f*

égaliser [egalize] **I** *v/t* ausgleichen; (einander) angleichen; *sol* (ein)ebnen; *cheveux* gleich lang schneiden **II** *v/i* SPORTS ausgleichen; den Ausgleich erzielen; egalisieren

égalitaire [egalitɛR] *adj* egalitär

égalitarisme [egalitaRism] *m* Egalitarismus *m*

▸ **égalité** [egalite] *f* **1.** Gleichheit *f*; **égalité des chances** Chancengleichheit *f*; **égalité des droits** Gleichberechtigung *f*; SPORTS **être à égalité** gleichstehen; punktgleich stehen; **être sur un pied d'égalité avec qn** j-m gleich, ebenbürtig sein **2.** (*constance*) Gleichmäßigkeit *f*; **égalité d'humeur** Ausgeglichenheit *f* **3.** TENNIS Einstand *m* **4.** GÉOMÉTRIE Deckungsgleichheit *f*; Kongruenz *f*

égard [egaR] *m* **1.** **égards** *pl* Rücksicht(nahme) *f*; Aufmerksamkeit *f* **2.** **à cet égard** in dieser Hinsicht, Beziehung; diesbezüglich; **à tous égards** in jeder Hinsicht, Beziehung; **à l'égard de** gegenüber (**qn** j-m); zu (**qn** j-m); **eu égard à** im Hinblick auf (+ *acc*); mit Rücksicht auf (+ *acc*); in Anbetracht (+ *gén*); **par égard pour** mit Rücksicht auf (+ *acc*)

égaré [egaRe] *adj* ⟨**~e**⟩ **1.** (*perdu*) verirrt **2.** (*fou*) verwirrt; verstört; irr(e)

égarement [egaRmã] *m* **1.** *litt* **égarements** *pl* Verirrungen *f/pl* **2.** (*folie*) geistige Verwirrung, Umnachtung *f*

égarer [egaRe] **I** *v/t* **1.** *objets* verlegen; *personne* irreführen (*a fig*) **2.** *esprit* verwirren; trüben **II** *v/pr* **s'égarer 3.** *personnes* sich verirren; sich verlaufen (*a animal*); *en voiture* sich verfahren; *objets* abhandenkommen **4.** *orateur* vom Thema abkommen

égayer [egeje] *v/t* ⟨**-ay-** *od* **-ai-**⟩ **1.** *public* erheitern **2.** *lieu* freundlich gestalten; beleben; *récit* auflockern

Égée [eʒe] **la mer Égée** das Ägäische Meer; die Ägäis

égérie [eʒeRi] *f* Muse *f* (*fig*)

égide [eʒid] *f* **sous l'égide de** unter der Ägide, Schirmherrschaft von (*ou* + *gén*)

églantier [eglãtje] *m* wilder Rosenstrauch

églantine [-in] *f* Heckenrose *f*

églefin [egləfẽ] *m* Schellfisch *m*

▸ **église** [egliz] *f* **1.** *édifice* Kirche *f*; **se marier à l'église** sich kirchlich trauen lassen **2.** *institution* **Église** Kirche *f*; **l'Église catholique, l'Église protestante** die katholische, die protestantische *ou* en Allemagne plutôt evangelische Kirche

ego [ego] *m* ⟨*inv*⟩ Ego *n*; Ich *n*

égocentrique [egɔsãtRik] *adj* egozentrisch; ichbezogen

égocentrisme [-ism] *m* Egozentrik *f*; Ichbezogenheit *f*

E

égoïsme [egɔism] *m* Egoismus *m*; Selbstsucht *f*
▸ **égoïste** [egɔist] **I** *adj* egoistisch; selbstsüchtig
II *m,f* Egoist(in) *m(f)*
égorger [egɔʀʒe] *v/t* ⟨**-ge-**⟩ **égorger qn** j-m die Kehle durchschneiden
égorgeur [egɔʀʒœʀ] *m* Mörder *m*
égosiller [egozije] *v/pr* **s'égosiller** sich heiser schreien
égotisme [egɔtism] *m* Egotismus *m*
égout [egu] *m* (Abwasser)Kanal *m*; **égouts** *pl* Kanalisation *f*
égoutier [egutje] *m* Kanalreiniger *m*, -räumer *m*
égoutter [egute] **I** *v/t* abtropfen lassen **II** *v/pr* **s'égoutter** abtropfen
égouttoir [-waʀ] *m* Abtropfgestell *n*
égratigner [egʀatiɲe] **I** *v/t* **1.** *peau* zer-, aufkratzen; aufritzen; *meuble* zerkratzen **2.** *fig (critiquer)* aufs Korn nehmen **II** *v/pr* **s'égratigner** sich auf-, zerkratzen
égratignure [egʀatiɲyʀ] *f* Kratzwunde *f*; Kratzer *m*; Schramme *f*
égrener [egʀəne] ⟨**-è-**⟩ **I** *v/t* **1.** *épi* entkörnen; *raisins, groseilles* abbeeren **2.** *fig* **égrener son chapelet** den Rosenkranz herbeten **II** *v/pr* **s'égrener 3.** *blé* ausfallen **4.** *fig notes* hintereinander ertönen
égrillard [egʀijaʀ] *adj* ⟨**-arde** [-aʀd]⟩ frech; gewagt; schlüpfrig
Égypte [eʒipt] **l'Égypte** *f* Ägypten *n*
égyptien [eʒipsjɛ̃] **I** *adj* ⟨**-ienne** [-jɛn]⟩ ägyptisch **II 1.** **Égyptien(ne)** *m(f)* Ägypter(in) *m(f)* **2.** LING **l'égyptien** *m* das Ägyptische; Ägyptisch *n*
égyptologie [eʒiptɔlɔʒi] *f* Ägyptologie *f*
égyptologue [-lɔg] *m,f* Ägyptologe *m*, -login *f*
eh [e] *int appel* he!; heda!; hallo!; *étonnement* ach!; ah!; ▸ **eh bien!** nun!; na!
éhonté [eɔte] *adj* ⟨**~e**⟩ schamlos; unverschämt

La tour Eiffel

Der Eiffelturm, auf Französisch **la tour Eiffel** [ɛfɛl], ist das Wahrzeichen von Paris. Er wurde nach einem Entwurf des Ingenieurs **Gustave Eiffel** für die Weltausstellung 1889 in Paris errichtet. Die drei Plattformen des 320 m hohen Turms sind täglich für die Besucher geöffnet.
Lohnenswert ist übrigens auch der Besuch des 210 m hohen **tour Montparnasse**. In dem am Bahnhof **Montparnasse** gelegenen Büro- und Geschäftshaus gibt es eine Aussichtsplattform und ein Panoramarestaurant, von denen man ebenfalls einen schönen Blick über Paris hat.

éjaculation [eʒakylasjɔ̃] *f* Ejakulation *f*; Samenerguss *m*
éjaculer [-e] *v/i* ejakulieren
éjectable [eʒɛktabl] *adj* **siège** *m* **éjectable** Schleudersitz *m*

éjecter [eʒɛkte] *v/t* **1.** auswerfen; ausstoßen; **être éjecté** (**de la voiture**) (aus dem Auto) herausgeschleudert werden **2.** F *fig* **éjecter qn** j-n hinauswerfen, F rausschmeißen
éjection [eʒɛksjɔ̃] *f* TECH Ausstoß(en) *m(n)*; Auswerfen *n*; *d'un pilote* Herausschleudern *n*
élaboration [elabɔʀasjɔ̃] *f* **1.** Ausarbeitung *f* **2.** BIOL Bildung *f*
élaborer [elabɔʀe] *v/t* **1.** *projet, etc* ausarbeiten; erarbeiten; erstellen **2.** BIOL *bile, etc* bilden
élagage [elagaʒ] *m* **1.** *d'arbres* Auslichten *n*, -schneiden *n* **2.** *fig* Kürzung *f*; Streichung *f*
élaguer [elage] *v/t* **1.** *arbre* ausschneiden; auslichten **2.** *fig texte* kürzen
élan[1] [elɑ̃] *m* **1.** Schwung *m*; SPORTS Anlauf *m*; **prendre son élan** (e-n) Anlauf nehmen *ou* Schwung holen **2.** *fig* Schwung *m*; Elan *m*; **élan de générosité** Anwandlung *f* von Großzügigkeit
élan[2] *m* ZO Elch *m*
élancé [elɑ̃se] *adj* ⟨**~e**⟩ schlank; hoch aufgeschossen
élancement [elɑ̃smɑ̃] *m* stechender Schmerz
élancer [elɑ̃se] ⟨**-ç-**⟩ **I** *v/i* MÉD heftig stechen **II** *v/pr* **s'élancer** sich stürzen (**sur** auf + *acc*); los-, hervorstürzen
élargir [elaʀʒiʀ] **I** *v/t* **1.** *rue* verbreitern; *ouverture* erweitern **2.** *fig* erweitern; *débat* ausweiten **II** *v/pr* **s'élargir** *fleuve, rue* sich verbreitern; *vêtements* sich ausweiten; weiter werden
élargissement [elaʀʒismɑ̃] *m* Verbreiterung *f*; Erweiterung *f* (*a fig*)
élasticité [elastisite] *f* Elastizität *f* (*a fig*)
élastique [elastik] **I** *adj* elastisch; dehnbar; *fig a* flexibel; *démarche a* federnd; geschmeidig **II** *m* **1.** *ruban* Gummi *n*; Gummiband *n*; *dans un vêtement* Gummizug *m* **2.** *tissu* Elastik *n*
élastomères [elastɔmɛʀ] *m/pl* CHIM Elastomere *n/pl*; Elaste *m/pl*
Elbe [ɛlb] **1.** *fleuve* **l'Elbe** *f* die Elbe **2.** **l'île** *f* **d'Elbe** Elba *n*
eldorado [ɛldɔʀado] *m* Eldorado *n*
▸ **électeur** [elɛktœʀ] *m*, **électrice** [elɛktʀis] *f* **1.** Wähler(in) *m(f)* **2.** HIST **Électeur** Kurfürst *m*
électif [elɛktif] *adj* ⟨**-ive** [-iv]⟩ Wahl…; durch Wahl (bestimmt); *fonction* durch Wahl zu vergeben(d)
▸ **élection** [elɛksjɔ̃] *f* **1.** POL Wahl *f*; **élections municipales** Kommunalwahlen *f/pl* **2.** **d'élection** auserwählt (*a* REL); s-r Wahl
électoral [elɛktɔʀal] *adj* ⟨**~e**; **-aux** [-o]⟩ Wahl…; **campagne électorale** Wahlkampf *m*; **liste électorale** Wählerliste *f*; **manœuvres électorales** Wahlmanöver *n/pl*
électoralisme [elɛktɔʀalism] *m* Wahltaktik *f*, -propaganda *f*
électoraliste [-ist] *adj* wahltaktisch
électorat [elɛktɔʀa] *m* Wählerschaft *f*; Wähler *m/pl*; **électorat de gauche** Linkswähler *m/pl*
▸ **électricien** [elɛktʀisjɛ̃] *m* Elektriker *m*; Elektroinstallateur *m*; *adj* **ingénieur électricien** Elektroingenieur *m*
▸ **électricité** [elɛktʀisite] *f* Elektrizität *f*; elektrischer Strom; **couper l'électricité** den Strom abschalten; **faire installer, poser l'électricité** elektrische Leitungen legen lassen; F *fig* **il y a de l'électricité dans l'air** F hier ist dicke Luft
électrification [elɛktʀifikasjɔ̃] *f* Elektrifizie-

rung *f*
électrifier [-fje] *v/t* elektrifizieren
▸ **électrique** [elɛktʀik] *adj* **1.** elektrisch; **appareil** *m* **électrique** Elektrogerät *n* **2.** *fig atmosphère* geladen
électriquement [elɛktʀikmã] *adv* elektrisch
électrisation [elɛktʀizasjõ] *f* Elektrisierung *f*; Ladung *f*
électriser [-e] *v/t* elektrisieren (*a fig*)
électrocardiogramme [elɛktʀokaʀdjɔgʀam] *m* Elektrokardiogramm *n* (*abr* EKG)
électrochoc [elɛktʀoʃɔk] *m* Elektroschock *m*
électrocuté [elɛktʀokyte] *m* Starkstromverletzte(r) *m*; j, der e-n (tödlichen) elektrischen Schlag bekommen hat
électrocuter [-e] **I** *v/t* durch elektrischen Strom töten **II** *v/pr* **s'électrocuter** e-n (tödlichen) elektrischen Schlag bekommen
électrocution [elɛktʀokysjõ] *f* tödlicher elektrischer Schlag
électrode [elɛktʀod] *f* Elektrode *f*
électro-encéphalogramme [elɛktʀoãsefalogʀam] *m* Elektroenzephalogramm *n*
électrogène [elɛktʀoʒen] *adj* Strom erzeugend; **groupe** *m* **électrogène** Stromaggregat *n*
électrolyse [elɛktʀoliz] *f* Elektrolyse *f*
électrolyte [-lit] *m* Elektrolyt *m*
électromagnétique *adj* elektromagnetisch
électromagnétisme *m* Elektromagnetismus *m*
électromécanicien [elɛktʀomekanisjẽ] *m* Elektromechaniker *m*
électromécanique [-ik] **I** *f* Elektromechanik *f* **II** *adj* elektromechanisch
électroménager [elɛktʀomenaʒe] *adj* **appareils** *m/pl* **électroménagers** elektrische Haushaltsgeräte *n/pl*
électromoteur [elɛktʀomɔtœʀ] *adj* ⟨**-trice** [-tʀis]⟩ elektromotorisch
électron [elɛktʀõ] *m* Elektron *n*
électronicien [elɛktʀonisjẽ] *m*, **électronicienne** [-jen] *f* Elektroniker(in) *m(f)*
électronique [elɛktʀonik] **I** *adj* elektronisch; Elektronen…; **adresse** *f* **électronique** E-Mail-Adresse *f*; **commerce** *m* **électronique** Electronic Commerce *m* **II** *f* Elektronik *f*
électrophone [elɛktʀofɔn] *m* Plattenspieler *m*
électrostatique [elɛktʀostatik] **I** *adj* elektrostatisch **II** *f* Elektrostatik *f*
électrotechnicien [elɛktʀotɛknisjẽ] *m* Elektrotechniker *m*
électrotechnique [-ik] **I** *adj* elektrotechnisch **II** *f* Elektrotechnik *f*
élégamment [elegamã] *adv* elegant
élégance [elegãs] *f* **1.** Eleganz *f* **2.** *par ext* Takt *m*
▸ **élégant** [elegã] *adj* ⟨**-ante** [-ãt]⟩ elegant
élégie [eleʒi] *f* Elegie *f*
élément [elemã] *m* **1.** Element *n* (*a* CHIM); Teil *m ou n*; Bestandteil *m*; Einzelteil *n*; (*détail*) Einzelheit *f*; *d'un meuble* Anbauteil *m ou n* **2.** **éléments** *pl* (*rudiments*) Elemente *n/pl*; Grundzüge *m/pl*; Anfangsgründe *m/pl* **3.** **éléments** *pl* (*individus*) Elemente *n/pl* (*souvent péj*); Kräfte *f/pl* **4.** **éléments** *pl* (*forces naturelles*) Elemente *n/pl*; Naturgewalten *f/pl* **5.** (*milieu*) (Lebens)Element *n*; **être dans son élément** in s-m Element sein
élémentaire [elemãtɛʀ] *adj* elementar; grund-

legend; Elementar…; Grund…; Anfangs…; **précaution** *f* **élémentaire** einfach(st)e Vorsichtsmaßnahme
éléphant [elefã] *m* Elefant *m*; *fig* **avoir une mémoire d'éléphant** ein phänomenales Gedächtnis haben
éléphante [elefãt] *f* Elefantenkuh *f*
éléphanteau [-o] *m* ⟨**~x**⟩ junger Elefant
éléphantesque [-esk] *adj* ungeheuer; riesig; mächtig
▸ **élevage** [elvaʒ] *m* (Auf)Zucht *f*; Züchtung *f*; *abs* Viehzucht *f*; **élevage en batterie** Batteriehaltung *f*
élévateur [elevatœʀ] *adj* ⟨**-trice** [-tʀis]⟩ Hebe…; **chariot élévateur** Gabelstapler *m*
élévation [elevasjõ] *f* **1.** *mouvement* (An)Heben *n* **2.** *fig de l'âme, à un rang* Erhebung *f* (**à** in + *acc*) **3.** *de la température, etc* Erhöhung *f*; Anstieg *m* **4.** *de terrain* (Boden)Erhebung *f*; Anhöhe *f* **5.** (*noblesse*) Erhabenheit *f*
▸ **élève** [elɛv] *m,f* Schüler(in) *m(f)*
élevé [elve] *adj* ⟨**~e**⟩ **1.** (*haut*) hoch **2.** (*noble*) erhaben; edel **3.** **bien élevé** wohlerzogen; gut erzogen; **mal élevé** schlecht erzogen; ungezogen
▸ **élever** [elve] ⟨**-è-**⟩ **I** *v/t* **1.** *mur, monument* errichten **2.** *température, niveau* erhöhen; anheben; heraufsetzen **3.** *protestation, objection* erheben; **élever la voix** die Stimme heben; *fig* die Stimme erheben (**contre** gegen) **4.** *enfant, animal* groß-, aufziehen; *animaux* züchten; (*éduquer*) erziehen **II** *v/pr* **s'élever 5.** *avion* (auf)steigen; *température* (an)steigen; *édifice, etc* sich erheben; aufragen **6.** *voix, dispute* sich erheben **7.** *facture* **s'élever à** betragen; sich belaufen auf (+ *acc*) **8.** *personne à un rang supérieur* hochkommen; vorwärtskommen; **s'élever au-dessus de qc** sich über etw (*acc*) erheben; über etw (*acc*) hinauswachsen; **s'élever contre** protestieren, sich wenden gegen
éleveur [elvœʀ] *m*, **éleveuse** [-øz] *f* Züchter(in) *m(f)*
elfe [elf] *m* Elf(e) *m(f)*
élider [elide] *v/t voyelle* ausstoßen; elidieren; *adjt* **article élidé** bestimmter Artikel mit elidiertem e *bzw* a
éligibilité [eliʒibilite] *f* Wählbarkeit *f*; passives Wahlrecht
éligible [-l] *adj* wählbar
élimé [elime] *adj* ⟨**~e**⟩ durchgescheuert; abgewetzt
élimination [eliminasjõ] *f* **1.** Ausschaltung *f*; Beseitigung *f*; Eliminierung *f*; *dans un concours* Ausscheiden *n*; Ausschluss *m*; **élimination des déchets** (Abfall)Entsorgung *f*; **procéder par élimination** nach dem Ausschlussprinzip vorgehen **2.** BIOL Ausscheidung *f*
éliminatoire [eliminatwaʀ] **I** *adj note* den Ausschluss bedingend; SPORTS Ausscheidungs… **II** **éliminatoires** *f/pl* Ausscheidungs(wett)-kämpfe *m/pl*
éliminer [elimine] *v/t* **1.** ausschalten (*a concurrent*); ausschließen (*a candidat*); eliminieren (*a* MATH); *obstacle* beseitigen; *déchets* entsorgen; **être éliminé** ausscheiden (müssen) **2.** BIOL ausscheiden
▸ **élire** [eliʀ] *v/t* ⟨→ **lire**⟩ wählen; **élire qn président** j-n zum Präsidenten wählen

élision [elizjõ] *f d'une voyelle* Elision *f*
élite [elit] *f* Elite *f*; **tireur** *m* **d'élite** Scharfschüt-
ze *m*
élitisme [elitism] *m* elitäres System; **faire de**
l'élitisme e-e elitäre Politik betreiben
élitiste [elitist] *adj* elitär
élixir [eliksiʀ] *m* Elixier *n*
▸ **elle** [ɛl] *pr/pers* ⟨*pl* **elles**⟩ **1.** sie (*sg et pl*); **el-**
le(**s**) **arrive**(**nt**) sie kommt (sie kommen); **elle**
et sa sœur sie und ihre Schwester **2.** *avec prép*
sie (*acc sg et pl*); ihr (*dat sg*); ihnen (*dat pl*);
réfléchi sich; **pour elle**(**s**) für sie; **avec elle**(**s**)
mit ihr (mit ihnen); **elle ne pense qu'à elle** sie
denkt nur an sich (*acc*) **3.** F (*histoire, fait*) **elle**
est bien bonne! das ist ja gut!
elle-même [ɛlmɛm] *pr/pers* ⟨*pl* **elles-mêmes**⟩
1. *emphatique* (sie) selbst **2.** *réfléchi* sich selbst
▸ **elles** [ɛl] *pr/pers* → **elle**
ellipse [elips] *f* Ellipse *f*
elliptique [eliptik] *adj* elliptisch; *phrase a* un-
vollständig
élocution [elɔkysjõ] *f* Sprech-, Redeweise *f*
éloge [elɔʒ] *m* **1.** Lob *n*; **faire l'éloge de qc, qn**
etw, j-n (sehr) loben **2.** *discours* Lobrede *f*
élogieux [elɔʒjø] *adj* ⟨**-euse** [-øz]⟩ lobend; an-
erkennend; **en termes élogieux** mit lobenden
Worten
éloigné [elwaɲe] *adj* ⟨**~e**⟩ **1.** fern; (weit) ent-
fernt (**de** von); *époque* weit zurückliegend **2.**
parent entfernt; weitläufig
éloignement [elwaɲmã] *m* Entfernung *f* (*a ac-*
tion); *dans le temps* Distanz *f*
▸ **éloigner** [elwaɲe] **I** *v/t* **1.** entfernen (**de** von);
objet a wegrücken, (weiter) wegstellen (**de**
von); *danger, échéance* hinausschieben **2.** *fig*
personne entfremden (**de** *dat*); entfernen, ab-
bringen (von) **II** *v/pr* **s'éloigner 3.** sich entfer-
nen (**de** von) **4.** *fig* **s'éloigner de qn** sich j-m
entfremden
élongation [elõgasjõ] *f* Zerrung *f*; Überdeh-
nung *f*
éloquemment [elɔkamã] *adv* → **éloquent**
éloquence [elɔkãs] *f* Beredsamkeit *f*; Redega-
be *f*; Beredtheit *f* (*a fig*); Eloquenz *f*
éloquent [elɔkã] *adj* ⟨**-ente** [-ãt]⟩ **1.** beredt; re-
de-, wortgewandt; eloquent **2.** *fig regard, silen-*
ce beredt; vielsagend; *chiffre* **être éloquent**
für sich sprechen
élu [ely] **I** *p/p* → **élire** *et adj* ⟨**~e**⟩ **1.** POL gewählt
2. REL auserwählt **II** *subst* **3.** POL **les élus** *m/pl*
die gewählten Vertreter *m/pl* **4.** *fig* **élu**(**e**) *m*(*f*)
Auserwählte(r) *f*(*m*)
élucidation [elysidasjõ] *f* Aufklärung *f*; Erhel-
lung *f*
élucider [-e] *v/t* aufklären; Licht bringen in (+
acc)
élucubrations [elykybʀasjõ] *f/pl péj* Hirnge-
spinste *n/pl*
éluder [elyde] *v/t* (geschickt) ausweichen (+
dat)
Élysée [elize] *m* **l'Élysée** POL das Elysee
élyséen [elizeẽ] *adj* ⟨**-enne** [-ɛn]⟩ **1.** MYTH ely-
säisch; elysisch **2.** POL des Elysees; des Elysee-
palastes
émacié [emasje] *adj* ⟨**~e**⟩ abgezehrt
e-mail [imɛl] *m* ⟨**e-mails**⟩ INFORM E-Mail *f*; *adjt*
adresse *f* **e-mail** E-Mail-Adresse *f*; **par, via**
e-mail per E-Mail; **envoyer un e-mail à qn**

j-m e-e E-Mail schicken; j-m mailen
émail [emaj] *m* ⟨**émaux** [emo]⟩ **1.** Email *n*; **en**
émail Email... **2.** *bijou* Emailschmuck *m* **3.**
ANAT Zahnschmelz *m*
émaillage [emajaʒ] *m* **a)** *action* Emaillieren *n*;
CÉRAMIQUE Glasieren *n* **b)** *résultat* Emaillie-
rung *f*; Glasur *f*
émaillé [emaje] *adj* ⟨**~e**⟩ **1.** TECH emailliert **2.** *fig*
émaillé de (aus)geschmückt, *iron* gespickt mit
émailler [emaje] *v/t* emaillieren; *céramique,*
porcelaine glasieren
émanation [emanasjõ] *f* **1.** (*odeur*) Ausdüns-
tung *f*; *de gaz* Ausströmen *n* **2.** *fig* Auswirkung
f; Ausdruck *m*
émancipateur [emãsipatœʀ] *adj* ⟨**-trice**
[-tʀis]⟩ emanzipatorisch; Emanzipations...
émancipation [emãsipasjõ] *f* **1.** Emanzipation
f; Befreiung *f*; Gleichberechtigung *f* **2.** JUR
Mündigsprechung *f*
émanciper [emãsipe] **I** *v/t* **1.** emanzipieren; be-
freien; (rechtlich) gleichstellen **2.** JUR für mün-
dig erklären **II** *v/pr* **s'émanciper** sich emanzi-
pieren; unabhängig, selbstständig werden
émaner [emane] *v/i* **1.** *gaz, etc* ausströmen (**de**
aus) **2.** *fig* ausgehen (**de** von)
émargement [emaʀʒəmã] *m* Abzeichnen *f*;
Unterschreiben *n*
émarger [emaʀʒe] *v/t* ⟨**-ge-**⟩ (auf dem Rand)
abzeichnen
émasculation [emaskylasjõ] *f* Entmannung *f*
émasculer [-e] *v/t* entmannen
emballage [ãbalaʒ] *m* Verpackung *f*
emballé [ãbale] *adj* ⟨**~e**⟩ **1.** *cheval* scheu, wild
geworden; scheuend **2.** F *spectateur* **être em-**
ballé hingerissen sein; F (ganz) hin, weg sein
emballement [ãbalmã] *m* **1.** (*enthousiasme*)
(vorschnelle) Begeisterung (**pour** für); **2.**
d'un moteur Aufheulen *n*; Durchgehen *n*
▸ **emballer** [ãbale] **I** *v/t* **1.** *objets* ein-, verpacken
2. *moteur* aufheulen lassen; hochjagen **3.** F (*en-*
thousiasmer) mitreißen; begeistern **4.** F **em-**
baller une fille F ein Mädchen herumkriegen
II *v/pr* **s'emballer 5.** *cheval* scheuen; durchge-
hen **6.** *moteur* aufheulen; durchgehen **7.** F
(*s'enthousiasmer*) sich rasch begeistern; gleich
Feuer und Flamme sein; (*s'emporter*) F hoch-
gehen
embarcadère [ãbaʀkadɛʀ] *m* Landungsbrücke
f, -steg *m*; Pier *m ou f*; Anlegestelle *f*
embarcation [ãbaʀkasjõ] *f* (kleines) Boot;
Wasserfahrzeug *n*
embardée [ãbaʀde] *f* **faire une embardée**
plötzlich ausscheren; F e-n Schlenker machen
embargo [ãbaʀgo] *m* Embargo *n*; **lever l'em-**
bargo das Embargo aufheben; **mettre l'em-**
bargo sur ein Embargo verhängen über (+
acc)
embarquement [ãbaʀkəmã] *m* Anbordgehen
n; Einsteigen *n*; MAR *a* Einschiffung *f*; Verschif-
fung *f*; **embarquement clandestin** unerlaubte, heimliche Einschiffung
embarquer [ãbaʀke] **I** *v/t* **1.** an Bord nehmen;
MAR *a* einschiffen; *marchandises a* verschiffen;
dans tous véhicules ver-, einladen **2.** F (*voler*)
mitgehen lassen **3.** F *police* **embarquer qn** j-n
festnehmen, F einlochen **4.** F *qn dans une af-*
faire verwickeln, hineinziehen (in + *acc*) **II** *v/i*
et v/pr **5.** *passagers* (**s'**)**embarquer** an Bord ge-

hen **6.** F *fig* ***s'embarquer dans*** sich einlassen in *ou* auf (+ *acc*)

embarras [ãbaʀa] *m* **1.** (*situation difficile*) unangenehme, schwierige Lage; ***être dans l'embarras*** in e-r unangenehmen *ou* schwierigen Lage sein; in e-r Notlage, in e-r Zwickmühle sein; ***mettre qn dans l'embarras*** j-n in e-e unangenehme *ou* schwierige Lage, *st/s* in Bedrängnis bringen; ***tirer qn d'embarras*** j-m aus der Verlegenheit, aus e-r Notlage, F aus der Klemme helfen; *fig*: ***l'embarras du choix*** die Qual der Wahl; ***n'avoir que l'embarras du choix*** nur zu wählen brauchen **2.** (*confusion*) Verlegenheit *f*; Verwirrung *f* **3. embarras gastrique** Magenbeschwerden *f/pl*

embarrassant [ãbaʀasã] *adj* ⟨**-ante** [-ãt]⟩ unangenehm; peinlich; unbequem; lästig

embarrassé [ãbaʀase] *adj* ⟨**~e**⟩ verlegen; verwirrt; betreten; befangen

embarrasser [ãbaʀase] **I** *v/t* **1.** (*gêner*) behindern; hinderlich, lästig sein (***qn*** j-m) **2.** (*déconcerter*) in Verlegenheit bringen **3.** (*mettre dans une situation gênante*) ***embarrasser qn*** j-n in e-e unangenehme Situation bringen; j-m Ungelegenheiten machen **II** *v/pr* ***s'embarrasser*** sich belasten (***de*** mit; *a fig*)

embauche [ãboʃ] *f* Ein-, Anstellung *f*

▸ **embaucher** [ãboʃe] *v/t* **1.** ein-, anstellen **2.** F *fig* anstellen; einspannen

embaumement [ãbommã] *m* Einbalsamierung *f*

embaumer [ãbome] **I** *v/t* **1.** *cadavre* einbalsamieren **2.** *lieu* mit s-m Duft erfüllen **II** *v/i* duften (*a iron*)

embellie [ãbeli] *f* (Zwischen)Aufheiterung *f*

embellir [ãbeliʀ] **I** *v/t* schöner machen; verschönern **II** *v/i* schöner werden

embellissement [ãbelismã] *m* Verschönerung *f*; *de la réalité* Ausschmückung *f*; Beschönigung *f*

emberlificoter [ãbɛʀlifikɔte] F **I** *v/t* beschwatzen; einwickeln **II** *v/pr* ***s'emberlificoter*** F sich verheddern (*a fig*)

embêtant [ãbɛtã] F *adj* ⟨**-ante** [-ãt]⟩ **1.** (*contrariant*) ärgerlich; F blöd **2.** (*ennuyeux*) *film, etc* langweilig; fad; *personne* lästig

embêtement [ãbɛtmã] F *m* Ärger *m*; ***embêtements*** *pl* F Scherereien *f/pl*

embêter [ãbɛte] F **I** *v/t* **1.** (*lasser*) ***embêter qn*** j-n langweilen; j-m lästig fallen *ou* werden; F j-n anöden **2.** (*contrarier*) ***embêter qn*** j-m Ärger, F Scherereien machen; j-m zu schaffen machen; j-n wurmen; ***être embêté*** in Verlegenheit, F in der Klemme sein **3.** (*irriter*) ***embêter qn*** j-n ärgern **II** *v/pr* ***s'embêter* 4.** sich langweilen; F sich mopsen **5. ne pas s'embêter à faire qc** sich (*dat*) nicht die Mühe machen, etw zu tun; F nicht so dumm *ou* blöd sein und etw tun

emblée [ãble] *adv* **d'emblée** auf Anhieb

emblématique [ãblematik] *adj* emblematisch; sinnbildlich

emblème [ãblɛm] *m* Emblem *n*; Sinnbild *n*; Wahrzeichen *n*

embobiner [ãbɔbine] *v/t* F beschwatzen; F einwickeln

▸ **emboîtage** [ãbwataʒ] *m d'un livre* Schuber *m*; Kassette *f*

emboîtement [ãbwatmã] *m* Ineinandergreifen *n*; TECH (Holz-, Metall)Verbindung *f*; Verbund *m*

emboîter [ãbwate] **I** *v/t* **1.** ineinanderstecken; zusammenstecken; ***emboîter qc dans qc*** etw in etw (*acc*) stecken **2. emboîter le pas à qn** j-m auf dem Fuße folgen; *fig* dem Beispiel j-s folgen **II** *v/pr* ***s'emboîter*** ineinanderpassen, -greifen

embolie [ãbɔli] *f* Embolie *f*

embonpoint [ãbɔ̃pwɛ̃] *m* Korpulenz *f*; Körperfülle *f*; Beleibtheit *f*; ***prendre de l'embonpoint*** korpulent, dick, füllig werden

embouché [ãbuʃe] *adj* ⟨**~e**⟩ F ***être mal embouché*** grob, ausfällig werden

emboucher [ãbuʃe] *v/t instrument à vent* ansetzen

embouchure [ãbuʃyʀ] *f* **1.** *d'un fleuve* Mündung *f* **2.** MUS Mundstück *n*

embourber [ãbuʀbe] *v/pr* ***s'embourber* 1.** im Schlamm, Morast stecken bleiben **2.** *fig* sich verwickeln, verstricken (***dans*** in + *acc*)

embourgeoisement [ãbuʀʒwazmã] *m* Verbürgerlichung *f*

embourgeoiser [ãbuʀʒwaze] *v/pr* ***s'embourgeoiser*** verbürgerlichen; *péj* spießig werden

embout [ãbu] *m* Spitze *f*; Zwinge *f*; *d'une seringue* Aufsatz *m*

▸ **embouteillage** [ãbutɛjaʒ] *m* (Verkehrs)Stau *m*; Verstopfung *f*; ***être pris dans un embouteillage*** im Stau stecken

embouteillé [ãbutɛje] *adj* ⟨**~e**⟩ *rue* verstopft; TÉL überlastet; *profession* überfüllt; überlaufen

embouteiller [ãbutɛje] *v/t voie de communication* verstopfen

embouti [ãbuti] *m* TECH **1.** Tiefziehteil *n ou m* **2.** *d'une pompe, d'une presse* Manschette *f*; Dichtungsring *m* (aus Leder)

emboutir [ãbutiʀ] **I** *v/t* **1.** *voiture* eindrücken; zerbeulen; demolieren **2.** TECH tiefziehen; kümpeln **II** *v/pr* ***s'emboutir contre un camion*** auf e-n Lastwagen auffahren

emboutissage [ãbutisaʒ] *m* **1.** Eindrücken *n*; Zerbeulen *n* **2.** TECH Tiefziehen *n*; Kümpeln *n*

embranchement [ãbʀãʃmã] *m* Abzweigung *f*; Gabelung *f*

embrasement [ãbʀazmã] *m st/s* **1.** (*incendie*) *st/s* Feuersbrunst *f* **2.** *fig* Glut *f*; Feuer *n*

embraser [ãbʀaze] *st/s v/t ciel* in (rote) Glut tauchen; *paysage* versengen

embrassades [ãbʀasad] *f/pl* (heftige, stürmische) Begrüßungsküsse *m/pl*

embrasse [ãbʀas] *f* Raffhalter *m*

embrassé [ãbʀase] *adj* ⟨**~e**⟩ *rimes* umschließend; umarmend

embrassement [ãbʀasmã] *litt m* Umarmung *f*

▸ **embrasser** [ãbʀase] **I** *v/t* **1.** küssen; umarmen (und küssen) **2.** *fig* **embrasser une carrière** e-n Beruf ergreifen; e-e Laufbahn einschlagen **3.** (*englober*) umfassen; umschließen **4. embrasser du regard** überschauen, -blicken **II** *v/pr* ***s'embrasser*** sich küssen

embrasure [ãbʀazyʀ] *f* Fenster- *ou* Türöffnung *f*; Laibung *f*

embrayage [ãbʀɛjaʒ] *m* **1.** *mécanisme* Kupplung *f* **2.** *action* Einkuppeln *n*

embrayer [ãbʀeje] *v/i* ⟨**-ay-** *od* **-ai-**⟩ **1.** AUTO (ein)kuppeln; die Kupplung kommen lassen **2.** *fig* anfangen, beginnen (**sur** mit)

embrigadement [ãbʀigadmã] *m* Einreihung *f*, Eingliederung *f* (**dans** in +*acc*); Unterstellung *f* (unter +*acc*)

embrigader [ãbʀigade] *v/t* einreihen; eingliedern

embringuer [ãbʀēge] F **I** *v/t* hineinziehen (**dans** in + *acc*) **II** *v/pr* **s'embringuer dans qc** in etw (*acc*) hineingeraten, F hineinschlittern

embrocher [ãbʀɔʃe] *v/t* **1.** an den (Brat)Spieß stecken **2.** F aufspießen

embrouillamini [ãbʀujamini] F *m* Durcheinander *n*; Wirrwarr *m*

embrouille [ãbʀuj] *f* F verworrene Geschichte

embrouillé [ãbʀuje] *adj* ⟨~**e**⟩ wirr; konfus; verworren

embrouiller [ãbʀuje] **I** *v/t* **1.** verwirren, durcheinanderbringen (*a fig qn*) **2.** *fig situation, question* komplizieren **II** *v/pr* **s'embrouiller** sich verheddern (**dans** in + *dat*)

embroussaillé [ãbʀusaje] *adj* ⟨~**e**⟩ voller Gestrüpp; *cheveux* struppig

embrumer [ãbʀyme] *v/t* **1.** in Nebel, Dunst hüllen **2.** *fig alcool: cerveau* be-, vernebeln

embruns [ãbʀē, ãbʀœ̃] *m/pl* Gischt *m ou f*; Sprühwasser *n*

embryologie [ãbʀijɔlɔʒi] *f* Embryologie *f*

embryologiste [-lɔʒist] *m* Embryologe *m*

embryon [ãbʀijō] *m* **1.** BIOL Embryo *m* **2.** *fig* Ansatz *m*; Keim *m*

embryonnaire [ãbʀijɔnɛʀ] *adj* **1.** BIOL embryonal **2.** *fig* **au stade embryonnaire** im Ansatz vorhanden

embûches [ãbyʃ] *f/pl* Fallstricke *m/pl*; Fallen *f/pl*; Tücken *f/pl*

embué [ãbɥe] *adj* ⟨~**e**⟩ *vitres* beschlagen; angelaufen; *yeux* **embués de larmes** tränenfeucht

embuer [ãbɥe] *v/pr* **s'embuer** (sich) beschlagen; anlaufen

embuscade [ãbyskad] *f* Hinterhalt *m*

embusqué [ãbyske] *m* MIL *et péj* Etappenhase *m*; Drückeberger *m*

embusquer [ãbyske] *v/pr* **s'embusquer 1.** sich in den Hinterhalt legen; **tireur embusqué** Heckenschütze *m* **2.** *fig* sich drücken

éméché [emeʃe] *adj* ⟨~**e**⟩ F beschwipst; angeheitert; F angesäuselt

émeraude [emʀod] **I** *f* Smaragd *m* **II** *adj* (**vert**) **émeraude** ⟨*inv*⟩ smaragdgrün

émergence [emɛʀʒãs] *f* Auftauchen *n*; Zutagetreten *n*

émergent [emɛʀʒã] *adj* ⟨**-ente** [-ãt]⟩ **pays émergent** Schwellenland *n*

émerger [emɛʀʒe] *v/i* ⟨**-ge-**⟩ **1.** auftauchen; *fig a* zum Vorschein kommen; sich herausheben **2.** F *du sommeil* zu sich kommen

émeri [emʀi] *m* **papier** *m* (**d'**)**émeri** Schmirgelpapier *n*

émérite [emeʀit] *adj* bedeutend; hervorragend; (*expérimenté*) erfahren

émerveillement [emɛʀvɛjmã] *m* Bewunderung *f*; Entzücken *n*

émerveiller [emɛʀveje] **I** *v/t* **émerveiller qn** die Bewunderung j-s erregen; **émerveillé** voll(er) Bewunderung; entzückt **II** *v/pr* **s'émerveiller** in Entzücken geraten (**de** über + *acc*)

émetteur [emɛtœʀ] **I** *m* **1.** RAD, TV Sender *m* **2.** FIN Emittent *m* **II** *adj* ⟨**-trice** [-tʀis]⟩ Sende…

émettre [emɛtʀ] *v/t* ⟨→ **mettre**⟩ **1.** RAD, TV senden **2.** FIN ausgeben; emittieren **3.** PHYS *rayons* aussenden; *lumière* ausstrahlen; *sons* von sich geben **4.** *fig opinion* äußern

émeu [emø] *m* Emu *m*

émeute [emøt] *f* Aufruhr *m*; Krawall *m*; **émeutes** *pl* Unruhen *f/pl*; **déclencher, provoquer une émeute** e-n Aufruhr auslösen; *personne a* Aufruhr stiften

émeutier [emøtje] *m* Aufrührer *m*

émiettement [emjɛtmã] *m* **1.** *d'un gâteau, du pain* Zerbröckeln *n*; Zerkrümeln *n* **2.** *fig* Zerstückelung *f*; Zersplitterung *f*

émietter [emjɛte] **I** *v/t* **1.** *pain* zerbröckeln; zerkrümeln **2.** *fig* zersplittern **II** *v/pr* **s'émietter 3.** zerbröckeln **4.** *fig* abbröckeln

émigrant [emigʀã] *m* Auswanderer *m*

émigration [emigʀasjō] *f* Auswanderung *f*; POL Emigration *f*; **pays** *m* **à forte émigration** Land *n* mit e-r hohen Auswanderungsquote

émigré [emigʀe] *m* POL Emigrant *m*

émigrer [emigʀe] *v/i* **1.** auswandern; POL emigrieren **2.** *oiseaux* wegziehen

émincer [emẽse] *v/t* ⟨**-ç-**⟩ in dünne Scheiben schneiden

éminemment [eminamã] *adv* höchst

éminence [eminãs] *f* **1.** *du terrain* Erhebung *f* **2.** CATH **Éminence** Eminenz *f*; *fig* **éminence grise** graue Eminenz

éminent [eminã] *adj* ⟨**-ente** [-ãt]⟩ bedeutend; hervorragend

émir [emiʀ] *m* Emir *m*

émirat [emiʀa] *m* Emirat *n*; **les Émirats arabes unis** die Vereinigten Arabischen Emirate *n/pl*

émissaire [emisɛʀ] **I** *m* Abgesandte(r) *m*; Emissär *m* **II** *adj* **bouc** *m* **émissaire** Sündenbock *m*

► **émission** [emisjō] *f* **1.** RAD, TV Sendung *f* **2.** FIN Ausgabe *f*; Emission *f* **3.** PHYS Emission *f*; Aussendung *f*; Ausstrahlung *f*

emmagasinage [ãmagazinaʒ] *m* **1.** (Ein)Lagern *n*; Speichern *n*; Lagerung *f* **2.** Lagergebühr *f*, -kosten *pl*

emmagasiner [-e] *v/t* **1.** (ein)lagern; speichern (*a chaleur*) **2.** *fig connaissances* ansammeln

emmailloter [ãmajɔte] *v/t bébé* wickeln; *doigt blessé* umwickeln; verbinden

emmancher [ãmãʃe] *v/pr* F *affaire* **s'emmancher bien, mal** sich gut, schlecht anlassen

emmanchure [ãmãʃyʀ] *f* Ärmel-, Armausschnitt *m*

Emmaüs [emays] BIBL Emmaus *n*

Le mouvement Emmaüs – die Emmaus-Bewegung

Emmaus (**Emmaüs**) war nicht nur ein biblischer Ort bei Jerusalem, es ist auch der Name einer karitativen Organisation, die Abbé Pierre 1949 ins Leben rief, um Kriegsopfern zu helfen. Im Winter 1954 wandte sich Abbé Pierre in einem dramatischen Radio-Appell an die Zuhörer mit der Bitte, etwas für die Obdachlosen zu tun, die in dieser Nacht unter den extremen Minustemperaturen litten. Dieser Aufruf hatte einen überwältigenden Erfolg. Es war der Beginn der Emmaus-Bewegung (**le mouvement Emmaüs**). Seitdem sind viele Emmaus-Gemeinschaften (**les communautés Emmaüs**) entstanden, die vor allem die Armut bekämpfen wollen. Sie nehmen Obdachlose und Gestrandete auf, um ihnen Arbeit und eine neue Heimat zu geben. Die Gemeinschaften finanzieren sich über den Verkauf von Möbeln (aus Wohnungsauflösungen), Kleidung, Büchern usw.

emmêlement [ãmɛlmã] *m* **a)** *action* Verwirren *n*; Verwickeln *n* **b)** *résultat* Wirrwarr *m*; Gewirr *n*

emmêler [ãmele] **I** *v/t* verwirren; durcheinanderbringen (*a fig*); F verwursteln; *adjt* **cheveux emmêlés** wirres Haar **II** *v/pr* **1.** **s'emmêler** *fils, cheveux* sich verwirren **2.** F *fig en parlant* **s'emmêler les pieds, les pédales, les pinceaux** ins Schwimmen, Stocken geraten; F sich verheddern

emménagement [ãmenaʒmã] *m* Einzug *m* (*in e-e Wohnung*)

emménager *v/i* ⟨**-ge-**⟩ einziehen

▸ **emmener** [ãmne] *v/t* ⟨**-è-**⟩ mitnehmen; **emmener qn au cinéma** mit j-m ins Kino gehen; **emmener qn chez soi** j-n mit nach Hause nehmen; **emmener qn en voiture** j-n im Auto mitnehmen

emmenthal [emẽtal] *m* Emmentaler (Käse) *m*

emmerdant [ãmɛrdã] P *adj* ⟨**-ante** [-ãt]⟩ P beschissen; P saublöd; *personne* lästig; unausstehlich

emmerde [ãmɛrd] *f* P → **emmerdement**

emmerdement [ãmɛrdəmã] P *m* F Mordsärger *m*; **emmerdements** *pl* ⌐ Scherereien *f/pl*

emmerder [ãmɛrde] P **I** *v/t* **1.** **emmerder qn** F j-m zum Hals heraushängen; P j-m stinken; P j-n ankotzen; *personne* F j-m auf den Wecker fallen, auf den Geist gehen **2.** **je l'emmerde!** P der kann mich am Arsch lecken! **3.** **être emmerdé** F in der Patsche, in der Tinte, P in der Scheiße sitzen **II** *v/pr* **s'emmerder** sich zu Tode langweilen; F sich mopsen

emmerdeur [ãmɛrdœr] P *m*, **emmerdeuse** [-øz] P *f* F Nervensäge *f*

emmitoufler [ãmitufle] *v/t* (*et v/pr* **s'emmitoufler**) sich einmummen

emmurer [ãmyre] *v/t* einmauern; *par ext* einschließen

émoi [emwa] *st/s m* Aufregung *f*; **être en émoi** in (heller) Aufregung sein

émollient [emɔljã] *m* PHARM linderndes Mittel

émoluments [emɔlymã] *m/pl* (Dienst)Bezüge *pl*; Vergütung *f*

émotif [emɔtif] *adj* ⟨**-ive** [-iv]⟩ **1.** *réaction, etc* Gefühls…; affektiv **2.** *personne* überempfindlich; empfindsam

émotion [emosjõ] *f* **1.** (*sentiment*) Rührung *f*; (Gemüts)Bewegung *f*; Emotion *f*; **ne pouvoir cacher son émotion** s-e Rührung nicht verbergen können; **ne ressentir aucune émotion** keinerlei Rührung verspüren; nichts empfinden **2.** (*affolement*) Aufregung *f*; Erregung *f*; **émotions fortes** F Nervenkitzel *m*; **causer une vive émotion** e-e heftige Erschütterung auslösen; e-n Schock versetzen; F **tu m'as donné des émotions** ich hab Ängste ausgestanden

émotionnel [emosjɔnɛl] *adj* ⟨**⁓le**⟩ Gefühls…; emotional; gefühlsmäßig

émotionner [emosjɔne] F *v/t* (be)rühren; bewegen

émotivité [emɔtivite] *f* Überempfindlichkeit *f*; Empfindsamkeit *f*

émoulu [emuly] *adj* **être frais émoulu** ⟨*f* **fraîche ⁓e**⟩ **de** gerade, frisch kommen von

émousser [emuse] **I** *v/t* abstumpfen (*a fig*); stumpf machen; **émoussé** stumpf **II** *v/pr* **s'émousser** **1.** *lame, etc* stumpf werden **2.** *fig* abstumpfen; nachlassen

émoustillant [emustijã] *adj* ⟨**-ante** [-ãt]⟩ *propos* anregend; pikant; *présence d'une femme* erregend

émoustiller [emustije] *v/t* anregen; in angeregte Stimmung versetzen

émouvant [emuvã] *adj* ⟨**-ante** [-ãt]⟩ ergreifend; bewegend; rührend

émouvoir [emuvwar] ⟨→ **mouvoir**; *aber p/p* **ému**⟩ **I** *v/t* rühren; ergreifen; bewegen **II** *v/pr* **s'émouvoir** sich erregen (**de** über + *acc*); gerührt sein *ou* werden

empaillage [ãpajaʒ] *m d'animaux* Ausstopfen *n* (mit Stroh)

empaillé [ãpaje] *adj* ⟨**⁓e**⟩ F (*maladroit*) unbeholfen; linkisch; F täppisch

empailler [ãpaje] *v/t animaux* ausstopfen

empailleur [ãpajœr] *m* **1.** Präparator *m*; Tierausstopfer *m* **2.** → **rempailleur**

empalement [ãpalmã] *m* **1.** Aufspießen *n* **2.** HIST Pfählen *n*

empaler [-e] **I** *v/t* **1.** (*embrocher*) aufspießen **2.** HIST pfählen **II** *v/pr* **s'empaler** aufgespießt werden

empaquetage [ãpaktaʒ] *m* Ein-, Verpacken *n*

empaqueter [-e] *v/t* ⟨**-tt-**⟩ ein-, verpacken

empaqueteur [-œr] *m*, **empaqueteuse** [-øz] *f* Packer(in) *m(f)*

emparer [ãpare] *v/pr* **1.** *par la force* **s'emparer de qc, de qn** etw, j-n in s-e Gewalt bringen; *st/s* sich e-r Sache, j-s bemächtigen; *illégalement* **s'emparer de qc** sich (*dat*) etw aneignen; etw an sich (*acc*) bringen **2.** *concrètement* **s'emparer de qc** etw an sich (*acc*) reißen; *fig journal* **s'emparer d'une affaire** e-e Affäre aufgreifen **3.** *sentiment, sommeil* **s'emparer de qn** j-n überkommen, übermannen

empâté [ãpate] *adj* ⟨**⁓e**⟩ dicklich; aufgedunsen

empâtement [ãpatmã] *m* Dicker-, Schlaffwerden *n*

empâter [ãpate] *v/pr* **s'empâter** dicker werden; *visage* dick, teigig, schlaff werden

empattement [ãpatmã] *m* Radstand *m*; Achsabstand *m*

empêché [ãpeʃe] *adj* ⟨**⁓e**⟩ (am Erscheinen) verhindert

empêchement [ɑ̃pɛʃmɑ̃] *m* Hindernis *n*; Hinderungsgrund *m*; ADM **en cas d'empêchement** im Verhinderungsfall; **il a eu un empêchement** er war verhindert

▸ empêcher [ɑ̃peʃe] **I** *v/t* **empêcher qc** etw verhindern; **empêcher qn de faire qc** j-n (daran) hindern, etw zu tun; j-n an etw (*dat*) hindern; j-n von etw abhalten; **empêcher que ...** (*st/s ne*) (+ *subj*) verhindern, dass...; (*il*) **n'empêche que ...** trotzdem; immerhin **II** *v/pr* **je ne peux pas m'empêcher de** (+ *inf*) ich kann nicht anders, ich muss (einfach) (+ *inf*); ich kann nicht umhin zu (+ *inf*)

empêcheur [ɑ̃peʃœʀ] *m* **empêcheur de danser** *ou* **tourner en rond** Spielverderber *m*

empennage [ɑ̃penaʒ] *m* Leitwerk *n*

▸ empereur [ɑ̃pʀœʀ] *m* Kaiser *m*

empeser [ɑ̃pəze] *v/t* ⟨**-è-**⟩ *linge* stärken

empester [ɑ̃peste] *v/t* **1.** (*empuantir*) verpesten **2.** (*puer*) stinken (**qc** nach etw)

empêtrer [ɑ̃petʀe] *v/pr* **s'empêtrer** sich verwickeln (**dans** in + *acc*) (*a fig*); sich verfangen (in + *dat*); *fig a* sich verstricken (in + *acc*)

emphase [ɑ̃faz] *f* Emphase *f*

emphatique [ɑ̃fatik] *adj* emphatisch; *péj* hochtrabend; schwülstig

emphysème [ɑ̃fizɛm] *m* MÉD Emphysem *n*

empiècement [ɑ̃pjɛsmɑ̃] *m* COUT Einsatz *m*; Passe *f*

empierrement [ɑ̃pjɛʀmɑ̃] *m* **a)** *action* Beschottern *n* **b)** *couche* Steinschüttung *f*; Packlage *f*

empierrer [-e] *v/t* *chemin, route* beschottern

empiétement *ou* empiètement [ɑ̃pjetmɑ̃] *m* **1.** Vordringen *n* (**sur** in +*acc*) **2.** *fig et* JUR (widerrechtlicher) Eingriff (**sur** in +*acc*); Übergriff *m* (auf +*acc*)

empiéter [ɑ̃pjete] *v/t/indir* ⟨**-è-**⟩ **empiéter sur 1.** vordringen in (+ *acc*); übergreifen auf (+ *acc*) **2.** (*usurper*) (widerrechtlich) eingreifen in (+ *acc*); antasten (+ *acc*)

empiffrer [ɑ̃pifʀe] *v/pr* F **s'empiffrer** F sich vollstopfen, F sich (*dat*) den Bauch vollschlagen (**de** mit)

empilable [ɑ̃pilabl] *adj* stapelbar

empilage [-aʒ] *m* (Auf)Stapeln *n*; Stapelung *f*

empilement [-mɑ̃] *m* **a)** *action* (Auf)Stapeln *n* **b)** (*pile*) Stapel *m*

empiler [ɑ̃pile] **I** *v/t* (auf)stapeln **II** *v/pr* **s'empiler** sich stapeln, anhäufen, türmen

empire [ɑ̃piʀ] *m* **1.** Kaiserreich *n*; *par ext* Weltreich *n*; Imperium *n*; Reich *n*; *fig* **empire industriel** Industrieimperium *n*; *fig* **pas pour un empire** nicht um alles in der Welt **2.** HIST **l'Empire** das Erste Kaiserreich; *adjt* Empire...; im Empirestil **3.** (*influence*) Einfluss *m*; Macht *f*; **sous l'empire de** unter dem Einfluss von (*ou* + *gén*)

empirer [ɑ̃piʀe] *v/i* sich verschlimmern; sich verschlechtern; schlechter, schlimmer werden

empirique [ɑ̃piʀik] *adj* empirisch

empirisme [ɑ̃piʀism] *m* **1.** PHILOS Empirismus *m* **2.** *par ext* Empirie *f*

empiriste [ɑ̃piʀist] PHILOS **I** *m* Empirist *m* **II** *adj* empiristisch

emplacement [ɑ̃plasmɑ̃] *m* Stelle *f*; Platz *m*; Standort *m*; AUTO Stellplatz *m*

emplâtre [ɑ̃plɑtʀ] *m* *fig* → **cautère**

emplette [ɑ̃plɛt] *f* Einkauf *m*; Kauf *m*; **faire des**

emplettes Einkäufe, Besorgungen *f/pl* machen; einkaufen

emplir [ɑ̃pliʀ] *st/s v/t* (er)füllen

▸ emploi [ɑ̃plwa] *m* **1.** (*utilisation*) Gebrauch *m*; Anwendung *f*; Verwendung *f*; Benutzung *f*; ▸ **emploi du temps** Zeitplan *m*; Terminkalender *m*; ÉCOLE Stundenplan *m*; **faire un bon (mauvais) emploi de son argent, de ses connaissances, de son temps** sein Geld gut (schlecht) anlegen; von s-n Kenntnissen sinnvollen (schlechten) Gebrauch machen; s-e Zeit gut (schlecht) nützen; **faire double emploi** überflüssig, überzählig, doppelt sein **2.** (*travail*) Beschäftigung *f* (*a* ÉCON); Anstellung *f*; Stelle *f*; Arbeitsplatz *m*; **plein emploi** Vollbeschäftigung *f*; **emploi à mi-temps, à temps partiel, à plein temps** Halbtags-, Teilzeit-, Vollzeitbeschäftigung *f*; **demande f d'emploi** Stellengesuch *n*; **marché m de l'emploi** Arbeits-, Stellenmarkt *m*; **politique f de l'emploi** Beschäftigungspolitik *f*; **sécurité f de l'emploi** Sicherheit *f* des Arbeitsplatzes; **avoir, occuper un emploi** e-e Stelle (inne)haben; Arbeit haben; **chercher un emploi** Arbeit, e-e Stelle suchen; **être sans emploi** arbeitslos sein; keine Arbeit, Anstellung haben **3.** THÉ Rollenfach *n*

employable [ɑ̃plwajabl] *adj* verwendbar; geeignet; infrage kommend

▸ employé(e) [ɑ̃plwaje] *m(f)* Angestellte(r) *f(m)*; **employé(e) de banque** Bankangestellte(r) *f(m)*; **employé(e) de bureau** Büroangestellte(r) *f(m)*; Bürokraft *f*; **employée de maison** Hausangestellte *f*

▸ employer [ɑ̃plwaje] ⟨**-oi-**⟩ **I** *v/t* **1.** (*utiliser*) gebrauchen; anwenden (*a violence*); verwenden (*a argent*); benutzen **2.** *salariés* beschäftigen **II** *v/pr* **3.** *mot, etc* **s'employer** gebraucht werden **4.** **s'employer à (faire) qc** sich für etw einsetzen; sich um etw bemühen

▸ employeur [ɑ̃plwajœʀ] *m*, employeuse [ɑ̃plwajøz] *f* Arbeitgeber(in) *m(f)*

empocher [ɑ̃pɔʃe] *v/t* F einstecken

empoignade [ɑ̃pwaɲad] F *f* heftige Auseinandersetzung

empoigne [ɑ̃pwaɲ] *f* F **foire d'empoigne** F wüstes Gerangel; Gezerre

empoigner [ɑ̃pwaɲe] **I** *v/t* packen; ergreifen **II** *v/pr* **s'empoigner** aneinandergeraten

empoisonnant [ɑ̃pwazɔnɑ̃] *adj* ⟨**-ante** [-ɑ̃t]⟩ F → **embêtant**

empoisonnement [ɑ̃pwazɔnmɑ̃] *m* **1.** Vergiftung *f*; *meurtre* Giftmord *m* **2.** F *fig* **empoisonnements** *pl* Ärger *m*; F Scherereien *f/pl*

empoisonner [ɑ̃pwazɔne] **I** *v/t* **1.** (*intoxiquer*) vergiften (*a fig*) **2.** (*empuantir*) verpesten **3.** F → **embêter II** *v/pr* **s'empoisonner** sich vergiften; Gift nehmen

empoisonneur [ɑ̃pwazɔnœʀ] *m*, empoisonneuse [-øz] *f* **1.** Giftmischer(in) *m(f)*; Giftmörder(in) *m(f)* **2.** *fig* F Nervensäge *f*

emporté [ɑ̃pɔʀte] *adj* ⟨**~e**⟩ aufbrausend; jähzornig

emportement [ɑ̃pɔʀtəmɑ̃] *m* Zornesausbruch *m*

emporte-pièce [ɑ̃pɔʀtəpjɛs] *m* ⟨*inv*⟩ **1.** TECH (Loch)Stanze *f* **2.** *fig* **à l'emporte-pièce** *expression* pointiert; zugespitzt; scharf; *juge-*

ment treffsicher

▸ **emporter** [ãpɔʀte] **I** v/t **1.** *objet* mitnehmen; ***donner qc à emporter à qn*** j-m etw mitgeben **2.** *blessés* wegtragen, -bringen **3.** ***emporter qn maladie*** j-n dahin-, hinweggraffen; *courant* j-n fort-, mitreißen; ***emporter qc*** *inondations* etw weg-, fortschwemmen; *vent* etw weg-, fortwehen **4.** *l'emporter* den Sieg davontragen, die Oberhand gewinnen, siegen (***sur*** über + *acc*); ***emporter l'affaire*** das Geschäft machen **II** v/pr ***s'emporter*** (zornig) aufbrausen; in Zorn geraten

empoté [ãpɔte] F *adj* ⟨~**e**⟩ unbeholfen

empourprer [ãpuʀpʀe] v/pr ***s'empourprer*** *ciel* sich purpurrot färben; *visage* rot anlaufen

empreint [ãpʀɛ̃] *adj* ⟨-**einte** [-ɛ̃t]⟩ ***empreint de*** geprägt von

empreinte [ãpʀɛ̃t] *f* **1.** Abdruck *m*; ***empreinte digitale*** Fingerabdruck *m*; *par ext* ***empreinte génétique*** genetischer Fingerabdruck **2.** *fig* Gespräge *n*; Stempel *m*; Prägung *f*; ***marquer de son empreinte*** prägen

empressé [ãpʀese] *adj* ⟨~**e**⟩ eifrig; (dienst)beflissen

empressement [ãpʀɛsmã] *m* **1.** *auprès de qn* Dienstbeflissenheit *f*, -eifer *m* **2.** (*zèle*) Eifer *m*

empresser [ãpʀese] v/pr **1.** ***s'empresser auprès de qn*** sich eifrig um j-n bemühen **2.** ***s'empresser de faire qc*** sich beeilen, etw zu tun

emprise [ãpʀiz] *f* Einfluss *m*; ***sous l'emprise de*** unter dem Einfluss von (*ou* + *gén*); im Bann (+ *gén*)

emprisonnement [ãpʀizɔnmã] *m* Gefängnisstrafe *f*; Haft(strafe) *f*; *action* Inhaftierung *f*

emprisonner [ãpʀizɔne] v/t ins Gefängnis schicken, F stecken; gefangen setzen; F einsperren; *fig* ***être emprisonné dans*** gefangen sein in (+ *dat*)

emprunt [ãpʀɛ̃, ãpʀœ̃] *m* **1.** FIN Anleihe *f*; *action* Kreditaufnahme *f*; ***contracter, faire un emprunt*** ein Darlehen, e-n Kredit aufnehmen **2.** *fig* Anleihe *f* (***à qn*** bei j-m); LING Entlehnung *f*, Lehnwort *n* (***à*** aus)

emprunté [ãpʀɛ̃te, -pʀœ̃-] *adj* ⟨~**e**⟩ *personne* linkisch; verlegen; gehemmt

▸ **emprunter** [ãpʀɛ̃te, -pʀœ̃-] v/t **1.** ***emprunter qc à qn*** sich (*dat*) etw von j-m (aus)leihen, borgen, entleihen; ***emprunter de l'argent*** sich (*dat*) Geld leihen; Geld aufnehmen; → *Info bei Impôt* **2.** *fig* übernehmen (***qc à qn*** etw von j-m); *mot* entlehnen (***à l'anglais*** aus dem Englischen) **3.** *chemin* benutzen

emprunteur [ãpʀɛ̃tœʀ, -pʀœ̃-] *m* Entleiher *m*; Kredit-, Darlehensnehmer *m*

empuantir [ãpɥãtiʀ] v/t verpesten

▸ **ému** [emy] *p/p* → *émouvoir* et *adj* ⟨~**e**⟩ bewegt; gerührt; ergriffen

émulation [emylasjõ] *f* Wetteifer *m*; Wettstreit *m*; Nacheiferung *f*

émule [emyl] *m,f* Nacheiferer *m*

émulsifiant [emylsifjã] *m* Emulgator *m*

émulsion [emylsjõ] *f* Emulsion *f*

émulsionner [emylsjɔne] v/t emulgieren

▸ **en** [ã, *vor Vokal u stummem h* ãn] **I** *prép* **1.** *lieu:* **a)** *question «wo?»:* in (+ *dat*); *être, arriver, etc* ***en Allemagne, en Normandie***, *etc* in Deutschland, in der Normandie *etc*; ***en Iran***

im Iran; ***en Corse*** auf Korsika; ***en montagne*** im Gebirge **b)** *question «wohin?»:* nach (+ *dat*); in (+ *acc*); *aller, envoyer, etc* ***en Allemagne, France, Normandie, Sicile***, *etc* nach Deutschland, nach Frankreich, in die Normandie, nach Sizilien *etc* **2.** *temps* in (+ *dat*); ***en 1945*** (im Jahre) 1945; ***en l'an mille*** im Jahr(e) tausend; ***en janvier***, *etc* im Januar *etc*; ***en deux heures*** in zwei Stunden; innerhalb von zwei Stunden; ***en une journée*** an e-m Tag; innerhalb e-s Tages **3.** *domaine:* in (+ *dat ou acc*); ***en allemand, français***, *etc* im Deutschen, Französischen *etc*; auf Deutsch, Französisch *etc*; ***en mathématiques, politique***, *etc* in der Mathematik, Politik *etc*; ***docteur*** *m* ***en médecine*** Doktor *m* der Medizin **4.** *manière:* ***en trois volumes*** in drei Bänden; dreibändig; *promenade* f ***en vélo*** Radtour *f*; *le même article* ***en rouge***, *etc* in Rot *etc*; ***teindre qc en rouge*** etw rot färben; ***agir en ami*** als Freund handeln; ***aller en voiture*** mit dem Auto fahren; ***être en blanc, noir*** weiß, schwarz gekleidet sein; ***cela fait en euros*** ... das macht in Euro ... **5.** *matériau* aus; ***en fer***, *etc* aus Eisen *etc*; ***montre*** f ***en or*** goldene Uhr **6.** *gérondif:* ***parler en mangeant*** beim Essen, während des Essens sprechen; ***en passant par là***, *vous éviterez le bouchon* wenn Sie so *ou* diese Strecke fahren...; ***répondre en souriant*** lächelnd antworten **II** *adv et pr* ⟨*vertritt Konstruktionen mit „de"*⟩ **7.** *local* von dort; daher; *vous allez à Paris?* ***j'en reviens*** ich komme von dort **8.** *complément* davon; darüber; daran *etc*; ***tout le monde en parle*** alle sprechen davon, de qn von ihm, ihr, ihnen; *il a réussi* ***et il en est fier*** und er ist stolz darauf; ***qu'en dites-vous?*** was sagen Sie dazu? **9.** *génitif partitif* davon; welche(n, -s); *j'ai des bonbons,* ***est-ce que tu en veux?*** willst du welche *ou* davon?; ***je n'en ai plus*** ich habe keine(n, -s) mehr; *prenez des gâteaux,* ***il y en a encore*** es sind noch (welche) da; *avez-vous des frères?* ***j'en ai deux*** ja, zwei; ***les journaux en sont pleins*** die Zeitungen sind voll davon

ENA [ena] *f abr* (*École nationale d'administration*) Elitehochschule zur Ausbildung für hohe Staatsämter

énarque [enaʀk] *m,f* Absolvent(in) *m(f)* der ENA

encablure [ãkablyʀ] *f* MAR Kabellänge *f* (*etwa 200 m*)

encadré [ãkadʀe] *m* umrandeter Text; Kasten *m*

encadrement [ãkadʀəmã] *m* **1.** *d'un tableau* Einrahmung *f* (*a résultat*) **2.** *d'une porte* Einfassung *f*; Rahmen *m* **3.** *de personnes* Betreuung *f*; *personnel* Betreuungspersonal *n*; Betreuer *m/pl*

encadrer [ãkadʀe] v/t **1.** *tableau* (ein)rahmen; *texte* umranden; F einkasteln **2.** *fig* ein-, umrahmen; einrahmen **3.** *personnes* betreuen **4.** F *fig* → *encaisser*

encadreur [ãkadʀœʀ] *m* **1.** *artisan* Bildereinrahmer *m* **2.** *entreprise* Bilderrahmengeschäft *n*; Fachgeschäft *n* für Einrahmungen

encaissable [ãkɛsabl] *adj* *somme* einziehbar; einzuziehen(d); *chèque* einlösbar

encaisse [ãkɛs] *f* Kassenbestand *m*

encaissé [ãkεse] *adj* ⟨~e⟩ *vallée* tief einge-
schnitten

encaissement [ãkεsmã] *m* (Ein)Kassieren *n*;
Inkasso *n*; *d'un chèque* Einlösung *f*

encaisser [ãkese] *v/t* **1.** FIN (ein)kassieren; ein-
ziehen; vereinahmen; *chèque* einlösen **2.** F *fig
coups, etc* einstecken (müssen); F kassieren;
savoir encaisser F hart im Nehmen sein **3.**
F *fig* **ne pas pouvoir encaisser qn** j-n nicht
ausstehen können

encaisseur [ãkεsœr] *m* Inkassobeauftragte(r)
m; Kassenbote *m*

encanailler [ãkanaje] *v/pr* **s'encanailler** sich
mit dem Pöbel gemein machen

encart [ãkar] *m* Beilage *f*; **encart publicitaire**
Werbebeilage *f*

en-cas *ou* **encas** [ãka] *m* ⟨*inv*⟩ kleiner Imbiss

encastrable [ãkastrabl] *m* Einbauelement *n*,
-möbel *n*

encastrement [ãkastrəmã] *m* Einbau *m*; Ein-
lassen *n*

encastrer [-e] **I** *v/t* einbauen, einlassen (**dans** in
+ *acc*) **II** *v/pr* **s'encastrer** sich einfügen; einge-
lassen sein

encaustique [ãkɔstik] *f* Bohnerwachs *n*; (Mö-
bel)Politur *f*

encaustiquer [-e] *v/t parquet* bohnern; *meuble*
polieren

▸ **enceinte**[1] [ãsɛ̃t] *adj f* schwanger; **femme en-
ceinte** Schwangere *f*; **être enceinte de quatre
mois** im fünften Monat (schwanger) sein

enceinte[2] *f* **1.** FORTIF Ring-, Umfassungsmauer
f; *d'une ville* Stadtmauer *f* **2.** (*espace clos*) ab-
geschlossener Bereich **3.** **enceinte** (**acousti-
que**) (Lautsprecher)Box *f*; Lautsprechergrup-
pe *f*

encens [ãsã] *m* Weihrauch *m*; **bâtons** *m/pl*
d'encens Räucherstäbchen *n/pl*

encensement [ãsãsmã] *m* REL Beräucherung *f*;
Inzensation *f*

encenser [-e] *v/t* **1.** REL (mit Weihrauch) beräu-
chern **2.** *fig* beweihräuchern

encensoir [-war] *m* (Weih)Rauchfass *n*

encéphale [ãsefal] *m* Gehirn *n*

encerclement [ãsεrklɔmã] *m* Einkreisung *f*;
Umzingelung *f*; MIL *a* Einschließung *f*; Einkes-
selung *f*

encercler [ãsεrkle] *v/t* einkreisen; umzingeln;
MIL *a* einschließen; einkesseln

enchaîné [ãʃene] *m* CIN Überblendung *f*

enchaînement [ãʃεnmã] *m* **1.** *d'idées* Verbin-
dung *f*; Verknüpfung *f*; *de circonstances* Ver-
kettung *f* **2.** *dans un spectacle* Überleitung *f*

enchaîner [ãʃene] **I** *v/t* **1.** *prisonnier* in Ketten
legen; anketten (*a chien*) **2.** *idées* verbinden;
verknüpfen **II** *v/i dans la conversation* (rasch)
fortfahren (**sur qc** mit etw); CIN überblenden
III *v/pr* **s'enchaîner** *épisodes* ineinandergrei-
fen; aufeinanderfolgen

enchanté [ãʃãte] *adj* ⟨~e⟩ **1.** (*magique*) Zau-
ber… **2.** *fig* **être enchanté** begeistert, entzückt
sein (**de** von) **3.** **enchanté!** sehr erfreut!; (sehr)
angenehm!

enchantement [ãʃãtmã] *m* Zauber *m*, Verzau-
berung *f* (*a fig*); *fig a* Entzücken *n*; Wonne (*a
chose*); **comme par enchantement** wie von
Zauberhand

enchanter [ãʃãte] *v/t* verzaubern; *fig a* bezau-

bern; entzücken; begeistern

enchanteur [ãʃãtœr], **enchanteresse** [ãʃã-
trεs] **I** *m,f* Zauberer *m*, Zauberin *f* **II** *adj* zau-
berhaft; bezaubernd

enchâsser [ãʃase] *v/t* **1.** *pierre précieuse* fassen
2. *par ext* einsetzen (**dans** in + *acc*)

enchère [ãʃεr] *f* (Mehr)Gebot *n*; **vente** *f* **aux
enchères** Versteigerung *f*; Auktion *f*; **vendre
aux enchères** versteigern

enchérir [ãʃerir] *v/t/indir* **enchérir sur qn, qc**
j-n, etw überbieten

enchérisseur [ãʃerisœr] *m* Bieter *m*; Steigerer
m

enchevêtrement [ãʃ(ə)vεtrəmã] *m* Gewirr *n*;
(wirres) Durcheinander

enchevêtrer [ãʃ(ə)vetre] **I** *v/t fils*, *fig* verwir-
ren; verwickeln; durcheinanderbringen **II**
v/pr **s'enchevêtrer** sich verwirren; sich verwi-
ckeln; sich verheddern

enclave [ãklav] *f* Enklave *f*

enclavé [ãklave] *adj* ⟨~e⟩ umschlossen (**dans**
von)

enclaver [ãklave] *v/t* **1.** *territoire* einschließen;
umschließen **2.** (*encastrer*) einpassen, -fügen

enclenchement [ãklãʃmã] *m* TECH Einrücken
n; Einrasten *n*; Einschalten *n*

enclencher [ãklãʃe] **I** *v/t* **1.** TECH einrücken; *vi-
tesse* einschalten **2.** *fig* in Gang bringen **II** *v/pr*
s'enclencher einrasten

enclin [ãklɛ̃] *adj* ⟨-**ine** [-in]⟩ **enclin à qc** zu etw
neigend; **être enclin à** (+ *inf*) geneigt sein, da-
zu neigen zu (+ *inf*)

enclore [ãklɔr] *v/t* ⟨→ *clore*⟩ *st/s* einfrieden;
umfrieden

enclos [ãklo] *m* **1.** *terrain* eingezäuntes, einge-
friedetes Stück Land **2.** (*clôture*) Einfriedung
f; Umzäunung *f*

enclume [ãklym] *f* Amboss *m*

encoche [ãkɔʃ] *f* Kerbe *f*; Einschnitt *m*

encocher [ãkɔʃe] *v/t* **1.** (ein-, aus)kerben **2.** *flè-
che* auflegen

encoder [ãkɔde] *v/t* (en)kodieren

encoignure [ãkɔɲyr, ãkwaɲyr] *f* Ecke *f*; Win-
kel *m*

encollage [ãkɔlaʒ] *m* Leimen *n*, Leimung *f*

encoller [-e] *v/t papier peint* einkleistern

encolleuse [-øz] *f* Leim-, Klebemaschine *f*

encolure [ãkɔlyr] *f* **1.** *du cheval* Hals *m*; TURF
Halslänge *f* **2.** COUT (*tour de cou*) Hals-, Kra-
genweite *f*; *d'un vêtement* (Hals)Ausschnitt *m*

encombrant [ãkõbrã] *adj* ⟨-**ante** [-ãt]⟩ **1.** sper-
rig; unhandlich; platzraubend **2.** *fig* störend;
lästig

encombre [ãkõbr] **sans encombre** ohne Zwi-
schenfälle; glatt

encombrement [ãkõbrəmã] *m* **1.** *de véhicules*
Verkehrsstau *m*, -stockung *f* **2.** *fig* Überfüllung
f; TÉL Überlastung *f* **3.** (*dimensions*) Abmes-
sungen *f/pl*

encombrer [ãkõbre] **I** *v/t* **1.** *rue*, *couloir, etc* ver-
sperren; *rue a* verstopfen; *table* überhäufen
(**de** mit) **2.** *fig* **encombré** *profession* überlau-
fen; überfüllt; TÉL überlastet **II** *v/pr* **s'encom-
brer** sich belasten (**de** mit) (*a fig*)

encontre [ãkõtr] **aller à l'encontre de qc** im
Gegensatz zu etw stehen; e-r Sache (*dat*) zuwi-
derlaufen

encorbellement [ãkɔrbεlmã] *m* Auskragung *f*;

Erker *m*

encorder [ãkɔʀde] *v/pr* **s'encorder** sich anseilen

▸ **encore** [ãkɔʀ] **I** *adv* **1.** *temporel* noch; immer noch; **pas encore** noch nicht **2.** (*de nouveau*) (schon) wieder; nochmals **3.** (*en plus*) noch (mehr); **encore plus grand** noch größer **4.** *restrictif* **si encore** wenn wenigstens; **et encore!** höchstens!; und vielleicht (noch) nicht mal das!; **encore faut-il** allerdings muss man **II** *conj litt* **encore que** (+ *subj*) obschon; obgleich

encorner [ãkɔʀne] *v/t* auf die Hörner nehmen; mit den Hörnern verletzen

encornet [ãkɔʀnɛ] *m* Gemeiner Kalmar

encourageant [ãkuʀaʒã] *adj* ⟨**-ante** [-ãt]⟩ ermutigend

encouragement [ãkuʀaʒmã] *m* **1.** Ermutigung *f*; Er-, Aufmunterung *f* **2.** *de projets* Förderung *f*

▸ **encourager** [ãkuʀaʒe] *v/t* ⟨**-ge-**⟩ **1.** **encourager qn** j-n ermutigen; j-m Mut machen; SPORTS j-n anfeuern; **encourager qn à** (**faire**) **qc** j-n zu etw ermutigen, ermuntern **2.** *talent, projet* fördern

encourir [ãkuʀiʀ] *v/t* ⟨→ **courir**⟩ **encourir qc** mit etw rechnen müssen

encrage [ãkʀaʒ] *m* TYPO Einfärben *n*

encrassement [ãkʀasmã] *m* Verschmutzung *f*; *par la suie* Verrußen *n*

encrasser [ãkʀase] **I** *v/t* verschmutzen **II** *v/pr* **s'encrasser** verschmutzen; AUTO *bougie* verrußen

▸ **encre** [ãkʀ] *f* **1.** Tinte *f* **2.** **encre de Chine** Tusche *f*

encrer [ãkʀe] *v/t* einfärben; Druckerschwärze auftragen auf (+*acc*)

encreur [ãkʀœʀ] *adj* ⟨*m*⟩ **tampon encreur** Stempelkissen *n*

encrier [ãkʀije] *m* Tintenfass *n*

encroûté [ãkʀute] *adj* ⟨~e⟩ krustig; verkrustet

encroûtement [ãkʀutmã] *m* **1.** Verkrustung *f* **2.** *fig* Verknöcherung *f*; Festgefahrensein *n* (*dans* in +*dat*)

encroûter [ãkʀute] *v/pr* **s'encroûter 1.** sich mit e-r Kruste überziehen **2.** *fig* verkrusten; verknöchern; festgefahren sein (*dans* in + *dat*)

enculé [ãkyle] *m injure* P Arschloch *n*

enculer [ãkyle] *v/t injure* **va te faire enculer!** P verpiss dich!

enculeur [ãkylœʀ] *m* P **enculeur de mouches** P Korinthenkacker *m*

encyclique [ãsiklik] *f* Enzyklika *f*

encyclopédie [ãsiklɔpedi] *f* Enzyklopädie *f*; Konversationslexikon *n*; *pour un domaine* Reallexikon *n*; Sachwörterbuch *n*

encyclopédique [-ik] *adj* enzyklopädisch

encyclopédiste [ãsiklɔpedist] *m* Verfasser *m* e-r, Mitarbeiter *m* an e-r Enzyklopädie

endémie [ãdemi] *f* Endemie *f*

endémique [-ik] *adj* **1.** MÉD endemisch **2.** *fig* ständig; dauernd

endetté [ãdete] *adj* ⟨~e⟩ verschuldet (**de dix mille euros** mit zehntausend Euro)

endettement [ãdɛtmã] *m* Verschuldung *f*

endetter [ãdete] *v/pr* **s'endetter** sich verschulden

endeuiller [ãdœje] *v/t* in Trauer versetzen

endiablé [ãdjable] *adj* ⟨~e⟩ wild

endiguer [ãdige] *v/t* **1.** *fleuve* eindeichen **2.** *fig* eindämmen

endimanché [ãdimãʃe] *adj* ⟨~e⟩ festlich, sonntäglich gekleidet; im Sonntagsstaat

endimancher [ãdimãʃe] *v/pr* **s'endimancher** s-e Sonntagskleider anziehen; sich festlich kleiden

endive [ãdiv] *f* Chicorée *f ou m*

endocrine [ãdɔkʀin] *adj* PHYSIOLOGIE endokrin; innersekretorisch

endocrinien [-jɛ̃] *adj* ⟨**-ienne** [-jɛn]⟩ endokrin; der innersekretorischen Drüsen

endoctrinement [ãdɔktʀinmã] *m péj* Indoktrinierung *f*

endoctriner [-e] *v/t péj* indoktrinieren

endolori [ãdɔlɔʀi] *adj* ⟨~e⟩ schmerzend

endommagement [ãdɔmaʒmã] *m* Beschädigung *f*

endommager [-e] *v/t* ⟨**-ge-**⟩ *objet* beschädigen; *récoltes* schaden (+ *dat*)

endormant [ãdɔʀmã] *adj* ⟨**-ante** [-ãt]⟩ *paroles, bruits* einschläfernd; *par ext discours, orateur* zum Einschlafen (langweilig)

endormi [ãdɔʀmi] **I** *adj* ⟨~e⟩ **1.** (*qui dort*) schlafend; **encore tout endormi** noch ganz schläfrig, verschlafen **2.** *fig* verschlafen; träge **II** **endormi(e)** *m(f) fig* F Schlafmütze *f*

▸ **endormir** [ãdɔʀmiʀ] ⟨→ **dormir**⟩ **I** *v/t* **1.** *enfant* zum Schlafen bringen; *chaleur, fig musique, etc* **endormir qn** j-n einschläfern; j-n schläfrig machen; auf j-n einschläfernd wirken **2.** (*anesthésier*) betäuben **II** *v/pr* **s'endormir 3.** einschlafen (*a fig*) **4.** *st/s* (*mourir*) *st/s* entschlafen

endormissement [ãdɔʀmismã] *m* Einschlafen *n*

endoscope [ãdɔskɔp] *m* Endoskop *n*

endoscopie [-i] *f* Endoskopie *f*

endossable [ãdɔsabl] *adj* FIN indossierbar; übertragbar; girierbar

endossataire [ãdɔsatɛʀ] *m* FIN Indossat(ar) *m*; Girat(ar) *m*

endossement [ãdɔsmã] *m* FIN Giro *n*; Indosso *n*

endosser [ãdose] *v/t* **1.** *vêtement* an-, überziehen **2.** *fig responsabilité* auf sich (*acc*) nehmen, *conséquences* geradestehen für; **faire endosser qc à qn** j-n für etw geradestehen lassen; j-m etw aufbürden **3.** FIN indossieren; girieren

endosseur [ãdosœʀ] *m* FIN Indossant *m*; Girant *m*

▸ **endroit** [ãdʀwa] *m* **1.** Stelle *f* (*a d'un livre, du corps*); Ort *m*; Platz *m*; **par endroits** stellenweise **2.** *d'un tissu* rechte Seite; Oberseite *f*; ▸ **à l'endroit** auf der rechten Seite; rechts

enduire [ãdɥiʀ] ⟨→ **conduire**⟩ **I** *v/t* bestreichen (**de** mit) **II** *v/pr* **s'enduire de qc** sich mit etw einreiben

enduit [ãdɥi] *m* **1.** *sur un mur* (Ver)Putz *m* **2.** (*revêtement*) Belag *m*; Überzug *m*

endurable [ãdyʀabl] *adj* erträglich

endurance [-ãs] *f* Ausdauer *f*

endurant [-ã] *adj* ⟨**-ante** [-ãt]⟩ ausdauernd; zäh

endurci [ãdyʀsi] *adj* ⟨~e⟩ *célibataire* eingefleischt; *criminel* hartgesotten

endurcir [ãdyʀsiʀ] **I** *v/t* **1.** *physiquement* abhärten **2.** *fig qn* hart machen; *cœur* verhärten **II**

v/pr **s'endurcir 3.** sich abhärten (**au froid** gegen Kälte) **4.** fig hart ou gleichgültig werden; abstumpfen
endurcissement [ãdyʀsismã] m **1.** à la douleur Abhärtung f **2.** fig **a**) au malheur Abstumpfung f **b**) du cœur Verhärtung f; Verstocktheit f
endurer [ãdyʀe] v/t ertragen; aushalten; souffrances a erdulden
énergétique [enɛʀʒetik] adj Energie…; phys a energetisch; **aliment** m **énergétique** Energiespender m
▸ **énergie** [enɛʀʒi] f **1.** Energie f; **énergie atomique, nucléaire** Atom-, Kernenergie f, -kraft f **2.** d'une personne Energie f; Tatkraft f
énergique [enɛʀʒik] adj energisch; personne a tatkräftig; protestation a nachdrücklich; poignée de main a kraftvoll
énergisant [enɛʀʒizã] adj ⟨-ante [-ãt]⟩ belebend; boisson erfrischend
énergumène [enɛʀgymɛn] m,f verrückter Kerl; überspannte Person
énervant [enɛʀvã] adj ⟨-ante [-ãt]⟩ nervenaufreibend; entnervend; zermürbend
énervé [enɛʀve] adj ⟨~e⟩ aufgeregt; nervös
énervement [enɛʀvəmã] m Nervosität f; Erregtheit f; Aufregung f
énerver [enɛʀve] **I** v/t **énerver qn** j-n nervös machen; j-m auf die Nerven gehen; F j-n nerven **II** v/pr ▸ **s'énerver** sich auf-, erregen; nervös werden
▸ **enfance** [ãfãs] f **1.** Kindheit f; Kinderzeit f; Kindesalter n; **petite enfance** frühe Kindheit; **protection** f **de l'enfance** Kinder-, Jugendschutz m; **dans mon enfance** in, während meiner Kindheit; **dès l'enfance** von Kind an ou auf; von Kindheit an; von klein auf; **avoir eu une enfance heureuse** e-e glückliche Kindheit gehabt haben; **retomber en enfance** (wieder) kindisch werden **2.** fig Anfänge m/pl; F **c'est l'enfance de l'art** das ist kinderleicht
▸ **enfant** [ãfã] **I** m Kind n; **enfant adoptif** Adoptivkind n; **enfant de chœur** Ministrant m; Chorknabe m; fig Unschuldslamm n; **couple** m **sans enfants** kinderloses Ehepaar; **attendre un enfant** ein Kind erwarten; fig **faire l'enfant** sich wie ein Kind aufführen **II** f (kleines) Mädchen **III** adj **1.** **bon enfant** ⟨inv⟩ gutmütig; ambiance gemütlich **2.** **étant enfant** ou **tout enfant** als Kind
enfantement [ãfãtmã] m **1.** litt (accouchement) litt Niederkunft f **2.** fig et st/s Geburt f; Entstehung f
enfanter [ãfãte] litt v/t **1.** litt niederkommen (mit) **2.** fig hervorbringen
enfantillage [ãfãtijaʒ] m Kinderei f
enfantin [ãfãtɛ̃] adj ⟨-ine [-in]⟩ **1.** kindlich; Kinder… **2.** (facile) kinderleicht **3.** péj (puéril) kindisch
enfant-soldat m ⟨**enfants-soldats**⟩ Kindersoldat m
enfariné [ãfaʀine] adj ⟨~e⟩ F fig **arriver le bec enfariné,** P **la gueule enfarinée** (naiv) siegessicher auftreten
▸ **enfer** [ãfɛʀ] m **1.** rel, fig Hölle f; **d'enfer** Höllen…; höllisch; F super; toll; fig **bruit** m **d'enfer** Höllenlärm m; **aller en enfer** in die Hölle kommen **2.** myth **enfers** pl Unterwelt f
▸ **enfermer** [ãfɛʀme] **I** v/t einschließen, person-

ne, animal a einsperren (**dans** in + acc ou dat); chose a wegschließen **II** v/pr **s'enfermer 1.** sich einschließen **2.** fig **s'enfermer dans une attitude** sich auf e-e Haltung zurückziehen
enferrer [ãfɛʀe] v/pr fig **s'enferrer dans qc** sich in etw (acc) verwickeln
enfiévrer [ãfjevʀe] v/t ⟨-è-⟩ fig erregen; erhitzen; fiebern lassen
enfilade [ãfilad] f lange Reihe; de maisons, de salles Flucht f
enfiler [ãfile] **I** v/t **1.** perles aufreihen; **enfiler une aiguille** e-e Nadel, den Faden einfädeln **2.** vêtement (sich [dat]) überziehen, überstreifen; hineinschlüpfen in (+ acc) **II** v/pr **s'enfiler 3.** F nourriture F sich (dat) reinziehen **4.** **s'enfiler dans une rue** rasch in e-e Straße einbiegen
▸ **enfin** [ãfɛ̃] adv **1.** (à la fin) endlich; schließlich; zuletzt; **viens enfin!** komm endlich! **2.** conclusion kurzum **3.** résignation nun ja **4.** restriction das heißt
enflammé [ãflame] adj ⟨~e⟩ **1.** (en flammes) brennd **2.** méd entzündet **3.** fig flammend
enflammer [ãflame] **I** v/t **1.** (allumer) in Brand setzen; anstecken **2.** fig visage röten **3.** fig entflammen; personne a mitreißen; begeistern **II** v/pr **s'enflammer 4.** (prendre feu) sich entzünden; in Brand geraten; Feuer fangen **5.** méd sich entzünden **6.** fig entflammen (**pour** für)
enflé [ãfle] adj ⟨~e⟩ (an)geschwollen
enfler [ãfle] **I** v/i anschwellen **II** v/pr **s'enfler** fig voix anschwellen
enflure [ãflyʀ] f **1.** Schwellung f **2.** fig F Trottel m
enfoiré(e) [ãfwaʀe] m(f) injure P Arschloch n
enfoncé [ãfõse] adj ⟨~e⟩ yeux tief liegend
enfoncement [ãfõsmã] m **1.** d'un clou Einschlagen n; d'un pieu Einrammen n **2.** d'une porte Eindrücken n; Einstoßen n; mil Durch-, Einbruch m **3.** (creux) Vertiefung f
enfoncer [ãfõse] ⟨-ç-⟩ **I** v/t **1.** clou einschlagen; punaise, bouchon hineindrücken; pieu einrammen; **enfoncer son chapeau sur les yeux** (sich [dat]) den Hut (tief) ins Gesicht drücken; ziehen; F fig **enfoncer qc dans le crâne de qn** j-m etw einhämmern; F einbläuen; F eintrichtern **2.** porte, etc eindrücken; F fig **enfoncer qn** (battre) j-n schlagen; (surpasser) j-n ausstechen **II** v/i **3.** einsinken **III** v/pr **4.** **s'enfoncer une épine** (**dans la peau**) sich (dat) e-n Dorn einziehen **5.** bateau **s'enfoncer** (ver)sinken; **s'enfoncer dans la neige** im Schnee ein-, versinken **6.** (pénétrer) **s'enfoncer** (tief) vor-, eindringen (**dans** in + acc)
enfouir [ãfwiʀ] v/t vergraben (a fig); eingraben
enfouissement [ãfwismã] m Ver-, Eingraben n
enfourcher [ãfuʀʃe] v/t vélo, cheval besteigen; steigen auf (+ acc)
enfournement [ãfuʀnmã] m de pain Einschießen n
enfourner [-e] v/t **1.** pain in den Ofen schieben **2.** F fig (avaler) F verspachteln; F verputzen
enfreindre [ãfʀɛ̃dʀ] v/t ⟨→ **peindre**⟩ zuwiderhandeln (+ dat); übertreten
▸ **enfuir** [ãfɥiʀ] v/pr ⟨→ **fuir**⟩ **s'enfuir 1.** fliehen; flüchten; (se sauver) davonlaufen **2.** fig st/s dahinschwinden (a temps)
enfumage [ãfymaʒ] m d'abeilles Ausräuchern

n, -ung *f*

enfumé [ɑ̃fyme] *adj* ⟨**~e**⟩ *pièce* verräuchert; F verqualmt; voll(er) Rauch, Qualm

enfumer [ɑ̃fyme] *v/t pièce* verräuchern; F verqualmen; *enfumer qn* j-n einräuchern

engagé [ɑ̃gaʒe] **I** *adj* ⟨**~e**⟩ engagiert **II** *m* MIL Freiwillige(r) *m*; Zeitsoldat *m*

engageant [ɑ̃gaʒɑ̃] *adj* ⟨**-ante** [-ɑ̃t]⟩ *sourire* gewinnend; *offre* verlockend

engagement [ɑ̃gaʒmɑ̃] *m* **1.** (*obligation*) Verpflichtung *f* (*envers qn* gegenüber j-m); bindende Zusage; *sans engagement* unverbindlich; *prendre un engagement* e-e Verpflichtung eingehen, übernehmen **2.** (*embauche*) Ein-, Anstellung *f*; THÉ Engagement *n*; MIL freiwillige Verpflichtung **3.** *d'un écrivain, etc* Engagement *n*

engager [ɑ̃gaʒe] ⟨**-ge-**⟩ **I** *v/t* **1.** (*mettre en gage*) verpfänden (*a fig sa parole*); *fig engager l'avenir* die Weichen für die Zukunft stellen **2.** (*obliger*) *engager qn* (*à qc*) j-n (zu etw) verpflichten; *par ext* (*exhorter*) *engager qn à qc* j-n zu etw anhalten, veranlassen **3.** (*embaucher*) an-, einstellen; THÉ engagieren; verpflichten **4.** (*introduire*) einführen, einlegen, *clé* hineinstecken (*dans* in + *acc*); *véhicule* hineinfahren, -steuern, -manövrieren **5.** *argent* hineinstecken (*dans* in + *acc*); *capitaux* einsetzen **6.** (*commencer*) *négociations* einleiten; aufnehmen; eintreten in (+ *acc*) (*a discussion*); *conversation* anknüpfen; beginnen; *combat* eröffnen **II** *v/pr* **7.** *s'engager à* (*faire*) *qc* sich zu etw verpflichten; sich verpflichten, etw zu tun **8.** *écrivain, etc s'engager* sich engagieren **9.** *s'engager* MIL sich freiwillig verpflichten; *par ext* e-e Stelle annehmen (*comme chauffeur* als Chauffeur) **10.** *vehicule s'engager dans qc* in etw (*acc*) einbiegen, hineinfahren **11.** *fig* (*se lancer*) *s'engager dans qc* sich auf etw (*acc*) einlassen **12.** (*commencer*) beginnen; anfangen

engeance [ɑ̃ʒɑ̃s] *f péj* Gesindel *n*; Gelichter *n*; Brut *f*

engelure [ɑ̃ʒlyr] *f* Frostbeule *f*

engendrer [ɑ̃ʒɑ̃dre] *v/t* **1.** *enfant* zeugen **2.** (*causer*) erzeugen; hervorbringen; nach sich ziehen

engin [ɑ̃ʒɛ̃] *m* **1.** Gerät *n*; Maschine *f*; *engin spatial* Raumfahrzeug *n* **2.** MIL Rakete *f* **3.** F *péj* Ding *n*; F Apparat *m*

engineering [ɛnʒiniriŋ] *m* → *ingénierie*

englober [ɑ̃globe] *v/t* umfassen; einschließen; einbeziehen (*dans* in + *acc*)

engloutir [ɑ̃glutir] *v/t* verschlingen (*a fig navire, somme*); hinunterschlingen

engloutissement [-ismɑ̃] *m* **1.** Verschlingen *n* **2.** Verschwinden *n*; *d'un navire, d'une ville* Untergehen *n*; Versinken *n*

engluage [ɑ̃glyaʒ] *m* Bestreichen *n* mit Leim, Baumwachs

engluer [ɑ̃glye] **I** *v/t* klebrig machen **II** *v/pr fig s'engluer dans qc* sich in etw (*dat*) festfahren

engoncé [ɑ̃gõse] *adj* ⟨**~e**⟩ *engoncé dans un vêtement* eingezwängt in (+ *acc*); steckend in (+ *dat*)

engoncer [ɑ̃gõse] *v/t* ⟨**-ç-**⟩ *manteau* unförmig, plump machen

engorgement [ɑ̃gɔrʒəmɑ̃] *m* **1.** *d'un conduit* Verstopfung *f* **2.** MÉD Stauung *f* **3.** *du marché* Überschwemmung *f*

engorger [ɑ̃gɔrʒe] *v/t* ⟨**-ge-**⟩ verstopfen; MÉD *a* verschleimen

engouement [ɑ̃gumɑ̃] *m* Schwärmerei *f* (*pour* für)

engouer [ɑ̃gwe] *v/pr s'engouer de* schwärmen, sich begeistern für

engouffrer [ɑ̃gufre] **I** *v/t* F *nourriture* verschlingen; F verdrücken **II** *v/pr s'engouffrer* **1.** *vent* sich verfangen (*dans* in + *dat*); fegen (durch) **2.** *foule* strömen, sich ergießen, sich hineindrängen (*dans* in + *acc*); *individus* verschwinden (in + *dat*)

engourdi [ɑ̃gurdi] *adj* ⟨**~e**⟩ *membres* gefühllos; taub; eingeschlafen; *de froid* klamm; starr; steif

engourdir [ɑ̃gurdir] **I** *v/t* **1.** *membres* gefühllos, taub machen; *par le froid* klamm, steif, starr werden lassen **2.** *fig* träge, schlaff, benommen machen **II** *v/pr s'engourdir* taub, gefühllos werden; einschlafen

engourdissement [ɑ̃gurdismɑ̃] *m* **1.** *des membres* Gefühllosigkeit *f*; Erstarrung *f* **2.** *fig* Betäubung *f*; Benommenheit *f*

engrais [ɑ̃grɛ] *m* Dünger *m*; *engrais chimique* Kunstdünger *m*

engraissage [ɑ̃grɛsaʒ] *m ou* **engraissement** [-mɑ̃] *m* Mast *f*; Mästen *n*

engraisser [ɑ̃grɛse] **I** *v/t* **1.** *animaux* mästen **2.** *terres* düngen **II** *v/i* dick, fett werden; Fett ansetzen **III** *v/pr fig s'engraisser* sich bereichern

engranger [ɑ̃grɑ̃ʒe] *v/t* ⟨**-ge-**⟩ *récolte* einfahren (*a fig*); einbringen

engrenage [ɑ̃grənaʒ] *m* **1.** TECH (Zahnrad)Getriebe *n* **2.** *fig* Räderwerk *n*; Maschinerie *f*; *l'engrenage de la violence* die Spirale der Gewalt

engrosser [ɑ̃grose] P *v/t* F ein Kind andrehen (*qn* j-m)

engueulade [ɑ̃gœlad] F *f* **1.** F Anschnauzer *m*; F Anpfiff *m*; P Anschiss *m* **2.** (*dispute*) F Krach *m*

engueuler [ɑ̃gœle] F **I** *v/t* F anschnauzen; F zusammenstauchen; F anpfeifen; *engueuler qn comme du poisson pourri* P j-n zusammenscheißen, zur Sau machen; *se faire engueuler* F eins auf den Deckel kriegen **II** *v/pr s'engueuler* sich anschreien, anbrüllen, F anschnauzen

enguirlander [ɑ̃girlɑ̃de] *v/t* F → *engueuler*

enhardir [ɑ̃ardir] **I** *v/t* kühn, mutig machen **II** *v/pr s'enhardir* kühn(er), mutig(er) werden (*jusqu'à faire qc* und etw tun)

énième [enjɛm] *adj* → *nième*

énigmatique [enigmatik] *adj* rätselhaft; geheimnisvoll

énigme [enigm] *f* Rätsel *n* (*a fig*)

enivrant [ɑ̃nivrɑ̃] *adj* ⟨**-ante** [-ɑ̃t]⟩ *alcool, parfum* berauschend; zu Kopf steigend; *parfum a* betäubend; *beauté* hinreißend; betörend

enivrement [ɑ̃nivrəmɑ̃] *m fig* Rausch *m*; Trunkenheit *f*; Taumel *m*

enivrer [ɑ̃nivre] *v/t* (*et v/pr s'enivrer*) sich) berauschen (*a fig*)

enjambée [ɑ̃ʒɑ̃be] *f* (großer, langer) Schritt

enjambement [ɑ̃ʒɑ̃bmɑ̃] *m* Enjambement *n*; Zeilensprung *m*

enjamber [ãʒãbe] *v/t* hinweggehen, -steigen, -schreiten über (+ *acc*); *fossé* überspringen; *pont: rivière* überspannen

enjeu [ãʒø] *m* ⟨~x⟩ **1.** *au jeu* Einsatz *m* **2.** *fig* (Streit)Gegenstand *m*; Sache *f* (, um die es geht); Thema *n*

enjoindre [ãʒwɛ̃dʀ] *v/t* ⟨→ **joindre**⟩ *st/s* **enjoindre à qn de** (+ *inf*) j-m gebieten zu (+ *inf*)

enjôlement [ãʒolmã] *m* Schöntun *n*; Schmeicheln *n*

enjôler [-e] *v/t* betören; umschmeicheln

enjôleur [-œʀ], **enjôleuse** [-øz] **I** *m,f* Schönredner(in) *m(f)* **II** *adj* verführerisch; betörend

enjolivement [ãʒɔlivmã] *m* **1.** Verzierung *f* **2.** *fig* Ausschmückung *f*; Schnörkel *m*

enjoliver [-e] *v/t* **1.** verzieren **2.** *fig récit* ausschmücken

enjoliveur [-œʀ] *m* Radkappe *f*

enjolivure [-yʀ] *f* (kleine) Verzierung; *sur un meuble, une écriture* Schnörkel *m*

enjoué [ãʒwe] *adj* ⟨~e⟩ heiter; fröhlich; unbeschwert

enjouement [ãʒumã] *m* Heiterkeit *f*; Unbeschwertheit *f*

enlacement [ãlasmã] *m* **1.** *de rubans* Geflecht *n* **2.** (*étreinte*) Umarmung *f*; Umschlingung *f*

enlacer [ãlase] *v/t* ⟨**-ç-**⟩ **I** *v/t* **1.** *qc* umranken; umwinden; umschlingen **2.** *qn* umarmen; umschlingen **II** *v/pr* **s'enlacer** *amoureux* sich umarmen, umschlingen; sich umschlungen halten

enlaidir [ãlediʀ] **I** *v/t* verunstalten; verschandeln **II** *v/i* hässlich, unansehnlich werden

enlaidissement [ãledismã] *m* Entstellung *f*; Verunstaltung *f*; Verschandelung *f*

enlevé [ãlve] *adj* ⟨~e⟩ schwungvoll ausgeführt

enlèvement [ãlɛvmã] *m* **1.** Abtransport *m*; Abholung *f*; **enlèvement des ordures** (**ménagères**) Müllabfuhr *f* **2.** JUR Entführung *f*

▸ **enlever** [ãlve] ⟨**-è-**⟩ **I** *v/t* **1.** (*emporter*) abholen; abtransportieren; wegschaffen, -bringen **2.** (*ôter*) wegnehmen; *panneau, etc* abmachen; F wegmachen; *tache* entfernen; beseitigen; F herausmachen; *saleté* wegputzen, -kehren, -wischen; *vêtement* ausziehen; ablegen; *chapeau* abnehmen; *amygdales* herausnehmen, F -machen; *clou* herausziehen **3.** (*kidnapper*) entführen **4.** (*s'emparer de*) MIL (ein)nehmen; SPORTS *première place*, POL *siège* erringen **5.** (*priver de*) *courage, illusions* nehmen, rauben (**à qn** j-m) **II** *v/pr* **s'enlever** *tache* heraus-, weggehen; *peinture* abgehen

enlisement [ãlizmã] *m* **1.** *dans le sable* Einsinken *n*; Steckenbleiben *n* **2.** *fig* Stocken *n*; Erlahmen *n*

enliser [ãlize] *v/pr* **s'enliser 1.** einsinken; *voiture a* stecken bleiben **2.** *fig enquête, etc* stecken bleiben; erlahmen, versanden

enluminure [ãlyminyʀ] *f* Buchmalerei *f*; Miniaturmalerei *f*; *œuvre a* Miniatur *f*

enneigé [ãneʒe] *adj* ⟨~e⟩ schneebedeckt; verschneit

enneigement [ãnɛʒmã] *m* Schneehöhe *f*; Schneeverhältnisse *n/pl*; **bulletin** *m* **d'enneigement** Schneebericht *m*

▸ **ennemi(e)** [ɛnmi] **I** *m(f)* Feind(in) *m(f)*; **ennemi public numéro un** Staatsfeind *m* Nummer eins; **attaquer, battre, vaincre l'ennemi** den Feind angreifen, schlagen, besiegen;

c'est son pire ennemi das ist sein ärgster, schlimmster Feind, sein Hauptfeind; **se faire des ennemis** sich (*dat*) Feinde machen, schaffen; **passer à l'ennemi** (zum Feind) überlaufen **II** *adj* feindlich; **frères ennemis** feindliche Brüder *m/pl*

ennième [ɛnjɛm] *adj* → **nième**

ennoblir [ãnɔbliʀ] *v/t fig* adeln

ennuager [ãnɥaʒe] *v/pr* ⟨**-ge-**⟩ **s'ennuager** *ciel* sich bewölken; sich (mit Wolken) bedecken

▸ **ennui** [ãnɥi] *m* **1.** *surtout pl* **ennuis** Ärger *m*; Unannehmlichkeiten *f/pl*; Schwierigkeiten *f/pl*; Ungelegenheiten *f/pl*; Verdruss *m*; **attirer, causer, faire des ennuis à qn** j-m Ärger *etc* machen, bereiten; **l'ennui, c'est que …** das Ärgerliche (an der Sache) ist, dass … **2.** (*lassitude*) Langeweile *f*

ennuyant [ãnɥijã] *adj* ⟨**-ante** [-ãt]⟩ → **ennuyeux**

ennuyé [ãnɥije] *adj* ⟨~e⟩ **1.** (*contrarié*) ärgerlich; verärgert **2.** (*dans l'embarras*) **je suis ennuyé** es ist mir unangenehm, peinlich **3.** (*soucieux*) besorgt; beunruhigt

▸ **ennuyer** [ãnɥije] ⟨**-ui-**⟩ **I** *v/t* **1.** (*contrarier*) **ennuyer qn** j-n stören, belästigen, ärgern, verdrießen; j-m lästig sein, werden, fallen **2.** (*lasser*) **ennuyer qn** j-n langweilen **3.** (*préoccuper*) **ennuyer qn** j-n beunruhigen; j-m Sorgen, Kummer machen **II** *v/pr* **4.** ▸ **s'ennuyer** sich langweilen **5.** **s'ennuyer de qn** j-n vermissen; sich nach j-m sehnen

▸ **ennuyeux** [ãnɥijø] *adj* ⟨**-euse** [-øz]⟩ **1.** (*désagréable*) ärgerlich; lästig; peinlich; unangenehm; unerquicklich; leidig **2.** (*inintéressant*) langweilig

énoncé [enɔse] *m* Darlegung *f*; LING Aussage *f*; JUR Wortlaut *m*; MATH Aufgabenstellung *f*

énoncer [-e] *v/t* ⟨**-ç-**⟩ aussprechen; formulieren; darlegen

énonciatif [enɔ̃sjatif] *adj* ⟨**-ive** [-iv]⟩ **proposition énonciative** Aussagesatz *m*

énoniation [enɔ̃sjasjõ] *f* Darlegung *f*; Formulierung *f*; Aussage *f*

enorgueillir [ãnɔʀgœjiʀ] **I** *v/t* stolz, *péj* überheblich machen **II** *v/pr* **s'enorgueillir de** stolz sein auf (+ *acc*); *péj* sich (*dat*) etwas einbilden auf (+ *acc*)

▸ **énorme** [enɔʀm] *adj* enorm; ungeheuer (groß *ou* dick); gewaltig; mächtig; riesig; *crime* ungeheuerlich

énormément [enɔʀmemã] *adv* **1.** enorm; ungeheuer **2.** **énormément de** (+ *subst*) ungeheuer viel(e)

énormité [enɔʀmite] *f* **1.** ungeheure Größe **2.** *parole ou action* Ungeheuerlichkeit *f*

enquérir [ãkeʀiʀ] *v/pr* ⟨→ **acquérir**⟩ *st/s* **s'enquérir de** sich erkundigen nach

▸ **enquête** [ãkɛt] *f* **1.** Untersuchung *f*; Enquete *f*; Erhebung *f*; (*sondage*) Umfrage *f*; Befragung *f*; **faire sa petite enquête** sich umhören **2.** JUR Ermittlungen *f/pl*; Untersuchung *f*

enquêter [ãkete] *v/i* ermitteln, e-e Untersuchung *ou* Umfrage durchführen (**sur qc** in e-r, über e-e Sache)

enquêteur [ãkɛtœʀ] *m* **1.** JUR Untersuchungsbeamte(r) *m* **2.** ÉCON Interviewer *m*

enquêteuse [ãkɛtøz] *v/i* JUR Untersuchungsbeamtin *f*

enquêtrice [-tʀis] *v/i* ÉCON Interviewerin *f*
enquiquinant [ãkikinã] F *adj* ⟨-ante [-ãt]⟩ →
embêtant
enquiquinement [-mã] F → **embêtement**
enquiquiner [-e] F *v/t* → **embêter**, **emmerder**
enquiquineur [ãkikinœʀ] F *m*, **enquiquineuse**
[-øz] F *f* F Nervensäge *f*
enraciné [ãʀasine] *adj* ⟨~e⟩ *personne* verwur-
zelt (**dans** mit); *préjugés* eingewurzelt
enracinement [ãʀasinmã] *m* **1.** BOT Einwurzeln
n; Anwachsen *n* **2.** *fig* Verwurzelung *f*; *état a*
Verwurzelt-, Verwachsensein *n*
enraciner [ãʀasine] *v/pr* **s'enraciner 1.** *plante*
einwurzeln; anwachsen **2.** *fig personne* Wur-
zeln schlagen; *habitude, etc* sich festsetzen
enragé [ãʀaʒe] *adj* ⟨~e⟩ **1.** *chien* tollwütig **2.** *fig*
leidenschaftlich; besessen; fanatisch; *subst*
un(e) enragé(e) de musique ein leidenschaft-
licher Musikfan
enrager [ãʀaʒe] *v/i* ⟨-ge-⟩ **j'enrage de** (+ *inf*)
es macht mich rasend, dass ich ...; **faire enra-
ger qn** j-n ärgern, reizen
enraiement [ãʀεmã] *m* → **enrayement**
enrayage [ãʀεjaʒ] *m d'une arme à feu* Lade-
hemmung *f*
enrayement [-mã] *m d'une épidémie, d'une cri-
se* Eindämmung *f*
enrayer [ãʀeje] ⟨-ay- *od* -ai-⟩ **I** *v/t* eindämmen;
aufhalten **II** *v/pr* **s'enrayer** *arme* Ladehem-
mung haben
enrégimenter [ãʀeʒimãte] *v/t* eingliedern, ein-
reihen (**dans** in + *acc*)
enregistrable [ãʀ(ə)ʒistʀabl] *adj faits* regis-
trierbar; *concert* einspielbar
enregistrement [ãʀeʒistʀəmã] *m* **1.** *de son*,
d'images Aufnahme *f* (*a résultat*); Aufzeich-
nung *f* **2.** JUR Eintragung *f*; Registrierung *f*
3. *de données, d'observations* Verzeichnung
f; Registrierung *f* **4. enregistrement des ba-
gages** Gepäckabfertigung *f*, -aufgabe *f*; AVIAT
se présenter à l'enregistrement einchecken
▸ **enregistrer** [ãʀeʒistʀe] *v/t* **1.** *son, images* auf-
nehmen; aufzeichnen; *disque a* einspielen **2.**
données, observations ver-, aufzeichnen; regis-
trieren; festhalten; vermerken; *qc dans sa mé-
moire* sich (*dat*) merken; sich (*dat*) einprägen;
registrieren; **enregistrer une commande** eine
Bestellung aufnehmen **3.** (*inscrire*) (in ein Re-
gister) eintragen; registrieren **4.** *bagages* abfer-
tigen; AVIAT einchecken; ▸ **faire enregistrer**
aufgeben **5.** *personne* **se faire enregistrer** ein-
checken
enregistreur [ãʀeʒistʀœʀ] **I** *adj* ⟨-euse [-øz]⟩
Registrier...; **caisse enregistreuse** Regist-
rierkasse *f* **II** *m* **enregistreur DVD** DVD-Re-
korder *m*
enrhumé [ãʀyme] *adj* ⟨~e⟩ erkältet; ver-
schnupft
enrhumer [-e] *v/pr* **s'enrhumer** sich erkälten;
e-n Schnupfen bekommen
enrichir [ãʀiʃiʀ] **I** *v/t* **1. enrichir qn** j-n reich
machen **2.** *collection, langue, etc* bereichern
(**de qc** um etw) **3.** *minerai, terre* anreichern
II *v/pr* **s'enrichir** reich werden; *péj* sich berei-
chern
enrichissant [ãʀiʃisã] *adj* ⟨-ante [-ãt]⟩ ge-
winnbringend; nutzbringend
enrichissement [ãʀiʃismã] *m* **1.** Reichwerden

n; *péj* Bereicherung *f* **2.** *d'une collection, etc*
Bereicherung *f*
enrobage [ãʀɔbaʒ] *m ou* **enrobement** [-mã] *m*
Umhüllung *f*; CUIS, PHARM Überziehen *n*; *de ci-
gares* Umrollen *n* mit dem Deckblatt
enrober [ãʀɔbe] *v/t* **1.** umhüllen; überziehen;
enrobé de chocolat mit Schokoladenüberzug
2. *fig* einkleiden (**de** in + *acc*); verbrämen (mit)
enrôlement [ãʀolmã] *m* **1.** HIST MIL Anwerbung
f; MAR Anheuerung *f*; Anmusterung *f* **2.** *fig*
Ein-, Beitritt *m*
enrôler [ãʀole] **I** *v/t* anwerben (**dans** für) **II** *v/pr*
s'enrôler eintreten (**dans** in + *acc*)
enroué [ãʀwe] *adj* ⟨~e⟩ heiser
enrouement [ãʀumã] *m* Heiserkeit *f*
enrouer [ãʀwe] *v/pr* **s'enrouer** heiser werden
enroulement [ãʀulmã] *m* **1.** *action* Herumwi-
ckeln *n*; *de rubans* Aufrollen *n*; Aufwickeln
n **2.** ÉLECT Wicklung *f*
enrouler [ãʀule] **I** *v/t* ein-, auf-, zusammenrol-
len; aufwickeln; **enrouler qc autour de qc** etw
um etw (herum)wickeln, schlingen **II** *v/pr*
s'enrouler sich auf-, zusammenrollen;
s'enrouler dans qc sich in etw (*acc*) (ein)wi-
ckeln
enrouleur [ãʀulœʀ] *m* AUTO **ceinture** *f* **à enrou-
leur** Automatikgurt *m*
enrubanner [ãʀybane] *v/t* mit e-m Band, mit
Bändern, mit e-r Schleife schmücken, verzie-
ren
ensablement [ãsabləmã] *m d'un port* Versan-
dung *f*; *par le vent* Sandverwehung *f*
ensabler [ãsable] *v/pr* **s'ensabler 1.** *port, etc*
versanden **2.** *véhicule* im Sand einsinken, ste-
cken bleiben
ensacher [ãsaʃe] *v/t ciment, grains* in Säcke
(ab)füllen, (ab)packen; *bonbons* in Tüten (ab)-
füllen, (ab)packen
ensanglanté [ãsãglãte] *adj* ⟨~e⟩ blutver-
schmiert; blutig
ensanglanter [ãsãglãte] *v/t* mit Blut ver-
schmieren, beflecken, besudeln (*a fig*)
▸ **enseignant** [ãsεɲã] **I** *adj* ⟨-ante [-ãt]⟩ **corps
enseignant** Lehrerschaft *f*; Lehrer *m/pl* **II en-
seignant(e)** *m(f)* Lehrkraft *f*; Lehrer(in) *m(f)*
enseigne [ãsεɲ] *f* **1.** Laden-, Firmenschild *n*;
enseigne publicitaire Reklameschild *n*; *fig*
être logé(s) à la même enseigne im gleichen
Boot sitzen **2.** *litt* **à telle enseigne que** sodass
sogar
▸ **enseignement** [ãsεɲmã] *m* **1.** Unterricht *m*;
institution Schul-, Unterrichtswesen *n*; **ensei-
gnement général** der Allgemeinbildung die-
nender Unterricht; **enseignement libre** *ou*
privé Privatschulwesen *n*; **enseignement pri-
maire** Grundschulwesen *n*; **enseignement
public** staatliches Schulwesen; **enseignement
secondaire** höheres Schulwesen; **enseigne-
ment supérieur** Hochschulwesen *n*; Hoch-
schulen *f/pl*; **enseignement technique, pro-
fessionnel** Fachschul-, Berufsschulunterricht
m ou -wesen *n*; **enseignement par correspon-
dance** Fernunterricht *m* **2.** *métier* Lehr(er)-
beruf *m*; Lehrfach *n*; **être dans l'ensei-
gnement** im Schuldienst sein **3.** (*leçon*) Lehre
f; **tirer des enseignements de qc** aus etw die
Lehre ziehen
▸ **enseigner** [ãsεɲe] *v/t* unterrichten (*abs ou* **qc**

etw); *enseigner qc à qn* j-n in etw (*dat*) unterrichten; F j-m etw beibringen; *par ext* j-n etw lehren

▸ **ensemble** [ãsãbl] **I** *adv* **1.** zusammen; miteinander; beisammen; (*en commun*) gemeinsam; ▸ *aller ensemble* zusammenpassen **2.** (*simultanément*) zugleich; gleichzeitig **II** *m* **3.** (*totalité*) Gesamtheit *f*; Ganze(s) *n*; *l'ensemble des professeurs* das Lehrerkollegium; die Lehrerschaft; *d'ensemble* Gesamt...; *dans l'ensemble* insgesamt; im (Großen und) Ganzen; alles in allem; *dans son ensemble* in s-r Gesamtheit **4.** (*harmonie*) Zusammenspiel *n*, -wirken *n*, -klang *m* **5.** MUS Ensemble *n* **6.** *d'édifices* Komplex *m*; Gruppe *f*; *grand ensemble* Großsiedlung *f*; Trabantenstadt *f* **7.** *de meubles* Garnitur *f*; Gruppe *f* **8.** COUT Ensemble *n*; Komplet *n* **9.** MATH Menge *f*; *théorie f des ensembles* Mengenlehre *f*
ensemblier [ãsãblije] *m* Innenarchitekt *m*
ensemencement [ãsmãsmã] *m* **1.** *d'un champ* Einsaat *f* **2.** *d'une rivière* Besetzen *n* mit Fischbrut
ensemencer [-e] *v/t* ⟨-ç-⟩ **1.** *champ* einsäen **2.** *rivière* mit Fischbrut besetzen
enserrer [ãseʀe] *v/t* (eng) umschließen
ensevelir [ãsəv(ə)liʀ] *v/t* **1.** *litt* (*enterrer*) begraben; bestatten **2.** *fig* (*recouvrir*) unter sich (*dat*) begraben; verschütten; *être enseveli* (*sous les décombres*) (unter den Trümmern) verschüttet, begraben werden *ou* sein **3.** *fig secret* verbergen; begraben
ensevelissement [ãsəv(ə)lismã] *m* **1.** *litt* (*enterrement*) Begräbnis *n*; Bestattung *f*; *litt* Grablegung *f*; *dans un linceul* Einhüllen *n* in ein Leichentuch **2.** *d'une ville* Begraben-, Verschüttetwerden *n*
ensoleillé [ãsɔleje] *adj* ⟨~e⟩ sonnig
ensoleillement [ãsɔlejmã] *m* Sonneneinstrahlung *f*; Sonnenschein *m*
ensoleiller [ãsɔleje] *v/t fig vie, journée* erhellen; Glanz bringen in (+*acc*); verschönern
▸ **ensommeillé** [ãsɔmeje] *adj* ⟨~e⟩ schläfrig; schlaftrunken
ensorcelant [ãsɔʀsəlã] *adj* ⟨-ante [-ãt]⟩ bezaubernd; betörend
ensorceler [ãsɔʀsəle] *v/t* ⟨-ll-⟩ **1.** verzaubern; verwünschen; verhexen **2.** *fig* bezaubern; betören
ensorceleur [-œʀ] *m*, **ensorceleuse** [-øz] *f* Verführer(in) *m(f)*; Hexe *f*
ensorcellement [ãsɔʀsɛlmã] *m* Verzauberung *f*
▸ **ensuite** [ãsɥit] *adv* dann; danach; darauf; nachher; hinterher
ensuivre [ãsɥivʀ] *v/pr* ⟨→ suivre; *déf*: nur *inf u* *3. Person sg u pl*⟩ *s'ensuivre* (*découler*) sich daraus ergeben; (*suivre*) darauf folgen; *et tout ce qui s'ensuit* und alles, was damit zusammenhängt
entacher [ãtaʃe] *v/t st/s honneur, réputation* beflecken; beschmutzen
entaille [ãtaj] *f* **1.** Einschnitt *m*; Kerbe *f* **2.** *blessure* (tiefe) e
entailler [ãtaje] **I** *v/t* TECH einschneiden **II** *v/pr* *s'entailler le doigt* sich (*dat*) tief in den Finger schneiden
entame [ãtam] *f* Anschnitt *m*

entamer [ãtame] *v/t* **1.** *réserves* anbrechen; *pain, rôti* anschneiden; *capital* angreifen **2.** CHIM angreifen; anfressen **3.** *fig optimisme, etc* erschüttern **4.** (*commencer*) beginnen, anfangen (*qc* etw *ou* mit etw); *discussion* einleiten; eröffnen; *conversation* anknüpfen
entartrage [ãtaʀtʀaʒ] *m* Ansatz *m*, Ablagerung *f* von Kesselstein
entartrer [ãtaʀtʀe] **I** *v/t* Kesselstein ablagern in, auf (+ *dat*) **II** *v/pr* *s'entartrer* Kesselstein ansetzen
entassement [ãtasmã] *m* **1.** Auf-, Anhäufung *f*; *résultat a* Haufen *m* **2.** *de personnes* Zusammenpferchen *n*; *état* Zusammengepferchtsein *n*
entasser [ãtase] **I** *v/t* **1.** *objets* auf-, anhäufen (*a fig*); (auf)stapeln **2.** *personnes* zusammenpferchen (*dans* in + *dat*) **II** *v/pr* *s'entasser* **3.** *objets* sich stapeln, türmen, (an)häufen, ansammeln **4.** *personnes* sich (dicht zusammen)drängen
entendement [ãtãdmã] *m* Verständnis *n*; *dépasser l'entendement* die Fassungskraft übersteigen
entendeur [ãtãdœʀ] *m* à *bon entendeur salut!* Sie wissen jetzt Bescheid!
▸ **entendre** [ãtãdʀ] ⟨→ rendre⟩ **I** *v/t* **1.** hören (*a abs*); *st/s* vernehmen; *j'ai mal entendu* ich habe mich verhört; *ne pas entendre qc a* etw überhören; *à l'entendre* wenn man ihn hört; s-n Reden nach; *j'ai entendu dire que ...* ich habe gehört, dass ...; *entendre qn dire qc* j-n etw sagen hören; hören, wie j etw sagt; *entendre parler de qn, de qc* von j-m, von etw (reden) hören; *se faire entendre* zu hören sein; *personne* sich (*dat*) Gehör verschaffen; → *Info bei* **hören 2.** (*écouter*) *concert, etc* (sich [*dat*]) anhören; *témoin* hören; vernehmen; *prières* erhören **3.** (*comprendre*) verstehen; *laisser entendre qc* (*à qn*) (j-m) etw zu verstehen geben; *entendre par* verstehen unter (+ *dat*); meinen mit **4.** *st/s* (*vouloir*) beabsichtigen; wollen **II** *v/pr* **5.** ▸ *s'entendre* (*bien, mal*) *avec qn* sich mit j-m (gut, schlecht) verstehen; *entendons-nous bien!* damit wir uns recht verstehen!; *s'entendre avec qn, sur qc* (*se mettre d'accord*) sich mit j-m, über etw (*acc*) verständigen; *s'entendre à qc* (*s'y connaître*) sich auf etw (*acc*) verstehen **6.** *bruit, etc* zu hören sein
entendu [ãtãdy] *adj* ⟨~e⟩ **1.** (*convenu*) abgemacht; (*c'est*) *entendu!* einverstanden!; abgemacht!; geht in Ordnung!; *bien entendu* natürlich; selbstverständlich; das versteht sich **2.** *air, sourire* des Einverständnisses
entente [ãtãt] *f* **1.** (*accord*) *processus* Verständigung *f*; *résultat* Übereinkommen *n*; Abmachung *f*; Absprache *f* (*a* ÉCON); POL Entente *f*; Bündnis *n* **2.** (*concorde*) Einvernehmen *n*; Eintracht *f*
entérinement [ãteʀinmã] *m* JUR *d'une expertise, etc* Bestätigung *f* (durch das Gericht)
entériner [-e] *v/t* billigen; gutheißen
▸ **enterrement** [ãtɛʀmã] *m* Beerdigung *f*; Bestattung *f*; *cérémonie a* Begräbnis *n*; *tête f d'enterrement* Leichenbittermiene *f*; Trauermiene *f*
▸ **enterrer** [ãteʀe] **I** *v/t* **1.** *mort* beerdigen; be-

graben; bestatten; zu Grabe tragen **2.** *cadavre, trésor* vergraben; *par ext* **être enterré sous les décombres** unter den Trümmern begraben werden *ou* (begraben) liegen **3.** *fig affaire, projets* begraben **II** *v/pr* **s'enterrer** *fig* sich vergraben (**en province** in der Provinz)

entêtant [ɑ̃tɛtɑ̃] *adj* ⟨**-ante** [-ɑ̃t]⟩ betäubend; zu Kopfe steigend

en-tête [ɑ̃tɛt] *m* ⟨**en-têtes**⟩ Briefkopf *m*

entêté [ɑ̃tete] *adj* ⟨**~e**⟩ eigensinnig; starrköpfig, -sinnig; F stur; dickköpfig

entêtement [ɑ̃tɛtmɑ̃] *m* Eigensinn *m*; Starrsinn *m*; F Sturheit *f*; Dickköpfigkeit *f*

entêter [ɑ̃tete] *v/pr* **s'entêter** eigensinnig werden; **s'entêter dans qc** eigensinnig auf etw (*dat*) beharren; **s'entêter à faire qc** sich darauf versteifen, etw zu tun

enthousiasmant [ɑ̃tuzjasmɑ̃] *adj* ⟨**-ante** [-ɑ̃t]⟩ begeisternd; hinreißend

enthousiasme [-m] *m* Begeisterung *f*; Enthusiasmus *m*

enthousiasmer [ɑ̃tuzjasme] **I** *v/t* begeistern; in Begeisterung versetzen **II** *v/pr* **s'enthousiasmer** sich begeistern (**pour** für)

enthousiaste [ɑ̃tuzjast] *adj* begeistert; enthusiastisch

entichement [ɑ̃tiʃmɑ̃] *m* Schwärmerei *f*; Vorliebe *f*

enticher [ɑ̃tiʃe] *v/pr* **s'enticher de** schwärmen für; sich vernarren in (+ *acc*)

▸ **entier** [ɑ̃tje] **I** *adj* ⟨**-ière** [-jɛʀ]⟩ **1.** ganz; **une année entière** ein ganzes, volles Jahr; **lait entier** Vollmilch *f*; **tout** ⟨*inv*⟩ **entier** ganz; **en entier** ganz; vollständig **2.** (*absolu*) völlig; uneingeschränkt; *confiance a* unbedingt **3.** (*intact*) ganz; unversehrt; *mystère* **rester entier** ungelöst bleiben **4.** *caractère* gerade; unbeugsam; direkt **II** *m* MATH Ganze(s) *n*

entièrement [ɑ̃tjɛʀmɑ̃] *adv* ganz; völlig; voll und ganz; gänzlich

entité [ɑ̃tite] *f* Gebilde *n*

entomologie [ɑ̃tɔmɔlɔʒi] *f* Insektenkunde *f*; *sc* Entomologie *f*

entonner [ɑ̃tɔne] *v/t* anstimmen; intonieren

entonnoir [ɑ̃tɔnwaʀ] *m* Trichter *m*

entorse [ɑ̃tɔʀs] *f* Verstauchung *f*; **se faire une entorse au pied** sich (*dat*) den Fuß verstauchen; *fig* **faire une entorse à** verstoßen gegen

entortiller [ɑ̃tɔʀtije] **I** *v/t* **1.** (ein)wickeln (**dans** in + *acc*) **2.** *fig* **entortiller qn** j-n beschwatzen, F einwickeln **II** *v/pr* **s'entortiller** sich wickeln (**autour de** um)

entourage [ɑ̃tuʀaʒ] *m* Umgebung *f*; Umfeld *n*

entouré [ɑ̃tuʀe] *adj* ⟨**~e**⟩ **1.** **entouré de** umgeben von **2.** *personne* (**très**) **entouré** sehr umschwärmt; viel bewundert; **être mal entouré** schlechte Ratgeber, Mitarbeiter haben

▸ **entourer** [ɑ̃tuʀe] **I** *v/t* **1.** umgeben (**de** mit); **entourer de, en rouge** rot umranden **2.** *personnes* **entourer qn** j-n umgeben; (ständig) um j-n herum sein; *par ext* (*s'occuper de qn*) j-m Zuwendung entgegenbringen; j-m zur Seite stehen **II** *v/pr* **s'entourer de** sich umgeben mit

entourloupette [ɑ̃tuʀlupɛt] F *f* (übler) Streich

entournure [ɑ̃tuʀnyʀ] *f* Ärmelausschnitt *m*; *fig* **être gêné aux entournures** sich unbehaglich fühlen; *financièrement* F knapp bei Kasse sein

entracte [ɑ̃tʀakt] *m* Pause *f*

entraide [ɑ̃tʀɛd] *f* (gegenseitige) Hilfe

entraider [ɑ̃tʀede] *v/pr* **s'entraider** einander, sich gegenseitig helfen

entrailles [ɑ̃tʀaj] *f/pl* **1.** (*viscères*) Eingeweide *pl* **2.** *fig* Innere(s) *n*; *litt* Schoß *m*

entrain [ɑ̃tʀɛ̃] *m* Schwung *m*; Temperament *n*

entraînant [ɑ̃tʀenɑ̃] *adj* ⟨**-ante** [-ɑ̃t]⟩ beschwingt; mitreißend; schwungvoll

▸ **entraînement** [ɑ̃tʀɛnmɑ̃] *m* **1.** Training *n* (*a* SPORTS); Schulung *f*; Übung *f* **2.** TECH Antrieb *m*

entraîner [ɑ̃tʀene] **I** *v/t* **1.** **entraîner qc** etw (mit sich) fortreißen; *etw* mitreißen; TECH etw antreiben **2.** **entraîner qn** j-n mitnehmen, *dans sa chute* mitreißen; *fig musique* j-n mitreißen; *fig passion* j-n hinreißen; *fig* **entraîner qn dans qc** j-n in etw (*acc*) (mit) hineinziehen; **entraîner qn à faire qc** j-n dazu bringen, veranlassen, etw zu tun **3.** (*avoir pour conséquence*) nach sich ziehen; zur Folge haben; mit sich bringen **4.** (*exercer*) trainieren (*a* SPORTS); schulen **II** *v/pr* ▸ **s'entraîner** trainieren (*a* SPORTS); sich üben (**à** [**faire**] **qc** in etw [*dat*])

entraîneur [ɑ̃tʀenœʀ] *m* Trainer(in) *m(f)*

entraîneuse [-øz] *f* Animierdame *f*, -mädchen *n*

entrant [ɑ̃tʀɑ̃] *adj* ⟨**-ante** [-ɑ̃t]⟩ neu eintretend, hinzukommend

entrapercevoir [ɑ̃tʀapɛʀsəvwaʀ] *v/t* ⟨→ **recevoir**⟩ flüchtig sehen, erblicken

entrave [ɑ̃tʀav] *f* **1.** (Fuß)Fessel *f* **2.** *fig* Fessel *f*; Hemmnis *n*; Hindernis *n*

entraver [ɑ̃tʀave] *v/t* **1.** (am Fuß) fesseln **2.** *fig* behindern; beeinträchtigen; hemmen **3.** *arg* (*comprendre*) F kapieren

▸ **entre** [ɑ̃tʀ] *prép* **1.** *lieu, temps* zwischen (+ *dat*; *question* «*wohin?*» + *acc*) **2.** (*parmi*) unter (+ *dat*); **entre autres** unter anderem; (**soit dit**) **entre nous** unter uns (gesagt); **entre amis** unter Freunden; **qui d'entre vous?** wer von euch?

entrebâillement [ɑ̃tʀəbɑjmɑ̃] *m* (Tür)Spalt *m*

entrebâiller [-e] *v/t* e-n Spalt (weit) öffnen; anlehnen

entrechat [ɑ̃tʀəʃa] *m* DANSE Entrechat *m*

entrechoquer [ɑ̃tʀəʃɔke] *v/t et v/pr* **s'entrechoquer** aneinanderstoßen

entrecôte [ɑ̃tʀəkot] *f* Rippenstück *n*; Entrecote *n*

entrecoupé [ɑ̃tʀəkupe] *adj* ⟨**~e**⟩ **entrecoupé de** unterbrochen von

entrecouper [ɑ̃tʀəkupe] *v/t* unterbrechen (**qc de qc** etw durch etw)

entrecroisement [ɑ̃tʀəkʀwazmɑ̃] *m de poutres, etc* Kreuzung *f*

entrecroiser [-e] **I** *v/t* ineinanderflechten **II** *v/pr* **s'entrecroiser** sich überkreuzen

entre-déchirer [ɑ̃tʀədeʃiʀe] *v/pr litt et fig* **s'entre-déchirer** einander bekriegen, *p/fort* zerfleischen

entre-deux [ɑ̃tʀədø] *m* ⟨*inv*⟩ **1.** COUT (Spitzen)Einsatz *m* **2.** BASKET Sprungball *m*; FOOTBALL Schiedsrichterball *m*

entre-deux-guerres [ɑ̃tʀədøgɛʀ] *m* ⟨*inv*⟩ Zeit *f* zwischen den zwei Weltkriegen

▸ **entrée** [ɑ̃tʀe] *f* **1.** *action* Eintritt *m*; Eintreten *n*; Hereinkommen *n*; *en scène* Auftritt *m*; *dans* *un pays* Einreise *f; de véhicules* Einfahrt *f; par ext* **entrée en fonction(s)** Amtsantritt *m;* **entrée en matière** Einleitung *f; fig* **avoir ses entrées chez qn** bei j-m ein und aus gehen **2.** *endroit* Eingang *m; d'un bus* Einstieg *m; pour véhicules* Einfahrt *f;* **entrée des artistes** Bühneneingang *m;* **entrée d'air** Lufteintritt *m,* -zuführung *f* **3.** *dans un parti, etc* Eintritt *m;* Aufnahme *f;* **entrée au lycée** Eintritt *m,* Aufnahme *f* ins Gymnasium **4.** (*prix d'entrée*) Eintritt *m;* Eintrittsgeld *n;* (*billet*) Eintrittskarte *f* **5.** (*vestibule*) Diele *f;* Vorraum *m;* Flur *m* **6.** CUIS erster Gang; Vorspeise *f* **7.** INFORM Eingabe *f;* Input *m ou n* **8.** *d'un dictionnaire* Stichwort *n* **9.** **d'entrée de jeu** gleich zu Beginn; von vornherein

entrefaite [ɑ̃tʀəfɛt] **sur ces entrefaites** in diesem Augenblick, Moment
entrefilet [ɑ̃tʀəfilɛ] *m* kurze Notiz, Meldung
entregent [ɑ̃tʀəʒɑ̃] *m* **avoir de l'entregent** sehr gewandt, kontaktfreudig sein
entrejambe [ɑ̃tʀəʒɑ̃b] *m* COUT Schritt *m*
entrelacement [ɑ̃tʀəlasmɑ̃] *m* Ineinanderflechten *n,* -schlingen *n; résultat* Verflochtensein *n*
entrelacer [ɑ̃tʀəlase] ⟨-ç-⟩ **I** *v/t* ineinanderschlingen; (miteinander) verflechten; *adjt* **entrelacé** ineinander verschlungen; (ineinander) verflochten **II** *v/pr* **s'entrelacer** sich verflechten; ineinander verschlungen, verflochten sein
entrelacs [ɑ̃tʀəla] *m* Flechtdekoration *f;* Flechtwerk *n*
entrelarder [ɑ̃tʀəlaʀde] *v/t* CUIS spicken
entremêler [ɑ̃tʀəmele] *v/t* (ver)mischen; vermengen
entremets [ɑ̃tʀəmɛ] *m* Süßspeise *f;* Nachtisch *m*
entremetteur [ɑ̃tʀəmɛtœʀ] *m* **a)** (*intermédiaire*) Mittelsmann *m* **b)** *péj* (*proxénète*) Kuppler *m*
entremetteuse [ɑ̃tʀəmɛtøz] *f péj* Kupplerin *f*
entremettre [ɑ̃tʀəmɛtʀ] *v/pr* ⟨→ **mettre**⟩ *st/s* **s'entremettre** vermitteln
entremise [ɑ̃tʀəmiz] *f* Vermittlung *f*
entrepont [ɑ̃tʀəpõ] *m* Zwischendeck *n*
entreposer [ɑ̃tʀəpoze] *v/t* (ein)lagern
entrepôt [ɑ̃tʀəpo] *m* Lager *n;* Lagerhaus *n,* -halle *f;* Warenlager *n*
entreprenant [ɑ̃tʀəpʀənɑ̃] *adj* ⟨-ante [-ɑ̃t]⟩ **1.** unternehmungslustig; einsatzfreudig; rührig **2.** *auprès des femmes* draufgängerisch; *péj* aufdringlich
entreprendre [ɑ̃tʀəpʀɑ̃dʀ] *v/t* ⟨→ **prendre**⟩ **1.** unternehmen; in Angriff nehmen; **entreprendre de faire qc** versuchen *ou* es unternehmen, etw zu tun **2.** **entreprendre qn** j-n zu überreden (ver)suchen
entrepreneur [ɑ̃tʀəpʀənœʀ] *m,* **entrepreneuse** [-øz] *f* (Bau)Unternehmer(in) *m(f)*
▶ **entreprise** [ɑ̃tʀəpʀiz] *f* **1.** (*projet*) Unternehmen *n,* -ung *f;* Vorhaben *n* **2.** ÉCON Unternehmen *n;* Betrieb *m;* Firma *f; par ext* **la libre entreprise** das freie Unternehmertum
▶ **entrer** [ɑ̃tʀe] **I** *v/t* INFORM eingeben **II** *v/i* ⟨**être**⟩ **1.** *personne* eintreten; herein-, F reinkommen; hinein-, F reingehen; betreten (**dans qc** etw); *dans un pays* einreisen; (*qn en*) *voiture* hinein- *ou* hereinfahren; *lumière* hereinkommen, -fallen; ▶ **entrez!** kommen Sie herein!; treten Sie ein!; *quand on frappe* herein! **entrer dans** *a* gehen, kommen in (+ *acc*); **entrer en scène** auftreten; **faire entrer qn** j-n eintreten lassen, hereinholen; **faites entrer** ich lasse bitten **2.** *objets* hineingehen, (hinein) passen (**dans** in + *acc*); **faire entrer qc dans q** etw in etw (*acc*) hineinstecken, -drücken **3** *dans une entreprise, un club, etc* eintreten; **entrer à l'école** in die, zur Schule kommen **4.** *pa ext* (*changer d'état*) (ein)treten, kommen (**dans, en** in + *acc*); **entrer dans l'histoire** in die Geschichte eingehen; **entrer en communication avec qn** mit j-m in Verbindung treten; **entrer en guerre** in den Krieg eintreten **5.** (*faire partie de*) e-n Bestandteil bilden (**dans** von *ou* + *gén*); **entrer dans la fabrication de qc** zur Herstellung e-r Sache verwendet werden; **entrer en ligne de compte** in Betracht kommen

entresol [ɑ̃tʀəsɔl] *m* Zwischengeschoss *n*
entre-temps [ɑ̃tʀətɑ̃] *adv* inzwischen; in der Zwischenzeit; unterdessen
entretenir [ɑ̃tʀətniʀ] ⟨→ **venir**⟩ *v/t* **1.** *relations, correspondance, etc* unterhalten; aufrechterhalten; *relations, légende a* pflegen **2** *maison, vêtements, etc* instand, in Ordnung halten; *édifice a* erhalten; unterhalten; *machine a* warten; *voiture a* pflegen; **bien entretenu** gut erhalten; gepflegt **3.** *famille* unterhalten für den Unterhalt aufkommen (+ *gén*); *péj femme* aushalten **4.** *st/s* **entretenir qn de qc** mit j-m über etw (*acc*) reden **II** *v/pr* **s'entretenir avec qn de qc** sich mit j-m über etw (*acc*) unterhalten; mit j-m etw besprechen
entretenu [ɑ̃tʀətny] *adj* ⟨~e⟩ **1.** **bien** (**mal**) **entretenu** *parc, maison, voiture* (nicht) gepflegt in gutem (schlechtem) Zustand; *voiture, édifice a* (nicht) gut erhalten **2.** *péj femme, homme* ausgehalten
entretien [ɑ̃tʀətjɛ̃] *m* **1.** *en bon état* Unterhaltung *f;* Unterhalt *m;* Instandhaltung *f;* Pflege *f;* TECH Wartung *f* **2.** *d'une famille* (Lebens)Unterhalt *m* **3.** (*conversation*) Unterredung *f;* Besprechung *f;* Gespräch *n;* **entretien d'embauche** Vorstellungsgespräch *n*
entretuer [ɑ̃tʀətye] *v/pr* **s'entretuer** einander sich gegenseitig umbringen
entrevoir [ɑ̃tʀəvwaʀ] *v/t* ⟨→ **voir**⟩ **1.** flüchtig *ou* undeutlich sehen **2.** (*pressentir*) ahnen; vorher sehen
entrevue [ɑ̃tʀəvy] *f* Unterredung *f*
entrouvrir [ɑ̃tʀuvʀiʀ] *v/t* ⟨→ **couvrir**⟩ halb, ein wenig, e-n Spalt (weit) öffnen, aufmachen
entubage [ɑ̃tybaʒ] *m* P Beschiss *m*
entuber [-e] *v/t* P bescheißen
énumératif [enymeʀatif] *adj* ⟨-ive [-iv]⟩ aufzählend; e-e Aufzählung enthaltend
énumération [enymeʀasjõ] *f* Aufzählung *f*
énumérer [-e] *v/t* ⟨-è-⟩ aufzählen
énurésie [enyʀezi] *f* Bettnässen *n*
▶ **envahir** [ɑ̃vaiʀ] *v/t* **1.** *territoire* einfallen in (+ *acc*); überfallen **2.** *par ext* überfluten; *herbes jardin* überwuchern; *produit: marché* überschwemmen; *foule* **envahir la salle** in den Saal strömen **3.** *sentiment* **envahir qn** j-n überkommen
envahissant [ɑ̃vaisɑ̃] *adj* ⟨-ante [-ɑ̃t]⟩ **1.** *voisin* aufdringlich **2.** *mauvaises herbes* überhand-

nehmend

envahissement [ãvaismã] *m* **1.** Überfall *m* (*d'un pays* auf ein Land); Einmarsch *n* (in ein Land) **2.** *fig* Überhandnehmen *n*; *par les mauvaises herbes* Überwucherung *f*; *par l'eau, par la pub* Überflutung *f*; *du marché* Überschwemmung *f*

envahisseur [ãvaisœr] *m* Aggressor *m*; Eindringling *m*

envasement [ãvazmã] *m d'un port* Verschlammung *f*

envaser [ãvaze] *v/pr* **s'envaser 1.** *canal* verschlammen **2.** *bateau* im Schlamm versinken, stecken bleiben

enveloppant [ãvlɔpã] *adj* ⟨**-ante** [-ãt]⟩ **1.** einhüllend, umhüllend (*a* MATH); umfassend **2.** *fig manières* einschmeichelnd; *a personne* bestrickend; verführerisch

▸ **enveloppe** [ãvlɔp] *f* **1.** (Brief)Umschlag *m*; *mettre dans une enveloppe, sous enveloppe* in e-n Umschlag stecken **2.** (*revêtement*) Hülle *f* (*a fig*); Umhüllung *f* **3. enveloppe budgétaire** Haushaltssumme *f*

enveloppé [ãvlɔpe] *adj* ⟨**~e**⟩ F *bien enveloppé* vollschlank; dicklich

enveloppement [ãvlɔpmã] *m* **1.** Einwickeln *n*, -hüllen *n*, -schlagen *n*; Verpacken *n*, -ung *f* **2.** MÉD Umschlag *m*; Wickel *m* **3.** MIL Umfassung *f*; Einkreisung *f*

envelopper [ãvlɔpe] **I** *v/t* **1.** einwickeln, einhüllen, einschlagen (*dans* in + *acc*); *emballage envelopper qc* etw umhüllen **2.** *fig pensées* einkleiden; verpacken; *brouillard envelopper qc* etw ein-, verhüllen **II** *v/pr* **s'envelopper dans** sich hüllen, sich wickeln in (+ *acc*)

envenimement [ãvnimmã] *m* MÉD **1.** *d'une blessure* Reizung *f*; Entzündung *f* **2.** *par un animal venimeux* Vergiftung *f*

envenimer [-e] **I** *v/t* **1.** *blessure* infizieren **2.** *fig* verschärfen **II** *v/pr* **s'envenimer 3.** *blessure* sich entzünden **4.** *fig* sich verschärfen

envergure [ãvɛrgyr] *f* **1.** ZO, AVIAT Spannweite *f* **2.** *fig* (*valeur*) Format *n*; *d'envergure* von Format; *avoir de l'envergure, manquer d'envergure* Format, kein Format haben **3.** *fig* (*ampleur*) Ausmaß *n*; Umfang *m*; *de grande envergure* großen Umfangs; groß angelegt; *œuvre sans envergure* mittelmäßig; *prendre de l'envergure* e-n größeren Umfang annehmen; (an) Bedeutung gewinnen

enverrai, *etc* [ãvɛrɛ] → *envoyer*

envers[1] [ãvɛr] *prép* **1.** gegenüber (+ *dat*); gegen (+ *acc*); *aimable envers qn* freundlich zu j-m **2.** *envers et contre tous ou tout* allen Widerständen, Schwierigkeiten zum Trotz

envers[2] *m* **1.** Rückseite *f*; *d'un tissu a* linke Seite; ▸ *à l'envers* umgekehrt; verkehrt (herum); TEXT links **2.** *fig l'envers du décor* die Kehrseite; die Schattenseite

envi [ãvi] *adv litt* **à l'envi** um die Wette

enviable [ãvjabl] *adj* beneidenswert

envie [ãvi] *f* **1.** (*jalousie*) Neid *m*; Missgunst *f* **2.** (*désir*) Lust *f* (*de* auf + *acc*; zu); Verlangen *n* (nach); *avoir envie de* (*faire*) *qc* Lust haben auf etw (*acc*), zu etw, etw zu tun; etw gerne (tun, haben) wollen; *il a envie de pleurer* er möchte am liebsten weinen; *chose faire envie à qn* j-n reizen **3.** (*besoin organique*) (natürli-

ches) Bedürfnis; Drang *m*; F *avoir envie de faire pipi* F mal müssen; *j'ai envie de vomir* mir wird schlecht **4.** *autour de l'ongle* Niednagel *m* **5.** *sur la peau* Muttermal *n*

envier [ãvje] *v/t envier qn* j-n beneiden; auf j-n neidisch sein; *envier qc à qn* j-n um etw beneiden; j-m etw neiden, missgönnen; *n'avoir rien à envier à qn* j-m in nichts nachstehen

envieux [ãvjø] **I** *adj* ⟨**-euse** [-øz]⟩ neidisch (*de* auf + *acc*); missgünstig **II** *m* Neider *m*; *faire des envieux* beneidet werden

▸ **environ** [ãvirõ] *adv* ungefähr; etwa; rund; zirka

environnant [ãvirɔnã] *adj* ⟨**-ante** [-ãt]⟩ umliegend

▸ **environnement** [ãvirɔnmã] *m* **1.** ÉCOL Umwelt *f*; *protection f de l'environnement* Umweltschutz *m*; → *Info bei* **Umwelt 2.** (*entourage*) Umfeld *n*

environner [ãvirɔne] *v/t* umgeben

environs [ãvirõ] *m/pl* **1.** Umgebung *f*; Umland *n*; *dans les environs* in der Umgebung; in dieser Gegend **2.** *aux environs de époque* um; gegen; *lieu* in der Nähe, Umgebung von; bei; *par ext* ungefähr; um (die)

envisageable [ãvizaʒabl] *adj* in Betracht zu ziehen(d); denkbar

envisager [ãvizaʒe] *v/t* ⟨**-ge-**⟩ ins Auge fassen; in Betracht ziehen; *envisager de faire qc* beabsichtigen, vorhaben, daran denken, etw zu tun

envoi [ãvwa] *m* **1.** *action* Versendung *f*; Verschickung *f*; Zusendung *f*; Übersendung *f*; COMM Versand *m*; *de troupes* Entsendung *f* **2.** (*paquet*) Sendung *f* **3.** SPORTS, *fig coup m d'envoi* Anstoß *m*; *donner le coup d'envoi* den Anstoß ausführen, *fig* geben (*à* zu)

envol [ãvɔl] *m* Wegfliegen *n*

envolée [ãvɔle] *f* Aufschwung *m* (*a des prix*); Gedankenflug *m*

envoler [ãvɔle] *v/pr* **s'envoler 1.** *oiseau* auf-, wegfliegen; *avion* abfliegen; aufsteigen; *fig feuilles* davonfliegen **2.** F *objets* verschwinden; F Beine kriegen

envoûtant [ãvutã] *adj* ⟨**-ante** [-ãt]⟩ bezaubernd; verführerisch

envoûtement [ãvutmã] *m* **1.** Verhexung *f* **2.** *fig* Zauber *m*; Bann *m*

envoûter [ãvute] *v/t* **1.** verhexen **2.** *fig* be-, verzaubern; in s-n Bann schlagen

envoyé [ãvwaje] *m* **1.** *envoyé spécial* Sonderberichterstatter *m* **2.** (*délégué*) Abgesandte(r) *m*

▸ **envoyer** [ãvwaje] ⟨**-oi-**; *Futur u Conditionnel* **j'enverrai(s)**⟩ **I** *v/t* **1.** *personne* schicken; ausschicken; *délégué, troupes* entsenden; *envoyer* (*qn*) *chercher qn, qc* (j-n) nach j-m, etw schicken; (j-n) j-n, etw holen lassen **2.** *choses* (ab-, weg-, ver-, ein)schicken, (-)senden; *envoyer qc à qn* j-m etw (zu)schicken, zusenden, übersenden; *envoyer des invitations* Einladungen verschicken **3.** *coup* versetzen; F verpassen; *balle* werfen; *avec le pied* treten; schießen **II** *v/pr* **s'envoyer** F *travail* auf sich (*acc*) nehmen (müssen); F sich (*dat*) aufhalsen; F *nourriture* sich (*dat*) gönnen; F sich (*dat*) genehmigen; F sich (*dat*) reinziehen; P *fille* F vernaschen

envoyeur [ãvwajœʀ] *m* Absender *m*
enzyme [ãzim] *m ou f* Enzym *n*
enzymologie [ãzimɔlɔʒi] *f* Enzymologie *f*
éolien [eɔljẽ] **I** *adj* ⟨-ienne [-jɛn]⟩ Wind…;
énergie éolienne Windkraft *f* **II** *f éolienne*
Windrad *n*; Windkraftanlage *f*
éosine [eɔzin] *f* CHIM Eosin *n*
épagneul [epaɲœl] *m* Spaniel *m*
▸ **épais** [epɛ] *adj* ⟨**épaisse** [epɛs]⟩ **1.** *mur, couche, etc* dick; *lèvres a* wulstig; *épais de 2 cm* 2
cm dick, stark **2.** *brouillard, fumée, cheveux,
forêt* dicht; *obscurité* undurchdringlich **3.** *liquides* dick(flüssig); zäh; *soupe, sauce* dick; sämig **4.** *fig plaisanterie* plump; grob
épaisseur [epɛsœʀ] *f* **1.** Dicke *f*; Stärke *f* **2.** *du
brouillard, etc* Dichte *f*
épaissir [epesiʀ] **I** *v/t sauce, etc* eindicken **II** *v/i
sauce, etc* dick(er), dickflüssig werden; einkochen; *sauce a* sämig werden **III** *v/pr s'épaissir*
dick(er) werden; sich verdicken; *brouillard*
dichter, stärker werden; sich verdichten; *obscurité, mystère* (immer) undurchdringlicher
werden
épaississant [epesisã] *m* Verdickungsstoff *m*
épaississement [-mã] *m du brouillard* Dichter-, Dicker-, Stärkerwerden *n*; *de la peau* Verdickung *f*; *de la peinture* Eindickung *f*
épanchement [epãʃmã] *m* MÉD, *fig* Erguss *m*
épancher [epãʃe] *v/pr* **1.** MÉD *s'épancher* sich
ergießen **2.** *s'épancher (auprès de qn)* (j-m)
sein Herz ausschütten; sich (bei j-m) ausssprechen
épandage [epãdaʒ] *m* **champs** *m/pl* *d'épandage* Rieselfelder *n/pl*
épanoui [epanwi] *adj* ⟨~e⟩ **1.** *fleur* aufgeblüht
2. *visage* (freude)strahlend; vergnügt **3.** *formes*
(voll) entwickelt
épanouir [epanwiʀ] *v/pr s'épanouir* **1.** *fleur, fig*
sich entfalten; aufblühen; *st/s* erblühen; *fleur a*
aufgehen **2.** *visage* aufleuchten
épanouissement [epanwismã] *m* **1.** *de fleurs*
Aufblühen *n*; Aufgehen *n* **2.** *fig* (volle) Entfaltung, Entwicklung; *st/s* Aufblühen *n*
épargnant [eparɲã] *m* Sparer *m*; **les petits
épargnants** die Kleinsparer *m/pl*
épargne [eparɲ] *f* **1.** *action* Sparen *n*; Spartätigkeit *f* **2.** *somme(s)* Spargelder *n/pl*; Ersparnisse
f/pl
épargne-logement *f* Bausparen *n*
épargner [eparɲe] **I** *v/t* **1.** *argent, par ext forces,
etc* sparen **2.** *épargner qc à qn* j-m etw ersparen; j-n mit etw verschonen **3.** *(ménager)* verschonen; *être épargné* verschont bleiben **II**
v/pr fig s'épargner qc sich (*dat*) etw ersparen
éparpillement [eparpijmã] *m* **1.** *état* Verstreutsein *n*; Herumliegen *n*; *action* Verstreuen *n*;
Herumstreuen *n* **2.** *fig des efforts* Verzettelung
f; Zersplitterung *f*
éparpiller [eparpije] **I** *v/t* **1.** verstreuen; umherstreuen; *être éparpillé* herumliegen; verstreut
sein, liegen **2.** *fig* verzetteln; zersplittern **II**
v/pr s'éparpiller fig personne sich verzetteln
épars [epaʀ] *st/s adj* ⟨**éparse** [epaʀs]⟩ verstreut; *cheveux* aufgelöst; **pluies éparses**
strichweise Regen *m*
épatant [epatã] *adj* ⟨-ante [-ãt]⟩ F toll; F klasse; F fantastisch
épate [epat] *f* F *faire de l'épate* F Eindruck

schinden (wollen)
épaté [epate] *adj* ⟨~e⟩ **1.** *nez* platt (gedrückt);
stumpf **2.** F *(étonné)* verblüfft; F platt
épatement [-mã] *m* **1.** *du nez* Plattheit *f* **2.** F
(étonnement) Verblüffung *f*; Erstaunen *n*
épater [-e] F *v/t* verblüffen; imponieren (**qn** j-m)
▸ **épaule** [epol] *f* Schulter *f* (*a* CUIS); *chez l'homme a* Achsel *f*; *fig* **avoir la tête sur les épaules**
vernünftige Ansichten haben; vernünftig, ausgeglichen sein
épaulé [epole] *m* HALTÉROPHILIE Umsetzen *n*
épauler [epole] *v/t* **1.** *fusil* anlegen (*a abs*) **2.** *fig*
unterstützen
épaulette [epolɛt] *f* **1.** MIL Schulterstück *n* **2.**
COUT Schulterpolster *n*
épave [epav] *f* Wrack *n* (*a fig de qn*)
épeautre [epotʀ] *m* BOT Dinkel *m*
épée [epe] *f* Schwert *n*; Degen *m*; *fig* **un coup
d'épée dans l'eau** ein Schlag ins Wasser
épéisme [epeism] *m* Degenfechten *n*
épéiste [-ist] *m* Degenfechter *m*
▸ **épeler** [eple] *v/t* ⟨**-ll-**⟩ buchstabieren
épellation [epɛ(l)lasjõ] *f* Buchstabieren *n*
épépiner [epepine] *v/t* entkernen
éperdu [eperdy] *adj* ⟨~e⟩ **1.** außer sich (*de* vor);
éperdu de bonheur überglücklich **2.** *amour*
leidenschaftlich; heftig **3.** *fuite éperdue* überstürzte Flucht
éperdument [eperdymã] *adv* *éperdument
amoureux* (un)sterblich verliebt; *je m'en moque éperdument* das ist mir völlig gleichgültig
éperlan [eperlã] *m* ZO Stint *m*
éperon [eprõ] *m* **1.** Sporn *m* **2.** GÉOL Vorsprung
m
éperonner [eprɔne] *v/t* **1.** *éperonner son cheval* s-m Pferd die Sporen geben **2.** *fig* anspornen
épervier [epervje] *m* ZO Sperber *m*
éphémère [efemɛʀ] **I** *adj* vergänglich; vorübergehend; kurzlebig; ephemer **II** *m* Eintagsfliege *f*
éphéméride [efemeʀid] *f* Abreißkalender *m*
épi [epi] *m* **1.** Ähre *f*; *de maïs* Kolben *m* **2.** *de
cheveux* (Haar)Wirbel *m* **3.** *stationnement
m en épi* Schrägparken *n*
épice [epis] *f* Gewürz *n*; *pain m d'épice(s)* Honig-, Pfeffer-, Lebkuchen *m*
épicé [epise] *adj* ⟨~e⟩ gewürzt; würzig; pikant;
scharf
épicéa [episea] *m* Fichte *f*
épicentre [episãtʀ] *m* Epizentrum *n*
épicer [epise] *v/t* ⟨**-ç-**⟩ würzen (*a fig*)
▸ **épicerie** [episʀi] *f* **1.** Lebensmittelgeschäft *n*;
petite épicerie du coin Tante-Emma-Laden
m **2.** *produits* Lebensmittel *n/pl*; *épicerie fine*
Feinkost *f*; Delikatessen *f/pl*
▸ **épicier** [episje] *m*, **épicière** [episjɛʀ] *f* Lebensmittelhändler(in) *m(f)*; Krämer *m*
Épicure [epikyʀ] *m* Epikur *m*
épicurien [epikyʀjẽ] PHILOS *et fig* **I** *adj* ⟨-ienne
[-jɛn]⟩ epikureisch **II** *m* Epikureer *m*
épicurisme [-ism] *m* PHILOS *et fig* Epikureismus
m
épidémie [epidemi] *f* MÉD, *fig* Epidemie *f*; Seuche *f*; *fig de suicides* Serie *f*; Welle *f*
épidémiologie [epidemjɔlɔʒi] *f* Epidemiologie
f; Seuchenlehre *f*
épidémique [epidemik] *adj* epidemisch; seu

chenartig
épiderme [epidɛrm] *m* Epidermis *f*; Oberhaut *f*
épidermique [epidɛrmik] *adj* **1.** ANAT der Epidermis; Oberhaut… **2.** *fig* (*superficiel*) oberflächlich
épier [epje] *v/t* (heimlich) beobachten; belauern
épieu [epjø] *m* ⟨**~x**⟩ Spieß *m*
épiglotte [epiglɔt] *f* Kehlkopfdeckel *m*
épigramme [epigʀam] *f* Epigramm *n*
épigraphe [epigʀaf] *f* **1.** (*inscription*) Inschrift *f* **2.** (*exergue*) Motto *n*
épilateur [epilatœʀ] *m* Epiliergerät *n*; Epilierer *m*
épilation [-sjõ] *f* Enthaarung *f*
épilatoire [-twaʀ] *adj* Enthaarungs…; Haarentfernungs…
épilepsie [epilɛpsi] *f* Epilepsie *f*
épileptique [epilɛptik] **I** *adj* epileptisch **II** *m,f* Epileptiker(in) *m(f)*
épiler [epile] **I** *v/t* enthaaren; *sourcils* auszupfen **II** *v/pr* **s'épiler les jambes** sich (*dat*) die Beinhaare entfernen
épilogue [epilɔg] *m* **1.** Epilog *m* **2.** *fig* Ende *n*; Ausgang *m*
épiloguer [epilɔge] *v/t/indir* **épiloguer sur qc** (hinterher) lange über etw (*acc*) diskutieren
épinards [epinaʀ] *m/pl* Spinat *m*
épine [epin] *f* **1.** Dorn *m*; Stachel *m*; *fig* **enlever, ôter, tirer à qn une épine du pied** j-m aus e-r schwierigen Lage, Notlage helfen; F j-m aus der Klemme, Patsche helfen **2.** **épine dorsale** Rückgrat *n*
épineux [epinø] *adj* ⟨**-euse** [-øz]⟩ **1.** BOT dornig; stach(e)lig **2.** *fig* **problème** heikel; kniff(e)lig
épinglage [epɛ̃glaʒ] *m* **1.** Befestigen *n* mit Nadeln; Feststecken *n* **2.** COUT Absteken *n*
épingle [epɛ̃gl] *f* (Steck)Nadel *f*; **épingle à cheveux** Haarnadel *f*; **virage** *m* **en épingle à cheveux** Haarnadelkurve *f*; **épingle de nourrice, de sûreté** Sicherheitsnadel *f*; **attacher, fixer qc avec des épingles** etw feststecken, mit Nadeln befestigen; *fig* **monter en épingle** groß herausstellen; *fig* **tirer son épingle du jeu** sich geschickt aus der Affäre ziehen; rechtzeitig abspringen; *fig* **tiré à quatre épingles** wie aus dem Ei gepellt
épinglé [epɛ̃gle] *m* TEXT Epinglé *m*
épingler [epɛ̃gle] *v/t* **1.** an-, feststecken; *ourlet* abstecken **2.** F *fig* **épingler qn** F j-n schnappen; **se faire épingler** sich erwischen lassen; F geschnappt werden
épinière [epinjɛʀ] *adj f* **moelle épinière** Rückenmark *n*
épinoche [epinɔʃ] *f* Stichling *m*
Épiphanie [epifani] *f* (Fest *n* der) Erscheinung *f* des Herrn; Epiphanias *n*
épique [epik] *adj* **1.** episch **2.** *fig* abenteuerlich
épiscopal [episkɔpal] *adj* ⟨**~e**; **-aux** [-o]⟩ bischöflich; Bischofs…
épiscopat [episkɔpa] *m* Episkopat *m* ou *n* (*a coll*); Bischofswürde *f*, -amt *n*
épisode [epizɔd] *m* Episode *f*; (*événement*) a Begebenheit *f*
épisodique [-ik] *adj* episodisch; (*secondaire*) nebensächlich
épistémologie [epistemɔlɔʒi] *f* PHILOS Episte-

mologie *f*; Erkenntnislehre *f*
épistolaire [epistɔlɛʀ] *adj* Brief…; brieflich
épitaphe [epitaf] *f* Grabinschrift *f*
épithète [epitɛt] *f* **1.** Beiwort *n*; Bezeichnung *f* **2.** *adj* **adjectif** *m* **épithète** attributives Adjektiv
épître [epitʀ] *f* (Apostel)Brief *m*; Epistel *f* (*a à la messe*)
éploré [eplɔʀe] *adj* ⟨**~e**⟩ *visage* verweint; *personne* in Tränen aufgelöst; *par ext* (*affligé*) untröstlich
épluchage [eplyʃaʒ] *m* **1.** *de pommes de terre* Schälen *n*; *de salades, de légumes* Putzen *n*; Verlesen *n* **2.** *fig* strenge Kontrolle; genaue Prüfung, Durchsicht
épluche-légumes [eplyʃlegym] *m* ⟨*inv*⟩ Schälmesser *n*; Gemüseschäler *m*
éplucher [eplyʃe] *v/t* **1.** *pommes de terre, fruits* schälen; *légumes* putzen **2.** *fig* (*examiner*) unter die Lupe nehmen; Punkt für Punkt durchgehen
éplucheur [eplyʃœʀ] *m* **a)** Schälmesser *n* **b)** Schälmaschine *f*
épluchures [eplyʃyʀ] *f/pl* Schalen *f/pl*; Gemüseabfall *m/pl*
EPO [øpeo] *f abr* (*érythropoïétine*) *hormone* Erythropoetin *n*; *dopant* Erythropoietin® *n*; Epo *n*
épointer [epwɛ̃te] *v/t aiguille, couteau, ciseaux* stumpf machen; die Spitze abbrechen (+*gén*); *crayon* stumpf schreiben; abschreiben
éponge [epõʒ] *f* **1.** Schwamm *m* (*a* ZO); **éponge métallique** Topfkratzer *m*; *fig* **jeter l'éponge** das Handtuch werfen; *fig* **passer l'éponge sur qc** nicht mehr von etw reden; **passons l'éponge!** Schwamm drüber! **2.** *adj t* **serviette** *f* **éponge** Frottee-, Frottier(hand)tuch *n*; **tissu** *m* **éponge** Frottee *n ou m*
éponger [epõʒe] *v/t* ⟨**-ge-**⟩ **1.** *table, visage* abwischen; *liquide* aufwischen **2.** *fig* aufsaugen; *dette* tilgen
épopée [epɔpe] *f* **1.** Epos *n* **2.** *fig* heroische Zeit; *iron* Serie *f* von Abenteuern
▸ **époque** [epɔk] *f* **1.** (*période*) Epoche *f*; Zeit (-alter) *f(n)*; **époque classique** Klassik *f*; **d'époque** Original…; *echt*; **costume** *m* **d'époque** Kostüm *n* der Zeit; Originalkostüm *n*; ▸ **à l'époque de** zur Zeit (+ *gén*); **à notre époque** in der heutigen Zeit; heutzutage; **faire époque** Epoche machen **2.** (*moment*) Zeit *f*; Zeitpunkt *m*; **à cette époque** (**de l'année**) zu dieser, um diese (Jahres)Zeit; **à l'époque** damals
épouiller [epuje] *v/t* entlausen
époumoner [epumɔne] *v/pr* **s'époumoner** sich (*dat*) die Lunge aus dem Hals schreien
épouse [epuz] *f* → **époux**
épouser [epuze] *v/t* **1.** **épouser qn** j-n heiraten **2.** *fig* (*adopter*) sich (*dat*) zu eigen machen **3.** (*se modeler sur*) sich anpassen, anschmiegen (**qc** *dat*)
époussetage [epustaʒ] *m* Abstauben *n*; Staubwischen *n*
épousseter [-e] *v/t* ⟨**-tt-**⟩ abstauben
époustouflant [epustuflɑ̃] F *adj* ⟨**-ante** [-ɑ̃t]⟩ verblüffend; höchst überraschend, erstaunlich
époustoufler [epustufle] F *v/t* verblüffen; F umwerfen; **époustouflé** F platt; F baff

épouvantable [epuvɑ̃tabl] *adj* entsetzlich; schrecklich; grauenhaft, -voll; grausig; *temps* scheußlich

épouvantablement [epuvɑ̃tabləmɑ̃] *adv* sehr; F furchtbar

épouvantail [epuvɑ̃taj] *m* **1.** Vogelscheuche *f* (*a fig de qn*) **2.** *fig chose* Schreckgespenst *n*; Popanz *m*

épouvante [epuvɑ̃t] *f* Entsetzen *n*; Grau(s)en *n*; *film m* d'épouvante Horrorfilm *m*

épouvanter [epuvɑ̃te] *v/t* in Schrecken, Angst versetzen; *épouvanté* entsetzt

époux [epu] *m*, épouse [epuz] *f* (Ehe)Mann *m*, (Ehe)Frau *f*; *st/s* Gatte *m*, Gattin *f*; Gemahl(in) *m(f)*; *époux pl* Eheleute *pl*; ADM Ehegatten *pl*; prendre pour époux (pour épouse) zum Mann (zur Frau) nehmen

éprendre [eprɑ̃dr] *v/pr* ⟨→ prendre⟩ *st/s* s'éprendre sich verlieben (de qn in j-n)

▸ épreuve [eprœv] *f* **1.** (*test*) Probe *f*, Test *m*, Prüfung *f* (*a* TECH); épreuve de force Kraft-, Machtprobe *f*; JUR mise à l'épreuve Bewährung *f*; à toute épreuve unbedingt (zuverlässig); bewährt; erprobt; *santé* eisern; à l'épreuve de widerstandsfähig gegen; mettre à l'épreuve auf die Probe stellen **2.** (*malheur*) (Schicksals)Prüfung *f*; Heimsuchung *f*; passer par de dures, rudes épreuves schwere Prüfungen durchmachen; durch e-e harte Schule gehen **3.** *d'un examen* Prüfung(sarbeit) *f*; épreuves écrites, orales schriftliche, mündliche Prüfungen **4.** SPORTS Wettkampf *m* **5.** PHOT Abzug *m* **6.** TYPO (Korrektur)Fahne *f*

épris [epri] *p/p* → éprendre *et adj* ⟨-ise [-iz]⟩ **1.** épris de qn in j-n verliebt **2.** épris de qc von etw begeistert

éprouvant [epruvɑ̃] *adj* ⟨-ante [-ɑ̃t]⟩ hart; beschwerlich

éprouvé [epruve] *adj* ⟨~e⟩ **1.** (*sûr*) bewährt; erprobt **2.** (*qui a souffert*) leidgeprüft

▸ éprouver [epruve] *v/t* **1.** (*tester*) prüfen; testen; erproben; ausprobieren **2.** (*faire souffrir*) (sehr) mitnehmen; schwer treffen **3.** (*ressentir*) empfinden; verspüren

éprouvette [epruvet] *f* **1.** Reagenzglas *n* **2.** *adjt* bébé *m* éprouvette Retortenbaby *n*

EPS [əpeɛs] *f abr* (*éducation physique et sportive*) Sportunterricht *m*

épuisant [epɥizɑ̃] *adj* ⟨-ante [-ɑ̃t]⟩ kräftezehrend; anstrengend; strapaziös

épuisé [epɥize] *adj* ⟨~e⟩ **1.** *personne* (völlig) erschöpft; entkräftet; abgespannt **2.** *réserves* verbraucht; erschöpft; *stock* ausverkauft; *livre* vergriffen

épuisement [epɥizmɑ̃] *m* **1.** *des réserves* Erschöpfung *f*; jusqu'à l'épuisement des stocks solange der Vorrat reicht **2.** *d'une personne* (völlige) Erschöpfung; Entkräftung *f*

épuiser [epɥize] **I** *v/t* **1.** *réserves, moyens* aufbrauchen; erschöpfen; *sujet* erschöpfend behandeln; *stock* restlos verkaufen; *sol* auslaugen **2.** *personne* erschöpfen; entkräften; mitnehmen; *forces* aufzehren; verbrauchen **II** *v/pr* s'épuiser **3.** *réserves* zu Ende, zur Neige gehen; ausgehen **4.** *personne* kraftlos werden; *forces* nachlassen; schwinden; s'épuiser à faire qc sich mit etw abmühen, abrackern

épuisette [epɥizɛt] *f* Kescher *m*; Fangnetz *n*

épurateur [epyratœr] *m* TECH Reiniger *m*; Reinigungsapparat *m*

épuration [epyrasjõ] *f* **1.** TECH Reinigung *f*; *des eaux a* Klärung *f*; station *f* d'épuration Kläranlage *f* **2.** POL Säuberung *f*

L'épuration – Säuberung

Im engeren Sinne versteht man unter épuration den Prozess der Säuberung von Verwaltung, Wirtschaft, Presse und Kultur von Personen, die in Frankreich während des Zweiten Weltkrieges mit der deutschen Besatzungsmacht kollaboriert hatten. Etwa 12 000 Personen wurden von den sogenannten Volks- und Militärgerichten der Résistance zum Tode verurteilt und hingerichtet oder fielen spontanen Vergeltungsaktionen zum Opfer.

épure [epyr] *f* Aufriss *m*

épurement [epyrmɑ̃] *m fig* Verfeinerung *f*; Veredelung *f*

épurer [epyre] *v/t* **1.** TECH reinigen; *eaux a* klären **2.** *fig* reinigen; läutern; veredeln **3.** POL säubern

équarrir [ekariʀ] *v/t* **1.** *bois* vierkantig zuschneiden **2.** *animal mort* beseitigen

équarrissage [ekarisaʒ] *m* **1.** *d'une poutre* Abvieren *n* **2.** *de cadavres d'animaux* Tierkörperbeseitigung *f*; Abdecken *n*

équarrisseur [-œr] *m* Abdecker *m*

équateur [ekwatœr] *m* **1.** GÉOGR Äquator *m* **2.** État l'Équateur Ecuador *n*

équation [ekwasjõ] *f* Gleichung *f*; poser, résoudre une équation e-e Gleichung aufstellen, (auf)lösen

équatorial [ekwatɔrjal] *adj* ⟨~e; -aux [-o]⟩ äquatorial; Äquatorial...

équatorien [ekwatɔrjẽ] **I** *adj* ⟨-ienne [-jɛn]⟩ ecuadorianisch **II** Équatorien(ne) *m(f)* Ecuadorianer(in) *m(f)*

équerre [ekɛr] *f* Winkel(maß) *m(n)*; d'équerre, en équerre im rechten Winkel; rechtwinklig

équestre [ekɛstr] *adj* **1.** statue *f* équestre Reiterstandbild *n* **2.** Reit...; randonnée *f* équestre Ausritt *m*

équeuter [ekøte] *v/t* entstielen

équidés [ekide, -kɥi-] *m/pl* ZO Pferde *n/pl*; Einhufer *m/pl*

équidistant [ekɥidistɑ̃] *adj* ⟨-ante [-ɑ̃t]⟩ abstandsgleich; gleich weit entfernt

équilatéral [ekɥilateral] *adj* ⟨~e; -aux [-o]⟩ gleichseitig

équilibrage [ekilibraʒ] *m* **1.** Ausbalancieren *n*; Ausgleichen *n* **2.** TECH Auswuchten *n*

▸ équilibre [ekilibr] *m* **1.** Gleichgewicht *n* (*a fig*, ÉCON, POL); Balance *f*; sens *m* de l'équilibre Gleichgewichtssinn *m*; en équilibre im Gleichgewicht; être en équilibre instable PHYS im labilen Gleichgewicht sein; *objets* wack(e)lig, nicht gut stehen; tenir qc en équilibre etw balancieren; garder l'équilibre die Balance, das Gleichgewicht halten; perdre *l'équilibre* die Balance, das Gleichgewicht verlieren **2.** *fig d'une personne* (seelisches) Gleichgewicht; Ausgeglichenheit *f*; *d'une œuvre d'art* Ausgewogenheit *f*; **rompre, troubler** *l'équilibre* das Gleichgewicht stören; aus dem Gleichgewicht bringen (**de qc, de qn** etw, j-n)

équilibré [ekilibʀe] *adj* ⟨**~e**⟩ ausgeglichen

équilibrer [ekilibʀe] **I** *v/t* **1.** ausbalancieren; ins Gleichgewicht bringen **2.** *roue* auswuchten **3.** *budget* ausgleichen **II** *v/pr* **s'équilibrer** sich ausgleichen; sich (*dat*) die Waage halten

équilibriste [ekilibʀist] *m,f* Balancierkünstler(in) *m(f)*

équin [ekɛ̃] *adj* ⟨**équine** [ekin]⟩ Pferde...

équinoxe [ekinɔks] *m* Tagundnachtgleiche *f*

équipage [ekipaʒ] *m* Besatzung *f*; Crew *f*; *d'un bateau a* Mannschaft *f*

▸ **équipe** [ekip] *f* Mannschaft *f* (*surtout* SPORTS); Team *n*; *d'ouvriers* Kolonne *f*; *en usine a* Schicht *f*; *de gymnastes* Riege *f*; **faire équipe avec qn** mit j-m ein Team bilden; **travailler en équipe** im Team arbeiten

équipée [ekipe] *f* **1.** *plais* (*sortie*) Ausflug *m* **2.** *irréfléchie* Abenteuer *n*

équipement [ekipmã] *m* Ausrüstung *f*; Ausrüstungsgegenstände *m/pl*; Ausstattung *f*; **équipements collectifs** Gemeinschaftseinrichtungen *f/pl*

équiper [ekipe] **I** *v/t* ausrüsten (**de** mit); ausstatten (mit); *par ext* (*pourvoir*) versehen (mit); **cuisine tout équipée** komplett eingerichtete Küche **II** *v/pr* **s'équiper** sich ausrüsten, ausstatten (**de** mit)

équipier [ekipje] *m*, **équipière** [-jɛʀ] *f* SPORTS Mannschaftsmitglied *n*

équitable [ekitabl] *adj* gerecht

équitation [ekitasjõ] *f* Reiten *n*; Reitsport *m*; Reitkunst *f*

équité [ekite] *f* Gerechtigkeit *f*; *d'un jugement, etc* Angemessenheit *f*; Billigkeit *f*

équivalence [ekivalãs] *f* Gleichwertigkeit *f*; (Wert)Gleichheit *f*

équivalent [ekivalã] **I** *adj* ⟨**-ente** [-ãt]⟩ gleichwertig (**à** mit); entsprechend (+ *dat*); gleich; *tournure* gleichbedeutend **II** *m* Äquivalent *n*; Entsprechung *f* (*a* LING); Entsprechende(s) *n*; Gegenwert *m*; **c'est sans équivalent** das ist ohnegleichen; es gibt nichts Gleichwertiges

équivaloir [ekivalwaʀ] ⟨→ **valoir**⟩ **I** *v/t/indir* **équivaloir à** entsprechen, gleichkommen (+ *dat*) **II** *v/pr* **s'équivaloir** gleich (gut *ou* schlecht) sein

équivoque [ekivɔk] **I** *adj* zweideutig (*a par ext*); mehrdeutig; missverständlich; *péj* zweifelhaft **II** *f* Zweideutigkeit *f*; **sans équivoque** eindeutig; unzweideutig

érable [eʀabl] *m* Ahorn *m*

éradication [eʀadikasjõ] *f* Ausrottung *f*

érafler [eʀafle] **I** *v/t* zerkratzen; (auf)ritzen; (zer)schrammen; (auf)schürfen; *balle* **érafler qn** j-n streifen **II** *v/pr* **s'érafler** sich zerkratzen, (auf)ritzen

éraflure [eʀaflyʀ] *f* Kratzer *m*; Schramme *f*

éraillé [eʀaje] *adj* ⟨**~e**⟩ heiser; krächzend; rau

érailler [eʀaje] *v/pr* **s'érailler la voix** e-e heisere, krächzende, raue Stimme bekommen

ère [ɛʀ] *f* Ära *f*; Zeitalter *n*; Zeitrechnung *f*; GÉOL Erdzeitalter *n*

érectile [eʀɛktil] *adj* schwellfähig; MÉD erektil; erigibel

érection [eʀɛksjõ] *f* **1.** CONSTR Errichtung *f* **2.** *du pénis* Erektion *f*; **en érection** erigiert

éreintage [eʀɛ̃taʒ] *m* → **éreintement** 2

éreintant [-ã] *adj* ⟨**-ante** [-ãt]⟩ aufreibend; kräftezehrend

éreinté [eʀɛ̃te] *adj* ⟨**~e**⟩ todmüde; (ganz) abgespannt, zerschlagen

éreintement [eʀɛ̃tmã] *m* **1.** (*fatigue*) völlige Erschöpfung; Übermüdung *f* **2.** (*critique*) scharfe, harte Kritik; F Verriss *m*

éreinter [eʀɛ̃te] *v/t* **1.** (*fatiguer*) überanstrengen; erschöpfen **2.** (*critiquer*) verreißen; F heruntermachen

érésipèle [eʀezipɛl] → **érysipèle**

ergonome [ɛʀgɔnɔm] *m,f* Ergonom(in) *m(f)*

ergonomie [-i] *f* Ergonomie *f*; Ergonomik *f*

ergonomique [-ik] *adj* ergonomisch

ergot [ɛʀgo] *m* **1.** *du coq* Sporn *m*; *du chien* Afterkralle *f*, -klaue *f*; *fig* **se dresser sur ses ergots** aggressiv werden; die Krallen zeigen **2.** AGR Mutterkorn *n*

ergoter [ɛʀgɔte] *v/i* nörgeln; kritteln; mäkeln

ergothérapeute [ɛʀgɔteʀapøt] *m,f* Beschäftigungs-, Ergotherapeut(in) *m(f)*

ergothérapie *f* Ergotherapie *f*; Beschäftigungs-, Arbeitstherapie *f*

ériger [eʀiʒe] ⟨**-ge-**⟩ **I** *v/t* **1.** errichten; erstellen; *statue a* aufstellen **2.** **ériger en** erheben, machen zu **II** *v/pr* **s'ériger en** sich aufwerfen zu; sich aufspielen als

ermitage [ɛʀmitaʒ] *m* Einsiedelei *f*

ermite [ɛʀmit] *m* Einsiedler *m*; Eremit *m*; *fig* **vivre en ermite** ein Einsiedlerdasein führen

éroder [eʀɔde] *v/t* GÉOL erodieren; *par l'eau a* auswaschen; *par le vent a* abtragen

érogène [eʀɔʒɛn] *adj* erogen

érosif [eʀɔzif] *adj* ⟨**-ive** [-iv]⟩ GÉOL erosiv; Erosions...

érosion [eʀɔzjõ] *f* **1.** GÉOL Erosion *f* **2.** *fig* schleichender Zerfall

érotique [eʀɔtik] *adj* erotisch

érotisation [-izasjõ] *f* Erotisierung *f*

érotiser [-ize] *v/t* erotisieren

érotisme [-ism] *m* Erotik *f*

errance [ɛʀɑ̃s] *litt f* Umherirren *n*

errant [eʀɑ̃] *adj* ⟨**-ante** [-ãt]⟩ umherziehend; *chien* streunend

errata [eʀata] *m* ⟨*inv*⟩ TYPO Errata *n/pl*; Druckfehler(verzeichnis) *m/pl(n)*

erratum [eʀatɔm] *m* TYPO Druckfehler *m*; Erratum *n*

errements [eʀmã] *litt m/pl* Irrtümer *m/pl*; Irrwege *m/pl*

errer [eʀe] *v/i* **1.** umherirren, -wandern, -ziehen; *animaux* streunen **2.** *fig regard* (umher)schweifen

▸ **erreur** [eʀœʀ, e-] *f* Irrtum *m*; Fehler *m*; Versehen *n*; **erreur judiciaire** Justizirrtum *m*; INFORM **erreur système** Systemfehler *m*; **erreur d'appréciation** Fehleinschätzung *f*; **erreur de calcul** Rechenfehler *m*; **erreur de jeunesse** Jugendsünde *f*; **erreur de jugement** Fehlurteil *n*; **erreur de tactique** taktischer Fehler; **par erreur** irrtümlich(erweise); versehentlich; aus Versehen; **sauf erreur** wenn ich (mich) nicht irre; COMM Irrtum vorbehalten; ***commettre, faire une erreur*** e-n Fehler, Irrtum begehen; e-n Fehler machen; ***vous faites erreur*** Sie irren sich; ***laisser dans l'erreur*** im Irrtum, im falschen Glauben lassen; *prov **l'erreur est humaine*** Irren ist menschlich (*prov*)

erroné [ɛʀɔne, ɛ-] *adj* ⟨**~e**⟩ fehlerhaft; falsch; irrtümlich; irrig; ***conclusion erronée*** Trug-, Fehlschluss *m*

ersatz [ɛʀzats] *m* Ersatz *m*

éructation [eʀyktasjõ] *f* Aufstoßen *n*

éructer [-e] **I** *v/t injures* hervorstoßen **II** *v/i* aufstoßen

érudit [eʀydi] **I** *adj* ⟨**-ite** [-it]⟩ gelehrt **II** ***érudit(e)*** *m(f)* Gelehrte(r) *f(m)*

érudition [eʀydisjõ] *f* Gelehrsamkeit *f*

éruptif [eʀyptif] *adj* ⟨**-ive** [-iv]⟩ **1.** MÉD mit e-m Ausschlag verbunden, einhergehend **2.** GÉOL eruptiv

éruption [eʀypsjõ] *f* **1.** MÉD Ausschlag *m* **2.** *d'un volcan* Ausbruch *m*; Eruption *f*; *de lave* Austritt *m* **3.** *fig **éruption de colère*** Zornesausbruch *m*

érysipèle [eʀizipɛl] *m* (Wund)Rose *f*; *sc* Erysipel *n*

érythème [eʀitɛm] *m* MÉD Erythem *n*

es [ɛ] → ***être¹***

ès [ɛs] *prép* → ***docteur***

ESB [əɛsbe] *f abr* (*encéphalopathie spongiforme bovine*) BSE *f*

esbroufe [ɛzbʀuf] *f* F Wichtigtuerei *f*; ***à l'esbroufe*** durch Bluff, Blendung; ***faire de l'esbroufe*** F sich wichtigtun; F angeben

escabeau [ɛskabo] *m* ⟨**~x**⟩ Tritthocker *m*; (kleine) Bockleiter

escadre [ɛskadʀ] *f* Geschwader *n*

escadrille [ɛskadʀij] *f* AVIAT Staffel *f*

escadron [ɛskadʀõ] *m* MIL Schwadron *f*; AVIAT Staffel *f*

escalade [ɛskalad] *f* **1.** *d'un mur* Übersteigen *n*; *d'une montagne* Besteigung *f*; Erklettern *n*; SPORTS Klettern *n* **2.** *fig* Eskalation *f*; Eskalierung *f*; Zuspitzung *f*

escalader [ɛskalade] *v/t mur, etc* übersteigen; klettern über (+ *acc*); *rocher* erklettern; *montagne* besteigen

escalator® [ɛskalatɔʀ] *m* Rolltreppe *f*

escale [ɛskal] *f* **1.** Zwischenlandung *f*; ***faire escale à Londres*** in London zwischenlanden **2.** *lieu* Zwischenstation *f*

▸ **escalier** [ɛskalje] *m* Treppe *f*; ***escalier roulant, mécanique*** Rolltreppe *f*; ***dans l'escalier*** *ou **les escaliers*** auf der Treppe; *fig **avoir l'esprit de l'escalier*** nicht schlagfertig sein

▸ **escalope** [ɛskalɔp] *f* (Kalbs)Schnitzel *n*

escamotable [ɛskamɔtabl] *adj* einziehbar; *lit m **escamotable*** Schrankbett *n*

escamotage [ɛskamɔtaʒ] *m* **1.** *d'un objet* Verschwindenlassen *n*; Wegzaubern *n* **2.** AVIAT *du train d'atterrissage* Einfahren *n*; Einziehen *n* **3.** *fig d'une question, d'un problème* Umgehen *n*; (geschicktes) Ausweichen

escamoter [ɛskamɔte] *v/t* **1.** verschwinden lassen **2.** *fig difficulté* umgehen; *mot, note* überspringen; auslassen

escampette [ɛskãpɛt] F ***prendre la poudre d'escampette*** davonlaufen; das Hasenpanier ergreifen

escapade [ɛskapad] *f* **1.** (*écart de conduite*) Eskapade *f*; *d'homme marié* Seitensprung *m* **2.** (*sortie*) Ausflug *m*

escarbille [ɛskaʀbij] *f* Flugasche *f*

escarcelle [ɛskaʀsɛl] *f plais* Geldkatze *f*

escargot [ɛskaʀgo] *m* Schnecke *f* (*mit Haus*); ***escargot de Bourgogne*** Weinbergschnecke *f*

escarmouche [ɛskaʀmuʃ] *f* **1.** MIL Scharmützel *n* **2.** *fig* (Wort)Geplänkel *n*; Wortgefecht *n*

escarpé [ɛskaʀpe] *adj* ⟨**~e**⟩ steil (ansteigend, abfallend); *chemin* abschüssig

escarpement [ɛskaʀpəmã] *m* Steilhang *m*; steile Böschung

escarpin [ɛskaʀpɛ̃] *m* Pumps *m*

escarpolette [ɛskaʀpɔlɛt] *f* Schaukel *f*

escarre [ɛskaʀ] *f* wund gelegene Stelle; ***avoir des escarres*** sich aufliegen; sich wund liegen

Escaut [ɛsko] ***l'Escaut*** *m* die Schelde

escient [esjã] ***à bon escient*** ganz bewusst; aus gutem Grund

esclaffer [ɛsklafe] *v/pr **s'esclaffer*** laut auflachen; in schallendes Gelächter ausbrechen

esclandre [ɛsklãdʀ] *m* Szene *f*; Skandal *m*

esclavage [ɛsklavaʒ] *m* Sklaverei *f* (*a fig*)

esclavagisme [ɛsklavaʒism] *m* Sklaverei *f*; Sklavenhaltergesellschaft *f*

esclavagiste [-ist] *m* Verteidiger *m*, Anhänger *m* der (Neger)Sklaverei

esclave [ɛsklav] **I** *m,f* Sklave *m*, Sklavin *f* (*a fig*) **II** *adj fig **être esclave de qc*** Sklave e-r Sache (*gén*) sein

escogriffe [ɛskɔgʀif] *m* F ***un grand escogriffe*** F ein langer Lulatsch

escompte [ɛskõt] *m* **1.** FIN Diskont *m* **2.** COMM Skonto *m ou n*

escompter [-e] *v/t* **1.** erwarten; erhoffen; rechnen mit **2.** FIN diskontieren

escorte [ɛskɔʀt] *f* Eskorte *f*; Geleit *n*

escorter [-e] *v/t* eskortieren; geleiten; das Geleit geben (+ *dat*)

escorteur [-œʀ] *m* MAR MIL Begleit-, Geleitschiff *n*

escouade [ɛskwad] *f* Trupp *m*

escrime [ɛskʀim] *f* Fechten *n*; Fechtkunst *f*, -sport *m*

escrimer [ɛskʀime] *v/pr **s'escrimer à faire qc*** sich abmühen, sich abplagen mit etw

escrimeur [ɛskʀimœʀ] *m*, **escrimeuse** [-øz] *f* Fechter(in) *m(f)*; Fechtsportler(in) *m(f)*

escroc [ɛskʀo] *m* Betrüger *m*; Gauner *m*; Schwindler *m*; Hochstapler *m*

escroquer [ɛskʀɔke] *v/t **escroquer qc à qn*** j-n um etw betrügen, bringen, prellen; ***escroquer qn*** j-n betrügen

escroquerie [ɛskʀɔkʀi] *f* Betrug *m*; Schwindel *m*; Hochstapelei *f*

escudo [ɛskydo] *m* HIST *monnaie* Escudo *ou* Eskudo *m*

ésotérique [ezɔteʀik] *adj* esoterisch

ésotérisme [-ism] *m* Esoterik *f*

▸ **espace** [ɛspas] *m* **1.** Raum *m*; ***espace aérien*** Luftraum *m*; ***espace vert*** Grünfläche *f* **2.** *extraterrestre* Weltraum *m* **3.** (*distance*) Zwischenraum *m*; Abstand *m* **4.** ***en l'espace d'une heure, etc*** innerhalb, binnen e-r Stunde *etc*

espacement [ɛspasmã] *m* Abstand *m*

espacer [ɛspase] ⟨**-ç-**⟩ **I** *v/t* Abstand lassen zwi-

schen (+ *dat*); auseinanderrücken **II** *v/pr* **s'es-
pacer** immer seltener werden
espadon [ɛspadõ] *m* Schwertfisch *m*
espadrille [ɛspadʀij] *f* Leinenschuh *m*
▶ **Espagne** [ɛspaɲ] *l'Espagne f* Spanien *n*
▶ **espagnol** [ɛspaɲɔl] **I** *adj* spanisch **II** *subst* **1.**
Espagnol(e) *m(f)* Spanier(in) *m(f)* **2.** *m* LING
l'espagnol das Spanische; Spanisch *n*
espagnolette [ɛspaɲɔlɛt] *f* Drehriegel *m*
espalier [ɛspalje] *m* **1.** AGR Spalier *n* **2.** SPORTS
espaliers *pl* Sprossenwand *f*
▶ **espèce** [ɛspɛs] *f* **1.** (*genre*) Art *f*; *une espèce
de ...* (so) e-e Art (von) ... **2.** *injure* **espèce
d'imbécile!** (du) Dummkopf! **3.** BIOL Art *f*;
Spezies *f*; *espèce humaine* Menschen-
geschlecht *n* **4.** *cas m* **d'espèce** Sonderfall *m*;
en l'espèce im vorliegenden, in diesem Fall(e)
5. COMM *en espèces* (in) bar; *paiement m en
espèces* Barzahlung *f*
espérance [ɛspeʀɑ̃s] *f* **1.** Hoffnung *f*; Erwar-
tung *f* **2.** *espérance de vie* Lebenserwartung
f
espérantiste [ɛspeʀɑ̃tist] **I** *adj* Esperanto... **II**
m,f Esperantist(in) *m(f)*
espéranto [ɛspeʀɑ̃to] *m* Esperanto *n*
▶ **espérer** [ɛspeʀe] *v/t et v/i* ‹**-è-**› *espérer qc*
auf etw (*acc*) hoffen; (sich [*dat*]) etw erhoffen;
etw erwarten; *espérer qn* j-n erwarten; mit
j-m rechnen; *st/s espérer en qn, qc* auf j-n,
etw hoffen, vertrauen; *espérons-le!* hoffent-
lich!; hoffen wir es!; ▶ *j'espère ou je l'espère*
hoffentlich!; *j'espère bien* das will ich hoffen!;
j'espère que ... ich hoffe, dass ...; hoffentlich
...; *espérer* (+ *inf*) hoffen zu (+ *inf*)
espiègle [ɛspjɛgl] *adj* schalkhaft; schelmisch
espièglerie [ɛspjɛglʀi] *f* Schelmenstreich *m*
espion [ɛspjõ] *m*, **espionne** [ɛspjɔn] *f* **1.** Spi-
on(in) *m(f)* **2.** *adjt* Spionage...
espionnage [ɛspjɔnaʒ] *m* Spionage *f*; *espion-
nage industriel* Werk-, Wirtschaftsspionage *f*
espionner [ɛspjɔne] *v/t* **espionner qn** j-n aus-
spionieren, bespitzeln; j-m nachspionieren
esplanade [ɛsplanad] *f* Esplanade *f*
▶ **espoir** [ɛspwaʀ] *m* **1.** Hoffnung *f*; Zuversicht
f; *espoir de guérison* Hoffnung auf Gene-
sung; *dans l'espoir de* (+ *inf*) in der Hoffnung
zu (+ *inf*); *sans espoir* hoffnungs-, aussichts-
los; *abandonner tout espoir de* (+*inf*) jede,
alle Hoffnung aufgeben, dass ... *ou* zu
(+*inf*); *j'ai bon espoir* ich bin zuversichtlich;
ich hoffe schon; *garder un espoir* noch Hoff-
nung haben; immer noch hoffen; *susciter des
espoirs* Hoffnungen (er)wecken, machen;
prov l'espoir fait vivre der Mensch lebt von
der Hoffnung **2.** *personne* Hoffnung *f*; Hoff-
nungsträger *m*
▶ **esprit** [ɛspʀi] *m* **1.** Geist *m*; *d'une personne a*
Verstand *m*; *esprit d'à-propos* Schlagfertig-
keit *f*; *esprit de compétition* Kampfgeist *m*;
Wetteifer *m*; *esprit d'équipe* Teamgeist *m*; *es-
prit de famille* Familiensinn *m*; *homme m
d'esprit* Mann *m* von Geist; *plein d'esprit*
geistreich, -voll; witzig; *dans mon esprit* mei-
ner Ansicht nach; in meinen Augen; *avoir de
l'esprit* geistreich, -voll sein; Geist haben; *ne
plus avoir tous ses esprits* nicht mehr ganz
richtig im Kopf sein; *ne pas avoir l'esprit à ...*
nicht aufgelegt sein zu ...; keinen Kopf haben

für ...; *avoir mauvais esprit* es am guten Wil-
len fehlen lassen; *faire de l'esprit* geistreich
tun; *reprendre ses esprits* (*se ressaisir*) sich
wieder fassen; (*reprendre connaissance*) wie-
der zu sich kommen; *venir à l'esprit* in den
Sinn kommen; einfallen **2.** *personne* Geist
m; Mensch *m*; Kopf *m*; *esprits pl* Gemüter
n/pl; *bel esprit* Schöngeist *m* **3.** REL, MYTH
Geist *m*; *l'Esprit saint* der Heilige Geist
esquif [ɛskif] *m litt frêle esquif* leichtes Boot
esquimau [ɛskimo] **I** *adj* ‹-aude [-od]; *m/pl*
-aux [-o]› Eskimo...; eskimoisch **II** *subst* **1.**
Esquimau(de) *m(f)* Eskimo(frau) *m(f)* **2.** *m*
Eis *n* am Stiel mit Schokoladenüberzug
esquintant [ɛskɛ̃tɑ̃] *adj* ‹-ante [-ɑ̃t]› F *travail*
sehr anstrengend; aufreibend; kräftezehrend
esquinter [ɛskɛ̃te] F **I** *v/t* **1.** (*abîmer*) F kaputt
machen; *personne* F übel zurichten; *adjt* **es-
quinté** F a ziemlich mitgenommen **2.** (*criti-
quer*) F verreißen **II** *v/pr* **3.** *s'esquinter* (*au
travail*) F sich abrackern, abschinden **4.** *s'es-
quinter la vue* sich (*dat*) die Augen verderben
esquisse [ɛskis] *f* **1.** Skizze *f*; Entwurf *m* **2.** *fig
de sourire* Andeutung *f*
esquisser [ɛskise] **I** *v/t* **1.** skizzieren; entwerfen
2. *geste, sourire* andeuten **II** *v/pr* **s'esquisser**
sich abzeichnen, andeuten
esquive [ɛskiv] *f* SPORTS Ausweichbewegung *f*;
Ausweichen *n*
esquiver [ɛskive] **I** *v/t* **esquiver qc** e-r Sache
(*dat*) (geschickt) ausweichen, aus dem Wege
gehen **II** *v/pr* **s'esquiver** sich davonstehlen
▶ **essai** [ɛsɛ] *m* **1.** Versuch *m* (a SPORTS); Probe *f*;
Test *m*; AUTO Probe-, Testfahrt *f*; *essai nu-
cléaire* Atomtest *m*; Kernwaffenversuch *m*;
fig coup m d'essai (erster) Versuch; Anfang
m; *période f d'essai* Probezeit *f*; *pilote m
d'essai* Testpilot *m*; *à l'essai, à titre d'essai*
auf, zur Probe; probe-, versuchsweise **2.** *texte*
Essay *m ou n*
essaim [esɛ̃] *m* Schwarm *m* (a *fig*); *essaim
d'abeilles* Bienenschwarm *m*
essaimage [esɛmaʒ] *m d'abeilles* **a)** Schwär-
men *n* **b)** Schwarmzeit *f*
essaimer [-e] *v/i* **1.** *abeilles* schwärmen **2.** *fig fa-
mille* sich zerstreuen; *entreprise* Niederlassun-
gen gründen
essayage [esɛjaʒ] *m* Anprobe *f*
▶ **essayer** [eseje] ‹-ay- *od* -ai-› **I** *v/t* **1.** (*tester*)
ausprobieren; TECH erproben; testen; *voiture a*
Probe fahren; *vêtements* anprobieren **2.** (*ten-
ter*) *abs* es versuchen; *essayer qc* es mit etw
versuchen, probieren; *il a tout essayé* er hat
alles versucht; ▶ *essayer de faire qc* versu-
chen, etw zu tun **II** *v/pr* **s'essayer à** (*faire*)
qc sich in, an etw (*dat*) versuchen
essayeur [esɛjœʀ] *m* **1.** *de voitures* Testfahrer
m **2.** HIST Münzwardein *m*
essayeuse *f* COUT Absteckerin *f*
essayiste [-ist] *m* Essayist *m*
▶ **essence** [esɑ̃s] *f* **1.** Benzin *n*; *essence sans
plomb* bleifreies Benzin; *prendre de l'essen-
ce* tanken **2.** CHIM Essenz *f*; ätherisches Öl;
CUIS Extrakt *m* **3.** PHILOS Wesen *n*; Essenz *f*;
par essence s-m Wesen nach **4.** BOT (Baum)-
Art *f*
essencerie [esɑ̃sʀi] *f au Sénégal* Tankstelle *f*
essentiel [esɑ̃sjɛl] **I** *adj* ‹**~le**› **1.** wesentlich;

wichtigste **2.** *huiles essentielles* ätherische Öle *n/pl* **II** *m* Wesentliche(s) *n*; Hauptsache *f*
essentiellement [esɑ̃sjɛlmɑ̃] *adv* **1.** (*principalement*) im Wesentlichen **2.** (*par essence*) s-m Wesen nach
esseulé [esœle] *adj* ⟨**~e**⟩ vereinsamt
essieu [esjø] *m* ⟨**~x**⟩ Achse *f*
essor [esɔʀ] *m* Aufschwung *m*; Auftrieb *m*; **en plein essor** in vollem Aufschwung; aufstrebend
essorage [esɔʀaʒ] *m du linge* Schleudern *n*; *à la main* Auswringen *n*
essorer [-e] *v/t linge* schleudern; *à la main* auswringen
essoreuse [-øz] *f* (Wäsche-, Trocken)Schleuder *f*
essoufflement [esufləmɑ̃] *m* **1.** Atemlosigkeit *f*; Kurzatmigkeit *f* **2.** *fig* Nachlassen *n*; Erlahmen *n*
essouffler [esufle] **I** *v/t* außer Atem kommen lassen; *essoufflé* außer Atem; atemlos **II** *v/pr* *s'essouffler* **1.** außer Atem kommen, geraten **2.** *fig qn s'essouffle* j-m geht der Atem *ou* die Luft aus
▸ **essuie-glace** [esɥiglas] *m* ⟨**essuie-glaces**⟩ Scheibenwischer *m*
essuie-mains *m* ⟨*inv*⟩ Handtuch *n*
▸ **essuyer** [esɥije] ⟨**-ui-**⟩ **I** *v/t* **1.** *vaisselle, mains* abtrocknen; *meuble, sueur* abwischen; *tache, sol* aufwischen; *lunettes* putzen **2.** *fig* (*subir*) hinnehmen müssen; erleiden; abbekommen **II** *v/pr* *s'essuyer* sich abtrocknen; *s'essuyer le front* sich (*dat*) die Stirn abwischen
▸ **est¹** [est] **I** *m* **1.** Ost(en) *m*; *à l'est* im Osten, östlich (*de* von *ou* + *gén*) **2.** *l'Est* der Osten (*a* POL); *de la France* Ostfrankreich *n*; *l'Europe de l'Est* Osteuropa *n* **II** *adj* ⟨*inv*⟩ Ost…; östlich
est² [ɛ] → *être¹*
establishment [ɛstabliʃmɛnt] *m* Establishment *n*
estafette [ɛstafɛt] *f* MIL Melder *m*
estafilade [ɛstafilad] *f* Schmarre *f*; Schmiss *m*
est-allemand *adj* ⟨**-ande** [-ɑ̃d]⟩ POL HIST DDR…; ostdeutsch
estaminet [ɛstaminɛ] *m* Schänke *f*
estampe [ɛstɑ̃p] *f* Graphik *f*; (Kupfer)Stich *m*; *de bois* Holzschnitt *m*
estamper [ɛstɑ̃pe] *v/t* **1.** TECH prägen; stanzen **2.** F *estamper qn* F j-n reinlegen
estampille [ɛstɑ̃pij] *f* Güte-, Echtheitszeichen *n*
estampiller [-e] *v/t* mit einem Güte-, Echtheitszeichen versehen
est-ce que [ɛskə] *adv* *est-ce que tu viens?* kommst du?
esthète [ɛstɛt] *m* Ästhet *m*
esthéticien [ɛstetisjɛ̃] *m* Ästhetiker *m*
esthéticienne [-jɛn] *f* Kosmetikerin *f*
esthétique [ɛstetik] **I** *adj* **1.** ästhetisch **2.** *chirurgie f esthétique* kosmetische Chirurgie; Schönheitschirurgie *f* **II** *f* Ästhetik *f*
esthétisme [ɛstetism] *m* Ästhetizismus *m*
estimable [ɛstimabl] *adj* schätzenswert; achtbar
estimatif [ɛstimatif] *adj* ⟨**-ive** [-iv]⟩ auf Schätzung beruhend
estimation [ɛstimasjõ] *f* Schätzung *f*; Bewertung *f*; Taxierung *f*; *aux elections* **estimations**

pl Hochrechnungen *f/pl*
estime [ɛstim] *f* (Hoch)Achtung *f*; Ansehen *n*; Wertschätzung *f*; *tenir qn en grande estime* Hochachtung, große Achtung vor j-m haben
▸ **estimer** [ɛstime] **I** *v/t* **1.** (*évaluer*) schätzen (*à* auf + *acc*); bewerten; taxieren; *frais* veranschlagen; (*calculer approximativement*) überschlagen; *fig œuvre, personne* einschätzen **2.** (*apprécier*) (hoch) achten; schätzen **3.** *estimer que …* der Ansicht sein, dass …; meinen, F schätzen, dass … **II** *v/pr* *s'estimer heureux que …* (+ *subj*) sich glücklich schätzen, dass …; von Glück sagen können, dass …
estivage [ɛstivaʒ] *m* AGR Sömmerung *f*
estival [ɛstival] *adj* ⟨**~e; -aux** [-o]⟩ sommerlich; Sommer…
estivant [ɛstivɑ̃] *m*, **estivante** [-ɑ̃t] *f* Sommergast *m*; Sommerfrischler(in) *m(f)*
estocade [ɛstɔkad] *f* Todesstoß *m*
▸ **estomac** [ɛstɔma] *m* Magen *m*; F *fig avoir de l'estomac* dreist, unverfroren sein; F *avoir l'estomac dans les talons* F e-n Bären-, Mordshunger haben; *rester sur l'estomac* schwer im Magen liegen (*a fig*)
estomaquer [ɛstɔmake] F *v/t* verblüffen; F umhauen; *être estomaqué* F platt, baff sein
estompe [ɛstõp] *f* PEINT Wischer *m*; *dessin m à l'estompe* gewischte Zeichnung
estomper [ɛstõpe] **I** *v/t contours* verwischen; (*atténuer*) mildern **II** *v/pr* *s'estomper* verschwimmen; schwinden
Estonie [ɛstɔni] *l'Estonie f* Estland *n*
estonien [ɛstɔnjɛ̃] **I** *adj* ⟨**-ienne** [-jɛn]⟩ estnisch **II** *subst* **1.** *Estonien(ne) m(f)* Este *m*, Estin *f m(f)* **2.** *m* LING *l'estonien* das Estnische; Estnisch *n*
estourbi [ɛsturbi] F *adj* ⟨**~e**⟩ ganz benommen
estrade [ɛstrad] *f* Podium *n*; Podest *n*
estragon [ɛstragõ] *m* Estragon *m*
estropié [ɛstrɔpje] **I** *adj* ⟨**~e**⟩ verstümmelt (*a fig*); verkrüppelt; versehrt **II** *m* Versehrte(r) *m*; Krüppel *m*
estropier [ɛstrɔpje] **I** *v/t* **1.** zum Krüppel machen **2.** *fig* verstümmeln **II** *v/pr* *s'estropier* zum Krüppel werden
estuaire [ɛstɥɛʀ] *m* Trichtermündung *f*
estudiantin [ɛstydjɑ̃tɛ̃] *adj* ⟨**-ine** [-in]⟩ studentisch; Studenten…
esturgeon [ɛstyʀʒõ] *m* Stör *m*
▸ **et** [e] *conj* **1.** und **2.** *litt et … et …* sowohl … als auch …
ETA [ətea] *f abr* (*Euskadi ta Askatasuna*) POL ETA *f*
étable [etabl] *f* Stall *m*
établi [etabli] *m* Werkbank *f*
établir [etabliʀ] **I** *v/t* **1.** (*installer*) ein-, errichten; (*fonder*) (be)gründen **2.** *relations, contact* herstellen; *liste, devis, record* aufstellen; *règles, frontières* festlegen; *prix* festsetzen; *facture, certificat* ausstellen; *établi usage, ordre* bestehend; herrschend **3.** (*démontrer*) feststellen; ermitteln; nachweisen **II** *v/pr* *s'établir* sich niederlassen
établissement [etablismɑ̃] *m* **1.** (*installations*) Anstalt *f*; TECH (Werks-, Betriebs)Anlage *f*; (*entreprise*) Niederlassung *f*; Werk *n*; Betrieb *m*; *établissement hospitalier* Krankenanstalt *f*; *établissement scolaire* Lehr-, Bildungsan-

stalt *f;* **chef** *m* **d'établissement** (Schul)Direktor *m* **2.** (*action de s'établir*) Niederlassung *f* **3.** (*création*) *d'un régime* Errichtung *f; de relations* Herstellung *f; d'un devis* Aufstellung *f; d'un règlement* Festlegung *f* **4.** *de faits* Feststellung *f;* Ermittlung *f*

▸ **étage** [etaʒ] *m* **1.** Stock(werk) *m(n);* Etage *f;* Geschoss *n; immeuble* **à, de quatre étages** vierstöckig; viergeschossig **2.** *de fusée* Stufe *f* **3.** *fig* **de bas étage** niedrigstehend; minderwertig

étager [etaʒe] *v/pr* ⟨**-ge-**⟩ **s'étager** stufenförmig ansteigen

▸ **étagère** [etaʒɛʀ] *f* **1.** *meuble* Regal *n* **2.** *au mur* Wandbord *n,* -brett *n; à livres* Bücherbord *n*

étain [etɛ̃] *m* Zinn *n*

étais, était [etɛ] → **être¹**

étal [etal] *m* ⟨**-als**⟩ **1.** *de marché* Stand *m* **2.** *de boucher* Hack-, Fleischbank *f*

étalage [etalaʒ] *m* **1.** (*devanture*) Auslage *f;* Schaufenster *n* **2.** *fig* Zurschaustellung *f;* **faire étalage de qc** etw zur Schau stellen

étalagiste [etalaʒist] *m,f* Schaufensterdekorateur(in) *m(f)*

étale [etal] *adj* **la mer est étale** das Wasser steigt *ou* fällt nicht mehr

étalement [etalmɑ̃] *m* Verteilung *f;* zeitliche Staffelung

étaler [etale] **I** *v/t* **1.** *marchandises* ausstellen; auslegen; *journal* ausbreiten; *colle* verteilen; verstreichen; *beurre* streichen (**sur** auf + *acc*) **2.** *dans le temps* verteilen; (zeitlich) staffeln **3.** *fig luxe, savoir* zur Schau stellen **II** *v/pr* **4.** *titre de journal* **s'étaler sur** sich erstrecken über (+ *acc*) **5.** F **s'étaler** (*prendre de la place*) F sich breitmachen **6.** F **s'étaler** (*tomber*) der Länge nach hinfallen; F hinschlagen

étalon [etalɔ̃] *m* **1.** *cheval* Hengst *m* **2.** *mesure* Eichmaß *n*

étalonnage [etalɔnaʒ] *m ou* **étalonnement** *m* Eichen *n,* -ung *f*

étalonner [-e] *v/t* (*instrument de*) *mesure* eichen

étalon-or *m* FIN Goldstandard *m*

étamer [etame] *v/t* **1.** verzinnen **2.** *glace* belegen; verspiegeln

étamine [etamin] *f* **1.** BOT Staubgefäß *n,* -beutel *m,* -blatt *n* **2.** *filtre* Siebtuch *n*

étanche [etɑ̃ʃ] *adj* (wasser-, luft)dicht; undurchlässig (*a fig*); *montre* wasserdicht

étanchéité [etɑ̃ʃeite] *f* Undurchlässigkeit *f*

étancher [etɑ̃ʃe] *v/t* **1.** TECH abdichten **2.** *st/s soif* löschen; stillen

▸ **étang** [etɑ̃] *m* Teich *m;* Weiher *m*

étant [etɑ̃] *p/pr* → **être¹**

▸ **étape** [etap] *f* **1.** *distance* Etappe *f* (*a* SPORTS) **2.** *lieu* (Zwischen)Station *f;* **faire étape à** (Zwischen)Station machen in **3.** *fig* Abschnitt *m;* Stufe *f;* Etappe *f;* Schritt *m;* **par étapes** schritt-, stufenweise; in Etappen; **brûler les étapes** einige Stufen, Etappen überspringen

▸ **état** [eta] *m* **1.** Zustand *m* (*a* PHYS); **état civil** Familien-, Personenstand *m;* (**bureau** *m* **de** **l')état civil** Standesamt *n;* **état général** Allgemeinzustand *m,* -befinden *n;* **état second** Bewusstseinstrübung *f;* **être dans un état second** wie benommen sein; **état d'alerte** Alarmzustand *m,* -bereitschaft *f;* **états**

d'âme Gefühlsregungen *f/pl;* seelische Verfassung; Befindlichkeiten *f/pl;* **état de choses** Sachlage *f;* Stand *m* der Dinge; **état d'esprit** Geistesverfassung *f;* **état de fait** Sachverhalt *m;* Tatbestand *m;* **état de grâce** REL Stand *m* der Gnade; POL Schonfrist *f;* **état de santé** Gesundheitszustand *m;* Befinden *n;* **état de siège** Belagerungszustand *m;* **état d'urgence** Notstand *m;* Ausnahmezustand *m;* **à l'état liquide** in flüssigem Zustand; **dans un état de ...** in e-m Zustand (+ *gén*); **être dans tous ses états** in heller Aufregung sein; **en bon, mauvais état** in gutem, schlechtem Zustand; **en tout état de cause** auf jeden Fall; in jedem Fall; **en état de marche** betriebsfähig, -bereit; *véhicule a* fahrbereit; **être en état de faire qc** imstande *ou* in der Lage sein, etw zu tun; **remettre qc en état** etw instand setzen; **être 'hors d'état de faire qc** außerstande sein, etw zu tun; **mettre qn hors d'état de nuire** j-n unschädlich machen **2.** ▸ **État** Staat *m;* **État de droit** Rechtsstaat *m;* **coup** *m* **d'État** Staats-

---

L'état civil und andere Personalien

l'état civil ist der Familienstand:	
célibataire	ledig
marié(e)	verheiratet
divorcé(e)	geschieden

Daneben kann auf französischen Formularen nach folgenden Personalien gefragt werden:

nom	Name
prénom	Vorname
née ...	geborene ...
date de naissance	Geburtsdatum
lieu de naissance	Geburtsort
né(e) le ...	geboren am ...
né(e) à ...	geboren in ...
sexe	Geschlecht
masculin	männlich
féminin	weiblich
profession	Beruf
nationalité	Staatsangehörigkeit
adresse	Anschrift
domicilié(e) à ...	wohnhaft in ...
rue	Straße
numéro (de la maison)	Hausnummer
code postal	Postleitzahl
ville	Stadt
pays	Land

streich *m* **3.** (*description*) Aufstellung *f*; **état de frais** Kosten-, Spesenaufstellung *f*; **état des lieux** Ortsbefund *m*; Zustandsfeststellung *f*; **faire état de qc** etw anführen **4.** HIST Stand *m*; **le tiers état** der dritte Stand; *par ext* **de son état** von Beruf; s-s Zeichens

étatique [etatik] *adj* staatlich; Staats…

étatisation [-izasjõ] *f* Verstaatlichung *f*

étatiser [-ize] *v/t* verstaatlichen

étatisme [-ism] *m* Etatismus *m*; Staatssozialismus *m*

état-major [etamaʒɔʀ] *m* ⟨**états-majors**⟩ **1.** MIL (General)Stab *m* **2.** *fig* Führungsspitze *f*; Führungsstab *m*

▸ **États-Unis** [etazyni] **les États-Unis** *m/pl* die Vereinigten Staaten *m/pl*

étau [eto] *m* ⟨**~x**⟩ Schraubstock *m*

étayer [eteje] *v/t* ⟨**-ay-** *od* **-ai-**⟩ **1.** CONSTR abstützen **2.** *fig* stützen; untermauern

etc. [ɛtseteʀa] *abr* (*et cetera*) usw. (und so weiter); etc.

et cætera *ou* **et cetera** [ɛtseteʀa] (*abr* **etc.**) und so weiter (*abr* usw.); et cetera (*abr* etc.)

▸ **été¹** [ete] *m* Sommer *m*; **en été** im Sommer

été² *p/p* → **être¹**

▸ **éteindre** [etɛ̃dʀ] ⟨→ **peindre**⟩ **I** *v/t* **1.** *feu, incendie* löschen; *feu a, bougie* auslöschen; F ausmachen **2.** *appareil* aus-, abschalten; F ausmachen; *télévision, chauffage a* abstellen; aus-, abdrehen; *lumière, lampe a* F ausknipsen; *abs* das Licht ausmachen **II** *v/pr* **s'éteindre 3.** *feu, lumière, chauffage* ausgehen **4.** *fig sentiment* erlöschen; *bruit* verstummen **5.** (*mourir*) entschlafen; *race, famille* aussterben

▸ **éteint** [etɛ̃] *p/p* → **éteindre** *et adj* ⟨**éteinte** [etɛ̃t]⟩ *feu, bougie* erloschen (*a volcan, fig regard, voix*); ausgegangen; *appareil* ausgeschaltet; abgestellt; **être éteint** *a* aus sein

étendard [etãdaʀ] *m* Standarte *f*; Fahne *f*

étendre [etãdʀ] ⟨→ **rendre**⟩ **I** *v/t* **1.** *bras, jambes* (aus)strecken; *ailes* ausbreiten; *linge* aufhängen; *pâte* ausrollen **2.** *vin* verdünnen; strecken **3. étendre qn sur un lit** j-n auf ein Bett legen; F **étendre qn** j-n zu Boden strecken; F *fig à un examen* **se faire étendre** durchfallen; F durchrasseln **4.** *influence* ausdehnen (**à** auf + *acc*) **II** *v/pr* **s'étendre 5.** *brouillard, épidémie* sich ausbreiten **6.** *plaine, empire* sich ausdehnen, sich erstrecken (**jusqu'à** bis [zu]) **7.** *personne* sich ausstrecken (**sur** auf + *dat*); sich hinlegen **8. s'étendre sur un sujet** sich über ein Thema auslassen, verbreiten

étendu [etãdy] *adj* ⟨**~e**⟩ **1.** *forêt, vue* ausgedehnt **2.** *connaissances* umfassend; umfangreich

étendue [etãdy] *f* **1.** (*surface*) Ausdehnung *f*; Weite *f* **2.** (*importance*) Ausmaß *n*; Umfang *m*

▸ **éternel** [etɛʀnɛl] **I** *adj* ⟨**~le**⟩ ewig (*a* F *fig*); **c'est un éternel mécontent** er ist ständig, F ewig unzufrieden **II** *m* **l'Éternel** der Ewige

éterniser [etɛʀnize] *v/pr* **s'éterniser 1.** sich endlos hinziehen **2.** *personne* F ewig bleiben

éternité [etɛʀnite] *f* Ewigkeit *f* (*a* F *fig*); **de toute éternité** seit eh und je

éternuement [etɛʀnymã] *m* Niesen *n*

éternuer [etɛʀnɥe] *v/i* niesen

êtes [ɛt] → **être¹**

étêter [etete] *v/t* köpfen; kappen

éthane [etan] *m* CHIM Äthan *n*

éthanol [etanɔl] *m* CHIM Äthanol *n*

éther [etɛʀ] *m* Äther *m*

éthéré [eteʀe] *litt adj* ⟨**~e**⟩ ätherisch; vergeistigt

Éthiopie [etjɔpi] **l'Éthiopie** *f* Äthiopien *n*

éthiopien [etjɔpjɛ̃] **I** *adj* ⟨**-ienne** [-jɛn]⟩ äthiopisch **II Éthiopien(ne)** *m(f)* Äthiopier(in) *m(f)*

éthique [etik] **I** *adj* ethisch **II** *f* Ethik *f*; **éthique professionnelle** Berufsethos *n*

ethnie [ɛtni] *f* Ethnie *f*; Sprach-, Kulturgemeinschaft *f*

ethnique [-ik] *adj* ethnisch

ethnographe [ɛtnɔgʀaf] *m,f* Ethnograph(in) *m(f)*

ethnographie *f* Ethnographie *f*

ethnographique *adj* ethnographisch

ethnologie [-lɔʒi] *f* Ethnologie *f*; Völkerkunde *f*

ethnologue [-lɔg] *m,f* Ethnologe *m*, -login *m,f*; Völkerkundler(in) *m(f)*

éthologie [etɔlɔʒi] *f* Verhaltensforschung *f*; Ethologie *f*

éthylène [etilɛn] *m* Äthylen *n*

éthylique [etilik] **I** *adj* **1. alcool** *m* **éthylique** Äthylalkohol *m* **2.** MÉD alkoholisch **II** *m,f* Alkoholkranke(r) *f(m)*; Alkoholiker(in) *m(f)*

éthylisme [etilism] *m* Alkoholismus *m*

étincelant [etɛ̃slã] *adj* ⟨**-ante** [-ãt]⟩ funkelnd; glitzernd; schimmernd; *poét* gleißend

étinceler [-le] *v/i* ⟨**-ll-**⟩ funkeln; glitzern; schimmern

étincelle [etɛ̃sɛl] *f* Funke(n) *m* (*a fig*)

étincellement [-mã] *m* Funkeln *n*; Glitzern *n*; Schimmern *n*

étiolement [etjɔlmã] *m* **1.** *d'une plante* Vergeilung *f* **2.** *fig* Verkümmerung *f*

étioler [etjɔle] *v/pr* **s'étioler 1.** *plante* vergeilen **2.** *fig* verkümmern

étique [etik] *adj* dürr; mager

étiquetage [-taʒ] *m* Etikettieren *n*; *de marchandises* Auszeichnen *n*

étiqueter [etikte] *v/t* ⟨**-tt-**⟩ **1.** etikettieren; *marchandises* auszeichnen **2.** *fig* abstempeln (**comme** als, zum *ou* zur)

étiquette [etikɛt] *f* **1.** (*marque*) Etikett *n*; (Preis)Schild *n* **2.** *fig* Kennzeichen *n*; POL **sans étiquette** parteilos **3.** (*protocole*) Etikette *f*

étirage [etiʀaʒ] *m* TECH Strecken *n*; Ziehen *n*

étirement [-mã] *m* Dehnen *n*; Strecken *n*

étirer [etiʀe] **I** *v/t* TECH strecken; ziehen **II** *v/pr* **s'étirer 1.** *tissu* sich dehnen **2.** *personne, animal* sich strecken; sich recken

Etna [ɛtna] **l'Etna** *m* der Ätna

étoffe [etɔf] *f* **1.** (*tissu*) Stoff *m* **2.** *fig* **avoir l'étoffe d'un chef**, *etc* das Zeug zum Chef *etc* haben

étoffé [etɔfe] *adj* ⟨**~e**⟩ gedankenreich; gehaltvoll

étoffer [etɔfe] **I** *v/t* ausgestalten; ausbauen; vertiefen **II** *v/pr* **s'étoffer** kräftiger werden

▸ **étoile** [etwal] *f* **1.** ASTR, *signe* Stern *m*; **à la belle étoile** im Freien; unter freiem Himmel; **un (hôtel) trois étoiles** ein Dreisternehotel *n* **2.** ZO **étoile de mer** Seestern *m* **3.** THÉ, CIN Star *m*; *adjt* **danseur** *m* **étoile** erster (Solo)Tänzer; **danseuse** *f* **étoile** Primaballerina *f*

étoilé [etwale] *adj* ⟨**~e**⟩ **1.** *ciel* mit Sternen übersät; *nuit* sternklar **2. bannière étoilée** Sternen-

banner *n* **3.** (*en étoile*) sternförmig
étoiler [etwale] **I** *v/t astres* **étoiler le ciel** am Himmel stehen **II** *v/pr* **s'étoiler 1.** *ciel* sich mit Sternen bedecken **2.** *verre* sternförmig springen
étole [etɔl] *f* Stola *f*
étonnamment [etɔnamɑ̃] *adv* erstaunlich
▸ **étonnant** [etɔnɑ̃] *adj* ⟨**-ante** [-ɑ̃t]⟩ erstaunlich; erstaunenswert; verwunderlich
étonné [etɔne] *adj* ⟨**~e**⟩ erstaunt, verwundert (**de** über + *acc*); **être étonné** *a* sich wundern; staunen
étonnement [etɔnmɑ̃] *m* (Er)Staunen *n*; Verwunderung *f*
▸ **étonner** [etɔne] **I** *v/t* erstaunen; (ver)wundern; **ça m'étonnerait** das würde mich wundern **II** *v/pr* ▸ **s'étonner** (er)staunen, sich wundern (**de** über + *acc*; **que ...** + *subj* dass...)
étouffant [etufɑ̃] *adj* ⟨**-ante** [-ɑ̃t]⟩ *air* stickig; zum Ersticken; *chaleur* erstickend; *fig atmosphère* bedrückend
étouffé [etufe] *adj* ⟨**~e**⟩ **1.** *mourir* **étouffé** ersticken **2.** *fig bruits* gedämpft; *cris, rires* unterdrückt; erstickt
étouffe-chrétien [etufkʀetjɛ̃] F *m* ⟨**étouffe--chrétiens**⟩ Speise, die stopft
étouffée [etufe] *cuire à l'étouffée* schmoren; dämpfen; dünsten
étouffement [etufmɑ̃] *m* **1.** Ersticken *n*; Atemnot *f*; *crise* Erstickungsanfall *m* **2.** *fig* Erstickung *f*; Unterdrückung *f*; *d'un scandale* Vertuschung *f*
étouffer [etufe] **I** *v/t* **1.** **étouffer qn** j-n ersticken; (*gêner la respiration*) j-m den Atem nehmen **2.** *incendie, fig révolte* ersticken; *bruits* dämpfen; *cri, sentiments* unterdrücken; *scandale* vertuschen **II** *v/i* ersticken (*a fig*); keine Luft bekommen **III** *v/pr* **s'étouffer** ersticken
étourderie [etuʀdəʀi] *f* Gedankenlosigkeit *f* (*a acte*); Unüberlegtheit *f*; (*légèreté*) Leichtsinn *m*; (*oubli*) Vergesslichkeit *f*; F Schnitzer *m*
étourdi [etuʀdi] *adj* ⟨**~e**⟩ gedankenlos; unüberlegt; (*léger*) leichtsinnig; (*qui oublie*) vergesslich
étourdiment *adv* → **étourdi**
étourdir [etuʀdiʀ] **I** *v/t* betäuben; benommen machen **II** *v/pr* **s'étourdir** *fig* sich betäuben
étourdissant [etuʀdisɑ̃] *adj* ⟨**-ante** [-ɑ̃t]⟩ **1.** *bruit* ohrenbetäubend **2.** *fig* überwältigend
étourdissement [-mɑ̃] *m* Schwindelgefühl *n*, -anfall *m*; *fig* Taumel *m*
étourneau [etuʀno] *m* ⟨**~x**⟩ zo Star *m*
▸ **étrange** [etʀɑ̃ʒ] *adj* seltsam; sonderbar; merkwürdig; befremdend
étranger [etʀɑ̃ʒe] **I** *adj* ⟨**-ère** [-ɛʀ]⟩ **1.** (*d'une autre nation*) ausländisch; fremdländisch; Auslands...; Fremd...; **affaires étrangères** auswärtige Angelegenheiten *f/pl*; **langues étrangères** Fremdsprachen *f/pl*; **politique étrangère** Außenpolitik *f* **2.** (*d'un autre groupe*) fremd; außenstehend; (*d'une autre ville*) ortsfremd; auswärtig; *visage* fremd; *personne* **être étranger à qc** (*insensible à*) e-r Sache (*dat*) fremd gegenüberstehen; (*ne pas participer à*) mit etw nichts zu tun haben; *chose* **être étranger à qn** j-m fremd sein **II** *subst* **3.** ▸ **étranger, étrangère** *m,f d'une autre nation* Ausländer(in) *m(f)*; *d'un autre groupe social* Frem-

de(r) *f(m)* **4.** *l'étranger m* das Ausland; **à l'étranger** im *ou* ins Ausland; Auslands...
étrangeté [etʀɑ̃ʒte] *f* Seltsamkeit *f*; Sonderbarkeit *f*; Merkwürdigkeit *f*
étranglé [etʀɑ̃gle] *adj* ⟨**~e**⟩ *voix* erstickt
étranglement [etʀɑ̃gləmɑ̃] *m* **1.** (*strangulation*) Erwürgen *n* **2.** *endroit* Verengung *f*
étrangler [etʀɑ̃gle] **I** *v/t* erwürgen; erdrosseln; strangulieren; *sans tuer* würgen; die Luft abschnüren (**qn** j-m); *émotion* **étrangler qn** j-m die Kehle zuschnüren **II** *v/pr* **s'étrangler 1.** *se tuer* sich erdrosseln **2.** (*s'étouffer*) keine Luft mehr bekommen; ersticken **3.** *voix* versagen
étrangleur [etʀɑ̃glœʀ] *m* Würger *m*
étrave [etʀav] *f* MAR Vordersteven *m*
▸ **être¹** [ɛtʀ] ⟨**je suis, tu es, il est, nous sommes, vous êtes, ils sont; j'étais; je fus; je serai; que je sois, qu'il soit, que nous soyons; sois!, soyons!, soyez!; étant; avoir été**⟩ **I** *v/aux* **1.** *de quelques v/i* sein; *de tous les v/pr* haben; **elle est arrivée** sie ist (an)gekommen; **elle s'est blessée** sie hat sich verletzt; **ils se sont serré la main** sie haben sich die Hand gegeben **2.** *de la forme passive* werden; **être aimé** geliebt werden; **il a été critiqué** er ist kritisiert worden **II** *v/i* **3.** sein; *litt* **il n'est plus** (*il est mort*) er ist nicht mehr; **être bête** dumm sein; **être français** *ou* **Français** (ein) Franzose sein; **il n'est pas français** *ou* **Français** er ist kein Franzose; **si j'étais (de) vous** wenn ich Sie wäre; **où en êtes-vous (dans votre travail)?** wie weit sind Sie (mit Ihrer Arbeit)?: **je n'en suis pas encore là** so weit bin ich noch nicht; **ne plus savoir où l'on en est** nicht mehr wissen, woran man ist; **en être pour sa peine** sich umsonst bemüht haben; **je n'y suis pour personne** ich bin für niemand(en) zu sprechen; *fig* **j'y suis** jetzt hab ich's; **vous n'y êtes pas du tout** Sie liegen völlig falsch; **je n'y suis pour rien** ich kann nichts dafür; **être toujours à crier** andauernd, fortwährend schreien; **être à louer, à vendre** zu vermieten, zu verkaufen sein; **être après qn** hinter j-m her sein; F **il est dans les assurances** er ist, arbeitet bei e-r Versicherung; **il est de Paris** er ist aus *ou* von Paris; **le prix est de 300 euros** der Preis beträgt 300 Euro; **être d'une curiosité maladive** von e-r krankhaften Neugier sein; krankhaft neugierig sein; **être en maillot de bain** im Badeanzug sein; **vous n'êtes pas sans savoir que ...** Sie wissen wohl, dass ...; **être sur le bureau** auf dem Schreibtisch *lampe* stehen, *journal* liegen; *clé* **être sur la porte** stecken (*abs*) **4.** *au passé composé* (*aller*) gehen; **il a été à Paris** er ist nach Paris gegangen, gefahren; **j'ai été le voir** ich habe ihn besucht **5.** (*se sentir*) sich fühlen; sich befinden; **on est mal dans cette voiture** man sitzt nicht bequem in diesem Wagen; **il est mieux aujourd'hui** es geht ihm heute besser **6.** *indiquant la date* haben; **quel jour sommes-nous aujourd'hui?** was für e-n Tag *ou* den Wievielten haben wir heute?; **nous sommes lundi** wir haben Montag; **nous sommes le deux mars** wir haben den zweiten März; heute ist der zweite März **7.** ▸ **être à** (*appartenir*) gehören (+ *dat*); **ce livre est à moi** dieses Buch gehört mir; **je suis à vous tout de suite**

ich stehe Ihnen sofort zu Diensten **III** *v/imp* **8.**
il est st/s (il y a) es gibt; *st/s* **il est des gens qui
...** es gibt Leute, die ...; **il est difficile de** (+
inf) es ist schwierig zu (+ *inf*); **il est dix heu-
res** es ist zehn (Uhr) **9.** ▸ **c'est** das ist; es ist;
c'est exagéré das ist übertrieben; **c'est diffi-
cile à dire** es *ou* das ist schwer zu sagen;
c'est mon ami das *ou* er ist mein Freund;
ce sont, F **c'est mes livres** das sind meine Bü-
cher; **c'est moi** ich bin es; das bin ich; **c'est
trois euros** das kostet drei Euro; ▸ **... n'est-
-ce pas?** nicht wahr?; oder?; *il n'est pas venu,*
c'est qu'il est malade ... dann ist er krank; ...
weil er krank ist; **ce n'est pas que ...** (+ *subj*)
nicht etwa, dass ...; **qui est-ce?,** F **qui c'est?**
wer ist das?; **c'était à qui parlerait le plus fort**
jeder wollte am lautesten reden; **c'est à vous**
Sie sind dran; **c'est à vous de décider** es ist an
Ihnen zu entscheiden; **c'est bien de lui** das
sieht ihm ähnlich; **je sais ce que c'est** ich
weiß, was das bedeutet, heißt; ▸ **c'est mon frè-
re qui l'a fait** mein Bruder hat es getan; **c'est à
Paris que je voudrais habiter** in Paris möchte
ich wohnen; ▸ **est-ce que tu viens?** kommst
du?

être² *m* **1.** Wesen *n*; **être humain** Mensch *m*;
être vivant Lebewesen *n* **2.** PHILOS Sein *n*
étreindre [etʀɛ̃dʀ] *v/t* ⟨→ **peindre**⟩. **1.** in die Ar-
me schließen; fest an sich (*acc*) drücken; um-
armen; *adversaire* umklammern **2.** *sentiment*
étreindre qn j-n bedrücken, beklemmen
étreinte [etʀɛ̃t] *f* **1.** Umarmung *f*; *par ext* **étrein-
te amoureuse** Liebesakt *m* **2.** *fig* Umklamme-
rung *f*
étrenner [etʀene] *v/t* zum ersten Mal benutzen;
vêtements zum ersten Mal tragen; F einweihen
étrennes [etʀɛn] *f/pl* **1.** Neujahrsgeschenk(e)
n(pl) **2.** *gratification* Weihnachtsgeld *n*
étrier [etʀije] *m* Steigbügel *m*; *fig* **avoir le pied
à l'étrier** auf dem besten Weg (zum Erfolg)
sein; e-e gute Ausgangsbasis haben; *fig* **mettre
le pied à l'étrier à qn** j-m in den Sattel helfen
étriller [etʀije] *v/t* **1.** *cheval* striegeln **2.** *fig* (*mal-
mener*) hart anfassen; F striegeln; (*critiquer*) F
verreißen
étriper [etʀipe] **I** *v/t* *animal* ausweiden; ausneh-
men **II** *v/pr* F **s'étriper** sich, einander massak-
rieren
étriqué [etʀike] *adj* ⟨~e⟩. **1.** *vêtements* zu eng; zu
knapp **2.** *fig esprit* engstirnig
▸ **étroit** [etʀwa] *adj* ⟨**étroite** [etʀwat]⟩ **1.** eng;
ruban, épaules, fenêtre schmal; *vêtements*
eng; knapp; **à l'étroit** beengt; *fig* **au sens
étroit** im engeren Sinn **2.** *péj* engstirnig; klein-
lich; F kleinkariert **3.** *rapports* eng
étroitement [etʀwatmã] *adv* *liés* eng; *surveiller*
scharf; streng
étroitesse [etʀwatɛs] *f* **1.** Enge *f*; Schmalheit *f*
2. *fig* **étroitesse (d'esprit)** Engstirnigkeit *f*;
geistige Enge; F Kleinkariertheit *f*
étron [etʀõ] *m* Kothaufen *m*
étrusque [etʀysk] **I** *adj* etruskisch **II** *subst* **1.**
Étrusques *m/pl* Etrusker *m/pl* **2.** LING **l'étrus-
que** *m* das Etruskische; Etruskisch *n*
Ets *abr* (*établissements*) Fa.
▸ **étude** [etyd] *f* **1.** (*apprentissage*) Lernen *n*;
Studieren *n*; *d'une langue* Erlernung *f*; *d'un rô-
le* Einstudierung *f*; *d'un texte, d'une science*

Studium *n* **2.** ▸ **études** *pl* Studium *n*; **études
de médecine** Medizinstudium *n*; **faire des
études de médecine** Medizin studieren; **faire
ses études** studieren **3.** (*examen*) Untersu-
chung *f*; Erforschung *f*; Prüfung *f*; Studium
n; **étude du marché** Marktanalyse *f*; **voyage
m d'études** Studienreise *f*; **être à l'étude** *pro-
jet* geprüft werden; in Vorbereitung sein; *dos-
sier* in Bearbeitung sein **4.** *ouvrage* Studie *f* **5.**
MUS Etüde *f*; Übungsstück *n* **6.** ÉCOLE *salle* Ar-
beitsraum *m*; *temps* Zeit *f* für Schularbeiten;
Hausaufgaben **7.** *de notaire* Kanzlei *f*; Notariat
n
▸ **étudiant** [etydjã], **étudiante** [-ãt] **I** *m,f* Stu-
dent(in) *m(f)*; Studierende(r) *f(m)*; **étudiant,
étudiante en médecine** Medizinstudent(in)
m(f) **II** *adj* studentisch; Studenten...
étudié [etydje] *adj* ⟨~e⟩ **1.** (*calculé*) wohlüber-
legt; durchdacht; *prix* scharf, knapp kalkuliert
2. (*affecté*) einstudiert; gekünstelt
▸ **étudier** [etydje] **I** *v/t* **1.** *à l'université* studie-
ren; *leçon* lernen; *rôle* einstudieren **2.** (*exami-
ner*) studieren; erforschen; untersuchen; prü-
fen; **étudier un problème** *a* sich (gründlich,
eingehend) mit e-m Problem befassen, be-
schäftigen **II** *v/pr* **s'étudier** sich selbst beob-
achten
étui [etɥi] *m* Etui *n*; Futteral *n*; Hülle *f*; **étui à
lunettes** Brillenetui *n*
étuve [etyv] *f* **1.** Schwitzbad *n*; *fig* **quelle étuve!**
hier ist e-e Bruthitze! **2.** TECH Trockenapparat
m
étuvée [etyve] **cuire à l'étuvée** dämpfen; düns-
ten; schmoren
étuver [etyve] *v/t* **1.** TECH (durch Wärmeeinwir-
kung) trocknen **2.** CUIS dämpfen; dünsten;
schmoren
étymologie [etimɔlɔʒi] *f* Etymologie *f*
étymologique [-ik] *adj* etymologisch
étymologiste [-ist] *m,f* Etymologe, -login *m,f*
eu [y] *p/p* → **avoir¹**
eucalyptus [økaliptys] *m* Eukalyptus *m*
eucharistie [økaʀisti] *f* Eucharistie *f*
eucharistique [-ik] *adj* eucharistisch
euclidien [øklidjɛ̃] *adj* ⟨**-ienne** [-jɛn]⟩ **géomé-
trie (non) euclidienne** (nicht) euklidische
Geometrie
eugénique [øʒenik] **I** *f* Eugenik *f*; Erbgesund-
heitslehre *f* **II** *adj* eugenisch
eugénisme [-ism] *m* → **eugénique I**
eugéniste [-ist] *m* Eugeniker *m*
euh [ø] *int* **1.** *en cherchant ses mots* äh ... **2.** *em-
barras, doute* hm!
eunuque [ønyk] *m* Eunuch *m*
euphémique [øfemik] *adj* euphemistisch; be-
schönigend
euphémisme [-ism] *m* Euphemismus *m*
euphorbe [øfɔʀb] *f* BOT Wolfsmilch *f*
euphorie [øfɔʀi] *f* Euphorie *f*; Hochstimmung *f*
euphorique [-ik] *adj* euphorisch
euphorisant [-izã] *adj* ⟨**-ante** [-ãt]⟩ euphorisie-
rend
euphoriser [-ize] *v/t* in e-n euphorischen Zu-
stand versetzen
EUR *abr* (*euro*) EUR (Euro)
eurafricain [øʀafʀikɛ̃] *adj* ⟨**-aine** [-ɛn]⟩ eurafri-
kanisch
eurasiatique [øʀazjatik] *adj* eurasisch

Eurasie [øʀazi] *l'Eurasie f* Eurasien *n*
eurasien [øʀazjɛ̃] **I** *adj* ⟨**-ienne** [-jɛn]⟩ eurasisch **II** *Eurasien(ne)* m(f) Eurasier(in) m(f)
Euratom [øʀatɔm] *f* Euratom *f*
Eure [œʀ] *l'Eure f* Fluss u Departement in Frankreich
Eure-et-Loir [œʀelwaʀ] *l'Eure-et-Loir m frz Departement*
eurêka [øʀeka] *int* ich habs!; *litt* heureka!
eurent [yʀ] → *avoir¹*
▸ **euro** [øʀo] *m* Euro *m*; *adjt* **zone** *f* **euro** Euroland *n*
euro... [øʀɔ] *préfixe* Euro...; euro...
eurocrate [øʀɔkʀat] *m* Eurokrat *m*
eurodéputé *m* Europaabgeordnete(r) f(m)
eurodollars m/pl Eurodollars m/pl
euromissile *m* eurostrategische Mittelstreckenrakete
▸ **Europe** [øʀɔp] *l'Europe f* Europa *n*
européaniser [øʀɔpeanize] **I** *v/t* europäisieren **II** *v/pr* **s'européaniser** sich europäisieren; europäisch werden
européanisme [øʀɔpeanizm] *m* Europäertum *n*; europäischer Charakter; europäisches Denken
▸ **européen** [øʀɔpeɛ̃] **I** *adj* ⟨**-enne** [-ɛn]⟩ europäisch; Europa ...; **Commission européenne** Europäische Kommission; **Parlement européen** Europäisches Parlament **II** *Européen(ne)* m(f) Europäer(in) m(f)
Europol [øʀɔpɔl] *f* Europol *f*
euroscepticisme [øʀosɛptisism] *m* Euroskepsis *f*
eurosceptique [øʀosɛptik] **I** *adj* euroskeptisch **II** m,f Euroskeptiker(in) m(f)
eurotunnel *m* Eurotunnel *m*
Eurovision *f* Eurovision *f*
eus [y] → *avoir¹*
eut, eût [y] → *avoir¹*
euthanasie [øtanazi] *f* Euthanasie *f*; Sterbehilfe *f*
euthanasier [-je] *v/t personne* Sterbehilfe leisten (+ *dat*); *animal* einschläfern
▸ **eux** [ø] *pr/pers* **1.** sie (*nom et acc pl*) **2.** *avec prép* sie (*acc*); ihnen (*dat*); *réfléchi* sich
eux-mêmes [ømɛm] *pr/pers* **1.** *emphatique* (sie) selbst **2.** *réfléchi* sich selbst
évacuation [evakyasjɔ̃] *f* **1.** MÉD Ausscheidung *f*; Entleerung *f* **2.** TECH Ableitung *f* **3.** MIL, *d'une salle* Räumung *f*; *de la population* Evakuierung *f*; *de blessés* Abstransport *m*
évacué [evakye] *m* Evakuierte(r) *m*
évacuer [evakye] *v/t* **1.** MÉD ausscheiden **2.** *eaux usées, etc* ableiten **3.** MIL, *salle* räumen; *population* evakuieren; *blessés* abtransportieren; *évacuer par avion* ausfliegen
évadé [evade] **I** *adj* ⟨**~e**⟩ entflohen; flüchtig **II** *m* Ausbrecher *m*
évader [evade] *v/pr* **s'évader 1.** ausbrechen, (ent)fliehen (*d'une prison* aus e-m Gefängnis) **2.** *fig* entfliehen (*de* dat)
évaluable [evalyabl] *adj* abschätzbar
évaluation [evalyasjɔ̃] *f* Schätzung *f*; Bewertung *f*; Taxierung *f*; Veranschlagung *f*
évaluer [evalye] *v/t* schätzen (*à* auf + *acc*); *objet a* bewerten; taxieren; *distance* (ab)schätzen; *risque* abschätzen; *prix* überschlagen; veranschlagen

évanescent [evanesɑ̃] *adj* ⟨**-ente** [-ɑ̃t]⟩ verschwimmend; undefinierbar
évangélique [evɑ̃ʒelik] *adj* evangelisch
évangélisateur [-izatœʀ] **I** *adj* ⟨**-trice** [-tʀis]⟩ evangelisierend **II** *m* Verkünder *m* des Evangeliums
évangélisation [-izasjɔ̃] *f* Evangelisation *f*; Missionierung *f*
évangéliser [-ize] *v/t* evangelisieren; missionieren
évangéliste [-ist] *m* Evangelist *m*
Évangile [evɑ̃ʒil] *m* Evangelium *n* (*a fig* **évangile**); *fig* **ce n'est pas parole d'évangile** das ist kein Evangelium
▸ **évanoui** [evanwi] *adj* ⟨**~e**⟩ **1.** *personne* ohnmächtig; bewusstlos **2.** *rêve, bonheur* vergangen; entschwunden
▸ **évanouir** [evanwiʀ] *v/pr* **s'évanouir 1.** *personne* ohnmächtig werden **2.** (*disparaître*) (ver)schwinden; vergehen; *espoir* zerrinnen
évanouissement [evanwismɑ̃] *m* **1.** (*syncope*) Ohnmacht *f* **2.** (*disparition*) Schwinden *n*; Zerrinnen *n*
évaporation [evapɔʀasjɔ̃] *f* Verdunstung *f*; Verdampfung *f*
évaporé [evapɔʀe] *adj* ⟨**~e**⟩ *personne* leichtfertig; leichtsinnig; flatterhaft
évaporer [evapɔʀe] *v/pr* **s'évaporer 1.** verdunsten; verdampfen **2.** F *fig* sich verflüchtigen
évasé [evaze, -va-] *adj* ⟨**~e**⟩ sich erweiternd; *jupe* ausgestellt
évasement [evazmɑ̃, -va-] *m* Erweiterung *f*; (Auf)Weitung *f*
évaser [evaze, -va-] **I** *v/t* erweitern **II** *v/pr* **s'évaser** sich weiten; sich erweitern; weiter werden
évasif [evazif] *adj* ⟨**-ive** [-iv]⟩ *réponse* ausweichend; *geste* vage
évasion [evazjɔ̃] *f* **1.** *d'un prisonnier* Ausbruch *m*; Flucht *f* **2.** *fig* Flucht *f* (*a* FIN); (*distraction*) Ablenkung *f*
évêché [eveʃe] *m* **1.** *territoire* Bistum *n* **2.** *ville* Bischofssitz *m*
éveil [evɛj] *m fig* Erwachen *n*; **en éveil** wach (-sam); aufmerksam; **donner l'éveil à qn** j-n warnen, aufmerksam machen
éveillé [eveje] *adj* ⟨**~e**⟩ **1.** wach; **rêve éveillé** Wachtraum *m*; Tagtraum *m* **2.** *fig* aufgeweckt, (hell)wach; lebhaft
éveiller [eveje] **I** *v/t fig* wachrufen; wecken; *soupçons, sympathie* erwecken **II** *v/pr* **s'éveiller** erwachen (*a fig*); *sentiments a* sich regen; geweckt werden
▸ **événement** *ou* **évènement** [evɛnmɑ̃] *m* Ereignis *n*; Vorkommnis *n*; *st/s* Begebenheit *f*
événementiel [evɛnmɑ̃sjɛl] *adj* ⟨**~le**⟩ lediglich die Ereignisse schildernd
éventail [evɑ̃taj] *m* **1.** Fächer *m*; **en éventail** fächerförmig **2.** *fig* Palette *f*; Spektrum *n*
éventaire [evɑ̃tɛʀ] *m* Auslage *f*; *d'un marchand ambulant* Bauchladen *m*
éventé [evɑ̃te] *adj* ⟨**~e**⟩ **1.** *boisson* schal; abgestanden; *parfum* verduftet **2.** *secret* offen **3.** (*venteux*) windig
éventer [evɑ̃te] **I** *v/t* **1.** **éventer qn** j-m Kühlung zufächeln **2.** *complot, secret* aufdecken; enthüllen **II** *v/pr* **s'éventer 3.** *personne* sich (*dat*) Kühlung zufächeln **4.** *boisson* schal wer-

den; *parfum* verduften
éventration [evɑ̃tʀasjõ] *f* Bauchwandbruch *m*
éventrer [evɑ̃tʀe] *v/t* **1.** den Bauch aufschlitzen (+ *dat*) **2.** *objets* (gewaltsam) aufreißen, aufschlitzen, aufbrechen
éventreur [evɑ̃tʀœʀ] *m* (Bauch)Aufschlitzer *m*; **Jack l'Éventreur** Jack the Ripper
éventualité [evɑ̃tɥalite] *f* Eventualität *f*; Möglichkeit *f*; Eventualfall *m*; **dans l'éventualité de** im Fall(e) (+ *gén*)
éventuel [evɑ̃tɥɛl] *adj* ⟨**~le**⟩ eventuell; etwaig; möglich
éventuellement [evɑ̃tɥɛlmɑ̃] *adv* eventuell; möglicherweise
évêque [evɛk] *m* Bischof *m*
Everest [ɛvʀɛst] *l'Everest m ou le mont Everest* der Mount Everest
évertuer [evɛʀtɥe] *v/pr* **s'évertuer** sich bemühen, sich anstrengen (**à faire qc** etw zu tun)
éviction [eviksõ] *f* Verdrängung *f*; Ausschaltung *f*
évidé [evide] *adj* ⟨**~e**⟩ hohl; ausgehöhlt; vertieft
▸ **évidemment** [evidamɑ̃] *adv* selbstverständlich; natürlich
évidence [evidɑ̃s] *f* **1.** Offensichtlichkeit *f*; Offenkundigkeit *f*; **de toute évidence** (ganz) offensichtlich; **se rendre à l'évidence** die Tatsachen anerkennen; sich den Tatsachen beugen; **refuser de se rendre, se refuser à l'évidence** sich den Tatsachen, der Wahrheit verschließen; die Sache nicht wahrhaben wollen **2.** (*chose évidente*) offensichtliche Tatsache; Selbstverständlichkeit *f* **3. mettre en évidence** gut sichtbar hinlegen; *fig* klar, deutlich hervorheben, herausstellen
▸ **évident** [evidɑ̃] *adj* ⟨**-ente** [-ɑ̃t]⟩ offensichtlich; offenkundig; augenscheinlich; offenbar; evident; einleuchtend; sinnfällig
évider [evide] *v/t* aushöhlen
évier [evje] *m* Spüle *f*; Spülbecken *n*
évincer [evɛ̃se] *v/t* ⟨**-ç-**⟩ verdrängen; ausschalten
évitable [evitabl] *adj* vermeidbar
▸ **éviter** [evite] *v/t* **1.** vermeiden; *mets, lieu* meiden; *obstacle* ausweichen (+ *dat*); **éviter qn** j-n meiden; j-m aus dem Weg gehen; **éviter de faire qc** es vermeiden, etw zu tun **2. éviter qc à qn** j-m etw ersparen
évocateur [evɔkatœʀ] *adj* ⟨**-trice** [-tʀis]⟩ Erinnerungen wachrufend; bedeutungsvoll; vielsagend
évocation [evɔkasjõ] *f* Erinnerung *f* (**de** an + *acc*); *d'un souvenir* Wachrufen *n*
évolué [evɔlɥe] *adj* ⟨**~e**⟩ *pays* hoch entwickelt; *idées* fortschrittlich
évoluer [evɔlɥe] *v/i* **1.** (*se mouvoir*) Bewegungen ausführen; sich bewegen **2.** (*changer*) sich (weiter-, fort)entwickeln; sich wandeln; *maladie* fortschreiten
évolutif [evɔlytif] *adj* ⟨**-ive** [-iv]⟩ **1.** *poste* ausbau-, entwicklungsfähig **2.** *maladie* fortschreitend
▸ **évolution** [evɔlysjõ] *f* **1. évolutions** *pl* Bewegungen *f/pl*; Vorführungen *f/pl* **2.** (*progression*) (Weiter-, Fort)Entwicklung *f*; *d'une maladie* Fortschreiten *n*; Verlauf *m* **3.** BIOL Evolution *f*
évolutionnisme [evɔlysjɔnism] *m* BIOL Evolu-

tionstheorie *f*; PHILOS Evolutionismus *m*
évolutionniste [evɔlysjɔnist] **I** *adj* evolutionistisch **II** *m* Evolutionist *m*
évoquer [evɔke] *v/t* **1.** in Erinnerung, ins Gedächtnis rufen; erinnern an (+ *acc*); *souvenirs* wachrufen; heraufbeschwören **2.** *par ext* e-e Vorstellung geben von; *problème* erwähnen; streifen
ex [ɛks] *m,f* F Verflossene(r) *f(m)*
ex-... [ɛks] *préfixe* Ex...; ehemalige
exacerbation [ɛgzasɛʀbasjõ] *f* Verschlimmerung *f*; Steigerung *f*
exacerber [ɛgzasɛʀbe] *v/t douleur* verschlimmern; *désir, colère* steigern; **exacerbé** übersteigert
▸ **exact** [ɛgza(kt)] *adj* ⟨**exacte** [ɛgzakt]⟩ **1.** genau; exakt; richtig; **heure exacte** genaue Uhrzeit; **c'est exact** das ist richtig; das stimmt **2.** *personne* pünktlich
▸ **exactement** [ɛgzaktəmɑ̃] *adv* genau
exaction [ɛgzaksjõ] *f* **1.** FIN übermäßige Forderung **2.** *pl* **exactions** (*abus de pouvoir*) Machtmissbrauch *m*
exactitude [ɛgzaktityd] *f* **1.** Genauigkeit *f*; Exaktheit *f*; Richtigkeit *f* **2.** (*ponctualité*) Pünktlichkeit *f*
ex æquo [ɛgzeko] *adv* gleich(rangig, -wertig)
exagération [ɛgzaʒeʀasjõ] *f* Übertreibung *f*
exagéré [ɛgzaʒeʀe] *adj* ⟨**~e**⟩ übertrieben; überzogen; übersteigert; überspitzt
exagérément [ɛgzaʒeʀemɑ̃] *adv* übertrieben; übermäßig; unangemessen
▸ **exagérer** [ɛgzaʒeʀe] ⟨**-è-**⟩ **I** *v/t et v/i* übertreiben **II** *v/pr* **s'exagérer qc** etw überschätzen
exaltant [ɛgzaltɑ̃] *adj* ⟨**-ante** [-ɑ̃t]⟩ begeisternd; mitreißend
exaltation [ɛgzaltasjõ] *f* Überschwänglichkeit *f*; Überschwang *m*; Überspanntheit *f*; Exaltiertheit *f*
exalté [ɛgzalte] **I** *adj* ⟨**~e**⟩ überschwänglich; überspannt; exaltiert **II** *exalté(e) m(f)* Schwärmer(in) *m(f)*; Fantast(in) *m(f)*
exalter [ɛgzalte] **I** *v/t* **1.** (*passionner*) begeistern; mitreißen **2.** *st/s* (*glorifier*) preisen; rühmen **II** *v/pr* **s'exalter** ins Schwärmen geraten
exam [ɛgzam] *m abr* → **examen 1**
▸ **examen** [ɛgzamɛ̃] *m* **1.** (*épreuves*) Prüfung *f*; Examen *n*; **passer, subir un examen** e-e Prüfung, ein Examen machen, ablegen **2.** (*contrôle*) (Über)Prüfung *f* **3. examen** (**médical**) (ärztliche) Untersuchung **4. examen de conscience** Gewissenserforschung *f* **5.** JUR **mise en examen** Eröffnung *f* e-s Ermittlungsverfahrens (**de qn** gegen j-n)
examinateur [ɛgzaminatœʀ] *m*, **examinatrice** [-tʀis] *f* Prüfer(in) *m(f)*; Examinator *m*
examiner [ɛgzamine] *v/t* **1.** (*contrôler*) (über)prüfen; untersuchen (*a* MÉD); *dossier a* durchsehen **2.** (*observer*) mustern; genau, prüfend betrachten
exaspérant [ɛgzaspeʀɑ̃] *adj* ⟨**-ante** [-ɑ̃t]⟩ auf die Nerven gehend
exaspération [-asjõ] *f* Gereiztheit *f*; Erbitterung *f*
exaspérer [ɛgzaspeʀe] *v/t* ⟨**-è-**⟩ **1.** (*irriter*) aufs Äußerste reizen; aufbringen; rasend machen; erbittern **2.** *litt* (*augmenter*) (aufs Höchste) steigern; *colère* reizen

exaucement [ɛgzosmɑ̃] *m* Erhörung *f*
exaucer [-e] *v/t* ⟨-ç-⟩ erhören
excavateur [ɛkskavatœʀ] *m ou* excavatrice [-tʀis] *f* Bagger *m*
excédant [ɛksedɑ̃] *adj* ⟨-ante [-ɑ̃t]⟩ lästig; ärgerlich; unerträglich
excédent [ɛksedɑ̃] *m* Überschuss *m*; **excédent de bagages** Übergepäck *n*; **excédent de naissances** Geburtenüberschuss *m*; **en excédent** überschüssig; überzählig
excédentaire [ɛksedɑ̃tɛʀ] *adj* überschüssig
excéder [ɛksede] *v/t* ⟨-è-⟩ **1.** (*dépasser*) übersteigen; hinausgehen über (+ *acc*) **2.** (*agacer*) **excéder qn** j-m lästig fallen; j-n ärgern, reizen
excellence [ɛksɛlɑ̃s] *f* **1.** Vortrefflichkeit *f* **2.** *titre* **Excellence** Exzellenz *f* **3.** **par excellence** schlechthin; par excellence
▸ excellent [ɛksɛlɑ̃] *adj* ⟨-ente [-ɑ̃t]⟩ hervorragend; (ganz) ausgezeichnet; vortrefflich; vorzüglich; exzellent
excellentissime [ɛksɛlɑ̃tisim] *adj* ganz hervorragend, ausgezeichnet, exzellent
exceller [ɛksele] *v/i* **exceller dans, en qc** sich hervortun, hervorragend sein in etw (*dat*); **exceller à faire qc** etw hervorragend tun
excentricité [ɛksɑ̃tʀisite] *f* exzentrisches Wesen
excentrique [ɛksɑ̃tʀik] **I** *adj* **1.** exzentrisch; überspannt; *tenue* ausgefallen **2.** *quartier* abgelegen **II** *m,f* Exzentriker(in) *m(f)*
excepté [ɛksɛpte] *prép* ⟨*bei Nachstellung veränderlich*⟩ ausgenommen (+ *cas régi par le verbe précédent*); bis auf (+ *acc*); abgesehen von (+ *dat*); außer (+ *dat*)
excepter [ɛksɛpte] *v/t* ausnehmen
▸ exception [ɛksɛpsjɔ̃] *f* Ausnahme *f*; **exception à la règle** Ausnahme von der Regel; **d'exception** Ausnahme...; Sonder...; außergewöhnlich; **à l'exception de** *ou* **exception faite de** mit Ausnahme von (*ou* + *gén*); bis auf (+ *acc*); abgesehen von (+ *dat*); außer (+ *dat*); **sans exception** ohne Ausnahme; ausnahmslos
exceptionnel [ɛksɛpsjɔnɛl] *adj* ⟨-le⟩ außergewöhnlich; Ausnahme...;
exceptionnellement [ɛksɛpsjɔnɛlmɑ̃] *adv* **1.** (*par exception*) ausnahmsweise **2.** (*extraordinairement*) außergewöhnlich
excès [ɛksɛ] *m* Übermaß *n*; *acte* Exzess *m*; ▸ **excès de vitesse** Geschwindigkeitsüberschreitung *f*; **excès de zèle** Übereifer *m*; **à l'excès** im Übermaß; bis zum Exzess; **tomber dans l'excès inverse** ins andere Extrem fallen
excessif [ɛksesif] *adj* ⟨-ive [-iv]⟩ übermäßig; *personne* maßlos; (*exagéré*) übertrieben; *prix, vitesse* überhöht
excessivement [ɛksesivmɑ̃] *adv* **1.** (*trop*) übermäßig, unmäßig **2.** (*extrêmement*) äußerst; außerordentlich
excipient [ɛksipjɑ̃] *m* PHARM Grundmasse *f*
exciser [ɛksize] *v/t* MÉD (her)ausschneiden
excision [ɛksizjɔ̃] *f* **1.** MÉD Ausschneiden *n* **2.** *rite* Beschneidung *f* der Mädchen
excitabilité [ɛksitabilite] *f* Erregbarkeit *f*; Reizbarkeit *f*
excitable [-abl] *adj* reizbar, erregbar; empfindlich
▸ excitant [ɛksitɑ̃] **I** *adj* ⟨-ante [-ɑ̃t]⟩ erregend,

aufreizend (*a sexuellement*); *lecture* aufregend; *boisson* anregend **II** *m* Anregungsmittel *n*; Stimulans *n*
excitation [ɛksitasjɔ̃] *f* Erregung *f* (*a* PHYS, BIOL); (*énervement*) *a* Aufregung *f*
▸ excité [ɛksite] **I** *adj* ⟨-e⟩ erregt; aufgeregt **II** excité(e) *m(f)* Hitzkopf *m*; Heißsporn *m*
exciter [ɛksite] **I** *v/t* **1.** *personne* erregen, aufreizen (*a sexuellement*); (*irriter*) reizen; **exciter qn à qc** j-n zu etw aufstacheln **2.** *appétit, imagination* anregen; *nerf* reizen; erregen **II** *v/pr* **s'exciter** erregt werden; (*s'irriter*) sich erregen; sich aufregen
exclamatif [ɛksklamatif] *adj* ⟨-ive [-iv]⟩ Ausrufe...; Ausrufungs...
exclamation [-sjɔ̃] *f* Ausruf *m*
exclamer [ɛksklame] *v/pr* **s'exclamer** ausrufen
exclu [ɛkskly] *p/p* → **exclure** *et adj* ⟨-e⟩ ausgeschlossen
exclure [ɛksklyʀ] *v/t* ⟨→ **conclure**⟩ ausschließen (**de** aus)
exclusif [ɛksklyzif] *adj* ⟨-ive [-iv]⟩ ausschließlich; Exklusiv...; **représentant exclusif** Alleinvertreter *m*; **il est trop exclusif** *dans ses goûts* er ist zu einseitig; *en amitié* er beansprucht ungeteilte Zuneigung
exclusion [ɛksklyzjɔ̃] *f* Ausschluss *m* (**de** aus); (soziale) Ausgrenzung; **à l'exclusion de** außer (+ *dat*)
exclusive [ɛksklyziv] *f* Ausschluss *m*; Ausschließungsmaßnahme *f*
exclusivement [ɛksklyzivmɑ̃] *adv* ausschließlich
exclusivité [ɛksklyzivite] *f* Alleinvertrieb *m*; Alleinveröffentlichungsrecht *n*, -aufführungsrecht *n*; Exklusivrecht *n*; **cinéma en d'exclusivité** Erstaufführungskino *n*; **en exclusivité** ausschließlich; exklusiv
excommunication [ɛkskɔmynikasjɔ̃] *f* Exkommunikation *f*; Exkommunizierung *f*
excommunier [-je] *v/t* exkommunizieren
excréments [ɛkskʀemɑ̃] *m/pl* Exkremente *n/pl*; Kot *m*
excrétion [ɛkskʀesjɔ̃] *f* BIOL Ausscheidung *f*
excroissance [ɛkskʀwasɑ̃s] *f* MÉD Auswuchs *m*; Wucherung *f*
▸ excursion [ɛkskyʀsjɔ̃] *f* Ausflug *m*
excursionniste [ɛkskyʀsjɔnist] *m,f* Ausflügler(in) *m(f)*
excusable [ɛkskyzabl] *adj* entschuldbar; *a personne* zu entschuldigen
▸ excuse [ɛkskyz] *f* Entschuldigung *f*; (*prétexte*) Ausrede *f*; **mauvaise excuse** faule Ausrede; **faire ses** *ou* **des excuses à qn, présenter ses excuses à qn** sich bei j-m entschuldigen
▸ excuser [ɛkskyze] **I** *v/t* entschuldigen; ▸ **excuse-moi!** entschuldige (bitte)!; Entschuldigung!; Verzeihung!; ▸ **excusez-moi!** entschuldigen Sie (bitte)!; Entschuldigung!; Verzeihung! **II** *v/pr* ▸ **s'excuser** sich entschuldigen (**de qc auprès de qn** bei j-m für *ou* wegen etw)
exécrable [ɛgzekʀabl] *adj* scheußlich; abscheulich
exécrer [-e] *v/t* ⟨-è-⟩ verabscheuen
exécutable [ɛgzekytabl] *adj* **1.** aus-, durchführbar **2.** MUS spielbar
exécutant [ɛgzekytɑ̃] *m* **1.** ausführendes Organ (*Person*) **2.** MUS Mitwirkende(r) *m*; Ausfüh-

rende(r) *m*

exécuter [εgzekyte] **I** *v/t* **1.** (*réaliser*) ausführen; durchführen **2.** JUR vollstrecken **3.** MUS vortragen; spielen; aufführen **4. exécuter qn** j-n hinrichten, exekutieren **II** *v/pr* **s'exécuter** der Aufforderung nachkommen; sich fügen

exécuteur [εgzekytœR] *m* **exécuteur testamentaire** Testamentsvollstrecker *m*

exécutif [εgzekytif] *adj* ⟨**-ive** [-iv]⟩ Exekutiv…; (*pouvoir*) **exécutif** *m* Exekutive *f*; vollziehende Gewalt

exécution [εgzekysjõ] *f* **1.** Ausführung *f*; Durchführung *f*; **mettre à exécution** aus-, durchführen; *menace* wahr machen **2.** JUR Vollstreckung *f* **3.** MUS Vortrag *m*; Spiel *n*; Aufführung *f* **4. exécution** (**capitale**) Hinrichtung *f*; Exekution *f*

exécutoire [εgzekytwaR] *adj* vollstreckbar; rechtskräftig; Vollstreckungs…

exégèse [εgzeʒεz] *f* Exegese *f*; (Text)Auslegung *f*; **faire l'exégèse de qc** etw auslegen

exemplaire [εgzãplεR] **I** *adj* mustergültig; vorbildlich; beispielhaft; *châtiment* exemplarisch **II** *m* Exemplar *n*; Stück *n*; **en double exemplaire** in zweifacher Ausfertigung

exemplarité [εgzãplaRite] *f* Vorbildlichkeit *f*; Beispielhaftigkeit *f*; *d'un châtiment* exemplarischer Charakter

exemple [εgzãpl] *m* Beispiel *n*; *avertissement* Exempel *n*; **à l'exemple de** nach dem Beispiel, Vorbild von (*ou* + *gén*); ▸ **par exemple** a.) zum Beispiel (*abr* z. B.); beispielsweise; b) *int* F (na) so was!; **donner l'exemple** mit gutem Beispiel vorangehen; **faire un exemple** ein Exempel statuieren; **prendre exemple sur qn** sich (*dat*) an j-m ein Beispiel nehmen

exempt [εgzã] *adj* ⟨**exempte** [εgzãt]⟩ frei, *personne a* befreit (**de** von)

exempter [εgzãte] *v/t* befreien, *personne a* freistellen, dispensieren (**de** von)

exemption [εgzãpsjõ] *f* Befreiung *f* (**de** von)

exercé [εgzεRse] *adj* ⟨**~e**⟩ geübt

exercer [εgzεRse] ⟨**-ç-**⟩ **I** *v/t* **1.** *métier, pouvoir, influence* ausüben **2.** *mémoire* üben; schulen **II** *v/i médecin* praktizieren; *avocat* als Anwalt tätig sein **III** *v/pr* **s'exercer** üben; SPORTS *a* trainieren; **s'exercer à faire qc** sich in etw (*dat*) üben

▸ **exercice** [εgzεRsis] *m* **1.** *d'un métier, du pouvoir* Ausübung *f*; **le président en exercice** der amtierende Präsident; **dans l'exercice de ses fonctions** in Ausübung s-s Amtes **2.** SPORTS, ÉCOLE Übung *f* **3. exercice** (**physique**) (körperliche) Bewegung; **faire de l'exercice** sich (*dat*) Bewegung verschaffen **4.** COMM Geschäfts-, Wirtschaftsjahr *n*

exergue [εgzεRg] *m* Motto *n*

exfoliant [εksfɔljã] *adj* ⟨**-ante** [-ãt]⟩ **crème exfoliante** Peelingcreme *f*

exfoliation [εksfɔljasjõ] *f* Abblättern *n*; MÉD Exfoliation *f*

exhalaison [εgzalεzõ] *f* Ausdünstung *f*

exhaler [εgzale] **I** *v/t* ver-, ausströmen; *odeur désagréable a* ausdünsten **II** *v/pr* **s'exhaler** ausströmen (**de** aus)

exhaussement [εgzosmã] *m* CONSTR Erhöhung *f*

exhausser [εgzose] *v/t mur* höher machen; er-höhen; *maison* aufstocken

exhausteur [εgzostœR] *m* **exhausteur** (**de saveur, de goût**) Geschmacksverstärker *m*

exhaustif [εgzostif] *adj* ⟨**-ive** [-iv]⟩ erschöpfend

exhaustivement [εgzostivmã] *adv énumérer* detailliert; *étudier* eingehend

exhiber [εgzibe] **I** *v/t* **1.** vorzeigen; *animaux au cirque* vorführen **2.** *péj* zur Schau stellen **II** *v/pr* **s'exhiber** *péj* sich zur Schau stellen

exhibition [εgzibisjõ] *f* **1.** Vorzeigen *n*; *au cirque* Vorführung *f* **2.** *péj* Zurschaustellung *f*

exhibitionnisme [εgzibisjɔnism] *m* **1.** PSYCH Exhibitionismus *m* **2.** *fig* Zurschaustellung *f* s-r Intimsphäre

exhibitionniste [-ist] *m* Exhibitionist *m*

exhortation [εgzɔRtasjõ] *st/s f* Ermahnung *f*

exhorter [-e] *st/s v/t* ermahnen (**à qc** zu etw)

exhumation [εgzymasjõ] *f* Exhumierung *f*; Ausgrabung *f*

exhumer [εgzyme] *v/t* **1.** *cadavre* exhumieren **2.** *par ext* ausgraben (*a fig*)

exigeant [εgziʒã] *adj* ⟨**-ante** [-ãt]⟩ anspruchsvoll

exigence [εgziʒãs] *f* **1. exigences** *pl* **de qn** Forderungen *f/pl*; Ansprüche *m/pl*; *de la situation, etc* Erfordernisse *n/pl*; Anforderungen *f/pl* **2.** *caractère* anspruchsvolles Wesen

▸ **exiger** [εgziʒe] *v/t* ⟨**-ge-**⟩ **1.** fordern, verlangen (**qc de qn** etw von j-m) **2.** *chose* **exiger qc** etw erfordern, erforderlich machen

exigibilité [εgziʒibilite] *f* Fälligkeit *f*

exigible [-ibl] *adj* fällig

exigu [εgzigy] *adj* ⟨**-guë** [-gy]⟩ sehr klein; winzig; eng

exiguïté [εgzigɥite] *f* Kleinheit *f*; Enge *f*

exil [εgzil] *m* Exil *n* (*a lieu*); **vivre en exil** im Exil leben

exilé [εgzile] **I** *adj* ⟨**~e**⟩ im Exil lebend; Exil… **II exilé(e)** *m(f)* Emigrant(in) *m(f)*

exiler [εgzile] **I** *v/t* ins Exil schicken; verbannen **II** *v/pr* **s'exiler** ins Exil gehen; emigrieren

existant [εgzistã] *adj* ⟨**-ante** [-ãt]⟩ bestehend; vorhanden; existierend

existence [εgzistãs] *f* **1.** (*réalité*) Vorhandensein *n*; Bestehen *n*; Existenz *f* **2.** (*vie*) Dasein *n*; Leben *n*; Existenz *f*

existentialisme [εgzistãsjalism] *m* Existenzialismus *m*

existentialiste [εgzistãsjalist] **I** *adj* existenzialistisch **II** *m,f* Existenzialist(in) *m(f)*

existentiel [εgzistãsjεl] *adj* ⟨**~le**⟩ existenziell

▸ **exister** [εgziste] **I** *v/i* existieren (*a vivre*); vorhanden sein; bestehen; da sein **II** *v/imp* **il existe** es gibt

exit [εgzit] *indication scénique* geht ab

exode [εgzɔd] *m* Auszug *m*; Massenauswanderung *f*; POL Massenflucht *f*; Fluchtwelle *f*; **exode rural** Landflucht *f*

exonération [εgzɔneRasjõ] *f* Befreiung *f*; Erlass *m*; **exonération fiscale, d'impôts** Befreiung von der Steuer

exonérer [εgzɔneRe] *v/t* ⟨**-è-**⟩ von Steuern, Gebühren befreien; **exonérer qn de qc** j-n von etw befreien

exorbitant [εgzɔRbitã] *adj* ⟨**-ante** [-ãt]⟩ *prix* horrend; *exigences* maßlos

exorbité [εgzɔRbite] *adj* ⟨**~e**⟩ **yeux exorbités**

weit aufgerissene, *d'effroi* starre Augen *n/pl*
exorciser [ɛgzɔʀsize] *v/t* den Teufel austreiben
(*qn* aus j-m)
exorciseur [-izœʀ] *m* Exorzist *m*
exorcisme [-ism] *m* Exorzismus *m*; Teufelsaus-
treibung *f*
exorciste [-ist] *m* Exorzist *m*
exotique [ɛgzɔtik] *adj* exotisch; fremdländisch
exotisme [-ism] *m* Exotik *f*
exp. *abr* (*expéditeur*) Abs. (Absender)
expansé [ɛkspɑ̃se] *adj* ⟨**~e**⟩ TECH geschäumt
expansif [ɛkspɑ̃sif] *adj* ⟨**-ive** [-iv]⟩ mitteilsam
expansion [ɛkspɑ̃sjɔ̃] *f* 1. Ausdehnung *f*; Ex-
pansion *f* (*a* POL, ÉCON) 2. *besoin m d'expan-*
sion Mitteilungsbedürfnis *n*
expansionnisme [ɛkspɑ̃sjɔnism] *m* Expansi-
onspolitik *f*
expansionniste [-ist] *adj* expansionistisch
expansivité [ɛkspɑ̃sivite] *f* Mitteilsamkeit *f*;
Mitteilungsbedürfnis *m*
expatriation [ɛkspatʀijasjɔ̃] *f* Emigration *f*;
Auswanderung *f*
expatrier [ɛkspatʀije] I *v/t capitaux* im Ausland
anlegen II *v/pr* *s'expatrier* sein Land verlas-
sen; auswandern
expectative [ɛkspɛktativ] *f* *rester dans l'ex-*
pectative sich abwartend verhalten
expectorant [ɛkspɛktɔʀɑ̃] *adj* ⟨**-ante** [-ɑ̃t]⟩
schleimlösend
expectoration [-asjɔ̃] *f* 1. Ausspucken *n*, -hus-
ten *n* (von Schleim) 2. (*crachat*) Auswurf *m*
expectorer [-e] *v/t* ausspucken, -husten; *abs*
Schleim ausspucken, -husten
expédient [ɛkspedjɑ̃] *m* Ausweg *m*; Notlösung
f; Notbehelf *m*; *vivre d'expédients* sich (so)
durchlavieren, durchmogeln
expédier [ɛkspedje] *v/t* 1. *travail, affaire* (rasch,
zügig) erledigen; *péj* hinschludern; *repas* hi-
nunterschlingen 2. *personne* rasch abfertigen
3. (*envoyer*) versenden; verschicken; *lettre*
ab-, wegschicken; absenden; aufgeben
▸ **expéditeur** [ɛkspeditœʀ], **expéditrice** [ɛks-
peditʀis] I *m,f* Absender(in) *m(f)* II *adj* Ver-
sand…
expéditif [ɛkspeditif] *adj* ⟨**-ive** [-iv]⟩ flink; zü-
gig, flott arbeitend; *méthode* rasch zum Ziel
führend
expédition [ɛkspedisjɔ̃] *f* 1. *voyage*, MIL Expe-
dition *f* (*a iron*) 2. (*envoi*) Versand *m*; *d'une let-*
tre Absendung *f*
expéditionnaire [ɛkspedisjɔnɛʀ] I *adj* *corps m*
expéditionnaire Expeditionskorps *n* II *m,f*
COMM Expedient(in) *m(f)*
▸ **expérience** [ɛkspeʀjɑ̃s] *f* 1. Erfahrung *f*; *ex-*
périence amoureuse (Liebes)Erlebnis *n*; *ex-*
périence professionnelle Berufserfahrung *f*;
à titre d'expérience versuchsweise; *faire l'ex-*
périence de qc Erfahrungen mit etw machen
2. (*essai*) Experiment *n*; Versuch *m*; *faire des*
expériences Experimente machen (*sur* an +
dat); experimentieren (mit)
expérimental [ɛkspeʀimɑ̃tal] *adj* ⟨**~e**; **-aux**
[-o]⟩ experimentell; Versuchs…
expérimentalement [-almɑ̃] *adv* experimen-
tell; im Experiment
expérimentateur [ɛkspeʀimɑ̃tatœʀ] *m*, **expé-**
rimentatrice [-tʀis] *f* Experimentator *m*, Ex-
perimentatorin *f*

expérimentation [ɛkspeʀimɑ̃tasjɔ̃] *f* Experi-
mentieren *n*
expérimenté [ɛkspeʀimɑ̃te] *adj* ⟨**~e**⟩ erfahren;
routiniert
expérimenter [-e] *v/t* erproben, ausprobieren
(*sur* an + *dat*)
expert [ɛkspɛʀ] I *adj* ⟨**-erte** [-ɛʀt]⟩ 1. sachver-
ständig; sach-, fachkundig; *être expert en la*
matière Fachmann auf dem Gebiet sein 2.
INFORM *système expert* Expertensystem *n* II
m Sachverständige(r) *m*; Gutachter *m*; *par*
ext (*connaisseur*) Fachmann *m*; Experte *m*
expert-comptable *m* ⟨**experts-comptables**⟩
Wirtschafts-, Buch-, Rechnungsprüfer *m*
expertise [ɛkspɛʀtiz] *f* Gutachten *n*; Expertise
f
expertiser [-e] *v/t* begutachten
expiation [ɛkspjasjɔ̃] *f* Sühne *f*
expier [ɛkspje] *v/t* sühnen; (ab)büßen
expirant [ɛkspiʀɑ̃] *adj* ⟨**-ante** [-ɑ̃t]⟩ 1. *personne*
sterbend 2. *fig* (ab)sterbend
expiration [ɛkspiʀasjɔ̃] *f* 1. BIOL Ausatmung *f*
2. *d'un délai* Ablauf *m*; *date f d'expiration*
Ablauf-, Verfallsdatum *n*; *arriver à expiration*
ablaufen
expirer [ɛkspiʀe] I *v/t* ausatmen (*a abs*) II *v/i* 1.
st/s (*mourir*) *st/s* verscheiden 2. ⟨*Ergebnis*
être⟩ *délai, garantie* ablaufen; erlöschen; *pas-*
seport, etc ungültig werden; verfallen
explétif [ɛkspletif] GR I *adj* ⟨**-ive** [-iv]⟩ *le* « *ne* »
explétif das funktionslose, fakultative „ne" II
m Füll-, Flickwort *n*
explicable [ɛksplikabl] *adj* erklärlich; erklär-
bar
explicatif [ɛksplikatif] *adj* ⟨**-ive** [-iv]⟩ erklä-
rend; erläuternd
▸ **explication** [ɛksplikasjɔ̃] *f* 1. Erklärung *f*; Er-
läuterung *f*; *explication de texte* Textinterpre-
tation *f*; *demander des explications à qn* j-n
zur Rede stellen (*sur qc* wegen etw) 2. (*discus-*
sion) Auseinandersetzung *f*
explicite [ɛksplisit] *adj* eindeutig; unmissver-
ständlich; unzweideutig; *volonté* ausdrücklich
explicitement [-mɑ̃] *adv* eindeutig; unzweideu-
tig; ausdrücklich
expliciter [-e] *v/t* eindeutig formulieren, aus-
drücken
▸ **expliquer** [ɛksplike] I *v/t* erklären, erläutern
(*qc à qn* j-m etw); *texte* interpretieren II *v/pr* 1.
s'expliquer sich äußern (*sur* über + *acc*); *je*
m'explique: … lassen Sie mich das näher er-
klären: … 2. *s'expliquer* (*discuter*) sich aus-
einandersetzen, sich aussprechen (*avec qn*
mit j-m); F (*se battre*) sich prügeln 3. *s'expli-*
quer qc (*comprendre*) sich (*dat*) etw erklären
(können) 4. (*devenir clair*) sich erklären lassen;
zu erklären sein
exploit [ɛksplwa] *m* Glanzleistung *f*; Großtat *f*;
iron Heldentat *f*
exploitable [ɛksplwatabl] *adj* verwertbar; *gise-*
ment abbauwürdig, -fähig; erschließbar; *sol,*
forêt nutzbar
exploitant [ɛksplwatɑ̃] *m* 1. *exploitant* (*agrico-*
le) Landwirt *m* 2. CIN Kinobesitzer *m*
exploitation [ɛksplwatasjɔ̃] *f* 1. Nutzung *f*; Er-
schließung *f*; Verwertung *f*; *du sol* Bewirt-
schaftung *f*; *d'une ligne de bus, etc* Betrieb
m; INFORM *système m d'exploitation* Be-

triebssystem *n* **2.** (*entreprise*) Betrieb *m* **3.** *péj de travailleurs* Ausbeutung *f*
exploiter [ɛksplwate] *v/t* **1.** (*faire valoir*) nutzen; *gisement, mine* erschließen; ausbeuten; *terre* bewirtschaften; *brevet* verwerten; *entreprise, ligne de bus, etc* betreiben; *ligne aérienne a* befliegen **2.** *situation, avantage* (aus)nutzen; sich (*dat*) zunutze machen **3.** *péj travailleurs* ausbeuten
exploiteur [ɛksplwatœʀ] *m*, **exploiteuse** [-øz] *f péj* Ausbeuter(in) *m(f)*
explorateur [ɛksplɔʀatœʀ] *m* Forschungsreisende(r) *m*; Erforscher *m*
exploration [ɛksplɔʀasjõ] *f* **1.** *d'une région et par ext* Erforschung *f* **2.** MÉD Untersuchung *f*
explorer [ɛksplɔʀe] *v/t* **1.** *continent, problème, subconscient* erforschen; *par ext terrain* absuchen **2.** MÉD untersuchen
▶ **exploser** [ɛksploze] *v/i* **1.** explodieren (*a fig prix, etc*) **2.** *fig colère* ausbrechen
explosible [ɛksplozibl] *adj* explosiv; leicht explodierend
explosif [ɛksplozif] **I** *adj* ⟨**-ive** [-iv]⟩ **1.** explosiv; Spreng… **2.** *fig situation* spannungsgeladen; brisant **II** *m* Sprengstoff *m*
explosion [ɛksplozjõ] *f* **1.** Explosion *f* (*a fig des prix, etc*); *bruit a* Knall *m* **2.** *fig* Ausbruch *m*; **explosion de joie** Freudenausbruch *m*
expo [ɛkspo] *f* F Ausstellung *f*
exponentiel [ɛksponãsjɛl] *adj* ⟨**-le**⟩ MATH Exponential…; exponentiell (*a fig*)
exportable [ɛkspɔʀtabl] *adj* ausführbar; exportierbar
exportateur [ɛkspɔʀtatœʀ] **I** *adj* ⟨**-trice** [-tʀis]⟩ Ausfuhr…; Export… **II** *m* Exporteur *m*
exportation [ɛkspɔʀtasjõ] *f* Ausfuhr *f*; Export *m*
▶ **exporter** [ɛkspɔʀte] *v/t* ausführen; exportieren
exposant [ɛkspozã] *m* **1.** COMM Aussteller *m* **2.** MATH Exponent *m*; Hochzahl *f*
exposé [ɛkspoze] *m* Darstellung *f*; Bericht *m*; Exposé *n*; Referat *n*
exposer [ɛkspoze] **I** *v/t* **1.** *marchandises, objets d'art* ausstellen **2.** *morts* aufbahren **3.** (*soumettre*) aussetzen (*à dat*) **4. exposer qn, qc (à un danger)** j-n, etw e-r Gefahr aussetzen; j-n, etw exponieren **5.** *édifice* **être exposé au sud** nach Süden liegen; **bien exposé** in sonniger Lage **6.** PHOT belichten **7.** *faits, idées* darlegen; darstellen; vortragen **II** *v/pr* **s'exposer** sich aussetzen (*à dat*); *abs* sich exponieren
▶ **exposition** [ɛkspozisjõ] *f* **1.** Ausstellung *f*; **exposition de peinture** Gemäldeausstellung *f* **2. exposition au soleil** Sonnenbestrahlung *f* **3.** *d'un édifice* Lage *f* **4.** PHOT Belichtung *f* **5.** *de faits, d'idées* Darlegung *f*; Darstellung *f* **6.** MUS, THÉ Exposition *f*
exposition-vente *f* ⟨**expositions-ventes**⟩ Verkaufsausstellung *f*
▶ **exprès¹** [ɛkspʀɛ] *adv* **1.** (*à dessein*) absichtlich; bewusst; F extra; **comme par un fait exprès** ausgerechnet **2.** (*spécialement*) extra; eigens
exprès² [ɛkspʀɛ] *adj* **1.** ⟨**expresse**⟩ *défense* ausdrücklich **2.** ⟨*inv*⟩ *inscription* durch Eilboten; **colis** *m* **exprès** Schnellpaket *n*; **lettre** *f* **ex-**

près Eilbrief *m*
express [ɛkspʀɛs] **I** *adj* ⟨*inv*⟩ Schnell…; (*train m*) **express** *m* Schnellzug *m*; D-Zug *m*; **voie** *f* **express** Schnellstraße *f* **II** *m café* Espresso *m*
expressément [ɛkspʀɛsemã] *adv* ausdrücklich
expressif [ɛkspʀɛsif] *adj* ⟨**-ive** [-iv]⟩ ausdrucksvoll; expressiv
▶ **expression** [ɛkspʀɛsjõ] *f* Ausdruck *m* (*a* LING, MATH); **expression toute faite** (Rede)Wendung; stehende Redensart; **liberté** *f* **d'expression** Meinungsfreiheit *f*; **d'expression française** französischsprachig; **réduire à sa plus simple expression** auf ein Minimum reduzieren
expressionnisme [ɛkspʀɛsjɔnism] *m* Expressionismus *m*
expressionniste [-ist] **I** *adj* expressionistisch **II** *m* Expressionist *m*
expressivité [ɛkspʀɛsivite] *f* Ausdruckskraft *f*
exprimable [ɛkspʀimabl] *adj* ausdrückbar
▶ **exprimer** [ɛkspʀime] **I** *v/t* ausdrücken; zum Ausdruck bringen; *opinion a* äußern **II** *v/pr* ▶ **s'exprimer** sich ausdrücken; sich artikulieren
expropriation [ɛkspʀɔpʀijasjõ] *f* Enteignung *f*
exproprier *v/t* enteignen
expulsé [ɛkspylse] *m* Ausgewiesene(r) *m*; Vertriebene(r) *m*
expulser [ɛkspylse] *v/t* **1.** vertreiben, ausweisen, verweisen (**de** aus); *étranger* abschieben **2.** MÉD ausstoßen
expulsion [ɛkspylsjõ] *f* **1.** Ausweisung *f*; Vertreibung *f*; *d'un locataire* Zwangsräumung *f*; *d'étrangers* Abschiebung *f* **2.** MÉD Ausstoßung *f*
expurger [ɛkspyʀʒe] *v/t* ⟨**-ge-**⟩ von anstößigen Stellen säubern
exquis [ɛkski] *adj* ⟨**-ise** [-iz]⟩ **1.** erlesen; ausgesucht (*a politesse*); vorzüglich; exquisit; *mets a* köstlich **2.** *personne* charmant
exsangue [ɛgzãg, ɛksãg] *adj* blutleer; ausgeblutet
extase [ɛkstɑz, -taz] *f* Ekstase *f*; Verzückung *f*; **être en extase devant qn, qc** von j-m, etw ganz hingerissen sein
extasier [ɛkstazje] *v/pr* **s'extasier** in Entzücken ausbrechen (**devant, sur** über + *acc*)
extatique [ɛkstatik] *adj* ekstatisch; verzückt
extenseur [ɛkstãsœʀ] *m* **1.** ANAT Streckmuskel *m* **2.** SPORTS Expander *m*
extensibilité [ɛkstãsibilite] *f* Dehnbarkeit *f*
extensible [-ibl] *adj* dehnbar
extensif [ɛkstãsif] *adj* ⟨**-ive** [-iv]⟩ AGR extensiv
extension [ɛkstãsjõ] *f* **1.** *des membres* Strecken *n* **2.** (*augmentation*) Ausdehnung *f*; Ausweitung *f*; *d'un incendie* Ausbreitung *f* **3.** LING Bedeutungserweiterung *f*; **par extension** im weiteren Sinne
exténuant [ɛkstenyã] *adj* ⟨**-ante** [-ãt]⟩ sehr anstrengend; aufreibend
exténuation [-asjõ] *f* Ermattung *f*; Entkräftung *f*
exténuer [ɛkstenye] **I** *v/t* sehr anstrengen; entkräften **II** *v/pr* **s'exténuer à faire qc** etw bis zur Erschöpfung tun
▶ **extérieur** [ɛksteʀjœʀ] **I** *adj* ⟨**-e**⟩ äußere; Außen…; (*apparent*) äußerlich; **monde extérieur** Außenwelt *f*; **politique extérieure** Außenpoli-

tik *f* **II** *m* **1.** Äußere(s) *n*; Außenseite *f*; ▸ *à l'ex-térieur de* außerhalb (+ *gén*); ▸ *à l'extérieur* (dr)außen; SPORTS auswärts **2.** CIN *extérieurs pl* Außenaufnahmen *f/pl*

extérieurement [ɛkstɛʀjœʀmɑ̃] *adv* äußerlich; nach außen hin

extériorisation [ɛkstɛʀjɔʀizasjɔ̃] *f* Äußerung *f*; Ausdruck *m*

extérioriser [-ize] **I** *v/t* äußern **II** *v/pr* **s'extério-riser** *sentiment* sich äußern; *personne* aus sich herausgehen

exterminateur [ɛkstɛʀminatœʀ] *adj* ⟨**-trice** [-tʀis]⟩ Ausrottungs…; Vernichtungs…

extermination [ɛkstɛʀminasjɔ̃] *f* Ausrottung *f*; Vernichtung *f*; *camp m* **d'extermination** Vernichtungslager *n*

exterminer [ɛkstɛʀmine] *v/t* ausrotten; vernichten; *vermine a* vertilgen

externat [ɛkstɛʀna] *m* ÉCOLE Externat *n*

externe [ɛkstɛʀn] **I** *adj* äußere; äußerlich; Außen…; *à usage externe* zur äußerlichen Anwendung **II** *m,f* **1.** *élève* Externe(r) *f(m)* **2.** *externe (des hôpitaux)* Medizinstuden(in) *m(f)* in den klinischen Semestern

exterritorialité [ɛkstɛʀitɔʀjalite] *f* DIPL Exterritorialität *f*

extincteur [ɛkstɛ̃ktœʀ] *m* Feuerlöscher *m*

extinction [ɛkstɛ̃ksjɔ̃] *f* **1.** *d'un incendie* Löschen *n*; *par ext* **extinction des feux** Zapfenstreich *m* **2.** *d'une race* Aussterben *n*; Erlöschen *n* (*a d'un droit*); *en voie d'extinction* im Aussterben begriffen; aussterbend **3.** *extinction de voix* völlige Heiserkeit

extirpation [ɛkstiʀpasjɔ̃] *f* **1.** *de mauvaises herbes* Ausreißen *n* **2.** MÉD völlige Entfernung; *sc* Exstirpation *f* **3.** *fig et st/s* Ausrottung *f*; Beseitigung *f*

extirper [ɛkstiʀpe] **I** *v/t* **1.** *plante* (mit der Wurzel) ausreißen **2.** *st/s préjugé* ausrotten **3.** *renseignement* **extirper à qn** j-m entlocken **II** *v/pr* F **s'extirper de qc** sich aus etw befreien, F quälen

extorquer [ɛkstɔʀke] *v/t* erpressen, erzwingen (*à qn* von j-m); abnötigen (j-m)

extorsion [ɛkstɔʀsjɔ̃] *f* **extorsion de fonds** Erpressung *f* von Geld

extra [ɛkstʀa] **I** *m* ⟨*inv*⟩ **1. a)** *un extra* etwas Außergewöhnliches, Besonderes **b)** *serveur etc* **faire des extra** anderswo aushelfen **2.** *serveur* Aushilfskellner *m* **II** F *adj* ⟨*inv*⟩ ausgezeichnet; F super

extra… [ɛkstʀa] *préfixe* außer…; extra…

extrabudgétaire *adj* außeretatmäßig

extracommunautaire *adj* außerhalb der EG, der EU

extraconjugal *adj* ⟨~e; **-aux** [-o]⟩ außerehelich

extraction [ɛkstʀaksjɔ̃] *f* **1.** TECH Förderung *f*; Gewinnung *f* (*a* CHIM); MINES *a* Abbau *m* **2.** MÉD (operative) Entfernung; *d'une dent* Ziehen *n* **3.** *litt* (*origine*) Abkunft *f*

extrader [ɛkstʀade] *v/t* ausliefern

extradition [ɛkstʀadisjɔ̃] *f* Auslieferung *f*

extrafin *adj* ⟨**-fine** [-fin]⟩ extrafein

extrafort *m* Kantenband *n*

extraire [ɛkstʀɛʀ] ⟨→ **traire**⟩ **I** *v/t* **1.** TECH fördern; gewinnen (*a* CHIM); *minerai a* abbauen **2.** MÉD (operativ) entfernen; *dent* ziehen **3.** *passages* entnehmen (**d'un livre** e-m Buch); ex-

zerpieren **4.** MATH *racine* ziehen **II** *v/pr* F **s'extraire de sa voiture** sich aus s-m Wagen zwängen, F quälen

extrait [ɛkstʀɛ] *m* **1.** CHIM Extrakt *m* **2.** *d'un livre, etc* Auszug *m* **3.** JUR Auszug *m*; *extrait (d'acte) de naissance* Geburtsurkunde *f*

extralucide *adj* **voyante** *f* **extralucide** Hellseherin *f*; Wahrsagerin *f*

▸ **extraordinaire** *adj* außergewöhnlich; ungewöhnlich; außerordentlich (*a séance, mesure*)

extrapolation [ɛkstʀapɔlasjɔ̃] *f* **1.** (voreilige) Schlussfolgerung, Verallgemeinerung **2.** MATH Extrapolation *f*

extrapoler [ɛkstʀapɔle] *v/i* **1.** MATH extrapolieren **2.** *fig* s-e Schlüsse ziehen; auf anderes schließen

extrascolaire *adj* außerschulisch

extraterrestre **I** *adj* außerirdisch **II** *m,f* Außerirdische(r) *f(m)*

extra-utérine [ɛkstʀaytɛʀin] *adj f* **grossesse extra-utérine** Bauchhöhlenschwangerschaft *f*

extravagance [ɛkstʀavagɑ̃s] *f* Extravaganz *f*; Überspanntheit *f*

extravagant [ɛkstʀavagɑ̃] *adj* ⟨**-ante** [-ɑ̃t]⟩ **1.** extravagant; überspannt; *idée a* verstiegen; *tenue a* ausgefallen **2.** *exigences* übertrieben

extraversion [ɛkstʀavɛʀsjɔ̃] *f* Extrovertiertheit *f*

extraverti [ɛkstʀavɛʀti] *adj* ⟨~e⟩ extrovertiert; extravertiert

extrême [ɛkstʀɛm] **I** *adj* äußerste; extrem (*a climat*); *cas m* **extrême** Extremfall *m*; *l'extrême droite, gauche* die äußerste, extreme Rechte, Linke **II** *m* **1.** Extrem *n*; *passer d'un extrême à l'autre* von e-m Extrem ins andere fallen **2.** *à l'extrême* bis zum Äußersten

extrêmement [ɛkstʀɛmmɑ̃] *adv* äußerst; extrem

extrême-onction *f* CATH Krankensalbung *f*; Letzte Ölung

Extrême-Orient *l'Extrême-Orient m* der Ferne Osten; Fernost *n*

extrême-oriental *adj* ⟨~e; **-aux**⟩ fernöstlich

extrémisme [ɛkstʀemism] *m* Radikalismus *m*; Extremismus *m*

extrémiste [-ist] **I** *adj* radikal; extrem; extremistisch **II** *m,f* Radikale(r) *f(m)*; Extremist(in) *m(f)*

extrémité [ɛkstʀemite] *f* **1.** (*bout*) äußerstes Ende **2.** *extrémités pl* Gliedmaßen *f/pl*; Extremitäten *f/pl* **3.** *fig* **en arriver aux pires extrémités** zum Äußersten schreiten; *malade il est à la dernière extrémité* es geht mit ihm zu Ende; F er liegt in den letzten Zügen

extroverti [ɛkstʀɔvɛʀti] *adj* ⟨~e⟩ extrovertiert; extravertiert

exubérance [ɛgzybeʀɑ̃s] *f* **1.** *de la végétation, des formes* Üppigkeit *f*; Fülle *f* **2.** *d'une personne* Überschwänglichkeit *f*; (Gefühls)Überschwang *m*

exubérant [ɛgzybeʀɑ̃] *adj* ⟨**-ante** [-ɑ̃t]⟩ **1.** *végétation* üppig **2.** *personnes, joie* überschwänglich

exultation [ɛgzyltasjɔ̃] *f* Frohlocken *n*

exulter [-e] *v/i* frohlocken

exutoire [ɛgzytwaʀ] *m* Ventil *n* (*fig*)

ex-voto [ɛksvɔto] *m* ⟨*inv*⟩ Votivbild *n*

eye-liner [ajlajnœʀ] *m* Eyeliner *m*

F

F¹, f [ɛf] *m* ⟨*inv*⟩ F, f *n*
F² *abr* (*franc*) HIST F
fa [fa] *m* ⟨*inv*⟩ MUS f *ou* F *n*
fable [fɑbl] *f* Fabel *f* (*a fig*); → *Info bei* **Fabel**
fabricant [fabʀikɑ̃] *m*, **fabricante** [-ɑ̃t] *f* Hersteller(in) *m(f)*; Produzent(in) *m(f)*
fabrication [fabʀikasjɔ̃] *f* Herstellung *f*; Fertigung *f*; Fabrikation *f*
fabrique [fabʀik] *f* Fabrik *f*
▸ **fabriquer** [fabʀike] *v/t* **1.** herstellen; fertigen; produzieren; *péj* fabrizieren **2.** F (*faire*) tun; machen; F treiben
fabulation [fabylasjɔ̃] *f* Fabulieren *n*
fabuler [-e] *v/i* fabulieren; Geschichten erfinden
fabuleux [fabylø] *adj* ⟨**-euse** [-øz]⟩ **1.** sagenhaft; fantastisch; unwahrscheinlich **2.** *animal fabuleux* Fabeltier *n*
▸ **fac** [fak] *f abr* F (*faculté*) F Uni *f*
façade [fasad] *f* **1.** ARCH Fassade *f*; Vorderseite *f*; (Vorder)Front *f* **2.** *fig* Fassade *f*; (äußerer) Anschein
face [fas] *f* **1.** Gesicht *n*; *st/s* Angesicht *n*; *fig* **perdre, sauver la face** das Gesicht verlieren, wahren **2.** *face à* zu (+ *dat*) hin; *face au public* zum Publikum hin, gewandt; *face à face* Auge in Auge; von Angesicht zu Angesicht; *à la face du monde* vor aller Welt; *de face* von vorn; ▸ *en face de* gegenüber (+ *dat*); vor (+ *acc ou dat*); *d'en face* gegenüberliegend; *dire, regarder en face* ins Gesicht; *faire face à édifice* gegenüberliegen (+ *dat*); *fig difficultés* fertig werden mit; *dépense* bestreiten **3.** *d'une monnaie* Vorder-, Bildseite *f* **4.** *d'un polyédre* Fläche *f* **5.** *de la lune, d'un disque* Seite *f*
face-à-face [fasafas] *m* ⟨*inv*⟩ Fernsehduell *n*
facétie [fasesi] *f* Spaß *m*; Scherz *m*
facétieux [fasesjø] *adj* ⟨**-euse** [-øz]⟩ immer zu Späßen aufgelegt
facette [fasɛt] *f* Facette *f*
fâché [fɑʃe] *adj* ⟨**◌e**⟩ **1.** (*irrité*) verärgert; ärgerlich; verstimmt; *être fâché contre*, F *après qn* auf j-n böse sein **2.** (*brouillé*) *être fâché avec qn* mit j-m zerstritten, böse sein
▸ **fâcher** [fɑʃe] **I** *v/t* ärgern; verstimmen; (*mettre en colère*) zornig, wütend machen **II** *v/pr* **1.** ▸ *se fâcher* böse, wütend, zornig werden; sich ärgern **2.** *se fâcher avec qn* sich mit j-m zerstreiten, F verzanken, F verkrachen
fâcherie [fɑʃʀi] *f* Streit *m*; Zerwürfnis *n*
fâcheusement [fɑʃøzmɑ̃] *adv* → **fâcheux**
fâcheux [fɑʃø] *adj* ⟨**-euse** [-øz]⟩ misslich; fatal; unangenehm; peinlich
facho [faʃo] F *abr* → **fasciste**
facial [fasjal] *adj* ⟨**◌e**; **-aux** [-o]⟩ Gesichts...
faciès [fasjɛs] *m* Gesicht *n*; *péj* Visage *f*
▸ **facile** [fasil] *adj* leicht; *plaisanterie, critique* billig; *femme* leicht herumzukriegen(d); *en-*

fant leicht erziehbar; *caractère* verträglich; *personne* **facile à vivre** umgänglich; verträglich; *c'est facile à dire* das ist leicht gesagt
facilement [fasilmɑ̃] *adv* **1.** leicht; mühelos **2.** (*au moins*) gut und gern
facilité [fasilite] *f* **1.** Leichtigkeit *f*; Mühelosigkeit *f*; *élève* **avoir des facilités** leicht lernen **2.** *facilités pl* (*de paiement*) Zahlungserleichterungen *f/pl*
▸ **faciliter** [fasilite] *v/t* erleichtern
▸ **façon** [fasɔ̃] *f* **1.** Art *f*; Art und Weise *f*; Weise *f*; *façon d'être* Art, sich zu geben; *façon de procéder* Verfahrensweise *f*; *à ma, sa façon* auf meine, seine Weise, Art; *à la façon de* nach Art von (*ou* + *gén*); ▸ *de toute façon* auf alle Fälle; auf jeden Fall; jedenfalls; sowieso; *d'une façon ou d'une autre* auf die e-e oder andere Art; irgendwie; *d'une façon générale* allgemein; im Allgemeinen; *de façon (à ce) que ...* (+ *subj*) so ..., dass ...; *s'y prendre de telle façon que ...* es so anstellen, dass ...; *en aucune façon* in keiner Weise; keineswegs; durchaus nicht **2.** *façons pl* Benehmen *n*; Manieren *f/pl*; Gebaren *n*; Gehaben *n*; *sans façon* ungezwungen; *accepter* ohne weiteres; *non merci, sans façon!* nein danke, wirklich nicht!; *faire des façons* sich zieren; Umstände machen **3.** COUT Fasson *f*; Ausführung *f*; Verarbeitung *f*
façonnage [fasɔnaʒ] *m* Formgebung *f*; Gestaltung *f*; TECH *a* Bearbeitung *f*; Fassonieren *n*
façonné [fasɔne] *adj* ⟨**◌e**⟩ *étoffe* gemustert; mit Webmuster
façonner [fasɔne] *v/t* **1.** TECH formen; modeln; fassonieren **2.** *fig* formen; prägen
fac-similé [faksimile] *m* ⟨**fac-similés**⟩ Faksimile *n*
▸ **facteur** [faktœʀ] *m* **1.** (*préposé*) Briefträger *m*; Postbote *m* **2.** (*élément*) Faktor *m* (*a* MATH); *le facteur temps* der Zeitfaktor **3.** *facteur d'orgues* Orgelbauer *m*
factice [faktis] *adj* **1.** nachgemacht; künstlich; *objet m factice* Attrappe *f* **2.** *fig* unecht; künstlich
factieux [faksjø] **I** *adj* ⟨**-euse** [-øz]⟩ umstürzlerisch **II** *m* Umstürzler *m*
faction [faksjɔ̃] *f* **1.** POL aufrührerische, umstürzlerische Partei, Fraktion **2.** *être en ou de faction* MIL Wache stehen; *fig* sich postiert haben
factoriel [faktɔʀjɛl] *adj* ⟨**◌le**⟩ Faktoren...
factorielle [faktɔʀjɛl] *f* MATH Fakultät *f*
factotum [faktɔtɔm] *m* Faktotum *n*
▸ **factrice** [faktʀis] *f* Briefträgerin *f*
factuel [faktɥɛl] *adj* ⟨**◌le**⟩ Tatsachen...; auf Fakten beruhend
facturation [faktyʀasjɔ̃] *f* COMM **1.** Ausstellung *f* e-r Rechnung, von Rechnungen (*de* über

+*acc*); Fakturierung *f* **2.** *service* Rechnungsabteilung *f*

▸ **facture** [faktyʀ] *f* **1.** COMM Rechnung *f*; ***établir, faire une facture*** e-e Rechnung ausstellen, ausschreiben **2.** *d'un instrument* Bau *m*

facturer [faktyʀe] *v/t* e-e Rechnung ausstellen für, über (+ *acc*); fakturieren; (*compter*) berechnen; in Rechnung stellen

facturier [faktyʀje] *m* **1.** Fakturist *m* **2.** *livre* Fakturenbuch *n*

facturière [faktyʀjɛʀ] *f* Fakturistin *f*

facultatif [fakyltatif] *adj* ⟨**-ive** [-iv]⟩ fakultativ; nicht obligatorisch; *matière scolaire* wahlfrei; Wahl...; *présence, devoir* jedem freigestellt; freiwillig; ***arrêt facultatif*** Bedarfshaltestelle *f*

▸ **faculté** [fakylte] *f* **1.** (*aptitude*) Fähigkeit *f*; Vermögen *n*; ***ne plus jouir de toutes ses facultés*** nicht mehr im Vollbesitz s-r geistigen Kräfte sein **2.** UNIVERSITÉ Fakultät *f*; *par ext* ***la faculté*** die Universität; ***faculté de médecine*** medizinische Fakultät **3.** *st/s* (*possibilité*) (Wahl)Freiheit *f*

fada [fada] *adj* ⟨*f inv*⟩ F verrückt; → ***cinglé***

fadaises [fadɛz] *f/pl* Albernheiten *f/pl*

fadasse [fadas] *adj* F *péj* → ***fade***

fade [fad] *adj* **1.** fad(e); geschmacklos; ohne Geschmack **2.** *fig* fad(e); abgeschmackt; schal; *couleur* stumpf

fadeur [fadœʀ] *f* Fadheit *f* (*a fig*)

fagot [fago] *m* Reisigbündel *n*; *fig vin* ***de derrière les fagots*** aus der besten Sorte

fagoté [fagɔte] *adj* ⟨**~e**⟩ F ***mal fagoté*** schlecht, geschmacklos angezogen

fagoter [fagɔte] *v/pr* ***se fagoter*** sich schlecht, geschmacklos anziehen

Fahrenheit [faʀɛnajt, -ʀən-] *adjt* Fahrenheit *n*; ***32 degrés Fahrenheit*** 32 Grad Fahrenheit

faiblard [fɛblaʀ] F *adj* ⟨**-arde** [-aʀd]⟩ (ziemlich) schwach (*a fig*)

▸ **faible** [fɛbl] **I** *adj* **1.** schwach (*a élève, lumière, vent*); *personne fig* (*sans énergie*) charakterschwach; (*indulgent*) zu nachsichtig; *bruit, voix a* leise; *pluie* leicht; *raisonnement* auf schwachen Füßen stehend **2.** *hauteur, poids, coût* gering; niedrig; *monnaie* weich **II** *m* **3.** Schwache(r) *m*; *péj* Schwächling *m*; ***les économiquement faibles*** die sozial Schwachen; ***un faible d'esprit*** ein geistig Beschränkter **4.** (*penchant*) Schwäche *f*, Faible *n* (***pour*** für)

faiblement [fɛbləmɑ̃] *adv* *épicé* leicht; schwach; *battre, éclairer, protester* schwach; *critiquer* vorsichtig

faiblesse [fɛblɛs] *f* **1.** Schwäche *f*; Schwachheit *f*; ***faiblesse de caractère*** Charakterschwäche *f* **2.** (*défaillance*) Schwäche(anfall) *f(m)* **3.** (*point faible*) Schwäche *f*; schwache Seite *f*

faiblir [feblir] *v/i* schwächer werden; nachlassen

faïence [fajɑ̃s] *f* Steingut *n*; *décorée* Fayence *f*

faïencerie [fajɑ̃sʀi] *f* Steingutfabrik *f*; Fayencemanufaktur *f*

faïencier [-je] *m*, **faïencière** [-jɛʀ] *f* Steingutfabrikant(in) *m(f)*, -händler(in) *m(f)*

faignant [fɛɲɑ̃] F → ***fainéant***

faille¹ [faj] *f* **1.** GÉOL Spalte *f*; Verwerfung *f* **2.** *fig* Schwachstelle *f*; ***sans faille*** *raisonnement* hieb- und stichfest; *amitié* unverbrüchlich

faille² → ***falloir***

failli [faji] **I** *adj* ⟨**~e**⟩ in Konkurs geraten **II** *m* Gemeinschuldner *m*

faillible [fajibl] *adj* fehlbar

faillir [fajiʀ] *v/i* ⟨*déf*: **j'ai failli**; *passé simple* **je faillis**⟩ **1.** ***j'ai failli tomber*** ich wäre beinahe, fast gefallen **2.** *st/s* ***faillir à son devoir*** s-e Pflicht verletzen

faillite [fajit] *f* **1.** Konkurs *m*; Bankrott *m*; ***faire faillite*** Konkurs, Bankrott machen; F pleitegehen **2.** *fig* Scheitern *n*; Misserfolg *m*

▸ **faim** [fɛ̃] *f* **1.** Hunger *m*; ***avoir faim*** Hunger haben; hungrig sein; ***manger à sa faim*** sich satt essen; ***ne pas manger à sa faim*** Hunger leiden; hungern; ***mourir de faim*** verhungern; F *fig* am Verhungern sein; ***rester sur sa faim*** nicht satt werden; *fig* nicht auf s-e Kosten kommen **2.** *fig, st/s* Hunger *m* (***de*** nach)

faîne *ou* **faine** [fɛn] *f* Buchecker *f*

fainéant [feneɑ̃] **I** *adj* ⟨**-ante** [-ɑ̃t]⟩ faul; *p/fort* F stinkfaul **II** ***fainéant(e)*** *m(f)* Faulenzer(in) *m(f)*; F Faulpelz *m*

fainéanter [feneɑ̃te] *v/i* nichts tun; faulenzen; F auf der faulen Haut liegen

fainéantise [feneɑ̃tiz] *f* Faulenzerei *f*; Faulheit *f*

▸ **faire** [fɛʀ] ⟨**je fais**, **il fait**, **nous faisons** [f(ə)zɔ̃], **vous faites**, **ils font**; **je faisais** [f(ə)zɛ]; **je fis**; **je ferai**; **que je fasse**, **que nous fassions**; **faisant** [f(ə)zɑ̃]; **fait**⟩ **I** *v/t et v/i* **1.** machen; tun; ***faire ses chaussures*** s-e Schuhe putzen; ***faire un gâteau*** e-n Kuchen backen; *chat* ***faire ses griffes*** die Krallen wetzen; ***faire du jardinage*** im Garten arbeiten; gärtnern; ***faire dix kilomètres à pied*** zehn Kilometer zu Fuß zurücklegen, F machen; *oiseau* ***faire son nid*** nisten; sein Nest bauen; ***faire qn président*** j-n zum Präsidenten machen; ***faire qc de qn, de qc*** etw aus j-m, aus etw machen; ***faire jeune*** jung aussehen, wirken; ***faire bien*** gut aussehen, wirken; sich gut ausnehmen, machen; ***il a bien fait*** er hat richtig gehandelt, recht getan; ***il ferait bien de*** (+ *inf*) er täte gut daran zu (+ *inf*); F ***ça commence à bien faire*** F jetzt reicht's dann aber; ***faites comme chez vous!*** tun Sie, als ob Sie zu Hause wären!; machen Sie es sich bequem!; *st/s* ***c'en est fait de lui, de qc*** es ist um ihn, um etw geschehen; ***ne faire que faire qc*** nur, bloß etw tun; ***il ne fait que commencer*** er fängt gerade erst an; ***cela y fait beaucoup*** das macht viel aus; ***fais ce que tu veux!*** mach *ou* tu, was du willst!; ***ce faisant*** dabei; ***que faire?*** was tun?; ***qu'est-ce que vous faites dans la vie?*** welchen Beruf haben Sie?; was arbeiten Sie?; ***faire qc pour qn*** für j-n etw tun; F ***pour quoi faire?*** wozu?; ***il ne fait rien*** er tut, arbeitet nichts; ***je ne lui ai rien fait*** ich habe ihm nichts getan; ***cela ne fait rien*** das macht nichts; ***cela ne lui fait rien*** das macht ihm nichts aus; F ***rien à faire!*** nichts zu machen!; ***j'ai à faire*** ich habe zu tun; ***avoir à faire à*** zu tun, zu schaffen haben mit; *st/s* ***n'avoir que faire de qc*** *st/s* e-r Sache (*gén*) nicht bedürfen; ***je ne peux pas faire autrement*** ich kann nicht anders; ***on ne peut rien y faire*** da kann man nichts machen, tun; ***faire que ...*** bewirken, zur Folge haben, dass ...; ***faire dans sa culotte*** in die Hose machen **2.** ***faire du sport*** Sport treiben; ***faire de la natation***

faire faire 〔!FQ〕

faire faire hat hier die Bedeutung „lassen" im Sinne von „veranlassen":

faire + *Infinitiv* + **qn**	Il a fait travailler son frère.	Er hat seinen Bruder arbeiten lassen (er hat es veranlasst).
faire + *Infinitiv* + **qc** + **à qn**	Il a fait chanter une chanson aux élèves.	Er hat die Schüler ein Lied singen lassen.
	Il leur a fait chanter une chanson.	Er hat sie ein Lied singen lassen.
	Il la **leur** a fait chanter.	Er hat sie es singen lassen.

Schwimmsport betreiben; schwimmen; *faire de la marche* wandern; *faire du tennis* Tennis spielen **3.** (*étudier*) *matière* studieren; treiben; lernen; *école* besuchen; durchlaufen; absolvieren; *faire de l'anglais à la fac* Englisch studieren; *à l'école* Englisch lernen; *seul* Englisch treiben, lernen, F machen; *faire son droit, sa médecine* Jura, Medizin studieren **4.** (*visiter*) *région* bereisen; F abgrasen; *monument* besichtigen; F machen; *magasins* F abklappern **5.** F *maladie* haben; leiden an (+ *dat*); F durchmachen **6.** F *magasin: article* führen; haben; verkaufen **7.** F (*cultiver*) *blé, etc* anbauen **8.** (*devenir*) abgeben; werden; *il fera un bon professeur* er wird ein guter Lehrer werden, e-n guten Lehrer abgeben **9.** (*faire semblant*) *faire le malade* sich krank stellen; den Kranken markieren, spielen **10.** F (*vendre*) *je vous le fais* (*à*) *dix euros* ich geb's, lasse es Ihnen für zehn Euro **11.** *en incise fit-il* erwiderte er; sagte er **12.** GR bilden; *«cheval» fait «chevaux» au pluriel* „cheval" bildet den Plural „chevaux" **13.** MATH, MESURES: *quatre et trois font sept* vier und drei ist, sind, macht sieben; *il fait un mètre quatre-vingt* er ist eins achtzig groß; *pointure je fais du quarante* ich habe (Größe) vierzig; *faire du cent* (*à l'heure*) mit hundert (Stundenkilometern) fahren; *ça fait mille euros* das macht tausend Euro; *ça fait quinze jours que …* seit vierzehn Tagen …; es sind vierzehn Tage her, dass … **II** *v/aux* **14.** *avec inf* lassen (+ *inf*); veranlassen zu (+ *inf*); *faire lire les élèves* die Schüler lesen lassen; *faire lire un texte aux élèves* die Schüler e-n Text lesen lassen; *faire manger* enfant, malade füttern; *faire rire qn* j-n zum Lachen bringen; *faire traverser la rue à qn* j-n über die Straße bringen **III** *v/imp* **15.** sein; *il fait beau, mauvais* es ist schön(es Wetter), schlechtes Wetter; *il fait froid* es ist kalt; *il va faire froid* es wird kalt; *il fait trente degrés à l'ombre* im Schatten, wir haben dreißig Grad im Schatten **IV** *v/pr* **se faire 16.** *sens passif* gemacht werden; (*s'effectuer*) erfolgen; (*être courant*) üblich sein; *mariage, paix* zustande kommen; *silence* eintreten; *fromage* reifen; *chaussures* sich dehnen, weiten; *il pourrait bien se faire que …* (+ *subj*) es könnte sehr wohl sein, geschehen, passieren, dass …; *comment se fait-il que …* (+ *subj*) wie kommt es, dass …; *ça ne se fait pas!* das *ou* so was tut man nicht! **17.** *sens actif* sich (*dat*) … machen; sich (*dat*) … lassen; *se faire des ennemis* sich (*dat*) Feinde machen, schaffen; *se faire une si-*

tuation sich (*dat*) e-e Position schaffen; *se faire beau ou belle* sich (*acc*) schön machen; *se faire couper les cheveux* sich (*dat*) die Haare schneiden lassen; *se faire faire un costume* sich (*dat*) e-n Anzug machen lassen **18.** werden; *se faire moine* Mönch werden; *il se fait tard* es wird spät; *se faire vieux* alt werden; altern; *se faire renverser par une voiture* von e-m Auto umgefahren werden **19.** *se faire à* sich gewöhnen an (+ *acc*); F *il faut se le faire* es ist nicht so einfach, mit ihm auszukommen **20.** F *ne pas s'en faire* sich (*dat*) (deswegen) keine Sorgen machen; sich (*dat*) nichts daraus machen; (*ne pas se gêner*) keine Hemmungen haben; ▸ (*ne*) *t'en fais pas!* mach dir nichts draus!; (*ne t'inquiète pas!*) nur keine Sorge!; ▸ *ne vous en faites pas!* machen Sie sich nichts draus!; (*ne vous inquiétez pas!*) keine Sorge!

faire-part [fɛʀpaʀ] *m* ⟨*inv*⟩ (Familien)Anzeige *f*; *faire-part de mariage, de naissance* Heirats-, Geburtsanzeige *f*

faire-valoir [fɛʀvalwaʀ] *m* ⟨*inv*⟩ AGR Bewirtschaftung *f*

fair-play [fɛʀplɛ] **I** *m* Fairness *f* **II** *adj* ⟨*inv*⟩ fair

fais [fɛ] → *faire*

faisabilité [fəzabilite] *f* Durchführbarkeit *f*

faisable [-abl] *adj* machbar

faisan [fəzɑ̃] *m* Fasan *m*

faisandage [fəzɑ̃daʒ] *m du gibier* Abhängen *n*, bis es den Hautgout annimmt

faisandé [fəzɑ̃de] *adj* ⟨~**e**⟩ *viande faisandée* Fleisch *n* mit Hautgout, mit e-m Stich

faisandeau [fəzɑ̃do] *m* ⟨~**x**⟩ junger Fasan

faisander [fəzɑ̃de] *v/t* CUIS *gibier* abhängen lassen, bis es den Hautgout annimmt

faisanderie [fəzɑ̃dʀi] *f* Fasanerie *f*; Fasanengehege *n*

faisandier [-je] *m* Fasanenzüchter *m*

faisane [fəzan] (*poule f*) *faisane f* Fasanenhenne *f*

faisceau [fɛso] *m* ⟨~**x**⟩ Bündel *n* (*a fig*); *faisceau lumineux* Lichtkegel *m*; Strahlenbündel *n*

faiseur [fəzœʀ] *m*, **faiseuse** [-øz] *f faiseur, faiseuse de …* …macher(in) *m(f)*

faisons [f(ə)zõ] → *faire*

faisselle [fɛsɛl] *f* Abtropfsieb *n* (für Quark)

fait[1] [fɛ] *p/p* → *faire et adj* ⟨**faite** [fɛt]⟩ **1.** *travail* gemacht; getan; erledigt; *objet* beschaffen; gebildet (*de qc* aus etw); *yeux* geschminkt; *ongles* lackiert; *expression* **toute faite** fest; stehend; *c'est bien fait* das geschieht dir, ihm etc recht; *être fait pour* wie geschaffen sein für; sich eignen für; F *c'est fait pour* dazu ist es ja da **2.** *fromage* reif; weich; F durch **3.** *personne bien fait* gut gewachsen; F gut gebaut **4.** F *être fait* F dran, *p/fort* geliefert sein

▸ **fait²** [fɛ(t)] *m* **1.** (*réalité*) Tatsache *f*; Faktum *n*; **faits** *pl* Sachverhalt *m*; JUR Tatbestand *m* **2.** (*acte*) Tat *f*; Handlung *f*; '*hauts faits* große, denkwürdige Taten; *fait d'armes* Heldentat *f*; *le fait de parler* das Sprechen; *prendre qn sur le fait* j-n auf frischer Tat, in flagranti ertappen **3.** (*événement*) Ereignis *n*; Vorfall *m* **4.** (*cause*) Sache *f*; *dire son fait à qn* j-m gründlich die Meinung sagen; *être sûr de son fait* s-r Sache (*gén*) sicher sein; *prendre fait et cause pour qn* für j-n Partei ergreifen; sich für j-n einsetzen; *en venir au fait* zur Sache kommen **5.** *au fait* [ofɛt] übrigens; eigentlich; *de fait* [dəfɛt] faktisch; tatsächlich; *de ce fait* aus diesem Grund; ▸ *en fait* [ɑ̃fɛt] in Wirklichkeit; tatsächlich; *en fait de* was (+ *acc*) angeht **faîte** [fɛt] *m* **1.** *d'une maison* (Dach)First *m* **2.** *d'une montagne* Gipfel *m*; Kamm *m*; *d'un arbre* Wipfel *m*; Krone *f* **3.** *fig* Gipfel *m*; Höhepunkt *m*

faites [fɛt] → *faire*

fait-tout ⟨*inv*⟩ *ou* **faitout** [fɛtu] *m* (schwerer) Kochtopf

fakir [fakiʀ] *m* Fakir *m*

falaise [falɛz] *f* Steilküste *f*; Klippe *f*

falbalas [falbala] *m/pl péj* Firlefanz *m*

fallacieux [falasjø] *adj* ⟨**-euse** [-øz]⟩ trügerisch

▸ **falloir** [falwaʀ] *v/imp* ⟨*il faut; il fallait; il fallut; il a fallu; il faudra; qu'il faille; qu'il fallût*⟩ **1.** *il faut* (+ *inf*) man muss (+ *inf*); *il ne faut pas* (+ *inf*) man darf, soll nicht (+ *inf*); *il me faut, il lui faut, etc* (+ *inf*) ich muss, er *ou* sie muss *etc* (+ *inf*); F *faut voir!* das muss man gesehen haben!; *il faut que je …* (+ *subj*) ich muss (+ *inf*); *il le faut* es muss sein; *il ne fallait pas!* das wäre doch nicht nötig gewesen!; ▸ *comme il faut* wie es sich gehört; *gens* anständig; ordentlich **2.** (*avoir besoin de*) *il me faut qc, qn* ich brauche etw, j-n **3.** *il s'en faut de peu que …* (+ *subj*) es fehlt nicht viel und …; *il s'en faut de beaucoup* bei weitem nicht; *tant s'en faut!* weit gefehlt!

falot [falo] *adj* ⟨**-ote** [-ɔt]⟩ unscheinbar; farblos

falsificateur [falsifikatœʀ] *m*, **falsificatrice** [-tʀis] *f* Fälscher(in) *m(f)*; Verfälscher(in) *m(f)*

falsification [-sjõ] *f* Fälschung *f*

falsifier [falsifje] *v/t* fälschen; (*dénaturer*) verfälschen

falzar [falzaʀ] *m* F (*pantalon*) F Buxe *f*; F Büx *f*

famé [fame] *adj* ⟨**~e**⟩ *mal famé* verrufen

famélique [famelik] *adj* ausgehungert

fameux [famø] *adj* ⟨**-euse** [-øz]⟩ **1.** (*renommé*) berühmt (*par, pour* für) **2.** (*très grand*) gewaltig; F ganz schön **3.** (*excellent*) hervorragend; F *pas fameux* nicht besonders

familial [familjal] *adj* ⟨**~e**; **-aux** [-o]⟩ Familien…; familiär

familiariser [familjaʀize] **I** *v/t* **familiariser qn avec qc** j-n mit etw vertraut machen **II** *v/pr* **se familiariser avec qc** sich mit etw vertraut machen; mit etw vertraut werden

amiliarité [familjaʀite] *f* **1.** (*intimité*) Vertrautheit *f*, Vertrautsein *n* (*a fig*) **2.** *du comportement* Vertraulichkeit *f*; Ungezwungenheit *f*

3. *péj* **familiarités** *pl* Vertraulichkeiten *f/pl*; Zudringlichkeit *f*

familier [familje] **I** *adj* ⟨**-ière** [-jɛʀ]⟩ **1.** (*habituel*) vertraut **2.** *péj comportement* (allzu) vertraulich, familiär; zudringlich **3.** *conversation* familiär; ungezwungen **4.** *expression* umgangssprachlich; familiär; *langage familier* Umgangssprache *f* **II** *m* häufiger Gast; Freund *m* (des Hauses); Vertraute(r) *m*

familièrement [familjɛʀmɑ̃] *adv* zwanglos; ungezwungen; familiär

▸ **famille** [famij] *f* Familie *f* (*a* BIOL, *fig*); *de bonne famille* aus gutem Hause; *en famille* im (engsten) Familienkreis; *c'est dans la, c'est de famille* das liegt in der Familie; F *promener sa petite famille* e-n Familienspaziergang machen

famine [famin] *f* Hungersnot *f*; Hunger *m*

fan [fan] *m,f* Fan *m*

fana [fana] F **I** *adj* *elle, il en est fana* F sie, er ist verrückt, wild darauf **II** *m,f* Fan *m*; Freak *m*; *fana de foot* Fußballfan *m*

fanal [fanal] *m* ⟨**-aux** [-o]⟩ (Signal)Laterne *f*

fanatique [fanatik] **I** *adj* fanatisch **II** *m,f* **1.** (*passionné*) begeisterter Anhänger, begeisterte Anhängerin; Fan *m* **2.** POL, REL Fanatiker(in) *m(f)*

fanatiser [fanatize] *v/t* fanatisieren; aufhetzen

fanatisme [-ism] *m* Fanatismus *m*

fane [fan] *f souvent pl* **fanes** *de carottes* Kraut *n*; *de radis* Blätter *n/pl*

fané [fane] *adj* ⟨**~e**⟩ welk (*a visage*); verwelkt; verblüht

faner [fane] *v/pr* **se faner 1.** *fleurs* (ver)welken; verblühen **2.** *couleur* verblassen

fanes [fan] *f/pl* Kraut *n*; Blätter *n/pl*

fanfare [fɑ̃faʀ] *f* **1.** *orchestre* Blaskapelle *f* **2.** *musique* Fanfare *f*; *accueillir qn en fanfare* j-n mit e-m Tusch begrüßen; F *fig réveiller qn en fanfare* j-n unsanft aus dem Schlaf reißen

fanfaron [fɑ̃faʀõ] *adj* ⟨**-onne** [-ɔn]⟩ großsprecherisch; prahlerisch; F angeberisch

fanfaronnade [fɑ̃faʀɔnad] *f* Prahlerei *f*; F Angeberei *f*

fanfaronner [-e] *v/i* prahlen; sich wichtig machen; F angeben

fanfreluches [fɑ̃fʀəlyʃ] *f/pl* Flitterkram *m*; F Firlefanz *m*

fange [fɑ̃ʒ] *f* Schlamm *m*; Schmutz *m* (*a fig*)

fanion [fanjõ] *m* Wimpel *m*; Flagge *f*; Stander *m*

fantaisie [fɑ̃tezi] *f* **1.** (*caprice*) Laune *f*; (launischer, plötzlicher) Einfall **2.** (*goût*) Gutdünken *n*; Belieben *n* **3.** (*imagination*) Fantasie *f*; Einfallsreichtum *m* **4.** *adjt bijoux m/pl fantaisie* Modeschmuck *m*

fantaisiste [fɑ̃tezist] **I** *adj* **1.** *hypothèse, etc* der Fantasie entstammend; nicht ernst zu nehmend **2.** *personne* unkonventionell **II** *m* **3.** unkonventioneller Mensch **4.** *artiste* Unterhaltungskünstler *m*

fantasmagorie [fɑ̃tasmagɔʀi] *f* Phantasmagorie *f*; Trugbild *n*

fantasmagorique [-ik] *adj* bizarr; geisterhaft

fantasmatique [fɑ̃tasmatik] *adj* PSYCH phantasmatisch; auf e-m Trugbild beruhend

fantasme [fɑ̃tasm] *m* Fantasie *f*; Wunsch-,

Trugbild *n*; PSYCH Phantasma *n*

fantasmer [-e] *v/i* fantasieren

fantasque [fɑ̃task] *adj* launenhaft; eigenwillig

fantassin [fɑ̃tasɛ̃] *m* Infanterist *m*

fantastique [fɑ̃tastik] *adj* **1.** fantastisch; unwirklich; Fantasie…; **cinéma** *m* **fantastique** Fantasyfilm *m* **2.** (*étonnant*) fantastisch; großartig; unglaublich

fantoche [fɑ̃tɔʃ] *m fig* Marionette *f*; *adjt* **gouvernement** *m* **fantoche** Marionettenregierung *f*

fantomatique [fɑ̃tomatik] *adj* geisterhaft; gespenstisch

▸ **fantôme** [fɑ̃tom] *m* **1.** (*spectre*) Gespenst *n*; Geist *m* **2.** (*chimère*) Trugbild *n*; Phantom *n* **3.** *adjt* Geister…; Phantom … (*a* MÉD)

faon [fɑ̃] *m du chevreuil* (Reh)Kitz *n*; *du cerf* Hirschkalb *n*

far [faʀ] *m* **far breton** Milch-Eier-Auflauf (*mit Backpflaumen*)

faramineux [faʀaminø] *adj* ⟨**-euse** [-øz]⟩ F enorm; F fantastisch; horrend

farandole [faʀɑ̃dɔl] *f provenzalischer Tanz*

faraud [faʀo] *m* **faire le faraud** sich aufspielen; angeben

farce¹ [faʀs] *f* **1.** THÉ Farce *f*; Posse *f*; Schwank *m* **2.** (*tour*) Streich *m*; **faire une farce à qn** j-m e-n Streich spielen **3.** **farces et attrapes** *f/pl* Scherzartikel *m/pl*

farce² *f* CUIS Füllung *f*

farceur [faʀsœʀ] *m*, **farceuse** [-øz] *f* Spaßvogel *m*; Witzbold *m*

farci [faʀsi] *adj* ⟨**~e**⟩ **1.** CUIS gefüllt **2.** *fig* voll(er) (**de** *gén*); vollgestopft (mit)

farcir [faʀsiʀ] **I** *v/t* **1.** CUIS füllen; farcieren; **tomates farcies** gefüllte Tomaten *f/pl* **2.** *fig* vollstopfen (**de** mit) **II** *v/pr* F **se farcir** *repas* F sich (*dat*) reinziehen; *travail* F sich (*dat*) aufhalsen; *personne* ertragen

fard [faʀ] *m* **1.** Schminke *f*; **fard à paupière** Lidschatten *m* **2.** F **piquer un fard** rot anlaufen; F knallrot werden

fardeau [faʀdo] *m* ⟨**~x**⟩ Last *f*; *fig a* Bürde *f*

farder [faʀde] *v/pr* **se farder** sich schminken

farfelu [faʀfəly] *adj* ⟨**~e**⟩ F spinnig; F verdreht

farfouiller [faʀfuje] F *v/i* herumstöbern, -wühlen, -kramen (**dans** in + *dat*)

▸ **farine** [faʀin] *f* Mehl *n*; **farine(s) animale(s)** *f(pl)* Tiermehl *n*

farineux [faʀinø] **I** *adj* ⟨**-euse** [-øz]⟩ **1.** mehlig **2.** *féculent* stärkehaltig **II** *m* stärkehaltiges Gemüse

farniente [faʀnjɛnte, -njɑ̃t] *m* Dolcefarniente *n*; (süßes) Nichtstun

farouche [faʀuʃ] *adj* **1.** *enfant, animal* scheu; *adulte* menschenscheu **2.** *haine* heftig; wild (*a regard*); *résistance, adversaire* erbittert

farouchement [faʀuʃmɑ̃] *adv* sehr heftig, entschieden

fart [faʀt] *m* Skiwachs *n*

farter [-e] *v/t skis* wachsen

fascicule [fasikyl] *m* Lieferung *f*; Heft *n*; Faszikel *m*

fascinant [fasinɑ̃] *adj* ⟨**-ante** [-ɑ̃t]⟩ faszinierend

fascination [-asjɔ̃] *f* Faszination *f*; Reiz *m*; Anziehungskraft *f*

fasciner [fasine] *v/t* faszinieren; fesseln; bezau-

bern

fascisant [faʃizɑ̃] *adj* ⟨**-ante** [-ɑ̃t]⟩ faschistoid

fascisme [-ism] *m* Faschismus *m*

fasciste [faʃist] **I** *adj* faschistisch **II** *m,f* Faschist(in) *m(f)*

fasse [fas] → **faire**

faste¹ [fast] *m* Prunk *m*; Prachtentfaltung *f*; Gepränge *n*

faste² *adj* **jour** *m* **faste** Glückstag *m*

fast-food [fastfud] *m* ⟨**fast-foods**⟩ Fast-Food-Restaurant *n*; Schnellimbiss *m*

fastidieux [fastidjø] *adj* ⟨**-euse** [-øz]⟩ langweilig; stumpfsinnig; eintönig

fastoche [fastɔʃ] F *adj* ganz einfach; F kinderleicht

fastueusement [fastɥøzmɑ̃] *adv* mit großem Prunk; mit großer Pracht

fastueux [-ø] *adj* ⟨**-euse** [-øz]⟩ prunkvoll

fat [fa(t)] *litt adj m* blasiert; dünkelhaft

fatal [fatal] *adj* ⟨**~e; -als**⟩ **1.** (*funeste*) verhängnisvoll; unheilvoll; fatal **2.** (*mortel*) tödlich **3.** (*inévitable*) unabwendbar; zwangsläufig; unausweichlich

fatalement [fatalmɑ̃] *adv* unweigerlich; zwangsläufig

fatalisme [fatalism] *m* Fatalismus *m*; Schicksalsglaube *m*

fataliste [-ist] **I** *adj* fatalistisch **II** *m,f* Fatalist(in) *m(f)*

fatalité [fatalite] *f* **1.** *de la mort, etc* Unabwendbarkeit *f*; Zwangsläufigkeit *f* **2.** (*destin*) Schicksal *n*; Verhängnis *n*

fatidique [fatidik] *adj* schicksalhaft

▸ **fatigant** [fatigɑ̃] *adj* ⟨**-ante** [-ɑ̃t]⟩ **1.** ermüdend; anstrengend; strapaziös; beschwerlich **2.** *personne* lästig; störend

▸ **fatigue** [fatig] *f* **1.** Müdigkeit *f*; Ermüdung *f* (*a* TECH); (*épuisement*) Abgespanntheit *f*; Erschöpfung *f*; *intellectuelle* Überarbeitung *f*; **tomber de fatigue** vor Müdigkeit umfallen **2.** **fatigues** *pl* Strapazen *f/pl*

▸ **fatigué** [fatige] *adj* ⟨**~e**⟩ müde; (*épuisé*) erschöpft; abgespannt

fatiguer [fatige] **I** *v/t* **1.** ermüden; strapazieren; anstrengen (*a yeux, cœur*); (*épuiser*) erschöpfen; F *salade* umrühren **2.** (*importuner*) **fatiguer qn** j-n ermüden; j-m lästig fallen **II** *v/i* **3.** *moteur* Mühe haben **III** *v/pr* **4.** **se fatiguer** (*s'épuiser*) ermüden; müde werden **5.** **se fatiguer à** (+ *inf*) sich abmühen, sich anstrengen zu (+ *inf*) **6.** **se fatiguer de qc** e-r Sache (*gén*) müde, überdrüssig werden

fatras [fatʀa] *m péj* Wust *m* (**de** von)

fatuité [fatɥite] *f* Blasiertheit *f*; Dünkel *m*

fatwa [fatwa] *f* Fatwa *f ou n*

faubourg [fobuʀ] *m* Vorstadt *f*

faubourien [fobuʀjɛ̃] *adj* ⟨**-ienne** [-jɛn]⟩ vorstädtisch

fauchage [foʃaʒ] *m* Mähen *n*; Mahd *f*

fauche [foʃ] *f* F Klauen *n*

fauché [foʃe] *adj* ⟨**~e**⟩ F **être fauché** F blank, abgebrannt, pleite sein

faucher [foʃe] *v/t* **1.** (ab)mähen **2.** *fig voiture; piéton* umfahren; *mort; personne* hinwegraffen **3.** F (*voler*) F klauen

faucheuse [foʃøz] *f* Mähmaschine *f*

faucheux [foʃø] *m* ZO Weberknecht *m*; Kanker *m*

faucille [fosij] *f* Sichel *f*
faucon [fokõ] *m* Falke *m*
fauconnerie [fokɔnʀi] *f* Falknerei *f*
fauconnier [-je] *m* Falkner *m*; Falkenier *m*
faudra [fodʀa], **faudrait** [fodʀɛ] → *falloir*
faufil [fofil] *m* cout Heftfaden *m*
faufiler [fofile] **I** *v/t* cout heften **II** *v/pr* **se faufiler** sich (hin)durchschlängeln; sich (hin)einschleichen
faune[1] [fon] *m* myth Faun *m*
faune[2] *f* **1.** zo Fauna *f*; Tierwelt *f* **2.** *péj* Typen *m/pl*; Volk *n*
faunesque [fonɛsk] *adj* wie ein Faun; Fauns…
faussaire [fosɛʀ] *m* Fälscher *m*
faussement [fosmã] *adv* **1.** *accuser* fälschlich(erweise); zu Unrecht **2.** *d'un air faussement modeste* mit gespielter Bescheidenheit
fausser [fose] *v/t* **1.** verfälschen **2.** *clé, lame* verbiegen **3.** *fausser compagnie à qn* j-n plötzlich verlassen
fausset [fosɛ] *m* mus Falsett *n*; *péj* **voix** *f* **de fausset** Fistelstimme *f*
fausseté [foste] *f* Falschheit *f*
faut [fo] → *falloir*
▸ **faute** [fot] *f* **1.** *(erreur)* Fehler *m*; football Foul *n*; *faute de calcul* Rechenfehler *m*; *faute d'étourderie, d'inattention* Leichtsinns-, Flüchtigkeitsfehler *m*; *faute d'orthographe* Rechtschreibfehler *m* **2.** *(mauvaise action)* Fehler *m*; Verfehlung *f*; *commettre une faute* sich *(dat)* etwas zuschulden kommen lassen; e-n Fehler begehen; *prendre qn en faute* j-n ertappen **3.** *(responsabilité)* Schuld *f*; Verschulden *n*; *c'est (de) sa faute* das ist s-e Schuld, sein Fehler; er ist schuld daran; *être en faute* im Unrecht sein **4.** *faute de* mangels (+ *gén*); aus Mangel an (+ *dat*); *faute de mieux* in Ermangelung e-s Besseren; *faute de preuves* aus Mangel an Beweisen; *faute de quoi* andernfalls; sonst; *sans faute* ganz bestimmt
fauter [fote] F *v/i* e-n Fehltritt begehen
▸ **fauteuil** [fotœj] *m* Sessel *m*; Lehnstuhl *m*; *fauteuil roulant* Rollstuhl *m*
fauteur [fotœʀ] *m* *fauteur de guerre* Kriegstreiber *m*; *fauteur de troubles* Unruhestifter *m*
fautif [fotif] *adj* ⟨**-ive** [-iv]⟩ schuld(ig)
fauve [fov] **I** *adj* fahlgelb, -rot **II** *m* **1.** zo Raubtier *n*; große Raubkatze **2.** peint *les Fauves* die Fauvisten *m/pl*; die Fauvisten *m/pl*
fauvette [fovɛt] *f* Grasmücke *f*
fauvisme [fovism] *m* peint Fauvismus *m*
faux[1] [fo] *f* Sense *f*
▸ **faux**[2] [fo] **I** *adj* ⟨**fausse** [fos]⟩ falsch; *personne a* unaufrichtig; *bijoux a* unecht; *piano* verstimmt; ling *faux amis* Faux amis *m/pl*; → *Info S. 1318*; *fausse clé* Nachschlüssel *m*; sports *faux départ* Fehlstart *m*; *fausse facture* gefälschte Rechnung; *fausse monnaie* Falschgeld *n*; *faux nez* Pappnase *f*; *faux problème* Scheinproblem *n*; *faire un faux mouvement* e-e ungeschickte Bewegung machen **II** *adv* falsch; nicht richtig; *chanter faux* falsch singen; *jouer faux* falschspielen **III** *m* **1.** Falsche(s) *n* **2.** jur, *d'une œuvre d'art* Fälschung *f*
faux-filet [fofilɛ] *m* (Rinder)Lende *f*
faux-fuyant [fofɥijã] *m* Ausflucht *f*; Ausrede *f*
faux-monnayeur [fomɔnɛjœʀ] *m* Falschmün-

zer *m*
favela [favela] *f* *(bidonville)* Favela *f*
faveur [favœʀ] *f* **1.** *(avantage)* Vergünstigung *f*; Gunst *f*; *tarif m de faveur* Vorzugstarif *m*; *traitement m de faveur* Bevorzugung *f*; bevorzugte Behandlung; *accorder, faire une faveur à qn* j-m e-e Vergünstigung gewähren, e-n Gefallen tun; *à la faveur de l'obscurité* im Schutz(e) der Dunkelheit; *en faveur de* zugunsten von *(ou + gén)*; für (+ *acc*) **2.** *(considération)* Gunst *f*; Wohlwollen *n*; Gewogenheit *f*; *être en faveur auprès de qn* bei j-m in Gunst stehen
favorable [favɔʀabl] *adj* **1.** *personne* *être favorable à qn, à qc* j-m, e-r Sache wohlwollend gegenüberstehen; j-m wohlgesinnt, freundlich gesinnt sein **2.** *(propice)* günstig
favori [favɔʀi] **I** *adj* ⟨**favorite** [favɔʀit]⟩ **1.** *(préféré)* Lieblings…; bevorzugt; *plat favori* Leibgericht *n* **2.** sports favorisiert; *partir favori* als Favorit ins Rennen gehen **II** *subst* **3.** *favori(te)* *m(f)* *du public* Liebling *m*; *d'un souverain* Günstling *m*; *femme* Favoritin *f* **4.** *favori(te)* *m(f)* sports Favorit(in) *m(f)* **5.** *favoris* *m/pl* Backenbart *m*
favoriser [favɔʀize] *v/t* begünstigen
favorite → *favori*
favoritisme [favɔʀitism] *m* Günstlingswirtschaft *f*
▸ **fax** [faks] *m* **1.** *message* Fax *n* **2.** *appareil* Faxgerät *n*
▸ **faxer** [fakse] *v/t* faxen
fayot [fajo] *m* F **1.** cuis weiße Bohne **2.** *péj personne* Kriecher *m*
fayotage [fajɔtaʒ] F *m* Kriecherei *f*
fayoter [-e] F *v/i* sich lieb Kind machen; F sich einschleimen
fébrile [febʀil] *adj* **1.** méd fieb(e)rig **2.** *fig* fieberhaft; hektisch
fébrilité [-ite] *f fig* Hektik *f*
fécal [fekal] *adj* ⟨**~e**; **-aux** [-o]⟩ fäkal; *matières fécales* Fäkalien *pl*; Kot *m*
fécond [fekõ] *adj* ⟨**féconde** [fekõd]⟩ fruchtbar *(a sol)*; *fig* *fécond en* reich an (+ *dat*)
fécondabilité [fekõdabilite] *f* Empfängniswahrscheinlichkeit *f*
fécondation [fekõdasjõ] *f* Befruchtung *f*; *fécondation in vitro* In-vitro-Befruchtung *f*, -Fertilisation *f*
féconder [fekõde] *v/t* **1.** biol befruchten **2.** *par ext* fruchtbar machen; *l'esprit* befruchten
fécondité [fekõdite] *f* Fruchtbarkeit *f*
fécule [fekyl] *f* Stärke *f*; Stärkemehl *n*
féculent [fekylã] *m* stärkehaltiges Nahrungsmittel
fédéral [fedeʀal] *adj* ⟨**~e**; **-aux** [-o]⟩ Bundes…; bundesstaatlich; *en Suisse a* eidgenössisch; *chancelier fédéral* Bundeskanzler *m*; *république fédérale* Bundesrepublik *f*
fédéraliser [fedeʀalize] *v/t* föderalisieren; in e-n Bundesstaat umwandeln
fédéralisme [-ism] *m* Föderalismus *m*
fédéraliste [-ist] **I** *adj* föderalistisch **II** *m* Föderalist *m*
fédératif [fedeʀatif] *adj* ⟨**-ive** [-iv]⟩ föderativ
fédération [fedeʀasjõ] *f* **1.** pol Föderation *f*; Bund *m* **2.** *d'associations* (Zentral-, Spitzen-)Verband *m*; Bund *m*; *Fédération française*

de football frz Fußballbund
fédéré [federe] **I** adj ⟨~e⟩ föderiert; vereinigt; verbündet **II** m HIST Soldat m der Pariser Kommune; Kommunarde m
fédérer [federe] ⟨-è-⟩ **I** v/t in e-r Föderation zusammenschließen, vereinigen **II** v/pr *se fédérer* sich föderieren, verbünden; sich zu e-r Föderation zusammenschließen
fée [fe] f **1.** MYTH Fee f **2.** fig *la fée du logis* der gute Geist des Hauses
feed-back [fidbak] m ⟨inv⟩ Feedback n; Rückmeldung f
féerie [feeRi] f **1.** THÉ Märchenspiel n **2.** fig märchen-, zauberhaftes Schauspiel
féerique [feeRik] adj zauber-, märchenhaft; wunderbar
feignant [fɛɲɑ̃] F → *fainéant*
feindre [fɛ̃dR] v/t ⟨→ peindre⟩ vortäuschen; heucheln; *feindre de* (+ inf) so tun, als ob man …
feint [fɛ̃] p/p → *feindre* et adj ⟨**feinte** [fɛ̃t]⟩ vorgetäuscht; fingiert
feinte [fɛ̃t] f SPORTS, fig Finte f; fig a Täuschungsmanöver n
feinter [-e] v/t (durch e-e Finte) täuschen; F reinlegen
fêlé [fele] adj ⟨~e⟩ **1.** porcelaine, etc gesprungen **2.** voix brüchig **3.** F fig *être fêlé* F e-e Macke haben; → *cinglé*
fêler [fele] **I** v/t *fêler une tasse* e-n Sprung in e-e Tasse machen **II** v/pr *se fêler* springen; e-n Sprung, e-n Riss bekommen
▸ **félicitations** [felisitasjõ] f/pl Glückwunsch m, -wünsche m/pl; Gratulation f; (éloge) Anerkennung f; Lob n; (**mes**) *félicitations!* (ich) gratuliere!; *toutes mes félicitations* herzlichen Glückwunsch
félicité [felisite] st/s f Glückseligkeit f
▸ **féliciter** [felisite] **I** v/t *féliciter qn* j-n beglückwünschen, j-m gratulieren (**pour, de** zu) **II** v/pr *se féliciter de qc* froh, glücklich sein über etw (acc)
félin [felɛ̃] **I** adj ⟨-ine [-in]⟩ **1.** ZO Katzen… **2.** fig katzenartig, -haft f **II** *félins* m/pl ZO Katzen f/pl
fellation [fɛ(l)lasjõ] f Fellatio f
félon [felõ] litt m Verräter m
félonie [feloni] litt f Treubruch m
fêlure [felyR] f Sprung m; Riss m
femelle [fəmɛl] **I** f **1.** ZO Weibchen n; weibliches Tier **2.** péj Weibsbild n **II** adj **3.** ZO, BOT weiblich **4.** ÉLECT *fiche f femelle* Gerätestecker m
▸ **féminin** [feminɛ̃] **I** adj ⟨-ine [-in]⟩ **1.** weiblich; Frauen…; *équipe féminine* Frauen-, Damenmannschaft f **2.** GR weiblich; feminin **II** m **3.** GR Femininum n **4.** *l'éternel féminin* das Ewigweibliche
féminisation [feminizasjõ] f **1.** BIOL Verweiblichung f **2.** d'une profession Zunahme f des Frauenanteils
féminiser [feminize] v/pr *se féminiser* **1.** BIOL verweiblichen **2.** profession e-n immer höheren Frauenanteil aufweisen
féminisme [feminism] m Feminismus m
féministe [-ist] **I** adj feministisch **II** m,f Feminist(in) m(f); Frauenrechtler(in) m(f)
féminité [feminite] f Weiblichkeit f; Fraulichkeit f

▸ **femme** [fam] f **1.** Frau f; poét, péj F Weib n; F *une bonne femme* e-e Frau; *jeune femme* junge Frau; *femme ingénieur* Ingenieurin f; ▸ *femme au foyer* Hausfrau f; ▸ *femme d'affaires* Geschäftsfrau f; *femme de chambre* Zimmermädchen n; *femme d'intérieur* gute Hausfrau; häusliche Frau; ▸ *femme de ménage* Putzfrau f; Raumpflegerin f; *femme de tête* zielstrebige, zielbewusste Frau **2.** (épouse) (Ehe)Frau f; *prendre pour femme* zur Frau nehmen
femme-enfant f ⟨**femmes-enfants**⟩ Kindfrau f
femmelette [famlɛt] f homme Schwächling m; F Waschlappen m
fémoral [femɔral] adj ⟨~e; -aux [-o]⟩ Oberschenkel…
fémur [femyR] m Oberschenkelknochen m
fenaison [fənezõ] f Heuernte f
fendillement [fɑ̃dijmɑ̃] m **a)** Rissigwerden n; de la peau a Aufspringen n **b)** résultat feiner Riss, Sprung
fendiller [fɑ̃dije] **I** v/t rissig machen; adjt *fendillé* rissig **II** v/pr *se fendiller* Risse bekommen; rissig werden
fendre [fɑ̃dR] ⟨→ rendre⟩ **I** v/t **1.** spalten; bois a hacken **2.** fig *fendre l'âme, le cœur* das Herz zerreißen **3.** fig zerteilen; *fendre la foule* sich (dat) e-n Weg durch die Menge bahnen **II** v/pr *se fendre* **4.** rocher sich spalten; mur, sol Risse bekommen; rissig werden **5.** F *se fendre de qc* F etw herausrücken
fendu [fɑ̃dy] adj ⟨~e⟩ pot rissig; jupe geschlitzt
▸ **fenêtre** [f(ə)nɛtR] f Fenster n (a INFORM)
fenil [fənil] m Heuboden m
fennec [fenɛk] m Wüstenfuchs m
fenouil [fənuj] m Fenchel m
fente [fɑ̃t] f Spalte f; Spalt m; dans le bois a Riss m; d'un vêtement, d'un volet Schlitz m
féodal [feɔdal] adj ⟨~e; -aux [-o]⟩ Feudal…; Lehns…; feudalistisch
féodalisme [-ism] m Feudalcharakter m, -struktur f
féodalité [-ite] f Feudalsystem n; Feudalismus m; Lehnswesen n
▸ **fer** [fɛr] m **1.** métal Eisen n; en, de fer Eisen…; eisern; aus Eisen; fig *de fer* volonté, santé eisern; prov *il faut battre le fer pendant qu'il est chaud* man muss das Eisen schmieden, solange es heiß ist (prov) **2.** *fer à cheval* Hufeisen n; *en fer à cheval* hufeisenförmig; ▸ *fer à repasser* Bügeleisen n; *fer à souder* Lötkolben m; fig *fer de lance* Speerspitze f; *donner un coup de fer* (F über)bügeln (*à qc* etw); *tomber les quatre fers en l'air* auf den Rücken fallen
ferai [f(ə)Re], **fera(s)** [f(ə)Ra] → *faire*
fer-blanc [fɛrblɑ̃] m ⟨**fers-blancs**⟩ (Weiß)Blech n; *boîte f en fer-blanc* Blechdose f
▸ **férié** [feRje] adj ⟨~e⟩ *jour férié* Feiertag m; → Info bei *Feiertag*
férir [feRiR] v/t *sans coup férir* mühelos; ohne auf Widerstand zu stoßen
fermage [fɛrmaʒ] m AGR **a)** Pacht(wirtschaft) f; Verpachtung f; Grundpacht f **b)** loyer Pachtzins m, -geld n
▸ **ferme**[1] [fɛrm] **I** adj fest; poitrine a straff; ton entschieden; bestimmt; personne standhaft unbeirrbar; streng (**avec qn** zu j-m); cours a

gleichbleibend; **prison** f **ferme** Gefängnis n ohne Bewährung; **terre** f **ferme** Festland n **II** adv **discuter ferme** heftig diskutieren; **s'ennuyer ferme** F sich gewaltig langweilen

▸ **ferme**² f **1.** (Bauern)Hof m; maison Bauernhaus n; **ferme d'élevage** Farm f **2.** JUR Pacht f

▸ **fermé** [fɛrme] adj ⟨**~e**⟩ geschlossen; zu (attribut seulement); fig société geschlossen; exklusiv; fig visage verschlossen; col de montagne gesperrt; **les yeux fermés** mit geschlossenen Augen; fig unbesehen

fermement [fɛrməmɑ̃] adv fest

ferment [fɛrmɑ̃] m **1.** CHIM Ferment n; Gärungserreger m **2.** fig Keim m

fermentation [fɛrmɑ̃tasjõ] f Gärung f (a fig)

fermenter [fɛrmɑ̃te] v/i gären; boisson (**non**) **fermenté** (un)vergoren

▸ **fermer** [fɛrme] **I** v/t schließen; F zumachen; livre a zuklappen; zuschlagen; rideaux a zuziehen; robinet a zudrehen; appareil électrique ausschalten; ausmachen; abschalten; abstellen; radio, télé a aus-, abdrehen; lumière ausknipsen; P **ferme-la! ou la ferme!** F halt die Klappe, Schnauze!; **fermer la marche** am Schluss marschieren; fig **fermer les yeux sur qc** die Augen vor etw (dat) verschließen; par tolérance bei etw ein Auge zudrücken; **fermer à la circulation** für den Verkehr sperren **II** v/i magasin, etc schließen; geschlossen haben; F zuhaben; F zu sein; F zumachen; porte, boîte **fermer** (**bien, mal**) (gut, nicht richtig) schließen, sich schließen lassen **III** v/pr **se fermer** porte, etc sich schließen; zugehen; yeux zufallen; personne **se fermer à qc** sich e-r Sache (dat) verschließen

fermeté [fɛrməte] f Festigkeit f; d'une personne a Bestimmtheit f

fermette [fɛrmɛt] f (kleines) Bauern-, Landhaus (als Zweitwohnung)

fermeture [fɛrmətyr] f **1.** dispositif Verschluss m; ▸ **fermeture éclair®** Reißverschluss m **2.** action Schließen n; d'un commerce Schließung f; de la chasse, de la pêche Ende n; **fermeture annuelle** Betriebs-, Werksferien pl; **fermeture des magasins** Ladenschluss(zeit) m(f)

fermier [fɛrmje], **fermière** [-jɛr] **I** m,f Landwirt m; Bauer m, Bäuerin f **II** adj vom Bauern-; Land...

fermoir [fɛrmwar] m Verschluss m; Schließe f

féroce [feros] adj animal wild; reißend; homme grausam; erbarmungslos; regard grimmig; appétit unbändig

férocité [-ite] f Wildheit f; Grausamkeit f

ferraillage [fɛrajaʒ] m CONSTR Armierung f; Bewehrung f

ferraille [fɛraj] f **1.** Schrott m; Alteisen n; **tas** m **de ferraille** Schrotthaufen m (a fig voiture); **bon à mettre à la ferraille** schrottreif; **faire un bruit de ferraille** F scheppern; klappern; chaînes rasseln **2.** F (menue monnaie) Kleingeld n; Münzen f/pl

ferrailleur [fɛrajœr] m Schrott-, Alteisenhändler m

ferré [fɛre] adj ⟨**~e**⟩ **1.** (mit Eisen) beschlagen; **voie ferrée** (Bahn)Gleis n; Bahnlinie f; Schienenstrang m **2.** fig **être ferré** (sehr) beschlagen sein (**en** in + dat)

ferrer [fɛre] v/t **1.** cheval beschlagen **2.** poisson

---

festhaken; anreißen

ferreux [fɛrø] adj ⟨**-euse** [-øz]⟩ eisenhaltig

ferronnerie [fɛrɔnri] f **1.** **ferronnerie** (**d'art**) métier Kunstschlosserei f; Kunstschmiedehandwerk n; objets Kunstschmiedearbeiten f/pl **2.** CONSTR Eisen-, Metallbauteile n/pl

ferronnier [fɛrɔnje] m **ferronnier** (**d'art**) Kunstschlosser m, -schmied m

ferroviaire [fɛrɔvjɛr] adj (Eisen)Bahn...; Schienen...

ferrugineux [fɛryʒinø] adj ⟨**-euse** [-øz]⟩ eisenhaltig

ferrure [fɛryr] f (Eisen-, Metall)Beschlag m

▸ **ferry** [fɛri] m ⟨**~s** od **ferries**⟩, **ferry-boat** [feribot] m ⟨**ferry-boats**⟩ Fährschiff n; Fähre f

fertile [fɛrtil] adj fruchtbar (a fig); terre a ertragreich; fig **fertile en** reich an (+ dat)

fertilisable [fɛrtilizabl] adj fruchtbar zu machen(d)

fertilisant [-ɑ̃] **I** adj ⟨**-ante** [-ɑ̃t]⟩ fruchtbar machend **II** m Düngemittel n

fertilisation [-asjõ] f du sol Fruchtbarmachung f; Düngung f

fertiliser [-e] v/t düngen

fertilité [fɛrtilite] f Fruchtbarkeit f

féru [fery] adj ⟨**~e**⟩ **être féru de** besessen sein von; sich begeistern für

férule [feryl] f **être sous la férule de qn** unter der Zuchtrute, F Fuchtel j-s stehen

fervent [fɛrvɑ̃] adj ⟨**-ente** [-ɑ̃t]⟩ croyant eifrig; prière inbrünstig; partisan, amour leidenschaftlich; glühend

ferveur [fɛrvœr] f Inbrunst f; Eifer m; Glut f

▸ **fesse** [fɛs] f Hinter-, Gesäß-, P Arschbacke f; **fesses** pl Gesäß n; F Hintern m; F **histoire** f **de fesses** Bettgeschichte f

fessée [fese] f Schläge m/pl auf den Hintern; **donner une fessée à qn** F j-m den Hintern vollhauen

fesser [fese] v/t **fesser qn** F j-m den Hintern versohlen; F j-m die Hosen stramm ziehen

fessier [fesje] **I** m F Hintern m **II** adj ⟨**-ière** [-jɛr]⟩ ANAT Gesäß...

festin [fɛstɛ̃] m Festessen n, -mahl n

festival [fɛstival] m Festspiele n/pl; Festival n

festivalier [fɛstivalje] **I** adj ⟨**-ière** [-jɛr]⟩ Festspiel... **II** m Festspielteilnehmer m

festivités [fɛstivite] f/pl Festlichkeiten f/pl; Feiern f/pl; plais Festivitäten f/pl

fest-noz [fɛstnoz] m ⟨inv⟩ Fest mit traditionellen bretonischen Tänzen

feston [fɛstõ] m ARCH, COUT Feston n

festonner [fɛstɔne] v/t COUT festonieren

festoyer [fɛstwaje] v/i ⟨**-oi-**⟩ festlich, gut essen, speisen; schlemmen

feta [feta] f CUIS Feta m

fêtard [fɛtar] F m j, der gern feiert

▸ **fête** [fɛt] f **1.** Fest n; Fest-, Feiertag m; **fête nationale** Nationalfeiertag m; **fête de famille** Familienfest n, -feier f; **fête des mères** Muttertag m; **fête du travail** Tag m der Arbeit; fig **en fête** fröhlich; in festlicher Stimmung; fig **ne pas être à la fête** sich nicht wohlfühlen in s-r Haut; **faire la fête** F tüchtig, ordentlich feiern; fig **se faire une fête de qc** sich sehr auf etw (acc) freuen; fig **faire fête à qn** j-n freudig empfangen, begrüßen **2.** d'une personne Namenstag m

Fête-Dieu [fɛtdjø] *f* ⟨**Fêtes-Dieu**⟩ Fronleichnam(sfest) *m*(*n*)
▸ **fêter** [fete] *v/t* feiern
fétiche [fetiʃ] *m* Fetisch *m*
fétichisme [-ism] *m* Fetischismus *m*
fétichiste [fetiʃist] **I** *adj* fetischistisch **II** *m* Fetischist *m*
fétide [fetid] *adj* übel riechend; stinkend
fétu [fety] *m* **fétu** (**de paille**) Strohhalm *m*
▸ **feu**[1] [fø] *m* ⟨**~x**⟩ **1.** Feuer *n* (*a fig*); (*incendie*) Brand *m*; **feu d'artifice** Feuerwerk *n* (*a fig*); **feu de camp** Lagerfeuer *n*; *fig* **feu de paille** Strohfeuer *n*; **feu du rasoir** Brennen *n* nach der Rasur; **mise** *f* **à feu** Zündung *f*; **au feu!** Feuer!; es brennt!; CUIS **à feu doux** auf kleiner, schwacher Flamme; bei schwacher Hitze; *fig* **dans le feu de l'action** im Eifer, in der Hitze des Gefechts; *plat* **aller au feu** feuerfest sein; *fumeur* **avez-vous du feu?** haben Sie Feuer?; F *fig* **avoir le feu au derrière**, P **au cul** F es brandeilig haben; *fig* **avoir les joues en feu** glühende, brennend rote Wangen haben; **être en feu** in Flammen stehen; brennen; *fig* **être tout feu tout flamme pour qc** für etw Feuer und Flamme sein; **faire du feu** Feuer machen; *fig* **faire feu de tout bois** alle Mittel einsetzen; *fig* **jouer avec le feu** mit dem Feuer spielen; **mettre le feu à qc** etw in Brand stecken; **mettre à feu et à sang** mit Feuer und Schwert verwüsten; **prendre feu** Feuer fangen; in Brand geraten; F *fig* **il n'y voit que du feu** F das merkt der gar nicht **2.** (*lumière*) Licht *n*; CIRCULATION **feu(x)** Ampel *f*; **feu(x) arrière** Rück-, Schlusslicht(er) *n*(*pl*), -leuchte(n) *f*(*pl*); **feu rouge, orange, vert** rote, gelbe, grüne Ampel; *fig* **donner le feu vert** grünes Licht geben; **feux de croisement** Abblendlicht *n*; **feux de détresse** Warnblinkanlage *f*, -licht *n*; **feux de position** AUTO Standlicht *n*; MAR, AVIAT Positionslichter *n*/*pl*; THÉ **feu de la rampe** Rampenlicht *n*; **feu de recul** Rückfahrscheinwerfer *m*; **feux de route** Fernlicht *n*; **feux de stationnement** Parkleuchte *f*; **sous les feux des projecteurs** im Scheinwerferlicht (*a fig*) **3.** MIL Feuer *n*; ▸ **coup de feu** Schuss *m*; **faire feu** feuern; *fig* **ne pas faire long feu** nicht lange dauern; *personne* nicht lange bleiben
feu[2] *litt adj* ⟨*inv*⟩ **feu sa mère** s-e verstorbene, selige Mutter
feuillage [fœjaʒ] *m* Laub(werk) *n*
feuillaison [fœjɛzõ] *f des arbres* Belaubung *f*; Grünwerden *n*
feuille [fœj] *f* **1.** BOT Blatt *n*; **feuilles** *pl a* Laub *n*; **feuilles mortes** welkes, trockenes Laub; welke, trockene Blätter; **feuille de vigne** Rebenblatt *n*; ART, *fig* Feigenblatt *n*; *fig* **trembler comme une feuille** zittern wie Espenlaub **2.** *papier* Blatt *n* (Papier); **feuille de papier à lettres** Briefbogen *m*; **feuille d'impôt** Steuerformular *n*; **feuille de paie** Lohnstreifen *m*; F *fig* **feuille de chou** F Käseblatt *n* **3.** (*plaque mince*) (Metall)Folie *f*; *en bois* Platte *f* **4.** F **être dur de la feuille** schwerhörig sein
feuillée [fœje] *f poét* Laubdach *n*
feuille-morte [fœjmɔʀt] *adj* ⟨*inv*⟩ gelbbraun; rotbraun
feuillet [fœjɛ] *m* Blatt *n*
feuilleté [fœjte] **I** *adj* ⟨**~e**⟩ blätt(e)rig; **pâte**

feuilletée Blätterteig *m* **II** *m* Blätterteiggebäck *n*
feuilleter [fœjte] *v/t* ⟨**-tt-**⟩ durchblättern; blättern in (+ *dat*)
feuilleton [fœjtõ] *m* Fortsetzungsroman *m*; TV, RAD Serie *f*
feuillu [fœjy] **I** *adj* ⟨**~e**⟩ dicht belaubt **II** **feuillus** *m*/*pl* Laubbäume *m*/*pl*
feulement [følmã] *m du tigre* Brüllen *n*; *du chat* Fauchen *n*
feuler [-e] *v/i tigre* brüllen; *chat* fauchen
feutrage [føtʀaʒ] *m des vêtements* (Ver)Filzen *n*; Filzigwerden *n*
feutre [føtʀ] *m* **1.** TEXT Filz *m* **2.** *crayon* Filzstift *m*; Filz-, Faserschreiber *m*
feutré [føtʀe] *adj* ⟨**~e**⟩ *bruit* gedämpft; *atmosphère* intim; **à pas feutrés** auf leisen Sohlen
feutrer [føtʀe] *v/i* (*et v/pr* **se feutrer**) (ver)filzen; filzig werden
feutrine [føtʀin] *f* Wollfilz *m*
fève [fɛv] *f* **1.** BOT, CUIS dicke Bohne; Saubohne *f*; **fève de cacao** Kakaobohne *f* **2.** *im Dreikönigskuchen versteckte kleine Figur*
▸ **février** [fevʀije] *m* Februar *m*
fi [fi] **faire fi de** verschmähen
fiabilité [fjabilite] *f* Zuverlässigkeit *f*
fiable [fjabl] *adj* zuverlässig
fiacre [fjakʀ] *m* (Pferde)Droschke *f*; *österr* Fiaker *m*
fiançailles [f(i)jãsaij] *f*/*pl* Verlobung *f*
▸ **fiancé** [f(i)jãse] **I** *adj* verlobt **II** **fiancé(e)** *m*(*f*) Verlobte(r) *f*(*m*); Bräutigam *m*, Braut *f*
fiancer [f(i)jãse] *v/pr* ⟨**-ç-**⟩ **se fiancer** sich verloben (**avec qn** mit j-m)
fiasco [fjasko] *m* Fiasko *n*; F Reinfall *m*
fiasque [fjask] *f* dickbauchige Korbflasche mit langem Hals
fibranne [fibʀan] *f* Zellwolle *f*
fibre [fibʀ] *f* **1.** BIOL, TEXT, TECH Faser *f* **2.** *fig* Ader *f*; **avoir la fibre maternelle** e-e gute Mutter abgeben
fibreux [fibʀø] *adj* ⟨**-euse** [-øz]⟩ fas(e)rig; Faser...
fibrillation [fibʀijasjõ] *f* Herzflimmern *n*
fibrille [fibʀij] *f* ANAT, BOT Fibrille *f*; BOT *a* Fäserchen *n*
fibrome [fibʀom] *m* Fibrom *n*
ficelage [fislaʒ] *m* (Ver-, Zu)Schnüren *n*; Verschnürung *f* (*a résultat*)
ficelé [fisle] *adj* ⟨**~e**⟩ *paquet* verschnürt
ficeler [fisle] *v/t* ⟨**-ll-**⟩ **1.** verschnüren **2.** F *fig* **mal ficelé** komisch angezogen
▸ **ficelle** [fisɛl] *f* **1.** Bindfaden *m*; Schnur *f*; *fig* **tirer les ficelles** der Drahtzieher sein **2.** *pain* dünnes, langes Weißbrot **3.** **ficelles** *pl d'un métier* Kniffe *m*/*pl*; Tricks *m*/*pl*
fiche[1] [fiʃ] *f* **1.** ÉLECT Stecker *m* **2.** (*feuille*) Zettel *m*; Blatt *n*; Bogen *m*; *d'un fichier* (Kartei)-Karte *f*
fiche[2] → **ficher**[1]
ficher[1] [fiʃe] ⟨*inf a* **fiche**; *p/p* **fichu**⟩ F **I** *v/t* **1.** (*faire*) machen; tun **2.** (*donner*) geben; *un coup* versetzen; **je t'en ficherai, moi ...** das würde dir so passen ... **3.** (*jeter*) F schmeißen **II** *v/pr* **se ficher de qc, qn** F auf etw, j-n pfeifen → **foutre**
ficher[2] *v/t* **1.** (*enfoncer*) einrammen; einschlagen **2.** (*mettre en fiche*) karteimäßig erfassen

▸ **fichier** [fiʃje] *m* **1.** (*fiches*) Kartei *f* **2.** *boîte* Karteikasten *m* **3.** INFORM Datei *f*

fichtre [fiʃtʀ] F *int admirative, étonnée* F Donnerwetter!; F so was!

fichtrement [fiʃtʀəmɑ̃] F *adv* F unwahrscheinlich; F unheimlich; F verdammt

fichu¹ [fiʃy] *m* Schultertuch *n*

▸ **fichu²** F *p/p* → **ficher¹** *et adj* ⟨~**e**⟩ **1.** (*détruit*) F kaputt; F futsch; F hin; F im Eimer; *personne* F erledigt; am Ende **2.** (*détestable*) scheußlich; F verflixt **3. bien fichu** *femme* gut gebaut; *mécanisme* gut, geschickt gemacht; *personne* **être mal fichu** sich elend fühlen; F nicht gut beieinander sein **4.** (*capable de*) **il est fichu de** (**le faire**) F er ist imstand(e) und (tut's)

fictif [fiktif] *adj* ⟨**-ive** [-iv]⟩ **1.** (*imaginaire*) (frei) erfunden; erdacht; fiktiv **2.** (*faux*) fingiert (*a* ÉCON); Schein…

fiction [fiksjɔ̃] *f* Fiktion *f*; Dichtung *f*; Erfindung *f*

▸ **fidèle** [fidɛl] **I** *adj* **1.** treu; *serviteur a* (treu) ergeben; *chien a* anhänglich; **être fidèle à qn** j-m treu sein; **être, rester fidèle à qc** e-r Sache (*dat*) treu bleiben; an etw (*dat*) festhalten **2.** *récit* genau; getreu; *reproduction* originalgetreu; *mémoire* zuverlässig **II** *m,f* **3.** REL Gläubige(r) *f(m)* **4.** (*adepte*) Getreue(r) *f(m)*

fidèlement [fidɛlmɑ̃] *adv* (ge)treu; genau; zuverlässig

fidéliser [fidelize] *v/t* gewinnen; an sich (*acc*) binden

fidélité [fidelite] *f* **1.** Treue *f* (**à, envers qn** zu j-m) **2.** *d'une traduction, etc* Genauigkeit *f*; originalgetreue Wiedergabe; '**haute fidélité** High Fidelity *f* (*abr* Hi-Fi)

fiduciaire [fidysjɛʀ] *adj* JUR, ÉCON treuhänderisch; Treuhand…

fief [fjɛf] *m* **1.** HIST Lehen *n* **2.** *fig* Domäne *f*; POL Hochburg *f*

fieffé [fjefe] *adj* ⟨~**e**⟩ ausgemacht; Erz…

fiel [fjɛl] *m* **1.** *d'animaux* Galle *f* **2.** *fig* Bosheit *f*; Bitterkeit *f*

fielleux [fjelø] *adj* ⟨**-euse** [-øz]⟩ gallig

fiente [fjɑ̃t] *f* Kot *m*; (Vogel)Mist *m*, (-)Dreck *m*

fier¹ [fje] *v/pr* **se fier à qn, qc** sich auf j-n, etw verlassen; j-m, e-r Sache vertrauen

▸ **fier²** [fjɛʀ] *adj* ⟨**fière** [fjɛʀ]⟩ **1.** stolz; **être fier de qn, qc** stolz auf j-n, etw sein; *péj* sich (*dat*) etwas einbilden auf j-n, etw; F **ne pas être fier** F Angst schön Angst haben **2.** F gewaltig

fiérot [fjeʀo] *adj* ⟨**-ote** [-ɔt]⟩ kindisch stolz; eingebildet

▸ **fierté** [fjɛʀte] *f* Stolz *m*

fiesta [fjɛsta] F *f* Fest *n*; F Fete *f*

▸ **fièvre** [fjɛvʀ] *f* **1.** MÉD Fieber *n*; **fièvre jaune** Gelbfieber *n*; **avoir de la fièvre** Fieber haben; fiebern **2.** *fig* Fieber *n*; Erregung *f*; Hektik *f*

fiévreusement [fjevʀøzmɑ̃] *adv* fieberhaft; mit Feuereifer

fiévreux [fjevʀø] *adj* ⟨**-euse** [-øz]⟩ **1.** MÉD fieb(e)rig; *personne a* fieberkrank **2.** *fig* fieberhaft

FIFA [fifa] *f abr* (*Fédération internationale de football association*) FIFA *f* (Internationaler Fußballverband)

fifille [fifij] *f* F *affectueux ou iron* Töchterchen *n*; F Kleine *f*; Schätzchen *n*

fifty-fifty [fiftififti] *adv* F halbe-halbe; F fifty-fifty

figé [fiʒe] *adj* ⟨~**e**⟩ **1.** *huile, sauce* fest; steif **2.** *fig* starr; erstarrt; *locution* fest(stehend)

figer [fiʒe] ⟨**-ge-**⟩ **I** *v/t* erstarren lassen (*a fig*) **II** *v/pr* **se figer** erstarren (*a fig*); *huile, sauce a* fest, steif, dick werden

fignolage [fiɲɔlaʒ] *m* Ausfeilen *n*; letzter Schliff

fignoler [-e] *v/t* ausfeilen; den letzten Schliff geben (+ *dat*)

figue [fig] *f* Feige *f*

figuier [figje] *m* Feigenbaum *m*

figurant [figyʀɑ̃] *m*, **figurante** [-ɑ̃t] *f* Statist(in) *m(f)*; Komparse *m*, Komparsin *f*; *fig a* Randfigur *f*

figuratif [figyʀatif] *adj* ⟨**-ive** [-iv]⟩ **1.** *art, peintre* gegenständlich **2.** *représentation* bildlich; bildhaft

figuration [figyʀasjɔ̃] *f* **1.** THÉ, CIN *coll* Statisterie *f*; Komparserie *f*; **faire de la figuration** Statisten-, Nebenrollen spielen **2.** (*représentation*) bildliche Darstellung

▸ **figure** [figyʀ] *f* **1.** (*visage*) Gesicht *n*; F **casser la figure à qn** j-n verprügeln, F verhauen; F **se casser la figure** hinfallen; *fig* **faire bonne figure** e-e gute Figur machen; *fig* **faire figure de** gelten, angesehen werden als **2.** ART, MATH, *etc* Figur *f*; PATINAGE **figures imposées** Pflicht *f*; **figures libres** Kür *f* **3.** (bedeutende, große) Persönlichkeit, Gestalt

---

figure ≠ Figur

la figure = das Gesicht
Sie hat eine gute Figur. = Elle est bien faite.

---

figuré [figyʀe] *adj* ⟨~**e**⟩ bildlich; übertragen; figürlich; **au** (**sens**) **figuré** im übertragenen Sinn(e)

figurer [figyʀe] **I** *v/t* (bildlich, figürlich) darstellen **II** *v/i sur une liste, etc* stehen; (aufgeführt) sein; vorkommen; figurieren **III** *v/pr* **se figurer qc** sich (*dat*) etw vorstellen; **se figurer que …** sich (*dat*) einbilden, dass …

figurine [figyʀin] *f* Figürchen *n*; kleine Figur, Statue; Figurine *f*

▸ **fil** [fil] *m* **1.** TEXT Faden *m* (*a fig*); Garn *n*; *des haricots* Faser *f*; *d'un collier* Schnur *f*; **fil à coudre** Nähfaden *m*, -garn *n*; **fil à plomb** Lot *n*; Senkblei *n*; *fig* **fil de la conversation** Gesprächsfaden *m*; **fils de la Vierge** Altweibersommer *m*; **en fil d'Écosse, pur fil** reinleinen; *prétexte* **cousu de fil blanc** leicht zu durchschauen(d); fadenscheinig; *fig* **de fil en aiguille** im Lauf(e) des Gesprächs; nach und nach; *fig* **perdre le fil** den Faden verlieren; *fig* **ne tenir qu'à un fil** an e-m (seidenen) Faden hängen **2.** *métallique* Draht *m*; *d'une lampe, de téléphone* Schnur *f*; Kabel *n*; **fil électrique** elektrische Leitung; **fil de fer** (Eisen)Draht *m* **3.** F

▸ **coup** *m* **de fil** Anruf *m*; Telefongespräch *n*; **passer un coup de fil à qn** j-n anrufen; **avoir qn au bout du fil** F j-n an der Strippe haben **4.** *d'une lame* Schneide *f* **5. au fil de l'eau** mit dem Strom; **au fil des jours** im Laufe der Zeit; mit der Zeit

filament [filamɑ̃] *m* **1.** Faser *f*; Faden *m* (*a de salive*) **2.** ÉLECT Glühfaden *m*, -draht *m*

filamenteux [filamɑ̃tø] *adj* ⟨**-euse** [-øz]⟩ fas(e)-rig; faserförmig

filandreux [filɑ̃dʀø] *adj* ⟨**-euse** [-øz]⟩ **1.** fas(e)-rig; voller Fasern **2.** *fig* weitschweifig

filant [filɑ̃] *adj* ⟨**-ante** [-ɑ̃t]⟩ *étoile filante* Sternschnuppe *f*

filasse [filas] *adj* **blond filasse** ⟨*inv*⟩ flachs-blond

filateur [filatœʀ] *m* Spinnereibesitzer *m*

filature [filatyʀ] *f* **1.** TEXT Spinnerei *f* **2.** *par la police* Beschattung *f*; *prendre qn en filature* j-n beschatten

file [fil] *f* Reihe *f*; *de gens, de voitures a* Schlan-ge *f*; *de voitures a* Kolonne *f*; *d'une route* (Fahr)Spur *f*; *file d'attente* Warteschlange *f*; *à la file* hintereinander; in einer Reihe; *en file indienne* im Gänsemarsch; *stationner en dou-ble file* in der zweiten Reihe; *prendre la file* sich (hinten) anstellen

filer [file] **I** *v/t* **1.** *coton, laine, etc* (ver)spinnen; *fig filer un mauvais coton* schlecht, schlimm dran sein **2.** *bateau filer 30 nœuds* (mit) 30 Knoten fahren **3.** *filer qn* j-n beschatten **4.** F (*donner*) geben **II** *v/i* **5.** *maille* laufen; *bas* e-e Laufmasche bekommen **6.** (*aller vite*) (da-hin)sausen; flitzen; F (*s'en aller*) F sich verzie-hen; F abzischen; *temps* verrinnen; verfliegen; *argent* zerrinnen; *filer à l'anglaise* F sich auf Französisch verabschieden *ou* empfehlen **7.** *fi-ler doux* sich fügen; F klein beigeben; kuschen

filet [filɛ] *m* **1.** Netz *n*; *filet à bagages* Gepäck-netz *n*; *filet (à provisions)* Einkaufsnetz *n*; *fig coup m de filet* Fang *m*; Fischzug *m* **2.** CUIS Filet *n* (*a de poisson*); Lende(nstück) *f*(*n*) **3.** *de liquide* feiner, dünner Strahl; *fig filet de voix* schwache, dünne Stimme

filetage [filtaʒ] *m* TECH Gewinde *n*

filial [filjal] *adj* ⟨**∼e; -aux** [-o]⟩ kindlich; Kin-des…; der Kinder

filiale [filjal] *f* Tochtergesellschaft *f*, -firma *f*

filiation [filjasjɔ̃] *f* **1.** JUR Abstammung *f* **2.** *fig* Zusammenhang *m*; Aufeinanderfolge *f*

filière [filjɛʀ] *f* **1.** *d'une carrière* Stufenleiter *f*; UNIVERSITÉ Studiengang *m* **2.** *fig* Linie *f*; Kette *f*; Reihe *f*; *de la drogue* Connection *f*; *remon-ter la filière* den Weg, die Linie zurückverfol-gen

filiforme [filifɔʀm] *adj* fadenförmig; *personne* spindeldürr

filigrane [filigʀan] *m* **1.** Filigran(arbeit) *n*(*f*) **2.** *sur le papier* Wasserzeichen *n*

filin [filɛ̃] *m* Tau *n*; Trosse *f*

▸ **fille** [fij] *f* **1.** (*opposé à fils*) Tochter *f* **2.** (*oppo-sé a garçon*) Mädchen *n*; ▸ *jeune fille* junges Mädchen; *fille mère* ledige Mutter; *petite fille* kleines Mädchen; *vieille fille* alte Jungfer **3.** *fille (publique)* Dirne *f*; Strichmädchen *n*; *fille de joie* Freudenmädchen *n* **4.** *fille de cuisine* Küchenhilfe *f*; *à l'hôpital fille de salle* Stati-onsmädchen *n*

fillette [fijɛt] *f* kleines Mädchen

filleul(e) [fijœl] *m*(*f*) Patenkind *n*

▸ **film** [film] *m* **1.** CIN, TV (Spiel)Film *m*; ▸ *film policier* Kriminalfilm *m*; F Krimi *m*; *film de guerre* Kriegsfilm *m* **2.** PHOT Film(streifen) *m* **3.** (*couche mince*) Film *m*; *film d'huile* Öl-

film *m* **4.** *film plastique* Frischhaltefolie *f*

filmage [filmaʒ] *m* Filmen *n*

film-culte *m* ⟨**films-culte**⟩ Kultfilm *m*

filmer [filme] *v/t* filmen

filmique [-ik] *adj* filmisch; Film…

filmographie [filmɔgʀafi] *f d'un metteur en scè-ne, d'un genre* systematisches Filmverzeichnis

filmologie [-lɔʒi] *f* Filmwissenschaft *f*

filon [filɔ̃] *m* **1.** MINES Ader *f*; Gang *m* **2.** F *fig* einträglicher *ou* bequemer Job

filou [filu] *m* Gauner *m*

filouter [filute] *v/t filouter qc* F etw stibitzen; *filouter qn* F j-n beklauen

▸ **fils** [fis] *m* Sohn *m*; *fig fils spirituel* geistiger Erbe; *péj fils à papa* verwöhnter Sohn reicher Eltern; *fils de famille* Sohn aus reichem, gu-tem Hause

filtrage [filtʀaʒ] *m* **1.** Filtern *n*, -ung *f* **2.** *fig* ge-naue Kontrolle; *d'informations* Siebung *f*

filtrant [filtʀɑ̃] *adj* ⟨**-ante** [-ɑ̃t]⟩ Filter…

filtration [filtʀasjɔ̃] *f* → *filtrage 1*

filtre [filtʀ] *m* Filter *m*; *filtre à air* Luftfilter *m*; *adjt bout m filtre* Filtermundstück *n*

filtrer [filtʀe] **I** *v/t* **1.** filtern; *liquides a* filtrieren **2.** *fig* genau, streng kontrollieren; *informa-tions* sieben **II** *v/i* **3.** *café* durchlaufen; *eau* durchsickern; *lumière* durchdringen **4.** *fig in-formations* durchsickern

▸ **fin**[1] [fɛ̃] *f* **1.** Ende *n* (*a de la vie*); Schluss *m*; Ausgang *m*; *fin du monde* Weltuntergang *m*, -ende *m*; *fin de semaine* Wochenende *n*; *fin de série* auslaufende Serie; Auslaufmodell *n*; *fin de siècle* Jahrhundertwende *f*; *adjt* de-kadent; *fin mai* Ende Mai; *à la fin* am Ende, Schluss (*de gén*); *à la fin de l'année ou en fin d'année* am Jahresende; *en fin d'après-midi* am Spätnachmittag; *sans fin* endlos (*a* TECH); ohne Ende; *c'est la fin de tout*, F *des 'hari-cots* jetzt ist alles aus; *mener à bonne fin* (glücklich) zu Ende führen; zustande bringen; *mettre fin à qc* e-r Sache (*dat*) ein Ende ma-chen, bereiten, setzen; *prendre fin* zu Ende gehen; enden; *tirer, toucher à sa fin* s-m Ende zugehen; *provisions a* ausgehen **2.** (*but*) Ziel *n*; (End)Zweck *m*; *fin en soi* Selbstzweck *m*; *à cette fin* zu diesem Zweck; hierzu; *à toutes fins utiles* für alle Fälle; *parvenir à ses fins* sein Ziel erreichen

▸ **fin**[2] [fɛ̃] **I** *adj* ⟨**fine** [fin]⟩ fein; *mains, taille* schmal; schlank; *papier, couche* dünn; *remar-que* geistreich; witzig; *personne* schlau; F hel-le; *fin gourmet* Feinschmecker *m*; *lingerie fi-ne* Feinwäsche *f*; *perle fine* echte Perle; *pierre fine* Halbedelstein *m*; *pluie fine* feiner Regen; Sprühregen *m*; *au fin fond de* weit hinten in (+ *dat*); tief im Innern (+ *gén*) **II** *adj* **1.** *être fin prêt* ganz fertig sein **2.** *moudre fin* fein mahlen **III** *m* **3.** *le fin du fin* das Feinste vom Feinen; das Allerfeinste **4.** *jouer au plus fin avec qn* schlauer sein wollen als j

final [final] *adj* ⟨**∼e**⟩ **1.** End…; Schluss…; letzte; *point final* Schlusspunkt *m* **2.** GR final

final(e) [final] *m* MUS Finale *n*

▸ **finale** [final] *f* **1.** SPORTS Finale *n*; Endspiel *n*; *arriver en finale* ins Finale kommen, einzie-hen; *remporter la finale* das Finale gewinnen **2.** GR Endsilbe *f*; Auslaut *m*

▸ **finalement** [finalmɑ̃] *adv* schließlich; am En-

de; letzten Endes
finaliser [finalize] *v/t* zum Abschluss bringen; den letzten Schliff geben (+ *dat*)
finalisme [finalism] *m* PHILOS Finalismus *m*
finaliste [-ist] *m,f* SPORTS Finalist(in) *m(f)*; End-spielteilnehmer(in) *m(f)*
finalité [-ite] *f* PHILOS Finalität *f*; Zweckbe-stimmtheit *f*
finance [finãs] *f* **1.** *pl* **finances** Finanzen *f/pl* (*a* F); ADM Finanzwesen *n* **2.** *coll* Finanzwelt *f*; *'haute finance* Hochfinanz *f* **3.** *moyennant fi-nance* mit, mittels (Bar)Geld
financement [finãsmã] *m* Finanzierung *f*
financer [-e] *v/t* ⟨**-ç-**⟩ finanzieren
financier [finãsje] **I** *adj* ⟨**-ière** [-jɛR]⟩ **1.** finan-ziell; Finanz...; Geld...; *difficultés financiè-res* finanzielle Schwierigkeiten *f/pl*; Geld-schwierigkeiten *f/pl*; *soucis financiers* Geld-sorgen *f/pl* **2.** *sauce financière* Madeirasoße *f* mit Trüffelfond **II** *m* Finanzier *m*; Finanzmann *m*
financièrement [finãsjɛRmã] *adv* finanziell (gesehen)
finasser [finase] *v/i* Winkelzüge machen; mit Tricks arbeiten
finasseries [-Ri] *f/pl* Winkelzüge *m/pl*; Tricks *m/pl*
finaud [fino] *adj* ⟨**-aude** [-od]⟩ (bauern)schlau; pfiffig
fine [fin] *f* fein(st)er Weinbrand
finement [finmã] *adv* fein; bis in alle Einzelhei-ten; sehr sorgfältig
finesse [finɛs] *f* **1.** Feinheit *f* (*a fig*); *finesse d'esprit* Scharfsinn *m* **2.** *pl* **finesses** Feinhei-ten *f/pl*; Finessen *f/pl*; Raffinessen *f/pl*
▸ **fini** [fini] **I** *adj* ⟨**~e**⟩ **1.** *travail* fertig; abge-schlossen; beendet; *produit fini* Fertigprodukt *n*, -erzeugnis *n*; *c'est fini entre nous* zwischen uns ist es aus **2.** *objet* **bien fini** gut, sorgfältig gearbeitet, gefertigt **3.** *fig c'est un homme fini* er ist erledigt, am Ende **4.** *péj menteur, etc* aus-gemacht; Erz... **5.** PHILOS, MATH endlich **II** *m* sorgfältige Verarbeitung, Ausführung
▸ **finir** [finiR] **I** *v/t* **1.** beend(ig)en; abschließen; fertigstellen, machen; zu Ende führen, brin-gen; *vêtements* auftragen; *assiette* leer essen; *verre* austrinken; *avoir fini* (*de faire*) *qc* mit etw fertig sein; *finir de faire qc* aufhören, etw zu tun **2.** (*parachever*) den letzten Schliff geben (+ *dat*) **II** *v/i* **3.** *personne* aufhören; Schluss machen; *avoir fini* fertig sein; *en finir avec qn, qc* mit j-m, e-r Sache Schluss ma-chen; etw aus der Welt schaffen **4.** *chose* enden (*a personne*); zu Ende gehen *ou* sein; aufhören; F aus sein; *finir bien, mal* gut, schlimm enden, ausgehen; *personne il finira mal* es wird ein böses, schlimmes Ende mit ihm nehmen; *n'en pas, plus finir* kein Ende haben; endlos sein **5.** *finir par faire qc* am Ende, schließlich, zuletzt (doch) etw tun
▸ **finish** [finiʃ] *m* Finish *n*; Endspurt *m*
▸ **finissage** [finisaʒ] *m* Fertig-, Endbearbeitung *f*; Fertigstellung *f*
▸ **finissant** [-ã] *adj* ⟨**-ante** [-ãt]⟩ *saison, époque* zu Ende gehend; endend; *époque a* ausgehend
▸ **finisseur** [finisœr] *m*, **finisseuse** [-øz] *f* **1.** SPORTS Sportler(in) *m(f)* mit gutem Finish, Endspurt **2.** INDUSTRIE Fertigbearbeiter(in)

m(f)
Finistère [finistɛR] *le Finistère frz Departe-ment*
finition [finisjõ] *f* **1.** *action* Endbearbeitung *f*; Fertigstellung *f*; *finitions pl* letzte Arbeiten *f/pl*; letzter Schliff **2.** *résultat* Verarbeitung *f*; Ausführung *f*
finlandais [fɛ̃lãdɛ] **I** *adj* ⟨**-aise** [-ɛz]⟩ finnisch **II** *Finlandais(e) m(f)* Finne *m*, Finnin *f*
Finlande [fɛ̃lãd] *la Finlande* Finnland *n*
finnois [finwa] *le finnois* (das) Finnisch(e)
fiole [fjɔl] *f* Phiole *f*
fiord → **fjord**
fioritures [fjɔRityR] *f/pl* Schnörkel *m/pl*
firent [fiR] → **faire**
firmament [fiRmamã] *m litt* Firmament *n*
firme [fiRm] *f* Firma *f*
fis [fi] → **faire**
FIS [fis] *m abr* (*Front islamique du salut*) Isla-mische Heilsfront
fisc [fisk] *m* Fiskus *m*; Steuerbehörde *f*
fiscal [fiskal] *adj* ⟨**~e**; **-aux** [-o]⟩ Steuer...; steu-erlich
fiscalisation [-izasjõ] *f* Besteuerung *f*
fiscaliser [-ize] *v/t* besteuern
fiscalité [-ite] *f* Steuersystem *n*, -wesen *n*
fissa [fisa] *adv* F *faire fissa* F schnell, fix ma-chen
fission [fisjõ] *f* Kernspaltung *f*
fissuration [fisyRasjõ] *f* Rissigwerden *n*
fissure [fisyR] *f* Riss *m*
fissurer [fisyRe] **I** *v/t* Risse verursachen in (+ *dat*); *fissuré* rissig **II** *v/pr* **se fissurer** rissig werden; Risse bekommen
fiston [fistõ] *m* F Filius *m*
fistule [fistyl] *f* MÉD Fistel *f*
fit, **fît** [fi] → **faire**
FIV [fif, ʃfive] *f abr* (*fécondation in vitro*) In-vi-tro-Fertilisation *f*; IVF *f*
fixage [fiksaʒ] *m* PHOT Fixieren *n*; Fixage *f*
fixateur [fiksatœr] *m* **1.** PHOT Fixiermittel *n* **2.** COIFFURE Haarfestiger *m*
fixatif [fiksatif] *m* Fixativ *n*
fixation [fiksasjõ] *f* **1.** *d'un objet* Befestigen *n*; Festmachen *n* **2.** *dispositif* Befestigung *f*; Hal-terung *f*; *de ski* Bindung *f* **3.** *d'un délai, des prix* Festsetzung *f*; Festlegung *f* **4.** PSYCH Fixierung *f*; *faire une fixation sur* fixiert sein auf (+ *acc*)
fixe [fiks] **I** *adj date, revenu* fest; COMM fix; *re-gard* starr; unverwandt; *péj* stier; *objet* unbe-weglich; TECH ortsfest; *étoile f fixe* Fixstern *m*; *à prix fixe* zum Festpreis; *à heure fixe* im-mer zur gleichen Zeit; *sans domicile fixe* oh-ne festen Wohnsitz **II** *m* Fixum *n*; festes Gehalt
fixé [fikse] *adj* ⟨**~e**⟩ *être fixé sur* Bescheid wis-sen über (+ *acc*)
fixement [fiksəmã] *adv regarder* starr; unver-wandt
fixer [fikse] **I** *v/t* **1.** *objet* befestigen; festmachen **2.** *délai, prix, etc* festsetzen; festlegen; fixieren; *date a* anberaumen; *délai a* setzen **3.** *par écrit, dans la mémoire* festhalten; fixieren **4.** *fixer* (*son regard sur*) *qn, qc* j-n, etw fixieren, an-starren; den Blick auf j-n, etw heften; *fixer son attention sur qn, qc* s-e Aufmerksamkeit auf j-n, etw richten **5.** PHOT, PEINT fixieren **II** *v/pr* **6.** *se fixer* (*s'établir*) sich niederlassen; sich festsetzen **7.** *se fixer sur regard* sich hef-

ten auf (+ *acc*); *choix* fallen auf (+ *acc*)
fixing [fiksiŋ] *m* BOURSE Fixing *n*
fixité [fiksite] *f* (*invariabilité*) Unveränderlichkeit *f*; Unbeweglichkeit *f*; *d'un regard* Starre *f*; Starrheit *f*
fjord [fjɔʀ(d)] *m* Fjord *m*
flac [flak] *int* patsch!; klatsch!
flacon [flakõ] *m* Fläschchen *n*; Flakon *n ou m*
flagada [flagada] *adj* ⟨*f inv*⟩ F → *flapi*
flagellation [flaʒɛ(l)lasjõ] *f* Geißelung *f*
flageller [-e] *v/t* geißeln
flageolant [flaʒɔlɑ̃] *adj* ⟨-ante [-ɑ̃t]⟩ (vor Schwäche) zitternd, schlotternd
flageoler [flaʒɔle] *v/i jambes* zittern; schlottern; *flageoler sur ses jambes* wack(e)lig auf den Beinen sein
flageolet [flaʒɔlɛ] *m* kleine weißgrüne Bohne
flagorner [flagɔʀne] *v/t litt* liebedienern (**qn** vor j-m)
flagrant [flagʀɑ̃] *adj* ⟨-ante [-ɑ̃t]⟩ 1. (*prendre qn*) *en flagrant délit* (j-n) in flagranti, auf frischer Tat (ertappen) 2. (*évident*) flagrant; offenkundig
flair [flɛʀ] *m* 1. *du chien, etc* Witterung *f*; Geruchssinn *m* 2. *fig* Gespür *n*; Spürsinn *m*; *avoir du flair* F den richtigen Riecher haben
flairer [flɛʀe] *v/t* 1. *animal: nourriture, etc* schnuppern an (+ *dat*); *gibier* wittern 2. *fig* wittern
flamand [flamɑ̃] I *adj* ⟨-ande [-ɑ̃d]⟩ flämisch (*a* ART); flandrisch II *subst* 1. *Flamand(e) m(f)* Flame *m*, Flamin *ou* Flämin *f* 2. LING *le flamand* das Flämische; Flämisch *n*
flamant [flamɑ̃] *m flamant (rose)* Flamingo *m*
flambage [flɑ̃baʒ] *m de la volaille* (Ab)Sengen *n*; *d'aiguilles* Ausglühen *n*
flambant [flɑ̃bɑ̃] *adv flambant neuf* ⟨*inv od ~ neuve*⟩ F brandneu; F (funkel)nagelneu
flambé [flɑ̃be] *adj* ⟨~e⟩ 1. CUIS flambiert 2. F *fig* F erledigt; F pleite
flambeau [flɑ̃bo] *m* ⟨~x⟩ Fackel *f* (*a fig*); *fig passer le flambeau* die Fackel weiterreichen
flambée [flɑ̃be] *f* 1. (kurz auf)loderndes Feuer; *faire une flambée* ein Feuer anzünden 2. *fig* Aufflammen *n*; Auflodern *n*; *flambée des prix* starker Preisauftrieb
flamber [flɑ̃be] I *v/t* 1. CUIS flambieren 2. *volaille* (ab)sengen II *v/i* 3. *feu* (hell auf)lodern; *bois sec, maison* lichterloh brennen; in Flammen aufgehen 4. *fig prix* in die Höhe schnellen 5. F *au jeu* sein ganzes Geld verspielen
flambeur [flɑ̃bœʀ] F *m* Spieler, der hohe Einsätze wagt
flamboiement [flɑ̃bwamɑ̃] *m des flammes* Flammenschein *m*; heller Schein; *du soleil* heller Glanz
flamboyant [flɑ̃bwajɑ̃] *adj* ⟨-ante [-ɑ̃t]⟩ 1. (*brillant*) flammend; funkelnd 2. *fig regard flamboyant (de colère)* funkelnd, lodernd (vor Zorn) 3. ARCH spätgotisch; im Flamboyantstil
flamboyer [flɑ̃bwaje] *v/i* ⟨-oi-⟩ 1. *feu* lodern 2. *fig* funkeln
flamenco [flamɛnko] *m* Flamenco *m*
► **flamme** [flam, flɑm] *f* 1. Flamme *f*; *être en flammes* in Flammen stehen 2. *fig* Feuer *n*; Glut *f*; *litt déclarer sa flamme* e-e Liebeserklärung machen

flammé [flame] *adj* ⟨~e⟩ geflammt
flammèche [flamɛʃ] *f* brennendes, glühendes Teilchen; Funke(n) *m*
flan [flɑ̃] *m* Pudding *m*
flanc [flɑ̃] *m* Seite *f*; Flanke *f* (*a* MIL); ANAT *a* Weiche *f*; *fig être sur le flanc* erschöpft, F erschlagen sein; *fig prêter le flanc* e-e Angriffsfläche bieten (*à dat*); F *fig tirer au flanc* F sich drücken; faulenzen
flancher [flɑ̃ʃe] F *v/i* schwach werden; nachlassen; aufgeben; *cœur* F streiken; nicht mehr mitmachen
Flandre [flɑ̃dʀ] *la Flandre ou les Flandres f/pl* Flandern *n*
flanelle [flanɛl] *f* Flanell *m*
flâner [flɑne] *v/i* (umher)schlendern; flanieren; F bummeln
flânerie [-ʀi] *f* Umherschlendern *n*; (*promenade*) F Bummel *m*
flâneur [-œʀ] *m*, **flâneuse** [-øz] *f* Spaziergänger(in) *m(f)*
flanquer¹ [flɑ̃ke] *v/t* flankieren; *flanqué de* flankiert von
flanquer² F I *v/t* 1. (*jeter*) werfen; F schmeißen; *flanquer qn à la porte, dehors* F j-n vor die Tür setzen, rauswerfen, rausschmeißen, feuern 2. *gifle* versetzen; F verpassen; *peur* einjagen; *flanquer une volée,* F *une raclée à qn* j-n verprügeln, verhauen, F verdreschen II *v/pr se flanquer par terre* hinschlagen, -fallen
flapi [flapi] *adj* ⟨~e⟩ F erledigt; todmüde; kaputt
flaque [flak] *f* (Wasser)Pfütze *f*
flash [flaʃ] *m* ⟨~es⟩ 1. PHOT Blitz(licht) *m(n)*; *dispositif* Blitzgerät *n* 2. RAD Kurznachrichten *f/pl*; kurze (wichtige) Meldung
flash-back [flaʃbak] *m* ⟨*inv*⟩ Rückblende *f*
flasher [flaʃe] *v/i* F *flasher sur qn, qc* F auf j-n, etw abfahren
flasque [flask] *adj* schlaff
flatter [flate] I *v/t* 1. *flatter qn* j-m schmeicheln (*a par ext de qc*) 2. *animal* streicheln; tätscheln II *v/pr se flatter de* (+ *inf*) sich (*dat*) (etwas darauf) einbilden zu (+ *inf*)
flatterie [flatʀi] *f* Schmeichelei *f*
flatteur [flatœʀ], **flatteuse** [-øz] I *m,f* Schmeichler(in) *m(f)* II *adj* 1. *personne, propos* schmeichlerisch 2. (*élogieux*) schmeichelhaft
flatulence [flatylɑ̃s] *f* Blähung *f*
flatuosité [flatɥozite] *f* Darmgas *n*, -wind *m*
fléau [fleo] *m* ⟨~x⟩ 1. (*calamité*) Geißel *f*; Heimsuchung *f*; Plage *f* 2. *d'une balance* Waagebalken *m* 3. AGR Dreschflegel *m*
fléchage [fleʃaʒ] *m d'un parcours* Markierung *f* mit Pfeilen; Pfeilmarkierung *f*
► **flèche** [flɛʃ] *f* 1. Pfeil *m*; *fig démarrage m en flèche* Blitzstart *m*; *comme une flèche* wie ein Pfeil; pfeilschnell; *monter en flèche* in die Höhe schnellen; jäh ansteigen 2. *d'un clocher* (Turm)Spitze *f* 3. *d'une grue* Ausleger *m*
flécher [fleʃe] *v/t* ⟨-è-⟩ mit Pfeilen markieren
fléchette [fleʃɛt] *f* Wurfpfeil *m*; *jouer aux fléchettes* Darts spielen
fléchir [fleʃiʀ] I *v/t genoux, etc* beugen II *v/i* 1. *poutre* sich (durch)biegen; *jambes* weich werden; nachgeben 2. *fig* nachlassen; wanken; werden; *faire fléchir qn* j-n erweichen 3. *cours*

nachgeben

fléchissement [fleʃismã] *m* **1.** Beugen *n*; Biegen *n* **2.** *fig* Nachlassen *n*; *des cours* Nachgeben *n*

fléchisseur [fleʃisœʀ] *adj* ⟨**-euse** [-øz]⟩ *muscle* Beuge…

flegmatique [flɛgmatik] *adj* gelassen; gleichmütig; *péj* phlegmatisch

flegme [flɛgm] *m* Gelassenheit *f*; Gleichmut *m*; *péj* Phlegma *n*

flemmard [flemaʀ] F **I** *adj* ⟨**-arde** [-aʀd]⟩ faul **II flemmard(e)** *m(f)* F Faulpelz *m*

flemmarder [flemaʀde] F *v/i* faulenzen

flemme [flɛm] F *f* Faulheit *f*; **avoir la flemme de faire qc** zu faul sein, (um) etw zu tun

flétan [fletɑ̃] *m* Heilbutt *m*

flétri [fletʀi] *adj* ⟨**~e**⟩ **1.** *plante* welk; verwelkt; *fleur a* verblüht **2.** *fig peau, visage* welk; schlaff; *beauté* verblüht

flétrir [fletʀiʀ] **I** *v/t* **1.** *plante* (ver)welken lassen **2.** *litt* (*déshonorer*) in den Schmutz ziehen **II** *v/pr* **se flétrir** (ver)welken; verblühen (*a beauté*); welk werden (*a visage*)

flétrissure [fletʀisyʀ] *f* **1.** *d'une plante* Welken *n* **2.** *litt* Schmach *f*

▸ **fleur**[1] [flœʀ] *f* **1.** Blume *f*; (*partie en fleur*) Blüte *f*; **fleurs de jardin** Gartenblumen *f/pl*; **fleurs d'oranger** Orangenblüten *f/pl*; *adjt fig* **fleur bleue** ⟨*inv*⟩ sentimental; romantisch; *tissu* **à fleurs** mit Blumenmuster; geblümt; F *fig* **comme une fleur** (spielend) leicht; als ob nichts dabei wäre; **en fleur(s)** blühend; **être en fleur(s)** blühen; in Blüte stehen; F *fig* **faire une fleur à qn** j-m sehr entgegenkommen **2.** *fig* **la (fine) fleur** die Blüte; die Besten *m/pl*; **à la fleur de l'âge** in der Blüte s-r Jahre

fleur[2] *prép* **à fleur d'eau** *rocher* dicht unter der Wasseroberfläche; *fig* **sensibilité f à fleur de peau** Überempfindlichkeit *f*

fleurer [flœʀe] *v/t* duften (**qc** nach etw)

fleuret [flœʀɛ] *m* Florett *n*

fleurette [flœʀɛt] *f* **conter fleurette à qn** j-m den Hof machen

fleuri [flœʀi] *adj* ⟨**~e**⟩ **1.** blühend; *jardin a* voll(er) Blumen; *balcon* blumengeschmückt **2.** *tissu* geblümt **3.** *fig teint* blühend; *style* blumig; bilderreich

▸ **fleurir** [flœʀiʀ] **I** *v/t* (mit Blumen) schmücken **II** *v/i* **1.** *plantes* blühen **2.** ⟨*imparfait meist* **florissait**⟩ *fig* e-e Blütezeit erleben

fleuriste [flœʀist] *m,f* **1.** *marchand* Blumenhändler(in) *m(f)* **2.** *métier* Blumenbinder(in) *m(f)*; Florist(in) *m(f)*

fleuron [flœʀõ] *m* **le plus beau fleuron** das Prunkstück

▸ **fleuve** [flœv] *m* **1.** (großer) Fluss; Strom *m* (*a fig*) **2.** *adjt* endlos lang

flexibiliser [flɛksibilize] *v/t* flexibel gestalten; flexibilisieren

flexibilité [flɛksibilite] *f* **1.** *d'une branche* Biegsamkeit *f*; TECH *a* Biegbarkeit *f* **2.** *fig* Flexibilität *f*; Anpassungsfähigkeit *f*

flexible [flɛksibl] *adj* **1.** biegsam **2.** *fig* flexibel; anpassungsfähig

flexion [flɛksjõ] *f* **1.** TECH (Durch)Biegung *f* **2.** *du bras, du genou* Beugen *n*; *exercice* Beuge *f* **3.** LING Flexion *f*; Beugung *f*

flexionnel [flɛksjɔnɛl] *adj* ⟨**~le**⟩ LING Flexi-

---

ons…

flibustier [flibystje] *m* HIST Freibeuter *m* (*a fig*)

flic [flik] F *m* Polizist *m*; **flics** *pl a* F Polente *f*; *fig* **vingt-deux, voilà les flics!** Achtung, Gefahr im Anzug!

flicaille [flikaj] *f* F *péj* Bullen *m/pl*; Polypen *m/pl*

flingue [flɛ̃g] *m* F Knarre *f*; F Schießprügel *m*

flinguer [flɛ̃ge] F **I** *v/t* F abknallen; F umlegen **II** *v/pr* **se flinguer** sich erschießen

flipper[1] [flipe] F *v/i* **1.** (*être déprimé*) F down sein **2.** (*paniquer*) F ausflippen; F durchdrehen

flipper[2] [flipœʀ] *m* Flipper *m*

fliquer [flike] F *v/t* (polizeilich) überwachen

flirt [flœʀt] *m* **1.** Flirt *m* (*a fig*) **2.** *personne* Schwarm *m*

flirter [-e] *v/i* flirten (*a fig*)

FLN [ɛfɛlɛn] *m abr* (*Front de libération nationale*) Nationale Befreiungsfront

floc [flɔk] *int* plumps!

flocon [flɔkõ] *m* Flocke *f*; **flocons d'avoine** Haferflocken *f/pl*; **flocon de neige** Schneeflocke *f*

floconneux [flɔkɔnø] *adj* ⟨**-euse** [-øz]⟩ flockig

flonflons [flõflõ] *m/pl* Klänge *m/pl*; Geschmetter *n*

flop [flɔp] *m* Flop *m*

flopée [flɔpe] F *f* Menge *f*; F Haufen *m*

floraison [flɔʀɛzõ] *f* **1.** Blüte *f* **2.** *fig* Aufblühen *n*

floral [flɔʀal] *adj* ⟨**~e**; **-aux** [-o]⟩ Blumen…

floralies [flɔʀali] *f/pl* Blumenschau *f*

flore [flɔʀ] *f* Flora *f* (*a* MÉD)

Floride [flɔʀid] **la Floride** Florida *n*

florilège [flɔʀilɛʒ] *m* Blütenlese *f*

florin [flɔʀɛ̃] *m* HIST Gulden *m*

florissait [flɔʀisɛ] → **fleurir**

florissant [flɔʀisɑ̃] *adj* ⟨**-ante** [-ɑ̃t]⟩ blühend; florierend

flot [flo] *m* **1.** *pl* **flots** Fluten *f/pl* **2.** (*courant*) Flut *f*, Strom *m* (*a fig*); **à flots** in Strömen **3.** MAR **à flot** flott; **remettre à flot** (wieder) flottmachen (*a fig*)

flottage [flɔtaʒ] *m* Flößen *n*; Flößerei *f*

flottaison [flɔtɛzõ] *f* MAR **ligne f de flottaison** Wasserlinie *f*

flottant [flɔtɑ̃] *adj* ⟨**-ante** [ɑ̃t]⟩ **1.** schwimmend; Treib…; **glaces flottantes** Treibeis *n* **2.** *fig* flatternd; wehend **3.** *capitaux* fluktuierend; *monnaie* floatend

flotte [flɔt] *f* **1.** MAR, AVIAT Flotte *f* **2.** F (*eau*) Wasser *n*

flottement [flɔtmã] *m* **1.** (*indécision*) Unschlüssigkeit *f*; Zögern *n* **2.** *d'une monnaie* Floaten *n*; Floating *n*

flotter [flɔte] **I** *v/i* **1.** schwimmen, treiben (**sur l'eau** auf dem Wasser) **2.** *drapeau, vêtement* flattern; wehen; *cheveux a* fliegen; *brume* wallen; wogen; *parfum dans la pièce* schweben **3.** *roues* flattern; schlagen **4.** *monnaie* floaten **II** *v/imp* F **il flotte** F es gießt, schüttet

flotteur [flɔtœʀ] *m* TECH Schwimmer *m*

flottille [flɔtij] *f* Flottille *f*

flou [flu] **I** *adj* ⟨**~e**⟩ **1.** *photo* unscharf; *dessin* weich; *coiffure* weich fließend **2.** *fig pensée* unklar; verschwommen **II** *m* Unschärfe *f*; Verschwommenheit *f*

flouer [flue] F *v/t* begaunern; F reinlegen

flouse [fluz] *m* F → *fric*
fluctuant [flyktɥɑ̃] *adj* ⟨-ante [-ɑ̃t]⟩ schwankend; *prix a* fluktuierend
fluctuation [flyktɥasjõ] *f* Schwankung *f*; Fluktuation *f*
fluctuer [-e] *v/i* fluktuieren; schwanken
fluet [flyɛ] *adj* ⟨-ette [-ɛt]⟩ schmächtig; zart; *jambes, voix* dünn
fluide [flɥid, flyid] **I** *adj* **1.** *huile, sang* (dünn)flüssig **2.** *fig circulation, style* flüssig **II** *m* **3.** PHYS flüssiger oder gasförmiger Körper **4.** (*rayonnement*) Fluidum *n*
fluidification [flɥidifikasjõ] *f* Verflüssigen *n*, -ung *f*; *par ext de la circulation* Flüssig(er)machen *n*
fluidifier [-fje] *v/t* verflüssigen; *par ext trafic routier* flüssig(er) machen
fluidité [flɥidite] *f* **1.** *du sang, etc* Dünnflüssigkeit *f* **2.** *fig du style* Flüssigkeit *f*; *fluidité de la circulation* Verkehrsfluss *m*
fluor [flyɔʀ] *m* Fluor *n*
fluorescence [flyɔʀɛsɑ̃s] *f* Fluoreszenz *f*
fluorescent [flyɔʀɛsɑ̃] *adj* ⟨-ente [-ɑ̃t]⟩ fluoreszierend; *tube fluorescent* Leucht(stoff)röhre *f*
flûte [flyt] *f* **1.** Flöte *f*; *flûte à bec* Blockflöte *f* **2.** *flûte à champagne* (hohes) Sektglas **3.** *pain* langes dünnes Weißbrot **4.** *int* verflixt!
flûté [flyte] *adj* ⟨~e⟩ *voix* hoch
flûteau [flyto] *m* ⟨~x⟩ *ou* **flûtiau** [flytjo] *m* ⟨~x⟩ einfache (Hirten)Flöte
flûtiste [flytist] *m,f* Flötist(in) *m(f)*; Flötenspieler(in) *m(f)*
fluvial [flyvjal] *adj* ⟨~e; -aux [-o]⟩ Fluss…; *port fluvial* Binnenhafen *m*
fluviomètre [flyvjɔmɛtʀ] *m* Wasserstandsmesser *m*; Pegel *m*
flux [fly] *m* **1.** MÉD Ausfluss *m*; *flux menstruel* Menstruationsblutung *f* **2.** MAR Flut *f*; *le flux et le reflux* Ebbe *f* und Flut; *fig* das Auf und Ab **3.** PHYS, *fig* Fluss *m*
FM [ɛfɛm] *f abr* (*modulation de fréquence*) UKW *n*
FMI [ɛfɛmi] *m abr* (*Fonds monétaire international*) IWF *m*
FN [ɛfɛn] *m abr* (*Front national*) rechtsextreme *frz Partei*
FO [ɛfo] *f abr* (*Force ouvrière*) sozialdemokratisch orientierte *frz* Gewerkschaft
foc [fɔk] *m* Fock(segel) *f(n)*
focal [fɔkal] *adj* ⟨~e; -aux [-o]⟩ PHYS fokal; *distance focale* Brennweite *f*
focaliser [fɔkalize] *v/t* **1.** PHYS fokussieren **2.** *fig* konzentrieren (*sur* auf + *acc*)
foehn [føn] *m* MÉTÉO Föhn *m*
fœtal [fetal] *adj* ⟨~e; -aux [-o]⟩ fetal *ou* fötal
fœtus [fetys] *m* Fetus *ou* Fötus *m*
fofolle [fɔfɔl] *adj* → *foufou*
▸ **foi** [fwa] *f* **1.** Glaube(n) *m*; Vertrauen *n*; *bonne foi* guter Glaube (*a* JUR); Aufrichtigkeit *f*; *être de bonne foi* gutgläubig, aufrichtig sein; *abuser de la bonne foi de qn* j-s Gutgläubigkeit ausnützen; *mauvaise foi* Böswilligkeit *f*; Unaufrichtigkeit *f*; *de mauvaise foi* böswillig; unaufrichtig; *int* **ma foi oui** aber ja; (aber) gewiss; *digne de foi* glaubwürdig; *sur la foi de* im Vertrauen auf (+ *acc*); *ajouter foi à qc* e-r Sache (*dat*) Glauben schenken; *avoir foi en qn*

zu j-m Vertrauen haben; *faire foi* beweiskräftig, maßgebend sein **2.** REL Glaube(n) *m*; *avoir la foi* gläubig sein; *n'avoir ni foi ni loi* weder Glauben noch Moral besitzen
▸ **foie** [fwa] *m* Leber *f*; *foie gras* Gänseleber(-pastete) *f*; P *fig* **avoir les foies** P Schiss haben

Le foie gras

Die Gänseleberpastete wird heute in aller Welt geschätzt. Sie gehört in Frankreich zu jedem Festessen. Weihnachten und Silvester sind ohne Gänseleberpastete kaum denkbar. Trotzdem stößt die Herstellung im Ausland, aber auch zunehmend in Frankreich auf Ablehnung. Das zum Erzeugen fetter Gänseleber übliche Mastverfahren, das man Stopfen oder „Nudeln" (*le gavage*) nennt, wird von Tierschützern stark kritisiert.

▸ **foin** [fwɛ̃] *m* **1.** AGR Heu *n*; *rhume m des foins* Heuschnupfen *m* **2.** F *faire du foin* F Krach machen; (*se fâcher*) Krach schlagen
foire [fwaʀ] *f* **1.** (*exposition*) Messe *f* **2.** (*marché*) (Jahr)Markt *m* **3.** (*fête foraine*) Volksfest *n*; Kirmes *f* **4.** F *fig* **c'est la foire ici** F das ist ein Rummel hier; *faire la foire* F einen draufmachen; F sumpfen
foirer [fwaʀe] *v/i* F schiefgehen
foireux [fwaʀø] *adj* ⟨-euse [-øz]⟩ F *projet* faul
▸ **fois** [fwa] *f* Mal *n*; ▸ *une fois* einmal; *une autre fois* ein anderes Mal; ein andermal; *une bonne fois ou une fois pour toutes* ein für alle Mal; *une fois sur deux* jedes zweite Mal; *en une fois* auf einmal; *encore une fois* noch einmal; nochmals; F noch mal; *il était une fois …* es war einmal …; *cette fois(-ci)* dieses Mal; diesmal; *pour la dernière fois* zum letzten Mal; *bien des fois* (sehr) oft; viele Male; *trois fois quatre* (*font*) *douze* drei mal vier ist zwölf; *deux fois plus grand, petit* doppelt, halb so groß; *dix fois plus* zehnmal so viel; das Zehnfache; *fig* **c'est trois fois rien** das ist nicht der Rede wert; ▸ *à la fois* zugleich; gleichzeitig; auf einmal; F **des fois** (*parfois*) manchmal; (*par hasard*) zufällig; vielleicht; (*à*) *chaque fois, toutes les fois que …* jedes Mal, immer wenn …; sooft …; *une fois que …* wenn (erst) einmal, F mal …
foison [fwazõ] *f* *à foison* in Hülle und Fülle
foisonnant [fwazɔnɑ̃] *adj* ⟨-ante [-ɑ̃t]⟩ *foisonnant de* reich an (+*dat*); …reich
foisonnement [fwazɔnmɑ̃] *m* (Über)Fülle *f*
foisonner [fwazɔne] *v/i* **1.** wimmeln; *plantes* wuchern **2.** *foisonner de, en* überquellen von; *foisonner d'idées* voller Einfälle stecken
fol [fɔl] *adj* → *fou*
folâtre [fɔlɑtʀ] *adj* ausgelassen; fröhlich
folâtrer [-e] *v/i* herumtollen
foldingue [fɔldɛ̃g] F **I** *m,f* Verrückte(r) *f(m)*; F Spinner(in) *m(f)* **II** *adj* verrückt; F durchgeknallt
folichon [fɔliʃõ] *adj* ⟨-onne [-ɔn]⟩ *pas (très*

folichon gar nicht lustig
▸ **folie** [fɔli] *f* Wahnsinn *m*; Irrsinn *m*; Verrücktheit *f*; **folie furieuse** Tobsucht *f*; **folie des grandeurs** Größenwahn *m*; **coup** *m* **de folie** Anfall *m* von Wahnsinn; *aimer* **à la folie** wahnsinnig; **c'est de la folie** das ist doch Wahnsinn; F **c'est de la folie douce** F das ist so e-e Spinnerei; *par ext* **faire une folie** sich in Unkosten stürzen
folio [fɔljo] *m* (nummeriertes) Blatt
folk [fɔlk] *m* Folk *m*
folklo [fɔlklo] *adj abr* F → **folklorique** 2
folklore [fɔlklɔʀ] *m* **1.** Folklore *f*; *science* Volkskunde *f* **2.** F *péj* Theater *n*; (reine) Schau
folklorique [fɔlklɔʀik] *adj* **1.** Volks…; folkloristisch; volkskundlich; **costume** *m* **folklorique** Tracht *f*; **danse** *f* **folklorique** Volkstanz *m* **2.** F *péj* (ein bisschen) komisch, F spinnig
folkloriste [fɔlklɔʀist] *m* Volkskundler *m*; Folklorist *m*
folle [fɔl] *adj* → **fou**
follement [fɔlmɑ̃] *adv* F wahn-, irrsinnig; **être follement amoureux** F wahnsinnig, bis über beide Ohren verliebt sein
follet [fɔlɛ] *adj* **feu** *m* **follet** Irrlicht *n*
follicule [fɔlikyl] *m* **1.** BOT Samenhülle *f* **2.** ANAT Follikel *m*
fomenter [fɔmɑ̃te] *v/t* schüren (*fig*)
▸ **foncé** [fõse] *adj* ⟨**~e**⟩ dunkel; **rouge foncé** ⟨*inv*⟩ dunkelrot
foncer [fõse] ⟨**-ç-**⟩ **I** *v/t* **1.** CUIS mit Teig auslegen **2.** *couleur* dunkler machen; *cheveux* dunkler färben **II** *v/i* **3.** *bois* nachdunkeln; *cheveux* dunkler werden **4.** **foncer sur qn** sich auf j-n stürzen; auf j-n losgehen **5.** (*en*) *voiture* F rasen; ein hohes Tempo vorlegen
fonceur [fõsœʀ] F *m* Draufgänger *m*
fonceuse [-øz] *f pour les papiers peints, etc* Grundiermaschine *f*
foncier [fõsje] *adj* ⟨**-ière** [-jɛʀ]⟩ **1.** Grund…; Boden…; **impôt foncier** Grundsteuer *f* **2.** (*inné*) grundlegend; wesensmäßig
foncièrement [fõsjɛʀmɑ̃] *adv* von Grund auf
fonction [fõksjõ] *f* **1.** (*activité*) Funktion *f*; Amt *n*; (*poste*) (Dienst)Stellung *f*; **fonction publique** öffentlicher Dienst (*a coll*); **appartement** *m* **de fonction** Dienstwohnung *f*; **entrer en fonction(s)** sein Amt antreten; **être en fonction** im Amt sein; amtieren; **faire fonction de** fungieren als; *choses a* dienen als **2.** BIOL, TECH, MATH Funktion *f* **3.** **en fonction de** in Abhängigkeit von (+ *dat*); entsprechend (+ *dat*); je nach (+ *dat*); **être fonction de qc** von etw abhängen
▸ **fonctionnaire** [fõksjɔnɛʀ] *m,f* Beamte(r) *m*, Beamtin *f*
fonctionnalisme [fõksjɔnalism] *m* Funktionalismus *m*
fonctionnariser [fõksjɔnaʀize] *v/t* verbeamten; den Beamten gleichstellen
fonctionnarisme [-ism] *m péj* Bürokratie *f*
fonctionnel [fõksjɔnɛl] *adj* ⟨**~le**⟩ zweckmäßig; funktionell (*a* MÉD)
fonctionnement [fõksjɔnmɑ̃] *m* Funktionieren *n*
▸ **fonctionner** [fõksjɔne] *v/i* funktionieren; arbeiten (*a organe*); **faire fonctionner** in Gang setzen; bedienen

fond [fõ] *m* **1.** *d'un récipient* Boden *m*; *d'un lac, etc* Grund *m*; *d'une vallée* Sohle *f*; *d'une pièce* Hintergrund *m*; hinterster Teil; **fond d'artichaut** Artischockenboden *m*; **chambre** *f* **du fond** hinteres Zimmer; **au fond** (ganz) hinten *ou* unten; *dans une voiture a* im Fond; **au fond du couloir** am Ende des Ganges; (ganz) hinten im Gang; **au fond du sac** (ganz) unten in der Tasche; **au fond des bois, de l'eau** tief im Wald, im Wasser; **de fond en comble** von oben bis unten; *fig* von Grund auf *ou* aus; *fig personne* **toucher le fond** am Tiefpunkt angelangt sein **2.** *dans une bouteille* Bodensatz *m*; Rest *m* **3.** *en peinture* Untergrund *m*; *d'un tissu* Grund *m*; Fond *m*; *d'un tableau* Hintergrund *m*; **fond sonore** Geräuschkulisse *f*; akustischer Hintergrund; **fond de robe** Unterkleid *n*; **fond de teint** Make-up *n* **4.** *fig* Grund (-lage) *m(f)*; Kern *m*; Wesen *n*; *d'un texte* Inhalt *m*; Gehalt *m*; **le fond de sa pensée** was er eigentlich denkt; **le fond du problème** der Kern des Problems; **article** *m* **de fond** Leitartikel *m*; **à fond** gründlich; von Grund auf; eingehend; **respirer à fond** tief durchatmen; **à fond de train** im Eiltempo; blitzschnell; **au fond, dans le fond** im Grunde (genommen); eigentlich; **aller au fond des choses** den Dingen auf den Grund gehen; **avoir un bon fond** e-n guten Kern haben **5.** (**course** *f* **de**) **fond** Langstreckenlauf *m*; SKI Langlauf *m*
fondamental [fõdamɑ̃tal] *adj* ⟨**~e**; **-aux** [-o]⟩ grundlegend; fundamental; Grund…; **recherche fondamentale** Grundlagenforschung *f*
fondamentalement [fõdamɑ̃talmɑ̃] *adv* grundlegend; von Grund auf; ganz und gar
fondamentaliste [fõdamɑ̃talist] **I** *adj* fundamentalistisch **II** *m,f* Fundamentalist(in) *m(f)*
fondant [fõdɑ̃] *adj* ⟨**-ante** [-ãt]⟩ **1.** *glace* schmelzend **2.** im Mund(e) zergehend; **bonbon fondant** Fondant *m ou n*
fondateur [fõdatœʀ] *m*, **fondatrice** [-tʀis] *f* Gründer(in) *m(f)*; *d'une œuvre de bienfaisance, d'un prix* Stifter(in) *m(f)*
fondation [fõdasjõ] *f* **1.** CONSTR **fondations** *pl* Fundament(e) *n(pl)*; Grundmauern *f/pl* **2.** (*création*) Gründung *f* **3.** *de bienfaisance* Stiftung *f*
fondé [fõde] **I** *adj* ⟨**~e**⟩ begründet; fundiert **II** **fondé(e)** *m(f)* **de pouvoir(s)** (Handlungs)Bevollmächtigte(r) *f(m)*; Prokurist(in) *m(f)*
fondement [fõdmɑ̃] *m* Grundlage *f*; **dénué de fondement, sans fondement** haltlos; unbegründet
▸ **fonder** [fõde] **I** *v/t* **1.** (*créer*) gründen **2.** *prix, œuvre de bienfaisance* stiften **3.** *fig* **fonder qc sur qc** etw auf etw (*acc*) gründen; **être fondé sur qc** auf etw (*dat*) basieren, fußen **II** *v/pr* **se fonder sur qc** sich auf etw (*acc*) stützen
fonderie [fõdʀi] *f* Gießerei *f*
fondeur [-œʀ] *m* **1.** TECH Gießer *m* **2.** SKI Langläufer *m*
▸ **fondre** [fõdʀ] ⟨→ **rendre**⟩ **I** *v/t* **1.** *métal, etc* schmelzen **2.** *statue* gießen **3.** *fig* (*mélanger*) verschmelzen **II** *v/i* **4.** *glace, neige* schmelzen (*a métal*); (weg)tauen; *sucre, graisse* zergehen; *fig* **fondre en larmes** in Tränen ausbrechen, *pl/fort* zerfließen; **faire fondre** zum Schmelzen bringen; *glace a* auftauen; CUIS zergehen las-

sen; *beurre* zerlassen **5.** *fig argent* zusammenschmelzen; *personne* abnehmen; abmagern **6.** **fondre sur** sich stürzen auf (+ *acc*); *malheur* hereinbrechen über (+ *acc*) **III** *v/pr* **se fondre** verschwinden, untertauchen (**dans** in + *dat*)

fondrière [fõdʀijɛʀ] *f* Schlammloch *n*

fonds [fõ] *m* **1.** *pl* Geld(er) *n(pl)*; Kapital *n*; *sg* Fonds *m*; **fonds publics** Staatsgelder *n/pl*; öffentliche Mittel *n/pl*; **fonds de roulement** Betriebskapital *n*; **à fonds perdu** auf Verlustkonto; F **être en fonds** F (gut) bei Kasse sein **2.** **fonds de commerce** (Handels)Geschäft *n* **3.** *fig* Schatz *m*; Bestand *m*; Fundus *m*

fondu [fõdy] **I** *adj* ⟨**~e**⟩ geschmolzen; CUIS *beurre* zerlassen; **neige fondue** Schneeregen *m* **II** *m* **1.** CIN **fondu enchaîné** Überblendung *f* **2.** PEINT Farbabstufung *f*

fondue [fõdy] *f* (Käse)Fondue *f ou n*; **fondue bourguignonne** Fleischfondue *f ou n*

fongicide [fõʒisid] *m* Fungizid *n*; pilztötendes Mittel

font [fõ] → **faire**

▸ **fontaine** [fõtɛn] *f* (Spring)Brunnen *m*

fontanelle [fõtanɛl] *f* ANAT Fontanelle *f*

fonte [fõt] *f* **1.** Schmelzen *n*; **fonte des neiges** Schneeschmelze *f* **2.** TECH Gießen *n*; Guss *m* **3.** *fer* Guss-, Roheisen *n*; **en fonte** gusseisern

fonts [fõ] *m/pl* **fonts baptismaux** Taufbecken *n*, -stein *m*

▸ **foot** [fut] *m* F → **football**

▸ **football** [futbol] *m* Fußball *m*; **football américain** Football *m*

footballeur [futbolœʀ] *m*, **footballeuse** [-øz] *f* Fußballspieler(in) *m(f)*; F Fußballer(in) *m(f)*

footing [futiŋ] *m* Jogging *n*; **faire du footing** joggen

for [fɔʀ] *m* **en, dans mon, son**, *etc* **for intérieur** im Innersten

forage [fɔʀaʒ] *m* Bohren *n*, -ung *f*

forain [fɔʀɛ̃] **I** *adj* ⟨**-aine** [-ɛn]⟩ Jahrmarkts...; **fête foraine** Volksfest *n*; Jahrmarkt *m*; Kirmes *f* **II** *m* Schausteller *m*

forçage [fɔʀsaʒ] *m* **1.** CH Hetzen *n* **2.** AGR Treiben *n*; Frühkultur *f*

forçat [fɔʀsa] *m* Sträfling *m*

▸ **force** [fɔʀs] *f* **1.** Kraft *f* (a PHYS); Stärke *f*; **tour m de force** Kunststück *n*; Glanzleistung *f*; **travail m de force** Schwerarbeit *f*; **à bout de force** mit s-r Kraft am Ende; **dans la force de l'âge** in den besten Jahren; **de toutes mes, ses**, *etc* **forces** mit aller Kraft; ▸ **à force de** mit, durch viel(es) (+ *subst*); **à force de patience** mit viel Geduld; *fig* **être une force de la nature** e-e Bärennatur haben; **exiger qc avec force** etw mit Nachdruck fordern **2.** (*contrainte*) Zwang *m*; Gewalt *f*; (**cas** *m* **de**) **force majeure** höhere Gewalt; **par la force des choses** unter dem Zwang der Verhältnisse; **à toute force** unbedingt; mit aller Gewalt; **de force, par (la) force** mit Gewalt; gewaltsam; zwangsweise **3.** *pl* **forces** MIL Streitkräfte *f/pl*; **forces de l'ordre** Polizei *f*; Ordnungskräfte *f/pl*; *fig* **en force** zahlreich; in großer Zahl

forcé [fɔʀse] *adj* ⟨**~e**⟩ **1.** (*imposé*) Zwangs...; **atterrissage forcé** Notlandung *f* **2.** *sourire* gezwungen; forciert **3.** (*inévitable*) zwangsläufig; unvermeidlich

forcement [fɔʀsəmɑ̃] *m d'une serrure* Aufbre-

chen *n*; *d'un passage* Erzwingung *f*

▸ **forcément** [fɔʀsemɑ̃] *adv* zwangsläufig; notwendigerweise; **pas forcément** nicht unbedingt

forcené [fɔʀsəne] **I** *adj* ⟨**~e**⟩ fanatisch; verbissen **II** *m* Rasende(r) *m*; Besessene(r) *m*

forceps [fɔʀsɛps] *m* (Geburts)Zange *f*

forcer [fɔʀse] ⟨**-ç-**⟩ **I** *v/t* **1.** *serrure, porte* aufbrechen; gewaltsam, mit Gewalt öffnen; *barrage de police* durchbrechen **2.** *personne* zwingen; nötigen; **forcer qn à (faire) qc** j-n zu etw zwingen; j-n zwingen, etw zu tun; **forcer la main à qn** j-n dazu zwingen **3.** *admiration* abnötigen **II** *v/i* sich überanstrengen; sich verausgaben **III** *v/pr* ▸ **se forcer** sich zwingen (**à faire qc** etw zu tun)

forcing [fɔʀsiŋ] *m* SPORTS Forcierung *f* des Tempos; F *fig* **faire le** *ou* **du forcing** alles daransetzen

forcir [fɔʀsiʀ] *v/i* zunehmen

forer [fɔʀe] *v/t trou, puits* bohren; *objet* ausbohren

forestier [fɔʀɛstje] **I** *adj* ⟨**-ière** [-jɛʀ]⟩ Wald...; Forst... **II** *m* Förster *m*

foret [fɔʀɛ] *m* Bohrer *m*

▸ **forêt** [fɔʀɛ] *f* Wald *m* (*a fig*); Forst *m*

▸ **Forêt-Noire** [fɔʀɛnwaʀ] **la Forêt-Noire** der Schwarzwald

foreuse [fɔʀøz] *f* Bohrmaschine *f*, -gerät *n*

forfait [fɔʀfɛ] *m* **1.** COMM Pauschalpreis *m*; Pauschale *f* **2.** **déclarer forfait** SPORTS s-e Meldung zurückziehen; *fig* aufgeben **3.** *litt* (*crime*) Verbrechen *n*; Untat *f*

forfaitaire [fɔʀfɛtɛʀ] *adj* Pauschal...

forfanterie [fɔʀfɑ̃tʀi] *f* Prahlerei *f*

forge [fɔʀʒ] *f* Schmiede *f*

forgé [fɔʀʒe] *adj* ⟨**~e**⟩ *métal* geschmiedet; **fer forgé** Schmiedeeisen *n*

forger [fɔʀʒe] *v/t* ⟨**-ge-**⟩ **1.** schmieden **2.** *fig expression* prägen

forgeron [fɔʀʒəʀõ] *m* Schmied *m*

forint [fɔʀint] *m monnaie* Forint *m*

formage [fɔʀmaʒ] *m* TECH Formen *n*; Formgebung *f*

formalisation [fɔʀmalizasjõ] *f* Formalisieren *n*, -ung *f*

formaliser [-e] **I** *v/t* formalisieren **II** *v/pr* **se formaliser** Anstoß nehmen, sich stoßen (an + *dat*)

formalisme [fɔʀmalism] *m* Formalismus *m* (*a péj*)

formaliste [-ist] *adj* formalistisch; *personne* förmlich; formell

formalité [fɔʀmalite] *f* Formalität *f*; Formvorschrift *f*; Förmlichkeit *f*; **une simple formalité** e-e reine Formsache

format [fɔʀma] *m* Format *n*

formatage [fɔʀmataʒ] *m* INFORM Formatierung *f*

formater [fɔʀmate] *v/t* INFORM formatieren

formateur [fɔʀmatœʀ] *adj* ⟨**-trice** [-tʀis]⟩ formend; bildend; gestaltend

▸ **formation** [fɔʀmasjõ] *f* **1.** (*développement*) Bildung *f*; Entstehung *f*; BIOL Entwicklungsjahre *n/pl* **2.** (*instruction*) Ausbildung *f*; **formation permanente** *ou* **continue** Fortbildung *f*; ständige Weiterbildung; **formation professionnelle** Berufs(aus)bildung *f* **3.** POL Grup-

pierung f **4.** MIL, GÉOL Formation f
▸ **forme** [fɔrm] f Form f (a GR, JUR, SPORTS, etc);
Gestalt f; **formes** pl d'une femme (Körper)-
Formen f/pl; **dans les formes** in aller Form;
förmlich; **de pure forme** rein formal; **en for-
me de** in Form von (ou + gén); ...förmig; **en
bonne** (**et due**) **forme** formgerecht; vor-
schriftsmäßig; **pour la forme** der Form halber;
pro forma; **sous forme de** in Form von; in
...form; **sous toutes ses formes** in all(en)
s-n Erscheinungsformen; SPORTS, fig ▸ **être
en** (**pleine**) **forme** in (Hoch)Form sein; (top)-
fit sein; **prendre forme** (feste) Gestalt annneh-
men
formé [fɔrme] adj ⟨~e⟩ jeune fille (körperlich
voll) entwickelt
formel [fɔrmɛl] adj ⟨~le⟩ **1.** interdiction, etc aus-
drücklich; ordre a strikt; refus entschieden;
preuve eindeutig; personne **être formel** sehr
bestimmt sein **2.** (de pure forme) formell;
förmlich **3.** (relatif à la forme) formal
formellement [fɔrmɛlmã] adv **1.** aus-, nach-
drücklich **2.** (en considérant la forme) formal;
formell
▸ **former** [fɔrme] **I** v/t **1.** bilden; formen; gestal-
ten; équipe a aufstellen **2.** (constituer) bilden;
darstellen **3.** apprenti, personnel, goût ausbil-
den; esprit, caractère bilden; formen **II** v/pr
se former sich bilden
formica® [fɔrmika] m Resopal® n
▸ **formidable** [fɔrmidabl] adj **1.** (énorme) ge-
waltig; ungeheuer **2.** (épatant) großartig; F toll;
F klasse
formique [fɔrmik] adj **acide** m **formique**
Ameisensäure f
formol [fɔrmɔl] m Formalin® n
formulable [fɔrmylabl] adj formulierbar
formulaire [fɔrmylɛr] m Formular n; Form-
blatt n; Vordruck m
formulation [fɔrmylasjõ] f Formulierung f
formule [fɔrmyl] f **1.** Formel f (a MATH, CHIM,
etc); **formule magique** Zauberformel f,
-spruch m; **formule toute faite** (Brief-, Höf-
lichkeits)Floskel f; Klischee n; **formule de po-
litesse** Höflichkeitsfloskel f **2.** par ext Metho-
de f; Möglichkeit f; Art f; **trouver une** (**bonne**)
formule e-e (gute) Lösung etc finden **3.** SPORTS
formule 1 Formel f 1
formuler [fɔrmyle] v/t formulieren; in Worte
fassen; vœux, craintes aussprechen; äußern;
objection vorbringen
forniquer [fɔrnike] v/i REL, plais Unzucht trei-
ben; huren
forsythia [fɔrsisja] m Forsythie f
▸ **fort** [fɔr] **I** adj ⟨**forte** [fɔrt]⟩ **1.** stark; personne
a kräftig; vent, coup a heftig; voix kräftig; laut;
fièvre a hoch; fromage scharf; monnaie stark;
hart; **forte tête** Rebell m; eigenwilliger
Mensch; **au sens fort du mot** in des Wortes
voller Bedeutung; **ça a été plus fort que
moi** das war stärker als ich; ich konnte nicht
anders; **se faire fort** ⟨inv⟩ **de** (+ inf) sich an-
heischig machen zu (+ inf) **2.** (corpulent) stark;
korpulent; femme vollschlank; poitrine voll **3.**
(doué) gut (**en** in + dat); **être fort en maths** in
Mathe gut sein; **il a trouvé plus fort que lui** er
hat s-n Meister gefunden **4.** somme d'argent
hoch **5.** fig F **c'est un peu fort!** das geht zu

weit!; das ist ein starkes Stück!; iron **le plus
fort, c'est que ...** das (Aller)Schönste ist, dass
... **II** adv **6.** stark; kräftig; heftig; fest; F fig **y
aller fort** zu weit gehen; **parler fort** laut spre-
chen **7.** (très) sehr; **il aura fort à faire pour** (+
inf) es wird schwer für ihn sein zu (+ inf) **III** m
8. Starke(r) m; **un fort en anglais** ein Ass n in
Englisch; iron **un fort en thème** ein Muster-
schüler m **9.** d'une personne Stärke f; starke
Seite **10. au plus fort de** mitten in (+ dat);
auf dem Höhepunkt (+ gén) **11.** MIL Fort n
fortement [fɔrtəmã] adv stark; sehr
forteresse [fɔrtərɛs] f Festung f
fortiche [fɔrtiʃ] adj F fähig; tüchtig; sehr gut
(**en** in +dat)
fortifiant [fɔrtifjã] m Stärkungsmittel n
fortifications [fɔrtifikasjõ] f/pl Befestigungs-
anlagen f/pl
fortifier [fɔrtifje] **I** v/t **1.** kräftigen; stärken (a
fig) **2.** MIL befestigen; adjt **ville fortifiée** befes-
tigte Stadt **II** v/pr **se fortifier** sich kräftigen,
stärken; kräftiger, stärker werden
fortuit [fɔrtɥi] adj ⟨-**uite** [-ɥit]⟩ (par hasard)
zufällig; (imprévu) unvorhergesehen
fortuitement [fɔrtɥitmã] adv zufällig(erweise);
durch Zufall
▸ **fortune** [fɔrtyn] f **1.** (richesses) Vermögen n;
faire fortune ein Vermögen erwerben; zu
Geld kommen **2.** (destinée) Schicksal n; (chan-
ce) Glück n; **faire contre mauvaise fortune
bon cœur** gute Miene zum bösen Spiel ma-
chen; **manger à la fortune du pot** essen, ohne
besondere Umstände zu machen **3. de fortune**
behelfsmäßig; Behelfs...; Not...; **solution** f **de
fortune** Notlösung f
fortuné [fɔrtyne] adj ⟨~e⟩ vermögend; wohl-
habend
forum [fɔrɔm] m Forum n
fosse [fos] f **1.** Grube f; **fosse aux lions** BIBL
Löwengrube f; au zoo Löwenzwinger m; **fos-
se d'orchestre** Orchestergraben m **2. fosse
commune** Massen-, Sammelgrab m **3.** GÉOL
Tiefseegraben m **4. fosses nasales** Nasen-
höhle f
fossé [fose] m **1.** Graben m; Straßengraben m
2. fig Kluft f
fossette [fosɛt] f Grübchen n
fossile [fosil] **I** adj fossil **II** m **1.** GÉOL Fossil n;
Versteinerung f **2.** fig, péj Fossil n; F alter Kna-
cker
fossilisation [fosilizasjõ] f Fossilienbildung f
fossiliser [-e] v/pr **se fossiliser** zu Fossilien
werden; versteinern
fossoyeur [foswajœr] m Totengräber m
▸ **fou** [fu] **I** adj ⟨m vor Vokal u stummem h **fol**
[fɔl]; f **folle** [fɔl]⟩ **1.** wahnsinnig; F verrückt;
regard irr(e); idée a närrisch; espoir, tentative
sinnlos; töricht; vitesse rasend; **tireur fou**
Amokschütze m; **devenir fou** F verrückt wer-
den; F **il n'est pas fou** der weiß schon, was er
tut; **être tout fou** außer Rand und Band sein;
être fou de joie außer sich vor Freude; F
sich wahnsinnig freuen **2. être fou de qn** in j-n
vernarrt; F nach j-m verrückt sein; **être fou de
qc** auf etw (acc) ganz versessen; F verrückt sein
3. F (énorme) F wahnsinnig; F irrsinnig; F
irr(e); prix horrend; **argent fou** F Heidengeld
n; **succès fou** F toller Erfolg; F Bombenerfolg

*m; **il y avait un monde fou** F es waren irrsinnig viel Leute da* **4.** *herbes* wild (wachsend); *mèche de cheveux* lose; widerspenstig **II** *subst* **5. fou, folle** *m,f* Irre(r) *f(m);* Wahnsinnige(r) *f(m);* F Verrückte(r) *f(m);* **pauvre fou** F armer Irrer; **fou du volant** F Raser *m;* **maison** *f* **de fous** Irrenhaus *n* (*a fig*); F **vie** *f* **de fou** gehetztes Leben; **faire le fou** herumtollen, -toben **6.** *m* HIST (Hof)Narr *m* **7.** *m* ÉCHECS Läufer *m* **8.** F **une folle** (*un homosexuel*) F e-e Tunte

foudre [fudʀ] *f* **1.** Blitz(schlag) *m;* **la foudre est tombée** der Blitz hat eingeschlagen (**sur** in + *acc*) **2.** *fig* **coup** *m* **de foudre** Liebe *f* auf den ersten Blick; *par ext* **avoir le coup de foudre pour qc** sofort begeistert von etw sein; gleich Feuer und Flamme für etw sein **3.** *fig* **foudres** *pl* Zorn *m;* Missbilligung *f*

foudroyant [fudʀwajɑ̃] *adj* ⟨**-ante** [-ɑ̃t]⟩ **1.** *succès* durchschlagend **2.** *maladie* blitzartig verlaufend

foudroyer [fudʀwaje] *v/t* ⟨**-oi-**⟩ **1.** *personne* **être foudroyé** vom Blitz erschlagen werden **2.** *fig maladie* **foudroyer qn** j-n dahinraffen; **foudroyer qn du regard** j-m vernichtende Blicke zuwerfen

fouet [fwɛ] *m* **1.** Peitsche *f;* **coup** *m* **de fouet** Peitschenhieb *m; fig remède* **donner un coup de fouet** (**à**) anregen **2.** **de plein fouet** *heurter* mit voller Wucht **3.** CUIS Schneebesen *m*

Fouettard [fwɛtaʀ] *adj* **père Fouettard** a) Knecht *m* Ruprecht; *österr a* Krampus *m;* b) (*croque-mitaine*) schwarzer Mann

fouetter [fwete] *v/t* **1.** (aus)peitschen **2.** CUIS schlagen; *adjt* **crème fouettée** Schlagsahne *f, südd* -rahm *m, österr* -obers **3.** *pluie* **fouetter qc** gegen etw peitschen, schlagen

foufou [fufu] *adj* ⟨**fofolle** [fɔfɔl]⟩ ein bisschen verrückt; F spinnig

fougère [fuʒɛʀ] *f* Farn *m*

fougue [fug] *f* Feuer *n* (*fig*); (mitreißender) Schwung; Ungestüm *n;* **plein de fougue** voll(er) Schwung, Feuer; mitreißend

fougueux [fugø] *adj* ⟨**-euse** [-øz]⟩ feurig (*a animal*); schwungvoll; ungestüm

fouille [fuj] *f* **1.** ARCHÉOLOGIE **fouilles** *pl* (Aus)-Grabungen *f/pl* **2.** *de gens, de bagages* Durchsuchung *f;* F Filzen *n* **3.** F (*poche*) Tasche *f*

fouillé [fuje] *adj* ⟨**~e**⟩ sorgfältig ausgearbeitet; detailliert

fouiller [fuje] **I** *v/t* durchsuchen; *gens, bagages* F *a* filzen **II** *v/i* (F herum)stöbern, (-)wühlen, (-)kramen (**dans** in + *dat*); *animal* (im Boden) wühlen

fouillis [fuji] F *m* Durcheinander *n;* Wirrwarr *m;* F Wust *m*

fouine [fwin] *f* Steinmarder *m*

fouiner [fwine] *v/i* F herumschnüffeln; **ils ont fouiné dans ses affaires** sie haben in s-n Sachen herumgeschnüffelt

fouineur [fwinœʀ] F, **fouineuse** [-øz] F **I** *m,f* F Schnüffler(in) *m(f)* **II** *adj* neugierig; zudringlich

fouir [fwiʀ] *v/t animal* wühlen, scharren (**le sol** im Boden)

fouisseur [fwisœʀ] *adj* ⟨**-euse** [-øz]⟩ ZO *animaux* Grab…

foulage [fulaʒ] *m* **1.** *du raisin* Zerquetschen *n;* Maischen *n* **2.** TEXT Walken *n*

foulant [fulɑ̃] *adj* ⟨**-ante** [-ɑ̃t]⟩ **1.** TECH **pompe foulante** Druckpumpe *f* **2.** F *travail* **pas très foulant** nicht sehr anstrengend

foulard [fulaʀ] *m* (Seiden)Kopftuch *n;* (Seiden)Schal *m*

▸ **foule** [ful] *f* **1.** *de gens* (Menschen)Menge *f;* **il y avait foule** es waren e-e Menge Leute da; F **il n'y a pas foule** es sind nicht gerade viel Leute da **2. la foule** die Masse; der große Haufen **3. une foule de** e-e Menge, Vielzahl, Masse (+ *subst*)

foulée [fule] *f* **1.** Schritt *m;* SPORTS *a* Laufstil *m* **2.** *fig* **dans la foulée** gleich im Anschluss (daran)

fouler [fule] **I** *v/t* **1.** *litt sol* betreten; *fig* **fouler aux pieds** mit Füßen treten **2.** *raisins* zerquetschen; maischen **3.** *drap, cuir* walken **II** *v/pr* **4. se fouler la cheville** sich (*dat*) den Knöchel verstauchen **5.** F *fig* **ne pas se fouler** F sich (*dat*) kein Bein ausreißen

foulque [fulk] *f* Blässhuhn *n*

foultitude [fultityd] *f* F **une foultitude de** e-e Menge, F ein Haufen *m* (+*gén sans article*)

foulure [fulyʀ] *f* Verstauchung *f*

▸ **four** [fuʀ] *m* **1.** (Back)Ofen *m; d'une cuisinière a* Back-, Bratröhre *f;* **four à micro-ondes** Mikrowellenherd *m;* **cuit au four** gebraten **2.** TECH Ofen *m* **3. petits fours** *pl kleines süßes od salziges Kleingebäck* **4.** THÉ Fiasko *n;* F Reinfall *m;* **faire un four** ein Fiasko erleben; F durchfallen

fourbe [fuʀb] *litt adj* schurkisch; arglistig

fourberie [-əʀi] *litt f* Schurkenstreich *m*

fourbi [fuʀbi] *m* **1.** F (*affaires*) F Krempel *m;* F Zeug *n* **2.** F (*fouillis*) F Wust *m*

fourbir [fuʀbiʀ] *v/t* blank putzen

fourbu [fuʀby] *adj* ⟨**~e**⟩ todmüde

fourche [fuʀʃ] *f* AGR, TECH Gabel *f; d'une route* Gabelung *f*

fourcher [fuʀʃe] *v/i* **1.** *cheveux* sich spalten **2. sa langue a fourché** er hat sich versprochen

▸ **fourchette** [fuʀʃɛt] *f* **1.** (Ess)Gabel *f* **2.** (*écart*) Spanne *f*

fourchu [fuʀʃy] *adj* ⟨**~e**⟩ *arbre* sich gabelnd; *langue, cheveu* gespalten; **pied fourchu du diable** Pferdefuß *m*

fourgon [fuʀgɔ̃] *m* **1.** AUTO Kastenwagen *m;* **fourgon mortuaire** Leichenwagen *m* **2.** CH DE FER Gepäckwagen *m*

fourgonner [fuʀgɔne] *v/i* F (herum)wühlen, (-)stöbern (**dans** in + *dat*)

fourgonnette [fuʀgɔnɛt] *f* Lieferwagen *m*

fourguer [fuʀge] *v/t* **fourguer qc à qn** F j-m etw andrehen

fourme [fuʀm] *f* halbfester Schnittkäse aus der Auvergne

▸ **fourmi** [fuʀmi] *f* Ameise *f; fig* **j'ai des fourmis dans les jambes** meine Beine sind (mir) eingeschlafen

fourmilier [fuʀmilje] *m* Ameisenbär *m*

fourmilière [-jɛʀ] *f* Ameisenhaufen *m* (*a fig*)

fourmillement [fuʀmijmɑ̃] *m* **1.** Gewimmel *n* **2.** *dans les membres* (Ameisen)Kribbeln *n*

fourmiller [fuʀmije] *v/i* wimmeln; **fourmiller de qc** wimmeln, voll sein von etw; **les fautes fourmillent dans ce texte** in dem Text wimmelt es von Fehlern

fournaise [fuʀnɛz] *f* **1.** starkes, loderndes Feuer; Glut *f* **2.** *fig endroit* Backofen *m*; Brutkasten *m*

fourneau [fuʀno] *m* ⟨~x⟩ **1.** '*haut fourneau* Hochofen *m* **2.** *de cuisine* Herd *m*

fournée [fuʀne] *f* **1.** *de pain* Schub *m* **2.** *fig de gens* Schub *m*; *de touristes a* F Ladung *f*; F Fuhre *f*

fourni [fuʀni] *adj* ⟨~e⟩ **1.** *bien fourni* reichhaltig; mit großer Auswahl **2.** *chevelure* dicht; üppig

fournil [fuʀni] *m* Backstube *f*

fournir [fuʀniʀ] **I** *v/t* **1.** *fournir qn* j-n beliefern (*en qc* mit etw) **2.** *marchandises* liefern (*à qn* j-m); *moyens financiers, etc* beschaffen; zur Verfügung stellen; *certificat* beibringen; *preuve* liefern; erbringen; *alibi* nachweisen **3.** *par ext travail* leisten; *fournir un effort* e-e Anstrengung machen **II** *v/pr se fournir chez qn* bei j-m kaufen

fournisseur [fuʀnisœʀ] *m* **1.** Lieferant *m*; Lieferfirma *f* **2.** (*marchand*) Kaufmann *m*; Händler *m*

fourniture [fuʀnityʀ] *f* **1.** Lieferung *f* **2.** *fournitures pl* Bedarf *m*; *fournitures scolaires* Schulbedarf *m*

fourrage [fuʀaʒ] *m* (Vieh)Futter *n*; *fourrage sec* Trockenfutter *n*

fourrager¹ [fuʀaʒe] *v/i* ⟨*-ge-*⟩ F (herum)wühlen (*dans* in + *dat*)

fourrager² [fuʀaʒe] *adj* ⟨*-ère* [-ɛʀ]⟩ Futter...

fourragère [fuʀaʒɛʀ] *f* MIL Fangschnur *f*

fourré¹ [fuʀe] *m* Gestrüpp *n*; Dickicht *n*

fourré² *adj* ⟨~e⟩ **1.** CUIS gefüllt (*à qc* mit etw) **2.** *vêtement* pelzgefüttert **3.** *fig coup fourré* Tücke *f*; Gemeinheit *f*

fourreau [fuʀo] *m* ⟨~x⟩ **1.** *d'un parapluie* Hülle *f*; *d'une épée* Scheide *f* **2.** *robe* Etuikleid *n*

fourrer [fuʀe] **I** *v/t* **1.** F (*faire entrer*) (hinein)stecken, (-)stopfen (*dans* in + *acc*) **2.** F (*placer sans soin*) hinlegen, -stellen, F -tun **3.** *vêtement* mit Pelz füttern **4.** *bonbons* füllen **II** *v/pr* F *se fourrer* (*se cacher*) sich verkriechen; F *se fourrer dans qc* in etw (*acc*) hineingeraten; F *fig se fourrer qc dans la tête* sich (*dat*) etw in den Kopf setzen

fourre-tout [fuʀtu] F *m* ⟨*inv*⟩ weite Handtasche

fourreur [fuʀœʀ] *m* Kürschner *m*

fourrière [fuʀjɛʀ] *f* **1.** *pour voitures* Kfz-Verwahrstelle *f*; *mettre en fourrière* kostenpflichtig abschleppen **2.** *pour animaux* Tierasyl *n*, -heim *n*

▸ **fourrure** [fuʀyʀ] *f* Pelz *m*

fourvoiement [fuʀvwamã] *litt m* Verirrung *f*

fourvoyer [fuʀvwaje] *v/pr* ⟨*-oi-*⟩ *se fourvoyer* **1.** sich verirren (*dans* in + *acc*) **2.** *fig* (sich) irren

foutaise [futɛz] *f* F Quatsch *m*

foutoir [futwaʀ] *m* P Saustall *m*

foutre [futʀ] ⟨*je fous, il fout, nous foutons*; *je foutais*; *kein Passé simple*; *je foutrai*; *que je foute*; *foutant*; *foutu*⟩ P **I** *v/t* **1.** (*faire*) machen; tun; *je n'en ai rien à foutre* F das kümmert, schert mich e-n Dreck; *ça la fout mal* das macht e-n schlechten Eindruck; das ist peinlich **2.** (*donner*) geben; *un coup* F verpassen **3.** (*jeter*) F schmeißen; *foutre qn à la porte* F j-n vor die Tür setzen; j-n rauswerfen, rausschmeißen; *va te faire foutre!* F hau (bloß)

ab!; P verpiss dich! **II** *v/pr* **4.** *se foutre de qc, de qn* (*ne pas se soucier de*) F auf etw, j-n pfeifen, P scheißen; *je m'en fous* F das ist mir wurscht, schnuppe, P scheißegal **5.** *se foutre de qn* (*tourner en dérision*) j-n veralbern, P verarschen **6.** *se foutre dans une sale affaire* in e-e üble Sache hineingeraten

foutrement [futʀəmã] *adv* F verdammt; F total; extrem

foutu [futy] P *p/p* → *foutre et adj* ⟨~e⟩ → *fichu²*

fox-terrier [fɔkstɛʀje] *m* ⟨*fox-terriers*⟩ Foxterrier *m*

foyer [fwaje] *m* **1.** (*âtre*) Feuerstelle *f*; TECH Feuerung *f*; *par ext* (*feu*) (Kamin)Feuer *n* **2.** (*domicile familial*) Hausstand *m*; Heim *n*; häuslicher Herd; *femme f au foyer* Hausfrau *f*; *fonder un foyer* e-e Familie, e-n Hausstand gründen **3.** Heim *n*; *foyer d'étudiants* Studentenheim *n* **4.** THÉ Foyer *n*; Wandelhalle *f* **5.** OPT Brennpunkt *m*; *lunettes à double foyer* mit Bifokalgläsern **6.** *d'incendie*, MÉD, *fig* Herd *m*

frac [fʀak] *m* Frack *m*

fracas [fʀaka] *m* Krach *m*; Getöse *n*; *avec fracas* mit Getöse; mit lautem Krach

fracassant [fʀakasã] *adj* ⟨*-ante* [-ãt]⟩ **1.** *bruit* krachend **2.** *fig* aufsehenerregend

fracasser [fʀakase] **I** *v/t* zerschmettern; zertrümmern **II** *v/pr se fracasser* zerschellen (*contre* an + *dat*)

fraction [fʀaksjõ] *f* **1.** MATH Bruch *m* **2.** (*partie*) (Bruch)Teil *m*; *en une fraction de seconde* im Bruchteil e-r Sekunde **3.** *dans un parti* Gruppierung *f*

fractionnaire [fʀaksjɔnɛʀ] *adj nombre m fractionnaire* Bruchzahl *f*

fractionnel [fʀaksjɔnɛl] *adj* ⟨~le⟩ POL zersetzend

fractionnement [fʀaksjɔnmã] *m* **1.** (Auf)Teilung *f*; Zerlegung *f*; *d'un parti* (Auf)Spaltung *f*; Zersplitterung *f* **2.** CHIM Fraktionierung *f*

fractionner [fʀaksjɔne] **I** *v/t* aufteilen; aufspalten **II** *v/pr se fractionner* sich (auf)spalten; sich aufsplittern

fractionnisme [fʀaksjɔnism] *m* Bildung *f* von Splittergruppen

fractionniste [fʀaksjɔnist] POL **I** *adj* spalterisch **II** *m* Spalter *m*

▸ **fracture** [fʀaktyʀ] *f* (Knochen)Bruch *m*; *sc* Fraktur *f*

fracturer [fʀaktyʀe] **I** *v/t porte, serrure* aufbrechen **II** *v/pr se fracturer le bras, etc* sich (*dat*) den Arm *etc* brechen

▸ **fragile** [fʀaʒil] *adj* **1.** *verre, etc* zerbrechlich **2.** *personne* (sehr) zart; empfindlich; anfällig; *constitution* schwach **3.** *fig* unbeständig; unsicher; *bonheur a* zerbrechlich

fragiliser [fʀaʒilize] *v/t* schwächen

fragilité [fʀaʒilite] *f* **1.** *du verre, etc* Zerbrechlichkeit *f* **2.** *de l'organisme* Empfindlichkeit *f*; Anfälligkeit *f*; *d'une personne a* Zartheit *f*; *st/s* Zerbrechlichkeit *f* **3.** *fig* Unbeständigkeit *f*; Unsicherheit *f*

fragment [fʀagmã] *m* **1.** (*d'une œuvre*) Fragment *n*; Bruchstück *n* **2.** *d'os, etc* Splitter *m* **3.** *d'un texte* Auszug *m*

fragmentaire [fʀagmãtɛʀ] *adj* fragmentarisch; bruchstückhaft

fragmentation [fʀagmãtasjõ] *f* Zersplitterung

f; Zerstück(e)lung *f*
fragmenter [-e] *v/t* aufteilen
fragrance [fRagRɑ̃s] *litt f* Wohlgeruch *m*; Duft *m*
fraîche [fRɛʃ] *adj* → **frais¹**
fraîchement [fRɛʃmɑ̃] *adv* **1.** (*récemment*) frisch **2.** *accueillir* kühl
fraîcheur [fRɛʃœR] *f* **1.** Frische *f*; Kühle *f* **2.** *fig d'un accueil* Kühle *f* **3.** *d'aliments, du teint, de la jeunesse* Frische *f*
fraîchir [fRɛʃiR] *v/i* **1.** *vent* auffrischen **2.** *temps* frischer, kühler werden
▸ **frais¹** [fRɛ] **I** *adj* ⟨**fraîche** [fRɛʃ]⟩ **1.** *air, vent, nuit* frisch; kühl (*a lieu*) **2.** *fig accueil* kühl; frostig **3.** *aliment, traces, teint* frisch; **légumes frais** Frischgemüse *n*; **peinture fraîche!** frisch gestrichen! **4.** F **nous voilà frais!** F da haben wir den Schlamassel! **II** *adv* **il fait frais** es ist frisch, kühl; **servir frais** kühl servieren **III** *subst* **5.** *m* Kühle *f*; Frische *f*; **mettre qc au frais** etw kalt stellen; **prendre le frais** frische Luft schnappen **6.** **à la fraîche** in der Morgenkühle
▸ **frais²** *m/pl* Kosten *pl*; Unkosten *pl*; Spesen *pl*; (Kosten)Aufwand *m*; **faux frais** Nebenkosten *pl*; zusätzliche Kosten; **frais généraux** allgemeine Unkosten; Gemeinkosten *pl*; **frais professionnels** Werbungskosten *pl*; **frais de déplacement** Reisespesen *pl*; **frais d'entretien** Instandhaltungskosten *pl*; **aux frais de qn** auf Kosten j-s; **à grands frais** mit hohem Kostenaufwand; *fig* **en être pour ses frais** sich umsonst bemüht haben; **faire des frais** viel Geld ausgeben; **faire les frais de qc** für etw aufkommen müssen, die Kosten tragen müssen; *fig* **faire les frais de la conversation** das Gesprächsthema bilden; (*parler seul*) die Unterhaltung allein bestreiten; **se mettre en frais** sich in Unkosten stürzen; *fig* sich (*dat*) Mühe geben
▸ **fraise** [fRɛz] *f* **1.** Erdbeere *f*; **fraises des bois** Walderdbeeren *f/pl*; F *fig* **sucrer les fraises** F den Tatterich haben **2.** TECH Fräse *f*; *de dentiste* Bohrer *m* **3.** COUT Halskrause *f*
fraiser [fReze] *v/t* (aus)fräsen
fraiseur [fRezœR] *m ouvrier* Fräser *m*
fraiseuse [-øz] *f machine* Fräsmaschine *f*
fraisier [fRezje] *m* Erdbeerpflanze *f*
▸ **framboise** [fRɑ̃bwaz] *f* Himbeere *f*
framboisier [fRɑ̃bwazje] *m* Himbeerstrauch *m*; Himbeere *f*
▸ **franc¹** [fRɑ̃] *m monnaie en Suisse* Franken *m*; HIST *en France, en Belgique* Franc *m*
franc² [fRɑ̃] *adj* ⟨**franche** [fRɑ̃ʃ]⟩ **1.** (*sincère*) freimütig; offen; aufrichtig; **jouer franc jeu** mit offenen Karten spielen; *par ext* **franche hostilité** offene Feindseligkeit *f*; **coup franc** Freistoß *m*; **zone franche** Freizone *f*
franc³ [fRɑ̃] HIST **I** *adj* ⟨**franque** [fRɑ̃k]⟩ fränkisch **II** *Francs m/pl* Franken *m/pl*
▸ **français** [fRɑ̃sɛ] **I** *adj* ⟨**-aise** [-ɛz]⟩ französisch; **la République française** die Französische Republik; **acheter français** (nur) französische Produkte kaufen; **être français** Franzose, französischer Staatsbürger, -angehöriger sein **II** *subst* **1.** **Français(e)** *m(f)* Franzose *m*, Französin *f* **2.** *langue* **le français** das Französische; Französisch *n*; **en français** auf Franzö-

sisch; im Französischen; **apprendre le français** Französisch lernen; **parler couramment (le) français** fließend Französisch sprechen; **on parle français** hier wird Französisch gesprochen
▸ **France** [fRɑ̃s] **la France** Frankreich *n*
France 2 [fRɑ̃sdø] Zweites Programm (des französischen Fernsehens)
France 3 [fRɑ̃stRwa] Drittes Programm (des französischen Fernsehens) (*mit Regionalsendungen*)
Francfort [fRɑ̃kfɔR] Frankfurt *n*
francfortois [fRɑ̃kfɔRtwa] **I** *adj* ⟨**-oise** [-waz]⟩ Frankfurter **II** *subst* **Francfortois(e)** *m(f)*
Francfort-sur-le-Main [fRɑ̃kfɔRsyRləmɛ̃] Frankfurt *n* am Main
Francfort-sur-l'Oder [fRɑ̃kfɔRsyRlodɛR] Frankfurt *n* an der Oder
Franche-Comté [fRɑ̃ʃkɔ̃te] **la Franche-Comté** **1.** *frz Region* **2.** HIST die Freigrafschaft Burgund
▸ **franchement** [fRɑ̃ʃmɑ̃] *adv* **1.** (*sincèrement*) offen; freimütig; geradeheraus; *abs* offen gesagt, gestanden; **franchement, tu exagères!** offen gesagt, F (ganz) ehrlich, du übertreibst! **2.** (*nettement*) (ganz) eindeutig **3.** (*courageusement*) beherzt; entschlossen
franchir [fRɑ̃ʃiR] *v/t frontière* überschreiten; *obstacle* überwinden (*a fig*); *pont, mers* überqueren; *distance* zurücklegen; *ligne d'arrivée* passieren; *fig* **franchir le pas** sich zu e-m Entschluss durchringen
franchisage [fRɑ̃ʃizaʒ] *m* COMM Franchise *ou* Franchising *n*
franchise [fRɑ̃ʃiz] *f* **1.** (*sincérité*) Offenheit *f*; Freimut *m*; Freimütigkeit *f*; **en toute franchise** ganz offen, ehrlich **2.** FIN (Gebühren)Freiheit *f*; *dans une assurance* Selbstbeteiligung *f*
franchissable [fRɑ̃ʃisabl] *adj* überschreitbar; *col de montagne* befahrbar
franchissement [-mɑ̃] *m d'un obstacle* Übersteigen *n*, -springen *n*; Überwindung *f*; *d'une frontière* Überschreitung *f*; *d'un fleuve* Überquerung *f*
francilien [fRɑ̃siljɛ̃] *adj* ⟨**-ienne** [-jɛn]⟩ der Ile-de-France
francisation [fRɑ̃sizasjõ] *f* Französierung *f*
franciscain [fRɑ̃siskɛ̃] **I** *adj* ⟨**-aine** [-ɛn]⟩ franziskanisch; Franziskaner... **II** **franciscain(e)** *m(f)* Franziskaner(in) *m(f)*
franciser [fRɑ̃size] *v/t* französi(si)eren
franc-maçon [fRɑ̃masõ] **I** *m* ⟨**francs-maçons**⟩ Freimaurer *m* **II** *adj* ⟨**franc-maçonne** [fRɑ̃masɔn]⟩ freimaurerisch; Freimaurer...
franc-maçonnerie [fRɑ̃masɔnRi] *f* Freimaurerei *f*
franco [fRɑ̃ko] *adv* **franco (de port)** (porto-, fracht)frei
franco-... [fRɑ̃ko] *adj* französisch-...; ▸ **franco-allemand** deutsch-französisch
franco-français *adj* ⟨**-aise**⟩ innerfranzösisch; der Franzosen unter sich
François [fRɑ̃swa] *m* Franz *m*
francophile [fRɑ̃kɔfil] **I** *adj* frankreich-, franzosenfreundlich; frankophil **II** *m,f* Freund *m* Frankreichs; Frankophile(r) *f(m)*
francophilie [fRɑ̃kɔfili] *f* Frankophilie *f*

La francophonie

La francophonie ist die Bezeichnung für die französische Sprachgemeinschaft. Sie umfasst alle Länder, in denen Französisch als Muttersprache, Amtssprache oder Verkehrssprache gesprochen wird. Vertreter der frankophonen Länder kommen regelmäßig zu „Gipfeltreffen" zusammen, um sich für den Erhalt des Französischen als Weltsprache einzusetzen.
Zurzeit gibt es auf der Welt etwa 100 Millionen französische Muttersprachler, etwa 200 Millionen Menschen benutzen Französisch im täglichen Leben.
Französisch ist *Landessprache* in:

Frankreich	– mit seinen Überseegebieten Guadeloupe, Martinique, Französisch-Guayana, Réunion, Französisch-Polynesien (Tahiti) und Neukaledonien
Belgien	– Wallonien und Brüssel
Schweiz	– in den Kantonen Genf, Waadt, Neuenburg, Jura; neben Deutsch auch in Freiburg, Bern, Wallis
Kanada	– Québec
Monaco	
Haiti	

Französisch ist *Amtssprache* neben anderen Sprachen in:

Benin	Komoren	Ruanda
Burkina Faso	Kongo, Republik	Senegal
Burundi	Kongo, Dem. Republik	Togo
Dschibuti	Luxemburg	Tschad
Elfenbeinküste	Madagaskar	Zentralafrikanische
Gabun	Mali	Republik
Guinea	Mauretanien	
Kamerun	Niger	

Französisch ist neben anderen Sprachen *Verkehrssprache* in:

Algerien	Libanon	Seychellen
Kambodscha	Marokko	Tunesien
Laos	Mauritius	

francophobe [fʀɑ̃kɔfɔb] *adj* frankreich-, franzosenfeindlich; frankophob
francophobie [-i] *f* Frankophobie *f*
francophone [fʀɑ̃kɔfɔn] *adj* Französisch sprechend; französischsprachig; frankophon
francophonie [-i] *f* französische Sprachgemeinschaft; Frankophonie *f*
franc-parler [fʀɑ̃paʀle] *m* **avoir son franc-parler** kein Blatt vor den Mund nehmen
franc-tireur [fʀɑ̃tiʀœʀ] *m* ⟨**francs-tireurs**⟩ **1.** MIL Freischärler *m* **2.** *fig* Einzelkämpfer *m*
frange [fʀɑ̃ʒ] *f* **1.** *bordure* Franse *f* **2.** *cheveux* Pony(frisur) *m(f)* **3.** *fig (minorité)* Randgruppe *f*
franger [fʀɑ̃ʒe] *v/t* ⟨**-ge-**⟩ mit Fransen verzieren, versehen
frangin [fʀɑ̃ʒɛ̃] F *m* Bruder *m*; *plais* Bruderherz *n*
frangine [-in] F *f* Schwester *f*; *plais* Schwesterherz *n*
frangipane [fʀɑ̃ʒipan] *f* Mandelcreme *f*

franglais [fʀɑ̃ɡlɛ] *m* mit Anglizismen durchsetztes Französisch
franquette [fʀɑ̃kɛt] F **à la bonne franquette** ohne besondere Umstände; ganz zwanglos
franquisme [fʀɑ̃kism] *m* Franco-Regime *n*
franquiste [-ist] *m,f* Franco-Anhänger(in) *m(f)*
frappant [fʀapɑ̃] *adj* ⟨**-ante** [-ɑ̃t]⟩ auffallend; verblüffend; frappierend
frappe [fʀap] *f* **1.** Maschine(n)schreiben *n*; *manière* Anschlag *m*; **faute f de frappe** Tippfehler *m* **2.** *de la monnaie* Prägung *f* **3.** **force f de frappe** französische Atomstreitmacht **4.** F **une petite frappe** F ein sauberes Früchtchen
frappement [fʀapmɑ̃] *m* Schlagen *n*; Klopfen *n*
▸ **frapper** [fʀape] **I** *v/t* **1.** schlagen; **frapper qn au visage** j-n ins Gesicht schlagen, treffen **2.** *fig malheur* **frapper qn** j-n treffen, heimsuchen **3.** *loi, mesure* **frapper qn** j-n (be)treffen **4.** *(étonner)* **frapper qn** j-n verblüffen, frappieren, erstaunen; j-m auffallen; **ce qui frappe en entrant, c'est ...** wenn man hereinkommt,

beim Eintreten fällt auf … **5.** *boisson* **frappé** (eis)gekühlt **6.** *monnaie* prägen **II** *v/i* **frapper** *(à la porte)* (an die Tür) klopfen; anklopfen; **entrez sans frapper** (bitte) nicht anklopfen; **frapper dans ses mains** in die Hände klatschen **III** *v/pr* F *fig* **se frapper** sich *(dat)* Sorgen machen

frappeur [fʀapœʀ] *adj m* **esprit frappeur** Klopf-, Poltergeist *m*

frasque [fʀask] *f* Eskapade *f*; Streich *m*; Torheit *f*

fraternel [fʀatɛʀnɛl] *adj* ⟨**-le**⟩ brüderlich, Bruder… *(a fig)*; *(entre frères et sœurs)* geschwisterlich; Geschwister…

fraternisation [fʀatɛʀnizasjõ] *f* Verbrüderung *f*; *avec l'ennemi* Fraternisierung *f*

fraterniser [-e] *v/i* sich verbrüdern *(avec* mit); fraternisieren (mit)

▸ **fraternité** [fʀatɛʀnite] *f* Brüderlichkeit *f*

fratricide [fʀatʀisid] **I** *adj* brudermörderisch; **guerre** *f* **fratricide** Bruderkrieg *m* **II** *m,f* Bruder- *ou* Schwestermörder(in) *m(f)*

fraude [fʀod] *f* Betrug *m*; **fraude électorale** Wahlbetrug *m*; **fraude fiscale** Steuerhinterziehung *f*; **passer qc en fraude** etw schmuggeln

frauder [fʀode] *v/t et v/i* betrügen; **frauder le fisc** Steuern hinterziehen; **frauder à l'examen** bei der Prüfung täuschen, unerlaubte Hilfsmittel benutzen

fraudeur [fʀodœʀ] *m* Betrüger *m*

frauduleux [fʀodylø] *adj* ⟨**-euse** [-øz]⟩ betrügerisch

frayer [fʀeje] ⟨**-ay-** *ou* **-ai-**⟩ **I** *v/t chemin, fig voie* bahnen **II** *v/i* **frayer avec qn** mit j-m verkehren **III** *v/pr* **se frayer un chemin, un passage** sich *(dat)* e-n Weg bahnen

frayeur [fʀɛjœʀ] *f* Schrecken *m*; Angst *f*

fredaine [fʀədɛn] *f* Eskapade *f*; Streich *m*

fredonnement [fʀədɔnmã] *m* Summen *n*; Trällern *n*

fredonner [-e] *v/t* summen; trällern

free-lance [fʀilãs] *adj* frei(beruflich)

freezer [fʀizœʀ] *m* Gefrierfach *n*

frégate [fʀegat] *f* **1.** MAR Fregatte *f* **2.** ZO Fregattvogel *m*

▸ **frein** [fʀɛ̃] *m* **1.** TECH Bremse *f*; **frein à main** Handbremse *f*; **donner un coup de frein** kurz (ab)bremsen; *fig* drosseln *(à qc* etw) **2.** *fig* Hemmschuh *m*; Zügel *m*; **mettre un frein à qc** e-r Sache *(dat)* Zügel anlegen; **ronger son frein** s-n Ärger verbeißen

freinage [fʀɛnaʒ] *m* Bremsung *f*

▸ **freiner** [fʀene] **I** *v/t fig* bremsen; hemmen; drosseln **II** *v/i* (ab)bremsen

frelater [fʀəlate] *v/t* verfälschen; *vin a* panschen; *adj* **frelaté** *fig vie, plaisirs* unnatürlich

frêle [fʀɛl] *adj* **1.** *(délicat)* zart; zierlich **2.** *(faible)* schwach *(a voix)*

frelon [fʀəlõ] *m* Hornisse *f*

freluquet [fʀəlykɛ] *m péj* Laffe *m*

frémir [fʀemiʀ] *v/i* **1.** *feuillage* zittern; rauschen; säuseln; *eau chaude* summen **2.** *personne* (er)zittern; (er)beben

frémissant [fʀemisã] *adj* ⟨**-ante** [-ãt]⟩ zitternd, bebend *(de colère etc* vor Zorn *etc)*; vibrierend

frémissement [fʀemismã] *m* Zittern *n*

french cancan [fʀɛnʃkãkã] *m danse* Cancan *m*

frêne [fʀɛn] *m* Esche *f*

frénésie [fʀenezi] *f* Raserei *f*; **avec frénésie** wie wahnsinnig

frénétique [fʀenetik] *adj* frenetisch; rasend

frénétiquement [-mã] *adv applaudir* begeistert; *aimer* leidenschaftlich

fréquemment [fʀekamã] *adv* häufig; oft

fréquence [fʀekãs] *f* **1.** Häufigkeit *f* **2.** PHYS Frequenz *f*

▸ **fréquent** [fʀekã] *adj* ⟨**-ente** [-ãt]⟩ häufig

fréquentable [fʀekãtabl] *adj personne* **peu fréquentable** mit der man nicht verkehren sollte

fréquentatif [fʀekãtatif] *m* LING Frequentativ(um) *n*

fréquentation [fʀekãtasjõ] *f des musées, etc* häufiger Besuch; *des gens* Umgang *m* (**de** mit); **avoir de mauvaises fréquentations** schlechten Umgang haben

fréquenté [fʀekãte] *adj* ⟨**-e**⟩ *route* stark befahren; *lieu* viel besucht; **mal fréquenté** wo zweifelhafte Leute verkehren

fréquenter [fʀekãte] **I** *v/t* **1.** *lieu* häufig, regelmäßig besuchen **2.** **fréquenter qn** a) mit j-m verkehren; mit j-m Umgang haben, pflegen; b) *(courtiser)* mit j-m gehen **II** *v/pr* **se fréquenter** miteinander verkehren; oft zusammenkommen

▸ **frère** [fʀɛʀ] *m* **1.** Bruder *m*; **frère(s) et sœur(s)** *f(pl)* Geschwister *pl* **2.** *fig* Bruder *m (a* REL); *adjt* Bruder…; **faux frère** falscher Freund; **partis** *m/pl* **frères** Schwesterparteien *f/pl*

frérot [fʀeʀo] F *m* kleiner Bruder; Brüderchen *n*; F Bruderherz *n*

fresque [fʀɛsk] *f* **1.** PEINT Fresko *n*; **fresques** *pl* Fresken *pl* **2.** *fig* Monumentalgemälde *n*

fret [fʀɛ] *m* Fracht *f*; **fret aérien** Luftfracht *f*

fréteur [fʀetœʀ] *m* Schiffsvermieter *m*

frétillant [fʀetijã] *adj* ⟨**-ante** [-ãt]⟩ *poisson* zappelnd; zuckend; *personne* lebhaft; quirlig

frétiller [fʀetije] *v/i poisson* zappeln; zucken; *personne* zappeln *(d'impatience* vor Ungeduld); *chien* **frétiller de la queue** mit dem Schwanz wedeln

fretin [fʀətɛ̃] *m fig* **menu fretin** kleine Fische *m/pl*

freudien [fʀødjɛ̃] *adj* ⟨**-ienne** [-jɛn]⟩ PSYCH Freuds; freudianisch

freudisme [fʀødism] *m* Lehre *f* Freuds und s-r Schüler

friabilité [fʀijabilite] *f* Bröck(e)ligkeit *f f*

friable [-abl] *adj* bröck(e)lig

friand [fʀijã] **I** *adj* ⟨**-ande** [-ãd]⟩ **être friand de qc** etw für sein Leben gern essen; *fig* auf etw *(acc)* aus sein **II** *m* kleine Blätterteigpastete

friandises [fʀijãdiz] *f/pl* Leckereien *f/pl*

Fribourg [fʀibuʀ] Freiburg *n*

Fribourg-en-Brisgau [fʀibuʀãbʀisgo] Freiburg *n* im Breisgau

fric [fʀik] *m* F *(argent)* F Zaster *m*; F Knete *f*; F Kies *m*; F Moneten *pl*; F Piepen *pl*; F Moos *n*; F Kohle *f*

fricassée [fʀikase] *f* Frikassee *n*

fricasser [fʀikase] *v/t* frikassieren

fricative [fʀikativ] *f* Frikativ-, Reibelaut *m*

friche [fʀiʃ] *f* AGR Brachland *n*; **en friche** brachliegend *(a fig)*

fricotage [fʀikɔtaʒ] F *m* dunkles, faules Ge-

Le fric

Genauso wie es im Deutschen viele Ausdrücke für „Geld" gibt (Knete, Kohle, Moneten etc.), existiert auch im Französischen eine Reihe von umgangssprachlichen Begriffen für **argent** (Geld):

le fric	**le blé**
le pognon	**le flouze**
le pèze	**la galette**

---

schäft; Schiebergeschäft *n*

fricoter [fʀikɔte] F **I** *v/t* F aushecken **II** *v/i* dunkle Geschäfte machen

fricoteur [fʀikɔtœʀ] *m* F Schieber *m*

friction [fʀiksjõ] *f* **1.** (*massage*) Einreibung *f*; Frottieren *n* **2.** TECH Reibung *f* **3.** *fig* Reibung *f*; Reiberei *f*

frictionner [fʀiksjɔne] *v/t* ein-, abreiben; frottieren

frigidaire® [fʀiʒidɛʀ] *m* Kühlschrank *m*; F *fig projet etc* **mettre au frigidaire** auf Eis legen; einfrieren

frigide [fʀiʒid] *adj* frigid(e)

frigidité [-ite] *f* Frigidität *f*

▶ **frigo** [fʀigo] F *m* Kühlschrank *m*

frigorifié [fʀigɔʀifje] F *adj* ⟨~e⟩ (ganz) durch(ge)froren

frigorifier [-e] *v/t aliment* einfrieren

frigorifique [fʀigɔʀifik] *adj* Kühl…; **camion** *m* **frigorifique** Kühlwagen *m*

frileux [fʀilø] *adj* ⟨-euse [-øz]⟩ **1.** kälteempfindlich; **être frileux** leicht frieren, frösteln **2.** *fig* ängstlich; zaghaft

frimas [fʀimɑ] *poét m/pl* (Rau)Reif *m*

frime [fʀim] *f* F Theater *n*; F Mache *f*; **pour la frime** (nur) zum Schein

frimer [fʀime] *v/i* F angeben

frimeur [-œʀ] *m*, **frimeuse** [-øz] *f* F Angeber(in) *m(f)*

frimousse [fʀimus] F *f* Gesicht(chen) *n*

fringale [fʀɛ̃gal] F *f* Heißhunger *m* (*a fig*) (**de** auf + *acc*); **j'ai une de ces fringales!** F hab ich e-n Kohldampf!

fringant [fʀɛ̃gã] *adj* ⟨-ante [-ãt]⟩ **1.** *cheval* feurig **2.** *personne* flott

fringuer [fʀɛ̃ge] *v/pr* F **se fringuer** sich anziehen

fringues [fʀɛ̃g] *f/pl* F Klamotten *f/pl*

friper [fʀipe] *v/t* zerknittern

friperie [fʀipʀi] *f* **1.** (*vieux habits*) Altkleider *n/pl* **2. a)** *commerce* Altkleiderhandel *m* **b)** *boutique* Secondhandshop *m*

fripes [fʀip] F *f/pl* Altkleider *n/pl*; Secondhandkleidung *f*

fripon [fʀipõ] F **I** *adj* ⟨-onne [-ɔn]⟩ schelmisch; spitzbübisch **II** **fripon(ne)** *m(f)* Schelm *m*

fripouille [fʀipuj] F *f* Lump *m*; Halunke *m*

friqué [fʀike] F *adj* ⟨~e⟩ reich; F betucht; **être friqué** F gut betucht sein

▶ **frire** [fʀiʀ] ⟨*déf:* **je fris, il frit; je frirai; frit**⟩ *v/t et v/i* (*faire*) **frire** (in schwimmendem Fett) backen, braten; frittieren

▶ **frisbee**® [fʀizbi] *m* Frisbee® *n*

frise [fʀiz] *f* Fries *m*

Frise [fʀiz] **la Frise** Friesland *n*

frisé [fʀize] *adj* ⟨~e⟩ **1.** *cheveux* lockig; gelockt; gewellt; *personne* mit Lockenhaar; **tête frisée** Lockenkopf *m* **2.** **chou frisé** Wirsing *m*

Frise-Orientale la Frise-Orientale Ostfriesland *n*

friser [fʀize] **I** *v/t* **1.** *cheveux* in Locken legen; wellen **2.** **friser le ridicule**, *etc* ans Lächerliche *etc* grenzen; **friser la soixantaine** knapp, an die sechzig (Jahre alt) sein **II** *v/i cheveux* sich wellen, kräuseln; lockig sein; *personne* Lockenhaar haben

frisette [fʀizɛt] *f* Löckchen *n*

frison [fʀizõ] **I** *adj* ⟨-onne [-ɔn]⟩ friesisch **II** **Frison(ne)** *m(f)* Friese *m*, Friesin *f*

frisottant [fʀizɔtã] *adj* ⟨-ante [-ãt]⟩ *ou* **frisotté** [fʀizɔte] *adj* ⟨~e⟩ *cheveux* sich kräuselnd, (k)ringelnd

frisotter [fʀizɔte] *v/i* sich kräuseln, (k)ringeln

frisquet [fʀiskɛ] F *adj* ⟨-ette [-ɛt]⟩ frisch; kühl

frisson [fʀisõ] *m* Schauder *m*; *st/s* Schauer *m*; **de froid** a Frösteln *n*; MÉD **frissons** *pl* Schüttelfrost *m*; **donner le frisson à qn** j-n schaudern, erschauern lassen

frissonnant [fʀisɔnã] *adj* ⟨-ante [-ãt]⟩ schaudernd; (er)zitternd; **de froid** a fröstelnd

frissonnement [-mã] *m* Schaudern *n*; **de peur** a Gruseln *n*; **des feuilles** Rascheln *n*; Rauschen *n*

frissonner [fʀisɔne] *v/i* **1.** erschauern; schaudern; **de froid** a frösteln; **d'effroi** sich gruseln **2.** *eau* sich kräuseln

frisure [fʀizyʀ] *f des cheveux* Kräuselung *f*

frit [fʀi] *p/p* → **frire** *et adj* ⟨**frite** [fʀit]⟩ frittiert; **pommes de terre frites** Pommes frites *pl*

frite [fʀit] *f* F Fritte *f*; ▶ **frites** *pl* Pommes frites *pl*; F Pommes *pl*; F *fig* **avoir la frite** in Form sein

friterie [fʀitʀi] *f* Pommes-frites-Stand *m*; F Frittenbude *f*

friteuse [-øz] *f* Fritteuse *f*

friture [fʀityʀ] *f* **1.** *graisse* (heißes) Ausbackfett; Frittüre *f* **2.** *poissons* kleine frittierte Fische *m/pl* **3.** RAD, TÉL Störgeräusch *n*; Knattern *n*

fritz [fʀits] *m* F *péj* Deutsche(r) *m*

frivole [fʀivɔl] *adj* **1.** *personne* leichtfertig; oberflächlich; trivol **2.** *lecture, etc* nichtssagend

frivolité [fʀivɔlite] *f* **1.** Leichtfertigkeit *f*; Oberflächlichkeit *f* **2.** **frivolités** *pl* Accessoires *n/pl*; modisches Beiwerk

froc [fʀɔk] *m* **1.** REL (Mönchs)Kutte *f* **2.** F (*pantalon*) F Büx *f*; F Buxe *f*

▶ **froid** [fʀwa] **I** *adj* ⟨**froide** [fʀwad]⟩ **1.** *temps, eau, lieu, etc* kalt; **boire froid** kalt trinken **2.** *personne* (gefühls)kalt; kühl; (*insensible*) kaltherzig; (*indifférent*) ungerührt; *accueil* kühl; frostig; *colère* kalt; verhalten; **cela me laisse froid** das lässt mich kalt; TECH **à froid** kalt; **démarrage** *m* **à froid** Kaltstart *m* **II** *m* Kälte *f*; **attraper, prendre froid** sich erkälten; ▶ **avoir froid** frieren; **j'ai froid** a es friert mich; mich friert; mir ist kalt; *fig* **n'avoir pas froid aux yeux** Courage haben; *fig* **battre froid à qn** j-m die kalte Schulter zeigen; j-n links liegen lassen; F *fig* **être en froid avec qn** auf gespanntem Fuß *ou* nicht gut mit j-m stehen; **il fait froid** es ist kalt; F **il fait un froid de canard** F es ist hunde-, P saukalt; *fig* **jeter un**

froid wie e-e kalte Dusche, ernüchternd, peinlich wirken
froidement [fʀwadmɑ̃] *adv accueillir* kühl; *tuer qn* kaltblütig
froideur [-œʀ] *f* (Gefühls)Kälte *f*; Kühle *f*
froidure [-yʀ] *litt f* (Winter)Kälte *f*
froissement [fʀwasmɑ̃] *m* Rascheln *n*; Knistern *n*
froisser [fʀwase] I *v/t* **1.** *tissu* zerknittern; *papier* zerknüllen; *tôle froissée* Blechschaden *m* **2.** (*vexer*) kränken; verletzen II *v/pr* **3.** *tissu, vêtement* **se froisser** knittern **4. se froisser un muscle** sich (*dat*) e-e Muskelquetschung zuziehen **5.** *personne* **se froisser** gekränkt, beleidigt sein
frôlement [fʀolmɑ̃] *m* Rascheln *n*
frôler [fʀole] *v/t* **1.** (*effleurer*) streifen **2.** (*raser*) dicht vorbeigehen *ou* -fahren an (+ *dat*) **3.** *fig accident, etc* knapp entgehen (+ *dat*); **frôler la catastrophe, la mort** knapp, mit knapper Not e-r Katastrophe, dem Tod entgehen
▸ **fromage** [fʀɔmaʒ] *m* **1.** Käse *m*; **fromage blanc** Quark *m*; **fromage fondu, frais** Schmelz-, Frischkäse *m*; **fromage à pâte molle** Weichkäse *m* **2. fromage de tête** Schweinskopfsülze *f*
fromager [fʀɔmaʒe] I *adj* ⟨**-ère** [-ɛʀ]⟩ Käse... II *m* BOT Kapokbaum *m*
fromagerie [fʀɔmaʒʀi] *f* Käserei *f*
froment [fʀɔmɑ̃] *m* Weizen *m*
fronce [fʀɔ̃s] *f* Kräuselfalte *f*
froncement [fʀɔ̃smɑ̃] *m* **froncement des sourcils** Stirnrunzeln *n*
froncer [fʀɔ̃se] *v/t* ⟨-ç-⟩ **1. froncer les sourcils** die Stirn runzeln **2.** COUT kräuseln; fälteln
fronde [fʀɔ̃d] *f* **1.** Schleuder *f* **2.** HIST *la Fronde* Aufstand gegen Mazarin

La Fronde (1648)

Die **Fronde** (Schleuder) war ein Bündnis des französischen Hochadels, der hohen Richter und von Teilen des Volkes gegen den zunehmenden Absolutismus im Frankreich des 17. Jahrhunderts. Unter der Regentschaft der Mutter des jungen Ludwigs XIV., Anna von Österreich, und der Regierung Kardinal Mazarins kam es zu Unruhen. Das Parlement von Paris (damals das höchste Gericht Frankreichs) hatte versucht, die Macht des Königs durch die Déclaration des vingt-sept articles einzuschränken (**la Fronde parlementaire**). Die Verhaftung der hohen Richter führte zum Aufstand des Volkes von Paris, das deren Freilassung verlangte. Die königliche Familie musste nach Saint-Germain fliehen und konnte erst 1653 nach Paris zurückkehren. Als Mazarin den Prinzen von Condé, einen Führer der richterlichen Opposition, verhaften ließ, zogen dessen Anhänger aus dem Hochadel

Truppen in den Provinzen zusammen und zettelten Aufstände an (**la Fronde des Princes**). Mazarin ging vorübergehend ins Exil ins Rheinland (Brühl), kehrte aber nach der Niederschlagung der Aufstände nach Paris zurück. Ludwig XIV. und damit das französische Königtum gingen gestärkt aus den Auseinandersetzungen hervor.

frondeur [fʀɔ̃dœʀ] I *m* scharfer Kritiker der Autorität II *adj* ⟨**-euse** [-øz]⟩ aufrührerisch; aufsässig
▸ **front** [fʀɔ̃] *m* **1.** ANAT Stirn *f*; *st/s* **avoir le front de faire qc** die Stirn haben *ou* sich erdreisten, etw zu tun; *fig* **faire front à** die Stirn bieten (+ *dat*) **2.** MIL, POL, MÉTÉO Front *f*; **Front national** rechtsextreme frz Partei; **au front** an der Front **3. front de mer** Häuserfront *f* entlang dem Meer **4. de front** *se heurter* frontal; *fig* (ganz) direkt; ohne Umschweife; *avancer* nebeneinander; **mener de front** gleichzeitig ausüben, betreiben
frontal [fʀɔ̃tal] *adj* ⟨∼e; **-aux** [-o]⟩ **1.** ANAT Stirn... **2. collision frontale** Frontalzusammenstoß *m*
frontalier [fʀɔ̃talje] I *adj* ⟨**-ière** [-jɛʀ]⟩ Grenz... II *m* **1.** *habitant* Grenzbewohner *m* **2.** *travailleur* Grenzgänger *m*
▸ **frontière** [fʀɔ̃tjɛʀ] *f* **1.** Grenze *f* (*a fig*); **à la frontière** an der Grenze; **franchir, passer la frontière** über die Grenze gehen; die Grenze überschreiten, passieren **2.** *adjt* ⟨*inv*⟩ Grenz...
frontispice [fʀɔ̃tispis] *m* **1.** Titelblatt *n* **2.** Frontispiz *n*; Titelbild *n*
fronton [fʀɔ̃tɔ̃] *m* Giebeldreieck *n*, -feld *n*
frottage [fʀɔtaʒ] *m* Reiben *n*; Scheuern *n*; *du parquet* Bohnern *n*; Wienern *n*
frottement [fʀɔtmɑ̃] *m* **1.** Reibung *f* (*a* TECH); Abreiben *n* **2.** *fig* **frottements** *pl* Reibereien *f/pl*
▸ **frotter** [fʀɔte] I *v/t* **1.** (ab)reiben; *son corps a* frottieren; *allumette* anzünden **2.** *sol* scheuern; schrubben; *parquet* bohnern; wienern; *cuivres, vitres* blank reiben II *v/i* **3.** reiben; scheuern III *v/pr* **4. se frotter** sich abreiben, frottieren; **se frotter les mains** sich (*dat*) die Hände reiben **5.** *fig* **se frotter à qn** sich an j-m reiben; sich mit j-m anlegen **6. se frotter à qc** F in etw (*acc*) hineinriechen; *prov* **qui s'y frotte s'y pique** wer nicht hören will, muss fühlen (*prov*)
frottis [fʀɔti] *m* **1.** PEINT dünner Farbauftrag **2.** MÉD Abstrich *m*
frottoir [fʀɔtwaʀ] *m* *d'une boîte d'allumettes* Reibfläche *f*
frou-frou *ou* **froufrou** [fʀufʀu] *m* Rascheln *n*; Rauschen *n*; Knistern *n*
froufroutant [fʀufʀutɑ̃] *adj* ⟨**-ante** [-ɑ̃t]⟩ raschelnd; knisternd
froufrouter [-e] *v/i* rascheln; rauschen; knistern
froussard [fʀusaʀ] F I *adj* ⟨**-arde** [-aʀd]⟩ ängstlich II **froussard(e)** *m(f)* F Angsthase *m*
frousse [fʀus] *f* (F Heiden)Angst *f*; F Bammel *m*; P Schiss *m*
fructification [fʀyktifikasjɔ̃] *f* **1.** Fruchtbildung *f*, -ansatz *m* **2.** Fruchtstand *m*

fructifier [fʀyktifje] v/i 1. *arbre* Früchte tragen (*a fig*); *terre* ertragreich sein 2. FIN Zinsen bringen, tragen; *faire fructifier* Zins, gewinnbringend anlegen

fructose [fʀyktoz] m Fruchtzucker m

fructueux [fʀyktɥø] adj ⟨-euse [-øz]⟩ fruchtbar; erfolgreich

frugal [fʀygal] adj ⟨~e; -aux [-o]⟩ 1. *repas* frugal; einfach; karg 2. *personne* genügsam

frugalité [fʀygalite] f 1. *d'un repas* Einfachheit f; Kargheit f; Frugalität f 2. *d'une personne* Genügsamkeit f; Anspruchslosigkeit f

▸ fruit [fʀɥi] m 1. Frucht f (*a fig*); pl ▸ **fruits** a Obst n; **fruits secs** Dörr-, Trockenobst n; → *Info bei Obst* 2. ▸ **fruits de mer** Meeresfrüchte f/pl 3. *fig* Frucht f; Folge f; Ergebnis n; **porter ses fruits** Früchte tragen; Folgen haben

fruité [fʀɥite] adj ⟨~e⟩ fruchtig; *goût fruité* Fruchtgeschmack m

fruiterie [fʀɥitʀi] f Obstgeschäft n

fruitier [fʀɥitje] adj ⟨-ière [-jɛʀ]⟩ Obst...; Frucht...

frusques [fʀysk] f/pl F Klamotten f/pl

fruste [fʀyst] adj ungeschliffen; ungehobelt; grob; plump

frustrant [fʀystʀɑ̃] adj ⟨-ante [-ɑ̃t]⟩ frustrierend

frustration [fʀystʀasjõ] f Frustration f; F Frust m

frustrer [fʀystʀe] v/t 1. frustrieren; enttäuschen; *frustré* frustriert 2. *frustrer qn de qc* j-n um etw bringen

fuchsia [fyʃja] m Fuchsie f

fuel [fjul] m Heizöl n

fugace [fygas] *litt* adj flüchtig

fugacité [-ite] *litt* f Flüchtigkeit f; kurze Dauer

fugitif [fyʒitif] I adj ⟨-ive [-iv]⟩ 1. *personne* flüchtig 2. (*fugace*) flüchtig; (von) kurz(er Dauer) II *fugitif, fugitive* m,f Flüchtige(r) f(m)

fugue [fyg] f 1. MUS Fuge f 2. *d'enfant* Ausreißen n; *faire une fugue* ausreißen; weglaufen

fugué [fyge] adj ⟨~e⟩ MUS in der Art e-r Fuge; fugiert

fuguer [fyge] v/i F ausreißen

fugueur [-œʀ] m, fugueuse [-øz] f Ausreißer(in) m(f)

▸ fuir [fɥiʀ] ⟨je fuis, il fuit, nous fuyons; je fuyais; je fuis; je fuirai; que je fuie; fuyant; fui⟩ I v/t fuir qn, qc j-m, e-r Sache aus dem Weg(e) gehen; j-n, etw meiden II v/i 1. fliehen, flüchten (*devant* vor + *dat*); *faire fuir qn* j-n vertreiben 2. *liquide* (durch e-e undichte Stelle) rinnen, auslaufen, *gaz* ausströmen (*de* aus) 3. *récipient* leck sein; lecken; undicht sein; rinnen; *robinet* tropfen

▸ fuite [fɥit] f 1. Flucht f; *fig fuite en avant* Flucht nach vorn; *être en fuite* auf der Flucht *ou* flüchtig sein; *mettre en fuite* in die Flucht schlagen; *prendre la fuite* die Flucht ergreifen 2. *fig fuite des capitaux* Kapitalflucht f 3. *de liquide* Auslaufen n; *de gaz* Ausströmen n 4. (*fissure*) undichte Stelle; Leck n 5. *fig* Indiskretion f

fulgurant [fylgyʀɑ̃] adj ⟨-ante [-ɑ̃t]⟩ 1. *idée* erleuchtend 2. *douleur* stechend 3. (*rapide*) blitzschnell; *vitesse, progrès* F rasant

fulguration [fylgyʀasjõ] f 1. Wetterleuchten n 2. *fig et litt* Blitzen n; Funkeln n; Gleißen n

fuligineux [fyliʒinø] adj ⟨-euse [-øz]⟩ ɪ rußig; Ruß...; *flamme* rußend

fulminant [fylminɑ̃] adj ⟨-ante [-ɑ̃t]⟩ 1. *personne* wütend; tobend; *regard* wütend; drohend; *lettre* wütend 2. CHIM Knall...

fulminer [fylmine] v/i toben; wettern (*contre* gegen)

fumage [fymaʒ] m 1. *d'aliments* Räuchern n 2. AGR Düngen n mit Mist

fumant [fymɑ̃] adj ⟨-ante [-ɑ̃t]⟩ 1. rauchend 2. F *réussir un coup fumant* e-n tollen Coup landen

fumasse [fymas] F adj wütend; F wild

fumé [fyme] adj ⟨~e⟩ 1. *aliment* geräuchert; Räucher... 2. *verres fumés* dunkle Brille(ngläser) f(n/pl)

fume-cigarette [fymsigaʀɛt] m ⟨inv⟩ Zigarettenspitze f

▸ fumée [fyme] f Rauch m; *fumée épaisse* Qualm m; dichter Rauch; *fig partir en fumée* in Rauch aufgehen; sich in Rauch auflösen; *prov il n'y a pas de fumée sans feu* wo Rauch ist, ist auch Feuer (*prov*); kein Rauch ohne Feuer (*prov*)

▸ **fumer** [fyme] **I** *v/t* **1.** *cigarette, etc* rauchen (*a abs*); *défense de fumer* Rauchen verboten!; *arrêter de fumer* das Rauchen aufgeben **2.** *aliment* räuchern **3.** AGR (mit Mist) düngen **II** *v/i* **4.** *cheminée, etc* rauchen; *p/fort* qualmen **5.** *soupe* dampfen **6.** F *personne* kochen vor Wut

fûmes [fym] → *être¹*

fumet [fymɛ] *m* **1.** CUIS Bratenduft *m* **2.** (*odeur*) Duft *m*; Geruch *m*

▸ **fumeur** [fymœR] *m*, **fumeuse** [fymøz] *f* Raucher(in) *m(f)*

fumeux [fymø] *adj* ⟨**-euse** [-øz]⟩ verschwommen; verworren

fumier [fymje] *m* **1.** AGR (Stall)Mist *m* **2.** *injure* P Mistvieh *n*, -kerl *m*

fumigation [fymigasjõ] *f* MÉD, AGR Räuchern *n*; *d'un lieu* Ausräucherung *f*

fumigène [fymiʒɛn] *adj* Rauch entwickelnd; Rauch…

fumiste [fymist] *m,f* F *c'est un fumiste* F er reißt sich (*dat*) kein Bein aus

fumisterie [fymistəRi] F *f* Bluff *m*; Schwindel *m*

fumoir [fymwaR] *m* **1.** *pour aliments* Räucherkammer *f* **2.** Rauchsalon *m*

funambule [fynãbyl] *m,f* Seiltänzer(in) *m(f)*

funambulesque [fynãbylɛsk] *adj* *projets* verstiegen; ausgefallen

funèbre [fynɛbR] *adj* **1.** (*funéraire*) Bestattungs…; Leichen…; Toten…; *pompes f/pl funèbres* Bestattungs-, Beerdigungsinstitut *n* **2.** *fig* düster; *voix* unheimlich

funérailles [fyneRaj] *f/pl* Bestattung *f*; Beisetzung *f*; Begräbnis *n*

funéraire [fyneRɛR] *adj* **1.** (*d'une tombe*) Grab… **2.** (*d'enterrement*) Bestattungs…; Begräbnis…

funérarium [fyneRaRjɔm] *m* Leichenhalle *f*

funeste [fynɛst] *adj* verhängnisvoll

funiculaire [fynikylɛR] *m* (Stand)Seilbahn *f*

fur [fyR] *au fur et à mesure* entsprechend; nach und nach; *au fur et à mesure que* in dem Maße, wie

furax [fyRaks] F *adj* ⟨*inv*⟩ wütend; F wild

furent [fyR] → *être¹*

furet [fyRɛ] *m* ZO Frettchen *n*

fureter [fyRte] *v/i* ⟨**-è-**⟩ herumschnüffeln

fureteur [fyRtœR], **fureteuse** [-øz] *m,f* Schnüffler(in) *m(f)*

fureur [fyRœR] *f* **1.** Wut *f*; Raserei *f* **2.** *fig* Leidenschaft *f*; *faire fureur* großen Erfolg haben; Furore machen

furibard [fyRibaR] F *adj* ⟨**-arde** [-aRd]⟩ → *furibond*

furibond [fyRibõ] *adj* ⟨**-bonde** [-bõd]⟩ wütend; grimmig; F fuchsteufelswild

furie [fyRi] *f* **1.** MYTH, *fig* Furie *f* **2.** (*fureur*) Wut *f*; Raserei *f*; *en furie* wütend; wild geworden

▸ **furieux** [fyRjø] *adj* ⟨**-euse** [-øz]⟩ **1.** wütend (*contre* auf + *acc*); zornig; aufgebracht **2.** *fig* wütend; heftig

furoncle [fyRõkl] *m* Furunkel *m*

furonculeux [fyRõkylø] *adj* ⟨**-euse** [-øz]⟩ **1.** furunkelartig; furunkulös **2.** *personne* unter Furunkeln leidend

furtif [fyRtif] *adj* ⟨**-ive** [-iv]⟩ **1.** *regard, geste* verstohlen; heimlich; unauffällig **2.** *avion furtif* Tarnkappenflugzeug *n*

furtivement [fyRtivmã] *adv* heimlich; *regarder* verstohlen

fus [fy] → *être¹*

fusain [fyzɛ̃] *m* **1.** (Zeichen)Kohle *f* **2.** *dessin* Kohlezeichnung *f*

fusant [fyzã] *m* MIL Brennzündergranate *f*

fuseau [fyzo] *m* ⟨**~x**⟩ **1.** *pour filer* Spindel *f* **2.** (*pantalon m*) *fuseau* Keilhose *f*; Steghose *f* **3.** *fuseau horaire* Zeitzone *f*

▸ **fusée** [fyze] *f* Rakete *f*

fuselage [fyzlaʒ] *m* AVIAT Rumpf *m*

fuselé [fyzle] *adj* ⟨**~e**⟩ spindelförmig; *doigts, jambes* schlank

fuser [fyze] *v/i* **1.** CHIM unter Zischen abbrennen **2.** *fig rires, cris* erschallen; aufsteigen

fusible [fyzibl] *m* (Schmelz)Sicherung *f*

▸ **fusil** [fyzi] *m* Gewehr *n*; *fusil à air comprimé* Luftgewehr *n*; *fusil de chasse* Jagdgewehr *n*; *à plomb* (Jagd)Flinte *f*; *coup m de fusil* a) Gewehr-, Büchsenschuss *m*; b) F *fig dans un restaurant* F gesalzene Rechnung; Nepp *m*; *fig changer son fusil d'épaule* umschwenken

fusilier [fyzilje] *m* *fusilier marin* Marineinfanterist *m*

fusillade [fyzijad] *f* Schießerei *f*; Schusswechsel *m*

fusiller [fyzije] *v/t* **1.** erschießen **2.** *fig fusiller qn du regard* j-m vernichtende Blicke zuwerfen

fusion [fyzjõ] *f* **1.** PHYS Schmelzen *n* **2.** *fusion nucléaire* Kernfusion *f*, -verschmelzung *f* **3.** ÉCON Fusion *f*; Zusammenschluss *m* **4.** *fig* Verschmelzung *f*

fusionner [fyzjɔne] **I** *v/t* zusammenlegen **II** *v/i* fusionieren; sich zusammenschließen

fusse [fys] → *être¹*

fustiger [fystiʒe] *v/t* ⟨**-ge-**⟩ geißeln (*fig*)

fut, fût¹ [fy] → *être¹*

fût² [fy] *m* **1.** *d'un arbre* Stamm *m* **2.** *d'une colonne, d'un fusil* Schaft *m* **3.** (*tonneau*) Fass *n*

futaie [fytɛ] *f* Hochwald *m*

futé [fyte] **I** *adj* ⟨**~e**⟩ pfiffig; schlau; verschmitzt **II** *subst*; *un petit futé* ein pfiffiges Kerlchen

fûtes [fyt] → *être¹*

futile [fytil] *adj* **1.** belanglos; bedeutungslos; unwichtig; *prétexte* nichtig **2.** *personne* oberflächlich

futilité [fytilite] *f* **1.** Bedeutungslosigkeit *f*; Nichtigkeit *f*; Oberflächlichkeit *f* **2.** *pl futilités* Belanglosigkeiten *f/pl*; belangloses Zeug

▸ **futur** [fytyR] **I** *adj* (zu)künftig; kommende **II** *subst* **1.** *futur(e) m(f)* F (*fiancé[e]*) F Zukünftige(r) *f(m)* **2.** *m* (*avenir*) Zukunft *f* **3.** *m* GR Futur *n*; Zukunft *f*; *futur antérieur* zweites Futur; *futur proche* nahe (mit dem Verb „aller" gebildete) Zukunft; *futur simple* (erstes) Futur

futurisme [fytyRism] *m* Futurismus *m*

futuriste [-ist] *adj* futuristisch

futurologie [fytyRɔlɔʒi] *f* Futurologie *f*; Zukunftsforschung *f*

futurologue [-lɔg] *m* Futurologe *m*; Zukunftsforscher *m*

fuyant [fɥijã] *adj* ⟨**-ante** [-ãt]⟩ *menton, front* fliehend; *regard* ausweichend

fuyard [fɥijaR] *m* Fliehende(r) *m*; Flüchtige(r) *m*

fuyons [fɥijõ] → *fuir*

G

G, g [ʒe] *m* ⟨*inv*⟩ G, g *n*
g *abr* (*gramme*) g
gabardine [gabaʀdin] *f* **1.** Gabardine *m ou f* **2.** Garbardinemantel *m*
gabarit [gabaʀi] *m* **1.** Abmessungen *f/pl*; Größe *f*; *d'une personne* stattlicher Wuchs **2.** *fig* Art *f*; Schlag *m*
gabegie [gabʒi] *f* Misswirtschaft *f*
gabelle [gabɛl] *f* HIST Salzsteuer *f*
Gabon [gabɔ̃] *le Gabon* Gabun *n*
gabonais [gabɔnɛ] **I** *adj* ⟨**-aise** [-ɛz]⟩ gabunisch **II** *subst* **Gabonais(e)** *m(f)* Gabuner(in) *m(f)*
gâchage [gɑʃaʒ] *m du plâtre* Anmachen *n*; Anrühren *n*
► **gâcher** [gɑʃe] *v/t* **1.** *plâtre* anrühren **2.** *fig* verderben; *travail, vie* verpfuschen
gâchette [gɑʃɛt] *f* Abzug *m*; *appuyer sur la gâchette* abdrücken
gâcheur [gɑʃœʀ] *m*, **gâcheuse** [-øz] *f* Verschwender(in) *m(f)*
gâchis [gɑʃi] *m* **1.** (*gaspillage*) Verschwendung *f* **2.** (*désordre*) F Schlamassel *m*
gadget [gadʒɛt] *m* (technische) Spielerei *f*
gadin [gadɛ̃] *m* F *prendre, ramasser un gadin* hinfallen; hinschlagen
gadoue [gadu] *f* Schlamm *m*; F Dreck *m*
gaélique [gaelik] **I** *adj* gälisch **II** *subst* LING **le gaélique** das Gälische; Gälisch *n*
gaffe [gaf] *f* **1.** F (*maladresse*) Fehler *m*; Missgriff *m*; F Schnitzer *m*; F Patzer *m*; **faire, commettre une gaffe** e-n Fehler, Schnitzer, e-e Dummheit machen; F e-n Bock schießen **2.** F **faire gaffe** aufpassen **3.** MAR Bootshaken *m*
gaffer [gafe] F *v/t* sich blamieren
gaffeur [gafœʀ] *m*, **gaffeuse** [-øz] *f* F Dussel *m*; *adjt* ungeschickt; F dusselig
gag [gag] *m* Gag *m*
gaga [gaga] *adj* ⟨*f inv*⟩ F vertrottelt; F verkalkt
gage [gaʒ] *m* **1.** Pfand *n* (*a* JEUX); *mettre en gage* verpfänden; *prêter sur gage* gegen Pfand leihen **2.** *fig* Unterpfand *n*; Beweis *m*; Zeichen *n* **3.** *gages pl* (*salaire*) Lohn *m*; *tueur m à gages* Killer *m*; gedungener Mörder
gager [gaʒe] *v/t* ⟨**-ge-**⟩ *gager que ...* wetten, dass ...
gageure [gaʒyʀ, *abus* gaʒœʀ] *f* unmögliches Unterfangen; gewagte Sache
gagnant [gaɲɑ̃] **I** *adj* ⟨**-ante** [-ɑ̃t]⟩ Gewinn...; *dans une compétition* siegreich **II** *gagnant(e) m(f)* Gewinner(in) *m(f)*; (*vainqueur*) Sieger(in) *m(f)*
gagne-pain [gaɲpɛ̃] *m* ⟨*inv*⟩ Broterwerb *m*
gagne-petit [gaɲpəti] *m* ⟨*inv*⟩ Kleinverdiener *m*
► **gagner** [gaɲe] **I** *v/t* **1.** *en travaillant* verdienen; *bien gagné* wohlverdient **2.** *jeu, guerre, procès* gewinnen **3.** *temps, place, l'amitié de qn* gewin-

nen; *gagner qn à une cause* j-n für e-e Sache gewinnen **4.** *lieu* erreichen; gelangen zu **5.** *faim, sommeil* **gagner qn** j-n überkommen; *incendie* **gagner qc** etw erfassen **II** *v/i* **6.** gewinnen; *gagner par 2-0* (*deux à zero*) (mit) 2:0 (zwei zu null) gewinnen **7.** (*s'améliorer*) **gagner à être connu** bei näherem Kennenlernen gewinnen; *gagner en précision, etc* an Präzision *etc* gewinnen **8.** (*se progager*) sich ausbreiten
gai [ge] *adj* ⟨**-e**⟩ **1.** fröhlich; heiter; lustig; vergnügt; fidel; *couleur* freundlich **2.** (*un peu ivre*) angeheitert
gaiement [gemɑ̃] *adv* fröhlich; lustig
gaieté [gete] *f* Fröhlichkeit *f*; Heiterkeit *f*; Lustigkeit *f*; *ne pas ... de gaieté de cœur* nur ungern; schweren Herzens
gaillard [gajaʀ] **I** *adj* ⟨**-arde** [-aʀd]⟩ **1.** (*alerte*) (gesund und) munter **2.** (*grivois*) etwas frei; locker **II** *m* **3.** (kräftiger) Kerl, Bursche **4.** MAR Back *f*
gaillardement [gajaʀdəmɑ̃] *adv* → **gaillard I 1**
gaîment → **gaiement**
gain [gɛ̃] *m* **1.** (*profit*) Gewinn *m*; *par ext gain de temps, de place* Zeit-, Raumgewinn *m* **2.** *avoir, obtenir gain de cause* recht bekommen **3.** (*salaire*) *gains pl* Verdienst *m*; (Arbeits)Einkommen *n*
gaine [gɛn] *f* **1.** *sous-vêtement* Mieder *n* **2.** *d'une épée, etc* Scheide *f* **3.** TECH (Schutz)Hülle *f*; Mantel *m*
gainer [gene] *v/t* umhüllen
gaîté → **gaieté**
gala [gala] *m* Fest-, Galaveranstaltung *f*; *gala de bienfaisance* Wohltätigkeitsfest *n*
galactique [galaktik] *adj* galaktisch; des Milchstraßensystems
galamment [galamɑ̃] *adv* → **galant**
galant [galɑ̃] **I** *adj* ⟨**-ante** [-ɑ̃t]⟩ **1.** galant; zuvorkommend (gegenüber Damen); *homme galant a* Kavalier *m* **2.** (*amoureux*) galant; Liebes... **II** *m plais* Galan *m*; Verehrer *m*
galanterie [galɑ̃tʀi] *f* Galanterie *f*
galantine [galɑ̃tin] *f* Fleisch- *od* Geflügelsülze *f*
galaxie [galaksi] *f* ASTR **1.** Galaxie *f* **2.** *la Galaxie* die Milchstraße
galbe [galb] *m* anmutig geschwungene Form
galbé [galbe] *adj* ⟨**-e**⟩ (anmutig) geschwungen, gerundet; *jambes bien galbé* wohlgeformt
gale [gal] *f* **1.** MÉD Krätze *f* **2.** MÉD VÉTÉRINAIRE Räude *f* **3.** *fig de qn* F Giftkröte *f*
galère [galɛʀ] *f* **1.** MAR HIST Galeere *f* **2.** F *fig* Plagerei *f*; Kreuz *n*
galérer [galeʀe] *v/i* ⟨**-è-**⟩ F sich abrackern, abschinden; es schwer haben
galerie [galʀi] *f* **1.** ARCH Galerie *f* **2.** (Kunst)Galerie *f*; *galerie de peinture* Gemäldegalerie *f* **3.** *galerie marchande* Einkaufspassage *f* **4.** *galeries pl* THÉ Rang *m*; *fig pour épater la ga-*

lerie aus Effekthascherei **5.** (*tunnel*) (unterirdischer) Gang; Stollen *m* **6.** AUTO Dachgepäckträger *m*
galérien [galeʀjɛ̃] *m* HIST **a)** Galeerensträfling *m* **b)** Galeerensklave *m*
galeriste [galʀist] *m,f* Galerist(in) *m(f)*
galet [galɛ] *m* **1.** (*caillou*) Kiesel(stein) *m* **2.** TECH (Lauf)Rolle *f*
galette [galɛt] *f* **1.** *crêpe* (Buchweizen)Pfannkuchen *m*; **galettes bretonnes** bretonische Butterplätzchen *n/pl*; **galette des Rois** Dreikönigskuchen *m* **2.** F (*argent*) F Kies *m*; → **fric**
galeux [galø] *adj* ⟨**-euse** [-øz]⟩ **1.** *animal* räudig; *fig* **brebis galeuse** schwarzes Schaf **2.** MÉD krätzig
galimatias [galimatja] *m* verworrenes Gerede
galion [galjɔ̃] *m* MAR HIST Galeone *ou* Galione *f*
galipette [galipɛt] F *f* Purzelbaum *m*; **faire des galipettes** Purzelbäume machen, schlagen
galle [gal] *f* BOT (Pflanzen)Galle *f*
Galles [gal] **le pays de Galles** Wales *n*
gallicisme [galisism] *m* französische Spracheigentümlichkeit; Gallizismus *m*
gallinacés [galinase] *m/pl* Hühnervögel *m/pl*
gallois [galwa] **I** *adj* ⟨**-oise** [-waz]⟩ walisisch; von, aus Wales **II** **Gallois(e)** *m(f)* Waliser(in) *m(f)*
gallon [galɔ̃] *m* *mesure de capacité* Gallone *f*
gallo-romain [galoʀɔmɛ̃] HIST **I** *adj* ⟨**-aine** [-ɛn]⟩ galloromanisch **II** *m/pl* **Gallo-Romains** Galloromanen *m/pl*
gallo-roman [galoʀɔmɑ̃] *m* **le gallo-roman** das Galloromanische; Galloromanisch *n*
galoche [galɔʃ] *f* (Holz)Pantine *f*; *fig* **menton** *m* **en galoche** vorspringendes Kinn
galon [galɔ̃] *m* Borte *f*; Tresse *f* (*a* MIL); Litze *f*; *fig* **prendre du galon** befördert werden; avancieren
galonné [galɔne] *adj* ⟨**~e**⟩ betresst
galonner [-e] *v/t* mit Borten, Tressen besetzen
galop [galo] *m* Galopp *m*; **galop d'essai** Aufgalopp *m*; *fig* Probelauf *m*; **au galop** im Galopp (*a fig*)
galopade [galɔpad] *f* **1.** Galopp *m*; Galoppieren *n* **2.** *fig* Getrappel *n*
galopant [galɔpɑ̃] *adj* ⟨**-ante** [-ɑ̃t]⟩ *fig* galoppierend
galoper [-e] *v/i* **1.** galoppieren **2.** *fig* (herum)rennen
galopin [galɔpɛ̃] *m* Schlingel *m*; Lausbub *m*; F Bengel *m*
galvanisation [galvanizasjɔ̃] *f* **1.** TECH Verzinkung *f* **2.** MÉD Galvanisation *f*
galvaniser [galvanize] *v/t* **1.** TECH verzinken; *adjt* **galvanisé** verzinkt **2.** *fig* begeistern; mitreißen
galvauder [galvode] *v/t réputation* kompromittieren; *talent* vergeuden
gamay [gamɛ] *m* *e-e* Rebsorte
gambade [gɑ̃bad] *f* Luftsprung *m*
gambader [-e] *v/i* hüpfen; Luftsprünge machen
gambas [gɑ̃bas] *f/pl* Riesengarnelen
gambe [gɑ̃b] *f* → **viole**
gamberge [gɑ̃bɛʀʒ] F *f* Grübeln *n*; Grübelei *f*
gamberger [-e] F *v/i* ⟨**-ge-**⟩ nachdenken; grübeln
gambette [gɑ̃bɛt] *f* F (*jambe*) Bein *n*
Gambie [gɑ̃bi] **la Gambie** Gambia *n*

gambien [gɑ̃bjɛ̃] **I** *adj* ⟨**-ienne** [-jɛn]⟩ gambisch **II** *subst* **Gambien(ne)** *m(f)* Gambier(in) *m(f)*
gambiller [gɑ̃bije] *v/i* F schwofen
Gameboy® [gɛmbɔj] *m* *ou f* Gameboy® *m*
gamelle [gamɛl] *f* **1.** Koch-, Essgeschirr *n* **2.** F **ramasser une gamelle** F auf die Nase fallen (*a fig*)
gamète [gamɛt] *m* BIOL Keim-, Geschlechtszelle *f*
gamin [gamɛ̃], **gamine** [-in] **I** *m,f* **1.** *garçon* kleiner Junge, Bub; F Bengel *m*; *fille* kleines Mädchen; F Göre *f* **2.** F (*fils, fille*) F Kleine(r) *f(m)* **II** *adj* jungenhaft; lausbubenhaft
gaminerie [gaminʀi] *f* Kinderei *f*
gamma [ga(m)ma] *m lettre* Gamma *n*
gamme [gam] *f* **1.** MUS Tonleiter *f* **2.** *fig* (*série*) Skala *f*; COMM Palette *f*; *adjt* **bas de gamme** der unteren Preisklasse; minderwertig; '**haut de gamme** der gehobenen Preisklasse; Qualitäts…
gammée [game] *adj f* **croix gammée** Hakenkreuz *n*
ganache [ganaʃ] *f* F (**vieille**) **ganache** F (alter) Esel
Gand [gɑ̃] Gent *n*
gang [gɑ̃g] *m* Bande *f*; Gang *f*
Gange [gɑ̃ʒ] **le Gange** der Ganges
ganglion [gɑ̃glijɔ̃] *m* Lymphknoten *m*
gangrène [gɑ̃gʀɛn] *f* **1.** MÉD Brand *m* **2.** *fig* Krebsschaden *m*
gangrener [gɑ̃gʀəne] *v/pr* ⟨**-è-**⟩ MÉD **se gangrener** brandig werden; *adjt* **gangrené** brandig (geworden)
gangreneux [gɑ̃gʀənø] *adj* ⟨**-euse** [-øz]⟩ brandig
gangster [gɑ̃gstɛʀ] *m* **1.** Gangster *m* **2.** *fig* Lump *m*; Betrüger *m*
gangstérisme [gɑ̃gsteʀism] *m* Gangstertum *n*, -unwesen *n*
gangue [gɑ̃g] *f* MINES Gangart *f*
ganse [gɑ̃s] *f* Kordel *f*; Besatzband *n*
ganser [-e] *v/t* mit Schnur, Band besetzen; paspeln
▸ **gant** [gɑ̃] *m* **1.** Handschuh *m*; **gant de boxe** Boxhandschuh *m*; **une paire de gants** ein Paar *n* Handschuhe; **aller à qn comme un gant** *vêtement* (j-m) sitzen wie angegossen; *par ext* j-m auf den Leib geschneidert sein; **mettre des gants** Handschuhe an-, überziehen; F *fig* **prendre des gants avec qn** j-n mit Samt-, Glacéhandschuhen anfassen; *fig* **relever le gant** den Fehdehandschuh aufnehmen **2.** ▸ **gant** (**de toilette**) Waschlappen *m*
ganté [gɑ̃te] *adj* ⟨**~e**⟩ *personne* mit Handschuhen; *main* behandschuht
▸ **garage** [gaʀaʒ] *m* **1.** *abri* Garage *f*; *inscription* **sortie de garage!** Ausfahrt frei halten!; **mettre, rentrer sa voiture au garage** s-n Wagen in die Garage bringen, fahren **2.** *atelier* (Auto-, Kfz-)Werkstatt *f*
garagiste [gaʀaʒist] *m* (selbstständiger) Kfz-Mechaniker
garance [gaʀɑ̃s] *adj* ⟨*inv*⟩ krapprot
garant [gaʀɑ̃] *m*, **garante** [-ɑ̃t] *f* JUR Bürge *m*, Bürgin *f*; POL Garantiemacht *f*; *par ext* Garant *m*; *fig* **se porter garant, garante de qc** sich für etw verbürgen

garanti [gaʀɑ̃ti] *m* Bürgschaftsnehmer *m*
garantie [gaʀɑ̃ti] *f* **1.** COMM Garantie *f*; Gewähr-
leistung *f*; *réparation, etc* **être couvert(e) par
la garantie** unter die Garantie fallen; F auf
Garantie gehen; **ma montre est encore sous
garantie** auf meiner Uhr ist noch Garantie **2.**
par ext Garantie *f*; Gewähr *f*; **sans garantie**
ohne Gewähr; **demander des garanties** Ga-
rantien, Sicherheiten verlangen; **offrir, pré-
senter toutes les garanties** jede Gewähr bie-
ten; **prendre des garanties** sich absichern
garantir [gaʀɑ̃tiʀ] *v/t* **1.** *dette* bürgen für; *droits*
garantieren; COMM Garantie geben auf (+ *acc*);
être garanti un an ein Jahr Garantie haben **2.**
(*certifier*) garantieren; versichern; **garantir le
succès** für den Erfolg garantieren **3.** (*proté-
ger*) schützen (**de** vor + *dat*)
garce [gaʀs] *f* F *péj* Weibsbild *n*; F Biest *n*
▶ **garçon** [gaʀsɔ̃] *m* **1.** *enfant* Junge *m*; *südd*
Bub *m*; *st/s* Knabe *m* **2.** (*jeune homme*) junger
Mann; Bursche *m*; F Kerl *m*; **garçon d'hon-
neur** Brautführer *m*; **être beau garçon** ein
schmucker Bursche sein **3.** **mauvais garçon**
Ganove *m*; F schwerer Junge **4.** **vieux garçon**
(älterer) Junggeselle **5.** **garçon coiffeur** Fri-
seurgehilfe *m*; **garçon de courses** Laufbur-
sche *m*; Bote *m* **6.** **garçon (de café)** Kellner
m; Ober *m*
garçonne [gaʀsɔn] *f* **coiffure f à la garçonne**
Bubikopf *m*
garçonnet [gaʀsɔnɛ] *m* (kleiner) Junge
garçonnière [gaʀsɔnjɛʀ] *f* Junggesellenwoh-
nung *f*
Gard [gaʀ] **le Gard** *Fluss u Departement in
Frankreich*
garde¹ [gaʀd] *f* **1.** (*surveillance*) Bewachung *f*;
garde à vue Polizeigewahrsam *m*; **droit** *m*
de garde Sorgerecht *n*; **avoir la garde d'un
enfant** das Sorgerecht für ein Kind haben **2.**
(*attention*) **mettre qn en garde** j-n warnen
(**contre** vor + *dat*); **prendre garde** achtgeben,
aufpassen, achten (**à** auf + *acc*); **être sur ses
gardes** auf der Hut sein; sich vorsehen **3.** *ser-
vice* Wachdienst *m*; Wache *f*; MÉD Bereit-
· schafts-, Notdienst *m*; **pharmacie** *f* **de garde**
dienstbereite Apotheke; MIL **tour** *m* **dc garde**
(turnusmäßiger) Wachdienst; **être de garde**
MIL Wachdienst haben; auf Wache sein; MÉD
Bereitschaftsdienst haben; MIL **monter la gar-
de** Wache halten, F schieben **4.** (*soldats en fac-
tion*) Wache *f*; Wachmannschaft *f* **5.** *corps de
troupe* Garde *f*; **garde républicaine** Republi-
kanische Garde; *fig* **la vieille garde** die alte
Garde **6.** **page** *f* **de garde** Vorsatzblatt *n*
garde² *m* **1.** Wächter *m*; **garde champêtre**
Feldhüter *m*; **garde forestier** (Revier)Förster
m; **garde du corps** Leibwächter *m*; **garde des
Sceaux** (französischer) Justizminister **2.** MIL
Gardist *m*; **garde mobile** Bereitschaftspolizist
m
Garde [gaʀd] **le lac de Garde** der Gardasee
gardé [gaʀde] *adj* ⟨**~e**⟩ bewacht; **chasse gar-
dée** Jagdrevier *n*; *fig* Reservat *n*
garde-à-vous [gaʀdavu] **I** *int* **garde-à-vous!**
stillgestanden! **II** *m* ⟨*inv*⟩ **se mettre au gar-
de-à-vous** strammstehen
garde-barrière [gaʀd(ə)baʀjɛʀ] *m,f* ⟨**gardes-
-barrière(s)**⟩ Schranken-, Bahnwärter(in) *m(f)*

garde-boue [gaʀdəbu] *m* ⟨*inv*⟩ Schutzblech *n*
garde-chasse *m* ⟨**gardes-chasse(s)**⟩ Jagdauf-
seher *m*; Wildhüter *m*
garde-chiourme [gaʀdəʃjuʀm] *m* ⟨**gardes-
-chiourme**⟩ *péj* brutaler Aufseher; Antreiber
m
garde-côte *m* ⟨**garde-côte(s)**⟩ Küstenwach-
boot *n*
garde-feu *m* ⟨*inv*⟩ Kamin-, Ofenschirm *m*
garde-fou *m* ⟨**garde-fous**⟩ (Schutz)Geländer
n
garde-malade *m,f* ⟨**gardes-malades**⟩ Kran-
kenwärter(in) *m(f)*
garde-manger *m* ⟨*inv*⟩ Fliegenschrank *m*
garde-meuble *m* ⟨**garde-meuble(s)**⟩ Möbella-
ger *m*
gardénia [gaʀdenja] *m* Gardenie *f*
garden-party [gaʀdɛnpaʀti] *f* ⟨**garden-par-
ties**⟩ Gartenfest *n*
garde-pêche *m* ⟨*inv*⟩ Fischereikreuzer *m*,
-schutzboot *n*
▶ **garder** [gaʀde] **I** *v/t* **1.** (*surveiller*) bewachen;
vaches, etc hüten; **garder un enfant** ein Kind
hüten; auf ein Kind aufpassen **2.** *provisions,
documents, etc* aufbewahren; aufheben; *place*
frei halten (**à qn** für j-n) **3.** *objet trouvé, etc* be-
halten; *vêtement* anbehalten; F anlassen; *cha-
peau* aufbehalten; F auflassen; *habitude* bei-
behalten; *invité à dîner* dabehalten; *secret* **gar-
der pour soi** für sich behalten **4.** *dans tel ou tel
état* halten; bewahren; *fortune* erhalten; be-
wahren; *jeunesse, humour* bewahren; **garder
la tête froide** e-n kühlen Kopf bewahren **II**
v/pr **5.** **se garder de qc** sich vor etw (*dat*) hü-
ten, in Acht nehmen; **se garder de faire qc**
sich hüten, etw zu tun **6.** *aliments* **se garder**
sich halten; haltbar sein
garderie [gaʀdəʀi] *f* Kinderhort *m*
garde-robe [gaʀdəʀɔb] *f* ⟨**garde-robes**⟩ Gar-
derobe *f*
garde-voie *m* ⟨**gardes-voie(s)**⟩ Streckenwär-
ter *m*
▶ **gardien** [gaʀdjɛ̃] *m*, **gardienne** [gaʀdjɛn] *f* **1.**
Aufseher(in) *m(f)*; Wärter(in) *m(f)*; Wächter
m; *d'un immeuble* Hausmeister(in) *m(f)*;
▶ **gardien de but** Torhüter *m*, -wart *m*; **gar-
dien de la paix** Polizeibeamte(r) *m* **2.** *fig* (*dé-
fenseur*) Hüter(in) *m(f)* **3.** *adjt* **ange gardien**
Schutzengel *m* (*a fig*)
gardiennage [gaʀdjenaʒ] *m* Aufseher-, Wär-
teramt *n*, -dienst *m*; *d'un immeuble* Hausmeis-
terei *f*; **société** *f* **de gardiennage** Wach- und
Schließgesellschaft *f*
gardon [gaʀdɔ̃] *m* *poisson* Rotauge *n*; Plötze *f*;
être frais comme un gardon wie das blühen-
de Leben aussehen
▶ **gare¹** [gaʀ] *f* **1.** Bahnhof *m*; **chef** *m* **de gare**
Bahnhofs-, Stationsvorsteher *m*; **à la gare** am
ou auf dem Bahnhof; **aller à la gare** zum
Bahnhof gehen *ou* fahren; **entrer en gare** ein-
fahren **2.** **gare routière** Busbahnhof *m*
gare² *int* **1.** **gare à toi!** nimm dich in Acht!; na
warte! **2.** **sans crier gare** unvermutet; uner-
wartet
garenne [gaʀɛn] *f* **lapin** *m* **de garenne** Wildka-
ninchen *n*
▶ **garer** [gaʀe] **I** *v/t* parken; abstellen; *adjt voi-
ture* **être garé** geparkt sein; **je suis mal garé**

G

mein Wagen ist schlecht geparkt II *v/pr* **1.** ▸ *se garer* parken **2.** *se garer* (*éviter*) ausweichen
gargantuesque [gaʀgɑ̃tɥɛsk] *adj* e-s Gargantua würdig; *appétit* riesig
gargariser [gaʀgaʀize] *v/pr* **1.** *se gargariser* gurgeln **2.** F *fig se gargariser de* sich berauschen an (+ *dat*)
gargarisme [gaʀgaʀism] *m* **1.** *remède* Gurgelwasser *n*, -mittel *n* **2.** *action* Gurgeln *n*
gargote [gaʀgɔt] *f péj* mieses Esslokal
gargouille [gaʀguj] *f* Wasserspeier *m*
gargouillement [gaʀgujmɑ̃] *m* **1.** *d'eau* Plätschern *n*; Gurgeln *n* **2.** *de l'estomac* **gargouillements** *pl* Knurren *n*
gargouiller [gaʀguje] *v/i* **1.** *eau* plätschern; gurgeln; gluckern **2.** *estomac* knurren
gargouillis [gaʀguji] *m* → **gargouillement**
garnement [gaʀnəmɑ̃] *m* Lausbub *m*
garni [gaʀni] *m* möblierte Unterkunft
garnir [gaʀniʀ] *v/t* **1.** (*munir*) ausstatten, versehen (*de* mit); **bien garni** *portefeuille* prall gefüllt; *table* reich gedeckt **2.** (*décorer*) verzieren (*de* mit) **3.** CUIS garnieren (*de* mit); *garni* mit Beilagen
garnison [gaʀnizõ] *f* Garnison *f*
garniture [gaʀnityʀ] *f* **1.** Ausstattung *f*; Zubehör *n*; **garniture de frein** Bremsbelag *m* **2.** (*décoration*) Verzierung *f* **3.** CUIS Beilage *f* **4.** *garniture périodique* (Monats)Binde *f*
Garonne [gaʀɔn] *la Garonne Fluss in Südwestfrankreich*
garrigue [gaʀig] *f immergrüne Strauchheide im Mittelmeerraum*
garrot [gaʀo] *m* **1.** MÉD Arterienabbinder *m* **2.** *supplice* Ga(r)rotte *f*; Würgschraube *f* **3.** *du cheval, etc* Widerrist *m*
garrotter [gaʀote] *v/t* fesseln
gars [gɑ] F *m* Bursche *m*; F Kerl *m*
Gascogne [gaskɔɲ] *la Gascogne* die Gaskogne; *le golfe de Gascogne* die Biskaya
gascon [gaskõ] **I** *adj* ⟨**-onne** [-ɔn]⟩ gaskognisch; (aus) der Gaskogne **II** *subst* **Gascon(ne)** *m(f)* Gaskogner(in) *m(f)*
gasoil [gazwal] *m* → **gazole**
gaspillage [gaspijaʒ] *m* Verschwendung *f*
gaspiller [-e] *v/t* verschwenden; vergeuden
gaspilleur [gaspijœʀ], **gaspilleuse** [-øz] **I** *m,f* Verschwender(in) *m(f)* **II** *adj* verschwenderisch
gastéropodes [gasteʀɔpɔd] *m/pl* Schnecken *f/pl*; *sc* Gastropoden *m/pl*
gastrique [gastʀik] *adj* Magen...
gastrite [gastʀit] *f* Magenschleimhautentzündung *f*; *sc* Gastritis *f*
gastro-entérite [gastʀoɑ̃teʀit] *f* ⟨**gastro-entérites**⟩ Brechdurchfall *m*; Magen-Darm-Entzündung *f*
gastro-entérologie [gastʀoɑ̃teʀɔlɔʒi] *f* Gastroenterologie *f*
gastro-entérologue *m* Facharzt *m* für Magen- und Darmleiden; *sc* Gastroenterologe *m*
gastro-intestinal [gastʀoɛ̃tɛstinal] *adj* ⟨~**e**; -**aux** [-o]⟩ Magen-Darm-...
gastronome [gastʀɔnɔm] *m* Feinschmecker *m*
gastronomie [-i] *f* Kochkunst *f*; Gastronomie *f*; Esskultur *f*
gastronomique [-ik] *adj* Feinschmecker...; gastronomisch; kulinarisch

gastroscope [gastʀɔskɔp] *m* Gastroskop *n*
gastroscopie *f* Magenspiegelung *f*; *sc* Gastroskopie *f*
gâté [gate] *adj* ⟨~**e**⟩ **1.** *fruit* verdorben; *dent* faul **2.** *enfant* verwöhnt; verzogen
▸ **gâteau** [gato] *m* ⟨~**x**⟩ **1.** Kuchen *m*; *a* (Creme)Torte *f*; **petits gâteaux** Kleingebäck *n*; **gâteaux secs** Teegebäck *n*; Plätzchen *n/pl*; Kekse *m/pl*; **gâteau de riz** Reisauflauf *m*; F *fig* **c'est du gâteau** das ist kinderleicht **2.** **gâteau de cire** Bienenwabe *f* **3.** *adjt* F **grand-père** *m* **gâteau** F Opa, der gern Kinder verwöhnt
▸ **gâter** [gate] **I** *v/t* **1.** *personne* verwöhnen; *enfant a* verziehen **2.** *chose* verderben; **ce qui ne gâte rien** was nichts schaden kann **II** *v/pr* **se gâter** sich verschlechtern
gâterie [gatʀi] *f* **1.** (*petit cadeau*) Kleinigkeit *f* **2.** (*friandise*) Leckerei *f*
gâteux [gatø] F **I** *adj* ⟨**-euse** [-øz]⟩ F verkalkt; trottelig; kindisch (geworden); **devenir gâteux** abbauen; F verkalken **II** *m* **un vieux gâteux** ein kindischer Alter; F *a* ein alter Knacker
gâtisme [gatism] *m* Altersabbau *m*; F Verkalkung *f*
▸ **gauche** [goʃ] **I** *adj* **1.** (*à gauche*) linke; *fig il s'est levé du pied gauche* er ist mit dem linken Fuß zuerst aufgestanden; F *fig* **passer l'arme à gauche** P ins Gras beißen; P abkratzen; **tourner à gauche** (nach) links abbiegen **2.** (*maladroit*) linkisch; unbeholfen **II** *subst* **3.** *f* Linke *f*; linke Seite; *à gauche* links *ou* nach links; *à gauche de* links von; *à ou sur la gauche de qn* links von j-m; zur Linken j-s **4.** POL *la gauche* die Linke; *l'extrême gauche* die äußerste Linke; *de gauche* Links...; links stehend; *être à, de gauche* links stehen **5.** *m* BOXE Linke *f*
gauchement [goʃmɑ̃] *adv* linkisch
gaucher [goʃe], **gauchère** [-ɛʀ] **I** *m,f* Linkshänder(in) *m(f)* **II** *adj* linkshändig
gaucherie [goʃʀi] *f* linkische Art; Unbeholfenheit *f*
gauchir [goʃiʀ] *v/i* sich verziehen
gauchisant [goʃizɑ̃] *adj* ⟨**-ante** [-ɑ̃t]⟩ POL nach links tendierend
gauchiser [-ize] *v/pr* **se gauchiser** POL sich nach links orientieren
gauchisme [-ism] *m* Linksextremismus *m*, -radikalismus *m*
gauchiste [-ist] **I** *adj* linksradikal **II** *m,f* Linksextreme(r) *f(m)*, -radikale(r) *f(m)*
gaucho [goʃo] *m* Gaucho *m*
gaudriole [godʀijɔl] *f* Sinnengenuss *m*
gaufre [gofʀ] *f* Waffel *f*
gaufrer [gofʀe] *v/t* gaufrieren; mit Prägedruck versehen
gaufrette [gofʀɛt] *f* Waffel *f*
gaufrier [gofʀije] *m* Waffeleisen *n*
Gaule [gol] *la Gaule* Gallien *n*; → *Info bei Gallien*
gaule [gol] *f* **1.** (*perche*) (lange) Stange **2.** (*canne à pêche*) Angelrute *f*
gauler [gole] *v/t* **1.** *noix* herunterschlagen **2.** *arg* **se faire gauler** F geschnappt werden
Gaulle *de Gaulle* [dəgol] *frz Staatsmann*
gaullien [goljɛ̃] *adj* ⟨**-ienne** [-jɛn]⟩ de Gaulles;

de-gaullesche(r, -s)

gaullisme [-ism] *m* Gaullismus *m*

gaulliste [-ist] **I** *adj* gaullistisch **II** *m,f* Gaullist(in) *m(f)*

gaulois [golwa] **I** *adj* ⟨**-oise** [-waz]⟩ **1.** HIST gallisch; *symbole national de la France* **le coq gaulois** der gallische Hahn **2.** *plaisanterie* derb; schlüpfrig; F deftig **II** *subst* **3.** *Gaulois(e)* *m(f)* Gallier(in) *m(f)* **4.** *gauloise* f frz Zigarettenmarke

---

Le coq gaulois

Der gallische Hahn (**le coq gaulois**) ist eines der Nationalsymbole Frankreichs. Seit der Renaissance ist er eng verbunden mit der Idee der französischen Nation. Vor allem während der Französischen Revolution und der Juli-Monarchie erlangte er besondere Popularität und verdrängte andere für die Monarchie typische Symboltiere wie Löwe und Adler. Ob in Karikaturen oder als **Footix**, dem Maskottchen der Fußballweltmeisterschaft 1998 – der gallische Hahn steht symbolhaft für Frankreich.

---

gauloiserie [golwazʀi] *f* derber, F deftiger Witz; Zote *f*

gausser [gose] *v/pr litt* **se gausser de qn** j-n auslachen; sich über j-n lustig machen

gavage [gavaʒ] *m* Nudeln *n*; Stopfen *n*

gave [gav] *m* Gieß-, Sturzbach *m* (*in den Pyrenäen*)

gaver [gave] **I** *v/t* **1.** *oies, canards* nudeln; stopfen **2.** *fig* **gaver qn** j-n vollstopfen, überfüttern (**de** mit) **II** *v/pr* **se gaver** sich vollstopfen (**de** mit) (*a fig*)

gavroche [gavʀɔʃ] **I** *m* (witzig-frecher, aufgeweckter) Pariser Straßenjunge **II** *adj* witzig-frech; aufgeweckt

gay [gɛ] **I** *adj* ⟨*inv*⟩ Schwulen… **II** *m* Schwule(r) *m*

▸ **gaz** [gaz] *m* **1.** Gas *n*; **gaz naturel** Erdgas *n*; **gaz** pl **d'échappement** Auspuffgase *n/pl*; Abgase *n/pl*; F (**à**) **pleins gaz** mit Vollgas; AVIAT **couper, mettre les gaz** das Gas wegnehmen, Gas geben **2.** pl MÉD Blähungen *f/pl*

gaze [gaz] *f* **1.** TEXT Gaze *f* **2.** MÉD (Verband-) Mull *m*

gazé [gaze] *m de la guerre de 14-18* Giftgasopfer *n*

gazelle [gazɛl] *f* Gazelle *f*

gazer [gaze] **I** *v/t* vergasen **II** *v/t* F **ça gaze** F es klappt; F das haut hin

gazette [gazɛt] *f* Zeitung *f*

gazeux [gazø] *adj* ⟨**-euse** [-øz]⟩ **1.** CHIM gasförmig **2.** *boisson* mit Kohlensäure versetzt; kohlensäurehaltig; **eau gazeuse** *a* Sprudel *m*

gazier [gazje] *m* Arbeiter *m*, Angestellte(r) *m* e-r Gasgesellschaft

gazinière [gazinjɛʀ] *f* Gasherd *m*

gazoduc [gazɔdyk] *m* Ferngasleitung *f*

▸ **gazole** [gazɔl] *m* Diesel(kraftstoff) *m*

gazomètre [gazɔmɛtʀ] *m* Gaskessel *m*

▸ **gazon** [gazõ] *m* Rasen *m*

gazonner [gazɔne] *v/t* Rasen anlegen auf (+*dat*); mit Rasen bepflanzen

gazouillement [gazujmã] *m* **1.** *d'oiseaux* Gezwitscher *n* **2.** *de bébé* Geplapper *n*

gazouiller [gazuje] *v/i* **1.** *oiseau* zwitschern **2.** *bébé* plappern; lallen

gazouillis [gazuji] *m* → **gazouillement**

GDF [ʒedeɛf] *m abr* (*Gaz de France*) staatliche frz Gasgesellschaft

geai [ʒɛ] *m* Eichelhäher *m*

géant [ʒeã], **géante** [ʒeãt] **I** *m,f* **1.** Riese *m*, Riesin *f*; *homme a* Hüne *m* **2.** *fig* Gigant *m* **II** *adj* riesig; Riesen…; gigantisch; COMM **paquet géant** Großpackung *f*

gégène [ʒeʒɛn] *f* Folter *f* (durch Elektroschocks)

geignard [ʒɛɲaʀ] F *adj* ⟨**-arde** [-aʀd]⟩ jammernd; wehleidig; weinerlich

geindre [ʒɛ̃dʀ] *v/i* ⟨ **peindre**⟩ **1.** (*gémir*) stöhnen; *faiblement* wimmern **2.** *péj* (dauernd) jammern, lamentieren

geisha [gɛʃa] *f* Geisha *f*

▸ **gel** [ʒɛl] *m* **1.** MÉTÉO Frost *m* **2.** *fig*, FIN Einfrieren *n* **3.** *substance* Gel *n*

gélatine [ʒelatin] *f* Gelatine *f*; Gallert *n*

gélatineux [ʒelatinø] *adj* ⟨**-euse** [-øz]⟩ gallertartig; CUIS geleeartig; F schwabbelig

gelé [ʒ(ə)le] *adj* ⟨**~e**⟩ **1.** *eau* gefroren; *lac* zugefroren **2.** *personne* **être gelé** (schrecklich) frieren; **être complètement gelé** ganz durchgefroren sein; **avoir les mains gelées** eiskalte Hände haben

gelée [ʒ(ə)le] *f* **1.** (*gel*) Frost *m*; **gelée blanche** Reif *m* **2.** *de viande* Sülze *f*; **en gelée** in Gelee; in Aspik **3.** *de fruits* Gelee *n* **4.** **gelée royale** Gelee royale *n*

▸ **geler** [ʒ(ə)le] ⟨**-è-**⟩ **I** *v/t* **1.** *eau, sol* gefrieren lassen; zum Gefrieren bringen **2.** *fig crédits, etc* einfrieren **II** *v/i* **3.** *eau* gefrieren; *lac, rivière* zufrieren; *canalisation* einfrieren; *membres, fleurs* erfrieren **4.** *personne* frieren **III** *v/imp* **il gèle** es friert; es herrscht Frost; **il gèle à pierre fendre** es friert Stein und Bein **IV** *v/pr* **se geler** → *4*

gélifier [ʒelifje] *v/t* gelatinieren; zum Gelatinieren bringen

gélinotte [ʒelinɔt] *f* Haselhuhn *n*

gélule [ʒelyl] *f* Gelatinekapsel *f*

gelure [ʒ(ə)lyʀ] *f* Erfrierung *f*

Gémeaux [ʒemo] *m/pl* ASTR Zwillinge *m/pl*; **être Gémeaux** ein Zwilling sein

gémellaire [ʒemɛ(l)lɛʀ] *adj* MÉD Zwillings…

gémellité [ʒemɛ(l)lite] *f* MÉD Vorkommen *n*, Auftreten *n* von Zwillingen

gémination [ʒeminasjõ] *f* Verdopp(e)lung *f*; BIOL Paarigkeit *f*; LING Silbenverdopplung *f*; *de consonnes* Gemination *f*; Konsonantenverdopplung *f*

géminé [ʒemine] *adj* ⟨**~e**⟩ Zwillings…; Doppel…; BIOL paarig; PHON geminiert; **consonne géminée** *a* Geminate *f*

gémir [ʒemiʀ] *v/i* **1.** stöhnen (**de douleur** vor Schmerzen); *sous un fardeau a* ächzen **2.** *par ext vent* heulen; *porte* ächzen; knarren **3.** *fig* (*se plaindre*) seufzen; klagen

gémissant [ʒemisã] *adj* ⟨**-ante** [-ãt]⟩ *voix* klagend; jammernd

gémissement [ʒemismã] *m* **1.** Stöhnen *n*; Klagelaut *m* **2.** *du vent* Heulen *n*; *d'une porte* Ächzen *n*; Knarren *n*

gemme [ʒɛm] *f* **1.** MINÉR Edelstein *m* **2.** *adjt* **sel** *m* **gemme** Steinsalz *n*

gênant [ʒɛnã] *adj* ⟨**-ante** [-ãt]⟩ *objet* hinderlich; *bruit* störend; *situation* peinlich; *personne* lästig; unbequem

gencive [ʒãsiv] *f* Zahnfleisch *n*

▸ **gendarme** [ʒãdaʀm] *m* **1.** Gendarm *m*; *jouer au(x) gendarme(s) et au(x) voleur(s)* Räuber und Gendarm spielen **2.** F *gendarme couché* Fahrbahnschwelle *f*

gendarmer [ʒãdaʀme] *v/pr* **se gendarmer** e-n energischen Ton anschlagen

gendarmerie [ʒãdaʀməʀi] *f* Gendarmerie *f*; *gendarmerie nationale* amtliche Bezeichnung der frz Gendarmerie

---

La gendarmerie nationale

Die **gendarmerie nationale** nimmt neben der allgemeinen Polizei, der **police nationale**, polizeiliche Aufgaben wahr. Sie wird vor allem auf Flughäfen und in ländlichen Gegenden eingesetzt.

In Friedenszeiten ist sie dem Innenministerium zugeordnet. Offiziell jedoch gehört sie zu den französischen Streitkräften und ist dem Verteidigungsminister unterstellt.

▸ **gendre** [ʒãdʀ] *m* Schwiegersohn *m*

gêne [ʒɛn] *f* **1.** *physique* Enge *f*; Beklemmung *f* **2.** (*désagrément*) (lästiger) Zwang; Last *f* **3.** *financière* Geldverlegenheit *f* **4.** *psychique* Verlegenheit *f*; Befangenheit *f*; *sans gêne* frech; dreist; unverfroren

gène [ʒɛn] *m* Gen *n*

gêné [ʒene] *adj* ⟨**~e**⟩ **1.** (*embarrassé*) verlegen; betreten; befangen; *personne a* gehemmt; peinlich berührt **2.** *financièrement* in Geldverlegenheit

généalogie [ʒenealɔʒi] *f* **1.** (*filiation*) Abstammung *f*; Geschlechterfolge *f* **2.** *science* Genealogie *f*; Ahnenforschung *f*

généalogique [ʒenealɔʒik] *adj* **arbre** *m* **généalogique** Stammbaum *m*; Ahnentafel *f*

généalogiste [ʒenealɔʒist] *m* Genealoge *m*

▸ **gêner** [ʒene] **I** *v/t* **1.** (*entraver*) behindern; *vêtement gêner qn* j-m unbequem sein **2.** (*déranger*) *gêner qn* j-m lästig fallen, werden; j-n stören, genieren **3.** (*embarrasser*) in Verlegenheit bringen; verlegen machen; peinlich berühren **II** *v/pr* **se gêner** sich (*dat*) Zwang antun, auferlegen; sich genieren (*avec qn* vor j-m); *ne pas se gêner a* keine Hemmungen haben, kennen; *ne vous gênez pas!* tun Sie sich keinen Zwang an! (*a iron*)

▸ **général** [ʒeneʀal] **I** *adj* ⟨**~e**; **-aux** [-o]⟩ allgemein; generell; Allgemein...; General...; Gesamt...; *médecine générale* Allgemeinmedizin *f*; ▸ *en général* im Allgemeinen; meist(ens) **II** *subst* **1.** *m* ⟨**-aux** [-o]⟩ MIL General *m*; HIST Feldherr *m* **2.** *générale f* THÉ Generalprobe *f* (*a fig*)

générale [ʒeneʀal] *f* *la générale X* die Frau des Generals X

▸ **généralement** [ʒeneʀalmã] *adv* **1.** (*d'une manière générale*) allgemein **2.** (*en général*) im Allgemeinen; meist(ens)

généralisable [ʒeneʀalizabl] *adj* allgemein (anwendbar)

généralisateur [ʒeneʀalizatœʀ] *adj* ⟨**-trice** [-tʀis]⟩ *esprit généralisateur* j, der gern verallgemeinert *ou* der zu Verallgemeinerungen neigt

généralisation [ʒeneʀalizasjõ] *f* **1.** allgemeine Verbreitung; *d'un conflit* Ausweitung *f* **2.** *en raisonnant* Verallgemeinerung *f*

généraliser [ʒeneʀalize] **I** *v/t* **1.** *mesure, méthode* allgemein anwenden, verbreiten, einführen **2.** *cas* verallgemeinern (*a abs*) **II** *v/pr* **se généraliser** sich allgemein verbreiten; sich ausbreiten; *conflit* sich ausweiten; *cancer généralisé* Krebs, der Metastasen gebildet hat

généralissime [ʒeneʀalisim] *m* MIL Oberbefehlshaber *m*; Generalissimus *m*

généraliste [ʒeneʀalist] *m* praktischer Arzt; Allgemeinmediziner *m*

généralité [ʒeneʀalite] *f* **1.** allgemeiner Charakter **2.** *généralités pl* Allgemeinheiten *f/pl*

générateur [ʒeneʀatœʀ] **I** *adj* ⟨**-trice** [-tʀis]⟩ **1.** BIOL Zeugungs... **2.** *par ext* *générateur de ...* bewirkend **II** *m* ÉLECT Generator *m*

génératif [ʒeneʀatif] *adj* ⟨**-ive** [-iv]⟩ LING *grammaire* generativ

génération [ʒeneʀasjõ] *f* **1.** Generation *f* (*a* TECH); *espace de temps a* Menschenalter *n*; *la jeune, nouvelle génération* die junge Generation **2.** BIOL Zeugung *f*; Fortpflanzung *f*

génératrice [ʒeneʀatʀis] *f* (Gleichstrom)Generator *m*

générer [ʒeneʀe] *v/t* ⟨**-è-**⟩ bewirken; auslösen

▸ **généreux** [ʒeneʀø] *adj* ⟨**-euse** [-øz]⟩ **1.** (*contraire: avare*) großzügig; freigebig; generös **2.** (*magnanime*) edel(mütig); *vainqueur* großmütig **3.** *poitrine* üppig; *sol* ertragreich; *vin* feurig

générique [ʒeneʀik] **I** *adj* Gattungs...; *terme* *m* *générique* Gattungs-, Oberbegriff *m* **II** *m* CIN, TV Vorspann *m*; *à la fin* Nachspann *m*

générosité [ʒeneʀozite] *f* **1.** (*libéralité*) Großzügigkeit *f*; Freigebigkeit *f* **2.** (*noblesse*) Edelmut *m*; Großmut *f*

Gênes [ʒɛn] Genua *n*

genèse [ʒənɛz] *f* **1.** Entstehung *f*; Genese *f* **2.** BIBL *la Genèse* die Schöpfungsgeschichte; die Genesis

genêt [ʒ(ə)nɛ] *m* Ginster *m*

généticien [ʒenetisjẽ] *m*, **généticienne** [-jɛn] *f* Genetiker(in) *m(f)*

génétique [ʒenetik] **I** *adj* genetisch; Gen... **II** *f* Genetik *f*; Vererbungslehre *f*

génétiquement [ʒenetikmã] *adv* gentechnisch; *génétiquement modifié* gentechnisch verändert

gêneur [ʒɛnœʀ] *m*, **gêneuse** [-øz] *f* lästige Person; Störenfried *m*

Genève [ʒ(ə)nɛv] Genf *n*

genevois [ʒənvwa] **I** *adj* ⟨**-oise** [-waz]⟩ Genfer **II** *subst* **Genevois(e)** *m(f)* Genfer(in) *m(f)*

genévrier [ʒənevʀije] *m* Wacholder(strauch) *m*

génial [ʒenjal] *adj* ⟨**~e**; **-aux** [-o]⟩ **1.** genial **2.** F klasse; F spitze

génie [ʒeni] *m* **1.** (*esprit*) Geist *m* **2.** (*talent*) Genie *n* (*a personne*); Genialität *f*; **de génie** genial **3.** MIL Pioniertruppe *f*; Pioniere *m/pl* **4.** **génie civil** Bau(ingenieur)wesen *n*; **génie génétique** Gentechnologie *f*

genièvre [ʒənjɛvʀ] *m* Wacholder *m*

génique [ʒenik] *adj* Gen...

génisse [ʒenis] *f* Färse *f*; Kalbe *f*

génital [ʒenital] *adj* ⟨**∼e**; **-aux** [-o]⟩ Geschlechts...; genital; **organes génitaux** Genitalien *pl*

géniteur [ʒenitœʀ] *m* **1.** *plais* (*père*) Erzeuger *m* **2.** ZO männliches Zuchttier

génitif [ʒenitif] *m* Genitiv *m*; Wesfall *m*

génocide [ʒenɔsid] *m* Völkermord *m*; Genozid *m ou n*

génois [ʒenwa] **I** *adj* ⟨**-oise** [-waz]⟩ genuesisch; aus Genua **II** *subst* **Génois(e)** *m(f)* Genuese(r) *m*, Genuesin *f*

génoise [ʒenwaz] *f* Tortenbiskuit *n*

génome [ʒenom] *m* BIOL Genom *n*

génomique [-ik] *f* Genomforschung *f*; Genomik *f*

génothérapie [ʒenoteʀapi] *f* Gentherapie *f*

génotype [ʒenotip] *m* Genotyp(us) *m*; **banque** *f* **de génotypes** Genbank *f*

▸ **genou** [ʒ(ə)nu] *m* ⟨**∼x**⟩ Knie *n*; **à genoux** kniend; auf (den) Knien; **être à genoux** knien; *fig* anhimmeln (**devant qn** j-n); **se mettre à genoux** niederknien; sich hinknien; *fig* **être sur les genoux** todmüde, wie zerschlagen sein; **prendre sur ses genoux** auf den Schoß nehmen

genouillère [ʒ(ə)nujɛʀ] *f* SPORTS Knieschützer *m*; MÉD Kniebandage *f*

▸ **genre** [ʒɑ̃ʀ] *m* **1.** Art *f* (*a d'une personne*); **genre de vie** Lebensweise *f*; **dans le genre** in dieser, der Art; **en tout genre** *ou* **en tous genres** aller Art; allerlei; **avoir mauvais genre** e-e vulgäre Art haben; **se donner un genre, faire du genre** auffallen wollen; **ce n'est pas mon genre** das ist nicht mein Fall, *personne a* mein Typ **2.** GR Genus *n*; Geschlecht *n*; *accord* **en genre et en nombre** in Geschlecht und Zahl **3.** LITTÉRATURE, *etc* Gattung *f* (*a* BIOL); Genre *n*; **le genre humain** das Menschengeschlecht **4.** PEINT **tableau** *m* **de genre** Genrebild *n*

▸ **gens** [ʒɑ̃] *m/pl* ⟨*vorangehendes adj steht in der Form des f/pl*⟩ Leute *pl*; Menschen *m/pl*; **jeunes gens** junge Leute; (*jeunes hommes*) junge Männer *m/pl*; **les petites gens** die kleinen Leute; der kleine Mann; **gens de couleur** Farbige(n) *pl*; **gens de lettres** Literaten *m/pl*; **gens de maison** Hauspersonal *n*

gent [ʒɑ̃] *f litt* **la gent trotte-menu** das Mäusevolk

gentiane [ʒɑ̃sjan] *f* Enzian *m*

▸ **gentil** [ʒɑ̃ti] *adj* ⟨**gentille** [ʒɑ̃tij]⟩ **1.** nett; *personne a* freundlich; liebenswürdig; **être gentil avec qn** nett zu j-m sein **2.** *enfant* lieb; artig; brav **3.** *somme d'argent* nett; hübsch

gentilhomme [ʒɑ̃tijɔm] *m* ⟨**gentilshommes** [ʒɑ̃tizɔm]⟩ Edelmann *m*

gentilhommière [-jɛʀ] *f* vornehmes, feudales Landhaus

gentillesse [ʒɑ̃tijɛs] *f* Freundlichkeit *f*; Nettig-

keit *f*

gentillet [ʒɑ̃tijɛ] *adj* ⟨**-ette** [-ɛt]⟩ ganz nett, hübsch

gentils [ʒɑ̃ti] *m/pl* REL HIST Heiden *m/pl*

gentiment [ʒɑ̃timɑ̃] *adv* → **gentil**

gentleman [dʒɛntləman, F ʒ̃ɑ-] *m* ⟨**gentlemen** [dʒɛntləmɛn]⟩ Gentleman *m*

génuflexion [ʒenyflɛksjɔ̃] *f* REL Kniebeuge *f*

géographe [ʒeɔgʀaf] *m,f* Geograph(in) *m(f)*

▸ **géographie** [ʒeɔgʀafi] *f* Geographie *f*; *matière scolaire a* Erdkunde *f*

géographique [-ik] *adj* geographisch

geôle [ʒol] *f litt* Kerker *m*

geôlier [ʒolje] *m litt* Kerkermeister *m*

géologie [ʒeɔlɔʒi] *f* Geologie *f*

géologique [-ik] *adj* geologisch; erdgeschichtlich

géologue [ʒeɔlɔg] *m,f* Geologe, -login *m,f*

géomètre [ʒeɔmɛtʀ] *m* Geometer *m*; Vermessungsingenieur *m*

géométrie [ʒeɔmetʀi] *f* Geometrie *f*; **à géométrie variable** *avion* Schwenkflügel...; *fig* den jeweiligen Gegebenheiten angepasst

géométrique [ʒeɔmetʀik] *adj* geometrisch

géophysicien [ʒeɔfizisjɛ̃] *m* Geophysiker *m*

géophysique **I** *adj* geophysikalisch **II** *f* Geophysik *f*

géopolitique [ʒeɔpɔlitik] **I** *adj* geopolitisch **II** *f* Geopolitik *f*

Géorgie [ʒeɔʀʒi] **la Géorgie 1.** Georgien *n* **2.** U.S.A. Georgia *n*

géorgien [ʒeɔʀʒjɛ̃] **I** *adj* ⟨**-ienne** [-jɛn]⟩ georgisch **II** *subst* **1.** **Géorgien(ne)** *m(f)* Georgier(in) *m(f)* **2.** LING **le géorgien** das Georgische; Georgisch *n*

géostationnaire [ʒeɔstasjɔnɛʀ] *adj satellite* geostationär; Synchron...

géothermique *adj* geothermisch

gérance [ʒeʀɑ̃s] *f* Geschäftsführung *f*

géranium [ʒeʀanjɔm] *m* Geranie *f*

gérant [ʒeʀɑ̃] *m*, **gérante** [-ɑ̃t] *f* Geschäftsführer(in) *m(f)*; *d'immeubles* Verwalter(in) *m(f)*

gerbe [ʒɛʀb] *f* **1.** AGR Garbe *f* **2.** **gerbe** (**de fleurs**) (Blumen)Strauß *m*; Bukett *n* **3.** *d'étincelles* Funkenregen *m*

gerber [ʒɛʀbe] **I** *v/t* TECH stapeln **II** *v/i* P kotzen

gerboise [ʒɛʀbwaz] *f* Wüstenspringmaus *f*

gercé [ʒɛʀse] *adj* ⟨**∼e**⟩ *peau, lèvres* aufgesprungen; *peau a* rissig; schrundig

gercer [ʒɛʀse] **I** *v/t* rissig werden lassen **II** *v/i* (*et v/pr* **se gercer**) aufspringen; rissig werden

gerçure [ʒɛʀsyʀ] *f* (Haut)Riss *m*; Schrunde *f*

gérer [ʒeʀe] *v/t* ⟨**-è-**⟩ **1.** *affaires, entreprise* führen; *biens* verwalten **2.** *fig problème, crise* bewältigen; F managen

gériatrie [ʒeʀjatʀi] *f* Geriatrie *f*; Altersheilkunde *f*

gériatrique [-ik] *adj* geriatrisch

germain [ʒɛʀmɛ̃] *adj* ⟨**-aine** [-ɛn]⟩ **cousin germain, cousine germaine** Vetter *m*, Cousine *f* (ersten Grades)

Germains [ʒɛʀmɛ̃] *m/pl* Germanen *m/pl*

germanique [ʒɛʀmanik] *adj* **1.** HIST, LING germanisch; **langues** *f/pl* **germaniques** germanische Sprachen *f/pl* **2.** (*allemand*) deutsch; HIST **le Saint Empire romain germanique** das Heilige Römische Reich Deutscher Nation

G

Das Gérondif

Das Gérondif wird sowohl im Mündlichen als auch im Schriftlichen häufig zur **Verkürzung** eines Satzes oder zur **Verknüpfung** zweier Hauptsätze benutzt, wenn **beide Sätze dasselbe Subjekt** haben.
Das Gérondif hat verschiedene Funktionen:

Funktionen

1. Gleichzeitigkeit (wann?)

Mon père réparait sa voiture. En même temps, il écoutait de la musique.	Mon père réparait sa voiture **en écoutant** de la musique.
Nous préparons notre devoir et nous faisons des exercices de grammaire.	Nous préparons notre devoir **en faisant** des exercices de grammaire.

2. Unter welcher Bedingung?

Si tu apprenais mieux tes leçons, tu pourrais avoir de meilleures notes.	**En apprenant** mieux tes leçons, tu pourrais avoir de meilleures notes.

3. Art und Weise (wie?)

J'ai trouvé du travail comme ça : j'ai écrit à beaucoup d'entreprises.	J'ai trouvé du travail **en écrivant** à beaucoup d'entreprises.

Gérondif + Zeiten

En apprenant ton vocabulaire, …

… tu **pourrais** réussir.	… tu **fais** quelque chose de bien.	… tu **auras** une bonne note.	… tu **auras fait** tout ce qu'il faut faire.

Das Gérondif ist zeitlich neutral. Es kann mit Verben in unterschiedlichen Zeiten kombiniert werden. Seine zeitliche Bedeutung erhält es durch den zugehörigen Hauptsatz.

Gérondif + Stellung von Verneinung und Pronomen

Le professeur a aidé l'élève **en lui donnant** quelques exercices supplémentaires.	Die Objektpronomen und **en** und **y** stehen zwischen **en** und der Verbform.
En ne les faisant pas, l'élève a déçu son professeur.	Die Verneinungswörter umschließen die Verbform und die Pronomen.

---

germanisant [ʒɛʀmanizɑ̃] **I** *adj* ⟨**-ante** [-ɑ̃t]⟩ mit e-r Vorliebe für deutsche Kultur **II** *subst* **germanisant(e)** *m(f)* Liebhaber(in) *m(f)* der deutschen Kultur

germanisation [ʒɛʀmanizasjɔ̃] *f* Germanisierung *f*; Eindeutschung *f*

germaniser [-ize] *v/t* germanisieren; eindeutschen (*a mots, noms*)

germanisme [-ism] *m* deutsche Spracheigentümlichkeit; Germanismus *m*

germaniste [-ist] *m,f* Germanist(in) *m(f)*

germano-… [ʒɛʀmano] *adj* deutsch-…

germanophile [ʒɛʀmanɔfil] *adj* deutschfreundlich

germanophilie [-fili] *f* Deutschfreundlichkeit *f*

germanophobe [-fɔb] *adj* deutschfeindlich

germanophobie [-fɔbi] *f* Deutschfeindlichkeit *f*; *p/fort* Deutschenhass *m*

germanophone [-fɔn] *adj* deutschsprachig; Deutsch sprechend

germe [ʒɛʀm] *m* Keim *m* (*a fig*)

germer [ʒɛʀme] *v/i* keimen (*a fig*)

germicide [ʒɛʀmisid] *adj* keimtötend

germinal [ʒɛʀminal] **I** *adj* ⟨**~e; -aux** [-o]⟩ BIOL Keim… **II** *m* HIST Germinal *m* (7. *Monat des* *frz Revolutionskalenders*)

germination *f* BIOL Keimen *n*, -ung *f*

gérondif [ʒeʀɔ̃dif] *m* Gerundium *n*

gérontologie [ʒeʀɔ̃tɔlɔʒi] *f* Gerontologie *f*; Altersforschung *f*

gérontologue [-lɔg] *m* Gerontologe *m*

Gers [ʒɛʀ(s)] *le Gers* Fluss u Departement in Frankreich

gésier [ʒezje] *m* (Kau)Magen *m*

gésir [ʒeziʀ] *st/s v/i* ⟨*déf*: **il gît, ils gisent**; **il gisait**; **gisant**⟩ (da)liegen

gestaltisme [gəʃtaltism] *m* PHILOS, PSYCH Gestalttheorie *f*, -psychologie *f*

gestation [ʒɛstasjɔ̃] *f* **1.** ZO Trächtigkeit *f* **2.** *fig* Entstehung *f*; **en gestation** im Entstehen (begriffen)

▸ **geste**[1] [ʒɛst] *m* **1.** (Hand)Bewegung *f*; Geste *f*; Gebärde *f*; **faire des grands gestes** lebhaft gestikulieren **2.** *par ext* Geste *f*; *fig* **faire un geste** s-m Herzen e-n Stoß geben

geste[2] *f* **1.** *les faits et gestes de qn* das Tun und Treiben j-s **2.** *chanson f de geste* Heldenlied *n*, -epos *n*

gesticulation [ʒɛstikylasjɔ̃] *f* Gestikulation *f*; Gestikulieren *n*

gesticuler [-e] *v/i* gestikulieren
gestion [ʒɛstjõ] *f* Geschäftsführung *f*; *de biens* Verwaltung *f*; **gestion** (*d'entreprise*) Betriebswirtschaft(slehre) *f*
gestionnaire [ʒɛstjɔnɛʀ] **I** *adj* Geschäftsführungs…; Verwaltungs… **II** *m* Geschäftsführer *m*; Verwalter *m*; Betriebswirt *m*
gestuel [ʒɛstɥɛl] **I** *adj* ⟨**~le**⟩ Gesten…; Gebärden…; *langage gestuel* Gebärdensprache *f* **II** *f* **gestuelle** Gestik *f*
geyser [ʒɛzɛʀ] *m* Geysir *m*
Ghana [gana] *le Ghana* Ghana *n*
ghanéen [ganeɛ̃] **I** *adj* ⟨**-enne** [-ɛn]⟩ ghanaisch **II** *subst* **Ghanéen(ne)** *m(f)* Ghanaer(in) *m(f)*
ghetto [geto] *m* G(h)etto *n*
ghettoïsation [getoizasjõ] *f* G(h)ettoisierung *f*
G.I.A. [ʒeia] *m abr* (*Groupe islamique armé*) Bewaffnete islamische Gruppe
gibbon [ʒibõ] *m* Gibbon *m*
gibbosité [ʒibozite] *f* Höcker *m*
gibecière [ʒibsjɛʀ] *f* **1.** CH Jagdtasche *f* **2.** *par ext* Umhängetasche *f*
gibelotte [ʒiblɔt] *f* **gibelotte de lapin** Kaninchenfrikassee *n* in Weißwein
gibet [ʒibɛ] *m* Galgen *m*
▸ **gibier** [ʒibje] *m* **1.** Wild *n*; CUIS *a* Wildbret *n*; *gros gibier* Hoch-, Schalenwild *n* **2.** *fig* **gibier de potence** Galgenvogel *m*
giboulée [ʒibule] *f* (Regen-, Graupel)Schauer *m*
giboyeux [ʒibwajø] *adj* ⟨**-euse** [-øz]⟩ wildreich
Gibraltar [ʒibʀaltaʀ] Gibraltar *n*
giclée [ʒikle] *f* Spritzer *m*
giclement [ʒikləmɑ̃] *m* Spritzen *n*
gicler [ʒikle] *v/i* spritzen
gicleur [ʒiklœʀ] *m* AUTO Vergaserdüse *f*
▸ **gifle** [ʒifl] *f* Ohrfeige *f* (*a fig*); Backpfeife *f*; *donner*, F *flanquer une gifle à qn* j-m e-e Ohrfeige geben, F verpassen; F j-m eine runterhauen, kleben, schmieren, knallen
gifler [ʒifle] *v/t* ohrfeigen
giga [ʒiga] *adj abr* F (*gigantesque*) F super; F Spitze; F geil
gigahertz [ʒigaɛʀts] *m* Gigahertz *n*
gigantesque [ʒigɑ̃tɛsk] *adj* riesig; riesenhaft; gigantisch; Riesen…
gigantisme [ʒigɑ̃tism] *m* **1.** MÉD Riesenwuchs *m* **2.** *fig* übermäßiges Wachstum; *état* Riesenhaftigkeit *f*
gigaoctet [ʒigaɔktɛ] *m* Gigabyte *n*
G.I.G.N. [ʒeiʒɛɛn] *m abr* (*Groupe d'intervention de la Gendarmerie nationale*) Einsatzgruppe *f* der Gendarmerie
gigogne [ʒigɔɲ] *adj* **poupée** *f* **gigogne** russische Puppen *f/pl*; **table** *f* **gigogne** Satztisch(e) *m(pl)*
gigolo [ʒigɔlo] *m* Gigolo *m*
gigot [ʒigo] *m* Hammelkeule *f*; **gigot d'agneau** Lammkeule *f*
gigoter [ʒigɔte] F *v/i* zappeln; *bébé* strampeln
gigue [ʒig] *f* **1.** MUS Gigue *f* **2.** F *une grande gigue* F e-e Hopfenstange
gilet [ʒilɛ] *m* Weste *f*; *tricoté* Strickjacke *f*; **gilet de sauvetage** Schwimmweste *f*
gin [dʒin] *m* Gin *m*
gingembre [ʒɛ̃ʒɑ̃bʀ] *m* Ingwer *m*
gingival [ʒɛ̃ʒival] *adj* ⟨**~e**; **-aux** [-o]⟩ Zahnfleisch…

gingivite [-it] *f* Zahnfleischentzündung *f*
ginseng [ʒinsɛŋ] *m* Ginseng *m*
Giono [ʒjɔno] *Jean Giono* frz *Schriftsteller*
girafe [ʒiʀaf] *f* Giraffe *f*; F *fig* **peigner la girafe** e-e sinnlose Arbeit machen
girafeau [ʒiʀafo] *m* ⟨**~x**⟩ junge, kleine Giraffe; Giraffenjunge(s) *n*
girandole [ʒiʀɑ̃dɔl] *f* Lichtgirlande *f*
giratoire [ʒiʀatwaʀ] *adj* Kreis…; Dreh…; *sens* *m* **giratoire** Kreisverkehr *m*
girofle [ʒiʀɔfl] *m* **clou** *m* **de girofle** (Gewürz)-Nelke *f*
giroflée [ʒiʀɔfle] *f* BOT Goldlack *m*
girolle [ʒiʀɔl] *f* Pfifferling *m*
giron [ʒiʀõ] *m* Schoß *m* (*a fig*)
girond [ʒiʀõ] *adj* ⟨**-ronde** [-rõd]⟩ F (*bien fait*) F gut gebaut; (*bien en chair*) mollig
Gironde [ʒiʀõd] *la Gironde* Mündungstrichter *der Garonne u Departement in Frankreich*
girondin [ʒiʀõdɛ̃] **I** *adj* ⟨**-ine** [-in]⟩ **1.** (aus, von) der Gironde **2.** HIST girondistisch **II** *m/pl* **Girondins** HIST Girondisten *m/pl*
girouette [ʒiʀwɛt] *f* Wetterfahne *f* (*a fig*); *fig* *c'est une vraie girouette* a er wechselt die Meinung wie das Hemd
gisant [ʒizɑ̃] **I** *p/pr* → **gésir** **II** *m* liegende (Grab)Figur
Giscard d'Estaing [ʒiskaʀdɛstɛ̃] *Valéry Giscard d'Estaing* frz *Staatspräsident*
gisement [ʒizmɑ̃] *m* Lagerstätte *f*; Vorkommen *n*
gît [ʒi] → **gésir**
gitan [ʒitɑ̃], **gitane** [-an] **1.** *m,f* Zigeuner(in) *m(f)*; *adj* Zigeuner… **2.** *f frz* Zigarettenmarke
gîte[1] [ʒit] *m* **1.** Unterkunft *f*; Quartier *n*; **gîte rural** Ferienquartier *n* auf dem Land **2.** *du gibier* Lager *n* **3.** BOUCHERIE Hinterhesse *f*; **gîte à la noix** Oberschale *f*
gîte[2] *f* MAR Schlagseite *f*; **donner de la gîte** Schlagseite haben; krängen
gîter [ʒite] *v/i* MAR Schlagseite haben
givrage [ʒivʀaʒ] *m* AVIAT Vereisung *f*
givrant [ʒivʀɑ̃] *adj* ⟨**-ante** [-ɑ̃t]⟩ **brouillard givrant** gefrierender Nebel
givre [ʒivʀ] *m* (Rau)Reif *m*
givré [ʒivʀe] *adj* ⟨**~e**⟩ **1.** *arbres* mit Raureif bedeckt **2.** *vitre* zugefroren; vereist (*a* AVIAT) **3.** **orange givrée** Orangensorbet(t) *m ou n* **4.** F (*fou*) F bescheuert; → **cinglé**
givrer [ʒivʀe] **I** *v/t* **1.** mit Raureif überziehen, bedecken **2.** *fig* mit e-m (Zucker)Überzug versehen, garnieren **II** *v/i* (*et v/pr se*) **givrer** vereisen; *vitre* a zufrieren
glabre [glabʀ] *adj* glatt rasiert; bartlos
glaçage [glasaʒ] *m* CUIS Glasieren *n*; *résultat* Glasur *f*; Zuckerguss *m*
▸ **glace** [glas] *f* **1.** (*eau congelée*) Eis *n*; *fig* **rester de glace** eiskalt bleiben **2.** (*crème glacée*) (Speise)Eis *n*; österr Gefrorene(s) *n*; **glace à l'italienne** Softeis *n*; **glace à la vanille** Vanilleeis *n* **3.** (*miroir*) Spiegel *m* **4.** *verre* (Glas)Scheibe *f*; AUTO *a* (Wagen)Fenster *n* **5.** *adjt* **sucre** *m* **glace** Puderzucker *m*
glacé [glase] *adj* ⟨**~e**⟩ **1.** (*gelé*) vereist **2.** CUIS Eis…; **chocolat glacé** Eis *n* am Stiel mit Schokoladenüberzug; **crème glacée** Eiscreme *f* **3.** *eau, pièce* eiskalt; eisig (*a fig*); *boisson a* eisgekühlt; *personne* durch(ge)froren; steif, starr

vor Kälte **4.** *papier glacé* Glanzpapier *n* **5.**
marrons glacés kandierte Kastanien *f/pl*
glacer [glase] *v/t* ⟨-ç-⟩ **1.** *fig glacer qn* j-n er-
starren lassen **2.** TECH mit Hochglanz versehen
3. CUIS glasieren
glaceuse [glasøz] *f* PHOT Trockenpresse *f*
glaciaire [glasjɛʀ] *adj* Eis…; Gletscher…; *pé-
riode f glaciaire* Eiszeit *f*
glacial [glasjal] *adj* ⟨~e; -als, *selten* -aux [-o]⟩ **1.**
vent, etc eisig; eiskalt; *océan glacial* Eismeer
n **2.** *fig* eisig; *accueil a* frostig; *personne* eiskalt
glaciation [glasjasjõ] *f* GÉOL Vereisung *f*; Ver-
gletscherung *f*
glacier [glasje] *m* **1.** GÉOGR Gletscher *m* **2.** *pâ-
tissier* Eiskonditor *m*; *marchand* Eisverkäufer
m; F Eismann *m*
glacière [glasjɛʀ] *f* Eisschrank *m*; *portable a*
Kühltasche *f*
glaciologie [glasjɔlɔʒi] *f* Gletscherkunde *f*; *sc*
Glaziologie *f*
glaçon [glasõ] *m* **1.** *pour une boisson* Eiswürfel
m; *dans une rivière* Eisscholle *f*; *sur une gout-
tière* Eiszapfen *m* **2.** F *fig personne* Eisberg *m*
gladiateur [gladjatœʀ] *m* Gladiator *m*
glaïeul [glajœl] *m* Gladiole *f*
glaire [glɛʀ] *f* (zäher) Schleim
glaireux [glɛʀø] *adj* ⟨-euse [-øz]⟩ schleimig
glaise [glɛz] *f* (*terre f*) *glaise* Lehm *m*; Ton *m*
glaiseux [glɛzø] *adj* ⟨-euse [-øz]⟩ lehmig
glaisière [-jɛʀ] *f* Lehmgrube *f*
glaive [glɛv] *litt m* Schwert *n*
gland [glɑ̃] *m* **1.** BOT, ANAT Eichel *f* **2.** *décoratif*
Quaste *f* **3.** F Trottel *m*
glande [glɑ̃d] *f* Drüse *f*
glander [glɑ̃de] *ou* **glandouiller** [glɑ̃duje] *v/i* F
s-e Zeit vertrödeln
glaner [glane] *v/t* **1.** *abs* Ähren lesen **2.** *fig* (auf)-
sammeln; zusammentragen
glaneur [glanœʀ] *m*, **glaneuse** [-øz] *f* Ährenle-
ser(in) *m*(*f*)
glapir [glapiʀ] *v/i* **1.** *chien* kläffen; *renard* bellen
2. *fig* kreischen
glapissant [glapisɑ̃] *adj* ⟨-ante [-ɑ̃t]⟩ *voix gla-
pissante* kreischende Stimme
glapissement [glapismɑ̃] *m* **1.** *d'un chien* Kläf-
fen *n*; Gekläff *n* **2.** *fig d'une personne* **glapis-
sements** *pl* Kreischen *n*; Gekreisch *n*
glas [glɑ] *m* Totengeläut(e) *n*; Totenglocke *f*;
sonner le glas die Totenglocke läuten; *fig*
das Ende ankündigen
glasnost [glasnɔst] *f* HIST Glasnost *f*
glaucome [glokom] *m* MÉD grüner Star
glauque [glok] *adj* **1.** *mer* blau-, graugrün; *yeux*
meergrün **2.** *fig* trüb(e); trostlos
glaviot [glavjo] P *m* Auswurf *m*; Spucke *f*
glèbe [glɛb] *f litt* Scholle *f*
glissade [glisad] *f* Gleiten *n*; *faire des glissa-
des* gleiten; schlittern
glissant [glisɑ̃] *adj* ⟨-ante [-ɑ̃t]⟩ rutschig; glatt;
F glitschig
glisse [glis] *f des skis* Gleitfähigkeit *f*; *d'un
skieur* Gleiten *n*; Gleitgeschwindigkeit *f*
glissé [glise] *adj* ⟨~e⟩ *pas m glissé* Gleitschritt
m
glissement [glismɑ̃] *m* **1.** Gleiten *n*; Rutschen
n; *bruit* Gleitgeräusch *n* **2.** *glissement de ter-
rain* Erd-, Bergrutsch *m* **3.** *fig* Verschiebung *f*;
POL *glissement à droite* Rechtsruck *m*; LING

glissement de sens Bedeutungsverschie-
bung *f*
▸ **glisser** [glise] **I** *v/t* schieben (*dans* in + *acc*);
glisser qc à qn j-m etw zustecken; *fig* **glisser
qc à l'oreille de qn** j-m etw zuflüstern **II** *v/i* **1.**
gleiten (*a* TECH); rutschen; schlittern; F glit-
schen; *personne* (*déraper*) ausrutschen; aus-
gleiten; *le verre lui a glissé des mains* das
Glas ist ihm aus der Hand gerutscht **2.** *fig glis-
ser sur un sujet* rasch über ein Thema hinweg-
gehen **3.** *reproches glisser sur qn* an, von j-m
abgleiten **III** *v/pr* **se glisser 4.** (sich) schlei-
chen, schlüpfen (*dans* in + *acc*) **5.** *fig erreur*
sich einschleichen (*dans* in + *acc*)
glissière [glisjɛʀ] *f* Gleitschiene *f*; **glissière de
sécurité** Leitplanke *f*
glissoire [gliswaʀ] *f* Schlitter-, F Rutschbahn *f*;
südd a Schleifbahn *f*
global [glɔbal] *adj* ⟨~e; -aux [-o]⟩ gesamt; Ge-
samt…; global; Global…
globalement [glɔbalmɑ̃] *adv* im Ganzen (ge-
nommen)
globalité [glɔbalite] *f* Gesamtheit *f*; Totalität *f*
globe [glɔb] *m* **1.** *globe (terrestre)* Erdkugel *f*,
-ball *m* **2.** (*mappemonde*) Globus *m* **3.** *d'une
lampe* Glaskugel *f*, -glocke *f*; *lampe* Kugel-
leuchte *f* **4.** *globe oculaire, de l'œil* Augapfel
m
globe-trotter [glɔbtʀɔtœʀ, -tɛʀ] *m* ⟨**globe-
-trotters**⟩ Weltenbummler *m*; Globetrotter *m*
globulaire [glɔbylɛʀ] *adj* MÉD **numération** *f*
globulaire (Aus)Zählung *f* der Blutkörper-
chen
globule [glɔbyl] *m* Blutkörperchen *n*
globuleux [glɔbylø] *adj* ⟨-euse [-øz]⟩ *yeux* her-
vortretend; vorquellend
gloire [glwaʀ] *f* **1.** Ruhm *m*; *à la gloire de* zum
Ruhme von (*ou* + *gén*) **2.** (*personne célèbre*)
Berühmtheit *f* **3.** (*splendeur*) Glorie *f*; Herr-
lichkeit *f*
glorieux [glɔʀjø] *adj* ⟨-euse [-øz]⟩ ruhmreich;
glorreich
glorificateur [glɔʀifikatœʀ] *litt* **I** *adj* ⟨-trice
[-tʀis]⟩ verherrlichend **II** *m* Verherrlicher *m*
glorification [glɔʀifikasjõ] *f* Verherrlichung *f*;
Glorifizierung *f*
glorifier [glɔʀifje] **I** *v/t* verherrlichen; glorifi-
zieren **II** *v/pr* **se glorifier de qc** sich e-r Sache
(*gén*) rühmen
gloriole [glɔʀjɔl] *f péj* (kleinliche) Eitelkeit,
Selbstgefälligkeit
glose [gloz] *f* Glosse *f*
gloser [-e] *v/t* glossieren
glossaire [glɔsɛʀ] *m* Glossar *n*; Wörterver-
zeichnis *n*
glotte [glɔt] *f* Stimmritze *f*; PHON **coup** *m* **de**
glotte Knacklaut *m*
glouglou [gluglu] F *m* Gluckern *n*
glouglouter [gluglute] *v/i* gluckern
gloussement [glusmɑ̃] *m* **1.** *d'une poule* Glu-
cken *n* **2.** *fig* Glucksen *n*; glucksendes Lachen
glousser [gluse] *v/i* **1.** *poule* glucken **2.** *fig*
glucksen; glucksend lachen
glouton [glutõ] **I** *adj* ⟨-onne [-ɔn]⟩ gefräßig;
gierig **II** *m* Vielfraß *m*
gloutonnement [glutɔnmɑ̃] *adv* **manger** gieri[g]
gloutonnerie [glutɔnʀi] *f* Gefräßigkeit *f*; (Ess)
Gier *f*

glu [gly] *f* Vogelleim *m*
gluant [glyã] *adj* ⟨**-ante** [-ãt]⟩ klebrig
glucides [glysid] *m/pl* Kohle(n)hydrate *n/pl*
glucomètre [glykɔmɛtʀ] *m* vɪт Mostwaage *f*
glucose [glykoz] *m* Traubenzucker *m*; Glukose *f*
glutamate [glytamat] *m* Glutamat *n*
gluten [glytɛn] *m* Kleber *m*; Gluten *n*
glycémie [glisemi] *f* Blutzucker *m*
glycérine [gliseʀin] *f* Glyzerin *n*
glycine [glisin] *f* Glyzinie *f*
gnangnan [ɲãɲã] *adj* ⟨*inv*⟩ F schlafmützig; F lahm; F tranig
gnaule *ou* **gniole** [ɲol] *f* → **gnôle**
gnocchi [ɲɔki] *m/pl* cuis Gnocchi *pl* (*Klößchen aus Kartoffelteig*)
gnognote [ɲɔɲɔt] *f* F wertloses Zeug
gnôle [ɲol] F *f* Schnaps *m*
gnome [gnom] *m* Gnom *m*
gnon [ɲõ] F *m* Schlag *m*; Hieb *m*; ***recevoir un gnon*** F eins verpasst kriegen
gnou [gnu] *m* Gnu *n*
go [go] *adv* ***tout de go*** ohne weiteres; schlankweg; rundweg; F glatt
GO *abr* (*grandes ondes*) LW (Langwelle[n])
gobelet [gɔblɛ] *m* Becher *m*
gobelin [gɔblɛ̃] *m* echter Gobelin
gobe-mouches [gɔbmuʃ] *m* ⟨*inv*⟩ zo Fliegenschnäpper *m*
gober [gɔbe] *v/t* **1.** œuf ausschlürfen; huître schlürfen; insecte schnappen; *fig* ***gober les mouches*** untätig herumsitzen, -stehen **2.** F (*croire*) (naiv) glauben; F schlucken
goberger [gɔbɛʀʒe] *v/pr* ⟨**-ge-**⟩ ***se goberger*** fröhlich schmausen
Gobi [gɔbi] ***le désert de Gobi*** die Wüste Gobi
godailler [gɔdaje] F *v/i* Falten werfen
godasse [gɔdas] *f* F Latschen *m*
goder [gɔde] *v/i* (sich) bauschen; Falten werfen
godet [gɔdɛ] *m* **1.** récipient kleiner Napf; Näpfchen *n* **2.** тесн (Förder)Becher *m*; Eimer *m* **3.** jupe *f* **à godets** Glockenrock *m* **4.** F (*verre*) Glas *n*
godiche [gɔdiʃ] F *adj* tollpatschig; unbeholfen
godille [gɔdij] *f* **1.** mar Wrigg-, Wrickriemen *m* **2.** skı Wedeln *n*
godiller [gɔdije] *v/i* **1.** mar wriggen; wricken **2.** skı wedeln
godillots [gɔdijo] *m/pl* F Quadratlatschen *m/pl*
goéland [gɔelã] *m* (große) Möwe
goélette [gɔelɛt] *f* mar Schoner *m*
goémon [gɔemõ] *m* (See)Tang *m*
gogo[1] [gogo] *adv* F **à gogo** so viel man will; F jede Menge
gogo[2] *m* F Einfaltspinsel *m*
goguenard [gɔgnaʀ] *adj* ⟨**-arde** [-aʀd]⟩ spöttisch; ironisch
goguenardise [-diz] *f* propos Spott *m*; d'une personne spöttische, ironische Art
goguette [gɔgɛt] F **en goguette** angeheitert; in Stimmung
goinfre [gwɛ̃fʀ] **I** *m* Vielfraß *m*; F Fresssack *m* **II** *adj* gefräßig; F verfressen
goinfrer [gwɛ̃fʀe] *v/pr* **se goinfrer** F sich vollfressen; sich (*dat*) den Bauch vollschlagen
goinfrerie [gwɛ̃fʀəʀi] *f* Gefräßigkeit *f*; F Verfressenheit *f*
goitre [gwatʀ] *m* мéd Kropf *m*

golden [gɔldɛn] *f* ⟨*inv*⟩ pomme Golden Delicious *m*
golf [gɔlf] *m* Golf *n*; **golf miniature** Mini-, Kleingolf *n*
golfe [gɔlf] *m* Golf *m*; Meerbusen *m*
golfeur [gɔlfœʀ] *m*, **golfeuse** [-øz] *f* Golfspieler(in) *m(f)*; Golfer(in) *m(f)*
gominé [gɔmine] *adj* ⟨**~e**⟩ pomadisiert
gommage [gɔmaʒ] *m* **1.** Radieren *n* **2.** de la peau Peeling *n*
gomme [gɔm] *f* **1.** Radiergummi *m*; Gummi *m* **2.** bot Gummiharz *n* **3.** F **à la gomme** wertlos; unseriös
gommé [gɔme] *adj* ⟨**~e**⟩ papier gummiert
gommer [gɔme] *v/t* **1.** weg-, ausradieren; abs radieren **2.** fig beseitigen; (aus)tilgen
gommeux [gɔmø] **I** *adj* ⟨**-euse** [-øz]⟩ substance gummi(harz)artig; arbre Gummi(harz) liefernd **II** *m* litt Stutzer *m*
gonade [gɔnad] *f* Geschlechts-, Keimdrüse *f*; sc Gonade *f*
gond [gõ] *m* (Tür-, Fenster)Angel *f*; fig **sortir de ses gonds** vor Wut außer sich geraten
gondolage [gõdɔlaʒ] *m* du papier Sichwellen *n*; du bois Sichwerfen *n*; résultat Wellung *f*; Verwerfung *f*
gondolant [gõdɔlã] *adj* ⟨**-ante** [-ãt]⟩ F zum Totlachen, Schießen
gondole [gõdɔl] *f* **1.** barque Gondel *f* **2.** comm Warenstand *m*
gondolement [gõdɔlmã] *m* → **gondolage**
gondoler [gõdɔle] *v/i* et *v/pr* **1.** (**se**) **gondoler** papier sich wellen; bois sich werfen; sich verziehen **2.** F **se gondoler** F sich biegen vor Lachen; F sich schieflachen
gondolier [gõdɔlje] *m* Gondoliere *m*
gonflable [gõflabl] *adj* aufblasbar
gonflage [-aʒ] *m* Aufpumpen *n*
gonflant [-ã] *adj* ⟨**-ante** [-ãt]⟩ P → **chiant**
gonflé [gõfle] *adj* ⟨**~e**⟩ → **gonfler**
gonflement [gõfləmã] *m* Anschwellen *n*; Aufblähung *f* (*a* écon)
gonfler [gõfle] **I** *v/t* **1.** pneu aufpumpen; ballon, joues aufblasen; vent: voiles (auf)blähen; **être gonflé à bloc** pneu hart aufgepumpt sein; F fig personne energiegeladen, zu allem entschlossen sein **2.** par ext anschwellen, (auf)quellen lassen; **yeux gonflés de larmes** (vom Weinen) verquollene Augen *n/pl*; **avoir l'estomac gonflé** ein Völlegefühl im Magen haben **3.** fig (exagérer) aufbauschen **4.** fig sentiments **gonfler (le cœur de) qn** j-n erfüllen; **gonflé d'orgueil** aufgeblasen **5.** F fig **gonflé** (*effronté*) dreist; frech **II** *v/i* bois humide, etc (auf)quellen; fleuve, partie du corps anschwellen **III** *v/pr* **se gonfler** schwellen; voile a sich (auf)-blähen
gonfleur [gõflœʀ] *m* Blasebalg *m*
gong [gõg] *m* Gong *m*
gonzesse [gõzɛs] *f* F Weib *n*; F Tussi *f*
goret [gɔʀɛ] *m* Ferkel *n* (*a fig*)
goretex® [gɔʀtɛks] *m* Goretex® *n*
► **gorge** [gɔʀʒ] *f* **1.** Kehle *f*; Hals *m*; Gurgel *f*; **mal** *m* **de gorge** Halsschmerzen *m/pl*, -weh *n*; **à gorge déployée** aus vollem Hals; aus voller Kehle; lauthals; **avoir la gorge sèche** e-e trockene Kehle haben; fig **faire des gorges chaudes de qc** über etw (acc) schadenfroh la-

chen *ou* reden; **prendre qn à la gorge** sich j-m auf die Brust legen **2.** *litt* (*poitrine de femme*) Busen *m*; Brust *f* **3.** GÉOGR **gorges** *pl* Schlucht *f*

gorgée [gɔʀʒe] *f* Schluck *m*; *boire* **à petites gorgées** schlückchenweise

gorger [gɔʀʒe] *v/t* ⟨**-ge-**⟩ (*gaver*) überfüttern; (*imprégner*) (durch)tränken

gorgonzola [gɔʀgõzɔla] *m* Gorgonzola *m*

gorille [gɔʀij] *m* **1.** ZO Gorilla *m* **2.** F *fig* Leibwächter *m*; F Gorilla *m*

gosier [gozje] *m* Schlund *m*; Rachen *m*; Kehle *f*; Hals *m*

gospel [gɔspɛl] *m* Gospel *m ou n*; Gospelsong *m*

▸ **gosse** [gɔs] F *m,f* Kind *n*; F Kleine(s) *n*; F Gör *n*; *m a* (kleiner) Junge; F Kleine(r) *m*; *f a* (kleines) Mädchen; F Kleine *f*; *adjt* **être beau gosse** gut aussehen

gothique [gɔtik] *adj* **1.** gotisch; (*art m*, *style m*) **gothique** *m* Gotik *f* **2.** *écriture f* **gothique** Fraktur *f*

gouache [gwaʃ] *f* **1.** Guaschfarbe *f*; Deckfarbe *f* **2.** *tableau* Gouache *f*

gouaille [gwaj] *f* Spottlust *f*

gouailleur [-œʀ] *adj* ⟨**-euse** [-øz]⟩ spöttisch

gouape [gwap] F *f* Lump *m*; Halunke *m*

gouda [guda] *m* Gouda *m*

goudron [gudʀõ] *m* Teer *m*

goudronnage [gudʀɔnaʒ] *m* Teeren *n*

goudronner [-e] *v/t* teeren

goudronneuse [-øz] *f* Teer(spritz)maschine *f*

goudronneux [-ø] *adj* ⟨**-euse** [-øz]⟩ teerig

gouffre [gufʀ] *m* **1.** Abgrund *m*; *fig* **au bord du gouffre** am Rand des Abgrunds **2.** *fig* Fass *n* ohne Boden

gouge [guʒ] *f* Hohlmeißel *m*

gougère [guʒɛʀ] *f Käsegebäck aus Brandteig*

gouine [gwin] *f* P (*lesbienne*) F Lesbe *f*

goujat [guʒa] *m péj* Rüpel *m*; Flegel *m*

goujaterie [guʒatʀi] *f* Rüpel-, Flegelhaftigkeit *f*

goujon [guʒõ] *m* ZO Gründling *m*

goulache *ou* **goulasch** [gulaʃ] *f ou m* Gulasch *n ou m*

goulag [gulag] *m* Straflager *n*

goulée [gule] F *f* großer Schluck; Mundvoll *m*

goulet [gulɛ] *m* **1.** MAR enge Hafenzufahrt **2.** *en montagne* Engpass *m* **3.** *fig* **goulet d'étranglement** → **goulot**

gouleyant [gulejã] *adj* ⟨**-ante** [-ãt]⟩ süffig

goulot [gulo] *m* **1.** (Flaschen)Hals *m*; **boire au goulot** aus der Flasche trinken **2.** *fig* **goulot d'étranglement** Engstelle *f*; Engpass *m* (*a* ÉCON); Flaschenhals *m*; Nadelöhr *n*

goulu [guly] *adj* ⟨**~e**⟩ gierig

goulûment [gulymã] *adv* gierig

goupille [gupij] *f* TECH Stift *m*

goupiller [gupije] **I** *v/t* F deichseln **II** *v/pr* **ça s'est bien (mal) goupillé** F das hat (nicht) geklappt

goupillon [gupijõ] *m* **1.** ÉGL Weih(wasser)-wedel *m* **2.** *brosse* Flaschenbürste *f*

gourbi [guʀbi] *m* armselige Behausung; F Loch *n*

gourd [guʀ] *adj* ⟨**gourde** [guʀd]⟩ steif vor Kälte; klamm

gourde [guʀd] **I** *f* **1.** *bouteille* Feldflasche *f* **2.** *fig* F Dussel *m* **II** *adj* F dusselig

gourdin [guʀdɛ̃] *m* Knüppel *m*

gourer [guʀe] *v/pr* F **se gourer** sich irren; F sich vertun; F schiefgewickelt sein

▸ **gourmand** [guʀmã] **I** *adj* ⟨**-ande** [-ãd]⟩ **1.** esslustig; *de sucreries* naschhaft; **gourmand de qc** gierig nach etw; **être gourmand** gern essen; ein Schlemmer sein; *de sucreries* gern naschen, schlecken **2.** *fig* geldgierig **II** **gourmand(e)** *m(f)* Schlemmer *m*; *de sucreries* F Naschkatze *f*; F Leckermaul *n*

gourmander [guʀmãde] *litt v/t* streng rügen, zurechtweisen

gourmandise [guʀmãdiz] *f* **1.** Esslust *f*; Naschhaftigkeit *f* **2.** **gourmandises** *pl* Leckerbissen *m/pl*; Leckereien *f/pl*

gourmet [guʀmɛ] *m* Feinschmecker *m*; Gourmet *m*

gourmette [guʀmɛt] *f* Gliederarmband *n* (mit Namensplakette)

gourou [guʀu] *m* Guru *m* (*a fig*)

gousse [gus] *f* **1.** BOT Schote *f* **2.** **gousse d'ail** Knoblauchzehe *f*

gousset [gusɛ] *m* Westen-, Uhrtasche *f*

▸ **goût** [gu] *m* **1.** *sens* Geschmack(ssinn) *m* **2.** (*saveur*) Geschmack *m*; **avoir bon goût** gut schmecken; schmackhaft sein **3.** *fig* Geschmack *m*; **bon goût** guter Geschmack; **de bon goût** geschmackvoll; **de mauvais goût** geschmacklos; unpassend; *bibelot* kitschig; **à mon goût** für meinen Geschmack; **au goût du jour** nach heutigem Geschmack; im Zeitgeschmack; **avec, sans goût** geschmackvoll, -los **4.** (*envie*) Lust *f* (**de, pour** zu); (*plaisir*) Gefallen *n*, Spaß *m*, Freude *f* (an + *dat*); (*penchant*) Sinn *m*, Vorliebe *f* (für); **goût du risque** Risikofreudigkeit *f*, -bereitschaft *f*; **prendre goût à qc** Gefallen, Geschmack an etw (*dat*) finden **5.** **goûts** *pl* (*préférences*) Neigungen *f/pl*; **avoir des goûts simples** das einfache Leben lieben

▸ **goûter** [gute] **I** *v/t* **1.** (*déguster*) versuchen; kosten; probieren **2.** *fig* genießen; auskosten **II** *v/t/indir* **goûter de qc** etw ausprobieren; F in etw (*acc*) hineinriechen **III** *v/i enfants* (am Nachmittag) e-n Imbiss einnehmen, ein Butterbrot essen **IV** *m* (Nachmittags)Imbiss *m*; Butterbrot *n*

▸ **goutte**[1] [gut] **I** *f* **1.** Tropfen *m*; **goutte à goutte** tropfenweise; **couler goutte à goutte** tropfen; tröpfeln; **verser goutte à goutte** träufeln; *fig* **c'est la goutte d'eau qui fait déborder le vase** das bringt das Fass zum Überlaufen; **se ressembler comme deux gouttes d'eau** sich gleichen wie ein Ei dem anderen **2.** PHARM **gouttes** *pl* Tropfen *m/pl* **3.** *par ext* **une goutte de café**, *etc* ein Schluck *m*, ein Schlückchen *n* Kaffee *etc* **4.** F *fig* **boire la goutte** e-n Schnaps trinken **II** *adv litt ou plais* **ne ... goutte** überhaupt nichts

goutte[2] *f* MÉD Gicht *f*

goutte-à-goutte *m* ⟨*inv*⟩ MÉD Tropf *m*

gouttelette [gutlɛt] *f* Tröpfchen *n*

goutter [gute] *v/i* tropfen

goutteux [gutø] MÉD **I** *adj* ⟨**-euse** [-øz]⟩ **1.** *personne* gichtkrank **2.** (*dû à la goutte*) Gicht... **II** *m* Gichtkranke(r) *m*

gouttière [gutjɛʀ] *f* **1.** *d'un toit* Dachrinne *f* **2.** MÉD Schiene *f*

gouvernail [guvɛʀnaj] *m* Ruder *n* (*a fig*); AVIAT

gouvernail de direction, de profondeur Seiten-, Höhenruder *n*
gouvernante [guvɛʀnɑ̃t] *f* **1.** *d'enfants* Gouvernante *f* **2.** *d'un célibataire* Haushälterin *f*
gouvernants [guvɛʀnɑ̃] *m/pl* POL *les gouvernants* die Regierenden *m/pl*
gouverne [guvɛʀn] *f* **1.** AVIAT *gouvernes pl* Steuerflächen *f/pl* **2.** *pour votre gouverne* zu Ihrer Orientierung
▶ **gouvernement** [guvɛʀnəmɑ̃] *m* **1.** Regierung *f* **2.** (*régime*) Regierungsform *f*
gouvernemental [guvɛʀnəmɑ̃tal] *adj* ⟨**~e; -aux** [-o]⟩ **1.** Regierungs... **2.** *presse* regierungsfreundlich
▶ **gouverner** [guvɛʀne] *v/t* regieren
gouverneur [guvɛʀnœʀ] *m* Gouverneur *m*; HIST *a* Statthalter *m*
goyave [gɔjav] *f* Guajave *f*
GPL [ʒepeɛl] *m abr* (*gaz de pétrole liquéfié*) Flüssig-, Autogas *n*
grabat [gʀaba] *m* ärmliches Bett
grabataire [gʀabatɛʀ] *adj* bettlägerig
grabuge [gʀabyʒ] *m* F Krach *m*; F Knatsch *m*
grâce [gʀɑs] *f* **1.** (*faveur*) Gnade *f*; Gunst *f*; *st/s* Huld *f*; *de grâce!* ich bitte Sie!; *de bonne grâce* bereitwillig; *de mauvaise grâce* widerwillig; *être dans les bonnes grâces de qn* bei j-m in Gunst stehen; *trouver grâce aux yeux de qn* vor den Augen j-s Gnade finden **2.** JUR Begnadigung *f*; Gnade *f*; *par ext coup m de grâce* Gnadenstoß *m* (*a fig*); *avec une arme à feu* Gnadenschuss *m*; *fig faire grâce à qn de qc* j-m etw erlassen, ersparen; j-n mit etw verschonen **3.** REL Gnade *f* **4.** (*charme*) Anmut *f*; Grazie *f*; *st/s* Liebreiz *m* **5.** *les trois Grâces* die drei Grazien *f/pl* **6.** REL *action f de grâce(s)* Danksagung *f*; *grâce à Dieu!* Gott sei Dank! **II** *prép* ▶ *grâce à* dank (+ *dat ou gén*); durch (+ *acc*)
gracier [gʀasje] *v/t* begnadigen
gracieusement [gʀasjøzmɑ̃] *adv* **1.** (*gratuitement*) gratis; kostenlos **2.** (*avec grâce*) anmutig; graziös
gracieusetés [gʀasjøzte] *f/pl iron* Liebenswürdigkeiten *f/pl*
gracieux [gʀasjø] *adj* ⟨**-euse** [-øz]⟩ **1.** (*charmant*) anmutig; graziös **2.** (*aimable*) liebenswürdig **3.** *à titre gracieux* unentgeltlich; gratis; kostenlos
gracile [gʀasil] *adj* zierlich; zart; grazil
gracilité [-ite] *f* Zierlichkeit *f*; Zartheit *f*; Grazilität *f*
▶ **gradation** [gʀadasjɔ̃] *f* Abstufung *f*
▶ **grade** [gʀad] *m* Dienstgrad *m*; MIL *a* Rang *m*; *monter en grade* aufrücken; befördert werden; F *fig en prendre pour son grade* F gehörig eins auf den Deckel kriegen
gradé [gʀade] *m* unterer Dienstgrad
gradin [gʀadɛ̃] *m* **1.** *d'un amphithéâtre, d'un stade gradins pl* (ansteigende) Sitzreihen *f/pl*; (Zuschauer)Ränge *m/pl* **2.** *d'un terrain* Stufe *f*; Absatz *m*; MINES Strosse *f*
graduation [gʀaduasjɔ̃] *f* Maßeinteilung *f*; *d'un thermomètre* Gradeinteilung *f*
gradué [gʀadue] *adj* ⟨**~e**⟩ **1.** *instrument de mesure* mit (e-r) Skala, Gradeinteilung (versehen) **2.** *exercices* (im Schwierigkeitsgrad) abgestuft

graduel [gʀaduɛl] *adj* ⟨**~le**⟩ allmählich; graduell; stufen-, schrittweise
graduer [gʀadue] *v/t* **1.** *difficultés, etc* abstufen; allmählich steigern **2.** *instrument de mesure* mit e-r Maß-, Gradeinteilung versehen
graffiter [gʀafite] *v/t* mit Graffiti besprühen
graffiteur [-œʀ] *m*, **graffiteuse** [-øz] *f* Sprayer(in) *m(f)*
graffiti(s) [gʀafiti] *m/pl* Kritzeleien *f/pl*; Graffiti *pl*
graille [gʀaj] *f* F → *bouffe*
graillon [gʀajɔ̃] *m* *odeur f de graillon* Geruch *m* nach angebranntem Fett
graillonner [gʀajɔne] *v/i* **1.** nach angebranntem Fett riechen **2.** P (*cracher*) Schleim aushusten, -spucken
▶ **grain** [gʀɛ̃] *m* **1.** *des céréales* Korn *n* **2.** *de raisin, de groseille* Beere *f*; *de café* Bohne *f*; *grain de poivre* Pfefferkorn *n*; *café, poivre en grains* ungemahlen **3.** *d'un chapelet* Perle *f* **4.** *de sable, de sel, etc* Korn *n*; Körnchen *n*; F *fig mettre son grain de sel* F s-n Senf dazugeben **5.** *grain de beauté* Leberfleck *m* **6.** *d'un papier*, PHOT Korn *n*; *d'un cuir* Narbe *f* **7.** F *fig avoir un grain* F e-n Sparren (zu viel), e-n Stich haben **8.** (*averse*) (Regen)Schauer *m*; *fig veiller au grain* auf der Hut sein
graine [gʀɛn] *f* **1.** BOT Samenkorn *n*; Samen *m*; *graines de tournesol* Sonnenblumenkerne *m/pl*; *monter en graine* (in Samen) schießen; *fig en prendre de la graine* sich (*dat*) daran ein Beispiel nehmen **2.** *fig mauvaise graine* *péj* sauberes Früchtchen *n*; *plais* Schlingel *m*
grainetier [gʀɛntje] *m* Samen- und Futtermittelhändler *m*
graissage [gʀɛsaʒ] *m* (Ab)Schmieren *n*
graisse [gʀɛs] *f* **1.** ANAT, CHIM, CUIS Fett *n* **2.** TECH Schmierfett *n*; Schmiere *f*
graisser [gʀɛse] *v/t* **1.** einfetten; TECH schmieren; AUTO abschmieren **2.** *salir* fettig machen
graisseur [gʀɛsœʀ] *m* TECH Schmiergerät *n*, -vorrichtung *f*
graisseux [gʀɛsø] *adj* ⟨**-euse** [-øz]⟩ **1.** (*gras*) fettig; mit Fettflecken **2.** BIOL Fett...
graminées [gʀamine] *f/pl* Gräser *n/pl*
▶ **grammaire** [gʀamɛʀ] *f* Grammatik *f*; Sprachlehre *f*
grammairien [gʀa(m)mɛʀjɛ̃] *m*, **grammairienne** [-jɛn] *f* Grammatiker(in) *m(f)*
grammatical [gʀamatikal] *adj* ⟨**~e; -aux** [-o]⟩ grammatikalisch; grammatisch
grammaticalisation [gʀa(m)matikalizasjɔ̃] *f* Grammatikalisation *f*
grammaticaliser [-e] *v/t* grammatikalisieren
▶ **gramme** [gʀam] *m* **1.** Gramm *n*; *1 gramme 6 d'alcoolémie* 1,6 Promille Blutalkohol **2.** *fig pas un gramme de bon sens* kein Funken *m*, kein Quäntchen *n* gesunder Menschenverstand
▶ **grand** [gʀɑ̃, *in der Bindung* gʀɑ̃t] **I** *adj* ⟨**grande** [gʀɑ̃d]⟩ groß; *grand âge* [-t-] hohes Alter; *grand blessé* Schwerverletzte(r) *m*; *grand choix* große, reiche Auswahl; ÉCOLE *les grandes classes* die oberen Klassen *f/pl*; *grand cri* lauter Schrei; *grand format* Großformat *n*; *grand froid* große, starke Kälte; *grand fumeur* starker Raucher; *deux grandes heures* volle, geschlagene zwei Stunden *f/pl*; *grandes*

jambes lange Beine *n/pl*; *le grand monde* die große, vornehme Welt **II** *adv* **en grand** im Großen; in großem Stil, Umfang; *voir grand* in großem Stil handeln; *péj* große, hochfliegende Pläne haben; *grand* ⟨*veränderlich*⟩ **ouvert** [-t-] weit offen, geöffnet **III** *subst* **1.** *d'enfants* **le grand, la grande** der, die Große; F *mon grand!* lieber Junge!; F *ma grande!* liebes Kind! **2.** *(adulte)* **les grands** die Großen, Erwachsenen *pl*; **(les) petits et (les) grands** Groß und Klein **3.** *(puissant)* **les grands de ce monde** die Großen *pl* dieser Welt

grand-angle *m* ⟨**grands-angles** [grɑ̃tɑ̃gl]⟩ Weitwinkelobjektiv *n*

grand-chose I *pr/ind* **pas grand-chose** nicht viel **II** F *un, une pas grand-chose* ein Nichtsnutz *m*

grand-duc *m* ⟨**grands-ducs**⟩ **1.** Großherzog *m* **2.** ZO Uhu *m*

grand-duché *m* ⟨**grands-duchés**⟩ Großherzogtum *n*

▸ **Grande-Bretagne** [grɑ̃dbrətaɲ] *la Grande--Bretagne* Großbritannien *n*

grande-duchesse [grɑ̃ddyʃɛs] *f* ⟨**grandes--duchesses**⟩ Großherzogin *f*

grandement [grɑ̃dmɑ̃] *adv* **1.** *(beaucoup)* in hohem Maße **2.** *(largement)* reichlich

grandeur [grɑ̃dœr] *f* Größe *f* (*a* PHYS, MATH); *grandeur d'âme* Seelengröße *f*

grand-faim: *avoir grand-faim* großen Hunger haben; sehr hungrig sein

grandiloquence [grɑ̃dilɔkɑ̃s] *f* hochtrabende Ausdrucksweise; Bombast *m*

grandiloquent [-ɑ̃] *adj* ⟨**-ente** [-ɑ̃t]⟩ hochtrabend; bombastisch

grandiose [grɑ̃djoz] *adj* großartig; grandios; überwältigend

▸ **grandir** [grɑ̃dir] **I** *v/t* **1.** größer machen; größer erscheinen lassen **2.** *fig* Größe verleihen (+ *dat*); erhöhen **II** *v/i* **3.** *(pousser)* wachsen, größer werden (*de* um); *fig* **grandir en sagesse** an Weisheit zunehmen **4.** *(s'intensifier)* zunehmen; (immer) größer, stärker werden

grandissant [grɑ̃disɑ̃] *adj* ⟨**-ante** [-ɑ̃t]⟩ wachsend; zunehmend

grandissime [grɑ̃disim] *plais adj* sehr groß; gewaltig

grand-maman *f* ⟨**grand(s)-mamans**⟩ Großmama *f*; F Oma *f*

▸ **grand-mère** *f* ⟨**grand(s)-mères**⟩ **1.** Großmutter *f* **2.** F *(vieille femme)* F Oma *f*

grand-messe *f* ⟨**grand(s)-messes**⟩ Hochamt *n*

grand-oncle [grɑ̃tõkl] *m* ⟨**grands-oncles** [grɑ̃zõkl]⟩ Großonkel *m*

grand-papa *m* ⟨**grands-papas**⟩ Großpapa *m*; F Opa *m*

grand-peine *adv* **à grand-peine** mit Müh und Not; mit großer Mühe

▸ **grand-père** *m* ⟨**grands-pères**⟩ **1.** Großvater *m* **2.** F *(vieillard)* F Opa *m*

grand-peur: *avoir grand-peur que … ne* (+*subj*) sehr fürchten, dass …

grand-route *f* ⟨**grand(s)-routes**⟩ Landstraße *f*

grand-rue *f* ⟨**grand(s)-rues**⟩ Hauptstraße *f*

grand-soif: *avoir grand-soif* großen Durst haben; sehr durstig sein

▸ **grands-parents** [grɑ̃parɑ̃] *m/pl* Großeltern *pl*

grand-tante *f* ⟨**grand(s)-tantes**⟩ Großtante *f*

grand-voile *f* ⟨**grand(s)-voiles**⟩ Großsegel *n*

grange [grɑ̃ʒ] *f* Scheune *f*

granit(e) [granit] *m* Granit *m*

granité [granite] *adj* ⟨**∼e**⟩ körnig; gekörnt; *tissu* kreppartig

graniteux [-ø] *adj* ⟨**-euse** [-øz]⟩ granithaltig

granitique *adj* Granit…

granny [grani] *f*, **granny smith** [granismis] *f* ⟨*inv*⟩ *pomme* Granny Smith *m*

granulat [granyla] *m* CONSTR Zuschlag(stoffe) *m(pl)*

granule [granyl] *m* **1.** Körnchen *n* **2.** PHARM Granulum *n*

granulé [granyle] **I** *adj* ⟨**∼e**⟩ körnig; gekörnt **II** *m/pl* **granulés** PHARM Granulat *n*

granuler [granyle] *v/t* körnen; granulieren

granuleux [-ø] *adj* ⟨**-euse** [-øz]⟩ körnig; gekörnt

graphème [grafɛm] *m* LING Graphem *n*

grapheur [grafœr] *m* INFORM Grafikprogramm *n*

graphie [grafi] *f* Schreibung *f*; Schreibweise *f*; Graphie *f*

graphique [grafik] **I** *adj* grafisch; *arts m/pl* **graphiques** grafische Künste *f/pl*; *secteur* grafisches Gewerbe **II** *m* Grafik *f*; Schaubild *n*; Diagramm *n*

graphisme [grafism] *m* Schriftzüge *m/pl*; Schriftbild *n*; *d'un dessinateur* Führung *f* des Zeichenstiftes

graphiste [grafist] *m,f* Grafiker(in) *m(f)*

graphite [grafit] *m* Graphit *m*

graphité [grafite] *adj* ⟨**∼e**⟩ *lubrifiant graphité* Graphitschmieröl *n*

graphologie [grafɔlɔʒi] *f* Graphologie *f*

graphologique *adj* graphologisch

graphologue [-lɔg] *m,f* Graphologe, -login *m,f*

grappa [grapa] *f* Grappa *m*

grappe [grap] *f* Traube *f* (*a fig*); *grappe de raisin* Weintraube *f*

grappillage [grapijaʒ] *m* **1.** VENDANGES Nachlese *f* **2.** *fig* kleine, unlautere Gewinne *m/pl*, Vorteile *m/pl*

grappiller [grapije] *v/t* **1.** hier und da (ab)pflücken **2.** *fig avantages* herausschlagen; *informations* auflesen

grappin [grapɛ̃] *m* MAR Draggen *m*; F *fig mettre le grappin sur qn* j-n mit Beschlag belegen

▸ **gras** [grɑ] **I** *adj* ⟨**grasse** [grɑs]⟩ **1.** fett; *aliment* a fetthaltig; *personne, animal* a feist **2.** *(enduit de graisse)* fettig **3.** *fig terre* fett; schwer; *crayon* weich; *toux* mit Auswurf; *rire* laut; ordinär; *en caractères gras* fett gedruckt **II** *le gras* das Fett(e); F *fig il n'y a pas gras à manger* es gibt nicht viel zu essen

gras-double *m* ⟨**gras-doubles**⟩ Kaldaunen *f/pl*; Kutteln *f/pl*

grassement [grasmɑ̃] *adv* reichlich

grasseyer [graseje] *v/i* das Zäpfchen-R sprechen

grassouillet [grasujɛ] *adj* ⟨**-ette** [-ɛt]⟩ dicklich; rundlich; *femme a* mollig

gratifiant [gratifjɑ̃] *adj* ⟨**-ante** [-ɑ̃t]⟩ (innerlich) befriedigend

gratification [gratifikasjõ] *f* **1.** *somme* Gratifikation *f*; Sonderzuwendung *f* **2.** PSYCH Befriedigung *f*

gratifier [gʀatifje] *v/t* **1. gratifier qn de qc** j-m etw zukommen lassen; j-n mit etw bedenken (*a iron*) **2.** PSYCH **gratifier qn** j-n befriedigen, erfüllen

gratin [gʀatɛ̃] *m* **1. au gratin** überbacken; gratiniert; **gratin dauphinois** überbackener Kartoffelauflauf **2.** F *fig* **le gratin** die oberen Zehntausend

gratiné [gʀatine] *adj* ⟨~e⟩ **1.** überbacken; gratiniert **2.** F toll; F enorm

gratinée [gʀatine] *f* mit Käse überbackene Zwiebelsuppe *f*

gratiner [gʀatine] *v/t* **faire gratiner** überbacken; gratinieren

gratis [gʀatis] F *adv* umsonst; gratis; kostenlos; *adjt* Gratis…; Frei…

gratitude [gʀatityd] *f* Dankbarkeit *f*

grattage [gʀataʒ] *m* (Ab-, Aus)Kratzen *n*; (Ab)Schaben *n*; LOTERIE Rubbeln *n*

gratte-ciel [gʀatsjɛl] *m* ⟨**gratte-ciel(s)**⟩ Wolkenkratzer *m*

gratte-cul *m* ⟨**gratte-cul(s)**⟩ Hagebutte *f*

gratte-dos *m* ⟨*inv*⟩ Rückenkratzer *m*

grattement [gʀatmɑ̃] *m* Kratzen *n*, Scharren *n* (*a bruit*)

gratte-papier *m* ⟨**gratte-papier(s)**⟩ *péj* Federfuchser *m*

gratter [gʀate] **I** *v/t* **1.** *surface* abkratzen; (ab)schaben; *casserole* auskratzen; *cicatrice* aufkratzen; *sol, neige* aufscharren **2.** (*enlever*) ab-, wegkratzen; abschaben; *inscription* auskratzen; *abs* LOTERIE rubbeln **3.** (*démanger*) kratzen; jucken **4.** F *à son profit* herausschlagen, -schinden **II** *v/i* **5.** kratzen; scharren **6.** F **gratter de la guitare** F auf der Gitarre klimpern **7.** F (*travailler*) F werke(l)n; *p/fort* schuften **III** *v/pr* **se gratter** sich kratzen

grattoir [gʀatwaʀ] *m* Schaber *m*; Kratzer *m*

grattouiller [gʀatuje] *v/t* → **gratter** *I* 3, *II* 6

▸ **gratuit** [gʀatɥi] *adj* ⟨**-uite** [-ɥit]⟩ **1.** (*non payant*) kostenlos; unentgeltlich; Frei…; Gratis…; *prêt* zinslos; **billet gratuit** Freikarte *f* **2.** (*sans fondement*) unbegründet; grundlos; unmotiviert; willkürlich

gratuité [gʀatɥite] *f* **1.** Unentgeltlichkeit *f*; *des transports* Nulltarif *m* **2.** *d'une accusation, etc* Unbegründetheit *f*; Grundlosigkeit *f*

gratuitement [gʀatɥitmɑ̃] *adv* **1.** (*sans payer*) kostenlos; gratis; umsonst **2.** (*sans motif*) ohne Grund, Motiv; grundlos; (*arbitrairement*) willkürlich

gravats [gʀava] *m/pl* Bauschutt *m*

▸ **grave** [gʀav] *adj* **1.** *air, ton* ernst; *attitude* gemessen; würdevoll **2.** *problème, décision, etc* ernst; schwerwiegend; gravierend; *situation, erreur a* schlimm; *maladie* schwer; **blessé** *m* **grave** Schwerverletzte(r) *m*; **ce n'est pas grave** das ist nicht schlimm **3.** *voix* tief (*a son*) dunkel **4. accent** *m* **grave** Accent grave *m*

graveleux [gʀavlø] *adj* ⟨**-euse** [-øz]⟩ zotig; anstößig; schlüpfrig

gravement [gʀavmɑ̃] *adv* **1.** (*dignement*) ernst; würdevoll **2. gravement malade** schwer krank; ernstlich erkrankt

graver [gʀave] *v/t* **1.** einschneiden, einritzen; *pour reproduire* (ein)gravieren (**sur** in + *acc*) **2.** *fig souvenir* **est gravé dans ma mémoire** hat sich mir eingeprägt

graveur [gʀavœʀ] *m*, **graveuse** [-øz] *f* **1.** Graveur(in) *m(f)* **2.** *m* TECH **graveur de CD** CD-Brenner *m*

gravier [gʀavje] *m* Kies *m*

gravillon [gʀavijõ] *m* Splitt *m*

gravir [gʀaviʀ] *v/t* erklimmen (*a fig*)

gravissime [gʀavisim] *adj* *maladie* sehr schwer; *faute, erreur* äußerst gravierend

gravitation [gʀavitasjõ] *f* Gravitation *f*; Massenanziehung *f*

gravitationnel [gʀavitasjɔnɛl] *adj* ⟨**-le**⟩ PHYS Gravitations…; **champ gravitationnel** Gravitations-, Schwerefeld *n*

gravité [gʀavite] *f* **1.** (*sérieux*) (feierlicher) Ernst **2.** *de la situation* Ernst *m*; *d'une maladie* Schwere *f*; **sans gravité** harmlos **3.** *d'un son* Tiefe *f* **4.** PHYS, *fig* **centre** *m* **de gravité** Schwerpunkt *m*; **force** *f* **de gravité** Schwerkraft *f*

graviter [gʀavite] *v/t/indir* **1.** ASTR kreisen, sich drehen (**autour de** um) **2.** *fig* **graviter autour de qn** ständig um j-n sein

gravure [gʀavyʀ] *f* **1.** *technique* Gravierung *f*; *art* Gravierkunst *f*; Grafik *f* **2.** *ouvrage* Grafik *f*; (Kupfer)Stich *m*; *sur bois* Holzschnitt *m*; *par ext* (Kunst)Druck *m*; Kunstblatt *n*

gré [gʀe] *m* **1. à mon gré** (*à mon goût*) nach meinem Geschmack; (*à volonté*) nach Belieben; nach (meinem) Gutdünken; (*à mon avis*) meines Erachtens; **au gré des événements** je nach den Ereignissen; **contre le gré de qn** gegen den Willen j-s; **de bon gré** bereitwillig; gern; **de son plein gré** freiwillig; aus freien Stücken; **de gré ou de force** gutwillig oder gezwungen; so oder so; **bon gré mal gré** wohl oder übel **2.** *st/s* **savoir gré à qn de qc** j-m für etw dankbar sein

▸ **grec** [gʀɛk] **I** *adj* ⟨**grecque** [gʀɛk]⟩ griechisch; **i grec** Ypsilon *n* **II Grec, Grecque** *m,f* Grieche *m*, Griechin *f*

▸ **Grèce** [gʀɛs] **la Grèce** Griechenland *n*

gréco-latin [gʀekolatɛ̃] *adj* ⟨**-ine** [-in]⟩ griechisch-lateinisch

gréco-romain *adj* ⟨**-aine** [-ɛn]⟩ griechisch-römisch (*a lutte*)

grecque [gʀɛk] *f ornement* Mäander(band) *m(n)*

gredin [gʀədɛ̃] *m* F **petit gredin** Schlingel *m*

gréement [gʀemɑ̃] *m* MAR Takelage *f*

greffage [gʀefaʒ] *m* ARBORICULTURE Pfropfen *n*; Veredeln *n*

greffe¹ [gʀef] *f* **1.** MÉD Transplantation *f*; Verpflanzung *f*; **greffe du cœur** Herztransplantation *f* **2.** BOT Pfropfen *n*; (*greffon*) Edel-, Pfropfreis *n*

greffe² [gʀef] *m* Geschäftsstelle *f* des Gerichts

greffer [gʀefe] **I** *v/t* **1.** *arbre* pfropfen; veredeln **2.** MÉD verpflanzen; transplantieren **II** *v/pr fig* **se greffer sur qc** zu etw hinzukommen

greffier [gʀefje] *m* Urkundsbeamte(r) *m*

greffon [gʀefõ] *m* **1.** BOT Edel-, Pfropfreis *n* **2.** MÉD Transplantat *n*

grégaire [gʀegɛʀ] *adj* Herden…; **instinct** *m* **grégaire** Herdentrieb *m*

grégarisme [gʀegaʀism] *m* Herdentrieb *m*, -leben *n*

grège [gʀɛʒ] *adj* **1. soie** *f* **grège** Roh-, Grègeseide *f* **2.** *couleur* rohseidenfarben; hellbeige

grégorien [gʀegɔʀjɛ̃] *adj* ⟨**-ienne** [-jɛn]⟩ gregorianisch

grêle[1] [gʀɛl] *f* Hagel *m* (*a fig*)

grêle[2] *adj* dünn (*a voix*); schmal; *intestin* *m* **grêle** Dünndarm *m*

grêlé [gʀele] *adj* ⟨**~e**⟩ pockennarbig

grêler [gʀele] *v/imp* hageln

grêlon [gʀɛlõ] *m* Hagelkorn *n*

grelot [gʀəlo] *m* Schelle *f*; Glöckchen *n*

grelottant [gʀəlɔtɑ̃] *adj* ⟨**-ante** [-ɑ̃t]⟩ zitternd; schlotternd

grelottement *m* Zittern *n*; Schlottern *n*

grelotter [gʀəlɔte] *v/i* (vor Kälte) zittern, schlottern; *grelotter de fièvre* vom Fieber geschüttelt werden

greluche [gʀəlyʃ] *f* F (dumme) Zicke

grenade [gʀənad] *f* **1.** BOT Granatapfel *m* **2.** MIL (Hand)Granate *f*

Grenade [gʀənad] **1.** *en Espagne* Granada *n* **2.** *aux Petites Antilles* Grenada *n*

grenadier [gʀənadje] *m* **1.** BOT Granatapfelbaum *m* **2.** HIST MIL Grenadier *m*

grenadin [gʀənadɛ̃] *m* gespicktes Kalbsfilet

grenadine [gʀənadin] *f* Granatapfelsirup *m*

grenaille [gʀənaj] *f* Schrot *m ou n*

grenat [gʀəna] *m* **1.** MINÉR Granat *m* **2.** *adj* ⟨*inv*⟩ granatrot

▸ **grenier** [gʀənje] *m* **1.** Speicher *m*; Dachboden *m* **2.** *fig* Kornkammer *f*

Grenoble [gʀənɔbl] *Stadt im Dep. Isère*

grenoblois [gʀənɔblwa] *adj* ⟨**-oise** [-waz]⟩ (*et subst* **Grenoblois** Einwohner) von Grenoble

grenouillage [gʀənujaʒ] *m* POL unsaubere Machenschaften *f/pl*

grenouille [gʀənuj] *f* Frosch *m*

grenouillère [gʀənujɛʀ] *f* Strampelanzug *m*

grès [gʀɛ] *m* **1.** *roche* Sandstein *m* **2.** *céramique* Steinzeug *n*

gréseux [gʀezø] *adj* ⟨**-euse** [-øz]⟩ Sandstein…

grésil [gʀezil] *m* Graupeln *f/pl*

grésillement [gʀezijmɑ̃] *m* CUIS Brutzeln *n*; TÉL, RAD Knistern *n*; Rauschen *n*

grésiller [gʀezije] *v/i friture* brutzeln; TÉL, RAD knistern

▸ **grève** [gʀɛv] *f* **1.** Streik *m*; Ausstand *m*; *grève générale* Generalstreik *m*; *grève de la faim* Hungerstreik *m*; *grève du zèle* Dienst *m* nach Vorschrift; Bummelstreik *m*; *grève sur le tas* Sitzstreik *m*; *être en grève, faire grève* streiken; *se mettre en grève* in (den) Streik treten **2.** *plage* (Sand-, Kies)Strand *m*

grever [gʀəve] *v/t* ⟨**-è-**⟩ belasten (*de* mit)

gréviste [gʀevist] *m,f* Streikende(r) *f(m)*

gribouillage [gʀibujaʒ] *m péj écriture* Gekritzel *n*; Kritzelei *f*; F Gekrakel *n*; F Gesudel *n*; F Geschmier *n*

gribouille [gʀibuj] *m péj* Tölpel *m*; F Einfaltspinsel *m*; Schlaumeier *m* (*iron*)

gribouiller [gʀibuje] **I** *v/t* hinkritzeln; F hinschmieren **II** *v/i* kritzeln; F sudeln

gribouilleur [gʀibujœʀ] *m*, **gribouilleuse** [-øz] *f* F Sudler(in) *m(f)*; Schmierer(in) *m(f)*; Schmierfink *m*

gribouillis [gʀibuji] *m* → **gribouillage**

grief [gʀijɛf] *m* (Grund *m*, Anlass *m* zur) Klage *f*, Beschwerde *f*; *avoir des griefs contre qn* Anlass, Grund zur Klage (j-m gegenüber) haben; Beschwerden gegen j-n vorzubringen ha-

ben; *exposer, formuler ses griefs* s-e Beschwerden vorbringen; *faire grief de qc à qn* j-m etw zum Vorwurf machen

grièvement [gʀijɛvmɑ̃] *adv grièvement blessé* schwer verletzt

griffe [gʀif] *f* **1.** ZO Kralle *f*; *fig tomber dans les griffes de qn* j-m in die Klauen geraten **2.** ADM Namensstempel *m*; COMM Namenszug *m*; Markenzeichen *n* **3.** *fig* Stempel *m*; Handschrift *f*

griffé [gʀife] *adj* ⟨**~e**⟩ Marken…

▸ **griffer** [gʀife] *v/t* (zer)kratzen

griffon [gʀifõ] *m* **1.** *chien* Griffon *m* **2.** MYTH Greif *m*

griffonnage [gʀifɔnaʒ] *m* Gekritzel *n*; Kritzelei *f*

griffonner [-e] *v/t* (hin)kritzeln; *à la hâte* hinwerfen

griffu [gʀify] *adj* ⟨**~e**⟩ krallenbewehrt

griffure [gʀifyʀ] *f* Kratzer *m*

grignotage [gʀiɲɔtaʒ] *m* **1.** → **grignotement 2.** *fig d'un héritage* allmähliche Aufzehrung; *de droits* schrittweiser Abbau; Aushöhlung *f*

grignotement [gʀiɲɔtmɑ̃] *m* Knabbern *n*

grignoter [gʀiɲɔte] *v/t* **1.** knabbern (*a abs*); (*entamer*) anknabbern; *grignoter qc a* etw knabbern **2.** *fig héritage* allmählich aufzehren; *droits* stückchenweise abbauen

grigou [gʀigu] *m* F Geizkragen *m*; F Knauser *m*

grigri [gʀigʀi] *m* Amulett *n*; Talisman *m*

gri-gri [gʀigʀi] *m* ⟨**gris-gris**⟩ → **grigri**

gril [gʀil] *m* Bratrost *m*; Grill *m*; F *fig être sur le gril* wie auf glühenden Kohlen sitzen

grillade [gʀijad] *f* Grillgericht *n*

grillage [gʀijaʒ] *m* (Draht)Gitter *n*; *clôture* Drahtzaun *m*

grillager [-e] *v/t* ⟨**-ge-**⟩ vergittern

grille [gʀij] *f* **1.** Gitter *n* (*a barrière*) **2.** *d'un poêle* (Feuer)Rost *m* **3.** *de mots croisés, etc* Kästchen *n/pl*; Felder *n/pl* **4.** (*tableau*) Übersicht *f*; Tabelle *f*

grille-pain *m* ⟨*inv*⟩ Toaster *m*

▸ **griller** [gʀije] **I** *v/t* **1.** *viande* (auf dem Rost) braten; grillen; *pain, marrons, café* rösten; *pain a* toasten; *amandes grillées* gebrannte Mandeln *f/pl*; *pain grillé* Toast *m* **2.** F *cigarette* rauchen; F qualmen **3.** *griller un feu rouge* ein Rotlicht überfahren; bei Rot durchfahren **4.** F *fig griller qn* SPORTS j-n überholen, überrunden; *par ext* j-n ausstechen; F *être grillé* F erledigt, unten durch sein **II** *v/i* **5.** *viande* (auf dem Rost) braten **6.** ÉLECT durchbrennen **7.** F *personne* vor Hitze vergehen; F braten **8.** *fig griller (d'envie) de* (+ *inf*) darauf brennen zu (+ *inf*)

grillon [gʀijõ] *m* Grille *f*; Heimchen *n*

grimaçant [gʀimasɑ̃] *adj* ⟨**-ante** [-ɑ̃t]⟩ (fratzenhaft) verzerrt

grimace [gʀimas] *f* Grimasse *f*; Fratze *f*; *faire des grimaces* Grimassen schneiden, ziehen *faire la grimace* ein Gesicht ziehen, machen

grimacer [gʀimase] *v/i* ⟨**-ç-**⟩ *das* Gesicht verziehen, verzerren

grimer [gʀime] *v/t* (*et v/pr* **se grimer** sich) schminken

grimoire [gʀimwaʀ] *m* **1.** (*livre de magie*) Zauberbuch *n* **2.** *fig* unverständliches, obskures Werk

grimpant [gʀɛ̃pɑ̃] *adj* ⟨**-ante** [-ɑ̃t]⟩ *plante*

grimpante Kletterpflanze *f*
grimpée [gʀɛ̃pe] *f* beschwerlicher Aufstieg; Kletterei *f*
grimper [gʀɛ̃pe] *v/i* **1.** (hinauf)klettern (*sur*, *à* auf + *acc*); *plante* sich emporranken (*à* an + *dat*) **2.** *par ext chemin* steil ansteigen; *fig prix* in die Höhe klettern
grimpette [gʀɛ̃pɛt] F *f* kurzer, steiler Weg; Steig *m*
grimpeur [gʀɛ̃pœʀ] *m*, **grimpeuse** [-øz] *f* Kletterer *m* (*a cycliste*); Kletterin *f*
grinçant [gʀɛ̃sɑ̃] *adj* ⟨**-ante** [-ɑ̃t]⟩ **1.** knarrend; quietschend **2.** *fig ton, ironie* bissig; *humour* gallig
grincement [gʀɛ̃smɑ̃] *m* **1.** Knarren *n*; Quietschen *n* **2.** *fig* **grincement de dents** Zähneknirschen *n*
grincer [gʀɛ̃se] *v/i* ⟨**-ç-**⟩ **1.** knarren; quietschen **2.** *grincer des dents* mit den Zähnen knirschen
grincheux [gʀɛ̃ʃø] *adj* ⟨**-euse** [-øz]⟩ mürrisch; griesgrämig; *enfant* F quengelig
gringalet [gʀɛ̃galɛ] *m péj* schmächtiges Männchen, Kerlchen
griotte [gʀijɔt] *f* Sauerkirsche *f*
grippage [gʀipaʒ] *m* TECH Festfressen *n*
grippal [gʀipal] *adj* ⟨◡e; **-aux** [-o]⟩ Grippe…; grippal
grippe [gʀip] *f* **1.** MÉD Grippe *f* **2.** *prendre en grippe* e-e Abneigung fassen gegen
grippé [gʀipe] *adj* ⟨◡e⟩ grippekrank
gripper [gʀipe] *v/i/pr se gripper* TECH sich festfressen
grippe-sou [gʀipsu] *m* ⟨**grippe-sou(s)**⟩ Pfennigfuchser *m*
▸ *gris* [gʀi] I *adj* ⟨**grise** [gʀiz]⟩ **1.** grau; *cheveux gris* graue Haare *n/pl* **2.** *temps* trüb; *ciel* grau **3.** *fig* öde; grau; trübselig **4.** *fig* (*éméché*) angeheitert; F beschwipst II *m* **5.** Grau *n* **6.** F *tabac* gewöhnlicher Tabak
grisaille [gʀizaj] *f* Eintönigkeit *f*; Öde *f*
grisant [gʀizɑ̃] *adj* ⟨**-ante** [-ɑ̃t]⟩ *musique, succès* berauschend; *parfum* betäubend
grisâtre [gʀizɑtʀ] *adj* etwas grau; gräulich; *ciel*, *jour* grau; trüb
grisé [gʀize] *m* Azureelinien *f/pl*; Schraffierung *f*
griser [gʀize] I *v/t griser qn alcool*, *fig* j-m die Sinne benebeln; j-m zu Kopf steigen; *succès* j-n berauschen; *il est grisé par son succès st/s* sein Erfolg hat ihn trunken gemacht II *v/pr fig se griser de* sich berauschen an (+ *dat*)
griserie [gʀizʀi] *f* Rausch *m* (*fig*); Taumel *m*
grisette [gʀizɛt] *f autrefois* (leichtlebige junge) Hutmacherin (in Paris)
gris-gris → *gri-gri*
grison [gʀizɔ̃] I *adj* ⟨**-onne** [-ɔn]⟩ graubündnerisch II *Grison(ne)* *m(f)* Graubündner(in) *m(f)*
grisonnant [gʀizɔnɑ̃] *adj* ⟨**-ante** [-ɑ̃t]⟩ leicht ergraut
grisonner [-e] *v/i* ergrauen; grau werden; *personne a* graues Haar bekommen
Grisons [gʀizɔ̃] *les Grisons m/pl* Graubünden *n*
grisou [gʀizu] *m* Grubengas *n*; *coup m de grisou* Schlagwetterexplosion *f*
grive [gʀiv] *f* ZO Drossel *f*

griveton [gʀivtɔ̃] F *m* einfacher Soldat
grivois [gʀivwa] *adj* ⟨**-oise** [-waz]⟩ schlüpfrig; locker; frei
grivoiserie [gʀivwazʀi] *f* Schlüpfrigkeit *f* (*a propos*)
grizzli ou grizzly [gʀizli] *m* Grislibär *m*
Groenland [gʀɔɛnlɑ̃d] *le Groenland* Grönland *n*
groenlandais [gʀɔɛnlɑ̃dɛ] I *adj* ⟨**-aise** [-ɛz]⟩ grönländisch II *subst Groenlandais(e)* *m(f)* Grönländer(in) *m(f)*
grog [gʀɔg] *m* Grog *m*
groggy [gʀɔgi] *adj* ⟨*f inv*⟩ groggy (*a* F *fig*)
grognard [gʀɔɲaʀ] *m* alter Haudegen der napoleonischen Garde
grogne [gʀɔɲ] *f* Murren *n*; Unzufriedenheit *f*
grognement [gʀɔɲmɑ̃] *m* **1.** *d'une personne* Murren *n* **2.** *d'un cochon* Grunzen *n*; *d'un ours* Brummen *n*
grogner [gʀɔɲe] *v/i* **1.** *personne* murren (*contre* gegen); knurren; brummen; F maulen **2.** *cochon* grunzen; *ours* brummen; *chien* knurren
grognon [gʀɔɲɔ̃] *adj* ⟨*f inv*⟩ mürrisch; F brummig; *enfant* F quengelig
groin [gʀwɛ̃] *m* Rüssel *m*
grol(l)e [gʀɔl] *f* F Latschen *m*
grommeler [gʀɔmle] *v/t et v/i* ⟨**-ll-**⟩ *grommeler* (*entre ses dents*) (vor sich [*acc*] hin, in s-n Bart) brummen, brummeln
grommellement [gʀɔmɛlmɑ̃] *m* Gebrumm(e) *n*; Gemurmel *n*
grondement [gʀɔ̃dmɑ̃] *m* **1.** *du tonnerre* Grollen *n*; Rollen *n*; *du canon* Donner *m*; *d'un moteur* Brummen *n*; Dröhnen *n*; *d'un torrent* Tosen *n* **2.** *d'un chien* Knurren *n*
gronder [gʀɔ̃de] I *v/t* schelten; schimpfen (*qn* mit j-m) II *v/i* **1.** *tonnerre* grollen; rollen; *canon* donnern; *moteur* brummen; dröhnen; *torrent* tosen **2.** *chien, fauve* knurren; *ours* brummen **3.** *fig révolte* drohen
gronderie [gʀɔ̃dʀi] *f* Schelte *f*; F Schimpfe *f*
grondeur [-œʀ] *adj* ⟨**-euse** [-øz]⟩ *ton, voix* scheltend; tadelnd
grondin [gʀɔ̃dɛ̃] *m poisson* Knurrhahn *m*
groom [gʀum] *m* Hotelboy *m*; Page *m*
▸ *gros* [gʀo] I *adj* ⟨**grosse** [gʀos]⟩ **1.** (*volumineux*) groß; dick; mächtig; massig; *gros chien* großer Hund; *gros intestin* Dickdarm *m*; *gros os pl* starke, kräftige Knochen *m/pl*; *gros comme le poing* faustgroß **2.** (*corpulent*) dick; beleibt; stark **3.** (*important*) groß; *mangeur* stark; *orage*, *rhume* stark; heftig; *dégâts*, *soucis*, *erreur a* schwer; *somme* hoch; *affaire* gut; lukrativ; *gros industriel* Großindustrielle(r) *m*; *gros soupir* schwerer, tiefer Seufzer; F *fig* **grosse tête** F gelehrtes Haus; *grosse voix* laute, dröhnende Stimme **4.** (*grossier*) grob; *gros mensonge* grobe Lüge; *gros mot* unanständiges, hässliches Wort; *gros rire* lautes, schallendes Lachen; F *gros rouge* gewöhnlicher Rotwein; *gros sel* grobes Salz; Grobsalz *n* **5.** MAR *grosse mer* schwere, raue, grobe See; *gros temps* stürmisches Wetter II *adv* **6.** groß; *écrire gros* groß schreiben; e-e große Schrift haben **7.** (*beaucoup*) viel; *je donnerais gros pour savoir …* ich würde viel darum geben, wenn ich wüsste …; *jouer gros* hoch, mit hohem Einsatz spielen; *risquer*

gros viel riskieren, aufs Spiel setzen; *il en a gros sur le cœur*, F *sur la patate* ihm ist schwer ums Herz **8. en gros** *écrit* groß; (*grosso modo*) in großen, großen Zügen; COMM im Großen; in großen Mengen; en gros **III** *subst* **9. gros(se)** *m(f)* (*personne grosse*) Dicke(r) *f(m)* **10.** F *les gros* m/pl (*les riches*) die Reichen *pl* **11.** *m* COMM Großhandel *m*; *commerce m de ou en gros* Großhandel *m* **12. le gros de ...** der größte Teil, das Gros (+ *gén*); *le plus gros est fait* das Gröbste ist geschafft

gros-bec *m* ⟨**gros-becs**⟩ ZO Kernbeißer *m*

groschen [gʁɔʃɛn] *m* HIST *monnaie* Groschen *m*

▸ **groseille** [gʁozɛj] *f* Johannisbeere *f*; *groseille à maquereau* Stachelbeere *f*

groseillier [gʁozeje] *m* Johannisbeerstrauch *m*

gros-grain *m* ⟨**gros-grains**⟩ Seidenripsband *n*

gros-porteur *m* ⟨**gros-porteurs**⟩ Großraumflugzeug *n*

grosse [gʁos] *f* **1.** JUR vollstreckbare Ausfertigung **2.** COMM (*douze douzaines*) Gros *n*

grossesse [gʁosɛs] *f* Schwangerschaft *f*; *interruption f de grossesse* Schwangerschaftsunterbrechung *f*

grosseur [gʁosœʁ] *f* **1.** Größe *f*; Dicke *f* **2.** MÉD Geschwulst *f*

grossier [gʁosje] *adj* ⟨**-ière** [-jɛʁ]⟩ **1.** *tissu, traits* grob; derb; *travail, ruse* plump; *erreur* grob; krass; schwer **2.** (*mal élevé*) grob; ungehobelt; flegel-, rüpelhaft; *grossier personnage* Grobian *m*; Flegel *m*; Rüpel *m* **3.** (*vulgaire*) derb; vulgär; unflätig; wüst

grossièrement [gʁosjɛʁmɑ̃] *adv* **1.** (*en gros*) grob; in groben Zügen, Umrissen **2.** (*lourdement*) schwer; stark; F gewaltig **3.** (*de façon impolie*) grob; flegel-, rüpelhaft

grossièreté [gʁosjɛʁte] *f* Grobheit *f*; Derbheit *f*

▸ **grossir** [gʁosiʁ] **I** *v/t* **1.** *vêtements* grossir qn j-n dick(er) machen, erscheinen lassen **2.** (*augmenter*) vergrößern (*a* OPT); *fig* (*exagérer*) übertreiben; aufbauschen **II** *v/i* **3.** *personne* dick(er) werden; zunehmen (*d'un kilo* [um] ein Kilo) **4.** (*augmenter*) größer werden; sich vergrößern; zunehmen; *rivière* anschwellen

grossissant [gʁosisɑ̃] *adj* ⟨**-ante** [-ãt]⟩ Vergrößerungs...

grossissement [-mã] *m* **1.** Vergrößerung *f* (*a* OPT) **2.** *fig* Aufbauschung *f*

grossiste [gʁosist] *m,f* Grossist(in) *m(f)*; Großhändler(in) *m(f)*

grosso modo [gʁosomodo] *adv* in großen, groben Zügen, Umrissen; ungefähr

grotesque [gʁɔtɛsk] **I** *adj* grotesk **II** *le grotesque* das Groteske

▸ **grotte** [gʁɔt] *f* Höhle *f*; *artificielle* Grotte *f*

grouillant [gʁujã] *adj* ⟨**-ante** [-ãt]⟩ wimmelnd (*de* von)

grouillement [-mã] *m* Wimmeln *n*

grouiller [gʁuje] **I** *v/i* wimmeln (*de* von) **II** *v/pr* F *se grouiller* sich beeilen

groupage [gʁupaʒ] *m* COMM (Zusammenstellung *f* zu e-r) Sammelladung *f*

▸ **groupe** [gʁup] *m* **1.** Gruppe *f*; *groupe de travail* Arbeitsgruppe *f*, -kreis *m*, -gemeinschaft *f*; *cabinet m de groupe* Gemeinschaftspraxis *f*; *en groupe* in der, als Gruppe; *adjt* Grup-

pen... **2. groupe parlementaire** (Parlaments)-Fraktion *f* **3.** MUS Band *f*; *groupe de rock* Rockband *f* **4. groupe scolaire** Schulzentrum *n* **5.** TECH Aggregat *n* **6. groupe sanguin** Blutgruppe *f*

groupé [gʁupe] *adj* ⟨**~e**⟩ Sammel...

groupement [gʁupmã] *m* Gruppierung *f*; Zusammenschluss *m*; Verband *m*

grouper [gʁupe] **I** *v/t* zusammenfassen, -schließen; *objets, faits* zusammenstellen **II** *v/pr se grouper* sich zusammenschließen; *se grouper autour de qn* sich um j-n scharen, gruppieren

groupuscule [gʁupyskyl] *m* Splittergruppe *f*

gruau [gʁyo] *m* ⟨**~x**⟩ Grütze *f*

grue [gʁy] *f* **1.** ZO Kranich *m*; *fig faire le pied de grue* F sich (*dat*) die Beine in den Bauch stehen **2.** F (*prostituée*) F Nutte *f* **3.** TECH Kran *m*

gruger [gʁyʒe] *v/t* ⟨**-ge-**⟩ *gruger qn* j-n ausnehmen

grume [gʁym] *f* *bois m de, en grume* noch nicht entrindetes (Lang)Holz

grumeau [gʁymo] *m* ⟨**~x**⟩ Klumpen *m*; Klümpchen *n*

grumeleux [gʁymlø] *adj* ⟨**-euse** [-øz]⟩ **1.** *sauce, etc* klumpig **2.** *peau* uneben

grutier [gʁytje] *m* Kranführer *m*

gruyère [gʁyjɛʁ] *m* Schweizer Käse *m*; Emmentaler *m*

Guadeloupe [gwadlup] *la Guadeloupe* Guadeloupe *n*

guadeloupéen [gwadlupeɛ̃] *adj* ⟨**-enne** [-ɛn]⟩ aus, von Guadeloupe

Guatemala [gwatemala] *le Guatemala* Guatemala *n*

guatémalien [gwatemaljɛ̃] ⟨**-ienne** [-jɛn]⟩ *ou* **guatémaltèque** [gwatemaltɛk] **I** *adj* guatemaltekisch **II** *Guatémalien(ne)* *m(f)* *ou* **Guatémaltèque** *m,f* Guatemalteke, -tekin *m,f*

gué [ge] *m* Furt *f*; *passer à gué* durch e-e Furt fahren *ou* waten

guéguerre [gegɛʁ] F *f* Kleinkrieg *m*

guenilles [gənij] *f/pl* Lumpen *m/pl*

guenon [gənõ] *f* Affenweibchen *n*

guépard [gepaʁ] *m* Gepard *m*

▸ **guêpe** [gɛp] *f* Wespe *f*; *fig taille f de guêpe* Wespentaille *f*; F *fig pas folle, la guêpe!* der *ou* die ist aber raffiniert, F gerissen!

guêpier [gepje] *m* Wespennest *n*; *fig se fourrer dans un guêpier* sich in die Nesseln setzen

guêpière [gepjɛʁ] *f* die Taille einengendes Mieder

guère [gɛʁ] *adv ne ... guère* kaum; nicht sehr; nicht viel; *ne ... plus guère* kaum noch; *ne ... guère que* fast nur; höchstens

guéri [geʁi] *adj* ⟨**~e**⟩ **1.** *personne* wieder gesund; geheilt; *st/s* genesen; *maladie* ausgeheilt; *blessure* verheilt; zugeheilt **2.** *fig d'un préjugé* kuriert; geheilt

guéridon [geʁidõ] *m* kleiner runder Tisch

guérilla [geʁija] *f* Guerilla(krieg) *f(m)*

guérillero [geʁijeʁo] *m* Guerillakämpfer *m*; Guerillero *n*

▸ **guérir** [geʁiʁ] **I** *v/t* **1.** *malade* heilen; gesund machen; *maladie* (aus)heilen **2.** *fig guérir qn de qc* j-n von etw kurieren, heilen **II** *v/i* **3.** *malade* (wieder) gesund werden, gesunden; *st/s* genesen **4.** *blessure* (ver-, zu)heilen; *grippe*

ausheilen; weggehen **III** *v/pr* **5.** *se guérir* **6.** *fig*
se guérir de qc etw ablegen; von etw loskom-
men
guérison [geʀizõ] *f* Genesung *f*; Gesundung *f*;
Heilung *f* (*a fig*)
guérissable [geʀisabl] *adj* heilbar
guérisseur [-œʀ] *m* Heilpraktiker *m*
guérite [geʀit] *f* **1.** MIL Schilderhaus *n* **2.** (*bara-
que*) Bretterbude *f*
▸ **guerre** [gɛʀ] *f* Krieg *m* (*a fig*); **guerre froide**
Kalter Krieg; *la Grande Guerre* der Erste
Weltkrieg; *la Première, Seconde Guerre
mondiale* der Erste, Zweite Weltkrieg; *guer-
re psychologique* psychologische Kriegfüh-
rung; *fig* **à la guerre comme à la guerre**
das geht nun einmal nicht anders; *fig* **de bon-
ne guerre** nicht unfair; *fig* **de guerre lasse** um
des lieben Friedens willen; nach langem Sträu-
ben; *déclarer la guerre* den Krieg erklären (*à
un pays* e-m Land); *fig* den Kampf ansagen (*à
qn, qc* j-m, e-r Sache); *être en guerre* sich im
Krieg befinden; im Krieg stehen; *faire la
guerre* Krieg führen (*à* mit, gegen); *fig* e-n
ständigen Kampf führen (*à qn* gegen j-n); *se
faire la guerre* sich bekriegen (*a fig*); *fig* **faire
la guerre à qc** etw bekämpfen, bekriegen; ge-
gen etw zu Felde ziehen

La drôle de guerre

Als **la drôle de guerre** (der Sitzkrieg)
wird die Zeit zwischen dem 3. Septem-
ber 1939 (Kriegserklärung Frankreichs
und Großbritanniens an das nationalso-
zialistische Deutschland nach dem
Überfall der deutschen Wehrmacht auf
Polen) und dem 10. Mai 1940 (Beginn
der Westoffensive der deutschen Wehr-
macht und Invasion der Niederlande
und Belgiens) bezeichnet. Während die
Franzosen an der deutschen Grenze
passiv verharrten und sich durch den
Schutzwall der **ligne Maginot** (Maginot-
linie) sicher glaubten, wurde Polen
durch die Wehrmacht überrannt. Die
Strategie der Franzosen erwies sich als
Misserfolg, denn sechs Wochen nach
Beginn der deutschen Offensive im
Westen musste Frankreich den Waffen-
stillstand unterzeichnen, nachdem die
deutsche Wehrmacht unter Umgehung
der ligne Maginot die französische Ar-
mee eingekesselt und besiegt hatte.

---

guerrier [gɛʀje] **I** *m* Krieger *m* **II** *adj* ⟨**-ière**
[-jɛʀ]⟩ kriegerisch
guerroyer [gɛʀwaje] *litt v/i* ⟨**-oi-**⟩ Krieg führen;
e-e Fehde austragen
guet [gɛ] *m* **faire le guet** auf der Lauer liegen;
complice F Schmiere stehen
guet-apens [gɛtapɑ̃] *m* ⟨**guets-apens** [gɛta-
pɑ̃]⟩ Hinterhalt *m* (*a fig*); **tomber dans un
guet-apens** in e-n Hinterhalt geraten

guêtre [gɛtʀ] *f* Gamasche *f*; F *fig* **traîner ses
guêtres** F sich herumtreiben
guetter [gete] *v/t* **1.** (*épier*) lauern (*abs ou* **qn**
auf j-n); auflauern (**qn** j-n) **2.** *occasion, facteur*
abwarten; abpassen **3.** *fig maladie, etc* **guetter
qn** j-n bedrohen; F auf j-n lauern
guetteur [gɛtœʀ] *m* Beobachtungsposten *m*
gueulante [gœlɑ̃t] F *f* Geschrei *n*; Gebrüll *n*;
pousser une gueulante losbrüllen; aufschrei-
en
gueulard [gœlaʀ] F **I** *adj* ⟨**-arde** [-aʀd]⟩ (*brail-
lard*) laut; schreiend **II** **gueulard(e)** *m,f*
Schreier(in) *m(f)*; F Schreihals *m*
▸ **gueule** [gœl] *f* **1.** *des animaux* Maul *n*; *fig* **se
jeter dans la gueule du loup** sich leichtsinnig
in Gefahr bringen **2.** F (*bouche*) F Maul *n*; F
Klappe *f*; F Schnauze *f*; P Fresse *f*; *par ext per-
sonne* **grande gueule** F Großmaul *n*; **coup** *m*
de gueule Protestgeschrei *n*; **avoir la gueule
de bois** F e-n Kater haben; P (*ferme*) **ta gueu-
le!** P halt's Maul!; P (halt die) Schnauze! **3.** F
(*figure*) Gesicht *n*; F Visage *f*; P Fresse *f*; **avoir
une bonne gueule** sympathisch aussehen,
wirken; *par ext de qc* **avoir de la gueule** F nicht
übel, nach etw aussehen; P **se casser la gueu-
le** hinfallen; *fig* F auf die Nase fallen; P **casser
la gueule à qn** P j-m die Fresse polieren; **faire
la gueule** F eingeschnappt sein
gueule-de-loup *f* ⟨**gueules-de-loup**⟩ Löwen-
maul *n*, -mäulchen *n*
gueulement [gœlmɑ̃] F *m* Gebrüll *n*; Geschrei
n
gueuler [gœle] F **I** *v/t* brüllen **II** *v/i* **1.** (*hurler*) (F
herum)brüllen; F krakeelen **2.** (*protester*)
schimpfen; F wettern; **gueuler contre qc**
auf etw (*acc*) schimpfen; gegen etw losziehen,
F wettern **3.** *fig radio, télé* mit voller Lautstärke
laufen
gueuleton [gœltõ] F *m* Festschmaus *m*; **un bon
petit gueuleton** ein leckeres Mahl
gueuletonner [gœltɔne] F *v/i* e-n Festschmaus
halten; schmausen
gueux [gø] *litt m* Bettler *m*
gueuze [gøz] *f leicht säuerliches belgisches Bier
ohne Hefezusatz*
gui [gi] *m* Mistel *f*
guibol(l)e [gibɔl] F *f* Bein *n*; F Haxe *f*
guiches [giʃ] *f/pl* Stirn-, Schmachtlocken *f/pl*
▸ **guichet** [giʃɛ] *m* Schalter *m*; **guichet auto-
matique** Geldautomat *m*; **on joue à guichets
fermés** die Vorstellungen sind für lange Zeit
ausverkauft
guichetier [giʃtje] *m*, **guichetière** [-jɛʀ] *f*
Schalterbeamte(r) *m*, -beamtin *f*
guidage [gidaʒ] *m* TECH Führung *f*; AVIAT Steue-
rung *f*; Lenkung *f*
▸ **guide** [gid] **1.** *m,f* (Fremden)Führer(in) *m(f)*;
guide de montagne Bergführer *m* **2.** *m livre*
(Reise)Führer *m*; *par ext* Ratgeber *m*; Weg-
weiser *m* **3.** *m fig personne* Lehrmeister *m*;
Ratgeber *m* **4.** *f* SCOUTISME Pfadfinderin *f*
guider [gide] **I** *v/t* **1.** *touristes, aveugle* führen;
étoiles, etc **guider qn** j-m den Weg weisen; *adjt*
visite guidée Führung *f* **2.** *fig* (*orienter*) leiten
3. TECH führen; *par radio* lenken **II** *v/pr* **se gui-
der sur** sich richten nach
guides [gid] *f/pl* Zügel *m/pl*
guidon [gidõ] *m* Lenker *m*; Lenkstange *f*

guigne [giɲ] *f* **1.** *cerise* kleine saftige Süßkirsche; F *fig* **se soucier de qn, de qc comme d'une guigne** F sich e-n Dreck um j-n, etw kümmern **2.** F Pech(strähne) *n(f)*
guigner [giɲe] *v/t* schielen nach (*a fig*)
guignol [giɲɔl] *m* **1.** **Guignol** Kasper *m* **2.** Kasper(le)theater *n* **3.** *fig* Kasper *m*; Hanswurst *m*
guignolet [giɲɔlɛ] *m* Kirschlikör *m*
guignon [giɲõ] *m* F → **guigne** *2*
guilde [gild] *f* Gilde *f*
guili-guili [giligili] *int* killekille!
Guillaume [gijom] *m* Wilhelm *m*

Guillaume le Conquérant und der Teppich von Bayeux

Im Jahre 1066 überquerte Guillaume, Herzog der Normandie und Anwärter auf den englischen Thron, mit seinem Heer den Ärmelkanal, landete an der Südküste Englands und besiegte in der Schlacht von Hastings die englische Armee unter der Führung von Harold. Noch im selben Jahr wurde **Guillaume le Conquérant** (Wilhelm der Eroberer), wie der erfolgreiche Normannenherzog daraufhin genannt wurde, am Weihnachtstag zum König Englands gekrönt.

Szenen dieses historischen Siegeszuges zieren in Form von Stickereien den über 70 Meter langen Teppich von Bayeux (**la tapisserie de Bayeux**). Bayeux, ein gerade mal 15 000 Einwohner zählendes Städtchen in der Normandie, ist dadurch weit über die Grenzen Frankreichs hinaus bekannt geworden.

guilledou [gijdu] F *litt* **courir le guilledou** auf die Pirsch gehen (*fig*)
guillemets [gijmɛ] *m/pl* Anführungszeichen *n/pl*, -striche *m/pl*; F Gänsefüßchen *n/pl*; **entre guillemets** in Anführungszeichen
guillemot [gijmo] *m oiseau* Lumme *f*
guilleret [gijʀɛ] *adj* ⟨**-ette** [-ɛt]⟩ fröhlich; munter; F aufgekratzt
guillocher [gijɔʃe] *v/t* guillochieren; mit verschlungenen Linienzeichnungen verzieren
guillotine [gijɔtin] *f* **1.** Guillotine *f*; Fallbeil *n* **2.** **fenêtre** *f* **à guillotine** Fall-, Hebefenster *n*
guillotiner [gijɔtine] *v/t* guillotinieren
guimauve [gimov] *f* **1.** ʙᴏᴛ Eibisch *m* **2.** *pâte* weiche Bonbonmasse; Marshmallow *n* **3.** *fig* (sentimentaler) Kitsch
guimbarde [gɛ̃baʀd] *f* **1.** F alte Karre; F Klapperkasten *m* **2.** ᴍᴜꜱ Maultrommel *f*
guimpe [gɛ̃p] *f* **1.** *d'une religieuse* Haube *f* **2.** *corsage* hochgeschlossene ärmellose Bluse **3.** *plastron* Rüschen-, Spitzenumrandung *f*
guincher [gɛ̃ʃe] *v/i* F schwofen

guindé [gɛ̃de] *adj* ⟨**~e**⟩ steif; unnatürlich; *style* gestelzt; geschraubt
guindeau [gɛ̃do] *m* ⟨**~x**⟩ ᴍᴀʀ Ankerwinde *f*, -winsch *f*
guinder [-e] *v/t* ᴍᴀʀ, ᴛᴇᴄʜ hieven; hochziehen, -winden
Guinée [gine] **la Guinée** Guinea *n*
Guinée-Bissau [ginebiso] **la Guinée-Bissau** Guinea-Bissau *n*
Guinée-Équatoriale la Guinée-Équatoriale Äquatorialguinea *n*
guinéen [gineɛ̃] **I** *adj* ⟨**-enne** [-ɛn]⟩ guineisch **II** *subst* **Guinéen(ne)** *m(f)* Guineer(in) *m(f)*
guingois [gɛ̃gwa] F **de guingois** schief
guinguette [gɛ̃gɛt] *f* volkstümliches (Tanz)Lokal im Grünen
guiper [gipe] *v/t* **1.** ᴛᴇxᴛ mit Seide umspinnen **2.** ᴇ́ʟᴇᴄᴛ *fil* umspinnen; umhüllen
guipure [gipyʀ] *f dentelle* Gipüre *f*
guirlande [giʀlɑ̃d] *f* Girlande *f*
guise [giz] *f* **1.** **à ma** (**ta,** *etc*) **guise** nach meiner (deiner *etc*) Fasson; wie es mir (dir *etc*) passt **2.** **en guise de** (*comme*) als; (*au lieu de*) (an)statt (+ *gén*)
▸ **guitare** [gitaʀ] *f* Gitarre *f*
guitariste [gitaʀist] *m,f* Gitarrist(in) *m(f)*; Gitarrenspieler(in) *m(f)*
guitoune [gitun] *f* F (*tente*) Zelt *n*; (*cabane*) Hütte *f*
Gulf Stream [gœlfstʀim] *m* Golfstrom *m*
guppy [gypi] *m* ᴢᴏ Guppy *m*
gustatif [gystatif] *adj* ⟨**-ive** [-iv]⟩ Geschmacks...
guttural [gytyʀal] *adj* ⟨**~e; -aux** [-o]⟩ kehlig; guttural; **consonne gutturale** *ou subst* **gutturale** *f* Guttural *m*; Gaumenlaut *m*
guyanais [gɥijanɛ] **I** *adj* ⟨**-aise** [-ɛz]⟩ guayanisch **II** *subst* **Guyanais(e)** *m(f)* Guayaner(in) *m(f)*
Guyane [gɥijan] **la Guyane française** Französisch-Guayana *n*
gym [ʒim] *f abr* F → **gymnastique**
gymkhana [ʒimkana] *m* Geschicklichkeitswettbewerb *m*
gymnase [ʒimnɑz] *m* Turnhalle *f*
gymnaste [ʒimnast] *m,f* Turner(in) *m(f)*
gymnastique [ʒimnastik] *f* **1.** Turnen *n*; *surtout médicale* Gymnastik *f*; **gymnastique artistique** Kunstturnen *n*; **cours** *m* **de gymnastique** Gymnastikkurs *m*; ᴇ́ᴄᴏʟᴇ Turnstunde *f*; **pas** *m* **de gymnastique** Laufschritt *m*; **professeur** *m* **de gymnastique** Turnlehrer(in) *m(f)*; **faire de la gymnastique** Gymnastik machen, treiben **2.** *fig* **gymnastique de l'esprit** Geistestraining *n*
gynéco [ʒineko] *m,f abr* → **gynécologue**
gynécologie [ʒinekɔlɔʒi] *f* Frauenheilkunde *f*; Gynäkologie *f*
gynécologique *adj* gynäkologisch
gynécologue [-lɔg] *m,f* Frauenarzt, -ärztin *m,f*; Gynäkologe, -login *m,f*
gypse [ʒips] *m* Gips *m*
gyrophare [ʒiʀɔfaʀ] *m* Blaulicht *n*
gyroscope [ʒiʀɔskɔp] *m* ᴘʜʏꜱ, ᴛᴇᴄʜ Kreisel *m*
gyroscopique [-ik] *adj* Kreisel...

H

H, h [aʃ] *m* ⟨*inv*⟩ **1.** H, h *n*; *h aspiré, muet* aspiriertes, stummes H **2.** *fig l'heure H* die Stunde X

h *abr* (*heure*) h; Std.

ha *abr* (*hectare*) ha

hab [ab] ʃ F *abr* (*habitude*) *comme d'hab* wie immer, üblich

habile [abil] *adj* geschickt; gewandt

habileté [abilte] ʃ Geschick(lichkeit) *n*(ʃ); Gewandtheit ʃ

habilitation [abilitasjõ] ʃ JUR Ermächtigung ʃ; Verleihung ʃ der Fähigkeit; Erteilung ʃ der Befugnis

habilité [abilite] *adj* ⟨~e⟩ befugt

habiliter [abilite] *v/t habiliter qn* j-n ermächtigen, j-m die Befugnis erteilen (*à faire qc* etw zu tun)

habillage [abijaʒ] *m* **1.** Anziehen *n*; Ankleiden *n* **2.** TECH **a)** *d'une montre* Zusammenfügen *n*, *-montieren n* **b)** *de bouteilles* Verkleidung ʃ

habillé [abije] *adj* ⟨~e⟩ **1.** *personne* angezogen; *être bien, mal habillé* gut, schlecht angezogen, gekleidet sein; *habillé de noir* schwarz gekleidet **2.** *vêtements* festlich; *cela fait habillé* das wirkt festlich, feierlich

habillement [abijmã] *m* Kleidung ʃ

▸ **habiller** [abije] **I** *v/t* **1.** *personne* anziehen; *st/s* ankleiden; *militaires, etc* einkleiden **2.** *vêtement habiller qn bien* j-n gut kleiden; j-m gut stehen **3.** (*recouvrir*) verkleiden, beziehen (*de* mit) **II** *v/pr* ▸ *s'habiller* sich anziehen; *d'une certaine façon* sich kleiden; *avec élégance* sich festlich kleiden; *s'habiller chez qn* bei j-m s-e Kleidung kaufen; *s'habiller court* kurze Kleider *ou* Röcke tragen; kurz tragen; *s'habiller de neuf* sich neu einkleiden

habilleur [abijœʀ] *m*, **habilleuse** [-øz] ʃ THÉ Garderobier *m*, Garderobiere ʃ

habit [abi] *m* **1.** *habits pl* (*vêtements*) Kleidung ʃ; Kleider *n/pl* **2.** *propre à une fonction* Kleid *n*; Gewand *n*; *prov l'habit ne fait pas le moine* der Schein trügt **3.** (*costume de cérémonie*) Frack *m*

habitabilité [abitabilite] ʃ **1.** Bewohnbarkeit ʃ **2.** *d'un véhicule* Geräumigkeit ʃ

habitable [abitabl] *adj* bewohnbar; *surface f habitable* Wohnfläche ʃ

habitacle [abitakl] *m* **1.** AVIAT Pilotenkanzel ʃ; *d'un engin spatial* Kommandokapsel ʃ **2.** AUTO Fahrgastzelle ʃ

▸ **habitant** [abitã] *m*, **habitante** [abitãt] ʃ Einwohner(in) *m*(ʃ); *d'un immeuble* Bewohner(in) *m*(ʃ); *loger chez l'habitant* ein Privatquartier *n* haben

habitat [abita] *m* **1.** GÉOGR Siedlungsweise ʃ **2.** (*conditions de logement*) Wohnverhältnisse *n/pl*

habitation [abitasjõ] ʃ Wohnung ʃ

habité [abite] *adj* ⟨~e⟩ **1.** bewohnt **2.** *engin spatial* bemannt

▸ **habiter** [abite] **I** *v/t* **1.** bewohnen; wohnen in (+ *dat*) **2.** *fig sentiment habiter qn* j-n beherrschen; *st/s* in j-m wohnen **II** *v/i* wohnen; *habiter au 5 de la rue X* X-Straße 5 wohnen; *aller habiter en province* in die Provinz ziehen

▸ **habitude** [abityd] ʃ Gewohnheit ʃ; (*coutume*) Gepflogenheit ʃ; *mauvaise habitude* schlechte Angewohnheit; Unart ʃ; ▸ *d'habitude* gewöhnlich; *comme d'habitude* wie gewöhnlich, üblich; *avoir l'habitude de faire qc* gewöhnlich etw tun; etw zu tun pflegen; *j'en ai l'habitude* ich bin es gewohnt; *avoir l'habitude de qc, de qn a* sich mit etw, mit j-m auskennen; *c'est une question d'habitude* das ist Gewohnheitssache; *perdre l'habitude de* (+ *inf*) es sich (*dat*) abgewöhnen zu (+ *inf*); *prendre l'habitude de* (+ *inf*) (es) sich (*dat*) angewöhnen zu (+ *inf*)

habitué(e) [abitye] *m*(ʃ) Stammgast *m*; COMM Stammkunde *m*, -kundin ʃ

▸ **habituel** [abityel] *adj* ⟨~le⟩ üblich; gewöhnlich; gewohnt

▸ **habituellement** [abityelmã] *adv* normalerweise; (für) gewöhnlich

habituer [abitye] **I** *v/t habituer qn à* (+ *inf*) j-n daran gewöhnen zu (+ *inf*); j-m angewöhnen zu (+ *inf*); ▸ *être habitué à qc* an etw (*acc*) gewöhnt sein; etw gewohnt sein **II** *v/pr s'habituer à qc, à qn* sich an etw, an j-n gewöhnen

'**hâbleur** [ablœʀ], '**hâbleuse** [-øz] **I** *m,f* Aufschneider(in) *m*(ʃ) **II** *adj* prahlerisch

'**hache** [aʃ] ʃ Axt ʃ; Beil *n*; *fig enterrer la 'hache de guerre* das Kriegsbeil begraben

'**haché** [aʃe] *adj* ⟨~e⟩ **1.** *steak 'haché* Hacksteak *n*; *viande 'hachée* Hackfleisch *n*; Gehackte(s) *n* **2.** *fig* abgehackt

'**hache-légumes** [aʃlegym] *m* ⟨*inv*⟩ Gemüseschneider *m*, -zerkleinerer *m*

'**hacher** [aʃe] *v/t* hacken; zerkleinern; *avec un appareil* durchdrehen

'**hachette** [aʃɛt] ʃ (kleines) Beil; kleine Axt

'**hachis** [aʃi] *m* Gehackte(s) *n* (*aus Fleisch, Zwiebeln etc*); '**hachis Parmentier** Hackbraten, *der mit Kartoffelbrei umgeben u im Ofen überbacken wird*

'**hachisch** [aʃiʃ] *m* Haschisch *n*

'**hachoir** [aʃwaʀ] *m* *appareil* Fleischwolf *m*; *couteau* Hackbeil *n*, -messer *n*

'**hachurer** [aʃyʀe] *v/t* schraffieren

'**hachures** [aʃyʀ] ʃ/pl Schraffierung ʃ; Schraffur ʃ

'**haddock** [adɔk] *m* geräucherter Schellfisch

'**hagard** [agaʀ] *adj* ⟨-**arde** [-aʀd]⟩ verstört; verängstigt

▸ '**haie** [ɛ] ʃ **1.** *clôture* Hecke ʃ **2.** *course f de 'haies* Hürdenlauf *m*; HIPPISME Hürdenrennen *n*; *le 110 m haies* der 110-m-Hürdenlauf **3.** *de personnes* Spalier *n*; *haie d'honneur* Ehren-spalier *n*

'haillons [ajõ] *m/pl* Lumpen *m/pl*; *en 'haillons* zerlumpt; in Lumpen

'Hainaut [ɛno] *le 'Hainaut* der Hennegau

'haine [ɛn] *f* Hass *m* (*pour, de* gegen, auf + *acc*); *nourrir une haine contre qn, vouer une 'haine à qn* Hass gegen j-n hegen

'haineux [ɛnø] *adj* ⟨**-euse** [-øz]⟩ hasserfüllt; gehässig

'haïr [aiʀ] ⟨**je hais** [ɛ], **il hait** [ɛ], **nous haïssons, ils haïssent; je haïssais; je haïs; je haïrai; que je haïsse; haïssant; haï**⟩ *v/t* hassen

'haïssable [aisabl] *adj* hassenswert

Haïti [aiti] Haiti *n*

'haïtien [aisjɛ̃] **I** *adj* ⟨**-ienne** [-jɛn]⟩ haitianisch **II** *'Haïtien(ne)* *m(f)* Haitianer(in) *m(f)*

'halage [alaʒ] *m chemin m de 'halage* Treidel-, Leinpfad *m*

'hâle [ɑl] *m* (Sonnen-, Wetter)Bräune *f*

'hâlé [ɑle] *adj* ⟨**~e**⟩ gebräunt

haleine [alɛn] *f* Atem *m*; *mauvaise haleine* Mundgeruch *m*; *fig travail de longue haleine* langwierig; *'hors d'haleine* außer Atem; *reprendre haleine* (sich) verschnaufen; *fig* Atem holen; *fig tenir qn en haleine* j-n in Atem halten

'haler [ale] *v/t bateau* treideln

'hâler [ɑle] *v/t* bräunen

'haletant [altɑ̃] *adj* ⟨**-ante** [-ɑ̃t]⟩ *personne* keuchend; schnaufend; nach Luft ringend; *chien* japsend; *cheval* schnaubend; *par ext souffle* keuchend

'halètement [alɛtmɑ̃] *m* Keuchen *n*

'haleter [alte] *v/t* ⟨**-è-**⟩ keuchen; nach Luft ringen; F japsen

'hall [ol] *m* (Eingangs)Halle *f*; *hall d'exposition, de gare, d'hôtel* Ausstellungs-, Bahnhofs-, Hotelhalle *f*

hallali [alali] *m* Halali *n*

'halle [al] *f* Markthalle *f*

Les Halles

Bis Ende der 60er-Jahre befanden sich **les Halles**, die berühmten Großmarkt-hallen, mitten in Paris. Aus Platzgrün-den wurden sie 1968 in den Pariser Vor-ort **Rungis** verlegt. Das dort entstan-dene **Centre de distribution alimentaire** umfasst eine Fläche von 600 ha (die al-ten Hallen waren nur 15 ha groß!).

Auf dem Gelände der alten **Halles** steht jetzt das **Forum des Halles**, ein hoch-modernes Einkaufszentrum mit eigener Metrostation.

---

halloween [alowin] *f* Halloween *n*

hallucinant [alysinɑ̃] *adj* ⟨**-ante** [-ɑ̃t]⟩ *spectacle* grauenerregend; F (*étonnant*) verblüffend

hallucination [alysinasjõ] *f* Halluzination *f*; Sinnestäuschung *f*; *par ext avoir des hallucinations* Halluzinationen, Wahnvorstellungen haben

hallucinatoire [a(l)lysinatwaʀ] *adj* halluzina-torisch

halluciné [alysine] *adj* ⟨**~e**⟩ verwirrt; irr(e)

halluciner [alysine] *v/i* Halluzinationen haben; halluzinieren

hallucinogène [alysinɔʒɛn] **I** *adj* Halluzinatio-nen hervorrufend **II** *m* Halluzinogen *n*

'halo [alo] *m* **1.** ASTR Hof *m* **2.** PHOT Lichthof *m* **3.** *effet lumineux* (verschwommener) Licht-kreis (*de* um)

halogène [alɔʒɛn] *adj lampe halogène* Halo-genlampe *f*

'halte [alt] **I** *f* Halt *m*; Rast *f*; *faire (une) 'halte* haltmachen **II** *int* MIL halt!; *fig 'halte à ...!* Schluss mit ...!; *'halte-là!* a) MIL halt!; stehen bleiben!; b) *fig* halt!; genug!

'halte-garderie *f* ⟨**haltes-garderies**⟩ Kinder-betreuungsstelle *f*

haltère [altɛʀ] *m* Hantel *f*; *les poids et haltè-res* das Gewichtheben

haltérophile [alteʀɔfil] *m* Gewichtheber *m*

haltérophilie [-i] *f* Gewichtheben *n*

'hamac [amak] *m* Hängematte *f*

hamamélis [amamelis] *m* BOT Hamamelis *f*; Zaubernuss *f*

'Hambourg [ɑ̃buʀ] Hamburg *n*

'hambourgeois [ɑ̃buʀʒwa] **I** *adj* ⟨**-oise** [-waz]⟩ Hamburger; hamburgisch **II** *subst Hambour-geois(e)* *m(f)* Hamburger(in) *m(f)*

'hamburger [ɑ̃buʀgœʀ] *m* CUIS Hamburger *m*

'hameau [amo] *m* ⟨**~x**⟩ Weiler *m*

hameçon [amsõ] *m* Angelhaken *m*; *fig mordre à l'hameçon* sich ködern lassen; F anbeißen

'hammam [amam] *m* Hammam *m*; türkisches Dampfbad

'hampe [ɑ̃p] *f* Schaft *m* (a BOT); *d'un drapeau a* Stange *f*

'hamster [amstɛʀ] *m* Hamster *m*

'hanche [ɑ̃ʃ] *f* Hüfte *f*; *tour m de hanches* Hüftumfang *m*, -weite *f*; *rouler des ou les 'hanches* sich in den Hüften wiegen

'handball [ɑ̃dbal] *m* Handball *m*

'handballeur [-œʀ] *m*, *'handballeuse* [-øz] *f* Handballspieler(in) *m(f)*; F Handballer(in) *m(f)*

'handicap [ɑ̃dikap] *m* **1.** (*désavantage*) Handi-kap *n* **2.** MÉD Behinderung *f*

▸ 'handicapé [ɑ̃dikape] **I** *adj* ⟨**~e**⟩ behindert **II** *'handicapé(e)* *m(f)* Behinderte(r) *f(m)*; *'han-dicapé mental* geistig Behinderte(r); *'handi-capé moteur* spastisch Gelähmte(r) *m*; Spas-tiker *m*; *'handicapé physique* Körperbehin-derte(r) *m*

'handicaper [ɑ̃dikape] *v/t* handikapen; benach-teiligen

'handisport [ɑ̃dispɔʀ] *adj* ⟨*f inv*⟩ Behinder-ten...; *Jeux m/pl olympiques 'handisports* Behindertenolympiade *f*; Paralympics *pl*

'hangar [ɑ̃gaʀ] *m* Schuppen *m*; AVIAT Hangar *m*

'hanneton [antõ] *m* Maikäfer *m*

'Hanovre [anɔvʀ] Hannover *n*

'hanséatique [ɑ̃seatik] *adj* hanseatisch

'hanté [ɑ̃te] *adj* ⟨**~e**⟩ Spuk...; Geister...; *châ-teau 'hanté* Spukschloss *n*

'hanter [ɑ̃te] *v/t* **1.** *fantôme 'hanter une maison* in e-m Haus spuken **2.** *fig 'hanter qn* j-m keine Ruhe lassen; j-n umtreiben; *soucis hanter tou-tes ses pensées* sein ganzes Denken beherr-

schen
'**hantise** [ãtiz] *f* quälende Angst, Grauen *n* (*de* vor + *dat*)
'**happening** [ap(ə)niŋ] *m* Happening *n*
'**happer** [ape] *v/t* **1.** *proie* schnappen; erhaschen **2.** *véhicule* '*happer qn* j-n erfassen
'**happy end** [apiɛnd] *m ou f* Happy End *n*
'**hara-kiri** [aʀakiʀi] *m* Harakiri *n*; (*se*) *faire* '*ha-ra-kiri* Harakiri machen (*a fig*)
'**haranguer** [aʀɑ̃ge] *v/t* e-e Rede, Ansprache halten (*la foule* an die Menge)
'**haras** [aʀɑ] *m* Gestüt *n*
'**harassant** [aʀasɑ̃] *adj* ⟨-**ante** [-ɑ̃t]⟩ ermüdend; aufreibend; strapaziös
'**harassé** [aʀase] *adj* ⟨~**e**⟩ (völlig) übermüdet; erschöpft
'**harasser** [aʀase] *v/t* übermüden; erschöpfen
'**harcèlement** [aʀsɛlmɑ̃] *m* '*harcèlement moral* Mobbing *n*; '*harcèlement sexuel* sexuelle Belästigung; *tir m de* '*harcèlement* Störfeuer *n*
'**harceler** [aʀsəle] *v/t* ⟨-**è**-⟩ bedrängen; '*harceler qn de questions* j-n mit Fragen bedrängen; j-m mit Fragen zusetzen
'**harde** [aʀd] *f* **1.** *de bêtes sauvages* Rudel *n* **2.** CH Koppel *f* Hunde **3.** '*hardes pl* (*vêtements*) abgetragene Kleider *n/pl*
'**hardi** [aʀdi] *adj* ⟨~**e**⟩ kühn
'**hardiesse** [aʀdjɛs] *f* Kühnheit *f*
'**hardiment** [aʀdimɑ̃] *adv* → '*hardi*
'**hardware** [aʀdwɛʀ] *m* Hardware *f*
'**harem** [aʀɛm] *m* Harem *m*
'**hareng** [aʀɑ̃] *m* Hering *m*; F *fig être serrés comme des* '*harengs* wie die Heringe (zusammengepresst) sitzen *ou* stehen
'**hargne** [aʀɲ] *f* Bissigkeit *f*; *p/fort* Gehässigkeit *f*
'**hargneux** [-ø] *adj* ⟨-**euse** [-øz]⟩ bissig; zänkisch; *p/fort* gehässig
▸ '**haricot** [aʀiko] *m* Bohne *f*; ▸ *haricots blancs, verts* weiße, grüne Bohnen *f/pl*
'**haridelle** [aʀidɛl] *f* Klepper *m*; Schindmähre *f*
'**harki** [aʀki] *m* ehemaliger algerischer Hilfssoldat der frz Armee
harmonica [aʀmɔnika] *m* Mundharmonika *f*
harmonie [aʀmɔni] *f* **1.** Harmonie *f*; *des sons a* Wohlklang *m*; *fig a* Einklang *m*, Übereinstimmung *f*; *en harmonie avec* im Einklang mit **2.** *orchestre* Blaskapelle *f*
harmonieux [aʀmɔnjø] *adj* ⟨-**euse** [-øz]⟩ harmonisch
harmonique [aʀmɔnik] *m ou f* Oberton *m*
harmonisation [aʀmɔnizasjɔ̃] *f* Harmonisierung *f*; Angleichung *f*
harmoniser [aʀmɔnize] **I** *v/t* in Einklang bringen; aufeinander abstimmen; harmonisieren (*a* MUS) **II** *v/pr s'harmoniser* harmonieren, übereinstimmen (*avec* mit)
harmonium [aʀmɔnjɔm] *m* Harmonium *n*
'**harnachement** [aʀnaʃmɑ̃] *m* **1.** (Pferde)Geschirr *n* **2.** *fig* Ausstaffierung *f*
'**harnacher** [aʀnaʃe] *v/t* **1.** *cheval* anschirren **2.** *fig* ausstaffieren
'**harnais** [aʀnɛ] *m* **1.** *d'un cheval* Geschirr *n* **2.** *d'un parachutiste, etc* Gurte *m/pl*
'**harnois** [aʀnwa] *m* HIST Harnisch *m*
'**harpagon** [aʀpagɔ̃] *m* Geizhals *m*, -kragen *m*
'**harpe** [aʀp] *f* Harfe *f*

'**harpie** [aʀpi] *f* Xanthippe *f* (*fig*)
'**harpiste** [aʀpist] *m,f* Harfenist(in) *m(f)*; Harfenspieler(in) *m(f)*
'**harpon** [aʀpɔ̃] *m* Harpune *f*
'**harponnage** [aʀpɔnaʒ] *m* Harpunieren *n*
'**harponner** [aʀpɔne] *v/t* **1.** harpunieren **2.** F *fig* schnappen
'**harponneur** [aʀpɔnœʀ] *m* Harpunier(er) *m*
▸ '**hasard** [azaʀ] *m* Zufall *m*; *jeu m de hasard* Glücksspiel *n*; *au hasard* aufs Geratewohl; auf gut Glück; *à tout hasard* für alle Fälle; ▸ *par* '*hasard* zufällig; durch Zufall; *comme par* '*hasard* wie zufällig; so, als ob es unbeabsichtigt sei
'**hasardé** [azaʀde] *adj* ⟨~**e**⟩ → '*hasardeux*
'**hasarder** [azaʀde] **I** *v/t* wagen; riskieren **II** *v/pr se* '*hasarder* sich wagen, sich trauen (*dans la rue* auf die Straße)
'**hasardeux** [azaʀdø] *adj* ⟨-**euse** [-øz]⟩ gewagt; riskant; unsicher
'**hasch** [aʃ] *m* F (*haschisch*) F Hasch *n*
'**haschisch** [aʃiʃ] *m* Haschisch *n*
'**hase** [ɑz, az] *f* Häsin *f*
'**hâte** [ɑt] *f* Eile *f*; Hast *f*; *à la* '*hâte* (zu) hastig, eilig; überstürzt; *en* '*hâte* (sehr) schnell; eilends; *avoir* '*hâte de* (+ *inf*) *ou que ...* (+ *subj*) es kaum erwarten können, zu (+ *inf*) *ou* dass …
'**hâter** [ɑte] **I** *v/t* beschleunigen **II** *v/pr se* '*hâter* sich beeilen
'**hâtif** [ɑtif] *adj* ⟨-**ive** [-iv]⟩ **1.** zu hastig; übereilt; *conclusion* vorschnell **2.** AGR Früh…
'**hauban** [obɑ̃] *m* MAR Want *f*; TECH Verspannungskabel *n*
'**hausse** [os] *f* Steigen *n*; Anstieg *m*; Erhöhung *f*; *des prix a* Auftrieb *m*; *être en* '*hausse* (an)steigen; *prix a* anziehen
'**haussement** [osmɑ̃] *m* '*haussement d'épaules* Achselzucken *n*
'**hausser** [ose] *v/t* **1.** *le ton* heben **2.** '*hausser les épaules* mit den Achseln *ou* Schultern, die Achseln *ou* Schultern zucken
▸ '**haut** [o] **I** *adj* ⟨**haute** [ot]⟩ **1.** hohe (*épithète*); hoch (*attribut*); Hoch…; *plus haut* höher; *mur haut de deux mètres* zwei Meter hohe Mauer; *être haut de deux mètres* zwei Meter hoch sein; *haut fonctionnaire* hoher Beamter; *la haute société* die feine, vornehme Gesellschaft; *au plus haut point* im höchsten Grade, Maße; *de haute précision* von hoher Präzision **2.** GÉOGR Ober…; obere; *la haute Égypte* Oberägypten *n* **3.** *la plus haute antiquité* uralte Zeiten *f/pl*; die graue Vorzeit **4.** *voix* laut; MUS hohe; hoch **II** *adv* **5.** hoch; *haut les cœurs!* Kopf hoch!; *personnage haut placé* hochgestellte Persönlichkeit; *voir plus haut* siehe oben; *voler haut* hoch fliegen **6.** *remonter plus haut* (*dans le temps*) weiter ausholen **7.** *parler, penser* (*tout*) *haut* laut **8.** *de haut* von oben (*a fig*); *le prendre de haut* von oben herab; *du haut en bas* von oben bis unten; ▸ *en haut* oben; (*vers le* '*haut*) nach oben; aufwärts; hinauf; *d'en haut* von oben (*a fig*); *par en haut* oben entlang, herum; ▸ *en haut de qc* oben auf etw (*dat ou acc*) **III** *m* **9.** oberer Teil; *le tiroir du haut* die oberste Schublade; *les voisins du haut* die Nachbarn von oben; *du haut de qc* von etw herab **10.** *avoir dix mètres*

de haut zehn Meter hoch sein **11.** *fig* **les hauts et les bas** die Höhen *f/pl* und Tiefen *f/pl*; das Auf und Ab

'**hautain** [otɛ̃] *adj* ⟨**-aine** [-ɛn]⟩ hochmütig

'**hautbois** [obwɑ] *m* Oboe *f*

'**hautboïste** [oboist] *m,f* Oboist(in) *m(f)*

'**haut-commissaire** *m* ⟨**hauts-commissaires**⟩ Hochkommissar *m*

'**haut-commissariat** *m* ⟨**hauts-commissariats**⟩ Hochkommissariat *n*

'**haut-de-forme** *m* ⟨**hauts-de-forme**⟩ Zylinder (-hut) *m*

'**haute** [ot] *f* **la 'haute** die Hautevolee; F die oberen Zehntausend

'**Haute-Autriche** **la Haute-Autriche** Oberösterreich *n*

'**Haute-Corse** **la Haute-Corse** *frz* Departement auf Korsika

'**Haute-Égypte** **la Haute-Égypte** Oberägypten *n*

'**haute-fidélité** *f* → **fidélité**

'**Haute-Garonne** **la Haute-Garonne** *frz* Departement

'**Haute-Loire** **la Haute-Loire** *frz* Departement

'**Haute-Marne** **la Haute-Marne** *frz* Departement

'**hautement** [otmɑ̃] *adv* hoch

'**Haute-Normandie** **la Haute-Normandie** *frz* Region

'**Hautes-Alpes** [otzalp] **les Hautes-Alpes** *f/pl* *frz* Departement

'**Haute-Saône** **la Haute-Saône** *frz* Departement

'**Haute-Savoie** **la Haute-Savoie** *frz* Departement

'**Hautes-Pyrénées** **les Hautes-Pyrénées** *f/pl* *frz* Departement

▸ '**hauteur** [otœʀ] *f* **1.** Höhe *f* (*a* ASTR, *d'un son*); SPORTS **saut** *m* **en 'hauteur** Hochsprung *m* **2.** *péj* Hochmut *m*; Arroganz *f* **3.** GÉOGR (An)Höhe *f* **4.** **à la 'hauteur de** auf gleicher Höhe mit; *fig* **être à la 'hauteur de qc** e-r Sache (*dat*) gewachsen sein

'**Haute-Vienne** **la Haute-Vienne** *frz* Departement

'**haut-fond** *m* ⟨**hauts-fonds**⟩ Untiefe *f*; seichte Stelle

'**haut-le-cœur** [olkœʀ] *m* ⟨*inv*⟩ Übelkeit *f*; Brechreiz *m*; **j'ai un 'haut-le-cœur** mir wird übel

'**haut-le-corps** [olkɔʀ] *m* ⟨*inv*⟩ **avoir un 'haut-le-corps** hochschrecken; hochfahren

'**Haut-Palatinat** **le Haut-Palatinat** die Oberpfalz

'**haut-parleur** *m* ⟨**haut-parleurs**⟩ Lautsprecher *m*

'**Haut-Rhin** **le 'Haut-Rhin** das Oberelsass

'**Hauts-de-Seine** [odsɛn] **les Hauts-de-Seine** *m/pl* *frz* Departement

'**havanais** [avanɛ] **I** *adj* ⟨**-aise** [-ɛz]⟩ von Havanna **II** *subst* **Havanais(e)** *m(f)* Einwohner(in) *m(f)* von Havanna

'**havane** [avan] **I** *m* Havanna(zigarre) *f* **II** *adj* ⟨*inv*⟩ havannabraun

'**Havane** **La Havane** [laavan] Havanna *n*

'**hâve** [ɑv] *adj* (*pâle*) fahl; bleich; (*émacié*) eingefallen

'**havre** [ɑvʀ] *m* *st/s* Zufluchtsort *m*; **'havre de**

paix Insel *f* des Friedens

'**Havre** **Le Havre** [ləavʀ] *Stadt im Departement Seine-Maritime*

Hawaï [awaj] Hawaii *n*

hawaïen [awajɛ̃] **I** *adj* ⟨**~ne**⟩ hawaiisch; Hawaii… **II** *subst* **Hawaïen(ne)** *m(f)* Hawaiianer(in) *m(f)*

'**Haye** [ɛ] **La 'Haye** Den Haag *n*

'**hayon** [ajõ] *m* AUTO Heckklappe *f*

'**hé** [(h)e] *int* he!

hebdo [ɛbdo] *m* *abr* F → **hebdomadaire**

hebdomadaire [ɛbdɔmadɛʀ] **I** *adj* wöchentlich; Wochen… **II** *m* Wochenblatt *n*, -zeitschrift *f*

hébergement [ebɛʀʒəmɑ̃] *m* **a)** Unterbringung *f*; Beherbergung *f* **b)** (*logement*) Unterkunft *f*

héberger [ebɛʀʒe] *v/t* ⟨**-ge-**⟩ beherbergen; (bei sich) unterbringen, *réfugiés* aufnehmen

hébété [ebete] *adj* ⟨**~e**⟩ *regard* stumpf(sinnig); *personne* benommen, wie betäubt (**de qc** von etw)

hébétement [ebɛtmɑ̃] *m* **a)** *du regard* Stumpfheit *f* **b)** *d'une personne* Benommenheit *f*; *a* Stumpfsinn *m*

hébétude [ebetyd] *f* *litt* Stumpfsinn *m*

hébraïque [ebʀaik] *adj* hebräisch

hébreu [ebʀø] **I** *adj* ⟨*nur m*, **~x**⟩ hebräisch **II** *m* **1.** *pl* **Hébreux** Hebräer *m/pl* **2.** **l'hébreu** das Hebräische; Hebräisch *n*

'**H.E.C.** [aʃəse] *abr* ([*École des*] *Hautes études commerciales*) (*führende*) *frz* Wirtschaftshochschule

hécatombe [ekatõb] *f* **1.** (*massacre*) Blutbad *n*; Hekatombe *f* **2.** *fig* **quelle hécatombe!** viele blieben auf der Strecke

hectare [ɛktaʀ] *m* Hektar *n ou m*

hecto [ɛkto] *m* *abr* → **hectolitre**

hectogramme *m* Hektogramm *n*

hectolitre *m* Hektoliter *n ou m*

hectomètre *m* Hektometer *n ou m*

hédonisme [edɔnism] *m* Hedonismus *m*

hégémonie [eʒemɔni] *f* Hegemonie *f*; Vorherrschaft *f*; Vormachtstellung *f*

hégire [eʒiʀ] *f* ISLAM Hedschra *f*

▸ '**hein** [ɛ̃] *int* F ▸ '**hein?** **1.** (*comment?*) F hm?; was? **2.** (*n'est-ce pas?*) oder?; nicht?; F hm? **3.** *surprise* na(nu)!; was!

▸ '**hélas** [elɑs] *int* ach!; leider!

'**héler** [ele] *v/t* ⟨**-è-**⟩ herbeirufen

hélice [elis] *f* AVIAT Propeller *m*; MAR (Schiffs-) Schraube *f*

hélico [eliko] *m* *abr* F → **hélicoptère**

hélicoïdal [elikɔidal] *adj* ⟨**~e; -aux** [-o]⟩ schraubenförmig; Schrauben…

▸ **hélicoptère** [elikɔptɛʀ] *m* Hubschrauber *m*

héliomarin [eljomaʀɛ̃] *adj* ⟨**-ine** [-in]⟩ MÉD **cure héliomarine** auf Sonnenbestrahlung und Seeluft basierende Heilkur

héliport [elipɔʀ] *m* Hubschrauberlandeplatz *m*

héliporté [elipɔʀte] *adj* ⟨**~e**⟩ mit Hubschrauber(n) befördert; Hubschrauber…

hélium [eljɔm] *m* Helium *n*

hellénique [ɛ(l)lenik] *adj* hellenisch; griechisch

hellénisme [-ism] *m* Hellenismus *m*

helléniste [-ist] *m,f* Gräzist(in) *m(f)*

hellénistique *adj* hellenistisch

helvétique [ɛlvetik] *adj* schweizerisch; helvetisch; **Confédération** *f* **helvétique** Schweizerische Eidgenossenschaft helvétisme [ɛlvetism] *m* Helvetismus *m*; schweizerische Spracheigentümlichkeit

hématie [emasi] *f* rotes Blutkörperchen

hématologie [ematɔlɔʒi] *f* Hämatologie *f*; Lehre *f* vom Blut

hématome [ematom] *m* Bluterguss *m*

hémicycle [emisikl] *m* **1.** Halbrund *n* **2.** *par ext* **l'hémicycle** die französische Nationalversammlung

hémiplégie [emipleʒi] *f* halbseitige Lähmung

hémiplégique [-ik] *m,f* halbseitig Gelähmte(r) *f(m)*

hémisphère [emisfɛʀ] *m* **1.** Halbkugel *f*; Hemisphäre *f*; *de la Terre* **hémisphère nord** *ou* **boréal, sud** *ou* **austral** nördliche, südliche Halbkugel *ou* Hemisphäre; Nord-, Südhalbkugel *f* **2. hémisphère cérébral** Großhirnhälfte *f*

hémisphérique [emisfeʀik] *adj* halbkugelförmig; in Form e-r Halbkugel

hémoglobine [emɔglɔbin] *f* Hämoglobin *n*; Blutfarbstoff *m*

hémophile [emɔfil] *m* Bluter *m*

hémophilie [-i] *f* Bluterkrankheit *f*

hémorragie [emɔraʒi] *f* **1.** MÉD Blutung *f*; **hémorragie cérébrale** Hirnblutung *f*; **hémorragie interne** innere Blutung **2.** *fig* Aderlass *m*

hémorroïdal [emɔʀɔidal] *adj* ⟨**~e**; **-aux** [-o]⟩ hämorr(ho)idal; Hämorr(ho)idal…

hémorroïdes [emɔʀɔid] *f/pl* Hämorr(ho)iden *f/pl*

hémostase [emɔstaz] *f* Blutstillung *f*

hémostatique *adj* blutstillend

'henné [ene] *m* Henna *f ou n*

'hennir [eniʀ] *v/i* wiehern

'hennissement [-ismã] *m* Wiehern *n*; Gewieher *n*

Henri [ɑ̃ʀi] *m* Heinrich *m*

'hep [(h)ɛp] *int* he!; hallo!

hépatique [epatik] *adj* Leber…

hépatite [epatit] *f* Hepatitis *f*

heptathlon [ɛptatlɔ̃] *m* Siebenkampf *m*

héraldique [eʀaldik] *f* Heraldik *f*; Wappenkunde *f*

Hérault [eʀo] *l'Hérault Fluss u Departement in Frankreich*

'héraut [eʀo] *m* HIST Herold *m*

herbacé [ɛʀbase] *adj* ⟨**~e**⟩ **plante herbacée** Kraut *n*; krautige Pflanze

herbage [ɛʀbaʒ] *m* Weide *f*

herbager [ɛʀbaʒe] *v/t* ⟨**-ge-**⟩ *bétail* auf die Weide treiben

▶ herbe [ɛʀb] *f* **1.** *coll* Gras *n*; ▶ **mauvaise herbe** Unkraut *n*; **brin** *m* **d'herbe** Grashalm *m*; **en herbe** *blé* noch grün; *fig* zukünftig; *fig* **c'est un pianiste en herbe** aus ihm könnte ein großer Pianist werden; er hat die Anlagen zu e-m großen Pianisten; *fig* **couper l'herbe sous le pied de qn** j-m den Rang ablaufen; j-m den Wind aus den Segeln nehmen **2.** BOT Kraut *n*; **fines herbes** Küchenkräuter *n/pl*; **herbes médicinales** Heilkräuter *n/pl* **3.** *arg drogue* Grass *n*; Heu *n*

herbeux [ɛʀbø] *adj* ⟨**-euse** [-øz]⟩ grasbewachsen

herbicide [ɛʀbisid] *m* Unkrautvertilgungsmittel *n*; Herbizid *n*

herbier [ɛʀbje] *m* Herbarium *n*

herbivore [ɛʀbivɔʀ] **I** *adj* pflanzenfressend **II** *m* Pflanzenfresser *m*

herboriser [ɛʀbɔʀize] *v/i* botanisieren; Kräuter sammeln

herboriste [ɛʀbɔʀist] *m,f* (Heil)Kräuterhändler(in) *m(f)*

herboristerie [-əʀi] *f* (Heil)Kräuterhandlung *f*

Hercule [ɛʀkyl] *m* **1.** MYTH Herkules *m*; Herakles *m* **2.** *fig* **hercule** wahrer Herkules; **bâti, taillé en Hercule** wie (ein) Herkules gebaut

herculéen [ɛʀkyleɛ̃] *adj* ⟨**-enne** [-ɛn]⟩ herkulisch; **force herculéenne** Bärenkraft *f*

'hère [ɛʀ] *m* **pauvre 'hère** armer Teufel

héréditaire [eʀeditɛʀ] *adj* Erb…; erblich; BIOL *a* erbbedingt; JUR *a* vererbbar; *fig* **ennemi *m* héréditaire** Erbfeind *m*

hérédité [eʀedite] *f* **1.** BIOL Vererbung *f* **2.** *par ext* Erbgut *n*, -anlagen *f/pl*; **avoir une hérédité chargée** erblich belastet sein

hérésie [eʀezi] *f* REL, *fig* Häresie *f*; Ketzerei *f*; Irrlehre *f*

hérétique [eʀetik] REL, *fig* **I** *adj* ketzerisch **II** *m,f* Ketzer(in) *m(f)*; Häretiker(in) *m(f)*

'hérissé [eʀise] *adj* ⟨**~e**⟩ **1.** *plumes, poils, cheveux* gesträubt **2.** **'hérissé de** bedeckt, gespickt mit

'hérissement [eʀismã] *m des plumes* Sträuben *n*

'hérisser [eʀise] **I** *v/t* **1.** *plumes, poils* sträuben **2.** *fig* **'hérisser qn** j-n zornig machen, erzürnen **II** *v/pr* **se 'hérisser** sich sträuben

'hérisson [eʀisɔ̃] *m* Igel *m*

héritage [eʀitaʒ] *m* Erbe *n* (*a fig*); Erbschaft *f*; **faire un héritage** e-e Erbschaft machen; **laisser qc en héritage** etw vererben; *fig* etw hinterlassen

hériter [eʀite] *v/t et v/i* erben (*a fig*); **hériter (de) qc** etw erben (**de qn** von j-m); **hériter de qn** j-n beerben

héritier [eʀitje] *m*, **héritière** [-jɛʀ] *f* Erbe *m*, Erbin *f* (*a fig*)

hermaphrodite [ɛʀmafʀɔdit] *m* Zwitter *m*

herméneutique [ɛʀmenøtik] **I** *adj* hermeneutisch **II** *f* Hermeneutik *f*

hermétique [ɛʀmetik] *adj* **1.** hermetisch (verschlossen); luft- und wasserdicht **2.** *fig* schwer verständlich; undurchschaubar; hermetisch

hermétiquement *adv* **hermétiquement fermé** hermetisch verschlossen

hermine [ɛʀmin] *f* **1.** ZO Hermelin *n* **2.** *fourrure* Hermelin *m*

'hernie [ɛʀni] *f* (Eingeweide)Bruch *m*; **'hernie discale** Bandscheibenvorfall *m*

▶ héroïne[1] [eʀɔin] *f* Heldin *f* (*a d'une histoire*)

héroïne[2] *f drogue* Heroin *n*

héroïnomane [eʀɔinɔman] *m,f* Heroinsüchtige(r) *f(m)*

héroïque [eʀɔik] *adj* heldenhaft; heldenmütig; heroisch

héroïquement [-mã] *adv* heldenhaft; heroisch

héroïsme [eʀɔism] *m* Heldenmut *m*; Heldentum *n*; Heroismus *m*; **acte *m* d'héroïsme** Heldentat *f*

'héron [eʀɔ̃] *m* Reiher *m*

▶ 'héros [eʀo] *m* Held *m* (*a d'une histoire*); Heros *m*; Heroe *m*

herpès [ɛʀpɛs] *m* MÉD Herpes *m*

'herse [ɛʀs] *f* **1.** AGR Egge *f* **2.** FORTIF Fallgatter *n*

'herser [-e] *v/t* eggen

hertz [ɛʀts] *m* PHYS Hertz *n*

hertzien [ɛʀtsjɛ̃] *adj* ⟨**-ienne** [-jɛn]⟩ *ondes hertziennes* hertzsche Wellen *f/pl*

Herzégovine [ɛʀzegɔvin] *l'Herzégovine f* die Herzegowina

hésitant [ezitɑ̃] *adj* ⟨**-ante** [-ɑ̃t]⟩ zögernd; *personne a* unschlüssig

hésitation [ezitasjɔ̃] *f* Zögern *n*; *après bien des hésitations* nach langem Zögern, Zaudern; nach langem Hin und Her

▸ **hésiter** [ezite] *v/i* zögern, zaudern (*à faire qc* etw zu tun); *en parlant* stocken; *hésiter sur qc* sich (*dat*) über etw (*acc*) unschlüssig sein; *hésiter entre ...* schwanken zwischen (+ *dat*)

'**Hesse** [ɛs] *la 'Hesse* Hessen *n*

hétéroclite [eteʀɔklit] *adj* verschiedenartig; bunt zusammengewürfelt

hétérogène [eteʀɔʒɛn] *adj* heterogen; uneinheitlich; ungleichartig

hétérogénéité [eteʀɔʒeneite] *f* Heterogenität *f*; Uneinheitlichkeit *f*; Ungleichartigkeit *f*

hétérosexualité [eteʀɔsɛksɥalite] *f* Heterosexualität *f*

hétérosexuel *adj* [eteʀosɛksɥɛl] ⟨**~le**⟩ heterosexuell

'**hêtraie** [ɛtʀɛ] *f* Buchenhain *m*, -wald *m*

'**hêtre** [ɛtʀ] *m* Buche *f*

heur [œʀ] *m iron ne pas avoir l'heur de plaire à qn* nicht das Glück haben, j-m zu gefallen

▸ **heure** [œʀ] *f* 1. (*60 minutes*) Stunde *f*; *vingt-quatre heures sur vingt-quatre* rund um die Uhr; *rouler à cent à l'heure* (mit) hundert (Stundenkilometern) fahren; *gagner cent euros l'heure*, F *de l'heure* hundert Euro die Stunde, pro Stunde verdienen 2. *division du temps* (Uhr)Zeit *f*; *après un chiffre* Uhr; *heure locale* Ortszeit *f*; *heure d'arrivée, de départ* Ankunfts-, Abfahrtszeit *f*; *heure d'été* Sommerzeit *f*; *deux heures dix* zwei Uhr zehn; zehn (Minuten) nach zwei; *deux heures et ou un quart* Viertel nach zwei; *dix heures et demie* halb elf; *une heure moins le quart* Viertel vor eins; *trois heures moins cinq* fünf (Minuten) vor drei; ▸ *à quelle heure?* um wie viel Uhr?; um welche Zeit?; *vous avez l'heure?* haben Sie die genaue Uhrzeit?; *demander l'heure* fragen, wie viel Uhr *ou* wie spät es ist; *quelle heure est-il?* wie spät ist es?; wie viel Uhr ist es?; *il est 'huit heures* es ist acht (Uhr); ▸ *être à l'heure personne* pünktlich sein; *montre* richtig, genau gehen 3. (*moment*) Zeit (-punkt) *f(m)*; Stunde *f*; *par ext* (*époque*) Zeitalter *n*; *à l'heure qu'il est ou à l'heure actuelle* zu diesem Zeitpunkt; gegenwärtig; zur Zeit; *à la bonne heure!* so lass ich mir's gefallen!; recht so!; *à toute heure* jederzeit; zu jeder Tageszeit; *tout à l'heure* (*il y a un moment*) (so)eben; gerade; vorhin; (*dans un moment*) gleich; sofort; *à tout à l'heure!* bis gleich, nachher!; *de bonne heure* früh (am Tage); *par ext* frühzeitig; *nouvelle f de (la) dernière heure* allerneueste Meldung; *sur l'heure* auf der Stelle; sogleich; sofort; *c'est son heure* das ist s-e *ou* ihre Zeit, Stunde; das ist die Zeit, zu der er *ou* sie gewöhnlich kommt; *c'est l'heure de* (+ *inf*) es ist Zeit zu (+ *inf*)

▸ **heureusement** [øʀøzmɑ̃] *adv* 1. (*par bonheur*) glücklicherweise; zum Glück 2. (*avec succès*) glücklich; gut

▸ **heureux** [øʀø] I *adj* ⟨**-euse** [-øz]⟩ 1. (*content*) glücklich; *bonne et heureuse année!* glückliches neues Jahr!; *heureux événement* (*naissance*) freudiges Ereignis; *être heureux de* (+ *inf*) *ou que ...* (+ *subj*) sich freuen, glücklich sein zu (+ *inf*) *ou* dass ... 2. (*chanceux*) glücklich; *être heureux au jeu* beim Spiel Glück haben; *encore heureux que ...* (+ *subj*) ein Glück, dass ... 3. *formule, etc* gut; treffend; glücklich II *subst faire un heureux* j-n *ou* ihn glücklich machen

'**heurt** [œʀ] *m* Reiberei *f*; Zusammenstoß *m*

'**heurté** [œʀte] *adj* ⟨**~e**⟩ *couleurs* stark kontrastierend; *p/fort* nicht zusammenpassend; sich beißend; *style* (zu) kontrastreich; *discours* abgehackt; nicht fließend

'**heurter** [œʀte] I *v/t* 1. *'heurter qc* an etw (*acc*) *ou* gegen etw stoßen; *véhicule a* auf etw (*acc*) aufprallen 2. *fig personne* verletzen; vor den Kopf stoßen 3. *heurter qn* j-n (versehentlich) anstoßen; *en voiture* j-n anfahren II *v/pr* 4. *se 'heurter à, contre* stoßen an (+ *acc*), gegen; *fig se 'heurter à des difficultés, etc* auf Schwierigkeiten (*acc*) *etc* stoßen 5. *se 'heurter véhicules* zusammenstoßen (*a fig personnes*); aufeinanderprallen

'**heurtoir** [œʀtwaʀ] *m* Türklopfer *m*

hévéa [evea] *m* Kautschukbaum *m*

hexagonal [ɛgzagɔnal] *adj* ⟨**~e**; **-aux** [-o]⟩ 1. sechseckig 2. *fig* französisch

hexagone [ɛgzagon, -gɔn] *m* 1. Sechseck *n* 2. ▸ *l'Hexagone* Frankreich *n*

L'Hexagone   **SG**

Frankreich wird auch **l'Hexagone** genannt, weil es auf der Landkarte einem Sechseck ähnlich sieht.

---

hexamètre [ɛgzametʀ] *m* Hexameter *m*

'**Hezbollah** [ɛzbɔla] *m* Hisbollah *f*

hiatus [jatys] *m* 1. PHON Hiatus *m* 2. *fig* Unterbrechung *f*; Kluft *f*

hibernal [ibɛʀnal] *adj* ⟨**~e**; **-aux** [-o]⟩ *sommeil hibernal* Winterschlaf *m*

hibernation [ibɛʀnasjɔ̃] *f* Winterschlaf *m*

hiberner [-e] *v/i* Winterschlaf halten

hibiscus [ibiskys] *m* Hibiskus *m*

'**hibou** [ibu] *m* ⟨**~x**⟩ Eule *f*

'**hic** [ik] *m* F *voilà le 'hic* F da liegt, sitzt der Haken; da liegt der Hase im Pfeffer

'**hideur** [idœʀ] *litt f* Abscheulichkeit *f*; Scheußlichkeit *f*

'**hideux** [-ø] *adj* ⟨**-euse** [-øz]⟩ abscheulich; scheußlich

▸ **hier** [ijɛʀ, jɛʀ] *adv* gestern; *la journée d'hier* der gestrige Tag; F *fig ne pas être né d'hier* F nicht von gestern sein

'**hiérarchie** [jeʀaʀʃi] *f* Hierarchie *f*; Rangordnung *f*, -folge *f*

'**hiérarchique** [jeʀaʀʃik] *adj* hierarchisch; ADM *Dienst...*; *supérieur m 'hiérarchique* Dienstvorgesetzte(r) *m*; *voie f 'hiérarchique* Dienst-, Instanzenweg *m*

'hiérarchisation [jeʀaʀʃizasjõ] *f* hierarchische Gliederung; (rangmäßige) Einstufung

'hiérarchiser [-e] *v/t société* hierarchisch gliedern; *valeurs* in e-e Rangordnung bringen; nach dem Rang einstufen

hiéroglyphe [jeʀɔglif] *m* Hieroglyphe *f*

'hi-fi [ifi] *f →* **fidélité**

'hi-han [iɑ̃] *int* âne iah!

hilarant [ilaʀɑ̃] *adj* ⟨**-ante** [-ɑ̃t]⟩ belustigend; erheiternd; zum Lachen

hilare [ilaʀ] *adj* vergnügt; heiter; fröhlich

hilarité [-ite] *f* Heiterkeit *f*

Himalaya [imalaja] *l'Himalaya m* der Himalaja

'hindi [indi] *m* LING Hindi *n*

hindou [ɛ̃du] **I** *adj* ⟨**~e**⟩ Hindu...; hinduistisch **II** *Hindou(e) m(f)* Hindu *m*, Hindufrau *f*

hindouisme [-ism] *m* Hinduismus *m*

hindouiste [-ist] *adj* hinduistisch

'hip-hop [ipɔp] *m* ⟨*inv*⟩ MUS Hip-Hop *m*

'hippie [ipi] **I** *m,f* Hippie *m*; Blumenkind *n* **II** *adj* Hippie...

hippique [ipik] *adj* Pferde(sport)...; Reit...

hippisme [-ism] *m* Pferdesport *m*

hippocampe [ipɔkɑ̃p] *m* Seepferdchen *n*

Hippocrate [ipɔkʀat] *m* Hippokrates *m*

hippodrome [ipodʀom] *m* Pferderennbahn *f*; Hippodrom *m ou n*

hippopotame [ipɔpɔtam] *m* Nilpferd *n*; Flusspferd *n*

hirondelle [iʀõdɛl] *f* Schwalbe *f*

'Hiroshima [iʀɔʃima] Hiroschima *n*

hirsute [iʀsyt] *adj* struppig

hispanique [ispanik] **I** *adj* spanisch **II** *subst* *Hispanique m U.S.A.* spanischsprachiger Einwanderer

hispanisant [ispanizɑ̃] *m*, **hispanisante** [-ɑ̃t] *f* Hispanist(in) *m(f)*

hispanisme [ispanism] *m* Hispanismus *m*; spanische Spracheigentümlichkeit

hispaniste [-ist] *m,f* Hispanist(in) *m(f)*

hispano-... [ispano] *adj* spanisch-...

hispano-américain **I** *adj* ⟨**-ienne** [-jɛn]⟩ **1.** spanisch-amerikanisch **2.** hispanoamerikanisch **II** *subst* **3.** *Hispano-Américain(e) m(f)* Hispanoamerikaner(in) *m(f)* **4.** *m* LING amerikanisches Spanisch

hispano-arabe *ou* **hispano-moresque** *adj* ART spanisch-maurisch

hispanophone [ispanɔfɔn] *adj* spanischsprachig; Spanisch sprechend

'hisse [is] *int* **oh 'hisse!** hau ruck!

'hisser [ise] **I** *v/t* hochziehen; *charge* hieven; *drapeau, voile* hissen **II** *v/pr* **se 'hisser** sich hoch-, emporziehen

histamine [istamin] *f* Histamin *n*

histocompatibilité [istokõpatibilite] *f* BIOL Gewebsverträglichkeit *f*

▸ **histoire** [istwaʀ] *f* **1.** *science* Geschichte *f*; *histoire moderne* Neuere Geschichte; *histoire de l'art* Kunstgeschichte *f* **2.** (*récit*) Geschichte *f*; Erzählung *f*; (*anecdote comique*) Witz *m*; *ce sont des histoires* das sind Märchen **3.** (*affaire*) Geschichte *f*; Sache *f*; Angelegenheit *f*; *histoires pl* (*ennuis*) Unannehmlichkeiten *f/pl*; Scherereien *f/pl*; *histoire de fous* ganz verrückte Geschichte, Sache; *sans histoire* problemlos; *vie* unauffällig; *c'est toute une histoire* das ist e-e lange Geschich-

te *ou* e-e Riesenaffäre; *faire des histoires à qn* j-m Unannehmlichkeiten, Scherereien machen **4.** F *histoire de* (+ *inf*) um zu (+ *inf*); *histoire de rire* zum Spaß

histologie [istɔlɔʒi] *f* BIOL Histologie *f*; Gewebelehre *f*

historicité [istɔʀisite] *f* historische Wahrheit, Zuverlässigkeit

historié [istɔʀje] *adj* ⟨**~e**⟩ ART mit Figuren *ou* Szenen *ou* Ornamenten geschmückt

historien [istɔʀjɛ̃] *m*, **historienne** [-jɛn] *f* Historiker(in) *m(f)*; Geschichtsforscher(in) *m(f)*, -wissenschaftler(in) *m(f)*

historiographe [istɔʀjɔgʀaf] *m* (offizieller) Historiograph, Geschichtsschreiber

historiographie [-i] *f* (offizielle) Historiographie, Geschichtsschreibung

historique [istɔʀik] **I** *adj* historisch; geschichtlich; Geschichts... **II** *m* geschichtlicher, chronologischer Überblick; *faire l'historique de qc* e-n geschichtlichen Überblick über etw (*acc*) geben; etw in s-m geschichtlichen Zusammenhang darstellen

hitlérien [itleʀjɛ̃] **I** *adj* ⟨**-ienne** [-jɛn]⟩ Hitler...; Nazi...

hitlérisme [-ism] *m* Nazismus *m*

'hit-parade [itpaʀad] *m* Hitparade *f*

'HIV [aʃive] *m abr* (*human immunodeficiency virus*) HIV *n*

▸ **hiver** [ivɛʀ] *m* Winter *m*; *sports m/pl d'hiver* Wintersport *m*; *en hiver* im Winter

hivernage [ivɛʀnaʒ] *m* Überwintern *n*, -ung *f*

hivernal *adj* ⟨**~e**; **-aux** [-o]⟩ winterlich; Winter...

hivernant [-ɑ̃] *m*, **hivernante** [-ɑ̃t] *f* (Winter)-Feriengast *m*

hiverner [-e] *v/i* überwintern

hl *abr* (*hectolitre*[*s*]) hl (Hektoliter)

HLM [aʃɛlɛm] *m ou f abr* ⟨*inv*⟩ (*habitation à loyer modéré*) Sozialwohnung *f*

hoax [oks] *m* ⟨*inv*⟩ INFORM Hoax *m*

'hobby [ɔbi] *m* ⟨**hobbies**⟩ Hobby *n*

'hobereau [ɔbʀo] *m* ⟨**~x**⟩ (Land)Junker *m*; *péj* Krautjunker *m*

'hochement [ɔʃmɑ̃] *m* **'hochement de tête** Kopfschütteln *n*, -wiegen *n*; *a* zögerndes Kopfnicken

'hocher [ɔʃe] *v/t* **'hocher la tête** den Kopf schütteln, wiegen; *approbation* zögernd mit dem Kopf nicken

'hochet [ɔʃɛ] *m* Rassel *f*; Klapper *f*

'Hô Chi Minh [oʃimin] *m* POL Ho Chi Minh *m*

'hockey [ɔkɛ] *m* **'hockey (sur gazon)** (Feld)-Hockey *n*; **'hockey sur glace** Eishockey *n*

'hockeyeur [ɔkejœʀ] *m*, **'hockeyeuse** [-øz] *f* Hockeyspieler(in) *m(f)*

'holà [ɔla] *m* **mettre le 'holà à qc** e-r Sache (*dat*) Einhalt gebieten, e-n Riegel vorschieben

'holding [ɔldiŋ] *m* Holding(gesellschaft) *f*

▸ **'hold-up** [ɔldœp] *m* ⟨*inv*⟩ Raubüberfall *m*

'hollandais [ɔlɑ̃dɛ] **I** *adj* ⟨**-aise** [-ɛz]⟩ holländisch; CUIS *sauce hollandaise* Sauce hollandaise *f* **II** *subst* **1.** *Hollandais(e) m(f)* Holländer(in) *m(f)* **2.** LING *le hollandais* das Holländische; Holländisch *n*

▸ **'Hollande** [ɔlɑ̃d] *la 'Hollande* Holland *n*

'hollywoodien [ɔliwudjɛ̃] *adj* ⟨**-ienne** [-jɛn]⟩ an (den Luxus von) Hollywood erinnernd;

Hollywood…
holocauste [ɔlɔkost] *m* Holocaust *m*
hologramme [ɔlɔgRam] *m* Hologramm *n*
'**homard** [ɔmaR] *m* Hummer *m*
'**home** [om] *m* '*home d'enfants* Kinderheim *n*
homélie [ɔmeli] *litt f* (langweilige) Moralpredigt
homéopathe [ɔmeɔpat] *m,f* (*médecin m*) *homéopathe* Homöopath(in) *m(f)*
homéopathie [ɔmeɔpati] *f* Homöopathie *f*
homéopathique [-ik] *adj* homöopathisch
Homère [ɔmɛR] *m* Homer *m*
homérique [ɔmeRik] *adj* homerisch
'**home-trainer** [omtRɛnœR] *m* ⟨**home-trainers**⟩ Home-, Heimtrainer *m*
homicide [ɔmisid] **I** *m* Tötung *f*; *homicide involontaire, volontaire* fahrlässige, vorsätzliche Tötung **II** *adj* mörderisch; todbringend
hominiens [ɔminjɛ̃] *m/pl* Hominiden *m/pl*; Menschenartige(n) *m/pl*
hommage [ɔmaʒ] *m* **1.** Huldigung *f* (*a* HIST); (Ver)Ehrung *f*; *mes hommages, Madame* guten Tag, gnädige Frau!; *rendre hommage à qn* j-m Ehre erweisen; j-n ehren; *rendre hommage à qc* etw würdigen; e-r Sache (*dat*) Anerkennung zollen **2.** *d'auteur, d'éditeur* Widmungsexemplar *n*
hommasse [ɔmas] *adj péj femme f hommasse* Mannweib *n*
▸ **homme** [ɔm] *m* **1.** (*être humain*) Mensch *m*; *homme des cavernes* Höhlenmensch *m* **2.** (*individu mâle*) Mann *m*; *grand homme* großer, berühmter Mann; *jeune homme* junger Mann; ▸ *homme politique* Politiker *m*; *homme à femmes* Frauen-, F Weiberheld *m*; *homme d'action* Mann der Tat; ▸ *homme d'affaires* Geschäftsmann *m*; *homme de couleur* Farbige(r) *m*; *homme d'État* Staatsmann *m*; *homme de loi* Jurist *m*; *péj homme de main* Handlanger *m*; Helfershelfer *m*; *homme de ménage* Putzmann *m*; *fig homme de paille* Strohmann *m*; *l'homme de la rue* der Mann auf der Straße; der kleine Mann; *d'homme* Männer…; *chemise f d'homme* Herrenhemd *n*; *métier m d'homme* Männerberuf *m*; *comme un seul homme* wie e i n Mann; *d'homme à homme* von Mann zu Mann; *être homme à* (+ *inf*) imstande, fähig sein zu (+ *inf*)
homme-grenouille *m* ⟨**hommes-grenouilles**⟩ Froschmann *m*
homme-orchestre *m* ⟨**hommes-orchestres**⟩ **1.** MUS Einmannorchester *n* **2.** *fig* Allroundman *m*
homme-sandwich *m* ⟨**hommes-sandwich(e)s**⟩ Sandwichman(n) *m*; Plakatträger *m*
homo [omo] *m abr* F (*homosexuel*) F Homo *m*
homogène [ɔmɔʒen] *adj* homogen; gleichartig; einheitlich
homogénéisation [ɔmɔʒeneizasjɔ̃] *f* Homogenisierung *f*
homogénéiser [-e] *v/t* homogenisieren
homogénéité [ɔmɔʒeneite] *f* Homogenität *f*; Gleichartigkeit *f*; Einheitlichkeit *f*
homographe [ɔmɔgraf] *m* LING Homograph *n*
homologation [ɔmɔlɔgasjɔ̃] *f* **1.** *d'un record* offizielle Anerkennung **2.** *des prix* (staatliche) Genehmigung
homologue [ɔmɔlɔg] **I** *adj* entsprechend; *sc* ho-

molog **II** *m* (Amts)Kollege *m*
homologuer [ɔmɔlɔge] *v/t* **1.** SPORTS offiziell anerkennen **2.** JUR (staatlich) genehmigen
homonyme [ɔmɔnim] *m* **1.** LING Homonym *n* **2.** *personne* Namensvetter *m*
homonymie [ɔmɔnimi] *f* LING Homonymie *f*
homoparental [ɔmɔpaRɑ̃tal] *adj* ⟨**~e**; **-aux** [-o]⟩ *famille homoparentale* Familie *f* mit gleichgeschlechtlichen Eltern
homophobe [ɔmɔfɔb] *adj propos* homosexuellenfeindlich; *sc* homophob; *agression f homophobe* Übergriff *m* auf eine(n) Homosexuelle(n) *ou* auf Homosexuelle
homophobie [ɔmɔfɔbi] *f* aversion Abneigung *f* gegen Homosexuelle; *comportement* homosexuellenfeindliches Verhalten; *sc* Homophobie *f*
homophone [ɔmɔfɔn] *m* LING Homophon *n*
homophonie [ɔmɔfɔni] *f* MUS Homophonie *f*
homosexualité [ɔmɔsɛksɥalite] *f* Homosexualität *f*
▸ **homosexuel** [ɔmɔsɛksɥel] **I** *adj* ⟨**~le**⟩ homosexuell; gleichgeschlechtlich **II** *homosexuel(le) m(f)* Homosexuelle(r) *f(m)*
'**Honduras** [õdyras] *le* '*Honduras* Honduras *n*
'**hondurien** [õdyRjɛ̃] **I** *adj* ⟨**-ienne** [-jɛn]⟩ honduranisch **II** *subst* **Hondurien(ne)** *m(f)* Honduraner(in) *m(f)*
'**Hong-Kong** [õŋkõg] Hongkong *n*
'**hongre** [õgR] *adj* *cheval m* '*hongre* Wallach *m*
▸ '**Hongrie** [õgRi] *la* '*Hongrie* Ungarn *n*
▸ '**hongrois** [õgRwa] **I** *adj* ⟨**-oise** [-waz]⟩ ungarisch **II** *subst* **1.** '*Hongrois(e) m(f)* Ungar(in) *m(f)* **2.** LING *le* '*hongrois* das Ungarische; Ungarisch *n*
▸ **honnête** [ɔnet] *adj* **1.** (*intègre*) ehrlich; anständig; *les honnêtes gens m/pl* die anständigen, rechtschaffenen Leute *pl* **2.** (*satisfaisant*) recht, ganz gut; anständig; *prix* angemessen
honnêtement [ɔnetmɑ̃] *adv* **1. a)** (*sans voler*) auf ehrliche, anständige (Art und) Weise **b)** (*loyalement*) anständigerweise **c)** (*franchement*) (ganz) ehrlich **2.** (*passablement*) ganz gut, anständig; nicht schlecht
honnêteté [ɔnete] *f* Ehrlichkeit *f*; Anständigkeit *f*; Redlichkeit *f*
▸ **honneur** [ɔnœR] *m* Ehre *f*; *place f d'honneur* Ehrenplatz *m*; *honneurs* Ehren *f/pl*; Ehrenerweisung(en) *f(pl)*; *à son honneur* zu s-r Ehre(nrettung); *jurer sur l'honneur, sur son honneur* bei s-r Ehre; *en l'honneur de qn* zu Ehren j-s; *iron en quel honneur?* zu wessen Ehren?; warum denn nur?; aus welchem besonderen Anlass?; *avoir l'honneur de faire part de qc* die Ehre haben, sich beehren, etw bekannt zu geben; *faire à qn l'honneur de* (+ *inf*) j-m die Ehre erweisen, antun zu (+ *inf*); *faire honneur à qn* j-m Ehre machen; F *faire honneur à un plat* e-m Gericht tüchtig zusprechen; *faire les honneurs de la maison* (*à qn*) j-n willkommen heißen (und durch das Haus führen); *mettre son point d'honneur à faire qc* s-e Ehre dareinsetzen, etw zu tun
'**honnir** [ɔniR] *v/t litt* der Schande preisgeben; *surtout p/p* **honni de** *ou* **par qn** verabscheut von j-m
Honolulu [ɔnɔlyly] Honolulu *n*
honorabilité [ɔnɔRabilite] *f* Achtbarkeit *f*; Eh-

renhaftigkeit *f*; Ehrbarkeit *f*
honorable [ɔnɔʀabl] *adj* **1.** achtbar; ehrenwert (*a iron*); *métier* ehrbar; *conduite* ehrenhaft **2.** *moyen* ganz gut; ordentlich
honorablement [ɔnɔʀabləmɑ̃] *adv* → *honorable*
honoraire [ɔnɔʀɛʀ] **I** *adj* Ehren...; *membre m honoraire* Ehrenmitglied *n*; *professeur m honoraire* emeritierter Professor **II** *m/pl honoraires* Honorar *n*
honoré [ɔnɔʀe] *adj* ⟨**~e**⟩ **1.** *mon honoré collègue* mein verehrter Herr Kollege **2.** *je suis très honoré* ich fühle mich sehr geehrt (*par qc* durch etw)
honorer [ɔnɔʀe] **I** *v/t* **1.** *personne* ehren **2.** *lettre de change* honorieren; *promesse* einlösen **II** *v/pr* *s'honorer de qc* sich durch etw geehrt fühlen
honorifique [ɔnɔʀifik] *adj* Ehren...; *à titre honorifique* ehrenamtlich
▸ **'honte** [õt] *f* **1.** (*déshonneur*) Schande *f*; *st/s* Schmach *f*; *faire 'honte à qn* j-m Schande machen, bereiten; *moins fort* j-n blamieren **2.** (*sentiment d'humiliation*) Scham(gefühl) *f(n)*; *sans 'honte* ohne sich zu schämen; *avoir 'honte* sich schämen (*de qn, qc* für j-n, etw; *d'avoir fait qc* etw getan zu haben); *faire 'honte à qn* (*faire des reproches*) j-m ins Gewissen reden
'honteusement [õtøzmɑ̃] *adv* **a**) (*de manière déshonorante*) mit (Schimpf und) Schande **b**) (*de manière révoltante*) schändlich; auf schändliche Weise
'honteux [õtø] *adj* ⟨**-euse** [-øz]⟩ **1.** (*déshonorant*) schändlich; beschämend; *capitulation* schmachvoll **2.** (*qui a honte*) verschämt; schamhaft; *être 'honteux de qc* sich für etw schämen
'hop [(h)ɔp] *int* hopp!; *enf* hopsa!; *allez, 'hop!* los, los!; auf geht's!; *'hop là!* husch!; schwupp!
▸ **'hôpital** [ɔpital] *m* ⟨**-aux** [-o]⟩ Krankenhaus *n*; Klinik *f*; Hospital *n*; *österr, schweiz* Spital *n*; *hôpital militaire* Lazarett *n*
'hoquet [ɔkɛ] *m* Schluckauf *m*; *avoir le 'hoquet* den Schluckauf haben
'hoqueter [ɔkte] *v/i* ⟨**-tt-**⟩ **1.** (*sangloter*) schluchzen **2.** *fig moteur* stottern
▸ **horaire** [ɔʀɛʀ] **I** *adj* Stunden... **II** *m* **1.** *des trains, etc* Fahrplan *m*; *AVIAT* Flugplan *m* **2.** (*emploi du temps*) Zeitplan *m*; *horaire mobile, variable, à la carte* gleitende Arbeitszeit; Gleitzeit *f*
'horde [ɔʀd] *f* Horde *f*; Bande *f*
'horions [ɔʀjõ] *m/pl* heftige Schläge *m/pl*
▸ **horizon** [ɔʀizõ] *m* Horizont *m*; *fig a* Gesichtskreis *m*; Perspektive *f*; *à l'horizon* am Horizont; *tour m d'horizon* Überblick *m*; Bestandsaufnahme *f*
horizontal [ɔʀizɔtal] **I** *adj* ⟨**~e; -aux** [-o]⟩ waag(e)recht; horizontal **II** *f* *horizontale* Waag(e)rechte *f*; Horizontale *f*
horizontalement [ɔʀizõtalmɑ̃] *adv* waag(e)recht; horizontal
horizontalité [-ite] *f* waagerechte Lage
horloge [ɔʀlɔʒ] *f* Uhr *f*; Turmuhr *f*; Normaluhr *f*; *horloge parlante* Zeitansage *f*
horloger [ɔʀlɔʒe] **I** *adj* ⟨**-ère** [-ɛʀ]⟩ Uhren... **II** *horloger, horlogère* *m,f* Uhrmacher(in) *m(f)*

horlogerie [ɔʀlɔʒʀi] *f* Uhrmacherei *f*; Uhrenindustrie *f*
'hormis [ɔʀmi] *st/s* *prép* außer (+ *dat*)
hormonal [ɔʀmɔnal] *adj* ⟨**~e; -aux** [-o]⟩ hormonal; Hormon...
hormone [ɔʀmɔn] *f* Hormon *n*
'Horn [ɔʀn] *le cap Horn* Kap Hoorn *n*
▸ **horodateur** [ɔʀɔdatœʀ] *m* *TECH* Datum- und Uhrzeitstempler *m*; *AUTO* Parkscheinautomat *m*
horoscope [ɔʀɔskɔp] *m* Horoskop *n*
▸ **horreur** [ɔʀœʀ] *f* **1.** Entsetzen *n*; Grauen *n*; Abscheu *m*; Horror *m*; Schrecken *m*; *avoir horreur de ou avoir en horreur* verabscheuen; e-n Horror haben vor (+ *dat*); *faire horreur* Entsetzen *etc* hervorrufen (*à qn* bei j-m) **2.** *d'un crime* Abscheulichkeit *f*; Grauenhaftigkeit *f*; *film m d'horreur* Horrorfilm *m*; *vision f d'horreur* Schreckensvision *f* **3.** *fig* (*chose laide*) Scheußlichkeit *f*; *quelle horreur!* wie entsetzlich, scheußlich!; *horreurs pl* Scheußlichkeiten *f/pl*; (*propos malveillants*) Horrorgeschichten *f/pl*
▸ **horrible** [ɔʀibl] *adj* **1.** (*effroyable*) grauenhaft, -voll; entsetzlich; abscheulich **2.** (*très laid*) scheußlich **3.** (*extrême*) entsetzlich; fürchterlich
horriblement [ɔʀibləmɑ̃] *adv* → *horrible*
horrifiant [ɔʀifjɑ̃] *adj* ⟨**-ante** [-ɑ̃t]⟩ grauen-, schreckenerregend
horrifié [-fje] *adj* ⟨**~e**⟩ entsetzt (*de, par* über +*acc*)
horripilant [ɔʀipilɑ̃] *adj* ⟨**-ante** [-ɑ̃t]⟩ nervtötend; unausstehlich
horripiler [-e] *v/t* nerven; F den Nerv töten (*qn* j-m)
'hors [ɔʀ] *prép* **1.** *dans des expressions* außer (+ *dat*) **2.** ▸ **'hors de** außerhalb (+ *gén*); aus (+ *dat*) heraus; außer (+ *dat*) (*a fig*); *'hors de danger* außer Gefahr; *être 'hors de soi* außer sich sein
'hors-bord *m* ⟨*inv*⟩ Boot *n* mit Außenbordmotor *m*; F Außenborder *m*
▸ **'hors-d'œuvre** [ɔʀdœvʀ] *m* ⟨*inv*⟩ Vorspeise *f*
'hors-jeu *m* ⟨*inv*⟩ *SPORTS* Abseits *n*
'hors-la-loi *m* ⟨*inv*⟩ Gesetzlose(r) *m*; Verfemte(r) *m*
'hors-texte *m* ⟨*inv*⟩ *TYPO* Einschaltbild *n*
hortensia [ɔʀtɑ̃sja] *m* Hortensie *f*
horticole [ɔʀtikɔl] *adj* Gartenbau...
horticulteur [ɔʀtikyltœʀ] *m*, **horticultrice** [-tʀis] *f* Gärtner(in) *m(f)*
horticulture [ɔʀtikyltyʀ] *f* Gartenbau *m*
hospice [ɔspis] *m* **1.** (*asile*) (Alten)Pflegeheim *n* **2.** *REL* Hospiz *n*
hospitalier [ɔspitalje] *adj* ⟨**-ière** [-jɛʀ]⟩ **1.** (*accueillant*) gastfreundlich **2.** (*relatif aux hôpitaux*) Krankenhaus...; *centre hospitalier universitaire* Klinikum *n*; Universitätskliniken *f/pl*
hospitalisation [ɔspitalizasjõ] *f* **1.** *admission* Einweisung *f*, Aufnahme *f* in ein Krankenhaus **2.** *séjour* Krankenhausaufenthalt *m*; stationäre Behandlung; *frais m/pl d'hospitalisation* Krankenhauskosten *pl*
hospitaliser [ɔspitalize] *v/t* in ein Krankenhaus einweisen, einliefern; *hospitalisé* in stationärer Behandlung

hospitalité [ɔspitalite] *f* Gastfreundschaft *f*; **donner l'hospitalité à qn** j-m Gastfreundschaft gewähren

hostellerie [ɔstɛlʀi] *f* (gutes) Hotel *ou* Restaurant (mit erstklassiger Küche)

hostie [ɔsti] *f* Hostie *f*

hostile [ɔstil] *adj* feindlich; feindselig; **être hostile à** ablehnend, feindlich gegenüberstehen (+ *dat*)

hostilité [ɔstilite] *f* **1.** Feindseligkeit *f*; Feindschaft *f* **2.** MIL **hostilités** *pl* Feindseligkeiten *f/pl*

hosto [ɔsto] *m abr* F → **hôpital**

'**hot-dog** [ɔtdɔg] *m* Hotdog *n ou m*

hôte [ot] *m* **1.** qui reçoit Gastgeber *m* **2.** (*invité*) Gast *m* (*a femme*) **3.** **table** *f* **d'hôte** Tisch *m* für Pensions-, Stammgäste

▸ **hôtel** [otel] *m* **1.** Hotel *n*; Gasthof *m*; Gasthaus *n*; **chambre** *f* **d'hôtel** Hotelzimmer *n*; **maître** *m* **d'hôtel** Oberkellner *m* **2.** **hôtel** (*particulier*) herrschaftliches Stadthaus; Palais *n* **3.** ▸ **hôtel de ville** Rathaus *n*

hôtel-Dieu *m* ⟨**hôtels-Dieu**⟩ (Zentral)Krankenhaus *n*

hôtelier [otǝlje] **I** *adj* ⟨**-ière** [-jɛʀ]⟩ Hotel…; **école hôtelière** Hotelfachschule *f* **II** **hôtelier**, **hôtelière** *m*,*f* Hotelbesitzer(in) *m(f)*; Hotelier *m*

hôtellerie [otɛlʀi] *f* **1.** Hotel(- und Gaststätten)gewerbe *n* **2.** (*hôtel-restaurant*) (vornehmer) Gasthof

hôtel-restaurant *m* ⟨**hôtels-restaurants**⟩ Hotel *n* mit Restaurant

hôtesse [otɛs] *f* **1.** qui reçoit chez elle Gastgeberin *f* **2.** **hôtesse** (**d'accueil**) Hostess *f*; ▸ **hôtesse** (**de l'air**) Stewardess *f*

'**hotte** [ɔt] *f* **1.** Tragkorb *m*; Kiepe *f*; VIT *a* Butte *f* **2.** '**hotte** (**filtrante**) Dunstabzugshaube *f*

'**hou** [(h)u] *int* pour faire peur hu!; pour faire honte pfui!

'**houblon** [ublõ] *m* Hopfen *m*

'**houblonnière** [ublɔnjɛʀ] *f* Hopfengarten *m*, -feld *n*

'**houe** [u] *f* Hacke *f*

'**houille** [uj] *f* Steinkohle *f*; *fig* '**houille blanche** Wasserkraft *f*; weiße Kohle

'**houiller** [uje] *adj* ⟨**-ère** [-ɛʀ]⟩ Steinkohlen…; **bassin** '**houiller** Steinkohlenrevier *n*

'**houillère** [ujɛʀ] *f* (Stein)Kohlenbergwerk *n*, -zeche *f*

'**houle** [ul] *f* Seegang *m*; Dünung *f*

'**houlette** [ulɛt] *f* **sous la** '**houlette de qn** unter der Führung j-s

'**houleux** [ulø] *adj* ⟨**-euse** [-øz]⟩ **1.** mer bewegt; unruhig **2.** *fig* réunion sehr lebhaft; erregt

'**hooligan** [uligan] *m* Hooligan *m*

'**hooliganisme** [-ism] *m* Rowdytum *n*

'**houppe** [up] *f* **1.** (*touffe*) Quaste *f* **2.** de cheveux Haarbüschel *n*; Tolle *f*

'**houppette** [upɛt] *f* Puderquaste *f*

'**hourdis** [uʀdi] *m* CONSTR Fachwerkausriegelung *f*; Ausmauerung *f*

'**hourra** [uʀa] **I** *int* hurra! **II** *m/pl* '**hourras** Hurrarufe *m/pl*

'**houspiller** [uspije] *v/t* ausschimpfen; **se faire houspiller** ausgeschimpft werden

'**housse** [us] *f* (Schutz)Hülle *f*; Schonbezug *m*

'**houx** [u] *m* Stechpalme *f*; Ilex *f ou m*

'**HS** [aʃɛs] *abr* (*hors service*) *adjt* F **être HS** appareil, personne kaputt sein

H.T. *abr* (*hors taxe*) → **taxe**

HTML [aʃteɛmɛl] *m abr* (*hypertext markup language*) INFORM HTML *f*

'**hublot** [yblo] *m* **1.** MAR Bullauge *n* **2.** AVIAT Fenster *n* **3.** d'une machine à laver, etc Sichtfenster *n*

'**huche** [yʃ] *f* Brotkasten *m*

'**hue** [y] *int* hü!

'**huées** [ɥe] *f/pl* Buhrufe *m/pl*

'**huer** [ɥe] *v/t* orateur, etc ausbuhen; *abs* buh rufen; buhen

Hugo [ygo] **Victor Hugo** frz Dichter

'**huguenot** [ygno] **I** *adj* ⟨**-ote** [-ɔt]⟩ hugenottisch **II** '**huguenot(e)** *m(f)* Hugenotte *m*, Hugenottin *f*

huilage [ɥilaʒ] *m* TECH Ölen *n*

▸ **huile** [ɥil] *f* **1.** Öl *n*; *alimentaire* Speiseöl *n*; **huile de foie de morue** Lebertran *m*; **huile d'olive** Olivenöl *n*; *fig* **mer** *f* **d'huile** spiegelglatte See; *fig* **jeter de l'huile sur le feu** Öl ins Feuer gießen; F *fig* **mettre de l'huile de coude** Energie, Kraft aufwenden **2.** (*peinture*) *f* **à l'**)**huile** art Ölmalerei *f*; tableau Ölgemälde *n*; Ölbild *n* **3.** F *fig* (*personnalité*) F hohes, großes Tier

huilé [ɥile] *adj* ⟨**~e**⟩ **1.** ölgetränkt; **papier huilé** Ölpapier *n* **2.** CUIS **salade trop huilée** Salat, der mit zu viel Öl angemacht ist **3.** *fig* **bien huilé** reibungslos funktionierend

huiler [ɥile] *v/t* (ein)ölen

huilerie [ɥilʀi] *f* **1.** usine Ölmühle *f* **2.** commerce Ölhandel *m*

huileux [ɥilø] *adj* ⟨**-euse** [-øz]⟩ ölig; peau, cheveux fettig

huilier [ɥilje] *m* Essig-und-Öl-Ständer *m*; Menage *f*

'**huis clos** [ɥiklo] *m* **à** '**huis clos** unter Ausschluss der Öffentlichkeit

huisserie [ɥisʀi] *f* Tür- *ou* Fenstereinfassung *f*, -rahmen *m*, -zarge *f*

huissier [ɥisje] *m* **1.** **huissier** (**de justice**) Gerichtsvollzieher *m* **2.** ADM Amtsdiener *m*

▸ '**huit** [*git vor Konsonant* ɥi] **I** *num/c* acht; **le** '**huit avril** der achte *ou* am achten April; **Henri VIII** Heinrich VIII. (der Achte); **dans** '**huit jours** in acht Tagen; **mardi en** '**huit** Dienstag in acht Tagen **II** *m* ⟨*inv*⟩ **1.** chiffre Acht *f*; Achter *m*; **le** '**huit** (**du mois**) der Achte *ou* am Achten (des Monats) **2.** **grand** '**huit** Achterbahn *f*

'**huitaine** [ɥitɛn] *f* **1.** **une** '**huitaine** (**de**) etwa, ungefähr acht **2.** **sous** '**huitaine** binnen acht Tagen

'**huitante** [ɥitɑ̃t] *num/c en Suisse* achtzig

▸ '**huitième** [ɥitjɛm] **I** *num/o* achte **II** *subst* **1.** **le, la** '**huitième** der, die, das Achte *ou* am Achten **2.** *m* MATH Achtel *n* **3.** *m* étage **au** '**huitième** im achten Stock **4.** *m* SPORTS '**huitième de finale** Achtelfinale *n*

'**huitièmement** [ɥitjɛmmɑ̃] *adv* achtens

huître [ɥitʀ] *f* Auster *f*

huîtrier [ɥitʀije] **I** *adj* ⟨**-ière** [-jɛʀ]⟩ Austern… **II** *m* ZO Austernfischer *m*

huîtrière [ɥitʀijɛʀ] *f* Austernpark *m*

'**hulotte** [ylɔt] *f* Waldkauz *m*

'**hululement** [ylylmɑ̃] *m* des oiseaux de nuit Schrei *m*

'**hululer** [-e] *v/i hibou* schreien
'**hum** [(h)œm] *int* hm!
▸ **humain** [ymɛ̃] **I** *adj* ⟨-**aine** [-ɛn]⟩ **1.** (*de l'homme*) menschlich; Menschen…; *corps humain* menschlicher Körper; *sciences humaines* Humanwissenschaften *f/pl* **2.** (*bon*) menschlich; human **II** *m* **3.** *st/s les humains pl* die Menschen *m/pl* **4.** *l'humain* das Menschliche
humainement [ymɛnmɑ̃] *adv* **1.** *humainement possible* menschenmöglich **2.** *traiter* menschlich
humanisation [ymanizasjɔ̃] *f* Humanisierung *f*; menschenwürdige Gestaltung
humaniser [ymanize] **I** *v/t* menschenwürdiger gestalten; humanisieren **II** *v/pr s'humaniser* menschlicher werden
humanisme [ymanism] *m* Humanismus *m*
humaniste [-ist] **I** *adj* humanistisch **II** *m,f* Humanist(in) *m(f)*
humanitaire [ymanitɛʀ] *adj* humanitär
humanitarisme [ymanitaʀism] *m péj* Humanitätsduselei *f*
▸ **humanité** [ymanite] *f* **1.** (*genre humain*) Menschheit *f* **2.** (*bonté*) Menschlichkeit *f*; Humanität *f*; *avec humanité* menschlich; human
humble [ɛ̃bl, œ̃-] *adj* **1.** (*modeste*) demütig; bescheiden (*a chose*) **2.** *st/s* (*de condition modeste*) einfach
humblement [-mɑ̃] *adv* demütig
humecter [ymɛkte] **I** *v/t* an-, befeuchten; *linge a* einsprengen **II** *v/pr s'humecter yeux* feucht werden; *s'humecter les lèvres* sich (*dat*) die Lippen befeuchten
'**humer** [yme] *v/t odeur* einatmen; *plat* riechen
humérus [ymeʀys] *m* Oberarmknochen *m*
▸ **humeur** [ymœʀ] *f* **1.** Stimmung *f*; Laune *f*; *être de bonne, mauvaise humeur* gut, schlecht gelaunt sein; gute, schlechte Laune haben; *être, se sentir d'humeur à* (+ *inf*) in der Stimmung, Laune sein zu (+ *inf*); zu etw aufgelegt sein **2.** (*irritation*) schlechte Laune; Gereiztheit *f* **3.** (*tempérament*) Gemütsart *f*
▸ **humide** [ymid] *adj* feucht (*a yeux*); *pl/fort* nass
humidificateur [ymidifikatœʀ] *m* Luftbefeuchter *m*
humidification [-fikasjɔ̃] *f* Be-, Anfeuchtung *f*
humidifier [-fje] *v/t* befeuchten
humidité [ymidite] *f* Feuchtigkeit *f*; *pl/fort* Nässe *f*
humiliant [ymiljɑ̃] *adj* ⟨-**ante** [-ɑ̃t]⟩ demütigend
humiliation [ymiljasjɔ̃] *f* Demütigung *f*; *infliger une humiliation à qn* j-m e-e Demütigung zufügen
humilier [ymilje] **I** *v/t* demütigen; *adjt humilié* gedemütigt **II** *v/pr s'humilier devant qn* sich vor j-m demütigen
humilité [ymilite] *f* Demut *f*; Bescheidenheit *f*
humoriste [ymɔʀist] *m,f* Humorist(in) *m(f)*
humoristique [-ik] *adj* humoristisch
▸ **humour** [ymuʀ] *m* Humor *m*; *avoir* (*le sens*) *de l'humour* (Sinn für) Humor haben
humus [ymys] *m* Humus *m*
'**Huns** [ɛ̃, œ̃] *m/pl* HIST Hunnen *m/pl*
'**huppe** [yp] *f* **1.** (*touffe de plumes*) Haube *f*; Schopf *m* **2.** *oiseau* Wiedehopf *m*
'**huppé** [ype] *adj* ⟨~**e**⟩ **1.** ZO Hauben… **2.** F *fig* (F stink)vornehm, (-)reich

'**hure** [yʀ] *f* CH (abgetrennter) Kopf
'**hurlant** [yʀlɑ̃] *adj* ⟨-**ante** [-ɑ̃t]⟩ *foule* brüllend; schreiend; *meute de loups* heulend
'**hurlement** [yʀləmɑ̃] *m* **1.** Schrei *m*; '**hurlements** *pl* Gebrüll *n* **2.** *du loup* Heulen *n*
'**hurler** [yʀle] *v/t et v/i* **1.** brüllen; schreien **2.** *animal, sirène, vent* heulen
'**hurleur** [yʀlœʀ] *m* ZO Brüllaffe *m*
hurluberlu [yʀlybɛʀly] *m* komischer Kauz; F Spinner *m*
'**huron** [yʀɔ̃] **I** *adj* ⟨-**onne** [-ɔn]⟩ huronisch **II** *m/pl* '**Hurons** Huronen *m/pl*
'**hussard** [ysaʀ] *m* HIST MIL Husar *m*
'**hussarde** [ysaʀd] *à la 'hussarde* brutal
'**hutte** [yt] *f* Hütte *f*
hyacinthe [jasɛ̃t] *f* MINÉR Hyazinth *m*
hybridation [ibʀidasjɔ̃] *f* BIOL Bastardierung *f*; Hybridisierung *f*
hybride [ibʀid] *adj* **1.** BIOL hybrid; Bastard… **2.** AUTO Hybrid…; mit Hybridantrieb; *voiture f hybride* Hybridauto *n* **3.** *fig* Zwitter…; Misch…; hybrid
hydratant [idʀatɑ̃] *adj* ⟨-**ante** [-ɑ̃t]⟩ Feuchtigkeits…; Feuchtigkeit spendend
hydratation [idʀatasjɔ̃] *f* CHIM Hydra(ta)tion *f*
hydrater [idʀate] **I** *v/t* **1.** CHIM mit Wasser verbinden; *adjt hydraté* wasserhaltig **2.** *produits de beauté hydrater la peau* der Haut (*dat*) Feuchtigkeit zuführen **II** *v/pr s'hydrater* CHIM Wasser aufnehmen
hydraulique [idʀolik] **I** *adj* **1.** *énergie f hydraulique* Wasserkraft *f* **2.** TECH hydraulisch **II** *f* Hydraulik *f*
hydravion [idʀavjɔ̃] *m* Wasserflugzeug *n*
hydre [idʀ] *f* MYTH *et fig* Hydra *f*
hydrocarbure [idʀokaʀbyʀ] *m* Kohlenwasserstoff *m*
hydrocéphale [idʀosefal] *adj* mit e-m Wasserkopf
hydrocéphalie [-i] *f* Wasserkopf *m*
hydrocuté [idʀokyte] *adj* ⟨~**e**⟩ (durch plötzlichen Kontakt mit kaltem Wasser) ertrunken
hydrocution [idʀokysjɔ̃] *f* Bewusstloswerden *n* in kaltem Wasser
hydrodynamique [idʀodinamik] **I** *adj* hydrodynamisch **II** *f* Hydrodynamik *f*
hydro-électrique [idʀoelɛktʀik] *adj* hydroelektrisch; *centrale f hydro-électrique* Wasserkraftwerk *n*
hydrogène [idʀoʒɛn] *m* Wasserstoff *m*
hydrogéné [-ʒene] *adj* ⟨~**e**⟩ Wasserstoff…; wasserstoffhaltig
hydrogéner [-ʒene] *v/t* ⟨-**è-**⟩ hydrieren
hydroglisseur [idʀoglisœʀ] *m* Gleitboot *n*
hydrographie [idʀogʀafi] *f* Hydrographie *f*; Gewässerkunde *f*
hydrologie [idʀoloʒi] *f* Hydrologie *f*
hydrolyse [idʀoliz] *f* Hydrolyse *f*
hydromel [idʀomɛl] *m* Met *m*
hydrophile [idʀofil] *adj* Wasser anziehend; hydrophil; *coton m hydrophile* Verband(s)watte *f*
hydrostatique [idʀostatik] **I** *adj* hydrostatisch **II** *f* Hydrostatik *f*
hydrothérapie [idʀoteʀapi] *f* Hydrotherapie *f*; Wasserheilverfahren *n*, -heilkunde *f*
hydroxyde [idʀoksid] *m* Hydroxid *n*
hyène [jɛn] *f* Hyäne *f*

Hyères [jɛʀ] *Stadt im Dep.* Var

hygiaphone® [iʒjafɔn] *m à un guichet* (hygienisch gestaltete) Sprechöffnung

hygiène [iʒjɛn] *f* Hygiene *f*; **hygiène de la bouche** Mundpflege *f*; **manquer d'hygiène** *personne* es an Hygiene fehlen lassen; *lieu* unhygienisch, nicht sauber sein

hygiénique [iʒjenik] *adj* hygienisch; **papier** *m* **hygiénique** Toiletten-, F Klopapier *n*

hygromètre [igʀɔmɛtʀ] *m* Hygrometer *n*; Luftfeuchtigkeitsmesser *m*

hygrométrique *adj* **état** *m* **hygrométrique (de l'air)** (Luft)Feuchtigkeitsgehalt *m*

hymen [imɛn] *m* **1.** ANAT Jungfernhäutchen *n* **2.** *poét (mariage)* Ehe *f*

hymne [imn] *m* Hymne *f* (*à* an + *acc*); Hymnus *m*; **hymne national** Nationalhymne *f*

hyper... [ipɛʀ] *préfixe* Hyper...; hyper...; Über...; über...

hyperactif *adj* ⟨**-ive** [-iv]⟩ hyperaktiv

hyperactivité *f* Hyperaktivität *f*

hyperbole [ipɛʀbɔl] *f* Hyperbel *f*

hypercorrect *adj* ⟨**~e**⟩ hyperkorrekt

hypercritique *adj* hyperkritisch; überkritisch

hyperémotivité *f* übermäßige Empfindsamkeit

hyperglycémie *f* vermehrter Blutzuckergehalt; *sc* Hyperglykämie *f*

hypermarché *m* Verbrauchermarkt *m*; großer Supermarkt

hypermétrope [ipɛʀmetʀɔp] *adj* weitsichtig

hypermétropie [-i] *f* Weit-, Übersichtigkeit *f*

hypernerveux [ipɛʀnɛʀvø] *adj* ⟨**-euse** [-øz]⟩ übernervös; *subst* **c'est un hypernerveux** er ist übernervös

hypersensibilité *f* Überempfindlichkeit *f*

hypersensible *adj* überempfindlich

hypertendu *adj* ⟨**~e**⟩ an zu hohem Blutdruck leidend

hypertension *f* Bluthochdruck *m*; *sc* Hypertonie *f*

hypertexte *m* INFORM Hypertext *m*

hypertrophie [ipɛʀtʀɔfi] *f* **1.** MÉD übermäßige Vergrößerung; übermäßiges Wachstum **2.** *fig du moi* Übersteigerung *f*; *d'un système* übermäßiges Wachstum

hypertrophié [ipɛʀtʀɔfje] *adj* ⟨**~e**⟩ **1.** MÉD übermäßig vergrößert; *sc* hypertroph(isch) **2.** *fig* übersteigert; übermäßig entwickelt

hypertrophier *v/pr* **s'hypertrophier 1.** MÉD sich (übermäßig) vergrößern; übermäßig wachsen **2.** *fig* sich übermäßig entwickeln; übermäßig anwachsen

hypertrophique [ipɛʀtʀɔfik] *adj* MÉD hypertroph(isch)

hypnose [ipnoz] *f* Hypnose *f*

hypnotique [ipnɔtik] **I** *adj* hypnotisch **II** *m* PHARM Hypnotikum *n*; Schlafmittel *n*

hypnotiser [ipnɔtize] **I** *v/t* hypnotisieren (*a fig*);

fig **être hypnotisé par qc** durch, von etw (wie) hypnotisiert, wie gebannt sein **II** *v/pr* **s'hypnotiser sur qc** von etw besessen sein

hypnotiseur [ipnɔtizœʀ] *m* Hypnotiseur *m*

hypnotisme [-ism] *m* **a)** *procédés* hypnotische Praktiken *f/pl* **b)** *science* Hypnotismus *m*

hypoallerg(én)ique [ipoalɛʀʒ(en)ik] *adj* antiallergisch

hypocalorique [ipɔkalɔʀik] *adj* kalorienarm

hypocentre *m* Hypozentrum *n*; Erdbebenherd *m*

hypocondriaque [ipɔkõdʀijak] **I** *adj* hypochondrisch **II** *m* Hypochonder *m*

hypocondrie [ipɔkõdʀi] *f* Hypochondrie *f*

hypocrisie [ipɔkʀizi] *f* Heuchelei *f*; Verstellung *f*; Scheinheiligkeit *f*; *sa conduite est* **pure hypocrisie** ... reine, pure Heuchelei

hypocrite [ipɔkʀit] **I** *adj* heuchlerisch; scheinheilig **II** *m,f* Heuchler(in) *m(f)*; **faire l'hypocrite** heucheln; sich verstellen; scheinheilig tun

hypodermique [ipɔdɛʀmik] *adj* subkutan

hypoglycémie [ipɔglisemi] *f* verminderter Blutzuckergehalt; F Unterzuckerung *f*

hypokhâgne [ipɔkaɲ] F *f* Klasse *f* vor der „khâgne" (→ **khâgne**)

hypophyse [ipɔfiz] *f* Hypophyse *f*; Hirnanhangsdrüse *f*

hypotendu [ipɔtãdy] **I** *adj* ⟨**~e**⟩ an zu niedrigem Blutdruck leidend **II** *subst* **hypotendu(e)** *m(f)* an zu niedrigem Blutdruck Leidende(r) *f(m)*

hypotenseur *adj* (*et subst m*) blutdrucksenkend(es Mittel)

hypotension *f* zu niedriger Blutdruck; *sc* Hypotonie *f*

hypoténuse [ipɔtenyz] *f* Hypotenuse *f*

hypothécable [ipɔtekabl] *adj* hypothekarisch belastbar

hypothécaire [ipɔtekɛʀ] *adj* hypothekarisch; Hypotheken...

hypothèque [ipɔtɛk] *f* Hypothek *f* (*a fig*)

hypothéquer [ipɔteke] *v/t* ⟨**-è-**⟩ *grever* mit e-r Hypothek belasten (*a fig*); *garantir* hypothekarisch sichern

hypothermie [ipɔtɛʀmi] *f* Unterkühlung *f*

hypothèse [ipɔtɛz] *f* Hypothese *f*; Annahme *f*; **faire, formuler une hypothèse** e-e Hypothese aufstellen; **faire des hypothèses sur qc** Vermutungen über etw (*acc*) anstellen; **dans l'hypothèse où** ... im Fall(e), dass ...

hypothétique [ipɔtetik] *adj* **1.** (*supposé*) hypothetisch **2.** (*douteux*) fraglich; unsicher

hystérie [isteʀi] *f* Hysterie *f*; **hystérie collective** Massenhysterie *f*

hystérique [isteʀik] **I** *adj* hysterisch **II** *m,f* Hysteriker(in) *m(f)*

I

I, i [i] *m* ⟨*inv*⟩ I, i *n*; **i grec** Ypsilon *n*; *fig* **mettre les points sur les i** es klipp und klar sagen; *personne* **droit comme un I** kerzengerade; gerade wie e-e Eins

ibérique [ibeʀik] *adj* iberisch; **péninsule f ibérique** Pyrenäenhalbinsel *f*; Iberische Halbinsel

ibis [ibis] *m* Ibis *m*

Icare [ikaʀ] *m* MYTH Ikaros *ou* Ikarus *m*

iceberg [ajsbɛʀg, isbɛʀg] *m* Eisberg *m*

▸ **ici** [isi] *adv* **1.** hier; **viens ici!** komm (hier)her!; **d'ici** von hier (aus); *adjt* hiesige; **par ici** (*dans cette direction*) hier entlang *ou* hier hinauf *ou* hier hinunter; (*dans les environs*) hier (in der Gegend) **2.** *temporel* **d'ici** von jetzt an; **d'ici (à) demain** bis morgen; **d'ici là** bis dahin; **d'ici peu** binnen Kurzem; in Kürze

ici-bas [isibɑ] *adv* hier unten; auf dieser Erde; **d'ici-bas** irdisch; diesseitig

icône [ikon] *f* **1.** PEINT Ikone *f* **2.** INFORM Symbol *n*

iconoclaste [ikɔnɔklast] **I** *m* Bilderstürmer *m*; Ikonoklast *m* **II** *adj* bilderstürmerisch; ikonoklastisch

iconographe [ikɔnɔgʀaf] *m* Ikonograph *m*

iconographie [-gʀafi] *f* **1.** *science* Ikonographie *f* **2.** *d'un livre* Bebilderung *f*; Illustrationen *f/pl*

iconographique [-gʀafik] *adj* ikonographisch

▸ **idéal** [ideal] **I** *adj* ⟨~e; -aux [-o] *od* -als⟩ ideal (*a* F) **II** *m* ⟨idéaux [ideo] *od* idéals⟩ **1.** Ideal *n*; **idéal de beauté** Schönheitsideal *n* **2.** **l'idéal** das Ideale (*a* F)

idéalisation [idealizasjɔ̃] *f* Idealisierung *f*

idéaliser [-ize] *v/i* idealisieren

idéalisme [-ism] *m* Idealismus *m*

idéaliste [-ist] **I** *adj* idealistisch **II** *m,f* Idealist(in) *m(f)*

▸ **idée** [ide] *f* Idee *f*; Gedanke *m*; Vorstellung *f*; (*pensée originale*) Einfall *m*; (*notion*) Begriff *m*; **idées** *pl* (*opinion*) Auffassung *f*; Meinung *f*; **idée fixe** fixe Idee; Zwangsvorstellung *f*; **idée de derrière la tête** Hintergedanke *m*; **à mon idée** für meine Begriffe; nach meinen (eigenen) Vorstellungen; **avoir de l'idée** einfallsreich, erfinderisch sein; **je n'en ai aucune idée** ich habe keine Ahnung (davon); **avoir dans l'idée que …** sich (*dat*) vorstellen *ou* denken können, dass …; vermuten, dass …; **on n'a pas idée!** das ist unvorstellbar!; **avoir des idées de gauche** links eingestellt sein; **changer d'idée** s-e Meinung, Absicht ändern; sich anders besinnen; **faire changer qn d'idée** j-n umstimmen; **pour se changer les idées** um auf andere Gedanken zu kommen; **donner à qn l'idée de faire qc** j-n auf die Idee, auf den Gedanken bringen, etw zu tun; **donner des idées à qn** j-n auf dumme Gedanken bringen; **se faire une idée de qc** sich (*dat*) e-e Vorstellung, e-n Begriff von etw machen; **elle se fait des idées** das bildet sie sich (*dat*) nur ein

idem [idɛm] *adv* idem; der-, dasselbe; F (*de même*) ebenso

identifiable [idɑ̃tifjabl] *adj* identifizierbar

identification [-fikasjɔ̃] *f* Identifizierung *f*

identifier [idɑ̃tifje] **I** *v/t* **1.** (*reconnaître*) identifizieren **2.** (*assimiler*) identifizieren, gleichsetzen (*avec, à* mit) **II** *v/pr* **s'identifier avec** *ou* **à qn, qc** sich mit j-m, etw identifizieren

identique [idɑ̃tik] *adj* identisch (*à* mit); (völlig) gleich; übereinstimmend

identité [idɑ̃tite] *f* **1.** (völlige) Gleichheit, Übereinstimmung; Identität *f* (*a* PSYCH) **2.** *d'une personne* Identität *f*; **carte f d'identité** Personalausweis *m*; **photo f d'identité** Pass-, Lichtbild *n*; **vérification f d'identité** Überprüfung *f* der Personalien

idéologie [ideolɔ3i] *f* Ideologie *f*

idéologique [-ik] *adj* ideologisch

idéologue [ideolɔg] *m* **1.** Ideologe *m* **2.** *péj* wirklichkeitsfremder Theoretiker

idiolecte [idjɔlɛkt] *m* LING Idiolekt *m*

idiomatique [idjɔmatik] *adj* idiomatisch; **expression f idiomatique** idiomatische Redewendung

idiome [idjom] *m* Idiom *n*

▸ **idiot** [idjo] **I** *adj* ⟨**idiote** [idjɔt]⟩ dumm; töricht; F blöd(sinnig); F idiotisch **II** **idiot(e)** *m(f)* Dummkopf *m*; Idiot(in) *m(f)* (*a* MÉD); F Depp *m*; **idiot du village** Dorftrottel *m*

idiotie [idjɔsi] *f* Dummheit *f*; Torheit *f*; F Blödheit *f*; F Blödsinn *m*; Idiotie *f* (*a* MÉD)

idiotisme [idjɔtism] *m* LING Spracheigenheit *f*; Idiom *n*

idoine [idwan] *adj* geeignet

idolâtre [idolɑtʀ] *adj* götzendienerisch

idolâtrer [-e] *v/t* abgöttisch lieben

idolâtrie [idolɑtʀi] *f* **1.** Götzendienst *m* **2.** *fig* abgöttische Verehrung, Liebe

idole [idɔl] *f* **1.** REL Götze(nbild) *m(n)*; Idol *n* **2.** *fig* Abgott *m*; Idol *n*; Kultfigur *f*

idylle [idil] *f* **1.** *amour* Romanze *f* **2.** *poème* Idylle *f*

idyllique [-ik] *adj* idyllisch

Iéna [jena] Jena *n*

if [if] *m* Eibe *f*; Taxus *m*

IFOP [ifɔp] *m abr* (*Institut français d'opinion publique*) frz Meinungsforschungsinstitut

igloo *ou* **iglou** [iglu] *m* Iglu *m ou n*

igname [iɲam] *f* Jamswurzel *f*

ignare [iɲaʀ] *péj* **I** *adj* völlig unwissend, ungebildet **II** *m,f* Ignorant(in) *m(f)*

ignifuge [iɲify3, igni-] *m* Feuerschutzmittel *n*

ignifuger [-e] *v/t* ⟨-ge-⟩ feuerfest, feuersicher machen

ignition [iɲisjɔ̃, igni-] *f* Brennen *n*; Verbrennung *f*

ignoble [iɲɔbl] *adj* **1.** (*abject*) gemein; niederträchtig **2.** (*sordide*) widerlich; abscheulich
ignominie [iɲɔmini] *f* **1.** (*déshonneur*) Schande *f*; Schmach *f* **2.** *caractère, action* Schändlichkeit *f*
ignominieux [iɲɔminjø] *adj* ⟨**-euse** [-øz]⟩ schändlich; schmachvoll
ignorance [iɲɔrɑ̃s] *f* Unkenntnis *f*; Unwissenheit *f*; *péj* Ignoranz *f*; *être dans l'ignorance de qc* in Unkenntnis über etw (*acc*) sein
ignorant [iɲɔrɑ̃] **I** *adj* ⟨**-ante** [-ɑ̃t]⟩ **1.** *être ignorant de qc* etw nicht kennen; über etw (*acc*) nicht Bescheid wissen **2.** (*inculte*) unwissend **II** *ignorant(e)* *m(f)* Unwissende(r) *f(m)*; Unkundige(r) *f(m)*; *péj* Ignorant *m*
ignoré [iɲɔre] *adj* ⟨**~e**⟩ unbeachtet (*de qn* von j-m); (*méconnu*) verkannt
▸ **ignorer** [iɲɔre] **I** *v/t* **1.** (*ne pas savoir*) nicht wissen; *qc a* nicht kennen; *ne pas ignorer que ...* sehr wohl wissen, dass ... **2.** (*ne pas tenir compte de*) *ignorer qn, qc* j-n, etw ignorieren, nicht beachten **II** *v/pr* **s'ignorer 3.** *c'est un poète qui s'ignore* er ist ein Dichter, ohne es zu wissen **4.** *réciproque* **s'ignorer** sich *ou* einander nicht kennen
iguane [igwan] *m* Leguan *m*
ikebana [ikebana] *m* Ikebana *n*
▸ **il** [il, F *vor Konsonant* i] *pr/pers* **1.** *m* er; *il vient* er kommt **2.** *impersonnel* es; *il fait froid* es ist kalt
▸ **île** [il] *f* **1.** Insel *f*; *l'île de Beauté* die Insel der Schönheit (*Korsika*); *l'île de Ré* die Insel Ré **2.** *des îles* von den Antillen **3.** *île flottante* Eierschnee *m* auf Vanillesoße
Île-de-France [ildəfrɑ̃s] *l'Île-de-France* *f frz Region* (*Paris u Umgebung*)
îlien [iljɛ̃] *m*, **îlienne** [-jɛn] *f* Inselbewohner(in) *m(f)*
Ille-et-Vilaine [ilevilɛn] *l'Ille-et-Vilaine* *f frz Departement*
▸ **illégal** [ilegal] *adj* ⟨**~e; -aux** [-o]⟩ gesetz-, rechtswidrig; illegal; ungesetzlich; widerrechtlich
illégalité [-ite] *f* Gesetz-, Rechtswidrigkeit *f*; Illegalität *f*
illégitime [ileʒitim] *adj* **1.** unrechtmäßig; illegitim; *enfant* unehelich **2.** (*injustifié*) ungerechtfertigt
illégitimité [ileʒitimite] *f* Unrechtmäßigkeit *f*; Illegitimität *f*; *d'un enfant* Unehelichkeit *f*
illettré [iletre] **I** *adj* ⟨**~e**⟩ des Lesens und Schreibens unkundig **II** *illettré(e)* *m(f)* Analphabet(in) *m(f)*
illettrisme [i(l)letrism] *m* Analphabetismus *m*
illicite [ilisit] *adj* unerlaubt; unzulässig; unstatthaft
illico [iliko] *adv* F *illico* (*presto*) auf der Stelle; sofort
illimité [ilimite] *adj* ⟨**~e**⟩ unbegrenzt
Illinois [ilinwa] GÉOGR *l'Illinois* *m* Illinois *n*
illisibilité [i(l)lizibilite] *f* **1.** *d'une écriture* Unleserlichkeit *f* **2.** *fig d'un roman, etc* Unlesbarkeit *f*
illisible [-ibl] *adj* **1.** *écriture* unleserlich **2.** *ouvrage* unlesbar
illogique [ilɔʒik] *adj* unlogisch
illogisme [-ism] *m* Mangel *m* an Logik
illumination [ilyminasjõ] *f* **1.** (*éclairage*) (Fest-)

Beleuchtung *f*; Illumination *f* **2.** (*inspiration*) Erleuchtung *f*
illuminé [ilymine] *m péj* wirklichkeitsfremder Schwärmer; Illusionist *m*
illuminer [ilymine] **I** *v/t* **1.** (*festlich*) beleuchten; illuminieren; *avec des projecteurs* anstrahlen **2.** *par ext* erhellen **II** *v/pr* **s'illuminer** erstrahlen (*de joie* vor Freude)
illusion [ilyzjõ] *f* **1.** *des sens* (Sinnes)Täuschung *f*; THÉ Illusion *f*; *illusion d'optique* optische Täuschung **2.** (*croyance erronée*) Illusion *f*; *faire illusion* den Leuten etwas vorgaukeln; *se faire des illusions* sich (*dat*) Illusionen machen
illusionner [ilyzjɔne] *v/pr* **s'illusionner** sich Illusionen hingeben (*sur* über + *acc*)
illusionnisme [ilyzjɔnism] *m* Zauberkunst *f*
illusionniste [-ist] *m* Zauberkünstler *m*; Illusionist *m*
illusoire [ilyzwar] *adj* illusorisch
illustrateur [ilystratœr] *m*, **illustratrice** [-tris] *f* Illustrator(in) *m(f)*
illustratif [ilystratif] *adj* ⟨**-ive** [-iv]⟩ illustrativ; veranschaulichend
illustration [ilystrasjõ] *f* **1.** *action* Illustrierung *f*; Bebilderung *f* **2.** *résultat* Illustration *f*; Abbildung *f* **3.** *fig* Illustration *f*; Veranschaulichung *f*
illustre [ilystr] *adj* illuster; berühmt
illustré [ilystre] **I** *adj* ⟨**~e**⟩ illustriert **II** *m* Illustrierte *f*
illustrer [ilystre] **I** *v/t* **1.** illustrieren; bebildern **2.** *fig* (*éclairer*) illustrieren; veranschaulichen **II** *v/pr* **s'illustrer** sich auszeichnen
illustrissime [ilystrisim] *adj iron* erlauchteste
îlot [ilo] *m* **1.** kleine Insel; *fig îlot de calme* Insel *f* der Ruhe **2.** *de maisons* Häuserblock *m*
îlotier [ilɔtje] *m* Kontakt(bereichs)beamte(r) *m*
▸ **ils** [il] *pr/pers m/pl* sie
▸ **image** [imaʒ] *f* **1.** Bild *n* (*a* OPT, RHÉT); *fig image d'Épinal* naives Klischee; *livre m d'images* Bilderbuch *n*; *enfant sage comme une image* sehr artig, brav; *être l'image fidèle de qc* das getreue Abbild von etw sein; *être à l'image de qn* j-s Charakter widerspiegeln **2.** *image* (*de marque*) Image *n*
imagé [imaʒe] *adj* ⟨**~e**⟩ bilderreich; bildhaft
imagerie [imaʒri] *f* Bilder *n/pl*
imaginable [imaʒinabl] *adj* vorstellbar; *par tous les moyens possibles et imaginables* mit allen erdenklichen, mit allen nur denkbaren Mitteln
imaginaire [imaʒinɛr] *adj* imaginär; erdacht; *malade m imaginaire* eingebildeter Kranker
imaginatif [imaʒinatif] *adj* ⟨**-ive** [-iv]⟩ fantasievoll, -begabt; einfallsreich
▸ **imagination** [imaʒinasjõ] *f* Fantasie *f*; Einbildung(skraft) *f*; Vorstellungsvermögen *n*; (*faculté d'inventer*) Erfindungsgabe *f*; Einfallsreichtum *m*
▸ **imaginer** [imaʒine] **I** *v/t* **1.** (*supposer*) *imaginer qc* sich (*dat*) etw vorstellen, denken (können) **2.** (*inventer*) *imaginer qc* sich (*dat*) etw einfallen lassen, ausdenken **II** *v/pr* ▸ **s'imaginer 3.** (*se figurer*) sich (*dat*) vorstellen **4.** (*croire à tort*) sich (*dat*) einbilden
imam [imam] *m* Imam *m*
imbattable [ɛ̃batabl] *adj* unschlagbar; *prix* nicht zu unterbieten(d)

imbécile [ɛ̃besil] **I** *adj* dumm **II** *m*, *f* Dummkopf *m*

imbécillité [ɛ̃besilite] *f* Dummheit *f*

imberbe [ɛ̃bɛʀb] *adj* (noch) bartlos

imbiber [ɛ̃bibe] **I** *v*/*t* **1.** (durch)tränken (**de** mit) **2.** F *fig* **complètement imbibé** F stockbesoffen **II** *v*/*pr* **s'imbiber** sich vollsaugen (**de** mit)

imbrication [ɛ̃bʀikasjɔ̃] *f* **1.** CONSTR sich überschneidende *ou* schuppenförmige Anordnung **2.** *fig* Überschneidung *f*; Verschachtelung *f*

imbriqué [ɛ̃bʀike] *adj* ⟨~e⟩ ineinander verschachtelt, verzahnt; sich überschneidend

imbriquer [ɛ̃bʀike] *v*/*pr problèmes* **s'imbriquer** sich überschneiden; ineinander übergreifen

imbroglio [ɛ̃bʀɔglijo] *m* Wirrwarr *m*

imbu [ɛ̃by] *adj* ⟨~e⟩ **imbu de qc** von etw durchdrungen; **imbu de soi-même** von sich eingenommen

imbuvable [ɛ̃byvabl] *adj* ungenießbar (*a* F *fig personne*); nicht trinkbar

imitable [imitabl] *adj* nachahmbar

imitateur [-tœʀ] *m*, imitatrice [-tʀis] *f* Nachahmer(in) *m*(*f*); *artiste* Imitator(in) *m*(*f*)

imitatif [-tif] *adj* ⟨-ive [-iv]⟩ nachahmend

imitation [-sjɔ̃] *f* Nachahmung *f*, Imitation *f* (*a objet*)

imité [imite] *adj* ⟨~e⟩ nachgeahmt; imitiert

▸ imiter [imite] *v*/*t* **1.** nachahmen; nachmachen; imitieren; (*suivre l'exemple*) nacheifern, nachstreben (*qn* j-m) **2.** *matière* **imiter qc** genauso aussehen wie etw

immaculé [imakyle] *adj* ⟨~e⟩ **1.** REL **Immaculée Conception** Unbefleckte Empfängnis **2.** *fig* makellos rein; *linge* strahlend weiß

immanent [imanɑ̃] *adj* ⟨-ente [-ɑ̃t]⟩ immanent; innewohnend (*à dat*)

immangeable [ɛ̃mɑ̃ʒabl] *adj* ungenießbar

immanquable [ɛ̃mɑ̃kabl] *adj* unausbleiblich

immatériel [imateʀjɛl] *adj* ⟨~le⟩ **1.** PHILOS immateriell **2.** *fig* ätherisch; vergeistigt

immatriculation [imatʀikylasjɔ̃] *f* Eintragung *f*; Einschreibung *f*; AUTO Zulassung *f*; **plaque** *f* **d'immatriculation** Nummernschild *n*

immatriculer [imatʀikyle] *v*/*t* eintragen; einschreiben; AUTO zulassen

immature [imatyʀ] *adj* unreif

immaturité [-ite] *f* Unreife *f*

immédiat [imedja] **I** *adj* ⟨-ate [-at]⟩ *successeur*, *voisinage* unmittelbar; *départ, livraison* sofortig; unverzüglich **II** *m* **dans l'immédiat** im, für den Augenblick; zunächst

▸ immédiatement [imedjatmɑ̃] *adv* unmittelbar; unverzüglich; sofort

immédiateté [i(m)medjatte] *f* **1.** PHILOS Unmittelbarkeit *f* **2.** HIST Reichsunmittelbarkeit *f*

immémorial [imemɔʀjal] *adj* ⟨~e; -aux [-o]⟩ uralt; **de temps immémorial** seit undenklichen Zeiten

▸ immense [imɑ̃s] *adj* unermesslich (groß); unendlich groß; immens

immensément [imɑ̃semɑ̃] *adv* **immensément riche** unermesslich reich; steinreich

immensité [imɑ̃site] *f* Unermesslichkeit *f*; (*vaste étendue*) unendliche Weite

immergé [i(m)mɛʀʒe] *adj* ⟨~e⟩ im, unter Wasser befindlich; *terre* im Meer versunken; überflutet

immerger [imɛʀʒe] ⟨-ge-⟩ **I** *v*/*t* versenken

(**dans** in + *dat*); eintauchen **II** *v*/*pr* **s'immerger** untertauchen

immérité [imeʀite] *adj* ⟨~e⟩ unverdient

immersion [imɛʀsjɔ̃] *f* Versenken *n*; Unter-, Eintauchen *n*

▸ immeuble [imœbl] *m* Gebäude *n*

immigrant [imigʀɑ̃] *m*, immigrante [-ɑ̃t] *f* Einwanderer *m*, Einwand(r)erin *f*; Immigrant(in) *m*(*f*)

▸ immigration [imigʀasjɔ̃] *f* Einwanderung *f*; Immigration *f*; → *Info sous* **immigré**

immigré [imigʀe] **I** *adj* ⟨~e⟩ eingewandert; **travailleur immigré** Gastarbeiter *m*; ausländischer Arbeitnehmer **II** ▸ **immigré(e)** *m*(*f*) Einwanderer *m*, Einwand(r)erin *f*; → *Info nächste Seite*

immigrer [imigʀe] *v*/*i* einwandern

imminence [iminɑ̃s] *f* unmittelbares, nahes Bevorstehen

imminent [-ɑ̃] *adj* ⟨-ente [-ɑ̃t]⟩ unmittelbar, nahe bevorstehend; *danger* drohend

immiscer [imise] *v*/*pr* ⟨-ç-⟩ **s'immiscer dans qc** sich in etw (*acc*) einmischen

▸ immobile [imɔbil] *adj* unbeweglich (*a fig*); bewegungslos; regungslos; immobil; *visage, mer* unbewegt

immobilier [imɔbilje] **I** *adj* ⟨-ière [-jɛʀ]⟩ **1.** Grundstücks…; Immobilien…; **agence immobilière** Maklerbüro *n* **2.** JUR unbeweglich; **biens immobiliers** unbewegliche Sachen *f*/*pl*; Immobilien *f*/*pl*; Liegenschaften *f*/*pl* **II** *m* Immobilienhandel *m*

immobilisation [imɔbilizasjɔ̃] *f* **1.** *de la circulation* Blockierung *f* **2.** MÉD *d'un membre* Ruhigstellung *f* **3.** FIN *de capitaux* (feste) Anlage; Festlegung *f*

immobiliser [imɔbilize] **I** *v*/*t* **1.** *circulation, etc* blockieren; zum Stehen bringen **2.** MÉD *membre* ruhig stellen **3.** *capitaux* fest anlegen; festlegen **II** *v*/*pr* **s'immobiliser** stehen bleiben

immobilisme [imɔbilism] *m* Immobilismus *m*; Fortschrittsfeindlichkeit *f*

immobiliste [-ist] *adj* geistig unbeweglich; fortschrittsfeindlich

immobilité [-ite] *f* Unbeweglichkeit *f* (*a fig*); Bewegungslosigkeit *f*

immodéré [imɔdeʀe] *adj* ⟨~e⟩ unmäßig

immodérément [-mɑ̃] *adv* unmäßig

immolation [imɔlasjɔ̃] *f* REL *et fig litt* Opferung *f*

immoler [-e] *v*/*t* opfern

immonde [imɔ̃d] *adj* **1.** (*sale*) schmutzig; dreckig **2.** (*ignoble*) schändlich

immondices [imɔ̃dis] *f*/*pl* Unrat *m*

immoral [imɔʀal] *adj* ⟨~e; -aux [-o]⟩ unmoralisch; unsittlich; sittenwidrig

immoralisme [-ism] *m* Immoralismus *m*

immoraliste [-ist] **I** *adj* immoralistisch **II** *m* Immoralist *m*

immoralité [-ite] *f* Immoralität *f*; Unsittlichkeit *f*

immortaliser [imɔʀtalize] **I** *v*/*t* unsterblich machen **II** *v*/*pr* **s'immortaliser** unsterblich werden

immortalité [-ite] *f* Unsterblichkeit *f*

immortel [imɔʀtɛl] *adj* ⟨~le⟩ **1.** unsterblich **2.**

Les immigrés – die Einwanderer

l'étranger *m* / l'étrangère *f*	Ausländer(in)	la tolérance	Toleranz
l'immigré(e) *m(f)*	Einwanderer / Einwanderin	l'intolérance *f*	Intoleranz
l'immigration *f*	Einwanderung	la discrimination	Diskriminierung
immigrer	einwandern	le racisme	Rassismus
émigrer	auswandern	la xénophobie	Ausländerfeindlichkeit
le réfugié / la réfugiée	Flüchtling	le préjugé	Vorurteil
se réfugier	flüchten	le rejet	Ablehnung
clandestin	illegal	rejeter	ablehnen, ausschließen
l'afflux *m*	Andrang	exclure qn	j-n ausschließen
l'asile *m* politique	politisches Asyl	l'expulsion *f*	Abschiebung, Ausweisung
le demandeur / la demandeuse d'asile	Asylbewerber(in)	expulser qn	j-n ausweisen
le droit d'asile	Asylrecht	la naturalisation	Einbürgerung
le permis de séjour	Aufenthaltsgenehmigung	se faire naturaliser	sich einbürgern lassen
le permis de travail	Arbeitserlaubnis	s'opposer à	sich widersetzen
le Maghrébin / la Maghrébine	Maghrebiner(in)	se révolter contre	sich auflehnen gegen
le / la beur	*in Frankreich geborenes Kind maghrebinischer Einwanderer*	les us et coutumes	Sitten und Gebräuche
		les particularités *f/pl*	Eigenarten
		préserver	bewahren

fig unvergänglich

immortelle [imɔʀtɛl] *f* Immortelle *f*; Strohblume *f*

Les Immortels LK

Die Mitglieder der **Académie française** werden auch **les 40 Immortels** genannt. Da sie auf Lebenszeit gewählt sind, kann nur nach dem Tod eines **académicien** ein neues Mitglied aufgenommen werden (→ *weitere Infos bei* **académie**).

immotivé [imɔtive] *adj* ⟨**～e**⟩ unmotiviert
immuabilité [imɥabilite] *f* → **immutabilité**
immuable [-abl] *adj* unveränderlich; unwandelbar
immunisant [imynizɑ̃] *adj* ⟨**-ante** [-ɑ̃t]⟩ immunisierend; Immun…
immunisation [-asjõ] *f* Immunisierung *f*
immuniser [imynize] *v/t* immunisieren (**contre** gegen); **être immunisé** immun sein (*a fig*)
immunitaire [imynitɛʀ] *adj* Immun…
immunité [imynite] *f* MÉD, JUR, DIPL Immunität *f*; DIPL **levée** *f* **de l'immunité** Aufhebung *f* der

Immunität
immunologie [imynɔlɔʒi] *f* Immunologie *f*; Immunitätsforschung *f*
immutabilité [imytabilite] *f* Unveränderlichkeit *f*; Unwandelbarkeit *f*
impact [ɛ̃pakt] *m* **1.** *d'un projectile* (**point** *m* **d')impact** Einschlag(stelle) *m(f)* **2.** *fig* (nachhaltige) Wirkung (**sur** auf + *acc*); *d'une publicité* Zugkraft *f*; **avoir de l'impact, un impact** sehr wirkungsvoll sein; e-e starke Wirkung haben
impair [ɛ̃pɛʀ] **I** *adj* ⟨**～e**⟩ *nombre* ungerade **II** *m* Fehler *m*; Ungeschicklichkeit *f*; Dummheit *f*; **commettre un impair** e-e Ungeschicklichkeit begehen; e-n Fehler machen
impalpable [ɛ̃palpabl] *adj* nicht greifbar (*a fig*)
imparable [ɛ̃paʀabl] *adj coup* unabwendbar; *tir* unhaltbar
impardonnable [ɛ̃paʀdɔnabl] *adj* unverzeihlich; **vous êtes impardonnable** es ist unverzeihlich von Ihnen
imparfait [ɛ̃paʀfɛ] **I** *adj* ⟨**-faite** [-fɛt]⟩ unvollkommen; mangelhaft **II** *m* GR Imperfekt *n*
impartial [ɛ̃paʀsjal] *adj* ⟨**～e**; **-aux** [-o]⟩ unparteiisch
impartialité [-ite] *f* Unparteilichkeit *f*
impartir [ɛ̃paʀtiʀ] *v/t délai* bewilligen

impasse [ɛ̃pas] *f* **1.** Sackgasse *f* (*a fig*); *être dans une impasse* in e-r Sackgasse stecken; *négociations a* an e-m toten Punkt angelangt sein **2.** *pour un examen* **faire l'impasse sur qc** darauf spekulieren, dass etw nicht drankommt

impassibilité [ɛ̃pasibilite] *f d'une personne* Unbewegtheit *f*; Gefasstheit *f*; *du visage* Unbewegtheit *f*; Undurchdringlichkeit *f*

impassible [-ibl] *adj* unbewegt; gleichmütig; gefasst

impatiemment [ɛ̃pasjamɑ̃] *adv* ungeduldig

impatience [ɛ̃pasjɑ̃s] *f* Ungeduld *f*; *brûler d'impatience* vor Ungeduld vergehen

▸ **impatient** [ɛ̃pasjɑ̃] *adj* ⟨**-ente** [-ɑ̃t]⟩ ungeduldig; *être impatient de* (+ *inf*) begierig darauf sein, darauf brennen zu (+ *inf*)

impatienter [ɛ̃pasjɑ̃te] **I** *v/t* **impatienter qn** j-n ungeduldig machen; (*énerver*) j-m auf die Nerven gehen **II** *v/pr* **s'impatienter** ungeduldig werden; die Geduld verlieren

impayable [ɛ̃pɛjabl] *adj* F köstlich; F unbezahlbar; F gottvoll

impayé [ɛ̃peje] *adj* ⟨**~e**⟩ unbezahlt

impec [ɛ̃pɛk] *adj abr* F → **impeccable**

impeccable [ɛ̃pekabl] *adj* tadellos; einwandfrei

impédance [ɛ̃pedɑ̃s] *f* ÉLECT Impedanz *f*; Scheinwiderstand *m*

impénétrable [ɛ̃penetrabl] *adj forêt, visage* undurchdringlich; *intentions* unergründlich; *personne* undurchschaubar

impénitence [ɛ̃penitɑ̃s] *f* Unbußfertigkeit *f*

impénitent [-ɑ̃] *adj* ⟨**-ente** [-ɑ̃t]⟩ unverbesserlich

impensable [ɛ̃pɑ̃sabl] *adj* undenkbar

imper [ɛ̃pɛʀ] *m abr* F → **imperméable**

impératif [ɛ̃peʀatif] **I** *adj* ⟨**-ive** [-iv]⟩ **1.** (*obligatoire*) zwingend; bindend; imperativ **2.** (*autoritaire*) Befehls…; gebieterisch **II** *m* **3.** GR Imperativ *m*; Befehlsform *f* **4.** **impératifs** *pl* (*unabdingbare*) Erfordernisse *n/pl*

impératrice [ɛ̃peʀatʀis] *f* Kaiserin *f*

imperceptible [ɛ̃pɛʀsɛptibl] *adj* nicht *ou* kaum wahrnehmbar; unmerklich

imperdable [ɛ̃pɛʀdabl] *adj partie, match* schon im Voraus gewonnen

imperfection [ɛ̃pɛʀfɛksjɔ̃] *f* Unvollkommenheit *f*; Mangel *m*

impérial [ɛ̃peʀjal] **I** *adj* ⟨**~e**; **-aux** [-o]⟩ **1.** kaiserlich; Kaiser… **2.** *fig* majestätisch **II** *f* **impériale** *d'un bus* Oberdeck *n*

impérialisme [ɛ̃peʀjalism] *m* Imperialismus *m*

impérialiste [-ist] **I** *adj* imperialistisch **II** *m,f* Imperialist(in) *m(f)*

▸ **impérieux** [ɛ̃peʀjø] *adj* **-euse** [-øz] **1.** *ton* gebieterisch **2.** *besoin* (vor)dringlich; *nécessité* zwingend

impérissable [ɛ̃peʀisabl] *adj* unvergänglich

imperméabilisation [ɛ̃pɛʀmeabilizasjɔ̃] *f* Imprägnierung *f*

imperméabiliser [-ize] *v/t* imprägnieren

imperméabilité [-ite] *f* Wasserundurchlässigkeit *f*

imperméable [ɛ̃pɛʀmeabl] **I** *adj* **1.** (wasser)undurchlässig **2.** *fig* **imperméable à qc** unempfänglich für etw **II** *m* Regen-, Wettermantel *m*

impersonnalité [ɛ̃pɛʀsɔnalite] *f* Unpersönlichkeit *f*

impersonnel [ɛ̃pɛʀsɔnɛl] *adj* ⟨**~le**⟩ unpersönlich; *verbes impersonnels* unpersönliche Verben *n/pl*

impertinence [ɛ̃pɛʀtinɑ̃s] *f* Frechheit *f*; Unverschämtheit *f*

impertinent [-ɑ̃] *adj* ⟨**-ente** [-ɑ̃t]⟩ *adj* frech; unverschämt; ungehörig; impertinent

imperturbabilité [ɛ̃pɛʀtyʀbabilite] *f* Unerschütterlichkeit *f*

imperturbable [-abl] *adj* unerschütterlich

impétigo [ɛ̃petigo] *m* Eiterflechte *f*

impétrant [ɛ̃petʀɑ̃] *m*, **impétrante** [-ɑ̃t] *f* ADM Empfänger(in) *m(f)* (*e-s Diploms etc*)

impétueux [ɛ̃petɥø] *adj* ⟨**-euse** [-øz]⟩ ungestüm; heftig; stürmisch; *fig torrent* reißend

impétuosité [ɛ̃petɥozite] *st/s f* Ungestüm *n*; Heftigkeit *f*

impie [ɛ̃pi] *litt adj* gottlos

impitoyable [ɛ̃pitwajabl] *adj* mitleid(s)los; unerbittlich; schonungslos; erbarmungslos

implacable [ɛ̃plakabl] *adj* **1.** *ennemi* unversöhnlich **2.** *logique* unerbittlich; *mal* unaufhaltsam

implant [ɛ̃plɑ̃] *m* MÉD Implantat *n*

implantation [ɛ̃plɑ̃tasjɔ̃] *f* **1.** *d'une entreprise, d'un groupe ethnique* Ansied(e)lung *f*; *de traditions* Einbürgerung *f* **2.** MÉD Implantation *f*

implanter [ɛ̃plɑ̃te] **I** *v/t* **1.** *entreprise* ansiedeln; *mode* einführen; *adjt implanté traditions, doctrine* verwurzelt **2.** MÉD implantieren **II** *v/pr* **s'implanter** sich niederlassen; sich ansiedeln; *traditions* sich einbürgern

implication [ɛ̃plikasjɔ̃] *f* **1.** JUR Verwicklung *f* (*dans* in + *acc*) **2.** (*conséquence*) Auswirkung *f*; Folge *f*

implicite [ɛ̃plisit] *adj* nicht ausdrücklich gesagt; implizit; stillschweigend

implicitement [-mɑ̃] *adv* implizit(e); *accepter* stillschweigend

impliquer [ɛ̃plike] *v/t* **1.** *impliquer qn dans qc* j-n in etw (*acc*) verwickeln **2.** (*comporter*) mit einschließen; implizieren; (*supposer*) voraussetzen

implorant [ɛ̃plɔʀɑ̃] *adj* ⟨**-ante** [-ɑ̃t]⟩ flehend; flehentlich

imploration [-asjɔ̃] *litt f* Flehen *n*

implorer [ɛ̃plɔʀe] *v/t* **1.** *implorer qn* j-n anflehen **2.** *implorer qc* um etw flehen

imploser [ɛ̃ploze] *v/i* implodieren

implosion [-jɔ̃] Implosion *f*

▸ **impoli** [ɛ̃pɔli] *adj* ⟨**~e**⟩ unhöflich

impolitesse [ɛ̃pɔlitɛs] *f* Unhöflichkeit *f*

impondérable [ɛ̃pɔ̃deʀabl] **I** *adj* unwägbar **II** **impondérables** *m/pl* Unwägbarkeiten *f/pl*; Imponderabilien *pl*

impopulaire [ɛ̃pɔpylɛʀ] *adj* unpopulär; *chef, collègue* unbeliebt

impopularité [ɛ̃pɔpylaʀite] *f* Unpopularität *f*; Unbeliebtheit *f*

importable [ɛ̃pɔʀtabl] *adj* **1.** *vêtement* nicht (mehr) tragbar **2.** ÉCON einführ-, importierbar

▸ **importance** [ɛ̃pɔʀtɑ̃s] *f* **1.** Bedeutung *f*; Wichtigkeit *f*; *d'importance adjt* wichtig; von Bedeutung; *advt* (*très fort*) tüchtig; kräftig; *sans importance* bedeutungslos; belanglos; unwichtig; *accorder, attacher, donner de l'importance à qc* e-r Sache (*dat*) Bedeutung, Gewicht beimessen; Gewicht auf etw (*acc*) legen; *avoir de l'importance* von Bedeutung, Wichtigkeit sein; **(cela n'a) aucune importance** das hat keinerlei Bedeutung; das ist völlig unwichtig; **se donner de l'importance** sich wichtigmachen, -tun **2.** *d'une somme* Größe *f*; Höhe *f*

▸ **important** [ɛ̃pɔʀtɑ̃] **I** *adj* ⟨**-ante** [-ɑ̃t]⟩ **1.** wichtig; bedeutend; *péj* **se donner des airs importants** sich wichtigmachen, -tun; sich aufspielen **2.** *somme, retard, dégâts* groß; beträchtlich; *somme a* hoch **II faire l'important(e)** *m(f)* sich aufspielen; sich wichtigtun, -machen

importateur [ɛ̃pɔʀtatœʀ] **I** *adj* ⟨**-trice** [-tʀis]⟩ Einfuhr...; Import...; **pays importateur de pétrole** Öleinfuhrland *n*; Öl importierendes Land **II** *m* Importeur *m*

importation [ɛ̃pɔʀtasjɔ̃] *f* **1.** Einfuhr *f*; Import *m* **2.** *importations pl* (*marchandises importées*) Importe *m/pl*; Einfuhr-, Importwaren *f/pl*

▸ **importer**¹ [ɛ̃pɔʀte] *v/t* COMM einführen; importieren

importer² *v/i et v/imp* wichtig, von Bedeutung, von Belang sein; **cela (m')importe peu** das bedeutet (mir) wenig; das ist (für mich) nicht wichtig; **la seule chose qui importe (, c'est ...)** das Einzige, was zählt *ou* worauf es ankommt(, ist ...); **qu'importe!** was bedeutet das schon!; was solls!; **peu importe!** das ist nicht so wichtig; das hat wenig zu bedeuten; ▸ **n'importe qui, quoi, où, quand** irgendjemand, irgendetwas, irgendwo(hin), irgendwann; egal *ou* ganz gleich wer, was, wo(hin), wann; *travailler* **n'importe comment** ohne Methode; oberflächlich; **n'importe où** *a* überall; **n'importe qui** *a* jeder (x-Beliebige); **à n'importe quel prix** zu jedem Preis

import-export [ɛ̃pɔʀɛkspɔʀ] *m* Import-Export *m*

importun [ɛ̃pɔʀtɛ̃, -tœ̃] **I** *adj* ⟨**-une** [-yn]⟩ lästig; aufdringlich **II** *m* lästiger, aufdringlicher Mensch

importuner [ɛ̃pɔʀtyne] *v/t* **importuner qn** j-n belästigen, behelligen; j-m lästig fallen; **être importuné par le bruit** vom Lärm belästigt werden

importunité [ɛ̃pɔʀtynite] *f* Zu-, Aufdringlichkeit *f*; Lästigkeit *f*; *d'une visite* Ungelegenheit *f*

imposable [ɛ̃pozabl] *adj* steuerpflichtig

imposant [ɛ̃pozɑ̃] *adj* ⟨**-ante** [-ɑ̃t]⟩ imposant; imponierend; beeindruckend

imposé [ɛ̃poze] *adj* ⟨◡e⟩ **1.** vorgeschrieben; PATINAGE **figures imposées** Pflicht(figuren) *f(pl)*; COMM **prix imposé** gebundener, festgesetzter Preis; **prix imposés** *a* Preisbindung *f* **2.** *revenu* besteuert

imposer [ɛ̃poze] **I** *v/t* **1.** **imposer à qn** *conditions, règle* j-m vorschreiben; *devoirs, punition* j-m auferlegen; *volonté, régime, chef* j-m aufzwingen; (bei j-m) durchsetzen; **imposer le respect** Respekt, Achtung einflößen **2.** FIN besteuern; veranlagen **3.** REL **imposer les mains** die Hände auflegen **II** *v/i* **4. en imposer à qn** j-m imponieren **III** *v/pr* **5. s'imposer qc** sich (*dat*) etw auferlegen **6.** *mesure, etc* **s'imposer** (zwingend) geboten sein **7.** *personne, produit* **s'imposer** sich durchsetzen **8.** **s'imposer** (*imposer sa présence*) sich aufdrängen

imposition [ɛ̃pozisjɔ̃] *f* **1.** FIN Besteuerung *f*;

Veranlagung *f* **2.** REL **imposition des mains** Handauflegung *f*

impossibilité [ɛ̃pɔsibilite] *f* **1.** Unmöglichkeit *f*; **être dans l'impossibilité de** (+ *inf*) außerstande sein zu (+ *inf*) **2.** (*chose impossible*) unmögliche Sache

▸ **impossible** [ɛ̃pɔsibl] **I** *adj* unmöglich (*a* F); **rendre la vie impossible à qn** j-m das Leben unerträglich, F unmöglich machen **II** *m* Unmögliche(s) *n*; **faire l'impossible** alles Menschenmögliche tun

imposteur [ɛ̃pɔstœʀ] *m* Hochstapler *m*; Schwindler *m*

imposture [-yʀ] *f* Hochstapelei *f*; Schwindel *m*

▸ **impôt** [ɛ̃po] *m* Steuer *f*; **impôts locaux** Gemeinde- und Departementsteuern *f/pl*; *autrefois* **impôt sur les grandes fortunes** Vermögenssteuer *f*; **impôt sur le revenu** Einkommen(s)steuer *f*; **déclaration** *f* **d'impôts** Steuererklärung *f*

impotence [ɛ̃pɔtɑ̃s] *f* Bewegungsunfähigkeit *f*

impotent [-ɑ̃] *adj* ⟨**-ente** [-ɑ̃t]⟩ *personne* gebrechlich

impraticable [ɛ̃pʀatikabl] *adj* **1.** *chemin* nicht begehbar; *route* unbefahrbar; unpassierbar **2.** *idée* undurchführbar

imprécation [ɛ̃pʀekasjɔ̃] *litt f* Verwünschung *f*; Fluch *m*

imprécis [ɛ̃pʀesi] *adj* ⟨**-ise** [-iz]⟩ ungenau; unpräzis(e); undeutlich

imprécision [ɛ̃pʀesizjɔ̃] *f* Ungenauigkeit *f*

imprégnation [ɛ̃pʀeɲasjɔ̃] *f* **1.** TECH (Durch-)Tränken *n*; Imprägnierung *f* **2.** *fig* Beeinflussung *f* (*par qc* durch etw)

imprégner [ɛ̃pʀeɲe] ⟨**-è-**⟩ *v/t* **1.** TECH (durch-)tränken (*de* mit); *bois* imprägnieren; *par ext odeur* sich festsetzen in (+ *dat*) **2.** *fig* **imprégner qn** j-n durchdringen, erfüllen **II** *v/pr* **s'imprégner de qc** sich mit etw vollsaugen; etw in sich (*dat*) aufnehmen (*a fig*); **s'imprégner d'une langue** sich (*dat*) e-e Sprache aneignen

imprenable [ɛ̃pʀənabl] *adj* **1.** *forteresse* uneinnehmbar **2.** *vue* unverbaubar

imprésario *ou* **impresario** [ɛ̃pʀezaʀjo] *m* Impresario *m*

imprescriptible [ɛ̃pʀeskʀiptibl] *adj* JUR unverjährbar; *par ext droits* immer geltend; unantastbar

▸ **impression** [ɛ̃pʀesjɔ̃] *f* **1.** Eindruck *m*; **avoir l'impression de** (+ *inf*) *ou* **que ...** den Eindruck, das Gefühl haben, zu (+ *inf*) *ou* dass ...; **faire (une) bonne, mauvaise impression** e-n guten, schlechten Eindruck machen (**à qn** auf j-n) **2.** TECH Druck *m*; Drucken *n*; **faute** *f* **d'impression** Druckfehler *m*

impressionnable [ɛ̃pʀesjɔnabl] *adj* empfindlich; sensibel

impressionnant [-ɑ̃] *adj* ⟨**-ante** [-ɑ̃t]⟩ eindrucksvoll; beeindruckend

▸ **impressionner** [ɛ̃pʀesjɔne] *v/t* **impressionner qn** j-n beeindrucken; **se laisser impressionner par qc** sich von etw beeindrucken lassen

impressionnisme [ɛ̃pʀesjɔnism] *m* Impressionismus *m*

impressionniste [-ist] **I** *adj* impressionistisch **II** *m* Impressionist *m*

imprévisible [ɛ̃pʀevizibl] *adj* unvorhersehbar
imprévoyance [ɛ̃pʀevwajãs] *f* Sorglosigkeit *f*; Kurzsichtigkeit *f*
imprévoyant [-ã] *adj* ⟨**-ante** [-ãt]⟩ sorglos; gedankenlos; kurzsichtig
▸ **imprévu** [ɛ̃pʀevy] **I** *adj* ⟨**~e**⟩ unvorhergesehen **II** *m* Unvorhergesehene(s) *n*; *sauf imprévu* wenn nichts dazwischenkommt; *en cas d'imprévu* falls etwas dazwischenkommt
imprimable [ɛ̃pʀimabl] *adj* druckreif; druckfähig
▸ **imprimante** [ɛ̃pʀimãt] *f* Drucker *m*; *imprimante à jet d'encre, à laser* Tintenstrahl-, Laserdrucker *m*
imprimé [ɛ̃pʀime] **I** *adj texte* gedruckt; *tissu, papier* bedruckt; *formulaire* vorgedruckt **II** *m* **1.** POSTE Drucksache *f*; *depuis 1993* Infopost *f* **2.** *livre, brochure, etc* Druckwerk *n* **3.** (*formulaire*) Vordruck *m* **4.** TEXT bedruckter Stoff; Druck *m*
▸ **imprimer** [ɛ̃pʀime] **I** *v/t* **1.** *texte* drucken; *extraits d'un livre* abdrucken **2.** *tissu, papier* bedrucken; *motif* aufdrucken **3.** *cachet imprimer sur qc* auf etw (*acc*) drücken **4.** *mouvement imprimer à qc* e-r Sache (*dat*) verleihen **II** *v/pr s'imprimer dans la mémoire* sich (*dat*) einprägen
imprimerie [ɛ̃pʀimʀi] *f* **1.** *entreprise* (Buch)Druckerei *f* **2.** *technique* Buchdruck(erkunst) *m*(*f*)
imprimeur [ɛ̃pʀimœʀ] *m* (Buch)Drucker *m*
imprimeur-éditeur *m* ⟨**imprimeurs-éditeurs**⟩ Drucker *m* und Verleger *m*
improbabilité [ɛ̃pʀɔbabilite] *f* Unwahrscheinlichkeit *f*
improbable [ɛ̃pʀɔbabl] *adj* unwahrscheinlich; *il est improbable que …* (+*subj*) es ist unwahrscheinlich, dass …
improductif [ɛ̃pʀɔdyktif] *adj* ⟨**-ive** [-iv]⟩ unproduktiv
improductivité [-ivite] *f* Unproduktivität *f*; Unergiebigkeit *f*
impromptu [ɛ̃pʀɔ̃pty] **I** *adj* ⟨**~e**⟩ aus dem Stegreif; *visite* überraschend **II** *m* MUS Impromptu *n*
imprononçable [ɛ̃pʀɔnõsabl] *adj* unaussprechbar
impropre [ɛ̃pʀɔpʀ] *adj* **1.** *mot* unpassend **2.** *impropre à qc* ungeeignet für etw
improprement [ɛ̃pʀɔpʀəmã] *adv* fälschlicherweise
impropriété [ɛ̃pʀɔpʀijete] *f* **1.** *d'un mot* falscher Gebrauch **2.** (*expression impropre*) falsch gebrauchtes, gewähltes Wort
improvisateur [ɛ̃pʀɔvizatœʀ] *m*, **improvisatrice** [-tʀis] *f* Improvisator(in) *m*(*f*)
improvisation [-sjõ] *f* Improvisation *f* (*a* MUS)
improviser [ɛ̃pʀɔvize] **I** *v/t* improvisieren; *discours a* aus dem Stegreif halten **II** *v/i* MUS improvisieren **III** *v/pr s'improviser arbitre, etc* als Schiedsrichter *etc* einspringen, aushelfen
improviste [ɛ̃pʀɔvist] *à l'improviste* unerwartet; unvermutet; unverhofft
'mprudemment [ɛ̃pʀydamã] *adv* → *imprudent*
mprudence [ɛ̃pʀydãs] *f* **1.** Unvorsichtigkeit *f* (*a action*); *commettre, faire une imprudence* e-e Unvorsichtigkeit begehen **2.** JUR Fahrlässigkeit *f*

imprudent [ɛ̃pʀydãs] *adj* ⟨**-ente** [-ãt]⟩ unvorsichtig; *conducteur a* leichtsinnig
impubère [ɛ̃pybɛʀ] *adj* noch nicht geschlechtsreif; JUR noch nicht ehemündig
impubliable [ɛ̃pyblijabl] *adj* nicht druckreif, -fähig
impudence [ɛ̃pydãs] *f* Unverschämtheit *f*
impudent [-ã] *adj* ⟨**-ente** [-ãt]⟩ unverschämt
impudeur [ɛ̃pydœʀ] *f* Schamlosigkeit *f*
impudicité [-isite] *f* Unkeuschheit *f*; Unzüchtigkeit *f*
impudique [-ik] *adj* unkeusch; unzüchtig
impuissance [ɛ̃pɥisãs] *f* **1.** (*faiblesse*) Unvermögen *n*; Ohnmacht *f* **2.** *sexuelle* Impotenz *f*
impuissant [ɛ̃pɥisã] *adj* ⟨**-ante** [-ãt]⟩ **1.** machtlos; ohnmächtig (*a rage*); *être impuissant devant qc* bei etw machtlos sein; *être impuissant à* (+ *inf*) nicht imstande sein zu (+ *inf*) **2.** *sexuellement* impotent
impulsif [ɛ̃pylsif] *adj* ⟨**-ive** [-iv]⟩ impulsiv
impulsion [ɛ̃pylsjõ] *f* Impuls *m* (*a* PHYS, PSYCH); Antrieb *m*; Anstoß *m*; Auftrieb *m*
impulsivité [ɛ̃pylsivite] *f* Impulsivität *f*
impunément [ɛ̃pynemã] *adv* ungestraft
impuni [ɛ̃pyni] *adj* ⟨**~e**⟩ unbestraft; straflos, -frei
impunité [ɛ̃pynite] *f* Straffreiheit *f*, -losigkeit *f*; *en toute impunité* völlig ungestraft
impur [ɛ̃pyʀ] *adj* ⟨**~e**⟩ unsauber; unrein (*a* REL)
impureté [ɛ̃pyʀte] *f* **1.** Unreinheit *f* **2.** *impuretés pl* Verunreinigungen *f*/*pl*
imputable [ɛ̃pytabl] *adj être imputable à qc* auf etw (*acc*) zurückzuführen sein
imputation [ɛ̃pytasjõ] *f* **1.** Beschuldigung *f*, Bezichtigung *f* (*de vol* des Diebstahls) **2.** FIN Anrechnung *f* (*à, sur* auf +*acc*); Verrechnung *f*
imputer [ɛ̃pyte] *v/t* **1.** *imputer qc à qn* j-m etw anlasten **2.** *imputer qc à qc* etw auf etw (*acc*) zurückführen **3.** FIN *imputer à, sur qc* auf etw (*acc*) anrechnen
imputrescible [ɛ̃pytʀesibl] *adj* unverweslich; nicht verfaulend
in [in] *adj* ⟨*inv*⟩ F in; *être in* in sein; *une boîte in* ein Lokal, das gerade in ist
in… [ɛ̃], *vor Vokal u stummem h* [in] *préfixe indiquant la négation* un…; in…; Un…; In…; →*les articles suivants*
inabordable [inabɔʀdabl] *adj* unerschwinglich
inaccentué [inaksãtɥe] *adj* ⟨**~e**⟩ unbetont
inacceptable [inaksɛptabl] *adj* unannehmbar; inakzeptabel; unzumutbar
inaccessibilité [inaksesibilite] *f* **1.** *d'un lieu, d'un but, etc* Unerreichbarkeit *f* **2.** *d'une personne* Unnahbarkeit *f*
inaccessible [inaksesibl] *adj* **1.** *lieu* unerreichbar (*à qn* für j-n) (*a fig but*); unzugänglich (*a fig texte*) **2.** *personne* unnahbar; unzugänglich; *inaccessible à la pitié* für Mitleid unempfänglich
inaccompli [inakõpli] *adj* ⟨**~e**⟩ **1.** *clause* nicht erfüllt **2.** *litt projet, tâche, etc* nicht ausgeführt; nicht zu Ende geführt; *souhait* nicht erfüllt
inaccoutumé [inakutyme] *adj* ⟨**~e**⟩ ungewohnt
inachevé [inaʃve] *adj* ⟨**~e**⟩ unvollendet
inachèvement [inaʃɛvmã] *m* Unfertigkeit *f*
inactif [inaktif] *adj* ⟨**-ive** [-iv]⟩ **1.** untätig; tatenlos; inaktiv; *rester inactif* untätig bleiben **2.** ÉCON nicht erwerbs-, berufstätig

inaction [inaksjõ] *f* Untätigkeit *f*; Nichtstun *n*
inactivité [inaktivite] *f* Untätigkeit *f*; Tatenlosigkeit *f*; Inaktivität *f*
inactuel [inaktɥɛl] *adj* ⟨~le⟩ unzeitgemäß; nicht zeitnah
inadaptation [inadaptasjõ] *f* PSYCH mangelnde Anpassung(sfähigkeit); *d'enfants* Verhaltensgestörtheit *f*
inadapté [inadapte] *adj* ⟨~e⟩ *enfant* verhaltensgestört
inadéquat [inadekwa] *adj* ⟨-ate [-at]⟩ unangemessen; inadäquat
inadmissible [inadmisibl] *adj* unzulässig; inakzeptabel; indiskutabel
inadvertance [inadvɛʀtãs] *par inadvertance* aus Versehen; versehentlich
inaliénable [inaljenabl] *adj* JUR unveräußerlich
inaltérable [inalteʀabl] *adj* unveränderlich; *fig a* unwandelbar
inamical [inamikal] *adj* ⟨~e; -aux [-o]⟩ unfreundlich
inamovible [inamɔvibl] *adj* JUR unabsetzbar; nicht versetzbar
inanimé [inanime] *adj* ⟨~e⟩ *personne* leblos; *matière* unbelebt
inanition [inanisjõ] *f* Entkräftung *f*; *tomber d'inanition* vor Hunger sterben
inaperçu [inapɛʀsy] *adj* ⟨~e⟩ *passer inaperçu* unbemerkt bleiben; nicht auffallen
inappétence [inapetãs] *f* **1.** MÉD Appetitlosigkeit *f* **2.** PSYCH *inappétence sexuelle* sexuelle Lustlosigkeit
inapplicable [inaplikabl] *adj* unanwendbar; *mesures* undurchführbar
inappliqué [inaplike] *adj* ⟨~e⟩ **1.** *élève* unaufmerksam; faul **2.** *loi* nicht angewandt
inappréciable [inapʀesjabl] *adj* unschätzbar
inapprivoisable [inapʀivwazabl] *adj animal* unzähmbar
inapte [inapt] *adj* untauglich, ungeeignet (*à* für); *MIL* wehruntauglich
inaptitude [inaptityd] *f* Untauglichkeit *f*
inarticulé [inaʀtikyle] *adj* ⟨~e⟩ unartikuliert
inassimilable [inasimilabl] *adj individus dans un groupe* nicht assimilierbar
inassouvi [inasuvi] *st/s adj* ⟨~e⟩ ungestillt
inattaquable [inatakabl] *adj* unangreifbar; *théorie a* unanfechtbar
inattendu [inatãdy] *adj* ⟨~e⟩ unerwartet; unvermutet; unverhofft; überraschend
inattentif [inatãtif] *adj* ⟨-ive [-iv]⟩ unaufmerksam; unachtsam; achtlos
inattention [inatãsjõ] *f* Unaufmerksamkeit *f*; *faute f d'inattention* Flüchtigkeitsfehler *m*
inaudible [inodibl] *adj* **1.** unhörbar **2.** *à peine* kaum hörbar, vernehmbar
inaugural [inogyʀal] *adj* ⟨~e; -aux [-o]⟩ Eröffnungs...; Einweihungs...
inauguration [-asjõ] *f* Einweihung *f*; (feierliche) Eröffnung
inaugurer [inogyʀe] *v/t* **1.** *monument, édifice* einweihen (*a plais*); (feierlich) eröffnen **2.** *fig* einleiten; *méthode* einführen
inauthenticité [inotãtisite] *f* Unechtheit *f*
inauthentique [-ik] *adj document* unecht; *fait* unverbürgt
inavouable [inavwabl] *adj* den, die, das man nicht eingestehen kann

inavoué [inavwe] *adj* ⟨~e⟩ uneingestanden
inca [ɛ̃ka] **I** *adj* ⟨*inv*⟩ Inka... **II** *m/pl* **Incas** Inka(s) *m/pl*
incalculable [ɛ̃kalkylabl] *adj* unberechenbar; unkalkulierbar
incandescence [ɛ̃kãdesãs] *f* Glühen *n*; Weißglut *f*
incandescent [-ã] *adj* ⟨-ente [-ãt]⟩ glühend
incantation [ɛ̃kãtasjõ] *f* Beschwörung *f*; *paroles a* Zauberformel *f*
incantatoire [-twaʀ] *adj* Zauber...; Beschwörungs...
incapable [ɛ̃kapabl] **I** *adj* unfähig; *incapable de* (+ *inf*) unfähig, nicht in der Lage, nicht imstande zu (+ *inf*) **II** *m,f* Unfähige(r) *f(m)*; Nichtskönner(in) *m(f)*; *c'est un incapable* er ist (völlig) unfähig
incapacité [ɛ̃kapasite] *f* **1.** Unfähigkeit *f*; *être dans l'incapacité de* (+ *inf*) nicht in der Lage sein zu (+ *inf*) **2.** *incapacité* (*de travail*) Arbeitsunfähigkeit *f*
incarcération [ɛ̃kaʀseʀasjõ] *f* Inhaftierung *f*
incarcérer [-e] *v/t* ⟨-è-⟩ inhaftieren; gefangen setzen
incarnation [ɛ̃kaʀnasjõ] *f* **1.** REL Inkarnation *f*; Menschwerdung *f* **2.** *fig* Verkörperung *f*
incarné [ɛ̃kaʀne] *adj* ⟨~e⟩ *ongle* eingewachsen
incarner [ɛ̃kaʀne] **I** *v/t* verkörpern (*a* THÉ) **II** *v/pr* *s'incarner* **1.** REL Mensch werden **2.** *espoirs, etc* sich verkörpern (*en qn* in j-m)
incartade [ɛ̃kaʀtad] *f* Dummheit *f*; Streich *m*; Torheit *f*
incassable [ɛ̃kasabl] *adj* unzerbrechlich; *fil* unzerreißbar
incendiaire [ɛ̃sãdjɛʀ] **I** *adj* **1.** Brand... **2.** *fig propos* Hetz...; aufrührerisch; *œillade* aufreizend **II** *m,f* Brandstifter(in) *m(f)*
▸ **incendie** [ɛ̃sãdi] *m* Brand *m*; (Schaden-, Groß)Feuer *n*; *incendie volontaire* Brandstiftung *f*; *incendie de forêt* Waldbrand *m*; *bouche f d'incendie* Hydrant *m*
incendié [ɛ̃sãdje] *adj* ⟨~e⟩ **1.** *maison, forêt* abgebrannt **2.** *personne* brandgeschädigt
incendier [ɛ̃sãdje] *v/t* **1.** in Brand stecken **2.** F *incendier qn* F j-n rüffeln, abkanzeln
incertain [ɛ̃sɛʀtɛ̃] *adj* ⟨-aine [-ɛn]⟩ **1.** unsicher; ungewiss; *temps* unbeständig; *contours* unbestimmt **2.** *personne* unschlüssig; unsicher
incertitude [ɛ̃sɛʀtityd] *f* **1.** Ungewissheit *f*; Unsicherheit *f* **2.** *incertitudes pl* Unsicherheiten *f/pl*; Unsicherheitsfaktoren *m/pl*
incessamment [ɛ̃sesamã] *adv* gleich; unverzüglich
incessant [-ã] *adj* ⟨-ante [-ãt]⟩ unaufhörlich; unablässig; ständig
incessible [ɛ̃sesibl] *adj* JUR nicht übertragbar; nicht abtretbar
inceste [ɛ̃sɛst] *m* Blutschande *f*; Inzest *m*
incestueux [ɛ̃sɛstɥø] *adj* ⟨-euse [-øz]⟩ blutschänderisch; inzestuös
inchangé [ɛ̃ʃãʒe] *adj* ⟨~e⟩ unverändert
inchavirable [ɛ̃ʃaviʀabl] *adj* unkenterbar; kentersicher
incidemment [ɛ̃sidamã] *adv* beiläufig
incidence [ɛ̃sidãs] *f* Auswirkung *f* (*sur* auf + *acc*)
▸ **incident** [ɛ̃sidã] *m* Zwischenfall *m*; NUCL Störfall *m*; *incident technique* Betriebsstö-

rung *f*; **incident de parcours** Panne *f*; Missgeschick *n*; **l'incident est clos** der Zwischenfall ist erledigt; der Streit ist beigelegt

incinérateur [ɛ̃sineʀatœʀ] *m* Müllverbrennungsofen *m*

incinération [ɛ̃sineʀasjɔ̃] *f* **1.** Einäscherung *f* (*surtout des morts*) **2.** Verbrennung *f* (zu Asche); **usine** *f* **d'incinération des ordures ménagères** Müllverbrennungsanlage *f*

incinérer [ɛ̃sineʀe] *v/t* ⟨**-è-**⟩ einäschern; verbrennen

incise [ɛ̃siz] *f* eingeschobener Satz

inciser [ɛ̃size] *v/t* einschneiden; *abcès* aufschneiden

incisif [ɛ̃sizif] *adj* ⟨**-ive** [-iv]⟩ *ton* schneidend; bissig; *ironie, critique* beißend

incision [ɛ̃sizjɔ̃] *f* (Ein)Schnitt *m*

incisive [ɛ̃siziv] *f* Schneidezahn *m*

incitation [ɛ̃sitasjɔ̃] *f* Anreiz *m*, Anregung *f* (*à qc* zu etw)

inciter [ɛ̃site] *v/t* anreizen, anregen, veranlassen (*à* + *inf* zu + *inf*; *à qc* zu etw); **inciter à la révolte** aufwiegeln

incivil [ɛ̃sivil] *litt adj* ⟨**⁓e**⟩ unhöflich; ungesittet

incivilité [-ite] *f* unsoziales Verhalten, Handeln

inclément [ɛ̃klemɑ̃] *litt adj* ⟨**-ente** [-ɑ̃t]⟩ *climat, temps* rau; unfreundlich

inclinaison [ɛ̃klinɛzɔ̃] *f* Neigung *f*; **angle** *m* **d'inclinaison** Neigungswinkel *m*

inclination [ɛ̃klinasjɔ̃] *f* **1.** *du corps* Verneigung *f*; Verbeugung *f*; *de tête* Nicken *n* **2.** (*penchant*) Neigung *f* (**pour** für)

incliné [ɛ̃kline] *adj* ⟨**⁓e**⟩ geneigt; schräg; abfallend; PHYS **plan incliné** schiefe Ebene; **tête légèrement inclinée** leicht geneigter Kopf

incliner [ɛ̃kline] **I** *v/t* neigen; schräg halten, stellen **II** *v/i* **incliner à** (+ *inf*) dazu neigen zu (+ *inf*) **III** *v/pr* **s'incliner 1.** (*se courber*) sich verneigen, sich verbeugen (**devant** vor + *dat*) **2.** (*se soumettre*) sich beugen, sich fügen (**devant** *dat*)

inclure [ɛ̃klyʀ] *v/t* ⟨→ **conclure**; *p/p* **inclus**⟩ **1.** (*insérer*) beifügen, beilegen (**dans une lettre** e-m Brief); *clause* einbeziehen (**dans** in + *acc*) **2.** (*impliquer*) einschließen

inclus [ɛ̃kly] *p/p* → **inclure** *et adj* ⟨**-use** [-yz]⟩ einschließlich

inclusion [ɛ̃klyzjɔ̃] *f* Einbeziehung *f*; Einschließung *f*

inclusivement [ɛ̃klyzivmɑ̃] *adv* einschließlich

incoercible [ɛ̃kɔɛʀsibl] *adj* *rire, toux* nicht zu unterdrücken(d)

incognito [ɛ̃kɔnito] **I** *adv* inkognito **II** *m* **garder l'incognito** das Inkognito wahren

incohérence [ɛ̃kɔeʀɑ̃s] *f* **1.** Zusammenhang(s)losigkeit *f*; mangelnder Zusammenhang **2.** *incohérences* *pl idées, propos* unzusammenhängende Gedanken *m/pl ou* Worte *n/pl*

incohérent [ɛ̃kɔeʀɑ̃] *adj* ⟨**-ente** [-ɑ̃t]⟩ unzusammenhängend; zusammenhang(s)los

incollable [ɛ̃kɔlabl] F *adj* unschlagbar

incolore [ɛ̃kɔlɔʀ] *adj* farblos (*a fig style*)

incomber [ɛ̃kɔbe] *v/t/indir* **incomber à qn** j-m obliegen, zukommen

incombustible [ɛ̃kɔ̃bystibl] *adj* nicht brennbar

incommensurabilité [ɛ̃kɔmɑ̃syʀabilite] *f* MATH Inkommensurabilität *f*

incommensurable [ɛ̃kɔmɑ̃syʀabl] **I** *adj* **1.** MATH inkommensurabel **2.** *fig* (*démesuré*) maßlos **II** *m* **l'incommensurable** das Unermessliche

incommodant [ɛ̃kɔmɔdɑ̃] *adj* ⟨**-ante** [-ɑ̃t]⟩ lästig; störend

incommode [ɛ̃kɔmɔd] *adj* (*peu pratique*) unpraktisch; unzweckmäßig; *outil a* unhandlich; (*inconfortable*) unbequem

incommoder [ɛ̃kɔmɔde] *v/t* belästigen; stören

incommodité [ɛ̃kɔmɔdite] *f* Unzweckmäßigkeit *f*; Unbequemlichkeit *f*

incommunicable [ɛ̃kɔmynikabl] *adj* **1.** *émotion* nicht mitteilbar **2.** *deux univers* unvereinbar

incomparable [ɛ̃kɔ̃paʀabl] *adj* unvergleichlich; unübertrefflich

incompatibilité [ɛ̃kɔ̃patibilite] *f* **1.** Unvereinbarkeit *f*; **incompatibilité de caractère, d'humeur** Unvereinbarkeit der Charaktere **2.** JUR, MÉD, INFORM Inkompatibilität *f*

incompatible [ɛ̃kɔ̃patibl] *adj* unvereinbar (**avec** mit); inkompatibel (*a* MÉD, INFORM)

incompétence [ɛ̃kɔ̃petɑ̃s] *f* **1.** Inkompetenz *f*; Unkenntnis *f* **2.** JUR Inkompetenz *f*; Unzuständigkeit *f*

incompétent [-ɑ̃] *adj* ⟨**-ente** [-ɑ̃t]⟩ inkompetent (**en musique** in der Musik); JUR *a* unzuständig

incomplet [ɛ̃kɔ̃plɛ] *adj* ⟨**-ète** [-ɛt]⟩ unvollständig

incompréhensible [ɛ̃kɔ̃pʀeɑ̃sibl] *adj* unverständlich

incompréhensif [-if] *adj* ⟨**-ive** [-iv]⟩ kein Verständnis zeigend; ohne Einfühlungsvermögen

incompréhension [-jɔ̃] *f* Unverständnis *n*

incompressible [ɛ̃kɔ̃pʀesibl] *adj* **1.** PHYS inkompressibel; nicht zusammendrückbar **2.** FIN *dépense* nicht einschränkbar; nicht reduzierbar

incompris [ɛ̃kɔ̃pʀi] *adj* ⟨**-ise** [-iz]⟩ unverstanden (*a iron*)

inconcevable [ɛ̃kɔ̃s(ə)vabl] *adj* unbegreiflich; unfassbar; unvorstellbar

inconciliable [ɛ̃kɔ̃siljabl] *adj* unvereinbar (**avec** mit)

inconditionnel [ɛ̃kɔ̃disjɔnɛl] **I** *adj* ⟨**⁓le**⟩ bedingungslos; uneingeschränkt **II** *m* bedingungsloser Anhänger

inconduite [ɛ̃kɔ̃dɥit] *f* schlechter Lebenswandel

inconfort [ɛ̃kɔ̃fɔʀ] *m* Unbequemlichkeit *f*

inconfortable [ɛ̃kɔ̃fɔʀtabl] *adj* unbequem

incongru [ɛ̃kɔ̃gʀy] *adj* ⟨**⁓e**⟩ unpassend; unschicklich

inconnaissable [ɛ̃kɔnɛsabl] *adj* nicht erkennbar (**à qn** für j-n); unergründbar

▸ **inconnu** [ɛ̃kɔny] **I** *adj* ⟨**⁓e**⟩ unbekannt (**à, de qn** j-m); ADM *enfant* **né de père inconnu** Vater unbekannt **II** *subst* **1. inconnu(e)** *m(f)* Unbekannte(r) *f(m)* **2. l'inconnu** *m* (*ce qui est inconnu*) das Unbekannte **3.** MATH **inconnue** *f* Unbekannte *f* (*a fig*)

inconsciemment [ɛ̃kɔ̃sjamɑ̃] *adv* unbewusst

inconscience [ɛ̃kɔ̃sjɑ̃s] *f* **1.** Unüberlegtheit *f*; Leichtfertigkeit *f* **2.** MÉD Bewusstlosigkeit *f*

inconscient [ɛ̃kɔ̃sjɑ̃] **I** *adj* ⟨**-ente** [-ɑ̃t]⟩ **1.** (*irréfléchi*) unüberlegt; leichtfertig **2.** *réaction* unbewusst; *personne* **être inconscient du danger** sich (*dat*) der Gefahr (*gén*) nicht bewusst sein **3.** MÉD bewusstlos **II** *subst* **4. inconscient(e)** *m(f)* Leichtfertige(r) *f(m)*; *p/p fort*

Leichtsinnige(r) *f(m)* **5.** PSYCH *l'inconscient m* das Unbewusste
inconséquence [ɛ̃kõsekãs] *f* Inkonsequenz *f*
inconséquent [-ã] *adj* ⟨**-ente** [-ãt]⟩ inkonsequent
inconsidéré [ɛ̃kõsideʀe] *adj* ⟨**~e**⟩ unüberlegt; unbesonnen; unbedacht
inconsistance [ɛ̃kõsistãs] *f d'une argumentation, d'une théorie* Unhaltbarkeit *f*; mangelnde Stichhaltigkeit; *d'un thème, d'un personnage* Substanzlosigkeit *f*
inconsistant [ɛ̃kõsistã] *adj* ⟨**-ante** [-ãt]⟩ **1.** *théorie* haltlos; *programme* substanzlos **2.** *personne* unbeständig; haltlos
inconsolable [ɛ̃kõsɔlabl] *adj* untröstlich
inconstance [ɛ̃kõstãs] *f* Unbeständigkeit *f*; Unstetigkeit *f*; Wankelmut *m*; *en amour* Treulosigkeit *f*; Untreue *f*
inconstant [-ã] *adj* ⟨**-ante** [-ãt]⟩ unbeständig; unstet; wankelmütig
inconstitutionnel [ɛ̃kõstitysjɔnɛl] *adj* ⟨**~le**⟩ verfassungswidrig
incontestable [ɛ̃kõtɛstabl] *adj* unbestreitbar
incontestablement [-əmã] *adv* ganz offensichtlich, sicher; mit Sicherheit
incontesté [ɛ̃kõtɛste] *adj* ⟨**~e**⟩ unbestritten; (allgemein) anerkannt
incontinence [ɛ̃kõtinãs] *f* MÉD Inkontinenz *f*
incontinent [-ã] *adj* ⟨**-ente** [-ãt]⟩ an Inkontinenz leidend
incontournable [ɛ̃kõtuʀnabl] *adj* unumgänglich
incontrôlable [ɛ̃kõtʀolabl] *adj* unkontrollierbar
incontrôlé [ɛ̃kõtʀole] *adj* ⟨**~e**⟩ unkontrolliert; sich der Kontrolle entziehend
inconvenance [ɛ̃kõvnãs] *f* Unschicklichkeit *f*; Ungebührlichkeit *f*
inconvenant [-ã] *adj* ⟨**-ante** [-ãt]⟩ unschicklich; ungebührlich
▸ **inconvénient** [ɛ̃kõvenjã] *m* Nachteil *m*; *je n'y vois pas d'inconvénient* ich habe nichts dagegen
inconvertible [ɛ̃kõvɛʀtibl] *adj* *monnaie* nicht konvertierbar; inkonvertibel
incoordination [ɛ̃kɔɔʀdinasjõ] *f* MÉD *incoordination motrice* Koordinationsstörungen *f/pl*
incorporation [ɛ̃kɔʀpɔʀasjõ] *f* MIL Einberufung *f*
incorporel [ɛ̃kɔʀpɔʀɛl] *adj* ⟨**~le**⟩ JUR *biens incorporels* unkörperliche Güter *n/pl*
incorporer [ɛ̃kɔʀpɔʀe] *v/t* **1.** *substance* **incorporer dans** *ou* **à qc** e-r Sache (*dat*) beimengen **2.** *par ext* **incorporer dans qc** e-r Sache (*dat*) einverleiben; in etw (*acc*) einfügen; TECH **incorporé** eingebaut; integriert **3.** MIL einberufen (**dans** zu)
incorrect [ɛ̃kɔʀɛkt] *adj* ⟨**~e**⟩ **1.** un-, inkorrekt; unrichtig **2.** *personne* nicht korrekt (**avec qn** j-m gegenüber)
incorrection [ɛ̃kɔʀɛksjõ] *f* Un-, Inkorrektheit *f* (*a = impolitesse*); Unrichtigkeit *f*
incorrigible [ɛ̃kɔʀiʒibl] *adj* unverbesserlich
incorruptible [ɛ̃kɔʀyptibl] *adj* unbestechlich
incrédibilité [ɛ̃kʀedibilite] *f* Unglaubhaftigkeit *f*; Unglaubwürdigkeit *f*
incrédule [ɛ̃kʀedyl] *adj* ungläubig; skeptisch
incrédulité [-ite] *f* Unglaube(n) *m*; Ungläubig-

keit *f*
incrément [ɛ̃kʀemã] *m* INFORM Inkrement *n*
increvable [ɛ̃kʀəvabl] *adj* **1.** F *personne* unverwüstlich; F nicht totzukriegen(d) **2.** *pneu* pannensicher
incriminer [ɛ̃kʀimine] *v/t* beschuldigen
incrochetable [ɛ̃kʀɔʃtabl] *adj* *serrure* einbruch(s)sicher; mit e-m Dietrich nicht zu öffnen(d)
▸ **incroyable** [ɛ̃kʀwajabl] *adj* unglaublich; *incroyable, mais vrai!* unglaublich, aber wahr!; *d'une personne il est vraiment incroyable!* er ist einfach unmöglich!
incroyance [ɛ̃kʀwajãs] *f* Unglaube(n) *m*
incroyant [ɛ̃kʀwajã] **I** *adj* ⟨**-ante** [-ãt]⟩ ungläubig **II** *incroyant(e)* *m(f)* Ungläubige(r) *f(m)*
incrustation [ɛ̃kʀystasjõ] *f* Einlegearbeit *f*; Intarsien *f/pl*
incruster [ɛ̃kʀyste] **I** *adjt* **incrusté de nacre** mit Perlmuttintarsien (verziert) **II** *v/pr* **s'incruster 1.** sich festsetzen (**dans** in + *dat*) **2.** *visiteur* sich einnisten (**chez qn** bei j-m)
incubateur [ɛ̃kybatœʀ] *m* Brutkasten *m*; Inkubator *m*
incubation [ɛ̃kybasjõ] *f* **1.** ZO Brüten *n* **2.** MÉD Inkubation(szeit) *f* **3.** *fig* latentes Vorstadium
incuber [ɛ̃kybe] *v/t* bebrüten
inculpation [ɛ̃kylpasjõ] *f* Be-, Anschuldigung *f*
inculpé(e) [ɛ̃kylpe] *m(f)* Beschuldigte(r) *f(m)*; Angeschuldigte(r) *f(m)*
inculper [-e] *v/t* be-, anschuldigen (**d'un crime** e-s Verbrechens)
inculquer [ɛ̃kylke] *v/t* **inculquer qc à qn** j-m etw beibringen, einschärfen
inculte [ɛ̃kylt] *adj* **1.** AGR unbebaut **2.** *personne* ungebildet
inculture [ɛ̃kyltyʀ] *f* Mangel *m* an Bildung; Unbildung *f*
incurable [ɛ̃kyʀabl] *adj* **1.** *maladie* unheilbar; *malade* unheilbar krank **2.** *fig* unverbesserlich
incurie [ɛ̃kyʀi] *f* Fahrlässigkeit *f*; Nachlässigkeit *f*
incursion [ɛ̃kyʀsjõ] *f* **1.** MIL Einfall *m* **2.** *fig* Abstecher *m* (**dans** in + *acc*)
incurvé [ɛ̃kyʀve] *adj* ⟨**~e**⟩ gekrümmt; gebogen
incurver [ɛ̃kyʀve] *v/pr* **s'incurver** sich krümmen, biegen
indatable [ɛ̃databl] *adj* undatierbar
▸ **Inde** [ɛ̃d] *l'Inde f* Indien *n*
indécence [ɛ̃desãs] *f* Anstößigkeit *f*
indécent [ɛ̃desã] *adj* ⟨**-ente** [-ãt]⟩ **1.** *tenue, propos* unschicklich; anstößig **2.** *luxe* unverschämt
indéchiffrable [ɛ̃deʃifʀabl] *adj* nicht entzifferbar
indéchirable [ɛ̃deʃiʀabl] *adj* unzerreißbar
indécis [ɛ̃desi] *adj* ⟨**-ise** [-iz]⟩ **1.** *personne* unentschlossen; unschlüssig **2.** *problème, victoire* unentschieden **3.** (*vague*) unbestimmt
indécision [ɛ̃desizjõ] *f* Unschlüssigkeit *f*
indéclinable [ɛ̃deklinabl] *adj* undeklinierbar
indécomposable [ɛ̃dekõpozabl] *adj* unzerlegbar
indécrottable [ɛ̃dekʀɔtabl] F *adj* unverbesserlich
indéfectible [ɛ̃defɛktibl] *litt adj* unvergänglich; unwandelbar
indéfendable [ɛ̃defãdabl] *adj* unhaltbar; *fi-*

thèse *a* unvertretbar
indéfini [ɛ̃defini] *adj* ⟨**~e**⟩ **1.** GR unbestimmt; indefinit **2.** (*vague*) unbestimmt; *quantité* unbegrenzt
indéfiniment [-mɑ̃] *adv* auf unbestimmte Zeit; unbegrenzt
indéfinissable [ɛ̃definisabl] *adj* undefinierbar; *charme* unerklärlich
indéformable [ɛ̃defɔʀmabl] *adj* formbeständig
indéfrisable [ɛ̃defʀizabl] *f autrefois* Dauerwelle *f*
indélébile [ɛ̃delebil] *adj tache* nicht zu entfernen(d); *fig* unauslöschlich
indélicat [ɛ̃delika] *adj* ⟨**-ate** [-at]⟩ **1.** (*sans tact*) rücksichts-, taktlos **2.** (*malhonnête*) unredlich
indélicatesse [ɛ̃delikatɛs] *f* **1.** (*manque de tact*) Rücksichts-, Taktlosigkeit *f* **2.** (*procédé malhonnête*) Unredlichkeit *f*; unredliches Gebaren
indémaillable [ɛ̃demajabl] *adj* maschenfest
indemne [ɛ̃dɛmn] *adj* unverletzt; unversehrt
indemnisable [ɛ̃dɛmnizabl] *adj personne* entschädigungsberechtigt; *dommage* entschädigungsfähig
indemnisation [-asjɔ̃] *f* Entschädigung *f*
indemniser [-e] *v/t* entschädigen (**qn de qc** j-n für etw)
indemnité [ɛ̃dɛmnite] *f* Entschädigung *f*; Schaden(s)ersatz *m*; Vergütung *f*; *indemnité journalière* Krankengeld *n*; *indemnité kilométrique* Kilometergeld *n*; *indemnité parlementaire* Diäten *pl*; *indemnité de licenciement* Abfindung *f*
indémontable [ɛ̃demɔ̃tabl] *adj* unzerlegbar
indémontrable [ɛ̃demɔ̃tʀabl] *adj* unbeweisbar
indéniable [ɛ̃denjabl] *adj* unleugbar
indépendamment [ɛ̃depɑ̃damɑ̃] *prép* **indépendamment de 1.** (*sans égard à*) unabhängig von (+ *dat*); ungeachtet (+ *gén*) **2.** (*en plus de*) zusätzlich zu (+ *dat*)
▸ **indépendance** [ɛ̃depɑ̃dɑ̃s] *f* Unabhängigkeit *f* (*a* POL); Selbstständigkeit *f*
▸ **indépendant** [ɛ̃depɑ̃dɑ̃] *adj* ⟨**-ante** [-ɑ̃t]⟩ **1.** unabhängig (*de* von); selbstständig (*a travailleur*) **2.** *chambre* mit separatem Eingang
indépendantiste [ɛ̃depɑ̃dɑ̃tist] **I** *adj* **mouvement indépendantiste** Unabhangigkeitsbewegung *f* **II** *m,f* Mitglied *n* der Unabhängigkeitsbewegung; Freiheitskämpfer(in) *m(f)*
indéracinable [ɛ̃deʀasinabl] *adj* unausrottbar
indéréglable [ɛ̃deʀeglabl] *adj* TECH nie versagend
indescriptible [ɛ̃dɛskʀiptibl] *adj* unbeschreiblich
indésirable [ɛ̃deziʀabl] *adj* unerwünscht
indésiré [ɛ̃deziʀe] *adj* ⟨**~e**⟩ unerwünscht
indestructibilité [ɛ̃dɛstʀyktibilite] *f* Unzerstörbarkeit *f*
indestructible [-ibl] *adj* unzerstörbar
indéterminable [ɛ̃detɛʀminabl] *adj* unbestimmbar
indétermination [ɛ̃detɛʀminasjɔ̃] *f* **1.** (*indécision*) Unentschlossenheit *f*; Unschlüssigkeit *f* **2.** (*imprécision*) Unbestimmtheit *f*
indéterminé [ɛ̃detɛʀmine] *adj* ⟨**~e**⟩ unbestimmt
indétraquable [ɛ̃detʀakabl] *adj* narrensicher; F idiotensicher

index [ɛ̃dɛks] *m* **1.** ANAT Zeigefinger *m* **2.** (*liste*) Register *n*; Namen(s)-, Stichwortverzeichnis *n* **3.** *fig* **mettre à l'index** auf den Index setzen
indexation [ɛ̃dɛksasjɔ̃] *f* ÉCON Indexierung *f*; Indexbindung *f*
indexer [ɛ̃dɛkse] *v/t* ÉCON binden (*sur* an + *acc*); **indexé** indexgebunden
indic [ɛ̃dik] *m abr* F (*indicateur*) Spitzel *m*
indicateur [ɛ̃dikatœʀ] **I** *adj* ⟨**-trice** [-tʀis]⟩ Hinweis...; **panneau indicateur** Hinweisschild *n*, -tafel *f* **II** *m* **1.** **indicateur** (**des chemins de fer**) Kursbuch *n* **2.** (*mouchard*) (Polizei)Spitzel *m* **3.** TECH Anzeiger *m*; **indicateur d'altitude** Höhenmesser *m* **4.** CHIM ÉCON Indikator *m*
indicatif [ɛ̃dikatif] **I** *adj* ⟨**-ive** [-iv]⟩ **prix indicatif** Richtpreis *m*; **à titre indicatif** zur Information, Orientierung; als Hinweis **II** *m* **1.** GR Indikativ *m* **2.** *d'une émission* Kennmelodie *f*; Indikativ *n* **3.** TÉL Vorwahl *f*
indication [ɛ̃dikasjɔ̃] *f* Angabe *f*; Hinweis *m*
indice [ɛ̃dis] *m* **1.** (*signe*) Anzeichen *n*; Indiz *n* (*a* JUR); Hinweis *m* **2.** (*taux*) Index(ziffer) *m(f)*; **indice du coût de la vie** Lebenshaltungsindex *m*; **indice d'écoute** Einschaltquote *f*; **indice d'octane** Oktanzahl *f*
indicible [ɛ̃disibl] *adj* unsagbar
▸ **indien** [ɛ̃djɛ̃] **I** *adj* ⟨**-ienne** [-jɛn]⟩ **1.** (*d'Inde*) indisch **2.** (*d'Amérique*) indianisch; **à la, en file indienne** im Gänsemarsch **II** **Indien(ne)** *m(f)* **3.** *de l'Inde* Inder(in) *m(f)* **4.** *d'Amérique du Nord* Indianer(in) *m(f)*; *d'Amérique latine* Indio(frau) *m(f)*
indifféremment [ɛ̃difeʀamɑ̃] *adv* unterschiedslos; in gleicher Weise
indifférence [ɛ̃difeʀɑ̃s] *f* Gleichgültigkeit *f*; Indifferenz *f*; Desinteresse *n*; **indifférence pour, à qc** Gleichgültigkeit gegenüber etw
indifférencié [ɛ̃difeʀɑ̃sje] *adj* ⟨**~e**⟩ undifferenziert
indifférent [ɛ̃difeʀɑ̃] *adj* ⟨**-ente** [-ɑ̃t]⟩ **1.** (*peu intéressé*) gleichgültig (**à qc** gegenüber e-r Sache [*dat*]); teilnahmslos; desinteressiert **2.** (*sans importance*) gleichgültig; unwichtig; **il ne m'est pas indifférent** er ist mir nicht gleichgültig
indifférer [ɛ̃difeʀe] *v/t* ⟨**-è-**⟩ **cela m'indiffère** das ist mir gleich(gültig), F egal
indigence [ɛ̃diʒɑ̃s] *f* Bedürftigkeit *f*
indigène [ɛ̃diʒɛn] **I** *adj* **1.** (*autochtone*) Eingeborenen... **2.** (*local*) einheimisch **II** *m,f* Eingeborene(r) *f(m)*
indigent [ɛ̃diʒɑ̃] *adj* ⟨**-ente** [-ɑ̃t]⟩ **1.** bedürftig; Not leidend; arm **2.** *fig* dürftig
indigeste [ɛ̃diʒɛst] *adj* schwer verdaulich; unverdaulich (*a fig*)
indigestion [ɛ̃diʒɛstjɔ̃] *f* Magenverstimmung *f*; verdorbener Magen; *fig* **avoir une indigestion de qc** von etw genug haben
indignation [ɛ̃diɲasjɔ̃] *f* Entrüstung *f*; Empörung *f*; Unwille(n) *m*
indigne [ɛ̃diɲ] *adj* **1.** **indigne de qn, de qc** j-s, e-r Sache unwürdig, nicht wert **2.** (*odieux*) unwürdig; nichtswürdig; **parents** *m/pl* **indignes** Rabeneltern *pl*
indigné [ɛ̃diɲe] *adj* ⟨**~e**⟩ entrüstet; empört; indigniert
indigner [ɛ̃diɲe] **I** *v/t* empören **II** *v/pr* **s'indigner** sich entrüsten, sich empören (**contre**

qn, de qc über j-n, etw)
indignité [ɛ̃diɲite] *f* Unwürdigkeit *f*; Erbärmlichkeit *f*
indigo [ɛ̃digo] *m* **1.** Indigo *m ou n* **2.** *adjt ⟨inv⟩* **bleu** *m* **indigo** Indigoblau *n*
indiqué [ɛ̃dike] *adj ⟨~e⟩* **1.** (*conseillé*) angebracht; angezeigt; ratsam; MÉD indiziert **2.** *lieu, heure* angegeben; *être indiqué sur* (*être écrit*) stehen auf (+ *dat*)
▸ **indiquer** [ɛ̃dike] *v/t* **1.** (*montrer*) zeigen, (hin)weisen, deuten auf (+ *acc*); *chemin* zeigen; weisen; *direction, température* anzeigen; angeben; *boussole* **indiquer le nord** nach Norden weisen, zeigen **2.** (*faire connaître*) *indiquer qc* (*à qn*) (j-n) auf etw (*acc*) hinweisen; (j-m) etw angeben, nennen; *indiquer un bon restaurant, un spécialiste* ein gutes Restaurant, e-n Spezialisten nennen; *pouvez-vous m'indiquer la gare?* können Sie mir sagen, wie ich zum Bahnhof komme? **3.** (*dénoter*) *indiquer qc* auf etw (*acc*) hinweisen, hindeuten
indirect [ɛ̃diʀɛkt] *adj ⟨~e⟩* indirekt; *cause, effet a* mittelbar
indirectement [ɛdiʀɛktəmɑ̃] *adv* indirekt; mittelbar
indiscernable [ɛ̃disɛʀnabl] *adj* nicht zu unterscheiden(d)
indiscipline [ɛ̃disiplin] *f* Disziplinlosigkeit *f*
indiscipliné [ɛ̃disipline] *adj ⟨~e⟩* undiszipliniert; disziplinlos
indiscret [ɛ̃diskʀɛ] *adj ⟨-ète [-ɛt]⟩* indiskret; *personne a* taktlos; aufdringlich
indiscrétion [ɛ̃diskʀesjɔ̃] *f* Indiskretion *f* (*a parole*); (*manque de tact*) Taktlosigkeit *f*; *sans indiscrétion ...* ohne indiskret sein zu wollen ...
indiscutable [ɛ̃diskytabl] *adj* unbestreitbar
▸ **indispensable** [ɛ̃dispɑ̃sabl] **I** *adj* unerlässlich; unentbehrlich (*a personne*); unbedingt erforderlich **II** *l'indispensable m* das Allernotwendigste
indisponibilité [ɛ̃dispɔnibilite] *f* Nichtverfügbarkeit *f*
indisponible [-ibl] *adj* nicht verfügbar; *personne a* unabkömmlich
indisposé [ɛ̃dispoze] *adj ⟨~e⟩* unpässlich; unwohl
indisposer [ɛ̃dispoze] *v/t* **1.** (*rendre malade*) *indisposer qn* das Wohlbefinden j-s beeinträchtigen **2.** (*fâcher*) verstimmen; verärgern
indisposition [ɛ̃dispozisjɔ̃] *f* Unpässlichkeit *f*; Unwohlsein *n*
indissociable [ɛ̃disɔsjabl] *adj* untrennbar (miteinander verbunden)
indissoluble [ɛ̃disɔlybl] *adj* unauflöslich
indistinct [ɛ̃distɛ̃] *adj ⟨-incte [-ɛ̃kt]⟩* undeutlich
indistinctement [ɛ̃distɛ̃ktəmɑ̃] *adv* **1.** *voir, parler* undeutlich **2.** (*indifféremment*) ohne Unterschied
individu [ɛ̃dividy] *m* Individuum *n* (*a péj*); Einzelwesen *n*; Einzelperson *f*; *l'individu a* der Einzelne
individualisation [ɛ̃dividɥalizasjɔ̃] *f* Individualisation *f*; Individualisierung *f*
individualiser *v/t* [-ize] *v/t* individualisieren; individuell gestalten
individualisme [-ism] *m* Individualismus *m*
individualiste [-ist] **I** *adj* individualistisch **II**

m,f Individualist(in) *m(f)*
individualité [-ite] *f* Individualität *f*; Eigenart *f*
individuel [ɛ̃dividɥɛl] *adj ⟨~le⟩* individuell; persönlich; Einzel...; *chambre individuelle* Einzelzimmer *n*; *maison individuelle* Einfamilienhaus *n*
indivisible [ɛ̃divizibl] *adj* unteilbar
indivision [ɛ̃divizjɔ̃] *f* JUR Miteigentum *n*; Gesamthandsgemeinschaft *f*
indo-... [ɛ̃do] *adj* indisch-...
Indochine HIST *l'Indochine f* Indochina *n*
indochinois I *adj ⟨-oise [-waz]⟩* indochinesisch; Indochina... **II** *subst* **Indochinois(e)** *m(f)* Indochinese *m*, Indochinesin *f*
indocile [ɛ̃dɔsil] *st/s adj* widerspenstig; ungehorsam
indocilité [-ite] *st/s f* Widerspenstigkeit *f*; Ungehorsam *m*
indo-européen I *adj ⟨-enne [-ɛn]⟩* indogermanisch, -europäisch **II** *subst* *l'indo-européen m* das Indogermanische; Indogermanisch *n*
indolence [ɛ̃dɔlɑ̃s] *f* Trägheit *f*
indolent [-ɑ̃] *adj ⟨-ente [-ɑ̃t]⟩* träg(e); indolent
indolore [ɛ̃dɔlɔʀ] *adj* schmerzlos
indomptable [ɛ̃dɔ̃tabl] *adj* un(be)zähmbar; *caractère* unbeugsam
indompté [ɛ̃dɔ̃te] *adj ⟨~e⟩* **1.** *animal* ungezähmt; ungebändigt **2.** *fig* et *st/s volonté* ungebeugt
Indonésie [ɛ̃dɔnezi] *l'Indonésie f* Indonesien *n*
indonésien [ɛ̃dɔnezjɛ̃] **I** *adj ⟨-ienne [-jɛn]⟩* indonesisch **II 1.** **Indonésien(ne)** *m(f)* Indonesier(in) *m(f)* **2.** LING *l'indonésien m* das Indonesische; Indonesisch *n*
indoor [indɔʀ] *adj ⟨inv⟩* SPORTS Hallen...
Indre [ɛ̃dʀ] *l'Indre f* Fluss u Departement in *Frankreich*
Indre-et-Loire *l'Indre-et-Loire f* frz *Departement*
indu [ɛ̃dy] *adj ⟨~e⟩* **à une heure indue** zu unpassender Stunde
indubitable [ɛ̃dybitabl] *adj* unzweifelhaft
inducteur [ɛ̃dyktœʀ] ÉLECT **I** *adj ⟨-trice [-tʀis]⟩* induzierend; Induktions... **II** *m* Feldmagnet *m*
inductif [ɛ̃dyktif] *adj ⟨-ive [-iv]⟩* ÉLECT, PHILOS induktiv
induction [ɛ̃dyksjɔ̃] *f* ÉLECT, PHILOS Induktion *f*
induire [ɛ̃dɥiʀ] *v/t ⟨→ conduire⟩* **1.** *induire en erreur* irreführen **2.** ÉLECT induzieren
induit [ɛ̃dɥi] *adj ⟨-ite [-it]⟩* ÉLECT induziert; Induktions...; *courant induit* Induktionsstrom *m*
indulgence [ɛ̃dylʒɑ̃s] *f* **1.** Nachsicht *f*; *avec, sans indulgence* nachsichtig, unnachsichtig; *avoir, montrer de l'indulgence pour qn, qc* Nachsicht mit j-m, etw haben **2.** CATH Ablass *m*
indulgent [ɛ̃dylʒɑ̃] *adj ⟨-ente [-ɑ̃t]⟩* nachsichtig
indûment [ɛ̃dymɑ̃] *adv* unberechtigt; unbegründet; ungerechtfertigt
induration [ɛ̃dyʀasjɔ̃] *f* MÉD Verhärtung *f*
industrialisation [ɛ̃dystʀijalizasjɔ̃] *f* Industrialisierung *f*
industrialiser [ɛ̃dystʀijalize] **I** *v/t* industrialisieren **II** *v/pr* *s'industrialiser* industrialisiert werden
industrialisme [ɛ̃dystʀijalizm] *m* Industrialismus *m*

▶ **industrie** [ɛ̃dystʀi] *f* **1.** Industrie *f*; *industrie textile* Textilindustrie *f*; *industrie du bâti-ment* Bauindustrie *f*, -gewerbe *n* **2.** (*secteur d'activité*) Industrie(zweig) *f(m)*; Gewerbe *n*

▶ **industriel** [ɛ̃dystʀijɛl] **I** *adj* ⟨~le⟩ Indus-trie…; industriell; gewerblich; *région indus-trielle* Industriegebiet *n*; F *fig en quantité in-dustrielle* in sehr großer Menge; massenwei-se, -haft **II** *m* Industrielle(r) *m*

industrieux [ɛ̃dystʀijø] *st/s adj* ⟨-euse [-øz]⟩ geschickt; gewandt

inébranlable [inebʀɑ̃labl] *adj* unerschütterlich

inédit [inedi] **I** *adj* ⟨-ite [-it]⟩ **1.** (noch) unveröf-fentlicht **2.** *fig* ganz neu; noch nicht da gewe-sen **II** *m* (noch) unveröffentlichtes Werk

ineffable [inefabl] *adj st/s joie* unaussprechlich; unsagbar

ineffaçable [inefasabl] *adj* unauslöschlich; un-zerstörbar

inefficace [inefikas] *adj* unwirksam; wirkungs-los; *personne* leistungsschwach

inefficacité [-ite] *f* Unwirksamkeit *f*; Wirkungs-losigkeit *f*; *d'une personne* Leistungsschwäche *f*

inégal [inegal] *adj* ⟨~e; -aux [-o]⟩ **1.** ungleich; *être de force inégale* ungleich stark sein **2.** (*ir-régulier*) ungleichmäßig; *pouls* unregelmäßig; *être d'humeur inégale* nicht immer gleich aufgelegt sein; unausgeglichen sein **3.** *sol* un-eben

inégalable [inegalabl] *adj* unerreichbar; unver-gleichlich

inégalé [inegale] *adj* ⟨~e⟩ unerreicht

inégalement [inegalmɑ̃] *adv* ungleich

inégalité [inegalite] *f* **1.** Ungleichheit *f* **2.** (*irré-gularité*) Ungleichmäßigkeit *f*; *du pouls* Unre-gelmäßigkeit *f*; *inégalités d'humeur* Stim-mungsschwankungen *f/pl* **3.** *du sol* Uneben-heit *f*

inélégant [inelegɑ̃] *adj* ⟨-ante [-ɑ̃t]⟩ **1.** nicht elegant; unelegant **2.** (*indélicat*) taktlos

inéligibilité [inel!ʒibilite] *f* Nichtwählbarkeit *f*

inéligible [-ibl] *adj* nicht wählbar

inéluctable [inelyktabl] *adj* unvermeidlich; un-ausweichlich

inemployé [inɑ̃plwaje] *adj* ⟨~e⟩ un(aus)genutzt

inénarrable [incnaʀabl] *adj* unbeschreiblich komisch

inepte [inɛpt] *adj* albern; dumm

ineptie [inɛpsi] *f* Albernheit *f*; Dummheit *f*; *inepties pl a* Unsinn *m*

inépuisable [inepɥizabl] *adj* unerschöpflich

inéquation [inekwasjõ] *f* MATH Ungleichung *f*

inerte [inɛʀt] *adj* **1.** leblos; reg(ungs)los; PHYS träge **2.** *fig* passiv; untätig

▌**inertie** [inɛʀsi] *f* **1.** PHYS Trägheit *f*; *force f d'inertie* Beharrungsvermögen *n*; *fig* passiver Widerstand **2.** *fig* Passivität *f*; Untätigkeit *f*

▌**inespéré** [inɛspeʀe] *adj* ⟨~e⟩ unverhofft

▌**inesthétique** [inɛstetik] *adj* unästhetisch

▌**inestimable** [inɛstimabl] *adj* unschätzbar (*a fig*)

▌**inévitable** [inevitabl] *adj* unvermeidlich (*a iron*); *subst m accepter l'inévitable* sich ins Unvermeidliche schicken

▌**inexact** [inɛgza(kt)] *adj* ⟨-acte [-akt]⟩ **1.** unge-nau **2.** (*en retard*) unpünktlich

▌**inexactitude** [inɛgzaktityd] *f* **1.** Ungenauigkeit

f **2.** (*retard*) Unpünktlichkeit *f*

inexcusable [inɛkskyzabl] *adj* unentschuld-bar; unverzeihlich; *vous êtes inexcusable* es ist unverzeihlich von Ihnen

inexécutable [inegzekytabl] *adj* unausführbar; undurchführbar

inexistant [inegzistɑ̃] *adj* ⟨-ante [-ɑ̃t]⟩ **1.** (*ab-sent*) nicht vorhanden; inexistent **2.** (*sans effi-cacité*) wertlos; bedeutungslos

inexistence [inegzistɑ̃s] *f* Nichtvorhandensein *n*

inexorable [inegzɔʀabl] *adj* unerbittlich

inexpérience [inɛkspeʀjɑ̃s] *f* Unerfahrenheit *f*

inexpérimenté [inɛkspeʀimɑ̃te] *adj* ⟨~e⟩ uner-fahren; ungeübt

inexplicable [inɛksplikabl] *adj* unerklärlich

inexpliqué [inɛksplike] *adj* ⟨~e⟩ ungeklärt

inexploitable [inɛksplwatabl] *adj invention* nicht verwertbar; *gisement* nicht abbauwürdig

inexploité [inɛksplwate] *adj* ⟨~e⟩ nicht verwer-tet; *gisement* nicht abgebaut

inexploré [inɛksplɔʀe] *adj* ⟨~e⟩ unerforscht

inexplosible [inɛksplozibl] *adj* explosionssi-cher

inexpressif [inɛkspʀesif] *adj* ⟨-ive [-iv]⟩ aus-druckslos

inexprimable [inɛkspʀimabl] *adj* unaussprech-lich; unbeschreiblich

inexprimé [inɛkspʀime] *adj* ⟨~e⟩ unausgespro-chen

inexpugnable [inɛkspygnabl] *adj* uneinnehm-bar

inextensible [inɛkstɑ̃sibl] *adj* nicht (aus)dehn-bar

in extenso [inɛkstɛ̃so] in voller Länge; in vol-lem Wortlaut; in extenso

inextinguible [inɛkstɛ̃gibl] *litt adj* unstillbar

in extremis [inɛkstʀemis] *adv* in letzter Minute

inextricable [inɛkstʀikabl] *adj* unentwirrbar; *affaire* verzwickt

infaillibilité [ɛ̃fajibilite] *f* Unfehlbarkeit *f*

infaillible [ɛ̃fajibl] *adj* unfehlbar

infailliblement [ɛ̃fajibləmɑ̃] *adv* unweigerlich

infaisable [ɛ̃fəzabl] *adj* nicht machbar

infalsifiable [ɛ̃falsifjabl] *adj* fälschungssicher

infamant [ɛ̃famɑ̃] *adj* ⟨-ante [-ɑ̃t]⟩ ehrenrüh-rig; entehrend

infâme [ɛ̃fɑm] *adj* **1.** infam; niederträchtig; schändlich **2.** (*répugnant*) abscheulich

infamie [ɛ̃fami] *f* Infamie *f*; Schändlichkeit *f*; *action a* Schandtat *f*

infant [ɛ̃fɑ̃] *m*, **infante** [-ɑ̃t] *f* HIST *Espagne, Por-tugal* Infant(in) *m(f)*

infanterie [ɛ̃fɑ̃tʀi] *f* Infanterie *f*

infanticide [ɛ̃fɑ̃tisid] **1.** *m,f* Kindesmörder(in) *m(f)* **2.** *m acte* Kindesmord *m*

infantile [ɛ̃fɑ̃til] *adj* **1.** MÉD Kinder…; *maladie f infantile* Kinderkrankheit *f*; *mortalité f infan-tile* Säuglings-, Kindersterblichkeit *f* **2.** *péj* kin-disch; infantil

infantilisme [ɛ̃fɑ̃tilism] *m* **1.** PSYCH Infantilis-mus *m* **2.** *péj* kindische Art; kindisches Beneh-men

infarctus [ɛ̃faʀktys] *m* Infarkt *m*; *infarctus du myocarde* Herzinfarkt *m*

infatigable [ɛ̃fatigabl] *adj* unermüdlich

infatué [ɛ̃fatɥe] *adj* ⟨~e⟩ selbstgefällig

infécond [ɛ̃fekõ] *adj* ⟨-onde [-õd]⟩ unfrucht-

bar
infécondité [ɛ̃fekɔ̃dite] *f* Unfruchtbarkeit *f*
infect [ɛ̃fɛkt] *adj* ⟨**~e**⟩ scheußlich; abscheulich; widerlich (*a personne*)
infecter [ɛ̃fɛkte] *v/t* (*et v/pr* **s'infecter** sich) infizieren
infectieux [ɛ̃fɛksjø] *adj* ⟨**-euse** [-øz]⟩ Infektions...; ansteckend
infection [ɛ̃fɛksjɔ̃] *f* **1.** MÉD Infektion *f*; Ansteckung *f* **2.** (*puanteur*) **c'est une infection** es stinkt scheußlich
inféodé [ɛ̃feɔde] *adj* ⟨**~e**⟩ **inféodé à** abhängig von
inféoder [ɛ̃feɔde] *v/t* HIST belehnen
inférence [ɛ̃ferɑ̃s] *f* (Schluss)Folgerung *f*
inférer [-e] *v/t* ⟨**-è-**⟩ folgern, schließen (**de** aus)
inférieur [ɛ̃ferjœʀ] **I** *adj* ⟨**~e**⟩ **1.** *dans l'espace* untere; Unter... **2.** *dans une hiérarchie* niedere; **classes inférieures de la société** niedere, untere Gesellschaftsklassen *f/pl*; **inférieur à qc** niedriger als etw; **être inférieur à** stehen, liegen unter (+ *dat*) **3.** *en quantité ou en qualité* unterlegen (**à qn, à qc** j-m, e-r Sache); **qualité inférieure** mindere Qualität **II** **inférieur(e)** *m(f)* Untergebene(r) *f(m)*
infériorité [ɛ̃ferjɔʀite] *f* Unterlegenheit *f*; Minderwertigkeit *f* (*a* PSYCH); **complexe** *m* **d'infériorité** Minderwertigkeitskomplex *m*
infernal [ɛ̃fɛʀnal] *adj* ⟨**~e; -aux** [-o]⟩ **1.** (*de l'enfer*) Höllen...; höllisch **2.** F (*insupportable*) unausstehlich; F infernalisch; **bruit infernal** Höllenlärm *m*
infertile [ɛ̃fɛʀtil] *adj* unfruchtbar (*a fig*); **thème** unergiebig
infertilité [-ite] *f* Unfruchtbarkeit *f* (*a fig*)
infester [ɛ̃fɛste] *v/t* heimsuchen; befallen
infidèle [ɛ̃fidɛl] **I** *adj* **1.** *ami* treulos; *en amour* untreu **2.** *récit* ungenau; *mémoire* unzuverlässig **II** *m/pl* **les infidèles** REL die Ungläubigen *m/pl*
infidélité [ɛ̃fidelite] *f* Untreue *f*; **faire des infidélités à qn** j-m untreu sein *ou* werden
infiltration [ɛ̃filtʀasjɔ̃] *f* Eindringen *n*; Einsickern *n*; Infiltration *f* (*a* MÉD, POL)
infiltrer [ɛ̃filtʀe] *v/pr* **1.** **s'infiltrer** eindringen (**dans** in + *acc*); *liquide a* einsickern (in + *acc*) **2.** *fig* **s'infiltrer dans qc** in etw (*acc*) eindringen; POL etw infiltrieren, unterwandern
infime [ɛ̃fim] *adj* winzig (klein)
infini [ɛ̃fini] **I** *adj* ⟨**~e**⟩ unendlich (*a* MATH, *fig patience, etc*); endlos **II** *m* **l'infini** das Unendliche (*a* PHILOS); MATH **de zéro à l'infini** von null bis unendlich; PHOT **régler sur l'infini** auf unendlich stellen
infiniment [ɛ̃finimɑ̃] *adv* unendlich
infinité [ɛ̃finite] *f* **une infinité de** e-e Unmenge, e-e Unzahl von (*ou* + *gén*)
infinitif [ɛ̃finitif] GR **I** *adj* ⟨**-ive** [-iv]⟩ **proposition infinitive** Infinitivsatz *m* **II** *m* Infinitiv *m*; **verbe** *m* **à l'infinitif** Verb *n* im Infinitiv
infirmatif [ɛ̃fiʀmatif] *adj* ⟨**-ive** [-iv]⟩ JUR *arrêt* aufhebend
infirmation [-asjɔ̃] *f* JUR Aufhebung *f*; Entkräftung *f*
infirme [ɛ̃fiʀm] **I** *adj* verkrüppelt; (körper)behindert **II** *m,f* Körperbehinderte(r) *f(m)*
infirmer [ɛ̃fiʀme] *v/t* **1.** *preuve, etc* entkräften **2.** JUR *jugement* aufheben

infirmerie [ɛ̃fiʀməʀi] *f* Krankenabteilung *f*, -zimmer *n*, -saal *m*
▸ **infirmier** [ɛ̃fiʀmje] *m* Krankenpfleger *m*; MIL Sanitäter *m*
▸ **infirmière** [ɛ̃fiʀmjɛʀ] *f* Krankenschwester *f*
infirmité [-ite] *f* Behinderung *f*; Gebrechen *n*
inflammable [ɛ̃flamabl] *adj* entzündbar; feuergefährlich; leicht brennbar
inflammation [ɛ̃flamasjɔ̃] *f* MÉD Entzündung *f*
inflammatoire [-twaʀ] *adj* MÉD entzündlich; Entzündungs...
inflation [ɛ̃flasjɔ̃] *f* Inflation *f* (*a fig*)
inflationniste [ɛ̃flasjɔnist] *adj* inflationär; Inflations...
infléchir [ɛ̃fleʃiʀ] **I** *v/t* e-e andere Richtung geben (+ *dat*) **II** *v/pr* **s'infléchir** **1.** e-e Biegung machen **2.** *fig* e-e andere Richtung nehmen
infléchissement [ɛ̃fleʃismɑ̃] *m* (kaum merkliche) Änderung
inflexibilité [ɛ̃flɛksibilite] *f* Unbeugsamkeit *f*; Unnachgiebigkeit *f*
inflexible [ɛ̃flɛksibl] *adj* unbeugsam (*a volonté*); unnachgiebig; unerbittlich
inflexion [ɛ̃flɛksjɔ̃] *f* **1.** Biegung *f*; **du corps** Beugung *f* **2.** **de la voix** Tonfall *m* **3.** LING Umlaut *m*
infliger [ɛ̃fliʒe] *v/t* ⟨**-ge-**⟩ **infliger à qn** *punition* j-m auferlegen; gegen j-n verhängen; *pertes, défaite* j-m zufügen, beibringen; *humiliation* j-m zufügen
influençable [ɛ̃flyɑ̃sabl] *adj* (leicht) beeinflussbar
▸ **influence** [ɛ̃flyɑ̃s] *f* Einfluss *m* (**sur** auf + *acc*); **bonne, mauvaise influence de qn** j-s guter, schlechter Einfluss; **sous l'influence de qn, de qc** unter j-s Einfluss (*dat*), unter dem Einfluss von etw; **exercer une influence sur** e-n Einfluss ausüben auf (+*acc*); **subir l'influence de qn** unter j-s Einfluss (*dat*) stehen
▸ **influencer** [ɛ̃flyɑ̃se] *v/t* ⟨**-ç-**⟩ beeinflussen; **influencer qn, qc** j-n, etw beeinflussen; **influencer qn dans sa décision** j-n bei s-r Entscheidung beeinflussen
influent [ɛ̃flyɑ̃] *adj* ⟨**-ente** [-ɑ̃t]⟩ einflussreich
influer [ɛ̃flye] *v/i* **influer sur** Einfluss haben auf (+ *acc*); beeinflussen
influx [ɛ̃fly] *m* **influx nerveux** Nervenleitung *f*
info [ɛ̃fo] *f abr* F → **information**
informateur [ɛ̃fɔʀmatœʀ] *m*, **informatrice** [-tʀis] *f* Informant(in) *m(f)*
informaticien [ɛ̃fɔʀmatisjɛ̃] *m*, **informaticienne** [-jɛn] *f* Informatiker(in) *m(f)*; EDV-Fachmann *m*, -frau *f*
▸ **information** [ɛ̃fɔʀmasjɔ̃] *f* **1.** *action* Information *f*; Unterrichtung *f*; Informierung *f*; **à titre d'information** zur Information, Kenntnisnahme; **pour votre information** zu Ihrer Information **2.** (*renseignement*) Information *f*; Auskunft *f*; Mitteilung *f*; (*nouvelle*) Nachricht *f*; PRESSE *a* Meldung *f*; **informations télévisées** Fernsehnachrichten *f/pl*; **écouter, regarder les informations** die Nachrichten hören, ansehen **3.** INFORM Information *f*; **traitement** *m* **de l'information** Datenverarbeitung *f* **4.** JUR Ermittlungen *f/pl*; **ouvrir une information** ein Ermittlungsverfahren einleiten
▸ **informatique** [ɛ̃fɔʀmatik] **I** *adj* EDV-...; Computer... **II** *f science* Informatik *f*; *techni*

ques EDV *f*; elektronische Datenverarbeitung
informatisation [ɛ̃fɔʀmatizasjɔ̃] *f* Umstellung *f* auf EDV; Computerisierung *f*
informatiser [ɛ̃fɔʀmatize] **I** *v/t* auf EDV umstellen; computerisieren; mit Computern ausstatten; *adjt* **informatisé** Computer… **II** *v/pr* **s'informatiser** *entreprise, etc* auf EDV umstellen
informe [ɛ̃fɔʀm] *adj* formlos; unförmig; ungestaltet
informé [ɛ̃fɔʀme] *adj* ⟨**∼e**⟩ informiert, unterrichtet (**sur qn, de** *ou* **sur qc** über j-n, etw)
informel [ɛ̃fɔʀmɛl] *adj* ⟨**∼le**⟩ informell; formlos
▸ **informer** [ɛ̃fɔʀme] **I** *v/t* **informer qn de qc** j-n über etw (*acc*) unterrichten, informieren; j-n von etw in Kenntnis setzen, benachrichtigen; **milieux bien informés** gut unterrichtete Kreise *m/pl* **II** *v/pr* **s'informer** sich informieren
infortune [ɛ̃fɔʀtyn] *st/s f* Unglück *n*
infortuné [ɛ̃fɔʀtyne] *st/s adj* ⟨**∼e**⟩ unglücklich; leidgeprüft
infraction [ɛ̃fʀaksjɔ̃] *f* Zuwiderhandlung *f*; Verstoß *m* (**à** gegen); Übertretung *f* (**à** *gén*)
infranchissable [ɛ̃fʀɑ̃ʃisabl] *adj* unüberwindlich
infrarouge [ɛ̃fʀaʀuʒ] **I** *adj* infrarot **II** *m* Infrarot *n*
infrastructure [ɛ̃fʀastʀyktyʀ] *f* Infrastruktur *f*
infréquentable [ɛ̃fʀekɑ̃tabl] *adj* **personne f infréquentable** Person, mit der man nicht verkehren kann
infroissable [ɛ̃fʀwasabl] *adj* knitterfrei
infructueux [ɛ̃fʀyktɥø] *adj* ⟨**-euse** [-øz]⟩ fruchtlos; erfolglos; ergebnislos
infuse [ɛ̃fyz] *adj* **avoir la science infuse** F die Weisheit mit Löffeln gefressen haben
infuser [ɛ̃fyze] *v/t* **laisser, faire infuser** aufgießen; ziehen lassen
infusette [ɛ̃fyzɛt] *f* Aufgussbeutel *m*
infusion [ɛ̃fyzjɔ̃] *f* (Kräuter)Tee *m*; Aufguss *m*
ingénier [ɛ̃ʒenje] *v/pr* **s'ingénier à** (+ *inf*) sich (*dat*) alle Mühe geben zu (+ *inf*)
ingénierie [ɛ̃ʒeniʀi] *f* Engineering *n*
▸ **ingénieur** [ɛ̃ʒenjœʀ] *m, f* Ingenieur(in) *m(f)*; **femme f ingénieur** Ingenieurin *f*
ingénieur-conseil *m* ⟨**ingénieurs-conseils**⟩ **1.** (selbstständiger) beratender Ingenieur **2.** JUR Patentanwalt *m*
ingénieux [ɛ̃ʒenjø] *adj* ⟨**-euse** [-øz]⟩ *personne* findig; einfallsreich; erfinderisch; *invention, etc* sinnreich; geschickt
ingéniosité [ɛ̃ʒenjozite] *f* Findigkeit *f*; Einfallsreichtum *m*
ingénu [ɛ̃ʒeny] **I** *adj* ⟨**∼e**⟩ treuherzig; naiv; unbefangen **II** *f* **ingénue** THÉ Naive *f*
ingénuité [ɛ̃ʒenɥite] *f* Treuherzigkeit *f*
ingérable [ɛ̃ʒeʀabl] *adj* *situation* nicht *ou* kaum zu bewältigen(d)
ingérence [ɛ̃ʒeʀɑ̃s] *f* Einmischung *f*
ingérer [ɛ̃ʒeʀe] ⟨**-è-**⟩ **I** *v/t médicament* einnehmen **II** *v/pr* **s'ingérer** sich einmischen (**dans** in + *acc*)
ingestion [ɛ̃ʒɛstjɔ̃] *f* Nahrungsaufnahme *f*
ingouvernable [ɛ̃guvɛʀnabl] *adj* unregierbar
ingrat [ɛ̃gʀa] *adj* ⟨**-ate** [-at]⟩ **1.** *personne* undankbar (**envers qn** j-m gegenüber) **2.** *tâche* undankbar **3.** *visage* ungefällig; **âge ingrat** Pubertätsalter *n*; Flegeljahre *n/pl*

ingratitude [ɛ̃gʀatityd] *f* Undank(barkeit) *m(f)*
ingrédient [ɛ̃gʀedjɑ̃] *m* Zutat *f*; Ingredienz *f*
inguérissable [ɛ̃geʀisabl] *adj* unheilbar (*a fig*)
ingurgiter [ɛ̃gyʀʒite] *v/t* **1.** gierig verschlingen; *boisson* hinunterstürzen **2.** *fig connaissances* F pauken
inhabile [inabil] *st/s adj* ungeschickt
inhabitable [inabitabl] *adj* unbewohnbar
inhabité [inabite] *adj* ⟨**∼e**⟩ unbewohnt
inhabituel [inabitɥɛl] *adj* ⟨**∼le**⟩ ungewohnt; ungewöhnlich
inhalateur [inalatœʀ] *m* Inhalationsapparat *m*
inhalation [-sjɔ̃] *f* Inhalation *f*
inhaler [inale] *v/t* einatmen; inhalieren
inhérent [ineʀɑ̃] *adj* ⟨**-ente** [-ɑ̃t]⟩ innewohnend (**à qc** e-r Sache [*dat*])
inhibé [inibe] *adj* ⟨**∼e**⟩ gehemmt
inhiber [-e] *v/t* hemmen
inhibiteur [inibitœʀ] **I** *adj* ⟨**-trice** [-tʀis]⟩ hemmend **II** *m* CHIM Hemmstoff *m*; *sc* Inhibitor *m*
inhibition [inibisjɔ̃] *f* Hemmung *f*; PSYCH *a* Gehemmtheit *f*
inhospitalier [inɔspitalje] *adj* ⟨**-ière** [-jɛʀ]⟩ ungastlich; *région a* unwirtlich
inhumain [inymɛ̃] *adj* ⟨**-aine** [-ɛn]⟩ unmenschlich; inhuman; menschenunwürdig
inhumanité [inymanite] *f* Unmenschlichkeit *f*; Inhumanität *f*
inhumation [inymasjɔ̃] *f* Bestattung *f*
inhumer [-e] *v/t* bestatten; beisetzen
inimaginable [inimaʒinabl] *adj* unvorstellbar
inimitable [inimitabl] *adj* unnachahmlich
inimitié [inimitje] *st/s f* Feindschaft *f*
ininflammable [inɛ̃flamabl] *adj* nicht entzündbar, brennbar
inintelligence [inɛ̃teliʒɑ̃s] *f* Intelligenzmangel *m*; Unverständnis *n* (**d'un problème** für ein Problem)
inintelligent [-ɑ̃] *adj* ⟨**-ente** [-ɑ̃t]⟩ nicht intelligent
inintelligibilité [inɛ̃teliʒibilite] *f* Unverständlichkeit *f*
inintelligible [-ibl] *adj* unverständlich
inintéressant [inɛ̃teʀɛsɑ̃] *adj* ⟨**-ante** [-ɑ̃t]⟩ uninteressant
ininterrompu [inɛ̃teʀɔ̃py] *adj* ⟨**∼e**⟩ ununterbrochen
inique [inik] *st/s adj* ungerecht
iniquité [-ite] *st/s f* Ungerechtigkeit *f*
initial [inisjal] *adj* ⟨**∼e; -aux** [-o]⟩ Anfangs…; anfänglich; Initial…; (*lettre*) **initiale** *f* Anfangsbuchstabe *m*; Initiale *f*
initiateur [inisjatœʀ] *m*, **initiatrice** [-tʀis] *f* Initiator(in) *m(f)*; Urheber(in) *m(f)*
initiation [inisjasjɔ̃] *f* **1.** *à un culte* Einweihung *f*, Initiation *f* (**à** in + *acc*) **2.** (*instruction*) Einführung *f* (**à** in + *acc*)
initiatique [inisjatik] *adj* Initiations…
initiative [inisjativ] *f* Initiative *f*; **esprit** *m* **d'initiative** Unternehmungsgeist *m*; Initiative *f*; **à l'initiative de qn** auf die Initiative j-s hin; **de sa propre initiative** aus eigener Initiative; aus eigenem Antrieb, Entschluss; von sich aus; **prendre l'initiative** die Initiative ergreifen (**de qc** zu etw)
initié(e) [inisje] *m(f)* Eingeweihte(r) *f(m)*; Insider *m*

initier [inisje] **I** *v/t* einweihen, einführen (*à* in + *acc*) **II** *v/pr* **s'initier à qc** sich mit etw vertraut machen
injectable [ɛ̃ʒɛktabl] *adj* injizierbar
injecté [ɛ̃ʒɛkte] *adj* ⟨**~e**⟩ *yeux* **injectés de sang** blutunterlaufen
injecter [ɛ̃ʒɛkte] *v/t* **1.** MÉD injizieren, (ein)spritzen (*dans* in + *acc*) **2.** TECH einspritzen
injecteur [ɛ̃ʒɛktœʀ] **I** *adj* ⟨**-trice** [-tʀis]⟩ Injektions... **II** *m* **1.** MÉD Injektionsinstrument *n* **2.** AUTO Einspritzdüse *f*
injection [ɛ̃ʒɛksjõ] *f* **1.** MÉD Injektion *f* **2.** *moteur m à injection* Einspritzmotor *m*
injonction [ɛ̃ʒõksjõ] *f* (ausdrücklicher) Befehl
injouable [ɛ̃ʒwabl] *adj* **1.** MUS, THÉ unspielbar **2.** *terrain de sports* unbespielbar
injure [ɛ̃ʒyʀ] *f* Beleidigung *f* (*a* JUR); (*gros mot*) Schimpfwort *n*; *dire des injures à qn* j-n beschimpfen, verunglimpfen, beleidigen
injurier [ɛ̃ʒyʀje] *v/t* beleidigen; beschimpfen; verunglimpfen
injurieux [-jø] *adj* ⟨**-euse** [-øz]⟩ beleidigend
▸ **injuste** [ɛ̃ʒyst] *adj* ungerecht
injustice [ɛ̃ʒystis] *f* Ungerechtigkeit *f*; *acte a* Unrecht *n*; *réparer une injustice* ein Unrecht wieder gutmachen
injustifiable [ɛ̃ʒystifjabl] *adj* nicht zu rechtfertigen(d)
injustifié [ɛ̃ʒystifje] *adj* ⟨**~e**⟩ ungerechtfertigt; unberechtigt
inlassable [ɛ̃lasabl] *adj* unermüdlich
inné [ine] *adj* ⟨**~e**⟩ angeboren
innervation [inɛʀvasjõ] *f* Versorgung *f* mit Nerven
innocemment [inɔsamã] *adv* → **innocent I**
innocence [inɔsãs] *f* Unschuld *f*
▸ **innocent** [inɔsã] **I** *adj* ⟨**-ente** [-ãt]⟩ **1.** unschuldig (*de qc* an etw [*dat*]); schuldlos **2.** (*candide*) unschuldig; arglos; unverdorben; *air innocent* Unschuldsmiene *f* **3.** (*naïf*) naiv; einfältig; leichtgläubig **4.** *jeux, etc* harmlos; unschuldig **II** *innocent(e)* *m(f)* **5.** JUR Unschuldige(r) *f(m)* **6.** *fig* Unschuldslamm *n*
innocenter [inɔsãte] *v/t* für unschuldig erklären
innocuité [inɔkɥite] *f* Unschädlichkeit *f*
innombrable [inõbʀabl] *adj* zahllos; unzählig; *foule* unübersehbar
innommable [inɔmabl] *adj péj* unbeschreiblich; scheußlich; ekelhaft
innovateur [inɔvatœʀ] *adj* ⟨**-trice** [-tʀis]⟩ neue Wege beschreitend
innovation [inɔvasjõ] *f* Innovation *f* (*a* TECH); Neuerung *f*
innover [-e] *v/i* Neuerungen einführen; TECH innovieren
inoccupation [inɔkypasjõ] *f* *d'une personne* Untätigkeit *f*; Unbeschäftigtsein *n*
inoccupé [inɔkype] *adj* ⟨**~e**⟩ **1.** *personne* untätig; unbeschäftigt **2.** *maison* unbewohnt; leer stehend; *poste* unbesetzt
inoculation [inɔkylasjõ] *f* MÉD Inokulation *f*; (Ein)Impfung *f*
inoculer [inɔkyle] *v/t* MÉD inokulieren; einimpfen (*a fig*)
inodore [inɔdɔʀ] *adj* geruchlos
inoffensif [inɔfɑ̃sif] *adj* ⟨**-ive** [-iv]⟩ harmlos; ungefährlich

inofficiel [inɔfisjɛl] *adj* ⟨**~le**⟩ inoffiziell
▸ **inondation** [inõdasjõ] *f* Überschwemmung *f* (*a fig*); Hochwasser *n*; Überflutung *f* (*a fig de qc* mit etw)
inondé [inõde] *p/p et adj* ⟨**~e**⟩ **1.** *région* überschwemmt, -flutet **2.** *par ext visage* **inondé de larmes** tränenüberströmt **3.** *fig* **inondé de soleil** *paysage* sonnenüberflutet; *pièce* sonnendurchflutet; *personne* **être inondé de lettres** mit Briefen überhäuft, -schwemmt werden
inonder [inõde] *v/t* überschwemmen, überfluten (*a fig de qc* mit etw); unter Wasser setzen
inopérable [inɔpeʀabl] *adj* nicht operierbar; inoperabel
inopérant [inɔpeʀã] *adj* ⟨**-ante** [-ãt]⟩ unwirksam; wirkungslos
inopiné [inɔpine] *adj* ⟨**~e**⟩ unerwartet; unvermutet
inopinément *adv* → **inopiné**
inopportun [inɔpɔʀtɛ̃, -tœ̃] *adj* ⟨**-une** [-yn]⟩ unpassend; unangebracht; unzweckmäßig; ungelegen
inopportunité [inɔpɔʀtynite] *litt f* Unangebrachtheit *f*; Unzweckmäßigkeit *f*
inorganisé [inɔʀganize] *adj* ⟨**~e**⟩ **1.** unorganisiert **2.** *travailleurs* nicht gewerkschaftlich organisiert
inoubliable [inublijabl] *adj* unvergesslich
inouï [inwi] *adj* ⟨**~e**⟩ unerhört; unwahrscheinlich
inox [inɔks] *m* Edelstahl *m*
inoxydable [inɔksidabl] *adj* nicht oxidierend; rostfrei
inqualifiable [ɛ̃kalifjabl] *adj* unerhört; skandalös
▸ **inquiet** [ɛ̃kjɛ] *adj* ⟨**-ète** [-ɛt]⟩ unruhig; beunruhigt; besorgt; **être inquiet de qc** besorgt sein über, um etw (*acc*)
inquiétant [ɛ̃kjetã] *adj* ⟨**-ante** [-ãt]⟩ **1.** (*alarmant*) beunruhigend; besorgniserregend **2.** (*peu rassurant*) unheimlich
inquiéter [ɛ̃kjete] ⟨**-è-**⟩ **I** *v/t* **1.** (*alarmer*) beunruhigen; besorgt machen **2.** (*importuner*) behelligen **II** *v/pr* ▸ **s'inquiéter** sich sorgen, sich (*dat*) Sorgen *ou* Gedanken machen (*pour qn* um j-n; *de qc* um etw); sich beunruhigen (wegen etw)
inquiétude [ɛ̃kjetyd] *f* Unruhe *f*; Sorge *f*; Besorgnis *f*
inquisiteur [ɛ̃kizitœʀ] *adj* ⟨**-trice** [-tʀis]⟩ *regard* inquisitorisch
Inquisition [ɛ̃kizisjõ] *f* HIST Inquisition *f*
insaisissable [ɛ̃sezisabl] *adj* **1.** JUR unpfändbar **2.** *fugitif* nicht zu fassen(d) **3.** *nuance* kaum wahrnehmbar
insalubre [ɛ̃salybʀ] *adj* ungesund; gesundheitsschädlich
insalubrité [-ite] *f* Gesundheitsschädlichkeit *f*
insanité [ɛ̃sanite] *f* **1.** Unsinnigkeit *f* **2.** *insanités pl* Unsinn *m*; unsinniges Zeug
insatiabilité [ɛ̃sasjabilite] *f* Unersättlichkeit *f*
insatiable [-abl] *adj* unersättlich
insatisfaction [ɛ̃satisfaksjõ] *f* Unbefriedigtheit *f*; Unzufriedenheit *f*
insatisfait [-fɛ] *adj* ⟨**-faite** [-fɛt]⟩ *désir* unbefriedigt; *personne* unzufrieden

inscription [ɛ̃skʀipsjõ] *f* **1.** *gravée* Inschrift *f*; *imprimée* Aufschrift *f*; Beschriftung *f* **2.** *action* Eintragung *f*, Einschreibung *f* (*sur une liste* in e-e Liste); (An)Meldung *f*; *à l'université* Immatrikulation *f*; **droits** *m/pl* **d'inscription** Einschreibungs-, Anmeldegebühren *f/pl*

inscrire [ɛ̃skʀiʀ] ⟨→ **écrire**⟩ **I** *v/t* eintragen, einschreiben (*sur une liste* in e-e Liste); (*faire*) *inscrire* anmelden (*à une école* in e-r Schule) **II** *v/pr* ▸ **s'inscrire 1.** sich eintragen; sich einschreiben; sich (an)melden (*à un concours* zu e-m Wettbewerb); **s'inscrire à une faculté** sich (an e-r Hochschule) immatrikulieren; **s'inscrire à un parti** e-r Partei beitreten **2.** *chose* **s'inscrire dans** (*le cadre de*) *qc* Teil e-r Sache (*gén*) sein **3.** **s'inscrire en faux contre** *qc* etw dementieren, bestreiten

inscrit [ɛ̃skʀi] **I** *p/p* → **inscrire** *et adj* ⟨**-ite** [-it]⟩ *député* **non inscrit** fraktionslos **II** *inscrits* *m/pl* POL Wahlberechtigte(n) *m/pl*

▸ **insecte** [ɛ̃sɛkt] *m* Insekt *n*

insecticide [ɛ̃sɛktisid] **I** *adj* Insekten vertilgend **II** *m* Insektenbekämpfungsmittel *n*; Insektengift *n*; Insektizid *n*

insectivore [ɛ̃sɛktivɔʀ] **I** *adj* insektenfressend **II** *m/pl* **insectivores** Insektenfresser *m/pl*

insécuriser [ɛ̃sekyʀize] *v/t* verunsichern

insécurité [-ite] *f* Unsicherheit *f*

INSEE [inse] *m* *abr* (*Institut national de la statistique et des études économiques*) Nationales Institut für Statistik und Wirtschaftsplanung

insémination [ɛ̃seminasjõ] *f* **insémination** (*artificielle*) künstliche Besamung

inséminer [-e] *v/t* künstlich besamen

insensé [ɛ̃sãse] *adj* ⟨**⁓e**⟩ unsinnig

insensibilisation [ɛ̃sãsibilizasjõ] *f* MÉD Betäubung *f*

insensibiliser [-e] *v/t* MÉD betäuben

insensibilité [ɛ̃sãsibilite] *f* Unempfindlichkeit *f*; Gefühllosigkeit *f* (*a fig*)

insensible [ɛ̃sãsibl] *adj* **1.** unempfindlich; gefühllos; **insensible au froid** kälteunempfindlich **2.** *moralement* gefühllos, gleichgültig (*à* gegenüber) **3.** (*imperceptible*) unmerklich

insensiblement [ɛ̃sãsibləmã] *adv* unmerklich

inséparable [ɛ̃sepaʀabl] *adj* *amis* unzertrennlich

insérer [ɛ̃seʀe] ⟨**-è-**⟩ **I** *v/t* einfügen, einschieben, aufnehmen (*dans* in + *acc*) **II** *v/pr* **s'insérer dans** *qc* sich einfügen, *personnes a* sich eingliedern in etw (*acc*)

insertion [ɛ̃sɛʀsjõ] *f* Einfügung *f*, *de personnes a* Eingliederung *f* (*dans* in + *acc*)

insidieux [ɛ̃sidjø] *adj* ⟨**-euse** [-øz]⟩ *question* verfänglich; *maladie* heimtückisch

insigne [ɛ̃siɲ] **I** *m* Abzeichen *n* **II** *adj* bemerkenswert; ganz besondere

insignifiance [ɛ̃siɲifjãs] *f* Bedeutungslosigkeit *f*; Belanglosigkeit *f*

insignifiant [-ã] *adj* ⟨**-ante** [-ãt]⟩ bedeutungslos; belanglos; unbedeutend (*a personne*); unerheblich

insinuant [ɛ̃sinɥã] *adj* ⟨**-ante** [-ãt]⟩ schmeichlerisch; einschmeichelnd

insinuation [-asjõ] *f* Andeutung *f*; Einflüsterung *f*

insinuer [ɛ̃sinɥe] **I** *v/t* (geschickt) zu verstehen geben; einflüstern **II** *v/pr* **s'insinuer** sich einschmeicheln

insipide [ɛ̃sipid] *adj* fad(e) (*a fig*); geschmacklos; *fig a* schal; langweilig

insipidité [-ite] *f* Geschmacklosigkeit *f*; Fadheit *f* (*a fig*); *fig a* Langweiligkeit *f*

insistance [ɛ̃sistãs] *f* Beharrlichkeit *f*; Eindringlichkeit *f*; Nachdruck *m*; **avec insistance** beharrlich *etc*

insistant [ɛ̃sistã] *adj* ⟨**-ante** [-ãt]⟩ beharrlich; eindringlich; nachdrücklich

▸ **insister** [ɛ̃siste] *v/i* **1.** **insister sur** *qc* Nachdruck, den Akzent auf etw (*acc*) legen **2.** **insister auprès de** *qn* in j-n dringen; **insister pour** (+ *inf*) darauf dringen, bestehen, beharren zu (+ *inf*) **3.** *abs* darauf bestehen; beharren; es weiter versuchen

insolation [ɛ̃sɔlasjõ] *f* **1.** MÉD Sonnenstich *m*; **attraper une insolation** e-n Sonnenstich bekommen **2.** MÉTÉO Sonneneinstrahlung *f*

insolemment [ɛ̃sɔlamã] *adv* → **insolent**

insolence [ɛ̃sɔlãs] *f* Frechheit *f*; Unverschämtheit *f*

insolent [-ã] *adj* ⟨**-ente** [-ãt]⟩ frech; unverschämt (*a fig chance*)

insolite [ɛ̃sɔlit] *adj* ungewöhnlich

insoluble [ɛ̃sɔlybl] *adj* **1.** CHIM unlöslich **2.** *problème* unlösbar

insolvabilité [ɛ̃sɔlvabilite] *f* Zahlungsunfähigkeit *f*; Insolvenz *f*

insolvable *adj* [-abl] *adj* zahlungsunfähig; insolvent

insomniaque [ɛ̃sɔmnjak] *adj* an Schlaflosigkeit leidend

insomnie [ɛ̃sɔmni] *f* Schlaflosigkeit *f*; **avoir des insomnies** an Schlaflosigkeit leiden

insondable [ɛ̃sõdabl] *adj* unergründlich (*a fig mystère*); (*immense*) unermesslich

insonore [ɛ̃sɔnɔʀ] *adj* schalldicht, -dämmend

insonorisation [-izasjõ] *f* Schalldämmung *f*

insonoriser [-ize] *v/t* schalldicht machen

insouciance [ɛ̃susjãs] *f* Sorglosigkeit *f*; Unbekümmertheit *f*

insouciant [-ã] *adj* ⟨**-ante** [-ãt]⟩ sorglos; unbekümmert

insoumis [ɛ̃sumi] *adj* ⟨**-ise** [-iz]⟩ **1.** aufsässig **2.** *soldat* unerlaubt abwesend

insoumission [ɛ̃sumisjõ] *f* **1.** Aufsässigkeit *f*; Widerspenstigkeit *f*; Widerstand *m* (*à* gegen) **2.** MIL Nichtbefolgung *f* des Einberufungsbefehls

insoupçonnable [ɛ̃supsɔnabl] *adj* über jeden Verdacht erhaben

insoupçonné [ɛ̃supsɔne] *adj* ⟨**⁓e**⟩ ungeahnt; unvermutet

insoutenable [ɛ̃sutnabl] *adj* **1.** *argument* unhaltbar **2.** (*insupportable*) unerträglich

inspecter [ɛ̃spɛkte] *v/t* inspizieren; in Augenschein nehmen

inspecteur [ɛ̃spɛktœʀ] *m*, **inspectrice** [-tʀis] *f* **1.** Inspektor(in) *m(f)*; Kontrolleur(in) *m(f)* **2.** *fonctionnaire* Regierungsrat *m*, -rätin *f*; *dans l'enseignement* Schulrat *m*, -rätin *f*; **inspecteur de police** Polizeikommissar *m*

inspection [ɛ̃spɛksjõ] *f* **1.** *action* Inspektion *f*; Kontrolle *f* **2.** ADM Aufsichtsbehörde *f*; **Inspection du travail** Gewerbeaufsichtsamt *n*

inspectorat [ɛ̃spɛktɔʀa] *m* *charge* Stelle *f*, Amt *n* *ou* *durée* Amtszeit *f* e-s „inspecteur"

inspirateur [ɛ̃spiratœr] *m*, **inspiratrice** [-tris] *f* Inspirator(in) *m(f)*; Initiator(in) *m(f)*; *péj* Anstifter(in) *m(f)*

inspiration [ɛ̃spirasjõ] *f* **1.** BIOL Einatmung *f* **2.** Inspiration *f (a* REL*)*; Anregung *f*; *(idée)* Eingebung *f*; Einfall *m*; *œuvre d'inspiration cubiste* vom Kubismus inspiriert

inspiré [ɛ̃spire] *adj* ⟨~e⟩ **1.** *œuvre, poète* voller Inspiration; *poète* inspiriert; erleuchtet *(a* REL*)*; *péj prendre des airs inspirés* so tun, als ob einem e-e Erleuchtung käme **2.** *il a été bien, mal inspiré de* (+*inf*) es war ein guter, schlechter Einfall von ihm zu (+*inf*) **3.** *œuvre, mode inspiré de qn, qc* von j-m, etw inspiriert

inspirer [ɛ̃spire] **I** *v/t* **1.** *air* einatmen *(a abs)* **2.** *artiste* inspirieren; *inspirer qc à qn* j-n zu etw inspirieren, anregen; *par ext* F *cela ne m'inspire pas* das sagt mir nichts **3.** *sentiment inspirer à qn* in j-m erwecken, erregen; *inspirer confiance à qn* j-m Vertrauen einflößen **II** *v/pr s'inspirer de qn, de qc* sich von j-m, von etw inspirieren lassen

instabilité [ɛ̃stabilite] *f* Unbeständigkeit *f*

instable [ɛ̃stabl] **I** *adj* unbeständig; *caractère a, équilibre* labil; *situation* instabil; unsicher **II** *m,f* labiler Mensch, Charakter

installateur [ɛ̃stalatœr] *m* Installateur *m*

installation [ɛ̃stalasjõ] *f* **1.** TECH *action* Installierung *f*; Installation *f* **2.** *(équipement)* Anlage *f*; Einrichtung *f*; Installation *f* **3.** *d'un appartement* Einrichtung *f*; Ausstattung *f*; *(emménagement)* Einzug *m* **4.** *d'un fonctionnaire* Amtseinsetzung *f*; Bestallung *f*

▸ **installer** [ɛ̃stale] **I** *v/t* **1.** *gaz, chauffage, etc* installieren; *appareil a* einbauen **2.** *cuisine, etc* einrichten; ausstatten; *meubles* aufstellen **3.** *installer qn* j-n unterbringen **4.** *fonctionnaire* (in sein Amt) einsetzen **II** *v/pr* ▸ *s'installer* **5.** *(s'établir, s'asseoir)* sich niederlassen; *s'installer confortablement* es sich *(dat)* bequem machen; *s'installer à la campagne* aufs Land ziehen; *s'installer dans un fauteuil* es sich *(dat)* in e-m Sessel bequem machen **6.** *fig sentiments* sich festsetzen, einnisten *(dans* in + *dat)*

instamment [ɛ̃stamã] *adv* inständig

instance [ɛ̃stãs] *f* **1.** *sur les instances de qn* auf Drängen j-s **2.** JUR *et par ext* Instanz *f*; *être en instance* JUR anhängig sein; *par ext* noch unerledigt sein; vorliegen; *être en instance de divorce* in Scheidung leben, liegen

▸ **instant** [ɛ̃stã] *m* Augenblick *m*; Moment *m*; *à l'instant* gerade; (so)eben; im Augenblick; *à chaque instant, à tout instant* alle Augenblicke; ständig; (an)dauernd; *dans un instant* im Augenblick, Moment; sofort; *en un instant* im Nu; *pour l'instant* für den Augenblick; vorerst

instantané [ɛ̃stãtane] **I** *adj* ⟨~e⟩ augenblicklich; sofortig; unverzüglich; *café, etc* Instant… **II** *m* PHOT Momentaufnahme *f*; Schnappschuss *m*

instantanément [ɛ̃stãtanemã] *adv* augenblicklich; sofort; unverzüglich

instar [ɛ̃star] *litt prép à l'instar de* nach Art (+ *gén*); nach dem Muster (+ *gén*)

instauration [ɛ̃stɔrasjõ] *f* Begründung *f*; Errichtung *f*; Einführung *f*

instaurer [-e] *v/t* begründen; errichten; einführen

instigateur [ɛ̃stigatœr] *m*, **instigatrice** [-tris] *f* Anstifter(in) *m(f)*; Anführer(in) *m(f)*

instigation [ɛ̃stigasjõ] *f* **à l'instigation de qn** auf Betreiben, Anraten j-s (hin)

instinct [ɛ̃stɛ̃] *m* **1.** Instinkt *m*; Trieb *m* **2.** *par ext* Instinkt *m*, Gespür *n*, Gefühl *n* (*de* für); *d'instinct* instinktiv

instinctif [ɛ̃stɛ̃ktif] *adj* ⟨-ive [-iv]⟩ instinktiv; unwillkürlich; *c'est instinctif* das geschieht instinktiv

instinctivement [ɛ̃stɛ̃ktivmã] *adv* instinktiv; unwillkürlich

instit [ɛ̃stit] *m,f abr* F *(instituteur, -trice)* (Grund-, Volksschul)Lehrer(in) *m(f)*

instituer [ɛ̃stitɥe] **I** *v/t* (neu) einführen **II** *v/pr* **1.** *s'instituer relations, etc* sich herausbilden **2.** *s'instituer le défenseur de qc* sich zum Verteidiger e-r Sache *(gén)* machen

institut [ɛ̃stity] *m* **1.** Institut *n*; Forschungsstätte *f*; *Institut (de France) frz Akademie der Wissenschaften* **2.** *institut de beauté* Schönheits-, Kosmetiksalon *m*

▸ **instituteur** [ɛ̃stitytœr] *m*, **institutrice** [ɛ̃stitytris] *f* (Grundschul)Lehrer(in) *m(f)*

institution [ɛ̃stitysjõ] *f* **1.** Institution *f*; Einrichtung *f* **2.** *institution religieuse* kirchliche (private) Lehranstalt

institutionnalisation [ɛ̃stitysjɔnalizasjõ] *f* Institutionalisierung *f*

institutionnaliser [ɛ̃stitysjɔnalize] **I** *v/t* institutionalisieren **II** *v/pr s'institutionnaliser* sich institutionalisieren; zu e-r festen Einrichtung werden

institutionnalisme [-izm] *m* Institutionalismus *m*

institutionnel [ɛ̃stitysjɔnɛl] *adj* ⟨~le⟩ institutionell

instructeur [ɛ̃stryktœr] *m* MIL Ausbilder *m*

instructif [ɛ̃stryktif] *adj* ⟨-ive [-iv]⟩ instruktiv; lehr-, aufschlussreich

instruction [ɛ̃stryksjõ] *f* **1.** *(enseignement)* Unterricht *m*; Ausbildung *f*; Unterweisung *f*; Belehrung *f*; *instruction civique* Gemeinschaftskunde *f*; *instruction publique* staatliches Unterrichtswesen **2.** *(connaissances)* Wissen *n*; Kenntnisse *f/pl*; Schulbildung *f*; *avoir de l'instruction* gebildet sein **3.** *(directive)* (An)Weisung *f*; Instruktion *f* **4.** *(mode d'emploi) instructions pl* (Betriebs)Anleitung *f*; Gebrauchsanweisung *f* **5.** INFORM Befehl *m* **6.** JUR Voruntersuchung *f*

instruire [ɛ̃strɥir] ⟨→ **conduire**⟩ **I** *v/t* **1.** unterweisen; unterrichten; ausbilden *(a* MIL*)*; belehren **2.** *instruire un procès* die strafrechtliche Voruntersuchung durchführen **II** *v/pr s'instruire* sich bilden

instruit [ɛ̃strɥi] *adj* ⟨-ite [-it]⟩ gebildet

▸ **instrument** [ɛ̃strymã] *m* **1.** Instrument *n*; *instrument de mesure* Messinstrument *n* -gerät *n* **2.** *instrument (de musique)* (Musik)Instrument *n*; *instrument à cordes, à percussion, à vent* Saiten-, Schlag-, Blasinstrumen *n*; *jouer d'un instrument* ein Instrument spie len **3.** *fig* Instrument *n*; Mittel *n*; *personne* Werkzeug *n*

instrumental [ɛ̃strymãtal] *adj* ⟨~e; -aux [-o]⟩

Instrumental...
instrumentation [ɛ̃stʀymɑ̃tasjõ] *f* Instrumentation *f*; Instrumentierung *f*
instrumenter [ɛ̃stʀymɑ̃te] **I** *v/t* TECH mit automatischen Kontrollgeräten ausstatten **II** *v/i* JUR e-e Urkunde, ein Dokument ausstellen, ausfertigen
instrumentiste [ɛ̃stʀymɑ̃tist] *m,f* Instrumentalist(in) *m(f)*
insu [ɛ̃sy] *prép* **à l'insu de qn** ohne Wissen j-s; **à mon insu** ohne mein Wissen
insubmersible [ɛ̃sybmɛʀsibl] *adj* unsinkbar
insubordination [ɛ̃sybɔʀdinasjõ] *f* Gehorsams-, Befehlsverweigerung *f*
insubordonné [ɛ̃sybɔʀdɔne] *adj* ⟨~e⟩ widersetzlich
insuccès [ɛ̃syksɛ] *m* Misserfolg *m*
insuffisamment [ɛ̃syfizamɑ̃] *adv* nicht genügend, genug
insuffisance [ɛ̃syfizɑ̃s] *f* **1.** Unzulänglichkeit *f*; Mangel *m* **2.** **insuffisance cardiaque** Herzschwäche *f*, -insuffizienz *f*
▸ **insuffisant** [ɛ̃syfizɑ̃] *adj* ⟨-ante [-ɑ̃t]⟩ ungenügend; unzureichend; unzulänglich
insuffler [ɛ̃syfle] *v/t* **1.** MÉD einblasen **2.** *fig vie* einhauchen
insulaire [ɛ̃sylɛʀ] **I** *adj* Insel...; insular **II** *m,f* Inselbewohner(in) *m(f)*; Insulaner(in) *m(f)*
insularité [ɛ̃sylaʀite] *f* Insellage *f*; Inselcharakter *m*
insuline [ɛ̃sylin] *f* Insulin *n*
insultant [ɛ̃syltɑ̃] *adj* ⟨-ante [-ɑ̃t]⟩ beleidigend
▸ **insulte** [ɛ̃sylt] *f* Beleidigung *f* (*a fig* **à** *gén*); Beschimpfung *f*
▸ **insulter** [ɛ̃sylte] *v/t* **I** *v/t* beleidigen; beschimpfen; **se faire, se laisser insulter** sich beleidigen, beschimpfen lassen (**par qn** von j-m) **II** *v/pr* **s'insulter** sich gegenseitig beleidigen, beschimpfen
insupportable [ɛ̃sypɔʀtabl] *adj* unerträglich; *personne* unausstehlich
insurgé [ɛ̃syʀʒe] **I** *adj* ⟨~e⟩ aufständisch **II** *m* Aufständische(r) *m*
insurger [ɛ̃syʀʒe] *v/pr* ⟨-ge-⟩ **s'insurger** sich auflehnen, sich erheben (**contre** gegen)
insurmontable [ɛ̃syʀmõtabl] *adj* unüberwindlich
insurpassable [ɛ̃syʀpasabl] *adj* unübertrefflich
insurrection [ɛ̃syʀɛksjõ] *f* Aufstand *m*; **insurrection populaire** Volksaufstand *m*
insurrectionnel [ɛ̃syʀɛksjɔnɛl] *adj* ⟨~le⟩ Aufstands...
intact [ɛ̃takt] *adj* ⟨~e⟩ unbeschädigt; unversehrt; ganz; heil; intakt
intangibilité [ɛ̃tɑ̃ʒibilite] *f* Unantastbarkeit *f*
intangible [-ibl] *adj* unantastbar
intarissable [ɛ̃taʀisabl] *adj* **1.** *source, fig imagination* nie versiegend **2.** *personne* unerschöpflich
intégral [ɛ̃tegʀal] **I** *adj* ⟨~e; -aux [-o]⟩ vollständig; *texte a* ungekürzt; *bronzage* nahtlos; **casque intégral** Integralhelm *m* **II** *f* **intégrale 1.** MATH Integral *n* **2.** MUS Gesamtausgabe *f*, -aufnahme *f*
intégralement [ɛ̃tegʀalmɑ̃] *adv* vollständig; ganz
intégralité [ɛ̃tegʀalite] *f* Vollständigkeit *f*;

dans son intégralité in s-r Gesamtheit
intégrant [ɛ̃tegʀɑ̃] *adj* ⟨-ante [-ɑ̃t]⟩ **faire partie intégrante de** ein integrierender Bestandteil sein (**+** *gén*)
intégration [ɛ̃tegʀasjõ] *f* Integration *f*; Integrierung *f*; POL, ÉCON *a* Zusammenschluss *m*; *dans un ensemble a* Eingliederung *f*; **intégration sociale** soziale Integration
intégrationniste [ɛ̃tegʀasjɔnist] *m,f* Verfechter(in) *m(f)* rassischer Gleichberechtigung; Integrationist(in) *m(f)*
intègre [ɛ̃tegʀ] *adj* integer; rechtschaffen; unbescholten
intégrer [ɛ̃tegʀe] ⟨-è-⟩ **I** *v/t* **1.** integrieren, einfügen, eingliedern, einbeziehen (**dans, à** in + *acc*) **2.** ⟨*a v/i* **intégrer à**⟩ *école* eintreten in (+ *acc*) **II** *v/pr* **s'intégrer** sich integrieren, sich einfügen (**dans, à** in + *acc*); *adjt* **être intégré** integriert sein
intégrisme [ɛ̃tegʀism] *m* REL Fundamentalismus *m*
intégriste [-ist] **I** *adj* fundamentalistisch **II** *m,f* Fundamentalist(in) *m(f)*
intégrité [ɛ̃tegʀite] *f* **1.** *d'un territoire* Unversehrtheit *f*; Integrität *f* **2.** (*probité*) Integrität *f*; Rechtschaffenheit *f*; Unbescholtenheit *f*
intellect [ɛ̃telɛkt] *m* Intellekt *m*
intellectualisation [ɛ̃telɛktɥalizasjõ] *f* Intellektualisierung *f*; intellektuelle, geistige Umformung, Verarbeitung
intellectualiser [-ize] *v/t* intellektuell, geistig umformen, verarbeiten
intellectualisme [-ism] *m* Intellektualismus *m*
intellectualiste [-ist] *adj* intellektualistisch
intellectualité [-ite] *f* Geistigkeit *f*; Verstandesmäßigkeit *f*
intellectuel [ɛ̃telɛktɥɛl] **I** *adj* ⟨~le⟩ **1.** geistig; Geistes...; intellektuell; verstandesmäßig; **facultés intellectuelles** geistige Fähigkeiten *f/pl*, Kräfte *f/pl*; **quotient intellectuel** Intelligenzquotient *m* **2.** *personne* intellektuell; geistig orientiert **II** **intellectuel(le)** *m(f)* Intellektuelle(r) *f(m)*
intelligemment [ɛ̃teliʒamɑ̃] *adv* → **intelligent**
▸ **intelligence** [ɛ̃teliʒɑ̃s] *f* **1.** Intelligenz *f*; Klugheit *f*; Einsicht *f*; **intelligence artificielle** künstliche Intelligenz; **avec intelligence** intelligent; klug **2.** (*compréhension*) Verständnis *n* (**de qc** für etw) **3.** (*entente*) Einvernehmen *n*; (*complicité*) (geheimes) Einverständnis; **vivre en bonne intelligence avec qn** mit j-m in gutem Einvernehmen leben
▸ **intelligent** [ɛ̃teliʒɑ̃] *adj* ⟨-ente [-ɑ̃t]⟩ intelligent; klug; gescheit; verständig
intelligentsia [ɛ̃teliʒɛntsja] *f* Intelligenz *f*; Intellektuelle(n) *m(pl)*
intelligibilité [ɛ̃teliʒibilite] *f* Verständlichkeit *f*
intelligible [ɛ̃teliʒibl] *adj* verständlich; **à 'haute et intelligible voix** laut und deutlich
intello [ɛ̃telo] *m,f abr* F (*intellectuel[le]*) Intelligenzler(in) *m(f)*
intempérance [ɛ̃tɑ̃peʀɑ̃s] *st/s f* Unmäßigkeit *f*
intempérant [-ɑ̃] *st/s adj* ⟨-ante [-ɑ̃t]⟩ unmäßig; maßlos
intempéries [ɛ̃tɑ̃peʀi] *f/pl* schlechtes Wetter
intempestif [ɛ̃tɑ̃pɛstif] *adj* ⟨-ive [-iv]⟩ unangebracht
intemporalité [ɛ̃tɑ̃pɔʀalite] *litt f* Zeitlosigkeit *f*

intemporel [-ɛl] *litt adj* ⟨**.le**⟩ zeitlos
intenable [ɛ̃t(ə)nabl] *adj* unerträglich; F nicht zum Aushalten
intendance [ɛ̃tɑ̃dɑ̃s] *f* (Wirtschafts)Verwaltung *f*
intendant [ɛ̃tɑ̃dɑ̃] *m*, **intendante** [-ɑ̃t] *f* Verwaltungsdirektor(in) *m(f)*
intense [ɛ̃tɑ̃s] *adj* stark; intensiv; *circulation a* dicht; lebhaft
intensément [ɛ̃tɑ̃semɑ̃] *adv* intensiv
intensif [ɛ̃tɑ̃sif] *adj* ⟨**-ive** [-iv]⟩ intensiv (*a* AGR)
intensification [ɛ̃tɑ̃sifikasjõ] *f* Intensivierung *f*
intensifier [-fje] **I** *v/t* intensivieren; verstärken **II** *v/pr* **s'intensifier** stärker, intensiver werden
intensité [ɛ̃tɑ̃site] *f* Intensität *f*; Stärke *f* (*a* PHYS)
intenter [ɛ̃tɑ̃te] *v/t* **intenter un procès à qn** e-n Prozess gegen j-n anstrengen
▸ **intention** [ɛ̃tɑ̃sjõ] *f* Absicht *f*; Vorsatz *m*; Intention *f*; **intention délibérée** feste Absicht; fester Vorsatz; **intentions de vote** voraussichtliche (Zahl der) Wählerstimmen *f/pl*; **à l'intention de qn** (speziell) für j-n; *fête* j-m zu Ehren; **avoir l'intention de** (+ *inf*) die Absicht haben, beabsichtigen, vorhaben zu (+ *inf*); **avoir de bonnes intentions envers, à l'égard de qn** es gut mit j-m meinen; **avoir de mauvaises intentions** böse Absichten haben; Böses im Schilde führen; **c'est l'intention qui compte** der gute Wille zählt; **il n'est pas dans mes intentions de** (+*inf*) es liegt nicht in meiner Absicht zu (+*inf*)
intentionné [ɛ̃tɑ̃sjɔne] *adj* ⟨**.e**⟩ **bien intentionné** wohlmeinend; wohlgesinnt
intentionnel [ɛ̃tɑ̃sjɔnɛl] *adj* ⟨**.le**⟩ absichtlich; beabsichtigt; vorsätzlich
inter [ɛ̃tɛʀ] *m* Halbstürmer *m*; **inter droit, gauche** Halbrechte(r) *m*, -linke(r) *m*
interactif [ɛ̃tɛʀaktif] *adj* ⟨**-ive** [-iv]⟩ interaktiv; INFORM Dialog...
interaction *f* Wechselwirkung *f*
interactivité *f* INFORM Interaktivität *f*
interallemand [ɛ̃tɛʀalmɑ̃] *adj* ⟨**-ande** [-ɑ̃d]⟩ HIST inner-, gesamtdeutsch; deutsch-deutsch
interallié *adj* ⟨**.e**⟩ interalliiert
intercalaire [ɛ̃tɛʀkalɛʀ] **I** *adj* eingeschoben, -gelegt **II** *m* eingelegtes Blatt; Trennblatt *n*
intercaler [-e] *v/t* einschieben, -legen, -fügen, -schalten
intercéder [ɛ̃tɛʀsede] *v/i* ⟨**-è-**⟩ sich einsetzen,

sich verwenden (**pour qn** für j-n)
intercellulaire [ɛ̃tɛʀselylɛʀ] *adj* BIOL interzellular
intercepter [ɛ̃tɛʀsɛpte] *v/t* **1.** *message, avion, ballon* abfangen; *lettre a* unterschlagen; TÉL abhören **2.** *lumière, etc* ab-, zurückhalten
intercepteur [ɛ̃tɛʀsɛptœʀ] *m* AVIAT MIL Abfangjäger *m*
interception [ɛ̃tɛʀsɛpsjõ] *f* **1.** Abfangen *n* (*a* MIL); *d'une lettre* Unterschlagen *n*; TÉL Abhören *n* **2.** *de lumière, de chaleur* Ab-, Zurückhalten *n*
intercesseur [ɛ̃tɛʀsesœʀ] *m* REL, *litt* Fürsprecher *m*
intercession [-jõ] *f* REL, *litt* Fürsprache *f*
interchangeable [ɛ̃tɛʀʃɑ̃ʒabl] *adj* (untereinander) austauschbar
interclasse [ɛ̃tɛʀklas] *m* ÉCOLE kurze Pause
intercommunal [ɛ̃tɛʀkɔmynal] *adj* ⟨**.e**; **-aux** [-o]⟩ mehrere Kommunen, Gemeinden betreffend
interconnexion [ɛ̃tɛʀkɔnɛksjõ] *f* TECH, ADM Verbund *m*
intercontinental [ɛ̃tɛʀkõtinatal] *adj* ⟨**.e**; **-aux** [-o]⟩ interkontinental; Interkontinental...
intercostal *adj* ⟨**.e**; **-aux** [-o]⟩ zwischen den Rippen (liegend)
interdépartemental *adj* ⟨**.e**; **-aux** [-o]⟩ mehrere Departements betreffend
interdépendance [ɛ̃tɛʀdepɑ̃dɑ̃s] *f* gegenseitige Abhängigkeit; Verflechtung *f*
interdépendant [-ɑ̃] *adj* ⟨**-ante** [-ɑ̃t]⟩ voneinander abhängend
interdiction [ɛ̃tɛʀdiksjõ] *f* **1.** Verbot *n*; **interdiction de stationner** Parkverbot *n*; JUR **interdiction de séjour** Aufenthaltsverbot *n* **2.** *d'un fonctionnaire* Amtsenthebung *f*; Berufsverbot *n*
▸ **interdire** [ɛ̃tɛʀdiʀ] ⟨→ *dire*; *aber* **vous interdisez**⟩ **I** *v/t* **1.** (*défendre*) verbieten; untersagen; **interdire à qn de faire qc** j-m verbieten, untersagen, etw zu tun **2.** *fonctionnaire* s-s Amtes entheben **II** *v/pr* **s'interdire qc** sich (*dat*) etw versagen
interdisciplinaire [ɛ̃tɛʀdisiplinɛʀ] *adj* interdisziplinär; fächerübergreifend
interdit [ɛ̃tɛʀdi] **I** *adj* ⟨**-ite** [-it]⟩ **1.** (*défendu*) verboten; **interdit aux moins de 18 ans** für Jugendliche unter 18 Jahren verboten; JUR **interdit de séjour** mit e-m Aufenthaltsverbot

---

interdire

Bei **interdire** muss man auf verschiedene Konstruktionen achten:

interdire qc	Le proviseur a interdit le **port du voile**.	Der Direktor hat das Tragen des Schleiers verboten.
interdire qc à qn	Madame Leduc a interdit les **cigarettes à son fils**.	Frau Leduc hat ihrem Sohn das Rauchen verboten.
interdire à qn de faire qc	Monsieur Dupuy a interdit à **son fils de prendre** la voiture.	Herr Dupuy hat seinem Sohn untersagt, das Auto zu nehmen.
interdire que + *Subjonctif*	Monsieur Dupuy a interdit **que** son fils **prenne** la voiture.	Herr Dupuy hat verboten, dass sein Sohn das Auto nimmt.

belegt **2.** (*très étonné*) bestürzt; verblüfft; wie vor den Kopf geschlagen **II** *m* **3.** CATH Interdikt *n*; *fig* **jeter l'interdit sur** ausschließen; ächten **4.** (*tabou*) Verbot *n*; Tabu *n*

interentreprises [ɛ̃tɛʀɑ̃tʀəpʀiz] *adj* ⟨*inv*⟩ überbetrieblich

▸ **intéressant** [ɛ̃tɛʀɛsɑ̃] **I** *adj* ⟨-**ante** [-ɑ̃t]⟩ **1.** (*qui retient l'attention*) interessant; reizvoll; beachtenswert; aufschlussreich **2.** (*avantageux*) vorteilhaft; interessant **II** *péj* **faire l'intéressant(e)** *m(f)* sich interessant machen; F sich aufspielen

intéressé [ɛ̃tɛʀese] **I** *adj* ⟨~**e**⟩ **1.** (*concerné*) betreffend; beteiligt; betroffen **2.** (*recherchant son intérêt*) eigennützig **3.** **être intéressé à, par une question,** *etc* an e-r Frage, *etc* interessiert sein **II** **intéressé(e)** *m(f)* Betreffende(r) *f(m)*; Beteiligte(r) *f(m)*; Betroffene(r) *f(m)*

intéressement [ɛ̃tɛʀɛsmɑ̃] *m* Gewinnbeteiligung *f*

▸ **intéresser** [ɛ̃tɛʀese] **I** *v/t* **1.** (*retenir l'attention*) **intéresser qn** j-n interessieren **2.** (*concerner*) **intéresser qc, qn** etw, j-n betreffen **3.** ÉCON **intéresser qn** j-n beteiligen (**aux bénéfices** am Gewinn) **II** *v/pr* ▸ **s'intéresser à qn, qc** sich für j-n, etw interessieren; an j-m, etw interessiert sein

▸ **intérêt** [ɛ̃teʀɛ] *m* **1.** (*attention*) Interesse *n*; (geistige) Anteilnahme; Beachtung *f*; **avec intérêt** mit Interesse; interessiert **2.** (*importance*) Interesse *n*; Reiz *m*; Bedeutung *f*; **sans intérêt, dénué d'intérêt** uninteressant; **avoir, présenter de l'intérêt** von Interesse sein (**pour qn** für j-n) **3.** (*avantage*) Interesse *n*; Vorteil *m*; Nutzen *m*; **intérêts** *pl a* Belange *m/pl*; **dans l'intérêt de qn** im Interesse j-s; **il a (tout) intérêt à faire qc** es ist, liegt (ganz) in s-m Interesse, dass er etw tut; **agir par intérêt** aus Eigennutz handeln **4.** FIN **intérêt(s)** Zins(en) *m(pl)*; **intérêt(s) composé(s)** Zinseszins(en) *m(pl)*

interface [ɛ̃tɛʀfas] *f* INFORM Interface *n*; Schnittstelle *f* (*a fig*)

interférence [ɛ̃tɛʀfeʀɑ̃s] *f* PHYS, *fig* Interferenz *f*; Überlagerung *f*

interférer [ɛ̃tɛʀfeʀe] *v/i* ⟨-**è-**⟩ **1.** PHYS interferieren; sich überlagern (*a fig*) **2.** (*intervenir*) eingreifen (**dans** in +*acc*)

intergalactique [ɛ̃tɛʀgalaktik] *adj* intergalaktisch

interglaciaire *adj* zwischeneiszeitlich; *sc* interglazial

intergouvernemental *adj* ⟨~**e**; -**aux** [-o]⟩ zwischen den Regierungen

▸ **intérieur** [ɛ̃teʀjœʀ] **I** *adj* ⟨~**e**⟩ innere; Innen...; innerlich; **marché intérieur** (ein)heimischer Markt; Binnenmarkt *m*; **mer intérieure** Binnenmeer *n*; **politique intérieure** Innenpolitik *f*; **vol intérieur** Inlandflug *m* **II** *m* **1.** Innere(s) *n*; *d'un État* Inland *n*; **l'intérieur du pays** das Landesinnere, Binnenland; **ministère** *m* **de l'Intérieur** Innenministerium *n*; ▸ **à l'intérieur de** innerhalb, im Innern (+ *gén*); ▸ **à l'intérieur** (dr)innen; im Inner(e)n **2.** (*chez-soi*) (Da)Heim *n*; Zuhause *n*; **veste** *f* **d'intérieur** Hausjacke *f*; Joppe *f*

intérieurement [ɛ̃teʀjœʀmɑ̃] *adv* innerlich; im

Inner(e)n

intérim [ɛ̃teʀim] *m* **1.** *période* Übergangszeit *f*; **par intérim** in Vertretung; Interims...; **assurer l'intérim** die Vertretung übernehmen **2.** (*travail temporaire*) Zeitarbeit *f*; **agence** *f* **d'intérim** Zeitarbeitsfirma *f*

intérimaire [ɛ̃teʀimɛʀ] **I** *adj* zeitweilig; vorübergehend; interimistisch; **travail** *m* **intérimaire** Zeitarbeit *f* **II** *m,f* **1.** *remplaçant* Vertreter(in) *m(f)* **2.** *travailleur* Zeitarbeiter(in) *m(f)*

intérioriser [ɛ̃teʀjɔʀize] *v/t* émotion nicht äußern; nicht nach außen hin zeigen; *conflit* in s-m Innern austragen

interjectif [ɛ̃tɛʀʒɛktif] *adj* ⟨-**ive** [-iv]⟩ LING interjektionell

interjection [ɛ̃tɛʀʒɛksjɔ̃] *f* Interjektion *f*; Ausrufewort *n*

interligne [ɛ̃tɛʀliɲ] *m* Zwischenraum *m* (zwischen den Zeilen); TYPO Durchschuss *m*

interlocuteur [ɛ̃tɛʀlɔkytœʀ] *m*, **interlocutrice** [-tʀis] *f* Gesprächspartner(in) *m(f)*; POL Verhandlungspartner(in) *m(f)*

interlope [ɛ̃tɛʀlɔp] *adj* anrüchig

interloqué [ɛ̃tɛʀlɔke] *adj* ⟨~**e**⟩ verdutzt; verblüfft; sprachlos

interloquer [-e] *v/t* aus der Fassung bringen; verwirren; verblüffen

interlude [ɛ̃tɛʀlyd] *m* **1.** MUS Interludium *n* **2.** TV Pausenfüller *m*

intermède [ɛ̃tɛʀmɛd] *m* THÉ, *fig* Zwischenspiel *n*; Intermezzo *n*

intermédiaire [ɛ̃tɛʀmedjɛʀ] **I** *adj* dazwischenliegend; Zwischen... **II** *subst* **1.** *m,f* Mittelsmann *m*, -person *f*; Vermittler(in) *m(f)* **2.** *m,f* COMM Zwischenhändler(in) *m(f)* **3.** *m* **par l'intermédiaire de qn** über j-n

interminable [ɛ̃tɛʀminabl] *adj* endlos

interministériel [ɛ̃tɛʀministeʀjɛl] *adj* ⟨~**le**⟩ interministeriell

intermittence [ɛ̃tɛʀmitɑ̃s] *f* zeitweiliges Aussetzen; **par intermittence** in Abständen, Intervallen

intermittent [ɛ̃tɛʀmitɑ̃] *adj* ⟨-**ente** [-ɑ̃t]⟩ zeitweilig aussetzend; intermittierend (*a* MÉD)

internat [ɛ̃tɛʀna] *m* **1.** *école* Internat *n* **2.** MÉD Tätigkeit *f* als Assistenzarzt

▸ **international** [ɛ̃tɛʀnasjɔnal] **I** *adj* ⟨~**e**; -**aux** [-o]⟩ international; zwischenstaatlich; **match international** Länderspiel *n* **II** *subst* **1.** **international(e)** *m(f)* ⟨*m/pl* -**aux** [-o]⟩ SPORTS Nationalspieler(in) *m(f)* **2.** **Internationale** *f* POL Internationale *f*

internationalisation [ɛ̃tɛʀnasjɔnalizasjɔ̃] *f* *d'un conflit* internationale Ausweitung

internationaliser [ɛ̃tɛʀnasjɔnalize] *v/t* **1.** *port etc* internationalisieren **2.** *conflit* international ausweiten

internationalisme [ɛ̃tɛʀnasjɔnalism] *m* Internationalismus *m*

internaute [ɛ̃tɛʀnot] *m,f* Internet-Surfer(in) *m(f)*

interne [ɛ̃tɛʀn] **I** *adj* innere; innerlich; Innen...; intern; **oreille** *f* **interne** Innenohr *n*; **à usage interne** zur innerlichen Anwendung **II** *m,f* **1.** Internatsschüler(in) *m(f)* **2.** **interne (des hôpitaux)** Assistenzarzt, -ärztin *m,f*

interné(e) [ɛ̃tɛʀne] *m(f)* **1.** POL Internierte(r) *f(m)* **2.** MÉD (in e-e geschlossene Anstalt) Ein-

gewiesene(r) *f(m)*
internement [ε̃tεʀnəmɑ̃] *m* **1.** POL Internierung *f* **2.** MÉD Einweisung *f* (in e-e geschlossene Anstalt)
interner [-e] *v/t* **1.** POL internieren **2.** MÉD (in e-e geschlossene Anstalt) einweisen
Internet [ε̃tεʀnεt] *m* Internet *n*; *adjt* **adresse** *f*, **connexion** *f* **Internet** Internetadresse *f*, -anschluss *m*; **via Internet** über das Internet; per Internet; **naviguer sur Internet** im Internet surfen
interpellation [ε̃tεʀpelasjɔ̃] *f* **1.** POL parlamentarische Anfrage; Interpellation *f* **2.** *par la police* (Festnahme *f* zur) Überprüfung *f* der Personalien
interpeller [ε̃tεʀpəle] *v/t* **1.** (*apostropher*) (laut) anreden, ansprechen **2.** *police* **interpeller qn** die Personalien j-s überprüfen **3.** *chose* **interpeller qn** j-n beschäftigen
interpénétration [ε̃tεʀpenetʀasjɔ̃] *f* gegenseitige Durchdringung; Verflechtung *f*
interpénétrer [-e] *v/pr* ⟨-è-⟩ **s'interpénétrer** sich gegenseitig durchdringen, verflechten
interphone® [ε̃tεʀfɔn] *m* Sprechanlage *f*
interplanétaire [ε̃tεʀplanetεʀ] *adj* interplanetar(isch)
interpolation [ε̃tεʀpɔlasjɔ̃] *f* MATH, *d'un texte* Interpolation *f*
interpoler [-e] *v/t* MATH, *texte* interpolieren
interposé [ε̃tεʀpoze] *adj* ⟨~e⟩ **par ... interposé** durch Vermittlung, mithilfe (+*gén*)
interposer [ε̃tεʀpoze] **I** *v/t* dazwischensetzen **II** *v/pr* **s'interposer** dazwischentreten; eingreifen
interposition [-isjɔ̃] *f* **1.** Dazwischensetzen *n* **2.** Dazwischentreten *n*; Eingreifen *n*
interprétable [ε̃tεʀpʀetabl] *adj* interpretier-, auslegbar
interprétariat [ε̃tεʀpʀetaʀja] *m* Dolmetscherwesen *n*, -beruf *m*
interprétation [ε̃tεʀpʀetasjɔ̃] *f* **1.** (*explication*) Interpretation *f*; Auslegung *f*; Deutung *f* **2.** THÉ, MUS Interpretation *f*; (künstlerische) Wiedergabe, THÉ *a* Darstellung
▸ **interprète** [ε̃tεʀpʀεt] *m,f* **1.** Dolmetscher(in) *m(f)*; **servir d'interprète, faire l'interprète** dolmetschen **2.** THÉ, MUS Interpret(in) *m(f)*; THÉ *a* Darsteller(in) *m(f)* **3.** *fig* (*porte-parole*) Dolmetsch *m*; Fürsprecher(in) *m(f)*; *de qc* Sprachrohr *n*; **se faire l'interprète de qc** sich zum Sprachrohr e-r Sache machen
interpréter [ε̃tεʀpʀete] *v/t* ⟨-è-⟩ **1.** interpretieren; auslegen; deuten (*a rêve*) **2.** THÉ, MUS (künstlerisch) wiedergeben; interpretieren; *rôle a* darstellen
interprofessionnel [ε̃tεʀpʀɔfesjɔnεl] *adj* ⟨~le⟩ mehrere Berufsgruppen umfassend
interracial [ε̃tεʀʀasjal] *adj* ⟨~e; -aux [-o]⟩ zwischen den Rassen
interro [ε̃tεʀo] *f* F schriftlicher Test
interrogateur [ε̃tεʀɔgatœʀ] *adj* ⟨-trice [-tʀis]⟩ fragend
interrogatif [ε̃tεʀɔgatif] *adj* ⟨-ive [-iv]⟩ **1.** *regard, etc* fragend **2.** GR Frage...; Interrogativ...; (**proposition**) **interrogative** *f* Frage-, Interrogativsatz *m*
interrogation [ε̃tεʀɔgasjɔ̃] *f* **1.** GR Frage(form) *f* **2.** *action* Befragung *f*; (*question*) Frage *f*; ÉCO-

LE **interrogation écrite** schriftlicher Test
interrogatoire [ε̃tεʀɔgatwaʀ] *m* Vernehmung *f*; Verhör *n* (*a fig*); **faire subir un interrogatoire à qn** j-n vernehmen, verhören
▸ **interroger** [ε̃tεʀɔʒe] ⟨-ge-⟩ **I** *v/t* **1.** be-, ausfragen (**sur** über + *acc*); JUR vernehmen; verhören; *élève* abfragen; (*examiner*) prüfen **2.** *fig* *conscience* befragen; prüfen **3.** INFORM abfragen **II** *v/pr* **s'interroger** sich (*dat*) Fragen stellen; sich fragen
▸ **interrompre** [ε̃tεʀɔ̃pʀ] ⟨→ **rompre**⟩ **I** *v/t* unterbrechen (*a qn qui parle*); *définitivement* abbrechen **II** *v/pr* **s'interrompre** innehalten (**dans son travail** in s-r Arbeit)
interrupteur [ε̃tεʀyptœʀ] *m* ÉLECT Schalter *m*
interruption [ε̃tεʀypsjɔ̃] *f* Unterbrechung *f*; *de grossesse* Abbruch *m*; **sans interruption** ohne Unterbrechung; ununterbrochen
intersection [ε̃tεʀsεksjɔ̃] *f* **1.** MATH Schnittpunkt *m*, -linie *f*, -fläche *f* **2.** *de routes* Kreuzung(spunkt) *f(m)*
interstellaire [ε̃tεʀstε(l)lεʀ] *adj* interstellar
interstice [ε̃tεʀstis] *m* (kleiner) Zwischenraum; Spalt *m*
intersyndical [ε̃tεʀsε̃dikal] *adj* ⟨~e; -aux [-o]⟩ mehrere Gewerkschaften betreffend, umfassend
intertitre *m* CIN eingeblendeter Zwischentext
intertropical *adj* ⟨~e; -aux [-o]⟩ zwischen den Wendekreisen befindlich
interurbain [ε̃tεʀyʀbε̃] *adj* ⟨-aine [-εn]⟩ **communication interurbaine** Ferngespräch *n*
intervalle [ε̃tεʀval] *m* **1.** Zeitspanne *f*; Intervall *n* (*a* MUS); **à dix minutes d'intervalle** im Abstand von zehn Minuten; **dans l'intervalle** in der Zwischenzeit; **par intervalles** hin und wieder; von Zeit zu Zeit **2.** (*distance*) Zwischenraum *m*, Abstand *m* (**entre** zwischen + *dat*)
intervenant [ε̃tεʀvənɑ̃] *m*, **intervenante** [-ɑ̃t] *f* Diskussionsteilnehmer(in) *m(f)*
▸ **intervenir** [ε̃tεʀvəniʀ] *v/i* ⟨→ **venir**⟩ **1.** einschreiten; eingreifen (**dans qc** in etw [*acc*]); intervenieren (**auprès de qn** bei j-m) **2.** *événement* eintreten; dazwischenkommen; *facteur* e-e Rolle spielen; *accord* zustande kommen
intervention [ε̃tεʀvɑ̃sjɔ̃] *f* **1.** Einschreiten *n*; Eingreifen *n*; Intervention *f* (*a* MIL) **2.** (*prise de parole*) Stellungnahme *f*; Diskussionsbeitrag *m* **3.** MÉD Eingriff *m*
interventionnisme [ε̃tεʀvɑ̃sjɔnism] *m* **a)** ÉCON Interventionismus *m* **b)** POL Interventionspolitik *f*
interventionniste [-ist] *m,f* **a)** ÉCON Interventionist(in) *m(f)* **b)** POL Befürworter(in) *m(f)* e-r Intervention
interversion [ε̃tεʀvεʀsjɔ̃] *f* Umstellung *f*; Vertauschung *f*
intervertir [ε̃tεʀvεʀtiʀ] *v/t* vertauschen
▸ **interview** [ε̃tεʀvju] *f* Interview *n*; **accorder, donner une interview** ein Interview gewähren, geben
interviewer¹ [ε̃tεʀvjuve] *v/t* interviewen
interviewer² *ou* **intervieweur** [ε̃tεʀvjuvœʀ] *m*, **intervieweuse** [-øz] *f* Interviewer(in) *m(f)*
intestin [ε̃tεstε̃] *m* Darm *m*; **intestins** *pl* Gedärm(e) *n(pl)*
intestinal [ε̃tεstinal] *adj* ⟨~e; -aux [-o]⟩ Darm...

intestine [ɛ̃tɛstin] *adj* ⟨*nur f*⟩ *st/s* **querelles in-testines** innere, interne Streitigkeiten *f/pl*
intifada [intifada] *f* POL Intifada *f*
intimation [ɛ̃timasjɔ̃] *f* JUR Ladung *f* (*vor e-e höhere Instanz*)
intime [ɛ̃tim] **I** *adj* **1.** intim; *liaison a* innig; *personnes a* eng befreundet; *atmosphère a* gemütlich; *conviction* innerste; **être intime avec qn** mit j-m eng befreundet sein **2.** (*privé*) ganz persönlich; privat; *cérémonie* im engsten (Familien)Kreis; *journal m intime* Tagebuch *n* **3.** (*sexuel*) intim **II** *m,f* enge(r) Vertraute(r) *f(m)*
intimement [ɛ̃tim(ə)mɑ̃] *adv* **1. intimement liés** eng befreundet **2. intimement convaincu** im Innersten überzeugt
intimer [ɛ̃time] *v/t* **intimer l'ordre à qn de** (+ *inf*) j-m den Befehl erteilen zu (+ *inf*)
intimidant [ɛ̃timidɑ̃] *adj* ⟨**-ante** [-ɑ̃t]⟩ Furcht einflößend
intimidation [-asjɔ̃] *f* Einschüchterung *f*
intimider [-e] *v/t* einschüchtern
intimiste [ɛ̃timist] *m* Maler *m* von Interieurs
intimité [ɛ̃timite] *f* **1.** (*familiarité*) Intimität *f* **2.** (*vie privée*) Intimsphäre *f*; **dans la plus stricte intimité** im engsten (Familien)Kreis
intitulé [ɛ̃tityle] *m* Überschrift *f*; Titel *m*
intituler [ɛ̃tityle] **I** *v/t* betiteln **II** *v/pr* **s'intituler** ... den Titel ... tragen
intolérable [ɛ̃tɔleRabl] *adj* **1.** (*insupportable*) unerträglich **2.** (*inadmissible*) inakzeptabel
intolérance [-ɑ̃s] *f* Intoleranz *f* (*a* MÉD)
intolérant [-ɑ̃] *adj* ⟨**-ante** [-ɑ̃t]⟩ intolerant; unduldsam
intonation [ɛ̃tɔnasjɔ̃] *f* Tonfall *m*; Intonation *f* (*a* MUS, PHON)
intouchable [ɛ̃tuʃabl] **I** *adj* unantastbar **II** *m,f* Unberührbare(r) *f(m)*
intox(e) [ɛ̃tɔks] *f* F̄ *abr* → **intoxication** 2
intoxication [ɛ̃tɔksikasjɔ̃] *f* **1.** Vergiftung *f*; **intoxication alimentaire** Nahrungsmittelvergiftung *f* **2.** *fig* Beeinflussung *f*; Indoktrinierung *f*
intoxiqué(e) [ɛ̃tɔksike] *m(f)* Süchtige(r) *f(m)*
intoxiquer [ɛ̃tɔksike] **I** *v/t* **1.** vergiften **2.** *fig* beeinflussen; indoktrinieren **II** *v/pr* **s'intoxiquer** sich vergiften
intracellulaire [ɛ̃tRaselylɛR] *adj* BIOL intrazellular, -zellulär
intracommunautaire *adj* im Rahmen, innerhalb der EG, der EU; innergemeinschaftlich
intradermique [-dɛRmik] *adj* MÉD intrakutan
intraduisible [ɛ̃tRadɥizibl] *adj* **1.** unübersetzbar **2.** *fig* nicht wiederzugeben(d)
intraitable [ɛ̃tRɛtabl] *adj* unnachgiebig, kompromisslos (**sur** in Bezug auf + *acc*)
intra-muros [ɛ̃tRamyRos] *adv* innerhalb der Stadt(mauern)
intramusculaire [ɛ̃tRamyskylɛR] *adj* intramuskulär
Intranet [ɛ̃tRanɛt] *m* INFORM Intranet *n*
intransigeance [ɛ̃tRɑ̃ziʒɑ̃s] *f* Unnachgiebigkeit *f*; Kompromisslosigkeit *f*
intransigeant [-ɑ̃] *adj* ⟨**-ante** [-ɑ̃t]⟩ unnachgiebig; kompromisslos
intransitif [ɛ̃tRɑ̃zitif] *adj* ⟨**-ive** [-iv]⟩ intransitiv; nichtzielend
intransmissible [ɛ̃tRɑ̃smisibl] *adj* nicht übertragbar; BIOL *a* nicht vererblich
intransportable [ɛ̃tRɑ̃spɔRtabl] *adj* nicht trans-

portabel; nicht transportierbar; *malade* nicht transportfähig
intra-utérin [ɛ̃tRayteRɛ̃] *adj* ⟨**-ine** [-in]⟩ innerhalb der Gebärmutter liegend *ou* erfolgend; *sc* intrauterin
intraveineux [-vɛnø] *adj* ⟨**-euse** [-øz]⟩ intravenös
intrépide [ɛ̃tRepid] *adj* unerschrocken; furchtlos
intrépidité [-ite] *f* Unerschrockenheit *f*; Furchtlosigkeit *f*
intrigant [ɛ̃tRigɑ̃] **I** *adj* ⟨**-ante** [-ɑ̃t]⟩ intrigant **II** **intrigant(e)** *m(f)* Intrigant(in) *m(f)*
intrigue [ɛ̃tRig] *f* **1.** Intrige *f*; Ränkespiel *n* **2.** THÉ Intrige *f*; Plot *m*
intriguer [ɛ̃tRige] **I** *v/t* neugierig machen; beschäftigen **II** *v/i* intrigieren
intrinsèque [ɛ̃tRɛ̃sɛk] *adj* eigentlich
introducteur [ɛ̃tRɔdyktœR] *m* **introducteur de qc** j, der etw einführt *ou* eingeführt hat
introduction [ɛ̃tRɔdyksjɔ̃] *f* **1.** Einführung *f*; **lettre f d'introduction** Empfehlungsschreiben *n* **2.** (*préface*) Einleitung *f*
introduire [ɛ̃tRɔdɥiR] ⟨→ **conduire**⟩ **I** *v/t* **1.** *personne* hinein- *ou* hereinführen (**auprès de qn** zu j-m); *dans un club, milieu* einführen **2.** *objet* einführen; hineinstecken, -schieben; *pièce* einwerfen **3.** *mode, produit* einführen **II** *v/pr* **s'introduire** eindringen, sich (*dat*) Zutritt verschaffen (**dans** in + *acc*)
intronisation [ɛ̃tRɔnizasjɔ̃] *f* Inthronisierung *f*; Thronerhebung *f*
introniser [-e] *v/t* inthronisieren; feierlich einsetzen
introspectif [ɛ̃tRɔspɛktif] *adj* ⟨**-ive** [-iv]⟩ introspektiv
introspection [-sjɔ̃] *f* Selbstbeobachtung *f*; Introspektion *f*
introuvable [ɛ̃tRuvabl] *adj* unauffindbar; COMM nicht aufzutreiben(d)
introversion [ɛ̃tRɔvɛRsjɔ̃] *f* Introvertiertheit *f*
introverti [ɛ̃tRɔvɛRti] *adj* ⟨**~e**⟩ introvertiert
intrus [ɛ̃tRy] *m*, **intruse** [-yz] *f* Eindringling *m*; ungebetener Gast
intrusion [ɛ̃tRyzjɔ̃] *f* Eindringen *n* (**dans** in + *acc*); **faire intrusion** eindringen
intuitif [ɛ̃tɥitif] *adj* ⟨**-ive** [-iv]⟩ intuitiv
intuition [ɛ̃tɥisjɔ̃] *f* Intuition *f*; (*pressentiment*) (Vor)Ahnung *f*; **avoir de l'intuition** Intuition besitzen; e-e feine, gute Nase haben
inusable [inyzabl] *adj* unverwüstlich
inusité [inyzite] *adj* ⟨**~e**⟩ ungebräuchlich
▸ inutile [inytil] *adj* unnütz; nutzlos; unnötig; überflüssig; *efforts a* vergeblich; *mesure a* sinn-, zwecklos; **inutile de** (+ *inf*) *a* es hat keinen Zweck zu (+ *inf*)
inutilement [inytilmɑ̃] *adv* umsonst
inutilisable [inytilizabl] *adj* unbrauchbar
inutilisé [inytilize] *adj* ⟨**~e**⟩ ungenutzt
inutilité [inytilite] *f* Nutzlosigkeit *f*
invaincu [ɛ̃vɛ̃ky] *adj* ⟨**~e**⟩ unbesiegt
invalidation [ɛ̃validasjɔ̃] *f* Ungültigkeitserklärung *f*; Annullierung *f*
invalide [ɛ̃valid] **I** *adj* invalid(e); erwerbsunfähig **II** *m,f* Invalide *m,f*; **invalide de guerre** Kriegsinvalide *m*
invalider [ɛ̃valide] *v/t* für ungültig erklären
invalidité [-ite] *f* Invalidität *f*; Erwerbsunfähig-

keit *f*
invariabilité [ɛ̃vaʀjabilite] *f* Unveränderlichkeit *f*
invariable [-abl] *adj* unveränderlich
invasion [ɛ̃vazjõ] *f* Invasion *f (a fig)*
invective [ɛ̃vɛktiv] *f* Beschimpfung *f*
invectiver [-e] *v/t* beschimpfen
invendable [ɛ̃vɑ̃dabl] *adj* unverkäuflich
invendu [ɛ̃vɑ̃dy] **I** *adj* ⟨**~e**⟩ unverkauft **II** *m/pl* **invendus** unverkaufte Artikel *m/pl*; Restposten *m/pl*
inventaire [ɛ̃vɑ̃tɛʀ] *m opération* Bestandsaufnahme *f*; COMM Inventur *f*; *liste* Inventar *n*; Verzeichnis *n*; Aufstellung *f*; *dresser, faire un inventaire* e-e Bestandsaufnahme machen; *das Inventar aufnehmen*; *faire l'inventaire de qc* e-e Bestandsaufnahme von etw machen
▸ **inventer** [ɛ̃vɑ̃te] **I** *v/t* erfinden **II** *v/pr ça ne s'invente pas* das ist nicht erfunden
inventeur [ɛ̃vɑ̃tœʀ] *m*, **inventrice** [-tʀis] *f* Erfinder(in) *m(f)*
inventif [ɛ̃vɑ̃tif] *adj* ⟨**-ive** [-iv]⟩ erfinderisch; findig
▸ **invention** [ɛ̃vɑ̃sjõ] *f* **1.** Erfindung *f* **2.** *don* Erfindungsgabe *f*
inventivité [ɛ̃vɑ̃tivite] *f* Findigkeit *f*; Erfindungsgeist *m*, -gabe *f*
inventorier [ɛ̃vɑ̃tɔʀje] *v/t* inventarisieren
invérifiable [ɛ̃veʀifjabl] *adj* nicht nachprüfbar
inverse [ɛ̃vɛʀs] **I** *adj* umgekehrt; entgegengesetzt **II** *m* **1.** Gegenteil *n*; *il fait l'inverse de ce qu'on lui dit* er macht das Gegenteil dessen *ou* von dem, was man ihm sagt **2.** *à l'inverse* hingegen; dagegen; *à l'inverse de* im Gegensatz zu
inversement [ɛ̃vɛʀsəmɑ̃] *adv* umgekehrt; *inversement proportionnel* umgekehrt proportional (*à* zu)
inverser [ɛ̃vɛʀse] *v/t* umkehren (*a* ÉLECT); *rôles* vertauschen
inversible [ɛ̃vɛʀsibl] *adj* PHOT *film m inversible* Umkehrfilm *m*
inversion [ɛ̃vɛʀsjõ] *f* **1.** Umkehr(ung) *f* **2.** GR Inversion *f*
invertébrés [ɛ̃vɛʀtebʀe] *m/pl* Wirbellose(n) *pl*
investigateur [ɛ̃vɛstigatœʀ] *m*, **investigatrice** [-tʀis] *f* Forscher(in) *m(f)*
investigation [ɛ̃vɛstigasjõ] *f* Nachforschung *f*; Untersuchung *f*
investir [ɛ̃vɛstiʀ] *v/t* **1.** ÉCON investieren (*dans* in + *acc*) (*a fig*); anlegen (in + *dat*) **2.** *investir qn (d'une charge)* j-n (in ein Amt) einsetzen; *investir qn de pouvoirs* j-n mit Vollmachten ausstatten **3.** MIL einschließen
investissement [ɛ̃vɛstismɑ̃] *m* Investition *f*; (Kapital)Anlage *f*
investisseur [-œʀ] *m* Investor *m*; Anleger *m*
investiture [ɛ̃vɛstityʀ] *f* POL *d'un candidat* Aufstellung *f*
invétéré [ɛ̃vetere] *adj* ⟨**~e**⟩ unverbesserlich; *alcoolique invétéré* Gewohnheitstrinker *m*
invincibilité [ɛ̃vɛ̃sibilite] *f* Unbesiegbarkeit *f*; Unschlagbarkeit *f*
invincible [-ibl] *adj* **1.** unbesiegbar **2.** *fig* unüberwindlich
inviolabilité [ɛ̃vjɔlabilite] *f* Unverletzlichkeit *f*; Unantastbarkeit *f*
inviolable [-abl] *adj* unverletzlich; unantastbar

inviolé [ɛ̃vjɔle] *adj* ⟨**~e**⟩ unverletzt; *serment* ungebrochen; *sommet* unbezwungen
invisibilité [ɛ̃vizibilite] *f* Unsichtbarkeit *f*
invisible [-ibl] *adj* unsichtbar (*a fig*)
▸ **invitation** [ɛ̃vitasjõ] *f* **1.** Einladung *f* (*à* zu) **2.** (*incitation*) Aufforderung *f*
invite [ɛ̃vit] *f* Wink *m*
▸ **invité(e)** [ɛ̃vite] *m(f)* Gast *m*
▸ **inviter** [ɛ̃vite] *v/t* **1.** (*convier*) einladen; *inviter qn au cinéma, à dîner* j-n ins Kino, zum Abendessen einladen; *inviter qn à danser* j-n zum Tanz auffordern **2.** (*inciter*) *inviter qn à* (+ *inf*) j-n auffordern zu (+ *inf*)
in vitro [invitʀo] *fécondation f in vitro* In-vitro-Fertilisation *f*
invivable [ɛ̃vivabl] *adj* unerträglich; F *personne a* unausstehlich
invocation [ɛ̃vɔkasjõ] *f* REL Anrufung *f*
involontaire [ɛ̃vɔlõtɛʀ] *adj* unabsichtlich; ungewollt; unfreiwillig; unbewusst
invoquer [ɛ̃vɔke] *v/t* **1.** REL anrufen **2.** (*avoir recours à*) sich berufen auf (+ *acc*); *argument a* anführen; *excuse* benutzen
invraisemblable [ɛ̃vʀɛsɑ̃blabl] *adj* **1.** *histoire, etc* unwahrscheinlich **2.** *tenue, etc* unmöglich
invraisemblance [-ɑ̃s] *f* Unwahrscheinlichkeit *f*
invulnérabilité [ɛ̃vylneʀabilite] *f* Unverwundbarkeit *f*; Unverletzlichkeit *f* (*a fig*)
invulnérable [-abl] *adj* unverwundbar
iode [jɔd] *m* Jod *n*; *phare m à iode* Halogenscheinwerfer *m*
iodé [jɔde] *adj* ⟨**~e**⟩ jodhaltig
ion [jõ] *m* Ion *n*
Ionesco [jɔnɛsko] *Eugène Ionesco frz* Dramatiker
ionique [jɔnik] *adj* ARCH ionisch
iota [jɔta] *m lettre* Jota *n*; *fig sans changer un iota* ohne auch nur ein Jota zu ändern
ipso facto [ipsofakto] JUR ipso facto; durch die Tat selbst; *par ext* automatisch
irai [iʀɛ], **ira(s)** [iʀa], *etc* → *aller*[1]
Irak [iʀak] → *Iraq*
irakien [iʀakjɛ̃] → *iraq(u)ien*
Iran [iʀɑ̃] *l'Iran m* der Iran; Iran *n*
iranien [iʀanjɛ̃] **I** *adj* ⟨**-ienne** [-jɛn]⟩ iranisch **II** **1.** Iranier(in) *m(f)* Iraner(in) *m(f)* **2.** LING *l'iranien m* das Iranische; Iranisch *n*
Iraq [iʀak] *l'Iraq m* der Irak; Irak *n*
iraq(u)ien [iʀakjɛ̃] **I** *adj* ⟨**-ienne** [-jɛn]⟩ irakisch **II** **1.** *Iraq(u)ien(ne)* *m(f)* Iraker(in) *m(f)* **2.** LING *l'iraq(u)ien m* das Irakische; Irakisch *n*
irascible [iʀasibl] *adj* jähzornig
iridié [iʀidje] *adj* ⟨**~e**⟩ TECH *platine iridié* Platin-Iridium-Legierung *f*
iris [iʀis] *m* **1.** BOT Schwertlilie *f*; Iris *f* **2.** ANAT Iris *f*; Regenbogenhaut *f*
irisé [iʀize] *adj* ⟨**~e**⟩ irisierend; regenbogenfarbig (schillernd)
▸ **irlandais** [iʀlɑ̃dɛ] **I** *adj* ⟨**-aise** [-ɛz]⟩ irisch; irländisch **II** **1.** *Irlandais(e)* *m(f)* Ire *m*, Irin *f* **2.** LING *l'irlandais m* das Irische; Irisch *n*
▸ **Irlande** [iʀlɑ̃d] *l'Irlande f* Irland *n*; *l'Irlande du Nord* Nordirland *n*
ironie [iʀɔni] *f* Ironie *f*; *ironie du sort* Ironie des Schicksals
▸ **ironique** [iʀɔnik] *adj* ironisch
ironiser [-ize] *v/i* ironisch werden

ironiste [-ist] *m* Ironiker *m*
iroquois [iʀɔkwa] **I** *adj* ⟨**-oise** [-waz]⟩ iroke-sisch; Irokesen… **II** *Iroquois*(e) *m*(*f*) Irokese *m*, Irokesin *f*
irradiation [iʀadjasjõ] *f* Bestrahlung *f*
irradier [iʀadje] **I** *v/t* MÉD, NUCL bestrahlen; *accidentellement* verstrahlen **II** *v/i douleur* aus-strahlen (*dans* in + *acc*)
irraisonné [iʀɛzɔne] *adj* ⟨**~e**⟩ sinnlos; unsinnig
irrationalisme [iʀasjɔnalism] *m* Irrationalis-mus *m*
irrationalité [-ite] *f* Irrationalität *f*
irrationnel [iʀasjɔnɛl] *adj* ⟨**~le**⟩ irrational (*a* MATH); vernunftwidrig
irréalisable [iʀealizabl] *adj* nicht realisierbar
irréalisme [iʀealism] *m* mangelnder Realis-mus; mangelnde Wirklichkeitsnähe
irréaliste [-ist] *adj* unrealistisch; wirklichkeits-fremd
irréalité [-ite] *f* Irrealität *f*; Unwirklichkeit *f*
irrecevabilité [i(ʀ)ʀəsəvabilite] *f* **1.** JUR Unzu-lässigkeit *f* **2.** *fig* Unannehmbarkeit *f*
irrecevable [-abl] *adj* **1.** JUR unzulässig **2.** *fig* un-annehmbar
irréconciliable [iʀekõsiljabl] *adj* unversöhn-lich
irrécouvrable [iʀekuvʀabl] *adj créance* nicht ein-, beitreibbar
irrécupérable [iʀekypeʀabl] *adj* **1.** *déchets* nicht mehr verwertbar **2.** *personne* nicht reso-zialisierbar
irrécusable [iʀekyzabl] *adj* **1.** JUR nicht ablehn-bar **2.** *preuve* unanfechtbar
irréductibilité [iʀedyktibilite] *f* Nichtzurück-führbarkeit *f*; Nichtreduzierbarkeit *f*
irréductible [-ibl] *adj* **1.** *personne* unbeugsam; nicht kleinzukriegen(d) **2.** MATH *fraction* nicht kürzbar
irréel [iʀeɛl] *adj* ⟨**~le**⟩ irreal; unwirklich
irréfléchi [iʀefleʃi] *adj* ⟨**~e**⟩ unüberlegt; *a personne* unbesonnen
irréflexion [iʀefleksjõ] *f* Unüberlegtheit *f*; Un-besonnenheit *f*; Gedankenlosigkeit *f*
irréfragable [iʀefʀagabl] *adj preuve, alibi* un-abweislich, -bar; unwiderlegbar
irréfutabilité [iʀefytabilite] *st/s f* Unwiderleg-barkeit *f*
irréfutable [-abl] *adj* unwiderlegbar
irrégularité [iʀegylaʀite] *f* Unregelmäßigkeit *f*
irrégulier [iʀegylje] *adj* ⟨**-ière** [-jɛʀ]⟩ **1.** unre-gelmäßig (*a* GR) **2.** (*illégal*) regel-, ordnungs-widrig; irregulär **3.** *personne* mit Leistungs-schwankungen
irrégulièrement [iʀegyljɛʀmã] *adv* unregelmä-ßig
irréligieux [iʀeliʒjø] *adj* ⟨**-euse** [-øz]⟩ nicht re-ligiös; religionslos; irreligiös
irréligion [-jõ] *f* Irreligiosität *f*; Unglaube *m*
irrémédiable [iʀemedjabl] *adj mal* nicht be-hebbar; unheilbar; *perte* unersetzlich
irrémissible [iʀemisibl] *st/s adj* unverzeihlich
irremplaçable [iʀãplasabl] *adj* unersetzlich
irréparable [iʀepaʀabl] *adj* **1.** *objet* nicht mehr zu reparieren(d) **2.** *faute* nicht wieder gutzu-machen(d); irreparabel
irrépréhensible [iʀepʀeãsibl] *st/s adj* untad(e)-lig
irrépressible [iʀepʀɛsibl] *adj* nicht zu unter-drücken(d)

irréprochable [iʀepʀɔʃabl] *adj* untadelig; ta-dellos; einwandfrei
irrésistible [iʀezistibl] *adj* **1.** unwiderstehlich **2.** (*très amusant*) hinreißend komisch
irrésolu [iʀezɔly] *adj* ⟨**~e**⟩ unentschlossen; un-schlüssig
irrésolution [-sjõ] *f* Unentschlossenheit *f*
irrespect [iʀɛspɛ] *m* Respektlosigkeit *f*; Un-ehrerbietigkeit *f*
irrespectueux [iʀɛspɛktɥø] *adj* ⟨**-euse** [-øz]⟩ respektlos
irrespirable [iʀɛspiʀabl] *adj* **1.** *air* nicht atem-bar; irrespirabel **2.** *fig atmosphère* unerträglich
irresponsabilité [iʀɛspõsabilite] *f* **1.** *morale* Verantwortungslosigkeit *f* **2.** JUR Schuldunfä-higkeit *f*
irresponsable [iʀɛspõsabl] *adj* **1.** verantwor-tungslos **2.** JUR schuldunfähig
irrétrécissable [iʀetʀesisabl] *adj tissu* nicht einlaufend, eingehend
irrévérence [iʀeveʀãs] *st/s f* Unehrerbietigkeit *f*; Respektlosigkeit *f*
irrévérencieux [-jø] *adj* ⟨**-euse** [-øz]⟩ unehrer-bietig; respektlos
irréversibilité [iʀeveʀsibilite] *f* **1.** Umumkehr-barkeit *f*; Irreversibilität *f* **2.** *d'un mécanisme* Selbsthemmung *f*
irréversible [-ibl] *adj* unumkehrbar; nicht rück-gängig zu machen(d)
irrévocabilité [iʀevɔkabilite] *f* Unwiderruflich-keit *f*
irrévocable [-abl] *adj* unwiderruflich
irrigable [iʀigabl] *adj* (leicht) zu bewässern(d)
irrigation [-asjõ] *f* **1.** AGR Bewässerung *f* **2.** MÉD Durchblutung *f*
irriguer [iʀige] *v/t* **1.** AGR bewässern **2.** MÉD durchbluten
irritabilité [iʀitabilite] *f* Reizbarkeit *f*; Erreg-barkeit *f*
irritable [-abl] *adj* reizbar
irritant [-ã] *adj* ⟨**-ante** [-ãt]⟩ enervierend; ärger-lich
irritation [iʀitasjõ] *f* **1.** (*colère*) Gereiztheit *f*; Verärgerung *f* **2.** MÉD Reizung *f*; leichte Ent-zündung
irrité [iʀite] *adj* ⟨**~e**⟩ **1.** *geste, regard, personne* gereizt; erregt; ungehalten; verärgert **2.** MÉD gereizt; leicht entzündet
irriter [iʀite] **I** *v/t* **1.** *irriter qn* j-n reizen, veräger-gern, ungehalten machen **2.** MÉD reizen **II** *v/pr s'irriter contre qn, de qc* sich über j-n, etw aufregen
irruption [iʀypsjõ] *f* Eindringen *n*; MIL *a* Einfall *m*; *fig faire irruption* F hineinplatzen (*dans* in + *acc*)
Isère [izɛʀ] *l'Isère f Fluss u Departement in Frankreich*
islam [islam] *m* Islam *m*
islamique [-ik] *adj* islamisch
islamisation [-izasjõ] *f* Islamisierung *f*
islamiser [-ize] *v/t* islamisieren
islamisme [-ism] *m* Islamismus *m*
islamiste [-ist] **I** *adj* islamistisch **II** *m* Islamist *m*
islandais [islãdɛ] **I** *adj* ⟨**-aise** [-ɛz]⟩ isländisch **II 1.** *Islandais*(e) *m*(*f*) Isländer(in) *m*(*f*) **2.** LING *l'islandais m* das Isländische; Isländisch *n*
Islande [islãd] *l'Islande f* Island *n*

ISO [izo] *adj abr* (*International Standardization Organization*) **norme** *f* **ISO** ISO-Norm *f*
isocèle [izɔsɛl] *adj* gleichschenklig
isolable [izɔlabl] *adj* isolierbar
isolant [izɔlɑ̃] **I** *adj* ⟨**-ante** [-ɑ̃t]⟩ Isolier… **II** *m* Isoliermaterial *n*; Dämmstoff *m*
isolateur [-atœʀ] *m* Isolator *m*
isolation [-asjõ] *f* Isolierung *f*; Isolation *f*; Dämmung *f*
isolationnisme [izɔlasjɔnism] *m* Isolationismus *m*
isolé [izɔle] *adj* ⟨**~e**⟩ **1.** *endroit* abgelegen; entlegen; einsam **2.** *arbre, bâtiment* frei stehend, alleinstehend **3.** (*individuel*) einzeln; Einzel…; vereinzelt; *cas isolé* Einzelfall *m* **4.** *personne* isoliert (*de* von); allein; einsam; vereinsamt
isolement [izɔlmɑ̃] *m* **1.** Isolation *f*; *d'une personne a* Alleinsein *n* **2.** *d'un malade, d'un détenu* Isolierung *f*; Absonderung *f*
isolément [izɔlemɑ̃] *adv* einzeln; isoliert
isoler [izɔle] **I** *v/t* **1.** isolieren (*a* TECH, ÉLECT, *malade*) **2.** *fait* isoliert, für sich betrachten **II** *v/pr* *s'isoler* sich isolieren, sich absondern (*de qn* von j-m); sich abkapseln
isoloir [izɔlwaʀ] *m* Wahlzelle *f*, -kabine *f*
isotherme [izɔtɛʀm] *adj* **1.** *sac m isotherme* Kühltasche *f* **2.** MÉTÉO (*ligne f*) *isotherme f* Isotherme *f*
isotope [izɔtɔp] *m* Isotop *n*
Israël [isʀaɛl] ⟨*ohne Artikel*⟩ Israel *n*
israélien [isʀaeljɛ̃] **I** *adj* ⟨**-ienne** [-jɛn]⟩ israelisch **II** *Israélien(ne) m(f)* Israeli *m,f*
israélite [isʀaelit] **I** *adj* israelitisch **II** *m,f* Israelit(in) *m(f)*
israélo-arabe [isʀaeloaʀab] *adj* israelisch-arabisch
issu [isy] *adj* ⟨**~e**⟩ *issu de* abstammend von; hervorgegangen aus (*a fig*)
issue [isy] *f* **1.** Ausgang *m*; *issue de secours* Notausgang *m*; *voie f sans issue* Sackgasse *f* **2.** *fig* (*solution*) Ausweg *m* (*à* aus); *sans is-*

sue ausweglos **3.** *fig* (*fin*) Ausgang *m*; Ende *n*; *à l'issue de* am Ende, am Schluss (+ *gén*)
Istanbul [istɑ̃bul] Istanbul *n*
isthme [ism] *m* Landenge *f*; Isthmus *m*
italianiser [italjanize] *v/t* italianisieren; italienisieren
italianisme [-ism] *m* Italianismus *m*; italienische Spracheigentümlichkeit
▸ **Italie** [itali] *l'Italie f* Italien *n*
▸ **italien** [italjɛ̃] **I** *adj* ⟨**-ienne** [-jɛn]⟩ italienisch **II 1.** *Italien(ne) m(f)* Italiener(in) *m(f)* **2.** LING *l'italien m* das Italienische; Italienisch *n*
italique [italik] *m* Kursivschrift *f*; *en italique* kursiv
item [itɛm] **I** *adv* COMM ebenso; desgleichen **II** *m* Item *n*; Punkt *m*
itératif [iteʀatif] *adj* ⟨**-ive** [-iv]⟩ GR iterativ
itinéraire [itineʀɛʀ] *m* Route *f*; Strecke *f*
itinérant [itineʀɑ̃] *adj* ⟨**-ante** [-ɑ̃t]⟩ Wander…
itou [itu] *adv* plais *et moi itou* ich auch
IUFM [iyɛfɛm] *m abr* (*institut universitaire de formation des maîtres*) Ausbildungsstätte für Grundschul- u Gymnasiallehrer
IUT [iyte] *m abr* ⟨*inv*⟩ (*institut universitaire de technologie*) Fachhochschule *f*
IVG [iveʒe] *f abr* ⟨*inv*⟩ (*interruption volontaire de grossesse*) Schwangerschaftsabbruch *m*
ivoire [ivwaʀ] *m* **1.** Elfenbein *n* **2.** ANAT Zahnbein *n*
ivoirien [ivwaʀjɛ̃] **I** *adj* ⟨**-ienne** [-jɛn]⟩ (von) der Elfenbeinküste **II** *Ivoirien(ne) m(f)* Ivoirer(in) *m(f)*
▸ **ivre** [ivʀ] *adj* **1.** betrunken; *ivre mort* sinnlos betrunken **2.** *fig ivre de* erfüllt von; *st/s* trunken von *ou* vor (+ *dat*)
ivresse [ivʀɛs] *f* **1.** Trunkenheit *f*; Rausch *m*; *conduite f en état d'ivresse* Trunkenheit *f* am Steuer **2.** *fig* Taumel *m*; Rausch *m*
ivrogne [ivʀɔɲ] *m,f* P Säufer(in) *m(f)*; Trunkenbold *m*
ivrognerie [ivʀɔɲʀi] *f* Trunksucht *f*
ivrognesse [ivʀɔɲɛs] F *f* P Säuferin *f*

J

J, j [ʒi] *m* ⟨*inv*⟩ J, j *n*; *le jour J* der Tag X
j' [ʒ] → *je*
jabot [ʒabo] *m* **1.** ZO Kropf *m* **2.** COUT Jabot *n*
jacasser [ʒakase] *v/i* **1.** *pie* schreien **2.** *fig* schwatzen; F plappern; F schnattern
jacasserie [ʒakasʀi] F *f* Schwatzen *n*; F Plappern *n*; F Schnattern *n*
jacasseur [-œʀ] F *adj* ⟨**-euse** [-øz]⟩ geschwätzig
jachère [ʒaʃɛʀ] *f* Brache *f*; *en jachère* brachliegend
jacinthe [ʒasɛ̃t] *f* Hyazinthe *f*
jackpot [(d)ʒakpɔt] *m* Jackpot *m*; *toucher le*

jackpot den Jackpot gewinnen, F knacken
jacobin [ʒakɔbɛ̃] *m* HIST Jakobiner *m*
jacobinisme [ʒakɔbinism] *m* Jakobinertum *n*
jacquard [ʒakaʀ] *m* TEXT **1.** Jacquardwebstuhl *m*; Jacquardmaschine *f* **2.** jacquardgemusterter Pullover
jacquerie [ʒakʀi] *f* HIST Bauernaufstand *m*
Jacques [ʒak] *m* **1.** *prénom* Jakob *m* **2.** F *faire le Jacques* den Hanswurst spielen
jactance [ʒaktɑ̃s] *f* **1.** *litt* (*vanité*) Prahlerei *f* **2.** F (*bavardage*) F Gequassel *n*
jacter [ʒakte] *v/i* F quasseln
jacuzzi® [ʒakyzi] *m* Whirlpool® *m*

jade [ʒad] *m* Jade *m ou f*

jadis [ʒadis] *adv* einst(mals); früher

jaguar [ʒagwaʀ] *m* Jaguar *m*

jaillir [ʒajiʀ] *v/i* **1.** *liquide* herausspritzen (*de* aus); hervorquellen, -sprudeln; *flammes* hochschlagen; *étincelles* sprühen **2.** *fig* idées hervorbrechen; aufblitzen

jaillissant [ʒajisɑ̃] *adj* ⟨**-ante** [-ɑ̃t]⟩ sprudelnd

jaillissement [ʒajismɑ̃] *m* **1.** *d'un liquide* (Auf)Spritzen *n*; Hochschießen *n*; Sprudeln *n*; *d'une flamme* Hochschlagen *n*; *d'étincelles* Sprühen *n*; ÉLECT Überspringen *n*; *de la lumiè-re* Aufblitzen *n* **2.** *fig de la vérité* Hervorbrechen *n*; Aufblitzen *n*

jais [ʒɛ] *m* Gagat *m*; Pechkohle *f*; *fig* **de jais** tiefschwarz; pechschwarz

jaja [ʒaʒa] *m arg* (*vin*) Wein *m*

jalon [ʒalɔ̃] *m* Fluchtstab *m*; Absteckpfahl *m*; *fig* **poser des jalons** den Weg bereiten (*de qc* für etw)

jalonnement [ʒalɔnmɑ̃] *m du terrain* Abstecken *n*; Markieren *n*

jalonner [ʒalɔne] *v/t* **1.** *terrain* abstecken; markieren **2.** (*border*) säumen; *fig* **jalonné de** reich an (+ *dat*); voller (+ *gén*)

jalousement [ʒaluzmɑ̃] *adv* → **jaloux**; **garder jalousement un secret** ein Geheimnis ängstlich hüten

jalouser [ʒaluze] **I** *v/t* eifersüchtig sein auf (+ *acc*); beneiden **II** *v/pr* **se jalouser** aufeinander eifersüchtig, neidisch sein

jalousie [ʒaluzi] *f* **1.** (*envie*) Neid *m*; Missgunst *f* **2.** *en amour* Eifersucht *f* **3.** TECH Jalousie *f*

▸ **jaloux** [ʒalu] *adj* ⟨**jalouse** [ʒaluz]⟩ **1.** (*envieux*) neidisch (*de qn, qc* auf j-n, etw); missgünstig; *subst* **faire des jaloux** Neid erregen; Neider schaffen **2.** *en amour* eifersüchtig (*de qn* auf j-n) **3.** (*très attaché à*) **jaloux de qc** ängstlich auf etw (*acc*) bedacht

jamaïquain [ʒamaikɛ̃] **I** *adj* jamaikanisch **II** *subst* **Jamaïquain(e)** *m(f)* Jamaikaner(in) *m(f)*

Jamaïque [ʒamaik] **la Jamaïque** Jamaika *n*

▸ **jamais** [ʒamɛ] *adv* **1.** ⟨*mit ne beim Verb*⟩ nie (-mals); **je ne l'oublierai jamais** ich werde es nie vergessen; **ne ... plus jamais** *ou* **ne ... jamais plus** nie mehr; nie wieder; **ne ... jamais que** immer nur; schließlich nur; **jamais de la vie!** nie und nimmer!; nie im Leben!; **il n'en fait jamais d'autres** er macht immer solche Dummheiten; **on ne sait jamais** man kann nie wissen **2.** *sens positif* je(mals); **pire que jamais** schlimmer denn je; **si jamais je te revois** wenn ich dich je wiedersehen sollte; **à** (**tout**) **jamais** für immer; **sans jamais ...** ohne je (-mals) ...

jambage [ʒɑ̃baʒ] *m de lettres* Abstrich *m*

▸ **jambe** [ʒɑ̃b] *f* Bein *n*; → *Info bei* **Bein**; *s'enfuir* **à toutes jambes** Hals über Kopf; *fig* **par-dessous** *ou* **par-dessus la jambe** nachlässig; flüchtig; oberflächlich; *fig* **avoir les jambes en coton** weiche Knie haben; F *fig* **cela me fait une belle jambe!** was nützt mir das!; F dafür kann ich mir nichts kaufen!; *fig* **prendre ses jambes à son cou** F die Beine in die Hand nehmen; *fig* **tenir la jambe à qn** j-n durch sein Gerede aufhalten; **traîner la jambe** ein Bein nachziehen; lahmen; *fig* sich nur noch mit Mü-

he weiterschleppen; kaum noch gehen können

jambière [ʒɑ̃bjɛʀ] *f* **1.** SPORTS (Schien)Beinschutz *m*, -schützer *m* **2.** *en laine* Legwarmer *m*

▸ **jambon** [ʒɑ̃bɔ̃] *m* Schinken *m* (*a* F *fig cuisse*); **jambon de Bayonne** roher, leicht gesalzener Schinken

jambonneau [ʒɑ̃bɔno] *m* ⟨**~x**⟩ Eisbein *n*; Schweinshaxe *f*

jansénisme [ʒɑ̃senism] *m* REL Jansenismus *m*; *par ext* große Sittenstrenge

janséniste [ʒɑ̃senist] **I** *adj* REL jansenistisch; *par ext* (sitten)streng **II** *m,f* Jansenist(in) *m(f)*

jante [ʒɑ̃t] *f* Felge *f*

▸ **janvier** [ʒɑ̃vje] *m* Januar *m*; **en janvier, au mois de janvier** im (Monat) Januar

▸ **Japon** [ʒapɔ̃] **le Japon** Japan *n*

▸ **japonais** [ʒaponɛ] **I** *adj* ⟨**-aise** [-ɛz]⟩ japanisch **II 1.** **Japonais(e)** *m(f)* Japaner(in) *m(f)* **2.** LING **le japonais** das Japanische; Japanisch *n*

japonaiserie [ʒaponɛzʀi] *f* japanischer Kunstgegenstand; *bibelot* japanische Nippsache

japonisant [ʒaponizɑ̃] *m*, **japonisante** [-ɑ̃t] *f* Japanologe *m*, Japanologin *f*

jappement [ʒapmɑ̃] *m* Kläffen *n*

japper [-e] *v/i* kläffen

jaquette [ʒakɛt] *f* **1.** *pour hommes* Cut(away) *m*; *pour femmes* taillierte (Kostüm)Jacke **2.** *d'un livre* Schutzumschlag *m* **3.** *d'une dent* Jacketkrone *f*

▸ **jardin** [ʒaʀdɛ̃] *m* **1.** Garten *m*; **jardin ouvrier** Schreber-, Kleingarten *m*; **jardin public** öffentliche Anlage; **aménager, faire un jardin** e-n Garten anlegen; **faire son jardin** s-n Garten bestellen; im Garten arbeiten **2.** **jardin d'enfants** Kindergarten *m*

jardinage [ʒaʀdinaʒ] *m* Gartenarbeit *f*; Gartenbau *m*

jardiner [-e] *v/i* im Garten arbeiten; gärtnern

jardinerie [ʒaʀdinʀi] *f* Gartencenter *n*

jardinet [ʒaʀdinɛ] *m* Gärtchen *n*

▸ **jardinier** [ʒaʀdinje] *m* Gärtner *m*

▸ **jardinière** [ʒaʀdinjɛʀ] *f* **1.** Gärtnerin *f* **2.** (*bac à fleurs*) Blumenkasten *m* **3.** CUIS gemischtes Gemüse

jargon [ʒaʀgɔ̃] *m* **1.** Jargon *m*; Fach-, Berufssprache *f* **2.** *péj* Kauderwelsch *n*

jarre [ʒaʀ] *f* großer Tonkrug

jarret [ʒaʀɛ] *m* **1.** ANAT Kniekehle *f* **2.** CUIS Hachse *f*; *südd* Haxe *f*

jarretelle [ʒaʀtɛl] *f* Strumpfhalter *m*; Straps *m*

jarretière [ʒaʀtjɛʀ] *f* Strumpfband *n*

jars [ʒaʀ] *m* Gänserich *m*; *nordd* Ganter *m*

jaser [ʒaze] *v/i* schwatzen; F klatschen

jaseur [-œʀ] *adj* ⟨**-euse** [-øz]⟩ schwatzhaft; geschwätzig

jasmin [ʒasmɛ̃] *m* (Echter) Jasmin *m*

jaspe [ʒasp] *m* Jaspis *m*

jatte [ʒat] *f* Schale *f*; Napf *m*

jauge [ʒoʒ] *f* Messstab *m*; **jauge d'essence** Benzinuhr *f*

jaugeage [ʒoʒaʒ] *m* **1.** *de récipients* (Aus)Messen *n* **2.** MAR Tonnagebestimmung *f*

jauger [ʒoʒe] ⟨**-ge-**⟩ **I** *v/t* **1.** (*mesurer*) (ver)messen **2.** *fig* (*évaluer*) ab-, einschätzen **II** *v/i* MAR **jauger 10 000 tonneaux** 10 000 Tonnen haben

jaunâtre [ʒonɑtʀ] *adj* gelblich

▸ **jaune** [ʒon] **I** *adj* gelb **II** *adv fig* **rire jaune** gezwungen lachen **III** *m* **1.** *couleur* Gelb *n* **2. jaune d'œuf** Eigelb *n*; (Ei)Dotter *m ou n* **3.** *péj* Streikbrecher *m*

jaunir [ʒoniʀ] **I** *v/t* gelb färben **II** *v/i* gelb werden; *papier a* vergilben

jaunissant [ʒonisɑ̃] *adj* ⟨**-ante** [-ɑ̃t]⟩ *feuillages* (sich) gelb färbend; *papier* vergilbend

jaunisse [ʒonis] *f* Gelbsucht *f*; F *fig* **en faire une jaunisse** F sich schwarzärgern

jaunissement [ʒonismɑ̃] *m* Gelbfärbung *f*; Vergilben *n*

Jaurès [ʒoʀɛs] *frz Politiker*

java [ʒava] *f* **1.** *für den „bal musette" typischer Tanz* **2.** F *fig* **faire la java** F einen draufmachen

Java [ʒava] Java *n*

javanais [ʒavanɛ] **I** *adj* ⟨**-aise** [-ɛz]⟩ javanisch **II 1. Javanais(e)** *m(f)* Javaner(in) *m(f)* **2.** LING **le javanais** das Javanische; Javanisch *n*

Javel [ʒavɛl] **eau** *f* **de Javel** chlorhaltiges Desinfektionsmittel

javelle [ʒavɛl] *f* AGR Schwade(n) *f(m)*

javellisant [ʒavelizɑ̃] *adj* ⟨**-ante** [-ɑ̃t]⟩ *produit* *récurant* mit großer Bleichkraft

javellisation [-asjõ] *f* Keimfreimachen *n* mit Eau de Javel; Chloren *n*

javellisé [ʒavelize] *adj* ⟨**∼e**⟩ gechlort

javelliser [ʒavelize] *v/t* mit Eau de Javel keimfrei machen; chloren

javelot [ʒavlo] *m* **1.** Speer *m* **2.** *discipline* Speerwerfen *n*

jazz [dʒaz] *m* Jazz *m*

jazzman [dʒazman] *m* ⟨ **∼s** *ou* **jazzmen** [dʒazmɛn]⟩ Jazzmusiker *m*; Jazzer *m*

J.-C. *abr* (*Jésus-Christ*) Chr. (Christus)

▸ **je** [ʒ(ə)] *pr/pers* ⟨*vor Vokal u stummem h* **j'**⟩ ich; **je parle** ich spreche; **j'entends** ich höre

Jean [ʒɑ̃] *m* Hans *m*; Johannes *m*

▸ **jean** [dʒin] *m* **1.** *pantalon* **jean** *ou pl* **jeans** [dʒins] Jeans *pl* **2.** *tissu* Jeansstoff *m*

Jeanne d'Arc [ʒandaʀk] *f* die heilige Johanna; **coiffure** *f* **à la Jeanne d'Arc** Pagenfrisur *f*, -kopf *m*

jeep® [dʒip] *f* Jeep® *m*

Jéhovah [ʒeɔva] *m* BIBL Jehova *m*

je-m'en-fichisme [ʒmɑ̃fiʃism] F *m* Gleichgültigkeit *f*; F Wurschtigkeit *f*

je-m'en-fichiste [ʒmɑ̃fiʃist] F **I** *adj* gleichgültig; F wurschtig **II** *m,f* Person *f*, der alles gleichgültig, F wurscht ist

je-m'en-foutisme [ʒmɑ̃futism] F *m* Gleichgültigkeit *f*; F Wurschtigkeit *f*

je-m'en-foutiste [ʒmɑ̃futist] F **I** *adj* gleichgültig; F wurschtig **II** *m,f* Person *f*, der alles gleichgültig, F wurscht ist

je-ne-sais-quoi [ʒənsekwa] *m* ⟨*inv*⟩ **un je-ne-sais-quoi** ein gewisses Etwas

jérémiades [ʒeʀemjad] *f/pl* F Gejammer *n*

jerricane *ou* **jerrycan** [(d)ʒeʀikan] *m* (Benzin)-Kanister *m*

jersey [ʒɛʀze] *m* **1.** TEXT Jersey *m* **2.** *corsage* eng anliegende Jerseybluse; *tricot* eng anliegender Jerseypullover

Jersey [ʒɛʀzɛ] Jersey *n*

Jérusalem [ʒeʀyzalɛm] Jerusalem *n*

jésuite [ʒezɥit] **I** *m* Jesuit *m* **II** *adj* **1.** Jesuiten... **2.** *péj* jesuitisch; verschlagen

jésuitisme [ʒezɥitism] *m péj fig* Heuchelei *f*; Falschheit *f*

Jésus-Christ [ʒezykʀi] *m* Jesus Christus; **avant, après Jésus-Christ** vor, nach Christus; vor, nach Christi Geburt

jet¹ [ʒɛ] *m* **1.** (*action de jeter*) Wurf *m*; Werfen *n* **2.** *d'un fluide* Strahl *m*; **jet d'eau** Wasserstrahl *m*; *vertical* Fontäne *f* **3.** *fig* **premier jet** erster Entwurf; **d'un** (**seul**) **jet** in einem Zug

jet² [dʒɛt] *m* AVIAT Jet *m*; Düsenflugzeug *n*

jetable [ʒətabl] *adj* Wegwerf...; Einmal...

jeté [ʒ(ə)te] *m* **jeté de table** Tischläufer *m*

jetée [ʒ(ə)te] *f* (Hafen)Mole *f*

▸ **jeter** [ʒ(ə)te] ⟨**-tt-**⟩ **I** *v/t* **1.** (*lancer*) werfen; F schmeißen; *filet, ligne de pêche* auswerfen; *liquide* schütten (**dans** in + *acc*); **jeter l'ancre** den Anker auswerfen; vor Anker gehen; ankern; **jeter par la fenêtre** zum Fenster hinauswerfen; **jeter des pierres à qn** j-n mit Steinen bewerfen; *fig* **jeter un regard à qn** j-m e-n Blick zuwerfen; *fig* **jeter un coup d'œil sur qc** e-n Blick auf etw (*acc*) werfen; **jeter qc à la tête de qn** j-m etw an den Kopf werfen (*a fig*) **2.** *pour s'en débarrasser* wegwerfen; fortwerfen; F wegschmeißen; (**bon**) **à jeter** zum Wegwerfen; **jeter à la poubelle** in den Mülleimer werfen; *personne* **se faire jeter** F rausgeschmissen werden **3.** (*émettre*) *lumière, ombre* werfen (**sur** auf + *acc*); *cris* ausstoßen; *étincelles* sprühen; F **en jeter** Eindruck machen; F viel hermachen **4.** (*poser*) *fig* **jeter les bases de qc** den Grund zu etw legen; **jeter un pont** e-e Brücke schlagen (**sur** über + *acc*) **II** *v/pr* **5. se jeter** sich stürzen (**dans le vide** in die Tiefe); **se jeter de côté** zur Seite springen; **se jeter aux pieds de qn** sich j-m zu Füßen werfen; **se jeter sur qn, qc** sich auf j-n, etw stürzen; über j-n, etw herfallen **6.** *fleuve* **se jeter dans** münden, fließen in (+ *acc*)

jeteur [ʒ(ə)tœʀ] *m* **jeteur de sort** mit dem bösen Blick behafteter Mensch

jeton [ʒ(ə)tõ] *m* **1.** Marke *f*; Münze *f*; *au jeu* Spielmarke *f*; Jeton *m* (*a* TÉL.); **jetons de présence** Sitzungs-, Tagegeld *n* **2.** F *fig* **un faux jeton** [foʃtõ] F ein falscher Fuffziger **3.** F (*coup*) Schlag *m*; F Macke *f* (*a fig*) **4.** F **avoir les jetons** F Manschetten, P Schiss haben

jet set *ou* **jet-set** [dʒɛtsɛt] *m ou f* ⟨**jet-sets**⟩ Jetset *m*

▸ **jeu** [ʒø] *m* ⟨**∼x**⟩ **1.** Spiel *n* (*a objet, fig*); **jeu télévisé** Fernsehquiz *n*; **jeu de cartes** Kartenspiel *n*; **jeu de construction** Baukasten *m*; **jeu d'enfant** Kinderspiel *n* (*a fig*); **jeu de mots** Wortspiel *n*; **jeu de piste** Schnitzeljagd *f*; **jeu de société** Gesellschaftsspiel *n*; **au jeu** beim Spiel; SPORTS **'hors jeu** abseits; *fig* **avoir beau jeu** leichtes Spiel haben; *fig* **entrer dans le jeu** mitmachen; darauf eingehen; **entrer en jeu** *facteur* ins Spiel kommen; *personne* in Funktion treten; **ce n'est pas de jeu** das ist gegen die Spielregel; *fig* **être en jeu** auf dem Spiel stehen; *fig* **faire le jeu de qn** j-m (unbeabsichtigt) in die Hände arbeiten; *fig* **les jeux sont faits** die Würfel sind gefallen; **jouer le jeu** sich an die Spielregeln halten; *fig* **jouer** (**un**) **double jeu** ein doppeltes Spiel spielen, treiben; **mettre en jeu** (*miser*) setzen; *fig* (*se servir de*) aufbieten; einsetzen; (*risquer*) aufs Spiel setzen; *fig* **se piquer, se prendre au jeu** Gefallen, Geschmack an der Sache finden;

être pris à son propre jeu sich in der eigenen Schlinge fangen **2.** *adjt* F *vieux jeu* altmodisch; unmodern **3.** TECH (*série*) Satz *m*; *jeu de clés* Satz Schlüssel **4.** TECH Spiel *n*; *avoir du jeu* Spiel haben

▸ **jeudi** [ʒødi] *m* Donnerstag *m*; *jeudi saint* Gründonnerstag *m*; *un jeudi* an e-m Donnerstag; *le jeudi* donnerstags; am Donnerstag; *tous les jeudis* jeden Donnerstag; *jeudi prochain* (am) nächsten, kommenden Donnerstag; *jeudi soir* (am) Donnerstagabend; *le jeudi soir* donnerstagabends; donnerstags abends

jeun [ʒɛ̃, ʒœ̃] *à jeun* nüchtern; auf nüchternen Magen

▸ **jeune** [ʒœn] **I** *adj* **1.** jung; *jeune fille* f (junges) Mädchen; *jeune homme* m junger Mann; *tout jeune* blutjung; ganz jung; *dès son plus jeune âge* von frühester Jugend an **2.** (*juvénile*) jugendlich; *être jeune de caractère* ein jugendliches Wesen haben; *ils font jeune(s)* sie sehen jung, jugendlich aus **3.** (*nouveau*) *jeunes mariés* Jungverheiratete(n) *pl*; junges, neuvermähltes Paar **II** *m,f* Jugendliche(r) f(m); ▸ *les jeunes* die jungen Leute; die Jugendlichen; die Jugend; die Jungen; der Nachwuchs

jeûne [ʒøn] *m* Fasten *n* (*a* REL)
jeûner [ʒøne] *v/i* fasten
▸ **jeunesse** [ʒœnɛs] f **1.** *période* Jugend(zeit) f; Jugendjahre *n/pl*; *première jeunesse* frühe(ste) Jugend; *prov il faut que jeunesse se passe* (die) Jugend muss sich austoben **2.** (*les jeunes*) Jugend f **3.** *qualité* Jugendlichkeit f; *jeunesse d'esprit* geistige Frische **4.** *plais une jeunesse* ein junges Ding

jeunet [ʒœnɛ] F *adj* ⟨**-ette** [-ɛt]⟩ sehr jung; reichlich jung
jeunot [ʒœno] *m* F *un petit jeunot* F ein junger Spund; F ein Bürschchen *n*
jihad [dʒiad] *m* → *djihad*
jingle [dʒingœl] *m* Jingle *m*
JO [ʒio] *m/pl abr* (*Jeux olympiques*) Olympische Spiele *n/pl*
joaillerie [ʒɔajʀi] f **1.** *art* Juwelierkunst f **2.** *magasin* Juweliergeschäft *n*
joaillerie-orfèvrerie f ⟨**joaillleries-orfèvreries**⟩ Juwelier- und Goldwarengeschäft *n*
joaillier [ʒɔaje] *m*, **joaillière** [-jɛʀ] f Juwelier(in) *m(f)*
joaillier-orfèvre *m* ⟨**joailliers-orfèvres**⟩ Juwelier *m* und Goldschmied *m*
job [dʒɔb] *m* F Job *m*
jobard [ʒɔbaʀ] *adj* ⟨**-arde** [-aʀd]⟩ einfältig; leichtgläubig
jobardise [-diz] f Leichtgläubigkeit f; Einfalt f
jockey [ʒɔkɛ] *m* Jockei *ou* Jockey *m*
Joconde [ʒɔkõd] *la Joconde* die Mona Lisa
jodler [ʒɔdle] *v/i* jodeln
joggeur [dʒɔgœʀ] *m*, **joggeuse** [-øz] f Jogger(in) *m(f)*
jogging [dʒɔgiŋ] *m* **1.** *sport* Jogging *n*; *faire du jogging* joggen **2.** *vêtement* Jogginganzug *m*
▸ **joie** [ʒwa] f Freude f; *joie de vivre* Lebensfreude f, -lust f; *iron les joies de la voiture* die Freuden des Autofahrens; *à cœur joie* nach Herzenslust; *faire, laisser éclater sa joie* in Jubel ausbrechen; *s'en donner à cœur joie* mit Leib und Seele dabei sein; *faire la joie*

de qn die ganze Freude j-s sein; *se faire une joie de faire qc* sich (*dat*) ein Vergnügen daraus machen, etw zu tun; *mettre en joie* erheitern; fröhlich stimmen; *pleurer de joie* vor Freude weinen; Freudentränen vergießen; *sauter de joie* Freudensprünge machen

joignable [ʒwaɲabl] *adj personne* erreichbar
joindre [ʒwɛ̃dʀ] ⟨**je joins** [ʒwɛ̃], **il joint, nous joignons** [ʒwaɲõ]; **je joignais; je joignis; je joindrai; que je joigne; joignant; joint**⟩ *v/t* **1.** (*mettre ensemble*) aneinanderfügen; zusammenfügen; miteinander verbinden; *joindre les mains* die Hände falten **2.** (*ajouter*) *joindre à* hinzufügen (+ *dat*); dazutun zu; *à une lettre* beilegen (+ *dat*); *joindre qc à une lettre* etw in e-m Brief mitschicken **3.** *joindre qn* j-n erreichen; *joindre qn par téléphone* j-n telefonisch, per Telefon erreichen **II** *v/i planches, etc* *joindre bien* (*mal*) (un)genau anliegen **III** *v/pr se joindre à qn* sich j-m anschließen; *se joindre à qc* sich e-r Sache (*dat*) anschließen; bei etw mitmachen
joint [ʒwɛ̃] **I** *adj* ⟨**jointe** [ʒwɛ̃t]⟩ **1.** zusammengefügt; verbunden, vereinigt (*à* mit); *document* beigelegt (*à dat*); *pièces jointes* Anlagen *f/pl*; *sauter à pieds joints* mit geschlossenen Füßen; aus dem Stand **2.** INFORM *fichier joint, pièce jointe* Attachment [ə'tɛtʃmənt] *n* **II** *m* **3.** TECH (*articulation*) Gelenk *n*; *fig chercher le joint* e-n Weg, ein Mittel suchen **4.** TECH *de robinet, etc* Dichtung f; *joint de culasse* Zylinderkopfdichtung f **5.** CONSTR Fuge f **6.** F *de haschisch* Joint *m*
jointif [ʒwɛ̃tif] *adj* ⟨**-ive** [-iv]⟩ aneinandergesetzt; fugendicht
jointure [ʒwɛ̃tyʀ] f **1.** ANAT Gelenk *n* **2.** TECH Verbindungsstelle f; Fuge f
jojo [ʒoʒo] F **I** *adj* ⟨*inv*⟩ *pas très jojo* nicht sehr schön, nett **II** *m un affreux jojo* ein Ekel *n*
joker [ʒɔkɛʀ] *m* Joker *m*
▸ **joli** [ʒɔli] *adj* ⟨**~e**⟩ **1.** hübsch; nett; *joli comme un cœur* bildhübsch **2.** *somme, etc* F (ganz) hübsch, beachtlich; *c'est bien joli, mais ...* das ist alles ganz schön und gut, aber ... **3.** *iron* sauber; nett; reizend; *subst c'est du joli!* F das ist e-e schöne Bescherung!
joliment [ʒɔlimɑ̃] *adv* **1.** hübsch **2.** F ganz schön
jonc [ʒõ] *m* Binse f
jonchée [ʒõʃe] f *jonchée de fleurs* gestreute Blumen *f/pl*; *par ext jonchée de papiers etc* auf dem Boden herumliegende Papiere *n/pl etc*
joncher [ʒõʃe] *v/t* **1.** bestreuen (*de* mit) **2.** *objets* verstreut liegen (*le sol* auf dem Boden); *jonché de* übersät mit
jonchet [ʒõʃɛ] *m* Mikadostäbchen *n*
jonction [ʒõksjõ] f Verbindung f; Vereinigung f; Anschluss(stelle) *m(f)*
jongler [ʒõgle] *v/i* jonglieren (*avec* mit; *a fig*)
jongleur [-œʀ] *m*, **jongleuse** [-øz] f Jongleur(in) *m(f)*
jonque [ʒõk] f Dschunke f
jonquille [ʒõkij] f Gelbe Narzisse; Osterglocke f

Jordanie [ʒɔʀdani] *la Jordanie* Jordanien *n*
jordanien [ʒɔʀdanjɛ̃] **I** *adj* ⟨**-ienne** [-jɛn]⟩ jordanisch **II** *Jordanien(ne)* *m(f)* Jordanier(in) *m(f)*

J

jouable [ʒwabl] *adj* **1.** spielbar **2.** (*possible*) möglich

▸ **joue** [ʒu] *f* Backe *f*; *st/s* Wange *f*; *mettre, tenir qn en joue* auf j-n anlegen, zielen

▸ **jouer** [ʒwe] **I** *v/t* **1.** spielen (*a* MUS, THÉ); *carte, couleur* ausspielen; *somme* setzen (*sur* auf + *acc*); *fig réputation* aufs Spiel setzen; *pièce, film a* aufführen; geben; MUS *jouer qc à qn* j-m etw vorspielen **2.** *fig étonnement, etc* mimen; heucheln; *jouer les innocents, etc* den Unschuldigen *etc* spielen, markieren **II** *v/i et v/t/indir* **3.** spielen; *à qui de jouer?* wer ist dran, an der Reihe?; *fig bien joué!* gut so!; gut gemacht!; *jouer aux cartes, aux échecs, etc* Karten, Schach *etc* spielen; *jouer au football, au tennis, etc* Fußball, Tennis *etc* spielen; *jouer aux courses* (bei Pferderennen) wetten; *jouer de la flûte, du piano, etc* Flöte, Klavier *etc* spielen; *jouer sur les mots* Wortspielereien machen **4.** (*utiliser*) *jouer de qc* etw einsetzen, ausnutzen; *jouer de son charme* s-n Charme einsetzen, aufbieten **5.** (*entrer en jeu*) e-e Rolle spielen; zum Tragen kommen; sich auswirken; *faire jouer ses relations* s-e Beziehungen spielen lassen **III** *v/pr* **6.** *jouer* THÉ, MUS gespielt werden; *fig drame* sich abspielen; *avenir* sich entscheiden **7.** *se jouer de qn* j-n zum Narren halten; *se jouer des difficultés* die Schwierigkeiten spielend meistern

▸ **jouet** [ʒwɛ] *m* **1.** Spielzeug *n*; *jouets pl* Spielzeug *n* (*coll*); Spielsachen *f/pl* **2.** *fig être le jouet de* der Spielball, das Opfer (+ *gén*) sein

▸ **joueur** [ʒwœR], **joueuse** [ʒwøz] **I** *m,f* Spieler(in) *m(f)*; *il est beau, mauvais joueur* er ist ein guter, schlechter Verlierer (*a fig*) **II** *adj enfant, chat* verspielt

joufflu [ʒufly] *adj* ⟨~e⟩ pausbäckig

joug [ʒu] *m* Joch *n* (*a fig*)

jouir [ʒwiR] **I** *v/t/indir jouir de qc* **1.** (*posséder*) etw genießen, besitzen, haben; sich e-r Sache (*gén*) erfreuen **2.** (*tirer plaisir de*) etw genießen, auskosten **3.** JUR die Nutzung von etw haben **II** *v/i* e-n Orgasmus haben; F kommen; F fertig werden

jouissance [ʒwisɑ̃s] *f* **1.** (*plaisir*) Genuss *m* **2.** JUR Nutzung *f*; Nutzungsrecht *n*; Nießbrauch *m*

jouisseur [ʒwisœR] *m*, **jouisseuse** [-øz] *f* Genießer(in) *m(f)*; Genussmensch *m*

jouissif [ʒwisif] *adj* ⟨-ive [-iv]⟩ großartig; hervorragend

joujou [ʒuʒu] *m* ⟨~x⟩ *enf* **1.** Spielzeug *n* (*a fig*) **2.** *faire joujou* spielen

joule [ʒul] *m* PHYS Joule *n*

▸ **jour** [ʒuR] *m* **1.** Tag *m*; *jour de l'An* Neujahrstag *m*; *jour de fête* Festtag *m*; *jour de semaine, de travail* Wochen-, Arbeitstag *m*; *beau comme le jour* bildschön; (*pendant*) *le jour* tagsüber; am Tag(e); während des Tages; *l'autre jour* neulich; unlängst; vor Kurzem; *un jour* e-s Tages; einmal; *un jour ou l'autre* früher oder später; über kurz oder lang; *un jour sur deux, tous les deux jours* alle zwei Tage; jeden zweiten Tag; *ces jours-ci* in diesen Tagen; dieser Tage; *un de ces jours* demnächst; bald einmal; *tous les jours ou chaque jour* täglich; jeden Tag; alle Tage; *à jour* auf dem Laufen-

den; *mettre à jour* aufs Laufende, auf den neuesten Stand bringen; aufarbeiten; *jour après jour* Tag für Tag; tagaus, tagein; tagtäglich; *de jour* bei Tag(e); tagsüber; *de jour en jour* von Tag zu Tag; mit jedem Tag; *de nos jours* heutzutage; *du jour au lendemain* von heute auf morgen; *du jour où ...* seit dem Tag, da *ou* an dem ...; *par jour* täglich; pro, am Tag; *jour pour jour* auf den Tag (genau); *quel jour sommes-nous?* welchen Tag *ou* den Wievielten haben wir heute?; welcher Tag *ou* der Wievielte ist heute?; *être comme le jour et la nuit* grundverschieden sein; *vivre au jour le jour* von der Hand in den Mund leben **2.** (Tages-)Licht *n*; *faux jour* schlechtes Licht; ungünstige Beleuchtung; *au jour* bei Tageslicht; *fig au grand jour* in aller Öffentlichkeit; *au petit jour* bei Tagesanbruch; im Morgengrauen; *fig sous un jour favorable* in günstigem Licht; *fig se montrer sous son vrai jour* sein wahres Gesicht zeigen; *il fait jour* es ist Tag, hell; *fig faire jour vérité* ans Licht, an den Tag kommen; *idée* zum Durchbruch kommen; *fig voir le jour personne* das Licht der Welt erblicken; *idée, mode* aufkommen **3.** (*vie*) *jours pl* Leben *n*; Tage *m/pl*; *donner le jour à un enfant* e-m Kind das Leben schenken; *finir ses jours à la campagne* s-n Lebensabend auf dem Land verbringen **4.** COUT Hohlsaum *m*

---

jour – ⟨SG⟩
oder etwa doch journée?

Elle prend le métro tous les jours.

Sie fährt jeden Tag mit der U-Bahn.

Wird der Tag als Zeiteinheit von 24 Stunden betrachtet, so verwendet man **le jour.**

Betont man bei einem Tag hingegen dessen Verlauf, so nimmt man **la journée:**

Vous avez passé une belle journée à Dijon ?

Haben Sie einen schönen Tag in Dijon verbracht?

▸ **journal** [ʒuRnal] *m* ⟨-aux [-o]⟩ **1.** *publication* (Tages)Zeitung *f*; Blatt *n*; (*périodique*) Zeitschrift *f* **2.** *journal télévisé* (Fernseh-)Nachrichten *f/pl* **3.** *journal* (*intime*) Tagebuch *n*; *journal de voyage* Reisetagebuch *n*

journalier [ʒuRnalje] **I** *adj* ⟨-ière [-jɛR]⟩ täglich **II** *m* Tagelöhner *m*

journalisme [ʒuRnalism] *m* Journalismus *m*; Publizistik *f*

▸ **journaliste** [ʒuRnalist] *m,f* Journalist(in) *m(f)*

journalistique [-ik] *adj* journalistisch

▸ **journée** [ʒuRne] *f* **1.** (*jour*) Tag *m*; *bonne journée!* schönen Tag!; *toute la journée* den ganzen Tag (lang, über); *des journées entières* tagelang; *à la journée* tageweise; pro Tag; nach Tagen; *au cours de la journée* im Laufe des Tages; **en fin de journée** am Abend **2.** **journée** (**de travail**) Arbeitstag *m*; **journée continue** durchgehende Arbeitszeit; **faire la journée continue** durcharbeiten

journellement [ʒuʀnɛlmɑ̃] *adv* täglich; alle Tage; tagaus, tagein

joute [ʒut] *f* **1.** **joute sur l'eau** Fischerstechen *n* **2.** *fig* **joute oratoire** Rededuell *n*

jouvence [ʒuvɑ̃s] *f* **fontaine** *f* **de jouvence**, *fig* *a* **bain** *m* **de jouvence** Jungbrunnen *m*

jouvenceau [ʒuvɑ̃so] *m* ⟨**~x**⟩ *plais* Jüngling *m*

jouxter [ʒukste] *v/t* ADM **jouxter qc** *terrain* neben etw (*dat*) liegen

jovial [ʒɔvjal] *adj* ⟨**~e**; **-aux** [-o] *od* **-als**⟩ fröhlich; heiter

jovialité [-ite] *f* Fröhlichkeit *f*; Heiterkeit *f*

joyau [ʒwajo] *m* ⟨**~x**⟩ Juwel *n* (*a fig*); *fig a* Kleinod *n*

▸ **joyeux** [ʒwajø] *adj* ⟨**-euse** [-øz]⟩ fröhlich; lustig; vergnügt; heiter

joystick [dʒɔjstik] *m* Joystick *m*

JT [ʒite] *m abr* (*journal télévisé*) Fernsehnachrichten *f/pl*

jubé [ʒybe] *m* ARCH Lettner *m*

jubilation [ʒybilasjõ] *f* Jubel *m*; unbändige Freude

jubilé [ʒybile] *m* fünfzigjähriges (Dienst)Jubiläum

jubiler [ʒybile] *v/i* (innerlich) frohlocken; sich unbändig freuen

juché [ʒyʃe] *adj* ⟨**~e**⟩ hoch oben (liegend, sitzend, stehend)

jucher [ʒyʃe] **I** *v/t* (hoch) hinaufstellen, -legen, -setzen **II** *v/pr* **se jucher sur qc** sich (hoch oben) auf etw (*acc*) setzen

juchoir [ʒyʃwaʀ] *m* (Sitz)Stange *f*; Hühnerstange *f*

judaïque [ʒydaik] *adj* jüdisch

judaïsme [ʒydaism] *m* Judentum *n*

judas [ʒyda] *m* *d'une porte* Spion *m*

judéo-... [ʒydeo] *adj* jüdisch-...

judéo-allemand *adj* ⟨**-ande** [-ãd]⟩ jiddisch

judéo-chrétien *m* Judenchrist *m*

judéo-christianisme *m* Judenchristentum *n*

judiciaire [ʒydisjɛʀ] *adj* gerichtlich; richterlich; Gerichts...; Justiz...; **police** *f* **judiciaire** Kriminalpolizei *f*

judiciairement [ʒydisjɛʀmɑ̃] *adv* gerichtlich

judicieusement [ʒydisjøzmɑ̃] *adv* → **judicieux**

judicieux [ʒydisjø] *adj* ⟨**-euse** [-øz]⟩ klug; gescheit; vernünftig

judo [ʒydo] *m* Judo *n*

judoka [ʒydɔka] *m,f* Judoka *m*

▸ **juge** [ʒyʒ] *m,f* JUR Richter(in) *m(f)* (*a fig*); **juge d'instruction** Untersuchungsrichter *m*; SPORTS **juge de touche** Linienrichter *m*; **juge pour enfants** Jugendrichter *m*

jugé [ʒyʒe] *m* **au jugé** ungefähr; nach Gefühl

jugeable [ʒyʒabl] *adj* aburteilbar

juge-arbitre *m* ⟨**juges-arbitres**⟩ SPORTS Schiedsrichter *m*

▸ **jugement** [ʒyʒmɑ̃] *m* **1.** Urteil *n* (*a fig*); REL **le Jugement dernier** das Jüngste Gericht; **jugement de valeur** Werturteil *n*; JUR **jugement par défaut** Versäumnisurteil *n*; **prononcer, rendre un jugement** ein Urteil verkünden, fällen **2.** *faculté* Urteilsvermögen *n*; **manquer de jugement** kein Urteil haben; unkritisch

sein

jugeote [ʒyʒɔt] *f* F Grips *m*; F Köpfchen *n*

juger [ʒyʒe] ⟨**-ge-**⟩ **I** *v/t* **1.** JUR aburteilen; das Urteil sprechen über (+ *acc*); ▸ **être jugé** vor Gericht kommen; **force** *f* **de chose jugée** Rechtskraft *f* **2.** *fig* urteilen (*abs ou* **qn, qc** über j-n, etw); beurteilen **3.** (*considérer*) *avec adj* für ... halten, erachten; als ... ansehen; **juger nécessaire de faire qc** es für notwendig halten *ou* erachten, etw zu tun **II** *v/t/indir* **juger de** urteilen über (+ *acc*); beurteilen, ermessen (+ *acc*); *la joie, surprise de qn* sich (*dat*) vorstellen, denken (können); **à en juger par sa réaction** ... nach s-r Reaktion zu urteilen ... **III** *v/pr* **se juger** (**soi-même**) sich (selbst) beurteilen; **se juger perdu** sich verloren glauben **IV** *m* → **jugé**

jugulaire [ʒygylɛʀ] **I** *adj* ANAT **veines** *f/pl* **jugulaires** Drosselvenen *f/pl* **II** *f* Sturm-, Kinnriemen *m*

juguler [ʒygyle] *v/t* eindämmen; Einhalt gebieten (+ *dat*)

▸ **juif** [ʒɥif] **I** *adj* ⟨**juive** [ʒɥiv]⟩ jüdisch; Juden... **II** **juif, juive** *m,f* Jude *m*, Jüdin *f*

▸ **juillet** [ʒɥijɛ] *m* Juli *m*; **le quatorze Juillet** der vierzehnte Juli (*frz Nationalfeiertag*)

▸ **juin** [ʒɥɛ̃] *m* Juni *m*

jujube [ʒyʒyb] *m* Jujube *f*; Brustbeere *f*

juke-box [(d)ʒukbɔks] *m* ⟨*inv*⟩ Musikbox *f*, -automat *m*; Jukebox *f*

julienne [ʒyljɛn] *f* **julienne de légumes** klein geschnittenes Gemüse

Juliette [ʒyljɛt] *f Vorname*; **Roméo et Juliette** Romeo und Julia

jumbo(-jet) [dʒœmbo(dʒɛt)] *m* ⟨**jumbo-jets**⟩ Jumbo(-Jet) *m*

jumeau [ʒymo] **I** *adj* ⟨**-elle** [-ɛl]; **~x**⟩ Zwillings...; Doppel...; **frère jumeau, sœur jumelle** Zwillingsbruder *m*, -schwester *f*; **lits jumeaux** Doppelbett *n* **II** **jumeau** *m* ⟨**~x**⟩, **jumelle** *f* Zwilling *m*; Zwillingsbruder *m*, -schwester *f*; **jumeaux, jumelles** Zwillinge *m/pl*; Zwillingspaar *n*; **vrais, faux jumeaux** eineiige, zweieiige Zwillinge *m/pl*

jumelage [ʒymlaʒ] *m* Städtepartnerschaft *f*

jumelé [ʒymle] *adj* ⟨**~e**⟩ Zwillings...; Doppel...; **pari jumelé** Sieg- und Platzwette *f*; **villes jumelées** Partnerstädte *f/pl*

jumeler [ʒymle] *v/t* ⟨**-ll-**⟩ durch e-e Städtepartnerschaft verbinden

jumelles [ʒymɛl] *f/pl* **1.** Fernglas *n*; Feldstecher *m*; **jumelles de théâtre** Opernglas *n*; F Operngucker *m* **2.** → **jumeau**

jument [ʒymɑ̃] *f* Stute *f*

jumping [dʒœmpiŋ] *m* Jagdspringen *n*

jungle [ʒɛ̃gl, ʒœ̃-] *f* Dschungel *m*

junior [ʒynjɔʀ] **I** *adj* ⟨*f inv*⟩ SPORTS Junioren...; *par ext* **mode** *f* **junior** Mode *f* für Junioren **II** *m,f* Junior(in) *m(f)*

junkie [dʒœŋki] *m,f* Junkie *m*

junte [ʒɛ̃t, ʒœ̃t] *f* Junta *f*; **junte militaire** Militärjunta *f*

▸ **jupe** [ʒyp] *f* Rock *m*

jupe-culotte *f* ⟨**jupes-culottes**⟩ Hosenrock *m*

jupette [ʒypɛt] *f* Röckchen *n*

Jupiter [ʒypitɛʀ] ASTR, MYTH Jupiter *m*

jupon [ʒypõ] *m* Unterrock *m*

Jura [ʒyʀa] **le Jura** GÉOGR der Jura

jurançon [ʒyRᾶsõ] *m ein frz Weißwein*
jurassien [ʒyRasjē] GÉOGR *adj* ⟨**-ienne** [-jɛn]⟩ Jura...; des Jura
jurassique [ʒyRasik] *m* GÉOL Jura *m*
juré [ʒyRe] **I** *adj* ⟨~e⟩ **ennemi juré** geschworener, erklärter Feind **II** *m* JUR Geschworene(r) *m*; Schöffe *m*
▸ **jurer** [ʒyRe] **I** *v/t* schwören (*a abs*); *par ext* (*assurer*) versichern; **jurer de faire qc** schwören, geloben, etw zu tun; **jurer fidélité à qn** j-m Treue schwören, geloben; *fig* **on ne jure plus que par lui** man schwört auf ihn; **je vous jure** das kann ich Ihnen sagen, versichern **II** *v/i* **1.** (*dire des jurons*) fluchen; **jurer comme un charretier** fluchen wie ein Droschkenkutscher **2.** (*aller mal avec*) nicht zueinanderpassen; *couleurs a* sich beißen; **jurer avec qc** nicht zu etw passen; sich nicht mit etw vertragen **III** *v/pr* **se jurer de faire qc** sich (*dat*) schwören, etw zu tun
juridiction [ʒyRidiksjõ] *f* Gerichtsbarkeit *f*; Rechtsprechung *f*; Jurisdiktion *f*; (*tribunal*) Gericht *n*
juridictionnel [ʒyRidiksjɔnɛl] *adj* ⟨~le⟩ richterlich; Gerichts...
juridique [ʒyRidik] *adj* juristisch; rechtlich; Rechts...; **études** *f/pl* **juridiques** Jurastudium *n*; juristisches Studium
juridiquement [ʒyRidikmᾶ] *adv* **1.** rechtlich; juristisch **2.** gerichtlich; vor Gericht
jurisprudence [ʒyRispRydᾶs] *f* Rechtsprechung *f*; Spruchpraxis *f*; **faire jurisprudence** zum Präzedenzfall werden
juriste [ʒyRist] *m,f* Jurist(in) *m(f)*
juron [ʒyRõ] *m* Fluch *m*
jury [ʒyRi] *m* **1.** JUR Geschworene(n) *m/pl* **2.** *d'un prix*, SPORTS Jury *f* **3.** *d'examen* Prüfungskommission *f*
jus [ʒy] *m* **1.** Saft *m*; ▸ **jus de fruit** Obst-, Fruchtsaft *m*; **jus de rôti** Bratensaft *m*; F *fig* **ça vaut le jus** das lohnt sich **2.** F (*café*) Kaffee *m*; *péj* **jus de chaussette** F Brühe *f* **3.** F (*courant électrique*) F Saft *m*
jusant [ʒyzᾶ] *m* Ebbe *f*; Tidenfall *m*
jusqu'au-boutisme [ʒyskobutism] *m* Durchhalten *n* bis zum Ende, um jeden Preis; POL *a* Durchhaltepolitik *f*
jusqu'au-boutiste [-ist] *m* Durchhaltepolitiker *m*; *par ext* Unentwegte(r) *m*
▸ **jusque** [ʒysk(ə)] **I** *prép* ⟨*vor Vokal* **jusqu'**⟩ bis; **a**) **jusqu'à Paris** bis nach Paris; **jusqu'au bord** bis an den *ou* zum Rand; **jusqu'à demain** bis morgen; **jusqu'à quand?** bis wann?; wie lange noch?; **jusqu'au dernier** bis auf den letzten Mann **b**) *avec d'autres prép*: **accompagner qn jusque chez lui** j-n bis nach Hause begleiten; **jusqu'après Noël** bis nach Weihnachten **c**) *avec adv*: **jusqu'ici** *lieu* bis hier (-her); *temps* bis jetzt; bisher; **jusque-là** bis dahin; F *fig* **j'en ai jusque-là** F mir steht's bis hierhin; **jusque tard dans la nuit** bis spät in die Nacht (hinein) **II** *adv* sogar; selbst **III** *conj* ▸ **jusqu'à ce que ...** (+ *subj*) bis
justaucorps [ʒystokɔR] *m* Gymnastikanzug *m*
▸ **juste** [ʒyst] **I** *adj* **1.** (*équitable*) gerecht; *revendications* berechtigt **2.** (*correct*) richtig; (*exact*) genau; *mot* passend; treffend; **être juste** *addition*, *réponse* stimmen; *montre* richtig, genau

gehen **3.** (*serré*) knapp **II** *adv* **4.** (*exactement*) genau; richtig; **à six heures juste** genau um, Punkt sechs Uhr; (*précisément*) gerade; **juste à côté** gleich nebenan; **chanter juste** richtig singen; **il vient juste d'arriver** er ist gerade, eben angekommen; **au juste** eigentlich; genau; **comme de juste** wie nicht anders zu erwarten **5.** (*de justesse*) (**tout**) **juste** gerade noch; (ganz) knapp; (*seulement*) nur; **au plus juste** ganz knapp **III** *m* Gerechte(r) *m*
▸ **justement** [ʒystəmᾶ] *adv* **1.** (*précisément*) gerade; eben **2.** (*avec justesse*) richtig **3.** (*à bon droit*) zu, mit Recht
justesse [ʒystɛs] *f* **1.** *d'une montre, etc* Genauigkeit *f*; *d'une remarque, etc* Richtigkeit *f* **2.** **de justesse** gerade noch; mit knapper Not
▸ **justice** [ʒystis] *f* **1.** (*équité*) Gerechtigkeit *f*; **demander**, **obtenir justice** Gerechtigkeit, sein Recht fordern, bekommen; **ce n'est que justice** das ist nur recht und billig; **rendre justice à qn** j-m Gerechtigkeit widerfahren lassen **2.** (*juridiction*) Justiz *f*; Rechtswesen *n*; **assigner**, **citer en justice** vor Gericht laden; vorladen; **passer en justice** vor Gericht kommen; **se faire justice** (**soi-même**) (*se tuer*) sich selbst richten; (*se venger*) sich (*dat*) selbst Recht verschaffen; **rendre la justice** Recht sprechen
justiciable [ʒystisjabl] *adj* e-r Gerichtsbarkeit, der Zuständigkeit e-s Gerichts unterliegend, unterworfen
justicier [ʒystisje] *m*, **justicière** [-jɛR] *f* Rächer(in) *m(f)*; *iron* Weltverbesserer *m*, -verbesserin *f*
justifiable [ʒystifjabl] *adj* vertretbar; zu rechtfertigen(d)
justificateur [ʒystifikatœR] *adj* ⟨**-trice** [-tRis]⟩ rechtfertigend; Rechtfertigungs...
justificatif [ʒystifikatif] **I** *adj* ⟨**-ive** [-iv]⟩ Beweis...; Beleg...; **pièce justificative** Beweisstück *n*; Beweis *m*; COMM Beleg *m* **II** *m* Beleg *m*
justification [ʒystifikasjõ] *f* **1.** Rechtfertigung *f* **2.** (*preuve*) Nachweis *m*
justifier [ʒystifje] **I** *v/t* rechtfertigen; *conduite*, *critiques a* begründen; *affirmation* beweisen; **justifié** berechtigt; begründet **II** *v/pr* **se justifier 1.** *personne* sich rechtfertigen **2.** *craintes* sich als begründet, gerechtfertigt erweisen **III** *v/t/indir* **justifier de qc** für etw den Beweis liefern, den Nachweis erbringen; etw beweisen, nachweisen, belegen
jute [ʒyt] *m* Jute *f*
juteux [ʒytø] *adj* ⟨**-euse** [-øz]⟩ **1.** *fruit* saftig **2.** F *fig affaire* einträglich
juvénile [ʒyvenil] *adj* jugendlich
juxtaposable [ʒykstapozabl] *adj pour des meubles modulables* **éléments** *m/pl* **juxtaposables** Anbauelemente *n/pl*
juxtaposé [ʒykstapoze] *adj* ⟨~e⟩ nebeneinandergestellt; LING **propositions juxtaposées** unverbundene Satzreihe
juxtaposer [ʒykstapoze] *v/t* **I** *v/t* nebeneinanderstellen **II** *v/pr* **se juxtaposer** nebeneinanderstehen
juxtaposition *f* Nebeneinanderstellen *n*; LING Juxtaposition *f*

K

K, k [ka] *m* ⟨*inv*⟩ K, k *n*
K7 [kasɛt] *f abr* Kassette *f*
Kaboul [kabul] Kabul *n*
kabyle [kabil] **I** *adj* kabylisch **II Kabyle** *m,f* Kabyle *m*, Kabylin *f*
Kabylie [kabili] **la Kabylie** die Kabylei
kafkaïen [kafkajɛ̃] *adj* ⟨**-ïenne** [-jɛn]⟩ kafkaesk
kakatoès → **cacatoès**
kaki¹ [kaki] *adj* ⟨*inv*⟩ khakifarben
kaki² *m fruit* Kaki *f*
kalachnikov [kalaʃnikɔf] *f* MIL Kalaschnikow *f*
kaléidoscope [kaleidɔskɔp] *m* Kaleidoskop *n* (*a fig*)
kamikaze [kamikaz] *m* **1.** MIL Kamikazeflieger *m* **2.** *fig adj* selbstmörderisch
kangourou [kãguʀu] *m* Känguru *n*
kantien [kãtjɛ̃] *adj* ⟨**-ienne** [-jɛn]⟩ kantsche(r, -s); von Kant
kantisme *m* Lehre *f*, Philosophie *f* Kants
kaolin [kaɔlɛ̃] *m* Kaolin *n*; Porzellanerde *f*
kapok [kapɔk] *m* Kapok *m*
Karachi [kaʀaʃi] Karatschi *n*
karaoké [kaʀaɔke] *m* **1.** *action* Karaoke *n* **2.** *appareil* Karaokeanlage *f*
karaté [kaʀate] *m* Karate *n*
karst [kaʀst] *m* Karst(landschaft) *m(f)*
karstique [-ik] *adj* Karst…
kart [kaʀt] *m* Gokart *m*
karting [kaʀtiŋ] *m* Gokartsport *m*; Karting *n*
kascher → **casher**
Katmandou [katmãdu] Katmandu *n*
kayak [kajak] *m* Kajak *m*; **faire du kayak** Kajak fahren
kayakiste [kajakist] *m,f* Kajakfahrer(in) *m(f)*
Kazakhstan [kazakstã] **le Kazakhstan** Kasachstan *n*
kebab [kebab] *m* Kebab *m*
kéfir [kefiʀ] *m* Kefir *m*
Kenya [kenja] **le Kenya** Kenia *n*
kényan [kenjã] **I** *adj* ⟨**-ane** [-an]⟩ kenianisch **II Kényan(e)** *m(f)* Kenianer(in) *m(f)*
képi [kepi] *m* Schirmmütze *f*
kératine [keʀatin] *f* Keratin *n*
kermesse [kɛʀmɛs] *f* **1.** (*fête de charité*) Wohltätigkeitsfest *n* **2.** (*fête foraine*) Kirmes *f*
kérosène [keʀozɛn] *m* Kerosin *n*
ketchup [kɛtʃœp] *m* Ketschup *m ou n*
keuf [kœf] F *m* (*policier*) F Bulle *m*
keum [kœm] *m* F Typ *m*; Kerl *m*
kg *abr* (*kilogramme*) kg
khâgne [kaɲ] *f* F *Klasse, in der man sich nach dem Baccalauréat zur Aufnahmeprüfung für die „École normale supérieure (lettres)" vorbereitet*
khâgneux [kaɲø] F *m*, **khâgneuse** [-øz] F *f Student(in), der (die) die „khâgne" besucht*
Khartoum [kaʀtum] Khartum *n*

khmer [kmɛʀ] **I** *adj* ⟨**-ère**⟩ der Khmer; Khmer… **II** *m/pl* **Khmers** Khmer *m/pl*; **les Khmers rouges** die Roten Khmer
khôl [kol] *m* Kajal *n*
kibboutz [kibuts] *m* Kibbuz *m*
kidnapper [kidnape] *v/t* kidnappen; entführen
kidnappeur [-œʀ] *m*, **kidnappeuse** [-øz] *f* Kidnapper *m*; Entführer(in) *m(f)*
kidnapping [-iŋ] *m* Kidnapping *n*; Entführung *f*
kif(f)er [kife] F **I** *v/i* sich amüsieren; Spaß haben **II** *v/t* **kif(f)er qn, qc** j-n, etw mögen; F auf j-n, etw stehen, abfahren
kif-kif [kifkif] *adj* ⟨*inv*⟩ F **c'est kif-kif** F das ist Jacke wie Hose
kiki [kiki] *m* F **serrer le kiki à qn** j-m die Gurgel, Kehle zudrücken
Kilimandjaro [kilimãdʒaʀo] **le Kilimandjaro** der Kilimandscharo
▸ **kilo** [kilo] *m* Kilo *n*
kilocalorie [kilokalɔʀi] *f* Kilokalorie *f*
▸ **kilogramme** [kilɔgʀam] *m* Kilogramm *n*
kilohertz *m* Kilohertz *n*
kilojoule *m* Kilojoule *n*
kilométrage [kilɔmetʀaʒ] *m* Kilometerzahl *f*; *d'un compteur* Kilometerstand *m*
▸ **kilomètre** [kilɔmetʀ] *m* Kilometer *m*; **kilomètre carré** Quadratkilometer *m*; **faire des kilomètres** viele Kilometer laufen *ou* fahren
kilomètres-heure *m/pl* Stundenkilometer *m/pl*
kilométrique [kilɔmetʀik] *adj* Kilometer…
kilo-octet [kilɔɔktɛ] *m* ⟨**kilo-octets**⟩ INFORM Kilobyte *n*
kilowatt [kilɔwat] *m* Kilowatt *n*
kilowattheure *f* Kilowattstunde *f*
kilt [kilt] *m* Kilt *m*; Schottenrock *m*
kimono [kimɔno] *m* Kimono *m*
kiné [kine] F *abr* → **kinésithérapeute, kinésithérapie**
kinésithérapeute [kineziteʀapøt] *m,f* (*abr* F **kiné**) Krankengymnast(in) *m(f)*
kinésithérapie [-i] *f* (*abr* F **kiné**) Heil-, Krankengymnastik *f*
Kinshasa [kinʃasa] Kinshasa *n*
kiosque [kjɔsk] *m* **1.** Kiosk *m*; **kiosque à journaux** Zeitungskiosk *m*, -stand *m* **2.** (Garten)-Pavillon *m*
Kirghizistan [kiʀgizistã] **le Kirghizistan** Kirgisien *n*
kirsch [kiʀʃ] *m* Kirsch *m*; Kirschwasser *n*; → *Info bei* **digestif**
kit [kit] *m* Bausatz *m*; **en kit** zum Zusammenbauen
kitchenette [kitʃənɛt] *f* kleine Küche; Kochnische *f*
kitsch [kitʃ] **I** *adj* ⟨*inv*⟩ kitschig **II** *m* Kitsch *m*
kiwi [kiwi] *m* **1.** *fruit* Kiwi *f* **2.** *oiseau* Kiwi *m*
klaxon® [klaksɔn] *m* Hupe *f*; **donner un coup**

de klaxon (kurz) hupen
klaxonner [klaksɔne] v/i hupen
klebs → **clébard**
kleptomane [klɛptɔman] m,f Kleptomane, -manin m,f
kleptomanie [-i] f Kleptomanie f
km abr (kilomètre) km
km² abr (kilomètre[s] carré[s]) km² (Quadratkilometer)
km³ abr (kilomètre[s] cube[s]) km³ (Kubikkilometer)
km/h abr (kilomètres-heure) km/h; km/st
knock-out [(k)nɔkawt, -kut] I adj knock-out II m ⟨inv⟩ Knock-out m
K.-O. [kαo] abr (knock-out) I adj ⟨inv⟩ être K.-O. k. o. sein (a fig); mettre K.-O. k. o. schlagen II m K. o. m
koala [kɔala] m Koala m
kolkhoz(e) [kɔlkoz] m Kolchose f; Kolchos m
kolkhozien [-jɛ̃] m, **kolkhozienne** [-jɛn] f Kolchosbauer m, -bäuerin f
kopeck [kɔpɛk] m Kopeke f; fig il n'a plus un kopeck er hat keinen Pfennig, F keinen roten Heller mehr
Kosovar(e) [kɔsɔvaʀ] m(f) Kosovare m, Koso-

varin f
Kosovo [kɔsɔvo] le Kosovo der ou das Kosovo
kouglof [kuglɔf] m Napfkuchen m; südd Gugelhupf m
kouing-amann [kuiɲaman] m ⟨inv⟩ bretonischer Kuchen aus Brotteig, Butter und Karamellzucker
Koweït [kɔwɛjt] le Koweït Kuwait n
koweïtien [kɔwɛjtjɛ̃] I adj ⟨-ienne [-jɛn]⟩ kuwaitisch II subst Koweïtien(ne) m(f) Kuwaiter(in) m(f)
krach [kʀak] m Börsenkrach m
kraft [kʀaft] adjt papier m kraft Packpapier n
Kremlin [kʀɛmlɛ̃] le Kremlin der Kreml
Kuala Lumpur [kwalalumpuʀ] Kuala Lumpur n
kung-fu [kuɲfu] m ⟨inv⟩ Kung-Fu n
kurde [kyʀd] I adj kurdisch II Kurde m,f Kurde m, Kurdin f
Kurdistan [kyʀdistã] le Kurdistan Kurdistan n
kW abr (kilowatt) kW
kWh abr (kilowattheure) kWh
kyrielle [kiʀjɛl] f lange Reihe (de von)
kyste [kist] m Zyste f

L

L

L, l [ɛl] m ⟨inv⟩ L, l n
l abr (litre) l
l' [l] → **le**
▸ **la¹** [la] article et pr/pers → **le**
la² m ⟨inv⟩ mus a ou A n; donner le la das A angeben
▸ **là** [la] I adv da; dort; avec mouvement dahin; dorthin; ces gens-là diese Leute da; st/s jene Leute; être là da sein; F fig être un peu là ziemlich gewichtig, auffällig sein; les faits sont là das sind nun einmal Tatsachen; de là von da, dort; von dorther; causalité daher; à quelque temps de là einige Zeit danach; mais de là à prétendre que ... aber deswegen gleich behaupten zu wollen, dass ...; par là passer da, dort entlang; entrer da, dort hinein; habiter dort in der Gegend; entendre par là darunter verstehen II int 'hé là! he!; ▸ oh là là! oje!
▸ **là-bas** adv da drüben; dort; avec mouvement dorthin; dahin
label [labɛl] m label (de qualité) Gütezeichen n; label d'origine Hersteller-, Ursprungszeichen n; label vert Umweltzeichen n
labeur [labœʀ] st/s m (mühsame) Arbeit
labial [labjal] adj ⟨~e; -aux [-o]⟩ Lippen...
labiodental [labjɔdãtal] adj ⟨~e; -aux [-o]⟩ labiodental; Labiodental...
labo [labo] m abr F (laboratoire) Labor n
laborantin [labɔʀãtɛ̃] m, **laborantine** [-in] f La-

borant(in) m(f)
laboratoire [labɔʀatwaʀ] m Labor(atorium) n; laboratoire de langues Sprachlabor n
laborieux [labɔʀjø] adj ⟨-euse [-øz]⟩ 1. recherches, etc mühsam; mühselig; langwierig; c'est laborieux! das geht nicht gerade schnell!; das dauert aber lange! 2. personne fleißig; arbeitsam; vie arbeitsreich; les classes laborieuses die arbeitenden Klassen f/pl
labour [labuʀ] m 1. Pflügen n; Ackern n 2. labours pl gepflügtes Land
labourable [labuʀabl] adj bestellbar; kultivierbar
labourage [labuʀaʒ] m (Um)Pflügen n
labourer [labuʀe] v/t 1. terre (um)pflügen; abs pflügen; ackern 2. fig terrain aufwühlen; (griffer) zerkratzen
laboureur [labuʀœʀ] m Pflüger m; litt Landmann m
labrador [labʀadɔʀ] m Labrador(hund) m
labyrinthe [labiʀɛ̃t] m Labyrinth n; jardin a Irrgarten m; fig a Gewirr n
▸ **lac** [lak] m See m
laçage [lasaʒ] m Schnüren n
lacer [lase] v/t ⟨-ç-⟩ (zu)schnüren; zubinden
lacération [laseʀasjõ] f Zer-, Abreißen n
lacérer [-e] v/t ⟨-è-⟩ zerreißen; zerfetzen
lacet [lasɛ] m 1. de chaussure Schnürsenkel m 2. d'une route lacets pl Serpentinen f/pl; Kehren f/pl 3. CH Schlinge f

lâchage [lɑʃaʒ] *m* **1.** Loslassen *n* **2.** F *fig de qn* Fallenlassen *n*
▶ **lâche** [lɑʃ] **I** *adj* **1.** *nœud, etc* locker **2.** (*sans courage*) feige **3.** (*méprisable*) gemein **II** *m,f* Feigling *m*
▶ **lâcher** [lɑʃe] **I** *v/t* **1.** *objet, main, chiens* loslassen; *animal a* (frei) laufen lassen; *pigeons* auflassen; *ballon* aufsteigen lassen; *bombe, lest* abwerfen; F *fig* **ne pas vouloir les lâcher** F auf s-m Geld sitzen **2.** *fig remarque* fallen lassen; von sich geben; *juron* ausstoßen **3.** F (*abandonner*) fallen lassen; im Stich lassen; *petite amie* sitzen lassen **II** *v/i corde* reißen; *freins* versagen **III** *m de pigeons* Auflassen *n*; *de ballons* (Auf)Steigenlassen *n*
lâcheté [lɑʃte] *f* **1.** (*manque de courage*) Feigheit *f* **2.** (*bassesse*) Gemeinheit *f*
lâcheur [lɑʃœʀ] *m*, **lâcheuse** [-øz] *f* F treulose Tomate
lacis [lasi] *m* Netz *n*; Geflecht *n*
laconique [lakɔnik] *adj* **1.** *réponse, etc* lakonisch; kurz und bündig **2.** *personne* wortkarg; einsilbig
laconisme [lakɔnism] *m* Knappheit *f*; Bündigkeit *f*
lacrymal [lakʀimal] *adj* ⟨~**e**; -**aux** [-o]⟩ Tränen...
lacrymogène [lakʀimɔʒɛn] *adj* **gaz** *m* **lacrymogène** Tränengas *n*
lacs [lɑ] *m* CH Schlinge *f*
lactaire [laktɛʀ] *m* BOT Milchling *m*; Reizker *m*
lactation [laktasjõ] *f* Milchabsonderung *f*; SC Laktation *f*
lacté [lakte] *adj* ⟨~**e**⟩ Milch...; **Voie lactée** Milchstraße *f*
lactifère [laktifɛʀ] *adj* Milch...; milchhaltig
lactique [laktik] *adj* **acide** *m* **lactique** Milchsäure *f*
lactose [laktoz] *m* Milchzucker *m*; SC Laktose *f*
lacune [lakyn] *f* Lücke *f*; **avoir, présenter des lacunes** lückenhaft sein; Lücken aufweisen; **combler une lacune** e-e Lücke ausfüllen, schließen
lacustre [lakystʀ] *adj plantes* in Seen vorkommend; **cité** *f* **lacustre** Pfahlbauten *m/pl*
lad [lad] *m* Stallbursche *m*
là-dedans [lad(ə)dɑ̃] *adv* darin; F da drin(nen); *avec mouvement* dahinein; *fig* **il y a du vrai là-dedans** da ist etwas Wahres dran
là-dessous [lad(ə)su] *adv* darunter; F da drunter
là-dessus [lad(ə)sy] *adv* darauf; F da drauf
ladite [ladit] *adj* → **ledit**
lagon [lagõ] *m* Lagune *f*
lagune [lagyn] *f* Lagune *f*
là-haut [lao] *adv* da oben, dort oben (*a fig: au ciel*); (da) droben; *avec mouvement* dahinauf
laïc [laik] *m* ÉGL Laie *m*
laïcisation [laisizasjõ] *f* Befreiung *f* von religiöser, kirchlicher Bindung
laïciser [-ize] *v/t enseignement* entkonfessionalisieren; bekenntnisneutral gestalten
laïcisme [-ism] *m* Laizismus *m*
laïcité [-ite] *f* religiöse Neutralität des Staates; Trennung *f* von Kirche und Staat
▶ **laid** [lɛ] *adj* ⟨**laide** [lɛd]⟩ hässlich
laideron [lɛdʀõ] *m* hässliches Mädchen
laideur [lɛdœʀ] *f* Hässlichkeit *f*

La laïcité

Unter **laïcité** versteht man in Frankreich die institutionelle Trennung von Kirche und Staat (**séparation de l'Église et de l'État**). Dieser Grundsatz geht zurück auf ein **Gesetz von 1905**. Kruzifixe und andere religiöse Symbole wurden aus allen öffentlichen Gebäuden wie Schulen und Gerichten entfernt. 2500 kirchliche Schulen wurden geschlossen. Der Laizismus ist in Frankreich zu einem Verfassungsprinzip geworden, zu einem politischen Ideal, das die Grundsätze der Neutralität des Staates gegenüber Religionen, deren Gleichbehandlung sowie die **Glaubensfreiheit** (**la liberté du culte**) zum Ziel hat. Religion ist ausschließlich Privatangelegenheit. Es gibt keinen Religionsunterricht in den staatlichen Schulen. Der Staat schützt seine Bürger gegen religiöse Praktiken, die der öffentlichen Ordnung oder den Rechten des Einzelnen zuwiderlaufen. In den öffentlichen Schulen Frankreichs ist es verboten, Lehrer oder Schüler nach ihrer Religionszugehörigkeit zu fragen. Es gibt keine staatliche Finanzierung der Kirche oder anderer Religionsgemeinschaften. Alle sakralen Gebäude, insbesondere die Kirchen, gehören dem französischen Staat und werden von ihm unterhalten. Vor dem Hintergrund des Laizismus ist es auch zu verstehen, dass heute in öffentlichen Institutionen alle religiösen Symbole verboten sind. In den letzten Jahren konnten private kirchliche Schulen einen deutlichen Zulauf feststellen.

---

laie [lɛ] *f* Wildsau *f*; Bache *f*
lainage [lɛnaʒ] *m* **1.** *tissu* Wollstoff *m* **2.** *gilet* Woll-, Strickjacke *f*
▶ **laine** [lɛn] *f* **1.** Wolle *f*; **pure laine vierge** reine Schurwolle; **laine de verre** Glaswolle *f*; **de** *ou* **en laine** wollen; aus Wolle; Woll...; *fig* **se laisser manger la laine sur le dos** sich (*dat*) alles gefallen lassen **2.** F **une petite laine** F etwas Wollenes
laineux [lɛnø] *adj* ⟨-**euse** [-øz]⟩ wollig; wollartig
laïque [laik] **I** *adj* **1.** ÉGL Laien...; weltlich **2.** *école, État* laizistisch; bekenntnisneutral; **enseignement** *m* **laïque** bekenntnisfreies (staatliches) Unterrichtswesen **II** *m,f* ÉGL Laie *m*
laisse [lɛs] *f* Leine *f*; **tenir en laisse** an der Leine halten; *fig* am Gängelband führen
laissé-pour-compte *ou* **laissé pour compte** [lesepuʀkõt] **1.** *m* COMM nicht angenommene Ware **2.** *fig* **laissé(e)s-pour-compte** *m/pl*

(*f*/*pl*) Zukurzgekommene(n) *pl*; Stiefkinder *n*/*pl*

▸ **laisser** [lese] **I** *v*/*t* **1.** lassen; (*ne pas emmener*) *a* zurücklassen; (*ne pas manger, etc*) *a* übrig lassen; *fautes dans un texte* stehen lassen; *laisser la lumière allumée* das Licht anlassen, brennen lassen; *laisser la porte ouverte* die Tür offen lassen; *y laisser sa vie* sein Leben lassen; *laisse ça!* lass das (bleiben, sein)! **2.** (*quitter*) verlassen; *logement* aufgeben; F *je vous laisse* ich muss jetzt gehen **3.** *traces, goût, adresse, personnes à sa mort* hinterlassen (*a héritage*); zurücklassen **4.** (*confier, céder*) *laisser qc à qn* j-m etw überlassen **II** *v*/*aux* lassen; *laisser tout aller* alles (so) laufen lassen; *laisser entrer* herein-, hineinlassen; *laisser faire qn* j-n gewähren, machen lassen; *il laisse faire* er lässt alles geschehen; *laisser partir* gehen lassen; fortlassen **III** *v*/*pr* *se laisser aller* sich gehen lassen; *se laisser aller à faire qc* sich dazu hinreißen lassen, etw zu tun; *se laisser faire* sich (*dat*) alles gefallen lassen; F *laissez-vous faire!* lassen Sie sich verführen!

laisser-aller *m* *péj* Sichgehenlassen *n*; Nachlässigkeit *f*; *dans le travail* F Schlendrian *m*

laisser-faire *m* Gewährenlassen *n*; Laisser-faire *n*

laissez-passer [lesepase] *m* ⟨*inv*⟩ Passierschein *m*

▸ **lait** [lɛ] *m* Milch *f*; *lait de vache* Kuhmilch *f*; *lait en poudre* Milchpulver *n*

laitages [lɛtaʒ] *m*/*pl* Milchprodukte *n*/*pl*

laiterie [lɛtri] *f* Molkerei *f*

laiteux [lɛtø] *adj* ⟨**-euse** [-øz]⟩ milchig

laitier [lɛtje] **I** *adj* ⟨**-ière** [-jɛr]⟩ Milch…; Molkerei…; *vache laitière* Milchkuh *f* **II** *laitier, laitière m,f* Milchmann, -frau *m,f*

laiton [lɛtõ] *m* Messing *n*

laitue [lety] *f* Kopfsalat *m*; grüner Salat

laïus [lajys] F *m* (lange, weitschweifige) Rede, Ansprache; *faire un laïus* F e-e Rede schwingen

lama [lama] *m* **1.** ZO Lama *n* **2.** REL Lama *m*

lambda [lɑ̃bda] *m* **1.** *lettre de l'alphabet grec* Lambda *n* **2.** ANAT kleine Fontanelle **3.** PHYS *point m lambda* Lambdapunkt *m*

lambeau [lɑ̃bo] *m* ⟨**~x**⟩ Fetzen *m*; *mettre en lambeaux* zerfetzen; in Fetzen reißen

lambin [lɑ̃bɛ̃] *adj* ⟨**-ine** [-in]⟩ F bummelig; F trödelig

lambiner [lɑ̃bine] *v*/*i* F trödeln

lambris [lɑ̃bri] *m* Wandverkleidung *f*; *en bois a* Täfelung *f*

lambrisser [lɑ̃brise] *v*/*t* verkleiden (*de marbre* mit Marmor); *avec des boiseries a* täfeln

▸ **lame** [lam] *f* **1.** *de couteau, d'épée* Klinge *f*; *lame de rasoir* Rasierklinge *f*; *lame de scie* Sägeblatt *n* **2.** (*bande mince*) Plättchen *n*; dünne Platte; *d'une jalousie* Lamelle *f*; *lame de parquet* Parkettstab *m*; Riemen *m* **3.** (*vague forte*) Woge *f*; *lame de fond* Grundsee *f*

lamé [lame] **I** *adj* ⟨**~e**⟩ mit Metallfäden, mit Lamé durchwirkt **II** *m* Lamé *m*

lamelle [lamɛl] *f* dünnes Plättchen, Scheibchen; Lamelle *f*

lamellé [lamɛle] *m* TECH *lamellé collé* lamelliertes Holz; Schicht-, Lagenholz *n*

lamentable [lamɑ̃tabl] *adj* jämmerlich; kläglich

lamentations [-asjõ] *f*/*pl* Jammern *n*; Klagen *n*; F Gejammer *n*; F Lamento *n*

lamenter [lamɑ̃te] *v*/*pr* *se lamenter* jammern; klagen; F lamentieren (*sur* über + *acc*)

lamier [lamje] *m* Taubnessel *f*

lamifié [lamifje] *m* Schichtpressstoff *m*; Laminat *n*

laminage [laminaʒ] *m* Walzen *n*

laminé [lamine] *adj* ⟨**~e**⟩ gewalzt; Walz…

laminer [lamine] *v*/*t* **1.** TECH walzen **2.** *fig* niederwalzen

lamineur [laminœr] *m* Walzwerkarbeiter *m*

laminoir [-war] *m* Walzwerk *n*

lampadaire [lɑ̃padɛr] *m* **1.** Laternenpfahl *m*; Lichtmast *m*; (*réverbère*) Straßenlaterne *f* **2.** *d'appartement* Stehlampe *f*

▸ **lampe** [lɑ̃p] *f* Lampe *f*; Leuchte *f*; *lampe à bronzer* Höhensonne *f*; *lampe à halogène* Halogenlampe *f*; *lampe à incandescence* Glühlampe *f*; *lampe à pétrole* Petroleumlampe *f*; *lampe de bureau* Schreibtischlampe *f*; *lampe de poche* Taschenlampe *f*; F *fig s'en mettre plein la lampe* F sich (*dat*) den Bauch vollschlagen

lampée [lɑ̃pe] *f* F tüchtiger Schluck

lampion [lɑ̃pjõ] *m* Lampion *m*

lampiste [lɑ̃pist] *m* kleiner Angestellter; *par ext* kleiner Mann

lamproie [lɑ̃prwa] *f* ZO Neunauge *n*

lance [lɑ̃s] *f* **1.** *arme* Lanze *f* **2.** *lance d'arrosage* Spritzdüse *f*; *lance d'incendie* Strahlrohr *n*

lancé [lɑ̃se] *adj* ⟨**~e**⟩ **1.** *artiste* arriviert; bekannt **2.** (*sur sa lancée*) in Schwung, in Fahrt (*a fig*); *départ lancé* fliegender Start

lancée [lɑ̃se] *f* Schwung *m*; *continuer sur sa lancée* *coureur* weiterlaufen; *véhicule* weiterrollen; *fig* weitermachen, solange man noch in Schwung ist

lance-flammes *m* ⟨*inv*⟩ Flammenwerfer *m*

lance-fusées *m* ⟨*inv*⟩ Raketenwerfer *m*

lance-grenades *m* ⟨*inv*⟩ Granatwerfer *m*

lancement [lɑ̃smɑ̃] *m* **1.** Werfen *n*; Schleudern *n*; *d'une fusée* Abschuss *m*; *d'un satellite* Start *m* **2.** *d'un navire* Stapellauf *m* **3.** *fig* Lancierung *f*; Einführung *f*

lance-missiles *m* ⟨*inv*⟩ Raketenabschussrampe *f*

lance-pierres *m* ⟨*inv*⟩ Steinschleuder *f*; F *fig avec un lance-pierres* *manger* hastig; *payer* schlecht

▸ **lancer**[1] [lɑ̃se] ⟨**-ç-**⟩ **I** *v*/*t* **1.** werfen; schleudern; F schmeißen; *fusée, flèche* abschießen; *satellite* starten; *lancer qc à qn* j-m etw zuwerfen; *lancer des pierres à qn* j-n mit Steinen bewerfen **2.** *cri* ausstoßen; *insultes* entgegenschleudern (*à qn* j-m); *regard* zuwerfen (*à qn* j-m) **3.** *artiste* lancieren; *affaire* in Gang bringen; lancieren; einfädeln; *produit* einführen; auf den Markt bringen; *emprunt* auflegen; aus-, begeben; *campagne publicitaire* starten; *mode* aufbringen; *mandat d'arrêt* erlassen; *appel* ergehen lassen; richten (*à qn* an j-n); *ultimatum* stellen; *invitation* ergehen lassen; ausschicken **4.** *moteur* anlassen; anwerfen **5.** *navire* vom Stapel (laufen) lassen **6.** *chiens lancer sur* hetzen auf (+ *acc*) **II** *v*/*pr* *fig se lancer dans l'aventure, dans des dépenses* sich ins Abenteuer, in Ausgaben stürzen; *se lancer dans des ex*

Le langage des jeunes – Jugendsprache

Auch in Frankreich haben die Jugendlichen eine Jugendsprache entwickelt, die für ältere Franzosen nur schwer zu verstehen ist: Sie besteht vor allem aus Abkürzungen, Fremdwörtern und Argot-Ausdrücken. Besonders beliebt sind **Abkürzungen** (z. B. in SMS-Nachrichten) und **le verlan**, eine Form des Argot, bei dem die Silben eines Wortes vertauscht werden (→ *verlan*). Als Ausländer sollte man mit dem Gebrauch der Jugendsprache vorsichtig sein, da sie anbiedernd wirkt. Allerdings ist es wichtig, sich mit ihren Strukturen vertraut zu machen. Hier einige häufig gebrauchte Abkürzungen:

à plus = à plus tard (bis später)
bon app' = bon appétit (guten Appetit)
la clim = la climatisation (Klimaanlage)
le resto U = le restaurant universitaire (Mensa)

---

plications sich in Erklärungen ergehen
lancer[2] *m* **1.** SPORTS Werfen *n*; Wurf *m*; *lancer du disque* Diskuswerfen *n*; *lancer du poids* Kugelstoßen *n* **2.** (*pêche f au*) *lancer* Spinn-, Fußangeln *n*
lance-roquettes *m* ⟨*inv*⟩ Raketenwerfer *m*
lance-torpilles *m* ⟨*inv*⟩ Ausstoßrohr *n*
lanceur [lɑ̃sœʀ] *m*, **lanceuse** [-øz] *f* **1.** SPORTS Werfer(in) *m(f)*; *lanceur, lanceuse de javelot* Speerwerfer(in) *m(f)*; *lanceur, lanceuse de poids* Kugelstoßer(in) *m(f)* **2.** *m fusée* Trägerrakete *f*
lancier [lɑ̃sje] *m* Lanzenreiter *m*
lancinant [lɑ̃sinɑ̃] *adj* ⟨**-ante** [-ɑ̃t]⟩ **1.** *douleur* stechend **2.** *fig* quälend
lanciner [lɑ̃sine] **I** *v/t fig* quälen **II** *v/i* e-n stechenden Schmerz verursachen; MÉD lanzinieren
landau [lɑ̃do] *m* Kinderwagen *m*
lande [lɑ̃d] *f* Heide *f*; Heideland *n*
Landerneau [lɑ̃dɛʀno] *Stadt im Dep. Finistère*
▸ **langage** [lɑ̃gaʒ] *m* Sprache *f*; Rede-, Ausdrucksweise *f*; *langage technique* Fachsprache *f*; INFORM *langage machine* Maschinensprache *f*; *langage des sourds-muets* Taubstummensprache *f*
langagier [lɑ̃gaʒje] *adj* ⟨**-ière** [-jɛʀ]⟩ sprachlich
lange [lɑ̃ʒ] *m* Wickeltuch *n*; Windel *f*
langer [lɑ̃ʒe] *v/t* ⟨**-ge-**⟩ *bébé* wickeln
langoureux [lɑ̃guʀø] *adj* ⟨**-euse** [-øz]⟩ *regard* schmachtend; *musique* schmalzig; *pose* verführerisch
langouste [lɑ̃gust] *f* Languste *f*
langoustier [-je] *m* Fischerboot *n* für den Langustenfang
langoustine [-in] *f* Kaisergranat *m*
▸ **langue** [lɑ̃g] *f* **1.** ANAT Zunge *f*; *fig mauvaise langue, langue de vipère* böse Zunge; Lästermaul *n*, -zunge *f*; CUIS *langue de bœuf* Rinder-, Ochsenzunge *f*; *fig langue de terre* Landzunge *f*; *fig avoir la langue bien pendue* ein flottes Mundwerk haben; *fig ne pas avoir sa langue dans sa poche* nicht auf den Mund gefallen sein; *fig donner sa langue au chat* keine Lösung wissen; *se mordre la langue* sich (*dat*) auf die Zunge beißen (*a fig*); *tenir sa langue* s-e Zunge im Zaum halten; den Mund halten; *tirer la langue* die Zunge herausstrecken (*à qn* j-m); *fig* (*s'appliquer*) sich anstrengen; sich abmühen **2.** LING Sprache *f*;

▸ *langue maternelle* Muttersprache *f*; *langue de bois* klischeehafte, stereotype Sprache

La langue d'oc

La langue d'oc [lɑ̃gdɔk] ist der Oberbegriff für die französischen Dialekte, die südlich der Loire gesprochen werden. **La langue d'oïl** [lɑ̃gdɔjl] sind die Dialekte, die früher nördlich der Loire gesprochen wurden.

langue-de-chat [lɑ̃gdəʃa] *f* ⟨**langues-de-chat**⟩ Gebäck in der Form wie „Katzenzungen"
Languedoc [lɑ̃gdɔk] *le Languedoc* das *ou* die Languedoc
languedocien [lɑ̃gdɔsjɛ̃] **I** *adj* ⟨**-ienne** [-jɛn]⟩ des Languedoc **II** *subst* **1.** **Languedocien(ne)** *m(f)* Bewohner(in) *m(f)* des Languedoc **2.** *m* Dialekte *m/pl* des Languedoc
Languedoc-Roussillon *le Languedoc-Roussillon frz Region*
languette [lɑ̃gɛt] *f* Zunge *f*; Lasche *f*
langueur [lɑ̃gœʀ] *litt f* Schmachten *n*; Sehnsucht *f*
languir [lɑ̃giʀ] **I** *v/i* **1.** *litt languir d'amour pour qn* nach j-m schmachten; *faire languir qn* j-n warten, F zappeln lassen **2.** *conversation* stocken; erlahmen **II** *v/pr se languir de qn* sich nach j-m sehnen
languissant [lɑ̃gisɑ̃] *adj* ⟨**-ante** [-ɑ̃t]⟩ stockend; schleppend
lanière [lanjɛʀ] *f* Riemen *m*; Streifen *m*
lanoline [lanɔlin] *f* Lanolin *n*
lanterne [lɑ̃tɛʀn] *f* Laterne *f*; *fig lanterne rouge* Schlusslicht *n*; *fig éclairer la lanterne de qn* j-n aufklären
lanterner [lɑ̃tɛʀne] *v/i faire lanterner qn* j-n warten lassen
Laon [lɑ̃] *Stadt im Dep. Aisne*
Laos [laɔs] *le Laos* Laos *n*
laotien [laɔsjɛ̃] **I** *adj* ⟨**-ienne** [-jɛn]⟩ laotisch **II** **Laotien(ne)** *m(f)* Laote *m*, Laotin *f*
lapalissade [lapalisad] *f* Binsenwahrheit *f*, -weisheit *f*
lapement [lapmɑ̃] *m d'un chien, chat* Schlecken *n*; F Schlabbern *n*

laper [-e] v/t schlecken; F schlabbern
lapereau [lapʀo] m ⟨~x⟩ junges Kaninchen
lapidaire [lapidɛʀ] I adj lapidar II m Edelstein-schleifer m
lapidation [lapidasjõ] f Steinigung f
lapider [lapide] v/t 1. *tuer* steinigen 2. *par ext* mit Steinen bewerfen
▶ **lapin** [lapɛ̃] m 1. zo, cuis Kaninchen n; Kar-nickel n 2. F fig *chaud lapin* F geiler Bock; *mon (petit) lapin* F mein Häschen; *poser un lapin à qn* F j-n versetzen
lapine [lapin] f weibliches Kaninchen
lapon [lapõ] I adj ⟨**lapone** [lapɔn]⟩ lappländisch; lappisch II *Lapon(e)* m(f) Lappländer(in) m(f); Lappe m, Lappin f
Laponie [lapɔni] *la Laponie* Lappland n
Lapons [lapõ] m/pl Lappen m/pl
laps [laps] m *laps de temps* (gewisse) Zeit; Zeitraum m
lapsus [lapsys] m Versprecher m; *faire un lapsus* sich versprechen
laquage [lakaʒ] m Lackieren n, -ung f
laquais [lakɛ] m Lakai m (*a fig*)
laque [lak] f 1. peint (echter) Lack 2. *pour les cheveux* Haarspray n ou m
laqué [lake] adj ⟨~e⟩ 1. lackiert; Lack… 2. cuis *canard laqué* Pekingente f
▶ **laquelle** → **lequel**
laquer [lake] v/t lackieren; lacken
larbin [laʀbɛ̃] *péj* m Diener m
larcin [laʀsɛ̃] m kleiner Diebstahl
▶ **lard** [laʀ] m Speck m; F fig *gros lard* Dick-wanst m; *lard de poitrine* Bauchspeck m; F *faire du lard* F Speck ansetzen; F fett werden
larder [laʀde] v/t 1. cuis spicken 2. fig (*percer*) durchbohren
lardon [laʀdõ] m 1. cuis Speckstückchen n 2. F (*enfant*) F Gör(e) n(f)
largable [laʀgabl] adj aviat abwerfbar; Ab-wurf…
largage [-aʒ] m *de bombes* Abwurf m; Abwer-fen n; *de parachutistes* Absetzen n
▶ **large** [laʀʒ] I adj 1. breit; *vêtements* weit; *lar-ge de dix mètres* zehn Meter breit 2. fig (*im-portant*) groß; *responsabilités, concessions* weitgehend 3. *avoir les idées larges* großzü-gig, liberal, vorurteilsfrei denken 4. (*généreux*) freigebig; großzügig II adv *calculer* großzügig; F fig *ne pas en mener large* ängstlich, besorgt, kleinlaut sein III m 5. Breite f; *avoir dix mè-tres de large* zehn Meter breit sein 6. *être au large* viel Platz, Bewegungsfreiheit haben 7. (*haute mer*) hohe, offene See; offenes Meer; *au large* auf hoher See; *au large de Cher-bourg* vor (der Küste von) Cherbourg; F fig *prendre le large* das Weite suchen
▶ **largement** [laʀʒəmɑ̃] adv 1. weit; *largement répandu* weitverbreitet 2. (*amplement*) reich-lich
largesse [laʀʒɛs] f 1. Freigebigkeit f; Großzü-gigkeit f 2. *largesses* pl großzügige Geschen-ke n/pl
▶ **largeur** [laʀʒœʀ] f 1. Breite f 2. fig *largeur d'esprit* Großzügigkeit f im Denken; liberale Gesinnung
larguer [laʀge] v/t 1. *bombes* abwerfen; *para-chutistes* absetzen 2. F *larguer qn* F j-n abhän-gen; j-m den Laufpass geben; F fig *être largué*

F nicht mehr mitkommen 3. mar *amarres* los-machen; loswerfen
▶ **larme** [laʀm] f 1. Träne f; fig *larmes de cro-codile* Krokodilstränen f/pl; *avoir les larmes aux yeux* Tränen in den Augen haben; *être (tout) en larmes* in Tränen aufgelöst sein; *pleurer à chaudes larmes* heiße Tränen ver-gießen; *rire aux larmes* Tränen lachen 2. fig *une larme de cognac, etc* ein paar Tropfen, ein ganz klein wenig Kognak *etc*
larmoiement [laʀmwamɑ̃] m 1. *des yeux* Trä-nen n 2. (*pleurnicherie*) Jammern n; F Flennen n
larmoyant [laʀmwajɑ̃] adj ⟨**-ante** [-ɑ̃t]⟩ 1. *yeux* tränend 2. *voix* weinerlich; *histoire* rührselig
larmoyer [-e] v/i ⟨**-oi-**⟩ weinerlich tun; jammern
larron [laʀõ] m bibl Schächer m; fig *un troisiè-me larron* der lachende Dritte; fig *s'entendre comme larrons en foire* zusammenhalten wie Pech und Schwefel
larvaire [laʀvɛʀ] adj *état* m *larvaire* Larvensta-dium n
larve [laʀv] f 1. zo Larve f 2. fig, péj Jammer-gestalt f
larvé [laʀve] adj ⟨~e⟩ latent; verkappt; ver-steckt
laryngal [laʀɛ̃gal] adj ⟨~e; **-aux** [-o]⟩ Kehl-(kopf)…
laryngale [-gal] f Kehl(kopf)laut m
laryngite [-ʒit] f Kehlkopfentzündung f
laryngoscopie [-gɔskɔpi] f Kehlkopfspiege-lung f
larynx [laʀɛ̃ks] m Kehlkopf m
las [lɑ] adj ⟨**lasse** [lɑs]⟩ st/s 1. müde; abge-spannt 2. fig *être las de qc* e-r Sache (*gén*) mü-de, überdrüssig sein
lasagnes [lazaɲ] f/pl Lasagne pl
lascar [laskaʀ] m F schlauer Bursche
lascif [lasif] adj ⟨**-ive** [-iv]⟩ lasziv; sinnlich
laser [lazɛʀ] m Laser m; adjt Laser…
lassant [lasɑ̃] adj ⟨**-ante** [-ɑ̃t]⟩ ermüdend; langweilig
lasser [lase] I v/t ermüden; langweilen; strapa-zieren II v/pr *se lasser de qc* e-r Sache (*gén*) müde, überdrüssig werden; etw leid werden
lassitude [lɑsityd] f 1. (*fatigue*) Müdigkeit f 2. (*ennui*) Überdruss m
lasso [laso] m Lasso n
lastex® [lastɛks] m Lastex® n
latence [latɑ̃s] f méd, psych Latenz f
latent [latɑ̃] adj ⟨**-ente** [-ɑ̃t]⟩ latent (*a* méd); verborgen; versteckt
latéral [lateʀal] adj ⟨~e; **-aux** [-o]⟩ seitlich; Sei-ten…; *rue latérale* Seitenstraße f
latex [latɛks] m Latex m
latin [latɛ̃] I adj ⟨**-ine** [-in]⟩ 1. lateinisch; *l'Amé-rique latine* Lateinamerika n; *Quartier latin* Quartier latin n (*Pariser Studentenviertel*) 2. *langues, peuples* romanisch II subst 3. *le latin* das Latein(ische); Latein(isch) n; fig *y perdre son latin* mit s-m Latein, mit s-r Weisheit am Ende sein 4. *Latins* m/pl Romanen m/pl
latiniser [latinize] v/t latinisieren
latinisme [-ism] m Latinismus m
latiniste [-ist] m,f Latinist(in) m(f)
latinité [-ite] f lateinische Welt, Zivilisation
latino-américain [latinoameʀikɛ̃] adj ⟨**-aine** [-ɛn]⟩ lateinamerikanisch

latitude [latityd] *f* **1.** (geographische) Breite; *sous nos latitudes* in unseren Breiten **2.** *fig* freie Hand; *avoir toute latitude pour faire qc* völlig freie Hand haben, etw zu tun
latrines [latʀin] *f/pl* Latrine *f*
latte [lat] *f* Latte *f*
latté [late] *m* Tischlerplatte *f*
laudatif [lodatif] *adj* ⟨**-ive** [-iv]⟩ lobend; Lob…
lauréat [lɔʀea] *m*, **lauréate** [-at] *f* Preisträger(in) *m(f)*
laurier [lɔʀje] *m* **1.** BOT Lorbeer(baum) *m* **2.** *fig* **lauriers** *pl* Lorbeeren *m/pl*; *se reposer sur ses lauriers* sich auf s-n Lorbeeren ausruhen
laurier-rose *m* ⟨**lauriers-roses**⟩ Oleander *m*
lavable [lavabl] *adj* waschbar; *peinture* abwaschbar; *lavable en machine* maschinenwaschbar
▸ **lavabo** [lavabo] *m* **1.** Waschbecken *n* **2.** *lavabos pl* Toilette *f*; Klosett *n*
lavage [lavaʒ] *m* **1.** (Ab-, Aus)Waschen *n*; Wäsche *f*; *fig lavage de cerveau* Gehirnwäsche *f* **2.** MÉD *lavage d'estomac* Magenspülung *f*
lavallière [lavaljɛʀ] *f* Künstlerschleife *f*
lavande [lavɑ̃d] *f* Lavendel *m*
lavandière [lavɑ̃djɛʀ] *poét f* Waschfrau *f*; Wäscherin *f*
lavasse [lavas] *f* F *péj* dünne Brühe
lavatory [lavatɔʀi] *m* ⟨**lavatories**⟩ Bedürfnisanstalt *f*
lave [lav] *f* Lava *f*
lavé [lave] *adj* ⟨**~e**⟩ *couleur* verwaschen
lave-glace *m* ⟨**lave-glaces**⟩ Scheibenwaschanlage *f*
lave-linge *m* ⟨*inv*⟩ Waschmaschine *f*
lavement [lavmɑ̃] *m* Klistier *n*; Einlauf *m*
▸ **laver** [lave] I *v/t* **1.** waschen; *vitres* putzen; *sol* (feucht) (auf)wischen; *tache, plaie* auswaschen; *peinture* abwaschen; *laver la vaisselle* (das Geschirr) spülen; abwaschen; den Abwasch machen **2.** *fig d'une accusation* reinwaschen (*de* von) II *v/pr* ▸ *se laver* sich waschen; *se laver les dents* sich (*dat*) die Zähne putzen; *fig je m'en lave les mains* ich wasche meine Hände in Unschuld
laverie [lavʀi] *f* **laverie** (**automatique**) Waschsalon *m*
lavette [lavɛt] *f* **1.** Spültuch *n*, -lappen *m*; Abwaschlappen *m* **2.** F *fig* (*homme mou*) Waschlappen *m*
laveur [lavœʀ] *m* Wäscher *m*; *laveur de carreaux* Fensterputzer *m*
laveuse [lavøz] *f* Wäscherin *f*; Waschfrau *f*
▸ **lave-vaisselle** *m* ⟨*inv*⟩ Geschirrspülmaschine *f*; F Geschirrspüler *m*; *adjt vaisselle* spülmaschinenfest
lavis [lavi] *m* PEINT **1.** Tuschen *n*; Lavieren *n* **2.** *dessin* Tuschzeichnung *f*
lavoir [lavwaʀ] *m* (öffentlicher) Waschplatz; Waschhaus *n*
laxatif [laksatif] I *adj* ⟨**-ive** [-iv]⟩ Abführ… II *m* Abführmittel *n*
laxisme [laksism] *m* Laxheit *f*; zu große Toleranz
laxiste [-ist] *adj* lax; zu nachsichtig; prinzipienlos
layette [lɛjɛt] *f* Babywäsche *f*, -ausstattung *f*
lazzis [la(d)zi] *st/s m/pl* Spott *m*
le [l(ə)] *m*, **la** [la] *f* ⟨*beide vor Vokal u stum-*

men h **l'**⟩, *pl* **les** [le] I *article défini*: *m* der (*acc* den), *f* die, *n* das; *pl* die; *approchez, les enfants!* kommt her, (ihr) Kinder!; *adv le 20 juillet* am 20. Juli; *adv le mardi* dienstags; *les Durand* Durands; *avoir les cheveux gris* graue Haare haben II *pr/pers* **1.** *m* ihn, *f* sie, *n* es; *pl* sie; *je les ai vu(e)s hier* ich habe sie gestern gesehen **2.** *neutre* **le** es; *je le sais* ich weiß es
lé [le] *m* COUT Bahn *f*
leader [lidœʀ] *m* **1.** POL Führer *m* **2.** SPORTS Spitzenreiter *m*
leadership [lidœʀʃip] *m* Führerschaft *f*; Führung *f*
leasing [liziŋ] *m* Leasing *n*
léchage [leʃaʒ] *m d'un dessin* übertrieben sorgfältige Ausarbeitung, -führung; *d'un texte* übertriebenes Feilen
lèche [lɛʃ] *f* F *faire de la lèche* (*à qn*) (vor j-m) kriechen, liebedienern
léché [leʃe] *adj* ⟨**~e**⟩ sorgfältig ausgeführt; ausgefeilt
lèche-bottes F *m* ⟨*inv*⟩ Speichellecker *m*; Kriecher *m*
lèche-cul *m* ⟨*inv*⟩ P Arschkriecher *m*
lèchefrite [lɛʃfʀit] *f* Auffangschale *f*; Abtropfpfanne *f*
lécher [leʃe] ⟨**-è-**⟩ I *v/t* **1.** lecken; *plat* auslecken; *assiette* ablecken; *fig flammes* (empor)züngeln (*qc* an etw [*dat*]) **2.** F *fig lécher les bottes*, P *le cul à qn* vor j-m kriechen, liebedienern; F j-m in den Hintern, P Arsch kriechen II *v/pr animal se lécher* sich lecken; *se lécher les doigts* (sich [*dat*]) die Finger ablecken
léchette [leʃɛt] F *f* Scheibchen *n*; Stückchen *n*
lécheur [leʃœʀ] *m péj* Speichellecker *m*; Kriecher *m*
lèche-vitrines *m* ⟨*inv*⟩ *faire du lèche-vitrines* e-n Schaufensterbummel machen
lécithine [lesitin] *f* Lezithin *n*
▸ **leçon** [l(ə)sõ] *f* **1.** (*cours*) (Unterrichts-, Lehr)Stunde *f*; *d'un manuel scolaire* Lektion *f*; *leçons pl* Unterricht *m*; *fig faire la leçon à qn* j-m die Leviten lesen **2.** *à apprendre* Lektion *f*; (mündliche) Aufgabe **3.** *fig* Lehre *f*; *tirer la leçon de qc* aus etw e-e Lehre ziehen
▸ **lecteur** [lɛktœʀ] *m*, **lectrice** [lɛktʀis] *f* **1.** (*qui lit*) Leser(in) *m(f)* **2.** *à l'université* Lektor(in) *m(f)* **3.** *m appareil* Abspielgerät *n*; *lecteur de cassettes* Kassettenrekorder *m*; ▸ *lecteur de CD* CD-Player *m*; *lecteur de disquettes* Diskettenlaufwerk *n*; *lecteur de DVD* DVD-Player *m*
▸ **lecture** [lɛktyʀ] *f* **1.** (*action de lire*) Lesen *n*; Lektüre *f*; *livre m de lecture* Lesebuch *n* **2.** *à haute voix* Vorlesen *n*; *faire la lecture à qn* j-m vorlesen **3.** (*texte*) Lektüre *f*; Lesestoff *m* **4.** *d'un projet de loi* Lesung *f* **5.** (*interprétation*) Lesart *f* **6.** ÉLECTRON, INFORM Abtasten *n*; *d'un disque* Abspielen *n*
ledit [lədi] *adj* ⟨*f* **ladite** [ladit]; *m/pl* **lesdits** [ledi], *f/pl* **lesdites** [ledit]⟩ JUR besagte(r, -s); der, die, das genannte
▸ **légal** [legal] *adj* ⟨**~e**; **-aux** [-o]⟩ gesetzlich; legal; *âge légal* (gesetzlich) vorgeschriebenes Alter; *médecine légale* Gerichtsmedizin *f*
légalement [legalmɑ̃] *adv* gesetzlich; legal; auf legalem Wege

Les élections législatives – die Parlamentswahlen WF

se présenter	kandidieren	le suffrage propor-tionnel	Verhältniswahl
des élections anti-cipées	vorgezogene Wah-len	la participation	die Teilnahme
le vote	Stimme	voter pour qn	für j-n stimmen
exercer son droit de vote	sein Stimmrecht wahrnehmen	s'abstenir	sich enthalten
		l'abstention f	Enthaltung
le suffrage uni-versel	das allgemeine Wahlrecht	la circonscription	Wahlkreis
le suffrage direct	direkte Wahl	le bureau de vote	Wahlbüro
le scrutin secret	geheime Wahl	le bulletin de vote	Stimmzettel
au 1er / 2ème tour	im ersten / zweiten Wahlgang	le bulletin blanc	leerer Stimmzettel
		obtenir la majorité	die Mehrheit er-ringen
le suffrage majori-taire	Mehrheitswahl	procéder à un scru-tin de ballottage	in die Stichwahl gehen

légalisation [-izasjõ] f Legalisierung f; d'un document, d'une signature amtliche Beglaubi-gung
légaliser [-ize] v/t legalisieren; signature amt-lich beglaubigen
légalité [-ite] f Legalität f
légataire [legatɛʀ] m,f Vermächtnisnehmer(in) m(f); **légataire universel** Allein-, Universal-erbe m
légation [legasjõ] f Gesandtschaft f
légendaire [leʒãdɛʀ] adj 1. (fabuleux) sagen-haft; Sagen…; Legenden… 2. (célèbre) legen-där
légende [leʒãd] f 1. (conte) Legende f; Sage f; **entrer dans la légende** zur Legende, legendär werden 2. d'une illustration Bildunterschrift f; d'une carte Zeichenerklärung f; Legende f
légender [leʒãde] v/t carte, plan mit e-r Legen-de versehen
▸ **léger** [leʒe] adj ⟨**-ère** [-ɛʀ]⟩ 1. leicht; thé, café a dünn; schwach; repas a leicht verdaulich; bruit a leise; couche dünn; **blessé léger** Leichtverletzte(r) m; **le cœur léger** leichten Herzens; unbeschwert; **d'un pas léger** leicht-füßig 2. comportement leichtfertig; leichtsin-nig; mœurs locker; lose; propos schlüpfrig; fri-vol; **musique légère** leichte Musik; Unterhal-tungsmusik f; **à la légère** s'engager leichtsinnig(erweise); **prendre qc à la légère** etw auf die leichte Schulter nehmen
légèrement [leʒɛʀmã] adv 1. leicht 2. (un peu) leicht; ein wenig
légèreté [leʒɛʀte] f 1. d'un objet Leichtheit f; geringes Gewicht 2. (agilité) Leichtigkeit f 3. (manque de sérieux) Leichtfertigkeit f; Leicht-sinn m
légiférer [leʒifeʀe] v/i ⟨-è-⟩ Gesetze erlassen
légion [leʒjõ] f 1. MIL Legion f; **Légion (étran-gère)** Fremdenlegion f 2. fig **une légion de …** ein Heer von …; **être légion** sehr zahlreich sein 3. **Légion d'honneur** Ehrenlegion f
légionellose [leʒjɔneloz] f Legionärskrankheit f

légionnaire [leʒjɔnɛʀ] m (Fremden)Legionär m
législateur [leʒislatœʀ] m Gesetzgeber m
législatif [leʒislatif] adj ⟨-ive [-iv]⟩ gesetzge-bend; **(pouvoir) législatif** m Legislative f; ge-setzgebende Gewalt; ▸ **(élections) législati-ves** f/pl Parlamentswahlen f/pl
législation [leʒislasjõ] f Gesetzgebung f; Rechtsvorschriften f/pl
législature [-tyʀ] f Legislaturperiode f
légiste [leʒist] adj **médecin** m **légiste** Ge-richtsmediziner m
légitimation [leʒitimasjõ] f 1. JUR d'un enfant naturel Ehelichkeitserklärung f; Legitimation f 2. st/s (justification) Rechtfertigung f
légitime [leʒitim] adj 1. rechtmäßig; legitim; enfant ehelich 2. (justifié) berechtigt; legitim 3. JUR **légitime défense** f Notwehr f
légitimer [leʒitime] v/t 1. JUR enfant für ehelich erklären 2. (justifier) rechtfertigen
légitimité [leʒitimite] f 1. Rechtmäßigkeit f; Legitimität f 2. d'une revendication Berechti-gung f
legs [leg] m Vermächtnis n (a fig); **faire un legs** ein Vermächtnis aussetzen
léguer [lege] v/t ⟨-è-⟩ 1. JUR vermachen 2. fig vererben
▸ **légume** [legym] 1. m Gemüse(art) n(f); **légu-mes** m/pl Gemüse n; **légumes secs** Hülsen-früchte f/pl; → Info bei **Gemüse** 2. F fig **une grosse légume** F ein hohes Tier
légumineuse [legyminøz] f Hülsenfrucht f
leitmotiv [lajtmɔtif, lɛt-] m 1. MUS Leitmotiv n 2. fig Standardformel f; Dauerthema n
Léman [lemã] **le lac Léman** der Genfer See
lémuriens [lemyʀjɛ̃] m/pl Halbaffen m/pl
lendemain [lãdmɛ̃] m 1. **le lendemain** der nächste Tag; adv am nächsten, folgenden Tag; am Tag darauf; danach; **le lendemain de son arrivée** am Tage nach s-r Ankunft; **re-mettre qc au lendemain** etw auf den nächs-ten, folgenden Tag verschieben 2. (avenir) Morgen n; Zukunft f; **sans lendemain** ohne

Dauer
lénifiant [lenifjã] *adj* ⟨**-ante** [-ãt]⟩ **1.** MÉD lindernd **2.** *fig* besänftigend
lénifier [-fje] *v/t* **1.** MÉD lindern **2.** *fig* besänftigen
léninisme [leninism] *m* Leninismus *m*
léniniste [-ist] **I** *adj* leninistisch **II** *m,f* Leninist(in) *m(f)*
Lens [lãs] *Stadt im Dep. Pas-de-Calais*
▸ **lent** [lã] *adj* ⟨**lente** [lãt]⟩ langsam; *voix* schleppend; **véhicule lent** langsam fahrendes Fahrzeug; **il est lent à faire qc** er braucht lange, um etw zu tun
lente [lãt] *f* Nisse *f*
lentement [lãtmã] *adv* langsam
lenteur [lãtœʀ] *f* Langsamkeit *f*; **lenteurs** *pl* Umständlichkeit *f*; **lenteur d'esprit** geistige Trägheit
lentille [lãtij] *f* BOT, CUIS, OPT Linse *f*
léonin [leɔnɛ̃] *adj* ⟨**-ine** [-in]⟩ Löwen…
léopard [leɔpaʀ] *m* Leopard *m*
LEP [lɛp] *m abr* ⟨*inv*⟩ (*lycée d'enseignement professionnel*) Fachoberschule *f*
lépidoptères [lepidɔptɛʀ] *m/pl* Schmetterlinge *m/pl*
lépisme [lepism] *m* Silberfischchen *n*
lèpre [lɛpʀ] *f* **1.** MÉD Lepra *f*; Aussatz *m* **2.** *fig* Krebsschaden *m*
lépreux [lepʀø] **I** *adj* ⟨**-euse** [-øz]⟩ **1.** MÉD leprakrank; aussätzig **2.** *fig mur* fleckig; verwittert **II** **lépreux, lépreuse** *m,f* Leprakranke(r) *f(m)*; Aussätzige(r) *f(m)*
▸ **lequel** [l(ə)kɛl] ⟨*f* **laquelle** [lakɛl]; *m/pl* **lesquels** [lekɛl], *f/pl* **lesquelles**⟩ **I** *pr/rel* der, die, das *pl* die; *st/s* welche(r, -s), *pl* welche; **le milieu dans lequel il vit** das Milieu, in dem er lebt; *un outil* **à l'aide duquel …** mit dessen Hilfe; *adjt* **auquel cas** in welchem Fall **II** *pr/int* welche(r, -s)?, *pl* welche?; **lequel de vos enfants?** welches Ihrer Kinder?; *un beau château –* **duquel parlez-vous?** von welchem sprechen Sie?
▸ **les** [le] → *le*
lesbien [lɛsbjɛ̃] *adj* ⟨**-ienne** [-jɛn]⟩ lesbisch
lesbienne [lɛzbjɛn] *f* Lesbierin *f*; F Lesbe *f*
lèse-majesté [lɛzmaʒɛste] *f* **crime** *m* **de lèse--majesté** Majestätsbeleidigung *f* (*a fig*)
léser [leze] *v/t* ⟨**-è-**⟩ **1.** benachteiligen; beeinträchtigen; *les droits de qn* verletzen **2.** MÉD verletzen; schädigen
lésion [lezjõ] *f* MÉD Verletzung *f*; Schädigung *f*
lésionnel [lezjɔnɛl] *adj* ⟨**~le**⟩ **signe lésionnel** Anzeichen *n* für e-e Verletzung
lesquel(le)s [lekɛl] → *lequel*
lessivable [lesivabl] *adj* waschecht, -fest
lessivage [-aʒ] *m* **1.** *d'un plancher* Wischen *n*; Scheuern *n*; *de murs* Abwaschen *n*; Abseifen *n* **2.** GÉOL Auswaschung *f*; Auslaugung *f*
▸ **lessive** [lesiv] *f* **1.** *produit* Waschmittel *n*, -pulver *n* **2.** (*lavage*) Waschen *n*; Wäsche *f*; **faire la lessive** (Wäsche) waschen; große Wäsche haben **3.** (*linge*) (gewaschene) Wäsche
lessivé [lesive] *adj* ⟨**~e**⟩ F kaputt; F völlig erschlagen; ausgelaugt
lessiver [-e] *v/t mur* abwaschen; abseifen
lessiveuse [-øz] *f* Waschkessel *m*

lest [lɛst] *m* Ballast *m*; **lâcher du lest** Ballast abwerfen; *fig* Konzessionen machen
leste [lɛst] *adj* **1.** (*agile*) flink; behänd(e); gewandt; *fig* **avoir la main leste** e-e lockere Hand haben **2.** *propos* frivol; pikant; schlüpfrig
lestement [lɛstəmã] *adv* behänd(e); gewandt
lester [lɛste] *v/t* **1.** MAR mit Ballast beladen **2.** *filet de pêche* beschweren
létal [letal] *adj* ⟨**~e**; **-aux** [-o]⟩ tödlich; *sc* letal; **dose létale** tödliche Dosis
letchi [letʃi] → *litchi*
léthargie [letaʀʒi] *f* **1.** MÉD Lethargie *f*; Erstarrung *f*; Scheintod *m* **2.** *fig* Teilnahmslosigkeit *f*; Lethargie *f*
léthargique [-ik] *adj* lethargisch
letton [letõ] **I** *adj* ⟨**-one** [-ɔn]⟩ lettisch **II 1. Letton(ne)** *m(f)* Lette *m*, Lettin *f* **2.** LING **le letton** das Lettische; Lettisch *m*
Lettonie [letɔni] **la Lettonie** Lettland *n*
▸ **lettre** [lɛtʀ] *f* **1.** (*caractère*) Buchstabe *m*; TYPO Letter *f*; **à la lettre, au pied de la lettre** (wort)wörtlich; im wörtlichen, buchstäblichen Sinn; *fig* **avant la lettre** ehe es diesen Begriff überhaupt gab; **en toutes lettres** *mot* ausgeschrieben; *chiffre* in Worten; *fig* deutlich; unmissverständlich **2.** (*missive*) Brief *m*; COMM, ADM Schreiben *n*; **lettre d'amour, d'affaires** Liebes-, Geschäftsbrief *m*; FIN **lettre de change** Wechsel *m*; DIPL **lettres de créance** Beglaubigungsschreiben *n*; **lettre de licenciement** Kündigungsschreiben *n*; **par lettre(s)** brieflich; F **passer comme une lettre à la poste** glatt durchgehen **3. lettres** *pl* schöne Literatur; Belletristik *f*; **homme** *m*, **femme** *f* **de lettres** Literat(in) *m(f)*; Schriftsteller(in) *m(f)*; **avoir des lettres** gebildet sein **4. lettres** *pl* (*opposé à «sciences»*) Geisteswissenschaften *f/pl*; **lettres modernes** Neuphilologie *f*; **faculté** *f* **des lettres et sciences humaines** philosophische Fakultät
lettré [letʀe] *adj* ⟨**~e**⟩ gebildet
lettrine [letʀin] *f* **1.** *d'un dictionnaire* lebender Kolumnentitel **2.** *au début d'un chapitre* Initiale *f*; Zierbuchstabe *m*
leucémie [løsemi] *f* Leukämie *f*
leucémique [løsemik] **I** *adj* leukämisch **II** *m,f* an Leukämie Erkrankte(r) *f(m)*
leucocytes [løkɔsit] *m/pl* weiße Blutkörperchen *m/pl*; Leukozyten *m/pl*
▸ **leur** [lœʀ] **I** *pr/pers* ⟨*inv*⟩ ihnen **II** *adj/poss* ⟨*f inv*; *pl* **~s**⟩ ihr(e), *pl* ihre **III** *pr/poss* ▸ **le leur, la leur** der, die, das ihrige; ihre(r, -s); *pl* **les leurs** die ihren; ihre **IV** *subst* **1. le leur** das Ihre; **ils y ont mis du leur** sie haben das Ihre *ou* ihren Teil dazu beigetragen **2. les leurs** *m/pl* (*parents, amis*) die Ihren
leurre [lœʀ] *m* Köder *m*; Lockmittel *n*; Augenwischerei *f*
leurrer [lœʀe] **I** *v/t* ködern **II** *v/pr* **se leurrer** sich *(dat)* etwas vormachen
levage [l(ə)vaʒ] *m* TECH Heben *n*
levain [l(ə)vɛ̃] *m* Sauerteig *m*
levant [l(ə)vã] **I** *adj* **soleil levant** aufgehende Sonne **II le Levant** HIST die Levante; das Morgenland
levé [l(ə)ve] *adj* ⟨**~e**⟩ **1.** *bras, tête, etc* erhoben **2.** (*sorti du lit*) auf(gestanden) **3. pâte levée** He-

feteig *m*
levée [l(ə)ve] *f* **1.** *d'une interdiction, etc* Aufhebung *f*; **levée d'écrou** Haftentlassung *f* **2.** *du courrier* Leerung *f* **3.** *aux cartes* Stich *m* **4.** **levée de terre** Erdwall *m* **5.** **levée du corps** Aussegnung *f* **6.** *fig* **levée de boucliers** heftiger, einstimmiger Protest
lève-glace [lɛvglas] *m* ⟨**lève-glaces**⟩ Fensterheber *m*
▸ **lever¹** [l(ə)ve] ⟨**-è-**⟩ **I** *v/t* **1.** *main, jambe, etc* (hoch)heben; THÉ *rideau* auf-, hochziehen; *voile* lüften; *ancre* lichten; **lever les enfants** die Kinder aus dem Bett holen und anziehen; **lever son verre à la santé de qn** sein Glas auf die Gesundheit j-s erheben **2.** *interdiction, etc* aufheben; *séance a* schließen; beenden **3.** *impôt* erheben **4.** *gibier* aufscheuchen **II** *v/i* **5.** *pâte* gehen; *semis* aufgehen **III** *v/pr* ▸ **se lever 6.** *personne* aufstehen (*a du lit*); sich erheben; **se lever de table** vom Tisch, Essen aufstehen **7.** *astre* aufgehen; *jour* anbrechen **8.** *vent* aufkommen **9.** *temps* sich aufklären; sich aufhellen; *brouillard* sich auflösen **10.** *mains*, THÉ *rideau* sich heben; hochgehen; *rideau a* aufgehen
lever² *m* **1.** **lever du jour** Tagesanbruch *m*; ▸ **lever du soleil** Sonnenaufgang *m* **2.** *du lit* Aufstehen *n* **3.** THÉ **lever du rideau** Auf-, Hochgehen *n* des Vorhangs
lève-tard [lɛvtaʀ] *m* ⟨*inv*⟩ Langschläfer *m*
lève-tôt *m* ⟨*inv*⟩ Frühaufsteher *m*
levier [l(ə)vje] *m* Hebel *m*
levraut [ləvʀo] *m* junger Hase
▸ **lèvre** [lɛvʀ] *f* **1.** Lippe *f*; *fig* **du bout des lèvres** widerstrebend; **avoir le sourire aux lèvres** ein Lächeln auf den Lippen haben **2.** *de la vulve* **lèvres** *pl* Schamlippen *f/pl* **3.** MÉD **lèvres** *pl* Wundränder *m/pl*
levrette [ləvʀɛt] *f* Windhündin *f*
lévrier [levʀije] *m* Windhund *m*
levure [l(ə)vyʀ] *f* Hefe *f*; **levure chimique** Backpulver *n*; **levure de bière** Bierhefe *f*
lexème [lɛksɛm] *m* Lexem *n*
lexical [lɛksikal] *adj* ⟨**~e; -aux** [-o]⟩ lexikalisch
lexicalisation [-izasjõ] *f* lexikographische Erfassung
lexicaliser [-ize] *v/t* lexikalisieren; lexikographisch erfassen
lexicographe [lɛksikɔgʀaf] *m,f* Lexikograph(in) *m(f)*
lexicographie [-i] *f* Lexikographie *f*
lexicographique [-ik] *adj* lexikographisch
lexicologie [lɛksikɔlɔʒi] *f* Lexikologie *f*
lexicologique *adj* lexikologisch
lexicologue [-lɔg] *m,f* Lexikologe, -login *m,f*
lexie [lɛksi] *f* lexikologische Einheit
lexique [lɛksik] *m* **1.** *dictionnaire* (kleines) Wörterbuch; Glossar *n* **2.** (*vocabulaire*) Wortschatz *m*; Vokabular *n*
lézard¹ [lezaʀ] *m* Eidechse *f*; F *fig* **faire le lézard** sich sonnen; F sich in der Sonne aalen
lézard² [lezaʀ] *m* F (*il n'*)**y a pas de lézard** kein Problem!
lézarde [lezaʀd] *f* Riss *m*; Ritze *f*
lézardé [lezaʀde] *adj* ⟨**~e**⟩ *mur* rissig
lézarder [lezaʀde] **I** *v/i* F sich in der Sonne aalen **II** *v/pr* **se lézarder** Risse bekommen
liaison [ljɛzõ] *f* **1.** Verbindung *f*; (*rapport*) Zu-

sammenhang *m*; **liaison routière, téléphonique** Straßen-, Telefonverbindung *f*; **établir, faire la liaison entre deux événements** zwei Ereignisse miteinander in Verbindung, Zusammenhang bringen; **être en liaison avec qn** mit j-m in Verbindung stehen **2.** **liaison** (**amoureuse**) (Liebes)Verhältnis *n*; Liebschaft *f* **3.** GR Bindung *f*; Liaison *f*; **faire la liaison** binden
liane [ljan] *f* Liane *f*
liant [ljɑ̃] **I** *adj* ⟨**-ante** [-ɑ̃t]⟩ kontaktfreudig **II** *m* TECH Bindemittel *n*
liard [ljaʀ] *m alte frz Kupfermünze*
lias [ljɑs] *m* GÉOL Lias *m ou f*
liasse [ljas] *f* Bündel *n*; Pack(en) *m*
Liban [libɑ̃] **le Liban** der Libanon
libanais [libanɛ] **I** *adj* ⟨**-aise** [-ɛz]⟩ libanesisch **II** **Libanais**(**e**) *m(f)* Libanese *m*, -esin *f*
libellé [libele] *m* Wortlaut *m*; Text *m*
libeller [-e] *v/t document* aufsetzen; abfassen; *chèque* ausstellen
libellule [libelyl] *f* Libelle *f*
libérable [libeʀabl] *adj* **militaire** *m* **libérable** (*nach Ableistung s-s Wehrdienstes*) zu entlassender Soldat; **permission** *f* **libérable** dem Soldaten noch zustehender Urlaub, der zu s-r früheren Entlassung führt
libéral [libeʀal] *adj* ⟨**~e; -aux** [-o]⟩ **1.** POL liberal; *subst* **les libéraux** *m/pl* die Liberalen *m/pl*; **économie libérale** freie (Markt)Wirtschaft **2.** (*tolérant*) liberal; tolerant; großzügig **3.** *médecin, etc* freiberuflich; **professions libérales** freie Berufe *m/pl*
libéralement [libeʀalmɑ̃] *adv* großzügig
libéralisation [libeʀalizasjõ] *f* Liberalisierung *f*
libéraliser [-e] *v/t* liberalisieren
libéralisme [libeʀalism] *m* **1.** POL, ÉCON Liberalismus *m* **2.** *attitude* Liberalität *f*; Toleranz *f*
libéralité [libeʀalite] *st/s f* Freigebigkeit *f*; Großzügigkeit *f*
libérateur [libeʀatœʀ], **libératrice** [-tʀis] **I** *m,f* Befreier(in) *m(f)* **II** *adj* POL Befreiungs...; *fig rire* befreiend
libération [libeʀasjõ] *f* **1.** POL *d'un pays, etc* Befreiung *f*; *des femmes e* Emanzipation *f*; **la Libération** die Befreiung (Frankreichs im 2. Weltkrieg) **2.** *d'un détenu* Freilassung *f*; *de soldats* Entlassung *f* **3.** *d'une obligation* Entlastung *f*, Befreiung *f* (**de** von) **4.** ÉCON Freigabe *f* **5.** PHYS, CHIM Freisetzung *f*

La Libération

Unter **la Libération** versteht man die militärische Befreiung Frankreichs gegen Ende des Zweiten Weltkrieges. Sie begann mit der Landung der Alliierten (**le débarquement**) am 6. Juni 1944 in der Normandie und endete im Februar 1945 mit der Befreiung des gesamten Staatsgebietes. Charles de Gaulle, der damals den Widerstand aus dem Ausland (**Résistance extérieure**) organisierte und die Befreiung Frankreichs auf keinen Fall ausschließlich den Angloamerikanern überlassen wollte, gelang es nach hartnäckigem Drängen, den Engländern und Amerikanern eine Panzerdivision (**division blindée**) unter General Leclerc folgen zu lassen. Sie erreichte am 25. August 1944 Paris und vertrieb die restlichen deutschen Besatzungstruppen aus der Hauptstadt. Die Alliierten hatten Paris weiträumig umgangen, um de Gaulle die Befreiung der Hauptstadt quasi als symbolischen Akt selbst zu überlassen und damit seine politische Position im befreiten Frankreich zu stärken.

libératoire [libeʀatwaʀ] *adj* FIN *prélèvement m* **libératoire** Abgeltungssteuer *f*
libéré [libeʀe] *adj* ⟨~e⟩ *pays* befreit; *femme a* emanzipiert; *détenu* freigelassen; entlassen
▸ **libérer** [libeʀe] ⟨-è-⟩ **I** *v/t* **1.** POL *pays, etc* befreien **2.** *détenu* freilassen; auf freien Fuß setzen; *soldats* entlassen **3.** *d'une obligation* entlasten, befreien (**de** von) **4.** *prix, etc* freigeben **5.** *passage* frei machen **6.** *énergie, gaz* freisetzen **7.** *fig sa conscience* entlasten **II** *v/pr* **se libérer** *de son travail* sich freimachen
Liberia [libeʀja] *le Liberia* Liberia *n*
libérien [libeʀjɛ̃] **I** *adj* ⟨-ienne [-jɛn]⟩ liberianisch **II** *subst* **Libérien(ne)** *m(f)* Liberianer(in) *m(f)*
libéro [libeʀo] *m* Libero *m*
libertaire [libɛʀtɛʀ] *adj* anarchistisch
▸ **liberté** [libɛʀte] *f* Freiheit *f*; **liberté d'action, de mouvement** Handlungs-, Bewegungsfreiheit *f*; **liberté d'expression** Meinungsfreiheit *f*; Recht *n* auf freie Meinungsäußerung; **en toute liberté** völlig frei, ungehindert; **mettre qn en liberté** j-n freilassen, auf freien Fuß setzen; **prendre des libertés avec qn** sich (*dat*) j-m gegenüber Freiheiten herausnehmen
libertin [libɛʀtɛ̃] **I** *adj* ⟨-ine [-in]⟩ sittenlos; *personne a* ausschweifend **II** *m* ausschweifend lebender Mensch
libertinage [libɛʀtinaʒ] *m* Ausschweifung *f*, Liederlichkeit *f*; Zügellosigkeit *f*
libidineux [libidinø] *adj* ⟨-euse [-øz]⟩ lüstern; wollüstig
libido [libido] *f* Libido *f*
libraire [libʀɛʀ] *m,f* Buchhändler(in) *m(f)*
▸ **librairie** [libʀɛʀi] *f* Buchhandlung *f*; **librairie d'occasion** Antiquariat *n*; **en librairie** im Buchhandel
librairie-papeterie *f* ⟨librairies-papeteries⟩ Buch- und Schreibwarenhandlung *f*
▸ **libre** [libʀ] *adj* frei; **école** *f* **libre** Privatschule *f*; (private) Konfessionsschule; TECH **roue** *f* **libre** Freilauf *m*; **temps** *m* **libre** Freizeit *f*; freie Zeit; **libre à vous de** (+ *inf*) es steht Ihnen frei zu (+ *inf*); **libre comme l'air** frei wie der Vogel in der Luft; **être très libre avec qn** ungezwungen mit j-m verkehren; *médicament* **en vente libre** frei verkäuflich; rezeptfrei
libre-échange [libʀeʃɑ̃ʒ] *m* Freihandel *m*
libre-échangisme [-ism] *m* Freihandel *m*; Freihandelspolitik *f*

libre-échangiste [-ist] ⟨libre-échangistes⟩ **I** *adj* Freihandels... **II** *m* Anhänger *m* des Freihandels, e-r Freihandelspolitik
librement [libʀəmɑ̃] *adv* **1.** *circuler, traduire* frei **2.** *parler* offen **3.** **librement consenti** freiwillig
libre-penseur [libʀəpɑ̃sœʀ] *m* ⟨libres-penseurs⟩ Freidenker *m*; Freigeist *m*
▸ **libre-service** [libʀəsɛʀvis] *m* ⟨libres-services⟩ **1.** *système* Selbstbedienung *f* **2.** *magasin* Selbstbedienungsladen *m*
librettiste [libʀɛtist] *m* (Opern)Textdichter *m*; Librettist *m*
Libye [libi] *la Libye* Libyen *n*
libyen [libjɛ̃] **I** *adj* ⟨-yenne [-jɛn]⟩ libysch **II** *Libyen(ne)* *m(f)* Libyer(in) *m(f)*
lice [lis] *f* HIST Turnierplatz *m*; *fig* **entrer en lice** auf den Plan treten
licence [lisɑ̃s] *f* **1.** Licence *f* (*akademischer Grad nach dreijährigem Studium*); **licence en droit, ès sciences** Licence in Rechts-, Naturwissenschaften **2.** COMM, JUR Lizenz *f* (*a* SPORTS); Konzession *f*; Erlaubnis *f* **3.** **licence poétique** dichterische Freiheit **4.** *litt* (*liberté excessive*) Zügellosigkeit *f*; Ausschweifung *f*
licencié(e) [lisɑ̃sje] *m(f)* **1.** Hochschulabsolvent(in), der (die) die Licence besitzt **2.** SPORTS Lizenzinhaber(in) *m(f)*
▸ **licenciement** [lisɑ̃simɑ̃] *m* Entlassung *f*
▸ **licencier** [lisɑ̃sje] *v/t* entlassen
licencieux [lisɑ̃sjø] *litt adj* ⟨-euse [-øz]⟩ unanständig; anstößig; allzu frei
lichen [likɛn] *m* BOT Flechte *f*
lichette [liʃɛt] F *f* Stückchen *n*; Scheibchen *n*
licite [lisit] *adj* erlaubt; zulässig; statthaft
licorne [likɔʀn] *f* Einhorn *n*
licou [liku] *m* Halfter *m ou n*
lie [li] *f* **1.** **lie de vin** Weinhefe *f*; *adjt* ⟨*inv*⟩ weinrot; *fig* **boire le calice jusqu'à la lie** den Kelch bis zur Neige leeren **2.** *litt, fig* Abschaum *m*
Liechtenstein [liʃtɛnstajn] *le Liechtenstein* Liechtenstein *n*
liège [liɛʒ] *m* Kork *m*
Liège [ljɛʒ] Lüttich *m*
liégeois [ljeʒwa] *adj* ⟨-oise [-waz]⟩ von Lüttich; Lütticher; **café liégeois** Eiskaffee *m*
lien [ljɛ̃] *m* **1.** *pour attacher* Band *n* **2.** *fig* Band *n*; Bindung *f*; **liens de parenté** verwandtschaftliche Bande; **servir de lien entre deux personnes** das Bindeglied zwischen zwei Menschen sein **3.** (*rapport*) Verbindung *f*; Zusammenhang *m*
lier [lje] **I** *v/t* **1.** binden (**à** an + *acc*); *plusieurs choses* zusammenbinden; *fig promesse, etc* **lier qn** j-n binden; *fig* **j'ai les mains liées** mir sind die Hände gebunden; **être fou à lier** F total verrückt sein **2.** *sauce* binden; andicken; sämig machen **3.** *fig* (miteinander) verbinden; **ils sont très liés** sie sind eng befreundet, liiert; *chose* **être lié à qc** mit etw verknüpft sein; in Zusammenhang mit etw stehen **II** *v/pr* **se lier d'amitié avec qn** mit j-m Freundschaft schließen; sich mit j-m anfreunden
lierre [ljɛʀ] *m* Efeu *m*
liesse [ljɛs] *f* **en liesse** jubelnd
▸ **lieu** [ljø] *m* ⟨~x⟩ **1.** Ort *m*; Stelle *f*; *st/s* Stätte *f*; *fig* **lieu commun** Gemeinplatz *m*; **'haut lieu** berühmte Stätte; Hochburg *f*; *fig* **en haut lieu** höheren Orts; an höherer Stelle; **les Lieux**

saints die heiligen Stätten; **lieu de naissance** Geburtsort *m*; ► **au lieu de** anstelle, an Stelle (+ *gén*); (an)statt (+ *gén*, F + *dat*); **au lieu de cela** stattdessen; **en premier lieu** an erster Stelle; zuerst; **avoir lieu** stattfinden; *accident* sich ereignen; **avoir lieu de faire qc** Grund, Anlass haben, etw zu tun; **donner lieu à qc** Anlass, Veranlassung zu etw geben; **mettre en lieu sûr** an e-n sicheren Ort bringen; **tenir lieu de qc** etw ersetzen; die Stelle von etw einnehmen **2.** **lieux** *pl* Örtlichkeit *f*; *d'un appartement* Räumlichkeiten *f/pl*; JUR Ort *m* des Geschehens; **sur les lieux du crime** am Tatort

lieu-dit *m* ⟨**lieux-dits**⟩ *ou* **lieudit** *m* ⟨**lieudits**⟩ Ort, der e-n Flurnamen trägt

lieue [ljø] *f* Meile *f*; Wegstunde *f*; *fig* **être à mille lieues de** (+ *inf*) meilenweit davon entfernt sein zu (+ *inf*)

lieutenant [ljøtnɑ̃] *m* Oberleutnant *m*

lieutenant-colonel *m* ⟨**lieutenants-colonels**⟩ Oberstleutnant *m*

lièvre [ljɛvʀ] *m* Hase *m*; *fig* **courir deux lièvres à la fois** zwei Ziele auf einmal verfolgen; *fig* **(sou)lever un lièvre** e-e heikle Frage aufwerfen

lifter [lifte] *v/t* **se faire lifter** sich liften lassen

lifting [liftiŋ] *m* Lifting *n*

ligament [ligamɑ̃] *m* ANAT Band *n*

ligature [ligatyʀ] *f* MÉD Ligatur *f*

ligaturer [-e] *v/t* unterbinden

lige [liʒ] *adj* HIST **homme** *m* **lige** Lehnsmann *m*

► **ligne** [liɲ] *f* **1.** Linie *f*; Strich *m*; **ligne d'arrivée** Ziellinie *f*; Ziel *n*; **lignes de la main** Handlinien *f/pl*; *fig* **dans les grandes lignes** in großen Zügen, Umrissen; *fig* **sur toute la ligne** auf der ganzen Linie **2.** ÉLECT, TÉL Leitung *f*; TÉL **être en ligne** am Telefon, am Apparat sein **3.** INFORM **en ligne** online; Online…; **'hors ligne** offline; **achat** *m* **en ligne** Onlinekauf *m*; **banque** *f* **en ligne** Online-Banking *n* **4.** TRANSPORTS Linie *f*; Strecke *f*; CH DE FER **grandes lignes** Fernstrecken *f/pl*; **ligne de métro** U-Bahn-Linie *f*; **vol** *m* **de ligne** Linienflug *m* **5.** *d'un texte,* TV Zeile *f*; **aller à la ligne** e-e neue Zeile anfangen; **lire entre les lignes** zwischen den Zeilen lesen **6.** (*suite alignée*) Reihe *f*; Linie *f* (*a par ext* MIL, GÉNÉALOGIE); *fig* **'hors ligne** hervorragend; außergewöhnlich **7.** PÊCHE Angelschnur *f*, -leine *f*; *par ext* Angel *f* **8.** *fig* (*règle*) Linie *f*; **ligne directrice** Leitlinie *f*; **ligne de conduite** Verhaltensmaßregeln *f/pl*; Richtschnur *f*; **ligne du parti** Parteilinie *f* **9.** (*silhouette*) **avoir la ligne** e-e schlanke Figur haben; **garder la** *ou* **sa ligne** s-e schlanke Linie bewahren

lignée [liɲe] *f* Nachkommenschaft *f*; Geschlecht *n*; *fig* **dans la lignée de qn** in der Nachfolge j-s

ligner [liɲe] *v/t* linieren; liniieren

ligneux [liɲø] *adj* ⟨**-euse** [-øz]⟩ holzig

lignification [liɲifikasjɔ̃] *f* Verholzung *f*

lignifier [liɲifje] *v/pr* **se lignifier** verholzen

lignite [liɲit] *m* Braunkohle *f*

ligoter [ligɔte] *v/t* fesseln

ligue [lig] *f* Liga *f*; Bund *m*; **Ligue des droits de l'homme** Liga für Menschenrechte

liguer [lige] *v/pr* **se liguer** sich verbünden (**contre qn** gegen j-n)

lilas [lila] **I** *m* Flieder *m* **II** *adj* ⟨*inv*⟩ lila

Lille [lil] *Stadt im Dep. Nord*

lilliputien [lilipysjɛ̃] *m*, **lilliputienne** [-jɛn] *f* Liliputaner(in) *m(f)*

lillois [lilwa] *adj* ⟨**-oise** [-waz]⟩ (*et subst* **Lillois** Einwohner) von Lille

limace [limas] *f* (Nackt)Schnecke *f*

limaçon [limasɔ̃] *m* **1.** ZO Schnecke *f* (mit Haus) **2.** ANAT Schnecke *f*

limage [limaʒ] *m* TECH Feilen *n*

limaille [limaj] *f* Feilspäne *m/pl*, -staub *m*

limande [limɑ̃d] *f* Kliesche *f*

limbes [lɛ̃b] *m/pl* CATH Vorhölle *f*; *fig* **être encore dans les limbes** noch im Werden sein

lime [lim] *f* Feile *f*; **lime à ongles** Nagelfeile *f*

limer [lime] *v/t* feilen; *enlever* abfeilen; **barreau** durchfeilen

limette [limɛt] *f* Limette *f*

limier [limje] *m* **1.** CH Stöberhund *m* **2.** *fig* **fin limier** gute Spürnase (*Person*)

limitatif [limitatif] *adj* ⟨**-ive** [-iv]⟩ einschränkend

limitation [limitasjɔ̃] *f* Beschränkung *f*; Einschränkung *f*; Begrenzung *f*; **limitation de vitesse** Geschwindigkeitsbeschränkung *f*

limite [limit] *f* **1.** Grenze *f*; Limit *n*; **limite d'âge** Altersgrenze *f*; **à la limite** äußerstenfalls; **sans limites** unbegrenzt; **il y a des limites** (**à tout**) alles hat s-e Grenzen **2.** *adjt* **âge** *m* **limite** Höchstalter *n*; **cas** *m* **limite** Grenzfall *m*; **date** *f* **limite** letzter, äußerster Termin; **vitesse** *f* **limite** zulässige Höchstgeschwindigkeit

limité [limite] *adj* ⟨**~e**⟩ begrenzt, beschränkt (**à** auf +*acc*); eingeschränkt; *tirage* limitiert; **limité dans le temps** zeitlich begrenzt; befristet; F *fig* **il est assez limité** er ist ziemlich beschränkt

► **limiter** [limite] **I** *v/t* begrenzen, beschränken (**à** auf + *acc*); limitieren **II** *v/pr* **se limiter** sich einschränken; sich beschränken (**à** auf + *acc*)

limiteur [limitœʀ] *m* TECH Begrenzer *m*; **limiteur de vitesse** Geschwindigkeitsbegrenzer *m*

limitrophe [limitʀɔf] *adj* angrenzend (**de** an + *acc*); Grenz…

limogeage [limɔʒaʒ] *m* F Kaltstellung *f*; Abhalfterung *f*

limoger [-e] *v/t* ⟨**-ge-**⟩ *haut fonctionnaire, officier* F kaltstellen; F absägen

Limoges [limɔʒ] *Stadt im Dep. Haute-Vienne*

limon [limɔ̃] *m* Schlamm *m*; Schlick *m*

limonade [limɔnad] *f* Limonade *f*; F Limo *f*

limonadier [limɔnadje] *m* **1.** Limonadenhersteller *m* **2.** ADM (*cafetier*) Schankwirt *m*

limoneux [limɔnø] *adj* ⟨**-euse** [-øz]⟩ schlammig; schlickig; **eaux limoneuses** *d'un fleuve* schlammführendes Wasser

Limousin [limuzɛ̃] **le Limousin** das Limousin (*Region in Mittelfrankreich*)

limousin [limuzɛ̃] **I** *adj* ⟨**-ine** [-in]⟩ aus dem Limousin **II** *subst* **Limousin(e)** *m(f)* Bewohner(in) *m(f)* des Limousin

limousinage [limuzinaʒ] *m* Bruchsteinmauerwerk *n*

limousine [limuzin] *f* (große) Limousine *f*

limpide [lɛ̃pid] *adj* klar (*a fig*)

limpidité [-ite] *f* Klarheit *f*

lin [lɛ̃] *m* **1.** BOT Flachs *m* **2.** TEXT Leinen *n*

linceul [lɛ̃sœl] *m* Leichentuch *n*

linéaire [lineɛʀ] *adj* **1.** linear **2.** *fig récit* eindimensional

▸ **linge** [lɛ̃ʒ] *m* **1.** Wäsche *f*; **linge (de corps)** Leib-, Unterwäsche *f*; **linge de table** Tischwäsche *f*; *fig* **laver son linge sale en famille** s-e schmutzige Wäsche nicht in der Öffentlichkeit waschen **2.** (*chiffon*) (sauberes) Tuch; *fig* **blanc comme un linge** leichenblass; kreidebleich

lingère [lɛ̃ʒɛʀ] *f dans un hôtel* Wäschebeschließerin *f*

lingerie [lɛ̃ʒʀi] *f* **1.** *linge de corps* Damen-(unter)wäsche *f* **2.** *local* Wäschekammer *f*, -zimmer *n*

lingette [lɛ̃ʒɛt] *f* Feuchtreinigungstuch *n*

lingot [lɛ̃go] *m* Barren *m*; **lingot d'or** Goldbarren *m*

lingual [lɛ̃gwal] *adj* ⟨**~e; -aux** [-o]⟩ ANAT, PHON Zungen…

linguiste [lɛ̃gɥist] *m,f* Sprachwissenschaftler(in) *m(f)*; Linguist(in) *m(f)*

linguistique [lɛ̃gɥistik] **I** *adj* **1.** sprachwissenschaftlich; linguistisch **2.** (*relatif à la langue*) Sprach(en)…; **séjour** *m* **linguistique** Sprachaufenthalt *m* **II** *f* Sprachwissenschaft *f*, -forschung *f*; Linguistik *f*; **linguistique appliquée** angewandte Sprachwissenschaft

liniment [linimɑ̃] *m* Liniment *n*; Mittel *n* zum Einreiben

lino [lino] *abr* → **linoléum**

linoléum [linɔleɔm] *m* Linoleum *n*

linotte [linɔt] *f* **1.** ZO Hänfling *m* **2.** F *fig* **tête** *f* **de linotte** F Schussel *m*

linteau [lɛ̃to] *m* ⟨**~x**⟩ (Tür-, Fenster)Sturz *m*

▸ **lion** [ljõ] *m* Löwe *m* (ASTR **Lion**)

lionceau [ljõso] *m* ⟨**~x**⟩ junger Löwe

lionne [ljɔn] *f* Löwin *f*

lipides [lipid] *m/pl* Fette *n/pl*

liposuccion [liposy(k)sjõ] *f* Fettabsaugung *f*

lippe [lip] *f* **faire la lippe** schmollen

lippu [lipy] *adj* ⟨**~e**⟩ *lèvre* wulstig

liquéfaction [likefaksjõ] *f* Verflüssigung *f*

liquéfier [likefje] **I** *v/t* verflüssigen **II** *v/pr* **se liquéfier 1.** sich verflüssigen **2.** *fig* F schlappmachen; F allen Mumm verlieren

liquette [likɛt] F *f* Hemd *n*

liqueur [likœʀ] *f* Likör *m*

liquidateur [likidatœʀ] *m* JUR **liquidateur judiciaire** gerichtlich bestellter Liquidator

liquidation [likidasjõ] *f* **1.** JUR Liquidation *f*; Auflösung *f* **2.** COMM **liquidation (du stock)** Räumungsverkauf *m*; Ausverkauf *m* **3.** F *d'une personne* Liquidierung *f*; Beseitigung *f*

▸ **liquide** [likid] **I** *adj* **1.** flüssig; *sauce* **trop liquide** zu dünn **2.** FIN flüssig; liquid; **argent** *m* **liquide** Bargeld *n* **II** *m* **3.** Flüssigkeit *f* **4.** FIN Bargeld *n*; flüssige Mittel *n/pl*; **payer en liquide** bar (be)zahlen

liquider [likide] *v/t* **1.** JUR liquidieren; auflösen; abwickeln **2.** COMM ausverkaufen; (billig) abstoßen **3.** F *affaire, travail* erledigen; zum Abschluss bringen; F *restes d'un repas* aufessen; F wegputzen **4.** F *adversaire* liquidieren; beseitigen; aus dem Weg räumen

liquidité [likidite] *f* FIN Liquidität *f*; **liquidités** *pl* flüssige, liquide Mittel *n/pl*

liquoreux [likɔʀø] *adj* ⟨**-euse** [-øz]⟩ *vin* **liquoreux** Likörwein *m*; Süßwein *m*

lire¹ [liʀ] ⟨**je lis, il lit, nous lisons; je lisais; je lus; je lirai; que je lise; lisant; lu**⟩ *v/t* lesen; *jugement* verlesen; *discours* ablesen; INFORM (ein)lesen; **lire qc à qn** j-m etw vorlesen; **lire qc sur le visage de qn** j-m etw am Gesicht ablesen

lire² *f* HIST *monnaie* Lira *f*

lis¹ [lis] *m* Lilie *f*

lis² [li] → **lire¹**

Lisbonne [lizbɔn] Lissabon *n*

liseré [lizʀe] *ou* **liséré** [lizeʀe] *m* Paspel *f*; Borte *f*

liseron [lizʀõ] *m* BOT Winde *f*

liseur [lizœʀ] *m*, **liseuse¹** [-øz] *f* **c'est un grand liseur, une grande liseuse** er, sie liest viel und gern; F er, sie ist e-e Leseratte

liseuse² [lizøz] *f* **1.** (*couvre-livre*) Buchhülle *f* **2.** *vêtement* Bettjäckchen *n*

lisibilité [lizibilite] *f* Lesbarkeit *f*; Leserlichkeit *f*

lisible [lizibl] *adj* lesbar; leserlich

lisiblement [-mɑ̃] *adv* → **lisible**

lisière [lizjɛʀ] *f* **1.** TEXT Webkante *f* **2.** **lisière du bois** Waldrand *m*

lissage [lisaʒ] *m* TECH Glätten *n*

lisse [lis] *adj* glatt

lissé [lise] **I** *adj* ⟨**~e**⟩ **1.** geglättet; *cheveux* glatt **2.** CUIS *amandes* glasiert; kandiert **II** *m* CUIS starke Zuckerlösung, die Fäden zieht

lisser [lise] *v/t* glatt streichen; glätten

listage [listaʒ] *m* → **listing**

liste [list] *f* Liste *f*; Verzeichnis *n*; **liste noire** schwarze Liste; TÉL **liste rouge** Liste der Teilnehmer mit Geheimnummer; **liste d'attente** Warteliste *f*; **liste de mariage** Geschenkliste *f* (e-s Brautpaars)

lister [liste] *v/t* INFORM ausdrucken

listériose [listeʀjoz] *f* MÉD Listeriose *f*

listing [listiŋ] *m* (Computer)Ausdruck *m*

▸ **lit¹** [li] *m* **1.** Bett *n*; *cadre* Bettgestell *n*; **lit de camp** Feldbett *n*; Campingliege *f*; **lit d'enfant** Kinderbett *n*; **lit de mort** Sterbebett *n*; **aller, se mettre au lit** ins *ou* zu Bett gehen; **faire le lit** das Bett machen; **garder le lit** das Bett hüten **2.** *par ext* Lager *n*; **lit de paille** Strohlager *n* **3.** **enfant** *m* **du premier lit** Kind *n* aus erster Ehe **4.** *d'un cours d'eau* Bett *n*; **sortir de son lit** über die Ufer treten **5.** (*couche*) Lage *f*; Schicht *f*

lit² → **lire¹**

litanie [litani] *f* Litanei *f* (*a fig*)

litchi [litʃi] *m* Litschi *f*

liteau [lito] *m* ⟨**~x**⟩ Holzleiste *f*

literie [litʀi] *f* Bettzeug *n*

lithium [litjɔm] *m* Lithium *n*

litho [lito] *f abr* → **lithographie**

lithographe [litɔgʀaf] *m* Lithograph *m*

lithographie [-i] *f* Lithographie *f*

lithographier [-je] *v/t* lithographieren

lithographique [-ik] *adj* lithographisch

litière [litjɛʀ] *f* **1.** *pour animaux* Streu *f* **2.** *autrefois* Sänfte *f*

litige [litiʒ] *m* Streit *m*; JUR *a* Streitfall *m*; Rechtsstreit *m*; **en litige** Streit…; strittig; umstritten

litigieux [litiʒjø] *adj* ⟨**-euse** [-øz]⟩ strittig; umstritten

litote [litɔt] *f* RHÉT Litotes *f*

▸ **litre** [litʀ] *m* Liter *m ou* *n*

litron [litʀõ] F *m* Liter *m* Wein

littéraire [liteʀɛʀ] **I** *adj* literarisch; Literatur...; *talent a* schriftstellerisch; *par ext études* geisteswissenschaftlich; *langue f littéraire* Literatur-, Schriftsprache *f* **II** *m,f* Geisteswissenschaftler(in) *m(f)*

littéral [liteʀal] *adj* ⟨**~e**; **-aux** [-o]⟩ wörtlich; buchstäblich

littéralement [-mã] *adv* buchstäblich; im wahrsten Sinn des Wortes

▸ **littérature** [liteʀatyʀ] *f* Literatur *f*; Schrifttum *n*

littoral [litɔʀal] **I** *adj* ⟨**~e**; **-aux** [-o]⟩ Küsten... **II** *m* Küstenstreifen *m*; Küste *f*

Lituanie [lituani] *la Lituanie* Litauen *n*

lituanien [lituanjɛ̃] **I** *adj* ⟨**-ienne** [-jɛn]⟩ litauisch **II** *Lituanien(ne)* *m(f)* Litauer(in) *m(f)*

liturgie [lityʀʒi] *f* Liturgie *f*

liturgique [-ik] *adj* liturgisch

livarot [livaʀo] *m* Weißschimmelkäse aus der Normandie

livide [livid] *adj* fahl; bleich

lividité [-ite] *f* Fahlheit *f*; aschgraue Farbe

living [liviŋ] *m* Wohnzimmer *n*

livrable [livʀabl] *adj* lieferbar

livraison [livʀɛzõ] *f* Lieferung *f*; *livraison à domicile* Lieferung ins Haus; *délai m de livraison* Lieferfrist *f*

▸ **livre**[1] [livʀ] *m* Buch *n*; *livre d'art* Kunstband *m*; *livre de classe* Schulbuch *n*; *livre de cuisine* Kochbuch *n*; *livre d'or* Goldenes Buch; *livre de poche* Taschenbuch *n*; *fig à livre ouvert* mühelos; *parler comme un livre* sich gewählt ausdrücken

livre[2] *f* Pfund *n* (*a monnaie*)

livre-cassette [livʀəkasɛt] *m* ⟨**livres-cassettes**⟩ Hörbuch *n*

livrée [livʀe] *f* Livree *f*; *en livrée* livriert

▸ **livrer** [livʀe] **I** *v/t* **1.** *marchandises* liefern; *livrer qc à qn* j-m etw liefern; *livrer qn* j-n beliefern **2.** *coupable* ausliefern (*à qn* j-n *ou* an j-n); *complice, secret* preisgeben (*à qn* j-m); verraten (an j-n); *il est livré à lui-même* er ist sich (*dat*) selbst überlassen **3.** *livrer (une) bataille* e-e Schlacht schlagen, liefern **II** *v/pr* **4.** *se livrer* sich stellen (*à la police* der Polizei [*dat*]) **5.** *se livrer à qc* sich e-r Sache (*dat*) hingeben, widmen; *se livrer à une enquête* Nachforschungen anstellen **6.** *se livrer (se confier)* von sich reden; mitteilsam sein

livresque [livʀɛsk] *adj péj* Buch...; Bücher...

livret [livʀɛt] *m* **1.** kleines Buch; Heft *n*; *livret scolaire* Zeugnisheft *n*; *livret de caisse d'épargne* Sparbuch *n*; *livret de famille* Familienstammbuch *n* **2.** *d'un opéra* Libretto *n*; Textbuch *n*

livreur [livʀœʀ] *m* (Aus)Fahrer *m*

Ljubljana [ljublijana] Ljubljana *n*; Laibach *n*

lob [lɔb] *m* SPORTS Lob *m*; Hochschlag *m*

lobby [lɔbi] *m* ⟨**lobbies**⟩ Lobby *f*

lobe [lɔb] *m* ANAT, BOT Lappen *m*; *lobe de l'oreille* Ohrläppchen *n*

lobé [lɔbe] *adj* ⟨**~e**⟩ **1.** ANAT, BOT gelappt; lappig **2.** ARCH aus Kreisbögen gebildet

lober [lɔbe] *v/i* SPORTS lobben

local [lɔkal] **I** *adj* ⟨**~e**; **-aux** [-o]⟩ örtlich; lokal; Lokal...; Orts... **II** *m* ⟨**-aux** [-o]⟩ Raum *m*; *pl locaux a* Räumlichkeiten *f/pl*

localement [lɔkalmã] *adv* örtlich

localisable [lɔkalizabl] *adj* lokalisierbar

localisation [-asjõ] *f* Lokalisierung *f*; *d'un avion, navire* Orts-, Lagebestimmung *f*

localiser [-e] *v/t* lokalisieren; *incendie, épidémie* eingrenzen

localité [lɔkalite] *f* Ort *m*; Ortschaft *f*

▸ **locataire** [lɔkatɛʀ] *m,f* Mieter(in) *m(f)*

locatif [lɔkatif] *adj* ⟨**-ive** [-iv]⟩ Miet...; *charges locatives* Mietnebenkosten *pl*

location [lɔkasjõ] *f* **1.** *par le locataire* Mieten *n*; *par le propriétaire* Vermietung *f*; *de barques, vélos, etc* Verleih *m*; *location de voitures* Autovermietung *f*; *mettre en location* vermieten **2.** THÉ Vorverkauf *m*; CH DE FER, AVIAT (Platz)-Reservierung *f* **3.** *pour les vacances* (gemietete) Ferienwohnung

location-vente *f* ⟨**locations-ventes**⟩ Mietkauf *m*

Loches [lɔʃ] *Stadt im Dep. Indre-et-Loire*

lock-out [lɔkawt] *m* ⟨*inv*⟩ Aussperrung *f*

locomoteur [lɔkɔmɔtœʀ] *adj* ⟨**-trice** [-tʀis]⟩ der Fortbewegung dienend

locomotion [lɔkɔmɔsjõ] *f* Fortbewegung *f*; *moyens m/pl de locomotion* Fortbewegungs-, Transportmittel *n/pl*

locomotive [lɔkɔmɔtiv] *f* **1.** Lokomotive *f*; Lok *f* **2.** *fig personne* Motor *m*; treibende Kraft; Zugpferd *n*

locotracteur [lɔkɔtʀaktœʀ] *m* kleine Dieselrangierlok *f*

locuteur [lɔkytœʀ] *m* LING Sprecher *m*

locution [lɔkysjõ] *f* (Rede)Wendung *f*

loden [lɔdɛn] *m* **1.** *tissu* Loden *m* **2.** *manteau* Lodenmantel *m*

lœss [løs] *m* Löss(-) *ou* Löß(boden) *m*

loft [lɔft] *m logement* Loft *m*

logarithme [lɔgaʀitm] *m* Logarithmus *m*

logarithmique [-ik] *adj* logarithmisch

loge [lɔʒ] *f* **1.** *loge du concierge* Pförtner-, Hausmeisterwohnung *f* **2.** THÉ Loge *f*; *fig être aux premières loges* es, etw aus nächster Nähe miterleben, sehen **3.** THÉ *d'un acteur* Garderobe *f* **4.** *des francs-maçons* Loge *f*

logeable [lɔʒabl] *adj* bewohnbar

▸ **logement** [lɔʒmã] *m* Wohnung *f*; Wohnraum *m*; *pour les vacances, etc* Quartier *n*; Unterkunft *f*; *logement social* Sozialwohnung *f*

loger [lɔʒe] ⟨**-ge-**⟩ **I** *v/t* **1.** beherbergen; unterbringen; *être logé et nourri* freie Kost und Logis haben; *être bien, mal logé* gut, schlecht untergebracht sein; e-e gute, schlechte Wohnung haben **2.** *par ext objets* unterbringen **II** *v/i* **3.** wohnen **III** *v/pr* **4.** *trouver à se loger* e-e Wohnung, Unterkunft finden **5.** *balle se loger* stecken bleiben (*dans le bras* im Arm)

logeur [lɔʒœʀ] *m*, **logeuse** [-øz] *f* (Zimmer)-Vermieter(in) *m(f)*

loggia [lɔdʒja] *f* Loggia *f*

▸ **logiciel** [lɔʒisjɛl] *m* Software *f*

logicien [lɔʒisjɛ̃] *m*, **logicienne** [-jɛn] *f* Logiker(in) *m(f)*

▸ **logique** [lɔʒik] **I** *f* Logik *f* **II** *adj* logisch; GE *analyse f logique* Satzanalyse *f*; *rester logi que avec soi-même* konsequent bleiben

logiquement [lɔʒikmã] *adv* logisch; *en début de phrase ou en incise* logischerweise

logis [lɔʒi] *m litt* Behausung *f*; *maître m du lo*

gis Hausherr *m*; *fig* **la folle du logis** die Fantasie

logisticien [lɔʒistisjɛ̃] *m*, **logisticienne** [-jɛn] *f* Logistiker(in) *m(f)*

logistique [lɔʒistik] **I** *adj* logistisch; Versorgungs... **II** *f* Logistik *f*

logo [logo] *m* Logo *n*

▸ **loi** [lwa] *f* Gesetz *n*; **loi du plus fort** Recht *n* des Stärkeren; Faustrecht *n*; **faire la loi** befehlen; Vorschriften machen; **tomber sous le coup de la loi ...** unter das Gesetz ... fallen; *abs* strafbar sein

loi-cadre *f* ⟨**lois-cadres**⟩ Rahmen-, Mantelgesetz *n*

▸ **loin** [lwɛ̃] *adv* weit (weg), fern, weit entfernt (**de** von); **au loin** in der *ou* in die Ferne; **de loin** aus der Ferne; von fern; von Weitem; *fig* bei Weitem; mit Abstand; **de loin en loin** ab und zu; hin und wieder; *conj* **d'aussi loin que** *ou* **du plus loin que** (+ *ind ou subj*) sobald; soweit; *fig* **loin de là!** weit davon entfernt!; im Gegenteil!; *fig* **loin de moi cette idée!** dieser Gedanke liegt mir völlig fern; das sei fern von mir!; *fig* **être (bien) loin de faire qc** weit davon entfernt sein, etw zu tun; **aller loin** weit gehen, fahren; *fig affaire* weitreichende Folgen haben; *fig* **il ira loin** er wird es weit bringen; *fig* **j'irai même plus loin** ich gehe sogar noch weiter; *fig* **aller trop loin** zu weit gehen

lointain [lwɛ̃tɛ̃] **I** *adj* ⟨**-aine** [-ɛn]⟩ fern; *époque a* weit zurückliegend; **pays lointain** fernes Land **II** *m* Ferne *f*; **dans le lointain** in der Ferne

loir [lwaʀ] *m* Siebenschläfer *m*; *fig* **dormir comme un loir** schlafen wie ein Murmeltier

Loir [lwaʀ] **le Loir** Fluss in Westfrankreich

Loire [lwaʀ] **la Loire** Fluss u Departement in Frankreich

Loire-Atlantique [lwaʀatlɑ̃tik] **la Loire-Atlantique** *frz Departement*

Loiret [lwaʀɛ] **le Loiret** Fluss u Departement in Frankreich

Loir-et-Cher [lwaʀeʃɛʀ] **le Loir-et-Cher** *frz Departement*

loisible [lwazibl] *adj* **il vous est loisible de faire qc** es steht Ihnen frei, etw zu tun

▸ **loisir** [lwaziʀ] *m* **1.** freie Zeit; Freizeit *f*; *st/s* Muße *f*; **moments** *m/pl* **de loisir** Mußestunden *f/pl*; (**tout**) **à loisir** in (aller) Ruhe; mit Muße **2. loisirs** *pl* Freizeitbeschäftigungen *f/pl*

lokoum [lɔkum] *m confiserie orientale* Rachat Lokum *n*

lolo [lolo] *m enf* (*lait*) Milch *f*

lombago [lɔ̃bago] *m* → **lumbago**

lombaire [lɔ̃bɛʀ] *adj* Lenden...; **ponction** *f* **lombaire** Lumbalpunktion *f*

lombard [lɔ̃baʀ] **I** *adj* lombardisch **II** *subst* **1. Lombard(e)** *m(f)* Lombarde *m*, Lombardin *f* **2.** *HIST* **Lombards** *m/pl* Langobarden *m/pl*

Lombardie [lɔ̃baʀdi] **la Lombardie** die Lombardei

lombric [lɔ̃bʀik] *m* Regenwurm *m*

'on [lɔ̃] → **on**

ondonien [lɔ̃dɔnjɛ̃] **I** *adj* ⟨**-ienne** [-jɛn]⟩ Londoner **II** **Londonien(ne)** *m(f)* Londoner(in) *m(f)*

ondres [lɔ̃dʀ] London *n*

▸ **long** [lɔ̃] **I** *adj* ⟨**longue** [lɔ̃g]⟩ lang; *visage* länglich; *cri* lang gezogen; **moins long** kürzer; **plus long** länger; **long de trois mètres** drei Meter lang; *réunion* **être long** lange dauern; **être long à faire qc** lange brauchen, um etw zu tun; *réponse, personne* **être long à venir** lange auf sich (*dat*) warten lassen; lange ausbleiben **II** *adv* **à la longue** auf die Dauer; mit der Zeit; *regard* **en dire long** vielsagend sein; **en savoir long** genau Bescheid wissen (**sur** über + *acc*) **III** *m* Länge *f*; **avoir dix mètres de long** zehn Meter lang sein; *tomber* **de tout son long** der Länge nach; **de long en large** auf und ab; hin und her; *fig* **en long et en large** lang und breit; des Langen und Breiten; ▸ **le long de qc** *ou* **au long de qc** an etw (*dat*) entlang; längs (+ *gén*); **tout le long du chemin** auf dem ganzen Weg; **tout au long** *ou* **tout le long de l'année** das ganze Jahr über, lang

long-courrier *m* ⟨**long-courriers**⟩ Langstreckenflugzeug *n*; *adjt* Langstrecken...

longe [lɔ̃ʒ] *f* **1.** *CUIS* Lendenstück *n*, -braten *m* **2.** *corde* Longe *f*

longer [lɔ̃ʒe] *v/t* ⟨**-ge-**⟩ **longer qc** an etw (*dat*) entlanggehen, -laufen, *en voiture* -fahren, *route* -führen

longeron [lɔ̃ʒʀɔ̃] *m* TECH Längsträger *m*

longévité [lɔ̃ʒevite] *f* **1.** (*longue durée de la vie*) Langlebigkeit *f* **2.** (*durée de la vie*) Lebensdauer *f*

longiligne [lɔ̃ʒiliɲ] *adj* langglied(e)rig

longitude [lɔ̃ʒityd] *f* (geographische) Länge

longitudinal [lɔ̃ʒitydinal] *adj* ⟨**~e; -aux** [-o]⟩ Längs...

▸ **longtemps** [lɔ̃tɑ̃] *adv* lange (Zeit); **il y a longtemps que ...** es ist schon lange her, dass ...; **avant longtemps** bald; binnen Kurzem; F **dans longtemps?** bald?; **depuis longtemps** seit Langem; **pour longtemps** für *ou* auf lange Zeit

longue [lɔ̃g] → **long**

longuement [lɔ̃gmɑ̃] *adv* lange; lang und breit

longuet [lɔ̃gɛ] F *adj* ⟨**-ette** [-ɛt]⟩ etwas, ein bisschen (zu) lang

▸ **longueur** [lɔ̃gœʀ] *f* **1.** Länge *f*; *durée a* lange Dauer; **longueur d'onde** Wellenlänge *f*; F *fig* (**ne pas**) **être sur la même longueur d'onde** F (nicht) auf derselben Wellenlänge liegen; **à longueur d'année** das ganze Jahr über, lang **2.** *d'un texte, d'un film* **longueurs** *pl* Längen *f/pl*

longue-vue *f* ⟨**longues-vues**⟩ Fernrohr *n*

look [luk] *m* Look *m*; Aussehen *n*

looping [lupiŋ] *m* Looping *m*

lopin [lɔpɛ̃] *m* **lopin de terre** kleines Stück Land

loquace [lɔkas] *adj* redselig; gesprächig

loquacité [lɔkasite] *f* Redseligkeit *f*; Gesprächigkeit *f*

loque [lɔk] *f* **1. loques** *pl* Lumpen *m/pl*; Fetzen *m/pl*; *vêtement* **tomber en loques** in Fetzen gehen **2.** *fig personne* Wrack *m*

loquet [lɔkɛ] *m* (einfache) Klinke; Schnäpper *m*

loqueteux [lɔktø] *adj* ⟨**-euse** [-øz]⟩ zerlumpt

lord [lɔʀ(d)] *m* Lord *m*

lorgner [lɔʀɲe] *v/t* schielen nach (*a fig*)

lorgnette [lɔʀɲɛt] *f* kleines Fern-, Opernglas *n*

lorgnon [lɔʀɲɔ̃] *m* **1.** (*pince-nez*) Kneifer *m* **2.**

L

avec manche Lorgnette *f*

Lorient [lɔʀjɑ̃] *Stadt im Dep. Morbihan*

loriot [lɔʀjo] *m* Pirol *m*

lorrain [lɔʀɛ̃] **I** *adj* ⟨**-aine** [-ɛn]⟩ lothringisch **II** **Lorrain(e)** *m(f)* Lothringer(in) *m(f)*

Lorraine [lɔʀɛn] *la* **Lorraine** Lothringen *n*

lors [lɔʀ] **I** *adv depuis lors* seitdem; seither; *dès lors* seitdem; von da an; (*en conséquence*) folglich; also; *dès lors que* sobald **II** *prép* ▸ *lors de* bei; zur Zeit (+ *gén*)

▸ **lorsque** [lɔʀsk(ə)] *conj* ⟨*vor Vokal* **lorsqu'**⟩ als (+ *passé*); wenn (+ *présent ou futur*)

losange [lɔzɑ̃ʒ] *m* Raute *f*; Rhombus *m*

Los Angeles [lɔsɑ̃ʒlɛs] Los Angeles *n*

lot [lo] *m* **1.** LOTERIE Gewinn *m*; Treffer *m*; *gros lot* Hauptgewinn *m*, -treffer *m* **2.** JUR Teil *m ou n*; *diviser, morceler, partager en lots* bien, *terre* aufteilen; *terre a* parzellieren; in Parzellen aufteilen **3.** COMM Los *n*; Posten *m*; Partie *f*

Lot [lɔt] *le Lot Fluss u Departement in Frankreich*

loterie [lɔtʀi] *f* **1.** Lotterie *f* **2.** *fig* Lotteriespiel *n*

Lot-et-Garonne [lɔtegaʀɔn] *le* **Lot-et-Garonne** *frz Departement*

loti [lɔti] *adj* ⟨**~e**⟩ *être bien, mal loti* gut, schlecht dran sein

lotion [lɔsjɔ̃] *f* Lotion *f*; *lotion capillaire* Haarwasser *n*

lotir [lɔtiʀ] *v/t* parzellieren

lotissement [lɔtismɑ̃] *m* **1.** *d'un terrain* Parzellierung *f* **2.** (*terrain*) Parzelle *f*; *ensemble* Siedlung *f*

loto [lɔto] *m* Lotto *n*; *loto sportif* Fußballtoto *n*; *jouer au loto* im Lotto spielen

lotte [lɔt] *f* ZO Seeteufel *m*

lotus [lɔtys] *m* Lotos(blume) *m(f)*

louable[1] [lwabl] *adj* lobenswert; löblich

louable[2] [lwabl] *adj* vermietbar; *difficilement louable* schwer zu vermieten(d)

louage [lwaʒ] *m* Miete *f*; Vermietung *f*

louanges [lwɑ̃ʒ] *f/pl* Lob *n*; *chanter les louanges de qn* ein Loblied auf j-n singen, anstimmen

loubar(d) [lubaʀ] F *m* Rocker *m*

louche[1] [luʃ] *adj* undurchsichtig; verdächtig; fragwürdig; zweifelhaft

louche[2] *f* Schöpflöffel *m*; Suppenkelle *f*

loucher [luʃe] *v/i* **1.** schielen **2.** F *fig loucher sur* schielen nach

louer[1] [lwe] **I** *v/t* loben; preisen; *efforts, mérites de qn* würdigen; *louer qn de ou pour qc* j-n für etw loben **II** *v/pr se louer de qc* sich zu etw beglückwünschen

▸ **louer**[2] **I** *v/t* **1.** (*donner en location*) vermieten; *à louer* zu vermieten; *chambre à louer* Zimmer frei **2.** (*prendre en location*) mieten **3.** (*réserver*) vorbestellen; reservieren **II** *v/pr se louer appartement* vermietet werden

loueur [lwœʀ] *m*, **loueuse** [-øz] *f* Vermieter(in) *m(f)*; *loueur de voitures* Autovermieter *m*

loufiat [lufja] P *m* Kellner *m*

loufoque [lufɔk] F *adj* verrückt; → *cinglé*

loufoquerie [lufɔkʀi] F *f* Verrücktheit *f* (*a acte*)

Louis [lwi] *m* Ludwig *m*

Louisiane [lwizjan] *la* **Louisiane** Louisiana *n*

Louis-Philippe [lwifilip] *adjt style m* **Louis--Philippe** *correspond à* Biedermeier *n*

loulou [lulu] *m* **1.** ZO Spitz *m* **2.** (*jeune voyou*)

Halbstarke(r) *m*

▸ **loup** [lu] *m* **1.** ZO Wolf *m*; *fig être connu comme le loup blanc* bekannt sein wie ein bunter Hund **2.** *fig jeune loup* ehrgeiziger junger Mann **3.** F *loup de mer* F (alter) Seebär **4.** *masque* schwarze Halbmaske **5.** *poisson* Wolfsbarsch *m*

loupe [lup] *f* **1.** Lupe *f*; Vergrößerungsglas *n*; *fig regarder qc à la loupe* etw unter die Lupe nehmen **2.** BOT Knorren *m*

louper [lupe] F **I** *v/t* **1.** *travail* F verpfuschen; verpatzen (*a examen*) **2.** *train, occasion* verpassen; *personne a* verfehlen; *fig louper le coche* die Gelegenheit verpassen **II** *v/i* *ça n'a pas loupé* das musste ja so kommen

loup-garou [lugaʀu] *m* ⟨**loups-garous**⟩ Werwolf *m*

loupiot [lupjo] *m*, **loupiotte** [-ɔt] *f* F (*enfant*) F Gör *n*; F Göre *f*

loupiote [lupjɔt] F *f péj* Funzel *f*

▸ **lourd** [luʀ] **I** *adj* ⟨**lourde** [luʀd]⟩ **1.** schwer; *nourriture a* schwer verdaulich; *industrie lourde* Schwerindustrie *f*; *lourd de conséquences* folgenschwer; *lourd de sous-entendus* voller Anspielungen; *avoir l'estomac lourd* Magendrücken haben; *avoir la main lourde* hart, fest zuschlagen; *fig* es zu gut meinen; *avoir la tête lourde* e-n schweren Kopf haben **2.** *temps* schwül; drückend; *fig silence, atmosphère* beklemmend; dumpf; *il fait lourd* es ist schwül, drückend **3.** *personne, démarche, style* schwerfällig (*a esprit*); plump (*a plaisanterie*) **II** *adv peser lourd* schwer sein; *fig ne pas peser lourd dans la balance* nicht sehr ins Gewicht fallen; F *fig ça ne fait pas lourd* das ist nicht viel; F *personne ne pas en faire lourd* nicht viel tun

lourdaud [luʀdo] *adj* ⟨**-aude** [-od]⟩ schwerfällig; unbeholfen; plump; tölpelhaft

lourde [luʀd] *f arg* (*porte*) Tür *f*

lourdement [luʀdəmɑ̃] *adv* **1.** *chargé* schwer; *fig se tromper lourdement* sich schwer täuschen **2.** (*gauchement*) schwerfällig; plump

lourder [luʀde] F *v/t* **1.** (*licencier*) F feuern; *se faire lourder* F vermieten werden **2.** *fiancé(e), etc lourder qn* mit j-m Schluss machen; F j-m den Laufpass geben; *il s'est fait lourder par sa petite amie* s-e Freundin hat mit ihm Schluss gemacht, F hat ihm den Laufpass gegeben

lourdeur [luʀdœʀ] *f* **1.** *fig* Schwere *f*; *lourdeurs d'estomac* Magendrücken *n* **2.** (*maladresse*) Schwerfälligkeit *f*; Plumpheit *f*

lourdingue [luʀdɛ̃g] F *adj* → *lourdaud*

loustic [lustik] *m* F *péj* Kerl *m*; Knilch *m*

loutre [lutʀ] *f* Fischotter *m*; *loutre de mer* Seeotter *m*

Louvain [luvɛ̃] Löwen *n* (*Stadt in Belgien*)

louve [luv] *f* Wölfin *f*

louveteau [luvto] *m* ⟨**~x**⟩ **1.** ZO junger Wolf **2.** (*jeune scout*) Wölfling *m*

louvoiement [luvwamɑ̃] *m surtout pl* **louvoiements** Lavieren *n*; Winkelzüge *m/pl*

louvoyer [luvwaje] *v/i* ⟨**-oi-**⟩ **1.** MAR kreuzen **2.** *fig* lavieren

lover [lɔve] *v/pr se lover* sich zusammenroller

loyal [lwajal] *adj* ⟨**~e**; **-aux** [-o]⟩ loyal; fair; ehrenhaft; anständig; aufrichtig; redlich

(pflicht)treu
loyalement [lwajalmã] *adv* anständig; fair
loyalisme [lwajalism] *m* Loyalität *f*; Staatstreue *f*
loyauté [lwajote] *f* Loyalität *f*; Fairness *f*; Ehrenhaftigkeit *f*; Anstand *m*; (Pflicht)Treue *f*
▸ **loyer** [lwaje] *m* Miete *f*
Lozère [lɔzɛʀ] *la Lozère frz Departement*
LSD [ɛlɛsde] *m* LSD *n*
lu [ly] *p/p* → *lire*¹
lubie [lybi] *f* Schrulle *f*; Marotte *f*; *avoir des lubies* Schrullen, Grillen im Kopf haben
lubricité [lybʀisite] *f* Lüsternheit *f*
lubrifiant [lybʀifjã] *m* Schmiermittel *n*
lubrification [lybʀifikasjõ] *f* (Ab)Schmieren *n*; Schmierung *f*
lubrifier [-fje] *v/t* schmieren
lubrique [lybʀik] *adj* lüstern; geil
lucarne [lykaʀn] *f* Dachfenster *n*
Lucerne [lysɛʀn] Luzern *n*
lucide [lysid] *adj* klar; scharf blickend; hellsichtig; *malade* bei klarem Verstand
lucidement [lysidmã] *adv* **envisager lucidement qc** e-r Sache (*dat*) mit klarem Blick entgegensehen
lucidité [lysidite] *f* Klarheit *f*; Scharfblick *m*; Hellsichtigkeit *f*; *moments m/pl de lucidité* lichte Momente *m/pl*
Lucien [lysjɛ̃] *m Vorname*
Lucienne [lysjɛn] *f Vorname*
Lucifer [lysifɛʀ] *m* Luzifer *m*
luciferien *adj* ⟨**-ienne** [-jɛn]⟩ luziferisch
luciole [lysjɔl] *f* Leuchtkäfer *m*; Glühwürmchen *n*
Luçon [lysõ] **1.** *île* Luzon *n* **2.** *Stadt im Dep. Vendée*
lucratif [lykʀatif] *adj* ⟨**-ive** [-iv]⟩ einträglich; gewinnbringend; lukrativ
lucre [lykʀ] *st/s m péj* Profit *m*
ludique [lydik] *adj* Spiel…
ludothèque [lydɔtɛk] *f* Spielsachenverleih *m*; Spiel(i)othek *f*
Ludovic [lydɔvik] *m Vorname*
luette [lɥɛt] *f* ANAT Zäpfchen *n*
lueur [lɥœʀ] *f* **1.** (Licht)Schein *m*; (Licht)-Schimmer *m* **2.** *du regard* Aufblitzen *n* **3.** *fig lueur d'espoir* Funke(n) *m* Hoffnung; Hoffnungsschimmer *m*
Lugano [lygano] Lugano *n*; *le lac de Lugano* der Luganer See
luge [lyʒ] *f* (Rodel)Schlitten *m*; *faire de la luge* Schlitten fahren; rodeln
lugubre [lygybʀ] *adj* düster; trübselig; finster
▸ **lui** [lɥi] *pr/pers* **1.** ⟨*m et f*⟩ *obj/indir* ihm (*m et n*); ihr (*f*); *je lui pardonne* ich verzeihe ihm *ou* ihr **2.** ⟨*m*⟩ *sujet* er; *obj/dir* ihn; *avec prép* ihm (*dat*); ihn (*acc*); *réfléchi* sich; *lui aussi* er auch; *je ne vois que lui* ich sehe nur ihn; *avec lui* mit ihm; *sans lui* ohne ihn; *il est content de lui* er ist mit sich zufrieden
lui-même [lɥimɛm] *pr/pers* **1.** *emphatique* (er) selbst; TÉL *lui-même!* am Apparat **2.** *réfléchi* sich (selbst); *de lui-même* von sich aus; von selbst; aus eigenem Antrieb
luire [lɥiʀ] *v/i* ⟨→ **conduire**; *aber p/p* **lui**⟩ glänzen; schimmern; leuchten
luisant [lɥizã] *adj* ⟨**-ante** [-ãt]⟩ **1.** glänzend; schimmernd; leuchtend **2.** *ver luisant* Glüh-

würmchen *n*
lumbago [lõbago, lɛ̃-] *m* Hexenschuss *m*
▸ **lumière** [lymjɛʀ] *f* **1.** Licht *n*; *à la lumière (du jour)* bei (Tages)Licht; *fig à la lumière des événements* im Lichte der Ereignisse; *sous la lumière des projecteurs* im Scheinwerferlicht; *fig faire (toute) la lumière sur une affaire* Licht in e-e Sache bringen **2.** *fig personne ce n'est pas une lumière* er *ou* sie ist keine große Leuchte **3.** *lumières pl* Wissen *n*; *le siècle des lumières* das Jahrhundert, Zeitalter der Aufklärung; *plais j'ai besoin de vos lumières* ich brauche Ihre guten Einfälle
luminaire [lyminɛʀ] *m* Beleuchtungskörper *m*; Leuchte *f*
luminescence [lyminesãs] *f* PHYS Lumineszenz *f*
luminescent *adj* ⟨**-ente** [-ãt]⟩ PHYS lumineszierend
lumineux [lyminø] *adj* ⟨**-euse** [-øz]⟩ **1.** Leucht…; Licht…; *regard* leuchtend; *enseigne lumineuse* Leuchtschild *n* **2.** *fig* klar; einleuchtend; F *idée* glänzend
luminosité [lyminozite] *f* **1.** strahlende Helle; Glanz *m* **2.** ASTR Leuchtkraft *f*; Helligkeit *f*
lump [lɛ̃p, lœ̃p] *m œufs m/pl de lump* Seehasenrogen *m*; deutscher Kaviar
lunaire [lynɛʀ] *adj* Mond…; *fig face f lunaire* Vollmondgesicht *n*; *fig paysage m lunaire* Mondlandschaft *f*
lunatique [lynatik] *adj* launisch
lunch [lœntʃ, lɛ̃ʃ] *m* kaltes Büfett
▸ **lundi** [lɛ̃di, lœ̃-] *m* Montag *m*; *lundi de Pâques, de (la) Pentecôte* Oster-, Pfingstmontag *m*
▸ **lune** [lyn] *f* **1.** (ASTR *Lune*) Mond *m*; *nouvelle lune* Neumond *m*; *pleine lune* Vollmond *m*; *lune rousse* Zeit *f* der späten Nachtfröste im April und Mai; *fig être dans la lune* nicht bei der Sache sein; geistesabwesend sein; *fig promettre la lune* Unmögliches versprechen **2.** *lune de miel* Flitterwochen *f/pl* (*a fig*) **3.** F (*derrière*) F (nackter) Hintern
luné [lyne] *adj* ⟨**~e**⟩ *bien, mal luné* gut, schlecht gelaunt
Lunebourg [lyn(ə)buʀ] Lüneburg *n*; *les landes f/pl de Lunebourg* die Lüneburger Heide
lunetier [lyntje] *m* **a)** *opticien* Brillen-, Augenoptiker *m* **b)** *fabricant* Brillenfabrikant *m*
lunette [lynɛt] *f* **1.** ▸ *lunettes pl* Brille *f*; *lunettes de soleil* Sonnenbrille *f*; *porter des lunettes* e-e Brille tragen; *Brillenträger sein* **2.** OPT Fernrohr *n* **3.** *lunette (arrière)* Rück- *ou* Heckfenster *n*, -scheibe *f* **4.** (*siège d'aisances*) (Klosett)Brille *f*
lunule [lynyl] *f* (Nagel)Möndchen *n*
lupin [lypɛ̃] *m* Lupine *f*
lurette [lyʀɛt] *f* F *il y a belle lurette* F es ist schon ewig lange her
luron [lyʀõ] *m un gai, joyeux luron* ein lustiger Geselle; F ein fideles Haus
lus [ly] → *lire*¹
lustrage [lystʀaʒ] *m* Glänzendmachen *n*; TEXT Lüstrieren *n*
lustral [lystʀal] *litt adj* ⟨**~e**; **-aux** [-o]⟩ Reinigungs…
lustre [lystʀ] *m* **1.** *luminaire* Kronleuchter *m* **2.** (*éclat*) Glanz *m* (*a fig*) **3.** *depuis des lustres*

seit langer Zeit
lustré [lystʀe] *adj* ⟨~e⟩ **1.** *vêtement* blank ge-scheuert, gewetzt **2.** *poil, cheveux, étoffe* glän-zend
lustrer [lystʀe] *v/t* **1.** (*rendre brillant*) glänzend machen **2.** *par l'usure* blank scheuern, wetzen
lut [ly] → **lire¹**
Lutèce [lytɛs] HIST (*Paris*) Lutetia *n*
luth [lyt] *m* Laute *f*; **joueur** *m* **de luth** Lauten-spieler *m*
lutherie [lytʀi] *f* Geigenbau *m*; Bau *m* von Sai-teninstrumenten
luthérien [lyteʀjɛ̃] **I** *adj* ⟨**-ienne** [-jɛn]⟩ luthe-risch **II** **luthérien(ne)** *m(f)* Lutheraner(in) *m(f)*
luthier [lytje] *m* Geigenbauer *m*
luthiste [-ist] *m,f* Lautenspieler(in) *m(f)*
lutin [lytɛ̃] *m* Kobold *m*; Wichtelmännchen *n*
lutte [lyt] *f* **1.** (*combat*) Kampf *m*; *st/s* Ringen *n*; **lutte contre le cancer** Krebsbekämpfung *f*; **lutte des classes** Klassenkampf *m*; **de haute lutte** nach hartem Kampf, Ringen **2.** SPORTS Ringen *n*; Ringkampf *m*
▸ **lutter** [lyte] *v/i* kämpfen; ringen (*a* SPORTS, *fig*); **lutter contre qc, qn** gegen etw, j-n kämp-fen; etw, j-n bekämpfen
lutteur [lytœʀ] *m*, **lutteuse** [-øz] *f* **1.** *m* SPORTS Ringer *m*; Ringkämpfer *m* **2.** *fig* Kämpfer(in) *m(f)*
luxation [lyksasjɔ̃] *f* Verrenkung *f*
luxe [lyks] *m* **1.** Luxus *m*; **de luxe** Luxus…; *fig* **se payer le luxe de faire qc** es sich (*dat*) leis-ten, etw zu tun **2.** *fig* **un luxe de** reichlich viele
▸ **luxé** [lykse] *adj* ⟨~e⟩ verrenkt; ausgekugelt
▸ **Luxembourg** [lyksɑ̃buʀ] *ville* **Luxembourg**, *pays* **le Luxembourg** Luxemburg *n*
▸ **luxembourgeois** [lyksɑ̃buʀʒwa] **I** *adj* ⟨**-oise** [-waz]⟩ luxemburgisch **II** **Luxembourgeois(e)** *m(f)* Luxemburger(in) *m(f)*
luxer [lykse] *v/pr* **se luxer le bras**, *etc* sich (*dat*) den Arm *etc* verrenken
luxueux [lyksɥø] *adj* ⟨**-euse** [-øz]⟩ luxuriös
luxure [lyksyʀ] *litt f* Sinnenlust *f*, -genuss *m*
luxuriance [lyksyʀjɑ̃s] *f* **1.** *de la végétation* Üp-pigkeit *f* **2.** *fig* Fülle *f*
luxuriant [lyksyʀjɑ̃] *adj* ⟨**-ante** [-ɑ̃t]⟩ üppig
luxurieux [lyksyʀjø] *litt adj* ⟨**-euse** [-øz]⟩ wol-lüstig; unkeusch
luzerne [lyzɛʀn] *f* Luzerne *f*

▸ **lycée** [lise] *m* Gymnasium *n* (*ab der 10. Klasse*)

Le lycée

In Frankreich kommt jeder Schüler nach fünf Jahren Grundschule (**école primaire**) an das **collège**, wo er weitere vier Jahre absolvieren muss.
Nach dem obligatorischen neunten Schuljahr können die begabteren Schü-ler ans **lycée** wechseln und nach drei Schuljahren **le baccalauréat** (das Abi-tur), kurz **le bac**, machen. Das **lycée** entspricht also in etwa der gymnasialen Oberstufe in Deutschland. Der Leiter eines **lycée** wird **le proviseur** genannt.

▸ **lycéen** [liseɛ̃] *m*, **lycéenne** [-ɛn] *f* Oberschü-ler(in) *m(f)*; Gymnasiast(in) *m(f)*
lycra® [likʀa] *m* Lycra® *n*
lymphatique [lɛ̃fatik] *adj* **1.** MÉD Lymph… **2.** *fig* träge; phlegmatisch
lymphe [lɛ̃f] *f* Lymphe *f*
lymphocyte [lɛ̃fɔsit] *m surtout pl* **lymphocytes** Lymphozyten *m/pl*
lynchage [lɛ̃ʃaʒ] *m* Lynchen *n*; Lynchjustiz *f*
lyncher [-e] *v/t* lynchen
lynx [lɛ̃ks] *m* Luchs *m*; *fig* **avoir des yeux de lynx** Augen wie ein Luchs haben
Lyon [ljɔ̃] *Stadt im Dep. Rhône*
lyonnais [ljɔnɛ] **I** *adj* ⟨**-aise** [-ɛz]⟩ Lyoner; von, aus Lyon **II** *subst* **Lyonnais(e)** *m(f)* Lyoner(in) *m(f)*
lyophilisation [ljɔfilizasjɔ̃] *f* TECH Gefrier-trocknung *f*; Lyophilisation *f*
lyophilisé [-ize] *adj* ⟨~e⟩ gefriergetrocknet
lyophiliser [ljɔfilize] *v/t* gefriertrocknen
lyre [liʀ] *f* MUS Lyra *f*; Leier *f*
lyrique [liʀik] *adj* **1.** lyrisch; **poésie** *f* **lyrique** ly-rische Dichtung; Lyrik *f*; **poète** *m* **lyrique** Ly-riker(in) *m(f)* **2.** **artiste** *m,f* **lyrique** Opern-, Operettensänger(in) *m(f)*; **théâtre** *m* **lyrique** Operettentheater *n* **3.** *fig* lyrisch; gefühlvoll
lyrisme [liʀism] *m* Lyrik *f*; Lyrismus *m*
lys [lis] *m* Lilie *f*

M

M, m [ɛm] *m* ⟨*inv*⟩ M, m *n*
m *abr* (*mètre*) m
M. *abr* (*monsieur*) Hr.
m' [m] → **me**
m² *abr* (*mètre[s] carré[s]*) m² (Quadratmeter)
m³ *abr* (*mètre[s] cube[s]*) m³ (Kubikmeter)

▸ **ma** → **mon**
Maastricht [mastʀik(t)] Maastricht *n*
maboul [mabul] *adj* ⟨~e⟩ F plemplem; → **cingle**
mac [mak] *m arg* → **maquereau 2**
macabre [makɑbʀ] *adj* makaber; unheimlich grausig; **danse** *f* **macabre** Totentanz *m*

macache [makaʃ] *adv arg* (*rien du tout*) **maca-
che!** F (ja,) Pustekuchen!; ja, Kuchen!
macadam [makadam] *m* Makadam *m ou n*
macadamiser [-ize] *v/t* makadamisieren
macaque [makak] *m* ZO Makak *m*
macaron [makaʀõ] *m* **1.** *pâtisserie* Makrone *f* **2.**
coiffure Schnecke *f* **3.** F *insigne* (rundes) Ab-
zeichen; Plakette *f*
macaroni(s) [makaʀɔni] *m/pl* Makkaroni *pl*
macchabée [makabe] P *m* Leiche *f*
macédoine [masedwan] *f* **macédoine de fruits**
Frucht-, Obstsalat *m*; **macédoine de légumes**
Mischgemüse *n*
Macédoine [masedwan] **la Macédoine** Make-
donien *ou* Mazedonien *n*
macédonien [masedɔnjɛ̃] **I** *adj* ⟨**-ienne** [-jɛn]⟩
makedonisch *ou* mazedonisch **II** *subst* **Macé-
donien(ne)** *m(f)* Makedonier(in) *ou* Mazedo-
nier(in) *m(f)*
macération [maseʀasjõ] *f* Einlegen *n*
macérer [maseʀe] ⟨**-è-**⟩ **I** *v/t* einlegen **II** *v/i*
(durch)ziehen; **faire, laisser macérer**; liegen,
(durch)ziehen lassen
mâche [mɑʃ] *f* Feldsalat *m*
mâcher [mɑʃe] *v/t* **1.** kauen (*a abs*); zerkauen **2.**
fig **mâcher la besogne à qn** schon die halbe
Arbeit für j-n machen; **ne pas mâcher ses
mots** kein Blatt vor den Mund nehmen **3.** *pa-
pier mâché* Pappmaché *n*
machette [maʃɛt] *f* Buschmesser *n*; Machete *f*
Machiavel [makjavɛl] *m* HIST Machiavelli *m*
machiavélique [makjavelik] *adj* POL machia-
vellistisch; *par ext* diabolisch; perfide
machiavélisme [-ism] *m* POL *et fig* Machiavel-
lismus *m*
▸ machin [maʃɛ̃] *m* F Dings(da, -bums) *n*
machinal [maʃinal] *adj* ⟨**~e; -aux** [-o]⟩ mecha-
nisch; automatisch
machination [maʃinasjõ] *f* Machenschaft *f*
▸ machine [maʃin] *f* **1.** Maschine *f* (*a locomo-
tive, moto*); ▸ **machine à coudre, à écrire, à
laver** Näh-, Schreib-, Waschmaschine *f*; **ma-
chine à sous** Spielautomat *m*; **machine à va-
peur** Dampfmaschine *f*; **fait à la machine** ma-
schinell hergestellt; *fig* **faire machine arrière**
c-n Rückzieher machen; es sich (*dat*) anders
überlegen **2.** *fig* Maschinerie *f*; Getriebe *n*;
péj d'une personne Maschine *f*; Roboter *m*
machine-outil *f* ⟨**machines-outils**⟩ Werkzeug-
maschine *f*
machiner [maʃine] *v/t* anzetteln
machinerie [maʃinʀi] *f* Maschinen *f/pl*; THÉ
Maschinerie *f*
machinisme [-ism] *m* Maschinenbetrieb *m*;
maschinelle Arbeitsweise
machiniste [maʃinist] *m* **1.** THÉ Bühnenarbei-
ter *m* **2.** (*conducteur*) Fahrer *m*; Wagenführer
m
machisme [ma(t)ʃism] *m* *péj* (männlicher)
Chauvinismus; Machismo *m*
machiste [ma(t)ʃist] **I** *adj* chauvinistisch;
Chauvi… **II** *m* Chauvinist *m*; → **macho**
macho [matʃo] *m* F *péj* Macho *m*; F Chauvi
m
mâchoire [mɑʃwaʀ] *f* **1.** ANAT Kiefer *m*; **mâ-
choire inférieure, supérieure** Unter-, Ober-
kiefer *m* **2.** TECH Backe *f*
mâchonner [maʃɔne] *v/t* kauen (**qc** etw *ou* an

etw [*dat*])
mâchouiller [mɑʃuje] *v/t* F **mâchouiller qc** an
etw (*dat*) herumkauen
▸ maçon [masõ] *m* Maurer *m*
maçonner [masɔne] *v/t* mauern; (*revêtir*) aus-
mauern
maçonnerie [masɔnʀi] *f* **1.** *ouvrage* Mauerwerk
n **2.** *travail* Mau(r)erarbeit *f*
maçonnique [masɔnik] *adj* freimaurerisch;
Freimaurer…
macramé [makʀame] *m* Makramee *n*
macro [makʀo] *f* INFORM Makro *n*
macroéconomie [makʀoekɔnɔmi] *f* Makro-
ökonomie *f*
macroéconomique *adj* makroökonomisch
macromolécule *f* Makromolekül *n*
maculer [makyle] *v/t* *st/s* beflecken
Madagascar [madagaskaʀ] Madagaskar *n*
▸ madame [madam] *f* ⟨**mesdames** [medam]⟩
a) *avec un nom*: **madame X** Frau X; **madame
votre mère** Ihre Frau Mutter; **Madame la Pré-
sidente** die Frau Präsidentin **b)** *pour s'adres-
ser à une femme*: **Madame** Frau (+ *nom de fa-
mille*)!; *très formel* gnädige Frau!; *dans un ma-
gasin* a F die Dame!; *au début d'une lettre* Sehr
geehrte Frau (+ *nom de famille*): **Mesdames!**
meine Damen!; **Mesdames, Messieurs!** mei-
ne Damen und Herren!; (**bonjour,**) **Madame!**
guten Tag! *ou* guten Tag, Frau (+ *nom de fa-
mille*)!
madeleine [madlɛn] *f* *e-e Art Sandplätzchen*
Madeleine [madlɛn] *f* *Vorname*; F *fig* **pleurer
comme une Madeleine** F heulen wie ein
Schlosshund
▸ mademoiselle [madmwazɛl] *f* ⟨**mesdemoi-
selles** [medmwazɛl]⟩ **a)** *avec un nom*: **made-
moiselle X** Frau X; *vieilli* Fräulein X **b)** **Made-
moiselle** *pour s'adresser à une jeune fille*: pré-
nom; *à une femme* Frau, *vieilli* Fräulein (+
nom de famille ou prénom)!; *très formel* gnä-
diges Fräulein!; *au début d'une lettre* Sehr ge-
ehrte Frau, *vieilli* Sehr geehrtes Fräulein (+
nom de famille ou prénom); (**bonjour,**) **Made-
moiselle!** guten Tag!; **Mesdemoiselles!** mei-
ne Damen!
madère [madɛʀ] *m* Made(i)ra(wein) *m*
Madère [madɛʀ] Madeira *ou* Madera *n*
madone [madɔn] *f* Madonna *f*; Madonnenbild
n, -figur *f*
madras [madras] *m* Madras(karo) *m(n)*
madré [madʀe] *litt adj* ⟨**~e**⟩ (bauern)schlau;
durchtrieben
Madrid [madʀid] Madrid *n*
madrier [madʀije] *m* Bohle *f*
madrigal [madʀigal] *m* ⟨**-aux** [-o]⟩ MUS, POÉSIE
Madrigal *n*
madrilène [madʀilɛn] **I** *adj* Madrider **II** **Madri-
lène** *m,f* Madrider(in) *m(f)*
maestria [maɛstʀija] *f* Meisterschaft *f*; **avec
maestria** meisterhaft; meisterlich
maf(f)ia [mafja] *f* Mafia *f* (*a fig*)
maf(f)ieux [mafjø] *m* Mafioso *m*; *pl* Mafiosi
m/pl
▸ magasin [magazɛ̃] *m* **1.** Geschäft *n*; Laden *m*;
▸ **grand magasin** Kaufhaus *n*; **magasin spé-
cialisé** Fachgeschäft *n*; **magasin d'alimenta-
tion** Lebensmittelgeschäft *n*; **faire les maga-
sins** F die Geschäfte abklappern **2.** (*entrepôt*)

M

Lager *n*; Magazin *n*
magasinage [magazinaʒ] *m* (Ein)Lagerung *f*; Lagerhaltung *f*
magasiner [magazine] *v/i au Canada* einkaufen gehen
magasinier [magazinje] *m* Lagerist *m*; Lagerverwalter *m*
▸ **magazine** [magazin] *m* Magazin *n* (*a* TV, RAD); Zeitschrift *f*
mage [maʒ] *adj* **les Rois** *m/pl* **mages** die Heiligen Drei Könige *m/pl*
Magellan [maʒɛlɑ̃] **le détroit de Magellan** die Magellanstraße
Maghreb [magrɛb] **le Maghreb** der Maghreb

Le Maghreb

Als **Maghreb** bezeichnet man im Allgemeinen die drei nordafrikanischen Länder Algerien, Marokko und Tunesien. Algerien war bis in die 60er-Jahre französische Kolonie. Marokko und Tunesien lösten sich in den 50er-Jahren aus der langjährigen französischen Schutzherrschaft.
Noch heute ist in den drei Ländern Französisch Verkehrssprache (neben Arabisch als Amtssprache). Die **Maghrébins** (Menschen aus dem **Maghreb**) stellen einen hohen Anteil der in Frankreich lebenden Ausländer dar.

---

maghrébin [magrebɛ̃] **I** *adj* ⟨**-ine** [-in]⟩ des Maghreb; maghrebinisch **II** *Maghrébin(e)* *m(f)* Nordafrikaner(in) *m(f)*
magicien [maʒisjɛ̃] *m*, **magicienne** [-jɛn] *f* Zauberer *m*, Zauberin *f*
magie [maʒi] *f* Magie *f* (*a fig*); *comme par magie* wie durch Hexerei; auf unerklärliche Weise
magique [maʒik] *adj* magisch (*a fig*); Zauber...; *baguette f magique* Zauberstab *m*
magistère [maʒistɛr] *m* (geistige, moralische) Macht, Autorität
magistral [maʒistral] *adj* ⟨**~e**; **-aux** [-o]⟩ **1.** (*parfait*) meisterlich; meisterhaft **2.** F *gifle* schallend **3.** *cours magistral* Hauptvorlesung *f*
magistralement [maʒistralmɑ̃] *adv* meisterlich; meisterhaft
magistrat [maʒistra] *m* hohe(r) Staatsbeamte(r); (*juge*) Richter *m*; (*procureur*) Staatsanwalt *m*
magistrature [maʒistratyr] *f* **1.** *fonction* hohes Staatsamt; *d'un juge* Richteramt *n* **2.** *coll* Richter *m/pl* und Staatsanwälte *m/pl*
magma [magma] *m* **1.** GÉOL Magma *n* **2.** *fig* (wirres) Durcheinander
magnanime [maɲanim] *adj* großmütig; großherzig
magnanimité [-ite] *f* Großmut *m*; Großherzigkeit *f*
magnat [magna] *m* Magnat *m*
magner [maɲe] *v/pr* F *se magner* F sich tummeln; F sich ranhalten

magnésium [maɲezjɔm] *m* Magnesium *n*
magnétique [maɲetik] *adj* magnetisch (*a fig*); Magnet...; *champ m magnétique* Magnetfeld *n*
magnétiser [maɲetize] *v/t* **1.** PHYS, MÉD magnetisieren **2.** *fig* in s-n Bann schlagen
magnétiseur [-œr] *m* Magnetiseur *m*
magnétisme [maɲetism] *m* **1.** PHYS Magnetismus *m* **2.** *fig* Anziehungskraft *f*
magnéto [maɲeto] *m abr* F → *magnétophone*
magnétophone [maɲetɔfɔn] *m* Tonbandgerät *n*; *à cassettes* Kassettenrekorder *m*
▸ **magnétoscope** [maɲetɔskɔp] *m* Videorekorder *m*
magnificat [maɲifikat] *m* ⟨*inv*⟩ ÉGL CATH, MUS Magnifikat *n*
magnificence [maɲifisɑ̃s] *st/s f* Pracht *f*
magnifier [maɲifje] *litt v/t* verherrlichen
▸ **magnifique** [maɲifik] *adj* herrlich; prächtig; prachtvoll; großartig
magnifiquement [maɲifikmɑ̃] *adv* **1.** prachtvoll; prächtig **2.** *fig* großartig; glänzend
magnitude [maɲityd] *f* ASTR Größe(nklasse) *f*
magnolia [maɲɔlja] *m* Magnolie *f*
magnum [magnɔm] *m* große Champagnerflasche (*etwa 2 l fassend*)
magot [mago] *m* versteckte Ersparnisse *f/pl*; verstecktes Geld
magouillage [magujaʒ] *m ou* **magouille** [maguj] *f* F *péj* Kungelei *f*; Filz *m*
magouiller [maguje] *v/i* F *péj* kungeln; mauscheln
magret [magrɛ] *m* *magret de canard* Entenbrust(filets) *f(n/pl)*
Mahomet [maɔmɛ] *m* Mohammed *m*
▸ **mai** [mɛ] *m* Mai *m*; *le Premier mai* der Erste Mai; der Maifeiertag

---

Le 8 mai

Der 8. Mai ist nationaler Gedenktag und öffentlicher Feiertag in Frankreich: Er erinnert an das Ende des Zweiten Weltkrieges. In der Nacht vom 8. auf den 9. Mai 1945 unterzeichneten Generalfeldmarschall Keitel sowie weitere hochstehende Militärs die Urkunde zur bedingungslosen Kapitulation des nationalsozialistischen Deutschlands in Berlin-Karlshorst. Damit endete der Zweite Weltkrieg in Europa.

▸ **maigre** [mɛgr] **I** *adj* **1.** mager; *personne a* dünn; *visage a* hager; *advt faire maigre* kein Fleisch essen **2.** *fig résultat* mager; dürftig; *repas, salaire* karg; *végétation* spärlich **II** *m,f* Dünne(r) *f(m)*; *fausse maigre* Frau, die schlanker wirkt, als sie ist
maigrelet [mɛgrəlɛ] *adj* ⟨**-ette** [-ɛt]⟩ → *maigrichon*
maigreur [mɛgrœr] *f* Magerkeit *f*
maigrichon [megriʃɔ̃] **I** *adj* ⟨**-onne** [-ɔn]⟩ etwas zu mager, dünn **II** *maigrichon(ne)* *m(f)* schmächtige Person
maigriot [megrijo] *adj* ⟨**-otte** [-ɔt]⟩ → *maigri-*

chon
▸ **maigrir** [megʀiʀ] *v/i* abnehmen; *p/fort* abmagern; *se faire maigrir* sein Gewicht verringern
mail [mɛl] *m* (*e-mail*) Mail *f*
mailing [mɛliŋ] *m* Mailing *n*
maille [maj] *f* **1.** *d'un tricot, d'un filet* Masche *f* **2.** *avoir maille à partir avec qn* e-n Streit mit j-m haben
maillet [majɛ] *m* Holzhammer *m*
mailloche [majɔʃ] *f* **1.** TECH schwerer Holzhammer **2.** *de grosse caisse* Schlägel *m*
maillon [majõ] *m* (Ketten)Glied *n*
▸ **maillot** [majo] *m* **1.** *maillot* (*de bain*) Badeanzug *m* **2.** *de sportif* Trikot *n*; *le maillot jaune* das Gelbe Trikot **3.** *maillot* (*de corps*) Unterhemd *n*
▸ **main** [mɛ̃] *f* **1.** Hand *f*; COUT *petite main* Nähmädchen *n*; *coup m de main* MIL Handstreich *m*; *donner un coup de main à qn* j-m zur Hand gehen; *avoir, tenir* in der Hand; *fait* (*à la*) *main* von Hand gemacht; Handarbeit; *à main levée dessiner* freihändig; *voter* durch Handzeichen; *à pleines mains prendre* mit beiden Händen; *dépenser* mit vollen Händen; MUS *à quatre mains* vierhändig; *la main dans la main* Hand in Hand; *de longue main* seit Langem; *préparer* von langer Hand; *de première, seconde main* aus erster, zweiter Hand; *de la main à la main* direkt; ohne Formalitäten; ohne Quittung; *de main de maître* von Meisterhand; *en* (*de*) *bonnes mains* in guten Händen; gut aufgehoben; *fig entre les mains de qn* in den Händen j-s; *sous la main* bei der *ou* zur Hand; griffbereit; *avoir qn sous la main* j-n an der Hand haben; (*en*) *sous main* unter der Hand; *'haut les mains!* Hände hoch!; *gagner* '*haut la main* überlegen; haushoch; *fig avoir la haute main sur qc* maßgebenden Einfluss auf etw (*acc*) haben; *ne pas y aller de main morte* kräftig zuschlagen; *par ext* zu weit gehen; *changer de mains* in andere Hände übergehen; *donner la main à qn* j-n an der Hand nehmen; *se faire la main* (sich) üben; *faire main basse sur qc* etw an sich (*acc*) bringen; F sich (*dat*) etw unter den Nagel reißen; *lever, porter la main sur qn* die Hand gegen j-n erheben; *mettre la dernière main à qc* letzte Hand an etw legen; *j'en mettrais ma main au feu* dafür könnte ich meine Hand ins Feuer legen; F *mettre la main à la pâte* Hand ans Werk legen; mit Hand anlegen; *police mettre la main sur qn* j-n fassen; *fig prendre qc en main* etw in die Hand nehmen; *prendre qn la main dans le sac* j-n auf frischer Tat ertappen; *fig tendre la main* betteln; *fig tendre la main à qn* j-m helfen; *en venir aux mains* handgemein werden **2.** *d'un escalier main courante* Handlauf *m*
Main [mɛ̃] *le Main* der Main
mainate [mɛnat] *m* ZO Beo *m*
▸ **main-d'œuvre** [mɛ̃dœvʀ] *f* Arbeitskräfte *f/pl*
Maine [mɛn] *le Maine historische Provinz in Westfrankreich*
Maine-et-Loire [mɛnelwaʀ] *le Maine-et-Loire frz Departement*
main-forte [mɛ̃fɔʀt] *f* *prêter main-forte à qn* j-m Beistand, Hilfe leisten

mainlevée [mɛ̃lve] *f* JUR *d'une saisie* Aufhebung *f*; *d'une hypothèque* Löschung *f*
mainmise [mɛ̃miz] *f* Beherrschung *f* (*sur qc* e-r Sache [*gén*])
maint [mɛ̃] *st/s adj/ind* ⟨**mainte** [mɛ̃t]⟩ so manche(r, -s); *maintes fois* so manches Mal; *à maintes reprises* zu wiederholten Malen
maintenance [mɛ̃tnɑ̃s] *f* Wartung *f*
▸ **maintenant** [mɛ̃tnɑ̃] *adv* jetzt; nun; *maintenant que* jetzt, wo; nun, da
maintenir [mɛ̃tniʀ] ⟨→ **tenir**⟩ **I** *v/t* **1.** (*conserver*) aufrechterhalten; *paix a* erhalten; wahren; *tradition a* beibehalten; bewahren **2.** (*soutenir*) *maintenir que ...* dabei bleiben, dass ... **3.** (*tenir*) halten **II** *v/pr se maintenir* sich halten
maintien [mɛ̃tjɛ̃] *m* **1.** *de l'ordre, etc* Aufrechterhaltung *f*; *de la paix a* Erhaltung *f*; Wahrung *f*; *de qn en fonction* Belassung *f* **2.** (*attitude*) Haltung *f*
▸ **maire** [mɛʀ] *m* Bürgermeister *m*; *femme* Bürgermeisterin *f*
mairesse [mɛʀɛs] *plais f* Frau *f* des Bürgermeisters
▸ **mairie** [mɛʀi] *f* Rathaus *n*
▸ **mais** [mɛ] **I** *conj* aber; *après un énoncé négatif* sondern **II** *adv mais non!* aber nein!; nicht doch!; *indigné ah mais!* also wirklich! **III** *m* Aber *n*
▸ **maïs** [mais] *m* Mais *m*
▸ **maison** [mɛzõ] *f* **1.** Haus *n*; *maison close, de tolérance* Bordell *n*; Freudenhaus *n*; *Maison des jeunes et de la culture* Jugendklubhaus *n*; *maison de retraite* Alten-, Altersheim *n*; *ami m de la maison* Freund *m* des Hauses; *à la maison* zu *ou* nach Hause; *rentrer à la maison* nach Hause gehen; heimgehen; *rester à la maison* zu Hause, daheimbleiben **2.** COMM Firma *f*; (Handels)Haus *n*; Geschäft *n*; *maison mère* Stammhaus *n*; Zentrale *f*; *maison d'édition* Verlag *m*; Verlagshaus *n* **3.** *maison d'arrêt* Haftanstalt *f* **4.** *adjt* CUIS hausgemacht **5.** (*lignée de nobles*) Haus *n*
maisonnée [mɛzɔne] *f* Hausgemeinschaft *f*; Familie *f*
maisonnette [-ɛt] *f* Häuschen *n*
maître [mɛtʀ], **maîtresse** [mɛtʀɛs] **I** *m,f* **1.** Herr(in) *m(f)*; *d'un chien a* F Herrchen *n*, Frauchen *n*; *maître, maîtresse de maison* Hausherr(in) *m(f)*; Herr *m*, Dame *f* des Hauses; *être son* (*propre*) *maître* sein eigener, freier Herr sein; *être maître de soi* Herr s-r selbst sein; sich in der Gewalt haben **2.** *maître, maîtresse* (*d'école*) (Grundschul)Lehrer(in) *m(f)* **3.** *maître m* Meister *m* (*a artisan, artiste*); *maître nageur* Bademeister *m*; *professeur Schwimmlehrer m*; *maître à penser* geistiges Vorbild; *maître de conférences* außerordentlicher Professor; *maître d'hôtel* Oberkellner *m*; (*majordome*) Butler *m*; *maître d'œuvre* (Architect *m* und) Bauleiter *m*; *coup m de maître* Meisterstück *n*, -leistung *f* **4.** JUR *Maître Dupont* der Rechtsanwalt *ou* Notar Dupont **5.** *maîtresse f* (*bien-aimée*) Geliebte *f*; *péj* Mätresse *f* **II** *adj* **6.** Haupt...; wichtigste; *idée maîtresse* Hauptgedanke *m* **7.** *une maîtresse femme* e-e energische Frau
maître-autel [mɛtʀotɛl] *m* ⟨**maîtres-autels**⟩

M

Hoch-, Hauptaltar *m*

maître-chien [mɛtʀəʃjɛ̃] *m* ⟨**maîtres-chiens**⟩ Hundeführer *m*

maîtrisable [metʀizabl] *adj* bezähmbar; bezwingbar

maîtrise [metʀiz] *f* **1.** (*domination*) Herrschaft *f* (*de* über + *acc*); *maîtrise de soi* Selbstbeherrschung *f* **2.** (*virtuosité*) Meisterschaft *f* **3.** *agents m/pl de maîtrise* Werkmeister *m/pl*; technische(n) Angestellte(n) *m/pl* **4.** diplôme Magisterwürde *f ou* -prüfung *f* (*nach vierjährigem Studium*) **5.** MUS Domsingschule *f*; Kantorei *f*

maîtriser [metʀize] **I** *v/t animal* bändigen; *agresseur* überwältigen; *incendie, épidémie* unter Kontrolle bringen; *difficulté* meistern; *colère, jalousie* bezwingen; bezähmen **II** *v/pr se maîtriser* sich beherrschen, bezwingen, bezähmen

maïzena® [maizena] *f* Maizena® *n*

majesté [maʒɛste] *f* **1.** Majestät *f*; Erhabenheit *f* **2.** *Sa, Votre Majesté* Seine *ou* Ihre, Eure Majestät

majestueux [maʒɛstɥø] *adj* ⟨**-euse** [-øz]⟩ majestätisch; erhaben; hoheits-, würdevoll

▸ **majeur** [maʒœʀ] **I** *adj* ⟨**∼e**⟩ **1.** (*important*) wichtig(ste); Haupt...; *la majeure partie* der größere, überwiegende Teil **2.** MUS Dur...; *en ré majeur* in D-Dur **3.** JUR volljährig **4.** *le lac Majeur* der Lago Maggiore **II** *m* ANAT Mittelfinger *m*

major [maʒɔʀ] *m* **1.** MIL hoher Verwaltungsoffizier **2.** ÉCOLE *major de promotion* Beste(r) *m*; Erste(r) *m*

majoration [maʒɔʀasjɔ̃] *f* Erhöhung *f*; Aufschlag *m*

majordome [maʒɔʀdɔm] *m* Butler *m*

majorer [maʒɔʀe] *v/t* erhöhen; heraufsetzen

majorette [maʒɔʀɛt] *f* Majorette *f*

majoritaire [maʒɔʀitɛʀ] *adj* Mehrheits...

▸ **majorité** [maʒɔʀite] *f* **1.** Mehrheit *f* (*a* POL); Mehrzahl *f*; *à la majorité absolue* mit absoluter Mehrheit; *dans la majorité des cas* in den meisten Fällen; *en majorité* überwiegend; größtenteils; mehrheitlich **2.** *majorité* (*civile*) Volljährigkeit *f*; *majorité pénale* Strafmündigkeit *f*

Majorque [maʒɔʀk] Mallorca *n*

majuscule [maʒyskyl] *adj* (*lettre f*) *majuscule f* Großbuchstabe *m*; großer Buchstabe; *un A majuscule* ein großes A

▸ **mal**¹ [mal] **I** *adv* **1.** schlecht; übel; *mal payé* schlecht bezahlt; unterbezahlt; ▸ *pas mal de* (+ *subst*) ziemlich viel(e); e-e (ganze) Menge; *aller mal affaires* schlecht gehen; *projet* schlecht stehen; *personne il va mal* es geht ihm schlecht; *malade il est au plus mal* es steht sehr schlecht mit ihm; *prendre mal* übel nehmen **2.** (*incorrectement*) falsch; *mal interpréter* falsch interpretieren; missdeuten **II** *adj* ⟨*inv*⟩ *dire, faire qc de mal* etw Böses, Schlimmes sagen, tun; *être mal* sich nicht wohlfühlen; *être mal avec qn* (sich) mit j-m schlecht stehen; *être pas mal* nicht übel, nicht schlecht, ganz gut sein

▸ **mal**² [mal] *m* ⟨**maux** [mo]⟩ **1.** *le mal* das Übel; REL das Böse; *le moindre mal* das geringere *ou* kleinere Übel; *quel mal y a-t-il à cela?* was ist

denn schon dabei!; *dire du mal de qn* j-m Schlechtes, Böses nachsagen; schlecht über j-n reden; *faire du mal à qn* (*nuire*) j-m schaden; (*faire souffrir*) j-m etwas zuleide tun; *paroles* j-m wehtun; *sans penser à mal* ohne (sich [*dat*]) Schlimmes, Böses, Arges dabei zu denken; *je n'y vois aucun mal* ich finde nichts Schlimmes dabei **2.** (*souffrance*) Schmerz *m*; (*maladie*) Krankheit *f*; Leiden *n*; *mal blanc* → *panaris*; ▸ *maux de dents, de tête* Zahn-, Kopfschmerzen *m/pl ou* -weh *n*; *mal de mer* Seekrankheit *f*; *avoir le mal de mer* seekrank sein; *mal du pays* Heimweh *n*; *mal des transports* Reisekrankheit *f*; *j'ai mal au cœur* mir ist *ou* mir wird schlecht, übel; *avoir mal aux dents, à la tête* Zahn-, Kopfschmerzen *ou* -weh haben; *il n'y a pas de mal!* bitte, (das) macht nichts!; *fig être en mal de qc* etw sehnlich(st) wünschen; ▸ *faire mal à qn* j-m wehtun **3.** (*peine*) Mühe *f*; *sans mal* mühelos; *donner du mal à qn* j-m viel Mühe machen; *se donner du mal* sich (*dat*) Mühe geben

malabar [malabaʀ] F *m* stämmiger Kerl

▸ **malade** [malad] **I** *adj* **1.** krank; *avoir le cœur malade, être malade du cœur* herzkrank sein; *je suis malade* (*j'ai mal au cœur*) mir ist schlecht; *fig être malade de jalousie* krank vor Eifersucht sein; *tomber malade* krank werden; erkranken **2.** F (*fou*) F übergeschnappt; → *cinglé* **3.** F *objet* ramponiert; *entreprise* angeschlagen **II** *m,f* Kranke(r) *f(m)*; *d'un médecin* Patient(in) *m(f)*; *grand(e) malade* Schwerkranke(r) *f(m)*; *malade mental(e)* Geisteskranke(r) *f(m)*

▸ **maladie** [maladi] *f* **1.** Krankheit *f*; *maladie de Parkinson* Parkinsonsche Krankheit; F *fig en faire une maladie* sich aufregen; F ein Theater machen **2.** *fig* (*manie*) krankhafte Angewohnheit; *p/fort* Sucht *f*

maladif [maladif] *adj* ⟨**-ive** [-iv]⟩ **1.** *personne* kränklich; *être maladif* kränkeln **2.** *curiosité, peur* krankhaft

▸ **maladresse** *f* Ungeschicklichkeit *f*; Ungeschick *n*

▸ **maladroit I** *adj* ⟨**-oite**⟩ ungeschickt **II** *maladroit(e)* *m(f)* Tollpatsch *m*

mal-aimé *adj* ⟨**∼e**⟩ ungeliebt

malais [malɛ] **I** *adj* ⟨**-aise** [-ɛz]⟩ malaiisch **II** *subst* **1.** *Malais(e)* *m(f)* Malaie *m*, Malaiin *f* **2.** LING *le malais* das Malaiische; Malaiisch *n*

malaise *m* **1.** MÉD Unwohlsein *n* **2.** *fig* Unbehagen *n*; Missstimmung *f*

malaisé *st/s adj* ⟨**∼e**⟩ nicht leicht

Malaisie [malɛzi] *la Malaisie* → *Malaysia*

malappris *m* Flegel *m*

malaria [malaʀja] *f* Malaria *f*

malavisé [malavize] *litt adj* ⟨**∼e**⟩ unklug; unüberlegt

Malawi [malawi] *le Malawi* Malawi *n*

malaxer [malakse] *v/t* (durch)kneten

Malaysia [malɛzja] *la Malaysia* Malaysia *n*

malaysien [malɛzjɛ̃] **I** *adj* ⟨**-ienne** [-jɛn]⟩ malaysisch **II** *subst Malaysien(ne)* *m(f)* Malaysier(in) *m(f)*

malbouffe F *f* Junkfood *n*; F Fraß *m*

malchance *f* Pech *n*; Missgeschick *n*; Unglück *n*; *jouer de malchance* vom Pech verfolgt sein

malchanceux *adj* ⟨**-euse**⟩ glücklos; *subst* **un malchanceux** F ein Pechvogel *m*; F ein Unglücksrabe *m*
malcommode [malkɔmɔd] *adj* → **incommode**
Maldives [maldiv] *les îles f/pl* **Maldives** die Malediven *pl*
maldivien [maldivjɛ̃] **I** *adj* ⟨**-ienne** [-jɛn]⟩ maledivisch **II** *subst* **Maldivien(ne)** *m(f)* Malediver(in) *m(f)*
maldonne *f* **il y a maldonne** *aux cartes* falsch gegeben!; F *fig* so haben wir nicht gewettet!
mâle [mɑl] **I** *m* **1.** zo Männchen *n*; männliches Tier **2.** (*homme*) männliches Wesen; Mann *m* **II** *adj* männlich
malédiction [malediksjɔ̃] *f* Fluch *m* (*a malheur*); Verwünschung *f*
maléfice [malefis] *m* böser Zauber
maléfique [malefik] *adj* unheilvoll; Unheil bringend
malencontreusement [malɑ̃kɔ̃tʀøzmɑ̃] *adv* unglücklich(erweise)
malencontreux [-ø] *adj* ⟨**-euse** [-øz]⟩ unglücklich; leidig
malentendant [malɑ̃tɑ̃dɑ̃] *m*, **malentendante** [-ɑ̃t] *f* Hörgeschädigte(r) *f(m)*
malentendu *m* Missverständnis *n*; **dissiper, faire cesser un malentendu** ein Missverständnis aufklären, beseitigen
mal-être *m* Unbehagen *n*
malfaçon *f* (Herstellungs)Mangel *m*
malfaisance [malfəzɑ̃s] *f* Bosheit *f*; Bösartigkeit *f*
malfaisant [-ɑ̃] *adj* ⟨**-ante** [-ɑ̃t]⟩ **1.** *esprit* böse **2.** *influence* schädlich
malfaiteur [malfɛtœʀ] *m* Übeltäter *m*; Verbrecher *m*; F Ganove *m*
malfamé *adj* ⟨**‿e**⟩ verrufen
malformation *f* Missbildung *f*
malfrat [malfʀa] *m* F Ganove *m*
malgache [malgaʃ] **I** *adj* madagassisch **II** *Malgache m*, Madagasse *m*, Madagassin *f*
▸ **malgré** *prép* **1.** **malgré moi** (*contre mon gré*) gegen meinen Willen; (*sans le vouloir*) ungewollt **2.** (*en dépit de*) trotz (+ *gén*); **malgré cela** trotzdem; **malgré tout** trotzdem; dennoch
malhabile [malabil] *adj* ungeschickt
▸ **malheur** [malœʀ] *m* Unglück *n*; (*ennui*) Missgeschick *n*; F Malheur *n*; **malheur à …!** wehe (+ dat)!; **par malheur** unglücklicherweise; **pour son malheur** zu s-m Unglück; **faire le malheur de qn** j-n ins Unglück stürzen; *spectacle* **faire un malheur** F e-n Riesenerfolg haben; **le malheur des uns fait le bonheur des autres** des e-n Not ist des andern Brot (*prov*); des e-n Glück ist des andern Unglück (*prov*)
▸ **malheureusement** *adv* leider; unglücklicherweise
▸ **malheureux** **I** *adj* ⟨**-euse**⟩ **1.** (*qui souffre*) unglücklich; (*malchanceux*) glücklos; *situation, suites* unglücklich; bedauerlich; betrüblich; **être malheureux en amour** kein Glück in der Liebe haben **2.** *péj* unbedeutend; läppisch; F lumpig **II** **malheureux, malheureuse** *m,f* Unglückliche(r) *f(m)*; (*indigent*) Notleidende(r) *f(m)*; Arme(r) *f(m)*
malhonnête *adj* unehrlich; unredlich
malhonnêteté *f* Unehrlichkeit *f*
Mali [mali] *le Mali* Mali *n*

malice [malis] *f* **1.** Schalkhaftigkeit *f*; Spottlust *f* **2.** **être sans malice** arglos sein
malicieux [malisjø] *adj* ⟨**-euse** [-øz]⟩ schelmisch; schalkhaft
malien [maljɛ̃] **I** *adj* ⟨**-ienne** [-jɛn]⟩ malisch; von Mali **II** *subst* **Malien(ne)** *m(f)* Malier(in) *m(f)*
maligne → **malin**
malignité [maliɲite] *f* **1.** Bösartigkeit *f*; Bosheit *f* **2.** MÉD Bösartigkeit *f*
▸ **malin** [malɛ̃] **I** *adj* ⟨**maligne** [maliɲ]⟩ **1.** (*rusé*) schlau; pfiffig; gewitzt; clever; *air, sourire* listig **2.** (*malveillant*) boshaft; *p/fort* hämisch; *joie maligne* a Schadenfreude *f* **3.** MÉD bösartig **II** **malin, maligne** *m,f* Schlaukopf *m*; F Pfiffikus *m*; F *iron* Schlauberger *m*; F *iron* Schlaumeier *m*; **faire le malin** angeben; F große Töne spucken
malingre [malɛ̃gʀ] *adj* schwächlich
malintentionné *adj* ⟨**‿e**⟩ übel gesinnt
malle [mal] *f* Übersee-, Kabinenkoffer *m*; P *fig* **se faire la malle** F abhauen
malléable [maleabl] *adj* **1.** *métal* schmiedbar; *substance* modellierfähig **2.** *fig* bildsam
mallette [malɛt] *f* (kleiner) Koffer; Köfferchen *n*
malmener *v/t* ⟨**-è-**⟩ **1.** (*brutaliser*) grob behandeln; misshandeln **2.** *adversaire* hart zusetzen (*qn* j-m)
malnutrition *f* Unterernährung *f*
malodorant *adj* ⟨**-ante**⟩ übel riechend
malotru [malɔtʀy] *m* Rüpel *m*; Flegel *m*
malouin [malwɛ̃] *adj* ⟨**-ine** [-in]⟩ (*et subst* **Malouin** Einwohner) von Saint-Malo
Malouines [malwin] *les* (*îles*) **Malouines** *f/pl* die Falklandinseln *f/pl*
malpropre **I** *adj* unsauber (*a fig*) **II** *m péj* Lump *m*
malsain *adj* ⟨**-aine**⟩ ungesund (*a fig*)
malséant *st/s adj* ⟨**-ante**⟩ unschicklich
malt [malt] *m* Malz *n*
maltais [maltɛ] **I** *adj* ⟨**-aise** [-ɛz]⟩ maltesisch **II** *subst* **1.** **Maltais(e)** *m(f)* Malteser(in) *m(f)* **2.** LING **le maltais** das Maltesische; Maltesisch *n*
Malte [malt] Malta *n*
malthusianisme [maltyzjanism] *m* Malthusianismus *m* (*Theorie, nach der die Bevölkerung tendenziell schneller wächst als der Bodenertrag*)
maltraitance [maltʀɛtɑ̃s] *f* Misshandlung *f*
maltraiter [-e] *v/t* misshandeln
malus [malys] *m* Malus *m*; Prämienzuschlag *m*
malveillance [malvɛjɑ̃s] *f* **1.** (*hostilité*) Boshaftigkeit *f*; Feindseligkeit *f*; Gehässigkeit *f* **2.** (*intention de nuire*) Böswilligkeit *f*
malveillant [-ɑ̃] *adj* ⟨**-ante** [-ɑ̃t]⟩ boshaft; gehässig; feindselig
malvenu [malvəny] *adj* ⟨**‿e**⟩ **être malvenu de** *ou* **à** (+*inf*) kein Recht haben zu (+*inf*)
malversation [malvɛʀsasjɔ̃] *f* JUR Untreue *f*; Unterschlagung *f*
malvoyant *m*, **malvoyante** *f* Sehbehinderte(r) *f(m)*
▸ **maman** [mamɑ̃] *f* Mutti *f*; Mama *f*
mamelle [mamɛl] *f* Brust(drüse) *f*
mamelon [mamlɔ̃] *m* **1.** ANAT Brustwarze *f* **2.** (*sommet arrondi*) Kuppe *f*
mamelonné [mamlɔne] *adj* ⟨**‿e**⟩ *paysage* hüge-

lig
► **mamie** [mami] *f enf* Oma *f*; Omi *f*
mammaire [mamɛʀ] *adj* Brust…
mammifère [mamifɛʀ] *m* Säugetier *n*
mammographie [mamɔgʀafi] *f* Mammographie *f*
mammouth [mamut] *m* Mammut *n*
mamours [mamuʀ] *m/pl* F **faire des mamours à qn** F mit j-m schmusen
management [manaʒmɑ̃] *m* Management *n*
manager [manadʒɛʀ] *m* Manager *m*
manant [manɑ̃] *m* **1.** *litt* (*rustre*) Flegel *m*; Lümmel *m* **2.** HIST (Frei)Bauer *m*
► **manche¹** [mɑ̃ʃ] *f* **1.** Ärmel *m*; **à manches courtes, longues** kurz-, langärm(e)lig; **sans manches** ärmellos **2.** *d'un jeu* Partie *f*; Runde *f* (*a fig*); *aux épreuves de ski* Durchgang *m* **3.** **manche à air** Windsack *m* **4.** **faire la manche** Geld sammeln; betteln
manche² [mɑ̃ʃ] *m* **1.** *d'un outil* Stiel *m*; *d'un couteau* Heft *n*; *d'un tournevis* Griff *m*; **manche à balai** Besenstiel *m*; AVIAT Steuerknüppel *m*; *fig* **jeter le manche après la cognée** die Flinte ins Korn werfen **2.** *d'un violon* Hals *m* **3.** *d'un gigot* Knochenende *n*
Manche [mɑ̃ʃ] **la Manche** der Ärmelkanal
manchette [mɑ̃ʃɛt] *f* **1.** *de chemise* Manschette *f* **2.** *d'un journal* Schlagzeile *f*
manchon [mɑ̃ʃɔ̃] *m* **1.** *en fourrure* Muff *m* **2.** TECH Muffe *f*
manchot [mɑ̃ʃo], **manchote** [-ɔt] **1.** *m,f* Einarmige(r) *f(m)* **2.** *m* ZO Pinguin *m*
mandale [mɑ̃dal] *f arg* (*gifle*) Ohrfeige *f*
mandarin [mɑ̃daʀɛ̃] *m* **1.** HIST Mandarin *m* **2.** *fig* einflussreiche(r) Intellektuelle(r) *m*; *péj* Halbgott *m*
mandarine [mɑ̃daʀin] *f* Mandarine *f*
mandarinier [-je] *m* Mandarinenbaum *m*
mandat [mɑ̃da] *m* **1.** Mandat *n* (*a* POL); (Handlungs)Vollmacht *f* **2.** JUR **mandat d'amener** Vorführungsbefehl *m*; **mandat d'arrêt, de dépôt** Haftbefehl *m* **3.** **mandat** (**postal**) Postanweisung *f*
mandataire [mɑ̃datɛʀ] *m,f* Bevollmächtigte(r) *f(m)*; Mandatar *m*
mandater [mɑ̃date] *v/t* **mandater qn** j-m ein Mandat erteilen
mander [mɑ̃de] *litt v/t* zu sich bitten; rufen lassen
mandibules [mɑ̃dibyl] *f/pl* ZO Fresswerkzeuge *n/pl*
mandoline [mɑ̃dɔlin] *f* Mandoline *f*
manège [manɛʒ] *m* **1.** ÉQUITATION Reitbahn *f*, -halle *f*, -schule *f* **2.** *attraction foraine* Karussell *n*; **faire un tour de manège** Karussell fahren **3.** *comportement* Schliche *m/pl*; Tricks *m/pl*
manette [manɛt] *f* (Schalt-, Bedienungs)Hebel *m*
manganèse [mɑ̃ganɛz] *m* Mangan *n*
mangeable [mɑ̃ʒabl] *adj* essbar; genießbar
mangeaille [mɑ̃ʒaj] *f* F *péj* Fraß *m*; P Fressen *n*
mangeoire [mɑ̃ʒwaʀ] *f* Futtertrog *m*; Futterkrippe *f*; *pour volaille* Futter-, Fressnapf *m*
► **manger** [mɑ̃ʒe] **I** *v/t* ⟨-ge-⟩ **1.** essen (*a abs*); *animal* fressen; **donner à manger à** füttern (+ *acc*) **2.** *fig fortune* vergeuden; durchbringen **3.** **mangé par les mites, par la rouille** von Motten, von Rost zerfressen **II** *m* Essen *n*

mange-tout [mɑ̃ʒtu] *m/pl* fadenlose grüne Bohnen
mangeur [mɑ̃ʒœʀ] *m*, **mangeuse** [-øz] *f* Esser(in) *m(f)*; **un gros mangeur** ein starker Esser
mangouste [mɑ̃gust] *f* Manguste *f*
mangue [mɑ̃g] *f* Mango *f*
manguier [-je] *m* Mangobaum *m*
Manhattan [manatan] Manhattan *n*
maniabilité [manjabilite] *f* Handlichkeit *f*; *d'un appareil* leichte Handhabbarkeit; *d'un véhicule* große Manövrierfähigkeit; Wendigkeit *f*
maniable [manjabl] *adj* **1.** *outil, format* handlich; *véhicule* wendig **2.** *fig personne* fügsam; lenkbar
maniaco-dépressif [manjakodepʀesif] *adj* ⟨**-ive** [-iv]⟩ manisch-depressiv
maniaque [manjak] **I** *adj* **1.** PSYCH manisch **2.** *fig* schrullig; pedantisch **II** *m,f* **3.** PSYCH manisch Kranke(r) *f(m)* **4.** *fig* Pedant(in) *m(f)*; F Ordnungsfanatiker(in) *m(f)*; **un vieux maniaque** ein komischer Kauz
maniaquerie [manjakʀi] *f* Schrulligkeit *f*
manichéen [manikeɛ̃] *adj* ⟨**-enne** [-ɛn]⟩ **1.** REL manichäisch **2.** *fig* rigoros; einseitig
manichéisme [manikeism] *m* REL Manichäismus *m*
manie [mani] *f* **1.** PSYCH Manie *f*; **manie de la persécution** Verfolgungswahn *m* **2.** *fig* Schrulle *f*; F Tick *m*; Eigenheit *f*
maniement [manimɑ̃] *m* Handhabung *f*; Umgang *m* (**de** mit; *a fig*)
manier [manje] **I** *v/t* **1.** handhaben; umgehen, hantieren (**qc** mit etw); *machine* bedienen; *véhicule* lenken; manövrieren **2.** *fig fonds* umgehen mit; *ironie* (geschickt) gebrauchen **II** *v/pr* F **se manier** → **magner**
► **manière** [manjɛʀ] *f* **1.** Art *f*; Weise *f*; Art und Weise *f*; **manière d'agir** Handlungsweise *f*; **adverbe** *m* **de manière** Adverb *n* der Art und Weise; **à la manière de** nach Art (+ *gén*); BEAUX-ARTS in der Manier (+ *gén*); **de la manière suivante** folgendermaßen; auf folgende Weise; ► **de toute manière** auf jeden Fall; auf alle Fälle; **de manière à** (+ *inf*) um zu (+ *inf*); **de manière** (**à ce**) **que …** (+ *subj*) so …, dass …; **employer la manière forte** Gewalt, Zwang anwenden **2.** ► **manières** *pl* Manieren *f/pl*; Umgangsformen *f/pl*; Benehmen *n*; **faire des manières** sich zieren
maniéré [manjeʀe] *adj* ⟨**~e**⟩ **1.** affektiert; geziert; gekünstelt **2.** *style* manieriert
maniérisme [manjeʀism] *m* Manierismus *m*
manieur [manjœʀ] *m* **manieur d'argent, de fonds** Finanz-, Geschäftsmann *m*
manif [manif] *f abr* F (*manifestation*) F Demo *f*
manifestant [manifɛstɑ̃] *m*, **manifestante** [-ɑ̃t] *f* Demonstrant(in) *m(f)*
► **manifestation** [manifɛstasjɔ̃] *f* **1.** *d'un sentiment* Äußerung *f*; Bekundung *f* **2.** POL Demonstration *f*; (Massen)Kundgebung *f* **3.** *sportive, culturelle* Veranstaltung *f*
manifeste [manifɛst] **I** *adj* offenkundig; offensichtlich **II** *m* Manifest *n*
manifestement [manifɛstmɑ̃] *adv* offensichtlich
► **manifester** [manifɛste] **I** *v/t* äußern; kundtun; bekunden **II** *v/i* POL demonstrieren **III**

M

v/pr **se manifester 1.** *maladie, sentiment* sich äußern (**par** durch; in + dat) **2.** *personne* sich melden; von sich hören lassen
manigance [manigãs] *f* Trick *m*; **manigances** *pl a* Schliche *m/pl*
manigancer [manigãse] *v/t* ⟨**-ç-**⟩ aushecken; anzetteln
Manille [manij] Manila *n*
manioc [manjɔk] *m* Maniok *m*
manip [manip] F *f* → **manipulation** *2, 4*
manipulateur [manipylatœʀ], **manipulatrice** [-tʀis] **1.** *m,f* Assistent(in) *m(f)* **2.** *m* TECH Manipulator *m*
manipulation [manipylasjõ] *f* **1.** (*maniement*) Umgang *m*, Hantieren *n* (**de** mit); Handhabung *f* **2.** ÉCOLE Versuch *m* **3.** **manipulation génétique** Genmanipulation *f* **4.** *péj* Manipulation *f*
manipuler [manipyle] *v/t* **1.** umgehen, hantieren (**qc** mit etw); handhaben **2.** *péj* manipulieren
manitou [manitu] *m* F Boss *m*
manivelle [manivɛl] *f* Kurbel *f*
manne [man] *f* BIBL, BOT Manna *n*
mannequin [mankɛ̃] *m* **1.** *personne* Mannequin *n* **2.** COUT Schneiderpuppe *f*; *dans une vitrine* Schaufensterpuppe *f*
manœuvrabilité [manœvʀabilite] *f* Manövrierfähigkeit *f*; Wendigkeit *f*
manœuvrable [-abl] *adj* manövrierfähig; wendig
manœuvre[1] [manœvʀ] *f* **1.** *d'un véhicule* Manöver *n*; Manövrieren *n*; CH DE FER Rangieren *n* **2.** MIL **manœuvres** *pl* Manöver *n* **3.** fig, *péj* Manöver *n*; **manœuvres** *pl a* Machenschaften *f/pl*
manœuvre[2] *m* Hilfsarbeiter *m*
manœuvrer [manœvʀe] **I** *v/t* **1.** *véhicule* manövrieren; rangieren; lenken; *bateau a* steuern; *gouvernail* bedienen **2.** fig *personne* manipulieren **II** *v/i* fig manövrieren; zu Werke gehen
manoir [manwaʀ] *m* Landsitz *m*; Herrenhaus *n*
manomètre [manɔmɛtʀ] *m* TECH Manometer *n*; Druckmesser *m*
manouche [manuʃ] F *m,f* Zigeuner(in) *m(f)*
manquant [mãkã] *adj* ⟨**-ante** [-ɑt]⟩ fehlend
▸ **manque** [mãk] *m* **1.** Mangel *m* (**de** an + dat); Manko *n*; **manque de calcium** Kalziummangel *m*; **manque d'intérêt** mangelndes Interesse; Interesselosigkeit *f*; **par manque de** aus Mangel an (+ *dat*); mangels (+ *gén*) **2.** **manque à gagner** entgangener Gewinn; Verdienstausfall *m* **3.** *d'un drogué* (**état** *m* **de**) **manque** Entzugserscheinungen *f/pl*
manqué [mãke] *adj* ⟨**~e**⟩ *occasion* verpasst; *tentative* fehlgeschlagen; misslungen (*a photo*); missglückt; *vie* verfehlt; F verpfuscht; **c'est un garçon manqué** an ihr ist ein Junge verloren gegangen
manquement [mãkmã] *m* **manquement à** Verstoß *m* gegen; Verletzung *f* (+ *gén*)
▸ **manquer** [mãke] **I** *v/t* *cible, personne* verfehlen; *occasion, train, bus* verpassen; versäumen (*a cours, spectacle*); **manquer sa vocation** s-n Beruf verfehlen (*a plais*); F **il n'en manque pas une!** F er muss doch immer ins Fettnäpfchen treten! **II** *v/t/indir* **1.** **manquer à qc** etw verletzen; gegen etw verstoßen; **manquer à**

sa parole sein Wort nicht halten; wortbrüchig werden **2.** **manquer de qc** Mangel an etw (*dat*) haben; *p/fort* etw nicht haben; **je manque de qc** es fehlt, mangelt mir an etw (*dat*) **3.** **ne pas manquer de faire qc** nicht vergessen *ou* nicht versäumen, etw zu tun **4.** (*faillir*) **elle a manqué** (**de**) **se faire écraser** sie wäre beinahe, fast überfahren worden **III** *v/i et v/imp* **5.** fehlen (**à qn** j-m); **manquer à l'école** in der Schule fehlen; **il manque deux pages** es fehlen zwei Seiten; **il ne manquait plus que cela!** das fehlte gerade noch! **6.** *tentative* fehlschlagen; misslingen; missglücken; *voix, forces* versagen **IV** *v/pr* **7.** *réciproque* **se manquer** sich verfehlen **8.** *réfléchi* **il s'est manqué** sein Selbstmordversuch ist missglückt, fehlgeschlagen
Mans Le Mans [ləmã] *Stadt im Departement Sarthe*
mansarde [mãsaʀd] *f* Mansarde *f*; Dachkammer *f*
mansardé [mãsaʀde] *adj* ⟨**~e**⟩ mit schrägen Wänden
mansuétude [mãsyetyd] *st/s f* Milde *f*
mante [mãt] *f* ZO **mante religieuse** Gottesanbeterin *f*
▸ **manteau** [mãto] *m* ⟨**~x**⟩ Mantel *m*; fig **sous le manteau** heimlich; unter der Hand
mantille [mãtij] *f* Mantilla *f*; Spitzentuch *n*
manucure [manykyʀ] *f* Maniküre *f*; Handpflegerin *f*
manucurer [-e] *v/t* maniküren
▸ **manuel** [manɥɛl] **I** *adj* ⟨**~le**⟩ Hand...; manuell; **métier manuel** handwerklicher Beruf **II** *m* Handbuch *n*; *scolaire* Lehrbuch *n*
manuellement [manɥɛlmã] *adv* mit der Hand; manuell
manufacture [manyfaktyʀ] *f* Manufaktur *f*
manufacturé [manyfaktyʀe] *adj* ⟨**~e**⟩ **produits manufacturés** gewerbliche Erzeugnisse *n/pl*
manu militari [manymilitaʀi] *adv* mit Gewalt; gewaltsam
manuscrit [manyskʀi] **I** *adj* ⟨**-ite** [-it]⟩ handgeschrieben; handschriftlich **II** *m* **1.** *ancien* Handschrift *f* **2.** TYPO Manuskript *n*
manutention [manytãsjõ] *f* (Be)Förderung *f*; Transport *m*
manutentionnaire [manytãsjɔnɛʀ] *m* Lagerarbeiter *m*
manutentionner [-e] *v/t marchandises* befördern; transportieren
maoïsme [maɔism] *m* Maoismus *m*
maoïste [maɔist] **I** *adj* maoistisch **II** *m,f* Maoist(in) *m(f)*
mappemonde [mapmõd] *f* **1.** *globe* Globus *m* **2.** *carte* Welt-, Erdkarte *f*; *sc* Planiglob *n*
maquer [make] P *v/pr* **se maquer** zusammenziehen (**avec qn** mit j-m)
maquereau [makʀo] *m* ⟨**~x**⟩ **1.** ZO Makrele *f* **2.** P (*souteneur*) Zuhälter *m*
maquerelle [makʀɛl] *f* P Puffmutter *f*
maquette [makɛt] *f* **1.** (verkleinertes) Modell; **maquette d'avion** Modellflugzeug *n* **2.** (*ébauche*) Entwurf *m*; TYPO Layout *n*
maquettiste [maketist] *m* Layouter *m*
maquignon [makiɲõ] *m* Pferdehändler *m*; *péj* Rosstäuscher *m*
maquignonnage [makiɲɔnaʒ] *m* **1.** Pferdehan-

del *m* **2.** *péj* **a)** (*manœuvres frauduleuses*) Ross-täuschertricks *m/pl*; Schwindel *m* **b)** (*marchandage honteux*) Schacher *m*; F Kuhhandel *m*

▶ **maquillage** [makijaʒ] *m* **1.** *action* Schminken *n*; *résultat* Make-up *n* **2.** (*falsification*) F Frisieren *n*

maquiller [makije] **I** *v/t* **1.** *acteur, etc* schminken **2.** *voiture volée, etc* F frisieren **II** *v/pr* ▶ *se maquiller* sich schminken

maquilleur [makijœr] *m*, **maquilleuse** [-øz] *f* Maskenbildner(in) *m(f)*

maquis [maki] *m* **1.** GÉOGR Macchia *f*; Buschwald *m* **2.** HIST Maquis *m*; französische Widerstandsgruppe

maquisard [makizar] *m* Maquisard *m*; französischer Widerstandskämpfer

marabout [marabu] *m* **1.** ZO Marabu *m* **2.** ISLAM Marabut *m*

maracuja [marakyʒa, -kuʒa] *m* Maracuja *f*

maraîcher [mareʃe], **maraîchère** [-ɛr] **I** *m,f* Gemüsegärtner(in) *m(f)* **II** *adj* Gemüse…

marais [marɛ] *m* **1.** Sumpf *m*; Moor *n* **2.** *marais salant* Salzgarten *m*

marasme [marasm] *m* Flaute *f*; Stocken *n*

marasquin [maraskɛ̃] *m* Maraschino *m*

marathon [maratõ] *m* **1.** SPORTS Marathon (-lauf) *m*; *coureur m de marathon* Marathonläufer *m* **2.** *fig* Marathonveranstaltung *f*; F Marathon *m*; *adjt* Marathon…; *séance f marathon* Marathonsitzung *f*

marâtre [marɑtr] *f péj* Rabenmutter *f*

maraudage [marodaʒ] *m* → *maraude 2*

maraude [marod] *f* **1.** *taxi* **être en maraude** langsam durch die Straßen fahren und Kunden suchen **2.** JUR Felddiebstahl *m*

marauder [marode] *v/i* **1.** *taxi* → *maraude 1* **2.** (Feld-, Gartenfrüchte, Geflügel *etc*) stehlen

maraudeur [marodœr] *m*, **maraudeuse** [-øz] *f* (Feld-, Garten)Dieb(in) *m(f)*

marbre [marbr] *m* **1.** Marmor *m*; **de, en marbre** Marmor…; marmorn; *fig* **rester de marbre** ungerührt bleiben **2.** Marmorstatue *f*

marbré [marbre] *adj* ⟨**~e**⟩ marmoriert; *peau* (blau) gefleckt; *gâteau marbré* Marmorkuchen *m*

marbrerie [marbrəri] *f* **1.** *atelier* Marmorwerk *n*, -schleiferei *f* **2.** *marbrerie funéraire* Steinmetzgeschäft *n* für Grabsteine

marbrier [marbrije] *m* **1.** *ouvrier* Marmorschleifer *m* **2.** *funéraire* Steinmetz *m* (für Grabsteine)

marbrure [marbryr] *f* **1.** *sur papier* Marmorierung *f* **2.** *sur la peau* leichte Flecke(n) *m/pl*

marc [mar] *m* **1.** *résidu* Trester *m/pl* **2.** *eau-de--vie* Tresterbranntwein *m*; Grappa *m* **3.** *marc de café* Kaffeesatz *m*

marcassin [markasɛ̃] *m* Frischling *m*

marchand [marʃɑ̃], **marchande** [-ɑ̃d] **I** *m,f* **1.** Händler(in) *m(f)*; **marchand, marchande de journaux** Zeitungshändler(in) *m(f)*; **marchand, marchande des quatre-saisons** Obst- und Gemüsehändler(in) *m(f)* (*auf der Straße*) **2.** *enf marchand de sable* Sandmännchen *n* **II** *adj* Handels…; **valeur marchande** Handels-, Markt-, Verkehrswert *m*

marchandage [marʃɑ̃daʒ] *m* Handeln *n*; *péj* Feilschen *n*

marchander [marʃɑ̃de] *v/t* handeln, *péj* feilschen, *péj* schachern (*qc* um etw)

▶ **marchandise** [marʃɑ̃diz] *f* Ware *f*

▶ **marche** [marʃ] *f* **1.** *d'un escalier* (Treppen)Stufe *f* **2.** (*action de marcher*) Gehen *n* (*a* SPORTS); Laufen *n*; *dans la nature* Wandern *n*; **heure *f* de marche** Wegstunde *f* **3.** Marsch *m* (*a* MIL, MUS); (*randonnée*) Wanderung *f*; **marche à pied** Fußmarsch *m* **4.** *d'un véhicule* Fahrt *f*; *d'une machine* Gang *m*; ▶ **marche arrière** Rückwärtsgang *m*; ▶ **marche avant** Vorwärtsgang *m*; **faire marche arrière** rückwärtsfahren; zurücksetzen; *fig* e-n Rückzieher machen; **en marche** *véhicule* in Fahrt; fahrend; *machine, moteur* in Gang; in Betrieb; laufend; **mettre en marche** *machine* in Gang, in Betrieb setzen; *moteur* anlassen; anwerfen; **se mettre en marche** *machine* sich in Gang setzen; anlaufen; *moteur* anspringen **5.** (*cours*) Gang *m*; Lauf *m*; **marche à suivre** Vorgehen *n*; einzuschlagender Weg

▶ **marché** [marʃe] *m* **1.** (Wochen)Markt *m*; **marché aux poissons** Fischmarkt *m*; **aller au marché** auf den Markt gehen; **faire son marché** auf dem Markt einkaufen **2.** ÉCON Markt *m*; *par ext d'une grande ville* Handels-, Umschlagplatz *m*; **le Marché commun** der Gemeinsame Markt; **le grand marché européen** *ou* **le marché unique** der europäische Binnenmarkt; **marché des changes** Devisenmarkt *m*; **marché de l'emploi** Arbeits-, Stellenmarkt *m* **3.** (*transaction*) Geschäft *n*; (Geschäfts)Abschluss *m*; Handel *m*; *fig* **par-dessus le marché** obendrein; noch dazu **4.** ▶ (**à**) **bon marché** ⟨*inv*⟩ billig; preiswert; preisgünstig; (**à**) **meilleur marché** billiger

marchepied [marʃəpje] *m* **1.** *d'un train, d'un bus* Trittbrett *n* **2.** (*petite échelle*) Tritt-, Stehleiter *f*; Tritt *m*

▶ **marcher** [marʃe] *v/i* **1.** (*aller à pied*) gehen; laufen; marschieren (*a* MIL); (*poser le pied*) **marcher sur, dans qc** auf, in etw (*acc*) treten; F *fig* **ne pas se laisser marcher sur les pieds** sich (*dat*) nicht alles gefallen, bieten lassen; sich (*dat*) nicht auf der Nase herumtanzen lassen **2.** F (*consentir*) mitmachen; mittun **3.** F (*croire*) F darauf reinfallen; **faire marcher qn** j-n zum Narren halten **4.** (*fonctionner*) laufen; gehen (*a montre*); funktionieren; **faire marcher** laufen lassen **5.** (*réussir*) *affaires* gehen; *études, projets* erfolgreich verlaufen; *ruse* wirken; F **ça marche** F es macht sich; F es klappt

marcheur [marʃœr] *m*, **marcheuse** [-øz] **1.** *m,f* Marschierer(in) *m(f)*; **être bon marcheur**, **bonne marcheuse** gut zu Fuß sein **2.** *m* SPORTS Geher *m*

marcotte [markɔt] *f* JARD Ableger *m*

▶ **mardi** [mardi] *m* Dienstag *m*; **mardi gras** Fastnacht *f*; Karnevals-, Faschingsdienstag *m*

mare [mar] *f* **1.** Tümpel *m*; kleiner Teich **2.** **mare de sang** Blutlache *f*

marécage [marekaʒ] *m* Sumpf *m*; Moor *n*

marécageux [-ø] *adj* ⟨**-euse** [-øz]⟩ sumpfig; moorig; Sumpf…; Moor…

maréchal [mareʃal] *m* ⟨**-aux** [-ø]⟩ **1.** Marschall *m* **2.** **maréchal des logis** Unteroffizier *m*

maréchal-ferrant [mareʃalfɛrɑ̃] *m* ⟨**maré-**

chaux-ferrants [maʀeʃofɛʀɑ̃]⟩ Hufschmied *m*

maréchaussée [maʀeʃose] *f* HIST *ou plais* Gendarmerie *f*

marée [maʀe] *f* 1. Ebbe *f* und Flut *f*; Tide *f*; ***marées** pl a* Gezeiten *pl*; ***marée basse, 'haute** Niedrig-, Hochwasser *n*; *à **marée basse, 'haute** bei Ebbe, Flut; ***marée descendante** Ebbe *f*; **grande marée** Springflut *f*, -tide *f*; ***marée montante** Flut *f* 2. ***marée noire** Ölpest *f* 3. *fig **marée humaine** (wogende) Menschenmenge

marelle [maʀɛl] *f **jouer à la marelle** Himmel und Hölle spielen

marémoteur [maʀemɔtœʀ] *adj* ⟨**-trice** [-tʀis]⟩ **usine marémotrice** Gezeitenkraftwerk *n*

marengo [maʀɛ̃go] *adjt* ⟨*inv*⟩ CUIS **poulet** *m*, **veau** *m* **marengo** in Weißwein gedünstetes Huhn, Kalbfleisch mit Tomaten und Zwiebeln

mareyeur [maʀɛjœʀ] *m*, **mareyeuse** [-øz] *f* Seefisch(groß)händler(in) *m(f)*

margarine [maʀgaʀin] *f* Margarine *f*

marge [maʀʒ] *f* 1. *d'un texte* Rand *m* 2. *fig* Spielraum *m*; **marge d'erreur** (zulässige) Fehlermenge; Fehlergrenze *f*; **marge de manœuvre** Handlungsspielraum *m*; **marge de sécurité** Sicherheitsmarge *f* 3. COMM Spanne *f*; **marge bénéficiaire** Gewinnspanne *f* 4. *fig **en marge de** am Rand(e) (+ *gén*); **vivre en marge (de la société)** am Rande der Gesellschaft leben

margelle [maʀʒɛl] *f* Brunnenrand *m*

margeur [maʀʒœʀ] *m* 1. TYPO Bogenanleger *m*; Anlegeapparat *m* 2. *d'une machine à écrire* Randsteller *m*

marginal [maʀʒinal] I *adj* ⟨⁓e; -aux [-o]⟩ Rand…; *fig a* nebensächlich; marginal; ***groupe marginal** Randgruppe *f* II *m* ⟨-aux [-o]⟩ (gesellschaftlicher) Außenseiter; Aussteiger *m*; Marginalexistenz *f*

marginaliser [maʀʒinalize] *v/t* an den Rand der Gesellschaft, ins soziale Abseits drängen; ausgrenzen

marginalisme [-ism] *m* ÉCON Grenznutzenschule *f*; Marginalismus *m*

marginalité [-ite] *f* Außenseitertum *n*

margoulette [maʀgulɛt] *f* P Maul *n*

margoulin [maʀgulɛ̃] *m péj* skrupelloser Geschäftemacher

marguerite [maʀgəʀit] *f* Margerite *f*; ***effeuiller la marguerite** das Blumenorakel befragen

▸ **mari** [maʀi] *m* (Ehe)Mann *m*

mariable [maʀjabl] *adj* heiratsfähig

▸ **mariage** [maʀjaʒ] *m* 1. *institution* Ehe *f*; (*fait de se marier*) Eheschließung *f*; Heirat *f*; Verheiratung *f*; *cérémonie* Trauung *f*; *fête* Hochzeit *f*; ***mariage civil** standesamtliche Trauung; Ziviltrauung *f*, -ehe *f*; ***mariage religieux** kirchliche Trauung; ***mariage d'amour** Liebesheirat *f*; ***messe** f **de mariage** Brautmesse *f*; ***faire un mariage de raison** e-e Vernunftehe eingehen; ***faire un beau mariage** e-e gute Partie machen; ***fêter ses dix ans de mariage** sein zehnjähriges Ehejubiläum feiern; ***enfant né 'hors mariage** uneheliches Kind 2. *fig* Zusammenstellung *f*; Verbindung *f*; Vereinigung *f*

marial [maʀjal] *adj* ⟨⁓e; -als *ou* -aux [-o]⟩ ÉGL CATH Marien…

▸ **marié** [maʀje] I *adj* ⟨⁓e⟩ verheiratet II **ma-**

rié(e) *m(f)* Bräutigam *m*, Braut *f*; ***les mariés** das Brautpaar; ***les jeunes mariés** das junge Paar; die Jungverheirateten *pl*; die Neuvermählten *pl*

marier [maʀje] I *v/t* 1. (*unir*) trauen 2. (*donner en mariage*) verheiraten; ***être marié avec qn** mit j-m verheiratet sein 3. *fig* verbinden, vereinigen, kombinieren (*à* mit) II *v/pr* 4. ▸ **se marier** heiraten; sich verheiraten; ***se marier avec qn** j-n heiraten; ***se marier à l'église** sich kirchlich trauen lassen 5. *fig couleurs, etc* **se marier** zusammenpassen; miteinander harmonieren

marihuana *ou* **marijuana** [maʀiʀwana] *f* Marihuana *n*

marin [maʀɛ̃] I *adj* ⟨**-ine** [-in]⟩ 1. (*de la mer*) Meer(es)…; See… 2. **col, costume marin** Matrosenkragen *m*, -anzug *m*; ***avoir le pied marin** seefest sein II *m* 3. (*matelot*) Seemann *m*; Matrose *m* 4. (*navigateur*) Seefahrer *m*

marina [maʀina] *f* Ferienwohnanlage *f* mit Bootsanlegeplätzen; Marina *f*

marinade [maʀinad] *f* Marinade *f*

▸ **marine** [maʀin] *f* 1. Marine *f*; ***marine marchande** Handelsmarine *f* 2. PEINT Seestück *n* 3. *adjt* (*bleu*) **marine** ⟨*inv*⟩ marineblau

mariner [maʀine] I *v/t* marinieren; *adjt* **mariné** mariniert; eingelegt II *v/i* 1. CUIS in Marinade liegen 2. F **laisser qn mariner** F j-n schmoren lassen

marinier [maʀinje] *m* (Binnen)Schiffer *m*

marinière [maʀinjɛʀ] *f* 1. *vêtement* Überziehbluse *f*; Jumper *m* 2. **moules** *f/pl* (*à la*) **marinière** Muscheln *f/pl* im eigenen Saft mit Zwiebeln gekocht

marin-pêcheur *m* ⟨**marins-pêcheurs**⟩ (Hochsee-, Küsten)Fischer *m*

mariolle [maʀjɔl] *m* F **faire le mariolle** sich wichtigmachen; (sich) wichtigtun

marionnette [maʀjɔnɛt] *f* 1. Puppe *f*; ***marionnette à fils** Marionette *f* 2. *fig* Marionette *f*

marital [maʀital] *adj* ⟨⁓e; -aux [-o]⟩ JUR des Ehemannes

maritalement [maʀitalmɑ̃] *adv* **vivre maritalement** in eheähnlicher Gemeinschaft leben

maritime [maʀitim] *adj* See…; maritim; ***gare** f **maritime** Hafenbahnhof *m*

marivaudage [maʀivodaʒ] *m* galantes Geplauder

marivauder [-e] *v/i* galant plaudern

marjolaine [maʀʒɔlɛn] *f* Majoran *m*

mark [maʀk] *m* HIST *monnaie* Mark *f*

marketing [maʀkətiŋ] *m* Marketing *n*

marmaille [maʀmaj] *f* F Gören *n/pl*

marmelade [maʀmədad] *f* Mus *n*; Kompott *n*; ***en marmelade** CUIS zerkocht; F *fig* zerquetscht

---

marmelade ≠ Marmelade

la marmelade = das Mus, das Kompott
die Marmelade = la confiture

---

marmite [maʀmit] *f* (Koch)Topf *m*; *très grande* (Koch)Kessel *m*; *fig **faire bouillir la marmite** die Familie ernähren

marmiton [maʀmitɔ̃] *m* Küchenjunge *m*

marmonnement [maʀmɔnmɑ̃] *m* Murmeln *n*; Brummen *n*; Brummeln *n*

marmonner [-e] *v/t* (vor sich [*acc*] hin) murmeln, brummen, brummeln

marmot [maʀmo] *m* F Knirps *m*

marmotte [maʀmɔt] *f* Murmeltier *n*; ***dormir comme une marmotte*** wie ein Murmeltier schlafen

marmotter [maʀmɔte] *v/t* → ***marmonner***

Marne [maʀn] *la Marne Fluss u Departement in Frankreich*

marner [maʀne] *v/i* F schuften

Maroc [maʀɔk] *le Maroc* Marokko *n*

marocain [maʀɔkɛ̃] **I** *adj* ⟨*-aine* [-ɛn]⟩ marokkanisch **II** *Marocain(e) m(f)* Marokkaner(in) *m(f)*

maroilles [maʀwal] *m ein frz Weichkäse*

maronner [maʀɔne] F *v/i* knurren; ***faire maronner qn*** F j-n auf die Palme bringen

maroquin [maʀɔkɛ̃] *m* Saffian(leder) *m(n)*

maroquinerie [maʀɔkinʀi] *f* feine Lederwaren *f/pl*

maroquinier [maʀɔkinje] *m* **1.** *fabricant* Lederwarenhersteller *m* **2.** *commerçant* Lederwarenhändler *m*

marotte [maʀɔt] *f* Marotte *f*; Schrulle *f*

marquage [maʀkaʒ] *m* **1.** Kennzeichnung *f*; Markierung *f* **2.** SPORTS Deckung *f*

marquant [maʀkɑ̃] *adj* ⟨*-ante* [-ɑ̃t]⟩ bedeutend; hervorstechend; markant

▸ **marque** [maʀk] *f* **1.** (*signe*) (Kenn)Zeichen *n*; Markierung *f*; Marke *f*; SPORTS *à vos marques – prêts? – partez!* auf die Plätze – fertig – los! **2.** COMM Marke *f*; Warenzeichen *n*; *de marque* Marken...; *de grande marque* Spitzen...; Qualitäts...; *fig hôte m de marque* hoher Gast **3.** (*trace*) Spur *f*; Abdruck *m*; *sur la peau a* Mal *n* **4.** *fig* (*témoignage*) Zeichen *n*; Beweis *m*

marqué [maʀke] *adj* ⟨*~e*⟩ **1.** *objet* gekennzeichnet; markiert **2.** *fig personne* gezeichnet (*par la misère* vom Elend); *traits* scharf; markant; *visage* zerfurcht; faltig **3.** *taille* betont; *différence* deutlich; unverkennbar; *préférence* ausgeprägt; ausgesprochen

▸ **marquer** [maʀke] **I** *v/t* **1.** *par un signe distinctif* kennzeichnen; markieren; bezeichnen; kenntlich machen; *linge* zeichnen; *place* belegen; *passage dans un livre* anstreichen; *marquer d'une croix* ankreuzen **2.** (*écrire*) aufschreiben; notieren; vermerken **3.** (*laisser des traces*) Spuren hinterlassen (*qc* auf etw [*dat*]); *fig* prägen; den Stempel aufdrücken (+ dat); *épreuve marquer qn* j-n zeichnen **4.** *fig événement marquer qc* etw bedeuten, darstellen, kennzeichnen **5.** *instrument de mesure marquer qc* etw anzeigen, angeben **6.** SPORTS *but, point* erzielen; *but a* schießen; *fig marquer un point* e-n Erfolg verbuchen, zu verzeichnen haben **7.** SPORTS *joueur* decken **8.** (*souligner*) betonen; unterstreichen; *marquer le coup* das Ereignis feiern; (*réagir*) Wirkung zeigen **9.** *sentiment, intérêt* bekunden; zum Ausdruck bringen **II** *v/i* **10.** *coups, etc* Spuren hinterlassen; *fig* prägend wirken **11.** SPORTS e-n Treffer erzielen

marqueter [maʀkəte] *v/t* ⟨*-tt-*⟩ *bois* mit Intarsien verzieren

marqueterie [maʀkɛtʀi] *f* **1.** *ouvrage* Einlegearbeit *f*; Intarsien *f/pl* **2.** *art* Intarsien-, Einlegekunst *f*

marqueur [maʀkœʀ] *m* **1.** SPORTS Torschütze *m* **2.** *crayon* (dicker) Filzschreiber; (Text)Marker *m*

marqueuse [maʀkøz] *f* Maschine, die das Markenzeichen einprägt

marquis [maʀki] *m* Marquis *m*

marquise [maʀkiz] *f* **1.** (*femme d'un marquis*) Marquise *f* **2.** *auvent* gläsernes Schutz-, Vordach; Glasdach *n* **3.** *les îles Marquises f/pl* die Marquesasinseln *f/pl*

▸ **marraine** [maʀɛn] *f* (Tauf)Patin *f*; Patentante *f*

Marrakech [maʀakɛʃ] Marrakesch *n*

marrant [maʀɑ̃] *adj* ⟨*-ante* [-ɑ̃t]⟩ F **1.** (*rigolo*) lustig; spaßig; F ulkig **2.** (*bizarre*) komisch; F ulkig

marre [maʀ] *adv* F ▸ *en avoir marre* F es satthaben; ▸ *en avoir marre de qn, qc* j-n, etw satthaben

marrer [maʀe] *v/pr se marrer* F sich (*dat*) e-n Ast lachen; F sich schieflachen

marron[1] [maʀɔ̃] *m* **1.** Esskastanie *f*; Marone *f*; *marron d'Inde* (Ross)Kastanie *f*; *fig tirer les marrons du feu* die Kastanien aus dem Feuer holen **2.** F *coup* Faustschlag *m*

marron[2] **I** *adj* ⟨*inv*⟩ **1.** braun **2.** F *fig être marron* der *ou* die Dumme sein **II** *m* Braun *n*

marron[3] *adj* ⟨*nur m*⟩ *péj avocat marron* Winkeladvokat *m*

marronnier [maʀɔnje] *m marronnier (d'Inde)* (Ross)Kastanie(nbaum) *f(m)*

▸ **mars** [maʀs] *m* März *m*

Mars [maʀs] ASTR (der) Mars

marseillais [maʀsɛjɛ] **I** *adj* ⟨*-aise* [-ɛz]⟩ Marseiller; von, aus Marseille **II** *subst* **1.** *Marseillais(e) m(f)* Marseiller(in) *m(f)* **2.** *la Marseillaise* die Marseillaise (*frz Nationalhymne*)

La Marseillaise

Am 14. Juli 1795 wurde die **Marseillaise** zur französischen Nationalhymne erklärt. Sie wurde 1792 von Claude Joseph Rouget de Lisle während der Kriegserklärung an Österreich in Straßburg komponiert. Sie hatte zunächst den Titel **Chant de guerre pour l'armée du Rhin** und erhielt erst später den Namen Marseillaise, weil Soldaten aus Marseille beim Einzug in Paris das Lied sangen. Die Verfassungen der Vierten Republik (1946) und der Fünften Republik (ab 1958) hielten an der Marseillaise als Nationalhymne fest.

Marseille [maʀsɛj] *Stadt im Dep. Bouches-du-Rhône*

marsouin [maʀswɛ̃] *m* Tümmler *m*

marsupial [maʀsypjal] ZO **I** *adj* ⟨*~e; -aux* [-o]⟩ Beutel...; *poche marsupiale* Beutel *m* **II** *m/pl marsupiaux* Beuteltiere *n/pl*

▸ **marteau** [maʀto] *m* ⟨*~x*⟩ **1.** Hammer *m* (*a* SPORTS); *coup m de marteau* Hammerschlag

m **2.** ZO *adjt* **requin** *m* **marteau** Hammerhai *m*
3. *adjt* F behämmert; → **cinglé**
marteau-piqueur [maʀtopikœʀ] *m* ⟨**mar-teaux-piqueurs**⟩ Presslufthammer *m*
martel [maʀtɛl] *m* **se mettre martel en tête** sich *(dat)* Gedanken, Sorgen machen
martelage [maʀtəlaʒ] *m* (Be)Hämmern *n*
martèlement *ou* **martellement** [maʀtɛlmã] *m*
1. Hämmern *n* **2.** *fig* Dröhnen *n*
marteler [maʀtəle] *v/t* ⟨-è-⟩ **1.** *métaux* (be)häm-mern **2.** *fig* einhämmern auf (+ *acc*) **3.** *ses mots* laut und deutlich artikulieren
martial [maʀsjal] *adj* ⟨~e; -aux [-o]⟩ **1.** *(guer-rier)* kriegerisch; martialisch **2.** **cour martiale** Standgericht *n*; **loi martiale** Standrecht *n* **3.** **arts martiaux** asiatische Kampfsportarten *f/pl*
martien [maʀsjɛ̃] **I** *adj* ⟨-ienne [-jɛn]⟩ Mars...; des Mars **II** *m* **Martien** Marsbewohner *m*, -mensch *m*
martinet [maʀtinɛ] *m* **1.** ZO Mauersegler *m* **2.** *fouet* (Klopf)Peitsche *f*
martingale [maʀtɛ̃gal] *f* **1.** COUT Rückenspange *f*; Halbgürtel *m* **2.** JEU Gewinnsystem *n*
martiniquais [maʀtinikɛ] **I** *adj* ⟨-aise [-ɛz]⟩ von, aus Martinique **II** **Martiniquais(e)** *m(f)* Bewohner(in) *m(f)* von Martinique
Martinique [maʀtinik] **la Martinique** Marti-nique *n*
martin-pêcheur [maʀtɛ̃pɛʃœʀ] *m* ⟨**martins--pêcheurs**⟩ Eisvogel *m*
martre [maʀtʀ] *f* Marder *m*
martyr(e) [maʀtiʀ] *m(f)* **1.** Märtyrer(in) *m(f)*; **jouer les martyrs** den Märtyrer spielen **2.** *adjt* **enfant** misshandelt
martyre [maʀtiʀ] *m* Martyrium *n*; *fig* **souffrir le martyre** ein Martyrium erdulden; Qualen aus-stehen; **faire souffrir le martyre à qn** j-n quä-len, Qualen ausstehen lassen
martyriser [maʀtiʀize] *v/t* (grausam) quälen; *douleurs* **martyriser qn** j-n quälen
marxisme [maʀksism] *m* Marxismus *m*
marxisme-léninisme *m* Marxismus-Leninis-mus *m*
marxiste [maʀksist] **I** *adj* marxistisch **II** *m,f* Marxist(in) *m(f)*
marxiste-léniniste **I** *adj* marxistisch-lcninis-tisch **II** *m,f* Marxist(in)-Leninist(in) *m(f)*
mas [mɑ(s)] *m* provenzalisches Land- *ou* Bau-ernhaus *n*
mascara [maskaʀa] *m* Wimperntusche *f*
mascarade [maskaʀad] *f* Maskerade *f* *(a fig)*
mascotte [maskɔt] *f* Maskottchen *n*
▸ **masculin** [maskylɛ̃] **I** *adj* ⟨-ine [-in]⟩ **1.** männlich; Männer...; *péj d'une femme* maskulin; **mode masculine** Herrenmode *f*; **sexe masculin** männliches Geschlecht **2.** GR männ-lich; maskulin **II** *m* GR Maskulinum *n*
masculiniser [maskylinize] *v/t* vermännlichen
masculinité [-ite] *f* Männlichkeit *f*
maso [mazo] F *abr* → **masochiste**
masochisme [mazɔʃism] *m* Masochismus *m*
masochiste [-ist] **I** *adj* masochistisch **II** *m,f* Masochist(in) *m(f)*
masque [mask] *m* **1.** Maske *f* *(a fig)*; *de chirur-gien* Mundschutz *m*; *de plongée* Taucher maske *f*; **masque respiratoire** Atemmaske *f*; **mas-que à gaz** Gasmaske *f*; *fig* **jeter, lever, ôter le masque** die Maske fallen lassen **2.** *prépara-*

tion (Gesichts)Maske *f*
masqué [maske] *adj* ⟨~e⟩ maskiert; **bal mas-qué** Maskenball *m*
masquer [maske] *v/t* **1.** *vérité, desseins* verber-gen; maskieren **2.** *vue* versperren; verdecken; *goût, odeur* überdecken; *lumière* abschirmen
Massachusetts [masaʃysɛts] **le Massachu-setts** Massachusetts *n*
massacrant [masakʀã] *adj* ⟨-ante [-ãt]⟩ **hu-meur massacrante** unausstehliche, abscheu-liche Laune; F Stinklaune *f*
massacre [masakʀ] *m* **1.** Massaker *n*; Blutbad *n*; Gemetzel *n*; *fig* **match de boxe tourner au massacre** in e-e brutale Schlägerei ausarten **2.** *fig* Verschandelung *f*; F Verhunzung *f*
massacrer [masakʀe] *v/t* **1.** niedermetzeln; nie-dermachen; hinschlachten; massakrieren **2.** F *fig adversaire* übel zurichten **3.** *fig travail* ver-schandeln; F verhunzen
massage [masaʒ] *m* Massage *f*; **massage car-diaque** Herzmassage *f*
masse [mas] *f* **1.** Masse *f* *(a* PHYS, ÉLECT); Menge *f*; **la masse** *(le peuple)* die große, breite Masse; **une masse énorme de ...** e-e Unmasse, Un-menge (von) ...; **masse monétaire** Geldmen-ge *f*; **masse salariale** Lohn- und Gehaltsauf-kommen *n*; **masses d'eau** Wassermassen *f/pl*; **en masse** massenweise; in Massen; **tomber comme une masse** schwer zu Boden fallen **2.** *marteau* Schlägel *m*; Fäustel *m*
massepain [maspɛ̃] *m en Belgique* Marzipan *n*
masser [mase] **I** *v/t* **1.** *troupes* zusammenzie-hen; massieren **2.** MÉD massieren **II** *v/pr* **se masser** sich (in Massen) versammeln; sich drängen
masseur [masœʀ], **masseuse** [-øz] **1.** *m,f* Mas-seur(in) *m(f)* **2.** *m* Massagegerät *n*
massif [masif] **I** *adj* ⟨-ive [-iv]⟩ **1.** *(gros)* massig; wuchtig **2.** *bois, or* massiv **3.** *(en masse)* Ma-ssen...; *attaque* massiv; *dose* stark **II** *m* **4.** (Ge-birgs)Massiv *n*; **le Massif central** das Zentral-massiv **5.** **massif de fleurs** Blumenbeet *n*
massivement [masivmã] *adv* in Massen; mas-senweise
mass media [masmedja] *m/pl* Massenmedien *n/pl*
massue [masy] *f* **1.** Keule *f*; *fig* **coup** *m* **de massue** schwerer, harter Schlag **2.** *adjt* **argu-ment** *m* **massue** schlagendes Argument
master [mastɛʀ] *m grade universitaire* Master *m*
mastic [mastic] *m* Kitt *m*
masticage [mastikaʒ] *m* Kitten *n*
masticateur [mastikatœʀ] *adj* ⟨-trice [-tʀis]⟩ *muscles* Kau...
mastication [-sjõ] *f* Kauen *n*
mastiquer [mastike] *v/t* **1.** *(mâcher)* kauen **2.** *avec du mastic* kitten
mastite [mastit] *f* Brustdrüsenentzündung *f*
mastoc [mastɔk] *adj* ⟨inv⟩ *péj* plump; klobig
mastodonte [mastɔdõt] *m* **1.** *personne, machi-ne* Koloss *m* **2.** *animal fossile* Mastodon *n*
masturbation [mastyʀbasjõ] *f* Selbstbefriedi-gung *f*; Masturbation *f*
masturber [mastyʀbe] **I** *v/t* masturbieren **II** *v/pr* **se masturber** sich selbst befriedigen; masturbieren; onanieren
m'as-tu-vu(e) [matyvy] *m(f)* ⟨*pl inv*⟩ F Ange-ber(in) *m(f)*

M

masure [mazyʀ] *f* baufälliges Haus

mat¹ [mat] *adj* ⟨*inv*⟩ ÉCHECS (schach)matt

mat² [mat] *adj* ⟨**mate** [mat]⟩ **1.** (*pas brillant*) matt (*a teint*) **2.** *bruit* dumpf

mât [mɑ] *m* MAR Mast *m*; *d'un drapeau* Fahnenmast *m*, -stange *f*

matador [matadɔʀ] *m* Matador *m*

▸ **match** [matʃ] *m* ⟨**~s** *od* **~es**⟩ Spiel *n*; (Wett-)Kampf *m*; Match *n*; **match aller** Hinspiel *n*; **match de boxe** Boxkampf *m*; **match de football** Fußballspiel *n*

maté [mate] *m* **1.** BOT Matestrauch *m* **2.** *boisson* Mate(tee) *m*

matelas [matla] *m* Matratze *f*

matelassé [matlase] *adj* ⟨**~e**⟩ (wattiert und) gesteppt

matelasser [-e] *v/t* (wattieren und) steppen

matelassier [-je] *m* Polsterer *m*

matelot [matlo] *m* Matrose *m*

matelote [matlɔt] *f* Fischragout *n*

mater [mate] *v/t* (*dompter*) bändigen; *révolte* niederwerfen

mâter [mɑte] *v/t* MAR bemasten

matérialisation [mateʀjalizasjɔ̃] *f* **1.** *d'un plan*, *d'une idée* Verwirklichung *f*; Realisierung *f*; *d'un espoir* Erfüllung *f* **2.** PHYS, OCCULTISME Materialisation *f*

matérialiser [mateʀjalize] **I** *v/t* **1.** *plan*, *idée* verwirklichen; realisieren **2.** *voie* **matérialisé** mit Leitlinien **II** *v/pr* **se matérialiser** Wirklichkeit werden; *espoir* sich erfüllen

matérialisme [mateʀjalism] *m* Materialismus *m*

matérialiste [-ist] **I** *adj* materialistisch **II** *m,f* Materialist(in) *m(f)*

matérialité [mateʀjalite] *f* PHILOS Materialität *f*; Stofflichkeit *f*

matériau [mateʀjo] *m* ⟨**~x**⟩ **1.** TECH Material *n* (*a fig*); Werkstoff *m*; CONSTR *a* Baustoff *m* **2.** *pl* **matériaux** (*documents*) Material *n*

matériel [mateʀjɛl] **I** *adj* ⟨**~le**⟩ materiell; PHILOS *a* stofflich; *preuve* handgreiflich; **dégâts matériels** Sachschaden *m* **II** *m* **1.** Material *n*; Gerät *n*; Ausrüstung *f* **2.** INFORM ▸ **matériel** (**informatique**) Hardware *f*

matériellement [mateʀjɛlmɑ̃] *adv* faktisch; praktisch

maternel [matɛʀnɛl] *adj* ⟨**~le**⟩ **1.** mütterlich (*a fig*); Mutter...; **langue maternelle** Muttersprache *f* **2.** ▸ (*école*) **maternelle** *f* (staatliche) Vorschule; Kindergarten *m*

L'école maternelle – Vorschule

Die staatliche Vorschule in Frankreich (**l'école maternelle**, kurz **la maternelle**) ist den Kindern von zwei bis sechs Jahren vorbehalten. Sie ist kostenfrei und wird von ca. 35 % der Zweijährigen, 95 % der Dreijährigen und fast allen Kindern zwischen vier und sechs Jahren besucht. Nur für die Sechsjährigen ist die école maternelle obligatorisch. Sie gliedert sich in der Regel in drei

---

Klassen: la **PS** (**petite section**), la **MS** (**moyenne section**) und la **GS** (**grande section**). Sie unterscheidet sich deutlich von den deutschen Kindergärten. Die Kinder werden ganztägig betreut, was vielen Müttern die Chance gibt, ganztags zu arbeiten.

---

materner [matɛʀne] *v/t* bemuttern; umsorgen

maternité [matɛʀnite] *f* **1.** *état* Mutterschaft *f* **2.** Entbindungsklinik *f*, -station *f*

math [mat] F **1.** → **maths 2.** **math spé** [matspe] *mathematische Vorbereitungsklassen für die „grandes écoles"*

mathématicien [matematisjɛ̃] *m*, **mathématicienne** [-jɛn] *f* Mathematiker(in) *m(f)*

mathématique [matematik] **I** *adj* mathematisch **II** *f/pl* ▸ **mathématiques** Mathematik *f*

mathématiquement [matematikmɑ̃] *adv* **1.** mathematisch **2.** *par ext* notwendigerweise

matheux [matø] *m*, **matheuse** [-øz] *f* F Ass *n* in Mathematik

▸ **maths** [mat] *f/pl* F Mathe *f*; **être fort en maths** F in Mathe gut sein

Mathusalem [matyzalɛm] *m* BIBL Methusalem *m*

▸ **matière** [matjɛʀ] *f* **1.** PHILOS, PHYS Materie *f* **2.** (*substance*) Stoff *m*; Material *n*; **matières grasses** Fett *n*; **matière grise** graue Substanz; F *fig* Grips *m*; **matière première** Rohstoff *m* **3.** (*sujet*) Gegenstand *m*; Thema *n*; Stoff *m*; Materie *f*; **entrée** *f* **en matière** Einleitung *f*; Einführung *f*; **en la matière** auf diesem Gebiet; **en matière de** in Sachen, in puncto (+ *subst*); auf dem Gebiet (+ *gén*) **4.** ÉCOLE (Schul-, Unterrichts)Fach *n* **5.** (*motif*) **donner matière à qc** Anlass zu etw geben

Matignon [matiɲɔ̃] (*l'hôtel m*) Matignon Sitz des frz Premierministers

▸ **matin** [matɛ̃] *m* Morgen *m*; Vormittag *m*; **le matin** morgens; vormittags; **ce matin** heute früh; heute Morgen; **demain matin** morgen früh; morgen Vormittag; **tous les matins** jeden Morgen; jeden Vormittag; **de bon, de grand matin** frühmorgens; in aller (Herr-gotts)Frühe; **du matin au soir** von morgens bis abends; **matin et soir** morgens und abends; *personne* **être du matin** ein Frühaufsteher, ein Morgenmensch sein

matinal [matinal] *adj* ⟨**~e**; **-aus** [-o]⟩ **1.** morgendlich; Morgen... **2.** **être matinal** früh aufstehen; ein Frühaufsteher sein

mâtiné [mɑtine] *adj* ⟨**~e**⟩ **mâtiné de** *chien* gekreuzt mit; *fig* vermischt, durchsetzt mit

▸ **matinée** [matine] *f* **1.** Vormittag *m*; Vormittagsstunden *f/pl*; Morgen *m*; **dans la matinée** im Laufe des Vormittags; **en début de matinée** gleich morgens; am frühen Vormittag; **en fin de matinée** gegen Mittag; am späten Vormittag; **faire la grasse matinée** bis in den Tag hinein schlafen **2.** THÉ, CIN Nachmittagsvorstellung *f*

matines [matin] *f/pl* Mette *f*

maton [matɔ̃] *m*, **matonne** [-ɔn] *f arg* Gefängnisaufseher(in) *m(f)*

matou [matu] *m* Kater *m*

matraquage [matʀakaʒ] *m fig* Berieselung *f*
matraque [matʀak] *f* Knüppel *m*
matraquer [matʀake] *v/t* **1.** *frapper* niederknüppeln **2.** *fig clients* F ausnehmen; F neppen **3.** *le public* berieseln; *chanson* einhämmern
matriarcal [matʀijaʀkal] *adj* ⟨~e; -aux [-o]⟩ matriarchalisch
matriarcat [-a] *m* Matriarchat *n*; Mutterrecht *n*
matrice [matʀis] *f* **1.** TECH Matrize *f* **2.** MATH Matrix *f*
matriciel [matʀisjɛl] *adj* ⟨~le⟩ *calcul matriciel* Matrizenrechnung *f*
matricule [matʀikyl] **1.** *f* (*registre*) ADM Matrikel *f*; MIL Stammrolle *f* **2.** *m* Matrikel-, Personalnummer *f*
matrimonial [matʀimɔnjal] *adj* ⟨~e; -aux [-o]⟩ ehelich; Ehe…; *agence matrimoniale* Eheanbahnungsinstitut *n*; Heiratsvermittlung *f*
matrone [matʀɔn] *f* Matrone *f*
maturation [matyʀasjõ] *f* Reifung *f*; *fig* Heranreifen *n*
mature [matyʀ] *adj* **1.** *poissons* zum Laichen bereit **2.** *personne, vin, champagne* reif
mâture [mɑtyʀ] *f* MAR Bemastung *f*
maturité [matyʀite] *f* Reife *f* (*a fig*); *maturité d'esprit* geistige Reife; *il manque de maturité* es fehlt ihm an Reife; er ist noch unreif; *venir à maturité* (heran)reifen
maudire [modiʀ] *v/t* ⟨je maudis, il maudit, nous maudissons; je maudissais; je maudis; je maudirai; que je maudisse; maudissant; maudit⟩ verfluchen; verwünschen
maudit [modi] *adj* ⟨-ite [-it]⟩ verflucht; verwünscht; verdammt
maugréer [mogʀee] *v/i* murren; (vor sich [*acc*] hin) schimpfen; *maugréer contre qn* auf j-n schimpfen
Maure [mɔʀ] **I** *m,f* Maure *m*, Maurin *f* **II** *maure adj* maurisch
mauresque [mɔʀɛsk] *adj* maurisch
Mauriac [mɔʀjak, mo-] *François Mauriac frz* Schriftsteller
Maurice [mɔʀis, mo-] *l'île f Maurice* Mauritius *n*
mauricien [mɔʀisjɛ̃] **I** *adj* ⟨-ienne [-jɛn]⟩ mauritisch **II** *subst Mauricien(ne) m(f)* Mauritier(in) *m(f)*
Mauritanie [mɔʀitani, mo-] *la Mauritanie* Mauretanien *n*
mauritanien [mɔʀitanjɛ̃] **I** *adj* ⟨-ienne [-jɛn]⟩ mauretanisch **II** *subst Mauritanien(ne) m(f)* Mauretanier(in) *m(f)*
mausolée [mozɔle] *m* Mausoleum *n*
maussade [mosad] *adj* **1.** *personne* mürrisch; übellaunig; *mine* griesgrämig; verdrießlich **2.** *temps* unfreundlich
▸ **mauvais** [mɔvɛ] **I** *adj* ⟨-aise [-ɛz]⟩ **1.** schlecht; *odeur, situation a* übel; *nouvelle, situation a* schlimm; *mauvaise graisse* überflüssiges Fett; *mauvaise plaisanterie* schlechter, übler Scherz; *mauvaise tête* Querkopf *m*; *avoir mauvaise conscience* ein schlechtes Gewissen haben; *avoir mauvaise mine* schlecht, krank aussehen; *être mauvais en français* in Französisch schlecht sein; F *je la trouve mauvaise ou je l'ai mauvaise* das gefällt, das passt mir gar nicht; F ich bin sauer **2.** (*erroné*) falsch; verkehrt; *la mauvaise direc-*

tion die falsche, verkehrte Richtung **3.** (*méchant*) böse; *joie mauvaise* Schadenfreude *f*; hämische Freude; *mauvais tour* böser, übler Streich **4.** *mer* bewegt; unruhig; stürmisch **II** *adv sentir* schlecht; übel; *il fait mauvais* es ist schlechtes Wetter
mauve [mov] **I** *f* Malve *f* **II** *adj* malvenfarben; blasslila; mauve
mauviette [movjɛt] *f péj* Schwächling *m*
maux [mo] *m/pl* → *mal²*
max [maks] F *abr* (*maximum*) *un max* F total; F e-e Menge
maxi [maksi] *adj* ⟨*inv*⟩ **1.** *mode f maxi* Maximode *f* **2.** F (*maximal*) Höchst…; *advt* höchstens
maxi… [maksi] *préfixe* Maxi…
maxillaire [maksilɛʀ] *m* Kiefer(knochen) *m*
maxima [maksima] → *maximum*
maximal [maksimal] *adj* ⟨~e; -aux [-o]⟩ maximal; Höchst…
maxime [maksim] *f* Maxime *f*; Leitsatz *m*
maximisation [maksimizasjõ] *f* Maximierung *f*
maximiser [-e] *v/t* maximieren
▸ **maximum** [maksimɔm] **I** *adj* ⟨*f* ~ *od* maxima; pl m u f ~s od maxima⟩ maximal; höchste; größte; Maximal…; Höchst… **II** *m* ⟨~s *od* maxima⟩ Maximum *n*; Höchstmaß *n*; Höchstwert *m*; *un maximum d'attention* ein Höchstmaß an Aufmerksamkeit; *le maximum de chances* die meisten Chancen; *au maximum* höchstens; im Höchstfall; maximal; *température atteindre son maximum* den höchsten Stand erreichen; *faire le maximum* alles tun, was irgend möglich ist
Mayas [maja] *m/pl* Maya(s) *m/pl*
Mayence [majɑ̃s] Mainz *n*
Mayenne [majɛn] *la Mayenne* Fluss u Departement in Frankreich
mayonnaise [majɔnɛz] *f* Majonäse *f*
mazout [mazut] *m* (Heiz)Öl *n*
mazoutage [mazutaʒ] *m des plages* Ölverschmutzung *f*; *des animaux* Verseuchung *f* (durch Öl)
mazouté [mazute] *adj* ⟨~e⟩ ölverschmutzt
mazouter [mazute] **I** *v/t polluer* mit Öl verschmutzen, verseuchen **II** *v/i* MAR Öl bunkern
mazurka [mazyʀka] *f* Masurka *ou* Mazurka *f*
▸ **me** [m(ə)] *pr/pers* ⟨*vor Vokal u stummem h m'*⟩ *obj/dir* mich; *ob/indir* mir; *me voici!* hier bin ich!
Me *ou* Mᵉ *abr* → *maître*
mea-culpa [meakylpa] *m faire son mea-culpa* sich schuldig bekennen
méandre [meɑ̃dʀ] *m* **1.** *d'un fleuve* Windung *f*; Schleife *f*; Mäander *m* **2.** *fig méandres de la pensée* verschlungene Gedankengänge *m/pl*
Meaux [mo] *Stadt im Dep. Seine-et-Marne*
mec [mɛk] F *m* Kerl *m*; F Typ *m*; *les mecs* (*les hommes*) die Mannsbilder *n/pl*
▸ **mécanicien** [mekanisjɛ̃] *m* **1.** Mechaniker *m* **2.** CH DE FER Lok(omotiv)führer *m*
mécanique [mekanik] **I** *adj* **1.** mechanisch (*a* PHYS); Maschinen…; *train m mécanique* Eisenbahn *f* zum Aufziehen **2.** *fig geste* mechanisch; automatisch **II** *f* **3.** PHYS Mechanik *f* **4.** TECH Maschinenbau *m*; *mécanique de précision* Feinmechanik *f* **5.** F *fig rouler des mécaniques* s-e Muskeln spielen lassen
mécaniquement [mekanikmã] *adv fig* mecha-

nisch; automatisch

mécanisation [mekanizasjõ] *f* Mechanisierung *f*

mécaniser [-e] *v/t* mechanisieren

mécanisme [mekanism] *m* Mechanismus *m* (*a fig*)

mécano [mekano] F *m* Mechaniker *m*

meccano® [mekano] *m* Stabilbaukasten *m*

mécénat [mesena] *m* Mäzenatentum *n*

mécène [mesɛn] *m* Mäzen *m*

méchamment [meʃamã] *adv* bös(e)

méchanceté [meʃãste] *f* Bosheit *f* (*a parole, action*); Boshaftigkeit *f*; Bösartigkeit *f*; *par pure méchanceté* aus reiner, purer Bosheit; *sans méchanceté* ohne böse Absicht

▸ **méchant** [meʃã] **I** *adj* ⟨**-ante** [-ãt]⟩ **1.** bös(e); boshaft; bösartig; *enfant* unartig; F bös(e); *attention, chien méchant!* Vorsicht, bissiger Hund!; Warnung vor dem Hunde! **2.** *humeur* übel; schlecht **3.** F *pas méchant blessure, etc* nicht schlimm; harmlos **4.** (*médiocre*) *péj* lumpig **5.** F (*formidable*) F toll **II** *méchant(e) m(f)* Böse(r) *f(m)*; Bösewicht *m*

mèche [mɛʃ] *f* **1.** *d'une bougie* Docht *m* **2.** *d'une charge explosive* Zündschnur *f*; HIST Lunte *f*; *vendre la mèche* das Geheimnis ausplaudern **3.** *pour percer* (Spiral)Bohrer *m* **4.** *mèche (de cheveux)* (Haar)Strähne *f* **5.** F *être de mèche avec qn* mit j-m unter e-r Decke stecken

méchoui [meʃwi] *m* (arabischer) Hammelspießbraten

Mecklembourg [meklẽbuʀ, -klã-] *le Mecklembourg* Mecklenburg *n*

mécompte [mekõt] *m* Enttäuschung *f*

méconnaissable [mekɔnɛsabl] *adj* unkenntlich; nicht wiederzuerkennen

méconnaissance [mekɔnɛsãs] *f* Verkennung *f*; (*ignorance*) Unkenntnis *f*

méconnaître [mekɔnɛtʀ] *v/t* ⟨→ **connaître**⟩ verkennen

méconnu [mekɔny] *adj* ⟨**-e**⟩ verkannt

mécontent [mekõtã] **I** *adj* ⟨**-ente** [-ãt]⟩ unzufrieden (*de* mit) **II** *mécontent(e) m(f)* Unzufriedene(r) *f(m)*

mécontentement [mekõtãtmã] *m* Unzufriedenheit *f*

mécontenter [-e] *v/t* unzufrieden machen; verärgern

Mecque [mɛk] *La Mecque* Mekka *n*

mécréant [mekʀeã] *litt ou plais m* Ungläubige(r) *m*

médaille [medaj] *f* Medaille *f* (*a* MIL); *commémorative* Gedenkmünze *f*; SPORTS *médaille d'or* Goldmedaille *f*

médaillé(e) [medaje] *m(f)* Inhaber(in) *m(f)* e-r Medaille; SPORTS Medaillengewinner(in) *m(f)*

médaillon [medajõ] *m* Medaillon *n* (*a* CUIS)

▸ **médecin** [medsẽ] *m* Arzt *m*; Mediziner *m*; F Doktor *m*; *d'une femme* Ärztin *f*; *médecin généraliste, de médecine générale* praktischer Arzt; Allgemeinmediziner *m*; *médecin de famille* Hausarzt *m*; *femme f médecin* Ärztin *f*; Medizinerin *f*; (*aller*) *voir le médecin* zum Arzt gehen

médecin-chef *m* ⟨**médecins-chefs**⟩ Chefarzt *m*; leitender Arzt

médecin-conseil *m* ⟨**médecins-conseils**⟩ Vertrauensarzt *m*

médecine [medsin] *f* **1.** *science* Medizin *f*; Heilkunde *f*; *faire sa médecine, ses études de médecine* Medizin studieren **2.** *profession* Arztberuf *m*; *exercer la médecine* den Arztberuf ausüben; als Arzt tätig sein

Medef [medɛf] *m abr* (*Mouvement des entreprises de France*) *frz* Arbeitgeberverband

média [medja] *m* Medium *n*; ▸ *les médias* die Medien *n/pl*

médian [medjã] *adj* ⟨**-ane** [-an]⟩ mittlere; Mittel...

médiateur [medjatœʀ] *m*, **médiatrice** [-tʀis] *f* Vermittler(in) *m(f)*; Schlichter(in) *m(f)*

médiathèque [medjatɛk] *f* Mediothek *f*

médiation [medjasjõ] *f* Vermittlung *f*; Schlichtung *f*

médiatique [medjatik] *adj* **1.** Medien...; in den Medien; medial; *événement m médiatique* Medienereignis *n* **2.** *qui fait effet* medienwirksam

médiatiser [medjatize] *v/t* durch die Medien bekannt machen

▸ **médical** [medikal] *adj* ⟨**~e; -aux** [-o]⟩ medizinisch; ärztlich

▸ **médicament** [medikamã] *m* Arznei-, Heilmittel *n*; Medikament *n*; Arznei *f*

médicamenteux [medikamãtø] *adj* ⟨**-euse** [-øz]⟩ medikamentös

médication [medikasjõ] *f* Medikation *f*

médicinal [medisinal] *adj* ⟨**~e; -aux** [-o]⟩ heilkräftig; Heil...; *plantes médicinales* Arznei-, Heilpflanzen *f/pl*

médico-légal [medikolegal] *adj* ⟨**~e; -aux** [-o]⟩ gerichtsmedizinisch

médiéval [medjeval] *adj* ⟨**~e; -aux** [-o]⟩ mittelalterlich; des Mittelalters

médina [medina] *f en Afrique du Nord* moslemische Altstadt

médiocre [medjɔkʀ] **I** *adj* unzureichend; unzulänglich; dürftig; *existence* armselig; kümmerlich; *nourriture* minderwertig; *élève* sehr mittelmäßig; schlecht; schwach **II** *subst un(e) médiocre* ein sehr mittelmäßiger Mensch

médiocrement [medjɔkʀəmã] *adv* **1.** (*assez peu*) wenig **2.** (*assez mal*) ziemlich schlecht

médiocrité [medjɔkʀite] *f* Unzulänglichkeit *f*; Dürftigkeit *f*; Mittelmäßigkeit *f*

médire [mediʀ] *v/t/indir* ⟨→ **dire**; *aber* **vous médisez**⟩ *médire de qn* j-n schlechtmachen; über j-n lästern

médisance [medizãs] *f* üble Nachrede; Verleumdung *f*

médisant [medizã] **I** *adj* ⟨**-ante** [-ãt]⟩ verleumderisch **II** *médisant(e) m(f)* Lästerzunge *f*

méditatif [meditatif] *adj* ⟨**-ive** [-iv]⟩ nachdenklich

méditation [-sjõ] *f* Nachdenken *n*; Meditation *f*

méditer [medite] **I** *v/t* **1.** *méditer qc* über etw (*acc*) nachdenken, nachsinnen **2.** *projet* ausdenken; *méditer de faire qc* im Sinn haben, etw zu tun **II** *v/i* nachdenken, meditieren (*sur* über + *acc*)

▸ **Méditerranée** [meditɛʀane] *la Méditerranée* das Mittelmeer

méditerranéen [mediterraneẽ] **I** *adj* ⟨**-éenne** [-ɛn]⟩ Mittelmeer...; mittelmeerisch; *sc* mediterran; *bassin méditerranéen* Mittelmeerraum *m* **II** *Méditerranéen(ne) m(f)* Südländer(in) *m(f)*

médium [medjɔm] *m* **1.** SPIRITISME Medium *n* **2.** MUS Mittelstimme *f*, -lage *f*

méduse [medyz] *f* Qualle *f*

médusé [medyze] *adj* ⟨**~e**⟩ *en rester médusé* völlig verblüfft sein

méduser [medyze] *v/t* betroffen machen

meeting [mitiŋ] *m* POL Versammlung *f*; SPORTS Meeting *n*; *meeting aérien* Flugschau *f*, -tag *m*

méfait [mefɛ] *m* **1.** *pl méfaits de l'alcool, etc* schädliche Folgen *f/pl*, Auswirkungen *f/pl* **2.** (*délit*) Missetat *f*; Übeltat *f*

méfiance [mefjɑ̃s] *f* Misstrauen *n*

méfiant [mefjɑ̃] *adj* ⟨**-ante** [-ɑ̃t]⟩ misstrauisch

▸ **méfier** [mefje] *v/pr* **1.** *se méfier de qn, de qc* j-m, e-r Sache misstrauen **2.** *se méfier* (*faire attention*) sich vorsehen

méga... [mega] *préfixe* **1.** *sc* Mega... **2.** F Riesen...

mégahertz [megaɛʀts] *m* Megahertz *n*

mégalithe [megalit] *m* Megalith *m*

mégalithique *adj* megalithisch; Megalith...

mégalo [megalo] F *abr* → *mégalomane*

mégalomane [megalɔman] *adj* größenwahnsinnig

mégalomanie [-i] *f* Größenwahn *m*

méga-octet *m* ⟨*méga-octets*⟩ INFORM Megabyte *n*

mégaphone [megafɔn] *m* Megaphon *n*

mégarde [megaʀd] *par mégarde* aus Versehen

mégawatt *m* Megawatt *n*

mégère [meʒɛʀ] *f* Megäre *f*

mégot [mego] *m* Zigarettenstummel *m*; F Kippe *f*

mégoter [megɔte] *v/i* F knausern (*sur* bei; mit)

méhari [meaʀi] *m* schnelles Reitdromedar; Mehari *n*

▸ **meilleur** [mɛjœʀ] **I** *adj* ⟨**~e**⟩ **1.** ⟨*comp von* **bon**⟩ besser **2.** ⟨*sup von* **bon**⟩ *le meilleur, la meilleure* der, die, das beste; F *c'est la meilleure!* F das ist doch das Dollste, der Clou!; *j'en passe et des meilleures* ich übergehe einiges, und nicht das Schlechteste **II** *subst* **3.** *personne le meilleur, la meilleure* der, die Beste **4.** *le meilleur* das Beste; *donner le meilleur de soi* sein Bestes geben; *pour le meilleur et pour le pire* auf Gedeih und Verderb

méjuger [meʒyʒe] *v/t/indir* ⟨**-ge-**⟩ *st/s méjuger de qn, de qc* j-n, etw unterschätzen

Mékong [mekõg] *le Mékong* der Mekong

mélaminé [melamine] *adj* ⟨**~e**⟩ *panneau* mit Melaminbeschichtung

mélancolie [melɑ̃kɔli] *f* Schwermut *f*; Melancholie *f*; Trübsinn *m*

mélancolique [melɑ̃kɔlik] **I** *adj* schwermütig; melancholisch; trübsinnig **II** *m,f* Melancholiker(in) *m(f)*

Mélanésie [melanezi] *la Mélanésie* Melanesien *n*

mélanésien [melanezjɛ̃] **I** *adj* ⟨**-ienne** [-jɛn]⟩ melanesisch **II** *subst Mélanésien(ne) m(f)* Melanesier(in) *m(f)*

▸ **mélange** [melɑ̃ʒ] *m* **1.** *opération* (Ver)Mischung *f*; Vermengung *f*; *sans mélange* unvermischt; *fig bonheur* ungetrübt **2.** *produit* Mischung *f* (*de* aus); Gemisch *n*

mélangé [melɑ̃ʒe] *adj* ⟨**~e**⟩ *public* gemischt

▸ **mélanger** [melɑ̃ʒe] *v/t* ⟨**-ge-**⟩ **1.** (*mêler*) (ver)mischen; vermengen **2.** (*confondre*) durcheinanderbringen

mélangeur [melɑ̃ʒœʀ] *m* **1.** *appareil* Mischer *m* **2.** *robinet* Mischbatterie *f* **3.** *mélangeur de son* Mischpult *n*

mélanine [melanin] *f* Melanin *n*

mélanome [melanom] *m* MÉD Melanom *n*

mélasse [melas] *f* Melasse *f*

Melbourne [mɛlbuʀn] Melbourne *n*

mêlé [mele] *adj* ⟨**~e**⟩ **1.** *couleur, race, sang* Misch... **2.** *société, clientèle* gemischt

mêlée [mele] *f* **1.** Handgemenge *n*; (Kampf)Getümmel *n*; *se jeter dans la mêlée* sich in das Kampfgetümmel, *fig* in den Kampf stürzen **2.** RUGBY Gedränge *n*

mêler [mele] **I** *v/t* **1.** (*mélanger*) (ver)mischen, vermengen (*à, avec* mit) **2.** (*embrouiller*) in Unordnung, durcheinanderbringen **3.** *mêler qn à une affaire* j-n in e-e Sache hineinziehen, verwickeln **II** *v/pr* **4.** *odeurs, races, etc se mêler* sich (ver)mischen **5.** *se mêler à la foule* sich unter die Menge mischen **6.** *personne se mêler de qc* sich um etw kümmern; *péj* sich in etw (*acc*) (ein)mischen

mélèze [melɛz] *m* Lärche *f*

méli-mélo [melimelo] F *m* ⟨*mélis-mélos*⟩ Durcheinander *n*; Wirrwarr *m*

mélisse [melis] *f* Melisse *f*

mélo [melo] F *abr* → *mélodrame, mélodramatique*

mélodie [melɔdi] *f* **1.** (*air*) Melodie *f* **2.** (*chant*) (Kunst)Lied *n*

mélodieusement [melɔdjøzmɑ̃] *adv chanter mélodieusement* melodisch singen

mélodieux [melɔdjø] *adj* ⟨**-euse** [-øz]⟩ melodiös; melodisch; wohlklingend

mélodique [melɔdik] *adj* melodisch

mélodramatique [melɔdʀamatik] *adj* melodramatisch; rührselig

mélodrame [melɔdʀam] *m* Melodram(a) *n*; Rührstück *n*

mélomane [melɔman] **I** *adj* Musik liebend; musikbegeistert **II** *m,f* begeisterter Musikfreund, -freundin begeisterte Musikfreundin

melon [m(ə)lõ] *m* Melone *f* (*a chapeau*)

mélopée [melɔpe] *f* monotoner Gesang; Singsang *m*

membrane [mɑ̃bʀan] *f* Membran *f*

membraneux [mɑ̃bʀanø] *adj* ⟨**-euse** [-øz]⟩ BIOL häutig; hautartig

▸ **membre** [mɑ̃bʀ] *m* **1.** ANAT Glied *n*; *membres pl a* Gliedmaßen *f/pl*; *membre* (*viril*) (männliches) Glied **2.** *d'une association* Mitglied *n*; *d'une famille a* Angehörige(r) *m*; *adjt État m membre* Mitglied(s)staat *m*

▸ **même** [mɛm] **I** *adj/ind et pr/ind* **1.** ▸ *le, la même*, *pl les mêmes* der-, die-, dasselbe, *pl* dieselben; der, die, das gleiche, *pl* die gleichen; *du même âge* im gleichen *ou* im selben Alter; gleichalt(e)rig; *cela revient au même* das läuft auf dasselbe, auf eins, aufs Gleiche hinaus; das kommt auf dasselbe *etc* heraus **2.** ⟨*nachgestellt*⟩ gerade; selbst; *être la bonté même* die Güte selbst sein **II** *adv* **3.** sogar; selbst; ▸ *même pas* nicht einmal; *avant même que* (+ *subj*) noch ehe; *sans même* (+ *inf*) ohne überhaupt zu (+ *inf*); *même si* selbst wenn;

wenn auch; **à même** direkt auf (+ *dat*); **à mê-me le sol** auf der bloßen Erde; **de même** ebenso (**que** wie); genauso; geradeso; **tout de même** trotzdem; dennoch; → **quand 4. être à même de faire qc** imstande sein, in der Lage sein, etw zu tun

mémé [meme] *f* F *enf* Oma *f* (*a par ext*)

mémento [memɛ̃to] *m* **1.** (*agenda*) Notiz-, Merkbuch *n* **2.** (*aide-mémoire*) Handbuch *n*; Abriss *m*

mémère [memɛR] F *f* **1.** *enf* Oma *f* **2.** *péj* **grosse mémère** dicke, ältliche Frau

▸ **mémoire**[1] [memwaR] *f* **1.** *faculté* Gedächtnis *n*; **mémoire des noms** Namensgedächtnis *n*; **de mémoire** aus dem Gedächtnis; auswendig; aus dem Kopf; **avoir de la mémoire** ein gutes Gedächtnis haben; **si j'ai bonne mémoire** wenn ich mich recht erinnere **2.** (*souvenir*) Erinnerung *f*, Gedenken *n* (**de** *a* + *acc*); Andenken *n* (an *ou* + *gén*); **à la mémoire de**, *st/s* **en mémoire de** zum Andenken, zum Gedenken an (+ *acc*); **de sinistre mémoire** unseligen Angedenkens; **de mémoire d'homme** seit Menschengedenken; **pour mémoire** zur Erinnerung; zur Information **3.** INFORM Speicher *m*; **mémoire morte** Festspeicher *m*; ROM *n*; **mémoire vive** Arbeitsspeicher *m*; RAM *n*; **mettre en mémoire** (ab)speichern

mémoire[2] *m* **1.** (*exposé*) Denkschrift *f*; Memorandum *n* **2.** *scientifique* Arbeit *f*; Abhandlung *f* **3.** **mémoires** *pl* Memoiren *pl*; Erinnerungen *f/pl*

mémorable [memɔrabl] *adj* denkwürdig

mémorandum [memɔrɑ̃dɔm] *m* DIPL Memorandum *n*

mémorial [memɔrjal] *m* ⟨-aux [-o]⟩ Denkmal *n*

mémorisation [memɔrizasjɔ̃] *f* **1.** Sicheinprägen *n* **2.** INFORM Speicherung *f*

mémoriser [-e] *v/t* **1.** sich (*dat*) einprägen **2.** INFORM speichern

menaçant [mənasɑ̃] *adj* ⟨-ante [-ɑ̃t]⟩ drohend; bedrohlich

menace [mənas] *f* **1.** Drohung *f*; **menaces de mort** Todesdrohungen *f/pl*; **mettre ses menaces à exécution** s-e Drohungen wahr machen; **proférer des menaces de mort contre qn** j-m mit dem Tode drohen **2.** (*danger imminent*) Bedrohung *f*; (drohende) Gefahr *f*; **constituer une menace pour qc** e-e Bedrohung, Gefahr für etw darstellen; (+*gén*)

menacé [mənase] *adj* ⟨~e⟩ bedroht; gefährdet

▸ **menacer** [mənase] *v/t* ⟨-ç-⟩ drohen; **menacer qn de qc** j-m mit etw drohen; j-n mit etw bedrohen; **menacer de** (+ *inf*) drohen zu (+ *inf*); **la pluie menace** es droht Regen *ou* zu regnen

▸ **ménage** [menaʒ] *m* **1.** Haushalt *m*; **articles m/pl de ménage** Haushaltwaren *f/pl*; **faire le ménage** putzen; aufräumen (*a fig*); **faire des ménages** putzen gehen; **monter son ménage** Hausrat anschaffen; sich einrichten; **tenir le ménage à qn** j-m den Haushalt führen **2.** (*couple*) Ehepaar *n*; Ehe *f*; F **ménage à trois** Dreiecksverhältnis *n*; **se mettre en ménage** zusammenziehen; *fig* **faire bon ménage avec qn** sich mit j-m gut vertragen; mit j-m gut auskommen

ménagement [menaʒmɑ̃] *m* Schonung *f*; **sans**

ménagement schonungslos

ménager[1] [menaʒe] ⟨-ge-⟩ I *v/t* **1.** *ses forces*, *adversaire*, *etc* schonen; Rücksicht nehmen auf (+ *acc*); **ne pas ménager sa peine** keine Mühe scheuen **2.** *rencontre* herbeiführen; bewerkstelligen; *surprise* bereiten (**à qn** j-m); *espace* lassen **3.** *escalier*, *etc* anbringen II *v/pr* **4. se ménager** sich schonen **5. se ménager l'appui de qn** sich (*dat*) die Unterstützung j-s sichern

ménager[2] [menaʒe] *adj* ⟨-ère [-ɛR]⟩ Haushalts...; **appareils ménagers** Haushalts- und Küchengeräte *n/pl*; **ordures ménagères** (Küchen)Abfälle *m/pl*; **travaux ménagers** Hausarbeit *f*

ménagère [menaʒɛR] *f* **1.** *femme* Hausfrau *f* **2.** (*couverts*) Bestecksgarnitur *f*

ménagerie [menaʒRi] *f* Tiergehege *n*; *d'un cirque* Tierschau *f*

▸ **mendiant** [mɑ̃djɑ̃] *m*, **mendiante** [mɑ̃djɑ̃t] *f* Bettler(in) *m(f)*

mendicité [mɑ̃disite] *f* Betteln *n*; Bettelei *f*

mendier [mɑ̃dje] *v/t et v/i* betteln (**qc** um *etw*) (*a fig*)

menées [məne] *f/pl* Machenschaften *f/pl*; Umtriebe *m/pl*

▸ **mener** [məne] ⟨-è-⟩ I *v/t* **1.** (*conduire*) führen; bringen (**à** zu); *enfant* **mener à l'école** in die Schule bringen; **cela ne vous mène à rien** das führt zu nichts **2.** (*être en tête de*) anführen **3.** *affaire* betreiben; *enquête* führen; *vie* führen; **mener la vie dure à qn** j-m das Leben schwer machen **4.** (*diriger*) leiten; führen II *v/i* **5.** *chemin* **mener à** führen nach, zu **6.** SPORTS führen; in Führung liegen

meneur [mənœR] *m* **1.** Anführer *m*; *péj* Rädelsführer *m*; **meneur d'hommes** Führernatur *f* **2.** **meneur de jeu** Spielleiter *m*

menhir [menir] *m* Menhir *m*; Hinkelstein *m*

Les menhirs – Zeugen aus prähistorischer Zeit

Le menhir ist ein keltischer Ausdruck, der so viel wie ‚langer Stein' bedeutet. Gemeint sind damit aufrecht stehende, längliche Steine, die bis zu 20 Meter hoch und bis zu 350 Tonnen schwer sein können. Sie stammen aus prähistorischer Zeit (etwa 5000 bis 2000 vor Christus) und hatten gemäß einer weit verbreiteten Theorie kultisch-religiöse Bedeutung. In der Bretagne, genauer gesagt in der Nähe von Carnac, gibt es davon über 3000.

---

méninge [menɛ̃ʒ] *f* **1.** ANAT Hirnhaut *f* **2.** F *fig* **ne pas se fatiguer les méninges** F s-n Grips nicht anstrengen

méningite [menɛ̃ʒit] *f* Hirnhautentzündung *f*

ménisque [menisk] *m* Meniskus *m*

ménopause [menɔpoz] *f* Wechseljahre *n/pl* Menopause *f*

ménopausée [menɔpoze] *adj femme* die die Wechseljahre hinter sich (*dat*) hat

menotte [mənɔt] *f* **1.** **menottes** *pl* Handschel

len *f/pl*; **passer les menottes à qn** j-m die Handschellen anlegen **2.** *enf* (Patsch)Händchen *n*

▸ **mensonge** [mɑ̃sõʒ] *m* Lüge *f*; Unwahrheit *f*; **dire des mensonges** lügen

mensonger [mɑ̃sõʒe] *adj* ⟨**-ère** [-ɛʀ]⟩ erlogen; lügenhaft; lügnerisch; Lügen...

menstruation [mɑ̃stʀɥasjõ] *f* Monatsblutung *f*; Periode *f*; Menstruation *f*

menstruel [mɑ̃stʀɥɛl] *adj* ⟨**⁓le**⟩ Menstruations...

mensualisation [mɑ̃sɥalizasjõ] *f* (Umstellung *f* auf) monatliche Bezahlung

mensualiser [-e] *v/t* monatlich (be)zahlen

mensualité [mɑ̃sɥalite] *f* Monatsrate *f*; monatliche Zahlung

mensuel [mɑ̃sɥɛl] *adj* ⟨**⁓le**⟩ monatlich; Monats...

mensuration [mɑ̃syʀasjõ] *f* **a)** *action* Körpermessung *f* **b)** **mensurations** *pl* Körpermaße *n/pl*

mental [mɑ̃tal] *adj* ⟨**⁓e**; **-aux** [-o]⟩ **1.** geistig; Geistes...; **maladie mentale** Geisteskrankheit *f* **2.** gedanklich; **calcul mental** Kopfrechnen *n*

mentalement [mɑ̃talmɑ̃] *adv* **1.** geistig; in geistiger Hinsicht **2.** in Gedanken

mentalité [mɑ̃talite] *f* Mentalität *f*; Denkweise *f*; Einstellung *f*

menteur [mɑ̃tœʀ] *m*, **menteuse** [-øz] *f* **1.** Lügner(in) *m(f)* **2.** *adjt* verlogen

menthe [mɑ̃t] *f* **1.** BOT Minze *f*; (**tisane** *f* **de**) **menthe** Pfefferminztee *m* **2.** Pfefferminzsirup *m*; **menthe à l'eau** *erfrischendes Pfefferminzgetränk*; **bonbon** *m* **à la menthe** Pfefferminz *n*

menthol [mɛ̃tɔl] *m* Menthol *n*

mentholé [mɛ̃tɔle] *adj* ⟨**⁓e**⟩ Menthol...

mention [mɑ̃sjõ] *f* **1.** Erwähnung *f*; **faire mention de qc** etw erwähnen **2.** (*indication*) Vermerk *m*; **rayer les mentions inutiles** Nichtzutreffendes streichen **3.** EXAMEN Note *f*; Prädikatsexamen *n*; **être reçu avec mention** mit besser als „ausreichend" bestanden haben

mentionner [mɑ̃sjɔne] *v/t* **1.** (*citer*) erwähnen **2.** (*indiquer*) vermerken

▸ **mentir** [mɑ̃tiʀ] ⟨→ **partir**⟩ *v/i* lügen; **mentir à qn** j-n anlügen, belügen; **sans mentir** ungelogen; **il ment comme il respire** er lügt wie gedruckt

▸ **menton** [mɑ̃tõ] *m* Kinn *n*; **double menton** Doppelkinn *n*

mentor [mɛ̃tɔʀ] *st/s m* (weiser) Ratgeber; Mentor *m*

menu¹ [məny] **I** *adj* ⟨**⁓e**⟩ klein; *personne* klein und zart; **par le menu** haarklein; bis in die kleinsten Einzelheiten **II** *adv* **couper menu** klein schneiden

▸ **menu²** *m* **1.** Menü *n* (*a* INFORM); Speisenfolge *f* **2.** (*carte*) Speisekarte *f*

menuet [mənɥɛ] *m* Menuett *n*

menuiserie [mənɥizʀi] *f* Tischlerei *f*; Schreinerei *f*

menuisier [-je] *m* Tischler *m*; Schreiner *m*

Méphisto(phélès) [mefisto, mefistɔfɛlɛs] *m* Mephisto *m*; Mephistopheles *m*

méprendre [mepʀɑ̃dʀ] *v/pr* ⟨→ **prendre**⟩ *st/s* **se méprendre sur qn, qc** sich in j-m, in etw täuschen, irren; *se ressembler* **à s'y méprendre** zum Verwechseln

▸ **mépris** [mepʀi] *m* Geringschätzung *f*; Verachtung *f*; Missachtung *f*; **au mépris de** ungeachtet (+ *gén*)

méprisable [mepʀizabl] *adj* verächtlich; verachtenswert

méprisant [-ɑ̃] *adj* ⟨**-ante** [-ɑ̃t]⟩ verächtlich; gering schätzig

méprise [mepʀiz] *f* Irrtum *m*; Versehen *n*

▸ **mépriser** [mepʀize] *v/t* verachten (*a danger, mort*); gering schätzen

▸ **mer** [mɛʀ] *f* **1.** Meer *n*; See *f*; **la mer Morte** das Tote Meer; '**haute, pleine mer** hohe, offene See; **la mer du Nord** die Nordsee; **les mers du Sud** die Südsee; **en mer** auf See; auf dem Meer; **par mer** See...; zur See; COMM auf dem Seeweg; *fig* **ce n'est pas la mer à boire** das ist gar nicht so schwer; F das ist nicht die Welt; **prendre la mer** in See stechen **2.** *fig* **une mer de ...** ein Meer von ...; **mer de feu** Flammenmeer *n*

La mer	SG
La mer est agitée.	Die See ist unruhig.
La mer est belle.	Die See ist glatt.
La mer est calme.	Die See ist ruhig.
La mer est forte.	Die See ist stark bewegt.
La mer est grosse.	Die See ist rau.
La mer est plate.	Die See ist vollkommen glatt.
La mer est tourmentée.	Die See ist aufgewühlt.

M

---

mercantile [mɛʀkɑ̃til] *adj péj* krämerhaft; profitgierig

mercantilisme [mɛʀkɑ̃tilism] *m* **1.** *péj* Krämergeist *m*; Profitgier *f* **2.** ÉCON HIST Merkantilismus *m*

mercenaire [mɛʀsənɛʀ] *m* Söldner *m*

mercerie [mɛʀsəʀi] *f* **1.** *articles* Kurzwaren *f/pl* **2.** *magasin* Kurzwarengeschäft *n*

merchandising [mɛʀʃɑ̃dajziŋ, -diziŋ] *m* Merchandising *n*

▸ **merci¹** [mɛʀsi] *int* danke!; ▸ **merci beaucoup!** vielen Dank!; **merci bien!** danke sehr!; danke schön!; **Dieu merci!** Gott sei Dank!; ▸ **non, merci** nein, danke; **dire merci à qn** j-m danke (schön) sagen

merci² *f* **sans merci** gnadenlos; **être à la merci de qn, de qc** j-m, e-r Sache ausgeliefert, preisgegeben sein; **tenir qn à sa merci** j-n in s-r Gewalt haben

mercier [mɛʀsje] *m*, **mercière** [-jɛʀ] *f* Kurzwarenhändler(in) *m(f)*

▸ **mercredi** [mɛʀkʀədi] *m* Mittwoch *m*

mercure [mɛʀkyʀ] *m* Quecksilber *n*

Mercure [mɛʀkyʀ] ASTR, MYTH Merkur *m*

mercurochrome® [mɛʀkyʀɔkʀom] *m* *Mittel zur Wunddesinfektion (von roter Farbe)*

▸ **merde** [mɛʀd] P *f* P Scheiße *f*; **de merde** P Scheiß...; F Mist...; ▸ **merde!** P (so 'ne) Schei-

ße!; F *admiration* **merde alors!** F Donnerwet-
ter!; F *fig* **il ne se prend pas pour une merde**
F er bildet sich (*dat*) Wunder was ein
merder [mɛʀde] P *v/i personne* P Scheiße bau-
en; *projet* F in die Hose gehen
merdeux [mɛʀdø] P *m,* **merdeuse** [-øz] P *f péj*
P Rotznase *f*; F eingebildeter Schnösel, einge-
bildete Pute
merdier [mɛʀdje] *m* P Saustall *m*
merdique [mɛʀdik] *adj* P beschissen
merdoyer [mɛʀdwaje] *v/i* ⟨**-oi-**⟩ F ins Schwim-
men kommen
▸ **mère** [mɛʀ] *f* **1.** Mutter *f (a fig,* REL); F *la mère*
X Mutter X; (die alte) Frau X; *mère de famille*
verheiratete Frau mit Kindern; *comme profes-
sion* Hausfrau *f* **2.** *adjt* Haupt...; Grund...;
maison f mère Stammhaus *n*; Hauptgeschäft
n
mère-grand *f dans les contes de fées* Großmut-
ter *f*
merguez [mɛʀgɛz] *f scharf gewürzte kleine
Bratwurst*
méridien [meʀidjɛ̃] **I** *adj* ⟨**-ienne** [-jɛn]⟩ ASTR
Mittags... **II** *m* Meridian *m*; Längenkreis *m*
méridional [meʀidjɔnal] **I** *adj* ⟨**~e, -aux** [-o]⟩ **1.**
(*au sud*) südlich; Süd... **2.** (*du Midi*) südfran-
zösisch **II** *méridional m* ⟨**-aux** [-o]⟩, *méridio-
nale f* Südfranzose, -französin *m,f*; *par ext*
Südländer(in) *m(f)*
meringue [məʀɛ̃g] *f* Baiser *n*
meringué [məʀɛ̃ge] *adj* ⟨**~e**⟩ mit Baiserteig
überzogen
mérinos [meʀinos] *m* Merino(schaf) *m(n)*
merise [məʀiz] *f* Vogelkirsche *f*
merisier [məʀizje] *m* **1.** BOT Vogelkirsche *f*
(*Baum*) **2.** *bois* Kirschbaum *m*
méritant [meʀitɑ̃] *adj* ⟨**-ante** [-ɑ̃t]⟩ verdienst-
voll; verdient
mérite [meʀit] *m* Verdienst *n*; *il a du mérite à
faire qc* er verdient Anerkennung, dass er etw
tut
▸ **mériter** [meʀite] **I** *v/t* verdienen; *endroit mé-
riter le détour* den Umweg wert sein, lohnen;
ceci mérite réflexion das ist überlegenswert;
repos bien mérité wohlverdient **II** *v/t/indir st/s
il a bien mérité de la patrie* er hat sich um das
Vaterland verdient gemacht
méritoire [meʀitwaʀ] *adj* verdienstvoll; löblich
merlan [mɛʀlɑ̃] *m* Merlan *m*; Wittling *m*
merle [mɛʀl] *m* Amsel *f*
merlu [mɛʀly] *m* Seehecht *m*
mérovingien [meʀɔvɛ̃ʒjɛ̃] **I** *adj* ⟨**-enne** [-ɛn]⟩
merowingisch **II** *m/pl* **Mérovingiens** Mero-
winger *m/pl*
merveille [mɛʀvɛj] *f* Wunder(werk) *n*; *à mer-
veille* wunderbar; ausgezeichnet; großartig;
faire merveille, des merveilles Wunder wir-
ken, vollbringen
merveilleusement [mɛʀvɛjøzmɑ̃] *adv* wunder-
bar; herrlich
merveilleux [mɛʀvɛjø] **I** *adj* ⟨**-euse** [-øz]⟩
wunderbar; wundervoll; großartig **II** *le mer-
veilleux* das Wunderbare
mes [me] → **mon**
mésalliance [mezaljɑ̃s] *f* Mesalliance *f*
mésange [mezɑ̃ʒ] *f* Meise *f*
mésaventure [mezavɑ̃tyʀ] *f* Missgeschick *n*
mesdames, mesdemoiselles *pl* → **madame,**

mademoiselle
mésentente [mezɑ̃tɑ̃t] *f* Misshelligkeit *f*; *p/fort*
Uneinigkeit *f*
mésestimer [mezɛstime] *litt v/t* gering schät-
zen; *difficultés* unterschätzen
mésintelligence [mezɛ̃teliʒɑ̃s] *litt f* Uneinig-
keit *f*; Unstimmigkeit *f*
Mésopotamie [mezɔpɔtami] HIST *la Mésopo-
tamie* Mesopotamien *n*
mésopotamien [mezɔpɔtamjɛ̃] HIST **I** *adj*
⟨**-ienne** [-jɛn]⟩ mesopotamisch **II** *m/pl* **les
Mésopotamiens** die Mesopotamier *m/pl*
mesquin [mɛskɛ̃] *adj* ⟨**-ine** [-in]⟩ kleinlich;
engstirnig; F kleinkariert; schäbig (*a = avare*)
mesquinerie [mɛskinʀi] *f* Kleinlichkeit *f*; Eng-
stirnigkeit *f*; Schäbigkeit *f*
mess [mɛs] *m* MIL Kasino *n*
▸ **message** [mɛsaʒ] *m* Botschaft *f* (*a* POL, *fig*);
Nachricht *f*; Mitteilung *f*; Meldung *f* (*a*
INFORM); RAD *a* Durchsage *f*; *d'une œuvre
d'art* Aussage *f*; F Message *f*; *message publi-
citaire* Werbespot *m*; *message radio* Funk-
spruch *m*; *laisser un message à qn* j-m e-e
Nachricht hinterlassen
messager [mɛsaʒe] *m,* **messagère** [-ɛʀ] *f* Bote
m, Botin *f* (*a fig*)
messagerie [mɛsaʒʀi] *f* **1.** *pl* **messageries aé-
riennes, maritimes** Luft-, Seefrachtagentur *f*;
messageries de presse Zeitungsvertriebsge-
sellschaft *f* **2.** *messagerie électronique* elek-
tronische Post; Mailbox *f*
▸ **messe** [mɛs] *f* Messe *f*; *messe de minuit*
Christmette *f*; *aller à la messe* zur Messe,
in die Kirche gehen; F *fig* **faire des messes
basses** miteinander tuscheln
Messie [mesi] *le Messie* der Messias
messieurs *pl* → **monsieur**
mesurable [məzyʀabl] *adj* messbar
mesurage [-aʒ] *m* (Ab-, Aus-, Ver)Messen *n*
▸ **mesure** [məzyʀ] *f* **1.** *action* Messung *f*; *appa-
reil m de mesure* Messgerät *n* **2.** (*dimension,
unité, récipient*) Maß *n*; *mesures de capacité,
de longueur* Hohl-, Längenmaße *n/pl*; *à me-
sure que* in dem Maße, wie; *à la mesure de
qn, qc* j-m, e-r Sache angemessen, entspre-
chend; *dans la mesure où* soweit; in dem Ma-
ße, wie; insoweit *ou* insofern, als; *dans la me-
sure du possible* im Rahmen des Möglichen;
soweit möglich; nach Möglichkeit; *dans une
large mesure* in hohem Maße; weitgehend;
sans commune mesure nicht vergleichbar;
sur mesure nach Maß (*a fig*); *costume m
sur mesure* Maßanzug *m*; *donner toute sa
mesure* zeigen, was man kann; *faire bonne
mesure* gut, reichlich messen, wiegen; *pren-
dre les mesures de qc* etw aus-, abmessen
3. (*modération*) Maß *n*; *outre mesure* über-
mäßig; *sans mesure* maßlos; ohne Maß
(und Ziel) **4.** (*disposition*) Maßnahme *f*; *me-
sure de sécurité* Sicherheitsmaßnahme *f*;
par mesure de aus Gründen (+ *gén*); *prendre
des mesures* Maßnahmen ergreifen **5.** MUS
Takt(maß) *m(n)*; *en mesure* im Takt **6.** *être
en mesure de faire qc* in der Lage, imstande
sein, etw zu tun
mesuré [məzyʀe] *adj* ⟨**~e**⟩ **1.** (*modéré*) maß
voll; gemäßigt **2.** *pas* gemessen
▸ **mesurer** [məzyʀe] **I** *v/t* **1.** (*prendre les mesu*

res) (ab-, aus-, ver)messen **2.** (*avoir pour mesure*) messen; groß sein **3.** *fig risque, etc* ermessen; *ses paroles* abwägen; **mesurer qc à qc** etw an etw (*dat*) messen; etw nach etw bemessen **II** *v/pr* **se mesurer à, avec qn** sich mit j-m messen

métabolisme [metabɔlism] *m* Stoffwechsel *m*

métacarpe [metakaʀp] *m* Mittelhand *f*

métairie [meteʀi] *f* (Halb)Pachthof *m*, -gut *n*

▸ **métal** [metal] *m* ⟨**-aux** [-o]⟩ Metall *n*

métalangage [metalɑ̃gaʒ] *m ou* **métalangue** *f* Metasprache *f*

métallifère [metalifɛʀ] *adj* metall-, erzhaltig

métallique [metalik] *adj* **1.** (*en métal*) Metall…; metallen **2.** *éclat, son* metallisch

métallisé [metalize] *adj* ⟨**~e**⟩ metallic

métalliser [metalize] *v/t* **1.** (*recouvrir de métal*) metallisieren **2.** (*donner un éclat métallique*) Metallglanz geben (+*dat*)

métallo [metalo] *m abr* F (*métallurgiste*) F Metaller *m*

métallurgie [metalyʀʒi] *f* **1.** Metallindustrie *f* **2.** *techniques* Metallbearbeitung *f*; Metallurgie *f*

métallurgique [metalyʀʒik] *adj* Metall…; **usine** *f* **métallurgique** Hüttenwerk *n*

métallurgiste [metalyʀʒist] *m* Metallarbeiter *m*

métamorphique [metamɔʀfik] *adj* **roche** *f* **métamorphique** metamorphes Gestein

métamorphisme [metamɔʀfism] *m* GÉOL Metamorphose *f*

métamorphose [metamɔʀfoz] *f* Verwandlung *f*; Metamorphose *f* (*a* ZO)

métamorphoser [metamɔʀfoze] *v/t* (*et v/pr* **se métamorphoser** sich) verwandeln (**en** in + *acc*)

métaphore [metafɔʀ] *f* Metapher *f*; Bild *n*

métaphorique [metafɔʀik] *adj* **1.** *sens, emploi* bildlich; metaphorisch **2.** *style* bilderreich

métaphysique [metafizik] **I** *f* Metaphysik *f* **II** *adj* metaphysisch

métastase [metastaz] *f* Metastase *f*

métatarse [metataʀs] *m* Mittelfuß *m*

métayage [metɛjaʒ] *m* Halb-, Teilpacht *f*

métayer [-e] *m*, **métayère** [-ɛʀ] *f* Halb-, Teilpächter(in) *m(f)*

métempsyc(h)ose [metɑ̃psikoz] *f* Seelenwanderung *f*

▸ **météo** [meteo] **I** *f* Wetterbericht *m*, -vorhersage *f* **II** *adj* ⟨*inv*⟩ Wetter…

météore [meteɔʀ] *m* Meteor *m*; Sternschnuppe *f*

météorique [-ik] *adj* Meteor…; Meteoriten…

météorite *m ou f* Meteorit *m*

météorologie [meteɔʀɔlɔʒi] *f* **1.** *science* Wetterkunde *f*; Meteorologie *f* **2.** *service* Wetterdienst *m*, -amt *n*

météorologique [-ik] *adj* Wetter…; meteorologisch

météorologiste [meteɔʀɔlɔʒist] *m,f ou* **météorologue** [-lɔg] *m,f* Meteorologe, -login *m,f*

métèque [metɛk] *péj m* Ausländer *m*

méthadone [metadɔn] *f* MÉD, CHIM Methadon *n*

méthane [metan] *m* Methan *n*

méthanol [metanɔl] *m* Methanol *n*

▸ **méthode** [metɔd] *f* **1.** Methode *f*; Verfahren *n*; **avec méthode** mit Methode; methodisch; planmäßig **2.** *livre* Lehrbuch *n*

méthodique [metɔdik] *adj* methodisch; planmäßig; systematisch

méthodisme [metɔdism] *m* REL Methodismus *m*

méthodiste [-ist] *m,f* REL Methodist(in) *m(f)*

méthodologie [metɔdɔlɔʒi] *f* Methodik *f*

méthylène [metilɛn] *m* **1.** CHIM Methylen *n* **2.** COMM Methylalkohol *m*; Methanol *n*

méticuleux [metikylø] *adj* ⟨**-euse** [-øz]⟩ gewissenhaft; peinlich genau; sehr sorgfältig; *propre* peinlich

▸ **métier** [metje] *m* **1.** Beruf *m*; Gewerbe *n*; Fach *n*; F Metier *n*; *artisanal* Handwerk *n*; **de son métier** von Beruf; **avoir du métier** Berufserfahrung haben; **être du métier** vom Fach sein; **faire son métier** s-e Arbeit, s-e Pflicht tun **2.** **métier** (**à tisser**) Webstuhl *m*

métis [metis] **I** *adj* ⟨**~se**⟩ Mischlings… **II** *subst* **1.** **métis(se)** *m(f)* Mischling *m* **2.** *m* TEXT Halbleinen *n*

M

Les Métis

un acteur	→	**une actrice** (eine Schauspielerin)
un commerçant	→	**une commerçante** (eine Geschäftsfrau)
un vendeur	→	**une vendeuse** (eine Verkäuferin)
un instituteur	→	**une institutrice** (eine Grundschullehrerin)

Daneben gibt es aber Berufe, für die es **nur** die **maskuline Form** gibt:
un professeur, un médecin, un écrivain…

Da immer mehr (ursprünglich von Männern wahrgenommene) Berufe auch von Frauen ausgeübt werden, haben viele dieser Berufe inzwischen eine **weibliche Form erhalten**, z. B.

un ministre	→	**une ministre** (eine Ministerin)
un juge	→	**une juge** (eine Richterin)
un metteur en scène	→	**une metteuse en scène** (eine Regisseurin)
un avocat	→	**une avocate** (eine Rechtsanwältin)

métissage [metisaʒ] *m* Rassenmischung *f*
métissé [metise] *adj* ⟨~e⟩ **race métissée**
Mischrasse *f*
métonymie [metɔnimi] *f* Metonymie *f*
métrage [metʀaʒ] *m* **1.** COUT Meterzahl *f*; Stoff-
menge *f* **2.** CIN **court métrage** Kurzfilm *m*;
long métrage Spielfilm *m*
▸ **mètre** [mɛtʀ] *m* **1.** *unité de mesure* Meter *m ou*
n; **mètre carré, cube** Quadrat-, Kubikmeter *m*
ou n **2.** Metermaß *n*; **mètre pliant** Zollstock *m*;
mètre de couturière Zentimetermaß *n* **3.**
SPORTS **cent mètres** Hundertmeterlauf *m* **4.**
d'un vers Metrum *n*; Versmaß *n*
métrer [metʀe] *v/t* ⟨**-è-**⟩ vermessen
métreur [metʀœʀ] *m* CONSTR **métreur vérifica-**
teur Vermesser, der das Aufmaß feststellt
métrique [metʀik] **I** *adj* metrisch; **système** *m*
métrique metrisches System **II** *f* Metrik *f*;
Verslehre *f*
▸ **métro** [metʀo] *m* U-Bahn *f*; Metro *f*; **bouche**
f **de métro** U-Bahn-Ein- *ou* -Ausgang *m*

Le métro

Le métro (Abkürzung für **chemin de**
fer métropolitain) ist die U-Bahn in Pa-
ris, deren erste Linie anlässlich der
Weltausstellung im Jahr 1900 eröffnet
wurde. Heute verkehren 15 Linien auf
rund 200 km Schienennetz. Hinzu kom-
men noch 92 km der Schnellbahnlinien
RER (réseau express régional). Von
jedem Punkt der Stadt aus ist eine der
ca. 300 Metro-Stationen zu Fuß zu er-
reichen.
Einige Eingänge, **les bouches du mé-**
tro, sind mit schmiedeeisernen Elemen-
ten verziert und stehen unter Denkmal-
schutz.

---

métronome [metʀɔnɔm] *m* Metronom *n*; Takt-
messer *m*
métropole [metʀɔpɔl] *f* **1.** *ville* Metropole *f* **2.**
d'une colonie Mutterland *n*
métropolitain [metʀɔpɔlitɛ̃] *adj* ⟨**-aine** [-ɛn]⟩
des Mutterlandes; **la France métropolitaine**
das französische Mutterland
mets [mɛ] *m* Gericht *n*; Speise *f*
mettable [metabl] *adj* *vêtements* tragbar
metteur [mɛtœʀ] *m* **metteur en scène** Regis-
seur *m*
▸ **mettre** [mɛtʀ] ⟨**je mets, il met, nous met-**
tons; je mettais; je mis; je mettrai; que je
mette; mettant; mis⟩ **I** *v/t* **1.** *objet* legen; stel-
len; setzen; (hinein)stecken, (-)tun (**dans** in +
acc); bringen, schaffen (**à la poste** zur Post®);
pellicule einlegen; *nappe* auflegen; *verrou* vor-
legen; zuschieben; *rideaux* anmachen; an-
bringen; *du beurre* streichen (**sur** + *acc*);
liquide geben (**dans** in + *acc*); *radio, télé,*
chauffage anmachen; anstellen; *personne*
bringen (**au lit** ins Bett); schicken (**à l'école**
maternelle in die Vorschule); geben (**en pen-**
sion in Pension); **combien voulez-vous met-**
tre? wie viel wollen Sie dafür anlegen, ausge-

ben?; **mettre à la boîte aux lettres** in den
Briefkasten werfen; einwerfen; **mettre au four**
in den (Back)Ofen schieben; **mettre au futur**
ins Futur setzen; *montre* **mettre à l'heure** stel-
len; **mettre à mal** verprügeln; **mettre à mort**
töten; **mettre son orgueil à faire qc** s-n Stolz
dareinsetzen, etw zu tun; **mettre de la bonne**
volonté à faire qc guten Willen bei etw zei-
gen; **mettre du sel dans la soupe** Salz an
ou in die Suppe tun; *texte* **mettre en bon fran-**
çais in gutes Französisch bringen **2.** *vêtements*
anziehen; *chapeau, lunettes* aufsetzen; *ceinture*
umschnallen; *tablier* umbinden; *bijoux* anle-
gen; *bague* anstecken **3.** *un certain temps* brau-
chen; **mettre deux heures (à faire qc)** zwei
Stunden brauchen (um etw zu tun) **4.** (*écrire*)
schreiben; **mettre son nom sur une liste** s-n
Namen auf e-e Liste setzen, schreiben **5.**
(*supposer*) **mettons que …** (+ *subj*) nehmen
wir (einmal) an, (dass) … **II** *v/pr* **se mettre**
6. sich setzen (**au volant** ans Steuer); sich stel-
len (**à la fenêtre** ans Fenster); sich legen (**au lit**
ins Bett); F **s'en mettre partout** F sich völlig
bekleckern; F *fig* **s'en mettre jusque là** F sich
(*dat*) den Bauch vollschlagen; *fig* **se mettre**
bien avec qn sich gut mit j-m stellen; *fig* **se**
mettre avec qn sich mit j-m zusammentun;
poussière **se mettre dans qc** sich in etw
(*acc*) setzen; **se mettre en relation avec qn**
sich mit j-m in Verbindung setzen; mit j-m
in Verbindung treten **7.** *vêtement* (sich [*dat*])
anziehen; **se mettre en pantalon** e-e Hose an-
ziehen; **je n'ai rien à me mettre** ich habe nichts
anzuziehen **8.** ▸ **se mettre à faire qc** anfangen,
beginnen, etw zu tun; **se mettre à qc** sich an
etw (*acc*) machen; **se mettre à l'anglais** anfan-
gen, Englisch zu lernen; **s'y mettre** sich
d(a)ranmachen; **il se met à pleuvoir** es fängt
an zu regnen; **le temps se met au beau** es wird
schön
Metz [mɛs] Metz *n*
▸ **meuble** [mœbl(e)] **I** *m* Möbelstück *n*; Möbel
n; **meubles** *pl* Möbel *n/pl*; Mobiliar *n*; F *fig*
sauver les meubles das Notwendigste retten
II *adj* **1.** JUR beweglich **2.** *terre* locker
meublé [mœble] **I** *adj* ⟨~e⟩ möbliert **II** *m* mö-
bliertes Zimmer; möblierte Wohnung
▸ **meubler** [mœble] **I** *v/t* **1.** *appartement* möblie-
ren **2.** *abs* (*décorer*) der Ausstattung dienen;
dekorativ wirken **3.** *fig* *silence* ausfüllen **II**
v/pr **se meubler** sich einrichten
meuf [mœf] *f* F (*femme*) F Tussi *f*
meuglement [møɡləmɑ̃] *m* Muhen *n*; Brüllen *n*
meugler [-e] *v/i* muhen; brüllen
meuh [mø] *int* muh!
meule [møl] *f* **1.** *à moudre* Mühl-, Mahlstein *m*
2. *à aiguiser* Schleifstein *m* **3.** *de fromage* gro-
ßer, runder Laib **4.** AGR Schober *m* **5.** F (*moto*)
F Feuerstuhl *m*
meuler [møle] *v/t* schleifen
meulière [møljɛʀ] *f* kieseliger Kalkstein; fran-
zösischer Quarz
meunerie [mønʀi] *f* **1.** *industrie* Müllerei *f* **2.**
coll Müller *m/pl*
meunier [mønje] *m* Müller *m*
meunière [mønjɛʀ] *f* CUIS (**à la**) **meunière** nach
Müllerinart
meurs, meurt [mœʀ] → **mourir**

meurt-de-faim [mœʀdefɛ̃] *m* ⟨*inv*⟩ Hungerleider *m*

Meurthe [mœʀt] *la Meurthe Fluss in Lothringen*

Meurthe-et-Moselle [mœʀtemɔzɛl] *la Meurthe-et-Moselle frz Departement*

▸ **meurtre** [mœʀtʀ] *m* Totschlag *m* (*a* JUR); Mord *m* (*de qn* an j-m); *commettre un meurtre* Totschlag begehen

meurtrier [mœʀtʀije] **I** *adj* ⟨*-ière* [-ijɛʀ]⟩ *combat* mörderisch; *épidémie* verheerend; *route* lebensgefährlich; unfallträchtig; *folie meurtrière* Amoklauf *m* **II** *subst* **1.** *meurtrier, meurtrière m,f* Mörder(in) *m(f)* **2.** FORTIF *meurtrière f* Schießscharte *f*

meurtrir [mœʀtʀiʀ] *v/t* **1.** (zer)quetschen **2.** *fig* verwunden

meurtrissure [mœʀtʀisyʀ] *f* **1.** *sur la peau* blauer Fleck; Striemen *m* **2.** *fig* Wunde *f*

meus, **meut** [mø] → *mouvoir*

Meuse [møz] *la Meuse* die Maas

meute [møt] *f* Meute *f*

mévente [mevɑ̃t] *f* Absatzflaute *f*

mexicain [mɛksikɛ̃] **I** *adj* ⟨*-aine* [-ɛn]⟩ mexikanisch **II** *Mexicain(e) m(f)* Mexikaner(in) *m(f)*

Mexico [mɛksiko] Mexiko(-Stadt) *n*

Mexique [mɛksik] *le Mexique* Mexiko *n* (*Land*)

mezzanine [mɛdzanin] *f* Zwischen-, Halbgeschoss *n*; Mezzanin *n*

mezzo-soprano [mɛdzɔsɔpʀano] ⟨*mezzo-sopranos*⟩ *f* Mezzosopran *m*

mg *abr* (*milligramme[s]*) mg (Milligramm)

Mgr *ou* **M**ᵍʳ *abr* → *monseigneur*

MHz *abr* (*mégahertz*) MHz (Megahertz)

mi [mi] *m* ⟨*inv*⟩ MUS e *ou* E *n*

mi-... [mi] *préfixe* **1.** *devant noms de mois* Mitte; (*à la*) *mi-janvier* Mitte Januar **2.** (*à moitié*) halb; halb...; Halb...

miam-miam [mjammjam] *int* mm!; lecker, lecker!

miaou [mjau] *int* miau!

miasme [mjasm] *m* Miasma *n*

miaulement [mjolmɑ̃] *m* Miauen *n*

miauler [-e] *v/i* miauen

mi-bas *m* ⟨*inv*⟩ Kniestrumpf *m*

mica [mika] *m* Glimmer *m*

Mi-Carême: *la Mi-Carême* Mittfasten *pl*

micelle [misɛl] *f* CHIM Mizell(e) *n(f)*

miche [miʃ] *f* **1.** Brotlaib *m*; Laib *m* Brot **2.** *miches pl arg* (*fesses*) F Hintern *m*; F Po *m*

Michel-Ange [mikɛlɑ̃ʒ] *m* Michelangelo *m*

mi-chemin *adv* *à mi-chemin* auf halbem Weg

Mickey [mikɛ] *m* Mickymaus *f*

mi-clos *adj* ⟨*-ose*⟩ halb geschlossen

micmac [mikmak] F *m* **1.** (*intrigues*) Machenschaften *f/pl* **2.** (*désordre*) Durcheinander *n*

mi-corps *adv* *à mi-corps* bis zur Taille; bis zu den Hüften

mi-côte *adv* *à mi-côte* auf halber Höhe

mi-course *adv* *à mi-course* auf halber Strecke

▸ **micro** [mikʀo] *m abr* **1.** (*microphone*) Mikrofon *n*; *pour espionner* F Wanze *f* **2.** (*micro-ordinateur*) PC *m*

microbe [mikʀɔb] *m* **1.** Mikrobe *f*; Krankheitserreger *m*, -keim *m* **2.** F *fig* Wicht *m*

microbien [mikʀɔbjɛ̃] *adj* ⟨*-ienne* [-jɛn]⟩ Mikroben...; mikrobiell

microbiologie *f* Mikrobiologie *f*

microbiologiste *m* Mikrobiologe *m*

microchimie *f* Mikrochemie *f*

microchirurgie *f* Mikrochirurgie *f*

microclimat *m* Klein-, Mikroklima *n*

microcosme [mikʀɔkɔsm] *m* Mikrokosmos *m*

micro-économie *f* Mikroökonomie *f*

micro-électronique *f* Mikroelektronik *f*

microfiche *f* Mikrofiche *n ou m*

microfilm *m* Mikrofilm *m*

microfilmer *v/t* auf Mikrofilm aufnehmen

micro-informatique *f* (Informatik *f* im) PC-Bereich *m*

micrométrique *adj* mikrometrisch; Mikrometer...

Micronésie [mikʀɔnezi] *la Micronésie* Mikronesien *n*

▸ **micro-ondes** *m* (*four m à*) *micro-ondes* Mikrowelle(nherd) *f(m)*

micro-ordinateur *m* Mikrocomputer *m*; Personal Computer *m* (*abr* PC)

micro-organisme *m* Mikroorganismus *m*; Kleinstlebewesen *n*

microphone [mikʀɔfɔn] *m* Mikrofon *n*

microphysique *f* Mikrophysik *f*

microprocesseur *m* Mikroprozessor *m*

microscope [mikʀɔskɔp] *m* Mikroskop *n*

microscopie [-i] *f* Mikroskopie *f*

microscopique [-ik] *adj* mikroskopisch; *fig a* winzig (klein)

microseconde *f* Mikrosekunde *f*

microsillon *m* Langspielplatte *f*

micro-trottoir *m* ⟨*micros-trottoirs*⟩ TV, RAD Straßenumfrage *f*

miction [miksjɔ̃] *f* Harnlassen *n*

▸ **midi** [midi] *m* **1.** Mittag *m*; Mittagszeit *f*; *heure* zwölf Uhr (mittags); *à midi* mittags; um die Mittagszeit; *heure* um zwölf (Uhr); *ce midi* heute Mittag; *il est midi dix* es ist zehn nach zwölf (Uhr); *fig chercher midi à quatorze heures iron* warum einfach, wenn es auch umständlich geht **2.** ▸ *le Midi* Südfrankreich *n*

midinette [midinɛt] *f* naiv-sentimentales Mädchen

Midi-Pyrénées [midipiʀene] *le Midi-Pyrénées frz Region*

mie [mi] *f la mie* das weiche Innere (vom Brot); die Krume; *pain m de mie* Toastbrot *n*

▸ **miel** [mjɛl] *m* Honig *m*; *fig lune f de miel* Flitterwochen *f/pl*; *plais* Honigmond *m*

miellé [mjele] *litt adj* ⟨**∼e**⟩ Honig...

mielleux [mjelø] *adj* ⟨*-euse* [-øz]⟩ honigsüß (*fig*); katzenfreundlich

mien [mjɛ̃] **I** *pr/poss* ⟨*mienne* [mjɛn]⟩ ▸ *le mien, la mienne* der, die, das meine; meine(r, -s); *pl les miens, les miennes* die meinen; meine **II** *subst* **1.** *le mien* das Meine; mein Eigentum; *j'y ai mis du mien* ich habe das Meine getan, mein(en) Teil dazu beigetragen **2.** *les miens* (*famille, amis*) die Meinen

miette [mjɛt] *f* Krümel *m*; *par ext mettre en miettes* in (viele kleine) Stücke schlagen; F *ne pas en perdre une miette* sich (*dat*) nicht das Geringste entgehen lassen

▸ **mieux** [mjø] **I** *adv* **1.** ⟨*comp von bien*⟩ besser; *à qui mieux mieux* um die Wette; *de mieux en mieux* immer besser; *on ne peut mieux* (aller)bestens; aufs Beste; *je ne demande pas*

mieux mir ist nichts lieber als das; *dire mieux* mehr bieten; *faire mieux de* (+ *inf*) besser daran tun zu (+ *inf*); *adjt: dans ce fauteuil, vous serez mieux* da sitzen Sie bequemer, besser; *elle est mieux que sa sœur* sie sieht besser aus als ihre Schwester; *se sentir mieux* sich wohler, besser fühlen; *il n'a rien trouvé de mieux que de* (+ *inf*) er hatte nichts Besseres zu tun, als zu (+ *inf*) **2.** ⟨*sup von* **bien**⟩ *le mieux* am besten; *le mieux qu'il peut* so gut er kann; *le plus tôt sera le mieux* je eher, desto besser; *des mieux* (+ *p/p*) bestens; *des mieux réussi(e)s* bestens gelungen; *pour le mieux* bestens; aufs Beste; *être au mieux avec qn* mit j-m sehr gut stehen; **(en mettant les choses) au mieux** bestenfalls **II** *m* **3.** *le mieux* das Beste *ou* das Bessere; *faire de son mieux* sein Bestes, Möglichstes tun **4.** (*amélioration*) Besserung *f*; (*progrès*) Fortschritt *m*
mieux-être [mjøzɛtʀ] *m* höherer Wohlstand; höherer Lebensstandard
mièvre [mjɛvʀ] *adj* fad(e); abgeschmackt; manieriert
mièvrerie [-əʀi] *f* Abgeschmacktheit *f*; Manieriertheit *f*
mi-figue, mi-raisin *adjt accueil* lau(warm); *réponse, mine* zweideutig
mignard [miɲaʀ] *adj* ⟨**-arde** [-aʀd]⟩ niedlich; *péj* geziert
mignardise [miɲaʀdiz] *f* Geziertheit *f*; Affektiertheit *f*
▸ **mignon** [miɲõ] **I** *adj* ⟨**-onne** [-ɔn]⟩ **1.** niedlich; allerliebst; süß; goldig; reizend; herzig; *fig péché mignon* (kleine) Schwäche **2.** F (*gentil*) nett **II** *mignon(ne)* *m(f)* Süße(r) *f(m)*; Liebling *m*
migraine [migʀɛn] *f* Migräne *f*
migraineux [-ø] *adj* ⟨**-euse** [-øz]⟩ Migräne…
migrant [migʀã] *m* Zuwanderer *m*
migrateur [migʀatœʀ] *adj* ⟨**-trice** [-tʀis]⟩ Wander…; (*oiseau*) *migrateur m* Zugvogel *m*
migration [migʀasjõ] *f* Wanderung(sbewegung) *f*; *migration des oiseaux* Vogelzug *m*
migratoire [migʀatwaʀ] *adj* Wanderungs…
mi-jambe [miʒãb] *adv* **à mi-jambe** bis an die Waden
mijaurée [miʒɔʀe] *f péj* affektierte Person
mijoter [miʒɔte] *v/t et v/i* **1.** **(faire) mijoter** bei schwacher Hitze, auf kleiner Flamme kochen (lassen) **2.** (*préparer avec soin*) liebevoll zubereiten **3.** F *fig* ausbrüten; F aushecken
mikado [mikado] *m* **1.** (*empereur du Japon*) Mikado *m* **2.** *jeu* Mikado *n*
mil¹ [mil] *num/c dans une date* tausend
mil² [mil] *m* BOT Hirse *f*
milan [milã] *m* Milan *m*
Milan [milã] Mailand *n*
milanais [milanɛ] **I** *adj* ⟨**-aise** [-ɛz]⟩ mailändisch **II** *subst* **Milanais(e)** *m(f)* Mailänder(in) *m(f)*
mildiou [mildju] *m* Mehltau *m*
milice [milis] *f* Miliz *f*
milicien [milisjɛ̃] *m* Milizionär *m*
▸ **milieu** [miljø] *m* ⟨**~x**⟩ **1.** Mitte *f*; *du milieu* mittlere; Mittel…; *au milieu de* in der Mitte

(+ *gén*); mitten in, auf (+ *dat*); *au milieu de la semaine prochaine* Mitte kommender Woche **2.** *fig* Mittelweg *m*; *le juste milieu* die richtige, goldene Mitte; der goldene Mittelweg **3.** (*entourage*) Milieu *n*; Umfeld *n*; Umgebung *f* **4.** *milieux pl* Kreise *m/pl*; *milieux gouvernementaux* Regierungskreise *m/pl* **5.** (*pègre*) *le milieu* die Unterwelt **6.** FOOTBALL *milieu de terrain* Mittelfeldspieler *m*
▸ **militaire** [militɛʀ] **I** *adj* militärisch; Militär…; Wehr…; Kriegs… **II** *m* Militärperson *f*; Soldat *m*; (*officier supérieur*) Militär *m*
militairement [militɛʀmã] *adv* militärisch
militant [militã] **I** *adj* ⟨**-ante** [-ãt]⟩ militant; politisch aktiv **II** *militant(e)* *m(f)* Aktivist(in) *m(f)*; *d'un parti* aktives Mitglied
militantisme [militãtism] *m* militante, politisch aktive Haltung
militarisation [militaʀizasjõ] *f* Militarisierung *f*
militariser [-ize] *v/t* militarisieren; *police, etc* militärisch organisieren
militarisme [-ism] *m péj* Militarismus *m*
militariste [-ist] *péj* **I** *adj* militaristisch **II** *m* Militarist *m*
militer [milite] *v/i* **1.** *personne* sich aktiv betätigen; (politisch) aktiv sein **2.** *arguments, raisons militer en faveur de ou pour, contre* sprechen für, gegen
Millau [mijo] *Stadt im Dep. Aveyron*
▸ **mille¹** [mil] **I** *num/c* ⟨*inv*⟩ tausend; *mille un* tausend(und)eins; *cent mille* hunderttausend; *l'an deux mille* das Jahr zweitausend; *fig mille fois* tausendmal; unzählige Mal; *fig je vous le donne en mille* raten Sie mal **II** *m* ⟨*inv*⟩ **1.** *nombre* Tausend *m*; MATH Tausender *m*; *cinq pour mille* (**5** ‰) fünf Promille (5 ‰); fünf vom Tausend (*abr v. T.*) **2.** *quantité* Tausend *n*; F *des mille et des cents* F Unsummen *f/pl* **3.** *d'une cible le mille* das Schwarze; *taper dans le mille* ins Schwarze treffen (*a fig*)
mille² *m* Meile *f*; *mille marin* Seemeile *f*
millefeuille [milfœj] *m* Cremeschnitte *f* aus Blätterteig
millénaire [milenɛʀ] **I** *adj* tausendjährig; *par ext* uralt; *plusieurs fois millénaire* mehrere tausend Jahre alt **II** *m* **1.** *période* Jahrtausend *n*; *st/s* Millennium *n* **2.** *anniversaire* Tausendjahrfeier *f*
mille-pattes *m* ⟨*inv*⟩ Tausendfüß(l)er *m*
millésime [milezim] *m* Jahreszahl *f*; *d'un vin* Jahrgang *m*
millésimé [milezime] *adj* ⟨**~e**⟩ *vin* Jahrgangs…
millet [mijɛ] *m* Hirse *f*
▸ **milliard** [miljaʀ] *m* Milliarde *f*; *un milliard de dollars* e-e Milliarde Dollar
milliardaire [miljaʀdɛʀ] *m,f* Milliardär(in) *m(f)*
milliardième [miljaʀdjɛm] **I** *num/o* milliardste **II** *m* Milliardstel *n*
▸ **millième** [miljɛm] **I** *num/o* tausendste **II** *subst* **1.** *le, la millième* der, die, das Tausendste **2.** MATH Tausendstel *n*
▸ **millier** [milje] *m* Tausend *n*; *des milliers de* Tausende von (*ou* + *gén*); *par milliers* zu Tausenden
milligramme [miligʀam] *m* Milligramm *n*
millimètre *m* Millimeter *m ou n*

millimétré [milimetʀe] *adj* ⟨~e⟩ *ou* **millimétri-que** [-ik] *adj* Millimeter...; *papier millimétré ou millimétrique* Millimeterpapier *n*
▸ **million** [miljõ] *m* Million *f*; *un million d'hommes* e-e Million Menschen; *1,5 million* (*sg!*) 1,5 Millionen; *riche à millions* steinreich; F millionenschwer
▸ **millionième** [miljɔnjɛm] **I** *num/o* millionste **II** *m* Millionstel *n*
millionnaire [miljɔnɛʀ] *m,f* Millionär(in) *m(f)*
mime [mim] *m* Pantomime *m*
mimer [mime] *v/t* **1.** ᴛʜᴇ́ pantomimisch darstellen **2.** (*imiter*) nachmachen
mimétisme [mimetism] *m* **1.** ʙɪᴏʟ Mimikry *f* **2.** *fig* Nachahmung *f*
mimique [mimik] *f* Mimik *f* und Gestik *f*
mimolette [mimɔlɛt] *f* holländischer Hartkäse
mimosa [mimoza] *m* ʙᴏᴛ Mimose *f*
minable [minabl] F **I** *adj* miserabel; erbärmlich **II** *m,f* F Flasche *f*
minaret [minaʀɛ] *m* Minarett *n*
minauder [minode] *v/i* sich zieren
minauderies [-ʀi] *f/pl* Getue *n*; Affigkeit *f*; *par ext* Koketterie *f*
minaudier [-je] *adj* ⟨**-ière** [-jɛʀ]⟩ affektiert; F affig
▸ **mince** [mɛ̃s] **I** *adj* **1.** dünn; schmal; *personne* schlank **2.** *fig* klein; unbedeutend; *ce n'est pas une mince affaire* das ist keine Kleinigkeit (*que de* +*inf* zu +*inf*) **II** *int* F **mince** (*alors*)*!* F verflixt (noch mal)!; *admiration* Donnerwetter!
minceur [mɛ̃sœʀ] *f* Dünnheit *f*; Schmalheit *f*; Schlankheit *f*
▸ **mine**[1] [min] *f* (*physionomie*) Gesichtsausdruck *m*; Gesicht *n*; Miene *f*; (*aspect*) Aussehen *n*; *avoir bonne mine* gut, gesund aussehen; *faire grise mine à qn* j-m ein finsteres, saures Gesicht zeigen; *péj faire des mines* sich zieren; *faire mine de* so tun, als ob; F *mine de rien* (so) als ob nichts wäre
mine[2] *f* **1.** *exploitation* Bergwerk *n*; Grube *f*; Zeche *f*; Mine *f*; *mine d'or* Goldmine *f*; *fig* Goldgrube *f*; *service m des Mines correspond à* Technischer Überwachungsverein *m* **2.** *fig* Fundgrube *f* **3.** *d'un crayon* Mine *f* **4.** ᴍɪʟ Mine *f*
miner [mine] **I** *v/t* **1.** ᴍɪʟ verminen; *adjt miné* vermint **2.** (*creuser*) aushöhlen; unterspülen **3.** *fig santé* untergraben; zerrütten; *soucis miner qn* j-n zermürben; an j-m zehren **II** *v/pr se miner* sich (*dat*) Sorgen machen
minerai [minʀɛ] *m* Erz *n*
minéral [mineʀal] **I** *adj* ⟨~e; **-aux** [-o]⟩ mineralisch; Mineral...; ▸ *eau minérale* Mineralwasser *n* **II** *m* ⟨**-aux** [-o]⟩ Mineral *n*
minéralier [mineʀalje] *m* ᴍᴀʀ Erzfrachter *m*
minéraliser [mineʀalize] *v/t* Mineralien zusetzen (*l'eau* dem Wasser)
minéralogie [mineʀalɔʒi] *f* Mineralogie *f*
minéralogique [mineʀalɔʒik] *adj* **1.** mineralogisch; Mineralien... **2.** ᴀᴜᴛᴏ *plaque f minéralogique* Nummernschild *n*
minéralogiste [mineʀalɔʒist] *m,f* Mineraloge *m*, -login *f*
minerve [minɛʀv] *f* Halskrause *f*; Gipskrawatte *f*
Minerve [minɛʀv] *f* ᴍʏᴛʜ Minerva *f*

minervois [minɛʀvwa] *m* Wein aus dem Minervois
Minervois [minɛʀvwa] *le Minervois* das Minervois (*Landschaft im Languedoc*)
minestrone [minɛstʀɔn] *m* ᴄᴜɪꜱ Minestrone *f*
minet [minɛ], **minette** [-ɛt] **1.** *m,f* F (*chat*) F Mieze(katze) *f* **2.** *m jeune homme* F Schickimicki *m* **3.** *f* F (*jeune fille*) F Mieze *f*
▸ **mineur**[1] [minœʀ] **I** *adj* ⟨~e⟩ **1.** (*secondaire*) zweitrangig; nebensächlich; untergeordnet; *l'Asie Mineure* Kleinasien *n* **2.** ᴍᴜꜱ Moll...; *en ut mineur* in c-Moll **3.** ᴊᴜʀ minderjährig **II** *mineur(e) m(f)* ᴊᴜʀ Minderjährige(r) *f(m)*
mineur[2] *m ouvrier* Bergarbeiter *m*; Bergmann *m*; Kumpel *m*; Knappe *m*; *mineur de fond* Untertagearbeiter *m*
mini [mini] *adj* ⟨*inv*⟩ *mode f mini* Minimode *f*; *advt s'habiller mini* Mini tragen
mini... [mini] *préfixe* Mini...
miniature [minjatyʀ] *f* **1.** *image* Miniatur *f* **2.** *art* Miniaturmalerei *f* **3.** *adjt* (*en*) *miniature* Miniatur...; im Kleinformat
miniaturisation [minjatyʀizasjõ] *f* Miniaturisierung *f*
miniaturiser [-e] *v/t* miniaturisieren
miniaturiste [minjatyʀist] *m* Miniaturmaler *m*
minibar *m* Minibar *f*
minibus *m* Kleinbus *m*
minichaîne *f* Kompaktanlage *f*
minidosé [minidoze] *adj* ⟨~e⟩ *pilule minidosée* Minipille *f*
minier [minje] *adj* ⟨**-ière** [-jɛʀ]⟩ Bergbau...
minigolf *m* Mini-, Kleingolf *n*
minijupe *f* Minirock *m*; F Mini *m*
minima [minima] → **minimum**
minimal [minimal] *adj* ⟨~e; **-aux** [-o]⟩ minimal; Mindest...; Tiefst...
minime [minim] **I** *adj* gering(fügig); minimal **II** *m* ꜱᴘᴏʀᴛꜱ Jugendliche(r) *m* (*zwischen 13 u 15 Jahren*)
minimisation [minimizasjõ] *f* Minimierung *f*
minimiser [-e] *v/t* bagatellisieren; herunterspielen; abwiegeln
▸ **minimum** [minimɔm] **I** *adj* ⟨*f* ~ *od* **minima**; *pl m u f* ~**s** *od* **minima**⟩ Minimal...; Mindest... **II** *m* ⟨~**s** *od* **minima**⟩ Minimum *n*; Mindestmaß *n*; *minimum vital* Existenzminimum *n*; *un minimum de travail* ein Minimum, Mindestmaß an Arbeit; *au minimum* mindestens
mini-ordinateur *m* Mini-, Bürocomputer *m*
minipilule *f* Mikropille *f*; F Minipille *f*
minispace [minispas] *m* ᴀᴜᴛᴏ Minivan *m*
ministère [ministɛʀ] *m* **1.** Ministerium *n* (*a bâtiment*); *ministère des Affaires étrangères* Außenministerium *n* **2.** *charge* Ministeramt *n* **3.** (*cabinet*) Regierung *f*; Kabinett *n* **4.** *ministère public* Staatsanwaltschaft *f* **5.** ʀᴇʟ Priesteramt *n*
ministériel [ministeʀjɛl] *adj* ⟨~le⟩ **1.** (*du ministre*) ministeriell; *arrêté ministériel* ministerieller Erlass **2.** (*du gouvernement*) Regierungs...; Kabinetts...
ministrable [ministʀabl] **I** *adj* ministrabel **II** *m* Anwärter *m* auf e-n Ministerposten
▸ **ministre** [ministʀ] *m* **1.** ᴘᴏʟ Minister *m*; *femme Ministerin f*; ▸ *Premier ministre* Premierminister *m*; Ministerpräsident *m*; *ministre des Finances* Finanzminister *m* **2.** ᴅɪᴘʟ *minis-*

M

tre (*plénipotentiaire*) Gesandte(r) *m* **3.** ÉGL Pfarrer *m*; Pastor *m*; **ministre du culte** Priester *m*

Le Premier ministre

Der französische Premierminister (**Premier ministre**) ist Regierungschef, das heißt, er leitet den Ministerrat (**Conseil des ministres**) und führt die Regierungsgeschäfte. Er gehört in der Regel der stärksten politischen Kraft in der Nationalversammlung (**Assemblée nationale**) an (Ausnahme: → **cohabitation**) und wird – wie auch seine Minister, die er selbst vorschlägt – vom Staatspräsidenten (**président de la République**) ernannt.

---

minitel® [minitɛl] *m* Btx(-Gerät) *n*; Bildschirmtext *m*

minium [minjɔm] *m* Rostschutzfarbe *f*

minois [minwa] *m* frisches, niedliches Gesicht

minoration [minɔʀasjõ] *f* COMM Unterbewertung *f*

minorer [-e] *v/t* **1.** (*réduire*) senken; herabsetzen **2.** (*sous-évaluer*) unterbewerten

minoritaire [minɔʀitɛʀ] *adj* Minderheits…

▸ **minorité** [minɔʀite] *f* **1.** Minderheit *f* (*a* POL); Minderzahl *f*; Minorität *f*; **minorité ethnique** ethnische Minderheit; **une minorité de** e-e kleine Zahl von; **mettre en minorité** überstimmen **2.** JUR Minderjährigkeit *f*

Minorque [minɔʀk] Menorca *n*

minoterie [minɔtʀi] *f* Mühle(nbetrieb) *f(m)*

minou [minu] *m enf* Mieze *f*

▸ **minuit** [minɥi] *m* Mitternacht *f*; zwölf Uhr nachts; **à minuit** um Mitternacht; **à minuit et demi** nachts um halb eins

minus [minys] *m* F Null *f*; F Niete *f*

▸ **minuscule** [minyskyl] *adj* **1.** (*très petit*) winzig **2.** (*lettre f*) **minuscule** *f* Kleinbuchstabe *m*; kleiner Buchstabe; **un a minuscule** ein kleines a

minutage [minytaʒ] *m* genauer Zeitplan; genaue (Zeit)Einteilung

▸ **minute** [minyt] *f* **1.** Minute *f*; *par ext* Augenblick *m*; Moment *m*; F **minute!** Moment mal!; nicht so eilig!; **minute de silence** Schweigeminute *f*; **dans une minute** sofort; gleich; in e-r Minute; **d'une minute à l'autre** jeden Augenblick; jede Minute **2.** *adjt* Schnell…; Sofort…; **clé f minute** Schlüsselschnelldienst *m* **3.** JUR Original *n*; Urschrift *f*

minuter [minyte] *v/t* (zeitlich) genau festlegen, einteilen

minuterie [minytʀi] *f* automatische Treppen-(haus)beleuchtung

minuteur [-œʀ] *m* ÉLECT Schaltuhr *f*; *avec sonnerie* Küchenwecker *m*

minutie [minysi] *f* (peinliche) Genauigkeit, Sorgfalt; Gründlichkeit *f*

minutieusement [minysjøzmã] *adv* peinlich genau; sehr sorgfältig; gründlich

minutieux [minysjø] *adj* ⟨-euse [-øz]⟩ peinlich

---

genau; sehr sorgfältig; gründlich; *soin* peinlich

mioche [mjɔʃ] F *m,f* (*petit garçon*) F Knirps *m*; (*petite fille*) F Gör *n*

mirabelle [miʀabɛl] *f* **1.** *fruit* Mirabelle *f* **2.** *eau--de-vie* Mirabellenschnaps *m*

mirabellier [miʀabelje] *m* Mirabelle(nbaum) *f(m)*

▸ **miracle** [miʀakl] *m* **1.** Wunder *n* (*a* REL); (*comme*) **par miracle** wie durch ein Wunder **2.** *adjt* Wunder…; **remède m miracle** Wundermittel *n*; **solution f miracle** Patentlösung *f*

miraculé [miʀakyle] *adj* ⟨~e⟩ durch ein Wunder geheilt

miraculeusement [miʀakyløzmã] *adv* auf wunderbare Weise; wie durch ein Wunder

miraculeux [miʀakylø] *adj* ⟨-euse [-øz]⟩ **1.** wunderbar; Wunder…; *eau* wundertätig **2.** (*extraordinaire*) außergewöhnlich

mirador [miʀadɔʀ] *m* Wach(t)turm *m*

mirage [miʀaʒ] *m* **1.** *du désert* Fata Morgana *f* **2.** *fig* Trugbild *n*

miraud [miʀo] *adj* ⟨-aude [-od]⟩ F → **miro**

mire [miʀ] *f* **1.** *ligne f de mire* Schusslinie *f*; *fig* **être le point de mire** im Mittelpunkt des Interesses stehen **2.** TV Testbild *n*

mirent [miʀ] → **mettre**

mirer [miʀe] *v/pr litt* **se mirer** sich spiegeln (*dans l'eau*) im Wasser)

mirettes [miʀɛt] F *f/pl* Augen *n/pl*; F Gucker *m/pl*

mirifique [miʀifik] *adj* F → **mirobolant**

mirliton [miʀlitõ] *m* Mirliton *n* (*Art Rohrpfeife mit Membranen*)

miro [miʀo] F *adj* ⟨*f inv*⟩ kurzsichtig

mirobolant [miʀɔbɔlã] *adj* ⟨-ante [-ãt]⟩ F fantastisch; F sagenhaft

miroir [miʀwaʀ] *m* Spiegel *m*; *fig* **miroir aux alouettes** Lockvogel *m*; Dummenfang *m*

miroitant [miʀwatã] *adj* ⟨-ante [-ãt]⟩ spiegelnd; glänzend

miroiter [miʀwate] *v/i* **1.** spiegeln; glänzen; schillern **2.** *fig* **faire miroiter qc à qn** j-n mit etw locken

miroiterie [miʀwatʀi] *f* **a)** *fabrication* Spiegelherstellung *f*, -fabrikation *f* **b)** *commerce* Spiegelhandel *m*

miroitier [miʀwatje] *m* Spiegelglaser *m*

mironton [miʀõtõ] *adjt* CUIS **bœuf m mironton** in Scheiben geschnittenes, mit Speck, Zwiebeln u Essig gekochtes Rindfleisch

mis [mi] **I** *p/p et passé simple* → **mettre II** *adj* ⟨**mise** [miz]⟩ **1.** *table* gedeckt **2.** *personne bien* **mis** gut gekleidet

misaine [mizɛn] *f* **mât m de misaine** Fockmast *m*

misanthrope [mizãtʀɔp] *m,f* Menschenfeind *m*, -hasser *m*; Misanthrop *m*

misanthropie [-i] *f* Menschenhass *m*; Misanthropie *f*; *par ext* Menschenscheu *f*

mise [miz] *f* **1.** *au jeu* Einsatz *m*; F *fig* **sauver la mise** j-n vor Ärger bewahren **2.** *vêtements* taire Art *f* sich zu kleiden; Kleidung *f* **3.** *fig* **être de mise** angebracht, passend sein **4.** **mise (la) disposition** Bereitstellung *f*; Zurverfügungstellung *f*; **mise à jour** Aufarbeitung *f*; **mise à mort** Tötung *f*; **mise à pied** Entlassung *f*; **mise au point** (*réglage*) Einstellung *f*; (*éclaircissement*) Richtig-, Klarstellung *f* (*création*) Entwicklung *f*; **mise à la retraite** Versetzung *f* in den Ruhestand; Pensionierung *f*; **mise au tombeau** Grablegung *f* Christi; **mise en liberté** Freilassung *f*; **mise en marche** Ingangsetzung *f*; *d'un moteur* Anlassen *n*; Anwerfen *n*; **mise en œuvre** Einsatz *m*; Aufbietung *f*; **mise en scène** Inszenierung *f* (*a fig*); Regie *f*; **mise en valeur** *d'un terrain* Erschließung *f*; *d'un mot, etc* Hervorhebung *f*

miser [mize] *v/t au jeu* setzen (**sur** auf + *acc*)

misérabilisme [mizeʀabilism] *m* Darstellung *f* des Elends

misérabiliste [-ist] *adj auteur* der mit Vorliebe das Elend darstellt

misérable [mizeʀabl] **I** *adj* **1.** *personne* (sehr, bitter) arm; *vêtements* ärmlich; *cabane* armselig; elend **2.** (*sans valeur*) armselig **II** *m,f* **3.** (*pauvre*) Arme(r) *f(m)* **4.** *litt, plais* Schurke *m*, Schurkin *f*

misérablement [mizeʀabləmã] *adv* → **misérable I 1**

▸ **misère** [mizɛʀ] *f* **1.** (*pauvreté*) Elend *n*; Armut *f*; Not *f*; **misère noire** bittere Armut; **salaire** *m* **de misère** Hungerlohn *m*; **crier, pleurer misère** sein Elend klagen; jammern **2.** (*malheur*) *souvent pl* **misères** Elend *n*; Jammer *m*; Leiden *n/pl*; Unglück *n*; Misere *f*; **petites misères** kleine Nöte *f/pl*; F Wehwehchen *n/pl*; **faire des misères à qn** j-n quälen, plagen, F piesacken **3.** (*bagatelle*) lächerliche Kleinigkeit

miséreux [mizeʀø] *adj* 〈**-euse** [-øz]〉 arm; Not leidend

miséricorde [mizeʀikɔʀd] *f* Barmherzigkeit *f*; Erbarmen *n*; Gnade *f*

miséricordieux [mizeʀikɔʀdjø] *adj* 〈**-euse** [-øz]〉 barmherzig; gnädig

misogyne [mizɔʒin] **I** *adj* frauenfeindlich **II** *m* Frauenfeind *m*

misogynie [mizɔʒini] *f* Frauenfeindlichkeit *f*; *p/fort* Frauenhass *m*; Misogynie *f*

miss [mis] *f* 〈*inv*〉 **miss France** Miss *f* Frankreich

missel [misɛl] *m* Messbuch *n*

missile [misil] *m* Rakete *f*; Flugkörper *m*; **missile sol-air** Boden-Luft-Rakete *f*; **missile de croisière** Marschflugkörper *m*

mission [misjõ] *f* **1.** (*charge*) Auftrag *m*; Mission *f*; ADM Dienstreise *f*; **envoyer qn en mission** j-n als Beauftragten, mit e-m Auftrag schicken **2.** *groupe* Mission *f*; Abordnung *f* **3.** REL Mission *f*

missionnaire [misjɔnɛʀ] **I** *m* Missionar *m* **II** *adj* Missions...

missive [misiv] *f litt, iron* Brief *m*

mistigri [mistigʀi] *m* F Mieze(katze) *f*

mistral [mistʀal] *m* Mistral *m* (*kalter Nordwind in der Provence*)

mit [mi] → **mettre**

mitage [mitaʒ] *m du paysage* Zersiedelung *f*

mitaine [mitɛn] *f* fingerloser Handschuh

mitard [mitaʀ] *m arg* → **cachot**

mite [mit] *f* (Kleider)Motte *f*

mité [mite] *adj* 〈**~e**〉 von Motten zerfressen

mi-temps [mitã] **1.** *f* 〈*inv*〉 SPORTS Halbzeit *f*; **pendant la mi-temps** in der Halbzeit(pause) **2.** *m* 〈*inv*〉 *ou* **travail** *m* **à mi-temps** Halbtagsarbeit *f*, -beschäftigung *f*, -stellung *f*; **travailler**

à mi-temps halbtags arbeiten

miteux [mitø] *adj* 〈**-euse** [-øz]〉 schäbig; armselig

mitigé [mitiʒe] *adj* 〈**~e**〉 **1.** (*relâché*) abgeschwächt; gemäßigt **2.** (*mélangé*) gemischt (**de** mit)

mitigeur [mitiʒœʀ] *m robinet* Einhandmischer *m*

mitonner [mitɔne] *v/t et v/i* → **mijoter**

mitoyen [mitwajɛ̃] *adj* 〈**-enne** [-ɛn]〉 **mur mitoyen** gemeinschaftliche Grenzmauer

mitoyenneté [mitwajɛnte] *f* Grenzeinrichtungs-, Grenzmauergemeinschaft *f*

mitraillage [mitʀajaʒ] *m* Beschuss *m* mit Maschinengewehr(en); MG-Feuer *n*

mitraille [mitʀaj] *f* **1.** MIL **sous la mitraille** unter Beschuss; im Kugelhagel **2.** F (*menue monnaie*) Kleingeld *n*; Münzen *f/pl*

mitrailler [mitʀaje] *v/t* **1.** MIL beschießen; mit MG-Feuer belegen **2.** *fig* bombardieren (**de questions** mit Fragen) **3.** F PHOT Bilder schießen (**qn, qc** von j-m, etw)

mitraillette [mitʀajɛt] *f* Maschinenpistole *f*

mitrailleur [-œʀ] *m* MG-Schütze *m*

mitrailleuse [-øz] *f* Maschinengewehr *n* (*abr* MG)

mitre [mitʀ] *f* Mitra *f*; Bischofsmütze *f*

mitron [mitʀõ] *m* Bäckerjunge *m*

Mitterrand [mitɛʀã] *François Mitterand frz Staatspräsident*

mi-voix *adv* **à mi-voix** halblaut

mixage [miksaʒ] *m* CIN, MUS Mischen *n*; Mixen *n*

mixer[1] [-e] *v/t* mischen; mixen

mixer[2] [miksɛʀ] *m ou* **mixeur** [miksœʀ] *m* CUIS Mixer *m*

mixité [miksite] *f* koedukativer Charakter

mixte [mikst] *adj* gemischt; Misch...; **école** *f* **mixte** Schule *f* für Jungen und Mädchen; **mariage** *m* **mixte** Mischehe *f*

mixture [mikstyʀ] *f péj à boire* Gebräu *n*; *à manger* Mischmasch *m*

ml *abr* (*millilitre[s]*) ml (Milliliter)

MLF [ɛmɛlɛf] *m abr* (*Mouvement de libération des femmes*) Frauenbewegung *f*

Mlle *ou* **M**ᶫᶫᵉ *abr* (*Mademoiselle*) Fr.

mm *abr* (*millimètre*) mm

MM. *abr* (*Messieurs*) (die) Herren

Mme *ou* **M**ᵐᵉ *abr* (*Madame*) Fr.

mn *abr* (*minute[s]*) Min.

mnémotechnique [mnemɔtɛknik] *adj* mnemotechnisch; **moyen** *m* **mnémotechnique** Gedächtnisstütze *f*

Mo *abr* (*méga-octet*) MB (Megabyte)

mob [mɔb] *f abr* F → **mobylette**®

mobile [mɔbil] **I** *adj* beweglich; mobil **II** *m* **1.** *d'une action* Bewegrund *m*; Motiv *n* (*a* JUR); Triebfeder *f* **2.** *objet décoratif* Mobile *n*

mobile home [mɔbilom] *m* 〈**mobile homes**〉 *wohnwagenähnliche Wohneinheit*

mobilier [mɔbilje] **I** *adj* 〈**-ière** [-jɛʀ]〉 JUR beweglich; Mobiliar... **II** *m* Mobiliar *n*; Möbel *n/pl*; (Wohnungs)Einrichtung *f*

mobilisable [mɔbilizabl] *adj* MIL, *fig* mobilisierbar; *fig a* verfügbar; einsatzfähig

mobilisation [mɔbilizasjõ] *f* **1.** MIL Mobilmachung *f* **2.** *par ext* Mobilisierung *f*; Bereitstellung *f*; Einsatz *m*

M

mobiliser [mɔbilize] **I** *v/t* **1.** MIL mobilisieren; *abs* mobil machen **2.** *par ext* mobilisieren; *ressources a* bereitstellen; *personnel a* einsetzen **II** *v/pr* **se mobiliser** aktiv werden

mobilité [mɔbilite] *f* Beweglichkeit *f*; Mobilität *f* (*a de la main-d'œuvre*); **personne** *f* **à mobilité réduite** Gehbehinderte(r) *f(m)*

mobylette® [mɔbilɛt] *f* Mofa *n*

mocassin [mɔkasɛ̃] *m* **1.** *des Indiens* Mokassin *m* **2.** *par ext* Slipper *m*

▸ **moche** [mɔʃ] F *adj* **1.** (*laid*) hässlich; F scheußlich **2.** (*mauvais*) übel; F mies **3.** *moralement* gemein; F fies

mocheté [mɔʃte] *f* F (*femme laide*) F Vogelscheuche *f*

modal [mɔdal] *adj* ⟨**~e; -aux** [-o]⟩ GR modal; **auxiliaire modal** modales Hilfsverb; Modalverb *n*

modalité [mɔdalite] *f* **1.** Art und Weise *f*; **modalités** *pl* Modalitäten *f/pl*; **modalités de paiement** Zahlungsweise *f*, -bedingungen *f/pl* **2.** GR **adverbe** *m* **de modalité** Modaladverb *m*

mode¹ [mɔd] *m* **1.** (Art *f* und) Weise *f*; Modus *m*; ▸ **mode d'emploi** Gebrauchsanweisung *f*; TECH Bedienungsanleitung *f*; **mode de scrutin** Wahlmodus *m*; **mode de vie** Lebensweise *f* **2.** GR Modus *m*; Aussageweise *f* **3.** MUS Tonart *f*

▸ **mode²** *f* **1.** Mode *f* (*a* COUT); Zeitgeschmack *m*; **à la mode** Mode...; modisch; in Mode; *par ext* **à la mode de** nach Art von (*ou +* *gén*); **être passé de mode** aus der Mode gekommen sein **2.** *adjt* Mode...; modisch; CUIS **bœuf** *m* **mode** mit Karotten geschmortes Rindfleisch

modelage [mɔdlaʒ] *m* Modellieren *n*

▸ **modèle** [mɔdɛl] *m* **1.** Muster *n* (*a fig*); Vorlage *f*; *fig* Vorbild *n*; *fig* **un modèle de fidélité** ein Muster an, *iron* ein Ausbund *m* von Treue; **prendre qn pour modèle, prendre modèle sur qn** sich (*dat*) j-n zum Vorbild nehmen **2.** *adjt* Muster...; mustergültig; vorbildlich; **élève** *m* **modèle** Musterschüler *m* **3.** TECH, COUT, BEAUX-ARTS Modell *n* (*a personne*); **modèle déposé** Gebrauchsmuster *n*; **modèle réduit** Modell *n*

modelé [mɔdle] *m* **1.** SCULP Modellierung *f*; Formgebung *f*; PEINT Herausarbeitung *f* der Formen **2.** GÉOGR Relief *n*; Oberflächengestalt *f*

modeler [mɔdle] ⟨**-è-**⟩ **I** *v/t* **1.** modellieren; **pâte** *f* **à modeler** Knetmasse *f*; Plastilin® *n* **2.** *fig* **modeler sur** ausrichten nach **II** *v/pr* **se modeler sur qn, qc** sich nach j-m, etw richten

modeleur [mɔdlœr] *m* **1.** SCULP Modellierer *m*; Modelleur *m* **2.** TECH Modelltischler *m*, *südd* -schreiner *m*

modélisme [mɔdelism] *m* Modellbau *m*

modéliste [-ist] *m,f* **1.** COUT Modezeichner(in) *m(f)* **2.** TECH Modellbauer(in) *m(f)*

modem [mɔdem] *m* Modem *n ou m*

modérateur [mɔderatœr] **I** *adj* ⟨**-trice** [-tris]⟩ mäßigend **II** *m* **1.** *personne* mäßigendes Element; Schlichter *m* **2.** NUCL Moderator *m*; Bremssubstanz *f*

modération [mɔderasjɔ̃] *f* Mäßigung *f*

modéré [mɔdere] *adj* ⟨**~e**⟩ mäßig; maßvoll; gemäßigt (*a* POL)

modérément [-mɑ̃] *adv* maßvoll; in, mit Maßen

modérer [mɔdere] ⟨**-è-**⟩ **I** *v/t* mäßigen; dämpfen **II** *v/pr* **se modérer** sich mäßigen; maßhalten

▸ **moderne** [mɔdɛrn] *adj* modern; neuzeitlich; zeitgemäß; **les temps modernes** die Neuzeit

modernisation [mɔdɛrnizasjɔ̃] *f* Modernisierung *f*

moderniser [mɔdɛrnize] **I** *v/t* modernisieren **II** *v/pr* **se moderniser** sich der neuen Zeit anpassen

modernisme [mɔdɛrnism] *m* Modernismus *m*

moderniste [mɔdɛrnist] **I** *adj* modernistisch; modern eingestellt **II** *m* Modernist *m*

modernité [mɔdɛrnite] *f* Modernität *f*

modeste [mɔdɛst] *adj* bescheiden

modestie [mɔdɛsti] *f* Bescheidenheit *f*

modicité [mɔdisite] *f* geringe Höhe

modifiable [mɔdifjabl] *adj* abänderungsfähig; modifizierbar

modificateur [-katœr] *adj* ⟨**-trice** [-tris]⟩ modifizierend; Modifikations...

modification [-kasjɔ̃] *f* (Ab-, Ver)Änderung *f*

modifier [mɔdifje] **I** *v/t* (ab-, ver)ändern; abwandeln; modifizieren **II** *v/pr* **se modifier** sich ändern; sich wandeln

modique [mɔdik] *adj* bescheiden; gering; niedrig

modiste [mɔdist] *f* Modistin *f*; Hutmacherin *f*

modulable [mɔdylabl] *adj* **1.** TECH **système** *m* **modulable** Baukastensystem *n* **2.** *fig* flexibel; anpassungsfähig

modulation [mɔdylasjɔ̃] *f* MUS, ÉLECT Modulation *f*; RAD **modulation de fréquence** Ultrakurzwelle *f*

module [mɔdyl] *m* **1.** TECH, INFORM Modul *n* **2.** *par ext* (*élément*) Element *n* (*a de meubles*); Bauteil *n*; *d'apprentissage* Lerneinheit *f*; Baustein *m*; *à l'université* Schein *m*

moduler [mɔdyle] *v/t* **1.** MUS, ÉLECT modulieren **2.** *fig* anpassen

modus vivendi [mɔdysvivɛ̃di] *m* ⟨*inv*⟩ Modus vivendi *m*

moelle [mwal] *f* (Knochen)Mark *n*; **moelle épinière** Rückenmark *n*; *fig* **jusqu'à la moelle** bis ins Mark; durch und durch

moelleux [mwalø] *adj* ⟨**-euse** [-øz]⟩ **1.** *étoffe* weich und flauschig; *tapis, coussin* weich; behaglich **2.** *fromage* sahnig; *vin* voll und mild

moellon [mwalɔ̃] *m* Bruchstein *m*

mœurs [mœrs] *f/pl* Sitten *f/pl*; **c'est entré, passé dans les mœurs** das ist Sitte, Brauch, üblich geworden

mohair [mɔɛr] *m* Mohair *ou* Mohär *m*

▸ **moi** [mwa] **I** *pr/pers* **1.** *sujet* ich; ▸ **moi aussi** ich auch; ▸ **moi non plus** ich auch nicht; **moi, je ne viens pas** i c h komme nicht; **c'est comme moi** genau wie bei mir; ich bin in der gleichen Lage; **c'est moi** i c h bin's; **c'est moi qu... ...** i c h ... **2.** *obj/dir* mich; *obj/indir* mir; **re garde-moi** sieh mich an; **donne-moi la clé** gib mir den Schlüssel; **sans moi** ohne mich; **avec moi** mit mir **II** *m* ⟨*inv*⟩ Ich *n*

moignon [mwaɲɔ̃] *m* (Arm-, Bein)Stumpf *m*

moi-même [mwamɛm] *pr/pers* **1.** *emphatique* (ich) selbst **2.** *réfléchi* mich selbst; **de moi-même** von selbst; von mir aus

moindre [mwɛ̃dr] *adj* **1.** ⟨*comp von* **petit**⟩ ge

ringer; kleiner; minder; *à moindre prix* zu e-m niedrigeren Preis **2.** ⟨*sup von* **petit**⟩ *le moin-dre*, *la moindre* der, die, das geringste, kleinste, mindeste; *au moindre bruit* beim leisesten, geringsten Geräusch; *les moindres détails* die kleinsten Einzelheiten; *c'est la moindre des choses* das ist das Mindeste

moine [mwan] *m* Mönch *m*

moineau [mwano] *m* ⟨**~x**⟩ Spatz *m*; Sperling *m*

▸ **moins** [mwɛ̃] **I** *adv* **1.** ⟨*comp von* **peu**⟩ weniger; *moins riche* weniger reich; nicht so reich; *moins âgé* a jünger; *moins de* (+ *subst*) weniger (+ *subst*); *moins que*, suivi *d'un numéral moins de* weniger als; *subst* *c'est un moins que rien* er ist ein nichtswürdiger Kerl; *subst interdit aux moins de 18 ans* für Jugendliche unter 18 Jahren verboten; *cinq heures moins dix* (*minutes*) zehn (Minuten) vor fünf; *à moins le quart* um Viertel vor; *à moins de dix euros* unter zehn Euro; *de moins en moins* immer weniger; *en moins* zu wenig; *être en moins* fehlen; *en moins de rien, en moins de deux* im Nu; im Handumdrehen; *la moitié moins* halb so viel; *conj* ▸ *à moins que ... (ne)* (+ *subj*), *à moins de* (+ *inf ou* + *subst*) es sei denn (, dass); wenn nicht; außer wenn; *moins ... moins ...* je weniger ... umso *ou* desto weniger ... **2.** MATH minus (*a température*); weniger; *il fait moins dix* es sind zehn Grad unter Null, zehn Grad Kälte, minus zehn Grad **3.** ⟨*sup von* **peu**⟩ *le moins* am wenigsten; *pas le moins du monde* nicht im Geringsten, Mindesten; ▸ *au moins* wenigstens; mindestens; *tout au moins, pour le moins* (aller)-mindestens, (-)wenigstens; zumindest; *du moins* wenigstens; zumindest; *le climat le moins humide* das am wenigsten feuchte Klima; *le moins souvent possible* so selten wie möglich; *le moins de bagages possible* so wenig Gepäck wie möglich **II** *subst* **4.** ▸ *le moins* das Mindeste, Wenigste, Geringste; *c'est le moins qu'on puisse dire* das kann man wohl sagen **5.** *m* MATH Minuszeichen *n*

moire [mwaʀ] *f* Moiré *m ou n*

moiré [mwaʀe] *adj* ⟨**~e**⟩ **1.** *tissu, papier* moiriert **2.** *fig* schillernd

moirer [mwaʀe] *v/t tissu, papier* moiriren

▸ **mois** [mwa] *m* **1.** Monat *m*; *le mois de janvier* der Monat Januar; *trois mois de loyer* drei Monatsmieten; *au mois d'août* im (Monat) August; *dans un mois* in e-m Monat; *par mois, tous les mois* monatlich; *tous les trois, six mois* viertel-, halbjährlich **2.** *salaire* Monatsgehalt *n*

Moïse [mɔiz] *m* Mose(s) *m*

moisi [mwazi] **I** *adj* ⟨**~e**⟩ schimm(e)lig; verschimmelt **II** *m* Schimmel *m*; *tache f de moisi* Stockfleck *m*

moisir [mwaziʀ] *v/i* **1.** (ver)schimmeln; schimm(e)lig werden **2.** F *fig personne* lange bleiben; F versauern

moisissure [mwazisyʀ] *f* Schimmel(pilz) *m*

moisson [mwasɔ̃] *f* **1.** (Getreide)Ernte *f*; *faire la moisson* (das Getreide) ernten **2.** *fig* Ernte *f*, Ausbeute *f* (*de* an + *dat*)

moissonner [mwasɔne] *v/t* ernten

moissonneur [mwasɔnœʀ] *m* Erntearbeiter *m*

moissonneuse [-øz] *f* Mähmaschine *f*

moissonneuse-batteuse *f* ⟨**moissonneuses--batteuses**⟩ Mähdrescher *m*

moissonneuse-lieuse [mwasɔnøzljøz] *f* ⟨**moissonneuses-lieuses**⟩ Mähbinder *m*; Bindemäher *m*

moite [mwat] *adj* feucht

moiteur [-œʀ] *f* Feuchtigkeit *f*; Feuchte *f*

▸ **moitié** [mwatje] *f* Hälfte *f*; F *fig* *ma moitié* (*ma femme*) F meine bessere Hälfte; *la moitié de ...* die Hälfte (+ *gén*); der, die, das halbe ...; F *moitié plus* um die Hälfte mehr; *à moitié* halb; zur Hälfte; *à moitié plein* halb voll; *de moitié* zur Hälfte; um die Hälfte; *moitié ..., moitié ...* halb ..., halb ...; teils ..., teils ...; F *faire moitié-moitié* F halbe-halbe *ou* fifty-fifty machen

moka [mɔka] *m* **1.** *café* Mokka *m* **2.** *gâteau* Mokka-, Schokoladencremetorte *f*

mol [mɔl] → **mou**

molaire¹ [mɔlɛʀ] *f* Backenzahn *m*

molaire² [mɔlɛʀ] *adj* CHIM molar; *masse f molaire* molare Masse

moldave [mɔldav] *adj* moldauisch

Moldavie [mɔldavi] *la Moldavie* Moldawien *n*

mole [mɔl] *f* CHIM Mol *n*

môle [mol] *m* **1.** (*jetée*) Mole *f*; Hafendamm *m* **2.** (*quai*) Ladekai *m*

moléculaire [mɔlekylɛʀ] *adj* molekular; Molekül...; *biologie f moléculaire* Molekularbiologie *f*

molécule [mɔlekyl] *f* Molekül *n*

moleskine [mɔlɛskin] *f* Moleskin *m ou n*; Englischleder *n*

molester [mɔlɛste] *v/t* misshandeln; brutal behandeln

molette [mɔlɛt] *f* Rändel(rad) *n*; *clé f à molette* Rollgabelschlüssel *m*

mollah [mɔ(l)la] *m* REL Mullah *m*

mollard [mɔlaʀ] P *m* Auswurf *m*; Schleim *m*

mollasse [mɔlas] *adj* **1.** *chairs* wabb(e)lig **2.** *fig* lasch; schlaff; schlapp

mollasson [mɔlasɔ̃] *m*, **mollassonne** [-ɔn] *f* F Schlappschwanz *m*; F Schlaffi *m*

molle [mɔl] → **mou**

mollement [mɔlmã] *adv* *travailler* lasch; träg(e); *être étendu* lässig

mollesse [mɔlɛs] *f* **1.** *d'une personne* Laschheit *f*; Trägheit *f*; Schlappheit *f* **2.** *d'un matelas, etc* Weichheit *f*

mollet¹ [mɔlɛ] *m* Wade *f*

mollet² *adj m* *œuf mollet* weiches Ei

molletière [mɔltjɛʀ] *adj* *f* *bande molletière* Wickelgamasche *f*

molleton [mɔltɔ̃] *m* Molton *m*

molletonné [mɔltɔne] *adj* ⟨**~e**⟩ Molton...; geraut

mollir [mɔliʀ] *v/i* nachlassen; schwach werden; *vent* abflauen

mollo [mɔlo] *adv* F *vas-y mollo!* F sachte, sachte!

mollusques [mɔlysk] *m/pl* Weichtiere *n/pl*

molosse [mɔlɔs] *m* großer massiger Hund; F Fleischerhund *m*

môme [mom] F **1.** *m,f* Kind *n*; F Gör *n* **2.** *f* junges Mädchen *n*; F Kleine *f*

▸ **moment** [mɔmã] *m* **1.** Augenblick *m*; Moment *m*; Zeitpunkt *m*; *bons, mauvais moments* schöne, schlimme Stunden *f/pl*, Zeit;

un moment! e-n Augenblick, Moment, bitte!; *un bon moment* ziemlich lange; e-e ganze Weile; *au moment de* (+ *inf*) in dem Augenblick, Moment, als ich *etc*; gerade als ich *etc*; *à tout moment* jederzeit; *à tous moments* alle Augenblicke; *dans un moment* gleich; sofort; *d'un moment à l'autre* jeden Augenblick, Moment; *du moment que* (*puisque*) da ja; da doch; *en ce moment* im Augenblick, Moment; momentan; zurzeit; *par moments* dann und wann; mitunter; gelegentlich; *pour le moment* vorerst; für den *ou* im Augenblick; *sur le moment* im ersten Augenblick; e-n Moment (lang); *c'est le moment ou jamais!* jetzt oder nie! **2.** PHYS Moment *n*

momentané [mɔmɑ̃tane] *adj* ⟨**~e**⟩ momentan; vorübergehend

momentanément [-mɑ̃] *adv* augenblicklich; momentan; im Moment

momie [mɔmi] *f* Mumie *f*

momification [mɔmifikasjɔ̃] *f* Mumifizierung *f*

momifier [-fje] *v/t* mumifizieren

▸ **mon** [mɔ̃] *adj/poss* ⟨*f* **ma** [ma], *vor Vokal u stummem h* **mon**; *pl* **mes** [me]⟩ mein(e); *mon capitaine!* Herr Hauptmann!

monacal [mɔnakal] *adj* ⟨**~e**; **-aux** [-o]⟩ mönchisch; Mönchs...

Monaco [mɔnako] Monaco *ou* Monako *n*

monarchie [mɔnaʁʃi] *f* Monarchie *f*

monarchique [-ik] *adj* monarchisch

monarchisme [-ism] *m* Monarchismus *m*

monarchiste [-ist] **I** *adj* monarchistisch **II** *m,f* Monarchist(in) *m(f)*

monarque [mɔnaʁk] *m* Monarch *m*

monastère [mɔnastɛʁ] *m* Kloster *n*

monastique [mɔnastik] *adj* klösterlich; Kloster...; mönchisch

monceau [mɔ̃so] *m* ⟨**~x**⟩ Haufen *m* (*a fig*); Berg *m*

mondain [mɔ̃dɛ̃] **I** *adj* ⟨**-aine** [-ɛn]⟩ gesellschaftlich; Gesellschafts...; *personne* mondän **II** *mondain(e)* *m(f)* Weltmann *m*, Dame *f* von Welt

mondanité [mɔ̃danite] *f* **1.** *mondanités pl* a) (*vie mondaine*) gesellschaftliches Leben; b) *chronique* Gesellschaftschronik *f* **2.** *d'une personne* mondänes Leben

▸ **monde** [mɔ̃d] *m* **1.** Welt *f*; *l'Ancien, le Nouveau Monde* die Alte, Neue Welt; *l'autre monde* das Jenseits; *monde du travail* Arbeitswelt *f*; Welt der Arbeit; *dans le monde, au monde* auf der Welt; *en ce bas monde* auf dieser Welt; im Diesseits; *poét* hienieden; *c'est un monde!* das ist doch unerhört!; *c'est le monde à l'envers, le monde renversé* das ist e-e verkehrte Welt; *se faire un monde de qc* etw als sehr schwierig ansehen; *enfant mettre au monde* zur Welt bringen; *venir au monde* auf die Welt kommen **2.** (*gens*) Menschen *m/pl*; Leute *pl*; (*foule*) Menschenmenge *f*; viele Menschen, Leute; *devant le monde* vor den Leuten; *avoir du monde* Besuch, Gäste haben; *se moquer du monde* die Leute zum Narren halten **3.** ▸ *tout le monde* jeder(mann); alle; alle Welt; *Monsieur Tout le monde* der kleine Mann; *bonjour tout le monde!* guten Tag allerseits! **4.** (*haute société*) Gesellschaft *f*; *femme f, homme m du monde*

Dame *f*, Mann *m* von Welt; Weltmann *m*

▸ **mondial** [mɔ̃djal] *adj* ⟨**~e**; **-aux** [-o]⟩ Welt...; weltweit; global; *guerre mondiale* Weltkrieg *m*

mondialement [mɔ̃djalmɑ̃] *adv* weltweit; in der ganzen Welt

mondialisation [mɔ̃djalizasjɔ̃] *f* Globalisierung *f*

mondialiser [-e] *v/t* globalisieren

monégasque [mɔnegask] **I** *adj* monegassisch **II** *Monégasque m,f* Monegasse *m*, Monegassin *f*

monétaire [mɔnetɛʁ] *adj* Währungs...

monétique [mɔnetik] *f* elektronischer Zahlungsverkehr

mongol [mɔ̃gɔl] **I** *adj* ⟨**~e**⟩ mongolisch; Mongolen... **II 1.** *Mongol(e) m(f)* Mongole *m*, Mongolin *f* **2.** LING *le mongol* das Mongolische; Mongolisch *n*

Mongolie [mɔ̃gɔli] *la Mongolie* die Mongolei

mongolien [mɔ̃gɔljɛ̃] MÉD **I** *adj* ⟨**-ienne** [-jɛn]⟩ mongoloid **II** *mongolien(ne) m(f)* mongoloider Mensch

mongolisme [-ism] *m* Mongolismus *m*

mongoloïde [-lɔid] *adj* mongoloid

moniteur [mɔnitœʁ], **monitrice** [-tʁis] **1.** *m,f d'une colonie de vacances* Betreuer(in) *m(f)*; SPORTS Sportlehrer(in) *m(f)*; *moniteur, monitrice (d'auto-école)* Fahrlehrer(in) *m(f)*; *moniteur, monitrice (de ski)* Skilehrer(in) *m(f)* **2.** *m appareil* Monitor *m*

monitorat [mɔnitɔʁa] *m* Funktion *f* e-s Betreuers *ou* Lehrers

▸ **monnaie** [mɔnɛ] *f* **1.** *d'un État* Währung *f*; *monnaie électronique* Plastikgeld *n*; *fausse monnaie* Falschgeld *n*; *fig monnaie d'échange* Tauschobjekt *n*; *fig c'est monnaie courante* das ist gang & gäbe; das ist so üblich **2.** *pièces* Münzen *f/pl*; *coll* Kleingeld *n*; *d'un gros billet* Wechsel-, Kleingeld *n*; *petite, menue monnaie* kleine Münzen; *auriez-vous la monnaie de cent euros?* können Sie mir hundert Euro wechseln, F klein machen?; *faire de la monnaie* wechseln **3.** (*somme rendue*) Wechselgeld *n*; *rendre la monnaie* herausgeben (*sur dix euros* auf zehn Euro); *fig rendre la monnaie de sa pièce à qn* j-m mit gleicher Münze heimzahlen

monnayable [mɔnɛjabl] *adj* in Geld umsetzbar

monnayage [mɔnɛjaʒ] *m* Münzprägung *f*; *faux monnayage* Falschmünzerei *f*; Münz-, Geldfälschung *f*

monnayer [mɔneje] *v/t* ⟨**-ay-** *od* **-ai-**⟩ zu Geld machen; in klingende Münze umsetzen

monnayeur [mɔnɛjœʁ] *m* *faux monnayeur* Falschmünzer *m*

mono [mɔno] F **I** *adj abr* ⟨*inv*⟩ (*monophonique*) F mono **II** *m abr* → **moniteur** *1*

monochrome [mɔnokʁom] *adj* einfarbig

monocle [mɔnɔkl] *m* Monokel *n*

monocoque [mɔnokɔk] *adj voiture* mit selbsttragender Karosserie; *voilier, avion* mit nur einem Rumpf

monocorde [mɔnokɔʁd] *adj* **1.** MUS Einsaiten... **2.** *fig* monoton; eintönig

monoculture [mɔnokyltyʁ] *f* AGR Monokultur

monogame [mɔnogam] *adj* monogam

monogamie [-i] *f* Monogamie *f*; Einehe *f*

monogramme [mɔnɔgʀam] *m* Monogramm *n*; Namenszeichen *n*

monographie [mɔnɔgʀafi] *f* Monographie *f*; Einzeldarstellung *f*

monolingue [mɔnɔlēg] *adj* einsprachig

monolithe [mɔnɔlit] **I** *adj* monolithisch **II** *m* Monolith *m*

monolithique [-ik] *adj* monolithisch; *fig a* in sich (*dat*) geschlossen

monolithisme *m fig* monolithischer Charakter; Geschlossenheit *f*

monologue [mɔnɔlɔg] *m* Monolog *m* (*a* THÉ); Selbstgespräch *n*

monologuer [-e] *v/i* Selbstgespräche führen; monologisieren

monôme [mɔnom] *m des étudiants* (lärmender) Umzug

monomoteur [mɔnɔmɔtœʀ] **I** *adj* ⟨**-trice** [-tʀis]⟩ *avion* einmotorig **II** *m* einmotoriges Flugzeug

monoparental [mɔnɔpaʀãtal] *adj* ⟨**~e**; **-aux** [-o]⟩ *famille* **monoparentale** Alleinerziehende(ʀ) *f(m)*; Einelternfamilie *f*

monophonique [mɔnɔfɔnik] *adj disque* monophon

monoplace [mɔnɔplas] *adj* einsitzig; *a subst* (*avion m*) **monoplace** *m* Einsitzer *m*

monopole [mɔnɔpɔl] *m* **1.** ÉCON Monopol *n*; *avoir le monopole de qc* das Monopol auf etw (*acc*) haben **2.** *fig* Exklusivrecht *n* (*de* auf + *acc*)

monopolisation [mɔnɔpɔlizasjõ] *f* Monopolisierung *f*

monopoliser [mɔnɔpɔlize] *v/t* **1.** ÉCON monopolisieren **2.** *fig* für sich in Anspruch nehmen; in Beschlag nehmen

monopoliste [mɔnɔpɔlist] **I** *adj* monopolistisch **II** *m* Monopolist *m*; *péj* Monopolkapitalist *m*

monoprix® [mɔnɔpʀi] *m frz Kaufhauskette*

monorail [mɔnɔʀaj] *m* Einschienenbahn *f*

monospace [mɔnɔspas] *m ou f* Großraumlimousine *f*

monosyllabe [mɔnɔsilab] **I** *adj* einsilbig **II** *m* einsilbiges Wort; *fig* **répondre par monosyllabes** einsilbig antworten

monosyllabique [mɔnɔsilabik] *adj* → **monosyllabe I**

monothéisme [mɔnɔteism] *m* Monotheismus *m*

monothéiste [mɔnɔteist] **I** *adj* monotheistisch **II** *m* Monotheist *m*

monotone [mɔnɔtɔn] *adj* monoton; eintönig; einförmig

monotonie [-i] *f* Monotonie *f*; Eintönigkeit *f*; Einförmigkeit *f*

monovalent [mɔnɔvalã] *adj* ⟨**-ente** [-ãt]⟩ CHIM einwertig

monoxyde [mɔnɔksid] *m* Monoxid *n*

monseigneur [mõsɛɲœʀ] *m* ⟨**messeigneurs** [mesɛɲœʀ]⟩ *évêque* Seine Exzellenz; *prince* Seine Durchlaucht

monsieur [məsjø] *m* ⟨**messieurs** [mesjø]⟩ **1. a)** *avec un nom ou titre:* **monsieur Durand** Herr Durand; **Monsieur le Maire** der Herr Bürgermeister; *par ext* **monsieur Sécurité** Mister *m* Sicherheit **b)** *pour s'adresser à un homme:* **Monsieur** Herr (+ *nom de famille*); *dans un magasin a* F der Herr!; *au début*

d'une lettre Sehr geehrter Herr (+ *nom de famille*); **Messieurs!** meine Herren!; (**bonjour,**) **Monsieur!** guten Tag! *ou* guten Tag, Herr (+ *nom de famille*); F **bonjour, Messieurs Dames!** F guten Tag, die Herrschaften! **2.** (*homme*) Herr *m*; **un vieux monsieur** ein alter Herr

monstre [mõstʀ] *m* **1.** MYTH Ungeheuer *n*; Monster *n* **2.** *fig* (*personne cruelle*) Monster *n*; Ungeheuer *n*; Scheusal *n* (*a très laide*) **3.** **monstre sacré** Welt-, Superstar *m*; Kultfigur *f* **4.** MÉD Missgeburt *f* **5.** F *adjt* Monster…; riesig; ungeheuer; **procès** *m* **monstre** Monsterprozess *m*; **succès** *m* **monstre** Bomben-, Riesenerfolg *m*

monstrueux [mõstʀyø] *adj* ⟨**-euse** [-øz]⟩ **1.** (*gigantesque*) ungeheuer; riesig; monströs **2.** (*horrible*) ungeheuerlich; scheußlich; abscheulich

monstruosité [mõstʀyozite] *f* Ungeheuerlichkeit *f*, Scheußlichkeit *f*, Abscheulichkeit *f* (*a action, parole*)

mont [mõ] *m* Berg *m*; **le mont Blanc** der Montblanc; *fig* **être toujours par monts et par vaux** F ständig auf Achse sein; *fig* **promettre monts et merveilles** goldene Berge versprechen

montage [mõtaʒ] *m* **1.** TECH Montage *f*; Zusammenbau *m*; Einbau *m* (*dans* in + *acc*) **2.** ÉLECT Schaltung *f* **3.** CIN Montage *f*; Schnitt *m* **4.** **montage** (**photo**) Fotomontage *f*

montagnard [mõtaɲaʀ] **I** *adj* ⟨**-arde** [-aʀd]⟩ Berg…; Gebirgs… **II** **montagnard(e)** *m(f)* Bergbewohner(in) *m(f)*; Gebirgler(in) *m(f)*

▸ **montagne** [mõtaɲ] *f* **1.** Berg *m*; *fig* **se faire une montagne de qc** die Schwierigkeiten e-r Sache (*gén*) übertreiben **2. montagne** *ou* **montagnes** *pl* Gebirge *n*; Berge *m/pl*; '**haute montagne** Hochgebirge *n*; **en montagne** im Gebirge; in den Bergen **3.** *fig* Berg *m*; Haufen *m* **4. montagnes russes** Berg-und-Tal-Bahn *f*; Achterbahn *f*

montagneux [mõtaɲø] *adj* ⟨**-euse** [-øz]⟩ bergig; gebirgig

Montaigne [mõtɛɲ] *frz Schriftsteller*

montant [mõtã] **I** *adj* ⟨**-ante** [-ãt]⟩ **1.** *chemin* (an)steigend; *gamme* aufsteigend **2.** *robe* hochgeschlossen; **chaussure montante** hoher Schuh; Stiefel *m* **II** *m* **3.** (*somme*) Betrag *m*; Summe *f*; Höhe *f*; **montant de la facture** Rechnungsbetrag *m* **4.** *d'un lit, d'une fenêtre* Pfosten *m*; *d'une échelle* Holm *m*; Leiterbaum *m*

mont-de-piété [mõdpjete] *m* ⟨**monts-de-piété**⟩ Leihhaus *n*; Pfandleihe *f*

Monte-Carlo [mõtekaʀlo] Monte Carlo *n*

monte-charge [mõtʃaʀʒ] *m* ⟨*inv*⟩ Lastenaufzug *m*

▸ **montée** [mõte] *f* **1.** Aufstieg *m* (*a d'un ballon*); *en ascenseur* Auffahrt *f*; Hinauffahren *n*; *en téléférique* Bergfahrt *f*; *des eaux* (An)Steigen *n* **2.** (*augmentation*) Anstieg *m*; Steigen *n* **3.** (*pente*) Steigung *f*

monténégrin [mõtenegʀɛ̃] **I** *adj* ⟨**-ine** [-in]⟩ montenegrinisch **II** *subst* **Monténégrin(e)** *m(f)* Montenegriner(in) *m(f)*

Monténégro [mõtenegʀo] **le Monténégro** Montenegro *n*

monte-plats [mõtpla] *m* ⟨*inv*⟩ Speiseaufzug *m*

▶ **monter** [mõte] **I** *v/t* **1.** *escalier, marches, côte* hinauf- *ou* herauf-, hoch-, F raufgehen, -steigen, -kommen; *(en) voiture* hinauffahren **2.** *objet* hinauf- *ou* herauf-, hoch-, F raufbringen, -tragen, -schaffen **3.** *cheval* reiten; reiten auf (+ *dat*) **4.** TECH montieren; zusammenbauen; *tente, échafaudage* aufbauen; aufschlagen; aufstellen; errichten; ÉLECT schalten; COUT *manche* einsetzen; *mailles* aufschlagen; *film* montieren; schneiden **5.** *une affaire* aufbauen; gründen; *spectacle* zur Aufführung bringen; herausbringen; inszenieren **6.** *fig* **monter** (*la tête à*) **qn** j-n aufbringen, aufhetzen (*contre* gegen) **7.** *femelle* decken; belegen; bespringen **II** *v/i* ⟨*meist* **être**, wenn e-e Person Subjekt ist⟩ **8.** steigen (*à, sur* auf + *acc*); hinauf- *ou* herauf-, hoch-, F raufgehen, -steigen, -kommen, (*dans un*) *véhicule* -fahren; *dans un moyen de transport* einsteigen (*dans, en* in + *acc*); besteigen (+ *acc*); **monter à bicyclette** aufs (Fahr)Rad steigen; das (Fahr)Rad besteigen; **monter sur le trône** den Thron besteigen **9.** *route* ansteigen; *avion, brouillard, odeurs* aufsteigen; *eaux, température* steigen; *lait qui bout* hochkommen; *flammes* hochschlagen; emporlodern; *fig prix* steigen; anziehen; aufschlagen; *fig ton* scharf, gereizt, heftig werden; *vin* **monter à la tête** zu Kopf steigen; *vêtement* **monter** (**jusqu'**) *à* gehen, reichen bis zu; *faire* **monter** *prix* in die Höhe treiben; hochtreiben **10.** **monter** (*à cheval*) reiten; **police montée** berittene Polizei **III** *v/pr* **11.** *somme, dépenses* **se monter à** sich belaufen auf (+ *acc*); betragen; ausmachen **12.** *personne* **se monter en qc** sich mit etw versorgen, eindecken

Montesquieu [mõtɛskjø] *frz Schriftsteller u Philosoph*

monteur [mõtœr] *m*, **monteuse** [-øz] *f* **1.** TECH Monteur(in) *m(f)* **2.** CIN Cutter(in) *m(f)*

montgolfière [mõgɔlfjɛr] *f* Heißluftballon *m*; Montgolfiere *f*

La montgolfière

Die **montgolfière** (Heißluftballon) erhielt ihren Namen von ihren Erfindern, den Brüdern Montgolfière, die von Beruf Papierfabrikanten waren. Der erste Flug der **montgolfière** fand am 19. September 1783 in Versailles statt, unter Anwesenheit des französischen Königs Ludwig XVI. Eine Ente, ein Hahn und ein Schaf dienten als Versuchskaninchen. Am 21. November desselben Jahres vollzog Pilâtre de Rozier den **ersten bemannten Flug der Geschichte**. Er erreichte eine Höhe von 1000 Metern und überflog Paris.

Montherlant [mõtɛrlɑ̃] *frz Schriftsteller*

monticule [mõtikyl] *m* Hügel *m*; Anhöhe *f*

Montpellier [mõpǝlje, -pe-] *Stadt im Dep. Hérault*

▶ **montre** [mõtr] *f* **1.** (Armband-, Taschen)Uhr *f*; **course** *f* **contre la montre** CYCLISME (Ein-

zel)Zeitfahren *n*; *fig* Wettlauf *m* mit der Zeit; **montre en main** auf die Minute, Sekunde genau; **ma montre est arrêtée** meine Uhr ist stehen geblieben; **mettre sa montre à l'heure** s-e Uhr stellen **2.** **faire montre de qc** etw beweisen, zeigen

Montréal [mõreal] Montreal *n*

montre-bracelet *f* ⟨**montres-bracelets**⟩ Armbanduhr *f*

▶ **montrer** [mõtre] **I** *v/t* zeigen; *papiers a* vorzeigen; *chemin a* weisen; *courage a* beweisen; an den Tag legen; **montrer qn, qc du doigt** (mit dem Finger) auf j-n, etw zeigen; **montrer les dents** die Zähne fletschen; *fig* die Zähne zeigen **II** *v/pr* **se montrer** sich zeigen; sich sehen, blicken lassen; **se montrer courageux** sich mutig zeigen; sich als mutig erweisen

montreur [mõtrœr] *m* **montreur de marionnettes** Marionetten-, Puppenspieler *m*

monture [mõtyr] *f* **1.** *animal* Reittier *n*; *cheval* Reitpferd *n* **2.** *d'un bijou* Fassung *f*; **monture** (*de lunettes*) Brillengestell *n*

▶ **monument** [mɔnymɑ̃] *m* **1.** Denkmal *n*, Monument *n* (*a fig*); **monument classé** unter Denkmalschutz stehendes Bauwerk; **monument aux morts** Krieger-, Gefallenendenkmal *n* **2.** *édifice* Bauwerk *n*; Baudenkmal *n* **3.** F **un monument de bêtise** e-e ganz große Dummheit

monumental [mɔnymɑ̃tal] *adj* ⟨**~e; -aux** [-o]⟩ **1.** (*imposant*) monumental **2.** F gewaltig

▶ **moquer** [mɔke] *v/pr* **se▶ moquer de 1.** (*tourner en ridicule*) sich lustig machen, sich mokieren über (+ *acc*); spotten über (+ *acc*); verspotten **2.** (*ne pas se soucier de*) sich nicht kümmern um; **je m'en moque** das ist mir egal, F schnuppe, F Wurscht, F piepe **3.** (*berner*) an der Nase herumführen; zum Narren halten

moquerie [mɔkri] *f* Spott *m*

▶ **moquette** [mɔkɛt] *f* Teppichboden *m*

moqueur [mɔkœr] **I** *adj* ⟨**-euse** [-øz]⟩ spöttisch **II** *m* Spötter *m*

moraine [mɔrɛn] *f* Moräne *f*

moral [mɔral] **I** *adj* ⟨**~e; -aux** [-o]⟩ **1.** *conduite, valeur, etc* moralisch; sittlich; **sens moral** Gefühl *n* für sittliches Verhalten **2.** (*psychique*) seelisch; geistig; innere; moralisch **II** *m* Moral *f*; seelische, innere Verfassung; **avoir le moral**, **avoir bon moral** in guter seelischer Verfassung sein; F gut drauf sein; **ne pas avoir le moral** *ou* **avoir le moral à zéro** e-n seelischen Tiefpunkt haben; seelisch auf dem Nullpunkt (angelangt) sein; F schlecht drauf sein; **son moral est bien bas** *a* er *ou* sie ist ganz niedergeschlagen, deprimiert, F down; **remonter le moral à qn** j-m wieder Mut machen

morale [mɔral] *f* **1.** (*valeurs morales*) Moral *f*; Sittlichkeit *f*; *doctrine* Moral-, Sittenlehre *f*; **faire la morale à qn** j-m e-e Moralpredigt halten **2.** (*leçon*) Moral *f*

moralement [mɔralmɑ̃] *adv* **1.** moralisch; in ethischer Hinsicht **2.** geistig; intuitiv

moralisant [mɔralizɑ̃] *adj* ⟨**-ante** [-ɑ̃t]⟩ moralisierend

moralisateur [-izatœr] *adj* ⟨**-trice** [-tris]⟩ pé moralisierend

moraliser [-ize] *v/i* moralisieren; *péj* Moral predigen

moralisme [-ism] *m* Moralismus *m*
moraliste [-ist] *m* Moralist *m* (*a auteur*); *péj* Moralprediger *m*
moralité [mɔralite] *f* **1.** (*qualité morale*) Moral *f*; Sittlichkeit *f* **2.** (*enseignement*) Moral *f*; Nutzanwendung *f*
moratoire [mɔratwaʀ] **I** *m* Moratorium *n*; Zahlungsaufschub *m*; Stundung *f* **II** *adj* **intérêts** *m/pl* **moratoires** Verzugszinsen *m/pl*
morave [mɔʀav] *adj* mährisch
Moravie [mɔʀavi] *la Moravie* Mähren *n*
morbide [mɔʀbid] *adj* krankhaft; morbid
morbidité [mɔʀbidite] *f* **1.** STATISTIQUE Morbidität *f* **2.** MÉD Krankhaftigkeit *f*
Morbihan [mɔʀbijã] *le Morbihan* frz Departement
▸ **morceau** [mɔʀso] *m* ⟨~**x**⟩ **1.** Stück *n*; *un morceau de pain* ein Stück Brot; *en* (*mille*) *morceaux* in (tausend) Stücke; F *fig c'est un morceau* F er *ou* sie ist ein Brocken; F *manger un morceau* e-e Kleinigkeit essen; F *fig manger, lâcher le morceau* F auspacken **2.** (Musik)Stück *n*
morceler [mɔʀsəle] *v/t* ⟨**-ll-**⟩ zerstückeln; aufteilen
morcellement [mɔʀsɛlmã] *m* Zerstückelung *f*; Aufteilung *f*
mordant [mɔʀdã] **I** *adj* ⟨**-ante** [-ãt]⟩ beißend; bissig; scharf **II** *m* **avoir du mordant** Biss haben
mordicus [mɔʀdikys] *adv* F *soutenir qc mordicus* etw steif und fest behaupten
mordiller [mɔʀdije] *v/t* **mordiller qc** an etw (*dat*) knabbern, herumbeißen
mordoré [mɔʀdɔʀe] *adj* ⟨~**e**⟩ goldbraun
▸ **mordre** [mɔʀdʀ] ⟨→ **rendre**⟩ **I** *v/t* **1.** beißen (*qn à la jambe* j-n ins Bein); *personne mordre qc en mangeant* auf etw (*acc*) beißen; (*ronger*) auf etw (*dat*) herumbeißen; *plais je ne mords pas* ich beiße nicht **2.** *acide*: etw angreifen **II** *v/t/indir* **3.** *poisson mordre* (*à l'appât*) anbeißen; *fig mordre à l'hameçon* sich ködern lassen; F anbeißen **4.** *mordre dans qc* in etw (*acc*) beißen **5.** SPORTS *mordre sur la ligne* übertreten; AUTO *mordre sur la ligne continue* über die Mittellinie fahren **III** *v/i mécanisme, vis* greifen; fassen **IV** *v/pr se mordre les lèvres* sich (*dat*) auf die Lippen beißen (*a fig*); *fig se mordre les doigts de qc* etw bereuen
mordu [mɔʀdy] F **I** *adj* ⟨~**e**⟩ (*amoureux*) verliebt; F verknallt **II** *subst un mordu du jazz* ein Jazzfan *m*
moresque [mɔʀɛsk] → *mauresque*
morfal [mɔʀfal] *m* ⟨**-als**⟩ *arg* (*goinfre*) F Vielfraß *m*
morfondre [mɔʀfõdʀ] *v/pr* ⟨→ **rendre**⟩ *se morfondre* sich langweilen (und Trübsal blasen)
morfondu [mɔʀfõdy] *adj* ⟨~**e**⟩ bedrückt; F geknickt
morgue [mɔʀg] *f* **1.** *bâtiment* Leichenschauhaus *n*; *salle* Leichenhalle *f* **2.** (*orgueil*) Dünkel *m*; Überheblichkeit *f*
moribond [mɔʀibõ] **I** *adj* ⟨**-onde** [-õd]⟩ im Sterben liegend; sterbend **II** *moribond(e)* *m(f)* Sterbende(r) *f(m)*
morigéner [mɔʀiʒene] *st/s v/t* ⟨**-è-**⟩ rügen
morille [mɔʀij] *f* Morchel *f*

mormon [mɔʀmõ] *m*, **mormone** [-ɔn] *f* Mormone *m*, Mormonin *f*
morne [mɔʀn] *adj* trübselig; *personne a* trübsinnig; *existence, paysage a* trist; trostlos; öde
morose [mɔʀoz] *adj* missmutig; griesgrämig; grämlich; verdrossen
morosité [-ite] *f* Missmut *m*; Verdrossenheit *f*
morphème [mɔʀfɛm] *m* LING Morphem *n*
morphine [mɔʀfin] *f* Morphium *n*
morphinomane [mɔʀfinɔman] *m,f* Morphinist(in) *m(f)*; Morphiumsüchtige(r) *f(m)*
morphologie [mɔʀfɔlɔʒi] *f* Morphologie *f*; LING *a* Formenlehre *f*
morphologique [-ik] *adj* morphologisch
morpion [mɔʀpjõ] F *m* **1.** ZO Filzlaus *f* **2.** (*petit garçon*) F Knirps *m*
mors [mɔʀ] *m* Gebiss *n* (*am Pferdezaum*); *prendre le mors aux dents cheval* durchgehen; scheuen; *fig* (*s'emporter*) in Harnisch geraten; sich ereifern
morse[1] [mɔʀs] *m* ZO Walross *n*
morse[2] *m code* Morsealphabet *n*
morsure [mɔʀsyʀ] *f* Biss *m*
▸ **mort**[1] [mɔʀ] *f* Tod *m* (*a fig*); *à mort* tödlich; zu Tode; *combat* auf Leben und Tod; *condamner qn à mort* j-n zum Tode verurteilen; F *fig freiner à mort* e-e Vollbremsung machen; *la mort dans l'âme* zu Tode betrübt; *se donner la mort* sich (*dat*) das Leben nehmen
▸ **mort**[2] [mɔʀ] **I** *p/p* → *mourir et adj* ⟨**morte** [mɔʀt]⟩ tot; *personne a* gestorben; verstorben; *soldat* gefallen; *animal a* verendet; BOT, MÉD tot; abgestorben; *bois* dürr; *yeux* glanzlos; erloschen; *ville* (wie) tot, ausgestorben; F *moteur* F kaputt; F hin; F *pile* leer; *angle mort* toter Winkel; *eau morte* stehendes Wasser; *feuille morte* welkes, dürres Blatt; *langue morte* tote Sprache; *poids mort* TECH Eigengewicht *n*; *fig* Hemmschuh *m*; Last *f*; *temps mort* (*sans activité*) tote, stille Zeit; *morts* Auszeit *f*; *être mort* (*de fatigue*) todmüde sein; *être mort de peur* vor Angst wie gelähmt, F halb tot sein **II** *mort(e)* *m(f)* Tote(r) *f(m)*; (*victime*) Todesopfer *n*; *jour m des Morts* Allerseelen *n*; *faire le mort* sich tot stellen; *fig* sich nicht rühren; nichts von sich hören lassen; *accident faire deux morts* zwei Todesopfer fordern
mortadelle [mɔʀtadɛl] *f* Mortadella *f*
mortaise [mɔʀtɛz] *f* Zapfenloch *n*
mortalité [mɔʀtalite] *f* Sterblichkeit *f*; (*taux m de*) *mortalité* Sterbeziffer *f*
mort-aux-rats [mɔʀoʀa] *f* ⟨*inv*⟩ Rattengift *n*
mortel [mɔʀtɛl] **I** *adj* ⟨~**le**⟩ **1.** *être vivant* sterblich **2.** *maladie, poison, danger* tödlich; *coup mortel* Todesstoß *m* **3.** *fig ennemi mortel* Todfeind *m*; *ennui mortel* tödliche Langeweile; *péché mortel* Todsünde *f* **4.** F (*très ennuyeux*) sterbenslangweilig; zum Sterben, tödlich langweilig **II** *mortel(le)* *m(f)* Sterbliche(r) *f(m)*
mortellement [mɔʀtɛlmã] *adv* **1.** *mortellement blessé* tödlich verletzt **2.** *mortellement ennuyeux* sterbenslangweilig
morte-saison [mɔʀt(ə)sɛzõ] *f* ⟨**mortes-saisons**⟩ geschäftlich stille Zeit; F Saure-Gurken-Zeit *f*
mortier [mɔʀtje] *m* **1.** CONSTR Mörtel *m* **2.** MIL, *récipient* Mörser *m*
mortifiant [mɔʀtifjã] *adj* ⟨**-ante** [-ãt]⟩ krän-

kend; demütigend
mortification [-fikasjõ] *f* **1.** Kränkung *f*; Demütigung *f* **2.** REL Kasteiung *f*
mortifier [-fje] *v/t* **1.** kränken; demütigen **2.** REL kasteien
mortinatalité [mɔʀtinatalite] *f* (*taux m de*) *mortinatalité* Zahl *f* der Totgeburten
mort-né [mɔʀne] **I** *adj* ⟨**mort-née**⟩ **1.** *enfant* tot geboren **2.** *fig projet* ein tot geborenes Kind **II** *m* ⟨**mort-nés**⟩ Totgeburt *f*
mortuaire [mɔʀtɥɛʀ] *adj* Toten...; Sterbe...; Leichen...; *couronne f mortuaire* Grabkranz *m*
morue [mɔʀy] *f* **1.** ZO Kabeljau *m*; *jeune poisson* Dorsch *m*; *séchée* Stockfisch *m* **2.** P *péj* Nutte *f*
morve [mɔʀv] *f* Nasenschleim *m*; F Rotz *m*
morveux [mɔʀvø] **I** *adj* ⟨**-euse** [-øz]⟩ *enfant* mit e-r Rotznase **II** *morveux, morveuse m,f* F Rotznase *f*
mosaïque [mɔzaik] *f* Mosaik *n* (*a fig*)
Moscou [mɔsku] Moskau *n*
moscovite [mɔskɔvit] **I** *adj* Moskauer **II** *Moscovite m,f* Moskauer(in) *m(f)*
Moselle [mɔzɛl] *la Moselle* **1.** *rivière* die Mosel **2.** *frz* Departement
mosquée [mɔske] *f* Moschee *f*
► **mot** [mo] *m* **1.** Wort *n*; *d'une langue étrangère a* Vokabel *f*; *bon mot, mot d'esprit* Bonmot *n*; geistreiche, witzige Bemerkung; *fig le fin mot de l'histoire* der wahre Sachverhalt; des Pudels Kern; *mot d'enfant* Kindermund *m*; *fig le mot de l'énigme* des Rätsels Lösung *f*; *mot d'ordre* Parole *f*; Losung *f*; *mot de passe* Kennwort *n*; MIL *a* Losung(swort) *f(n)*; Parole *f*; INFORM Passwort *n*; *mot à mot* [motamo] wörtlich; *mot pour mot* wortwörtlich; Wort für Wort; *au bas mot* mindestens; bei vorsichtiger Schätzung; *en un mot* mit einem Wort; kurz; *sans mot dire* wortlos; ohne ein Wort zu sagen; *avoir des mots avec qn* e-n Wortwechsel mit j-m haben; *avoir toujours le mot pour rire* immer zu Scherzen aufgelegt sein; *avoir le dernier mot* das letzte Wort haben; *j'ai deux mots à vous dire* ich habe ein Wörtchen mit Ihnen zu reden; *avoir son mot à dire* auch noch ein Wörtchen mitzureden haben; *se donner le mot* sich absprechen; *prendre qn au mot* j-n beim Wort nehmen; *ne (pas) souffler mot* kein Sterbenswörtchen sagen; *toucher un mot de qc à qn* j-n auf etw (*acc*) ansprechen **2.** (*message*) *un (petit) mot* ein paar Zeilen *f/pl*; *mot d'excuse* Entschuldigung(szettel) *f(m)*
motard [mɔtaʀ] F *m* **1.** motorisierter (Verkehrs)Polizist **2.** Motorradfahrer *m*
motel [mɔtɛl] *m* Motel *n*
► **moteur** [mɔtœʀ] **I** *adj* ⟨**-trice** [-tʀis]⟩ **1.** ANAT motorisch; Bewegungs... **2.** TECH Antriebs...; *roue motrice* Antriebsrad *n* **II** *m* **3.** TECH Motor *m*; *moteur électrique* Elektromotor *m*; *moteur à essence* Benzinmotor *m*; *adjt bloc m, frein m moteur* Motorblock *m*, -bremse *f* **4.** INFORM *moteur de recherche* Suchmaschine *f* **5.** *fig* Motor *m*; treibende Kraft
motif [mɔtif] *m* **1.** (*raison*) Motiv *n*; (Beweg)-Grund *m*; *sans motif* grundlos; ohne Veranlassung **2.** (*sujet*) Motiv *n* (*a* MUS); PEINT *a* Gegenstand *m*; *d'un tissu a* Muster *n*

motion [mɔsjõ] *f* POL Antrag *m*; *motion de censure* Misstrauensantrag *m*
motivation [mɔtivasjõ] *f* Motivation *f*; *motivations pl* Beweggründe *m/pl*
motivé [mɔtive] *adj* ⟨**~e**⟩ **1.** *personne* motiviert **2.** *refus, plaintes* begründet; motiviert
motiver [mɔtive] *v/t* **1.** (*justifier*) begründen; motivieren **2.** (*être le motif de*) der Grund, Anlass sein (*qc* für etw) **3.** *motiver qn* j-n motivieren
► **moto** [mɔto] *f* Motorrad *n*; *faire de la moto* Motorrad fahren
motocross [mɔtɔkʀɔs] *m* Motocross *n*
motoculteur [mɔtɔkyltœʀ] *m* Einachsschlepper *m*
motocycle [mɔtɔsikl] *m* ADM Kraftrad *n*
motocyclette [-ɛt] *f* → *moto*
motocyclisme [-ism] *m* Motorradsport *m*
motocycliste [-ist] *m,f* Motorradfahrer(in) *m(f)*
motoneige [mɔtɔnɛʒ] *f* *au Canada* Motorschlitten *m* (*mit Kufen u Raupen*)
motorisation [mɔtɔʀizasjõ] *f* Motorisierung *f*
motoriser [mɔtɔʀize] *v/t* motorisieren; F *être motorisé* motorisiert sein
motrice [mɔtʀis] *f* Triebwagen *m*; *du TGV* Triebkopf *m*
motricité [mɔtʀisite] *f* Fähigkeit *f*, Muskelzusammenziehungen zu bewirken
motte [mɔt] *f* **1.** *motte (de terre)* Scholle *f*; Erdklumpen *m* **2.** *motte de beurre* Butterklumpen *m*
motus [mɔtys] *int motus (et bouche cousue)!* Mund halten!; nichts verraten!
► **mou** [mu] **I** *adj* ⟨*m vor Vokal u stummem h* **mol** [mɔl]; *f* **molle** [mɔl]⟩ **1.** *substance, matelas, etc* weich **2.** *fig* willen-, energielos; schlaff; schlapp; F lahm **II** *m* **3.** BOUCHERIE Lunge *f* **4.** *personne* F Schlappschwanz *m*; F Waschlappen *m* **5.** *donner du mou* locker lassen (*à acc*) **6.** P *fig* *bourrer le mou de qn* j-m etw weismachen wollen
mouchard [muʃaʀ] *m*, **moucharde** [-aʀd] *f* F **1.** (*espion*) Spitzel *m* **2.** ÉCOLE F Petze *f* **3.** *m* TECH Fahrt(en)schreiber *m*
mouchardage [muʃaʀdaʒ] F *m* **1.** Bespitzelung *f*; (Herum)Spionieren *n* **2.** ÉCOLE F (Ver)Petzen *n*
moucharder [muʃaʀde] F *v/t* **1.** (*espionner*) bespitzeln; *abs* (herum)spionieren **2.** (*dénoncer*) F verpfeifen; *abs* petzen
► **mouche** [muʃ] *f* **1.** ZO Fliege *f*; *mouche bleue* Schmeißfliege *f*; *fig fine mouche* F schlaues Weib; schlauer Fuchs; *on aurait entendu une mouche voler* man konnte e-e Stecknadel fallen hören; *il ne ferait pas de mal à une mouche* er tut keiner Fliege etwas zuleide; *fig prendre la mouche* gleich böse werden, aufbrausen **2.** TIR, *fig faire mouche* ins Schwarze treffen **3.** *adjt* SPORTS *poids m mouche* Fliegengewicht *n*
moucher [muʃe] **I** *v/t* **1.** die Nase putzen (*qn* j-m) **2.** F *fig se faire moucher* abgekanzelt. F heruntergeputzt werden **II** *v/pr* *se moucher* sich (*dat*) die Nase putzen; sich schnäuzen
moucheron [muʃʀõ] *m* (kleine) Mücke
moucheté [muʃte] *adj* ⟨**~e**⟩ getüpfelt, getupft (*a tissu*); gesprenkelt

moucheter [muʃte] *v/t* ⟨**-tt-**⟩ tüpfeln; mit Tupfen versehen

▶ **mouchoir** [muʃwaʀ] *m* Taschentuch *n*; **mouchoir en papier** Papiertaschentuch *n*; **grand comme un mouchoir** (**de poche**) winzig; F ein Handtuch *n*

moudre [mudʀ] *v/t* ⟨**je mouds, il moud, nous moulons**; **je moulais**; **je moulus**; **je moudrai**; **que je moule**; **moulant**; **moulu**⟩ mahlen

moue [mu] *f* schiefes Gesicht; Schmollmund *m*; **faire une moue de dédain** verächtlich den Mund verziehen; **faire la moue** ein (schiefes) Gesicht, F e-n Flunsch ziehen

mouette [mwɛt] *f* Möwe *f*

moufeter → **moufter**

moufle [mufl] *f* Fausthandschuh *m*; Fäustling *m*

mouflet [muflɛ] *m*, **mouflette** [-ɛt] *f* F Gör *n*; Göre *f*

mouflon [muflõ] *m* Mufflon *m*

moufter [mufte] F *v/i* **ne pas moufter** F nicht (auf)mucken

mouillage [mujaʒ] *m* MAR Ankern *n*; *endroit* Ankerplatz *m*

mouillant [mujɑ̃] *m* CHIM Netzmittel *n*; Tensid *n*

▶ **mouillé** [muje] *adj* ⟨**~e**⟩ nass; feucht

mouillement [mujmɑ̃] *m* PHON Mouillierung *f*; Erweichung *f* mithilfe von j

mouiller [muje] **I** *v/t* **1.** nass machen; (*humidifier*) anfeuchten; **se faire mouiller** nass werden **2.** *ancre* (aus)werfen **II** *v/i* **3.** *bateau* vor Anker gehen; ankern **III** *v/pr* **4. se mouiller** nass werden; feucht werden (*a yeux*); *personne a* sich nass machen **5.** F *fig* **se mouiller** sich kompromittieren; ein Risiko eingehen

mouillette [mujɛt] *f* Stück *n* Brot (*zum Eintauchen*)

mouise [mwiz] P *f* Not *f*; Elend *n*; **il est dans la mouise** F es geht ihm dreckig

moulage [mulaʒ] *m* **1.** TECH Formguss *m*; Gießen *n* **2.** SCULP Abguss *m*

moulant [mulɑ̃] *adj* ⟨**-ante** [-ɑ̃t]⟩ eng anliegend; hauteng

moule¹ [mul] *m* **1.** TECH, SCULP (Guss-, Gieß-) Form *f* **2.** CUIS Back-, Kuchenform *f*; **moule à tarte** rundes Obstkuchenblech **3.** *pour pâtés de sable* Sandförmchen *n*

moule² *f* ZO Miesmuschel *f*

moulé [mule] *adj* ⟨**~e**⟩ **1.** *statue* gegossen **2.** *pain* **moulé** in der Form gebackenes Brot; Kastenbrot *n* **3.** *écriture* **moulée** Schrift, die wie gestochen ist

mouler [mule] *v/t* **1.** (*fabriquer*) formen; gießen **2.** (*reproduire*) abformen **3.** *fig* **mouler sur qc** nach etw bilden, formen **4.** *vêtement* **mouler** (**le corps**) hauteng sitzen

mouleur [mulœʀ] *m* TECH Gießer *m*; MÉTALLURGIE *a* Former *m*; Formgießer *m*

▶ **moulin** [mulɛ̃] *m* **1.** Mühle *f*; **moulin à café** Kaffeemühle *f*; **moulin à légumes** Passiermaschine *f*; **moulin à vent** Windmühle *f*; *jouet* Windrädchen *n*; F *fig* **c'est un moulin à paroles** der Mund steht ihm *ou* ihr nie still **2.** F (*moteur*) Motor *m*

mouliner [muline] *v/t* CUIS passieren

moulinet [mulinɛ] *m* **1.** PÊCHE Rolle *f* **2.** **faire des moulinets avec qc** etw im Kreis herumwirbeln

moulinette® [mulinɛt] *f* kleine Mühle *zum Ras-*

peln von Gemüse etc

moult [mult] *iron adv* viel(e)

moulu [muly] *p/p* → **moudre** *et adj* ⟨**~e**⟩ **1.** gemahlen **2.** *fig* **être moulu** (**de fatigue**) wie zerschlagen sein

moulure [mulyʀ] *f* Profilleiste *f*, -stab *m*

moumoute [mumut] *f* **1.** *plais* Perücke *f* **2.** *veste* Schaffelljacke *f*

mourant [muʀɑ̃] **I** *adj* ⟨**-ante** [-ɑ̃t]⟩ **1.** sterbend; im Sterben liegend **2.** *fig*, *litt* ersterbend **II** **mourant(e)** *m(f)* Sterbende(r) *f(m)*

▶ **mourir** [muʀiʀ] ⟨**je meurs, il meurt, nous mourons, ils meurent**; **je mourais**; **je mourus**; **je mourrai**; **que nous mourions**; **mourant**; **être mort**⟩ *v/i personne* sterben (**de** an + *dat*); *dans un accident* umkommen; ums Leben kommen; **à la guerre** fallen; *fig* vergehen, umkommen, sterben (**de** vor + *dat*); *animal* eingehen (*a plante*); verenden; *plante* absterben; *civilisation* untergehen; *fig bruit* sich verlieren; immer leiser werden; *fig passion* vergehen; *st/s* sterben; *fig* **mourir d'amour** (un)sterblich verliebt sein; *fig* **mourir de chaleur** vor Hitze umkommen; **mourir de froid** erfrieren; **mourir de sa belle mort** e-s natürlichen Todes sterben; *iron* **tu n'en mourras pas** du wirst nicht gleich daran sterben; **s'ennuyer à mourir** sich tödlich, zu Tode langweilen; **c'est à mourir de rire** das ist zum Totlachen

mouroir [muʀwaʀ] *m péj* Sterbeanstalt *f*

mouron [muʀõ] *m* F **se faire du mouron** sich (*dat*) Sorgen machen

mouscaille [muskaj] *f* P → **mouise**

mousquetaire [muskətɛʀ] *m* Musketier *m*

mousqueton [muskətõ] *m* Karabinerhaken *m*

moussaillon [musajõ] F *m* kleiner Schiffsjunge

moussant [musɑ̃] *adj* ⟨**-ante** [-ɑ̃t]⟩ Schaum…

mousse¹ [mus] *f* **1.** BOT Moos *n*; *adjt* **vert mousse** ⟨*inv*⟩ moosgrün **2.** (*écume*) Schaum *m* **3.** CUIS Mousse *f*; **mousse au chocolat** Schokoladencremespeise *f* **4.** *matière plastique* Schaumstoff *m* **5.** **mousse carbonique** Kohlensäureschnee *m* **6.** TRICOT *adjt* **point** *m* **mousse** Rechts-rechts-Muster *n*

mousse² *m* MAR Schiffsjunge *m*

mousseline [muslin] *f* **1.** TEXT Musselin *m* **2.** CUIS *adjt* **pommes** *f/pl* **mousseline** sahnig geschlagenes Kartoffelpüree; **sauce** *f* **mousseline** holländische Soße mit Schlagsahne

mousser [muse] *v/i* **1.** schäumen; *vin a* moussieren; perlen **2.** F *fig* **se faire mousser** sich besonders herausstreichen

mousseron [musʀõ] *m* BOT Mairitterling *m*; Georgspilz *m*

mousseux [musø] *adj* ⟨**-euse** [-øz]⟩ schäumend; (**vin** *m*) **mousseux** *m* Schaumwein *m*; Sekt *m*

mousson [musõ] *f* Monsun *m*

moustache [mustaʃ] *f* **1.** Schnurrbart *m*; **grosse** Schnauzbart *m* **2.** ZO **moustaches** *pl* Schnurrhaare *n/pl*; Bart *m*

moustachu [mustaʃy] **I** *adj* ⟨**~e**⟩ schnurrbärtig **II** *m* Schnurrbärtige(r) *m*; F Schnauzbart *m*

moustiquaire [mustikɛʀ] *f* Moskitonetz *n*

▶ **moustique** [mustik] *m* **1.** (Stech)Mücke *f*; *des pays tropicaux* Moskito *m* **2.** *fig enfant* F Wicht *m*

moût [mu] *m* Most *m*; unvergorener Saft

moutard [mutaʀ] *m* F Knirps *m*; **moutards** *pl* F Gören *n/pl*

▸ **moutarde** [mutaʀd] *f* Senf *m* (*a* BOT); Mostrich *m*; *adjt* ⟨*inv*⟩ senffarben; *sauce f moutarde* Senfsoße *f*; *fig* **la moutarde lui monte au nez** der Zorn steigt in ihm hoch

moutardier [mutaʀdje] *m* Senftopf *m*

▸ **mouton** [mutõ] *m* **1.** ZO Schaf *n*; *mâle castré* Hammel *m*; *fig* **mouton de Panurge** Herdenmensch *m*; *fig* **revenons à nos moutons!** kommen wir wieder zur Sache *ou* zum Thema! **2.** *viande* Hammelfleisch *n*; *côtelette f de mouton* Hammelkotelett *n*. **3.** *fig* **moutons** *pl poussière* (Staub)Flocken *f/pl*; *sur les vagues* Schaumkronen *f/pl*; *nuages* Schäfchen(-wolken) *n/pl(f/pl)*

moutonné [mutɔne] *adj* ⟨~e⟩ **1.** *ciel* mit Schäfchenwolken bedeckt **2.** (*frisé*) kraushaarig; *tête moutonnée* Krauskopf *m*

moutonnement [mutɔnmã] *m des vagues* Schäumen *n*; Kräuselung *f*

moutonner [mutɔne] *v/i mer* Schaumkronen bilden; schäumen; sich kräuseln; **les nuages moutonnent** es bilden sich Schäfchenwolken

moutonneux [mutɔnø] *adj* ⟨-euse [-øz]⟩ *mer* voller Schaumkronen; sich kräuselnd

moutonnier [mutɔnje] *adj* ⟨-ière [-jɛʀ]⟩ *péj* (wie die Schafe) blind den anderen folgend; vom Herdentrieb gelenkt

mouture [mutyʀ] *f* **1.** *du blé, etc* Mahlen *n* **2.** *café* **mouture fine** fein gemahlener Kaffee **3.** *fig* Fassung *f*; *péj* Aufguss *m*

mouvance [muvãs] *f* Einflussbereich *m*; Dunstkreis *m*

mouvant [muvã] *adj* ⟨-ante [-ãt]⟩ **1.** in ständiger Bewegung; sich ständig wandelnd **2.** *sables mouvants* Treibsand *m*

▸ **mouvement** [muvmã] *m* **1.** Bewegung *f* (*a fig, POL*); *mouvement de grève* Streikbewegung *f*; *mécanisme* **mettre en mouvement** in Bewegung setzen; *fig* **suivre le mouvement** mit dem Strom schwimmen **2.** MUS Tempo *n*; Zeitmaß *n*; *partie d'une œuvre* Satz *m* **3.** *mouvement d'horlogerie* Uhrwerk *n*; *mouvement perpétuel* Perpetuum mobile *n* **4.** (*impulsion*) Reaktion *f*; (Gefühls)Regung *f*; *de colère* Anwandlung *f* (*de* von); Aufwallung *f* (+ *gén*); *bon mouvement* gute Regung; *de son propre mouvement* aus eigenem Antrieb **5.** (*animation*) reges Leben (und Treiben)

mouvementé [muvmãte] *adj* ⟨~e⟩ *vie* bewegt; wechselvoll; abwechslungsreich; *séance* erregt; stürmisch

mouvoir [muvwaʀ] ⟨je meus, il meut, nous mouvons, ils meuvent; je mouvais; je mus; je mouvrai; que je meuve, que nous mouvions; mouvant; mû, mue; *selten bis auf inf, présent ind u p/p*⟩ **I** *v/t* bewegen; *être mû par l'électricité* elektrisch angetrieben werden **II** *v/pr* **se mouvoir** sich bewegen

▸ **moyen¹** [mwajɛ̃] *adj* ⟨moyenne [mwajɛn]⟩ **1.** (*intermédiaire*) mittlere; Mittel...; *Moyen Âge* Mittelalter *n* **2.** (*en moyenne*) durchschnittlich; Durchschnitts...; *le Français moyen* der Durchschnittsfranzose **3.** *résultats, élève* mittelmäßig

▸ **moyen²** *m* **1.** Mittel *n*; *fig* **moyens du bord** verfügbare, vorhandene Mittel; **moyen de transport** Transport-, Verkehrsmittel *n*; *au moyen de* mit (+ *dat*); mithilfe von (*ou* + *gén*); mittels (+ *gén*); F *pas moyen!* unmöglich!; F geht nicht!; *il y a moyen de* (+ *inf*) es gibt ein Mittel, e-n Weg zu (+ *inf*); es ist möglich zu (+ *inf*); *employer les grands moyens* zum äußersten, letzten Mittel greifen; *tous les moyens lui sont bons* ihm ist jedes Mittel recht **2.** *moyens pl d'une personne* Fähigkeiten *f/pl*; Talent *n*; Begabung *f*; *physiques* Kräfte *f/pl*; *par ses propres moyens* aus eigener Kraft; ohne fremde Hilfe; *perdre ses moyens* (völlig) versagen **3.** *moyens pl* (*ressources pécuniaires*) Mittel *n/pl*; F *il a les moyens!* er kann es sich (*dat*) leisten!; *vivre au-dessus de ses moyens* über s-e Verhältnisse leben

moyenâgeux [mwajɛnɑʒø] *adj* ⟨-euse [-øz]⟩ mittelalterlich (*a péj*)

moyen-courrier *m* ⟨moyen-courriers⟩ Mittelstreckenflugzeug *n*; *adjt* Mittelstrecken...

moyennant [mwajɛnã] *prép* mittels (+ *gén*); für (+ *acc*); gegen (+ *acc*); *moyennant récompense* gegen Belohnung; *moyennant quoi* womit; wodurch

moyenne [mwajɛn] *f* Durchschnitt *m*; MATH. MÉTÉO Mittel *n*; Mittelwert *m*; *moyenne d'âge* Durchschnittsalter *n*; *en moyenne* durchschnittlich; im Durchschnitt; im Mittel; F im Schnitt; *faire du 70 de moyenne* durchschnittlich, im Schnitt (mit) 70 fahren

moyennement [mwajɛnmã] *adv* mittelmäßig

Moyen-Orient [mwajɛnɔʀjɑ̃] *le Moyen-Orient* der Mittlere Osten

moyeu [mwajø] *m* ⟨~x⟩ Nabe *f*

Mozambique [mɔzãbik] *le Mozambique* Mosambik *ou* Moçambique *n*

Mozart [mɔzaʀ, mo-] *m* Mozart *m*

mozzarella [mɔdzaʀela] *f* Mozzarella *m*

MST [ɛmɛste] *f abr* ⟨*inv*⟩ (*maladie sexuellement transmissible*) Geschlechtskrankheit *f*

mû [my] *p/p* → **mouvoir**

mucosité [mykozite] *f* Schleim *m*

mucoviscidose [mykoviscidoz] *f* MÉD Mukoviszidose *f*

mucus [mykys] *m* Schleim *m*

mue [my] *f* **1.** *des oiseaux* Mauser *f*; *des serpents* Häutung *f* **2.** *de la voix* Stimmbruch *m*

muer [mɥe] **I** *v/i* **1.** *oiseaux* sich mausern; *serpents* sich häuten **2.** *jeune homme* im Stimmbruch sein **II** *v/pr litt* **se muer en** sich verwandeln in (+ *acc*)

▸ **muet** [mɥɛ] **I** *adj* ⟨muette [mɥɛt]⟩ stumm (*a fig*); *e, h muet* stummes e, h; *cinéma, film muet* Stummfilm *m*; *loi, règlement* **être muet sur qc** über etw (*acc*) nichts sagen **II** *muet(te)* *m(f)* Stumme(r) *f(m)* **2.** CIN *le muet* der Stummfilm

mufle [myfl] *m* **1.** *d'un animal* Schnauze *f*; Maul *n* **2.** *péj* (*goujat*) Flegel *m*; Lümmel *m*; Rüpel *m*

muflerie [myfləʀi] *f* Flegelhaftigkeit *f*

mugir [myʒiʀ] *v/i* **1.** *bovins* brüllen; muhen **2.** *fig mer* brausen; tosen

mugissement [myʒismã] *m* **1.** *des bovins* Brüllen *n*; Muhen *n* **2.** *fig* Brausen *n*; Tosen *n*

muguet [mygɛ] *m* **1.** BOT Maiglöckchen *n* **2.** MÉD Schwämmchen *n*; Soor *m*

mulâtre [mylatʀ] *m,f* Mulatte *m*, Mulattin *f*
mulâtresse [-ɛs] *f* Mulattin *f*
mule [myl] *f* **1.** zo weibliches Maultier; Mauleselin *f*; F *fig* **tête** *f* **de mule** F Dickschädel *m* **2.** *pantoufle* Pantoffel *m*
mulet [mylɛ] **1.** (*grand*) *mulet* Maultier *n*; (*petit*) *mulet* Maulesel *m* **2.** *poisson* Meeräsche *f*
muletier [myltje] **I** *m* Maultiertreiber *m* **II** *adj* **sentier muletier** Maultier-, Saumpfad *m*
Mulhouse [myluz] Mülhausen *n*
mulot [mylo] *m* Waldmaus *f*
multicolore [myltikɔlɔʀ] *adj* mehr-, vielfarbig; bunt
multiculturel [myltikyltyʀɛl] *adj* ⟨**~le**⟩ multikulturell; **société multiculturelle** multikulturelle Gesellschaft
multiforme [myltifɔʀm] *adj* vielgestaltig, -förmig
multigrade [myltigʀad] *adj* TECH **huile** *f* **multigrade** Mehrbereichsöl *n*
multilatéral [myltilateʀal] *adj* ⟨**~e**; **-aux** [-o]⟩ multilateral; mehrseitig
multimédia *adj* ⟨*f inv*⟩ Multimedia…
multimillionnaire **I** *adj* viele *ou* mehrere Millionen besitzend; F millionenschwer **II** *m,f* Multimillionär(in) *m(f)*
multinational **I** *adj* ⟨**~e**; **-aux** [-o]⟩ multinational **II** *f* **multinationale** multinationales Unternehmen; F Multi *m*
multipartisme [myltipaʀtism] *m* Mehrparteiensystem *n*
multiplace *adj* mehrsitzig
multiple [myltipl] **I** *adj* mehrfach; vielfach; mannigfach; vielfältig; **grossesse** *f* **multiple** Mehrlingsschwangerschaft *f*; ÉLECT **prise** *f* **multiple** Mehrfachsteckdose *f*; **à usages multiples** Mehrzweck… **II** *m* MATH Vielfache(s) *n*
multiplex [myltiplɛks] *m* Konferenzschaltung *f*
multiplicateur [myltiplikatœʀ] *m* Multiplikator *m*
multiplicatif [myltiplikatif] *adj* ⟨**-ive** [-iv]⟩ MATH **signe multiplicatif** Malzeichen *n*; Multiplikationszeichen *n*
multiplication [myltiplikasjõ] *f* **1.** MATH Multiplizieren *n*; Multiplikation *f* **2.** (*augmentation*) Vermehrung *f* (*a* BIOL); Zunahme *f* **3.** TECH Übersetzung *f*
multiplicité [myltiplisite] *f* **1.** (*grand nombre*) Vielzahl *f* **2.** (*caractère multiple*) Vielfalt *f*; Vielfältigkeit *f*
multiplier [myltiplije] **I** *v/t* **1.** MATH malnehmen, multiplizieren (*par* mit) **2.** *tentatives* mehrfach wiederholen; *erreurs, difficultés* vermehren; vervielfachen **II** *v/pr* **se multiplier 3.** *cas, incidents, etc* sich häufen; sich mehren; zunehmen **4.** *êtres vivants* sich vermehren
multiprogrammation [myltipʀɔgʀamasjõ] *f* Multiprogramming *n*
multipropriété *f* Miteigentum *n* an e-r Ferienwohnung; Timesharing *n*
multiracial [myltiʀasjal] *adj* ⟨**~e**; **-aux** [-o]⟩ gemischtrassig, -rassisch; **État multiracial** Vielvölkerstaat *m*
multirisque [myltiʀisk] *adj* **assurance** *f* **multirisque** kombinierte Versicherung
multisalles [myltisal] *adj* **cinéma** *m* **multisalles** Kinocenter *n*
multitude [myltityd] *f* **1.** (*grand nombre*) Viel

zahl *f* **2.** *st/s* (*foule*) Menge *f*
muni [myni] → **munir**
Munich [mynik] München *n*
munichois [mynikwa] **I** *adj* ⟨**-oise** [-waz]⟩ Münchner **II** *subst* **Munichois(e)** *m(f)* Münchner(in) *m(f)*
municipal [mynisipal] *adj* ⟨**~e**; **-aux** [-o]⟩ kommunal; Gemeinde…; städtisch; Stadt… **conseil municipal** Gemeinde-, Stadtrat *m*; (**élections** *f/pl*) **municipales** *f/pl* Kommunalwahlen *f/pl*
municipalité [mynisipalite] *f* **1.** (*corps municipal*) Gemeindevorstand *m* **2.** (*commune*) Gemeinde *f*; (*ville*) Stadt *f*
munir [myniʀ] **I** *v/t* versehen, ausstatten (**de** mit) **II** *v/pr* **se munir de qc** sich mit etw versehen; (*emporter*) etw mitnehmen
munitions [mynisjõ] *f/pl* Munition *f*
munster [mɛ̃stɛʀ, mœ̃-] *m* Münsterkäse *m*
muqueuse [mykøz] *f* Schleimhaut *f*
muqueux [mykø] *adj* ⟨**-euse** [-øz]⟩ schleimig; Schleim…
▸ **mur** [myʀ] *m* Mauer *f* (*a fig*); *d'une habitation a* Wand *f*; **mur antibruit** Lärmschutzwall *m*; AVIAT **mur du son** Schallmauer *f*; *fig* **coller qn au mur** (*fusiller*) j-n an die Wand stellen; **faire le mur** (*sortir sans permission*) heimlich, unerlaubt weggehen; SPORTS e-e Mauer bilden
▸ **mûr** [myʀ] *adj* ⟨**~e**⟩ reif (*a fig personne, abcès*); F *étoffe* mürb(e); brüchig; *péj femme* in reiferen Jahren; *fruit* **trop mûr** überreif; *après* **mûre réflexion** nach reiflicher Überlegung
muraille [myʀaj] *f* (Stadt-, Befestigungs)Mauer *f*
mural [myʀal] *adj* ⟨**~e**; **-aux** [-o]⟩ Wand…
mûre [myʀ] *f* Brombeere *f*
mûrement [myʀmã] *adv* **réfléchir** reiflich
murène [myʀɛn] *f* Muräne *f* (*Fisch*)
murer [myʀe] **I** *v/t* *fenêtre, porte* zumauern; *lieu* ummauern; *personne* einmauern; *fig mineurs* **être murés** eingeschlossen sein **II** *v/pr fig* **se murer dans son silence** sich in Schweigen hüllen
muret [myʀɛ] *m*, **murette** [-ɛt] *f* niedrige Mauer; Mäuerchen *n*
mûrier [myʀje] *m* Maulbeerbaum *m*
mûrir [myʀiʀ] **I** *v/t* reifen lassen (*a fig projet*); *fig personne* reifer werden lassen **II** *v/i* reifen (*a fig personne*); reif werden; *fig personne a* reifer werden; *fig projet* (heran)reifen
mûrissant [myʀisã] *adj* ⟨**-ante** [-ãt]⟩ **1.** *fruit* reifend **2.** *fig personne* reiferen Alters
mûrissement [myʀismã] *m* **a)** *naturel* Reifen *n* (*a fig*) **b)** *provoqué* Nachreifenlassen *n*
murmure [myʀmyʀ] *m* **1.** Murmeln *n*; Gemurmel *n* **2.** *poét de l'eau* Murmeln *n*; *du vent* Säuseln *n*
murmurer [myʀmyʀe] *v/i* **1.** *personne* murmeln (*a v/t*) **2.** *poét eau* murmeln; plätschern; *vent, feuilles* säuseln
musaraigne [myzaʀɛɲ] *f* Spitzmaus *f*
musarder [myzaʀde] *v/i* die Zeit vertrödeln
musc [mysk] *m* Moschus *m*
muscade [myskad] *f* (**noix** *f*) **muscade** Muskat(nuss) *m(f)*
muscadet [myskadɛ] *m* trockener Weißwein aus der Gegend um Nantes
muscat [myska] *m* Muskateller *m*

▶ **muscle** [myskl] *m* Muskel *m*

musclé [myskle] *adj* ⟨**~e**⟩ **1.** muskulös **2.** *fig* energisch; stark

muscler [-e] *v/t* die Muskeln stärken (+ *gén*)

musculaire [myskylɛʀ] *adj* Muskel...

musculation [myskylasjõ] *f* Muskeltraining *n*; Bodybuilding *n*; **salle** *f* **de musculation** Fitnessraum *m*

musculature [myskylatyʀ] *f* Muskulatur *f*

musculeux [-ø] *adj* ⟨**-euse** [-øz]⟩ muskulös

muse [myz] *f* Muse *f*

museau [myzo] *m* ⟨**~x**⟩ **1.** *de chien, de chat, etc* Schnauze *f*; *de bovins* Maul *n* **2.** CUIS **museau de porc** Schweinskopfsülze *f* **3.** F (*figure*) Gesicht *n*

▶ **musée** [myze] *m* Museum *n*

museler [myzle] *v/t* ⟨**-ll-**⟩ e-n Maulkorb anlegen (+ *dat*) (*a fig*); *fig a* mundtot machen

muselière [myzəljɛʀ] *f* Maul-, Beißkorb *m*

musette [myzɛt] **1.** *adjt* **bal** *m* **musette** volkstümliches Tanzvergnügen, bei dem nach Akkordeonmusik getanzt wird **2.** *m* Musettemusik *f* **3.** *f* sac Umhängebeutel *m*

muséum [myzeɔm] *m* Naturkundemuseum *n*

musical [myzikal] *adj* ⟨**~e**; **-aux** [-o]⟩ **1.** musikalisch; Musik...; **comédie musicale** Musical *n* **2.** *fig* klangvoll; melodisch

musicalement [myzikalmã] *adv* **être doué musicalement** musikalisch begabt sein

musicalité [myzikalite] *f* **1.** TECH Klangreinheit *f* **2.** *fig* Musikalität *f*; Klangfülle *f*

music-hall [myzikol] *m* ⟨**music-halls**⟩ Varietee(theater) *n*

▶ **musicien** [myzisjẽ], **musicienne** [myzisjɛn] **I** *m,f* Musiker(in) *m(f)*; *de musique populaire* Musikant(in) *m(f)*; (*compositeur*) Komponist(in) *m(f)* **II** *adj* **être musicien, musicienne** musikalisch sein

musicologie [myzikɔlɔʒi] *f* Musikwissenschaft *f*

musicologue [-lɔg] *m,f* Musikwissenschaftler(in) *m(f)*

▶ **musique** [myzik] *f* **1.** Musik *f*; **musique classique**, F **grande musique** klassische Musik; **musique de chambre** Kammermusik *f*; **musique de film** Filmmusik *f*; *travailler, dîner en musique* bei, mit Musik; F *fig* **connaître la musique** F wissen, wie der Hase läuft; **faire de la musique** musizieren; Musik machen; **mettre en musique** vertonen **2.** *écrite* Noten *f/pl*; *fig* **c'est réglé comme du papier à musique** das geht alles wie nach der Uhr; **magasin** *m* **de musique** Musikalienhandlung *f* **3.** **musique** (**militaire**) Militärkapelle *f*; Musikkorps *n*; F Musik *f*

musqué [myske] *adj* ⟨**~e**⟩ **1.** *parfum* nach Moschus duftend **2.** **bœuf musqué** Moschusochse *m*; **rat musqué** Bisamratte *f*

must [mœst] *m* **être un must** ein Muss *n* sein

musulman [myzylmã] **I** *adj* ⟨**-ane** [-an]⟩ moslemisch **II** **musulman(e)** *m(f)* Moslem(in) *m(f)*

mutant [mytã] **I** *adj* ⟨**-ante** [-ãt]⟩ BIOL mutiert **II** *m* **1.** BIOL Mutant *m*; Mutante *f* **2.** Person, die ihre Tätigkeit, ihren Beruf wechselt

mutation [mytasjõ] *f* **1.** *à un autre poste* Versetzung *f*; **demander sa mutation** um s-e Versetzung bitten **2.** BIOL Mutation *f* **3.** *fig* (tief greifender) Wandel; **être en pleine mutation** sich mitten im Umbruch befinden

muter [myte] *v/t* versetzen

mutilation [mytilasjõ] *f* Verstümmelung *f* (*a fig*)

mutilé(e) [mytile] *m(f)* Versehrte(r) *f(m)*; **mutilé(e) de guerre** Kriegsbeschädigte(r) *f(m)*, -versehrte(r) *f(m)*

mutiler [mytile] *v/t* verstümmeln (*a fig*)

mutin [mytẽ] **I** *adj* ⟨**-ine** [-in]⟩ schelmisch **II** *m* Meuterer *m*; Aufrührer *m*

mutiner [mytine] *v/pr* **se mutiner** meutern

mutinerie [mytinʀi] *f* Meuterei *f*

mutisme [mytism] *m* Schweigen *n*; Stummheit *f*

mutité [mytite] *f* Stummheit *f*

mutualisme [mytɥalism] *m* ÉCON Mutualismus *m*

mutualiste [mytɥalist] **I** *adj* **société** *f* **mutualiste** → **mutuelle II** *m,f* Mitglied *n* e-s Versicherungsvereins auf Gegenseitigkeit, e-r Zusatzkasse

mutualité [mytɥalite] *f* Versicherung(swesen) *f(n)* auf Gegenseitigkeit

mutuel [mytɥɛl] *adj* ⟨**~le**⟩ gegenseitig; **torts mutuels** beiderseitiges Verschulden

mutuelle [mytɥɛl] *f* Versicherungsverein *m* auf Gegenseitigkeit; Zusatzversicherung *f*

mutuellement [mytɥɛlmã] *adv* gegenseitig

mycose [mikoz] *f* Pilzkrankheit *f*; Mykose *f*

mygale [migal] *f* Vogelspinne *f*

myocarde [mjɔkaʀd] *m* Herzmuskel *m*; **infarctus** *m* **du myocarde** Herzinfarkt *m*

myopathe [mjɔpat] *adj* an Muskelschwund leidend

myopathie [-i] *f* Muskelschwund *m*

myope [mjɔp] **I** *adj* kurzsichtig (*a fig*) **II** *m,f* Kurzsichtige(r) *f(m)*

myopie [-i] *f* Kurzsichtigkeit *f* (*a fig*)

myosotis [mjozɔtis] *m* Vergissmeinnicht *n*

myriade [miʀjad] *f* Myriade *f*; Unzahl *f*

myrrhe [miʀ] *f* Myrrhe *f*

myrte [miʀt] *m* Myrte *f*

myrtille [miʀtij] *f* Heidelbeere *f*

▶ **mystère** [mistɛʀ] *m* **1.** Geheimnis *n*; **éclaircir un mystère** ein Geheimnis aufklären, lüften; **faire des mystères, s'entourer de mystère** geheimnisvoll tun; **faire** (**un**) **mystère de qc** aus etw ein Geheimnis machen **2.** REL Mysterium *n* **3.** CUIS Tartuffo *n*

mystérieusement [misteʀjøzmã] *adv* geheimnisvoll; auf geheimnisvolle Weise

▶ **mystérieux** [misteʀjø] *adj* ⟨**-euse** [-øz]⟩ geheimnisvoll; mysteriös; rätselhaft

mysticisme [mistisism] *m* REL Mystik *f*

mystificateur [mistifikatœʀ] *m*, **mystificatrice** [-tʀis] *f* Spaßvogel *m*

mystification [mistifikasjõ] *f* **1.** (*blague*) Ulk *m* **2.** (*tromperie*) Täuschung *f*; Schwindel *m*

mystifier [mistifje] *v/t* hereinlegen; hinters Licht führen; täuschen

mystique [mistik] *adj* **1.** REL mystisch **2.** *fig* schwärmerisch; exaltiert **II** *subst* **3.** *m,f* REL Mystiker(in) *m(f)* **4.** *f* REL Mystik *f*; *fig* mystischer, blinder Glaube (**de** an + *acc*)

mythe [mit] *m* **1.** Mythos *m* (*a par ext*); (Götter-, Helden)Sage *f* **2.** *péj* Fiktion *f*; Erfindung *f*

mythique [mitik] *adj* **1.** mythisch **2.** *péj* erfunden
mythologie [mitɔlɔʒi] *f* Mythologie *f*
mythologique [-ik] *adj* mythologisch
mythomane [mitɔman] **I** *adj* zum Fabulieren

neigend **II** *m,f* Fabulierer(in) *m(f)*
mythomanie [mitɔmani] *f* Drang *m* zum Fabulieren
myxomatose [miksɔmatoz] *f* MÉD Myxomatose *f*

N

N, n [ɛn] *m* ⟨*inv*⟩ N, n *n*
N. *abr* (*nord*) N (Nord[en])
n' [n] → **ne**
na! [na] *int* F ätsch!
nabab [nabab] *m* Nabob *m*
nabot [nabo] *m péj* Zwerg *m*
nacelle [nasɛl] *f* (Ballon)Korb *m*; Gondel *f*
nacre [nakʀ] *f* Perlmutter *f ou n*; Perlmutt *n*
nacré [nakʀe] *adj* ⟨**~e**⟩ wie Perlmutt(er) schimmernd
nacrer [nakʀe] *v/t fausses perles* Perlmutt(er)glanz geben (+*dat*)
nage [naʒ] *f* **1.** Schwimmen *n*; **nage libre** Freistilschwimmen *n*; **quatre nages** Lagenschwimmen *n*; **nage sur le dos** Rückenschwimmen *n*; **à la nage** schwimmend **2.** *fig* **en nage** schweißgebadet; **être en nage** in Schweiß gebadet sein
nageoire [naʒwaʀ] *f* Flosse *f*
▸ **nager** [naʒe] ⟨**-ge-**⟩ **I** *v/t distance* schwimmen; **nager la brasse** brustschwimmen; **nager le crawl** kraulen **II** *v/i* **1.** schwimmen (*a fig dans le bonheur*) **2.** *fig* **il nage dans son costume** der Anzug schlottert ihm um den Leib **3.** F (*être dans l'embarras*) schwimmen
nageur [naʒœʀ] *m*, **nageuse** [-øz] *f* Schwimmer(in) *m(f)*; *adjt* **maître nageur** *professeur* Schwimmlehrer *m*; *surveillant* Bademeister *m*
naguère [nagɛʀ] *adv* **1.** (*récemment*) unlängst **2.** (*jadis*) früher
naïf [naif] *adj* ⟨**naïve** [naiv]⟩ **1.** naiv; *subst* **un naïf, une naïve** F ein Naivling *m* **2.** **les** (**peintres**) **naïfs** die Naiven *m/pl*
nain [nɛ̃], **naine** [nɛn] **I** *m,f* Zwerg(in) *m(f)* **II** *adj* Zwerg...
Nairobi [najʀɔbi] Nairobi *n*
▸ **naissance** [nɛsɑ̃s] *f* **1.** Geburt *f*; **à sa naissance** bei s-r Geburt; **de naissance** von Geburt (an); **donner naissance à une fille** e-m Mädchen das Leben schenken **2.** *fig* Entstehung *f*; *du jour* Anbruch *m* **3.** **naissance des cheveux** Haaransatz *m*
naissant [nɛsɑ̃] *adj* ⟨**-ante** [-ɑ̃t]⟩ *amour* (auf-)keimend; *erwachend*; *jour* anbrechend; *poét* erwachend; *talent* angehend; *barbe* sprießend
▸ **naître** [nɛtʀ] *v/i* ⟨**je nais, il naît, nous naissons; je naissais; je naquis; je naîtrai; que je naisse; naissant; être né**⟩ **1.** *personne* geboren werden; zur Welt kommen; **être né Français** von Geburt Franzose sein; **il est**

né à Paris er ist, wurde in Paris geboren; **être né de qn** von j-m abstammen; *fig* **je ne suis pas né d'hier** ich bin doch nicht von gestern **2.** *fig* entstehen; *amour* aufkeimen; *jour* anbrechen; **faire naître** entstehen lassen; hervorrufen
naïveté [naivte] *f* Naivität *f*
naja [naʒa] *m* Kobra *f*
Namibie [namibi] **la Namibie** Namibia *n*
namibien [namibjɛ̃] **I** *adj* ⟨**-ienne** [-jɛn]⟩ namibisch **II** *subst* **Namibien(ne)** *m(f)* Namibier(in) *m(f)*
nana [nana] *f* F Tussi *f*
nanisme [nanism] *m* Zwergwuchs *m*
nanomètre [nanɔmɛtʀ] *m* Nanometer *m ou n*
nanoseconde *f* Nanosekunde *f*
nanotechnologie *f* Nanotechnologie *f*
nanti [nɑ̃ti] *adj* ⟨**~e**⟩ wohlhabend; vermögend; *subst* **les nantis** *m/pl* die Reichen *m/pl*, Wohlhabenden *m/pl*
nantir [nɑ̃tiʀ] *v/t surtout p/p* **être nanti de qc** mit etw versehen, ausgestattet sein; im Besitz von etw sein
nantissement [nɑ̃tismɑ̃] *m* JUR Sicherungsübereignung *f*
naphtaline [naftalin] *f* **boule *f* de naphtaline** Mottenkugel *f*
naphte [naft] *m* Rohöl *n*; Naphtha *n*
Naples [napl] Neapel *n*
napoléon [napɔleõ] *m ancienne pièce de monnaie* Napoleondor *m*
Napoléon [napɔleõ] *m* Napoleon *m*
napoléonien [napɔleɔnjɛ̃] *adj* ⟨**-ienne** [-jɛn]⟩ napoleonisch
napolitain [napɔlitɛ̃] **I** *adj* ⟨**-aine** [-ɛn]⟩ neapolitanisch; CUIS **tranche napolitaine** Fürst-Pückler-Eis *n* **II** *subst* **Napolitain(e)** *m(f)* Neapolitaner(in) *m(f)*
▸ **nappe** [nap] *f* **1.** Tischtuch *n*, -decke *f* **2.** **nappe de brouillard** Nebelbank *f*; **nappe de pétrole** *gisement* Erdölschicht *f*; *sur la mer* Ölteppich *m*
napper [nape] *v/t* CUIS übergießen; überziehen (**de** mit)
napperon [napʀõ] *m* (Zier)Deckchen *n*
naquit [naki] → **naître**
narcisse [naʀsis] *m* Narzisse *f*
narcissique [naʀsisik] *adj* narzisstisch
narcissisme [-ism] *m* Narzissmus *m*
narcodollars [naʀkodɔlaʀ] *m/pl* Drogendol-

lars *m/pl*
narcose [naʀkoz] *f* Narkose *f*
narcotique [naʀkɔtik] *m* Narkotikum *n*; Narkose-, Betäubungsmittel *n*
narcotrafiquant [naʀkotʀafikɑ̃] *m* Rauschgift-, Drogenhändler *m*
narguer [naʀge] *v/t* verhöhnen; herausfordern
narguilé [naʀgile] *m* Wasserpfeife *f*
narine [naʀin] *f* Nasenloch *n*
narquois [naʀkwa] *adj* ⟨**-oise** [-waz]⟩ spöttisch
narrateur [naʀatœʀ] *m*, **narratrice** [-tʀis] *f* Erzähler(in) *m(f)*
narratif [naʀatif] *adj* ⟨**-ive** [-iv]⟩ erzählend
narration [naʀasjõ] *f* Erzählung *f*
narrer [naʀe] *litt v/t* erzählen; berichten (**qc** [über] etw, von etw)
narval [naʀval] *m* zo Narwal *m*
NASA [naza] *f abr* (*National Aeronautics and Space Administration*) NASA *f*
nasal [nazal] *adj* ⟨**-e**; **-aux** [-o]⟩ 1. ANAT Nasen... 2. PHON nasal; *subst* **nasale** *f* Nasal *m*
nasalisation [nazalizasjõ] Nasalierung *f*
nasaliser [-e] *v/t* nasalieren; nasal aussprechen
nase [nɑz] *adj* 1. F (*foutu*) F hinüber; F im Eimer 2. F → *cinglé*
naseau [nazo] *m* ⟨**~x**⟩ Nüster *f*
nasillard [nazijaʀ] *adj* ⟨**-arde** [-aʀd]⟩ näselnd
nasillement [-mã] *m* Näseln *n*
nasiller [nazije] *v/i* 1. näseln 2. *fig vieille radio* jaulen 3. *canard* schnattern
nasse [nas] *f* (Fisch)Reuse *f*
natal [natal] *adj* ⟨**~e**; **-als**⟩ Geburts...; Heimat...; **pays natal** Heimat *f*
nataliste [natalist] *adj* Geburten fördernd
natalité [natalite] *f* (**taux** *m* **de**) **natalité** Geburtenziffer *f*, -zahl *f*
▸ **natation** [natasjõ] *f* Schwimmsport *m*; Schwimmen *n*
natatoire [natatwaʀ] *adj* zo **vessie** *f* **natatoire** Schwimmblase *f*
natif [natif] *adj* ⟨**-ive** [-iv]⟩ 1. **natif de** gebürtig aus 2. *or* gediegen
▸ **nation** [nasjõ] *f* Nation *f*; Volk *n*; **les Nations Unies** die Vereinten Nationen *f/pl*
▸ **national** [nasjɔnal] I *adj* ⟨**~e**; **-aux** [-o]⟩ national; National...; Volks...; Landes...; Staats...; inländisch; (ein)heimisch; **équipe nationale** Nationalmannschaft *f*; **produit national brut** Bruttosozialprodukt *n*; (**route**) **nationale** *f* *correspond à* Bundesstraße *f* II **les nationaux** *m/pl* die Staatsangehörigen *pl*
nationalisation [nasjɔnalizasjõ] *f* Verstaatlichung *f*; Nationalisierung *f*
nationaliser [-e] *v/t* verstaatlichen; nationalisieren
nationalisme [nasjɔnalism] *m* Nationalismus *m*
nationaliste [-ist] I *adj* nationalistisch II *m,f* Nationalist(in) *m(f)*
▸ **nationalité** [nasjɔnalite] *f* Staatsangehörigkeit *f*; Nationalität *f*; Staatsbürgerschaft *f*; Volkszugehörigkeit *f*
national-socialisme *m* Nationalsozialismus *m*
national-socialiste ⟨*f inv*; *m/pl* **nationaux-socialistes**⟩ I *adj* nationalsozialistisch II *m,f* Nationalsozialist(in) *m(f)*
nativité [nativite] *f* Geburt *f* Christi
natte [nat] *f* 1. *tapis* Matte *f* 2. *tresse* Zopf *m*

natter [nate] *v/t cheveux* flechten
naturalisation [natyʀalizasjõ] *f* Einbürgerung *f*; Naturalisierung *f*
naturaliser [natyʀalize] *v/t* 1. *étranger* einbürgern; naturalisieren; **se faire naturaliser français** die französische Staatsangehörigkeit erwerben 2. *animal* präparieren
naturalisme [natyʀalism] *m* Naturalismus *m*
naturaliste [natyʀalist] I *adj* naturalistisch II *m* 1. *peintre, romancier* Naturalist *m* 2. (*empailleur*) Präparator *m* 3. *savant* Naturforscher *m*
▸ **nature** [natyʀ] *f* 1. (*monde physique*) Natur *f*; **grandeur nature** lebensgroß; in Lebensgröße; in natürlicher Größe 2. (*caractère*) Natur *f* (*a personne*); Wesen *n*; Art *f*; **de qc a** Wesensart *f*; **de qc a** Beschaffenheit *f*; **la nature humaine** die menschliche Natur; **de cette nature** dieser Art; derartig; **de nature à** (+ *inf*) geeignet, dazu angetan zu (+ *inf*); **de** *ou* **par nature** von Natur (aus) 3. PEINT **nature morte** Stilleben *n* 4. **payer en nature** in Naturalien, in natura (be)zahlen 5. *adjt* ⟨*inv*⟩ a) CUIS nature; ohne besondere Zutaten; *café* schwarz b) F *personne* **être nature** unbefangen, natürlich sein
▸ **naturel** [natyʀɛl] I *adj* ⟨**~le**⟩ 1. natürlich; Natur...; *aliment* naturrein; naturbelassen; **mort naturelle** natürlicher Tod; **soie naturelle** Naturseide *f* 2. *personne, geste, style* natürlich; ungekünstelt; ungezwungen; *personne a* unverbildet 3. (*normal*) natürlich; selbstverständlich 4. *enfant* unehelich II *m* 5. (*caractère de qn*) Naturell *n*; Wesen *n*; Wesensart *f*; Veranlagung *f* 6. (*simplicité*) Natürlichkeit *f* 7. **au naturel** a) *conserves* ohne besondere Zutaten; b) (*en réalité*) in natura; in Wirklichkeit
▸ **naturellement** [natyʀɛlmã] *adv* 1. (*évidemment*) natürlich; selbstverständlich 2. (*de nature*) von Natur (aus)
naturisme [natyʀism] *m* Freikörperkultur *f* (*abr* FKK)
naturiste [-ist] *m,f* Anhänger(in) *m(f)* der Freikörperkultur
naufrage [nofʀaʒ] *m* 1. Schiffbruch *m*; Untergang *m*; *bateau* **faire naufrage** untergehen 2. *fig* Scheitern *n*
naufragé(e) [nofʀaʒe] *m(f)* Schiffbrüchige(r) *f(m)*
nauséabond [nozeabõ] *adj* ⟨**-onde** [-õd]⟩ widerlich; ekelerregend
nausée [noze] *f* 1. Übelkeit *f*; Brechreiz *m*; **avoir des nausées, la nausée** Brechreiz haben; würgen (müssen) 2. *fig* Ekel *m*; Abscheu *m*; **donner la nausée** Abscheu, Ekel einflößen
nauséeux [nozeø] *adj* ⟨**-euse** [-øz]⟩ Übelkeit, Brechreiz hervorrufend
nautile [notil] *m* zo Nautilus *m*
nautique [notik] *adj* 1. MAR nautisch 2. **ski** *m* **nautique** Wasserski *n*; **sports** *m/pl* **nautiques** Wassersport *m*
nautisme [notism] *m* Wassersport *m* (*ohne Schwimmen*)
naval [naval] *adj* ⟨**~e**; **-als**⟩ 1. TECH Schiff(s)...; **chantier naval** (Schiffs)Werft *f* 2. MAR MIL Marine...; See...
navarin [navaʀɛ̃] *m* Lammragout *n* mit Weißen Rüben
navet [navɛ] *m* 1. Weiße Rübe 2. *péj* (*mauvais*

film) F Schmarren *m*; F Krampf *m*
navette [navɛt] *f* **1.** TEXT Web(er)schiffchen *n* **2.** *service* Pendelverkehr *m*; *bus* Pendelbus *m*; *train* Pendelzug *m*; *faire la navette* pendeln (*entre ... et ...* zwischen [+*dat*] und ...) **3.** ▸ *navette spatiale* Raumfähre *f*
navigabilité [navigabilite] *f* **1.** *d'un cours d'eau* Schiffbarkeit *f* **2.** *d'un navire* Seetüchtigkeit *f*; *d'un avion* Flugfähigkeit *f*
navigable [navigabl] *adj* schiffbar
navigant [navigã] *adj* ⟨*-ante* [-ãt]⟩ AVIAT *le personnel navigant* das Flugpersonal
navigateur [navigatœʀ] *m* **1.** AVIAT, MAR Navigator *m* **2.** (*marin*) Seefahrer *m* **3.** INFORM *navigateur* (*Web*) (Web-)Browser [-bʀauzər] *m*
navigation [navigasjõ] *f* **1.** MAR Schifffahrt *f*; *navigation côtière* Küstenschifffahrt *f*; *navigation au long cours* große Fahrt **2.** *navigation aérienne* Luftfahrt *f*; *navigation spatiale* Raumfahrt *f* **3.** TECH Navigation *f*
naviguer [navige] *v/i bateau* fahren; *marin* zur See fahren; *voilier* segeln; AVIAT fliegen
navire [naviʀ] *m* Schiff *n*; *navire de commerce, de guerre* Handels-, Kriegsschiff *n*
navire-école *m* ⟨*navires-écoles*⟩ Schulschiff *n*
navire-usine *m* ⟨*navires-usines*⟩ Fabrikschiff *n*
navrant [navʀã] *adj* ⟨*-ante* [-ãt]⟩ betrüblich; (sehr) bedauerlich
navré [navʀe] *adj* ⟨~*e*⟩ *je suis navré* es tut mir sehr leid
navrer [navʀe] *v/t* **1.** *st/s* betrüben; schmerzlich berühren **2.** *sens affaibli je suis navré, mais* es tut mir sehr leid *ou* ich bedauere, aber ...
Nazareth [nazaʀɛt] Nazareth *n*
naze [nɑz] → *nase*
nazi [nazi] *péj* **I** *adj* ⟨~*e*⟩ Nazi...; nazistisch **II** *nazi(e)* *m(f)* Nazi *m*
nazisme [nazism] *m péj* Nazismus *m*
N.B. *abr* (*nota bene*) Anm. (Anmerkung)
▸ **ne** [n(ə)] *adv* ⟨*vor Vokal u stummem h* **n'**⟩ **1.** ▸ *ne ... pas* nicht; *ne ... pas de* (+ *subst*) kein(e); ▸ *ne ... jamais* nie(mals); *ne ... personne* niemand; ▸ *ne ... plus* nicht mehr; ▸ *ne ... que* nur; *temporel* erst; *ne ... rien* nichts **2.** *sans «pas» dans un style plus élégant*: *je ne cesse de vous le répéter* ich wiederhole es Ihnen immer wieder **3.** *explétif*: *non traduit*; *il est plus riche qu'on ne pense* er ist reicher, als man denkt
né [ne] *p/p* → *naître* *et adj* ⟨~*e*⟩ geboren; *madame X née Y* Frau X geborene Y; *fig un orateur-né* ein geborener Redner
néanmoins [neãmwɛ̃] *adv* dennoch; nichtsdestoweniger
néant [neã] *m* **1.** *le néant* das Nichts; *espoirs réduire à néant* zunichtemachen **2.** ADM entfällt
nébuleuse [nebyløz] *f* ASTR Nebel *m*
nébuleux [nebylø] *adj* ⟨*-euse* [-øz]⟩ **1.** *ciel* bewölkt **2.** *fig* verschwommen; nebulös
nébulisation [nebylizasjõ] *f* Zerstäubung *f*
nébuliseur [-œʀ] *m* Zerstäuber *m*
nébulosité [nebylozite] *f* **1.** Bewölkung *f* **2.** *fig d'une théorie* mangelnde Klarheit; Verschwommenheit *f*
nécessaire [nesesɛʀ] **I** *adj* nötig; notwendig; erforderlich; *mal m nécessaire* notwendiges

Übel **II** *m* **1.** *le nécessaire* das Nötige, Notwendige **2.** *nécessaire de voyage* Reisenecessaire *n*
nécessairement [nesesɛʀmã] *adv* notwendigerweise; zwangsläufig; (*absolument*) unbedingt; *il refusera - pas nécessairement!* nicht unbedingt!
nécessité [nesesite] *f* **1.** Notwendigkeit *f*; *de première nécessité* lebensnotwendig; *par nécessité* notgedrungen; *être dans la nécessité de faire qc* sich genötigt, gezwungen sehen, etw zu tun **2.** *nécessités pl* Erfordernisse *n/pl*
nécessiter [nesesite] *v/t* erfordern
nécessiteux [nesesitø] *adj* ⟨*-euse* [-øz]⟩ Not leidend; bedürftig
nec plus ultra [nɛkplysyltʀa] *m* ⟨*inv*⟩ Nonplusultra *n*
nécrologie [nekʀɔlɔʒi] *f* **1.** (*notice biographique*) Nachruf *m*; Nekrolog *m* **2.** *dans un journal* Todesanzeigen *f/pl*
nécrologique [nekʀɔlɔʒik] *adj* *notice f nécrologique* kurzer Nachruf; *rubrique f nécrologique* Todesanzeigen *f/pl*
nécropole [nekʀɔpɔl] *f* **1.** ANTIQUITÉ Totenstadt *f*; Nekropole *ou* Nekropolis *f* **2.** *litt* (*vaste cimetière*) Gräberstadt *f*
nécrose [nekʀoz] *f* Nekrose *f*
nectar [nɛktaʀ] *m* Nektar *m*
nectarine [nɛktaʀin] *f* Nektarine *f*
néerlandais [neɛʀlɑ̃dɛ] **I** *adj* ⟨*-aise* [-ɛz]⟩ niederländisch **II** **1.** *Néerlandais(e)* *m(f)* Niederländer(in) *m(f)* **2.** LING *le néerlandais* das Niederländische; Niederländisch *n*
nef [nɛf] *f* **1.** ARCH (Kirchen)Schiff *n* **2.** HIST (Segel)Schiff *n*
néfaste [nefast] *adj* verhängnisvoll; unheilvoll; *jour m néfaste* Unglückstag *m*
nèfle [nɛfl] *f* Mispel *f*
négateur [negatœʀ] *litt adj* ⟨*-trice* [-tʀis]⟩ verneinend
négatif [negatif] **I** *adj* ⟨*-ive* [-iv]⟩ **1.** *critique*, MÉD, ÉLECT, MATH negativ; ÉLECT *pôle négatif* Minuspol *m* **2.** *réponse* verneinend (*a* GR); abschlägig; negativ **II** *subst* **3.** *m* PHOT Negativ *n* **4.** *dans la négative* im Falle e-r Absage, e-r Ablehnung
négation [negasjõ] *f* Verneinung *f*
négativement [negativmã] *adv* *répondre négativement* verneinen; mit Nein antworten
négligé [negliʒe] **I** *adj* ⟨~*e*⟩ *tenue* nachlässig; unordentlich; *personne* ungepflegt; *travail* F schlampig **II** *m* schlampige Kleidung
négligeable [negliʒabl] *adj* unerheblich; unwesentlich; unbedeutend
négligemment [negliʒamã] *adv* → *négligent*
négligence [negliʒãs] *f* **1.** Nachlässigkeit *f*; Fahrlässigkeit *f* (*a* JUR); F Schlamperei *f*
négligent [negliʒã] *adj* ⟨*-ente* [-ãt]⟩ **1.** *personne* nachlässig; F schlampig **2.** *geste* lässig
▸ **négliger** [negliʒe] ⟨*-ge-*⟩ **I** *v/t* vernachlässigen; *conseil* außer Acht lassen; *ce n'est pas à négliger* das darf man nicht außer Acht lassen; *négliger de faire qc* versäumen, etw zu tun **II** *v/pr se négliger* sich vernachlässigen
négoce [negɔs] *m* Handel *m*
négociable [negɔsjabl] *adj* COMM *titre* begebbar; übertragbar
négociant [negɔsjã] *m* *négociant en vins*

N

Wein(groß)händler *m*

négociateur [negɔsjatœʀ] *m*, **négociatrice** [-tʀis] *f* Unterhändler(in) *m(f)*

négociation [negɔsjasjõ] *f* Verhandlung *f*

négocier [negɔsje] **I** *v/t* **1.** *accord* aushandeln; verhandeln über (+ *acc*) **2.** COMM *titre* begeben; übertragen **II** *v/i* verhandeln (*avec* mit)

nègre [nɛgʀ] *m*, **négresse** [negʀɛs] *f* **1.** *péj* (*Noir*) Neger(in) *m(f)* **2.** *m fig* Ghostwriter *m* **3.** *adjt* **nègre** ⟨*m u f*⟩ Neger...

négrier [negʀije] *m* Sklavenhändler *m*

négrillon [negʀijõ] *m*, **négrillonne** [-ɔn] *f péj* (kleines) Negerkind

négritude [negʀityd] *f* Negritude *f*; Rückbesinnung *f* der Afrikaner auf ihre eigene Kultur

négro [negʀo] *m péj* Nigger *m*

négroïde [negʀɔid] *adj* negroid

▸ **neige** [nɛʒ] *f* Schnee *m* (*a arg: cocaïne*); *neiges éternelles* ewiger Schnee; *par ext* **battre des blancs** (*d'œuf*) **en neige** Eiweiß zu Schnee schlagen; *être bloqué par la neige* eingeschneit sein; *partir à la neige* in den Skiurlaub fahren

▸ **neiger** [neʒe] *v/imp* ⟨-ge-⟩ *il neige* es schneit

neigeux [nɛʒø] *adj* ⟨-euse [-øz]⟩ schneebedeckt; verschneit; Schnee...

nem [nɛm] *m* (kleine) Frühlingsrolle

néné [nene] *m* F (*sein*) P Titte *f*

nénette [nenɛt] *f* F **1.** *ne pas se casser la nénette* sich (*dat*) nicht den Kopf zerbrechen **2.** → *nana*

nenni [nɛ(n)ni] *litt adv* nein

nénuphar [nenyfaʀ] *m* Seerose *f*

néo... [neo] *préfixe* neo...; Neo...; neu...; Neu...

néo-calédonien [neokaledɔnjẽ] **I** *adj* ⟨-ienne [-jɛn]⟩ neukaledonisch **II** *Néo-Calédonien* (*-ne*) *m(f)* Neukaledonier(in) *m(f)*

néocapitalisme *m* moderner Kapitalismus, verbunden mit Staatsinterventionismus

néocapitaliste *adj* des modernen Kapitalismus

néoclassicisme *m* BEAUX-ARTS Neoklassizismus *m*; LITTÉRATURE Neuklassizismus *m*; Neuklassik *f*

néoclassique *adj* neo-, neuklassizistisch

néocolonialisme *m* Neokolonialismus *m*

néocolonialiste *adj* neokolonialistisch

néofascisme *m* Neofaschismus *m*

néofasciste I *adj* neofaschistisch **II** *m,f* Neofaschist(in) *m(f)*

néogothique I *adj* neugotisch **II** *m* Neugotik *f*

néolithique [neɔlitik] **I** *adj* jungsteinzeitlich; *sc* neolithisch **II** *m* Jungsteinzeit *f*; *sc* Neolithikum *n*

néologisme [neɔlɔʒism] *m* Neologismus *m*; (sprachliche) Neubildung

néon [neõ] *m* Neon *n*; (*tube m au*) *néon* Neonröhre *f*

néonatal *adj* ⟨-e; -als⟩ Neugeborenen...; des *ou* der Neugeborenen

néo-nazi(e) *m(f)* Neonazi *m*

néonazisme *m* Neonazismus *m*

néophyte [neɔfit] *m,f* Neuling *m*

néoréalisme *m* Neorealismus *m*; CIN *a* Neoverismus *m*

néoréaliste [-ist] *adj* neorealistisch

néo-zélandais [neozelɑ̃dɛ] **I** *adj* ⟨-aise [-ɛz]⟩ neuseeländisch **II** *Néo-Zélandais(e)* *m(f)*

Neuseeländer(in) *m(f)*

Népal [nepal] *le Népal* Nepal *n*

népalais [nepalɛ] **I** *adj* ⟨-aise [-ɛz]⟩ nepalesisch; nepalisch **II** *subst* *Népalais(e)* *m(f)* Nepalese, -lesin *m,f*; Nepaler(in) *m(f)*

néphrétique [nefʀetik] *adj* Nieren...

néphrologie [nefʀɔlɔʒi] *f* MÉD Nephrologie *f*

népotisme [nepɔtism] *m* Vetternwirtschaft *f*

Neptune [nɛptyn] MYTH, ASTR Neptun *m*

nerf [nɛʀ] *m* **1.** ANAT Nerv *m* **2.** PSYCH **nerfs** *pl* Nerven *m/pl*; *avoir ses nerfs* gereizt sein; *être à bout de nerfs* mit den Nerven *ou* nervlich fertig, am Ende sein; *être, vivre sur les nerfs* nervlich stark angespannt sein; übernervös sein; *passer ses nerfs sur qn* s-e Nervosität an j-m auslassen, abreagieren; F *taper sur les nerfs à qn* j-m auf die Nerven gehen, fallen **3.** (*vigueur*) Kraft *f*; Energie *f* **4.** *nerf de bœuf* Ochsenziemer *m*

▸ **nerveux** [nɛʀvø] **I** *adj* ⟨-euse [-øz]⟩ **1.** ANAT Nerven... **2.** *personne, rire, etc* nervös; *rendre nerveux* nervös machen **3.** *mains* nervig; sehnig (*a viande*) **4.** *cheval* schnell reagierend; *voiture* spritzig **II** **nerveux, nerveuse** *m,f* nervöser Mensch

nervosité [nɛʀvozite] *f* Nervosität *f*

nervure [nɛʀvyʀ] *f* BOT Rippe *f* (*a* ARCH, AVIAT); Blattader *f*; *d'une aile d'insecte* Ader *f*

nervuré [nɛʀvyʀe] *adj* ⟨-e⟩ gerippt; geädert

▸ **n'est-ce pas** [nɛspa] *adv* nicht (wahr)?

net [nɛt] **I** *adj* ⟨**nette** [nɛt]⟩ **1.** (*propre*) sauber; rein(lich); *vouloir en avoir le cœur net* Gewissheit haben wollen; ganz sicher sein wollen **2.** (*clair*) klar; (*distinct*) deutlich; *réponse a* eindeutig; *image, photo* scharf **3.** COMM Netto...; Rein...; *net d'impôt* steuerfrei **II** *adv* ⟨*inv*⟩ **4.** (*brusquement*) plötzlich; mit einem Mal; *tuer* auf der Stelle **5.** (*carrément*) (*tout*) *net* klar und deutlich; unmissverständlich; *refuser* rundweg

Net [nɛt] *m* INFORM Netz *n*; (*surfer*) *sur le Net* im Netz (surfen)

▸ **nettement** [nɛtmɑ̃] *adv* **1.** (*clairement*) klar und deutlich; eindeutig; unmissverständlich **2.** (*distinctement*) deutlich; scharf

netteté [nɛtte] *f* **1.** (*clarté*) Klarheit *f*; Deutlichkeit *f* **2.** PHOT, TV Schärfe *f*

nettoiement [nɛtwamɑ̃] *m* *service m de nettoiement* Müllabfuhr *f* und Straßenreinigung *f*

nettoyage [nɛtwajaʒ] *m* Reinigung *f*; Säuberung *f* (*a* MIL); Putzen *n*; *nettoyage à sec* chemische Reinigung; Trockenreinigung *f*; F *fig faire le nettoyage par le vide* F alles wegschmeißen

nettoyant [nɛtwajɑ̃] *m* Reinigungsmittel *n*

▸ **nettoyer** [nɛtwaje] *v/t* ⟨-oi-⟩ **1.** reinigen; säubern; sauber machen; putzen; *étable* ausmisten; *oreilles* ausputzen; *faire nettoyer les vêtements* die Kleider reinigen lassen **2.** MIL, *fig* säubern **3.** F *fig* (*vider*) F ausräumen

nettoyeur [nɛtwajœʀ] *m*, **nettoyeuse** [-øz] *f* **1.** *personne* Reinigungskraft *f* **2.** *m machine* Reinigungsmaschine *f*

▸ **neuf**[1] [nœf] **I** *num/c* neun; *Charles IX* Karl IX. (der Neunte); *le neuf juin* der neunte *ou* am neunten Juni **II** *m* ⟨*inv*⟩ Neun *f*; Neuner *m*; *le neuf (du mois)* der Neunte *ou* am Neunten (des Monats)

▸ **neuf²** [nœf] **I** *adj* ⟨**neuve** [nœv]⟩ neu; *voiture neuve a* Neuwagen *m* **II** *m* **1.** *le neuf* das Neue; *du neuf* (etwas) Neues; neue Sachen *f/pl*; *quoi de neuf?* was gibt's Neues? **2.** *à neuf* neu; *logement refaire à neuf* renovieren; *repeindre à neuf* frisch (an)streichen

neurasthénie [nøʀasteni] *f* Depressionen *f/pl*

neurasthénique [-ik] *adj* depressiv

neurobiologie [nøʀɔbjɔlɔʒi] *f* Neurobiologie *f*

neurobiologiste *m,f* Neurobiologe, -biologin *m,f*

neurochirurgie *f* Neurochirurgie *f*

neuroleptique [nøʀɔlɛptik] **I** *adj* nervenberuhigend **II** *m* Neuroleptikum *n*

neurologie [nøʀɔlɔʒi] *f* Nervenheilkunde *f*; Neurologie *f*

neurologique *adj* Nerven…; *sc* neurologisch

neurologiste [-lɔʒist] *m,f ou* **neurologue** [-lɔg] *m,f* Neurologe, -login *m,f*

neurone [nøʀɔn] *m* ANAT Neuron *n*

neurovégétatif [nøʀoveʒetatif] *adj* ⟨**-ive** [-iv]⟩ *système neurovégétatif* vegetatives Nervensystem

neutralisation [nøtʀalizasjɔ̃] *f* **1.** CHIM, PHYS Neutralisation *f*; PHYS *de forces a* Aufhebung *f* **2.** POL, MIL Neutralisierung *f* **3.** *de l'adversaire* Ausschaltung *f*; Unschädlichmachung *f*

neutraliser [nøtʀalize] *v/t* neutralisieren; POL *a* für neutral erklären; *adversaire*, MIL *a* ausschalten; unschädlich machen

neutralisme [-ism] *m* Neutralismus *m*; Neutralitätspolitik *f*

neutraliste [nøtʀalist] **I** *adj* neutralistisch **II** *m* Neutralist *m*

neutralité [nøtʀalite] *f* Neutralität *f*

neutre [nøtʀ] **I** *adj* **1.** *État* neutral **2.** *personne* neutral; unparteiisch **3.** GR sächlich **4.** ÉLECT *conducteur m neutre* Nullleiter *m* **5.** *fig couleur* neutral; *ton* leidenschaftslos; unbeteiligt; *style* trocken; farblos **II** *m* **6.** POL *les neutres pl* die neutralen Staaten *m/pl* **7.** GR Neutrum *n*

neutron [nøtʀɔ̃] *m* Neutron *n*

▸ **neuvième** [nœvjɛm] **I** *num/o* neunte **II** *subst* **1.** *le, la neuvième* der, die, das Neunte **2.** *m* MATH Neuntel *n*

neuvlèmement [nœvjɛmmɑ̃] *adv* neuntens

névé [neve] *m* Firn(schnee) *m*

▸ **neveu** [n(ə)vø] *m* ⟨**~x**⟩ Neffe *m*

névralgie [nevʀalʒi] *f* **1.** Nervenschmerz *m*; Neuralgie *f* **2.** (*mal de tête*) Kopfschmerzen *m/pl*

névralgique [nevʀalʒik] *adj* neuralgisch; *point m névralgique* neuralgischer, wunder Punkt

névrose [nevʀoz] *f* Neurose *f*

névrosé(e) [nevʀoze] *m(f)* Neurotiker(in) *m(f)*

névrotique [nevʀɔtik] *adj* neurotisch

New Delhi [njudeli] Neu-Delhi *n*

newton [njutɔn] *m* Newton *n*

New York [nujɔʀk] New York *n*

new-yorkais [nujɔʀkɛ] **I** *adj* ⟨**-aise** [-ɛz]⟩ New Yorker **II** *subst* **New-Yorkais(e)** *m(f)* New Yorker(in) *m(f)*

▸ **nez** [ne] *m* Nase *f* (*a fig d'un avion*); *faux nez* Pappnase *f*; *au nez et à la barbe de qn* vor den Augen j-s; *fig avoir du nez* F den richtigen Riecher haben; F *fig avoir qn dans le nez* F j-n nicht riechen können; *fig se casser le nez* (*à la porte de qn*) vor verschlossener

Tür stehen; niemanden antreffen; *ne pas mettre le nez dehors* keinen Fuß vor die Tür setzen; F *fourrer son nez partout* F s-e Nase in alles hineinstecken; *se mettre, F se fourrer les doigts dans le nez* in der Nase bohren; F popeln; *parler du nez* durch die Nase sprechen; *cela lui* (*te, etc*) *pend au nez* das kann nicht ausbleiben; *rire au nez de qn* j-m (frech) ins Gesicht lachen; *saigner du nez* aus der Nase bluten; Nasenbluten haben; *se trouver nez à nez avec qn* j-m unverhofft gegenüberstehen

N.F. [ɛnɛf] *abr* (*norme française*) **norme** *f* **N.F.** französisches Normenwerk; französische Normblätter *n/pl*

ni [ni] *conj* ⟨*bei Verb mit ne*⟩ und nicht; noch; ▸ *ni … ni …* weder … noch …; *ni aujourd'hui ni demain* weder heute noch morgen; *ni plus ni moins* (*que*) nicht mehr und nicht weniger (als); *ne dire ni oui ni non* weder Ja noch Nein sagen; *sans … ni …* ohne … und …

niable [njabl] *adj cela n'est pas niable* das lässt sich nicht leugnen

Niagara [njagaʀa] *les chutes f/pl du Niagara* die Niagarafälle *m/pl*

niais [njɛ] **I** *adj* ⟨**niaise** [njɛz]⟩ einfältig; albern **II** *niais(e)* *m(f)* Einfaltspinsel *m*

niaiseries [njɛzʀi] *f/pl* dummes, albernes Zeug

Nicaragua [nikaʀagwa] *le Nicaragua* Nicaragua *ou* Nikaragua *n*

nicaraguayen [nikaʀagwajɛ̃] **I** *adj* ⟨**-enne** [-ɛn]⟩ nicaraguanisch **II** *subst* **Nicaraguayen(ne)** *m(f)* Nicaraguaner(in) *m(f)*

Nice [nis] Nizza *n*

niche [niʃ] *f* **1.** *dans un mur* Nische *f* **2.** *de chien* Hundehütte *f* **3.** (*farce*) *faire des niches à qn* j-m Streiche spielen; mit j-m s-n Schabernack treiben

nichée [niʃe] *f* **1.** *d'oiseaux* Brut *f* **2.** F *fig* Kinderschar *f*

nicher [niʃe] **I** *v/i* **1.** *oiseaux* nisten **2.** F *fig personne* F hausen **II** *v/pr se nicher fig* (*se blottir*) sich schmiegen; (*se cacher*) sich verstecken

nichon [niʃɔ̃] *m* F (*sein*) P Titte *f*

nickel [nikɛl] *m* **1.** Nickel *n* **2.** *adjt* F *c'est nickel chez eux* bei ihnen ist alles blitzblank, F wie geleckt

nickeler [nikle] *v/t* ⟨**-ll-**⟩ vernickeln

nicotine [nikɔtin] *f* Nikotin *n*

▸ **nid** [ni] *m* Nest *n* (*a fig*); *nid de guêpes* Wespennest *n*

nidation [nidasjɔ̃] *f* BIOL Einnistung *f*; *sc* Nidation *f*

nid-d'abeilles [nidabɛj] *m* ⟨**nids-d'abeilles**⟩ COUT Smokarbeit *f*; *serviette f nid-d'abeilles* Handtuch *n* mit Waffelmuster; AUTO *radiateur m à nids-d'abeilles* Wabenkühler *m*

nid-de-poule [nidpul] *m* ⟨**nids-de-poule**⟩ Schlagloch *n*

▸ **nièce** [njɛs] *f* Nichte *f*

nieller [njele] *v/t* TECH niellieren

nième [ɛnjɛm] *adj* **1.** MATH n-te **2.** F *pour la nième fois* zum x-ten Mal

▸ **nier** [nje] *v/t* leugnen (*a abs*)

Nièvre [njɛvʀ] *la Nièvre* Fluss u Departement in Frankreich

nigaud [nigo] **I** *adj* ⟨**-aude** [-od]⟩ dumm; einfältig **II** *nigaud(e)* *m(f)* Dummkopf *m*; F Trottel *m*; **gros nigaud!** du Dummerchen!

Niger [niʒɛʀ] **le Niger 1.** *fleuve* der Niger **2.** *État* Niger *n*

Nigeria [niʒeʀja] **le Nigeria** Nigeria *n*

nigérian [niʒeʀjã] **I** *adj* ⟨-ane [-an]⟩ nigerianisch **II** *subst* **Nigérian(e)** *m(f)* Nigerianer(in) *m(f)*

nigérien [niʒeʀjɛ̃] **I** *adj* ⟨-enne [-ɛn]⟩ nigrisch **II** *subst* **Nigérien(ne)** *m(f)* Nigrer(in) *m(f)*

night-club [najtklœb] *m* ⟨**night-clubs**⟩ Nachtklub *m*

nihilisme [niilism] *m* Nihilismus *m*

nihiliste I *adj* nihilistisch **II** *m,f* Nihilist(in) *m(f)*

Nil [nil] **le Nil** der Nil

nimbe [nɛ̃b] *m* Gloriole *f*

nimbus [nɛ̃bys] *m* Regenwolke *f*; *sc* Nimbus *m*

▸ **n'importe ...** [nɛ̃pɔʀt] → **importer²**

niôle [njol] *f* → **gnôle**

nipper [nipe] F *v/t surtout adjt* **être bien nippé** F in Schale sein; **être mal nippé** F alte Klamotten anhaben

nippes [nip] *f/pl* F Klamotten *f/pl*

nippon [nipɔ̃] *adj* ⟨**-on(n)e** [-ɔn]⟩ japanisch

nique [nik] *f* **faire la nique à qn** F j-m e-e (lange) Nase drehen, machen (*a fig*); F ätsch machen

niquer [nike] *arg v/t* P ficken

nirvana [niʀvana] *m* **1.** REL Nirwana *n* **2.** F *fig* siebter Himmel

nitouche [nituʃ] *f* F **sainte nitouche** Scheinheilige *f*

nitrate [nitʀat] *m* Nitrat *n*

nitré [nitʀe] *adj* ⟨**~e**⟩ **dérivés nitrés** Nitroverbindungen *f/pl*

nitrification [nitʀifikasjɔ̃] *f* BIOL, CHIM Nitrifizierung *f*; Nitrifikation *f*

nitrique [nitʀik] *adj* **acide** *m* **nitrique** Salpetersäure *f*

nitrite [nitʀit] *m* Nitrit *n*

nitroglycérine [nitʀogliseʀin] *f* Nitroglyzerin *n*

nival [nival] *adj* ⟨**~e**; **-aux** [-o]⟩ **régime nival** durch Schmelzwasser bedingte Wasserführung

▸ **niveau** [nivo] *m* ⟨**~x**⟩ **1.** (*hauteur*) Niveau *n*; Höhe *f*; *d'un liquide* Stand *m*; **niveau d'essence, d'huile** Benzin-, Ölstand *m*; **niveau de la mer** Meeresspiegel *m*, -höhe *f*; **au niveau de** in Höhe (+ *gén*); *arriver* bis zu **2.** *fig* Niveau *n*; Stand *m*; Höhe *f*; Stufe *f*; Ebene *f*; **niveau intellectuel** Bildungsstand *m*, -niveau *n*; **niveau de langue** Sprachebene *f*; **niveau des salaires** Lohnniveau *n*; ▸ **niveau de vie** Lebensstandard *m*; **à tous les niveaux** auf allen Ebenen; **au niveau de** in Bezug auf (+ *acc*); hinsichtlich (+ *gén*); ...mäßig **3.** Etage *f*; Stockwerk *n* **4.** *instrument* **niveau (à bulle)** Wasserwaage *f*

nivelage [nivlaʒ] *m* → **nivellement 1**

niveler [nivle] *v/t* ⟨**-ll-**⟩ **1.** *terrain* einebnen; planieren **2.** *fig* (einander) angleichen; nivellieren

niveleuse [nivløz] *f* Planiermaschine *f*

nivellement [nivɛlmã] *m* **1.** *d'un terrain* Einebnung *f*; Planierung *f* **2.** *fig* Angleichung *f*; Nivellierung *f*

nº ou Nº *abr* (*numéro*) Nr. (Nummer)

nobiliaire [nɔbiljɛʀ] *adj* Adels...

noble [nɔbl] **I** *adj* **1.** (*aristocratique*) ad(e)lig **2.** *fig* edel; vornehm; *sentiments a, style* erhaben;

attitude würdevoll **II** *m,f* Ad(e)lige(r) *f(m)*

noblement [nɔbləmã] *adv* würdevoll; stolz

noblesse [nɔblɛs] *f* **1.** *classe sociale* Adel *m* **2.** *fig* Erhabenheit *f*; Würde *f*; Hoheit *f*; **noblesse d'âme** Seelenadel *m*

noce [nɔs] *f* **1.** **noces** Hochzeit *f*; **noce** *ou* **noces** Hochzeitsfeier *f*; **noces d'or** goldene Hochzeit; *épouser qn* **en secondes noces** in zweiter Ehe; *fig* **n'être pas à la noce** übel dran sein **2.** (*les invités*) Hochzeitsgesellschaft *f* **3.** F *fig* **faire la noce** in Saus und Braus leben

noceur [nɔsœʀ] F *m* Lebemann *m*; Bonvivant *m*

nocif [nɔsif] *adj* ⟨**-ive** [-iv]⟩ schädlich

nocivité [nɔsivite] *f* Schädlichkeit *f*

noctambule [nɔktɑ̃byl] *m,f* Nachtschwärmer *m*

noctambulisme [-ism] *m* Nachtschwärmerei *f*

nocturne [nɔktyʀn] **I** *adj* nächtlich; Nacht... **II** *subst* **1.** *m* MUS Notturno *n* **2.** *f* COMM verlängerte Öffnungszeit am Abend **3.** MAR *match m* **en nocturne** Flutlichtspiel *n*

nodosité [nɔdozite] *f* MÉD Knoten *m*

nodule [nɔdyl] *m* MÉD Knötchen *n*

Noé [nɔe] *m* Noah *m*

▸ **Noël** [nɔɛl] *m* **1.** ⟨*ohne Artikel*⟩ Weihnachten *n ou* F *f/pl*; **joyeux Noël!** fröhliche Weihnachten!; **à Noël** (zu *ou* an) Weihnachten **2.** F (*petit*) **noël** Weihnachtsgeschenk *n* **3.** **noël** *chant* Weihnachtslied *n*

Noël

Der 25. Dezember ist in Frankreich der Weihnachtstag. An diesem Tag findet nach dem Frühstück die Bescherung statt. Wo ein Kamin vorhanden ist, werden die Geschenke für die Kinder in oder vor den Kamin gelegt. Die Erwachsenen beschenken sich im Anschluss daran bei einem apéritif vor dem Mittagessen. Kein Festessen am Weihnachtsfeiertag ohne die **bûche de Noël**, eine meist mit Schokoladencreme gefüllte Biskuitrolle. Am 24. Dezember gehen viele Familien in die Mitternachtsmesse (**la messe de minuit**). Einen zweiten Weihnachtsfeiertag gibt es in Frankreich nicht.

▸ **nœud** [nø] *m* **1.** *pour attacher* Knoten *m*; **nœud de cravate** Krawattenknoten *m*; *fig* **il avait un nœud dans la gorge** s-e Kehle war wie zugeschnürt **2.** (*ruban noué*) Schleife *f* **3.** *fig d'une affaire* springender Punkt **4.** **nœud ferroviaire** (Eisen)Bahnknotenpunkt *m* **5.** MAR Knoten *m* **6.** *dans du bois* Ast *m*

▸ **noir** [nwaʀ] *adj* ⟨**noire**⟩ **1.** *couleur* schwarz; *raisin* blau; **pain noir** Schwarzbrot *n*; **noir comme du jais, comme de l'encre** schwarz wie die Nacht; pechschwarz; kohl(raben)schwarz; **noir de monde** schwarz von Menschen **2.** (*sale*) schwarz; schmutzig **3.** (*sans lumière*) dunkel; finster **4.** *race, personne* schwarz; Neger…; *l'Afrique noire* Schwarzafrika *n* **5.** *fig* idées trüb(e); schwarz; *regard* finster; *être d'humeur noire* (in) düsterer Stimmung sein **6.** *fig complot* schändlich; ruchlos; *desseins* finster; *colère* sinnlos; blind **7.** *(illégal)* *caisse noire* Geheimkasse *f*, -fonds *m*; *marché noir* schwarzer Markt; *travailler au noir* schwarzarbeiten **8.** F *(ivre)* F blau; F besoffen **II** *subst* **9.** *m couleur* Schwarz *n*; *noir sur blanc* *(par écrit)* schwarz auf weiß; *photo f en noir et blanc* Schwarzweißaufnahme *f*; *se mettre du noir aux yeux* sich (*dat*) e-n schwarzen Lidstrich ziehen; *fig voir tout en noir* schwarz, grau in grau sehen **10.** *m (obscurité)* Dunkel *n*; Dunkelheit *f* **11.** *Noir(e)* *m(f)* Schwarze(r) *f(m)* **12.** MUS *noire f* Viertelnote *f* **13.** F *un* (*petit*) *noir* e-e Tasse schwarzen Kaffee

noirâtre [nwaʀɑtʀ] *adj* schwärzlich

noiraud [nwaʀo] **I** *adj* ⟨**-aude** [-od]⟩ dunkel (-häutig) **II** *noiraud(e)* *m(f)* dunkler Typ

noirceur [nwaʀsœʀ] *f* **1.** *couleur* Schwärze *f* **2.** *litt* Schändlichkeit *f*; Ruchlosigkeit *f*

noircir [nwaʀsiʀ] **I** *v/t* **1.** schwarz machen, färben; schwärzen **2.** *fig situation* in schwarzen, düsteren Farben schildern; *pages* eng beschreiben **II** *v/i* schwarz werden

noircissement [nwaʀsismɑ̃] *m* Schwärzen *n*, -ung *f*; *(fait de devenir noir)* Schwarzwerden *n*

noire [nwaʀ] *f* MUS Viertelnote *f*

noise [nwaz] *f* *chercher noise ou des noises à qn* mit j-m Streit, Händel suchen

noisetier [nwaztje] *m* Hasel(nuss)strauch *m*

noisette [nwazɛt] *f* **1.** Haselnuss *f* **2.** *adjt* ⟨*inv*⟩ haselnussbraun

▸ **noix** [nwa] *f* **1.** *du noyer* (Wal)Nuss *f*; *noix de coco* Kokosnuss *f*; F *fig* *à la noix* F mies **2.** *une noix de beurre* ein walnussgroßes Stück Butter **3.** *noix de veau* Kalbsnuss *f* **4.** F *fig (imbécile)* F doofe Nuss

▸ **nom** [nõ] *m* **1.** Name *m*; *nom commercial* Handelsname *m*; *nom déposé* Marke *f*; *nom d'emprunt, de guerre* Deckname *m*; Pseudonym *n*; ▸ *nom* (*de famille*) Familien-, Nach-, Zuname *m*; *nom de jeune fille* Mädchenname *m* (*e-r verheirateten Frau*); *nom de rue* Straßenname *m*; *au nom de* im Namen (+ *gén*); *connaître qn* *de nom* dem Namen nach; *sans nom* *misère* namenlos; *bêtise* unsagbar; *appeler les choses par leur nom* die Dinge, das Kind beim rechten Namen nennen; *quel est le nom de la rue?* wie heißt die Straße?; *prendre le nom de qn* den Namen j-s annehmen **2.** GR Substantiv *n*; Hauptwort *n*; *nom commun* Gattungsname *m*; *nom propre* Eigenname *m* **3.** *int* F *nom d'un chien!* zum Donnerwetter!; verdammt (und zugenäht)!

nomade [nɔmad] **I** *adj* Nomaden… **II** *m,f* **1.** *du désert* Nomade *m* **2.** ADM Nichtsesshafte(r) *f(m)*

nomadisme [nɔmadism] *m* Nomadentum *n*; Nomadismus *m*

no man's land [nomanslɑ̃d] *m* Niemandsland *n*

▸ **nombre** [nõbʀ] *m* **1.** Zahl *f* (*a* MATH); Anzahl *f*; *nombre d'habitants* Einwohnerzahl *f*; TECH *nombre de tours* Dreh-, Tourenzahl *f*; *nombre de …* viele …; (*un*) *bon nombre de …* nicht wenige…; ziemlich viele…; *au nombre*

de trois drei (an der Zahl); *dans le nombre* darunter; *en nombre* zahlreich; in großer Zahl; *être supérieur* zahlenmäßig; *sans nombre* zahllos; unzählig; *serez-vous du nombre?* werden Sie auch dabei sein? **2.** GR Numerus *m*; Zahl *f*

▸ **nombreux** [nõbʀø] *adj* ⟨**-euse** [-øz]⟩ zahlreich; *foule, public a* groß; *famille nombreuse* kinderreiche Familie; *venir nombreux* zahlreich, in großer Zahl erscheinen

nombril [nõbʀil] *m* Nabel *m* (*a fig*); F Bauchnabel *m*

nombrilisme [nõbʀilism] *m* F Nabelschau *f*

nomenclature [nɔmɑ̃klatyʀ] *f* **1.** *(terminologie)* Nomenklatur *f* **2.** *(liste)* Verzeichnis *n* **3.** *d'un dictionnaire* Wortgut *n*

nominal [nɔminal] *adj* ⟨**~e**; **-aux** [-o]⟩ **1.** *(des noms)* namentlich; Namen(s)… **2.** *(n'existant que de nom)* nominell **3.** ÉCON Nominal…; Nenn… **4.** GR Nominal…

nominatif¹ [nɔminatif] *m* Nominativ *m*; Werfall *m*

nominatif² *adj* ⟨**-ive** [-iv]⟩ namentlich; Namen(s)…

nomination [nɔminasjõ] *f* Ernennung *f*

nominativement [nɔminativmɑ̃] *adv* namentlich; mit Namen

nommé [nɔme] *adj* ⟨**~e**⟩ **1.** namens; mit (dem) Namen **2.** *(cité)* genannt **3.** *à point nommé* wie gerufen; zur rechten Zeit **4.** *(opposé: élu)* ernannt

nommément [nɔmemɑ̃] *adv* namentlich

▸ **nommer** [nɔme] **I** *v/t* **1.** *(donner un nom)* nennen; *chose a* benennen **2.** *(dire le nom)* (mit Namen) nennen **3.** *qn à une fonction* ernennen; berufen **II** *v/pr* *se nommer* sich nennen; heißen

▸ **non** [nõ] **I** *adv* **1.** nein; nicht; *il est venu?* - *non* nein; ▸ *non, merci* nein danke; *ah, ça non!* ganz bestimmt nicht!; *moi non* ich nicht!; ▸ *non plus* auch nicht; *non sans* nicht ohne; *non (pas) … mais …* nicht …, sondern …; *non que …* (+ *subj*) nicht (etwa), dass *ou* weil …; *j'espère que non* ich hoffe nicht **2.** *int* F *non, mais!* F nein, so was! **3.** F *en fin de phrase* nicht (wahr)?; ja? **II** *m* ⟨*inv*⟩ **4.** Nein *n* **5.** POL Neinstimme *f*

non-… *ou* **non …** [nõ, *vor Vokal u stummem h* nõn] *préfixe* Nicht…; nicht…; *exemples*: *non-gréviste m* Nichtstreikende(r) *m*; *non coupable* nicht schuldig

non-actif [nɔnaktif] *m* Nichterwerbstätige(r) *m*

non-activité [nɔnaktivite] *f* MIL, ADM *mise f en non-activité* Versetzung *f* in den Wartestand, einstweiligen Ruhestand

nonagénaire [nɔnaʒenɛʀ] *m,f* Neunzigjährige(r) *f(m)*

non-agression [nɔnagʀesjõ] *f* *pacte m de non-agression* Nichtangriffspakt *m*

non-aligné [nɔnaliɲe] *adj* ⟨**~e**⟩ blockfrei

non-alignement *m* Blockfreiheit *f*

nonante [nɔnɑ̃t] *num/c en Belgique et en Suisse* neunzig

non-assistance [nɔnasistɑ̃s] *f* *non-assistance à personne en danger* unterlassene Hilfeleistung

nonce [nõs] *m* Nuntius *m*

nonchalamment [nõʃalamɑ̃] *adv* → *noncha-*

lant

nonchalance [nõʃalɑ̃s] *f* Lässigkeit *f*; Nonchalance *f*; Unbekümmertheit *f*

nonchalant [-ɑ̃] *adj* ⟨**-ante** [-ɑ̃t]⟩ lässig; unbekümmert

non-conformisme [nõkõfɔʀmism] *m* Nonkonformismus *m*

non-conformiste [-ist] **I** *adj* nonkonformistisch **II** *m,f* Nonkonformist(in) *m(f)*

non-conformité [-ite] *f* Nonkonformität *f*

non-engagé [nɔ̃nɑ̃gaʒe] *adj* → **non-aligné**

non-exécution *f d'un contrat* Nichterfüllung *f*

non-existence *f* Nichtexistenz *f*

non-figuratif *adj* ⟨**-ive** [-iv]⟩ *art, peintre* abstrakt

non-fumeur *m* Nichtraucher *m*

non-gréviste *m* Nichtstreikende(r) *m*

non-ingérence [nɔ̃nẽʒeʀɑ̃s] *f* Nichteinmischung *f*

non-initié(e) *m(f)* Uneingeweihte(r) *f(m)*; Nichteingeweihte(r) *f(m)*; Laie *m*

non-inscrit [nɔ̃nẽskʀi] *adj* ⟨**-ite** [-it]⟩ (*député*) ***non-inscrit*** *m* fraktionslose(r) Abgeordnete(r)

non-intervention *f* Nichteinmischung *f*

non-lieu [nõljø] *m* Einstellung *f* des (Straf)Verfahrens; ***rendre un non-lieu*** die Strafverfolgung, das Verfahren einstellen

nonne [nɔn] *f plais (religieuse)* Nonne *f*

nonnette [nɔnɛt] *f kleiner runder Lebkuchen (mit Marmelade)*

nonobstant [nɔnɔpstɑ̃] ADM *prép* ungeachtet, trotz (+ *gén*)

non-paiement [nõpɛmɑ̃] *m* Nicht(be)zahlung *f*

non-prolifération [nõpʀolifeʀasjõ] *f* ***traité*** *m* ***de non-prolifération*** Atom(waffen)sperrvertrag *m*

non-recevoir [nõʀ(ə)səvwaʀ] *m* ***fin*** *f* ***de non--recevoir*** strikte Ablehnung

non-résident [nõʀezidɑ̃] *m* Devisenausländer *m*

non-respect *m d'une règle* Nichtbeachtung *f*

non-retour [nõʀ(ə)tuʀ] *m* ***point*** *m* ***de non-retour*** Punkt *m*, an dem es kein Zurück mehr gibt

non-salarié *m* selbstständig Erwerbstätige(r) *m*; Selbstständige(r) *m*

non-sens *m* Unsinn *m*; Nonsens *m*; Widersinn *m*

non-stop *adj* ⟨*inv*⟩ Nonstop-…

non-violence *f* Gewaltlosigkeit *f*

non-violent *adj* ⟨**-ente** [-ɑ̃t]⟩ gewaltlos

non-voyant *m*, **non-voyante** *f* Blinde(r) *f(m)*

▸ **nord** [nɔʀ] **I** *m* **1.** Nord(en) *m*; ***au nord*** im Norden, nördlich (***de*** von *ou* + *gén*); F *fig* ***perdre le nord*** den Kopf verlieren **2.** ***le Nord*** der Norden; ***de la France*** Nordfrankreich *n*; ***le Grand Nord*** der hohe Norden; ***l'Afrique*** *f* ***du Nord*** Nordafrika *n*; ***la mer du Nord*** die Nordsee; ***les gens*** *m/pl* ***du Nord*** die Nordfranzosen *m/pl* **II** *adj* ⟨*inv*⟩ nördlich

nord-africain [nɔʀafʀikẽ] **I** *adj* ⟨**-aine** [-ɛn]⟩ nordafrikanisch **II** ***Nord-Africain(e)*** *m(f)* Nordafrikaner(in) *m(f)*

nord-américain [nɔʀamerikẽ] **I** *adj* ⟨**-aine** [-ɛn]⟩ nordamerikanisch **II** *subst* ***Nord-Améri-cain(e)*** *m(f)* Nordamerikaner(in) *m(f)*

nord-coréen [nɔʀkɔʀeẽ] **I** *adj* ⟨**-enne** [-ɛn]⟩

nordkoreanisch **II** *subst* ***Nord-Coréen(ne)*** *m(f)* Nordkoreaner(in) *m(f)*

nord-est [nɔʀɛst] *m* Nordost(en) *m*

nordique [nɔʀdik] *adj* nordisch

nordiste [nɔʀdist] HIST U.S.A. **I** *m,f* Nordstaatler(in) *m(f)* **II** *adj* der Nordstaaten

nord-ouest [nɔʀwɛst] *m* Nordwest(en) *m*

Nord-Pas-de-Calais [nɔʀpadkalɛ] ***le Nord--Pas-de-Calais*** *frz Region*

nord-vietnamien [nɔʀvjɛtnamjẽ] **I** *adj* ⟨**-ienne** [-jɛn]⟩ nordvietnamesisch **II** *subst* ***Nord-Viet-namien(ne)*** *m(f)* Nordvietnamese, -vietnamesin *m,f*

noria [nɔʀja] *f* Becherwerk *n*; Schöpfrad *n*

▸ **normal** [nɔʀmal] **I** *adj* ⟨**~e**; **-aux** [-o]⟩ **1.** normal; Normal…; üblich; ***redevenir normal*** sich wieder normalisieren **2.** ***École normale*** Pädagogische Hochschule (*abr* PH) **II** *f* ***la norma-le*** das Normale, Übliche; *intelligence* ***au-des-sus de la normale*** überdurchschnittlich; *situation* ***revenir à la normale*** sich wieder normalisieren

▸ **normalement** [nɔʀmalmɑ̃] *adv* normal; ***en début de phrase*** normalerweise

normalien [nɔʀmaljẽ] *m*, **normalienne** [-jɛn] *f* Schüler(in) *m(f)* e-r „École normale"

normalisation [nɔʀmalizasjõ] *f* **1.** POL Normalisierung *f* **2.** TECH Normung *f*; Normierung *f*

normalisé [nɔʀmalize] *adj* ⟨**~e**⟩ genormt

normaliser [nɔʀmalize] *v/t* **1.** *relations diplomatiques* normalisieren **2.** TECH normen; normieren

normalité [nɔʀmalite] *f* Normalität *f*

normand [nɔʀmɑ̃] **I** *adj* ⟨**-ande** [-ɑ̃d]⟩ normannisch (*a* HIST); der Normandie **II** *subst* **1.** ***Nor-mand(e)*** *m(f)* Bewohner(in) *m(f)* der Normandie; *fig* ***réponse*** *f* ***de Normand*** ausweichende Antwort **2.** HIST ***les Normands*** *m/pl* die Normannen *m/pl*

Normandie [nɔʀmɑ̃di] ***la Normandie*** die Normandie

normatif [nɔʀmatif] *adj* ⟨**-ive** [-iv]⟩ normativ

norme [nɔʀm] *f* Norm *f* (*a* TECH); Regel *f*; ***con-forme aux normes*** normgerecht

noroît [nɔʀwa] *m* Nordwest(wind) *m*

▸ **Norvège** [nɔʀvɛʒ] ***la Norvège*** Norwegen *n*

▸ **norvégien** [nɔʀveʒjẽ] **I** *adj* ⟨**-ienne** [-jɛn]⟩ norwegisch **II** **1.** ***Norvégien(ne)*** *m(f)* Norweger(in) *m(f)* **2.** LING ***le norvégien*** das Norwegische; Norwegisch *n*

nos [no] → **notre**

nosocomial [nozɔkɔmjal] *adj* ⟨**~e**; **-aux** [-o]⟩ im Krankenhaus erfolgend; *sc* nosokomial; ***in-fection nosocomiale*** Krankenhausinfektion *f*; *sc* nosokomiale Infektion

nostalgie [nɔstalʒi] *f* Sehnsucht *f* (***de*** nach); *du passé* Nostalgie *f*

nostalgique [-ik] *adj* sehnsüchtig; sehnsuchtsvoll; wehmütig

nota [nɔta] *m ou* **nota bene** [nɔtabene] *m* ⟨*inv*⟩ Anmerkung *f*

notabilité [nɔtabilite] *f* prominente Persönlichkeit; ***les notabilités*** *pl a* die Prominenz; die Honoratioren *pl*

notable [nɔtabl] **I** *adj* beachtlich; nennenswert; bemerkenswert **II** *m* → **notabilité**

notablement [nɔtabləmɑ̃] *adv* beträchtlich;

sichtlich; erheblich
notaire [nɔtɛʀ] *m* Notar *m*
notamment [nɔtamɑ̃] *adv* besonders
notarial [nɔtaʀjal] *adj* ⟨~e; -aux [-o]⟩ notariell; Notar…; Notariats…
notariat [nɔtaʀja] *m* **1.** *fonction* Notariat *n*; Amt *n* e-s Notars **2.** *coll* (Gesamtheit *f* der) Notare *m/pl*
notarié [nɔtaʀje] *adj* ⟨~e⟩ *acte notarié* notarielle Urkunde
notation [nɔtasjɔ̃] *f* **1.** Zeichensystem *n* **2.** ÉCOLE Benotung *f*; Notengebung *f*
▸ **note** [nɔt] *f* **1.** *imprimée* Anmerkung *f*; *en bas de page* Fußnote *f* **2.** *par écrit* Notiz *f*; Vermerk *m*; *notes* pl a Aufzeichnungen *f/pl*; *prendre des notes* sich (*dat*) Notizen machen; *à un cours* mitschreiben; *fig* *j'en prends bonne note* das werde ich mir gut merken **3.** DIPL Note *f* **4.** *note (de service)* Mitteilung *f*; Umlauf *m* **5.** MUS Note *f*; *son* Ton *m* **6.** *fig* Note *f*; Gepräge *n*; *fausse note* störendes Detail; *ne pas être dans la note* nicht dazupassen; *forcer la note* übertreiben; zu weit gehen **7.** ÉCOLE Note *f*; Zensur *f*; *d'un fonctionnaire* Beurteilung *f* **8.** (*facture*) Rechnung *f*
▸ **noter** [nɔte] *v/t* **1.** (*marquer*) anstreichen; anmerken **2.** (*écrire*) (sich [*dat*]) notieren; (sich [*dat*]) aufschreiben; vermerken **3.** (*remarquer*) bemerken; feststellen **4.** *élève* e-e Note, Zensur geben (*qn* j-m); *devoir, copie* zensieren; benoten; *fonctionnaire* beurteilen
notice [nɔtis] *f* Hinweise *m/pl*; *notice explicative* Bedienungsanleitung *f*
notification [nɔtifikasjɔ̃] *f* offizielle, amtliche Mitteilung
notifier [nɔtifje] *v/t* *notifier qc à qn* j-m etw offiziell mitteilen
notion [nosjɔ̃] *f* **1.** (*concept*) Begriff *m*; (*connaissance intuitive*) Vorstellung *f*; Gefühl *n* (*de qc* für etw); *je n'en ai pas la moindre notion* ich habe nicht die geringste Ahnung **2.** *notions* pl Grund-, Elementarkenntnisse *f/pl* (*de français* im Französischen)
notionnel [nosjɔnɛl] *adj* ⟨~le⟩ LING *champ notionnel* Wortfeld *n*
notoire [nɔtwaʀ] *adj* *fait* allgemein bekannt; offenkundig; *criminel* notorisch
notoirement [-mɑ̃] *adv* offenkundig
notoriété [nɔtɔʀjete] *f* Bekanntheit(sgrad) *f*(*m*); Ruf *m*; Name *m*; *de notoriété publique* allgemein bekannt
▸ **notre** [nɔtʀ] *adj/poss* ⟨pl *nos* [no]⟩ unser(e), *pl* unsere
nôtre [notʀ] **I** *pr/poss* ▸ *le nôtre, la nôtre* der, die, das unsere; unsere(r, -s); *pl* *les nôtres* die unseren; unsere **II** *subst* **1.** *le nôtre* das Unsere **2.** *les nôtres* *m/pl* (*famille, amis, etc*) die Unseren; *serez-vous des nôtres?* kommen Sie auch?
Notre-Dame [nɔtʀədam] *f* **1.** Unsere Liebe Frau **2.** Marienkirche *f*
nouba [nuba] *f* F *faire la nouba* F feste feiern; F einen draufmachen
nouer [nwe, nue] *v/t* **1.** knoten; *lacets a* (zu)-schnüren; (zu)binden; *cravate a* binden; *fig* *il avait la gorge nouée* s-e Kehle war wie zugeschnürt **2.** *relations* anknüpfen; *intrigue* spinnen

noueux [nuø] *adj* ⟨-euse [-øz]⟩ *arbre, racine* knorrig; *mains* knotig
nougat [nuga] *m* (*Art*) türkischer Honig

Le nougat

Le nougat ist die berühmte Spezialität aus der südfranzösischen Stadt **Montélimar**. Die weiße Mandelmasse mit Pistazien und ganzen Mandeln entspricht in etwa dem türkischen Honig in Deutschland.
Der dunkle deutsche Nougat heißt in Frankreich **le praliné**.

---

nougatine [nugatin] *f* Krokant *m*
nouille [nuj] *f* **1.** *nouilles* pl Nudeln *f/pl* **2.** F *fig de qn* F Flasche *f*
nounou [nunu] *enf f* Amme *f*
nounours [nunuʀs] *enf m* Teddy(bär) *m*
nourri [nuʀi] *adj* ⟨~e⟩ **1.** *bien nourri* wohlgenährt; gut genährt **2.** *fig applaudissements* anhaltend; MIL *feu nourri* Dauerfeuer *m*
nourrice [nuʀis] *f* **1.** *qui allaite* Amme *f*; *qui garde* Pflegemutter *f*; Tagesmutter *f* **2.** TECH Reservetank *m*; *bidon* Reservekanister *m*
nourricier [nuʀisje] *adj* ⟨-ière [-jɛʀ]⟩ Nähr…; Pflege…
▸ **nourrir** [nuʀiʀ] **I** *v/t* **1.** *personne, famille* (*entretenir*) ernähren; (*alimenter*) beköstigen; verpflegen; *fig* *nourrir l'esprit* dem Geist Nahrung geben; *nourrir au sein* stillen; *abs* *le sucre nourrit* Zucker nährt **2.** *animal* füttern **3.** *fig désir, espoir, etc* hegen **II** *v/pr* *se nourrir* sich ernähren (*de* von)
nourrissant [nuʀisɑ̃] *adj* ⟨-ante [-ɑ̃t]⟩ nahrhaft
nourrisson [nuʀisɔ̃] *m* Säugling *m*
▸ **nourriture** [nuʀityʀ] *f* **1.** (*aliments*) Nahrung *f*; Kost *f*; Essen *n* **2.** *d'un animal* Futter *n*
▸ **nous** [nu] *pr/pers*: *sujet* wir; *obj/dir et obj/indir* uns (*acc ou dat*); *nous nous sommes regardé(e)s* wir sahen uns an; *c'est nous* wir sind es
nous-mêmes [numɛm] *pr/pers* **1.** *accentué* (wir) selbst **2.** *réfléchi* uns selbst
▸ **nouveau** [nuvo] **I** *adj* ⟨*m* vor Vokal u stummem *h* **nouvel** [nuvɛl]; *f* **nouvelle** [nuvɛl]; *m/pl* ~x⟩ neu; Neu…; *vin* jung; *nouvel an* Neujahr(stag) *n*(*m*); *pommes de terre nouvelles* neue Kartoffeln *f/pl*; Frühkartoffeln *f/pl*; *les nouveaux riches* die Neureichen *m/pl*; *de nouvelles têtes* neue Gesichter *n/pl*; *à nouveau* aufs Neue; von Neuem; erneut; ▸ *de nouveau* wieder; nochmals; abermals; noch einmal **II** *subst* **1.** *du nouveau* etwas Neues; *rien de nouveau* nichts Neues **2.** *le nouveau, la nouvelle* der, die Neue (*dans une école, etc*)
Nouveau-Mexique *le Nouveau-Mexique* New Mexico *n*
nouveau-né *m* ⟨**nouveau-nés**⟩ *le nouveau-né* das Neugeborene
nouveauté [nuvote] *f* **1.** (*originalité*) Neuheit *f*; Neuartigkeit *f* **2.** (*du nouveau*) Neue(s) *n* **3.** (*innovation*) Neuerung *f* **4.** (*produit récent*) Neuheit *f*; Novität *f*; *en librairie* a Neuerschei-

nung *f*
nouvel(le) [nuvɛl] *adj* → **nouveau**
▸ **nouvelle** [nuvɛl] *f* **1.** *d'un événement* Nachricht *f*; Meldung *f*; Neuigkeit *f*; **nouvelles** *pl* Nachrichten *f/pl*; *la grande nouvelle* die große Neuigkeit; *aller aux nouvelles* sich erkundigen, was es Neues gibt; *connaissez-vous la nouvelle?* wissen Sie schon das Neueste? **2.** **nouvelles** *pl* Nachricht *f* (*die j von sich gibt*); *avoir des nouvelles de qn* von j-m Nachricht haben *ou* erhalten; von j-m hören; *demander des nouvelles de qn* sich nach j-m erkundigen; nach j-m fragen; *donner de ses nouvelles* von sich hören lassen **3.** LITTÉRATURE Novelle *f*
Nouvelle-Angleterre [nuvɛlɑ̃glətɛʀ] *la Nouvelle-Angleterre* Neuengland *n*
Nouvelle-Calédonie [nuvɛlkaledɔni] *la Nouvelle-Calédonie* Neukaledonien *n*
Nouvelle-Écosse [nuvɛlekɔs] *la Nouvelle-Écosse* Neuschottland *n*
Nouvelle-Galles-du-Sud [nuvɛlgaldysyd] *la Nouvelle-Galles-du-Sud* Neusüdwales *n*
Nouvelle-Guinée [nuvɛlgine] *la Nouvelle-Guinée* Neuguinea *n*
nouvellement [nuvɛlmɑ̃] *adv* neu; vor Kurzem; kürzlich
Nouvelle-Orléans [nuvɛlɔrleɑ̃] *La Nouvelle-Orléans* New Orleans *n*
Nouvelle-Zélande [nuvɛlzelɑ̃d] *la Nouvelle-Zélande* Neuseeland *n*
nouvelliste [nuvɛlist] *m* Novellist *m*
novateur [nɔvatœʀ] *m*, **novatrice** [-tʀis] *f* Neuerer *m*
▸ **novembre** [nɔvɑ̃bʀ] *m* November *m*

Le 11 novembre

Der 11. November ist in Frankreich nationaler Feiertag, um des Endes des Ersten Weltkrieges (**la Première Guerre mondiale**) zu gedenken. Nach der Niederlage der deutschen Armee wurde am 11. November 1918 in Rethondes im Wald von Compiègne in einem Eisenbahnwaggon das Waffenstillstandsabkommen (**la convention d'armistice**) unterzeichnet. 1920 wurde der Unbekannte Soldat unter dem Triumphbogen in Paris zu Grabe getragen. Jedes Jahr findet dort am 11. November eine Gedenkfeier in Anwesenheit des Staatspräsidenten statt. Im Zweiten Weltkrieg zwang Hitler nach der Schlacht um Frankreich und der Kapitulation der französischen Armee die französische Regierung, an gleicher Stelle und im gleichen Eisenbahnwaggon den Waffenstillstand zu unterzeichnen (20. Juni 1940).

novice [nɔvis] *m,f* **1.** CATH Novize *m,f*; Novizin *f* **2.** (*débutant[e]*) Neuling *m*; Anfänger(in) *m(f)*

noviciat [nɔvisja] *m* Noviziat *n*
noyade [nwajad] *f* Ertrinken *n*
noyau [nwajo] *m* ⟨**~x**⟩ **1.** BOT Stein *m*; Kern *m*; *noyau de cerise* Kirschkern *m*; *fruits m/pl à noyau* Steinobst *n* **2.** PHYS *et fig* Kern *m*; *noyau de l'atome* Atomkern *m* **3.** BIOL Zellkern *m* **4.** *de personnes* kleine Gruppe
noyautage [nwajotaʒ] *m* Unterwanderung *f*
noyauter [-e] *v/t* unterwandern
noyé [nwaje] **I** *adj* ⟨**~e**⟩ **1.** ertrunken **2.** *elle avait les yeux noyés de pleurs* ihre Augen schwammen in Tränen **II** *noyé(e) m(f)* Ertrunkene(r) *f(m)*
noyer[1] [nwaje] ⟨**-oi-**⟩ **I** *v/t personne, animal, plante* ertränken; *animal* F ersäufen; *région* überfluten; *noyer le carburateur* F den Motor absaufen lassen; *révolte noyer dans le sang* blutig niederschlagen **II** *v/pr* ▸ **se noyer 1.** ertrinken **2.** *fig* ins Schwimmen geraten
noyer[2] *m* (Wal)Nussbaum *m*
▸ **nu** [ny] **I** *adj* **1.** *personne* nackt (*a fig vérité*); *bras, etc a* bloß; *se battre les mains nues* sich mit bloßen Fäusten verteidigen; (*les*) *pieds nus* barfuß; *à l'œil nu* mit bloßem Auge; *se mettre nu* sich nackt ausziehen **2.** *mur* nackt; kahl (*a pièce, arbre*); *fil, épée* blank **II** *m* BEAUX-ARTS Akt *m*
▸ **nuage** [nɥaʒ] *m* Wolke *f*; **nuages** *pl a* Bewölkung *f*; *nuage de fumée, de pluie, de poussière* Rauch-, Regen-, Staubwolke *f*; *sans nuages ciel* wolkenlos; *fig bonheur* ungetrübt; *fig être dans les nuages* zerstreut, geistesabwesend sein
nuageux [nɥaʒø] *adj* ⟨**-euse** [-øz]⟩ bewölkt
nuance [nɥɑ̃s] *f* Nuance *f*; feiner Unterschied; Feinheit *f*; *d'une couleur a* Abtönung *f*; Schattierung *f*
nuancé [nɥɑ̃se] **I** *adj* ⟨**~e**⟩ nuanciert; differenziert **II** *m* Nuanciertheit *f*; Nuancenreichtum *m*
nuancer [nɥɑ̃se] *v/t* ⟨**-ç-**⟩ nuancieren; fein differenzieren
nubile [nybil] *adj* heiratsfähig
nubilité [-ite] *f* Heiratsfähigkeit *f*; heiratsfähiges Alter
▸ **nucléaire** [nykleɛʀ] **I** *adj* Kern...; Atom...; nuklear; Nuklear...; *puissance f nucléaire* Atom-, Nuklearmacht *f* **II** *m* Kern-, Atomkraft *f*
nudisme [nydism] *m* Freikörperkultur *f* (*abr* FKK); Nacktkultur *f*
nudiste [nydist] **I** *adj* FKK-... **II** *m,f* FKK-Anhänger(in) *m(f)*; Nudist(in) *m(f)*; *camp m de nudistes* FKK-Gelände *n*
nudité [nydite] *f* **1.** *d'une personne* Nacktheit *f*; Blöße *f* **2.** *fig* Nacktheit *f*; Kahlheit *f* **3.** PEINT *nudités pl* nackte Figuren *f/pl*
nue [ny] *f* *porter qn aux nues* j-n in den Himmel heben; *tomber des nues* (wie) aus allen Wolken fallen
nuée [nɥe] *f* **1.** *litt* große, dicke Wolke **2.** *fig* Schwarm *m*
▸ **nuire** [nɥiʀ] ⟨→ **conduire**; *aber p/p* **nui**⟩ *v/t/indir* **nuire à qn** j-m schaden; *nuire à qc* e-r Sache (*dat*) schaden; etw schädigen
nuisance [nɥizɑ̃s] *f* Umweltbelastung *f*; Beeinträchtigung *f* der Lebensqualität
nuisette [nɥizɛt] *f* kurzes Nachthemd

nuisible [nɥizibl] *adj* schädlich; ***animaux*** *m/pl*
  nuisibles Schädlinge *m/pl*; ***nuisible à la san-***
  té gesundheitsschädlich, -schädigend
▸ **nuit** [nɥi] *f* Nacht *f*; ▸ ***bonne nuit!*** gute
  Nacht!; ***la nuit*** *ou* ***de nuit*** in der Nacht; nachts;
  bei Nacht; ***dans la nuit des temps*** in grauer
  Vorzeit; ***il fait nuit*** es ist Nacht, dunkel
nuitée [nɥite] *f* Übernachtung *f*
nul[1] [nyl] *adj* ⟨**∼le**⟩ **1.** SPORTS unentschieden; ***fai-***
  re match nul unentschieden spielen **2.** (*inexis-*
  tant) gleich null **3.** JUR ungültig; nichtig;
  (rechts)unwirksam **4.** (*sans valeur*) wertlos;
  völlig unzulänglich **5.** *personne* ▸ ***être nul*** F
  e-e Null, e-e Niete sein
nul[2] **I** *adj/ind* ⟨**∼le**; *mit* **ne** *vor dem Verb*⟩ **1.** st/s
  (*aucun*) kein(e) **2.** ▸ ***nulle part*** nirgends; nir-
  gendwo **II** *pr/ind* ⟨*nur m sg*; *mit* **ne** *beim Verb*⟩
  st/s (*aucun*) keiner; niemand
nullard [nylaʀ] *m* F (*incapable*) F Null *f*; F Niete
  f
nullement [nylmɑ̃] *adv* keineswegs; ganz und
  gar nicht; in keiner Weise
nullité [nylite] *f* **1.** JUR Ungültigkeit *f*; Nichtig-
  keit *f*; (Rechts)Unwirksamkeit *f* **2.** *d'une per-*
  sonne Unfähigkeit *f* **3.** (*personne incapable*) F
  Null *f*; F Niete *f*
numéraire [nymeʀɛʀ] *m* (Bar)Geld *n*
numéral [nymeʀal] *adj* ⟨**∼e**; **-aux** [-o]⟩
  Zahl(en)…; ***adjectif numéral*** Zahlwort *n*
numérateur [nymeʀatœʀ] *m* MATH Zähler *m*
numération [nymeʀasjɔ̃] *f* **1.** Zählung *f* **2.** Zah-
  lensystem *n*
numérique [nymeʀik] *adj* **1.** MATH Zahlen… **2.**
  supériorité zahlenmäßig; numerisch **3.** INFORM
  digital; Digital…
numériquement [nymeʀikmɑ̃] *adv* zahlenmä-
  ßig; der Zahl nach; an Zahl
numérisation [nymeʀizasjɔ̃] *f* Digitalisierung *f*
numériser [-e] *v/t* digitalisieren
numéro [nymeʀo] *m* **1.** Nummer *f*; ***numéro ga-***
  gnant Gewinnzahl *f*; *fig* ***le numéro un*** die
  Nummer eins; TÉL ***numéro vert*** Service *m*
  130; ***numéro de compte*** Kontonummer *f*; AU-
  TO ***numéro d'immatriculation*** amtliches, poli-
  zeiliches Kennzeichen; Zulassungsnummer *f*;
  ▸ ***numéro de téléphone*** Telefon-, Rufnum-
  mer *f*; TÉL ***faire un numéro*** e-e Nummer wah-
len; *fig* ***tirer le bon numéro*** das große Los zie-
hen **2.** *d'un journal* Nummer *f*; Ausgabe *f*;
d'une revue a Heft *n*; ***numéro spécial*** Sonder-
nummer *f*, -heft *n* **3.** SPECTACLES Nummer *f*;
Auftritt *m*; Darbietung *f*; ***numéro de cirque***
Zirkusnummer *f*, F *fig* ***faire son numéro ha-***
bituel F das übliche Theater machen **4.** F *fig*
c'est un (***drôle de***) ***numéro*** er *ou* sie ist e-e
komische Nummer, Type
numérotage [nymeʀotaʒ] *m* Nummerieren *n*
numérotation [-asjɔ̃] *f* Nummerierung *f*
numéroter [nymeʀote] *v/t* nummerieren
numerus clausus [nymeʀysklozys] *m* Nume-
rus clausus *m*
numismate [nymismat] *m* Numismatiker *m*
numismatique [-ik] *f* Münzkunde *f*; Numisma-
tik *f*
nu-pieds I *adv* barfuß **II** *m/pl* (einfache) Sanda-
len *f/pl*
nuptial [nypsjal] *adj* ⟨**∼e**; **-aux** [-o]⟩ Braut…;
Hochzeits…; ***chambre nuptiale***, ***lit nuptial***
Brautgemach *n*, -bett *n*
nuptialité [nypsjalite] *f* Zahl *f* der Eheschlie-
ßungen
nuque [nyk] *f* Nacken *m*; Genick *n*
Nuremberg [nyʀɛ̃bɛʀ, -ʀɑ̃-] Nürnberg *n*
nurse [nœʀs] *f* Kindermädchen *n*, -frau *f*
nursery [nœʀsəʀi] *f* Kinderzimmer *n*
nu-tête *adv* ohne Kopfbedeckung
nutritif [nytʀitif] *adj* ⟨**-ive** [-iv]⟩ **1.** Nähr…; ***va-***
leur nutritive Nährwert *m* **2.** (*nourrissant*)
nahrhaft
nutrition [nytʀisjɔ̃] *f* Ernährung *f*
nutritionnel [nytʀisjɔnɛl] *adj* ⟨**∼le**⟩ Ernäh-
rungs…
nutritionniste [-ist] *m,f* Ernährungswissen-
schaftler(in) *m(f)*
nylon® [nilɔ̃] *m* Nylon® *n*; *adjt* ***bas*** *m/pl* ***nylon***
Nylonstrümpfe® *m/pl*
nymphe [nɛ̃f] *f* **1.** MYTH Nymphe *f* **2.** ZO Puppe *f*
nymphéa [nɛ̃fea] *m* Weiße Seerose
nymphette [nɛ̃fɛt] *f* Lolita(typ) *f(m)*; Kindfrau
f
nympho [nɛ̃fo] *f* → ***nymphomane II***
nymphomane [nɛ̃fɔman] **I** *adj* nympho-
man(isch) **II** *f* Nymphomanin *f*
nymphomanie [-i] *f* Nymphomanie *f*

O

O, o [o] *m* ⟨*inv*⟩ O, o *n*
ô [o] *int* o; ***ô ciel!*** o Himmel!
O. *abr* (*ouest*) W (West[en])
oasis [ɔazis] *f*, *a m* Oase *f* (*a fig*)
obédience [ɔbedjɑ̃s] *f* ***d'obédience commu-***
niste, *etc* kommunistischer *etc* Prägung
▸ **obéir** [ɔbeiʀ] *v/t/indir* ***obéir à qn, à qc*** j-m, e-r
  Sache gehorchen, folgen; (*savoir*) ***se faire***

obéir sich (*dat*) Gehorsam (zu) verschaffen
(wissen)
obéissance [ɔbeisɑ̃s] *f* Gehorsam *m* (***à qn*** j-m
gegenüber)
obéissant [ɔbeisɑ̃] *adj* ⟨**-ante** [-ɑ̃t]⟩ gehorsam;
folgsam
obélisque [ɔbelisk] *m* Obelisk *m*
obèse [ɔbɛz] *adj* fett-, dickleibig

obésité [ɔbezite] *f* Fett-, Dickleibigkeit *f*
objecter [ɔbʒɛkte] *v/t* **1.** (*opposer*) einwenden (***que*** dass); ***objecter qc à qn*** j-m etw entgegenhalten **2.** (*alléguer*) vorgeben; vorschützen
objecteur [ɔbʒɛktœʀ] *m* **objecteur de conscience** Wehrdienst-, Kriegsdienstverweigerer *m*
objectif [ɔbʒɛktif] **I** *adj* ⟨**-ive** [-iv]⟩ objektiv; sachlich **II** *m* **1.** OPT Objektiv *n* **2.** (*but*) Ziel *n*
objection [ɔbʒɛksjõ] *f* Einwand *m*, Einwendung *f* (***à qc*** gegen etw)
objectivement [ɔbʒɛktivmã] *adv* **1.** objektiv; sachlich **2.** PHILOS objektiv; tatsächlich
objectivité [ɔbʒɛktivite] *f* Objektivität *f*; Sachlichkeit *f*; ***être dénué, manquer d'objectivité*** nicht objektiv, sachlich sein
▸ **objet** [ɔbʒɛ] *m* **1.** *concret* Gegenstand *m*; Ding *n*; Sache *f*; ***objet d'art*** Kunstgegenstand *m* **2.** (*sujet, matière*) Gegenstand *m*; *en début de lettre* Betreff *m* (*abr* Betr.); ***être sans objet*** gegenstandslos sein; ***être, faire l'objet de qc*** Gegenstand von etw sein **3.** (*but*) Zweck *m*; Ziel *n* **4.** GR (***complément*** *m* **d'**)***objet direct*** Akkusativobjekt *n*; (***complément*** *m* **d'**)***objet indirect*** Präpositionalobjekt *n*
objurgations [ɔbʒyʀgasjõ] *litt f/pl* inständiges Bitten; Beschwörungen *f/pl*
obligataire [ɔbligatɛʀ] FIN **I** *adj* Obligationen… **II** *m* Inhaber *m* e-r Schuldverschreibung; *schweiz* Obligationär *m*
obligation [ɔbligasjõ] *f* **1.** (*engagement*) Verpflichtung *f*, (*devoir*) Pflicht *f* (***envers qn*** j-m gegenüber) **2.** (*nécessité*) Notwendigkeit *f*; (*contrainte*) Zwang *m*; ***sans obligation d'achat*** ohne Kaufzwang; ***être dans l'obligation de faire qc*** gezwungen, genötigt sein, etw zu tun **3.** FIN Schuldverschreibung *f*; Obligation *f*
▸ **obligatoire** [ɔbligatwaʀ] *adj* **1.** obligatorisch; vorgeschrieben; verbindlich; Pflicht…; ***enseignement*** *m* **obligatoire** Schulpflicht *f* **2.** F unvermeidlich; zwangsläufig
obligatoirement [ɔbligatwaʀmã] *adv* obligatorisch; zwangsläufig
obligé(e) [ɔbliʒe] *m(f)* ***être l'obligé(e) de qn*** j-m zu Dank verpflichtet sein
obligeamment [ɔbliʒamã] *adv* entgegenkommenderweise
obligeance [ɔbliʒãs] *f* Entgegenkommen *n*; Freundlichkeit *f*
obligeant [ɔbliʒã] *adj* ⟨**-ante** [-ãt]⟩ gefällig; entgegenkommend; freundlich
▸ **obliger** [ɔbliʒe] *v/t* ⟨**-ge-**⟩ **1.** *loi, etc* **obliger qn** j-n verpflichten, binden **2.** (*forcer*) **obliger qn à faire qc** j-n zwingen, nötigen, etw zu tun; ***être obligé de faire qc*** gezwungen, genötigt sein, etw zu tun; etw tun müssen **3.** ***je vous serais très obligé de bien vouloir faire qc*** ich wäre Ihnen sehr verbunden *ou* dankbar, wenn Sie etw tun würden
oblique [ɔblik] *adj* schräg
obliquement [-mã] *adv* schräg
obliquer [ɔblike] *v/i* abbiegen
obliquité [-ite] *f* Schräge *f*; Schrägheit *f*; Neigung *f* (*a* MATH)
oblitérateur [ɔbliteʀatœʀ] *m de timbres* Entwerter *m*; Entwertungsstempel *m*
oblitération [ɔbliteʀasjõ] *f* **1.** *de timbres* Ent-

wertung *f*; Abstempeln *n* **2.** MÉD Verstopfung *f*
oblitérer [ɔbliteʀe] *v/t* ⟨**-è-**⟩ entwerten; abstempeln; ***timbre oblitéré*** *a* gestempelte Marke
oblong [ɔblõ] *adj* ⟨**oblongue** [ɔblõg]⟩ länglich
obnubiler [ɔbnybile] *v/t* → ***obséder***
obole [ɔbɔl] *f* Obolus *m*; Scherflein *n*
obscène [ɔpsɛn] *adj* obszön; unanständig; *paroles a* unflätig; zotig
obscénité [ɔpsenite] *f* Obszönität *f*; Unanständigkeit *f*; Unflätigkeit *f*; ***dire des obscénités*** Zoten *f/pl* reißen
obscur [ɔpskyʀ] *adj* ⟨**∼e**⟩ **1.** (*sombre*) dunkel; finster; ***salles obscures*** Kinos *n/pl*; Filmtheater *n/pl* **2.** *fig* dunkel; unverständlich; unklar **3.** *auteur* obskur; unbekannt; *existence* unauffällig; unscheinbar
obscurantisme [ɔpskyʀãtism] *m* Fortschritts- und Bildungsfeindlichkeit *f*; Obskurantismus *m*
obscurantiste [-ist] **I** *adj* aufklärungs-, bildungs- und fortschrittsfeindlich **II** *m* Finsterling *m*; Feind *m* der Bildung und des Fortschritts
obscurcir [ɔpskyʀsiʀ] **I** *v/t* **1.** verdunkeln (*a ciel*) **2.** *fig* unverständlich, unklar, dunkel machen **II** *v/pr* **s'obscurcir** *ciel* sich verdunkeln; sich verfinstern; *temps* sich eintrüben
obscurcissement [ɔpskyʀsismã] *m du ciel* Verdunk(e)lung *f*; Verfinsterung *f*
obscurément [ɔpskyʀemã] *adv* dunkel; undeutlich
obscurité [ɔpskyʀite] *f* **1.** Dunkelheit *f*; Dunkel *n*; Finsternis *f*; ***dans l'obscurité*** im Dunkeln, Finstern **2.** *fig* Unverständlichkeit *f*; Unklarheit *f* (*a passage, point obscur*) **3.** (*anonymat*) Unbekanntheit *f*
obsédant [ɔpsedã] *adj* ⟨**-ante** [-ãt]⟩ *souvenir, rythme* der, die, das einem nicht aus dem Sinn geht *ou* einen nicht loslässt
obsédé(e) [ɔpsede] *m(f)* Besessene(r) *f(m)*; ***obsédé(e) sexuel(le)*** Sexbesessene(r) *f(m)*
obséder [ɔpsede] *v/t* ⟨**-è-**⟩ **obséder qn** j-m nicht aus dem Sinn gehen; j-n verfolgen, nicht loslassen; ***être obsédé par une idée*** *a* von e-r Idee besessen sein, beherrscht werden
obsèques [ɔpsɛk] *f/pl* Trauerfeier *f*; Beisetzung *f*; ***obsèques nationales*** Staatsbegräbnis *n*
obséquieux [ɔpsekjø] *adj* ⟨**-euse** [-øz]⟩ unterwürfig; *péj* kriecherisch
obséquiosité [-jozite] *f* Unterwürfigkeit *f*; *péj* kriecherische Höflichkeit
observable [ɔpsɛʀvabl] *adj* zu beobachten(d)
observance [-ãs] *f* Befolgung *f*; Einhaltung *f*; REL Observanz *f*
observateur [ɔpsɛʀvatœʀ] *m*, **observatrice** [-tʀis] *f* Beobachter(in) *m(f)*
observation [ɔpsɛʀvasjõ] *f* **1.** (*surveillance*) Beobachtung *f* **2.** (*remarque*) (kritische) Bemerkung, Anmerkung **3.** (*réprimande*) Ermahnung *f*; Tadel *m*; Rüge *f*
observatoire [ɔpsɛʀvatwaʀ] *m* Observatorium *n*; ASTR Sternwarte *f*; MÉTÉO *a* Wetterwarte *f*
observer [ɔpsɛʀve] *v/t* **1.** (*regarder attentivement*) beobachten; ***se sentir observé*** sich beobachtet fühlen **2.** (*remarquer*) beobachten, bemerken; ***faire observer à qn que …*** j-n da-

O

rauf aufmerksam machen, dass ... **3.** *loi, règle-ment* einhalten; befolgen; beachten

obsession [ɔpsesjõ] *f* Zwangsvorstellung *f*; fixe Idee; quälender Gedanke

obsessionnel [ɔpsesjɔnɛl] *adj* ⟨**~le**⟩ PSYCH Zwangs...

obsidienne [ɔpsidjɛn] *f* Obsidian *m*

obsolète [ɔpsɔlɛt] *adj* veraltet; obsolet

▸ **obstacle** [ɔpstakl] *m* Hindernis *n*; *fig a* Hemmnis *n*; *course f d'obstacles* Hindernis-rennen *n*; *fig* **faire obstacle à qc** etw verhindern; sich e-r Sache (*dat*) in den Weg stellen

obstétrical [ɔpstetrikal] *adj* ⟨**~e; -aux** [-o]⟩ geburtshilflich

obstétrique [-ik] *f* Geburtshilfe *f*

obstination [ɔpstinasjõ] *f* Hartnäckigkeit *f*; Eigensinn *m*; Sturheit *f*; Starrsinn *m*

obstiné [ɔpstine] *adj* ⟨**~e**⟩ hartnäckig; *personne a* eigensinnig; starrsinnig; stur

obstinément [-mã] *adv* → **obstiné**

obstiner [ɔpstine] *v/pr* **s'obstiner** eigensinnig, stur sein; **s'obstiner à faire qc** sich darauf versteifen, etw zu tun; **s'obstiner dans son refus** sich hartnäckig weigern

obstruction [ɔpstryksjõ] *f* **1.** (parlamentarische) Obstruktion **2.** SPORTS Behinderung *f* (des Gegners)

obstructionnisme [ɔpstryksjɔnism] *m* POL Verzögerungs-, Verschleppungstaktik *f*

obstruer [ɔpstrye] *v/t passage* versperren; blockieren; MÉD *artère* verstopfen

obtempérer [ɔptãpere] *v/t/indir* ⟨**-è-**⟩ **obtempérer à un ordre** e-m Befehl Folge leisten, nachkommen

obtenir [ɔptǝnir] *v/t* ⟨→ **venir**⟩ erlangen; erhalten; bekommen; erreichen; durchsetzen; JUR erwirken; *résultat, prix, succès* erzielen; *faire obtenir qc à qn* j-m etw verschaffen

obtention [ɔptãsjõ] *f* Erlangung *f*

obturateur [ɔptyratœr] *m* PHOT Verschluss *m*

obturation [ɔptyrasjõ] *f* **1.** Verschließen *n*; Verstopfen *n* **2.** *dentaire* (Zahn)Füllung *f*

obturer [ɔptyre] *v/t* verschließen; verstopfen; *dent* füllen

obtus [ɔpty] *adj* ⟨**obtuse** [ɔptyz]⟩ **1.** *angle* stumpf **2.** *fig esprit* schwerfällig; *personne* schwer von Begriff

obus [ɔby] *m* (Artillerie)Granate *f*

oc [ɔk] *la langue d'oc* die süd- und südwestfranzösischen Dialekte *m/pl*; Okzitanisch *n*

ocarina [ɔkarina] *m* MUS Okarina *f*

occase [ɔkaz] *f abr* F → **occasion 3**

▸ **occasion** [ɔkazjõ] *f* **1.** Gelegenheit *f*; *à l'occasion* bei Gelegenheit; gelegentlich; *à la première occasion* bei der ersten (besten) Gelegenheit **2.** (*cause*) Anlass *m*; Veranlassung *f*; *à l'occasion de* anlässlich, aus Anlass (+ *gén*) **3.** COMM Gelegenheitskauf *m*; günstiger Kauf; F Schnäppchen *n*; *d'occasion* gebraucht; Gebraucht...; aus zweiter Hand; *livre* antiquarisch

occasionnel [ɔkazjɔnɛl] *adj* ⟨**~le**⟩ gelegentlich; Gelegenheits...; (*fortuit*) ganz zufällig

occasionnellement [ɔkazjɔnɛlmã] *adv* gelegentlich

occasionner [ɔkazjɔne] *v/t* verursachen; *soucis* bereiten

Occident [ɔksidã] *m* **1.** *l'Occident* das Abend-land **2.** POL *l'Occident* der Westen

occidental [ɔksidãtal] **I** *adj* ⟨**~e; -aux** [-o]⟩ GÉOGR, POL westlich; West...; *civilisation a* abendländisch **II** *les Occidentaux m/pl* die Abendländer *m/pl*

occidentaliser [ɔksidãtalize] *v/pr* **s'occidentaliser** verwestlichen

occipital [ɔksipital] *adj* ⟨**~e; -aux** [-o]⟩ Hinterhaupt(s)...; *os occipital ou subst* **occipital** *m* Hinterhaupt(s)bein *n*

occiput [ɔksipyt] *m* Hinterkopf *m*

occire [ɔksir] *v/t* ⟨*nur inf u p/p* **occis**⟩ *plais* (*tuer*) F kaltmachen

occitan [ɔksitã] *m* *l'occitan* das Okzitanische; die süd- und südwestfranzösischen Dialekte *m/pl*

occlusif [ɔklyzif] *adj* ⟨**-ive** [-iv]⟩ PHON **consonne occlusive** Verschluss-, Explosivlaut *m*

occlusion [ɔklyzjõ] *f* **occlusion intestinale** Darmverschluss *m*

occultation [ɔkyltasjõ] *f* **1.** ASTR Bedeckung *f* (*durch e-n anderen Himmelskörper*) **2.** *fig* Verdeckung *f*; Kaschierung *f*

occulte [ɔkylt] *adj* geheim; verborgen; okkult; **sciences** *f/pl* **occultes** Geheimwissenschaften *f/pl*

occulter [ɔkylte] *v/t* verdecken; kaschieren; verschleiern

occultisme [-ism] *m* Okkultismus *m*

occupant [ɔkypã] **I** *adj* ⟨**-ante** [-ãt]⟩ MIL Besatzungs... **II** *m* **1.** *d'un logement* Bewohner *m*; (Wohnungs)Inhaber *m*; *d'une voiture* Insasse *m* **2.** MIL **occupant(s)** Besatzung(smacht) *f*; F Besatzer *m/pl*

▸ **occupation** [ɔkypasjõ] *f* **1.** (*activité*) Beschäftigung *f* **2.** MIL Besetzung *f* (*a illicite d'un local*); Okkupation *f*; HIST *en France* **l'Occupation** die deutsche Besatzungszeit

L'Occupation

Nach dem Angriff der deutschen Wehrmacht auf Polen am 1. September 1939 erklärt Frankreich am 3. September Deutschland den Krieg. Von September 1939 bis Mai 1940 bleibt die französische Armee aber passiv. Am 10. Mai 1940 beginnt die deutsche Wehrmacht die Großoffensive gegen Frankreich unter Umgehung der **ligne Maginot** (stark befestigter Schutzwall im deutsch-französischen Grenzgebiet). In wenigen Wochen fügt die deutsche Wehrmacht der französischen Armee eine vernichtende Niederlage zu und besetzt den Norden und den Westen Frankreichs. Die französische Regierung verlässt Paris und zieht nach Vichy. **L'Occupation**, die deutsche Besatzungszeit, beginnt. Frankreich wird in zwei Zonen aufgeteilt: Eine **zone occupée** (der Norden und der Südwesten) und eine **zone non occupée** oder **zone libre** (der Bereich südlich der Loire). Elsass-Lothringen wird von Deutschland annektiert. Am 22. Juni 1940 unterzeichnet Maréchal Pétain, der Held des Ersten Weltkrieges, den Waffenstillstand im **wagon de l'armistice**, einem Eisenbahnwaggon in Rethondes im Wald von Compiègne.

▸ **occupé** [ɔkype] *adj* ⟨**~e**⟩ **1.** *personne* beschäftigt (*à qc* mit etw) **2.** *logement* bewohnt; belegt; *place, poste, taxi, toilettes*, TÉL besetzt; TÉL *a* belegt
▸ **occuper** [ɔkype] **I** *v/t* **1.** *personne(s)* beschäftigen; *temps* ausfüllen **2.** *poste, fonction* bekleiden; innehaben; einnehmen **3.** *de la place* einnehmen **4.** *logement* bewohnen **5.** MIL, *grévistes: usine* besetzen; besetzt halten **II** *v/pr* **6.**
▸ **s'occuper** sich beschäftigen, betätigen **7.**
▸ **s'occuper de qn, qc** sich um j-n, etw kümmern; sich mit j-m, etw befassen, beschäftigen
occurrence [ɔkyRɑ̃s] *f* **en l'occurrence** in diesem Fall; im vorliegenden Fall
OCDE [osedeə] *f abr* (*Organisation de coopération et de développement économique*) OECD *f*
▸ **océan** [ɔseɑ̃] *m* Ozean *m*; Weltmeer *n*
Océanie [ɔseani] *l'Océanie f* Ozeanien *n*
océanien [ɔseanjɛ̃] *adj* ⟨**-ienne** [-jɛn]⟩ ozeanisch; Ozeaniens
océanique [ɔseanik] *adj* ozeanisch
océanographe [ɔseanɔgRaf] *m,f* Meereskundler(in) *m(f)*
océanographie [-i] *f* Meereskunde *f*
océanographique [-ik] *adj* meereskundlich
ocelle [ɔsɛl] *m* ZO *tache* Augenfleck *m*
ocelot [ɔslo] *m* Ozelot *m* (*a fourrure*)
ocre [ɔkR] *m* Ocker(gelb) *n*
ocré [ɔkRe] *adj* ⟨**~e**⟩ ockerfarben, -gelb
octaèdre [ɔktaɛdR] *m* Achtflächner *m*; Oktaeder *n*
octane [ɔktan] *m* Oktan *n*
octante [ɔktɑ̃t] *num/c en Belgique, en Suisse* achtzig
octave [ɔktav] *f* MUS Oktave *f*
octet [ɔktɛ] *m* INFORM Byte *n*
▸ **octobre** [ɔktɔbR] *m* Oktober *m*
octogénaire [ɔktɔʒenɛR] *m,f* Achtzigjährige(r) *f(m)*
octogonal [ɔktɔgɔnal] *adj* ⟨**~e; -aux** [-o]⟩ achteckig; *pyramide* achtseitig
octogone [ɔktɔgɔn, -gɔn] *m* Achteck *n*
octosyllabe [ɔktɔsi(l)lab] **I** *adj vers* achtsilbig **II** *m* Achtsilb(n)er *m*
octroi [ɔktRwa] *m* **1.** Gewährung *f* **2.** HIST (Stadt)Zoll *m*
octroyer [ɔktRwaje] ⟨**-oi-**⟩ **I** *v/t* bewilligen; gewähren **II** *v/pr* F **s'octroyer qc** sich (*dat*) etw genehmigen, gönnen
oculaire [ɔkylɛR] *adj* Augen...; *témoin m* **oculaire** Augenzeuge *m*
oculiste [ɔkylist] *m,f* Augenarzt, -ärztin *m,f*
ode [ɔd] *f* Ode *f*
Oder [ɔdɛR] *l'Oder m* die Oder
▸ **odeur** [ɔdœR, o-] *f* Geruch *m*; (*parfum*) Duft *m*
odieux [ɔdjø] *adj* ⟨**-euse** [-øz]⟩ **1.** *crime* ab-

scheulich; scheußlich **2.** *personne* unausstehlich; grässlich
odorant [ɔdɔRɑ̃] *adj* ⟨**-ante** [-ɑ̃t]⟩ wohlriechend; duftend
odorat [ɔdɔRa] *m* Geruch(ssinn) *m*
odyssée [ɔdise] *f* Odyssee *f*; Irrfahrt *f*
œcuménique [ekymenik] *adj* ökumenisch
œcuménisme [-ism] *m* ökumenische Bewegung
œdème [edɛm] *m* Ödem *n*
Œdipe [edip] *m* Ödipus *m*
▸ **œil** [œj] *m* ⟨**yeux** [jø]⟩ **1.** Auge *n*; *fig* **mauvais œil** böser Blick; ▸ **coup m d'œil** flüchtiger, kurzer Blick; **avoir le coup d'œil** ein gutes Augenmaß haben; F **mon œil!** F wer's glaubt, wird selig!; F **à l'œil** umsonst; *fig* **à mes yeux** in meinen Augen; **de ses (propres) yeux** mit eigenen Augen; F **entre quatre-z-yeux** [ɑ̃tRəkatzjø] unter vier Augen; **pour ses beaux yeux** um s-r schönen Augen willen; **sous mes yeux** vor meinen Augen; **avoir les yeux bleus** blaue Augen haben; **avoir l'œil à tout** auf alles ein wachsames Auge haben; F **avoir qn à l'œil** j-n nicht aus den Augen lassen; F **je m'en bats l'œil** F das kümmert mich e-n Dreck; **être tout yeux tout oreilles** ganz Auge und Ohr sein; F **faire de l'œil à qn** j-m Blicke zuwerfen; j-m zuzwinkern; **ouvrir de grands yeux** große Augen machen; **tourner de l'œil** in Ohnmacht fallen; F umfallen; umkippen; **voir qn d'un bon, mauvais œil** etw gern, ungern sehen **2.** *dans une porte* Spion *m* **3.** BOT Auge *n* **4.** *pl* **yeux** *de bouillon* Fettaugen *n/pl*
œil-de-bœuf *m* ⟨**œils-de-bœuf**⟩ ARCH Ochsenauge *n*; Rundfenster *n*
œil-de-perdrix *m* ⟨**œils-de-perdrix**⟩ MÉD Hühnerauge *n*
œillade [œjad] *f* verliebter Blick; kokettes Augenzwinkern
œillère [œjɛR] *f* Scheuklappe *f*; *fig* **avoir des œillères** Scheuklappen tragen
œillet [œjɛ] *m* **1.** BOT Nelke *f* **2.** *de chaussure* Schnürloch *n*; *de ceinture* Öse *f*; *de feuille de classeur* Verstärkungsring *m*
œnologie [enɔlɔʒi] *f* Wein(bau)kunde *f*
œnologique *adj* önologisch
œnologue [-lɔg] *m* Önologe *m*; Weinbaukundige(r) *m*
œnométrie [-metRi] *f* Bestimmung *f* des Alkoholgehalts des Weins
œsophage [ezɔfaʒ] *m* Speiseröhre *f*
œstrogène [ɛstRɔʒɛn] *m* Östrogen *n*
▸ **œuf** [œf] *m* ⟨**~s** [ø]⟩ Ei *n*; **œuf à repriser** Stopfei *n*; **œuf de Pâques** Osterei *n*; **œufs de poisson** Fischeier *n/pl*; Rogen *m*; **œuf de poule** Hühnerei *n*; **œuf sur le plat, au plat** Spiegelei *n*; *fig* **étouffer dans l'œuf** im Keim ersticken
œuvre[1] [œvR] *f* **1.** Werk *n*; Arbeit *f*; REL **bonnes œuvres** gute Werke *n/pl*; **œuvre d'art** Kunstwerk *n*; **se mettre à l'œuvre** sich an die Arbeit machen; **être l'œuvre de qn** das Werk j-s sein; **mettre tout en œuvre pour faire qc** alles aufbieten, alles einsetzen, um etw zu tun **2.** **œuvre (de bienfaisance)** Wohltätigkeitseinrichtung *f*
œuvre[2] *m* **le gros œuvre** der Rohbau
œuvrer [œvRe] *litt v/i* wirken, tätig sein

OFAJ [ɔfaʒ] *m* → *office*

off [ɔf] *adj* ⟨*inv*⟩ **1.** CIN **voix *f* off** Stimme *f* aus dem Off; Offstimme *f*; *être off*, im Off sein **2.** *spectacle*, *festival* alternativ; parallel

offensant [ɔfɑ̃sɑ̃] *adj* ⟨**-ante** [-ɑ̃t]⟩ beleidigend; kränkend; verletzend

offense [ɔfɑ̃s] *f* **1.** Beleidigung *f*; Kränkung *f* **2.** REL **pardonne-nous nos offenses** vergib uns unsere Schuld

offensé [ɔfɑ̃se] *adj* ⟨**~e**⟩ beleidigt; gekränkt

offenser [ɔfɑ̃se] *v/t* beleidigen; kränken; verletzen

offenseur [-œr] *m* Beleidiger *m*

offensif [ɔfɑ̃sif] *adj* ⟨**-ive** [-iv]⟩ Angriffs...; Offensiv...; *fig du froid*, *etc* **retour offensif** erneuter Einbruch

offensive [ɔfɑ̃siv] *f* MIL Offensive *f* (*a fig*); Angriff *m*; **offensive de l'hiver** erneutes Einsetzen des Winters

offert [ɔfɛr] *p/p* ⟨**-erte** [-ɛrt]⟩ → *offrir*

offertoire [ɔfɛrtwar] *m* ÉGL CATH Gabenbereitung *f*

office [ɔfis] *m* **1.** **faire office de ...** *personne* sich betätigen als ...; *chose* a dienen **2.** (*bureau*) Amt *n*; Dienststelle *f*; **Office franco-allemand pour la Jeunesse** (*abr* **OFAJ**) Deutsch-Französisches Jugendwerk; **office du tourisme** Fremdenverkehrsbüro *n* **3.** **bons offices** gute Dienste *m/pl*; Vermittlung *f*; **Monsieur** *m* **Bons offices** Vermittler *m*; Schlichter *m* **4.** **d'office** von Amts wegen; *par ext* zwangsweise; **avocat** (**commis**) **d'office** Pflicht-, Offizialverteidiger *m* **5.** CATH Gottesdienst *m*

officialisation [ɔfisjalizasjɔ̃] *f* offizielle, amtliche Bestätigung, Anerkennung

officialiser [-ize] *v/t* offiziell, amtlich bestätigen, anerkennen

officiant [ɔfisjɑ̃] *m* Zelebrant *m*

▸ **officiel** [ɔfisjɛl] **I** *adj* ⟨**~le**⟩ offiziell; amtlich; Amts...; **Journal officiel** Gesetzblatt *n*; **visite officielle** Staatsbesuch *m* **II** *m* **1.** **officiels** *pl* Vertreter *m/pl* von Staat und Behörden **2.** SPORTS Offizielle(r) *m*; (Sport)Funktionär *m*

officiellement [ɔfisjɛlmɑ̃] *adv* offiziell; amtlich

▸ **officier**[1] [ɔfisje] *m* **1.** MIL Offizier *m* **2.** **officier de la Légion d'honneur** Offizier der Ehrenlegion **3.** **officier de l'état civil** Standesbeamte(r) *m*

officier[2] *v/i* REL zelebrieren

officieusement [ɔfisjøzmɑ̃] *adv* inoffiziell; von halbamtlicher Seite

officieux [ɔfisjø] *adj* ⟨**-euse** [-øz]⟩ offiziös; halbamtlich; inoffiziell

officinal [ɔfisinal] *adj* ⟨**~e**; **-aux** [-o]⟩ **plantes**, **herbes officinales** Arznei-, Heilpflanzen *f/pl*; Heilkräuter *n/pl*

officine [ɔfisin] *f* PHARM Offizin *f*

offrande [ɔfrɑ̃d] *f* REL Opfer(gabe) *n(f)*

offrant [ɔfrɑ̃] *m* **vendre au plus offrant** meistbietend verkaufen

offre [ɔfr] *f* Angebot *n*; COMM a Offerte *f*; ENCHÈRES Gebot *n*; **offres d'emploi** Stellenangebote *n/pl*; offene Stellen *f/pl*; **l'offre et la demande** Angebot und Nachfrage

▸ **offrir** [ɔfrir] ⟨→ **couvrir**⟩ **I** *v/t* **1.** *en cadeau* schenken (**qc à qn** j-m etw) **2.** (*proposer*) anbieten (**qc à qn** j-m etw); *récompense* ausset-

zen **3.** *avantages*, *difficultés* bieten; *spectacle* (dar)bieten **II** *v/pr* **s'offrir 4.** *personne* sich anbieten; **s'offrir à faire qc** sich erbieten, etw zu tun **5.** *occasion* sich bieten; *vue* sich darbieten **6. s'offrir qc** (*se payer qc*) sich (*dat*) etw leisten, gönnen

offset [ɔfsɛt] *m* TYPO Offsetdruck *m*

off-shore [ɔfʃɔr] **I** *adj* Offshore... **II** *m* Offshorebohranlage *f*

offusquer [ɔfyske] **I** *v/t* **offusquer qn** bei j-m Anstoß erregen; j-n schockieren **II** *v/pr* **s'offusquer de qc** an etw (*dat*) Anstoß nehmen

ogive [ɔʒiv] *f* **1.** ARCH (**arc** *m* **en**) **ogive** Spitzbogen *m* **2. ogive nucléaire** Atomsprengkopf *m*

OGM [oʒeɛm] *m abr* (*organisme génétiquement modifié*) gentechnisch veränderter Organismus; *sc* transgener Organismus

ogre [ɔgr] *m* Menschenfresser *m* (*im Märchen*); *fig* **manger comme un ogre** F essen wie ein Scheunendrescher

ogresse [ɔgrɛs] *f* Frau *f* des Menschenfressers

oh [o] *int* oh!; ach!; ▸ **oh là là!** oje!

ohé [ɔe] *int* he(da)!; hallo!; MAR ahoi!

ohm [om] *m* ÉLECT Ohm *n*

ohmmètre *m* ÉLECT Ohmmeter *n*

▸ **oie** [wa] *f* **1.** ZO Gans *f* **2. jeu** *m* **de l'oie** Gänsespiel *n* **3.** MIL **pas** *m* **de l'oie** Stechschritt *m*

▸ **oignon** [ɔɲɔ̃] *m* **1.** BOT, CUIS Zwiebel *f*; **oignon de tulipe** Tulpenzwiebel *f*; F *fig* **aux petits oignons** bestens; *fig* **en rang d'oignons** in einer Reihe; F *fig* **occupe-toi de tes oignons!** kümmere dich um deine eigenen Angelegenheiten! **2.** MÉD *au pied* Ballen *m*

oïl [ɔjl] LING **la langue d'oïl** die (alten) nordfranzösischen Dialekte *m/pl*

oindre [wɛ̃dr] *v/t* ⟨→ **joindre**⟩ salben

Oise [waz] **l'Oise** *f* Fluss *u* Departement *in Frankreich*

▸ **oiseau** [wazo] *m* ⟨**~x**⟩ **1.** ZO Vogel *m*; **oiseau de proie** Raubvogel *m* **2.** F (*individu*) **un drôle d'oiseau** ein komischer Kauz; ein seltsamer Vogel; *iron* **un oiseau rare** ein weißer Rabe; **oiseau de mauvais augure, de malheur** Unglücksprophet *m*

oiseau-mouche *m* ⟨**oiseaux-mouches**⟩ Kolibri *m*

oiseleur [wazlœr] *m* Vogelfänger *m*, -steller *m*

oiselier [wazəlje] *m* Vogelzüchter *m ou* -händler *m*

oiseux [wazø] *adj* ⟨**-euse** [-øz]⟩ müßig; unnütz; überflüssig

oisif [wazif] *adj* ⟨**-ive** [-iv]⟩ müßig; untätig; unbeschäftigt

oisillon [wazijɔ̃] *m* Vögelchen *n*

oisiveté [wazivte] *f* Müßiggang *m*; Untätigkeit *f*; Nichtstun *n*; *prov* **l'oisiveté est mère de tous les vices** Müßiggang ist aller Laster Anfang (*prov*)

oison [wazɔ̃] *m* Gänseküken *n*

O.K. [okɛ] *int* F O. K. *ou* o. k.); okay

okapi [ɔkapi] *m* ZO Okapi *n*

olé [ɔle] *adj* ⟨*inv*⟩ F **un peu olé olé** ein bisschen keck, frei, gewagt

oléagineux [ɔleaʒinø] *m* Ölfrucht *f*, -pflanze *f*

oléoduc [ɔleɔdyk] *m* Ölleitung *f*; Pipeline *f*

olfactif [ɔlfaktif] *adj* ⟨**-ive** [-iv]⟩ Geruchs...; Riech...

olfaction[-sjɔ̃] *f* Riechen *n*

olibrius [ɔlibʀijys] F *m* Kauz *m*; F Type *f*
oligarchie [ɔligaʀʃi] *f* Oligarchie *f*
oligarchique [-ik] *adj* oligarchisch
oligo-éléments [ɔligoelemɑ̃] *m/pl* Spurenelemente *n/pl*
oligopole [ɔligɔpɔl] *m* ÉCON Oligopol *n*
olivaie [ɔlivɛ] *f* → *oliveraie*
olivâtre [ɔlivɑtʀ] *adj* grünlich
olive [ɔliv] *f* I Olive *f*; *huile f d'olive* Olivenöl *n* II *adjt* ⟨*inv*⟩ olivgrün
oliveraie [ɔlivʀɛ] *f* Olivenpflanzung *f*, -hain *m*
olivette [ɔlivɛt] *f* Eiertomate *f*
olivier [ɔlivje] *m* 1. Olivenbaum *m*; Ölbaum *m* 2. *bois* Olivenholz *n*
ollé [ɔle] → *olé*
OLP [ɔɛlpe] *f abr* (*Organisation de libération de la Palestine*) PLO *f*
Olympe [ɔlɛ̃p] *l'Olympe m* der Olymp
olympiade [ɔlɛ̃pjad] *f surtout pl olympiades* Olympiade *f*
olympien [ɔlɛ̃pjɛ̃] *adj* ⟨*-ienne* [-jɛn]⟩ olympisch (*a fig*)
olympique [ɔlɛ̃pik] *adj* olympisch; Olympia...; *Jeux m/pl olympiques* Olympische Spiele *n/pl*; Olympiade *f*; *stade m olympique* Olympiastadion *n*
ombelle [ɔ̃bɛl] *f* Dolde *f*
ombilic [ɔ̃bilik] *m* Nabel *m*
ombilical [ɔ̃bilikal] *adj* ⟨*~e; -aux* [-o]⟩ Nabel...; *cordon ombilical* Nabelschnur *f*
ombrage [ɔ̃bʀaʒ] *m* 1. Schatten *m* 2. *fig prendre ombrage de qc* etw übel nehmen
ombragé [ɔ̃bʀaʒe] *adj* ⟨*~e*⟩ schattig
ombrager [-e] *v/t* ⟨*-ge-*⟩ Schatten geben, spenden (*+dat*)
ombrageux [-ø] *adj* ⟨*-euse* [-øz]⟩ leicht verletzlich, verletzbar; mimosenhaft
▸ **ombre** [ɔ̃bʀ] *f* 1. Schatten *m*; *ombres chinoises* Schattenspiel *n*; *à l'ombre* im Schatten; F *fig mettre qn à l'ombre* j-n einsperren, F einlochen; *fig dans l'ombre* im Verborgenen; *tu me fais de l'ombre* du stehst mir im Licht 2. *fig il n'y a pas l'ombre d'un doute* es besteht nicht der leiseste, geringste Zweifel daran 3. *ombre à paupières* Lidschatten *m(pl)*
ombrelle [ɔ̃bʀɛl] *f* Sonnenschirm *m*
ombrer [-e] *v/t* PEINT schattieren
ombreux [-ø] *litt adj* ⟨*-euse* [-øz]⟩ schattig
OMC [ɔɛmse] *f abr* (*Organisation mondiale du commerce*) WTO *f* (Welthandelsorganisation)
oméga [ɔmega] *m* Omega *n*
▸ **omelette** [ɔmlɛt] *f* Omelett *n*
omerta [ɔmɛʀta] *f* Gesetz *n* des Schweigens
omettre [ɔmɛtʀ] *v/t* ⟨→ *mettre*⟩ auslassen; weglassen; *omettre de* (+ *inf*) (es) unterlassen zu (+ *inf*)
omis [ɔmi] *p/p* ⟨*-ise* [-iz]⟩ → *omettre*
omission [ɔmisjɔ̃] *f* Auslassung *f*; Weglassung *f*; *pécher par omission* e-e Unterlassungssünde begehen; ADM *sauf erreur ou omission* Irrtum oder Auslassung vorbehalten
omnibus [ɔmnibys] *m* Personenzug *m*; Nahverkehrszug *m*
omnipotence [ɔmnipɔtɑ̃s] *f* Allmacht *f*
omnipotent [-pɔtɑ̃] *adj* ⟨*-ente* [-ɑ̃t]⟩ allmächtig
omnipraticien(ne) *m(f)* praktischer Arzt, praktische Ärztin
omniprésence *litt f* Allgegenwart *f*

omniprésent *adj* ⟨*-ente* [-ɑ̃t]⟩ allgegenwärtig
omniscience *litt f* Allwissenheit *f*
omniscient [-sjɑ̃] *litt adj* ⟨*-ente* [-ɑ̃t]⟩ allwissend
omnisports [-spɔʀ] *adj* ⟨*inv*⟩ für alle Sportarten
omnivore [ɔmnivɔʀ] *m* Allesfresser *m*
omoplate [ɔmɔplat] *f* Schulterblatt *n*
OMS [ɔɛmɛs] *f abr* (*Organisation mondiale de la santé*) WHO *f*
▸ **on** [ɔ̃] *pr/ind* 1. man; *on fait ce qu'on peut* man tut, was man kann; *on frappe* es klopft; *on vous demande au téléphone* Sie werden am Telefon verlangt 2. F (*nous*) wir; *alors, on y va?* also, gehen wir hin?
onagre [ɔnagʀ] *m* Wildesel *m*
once [ɔ̃s] *f* 1. Unze *f* 2. *fig* Quäntchen *n*
▸ **oncle** [ɔ̃kl] *m* Onkel *m*
onction [ɔ̃ksjɔ̃] *f* Salbung *f*
onctueux [ɔ̃ktɥø] *adj* ⟨*-euse* [-øz]⟩ 1. *savon* mild; cremig; *potage* sämig 2. *fig* salbungsvoll
onde [ɔ̃d] *f* Welle *f*; *ondes courtes* Kurzwelle(n) *f(pl)*; *grandes ondes* Langwelle(n) *f(pl)*; *petites ondes* Mittelwelle(n) *f(pl)*; *onde de choc* Stoß-, Druckwelle *f*; *passer sur les ondes* im Radio kommen
ondée [ɔ̃de] *f* (Regen)Guss *m*; Platzregen *m*
ondine [ɔ̃din] *f* Undine *f*; Nixe *f*; Wasserjungfrau *f*
on-dit [ɔ̃di] *m* ⟨*inv*⟩ Gerücht *n*; *pl a* Gerede *n* der Leute
ondoiement [ɔ̃dwamɑ̃] *m* 1. *des herbes, du blé* (sanftes) Wogen; *sur l'eau* sanfte Wellenbewegung; leichte Kräuselung 2. REL Nottaufe *f*
ondoyant [ɔ̃dwajɑ̃] *adj* ⟨*-ante* [-ɑ̃t]⟩ *blés* (sanft) wogend; *démarche* wiegend
ondoyer [ɔ̃dwaje] *v/i* ⟨*-oi-*⟩ (sanft) wogen
ondulant [ɔ̃dylɑ̃] *adj* ⟨*-ante* [-ɑ̃t]⟩ *démarche* wiegend
ondulations [ɔ̃dylasjɔ̃] *f/pl* 1. Wellenbewegung *f* 2. *des cheveux, du sol* Wellen *f/pl*
ondulatoire [ɔ̃dylatwaʀ] *adj* PHYS Wellen...
ondulé [ɔ̃dyle] *adj* ⟨*~e*⟩ wellig; *cheveux a* gewellt; *tôle ondulée* Wellblech *n*
onduler [ɔ̃dyle] *v/i* 1. *blés* sanft wogen; sich wiegen; *surface de l'eau* sich kräuseln 2. *cheveux* sich wellen
onduleux [ɔ̃dylø] *adj* ⟨*-euse* [-øz]⟩ wellig; gewellt; wellenförmig
onéreux [ɔneʀø] *adj* ⟨*-euse* [-øz]⟩ 1. kostspielig; teuer 2. *à titre onéreux* gegen Entgelt
ONG [ɔɛnʒe] *f abr* ⟨*inv*⟩ (*organisation non gouvernementale*) NGO *f* (Nichtregierungsorganisation)
▸ **ongle** [ɔ̃gl] *m* 1. (Finger-, Zehen-, Fuß)Nagel *m*; *se faire les ongles* sich maniküren; sich (*dat*) die Fingernägel maniküren 2. ZO Kralle *f*; *des rapaces a* Klaue *f*
onglée [ɔ̃gle] *f avoir l'onglée* erstarrte Fingerspitzen haben
onglet [ɔ̃glɛ] *m* 1. RELIURE Falz *m* 2. BOUCHERIE Steakfleisch *n* (aus dem Rinderzwerchfell)
onguent [ɔ̃gɑ̃] *m* Salbe *f*
ongulés [ɔ̃gyle] *m/pl* Huftiere *n/pl*
onirique [ɔniʀik] *adj* traumhaft; Traum...
ONISEP [ɔnisɛp] *m abr* (*Office national d'information sur les enseignements et les professions*) staatliche frz Berufsberatungsbehörde

onomatopée [ɔnɔmatɔpe] *f* Lautmalerei *f*
ont [ɔ̃] → *avoir*¹
Ontario [ɔ̃taʀiɔ] *le lac Ontario* der Ontariosee
ontologie [ɔ̃tɔlɔʒi] *f* Ontologie *f*
ontologique [-ik] *adj* ontologisch
▸ **ONU** [ɔny] *f abr* (*Organisation des Nations Unies*) UNO *f*
onusien [ɔnyzjɛ̃] **I** *adj* ⟨**-ienne** [-jɛn]⟩ UNO... **II** *m* UNO-Beamte(r) *m*
onyx [ɔniks] *m* Onyx *m*
▸ **onze** [ɔ̃z, *keine Bindung u keine Elision*] **I** *num/c* elf; *le onze mai* der elfte Mai *ou* am elften Mai **II** *m* ⟨*inv*⟩ Elf *f* (*a* FOOTBALL); Elfer *m*; *le onze* (*du mois*) der Elfte *ou* am Elften (des Monats)
▸ **onzième** [ɔ̃zjɛm] **I** *num/o* elfte **II** *subst* **le, la onzième** der, die, das Elfte
onzièmement [ɔ̃zjɛmmɑ̃] *adv* elftens
OPA [ɔpea] *f abr* ⟨*inv*⟩ (*offre publique d'achat*) (Aktien)Übernahmeangebot *n*
opacifier [ɔpasifje] *v/t* undurchsichtig machen
opacité [-ite] *f* Lichtundurchlässigkeit *f*
opale [ɔpal] *f* Opal *m*
opalin [ɔpalɛ̃] *adj* ⟨**-ine** [-in]⟩ opalen; opalartig
opaline [ɔpalin] *f* Opalglas *n*
opaque [ɔpak] *adj* **1.** lichtundurchlässig; undurchsichtig **2.** *brouillard, nuit* undurchdringlich
OPEP [ɔpɛp] *f abr* (*Organisation des pays exportateurs de pétrole*) OPEC *f*
opéra [ɔpeʀa] *m* **1.** *œuvre* Oper *f* **2.** *théâtre* **Opéra** Opernhaus *n*; Oper *f*
opérable [ɔpeʀabl] *adj* operabel; operierbar
opéra-comique *m* ⟨**opéras-comiques**⟩ mit gesprochenen Dialogen durchsetzte (komische) Oper; Opéra comique *f*
opérant [ɔpeʀɑ̃] *adj* ⟨**-ante** [-ɑ̃t]⟩ wirksam
opérateur [ɔpeʀatœʀ] *m*, **opératrice** [-tʀis] *f* **1.** Bedienungskraft *f*, -person *f*; INFORM Operator(in) *m(f)* **2.** CIN Kameramann *m*
▸ **opération** [ɔpeʀasjɔ̃] *f* **1.** MATH Rechenvorgang *m*; Operation *f*; *les quatre opérations* die vier Grundrechenarten *f/pl* **2.** *opération* (*chirurgicale*) Operation *f* **3.** *opération* (*militaire*) (militärische) Operation; Unternehmen *n* **4.** *par ext* Aktion *f*; *opération de sauvetage* Rettungsaktion *f* **5.** COMM, FIN Geschäft *n*; Abschluss *m* **6.** TECH Arbeits(vor)gang *m* **7.** *iron par l'opération du Saint-Esprit* auf unerkläliche, rätselhafte Weise
opérationnel [ɔpeʀasjɔnɛl] *adj* ⟨**~le**⟩ **1.** MIL operativ; Operations... **2.** TECH einsatzfähig, -bereit
opératoire [ɔpeʀatwaʀ] *adj* MÉD operativ; Operations...
opercule [ɔpɛʀkyl] *m* BOT, ZO Deckel *m*; *des poissons* Kiemendeckel *m*
opéré [ɔpeʀe] *adj* ⟨**~e**⟩ operiert
opérer [ɔpeʀe] ⟨**-è-**⟩ **I** *v/t* **1.** MÉD operieren (*a abs*); *opérer qn de l'appendicite* j-n am Blinddarm operieren; *se faire opérer* sich operieren lassen **2.** *changement* bewirken; herbeiführen; *paiement* vornehmen; *réforme, sauvetage* durchführen; *choix* treffen **II** *v/i* **3.** (*procéder*) vorgehen; verfahren **4.** *remède* wirken **III** *v/pr s'opérer* (*se produire*) sich vollziehen; erfolgen
opérette [ɔpeʀɛt] *f* Operette *f*
ophtalmique [ɔftalmik] *adj* ANAT, MÉD Au-

gen...
ophtalmo [ɔftalmo] *m,f* F *abr* → **ophtalmologiste**
ophtalmologie [ɔftalmɔlɔʒi] *f* Augenheilkunde *f*
ophtalmologique [-lɔʒik] *adj* ophthalmologisch
ophtalmologiste [-lɔʒist] *m,f ou* **ophtalmologue** [-lɔg] *m,f* Augenarzt, -ärztin *m,f*
ophtalmoscope [-skɔp] *m* Augenspiegel *m*
opiacé [ɔpjase] *m* Opiat *n*
opiner [ɔpine] *v/i opiner du bonnet* (durch Kopfnicken) zustimmen
opiniâtre [ɔpinjɑtʀ] *adj* hartnäckig (*a toux*); zäh, beharrlich
opiniâtreté [ɔpinjɑtʀəte] *f* Hartnäckigkeit *f*; Zähigkeit *f*
▸ **opinion** [ɔpinjɔ̃] *f* **1.** Meinung *f*; Ansicht *f*; Anschauung *f*; Auffassung *f*; *presse f d'opinion* parteigebundene Presse; Tendenzpresse *f*; *se faire une opinion* sich (*dat*) e-e (eigene) Meinung bilden **2.** *l'opinion* (*publique*) die öffentliche Meinung; die Öffentlichkeit
opiomane [ɔpjɔman] *m,f* Opiumsüchtige(r) *f(m)*
opiomanie [-i] *f* Opiumsucht *f*
opium [ɔpjɔm] *m* Opium *n*
opossum [ɔpɔsɔm] *m* Opossum *n*
opportun [ɔpɔʀtɛ̃, -tœ̃] *adj* ⟨**-tune** [-tyn]⟩ günstig; angebracht; geeignet; passend; zweckmäßig; opportun
opportunément [ɔpɔʀtynemɑ̃] *st/s adv* zur rechten Zeit
opportunisme [ɔpɔʀtynism] *m* Opportunismus *m*
opportuniste [-ist] *m,f* Opportunist(in) *m(f)*
opportunité [-ite] *f* Zweckmäßigkeit *f*; Opportunität *f*
opposable [ɔpozabl] *adj argument, objection* der, die, das entgegengehalten, JUR geltend gemacht werden kann
opposant [ɔpozɑ̃] *m*, **opposante** [-ɑ̃t] *f* Gegner(in) *m(f)*; Opponent(in) *m(f)*
opposé [ɔpoze] **I** *adj* ⟨**~e**⟩ **1.** gegenüberliegend (*à dat*); *direction* entgegengesetzt **2.** *caractères, goûts, opinions* entgegengesetzt; konträr; gegensätzlich **3.** *personne* *être opposé à qc* gegen etw sein **II** *m* Gegenteil *n*; *à l'opposé de* im Gegensatz zu (+ *dat*); *à l'opposé* auf der entgegengesetzten, gegenüberliegenden Seite; *être tout l'opposé de qn* ganz das Gegenteil, das genaue Gegenteil von j-m sein
opposer [ɔpoze] **I** *v/t* **1.** (*mettre en face*) gegenüberstellen (*à qn, qc* j-m, e-r Sache); *pour faire obstacle* entgegenstellen (*à dat*) **2.** *argument* entgegenhalten, -setzen; *veto* einlegen **3.** *conflit* **opposer deux pays** zwei Länder zu Gegnern machen; *ce match oppose l'équipe de R à celle de M* in diesem Spiel stehen sich die Mannschaften von R und M gegenüber **II** *v/pr* **4.** *personne s'opposer à qn, à qc* sich j-m, e-r Sache widersetzen; sich gegen j-n, etw stellen **5.** *chose, situation s'opposer à qc* e-r Sache (*dat*) im Wege stehen, entgegenstehen
opposition [ɔpozisjɔ̃] *f* **1.** (*contraste*) Gegensatz *m*; Gegensätzlichkeit *f*; (*contradiction*) Widerspruch *m*; *par opposition à* im Gegen-

satz zu **2.** (*résistance*) Widerstand *m*, Opposition *f* (*à qc* gegen etw); *faire opposition à qc* sich e-r Sache (*dat*) widersetzen; gegen etw opponieren **3.** JUR Einspruch *m*; *faire opposition à un chèque* e-n Scheck sperren lassen **4.** POL Opposition *f*

oppositionnel [ɔpozisjɔnɛl] *adj* ⟨**~le**⟩ oppositionell

oppressant [ɔpresɑ̃] *adj* ⟨**-ante** [-ɑ̃t]⟩ **a)** *chaleur* drückend **b)** *fig ambiance, souvenirs* bedrückend; beklemmend

oppressé [ɔprese] *adj* ⟨**~e**⟩ *être oppressé* **a)** an Atemnot leiden; Atembeklemmungen haben; **b)** *fig* beklommen sein

oppresser [ɔprese] *v/t* **1.** *chaleur, crainte oppresser qn* j-n beklemmen; j-m den Atem benehmen; *être oppressé* an Atemnot leiden **2.** *fig* bedrücken

oppresseur [ɔpresœr] *m* Unterdrücker *m*

oppressif [-if] *adj* ⟨**-ive** [-iv]⟩ unterdrückend; Unterdrückungs…

oppression [ɔpresjɔ̃] *f* **1.** *du peuple* Unterdrückung *f* **2.** (*gêne respiratoire*) Atembeklemmung *f*, -not *f*

opprimé [ɔprime] **I** *adj* ⟨**~e**⟩ unterdrückt **II** *les opprimés m/pl* die Unterdrückten *m/pl*

opprimer [ɔprime] *v/t* unterdrücken

opprobre [ɔprɔbr] *litt m* Schmach *f*; Schande *f*

optatif [ɔptatif] *adj* ⟨**-ive** [-iv]⟩ GR Wunsch…; *mode optatif* Optativ *m*

opter [ɔpte] *v/i opter pour qc* sich für etw entscheiden; etw wählen

opticien [ɔptisjɛ̃] *m*, **opticienne** [-jɛn] *f* Optiker(in) *m(f)*

optimal [ɔptimal] *adj* ⟨**~e**; **-aux** [-o]⟩ optimal; bestmögliche

optim(al)isation [ɔptim(al)izasjɔ̃] *f* Optimierung *f*

optim(al)iser [ɔptim(al)ize] *v/t* optimieren

optimisme [ɔptimism] *m* Optimismus *m*; Zuversicht *f*

optimiste I *adj* optimistisch; zuversichtlich **II** *m,f* Optimist(in) *m(f)*

optimum [ɔptimɔm] **I** *adj* ⟨*f ~ od* optima; *pl m u f ~s od* optima⟩ → *optimal* **II** *m* ⟨**~s** *od* optima⟩ Optimum *n*

option [ɔpsjɔ̃] *f* **1.** Wahl(möglichkeit) *f*; Option *f* (*a* JUR, COMM); (*matière f à*) *option* Wahlfach *n*; *lever l'option* das Optionsrecht ausüben **2.** AUTO *options pl* Extras *n/pl*

optionnel [ɔpsjɔnɛl] *adj* ⟨**~le**⟩ nach Wahl

optique [ɔptik] **I** *adj* **1.** *nerf m optique* Sehnerv *m* **2.** OPT optisch **3.** *fibre f optique* Glasfaser *f* **II** *f* **4.** Optik *f*; *instruments m/pl d'optique* optische Instrumente *n/pl* **5.** *fig* Blickwinkel *m*; Perspektive *f*; Optik *f*; Betrachtungsweise *f*

opulence [ɔpylɑ̃s] *st/s f* Überfluss *m*

opulent [ɔpylɑ̃] *adj* ⟨**-ente** [-ɑ̃t]⟩ *st/s* **1.** sehr reich; *luxe* groß **2.** *poitrine* üppig

opus [ɔpys] *m* MUS Opus *n*

opuscule [ɔpyskyl] *m* kleines Werk

▸ **or¹** [ɔr] *m* Gold *n*; *d'or, en or* Gold…; golden; *fig cheveux m/pl d'or* goldblondes Haar; F *fig un mari en or* ein Ehemann, der Gold wert ist; *à prix d'or* für teures Geld; *rouler sur l'or* Geld wie Heu haben

or² *conj* nun (aber)

oracle [ɔrakl] *m* Orakel *n*

▸ **orage** [ɔraʒ] *m* Gewitter *n*; *il fait de l'orage* es gewittert; *fig il y a de l'orage dans l'air* die Zeichen stehen auf Sturm

orageux [ɔraʒø] *adj* ⟨**-euse** [-øz]⟩ **1.** gewitt(e)rig; Gewitter… **2.** *fig discussion* stürmisch; hitzig

oraison [ɔrezɔ̃] *f* **1.** (*prière*) Gebet *n* **2.** *oraison funèbre* Grab-, Leichenrede *f*

▸ **oral** [ɔral] **I** *adj* ⟨**~e**; **-aux** [-o]⟩ **1.** (*verbal*) mündlich **2.** ANAT, MÉD Mund…; *par voie orale* oral; durch den Mund **II** *m* mündliche Prüfung; Mündliche(s) *n*

▸ **orange¹** [ɔrɑ̃ʒ] *f* Apfelsine *f*; Orange *f*; *orange pressée* frisch ausgepresster Apfelsinen-, Orangensaft

▸ **orange²** **I** *adj* ⟨*inv*⟩ orange; orangefarben **II** *m* Orange *n*; *feu passer à l'orange* auf Gelb schalten

orangé [ɔrɑ̃ʒe] *adj* ⟨**~e**⟩ *et subst m* → *orange²*

orangeade [ɔrɑ̃ʒad] *f* Orangeade *f*

oranger [ɔrɑ̃ʒe] *m* Apfelsinen-, Orangenbaum *m*

orangeraie [ɔrɑ̃ʒre] *f* Apfelsinen-, Orangenplantage *f*

orangerie [-ri] *f* Orangerie *f*

orang-outan [ɔrɑ̃utɑ̃] *m* ⟨**orangs-outans**⟩ Orang-Utan *m*

orateur [ɔratœr] *m* Redner(in) *m(f)*; *être un bon orateur* ein guter Redner sein

oratoire¹ [ɔratwar] *adj* Rede…; rednerisch; *par ext précautions f/pl oratoires* schonende Vorbereitung

oratoire² *m* Hauskapelle *f*

oratorien [ɔratɔrjɛ̃] *m* ÉGL CATH Oratorianer *m*

oratorio [ɔratɔrjo] *m* MUS Oratorium *n*

orbital [ɔrbital] *adj* ⟨**~e**; **-aux** [-o]⟩ Orbital…

orbite [ɔrbit] *f* **1.** ANAT Augenhöhle *f* **2.** ASTR, ESPACE Umlaufbahn *f*; *placer sur son orbite* in die vorgesehene Umlaufbahn bringen **3.** *fig* Bannkreis *m*

orbiter [ɔrbite] *v/i engin spatial* sich auf e-r Umlaufbahn bewegen; kreisen

orchestral [ɔrkɛstral] *adj* ⟨**~e**; **-aux** [-o]⟩ Orchester…; orchestral

orchestrateur [ɔrkɛstratœr] *m* Instrumentator *m*

orchestration *f* **1.** MUS Instrumentierung *f*; Orchestrierung *f* **2.** *fig* Inszenierung *f*

▸ **orchestre** [ɔrkɛstr] *m* **1.** Orchester *n*; Kapelle *f*; *de jazz, rock* Band *f* **2.** THÉ vorderes Parkett

orchestrer [ɔrkɛstre] *v/t* **1.** MUS instrumentieren; orchestrieren **2.** *fig* organisieren; inszenieren

orchidée [ɔrkide] *f* Orchidee *f*

ordinaire [ɔrdinɛr] **I** *adj* **1.** (*habituel*) gewöhnlich; üblich; gewohnt **2.** (*normal*) gewöhnlich; alltäglich; normal; *vin m ordinaire* einfacher Tischwein **3.** *péj gens* gewöhnlich **II** *m* **4.** *sortir de l'ordinaire* aus dem Rahmen fallen; *comme à l'ordinaire* wie üblich; wie gewöhnlich; ▸ *d'ordinaire* (für) gewöhnlich; im Allgemeinen; sonst; meistens **5.** *essence* Normal(benzin) *n* **6.** *nourriture* Alltagsessen *n*, -kost *f*; MIL Mannschaftsverpflegung *f*

---

ordinaire ≠ ordinär

ordinaire = gewöhnlich, alltäglich
ordinär = vulgaire

---

ordinairement [ɔʀdinɛʀmɑ̃] *adv* (für) gewöhnlich; im Allgemeinen; sonst
ordinal [ɔʀdinal] *adj* ⟨~e; -aux [-o]⟩ *nombre ordinal* Ordnungs-, Ordinalzahl *f*
▸ **ordinateur** [ɔʀdinatœʀ] *m* Computer *m*; *travailler sur ordinateur* am Computer; → *Info bei Computer*
ordination [ɔʀdinasjɔ̃] *f* Priesterweihe *f*; Ordination *f*
ordinogramme [ɔʀdinɔgʀam] *m* Flussdiagramm *n*
ordonnance [ɔʀdɔnɑ̃s] *f* **1.** MÉD Rezept *n* **2.** ADM (Rechts)Verordnung *f* **3.** JUR richterliche Verfügung, Anordnung **4.** MIL *autrefois* (Offiziers)Bursche *m* **5.** (*disposition*) (An)Ordnung *f*; Reihenfolge *f*
ordonnancement [ɔʀdɔnɑ̃smɑ̃] *m* **1.** FIN Zahlungsanweisung *f* **2.** ÉCON, TECH Fertigungssteuerung *f* und -kontrolle *f*; Ablauf-, Arbeitsplanung *f*
ordonnancer [ɔʀdɔnɑ̃se] *v/t* ⟨-ç-⟩ FIN zur Zahlung anweisen
ordonnateur [ɔʀdɔnatœʀ] *m ordonnateur des pompes funèbres* Leichenbestatter *m*
ordonné [ɔʀdɔne] *adj* ⟨~e⟩ ordentlich; ordnungsliebend
ordonnée [ɔʀdɔne] *f* MATH Ordinate *f*
ordonner [ɔʀdɔne] *v/t* **1.** (*classer*) ordnen **2.** (*commander*) befehlen (*qc à qn* j-m etw); anordnen **3.** MÉD verschreiben; verordnen **4.** REL weihen; ordinieren
▸ **ordre** [ɔʀdʀ] *m* **1.** (*opposé à chaos*) Ordnung *f* (*a* BIOL, ARCH); *ordre public* öffentliche Ordnung; *en ordre* ordentlich; (wohl)geordnet; in Ordnung; *mettre de l'ordre dans qc* etw ordnen; in etw (*acc*) Ordnung bringen; *rappeler qn à l'ordre* j-n zur Ordnung rufen; *rentrer dans l'ordre* wieder in Ordnung kommen **2.** (*succession*) Reihenfolge *f*; *dans l'ordre* der Reihe nach; in der richtigen Reihenfolge; *par ordre alphabétique* in alphabetischer Reihenfolge; *par ordre d'ancienneté* dem Dienstalter nach **3.** (*catégorie*) Rang *m*; *de l'ordre de* in der Größenordnung von; *problème d'ordre économique* wirtschaftlicher Art, Natur; *du même ordre* gleichrangig; gleichartig; *de second ordre* zweitrangig; *dans le même ordre d'idées* in diesem Zusammenhang **4.** *ordre du jour* Tagesordnung *f*; *être à l'ordre du jour* auf der Tagesordnung stehen; *fig* an der Tagesordnung sein **5.** (*directive*) Befehl *m* (*a* MIL, INFORM); Anordnung *f*; *ordre de grève* Streikaufruf *m*; *jusqu'à nouvel ordre* bis auf Weiteres; bis auf Widerruf; *par ordre* (*abr* **p.o.**) im Auftrag (*abr* i. A.); *par ordre de, sur (l')ordre de* auf Befehl, Anordnung von (*ou* + *gén*); *avoir qn sous ses ordres* j-n unter sich (*dat*) haben; *être sous les ordres de qn* j-m unterstellt sein; *plais je suis à vos ordres!* ich stehe Ihnen zu Diensten!

6. COMM, FIN Auftrag *m*; Order *f* **7.** REL *et par ext* Orden *m*; *entrer dans les ordres* in e-n Orden eintreten **8.** *de professions libérales* Verband *m*; Kammer *f*
ordure [ɔʀdyʀ] *f* **1.** *pl ordures* (*ménagères*) Abfall *m*; Abfälle *m/pl*; Müll *m*; *st/s* Unrat *m* **2.** *injure* P Miststück *n*
ordurier [ɔʀdyʀje] *adj* ⟨-ière [-jɛʀ]⟩ zotig; *st/s* unflätig
orée [ɔʀe] *f litt à l'orée du bois* *poét* am Waldessaum
▸ **oreille** [ɔʀɛj] *f* **1.** Ohr *n*; *par ext* (*ouïe*) Gehör *n*; *avoir de l'oreille* ein musikalisches Gehör haben; *casser les oreilles à qn* *bruit* j-m in den Ohren wehtun; *pour demander qc* j-m in den Ohren liegen; *n'écouter que d'une oreille* nur mit halbem Ohr zu-, hinhören; *fig il ne l'entend pas de cette oreille* F auf dem Ohr ist er taub; *faire la sourde oreille* sich taub stellen; *prêter l'oreille (à qc)* etw aufmerksam anhören; *abs* aufmerksam hinhören; *fig se faire tirer l'oreille* sich lange bitten lassen **2.** *d'une marmite* Griff *m* **3.** *fauteuil m à oreilles* Ohrensessel *m*
▸ **oreiller** [ɔʀeje] *m* Kopfkissen *n*
oreillette [ɔʀejɛt] *f du cœur* Vorhof *m*
oreillons [ɔʀejɔ̃] *m/pl* MÉD Mumps *m*
ores *adv d'ores et déjà* [dɔʀzedeʒa] schon jetzt; jetzt schon
orfèvre [ɔʀfɛvʀ] *m,f* Goldschmied(in) *m(f)*; *fig être orfèvre en la matière* sich bestens auskennen
orfèvre-bijoutier *m* ⟨orfèvres-bijoutiers⟩ Juwelier *m*
orfèvrerie [ɔʀfɛvʀəʀi] *f* Goldschmiedekunst *f*
orfraie [ɔʀfʀɛ] *f pousser des cris d'orfraie* gellende Schreie ausstoßen
organdi [ɔʀgɑ̃di] *m* Organdy *m*
organe [ɔʀgan] *m* ANAT, *fig* Organ *n*
organigramme [ɔʀganigʀam] *m* **1.** (*schéma*) Organigramm *n* **2.** INFORM Flussdiagramm *n*
organique [ɔʀganik] *adj* organisch
organisable [ɔʀganizabl] *adj* organisierbar
organisateur [ɔʀganizatœʀ] *m*, **organisatrice** [-tʀis] *f* Organisator(in) *m(f)*; Veranstalter(in) *m(f)*; *talent m d'organisateur ou d'organisatrice* Organisationstalent *n*
▸ **organisation** [ɔʀganizasjɔ̃] *f* **1.** *action* Organisierung *f*; Organisation *f*; *organisation des loisirs* Freizeitgestaltung *f*; *avoir l'esprit d'organisation* Organisationstalent haben **2.** (*structure*) Organisation *f*; Aufbau *m* **3.** (*association*) Organisation *f*; Verband *m*; *Organisation des Nations Unies* Organisation der Vereinten Nationen
organisationnel [ɔʀganizasjɔnɛl] *adj* ⟨~le⟩ organisatorisch; Organisations…
organisé [ɔʀganize] *adj* ⟨~e⟩ **1.** organisiert; *voyage organisé* Gruppen-, Gesellschaftsreise *f* **2.** *une personne organisée* ein Mensch *m*, der s-e Arbeit richtig einzuteilen versteht
▸ **organiser** [ɔʀganize] **I** *v/t* organisieren; *travail* a sinnvoll einteilen; *son temps, une journée* richtig einteilen; *congrès, fête* veranstalten; ausrichten; *ses loisirs* gestalten **II** *v/pr* *s'organiser* mit s-r Zeit richtig umgehen; sich (*dat*) s-e Zeit, s-e Arbeit richtig einteilen
organisme [ɔʀganism] *m* **1.** BIOL Organismus *m*

O

2. (*institution*) Organisation *f*; Einrichtung *f*; Stelle *f*; Organ *n*
organiste [ɔʀganist] *m,f* Organist(in) *m(f)*
orgasme [ɔʀgasm] *m* Orgasmus *m*
orge [ɔʀʒ] *f* Gerste *f*
orgeat [ɔʀʒa] *m* (*sirop m* **d')orgeat** Mandelmilchgetränk *n*
orgelet [ɔʀʒəlɛ] *m* MÉD Gerstenkorn *n*
orgiaque [ɔʀʒjak] *litt adj* orgiastisch
orgie [ɔʀʒi] *f* **1.** Orgie *f*; wüstes Gelage **2.** *fig* **une orgie de couleurs** e-e verschwenderische Fülle von Farben
orgue [ɔʀg] *m* Orgel *f*; **les grandes orgues** die Orgel (*e-r Kirche*); **orgue de Barbarie** Drehorgel *f*; Leierkasten *m*
orgueil [ɔʀgœj] *m* Stolz *m*; *péj* Hochmut *m*; Dünkel *m*
orgueilleux [ɔʀgœjø] *adj* ⟨**-euse** [-øz]⟩ stolz; *péj* hochmütig; eingebildet
Orient [ɔʀjɑ̃] *m* **l'Orient** der Orient
orientable [ɔʀjɑ̃tabl] *adj* verstellbar; schwenkbar; drehbar
oriental [ɔʀjɑ̃tal] **I** *adj* ⟨**~e; -aux** [-o]⟩ **1.** (*est*) östlich; Ost...; **côte orientale** Ostküste *f* **2.** (*de l'Orient*) orientalisch **II les Orientaux** *m/pl* die Orientalen *m/pl*
orientalisme [ɔʀjɑ̃talism] *m* **1.** *science* Orientalistik *f* **2.** (*goût de l'Orient*) Vorliebe *f* für alles Orientalische
orientaliste [ɔʀjɑ̃talist] *m,f* Orientalist(in) *m(f)*
orientation [ɔʀjɑ̃tasjɔ̃] *f* **1.** Orientierung *f*; **sens m de l'orientation** Orientierungssinn *m*; Ortssinn *m* **2.** *fig* Ausrichtung *f*; **orientation professionnelle** Berufsberatung *f* **3.** *d'un journal* Richtung *f*; Orientierung *f*; POL Kurs *m*; **changement m d'orientation** Kurswechsel *m* **4.** *d'un édifice* Lage *f*
orienté [ɔʀjɑ̃te] *adj* ⟨**~e**⟩ **être orienté à l'est** nach Osten liegen, gehen; **être bien orienté** e-e gute Lage haben
orienter [ɔʀjɑ̃te] **I** *v/t* **1.** ausrichten, orientieren (**au sud** nach Süden) **2.** *fig élève* beraten; hinlenken (**vers** auf + *acc*); *recherches* lenken, richten (auf + *acc*) **II** *v/pr* **3.** **s'orienter** sich orientieren; sich zurechtfinden **4.** *fig* **s'orienter vers qc** sich e-r Sache (*dat*) zuwenden
orienteur [ɔʀjɑ̃tœʀ] *m* **orienteur** (**professionnel**) Berufsberater *m*
Orient-Express [ɔʀjɑ̃tɛkspʀɛs] *m* Orientexpress *m*
orifice [ɔʀifis] *m* Öffnung *f*
oriflamme [ɔʀiflam] *f* HIST Oriflamme *f*
origami [ɔʀigami] *m* Origami *n*
origan [ɔʀigɑ̃] *m* **1.** BOT Dost *m* **2.** CUIS Oregano *ou* Origano *m*
originaire [ɔʀiʒinɛʀ] *adj* **1.** **être originaire de** stammen aus **2.** (*primitif*) ursprünglich
originairement [ɔʀiʒinɛʀmɑ̃] *adv* anfangs; ursprünglich
original [ɔʀiʒinal] ⟨*m/pl* **-aux** [-o]⟩ **I** *adj* ⟨**~e**⟩ **1.** *document* original; Original...; Ur... **2.** *idée, etc* originell **II** *subst* **3.** *m d'une reproduction* Original *n* **4.** **original(e)** *m(f) personne* Original *n*; Unikum *n*
originalité [ɔʀiʒinalite] *f* **1.** *d'une idée, etc* Originalität *f* **2.** (*élément original*) Besonderheit *f*
▸ **origine** [ɔʀiʒin] *f* **1.** (*commencement*) Anfang

m; Beginn *m*; *pl* **origines** *de la vie* Entstehung *f*; **à l'origine** ursprünglich **2.** (*provenance*) Ursprung *m*; Herkunft *f*; *d'une personne* a Abstammung *f*; Abkunft *f*; **d'origine** *produit* original; Original...; **pays m d'origine** Ursprungs-, Herkunftsland *n*; **mot d'origine latine** lateinischen Ursprungs; *personne* **être d'origine française** französischer Abstammung sein **3.** (*cause*) Ursache *f*
originel [ɔʀiʒinɛl] *adj* ⟨**~le**⟩ **1.** (*primitif*) ursprünglich **2.** REL **péché originel** Erbsünde *f*
originellement [ɔʀiʒinɛlmɑ̃] *adv* ursprünglich
orignal [ɔʀiɲal] *m* ⟨**-aux** [-o]⟩ Amerikanischer Elch
oripeaux [ɔʀipo] *m/pl* zerschlissene, fadenscheinige Kleidung; Lumpen *m/pl*
ORL [ɔɛʀɛl] *m,f abr* ⟨*inv*⟩ → **oto-rhino**(**-laryngologiste**)
Orléans [ɔʀleɑ̃] *Stadt im Dep. Loiret*
orme [ɔʀm] *m* Ulme *f*; Rüster *f*
ormeau [ɔʀmo] *m* ⟨**~x**⟩ ZO Seeohr *n*
Orne [ɔʀn] **l'Orne** *f Fluss u Departement in Frankreich*
ornement [ɔʀnəmɑ̃] *m* Ornament *n*; Verzierung *f*; Zierrat *m*; Schmuck *m*; **plante f d'ornement** Zierpflanze *f*
ornemental [ɔʀnəmɑ̃tal] *adj* ⟨**~e; -aux** [-o]⟩ ornamental; Schmuck...; Zier...
ornementation [ɔʀnəmɑ̃tasjɔ̃] *f* Verzierung *f* (mit Ornamenten)
ornementer [-e] *v/t* (mit Ornamenten) verzieren
orner [ɔʀne] *v/t* **1.** schmücken, verzieren (**de** mit) **2.** *objet* **orner qc** etw zieren, schmücken
ornière [ɔʀnjɛʀ] *f* Wagenspur *f*
ornithologie [ɔʀnitɔlɔʒi] *f* Vogelkunde *f*
ornithologique [-lɔʒik] *adj* vogelkundlich; *sc* ornithologisch
ornithologiste [-lɔʒist] *ou* **ornithologue** [-lɔg] *m,f* Ornithologe, -login *m,f*
ornithorynque [-ʀɛ̃k] *m* Schnabeltier *n*
oronge [ɔʀɔ̃ʒ] *f* **oronge** (**vraie**) Kaiserling *m*; **fausse oronge** Fliegenpilz *m*
orpailleur [ɔʀpajœʀ] *m* Goldwäscher *m*
orphelin [ɔʀfəlɛ̃] *m*, **orpheline** [-in] *f* **1.** Waise *f*; **orphelin, orpheline de père** vaterlose Halbwaise; **orphelin, orpheline de père et de mère** Vollwaise *f* **2.** *adj* verwaist
orphelinat [ɔʀfəlina] *m* Waisenhaus *n*
orphéon [ɔʀfeɔ̃] *m* Blaskapelle *f*
orque [ɔʀk] *m* Schwertwal *m*
ORSEC [ɔʀsɛk] *abr* (*organisation des secours*) **plan m ORSEC** (staatlicher) Katastropheneinsatzplan
orteil [ɔʀtɛj] *m* Zehe *f*; Zeh *m*; **gros orteil** große Zehe
orthodontie [ɔʀtɔdɔ̃ti] *f* Zahnregulierung *f*; Kieferorthopädie *f*
orthodontiste [-ist] *m,f* Kieferorthopäde *m*, -pädin *f*
orthodoxe [ɔʀtɔdɔks] **I** *adj* **1.** REL orthodox; streng-, rechtgläubig **2.** *fig procédé, etc* **peu orthodoxe** unorthodox; ungewöhnlich; *péj* nicht ganz koscher **3.** ÉGL orthodox; **Église orthodoxe** (**grecque**) (griechisch-)orthodoxe Kirche **II les orthodoxes** *m/pl* die Orthodoxen *m/pl*
orthodoxie [ɔʀtɔdɔksi] *f* Orthodoxie *f*; Recht

gläubigkeit *f*
orthogonal [ɔʀtɔgɔnal] *adj* ⟨~**e**; **-aux** [-o]⟩ rechtwink(e)lig
▸ **orthographe** [ɔʀtɔgʀaf] *f* **1.** Rechtschreibung *f*; Orthographie *f* **2.** *d'un mot* Schreibung *f*; Schreibweise *f*
orthographier [ɔʀtɔgʀafje] **I** *v/t* **correctement, mal orthographier** richtig, falsch schreiben **II** *v/pr* **s'orthographier** geschrieben werden
orthographique [ɔʀtɔgʀafik] *adj* orthographisch
orthopédie [ɔʀtɔpedi] *f* Orthopädie *f*
orthopédique [-ik] *adj* orthopädisch
orthopédiste [-ist] *m,f* Orthopäde *m*, -pädin *f*
orthophonie [ɔʀtɔfɔni] *f* Sprachheilkunde *f*; Logopädie *f*
orthophoniste [-ist] *m,f* Logopäde *m*, -pädin *f*
orthoptiste [ɔʀtɔptist] *m,f* MÉD Orthoptist(in) *m(f)*
ortie [ɔʀti] *f* **1.** Brennessel *f* **2. ortie blanche** Weiße Taubnessel
ortolan [ɔʀtɔlɑ̃] *m* ZO Ortolan *m*
orvet [ɔʀvɛ] *m* Blindschleiche *f*
▸ **os** [ɔs; *pl* o] *m* **1.** Knochen *m*; **os à moelle** Markknochen *m*; *objet* **en os** beinern; aus Knochen; **il ne fera pas de vieux os** er wird nicht alt werden; **être trempé jusqu'aux os** bis auf die Haut nass sein; F pudelnass sein; F *fig* **il y a un os** die Sache hat e-n Haken **2. os de seiche** Sepiaschale *f*; Schulp *m*
OS [oɛs] *m abr* (*ouvrier spécialisé*) angelernter Arbeiter
oscar [ɔskaʀ] *m* **1.** CIN Oscar *m* **2.** *par ext* (*prix*) Preis *m* (**de** für)
OSCE [oɛsseə] *f abr* (*Organisation pour la sécurité et la coopération en Europe*) OSZE *f*
oscillant [ɔsilɑ̃] *adj* ⟨**-ante** [-ɑ̃t]⟩ schwingend; PHYS *a* oszillierend
oscillateur [ɔsilatœʀ] *m* ÉLECT Oszillator *m*
oscillation [ɔsilasjɔ̃] *f* **1.** PHYS Schwingung *f* **2.** *fig* Schwankung *f*
osciller [ɔsile] *v/t* **1.** *pendule* schwingen **2.** *fig* schwanken
oscillogramme [ɔsilɔgʀam] *m* Oszillogramm *n*
oscillographe [-gʀaf] *m* Oszillograph *m*
osé [oze] *adj* ⟨~**e**⟩ gewagt
oseille [ozɛj] *f* **1.** BOT Sauerampfer *m* **2.** F → *fric*
▸ **oser** [oze] *v/t* wagen; *abs* es wagen; sich trauen; **oser faire qc** (es) wagen, etw zu tun; *péj* sich unterstehen, sich erdreisten, etw zu tun; **si j'ose m'exprimer ainsi** wenn ich so sagen darf
oseraie [ozʀɛ] *f* Weidengebüsch *n*, -pflanzung *f*
osier [ozje] *m* **1.** BOT Korbweide *f* **2.** *rameaux* Weidenruten *f/pl*; **panier** *m* **d'osier** Weidenkorb *m*
osmose [ɔsmoz] *f* **1.** Osmose *f* **2.** *fig* gegenseitige Durchdringung
ossature [ɔsatyʀ] *f* **1.** ANAT Knochengerüst *n*, -bau *m* **2.** CONSTR Skelett *n*; Gerippe *n*
osselets [ɔslɛ] *m/pl* Geschicklichkeitsspiel mit Knöchelchen
ossements [ɔsmɑ̃] *m/pl* Gebeine *n/pl*
osseux [ɔsø] *adj* ⟨**-euse** [-øz]⟩ **1.** ANAT Knochen… **2.** *visage, mains* knochig
ossification [ɔsifikasjɔ̃] *f* Verknöcherung *f*
ossifier [ɔsifje] *v/pr* **s'ossifier** verknöchern

ossuaire [ɔsɥɛʀ] *m* Beinhaus *n*
ostensible [ɔstɑ̃sibl] *adj* ostentativ
ostensoir [ɔstɑ̃swaʀ] *m* Monstranz *f*
ostentation [ɔstɑ̃tasjɔ̃] *f* Zurschaustellung *f*; **avec ostentation** ostentativ
ostentatoire [ɔstɑ̃tatwaʀ] *adj* großtuerisch
ostéopathe [ɔsteopat] *m* Chiropraktiker *m*
ostéopathie [-pati] *f maladie, thérapie* Osteopathie *f*
ostéoporose [-pɔʀoz] *f* Osteoporose *f*
ostracisme [ɔstʀasism] *m* Ächtung *f*
ostréicole [ɔstʀeikɔl] *adj* Austern(zucht)…
ostréiculteur [ɔstʀeikyltœʀ] *m* Austernzüchter *m*
ostréiculture [-yʀ] *f* Austernzucht *f*
Ostrogoths [ɔstʀogo] *m/pl* Ostgoten *m/pl*
▸ **otage** [ɔtaʒ] *m* Geisel *f*; **prise** *f* **d'otage(s)** Geiselnahme *f*; **prendre qn en otage** j-n als Geisel nehmen
▸ **OTAN** [ɔtɑ̃] *f abr* (*Organisation du traité de l'Atlantique Nord*) NATO *f*
otarie [ɔtaʀi] *f* Ohrenrobbe *f*
ôter [ote] **I** *v/t* **1.** (*enlever*) wegnehmen; *manteau* ablegen; ausziehen (*a gants*); *chapeau, lunettes* abnehmen **2.** MATH abziehen **3. ôter qc à qn** j-m etw wegnehmen; **cela n'ôte rien à son mérite** das schmälert sein Verdienst nicht **II** *v/pr* F **ôte-toi de là!** Platz da!
otite [ɔtit] *f* Ohrenentzündung *f*
oto-rhino(-laryngologiste) [ɔtɔʀino (-laʀɛ̃gɔlɔʒist)] *m,f abr* Hals-Nasen-Ohren-Arzt *ou* -Ärztin *m,f*; HNO-Arzt *ou* -Ärztin *m,f*; F Ohrenarzt, -ärztin *m,f*
ottoman [ɔtɔmɑ̃] *adj* ⟨**-ane** [-an]⟩ osmanisch
▸ **ou** [u] *conj* **1.** oder; ▸ **ou bien** oder (aber); ▸ **ou** (**bien**) **… ou** (**bien**) entweder … oder; **ou alors** sonst; wenn nicht **2.** bis; **deux ou trois fois** zwei- bis dreimal
▸ **où** [u] *adv* **1.** *interrogation* wo *ou* wohin; **où est-il?** wo ist er?; **où vas-tu?** wohin gehst du?; **d'où?** woher?; **d'où mon étonnement** daher mein Erstaunen; **jusqu'où?** bis wohin? **2.** *relatif* **le pays où il est né** das Land, in dem *ou* wo er geboren wurde; **au moment où il arriva** in dem Augenblick, als *ou* wo er ankam
OUA [oya] *f abr* (*Organisation de l'unité africaine*) OAU *f*
ouailles [waj] *f/pl* Schäflein *n/pl*
ouais [wɛ] F *adv* ja
ouate [wat, *meist keine Elision*] *f* Watte *f*
ouaté [wate] *adj* ⟨~**e**⟩ *bruit* gedämpft
ouater [wate] *v/t* wattieren
ouatiné [watine] *adj* ⟨~**e**⟩ wattiert
oubli [ubli] *m* **1.** *d'un nom, etc* Vergessen *n* **tirer, sortir, sauver de l'oubli** der Vergessenheit (*dat*) entreißen; **tomber dans l'oubli** in Vergessenheit geraten **2.** (*omission*) Versäumnis *n*; Versehen *n*; Unterlassung *f*; **commettre un oubli** sich (*dat*) ein Versäumnis zuschulden kommen lassen; e-e Unterlassung begehen; **réparer un oubli** sein Versäumnis wieder gutmachen
▸ **oublier** [ublije] **I** *v/t* **1.** *nom, date* vergessen; *ce qu' on a appris a* (wieder) verlernen; *clefs a* liegen lassen; *parapluie a* stehen lassen; **être oublié** vergessen sein; in Vergessenheit geraten sein; **se faire oublier** dafür sorgen, dass man nicht (gleich wieder) auffällt, dass man

erst einmal vergessen wird **2.** (*omettre*) vergessen; auslassen; übersehen (*a faute*); (*négliger*) vernachlässigen **II** *v/pr* **3.** *iron il ne s'est pas oublié* er hat für sich gesorgt **4.** *s'oublier enfant* in die Hosen machen; *animal* sein Geschäft verrichten

oubliettes [ublijɛt] *f/pl* Verlies *n*; *fig tomber dans les oubliettes* in der Versenkung verschwinden

oued [wɛd] *m* Wadi *n*

▸ **ouest** [wɛst] **I** *m* **1.** West(en) *m*; *à l'ouest* im Westen, westlich (*de* von *ou* + *gén*) **2.** *l'Ouest* der Westen (*a* POL); *l'Europe f de l'Ouest* Westeuropa *n* **II** *adj* ⟨*inv*⟩ West...; westlich

ouest-allemand *adj* ⟨**-ande** [-ãd]⟩ westdeutsch

ouf [uf] *int* uff!

Ouganda [ugãda] *l'Ouganda m* Uganda *n*

ougandais [ugãdɛ] **I** *adj* ⟨**-aise** [-ɛz]⟩ ugandisch **II** *subst* **Ougandais(e)** *m(f)* Ugander(in) *m(f)*

▸ **oui** [wi, *keine Bindung*] **I** *adv* ja; *mais oui* aber ja; ja doch; allerdings; ▸ *je pense que oui* ich glaube schon; *il semble que oui* es scheint so **II** *m* ⟨*inv*⟩ **1.** Ja *n*; *pour un oui ou pour un non* ohne ersichtlichen Grund **2.** POL Jastimme *f*

ouï [wi] *p/p* → **ouïr**

ouï-dire [widir] *m* ⟨*inv*⟩ *par ouï-dire* vom Hörensagen

ouïe [wi] *f* **1.** Gehör(sinn) *n(m)*; *avoir l'ouïe fine* ein feines Gehör haben **2.** *des poissons* **ouïes** *pl* Kiemen *f/pl*

ouille [uj] *int* au!

ouïr [wir] *v/t* ⟨*déf: nur inf u p/p* **ouï**⟩ *j'ai ouï dire que* ... ich habe sagen hören, dass ...

ouistiti [wistiti, *keine Elision*] *m* **1.** ZO Seiden-, Pinseläffchen *n* **2.** F *fig un drôle de ouistiti* F e-e seltsame Type

ouragan [uragã] *m* Orkan *m*; *arriver en ouragan* angestürmt, angebraust kommen

Oural [ural] *l'Oural m* der Ural

ourdir [urdir] *v/t complot* anzetteln

ourler [urle] *v/t* COUT säumen

ourlet [urlɛ] *m* Saum *m*; *faire un ourlet à qc* etw (um-, ein)säumen

▸ **ours** [urs] *m* **1.** Bär *m*; *ours blanc* Eisbär *m*; *ours en peluche* Teddy(bär) *m* **2.** *fig personne* Einzelgänger *m*; Eigenbrötler *m*; *ours mal léché* ungehobelter, ungeschlachter Kerl

ourse [urs] *f* **1.** ZO Bärin *f* **2.** ASTR *la Grande, Petite Ourse* der Große, Kleine Bär, Wagen

oursin [ursɛ̃] *m* Seeigel *m*

ourson [ursõ] *m* junger, kleiner Bär

oust(e) [ust] *int* F **1.** (*dehors!*) F raus! **2.** (*vite!*) F dalli, dalli!

out [awt] *adv* TENNIS aus

outarde [utard] *f* ZO Trappe *f*

▸ **outil** [uti] *m* **1.** Werkzeug *n*; *outils de jardinage* Gartengeräte *n/pl* **2.** *fig outil* (*de travail*) Arbeitsinstrument *n*; Hilfsmittel *n*

outillage [utijaʒ] *m* Werkzeug(ausrüstung) *n(f)*

outillé [utije] *adj* ⟨**~e**⟩ *bien outillé* gut mit Werkzeugen ausgerüstet

outilleur [utijœr] *m* Werkzeugmacher *m*

outrage [utraʒ] *m* (grobe, schwere) Beleidigung (*a* JUR)

outragé [utraʒe] *adj* ⟨**~e**⟩ beleidigt; gekränkt

outrageant [utraʒã] *adj* ⟨**-ante** [-ãt]⟩ beleidigend; kränkend

outrager [-e] *v/t* ⟨**-ge-**⟩ beleidigen; kränken

outrageusement [utraʒøzmã] *adv* übertrieben; zu stark

outrance [utrãs] *f* Übertreibung *f*; *caractère* Überspitztheit *f*; *à outrance* übertrieben; übermäßig; *guerre* bis zum bitteren Ende

outrancier [utrãsje] *adj* ⟨**-ière** [-jɛr]⟩ übertrieben; überspitzt

outre[1] [utr] *f* (Leder)Schlauch *m*

outre[2] **I** *prép* außer (+ *dat*) **II** *adv* **1.** *passer outre à qc* sich über etw (*acc*) hinwegsetzen **2.** *en outre* außerdem; überdies; *pas outre mesure* nicht übermäßig, besonders

outré [utre] *adj* ⟨**~e**⟩ **1.** (*exagéré*) übertrieben; überspitzt **2.** *être outré de, par qc* über etw (*acc*) empört, entrüstet sein

outre-Atlantique [utratlãtik] *adv* jenseits des Atlantiks

outrecuidance [utrəkɥidãs] *litt f* Überheblichkeit *f*; Anmaßung *f*;

outrecuidant [-ã] *litt adj* ⟨**-ante** [-ãt]⟩ überheblich; anmaßend; vermessen

outre-Manche [utrəmãʃ] *adv* jenseits des (Ärmel)Kanals

outremer [utrəmɛr] *adj* ⟨*inv*⟩ *couleur* ultramarin

outre-mer [utrəmɛr] *adj d'outre-mer* überseeisch; Übersee...; *département m d'outre-mer* überseeisches Departement; Überseedepartement *n*

outrepasser [utrəpase] *v/t ses droits* überschreiten

outrer [utre] *v/t une telle injustice m'a outré* hat mich empört; *être outré de, par qc* über etw (*acc*) empört, entrüstet sein

outre-Rhin [utrərɛ̃] *adv* jenseits des Rheins (*von Frankreich aus*)

outre-tombe [utrətõb] *adj d'outre-tombe* von jenseits des Grabes; aus dem Jenseits

outsider [awtsajdœr] *m* Außenseiter *m*; Outsider *m*

▸ **ouvert** [uvɛr] *p/p* → **ouvrir** *et adj* ⟨**ouverte** [uvɛrt]⟩ offen; geöffnet; auf (*attribut seulement*); *robinet a* aufgedreht; *fenêtre, porte a* offen stehend; *fig personne* offen; freimütig; zugänglich; aufgeschlossen; *lettre ouverte* offener Brief; *personne* **ouvert à qc** für etw aufgeschlossen, zugänglich; *an etw* (*dat*) interessiert; *à bras ouverts* mit offenen Armen; *la chasse est ouverte* es ist Jagdzeit

ouvertement [uvɛrtəmã] *adv* offen; geradeheraus; freimütig

ouverture [uvɛrtyr] *f* **1.** *d'une porte, d'un magasin, etc* Öffnen *n*; Aufmachen *n*; Öffnung *f* (*a fig* POL); *heures f/pl d'ouverture* Öffnungszeiten *f/pl* **2.** *d'une séance, de débats, d'un compte, d'une exposition, d'un nouveau magasin, etc* Eröffnung *f*; *d'un spectacle a* Auftakt *m*; Beginn *m*; *d'une enquête* Einleitung *f*; *ouverture de la chasse* Eröffnung, Beginn der Jagd(zeit); *ouverture de la succession* Eintritt *m* des Erbfalles **3.** *dans un mur* Öffnung *f*; PHOT *ouverture du diaphragme* Blende(nöffnung) *f* **4.** MUS Ouvertüre *f* **5.** *fig ouverture d'esprit* geistige Aufgeschlossenheit

ouvrable [uvrabl] *adj jour m ouvrable* Werk

Wochentag *m*
ouvrage [uvraʒ] *m* **1.** (*travail*) Arbeit *f*; **ouvrage de dames** (weibliche) Handarbeit; **se mettre à l'ouvrage** sich an die Arbeit, ans Werk machen **2.** *littéraire, scientifique* Werk *n*; Schrift *f*; Buch *n* **3.** CONSTR Bau(werk) *m(n)*; **ouvrages d'art** Kunstbauten *m/pl*
ouvragé [uvraʒe] *adj* ⟨~e⟩ kunstvoll, fein gearbeitet
ouvrant [uvrã] *adj* ⟨-ante [-ãt]⟩ **toit ouvrant** Schiebedach *n*
ouvré [uvre] *adj* ⟨~e⟩ **1.** LINGERIE mit Stickerei, Spitze verziert **2.** ADM **jour ouvré** Arbeitstag *m*
▸ **ouvre-boîte** [uvrəbwat] *m* ⟨**ouvre-boîtes**⟩ Büchsen-, Dosenöffner *m*
▸ **ouvre-bouteille** [uvrəbutɛj] *m* ⟨**ouvre-bouteilles**⟩ Flaschenöffner *m*
ouvreur [uvrœr] *m* skieur Vorläufer *m*
ouvreuse [-øz] *f* CIN, THÉ Platzanweiserin *f*
▸ **ouvrier** [uvrije] **I** *m* (Industrie)Arbeiter *m*; **ouvrier agricole** Landarbeiter *m* **II** *adj* ⟨-ière [-ijɛr]⟩ Arbeiter…; **revendications ouvrières** Forderungen *f/pl* der Arbeiter(schaft)
▸ **ouvrière** [uvrijɛr] *f* Arbeiterin *f* (a zo)
▸ **ouvrir** [uvrir] ⟨→ **couvrir**⟩ **I** *v/t* **1.** öffnen; aufmachen; *avec une clé* aufschließen; aufsperren; *yeux, livre a* aufschlagen; *robinet a* aufdrehen; *rideaux, tiroir* aufziehen; *parapluie* aufspannen; *journal* aufschlagen; *gaz, eau, radio* anstellen; *radio, télé a* anmachen; andrehen; einschalten (*a électricité*); *lumière* anmachen; anknipsen; einschalten; *bras, ailes* ausbreiten; *testament* eröffnen; **ouvrir l'appétit** den Appetit anregen; **ouvrir à la circulation** dem Verkehr übergeben; für den Verkehr freigeben **2.** *séance, débats, exposition, bal, compte en banque, nouveau magasin, hostilités, etc* eröffnen; *enquête* einleiten; *crédit a* bereitstellen; *nom* **ouvrir la liste** am Anfang der Liste stehen; **ouvrir la marche** den Zug eröffnen **3.** (*percer*) *fenêtre* brechen (**dans** in + *acc*); *brèche* schlagen **II** *v/i* **4.** *magasin, musée, etc* öffnen; aufmachen; geöffnet haben; F aufhaben; *fenêtre, porte* **ouvrir sur la rue** auf die *ou* nach der Straße (hinaus)gehen **III** *v/pr* **5.** **s'ouvrir** sich öffnen; aufgehen; *fenêtre, porte a* geöffnet, aufgemacht werden; *porte a* aufspringen; *tiroir, boîte* **s'ouvrir facilement** sich leicht öffnen lassen **6.** **s'ouvrir les genoux** sich (*dat*) die Knie aufschlagen; **s'ouvrir les veines** sich

(*dat*) die Pulsadern aufschneiden, öffnen **7.** *exposition, congrès* **s'ouvrir** eröffnet werden (*par* mit); *perspectives, vie nouvelle* **s'ouvrir devant qn** sich j-m eröffnen; vor j-m liegen **8.** *personne* **s'ouvrir à qn** sich j-m anvertrauen
ouvroir [uvrwar] *m* Nähstube *f*
Ouzbékistan [uzbekistã] **l'Ouzbékistan** *m* Usbekistan *n*
ovaire [ɔvɛr] *m* ANAT Eierstock *m*
ovale [ɔval] **I** *adj* oval; eiförmig; **ballon ovale** Rugby(ball) *n(m)* **II** *m* Oval *n*
ovalisé [ɔvalize] *adj* ⟨~e⟩ unrund
ovarien [ɔvarjɛ̃] *adj* ⟨-ienne [-jɛn]⟩ Eierstock…
ovation [ɔvasjõ] *f* Ovation *f*; **faire une ovation à qn** j-m e-e Ovation darbringen
ovationner [ɔvasjɔne] *v/t* **ovationner qn** j-m zujubeln, Ovationen bereiten
overdose [ɔvɛrdoz] *f* Überdosis *f*
ovidés [ɔvide] *m/pl* Schafe *n/pl*
ovin [ɔvɛ̃] *adj* ⟨-ine [-in]⟩ Schaf…
ovins [ɔvɛ̃] *m/pl* Schafe *n/pl*
ovipare [ɔvipar] *adj* zo Eier legend
ovni [ɔvni] *m abr* (*objet volant non identifié*) Ufo *ou* UFO *n*
ovoïde [ɔvɔid] *adj* eiförmig
ovulation [ɔvylasjõ] *f* Eisprung *m*; Ovulation *f*
ovule [ɔvyl] *m* BIOL Eizelle *f*; Ei *n*
oxydable [ɔksidabl] *adj* oxidierbar
oxydant **I** *adj* ⟨-ante [-ãt]⟩ oxidierend; Oxidations… **II** *m* Oxidationsmittel *n*
oxydation [ɔksidasjõ] *f* Oxydierung *f*; Oxydation *f*
oxyde [ɔksid] *m* Oxyd *ou* Oxid *n*; **oxyde de carbone** Kohlen(mon)oxyd *n*
oxyder [ɔkside] *v/pr* **s'oxyder** oxydieren
oxygénation [ɔksiʒenasjõ] *f* Anreicherung *f* mit Sauerstoff; MÉD Sauerstoffzufuhr *f*
oxygène [ɔksiʒɛn] *m* Sauerstoff *m*; **manque m d'oxygène** Sauerstoffmangel *m*
oxygéné [ɔksiʒene] *adj* ⟨~e⟩ **eau oxygénée** Wasserstoffperoxyd *n*; **cheveux blonds oxygénés** wasserstoffblondes Haar
oxygéner [ɔksiʒene] *v/pr* ⟨-è-⟩ F **s'oxygéner** (*les poumons*) F frische Luft tanken
oyez [oje] *litt* ⟨*Imperativ von* **ouïr**⟩ hört!
ozone [ozɔn] *m* Ozon *n* ou *m*; **couche f d'ozone** Ozonschicht *f*; **trou m dans la couche d'ozone** Ozonloch *n*
ozoniser [ozonize] *v/t* ozonisieren

P

', p [pe] *m* ⟨*inv*⟩ P, p *n*
. abr (*page*) S. (Seite)
)acage [pakaʒ] *m* Weide *f*
)acemaker [pɛsmɛkœr] *m* Herzschrittmacher *m*

pacha [paʃa] *m* Pascha *m*; F *fig* **faire le pacha** den Pascha spielen
pachyderme [paʃidɛrm] *m* Dickhäuter *m*
pacificateur [pasifikatœr], **pacificatrice** [-tris] **I** *m,f* Friedensbringer(in) *m(f)*; Frie-

den(s)stifter(in) *m*(*f*) **II** *adj mesures* der Befriedung dienend; Frieden schaffend
pacification [pasifikasjõ] *f* Befriedung *f*
pacifier [pasifje] *v*/*t* befrieden
pacifique [pasifik] *adj* **1.** friedlich; *personne, peuple a* friedliebend **2.** *l'océan m* **Pacifique** *ou le* **Pacifique** der Pazifische, Stille, Große Ozean; der Pazifik
pacifiquement [pasifikmã] *adv* auf friedlichem Wege
pacifisme [pasifism] *m* Pazifismus *m*
pacifiste [-ist] *m,f* Pazifist(in) *m*(*f*)
pack [pak] *m* Blockpackung *f*
package [pakɛdʒ] *m* Softwarepaket *n*
pacotille [pakɔtij] *f* Schund(ware) *m*(*f*); **de pacotille** wertlos
pacs *ou* **Pacs** [paks] *m abr* (*pacte civil de solidarité*) *vom französischen Staat anerkannte Lebensgemeinschaft zweier nicht verheirateter Personen*
pacser [pakse] *v*/*i* (*et v*/*pr* **se**) **pacser** *einen „pacs" schließen*
pacte [pakt] *m* Pakt *m*; **conclure un pacte** e-n Pakt, Vertrag schließen
pactiser [paktize] *v*/*i* paktieren (**avec** mit)
pactole [paktɔl] *m* Goldgrube *f* (*fig*)
paella [paɛla] *f* Paella *f*
paf [paf] **I** *int* bums!; klatsch! **II** *adj* ⟨*inv*⟩ F besoffen
pagaie [pagɛ] *f* Paddel *n*
pagaïe *ou* **pagaille** [pagaj] *f* F **1.** (*désordre*) (heilloses) Durcheinander; *chambre* **en pagaïe** *ou* **en pagaille** unordentlich; unaufgeräumt **2. en pagaïe** *ou* **en pagaille** (*beaucoup*) F in rauen Mengen
paganisme [paganism] *m* Heidentum *n*
pagayer [pageje] *v*/*i* ⟨**-ay-** *od* **-ai-**⟩ paddeln
▸ **page**[1] [paʒ] *f* **1.** (Druck-, Text)Seite *f*; (*à la*) **page 10** (auf) Seite 10; *fig* **être à la page** mit der Zeit gehen; **au bas, en 'haut de la page** unten, oben auf der Seite; *fig* **tourner la page** ein Kapitel als erledigt betrachten **2.** INFORM **page d'accueil** Homepage ['hoːmpeːtʃ] *f*; **page Web** Webseite *f*
page[2] *m* HIST Page *m*
pageot [paʒo] *m* P (*lit*) F Falle *f*
pageoter [paʒɔte] *v*/*pr* P **se pageoter** (*se coucher*) P sich in die Falle hauen
pagination [paʒinasjõ] *f* Paginierung *f*
paginer [-e] *v*/*t* paginieren; mit Seitenzahlen versehen
pagne [paɲ] *m* Lendenschurz *m*
pagode [pagɔd] *f* Pagode *f*
paie [pɛ] *f* **jour** *m* **de paie** Zahltag *m*
paiement [pɛmã] *m* (Be)Zahlung *f*; **paiement au comptant, en espèces** Barzahlung *f*; **effectuer, faire un paiement** e-e Zahlung leisten, vornehmen
païen [pajɛ̃] **I** *adj* ⟨**-ïenne** [-jɛn]⟩ heidnisch **II** **païen(ne)** *m*(*f*) Heide *m*, Heidin *f*
paierie [pɛri] *f* **paierie générale** Oberfinanzdirektion *f* (*e-s Departements*)
paillard [pajaʀ] *adj* ⟨**-arde** [-aʀd]⟩ *personne* geil; *chanson, histoire* schlüpfrig
paillardise [pajaʀdiz] *f histoire* unanständige(r), schlüpfrige(r) Geschichte (Witz)
paillasse [pajas] *f* **1.** Strohsack *m* **2.** *d'un évier* Abstellfläche *f*

paillasson [pajasõ] *m* Fußmatte *f*
▸ **paille** [paj, pɑj] *f* **1.** Stroh *n*; *fig* **être sur la paille** bettelarm, im Elend sein **2.** (*brin de paille*) Strohhalm *m*; *pour boire* Trinkhalm *m* **3.** F *iron* Kleinigkeit *f*; F Peanuts *pl* **4. paille de fer** Stahlwolle *f*
paillé [paje] *adj* ⟨**~e**⟩ *chaise* mit Strohsitz
pailleté [pajte] *adj* ⟨**~e**⟩ mit Pailletten besetzt
paillette [pajɛt] *f* **1.** COUT Paillette *f* **2. paillette d'or** Goldblättchen *n*; **savon** *m* **en paillettes** Seifenflocken *f*/*pl*
paillote [pajɔt] *f* Strohhütte *f*
▸ **pain** [pɛ̃] *m* **1.** Brot *n*; **pain blanc** Weißbrot *n*; **petit pain** Brötchen *n*; *südd* Semmel *f*; *fig* **se vendre comme des petits pains** reißenden Absatz finden; F weggehen wie warme Semmeln; **pain au chocolat** Schokoladenbrötchen *n*; **pain aux raisins** Schnecke *f*; **pain d'épice(s)** Leb-, Pfefferkuchen *m*; **pain de mie, de seigle** Toast-, Roggenbrot *n*; *fig* **avoir du pain sur la planche** alle Hände voll zu tun haben **2. pain de savon** Riegel *m* (Kern)Seife; **pain de sucre** Zuckerhut *m*
pair[1] [pɛʀ] *adj* ⟨**~e**⟩ *nombre* gerade
pair[2] *m* **1.** *st*/*s* **ses pairs** (*ses égaux*) seinesgleichen; **'hors pair** unvergleichlich; einzigartig; **aller de pair** Hand in Hand gehen (**avec** mit) **2. jeune fille** *f* **au pair** Au-pair-Mädchen *n*; **être au pair** e-e Au-pair-Stelle haben
▸ **paire** [pɛʀ] *f* **1.** Paar *n*; **une paire de chaussures** ein Paar Schuhe; *fig* **c'est une autre paire de manches** das ist etwas ganz anderes **2. une paire de ciseaux, de lunettes** e-e Schere, Brille
paisible [pezibl] *adj* friedlich; *personne a* friedfertig; *sommeil, vie* ruhig; *lieu a* still
paître [pɛtʀ] *v*/*i* ⟨*déf*: **il paît**, **ils paissent**; **il paissait**; **il paîtra**; **qu'il paisse**; **paissant**⟩. weiden **2.** F *fig* **envoyer paître qn** F j-n zum Teufel jagen
▸ **paix** [pɛ] *f* **1.** POL Frieden *m*; **en temps de paix** in Friedenszeiten; **faire la paix avec qn** mit j-m Frieden schließen **2.** *fig* Frieden *m*; Ruhe *f*; **la paix!** Ruhe!; still!; REL **qu'il repose en paix** er ruhe in Frieden; *pour avoir la paix* **fermer la télé** um s-e Ruhe zu haben; *céder um des lieben Friedens willen*; **laisser qn en paix** j-n in Ruhe, in Frieden lassen; F ▸ **fiche-moi**, P **fous-moi la paix!** lass mich in Ruhe!
Pakistan [pakistã] **le Pakistan** Pakistan *n*
pakistanais [pakistanɛ] **I** *adj* ⟨**-aise** [-ɛz]⟩ pakistanisch **II** **Pakistanais(e)** *m*(*f*) Pakistani *m,f*; Pakistaner(in) *m*(*f*)
palabrer [palabʀe] *v*/*i* palavern
palabres [palabʀ] *m*/*pl* Palaver *n*
palace [palas] *m* Luxus-, Grandhotel *n*
paladin [paladɛ̃] *m* **1.** *de Charlemagne* Paladin *m* **2.** *chevalier* fahrender Ritter
palais[1] [palɛ] *m* **1.** Palast *m*; Schloss *n*; Palais *n*; **le palais de l'Élysée** der Elyseepalast (*Sitz des frz Staatspräsidenten*) **2. palais de justice** Gerichtsgebäude *n*; Justizpalast *m*
palais[2] *m* ANAT Gaumen *m*
palan [palã] *m* Flaschenzug *m*
palanquin [palãkɛ̃] *m* Tragsessel *m*; Sänfte *f*
palatal [palatal] *adj* ⟨**~e**; **-aux** [-o]⟩ palatal; Gaumen…

palatale [palatal] *f* Gaumenlaut *m*; Palatal *m*
Palatinat [palatina] *le Palatinat* die Pfalz
pale [pal] *f d'une hélice, etc* Blatt *n*
▸ **pâle** [pɑl] *adj* blass (*a fig*); bleich; *bleu pâle* ⟨*inv*⟩ blassblau
palefrenier [palfʀənje] *m* Stallbursche *m*
palefroi [palfʀwa] *m* HIST Paradepferd *n*; Zelter *m*
paléolithique [paleɔlitik] *m* Altsteinzeit *f*
paléontologie [paleõtɔlɔʒi] *f* Paläontologie *f*
paléontologique *adj* paläontologisch
paléontologue [-lɔg] *m,f* Paläontologe, -login *m,f*
Palerme [palɛrm] Palermo *n*
paleron [palʀõ] *m* CUIS, ZO Bug *m*
Palestine [palɛstin] *la Palestine* Palästina *n*
palestinien [palɛstinjẽ] **I** *adj* ⟨*-ienne* [-jɛn]⟩ palästinensisch **II** *Palestinien(ne)* *m(f)* Palästinenser(in) *m(f)*
palet [palɛ] *m* HOCKEY SUR GLACE Puck *m*; MARELLE flacher, runder Stein
paletot [palto] *m* Paletot *m*; kurzer Mantel
palette [palɛt] *f* **1.** PEINT, MANUTENTION Palette *f* **2.** CUIS Bug *m*
palétuvier [paletyvje] *m* Mangrove(nbaum) *f(m)*
pâleur [pɑlœr] *f* Blässe *f*
pâlichon [paliʃõ] F *adj* ⟨*-onne* [-ɔn]⟩ blässlich; ein wenig blass
palier [palje] *m* **1.** Treppenabsatz *m*; *être voisins de palier* auf der gleichen Etage wohnen **2.** TECH Lager *n* **3.** *fig* Stufe *f*; *par paliers* stufenweise
palière [paljɛr] *adj f* *porte palière* auf den Treppenabsatz gehende Tür
pâlir [pɑlir] *v/i* **1.** blass werden, bleich werden, erblassen (*de colère* vor Zorn) **2.** *couleurs* verblassen
palissade [palisad] *f* Latten-, Bretterzaun *m*; Palisade(n) *f(pl)*
palissandre [palisãdr] *m* Palisander(holz) *m(n)*
palliatif [paljatif] *m* (Not)Behelf *m*
pallier [palje] *v/t* (*abus pallier à*) (einigermaßen) abhelfen (+ *dat*)
palmarès [palmarɛs] *m* Liste *f* der Preisträger; SPORTS Siegerliste *f*
palme [palm] *f* **1.** BOT Palm(en)zweig *m*, -wedel *m* **2.** *fig* Siegespalme *f*; *remporter la palme* den Sieg erringen; *iron* den Vogel abschießen **3.** SPORTS Schwimmflosse *f*
palmé [palme] *adj* ⟨*~e*⟩ ZO *patte palmée* Schwimmfuß *m*
palmer [palmɛr] *m* Messschraube *f*
palmeraie [palmərɛ] *f* Palmenpflanzung *f*, -hain *m*
palmier [palmje] *m* **1.** BOT Palme *f* **2.** *gâteau* Schweinsohr *n*
palmipède [palmipɛd] *m* Schwimmvogel *m*
palombe [palõb] *f* Ringeltaube *f*
pâlot [palo] *adj* ⟨*-otte* [-ɔt]⟩ blässlich; blass
palourde [palurd] *f* Venusmuschel *f*
palpable [palpabl] *adj* *preuve, avantage* handgreiflich; konkret; handfest
palpation [-asjõ] *f* MÉD Abtasten *n*; *sc* Palpation *f*
palper [palpe] *v/t* **1.** abtasten **2.** F *fig palper* (*de l'argent*) F Geld kassieren

palpeur [palpœr] *m* (Mess)Fühler *m*
palpitant [palpitã] *adj* ⟨*-ante* [-ãt]⟩ *récit, film* spannend; aufregend
palpitations [-asjõ] *f/pl* (starkes) Herzklopfen *n*
palpiter [palpite] *v/i* **1.** *paupières* zucken; *narines* zittern **2.** *cœur* klopfen; pochen
palplanche [palplãʃ] *f* Spundbohle *f*; *palplanches pl* Spundwand *f*
paltoquet [paltɔkɛ] *m* *litt et péj* eingebildeter Wicht
palu [paly] *m abr* F → *paludisme*
paluche [palyʃ] *f* F (*main*) F Flosse *f*
paludéen [palydeẽ] *adj* ⟨*-enne* [-ɛn]⟩ **1.** (*des marais*) Sumpf... **2.** MÉD an Malaria erkrankt
paludisme [palydism] *m* Malaria *f*
pâmer [pame] *v/pr* *se pâmer d'admiration* in Bewunderung erstarren; *se pâmer de rire* sich kranklachen
pâmoison [pamwazõ] *f* *plais tomber en pâmoison* in Ohnmacht fallen; F umkippen
pampa [pãpa] *f* Pampa *f*
pamphlet [pãflɛ] *m* Pamphlet *n*; Schmäh-, Streitschrift *f*
pamphlétaire [pãfletɛr] *m* Pamphletist *m*
pamplemousse [pãpləmus] *m* Pampelmuse *f*; Grapefruit *f*
pamplemoussier [-je] *m* Pampelmuse(nbaum) *f(m)*
pampre [pãpr] *m* Weinranke *f*
pan¹ [pã] *m* **1.** COUT Schoß(teil) *m(n)*; Zipfel *m* **2.** *pan de mur* Mauer- *ou* Wandstück *n*, -fläche *f* **3.** TECH Seite(nfläche) *f*
pan² *int* peng!; bum!; bums!
panacée [panase] *f* Allheil-, Wundermittel *n*
panachage [panaʃaʒ] *m* *mode de scrutin* Panaschieren *n*
panache [panaʃ] *m* **1.** Feder-, Helmbusch *m* **2.** *panache de fumée* Rauchfahne *f* **3.** *fig avoir du panache* ein schneidiges Auftreten haben
panaché [panaʃe] *adj* ⟨*~e*⟩ *glace* gemischt; *bière mit Limonade gemischt*; *un panaché* ein(e) Radler(maß)
panacher [panaʃe] *v/t* *panacher une liste électorale* panaschieren
panade [panad] *f* **1.** CUIS Brotsuppe *f* **2.** F *fig il est dans la panade* F es geht ihm dreckig
panafricain [panafʀikẽ] *adj* ⟨*-aine* [-ɛn]⟩ panafrikanisch
panafricanisme [-afʀikanism] *m* Panafrikanismus *m*
panais [panɛ] *m* BOT Pastinak *m*
Panama [panama] **1.** (*le*) *Panama* Panama *n* **2.** *m panama* Panama(hut) *m*
panaméen [panameẽ] **I** *adj* ⟨*-enne* [-ɛn]⟩ panamaisch **II** *subst* *Panaméen(ne)* *m(f)* Panamaer(in) *m(f)*
panaméricain [panamerikẽ] *adj* ⟨*-aine* [-ɛn]⟩ panamerikanisch
panaméricanisme [-amerikanism] *m* Panamerikanismus *m*
panarabe *adj* panarabisch
panarabisme [-arabism] *m* Panarabismus *m*
panard [panar] F *m* Fuß *m*; *panards pl* F Mauken *f/pl*; F Quanten *pl*
panaris [panari] *m* eitrige Fingerentzündung; F böser, schlimmer Finger
pancarte [pãkart] *f* **1.** (*écriteau*) Schild *n* **2.** *de manifestants* Transparent *n*

pancréas [pɑ̃kʀeas] *m* Bauchspeicheldrüse *f*

pancréatique [pɑ̃kʀeatik] *adj* Bauchspeichel-drüsen...; *sc* Pankreas...

panda [pɑ̃da] *m* Panda(bär) *m*

pandémie [pɑ̃demi] *f* Pandemie *f*

pandémique *adj* [-ik] pandemisch

pandore [pɑ̃dɔʀ] F *m* Gendarm *m*

pané [pane] *adj* ⟨~e⟩ paniert; *escalope panée* Wiener Schnitzel *n*

panégyrique [paneʒiʀik] *m* Lobrede *f*

panel [panɛl] *m* STATISTIQUES Panel *n*

paner [pane] *v/t* panieren

pangermanisme [pɑ̃ʒɛʀmanism] *m* Pangermanismus *m*; alldeutsche Bestrebungen *f/pl*

▸ **panier** [panje] *m* Korb *m* (*a* BASKET); *fig panier percé* Verschwender *m*; *panier à salade* Salatkorb *m*; F *fig* grüne Minna; ÉCON *panier de la ménagère* Warenkorb *m*; *fig c'est un panier de crabes* sie würden sich am liebsten alle gegenseitig die Augen auskratzen; *mettre au panier* wegwerfen

panier-repas *m* ⟨**paniers-repas**⟩ Lunchpaket *n*

panifiable [panifjabl] *adj* *céréales f/pl panifiables* Brotgetreide *n*

panifier [panifje] *v/t* zu Brot verbacken

panique [panik] *f* Panik *f*; *être pris de panique* von Panik ergriffen werden; in Panik geraten *provoquer la panique* Panik hervorrufen; zu e-r Panik führen; *semer la panique* Panikstimmung verbreiten; Panik hervorrufen

paniquer [panike] F **I** *v/t paniquer qn* j-n in Panik versetzen; *paniqué* in panischer Angst **II** *v/i* in Panik geraten

panislamisme [panislamism] *m* Panislamismus *m*

▸ **panne** [pan] *f* Panne *f*; Betriebsstörung *f*; *panne d'électricité* Stromausfall *m*; *en panne* defekt; schadhaft; *avoir une ou tomber en panne* e-e Panne haben; *il a une panne d'essence ou il est tombé en panne sèche* ihm ist das Benzin ausgegangen; F *fig être en panne personne* nicht weitermachen können; *travaux* stecken bleiben; *être en panne de qc* etw im Augenblick nicht haben

panneau [pano] *m* ⟨~x⟩ **1.** Schild *n*; Tafel *f*; *panneau électoral* Plakatwand *f* bei Wahlen; *panneau publicitaire* Reklamefläche *f*, -schild *n*, -tafel *f*; ▸ *panneau de signalisation* Verkehrsschild *n*, -zeichen *n* **2.** CONSTR Platte *f* **3.** *tomber dans le panneau* F reinfallen **4.** COUT (Stoff)Bahn *f*

panonceau [panõso] *m* ⟨~x⟩ (kleines) Schild *n*

panoplie [panɔpli] *f* **1.** *panoplie de cow-boy* (Karton *m* mit e-r) Cowboyausrüstung *f* **2.** *fig* Arsenal *n*

panorama [panɔrama] *m* Panorama *n*; Rundsicht *f*, -blick *m*

panoramique [panɔramik] **I** *adj* Rundsicht...; Panorama...; *écran m panoramique* Breitwand *f*; *vue f panoramique* Rundblick *m*, -sicht *f*; PHOT Panoramaaufnahme *f*; *fig* umfassender Überblick (*de* über +*acc*) **II** *m* CIN, TV (Panorama)Schwenk *m*

panse [pɑ̃s] *f* **1.** ZO Pansen *m* **2.** F *se remplir la panse* F sich (*dat*) den Bauch vollschlagen

▸ **pansement** [pɑ̃smɑ̃] *m* MÉD Verband *m*; *adhésif* Pflaster *n*; *boîte f à pansement*

Verband(s)kasten *m*; *appliquer, changer, faire un pansement* e-n Verband anlegen, wechseln, machen

panser [pɑ̃se] *v/t* **1.** MÉD verbinden **2.** *cheval* striegeln; putzen

panslavisme [pɑ̃slavism] *m* Panslawismus *m*

pansu [pɑ̃sy] *adj* ⟨~e⟩ *vase* bauchig

pantagruélique [pɑ̃tagʀyelik] *adj repas* üppig; schwelgerisch

▸ **pantalon** [pɑ̃talõ] *m* (lange) Hose; *pantalon de ski* Skihose *f*; *en pantalon* in Hosen

pantalonnade [pɑ̃talɔnad] *f* Posse *f*

pantelant [pɑ̃tlɑ̃] *adj* ⟨-ante [-ɑ̃t]⟩ keuchend; schnaufend

panthéisme [pɑ̃teism] *m* Pantheismus *m*

panthéiste [-ist] **I** *adj* pantheistisch **II** *m,f* Pantheist(in) *m(f)*

panthéon [pɑ̃teõ] *m* Pantheon *n*

panthère [pɑ̃tɛʀ] *f* Panther *m*; Leopard *m*

pantin [pɑ̃tɛ̃] *m* Hampelmann *m* (*a fig*)

pantois [pɑ̃twa] *adj* ⟨-oise [-waz]⟩ *rester pantois* verdutzt, verblüfft sein

pantomime [pɑ̃tɔmim] *f* **1.** *art* Pantomimik *f* **2.** THÉ Pantomime *f*

pantouflard [pɑ̃tuflaʀ] *m*, **pantouflarde** [-aʀd] *f* F Stubenhocker(in) *m(f)*

pantoufle [pɑ̃tufl] *f* Hausschuh *m*; Pantoffel *m*

pantoufler [pɑ̃tufle] *v/i pantoufler (dans le privé)* in die Privatwirtschaft wechseln

panure [panyʀ] *f* Paniermehl *n*; *österr* Semmelbrösel *pl*

PAO [peao] *f abr* (*publication assistée par ordinateur*) Desktop-Publishing *n*

paon [pɑ̃] *m* Pfau *m*

paonne [pan] *f* Pfauhenne *f*

paonneau [-o] *m* ⟨~x⟩ junger Pfau

▸ **papa** [papa] *m* **1.** Papa *m*; Papi *m*; Vati *m* **2.** F *le cinéma de papa* F Opas Kintopp *m*; F *à la papa* ganz gemütlich, gemächlich

papal [papal] *adj* ⟨~e; -aux [-o]⟩ päpstlich

papamobile [papamɔbil] *f* Papamobil *n*

paparazzi [papaʀadzi] *m/pl* Paparazzi *m/pl*

papauté [papote] *f* Papsttum *n*

papaye [papaj] *f* Papaya *f*

▸ **pape** [pap] *m* Papst *m* (*a fig*); *sérieux comme un pape* todernst

Papeete [papeete] *Stadt auf Tahiti*

papelard [paplaʀ] F *m* Stück *n* Papier; (*écrit*) F Wisch *m*

paperasse [papʀas] *f coll* Papierkram *m*; *paperasses pl* (alte) Papiere *n/pl*

paperasserie [papʀasʀi] *f péj* Papierwust *m*; ADM Papierkrieg *m*

paperassier [papʀasje] *adj* ⟨-ière [-jɛʀ]⟩ *administration paperassière* Verwaltung, die e-n furchtbaren Papierkrieg führt

papesse [papɛs] *f* HIST *la papesse Jeanne* die Päpstin Johanna

▸ **papeterie** [papetʀi] *f* Schreibwarengeschäft *n*

papetier [paptje] *m* Schreibwarenhändler *m*

papetier-libraire *m* ⟨**papetiers-libraires**⟩ Buch- und Schreibwarenhändler *m*

▸ **papi** [papi] *m enf* Opa *m*

▸ **papier** [papje] *m* **1.** Papier *n*; *papier journal* Zeitungspapier *n*; *papier calque* Pauspapier *n*; *papier à cigarettes* Zigarettenpapier *n*; *papier à dessin* Zeichenpapier *n*; *papier à lettres* Briefpapier *n*; *papier d'emballage* Pack-

Einwickelpapier *n*; **en** *ou* **de papier** Papier…; papier(e)n **2.** **papier peint** Tapete *f*; **poser du papier peint** tapezieren **3.** **papier d'aluminium** Alu(minium)folie *f* **4.** **un papier** ein Stück *n*, Blatt *n* Papier; ein Zettel *m* **5.** (*article de journal*) (Zeitungs)Artikel *m* **6.** *pl* ▸ **papiers** (**d'identité**) (Ausweis)Papiere *n/pl*; *fig* **être dans les petits papiers de qn** bei j-m e-n Stein im Brett haben
papier-monnaie *m* Papiergeld *n*
papille [papij] *f* Papille *f*
▸ **papillon** [papijõ] *m* **1.** ZO Schmetterling *m*; **papillon de nuit** Nachtfalter *m* **2.** F (*contravention*) F Strafzettel *m*; F Knöllchen *n* **3.** (*brasse f*) **papillon** Delfin-, Schmetterlingsschwimmen *n* *ou* -stil *m* **4.** *adjt* **nœud** *m* **papillon** Fliege *f* **5.** *écrou* Flügelmutter *f*
papillonner [papijɔne] *v/i* flatterhaft, unstet, unbeständig sein
papillote [papijɔt] *f* CUIS **en papillote** in Folie gebacken
papillotement [papijɔtmã] *m* Flimmern *n*
papilloter [-e] *v/i* *yeux* flackern
papisme [papism] *m* *péj* Papismus *m*
papiste [-ist] *m,f* *péj* Papist(in) *m(f)*
papotage [papɔtaʒ] *m* Geschwätz *n*
papoter [-e] *v/i* schwatzen
papou [papu] **I** *adj* ⟨~**e**⟩ papuanisch **II** **1.** **Papou(e)** *m(f)* Papua(frau) *m(f)* **2.** LING **le papou** die Papuasprache(n) *f(pl)*
Papouasie-Nouvelle-Guinée [papwazinuvɛlgine] **la Papouasie-Nouvelle-Guinée** Papua-Neuguinea *n*
papouille [papuj] *f* F **faire des papouilles à qn** j-n tätscheln, streicheln, kitzeln
paprika [papʀika] *m* Paprika *m* (*in Pulverform*)
papy → **papi**
papyrus [papiʀys] *m* Papyrus *m*
Pâque [pɑk] *f* **la Pâque** (das) Passah(fest)
paquebot [pakbo] *m* Passagierschiff *n*
pâquerette [pakʀɛt] *f* Gänseblümchen *n*; *fig* **au ras des pâquerettes** niveaulos; banal
▸ **Pâques** [pɑk] ⟨*ohne Artikel m sg, mit adj f/pl*⟩ Ostern *n ou pl*; Osterfest *n*; **joyeuses Pâques!** frohe Ostern!; **à Pâques** (zu, an) Ostern; *fig* **à Pâques ou à la Trinité** am Sankt-Nimmerleins-Tag
▸ **paquet** [pakɛ] *m* **1.** Paket *n*; Päckchen *n*; Packung *f*; Pack(en) *m*; Bündel *n*; **paquet de café, de lessive** Packung Kaffee, Waschpulver; **paquet de cigarettes** Päckchen, Schachtel *f* Zigaretten; **paquet de linge** Packen Wäsche; *fig de qn* **paquet de nerfs** Nervenbündel *n* **2.** **paquet de mer** Brecher *m*; Sturzsee *f* **3.** F (**y**) **mettre le paquet** s-e ganze Kraft (und Energie) einsetzen
paquetage [paktaʒ] *m* MIL Gepäck *n*
▸ **par** [paʀ] *prép* **1.** *lieu* durch; über (+ *acc*); **par la porte** durch die Tür; *aller à Paris* **par Reims** über Reims **2.** *temps* an (+ *dat*); in (+ *dat*); bei; **par un beau matin d'été** an e-m schönen Sommermorgen; **par quinze degrés** bei fünfzehn Grad **3.** *moyen* durch; mit; per; **par (le) bateau, train** mit dem Schiff, mit der Bahn; per Schiff, Bahn; **par ruse** durch List; **faire faire qc par qn** etw von j-m machen lassen **4.** *aprés un verbe passif* von; durch; **être élu par l'assemblée** von der Versammlung ge-

wählt werden; **être détruit par un incendie** durch e-n Brand zerstört werden **5.** *cause* aus; **par amour, curiosité** aus Liebe, Neugier **6.** *distributif* pro; **par jour** täglich; am, pro Tag; **par personne** pro Person **7.** **de par la loi** im Namen des Gesetzes
para [paʀa] *m abr* F (*parachutiste*) Fallschirmjäger *m*
parabole [paʀabɔl] *f* **1.** BIBL Gleichnis *n* **2.** MATH Parabel *f*
parabolique [paʀabɔlik] *adj* **antenne** *f* **parabolique** Parabolantenne *f*; F Satellitenschüssel *f*
parachèvement [paʀaʃɛvmã] *m* Vollendung *f*; Beendigung *f*
parachever *v/t* ⟨**-è-**⟩ vollenden; abschließen
parachutage [paʀaʃytaʒ] *m* **1.** *de vivres* Abwurf *m*, *de troupes* Absetzen *n* (mit dem Fallschirm) **2.** F *fig* plötzliche Beorderung auf e-n Posten
parachute [paʀaʃyt] *m* Fallschirm *m*; **sauter en parachute** mit dem Fallschirm abspringen
parachuter [paʀaʃyte] *v/t* **1.** *troupes* (mit dem Fallschirm) absetzen, *matériel* abwerfen **2.** F *fig* **parachuter qn à un poste** j-n (unerwartet) auf e-n Posten beordern, F katapultieren
parachutisme [paʀaʃytism] *m* Fallschirmsport *m*, -springen *n*
parachutiste [-ist] **1.** *m* MIL Fallschirmjäger *m* **2.** *m,f* SPORTS Fallschirmspringer(in) *m(f)*
parade [paʀad] *f* **1.** **de parade** Parade…; **faire parade de qc** mit etw prahlen **2.** MIL, SPORTS Parade *f* **3.** *fig* Abwehr *f*; Entgegnung *f*; Gegenargument *n*
parader [paʀade] *v/i* paradieren
paradigmatique [paʀadigmatik] *adj* paradigmatisch
paradigme [-digm] *m* Paradigma *n*; GR *a* Flexionsmuster *n*
▸ **paradis** [paʀadi] *m* REL, *fig* Paradies *n*; *fig* **paradis fiscal** Steueroase *f*
paradisiaque [paʀadizjak] *adj* paradiesisch
paradoxal [paʀadɔksal] *adj* ⟨~**e**; **-aux** [-o]⟩ paradox; widersinnig
paradoxalement [-mã] *adv* paradoxerweise
paradoxe [paʀadɔks] *m* Paradox *n*
parafe [paʀaf] *m* Namenszeichen *n*
parafer [-e] *v/t* abzeichnen; paraphieren
paraffinage [paʀafinaʒ] *m* Paraffinierung *f*
paraffine [paʀafin] *f* Paraffin *n*
paraffiner [-e] *v/t* paraffinieren
parafiscal [paʀafiskal] *adj* ⟨~**e**; **-aux** [-o]⟩ steuerähnlich
parafiscalité [-ite] *f* zweckgebundene, steuerähnliche Abgaben *f/pl*
parages [paʀaʒ] *m/pl* Gegend *f*
paragraphe [paʀagʀaf] *m* **1.** Abschnitt *m*; Absatz *m* (*a* JUR) **2.** TYPO Paragraphenzeichen *n*
Paraguay [paʀagwɛ] **le Paraguay** Paraguay *n*
paraguayen [paʀagwɛjɛ̃] **I** *adj* ⟨**-enne** [-ɛn]⟩ paraguayisch **II** *subst* **Paraguayen(ne)** *m(f)* Paraguayer(in) *m(f)*
▸ **paraître** [paʀɛtʀ] ⟨→ **connaître**⟩ **I** *v/i* **1.** (*se montrer*) erscheinen; *sentiments* **laisser paraître** sich (*dat*) anmerken lassen **2.** (*sembler*) (er)scheinen; aussehen; vorkommen (**à qn** j-m); **le voyage me paraît très long** die Reise kommt mir sehr lang vor; **il ne paraît pas son âge** man sieht ihm sein Alter nicht an **3.** (*être*

publié) ⟨*oft* **être**⟩ erscheinen; herauskommen; **faire paraître** herausbringen, -geben **II** *v/imp* **il paraît que …** man sagt, man erzählt sich, es heißt, es scheint, dass …; *en incise* **paraît-il** so scheint es; wie es scheint
parallèle [paʀalɛl] **I** *adj* **1.** parallel (**à** zu); Parallel … **2.** *fig* (*non officiel*) inoffiziell; *médecine* alternativ; **marché** *m* **parallèle** grauer Markt; **police** *f* **parallèle** Geheimpolizei *f* **3.** SPORTS **barres** *f/pl* **parallèles** Barren *m* **II** *subst* **4.** *f* MATH Parallele *f* **5.** *m* GÉOGR Breitengrad *m* **6.** *m fig* Parallele *f*; **faire un parallèle entre …** e-e Parallele ziehen zwischen (+ *dat*)
parallèlement [paʀalɛlmɑ̃] *adv* **parallèlement à** parallel zu
parallélépipède [paʀalelepipɛd] *m* MATH Parallelflach *n*; Parallelepiped *n*
parallélisme [paʀalelism] *m* **1.** AUTO Spur *f* **2.** *fig* Parallelismus *m*
parallélogramme [paʀalelɔgʀam] *m* Parallelogramm *n*
paralyser [paʀalize] *v/t* **1.** MÉD lähmen; **paralysé** gelähmt **2.** *fig personne* lähmen; *économie, circulation* lahmlegen; **être paralysé par la terreur** vor Schreck wie gelähmt sein
paralysie [paʀalizi] *f* Lähmung *f* (*a fig*)
paralytique [paʀalitik] *m,f* Gelähmte(r) *f(m)*
paramédical [paʀamedikal] *adj* ⟨~**e**; **-aux** [-o]⟩ **professions paramédicales** medizinische Hilfsberufe *m/pl*
paramètre [paʀamɛtʀ] *m* MATH, *fig* Parameter *m*
paramilitaire [paʀamilitɛʀ] *adj* para-, halbmilitärisch
parangon [paʀɑ̃gɔ̃] *m litt* **parangon de vertu** Muster *n* an, Ausbund *m* von Tugend
parano [paʀano] *abr* F → **paranoïaque**
paranoïa [paʀanɔja] *f* Paranoia *f*; Wahnvorstellungen *f/pl*
paranoïaque [paʀanɔjak] *m,f* Geistesgestörte(r) *f(m)*
parapente [paʀapɑ̃t] *m* **1.** *engin* Gleitschirm *m*; Paragleiter *m* **2.** *sport* Gleitschirmfliegen *n*; Paragliding *n*
parapentiste [paʀapɑ̃tist] *m,f* Gleitschirmflieger(in) *m(f)*
parapet [paʀapɛ] *m* Brüstung *f*
paraphe → **parafe**
paraphrase [paʀafʀɑz] *f* Paraphrase *f*
paraphraser [-e] *v/t* paraphrasieren
paraplégie [paʀapleʒi] *f* Querschnittslähmung *f*
paraplégique [-ik] **I** *adj* querschnittsgelähmt **II** *m,f* Querschnittsgelähmte(r) *f(m)*
▸ **parapluie** [paʀaplɥi] *m* (Regen)Schirm *m*
parascolaire [paʀaskɔlɛʀ] *adj* außerhalb des Lehrplans
parasitaire [paʀazitɛʀ] *adj* BIOL, *fig* parasitär; schmarotzerhaft
parasite [paʀazit] *m* **1.** BIOL, *fig* Parasit *m*; Schmarotzer *m* **2.** RAD **parasites** *pl* Stör-, Nebengeräusch(e) *n(pl)*
parasiter [paʀazite] *v/t* **1.** BIOL, *fig* schmarotzen (**un hôte** in *ou* auf e-m Wirt) **2.** RAD stören
parasitisme [paʀazitism] *m* Schmarotzertum *n* (*a fig*)
parasol [paʀasɔl] *m* **1.** Sonnenschirm *m* **2.** *adjt* **pin** *m* **parasol** Pinie *f*

parasympathique [paʀasɛ̃patik] *adj et subst* ANAT (**système** *m*) **parasympathique** Parasympathikus *m*
parataxe [paʀataks] *f* LING Parataxe *f*
paratonnerre [paʀatɔnɛʀ] *m* Blitzableiter *m*
paravalanche [paʀavalɑ̃ʃ] *m* Lawinenschut *m*, -galerie *f*
paravent [paʀavɑ̃] *m* spanische Wand; Wand schirm *m*
parbleu [paʀblø] *litt int* wahrhaftig!; bei Gott
▸ **parc** [paʀk] *m* **1.** Park *m*; **parc régional** Na turpark *m*; **parc d'attractions** Erlebnis-, Ver gnügungspark *m*; **parc de loisirs** Freizeitpar *m* **2.** **parc de stationnement** Parkplatz *m* 3 **pour bébés** Laufgitter *n*, -stall *m* **4.** **parc à hu tres** Austernpark *m* **5.** **parc automobile** Fuhr park *m*; (Kraft)Fahrzeugbestand *m* **6.** *à bes tiaux* Pferch *m*
parcellaire [paʀselɛʀ] *adj* Parzellen…
parcelle [paʀsɛl] *f* **1.** *terrain* Parzelle *f* **2.** *fig* win ziges Stück
parcellisation [paʀselizazjɔ̃] *f* **1.** ADM Parzellie rung *f* **2.** *fig* Aufsplitterung *f*
parcelliser [paʀselize] *v/t* **1.** ADM *terre* parzellie ren **2.** *fig* (in kleine Einheiten) aufteilen; auf splittern
▸ **parce que** [paʀs(ə)kə] *conj* ⟨*vor Vokal* **parc qu'**⟩ **1.** weil **2.** *abs* (eben) darum
parchemin [paʀʃəmɛ̃] *m* Pergament *n*
parcheminé [paʀʃəmine] *adj* ⟨~**e**⟩ pergament artig
par-ci [paʀsi] *adv* **par-ci, par-là** *espace* hier un da; *temps* hin und wieder; *fig* **maman par-c maman par-là** F Mutti vorn und Mutti hinte
parcimonie [paʀsimɔni] *f* **avec parcimoni** sehr sparsam
parcimonieux [paʀsimɔnjø] *adj* ⟨**-euse** [-øz]⟩ geizig; F knaus(e)rig
parcmètre [paʀkmɛtʀ] *m ou* **parcomètre** [paʀ kɔmɛtʀ] *m* Parkuhr *f*
parcourir [paʀkuʀiʀ] *v/t* ⟨→ **courir**⟩ **1.** *région ville* durchlaufen; durchstreifen; *en voitur* durchfahren; kreuz und quer fahren durch *un pays a* bereisen **2.** *distance* zurückleg **3.** *texte* überfliegen
parcours [paʀkuʀ] *m* Strecke *f*; SPORTS *a* Par cours *m*; **parcours du combattant** MIL Hir dernisbahn *f*; *fig* Hindernisrennen *n*; SPORT *et fig* **incident** *m* **de parcours** Panne *f*; Pec *n*; **effectuer un parcours** e-e Strecke zurück legen
par-delà [paʀdəla] *prép* jenseits (+ *gén*)
par-derrière [paʀdɛʀjɛʀ] **I** *adv* von hinten; hin terrücks (*a fig*); (*en cachette*) hinten(he)rum **I** *prép* hinter (+ *dat*)
par-dessous [paʀdəsu] **I** *adv* untendurch **I** *prép* unter (+ *dat*)
pardessus [paʀdəsy] *m* Überzieher *m*
par-dessus [paʀdəsy] **I** *adv* d(a)rüber (hinweg **II** *prép* über (+ *acc*); **par-dessus tout** vor al lem
par-devant [paʀdəvɑ̃] **I** *adv* vorn (herum) **I** *prép* **par-devant notaire** vor dem Notar
pardi [paʀdi] *int* natürlich; gewiss
▸ **pardon** [paʀdɔ̃] *m* Verzeihung *f*; Entschuldi gung *f*; REL Vergebung *f*; ▸ **pardon!** Entschul digung!; ▸ **pardon?** wie bitte?; **demande pardon à qn** j-n um Entschuldigung, Verzei

hung bitten; *obtenir son pardon* verziehen, vergeben bekommen

pardonnable [paʀdɔnabl] *adj* verzeihlich

▸ pardonner [paʀdɔne] **I** *v/t* verzeihen; *st/s*, REL vergeben; *pardonner (qc) à qn* j-m (etw) verzeihen; *pardonnez-moi, mais …* verzeihen, entschuldigen Sie, aber … **II** *v/i maladie grave cela ne pardonne pas* da gibt es keine Rettung

pare-avalanches [paʀavalɑ̃ʃ] *m ⟨inv⟩* → *paravalanche*

pare-balles [paʀbal] *adj ⟨inv⟩ gilet m pare--balles* kugelsichere Weste

pare-boue [paʀbu] *m ⟨inv⟩* AUTO Schmutzfänger *m*

▸ pare-brise [paʀbʀiz] *m ⟨inv⟩* Windschutzscheibe *f*

▸ pare-chocs [paʀʃɔk] *m ⟨inv⟩* Stoßstange *f*

pare-feu *m ⟨inv⟩* Brand-, Feuerschutz (-vorrichtung) *f*

▸ pareil [paʀɛj] **I** *adj ⟨pareille⟩* **1.** (*semblable*) gleich; ähnlich; *pareil à* gleich (+ *dat*); F *advt faire pareil* das Gleiche, F dasselbe tun **2.** (*tel*) solche(r, -s); derartige(r, -s); so ein(e); *chose pareille* so etwas; *en pareil cas* in e-m solchen, in so e-m Fall **II** *subst* **3.** *m,f ne pas avoir son pareil, sa pareille* nicht seines-, ihresgleichen haben; *sans pareil(le)* ohnegleichen; unvergleichlich **4.** *f rendre la pareille à qn* es j-m mit gleicher Münze heimzahlen **5.** *m* F *c'est du pareil au même* F das ist Jacke wie Hose, gehupft wie gesprungen

pareillement [paʀɛjmɑ̃] *adv* ebenfalls; gleichfalls

parement [paʀmɑ̃] *m* **1.** COUT Besatz *m* **2.** CONSTR Sichtfläche *f*

parenchyme [paʀɑ̃ʃim] *m* ANAT, BOT Parenchym (-gewebe) *n*

▸ parent [paʀɑ̃] **I** *adj ⟨-ente [-ɑ̃t]⟩* verwandt **II** *subst* **1.** *parent(e) m(f)* Verwandte(r) *f(m)* **2.** *m/pl* ▸ *parents (père et mère)* Eltern *pl*; *l'un des parents* ein Elternteil *m*; *association f de(s) parents d'élèves* Elternverband *m*, -vereinigung *f*

parental [paʀɑ̃tal] *adj ⟨~e; -aux [-o]⟩* elterlich; *congé parental* Erziehungsurlaub *m*

parenté [paʀɑ̃te] *f* Verwandtschaft *f*; *parenté du côté maternel* Verwandtschaftsverhältnis *n* mütterlicherseits, von der Seite der Mutter her

parenthèse [paʀɑ̃tɛz] *f* **1.** (*digression*) Zwischenbemerkung *f* **2.** (runde) Klammer; *entre parenthèses* in Klammern; *fig* nebenbei gesagt; *ouvrez, fermez la parenthèse!* Klammer auf, zu!

paréo [paʀeo] *m* Pareo *m*; Hüfttuch *n*

parer¹ [paʀe] **I** *v/t* **1.** *st/s* (*orner*) festlich schmücken (*de* mit) **2.** (*attribuer*) zuschreiben, nachsagen (*qn de qc* j-m etw) **3.** *viande* zum Verkauf herrichten **4.** MAR klarmachen **II** *v/pr se parer* sich schmücken (*de* mit)

parer² **I** *v/t coup, attaque* parieren; abwehren **II** *v/t/indir parer à qc* e-r Sache (*dat*) vorbeugen, begegnen

pare-soleil [paʀsɔlɛj] *m ⟨inv⟩* Sonnenblende *f*

paresse [paʀɛs] *f* Faulheit *f*; Trägheit *f*; *paresse intestinale* Darmträgheit *f*

paresser [paʀese] *v/i* faulenzen

▸ paresseux [paʀɛsø] **I** *adj ⟨-euse [-øz]⟩* faul; träge; bequem **II** *subst* **1.** *paresseux, paresseuse m,f* Faulenzer(in) *m(f)*; F Faulpelz *m* **2.** *m* ZO Faultier *n*

parfaire [paʀfɛʀ] *v/t ⟨nur inf⟩* vervollkommnen

▸ parfait [paʀfɛ] **I** *adj ⟨-faite [-fɛt]⟩* **1.** vollkommen; vollendet; perfekt; (*c'est*) *parfait!* also gut!; na schön, gut! **2.** (*total*) völlig; vollkommen; *iron imbécile, etc* ausgemacht; *en parfait accord* in völliger Übereinstimmung **II** *m* **3.** GR Perfekt *n* **4.** *glace* Parfait *n*

▸ parfaitement [paʀfɛtmɑ̃] *adv* **1.** (*complètement*) vollkommen; völlig **2.** *abs réponse* ganz recht; jawohl

▸ parfois [paʀfwa] *adv* manchmal; gelegentlich; bis-, zuweilen

parfum [paʀfɛ̃, -fœ̃] *m* **1.** *odeur* Duft *m*; Wohlgeruch *m* **2.** *substance* Parfüm *n*; *se mettre du parfum* sich parfümieren **3.** *d'une glace* Geschmack *m* **4.** *être au parfum* Bescheid wissen (*de* über + *acc*)

parfumé [paʀfyme] *adj ⟨~e⟩* **1.** *savon* duftend (*à la lavande* nach Lavendel); wohlriechend **2.** *personne* parfümiert **3.** *glace parfumée à la fraise* Erdbeereis *n*

parfumer [paʀrfyme] **I** *v/t* **1.** *pièce* mit s-m Duft erfüllen **2.** *mouchoir* parfümieren **3.** CUIS *parfumer au citron* Zitronengeschmack geben (+ *dat*) **II** *v/pr personne se parfumer* sich parfümieren

parfumerie [paʀfymʀi] *f boutique* Parfümerie *f*

parfumeur [-œʀ] *m*, parfumeuse [-øz] *f fabricant(e)* Parfümeur *m*

▸ pari [paʀi] *m* **1.** Wette *f*; *pari mutuel* Rennwette *f*; *faire un pari* e-e Wette abschließen, eingehen; *tenir le pari* die Wette annehmen **2.** *fig* Herausforderung *f*

paria [paʀja] *m* Paria *m* (*a fig*)

▸ parier [paʀje] *v/t* wetten (*qc* um etw; *que* dass)

pariétal [paʀjetal] *adj ⟨~e; -aux [-o]⟩* **1.** ANAT *os pariétal* Scheitelbein *n* **2.** *peintures pariétales* Felsmalereien *f/pl*

parieur [paʀjœʀ] *m*, parieuse [-øz] *f* Wetter(in) *m(f)*

parigot [paʀigo] F **I** *adj ⟨-ote [-ɔt]⟩* pariserisch **II** *Parigot(e) m(f)* Pariser(in) *m(f)*

Paris [paʀi] Paris *n*

paris-brest [paʀibʀɛst] *m ⟨inv⟩ mit Creme gefüllter u mit Mandelsplittern bestreuter Kuchen aus Brandteig*

▸ parisien [paʀizjɛ̃] **I** *adj ⟨-ienne [-jɛn]⟩* Pariser; pariserisch **II** *Parisien(ne) m(f)* Pariser(in) *m(f)*

paritaire [paʀitɛʀ] *adj* paritätisch

parité [paʀite] *f* Parität *f*

parjure [paʀʒyʀ] *m* **1.** (*violation de serment*) Eidbruch *m*; (*faux serment*) Meineid *m* **2.** *m,f personne* Eidbrüchige(r) *f(m)*; Meineidige(r) *f(m)*

parka [paʀka] *m ou f* Parka *m ou f*

▸ parking [paʀkiŋ] *m* Parkplatz *m*; *parking souterrain* Tiefgarage *f*

parkinsonien [paʀkinsɔnjɛ̃] **I** *adj ⟨-ienne [-jɛn]⟩* der parkinsonschen Krankheit **II** *subst parkinsonien(ne) m(f)* an der parkinsonschen Krankheit Leidende(r) *f(m)*

par-là [paʀla] → *par-ci*

parlant [paʀlɑ̃] *adj* ⟨-ante [-ɑ̃t]⟩ **1.** *cinéma, film* **parlant** Tonfilm *m*; *horloge parlante* Zeitansage *f* **2.** *les chiffres sont parlants* die Zahlen sprechen für sich **3.** *advt* **économiquement parlant** wirtschaftlich gesehen

parlé [paʀle] *adj* ⟨~e⟩ *langue* gesprochen

▸ **Parlement** [paʀləmɑ̃] *m* Parlament *n*

parlementaire [paʀləmɑ̃tɛʀ] **I** *adj* parlamentarisch; *Parlaments…*; *groupe m* **parlementaire** Fraktion *f* **II** *subst* **1.** *m,f* POL Parlamentarier(in) *m(f)* **2.** *m* MIL Parlamentär *m*

parlementarisme [paʀləmɑ̃taʀism] *m* Parlamentarismus *m*

parlementer [paʀləmɑ̃te] *v/i* verhandeln; unterhandeln

▸ **parler¹** [paʀle] **I** *v/t* **1.** *une langue* sprechen; *parler (le) français* Französisch *ou* französisch sprechen **2.** *parler affaires* über Geschäfte reden; *parler métier* fachsimpeln **II** *v/t/indir* **parler à qn**, F *avec qn* mit j-m sprechen, reden; j-n sprechen; *parler de qc* von etw, über etw (*acc*) sprechen, reden; etw besprechen, bereden; *livre* von etw handeln; *parler de qn* von j-m, über j-n reden, sprechen; *faire parler de soi* von sich reden machen; *parler de* (+ *inf*) davon, darüber reden, sprechen, dass …; *sans parler de …* ganz abgesehen von …; von … ganz zu schweigen; *on m'a beaucoup parlé de vous* man hat mir viel von Ihnen erzählt; *qu'on ne m'en parle plus!* ich will davon nichts mehr hören!; *ne m'en parlez pas!* wem sagen Sie das?; F *tu parles d'un idiot!* F das ist vielleicht ein Idiot!; *tu parles!* so siehst du aus!; von wegen! **III** *v/i* sprechen; reden (*a* = *avouer*); *c'est une façon de parler* das sagt man halt so; *faire parler qn* j-n zum Reden, Sprechen bringen **IV** *v/pr* *se parler* miteinander reden, sprechen

parler² *m* Sprache *f*

parleur [paʀlœʀ] *m péj* *beau parleur* Schönredner *m*

parloir [paʀlwaʀ] *m* Besuchszimmer *n*

parlot(t)e [paʀlɔt] *f* F Schwatz *m*

parme [paʀm] *adj* blassviolett

Parme [paʀm] Parma *n*; *jambon m de Parme* Parmaschinken *m*

parmesan [paʀməzɑ̃] *m* Parmesan(käse) *m*

▸ **parmi** [paʀmi] *prép* unter (+ *dat*); *parmi tant d'autres* unter *ou* von vielen

parodie [paʀɔdi] *f* Parodie *f*

parodier [-je] *v/t* parodieren

parodique [-ik] *adj* parodistisch

parodiste [-ist] *m,f* Parodist(in) *m(f)*

parodontose [paʀɔdõtoz] *f* Parodontose *f*; Zahnfleischschwund *m*

paroi [paʀwa] *f* Wand *f*; *d'un récipient* Innenwand *f*; *paroi rocheuse* Felswand *f*

paroisse [paʀwas] *f* (Kirchen-, Pfarr)Gemeinde *f*; Pfarrei *f*

paroissial [paʀwasjal] *adj* ⟨~e; -aux [-o]⟩ Pfarr…; Gemeinde…

paroissien [paʀwasjɛ̃] *m*, **paroissienne** [-jɛn] *f* Gemeinde(mit)glied *n*

▸ **parole** [paʀɔl] *f* **1.** (*mot, action de parler*) Wort *n*; *temps m de parole* Redezeit *f*; *donner la parole à qn* j-m das Wort erteilen; *couper la parole à qn* j-m das Wort abschneiden; j-m ins Wort fallen; *prendre la parole* das

Wort ergreifen **2.** (*promesse*) *parole* (*d'honneur*) (Ehren)Wort *n*; *sur parole* auf Ehrenwort; *croire qn sur parole* j-m aufs Wort glauben; *n'avoir qu'une parole* sein Wort halten **3.** (*faculté de parler*) Sprache *f* **4.** *d'une chanson* **paroles** *pl* Text *m*; Worte *n/pl* **5.** *parole historique* berühmter Ausspruch; geflügeltes Wort; *la parole de Dieu* das Wort Gottes

---

parole ≠ Parole

la parole = das Wort
die Parole = le mot d'ordre

---

parolier [paʀɔlje] *m*, **parolière** [-jɛʀ] *f* Texter(in) *m(f)*; Textdichter(in) *m(f)*

paroxysme [paʀɔksism] *m* Höhepunkt *m*; *au paroxysme de* auf dem Höhepunkt (+*gén*); *joie, etc* *atteindre son paroxysme* s-n Höhepunkt erreichen

parpaing [paʀpɛ̃] *m* Baustein *m*

parquer [paʀke] *v/t* **1.** *bétail* einpferchen **2.** *péj personnes* zusammenpferchen (*dans* in + *dat*) **3.** *voiture* parken; abstellen

parquet [paʀkɛ] *m* **1.** Parkett(boden) *n(m)* **2.** JUR Staatsanwaltschaft *f*

parqueter [paʀkəte] *v/t* ⟨-tt-⟩ mit Parkett auslegen

parqueteur [-œʀ] *m* Parkettleger *m*

▸ **parrain** [paʀɛ̃] *m* **1.** *d'un enfant* (Tauf)Pate *m*; Patenonkel *m* **2.** *dans un cercle, club* Fürsprecher *m*; Bürge *m* **3.** *de la maffia* Pate *m*

parrainage [paʀɛnaʒ] *m* Schirmherrschaft *f*; Patronat *n*

parrainer [paʀɛne] *v/t* **1.** *parrainer qn* für j-n bürgen **2.** *parrainer qc* die Schirmherrschaft über etw (*acc*) übernehmen

parricide [paʀisid] **1.** *m* Vater-, Muttermord *m* **2.** *m,f* Vater-, Muttermörder(in) *m(f)*

parsemé [paʀsəme] *adj* ⟨~e⟩ übersät (*de* mit)

parsemer [paʀsəme] *v/t* ⟨-è-⟩ bestreuen (*de* mit)

parsi [paʀsi] REL **I** *adj* parsisch **II** *m/pl* **parsis** Parsen *m/pl*

▸ **part** [paʀ] *f* **1.** Anteil *m*; Teil *m ou n*; *part de gâteau* Stück *n* Kuchen; *part d'héritage* Erbteil *n*; *fig* *part du lion* Löwenanteil *m*; *part de marché* Marktanteil *m*; *à part entière* vollberechtigt; vollwertig; *à parts égales* zu gleichen Teilen; *pour ma part* was mich betrifft; *pour une bonne part* zum großen, größten Teil; *faire part de qc à qn* j-m etw mitteilen; *faire la part des choses* den Dingen Rechnung tragen; *prendre part à qc* an etw (*dat*) teilnehmen; sich an etw (*dat*) beteiligen; *à la douleur de qn* an etw (*dat*) Anteil nehmen **2.** ▸ **à part** a) *adj* besondere; b) *adv* gesondert; getrennt; für sich; beiseite; c) *prép* außer (+ *dat*); abgesehen von; *c'est un garçon à part* dieser Junge ist anders als die anderen; *le mauvais temps mis à part* abgesehen vom schlechten Wetter; *prendre qn à part* j-n beiseitenehmen; *penser à part soi, etc* insgeheim; F ▸ **à part ça** abgesehen davon; sonst **3.** *autre part* woanders; anderswo; F sonstwo; *avec verbe de mouvement* woandershin; anderswohin; F sonstwohin *d'autre part* außerdem; übrigens; *de part et d'autre* auf *ou* von *ou* zu beiden Seiten (*de gén*); *d'une part ... d'autre part* einerseits ... andererseits; einesteils ... andernteils; *de la part de qn* von j-m; vonseiten j-s; *par ext* im Auftrag j-s; *de toute(s) part(s)* von allen Seiten; von überall (her); *de part en part* avec certains verbes durch...; ‣ *nulle part* nirgends; nirgendwo(hin); ‣ *quelque part* irgendwo (-hin)

partage [paʀtaʒ] *m* (Auf)Teilung *f*; *partage du travail* Jobsharing *n*

partagé [paʀtaʒe] *adj* ⟨-e⟩ geteilt (*a avis*); *amour* gegenseitig; *être partagé entre* deux sentiments hin- und hergerissen werden zwischen (+ *dat*)

partageable [paʀtaʒabl] *adj* (auf)teilbar

‣ **partager** [paʀtaʒe] ⟨-ge-⟩ **I** *v/t* teilen (*qc avec qn* etw mit j-m); aufteilen (*entre* unter + *dat ou* + *acc*) **II** *v/pr* **se partager** *qc* sich (*dat*) etw teilen

partageur [paʀtaʒœʀ] *adj* ⟨-euse [-øz]⟩ (*ne pas*) *être partageur* (nicht) gern teilen

partance [paʀtɑ̃s] *f en partance pour* (zur Abfahrt *ou* zum Abflug bereit) nach

partant[1] [paʀtɑ̃] **I** *m* SPORTS Startende(r) *m*; TURF startendes Pferd **II** *adj* ⟨-ante [-ɑ̃t]⟩ F *être partant* dafür sein

partant[2] *litt conj* demnach

partenaire [paʀtənɛʀ] *m,f* Partner(in) *m(f)*; *partenaires sociaux* Sozial-, Tarifpartner *m/pl*

partenariat [paʀtənaʀja] *m* Partnerschaft *f*

parterre [paʀtɛʀ] *m* **1.** Blumenbeet *n* **2.** THÉ Parkett *n*

‣ **parti**[1] [paʀti] *m* **1.** POL Partei *f* **2.** *locutions*: *prendre parti* Partei ergreifen (*pour, contre* für, gegen); *prendre le parti de qn* für j-n eintreten, Partei ergreifen; *prendre le parti de faire qc* sich entschließen, etw zu tun; *prendre son parti de qc* sich mit etw abfinden; *tirer parti de qc* Nutzen aus etw ziehen **3.** *parti pris* Voreingenommenheit *f* **4.** (*personne à marier*) *un beau parti* e-e gute Partie

parti[2] *p/p* → *partir* et *adj* ⟨-e⟩ **1.** *être parti* weg sein; *personne* a fort sein; *bouton, peinture* ab sein **2.** *être bien, mal parti affaire* sich gut, schlecht anlassen; *il est mal parti* er hat e-n schlechten Start **3.** F (*ivre*) *être parti* F e-n Schwips haben

partial [paʀsjal] *adj* ⟨-e; -aux [-o]⟩ parteiisch

partialité [-ite] *f* Parteilichkeit *f*

participant [paʀtisipɑ̃] *m*, **participante** [-ɑ̃t] *f* Teilnehmer(in) *m(f)*

participation [paʀtisipasjɔ̃] *f* Teilnahme *f* (*à* an + *dat*); Beteiligung *f* (an + *dat*; *a* FIN); (*collaboration*) Mitwirkung *f* (bei)

participe [paʀtisip] *m* Partizip *n*

‣ **participer** [paʀtisipe] *v/t/indir participer à débat, vote, voyage* teilnehmen an (+ *dat*); sich beteiligen an (+ *dat*; *a* FIN); mitmachen bei; *chagrin, joie de qn* Anteil nehmen an (+ *dat*); *succès de qn* Anteil haben, beteiligt sein an (+ *dat*)

participial [paʀtisipjal] *adj* ⟨-e; -aux [-o]⟩ GR partizipial; Partizipial...

particularisme [paʀtikylaʀism] *m* **1.** POL Partikularismus *m* **2.** (*particularité*) Eigentümlich-

keit *f*

particularité [paʀtikylaʀite] *f* Besonderheit *f*; Eigenart *f*

particule [paʀtikyl] *f* **1.** Teilchen *n*; Partikel *f* (*a* LING) **2.** *particule (nobiliaire)* Adelsprädikat *n*

‣ **particulier** [paʀtikylje] **I** *adj* ⟨-ière [-jɛʀ]⟩ **1.** Privat...; *leçons particulières* Privat-, Nachhilfestunden *f/pl*; *voiture particulière* Privatwagen *m* **2.** (*spécifique*) besondere; eigentümlich; speziell; *cas particulier* Sonderfall *m*; *particulier à qn, qc* j-m, e-r Sache eigen; ‣ *en particulier* a) (*à part*) gesondert; *parler à qn* allein; unter vier Augen; b) (*surtout*) besonders **II** *m* Privatperson *f*

particulièrement [paʀtikyljɛʀmɑ̃] *adv* besonders; insbesondere

‣ **partie** [paʀti] *f* **1.** *d'un tout* Teil *m*; *les parties (génitales)* die Geschlechtsteile *pl*; *partie du corps* Körperteil *m*; *parties du discours* Wortarten *f/pl*; *en partie* teilweise; zum Teil (*abr* z. T.); *en partie ... en partie* teils ... teils; *en grande partie* zum großen Teil; großenteils; *faire partie de* gehören zu **2.** (*spécialité*) Fach *n*; Sparte *f* **3.** JEUX, SPORTS Spiel *n*; Partie *f*; *faire une partie de tennis* e-e Partie Tennis spielen **4.** *partie de chasse* Jagdpartie *f*, -ausflug *m*; *fig ce n'est pas une partie de plaisir* das ist alles andere als ein Vergnügen; *ce n'est que partie remise* aufgeschoben ist nicht aufgehoben (*prov*); *être de la partie* mit von der Partie sein **5.** JUR Partei *f*; *se constituer partie civile* als Nebenkläger auftreten; *fig prendre qn à partie* j-n angreifen **6.** MUS Part *m*; Stimme *f*

partiel [paʀsjel] *adj* ⟨-le⟩ Teil...; (*élection*) *partielle f* Nach-, Ersatzwahl *f*; (*examen*) *partiel m* Teilprüfung *f*; *emploi m à temps partiel* Teilzeitbeschäftigung *f*

partiellement [paʀsjelmɑ̃] *adv* teilweise; zum Teil (*abr* z. T.)

‣ **partir** [paʀtiʀ] *v/i* ⟨je pars, il part, nous partons; je partais; je partis; je partirai; que je parte; partant; être parti⟩ **1.** (*s'en aller*) (weg)gehen, fortgehen (*de chez soi* von zu Hause); (*se mettre en route*) (ab)reisen, (ab)fahren, aufbrechen (*à ou pour Paris* nach Paris; *en France* nach Frankreich); fort-, wegfahren (*en voiture* im Auto); *train, bus, bateau* (ab)fahren, (ab)gehen; (*en*) *avion* (ab)fliegen; *coureur* starten; *faire partir lettre* wegschicken; absenden; *personne* loswerden; *moteur* starten **2.** *partir de* (*provenir de*) ausgehen von **3.** *bouton, peinture* abgehen; *tache, maladie* weggehen; *douleur* vergehen **4.** *coup de feu* fallen; losgehen; sich lösen **5.** *prép* ‣ *à partir de* ab; von ... an, ab

‣ **partisan** [paʀtizɑ̃] **I** *m* **1.** POL Anhänger *m*; Parteigänger *m*; Gefolgsmann *m* **2.** MIL Partisan *m* **II** *adj* ⟨-ane [-an]⟩ **3.** *être partisan de qc* für etw sein; etw befürworten **4.** *querelles partisanes* Parteikämpfe *m/pl*

partitif [paʀtitif] *adj* ⟨-ive [-iv]⟩ *article partitif* Teilungsartikel *m*

partition [paʀtisjɔ̃] *f* MUS Partitur *f*

partousard [paʀtuzaʀ] F *m*, **partousarde** [-aʀd] F *f* Teilnehmer(in) *m(f)* an e-r Sexparty

partouse [paʀtuz] F *f* Sexparty *f*

partouser [-e] *v/i* an e-r Sexparty teilnehmen

▸ **partout** [paʀtu] *adv* **1.** überall; *avec verbe de mouvement* überallhin; *de partout* von überall her **2.** TENNIS **trente partout** dreißig beide

partouzard, partouze, partouzer → *partousard, partouse, partouser*

paru [paʀy] *p/p* → *paraître*

parure [paʀyʀ] *f* **1.** Schmuck *m*; *de bijoux* Geschmeide *n* **2.** *de linge* (Wäsche)Garnitur *f*

parution [paʀysjõ] *f* Erscheinen *n*

parvenir [paʀvəniʀ] *v/t/indir* ⟨→ **venir**; **être**⟩ **1.** *(atteindre)* **parvenir à qc, qn** zu etw, j-m gelangen; bei etw, j-m anlangen; j-n, etw erreichen; *faire parvenir qc à qn* j-m etw zugehen lassen, zukommen lassen, schicken **2.** *(réussir)* **il parvient à** (+ *inf*) es gelingt ihm zu (+ *inf*)

parvenu(e) [paʀvəny] *m(f)* Emporkömmling *m*; Parvenü *m*

parvis [paʀvi] *m* (Kirchen)Vorplatz *m*

▸ **pas**[1] [pa, pɑ] *m* **1.** Schritt *m*; Tritt *m*; **pas de course** Lauf-, Eilschritt *m*; **pas à pas** [pɑzapɑ] Schritt für Schritt; schrittweise; **à pas de loup** auf leisen Sohlen; **sur le pas de la porte** vor der, in der Haustür; **j'y vais de ce pas** ich gehe sofort, auf der Stelle hin; *fig* **c'est à deux pas d'ici** das ist ganz in der Nähe; **faire les cent pas** auf und ab gehen; hin und her gehen; **faire un faux pas** stolpern; *st/s* fehltreten; *fig* e-n Fauxpas, e-e Taktlosigkeit begehen; **marcher au pas** im Gleichschritt marschieren; **marcher d'un bon pas** kräftig, tüchtig ausschreiten; **marquer le pas** auf der Stelle treten (*a fig*); *fig* **prendre le pas sur** überflügeln; hinter sich (*dat*) lassen; **retourner, revenir sur ses pas** umkehren; **rouler au pas** (im) Schritttempo fahren; *fig* **sortir, se tirer d'un mauvais pas** sich aus der Klemme ziehen **2.** *le pas de Calais* die Straße von Dover

▸ **pas**[2] *adv* **1.** *avec ne* ⟨*in der gesprochenen Sprache meist ohne* **ne**⟩ nicht; **il ne vient pas** er kommt nicht; *ne ... pas de* (+ *subst*) kein(e); **je n'ai pas d'argent** ich habe kein Geld; **ne ... pas que** nicht nur; nicht bloß **2.** *sans* ne: *il est rentré? - pas encore* noch nicht; *pas moi* ich nicht; *sûrement pas* ganz bestimmt nicht; ▸ **pas du tout** überhaupt nicht; durchaus nicht; **poires pas mûres** unreife Birnen

pascal [paskal] *adj* ⟨~e; -als *ou* -aux [-o]⟩ österlich; Oster…

Pas-de-Calais [padkalɛ] *le Pas-de-Calais frz* Departement; → *pas*[1] 2

pas-de-géant [padʒeã] *m* ⟨*inv*⟩ SPORTS Rundlauf *m*

pas-de-porte [padpɔʀt] *m* ⟨*inv*⟩ COMM Abstand(szahlung) *m(f)*

paso doble [pasodɔbl] *m* ⟨*inv*⟩ *danse* Paso doble *m*

passable [pasabl] *adj* **1.** leidlich; passabel; einigermaßen, halbwegs gut **2.** *note scolaire* ausreichend

passablement [pasabləmã] *adv* **1.** (*pas trop mal*) einigermaßen; ziemlich gut **2.** (*assez*) ziemlich viel

passade [pasad] *f* **1.** kurze Liebesaffäre **2.** (*caprice*) Laune *f*; Strohfeuer *n*

passage [pasaʒ] *m* **1.** *devant qn, qc* Vorbei- *ou* Vorübergehen *n*; (*à bord*) *d'un véhicule* Vorbeifahren *n*, -fahrt *f*; *en traversant un lieu* Durchreise *f*; Durchfahrt *f*; *d'une rivière* Überquerung *f*; *en bateau* Überfahrt *f*; *d'une frontière* Passieren *n*; Übertritt *m*; *d'un état à un autre* Übergang *m*; *passage interdit!* Durchfahrt, Durchgang verboten!; *passages nuageux* Durchzug *m* von Wolkenfeldern; SPORTS *passage du témoin* Stabübergabe *f*; *au passage* im Vorbeigehen; *être de passage à Paris* auf der Durchreise in Paris sein **2.** *endroit* Durchgang *m*, -fahrt *f*, -lass *m*; CH DE FER, ROUTE Übergang *m*; *couvert* Passage *f*; *passage protégé* Vorfahrt an der nächsten Kreuzung; *passage souterrain* Unterführung *f*; *passage à niveau* schienengleicher Bahnübergang; *passage pour piétons* Fußgängerüberweg *m*, -übergang *m* **3.** *d'une œuvre* Stelle *f*; Passage *f* **4.** *fig* **avoir un passage à vide** F Mattscheibe haben

▸ **passager** [pasaʒe], **passagère** [-ʒɛʀ] **I** *m,f* Passagier *m*; Fahrgast *m*; AVIAT *m* Fluggast *m*; *d'une voiture* Insasse *m*, Insassin *f*; *à côté du conducteur* Beifahrer(in) *m(f)* **II** *adj* vorübergehend; *bonheur* vergänglich; flüchtig

▸ **passant** [pasã] **I** *adj* ⟨-ante [-ãt]⟩ *rue* belebt; verkehrsreich; stark befahren **II** *adv* **en passant** im Vorbei-, Vorübergehen; *fig* beiläufig; nebenbei; en passant **III** *subst* **1.** **passant(e)** *m(f)* Passant(in) *m(f)* **2.** *m* (Gürtel)Schlaufe *f*

passation [pasasjõ] *f* **passation des pouvoirs** Übertragung *f* der Befugnisse

passe [pas] *m,f* **1.** SPORTS Zuspiel *n*; Pass *m* **2.** *fig* **passe d'armes** Wortgefecht *n*; Disput *m* **3.** **hôtel** *m*, **maison** *f* **de passe** Stundenhotel *n*; Absteige *f* **4.** **être dans une mauvaise passe** e-e schwere Zeit durchmachen; F e-e Pechsträhne haben; **être en passe de** (+ *inf*) auf dem besten Wege sein zu (+ *inf*)

▸ **passé** [pase, pɑ-] **I** *m* **1.** Vergangenheit *f* (*a de qn*): **dans le passé** in der Vergangenheit; **comme par le passé** wie früher **2.** GR Vergangenheit *f*; **passé antérieur** zweites Plusquamperfekt; **passé composé** Perfekt *n*; **passé simple** historisches Perfekt; Passé simple *n* **II** *prép* ⟨*inv*⟩ nach (Ablauf von) **III** *adj* ⟨~e⟩ **3.** vergangen; **l'année passée, l'an passé** a) das vergangene, vorige, letzte Jahr; b) *adv* vergangenes, voriges, letztes Jahr; im vergangenen, vorigen, letzten Jahr; **il est onze heures passées** es ist elf (Uhr) durch **4.** **participe passé** Partizip Perfekt *n* **5.** *couleur* verblichen

passe-droit *m* ⟨**passe-droits**⟩ ungerechtfertigte Bevorzugung; Schiebung *f*

passéisme [paseism] *m* nostalgisches Festhalten am Vergangenen

passéiste [-ist] *adj* nostalgisch; traditionalistisch

passementerie [pasmɑtʀi] *f* Posamenten *n/pl*; Posamenterie *f*

passe-montagne *m* ⟨**passe-montagnes**⟩ Kopfschützer *m*

passe-partout *m* ⟨*inv*⟩ *clé* Hauptschlüssel *m*

passe-passe *m* ⟨*inv*⟩ **tour** *m* **de passe-passe** Taschenspielerkunststück *n*; *péj* Taschenspielertrick *m*

passe-plat *m* ⟨**passe-plats**⟩ Durchreiche *f*

passepoil [paspwal] *m* COUT Paspel *f* ou österr Passepoil *m*; Biese *f*

passepoiler [-e] *v/t* COUT paspelieren; paspeln; österr passepoilieren

427

Marlène est parti**e** à Paris.	Marlène ist nach Paris gereist.	Bei den zusammengesetzten Zeiten mit **être** richtet sich das Participe passé in Genus und Numerus nach dem Subjekt des Satzes.
Nous étions rentré**s** tard le soir.	Wir waren spätabends nach Hause gekommen.	
Les filles seraient arrivé**es** trop tard.	Die Mädchen wären zu spät gekommen.	
Marc et Ludovic : « **Nous** sommes parti**s** tôt le matin. »	Marc und Ludovic: „Wir sind frühmorgens abgereist."	Wenn die Pronomen **je, tu, nous** und **vous** Subjekt des Satzes sind, muss man bedenken, welche Personen durch die Pronomen ersetzt werden.
Marc à **Mme Dufour** : « **Vous** êtes déjà monté**e** au premier étage ? »	Marc zu Frau Dufour: „Sind Sie schon in den ersten Stock gegangen?"	
Elle s'est levé**e** tard.	Sie ist spät aufgestanden.	Die zusammengesetzten Zeiten der reflexiven Verben werden mit **être** gebildet. Das Participe passé richtet sich meist nach dem Subjekt.
Nous nous sommes promené**s** toute la journée.	Wir sind den ganzen Tag spazierengegangen.	
Ils se sont donn**é la main**.	Sie haben sich die Hand gegeben.	Folgt dem reflexiven Verb ein direktes Objekt, dann wird das Participe passé nicht verändert.
J'ai lu **les livres que** tu m'as prêt**és**.	Ich habe die Bücher gelesen, die du mir geliehen hast.	Bei den zusammengesetzten Zeiten mit **avoir** verändert sich das Participe passé nur dann, wenn ihm ein direktes Objekt vorausgeht. Dies kann ein direktes Objektpronomen sein (**le, la, les**), das Relativpronomen **que**, das Fragewort **combien de** + Nomen oder **quel, quels, quelle, quelles** + Nomen.
Ces BD-là ? Je **les** ai déjà lu**es**.	Diese Comics? Ich habe sie schon gelesen.	
Combien de photos est-ce que tu as fait**es** ?	Wie viele Fotos hast du gemacht?	
Quelles promenades est-ce que vous avez fait**es**?	Welche Spaziergänge habt ihr gemacht?	

P

Verben, die die **zusammengesetzten Zeiten** (wie z. B. das **passé composé**) mit **avoir** bilden, im Deutschen aber mit **sein**:

courir	Il **a couru**.	Er **ist gelaufen**.
être	Elle **a été** en ville.	Sie **ist** in der Stadt **gewesen**.
fuir	Il **a fui** en Suisse.	Er **ist** in die Schweiz **geflüchtet**.
grandir	Elle **a** énormément **grandi**.	Sie **ist** enorm **gewachsen**.
grimper	Il **a grimpé** sur cet arbre.	Er **ist** auf diesen Baum **geklettert**.
grossir	Il **a grossi**.	Er **ist dicker geworden**.
maigrir	Elle **a maigri**.	Sie **ist dünner geworden**.
marcher	Nous **avons marché** trois heures.	Wir **sind** drei Stunden **marschiert**.
nager	Il **a nagé** quinze minutes.	Er **ist** 15 Minuten **geschwommen**.
pâlir	Elle **a pâli**.	Sie **ist blass geworden**.
plonger	Il **a plongé**.	Er **ist getaucht**.

rougir	Elle **a rougi**.	Sie **ist rot geworden**.	
sauter	Il **a sauté** dans l'eau.	Er **ist** ins Wasser **gesprungen**.	
suivre	Il **a suivi** le voleur.	Er **ist** dem Dieb **gefolgt**.	
voyager	Il **a voyagé** en France.	Er **ist** nach Frankreich **gereist**.	

▶ **passeport** [paspɔʀ] *m* (Reise)Pass *m*; *délivrer un passeport* e-n Pass ausstellen
▶ **passer** [pɑse, pa-] **I** *v/t* **1.** *rivière* überqueren; *en bac* übersetzen über (+ *acc*); *frontière* überschreiten; passieren **2.** *temps, vacances* verbringen; *vacances a* verleben; *pour passer le temps* zum Zeitvertreib **3.** *examen* machen; ablegen **4.** *ligne* aus-, weglassen; überspringen; übergehen; *au jeu* **je passe** ich passe **5.** (*permettre*) *passer qc à qn* j-m etw durchgehen lassen, nachsehen **6.** (*donner*) *passer qc à qn* j-m etw (hinüber)reichen (*a à table*); TÉL *je vous passe Monsieur X* ich gebe Ihnen Herrn X; ich verbinde Sie mit Herrn X; *passer le ballon à qn* j-m den Ball zuspielen; den Ball an j-n abgeben; *passer une maladie à qn* j-n (mit e-r Krankheit) anstecken **7.** *contrat, marché* abschließen **8.** *vêtement* (rasch) überziehen, -streifen; schlüpfen in (+ *acc*) **9.** *soupe, sauce* passieren; *café* filtern **10.** *film, vidéo* vorführen; zeigen; *spectacle* aufführen; *disque* auflegen; laufen lassen; *cassette* (ab)spielen **11.** AUTO *passer la seconde* in den zweiten (Gang) schalten, gehen; *passer les vitesses* schalten **12.** *passer sa colère, ses nerfs sur qn* s-n Zorn, s-e Nervosität an j-m auslassen, abreagieren **13.** (*traiter*) *passer qc à qc* etw mit etw behandeln **14.** (*appliquer*) *passer qc sur qc* etw auf etw (*acc*) auftragen **II** *v/i* ⟨*avoir, häufiger* **être**⟩ **15.** *devant qn, qc* vorbei- *ou* vorübergehen, -kommen; (*à bord d'un*) *véhicule* vorbei- *ou* vorüberfahren; *oiseau, avion* vorbei- *ou* vorüberfliegen; *en traversant un lieu* durchgehen, -kommen, -reisen; (*à bord d'un*) *vehicule* durchfahren; *café* durchlaufen; Élect *courant* fließen; *loi au Parlement* durchkommen; *idées* sich durchsetzen; *ne pas passer objet* nicht durchgehen; *repas* im Magen liegen; THÉ beim Publikum nicht ankommen; *le facteur vient de passer* der Briefträger ist gerade da gewesen; *passer prendre qn, qc* j-n, etw abholen (kommen); *où est passé mon crayon?* wo ist mein Bleistift hingekommen?; *y passer économies* F draufgehen; *personne* F dran glauben müssen; *passer à autre chose* zu etwas anderem übergehen; *passer à la visite médicale* ärztlich untersucht werden; *passer chez qn* bei j-m vorbeischauen, -kommen; *passer dans l'usage* in Gebrauch kommen; F *le camion lui a ou est passé dessus* der Lastwagen hat ihn überfahren; *il m'est passé devant* er hat sich vor mich gedrängt; *conducteur passer en seconde* in den zweiten Gang schalten, gehen; *élève passer en cinquième* in die Quinta kommen, versetzt werden; *passer par* gehen, fahren, kommen durch; *école* absolvieren; durchlaufen; *route* führen, verlaufen über (+ *acc*); *fig il faut en passer par là* darum kommt man nicht herum; *passer sur qc* über etw (*acc*) gehen, fahren;

fig etw übergehen; *abs* **passons!** weiter!; doch lassen wir das!; *faire passer objet* weiterreichen; herumgehen lassen; *mot d'ordre* durch-, weitergeben; *ne faire que passer* nur kurz, nur auf e-n Sprung vorbeikommen; *laisser passer* vorbei-, durchlassen; passieren lassen; *lumière* durchlassen; *faute* durchgehen lassen; *délai* vergehen, verstreichen lassen; *vouloir passer* vorbei-, durchwollen **16.** (*être tolérable*) *passe pour cette fois* diesmal mag es noch hingehen **17.** *passer capitaine, etc* zum Hauptmann *etc* befördert werden **18.** ⟨*avoir*⟩ *passer pour* (+ *adj ou subst*) gelten als; gehalten werden für; *se faire passer pour* (+ *subst*) sich ausgeben als, für **19.** *temps* vergehen; dahingehen; verstreichen; verrinnen; *douleur, chagrin* vor-, vorübergehen; *colère* vergehen; verrauchen; sich legen; *couleurs, étoffe* verblassen; verbleichen; verschießen; *faire passer qc à qn* j-m etw austreiben **20.** *film* laufen; *spectacle* aufgeführt, gespielt werden; *passer à la télévision acteur* im Fernsehen auftreten, zu sehen sein; *émission* im Fernsehen kommen **III** *v/pr* ▶ *se passer* **21.** *événement* sich ereignen; sich zutragen; vor sich gehen; passieren; geschehen; *scène, action* spielen (*à Paris* in Paris); *tout s'est bien passé* alles ist gut gegangen, gut (ab)gelaufen; *que se passe-t-il?* *ou* ▶ *qu'est-ce qui se passe?* was ist hier los?; was geht hier vor? **22.** ▶ *se passer de qc* auf etw (*acc*) verzichten; ohne etw auskommen; *se passer de qn* ohne j-n auskommen; *ne plus pouvoir se passer de qc, qn* etw, j-n nicht mehr entbehren, missen können **23.** *se passer la main sur le front* sich (*dat*) mit der Hand über die Stirn streichen, fahren

passereaux [pasʀo] *m/pl* Sperlingsvögel *m/pl*
passerelle [pasʀɛl] *f* **1.** Steg *m*; Fußgängerbrücke *f*, -überführung *f* **2.** AVIAT, MAR Gangway *f*; *passerelle télescopique* Fluggastbrücke *f* **3.** MAR (Kommando)Brücke *f* **4.** *fig* Bindeglied *n*; Brücke *f*
passe-temps *m* ⟨*inv*⟩ Zeitvertreib *m*
passeur [pasœʀ] *m* **1.** *batelier* Fährmann *m* **2.** *clandestin* Fluchthelfer *m*; *péj* Schlepper *m*
passible [pasibl] *adj* *être passible d'une amende* F e-r Geldstrafe rechnen müssen
passif [pasif] **I** *adj* ⟨-ive [-iv]⟩ passiv **II** *m* **1.** FIN Passiva *pl*; Verbindlichkeiten *f/pl*; *d'un bilan* Passivseite *f* **2.** GR Passiv *n*; Leideform *f*
passion [pasjɔ̃] *f* **1.** Leidenschaft *f* (*a amour*); *pour qc a* Passion *f*; *passion du jeu* Spielleidenschaft *f*; *avouer sa passion à qn* s-m Leidenschaft gestehen **2.** *la Passion (du Christ)* die Passion; das Leiden (und Sterben) Christi **3.** *fleur f, fruit m de la passion* Passionsblume *f*, -frucht *f*
passionnant [pasjɔnɑ̃] *adj* ⟨-ante [-ɑ̃t]⟩ spannend; fesselnd; packend

passionné [pasjɔne] *adj* ⟨**~e**⟩ leidenschaftlich; *chasseur, lecteur, etc a* passioniert; begeistert; *elle est passionnée, subst c'est une passionnée de musique* sie ist e-e leidenschaftliche Musikliebhaberin

passionnel [pasjɔnɛl] *adj* ⟨**~le**⟩ *crime passionnel* im Affekt begangenes Verbrechen; *drame passionnel* Eifersuchtsdrama *n*

passionnément [pasjɔnemã] *adv* leidenschaftlich; *aimer a* glühend; heiß

passionner [pasjɔne] **I** *v/t* **1.** begeistern; hinreißen; fesseln; packen **2.** *débat* emotionalisieren **II** *v/pr se passionner pour qc* sich für etw begeistern

passivement [pasivmã] *adv* passiv

passivité [pasivite] *f* Passivität *f*

passoire [paswaʀ] *f* Sieb *n*

pastel [pastɛl] *m* **1.** *crayon* Pastellstift *m* **2.** *œuvre* Pastell *n*; Pastellzeichnung *f*, -bild *n* **3.** *adjt* ⟨*inv*⟩ Pastell...

pastèque [pastɛk] *f* Wassermelone *f*

▸ **pasteur** [pastœʀ] *m* **1.** PROT Pfarrer *m*; Pastor *m*; *femme f pasteur* Pastorin *f*; Pfarrerin *f* **2.** *poét* Hirte *m*

pasteurisation [pastœrizasjõ] *f* Pasteurisation *f*; Pasteurisierung *f*

pasteuriser [pastœrize] *v/t* pasteurisieren; *lait pasteurisé* pasteurisierte Milch

pastiche [pastiʃ] *m* Nachahmung *f*

pasticher [-e] *v/t* nachahmen

pasticheur [-œʀ] *m* Nachahmer *m*

pastille [pastij] *f* **1.** (Zucker)Plätzchen *n*; Pastille *f* (*a* PHARM) **2.** AUTO *pastille verte* Umweltplakette *f*

pastis [pastis] *m* Aperitif mit Anis

pastoral [pastɔral] *adj* ⟨**~e**; **-aux** [-o]⟩ Schäfer...; Hirten...; pastoral

pastorale [pastɔral] *f* **1.** LITTÉRATURE Schäfer-, Hirtendichtung *f*; THÉ Schäferspiel *n* **2.** PEINT, MUS Pastorale *n ou f*

pastorat [pastɔra] *m* ÉGL PROT Pastorat *n*; Pfarramt *n*

pastoureau [pasturo] *litt m* ⟨**~x**⟩ junger Hirt

pastourelle [-ɛl] *litt f* junge Hirtin

pat [pat] *adj* ⟨*inv*⟩ ÉCHECS patt

patachon [pataʃõ] *m* F *mener une vie de patachon* ein Lotterleben führen

patapouf [patapuf] *m* F *gros patapouf* F Fettkloß *m*; *enfant* F Dickerchen *n*

pataquès [patakɛs] *m* PHON falsche Bindung; *faire un pataquès* falsch binden

patate [patat] *f* **1.** *patate douce* Süßkartoffel *f*; Batate *f* **2.** F (*pomme de terre*) Kartoffel *f* **3.** F (*imbécile*) F Trottel *m* **4.** F *fig en avoir gros sur la patate* bedrückt, niedergeschlagen sein

patati [patati] *int* F *et patati et patata!* F und so quasseln sie im einen fort

patatras [patatʀa] *int* bums!

pataud [pato] *adj* ⟨**-aude** [-od]⟩ tollpatschig; täppisch; unbeholfen

pataugeoire [patoʒwaʀ] *f* Plan(t)schbecken *n*

patauger [patoʒe] *v/i* ⟨**-ge-**⟩ **1.** waten; F (herum)patschen **2.** F *fig* sich verheddern

patchouli [patʃuli] *m parfum* Patschuli *n*

patchwork [patʃwœrk] *m* Patchwork *n*

▸ **pâte** [pɑt] *f* **1.** CUIS Teig *m* **2.** *pl* ▸ **pâtes** (*alimentaires*) Teigwaren *f/pl* **3.** *pâte à modeler* Knetmasse *f*; Plastilin® *n*; *pâte à papier* Pa-

pierbrei *m*; *pâte d'amandes* Marzipan *n*; *pâtes de fruits* Geleefrüchte *f/pl* **4.** *fig de qn* *une bonne pâte* e-e gute Haut

▸ **pâté** [pɑte] *m* **1.** CUIS Pastete *f*; *pâté de foie gras* Gänseleberpastete *f*; *pâté en croûte* Blätterteigpastete *f* **2.** *d'encre* Tintenklecks *m* **3.** *pâté de maisons* Häuserblock *m* **4.** *faire des pâtés de sable* mit Sandförmchen spielen

pâtée [pɑte] *f* (breiiges, angemachtes) Futter

patelin [patlɛ̃] *m* F Nest *n*; F Kaff *n*

patent [patɑ̃] *litt adj* ⟨**-ente** [-ɑ̃t]⟩ offenkundig

patente [patɑ̃t] *f* HIST Gewerbesteuer *f*

patenté [patɑ̃te] F *adj* ⟨**~e**⟩ anerkannt

patère [patɛʀ] *f* Kleiderhaken *m*

paternalisme [patɛrnalism] *m* patriarchalische Bevormundung

paternaliste [-ist] *adj* patriarchalisch; paternalistisch; *politique* der Bevormundung

paterne [patɛrn] *litt adj* gönnerhaft

paternel [patɛrnɛl] **I** *adj* ⟨**~le**⟩ väterlich (*a fig*); Vater...; *du côté paternel* väterlicherseits **II** *m* F *mon paternel* F mein Alter Herr

paternité [patɛrnite] *f* **1.** Vaterschaft *f* **2.** *fig* Urheberschaft *f*

pâteux [pɑtø] *adj* ⟨**-euse** [-øz]⟩ **1.** *substance* breiig; F pappig **2.** *bouche* trocken

pathétique [patetik] *adj* bewegend; ergreifend; zu Herzen gehend

pathogène [patɔʒɛn] *adj* krankheitserregend

pathologie [-lɔʒi] *f* Pathologie *f*

pathologique *adj* krankhaft; pathologisch

pathos [patos] *m* Pathos *n*

patibulaire [patibylɛʀ] *adj* *mine f patibulaire* Verbrechergesicht *n*

patiemment [pasjamã] *adv* → *patient*

▸ **patience** [pasjãs] *f* Geduld *f*; *st/s* Langmut *f*; (*persévérance*) Ausdauer *f*; *jeu m de patience* Geduld(s)spiel *n* (*a fig*); *perdre patience* die Geduld verlieren; *prendre son mal en patience* sein Unglück mit Geduld ertragen

▸ **patient** [pasjã] **I** *adj* ⟨**-iente** [-jãt]⟩ geduldig; *être patient avec qn* mit j-m Geduld haben **II** *patient(e) m(f)* MÉD Patient(in) *m(f)*

patienter [pasjãte] *v/i* sich gedulden; *faire patienter qn* j-n warten lassen

patin [patɛ̃] *m* **1.** *patin (à glace)* Schlittschuh *m*; *faire du patin* Schlittschuh laufen, fahren; eislaufen; *patin à roulettes* Rollschuh *m* **2.** *patin de frein* Bremsklotz *m* **3.** *pour parquet* Filzpantoffel *m*, -fleck *m* **4.** P *baiser* (Zungen)-Kuss *m*; *rouler un patin à qn* j-m e-n Kuss auf den Mund drücken

patinage [patinaʒ] *m* Eislauf(en) *m(n)*; Schlittschuhlaufen *n*; *patinage artistique* Eiskunstlauf *m*; *patinage de vitesse* Eisschnelllauf *m*

patine [patin] *f* Patina *f*

patiner [patine] *v/i* **1.** SPORTS eislaufen **2.** *personne, véhicule* rutschen; F schlittern **3.** *roues* durchdrehen

patinette [patinɛt] *f* (Kinder)Roller *m*

patineur [patinœr] *m*, **patineuse** [-øz] *f* Schlittschuh-, Eisläufer(in) *m(f)*

patinoire [patinwaʀ] *f* Eisbahn *f*; *fig la route est une vraie patinoire* die Straße ist spiegelglatt

patio [pasjo, patjo] *m* Innenhof *m*

pâtir [pɑtiʀ] *v/i pâtir de qc* unter etw (*dat*) leiden

P

▸ **pâtisserie** [pɑtisʀi, pa-] *f* **1.** *coll* **pâtisserie** *ou pl* **pâtisseries** feine Backwaren *f/pl*; Feingebäck *n*; **aimer les pâtisseries** gerne Kuchen essen **2.** *magasin* Konditorei *f*

pâtissier [pɑtisje, pa-], **pâtissière** [-jɛʀ] **I** *m,f* Konditor(in) *m(f)* **II** *adj f* **crème pâtissière** Vanillecreme *f* (*als Füllung für Backwaren*)

pâtissier-glacier *m* ⟨**pâtissiers-glaciers**⟩ Eiskonditor *m*

pâtisson [pɑtisõ, pa-] *m* BOT *courge* Bischofsmütze *f*

patois [patwa] *m* Mundart *f*; Dialekt *m*

patouiller [patuje] *v/i* F manschen; *dans l'eau a* F patschen

patraque [patʀak] *adj* F **être patraque** sich nicht (recht) wohlfühlen; F nicht auf dem Damm sein

pâtre [pɑtʀ] *litt m* Hirt(e) *m*

patriarcal [patʀijaʀkal] *adj* ⟨**~e**; **-aux** [-o]⟩ patriarchalisch

patriarcat [-a] *m* Patriarchat *n*

patriarche [patʀijaʀʃ] *m* ehrwürdiges Familienoberhaupt; Patriarch *m* (*a* BIBL, ÉGL)

▸ **patrie** [patʀi] *f* **1.** Vaterland *n*; Heimat *f* (*a fig*) **2.** (*ville natale*) Geburtsort *m*

patrimoine [patʀimwan] *m* Erbe *n*; *fig* **patrimoine culturel** Kulturerbe *n*

patrimonial [patʀimɔnjal] *adj* ⟨**~e**; **-aux** [-o]⟩ Erb…; Patrimonial…

patriote [patʀijɔt] **I** *m,f* Patriot(in) *m(f)* **II** *adj* patriotisch

patriotique [-ik] *adj* patriotisch; vaterländisch

patriotisme [-ism] *m* Patriotismus *m*; Vaterlandsliebe *f*

▸ **patron**[1] [patʀõ] *m*, **patronne** [patʀɔn] *f* **1.** (*employeur*) Arbeitgeber(in) *m(f)*; (*chef d'entreprise*) Chef(in) *m(f)*; F Boss *m*; *de café, etc* Wirt(in) *m(f)* **2.** REL Schutzpatron(in) *m(f)*, -heilige(r) *f(m)*

patron[2] *m* COUT Schnittmuster *n*

patronage [patʀɔnaʒ] *m* **1.** Schirmherrschaft *f*; Patronat *n*; Protektorat *n* **2.** *pour jeunes* Jugendheim *n*

patronal [patʀɔnal] *adj* ⟨**~e**; **-aux** [-o]⟩ **1.** Arbeitgeber… **2.** CATH Patronats…

patronat [patʀɔna] *m* Arbeitgeber *m/pl*

patronner [patʀɔne] *v/t* fördern

patronnesse [patʀɔnɛs] *adj f* **dame patronnesse** Schirmherrin *f*

patronyme [patʀɔnim] *m* Familienname *m*

patronymique [-ik] *adj* ADM **nom patronymique** Familienname *m*

patrouille [patʀuj] *f* Streife *f*; MIL Patrouille *f* (*a mission*); **patrouille de police** Polizeistreife *f*

patrouiller [patʀuje] *v/i* patrouillieren

patrouilleur [-œʀ] *m* MAR Patrouillenboot *n*; AVIAT Jagdflugzeug *n* auf e-m Erkundungsflug

▸ **patte** [pat] *f* **1.** ZO Pfote *f*; *d'un fauve a* Tatze *f*; Pranke *f*; *d'un oiseau, insecte, cheval* Bein *n*; Fuß *m*; *fig* **pattes de mouche** Gekritzel *n*; *fig* **coup m de patte** kleiner Seitenhieb; *chien* **donner la patte** Pfötchen geben **2.** F (*jambe*) Bein *n*; Fuß *m*; F Hachse *f*; **marcher à quatre pattes** auf allen vieren kriechen, laufen; *fig* **montrer patte blanche** sich gebührend ausweisen **3.** F (*main*) F Pfote *f*; *fig* **graisser la patte à qn** F j-n schmieren **4.** *pl* **pattes** (*favoris*) Koteletten *pl* **5.** COUT Patte *f*; Klappe *f* **6.**

(*attache*) Halterung *f*

patte-d'oie [patdwa] *f* ⟨**pattes-d'oie**⟩ **1.** *carrefour* Straßen-, Wegkreuzung *f* **2.** *à l'œil* **pattes-d'oie** *pl* Krähenfüße *m/pl*

pattemouille [patmuj] *f* feuchtes (Bügel)Tuch

pâturage [pɑtyʀaʒ] *m* (Vieh)Weide *f*

pâture [pɑtyʀ] *f* Futter *n*; Nahrung *f*; *fig* **donner, jeter, livrer qc en pâture à qn** j-m etw zum Fraß vorwerfen

pâturer [pɑtyʀe] *v/i* weiden

paume [pom] *f* **1.** Handfläche *f*, -teller *m* **2.** (*jeu m de*) **paume** altes *frz Ballspiel*

paumé [pome] F *adj* ⟨**~e**⟩ hilflos; F aufgeschmissen; **les paumés** *m/pl* F die unter die Räder gekommen sind

paumer [pome] F **I** *v/t* **paumer qc** etw verlieren, F versaubeuteln **II** *v/pr* **se paumer** sich verlaufen; *en voiture* sich verfahren

paupérisation [popeʀizasjõ] *f* Verelendung *f*; Verarmung *f*

paupière [popjɛʀ] *f* (Augen)Lid *n*

paupiette [popjɛt] *f* **paupiette de veau** Kalbsroulade *f*

▸ **pause** [poz] *f* Pause *f*; F **pause café** Kaffeepause *f*

▸ **pauvre** [povʀ] **I** *adj* **1.** *personne, pays* arm; *demeure, vêtements* ärmlich; armselig; dürftig; *sol* karg; **pauvre en …** arm an (+ *dat*); …arm; **pauvre d'esprit** geistig beschränkt **2.** (*malheureux*) arm; bedauernswert **II** *m* Arme(r) *m*; **les nouveaux pauvres** die durch die Wirtschaftskrise Verarmten *pl*

pauvrement [povʀəmã] *adv* ärmlich

pauvresse [povʀɛs] *litt f* Arme *f*; arme Frau

▸ **pauvreté** [povʀəte] *f* Armut *f*; *d'une demeure* Ärmlichkeit *f*; Armseligkeit *f*; *du sol* Kargheit *f*

pauvrette [povʀɛt] *f* **la pauvrette** die Ärmste; das arme Ding

pavage [pavaʒ] *m* Pflasterung *f*

pavaner [pavane] *v/pr* **se pavaner** einherstolzieren; sich in Szene setzen

pavé [pave] *m* **1.** *bloc de pierre* Pflasterstein *m*; *fig* **c'est le pavé dans la mare** die Sache schlägt Wellen **2.** *revêtement* (Straßen)Pflaster *n*; *fig* **être sur le pavé** auf der Straße sitzen **3.** *péj livre* F (dicker) Schinken; F Wälzer *m* **4.** F PRESSE eingerahmter (Werbe)Text **5.** *de viande* dickes Filetstück

pavement [pavmã] *m* Pflaster *n*; Pflasterung *f*

paver [pave] *v/t* pflastern; **pavé rue, cour** gepflastert

paveur [pavœʀ] *m* Pflasterer *m*

pavillon [pavijõ] *m* **1.** (*maison individuelle*) Einfamilienhaus *n* (**de banlieue** in e-m Vorort) **2.** *d'une exposition, etc* Pavillon *m*; **pavillon de chasse** Jagdhütte *f*, -schlösschen *n* **3.** MAR Flagge *f*; **pavillon de complaisance** Billigflagge *f*; *fig* **baisser pavillon** (**devant qn**) klein beigeben; **battre pavillon français** unter französischer Flagge fahren **4.** MUS Schalltrichter *m* **5.** **pavillon** (**de l'oreille**) Ohrmuschel *f*

pavillonnaire [pavijɔnɛʀ] *adj banlieue* aus (einfachen, gleichförmigen) Einfamilienhäusern bestehend

pavoiser [pavwaze] *v/t* beflaggen; *abs* flaggen

pavot [pavo] *m* Mohn *m*

payable [pɛjabl] *adj* zahlbar; fällig

P

payant [pɛjã] *adj* **1.** *personne* zahlend **2.** *parking* gebührenpflichtig; *billet payant* Eintrittskarte, (für) die bezahlt werden muss; *parking payant* gebührenpflichtiger Parkplatz **3.** *fig* (*rentable*) lohnend; *être payant* sich lohnen

paye [pɛj] → *paie*

payé [peje] *adj* ⟨~e⟩ bezahlt; *personne, travail bien, mal payé* gut, schlecht bezahlt

payement [pɛjmã] *m* (Be)Zahlung *f*

▸ **payer** [peje] ⟨-ay- *od* -ai-⟩ **I** *v/t* **1.** *personne, travail, facture, dettes* bezahlen; *somme, loyer, impôt, etc* (be)zahlen; *salaire* (aus)zahlen; *payer qc dix euros* für etw zehn Euro (be)zahlen; *combien l'avez-vous payé?* wie viel haben Sie dafür be-, gezahlt?; *fig je suis payé pour le savoir* ich habe es am eigenen Leib erfahren **2.** F (*offrir*) *payer qc à qn* F j-m etw spendieren **3.** *fig* (*expier*) *payer qc* (für) etw büßen, bezahlen müssen; *il me le paiera!* das soll er mir büßen! **II** *v/i* **4.** (be)zahlen (*pour* für) **5.** (*rapporter*) sich lohnen; sich bezahlt machen; sich auszahlen **6.** *payer d'audace* etwas riskieren; *ne pas payer de mine* nach nichts aussehen; *payer de sa personne* sich mit s-r ganzen Person einsetzen **III** *v/pr* ⟨*s'offrir*⟩ ▸ (*pouvoir*) *se payer qc* sich (*dat*) etw leisten (können)

payeur [pɛjœR] *m*, **payeuse** [-øz] *f* Zahler(in) *m(f)*; *mauvais payeur* säumiger Zahler

▸ **pays** [pei] *m* **1.** GÉOGR, POL Land *n*; *pays en voie de développement* Entwicklungsland *n* **2.** (*région*) Land *n*; Gegend *f*; *les gens m/pl du pays* die Einheimischen *m/pl*; *vin m de pays* Landwein *m*; *voir du pays* viel von der Welt sehen **3.** (*patrie*) Heimat *f*; *avoir le mal du pays* Heimweh haben **4.** (*localité*) kleiner Ort

▸ **paysage** [peizaʒ] *m* Landschaft *f* (*a* PEINT, *fig*)

paysager [peizaʒe] *adj* ⟨-ère [-ɛR]⟩ Landschafts…

paysagiste [peizaʒist] *m* **1.** PEINT Landschaftsmaler *m* **2.** (*architecte m*) *paysagiste* Garten-, Landschaftsarchitekt *m*

▸ **paysan** [peizã], **paysanne** [peizan] **I** *m,f* Bauer, Bäuerin *m,f* **II** *adj* bäuerlich; der Bauern; *péj* bäurisch

paysannat [peizana] *m ou* **paysannerie** [-Ri] *f* Bauern *m/pl*; Bauernschaft *f*

▸ **Pays-Bas** [peiba] *les Pays-Bas m/pl* die Niederlande *n/pl*

Pays-de-la-Loire *ou* **Pays de la Loire** [peidlalwaR] *les Pays-de-la-Loire ou les Pays de la Loire m/pl* frz Region

▸ **PC** [pese] *m abr* ⟨*inv*⟩ **1.** (*personal computer*) PC *m* **2.** (*Parti communiste*) KP *f* **3.** (*poste de commandement*) Befehlsstelle *f*

p.c.c. *abr* (*pour copie conforme*) für die Richtigkeit der Abschrift

P.C.V. [peseve] *m abr* ⟨*inv*⟩ (*paiement contre vérification*) TÉL R-Gespräch *n*

P.D.G. [pedeʒe] *m abr* ⟨*inv*⟩ (*président-directeur général*) Generaldirektor *m*

▸ **péage** [peaʒ] *m* **1.** (Straßen)Benutzungsgebühr *f*; Autobahngebühr *f*; *a österr* Maut *f*; *à péage* gebührenpflichtig; *par ext chaîne f à péage* Pay-TV *n* **2.** *poste* Zahlstelle *f*; *a österr* Mautstelle *f*

péagiste [peaʒist] *m,f* Kassierer(in) *m(f)* in e-r

Le péage

Wenn man auf französischen Autobahnen fährt, muss man eine Benutzungsgebühr zahlen: *le péage*. Wie hoch die Gebühr ist, hängt von der Strecke ab, die man auf der Autobahn zurückgelegt hat. Zu entrichten ist die Gebühr an den jeweiligen Zahlstellen, die ebenfalls *le péage* heißen.
Ein Vorteil dieses Systems ist, dass auf den französischen Autobahnen weniger Verkehr herrscht als beispielsweise auf den deutschen.
Wer kein Geld für die Autobahngebühr ausgeben möchte, kann die *routes nationales* benutzen, die in etwa den deutschen Bundesstraßen entsprechen.

Mautstelle

▸ **peau** [po] *f* ⟨~x⟩ **1.** *de l'homme* Haut *f*; *n'avoir que la peau et les os* nur noch Haut und Knochen sein; *fig être bien, mal dans sa peau* sich in s-r Haut wohlfühlen, nicht wohlfühlen; *fig faire peau neuve* sich verändern, (ver)wandeln; F *y laisser sa peau* sein Leben lassen; *se mettre dans la peau de qn* sich in die Lage j-s versetzen **2.** *d'un animal* (*fourrure*) Fell *n*; (*cuir souple*) Leder *n*; *de, en peau* Leder…; *prov il ne faut pas vendre la peau de l'ours avant de l'avoir tué* man soll sich nicht zu früh freuen **3.** *de fruits* Schale *f*; *de pêche, etc* Haut *f*; *de saucisson* Pelle *f*; Haut *f*; *peau de banane* Bananenschale *f*; *fig* Schlinge *f*; Falle *f* **4.** *peau du lait* Milchhaut *f*

peaufiner [pofine] *v/t* den letzten Schliff geben (+ *dat*); ausfeilen

Peau-Rouge *m,f* ⟨**Peaux-Rouges**⟩ Rothaut *f*

pécaïre [pekaiR] *int* → *peuchère*

pécari [pekaRi] *m* **1.** ZO Pekari *n*; Nabelschwein *n* **2.** *cuir* Pekarileder *n*

peccadille [pekadij] *f* kleiner, geringfügiger Fehler; kleines Versehen

pêche¹ [pɛʃ] *f* **1.** *fruit* Pfirsich *m* **2.** F *avoir la pêche* in Form sein

▸ **pêche²** *f* **1.** Fischerei *f*; Fischfang *m*; Fischen *n*; *pêche (à la ligne)* Angeln *n*; *pêche sous-marine* Unterwasserjagd *f*; *pêche à la baleine* Walfang *m*; *aller à la pêche* angeln, fischen gehen **2.** (*poissons pêchés*) Fang *m*

▸ **péché** [peʃe] *m* **1.** Sünde *f*; *péché de jeunesse* Jugendsünde *f*; *commettre, faire un péché* e-e Sünde begehen **2.** *fig péché mignon* (kleine) Schwäche

pécher [peʃe] *v/i* ⟨-è-⟩ **1.** REL sündigen **2.** *fig pécher contre qc* gegen etw verstoßen; *projet, etc pécher par* kranken an (+ *dat*)

pêcher¹ [pɛʃe] *m* Pfirsichbaum *m*

pêcher² *v/t* **1.** *poissons* fangen (*a crabes*); fischen (*a perles*); *pêcher (à la ligne)* angeln **2.** F (*trouver*) F aufgabeln

pécheresse [peʃRɛs] *f* Sünderin *f*

pêcherie [pɛʃRi] *f* (Fisch)Fanggebiet *n*; *pêcheries pl* Fisch-, Fanggründe *m/pl*

pécheur [peʃœʀ] *m* Sünder *m*
pêcheur [pɛʃœʀ] *m*, **pêcheuse** [-øz] *f* Fischer(in) *m(f)*; **pêcheur, pêcheuse à la ligne** Angler(in) *m(f)*; *adjt* **marin** *m* **pêcheur** → **marin-pêcheur**
pecnot [pɛkno] *m* → **péquenaud**
pécore [pekɔʀ] *f* → **pimbêche**
pectoral [pɛktɔʀal] *adj* ⟨~e; -aux [-o]⟩ **1.** ANAT Brust...; **pectoraux** *m/pl* Brustmuskeln *m/pl* **2. sirop pectoral** Hustensaft *m*, -sirup *m*
pécule [pekyl] *m* Sparsumme *f*; Rücklage *f*
pécuniaire [pekynjɛʀ] *adj* Geld...; finanziell
pédagogie [pedagɔʒi] *f* Pädagogik *f*; Erziehungswissenschaft *f*
pédagogique [-ik] *adj* pädagogisch; Erziehungs...; erzieherisch
pédagogue [pedagɔg] *m,f* Pädagoge *m*, Pädagogin *f*; *adjt* **être pédagogue** ein guter Pädagoge, e-e gute Pädagogin sein
pédale [pedal] *f* Pedal *n*; TECH a Fußhebel *m*; **pédale de frein** Bremspedal *n*; F *fig* **perdre les pédales** (*s'affoler*) kopflos werden; (*perdre le fil*) F sich verheddern
pédaler [pedale] *v/i* in die Pedale treten; F radeln; F *fig* **pédaler dans la choucroute** F sich vergeblich abstrampeln
pédalier [pedalje] *m* Tretkurbel *f*
pédalo® [pedalo] *m* Tretboot *n*; **faire du pédalo**® mit dem Tretboot fahren
pédant [pedã] *péj* **I** *adj* ⟨-ante [-ãt]⟩ schulmeisterlich **II** *m* Schulmeister *m*
pédanterie [pedãtʀi] *f litt* → **pédantisme**
pédantesque [-ɛsk] *litt adj* schulmeisterlich
pédantisme [-ism] *m* schulmeisterliche Art
pédé [pede] *m abr* F (*pédéraste*) F Homo *m*
pédéraste [pederast] *m* Päderast *m*; *par ext* Homosexuelle(r) *m*
pédérastie [-i] *f* Päderastie *f*; *par ext* Homosexualität *f*
pédestre [pedɛstʀ] *adj* Fuß...; **randonnée** *f* **pédestre** Fußwanderung *f*
pédiatre [pedjatʀ] *m,f* Kinderarzt *m*, -ärztin *f*
pédiatrie [-i] *f* Kinderheilkunde *f*
pédicule [pedikyl] *m* **1.** ANAT Stiel *m* **2.** BOT Stiel *m* (*a d'un champignon*); Stängel *m*
pédicure [pedikyʀ] *m,f* Fußpfleger(in) *m(f)*
pedigree [pedigʀe] *m* Stammbaum *m*
pédoncule [pedõkyl] *m* BIOL Stiel *m*
pédophile [pedɔfil] *adj* pädophil
pédophilie [-i] *f* Pädophilie *f*
pedzouille [pɛdzuj] *m,f* → **péquenaud**
peeling [piliŋ] *m* Schälkur *f*; Peeling *n*
pègre [pɛgʀ] *f* Unterwelt *f*
peignage [pɛɲaʒ] *m* TEXT *de la laine* Kämmen *n*; *du lin* Hecheln *n*
▸ **peigne**[1] [pɛɲ] *m* Kamm *m*; **se donner un coup de peigne** sich rasch (über)kämmen; *fig* **passer au peigne fin** sorgfältig prüfen; *région* durchkämmen
peigne[2] → **peindre**
peigné [pɛɲe] *m* Kammgarn(stoff) *n(m)*
peigne-cul P *m* ⟨**peigne-culs**⟩ *péj* übler Bursche; F Fiesling *m*
peignée [pɛɲe] *f* **1.** F (*volée*) Schläge *m/pl*; Dresche *f* **2.** TEXT Kammvoll *m* Wolle
peigner [pɛɲe] **I** *v/t* **1.** kämmen **2.** TEXT *laine* **peignée** Kammgarn *n* **II** *v/pr* **se peigner** sich kämmen

peignoir [pɛɲwaʀ] *m* **1.** *de bain* Bademantel *m* **2.** (*robe de chambre*) Morgenrock *m*, -mantel *m*
peinard [penaʀ] F *adj* ⟨-arde [-aʀd]⟩ *personne* ruhig; locker; *travail* bequem; gemütlich
▸ **peindre** [pɛ̃dʀ] ⟨**je peins, il peint, nous peignons; je peignais; je peignis; je peindrai; que je peigne; peignant; peint**⟩ *v/t* **1.** *mur, clôture, etc* (an)streichen; F anmalen; *pièce* streichen; *voiture* lackieren; (*décorer*) bemalen; **peindre qc sur qc** etw auf etw (*acc*) malen **2.** PEINT malen **3.** *fig* (*décrire*) schildern; beschreiben
▸ **peine** [pen] *f* **1.** (*chagrin*) Kummer *m*; (seelischer) Schmerz; Leid *n*; Sorge(n) *f(pl)*; **faire de la peine à qn** j-m Kummer machen, bereiten; j-m wehtun **2.** (*effort*) Mühe *f*; Anstrengung *f*; **sans peine** mühelos; **avoir de la peine à faire qc** Mühe haben, etw zu tun; etw nur mit Mühe tun können; **se donner la peine de faire qc** sich (*dat*) die Mühe machen, etw zu tun; **ce n'est pas la peine** das ist nicht nötig; **c'est peine perdue** das ist verlorene, vergebliche Liebesmühe; **valoir la peine** der Mühe wert sein; sich lohnen (**de faire qc** etw zu tun); **valoir la peine d'être vu** sehenswert sein **3.** (*punition*) Strafe *f*; **peine de mort** Todesstrafe *f*; *défendu* **sous peine d'amende** bei (Geld)Strafe; *par ext* **sous peine de** (+ *inf*) sonst; andernfalls **4.** *adv* ▸ **à peine** kaum; **à peine étiez-vous parti qu'il arrivait** Sie waren kaum weg, da kam er
peiner [pene] **I** *v/t* betrüben; bekümmern **II** *v/i* Mühe haben (*a moteur*); es schwer haben
peins [pɛ̃] → **peindre**
peint [pɛ̃] *p/p* → **peindre** *et adj* ⟨**peinte** [pɛ̃t]⟩ **papier peint** Tapete *f*
▸ **peintre** [pɛ̃tʀ] *m* **1.** *peintre* (**en bâtiment**) Anstreicher *m*; Maler *m* **2.** *artiste* (Kunst)Maler(in) *m(f)*
▸ **peinture** [pɛ̃tyʀ] *f* **1.** *matière* Farbe *f*; **peinture à l'eau** Wasserfarbe *f* **2.** *couche* Anstrich *m*; Farbe *f*; *d'une voiture* Lack *m* **3.** *opération* (An)Streichen *n*; Lackieren *n*; PEINT Malen *n* **4.** *œuvre d'art* Gemälde *n*; Bild *n*; Malerei *f*; *fig* **ne pas pouvoir voir qn en peinture** j-n nicht ausstehen, F riechen können **5.** *art* Malerei *f*; Malkunst *f*; **faire de la peinture** malen **6.** *fig* (*description*) Schilderung *f*
peinturlurer [pɛ̃tyʀlyʀe] F **I** *v/t* grell an-, bemalen **II** *v/pr* **se peinturlurer** (**le visage**) F sich (übertrieben) anmalen
péjoratif [peʒɔʀatif] *adj* ⟨-ive [-iv]⟩ pejorativ; abwertend; abschätzig
péjorativement [peʒɔʀativmã] *adv* pejorativ; im pejorativen Sinn; abwertend
pékin [pekɛ̃] *arg m* Zivilist *m*
Pékin [pekɛ̃] Peking *n*
pékinois [pekinwa] **I** *adj* ⟨-oise [-waz]⟩ von, aus Peking **II 1. Pékinois(e)** *m(f)* Einwohner(in) *m(f)* von Peking **2.** *m* ZO Pekinese *m*
pelade [pəlad] *f* Haarschwund *m*, -ausfall *m*
pelage [pəlaʒ] *m* Fell *n*; Haarkleid *n*
pelé [pəle] *adj* ⟨~e⟩ kahl; mit vielen kahlen Stellen
pêle-mêle [pɛlmɛl] *adv* bunt durcheinander
peler [pəle] ⟨-è-⟩ *v/t fruit* schälen; *pomme de terre a* (ab)pellen **II** *v/i peau, nez* sich schälen;

je pèle meine Haut schält sich
pèlerin [pɛlr̃ɛ̃] *m* Pilger(in) *m(f)*
pèlerinage [pɛlrinaʒ] *m* Pilgerfahrt *f*; Wallfahrt *f*; *aller en pèlerinage*, *faire un pèlerinage* e-e Wallfahrt machen; pilgern (*à* nach)
pèlerine [pɛlrin] *f* Umhang *m*
pélican [pelikã] *m* Pelikan *m*
pelisse [pɔlis] *f* pelzgefütterter Mantel
pellagre [pɛ(l)lagʀ] *f* MÉD Pellagra *n* (*Vitaminmangelkrankheit*)
pelle [pɛl] *f* **1.** Schaufel *f*; Schippe *f*; *pelle* (*à ordures*) Kehr(icht)schaufel *f*; *pelle à tarte* Tortenheber *m*, -schaufel *f*; *fig à la pelle* haufenweise **2.** *pelle mécanique* Bagger *m*
pelletée [pɛlte] *f* Schaufelvoll *f*
pelleter [pɛlte] *v/t* ⟨**-tt-**⟩ schaufeln
pelleterie [pɛltʀi] *f* **1.** *préparation* Rauchwarenzurichtung *f* **2.** *commerce* Pelz-, Rauchwarenhandel *m* **3.** *peau* Pelz-, Rauchware *f*
pelleteuse [pɛltøz] *f* Bagger *m*
pelletier [pɛltje] *m* **1.** *commerçant* Pelz-, Rauchwarenhändler *m* **2.** *ouvrier* Rauchwarenzurichter *m*
pelliculaire [pelikylɛʀ] *adj sc* häutchenartig
pellicule [pelikyl] *f* **1.** *dans les cheveux* **pellicules** *pl* (Kopf)Schuppen *f/pl* **2.** PHOT, (*couche mince*) Film *m*
Péloponnèse [pelɔpɔnɛz] *le Péloponnèse* der Peloponnes
pelotage [p(ɔ)lɔtaʒ] *m* F Begrapschen *n*; F Befummeln *n*; F Betatschen *n*
pelote [p(ɔ)lɔt] *f* **1.** Knäuel *m ou n*; *pelote de laine* Wollknäuel *m ou n*; F *fig avoir les nerfs en pelote* F stark genervt sein **2.** *pelote* (*d'épingles*) Nadelkissen *n* **3.** *pelote basque* Pelota *f*
peloter [p(ɔ)lɔte] *v/t* F begrapschen; F befummeln; F betatschen
peloteur [-œʀ] *m*, **peloteuse** [-øz] *f* F Grapscher(in) *m(f)*; F Fummler(in) *m(f)*
peloton [p(ɔ)lɔtɔ̃] *m* **1.** SPORTS (Haupt)Feld *n*; *peloton de tête* Spitzengruppe *f*; *fig être dans le peloton de tête* zu den Besten zählen **2.** *peloton d'exécution* Erschießungs-, Exekutionskommando *n*
pelotonner [p(ɔ)lɔtɔne] *v/pr* *se pelotonner* sich (zu e-r Kugel) zusammenrollen; *se pelotonner contre qn* sich an j-n kuscheln
pelouse [p(ɔ)luz] *f* Rasen(fläche) *m(f)*
peluche [p(ɔ)lyʃ] *f* **1.** TEXT Plüsch *m* **2.** (*animal en peluche*) Stofftier *n*; *ours* **m** *en peluche* Teddy(bär) *m* **3.** (*petit poil*) Fussel *f*
peluché [p(ɔ)lyʃe] *adj* ⟨**~e**⟩ plüschartig
pelucher [-e] *v/i étoffe* fusseln
pelucheux [-ø] *adj* ⟨**-euse** [-øz]⟩ fusselig
pelure [p(ɔ)lyʀ] *f* (abgeschälte) Schale
pénal [penal] *adj* ⟨**~e**; **-aux** [-o]⟩ Straf...; strafrechtlich; *Code pénal* Strafgesetzbuch *n*
pénalement [penalmã] *adv* strafrechtlich
pénalisant [penalizã] *adj* ⟨**-ante** [-ãt]⟩ nachteilig; ungünstig
pénalisation [-izasjõ] *f* SPORTS Strafe *f*
pénaliser [-ize] *v/t* bestrafen (*a fig*); JUR *a* mit e-m Bußgeld belegen
pénalité [-ite] *f* Strafe *f* (*a* SPORTS); Bußgeld *n*; Geldbuße *f*
penalty [penalti] *m* ⟨**penalties** *od* **~s**⟩ Elfmeter *m*; Strafstoß *m*

pénard [penaʀ] *adj* → **peinard**
pénates [penat] *m/pl plais regagner ses pénates* an den häuslichen Herd zurückkehren
penaud [pɔno] *adj* ⟨**-aude** [-od]⟩ beschämt; verlegen; betreten
penchant [pãʃã] *m* Hang *m*, Neigung *f* (*à ou pour qc* zu etw); *penchant pour qn* Zuneigung *f* zu j-m
penché [pãʃe] *adj* ⟨**~e**⟩ geneigt; schräg (*a écriture*); schief
pencher [pãʃe] **I** *v/t* neigen **II** *v/i* **1.** *arbre, mur, etc* sich neigen; schief sein, stehen, hängen **2.** *personne pencher pour qc* zu etw (hin)neigen, tendieren **III** *v/pr* **3.** ► *se pencher* sich nieder-, herabbeugen (*sur* über [+ *acc*]; *vers* zu); *se pencher par la fenêtre* sich zum Fenster hinauslehnen, -beugen **4.** *fig se pencher sur qc* sich mit etw beschäftigen, befassen
pendable [pãdabl] *adj tour m pendable* schlimmer, übler, böser Streich
pendaison [pãdɛzõ] *f* **1.** *supplice* Erhängen *n*; Tod *m* durch den Strang **2.** *pendaison de crémaillère* F Einzugsfete *f*
pendant[1] [pãdã] *m* Gegenstück *n*, Pendant *n*, Entsprechung *f* (*de* zu)
► **pendant**[2] **I** *prép* während (+ *gén*); *pendant trois heures* drei Stunden (lang) **II** *conj*
► *pendant que* während; *pendant que tu y es* wenn du schon dabei bist
pendant[3] **I** *adj* ⟨**-ante** [-ãt]⟩ **1.** (herab)hängend; *oreilles pendantes* Hänge-, F Schlappohren *n/pl* **2.** *procès* anhängig; *par ext affaire* in der Schwebe (befindlich) **II** *m/pl pendants d'oreilles* Ohrgehänge *n*
pendeloque [pãdlɔk] *f* Gehänge *n*
pendentif [pãdãtif] *m* (Schmuck)Anhänger *m*
penderie [pãdʀi] *f* Kleiderschrank *m*
pendouiller [pãduje] *v/i* F baumeln
pendre [pãdʀ] ⟨→ **rendre**⟩ **I** *v/t* **1.** *objet* hängen (*à* an + *acc*) **2.** *condamné* auf-, (er)hängen; henken **II** *v/i* **3.** hängen (*à* an + *dat*); *pendre jusqu'à terre* bis zur Erde herabhängen **4.** *robe pendre d'un côté* auf e-r Seite zu lang sein, F zipfeln **III** *v/pr* **5.** *se pendre à qc* sich an etw (*acc*) hängen **6.** *suicidé se pendre* sich er-, aufhängen
pendu [pãdy] **I** *adj* ⟨**~e**⟩ *être pendu* hängen (*à* an + *dat*; *a fig*); F *être toujours pendu au téléphone* F dauernd an der Strippe hängen **II** *pendu(e)* *m(f)* Erhängte(r) *f(m)* (*a par suicide*); Gehenkte(r) *f(m)*
pendulaire [pãdylɛʀ] *adj* Pendel...
pendule[1] [pãdyl] *m* Pendel *n*
pendule[2] *f* Pendel-, Wand-, Tischuhr *f*
pendulette [pãdylɛt] *f* kleine Pendeluhr
pêne [pɛn] *m* Riegel *m*; Falle *f*
pénétrable [penetʀabl] *adj difficilement pénétrable* a) *forêt* fast undurchdringlich; b) *fig*: *intentions de qn* schwer zu durchschauen(d); *mystère* schwer zu ergründen(d), erforschen(d)
pénétrant [penetʀã] *adj* ⟨**-ante** [-ãt]⟩ *odeur* penetrant; *regard, froid* durchdringend; scharf; *pluie* durch alle Kleider dringend
pénétration [-asjõ] *f* **1.** Eindringen *n* (*a fig d'idées*) **2.** (*sagacité*) Scharfsinn *m*
pénétré [penetʀe] *adj* ⟨**~e**⟩ erfüllt, durchdrungen (*de* von); *pénétré de son importance* von

s-r Wichtigkeit durchdrungen

pénétrer [penetʀe] ⟨**-è-**⟩ **I** v/t **1.** *liquide* **pénétrer qc** in etw (*acc*) eindringen; durch etw dringen **2.** *fig intentions de qn* durchschauen; *mystère* ergründen **3.** *fig* (*remplir*) erfüllen (**de** mit) **II** v/i eindringen (**dans** in + *acc*)

pénibilité [penibilite] *f d'un travail* Mühseligkeit *f*; Beschwerlichkeit *f*

▸ **pénible** [penibl] adj **1.** *travail, existence, voyage* mühselig; mühevoll; mühsam; beschwerlich **2.** *situation, événement, nouvelle* traurig; schmerzlich; betrüblich; *il m'est pénible de devoir vous annoncer que …* es ist nicht leicht für mich, Ihnen mitteilen zu müssen, dass … **3.** F *personne* schwierig; lästig

péniblement [penibləmɑ̃] adv **1.** (*difficilement*) mühsam; mit Mühe (und Not) **2.** (*cruellement*) schmerzlich

péniche [peniʃ] *f* Last-, Frachtkahn *m*

pénicilline [penisilin] *f* Penizillin *n*

péninsulaire [penɛ̃sylɛʀ] adj Halbinsel...

péninsule [penɛ̃syl] *f* Halbinsel *f*

pénis [penis] *m* Penis *m*; männliches Glied

pénitence [penitɑ̃s] *f* **1.** (*châtiment*) Strafe *f* **2.** REL Buße *f*

pénitencier [penitɑ̃sje] *m* Strafanstalt *f*

pénitent [penitɑ̃] *m*, **pénitente** [-ɑ̃t] *f* REL **1.** Beichtkind *n* **2.** HIST Büßer(in) *m(f)*

pénitentiaire [penitɑ̃sjɛʀ] adj **établissement** *m* **pénitentiaire** Straf(vollzugs)anstalt *f*

penne [pɛn] *f de l'aile* Schwungfeder *f*; *de la queue* Schwanzfeder *f*

Pennsylvanie [pɛnsilvani] *la* **Pennsylvanie** Pennsylvanien *n*

pennsylvanien [pɛnsilvanjɛ̃] **I** adj ⟨**-ienne** [-jɛn]⟩ pennsylvanisch **II** subst **Pennsylvanien(ne)** *m(f)* Pennsylvanier(in) *m(f)*

pénombre [penɔ̃bʀ] *f* Halbdunkel *n*

pensable [pɑ̃sabl] adj **ne pas être pensable** undenkbar sein

pensant [pɑ̃sɑ̃] adj ⟨**-ante** [-ɑ̃t]⟩ **1.** denkend **2.** **bien pensant** konformistisch

pense-bête [pɑ̃sbɛt] *m* ⟨**pense-bêtes**⟩ Merkzeichen *n*

pensée[1] [pɑ̃se] *f* **1.** (*fait de penser*) Denken *n*; (*faculté de penser*) Denkvermögen *n* **2.** (*idée*) Gedanke *m*; **à la pensée de** beim Gedanken an (+ *acc*); **par la pensée, en pensée** im Geiste; in Gedanken **3.** (*façon de penser*) Denkweise *f*; Denken *n*; (*opinion*) Ansicht *f*; Meinung *f*; *d'un écrivain* Gedankenwelt *f*

pensée[2] *f* BOT Stiefmütterchen *n*

▸ **penser** [pɑ̃se] **I** v/t **1.** (*croire*) denken, glauben, meinen (**que** dass); ▸ *je pense que oui* ich glaube schon; *qu'est-ce qui vous fait penser cela?* wie kommen Sie darauf?; *qu'en pensez-vous?* was halten Sie davon?; wie denken Sie darüber?; *il n'en pense pas moins* er denkt sich (*dat*) sein Teil **2.** (*avoir l'intention de*) **penser** (+ *inf*) gedenken, beabsichtigen zu (+ *inf*) **3.** *problème, aménagement, etc* durchdenken **II** v/t/indir et v/i denken (**à** an + *acc*); **à quoi penses-tu?** woran denkst du?; *n'y pensons plus!* denken wir nicht mehr daran!; *mais j'y pense …* ach, da fällt mir gerade ein …; *sans penser à mal* ohne sich (*dat*) Schlimmes dabei zu denken; *sans y penser* ganz in Gedanken; *penser à faire qc* daran

denken, etw zu tun; *faire penser à qc* an etw (*acc*) erinnern; *donner à penser* zu denken geben; einen nachdenklich machen; F *penses-tu!* ach wo(her)!; wo denkst du hin!

penseur [pɑ̃sœʀ] *m* Denker *m*

pensif [pɑ̃sif] adj ⟨**-ive** [-iv]⟩ nachdenklich

pension [pɑ̃sjɔ̃] *f* **1.** (*internat*) Internat *n*; Schülerheim *n* **2.** **pension de famille** (Familien)Pension *f* **3.** **pension complète** Vollpension *f* **4.** *allocation* Rente *f*; **pension alimentaire** Unterhaltsrente *f*; *pour enfant naturel* Alimente *pl*

pensionnaire [pɑ̃sjɔnɛʀ] *m,f* **1.** *élève* Internatsschüler(in) *m(f)* **2.** *d'un hôtel* Pensionsgast *m*; *d'une maison de retraite, etc* Insasse *m*, Insassin *f*

pensionnat [pɑ̃sjɔna] *m* Pensionat *n*

pensionné [pɑ̃sjɔne] adj et subst ⟨**~e**⟩ → **retraité**

pensionner [pɑ̃sjɔne] v/t rarement **pensionner qn** j-m e-e Pension, Rente geben

pensum [pɛ̃sɔm] *m* lästige Arbeit

pentagonal [pɛ̃tagɔnal] adj ⟨**~e**; **-aux** [-o]⟩ fünfeckig

pentagone [pɛ̃tagon, -gɔn] *m* Fünfeck *n*

pentathlon [pɛ̃tatlɔ̃] *m* Fünfkampf *m*

pente [pɑ̃t] *f* **1.** *d'un terrain, d'une route* Gefälle *n*; Neigung *f*; **en pente** abfallend **2.** *d'une colline* (Ab)Hang *m*; *fig* **être sur une mauvaise pente** sich auf die schiefe Ebene, Bahn geraten sein; *fig* **remonter la pente** wieder auf die Beine kommen

▸ **Pentecôte** [pɑ̃tkot] *la* **Pentecôte** Pfingsten *n ou pl*; **à la Pentecôte** (an, zu) Pfingsten

penture [pɑ̃tyʀ] *f d'un volet etc* Band *n*

pénultième [penyltjɛm] *f* LING vorletzte Silbe

pénurie [penyʀi] *f* (großer) Mangel (**de** an + *dat*); Knappheit *f*

pep [pɛp] *m* F **avoir du pep** Schwung, Pep haben

pépé [pepe] *m enf* Opa *m* (*a par ext*)

pépée [pepe] *f* F (*femme*) F Puppe *f*

pépère [pepɛʀ] **I** F adj gemütlich; geruhsam **II** *m* **1.** *enf* Opa *m* **2.** F **un gros pépère** ein Dickerchen *n*

pépètes [pepɛt] *f/pl* F → **fric**

pépie [pepi] *f* F *fig* **avoir la pépie** sehr durstig sein; e-e trockene Kehle haben

pépiement [pepimɑ̃] *m* Piep(s)en *n*; Tschilpen *n*

pépier [pepje] v/i piep(s)en

pépin [pepɛ̃] *m* **1.** *de certains fruits* Kern *m* **2.** *fig* **avoir un pépin** Ärger, ein Problem haben **3.** F (*parapluie*) Schirm *m*; F Musspritze *f*

pépinière [pepinjɛʀ] *f* **1.** Baumschule *f* **2.** *fig* Pflanz-, Bildungsstätte *f*

pépiniériste [pepinjeʀist] *m,f* Baumschulgärtner(in) *m(f)*

pépite [pepit] *f* (Gold)Klumpen *m*

péquenaud [pɛkno] *m*, **péquenaude** [-od] *f*, **péquenot** [pɛkno] *m* F *péj* Bauernlümmel *m*, -trampel *m ou n*; *par ext* Hinterwäldler(in) *m(f)*

péquin [pekɛ̃] *m* → **pékin**

perçage [pɛʀsaʒ] *m* (Durch)Bohren *n*, -ung *f*

percale [pɛʀkal] *f* Perkal *m*

perçant [pɛʀsɑ̃] adj ⟨**-ante** [-ɑ̃t]⟩ durchdringend; *regard a* scharf; *cris a* gellend

435   **pérenniser**

perce [pɛʀs] *f tonneau* **mettre en perce** anste-
chen; anzapfen; **mise** *f* **en perce** Anstich *m*;
Anzapfen *n*
percée [pɛʀse] *f* Durchbruch *m* (*a* MIL, SPORTS,
fig)
percement [pɛʀsəmɑ̃] *m d'un mur, d'une rue*
Durchbrechen *n*, -bruch *m*; *d'un tunnel*
Durchstechen *n*, -stich *m*; Bohren *n*, -ung *f*
perce-neige [pɛʀsənɛʒ] *m ou f ⟨inv⟩* Schnee-
glöckchen *n*
perce-oreille [pɛʀsɔʀɛj] *m ⟨perce-oreilles⟩*
Ohrwurm *m*
percepteur [pɛʀsɛptœʀ] *m* Finanzbeamte(r)
m; *par ext* Finanzamt *n*
perceptibilité [pɛʀsɛptibilite] *f* Wahrneh-
mungsfähigkeit *f*, -vermögen *n*; Wahrnehm-
barkeit *f*;
perceptible [-ibl] *adj* wahrnehmbar
perception [pɛʀsɛpsjɔ̃] *f* 1. ADM Finanzamt *n* 2.
sc Wahrnehmung *f*
percer [pɛʀse] *⟨-ç-⟩* I *v/t* 1. *mur, etc* durchboh-
ren; *avec une aiguille* durchstechen; *front en-
nemi,* SPORTS *défense* durchbrechen; *trou, tun-
nel* bohren; *porte, fenêtre* durchbrechen; *ton-
neau* anstechen; anzapfen; *coffre-fort* aufbre-
chen; F knacken; *abcès* öffnen; *ampoule* auf-
stechen; *fig* **percer le cœur** das Herz zerrei-
ßen; *soleil* **percer les nuages** durch die Wol-
ken brechen; *chaussures, etc* **être percé** durch-
löchert sein 2. **percer** (*à jour*) durchschauen; *mystère* ergründen II *v/i* 3.
dents durchkommen, -brechen; *abcès* aufge-
hen; MIL, SPORTS durchbrechen 4. *fig* zum Vor-
schein kommen; durchdringen 5. *fig personne*
(*réussir*) den Durchbruch schaffen
perceur [pɛʀsœʀ] *m* **perceur de coffre-fort**
Geldschrankknacker *m*
perceuse [pɛʀsøz] *f* Bohrmaschine *f*
percevable [pɛʀsəvabl] *adj impôts* einziehbar;
erhebbar
percevoir [pɛʀsəvwaʀ] *v/t ⟨→ recevoir⟩* 1. *par
les sens* wahrnehmen; erkennen 2. *impôts* ein-
nehmen; einziehen; erheben; *loyer, somme*
einnehmen
perche[1] [pɛʀʃ] *f* ZO Barsch *m*
perche[2] *f* Stange *f*; **saut** *m* **à la perche** Stab-
hochsprung *m*; *fig* **tendre la perche à qn**
j-m Hilfestellung leisten; *pour faire céder qn*
j-m goldene Brücken bauen
perché [pɛʀʃe] *adj ⟨~e⟩* 1. *oiseau, personne* (er-
höht) sitzend (**sur** auf + *dat*) *village* hoch ge-
legen 2. *fig* **voix 'haut perchée** hohe Stimme
percher [pɛʀʃe] I *v/i* 1. *oiseaux* (auf e-m Baum)
sitzen 2. F *personne* (hoch oben) wohnen II
v/pr oiseaux, F *personne* **se percher** sich set-
zen (**sur** auf + *acc*)
percheron [pɛʀʃəʀɔ̃] *m Kaltblutpferd aus dem
Südosten der Normandie*
percheur [pɛʀʃœʀ] *adj ⟨-euse [-øz]⟩ oiseaux*
percheurs Vögel *m/pl*, die in der Höhe zu sit-
zen pflegen
perchiste [pɛʀʃist] *m* 1. SPORTS Stabhochsprin-
ger *m* 2. CIN, TV Mikrofonassistent *m*
perchoir [pɛʀʃwaʀ] *m* 1. Sitzstange *f* 2. F *fig* er-
höhter Sitz 3. POL Tribüne *f, par ext* Amt *n* des
Präsidenten der Nationalversammlung
perclus [pɛʀkly] *adj ⟨-use [-yz]⟩* **être perclus
de rhumatismes** durch Rheuma steif sein

percolateur [pɛʀkɔlatœʀ] *m* Espressomaschi-
ne *f*
perçu [pɛʀsy] *p/p →* **percevoir**
percussion [pɛʀkysjɔ̃] *f* 1. MUS **instrument** *m* **à
percussion** Schlaginstrument *n* 2. TECH **per-
ceuse** *f* **à percussion** Schlagbohrmaschine *f*
percussionniste [pɛʀkysjɔnist] *m* Schlagzeu-
ger *m*
percutant [pɛʀkytɑ̃] *adj ⟨-ante* [-ɑ̃t]⟩ *argument*
schlagend
percuter [pɛʀkyte] *v/t (et v/i)* **percuter (contre)
qc** gegen etw prallen
percuteur [pɛʀkytœʀ] *m d'une arme à feu*
Schlagbolzen *m*
perdant [pɛʀdɑ̃] I *adj ⟨-ante* [-ɑ̃t]⟩ verlierend;
numéro perdant Niete *f* II **perdant(e)** *m(f)*
Verlierer(in) *m(f)*
perdition [pɛʀdisjɔ̃] *f* 1. *navire* **en perdition** in
Seenot 2. *iron* **un lieu de perdition** ein Ort *m*
des Lasters
▸ **perdre** [pɛʀdʀ] *⟨→ rendre⟩* I *v/t* 1. verlieren;
somme, prestige, droits a einbüßen; **perdre
courage** den Mut verlieren, sinken lassen;
perdre espoir die Hoffnung verlieren, aufge-
ben; **elle a perdu deux kilos** sie hat zwei Kilo
abgenommen; **il a perdu sa mère à cinq ans** *a*
er war fünf, als s-e Mutter starb; **tu n'y perds
rien!** da hast du nichts verpasst, versäumt!; **fai-
re perdre qc à qn** j-n um etw bringen 2. **per-
dre qn** (*causer sa ruine*) j-n zugrunde richten;
j-n ins Verderben stürzen II *v/i* 3. verlieren (*a
dans une compétition*); **j'y perds** da zahle ich
drauf, setze ich zu III *v/pr* **se perdre** 4. (*dispa-
raître*) sich verlieren; verloren gehen; unterge-
hen 5. (*s'égarer*) sich verirren; sich verlaufen;
en voiture sich verfahren; *fig* **je m'y perds** da
komme ich nicht mehr mit 6. *denrées alimen-
taires* verderben; schlecht werden
perdreau [pɛʀdʀo] *m ⟨~x⟩* junges Rebhuhn
perdrix [pɛʀdʀi] *f* Rebhuhn *n*
perdu [pɛʀdy] *p/p →* **perdre** *et adj ⟨~e⟩* 1. ver-
loren; *objet a* verloren gegangen; *temps a* ver-
tan; *occasion* verpasst; **balle perdue** verirrte
Kugel; **à tes moments perdus** in deinen Mu-
ßestunden; *malade* **être perdu** nicht mehr zu
retten sein; *fig* **je suis perdu** ich finde mich
nicht mehr zurecht; ich weiß mir nicht mehr
zu helfen 2. *lieu* entlegen; abgelegen 3. **embal-
lage perdu** Einwegverpackung *f*; Wegwerfpa-
ckung *f*
perdurer [pɛʀdyʀe] *v/i* fortdauern
▸ **père** [pɛʀ] *m* 1. Vater *m*; **père de famille** Fa-
milienvater *m*; **de père en fils** von Generation
zu Generation 2. **nos pères** (*ancêtres*) unsere
(Vor)Väter *m/pl* 3. *fig* (*créateur*) Vater *m* 4. F **le
père X** Vater X; *péj* der (alte) X; **le père Noël**
der Weihnachtsmann 5. **Dieu le Père** Gottva-
ter *m*; **le Notre Père** das Vaterunser *n* 6. CATH
Pater *m*
pérégrinations [peʀegʀinasjɔ̃] *f/pl* Umherrei-
sen *n*; vieles Reisen
péremption [peʀɑ̃psjɔ̃] *f* **date** *f* **de péremption**
Verfallsdatum *n*
péremptoire [peʀɑ̃ptwaʀ] *adj ton* keinen Wi-
derspruch duldend
pérenne [peʀɛn] *adj fleuve, source* perennie-
rend
pérenniser [-ize] *v/t institution* zu e-r ständigen

Einrichtung machen; *fonctionnaire* in e-e Planstelle einweisen; *état* verewigen

pérennité [-ite] *f* Fortdauer *f*

péréquation [peʀekwasjõ] *f* **1.** ÉCON Ausgleich *m* **2.** *des traitements* Angleichung *f*

perfectibilité [pɛʀfɛktibilite] *f* Vervollkommnungsfähigkeit *f*

perfectible [-ibl] *adj* vervollkommnungs-, verbesserungsfähig

perfection [pɛʀfɛksjõ] *f* Vollkommenheit *f*; Vollendung *f*; Perfektion *f*; *à la perfection* vollendet; meisterhaft; *atteindre à, parvenir à la perfection* die Vollkommenheit erreichen

perfectionnement [pɛʀfɛksjɔnmã] *m* Vervollkommnung *f*; Verbesserung *f*; *cours m de perfectionnement* Fortbildungskurs *m*

perfectionner [pɛʀfɛksjɔne] **I** *v/t* vervollkommnen; perfektionieren; verbessern; weiterentwickeln **II** *v/pr* *se perfectionner en français* s-e Französischkenntnisse verbessern, vervollkommnen

perfectionnisme [pɛʀfɛksjɔnism] *m* Perfektionismus *m*

perfectionniste [-ist] *m,f* Perfektionist(in) *m(f)*

perfide [pɛʀfid] *adj* heimtückisch; perfid(e)

perfidie [-i] *f* Heimtücke *f*; Perfidie *f*

perforage [pɛʀfɔʀaʒ] *m* Perforieren *n*; Lochen *n*

perforant [pɛʀfɔʀã] *adj* ⟨**-ante** [-ãt]⟩ *projectile* panzerbrechend

perforation [pɛʀfɔʀasjõ] *f* **1.** TECH Perforation *f*; Lochung *f* **2.** MÉD Durchbruch *m*; Perforation *f*

perforatrice [pɛʀfɔʀatʀis] *f* **1.** *appareil* Locher *m* **2.** *personne* Locherin *f* **3.** MINES (Gesteins)-Bohrmaschine *f*

perforé [pɛʀfɔʀe] *adj* ⟨**~e**⟩ INFORM *bande, carte perforée* Lochstreifen *m*, -karte *f*

perforer [pɛʀfɔʀe] *v/t* durchbohren; perforieren (*a* MÉD); TECH *a* lochen

perforeuse [pɛʀfɔʀøz] *f* → **perforatrice** *1, 2*

performance [pɛʀfɔʀmãs] *f* Leistung *f*; *réaliser une belle performance* e-e gute Leistung erzielen

performant [pɛʀfɔʀmã] *adj* ⟨**-ante** [-ãt]⟩ leistungsfähig

perfusion [pɛʀfyzjõ] *f* Infusion *f*; *être sous perfusion* F am Tropf hängen

pergola [pɛʀgɔla] *f* Pergola *f*

périarthrite [peʀiaʀtʀit] *f* MÉD Periarthritis *f*

péricarde [peʀikaʀd] *m* Herzbeutel *m*

péricardite [-it] *f* Herzbeutelentzündung *f*

péricarpe [peʀikaʀp] *m* Fruchthülle *f*

péricliter [peʀiklite] *v/i* langsam eingehen, zugrunde gehen

péridurale [peʀidyʀal] *f* Rückenmarksanästhesie *f*

périgée [peʀiʒe] *m* ASTR Perigäum *n*; Erdnähe *f*

Périgord [peʀigɔʀ] *le Périgord historische Landschaft in Südwestfrankreich*

péril [peʀil] *m* Gefahr *f*; *au péril de sa vie* unter Einsatz s-s Lebens; unter Lebensgefahr; *navire en péril* in Seenot; *il (n')y a (pas) péril en la demeure* es ist (keine) Gefahr im Verzug; *mettre en péril* in Gefahr bringen; gefährden

périlleux [peʀijø] *adj* ⟨**-euse** [-øz]⟩ gefährlich; gefahrvoll

périmé [peʀime] *adj* ⟨**~e**⟩ **1.** *passeport, date* abgelaufen; *billet* verfallen; ungültig **2.** *théorie* überholt

périmer [peʀime] *v/pr* **1.** ⟨*ohne „se"*⟩ *laisser périmer billet* verfallen lassen **2.** *procédé, théorie se périmer vite* schnell veralten; sich rasch überleben

périmètre [peʀimɛtʀ] *m* **1.** MATH Umfang *m* **2.** *fig* Umkreis *m*; Bereich *m*

périnatal [peʀinatal] *adj* ⟨**~e**; **-als**⟩ MÉD perinatal

périnée [peʀine] *m* ANAT Damm *m*

période [peʀjɔd] *f* **1.** Zeit(abschnitt) *f(m)*; Zeitraum *m*; Periode *f* (*a sc*); *période des vacances* Ferien-, Urlaubszeit *f*; *en période de crise* in Krisenzeiten **2.** GÉOL Formation *f* **3.** NUCL Halbwertszeit *f*

périodicité [peʀjɔdisite] *f* Periodizität *f*; regelmäßige Wiederkehr

périodique [peʀjɔdik] **I** *adj* **1.** periodisch (wiederkehrend); *publication* regelmäßig erscheinend **2.** *serviette f, garniture f périodique* (Damen)Binde *f* **II** *m* Zeitschrift *f*

périodiquement [peʀjɔdikmã] *adv* in regelmäßigen Zeitabständen

péripatéticienne [peʀipatetisjɛn] *f plais* Dame *f* vom horizontalen Gewerbe

péripétie [peʀipesi] *f* **1.** *surtout pl* **péripéties** unvorhergesehene, überraschende Ereignisse *n/pl*, Zwischenfälle *m/pl* **2.** *dans un récit* entscheidender Wendepunkt

périph [peʀif] *m* F *abr* → **périphérique II 1**

périphérie [peʀifeʀi] *f* Peripherie *f*; Stadtrand (-gebiet) *m(n)*; Außenbezirke *m/pl*; *à la périphérie* am Stadtrand; an der Peripherie

périphérique [peʀifeʀik] **I** *adj* (Stadt)Rand... **II** *m* **1.** *à Paris le périphérique* die Ringautobahn **2.** INFORM Peripheriegerät *n*

Le boulevard périphérique

Die mehrspurige, über 35 km lange Schnellstraße, auf der man das Zentrum von Paris großräumig umfahren kann, heißt **le boulevard périphérique**. Dieser relativ lange Ausdruck wird gerne zu **le périphérique** verkürzt:

Claude a roulé trop vite sur le périphérique.

Claude ist auf der Ringautobahn zu schnell gefahren.

In der Umgangssprache geht's sogar noch kürzer:

J'prendrai le périf.

Ich nehm den Ring.

---

périphrase [peʀifʀɑz] *f* Umschreibung *f*; Periphrase *f*

périple [peʀipl] *m* (große) (Rund)Reise

périr [peʀiʀ] *litt v/i* **1.** *personne* umkommen; *périr noyé* den Tod in den Wellen finden **2.** *civilisation, etc* untergehen

périscolaire [peʀiskɔlɛʀ] *adj* die Schule ergänzend; außerschulisch

périscope [periskɔp] *m* Periskop *n*; Sehrohr *n*

périssable [perisabl] *adj denrées* leicht verderblich

périssoire [periswar] *f* Paddelboot *n*

péristaltique [peristaltik] *adj* ANAT *mouvements m/pl* **péristaltiques** peristaltische Bewegungen *f/pl*; Peristaltik *f*

péristyle [peristil] *m* Säulenumgang *m*; Peristyl *n*

péritel [peritɛl] *adj* ⟨*inv*⟩ **prise** *f* **péritel** TV-Anschlussbuchse *f* für periphere Geräte

péritoine [peritwan] *m* Bauchfell *n*

péritonite [peritɔnit] *f* Bauchfellentzündung *f*

▶ **perle** [pɛrl] *f* **1.** Perle *f*; **perle en verre** Glasperle *f* **2.** *fig* Perle *f*; Juwel *n* **3.** *fig* (*ineptie burlesque*) Stilblüte *f*

perlé [pɛrle] *adj* ⟨*~e*⟩ perlig; Perl...; **coton perlé** Perlgarn *n*; *fig* **grève perlée** aufeinanderfolgende Streiks *m/pl* einzelner Abteilungen; *st/s* **rire perlé** perlendes Lachen

perler [pɛrle] *v/i sueur* perlen

perlier [pɛrlje] *adj* ⟨**-ière** [-jɛr]⟩ **huître perlière** Perlmuschel *f*

perlimpinpin [pɛrlɛ̃pɛ̃pɛ̃] *m* **poudre** *f* **de perlimpinpin** Wunderpulver *n*; Allheilmittel *n*

perm [pɛrm] F *f* MIL (*permission*) Urlaub *m*

permanence [pɛrmanɑ̃s] *f* **1.** Beständigkeit *f*; **en permanence** ständig; dauernd; permanent **2.** Bereitschaftsdienst *m*; **être de permanence** Bereitschaftsdienst haben **3.** ÉCOLE Aufenthaltsraum *m* (für Schüler)

permanent [pɛrmanɑ̃] **I** *adj* ⟨**-ente** [-ɑ̃t]⟩ ständig; dauernd; stetig; permanent; **cinéma permanent** Nonstop-Kino *n* **II** *subst* **1.** *m d'un syndicat, parti* (hauptamtlicher) Funktionär **2.** *f* **permanente** Dauerwelle *f*

permanente [pɛrmanɑ̃t] *f* Dauerwelle *f*

permanenté [pɛrmanɑ̃te] *adj* ⟨*~e*⟩ *cheveux* dauergewellt

permanganate [pɛrmɑ̃ganat] *m* Permanganat *n*

perme [pɛrm] *f abr* F → **permission** 2

perméabilité [pɛrmeabilite] *f* Durchlässigkeit *f*

perméable [pɛrmeabl] *adj* **1.** (wasser)durchlässig **2.** *fig personne* **perméable à qc** für etw empfänglich

▶ **permettre** [pɛrmɛtr] ⟨→ **mettre**⟩ **I** *v/t* **1.** (*autoriser*) erlauben, gestatten (**que ...** + *subj* dass ...; **qc à qn** j-m etw; **à qn de faire qc** j-m, etw zu tun); **vous permettez?** gestatten Sie?; **être permis** erlaubt, gestattet sein; **il se croit tout permis** er glaubt, er kann *ou* darf sich (*dat*) alles erlauben **2.** (*rendre possible*) ermöglichen; erlauben; zulassen **II** *v/pr* **3.** (*prendre la liberté*) **se permettre de** (+ *inf*) sich (*dat*) erlauben, sich (*dat*) gestatten, *p/fort* sich (*dat*) herausnehmen zu (+ *inf*) **4.** (*s'offrir*) **se permettre qc** sich (*dat*) etw gönnen, leisten, erlauben

permien [pɛrmjɛ̃] *m* GÉOL Perm *n*

permis [pɛrmi] **I** *m* **1.** Erlaubnis(schein) *f(m)*; **permis de chasse** Jagdschein *m*; **permis de construire** Baugenehmigung *f*; **permis de séjour** Aufenthaltserlaubnis *f* **2.** ▶ **permis** (**de conduire**) Führerschein *m*; **avoir son permis** den Führerschein haben; **passer son permis** den Führerschein, die Fahrprüfung machen **II** *p/p* → **permettre**

permissif [pɛrmisif] *adj* ⟨**-ive** [-iv]⟩ permissiv;

freizügig

▶ **permission** [pɛrmisjɔ̃] *f* **1.** Erlaubnis *f*; Genehmigung *f*; **avoir la permission de faire qc** etw tun dürfen **2.** MIL Urlaub *m*; **permission de minuit** Ausgang *m* bis Mitternacht; **venir en permission** auf Urlaub kommen

permissionnaire [pɛrmisjɔnɛr] *m* MIL Urlauber *m*

permutabilité [pɛrmytabilite] *f* Austauschbarkeit *f*

permutable [-abl] *adj* austauschbar

permutant *m* [-ɑ̃], **permutante** [-ɑ̃t] *f de fonctionnaires, d'officiers* Tauschpartner(in) *m(f)* (*beim Stellentausch*)

permutation [-asjɔ̃] *f* Umstellung *f*; Austausch *m*; Vertauschung *f*

permuter [pɛrmyte] **I** *v/t* umstellen; aus-, vertauschen **II** *v/i* (das Amt, den Posten) tauschen (**avec qn** mit j-m)

pernicieux [pɛrnisjø] *adj* ⟨**-euse** [-øz]⟩ schädlich; verderblich; gefährlich

pernod® [pɛrno] *m* Pernod® *m* (*meist als Aperitif getrunkener Anisschnaps*)

péroné [perone] *m* Wadenbein *n*; **fracture** *f* **du péroné** Wadenbeinbruch *m*

péronnelle [peronɛl] F *f* dumme und schwatzhafte Person

péroraison [perɔrezɔ̃] *f* (Rede)Schluss *m*

pérorer [perɔre] *v/i péj* große Reden führen, F schwingen

Pérou [peru] **le Pérou** Peru *n*; F *fig* **ce n'est pas le Pérou** davon kann man nicht reich werden

peroxyde [pɛrɔksid] *m* Peroxid *n*

perpendiculaire [pɛrpɑ̃dikylɛr] **I** *adj* rechtwink(e)lig (**à** zu); (*vertical*) senkrecht **II** Senkrechte *f*; Lot *n*

perpendiculairement [pɛrpɑ̃dikylɛrmɑ̃] *adv* im rechten Winkel (**à** zu)

perpète [pɛrpɛt] F *adv* (**jusqu'**)**à perpète** F e-e Ewigkeit; ewig (lange); **être condamné à perpète** F zu lebenslänglich

perpétration [pɛrpetrasjɔ̃] *f d'un crime* Begehung *f*; Verübung *f*

perpétrer [-e] *v/t* ⟨**-è-**⟩ *crime* begehen; verüben

perpétuation [pɛrpetɥasjɔ̃] *f litt* **la perpétuation de l'espèce** die Erhaltung, das Fortbestehen der Art

perpétuel [pɛrpetɥɛl] *adj* ⟨**~le**⟩ dauernd; (be)ständig; fortwährend; (*à vie*) auf Lebenszeit; lebenslang; (lange); **calendrier perpétuel** immer währender Kalender

perpétuellement [pɛrpetɥɛlmɑ̃] *adv* (an)dauernd; ständig; fortwährend

perpétuer [pɛrpetɥe] **I** *v/t* fortbestehen lassen; fortführen **II** *v/pr* **se perpétuer** fortbestehen; fortleben

perpétuité [pɛrpetɥite] *f* **être condamné à perpétuité** zu lebenslänglicher Freiheitsstrafe verurteilt werden

Perpignan [pɛrpiɲɑ̃] *Stadt im Dep. Pyrénées-Orientales*

perplexe [pɛrplɛks] *adj* ratlos; unschlüssig; **laisser, rendre qn perplexe** j-n ratlos machen

perplexité [pɛrplɛksite] *f* Ratlosigkeit *f*; Unschlüssigkeit *f*

perquisition [pɛrkizisjɔ̃] *f* Haussuchung *f*; **faire une perquisition** → **perquisitionner**

perquisitionner [pɛʀkizisjɔne] *v/i* e-e Haussuchung durchführen
perron [pɛʀõ] *m* Freitreppe *f*
perroquet [pɛʀɔkɛ] *m* Papagei *m*
perruche [pɛʀyʃ] *f* Wellensittich *m*
perruque [pɛʀyk] *f* Perücke *f*
perruquier [pɛʀykje] *m* Perückenmacher *m*
pers [pɛʀ] *adj m st/s yeux m/pl pers* blaugrüne Augen *n/pl*
persan [pɛʀsɑ̃] **I** *adj* ⟨**-ane** [-an]⟩ persisch; *chat persan* Perserkatze *f*; *tapis persan* Perser (-teppich) *m* **II 1. Persan(e)** *m(f)* Perser(in) *m(f)* **2.** LING *le persan* das Persische; Persisch *n*
Perse [pɛʀs] *la Perse* HIST Persien *n*
persécuté(e) [pɛʀsekyte] *m(f)* **1.** Verfolgte(r) *f(m)* **2.** PSYCH an Verfolgungswahn Leidende(r) *f(m)*
persécuter [pɛʀsekyte] *v/t* **1.** *(opprimer)* verfolgen **2.** fig *(harceler) persécuter qn* j-n verfolgen, belästigen, bedrängen
persécuteur [pɛʀsekytœʀ] *m*, **persécutrice** [-tʀis] *f* Verfolger(in) *m(f)*
persécution [pɛʀsekysjõ] *f* **1.** POL, REL Verfolgung *f* **2.** *manie f de la persécution* Verfolgungswahn *m*
persévérance [pɛʀseveʀɑ̃s] *f* Ausdauer *f*; Beharrlichkeit *f*
persévérant [-ɑ̃] *adj* ⟨**-ante** [-ɑ̃t]⟩ ausdauernd
persévérer [pɛʀsevere] *v/i* ⟨**-è-**⟩ Ausdauer zeigen; nicht aufgeben; *persévérer dans ses efforts* in s-n Anstrengungen nicht nachlassen
persienne [pɛʀsjɛn] *f* Klapp-, Faltladen *m*
persiflage [pɛʀsiflaʒ] *m* Spott *m*; Persiflage *f*
persifler [-e] *v/t* verspotten
persifleur [-œʀ] *adj* ⟨**-euse** [-øz]⟩ spöttisch
persil [pɛʀsi] *m* Petersilie *f*
persillade [pɛʀsijad] *f* Salatsauce *f* mit gehackter Petersilie, Kräutern und Knoblauch
persillé [pɛʀsije] *adj* ⟨**~e**⟩ **1.** CUIS mit fein gehackter Petersilie **2.** *viande* durchwachsen; *fromage persillé* grün gesprenkelter Edelpilzkäse
Persique [pɛʀsik] *adj le golfe Persique* der Persische Golf
persistance [pɛʀsistɑ̃s] *f* **1.** beharrliches Festhalten (*dans* an + *dat*); *avec persistance* beharrlich **2.** *du mauvais temps, etc* Anhalten *n*; Fortdauer *f*
persistant [pɛʀsistɑ̃] *adj* ⟨**-ante** [-ɑ̃t]⟩ anhaltend; (fort)dauernd; *feuilles persistantes* immergrüne Blätter *n/pl*
persister [pɛʀsiste] *v/i* **1.** *persister dans qc* auf etw (*dat*) beharren; *je persiste à croire que …* ich bleibe dabei, dass … **2.** *douleurs, fièvre, mauvais temps* anhalten; an-, fortdauern; *doutes, préjugés* fortbestehen
perso [pɛʀso] *adj* ⟨*inv*⟩ F *abr (personnel)* privat, persönlich
persona grata [pɛʀsɔnagʀata] *f fig être persona grata* willkommen, gern gesehen sein
persona non grata [pɛʀsɔnanɔ̃gʀata] *f fig être persona non grata* unerwünscht sein
▸ **personnage** [pɛʀsɔnaʒ] *m* **1.** *(personne importante)* Persönlichkeit *f* **2.** *(individu)* Mensch *m*; Person *f*; *un curieux personnage* ein merkwürdiger Mensch, Kauz; *femme* e-e eigenartige Person **3.** THÉ Person *f*; Rolle *f*; *dans*

un roman Person *f*; Gestalt *f*; Figur *f*
personnalisation [pɛʀsɔnalizasjõ] *f* Verleihung *f* e-r persönlichen Note
personnaliser [pɛʀsɔnalize] *v/t* individuell gestalten; e-e persönliche Note geben (+ *dat*); *personnalisé* auf die persönlichen Verhältnisse, Bedürfnisse zugeschnitten; individuell
▸ **personnalité** [pɛʀsɔnalite] *f* **1.** *(identité)* Persönlichkeit *f*; *avoir une forte personnalité* e-e starke, ausgeprägte Persönlichkeit sein **2.** *(personnage important)* bekannte, prominente Persönlichkeit; *personnalités pl a* Prominente(n) *m/pl*; *coll* Prominenz *f*
▸ **personne**[1] [pɛʀsɔn] *f* **1.** *(être humain)* Person *f*; Mensch *m*; *personnes pl a* Leute *pl*; *une grande personne* ein Erwachsener, Großer; *une famille de douze personnes* e-e zwölfköpfige Familie; *en personne* (höchst)persönlich; in eigener Person; *(personnifié)* in Person **2.** *une jeune personne* ein junges Mädchen; e-e junge Dame **3.** JUR *personne morale* juristische Person **4.** GR Person *f*
▸ **personne**[2] *pr/ind* **1.** ⟨*mit* **ne** *beim Verb*⟩ niemand; kein Mensch; keiner; *il n'y a personne* es ist niemand da; *ne devoir rien à personne* niemandem etwas schulden; *personne ne le sait* niemand weiß es **2.** *st/s* ⟨*ohne* **ne**⟩ (irgend)jemand; irgendwer; *sans avoir vu personne* ohne jemand(en) gesehen zu haben
▸ **personnel**[1] [pɛʀsɔnɛl] *adj* ⟨**~le**⟩ **1.** persönlich; privat; Privat…; eigen **2.** *pronom personnel* persönliches Fürwort; Personalpronomen *n*
▸ **personnel**[2] *m* Personal *n*; *d'une entreprise a* Belegschaft *f*; *personnel au sol* Bodenpersonal *n*
personnellement [pɛʀsɔnɛlmɑ̃] *adv* persönlich
personnification [pɛʀsɔnifikasjõ] *f* Personifizierung *f*; Verkörperung *f*
personnifier [pɛʀsɔnifje] *v/t* personifizieren; verkörpern; *la bonté personnifiée* die Güte in Person
perspectif [pɛʀspɛktif] *adj* ⟨**-ive** [-iv]⟩ perspektivisch
perspective [pɛʀspɛktiv] *f* **1.** PEINT Perspektive *f* **2.** *(éventualité)* Aussicht *f*; Perspektive *f*; *perspectives d'avenir* Zukunftsaussichten *f/pl*; *avoir en perspective* in Aussicht haben; *ouvrir de nouvelles perspectives à qn* j-m neue Perspektiven eröffnen **3.** *(point de vue)* Perspektive *f*; Sicht *f*
perspicace [pɛʀspikas] *adj* scharfsinnig; scharfsichtig
perspicacité [-ite] *f* Scharfsinn *m*; Scharfblick *m*
persuader [pɛʀsɥade] **I** *v/t* **1.** *persuader qn (de qc)* j-n (von etw) überzeugen; *j'en suis persuadé* ich bin überzeugt davon **2.** *persuader qn de faire qc* j-n überreden, etw zu tun **II** *v/pr* **3.** *se persuader de qc* sich von etw überzeugen **4.** *à tort se persuader que …* sich (*dat*) einreden, dass …
persuasif [pɛʀsɥazif] *adj* ⟨**-ive** [-iv]⟩ überzeugend
persuasion [pɛʀsɥazjõ] *f* Überzeugung *f*; Überredung *f*; *(don m, pouvoir m de) persuasion* Überredungskunst *f*
▸ **perte** [pɛʀt] *f* **1.** Verlust *m* (*a d'une personne*)

de revenus a Ausfall *m*; **perte de sang, de temps** Blut-, Zeitverlust *m*; *fig* **être en perte de vitesse** an Einfluss, Bedeutung, Boden verlieren; *vendre* **à perte** mit Verlust; **à perte de vue** so weit das Auge reicht; endlos (*a fig*); **en pure perte** ganz umsonst; vergeblich; **avoir des pertes de mémoire** an Gedächtnisschwund leiden; **essuyer, subir des pertes** Verluste erleiden, hinnehmen müssen **2.** *fig* (*ruine*) Verderben *n*; Untergang *m*; Ruin *m*; **courir à sa perte** in sein Verderben rennen

pertinemment [pɛrtinamã] *adv* **savoir pertinemment qc** etw (ganz) genau wissen

pertinence [pɛrtinãs] *f* **1.** *d'une remarque* Richtigkeit *f*; Sachdienlichkeit *f*; Stichhaltigkeit *f* **2.** JUR Erheblichkeit *f* **3.** LING Relevanz *f*

pertinent [pɛrtinã] *adj* ⟨**-ente** [-ãt]⟩ (zu)treffend; richtig; passend; angebracht; sachdienlich; stichhaltig

pertuis [pɛrtɥi] *m* GÉOGR **a)** (*détroit*) schmale Durchfahrt, Wasserstraße **b)** *régional* (*col*) Pass *m*

perturbateur [pɛrtyrbatœr] *m*, **perturbatrice** [-tris] *f* Störenfried *m*; Unruhestifter(in) *m(f)*

perturbation [pɛrtyrbasjõ] *f* **1.** *du trafic, etc* Störung *f* (*a* MÉTÉO); Beeinträchtigung *f* **2.** *sociale* Unruhe *f*

perturber [pɛrtyrbe] *v/t* stören; beeinträchtigen; durcheinanderbringen

péruvien [peryvjɛ̃] **I** *adj* ⟨**-ienne** [-jɛn]⟩ peruanisch **II** *Péruvien(ne)* *m(f)* Peruaner(in) *m(f)*

pervenche [pɛrvãʃ] *f* **1.** BOT Immergrün *n* **2.** *adjt* ⟨*inv*⟩ hellblau **3.** F *fig* (*contractuelle*) Politesse *f*

pervers [pɛrvɛr] **I** *adj* ⟨**-verse** [-vɛrs]⟩ **1.** pervers; widernatürlich; abartig (veranlagt) **2.** **effet pervers** unerwünschte, gegenteilige Folge **II** *pervers(e)* *m(f)* pervers Veranlagte(r) *f(m)*

perversion [pɛrvɛrsjõ] *f* Perversion *f*

perversité [-ite] *f* Verkommenheit *f*; Verdorbenheit *f*

pervertir [pɛrvɛrtir] *v/t* verderben; pervertieren

pervertissement [-ismã] *litt m* Pervertierung *f*; *de la jeunesse* Verführung *f* (zum Bösen); *des mœurs* Verfall *m*

pesage [pəzaʒ] *m* **1.** (Ab)Wiegen *n* **2.** *endroit* Wiegeplatz *m*

pesamment [pəzamã] *adv* *tomber* schwer; *marcher, sauter* schwerfällig

pesant [pəzã] **I** *adj* ⟨**-ante** [-ãt]⟩ **1.** *fig charge* schwer; drückend; *présence de qn, silence* bedrückend **2.** *démarche* schwer(fällig); plump **II** *m fig* **valoir son pesant d'or** Gold wert sein; *iron* unbezahlbar sein

pesanteur [pəzãtœr] *f* **1.** PHYS Schwerkraft *f* **2.** *fig* Schwerfälligkeit *f*

pèse [pɛz] *m arg* → **fric**

pèse-bébé [pɛzbebe] *m* ⟨**pèse-bébés**⟩ Baby-, Säuglingswaage *f*

pesée [pəze] *f* **1.** *opération* (Ab)Wiegen *n* **2.** (*poussée*) Druck *m*

pèse-lettre [pɛzlɛtr] *m* ⟨**pèse-lettres**⟩ Briefwaage *f*

pèse-personne *m* ⟨**pèse-personnes**⟩ Personenwaage *f*

peser [pəze] ⟨**-è-**⟩ **I** *v/t* **1.** *objet* (ab)wiegen; *personne* wiegen **2.** *fig* abwägen; **peser le pour et le contre** das Für und Wider abwägen; *tout*

bien pesé nach reiflicher Überlegung **II** *v/i* **3.** wiegen, schwer sein (**deux kilos** zwei Kilo) **4.** **peser sur** lasten auf (+ *dat*; *a fig responsabilité, etc*); *fig* **peser sur la décision de qn** die Entscheidung j-s beeinflussen; *repas* **peser sur l'estomac** (schwer) im Magen liegen **5.** *fig solitude, etc* **peser à qn** j-n bedrücken, belasten **III** *v/pr* **se peser** sich wiegen

peseta [pezeta] *f* HIST *monnaie* Peseta *ou* Pesete *f*

peso [pezo] *m* *monnaie* Peso *m*

pessaire [pesɛr] *m* MÉD Pessar *n*; Mutterring *m*

pessimisme [pesimism] *m* Pessimismus *m*; Schwarzseherei *f*

pessimiste [-ist] **I** *adj* pessimistisch; schwarzseherisch **II** *m,f* Pessimist(in) *m(f)*; Schwarzseher(in) *m(f)*

peste [pɛst] *f* **1.** MÉD Pest *f*; *fig* **fuir qn comme la peste** j-n meiden wie die Pest **2.** *péj d'une femme* Biest *n*

pester [pɛste] *v/i* **pester** (**contre qn, qc**) (auf j-n, etw) schimpfen

pesticide [pɛstisid] *m* Pestizid *n*; Schädlingsbekämpfungsmittel *n*

pestiféré [pɛstifere] *m* Pestkranke(r) *m*

pestilence [pɛstilãs] *f* abscheulicher, pestilenzialischer Gestank; *st/s* Pesthauch *m*

pestilentiel [pɛstilãsjɛl] *adj* ⟨**~le**⟩ *odeur* abscheulich; scheußlich

pet [pɛ] *m* F Furz *m*

pétainiste [petenist] *m,f* HIST Anhänger(in) *m(f)* Pétains

pétale [petal] *m* Blütenblatt *n*

pétanque [petãk] *f correspond à* Boule-, Bocciaspiel *n*

La pétanque

Vor allem in Südfrankreich treffen sich Menschen aller Altersgruppen auf öffentlichen Plätzen, um sich mit großer Begeisterung einem Spiel mit Metallkugeln zu widmen. Die Rede ist von **la pétanque**, der südfranzösischen Variante des bocciaähnlichen Boulespiels. Zwei Mannschaften, die aus zwei, drei oder vier Spielern bestehen können, spielen gegeneinander. Ziel der angreifenden Mannschaft (**les pointeurs**) ist es, ihre im hohen Bogen ausgeworfenen Metallkugeln möglichst nahe bei einer Holzkugel (**le cochonnet**) zu platzieren. Die gegnerische Mannschaft (**les tireurs**) versucht daraufhin, mit den eigenen Kugeln die Kugeln der **pointeurs** wegzuschießen. Wenn über eine relativ kurze Strecke (bis zu 10 m) gespielt wird, werden die Kugeln – im Unterschied zum Boulespiel – aus dem Stand geworfen. Die Franzosen sind so begeistert von **la pétanque**, dass es seit 1946 sogar französische Meisterschaften gibt.

P

pétant [petɑ̃] *adj* ⟨**-ante** [-ɑ̃t]⟩ F *à dix heures pétantes* Punkt, Schlag zehn (Uhr)
pétarade [petaʀad] *f d'une moto* Geknatter *n*
pétarader [-e] *v/i* knattern
pétard [petaʀ] *m* **1.** Knallkörper *m* **2.** F (*bruit*) F Krach *m*; F Radau *m* **3.** F (*revolver*) F Kanone *f*; F Ballermann *m* **4.** F (*derrière*) F Po *m*; F Hintern *m* **5.** F (großer) Joint
pétaudière [petodjɛʀ] *f c'est une véritable pétaudière* hier geht es drunter und drüber
pet-de-nonne [pɛdnɔn] *m* ⟨**pets-de-nonne**⟩ kleiner Krapfen
péter [pete] F *v/i* ⟨**-è-**⟩ **1.** F furzen; F einen fahren lassen **2.** *coup de feu, pétard* knallen; krachen **3.** *bouton* abplatzen; *ficelle, etc* reißen
pète-sec [pɛtsɛk] *m* ⟨*inv*⟩ F *fig* Feldwebel *m*
péteux [petø] *m*, **péteuse** [-øz] *f* F Angsthase *m*
pétillant [petijɑ̃] *adj* ⟨**-ante** [-ɑ̃t]⟩ **1.** *eau minérale* sprudelnd; *champagne* prickelnd; perlend **2.** *texte pétillant d'esprit* spritzig; witzig
pétillement [petijmɑ̃] *m* **1.** *d'une boisson* Sprudeln *n*; Prickeln *n* **2.** *d'un feu de bois* Knistern *n*
pétiller [petije] *v/i* **1.** *feu* knistern **2.** *eau* sprudeln; *champagne* prickeln; perlen **3.** *fig pétiller d'esprit* vor Geist, Witz sprühen; *yeux pétiller de joie* vor Freude funkeln, blitzen
pétiole [pesjɔl] *m* Blattstiel *m*
petiot [pətjo] *m*, **petiote** [-ɔt] *f* F Kleine(r, -s) *f(m, n)*
▸ **petit** [p(ə)ti] **I** *adj* ⟨**-ite** [-it]⟩ klein; *petit bruit* leises, schwaches, leichtes Geräusch; ÉCOLE *les petites classes* die unteren Klassen *f/pl*; *une petite heure* e-e knappe Stunde; ein Stündchen *n*; *petite ville* kleine Stadt; Städtchen *n*; Kleinstadt *f*; *petit à petit* allmählich; nach und nach **II** *subst* **1.** *d'enfants le petit, la petite* der, die, das Kleine **2.** *socialement les petits* die kleinen Leute *pl*; die Kleinen *m/pl* **3.** (*jeune animal*) *le petit* das Junge
petit-beurre *m* ⟨**petits-beurre**⟩ Butterkeks *m*
petit-bourgeois, **petite-bourgeoise I** *m,f* Klein-, *péj* Spießbürger(in) *m(f)*; Spießer(in) *m(f)* **II** *adj* klein-, *péj* spießbürgerlich; spießig
petit-déj' [p(ə)tideʒ] *m* F *abr* → *petit-déjeuner*
▸ **petit-déjeuner** *m* ⟨**petits-déjeuners**⟩ Frühstück *n*; → *Info bei* **Frühstück**
▸ **petite-fille** *f* ⟨**petites-filles**⟩ Enkelin *f*; Enkeltochter *f*
petitement [p(ə)titmɑ̃] *adv* **1.** *être logé* beengt **2.** *vivre* ärmlich **3.** *se venger petitement* kleinliche Rache nehmen
petite-nièce *f* ⟨**petites-nièces**⟩ Großnichte *f*
petitesse [p(ə)tites] *f* **1.** Kleinheit *f* **2.** *fig petitesse d'esprit* Engstirnigkeit *f*; F Kleinkariertheit *f*
▸ **petit-fils** *m* ⟨**petits-fils**⟩ Enkel *m*; Enkelsohn *m*
petit-gris *m* ⟨**petits-gris**⟩ **1.** *fourrure* Feh *n* **2.** gesprenkelte Weinbergschnecke
pétition [petisjɔ̃] *f* Petition *f*; Eingabe *f*
pétitionnaire [petisjɔnɛʀ] *m,f* Unterzeichner(in) *m(f)* e-r Petition; Bittsteller(in) *m(f)*
petit-lait *m* ⟨**petits-laits**⟩ Molke *f*
petit-nègre *m* ⟨*inv*⟩ Kauderwelsch *n*
petit-neveu *m* ⟨**petits-neveux**⟩ Großneffe *m*
▸ **petits-enfants** [p(ə)tizɑ̃fɑ̃] *m/pl* Enkel (-kinder) *m/pl(n/pl)*

petit-suisse *m* ⟨**petits-suisses**⟩ kleiner, runder Doppelrahmfrischkäse
pétochard [petɔʃaʀ] *adj et subst* ⟨**-arde** [-aʀd]⟩ F → *froussard*
pétoche [petɔʃ] *f* F → *frousse*
pétoire [petwaʀ] *f* F Schießeisen *n*
peton [pətɔ̃] F *m* Füßchen *n*
pétoncle [petɔ̃kl] *m* Englisches Pastetchen (*Muschel*)
pétrel [petʀɛl] *m* Sturmvogel *m*
pétrification [petʀifikasjɔ̃] *f* Versteinerung *f*
pétrifié [petʀifje] *adj* ⟨**~e**⟩ versteinert; *fig pétrifié de terreur* starr vor Entsetzen
pétrifier [petʀifje] **I** *v/t* **1.** GÉOL versteinern (lassen) **2.** *fig* erstarren lassen **II** *v/pr* *se pétrifier* versteinern
pétrin [petʀɛ̃] *m* **1.** Backtrog *m*; *pétrin mécanique* Knetmaschine *f* **2.** F Schlamassel *m ou n*; *être dans le pétrin* F in der Patsche, im Schlamassel sitzen, stecken; *se fourrer, se mettre dans le pétrin* F sich in die Tinte setzen; sich (*dat*) etwas (Schönes) einbrocken
pétrir [petʀiʀ] *v/t* **1.** (durch)kneten **2.** *fig pétri d'orgueil* hochmütig
pétrissage [petʀisaʒ] *m* **1.** *d'une pâte* Kneten *n* **2.** MÉD Knetmassage *f*
pétrochimie [petʀɔʃimi] *f* Erdölchemie *f*; Petrochemie *f*
pétrochimique *adj* petrochemisch
pétrodollars *m/pl* Petrodollars *m/pl*
▸ **pétrole** [petʀɔl] *m* **1.** (Erd)Öl *n* **2.** Petroleum *n*; *lampe f à pétrole* Petroleumlampe *f*
pétrolette [petʀɔlɛt] *f* F (*vélomoteur*) F Mühle *f*; Straßenfloh *m*
pétrolier [petʀɔlje] **I** *adj* ⟨**-ière** [-jɛʀ]⟩ (Erd)Öl... **II** *m* (Öl)Tanker *m*
pétrolifère [petʀɔlifɛʀ] *adj* (Erd)Öl...
pétulance [petylɑ̃s] *f* Ungestüm *n*; Heftigkeit *f*; Unbändigkeit *f*
pétulant [-ɑ̃] *adj* ⟨**-ante** [-ɑ̃t]⟩ ungestüm; heftig; stürmisch
pétunia [petynja] *m* Petunie *f*
▸ **peu** [pø] **I** *adv* **1.** wenig; (*peu de personnes*) wenige; ▸ *peu de* (+ *subst*) wenig(e) (+ *subst*); *il gagne peu* er verdient wenig; *peu recommandable* wenig, nicht sehr empfehlenswert; *peu après* bald *ou* kurz danach; ▸ *peu à peu* nach und nach; allmählich; ▸ *à peu près* ungefähr; etwa; *avant peu, d'ici peu, sous peu* bald; in Kürze, Bälde; *depuis peu* seit Kurzem; ▸ *de peu* um (ein) weniges; knapp; *si peu que...* (+ *subj*) so wenig ... auch; *pour peu que...* (+ *subj*) sofern (nur); *peu de chose* wenig; *à peu de chose près* beinahe; fast; etwa; nahezu; *en peu de mots* mit wenigen, mit ein paar Worten; *en peu de temps* in kurzer Zeit **2.** ▸ *un peu* ein wenig; ein bisschen; etwas; *un peu moins* etwas weniger; *un peu partout* fast überall; *un peu de* (+ *subst*) ein wenig, ein bisschen, etwas (+ *subst*); *un (tout) petit peu de sel* ein (ganz) klein wenig, ein klein(es) bisschen Salz; *pour un peu...* (+ *conditionnel*), *un peu plus* (et) ... (+ *imparfait*) fast; beinahe; um ein Haar; *(un) tant soit peu* ein (ganz) klein wenig **II** *subst le peu que j'en sais* das wenige, das bisschen, was ich darüber weiß
peuchère [pøʃɛʀ] *int régional* der, die Arme

Ärmste!; du, Sie Arme(r), Ärmste(r)!
Peugeot [pøʒo] *voiture* **une Peugeot** ein Peugeot *m*
peuplade [pœplad] *f* Völkerschaft *f*
▸ **peuple** [pœpl] *m* **1.** Volk *n* **2.** F *il y avait du peuple* es waren viele Leute da
peuplé [pœple] *adj* ⟨**~e**⟩ *peu peuplé* dünn *ou* schwach bevölkert, besiedelt; *très peuplé* dicht bevölkert, besiedelt
peuplement [pœpləmã] *m* Besied(e)lung *f*
peupler [pœple] **I** *v/t* **1.** *pays, région* bevölkern (*a par ext*) (*de* mit); besiedeln **2.** *étang* mit Fischbrut besetzen **II** *v/pr* **se peupler** sich bevölkern
peuplier [pœplije, pø-] *m* Pappel *f*
▸ **peur** [pœʀ] *f* Angst *f*, Furcht *f* (*de* vor + *dat*); Schreck(en) *m*; *de ou par peur que ...* ([*ne*] + *subj*) aus Angst, Furcht, Sorge, dass ...; *avoir peur* Angst haben; sich fürchten; *j'ai eu peur* ich bin erschrocken; ich habe e-n Schreck gekriegt; *avoir peur de* (+ *inf*) Angst haben, *sens affaibli* sich scheuen zu (+ *inf*); *avoir peur pour qn* Angst um j-n haben; ▸ *faire peur à qn* j-m Angst machen; (*effrayer qn*) j-n erschrecken; *prendre peur* Angst bekommen, F kriegen
peureux [pøʀø, pœ-] **I** *adj* ⟨**-euse** [-øz]⟩ ängstlich **II** *peureux, peureuse* *m,f* Angsthase *m*
peut [pø] → *pouvoir*[1]
▸ **peut-être** [pøtɛtʀ] *adv* vielleicht; womöglich; *peut-être qu'il fera beau* vielleicht wird es schön
peuvent [pœv], **peux** [pø] → *pouvoir*[1]
p. ex. *abr* (*par exemple*) z. B. (zum Beispiel)
pèze [pɛz] *m arg* → *fric*
pH [peaʃ] *m* pH-Wert *m*
phacochère [fakoʃɛʀ] *m* Warzenschwein *n*
phagocyte [fagosit] *m* Fresszelle *f*
phagocyter [-e] *v/t fig* schlucken
phalange [falãʒ] *f* Finger- *ou* Zehenglied *n*
phalangiste [falãʒist] *m* HIST *en Espagne* Falangist *m*
phalène [falɛn] *f ou m* ZO Spanner *m*
phallique [falik] *adj* phallisch; Phallus...
phallocrate [falokʀat] *m* F Chauvi *m*
phalloïde [faloid] *adj* BOT *amanite f phalloïde* Grüner Knollenblätterpilz
phallus [falys] *m* Phallus *m*
phanérogame [faneʀogam] *f* BOT Samenpflanze *f*
phantasme [fãstasm] *m* → *fantasme*
pharamineux [faʀaminø] *adj* ⟨**-euse** [-øz]⟩ → *faramineux*
pharaon [faʀaõ] *m* Pharao *m*
pharaonique [faʀaɔnik] *adj* pharaonisch
phare [faʀ] *m* **1.** MAR Leuchtturm *m* **2.** AUTO **a)** *projecteur* Scheinwerfer *m*; *allumer, éteindre ses phares* die Scheinwerfer, das Licht einschalten, ausschalten **b)** (*opposé à codes*) *les phares* das Fernlicht
pharisaïque [faʀizaik] *adj* BIBL *et fig* pharisäisch; *fig et litt a* pharisäerhaft; selbstgerecht
pharisaïsme [-ism] *m* BIBL *et fig* Pharisäertum *n*
pharisien [faʀizjẽ] *m*, **pharisienne** [-jɛn] *f* Pharisäer(in) *m(f)*
pharmaceutique [faʀmasøtik] *adj* pharmazeutisch; Arzneimittel...; Pharma...; *industrie f*

pharmaceutique Pharmaindustrie *f*; *produit m pharmaceutique* Arzneimittel *n*
▸ **pharmacie** [faʀmasi] *f* **1.** Apotheke *f*; *vendu en pharmacie* apothekenpflichtig **2.** Hausapotheke *f* **3.** *science* Pharmazie *f*; Pharmazeutik *f*
▸ **pharmacien** [faʀmasjẽ] *m*, **pharmacienne** [faʀmasjɛn] *f* Apotheker(in) *m(f)*
pharmacodépendance [faʀmakodepãdãs] *f* Medikamenten-, Tablettensucht *f*
pharmacologie [-lɔʒi] *f* Pharmakologie *f*; Arzneimittelkunde *f*
pharmacologique [-lɔʒik] *adj* pharmakologisch
pharmacologiste [-lɔʒist] *ou* **pharmacologue** [-lɔg] *m,f* Pharmakologe, -login *m,f*
pharmacopée [-pe] *f* amtliches Arzneibuch
pharyngal [faʀẽgal] *adj* ⟨**~e**; **-aux** [-o]⟩ PHON Rachen...
pharyngite [faʀẽʒit] *f* Rachenentzündung *f*
pharynx [faʀẽks] *m* Rachen *m*
phase [faz] *f* Phase *f* (*a* ASTR); Stadium *n*; *fig en phase* im Gleichklang (*avec* mit)
phénicien [fenisjẽ] *adj* ⟨**-ienne** [-jɛn]⟩ phönizisch; phönikisch
phénix [feniks] *m* MYTH Phönix *m*
phénol [fenɔl] *m* Karbol(säure) *n(f)*; Phenol *n*
phénoménal [fenɔmenal] *adj* ⟨**~e**; **-aux** [-o]⟩ phänomenal; außergewöhnlich
phénomène [fenɔmɛn] *m* **1.** Erscheinung *f*; Phänomen *n* **2.** F *fig de qn* F Type *f*; F Marke *f*
phénoménologie [fenɔmenɔlɔʒi] *f* Phänomenologie *f*
phénoplaste [fenoplast] *m* CHIM Phenoplast *m*; Phenolharz *n*
philanthrope [filãtʀɔp] *m,f* Menschenfreund(in) *m(f)*; Philanthrop(in) *m(f)*
philanthropie [-i] *f* Menschenliebe *f*, -freundlichkeit *f*; Philanthropie *f*
philanthropique [-ik] *adj* menschenfreundlich; philanthropisch
philatélie [filateli] *f* Briefmarkenkunde *f*; Philatelie *f*
philatélique [-ik] *adj* Briefmarken...; philatelistisch
philatéliste [-ist] *m,f* Briefmarkensammler(in) *m(f)*; Philatelist(in) *m(f)*
philharmonique [filaʀmɔnik] *adj* philharmonisch
philippin [filipẽ] **I** *adj* ⟨**-ine** [-in]⟩ philippinisch **II** *subst* **Philippin(e)** *m(f)* Philippiner(in) *m(f)*; Filipino *m*, Filipina *f*
Philippines [filipin] *les Philippines* *f/pl* die Philippinen *pl*
philistin [filistẽ] *m litt* Philister *m*
philo [filo] *f abr* F Philosophie *f*
philodendron [filodẽdʀõ] *m* Philodendron *m ou n*
philologie [filolɔʒi] *f* Philologie *f*; *philologie germanique, romane a* Germanistik *f*, Romanistik *f*
philologique [filolɔʒik] *adj* philologisch
philologue [-lɔg] *m,f* Philologe, -login *m,f*
philosophale [filozɔfal] *adj f la pierre philosophale* der Stein der Weisen
philosophe [filozɔf] *m* **1.** Philosoph *m* **2.** *adj t* (philosophisch) gelassen, gleichmütig

philosopher [-e] *v/i* philosophieren
philosophie [filɔzɔfi] *f* **1.** Philosophie *f* **2.** (*sagesse*) (philosophische) Gelassenheit; Gleichmut *m*
philosophique [filɔzɔfik] *adj* philosophisch
philosophiquement [filɔzɔfikmã] *adv* **1.** philosophisch **2.** *accepter* gelassen; gleichmütig
philtre [filtʀ] *m* Zauber-, Liebestrank *m*
phlébite [flebit] *f* Venenentzündung *f*
phlegmon [flɛgmõ] *m* Phlegmone *f*
phlox [flɔks] *m* Phlox *m ou f*
phobie [fɔbi] *f* Phobie *f; par ext* **avoir la phobie de qc** e-e Abneigung gegen etw haben
phobique [fɔbik] *adj névrose* phobisch; *personne* an krankhafter Angst, an Phobie leidend
phocéen [fɔseẽ] *adj* ⟨**-éenne** [-eɛn]⟩ *la cité* **phocéenne** Marseille
phonateur [fɔnatœʀ] *adj* ⟨**-trice** [-tʀis]⟩ stimm- und lautbildend
phonation [-sjõ] *f* Stimm- und Lautbildung *f*
phonatoire [-twaʀ] *adj* → **phonateur**
phone [fɔn] *m* Phon *n*
phonème [fɔnɛm] *m* Phonem *n*
phonéticien [fɔnetisjẽ] *m,* **phonéticienne** [-jɛn] *f* Phonetiker(in) *m(f)*
phonétique [fɔnetik] **I** *adj* phonetisch; Laut-(schrift)...; **alphabet phonétique international** Internationale Lautschrift **II** *f* Phonetik *f*; Lautlehre *f*
phonique [fɔnik] *adj* **1.** PHON phonisch; Laut... **2.** (*relatif aux bruits*) Geräusch...; Lärm...
phono [fɔno] *m abr* → **phonographe**
phonographe [fɔnɔgʀaf] *m* Grammophon® *n*
phonologie [fɔnɔlɔʒi] *f* Phonologie *f*
phonologique [-lɔʒik] *adj* phonologisch
phonothèque [fɔnɔtɛk] *f* Tonarchiv *n*; Phonothek *f*
phoque [fɔk] *m* Seehund *m*; Robbe *f; fig* **souffler comme un phoque** schnauben wie ein Walross
phosphatage [fɔsfataʒ] *m* Phosphatdüngung *f*
phosphate [fɔsfat] *m* Phosphat *n*
phosphaté [fɔsfate] *adj* ⟨**~e**⟩ phosphathaltig; **engrais phosphaté** Phosphatdünger *m*
phosphater [fɔsfate] *v/t* mit Phosphat(dünger) düngen
phosphore [fɔsfɔʀ] *m* Phosphor *m*
phosphoré [fɔsfɔʀe] *adj* ⟨**~e**⟩ phosphorhaltig
phosphorer [fɔsfɔʀe] *v/i* F arbeiten, dass einem der Kopf raucht
phosphorescence [fɔsfɔʀɛsãs] *f* Phosphoreszenz *f*; Nachleuchten *n*
phosphorescent [-sã] *adj* ⟨**-ente** [-ãt]⟩ phosphoreszierend
phosphorique [fɔsfɔʀik] *adj* **acide** *m* **phosphorique** Phosphorsäure *f*
▸ **photo** [fɔto] *f* **1.** *image* Foto *n*; Aufnahme *f*; Bild *n*; **photo d'identité** Passbild *n*, -foto *n*; **photo en couleurs** Farbfoto *n*; **faire, prendre une photo** ein Foto, e-e Aufnahme machen; **prendre en photo** aufnehmen **2.** *art* **la photo** die Fotografie; das Fotografieren
photochimie *f* Photochemie *f*
photocomposeuse [-kõpozøz] *f* Lichtsetzmaschine *f*
photocomposition *f* Licht-, Foto-, Filmsatz *m*
photocopie [fɔtɔkɔpi] *f* Fotokopie *f*
photocopier [-je] *v/t* fotokopieren

photocopieur [-jœʀ] *m ou* **photocopieuse** [-jøz] *f* Fotokopiergerät *n*; F Kopierer *m*
photo-électrique *adj* **cellule** *f* **photo-électrique** Photozelle *f*
photo-finish *f* ⟨**photos-finish**⟩ Zielfoto(grafie) *n(f)*
photogénique *adj* fotogen
▸ **photographe** [fɔtɔgʀaf] *m,f* Fotograf(in) *m(f)*
photographie [-i] *f* Fotografie *f*
▸ **photographier** [fɔtɔgʀafje] *v/t* fotografieren; aufnehmen; F knipsen
photographique [-ik] *adj* fotografisch; Foto...
photogravure *f* photomechanische Druckformherstellung
photomaton® [fɔtɔmatõ] *m* Photomaton® *n*; Fotografierautomat *m* (für Passfotos)
photomécanique *adj* photomechanisch
photométrie [-metʀi] *f* Lichtmessung *f*; Photometrie *f*
photomontage *m* Fotomontage *f*
photon [fɔtõ] *m* PHYS Photon *n*; Licht-, Strahlungsquant *n*
photopile *f* Solar-, Sonnenbatterie *f*
photosensible *adj* lichtempfindlich
photosynthèse *f* Photosynthese *f*
photothèque [-tɛk] *f* Bildarchiv *n*; Fotothek *f*
phrase [fʀaz] *f* **1.** GR Satz *m* **2.** *péj* **phrases** *pl* Phrasen *f/pl;* **faire des phrases** F Phrasen dreschen **3.** MUS Phrase *f*
phrasé [fʀaze] *m* MUS Phrasierung *f*
phraséologie [fʀazeɔlɔʒi] *f* **1.** LING Phraseologie *f* **2.** *péj* Phrasen *f/pl*
phraser [fʀaze] *v/t* MUS phrasieren
phraseur [fʀazœʀ] *m,* **phraseuse** [-øz] *f péj* Phrasendrescher(in) *m(f)*
phréatique [fʀeatik] *adj* **nappe** *f* **phréatique** Grundwasser(spiegel) *n(m)*
phrygien [fʀiʒjẽ] *adj* ⟨**-ienne** [-jɛn]⟩ **bonnet phrygien** Jakobinermütze *f*
phtisie [ftizi] *f* (Lungen)Schwindsucht *f*
phylloxéra [filɔkseʀa] *m* Reblaus(befall) *f(m)*
physalis [fizalis] *m* Lampionblume *f*; Physalis *f*
physicien [fizisjẽ] *m,* **physicienne** [-jɛn] *f* Physiker(in) *m(f)*
physico-chimique [fizikoʃimik] *adj* physiko-chemisch
physiologie [fizjɔlɔʒi] *f* Physiologie *f*
physiologique [fizjɔlɔʒik] *adj* **1.** physiologisch **2.** (*opposé à psychique*) physisch
physiologiste [fizjɔlɔʒist] *m,f* Physiologe, -login *m,f*
physionomie [fizjɔnɔmi] *f* Physiognomie *f*, Gesicht *n* (*a fig de qc*)
physionomiste [fizjɔnɔmist] *adj* **être physionomiste** ein gutes Personengedächtnis haben
physiothérapie [fizjoteʀapi] *f* Physiotherapie *f*
▸ **physique¹** [fizik] *f* Physik *f*
physique² *m* **1.** (*aspect de qn*) Äußere(s) *n*; äußere Erscheinung **2.** **le physique** das Körperliche; **au physique** (**et au moral**) körperlich (und seelisch)
▸ **physique³** *adj* **1.** (*de la nature matérielle*) physikalisch **2.** (*du corps humain*) körperlich; physisch; **amour** *m* **physique** körperliche, sinnliche Liebe **3.** JUR **personne** *f* **physique** natürliche Person
physiquement [fizikmã] *adv* **1.** körperlich

physisch **2.** *il est bien physiquement* er sieht gut aus
phytoplancton [fitoplãktõ] *m* pflanzliches Plankton; *sc* Phytoplankton *n*
phytosociologie *f* Pflanzensoziologie *f*; soziologische Pflanzengeographie
phytothérapie *f* Pflanzenheilkunde *f*
pi [pi] *m lettre grecque*, MATH Pi *n*
piaf [pjaf] F *m* Spatz *m*
piaffement [pjafmã] *m* (ungeduldiges) Scharren, Stampfen
piaffer [pjafe] *v/i* **1.** *cheval* mit den Vorderhufen scharren, stampfen **2.** *fig piaffer d'impatience* ungeduldig von e-m Fuß auf den anderen treten
piaillement [pjajmã] *m* **1.** *d'oiseaux* Gepiep(s)e *n* **2.** F *fig* Geschrei *n*; Gekreisch(e) *n*
piailler [pjaje] *v/i* **1.** *oiseaux* piep(s)en **2.** F *enfants* kreischen
pianissimo [pjanisimo] *adv* pianissimo
pianiste [pjanist] *m,f* Pianist(in) *m(f)*; Klavierspieler(in) *m(f)* (*a amateur*)
► **piano** [pjano] **I** *m* piano (*droit*) Klavier *n*; *piano à queue* Flügel *m*; *jouer du piano* Klavier spielen **II** *adv* **1.** MUS piano **2.** F *allez-y piano!* F sachte, sachte!
pianoter [pjanɔte] *v/i* **1.** *péj* (auf dem Klavier) klimpern **2.** *fig pianoter sur* (mit den Fingern) trommeln auf (+ *acc*)
piastre [pjastʀ] *f monnaie* Piaster *m*
piaule [pjol] *f* F (*chambre*) F Bude *f*
piaulement [pjolmã] *m* **1.** *de petits oiseaux* Gepiep(s)e *n* **2.** F *de jeunes enfants* F Geplärr(e) *n*; Quäken *n*
piauler [pjole] *v/i* **1.** *petits oiseaux* piep(s)en **2.** F *jeunes enfants* plärren
PIB [peibe] *m abr* ⟨*inv*⟩ (*produit intérieur brut*) Bruttoinlandsprodukt *n*
pic¹ [pik] *m* **1.** *outil* Spitzhacke *f*; Pickel *m* **2.** *montagne* Bergspitze *f* **3.** *fig d'une courbe* Spitze(nwert) *f(m)* **4.** zo Specht *m*
pic² *adv* **à pic 1.** senkrecht; steil; jäh; *couler à pic* sofort, wie ein Stein untergehen **2.** F *tomber à pic* gerade richtig, F wie gerufen kommen
picador [pikadɔʀ] *m dans une corrida* Picador *ou* Pikador *m*
picaillons [pikajõ] *m/pl* F → *fric*
picard [pikaʀ] **I** *adj* ⟨*-arde* [-aʀd]⟩ pikardisch **II** *subst* **1.** *Picard(e)* *m(f)* Pikarde *m*, Pikardin *f* **2.** LING *le picard* das Pikardische; Pikardisch *n*
Picardie [pikaʀdi] *la Picardie* die Pikardie *ou* Picardie
picaresque [pikaʀɛsk] *adj roman* Schelmen...; pikaresk
piccolo [pikɔlo] *m* **1.** MUS Pikkoloflöte *f* **2.** F (*vin*) Wein *m*
pichenette [piʃnɛt] *f* → *chiquenaude*
pichet [piʃɛ] *m* Krug *m*; Kanne *f*
pickpocket [pikpɔkɛt] *m* Taschendieb *m*
pick-up [pikœp] *m* ⟨*inv*⟩ Tonabnehmer(system) *m(n)*; Pick-up *m*
picoler [pikɔle] F *v/i* trinken; F (gern) picheln
picolo → *piccolo*
picorer [pikɔʀe] *v/i* **1.** *poules* picken **2.** F *fig* ohne Appetit essen
picot [piko] *m* **1.** *d'une dentelle* Zäckchen *n*; Picot *m* **2.** *outil* spitzer Hammer

picoté [pikɔte] *adj* ⟨*~e*⟩ *visage picoté de rougeurs* voller kleiner roter Flecke
picotement [pikɔtmã] *m* Kribbeln *n*
picoter [pikɔte] *v/t* **1.** kribbeln; *fumée picoter les yeux* in den Augen beißen **2.** *poules* (an-, auf)picken
picotin [pikɔtɛ̃] *m* Haferration *f*
picouse → *piquouse*
picrate [pikʀat] *m* **1.** CHIM Pikrat *n* **2.** F *vin* schlechter Rotwein; F Krätzer *m*
pictogramme [piktɔgʀam] *m* Piktogramm *n*; Bildzeichen *n*
pictural [piktyʀal] *adj* ⟨*~e*; *-aux* [-o]⟩ PEINT Mal...
pie¹ [pi] **I** *f* **1.** zo Elster *f*; F *être bavarde, bavarder comme une pie* F e-e alte Schwatzliese sein **2.** F *fig* Schwatzliese *f*; *être une vraie pie* F e-e richtige Schwatzliese sein **II** *adj* ⟨*inv*⟩ *cheval, bovin* gescheckt; scheckig
pie² *adj* f *œuvre pie* frommes Werk
► **pièce** [pjɛs] *f* **1.** (*unité*) Stück *n*; *pièce d'orfèvrerie* Goldschmiedearbeit *f*; *maillot de bain une pièce, deux pièces* ein-, zweiteilig; *à la pièce* stückweise; einzeln; *aux pièces* im Akkord; im Stücklohn; Akkord...; *cela coûte cinq euros pièce* das kostet fünf Euro pro Stück; *fig inventer de toutes pièces* völlig frei erfinden **2.** *d'un tout*, *a* TECH Teil *n*; Stück *n*; ► *pièce de rechange* Ersatzteil *n*; *service de douze pièces* zwölfteilig; *mettre en pièces* in Stücke, Fetzen reißen **3.** *d'habitation* (Wohn)Raum *m*; Zimmer *n*; *un appartement de deux pièces* e-e Zweizimmerwohnung; → *Info bei Zimmer* **4.** (*document*) Akte *f*; Beleg *m*; Unterlage *f*; Schriftstück *n*; ► *pièce d'identité* Ausweis(papier) *m(n)*; *juger sur pièces* aufgrund der Akten entscheiden **5.** ► *pièce* (*de théâtre*) (Theater)Stück *n* **6.** *pièce* (*de monnaie*) Geldstück *n*; Münze *f*; *pièce de deux euros* Zweieurostück *n*; *fig donner la pièce à qn* j-m ein Trinkgeld geben **7.** COUT Flicken *m* **8.** *pièce* (*d'artillerie*) Geschütz *n* **9.** *pièce d'eau* Bassin *n*; Wasserbecken *n* **10.** ÉCHECS (Schach)Figur *f* **11.** *pièce montée* pyramidenförmiger Kuchen (*aus Windbeuteln*)
piécette [pjesɛt] *f* kleine Münze
► **pied** [pje] *m* **1.** Fuß *m*; *à pied* zu Fuß; *fig au pied levé* unvorbereitet; aus dem Stegreif; F *comme un pied* sehr schlecht; miserabel; *des pieds à la tête* von Kopf bis Fuß; *attendre qn, qc de pied ferme* j-m, e-r Sache gelassen, furchtlos entgegensehen; *sur le pied de guerre armée* kampfbereit; *fig* gerüstet; gut vorbereitet; *dans l'eau avoir pied* Grund haben; stehen können; *avoir bon pied bon œil* noch sehr rüstig sein; *fig avoir les pieds sur terre* mit beiden Beinen (fest) auf der Erde stehen; *faire du pied à qn* mit j-m füßeln; F *fig cela lui fera les pieds* das wird ihm e-e Lehre sein; *fig faire des pieds et des mains* Himmel und Hölle, alle Hebel in Bewegung setzen; *lâcher pied* zurückweichen; *fig* es aufgeben; *fig mettre les pieds dans le plat* ins Fettnäpfchen treten; *mettre pied à terre* vom Pferd steigen; absitzen; *fig mettre à pied* entlassen; *fig mettre sur pied* aufbauen; ins Leben rufen; *armée* aufstellen; *perdre pied dans l'eau* keinen Grund mehr haben; *fig* den Boden unter

den Füßen verlieren; *fig* **remettre sur pied** wieder auf die Beine bringen; *fig* **ne pas savoir sur quel pied danser** nicht wissen, woran man ist; *fig* **vivre sur un grand pied** auf großem Fuß leben **2.** *d'un animal* Fuß *m*; CUIS **pieds de porc, de veau** Schweins-, Kalbsfüße *m/pl* **3.** *d'un meuble* Bein *n*; *d'une lampe, etc* Fuß *m*; PHOT Stativ *n*; **verre** *m* **à pied** Stielglas *n* **4.** (*partie basse*) Fuß *m*; *d'un lit* Fußende *n*; **au pied de** am Fuß (+ *gén*); *fig* **mettre qn au pied du mur** j-n in die Enge treiben; **être à pied d'œuvre** an Ort und Stelle sein **5.** **pied de salade** Salatpflanze *f*; **pied de vigne** Wein-, Rebstock *m*; *récolte* **vendre sur pied** auf dem Halm verkaufen **6.** *ancienne mesure* Fuß *m*; *fig* **faire un pied de nez à qn** j-m e-e lange Nase machen **7.** F **c'est le pied** F das ist einfach klasse, ganz toll; F **prendre son pied** s-n Spaß daran haben

pied-à-terre [pjetatɛʀ] *m* ⟨*inv*⟩ Zweitwohnung *f*; Bleibe *f*

pied-de-biche [pjedbiʃ] *m* ⟨**pieds-de-biche**⟩ **1.** TECH Geißfuß *m* **2.** COUT (Näh)Fuß *m*

pied-de-poule [pjedpul] *m* ⟨**pieds-de-poule**⟩ (Stoff *m* mit) Hahnentritt(muster) *m(n)*; Pepita *m ou n*

piédestal [pjedɛstal] *m* ⟨**-aux** [-o]⟩ Postament *n*; Piedestal *n*; Sockel *m*; *fig* **mettre qn sur un piédestal** F j-n anhimmeln

pied-noir *m,f* ⟨**pieds-noirs**⟩ Algerienfranzose *m*, -französin *f*

Les pieds-noirs

Die **pieds-noirs** sind Algerienfranzosen, die Algerien wegen des Kriegs (**la guerre d'Algérie**) verließen und nach Frankreich zurückkehrten. 1830 war Algerien unter Napoleon III. französische Kolonie geworden. Viele Franzosen siedelten sich damals dort an. Wegen des blutigen Algerienkriegs, der 1954 begann und mit der Unabhängigkeitserklärung 1962 endete, flohen nahezu eine Million pieds-noirs ins französische Mutterland. Der Ausdruck pieds-noirs geht wahrscheinlich auf die ersten französischen Beamten zurück, die in die Kolonie kamen, weiß gekleidet, aber mit den typischen schwarzen Stiefeln (**bottines noires**).

---

piège [pjɛʒ] *m* **1.** Falle *f* (*a fig*); **être pris au piège** in die Falle gehen; *fig* **tendre un piège à qn** j-m e-e Falle stellen **2.** *adjt* **question** *f* **piège** Fangfrage *f*

piégé [pjeʒe] *adj* ⟨**~e**⟩ **lettre, voiture piégée** Brief-, Autobombe *f*

piéger [pjeʒe] *v/t* ⟨**-è-, -ge-**⟩ **1.** *animaux* mit e-r Falle fangen **2.** *fig* **piéger qn** j-m e-e Falle stellen; **se faire piéger** in die Falle gehen

Piémont [pjemõ] **le Piémont** Piemont *n*

piémontais [pjemõtɛ] **I** *adj* ⟨**-aise** [-ɛz]⟩ piemontesisch; piemontisch **II** *subst* **Piémon-**

tais(e) *m(f)* Piemontese, -tesin *m,f*

piercing [piʀsiŋ] *m* Piercing *n*

piéride [pjeʀid] *f* Kohlweißling *m*

pierraille [pjɛʀɑj] *f* grober Kies

▸ **pierre** [pjɛʀ] *f* **1.** Stein *m*; **la première pierre** der Grundstein (*a fig*); **pierre de taille** Quader (-stein) *m*; Haustein *m*; *fig* **cœur** *m* **de pierre** Herz *n* aus Stein; *fig* **faire d'une pierre deux coups** zwei Fliegen mit einer Klappe schlagen **2. pierre** (**précieuse**) (Edel)Stein *m*

Pierre [pjɛʀ] *m* Peter *m*; *saint* Petrus *m*

pierreries [pjɛʀʀi] *f/pl* Edelsteine *m/pl*

pierreux [pjɛʀø] *adj* ⟨**-euse** [-øz]⟩ steinig

pierrot [pjɛʀo] *m* **1.** ZO Spatz *m* **2.** THÉ Pierrot *m*

pietà [pjeta] *f* ⟨*inv*⟩ Pieta *f*; Vesperbild *n*

piétaille [pjetaj] *f iron* Fußvolk *n*

piété [pjete] *f* **1.** Frömmigkeit *f* **2.** *stls* (*respect*) Pietät *f*; **piété filiale** *stls* Kindesliebe *f*

piètement [pjɛtmã] *m* *d'un siège* Beine *n/pl*; Füße *m/pl*

piétinement [pjetinmã] *m* **1.** Stampfen *n*; Trampeln *n*; *de chevaux* (Huf)Getrappel *n* **2.** *par ext* Auf-der-Stelle-Treten *n* (*a fig*); *fig de négociations* Stagnieren *n*; Stocken *n*

piétiner [pjetine] **I** *v/t* zertrampeln; zertreten; niedertrampeln (*a qn*) **II** *v/i* kaum von der Stelle kommen; *fig* auf der Stelle treten

piétisme [pjetism] *m* Pietismus *m*

piétiste **I** *adj* pietistisch **II** *m,f* Pietist(in) *m(f)*

▸ **piéton** [pjetõ] **I** *m* Fußgänger *m* **II** *adj* ⟨**-onne** [-ɔn]⟩ Fußgänger...; ▸ **zone piétonne, rue(s) piétonne(s)** Fußgängerzone *f*

piétonnier [pjetɔnje] *adj* ⟨**-ière** [-jɛʀ]⟩ Fußgänger...

piètre [pjɛtʀ] *adj* miserabel; armselig; **piètre consolation** *f* schwacher Trost

pieu [pjø] *m* ⟨**~x**⟩ **1.** Pfahl *m*; Pfosten *m*; Pflock *m* **2.** F (*litt*) F Falle *f*; F Klappe *f*

pieusement [pjøzmã] *adv* **1.** **mourir pieusement** als frommer Mensch, im Glauben sterben **2.** (*avec respect*) pietät-, liebevoll

pieuter [pjøte] *v/pr* F **se pieuter** F sich in die Falle hauen

pieuvre [pjœvʀ] *f* Krake *m*

pieux [pjø] *adj* ⟨**pieuse** [pjøz]⟩ **1.** fromm; *fig* **pieux mensonge** fromme Lüge; Notlüge *f* **2.** (*respectueux*) pietät-, liebevoll

pif [pif] *m* F (*nez*) F Zinken *m*

pif(f)er [pife] *v/t* F **ne pas pouvoir pif(f)er qn** j-n nicht riechen können

pifomètre [pifɔmɛtʀ] *m* F **au pifomètre** nach Augenmaß; über den Daumen gepeilt

pige [piʒ] *f* **1.** *journaliste* **être payé à la pige** ein Zeilenhonorar bekommen **2.** *arg* (*année d'âge*) Jahr *n*

▸ **pigeon** [piʒõ] *m* **1.** ZO Taube *f* **2.** *fig* **le pigeon** der Dumme, Geprellte

pigeonnant [piʒɔnã] *adj* ⟨**-ante** [-ãt]⟩ **soutien-gorge pigeonnant** Stütz-BH *m*

pigeonne [piʒɔn] *f* Täubin *f*

pigeonneau [-o] *m* ⟨**~x**⟩ Täubchen *n*; junge Taube

pigeonner [piʒɔne] F *v/t* F ausnehmen; F aufs Kreuz legen

pigeonnier [piʒɔnje] *m* Taubenschlag *m*, -haus *n*

piger [piʒe] *v/t* ⟨**-ge-**⟩ F kapieren

pigiste [piʒist] *m* nach Zeilen bezahlter Jour-

nalist
pigment [pigmã] *m* Pigment *n*
pigmentation [pigmãtasjõ] *f* Pigmentierung *f*
pigmenté [pigmãte] *adj* ⟨**~e**⟩ pigmentiert
pignocher [piɲɔʃe] F *v/i* ohne Appetit, F mit langen Zähnen essen
pignon [piɲõ] *m* **1.** ARCH Giebel *m*; *fig* **avoir pignon sur rue** wohlhabend, gut situiert sein **2.** TECH (Getriebe)Zahnrad *n*; Ritzel *n* **3.** BOT Pinienkern *m*
pignouf [piɲuf] F *m* Flegel *m*; Lümmel *m*
pilaf [pilaf] *m* (**riz** *m*) **pilaf** Pilau *ou* Pilaw *m*
pilage [pilaʒ] *m* Zerstampfen *n*; Zerstoßen *n*; Zerkleinern *n*
pilastre [pilastʀ] *m* Pilaster *m*; Wandpfeiler *m*
pilchard [pilʃaʀ] *m* ZO Sardine *f*
pile[1] [pil] *f* **1.** (*tas*) Stapel *m*; Stoß *m* **2.** *d'un pont* Brückenpfeiler *m* **3.** **pile** (**électrique**) Batterie *f* **4.** *d'une pièce de monnaie* **côté** *m* **pile** Rück-, Schriftseite *f*; **pile ou face?** Kopf oder Zahl?
pile[2] F *adv* **s'arrêter pile** F mit einem Schlag stehen bleiben; **ça tombe pile** das kommt wie gerufen; **à deux heures pile** Punkt zwei Uhr
piler [pile] *v/t* **1.** (*broyer*) zerstampfen; zerstoßen; zerkleinern **2.** F (*s'arrêter pile*) F mit einem Schlag anhalten
pileux [pilø] *adj* ⟨**-euse** [-øz]⟩ Haar…; **système pileux** Behaarung *f*
pilier [pilje] *m* **1.** ARCH Pfeiler *m* (*a fig*) **2.** *péj de qn* **c'est un pilier de bistrot** er hockt immer in der Kneipe **3.** RUGBY Stürmer *m* der ersten Reihe
pillage [pijaʒ] *m* Plünderung *f*
pillard [-aʀ] *m* Plünderer *m*
piller [-e] *v/t* (aus)plündern
pilleur [-œʀ] *m* Plünderer *m*
pilon [pilõ] *m* **1.** Stößel *m*; CUIS Stampfer *m*; TYPO **mettre au pilon** einstampfen **2.** CUIS *d'un poulet* Unterschenkel *m*
pilonnage [pilɔnaʒ] *m* MIL Trommelfeuer *n*; AVIAT pausenloses Bombardement
pilonner [-e] *v/t* MIL unter Trommelfeuer nehmen; AVIAT pausenlos bombardieren
pilori [pilɔʀi] *m* HIST Pranger *m*
pilosité [pilozite] *f* Behaarung *f*
pilotage [pilɔtaʒ] *m* **1.** AVIAT, AUTO Führung *f*; Steuerung *f*; **pilotage sans visibilité** Blindflug *m* **2.** MAR Lotsen(dienst) *n*(*m*)
pilote [pilɔt] *m* **1.** AVIAT Pilot *m*; Flugzeugführer *m*; **pilote automatique** Autopilot *m*; **pilote de chasse** Jagdflieger *m*; **pilote de ligne** Pilot e-r Linienmaschine **2.** MAR Lotse *m* **3.** *d'une voiture de course* (Renn)Fahrer *m*; Pilot *m* **4.** *adjt* Modell…; Muster…; Versuchs…; Pilot…
piloter [pilɔte] *v/t* **1.** *avion* fliegen; steuern; *voiture* fahren; lenken **2.** *fig qn* führen; lotsen
pilotis [pilɔti] *m* Pfahl(werk) *m*(*n*); **maisons** *f/pl* **sur pilotis** Pfahlbauten *m/pl*
pilule [pilyl] *f* Pille *f*; *fig* **avaler la pilule** die bittere Pille schlucken; *affront* es schlucken, einstecken (müssen); *fig* **dorer la pilule à qn** j-m die bittere Pille versüßen; **elle prend la pilule** sie nimmt die Pille
pimbêche [pɛ̃bɛʃ] *f* eingebildete Person, F Pute
piment [pimã] *m* **1.** **piment** (**rouge**) Chili *m*; Peperoni *f*; **piment doux** Paprika(schote) *m*(*f*) **2.** *fig* Würze *f*
pimenter [pimãte] *v/t* **1.** scharf würzen; **pi-**

menté sehr scharf **2.** *fig* Würze verleihen (+ *dat*)
pimpant [pɛ̃pã] *adj* ⟨**-ante** [-ãt]⟩ adrett; fesch
pimprenelle [pɛ̃pʀɔnɛl] *f* BOT Wiesenknopf *m*
pin [pɛ̃] *m* Kiefer *f*
pinacle [pinakl] *m* ARCH Fiale *f*; *fig* **porter qn au pinacle** j-n überschwänglich loben
pinailler [pinaje] F *v/i* kleinlich, F pingelig sein; **pinailler sur qc** F an etw (*dat*) herumnörgeln
pinailleur [pinajœʀ], **pinailleuse** [-øz] F **I** *m,f* Kleinigkeitskrämer(in) *m*(*f*) **II** *adj* F pingelig
pinard [pinaʀ] F *m* Wein *m*
pinasse [pinas] *f* *régional* Fischerboot *n* mit flachem Boden
pince [pɛ̃s] *f* **1.** *outil* Zange *f*; **pince universelle** Kombizange *f*; **pince à épiler** Pinzette *f* **2.** *pour serrer* Klemme *f*; Klammer *f*; **pince à cheveux** Haarklemme *f*, -klammer *f*; **pince à linge** Wäscheklammer *f* **3.** *des crabes, etc* Schere *f* **4.** COUT Abnäher *m* **5.** F (*main*) **serrer la pince à qn** F j-m die Flosse schütteln **6.** F (*pied*) **à pinces** F per pedes
pincé [pɛ̃se] *adj* ⟨**~e**⟩ *air* verkniffen; *sourire* gezwungen
pinceau [pɛ̃so] *m* ⟨**~x**⟩ **1.** Pinsel *m* **2.** **pinceaux** F (*pieds*) F Quanten *pl*
pincée [pɛ̃se] *f* **une pincée de sel** e-e Prise Salz
pincement [pɛ̃smã] *m* *fig* **pincement au cœur** Stich *m* ins Herz
pince-monseigneur *f* ⟨**pinces-monseigneur**⟩ Brecheisen *n*, -stange *f*
pince-nez *m* ⟨*inv*⟩ Kneifer *m*; Zwicker *m*
pincer [pɛ̃se] ⟨**-ç-**⟩ **I** *v/t* **1.** kneifen, zwicken (**qn** j-n; **qc à qn** j-n in etw [*acc*]) **2.** *lèvres* zusammenkneifen, -pressen **3.** MUS *cordes* zupfen **4.** F *fig malfaiteur* F erwischen; F schnappen; **se faire pincer** erwischt, geschnappt werden **5.** *fig du froid* beißen; F **ça pince dur** es ist bitter, grimmig kalt **II** *v/i* F **en pincer pour qn** F in j-n verknallt sein **III** *v/pr* **se pincer le doigt** sich (*dat*) den Finger (ein)klemmen
pince-sans-rire *m,f* ⟨*inv*⟩ **c'est un(e) pince-sans-rire** er *ou* sie hat e-n trockenen Humor
pincette [pɛ̃sɛt] *f* **1.** *pour le feu* **pincettes** *pl* Feuerzange *f*; *fig* **il n'est pas à prendre avec des pincettes** er ist (heute) mit Vorsicht zu genießen **2.** TECH Pinzette *f*
pinçon [pɛ̃sõ] *m* roter Fleck (*vom Kneifen*)
pineau [pino] *m* **pineau des Charentes** Aperitif *au* Traubenmost *u* Cognac
pinède [pinɛd] *f* Kiefern-, Pinienwald *m*
pingouin [pɛ̃gwɛ̃] *m* Alk *m*; (*manchot*) Pinguin *m*
ping-pong [piŋpõg] *m* ⟨*inv*⟩ Tischtennis *n*
pingre [pɛ̃gʀ] *adj* knaus(e)rig
pingrerie [-əʀi] *f* *péj* Knaus(e)rigkeit *f*; Pfennigfuchserei *f*
pinot [pino] *m* Pinot *m*; Burgunderrebe *f*
pin-pon [pɛ̃põ] *int* **pin-pon! pin-pon!** tatütata!
pin's [pins] *m* (Ansteck)Abzeichen *n*
pinson [pɛ̃sõ] *m* Buchfink *m*; *fig* **gai comme un pinson** F quietschvergnügt
pintade [pɛ̃tad] *f* Perlhuhn *n*
pintadeau [-o] *m* ⟨**~x**⟩ junges Perlhuhn
pinte [pɛ̃t] *f* Schoppen *m*
pinter [-e] F *v/i* F ordentlich picheln; P saufen
pin-up [pinœp] *f* ⟨*inv*⟩ Pin-up-Girl *n*
pioche [pjɔʃ] *f* Hacke *f*

piocher [pjɔʃe] **I** v/t terre (auf-, um)hacken **II** v/i JEUX e-n Stein ou e-e Karte vom Haufen nehmen; fig **piocher dans le tas** aufs Geratewohl eine(n, -s) herausgreifen
piolet [pjɔlɛ] m Eispickel m
pion [pjõ] m **1.** (f **pionne** [pjɔn]) F ÉCOLE Aufsichtführende(r) f(m) **2.** ÉCHECS Bauer m **3.** DAMES Stein m
pioncer [pjõse] v/i ⟨-ç-⟩ F pennen
pionne [pjɔn] f → **pion** I
pionnier [pjɔnje] m, **pionnière** [-jɛʀ] f **1.** HIST (colon) Kolonist(in) m(f) **2.** fig Pionier(in) m(f)
▸ **pipe** [pip] f (Tabaks)Pfeife f; F fig **casser sa pipe** P ins Gras beißen
pipeau [pipo] m ⟨~x⟩ Hirtenflöte f
pipelette [piplɛt] f F Klatschbase f
pipeline ou **pipe-line** [pajplajn, piplin] m Pipeline f
piper [pipe] v/t **1. ne pas piper** (**mot**) kein Wort sagen **2.** cartes zinken; dés fälschen
piperade [piperad] f Omelett mit Paprika u Tomaten
pipette [pipɛt] f Pipette f; Stechheber m
pipi [pipi] m enf ou F Pipi n; F **la dame pipi** F die Klofrau; **faire pipi** enf Pipi machen; par ext F pinkeln
piquage [pikaʒ] m COUT Maschinennähen n; (Ab)Steppen n
piquant [pikɑ̃] **I** adj ⟨-ante [-ɑ̃t]⟩ **1.** plante, barbe stach(e)lig **2.** froid schneidend **3. sauce piquante** pikante Soße **II** m **4.** BIOL Stachel m **5.** litt **le piquant** das Pikante (**de l'affaire** an der Sache); **ne pas manquer de piquant** e-r gewissen Pikanterie nicht entbehren
pique¹ [pik] f **1.** arme Pike f; Spieß m; Lanze f **2.** fig **envoyer, lancer des piques à qn** gegen j-n sticheln
pique² m aux cartes Pik n; Schippen n
piqué [pike] **I** adj ⟨~e⟩ **1.** COUT (ab)gesteppt **2.** miroir fleckig; livre stockfleckig; **piqué** (**des vers**) wurmstichig **3.** CUIS **piqué d'ail** mit Knoblauch gespickt **4.** F fig (fou) **être un peu piqué** F e-n leichten Stich haben **II** m **5.** TEXT Pikee m **6.** AVIAT **en piqué** im Sturzflug
pique-assiette m,f ⟨inv⟩ Schmarotzer m; F Nassauer m
pique-feu m ⟨inv⟩ Schüreisen n, -haken m
pique-fleurs m ⟨inv⟩ Blumenstecker m
pique-nique [piknik] m ⟨**pique-niques**⟩ Picknick n
pique-niquer [-e] v/i picknicken; Picknick machen
pique-niqueurs [-œʀ] m/pl Leute pl, die picknicken, Picknick machen
▸ **piquer** [pike] **I** v/t **1.** avec une aiguille, etc stechen; F pik(s)en; olives, viande aufspießen; épingles, fleurs **piquer dans qc** in etw (acc) stecken **2.** MÉD e-e Spritze geben (**qn** j-m); spritzen; par ext **faire piquer son chien** s-n Hund einschläfern lassen **3.** guêpe, épines, etc: qn ou abs stechen; serpent, puce beißen; orties brennen; barbe kratzen **4.** par ext fumée beißen (**les yeux** in den Augen); froid schneiden (**le visage** ins Gesicht) **5.** COUT (ab)steppen **6.** fig curiosité de qn wecken **7.** F colère, etc F plötzlich kriegen; F **piquer une crise** F e-n Tobsuchtsanfall kriegen; F **piquer un cent**

mètres F losspurten **8.** F fig (voler) F klauen **9.** F fig voleur F schnappen **II** v/i **10.** avion **piquer** (**du nez**) im Sturzflug niedergehen **III** v/pr **11. se piquer le doigt** sich (dat) in den Finger stechen **12.** diabétique, drogué **se piquer** sich spritzen **13.** fig personne **se piquer de qc** sich (dat) etwas auf etw (acc) einbilden
piquet [pikɛ] m **1.** Pflock m; **piquet de tente** Hering m **2. piquet de grève** Streikposten m/pl **3.** élève **il est au piquet** er muss in der Ecke stehen
piqueté [pikte] adj ⟨~e⟩ **piqueté de** übersät mit
piquette [pikɛt] f F (vin acide) F Rachenputzer m; Krätzer m
piqueur [pikœʀ] m **1.** CH Pikör m **2.** dans une mine Häuer ou Hauer m **3.** TECH Arbeiter m am Presslufthammer
piqueuse [pikøz] f COUT Stepperin f; Näherin f
piquouse [pikuz] f F (piqûre) Spritze f; des drogués F Schuss m
▸ **piqûre** [pikyʀ] f **1.** d'insecte Stich m; d'ortie Brennen n; **piqûre de moustique** Mückenstich m; abus **piqûre de serpent** Schlangenbiss m **2.** MÉD Spritze f; Injektion f; **faire une piqûre à qn** j-m e-e Spritze geben **3.** COUT Steppnaht f
piranha [piʀana] m Piranha m
piratage [piʀataʒ] m Raubkopieren n
pirate [piʀat] m **1.** Seeräuber m; Pirat m; **pirate de l'air** Luftpirat m; Flugzeugentführer m **2.** de logiciels, cassettes Raubkopierer m; INFORM Hacker m **3.** adj **radio f pirate** Piratensender m
pirater [piʀate] v/t raubkopieren
piraterie [piʀatʀi] f Seeräuberei f; Piraterie f (a COMM)
▸ **pire** [piʀ] **I** adj **1.** ⟨comp von **mauvais**⟩ schlimmer **2.** ⟨sup von **mauvais**⟩ **le, la pire** der, die, das schlimmste **II** subst **le pire** das Schlimmste
Pirée Le Pirée [ləpiʀe] Piräus n
pirogue [piʀɔg] f Piroge f; Einbaum m
pirouette [piʀwɛt] f Drehung f um sich selbst; DANSE, SPORTS Pirouette f; F fig **répondre par des pirouettes** e-r Frage mit ein paar Scherzen ausweichen
pirouetter [piʀwɛte] v/i Pirouetten, e-e Pirouette drehen
pis¹ [pi] m Euter n
pis² adv **1.** ⟨comp von **mal**⟩ schlimmer; **de mal en pis** zunehmend, immer schlechter **2.** ⟨sup von **mal**⟩ **au pis aller** im schlimmsten Fall
pis-aller [pizale] m ⟨inv⟩ Notlösung f; (Not)Behelf m
piscicole [pisikɔl] adj Fischzucht...; **entreprise f piscicole** Fischzuchtbetrieb m
pisciculteur [pisikyltœʀ] m Fischzüchter m
pisciculture [-yʀ] f Fischzucht f
▸ **piscine** [pisin] f Schwimmbad n; (bassin) Schwimmbecken n; privée Swimmingpool m; **piscine couverte** Hallen(schwimm)bad n; **piscine en plein air** Freibad n
piscivore [pisivɔʀ] adj Fische fressend; sich von Fischen ernährend
Pise [piz] Pisa n; **la Tour** (**penchée**) **de Pise** der Schiefe Turm von Pisa
pisé [pize] m **maison f en pisé** Lehmhaus n
pissaladière [pisaladjɛʀ] f provenzalische Piz

za

pisse [pis] *f* P Pisse *f*

pisse-froid F *m* ⟨*inv*⟩ F Sauertopf *m*

pissement [pismɑ̃] *m* Harnen *n*; **pissement de sang** Blutharnen *n*

pissenlit [pisɑli] *m* Löwenzahn *m*; F *fig* **manger les pissenlits par la racine** F (sich [*dat*]) die Radieschen von unten ansehen

pisser [pise] *v/i* F 1. (*uriner*) F pinkeln 2. *fig robinet* spritzen

pisseuse [pisøz] *f* F *péj* (*petite fille*) P Rotzgöre *f*; (*jeune fille*) P Pissnelke *f*

pisseux [pisø] *adj* ⟨**-euse** [-øz]⟩ 1. F nach Urin stinkend 2. *couleur* vergilbt

pissotière [pisɔtjɛʀ] F *f* Pissoir *n*

pistache [pistaʃ] *f* 1. Pistazie *f* 2. (*vert*) **pistache** ⟨*inv*⟩ pistaziengrün

pistachier [pistaʃje] *m* Pistazie *f* (*Baum*)

pistard [pistaʀ] *m* CYCLISME Bahn(renn)fahrer *m*

piste [pist] *f* 1. (*trace*) Spur *f*, Fährte *f* (*a fig*) 2. *dans le désert* Piste *f*; *dans la jungle* (Trampel)-Pfad *m*; **piste cyclable** Rad(fahr)weg *m* 3. AVIAT Rollbahn *f*; Piste *f*; **piste d'atterrissage** Landebahn *f* 4. SPORTS (Renn)Bahn *f*; SKI, CYCLISME *a* Piste *f*; **piste (de ski) de fond** (Langlauf)Loipe *f* 5. **piste de danse** Tanzfläche *f* 6. CIRQUE Manege *f*; Arena *f* 7. TECH Spur *f*; *d'une carte bancaire* **piste magnétique** Magnetstreifen *m*

pister [piste] *v/t* **pister qn** die Spur j-s verfolgen

pistil [pistil] *m* BOT Stempel *m*

pistole [pistɔl] *f* Pistole *f* (*Goldmünze*)

pistolet [pistɔlɛ] *m* 1. *arme* Pistole *f* 2. TECH Spritzpistole *f*; **peindre au pistolet** spritzen; spritzlackieren

pistolet-mitrailleur *m* ⟨**pistolets-mitrailleurs**⟩ Maschinenpistole *f*

piston [pistɔ̃] *m* 1. TECH Kolben *m* 2. *fig* (gute) Beziehungen *f/pl*; F Vitamin B *n*

pistonner [pistɔne] *v/t* **pistonner qn** j-n protegieren; **se faire pistonner** s-e Beziehungen spielen lassen

pistou [pistu] *m* **au pistou** mit Basilikum

pitance [pitɑ̃s] *f* **maigre pitance** schmale Kost

pitbull [pitbyl, -bul] *m* ZO Pitbull *m*

pitchoun [pitʃun] *m,f régional, terme d'affection* Kleine(r) *f(m)*

▸ **pitié** [pitje] *f* Mitleid *n*; Erbarmen *n*; **par pitié!** ich bitte Sie!; **sans pitié** erbarmungslos; **avoir pitié de qn** Mitleid mit j-m haben; **il me fait pitié** er tut mir leid; *péj* **à faire pitié** zum Erbarmen; **prendre qn en pitié** j-n bemitleiden

piton [pitɔ̃] *m* 1. *clou* Felshaken *m*; **piton (à vis)** Ringschraube *f*; Schraubhaken *m* 2. *rocheux* Bergspitze *f*

pitoyable [pitwajabl] *adj* 1. mitleiderregend; erbarmenswert 2. *péj* erbärmlich; jämmerlich; kläglich

pitre [pitʀ] *m* Hanswurst *m*

pitreries [pitʀəʀi] *f/pl* Hanswurstiaden *f/pl*; dumme Späße *m/pl*; Possen *m/pl*

pittoresque [pitɔʀɛsk] *adj* 1. *site* malerisch; pit-

toresk; *personnage* originell 2. *langage* bilderreich; *style* bildhaft

pivert [pivɛʀ] *m* Grünspecht *m*

pivoine [pivwan] *f* Pfingstrose *f*

pivot [pivo] *m* 1. TECH Zapfen *m* 2. *fig* (Dreh- und) Angelpunkt *m* 3. *dent f* **à, sur pivot** Stiftzahn *m*

pivotant [pivɔtɑ̃] *adj* ⟨**-ante** [-ɑ̃t]⟩ Dreh...; **fauteuil pivotant** Drehsessel *m*

pivoter [pivɔte] *v/i* sich drehen; **pivoter sur ses talons** sich auf dem Absatz umdrehen

pixel [piksɛl] *m* Bild-, Rasterpunkt *m*

pizza [pidza] *f* Pizza *f*

pizzeria [pidzeʀja] *f* Pizzeria *f*

P.J. [peʒi] *f abr* F (*police judiciaire*) Kripo *f*

placage [plakaʒ] *m en bois* Furnier *n*

▸ **placard** [plakaʀ] *m* 1. Wandschrank *m* 2. **placard publicitaire** Großanzeige *f*

placarder [plakaʀde] *v/t* anschlagen

▸ **place** [plas] *f* 1. Platz *m*; Raum *m*; Stelle *f*; **place** (**pour se garer**) Parkplatz *m*; **à la place** stattdessen; dafür; **à ta place** an deiner Stelle; **à la place de** anstelle von (*ou* + *gén*); (an)statt (+ *gén*, F + *dat*); **mettre en place** service d'ordre aufstellen; **se mettre à la place de qn** sich in die Lage, an die Stelle j-s versetzen; **prendre, tenir beaucoup de place** viel Platz, Raum einnehmen; **se rendre sur place** sich an Ort und Stelle begeben 2. (*siège*) (Sitz)Platz *m*; Sitz *m*; THÉ *a* Karte *f*; CH DE FER **louer, réserver sa place** e-e Platzkarte kaufen; ▸ **prendre place** Platz nehmen; **ne pas rester, tenir en place** ständig in Bewegung sein; F kein Sitzfleisch haben 3. (*emploi*) Stelle *f*; Anstellung *f*; Posten *m* 4. (*rang*) Platz *m*; Rang *m*; *fig* **remettre qn à sa place** j-n in s-e Schranken (ver)weisen, zurechtweisen 5. *lieu public* Platz *m*; **place du marché** Marktplatz *m* 6. MIL **place forte** Festung *f* 7. FIN Börsenplatz *m*

placé [plase] *adj* ⟨**∼e**⟩ **être bien, mal placé** e-n guten, schlechten Platz haben; *fig* **il est bien placé pour le savoir** er muss es doch schließlich wissen

placebo [plasebo] *m* Placebo *n*

placement [plasmɑ̃] *m* 1. FIN (Geld-, Kapital)Anlage *f* 2. *de demandeurs d'emploi, etc* Unterbringung *f*

placenta [plasɛ̃ta] *m* Plazenta *f*; Mutterkuchen *m*

▸ **placer** [plase] ⟨**-ç-**⟩ I *v/t* 1. *objet* (hin)stellen, (-)legen, (-)setzen; **placer qn** *au cinéma* j-m s-n Platz anweisen; *à table* j-n setzen, platzieren 2. *remarque, anecdote* anbringen; **ne pas (pouvoir) placer un mot** nicht zu Wort kommen 3. *demandeur d'emploi, enfant, malade* unterbringen 4. *argent* anlegen II *v/pr* 5. **se placer** Platz nehmen; *fig* **se placer à un certain point de vue** sich auf e-n bestimmten Standpunkt stellen 6. SPORTS **se placer deuxième** sich als Zweiter platzieren

placeur [plasœʀ] *m* 1. THÉ, CIN Platzanweiser *m* 2. Stellenvermittler *m*

placide [plasid] *adj* ruhig; gelassen

placidité [-ite] *f* (innere) Ruhe; Sanftmut *f*

placier [plasje] *m* COMM Platzvertreter *m*, -agent *m*

placoplâtre [plakɔplɑtʀ] *m* Gipskartonplatte *f*

▸ **plafond** [plafɔ̃] *m* 1. *d'une pièce* (Zimmer)-

Decke *f*; *faux plafond* Zwischendecke *f* **2.**
AVIAT Gipfelhöhe *f*; größte Steighöhe **3.** *limite*
Höchst-, Obergrenze *f*; Limit *n*; *de la Sécurité
sociale* Beitragsbemessungsgrenze *f*
plafonnement [plafɔnmɑ̃] *m* Erreichung *f* e-r
Höchstgrenze
plafonner [plafɔne] *v/i* **1.** *avion* die größte
Steighöhe, *voiture* die Höchstgeschwindigkeit
erreichen **2.** *production, salaires* die Höchst-
grenze erreichen (*à* bei)
plafonnier [plafɔnje] *m* Deckenlampe *f*
▸ **plage** [plaʒ] *f* **1.** (*rivage*) (Bade)Strand *m*; *pla-
ge de sable* Sandstrand *m* **2.** (*station balnéai-
re*) Seebad *n* **3.** *plage arrière* AUTO Ablagefla-
che *f* hinter dem Rücksitz; MAR Achterdeck *n* **4.**
(*durée limitée*) Zeit(spanne) *f*; Block *m* (*a* RAD)
plagiaire [plaʒjɛR] *m,f* Plagiator *m*
plagiat [-a] *m* Plagiat *n*
plagier [-e] *v/t* plagiieren
plagiste [plaʒist] *m,f* Strandpächter(in) *m(f)*
plaid [plɛd] *m* Plaid *n*; Reisedecke *f*
plaidable [plɛdabl] *adj* **cause** *f* **plaidable** ver-
tretbare Sache
plaidant [plɛdɑ̃] *adj* ⟨**-ante** [-ɑ̃t]⟩ *avocat* s-e
Partei vor Gericht vertretend
plaider [plɛde] *v/t et v/i* **1.** *plaider la cause de
qn, plaider pour qn* avocat die Sache j-s, j-n
vor Gericht vertreten; *fig* sich für j-n einset-
zen; für j-n eintreten; *accusé* **plaider coupa-
ble** sich schuldig bekennen **2.** (*faire un procès*)
plaider contre qn gegen j-n prozessieren
plaideur [plɛdœR] *m*, **plaideuse** [-øz] *f* Prozess-
führende(r) *f(m)*; Prozesspartei *f*
plaidoirie [plɛdwaRi] *f* JUR Plädoyer *n*
plaidoyer [plɛdwaje] *m* *fig* Plädoyer *n*
plaie [plɛ] *f* **1.** Wunde *f* (*a fig*) **2.** F *fig de qn* Ekel
n; *de qc* Plage *f*; *quelle plaie!* so e-e Plage!
plaignant [plɛɲɑ̃] *m*, **plaignante** [-ɑ̃t] *f* Klä-
ger(in) *m(f)*
plain-chant [plɛ̃ʃɑ̃] *m* ⟨**plains-chants**⟩ (grego-
rianischer) Choral
plaindre [plɛ̃dR] ⟨→ **craindre**⟩ **I** *v/t* bedauern;
bemitleiden; *je plains qn* *a* j tut mir leid; *il
n'est pas à plaindre* er kann sich nicht bekla-
gen **II** *v/pr* **1.** ▸ *se plaindre* klagen, sich bekla-
gen (*de* über + *acc*) **2.** (*protester*) *se plaindre*
sich beschweren (*à qn* bei j-m; *de* über + *acc*)
▸ **plaine** [plɛn] *f* Ebene *f*
plain-pied [plɛ̃pje] *adv* *de plain-pied* auf glei-
cher Höhe, Ebene; *fig* geradewegs; *fig* *se sen-
tir de plain-pied avec qn* sich j-m ebenbürtig
fühlen
plainte [plɛ̃t] *f* **1.** (*gémissement*) Klage *f*; Klage-
laut *m* **2.** (*grief*) Klage *f*; Beschwerde *f* **3.** JUR
Strafantrag *m*; (Straf)Anzeige *f*; *déposer une
plainte, porter plainte* e-n Strafantrag stellen,
Anzeige erstatten (*contre* gegen)
plaintif [plɛ̃tif] *adj* ⟨**-ive** [-iv]⟩ jammernd; kläg-
lich
▸ **plaire** [plɛR] ⟨*je plais, il plaît, nous plaisons*;
*je plaisais; je plus; je plairai; que je plaise;
plaisant; plu* (*inv*)⟩ **I** *v/t/i/indir plaire à qn*
j-m gefallen, zusagen; F bei j-m gut ankommen
II *v/imp* **quand il vous plaira** wann Sie wollen;
▸ *s'il te plaît, s'il vous plaît* (*abr* **S.V.P.**) bitte
III *v/pr* **1.** *se plaire à faire qc* Gefallen, Ver-
gnügen daran finden, etw zu tun **2.** *se plaire
avec qn* gern mit j-m zusammen sein **3.** *je*

me plais à Paris es gefällt mir (gut) in Paris;
ich bin gern in Paris; *plante* **se plaire** *dans un
lieu* gut gedeihen **4.** *réciproquement* **se plaire**
einander, sich (*dat*) gefallen
plais [plɛ] → *plaire*
plaisamment [plɛzamɑ̃] *adv* → *plaisant I*
plaisance [plɛzɑ̃s] *f* **bateau** *m* **de plaisance**
(Segel-, Motor)Jacht *f*; (*navigation f de*) *plai-
sance* Jacht-, Segelsport *m*; **port** *m* **de plai-
sance** Jacht-, Segelhafen *m*
plaisancier [plɛzɑ̃sje] *m* Sportsegler *m*
plaisant [plɛzɑ̃] **I** *adj* **1.** (*agréable*) gefällig; an-
genehm **2.** (*comique*) lustig; amüsant **II** *m*
mauvais plaisant Spaßvogel *m*; Witzbold *m*
▸ **plaisanter** [plɛzɑ̃te] *v/i* scherzen; spaßen;
Spaß machen; **vous plaisantez!** *a* machen
Sie keine Witze!
plaisanterie [plɛzɑ̃tRi] *f* Scherz *m*; Spaß *m*;
Witz *m*
plaisantin [plɛzɑ̃tɛ̃] *m* Witzbold *m*; Spaßvogel
m
▸ **plaisir** [plɛzir] *m* **1.** Vergnügen *n*; Freude *f*;
Spaß *m*; Lust *f* (*a sexuel*); **au plaisir** (**de vous
revoir**)! auf baldiges Wiedersehen!; **avec plai-
sir** gern; mit Vergnügen; **pour son plaisir** zu
s-m Vergnügen; zum Spaß; **avoir le plaisir de**
(+ *inf*) das Vergnügen, die Freude haben zu (+
inf); **faire plaisir à qn** j-m (e-e) Freude ma-
chen, bereiten; **cela fait plaisir à voir** so etwas
sieht man gern; **prendre du plaisir à** (+ *inf*)
Vergnügen, Freude, Spaß daran finden zu (+
inf) **2.** *pl* **plaisirs** (*distractions*) Freuden *f/pl*;
Vergnügungen *f/pl*
plaît [plɛ] → *plaire*
plan¹ [plɑ̃] **I** *adj* ⟨**plane** [plan]⟩ eben **II** *m* **1.**
(ebene) Fläche; MATH Ebene *f* **2.** **au premier
plan** im Vordergrund (*a fig*); *fig* **de tout pre-
mier plan** allerersten Ranges; *fig* **mettre au
premier, second plan** in den Vorder-, Hinter-
grund rücken **3.** **sur le plan de** (+ *subst*) hin-
sichtlich (+ *gén*); **sur le plan politique** auf po-
litischer Ebene; in politischer Hinsicht **4.** CIN
Einstellung *f*; Aufnahme *f*; **gros plan** Groß-
aufnahme *f*
▸ **plan**² [plɑ̃] *m* **1.** (*dispositions*) Plan *m* (*a* ÉCON);
plan social Sozialplan *m*; **plan de bataille**
Schlachtplan *m* (*a fig*); **avoir son plan** e-e Idee
haben **2.** *graphique* Plan *m*; CONSTR Bauplan
m; **plan de Paris** (Stadt)Plan *m* von Paris **3.**
F *laisser qn en plan* j-n im Stich lassen; *lais-
ser tout en plan* alles stehen und liegen lassen
▸ **planche** [plɑ̃ʃ] *f* **1.** Brett *n*; **planche à dessin**
Zeichen-, Reißbrett *n*; **planche à repasser**
Bügelbrett *n*; ▸ **planche à roulettes** Skate-
board *n*; ▸ **planche à voile** Surfbrett *n*; *fig*
planche de salut letzte Rettung; *nageur* **faire
la planche** den toten Mann machen **2.** THÉ *les*
planches die Bretter, die die Welt bedeuten;
monter sur les planches zum Theater gehen
3. *dans un livre* (Bild)Tafel *f* **4.** JARD Beet *n*
planchéier [plɑ̃ʃeje] *v/t* sol dielen; *parois* (mit
Brettern) verschalen, verkleiden
▸ **plancher**¹ [plɑ̃ʃe] *m* **1.** sol (Holz)Fußboden
m; F *fig* **débarrasse-moi le plancher!** hau
ab! **2.** *entre deux étages* Geschossdecke *f*; **plan-
cher en béton** Betondecke *f* **3.** *d'un véhicule*
Boden *m*; F *fig* **avoir le pied au plancher** F mit
Bleifuß fahren **4.** *limite* Mindestgrenze *f*

P

plancher[2] *v/i terme d'écolier* e-e Aufgabe lösen

planchette [plɑ̃ʃɛt] *f* Brettchen *n*; kleines Brett

planchiste [plɑ̃ʃist] *m,f* Surfer(in) *m(f)*

plancton [plɑ̃ktõ] *m* Plankton *n*

planer [plane] *v/i* **1.** *oiseau, etc* (in der Luft) schweben; *vol plané* Gleitflug *m* (*a* AVIAT) **2.** *fig personne* in höheren Regionen schweben; *planer au-dessus de qc* über etw (*dat*) stehen **3.** *fig danger planer sur qn* j-m drohen; *soupçons, mystère laisser planer* im Raum stehen lassen

planétaire [planetɛʀ] *adj* **1.** ASTR Planeten…; planetar(isch) **2.** (*mondial*) weltweit; global

planétarium [planetaʀjɔm] *m* Planetarium *n*

▸ **planète** [planɛt] *f* Planet *m*

planeur [planœʀ] *m* Segelflugzeug *n*

planificateur [planifikatœʀ] *m*, **planificatrice** [-tʀis] *f* Planer(in) *m(f)*

planification [planifikasjõ] *f* Planung *f*

planifier [planifje] *v/t* planen; *économie planifiée* Planwirtschaft *f*

planisphère [planisfɛʀ] *m* Erdkarte *f*; *sc* Planiglob *n*

planning [planiŋ] *m* **1.** Termin-, Arbeitsplan(ung) *m(f)* **2.** *planning familial* Familienplanung *f*

planque [plɑ̃k] F *f* **1.** *travail* F Druckposten *m* **2.** (*cachette*) Versteck *n*

planqué [plɑ̃ke] *m* F Drückeberger *m*

planquer [plɑ̃ke] F *v/t* (*et v/pr se planquer* sich) verstecken

plant [plɑ̃] *m* Setzling *m*

plantain [plɑ̃tɛ̃] *m* Wegerich *m*

plantaire [plɑ̃tɛʀ] *adj* **verrue** *f* **plantaire** Fußwarze *f*; **voûte** *f* **plantaire** Fußwölbung *f*

plantation [plɑ̃tasjõ] *f* **1.** (An)Pflanzung *f* **2.** *exploitation* Plantage *f*

▸ **plante**[1] [plɑ̃t] *f* Pflanze *f*; *plante d'appartement* Zimmerpflanze *f*

plante[2] *f* **plante du pied** Fußsohle *f*

planté [plɑ̃te] *adj* ⟨~e⟩ **1.** *bien planté* a) *personne* gut gewachsen, F gebaut; b) *barbe* dicht und regelmäßig gewachsen **2.** *personne* **rester planté devant une vitrine** wie angewurzelt vor e-m Schaufenster stehen

▸ **planter** [plɑ̃te] **I** *v/t* **1.** *plant(e)* (an-, ein)pflanzen; *arbre, salade* a setzen; *bulbes, pommes de terre* a stecken; *terrain, champ* bepflanzen (*de* mit) **2.** *piquet, clou* einschlagen; *drapeau* aufpflanzen; *tente* aufschlagen; *décors* aufstellen; *poignard* stoßen (*dans* in + *acc*) **3.** *planter là qn, qc* j-n, etw plötzlich stehen lassen, im Stich lassen **II** *v/pr* **4.** *personne* **se planter devant qn** F sich vor j-m aufpflanzen **5.** F *se planter* a) *conducteur* F aus der Fahrbahn fliegen; b) *fig (échouer)* F e-n Reinfall erleben; c) *ordinateur* abstürzen

ɔlanteur [plɑ̃tœʀ] *m* Pflanzer *m*; Plantagenbesitzer *m*

ɔlanteuse [plɑ̃tøz] *f* Kartoffelsetzmaschine *f*

ɔlantigrades [plɑ̃tigʀad] *m/pl* zo Sohlengänger *m/pl*

ɔlantoir [plɑ̃twaʀ] *m* Pflanzholz *n*

ɔlanton [plɑ̃tõ] *m* **1.** MIL Ordonnanz *f* **2.** F *fig* **faire le planton** F sich (*dat*) die Beine in den Bauch stehen

ɔlantureux [plɑ̃tyʀø] *adj* ⟨**-euse** [-øz]⟩ **1.** *repas* reichlich; üppig **2.** *femme* üppig; füllig

plaquage [plakaʒ] *m* **1.** RUGBY Fassen *n* (des Gegners) **2.** F *de qn* Verlassen *n*; F Sitzenlassen *n*

plaque [plak] *f* **1.** Platte *f*; *plaque chauffante, de cuisson* Heiz-, Kochplatte *f*; *fig plaque tournante* Drehscheibe *f*; Umschlagplatz *m*; *une plaque de chocolat* e-e Tafel Schokolade; *plaque d'égout* Kanaldeckel *m*; F *fig être à côté de la plaque* F völlig danebenliegen **2.** *avec une inscription* Tafel *f*; Schild *n*; *plaque commémorative* Gedenktafel *f*; AUTO *plaque minéralogique, d'immatriculation* Nummernschild *n* **3.** *sur la peau* Fleck *m*; *plaque dentaire* Zahnbelag *m*; Plaque *f*

plaqué [plake] *m* Dublee *ou* Doublé *n*

plaquer [plake] *v/t* **1.** *métal* plattieren; *plaqué or* aus *ou* in Golddublee **2.** *bois* furnieren; *en chêne plaqué* Eiche furniert **3.** *plaquer qn, se plaquer contre le mur* j-n, sich an, gegen die Wand drücken, pressen **4.** MUS *accord* anschlagen **5.** F (*abandonner*) *plaquer qn* F j-n sitzen lassen; *plaquer qc* etw aufgeben, F hinschmeißen

plaquette [plakɛt] *f* **1.** *une plaquette de beurre* ein Viertelpfund *n* Butter **2.** PHARM Blister *m* **3.** *plaquette sanguine* Blutplättchen *n*

plasma [plasma] *m* **plasma** (**sanguin**) (Blut-)Plasma *n*

plastic [plastik] *m* Plastiksprengstoff *m*

plasticage [-aʒ] *m* Sprengstoffanschlag *m*

plasticien [plastisjɛ̃] *m* Spezialist *m* der plastischen Chirurgie

plasticité [plastisite] *f* **1.** TECH *d'une matière* (Ver)Formbarkeit *f*; Plastizität *f* **2.** PSYCH Formbarkeit *f*; Anpassungsfähigkeit *f*

plastifiant [plastifjɑ̃] *m* TECH Weichmacher *m*

plastifier [plastifje] *v/t* mit Plastikfolie überziehen; einschweißen

plastiquage [plastikaʒ] *m* → **plasticage**

▸ **plastique** [plastik] **I** *adj* **1.** *matière* *f* *plastique* Kunststoff *m*; Plastik *n* **2.** *arts m/pl plastiques* bildende Kunst **3.** *chirurgie* *f* *plastique* plastische Chirurgie **II** *subst* **4.** *m* Kunststoff *m*; Plastik *n*; *en plastique* aus Kunststoff; Kunststoff…; Plastik… **5.** *f art* Plastik *f*

plastiquer [plastike] *v/t* mit e-r Plastikbombe in die Luft sprengen

plastiqueur [-œʀ] *m* (Plastik)Bombenleger *m*

plastron [plastʀõ] *m* *plastron de chemise* Hemdbrust *f*

plastronner [plastʀɔne] *v/i* (*bomber le torse*) sich in die Brust, in Positur werfen; *par ext* (*poser*) posieren; paradieren

▸ **plat**[1] [pla] **I** *adj* ⟨**plate** [plat]⟩ **1.** flach; eben; platt; *assiette, talon* flach; *avoir les pieds plats* Plattfüße haben; *à plat batterie* leer; *pneu* platt; *pneu m à plat* F Plattfuß *m*; F Platte(r) *m*; F *fig personne être à plat* abgeschlagen, F fertig, F kaputt sein; *mettre qc à plat* etw flach hinlegen; *fig* etw eingehend prüfen **2.** *eau plate* stilles Wasser; (Mineral)Wasser *n* ohne Kohlensäure **3.** *fig* fad(e); farblos; schal; geistlos; *faire de plates excuses* sich unterwürfig entschuldigen **4.** *rimes plates* Paarreim *m* **II** *m* **5.** *le plat de la main* die flache Hand **6.** *d'une route* **faux plat** verdeckte Senke **7.** (*plongeon manqué*) F Bauchklatscher *m*

▸ **plat²** *m* **1.** *pièce de vaisselle* Platte *f*; **plat (à gratin)** feuerfeste Form; *fig* **mettre les petits plats dans les grands** sich in Unkosten stürzen (, um j-n zu bewirten) **2.** (*mets*) Gericht *n*; Speise *f*; *d'un menu* Gang *m*; **plat du jour** Tagesgericht *n*; **plat de résistance** Hauptgericht *n*; F *fig* **faire tout un plat de qc** viel Lärm um etw machen
platane [platan] *m* Platane *f*
plateau [plato] *m* ⟨~x⟩ **1.** *pour servir* Tablett *n*; Servierbrett *n*; **plateau de fromages** Käseplatte *f* **2.** *d'une balance* Waagschale *f* **3.** THÉ Bühne *f*; CIN, TV Szenenaufbau *m*; *par ext* Studio *n* **4.** GÉOGR (Hoch)Plateau *n*; Hochfläche *f*, -ebene *f*
plateau-repas *m* ⟨plateaux-repas⟩ auf e-m Tablett serviertes Essen
plate-bande [platbɑ̃d] *f* ⟨plates-bandes⟩ Rabatte *f*; Beet *n*; F *fig* **marcher sur les plates-bandes de qn** j-m ins Gehege kommen
platée [plate] *f* **une platée de riz** e-e Schüssel voll Reis; e-e Platte mit Reis
plate-forme [platfɔrm] *f* ⟨plates-formes⟩ **1.** *d'un bus*, POL Plattform *f* **2.** **plate-forme de forage** Bohrinsel *f*
platine¹ [platin] *m* **1.** Platin *n* **2.** *adjt* (**blond**) **platine** ⟨*inv*⟩ platinblond
platine² *f pour disques* Plattenteller *m*; *par ext* Plattenspieler *m*; *pour cassettes* Kassettendeck *n*; **platine laser** CD-Player *m*
platiné [platine] *adj* ⟨~e⟩ **1.** **une blonde platinée** e-e Platinblonde **2.** AUTO **vis platinées** Unterbrecherkontakte *m/pl*
platiner [platine] *v/t* TECH platinieren
platitude [platityd] *f* Plattheit *f*; Plattitüde *f*
Platon [platõ] *m* Plato(n) *m*
platonicien [platonisjɛ̃] **I** *adj* ⟨-ienne [-jɛn]⟩ platonisch **II** *m* Platoniker *m*
platonique [platɔnik] *adj* **1.** *amour* platonisch **2.** *protestation* rein theoretisch
platonisme [platɔnism] *m* Platonismus *m*
plâtrage [platraʒ] *m* (Ver)Gipsen *n*
plâtras [platra] *m/pl* Gipsschutt *m*
plâtre [platr] *m* **1.** CONSTR Gips *m*; *fig* **essuyer les plâtres** sich mit den Anfangsschwierigkeiten herumschlagen müssen **2.** MÉD Gipsverband *m*; F Gips *m* **3.** *objet* Gipsfigur *f*, -abguss *m*
plâtrer [platre] *v/t* **1.** CONSTR (ver)gipsen **2.** MÉD eingipsen; in Gips legen; **plâtré** in Gips
plâtrerie [platrəri] *f usine* Gipswerk *n*, -brennerei *f*
plâtreux [platrø] *adj* ⟨-euse [-øz]⟩ **1.** *sol* gipshaltig **2.** *teint* kalkweiß **3.** *fromage* zu trocken
plâtrier [platrije] *m* Gipser *m*
plâtrière [platrijɛr] *f* **1.** *carrière* Gipsbruch *m*, -grube *f* **2.** → **plâtrerie**
plausible [plozibl] *adj* plausibel; einleuchtend; glaubhaft
play-back [plɛbak] *m* ⟨*inv*⟩ Playback *n*; **chanter en play-back** (im) Playback singen
play-boy [plɛbɔj] *m* ⟨play-boys⟩ Playboy *m*
plèbe [plɛb] *f* **1.** HIST Plebs *f* **2.** *st/s et péj* Plebs *m*; Pöbel *m*
plébéien [plebejɛ̃] *adj* ⟨-ienne [-jɛn]⟩ *litt* plebejisch
plébiscitaire [plebisitɛr] *adj* plebiszitär; **par voie plébiscitaire** durch ein Plebiszit, e-n

Volksentscheid
plébiscite [plebisit] *m* Plebiszit *n*; Volksabstimmung *f*
plébisciter [-e] *v/t* durch Plebiszit, *par ext* mit großer Mehrheit *qc* billigen, *qn* wählen
pléiade [plejad] *f fig* bedeutender Personenkreis
▸ **plein** [plɛ̃] **I** *adj* ⟨pleine [plɛn]⟩ **1.** (*rempli*) voll; **plein de** (+ *subst*) voll(er); voll von; **plein d'admiration** voll(er) Bewunderung; **plein de force** kraftvoll **2.** (*complet*) voll; völlig; *confiance, satisfaction* **pleine et entière** vollste; **travailler à plein temps** ganztags arbeiten; **en plein** (+ *subst*) mitten in, auf (+ *dat ou acc*); **en plein désert** mitten in der Wüste; **en plein été** [-plɛn-] im Hochsommer; **en plein hiver** [-plɛn-] im tiefsten Winter; **en plein jour** am helllichten Tag(e); **en pleine nature** in der freien Natur **3.** *visage, joues* voll; rund **4.** *femelle animale* **pleine** trächtig **5.** **une journée pleine** ein ausgefüllter Tag **6.** *bois* massiv; **pneu plein** Vollgummireifen *m*; **roue pleine** Scheibenrad *n* **II** *adv* **7.** F **plein de** (*beaucoup*) e-e Menge; F ein Haufen; F jede Menge; F massenhaft **8.** F **en plein dans, sur** genau in, auf (+ *dat ou acc*) **III** *prép* ⟨*inv*⟩ **avoir de l'argent plein les poches** die Taschen voll(er) Geld haben **IV** *m* **9.** **faire le plein (d'essence)** volltanken; *hôtel* **faire le plein** ausgelastet, ausgebucht sein **10.** **battre son plein** in vollem Gang(e) sein
pleinement [plɛnmɑ̃] *adv* voll und ganz
plein-emploi [plɛnɑ̃plwa] *m* Vollbeschäftigung *f*
plénier [plenje] *adj* ⟨-ière [-jɛr]⟩ **assemblée plénière** Vollversammlung *f*; **réunion plénière** Plenarsitzung *f*
plénipotentiaire [plenipɔtɑ̃sjɛr] *m* DIPL Bevollmächtigte(r) *m*
plénitude [plenityd] *f st/s* Fülle *f*; **conserver la plénitude de ses facultés intellectuelles** noch im Vollbesitz s-r geistigen Kräfte sein
plénum [plenɔm] *m* POL Plenum *n*
pléonasme [pleɔnasm] *m* Pleonasmus *m*
pléthore [pletɔr] *f* Überfluss *m* (**de** an + *dat*)
pléthorique [-ik] *adj* zu umfangreich; *classe* überfüllt
pleurage [plœraʒ] *m* TECH Jaulen *n*
pleural [plœral, plø-] *adj* ⟨~e; -aux [-o]⟩ Brustfell...; Rippenfell...
pleurant [plœrɑ̃] *m* SCULP Klagegestalt *f*
▸ **pleurer** [plœre] **I** *v/t* beweinen; betrauern; trauern um; (*regretter*) nachweinen (+ *dat*) **II** *v/t/indir* **1.** *fig* **pleurer sur qc** etw beklagen; beweisen **2.** F **pleurer après qc** F nach etw schreien **III** *v/i* **3.** weinen; F heulen; F flennen; *bébé* schreien; **pleurer de joie** vor Freude weinen; **rire à en pleurer** Tränen lachen; *fig* **alle, pleurer auprès de qn pour obtenir qc** j-m etw was vorjammern, um etw zu erreichen **4.** *yeux* tränen; **faire pleurer** die Tränen in die Augen treiben
pleurésie [plœrezi] *f* Rippenfellentzündung *f*
pleureur [plœrœr] *adj* ⟨-euse [-øz]⟩ **saule pleureur** Trauerweide *f*
pleureuse [plœrøz] *f* Klageweib *n*
pleurnichements [plœrniʃmɑ̃] *m/pl* → **pleurnicheries**

pleurnicher [plœrniʃe] *v/i* quengeln
pleurnicheries [-ʀi] *f/pl* Quengelei *f*
pleurnicheur [plœrniʃœʀ] *adj* ⟨**-euse** [-øz]⟩ *enfant* quengelig; *ton* weinerlich; **gamine pleurnicheuse** F Heulsuse *f*
pleurote [plœʀɔt, plø-] *m* BOT Seitling *m*; COMM Austernpilz *m*
pleurs [plœʀ] *m/pl* **être tout en pleurs** in Tränen aufgelöst sein
pleut [plø] → **pleuvoir**
pleutre [pløtʀ] *litt m* Feigling *m*
pleutrerie [-əʀi] *litt f* Feigheit *f*
pleuvasser [pløvase] *v/imp*, **pleuviner** [pløvine] *v/imp* → **pleuvoter**
▸ **pleuvoir** [pløvwaʀ] **I** *v/imp* ⟨il pleut; il pleuvait; il plut; il pleuvra; qu'il pleuve; pleuvant; plu⟩ *il pleut* es regnet **II** *v/i* ⟨ils pleuvent; ils pleuvaient; ils plurent; ils pleuvront; qu'ils pleuvent⟩ *les coups, punitions pleuvaient* es hagelte Schläge, Strafen
pleuvoter [pløvɔte] *v/imp il pleuvote* es nieselt
plèvre [plɛvʀ] *f* Rippenfell *n*
plexus [plɛksys] *m* ANAT **plexus solaire** Solarplexus *m*; Sonnengeflecht *n*
pli [pli] *m* **1.** COUT Falte *f*; (**faux**) **pli** Knitterfalte *f*; **faire des plis** Falten werfen; F *fig* **cela ne fait pas un pli** das steht fest **2.** *marque dans du tissu* Bruch *m*; Kniff *m*; *dans du papier* Knick *m*; TYPO Falz *m*; **pli de pantalon** Bügelfalte *f* **3.** COIFFURE **mise** *f* **en plis** Wasserwelle *f*; Waschen und Legen *n* **4.** *fig* **prendre un mauvais pli** e-e schlechte Gewohnheit annehmen **5.** (*lettre*) Brief *m* **6.** *sur la peau* Falte *f*; Furche *f*; **pli de l'aine, du bras** Leisten-, Armbeuge *f* **7.** *aux cartes* Stich *m*
pliable [plijabl] *adj* faltbar; Klapp…
pliage [plijaʒ] *m d'un tissu* Zusammenlegen *n*, -falten *n*; *de papier* (Zusammen)Falten *n*; TYPO Falzen *n*; TECH *de tôle* (Ab)Biegen *n*; Abkanten *n*
pliant [plijã] **I** *adj* ⟨**-ante** [-ãt]⟩ zusammenklappbar; Klapp…; **chaise pliante** Klappstuhl *m*; **lit pliant** Klappbett *n*; **vélo pliant** Klapprad *n* **II** *m* Feldstuhl *m*
plie [pli] *f* ZO Scholle *f*; Goldbutt *m*
▸ **plier** [plije] **I** *v/t* **1.** *tissu, linge* zusammenlegen, -falten; *journal* (zusammen)falten **2.** *papier* knicken **3.** *table pliante, etc* zusammenklappen **4.** *bras, genoux* beugen; anwinkeln **5.** *fig* **plier qn à une discipline sévère** j-n e-r strengen Disziplin (*dat*) unterwerfen **II** *v/i* **6.** *branche* sich biegen **7.** *fig personne* sich beugen **III** *v/pr fig personne* **se plier à** sich beugen, fügen (+ *dat*)
plinthe [plɛ̃t] *f* Fußleiste *f*
plissage [plisaʒ] *m* Plissieren *n*; Fälteln *n*
plissé [plise] **I** *adj* ⟨◡e⟩ **jupe plissée** *à plis fins* Plisseerock *m*; *jupe écossaise* Faltenrock *m* **II** *m* COUT Plissee *n*
plissement [plismã] *m* GÉOL Faltung *f*
plisser [plise] *v/t* **1.** COUT plissieren; in Falten legen **2.** *front* runzeln; *yeux* zusammenkneifen
pliure [plijyʀ] *f* Kniff *m*; Knick *m*; **pliure du genou** Kniekehle *f*
ploiement [plwamã] *litt m* Biegen *n*; *des genoux* Beugen *n*
▸ **plomb** [plõ] *m* **1.** Blei *n*; **de plomb** Blei…; bleiern (*a fig sommeil, etc*); *essence* ▸ **sans**

plomb bleifrei; *fig* **ne pas avoir de plomb dans la cervelle** leichtsinnig, leichtfertig sein **2.** ÉLECT (Schmelz)Sicherung *f* **3.** CH **plombs** *pl* Schrotkörner *n/pl* **4.** PÊCHE Blei(kugel) *n(f)*
plombage [plõbaʒ] *m d'une dent* Plombe *f*; Füllung *f*
plombe [plõb] *f arg* (*heure*) Stunde *f*; **à cinq plombes** um fünf Uhr
plombé [plõbe] *adj* ⟨◡e⟩ **1.** *dent* plombiert **2.** *camion, colis* plombiert; verplombt **3.** *teint, ciel* bleifarben, -grau
plomber [plõbe] *v/t* **1.** *dent* plombieren **2.** (*sceller*) plombieren; verplomben **3.** *ligne* mit Blei (-kugeln) beschweren
plomberie [plõbʀi] *f* **1.** Klempnerei *f* **2.** *installations* Wasser- und Gasleitungen *f/pl*
▸ **plombier** [plõbje] *m* Installateur *m*
plombières [plõbjɛʀ] *f* Fürst-Pückler-Eis *n*
plonge [plõʒ] *f* **faire la plonge** die Teller waschen; das Geschirr spülen
plongeant [plõʒã] *adj* ⟨**-ante** [-ãt]⟩ *décolleté* tief; *vue* von oben
plongée [plõʒe] *f* **1.** Tauchen *n*; **plongée sous--marine** Tauchsport *m*; *sous-marin* **en plongée** auf Unterwasserfahrt **2.** CIN Aufnahme *f* von oben
plongeoir [plõʒwaʀ] *m* Sprungbrett *n*; *grand* Sprunganlage *f*; Sprungturm *m*
plongeon [plõʒõ] *m* Kopf-, Hechtsprung *m*; *fig* **faire le plongeon** viel Geld einbüßen
plonger [plõʒe] ⟨**-ge-**⟩ **I** *v/t* **1.** (ein)tauchen (**dans** in + *acc*) **2.** *fig* **plonger son regard dans les yeux de qn** j-m tief in die Augen blicken; *fig* **plonger qn dans la consternation** j-n in tiefe Bestürzung versetzen **II** *v/i* **3.** (*s'enfoncer dans l'eau*) tauchen **4.** (*faire un plongeon*) e-n Kopf-, Hechtsprung machen **5.** *gardien de but* (nach dem Ball) hechten **III** *v/pr* **6.** *personne* **se plonger dans l'eau** ins Wasser (ein)tauchen **7.** *fig* **se plonger dans un livre** sich in ein Buch vertiefen, versenken
plongeur [plõʒœʀ] *m*, **plongeuse** [-øz] *f* **1.** Taucher(in) *m(f)* **2.** *dans un restaurant* Tellerwäscher(in) *m(f)*
plot [plo] *m* ÉLECT Kontakt *m*
plouc [pluk] *m* → **péquenaud**
plouf [pluf] *int* plumps!
ploutocrate [plutɔkʀat] *m* Plutokrat *m*
ploutocratie [-si] *f* Plutokratie *f*
ployer [plwaje] *v/i* ⟨**-oi-**⟩ **1.** *poutre, branche* sich biegen **2.** *fig et litt* sich beugen
plu [ply] *p/p* → **plaire, pleuvoir**
plucher [plyʃe] → **pelucher**
pluches [plyʃ] F *f/pl* Kartoffelschälen *n*
plucheux [plyʃø] ⟨**-euse** [-øz]⟩ → **pelucheux**
▸ **pluie** [plɥi] *f* **1.** Regen *m*; **pluies** *pl* Regenfälle *m/pl*; **pluies acides** saurer Regen; **sous la pluie** im Regen; **le temps est à la pluie** es sieht nach Regen aus; → *Info bei* **Regen**; *fig* **faire la pluie et le beau temps** das Sagen haben; **parler de la pluie et du beau temps** von belanglosen Dingen reden; Small Talk machen; F *fig* **il n'est pas tombé de la dernière pluie** F er ist doch nicht von gestern **2.** *fig* **une pluie de coups** ein Hagel *m* von Schlägen
plumage [plymaʒ] *m* Gefieder *n*
plumard [plymaʀ] *m* F (*lit*) F Falle *f*; **au plumard** *a* in den *ou* die Federn

▸ **plume** [plym] *f* **1.** (Vogel)Feder *f*; **plumes** *pl a* Gefieder *n*; F *fig* **y laisser des plumes** F Federn lassen (müssen); *fig* **se parer des plumes du paon** sich mit fremden Federn schmücken **2.** (Schreib-, Zeichen)Feder *f*; *litt* **un homme de plume** ein Schriftsteller *m*

plumeau [plymo] *m* ⟨**~x**⟩ Staubwedel *m*

plumer [plyme] *v/t* **1.** *volaille* rupfen **2.** F *fig* **plumer qn** F j-n ausnehmen, rupfen

plûmes [plym] → **plaire**

plumet [plymɛ] *m* Federbusch *m*

plumetis [plymti] *m* Tupfenmull *m*

plumier [plymje] *m* Federkasten *m*

plumitif [plymitif] *m* *péj* Schreiberling *m*

plupart [plypaʀ] *adv* ▸ **la plupart des** (+ *subst*) die meisten (+ *subst*); die Mehrzahl, der größte Teil (+ *gén*); *abs* **la plupart** die meisten; **pour la plupart** zum größten Teil; größtenteils; ▸ **la plupart du temps** meist(ens)

pluralisme [plyʀalism] *m* Pluralismus *m*

pluraliste [-ist] *adj* pluralistisch

pluralité [-ite] *f* Vielzahl *f*

pluri... [plyʀi] *préfixe* mehr...; multi...

pluricellulaire *adj* BIOL mehr-, vielzellig

pluridisciplinaire *adj* mehrere Fachgebiete umfassend; interdisziplinär

▸ **pluriel** [plyʀjɛl] *m* Plural *m*; Mehrzahl *f*; **au pluriel** im Plural; in der Mehrzahl

plurilatéral *adj* ⟨**~e**; **-aux** [-o]⟩ mehrseitig; multilateral

plurilingue [plyʀilɛ̃g] *adj* mehrsprachig

plurilinguisme [-lɛ̃gɥism] *m* Mehrsprachigkeit *f*

pluripartisme [plyʀipaʀtism] *m* Mehrparteiensystem *n*

▸ **plus**[1] [*alleinstehend* plys, *vor adj u adv* ply, *vor Vokal* plyz] **I** *adv* **1.** ⟨*comp von* **beaucoup**⟩ mehr; **plus court** kürzer; **plus grand** größer; **plus que**, *avec un chiffre* **plus de** mehr als; **enfants** *m/pl* **de plus de dix ans** Kinder *n/pl* über zehn Jahre; **plus d'un** so mancher; **pour plus d'une raison** aus mehreren Gründen; **il est plus de midi** es ist zwölf durch, nach zwölf; **beaucoup, bien plus** viel mehr; **beaucoup plus vite** viel schneller; **en incise bien plus** mehr noch; **de plus** mehr; außerdem; noch (dazu); **une fois de plus** wieder (einmal); ▸ **de plus en plus** immer mehr; **aller de plus en plus vite** immer schneller gehen; **en plus** noch dazu; außerdem noch; COMM zuzüglich; extra; ▸ **en plus de** zusätzlich zu; neben (+ *dat*); **plus ou moins** mehr oder weniger; **ni plus ni moins** ganz einfach; **on ne peut plus** überaus; äußerst; **rien de plus** weiter, sonst nichts; **sans plus** das ist aber auch alles; **plus ... plus** [ply] je (mehr) ... desto *ou* umso (mehr); **plus ... moins** je mehr ... desto *ou* umso weniger; **plus de** [plysdə] (+ *subst*) mehr (+ *subst*) **2.** [plys] MATH plus **3.** ⟨*sup von* **beaucoup**⟩ **le plus** am meisten; **le plus grand, la plus grande** der, die, das größte; **être le plus grand** am größten, der, die größte sein; **la situation était des plus compliquées** die Lage war äußerst, höchst kompliziert; **c'est lui qui court le plus vite** er läuft am schnellsten; **(tout) au plus** (aller)höchstens **II** *subst* **4.** ▸ **le plus** das meiste; **le plus que je puisse faire** das Äußerste, was ich tun kann **5.** *m* MATH

Plus(zeichen) *n* **6.** *m* (*avantage*) Plus(punkt) *n(m)*

plus[2] [ply] *adv de négation* **ne ... plus** nicht mehr; (**ne ...**) **plus de** (+ *subst*) kein(e) ... mehr; **ne ... plus personne** niemand mehr; **ne ... plus que** nur noch; **ne ... plus rien** nichts mehr; **moi non plus** ich auch nicht

▸ **plusieurs** [plyzjœʀ] *adj/ind et pr/ind* mehrere; **plusieurs fois** mehrmals; verschiedentlich; **à plusieurs** zu mehreren

plus-que-parfait [plyskəpaʀfɛ] *m* Plusquamperfekt *n*; Vorvergangenheit *f*

plus-value [plyvaly] *f* ⟨**plus-values**⟩ Wertzuwachs *m*; Mehrwert *m*

plut [ply] → **pleuvoir**, **plaire**

plutonium [plytɔnjɔm] *m* Plutonium *n*

▸ **plutôt** [plyto] *adv* **1.** (*de préférence*) lieber; eher; **ou plutôt** oder vielmehr; **plutôt que de** (+ *inf*) anstatt zu (+ *inf*) **2.** (*assez*) ziemlich; recht

pluvial [plyvjal] *adj* ⟨**~e**; **-aux** [-o]⟩ Regen...

pluvier [plyvje] *m* ZO Regenpfeifer *m*

pluvieux [plyvjø] *adj* ⟨**-euse** [-øz]⟩ *temps* regnerisch; *pays* regenreich

pluviner [plyvine] *v/imp* → **pleuvoter**

pluviomètre [plyvjɔmɛtʀ] *m* Niederschlagsmesser *m*

pluviosité [plyvjozite] *f* Regenreichtum *m*; Niederschlags-, Regenmenge *f*

PME [peɛmə] *f/pl abr* (*petites et moyennes entreprises*) Klein- und Mittelbetriebe *m/pl*; **une PME** ein mittelständischer Betrieb

PMU [peɛmy] *m abr* ⟨*inv*⟩ (*Pari mutuel urbain*) Pferdetoto *n*; *agence* Wettannahme *f*

PNB [peɛnbe] *m abr* ⟨*inv*⟩ (*produit national brut*) Bruttosozialprodukt *n*

▸ **pneu** [pnø] *m* Reifen *m*; **pneu neige** Winterreifen *m*; **pneus à clous** Spikes *pl*; **pneu à plat** F Plattfuß *m*

pneumatique [pnømatik] *adj* **canot** *m* **pneumatique** Schlauchboot *n*; **marteau** *m* **pneumatique** Presslufthammer *m*; **matelas** *m* **pneumatique** Luftmatratze *f*

pneumologie [pnømɔlɔʒi] *f* Pneumologie *f*

pneumologue [-lɔg] *m,f* Facharzt, -ärztin *m,f* für Lungenkrankheiten; *sc* Pneumologe, -login *m,f*

pneumonie [pnømɔni] *f* Lungenentzündung *f*

p.o. *ou* **p/o** *abr* (*par ordre*) COMM i. A.

pochade [pɔʃad] *f* **1.** PEINT Farbskizze *f* **2.** LITTÉRATURE (burleske) Skizze

pochard [pɔʃaʀ] *m*, **pocharde** [-aʀd] *f* F Saufbruder *m*; P Säufer(in) *m(f)*

▸ **poche** [pɔʃ] *f* **1.** COUT Tasche *f*; **de poche** Taschen...; **argent** *m* **de poche** Taschengeld *n*; **connaître qc comme sa poche** etw wie s-e Westentasche kennen; F *fig* **c'est dans la poche** das ist so gut wie sicher; **faire les poches à qn** heimlich die Taschen j-s durchsuchen **2.** *d'un sac, etc* (Innen)Fach *n* **3.** (*sac en plastique*) (Plastik)Tüte *f* **4.** **pantalon** *m* **faire des poches aux genoux** ausgebeulte Knie haben **5.** **poches** (**sous les yeux**) Tränensäcke *m/pl* (unter den Augen) **6.** *du kangourou* Beutel *m* **7.** *de gaz naturel, etc* Ansammlung *f* **8.** MÉD **poche des eaux** Fruchtblase *f*; **poche de pus** Eitersack *m*

poché [pɔʃe] *adj* ⟨**~e**⟩ **1.** **œil poché** blaues Auge **2. œufs pochés** verlorene, pochierte Eier *n/pl*

pocher [pɔʃe] *v/t* **1.** CUIS *œufs* pochieren **2.** PEINT mit dem Pinsel, farbig skizzieren

pochette [pɔʃɛt] *f* **1.** *mouchoir* Einstecktuch *n* **2. pochette de disque** Plattenhülle *f* **3.** *sac à main* Unterarmtasche *f*

pochette-surprise *f* ⟨**pochettes-surprises**⟩ Wundertüte *f*

pochoir [pɔʃwaR] *m* Schablone *f*

podium [pɔdjɔm] *m* Siegerpodest *n*; (*estrade*) Podium *n*

podologie [pɔdɔlɔʒi] *f* Fußkunde *f*

poêle[1] [pwal] *m* Ofen *m*; **poêle à mazout** Öl-ofen *m*

▸ **poêle**[2] *f* Pfanne *f*

poêlée [pwale] *f* **une poêlée de ...** e-e Pfanne voll ...

poêler [pwale] *v/t* in der Pfanne braten

poêlon [pwalɔ̃] *m* CUIS Tiegel *m*

poème [pɔɛm] *m* Gedicht *n*

▸ **poésie** [pɔezi] *f* **1.** *art* Dichtung *f*; Dichtkunst *f*; Poesie *f* (*a fig*) **2.** (*poème*) Gedicht *n*

▸ **poète** [pɔɛt] *m* Dichter(in) *m(f)*; *plais* Poet *m*

poétesse [pɔetɛs] *f a iron* Dichterin *f*

poétique [pɔetik] *adj* dichterisch; poetisch (*a fig*)

poétiser [-ize] *v/t* dichterisch ausgestalten, aus-schmücken

pogne [pɔɲ] *f* F (*main*) F Flosse *f*; F Pfote *f*

pognon [pɔɲɔ̃] *m* F → **fric**

pogrom(e) [pɔgRɔm] *m* Pogrom *m ou n*

▸ **poids** [pwa] *m* **1.** Gewicht *n* (*a d'une balance*); *d'une personne a* Körpergewicht *n*; *fig des im-pôts, des soucis, etc* Last *f*; *fig* **faire deux poids, deux mesures** mit zweierlei Maß mes-sen; **perdre, prendre du poids** ab-, zuneh-men; **vendre au poids** nach Gewicht verkau-fen **2.** BOXE, LUTTE Gewichtsklasse *f*; **poids plume** Federgewicht *n*; *fig de qn* Fliegenge-wicht *n*; *fig* **il ne fait pas le poids** ihm fehlen die nötigen Voraussetzungen **3.** SPORTS Kugel *f*; **lancer le poids** die Kugel stoßen **4.** ▸ **poids lourd** Lkw *ou* LKW *m*; Lastwagen *m*; F Laster *m* **5.** *fig* (*importance*) Gewicht *n*; **de poids** *ar-gument* gewichtig; *homme* einflussreich

poignant [pwaɲɑ̃] *adj* ⟨**-ante** [-ɑ̃t]⟩ herzzerrei-ßend

poignard [pwaɲaR] *m* Dolch *m*

poignarder [pwaɲaRde] *v/t* erdolchen; erste-chen

poigne [pwaɲ] *f* Kraft *f* in den Fäusten; *fig* **à poigne** energisch

poignée [pwaɲe] *f* **1.** *quantité* Handvoll *f* (*a fig*) **2. poignée de main** Händedruck *m*; Hand-schlag *m* **3.** *d'une fenêtre, valise, etc* Griff *m*; *d'une porte* (Tür)Klinke *f*

▸ **poignet** [pwaɲɛ] *m* **1.** ANAT Handgelenk *n*; *fig* **à la force du poignet** aus eigener Kraft **2.** COUT (Ärmel)Bündchen *n*

▸ **poil** [pwal] *m* **1.** *d'un animal* Haar *n* (*a coll*); (*pelage*) Haarkleid *n*; Fell *n* **2.** *chez l'être hu-main* (Körper)Haar *n* (*a coll*); **poils de la bar-be** Barthaar(e) *n(pl)*; F **à poil** (F splitter)nackt; **se mettre à poil** sich nackt ausziehen; F (**être**) **au poil** F prima, F klasse (sein); *fig* **à un poil près** um ein Haar; um Haaresbreite; *fig* **de tout poil** aller Art; aller Schattierungen; *fig*

avoir un poil dans la main die Arbeit nicht erfunden haben; *fig* **être de mauvais poil** schlechter Laune, schlecht gelaunt sein; *fig* **re-prendre du poil de la bête** F sich wieder hoch-rappeln **3.** BOT (Pflanzen)Haar *n*; **poil à gratter** Juckpulver *n* **4.** *d'une brosse, d'un pinceau* Borste *f*; *fin* Haar *n* **5.** *d'un velours, tapis* Flor *m*

poilant [pwalɑ̃] F *adj* ⟨**-ante** [-ɑ̃t]⟩ F zum Tot-lachen

poiler [pwale] *v/pr* F **se poiler** schallend la-chen; F sich tot-, schieflachen

poilu [pwaly] **I** *adj* ⟨**~e**⟩ behaart **II** *m* HIST Frontsoldat *m* (des Ersten Weltkriegs)

poinçon [pwɛ̃sɔ̃] *m* **1.** *pour percer* Durchschlä-ger *m*; Durchschlag *m* **2.** *pour graver* Punze *f*; Prägestempel *m* **3.** *marque* Punze *f*; Stempel *m*

poinçonnage [pwɛ̃sɔnaʒ] *m* **1.** *d'un billet* Knip-sen *n*; Lochen *n* **2.** *de tôles* (Loch)Stanzen *n* **3.** *de bijoux* Punzen *n*; Stempeln *n*

poinçonner [pwɛ̃sɔne] *v/t* **1.** *billet* knipsen; lo-chen **2.** *bijoux* punzen; stempeln

poinçonneur [pwɛ̃sɔnœR] *m autrefois* (Fahr-karten)Knipser *m*

poinçonneuse [pwɛ̃sɔnøz] *f* **1.** *autrefois* (Fahr-karten)Knipserin *f* **2.** *pince* Knipszange *f* **3.** *pour tôles* Lochstanze *f*

poindre [pwɛ̃dR] *v/i* ⟨*déf*: **il point**; **il poignait**; **il poindra**⟩ *litt* **le jour commence à poindre** der Tag bricht an

▸ **poing** [pwɛ̃] *m* Faust *f*; **coup** *m* **de poing** Faustschlag *m*, -hieb *m*; *fig* **dormir à poings fermés** fest, tief, wie ein Murmeltier schlafen

▸ **point**[1] [pwɛ̃] *m* **1.** GR Punkt *m*; (**les**) **deux points** (der) Doppelpunkt; **point d'exclama-tion** Ausrufezeichen *n*; **point d'interrogation** Fragezeichen *n* (*a fig*); **point sur le i** i-Punkt *m*; i-Tüpfelchen *n*; → **i**; *fig* **un point, c'est tout!** und damit basta! **2.** (*endroit*) Punkt *m* (*a fig*, MATH); Stelle *f*; *fig* **point chaud** Krisen-herd *m*; (*centre d'intérêt*) Brennpunkt *m*; *fig* **point faible** schwache Seite; Schwachstelle *f*; **point mort** AUTO Leerlauf *m*; *fig* toter Punkt; **point noir** *sur la peau* Mitesser *m*; *fig* neural-gischer Punkt; **point de départ** Ausgangs-punkt *m*; *fig a* Ansatzpunkt *m*; **point d'eau** Wasserstelle *f*; **point de vente** Verkaufsstelle *f*; ▸ **point de vue** Aussichtspunkt *m*; *fig* Stand-punkt *m*; **à point** *bifteck* medium; halb, nicht ganz durchgebraten; *fromage* gerade richtig; reif; *rôti* **être** (**cuit**) **à point** fertig (gebraten), gar sein; **à point** (**nommé**) gerade zur rechten Zeit; **au point où en sont les choses** so wie die Dinge stehen; **être au point** *machine* gut *ou* richtig funktionieren; *procédé, système* aus-gereift sein; **mettre au point** *appareil* einstel-len; *procédé, système* entwickeln; **au point de** (+ *inf*), **au point que, à tel point que** so (sehr), derart(ig), in e-m solchen Maße, Grade, dass; **à ce point** (**que**) so sehr, dermaßen (dass); **à ce point-là?** steht es so schlimm?; **à quel point** wie sehr; in welchem Maße; **être mal en point** schlecht, übel dran sein; gar nicht auf der Hö-he sein; **être sur le point de faire qc** gerade im Begriff sein, gerade dabei sein, etw zu tun; **fai-re le point** MAR, AVIAT die Position ermitteln; *fig* e-e Zwischenbilanz ziehen **3.** (*sujet*) Punkt *m*; **point de détail** nebensächlicher Punkt; **point**

P

par point Punkt für Punkt; *sur ce point* in diesem Punkt **4.** ÉCOLE, SPORTS, JEUX Punkt *m*; *fig* **bon, mauvais point** Plus-, Minuspunkt *m*; SPORTS *aux points* nach Punkten **5.** COUT Stich *m* **6.** TRICOT, CROCHET Muster *n* **7.** *d'un dé à jouer* Auge *n*; *aux cartes* Punkt *m* **8.** MÉD **point de côté** Seitenstechen *n* **9.** *au point du jour* bei Tagesanbruch

point² *adv ne ... point* (durchaus) nicht

pointage [pwɛtaʒ] *m* **1.** *sur une liste* Abhaken *n* **2.** *du personnel* Stempeln *n*

▸ **pointe** [pwɛt] *f* **1.** (*bout pointu*) Spitze *f*; **pointe d'asperge** Spargelspitze *f*; **marcher sur la pointe des pieds** auf Zehenspitzen gehen; *se terminer en pointe* spitz zulaufen **2.** DANSE (*chaussons m/pl à*) **pointes** Spitzenschuhe *m/pl*; **faire des pointes** Spitzentanz tanzen **3.** (*objet pointu*) *d'une grille* Spitze *f*; *de barbelés* Stachel *m*; (*clou*) Drahtstift *m*; Tapeziernagel *m*; SPORTS (*chaussures f/pl à*) **pointes** Rennschuhe *m/pl*; Spikes *pl* **4.** *du graveur* Radiernadel *f*; **pointe sèche** (Kaltnadel)Radierung *f* **5.** *une pointe d'ironie, etc* e-e Spur, ein Anflug *m* von Ironie, *etc* **6.** *fig* (*allusion ironique*) Spitze *f*; *lancer des pointes à qn* gegen j-n sticheln **7.** *fig* (*maximum*) Spitze *f*; *de pointe* Spitzen...; ▸ *heures f/pl de pointe* Spitzenzeiten *f/pl*; *technologie f de pointe* Spitzentechnologie *f*; *vitesse f de pointe* Spitzengeschwindigkeit *f*; F Spitze *f*

pointeau [pwɛto] *m* ⟨**~x**⟩ **1.** *outil* Körner *m* **2.** *d'un carburateur* Schwimmernadel(ventil) *f(n)*

pointer [pwɛte] **I** *v/t* **1.** *sur une liste* abhaken **2.** *arme, par ext* index richten (*vers* auf + *acc*) **3.** *animal: oreilles* spitzen **4.** ÉCOLE **zéro pointé** das Durchfallen bedingende Sechs **II** *v/i* **5.** *personnel d'une entreprise* stempeln **6.** *aux boules* die Zielkugel anspielen **7.** *tour* emporragen; *seins* sich vorwölben **8.** *bourgeons, pousses* sprießen **III** *v/pr* F *fig se pointer chez qn* F bei j-m aufkreuzen

pointeur [pwɛtœʀ] *m* **1.** *artilleur* Richtkanonier *m* **2.** *aux boules* Spieler, der die Zielkugel anspielt

pointeuse [pwɛtøz] *f* Stechuhr *f*

pointillé [pwɛtije] *m* punktierte Linie; (*perforations*) Perforierung *f*; *fig* **en pointillé** zwischen den Zeilen

pointilleux [pwɛtijø] *adj* ⟨**-euse** [-øz]⟩ pedantisch (*sur* in + *dat*); übergenau; F pingelig

pointillisme [pwɛtijism] *m* PEINT Pointillismus *m*

pointilliste [pwɛtijist] PEINT **I** *adj* pointillistisch **II** *m,f* Pointillist(in) *m(f)*

▸ **pointu** [pwɛty] *adj* ⟨**~e**⟩ **1.** *clocher, nez, chapeau, etc* spitz **2.** *voix* schrill **3.** *fig industrie, formation* hoch spezialisiert

pointure [pwɛtyʀ] *f* (Schuh-, Hut)Nummer *f*, (-)Größe *f*

point-virgule *m* ⟨**points-virgules**⟩ Strichpunkt *m*; Semikolon *n*

▸ **poire** [pwaʀ] *f* **1.** Birne *f*; *fig couper la poire en deux* sich einigen; sich (*dat*) auf halbem Wege entgegenkommen; *fig garder une poire pour la soif* e-n Notgroschen zurücklegen **2.** *poire électrique* Druckknopfschalter *m* (am Kabelende); *poire à lavement* Klistierspritze

f **3.** F *fig* (*figure*) F Visage *f* **4.** F *fig une* (*bonne*) *poire* F ein gutmütiger Trottel; F *vous me prenez pour une poire!* Sie halten mich wohl für blöd!

poiré [pwaʀe] *m* Birnenmost *m*

poireau [pwaʀo] *m* ⟨**~x**⟩ Porree *m*; Lauch *m*

poireauter [pwaʀote] *v/i* F ewig lange warten

poirier [pwaʀje] *m* **1.** BOT Birnbaum *m* **2.** *fig faire le poirier* e-n Kopfstand machen

poiroter → *poireauter*

pois [pwa] *m* **1.** Erbse *f*; ▸ *petits pois* grüne Erbsen **2.** *pois de senteur* (Duft)Wicke *f* **3.** *à pois* getüpfelt; gepunktet

▸ **poison** [pwazõ] **1.** *m* Gift *n* **2.** *m,f* F (*personne méchante*) F Giftnudel *f*; (*enfant insupportable*) F Nervensäge *f* **3.** *m* F *d'une activité* Plage *f*

poissarde [pwasaʀd] *f* ordinäres Weib

poisse [pwas] *f* F Pech *n* (*fig*)

poisser [-e] *v/t* beschmieren

poisseux [-ø] *adj* ⟨**-euse** [-øz]⟩ klebrig

▸ **poisson** [pwasõ] *m* **1.** Fisch *m*; *poisson d'eau douce, de mer, de rivière* Süßwasser-, See-, Flussfisch *m* **2.** *poisson d'avril* Aprilscherz *m*; *faire un poisson d'avril à qn* j-n in den April schicken **3.** ASTR *les Poissons* die Fische *m/pl*; *être Poissons* (ein) Fisch sein

poisson-chat *m* ⟨**poissons-chats**⟩ Wels *m*

poisson-épée *m* ⟨**poissons-épées**⟩ Schwertfisch *m*

poisson-lune *m* ⟨**poissons-lunes**⟩ Mondfisch *m*

poissonnerie [pwasɔnʀi] *f* **1.** *magasin* Fischgeschäft *n* **2.** *commerce* Fischhandel *m*

poissonneux [-ø] *adj* ⟨**-euse** [-øz]⟩ fischreich

poissonnier [-je] *m*, **poissonnière** [-jɛʀ] *f* Fischhändler(in) *m(f)*

poisson-scie *m* ⟨**poissons-scies**⟩ Sägefisch *m*

poitevin [pwatvɛ̃] **I** *adj* ⟨**-ine** [-in]⟩ von Poitiers; des Poitou **II** *subst* **Poitevin(e)** *m(f)* Bewohner(in) *m(f)* von Poitiers, des Poitou

Poitiers [pwatje] Stadt im Dep. Vienne

Poitou [pwatu] *le Poitou* historische Provinz in Westfrankreich

Poitou-Charentes [pwatuʃaʀɑ̃t] *le Poitou--Charentes* *frz* Region

poitrail [pwatʀaj] *m* ZO Brust *f*

poitrinaire [pwatʀinɛʀ] *adj* schwindsüchtig

▸ **poitrine** [pwatʀin] *f* **1.** ANAT Brust *f* **2.** *d'une femme* Busen *m*; Brust *f* **3.** *poitrine de bœuf, de veau* Rinder-, Kalbsbrust *f*; *poitrine de porc* Schweinebauch *m*

▸ **poivre** [pwavʀ] *m* **1.** Pfeffer *m* **2.** *adjt* ⟨*inv*⟩ *poivre et sel* grau meliert

poivrer [pwavʀe] *v/t* pfeffern

poivrier [-ije] *m* BOT Pfeffer(strauch) *m*

poivrière [-ijɛʀ] *f* CUIS Pfefferstreuer *m*

poivron [pwavʀõ] *m* Paprika(schote) *m(f)*

poivrot [pwavʀo] *m*, **poivrote** [-ɔt] *f* F Säufer(in) *m(f)*

poix [pwa] *f* Pech *n*

poker [pɔkɛʀ] *m* Poker *n ou m*

polaire [pɔlɛʀ] *adj* polar; Polar...; *l'étoile f polaire* der Polarstern

polar [pɔlaʀ] *m* F Krimi *m*

polarisation [pɔlaʀizasjõ] *f* **1.** OPT, ÉLECT Polarisation *f* **2.** *fig* Konzentrierung *f*, Ausrichtung *f* (*sur* auf +*acc*)

polariser [pɔlaʀize] v/t **1.** PHYS polarisieren **2.** fig attention auf sich (acc) konzentrieren

polariseur [pɔlaʀizœʀ] m OPT Polarisator m

polarité [pɔlaʀite] f Polarität f

polaroïd® [pɔlaʀɔid] m Polaroidkamera® f

polder [pɔldɛʀ] m Polder m; Ko(o)g m

▸ **pôle** [pol] m **1.** GÉOGR, ÉLECT Pol m; **pôle Nord, Sud** Nord-, Südpol m **2.** fig **pôle d'attraction** Anziehungspunkt m **3.** (centre d'activités) Zentrum n

polémique [pɔlemik] **I** adj polemisch **II** f Polemik f; Fehde f; Kontroverse f

polémiquer [pɔlemike] v/i polemisieren

polémiste [-ist] m,f Polemiker(in) m(f)

polenta [pɔlɛnta] f Polenta f

pole position [polpozisjõ] f ⟨**pole positions**⟩ SPORTS Poleposition f

▸ **poli** [pɔli] **I** adj ⟨**~e**⟩ **1.** personne, ton höflich **2.** surface (glatt und) glänzend; poliert **II** m (Hoch)Glanz m

▸ **police** [pɔlis] f **1.** Polizei f; **police judiciaire** Kriminalpolizei f (abr Kripo f); **police privée** privater Sicherheitsdienst; **police secours** Überfallkommando n **2.** **police** (**d'assurance**) (Versicherungs)Police f

---

La police et la gendarmerie

Sowohl bei der **gendarmerie** als auch bei der **police** handelt es sich um Polizeikräfte, die aber unterschiedlichen Ministerien unterstehen. Bei der **gendarmerie nationale** handelt es sich um Polizeikräfte mit militärischem Status, sie unterstehen traditionell dem Verteidigungsministerium und haben auch militärische Aufgaben, während die **police nationale** dem Innenministerium untersteht. Die gendarmerie operiert mehr in ländlicher Umgebung und in den Vorstädten, während die police ausschließlich in den Städten tätig ist. Die Verteilung der Aufgaben ist nicht immer klar definiert, sodass es Kompetenzüberschneidungen gibt. So kommt es vor, dass **policiers** und **gendarmes** dieselben Fälle bearbeiten, getrennt und ohne zu kooperieren. Zwischen beiden besteht eine gewisse Rivalität. Sie sind unter ein und derselben Notrufnummer zu erreichen: 17.

---

policé [pɔlise] litt adj ⟨**~e**⟩ zivilisiert

Polichinelle [pɔliʃinɛl] m **1.** Gestalt des frz Marionettentheaters; fig **c'est le secret de Polichinelle** das ist ein offenes Geheimnis **2.** fig **polichinelle** Hampelmann m

▸ **policier** [pɔlisje] **I** adj ⟨**-ière** [-jɛʀ]⟩ **1.** mesures polizeilich; **chien policier** Polizeihund m **2.** roman, film Kriminal... **II** m Polizist m

policlinique [pɔliklinik] f Poliklinik f

poliment [pɔlimã] adv höflich

polio [pɔljo] **1.** f Polio f **2.** m,f Poliogeschädig-

te(r) f(m)

poliomyélite [pɔljɔmjelit] f Kinderlähmung f

poliomyélitique [-ik] **I** adj personne an Kinderlähmung erkrankt **II** m,f **a**) personne atteinte an Kinderlähmung Erkrankte(r) f(m) **b**) personne handicapée Poliogeschädigte(r) f(m)

polir [pɔliʀ] v/t **1.** TECH schleifen; polieren; glätten **2.** fig style ausfeilen

polissage [pɔlisaʒ] m Schleifen n; Polieren n; Glätten n

polisson [pɔlisõ] **I** adj ⟨**-onne** [-ɔn]⟩ zweideutig; schlüpfrig; regards lüstern **II** **polisson(ne)** m(f) Schlingel m; F Racker m

politesse [pɔlitɛs] f Höflichkeit f

politicard [pɔlitikaʀ] m, **politicarde** [-aʀd] f péj skrupellose(r), dubiose(r) Politiker(in) m(f)

politicien [pɔlitisjɛ̃], **politicienne** [-jɛn] souvent péj **I** m,f Politiker(in) m(f) **II** adj (rein) politisch

politico-économique [pɔlitikoekɔnɔmik] adj wirtschaftspolitisch

politico-social adj ⟨**~e**; **-aux** [-o]⟩ sozialpolitisch

▸ **politique** [pɔlitik] **I** adj **1.** politisch; **crise f politique** Staatskrise f; ▸ **homme** m **politique** Politiker m **2.** st/s (habile) diplomatisch **II** subst **3.** f Politik f (a fig); **politique européenne, de l'emploi** Europa-, Beschäftigungspolitik f; **faire de la politique** sich politisch betätigen **4.** m Politiker m; Staatsmann m

politisation [pɔlitizasjõ] f Politisierung f

politiser [-e] v/t politisieren

politologie [pɔlitɔlɔʒi] f Politologie f

politologue [-lɔg] m,f Politologe, -login m,f

polka [pɔlka] f Polka f

pollen [pɔlɛn] m Pollen m; Blütenstaub m

pollinisation [pɔlinizasjõ] f Bestäubung f

polluant [pɔlɥɑ̃] **I** adj ⟨**-ante** [-ɑ̃t]⟩ umweltschädlich; **non polluant** umweltfreundlich, -verträglich; schadstoffarm **II** m Schadstoff m

▸ **polluer** [pɔlɥe] v/t environnement verschmutzen; air, eau a verunreinigen

pollueur [pɔlɥœʀ] m Umweltsünder m, -verschmutzer m

▸ **pollution** [pɔlysjõ] f Umweltverschmutzung f; Umweltbelastung f; **pollution atmosphérique** Luftverschmutzung f; **pollution des sols** a Bodenverseuchung f

polo [pɔlo] m **1.** SPORTS Polo(spiel) n **2.** chemise Polohemd n

polochon [pɔlɔʃõ] F m Nackenrolle f

▸ **Pologne** [pɔlɔɲ] **la Pologne** Polen n

▸ **polonais** [pɔlɔnɛ] **I** adj ⟨**-aise** [-ɛz]⟩ polnisch **II** subst **1.** **Polonais(e)** m(f) Pole m, Polin f **2.** LING **le polonais** das Polnische; Polnisch n **3.** **polonaise** f Polonaise ou -näse f

polonium [pɔlɔnjɔm] m CHIM Polonium n

poltron [pɔltʀõ] m, **poltronne** [-ɔn] f Feigling m; Hasenfuß m

poltronnerie [-ɔnʀi] f Feigheit f

poly... [pɔli] préfixe poly...; Poly...; viel...; Viel...; mehr...; Mehr...

polyacrylique adj CHIM **résines** f/pl **polyacryliques** (Poly)Acrylharze n/pl

polyamide [pɔliamid] m Polyamid n

polyandrie [pɔliɑ̃dʀi] f Vielmännerei f

polyarthrite f Polyarthritis f

polychrome [pɔlikʀom] adj mehrfarbig

polychromie [-i] *f* Viel-, Mehrfarbigkeit *f*; Polychromie *f*
polyclinique *f* Allgemeinkrankenhaus *n*
polycopie *f* Vervielfältigung *f*
polycopier *v/t* vervielfältigen; **(cours) polycopié** *m* (Vorlesungs)Skript *n*
polyculture *f* Mischkultur *f*
polyester [pɔliɛstɛʀ] *m* Polyester *m*
polyéthylène [pɔlietilɛn] *m* Polyäthylen *n*
polygame [pɔligam] **I** *adj* polygam **II** *m,f* Polygamist(in) *m,f*
polygamie [-i] *f* Polygamie *f*; Vielehe *f*
polyglotte **I** *adj* mehr-, vielsprachig; polyglott **II** *m,f* Polyglotte(r) *f(m)*; mehrsprachige Person
polygonal [pɔligɔnal] *adj* ⟨**~e; -aux** [-o]⟩ vieleckig; polygonal
polygone [pɔligon, -gɔn] *m* Vieleck *n*; Polygon *n*
polymère [pɔlimɛʀ] *m* Polymer *n*
polymérie [pɔlimeʀi] *f* CHIM, BIOL Polymerie *f*
polymérisation [-izasjõ] *f* CHIM Polymerisation *f*; Polymerisierung *f*
polymériser [-ize] *v/t* CHIM polymerisieren
polymorphe [pɔlimɔʀf] *adj* viel-, verschiedengestaltig; polymorph
polymorphisme [-ism] *m* Mehr-, Vielgestaltigkeit *f*; Polymorphismus *m*
Polynésie [pɔlinezi] **la Polynésie** Polynesien *n*; **la Polynésie française** Französisch-Polynesien *n*
polynésien [pɔlinezjɛ̃] **I** *adj* ⟨**-ienne** [-jɛn]⟩ polynesisch **II** **Polynésien(ne)** *m(f)* Polynesier(in) *m(f)*
polynôme [pɔlinom] *m* MATH Polynom *n*
polype [pɔlip] *m* Polyp *m*
polyphasé [pɔlifɑze] *adj* ⟨**~e**⟩ **courant polyphasé** Mehrphasenstrom *m*
polyphonie [pɔlifɔni] *f* Mehrstimmigkeit *f*; Polyphonie *f*
polyphonique [-ik] *adj* mehrstimmig; polyphon
polysémie [pɔlisemi] *f* Mehrdeutigkeit *f* (von Wörtern); Polysemie *f*
polysémique [-ik] *adj* mehrdeutig; polysem
polystyrène [pɔlistiʀɛn] *m* **polystyrène (expansé)** Styropor® *n*
polysyllabe, **polysyllabique** [-ik] *adj* mehr-, vielsilbig
polytechnicien *m*, **polytechnicienne** *f* Absolvent(in) *m(f)* der École polytechnique
polytechnique *adj* **École** *f* **polytechnique** *ou subst* **Polytechnique** *f* (*vom Armeeministerium verwaltete) technische Hochschule*
polythéisme [pɔliteism] *m* Vielgötterei *f*; Polytheismus *m*
polythéiste [pɔliteist] **I** *adj* polytheistisch **II** *m,f* Polytheist(in) *m(f)*
polytraumatisé [pɔlitʀomatize] *m* Schwerverletzte(r) *m*
polyvalence *f* Vielseitigkeit *f*; vielseitige Verwendbarkeit
polyvalent [-valɑ̃] *adj* ⟨**-ente** [-ɑ̃t]⟩ vielseitig (einsetzbar); Mehrzweck...
polyvinyle [pɔlivinil] *m* CHIM **(chlorure** *m* **de) polyvinyle** PVC *n*; Polyvinylchlorid *n*
pomélo [pɔmelo] *m fruit* Pomelo *f*
Poméranie [pɔmeʀani] **la Poméranie** Pommern *n*

poméranien [pɔmeʀanjɛ̃] **I** *adj* ⟨**-ienne** [-jɛn]⟩ pommer(i)sch **II** *subst* **Poméranien(ne)** *m(f)* Pommer(in) *m(f)*
pommade [pɔmad] *f* Salbe *f*
pommadé [pɔmade] *adj* ⟨**~e**⟩ *cheveux* pomadisiert
► **pomme** [pɔm] *f* **1.** Apfel *m*; F *fig* **tomber dans les pommes** in Ohnmacht fallen; F umkippen **2.** ► **pomme de terre** Kartoffel *f*; **pommes de terre frites** Pommes frites *pl*; **pommes de terre à l'eau** Salzkartoffeln *f/pl*; **pommes de terre en robe de chambre** *ou* **en robe des champs** Pellkartoffeln *f/pl*; **pommes vapeur** gedämpfte Kartoffeln **3.** ANAT **pomme d'Adam** Adamsapfel *m* **4.** **pomme de pin** Tannenzapfen *m* **5.** **pomme d'arrosoir** (Gießkannen)Brause *f* **6.** F **pour ma pomme** für mich **7.** (*boule décorative*) Knauf *m*
pommé [pɔme] *adj* ⟨**~e**⟩ BOT Kopf...
pommeau [pɔmo] *m* ⟨**~x**⟩ Knauf *m*
pommelé [pɔmle] *adj* ⟨**~e**⟩ *ciel* mit Schäfchenwolken; **cheval (gris) pommelé** Apfelschimmel *m*
pommette [pɔmɛt] *f* Backenknochen *m*
► **pommier** [pɔmje] *m* Apfelbaum *m*
pompage [põpaʒ] *m* (Ab-, Hoch)Pumpen *n*
► **pompe**[1] [põp] *f* **1.** Pumpe *f*; **pompe à bicyclette** Fahrradpumpe *f*; **pompe à chaleur** Wärmepumpe *f*; **pompe à essence** Zapfsäule *f*; **pompe à incendie** Feuerspritze *f* **2.** F *fig* **à toute pompe** F mit Karacho **3.** F **pompes** *pl* (*chaussures*) F Latschen *pl*; F *fig* **être à côté de ses pompes** F nicht ganz da sein **4.** F *exercice* **faire des pompes** Liegestütze *m/pl* machen
pompe[2] *f* **1.** *st/s* (*faste*) **en grande pompe** mit großem Prunk, Pomp **2.** **pompes funèbres** Beerdigungs-, Bestattungsinstitut *n*
Pompéi [põpei] Pompeji *n*
pomper [põpe] *v/t* TECH (ab)pumpen **2.** *sol*: *eau* aufsaugen; *moustiques*: *sang* saugen **3.** F (*copier*) abschreiben (**sur** von) **4.** F *fig adj* **être pompé** F ausgepumpt, völlig fertig, k. o. sein
pompette [põpɛt] *adj* F beschwipst
pompeux [põpø] *adj* ⟨**-euse** [-øz]⟩ schwülstig; hochtrabend
Pompidou [põpidu] **Georges Pompidou** *frz Staatspräsident*
► **pompier**[1] [põpje] *m* Feuerwehrmann *m*; **pompiers** *pl* Feuerwehr *f*
pompier[2] *adj* ⟨**-ière** [-jɛʀ]⟩ gestelzt
pompiste [põpist] *m* Tankwart *m*
pompon [põpõ] *m* Pompon *m*; Troddel *f*; F Bommel *f*; F *iron* **avoir le pompon** F den Vogel abschießen
pomponner [põpone] *v/t* (*et v/pr* **se pomponner** sich) herausputzen
ponçage [põsaʒ] *m* (Ab)Schleifen *n*; *à la pierre ponce* Poncieren *n*; *au papier émeri* (Ab)Schmirgeln *n*
ponce [põs] *adj* **pierre** *f* **ponce** Bimsstein *m*
poncer [põse] *v/t* ⟨**-ç-**⟩ (ab)schleifen; *au papier émeri* (ab)schmirgeln
ponceuse [põsøz] *f* Schleifmaschine *f*
poncho [põʃo] *m* Poncho *m*
poncif [põsif] *m st/s* Gemeinplatz *m*
ponction [põksjõ] *f* **1.** MÉD Punktion *f* **2.** FIN

(Geld)Entnahme *f*
ponctionner [põksjɔne] *v/t* MÉD punktieren
ponctualité [põktɥalite] *f* Pünktlichkeit *f*
ponctuation [põktɥasjõ] *f* Zeichensetzung *f*; Interpunktion *f*
ponctuel [põktɥɛl] *adj* ⟨~**le**⟩ **1.** *personne* pünktlich **2.** *source lumineuse, fig intervention* punktuell
ponctuellement [põktɥɛlmã] *adv* pünktlich
ponctuer [põktɥe] *v/t* **1.** *texte* mit Satzzeichen versehen; interpunktieren **2.** *fig* **ponctuer d'un geste** durch e-e Geste unterstreichen
pondérable [põdeʀabl] *adj sc* wiegbar; mit bestimmbarem Gewicht
pondéral [-al] *adj* ⟨~**e**; **-aux** [-o]⟩ Gewichts…
pondérateur [põdeʀatœʀ] *adj* ⟨**-trice** [-tʀis]⟩ *influence* ausgleichend; mäßigend
pondération [põdeʀasjõ] *f* **1.** *d'une personne* Besonnenheit *f*; Bedachtsamkeit *f* **2.** *statistique* Gewichtung *f*
pondéré [põdeʀe] *adj* ⟨~**e**⟩ besonnen; bedacht (-sam)
pondérer [põdeʀe] *v/t* ⟨**-è-**⟩ STATISTIQUE gewichten; wiegen
pondéreux [põdeʀø] *m/pl* Schwergut *n*
pondeuse [põdøz] *f* Legehenne *f*
pondre [põdʀ] *v/t* ⟨→ **rendre**⟩ **1.** *œufs* legen; *abs* Eier legen **2.** F *péj* produzieren
poney [pɔnɛ] *m* Pony *n*
pongiste [põʒist] *m,f* Tischtennisspieler(in) *m(f)*
▸ **pont** [põ] *m* **1.** Brücke *f*; **pont aérien** Luftbrücke *f*; AUTO **pont de graissage** Hebebühne *f*; *fig* **faire le pont** an e-m Werktag zwischen zwei Feiertagen nicht arbeiten; *fig* **faire un pont d'or à qn** j-m ein lukratives Angebot machen **2. Ponts et Chaussées** [põze-] Tiefbauamt *n* **3.** MAR Deck *n* **4.** AUTO **pont arrière, avant** Hinter-, Vorderachse *f*
pontage [põtaʒ] *m* Bypass(operation) *m(f)*
ponte[1] [põt] *f* zo Eierlegen *n*
ponte[2] *m* F hohes Tier
ponté [põte] *adj* ⟨~**e**⟩ MAR mit e-m Deck; *à plusieurs ponts* Mehrdeck…
ponter [põte] **I** *v/t* MAR *bateau* mit e-m Deck versehen **II** *v/i aux jeux de hasard* gegen den Bankhalter spielen
pontife [põtif] *m* **1. souverain pontife** Pontifex maximus *m*; Papst *m* **2.** F *fig* Bonze *m*
pontifical [põtifikal] *adj* ⟨~**e**; **-aux** [-o]⟩ päpstlich
pontificat [-a] *m* Pontifikat *n*
pontifier [põtifje] *v/i* dozieren
pont-l'évêque [põlevɛk] *m* ⟨*inv*⟩ *ein frz Weichkäse*
pont-levis [põl(ə)vi] *m* ⟨**ponts-levis**⟩ Zugbrücke *f*
ponton [põtõ] *m* Anlegeponton *m*
ponton-grue *m* ⟨**pontons-grues**⟩ Schwimmkran *m*
pontonnier [põtɔnje] *m* Brückenbaupionier *m*
pool [pul] *m* **1.** ÉCON Pool *m* **2. pool de dactylos** Schreibzentrale *f*
pop [pɔp] *adj* ⟨*inv*⟩ Pop…; **musique** *f* **pop** Popmusik *f*
pop'art [pɔpaʀ] *m* Pop-Art *f*
pop-corn [pɔpkɔʀn] *m* Popcorn *n*
pope [pɔp] *m* Pope *m*

popeline [pɔplin] *f* Popelin(e) *m(f)*
popote [pɔpɔt] *f* F **1. faire la popote** kochen **2.** *adj* ⟨*inv*⟩ hausbacken
popotin [pɔpɔtẽ] *m* F (dicker) Po
populace [pɔpylas] *f péj* Pöbel *m*; Mob *m*
populacier [-je] *adj* ⟨**-ière** [-jɛʀ]⟩ *péj* des Pöbels; pöbelhaft
▸ **populaire** [pɔpylɛʀ] *adj* **1.** (*du peuple*) Volks… (*a* POL); volkstümlich; **art** *m* **populaire** Volkskunst *f* **2.** (*plébéien*) (des) einfach(en Volkes); **quartier** *m* **populaire** Arbeiterviertel *n* **3.** (*aimé*) populär; volkstümlich; beliebt; **devenir, rendre populaire** populär werden, machen
populariser [pɔpylaʀize] *v/t* popularisieren; verbreiten
popularité [-ite] *f* Popularität *f*; Beliebtheit *f*
▸ **population** [pɔpylasjõ] *f* Bevölkerung *f*
populeux [pɔpylø] *adj* ⟨**-euse** [-øz]⟩ dicht bewohnt, bevölkert
populisme [pɔpylism] *m* Populismus *m*
populiste [pɔpylist] **I** *adj roman etc* populistisch **II** *m écrivain* Populist *m*
populo [pɔpylo] F *m* **le populo** das (einfache) Volk
▸ **porc** [pɔʀ] *m* **1.** zo Schwein *n* **2.** *viande* Schweinefleisch *n* **3.** *cuir* Schweinsleder *n* **4.** *péj d'un homme* (Dreck)Schwein *n*
porcelaine [pɔʀsəlɛn] *f* **1.** Porzellan *n*; **de ou en porcelaine** Porzellan… **2.** *objet* Porzellangenstand *m*; *vaisselle* Porzellangeschirr *n* **3.** zo Porzellanschnecke *f*
porcelainier [pɔʀsəlɛnje] **I** *adj* ⟨**-ière** [-jɛʀ]⟩ Porzellan… **II** *m* Porzellanfabrikant *m*, -hersteller *m*
porcelet [pɔʀsəlɛ] *m* zo Ferkel *n*
porc-épic [pɔʀkepik] *m* ⟨**porcs-épics** [-ke-]⟩ Stachelschwein *n*
porche [pɔʀʃ] *m* Portalvorbau *m*, -vorhalle *f*
porcher [pɔʀʃe] *m*, **porchère** [-ɛʀ] *f* Schweinehirt(in) *m(f)*
porcherie [pɔʀʃəʀi] *f* Schweinestall *m*
porcin [pɔʀsẽ] **I** *adj* ⟨**-ine** [-in]⟩ **1.** Schweine… **2.** *fig* **yeux porcins** Schweinsäuglein *n/pl* **II** *m/pl* **porcins** Schweine *n/pl*
pore [pɔʀ] *m* Pore *f*
poreux [pɔʀø] *adj* ⟨**-euse** [-øz]⟩ porös
porion [pɔʀjõ] *m* MINES Steiger *m*
porno [pɔʀno] *adj abr* ⟨*f inv*⟩ F (*pornographique*) Porno…
pornographe [pɔʀnɔgʀaf] *m* Pornograph *m*
pornographie [-i] *f* Pornographie *f*
pornographique [-ik] *adj* pornographisch
porosité [pɔʀozite] *f* Porosität *f*
▸ **port**[1] [pɔʀ] *m* **1.** Hafen *m*; **port de pêche** Fischereihafen *m*; *fig* **arriver à bon port** wohlbehalten ankommen **2.** *ville* Hafenstadt *f* **3.** *dans les Pyrénées* Pass *m*
port[2] *m* **1.** *d'armes, de casque à moto, etc* Tragen *n* **2.** *d'une lettre* Porto *n*; **en port dû** unfrankiert; **en port payé** frankiert **3.** (*maintien*) (Körper)Haltung *f*
▸ **portable** [pɔʀtabl] *adj* tragbar; (**ordinateur** *m*) **portable** *m* Laptop *m*; (**téléphone** *m*) **portable** *m* Handy *n*
portage [pɔʀtaʒ] *m* Transport *m* durch Träger
▸ **portail** [pɔʀtaj] *m* ARCH Portal *n*; *d'un parc* Tor *n*

P

portance 458

portance [pɔʀtɑ̃s] *f* AVIAT (dynamischer) Auftrieb

portant [pɔʀtɑ̃] **I** *adj* ⟨-ante [-ɑ̃t]⟩ **1.** CONSTR tragend; *mur portant* tragende Wand **2.** *être bien portant* gesund sein **II** *m* Stütze *f*

portatif [pɔʀtatif] *adj* ⟨-ive [-iv]⟩ tragbar; → **portable**

▸ **porte**[1] [pɔʀt] *f* Tür *f*; *d'une ville, d'un slalom* Tor *n* (*a fig*); *du Paradis, de l'Enfer* Pforte *f*; AVIAT Flugsteig *m*; *journée f portes ouvertes* Tag *m* der offenen Tür; *porte d'entrée* Eingangstür *f*; Haustür *f*; *porte de secours* Notausgang *m*; *habiter porte à porte* Tür an Tür; Haus an Haus; *être à la porte* vor der Tür stehen; *mettre à la porte* vor die Tür setzen; F rauswerfen; *employé* feuern; *fig entre deux portes* zwischen Tür und Angel; (*fermez*) *la porte!* Tür zu!; *fig se ménager une porte de sortie* sich (*dat*) e-e Hintertür offen halten

porte[2] *adj veine f porte* Pfortader *f*

porté [pɔʀte] *adj* ⟨~e⟩ *être porté à croire que* ... zu der Annahme neigen, dass ...; *être porté sur qc* e-e Schwäche für etw haben

porte-à-faux: en porte-à-faux (*hors d'aplomb*) schief (*a fig*); (*en surplomb*) freitragend

porte-à-porte *m faire du porte-à-porte* von Tür zu Tür, von Haus zu Haus gehen; hausieren

porte-avions *m* ⟨*inv*⟩ Flugzeugträger *m*

porte-bagages *m* ⟨*inv*⟩ *d'un vélo* Gepäckträger *m*; *dans un train* Gepäcknetz *n*

porte-bébé *m* ⟨**porte-bébé(s)**⟩ Babytragetasche *f*

porte-bonheur *m* ⟨*inv*⟩ Glücksbringer *m*

porte-bouteilles *m* ⟨*inv*⟩ Flaschengestell *n*

porte-cartes *m* ⟨*inv*⟩ Ausweistasche *f*, -hülle *f*

porte-cigarettes *m* ⟨*inv*⟩ Zigarettenetui *n*

porte-clefs *ou* **porte-clés** *m* ⟨*inv*⟩ anneau Schlüsselring *m*; *étui* Schlüsseletui *n*

porte-conteneurs *m* ⟨*inv*⟩ Containerschiff *n*

porte-couteau *m* ⟨**porte-couteau(x)**⟩ Messerbänkchen *n*

porte-documents *m* ⟨*inv*⟩ (Kolleg)Mappe *f*

porte-drapeau *m* ⟨**porte-drapeau(x)**⟩ Fahnenträger *m*

portée [pɔʀte] *f* **1.** ZO Wurf *m*; *une portée de chiots* ein Wurf junger Hunde **2.** *distance* Reichweite *f*; *à portée de la main* in Reichweite; griffbereit; greifbar; *à portée de (la) voix* in Hör-, Rufweite; *à la portée de qn* in Reichweite j-s; für j-n erreichbar; *à la portée de toutes les bourses* für jeden erschwinglich; *à la portée de tous* allgemein verständlich; *'hors de la portée de qn* außer Reichweite j-s; für j-n unerreichbar **3.** *fig d'une décision, de paroles, etc* Tragweite *f*; Bedeutung *f*; Wirkung *f* **4.** MUS Notenlinien *f/pl*

portefaix [pɔʀtəfɛ] *m autrefois* (Last)Träger *m*

porte-fenêtre *f* ⟨**portes-fenêtres**⟩ Terrassen-, Balkon-, Fenstertür *f*

▸ **portefeuille** [pɔʀtəfœj] *m* **1.** *étui* Brieftasche *f* **2.** *d'un ministre* Geschäftsbereich *m*; Ressort *n*; Portefeuille *n* **3.** FIN Portefeuille *n*; Wertpapierbestand *m*

porte-hélicoptères *m* ⟨*inv*⟩ Hubschrauberträger m

porte-jarretelles *m* ⟨*inv*⟩ Strumpfhaltergürtel *m*; Straps *m*

porte-journaux *m* ⟨*inv*⟩ Zeitungsständer *m*

portemanteau *m* ⟨~x⟩ Garderobe(nständer) *f(m)*; Kleiderständer *m*

porte-mine ⟨**porte-mine(s)**⟩ *ou* **portemine** [pɔʀtəmin] *m* Druck-, Drehbleistift *m*

▸ **porte-monnaie** *m* ⟨*inv*⟩ Geldbeutel *m*; Portemonnaie *ou* Portmonee *n*

porte-objet *m* ⟨**porte-objet(s)**⟩ *lame* Objektträger *m*; *platine* Objekttisch *m*

porte-outil *m* ⟨**porte-outil(s)**⟩ Werkzeughalter *m*

porte-parapluies *m* ⟨*inv*⟩ Schirmständer *m*

porte-parole *m* ⟨*inv*⟩ Sprecher *m*

porte-plume *m* ⟨*inv*⟩ Federhalter *m*

▸ **porter** [pɔʀte] **I** *v/t* **1.** tragen (*a responsabilité, nom, inscription*); *vêtements a* anhaben; *chapeau a* aufhaben; *titre a* führen **2.** (*amener*) (hin)bringen (*à* zu); *cuiller, etc à la bouche* führen; *porter une lettre à la poste* e-n Brief zur Post® bringen; *porter bonheur, malheur* Glück, Unglück bringen; *litige porter devant les tribunaux* vor Gericht bringen; *température porter à cent degrés* auf hundert Grad bringen; *tout porte à croire que* ... alles legt die Vermutung nahe, dass... **3.** (*inscrire*) eintragen (*sur* in + *acc*); *être porté disparu* als vermisst gemeldet sein; *se faire porter malade* sich krankmelden; sich krankschreiben lassen **4.** *sentiments, intérêt* entgegenbringen (*à qn* j-m) **5.** *regard, attention porter sur qn, qc* auf j-n, etw richten; *porter son effort sur qc* s-e Anstrengungen auf etw konzentrieren **6.** ZO *femelles* tragen (*surtout abs*) **II** *v/i* **7.** *voix porter* (*loin*) weit tragen; *aussi loin que porte la vue* so weit das Auge reicht **8.** (*avoir de l'effet*) wirken; s-e Wirkung nicht verfehlen; *remarque* sitzen **9.** *discussion, etc porter sur qc* etw zum Inhalt, Gegenstand haben; sich auf etw (*acc*) beziehen **III** *v/pr* **10.** ▸ *il se porte bien, mal* es geht ihm (gesundheitlich) gut, schlecht **11.** *se porter acquéreur* als Käufer auftreten; *se porter volontaire* sich freiwillig melden **12.** *se porter sur qn regard* sich auf j-n richten; *a choix* auf j-n fallen; *grippe se porter sur les bronches* sich auf die Bronchien legen **13.** *vêtements* *se porter* getragen werden

porte-revues *m* ⟨*inv*⟩ Zeitschriftenständer *m*

porte-savon *m* ⟨**porte-savon(s)**⟩ Seifenschale *f*, -ablage *f*

porte-serviettes *m* ⟨*inv*⟩ Handtuchhalter *m*

porte-skis *m* ⟨*inv*⟩ AUTO Skiträger *m*

porteur [pɔʀtœʀ] **I** *m* **1.** CH DE FER Gepäckträger *m*; Dienstmann *m*; *dans une expédition* Träger *m* **2.** (*détenteur*) Inhaber *m*; *chèque payable au porteur* an Überbringer *m* **II** *adj* ⟨-euse [-øz]⟩ **3.** TECH Träger... **4.** *avion gros porteur* Großraumflugzeug *n* **5.** *mère porteuse* Leihmutter *f* **6.** ÉCON zukunftsträchtig

porte-vélo *m* ⟨**porte-vélo(s)**⟩ AUTO Fahrradträger *m*

porte-voix *m* ⟨*inv*⟩ Megafon *n*

portier [pɔʀtje] *m* **1.** Portier *m*; Pförtner *m* **2.** *portier électronique* elektronisches Türschloss

portière [pɔʀtjɛʀ] *f* (Wagen)Tür *f*

portillon [pɔʀtijɔ̃] *m* Türchen *n*; *du métro* Sperre *f*

portion [pɔʀsjɔ̃] *f* **1.** CUIS Portion *f* **2.** *d'un tout*

(Teil)Stück *n*; Teil *m ou n*
portique [pɔʀtik] *m* **1.** ARCH Säulenhalle *f*; Portikus *m* **2.** SPORTS Turngerüst *n* **3.** TECH Portalkran *m*
porto [pɔʀto] *m* Portwein *m*
portoricain [pɔʀtɔʀikɛ̃] *adj* ⟨-**aine** [-ɛn]⟩ puerto-ricanisch
portrait [pɔʀtʀɛ] *m* Porträt *n* (*a fig*); ***être tout le portrait de son père*** das getreue Abbild des Vaters sein; *fig* ***faire le portrait de qn*** j-n porträtieren
portraitiste [pɔʀtʀɛtist] *m,f* Porträtist(in) *m(f)*; Porträtmaler(in) *m(f)*
portrait-robot *m* ⟨**portraits-robots**⟩ Phantombild *n*; Fahndungsskizze *f*
portraiturer [pɔʀtʀɛtyʀe] *iron v/t* porträtieren
port-salut [pɔʀsaly] *m* ⟨*inv*⟩ *ein frz Schnittkäse*
portuaire [pɔʀtɥɛʀ] *adj* Hafen...
▸ **portugais** [pɔʀtyɡɛ] **I** *adj* ⟨-**aise** [-ɛz]⟩ portugiesisch **II** *subst* **1.** ***Portugais(e)*** *m(f)* Portugiese, -giesin *m,f* **2.** LING ***le portugais*** das Portugiesische; Portugiesisch *n* **3.** ZO ***portugaise*** *f* Austernart
▸ **Portugal** [pɔʀtyɡal] ***le Portugal*** Portugal *n*
POS [peɔɛs] *m abr* ⟨*inv*⟩ (*plan d'occupation des sols*) Flächennutzungsplan *m*
pose [poz] *f* **1.** TECH Anbringung *f*; Installierung *f*; Verlegung *f*; ***pose de la première pierre*** Grundsteinlegung *f* **2.** (*attitude*) (Körper-)Haltung *f*; Stellung *f*; *affectée* Pose *f* **3.** PHOT Belichtung *f*
posé [poze] *adj* ⟨**~e**⟩ gesetzt; ruhig; besonnen
posément [-mɑ̃] *adv* → **posé**
posemètre [pozmɛtʀ] *m* Belichtungsmesser *m*
▸ **poser** [poze] **I** *v/t* **1.** *objet* (hin)stellen, (-)setzen, (-)legen; ***poser qc par terre*** etw auf den Boden stellen, setzen; ***poser son regard sur*** s-n Blick richten auf (+ *acc*) **2.** (*installer*) *compteur, etc* anbringen; installieren; *serrure a* einbauen; *tuyaux, câbles, carrelage, moquette* (ver)legen; *bombe* legen **3.** *principe, équation* aufstellen; *question, condition* stellen; *problème* aufwerfen; darstellen; ***ceci posé*** dies vorausgesetzt **4.** (*donner du prestige*) ***poser qn*** j-m Ansehen verschaffen **5.** MATH *chiffre* (hin)schreiben **II** *v/i* **6.** Modell stehen; *fig* ***poser*** (***pour la galerie***) auf Wirkung bedacht sein; nach (billigen) Effekten haschen **III** *v/pr* **7.** ***se poser*** *oiseau* sich setzen (***sur*** auf + *acc*); *avion* aufsetzen; landen; *regard* sich richten (***sur*** auf + *acc*) **8.** *question, problème* ***se poser*** sich stellen **9.** *personne* ***se poser en*** sich aufwerfen zu
poseur [pozœʀ] *m*, **poseuse** [-øz] *f* **1.** Wichtigtuer(in) *m(f)*; Angeber(in) *m(f)* **2.** ***poseur de bombes*** Bombenleger *m*
positif [pozitif] *adj* ⟨-**ive** [-iv]⟩ **1.** positiv (*a* MÉD, ÉLECT, MATH); *critique a* konstruktiv; ÉLECT ***pôle positif*** Pluspol *m* **2.** *personne* ***esprit positif*** Realist(in) *m(f)*
position [pozisjõ] *f* **1.** *du corps* Stellung *f*; Haltung *f*; Position *f*; *d'un levier, etc* Stellung *f*; ***position horizontale*** Horizontallage *f* **2.** *d'une personne* (*situation*) Lage *f*; Situation *f* **3.** AVIAT, MAR Standort *m*; Position *f* **4.** *dans une hiérarchie, une série* Position *f*; Platz *m*; Stelle *f*; (*condition sociale*) (hohe) Position, Stellung **5.** MIL Stellung *f* **6.** *fig* (*point de vue*) Stand-

punkt *m*; Ansicht *f* (***sur*** über + *acc*); Position *f*; ***prendre position*** Stellung nehmen
positionner [pozisjɔne] *v/t* positionieren (*a produit*)
positivement [pozitivmɑ̃] *adv* **1.** (*réellement*) wirklich; effektiv **2.** positiv
positiver [pozitive] *v/i* eine positive Sichtweise einnehmen; positiv denken
positivisme [pozitivism] *m* Positivismus *m*
positiviste [pozitivist] **I** *adj* positivistisch **II** *m* Positivist *m*
positivité [pozitivite] *f* positiv-elektrischer Zustand
posologie [pozɔlɔʒi] *f* Dosierung *f*
possédant [posedɑ̃] **I** *adj* ⟨-**ante** [-ɑ̃t]⟩ ***la classe possédante*** die besitzende Klasse **II** *m/pl* ***les possédants*** die Besitzenden *m/pl*
possédé(e) [posede] **I** *adj* ⟨**~e**⟩ besessen **II** ***possédé(e)*** *m(f)* Besessene(r) *f(m)*
▸ **posséder** [posede] ⟨-**è-**⟩ **I** *v/t* **1.** *biens, expérience* besitzen **2.** *langue, sujet* beherrschen **3.** *femme st/s* besitzen **4.** F (*tromper*) F hereinlegen **II** *v/pr st/s* ***ne plus se posséder*** die Beherrschung verlieren
possesseur [posɛsœʀ] *m* Besitzer *m*; *d'un diplôme, d'un titre* Inhaber *m*
possessif [posɛsif] *adj* ⟨-**ive** [-iv]⟩ **1.** (***pronom***) ***possessif*** *m* Possessivpronomen *n*; besitzanzeigendes Fürwort **2.** *personne* Besitz ergreifend
possession [posɛsjõ] *f* **1.** Besitz *m*; ***c'est en ma possession*** das ist in meinem Besitz; ***être en pleine possession de ses moyens*** im Vollbesitz s-r Kräfte sein; ***prendre possession de qc*** von etw Besitz ergreifen **2.** PSYCH Besessenheit *f*
▸ **possibilité** [posibilite] *f* Möglichkeit *f*
▸ **possible** [posibl] **I** *adj* möglich; ***aussi bien que possible*** *ou* ***le mieux possible*** so gut wie möglich; möglichst gut; ***le plus possible*** möglichst viel; ***le plus grand nombre possible de personnes*** die größtmögliche Personenzahl; ***le plus souvent, tôt, vite possible*** möglichst oft, bald, schnell **II** *m* ***faire*** (***tout***) ***son possible*** sein Möglichstes tun (***pour*** + *inf* um zu + *inf*); *aimable, etc* ***au possible*** äußerst
post... [pɔst] *préfixe* nach...; Nach...; post...; Post...
postage [pɔstaʒ] *m* ADM Aufgeben *n*
postal [pɔstal] *adj* ⟨**~e**, -**aux** [-o]⟩ Post...; postalisch
postbac *adj* ⟨*inv*⟩ ***classes*** *f/pl* ***postbac*** Klassen *f/pl* im Anschluss an das „baccalauréat"
postclassique *adj* nachklassisch
postcombustion *f* AVIAT Nachverbrennung *f*
postcure *f* Nachkur *f*
postdater *v/t* vor-, vorausdatieren
▸ **poste**[1] [pɔst] *f* Post® *f*, *bureau a* Postamt *n*; ***par la poste*** per Post®; mit der Post®; *lettre* ***mettre à la poste*** aufgeben; einwerfen; → *Info bei* ***Post***®
▸ **poste**[2] *m* **1.** MIL Posten *m*; ***poste d'observation*** Beobachtungsposten *m*; *par ext* ▸ ***poste*** (***de police***) Polizeiwache *f*; *fig* ***rester à son poste*** auf s-m Posten bleiben **2.** (*emplacement technique*) Stelle *f*; TÉL Nebenstelle *f*; ***poste frontière*** Grenzübergang *m*; ***poste d'aiguilla-***

ge Stellwerk *n*; **poste de pilotage** Cockpit *n*; **poste de secours** Unfallstation *f*; Rettungsstelle *f* **3.** (*emploi*) Posten *m*; Stelle *f*; Stellung *f*; **poste de confiance** Vertrauensstellung *f*; **poste de directeur** Direktorposten *m*; F *fig* **être fidèle au poste** F die Stellung halten **4.** ‣ **poste de radio, de télévision** Radio-, Fernsehapparat *m*, -gerät *n*; *par ext* (*émetteur*) **poste (de radio)** Sender *m*

posté [pɔste] *adj* ⟨**~e**⟩ **travail posté** Schichtarbeit *f*

‣ **poster**¹ [pɔste] *v/t* **1.** *qn* postieren; aufstellen **2.** *lettre* aufgeben; einwerfen

poster² [pɔstɛʀ] *m* Poster *n ou m*

postérieur [pɔsteʀjœʀ] **I** *adj* ⟨**~e**⟩ **1.** *dans le temps* später (*à qc* als etw); **être postérieur à qc** (zeitlich) nach etw liegen **2.** ANAT hintere; Hinter... **II** *m* F Hintern *m*; Hinterteil *n*

postérieurement [pɔsteʀjœʀmɑ̃] *adv* **postérieurement à** später als

posteriori → **a posteriori**

postériorité [pɔsteʀjɔʀite] *f* Spätersein *n*, -liegen *n*

postérité [pɔsteʀite] *f* **1.** (*générations futures*) Nachwelt *f* **2.** *st/s* (*descendants*) Nachkommenschaft *f*

postface *f rarement* Nachwort *n*

posthume [pɔstym] *adj* post(h)um; **à titre posthume** post(h)um

postiche [pɔstiʃ] **I** *adj* falsch; unecht **II** *m* Haarteil *n*; *pour hommes* Toupet *n*

postier [pɔstje] *m*, **postière** [-jɛʀ] *f* Postbeamte(r), -beamtin *m,f*

postillon [pɔstijɔ̃] *m* **1.** HIST Postillon *m* **2.** *de salive* Speicheltröpfchen *n*

postillonner [pɔstijɔne] *v/i* e-e feuchte Aussprache haben

post-it® [pɔstit] *m* ⟨*inv*⟩ Haftnotiz *f*

postmoderne *adj* postmodern

postmodernisme *m* Postmoderne *f*

postnatal *adj* ⟨**~e**⟩ nach der Geburt (erfolgend, eintretend)

postopératoire *adj* nach der Operation (erfolgend); postoperativ

postposer *v/t* GR nachstellen

postposition *f* GR **1.** Postposition *f*; dem Bezugswort nachgestellte Präposition **2.** Stellung *f* hinter dem Bezugswort

postromantique *adj* auf die Romantik folgend; nachromantisch

postscolaire *adj* auf die Schule folgend; weiterbildend

post-scriptum [pɔstskʀiptɔm] *m* ⟨*inv*⟩ (*abr* **P.-S.**) Postskript(um) *n* (*abr* PS); Nachschrift *f*

postsynchronisation *f* Nachsynchronisierung *f*

postulant [pɔstylɑ̃] *m*, **postulante** [-ɑ̃t] *f* Bewerber(in) *m(f)*; REL Postulant(in) *m(f)*

postulat [-a] *m* Postulat *n*

postuler [-e] *v/t et v/t/indir* sich bewerben ([*pour, à*] *un emploi* um e-e Stelle)

posture [pɔstyʀ] *f* (Körper)Haltung *f*; Stellung *f*; Positur *f*; *fig* **être en mauvaise posture** in e-r üblen Lage sein; schlecht dran sein

‣ **pot** [po] *m* **1.** Topf *m*; *pour liquides a* Krug *m*; Kanne *f*; **pot à eau** Wasserkrug *m*; **pot (de chambre)** (Nacht)Topf *m*; F *fig* **quel pot de colle!** F er *ou* sie ist die reinste Klette!; **pot**

de confiture Marmeladenglas *n*; **pot de fleurs** Blumentopf *m*; **pot de yaourt** Becher *m* Joghurt; Joghurtbecher *m*; *fig* **découvrir le pot aux roses** [pɔtoʀoz] dahinterkommen; *fig* **payer les pots cassés** für den Schaden aufkommen, für alles geradestehen müssen; F **prendre, boire un pot** (mit j-m) etwas trinken gehen; *fig* **tourner autour du pot** wie die Katze um den heißen Brei (herum)gehen; F herumdrucksen **2.** **pot d'échappement** Auspufftopf *m*; **pot catalytique** Katalysator *m*; F Kat *m* **3.** F (*chance*) Glück *n*; **avoir du pot** F Schwein haben; **manque** *m* **de pot!** F Pech (gehabt)!

potable [pɔtabl] *adj* **1.** **eau** *f* **potable** Trinkwasser *n* **2.** F *fig* akzeptabel

potache [pɔtaʃ] *m* F Pennäler *m*

potage [pɔtaʒ] *m* Suppe *f*

potager [pɔtaʒe] *adj* ⟨**-ère** [-ɛʀ]⟩ Gemüse...; (**jardin**) **potager** *m* Gemüsegarten *m*

potasse [pɔtas] *f* Kali *n*

potasser [pɔtase] *v/t* F büffeln, F pauken (**un examen** für ein Examen)

potassique [pɔtasik] *adj* Kali...

potassium [pɔtasjɔm] *m* Kalium *n*

pot-au-feu [pɔtofø] *m* ⟨*inv*⟩ Eintopf *aus Suppenfleisch u verschiedenen Gemüsen*

pot-de-vin [podvɛ̃] *m* ⟨**pots-de-vin**⟩ Bestechungs-, Schmiergeld *n*

pote [pɔt] F *m* Freund *m*; F Kumpel *m*

poteau [pɔto] *m* ⟨**~x**⟩ Pfosten *m* (*a* SPORTS); **poteau indicateur** Wegweiser *m*; **poteau électrique** Strommast *m*

potée [pɔte] *f* Eintopf *aus Schweinefleisch u verschiedenen Gemüsen*

potelé [pɔtle] *adj* ⟨**~e**⟩ rundlich; F pummelig; **main potelée** F Patschhändchen *n*

potence [pɔtɑ̃s] *f* Galgen *m* (*a* TECH)

potentat [pɔtɑ̃ta] *m* Potentat *m*; Machthaber *m*

potentialiser [pɔtɑ̃sjalize] *v/t* potenzieren

potentialité [-ite] *f* Möglichkeit *f*

potentiel [pɔtɑ̃sjɛl] **I** *adj* ⟨**~le**⟩ potenziell **II** *m* Potenzial *n*

potentiomètre [pɔtɑ̃sjɔmɛtʀ] *m* Potenziometer *n*; Spannungsteiler *m*

poterie [pɔtʀi] *f art, objet* Töpferei *f*; **poteries** *pl* Töpfer-, Tonwaren *f/pl*; **faire de la poterie** töpfern

poterne [pɔtɛʀn] *f* FORTIF Ausfallpforte *f*

potiche [pɔtiʃ] *f* **1.** Porzellanvase *f* **2.** *fig* Randfigur *f*

potier [pɔtje] *m*, **potière** [-jɛʀ] *f* Töpfer(in) *m(f)*

potin [pɔtɛ̃] *m* F **1.** **potins** *pl* Klatsch *m*; F Tratsch *m* **2.** (*vacarme*) Krach *m*; F Radau *m*

potiner [pɔtine] F *v/i* klatschen; F tratschen

potion [posjɔ̃] *f* Arznei(trank) *f(m)*; **potion magique** Zaubertrank *m*

potiron [pɔtiʀɔ̃] *m* Riesenkürbis *m*

pot-pourri [popuʀi] *m* ⟨**pots-pourris**⟩ Potpourri *n*

potron-minet [pɔtʀɔminɛ] *plais* **dès potron-minet** seit dem frühen Morgen; seit Tagesanbruch

pou [pu] *m* ⟨**~x**⟩ Laus *f*; F *fig* **chercher des poux dans la tête à qn** mit j-m Streit suchen

pouah [pwa] F *int* pfui!; F igittigitt!

‣ **poubelle** [pubɛl] *f* Müll-, Abfalleimer *m*;

d'un immeuble Mülltonne *f; adjt* **sac** *m* **poubelle** Müllbeutel *m,* -sack *m;* **mettre, jeter à la poubelle** in den Mülleimer werfen
▸ **pouce** [pus] *m* **1.** Daumen *m; fig* **donner un coup de pouce** (*à qc*) (bei etw ein bisschen) nachhelfen; *fig* **manger sur le pouce** schnell e-e Kleinigkeit essen; F *fig* **se tourner les pouces** F Däumchen drehen **2.** *int aux jeux d'enfants* **pouce!** halt! **3.** *ancienne mesure* Zoll *m; fig* **ne pas reculer d'un pouce** keinen Zollbreit zurückweichen
Poucet [pusɛ] *m personnage d'un conte de fées* **le petit Poucet** der Däumling
pouding *m* → **pudding**
poudrage [pudraʒ] *m* AGR Bestäuben *n*
▸ **poudre** [pudʀ] *f* **1.** Pulver *n;* **poudre à éternuer** Niespulver *n;* **en poudre** ...pulver *n;* Pulver...; **sucre** *m* **en poudre** Streuzucker *m* **2.** *sur la peau* Puder *m* **3.** *explosif* (Schieß)Pulver *n*
poudrer [pudʀe] *v/t (et v/pr* **se poudrer** sich) pudern
poudrerie [pudʀəʀi] *f* Pulverfabrik *f*
poudreux [pudʀø] *adj* ⟨**-euse** [-øz]⟩ pulv(e)rig; *(neige)* **poudreuse** *f* Pulverschnee *m*
poudrier [pudʀije] *m* Puderdose *f*
poudrière [pudʀijɛʀ] *f* **1.** Pulvermagazin *n* **2.** *fig* Pulverfass *n*
poudroyer [pudʀwaje] *v/i* ⟨**-oi-**⟩ stauben
pouf [puf] **I** *int* plumps! **II** *m* Puff *m;* Sitzkissen *n*
pouffer [pufe] *v/i* **pouffer** *(de rire)* loslachen; F losplatzen; F losprusten
pouffiasse [pufjas] *f* P *(prostituée)* F Nutte *f*
pouilleux [pujø] **I** *adj* ⟨**-euse** [-øz]⟩ **1.** *quartier* armselig, schäbig (und schmutzig) **2. la Champagne pouilleuse** die trockene Champagne **II** *subst* **3.** **pouilleux, pouilleuse** *m,f* armer Schlucker **4.** *jeu de cartes* **le pouilleux** der Schwarze Peter
poujadisme [puʒadism] *m* POL *Bewegung zur Verteidigung der Rechte der kleinen Kaufleute*
poulailler [pulaje] *m* **1.** Hühnerstall *m* **2.** THÉ F Olymp *m;* Galerie *f*
poulain [pulɛ̃] *m* **1.** Fohlen *n* **2.** *fig* Schützling *m*
poulaine [pulɛn] *f* **souliers** *m/pl* **à la poulaine** Schnabelschuhe *m/pl*
poularde [pulaʀd] *f* Poularde *f*
poulbot [pulbo] *m* **les petits poulbots** die Straßenkinder *n/pl* vom Montmartre
▸ **poule** [pul] *f* **1.** Henne *f;* Huhn *n; fig* **poule mouillée** F Angsthase *m;* **poule au pot** Suppenhuhn *n;* **poule d'eau** Teichhuhn *n; fig* **c'est une mère poule** sie wacht wie e-e Glucke über ihre Kinder **2.** F **ma poule** (mein) Schätzchen *n* **3.** F *fig* **poule de luxe** F Edelnutte *f* **4.** SPORTS (Turnier)Gruppe *f*
▸ **poulet** [pulɛ] *m* **1.** Hähnchen *n;* **poulet rôti** Brathähnchen *n, südd* -hendl *n;* **poulet de grain** mit Korn gemästetes Huhn, Hähnchen **2.** F **mon (petit) poulet** F (mein) Herzchen *n,* Schätzchen *n* **3.** F *(policier)* F Polyp *m;* F Bulle *m*
poulette [pulɛt] *f* F **ma poulette** F Schätzchen!
pouliche [puliʃ] *f* junge Stute
poulie [puli] *f* Rolle *f;* Seilscheibe *f*
poulinière [pulinjɛʀ] *adj* **jument** *f* **poulinière** Zuchtstute *f*

▸ **poulpe** [pulp] *m* Krake *m*
pouls [pu] *m* Puls *m;* **prendre le pouls** den Puls messen, zählen; *fig* **tâter le pouls de qn** j-m den Puls fühlen
▸ **poumon** [pumɔ̃] *m* Lunge(nflügel) *f(m);* **poumons** *pl* Lunge *f*
poupard [pupaʀ] *m* pausbäckiges, rundliches Baby
poupe [pup] *f* MAR Heck *n*
▸ **poupée** [pupe] *f* **1.** Puppe *f;* **jouer à la poupée** mit Puppen spielen **2.** F *pansement* verbundener Finger
poupin [pupɛ̃] *adj* ⟨**-ine** [-in]⟩ **visage poupin** Puppengesicht *n*
poupon [pupɔ̃] *m* Baby *n*
pouponner [pupɔne] *v/i* Babys, ein Baby hätscheln
pouponnière [-jɛʀ] *f* (Kinder)Krippe *f*
▸ **pour** [puʀ] **I** *prép* **1.** *but, intention* für (+ *acc*); **c'est pour toi** das ist für dich; *personne* **être pour qn, qc** für j-n, etw sein; *abs* **être pour** dafür sein; **payer pour qn** für j-n bezahlen; **pour dix euros** für zehn Euro; *il est grand* **pour son âge** für sein Alter **2.** *destination* nach; **un billet, le train pour Lyon** e-e Fahrkarte, der Zug nach Lyon **3.** *(concernant)* **pour** *(ce qui est de)* ... was ... an(be)langt, betrifft; **pour moi, pour ma part** für mich; was mich betrifft **4.** *cause* wegen (+ *gén,* F + *dat*); **pour cela** deswegen; deshalb; **pour cette raison** aus diesem Grund **5.** *(comme)* als; **pour tout bagage** als einziges Gepäck **6.** *suivi d'un inf* **a)** *finalité* um zu (+ *inf*); **pour ne pas le rencontrer** um ihm nicht zu begegnen **b)** *cause* weil; *il a été puni* **pour avoir volé** weil er gestohlen hat **II** *conj* **a)** *finalité* ▸ **pour que** ... (+ *subj*) damit ...; **pour que tout le monde soit content** damit alle zufrieden sind **b)** *conséquence* **il est bien trop riche pour qu'on le plaigne** er ist viel zu reich, als dass man ihn bedauern würde **III** *subst* **le pour et le contre** das Für und Wider
▸ **pourboire** *m* Trinkgeld *n;* → *Info bei* **Trinkgeld**
▸ **pourceau** [puʀso] *m litt* ⟨**~x**⟩ Schwein *n*
pourcentage [puʀsɑ̃taʒ] *m* **1.** *rapport* Prozentsatz *m* **2.** *part* prozentualer Anteil (**sur** an + *dat*)
pourchasser *v/t* jagen; Jagd machen auf (+ *acc*); verfolgen
pourfendeur [puʀfɑ̃dœʀ] *litt m* scharfer Kritiker
pourfendre *litt v/t* ⟨→ **rendre**⟩ heftig attackieren
pourlécher *v/pr* ⟨**-è-**⟩ **s'en pourlécher les babines** sich (*dat*) (vor Verlangen) den Mund lecken
pourparlers *m/pl* Gespräche *n/pl;* Verhandlung(en) *f(pl)*
pourpier [puʀpje] *m* BOT Portulak *m*
pourpoint [puʀpwɛ̃] *m* Wams *m*
pourpre[1] [puʀpʀ] *f colorant, étoffe* Purpur *m*
pourpre[2] **I** *m* **1.** *couleur* Purpur(rot) *m(n)* **2.** **pourpre rétinien** Sehpurpur *m* **II** *adj* purpurrot
pourpré [puʀpʀe] *litt adj* ⟨**~e**⟩ purpurn
▸ **pourquoi** **I** *adv* warum; weshalb; wieso; **pourquoi pas?** warum nicht?; ▸ **c'est pourquoi**

darum; deshalb; deswegen **II** *m* ⟨*inv*⟩ **1.** *le*
pourquoi das Warum **2.** *question* Warum-Fra-
ge *f*
pourrai [puʀɛ] → *pouvoir¹*
pourri [puʀi] **I** *adj* ⟨~e⟩ **1.** *aliments, etc* faul; ver-
fault **2.** *fig* verdorben; korrupt; *enfant* maßlos
verwöhnt **3.** *été, temps* verregnet **II** *m de fruits*
faule Stelle; *odeur f de pourri* Fäulnisgeruch
m
pourrir [puʀiʀ] **I** *v/t enfant* maßlos verwöhnen;
argent pourrir qn j-n verderben **II** *v/i* **1.** *bois,
fruits* (ver)faulen; *feuilles a* verrotten; (ver)-
modern (*a bois*) **2.** *fig situation* sich verschlech-
tern; *laisser pourrir une grève* e-n Streik sich
totlaufen lassen
pourrissement [puʀismɑ̃] *m* **1.** (Ver)Faulen *n*;
Verrottung *f* **2.** *fig d'une situation* Verschlech-
terung *f*; Verschlimmerung *f*
pourriture [puʀityʀ] *f* **1.** Fäulnis *f* **2.** *fig* Verdor-
benheit *f* **3.** *injure* P Scheißkerl *m*; P Miststück
n
poursuite *f* **1.** Verfolgung *f*; *se lancer à la pour-
suite de qn* die Verfolgung j-s aufnehmen **2.**
CYCLISME Verfolgungsrennen *n* **3.** (*continua-
tion*) Fortsetzung *f*; Weiterführung *f* **4.** *pour-
suite (judiciaire)* gerichtliche Verfolgung,
Ahndung
poursuivant *m*, **poursuivante** *f* Verfolger(in)
m(f)
▸ **poursuivre** ⟨→ *suivre*⟩ **I** *v/t* **1.** verfolgen; *fig
images poursuivre qn* j-n verfolgen; *poursui-
vre qn de sa haine* j-n mit s-m Hass verfolgen
2. (*continuer*) fortsetzen; weiterführen; *pour-
suivez!* fahren Sie fort! **3.** *poursuivre qn (en
justice)* j-n gerichtlich belangen, verfolgen **II**
v/pr négociations, etc se poursuivre fortge-
setzt, weitergeführt werden
▸ **pourtant** *adv* dennoch; trotzdem
pourtour *m* **1.** (*circonférence*) Umfang *m* **2.**
(*bord*) Rand *m*
pourvoi [puʀvwa] *m* JUR Rekurs *m*; Einlegung *f*
e-s Rechtsmittels; *pourvoi en cassation*
Revision(santrag) *f(m)*
pourvoir ⟨→ *voir*; *aber:* **je pourvus; je pourvoi-
rai**⟩ **I** *v/t pourvoir qn, qc de qc* j-n, etw mit etw
versehen, ausstatten **II** *v/t/indir pourvoir à qc*
für etw aufkommen **III** *v/pr* **1.** *se pourvoir de
qc* sich mit etw versehen, eindecken **2.** JUR *se
pourvoir en cassation* Revision einlegen
pourvoyeur *m*, **pourvoyeuse** [-øz] *f pour-
voyeur, pourvoyeuse de ...* ...lieferant(in)
m(f)
pourvu I *p/p* → *pourvoir* **II** *conj pourvu que* (+
subj) a) (*à condition que*) vorausgesetzt, dass
...; b) *souhait* hoffentlich; wenn ... (doch) nur
poussa(h) [pusa] *m* **1.** *jouet* Stehaufmännchen
n **2.** *fig* kleiner Dicker
pousse [pus] *f* **1.** *d'un végétal* Trieb *m*; Spross
m; Schössling *m*; *pousses de bambou* Bam-
bussprossen *pl* **2.** *action* Wachsen *n*; Sprießen
n
poussé [puse] *adj* ⟨~e⟩ *moteur* hochgezüchtet;
études, discussion eingehend; ausführlich
pousse-café *m* ⟨*inv*⟩ Verdauungsschnaps *m*
poussée [puse] *f* **1.** Stoß *m*; *d'une foule* Drän-
gen *n*; F Drängeln *n* **2.** PHYS, TECH Schub *m* **3.**
poussée de fièvre plötzlicher Temperaturan-
stieg **4.** *fig poussée démographique* Bevöl-

kerungsexplosion *f*; POL *poussée vers la gau-
che* Linksruck *m*
pousse-pousse *m* ⟨*inv*⟩ Rikscha *f*
▸ **pousser** [puse] **I** *v/t* **1.** *personne* (an)stoßen; F
schubsen; *véhicule* schieben; *verrou* vorschie-
ben; *porte* aufstoßen *ou* zustoßen; *vent: nuages*
treiben; *sur une porte poussez!* drücken!; *abs
ne poussez pas!* nicht drängen, F drängeln!;
pousser qc du pied etw mit dem Fuß beisei-
teschieben **2.** *pousser qn à (faire) qc* j-n zu
etw (an)treiben, drängen, ermuntern, *péj* ver-
leiten **3.** *études, recherches* vorantreiben; *mo-
teur* hochjagen; *pousser la gentillesse jus-
qu'à* (+ *inf*) in s-r Höflichkeit so weit gehen
zu (+ *inf*); *abs* F *faut pas pousser* man darf
auch nicht übertreiben **4.** *cri, soupir* ausstoßen
II *v/i* **5.** (*grandir*) wachsen; *plantes a* sprießen
(*a barbe*); treiben; *enfant pousser bien* gedei-
hen; *faire pousser des légumes* Gemüse zie-
hen, anbauen **6.** *pousser jusqu'à ...* weiterge-
hen, -fahren bis (zu) ... **7.** *pour aller à la selle*
drücken **III** *v/pr se pousser* Platz machen
poussette [pusɛt] *f* Kinder(sport)wagen *m*;
pliante Buggy *m*
poussette-canne *f* ⟨*poussettes-cannes*⟩
Klappsportwagen *m*; Buggy *m*
poussier [pusje] *m* Kohlenstaub *m*
▸ **poussière** [pusjɛʀ] *f* **1.** Staub *m*; *une pous-
sière* ein Staubkorn *n*; *faire mordre la pous-
sière à qn* j-n zu Fall bringen (*a fig*) **2.** F *mille
euros et des poussières* F und ein paar Zer-
quetschte
poussiéreux [pusjeʀø] *adj* ⟨*-euse* [-øz]⟩ stau-
big; verstaubt (*a fig*)
poussif [pusif] *adj* ⟨*-ive* [-iv]⟩ **1.** *personne* kurz-
atmig **2.** *moteur* stotternd
poussin [pusɛ̃] *m* Küken *n*
poutre [putʀ] *f* **1.** CONSTR Balken *m* **2.** SPORTS
Schwebebalken *m*
poutrelle [putʀɛl] *f* kleiner Stahlträger *m*
▸ **pouvoir¹** [puvwaʀ] ⟨**je peux** *ou* **st/s je puis**,
aber immer **puis-je?, tu peux, il peut, nous
pouvons, ils peuvent; je pouvais; je pus;
je pourrai; que je puisse; pouvant; pu**
(*inv*)⟩ **I** *v/t* können; *on n'y peut rien* da kann
man nichts machen; *je n'en peux plus* ich
kann nicht mehr **II** *v/aux avec inf* **1.** (*être capa-
ble de*) können; *il est on ne peut plus* aimable
äußerst; außerordentlich; → *Info bei* **können**
2. (*avoir le droit de*) dürfen; können; ▸ *est-ce
que je peux ...* (+ *inf*)? darf, kann ich ... (+
inf)?; ▸ *est-ce que vous pourriez ...* (+
inf)? Könnten Sie vielleicht ... (+ *inf*)?; ...
si l'on peut dire ... wenn man so sagen darf
3. *possibilité* mögen; können; *quel âge
peut-elle bien avoir?* wie alt könnte, mag,
wird sie wohl sein? **III** *v/imp et v/pr il se peut
que ...* (+ *subj*) es kann sein, es ist möglich,
dass ...
▸ **pouvoir²** *m* **1.** Macht *f* (*sur qn* über j-n); Kraft
f; Gewalt *f*; *pouvoir d'achat* Kaufkraft *f*; *cela
n'est pas en mon pouvoir* das steht nicht in
meiner Macht **2.** POL Macht *f*; *être au pouvoir*
an der Macht sein **3.** POL, JUR (Staats)Gewalt *f*;
pouvoirs publics Behörden *f/pl*; Staatsor-
gane *n/pl* **4.** (*procuration*) Vollmacht *f*; (*droit*)
Befugnis *f*; *pleins pouvoirs* unbeschränkte
Vollmacht **5.** PHYS, TECH Vermögen *n*; Fähig-

keit *f*; Kraft *f*
P.Q. [peky] *m* F *plais abr* (*papier cul*) F Klopa-
pier *n*; *rouleau m de P.Q.* F Rolle *f* Klopapier;
F Klopapierrolle *f*
pragmatique [pʀagmatik] *adj* pragmatisch
pragmatisme [-ism] *m* Pragmatismus *m*
pragmatiste [-ist] *m,f* Pragmatiker(in) *m(f)*
Prague [pʀag] Prag *n*
praire [pʀɛʀ] *f* (Warzige) Venusmuschel
prairie [pʀɛʀi] *f* **1.** Wiese *f* **2.** *la Prairie* die Prä-
rie
praline [pʀalin] *f* **1.** gebrannte Mandel **2.** *en Bel-
gique* (*chocolat*) Praline *f*
praliné [pʀaline] *adj* ⟨**~e**⟩ *chocolat* mit Nougat-
füllung; *glace* mit Krokantsplittern
praticable [pʀatikabl] **I** *adj* **1.** *chemin* begeh-
bar; *route* befahrbar; *terrain de sports* bespiel-
bar **2.** *opération* durchführbar; praktikabel **II**
m **3.** THÉ Praktikabel *n* **4.** CIN, TV Kamera-
ou Scheinwerferstand *m*
praticien [pʀatisjɛ̃] *m* (praktizierender) Arzt
praticienne [-jɛn] *f* (praktizierende) Ärztin
pratiquant [pʀatikɑ̃] *adj* ⟨**-ante** [-ɑ̃t]⟩ prakti-
zierend; *elle est très pratiquante* sie ist e-e
eifrige Kirchgängerin
▸ **pratique** [pʀatik] **I** *adj* praktisch **II** *f* **1.** (*oppo-
sé: théorie*) Praxis *f*; *mettre en pratique* in die
Praxis, Tat umsetzen **2.** (*savoir-faire*) Praxis *f*;
(praktische, Berufs)Erfahrung **3.** *d'un métier,
d'un sport* Ausübung *f*; Betreiben *n* **4.** (*usage*)
Praxis *f*; Gepflogenheit *f*; *pratiques pl* Prakti-
ken *f/pl*
pratiquement [pʀatikmɑ̃] *adv* **1.** (*dans la prati-
que*) praktisch; in der Praxis **2.** (*à peu près*)
praktisch; so gut wie
pratiquer [pʀatike] **I** *v/t* **1.** *métier, art* ausüben;
betreiben (*a sport*) **2.** *méthode* (praktisch) an-
wenden; praktizieren; *une politique* betreiben;
charité üben **3.** REL *abs* s-e religiösen Pflichten
erfüllen **4.** *ouverture* machen; *intervention chi-
rurgicale* vornehmen **II** *v/pr se pratiquer* üb-
lich sein; *sport* betrieben werden
▸ **pré** [pʀe] *m* Wiese *f*
pré... [pʀe] *préfixe* prä...; Prä...; vor...; Vor...
préado [pʀeado] *m,f* F *abr* → *préadolescent*
préadolescent *m*, **préadolescente** *f* 10–13-
-Jährige(r) *f(m)*
préalable [pʀealabl] **I** *adj* vorherig; vorange-
hend (*à dat*) **II** *m* **1.** Vorbedingung *f* **2.** *au préa-
lable* vorher; zuvor
préalablement [pʀealabləmɑ̃] *adv* vorher; zu-
vor; *préalablement à* vor (+ *dat*)
préalpin *adj* ⟨**-ine** [-in]⟩ der Voralpen; Alpen-
rand...
préambule [pʀeɑ̃byl] *m* **1.** JUR Präambel *f*; *d'un
discours* Vorrede *f*; *sans préambule* unver-
mittelt **2.** *fig* Vorspiel *n*
préau [pʀeo] *m* ⟨**~x**⟩ überdachter Teil des
Schulhofs
préavis *m* **1.** (Vor)Ankündigung *f*; *préavis de
grève* Streikankündigung *f* **2.** *de licenciement*
Kündigung(sfrist) *f*; *renvoyer qn sans préavis*
fristlos; *employé donner son préavis* (fristge-
mäß, -gerecht) kündigen
prébende [pʀebɑ̃d] *f* ÉGL HIST Präbende *f*;
Pfründe *f*
précaire [pʀekɛʀ] *adj* prekär; labil; unsicher
précambrien [pʀekɑ̃bʀijɛ̃] *m* GÉOL Präkambri-

um *n*
précarité [pʀekaʀite] *f* Unsicherheit *f*; Labilität
f
précaution *f* (*prudence*) Vorsicht *f*; Behutsam-
keit *f*; *disposition prise* Vorsichtsmaßnahme *f*;
par précaution vorsichtshalber; *prendre des
précautions* Vorsichtsmaßnahmen, Vorsorge
treffen
précautionneux [pʀekosjɔnø] *adj* ⟨**-euse**
[-øz]⟩ vorsichtig; behutsam
précédemment [pʀesedamɑ̃] *adv* vorher; zu-
vor
précédent [pʀesedɑ̃] **I** *adj* ⟨**-ente** [-ɑ̃t]⟩ voran-
gehend; vorig; Vor...; *adv l'année précédente*
im vorigen Jahr; im Vorjahr **II** *m* Präzedenzfall
m; *sans précédent* beispiellos; noch nie da
gewesen
précéder *v/t* ⟨**-è-**⟩ **1.** *dans le temps* voran-, vor-
her-, vorausgehen (+ *dat*); *il m'a précédé de
dix minutes* er war zehn Minuten früher da
als ich **2.** *dans l'espace* **précéder qn** vor j-m
hergehen *ou* -fahren; j-m vorangehen
précepte [pʀesɛpt] *m* Gebot *n*; Vorschrift *f*
précepteur [pʀesɛptœʀ] *m*, **préceptrice** [-tʀis]
f Haus-, Privatlehrer(in) *m(f)*
précession [pʀesesjõ] *f* PHYS, ASTR Präzession *f*
préchauffage [pʀeʃofaʒ] *m* Vorwärmen *n*; Vor-
erhitzen *n*; *d'un train* Vorheizen *n*; *d'un moteur
diesel* Vorglühen *n*
prêche [pʀɛʃ] *m* Predigt *f*
prêcher [pʀeʃe] *v/t et v/i* predigen
prêcheur [pʀeʃœʀ] *m*, **prêcheuse** [-øz] *f* Mo-
ralprediger(in) *m(f)*; Moralist(in) *m(f)*
prêchi-prêcha [pʀeʃipʀeʃa] *m* ⟨*inv*⟩ F *péj* (ewi-
ge) Moralpredigten *f/pl*
précieusement [pʀesjøzmɑ̃] *adv* garder sorg-
fältig; sorgsam
précieuses [pʀesjøz] *f/pl* HIST Damen, die im
Paris des 17. Jahrhunderts e-e verfeinerte Spra-
che pflegten
▸ **précieux** [pʀesjø] *adj* ⟨**-euse** [-øz]⟩ **1.** (*de va-
leur*) wertvoll; kostbar; *métaux précieux*
Edelmetalle *n/pl* **2.** (*affecté*) geziert
préciosité [pʀesjozite] *f* Geziertheit *f*
précipice [pʀesipis] *m* Abgrund *m*
précipitamment [pʀesipitamɑ̃] *adv* überstürzt;
Hals über Kopf
précipitation [pʀesipitasjõ] *f* **1.** Hast *f*; Über-
stürzung *f* **2.** *précipitations pl* Niederschläge
m/pl
précipité [pʀesipite] **I** *adj* ⟨**~e**⟩ **1.** *pas* eilig; has-
tig **2.** *départ* überstürzt; *décision* übereilt **II** *m*
CHIM Niederschlag *m*
précipiter [pʀesipite] **I** *v/t* **1.** (*jeter d'en haut*) (in
die Tiefe, hinab)stürzen **2.** (*projeter*) schleu-
dern **3.** (*brusquer*) überstürzen; übereilen **II**
v/pr se précipiter **4.** (*se jeter d'en haut*) sich
stürzen (*dans le vide* in die Tiefe) **5.** (*s'élan-
cer*) stürzen (*à la porte* zur Tür); *se précipiter
au secours de qn* j-m zu Hilfe eilen **6.** *événe-
ments* sich überstürzen
▸ **précis** [pʀesi] **I** *adj* ⟨**-ise** [-iz]⟩ präzis(e); ge-
nau; exakt; *endroit, point* ganz bestimmt; *à dix
heures précises* genau um, Punkt zehn Uhr
II *m* Abriss *m*
précisément [pʀesizemɑ̃] *adv* **1.** (*de façon pré-
cise*) präzis(e); genau; *plus précisément* ge-
nauer gesagt **2.** (*justement*) genau; gerade;

pas précisément nicht gerade
préciser [pʀesize] **I** v/t präzisieren; genau(er) angeben; **précisez!** drücken Sie sich klarer, deutlicher aus!; **préciser que ...** deutlich machen, dass... **II** v/pr **se préciser** klarer, deutlicher werden
précision [pʀesizjõ] f **1.** Präzision f (a TECH); Exaktheit f; Genauigkeit f **2. précisions** pl genauere, nähere Angaben f/pl; Einzelheiten f/pl
préclassique adj vorklassisch
précoce [pʀekɔs] adj **1.** fruit Früh... **2.** enfant frühreif **3.** hiver, rides früh(zeitig); vorzeitig
précocité [pʀekɔsite] f Frühreife f
précolombien [pʀekɔlõbjɛ̃] adj ⟨-ienne [-jɛn]⟩ präkolumbisch
préconçu adj ⟨~e⟩ idée **préconçue** vorgefasste Meinung
préconiser [pʀekɔnize] v/t befürworten; empfehlen
précontraint [pʀekõtʀɛ̃] adj ⟨-ainte [-ɛ̃t]⟩ **béton précontraint** Spannbeton m
précuit adj ⟨-cuite [kɥit]⟩ vorgekocht
précurseur I m Vorläufer m; Wegbereiter m **II** adj m **signe précurseur** Vorzeichen n, -bote m; Anzeichen n
prédateur [pʀedatœʀ] m räuberisch lebendes Tier
prédécesseur [pʀedesesœʀ] m Vorgänger(in) m(f)
prédélinquant [pʀedelɛ̃kɑ̃] m potenzieller jugendlicher Straftäter
prédestination [pʀedɛstinasjõ] f Prädestination f; Vorherbestimmung f
prédestiné [pʀedɛstine] adj ⟨~e⟩ être **prédestiné à qc** für ou zu etw prädestiniert, vor(her)bestimmt, für etw wie geschaffen sein; abs (zu Großem) auserwählt sein
prédestiner v/t prädestinieren, vorherbestimmen (à qc für ou zu etw)
prédicat [pʀedika] m Prädikat n
prédicateur [pʀedikatœʀ] m Prediger m
prédication [-sjõ] f Predigen n
prédiction f Voraus-, Vorhersage f; **faire des prédictions** Voraussagen machen; weissagen
prédilection [pʀedilɛksjõ] f Vorliebe f (**pour** für); **de prédilection** Lieblings...
prédire v/t ⟨→ dire; aber: **vous prédisez**⟩ voraus-, vorhersagen; prophezeien
prédisposer v/t **prédisposer qn à qc** j-n für etw prädisponieren; **être prédisposé à qc** e-e Veranlagung zu etw haben
prédisposition f Veranlagung f; MÉD a Prädisposition f, besondere Anfälligkeit (**à** für)
prédominance f Vorherrschen n; Überwiegen n; Dominieren n
prédominant adj ⟨-ante [-ɑ̃t]⟩ vorherrschend
prédominer [-e] v/i vorherrschen; überwiegen; (prä)dominieren
préélectoral adj ⟨~e; -aux [-o]⟩ vor den Wahlen; Wahlkampf...
préemballé [pʀeãbale] adj ⟨~e⟩ abgepackt
prééminence f Vorrang(stellung) m(f)
prééminent adj ⟨-ente [-ɑ̃t]⟩ herausragend; hervorstehend
préemption [pʀeãpsjõ] f **droit** m **de préemption** Vorkaufsrecht n
préétabli [pʀeetabli] adj ⟨~e⟩ vorher festgelegt
préexistant adj ⟨-ante [-ɑ̃t]⟩ schon vorher da

gewesen, existierend
préexister [-e] v/i **préexister à qc** schon vor etw (dat) da sein, existieren
préfabrication f Herstellung f von Fertigteilen; Vorfertigung f (**de** von ou +gén)
préfabriqué [pʀefabʀike] **I** adj ⟨~e⟩ vorgefertigt; **élément préfabriqué** Fertig(bau)teil n; **maison préfabriquée** Fertighaus n **II** m Fertigbau(weise) m(f)
préface f Vorwort n
préfacer v/t ⟨-ç-⟩ das Vorwort schreiben zu
préfectoral [pʀefɛktɔʀal] adj ⟨~e; -aux [-o]⟩ des Präfekten; der Präfektur
préfecture [pʀefɛktyʀ] f **1.** Präfektur f **2.** ville Sitz m e-r Präfektur **3. préfecture de police** Polizeipräsidium n (in Paris)
préférable [pʀefeʀabl] adj être **préférable à qc** besser sein als etw; e-r Sache (dat) vorzuziehen
préféré [pʀefeʀe] **I** adj ⟨~e⟩ bevorzugt; Lieblings... **II préféré(e)** m(f) Liebling m (**de qn** j-s)
préférence [pʀefeʀãs] f Vorzug m; Bevorzugung f; ÉCON Präferenz f; **préférence pour qn, qc** Vorliebe f für j-n, etw; **de préférence** lieber; am besten; vorzugsweise
préférentiel [pʀefeʀãsjɛl] adj ⟨~le⟩ Vorzugs...; Präferenz...
▸ **préférer** [pʀefeʀe] v/t ⟨-è-⟩ vorziehen (**à** dat); lieber haben (als); bevorzugen; **je préfère le train** (**à la voiture**) ich fahre lieber mit der Bahn (als mit dem Auto); **préférer faire qc** lieber etw tun; (es) vorziehen, etw zu tun
préfet [pʀefɛ] m **1.** Präfekt m **2. préfet de police** Polizeipräsident m
préfète [pʀefɛt] f **1. madame la préfète** die Frau Präfekt **2. en Belgique** (Gymnasial)Direktorin f
préfiguration st/s f Vorgeschmack m
préfigurer [-e] v/t e-n Vorgeschmack geben von; ahnen lassen
préfinancement m Vorfinanzierung f
préfixation f Präfigierung f; Verwendung f von Präfixen
préfixe m Präfix n; Vorsilbe f
préfixer [-e] v/t **1.** LING mit Präfix versehen; präfigieren **2.** délai, lieu, etc vorher vereinbaren, festlegen, bestimmen
préformage [pʀefɔʀmaʒ] m Vorformung f
préformer [-e] v/t vorformen
préhenseur [pʀeãsœʀ] adj m, **préhensile** [-il] adj BIOL Greif...
préhension [pʀeãsjõ] f BIOL Greifen n; **de préhension** Greif...
préhistoire f Vor-, Urgeschichte f
préhistorique adj vor-, urgeschichtlich; prähistorisch
préjudice [pʀeʒydis] m Schaden m; Nachteil m; Beeinträchtigung f; **au préjudice de** zum Nachteil, Schaden von (ou +gén); zuungunsten (+gén); **causer un préjudice ou porter préjudice à qn** j-m schaden, Schaden zufügen; **subir un préjudice** Schaden erleiden
préjudiciable [pʀeʒydisjabl] adj **préjudiciable à** schädlich für; abträglich (+ dat)
▸ **préjugé** m Vorurteil n; **avoir un préjugé contre qn, qc** ein Vorurteil gegen j-n, etw haben; gegen j-n, etw voreingenommen sein; **être**

plein, rempli de préjugés voller Vorurteile stecken; sehr voreingenommen sein

préjuger *v/t/indir* ⟨**-ge-**⟩ *préjuger de qc* e-r Sache (*dat*) vorgreifen

prélasser *v/pr* **se prélasser au soleil** F sich in der Sonne aalen; **se prélasser dans un fauteuil** F sich in e-m Sessel rekeln

prélat [pʀela] *m* Prälat *m*

prélavage *m* Vorwäsche *f*

prélaver [-e] *v/t* vorwaschen

prêle *ou* **prèle** [pʀɛl] *f* Schachtelhalm *m*

prélèvement [pʀɛlɛvmã] *m* Entnahme *f* (*a d'un organe*); *sur un salaire* Abzug *m* (**sur** von); *sur un compte bancaire* Abbuchung *f* (von); **prélèvement automatique** Einzugs-, Lastschriftverfahren *n*; **faire un prélèvement de sang** Blut abnehmen; e-e Blutprobe entnehmen, machen

prélever *v/t* ⟨**-è-**⟩ entnehmen (**sur** *dat ou* aus); nehmen (aus, von); *somme a* einbehalten, erheben (von); *sur un compte bancaire* abbuchen (von)

préliminaire [pʀeliminɛʀ] **I** *adj* Vor…; einleitend **II** *m/pl* **préliminaires 1.** Präliminarien *pl*; Einleitung *f* **2.** POL Vorverhandlungen *f/pl*

prélude [pʀelyd] *m* **1.** MUS Präludium *n*; Vorspiel *n* **2.** *fig* Auftakt *m* (*à* zu)

préluder [pʀelyde] *v/t/indir* **préluder à qc** den Auftakt zu etw bilden

prématuré [pʀematyʀe] *adj* ⟨**~e**⟩ **1.** *démarche* verfrüht; voreilig **2.** *mort* vorzeitig; (zu) früh; **accouchement prématuré** Frühgeburt *f*; (**enfant**) **prématuré** *m* Frühgeburt *f*

prématurément [pʀematyʀemã] *adv* zu früh; vorzeitig

préméditation *f* JUR Vorsatz *m*; **avec préméditation** vorsätzlich

préméditer *v/t* planen; **prémédité** *crime* geplant; *réponse, réaction* (wohl)überlegt

prémices [pʀemis] *litt f/pl* Anfänge *m/pl*

▸ **premier** [pʀəmje] **I** *adj* ⟨**-ière** [-jɛʀ]⟩ **1.** erste; **le premier août** der erste *ou* am ersten August; **François Ier** Franz I. (der Erste); **premier âge** Säuglingsalter *n*; **objectif premier** oberstes, höchstes Ziel **2.** (*primitif*) ursprünglich; **nombre premier** Primzahl *f* **II** *subst* **3. le premier, la première** der, die, das Erste; *dans un classement a* der, die, das Beste; **les trois premiers** die ersten drei; **le premier de l'an** der Neujahrstag; **le premier du mois** der Monatserste; *adv am* Monatsersten; **arriver le premier** als Erster ankommen; **en premier** zuerst **4.** *m étage* **au premier** im ersten Stock **5.** THÉ **jeune premier** jugendlicher Held, Liebhaber

première [pʀəmjɛʀ] *f* **1.** THÉ, CIN Premiere *f*; Ur-, Erstaufführung *f* **2.** CH FER erste Klasse **3.** ÉCOLE sechste Klasse im Gymnasium; Unterprima *f* **4.** AUTO erster Gang **5.** ALPINISME Erstbesteigung *f*

premièrement [pʀəmjɛʀmã] *adv* erstens; zuerst

premier-né *m* ⟨**premiers-nés**⟩, **première-née** *f* ⟨**premières-nées**⟩ Erstgeborene(r, -s) *f*(*m, n*)

prémilitaire *adj* vormilitärisch

prémisse [pʀemis] *f* Voraussetzung *f*; Prämisse *f*

prémix [pʀemiks] *m/pl* Alcopops *pl*

prémolaires *f/pl* vordere Backenzähne *m/pl*

---

prémonition [pʀemɔnisjõ] *f* (schlimme) (Vor)-Ahnung

prémonitoire [pʀemɔnitwaʀ] *adj* **signe** *m* **prémonitoire** (warnendes) Vorzeichen

prémontré [pʀemõtʀe] *m* ÉGL CATH Prämonstratenser *m*

prémunir *v/pr* **se prémunir contre qc** sich vor etw (*dat*), gegen etw schützen

prenable [pʀənabl] *adj* *place forte* einnehmbar

prenant [pʀənã] *adj* ⟨**-ante** [-ãt]⟩ **1.** *film, livre* packend; (*émouvant*) ergreifend **2.** *activité* zeitraubend **3. partie prenante** Interessenten *m/pl*

prénatal *adj* ⟨**~e; -als**⟩ vorgeburtlich; Schwangerschafts…

▸ **prendre** [pʀãdʀ] ⟨**je prends, il prend, nous prenons, ils prennent; je prenais; je pris; je prendrai; que je prenne, que nous prenions; prenant; pris**⟩ **I** *v/t* **1.** nehmen; (*enlever*) wegnehmen; (*sortir de*) herausnehmen (**dans, de** aus); (*emporter*) mitnehmen; (*accueillir*) aufnehmen; *ordres, commandes* entgegennehmen; MIL *ville* einnehmen; *crédit* aufnehmen; *assurance* abschließen; *billet* kaufen; lösen; *photo* aufnehmen; machen; *mesures* ergreifen; treffen; *risques* auf sich (*acc*) nehmen; eingehen; *pouvoir* übernehmen; ergreifen; *ses fonctions* übernehmen; antreten; **prendre de l'âge** alt werden; *taxi* **prendre un client** e-n Fahrgast auf-, mitnehmen, befördern; **prendre des forces** kräftig(er) werden; **prendre de l'importance** (an) Bedeutung gewinnen; **prendre bien** gut aufnehmen; **prendre mal** übel nehmen; **à tout prendre** im Grunde (genommen); alles in allem; **prendre qn, qc en aversion** e-e Abneigung gegen j-n, etw bekommen, fassen; **prendre qn par les sentiments** j-n von der Gefühlsseite her nehmen, packen; **c'est à prendre ou à laisser** entweder – oder; eins von beiden; **passer, venir prendre qn, qc** j-n, etw abholen (kommen); *chez le coiffeur, etc* **pouvez-vous me prendre à cinq heures?** können Sie mich um fünf Uhr drannehmen?; **savoir prendre qn** F j-n zu nehmen wissen, verstehen **2.** *nourriture* zu sich nehmen; *repas* einnehmen; *médicament* (ein)nehmen; *poison* nehmen; **prendre son petit-déjeuner** frühstücken; **vous prendrez bien quelque chose?** Sie trinken doch etwas? **3.** *moyen de transport* nehmen; benutzen (*a* escalier) **4.** *direction, chemin* einschlagen; *chemin, route a* gehen *ou* fahren (auf + *dat*) **5.** (*embaucher*) einstellen (**comme secrétaire** als Sekretärin) **6.** (*capturer*) *animal* (ein)fangen; *poisson* fangen; *personne en fuite* fassen; F schnappen **7.** (*surprendre*) **prendre qn** j-n ertappen, F erwischen **8.** (*adopter*) *air* aufsetzen; *ton* anschlagen; *attitude* einnehmen; *habitude* annehmen **9.** (*recevoir*) (ab)bekommen; F (ab)kriegen **10.** (*s'emparer de*) **prendre qn** *fatigue, envie* j-n überkommen; *panique* j-n packen (*a* colère, désespoir); j-n erfassen, ergreifen; F **qu'est-ce qui te prend?** was ist denn in dich gefahren? **11.** *travail* **prendre qn** j-n beschäftigen, in Anspruch nehmen **12.** (*voler*) **prendre qc, qn à qn** j-m etw, j-n (weg)nehmen **13.** (*se faire payer*) verlangen; nehmen; **il prend cher** er verlangt, nimmt hohe Preise; er ist teuer **14.**

▶ **prendre pour** (*considérer comme*) halten für; **pour qui me prenez-vous?** für wen halten Sie mich eigentlich? **II** *v/i* **15.** *mayonnaise, crème* steif, fest werden; dicken; *ciment* abbinden **16.** *bouture* anwachsen; *feu* angehen **17.** *spectacle, mode* ankommen; Anklang finden; *menace, excuse* **ne pas prendre** nicht wirken, verfangen, F ziehen **18. prendre à droite, sur la droite** sich nach rechts wenden; rechts einbiegen **19. prendre sur soi** sich zusammennehmen **III** *v/pr* **20. se prendre le doigt dans la porte** sich (*dat*) den Finger in der Tür einklemmen **21. s'en prendre à qn, à qc** j-m, e-r Sache die Schuld geben **22. s'y prendre à l'avance** sich im Voraus darum kümmern; **s'y prendre bien, mal** es richtig *ou* geschickt, falsch *ou* dumm anstellen **23. se prendre pour un génie,** *etc* sich für ein Genie *etc* halten
preneur [pʀənœʀ] *m* **1.** COMM Abnehmer *m* **2. preneur d'otage(s)** Geiselnehmer *m* **3. preneur de son** Tontechniker *m*
preneuse [pʀənøz] *adj f* TECH **benne preneuse** Greifer *m*
▶ **prénom** *m* Vorname *m*
prénommé [pʀenɔme] *adj* ⟨~**e**⟩ ADM **le prénommé Paul** besagter Paul
prénommer I *v/t* **prénommer qn** ... j-m den (Vor)Namen ... geben **II** *v/pr* **se prénommer** ... mit Vornamen ... heißen
prénuptial *adj* vor der Eheschließung
préoccupant *adj* ⟨**-ante**⟩ besorgniserregend
préoccupation *f* Sorge *f*; Besorgnis *f*
préoccupé *adj* ⟨~**e**⟩ besorgt; **être préoccupé de** *ou* **par qc** um etw besorgt sein
préoccuper I *v/t* **préoccuper qn** j-m Sorge(n) machen; j-n stark beschäftigen **II** *v/pr* **se préoccuper de qc** sich (*dat*) über etw (*acc*) Gedanken machen
prépa [pʀepa] *f abr* F (*classe préparatoire*) → **préparatoire**
préparateur [pʀepaʀatœʀ] *m*, **préparatrice** [-tʀis] *f* Laborgehilfe *m*, -gehilfin *f*
préparatifs [pʀepaʀatif] *m/pl* Vorbereitung(en) *f/pl*
préparation [pʀepaʀasjɔ̃] *f* **1.** Vorbereitung *f*; CUIS Zubereitung *f* **2.** CHIM, PHARM Präparat *n*
préparatoire [pʀepaʀatwaʀ] *adj* vorbereitend; **classes** *f/pl* **préparatoires** Vorbereitungsklassen *f/pl* für die „grandes écoles"
▶ **préparer I** *v/t* **1.** vorbereiten; *repas* zubereiten; **préparer un examen** sich auf ein Examen vorbereiten; **plat préparé** Fertiggericht *n*; **préparer qn à qc** j-n auf etw (*acc*) vorbereiten **2.** *avenir* **préparer qc à qn** für j-n etw bereithalten; **préparer une surprise à qn** j-m e-e Überraschung bereiten **II** *v/pr* **3.** ▶ **se préparer à** sich vorbereiten auf (+ *acc*); **se préparer pour qc** sich für etw fertig machen **4. se préparer** *orage, fig qc de grave* heraufziehen; sich zusammenbrauen; sich vorbereiten
prépondérance [pʀepɔ̃deʀɑ̃s] *f* Vormachtstellung *f*
prépondérant [-ɑ̃] *adj* ⟨**-ante** [-ɑ̃t]⟩ ausschlaggebend; entscheidend
préposé(e) I *m(f)* **1.** *des postes* Briefträger(in) *m(f)* **2.** *agent* Bedienstete(r) *f(m)* **II** *p/p* **être préposé(e) à qc** mit etw beauftragt sein
préposer *v/t* **préposer qn à qc** j-n mit etw be-

trauen, beauftragen; j-m etw übertragen
prépositif *adj* ⟨**-ive** [iv]⟩ GR **locution prépositive** Präpositionalgefüge *n*
préposition *f* Präposition *f*; Verhältniswort *n*
prépuce [pʀepys] *m* Vorhaut *f*
prérasage *m* **lotion** *f* **de prérasage** Preshave *n*
préretraite *f* **1.** Vorruhestand *m* **2.** *allocation* vorgezogene Altersrente
prérogative [pʀeʀɔgativ] *f* Vorrecht *n*
▶ **près** [pʀɛ] **I** *adv* **1.** (*tout*) **près** (ganz) in der Nähe; **de près** aus der Nähe; *suivre* dicht; *raser* glatt; *fig examiner* genau; eingehend **2. à ... près** abgesehen von (+ *dat*); bis auf (+ *acc*); **à cela près que ...** abgesehen davon, dass ...; **je ne suis pas à cinq minutes près** auf fünf Minuten (mehr oder weniger) kommt es mir nicht an; ▶ **à peu près, à peu de chose(s) près** (*environ*) ungefähr; etwa; zirka; (*presque*) fast; beinahe **II** *prép* ▶ **près de** nah(e) bei (+ *dat*); in der Nähe von (*ou* + *gén*); *avec un nombre* fast; beinahe; nahezu; **près d'ici** hier in der Nähe; **il est près de onze heures** es ist fast, gleich elf (Uhr); **être près de faire qc** nahe daran sein, etw zu tun
présage [pʀezaʒ] *m* Vorzeichen *n*; Omen *n*
présager [pʀezaʒe] *v/t* ⟨**-ge-**⟩ (*laisser*) **présager** vermuten, ahnen lassen
pré-salé [pʀesale] *m* ⟨**prés-salés**⟩ Schaf, das auf e-r Wiese geweidet hat, die zeitweilig vom Meer überspült wird
presbyte [pʀɛzbit] *adj* weitsichtig
presbytère [pʀɛzbiteʀ] *m* Pfarrhaus *n*
presbytie [pʀɛzbisi] *f* Weitsichtigkeit *f*
prescience [pʀesjɑ̃s] *f* Wissen *n* um die Zukunft
préscolaire *adj* Vorschul...
prescriptibilité [pʀɛskʀiptibilite] *f* Verjährbarkeit *f*
prescriptible [-ibl] *adj* verjährbar
prescription [pʀɛskʀipsjɔ̃] *f* **1.** MÉD Verordnung *f* **2.** JUR Verjährung *f*
prescrire [pʀɛskʀiʀ] ⟨→ **écrire**⟩ *v/t* vorschreiben; *médicament* verordnen; verschreiben
prescrit [pʀɛskʀi] *adj* ⟨**-ite** [-it]⟩ **1.** vorgeschrieben **2.** JUR verjährt
préséance [pʀeseɑ̃s] *f* Vortritt *m*; Vorrang *m*
présélection [pʀeselɛksjɔ̃] *f* **1.** *de candidats* Vorauswahl *f* **2.** TECH Vorwahl *f*
présélectionner [pʀeselɛksjɔne] *v/t* **1.** *candidats* e-e Vorauswahl treffen unter (+ *dat*) **2.** TECH vorwählen
▶ **présence** [pʀezɑ̃s] *f* **1.** *de qn* Anwesenheit *f*; Gegenwart *f*; Präsenz *f*; **en présence de** in Anwesenheit, in Gegenwart, im Beisein von (*ou* + *gén*); **en votre présence** in Ihrer Gegenwart; *adversaires* **être en présence** sich gegenüberstehen **2.** *de qc* Vorhandensein *n* **3. présence d'esprit** Geistesgegenwart *f* **4.** *d'un acteur* Ausstrahlungskraft *f*
▶ **présent**[1] [pʀezɑ̃] **I** *adj* ⟨**-ente** [-ɑ̃t]⟩ **1.** *personne* anwesend; *réponse* **présent!** hier!; **personne présente** Anwesende(r) *m*; **être présent (à qc)** (bei etw) anwesend, zugegen, präsent sein **2.** (*actuel*) gegenwärtig; derzeitig; jetzig **3.** ADM, COMM vorliegend; *subst* **par la présente** hierdurch; hiermit **4. participe présent** Partizip *n* Präsens **II** *m* **5.** Gegenwart *f*; **à présent** gegenwärtig; zurzeit; derzeit; jetzt; **à présent**

que ... jetzt, da *ou* wo ...; *jusqu'à présent* bis jetzt; bisher **6.** GR Präsens *n*; Gegenwart *f* **7.** *les présents* m/pl die Anwesenden m/pl
présent[2] *litt m* Geschenk *n*; *st/s* Präsent *n*
présentable [prezɑ̃tabl] *adj* vorzeigbar; präsentabel; ansehnlich
présentateur [prezɑ̃tatœʀ] *m*, **présentatrice** [-tʀis] *f* RAD, TV Moderator(in) m(*f*); *dans un spectacle* Ansager(in) m(*f*); Showmaster *m*; Conférencier *m*
présentation [prezɑ̃tasjɔ̃] *f* **1.** *d'une collection, etc* Vorführung *f*; *d'un livre* Vorstellung *f*; *d'une émission* Moderation *f*; *d'un spectacle* Ansage *f* **2.** (*manière de présenter*) Präsentation *f*; Aufmachung *f*; *d'un texte* Gestaltung *f* **3.** *d'une thèse, etc* Darlegung *f*; Darstellung *f* **4.** *d'une pièce d'identité* Vorzeigen *n*; *d'un chèque* Vorlage *f*; *sur présentation de* gegen Vorlage von (*ou* + *gén*) **5.** *d'une personne à une autre* Vorstellung *f*; *faire les présentations* die Gäste einander vorstellen **6.** (*apparence de qn*) Erscheinung(sbild) *f(n)*
présente [prezɑ̃t] → *présent*[1] *I 3*
présentement [prezɑ̃tmɑ̃] *adv* zurzeit
▸ **présenter** [prezɑ̃te] **I** *v/t* **1.** *plat* darbieten; *pièce d'identité, billet* vorzeigen; vorweisen; *chèque, facture, rapport* vorlegen; *fig arguments* vorbringen; *condoléances, felicitations* aussprechen; *démission, candidature* einreichen; *cadeau, etc* **bien présenté** schön aufgemacht; fürs Auge **2.** *collection, etc* vorführen; *livre, film* (dem Publikum) vorstellen; *numéro de cirque* darbieten; (*annoncer*) ansagen; *émission* moderieren; führen durch **3.** *présenter qn à qn* j-m j-n vorstellen **4.** *idées, faits* (*exposer*) darlegen; darstellen **5.** (*avoir*) *défauts, qualités* aufweisen **II** *v/i* **6.** *personne présenter bien* e-e gute Erscheinung sein **III** *v/pr* **7.** *se présenter* (*à qn*) sich (j-m) vorstellen; *se présenter aux élections* bei den Wahlen kandidieren; *se présenter à un examen* an e-r Prüfung teilnehmen **8.** *se présenter occasion* sich bieten; *cas* vorkommen; *l'affaire se présente bien, mal* die Sache lässt sich gut, schlecht an
présentoir [prezɑ̃twaʀ] *m* Verkaufsständer *m*; Display *n*
présérie *f* TECH Nullserie *f*
préservatif [prezɛʀvatif] *m* Kondom *n*; Präservativ *n*
préservation [prezɛʀvasjɔ̃] *f* Bewahrung *f*; Schutz *m*
préserver [-e] *v/t* bewahren, schützen (*de* vor + *dat*)
présidence [prezidɑ̃s] *f* **1.** *d'une réunion* Vorsitz *m* **2.** POL Präsidentschaft *f*
▸ **président** [prezidɑ̃] *m* **1.** Vorsitzende(r) *m*; Obmann *m*; Präsident *m* **2.** POL (Staats)Präsident *m*; *le président de la République* der französische Staatspräsident
président-directeur général *m* (*abr* **P.D.G.**) ⟨*pl* **présidents-directeurs généraux**⟩ Generaldirektor *m*
présidente [prezidɑ̃t] *f* Vorsitzende *f*; Präsidentin *f* (*a* POL)
présidentiable [prezidɑ̃sjabl] *adj* zum Präsidenten geeignet
présidentiel [prezidɑ̃sjɛl] *adj* ⟨**⁓le**⟩ (*élection*) *présidentielle f* Präsidentschaftswahlen f/pl;

Le président de la République

Der Staatspräsident (**le président de la République**) wird in freier und geheimer Wahl nach dem Mehrheitswahlrecht (**le scrutin majoritaire**) für fünf Jahre direkt vom Volk gewählt. Er ernennt den Premierminister (**Premier ministre**) und auf dessen Vorschlag hin die Minister. Er definiert die großen politischen Orientierungen des Landes, bestimmt die Außenpolitik, ist Chef der französischen Armee und kann alleine darüber bestimmen, ob Atomwaffen eingesetzt werden. Seine Funktion ist vergleichbar mit der des Bundeskanzlers, auch wenn seine Machtbefugnisse darüber hinausgehen. In einer schweren Staatskrise kann er nach Artikel 16 der Verfassung vorübergehend die exekutive und legislative Macht (**les pleins pouvoirs**) übernehmen.

régime présidentiel Präsidialsystem *n*
présider [prezide] **I** *v/t* **1.** den Vorsitz führen (*une réunion* bei e-r Versammlung); *présidé par* unter dem Vorsitz von (*ou* + *gén*) **2.** *présider un repas* bei e-m Essen den Ehrenplatz einnehmen **II** *v/t/indir présider à qc* etw leiten
présignalisation [presiɲalizasjɔ̃] *f* AUTO *triangle m de présignalisation* Warndreieck *n*
présomptif [prezɔ̃ptif] *adj* ⟨**-ive** [-iv]⟩ mutmaßlich
présomption [prezɔ̃psjɔ̃] *f* **1.** (*supposition*) Vermutung *f* (*a* JUR); Mutmaßung *f* **2.** (*suffisance*) Überheblichkeit *f*; Anmaßung *f*; Dünkel *m*
présomptueux [prezɔ̃ptɥø] *adj* ⟨**-euse** [-øz]⟩ überheblich; anmaßend; eingebildet
▸ **presque** [prɛsk] *adv* fast; beinahe
presqu'île [prɛskil] *f* Halbinsel *f*
pressage [prɛsaʒ] *m* Pressen *n*, *ung f*
pressant [prɛsɑ̃] *adj* ⟨**-ante** [-ɑ̃t]⟩ dringend; dringlich
▸ **presse** [prɛs] *f* **1.** Presse *f*; Zeitungswesen *n*; *la grande presse* die großen Tageszeitungen f/pl; *presse du cœur* Regenbogenpresse *f*; *avoir bonne, mauvaise presse* e-e gute, schlechte Presse haben **2.** TECH (Druck)Presse *f*; *sous presse* im Druck
▸ **pressé** [prɛse] **I** *adj* ⟨**⁓e**⟩ **1.** *travail, lettre* eilig; dringend; *être pressé personne* es eilig haben; in Eile sein; *travail, lettre* eilen; eilig sein **2.** *fruits* ausgepresst; *orange pressée* (frisch ausgepresster) Orangensaft **II** *m aller, parer au plus pressé* das Dringendste zuerst erledigen
presse-agrume *m* ⟨*inv*⟩ Zitruspresse *f*
presse-ail *m* ⟨*inv*⟩ Knoblauchpresse *f*
presse-bouton *adj* ⟨*inv*⟩ vollautomatisch; F per Knopfdruck
presse-citron *m* ⟨*inv*⟩ Zitronenpresse *f*
presse-fruits *m* ⟨*inv*⟩ Fruchtpresse *f*

pressentiment [pʀesɑ̃timɑ̃] m (Vor)Gefühl n; (Vor)Ahnung f

pressentir [pʀesɑ̃tiʀ] v/t ⟨→ **sentir**⟩ **1.** (voraus)ahnen **2.** (sonder) **pressentir qn** bei j-m vorfühlen

presse-papiers m ⟨inv⟩ Briefbeschwerer m

presse-purée m ⟨inv⟩ Kartoffelpresse f; F Quetsche f

presser [pʀese] **I** v/t **1.** fruits (aus)pressen; éponge ausdrücken **2.** TECH pressen (a disques) **3.** (serrer) drücken; pressen **4.** **presser qn de questions** j-n mit Fragen bedrängen **5.** (hâter) beschleunigen **II** v/i **6.** eilen; eilig, dringend sein; pressieren; **le temps presse** die Zeit drängt; es eilt **III** v/pr **7.** (se dépêcher) **se presser** sich beeilen; **sans se presser** ohne Eile; F **allons, pressons!** F ein bisschen Tempo! **8.** foule **se presser** sich drängen

pressing [pʀesiŋ] m Reinigung f (Geschäft)

pression [pʀesjõ] f **1.** Druck m; fig **exercer une, faire pression sur qn** Druck auf j-n ausüben **2.** (bière f) **pression** Fassbier n; Bier n vom Fass **3.** (bouton-pression) Druckknopf m

pressoir [pʀeswaʀ] m (Frucht)Presse f; pour le vin Kelter f

pressurage [pʀesyʀaʒ] m (Aus)Pressen n; de raisins Keltern n

pressurer [-e] v/t ausbeuten

pressurisation [pʀesyʀizasjõ] f Aufrechterhaltung f von normalen Druckverhältnissen

pressurisé [pʀesyʀize] adj ⟨~e⟩ **cabine pressurisée** Druckkabine f

pressuriser [pʀesyʀize] v/t normale Druckverhältnisse aufrechterhalten in (+dat)

prestance [pʀestɑ̃s] f aspect gutes, stattliches Aussehen; maintien gewandtes, sicheres Auftreten

prestataire [pʀestatɛʀ] m **1.** **prestataire de services** Dienstleistungsunternehmen n **2.** (bénéficiaire) Leistungsempfänger m

prestation [pʀestasjõ] f **1.** allocation, service Leistung f; **prestation dépendance** Pflegegeld n; **prestation de service** Dienstleistung f **2.** **prestation de serment** Eidesleistung f **3.** (performance) Leistung f

preste [pʀest] adj behänd(e); flink

prestesse [-ɛs] litt f Behändigkeit f

prestidigitateur [pʀestidiʒitatœʀ] m, **prestidigitatrice** [-tʀis] f Zauberkünstler(in) m(f); Taschenspieler(in) m(f)

prestidigitation [-sjõ] f Zauberkunst f

prestige [pʀestiʒ] m Prestige n; Ansehen n

prestigieux [pʀestiʒjø] adj ⟨-euse [-øz]⟩ angesehen; COMM anspruchsvoll; (magnifique) wundervoll

presto [pʀesto] adv MUS presto

présumé [pʀezyme] adj ⟨~e⟩ mutmaßlich

présumer [pʀezyme] **I** v/t vermuten; mutmaßen; **être présumé innocent** als unschuldig gelten **II** v/t/indir **trop présumer de ses forces** s-e Kräfte überschätzen

présupposer [pʀesypoze] v/t voraussetzen

présure [pʀezyʀ] f Lab(ferment) n

▸ **prêt¹** [pʀe] adj ⟨**prête** [pʀet]⟩ **être prêt** bereit, fertig sein; **prêt à tout** zu allem bereit; **prêt à partir** startbereit; reisefertig

prêt² m Darlehen n

pretantaine [pʀɔtɑ̃tɛn] → **prétantaine**

prêt-à-porter [pʀetapɔʀte] m ⟨**prêts-à-porter**⟩ Konfektion(skleidung) f

prêté [pʀete] m **c'est un prêté pour un rendu** hilfst du mir, helf ich dir; péj wie du mir, so ich dir

prétendant [pʀetɑ̃dɑ̃] m **1.** Thronprätendent m **2.** d'une femme Bewerber m

prétendre ⟨→ **rendre**⟩ **I** v/t **1.** (soutenir) behaupten; vorgeben **2.** (vouloir) **prétendre** (+ inf) gewillt sein, gedenken, beabsichtigen zu (+ inf) **II** v/t/indir **prétendre à qc** auf etw (acc) Anspruch erheben **III** v/pr **se prétendre qc** behaupten, etw zu sein; etw sein wollen

prétendu adj ⟨~e⟩ angeblich

prête-nom [pʀetnõ] m ⟨**prête-noms**⟩ Strohmann m

prétentaine [pʀetɑ̃tɛn] f **courir la prétentaine** auf Liebesabenteuer ausgehen

prétentieux [pʀetɑ̃sjø] adj ⟨-euse [-øz]⟩ personne eingebildet; eitel; selbstgefällig; air affektiert; style protzig

prétention [pʀetɑ̃sjõ] f **1.** (revendication) Anspruch m; pl **prétentions** (salaire exigé) Gehaltsansprüche m/pl **2.** (ambition) Ambition f; Ehrgeiz m; **avoir la prétention de** (+ inf) sich (dat) einbilden, sich (dat) anmaßen zu (+ inf); maison, style **sans prétention** anspruchslos **3.** (vanité) Selbstgefälligkeit f; Eitelkeit f; Einbildung f

▸ **prêter** [pʀete] **I** v/t **1.** argent, objet (aus-, ver)leihen; borgen; → Info bei **leihen**; par ext **prêter son nom à qc** s-n Namen für etw hergeben **2.** **prêter (son) assistance à qn** j-m Hilfe, Beistand leisten; **prêter attention à** Aufmerksamkeit schenken (+ dat) **3.** (attribuer) **prêter qc à qn** j-m etw zuschreiben, propos, intentions unterstellen **II** v/t/indir **4.** **prêter à qc** Anlass zu etw geben **III** v/pr **5.** personne **se prêter à qc** sich zu etw hergeben **6.** thème, terre **se prêter à qc** sich zu, für etw eignen

prétérit [pʀeteʀit] m Präteritum n

préteur [pʀetœʀ] m Prätor m

prêteur [pʀetœʀ], **prêteuse I** m,f d'un prêt Darlehensgeber(in) m(f); **prêteur, prêteuse sur gages** Pfandleiher(in) m(f) **II** adj **être prêteur, prêteuse** gern leihen

▸ **prétexte** m Vorwand m; **sous prétexte que ...** unter dem Vorwand, dass ...; **donner (un) prétexte, fournir un prétexte à qn** j-m e-n Vorwand liefern

prétexter [pʀetɛkste] v/t **prétexter qc** etw vorschützen, zum Vorwand nehmen; **prétexter que ...** vorgeben, dass ...

prétoire [pʀetwaʀ] m Gerichtssaal m

prétorien [pʀetɔʀjɛ̃] adj ⟨-ienne [-jɛn]⟩ HIST **garde prétorienne** Prätorianer(garde) m/pl(f)

▸ **prêtre** [pʀetʀ] m Priester m

prêtre-ouvrier m ⟨**prêtres-ouvriers**⟩ Arbeiterpriester m

prêtresse [pʀetʀɛs] f Priesterin f

prêtrise [-iz] f Priesteramt n, -würde f

▸ **preuve** [pʀœv] f **1.** Beweis m; fig **preuve d'amitié** Freundschaftsbeweis m; **vous êtes la preuve vivante que ...** Sie sind der lebende Beweis, das lebende Beispiel dafür, dass ...; **jusqu'à preuve du contraire** bis zum Beweis des Gegenteils; **faire ses preuves** sich bewähren; **faire preuve de courage** Mut beweisen;

sich mutig zeigen; sich als mutig erweisen **2.** MATH **preuve par neuf** Neunerprobe *f*
preux [prø] *m* HIST Recke *m*
prévaloir ⟨→ **valoir**; *aber:* **que je prévale**⟩ **I** *v/i st/s* obsiegen (**contre** über + *acc*); **faire préva-loir ses droits** seine Rechte durchsetzen **II** *v/pr* **se prévaloir de qc** sich (*dat*) auf e-e Sache etwas zugutehalten, einbilden
prévaricateur [prevarikatœr] **I** *adj* ⟨**-trice** [-tris]⟩ pflichtvergessen; untreu **II** *m* pflicht-vergessene(r) Beamte(r)
prévarication [prevarikasjõ] *f* Amtspflicht-verletzung *f*
prévenance [prevnãs] *f* Zuvorkommenheit *f*; Aufmerksamkeit *f* (*a acte*)
prévenant [-ã] *adj* ⟨**-ante** [-ãt]⟩ zuvorkom-mend
▸ **prévenir** *v/t* ⟨→ **venir**; *aber v/aux* **avoir**⟩ **1.** (*in-former*) **prévenir qn** (**de qc**) j-n (von etw) be-nachrichtigen, *police* verständigen **2.** (*avertir*) **prévenir qn** (**de qc**) j-n (vor etw [*dat*]) warnen **3.** (*empêcher*) **prévenir qc** e-r Sache (*dat*) vor-beugen; etw verhüten **4. prévenir les désirs de qn** den Wünschen j-s zuvorkommen
préventif [prevãtif] *adj* ⟨**-ive** [-iv]⟩ **1.** vorbeu-gend; Präventiv... **2. détention préventive** Untersuchungshaft *f*
prévention [prevãsjõ] *f* **1.** Verhütung *f*; Vor-beugung *f*; **prévention routière** Unfallverhü-tung *f* **2.** (*préjugé*) Voreingenommenheit *f*; Vorurteil *m*
prévenu I *adj* ⟨**~e**⟩ **être prévenu de qc** e-r Sa-che (*gén*) beschuldigt werden **II** *subst* **préve-nu(e)** *m(f)* Beschuldigte(r) *f(m)*; Tatverdäch-tige(r) *f(m)*
prévisibilité *f* Vorher-, Voraussehbarkeit *f*
prévisible [-ibl] *adj* vorher-, voraussehbar
prévision *f* Vorher-, Voraussage *f*; Prognose *f*; **prévisions** *pl* Erwartungen *f/pl*; **prévision budgétaire** Haushaltsvoranschlag *m*; **prévi-sions météorologiques** Wetteraussichten *f/pl*, -vorhersage *f*; **en prévision de** in Erwar-tung (+ *gén*)
prévisionnel [previzjɔnɛl] *adj* ⟨**~le**⟩ voraus-schauend, -planend
prévisionniste [-ist] *m* Prognostiker *m*
▸ **prévoir** *v/t* ⟨→ **voir**; *aber:* **je prévoirai**⟩ **1.** (*imaginer à l'avance*) voraus-, vorhersehen **2.** (*organiser d'avance*) vorsehen; planen; **être prévu** vorgesehen sein
prévôt [prevo] *m* **1.** HIST *hoher königlicher Beamter m* **2.** MIL Befehlshaber *m* e-r Feldgen-darmerieabteilung
prévôté [prevote] *f* MIL Feldgendarmerie *f*
prévoyance [prevwajãs] *f* Vorsorge *f*; Voraus-sicht *f*
prévoyant [-ã] *adj* ⟨**-ante** [-ãt]⟩ vorausschau-end
prévu *p/p et adj* ⟨**~e**⟩ → **prévoir**
prie-Dieu [pridjø] *m* ⟨*inv*⟩ Betstuhl *m*
▸ **prier** [prije] *v/t* **1.** REL beten (*a abs*); **prier Dieu** zu Gott beten **2.** (*demander*) bitten; **prier qn de faire qc** j-n bitten, ersuchen, etw zu tun; **vous êtes prié de** (+ *inf*) Sie werden gebeten zu (+ *inf*); **ne pas se faire prier** sich nicht lan-ge bitten lassen; ▸ **je t'en prie** bitte sehr!; bitte schön!; *injonction* ich bitte dich!; ▸ **je vous en prie** bitte sehr!; bitte schön!; *injonction* ich bit-

te Sie!
▸ **prière** [prijɛr] *f* **1.** REL Gebet *n*; **dire, faire une prière** ein Gebet sprechen, verrichten **2.** (*demande*) Bitte *f*; **prière de ne pas fumer** bit-te nicht rauchen!
prieur(e) [prijœr] *m(f)* Prior(in) *m(f)*
prieuré [prijœre] *m* Priorat *n*
prima donna [primadɔna] *f* ⟨*pl inv od* **prime donne**⟩ Primadonna *f*
primaire [primɛr] *adj* **1. école** *f* **primaire** Grundschule *f*; (*enseignement m*) **primaire** *m* Grundschulwesen *n* **2.** primär; Primär...; **élections** *f/pl* **primaires** Vorwahlen *f/pl*; **ère** *f* **primaire** Paläozoikum *n*; Erdaltertum *n*; **secteur** *m* **primaire** Agrarwirtschaft *f* und Bergbau *m* **3.** *péj* primitiv
primal [primal] *adj* ⟨**~e; -aux** [-o]⟩ PSYCH **cri primal** Urschrei *m*
primat [prima] *m* CATH Primas *m*
primates [primat] *m/pl* ZO Primaten *m/pl*
primauté [primote] *f* Vorrang *m*; Primat *m ou n* (*a du pape*)
prime¹ [prim] *adj* **1. de prime abord** auf den ersten Blick; zunächst; **dès sa prime jeunes-se** von frühester Jugend an **2.** MATH **a prime** a Strich (a')
prime² *f* **1.** (*indemnité*) Prämie *f*; Zulage *f*; **pri-me à l'exportation** Exportprämie *f*; **prime de fin d'année** Weihnachtsgeld *n*, -gratifikation *f*; COMM **avoir qc en prime** etw als Werbege-schenk, Zugabe bekommen **2.** ASSURANCES (Versicherungs)Prämie *f*
primer [prime] *v/t* **1.** (*l'emporter*) vorgehen (**qc** e-r Sache [*dat*]) **2.** (*récompenser*) präm(i)ieren
primerose [primroz] *f* Stockrose *f*, -malve *f*
primesautier [primsotje] *adj* ⟨**-ière** [-jɛr]⟩ im-pulsiv; spontan
prime time [prajmtajm] *m* TV Primetime *f*
primeur [primœr] *f* **1. avoir la primeur de qc** als Erste(r) in den Genuss von etw kommen **2.** *adjt* **vin** *m* **primeur** junger Rotwein **3. pri-meurs** *pl* Frühgemüse *n* und Frühobst *n*
primevère [primvɛr] *f* Primel *f*
primitif [primitif] *adj* ⟨**-ive** [-iv]⟩ **1.** (*d'origine*) ursprünglich; Ur...; **homme primitif** Ur-mensch *m* **2.** (*non civilisé*) primitiv; der Primi-tiven; **art primitif** Kunst *f* der Naturvölker **3.** *fig* (*fruste*) primitiv; einfach
primitivement [primitivmã] *adv* ursprünglich; anfänglich
primo [primo] *adv* erstens
primogéniture [primoʒenityr] Erstgeburt(s-recht) *f(n)*
primo-infection *f* ⟨**primo-infections**⟩ Erstin-fektion *f*
primordial [primɔrdjal] *adj* ⟨**~e; -aux** [-o]⟩ (äußerst) wichtig; entscheidend
prince [prɛ̃s] *m* **1.** *régnant* Fürst *m*; *fig* **être bon prince** großzügig, tolerant sein **2.** *non régnant*, *titre* Prinz *m*
prince-de-galles [prɛ̃sdəgal] *m* ⟨*inv*⟩ TEXT Glencheck *m*
princesse [prɛ̃sɛs] *f* **1.** Prinzessin *f*; *fig* **aux frais de la princesse** auf Staats- *ou* Ge-schäftskosten **2.** *adjt* **'haricots** *m/pl* **princes-se(s)** Prinzessbohnen *f/pl*; **robe** *f* **princesse** Prinzesskleid *n*
princier [prɛ̃sje] *adj* ⟨**-ière** [-jɛr]⟩ fürstlich (*a*

fig); Fürsten...

▸ **principal** [pʀɛ̃sipal] **I** *adj* ⟨~**e; -aux** [-o]⟩ Haupt...; hauptsächliche; wichtigste; (*proposition*) *principale f* Hauptsatz *m* **II** *subst* **1.** **le principal** die Hauptsache **2.** *m* ⟨**-aux** [-o]⟩, *principale f d'un collège* Direktor(in) *m(f)*

principalement [pʀɛ̃sipalmɑ̃] *adv* hauptsächlich; vor allem

principauté [pʀɛ̃sipote] *f* Fürstentum *n*

principe [pʀɛ̃sip] *m* **1.** Prinzip *n* (*a sc*); Grundsatz *m*; **... de principe** prinzipiell; Prinzipien...; *en principe* im Prinzip; prinzipiell; grundsätzlich; *par principe* aus Prinzip **2.** CHIM Bestandteil *m*; Stoff *m*

printanier [pʀɛ̃tanje] *adj* ⟨**-ière** [-jɛʀ]⟩ frühlingshaft; Frühlings...; Frühjahrs...

▸ **printemps** [pʀɛ̃tɑ̃] *m* Frühling *m* (*a fig*); Frühjahr *n*; *poét* Lenz *m*; *au printemps* im Frühling, Frühjahr

---

Vorsicht bei printemps! 🚩FQ

au printemps	im Frühling
aber:	
en été	im Sommer
en automne	im Herbst
en hiver	im Winter

---

priori → *a priori*

prioritaire [pʀijɔʀitɛʀ] *adj* vorrangig; bevorzugt; mit Vorrang; *être prioritaire* Priorität, Vorrang, *véhicule* Vorfahrt haben

▸ **priorité** [pʀijɔʀite] *f* **1.** Priorität *f*, Vorrang *m* (*sur* vor + *dat*); *en priorité* vorrangig; mit Vorrang **2.** Vorfahrt *f*; *priorité à droite* Vorfahrt von rechts; *route f à priorité* Vorfahrtsstraße *f*; *avoir priorité sur* (die) Vorfahrt haben vor (+ *dat*); *j'ai la priorité* ich habe Vorfahrt

pris [pʀi] *p/p* → *prendre et adj* ⟨**prise** [pʀiz]⟩ **1.** *place* besetzt **2.** *personne* nicht frei; *être très pris* sehr beschäftigt, beansprucht sein **3.** *st/s pris de boisson* betrunken; *pris de panique* von Panik erfasst, ergriffen; *avoir la gorge prise* e-e raue Kehle haben **4.** *crème* steif; fest; *rivière* (zu)gefroren

prise [pʀiz] *f* **1.** (*action de prendre*) Nehmen *n*; *de médicaments*, MIL Einnahme *f*; HIST *la prise de la Bastille* die Erstürmung der Bastille; *prise de contact* Kontaktaufnahme *f*; Fühlungnahme *f*; *prise d'otage(s)* Geiselnahme *f*; *prise de position* Stellungnahme *f* (*sur une question* zu e-r Frage); *prise de pouvoir* Machtübernahme *f*, -ergreifung *f*; *prise de vue(s)* Aufnahme *f*; *prise en charge* Kostenübernahme *f*; *avoir prise sur qn, qc* Einfluss auf j-n, etw haben; *donner prise à* Anlass geben zu; *être aux prises avec qn, qc* mit j-m, etw kämpfen, ringen; *lâcher prise* loslassen; *fig* aufgeben **2.** LUTTE, JUDO Griff *m*; ALPINISME *avoir prise* Halt haben **3.** (*capture*) Fang *m*, CH Beute *f* (*a fig*) **4.** ▸ *prise* (*de courant*) Steckdose *f*; *prise de terre* Erdung *f* **5.** *prise* (*de tabac*) Prise *f* (Schnupftabak)

prisé [pʀize] *adj* ⟨~**e**⟩ gefragt; begehrt

priser [pʀize] *v/t* **1.** *litt* (*estimer*) schätzen **2.** schnupfen; *tabac m à priser* Schnupftabak *m*

prismatique [pʀismatik] *adj* prismatisch; Prismen...

prisme [pʀism] *m* Prisma *n*

▸ **prison** [pʀizɔ̃] *f* Gefängnis *n*; *condamner à deux ans de prison, à la prison à vie* zu zwei Jahren Gefängnis, zu e-r lebenslänglichen Freiheitsstrafe verurteilt; *être en prison* im Gefängnis sein; F (im Gefängnis) sitzen; *avoir fait de la prison* (im Gefängnis) F gesessen haben; *mettre qn en prison* j-n ins Gefängnis stecken

▸ **prisonnier** [pʀizɔnje], **prisonnière** [pʀizɔnjɛʀ] **I** *m,f* Gefangene(r) *f(m)*; (*détenu*) Häftling *m*; *faire qn prisonnier* j-n gefangen nehmen **II** *adj* gefangen; *fig être prisonnier de ses préjugés* Gefangener s-r Vorurteile sein

privatif [pʀivatif] *adj* ⟨**-ive** [-iv]⟩ **1.** GR verneinend; privativ **2.** *peine privative de liberté* Freiheitsstrafe *f* **3.** *jardin* zur alleinigen Benutzung überlassen

privation [pʀivasjɔ̃] *f* **1.** Entzug *m*; Verlust *m* **2.** *privations pl* Entbehrungen *f/pl*

privatisation [pʀivatizasjɔ̃] *f* Privatisierung *f*

privatiser [-e] *v/t* privatisieren

privautés [pʀivote] *f/pl* Vertraulichkeiten *f/pl*

▸ **privé** [pʀive] **I** *adj* ⟨~**e**⟩ privat; Privat...; *école privée* Privatschule *f*; *en privé* privat; außerdienstlich **II** *m dans le privé* in der Privatwirtschaft

priver [pʀive] **I** *v/t priver qn de qc* j-m etw entziehen; j-n um etw bringen **II** *v/pr se priver de qc* auf etw (*acc*) verzichten; sich (*dat*) etw versagen; *iron il ne se prive pas* er lässt sich nichts abgehen

privilège [pʀivilɛʒ] *m* Privileg *n*; Vorrecht *n*; *par ext* (*chance*) Glück *n*; *concéder, donner des privilèges* Privilegien einräumen, verleihen

privilégié [pʀivileʒje] *adj* ⟨~**e**⟩ privilegiert; *par ext* vom Glück begünstigt

privilégier [-e] *v/t* privilegieren; begünstigen

▸ **prix** [pʀi] *m* **1.** COMM Preis *m* (*a fig*); *par ext* (*valeur*) Wert *m*; *prix à la consommation* Verbraucherpreis *m*; *prix d'achat* Kauf-, Einkaufs-, Bezugspreis *m*; *prix d'ami* Freundschaftspreis *m*; *prix de lancement* Einführungspreis *m*; *prix de vente* Verkaufs-, COMM *a* Ladenpreis *m*; *de prix* wertvoll; kostbar; *'hors de prix* unerschwinglich; F sündhaft teuer; *fig à aucun prix* um keinen Preis; keinesfalls; *à bas prix* spottbillig; zu Schleuderpreisen; *au prix fort* zum vollen Preis; *à moitié prix* zum halben Preis; *fig à tout prix* um jeden Preis; partout; *à prix d'or* für teures Geld; *fig n'avoir pas de prix* e-n unschätzbaren Wert darstellen; *faire un prix à qn* j-m e-n günstigen Preis machen; *mettre à prix la tête de qn* auf j-s Kopf e-n Preis aussetzen; *y mettre le prix* es sich (*dat*) etwas kosten lassen **2. a)** *distinction* Preis *m* **b)** *lauréat* Preisträger(in) *m(f)*; *prix Nobel* Nobelpreis(träger) *m*

pro [pʀo] *m,f abr* F (*professionnel*) Profi *m*

pro... ou pro-... [pʀɔ, pʀo] *préfixe, souvent* POL pro...; Pro...; ...freundlich; *exemples*: *proarabe ou pro-arabe* araberfreundlich; proarabisch; *progouvernemental ou pro-gouver-*

nemental regierungsfreundlich
probabilité [pʀɔbabilite] f Wahrscheinlichkeit f
▸ **probable** [pʀɔbabl] adj wahrscheinlich; ver-
mutlich
▸ **probablement** [pʀɔbabləmɑ̃] adv wahr-
scheinlich
probant [pʀɔbɑ̃] adj ⟨-ante [-ɑ̃t]⟩ beweiskräf-
tig; überzeugend; stichhaltig
probation [pʀɔbasjɔ̃] f 1. ÉGL CATH Probezeit f;
Noviziat n 2. JUR Bewährung(sfrist) f
probatoire [pʀɔbatwaʀ] adj Probe…; **examen**
m **probatoire** Einstufungsprüfung f
probité [pʀɔbite] f Rechtschaffenheit f; Red-
lichkeit f
problématique [pʀɔblematik] adj problema-
tisch; fraglich; fragwürdig; **aspect** m **problé-**
matique Problematik f
▸ **problème** [pʀɔblɛm] m 1. Problem n; Frage f;
à problèmes problematisch; Problem…; **sans**
problème problemlos; F ▸ (**il n'y a**) **pas de**
problème! kein Problem!; **faire problème**,
poser un problème ein Problem sein, darstel-
len; problematisch sein 2. MATH Textaufgabe f
procédé [pʀɔsede] m 1. (méthode) Verfahren n

(a TECH); Methode f 2. (manière d'agir) **procé-**
dés pl Vorgehen n; Verhalten n
procéder [pʀɔsede] ⟨-è-⟩ I v/t/indir 1. **procéder**
à qc etw vornehmen, durchführen; zu etw
schreiten 2. litt **procéder de** hervorgehen
aus II v/i verfahren; vorgehen
procédure [pʀɔsedyʀ] f 1. JUR (gerichtliches,
Gerichts)Verfahren n; **engager, intenter une**
procédure ein Verfahren einleiten 2. (marche
à suivre) Verfahren n; Vorgehen n; Prozedur f
(a INFORM)
procédurier [pʀɔsedyʀje] adj ⟨-ière [-jɛʀ]⟩ péj
prozesswütig
▸ **procès** [pʀɔsɛ] m Prozess m; Rechtsstreit m;
fig **sans autre forme de procès** kurzerhand;
être en procès avec qn mit j-m, gegen j-n pro-
zessieren; **faire un procès à qn** j-m den Pro-
zess machen; fig **faire le procès de qc** mit etw
ins Gericht gehen; fig **faire un procès d'inten-**
tion à qn j-m irgendwelche Absichten unter-
stellen
processeur [pʀɔsɛsœʀ] m Prozessor m
procession [pʀɔsesjɔ̃] f Prozession f
processionnel [pʀɔsesjɔnɛl] litt adj ⟨-le⟩ Pro-
zessions…; **cortège processionnel** Prozessi-
onszug m
processus [pʀɔsesys] m Prozess m; Vorgang
m; Ab-, Verlauf m
procès-verbal m ⟨**procès-verbaux**⟩ 1. (contra-
vention) Strafmandat n; gebührenpflichtige
Verwarnung 2. (compte rendu écrit) Protokoll
n; **dresser, rédiger le procès-verbal** (das)
Protokoll führen; protokollieren
▸ **prochain** [pʀɔʃɛ̃] I adj ⟨-aine [-ɛn]⟩ nächste;
kommende; adv **l'année prochaine**, **l'an pro-**
chain nächstes Jahr; im nächsten, kommen-
den Jahr; F **à la prochaine!** bis zum nächsten
Mal!; descendre **à la prochaine** (**station**) an
der nächsten Station II subst BIBL **le prochain**
der Nächste
prochainement [pʀɔʃɛnmɑ̃] adv demnächst;
nächstens
▸ **proche** [pʀɔʃ] I adj 1. nah(e); **ses plus pro-**
ches parents s-e nächsten Verwandten
m/pl; **être proche** endroit in der Nähe sein
(**de** von); date nahen; langue verwandt sein
(mit); **qc personne** naheste**h**en (**de qn** j-m)
2. **de proche en proche** nach und nach II
m/pl **ses proches** s-e Angehörigen m/pl
Proche-Orient [pʀɔʃɔʀjɑ̃] **le Proche-Orient**
der Nahe Osten; Nahost n
proche-oriental [pʀɔʃɔʀjɑtal] adj ⟨~e; -aux
[-o]⟩ nahöstlich
proclamation [pʀɔklamasjɔ̃] f Ausrufung f;
Proklamation f; (feierliche) Verkündung f
proclamer [pʀɔklame] v/t 1. indépendance, etc
ausrufen; proklamieren; résultats bekannt ge-
ben; **proclamer qn empereur** j-n zum Kaiser
ausrufen 2. fig erklären; verkünden
proconsul [pʀɔkɔ̃syl] m Prokonsul m
procréateur [pʀɔkʀeatœʀ] adj ⟨-trice [-tʀis]⟩
litt Zeugungs…; Fortpflanzungs…
procréation [pʀɔkʀeasjɔ̃] f 1. litt Zeugung f 2.
procréation (**médicalement**) **assistée** künst-
liche Befruchtung
procréer [pʀɔkʀee] v/i homme zeugen; femme
gebären
procurateur [pʀɔkyʀatœʀ] m HIST Prokurator

m

procuration [pʀɔkyʀasjõ] *f* Vollmacht *f*; *voter par procuration* durch e-n beauftragten Stellvertreter

procurer [pʀɔkyʀe] **I** *v/t* **procurer qc à qn** j-m etw verschaffen, beschaffen, besorgen; (*causer*) j-m etw bereiten **II** *v/pr* **se procurer qc** sich (*dat*) etw verschaffen, besorgen

procureur [pʀɔkyʀœʀ] *m* **procureur (de la République)** Staatsanwalt *m*

prodigalité [pʀɔdigalite] *f* **1.** Verschwendungssucht *f* **2.** *prodigalités pl* Verschwendung *f*

prodige [pʀɔdiʒ] *m* **1.** Wunder *n*; **faire des prodiges** wahre Wunder vollbringen **2.** *adjt* **enfant m prodige** Wunderkind *n*

prodigieusement [pʀɔdiʒjøzmã] *adv* überaus; außerordentlich

prodigieux [pʀɔdiʒjø] *adj* ⟨**-euse** [-øz]⟩ außergewöhnlich; erstaunlich; gewaltig

prodigue [pʀɔdig] *adj* verschwenderisch; verschwendungssüchtig; BIBL *l'enfant m prodigue* der verlorene Sohn

prodiguer [pʀɔdige] *v/t* **prodiguer qc à qn** j-n mit etw überhäufen, überschütten; **prodiguer des soins à qn** j-n versorgen

producteur [pʀɔdyktœʀ], **productrice** [-tʀis] **I** *m,f* Erzeuger(in) *m(f)*; Produzent(in) *m(f)* (*a* CIN, TV); (*fabricant*) Hersteller(in) *m(f)* **II** *adj* **pays producteur de pétrole** Erdöl produzierendes Land; Erdölförderland *n*

productif [pʀɔdyktif] *adj* ⟨**-ive** [-iv]⟩ produktiv; *sol* ertragreich; FIN einträglich

▸ **production** [pʀɔdyksjõ] *f* **1.** Produktion *f* (*a* CIN, TV); Herstellung *f*; Erzeugung *f*; *litteraire, artistique* Schaffen *n*; **production de pétrole** Erdölförderung *f*, -gewinnung *f* **2.** *d'un document* Vorlage *f*; Vorweisung *f*

productivité [pʀɔdyktivite] *f* Produktivität *f*; Ertragskraft *f*

▸ **produire** [pʀɔdɥiʀ] ⟨→ **conduire**⟩ **I** *v/t* **1.** *produits industriels* produzieren (*a film, émission*); herstellen; *produits agricoles, acier, énergie, son* erzeugen; *pétrole* fördern; *œuvre artistique* schaffen; *arbre: fruits* tragen; *capital: intérêts* bringen; abwerfen **2.** (*causer*) bewirken; hervorrufen; erzeugen **3.** *document* vorlegen; vorzeigen; vorweisen **II** *v/pr* **se produire** *accident, événement* sich ereignen; passieren; vorkommen; *changement* eintreten

▸ **produit** [pʀɔdɥi] *m* **1.** Produkt *n* (*a fig*); Erzeugnis *n*; *industriel a* Fabrikat *n*; (*substance*) Mittel *n*; **produits de beauté** Kosmetika *n/pl*; Schönheitsmittel *n/pl*; **produits d'entretien** Putz- und Pflegemittel *n/pl* **2.** (*rapport*) Ertrag *m*; *d'une vente* Erlös *m*; **produit national brut** Bruttosozialprodukt *n* **3.** MATH Produkt *n*

proéminence [pʀɔeminãs] *f* *st/s* **a)** *état* Vorspringen *n* **b)** (*protubérance*) Vorsprung *m*; Erhebung *f*

proéminent [pʀɔeminã] *adj* ⟨**-ente** [-ãt]⟩ vorspringend

▸ **prof** [pʀɔf] *m,f abr* F (*professeur*) Lehrer(in) *m(f)*; **notre prof de maths** unser(e) Mathelehrer(in)

profanateur [pʀɔfanatœʀ] *m*, **profanatrice** [-tʀis] *f* *st/s* *d'église, d'une sépulture* Schänder(in) *m(f)*

profanation [pʀɔfanasjõ] *f* Entweihung *f*; Pro-

fanierung *f*; **profanation de sépulture** Grabschändung *f*

profane [pʀɔfan] **I** *adj* profan; weltlich **II** *m,f* (*non-spécialiste*) Laie *m*; (*non-initié*) Außenstehende(r) *f(m)*; Nichteingeweihte(r) *f(m)*; **être profane en la matière** auf diesem Gebiet ein Laie sein

profaner [pʀɔfane] *v/t* entweihen; entheiligen; profanieren; *tombes* schänden

proférer [pʀɔfeʀe] *v/t* ⟨**-è-**⟩ ausstoßen; **proférer des injures, des menaces** Beschimpfungen, Drohungen ausstoßen

professer [pʀɔfɛse] *v/t* offen bekunden

▸ **professeur** [pʀɔfɛsœʀ] *m,f* (Gymnasial)Lehrer(in) *m(f)*; Studienrat, -rätin *m,f*; *à l'université* Professor(in) *m(f)*; **professeur d'anglais, de dessin** Englisch-, Zeichenlehrer(in) *m(f)*

▸ **profession** [pʀɔfɛsjõ] *f* **1.** (*métier*) Beruf *m*; *femme sans profession* Hausfrau *f*; **exercer, pratiquer une profession** e-n Beruf ausüben **2.** *coll* Berufsstand *m*, -gruppe *f* **3.** **profession de foi** Glaubensbekenntnis *n*

professionnalisme [pʀɔfɛsjɔnalism] *m* **1.** SPORTS Professionalismus *m* **2.** *d'un travail* Professionalität *f*

▸ **professionnel** [pʀɔfɛsjɔnɛl] **I** *adj* ⟨**~le**⟩ **1.** beruflich; Berufs... **2.** (*opposé à amateur*) professionell; Berufs...; berufsmäßig **II** *professionnel(le) m(f)* **3.** (*spécialiste*) Fachmann *m*, -frau *f*; F Profi *m* **4.** SPORTS Berufssportler(in) *m(f)*; Profi *m*

professionnellement [pʀɔfɛsjɔnɛlmã] *adv* berufs-, gewerbsmäßig

professoral [pʀɔfɛsɔʀal] *adj* ⟨**~e; -aux** [-o]⟩ **1.** **corps professoral** Studienräte *m/pl* und Professoren *m/pl* **2.** *péj* professoral

professorat [pʀɔfɛsɔʀa] *m* Lehrberuf *m*

profil [pʀɔfil] *m* **1.** *d'un visage*, TECH Profil *n* (*a fig de qn*); Seitenansicht *f*; **de profil** im Profil **2.** *d'un edifice, etc* Umrisse *m/pl*; Silhouette *f*

profilé [pʀɔfile] TECH **I** *adj* ⟨**~e**⟩ Profil... **II** *m* Profil *n*

profiler [pʀɔfile] *v/pr* **se profiler** sich (scharf) abzeichnen (*a fig*)

profit [pʀɔfi] *m* **1.** ÉCON Profit *m*; Gewinn *m* **2.** (*avantage*) Nutzen *m*; Vorteil *m*; Gewinn *m*; **au profit de** zugunsten (+ *gén*); **avec profit** mit Gewinn; **tirer profit de qc** Nutzen, (-n) Vorteil aus etw ziehen; **mettre qc à profit** etw nutzbringend verwenden

profitable [pʀɔfitabl] *adj* nützlich; vorteilhaft; gewinnbringend

▸ **profiter** [pʀɔfite] **I** *v/t/indir* **1.** **profiter de qc** von etw profitieren; etw (aus)nützen *ou* (-)nutzen; sich (*dat*) etw zunutze machen; **profiter de qn** j-n ausnützen **2.** **profiter à qn, à qc** j-m, e-r Sache nützlich sein, von Nutzen sein, zustattenkommen, Vorteile bringen **II** *v/i* **bien profiter** (gut) gedeihen

profiterole [pʀɔfitʀɔl] *f Windbeutel mit Füllung*

profiteur [pʀɔfitœʀ] *m péj* Profitjäger *m*; **profiteur de guerre** Kriegsgewinnler *m*

▸ **profond** [pʀɔfõ] **I** *adj* ⟨**-onde** [-õd]⟩ **1.** tief (*a fig voix, sommeil, etc*); *fig différence* groß; gewaltig **2.** (*caché*) *sens, causes* tiefere; *la France profonde* das traditionsbewusste, konservative Frankreich **3.** *esprit, pensées* tiefsinnig, -gründig, -schürfend **II** *m* **au plus profond**

de la forêt im tiefsten Wald; **du plus profond de mon être** aus tiefstem Inner(e)n

profondément [pʀɔfɔ̃demɑ̃] *adv* tief; *fig a* zutiefst; aufs Tiefste; *aimer* innig; **profondément malheureux** todunglücklich

▸ **profondeur** [pʀɔfɔ̃dœʀ] *f* Tiefe *f* (*a fig*); PHOT **profondeur de champ** Schärfentiefe *f*; Tiefenschärfe *f*; **à mille mètres de profondeur** in tausend Meter Tiefe; **en profondeur** in der Tiefe; *fig* von Grund auf

pro forma [pʀɔfɔʀma] *adj* ⟨*inv*⟩ **facture** *f* **pro forma** Pro-forma-Rechnung *f*

profusion [pʀɔfyzjɔ̃] *f* verschwenderische Fülle; **à profusion** in Hülle und Fülle

progéniture [pʀɔʒenityʀ] *f plais* Sprösslinge *m*/*pl*

progestérone [pʀɔʒɛsteʀɔn] *f* Gelbkörperhormon *n*; *sc* Progesteron *n*

progiciel [pʀɔʒisjɛl] *m* Softwarepaket *n*

programmable [pʀɔgʀamabl] *adj* programmierbar

programmateur [pʀɔgʀamatœʀ] *m*, **programmatrice** [-tʀis] *f* **1.** RAD, TV, CIN Programmgestalter(in) *m(f)* **2.** *m* TECH Programmregler *m*

programmation [pʀɔgʀamasjɔ̃] *f* **1.** RAD, TV, CIN Programmgestaltung *f* **2.** INFORM Programmierung *f*

▸ **programme** [pʀɔgʀam] *m* **1.** Programm *n* (*a* POL, INFORM); **programme de télévision** Fernsehprogramm *n*; **c'est tout un programme** da haben Sie sich (*dat*) aber etwas vorgenommen; *adjt* **discours** *m* **programme** programmatische Rede **2.** *à l'école* Lehrplan *m*

programmer [pʀɔgʀame] *v*/*t* **1.** *émission* auf das Programm setzen **2.** *ordinateur, magnétoscope* programmieren; *micro-ondes* einstellen **3.** (*organiser*) planen

programmeur [pʀɔgʀamœʀ] *m*, **programmeuse** [-øz] *f* Programmierer(in) *m(f)*

▸ **progrès** [pʀɔgʀɛ] *m* Fortschritt *m*; F **il y a du progrès** es geht besser, bergauf; **faire des progrès** Fortschritte machen

progresser [pʀɔgʀese] *v*/*i* **1.** *épidémie, idées* sich ausbreiten; *chômage* zunehmen; ansteigen; *maladie* fortschreiten **2.** *élève, recherche* Fortschritte machen **3.** (*avancer*) vorrücken; *alpiniste* vorankommen

progressif [pʀɔgʀesif] *adj* ⟨-**ive** [-iv]⟩ fortschreitend, progressiv (*a* MÉD); *amélioration* allmählich; schrittweise

progression [pʀɔgʀesjɔ̃] *f* **1.** *d'une maladie* Fortschreiten *n*; *du chômage* Zunahme *f*; Anstieg *m* **2.** (*mouvement en avant*) Vorrücken *n* **3.** MATH Reihe *f*

progressisme [pʀɔgʀesism] *m* Fortschrittsdenken *n*; Progressismus *m*

progressiste I *adj* fortschrittlich (gesinnt, denkend); progressiv II *m,f* Fortschrittler(in) *m(f)*; Progressist(in) *m(f)*

progressivement [pʀɔgʀesivmɑ̃] *adv* schrittweise; allmählich

progressivité [pʀɔgʀesivite] *f* **progressivité de l'impôt** Steuerprogression *f*

prohibé [pʀɔibe] *adj* ⟨∼**e**⟩ (gesetzlich) verboten; *armes* unerlaubt

prohiber [-e] *v*/*t* (gesetzlich) verbieten, untersagen

prohibitif [pʀɔibitif] *adj* ⟨-**ive** [-iv]⟩ **1.** ÉCON

droits prohibitifs Prohibitivzölle *m*/*pl* **2.** *fig prix* unerschwinglich

prohibition [pʀɔibisjɔ̃] *f* **1.** JUR (gesetzliches) Verbot **2.** HIST *aux États-Unis* Prohibition *f*

proie [pʀwa] *f* Beute *f*; *fig personne a* Opfer *n*; *fig* **être la proie des flammes** ein Raub der Flammen werden; *fig* **être en proie au désespoir** von Verzweiflung heimgesucht, gepeinigt werden

projecteur [pʀɔʒɛktœʀ] *m* **1.** *de scène* Scheinwerfer *m* **2.** OPT Projektor *m*

projectile [pʀɔʒɛktil] *m* Geschoss *n*; *lancé à la main* Wurfgeschoss *n*

projection [pʀɔʒɛksjɔ̃] *f* **1.** *d'un film* Vorführung *f* **2.** *de boue, de graisse* **projections** Spritzer *m*/*pl*; *d'un volcan* **projections de cendres** ausgeworfene Asche **3.** MATH, PSYCH Projektion *f*

projectionniste [pʀɔʒɛksjɔnist] *m,f* Filmvorführer(in) *m(f)*

▸ **projet** [pʀɔʒɛ] *m* **1.** Plan *m*; Vorhaben *n*; Projekt *n*; **faire des projets** Pläne machen, schmieden **2.** (*ébauche*) Entwurf *m*

projeter [pʀɔʒte, -ʃte] *v*/*t* ⟨-**tt**-⟩ **1.** (*envisager*) planen; vorhaben **2.** *film* vorführen; *ombre* werfen; *opt* projizieren (*a* MATH) **3.** PSYCH **projeter sur qn** in j-n projizieren; auf j-n übertragen **4.** (*lancer*) (in die Luft, hoch)schleudern; **être projeté contre un mur** gegen e-e Mauer geschleudert werden

prolétaire [pʀɔletɛʀ] I *m* Proletarier *m* II *adj* Proletarier...; proletarisch

prolétariat [pʀɔletaʀja] *m* Proletariat *n*

prolétarien *adj* ⟨-**ienne** [-jɛn]⟩ proletarisch

prolétarisation [-izasjɔ̃] *f* (Ver)Proletarisierung *f*

prolétariser [-ize] I *v*/*t* proletarisieren II *v*/*pr* **se prolétariser** verproletarisieren

prolifération [pʀɔlifeʀasjɔ̃] *f* rasche, starke Vermehrung, Zunahme; *fig des armes nucléaires* Verbreitung *f*

proliférer [-e] *v*/*i* ⟨-**è**-⟩ sich rasch, stark vermehren; *fig a* rasch, stark zunehmen

prolifique [pʀɔlifik] *adj* (sehr) fruchtbar

prolixe [pʀɔliks] *adj* weitschweifig

prolixité [-ite] *st*/*s f* Weitschweifigkeit *f*

prolo [pʀɔlo] *m abr* F (*prolétaire*) *péj* Prolet *m*

prologue [pʀɔlɔg] *m* **1.** Prolog *m* **2.** *fig* Auftakt *m*

prolongateur [pʀɔlɔ̃gatœʀ] *m* Verlängerungsschnur *f*

prolongation [pʀɔlɔ̃gasjɔ̃] *f* Verlängerung *f*; SPORTS **jouer les prolongations** in die Verlängerung gehen

prolongé [pʀɔlɔ̃ʒe] *adj* ⟨∼**e**⟩ lang anhaltend

prolongement [pʀɔlɔ̃ʒmɑ̃] *m* **1.** Verlängerung *f*; **dans le prolongement de** in der Verlängerung (+*gén*) **2.** *fig* Fortsetzung *f*; **prolongements** *pl* Folgen *f*/*pl*

prolonger [pʀɔlɔ̃ʒe] ⟨-**ge**-⟩ I *v*/*t* **1.** verlängern (**de** um); *soirée, discussion* ausdehnen; in die Länge ziehen **2.** (*être le prolongement de*) die Fortsetzung (+ *gén*) bilden II *v*/*pr* **se prolonger** *réunion* sich hinziehen; *route* weiterführen

▸ **promenade** [pʀɔmnad] *f* **1.** *à pied* Spaziergang *m*; (*excursion*) kleiner Ausflug; **en voiture, en vélo** (Spazier)Fahrt *f*; Tour *f*; **promena-**

P

Wohin mit den Pronomen? 🔲FQ

Tu **me** donnes **ce livre** ?	Oui, je **te le** donne.	**me, te, se, nous, vous** (indirekte Objektprono-
Tu **nous** prêtes **ces CD** ?	Oui, je **vous les** prête.	men) <u>vor</u> **le, la, les**
Tu rends **les CD à ton ami** ?	Je **les lui** rends.	**le, la, les** <u>vor</u> **lui, leur**
Tu **nous** présentes **à ton prof** ?	Oui, je **vous** présente **à lui**.	**me, te, se, nous, vous** (direkte Objektpronomen) <u>nie verbunden</u> mit **lui, leur**
Tu accompagnes **ton frère à Paris** ?	Oui, je **l'y** accompagne.	**y** und **en** immer <u>nach</u> den direkten und indirekten
Tu vas **nous** parler **de ton séjour** ?	Oui, je vais **vous en** parler.	<u>Objektpronomen</u>
Est-ce qu'il **y** a encore **du sucre** ?	Oui, il **y en** a encore.	**y** und **en** zusammen nur in dem Ausdruck « **il y en a** »

de en mer kleine Rundfahrt auf dem Meer; **faire une promenade** e-n Spaziergang machen 2. *lieu* Promenade *f*
promener [pʀɔmne] ⟨**-è-**⟩ **I** *v/t* **1.** *personne* spazieren führen; *bébé* spazieren fahren; ausfahren; *chien* ausführen **2.** *ses doigts* gleiten lassen, *son regard* schweifen lassen (*sur* über + *acc*) **3.** F *fig* **envoyer promener qn** F j-n zum Teufel jagen; **envoyer tout promener** F alles hinschmeißen **II** *v/pr* **4.** ▸ (**aller**) **se promener** *à pied* spazieren gehen; *en voiture, en vélo* spazieren fahren **5.** **se promener nu--pieds**, *etc* barfuß *etc* herumlaufen
promeneur [pʀɔmnœʀ] *m*, **promeneuse** [-øz] *f* Spaziergänger(in) *m(f)*
promenoir [pʀɔmənwaʀ] *m* Wandelgang *m*
▸ **promesse** [pʀɔmɛs] *f* **1.** Versprechen *n*; Zusage *f*; *pl* **promesses** *a* Versprechungen *f/pl*; **faire une promesse** ein Versprechen geben; e-e Zusage geben, machen; **tenir sa promesse** sein Versprechen halten **2.** **plein de promesses** verheißungsvoll
Prométhée [pʀɔmete] *m* MYTH Prometheus *m*
prometteur [pʀɔmɛtœʀ] *adj* ⟨**-euse** [-øz]⟩ vielversprechend; verheißungsvoll
▸ **promettre** [pʀɔmɛtʀ] ⟨**→ mettre**⟩ **I** *v/t* **1.** versprechen, zusagen (**qc à qn** j-m etw); F *iron* **ça promet!** das sind ja schöne Aussichten! **2.** (*assurer*) versichern **II** *v/pr* **se promettre de faire qc** sich (*dat*) fest vornehmen, etw zu tun
promis [pʀɔmi] **I** *p/p* → **promettre** *et adj* ⟨**-ise** [-iz]⟩ **1.** BIBL **la terre promise** das Gelobte Land (*a fig*) **2.** **être promis à qc** zu etw bestimmt sein; etw vor sich (*dat*) haben; **promis au succès** Erfolg versprechend **II** **promis(e)** *m(f)* *régional* Verlobte(r) *f(m)*
promiscuité [pʀɔmiskɥite] *f* enges Zusammenleben; enge Berührung
promo [pʀɔmo] *f abr* F → **promotion** *3*
promontoire [pʀɔmõtwaʀ] *m* Kap *n*; Vorgebirge *n*
promoteur [pʀɔmɔtœʀ] *m*, **promotrice** [-tʀis] *f* **1.** CONSTR Bauträger *m*; F Baulöwe *m* **2.** *st/s* Initiator(in) *m(f)*
promotion [pʀɔmɔsjõ] *f* **1.** (*avancement*) Beförderung *f*; **promotion sociale** sozialer Aufstieg **2.** **promotion des ventes** Absatz-, Verkaufsförderung *f*; Promotion *f*; **en promotion** im

Sonderangebot **3.** *d'une grande école* Jahrgang *m*
promotionnel [pʀɔmɔsjɔnɛl] *adj* ⟨**~le**⟩ absatz-, verkaufsfördernd
promouvoir [pʀɔmuvwaʀ] *v/t* ⟨**→ mouvoir**; *aber* **promu**⟩ **1.** *qn à un poste* befördern (**directeur** zum Direktor) **2.** (*encourager*) fördern
prompt [pʀõ] *adj* ⟨**prompte** [pʀõt]⟩ rasch; schnell; **prompt rétablissement** baldige, rasche Genesung; **être prompt à réagir** schnell reagieren
promptitude [pʀõtityd] *f* Schnelligkeit *f*
promu [pʀɔmy] *p/p* → **promouvoir**
promulgation [pʀɔmylgasjõ] *f* *d'une loi* Verkündung *f*
promulguer [pʀɔmylge] *v/t* verkünden
prôner [pʀone] *v/t* (*louer*) preisen; (*préconiser*) predigen
pronom [pʀɔnõ] *m* (alleinstehendes, substantivisches) Pronomen, Fürwort
pronominal [pʀɔnɔminal] *adj* ⟨**~e**; **-aux** [-o]⟩ **verbe pronominal** reflexives Verb
pronominalement [pʀɔnɔminalmã] *adv* **employer pronominalement** *verbe* reflexiv gebrauchen; *adverbe* als Pronomen gebrauchen
prononçable [pʀɔnõsabl] *adj* aussprechbar
prononcé [pʀɔnõse] *adj* ⟨**~e**⟩ markant; (stark) ausgeprägt; **un goût prononcé pour qc** e-e ausgesprochene Vorliebe für etw
▸ **prononcer** [pʀɔnõse] ⟨**-ç-**⟩ **I** *v/t* **1.** *mot* aussprechen; sprechen **2.** (*dire*) sprechen; *discours* halten **3.** JUR *jugement* verkünden; *peine* aussprechen (*a divorce*), verhängen (**contre qn** gegen j-n) **II** *v/pr* **4.** **se prononcer** sich äußern (**sur qc** zu etw); **se prononcer contre, pour qn, qc** sich gegen, für j-n, etw aussprechen **5.** *mot* **se prononcer** (aus)gesprochen werden
prononciation [pʀɔnõsjasjõ] *f* PHON Aussprache *f*
pronostic [pʀɔnɔstik] *m* Voraussage *f*; Prognose *f* (*a* MÉD)
pronostiquer [pʀɔnɔstike] *v/t* voraus-, vorhersagen; prognostizieren
pronostiqueur [-œʀ] *m*, **pronostiqueuse** [-øz] *f* j, der Voraussagen macht; TURF j, der Tipp gibt
propagande [pʀɔpagãd] *f* Propaganda *f*
propagandiste [-ist] **I** *adj* propagandistisch ▶

m,f Propagandist(in) *m*(*f*)

propagateur [pʀɔpagatœʀ] *m*, **propagatrice** [-tʀis] *f* Verbreiter(in) *m*(*f*)

propagation [pʀɔpagasjõ] *f* Aus-, Verbreitung *f*

propager [pʀɔpaʒe] ⟨**-ge-**⟩ **I** *v*/*t* verbreiten; propagieren **II** *v*/*pr* **se propager 1.** *incendie, épidémie* sich ausbreiten; um sich greifen; *nouvelle, idées* sich verbreiten; PHYS *lumière, son* sich ausbreiten; sich fortpflanzen **2.** *espèce* sich vermehren; sich fortpflanzen

propane [pʀɔpan] *m* Propan(gas) *n*

propédeutique [pʀɔpedøtik] *f jusqu'en 1966* erstes Studienjahr (*an der philosophischen u naturwissenschaftlichen Fakultät*)

propension [pʀɔpãsjõ] *f* Hang *m*, Neigung *f* (*à qc* zu etw)

propergol [pʀɔpɛʀgɔl] *m* CHIM Propergol *n*

prophète [pʀɔfɛt] *m* Prophet *m* (*a fig*)

prophétesse [pʀɔfetɛs] *f* Prophetin *f*

prophétie [pʀɔfesi] *f* Prophezeiung *f*; REL *a* Weissagung *f*

prophétique [pʀɔfetik] *adj* prophetisch

prophétiser [-ize] *v*/*t* prophezeien

prophylactique [pʀɔfilaktik] *adj* prophylaktisch; vorbeugend

prophylaxie [pʀɔfilaksi] *f* Prophylaxe *f*; Vorbeugung *f*

propice [pʀɔpis] *adj* **1.** (*favorable*) günstig (*à* für) **2.** *st/s sort* gnädig

proportion [pʀɔpɔʀsjõ] *f* **1.** Proportion *f*; (*rapport*) Verhältnis *n*; (*taux*) Anteil *m*; Prozentsatz *m*; **proportions** *pl* Proportionen *f/pl*; Größenverhältnisse *n/pl*; **toutes proportions gardées** im Verhältnis; **en proportion de** im Verhältnis, im Vergleich zu **2.** *fig* **proportions** *pl* Ausmaß(e) *n*(*pl*); Umfang *m*; **prendre des proportions considérables** beträchtliche Ausmaße, e-n beträchtlichen Umfang annehmen **3.** MATH Verhältnisgleichung *f*

proportionnalité [pʀɔpɔʀsjɔnalite] *f* Proportionalität *f*; Verhältnismäßigkeit *f*

proportionné [pʀɔpɔʀsjɔne] *adj* ⟨**~e**⟩ **1.** *bien proportionné* gut proportioniert **2.** *être proportionné à qc* im richtigen Verhältnis zu etw stehen

proportionnel [pʀɔpɔʀsjɔnɛl] *adj* ⟨**~le**⟩ proportional (*à* zu); im (gleichen) Verhältnis stehend (zu); entsprechend (+ *dat*)

proportionnelle [-ɛl] *f* Verhältniswahlrecht *n*

proportionnellement [pʀɔpɔʀsjɔnɛlmã] *adv* im Verhältnis (*à* zu)

proportionner [pʀɔpɔʀsjɔne] *v*/*t* in ein richtiges, vernünftiges Verhältnis bringen, setzen (*à* zu)

propos [pʀɔpo] *m* **1.** *pl* (*paroles*) Worte *n/pl*; Reden *f/pl*; Äußerungen *f/pl* **2.** (*intention*) Absicht *f*; Vorsatz *m* **3.** (*occasion*) **arriver, tomber à propos** (sehr) gelegen, gerade richtig, im rechten Augenblick kommen; **juger à propos de** (+ *inf*) es für angebracht halten zu (+ *inf*); **mal à propos** ungelegen; zur Unzeit; im unpassenden Augenblick; **il serait 'hors de propos de** (+ *inf*) es wäre unangebracht zu (+ *inf*) **4.** (*sujet*) **à propos de** was (+ *acc*) betrifft; (*acc*) betreffend; wegen (+ *gén ou* F + *dat*); **à quel propos?** aus welchem Grund, Anlass?; weswe-

gen?; *en tête de phrase* ▸ **à propos** übrigens; was ich noch sagen wollte; apropos

▸ **proposer** [pʀɔpoze] **I** *v*/*t* **1.** (*suggérer*) vorschlagen (*qc à qn* j-m etw; *qn pour qc* j-n für etw) **2.** (*offrir*) anbieten; *somme* bieten; *récompense* aussetzen **II** *v*/*pr* **3.** *se proposer de faire qc* sich (*dat*) vornehmen, etw zu tun **4.** *se proposer* sich anbieten (*comme* als); sich bereit erklären (*pour faire qc* etw zu tun)

▸ **proposition** [pʀɔpozisjõ] *f* **1.** (*suggestion*) Vorschlag *m*; **proposition de loi** Gesetzesvorlage *f* **2.** (*offre*) Angebot *n* **3.** GR Satz *m*

▸ **propre** [pʀɔpʀ] *adj* **1.** (*opposé à sale*) sauber; rein(lich); F proper; *chien, chat* stubenrein; *iron* **nous voilà propres!** F da sitzen wir schön in der Patsche! **2.** *fig* (*honnête*) *personne* anständig; *argent, affaire* sauber **3.** *possession* eigen; *remettre* **en main(s) propre(s)** persönlich; *je l'ai vu* **de mes propres yeux** mit eigenen Augen **4.** *mot* **au** (*sens*) **propre** in der eigentlichen Bedeutung **5.** (*particulier*) **être propre à qn, à qc** j-m, e-r Sache eigen(tümlich) sein; für j-n, etw charakteristisch sein **6.** (*approprié*) **propre à qc** für, zu etw geeignet **II** *m* **7.** *texte* **mettre au propre** ins Reine schreiben; F **sentir le propre** (so) sauber riechen; *iron* **c'est du propre!** das ist ja allerhand! **8.** **posséder qc en propre** etw als Eigentum besitzen **9.** **le propre de** die Eigenart, das Besondere (+ *gén*)

propre-à-rien *m,f* ⟨**propres-à-rien**⟩ Taugenichts *m*

proprement [pʀɔpʀəmã] *adv* **1.** (*opposé à salement*) sauber; ordentlich **2.** (*précisément*) eigentlich; **proprement dit** eigentlich; **à proprement parler** streng, genau genommen **3.** *iron* ordentlich; gehörig

propret [pʀɔpʀɛ] *adj* ⟨**-ette** [-ɛt]⟩ schmuck und sauber

propreté [pʀɔpʀəte] *f* Sauberkeit *f*; Reinlichkeit *f*

▸ **propriétaire** [pʀɔpʀijetɛʀ] *m,f* Eigentümer(in) *m*(*f*); Besitzer(in) *m*(*f*); *par rapport au locataire* Hausbesitzer(in) *m*(*f*); Wohnungseigentümer(in) *m*(*f*)

▸ **propriété** [pʀɔpʀijete] *f* **1.** JUR Eigentum *n*; **propriété industrielle** gewerblicher Rechtsschutz; **propriété littéraire et artistique** geistiges Eigentum **2.** (*terre, maison*) (Grund-, Haus)Besitz *m*; (Land)Gut *n*; **propriété privée** Privatbesitz *m* **3.** PHYS, CHIM Eigenschaft *f*

proprio [pʀɔpʀijo] *m,f abr* F (*propriétaire*) Hauswirt(in) *m*(*f*)

propulser [pʀɔpylse] **I** *v*/*t* **1.** TECH antreiben **2.** (*projeter*) schleudern **3.** *à un poste* F katapultieren **II** *v*/*pr* F **se propulser** sich (fort)bewegen

propulseur [pʀɔpylsœʀ] *m* TECH Antriebsaggregat *m*; Antrieb *m*; AVIAT Triebwerk *n*

propulsion [pʀɔpylsjõ] *f* TECH Antrieb *m*

prorata [pʀɔʀata] *prép* **au prorata de** im Verhältnis zu

prorogation [pʀɔʀɔgasjõ] *f* **1.** *d'un contrat* Verlängerung *f* **2.** POL *d'une assemblée* Vertagung *f*

proroger [pʀɔʀɔʒe] *v*/*t* ⟨**-ge-**⟩ **1.** *délai* verlängern **2.** *assemblée* vertagen

prosaïque [pʀɔzaik] *adj* prosaisch; poesielos; nüchtern

prosaïsme [-ism] *m* Poesielosigkeit *f*; Nüch-

la prose – Prosa `WF`

le roman d'aventures	Abenteuerroman	prendre position (sur)	Stellung nehmen (zu)
le roman policier, F le polar	Kriminalroman, F Krimi	donner son opinion sur	seine Meinung äußern zu
le roman de science-fiction	Science-Fiction-Roman	formuler une thèse	eine These formulieren
la nouvelle	Novelle	mettre en relief	hervorheben
le conte	Erzählung	souligner	unterstreichen
le conte de fées	Märchen	exagérer	übertreiben
une histoire fictive	eine fiktive Geschichte	maintenir la tension	die Spannung aufrechterhalten
l'écrivain m	Schriftsteller	le suspense	Spannung
le narrateur / la narratrice	Erzähler / Erzählerin	le fil de l'action	Handlungsverlauf
s'adresser à qn	sich an j-n wenden	le fil conducteur	roter Faden
le lecteur / la lectrice	Leser / Leserin	perdre le fil conducteur	den roten Faden verlieren
faire des réflexions sur	Überlegungen anstellen über	le déroulement de l'action	Ablauf der Handlung
partager la perspective de l'auteur	die Perspektive des Autors teilen	le retour en arrière	Rückblende
		l'allusion f	Anspielung
		le lieu commun	Gemeinplatz

ternheit f

prosateur [pʀozatœʀ] m Prosaschriftsteller m; Prosaist m

proscription [pʀɔskʀipsjõ] f **1.** (interdiction) Verbot n; Untersagung f **2.** HIST Verbannung f; Ächtung f

proscrire [pʀɔskʀiʀ] v/t ⟨→ **écrire**⟩ **1.** (interdire) verbieten **2.** (bannir) verbannen; ächten

proscrit [pʀɔskʀi] **I** p/p → **proscrire II** m HIST Verbannte(r) m; Geächtete(r) m

prose [pʀoz] f **1.** Prosa f; **en prose** Prosa…; in Prosa(form) **2.** F iron (Schreib)Stil m; (lettre) F Schrieb m

prosélyte [pʀɔzelit] m,f Neubekehrte(r) f(m); Proselyt m

prosélytisme [-ism] m Proselytenmacherei f; Bekehrungseifer m

prosodie [pʀɔzɔdi] f Prosodie f

prospect [pʀɔspɛ(kt)] m potenzieller Kunde

prospecter [pʀɔspɛkte] v/t **1.** GÉOL prospektieren **2.** COMM Kundenwerbung treiben, akquirieren (**une région** in e-m Gebiet)

prospecteur [pʀɔspɛktœʀ] m, **prospectrice** f COMM Kundenwerber(in) m(f); Akquisiteur(in) m(f)

prospectif [pʀɔspɛktif] adj ⟨-ive [-iv]⟩ in die Zukunft blickend; zukunftsorientiert

prospection [pʀɔspɛksjõ] f **1.** GÉOL Prospektion f; Schürfung f **2.** COMM Kundenwerbung f; Akquisition f

prospective [pʀɔspɛktiv] f Zukunftsforschung f; Futurologie f

prospectus [pʀɔspɛktys] m (Werbe)Prospekt

prospère [pʀɔspɛʀ] adj blühend; florierend; prosperierend

prospérer [pʀɔspeʀe] v/i ⟨-è-⟩ (auf)blühen; florieren; prosperieren

prospérité [-ite] f Wohlstand m; Prosperität f

prostaglandines [pʀɔstaglɑ̃din] f/pl BIOCHIMIE Prostaglandine n/pl

prostate [pʀɔstat] f Prostata f

prosternation [pʀɔstɛʀnasjõ] f Fußfall m; Sichniederwerfen n

prosterner [pʀɔstɛʀne] v/pr **se prosterner devant qn** sich tief vor j-m verneigen

prostitué [pʀɔstitɥe] m Strichjunge m

prostituée [pʀɔstitɥe] f Prostituierte f; Dirne f

prostituer [pʀɔstitɥe] **I** v/t zur Prostitution verleiten **II** v/pr **se prostituer** sich prostituieren (a fig)

prostitution [pʀɔstitysjõ] f Prostitution f

prostration [pʀɔstʀasjõ] f tiefe Niedergeschlagenheit

prostré [pʀɔstʀe] adj ⟨~e⟩ völlig niedergeschlagen, -gedrückt

protagoniste [pʀɔtagɔnist] m Protagonist m; zentrale Gestalt

prote [pʀɔt] m TYPO Faktor m

protecteur [pʀɔtɛktœʀ], **protectrice** [-tʀis] **I** m,f Beschützer(in) m(f); des arts Förderer m; Schirmherr(in) m(f); patronnant qn Gönner(in) m(f) **II** adj **1.** Schutz…; schützend **2.** air, ton gönnerhaft

protection [pʀɔtɛksjõ] f **1.** Schutz m; **protection civile** Zivilschutz m; **protection contre**

les radiations Strahlenschutz *m*; **protection de l'environnement** Umweltschutz *m*; **prendre qn sous sa protection** j-n in s-e Obhut, unter s-n Schutz nehmen **2.** (*patronage*) Protektion *f*

protectionnisme [pʀɔtɛksjɔnism] *m* Protektionismus *m*

protectionniste [-ist] *adj* protektionistisch

protectorat [pʀɔtɛktɔʀa] *m* Protektorat *n*

protégé(e) [pʀɔteʒe] *m(f)* Schützling *m*

protège-bas [pʀɔtɛʒba] *m* ⟨*inv*⟩ Füßling *m*

protège-cahier *m* ⟨**protège-cahiers**⟩ Schutzumschlag *m*

protège-dents *m* ⟨*inv*⟩ BOXE Mundschutz *m*

▸ **protéger** [pʀɔteʒe]⟨**-è-, -ge-**⟩ **I** *v/t* **1.** schützen (**de** vor + *dat*; **contre** gegen); *personne a* beschützen **2.** *favori* protegieren; begünstigen; *arts* fördern **II** *v/pr* **se protéger** sich schützen (**de** vor +*dat*; **contre** gegen)

protège-slip [pʀɔtɛʒslip] *m* ⟨**protège-slips**⟩ Slipeinlage *f*

protège-tibia *m* ⟨**protège-tibias**⟩ Schienbeinschützer *m*

protéine [pʀɔtein] *f* Protein *n*

protéique [pʀɔteik] *adj* **substances** *f/pl* **protéiques** Eiweißstoffe *m/pl*, -körper *m/pl*

▸ **protestant** [pʀɔtɛstã] **I** *adj* ⟨**-ante** [-ãt]⟩ protestantisch; evangelisch **II protestant(e)** *m(f)* Protestant(in) *m(f)*

protestantisme [pʀɔtɛstãtism] *m* Protestantismus *m*

Le protestantisme

Frankreich ist überwiegend katholisch. Die protestantischen Gemeinden bilden im heutigen Frankreich eine religiöse Minderheit. Der Protestantismus orientierte sich nach der Reformation weniger an Luther als an Calvin (1509 – 1564). Seine Lehre fand solchen Zuspruch in Frankreich, dass fast der gesamte Süden Frankreichs und weite Teile Zentralfrankreichs zum neuen Glauben überwechselten. Ab 1530 aber wurde die Glaubensausübung der Protestanten durch den katholischen Klerus und die Monarchie stark unterdrückt. Erst Heinrich IV. (1589 – 1610), der zum katholischen Glauben übergetretene König von Navarra (« **Paris vaut bien une messe** » „Paris ist eine Messe wert"), beendete 1598 durch das **Édit de Nantes** das Blutvergießen. Nach dem Tod von Henri IV. jedoch wurden die Protestanten – damals Hugenotten (**huguenots**) genannt – bis zur Französischen Revolution verfolgt. 1685 wurde das Toleranzedikt von Nantes durch Ludwig XIV. aufgehoben. Es entstand eine Massenflucht der Hugenotten nach Holland, England und Deutschland

---

nach einer bereits zuvor mit äußerster Brutalität durchgeführten Zwangsbekehrung (**les dragonnades**). Erst nach der Französischen Revolution setzte im 19. Jahrhundert ein langsamer Wiederaufstieg des Protestantismus ein.

---

protestataire [pʀɔtɛstatɛʀ] *litt adj* protestierend

protestation [pʀɔtɛstasjõ] *f* **1.** Protest *m*; Einspruch *m*; **geste** *m* **de protestation** protestierende Handbewegung, Geste; Geste *f* des Protestes; **soulever de nombreuses protestations** zahlreiche Proteste, Protestaktionen auslösen **2. protestations** *pl* Beteuerungen *f/pl*; **protestations** *pl* **d'amitié** Freundschaftsbeteuerungen *f/pl*

▸ **protester** [pʀɔtɛste] **I** *v/i* protestieren, Protest *ou* Einspruch erheben, sich verwahren (**contre** gegen) **II** *v/t/indir* **protester de qc** etw beteuern

prothèse [pʀɔtɛz] *f* Prothese *f*; **prothèse dentaire** Zahnersatz *m*, -prothese *f*

prothésiste [pʀɔtezist] *m,f* Orthopädiemechaniker(in) *m(f)*

protides [pʀɔtid] *m/pl* Eiweiß *n*

protocolaire [pʀɔtɔkɔlɛʀ] *adj* protokollarisch

protocole [pʀɔtɔkɔl] *m* Protokoll *n*

proton [pʀɔtõ] *m* Proton *n*

prototype [pʀɔtɔtip] *m* Prototyp *m*

protoxyde [pʀɔtɔksid] *m* **protoxyde d'azote** Lachgas *n*

protubérance [pʀɔtybeʀãs] *f* Ausbeulung *f*; ANAT Vorsprung *m*; Höcker *m*; ASTR Protuberanz *f*

protubérant [-ã] *adj* ⟨**-ante** [-ãt]⟩ (her)vorstehend; vorspringend

prou [pʀu] *adv litt* **peu ou prou** mehr oder weniger

proue [pʀu] *f* MAR Bug *m*; **figure** *f* **de proue** Galionsfigur *f* (*a fig*)

prouesse [pʀues] *f* Heldentat *f* (*a iron*)

Proust [pʀust] *m frz* Schriftsteller

proustien [pʀustjɛ̃] *adj* ⟨**-ienne** [-jɛn]⟩ von Proust; Prousts

prout [pʀut] *m enf* (*pet*) F Pup(s) *m*

prouvable [pʀuvabl] *adj* be-, nachweisbar

▸ **prouver** [pʀuve] *v/t* **I** *v/t* beweisen **II** *v/pr* **se prouver à soi-même, l'un à l'autre que …** sich (*dat*) selbst, sich gegenseitig beweisen, dass …

provenance [pʀɔv(ə)nãs] *f* Herkunft *f*; Provenienz *f*; **en provenance de** aus

provençal [pʀɔvãsal] **I** *adj* ⟨﹏e; **-aux** [-o]⟩ provenzalisch **II** *subst* **1. Provençal** *m* ⟨**-aux** [-o]⟩, **Provençale** *f* Provenzale, -zalin *m,f* **2.** LING **le provençal** das Provenzalische; Provenzalisch *n* **3.** CUIS **à la provençale** mit Knoblauch und Petersilie

Provence [pʀɔvãs] *f* **la Provence** die Provence

Provence-Alpes-Côte d'Azur [pʀɔvãsalpəkotdazyʀ] (**la région**) *Provence-Alpes-Côte d'Azur frz* Region

provenir [pʀɔv(ə)niʀ] *v/i* ⟨→ **venir**; *p/p* ungebräuchlich⟩ **provenir de** (her)kommen, (-)stammen von *ou* aus; entstammen (+ *dat*); *douleurs, tristesse* herrühren von

proverbe [pʀɔvɛʀb] *m* Sprichwort *n*
proverbial [pʀɔvɛʀbjal] *adj* ⟨~e; -aux [-o]⟩ sprichwörtlich (*a fig*)
providence [pʀɔvidɑ̃s] *f (personnifiée* **la Providence** die) Vorsehung; *fig* **vous êtes ma providence** Sie sind mein rettender Engel; *adjt* **État** *m* **providence** Wohlfahrtsstaat *m*
providentiel [pʀɔvidɑ̃sjɛl] *adj* ⟨~le⟩ unverhofft; durch e-e glückliche Fügung
▸ **province** [pʀɔvɛ̃s] *f* Provinz *f*
provincial [pʀɔvɛ̃sjal] **I** *adj* ⟨~e; -aux [-o]⟩ **1.** Provinz…; **vie provinciale** Leben *n* in der Provinz **2.** *péj* provinziell **II** *m* ⟨-aux [-o]⟩, **provinciale** *f* Provinzbewohner(in) *m(f)*; *péj* Provinzler(in) *m(f)*
provincialisme [pʀɔvɛ̃sjalism] *m* **1.** LING Provinzialismus *m*; landschaftlicher Ausdruck **2.** *péj* Provinzialismus *m*
▸ **proviseur** [pʀɔvizœʀ] *m* Direktor *m* (*e-s Gymnasiums*)
provision [pʀɔvizjɔ̃] *f* **1.** (*stock*) Vorrat *m* (**de** an + *dat*); **faire provision de qc** sich (*dat*) e-n …vorrat anlegen; sich mit etw eindecken **2.** **provisions** *pl* (Lebensmittel)Vorräte *m/pl*; Proviant *m*; **faire ses provisions** einkaufen gehen; Einkäufe, Besorgungen machen **3.** *chèque* **sans provision** ungedeckt **4.** JUR (*acompte*) Vorschuss *m*
provisionnel [pʀɔvizjɔnɛl] *adj* ⟨~le⟩ **acompte provisionnel** Steuervorauszahlung *f*
provisionner [pʀɔvizjɔne] *v/t compte* aufstocken; mit der nötigen Deckung versehen
provisoire [pʀɔvizwaʀ] **I** *adj* vorläufig; einstweilig; provisorisch; *installation a* behelfsmäßig; Behelfs… **II** *m* Provisorium *n*
provisoirement [pʀɔvizwaʀmɑ̃] *adv* vorläufig; provisorisch
provoc [pʀɔvɔk] F *f abr* → **provocation**
provocant [pʀɔvɔkɑ̃] *adj* ⟨-ante [-ɑ̃t]⟩ herausfordernd; provozierend; (*aguichant*) aufreizend
provocateur [pʀɔvɔkatœʀ] **I** *adj* ⟨-trice [-tʀis]⟩ provokatorisch **II** *m* Provokateur *m*
provocation [pʀɔvɔkasjɔ̃] *f* Provokation *f*; Herausforderung *f*, JUR Anstiftung *f* (**à** zu)
provoque [pʀɔvɔk] F *f abr* F → **provocation**
▸ **provoquer** [pʀɔvɔke] **I** *v/t* **1.** **provoquer qn** j-n provozieren; **provoquer qn à qc** j-n zu etw herausfordern, anstiften; *femme* **provoquer les hommes** die Männer aufreizen **2.** **provoquer qc** etw auslösen, hervorrufen, verursachen, bewirken **II** *v/pr* **se provoquer** sich gegenseitig provozieren
proxénète [pʀɔksenɛt] *m* Zuhälter *m*
proxénétisme [pʀɔksenetism] *m* Zuhälterei *f*
proximité [pʀɔksimite] *f* Nähe *f*; **à proximité de** in der Nähe (+ *gén*)
prude [pʀyd] *adj* prüde
prudemment [pʀydamɑ̃] *adv conduire* vorsichtig; *s'abstenir* wohlweislich
prudence [pʀydɑ̃s] *f* Vorsicht *f*; **par** (**mesure de**) **prudence** vorsichtshalber
▸ **prudent** [pʀydɑ̃] *adj* ⟨-ente [-ɑ̃t]⟩ vorsichtig; (*judicieux*) klug; **c'est plus prudent** das ist klüger, ratsamer
pruderie [pʀydʀi] *f* Prüderie *f*; Zimperlichkeit *f*
prud'homal [pʀydɔmal] *adj* ⟨~e; -aux [-o]⟩ arbeitsgerichtlich

prud'homme [pʀydɔm] *m* **conseil** *m* **des prud'hommes** Arbeitsgericht *n*
▸ **prune** [pʀyn] *f* **1.** Pflaume *f*; F *fig* **pour des prunes** für nichts und wieder nichts **2.** *adjt* ⟨*inv*⟩ pflaumenblau **3.** F (*contravention*) F Knöllchen *n*
pruneau [pʀyno] *m* ⟨~x⟩ **1.** Back-, Dörrpflaume *f* **2.** F (*balle de fusil*) F blaue Bohne
prunelle [pʀynɛl] *f* **1.** Pupille *f*; **tenir à qc comme à la prunelle de ses yeux** etw wie s-n Augapfel hüten **2.** BOT Schlehe *f*
prunellier [pʀynɛlje] *m* Schleh-, Schwarzdorn *m*; Schlehe *f*
prunier [pʀynje] *m* Pflaumenbaum *m*
prurigineux [pʀyʀiʒinø] *adj* ⟨-euse [-øz]⟩ juckend
prurit [pʀyʀit] *m* Hautjucken *n*; Juckreiz *m*
Prusse [pʀys] **la Prusse** Preußen *n*
prussien [pʀysjɛ̃] **I** *adj* ⟨-ienne [-jɛn]⟩ preußisch **II** **Prussien(ne)** *m(f)* Preuße *m*, Preußin *f*
PS [peɛs] *m abr* (*Parti socialiste*) Sozialistische Partei
P.-S. [peɛs] *abr* (*post-scriptum*) PS
psalmodier [psalmɔdje] *v/t et v/i* **1.** ÉGL psalmodieren **2.** *texte* herunterleiern
psaume [psom] *m* Psalm *m*
pschit(t) [pʃit] *int* zisch!
pseudo [psødo] *m abr* F → **pseudonyme**
pseudo-… [psødo] *préfixe* Pseudo…; pseudo…; Schein…; schein…
pseudonyme [psødɔnim] *m* Pseudonym *n*; Deckname *m*
psi [psi] *m lettre grecque* Psi *n*
psitt [psit] *int* he!; pst!; st!
psittacose [psitakoz] *f* Papageienkrankheit *f*
psoriasis [psɔʀjazis] *m* Schuppenflechte *f*
pst [pst] *int* → **psitt**
psy [psi] *m,f abr* F (*psychiatre, etc*) Therapeut(in) *m(f)*; F Seelendoktor *m*
psychanalyse [psikanaliz] *f* Psychoanalyse *f*
psychanalyser [psikanalize] *v/t* psychoanalysieren; psychoanalytisch behandeln; **se faire psychanalyser** sich psychoanalytisch behandeln lassen; e-e Therapie machen
psychanalyste [psikanalist] *m,f* Psychoanalytiker(in) *m(f)*
psychanalytique [-tik] *adj* psychoanalytisch
psyché [psiʃe] *f* beweglicher Standspiegel
psychédélique [psikedelik] *adj* psychedelisch
psychédélisme [-ism] *m* psychedelischer Zustand; (durch Drogen erreichte) Bewusstseinserweiterung
psychiatre [psikjatʀ] *m,f* Psychiater(in) *m(f)*
psychiatrie [psikjatʀi] *f* Psychiatrie *f*
psychiatrique [-ik] *adj* psychiatrisch
psychique [psiʃik] *adj* psychisch; seelisch
psychisme [-ism] *m* Psyche *f*
psychodrame [psikodʀam] *m* Psychodrama *n*
psychologie [psikɔlɔʒi] *f* **1.** Psychologie *f* (*a* mentalité) **2.** (*perspicacité*) Menschenkenntnis *f*
psychologique [-ik] *adj* **1.** *méthode, analyse, guerre* psychologisch **2.** *problème* seelisch; psychisch
psychologue [psikɔlɔg] *m,f* **1.** Psychologe, -login *m,f* **2.** *par ext* **il n'est pas très psychologue** er ist ein schlechter Menschenkenner

Psychologe
psychomoteur [psikomɔtœʀ] *adj* ⟨**-trice** [-tʀis]⟩ psychomotorisch
psychopathe [psikɔpat] *m,f* Psychopath(in) *m(f)*
psychopathie [-i] *f* Psychopathie *f*
psychopathologie [-ɔlɔʒi] *f* Psychopathologie *f*
psychose [psikoz] *f* Psychose *f*
psychosomatique [psikosɔmatik] *adj* psychosomatisch
psychotechnique *adj* **test** *m* **psychotechnique** Eignungstest *m*
psychothérapeute [psikoteʀapøt] *m,f* Psychotherapeut(in) *m(f)*
psychothérapie *f* Psychotherapie *f*
psychothérapique [-teʀapik] *adj* psychotherapeutisch
psychotique [psikɔtik] **I** *adj* psychotisch; an e-r Psychose leidend **II** *m,f* Psychotiker(in) *m(f)*
psychotrope [psikotʀɔp] *m* Psychopharmakon *n*
PTT [petete] *f/pl abr (Postes, Télégraphe, Téléphone)* HIST Post- und Fernmeldewesen *n*
pu [py] *p/p* → **pouvoir¹**
puant [pɥɑ̃] *adj* ⟨**-ante** [-ɑ̃t]⟩ stinkend; übel riechend
puanteur [pɥɑ̃tœʀ] *f* Gestank *m*
pub [pyb] *f abr* F → **publicité**
pubère [pybɛʀ] *adj* geschlechtsreif; mannbar
pubertaire [pybɛʀtɛʀ] *adj* Pubertäts…
puberté [pybɛʀte] *f* Pubertät(szeit) *f*
pubien [pybjɛ̃] *adj* ⟨**-ienne** [-jɛn]⟩ Scham…
pubis [pybis] *m* Schamberg *m*; **poils** *m/pl* **du pubis** Schamhaar(e) *n(pl)*
publiable [pyblijabl] *adj* wert, veröffentlicht zu werden; druckreif
▸ **public** [pyblik] **I** *adj* ⟨**publique**⟩ öffentlich; *(de l'État)* a staatlich; Staats…; *conducteur* **c'est un danger public** er ist gemeingefährlich; **rendre public** bekannt geben, machen; publik machen **II** *m* **1.** *(les gens)* Öffentlichkeit *f*; Allgemeinheit *f*; **interdit au public** (Unbefugten) Zutritt verboten; **ouvert au public** der Öffentlichkeit, Allgemeinheit zugänglich; **en public** öffentlich; in der Öffentlichkeit **2.** *(spectateurs, etc)* Publikum *n*; **le grand public** das breite Publikum; *adjt* **électronique** *f* **grand public** Unterhaltungselektronik *f*; *personne* **être bon public** ein dankbarer Zuhörer *ou* Zuschauer sein
publication [pyblikasjɔ̃] *f* Veröffentlichung *f*, Publikation *f (a ouvrage)*; *de résultats* a Bekanntgabe *f*
publiciste [pyblisist] *m,f* Werbefachmann *m*, -frau *f*
▸**publicitaire** [pyblisitɛʀ] **I** *adj* Werbe…; Reklame… **II** *m,f* Werbefachmann *m*, -frau *f*
▸ **publicité** [pyblisite] *f* **1.** Werbung *f*; Reklame *f*; **publicité mensongère** irreführende Werbung; **faire de la publicité** (**pour qc**) (für etw) Werbung betreiben, Reklame machen, werben **2.** *des débats* Öffentlichkeit *f* **3.** *d'une affaire* Publizität *f*; Publicity *f*
▸ **publier** [pyblije] *v/t* **1.** *livre, article* veröffentlichen; publizieren **2.** *affaire* publik machen
▸**publiphone** [pyblifɔn] *m* öffentlicher Fernsprecher

publipostage [pyblipɔstaʒ] *m* Mailing *n*
publiquement [pyblikmɑ̃] *adv* öffentlich; in der Öffentlichkeit
publireportage [pybliʀ(ə)pɔʀtaʒ] *m* PR-Veröffentlichung *f*
puce [pys] *f* **1.** ZO Floh *m*; *jeu m* **de puce** Flohspiel *n*; **le marché aux puces** *ou* **les puces** der Flohmarkt; *fig* **mettre la puce à l'oreille de qn** j-n hellhörig, misstrauisch machen; F *fig* **secouer les puces à qn** F j-m den Marsch blasen **2.** F **ma puce** (mein) Mäuschen *n* **3.** INFORM Chip *m*
puceau [pyso] F *m* ⟨**~x**⟩ unberührter junger Mann
pucelage [pyslaʒ] F *m* Unberührtheit *f*
pucelle [pysɛl] F *f* Jungfrau *f*
puceron [pysʀɔ̃] *m* Blattlaus *f*
pudding [pudiŋ] *m* Plumpudding *m*
pudeur [pydœʀ] *f* Scham(gefühl) *f(n)*; *par ext (décence)* Anstand *m*; **par pudeur** aus Scham; schamhaft
pudibond [pydibɔ̃] *adj* ⟨**-onde** [-ɔ̃d]⟩ prüde
pudibonderie [pydibɔ̃dʀi] *f* Prüderie *f*
pudique [pydik] *adj* **1.** schamhaft; sittsam; züchtig **2.** *paroles* diskret
puer [pɥe] *v/t et v/i* **puer** (**qc**) (nach etw) stinken
puéricultrice [pɥeʀikyltʀis] *f* Säuglings- und Kinderschwester *f*
puériculture [-yʀ] *f* Säuglings- und Kleinkinderpflege *f*
puéril [pɥeʀil] *adj* ⟨**~e**⟩ kindisch
puérilité [-ite] *f* kindisches Wesen *n*
puerpéral [pɥɛʀpeʀal] *adj* ⟨**~e; -aux** [-o]⟩ **fièvre puerpérale** Kindbett-, Wochenbettfieber *n*
pugilat [pyʒila] *m* Schlägerei *f*
pugiliste [-ist] *litt m* Boxkämpfer *m*; Boxer *m*
pugnace [pygnas, pyɲas] *adj* *st/s* streitbar
pugnacité [-ite] *f st/s* Streitbarkeit *f*
▸ **puis¹** [pɥi] *adv* dann; danach; **et puis** und dann; *(d'ailleurs)* außerdem; F **et puis après** *ou* **quoi?** na und?
puis² → **pouvoir¹**
puisard [pɥizaʀ] *m* Sickergrube *f*
puisatier [pɥizatje] *m* Brunnenbauer *m*
puiser [pɥize] *v/t* **1.** *liquide* schöpfen (**à** *ou* **dans** aus) **2.** *fig* **puiser dans** schöpfen aus; greifen in (+ *acc*); *exemples* entnehmen (+ *dat*)
▸ **puisque** [pɥisk(ə)] *conj* ⟨*vor Vokal* **puisqu'**⟩ **1.** *cause* da (ja); da nun einmal **2.** *exclamation* doch; **puisque je vous le dis!** ich sage es Ihnen doch!
puissamment [pɥisamɑ̃] *adv* stark; mächtig (*a iron*)
puissance [pɥisɑ̃s] *f* **1.** *(pouvoir)*, POL *(État)* Macht *f*; **les grandes puissances** die Großmächte *f/pl* **2.** *(force)* Stärke *f*; Kraft *f*; Vermögen *n* **3.** PHYS, ÉLECT Leistung *f* **4.** MATH Potenz *f*; **deux puissance cinq** zwei hoch fünf (2⁵) **5.** *advt* **en puissance** potenziell
▸ **puissant** [pɥisɑ̃] **I** *adj* ⟨**-ante** [-ɑ̃t]⟩ **1.** POL mächtig **2.** *(fort)* stark; *muscles, voix* kräftig; *moteur, émetteur* a leistungsfähig; **voiture puissante** Wagen *m* mit e-m starken Motor **II** **les puissants** *m/pl* die Mächtigen *m/pl*
puits [pɥi] *m* **1.** *d'eau* Brunnen *m*; *fig de qn* **un puits de science** F ein gelehrtes Haus; ein wandelndes Lexikon **2.** MINES Schacht *m*;

puits de pétrole Erdölbohrloch *n*; *par ext* (Erd)Ölquelle *f*

▸ **pull** [pyl] *m* Pulli *m*

▸ **pull-over** [pylɔvɛʀ] *m* ⟨**pull-overs**⟩ Pullover *m*

pullulement [pylylmɑ̃] *m* Gewimmel *n*; Wimmeln *n*

pulluler [pylyle] *v/i* wimmeln; ***les erreurs pullulent dans ce texte*** in dem Text wimmelt es nur so von Fehlern

pulmonaire [pylmɔnɛʀ] *adj* Lungen...

pulpe [pylp] *f* **1.** Fruchtfleisch *n*; CUIS *a* Mark *n* **2.** ***pulpe dentaire*** Pulpa *f*; Zahnmark *n*

pulpeux [pylpø] *adj* ⟨**-euse** [-øz]⟩ fleischig; *femme* üppig

pulsation [pylsasjɔ̃] *f* Herzschlag *m ou* Puls (-schlag) *m*; ***il avait 120 pulsations à la minute*** er hatte 120 Puls

pulsé [pylse] *adj* ⟨**~e**⟩ ***chauffage*** *m* ***à air pulsé*** Warmluftheizung *f*, bei der die Luft durch Ventilatoren umgewälzt wird

pulsion [pylsjɔ̃] *f* PSYCH Trieb *m*

pulvérisateur [pylveʀizatœʀ] *m* Zerstäuber *m*; Sprühgerät *n*

pulvérisation [-sjɔ̃] *f* MÉD Sprayen *n*; AGR Sprühen *n*; Spritzen *n*

pulvériser [pylveʀize] *v/t* **1.** (*détruire*) zertrümmern; zersplittern **2.** (*projeter*) zerstäuben; *liquide a* versprühen; *arbres fruitiers* spritzen **3.** *fig record* brechen

puma [pyma] *m* Puma *m*

punaise [pynɛz] *f* **1.** ZO Wanze *f* **2.** *petit clou* Reißzwecke *f*, -nagel *m*

punaiser [pyneze] *v/t* mit Reißzwecken anheften

punch[1] [pɔ̃ʃ] *m boisson* Punsch *m*

punch[2] [pœnʃ] *m d'un boxeur* Punch *m*; F *fig* Schwung *m*; Elan *m*

puncheur [pœnʃœʀ] *m* BOXE Puncher *m*

punching-ball [pœnʃiŋbol] *m* ⟨**punching--balls**⟩ Punchingball *m*

puni [pyni] *adj* ⟨**~e**⟩ bestraft

punique [pynik] *adj* HIST punisch

▸ **punir** [pyniʀ] *v/t* (be)strafen (***de*** für); *délit* bestrafen; ahnden; ***être puni de prison*** mit Gefängnis bestraft werden

punissable [pynisabl] *adj* strafwürdig; sträflich

punitif [pynitif] *adj* ⟨**-ive** [-iv]⟩ Straf...

punition [pynisjɔ̃] *f* Strafe *f*; ***en punition de*** zur Strafe für; ***donner, infliger une punition à qn*** j-m e-e Strafe geben; über j-n e-e Strafe verhängen; j-n bestrafen

punk [pœ̃k] **I** *m,f* Punker(in) *m(f)*; Punk *m* **II** *adj* Punk...

pupille[1] [pypij] *m,f* JUR Mündel *n ou m*; ***pupille de la Nation*** (vom Staat betreute) Kriegswaise

pupille[2] *f* ANAT Pupille *f*

pupitre [pypitʀ] *m* (Schreib-, Lese)Pult *n*; ***pupitre (à musique)*** Notenständer *m*; TV ***pupitre image*** Bildmischpult *n*

pupitreur [pypitʀœʀ] *m*, **pupitreuse** [-øz] *f* INFORM Operator(in) *m(f)*

▸ **pur** [pyʀ] *adj* ⟨**~e**⟩ **1.** rein; *a* pur (*a or*); unverdünnt; *profil, formes a* klar; *style a* unverfälscht; *ciel* wolkenlos; klar; *regard, intentions* lauter; ohne Falsch; *jeune fille* rein; unverdorben; *cheval* ***pur sang*** Vollblut...; vollblütig **2.** *hasard, curiosité, etc* **pur** (***et simple***) rein; pur;

bloß; ***une pure coïncidence*** ein rein zufälliges Zusammentreffen; ***c'est la pure vérité*** das ist die reine Wahrheit

purée [pyʀe] *f* Püree *n*; Mus *n*; Brei *m*; ***purée (de pommes de terre)*** Kartoffelpüree *n*; *fig* ***purée de pois*** (*brouillard épais*) F Waschküche *f*

purement [pyʀmɑ̃] *adv* rein; nur; bloß; ***purement et simplement*** ganz einfach; glatt

purent [pyʀ] → ***pouvoir***[1]

pureté [pyʀte] *f* Reinheit *f*

purgatif [pyʀgatif] **I** *adj* ⟨**-ive** [-iv]⟩ abführend; Abführ... **II** *m* Abführmittel *n*

purgatoire [pyʀgatwaʀ] *m* Fegefeuer *n*

purge [pyʀʒ] *f* **1.** MÉD Abführmittel *n* **2.** POL Säuberung(saktion) *f*

purger [pyʀʒe] ⟨**-ge-**⟩ **I** *v/t* **1.** MÉD ***purger qn*** j-m ein Abführmittel verabreichen **2.** TECH entleeren; *radiateur* entlüften **3.** POL säubern (***de*** von) **4.** *peine* ver-, abbüßen **II** *v/pr* ***se purger*** ein Abführmittel (ein)nehmen

purgeur [pyʀʒœʀ] *m pour l'eau* Wasserabscheider *m*; *pour l'air* Entlüftungsvorrichtung *f*

purificateur [pyʀifikatœʀ] *adj* ⟨**-trice** [-tʀis]⟩ reinigend; Reinigungs...

purification [pyʀifikasjɔ̃] *f* **1.** Reinigung *f* **2.** ***purification ethnique*** ethnische Säuberung

purificatoire [pyʀifikatwaʀ] *litt, REL adj* reinigend; Reinigungs...

purifier [pyʀifje] *v/t* reinigen

purin [pyʀɛ̃] *m* Jauche *f*; Gülle *f*

purisme [pyʀism] *m* Purismus *m*

puriste [-ist] *m* Purist *m*; Sprachreiniger *m*

puritain [pyʀitɛ̃] *adj* ⟨**-aine** [-ɛn]⟩ puritanisch; sittenstreng

puritanisme [pyʀitanism] *m* Puritanismus *m*; große Sittenstrenge

pur-sang [pyʀsɑ̃] *m* ⟨*inv*⟩ Vollblut(pferd) *n*

purulence [pyʀylɑ̃s] *f* (Ver)Eiterung *f*

purulent [-ɑ̃] *adj* ⟨**-ente** [-ɑ̃t]⟩ eitrig; eiternd

pus[1] [py] *m* Eiter *m*

pus[2] → ***pouvoir***[1]

pusillanime [pyzilanim] *litt adj* kleinmütig; zaghaft

pusillanimité [-ite] *litt f* Kleinmut *m*; Zaghaftigkeit *f*

pustule [pystyl] *f* Pustel *f*; Eiterbläschen *n*

put [py] → ***pouvoir***[1]

putain [pytɛ̃] *f* P **1.** *péj* Hure *f*; F Nutte *f* **2.** ***putain de*** (+ *subst*) P Scheiß...

putatif [pytatif] *adj* ⟨**-ive** [-iv]⟩ JUR vermeintlich

pute [pyt] *f* P → ***putain***

putois [pytwa] *m* ZO Iltis *m*; *fig* ***crier comme un putois*** schreien wie am Spieß

putréfaction [pytʀefaksjɔ̃] *f* Verwesung *f*; Fäulnis(prozess) *f(m)*; ***en putréfaction*** verwesend; (ver)faulend

putréfié [pytʀefje] *adj* ⟨**~e**⟩ verwest; verfault; vermodert

putréfier [pytʀefje] *v/pr* ***se putréfier*** verwesen; (ver)faulen

putrescible [pytʀɛsibl] *adj* verweslich

putride [pytʀid] *adj* faulig

putsch [putʃ] *m* Putsch *m*; ***putsch militaire*** Militärputsch *m*

putschiste [putʃist] *m* Putschist *m*

Puy-de-Dôme [pɥidədom] *le* ***Puy-de-Dôme***

frz Departement
puzzle [pœzəl] *m* Puzzle *n* (*a fig*)
P.-V. [peve] *m abr* ⟨*inv*⟩ F (*procès-verbal*) F
Strafzettel *m*; F Knöllchen *n*
PVC [pevese] *m* PVC *n*
pygmée [pigme] *m* Pygmäe *m*
▸ **pyjama** [piʒama] *m* Schlafanzug *m*; Pyjama
m
pylône [pilon] *m* Mast *m*
pylore [pilɔʀ] *m* ANAT Pförtner *m*
pyramidal [piʀamidal] *adj* ⟨**∼e**; **-aux** [-o]⟩ pyra-
midenförmig
pyramide [piʀamid] *f* **1.** Pyramide *f* **2.** *fig* **pyra-**
mide des âges Alterspyramide *f*
pyrénéen [piʀeneɛ̃] *adj* ⟨**-enne** [-ɛn]⟩ Pyrenä-
en...; der Pyrenäen
▸ **Pyrénées** [piʀene] **les Pyrénées** *f/pl* die Py-
renäen *pl*
Pyrénées-Atlantiques [piʀenezatlɑ̃tik] **les Py-**
rénées-Atlantiques *f/pl frz Departement*

Pyrénées-Orientales [piʀenezɔʀjɑ̃tal] **les Py-**
rénées-Orientales *f/pl frz Departement*
pyrex® [pyʀɛks] *m* Jenaer Glas® *n*
pyrograver [piʀɔgʀave] *v/t* mit Brandmalerei
verzieren
pyrograveur [-œʀ] *m*, **pyrograveuse** [-øz] *f*
Künstler(in), der (die) Brandmalerei ausübt
pyrogravure [-yʀ] *f* Brandmalerei *f* (*a œuvre*)
pyrolyse [piʀɔliz] *f* CHIM Pyrolyse *f*
pyromane [piʀɔman] *m,f* Pyromane *m*, -manin
f
pyromanie [-i] *f* Pyromanie *f*
pyrotechnicien [piʀɔtɛknisjɛ̃] *m* Feuerwerker
m; Pyrotechniker *m*
pyrotechnie [-i] *f* Feuerwerkerei *f*; Pyrotechnik
f
pyrotechnique [-ik] *adj* pyrotechnisch
Pythagore [pitagɔʀ] *m* PHILOS, MATH Pythago-
ras *m*
python [pitõ] *m* Python(schlange) *m*(*f*)

Q

Q, q [ky] *m* ⟨*inv*⟩ Q, q *n*
q *abr* (*quintal*) dz (Doppelzentner)
Qatar [kataʀ] **le Qatar** Katar *n*
QCM [kyseɛm] *m abr* ⟨*inv*⟩ (*questionnaire à*
choix multiple) Multiple-Choice-Fragebogen
m
QG [kyʒe] *m abr* ⟨*inv*⟩ (*quartier général*) Stabs-
quartier *n*
QI [kyi] *m abr* ⟨*inv*⟩ (*quotient intellectuel*) IQ *m*
qu' [k] → **que**
quadragénaire [kwadʀaʒenɛʀ] *m,f* Vierzigjäh-
rige(r) *f(m)*
quadrangulaire [kwadʀɑ̃gylɛʀ] *adj* viereckig
quadrature [kwadʀatyʀ] *f* **la quadrature du**
cercle die Quadratur des Kreises (*a fig*)
quadriceps [kwadʀisɛps] *m* ANAT vierköpfiger
Schenkelstrecker *m*
quadrilatéral [kwadʀilateʀal] *adj* ⟨**∼e**; **-aux**
[-o]⟩ vierseitig; CONSTR *a* viereckig
quadrilatère [-latɛʀ] *m* Viereck *n*
quadrillage [kadʀijaʒ] *m* **1.** *du papier* Linien-
netz *n*, -gitter *n* **2.** MIL, POLICE Errichtung *f*
e-s Kontrollnetzes
quadrille [kadʀij] *m* Quadrille *f*
quadrillé [kadʀije] *adj* ⟨**∼e**⟩ *papier* kariert
quadriller [-e] *v/t* MIL, POLICE mit e-m Kontroll-
netz überziehen
quadrimoteur [kwadʀimɔtœʀ, ka-] *m* viermo-
torige Maschine
quadripartite [kwadʀipaʀtit] *adj* Vierer...;
Viermächte...; **conférence** *f* **quadripartite**
Vierer-, Viermächtekonferenz *f*
quadriphonie [kwadʀifɔni] *f* Quadrophonie *f*
quadriréacteur [kwadʀiʀeaktœʀ, ka-] *m* vier-
strahlige Maschine

quadrupède [kwadʀypɛd, ka-] **I** *adj* vierfüßig
II *m* Vierfüßer *m*
quadruple [kwadʀypl, ka-] **I** *adj* vierfach **II**
subst **le quadruple** das Vierfache
quadruplées [kwadʀyple, ka-] *f/pl* Vierlinge
m/pl
quadrupler [kwadʀyple, ka-] **I** *v/t* vervierfa-
chen **II** *v/i* sich vervierfachen
quadruplés [kwadʀyple, ka-] *m/pl* Vierlinge
m/pl
▸ **quai** [ke] *m* **1.** CH DE FER Bahnsteig *m* **2.** *d'un*
port Kai *m* **3.** Uferstraße *f*, -promenade *f*; *à Pa-*
ris **les quais de la Seine** die Seineufer *n/pl* **le**
Quai des Orfèvres Sitz der *frz* Kriminalpoli-
zei; **le Quai d'Orsay** Sitz des *frz* Au-
ßenministeriums
qualifiable [kalifjabl] *adj* **1.** *péj* **ne pas être**
qualifiable jeder Beschreibung spotten **2.**
SPORTS teilnahmeberechtigt
qualificatif [kalifikatif] **I** *adj* ⟨**-ive** [-iv]⟩ **adjec-**
tif qualificatif Adjektiv *n*; Eigenschaftswort *n*
II *m* Bezeichnung *f*
qualification [kalifikasjõ] *f* **1.** SPORTS Qualifika-
tion *f*; Qualifizierung *f*; Teilnahmeberechti-
gung *f*; **match** *m* **de qualification** Qualifikati-
onsspiel *n* **2.** *professionnelle* Eignung *f*; Qua-
lifikation *f*; Befähigung *f*
▸ **qualifié** [kalifje] *adj* ⟨**∼e**⟩ **1.** geeignet; befä-
higt; qualifiziert; geschult; **ouvrier qualifié**
Facharbeiter *m* **2.** JUR **vol qualifié** schwerer
Diebstahl
qualifier [kalifje] **I** *v/t* **1.** (*nommer*) **qualifier de**
bezeichnen als; nennen (+ *acc*) **2.** (*donner la*
compétence) qualifizieren, befähigen (**pour**
für, zu) **II** *v/pr* SPORTS **se qualifier** sich quali-

fizieren (*pour* für)
qualitatif [kalitatif] *adj* ⟨-**ive** [-iv]⟩ qualitativ
▸ **qualité** [kalite] *f* **1.** *de choses* Eigenschaft *f*; Beschaffenheit *f*; COMM Qualität *f*; Güte *f*; **qualité de la vie** Lebensqualität *f*; **de qualité** Qualitäts...; **de bonne, mauvaise qualité** von guter, schlechter Qualität **2.** *de personnes* (gute, positive) Eigenschaft; Qualität *f*; Vorzug *m* **3.** JUR Eigenschaft *f*; **vos nom, prénom et qualité** Ihr Name, Vorname und Beruf; **en qualité de** als; in s-r Eigenschaft als
▸ **quand** [kɑ̃, *vor Vokal* kɑ̃t] **I** *conj* **1.** (*lorsque*) als (+ *passé*); wenn (+ *présent ou futur*); (*toutes les fois que*) (jedes Mal) wenn **2.** *opposition* (*alors que*) da doch; **quand** (*bien*) *même* und wenn auch **II** *adv* **3.** wann; **quand est-ce que vous aurez fini?** wann sind Sie fertig?; **depuis quand?** seit wann?; **je ne sais pas quand il viendra** ich weiß nicht, wann er kommt **4.** ▸ **quand même** (*malgré tout*) trotzdem; dennoch; (*à vrai dire*) immerhin; doch; *int, indigné* also wirklich!
quant *prép* **quant à** [kɑ̃ta] was (+ *acc*) angeht, betrifft, an(be)langt; **quant à moi** ich meinerseits; was mich betrifft
quant-à-soi [kɑ̃taswa] *m* **rester sur son quant-à-soi** sich reserviert verhalten
quantification [kɑ̃tifikasjɔ̃] *f* Quantifikation *f*; Quantifizierung *f*
quantifier [-fje] *v/t* quantifizieren
quantique [kwɑ̃tik, kɑ̃-] *adj* PHYS Quanten...; **mécanique** *f* **quantique** Quantenmechanik *f*
quantitatif [kɑ̃titatif] *adj* ⟨-**ive** [-iv]⟩ quantitativ; mengenmäßig
▸ **quantité** [kɑ̃tite] *f* **1.** Menge *f*; Quantität *f*; **quantité de ...** e-e Menge (von) ...; viele ...; **en quantité** in Menge; haufenweise **2.** MATH Größe *f*
quarantaine [kaʀɑ̃tɛn] *f* **1.** *une quarantaine* (*de*) etwa, ungefähr, rund vierzig **2.** *âge* Vierzig *f*; Vierziger(jahre) *n/pl* **3.** MÉD Quarantäne *f*; **mettre en quarantaine** unter Quarantäne stellen; *fig* isolieren
▸ **quarante** [kaʀɑ̃t] **I** *num/c* vierzig; **les années quarante** die Vierzigerjahre *n/pl* **II** *m* ⟨*inv*⟩ Vierzig *f*
quarante-cinq *num/c* fünfundvierzig; *disque* **un quarante-cinq tours** e-e Single
▸ **quarantième** [kaʀɑ̃tjɛm] **I** *num/o* vierzigste **II** *le, la quarantième* der, die, das Vierzigste
▸ **quart** [kaʀ] *m* **1.** Viertel *n*; SPORTS **quart de finale** Viertelfinale *n*; *moteur* **démarrer au quart de tour** sofort anspringen; **les trois quarts** drei Viertel; *par ext* **les trois quarts du temps** die meiste Zeit (über) **2.** ▸ **quart d'heure** Viertelstunde *f*; **dans trois quarts d'heure** in drei viertel Stunden; in e-r Dreiviertelstunde; **passer un mauvais quart d'heure** bange, schlimme Minuten, Augenblicke durchmachen; **il est le quart** es ist Viertel (nach); → **heure 3.** MAR (Schiffs)Wache *f*; **être de quart** Wache haben **4.** MIL (*gobelet*) Feldbecher *m*
quarté [kaʀte] *m* Viererwette *f*
quarteron [kaʀtəʀɔ̃] *m péj* Handvoll *f*
quartette [kwaʀtɛt] *m* Jazzquartett *n*
▸ **quartier** [kaʀtje] *m* **1.** *d'une ville* (Stadt)Viertel *n*; Stadtteil *m*; **Quartier latin** Pariser Uni-

versitätsviertel **2.** MIL **quartier général** Stabsquartier *n*; **grand quartier général** Hauptquartier *n*; *fig* **ne pas faire de quartier** kein(en) Pardon geben; *fig* **je vous laisse quartier libre** ich lasse Ihnen freie Hand **3.** *portion* Viertel *n*; Stück *n*; Teil *m ou n*; **quartier d'orange** Apfelsinenstück *n*; *südd* Orangenschnitz *m* **4.** **la Lune est dans son premier** (**dernier**) **quartier** der Mond steht im ersten (letzten) Viertel; es ist Halbmond **5.** *fig* **avoir ses quartiers de noblesse** anerkannt sein

---

Le Quartier latin

Le Quartier latin ist das berühmte, bereits im 12. Jahrhundert entstandene Pariser Universitäts- und Studentenviertel. Dort befindet sich auch die altehrwürdige Universität Sorbonne. Das studentische Leben, das die locker-entspannte Atmosphäre im **Quartier latin** prägt, spielt sich insbesondere auf dem Boulevard Saint-Michel (kurz **Boul' Mich** [bulmiʃ]) ab. Viele gemütliche Cafés und Bistros sind jedoch inzwischen von Fast-Food-Lokalen verdrängt worden. Darüber hinaus wurden auch Fakultäten an die Peripherie von Paris verlegt (z. B. Paris Nanterre), sodass das Viertel ein wenig von seinem legendären Charme eingebüßt hat.

---

quartier-maître *m* ⟨**quartiers-maîtres**⟩ MAR Gefreite(r) *m*
quart-monde *m* ⟨**quarts-mondes**⟩ **le quart-monde** a) *d'un pays* die Ärmsten der Armen; b) die Vierte Welt
quartz [kwaʀts] *m* Quarz *m*; **montre** *f* **à quartz** Quarzuhr *f*
quasi [kazi] *m* CUIS Kalbskeulenstück *n*
quasi-... [kazi] *préfixe* **la quasi-totalité des Français** fast alle Franzosen; so gut wie alle Franzosen; **à la quasi-unanimité** fast einstimmig
quasiment [kazimɑ̃] F *adv* (*presque*) fast; (*pour ainsi dire*) quasi
quaternaire [kwatɛʀnɛʀ] *m* GÉOL Quartär *n*
▸ **quatorze** [katɔʀz] **I** *num/c* vierzehn; **Louis XIV** Ludwig XIV. (der Vierzehnte); **le quatorze mai** der vierzehnte *ou* am vierzehnten Mai **II** *m* ⟨*inv*⟩ Vierzehn *f*; **le quatorze** (**du mois**) der Vierzehnte *ou* am Vierzehnten (des Monats)
▸ **quatorzième** [katɔʀzjɛm] *num/o* vierzehnte
quatrain [katʀɛ̃] *m* Vierzeiler *m*
▸ **quatre** [katʀ] **I** *num/c* vier; **le quatre août** der vierte *ou* am vierten August; **Henri IV** Heinrich IV. (der Vierte); *fig* **un de ces quatre matins** demnächst; in Bälde; **entre quatre yeux** [-katzjø] unter vier Augen; **manger comme quatre** für drei essen; *fig* **se mettre en quatre** sein Möglichstes tun (**pour qn** für j-n); **monter les escaliers quatre à quatre** die Treppe i...

Le Québec et le québécois

Le Québec mit der Hauptstadt **Québec** ist eine Provinz im Osten Kanadas, in der seit 1977 Französisch die offizielle Amtssprache ist. Im übrigen Kanada wird Englisch gesprochen.
Das in Quebec gesprochene Französisch, **le québécois**, unterscheidet sich in der Aussprache und im Vokabular manchmal so deutlich vom Standardfranzösischen, dass mitunter sogar die Franzosen Probleme haben, die Einwohner Quebecs, **les Québécois**, zu verstehen. Deshalb werden im französischen Fernsehen Beiträge aus Quebec manchmal mit Untertiteln versehen.
Einige Beispiele zum Wortschatz:

québécois	Standardfranzösisch	Übersetzung
laveuse	lave-linge	Waschmaschine
avant-midi	matinée	Vormittag
magasiner	faire des courses	einkaufen gehen
faire du pouce	faire de l'auto-stop	trampen

großen Sprüngen hinaufeilen; *fig **être tiré à quatre épingles*** wie aus dem Ei gepellt sein **II** *m* ⟨*inv*⟩ Vier *f*; Vierer *m*; **le quatre** (*du mois*) der Vierte *ou* am Vierten (des Monats)
Quatre-Cantons [katʀəkɑ̃tõ] **le lac des Quatre-Cantons** der Vierwaldstätter See
quatre-heures [katʀœʀ] F *enf m* ⟨*inv*⟩ Nachmittags-, Vesperbrot *n*
quatre-quarts [katkar] *m* ⟨*inv*⟩ Sandkuchen *m*
quatre-quatre [katkatʀ] *f* ⟨*inv*⟩ **une quatre-quatre** *ou* **une 4x4** ein Geländewagen *m*
quatre-saisons [kat(ʀə)sɛzõ] *f* ⟨*inv*⟩ Monatserdbeere *f*; → **marchand** *I 1*
▸ **quatre-vingt(s)** [katʀəvɛ̃] **I** *num/c* ⟨*bei folgender Zahl ohne s*⟩ achtzig **II** *m* Achtzig *f*
▸ **quatre-vingt-dix I** *num/c* neunzig **II** *m* ⟨*inv*⟩ Neunzig *f*
▸ **quatre-vingt-dixième** *num/o* neunzigste
▸ **quatre-vingtième** *num/o* achtzigste
quatre-vingt-un [katʀəvɛ̃] *num/c* einundachtzig
quatre-vingt-unième [-ynjɛm] *num/o* einundachtzigste
▸ **quatrième** [katʀijɛm] **I** *num/o* vierte **II** *subst* **1. le, la quatrième** der, die, das Vierte **2.** *m étage* **au quatrième** im vierten Stock **3.** *f* dritte Klasse im Gymnasium; Quarta *f* **4.** *f* AUTO vierter Gang; **passer en quatrième** in den vierten Gang schalten
quatrièmement [katʀijɛmmɑ̃] *adv* viertens
quatuor [kwatɥɔʀ] *m* Quartett *n*
▸ **que** [kə] ⟨*vor Vokal u stummem h* **qu'**⟩ **I** *pr/rel* den, die, das, *pl* welche(n, -s), *pl* welche; **un monsieur que je ne connais pas** ein Herr, den ich nicht kenne; **ce que** was; **tout ce que j'ai vu** alles, was ich gesehen habe; F **que tu dis!** was du nicht sagst!; **imbécile que tu es!** du Dummkopf!; **tout rusé qu'il est …** schlau, wie er ist … **II** *pr/int* was?; **qu'en pensez-vous?** *ou* **qu'est-ce que vous en pensez?** wie denken Sie darüber?; was halten Sie davon?; **que faire?** was tun?; ▸ **qu'est-ce que c'est** (**que ça**)**?** was ist das?; **que s'est-il passé?** was ist geschehen? **III** *adv exclamatif* wie; **que c'est beau!** *ou* F (**qu'est-**)**ce que c'est**

beau! wie schön das ist!; F ist das aber schön!; **que de monde!** wie viele Leute! **IV** *conj* **1.** dass; **je crois qu'il viendra** ich glaube, er wird kommen *ou* dass er kommen wird; **je pense que non** ich denke nein **2.** *pour reprendre une autre conj* **s'il vient et que je ne sois pas là …** wenn er kommt und ich nicht da bin … **3.** *hypothèse* **que vous y alliez ou non** ob Sie hingehen oder nicht **4.** *souhait, ordre* **qu'il vienne!** er soll kommen! **5.** *comparaison: égalité* wie; *après comp* als; **aussi grand que** (eben)so groß wie; **plus grand que** größer als; **je dépense plus que toi** ich gebe mehr aus als du; **tout autre que lui** jeder andere (als er); jeder außer ihm **6.** (*seulement*) ▸ **ne … que** nur; *temporel* erst; **je n'ai qu'une clé** ich habe nur e-n Schlüssel; **il n'est que huit heures** es ist erst acht (Uhr)
Québec [kebɛk] **1.** *ville* Quebec *n* **2.** *province* **le Québec** Quebec *n*
québécois [kebekwa] **I** *adj* ⟨**-oise** [-waz]⟩ von, aus Quebec **II** **Québécois(e)** *m(f)* Quebecer(in) *m(f)*
▸ **quel** [kɛl] *adj* ⟨**~lle**⟩ **1.** *interrogatif* **a)** *épithète* welche(r, -s); was für ein(e), *pl* was für; **quel film avez-vous vu?** welchen Film *ou* was für e-n Film haben Sie gesehen? **b)** *attribut* welches; **quelle est la capitale de ce pays?** welches ist die Hauptstadt dieses Landes? **2.** *exclamatif* **quel beau temps!** was für ein schönes Wetter! **3.** *indéfini* **quelles que soient vos raisons …** welches, was auch (immer) Ihre Gründe sein mögen …
▸ **quelconque** [kɛlkõk] **I** *adj/ind* irgendein(e), *pl* irgendwelche; beliebige(r, -s); **pour une raison quelconque** aus irgendeinem Grund **II** *adj* (*médiocre*) mittelmäßig; (*insignifiant*) unbedeutend; banal; (*ordinaire*) gewöhnlich
quelque [kɛlkə; *vor Vokal* kɛlk] ⟨*keine Elision*⟩ *adj/ind* **1.** *sg* einige(r, -s); **depuis quelque temps** seit einiger Zeit; *st/s* **quelque peu** etwas; ein wenig **2.** *pl* ▸ **quelques** einige; ein paar; **avec quelques amis** mit ein paar Freunden; **les quelques …** die paar …; die wenigen …; *après un chiffre* **… et quelques** etwas über

...; etwas mehr als … **3.** *advt* ⟨*inv*⟩ (*environ*) etwa; ungefähr; **quelque trente personnes** etwa, ungefähr, an die dreißig Personen **4.** *st/s* **quelque … que** (+ *subj*) welche(r, -s) … auch (immer); **à quelque prix que ce soit** um welchen Preis auch immer

▶ **quelque chose** [kɛlkəʃoz] → **chose**

▶ **quelquefois** [kɛlkəfwa] *adv* manchmal; bisweilen; mitunter

▶ **quelqu'un** [kɛlkɛ̃, -kœ̃] *pr/ind* **1.** ⟨*f* **quelqu'une** [kɛlkyn]⟩ jemand; (irgend)eine(r); F wer; **quelqu'un de sûr** jemand Zuverlässiges; **c'est quelqu'un de bien** er ist ein anständiger, achtbarer Mensch; F **être quelqu'un** F jemand, wer sein; F *péj* **c'est quelqu'un!** F das ist schon toll! **2.** *pl* ▶ **quelques-uns** [kɛlkəzɛ̃, -zœ̃] ⟨*f* **quelques-unes** [kɛlkəzyn]⟩ einige; manche; welche

quémander [kemɑ̃de] *v/t* (aufdringlich) betteln (**qc** um etw)

quémandeur [-œʀ] *m*, **quémandeuse** [-øz] *f* lästiger Bettler *ou* Bittsteller, lästige Bettlerin *ou* Bittstellerin

qu'en-dira-t-on [kɑ̃diʀatõ] *m* ⟨*inv*⟩ Gerede *n* der Leute

quenelle [kənɛl] *f* Klößchen *n*

quenotte [kənɔt] *f enf* Beißerchen *n*

quenouille [kənuj] *f* Spinnrocken *m*

Quercy [kɛʀsi] **le Quercy** *Landschaft in Südwestfrankreich*

querelle [kəʀɛl] *f* Streit *m*; *st/s* Zwist *m*; Zank *m*; **querelles** *pl* Streitigkeiten *f/pl*; Händel *m/pl*; **chercher querelle à qn** mit j-m Streit, Händel suchen

quereller [kəʀele] *v/pr* **se quereller** sich streiten, zanken (**avec qn** mit j-m)

querelleur [kəʀɛlœʀ] *adj* ⟨**-euse** [-øz]⟩ zänkisch; streitsüchtig

quérir [keʀiʀ] *v/t* ⟨*nur inf*⟩ *litt* **aller quérir** holen

▶ **qu'est-ce que** [kɛskə] was; → **que**

▶ **qu'est-ce qui** [kɛski] was; → **qui**

▶ **question** [kɛstjõ] *f* **1.** (*interrogation*) Frage *f*; PARLEMENT Anfrage *f*; POL **question de confiance** Vertrauensfrage *f*; **poser une question** (**à qn**) (j-m) e-e Frage stellen **2.** (*problème*) Frage *f*; Problem *n*; *prép* F **question salaire** F in puncto Gehalt; **en question** fraglich; betreffend; bewusst; **remettre qc en question** etw infrage stellen; **la question est de savoir si …** die Frage ist, ob …; **la question n'est pas là** *ou* **ce n'est pas la question** darum geht es (hier) nicht; **c'est une question de point de vue** das ist Ansichtssache; **il est question de** es ist die Rede von; **il n'en est pas question** das kommt nicht infrage; davon kann keine Rede sein **3.** HIST (*torture*) peinliche Befragung

questionnaire [kɛstjɔnɛʀ] *m* Fragebogen *m*; **remplir un questionnaire** e-n Fragebogen ausfüllen

questionner [kɛstjɔne] *v/t* befragen, ausfragen (**sur** über + *acc*)

questionneur [-œʀ] *m*, **questionneuse** [-øz] *f* Frager(in) *m(f)*; Fragesteller(in) *m(f)*

quête [kɛt] *f* **1.** (Geld)Sammlung *f*; *à l'église* Kollekte *f*; **faire la quête** sammeln; *dans le métro* Geld einsammeln **2.** (*recherche*) Suche *f*; **se mettre en quête de** sich auf die Suche machen nach

quêter [kete] **I** *v/t* (*solliciter*) bitten um **II** *v/i* (*faire la quête*) sammeln (**pour** für)

quetsche [kwɛtʃ] **1.** Zwetsch(g)e *f* **2.** *eau-de-vie* Zwetsch(g)enwasser *n*; → *Info bei* **digestif**

▶ **queue** [kø] *f* **1.** *d'animaux* Schwanz *m*; **à la queue leu leu** im Gänsemarsch; *fig* **n'avoir ni queue ni tête** weder Hand noch Fuß haben; AUTO **faire une queue de poisson à qn** j-n schneiden; *fig* **finir en queue de poisson** ausgehen wie das Hornberger Schießen; im Sand verlaufen **2.** *d'un avion* Schwanz *m*; *d'une comète* Schweif *m*; *d'un fruit, d'une fleur, d'une poêle* Stiel *m*; *de radis* Stängel *m*; **queue de note** Notenhals *m*, -stiel *m* **3.** (*dernière partie*) Ende *n*; hinterer Teil; **à la queue, en queue** am Ende; hinten **4.** (*file*) Schlange *f*; **faire la queue** Schlange stehen; anstehen (**pour qc** nach etw) **5.** BILLARD Queue *n*; Billardstock *m* **6.** P (*pénis*) P Schwanz *m*

queue-de-cheval [kødʃəval] *f* ⟨**queues-de-cheval**⟩ *coiffure* Pferdeschwanz *m*

queue-de-pie *f* ⟨**queues-de-pie**⟩ *habit* Schwalbenschwanz *m*

queue-de-rat *f* ⟨**queues-de-rat**⟩ TECH Rundfeile *f*

queux [kø] *m* **maître queux** Küchenchef *m*, -meister *m*

▶ **qui** [ki] **I** *pr/int* **1.** *sujet* wer?; **qui est là?** *ou* **qui est-ce qui est là?** wer ist da? **2.** *obj/dir* wen?; **qui cherchez-vous?** *ou* **qui est-ce que vous cherchez?** wen suchen Sie?; *obj/indir* **à qui penses-tu?** an wen denkst du?; **de qui parlez-vous?** von wem sprechen Sie? **3.** ▶ **qu'est-ce qui** was?; **qu'est-ce qui est arrivé?** was ist passiert?; ▶ **qu'est-ce qui se passe?** was ist los? **II** *pr/rel* **4.** *sujet* der, die, das, *pl* die; *st/s* welche(r, -s), *pl* welche; **l'homme qui parle** der Mann, der spricht; *obj/indir* **l'homme à qui je parle** der Mann, mit dem ich spreche; **ce qui** was; **ce qui me fait plaisir** was mir Spaß macht **5.** *sans antécédent*: *sujet* wer; *obj/dir* wen; **c'était à qui entrerait le premier** es ging darum, als Erster hineinzukommen; **qui vous savez** Sie wissen schon, wen ich meine; *st/s*: *on buvait* **qui du vin, qui de la bière** die einen Wein, die anderen Bier; *neutre* **qui plus est** was noch dazukommt; **voilà qui est fait** das wäre geschafft **III** *pr/ind* **qui que** (+ *subj*) *sujet* wer auch (immer); *obj/dir* wen auch (immer); **qui que vous soyez** wer Sie auch (immer) sein mögen; ganz gleich *ou* F egal, wer Sie sind

quiche [kiʃ] *f* **quiche lorraine** Speckkuchen *m*

quiconque [kikõk] *pr/ind* **1.** (*n'importe qui*) irgendjemand **2.** (*toute personne qui*) jeder, der

quidam [kidam] *m* **un quidam** ein gewisser Jemand

quiétude [kjetyd] *f* **en toute quiétude** in aller (Seelen)Ruhe

quignon [kiɲõ] *m* **quignon** (**de pain**) (Brot)Kanten *m*; Ranken *m* (Brot)

quille[1] [kij] *f* **1.** Kegel *m*; **jouer aux quilles** kegeln **2.** *pl* **quilles** F (*jambes*) F Hachsen *ou* Haxen *f/pl* **3.** *arg* MIL Ausscheiden *n* (aus dem Militärdienst)

quille[2] *f* MAR Kiel *m*

Quimper [kɛ̃pɛʀ] *Stadt in der Bretagne*

quincaillerie [kɛ̃kɑjʀi] *f* **1.** Eisenwarenhandlung *f*; Haushaltswarengeschäft *n* **2.** F *fig* (*bijoux*) F Klunker *m/pl*

quincaillier [kɛ̃kɑje] *m*, **quincaillière** [-jɛʀ] *f* Eisenwaren-, Haushaltswarenhändler(in) *m(f)*

quinconce [kɛ̃kõs] *m arbres* **disposés en quinconce** gegeneinander versetzt; auf Lücke gesetzt

quinine [kinin] *f* Chinin *n*

quinquagénaire [kɛ̃kaʒenɛʀ] *m*,*f* Fünfzigjährige(r) *f(m)*

quinquennal [kɛ̃kenal] *adj* ⟨~**e**; **-aux** [-o]⟩ *plan quinquennal* Fünfjahresplan *m*

quinquennat [kɛ̃kena] *m* fünfjährige Amtszeit (*des frz Staatspräsidenten seit 2002*)

quinquina [kɛ̃kina] *m* Aperitif, der Chinarinde *enthält*

Quint [kɛ̃] *adj* **Charles Quint** Karl V. (der Fünfte)

quintal [kɛ̃tal] *m* ⟨**-aux** [-o]⟩ Doppelzentner *m*

quinte [kɛ̃t] *f* **1.** *quinte* (*de toux*) Hustenanfall *m* **2.** MUS Quint(e) *f*

quintessence [kɛ̃tesɑ̃s] *f* Quintessenz *f*; Hauptinhalt *m*; Wesentliche(s) *n*

quintette [kɛ̃tet, kɥɛ̃-] *m* Quintett *n*

quintuple [kɛ̃typl] **I** *adj* fünffach **II** *subst* **le quintuple** das Fünffache

quintuplé(e)s [kɛ̃typle] *m(f)pl* Fünflinge *m/pl*

quintupler [kɛ̃typle] **I** *v/t* verfünffachen **II** *v/i* sich verfünffachen

quinzaine [kɛ̃zɛn] *f* **1.** *une quinzaine* (*de*) etwa, ungefähr, rund fünfzehn **2.** (*deux semaines*) vierzehn Tage *m/pl*; zwei Wochen *f/pl*; **quinzaine commerciale** vierzehntägige, zweiwöchige Promotion; **la première quinzaine de mai** die erste Maihälfte

▸ **quinze** [kɛ̃z] **I** *num/c* **1.** fünfzehn; **le quinze avril** der fünfzehnte *ou* am fünfzehnten April; **Louis XV** Ludwig XV. (der Fünfzehnte) **2.** ▸ *quinze jours* vierzehn Tage *m/pl*; **dans quinze jours** in vierzehn Tagen **II** *m* ⟨*inv*⟩ **3.** *nombre* Fünfzehn *f*; **le quinze** (*du mois*) der Fünfzehnte *ou* am Fünfzehnten (des Monats) **4.** SPORTS Rugbymannschaft *f* (von fünfzehn Spielern)

▸ **quinzième** [kɛ̃zjɛm] *num/o* fünfzehnte

quiproquo [kipʀɔko] *m* Verwechslung *f*

quittance [kitɑ̃s] *f* Quittung *f*; Zahlungsbeleg *m*; **quittance de loyer** Mietquittung *f*

quitte [kit] *adj* **1.** **être quitte envers qn** j-m nichts mehr schulden; mit j-m quitt sein; *fig* **en être quitte pour la peur** mit dem (bloßen)

Schrecken davongekommen sein; **quitte à** (+ *inf*) auf die Gefahr hin, dass …; wenn auch … **2.** **jouer à quitte ou double** *jeu* weitermachen (und dabei den Einsatz verdoppeln oder verlieren); *fig* alles aufs Spiel setzen

▸ **quitter** [kite] **I** *v/t* **1.** *personne, lieu* verlassen; *métier* aufgeben; *voiture* **quitter la route** von der Fahrbahn abkommen; TÉL **ne quittez pas!** bitte, bleiben Sie am Apparat!; **ne pas quitter qn, qc des yeux** j-n, etw nicht aus den Augen lassen **2.** *vêtement* ablegen **II** *v/pr* **se quitter** sich trennen; auseinandergehen

quitus [kitys] *m* **donner quitus à qn** j-m Entlastung erteilen; j-n entlasten

qui-vive [kiviv] **I** *int* MIL wer da? **II** *m* **être sur le qui-vive** auf der Hut sein

▸ **quoi** [kwa] **I** *pr/int* **1.** was; **quoi faire?** was tun?; F **quoi?** *je n'ai pas compris* was?; **quoi! vous partez?** was!; wie!; **quoi de neuf?** was gibt's Neues? **2.** *obj/indir* woran, worauf, womit, wozu *etc* (*selon la prép*); **à quoi pensez--vous?** woran denken Sie?; **à quoi bon?** wozu? **3.** F *en fin d'explication* **une vie monotone, quoi** ein eintöniges Dasein also, eben, halt **II** *pr/rel* **4.** woran, worauf, womit *etc* (*selon la prép*); **s'il savait ce à quoi je pense** wenn er wüsste, woran ich denke **5.** *sans antécédent* **avoir de quoi écrire** etwas zum Schreiben haben; **avoir de quoi vivre** genug zum Leben haben; ▸ (**il n'y a**) **pas de quoi** keine Ursache; gern geschehen; nichts zu danken **III** *pr/ind* **quoi que** (+ *subj*) was auch (immer); (ganz) gleich *ou* F egal, was; **quoi qu'on dise** was man auch (immer) sagen mag; **quoi qu'il en soit** wie dem auch sei

quoique [kwak(ə)] ⟨*vor il, elle, un, une, on* **quoiqu'**⟩ *conj* (+ *subj*) obgleich; obwohl; wenn auch

quolibet [kɔlibɛ] *m* Anzüglichkeit *f*; spöttische Bemerkung

quorum [kɔʀɔm, kwɔ-] *m* **le quorum est atteint** die Versammlung ist beschlussfähig

quota [kɔta, kwɔ-] *m* Quote *f*

quote-part [kɔtpaʀ] *f* ⟨**quotes-parts**⟩ Anteil *m*

quotidien [kɔtidjɛ̃] **I** *adj* ⟨**-ienne** [-jɛn]⟩ täglich **II** *m* **1.** *journal* Tageszeitung *f* **2.** (*vie quotidienne*) **au quotidien** im Alltag

quotidiennement [kɔtidjenmɑ̃] *adv* täglich

quotient [kɔsjɑ̃] *m* **1.** MATH Quotient *m* **2.** IMPÔTS **quotient familial** Bewertungsziffer *f* entsprechend dem Familienstand

R

R, r [ɛʀ] *m* ⟨*inv*⟩ R, r *n*

rab [ʀab] *m* F **1.** *de nourriture* Nachschlag *m* **2. faire du rab** Überstunden machen

rabâchage [ʀabaʃaʒ] *m* endlose Wiederholungen *f/pl*

rabâcher [ʀabaʃe] *v/t* bis zum Überdruss wiederholen; F wiederkäuen; *abs* immer dasselbe reden, F faseln; **rabâché** *sujet, etc* abgedroschen

rabâcheur [ʀabaʃœʀ] F *m*, **rabâcheuse** [-øz] F *f* langweiliger Schwätzer, langweilige Schwätzerin

rabais [ʀabɛ] *m* Preisnachlass *m*; Rabatt *m*; **au rabais** zu herabgesetzten Preisen; billig; **accorder, consentir, faire un rabais sur** (**le prix d'**)**une marchandise** auf e-e Ware Rabatt geben; **obtenir un rabais** (e-n) Rabatt bekommen

rabaisser [ʀabese] **I** *v/t* herabsetzen **II** *v/pr* **se rabaisser** sich (selbst) schlechtmachen, herabsetzen

rabane [ʀaban] *f* Bast *m*

rabat [ʀaba] *m* **1.** *plastron* Beffchen *n* **2.** *d'un sac, d'une poche* Klappe *f*

rabat-joie *m* ⟨*inv*⟩ Spielverderber *m*

rabattage [ʀabataʒ] *m* CH (Zu)Treiben *n*

rabatteur [ʀabatœʀ] *m* **1.** CH Treiber *m* **2.** *fig et péj* (An)Werber *m*

rabattre [ʀabatʀ] ⟨→ **battre**⟩ **I** *v/t* **1.** *capot, siège* herunterklappen; *col* umschlagen; *vent: fumée* herunterdrücken **2.** CH *gibier* treiben **II** *v/i* **3. en rabattre** zurückstecken **III** *v/pr* **4. se rabattre** *voiture* rasch wieder einscheren **5. se rabattre sur** vorliebnehmen mit

rabattu [ʀabaty] *adj* ⟨∼**e**⟩ COUT *col* Umlege…; Umschlag…

rabbin [ʀabɛ̃] *m* Rabbiner *m*

Rabelais [ʀable] *frz Dichter*

rabibocher [ʀabiboʃe] *v/pr* F **se rabibocher** sich (wieder miteinander) versöhnen

rabiot [ʀabjo] *m* F → **rab**

rabioter [ʀabjote] F **I** *v/t* **rabioter qc** sich (*dat*) den Nachschlag, den Rest von etw sichern, nehmen **II** *v/i* sich (*dat*) kleine zusätzliche Einnahmen verschaffen

râble [ʀɑbl] *m* Rücken *m* (*a* CUIS)

râblé [ʀɑble] *adj* ⟨∼**e**⟩ stämmig; untersetzt

rabot [ʀabo] *m* Hobel *m*

rabotage [ʀabotaʒ] *m* (Ab)Hobeln *n*

raboter [-e] *v/t* (ab)hobeln

raboteur [-œʀ] *m* Hobler *m*

raboteux [-ø] *adj* ⟨**-euse** [-øz]⟩ holp(e)rig

rabougri [ʀabugʀi] *adj* ⟨∼**e**⟩ **1.** *plante* verkümmert **2.** *personne* verhutzelt

rabougrir [ʀabugʀiʀ] *v/pr* **se rabougrir 1.** *plante* verkümmern **2.** *personne* zusammenschrumpfen; verhutzeln

rabrouer [ʀabʀue] *v/t* **rabrouer qn** j-n anfahren, anherrschen; **se faire rabrouer** e-e Abfuhr bekommen

racaille [ʀakaj] *f* Pack *n*; Gesindel *n*

raccommodable [ʀakɔmɔdabl] *adj* ausbesserungsfähig

raccommodage [-aʒ] *m* Ausbesserung *f*; Flicken *n*; Flickarbeit *f*

raccommodement [-mɑ̃] F *m* (Wieder)Versöhnung *f*

raccommoder [ʀakɔmɔde] **I** *v/t* flicken; ausbessern; reparieren **II** *v/pr* F **se raccommoder** sich (wieder miteinander) versöhnen

raccompagner [ʀakɔ̃paɲe] *v/t* (zurück)begleiten; zurückbringen; **raccompagner qn chez lui en voiture** j-n mit dem Auto nach Hause bringen, fahren

raccord [ʀakɔʀ] *m* **1. faire un raccord** *de peinture* (die Farbe) ausbessern; F *fig* sein Make-up auffrischen **2.** TECH Verbindungs-, Anschlussstück *n* **3.** CIN Übergang *m*

raccordement [ʀakɔʀdəmɑ̃] *m* Verbindung *f*; Anschluss *m*

raccorder [ʀakɔʀde] **I** *v/t* (miteinander) verbinden; anschließen (**à** an + *acc*) **II** *v/pr* **1. se raccorder** TECH angeschlossen sein (**à** an +*acc*); (*s'adapter*) zusammenpassen **2. se raccorder à la canalisation** *etc* den Anschluss an die Kanalisation *etc* durchführen

raccourci [ʀakuʀsi] *m chemin* Abkürzung *f*; **prendre un raccourci** e-e Abkürzung nehmen

raccourcir [ʀakuʀsiʀ] **I** *v/t séjour* ab-, verkürzen; *robe* kürzer machen; *texte* kürzen; raffen; *fig* **à bras raccourcis** mit voller Wucht **II** *v/i* kürzer werden

raccourcissement [ʀakuʀsismɑ̃] *m* (Ver)kürzung *f*; *des jours* Kürzerwerden *n*

raccroc [ʀakʀo] *m* **par raccroc** durch e-n glücklichen Zufall

▸ **raccrocher** [ʀakʀoʃe] **I** *v/t tableau, etc* wieder aufhängen; *wagon* wieder anhängen **II** *v/i* **1.** TÉL auflegen **2.** SPORTS aufhören **III** *v/pr* **se raccrocher à** sich klammern an (+ *acc*)

▸ **race** [ʀas] *f* **1.** Rasse *f*; **de race** Rasse…; reinrassig **2.** (*catégorie de personnes*) (Menschen)Schlag *m*

racé [ʀase] *adj* ⟨∼**e**⟩ **1.** *animal* Rasse… **2.** *personne* edel

rachat [ʀaʃa] *m* Rückkauf *m*; *d'une servitude* Ablösung *f*

racheter [ʀaʃte] ⟨**-è-**⟩ **I** *v/t* **1.** *maison, etc* zurückkaufen; *rente, servitude* ablösen; **racheter qc à qn** j-m etw (wieder) abkaufen **2.** *prisonnier* los-, freikaufen; REL erlösen **3.** *fig faute, crime* sühnen; wieder gutmachen **II** *v/pr* **se racheter** sein Ansehen wiederherstellen

rachidien [ʀaʃidjɛ̃] *adj* ⟨**-ienne** [-jɛn]⟩ Rückenmark(s)…

rachitique [ʀaʃitik] *adj* **1.** MÉD rachitisch **2.** *pa*

ext zurückgeblieben; kümmerlich
rachitisme [-ism] *m* Rachitis *f*
racial [ʀasjal] *adj* ⟨~**e**; **-aux** [-o]⟩ Rassen…
▸ **racine** [ʀasin] *f* **1.** Wurzel *f* (*a fig*, ANAT); *fig avoir de profondes racines dans un pays* in e-m Land fest verwurzelt sein; *fig attaquer le mal à sa racine* das Übel an der Wurzel packen; *prendre racine* Wurzeln schlagen; *fig invité* nicht mehr gehen **2.** MATH Wurzel *f*; *racine carrée* Quadratwurzel *f*; *racine cubique* Kubikwurzel *f*; dritte Wurzel; *extraire une racine* e-e Wurzel ziehen
▸ **racisme** [ʀasism] *m* Rassismus *m*; Rassenhass *m*, -hetze *f*
raciste [-ist] **I** *adj* rassistisch **II** *m,f* Rassist(in) *m(f)*
racket [ʀakɛt] *m* Erpressung *f*
racketter [ʀakete] *v/t* **racketter qn** von j-m Geld erpressen
racketteur [ʀakɛtœʀ] *m* Erpresser *m*
raclage [ʀɑklaʒ] *m* (Ab)Schaben *n*; (Ab)Kratzen *n*
raclée [ʀɑkle] F *f* **1.** Tracht *f* Prügel; F Keile *f*; F Dresche *f* **2.** *fig prendre une raclée* e-e Schlappe erleiden
raclement [ʀɑkləmɑ̃] *m* **raclement de gorge** Räuspern *n*
racler [ʀɑkle] **I** *v/t* **1.** (ab)schaben; (ab)kratzen; *casserole* auskratzen **2.** F *vin racler le gosier* im Hals kratzen **II** *v/pr* **se racler la gorge** sich räuspern
raclette [ʀɑklɛt] *f* CUIS Raclette *f ou n*
racloir [ʀɑklwaʀ] *m* Schaber *m*; Kratzer *m*
racolage [ʀakɔlaʒ] *m péj* Kundenfang *m*; *racolage sur la voie publique* öffentliche Aufforderung zur Prostitution
racoler [ʀakɔle] *v/t péj* (an)werben; fangen; F keilen; *prostituée: clients* ansprechen; F anhauen; *abs* auf Kundenfang gehen
racoleur [ʀakɔlœʀ] *péj m* (Kunden-, Mitglieder)Werber *m*
racoleuse [-øz] *f* (Straßen)Dirne *f*
racontars [ʀakɔ̃taʀ] *m/pl* Klatsch *m*; Geschwätz *n*; F Tratsch *m*
▸ **raconter** [ʀakɔ̃te] **I** *v/t* erzählen; *raconter qc* (von) etw erzählen, berichten; *je te raconte pas!* ich kann dir sagen!; *on raconte que …* es wird berichtet, gesagt, dass …; es heißt, dass … **II** *v/pr* **se raconter des blagues** sich (gegenseitig) Witze erzählen
racorni [ʀakɔʀni] *adj* ⟨~**e**⟩ *viande*, *cuir* hart; zusammengeschrumpft; *peau* ledern
racornir [-iʀ] *v/pr* **se racornir** hart werden
▸ **radar** [ʀadaʀ] *m* Radaranlage *f*, -gerät *n*; *adjt contrôle m radar* Radarkontrolle *f*
rade [ʀad] *f* **1.** MAR Reede *f* **2.** F *fig rester en rade* *voiture*, *projet* liegen bleiben; *personne* zurückbleiben
radeau [ʀado] *m* ⟨~**x**⟩ Floß *n*; *radeau de sauvetage* Rettungsinsel *f*
radial [ʀadjal] *adj* ⟨~**e**; **-aux** [-o]⟩ radial; Radial…; strahlenförmig
radiateur [ʀadjatœʀ] *m* **1.** *de chauffage central* Heizkörper *m*; *électrique*, *à gaz* Heizofen *m* **2.** AUTO Kühler *m*
radiation [ʀadjasjɔ̃] *f* **1.** *sur une liste* Streichung *f* **2.** PHYS Strahlung *f*
radical [ʀadikal] **I** *adj* ⟨~**e**; **-aux** [-o]⟩ radikal;

durchgreifend; einschneidend **II** *m* ⟨**-aux** [-o]⟩ **1.** GR (Wort)Stamm *m* **2.** CHIM Radikal *n* **3.** MATH Wurzelzeichen *n* **4.** POL *radicaux pl* Radikalsozialisten *m/pl* (*bürgerlich-laizistisch*)
radicalement [ʀadikalmɑ̃] *adv* radikal; von Grund auf
radicalisation [ʀadikalizasjɔ̃] *f* Radikalisierung *f*
radicaliser [-ize] **I** *v/t* radikalisieren **II** *v/pr* **se radicaliser** radikal werden
radicalisme [-ism] *m en France* (Bewegung *f* des) Radikalsozialismus *m*
radicelle [ʀadisɛl] *f* Wurzelfaser *f*
radier [ʀadje] *v/t* streichen
radiesthésie [ʀadjɛstezi] *f* Radiästhesie *f*
radiesthésiste [-ist] *m* (Wünschel)Rutengänger *m*
radieux [ʀadjø] *adj* ⟨**-euse** [-øz]⟩ **1.** *soleil*, *journée* strahlend **2.** *personne*, *air* (glück-, freude)strahlend
radin [ʀadɛ̃] F **I** *adj* ⟨**-ine** [-in]⟩ F knick(e)rig; F knaus(e)rig **II** *radin(e)* *m(f)* Geizkragen *m*; F Knauser(in) *m(f)*
radiner [ʀadine] F *v/i* (*et v/pr* **se radiner**) F antanzen; F eintrudeln
radinerie [ʀadinʀi] *f* F Knaus(e)rigkeit *f*
▸ **radio¹** [ʀadjo] *f* **1.** (*radiodiffusion*) Radio *n*; Rundfunk *m*; Hörfunk *m*; *à la radio* im Radio **2.** *récepteur* Radio *n* **3.** *station émettrice* Sender *m*; *radio libre* Privatsender *m* **4.** (*radiotéléphonie*) Funk *m*; *par radio* über Funk **5.** (*radiographie*) Röntgenaufnahme *f*, -bild *n*; (*radioscopie*) (Röntgen)Durchleuchtung *f*; *passer à la radio* geröntgt *ou* durchleuchtet werden
radio² *m* Funker *m*
radioactif *adj* ⟨**-ive**⟩ radioaktiv
radioactivité *f* Radioaktivität *f*
radioamateur *m* Funk-, Radioamateur *m*
radiocassette *f* Radiorecorder *m*
radiodiffuser *v/t* (im Rundfunk) übertragen, senden; (über den Rundfunk) ausstrahlen
radiodiffusion *f* Rundfunk *m*
radioélectrique *adj* Funk…
radiographie [ʀadjɔgʀafi] *f* **1.** *procédé* Röntgenuntersuchung *f* **2.** *cliché* Röntgenaufnahme *f*, -bild *n*
radiographier [-je] *v/t* röntgen
radiographique [ʀadjɔgʀafik] *adj* Röntgen…
radioguidage *m* **1.** TECH Funksteuerung *f* **2.** AUTO Verkehrsfunk *m*
radioguider *v/t* über Funk steuern, lenken
radiologie [ʀadjɔlɔʒi] *f* Strahlenkunde *f*; Radiologie *f*
radiologique [-lɔʒik] *adj* röntgenologisch; Röntgen…
radiologiste [-lɔʒist] *ou* **radiologue** [-lɔg] *m,f* Röntgenarzt *m*, -ärztin *f*; Röntgenologe, -login *m,f*
radiophonique [ʀadjɔfɔnik] *adj* Rundfunk…; Hörfunk…; *jeu m radiophonique* Quizsendung *f*, Ratespiel *n* (im Rundfunk); *pièce f radiophonique* Hörspiel *n*
radioreporter *m* Rundfunkreporter *m*
radio-réveil *m* ⟨**radios-réveils**⟩ Radiowecker *m*
radioscopie [ʀadjɔskɔpi] *f* (Röntgen)Durch-

leuchtung *f*
radio-taxi *m* ⟨**radio-taxis**⟩ Funktaxi *n*
radiotéléphone *m* Funktelefon *n*; *de voiture* Autotelefon *n*
radiotélévisé *adj* ⟨**~e**⟩ von (Hör)Funk und Fernsehen übertragen
radiothérapie *f* Strahlentherapie *f*, -behandlung *f*
radis [Radi] *m* **1.** *radis* (*rose*) Radieschen *n*; *radis noir* (Schwarzer) Rettich **2.** F *fig n'avoir pas un radis* keinen Pfennig mehr haben; F völlig blank sein
radium [Radjɔm] *m* Radium *n*
radius [Radjys] *m* ANAT Speiche *f*
radotage [Radɔtaʒ] *m* Gefasel *n*; Geschwafel *n*
radoter [-e] *v/i* faseln; schwafeln
radoteur [-œR] *m*, **radoteuse** [-øz] *f* Schwätzer(in) *m(f)*; Quasselstrippe *f*
radoub [Radu] *m* *bassin m de radoub* Trockendock *n*
radoucir [Radusir] *v/pr* **se radoucir 1.** *temps* milder werden **2.** *personne* umgänglicher werden
radoucissement [-ismã] *m* Milderung *f*
rafale [Rafal] *f* **1.** *rafale* (*de vent*) Bö *f*; *rafale de neige* Schneegestöber *n* **2.** MIL Feuerstoß *m*
raffermir [RafɛRmiR] *v/t* **1.** *muscles, poitrine* straffen; festigen **2.** *fig courage, autorité* stärken
raffermissement [RafɛRmismã] *m* **1.** *de la poitrine, etc* Straffung *f*; Festigung *f* **2.** *fig de l'autorité, etc* Stärkung *f*
raffinage [Rafinaʒ] *m* TECH Raffinieren *n*; Raffination *f*
raffiné [Rafine] *adj* ⟨**~e**⟩ **1.** TECH raffiniert; *sucre raffiné* (Zucker)Raffinade *f* **2.** *fig* verfeinert; erlesen; ausgesucht; *personne* feinsinnig; mit Geschmack; *supplices* raffiniert; ausgeklügelt
raffinement [Rafinmã] *m* **1.** Verfeinerung *f*; Raffinement *n* **2.** *raffinement de cruauté* ausgeklügelte Grausamkeit
raffiner [Rafine] *v/t* TECH raffinieren
raffinerie [Rafinri] *f* Raffinerie *f*
raffoler [Rafɔle] *v/t/indir raffoler de* schwärmen für; *elle raffole de musique* es geht ihr nichts über Musik
raffut [Rafy] F *m* Krach *m*; F Radau *m*
rafiot [Rafjo] *m péj vieux rafiot* alter Kahn; Seelenverkäufer *m*
rafistolage [Rafistɔlaʒ] F *m* Flickschusterei *f*
rafistoler [-e] F *v/t* zurechtflicken
rafle [Rafl] *f* Razzia *f*
rafler [Rafle] *v/t* F *rafler qc voleurs* etw mitgehen lassen; *clients* etw aufkaufen, an sich (*acc*) raffen; *sportif: médailles* einheimsen
rafraîchir [RafRefiR] I *v/t* **1.** *boisson* kühlen; *boisson rafraîchir qn* j-n erfrischen **2.** *tableau, couleur, fig mémoire* auffrischen; *cheveux* nachschneiden II *v/i* **3.** *mettre à rafraîchir* kalt stellen III *v/pr* **se rafraîchir 4.** *temps* sich abkühlen **5.** *personne* sich erfrischen
rafraîchissant [RafRefisã] *adj* ⟨**-ante** [-ãt]⟩ erfrischend
rafraîchissement [RafRefismã] *m* **1.** *de la température* Abkühlung *f* **2.** *souvent pl rafraîchissements* Erfrischungen *f/pl*; *prendre un rafraîchissement* e-e Erfrischung zu sich nehmen

men
rafting [Raftiŋ] *m* Rafting *n*; Wildwassersport *m*
ragaillardir [RagajaRdiR] *v/t* aufmuntern
rage [Raʒ] *f* **1.** MÉD Tollwut *f* **2.** (*colère*) Wut *f*; Raserei *f*; *fig rage de vivre* Lebensgier *f*; *fou de rage* außer sich, rasend vor Wut; wutentbrannt; *être en rage* wütend sein (*contre qn* auf j-n); *faire rage tempête, feu* wüten; *bataille* toben; *mettre qn en rage* j-n wütend machen, in Wut bringen **3.** *rage de dents* rasende Zahnschmerzen *m/pl*
rageant [Raʒã] *adj* ⟨**-ante** [-ãt]⟩ F *c'est rageant* ich könnte mich schwarzärgern
rager [Raʒe] F *v/i* ⟨**-ge-**⟩ *ça me fait rager* das macht mich wütend
rageur [RaʒœR] *adj* ⟨**-euse** [-øz]⟩ wütend
raglan [Raglã] *adj* ⟨*inv*⟩ Raglan…
ragondin [Ragõdɛ̃] *m* **1.** ZO Nutria *f* **2.** *fourrure* Nutria(pelz) *m*
ragots [Rago] *m/pl* F Tratsch *m*; Klatsch *m*
ragoût [Ragu] *m* Ragout *n*
ragoûtant [Ragutã] *adj* ⟨**-ante** [-ãt]⟩ *peu ragoûtant* unappetitlich
rai [Rɛ] *litt m* (Licht-, Sonnen)Strahl *m*
raï [Raj] *m* MUS Raï *m*

Le raï

Der Raï ist eine Form der algerischen Volks- und Popmusik, entstanden in Westalgerien und im Osten Marokkos. Ursprünglich von den Beduinen in der Wüste gesungen, hat er inzwischen die ganze Welt erobert. Der Begriff Raï ist im Arabischen mehrdeutig: Er bedeutet so viel wie Meinung, Sichtweise oder Standpunkt, aber auch Ratschlag, Entscheidung. Er beinhaltet improvisierte Sprechgesänge in arabischem Dialekt, unterlegt mit Rock- und Bluesrhythmen. Bekannte Interpreten sind Khaled und Rachid Taha.

---

raid [Rɛd] *m* **1.** MIL Überfall *m*; *raid* (*aérien*) Luftangriff *m* **2.** SPORTS Langstreckenfahrt *f*
raide [Rɛd] I *adj* **1.** *membres, personne* steif; *cheveux* glatt **2.** *pente, escalier* steil **3.** F (*fort*) *histoire* stark **4.** F (*fauché*) *être raide* F abgebrannt, blank sein II *adv tomber raide* (*mort*) auf der Stelle tot umfallen
raideur [RɛdœR] *f* **1.** *d'un membre* Steifheit *f*; Steife *f* **2.** *fig des principes* Starrheit *f*
raidillon [Rɛdijõ] *m* steiler Weg, Pfad
raidir [RɛdiR] I *v/t muscles* anspannen II *v/pr fig personne se raidir contre* trotzen (+ *dat*)
raidissement [Rɛdismã] *m* **1.** *des membres* Steifwerden *n* **2.** *fig d'une position*, POL Versteifung *f*
raie[1] [Rɛ] *f* **1.** (*bande*) Streifen *m*; (*éraflure*) Kratzer *m* **2.** *de la chevelure* Scheitel *m* **3.** *raie des fesses* Gesäßspalte *f* **4.** PHYS Linie *f*
raie[2] [Rɛ] *f* ZO Rochen *m*
raifort [Rɛfɔr] *m* Meerrettich *m*
rail [Raj] *m* **1.** CH DE FER, TECH Schiene *f*; *fig re*

mettre sur les rails wieder flottmachen **2.** *par ext le rail* die Schiene; die (Eisen)Bahn

railler [ʀɑje] *v/t* verspotten

raillerie(s) [ʀɑjʀi] *f(pl)* Spott *m*

railleur [ʀɑjœʀ] **I** *adj* ⟨**-euse** [-øz]⟩ spöttisch **II** *railleur, railleuse m,f* Spötter(in) *m(f)*

rail-route *adj* ⟨*inv*⟩ *transport m rail-route* Huckepackverkehr *m*

rainette [ʀɛnɛt] *f* Laubfrosch *m*

rainurage [ʀɛnyʀaʒ] *m sur la chaussée* Spurrille *f*

rainure [ʀɛnyʀ] *f* Rille *f*; TECH Nut *f*

raïs [ʀais] *m* (*chef d'État arabe*) Führer *m*; Staatschef *m*; Rais *m*

▸ **raisin** [ʀɛzɛ̃] *m* (Wein)Traube(n) *f(pl)*; *raisins secs* Rosinen *f/pl*; *raisins de Corinthe* Korinthen *f/pl*; *acheter du raisin* (Wein)Trauben kaufen

raison [ʀɛzõ] *f* **1.** (*intelligence*) Vernunft *f*; Verstand *m*; *raison d'État* Staatsräson *f*; *ne pas vouloir entendre raison* keine Vernunft annehmen wollen; *perdre la raison* den Verstand verlieren **2.** (*contraire: tort*) *avec raison* mit Recht; *comme de raison* selbstverständlich; *avoir raison* recht haben; *par ext avoir raison de qn, qc* über j-n, etw siegen; etw überwinden; *donner raison à qn* j-m recht geben **3.** (*motif, cause*) Grund *m*; Ursache *f*; *raison d'être* Existenzberechtigung *f*; *raison de vivre* Lebensinhalt *m*; *raison de plus pour* (+ *inf*) ein Grund mehr, um zu (+ *inf*); *à plus forte raison* umso mehr muss man (+ *inf*); *en raison de* auf Grund, wegen (+ *gén*); *pour quelle raison?* aus welchem Grund?; weshalb?; *pour raisons de santé* aus gesundheitlichen Gründen; *pour cette raison* aus diesem Grund; darum; deshalb; *sans raison* ohne Grund; grundlos; *se faire une raison* sich ins Unvermeidliche fügen **4.** *raison sociale* Firmenname *m*; Firma *f* **5.** *à raison de cent euros l'heure* hundert Euro pro Stunde

▸ **raisonnable** [ʀɛzɔnabl] *adj* **1.** vernünftig; *personne a* verständig; einsichtig **2.** *prix, salaire* annehmbar

raisonnablement [ʀɛzɔnabləmã] *adv* **1.** *agir, penser, parler* vernünftig **2.** *boire, manger, dépenser* mit Maßen; mäßig; *rétribuer* angemessen

raisonné [ʀɛzɔne] *adj* ⟨**~e**⟩ durchdacht; überlegt; logisch begründet

raisonnement [ʀɛzɔnmã] *m* **1.** (*argumentation*) Beweisführung *f*; Argumentation *f*; Überlegung *f*; Gedankengang *m*; *tenir un raisonnement* argumentieren **2.** (*force f de*) *raisonnement* Urteilsvermögen *n*

raisonner [ʀɛzɔne] **I** *v/t raisonner qn* j-n zur Vernunft bringen **II** *v/i* (*juger*) (logisch) urteilen; (*argumenter*) argumentieren; (*conclure*) Schlussfolgerungen ziehen **III** *v/pr personne se raisonner* Vernunft annehmen; *sentiments ne pas se raisonner* nicht der Vernunft (*dat*) gehorchen

raisonneur [ʀɛzɔnœʀ] *m*, **raisonneuse** [-øz] *f* Widerspruchsgeist *m*

rajeunir [ʀaʒœniʀ] **I** *v/t* **1.** *personne* jünger machen; verjüngen **2.** *fig* (*moderniser*) erneuern **II** *v/i* ⟨*Vorgang* **avoir**, *Ergebnis* **être**⟩ jünger

werden; sich verjüngen; jünger aussehen **III** *v/pr se rajeunir* sich jünger machen

rajeunissant [ʀaʒœnisã] *adj* ⟨**-ante** [-ãt]⟩ Verjüngungs…

rajeunissement [ʀaʒœnismã] *m* Verjüngung *f*; *cure f de rajeunissement* Verjüngungskur *f*

rajout [ʀaʒu] *m* Hinzufügung *f*; CONSTR *a* Anbau *m*

rajouter [ʀaʒute] *v/t* hinzufügen; *sel, etc* zugeben; F *vous en rajoutez!* F Sie erfinden was dazu!

rajustement [ʀaʒystəmã] *m* Anpassung *f*; Angleichung *f*

rajuster [-e] **I** *v/t* **1.** *lunettes, vêtement* zurechtrücken **2.** *salaires, prix* anpassen; angleichen **II** *v/pr se rajuster* sich wieder zurechtmachen; s-e Kleidung wieder in Ordnung bringen

rand [ʀɑlɑ̃] *adj* ⟨**-ante** [-ãt]⟩ F *c'est rând* F das ist blöd; F so was Dummes!

râle [ʀɑl] *m* Röcheln *n*

ralenti [ʀalɑ̃ti] *m* **1.** *d'un moteur* Leerlauf *m*; Standgas *n*; *par ext au ralenti* mit mäßigem Tempo **2.** CIN Zeitlupe *f*

▸ **ralentir** [ʀalɑ̃tiʀ] **I** *v/t* verlangsamen **II** *v/i* langsamer fahren; langsamer werden **III** *v/pr se ralentir* langsamer werden; sich verlangsamen

ralentissement [ʀalɑ̃tismã] *m* **1.** Verlangsamung *f* **2.** *ralentissements pl* zähflüssiger Verkehr

ralentisseur [-œʀ] *m* Fahrbahnschwelle *f*

râler [ʀɑle] *v/i* **1.** *mourant* röcheln **2.** F (*protester*) F motzen; F meckern; *faire râler qn* j-n wütend machen

râleur [ʀɑlœʀ] **I** *adj* ⟨**-euse** [-øz]⟩ F motzig **II** *râleur, râleuse m,f* Nörgler(in) *m(f)*; F Meckerziege *f*

ralliement [ʀalimã] *m* **1.** *point m de ralliement* Sammelpunkt *m* **2.** (*adhésion*) Anschluss *m* (*à* an + *acc*)

rallier [ʀalje] **I** *v/t* **1.** *troupes* sammeln **2.** (*unir*) vereinen; um sich sammeln, scharen; *suffrages* auf sich (*acc*) vereinigen **3.** (*rejoindre*) sich anschließen (+ *dat*); *endroit* zurückkehren zu **II** *v/pr se rallier* **4.** *troupes* sich wieder sammeln **5.** (*adhérer*) sich anschließen (*à dat*)

rallonge [ʀalõʒ] *f* **1.** *d'une table* Ausziehplatte *f*; ÉLECT Verlängerungsschnur *f* **2.** F *fig* (*supplément*) Zugabe *f*

rallongement [ʀalõʒmã] *m* Verlängerung *f*; *des jours* Längerwerden *n*

rallonger [ʀalõʒe] ⟨**-ge-**⟩ **I** *v/t vêtement* länger machen; *piste, etc* verlängern; F *cela me rallonge* das ist ein Umweg für mich **II** *v/i jours* länger werden

rallumer [ʀalyme] **I** *v/t* **1.** *feu, cigarette* wieder anzünden; *lumière, radio, télé* wieder einschalten; F wieder anmachen **2.** *fig passion, conflit* wieder entfachen **II** *v/pr se rallumer* *incendie, fig passion, guerre* erneut aufflackern

rallye [ʀali] *m* Rallye *f*

ramadan [ʀamadã] *m* Ramadan *m*

ramage [ʀamaʒ] *m* **1.** *ramages pl* Rankenmuster *n* **2.** *litt des oiseaux* Gezwitscher *n*

ramassage [ʀamasaʒ] *m* (Auf)Sammeln *n*; *des ordures ménagères* Abholung *f*; Abfuhr *f*; *car m de ramassage scolaire* Schulbus *m*

ramassé [ʀamase] *adj* ⟨**~e**⟩ **1.** *personne, animal* zusammengekauert, -gerollt; geduckt **2.** *forme* gedrungen; wuchtig **3.** *expression, style* knapp; bündig

ramasse-miettes [ʀamasmjɛt] *m* ⟨*inv*⟩ Tischbesen *m* und Schaufel *f*

▸ **ramasser** [ʀamase] **I** *v/t* **1.** *cahiers, copies* einsammeln; *ordures, lait* abholen; *argent* (*accumuler*) anhäufen; (*encaisser*) einnehmen; F *malfaiteurs* aufgreifen **2.** (*prendre par terre*) aufheben; *champignons, coquillages* sammeln; *blessés, ivrogne, animal perdu* auflesen **3.** F *maladie, volée* F (ab)kriegen **II** *v/pr* **se ramasser 4.** (*se pelotonner*) sich zusammenkauern, -rollen **5.** F (*se relever*) wieder aufstehen; *par ext* (*tomber*) hinfallen; *fig à un examen* durchfallen

ramasseur [ʀamasœʀ] *m*, **ramasseuse** [-øz] *f* Sammler(in) *m(f)*; TENNIS *ramasseur de balles* Balljunge *m*

ramassis [ʀamasi] *m péj* Haufen *m*; Wust *m*

rambarde [ʀɑ̃baʀd] *f* Geländer *n*; MAR Reling *f*

ramdam [ʀamdam] F *m* Krach *m*; F Spektakel *m*; F Radau *m*

rame [ʀam] *f* **1.** (*aviron*) Ruder *n* **2.** '*haricots m/pl à rames* Stangenbohnen *f/pl* **3.** *rame de métro* U-Bahn(-Zug) *f(m)*

rameau [ʀamo] *m* ⟨**∼x**⟩ **1.** Zweig *m*; *rameau d'olivier* Ölzweig *m* **2.** *les Rameaux ou le dimanche des Rameaux* der Palmsonntag

▸ **ramener** [ʀamne] ⟨**-è-**⟩ **I** *v/t* **1.** (*amener de nouveau*) wieder her-, mitbringen; (*faire revenir*) zurückbringen **2.** *ramener à* (wieder) bringen auf (+ *acc*) *ou* zu; *ramener qn à la raison* j-n zur Vernunft bringen; *ramener tout à soi* alles nur von seiner Warte aus sehen; *ramener qn à la vie* j-n ins Leben zurückrufen **3.** *ordre, paix* wiederherstellen **4.** P *la ramener* F s-n Senf dazugeben **II** *v/pr* **5.** *se ramener à qc* auf etw (*acc*) hinauslaufen **6.** F *se ramener* (*revenir*) F wieder aufkreuzen

ramequin [ʀamkɛ̃] *m* kleine Auflaufform

ramer [ʀame] *v/i* **1.** rudern **2.** F *fig* sich abstrampeln

ramette [ʀamɛt] *f* TYPO kleiner (Schließ)Rahmen

rameur [ʀamœʀ] *m*, **rameuse** [-øz] *f* Ruderer *m*, Ruderin *f*

rameuter [ʀamøte] *v/t* zusammenrufen; F zusammentrommeln

rami [ʀami] *m* Rommee *n*

ramier [ʀamje] *m* Ringeltaube *f*

ramification [ʀamifikasjõ] *f* BIOL, *fig* Verzweigung *f*; Verästelung *f*; *fig avoir des ramifications* weitverzweigt sein

ramifié [ʀamifje] *adj* ⟨**∼e**⟩ verzweigt; verästelt

ramifier [ʀamifje] *v/pr* **se ramifier** sich verzweigen

ramolli [ʀamɔli] *adj* ⟨**∼e**⟩ **1.** aufgeweicht **2.** F *personne* F schlapp; F lahm

ramollir [ʀamɔliʀ] **I** *v/t* weich machen; aufweichen **II** *v/i* (*et v/pr* **se ramollir**) weich werden; aufweichen

ramollissement [ʀamɔlismɑ̃] *m* **ramollissement du cerveau** Gehirnerweichung *f*

ramonage [ʀamɔnaʒ] *m* Schornsteinfegen *n*

ramoner [-e] *v/t cheminée* fegen

ramoneur [-œʀ] *m* Schornsteinfeger *m*; Kaminkehrer *m*

rampant [ʀɑ̃pɑ̃] **I** *adj* ⟨**-ante** [-ɑ̃t]⟩ **1.** kriechend; Kriech... **2.** *personne* kriecherisch **II** *m/pl* F AVIAT *les rampants* das Bodenpersonal

rampe [ʀɑ̃p] *f* **1.** *pour véhicules* Auf- *ou* Abfahrt *f*; Rampe *f*; *rampe d'accès* Auffahrt *f*; *pour fusées rampe de lancement* Start-, Abschussrampe *f* **2.** *d'un escalier* (Treppen)Geländer *n*; F *fig tenir bon la rampe* F sich nicht unterkriegen lassen **3.** THÉ Rampe *f*

ramper [ʀɑ̃pe] *v/i* kriechen (*a fig devant qn* vor j-m); MIL robben

rancard [ʀɑ̃kaʀ] *m* **1.** F (*rendez-vous*) Verabredung *f*; *avoir un rancard avec qn* mit j-m verabredet sein; *donner, fixer (un) rancard à qn* sich mit j-m verabreden **2.** *arg* (*renseignement*) F Tipp *m*

rancarder [ʀɑ̃kaʀde] *arg* **I** *v/t* F e-n Tipp geben (*qn* j-m) **II** *v/pr* **se rancarder** sich umhören; F sich (*dat*) Tipps verschaffen

rancart [ʀɑ̃kaʀ] *m* F *mettre au rancart* ausrangieren; zum alten Eisen werfen

rance [ʀɑ̃s] **I** *adj* ranzig **II** *m* **sentir le rance** ranzig riechen

ranch [ʀɑ̃tʃ] *m* ⟨**∼(e)s**⟩ Ranch *f*

ranci [ʀɑ̃si] *adj* ⟨**∼e**⟩ *beurre* ranzig (geworden)

rancir [-iʀ] *v/i* ranzig werden

rancœur [ʀɑ̃kœʀ] *f* Groll *m*; Verbitterung *f*; *avoir de la rancœur pour ou contre qn* Groll gegen j-n hegen

rançon [ʀɑ̃sõ] *f* **1.** Lösegeld *n* **2.** *fig* Preis *m* (**de** für)

rançonner [ʀɑ̃sɔne] *v/t rançonner qn* von j-m Geld erpressen

rançonneur [ʀɑ̃sɔnœʀ] *m*, **rançonneuse** [-øz] *f* Erpresser(in) *m(f)*

rancune [ʀɑ̃kyn] *f* Groll *m*; Rachsucht *f*; *sans rancune!* nichts für ungut!; *garder rancune à qn de qc* j-m etw nachtragen

rancunier [ʀɑ̃kynje] *adj* ⟨**-ière** [-jɛʀ]⟩ nachtragend

rando [ʀɑ̃do] *f* F *abr* → **randonnée**

▸ **randonnée** [ʀɑ̃dɔne] *f* Ausflug *m*; Tour *f*; Wanderung *f*; *randonnée à, en vélo* (Fahr)Radtour *f*

randonneur [ʀɑ̃dɔnœʀ] *m*, **randonneuse** [-øz] *f* Wanderer *m*, Wand(r)erin *f*

▸ **rang** [ʀɑ̃] *m* **1.** (*rangée*) Reihe *f*; *au premier rang* in der ersten Reihe; *fig grossir les rangs des mécontents* den Kreis der Unzufriedenen vergrößern; *se mettre en rang(s) par deux* sich in Zweierreihen aufstellen; *fig se mettre sur les rangs* als Bewerber auftreten **2.** MIL Glied *n*; Reihe *f*; *officier sorti du rang* aus dem Mannschaftsstand hervorgegangen **3.** (*place*) Platz *m*; Stelle *f*; *par rang d'âge, de taille* dem Alter, der Größe nach **4.** (*échelon*) Rang(stufe) *m(f)*; (*condition*) Stellung *f*; Stand *m*

▸ **rangé** [ʀɑ̃ʒe] *adj* ⟨**∼e**⟩ solide; anständig; ordentlich

rangée [ʀɑ̃ʒe] *f* Reihe *f*; *rangée de maisons* Häuserreihe *f*, -zeile *f*

rangement [ʀɑ̃ʒmɑ̃] *m* Aufräumen *n*; *faire du rangement* aufräumen

▸ **ranger** [ʀɑ̃ʒe] ⟨**-ge-**⟩ **I** *v/t* **1.** *objets, chambre* aufräumen; *papiers, livres a* ordnen; *objets a* unterbringen; abstellen **2.** (*classer*) einordnen (*parmi* unter + *acc*); *être à ranger parmi* ...

gehören zu ... **3.** *voiture* (ein)parken **II** *v/pr* **se ranger 4.** *(se mettre en rangs)* sich aufstellen **5.** *(s'écarter)* zur Seite gehen; *voiture* **se ranger contre le trottoir** an den Bordstein heranfahren **6.** *fig* **se ranger du côté de qn** sich auf j-s Seite stellen **7.** *(s'assagir)* solide werden
ranimer [ʀanime] *v/t* **1.** *personne* wiederbeleben **2.** *flamme, fig sentiment* neu entfachen
rap [ʀap] *m* MUS Rap *m*

Le rap

Rap ist eine Art Sprechgesang, entstanden in den 1970er-Jahren in den Ghettos von New York. Er ist Teil der Hip-Hop-Kultur und steht für rhythm and poetry oder rock against police. In Frankreich ist Rap sehr erfolgreich und seit den 1990er-Jahren Teil einer Protestbewegung, die sich gegen die Verelendung der Vorstädte richtet. Die Rap-Texte sind z. T. sehr provokativ und sozialkritisch: Sie richten sich gegen die Konsumgesellschaft und gegen die Symbole der Macht, gegen Polizei und Justiz. Ihre Sprache ist die Sprache der Jugendlichen aus den Vorstädten. Wichtige Exponenten des Rap in Frankreich sind MC Solaar, Kool Shen, Joey Starr, Rohff, Disiz la Pest, Abd El Malik, Kery James und Monsieur R., bekannte Gruppen sind Ministère Amer, suprême NTM, IAM und Sniper. Die französischen Rapper (**les rappeurs français**) lassen sich inspirieren von Rhythmen aus dem Maghreb und aus Schwarzafrika, halten aber fest an der Tradition des Chansons. Bekanntheit erreichen die Rapper vor allem mithilfe des Radiosenders Skyrock, dem beliebtesten Sender der 13- bis 24-Jährigen, mit mehreren Millionen Zuhörern pro Tag.

---

rapace [ʀapas] **I** *adj personne* hab-, raffgierig **II** *m* ZO Raubvogel *m*
rapacité [-ite] *f* Habsucht *f*, -gier *f*
rapatrié(e) [ʀapatʀije] *m(f)* Rückwanderer, -wand(r)erin *m,f*; Aus-, Rücksiedler(in) *m(f)*; Heimkehrer(in) *m(f)*
rapatriement [ʀapatʀimã] *m* Repatriierung *f*; Rückführung *f*
rapatrier [ʀapatʀije] *v/t* repatriieren; (in sein Land) zurückführen, -bringen
râpe [ʀɑp] *f* Raspel *f*; CUIS *a* Reibe *f*; *râpe à fromage* Käsereibe *f*
râpé [ʀape] *adj* ⟨~e⟩ **1.** CUIS gerieben **2.** *vêtement* abgewetzt; abgetragen **3.** F *fig* **c'est râpé** F das hat nicht geklappt
râper [ʀape] *v/t* **1.** reiben; raspeln (*a* TECH) **2.** *fig* kratzen (*le gosier* im Hals)
rapetissement [ʀaptismã] *m* Verkleinerung *f*
rapetisser [ʀaptise] **I** *v/t* verkleinern; kleiner

erscheinen lassen **II** *v/i* kleiner werden; *étoffe* eingehen
râpeux [ʀapø] *adj* ⟨-euse [-øz]⟩ **1.** *langue de chat* rau **2.** *vin* herb
raphia [ʀafja] *m* (Raphia)Bast *m*
rapiat [ʀapja] *adj* ⟨*f inv od* -ate [-at]⟩ F knick(e)rig; knaus(e)rig; *subst* **vieux rapiat** alter Geizkragen
▸ **rapide** [ʀapid] **I** *adj* schnell (*a véhicule*); rasch; *personne a* flink; *courant* stark; reißend; *descente* steil; *voie f rapide* Schnellstraße *f* **II** *m* **1.** *d'un cours d'eau* Stromschnelle *f* **2.** CH DE FER (Fern)Schnellzug *m*; D-Zug *m*
rapidement [ʀapidmã] *adv* schnell; zügig; rasch; *lire un texte* flüchtig
rapidité [ʀapidite] *f* Schnelligkeit *f*
rapiécer [ʀapjese] *v/t* ⟨-è-, -ç-⟩ flicken
rapière [ʀapjɛʀ] *f* HIST Rapier *n*
rapin [ʀapɛ̃] *m péj* Farbenkleckser *m*
rapine [ʀapin] *litt f* Raub *m*
raplapla [ʀaplapla] *adj* ⟨*inv*⟩ F **1.** *objet* flach; platt **2.** *personne* F schlapp
rappel [ʀapɛl] *m* **1.** *pour faire revenir* Zurückrufen *n*; *d'ambassadeur* Abberufung *f*; *acteur* **avoir de nombreux rappels** viele Vorhänge bekommen **2.** POL *rappel à l'ordre* Ordnungsruf *m* **3.** *(évocation)* Erinnerung *f* (*de* an + *acc*) **4.** *(répétition)* Wiederholung *f*; (**piqûre** *f* **de**) *rappel* Nachimpfung *f*; Auffrischungsimpfung *f* **5.** *paiement* Nachzahlung *f* **6.** COMM Mahnung *f*; Erinnerung *f* **7.** *descendre en rappel* sich abseilen
rappelé [ʀaple] *m* MIL Wiedereinberufene(r) *m*
▸ **rappeler** [ʀaple] ⟨-ll-⟩ **I** *v/t* **1.** *(faire revenir)* zurückrufen; *ambassadeur* abberufen; *réservistes* wieder einberufen; *acteur* herausrufen; *rappeler qn à l'ordre* j-n zur Ordnung rufen **2.** TÉL wieder, noch einmal anrufen; *réciproquement* zurückrufen **3.** *(remettre en mémoire) rappeler qc à qn* j-n an etw (*acc*) erinnern; *rappeler à qn de faire qc* j-n daran erinnern, etw zu tun *ou* dass ...; *rappelez-moi votre nom* nennen Sie mir Ihren Namen noch einmal **II** *v/pr* ▸ *se rappeler* sich erinnern (*qc* an etw [*acc*], *abus* **de qc, de qn** an etw, an j-n); → *Info nächste Seite*
rappeur [ʀapœʀ] *m* MUS Rapper *m*
rappliquer [ʀaplike] *v/i* F aufkreuzen
rapport [ʀapɔʀ] *m* **1.** *(compte rendu)* Bericht *m*; *à un supérieur* Rapport *m*; *faire un rapport* Bericht erstatten **2.** *entre choses* Zusammenhang *m*; Beziehung *f*; Verhältnis *n*; *rapport qualité-prix* Preis-Leistungs-Verhältnis *n*; *en rapport avec* entsprechend (+ *dat*); *par rapport à* im Verhältnis zu; im Vergleich zu; *sous tous les rapports* in jeder Hinsicht, Beziehung; *cela n'a aucun rapport!* das gehört nicht hierher!; das hat damit nichts zu tun!; *il n'y a aucun rapport* da besteht kein Zusammenhang; *établir, faire le rapport entre deux choses* den Zusammenhang zwischen zwei Dingen herstellen **3.** *entre personnes, pays rapports pl* Beziehungen *f/pl*; Verhältnis *n*; *rapports* (**sexuels**) (Geschlechts)Verkehr *m*; *avoir des rapports avec qn* (Geschlechts)Verkehr, intime Beziehungen mit j-m haben; *avoir, entretenir de bons rapports avec qn* ein gutes Verhältnis zu j-m haben; gute Bezie-

R

rappeler und seine Konstruktionen 🔲FQ

se rappeler qn / qc	sich an j-n / etwas erinnern
Tu te rappelles notre prof de français ?	Erinnerst du dich an unseren Französischlehrer?
rappeler qc à qn	j-n an etwas erinnern
Elle a rappelé sa promesse à son frère.	Sie hat ihren Bruder an sein Versprechen erinnert.
rappeler à qn de faire qc	j-n daran erinnern, etwas zu tun
Maman lui a rappelé de ranger sa chambre.	Mama hat ihn daran erinnert, sein Zimmer aufzuräumen.

Rapports interpersonnels – zwischenmenschliche Beziehungen WF

l'amitié *f*	Freundschaft	être attiré par qn	sich von j-m angezogen fühlen
amical	freundschaftlich		
faire la connaissance de qn	j-n kennenlernen	tromper qn	j-n betrügen
		décevoir qn	j-n enttäuschen
être en contact avec qn	mit j-m in Verbindung stehen	être jaloux, jalouse de	eifersüchtig sein auf
entretenir des rapports amicaux avec qn	mit j-m freundschaftliche Beziehungen pflegen	soupçonner qn	j-n verdächtigen
		mépriser qn	j-n verachten
l'ambiance détendue	entspannte Atmosphäre	être hostile à qn	j-m feindlich gesinnt sein
sympathique	sympathisch	humilier qn	j-n demütigen
antipathique	unsympathisch	vexer qn	j-n kränken
courir après qn	hinter j-m her sein	provoquer qn	j-n provozieren
s'intéresser à qn	sich für j-n interessieren	punir qn	j-n bestrafen
		dominer qn	j-n beherrschen
seul	allein, einsam	rompre avec qn	mit j-m brechen
la solitude	Einsamkeit	la rupture	Trennung, Bruch
reprocher qc à qn	j-m etwas vorwerfen	traiter qn mal	j-n schlecht behandeln
le reproche	Vorwurf		
se disputer avec qn	sich mit j-m streiten	faire une scène à qn	j-m eine Szene machen
la dispute	Streit	se réconcilier avec qn	sich mit j-m versöhnen
fréquenter qn	mit j-m verkehren	la réconciliation	Versöhnung
la liaison	Verhältnis	s'arranger avec qn	sich mit j-m verständigen
être fidèle (à qn)	(j-m) treu sein		

hungen mit, zu j-m unterhalten; *se mettre en rapport avec qn* sich mit j-m in Verbindung setzen **4.** (*rendement*) Ertrag *m*; *rapports du tiercé* Gewinnquoten *f/pl* bei der Dreierwette **rapportable** [ʀapɔʀtabl] *adj* **1.** *décret, arrêté, etc* widerrufbar; aufhebbar **2.** COUT *poches, etc* an-, aufsetzbar **3.** MATH *angle* übertragbar **rapportage** [ʀapɔʀtaʒ] *m* ÉCOLE *péj* Petzen *n* **rapporter** [ʀapɔʀte] **I** *v/t* **1.** *à l'endroit initial* wieder-, zurückbringen **2.** (*apporter*) mitbrin-

gen **3.** (*faire le récit de*) berichten; *péj* ÉCOLE petzen (*abs*) **4.** *bénéfice* einbringen; abwerfen; *abs* einträglich sein **II** *v/pr* **5.** *se rapporter à* sich beziehen auf (+ *acc*) **6.** *s'en rapporter à qn* sich auf j-n verlassen
rapporteur [ʀapɔʀtœʀ] *m*, **rapporteuse** [-øz] *f* **1.** ÉCOLE *péj* Petze *f* **2.** *m* JUR, ADM Berichterstatter(in) *m(f)* **3.** *m* MATH Winkelmesser *m*
rapprendre [ʀapʀɑ̃dʀ] → *réapprendre*
rapproché [ʀapʀɔʃe] *adj* ⟨~e⟩ nah(e), dicht bei-

einanderliegend, *dans le temps* aufeinander-
folgend; Nah...; **protection rapprochée** Per-
sonen- und Objektschutz *m*
rapprochement [ʀapʀɔʃmã] *m* **1.** *de peuples*
Annäherung *f* **2.** *(parallèle)* **faire le rappro-
chement entre qc et qc** etw und etw im Zu-
sammenhang sehen
rapprocher [ʀapʀɔʃe] **I** *v/t* **1.** *un objet* heranrü-
cken (*de* an + *acc*); *deux objets* zusammenrü-
cken **2.** *dans le temps* näher bringen (*de* dat) **3.**
fig personnes einander näher bringen **4.** *(com-
parer)* nebeneinanderstellen; in Zusammen-
hang bringen **II** *v/pr* **se rapprocher 5.** *(venir
plus près)* sich nähern (*de* dat); näher kommen;
(se serrer) zusammenrücken **6.** *fig adversaires,
etc* sich näherkommen **7.** *fig (devenir compara-
ble)* näherkommen (*de* dat)
rapprovisionner [ʀapʀɔvizjɔne] **I** *v/t* wieder
beliefern, versorgen (*en* mit) **II** *v/pr* **se rap-
provisionner** (*en qc*) sich (mit etw) wieder
versorgen, eindecken
rapt [ʀapt] *m* Entführung *f*
raquer [ʀake] *v/t et v/i* P *(payer)* F blechen
▸ **raquette** [ʀakɛt] *f* **1.** SPORTS Schläger *m* **2.**
pour la neige Schneeschuh *m*, -teller *m*
▸ **rare** [ʀɑʀ] *adj* **1.** selten; *denrées, main-d'œuvre*
knapp; rar; *gaz m/pl* **rares** Edelgase *n/pl*; **à de
rares exceptions près** bis auf wenige Aus-
nahmen; **un des rares ... qui** (+ *subj*) einer
der wenigen ..., die ...; **rares sont ceux qui
...** es gibt nur wenige, die ...; nur wenige ...;
personne **se faire rare** sich selten sehen lassen;
F sich rarmachen **2.** *(exceptionnel)* selten; un-,
außergewöhnlich **3.** *(clairsemé)* spärlich;
dünn; *cheveux a* schütter
raréfaction [ʀaʀefaksjɔ̃] *f* **1.** *de l'air* Verdün-
nung *f* **2.** *de denrées* Verknappung *f*
raréfier [ʀaʀefje] *v/pr* **se raréfier 1.** *air* dünner
werden **2.** *(devenir rare)* selten(er) werden;
produit knapp werden
▸ **rarement** [ʀaʀmã] *adv* selten
▸ **rareté** [ʀaʀte] *f* **1.** *de qc* Seltenheit *f*; *de denrées*
Knappheit *f* **2.** *(chose rare)* Rarität *f*
rarissime [ʀaʀisim] *adj* sehr, äußerst selten
ras [ʀɑ] *adj* 〈**rase** [ʀɑz]〉 **1.** *cheveux* kurz (ge-
schnitten, geschoren); **à poil ras** kurzhaarig;
Kurzhaar... **2.** *mesure, cuiller* gestrichen voll;
pull ras du cou Rundhalspulli *m*; **plein, rem-
pli à ras bord** randvoll; **en rase campagne**
auf dem flachen Land; auf freiem Feld; **à
ras de, au ras de** dicht, knapp über (+ *dat
ou acc*); F *fig* **en avoir ras le bol** F die Schnau-
ze voll haben; *fig* **faire table rase** Tabula rasa
machen, reinen Tisch machen (*de qc* mit etw)
rasade [ʀazad] *f* **boire une grande rasade** e-n
kräftigen Schluck trinken
rasage [ʀazaʒ] *m* Rasur *f*; Rasieren *n*
rasant [ʀazã] F *adj* 〈**-ante** [-ãt]〉 langweilig;
geisttötend; öde
rascasse [ʀaskas] *f* ZO Drachenkopf *m*
rasé [ʀaze] *adj* 〈**~e**〉 **a)** *cheveux, barbe* (kurz)
geschoren; (ab)rasiert; *crâne* kahl geschoren
b) *personne* rasiert
rase-mottes [ʀɑzmɔt] *m* 〈*inv*〉 Tiefflug *m*; **fai-
re du rase-mottes** im Tiefflug fliegen
raser [ʀaze] **I** *v/t* **1.** *personne, jambes* rasieren;
nuque ausrasieren; *crâne* kahl scheren **2.** F *(en-
nuyer)* langweilen; F anöden **3.** *bâtiment, quar-*

tier abreißen; *fortifications* schleifen; *à la guer-
re* **être rasé** dem Erdboden gleichgemacht
werden **4.** *(passer près de)* **raser qc** dicht an
etw (*dat*) vorbeifahren *ou* -fliegen *ou* -laufen
II *v/pr* ▸ **se raser 5.** *(se faire la barbe)* sich ra-
sieren **6.** F *(s'ennuyer)* sich langweilen; F sich
mopsen
raseur [ʀazœʀ], **raseuse** [-øz] F *m,f* Langwei-
ler(in) *m(f)*; F Nervensäge *f*
rasibus [ʀazibys] F *adv* ganz dicht (vorbei); *on-
gles* **couper rasibus** ganz kurz (ab)schneiden
ras-le-bol [ʀalbɔl] F *m* Verdruss *m*; Verdrossen-
heit *f*
▸ **rasoir** [ʀazwaʀ] *m* **1.** Rasiermesser *n ou* -ap-
parat *m*; **rasoir électrique, mécanique** Elek-
tro-, Nassrasierer *m*; **coupe** *f* (**de cheveux**) **au
rasoir** Messer(haar)schnitt *m* **2.** F *adj* 〈*inv*〉
langweilig; geisttötend; öde
rassasiant [ʀasazjã] *adj* 〈**-ante** [-ãt]〉 *nourritu-
re* sättigend
rassasié [ʀasazje] *adj* 〈**~e**〉 **1.** satt **2.** *fig* **rassa-
sié de qc** e-r Sache (*gén*) überdrüssig
rassasiement [ʀasazimã] *m* **1.** Sättigung *f* **2.** *fig*
Übersättigung *f*; Überdruss *m*
rassasier [ʀasazje] **I** *v/t* **1.** sättigen (*a abs: plat*);
satt machen **2.** *fig* **ne pouvoir rassasier sa
vue de qc** sich an etw (*dat*) nicht sattsehen
können **II** *v/pr* **se rassasier** sich satt essen
(*de* an +*dat*); satt werden
rassemblement [ʀasãbləmã] *m* **1.** *de personnes*
Ansammlung *f*; (Menschen)Auflauf *m* **2.** MIL
Sammeln *n*; Antreten *n* **3.** POL Sammlungsbe-
wegung *f* (**derrière qn, qc** um j-n, etw)
rassembler [ʀasãble] **I** *v/t* **1.** *élèves, troupes, etc*
(ver)sammeln **2.** *documents* sammeln; zusam-
mentragen **3.** *fig courage* zusammennehmen;
rassembler ses esprits sich sammeln; **ras-
sembler ses forces** s-e Kräfte sammeln **II**
v/pr ▸ **se rassembler** sich (wieder) (ver)sam-
meln
rassembleur [ʀasãblœʀ] *m* Einiger *m*
rasseoir [ʀaswaʀ] *v/pr* 〈→ **asseoir**〉 **se ras-
seoir** sich wieder hinsetzen
rasséréner [ʀaseʀene] 〈**-è-**〉 **I** *v/t* beruhigen **II**
v/pr **se rasséréner** *visage* sich aufhellen; *per-
sonne* sich beruhigen
rassir [ʀasiʀ] *v/i* trocken, altbacken werden
rassis [ʀasi] *adj* **1.** 〈**rassie** [ʀasi]〉 *pain* altba-
cken; trocken **2.** 〈**-ise** [-iz]〉 *fig* besonnen
rassurant [ʀasyʀã] *adj* 〈**-ante** [-ãt]〉 *nouvelles*
beruhigend; **individu peu rassurant** zweifel-
haftes Individuum
rassuré [ʀasyʀe] *adj* 〈**~e**〉 beruhigt
▸ **rassurer** [ʀasyʀe] **I** *v/t* beruhigen **II** *v/pr* **se
rassurer** sich beruhigen; *par ext* **rassurez-
-vous!** seien Sie unbesorgt!
rasta [ʀasta] F **I** *m* *(rastafari)* Rasta *m* **II** *adj* 〈*f
inv*〉 Rasta...; **coiffure** *f* **rasta** Rastalocken *f/pl*
▸ **rat**[1] [ʀa] *m* **1.** ZO Ratte *f*; *fig* **être fait comme
un rat** in der Falle sitzen **2.** *fig* **rat de biblio-
thèque** Bücherwurm *m*; **rat d'hôtel** Hoteldieb
m; **petit rat de l'Opéra** Ballettratte *f*
rat[2] *adj* 〈*f inv*〉 F *péj* → **radin**
rata [ʀata] *m* F *péj* (mieser) Fraß
ratage [ʀataʒ] *m* Flop *m*
ratatiné [ʀatatine] *adj* 〈**~e**〉 **1.** zusammenge-
schrumpft; verschrumpelt; verhutzelt **2.** F *vé-
hicule* **être ratatiné** nur noch Schrott sein

ratatiner [ʀatatine] **I** v/t **se faire ratatiner** vernichtend geschlagen, niedergewalzt werden **II** v/pr **se ratatiner** zusammenschrumpfen

ratatouille [ʀatatuj] f **ratatouille (niçoise)** provenzalischer Gemüseeintopf

rate [ʀat] f ANAT Milz f

raté [ʀate] **1.** m d'un moteur Fehlzündung f **2.** **raté(e)** m(f) péj Versager(in) m(f)

râteau [ʀɑto] m ⟨~x⟩ Rechen m; Harke f

râtelier [ʀɑtəlje] m **1.** (Futter)Raufe f; fig **manger à tous les râteliers** überall s-n Profit suchen **2.** F (dentier) Gebiss n

▸ **rater** [ʀate] **I** v/t **1.** but verfehlen; train, occasion verpassen; virage F nicht kriegen **2.** (ne pas réussir) F verpatzen; F verkorksen; **rater un examen** in e-r Prüfung durchfallen **II** v/i **3.** (échouer) misslingen; F schiefgehen; **faire tout rater** alles verderben; F **ça n'a pas raté!** das musste ja (so) kommen! **III** v/pr **se rater 4.** (ne pas se rencontrer) sich verfehlen; sich verpassen **5.** **il s'est raté** sein Selbstmordversuch ist misslungen

ratiboisé [ʀatibwaze] adj ⟨~e⟩ ruiniert; F erledigt

ratiboiser [ʀatibwaze] F v/t argent F klauen (**à qn** j-m)

ratière [ʀatjɛʀ] f Rattenfalle f

ratification [ʀatifikasjõ] f Bestätigung f; POL Ratifizierung f

ratifier [ʀatifje] v/t bestätigen; POL ratifizieren; **ratifier un traité** e-n Vertrag ratifizieren

ration [ʀasjõ] f **1.** Ration f **2.** fig **sa ration de …** s-n Anteil an (+ dat)

rationalisation [ʀasjɔnalizasjõ] f Rationalisierung f

rationaliser [-e] v/t rationalisieren

rationalisme [ʀasjɔnalism] m Rationalismus m; Vernunftglaube m

rationaliste [ʀasjɔnalist] **I** adj rationalistisch **II** m,f Rationalist(in) m(f); par ext Verstandesmensch m

rationalité [ʀasjɔnalite] f Vernünftigkeit f; Rationalität f

rationnel [ʀasjɔnɛl] adj ⟨~le⟩ **1.** (raisonnable) rational (a MATH); vernunftgemäß **2.** (pratique) rationell; zweckmäßig

rationnellement [ʀasjɔnɛlmã] adv **1.** rational; vernünftig **2.** rationell; zweckmäßig

rationnement [ʀasjɔnmã] m Rationierung f

rationner [-e] v/t **I** v/t **1.** vivres, etc rationieren **2.** personnes auf halbe Ration setzen; fig knapphalten **II** v/pr **se rationner** sich (im Essen) zurückhalten; (se restreindre) sich einschränken

Ratisbonne [ʀatisbɔn] Regensburg n

ratissage [ʀatisaʒ] m par la police Durchkämmung(saktion) f

ratisser [ʀatise] v/t **1.** allée harken; rechen; feuilles mortes zusammenharken, -rechen **2.** police: quartier durchkämmen **3.** F **ratisser large** F tüchtig absahnen

raton [ʀatõ] m junge Ratte; **raton laveur** Waschbär m

ratonnade [ʀatɔnad] f rassistische Ausschreitungen f/pl (gegen Nordafrikaner)

RATP [ɛʀɑtepe] f abr (Régie autonome des transports parisiens) Pariser Verkehrsbetriebe m/pl

ratrac [ʀatʀak] m Schnee-, Pistenraupe f

rattachement [ʀataʃmã] m Angliederung . Anschluss m

rattacher [ʀataʃe] **I** v/t **1.** (attacher de nouveau) wieder fest-, anbinden **2.** territoire angliedern anschließen (**à** an + acc) **3.** fig question, idée i Verbindung, in Zusammenhang bringen (mit) **II** v/pr **se rattacher** zusammenhänge (**à** mit)

rattrapage [ʀatʀapaʒ] m **cours** m **de rattrapa ge** Nachholunterricht m

▸ **rattraper** [ʀatʀape] **I** v/t **1.** animal wieder ein fangen; fugitif wieder ergreifen **2.** objet, enfar qui tombe auffangen **3.** (rejoindre) (wieder einholen **4.** retard (wieder) aufholen; heure de travail nachholen; mayonnaise F wiede hinkriegen; erreur wieder gutmachen **II** v/p **se rattraper 5.** en tombant sich festhalten (an + dat) **6.** lors d'un retard (wieder) aufholen après une erreur die Sache wettmachen, wiede gutmachen; **se rattraper sur qc** durch etw aus gleichen; sich an etw (dat) schadlos halten

raturage [ʀatyʀaʒ] m (Durch)Streichen n

rature [ʀatyʀ] f Streichung f

raturer [-e] v/t (aus-, durch)streichen

raugmenter [ʀɔgmãte] F v/i wieder teurer wer den

rauque [ʀok] adj rau; heiser

ravagé [ʀavaʒe] adj ⟨~e⟩ **1.** pays, jardin verwüs tet **2.** fig visage gezeichnet **3.** F fig → cinglé

ravager [ʀavaʒe] v/t ⟨-ge-⟩ **1.** verheeren; ver wüsten; heimsuchen **2.** fig zugrunde richten zerstören

ravages [ʀavaʒ] m/pl Verheerungen f/pl; Ver wüstungen f/pl; **faire, causer des ravages** Verheerungen, Verwüstungen anrichten; épi démie, drogue verheerende Folgen haben; F fig dans les cœurs große Verwirrung stiften

ravageur [ʀavaʒœʀ] adj ⟨-euse [-øz]⟩ **1.** insec te ravageur Schädling m **2.** fig zerstörerisch

ravalement [ʀavalmã] m Fassadenreinigung f -renovierung f

ravaler [ʀavale] **I** v/t **1.** façade renovieren; (nettoyer) reinigen **2.** salive, fig colère hinunterschlucken **3.** fig (dignité de) qn herabsetzen -würdigen **II** v/pr **se ravaler** sich erniedrigen **se ravaler au rang de** herabsinken zu

ravaleur [ʀavalœʀ] m Fassadenreiniger m

rave¹ [ʀav] f BOT Rübe f

rave² [ʀɛv] f fête Rave m

ravi [ʀavi] adj ⟨~e⟩ (hoch)erfreut; entzückt; **être ravi de** (+inf) ou **que …** (+subj) erfreut (darüber) sein, zu (+inf) ou dass …; **j'en suis ravi** es freut mich sehr, ich bin davon entzückt (a iron)

ravier [ʀavje] m Vorspeisenschale f

ravigotant [ʀavigɔtã] F adj ⟨-ante [-ãt]⟩ stärkend; kräftigend

ravigote [ʀavigɔt] adjt (**à la**) **ravigote** mit Kräutersoße und fein gehackten Eiern

ravigoter [ʀavigɔte] F v/t aufmuntern; stärken; F aufmöbeln

ravin [ʀavɛ̃] m (Fels)Schlucht f; **tomber au fond d'un ravin** ou **dans un ravin** in e-e Schlucht stürzen

ravinement [ʀavinmã] m du sol Auswaschung f; abs Bodenabschwemmung f

raviner [ʀavine] v/t **1.** sol auswaschen **2.** fig visage **raviné** durchfurcht

ravioli(s) [ʀavjɔli] *m/pl* Ravioli *pl*
ravir [ʀaviʀ] *v/t* **1.** (*charmer*) hinreißen; bezaubern; entzücken; *cela vous va à ravir* das steht Ihnen ausgezeichnet **2.** *litt* (*enlever*) rauben; entreißen
raviser [ʀavize] *v/pr* **se raviser** s-e Meinung ändern; sich anders besinnen
ravissant [ʀavisɑ̃] *adj* ⟨**-ante** [-ɑ̃t]⟩ bezaubernd; entzückend; hinreißend; reizend
ravissement [-mɑ̃] *m* Entzücken *n*
ravisseur [ʀavisœʀ] *m*, **ravisseuse** [-øz] *f* Entführer(in) *m(f)*
ravitaillement [ʀavitajmɑ̃] *m* **1.** Versorgung *f* (**en** mit); MIL *a* Nachschub *m* **2.** F (*provisions*) Lebensmittel *n/pl*
ravitailler [ʀavitaje] **I** *v/t* (MIL mit Nachschub, *ville* mit Lebensmitteln) versorgen; *avion* **ravitailler en vol** in der Luft auftanken **II** *v/pr* **se ravitailler** sich versorgen (**en** mit)
ravitailleur [ʀavitajœʀ] *m navire* Versorgungsschiff *n*, *véhicule* -fahrzeug *n*, *avion* -flugzeug *n*
raviver [ʀavive] **I** *v/t* **1.** *feu* anfachen **2.** *fig souvenirs* neu beleben; *douleur* wieder aufflackern lassen **3.** *couleur* auffrischen **II** *v/pr* **se raviver** *peine, espoir* wieder aufleben
ravoir [ʀavwaʀ] *v/t* ⟨*nur inf*⟩ **1.** (*récupérer*) wiederhaben, -bekommen **2.** F (*nettoyer*) F sauber kriegen
rayé [ʀeje] *adj* ⟨**~e**⟩ **1.** *étoffe* gestreift **2.** *meuble, etc* zerkratzt
rayer [ʀeje] *v/t* ⟨**-ay-** *od* **-ai-**⟩ **1.** *meuble, voiture* zerkratzen (*a disque*); verschrammen **2.** *mot* (durch)streichen; *sur des formulaires* **rayer la mention inutile** Nichtzutreffendes streichen; *fig* **rayer qc de sa mémoire** etw aus s-m Gedächtnis streichen, auslöschen
▸ **rayon** [ʀejɔ̃] *m* **1.** *de lumière* (Licht)Strahl *m*; *fig* **être un rayon de soleil** *enfant* ein Sonnenschein sein; *chose* ein Lichtblick sein **2.** PHYS **rayons** *pl* Strahlen *m/pl*; Strahlung *f* **3.** *d'une roue* Speiche *f* **4.** MATH Radius *m*; Halbmesser *m*; *fig* **rayon d'action** AVIAT, MAR Aktionsradius *m*; *par ext* Tätigkeits-, Wirkungsbereich *m*; **dans un rayon de** in e-m Umkreis von **5.** *d'une étagère* Fachbrett *n*; *par ext* Fach *n* **6.** *d'un grand magasin* Abteilung *f*; F *fig* **en connaître un rayon** gut Bescheid wissen; Meister in s-m Fach sein **7.** *d'une ruche* Wabe *f*
rayonnage [ʀejɔnaʒ] *m* Regal *n*
rayonnant [ʀejɔnɑ̃] *adj* ⟨**-ante** [-ɑ̃t]⟩ strahlend; **rayonnant de joie** freudestrahlend; **rayonnant de santé** vor Gesundheit strotzend
rayonne [ʀejɔn] *f* Kunstseide *f*
rayonnement [ʀejɔnmɑ̃] *m* **1.** PHYS Strahlung *f* **2.** *fig* Ausstrahlung *f*; Wirkung *f*
rayonner [ʀejɔne] *v/i* **1.** *chaleur, douleur* ausstrahlen **2.** *personne, visage* strahlen (**de joie** vor Freude) **3.** *civilisation* ausstrahlen; verbreitet sein **4.** *avenues* strahlenförmig ausgehen (**de** von), verlaufen **5.** *personne* Fahrten, Ausflüge in die Umgebung machen
rayure [ʀejyʀ] *f* **1.** (*bande*) Streifen *m*; **à rayures** gestreift **2.** (*éraflure*) Kratzer *m*; Schramme *f*
raz-de-marée *ou* **raz de marée** [ʀɑdmaʀe] *m* ⟨*inv*⟩ **1.** Flutwelle *f* **2.** *fig* Erdrutsch *m*

razzia [ʀa(d)zja] *f* Raub-, Beutezug *m*; F *fig* **faire une razzia sur qc** über etw (*acc*) herfallen
RDA [ɛʀdeɑ] *f abr* (*République démocratique allemande*) HIST DDR *f*
re... [ʀ(ə)] *préfixe* ⟨*vor Vokal* **ré...**, *vor s meist* **res...**⟩ wieder; noch einmal
ré [ʀe] *m* ⟨*inv*⟩ MUS d *ou* D *n*
réa [ʀea] *f abr* F → **réanimation**
réabonnement [ʀeabɔnmɑ̃] *m* Abonnementserneuerung *f*, -verlängerung *f*
réabonner [ʀeabɔne] *v/pr* **se réabonner** wieder abonnieren (**à qc** etw); *abs* sein Abonnement erneuern *ou* verlängern
réabsorber [ʀeapsɔʀbe] *v/t* wieder aufsaugen; wieder absorbieren
réabsorption [ʀeapsɔʀpsjɔ̃] *f* erneute Absorption
réac [ʀeak] *adj et subst* F *abr* → **réactionnaire**
réaccoutumer [ʀeakutyme] *v/pr* **se réaccoutumer à** sich wieder gewöhnen an (+ *acc*)
réacheminement [ʀeaʃəminmɑ̃] *m* **a)** Weiterbeförderung *f*, -leitung *f* **b)** Zurücksendung *f*
réacheminer [-e] *v/t* **1.** *ailleurs* weiterbefördern, -leiten **2.** *au point de départ* zurücksenden
réacteur [ʀeaktœʀ] *m* **1.** AVIAT Düsen-, Strahltriebwerk *n* **2.** **réacteur nucléaire** Atom-, Kernreaktor *m*
réactif [ʀeaktif] *m* CHIM Reagens *n*
▸ **réaction** [ʀeaksjɔ̃] *f* **1.** Reaktion *f* (*a* CHIM, *etc*) (**à** auf + *acc*); **réaction en chaîne** Kettenreaktion *f* (*a fig*); **en** *ou* **par réaction contre** als Reaktion auf (+*acc*) **2.** **avion** *m* **à réaction** Düsenflugzeug *n*
réactionnaire [ʀeaksjɔnɛʀ] *péj* **I** *adj* reaktionär **II** *m,f* Reaktionär(in) *m(f)*
réactivation [ʀeaktivasjɔ̃] *f* Reaktivierung *f*; Wiederbelebung *f*
réactiver [-e] *v/t* reaktivieren; wieder beleben
réactivité [-ite] *f* Reaktivität *f*
réadaptation [ʀeadaptasjɔ̃] *f* **1.** Wiederanpassung *f* (**à** an + *acc*) **2.** MÉD Rehabilitation *f*
réadapter [ʀeadapte] **I** *v/t* **1.** wieder anpassen (**à** an +*acc*) **2.** MÉD rehabilitieren; wieder (beruflich, ins Berufsleben) eingliedern **II** *v/pr* **se réadapter** sich wieder anpassen, einleben
réadmettre [ʀeadmɛtʀ] *v/t* ⟨→ **mettre**⟩ *personne* wieder zulassen, aufnehmen
réadmission [-misjɔ̃] *f* Wiederzulassung *f*, -aufnahme *f*
réaffirmer [ʀeafiʀme] *v/t* wieder, erneut bestätigen, bekräftigen
réagir [ʀeaʒiʀ] *v/t/indir* **1.** **réagir à** reagieren auf (+ *acc*) (*a* CHIM, *etc*) **2.** **réagir contre** sich wehren gegen; *abs* **il faut réagir!** Kopf hoch!; man muss etwas dagegen unternehmen! **3.** **réagir sur** zurückwirken auf (+ *acc*)
réajustement [ʀeaʒystəmɑ̃] *m* → **rajustement**
réajuster [-e] → **rajuster**
réalisable [ʀealizabl] *adj* realisierbar; *projet a* durchführbar
réalisateur [ʀealizatœʀ] *m*, **réalisatrice** [-tʀis] *f* Regisseur(in) *m(f)*; Spiel-, Sendeleiter(in) *m(f)*
réalisation [ʀealizasjɔ̃] *f* **1.** *d'un projet* Realisierung *f*; Verwirklichung *f*; Durchführung *f*; *d'un rêve* Erfüllung *f* **2.** *œuvre* Leistung *f*; Errungenschaft *f* **3.** CIN, TV, RAD Regie *f*
réaliser [ʀealize] **I** *v/t* **1.** *projet, programme* rea-

lisieren; verwirklichen; durchführen; *bénéfice, meilleur temps* erzielen; *rêve* erfüllen; *exploit* vollbringen; *économies* machen **2.** JUR *achat, vente* tätigen; *contrat* erfüllen **3.** *film* machen; Regie führen bei; *scénario* verfilmen; *émission* (zusammenstellen und) leiten **4.** FIN realisieren; zu Geld machen **5.** (*se rendre compte*) realisieren, erkennen, erfassen (*que ...* dass ...); *réalisez-vous ce que vous dites?* sind Sie sich (*dat*) klar, im Klaren darüber, was Sie da sagen? **II** *v/pr* *se réaliser* **6.** *projet* sich verwirklichen; *rêve* in Erfüllung gehen **7.** *personne* sich selbst verwirklichen

réalisme [Realism] *m* Realismus *m*

réaliste [Realist] **I** *adj* realistisch; wirklichkeitsnah **II** *m,f* Realist(in) *m(f)*

▸ **réalité** [Realite] *f* Wirklichkeit *f*; Realität *f*; ▸ *en réalité* in Wirklichkeit

réanimateur [Reanimatœr] *m*, **réanimatrice** [-tRis] *f* Facharzt *m*, Fachärztin *f* für Intensivmedizin

réanimation [Reanimasjõ] *f* MÉD Wiederbelebung *f*; Reanimation *f*; *science* Intensivmedizin *f*; *service m de réanimation* Intensivstation *f*; *être en réanimation* auf der Intensivstation liegen

réanimer [Reanime] *v/t* wiederbeleben

réapparaître [ReapaRɛtR] *v/i* ⟨→ **connaître**; **avoir** *od* **être**⟩ wieder erscheinen; *maladie* wieder auftreten; *personne* F wieder auftauchen

réapparition [-isjõ] *f* Wiedererscheinen *n*

réapprendre [ReapRãdR] *v/t* ⟨→ **prendre**⟩ wieder, noch einmal lernen

réapprovisionnement [ReapRɔvizjɔnmã] *m* Wiederbelieferung *f*, -versorgung *f* (**en** mit)

réapprovisionner [-e] **I** *v/t* wieder beliefern, versorgen (**en** mit) **II** *v/pr* *se réapprovisionner* (**en qc**) sich (mit etw) wieder versorgen, eindecken

réarmement [ReaRməmã] *m* Wiederbewaffnung *f*; Wiederaufrüstung *f*

réarmer [ReaRme] **I** *v/t* **1.** *pays* wieder bewaffnen; wieder aufrüsten **2.** *arme à feu* wieder durchladen; wieder spannen (*a appareil photo*) **II** *v/i pays* wieder aufrüsten

réassortiment [Reasɔrtimã] *m* Ergänzung *f*, Auffüllung *f* (des Warenbestandes); Nachlieferung *f*

réassortir [-iR] **I** *v/t service de table* wieder ergänzen; *la même laine, etc* nachkaufen **II** *v/pr* *se réassortir commerçant* s-n Warenbestand auffüllen, ergänzen

réassurance [ReasyRãs] *f* Rückversicherung *f*

réassurer [-e] *v/t* (*et v/pr se*) *réassurer* (sich) rückversichern

rebaptiser [R(ə)batize] *v/t rue, etc* umbenennen

rébarbatif [Rebarbatif] *adj* ⟨**-ive** [-iv]⟩ **1.** unfreundlich; abweisend **2.** *sujet* trocken; spröde

rebâtir [R(ə)bɑtiR] *v/t* wieder aufbauen

rebattre [R(ə)batR] *v/t* ⟨→ **battre**⟩ *rebattre les oreilles à qn de qc* j-m (von) etw bis zum Überdruss erzählen

rebattu [R(ə)baty] *adj* ⟨**~e**⟩ abgedroschen

rebelle [Rəbɛl] **I** *adj personne, enfant* aufsässig; rebellisch; *troupes* aufrührerisch; rebellierend; *province* abtrünnig; *fièvre, tache* hartnäckig; *mèche de cheveux* widerspenstig; *être re-*

belle à sich widersetzen (+*dat*) **II** *m,f* Rebell(in) *m(f)*; Aufrührer(in) *m(f)*

rebeller [R(ə)bɛle] *v/pr* *se rebeller* sich auflehnen (**contre** gegen); rebellieren (gegen)

rébellion [Rebɛljõ] *f* Rebellion *f*; Aufstand *m*; Auflehnung *f*; Aufruhr *m*; *par ext* *avoir l'esprit de rébellion* aufsässig, rebellisch sein

rebelote [Rəbəlɔt] *int* F *et rebelote* und das Gleiche noch mal

rebiffer [R(ə)bife] *v/pr* F *se rebiffer* aufbegehren, F aufmucken (**contre** gegen)

rebiquer [R(ə)bike] F *v/i* abstehen

reblochon [Rəblɔʃõ] *m ein Weichkäse aus Savoyen*

reboisement [R(ə)bwazmã] *m* (Wieder)Aufforstung *f*

reboiser [-e] *v/t* (wieder) aufforsten

rebond [R(ə)bõ] *m* Ab-, Rückprall *m*

rebondi [R(ə)bõdi] *adj* ⟨**~e**⟩ prall; rund; voll; *aux joues rebondies* pausbackig

rebondir [R(ə)bõdiR] *v/i* **1.** *balle* hochspringen (**sur le sol** vom Boden); zurückprallen (**sur** von) **2.** *fig affaire* wieder in Gang kommen

rebondissement [-ismã] *m* neue Entwicklung; *d'une affaire* *rebondissements pl* plötzlich neu auftretende Entwicklungen *f/pl*

rebonjour [R(ə)bõʒuR] F *rebonjour!* nochmals guten Tag!

rebord [R(ə)bɔR] *m* Rand *m*; *rebord de la fenêtre* Fenstersims *m*, -brett *n*, -bank *f*

reborder [R(ə)bɔrde] *v/t lit* wieder in Ordnung bringen; *reborder un enfant* ein Kind wieder zudecken

reboucher [R(ə)buʃe] **I** *v/t bouteille* wieder zustöpseln;; *trou* wieder zustopfen **II** *v/pr* *se reboucher évier, tuyau* sich wieder verstopfen

rebours [R(ə)buR] *à rebours* gegen den Strich; *fig* verkehrt; *compte m à rebours* Countdown *m*

rebouteux [R(ə)butø] *m* Heilkundige(r), der Glieder einrenkt

reboutonner [R(ə)butɔne] **I** *v/t* wieder zuknöpfen **II** *v/pr* *se reboutonner* sich (*dat*) die Jacke, *etc* wieder zuknöpfen

rebrousse-poil [R(ə)bRuspwal] *à rebrousse-poil* gegen den Strich; F *fig* *prendre qn à rebrousse-poil* j-n vor den Kopf stoßen

rebrousser [R(ə)bRuse] *v/t* **1.** gegen den Strich streichen **2.** *fig* *rebrousser chemin* umkehren; kehrtmachen

rebuffade [R(ə)byfad] *f* Abfuhr *f*; *essuyer une rebuffade* sich (*dat*) e-e Abfuhr holen

rébus [Rebys] *m* Bilderrätsel *n*; Rebus *m ou n*

rebut [Rəby] *m* **1.** Abfall *m*; Ausschuss *m*; *mettre au rebut* ausrangieren **2.** *fig* Abschaum *m*

rebutant [Rəbytã] *adj* ⟨**-ante** [-ãt]⟩ abstoßend

rebuter [-e] *v/t* (*déplaire*) abstoßen; (*décourager*) abschrecken

recalage [R(ə)kalaʒ] F *m* EXAMEN Durchfallen *n*; F Durchfall *m*

recalcification [R(ə)kalsifikasjõ] *f* MÉD Behebung *f* von Kalkmangel

récalcitrant [Rekalsitrã] *adj* ⟨**-ante** [-ãt]⟩ störrisch; widerspenstig; bockig; *se montrer récalcitrant à ou contre qc* sich e-r Sache (*dat*) gegenüber ablehnend zeigen

recalculer [R(ə)kalkyle] *v/t* noch einmal (be)rechnen; nachrechnen

recalé(e) [ʀ(ə)kale] F *m(f)* Durchgefallene(r) *f(m)*; **les recalés du bac** die im Abitur Durchgefallenen *m/pl*
recaler [ʀ(ə)kale] F *v/t* durchfallen, F durchrasseln lassen; **se faire recaler** durchfallen, F -rasseln, F -segeln
récapitulatif [ʀekapitylatif] *adj* ⟨**-ive** [-iv]⟩ zusammenfassend
récapitulation [ʀekapitylasjõ] *f* Zusammenfassung *f*; **faire la récapitulation de qc** etw zusammenfassen, rekapitulieren
récapituler [ʀekapityle] *v/t* zusammenfassen; rekapitulieren
recaser [ʀ(ə)kɑze] F **I** *v/t personne* wieder unterbringen **II** *v/pr* **se recaser** wieder unterkommen
recauser [ʀ(ə)koze] *v/i* wieder reden, sprechen (**à qn** mit j-m; **de** über +*acc*)
recel [ʀəsɛl] *m* Hehlerei *f*
recéler [ʀ(ə)sele] *ou* **receler** [ʀəs(ə)le] *v/t* ⟨**-è-**⟩ 1. *secret, trésor* enthalten; bergen 2. *objets volés* verbergen
receleur [ʀəs(ə)lœʀ] *m*, **receleuse** [-øz] *f* Hehler(in) *m(f)*
▸ **récemment** [ʀesamã] *adv* kürzlich; vor Kurzem; neulich
recensement [ʀ(ə)sɑ̃smɑ̃] *m* Erfassung *f*; *de la population* Volkszählung *f*
recenser [-e] *v/t* zählen; (zahlenmäßig) erfassen
recenseur [-œʀ] *m* Zähler *m* (*Person*)
recension [ʀ(ə)sɑ̃sjõ] *f* Rezension *f*
▸ **récent** [ʀesã] *adj* ⟨**-ente** [-ãt]⟩ neu; neuere; *blessure* frisch; *événements* vor Kurzem, kürzlich erfolgt; jüngste; neueste
recentrage [ʀ(ə)sɑ̃tʀaʒ] *m* Politik *f* der Mitte; Orientierung *f* zur Mitte hin
recentrer [ʀ(ə)sɑ̃tʀe] *v/t* FOOTBALL flanken
récépissé [ʀesepise] *m* Empfangsbescheinigung *f*; PTT Einlieferungsschein *m*; *d'un paiement* Quittung *f*
réceptacle [ʀesɛptakl] *m* 1. Sammelbecken *n* (*a fig*) 2. BOT Blütenboden *m*
récepteur [ʀesɛptœʀ] **I** *m* 1. RAD Empfänger *m* 2. *récepteur* (*de téléphone*) (Telefon)Hörer *m* **II** *adj* ⟨**-trice** [-tʀis]⟩ Empfangs…
réceptif [ʀesɛptif] *adj* ⟨**-ive** [-iv]⟩ rezeptiv; **réceptif à** empfänglich für; MÉD anfällig für
▸ **réception** [ʀesɛpsjõ] *f* 1. *d'une lettre, d'un hôte*, RAD, TV Empfang *m* (*a réunion*); **donner une réception** e-n Empfang geben 2. *d'un hôtel* Empfang(sbüro) *m(n)*; Rezeption *f* 3. *dans un club, etc* Aufnahme *f* 4. **réception de travaux** Abnahme *f* (von Bauarbeiten) 5. SPORTS (Ball)Annahme *f* 6. *de marchandises* Annahme *f*; **réception de marchandises** Warenannahme *f*
réceptionner [ʀesɛpsjone] *v/t marchandises* annehmen (und prüfen)
réceptionniste [-ist] *m,f* Angestellte(r) *f(m)* der Rezeption; Empfangsdame *f*; Empfangschef *m*
réceptivité [ʀesɛptivite] *f* 1. Empfänglichkeit *f*; Aufnahmefähigkeit *f* 2. MÉD Anfälligkeit *f* (**à** für)
récessif [ʀesesif] *adj* ⟨**-ive** [-iv]⟩ rezessiv
récession [ʀesesjõ] *f* Rezession *f*
▸ **recette** [ʀ(ə)sɛt] *f* 1. Einnahme *f*; Erlös *m*; Er-

trag *m*; **faire recette** ein Kassenerfolg sein 2. **recette** (**de cuisine**) (Koch)Rezept *n*; *fig* **recette du succès** Erfolgsrezept *n*
recevabilité [ʀəsəvabilite] *f* JUR Zulässigkeit *f*
recevable [-abl] *adj* 1. JUR zulässig 2. *excuse* annehmbar
receveur [ʀəsəvœʀ] *m* 1. **receveur des contributions** Finanzbeamte(r) *m*; **receveur des postes** Leiter *m* e-s Postamts 2. MÉD Empfänger *m*; **receveur universel** Universalempfänger *m* 3. *autrefois* **receveur** (**de bus**) (Bus)Schaffner *m*
receveuse [ʀəsəvøz] *f autrefois* **receveuse** (**de bus**) (Bus)Schaffnerin *f*
▸ **recevoir** [ʀəsəvwaʀ] ⟨**je reçois, il reçoit, nous recevons, ils reçoivent; je recevais; je reçus; je recevrai; que je reçoive, que nous recevions; recevant; reçu**⟩ **I** *v/t* 1. erhalten; bekommen; F kriegen; RAD, TV empfangen; F hereinbekommen, -kriegen; *pluie* abbekommen; F abkriegen; **recevez mes amitiés** herzliche Grüße Euer … 2. *personne(s)* **a)** empfangen; (*accueillir*) aufnehmen; (*inviter*) einladen; **recevoir froidement, mal qn** j-m e-n kühlen Empfang bereiten; **recevoir qn à déjeuner** j-n zum Mittagessen einladen **b)** *abs*: *directeur* zu sprechen sein; *médecin, avocat* Sprechstunde haben; **ils reçoivent beaucoup** sie geben oft Gesellschaften 3. **être reçu** (**à un examen**) (e-e Prüfung) bestehen **II** *v/pr* **se recevoir** SPORTS aufspringen; aufkommen
rechange [ʀ(ə)ʃɑ̃ʒ] **de rechange** Ersatz…; **roue** *f* **de rechange** *a* Reserverad *n*; **vêtements** *m/pl* **de rechange** Kleider *n/pl* zum Wechseln
rechanger [ʀ(ə)ʃɑ̃ʒe] *v/t* ⟨**-ge-**⟩ wieder (aus)wechseln
rechanter [ʀ(ə)ʃɑ̃te] *v/t* noch einmal singen
rechapage [ʀ(ə)ʃapaʒ] *m de pneus* Runderneuerung *f*
rechaper [-e] *v/t pneu* runderneuern
réchappé(e) [ʀeʃape] *litt m(f)* Überlebende(r) *f(m)*
réchapper [ʀeʃape] *v/t/indir* ⟨**avoir** *od* **être**⟩ **réchapper à qc** etw (heil, gesund, glücklich) überstehen; **en réchapper** überleben
recharge [ʀ(ə)ʃaʀʒ] *f de stylo* Nachfüllung *f*
rechargeable [ʀ(ə)ʃaʀʒabl] *adj stylo* mit auswechselbarer Patrone; *pile* (wieder)aufladbar
rechargement [ʀ(ə)ʃaʀʒəmɑ̃] *m d'un camion* Wiederbeladen *n*
recharger [-e] *v/t* ⟨**-ge-**⟩ *camion* wieder beladen; *accus* wieder (auf)laden; *fusil* nachladen; *appareil photo* e-n neuen Film einlegen in (+ *acc*)
réchaud [ʀeʃo] *m* Kocher *m*
réchauffage [ʀeʃofaʒ] *m* Aufwärmen *n*; Wiedererhitzen *n*
réchauffé [ʀeʃofe] *m fig* **c'est du réchauffé** F das sind olle Kamellen
réchauffement [ʀeʃofmɑ̃] *m* Erwärmung *f*; **réchauffement de la planète** Erderwärmung *f*
réchauffer [ʀeʃofe] **I** *v/t* 1. *aliment* aufwärmen 2. *fig cœur* erwärmen **II** *v/pr* **se réchauffer** *personne* sich aufwärmen; *temps* wärmer werden
rechausser [ʀ(ə)ʃose] **I** *v/t* die Schuhe wieder anziehen (**un enfant** e-m Kind) **II** *v/pr* **se re-**

chausser (sich [*dat*]) die Schuhe wieder anziehen

rêche [ʀɛʃ] *adj* rau

recherche [ʀ(ə)ʃɛʀʃ] *f* **1.** Suche *f* (**de** nach); **recherches** *pl* Nachforschungen *f/pl*; Ermittlungen *f/pl*; *de la police* Fahndung *f*; *à la recherche de* auf der Suche nach; *faire des recherches* Nachforschungen anstellen **2.** *scientifique* Forschung *f*; *faire de la recherche* Forschung betreiben **3.** *de la perfection, etc* Trachten *n*, Streben *n* (*de* nach) **4.** (*raffinement*) Geschmack *m*; *péj* Gesuchtheit *f*

recherché [ʀ(ə)ʃɛʀʃe] *adj* ⟨∼e⟩ **1.** (*demandé*) begehrt; gefragt; gesucht **2.** (*raffiné*) fein; ausgesucht; *péj* gesucht

rechercher [ʀ(ə)ʃɛʀʃe] *v/t* **1.** (*chercher*) suchen; *malfaiteur* fahnden (*qn* nach j-m); *être recherché par la police* von der Polizei, polizeilich gesucht werden **2.** *cause* erforschen **3.** *perfection, etc* streben, trachten nach

rechigner [ʀ(ə)ʃiɲe] *v/i* **rechigner à la besogne** sich widerwillig, murrend an die Arbeit machen; *sans rechigner* ohne Murren

rechristianiser [ʀ(ə)kʀistjanize] *v/t pays, milieu* wieder dem Christentum zuführen, für das Christentum gewinnen

rechute [ʀ(ə)ʃyt] *f* MÉD, *fig* Rückfall *m*; *faire, avoir une rechute* e-n Rückfall haben, bekommen, erleiden

rechuter [ʀ(ə)ʃyte] *v/i* e-n Rückfall erleiden

récidive [ʀesidiv] *f* JUR, *fig* Rückfall *m*; *vol m avec récidive* Diebstahl *m* im Rückfall; *en cas de récidive* im Wiederholungsfall (*a fig*)

récidiver [ʀesidive] *v/i* **1.** JUR rückfällig werden (*a fig*) **2.** MÉD *tumeur* wieder auftreten

récidiviste [ʀesidivist] *m,f* Rückfällige(r) *f(m)*; *adjt criminel m récidiviste* rückfälliger Verbrecher

récidivité [ʀesidivite] *f* MÉD Neigung *f* zu Rückfällen

récif [ʀesif] *m* Riff *n*

récipiendaire [ʀesipjɑ̃dɛʀ] *m à une académie* neues Mitglied; *d'un diplôme* Auszuzeichnende(r) *m*

récipient [ʀesipjɑ̃] *m* Behälter *m*; Gefäß *n*

réciprocité [ʀesipʀɔsite] *f* Gegenseitigkeit *f*

réciproque [ʀesipʀɔk] **I** *adj* **1.** (*mutuel*) gegen-, wechselseitig **2.** GR, MATH reziprok **II** *subst la réciproque* das Umgekehrte

réciproquement [ʀesipʀɔkmɑ̃] *adv* gegenseitig; *et réciproquement* und umgekehrt

récit [ʀesi] *m* Erzählung *f*; Bericht *m*; Geschichte *f*; *faire le récit de qc* (von) etw erzählen; über etw (*acc*) berichten

récital [ʀesital] *m* ⟨-als⟩ Konzert *n*; *récital de chant* Liederabend *m*; *donner des récitals* auftreten; Konzerte *ou* Vorstellungen geben

récitant [ʀesitɑ̃] *adj* ⟨-ante [-ɑ̃t]⟩ MUS Solo...

récitatif [ʀesitatif] *m* Rezitativ *n*

récitation [ʀesitasjɔ̃] *f* auswendig gelernter *ou* zu lernender Text; *apprendre une récitation* ein Gedicht, e-e Fabel, *etc* auswendig lernen

réciter [ʀesite] *v/t* aufsagen; *vers* vortragen; rezitieren; *réciter des prières, sa prière* beten (*abs*); *fig bien réciter sa leçon* sein Sprüchlein gut hersagen, aufsagen; *faire réciter ses leçons à qn* j-n abhören, abfragen

réclamation [ʀeklamasjɔ̃] *f* Reklamation *f*; Beanstandung *f*; Beschwerde *f*; *lettre f de réclamation* Beschwerdebrief *m*; *faire une réclamation* e-e Beschwerde vorbringen

réclame [ʀeklam] *f* Reklame *f*; Werbung *f*; *en réclame* im Sonderangebot

réclamer [ʀeklame] **I** *v/t* (*demander*) verlangen (*qc à qn* etw von j-m; *qn* nach j-m) **II** *v/i* (*protester*) reklamieren **III** *v/pr se réclamer de* sich berufen auf (+ *acc*)

reclassement [ʀ(ə)klasmɑ̃] *m* **1.** *de chômeurs* Wiedereingliederung *f* **2.** *de fonctionnaires* Neueinstufung *f*

reclasser [ʀ(ə)klase] *v/t* **1.** *chômeurs* wieder eingliedern **2.** *fonctionnaires* (gehaltlich) neu einstufen

reclus [ʀəkly] *adj* ⟨-use [-yz]⟩ zurückgezogen; abgeschieden; *subst vivre en reclus(e)* völlig zurückgezogen leben

réclusion [ʀeklyzjɔ̃] *f* **réclusion (criminelle)** Zuchthaus(strafe) *n(f)*; Freiheitsstrafe *f*; *être condamné à la réclusion à perpétuité* zu lebenslänglichem Zuchthaus; zu e-r lebenslangen Freiheitsstrafe

recoiffer [ʀ(ə)kwafe] **I** *v/t* wieder kämmen *ou* frisieren **II** *v/pr se recoiffer* sich noch einmal frisieren; (sich [*dat*]) die Haare wieder in Ordnung bringen

recoin [ʀəkwɛ̃] *m* (verborgener) Winkel (*a fig*); *explorer les coins et les recoins* alle Winkel und Ecken durchsuchen

reçois, reçoive, *etc* [ʀ(ə)swa, ʀ(ə)swav] → **recevoir**

recoller [ʀ(ə)kɔle] *v/t* wieder ankleben

récoltable [ʀekɔltabl] *adj* zu ernten(d)

récoltant [-ɑ̃] *m* (landwirtschaftlicher) Erzeuger

▸ **récolte** [ʀekɔlt] *f* **1.** Ernte *f*; *mauvaise récolte* Missernte *f*; *faire la récolte de qc* etw ernten **2.** *fig* Ernte *f*, Ausbeute *f* (*de* an + *dat*)

récolter [ʀekɔlte] *v/t* **1.** *fruits, légumes* ernten; *fig récolter ce qu'on a semé* ernten, was man gesät hat **2.** *fig ingratitude* ernten; F *coups* abkriegen; F *argent* zusammenbringen

récolteur [ʀekɔltœʀ] *m* Erntearbeiter *m* auf e-r Kautschukplantage

recommandable [ʀ(ə)kɔmɑ̃dabl] *adj* empfehlenswert; *individu m peu recommandable* verdächtiges Individuum

recommandation [ʀ(ə)kɔmɑ̃dasjɔ̃] *f* **1.** (*appui*) Empfehlung *f*; *lettre f de recommandation* Empfehlungsbrief *m*; *sur (la) recommandation de* auf Empfehlung von (*ou* +*gén*) **2.** (*conseil*) Ermahnung *f*; *faire ses recommandations à qn* j-n ermahnen

recommandé [ʀ(ə)kɔmɑ̃de] *adj* ⟨∼e⟩ **1.** *lettre recommandée* Einschreib(e)brief *m*; Einschreiben *n* **2.** F *ce n'est pas très recommandé* das ist nicht sehr ratsam

▸ **recommander** [ʀ(ə)kɔmɑ̃de] **I** *v/t* **1.** empfehlen (*qc à qn* j-m etw) **2.** *envoi postal* einschreiben lassen **II** *v/pr se recommander de qn* sich auf j-n berufen

recommencement [ʀ(ə)kɔmɑ̃smɑ̃] *m* Wieder-, Neubeginn *m*

▸ **recommencer** [ʀ(ə)kɔmɑ̃se] ⟨-ç-⟩ **I** *v/t* wieder beginnen (*qc* [mit] etw; *à* + *inf* zu + *inf*); noch einmal von vorn anfangen (*a abs*); (*refaire*) noch einmal machen **II** *v/i* wieder beginnen, anfangen

▸ **récompense** [ʀekɔ̃pãs] *f* Belohnung *f*; **en ré-compense de** als, zur Belohnung für; **obtenir, recevoir sa récompense** s-e Belohnung erhalten

récompenser [ʀekɔ̃pãse] *v/t* belohnen; **récompenser qn par de l'argent** *ou* **en lui donnant de l'argent** j-n mit Geld belohnen

recomposé [ʀ(ə)kɔ̃poze] *adj* ⟨**~e**⟩ **famille recomposée** Patchworkfamilie *f*

recompter [ʀ(ə)kɔ̃te] *v/t argent* nachzählen, *addition* nachrechnen (*a abs*)

réconciliateur [ʀekɔ̃siljatœʀ] *st/s m* Versöhner *m*

réconciliation [ʀekɔ̃siljasjɔ̃] *f* Ver-, Aussöhnung *f*

réconcilier [ʀekɔ̃silje] **I** *v/t* (wieder) versöhnen **II** *v/pr* **se réconcilier** sich (wieder) ver-, aussöhnen (**avec qn** mit j-m)

recondamner [ʀ(ə)kɔ̃dane] *v/t* wieder verurteilen

reconductible [ʀ(ə)kɔ̃dyktibl] *adj* JUR verlängerbar

reconduction [ʀ(ə)kɔ̃dyksjɔ̃] *f* **1.** *d'un contrat* Verlängerung *f*; Erneuerung *f*; **reconduction expresse, tacite reconduction** ausdrückliche, stillschweigende Erneuerung *ou* Verlängerung **2.** *par ext d'une politique, grève* Weiterführung *f*; Fortsetzung *f*

reconduire [ʀ(ə)kɔ̃dɥiʀ] *v/t* ⟨→ **conduire**⟩ **1.** (*raccompagner*) (zurück)begleiten, (-)bringen; **reconduire qn à la frontière** j-n über die Grenze abschieben; **reconduire qn jusqu'à la porte** j-n zur Tür begleiten **2.** *contrat* verlängern; erneuern; *politique, grève* fortsetzen; weiterführen; **reconduire qn dans ses fonctions** j-n in s-m Amt bestätigen

reconduite [ʀ(ə)kɔ̃dɥit] *f* **reconduite à la frontière** Ausweisung *f*

réconfort [ʀekɔ̃fɔʀ] *m* Trost *m*

réconfortant [ʀekɔ̃fɔʀtã] *adj* ⟨**-ante** [-ãt]⟩ tröstlich; ermutigend

réconforter [ʀekɔ̃fɔʀte] **I** *v/t* **1.** (*consoler*) trösten; aufrichten **2.** *aliment* **réconforter qn** j-n stärken **II** *v/pr* **se réconforter** sich stärken

reconnaissable [ʀ(ə)kɔnɛsabl] *adj* erkennbar; zu erkennen(d) (**à** an + *dat*)

reconnaissance [ʀ(ə)kɔnɛsãs] *f* **1.** POL, JUR Anerkennung *f*; **reconnaissance de dette** Schuldschein *m*; **reconnaissance d'enfant** Anerkennung *f* e-s (unehelichen) Kindes **2.** (*gratitude*) Dankbarkeit *f*; **en, par reconnaissance** aus Dankbarkeit; **avoir, éprouver de la reconnaissance** (**pour, envers qn**) (j-m gegenüber) Dankbarkeit empfinden; **manifester, témoigner de la reconnaissance** sich dankbar erweisen **3.** *d'un lieu* Erkundung *f*; MIL *a* Aufklärung *f*; **vol** *m* **de reconnaissance** Aufklärungs-, Erkundungsflug *m*; F **partir en reconnaissance** auf Erkundung ausgehen; die Gegend auskundschaften **4.** (*identification*) Erkennung *f*; **signe** *m* **de reconnaissance** Erkennungszeichen *n*

▸**reconnaissant** [ʀ(ə)kɔnɛsã] *adj* ⟨**-ante** [-ãt]⟩ dankbar; **être reconnaissant à qn de qc** j-m für etw dankbar sein; **se montrer reconnaissant envers qn** sich j-m gegenüber dankbar erweisen, erkenntlich zeigen; *dans une let-*

tre **je vous serais reconnaissant de bien vouloir me répondre au plus tôt** für e-e umgehende Antwort wäre ich Ihnen sehr dankbar

▸ **reconnaître** [ʀ(ə)kɔnɛtʀ] ⟨→ **connaître**⟩ **I** *v/t* **1.** (*identifier*) (wieder)erkennen (**à** an + *dat*); **on ne le reconnaît plus** er ist nicht mehr wiederzuerkennen **2.** *torts, faute* einsehen; (ein)gestehen; zugeben; *qualité, droit* zugestehen (**à qn** j-m); **il reconnaît s'être trompé** er gibt zu, sich geirrt zu haben **3.** *gouvernement, signature, dette, enfant* anerkennen **4.** *lieu* erkunden (*a* MIL); auskundschaften **II** *v/pr* **se reconnaître 5.** sich wiedererkennen; **se reconnaître dans, en qn** sich in j-m wiedererkennen **6.** (*se retrouver*) sich zurechtfinden **7.** **se reconnaître coupable** sich schuldig bekennen

reconnu [ʀ(ə)kɔny] *p/p* → **reconnaître** *et adj* ⟨**~e**⟩ anerkannt

reconquérir [ʀ(ə)kɔ̃keʀiʀ] *v/t* ⟨→ **acquérir**⟩ zurückerobern

reconquête [ʀ(ə)kɔ̃kɛt] *f* Zurückeroberung *f*

reconsidérer [ʀ(ə)kɔ̃sidere] *v/t* ⟨**-è-**⟩ nochmals überdenken

reconstituant [ʀ(ə)kɔ̃stitɥã] *m* Kräftigungs-, Stärkungsmittel *n*

reconstituer [ʀ(ə)kɔ̃stitɥe] **I** *v/t crime, etc* rekonstruieren **II** *v/pr parti* **se reconstituer** sich neu bilden

reconstitution [ʀ(ə)kɔ̃stitysjɔ̃] *f* Rekonstruktion *f*; Rekonstruierung *f*; CIN **reconstitution historique** historisch getreue Nachstellung

reconstruction [ʀ(ə)kɔ̃stʀyksjɔ̃] *f* Wiederaufbau *m*

reconstruire [ʀ(ə)kɔ̃stʀɥiʀ] *v/t* ⟨→ **conduire**⟩ **1.** *ville, maison* wiederaufbauen **2.** *fig* neu aufbauen

reconversion [ʀ(ə)kɔ̃vɛʀsjɔ̃] *f* ÉCON Umstellung *f*; *de personnel* Umsetzung *f*; (*recyclage*) Umschulung *f*

reconvertir [ʀ(ə)kɔ̃vɛʀtiʀ] **I** *v/t usine, production* umstellen (**en** auf + *acc*); *personnel* umsetzen; (*recycler*) umschulen; *bâtiment* umwandeln (**en** in + *acc*) **II** *v/pr* **se reconvertir** den Beruf wechseln; **se reconvertir dans l'informatique** F auf Informatik umsatteln

▸ **recopier** [ʀ(ə)kɔpje] *v/t* abschreiben; *au propre* ins Reine schreiben

▸ **record** [ʀ(ə)kɔʀ] *m* **1.** Rekord *m* (*a fig*; **de** in + *dat*); Höchst-, Bestleistung *f*; **record d'affluence** Besucherrekord *m*; **record de France, d'Europe, du monde** französischer Rekord, Europa-, Weltrekord *m*; **record de natation, de vitesse** Schwimm-, Geschwindigkeitsrekord *m*; **améliorer, battre, détenir, égaler, établir un record** e-n Rekord verbessern, brechen, halten, einstellen, aufstellen; **faire tomber, pulvériser un record** e-n Rekord brechen, weit überbieten; *iron* **battre tous les records** den Vogel abschießen **2.** *adjt* Rekord…

recordman [ʀ(ə)kɔʀdman] *m* ⟨**recordmen** [-mɛn]⟩ Rekordhalter *m*; **recordman du monde** Weltrekordler *m*

recordwoman [ʀ(ə)kɔʀdwoman] *f* ⟨**recordwomen** [-wɔmɛn]⟩ Rekordhalterin *f*

recoucher [ʀ(ə)kuʃe] *v/pr* **se recoucher** wieder ins Bett gehen; wieder schlafen gehen

recoudre [ʀ(ə)kudʀ] *v/t* ⟨→ **coudre**⟩ *bouton*

R

wieder annähen; MÉD nähen
recoupement [ʀ(ə)kupmã] *m* Vergleich *m*; (teilweise) Übereinstimmung; *faire un recoupement* e-n Vergleich anstellen
recouper [ʀ(ə)kupe] *v/t* 1. noch einmal (durch)schneiden 2. (*coïncider*) (teilweise) übereinstimmen mit; sich (teilweise) decken mit
recourbé [ʀ(ə)kuʀbe] *adj* ⟨**~e**⟩ gekrümmt; gebogen
recourber [-e] I *v/t* (um)biegen II *v/pr se recourber* sich krümmen
recourir [ʀ(ə)kuʀiʀ] ⟨→ **courir**⟩ *v/t/indir* 1. *recourir à qn* sich an j-n wenden 2. *recourir à qc* zu etw greifen; etw in Anspruch nehmen; *recourir à la violence* Gewalt anwenden
recours [ʀ(ə)kuʀ] *m* 1. Ausweg *m*; (Hilfs)Mittel *n*; Zuflucht *f*; *recours à qc* Anwendung *f*, Inanspruchnahme *f* von etw; *en dernier recours* als letztes Mittel; *avoir recours à* → *recourir*; *avoir recours à la force* Gewalt, Zwang anwenden; *avoir recours à qn* sich (Hilfe suchend) an j-n wenden; j-n hinzuziehen; *c'est sans recours* das ist ausweglos 2. ADM Einspruch *m*; Beschwerde *f*; JUR Berufung *f*; *recours en grâce* Gnadengesuch *n*; *voies f/pl de recours* Rechtsmittel *n/pl* 3. JUR COMM *recours (en garantie)* Regress *m* (*contre qn* gegen j-n)
recouvrable [ʀ(ə)kuvʀabl] *adj somme* eintreibbar
recouvrement [ʀ(ə)kuvʀəmã] *m* 1. *de sommes dues* Einziehung *f*; Inkasso *n*; JUR Ein-, Beitreibung *f* 2. *st/s des forces, de la santé* Wiedererlangung *f*
recouvrer [ʀ(ə)kuvʀe] *v/t* 1. *impôts, créances* einziehen, -kassieren; JUR ein-, beitreiben 2. *liberté* wiedererlangen; *recouvrer ses forces* wieder zu Kräften kommen; *recouvrer la raison* wieder Vernunft annehmen; *recouvrer la vue* sein Sehvermögen wiedererlangen; wieder sehen (können)
recouvrir [ʀ(ə)kuvʀiʀ] ⟨→ **couvrir**⟩ *v/t* 1. *de nouveau* wieder bedecken; *siège* neu be-, überziehen; *enfant, malade* wieder zudecken 2. *entièrement* bedecken, überziehen (*de* mit); *livre* einschlagen; *sol recouvrir d'une moquette* mit (e-m) Teppichboden auslegen; *p/p recouvert de ...* bedeckt mit ...; ...bedeckt 3. *fig* (*cacher*) verdecken; verbergen 4. *fig* (*englober*) umfassen
recracher [ʀ(ə)kʀaʃe] *v/t* (wieder) ausspucken
récré [ʀekʀe] *f abr* F → *récréation*
récréatif [ʀekʀeatif] *adj* ⟨**-ive** [-iv]⟩ unterhaltend; Unterhaltungs...
récréation [ʀekʀeasjõ] *f* (große) Pause; *à la, en récréation* in der Pause; *aller, être en récréation* Pause haben; *la récréation a sonné* es hat zur Pause geläutet
récréer [ʀ(ə)kʀee] *v/t* wieder, neu (er)schaffen
récréer [ʀekʀee] *v/pr st/s se récréer* sich zerstreuen, entspannen
récrier [ʀekʀije] *v/pr se récrier* lauthals protestieren
récriminations [ʀekʀiminasjõ] *f/pl* Klagen *f/pl*
récriminer [-e] *v/i* sich beklagen
récrire [ʀekʀiʀ] ⟨→ **écrire**⟩ *v/t* 1. noch einmal schreiben 2. *en modifiant* umschreiben
recroqueviller [ʀ(ə)kʀɔkvije] *v/pr se recro-*

queviller *feuilles* zusammenschrumpfen; *personne* sich zusammenrollen; *adjt recroquevillé* zusammengekrümmt
recru [ʀəkʀy] *adj* ⟨**~e**⟩ *st/s recru de fatigue* (völlig) erschöpft
recrudescence [ʀ(ə)kʀydesãs] *f* Wiederausbruch *m*; Zunahme *f*
recrudescent [-ã] *adj* ⟨**-ente** [-ãt]⟩ zunehmend
recrue [ʀəkʀy] *f* MIL Rekrut *m*; *fig faire une nouvelle recrue* ein neues Mitglied gewinnen
recrutement [ʀ(ə)kʀytmã] *m* Rekrutierung *f* (*a* MIL); Einstellung *f*
recruter [ʀ(ə)kʀyte] I *v/t* rekrutieren; *personnel a* einstellen II *v/pr se recruter* sich rekrutieren (*dans, parmi* aus)
recruteur [ʀ(ə)kʀytœʀ] *m* 1. HIST MIL Werber *m* 2. *agent* (Mitglieder)Werber *m*; Propagandist *m*
rectal [ʀɛktal] *adj* ⟨**~e; -aux** [-o]⟩ rektal
rectangle [ʀɛktãgl] *m* Rechteck *n*
rectangulaire [ʀɛktãgylɛʀ] *adj* rechteckig
recteur [ʀɛktœʀ] *m* Rektor *m* (*der Universität u Präsident des Schulaufsichtsbezirks*)
rectifiable [ʀɛktifjabl] *adj* zu berichtigen(d); korrigierbar
rectificatif [ʀɛktifikatif] *m*, **rectification** [-fikasjõ] *f* Berichtigung *f*; Richtigstellung *f*
rectifier [-fje] *v/t* berichtigen; richtigstellen; korrigieren
rectiligne [ʀɛktiliŋ] *adj* geradlinig
rection [ʀɛksjõ] *f* LING Rektion *f*
recto [ʀɛkto] *m* Vorderseite *f*; *au recto* être auf der Vorderseite; *écrire* auf die Vorderseite
rectorat [ʀɛktɔʀa] *m* Rektorat *n*
rectum [ʀɛktɔm] *m* Mastdarm *m*
reçu [ʀ(ə)sy] I *p/p* → *recevoir et adj* ⟨**~e**⟩ *idées* überkommen II *m* Quittung *f*; Empfangsbescheinigung *f*
recueil [ʀəkœj] *m* Sammlung *f*
recueillement [ʀ(ə)kœjmã] *m* innere Sammlung; Andacht *f*
recueilli [ʀ(ə)kœji] *adj* ⟨**~e**⟩ andächtig
recueillir [ʀ(ə)kœjiʀ] ⟨→ **cueillir**⟩ I *v/t* 1. (*réunir*) sammeln; *renseignements* einziehen 2. *approbation* erhalten; *suffrages* auf sich (*acc*) vereinigen 3. *liquide* auffangen 4. *réfugiés, orphelins* (bei sich) aufnehmen; *animal* auflesen II *v/pr se recueillir* sich innerlich sammeln; *se recueillir sur la tombe de qn* vor dem Grab j-s in stillem Gedenken verharren
recuire [ʀ(ə)kɥiʀ] ⟨→ **conduire**⟩ *v/t* (*faire*) *recuire* noch einmal kochen *ou* backen *ou* braten
recuit [ʀ(ə)kɥi] *m* MÉTALLURGIE Glühen *n*
recul [ʀ(ə)kyl] *m* 1. *d'une arme à feu* Rückstoß *m* 2. *d'une armée* Zurückweichen *n*; *fig du chômage, etc* Rückgang *m* 3. *personne avoir un mouvement de recul* zurückschrecken; *prendre du recul pour mieux voir* zurücktreten; *fig* Abstand gewinnen
reculade [ʀ(ə)kylad] *f péj* Rückzieher *m*
reculé [ʀ(ə)kyle] *adj* ⟨**~e**⟩ 1. *village* abgelegen 2. *dans le temps* lang zurückliegend
▸ **reculer** [ʀ(ə)kyle] I *v/t* 1. *chaise* zurückschieben, -rücken, -setzen; *voiture* zurückfahren 2. (*reporter à plus tard*) auf-, hinausschieben II *v/i* 3. *personne* zurückweichen (*a foule*); zurücktreten; *voiture* zurückfahren; rückwärtsfahren 4. *épidémie, chômage* zurückgehen 5.

(*hésiter*) zurückschrecken, -scheuen (***devant*** vor + *dat*); ***ne reculer devant rien*** vor nichts zurückschrecken **III** *v/pr* ***se reculer*** zurücktreten; (einige Schritte) zurückgehen

reculons [ʀ(ə)kylõ] ***à reculons*** rückwärts

récupérable [ʀekypeʀabl] *adj ferraille, déchets* (wieder)verwertbar; noch brauchbar; *heures de travail* nachzuholen(d); *drogué, accidenté* (wieder) eingliederungsfähig; resozialisierbar

récupérateur [-tœʀ] *m personne, entreprise* Wiederverwerter *m*

récupération [-sjõ] *f* TECH (Wieder)Verwertung *f*; Rückgewinnung *f*

récupérer [ʀekypeʀe] ⟨**-è-**⟩ **I** *v/t* **1.** wiedererlangen, -bekommen; *heures de travail* nachholen, -arbeiten; *engin spatial* bergen; ***récupérer ses forces*** wieder zu Kräften kommen **2.** *ferraille, etc* (wieder)verwerten; (*ramasser*) sammeln; *chaleur, énergie* zurückgewinnen **3.** F (*aller chercher*) ***récupérer qc*** j-n (ab)holen **4.** *délinquants, drogués* wieder eingliedern; resozialisieren **5.** POL (für sich) vereinnahmen; für s-e Zwecke einspannen **II** *v/i* sich erholen; wieder zu Kräften kommen

récurage [ʀekyʀaʒ] *m* Scheuern *n*

récurer [-e] *v/t* scheuern

récurrence [ʀekyʀãs] *f* Rückläufigkeit *f*

récurrent [-ã] *adj* ⟨**-ente** [-ãt]⟩ wiederholt auftretend

récusable [ʀekyzabl] *adj* **a)** *juge* ablehnbar **b)** *témoignage* bestreitbar; anfechtbar

récusation [-asjõ] *f* Ablehnung *f* (wegen Befangenheit)

récuser [ʀekyze] **I** *v/t* ablehnen (*a* JUR); zurückweisen; verwerfen **II** *v/pr* ***se récuser*** sich für nicht zuständig erklären

recyclable [ʀ(ə)siklabl] *adj* recycelbar; wiederverwertbar

recyclage [ʀ(ə)siklaʒ] *m* **1.** Weiter-, Fortbildung *f*; *de main-d'œuvre a* Umschulung *f* **2.** TECH Recycling *n*; Wiederverwertung *f*

▸ **recycler** [ʀ(ə)sikle] **I** *v/t* **1.** weiter-, fortbilden; *main-d'œuvre a* umschulen **2.** TECH recyceln; wiederverwerten; ***papier recyclé*** Recyclingpapier *n* **II** *v/pr* ***se recycler*** sich weiterbilden; sich umschulen lassen

rédacteur [ʀedaktœʀ] *m*, **rédactrice** [-tʀis] *f* Redakteur(in) *m(f)*

rédaction [ʀedaksjõ] *f* **1.** *d'un texte* Verfassen *n*; Abfassung *f* **2.** coll Redaktion *f* **3.** ÉCOLE Aufsatz *m*

rédactionnel [ʀedaksjɔnɛl] *adj* ⟨**~le**⟩ redaktionell; Redaktions…

reddition [ʀɛdisjõ] *f* MIL Übergabe *f*

redécoupage [ʀ(ə)dekupaʒ] *m* ***redécoupage électoral*** Neueinteilung *f* der Wahlkreise

redécouvrir [ʀ(ə)dekuvʀiʀ] *v/t* ⟨→ **couvrir**⟩ wiederentdecken

redéfaire [ʀ(ə)defɛʀ] *v/t* ⟨→ **faire**⟩ *du tricot, une couture* wieder auftrennen; *nœud, paquet* wieder aufmachen

redéfinir [ʀ(ə)definiʀ] *v/t* neu bestimmen, festlegen, definieren

redemander [ʀəd(ə)mãde] *v/t et v/i* **1.** *de nouveau* noch einmal verlangen (***qc à qn*** etw von j-m), bitten (j-n um etw) **2.** *chose prêtée* zurückverlangen, -fordern

redémarrage [ʀ(ə)demaʀaʒ] *m* **1.** ÉCON Wieder-

---

belebung *f*; neuer Aufschwung **2.** INFORM ***redémarrage à chaud, à froid*** Warm-, Kaltstart *m*

redémarrer [ʀ(ə)demaʀe] **I** *v/t* INFORM neu starten **II** *v/i* **1.** *véhicule* wieder anfahren **2.** ÉCON wieder in Gang kommen; e-n neuen Aufschwung nehmen

Rédempteur [ʀedãptœʀ] *m* Erlöser *m*

Rédemption [-sjõ] *f* REL Erlösung *f*

redéploiement [ʀ(ə)deplwamã] *m* **1.** ÉCON Umstrukturierung *f* **2.** MIL Umgruppierung *f*

redescendre [ʀ(ə)desãdʀ] ⟨→ **rendre**⟩ **I** *v/t* **1.** *escalier* wieder hinuntergehen, -steigen **2.** *meubles du grenier, etc* wieder hinunterschaffen, -bringen; herunterholen **II** *v/i* ⟨**être**⟩ **3.** *personne* wieder hinuntersteigen, herabkommen (***de*** von); (*dans un*) *véhicule* wieder hinunterfahren **4.** *mer* (wieder) zurückgehen; *baromètre, température* wieder fallen; *chemin* wieder bergab gehen

redevable [ʀəd(ə)vabl] *adj* zu Dank verpflichtet (***de qc à qn*** j-m für etw)

redevance [ʀəd(ə)vãs] *f* Gebühr *f*

redevenir [ʀədvəniʀ, ʀdəvniʀ] *v/i* ⟨→ **venir**⟩ wieder werden

redevoir [ʀədvwaʀ, ʀdəvwaʀ] *v/t* ⟨→ **devoir**⟩ noch schulden, schuldig sein *ou* bleiben (***qc à qn*** j-m etw)

rédhibitoire [ʀedibitwaʀ] *adj* JUR ***vice*** *m* ***rédhibitoire*** (die Wandelung begründender) Sachmangel

rediffuser [ʀ(ə)difyze] *v/t* wiederholen; noch einmal senden

rediffusion [-jõ] *f* Wiederholung *f*; Wiederausstrahlung *f*

rédiger [ʀediʒe] *v/t* ⟨**-ge-**⟩ verfassen; abfassen; redigieren

redingote [ʀ(ə)dẽɡɔt] *f* **1.** HIST Gehrock *m* **2.** *adjt* ***manteau*** *m* ***redingote*** (taillierter) Damenmantel

redire [ʀ(ə)diʀ] ⟨→ **dire**⟩ **I** *v/t* **1.** (*répéter*) noch einmal sagen; wiederholen; ***redire après qn*** j-m nachsprechen **2.** (*rapporter*) weitersagen (***qc à qn*** j-m etw); ausplaudern **II** *v/t/indir* ***trouver à redire à tout*** an allem etwas auszusetzen haben

rediscuter [ʀ(ə)diskyte] *v/t* noch einmal diskutieren

redistribuer [ʀ(ə)distʀibɥe] *v/t* **1.** *cahiers, cartes* noch einmal austeilen **2.** *terres, tâches* neu auf-, verteilen; *revenus, richesses* umverteilen

redistribution [ʀ(ə)distʀibysjõ] *f* Neuverteilung *f*; FIN Umverteilung *f*

redite [ʀ(ə)dit] *f* unnötige Wiederholung

redondance [ʀ(ə)dõdãs] *f* **1.** *du style* Weitschweifigkeit *f* **2.** INFORM Redundanz *f*

redondant [ʀ(ə)dõdã] *adj* ⟨**-ante** [-ãt]⟩ **1.** *style* weitschweifig; schwülstig **2.** INFORM redundant

redonner [ʀ(ə)dɔne] *v/t* **1.** (*donner de nouveau*) wieder, noch einmal geben **2.** (*rendre*) (wieder) zurückgeben; ***redonner confiance*** wieder Vertrauen einflößen; ***redonner du courage*** wieder Mut machen

redorer [ʀ(ə)dɔʀe] *v/t* wieder vergolden; → ***blason***

redormir [ʀ(ə)dɔʀmiʀ] *v/i* ⟨→ **partir**⟩ **a)** wieder schlafen **b)** wieder einschlafen

redoublant [ʀ(ə)dublã] *m*, **redoublante** [-ãt] *f*

F Sitzenbleiber(in) *m(f)*

redoublé [ʀ(ə)duble] *adj* ⟨~e⟩ verdoppelt; *par ext* vermehrt; verstärkt; *frapper à coups redoublés* heftig schlagen

redoublement [ʀ(ə)dubləmã] *m* **1.** Verdopp(e)-lung *f*; LING Reduplikation *f* **2.** *d'attention, de prudence* Verstärkung *f*; Steigerung *f*

▸ **redoubler** [ʀ(ə)duble] **I** *v/t* **1.** (*rendre double*) verdoppeln **2.** *redoubler* (*une classe*) e-e Klasse wiederholen; F sitzen bleiben **II** *v/t/indir redoubler d'amabilité* noch zuvorkommender sein; *redoubler d'efforts* s-e Anstrengungen verdoppeln **III** *v/i peur, tempête, etc* sich verstärken; noch stärker werden; sich steigern

redoutable [ʀ(ə)dutabl] *adj* furchterregend; furchtbar; *adversaire, mal* (sehr) gefährlich

redoute [ʀ(ə)dut] *f* HIST Redoute *f* (*Ball[saal]*, FORTIF)

redouter [ʀ(ə)dute] *v/t* fürchten; sich fürchten vor (+ *dat*)

redoux [ʀədu] *m* Frostmilderung *f*

redresse [ʀ(ə)dʀɛs] P *un mec à la redresse* F ein Kerl *m*, mit dem nicht zu spaßen ist

redressement [ʀ(ə)dʀɛsmã] *m* **1.** *d'un pays* Wiedererstarkung *f*; *de l'économie* (Wieder)-Aufschwung *m* **2.** *redressement fiscal* Steuerberichtigung *f*

redresser [ʀ(ə)dʀese] **I** *v/t* **1.** *chose penchée* gerade richten; *chose tordue* gerade biegen; *chose, personne tombée* wieder aufrichten; *roues avant* gerade stellen **2.** *fig économie* wieder ankurbeln; *situation* wieder in Ordnung bringen **II** *v/pr se redresser* **3.** sich (wieder) aufrichten **4.** *fig pays* wieder hochkommen; wieder erstarken

redresseur [ʀ(ə)dʀesœʀ] *m* **1.** *iron redresseur de torts* Weltverbesserer *m* **2.** ÉLECT Gleichrichter *m*

réduc [ʀedyk] *f* F *abr* → *réduction 2*

réducteur [ʀedyktœʀ] *m* **1.** CHIM Reduktionsmittel *n* **2.** TECH *réducteur* (*de vitesse*) Untersetzungsgetriebe *n*

réductibilité [ʀedyktibilite] *f* Reduzierbarkeit *f*

réductible [-ibl] *adj* **1.** *quantité* reduzierbar (*à* auf +*acc*); herabsetzbar **2.** *chose* reduzierbar

▸ **réduction** [ʀedyksjõ] *f* **1.** Reduzierung *f* (*à* auf + *acc*); *de personnel a* Abbau *m*; *d'un format* Verkleinerung *f*; *réduction d'impôt* Steuersenkung *f*, -ermäßigung *f*; *réduction de peine* Herabsetzung *f* des Strafmaßes; *réduction du temps de travail* Arbeitszeitverkürzung *f*; *en réduction* im Kleinen **2.** *sur un prix* Preisnachlass *m*; (Preis)Ermäßigung *f*; *faire une réduction à qn* j-m e-n Preisnachlass gewähren **3.** CHIM Reduktion *f*

réduire [ʀeduiʀ] ⟨→ **conduire**⟩ **I** *v/t* **1.** (*diminuer*) reduzieren; *dépenses a* einschränken; *impôts a* senken; herabsetzen (*a peine*); *personnel a* abbauen; *format* verkleinern; *temps de travail* verkürzen; *salaires* kürzen; *vitesse* drosseln; herabsetzen **2.** *réduire au même dénominateur* auf den gleichen Nenner bringen *projet, illusions réduire à rien, à néant* zunichtemachen; zerstören; *réduire qn au silence* j-n zum Schweigen bringen; *en être réduit à qc* zu etw gezwungen, genötigt sein **3.** (*transformer*) *réduire en qc* zu etw werden lassen, former)

machen **4.** MÉD *fracture* einrichten **5.** ⟨*a v/i*⟩ CUIS *sauce* eindicken; reduzieren; *faire, laisser réduire* ein-, verkochen (lassen); reduzieren **II** *v/pr se réduire à qc* sich auf etw (*acc*) beschränken

réduit [ʀedyi] **I** *adj* ⟨**-uite** [-ɥit]⟩ **1.** *prix, tarif* ermäßigt; herabgesetzt **2.** *format, modèle* verkleinert **II** *m* kleine Kammer; F Kabuff *n*

rééchelonnement [ʀeeʃlɔnmã] *m* FIN Umschuldung *f*

réécouter [ʀeekute] *v/t* wieder, noch einmal (an)hören

réécrire [ʀeekʀiʀ] → *récrire*

rééditer [ʀeedite] *v/t* **1.** neu auflegen; herausgeben **2.** F *fig* wiederholen

réédition [-sjõ] *f* Neuauflage *f* (*a* F *fig*); Neuausgabe *f*

rééducation [ʀeedykasjõ] *f* MÉD Rehabilitation *f*; *exercices* Krankengymnastik *f*

rééduquer [ʀeedyke] *v/t* **1.** *un blessé, paralysé* rehabilitieren; krankengymnastisch behandeln **2.** *délinquant* sozial wieder eingliedern **3.** POL umerziehen

▸ **réel** [ʀeɛl] **I** *adj* ⟨~**le**⟩ **1.** wirklich; real; tatsächlich; *faits réels* Tatsachen *f/pl* **2.** MATH reell **II** *subst le réel* die Wirklichkeit

réélection [ʀeelɛksjõ] *f* Wiederwahl *f*

rééligibilité [ʀeeliʒibilite] *f* Wiederwählbarkeit *f*

rééligible [-ibl] *adj* wieder wählbar

réélire [ʀeeliʀ] *v/t* ⟨→ **lire**⟩ wiederwählen; *le président réélu* der wiedergewählte Präsident

réellement [ʀeɛlmã] *adv* wirklich; tatsächlich

réembaucher [ʀeãboʃe] *v/t main-d'œuvre* wiedereinstellen

réemploi [ʀeãplwa] *m* **1.** *de choses* Wiederverwendung *f* **2.** *de personnel* Wiederbeschäftigung *f*

réemployer [ʀeãplwaje] *v/t* ⟨**-oi-**⟩ **1.** *choses* wieder verwenden **2.** *personnel* wieder beschäftigen, anstellen

réentendre [ʀeãtãdʀ] *v/t* ⟨→ **rendre**⟩ wieder, noch einmal (an)hören

rééquilibrer [ʀeekilibʀe] *v/t* wieder ins Gleichgewicht bringen

réessayage [ʀeeseja3] *m d'une robe* Wiederanprobe *f*

réessayer [-e] *v/t* ⟨**-ay-** *od* **-ai-**⟩ *robe* wieder anprobieren; *abs* es noch einmal versuchen, probieren

réévaluation [ʀeevalyasjõ] *f* ÉCON Aufwertung *f*; FIN Wertberichtigung *f*; Neubewertung *f*

réévaluer [-e] *v/t monnaie* aufwerten; *bilan* neu bewerten

réexaminer [ʀeɛgzamine] *v/t* noch einmal überprüfen

réexpédier [ʀeɛkspedje] *v/t* **1.** (*retourner*) zurücksenden **2.** (*faire suivre*) nachsenden

réexpédition [-sjõ] *f* **1.** *à l'expéditeur* (Zu)Rücksendung *f* **2.** *au destinataire* Nachsendung *f*

réexportation [ʀeɛkspɔʀtasjõ] *f* Wiederausfuhr *f*; Reexport *m*

réexporter [-e] *v/t* wieder ausführen; reexportieren

réf. *abr* → *référence*

refaire [ʀ(ə)fɛʀ] ⟨→ **faire**⟩ **I** *v/t* **1.** (*faire de nouveau*) noch einmal, wieder machen **2.** (*remettre* *en état*) (wieder) instand setzen; **refaire son maquillage** sich wieder schminken; **refaire les peintures** (die Wohnung *etc*) neu streichen **3.** *fig* **refaire sa vie** wieder heiraten **4.** F (*rouler*) **refaire qn** F j-n reinlegen; **je suis refait** F ich bin ganz schön reingelegt worden; F ich sitz ganz schön in der Klemme **II** *v/pr* **5. on ne se refait pas** man kann sich nicht ändern **6. se refaire une santé** sich erholen **7.** *au jeu* **se refaire** wieder gewinnen

réfection [ʀefɛksjõ] *f* (Wieder)Instandsetzung *f*; Reparatur *f*; **travaux** *m/pl* **de réfection** (Wieder)Instandsetzungs-, Renovierungsarbeiten *f/pl*

réfectoire [ʀefɛktwaʀ] *m* Speisesaal *m*; *d'un couvent* Refektorium *n*

référé [ʀefeʀe] *m* JUR einstweilige Verfügung

référence [ʀefeʀɑ̃s] *f* **1. références** *pl* (*recommandations*) Referenzen *f/pl*; **fournir des références** Referenzen beibringen **2.** (*rapport*) Bezugnahme *f*; **faire référence à** sich beziehen auf (+ *acc*) **3.** *d'une citation, etc* Belegstelle *f*; Beleg *m*; **ouvrage** *m* **de référence** Nachschlagewerk *n* **4.** *en tête d'une lettre* Zeichen *n*; *dans un catalogue* Bestell-, Artikelnummer *f*; *dans les petites annonces* Chiffre *f*

référendaire [ʀefeʀɑ̃dɛʀ] *adj* auf ein, das Referendum bezüglich

référendum *ou* **referendum** [ʀefeʀɛ̃dɔm] *m* Volksabstimmung *f*; Volksentscheid *m*; Referendum *n*

référentiel [ʀefeʀɑ̃sjɛl] *m* PHYS Bezugssystem *n*

référer [ʀefeʀe] ⟨**-è-**⟩ **I** *v/t/indir* **en référer à qn** j-m Bericht erstatten; *par ext* sich an j-n wenden **II** *v/pr* **se référer à** sich beziehen auf (+ *acc*); *formule épistolaire* (**en**) **nous référant à …** unter Bezugnahme auf (+*acc*)

refermer [ʀ(ə)fɛʀme] **I** *v/t* wieder schließen, F zumachen **II** *v/pr* **se refermer** sich wieder schließen

refiler [ʀ(ə)file] *v/t* F **refiler qc à qn** F j-m etw andrehen, *fig maladie* anhängen

réfléchi [ʀefleʃi] *adj* ⟨**~e**⟩ **1.** *décision* (wohl)überlegt; *personne* besonnen; **c'est tout réfléchi** das ist schon entschieden **2.** GR reflexiv; **pronom réfléchi** Reflexivpronomen *n*; **verbe** (**pronominal**) **réfléchi** reflexives Verb

▸ **réfléchir** [ʀefleʃiʀ] **I** *v/t lumière, ondes* reflektieren; zurückwerfen **II** *v/i* überlegen (**à**, **sur qc** etw); nachdenken (über etw [*acc*]); **faire réfléchir, donner à réfléchir** einen nachdenklich stimmen, machen; **demander à réfléchir** um Bedenkzeit bitten **III** *v/pr* **se réfléchir** sich (wider)spiegeln

réfléchissant [ʀefleʃisɑ̃] *adj* ⟨**-ante** [-ɑ̃t]⟩ reflektierend

réflecteur [ʀeflɛktœʀ] *m* Reflektor *m*

reflet [ʀ(ə)flɛ] *m* **1.** *de lumière* Reflex *m*; **reflets** *pl* Glanz *m*; Schimmer *m*; **à reflets changeants** schillernd **2.** (*image réfléchie*) Spiegelbild *n* **3.** *fig* Abbild *n*; Abglanz *m*

▸ **refléter** [ʀ(ə)flete] ⟨**-è-**⟩ *v/t* widerspiegeln (*a fig*) **II** *v/pr* **se refléter** sich (wider)spiegeln (**dans**, **sur** in +*dat*)

refleurir [ʀ(ə)flœʀiʀ] **I** *v/t* wieder mit Blumen schmücken **II** *v/i* **1.** wieder, zum zweiten Mal blühen **2.** *fig* wieder aufblühen

reflex [ʀeflɛks] (**appareil** *m*) **reflex** *m* Spiegelreflexkamera *f*

réflexe [ʀeflɛks] **I** *m* **1.** BIOL Reflex *m* **2.** (rasche, schnelle) Reaktion; **avoir de bons réflexes** schnell reagieren; gute Reflexe, ein gutes Reaktionsvermögen haben; **manquer de réflexe** zu langsam reagieren **II** *adj* Reflex…

▸ **réflexion** [ʀeflɛksjõ] *f* **1.** (*pensée*) Überlegung *f*; Nachdenken *n* (**sur** über + *acc*); **réflexion faite** wenn ich's recht bedenke **2.** (*remarque*) (spitze) Bemerkung **3.** PHYS Reflexion *f*

refluer [ʀəflye] *v/i* zurückfließen; zurückströmen (*a fig*)

reflux [ʀəfly] *m* **de la mer** Ebbe *f*

refondre [ʀ(ə)fõdʀ] *v/t* ⟨→ **rendre**⟩ **1.** *métal* (wieder) einschmelzen **2.** *fig ouvrage* überarbeiten; *p/fort* umarbeiten

refonte [ʀ(ə)fõt] *f* **1.** *de métal* Einschmelzen *n* **2.** *d'un ouvrage* Überarbeitung *f*; *p/fort* Umarbeitung *f*

réformable [ʀefɔʀmabl] *adj* reformierbar; verbesserungsfähig

réformateur [ʀefɔʀmatœʀ], **réformatrice** [-tʀis] **I** *m,f* **1.** Reformer(in) *m(f)* **2.** *m* REL Reformator *m* **II** *adj* reformerisch; reformatorisch

réformation [-sjõ] *f d'une décision de justice* Abänderung *f*

▸ **réforme** [ʀefɔʀm] *f* **1.** Reform *f* **2.** HIST **la Réforme** die Reformation

réformé [ʀefɔʀme] *adj* ⟨**~e**⟩ **1.** REL reformiert **2.** MIL dienstunfähig; wegen Dienstunfähigkeit entlassen

reformer [ʀ(ə)fɔʀme] *v/t* (*et v/pr* **se reformer** sich) neu bilden

réformer [ʀefɔʀme] *v/t* **1.** reformieren (*a* REL) **2.** *soldat* als dienstunfähig entlassen; ausmustern

refoulé [ʀ(ə)fule] **I** *adj* ⟨**~e**⟩ *pulsions* verdrängt; *personne* verklemmt **II** *m(f)* verklemmter Mensch

refoulement [ʀ(ə)fulmɑ̃] *m* **1.** *d'étrangers* Abschiebung *f* **2.** PSYCH Verdrängung *f*

refouler [ʀ(ə)fule] *v/t* **1.** *envahisseurs* zurückdrängen; *étrangers* ab-, zurückweisen; abschieben **2.** *colère, désirs* unterdrücken; *larmes* zurückhalten **3.** PSYCH verdrängen

réfractaire [ʀefʀaktɛʀ] *adj* **1.** *à l'autorité* widerspenstig; aufsässig (**à** gegenüber); *à une influence* unzugänglich (+ *dat*) **2.** TECH feuerfest; hitzebeständig

réfracter [ʀefʀakte] *v/t* PHYS *rayon* brechen

réfraction [ʀefʀaksjõ] *f* PHYS Brechung *f*

refrain [ʀ(ə)fʀɛ̃] *m* Refrain *m*; Kehrreim *m*; *fig* **c'est toujours le même refrain** F es ist immer die alte Leier

réfréner *ou* **refréner** [ʀefʀene] *v/t* ⟨**-è-**⟩ zügeln

réfrigérant [ʀefʀiʒeʀɑ̃] *adj* ⟨**-ante** [-ɑ̃t]⟩ **1.** TECH Kühl…; Kälte… **2.** F *fig accueil* kühl; frostig; *personne* eisig

▸ **réfrigérateur** [ʀefʀiʒeʀatœʀ] *m* Kühlschrank *m*

réfrigération [-sjõ] *f* Kühlung *f*

réfrigérer [ʀefʀiʒeʀe] *v/t* ⟨**-è-**⟩ **1.** TECH kühlen **2.** F *personne* **réfrigéré** durch(ge)froren **3.** F *fig* **réfrigérer qn** j-n abschrecken

réfringent [ʀefʀɛ̃ʒɑ̃] *adj* ⟨**-ente** [-ɑ̃t]⟩ licht-, strahlenbrechend

refroidir [ʀ(ə)fʀwadiʀ] **I** *v/t* **1.** abkühlen (*a fig* *zèle*) **2.** *fig* **refroidir qn** j-n abschrecken **3.** F (*assassiner*) F kaltmachen **II** *v/i* ⟨*Zustand* **être**⟩ **4.** *mets, moteur* kalt werden; abkühlen; **laisser refroidir** abkühlen lassen **III** *v/pr* **se refroidir 5.** *temps, air* kälter, kühler werden; sich abkühlen **6.** *personne* sich erkälten

refroidissement [ʀ(ə)fʀwadismɑ̃] *m* **1.** *de l'air, etc* Abkühlung *f*; *d'un moteur* Kühlung *f* **2.** MÉD Erkältung *f*

refuge [ʀ(ə)fyʒ] *m* **1.** Zuflucht *f*; Zufluchtsort *m*; **chercher refuge** Zuflucht suchen (**auprès de qn** bei j-m) **2.** *en montagne* (Schutz)Hütte *f* **3.** *pour piétons* Verkehrsinsel *f*

▸ **réfugié** [ʀefyʒje] **I** *adj* ⟨**~e**⟩ geflüchtet **II** *réfugié(e)* *m(f)* Flüchtling *m*; **réfugié économique** Wirtschaftsflüchtling *m*; **réfugié politique** politischer Flüchtling

réfugier [ʀefyʒje] *v/pr* **se réfugier** (sich) flüchten (**auprès de qn** zu j-m; *fig* **dans qc** in etw [*acc*])

▸ **refus** [ʀ(ə)fy] *m* Ablehnung *f*; Weigerung *f* (*abs*); *d'une autorisation, etc a* Verweigerung *f*; **refus de priorité** Nichtbeachtung *f* der Vorfahrt; **essuyer un refus** e-e Absage, e-n Korb bekommen; F **ce n'est pas de refus!** mit Vergnügen!

▸ **refuser** [ʀ(ə)fyze] **I** *v/t* **1.** ablehnen (*a abs*); *renseignement, autorisation* verweigern; *offre a* ausschlagen; **refuser l'accès à qn** j-m den Zugang verwehren; **refuser de faire qc** sich weigern ou es ablehnen, etw zu tun **2.** *refuser qn* j-n ab-, zurückweisen; *candidat à un examen* durchfallen lassen **II** *v/pr* **3.** **se refuser qc** sich (*dat*) etw versagen; sich (*dat*) etw nicht gönnen; **il ne se refuse rien** er gönnt sich (*dat*) alles **4.** **se refuser à qc** etw verweigern; **se refuser à faire qc** sich weigern, etw zu tun; *femme* **se refuser à un homme** sich e-m Mann verweigern

réfutable [ʀefytabl] *adj* widerlegbar
réfutation [-asjõ] *f* Widerlegung *f*
réfuter [-e] *v/t* widerlegen

regagner [ʀ(ə)gaɲe] *v/t* **1.** (*retrouver*) zurück-, wiedergewinnen **2.** (*retourner à*) zurückkehren an, in (+ *acc*); **regagner son domicile, sa place** nach Hause, an s-n Platz zurückkehren

regain [ʀəgɛ̃] *m* **1.** AGR Grummet *n* **2.** *fig* Wiederaufleben *n*; **regain de jeunesse** zweite Jugend; **avoir un regain de vie** wieder aufleben

régal [ʀegal] *m* Leckerbissen *m* (*a fig*); **quel régal!** was für ein Genuss!; *fig* **un régal pour les yeux** e-e Augenweide

régalade [ʀegalad] *f* **boire à la régalade** aus der Flasche trinken, ohne sie anzusetzen

régaler [ʀegale] **I** *v/t* gut, reichlich bewirten (**qn de, avec qc** j-n mit etw); F **c'est moi qui régale** ich zahle **II** *v/pr* **se régaler de, avec qc** sich (*dat*) etw schmecken lassen; etw mit Genuss essen; **je me suis régalé** es hat mir sehr gut geschmeckt; ich habe es sehr genossen (*a fig*)

▸ **regard** [ʀ(ə)gaʀ] *m* **1.** Blick *m*; **désigner, montrer qc du regard** mit Blicken auf etw (*acc*) aufmerksam machen; **jeter un regard sur qc** e-n Blick auf etw (*acc*) werfen; **jeter, lancer un regard furieux à qn** j-m e-n wütenden Blick zuwerfen **2.** **avoir droit de regard sur ...** das Aufsichts-, Kontrollrecht haben

über (+ *acc*) **3.** **au regard de** im Hinblick auf (+ *acc*) **4.** **en regard** gegenüberstehend **5.** *d'un égout* Einstiegsöffnung *f*, -schacht *m*

regardant [ʀ(ə)gaʀdɑ̃] *adj* ⟨**-ante** [-ɑ̃t]⟩ (*économe*) sehr sparsam; *par ext* zu genau

▸ **regarder** [ʀ(ə)gaʀde] **I** *v/t* **1.** ansehen; anschauen; betrachten; anblicken; F angucken; **regarder sa montre** auf die Uhr sehen; **regarder la télé** fernsehen; **regarder les gens passer** zusehen, schauen, wie die Leute vorbeigehen **2.** (*concerner*) **regarder qn** j-n (etwas) angehen; **cela ne le regarde pas** das geht ihn nichts an **II** *v/t/indir* **3.** (*faire attention*) **regarder à qc** genau auf etw (*acc*) achten; **ne pas regarder à la dépense** nicht auf den Preis sehen; keine Kosten scheuen; **y regarder à deux fois** es sich (*dat*) zweimal überlegen **III** *v/i* **4.** sehen; schauen; F gucken; *comme spectateur* zusehen; zuschauen; *dans une direction* hinou hersehen, -schauen; blicken; (*contrôler*) nachsehen, -schauen; **regarder par la fenêtre** aus dem Fenster sehen; zum Fenster hinaussehen; **regarder partout** überall nachsehen **5.** *maison* **regarder vers le midi** nach Süden liegen *ou* gehen **IV** *v/pr* **se regarder** sich ansehen, anschauen, betrachten; *fig* **il ne s'est pas regardé** er sollte lieber bei sich selbst anfangen

régates [ʀegat] *f/pl* Regatta *f*
regel [ʀəʒɛl] *m* erneut einsetzender Frost
regeler [ʀəʒle, ʀʒəle] *v/imp* ⟨**-è-**⟩ **il regèle** es friert wieder
régence [ʀeʒɑ̃s] *f* Regentschaft *f*
régénérateur [ʀeʒeneʀatœʀ] *adj* ⟨**-trice** [-tʀis]⟩ erneuernd; regenerierend
régénération [ʀeʒeneʀasjõ] *f* **1.** BIOL Regeneration *f*; Neubildung *f* **2.** *fig* Erneuerung *f*; Wiedergeburt *f* (*a* REL); Regeneration *f*
régénérer [ʀeʒeneʀe] *v/t* ⟨**-è-**⟩ regenerieren (*a* BIOL); erneuern
régent [ʀeʒɑ̃] *m*, **régente** [-ɑ̃t] *f* Regent(in) *m(f)*
régenter [ʀeʒɑ̃te] *v/t* bestimmen (**qc** etw, **qn** über j-n); **vouloir tout régenter** alles bestimmen wollen
reggae [ʀege] *m* MUS Reggae *m*
régicide [ʀeʒisid] *m* **1.** Königsmörder *m* **2.** Königsmord *m*
régie [ʀeʒi] *f* **1.** *entreprise* Regiebetrieb *m*; staatliches Unternehmen **2.** THÉ, CIN, TV Regieassistenz *f* **3.** *local* Regieraum *m*
regimber [ʀ(ə)ʒɛ̃be] *v/i* sich sträuben

▸ **régime** [ʀeʒim] *m* **1.** POL Regierungsform *f*, -system *n*; *péj* Regime *n*; HIST **l'Ancien Régime** das Ancien Régime (*vor 1789*) **2.** JUR Rechtsvorschriften *f/pl*; Ordnung *f*; System *n*; **régime pénitentiaire** Strafvollzug (-sordnung) *m(f)*; **régime matrimonial** Güterstand *m*; **régime de la communauté** Gütergemeinschaft *f* **3.** **régime (alimentaire)** Ernährung(sweise) *f*; Kost *f*; *d'un malade* Diät *f*; Schonkost *f*; **être au régime** Diät leben (müssen); **se mettre au régime** e-e Diät beginnen, machen; **suivre un régime** Diät halten **4.** *d'un moteur* Drehzahl *f*; **marcher à plein régime** auf vollen Touren laufen (*a fig*) **5.** *d'un cours d'eau* Wasserführung *f* **6.** *de bananes* Büschel *n*; Fruchtstand *m*

L'Ancien Régime

Das **Ancien Régime** ist die Bezeichnung für die Staatsform und die Gesellschaftsordnung des vorrevolutionären Frankreichs, vor allem in der zweiten Hälfte des 18. Jahrunderts. Die Staatsform der absoluten Monarchie verlieh dem König als Gesetzgeber, als Chef der staatlichen Verwaltung und oberstem Richter eine scheinbar unbeschränkte Machtfülle.
Die Gesellschaft des Ancien Régime war nach Ständen gegliedert und beruhte auf den Privilegien der Geburt und des Grundbesitzes. Zwar war die Aristokratie politisch vom Königtum entmachtet, spielte aber in der französischen Gesellschaft des 18. Jahrhunderts die führende Rolle. Sie besaß eine Art Monopol auf alle hohen Ämter in der Verwaltung, der Armee und der Kirche. Klerus und Aristokratie genossen steuerliche Privilegien. Der dritte Stand umfasste den Rest der Bevölkerung, das heißt ca. 96 % der Gesamtbevölkerung, vor allem Bauern (drei Viertel der Bevölkerung lebte auf dem Lande), Handwerker und die mittlere und kleine Bourgeoisie.

régiment [ʀeʒimɑ̃] *m* **1.** MIL Regiment *n* **2.** F (*service militaire*) Militär(dienst) *n(m)* **3.** *fig* Heer *n* (**de** von)
▸ **région** [ʀeʒiõ] *f* **1.** Gegend *f* (*a* ANAT); Region *f*; **la région parisienne** der Großraum Paris **2.** ADM (mehrere Departements umfassende) Region; → *Info nächste Seite*
régional [ʀeʒjɔnal] *adj* ⟨~e; -aux [-o]⟩ regional
régionalisation [-izasjõ] *f* Regionalisierung *f*; Dezentralisierung *f*
régionaliser [-ize] *v/t* die Eigenständigkeit der Regionen fördern (**la France** in Frankreich); auf regionale Ebene verlegen; dezentralisieren
régionalisme [-ism] *m* POL, LING Regionalismus *m*
régionaliste [ʀeʒjɔnalist] *adj* **1.** regionalistisch **2.** *écrivain m* **régionaliste** Heimatdichter *m*
régir [ʀeʒiʀ] *v/t* **1.** (*déterminer*) regeln; bestimmen **2.** GR regieren; stehen mit
régisseur [ʀeʒisœʀ] *m*, **régisseuse** [-øz] *f* **1.** THÉ, CIN, TV Regieassistent(in) *m(f)*; Aufnahmeleiter(in) *m(f)* **2.** *d'une propriété* Verwalter(in) *m(f)*
registre [ʀaʒistʀ] *m* **1.** Register *n* (*a* MUS); **registre du commerce** Handelsregister *n*; **registre d'état civil** Standesregister *n*; Personenstandsbuch *n* **2.** *fig d'un discours, etc* Ton *m*; Tenor *m*
réglable [ʀeglabl] *adj* **1.** TECH regulierbar; einstellbar; *siège, etc* verstellbar; **réglable en**

'hauteur höhenverstellbar **2.** (*payable*) zahlbar
réglage [ʀeglaʒ] *m* TECH Einstellung *f*; Regulierung *f*
▸ **règle** [ʀɛgl] *f* **1.** *instrument* Lineal *n* **2.** (*principe*) Regel *f*; Vorschrift *f*; **règles du jeu** Spielregeln *f/pl* (*a fig*); **exception f à la règle** Ausnahme *f* von der Regel; **dans les règles** (**de l'art**) vorschriftsmäßig; ordnungsgemäß; **en règle générale** in der Regel; **bataille f en règle** regelrechte Schlägerei; **être de règle** üblich, Sitte sein; sich gehören; **être en règle** *papiers* in Ordnung sein; (*avoir ses papiers*) vorschriftsmäßige Papiere haben; (*avoir payé*) ordnungsgemäß bezahlt haben; **se mettre en règle** s-e Verhältnisse in Ordnung, ins Reine bringen; **enfreindre ou violer les règles de la morale** Sitte und Anstand verletzen; **être conforme, contraire aux règles** den Regeln entsprechen, regelwidrig sein **3.** *de la femme* **règles** *pl* Periode *f*; Regel *f*; F Tage *m/pl* **4.** **règle de trois** Dreisatzrechnung *f*
réglé [ʀegle] *adj* ⟨~e⟩ **1.** (*organisé*) geregelt **2.** (*terminé*) erledigt; *facture* **non réglé** offenstehend **3.** *papier* lini(i)ert **4.** *jeune fille* **être réglée** ihre Periode haben
règlement [ʀeglamɑ̃] *m* **1.** (*règles*) Vorschrift(en) *f(pl)*; Reglement *n*; **règlement intérieur** Betriebs-, Hausordnung *f* **2.** *d'une affaire* Regelung *f*; Erledigung *f*; *d'un conflit* Beilegung *f*; JUR **règlement judiciaire** Vergleichsverfahren *n* **3.** *d'une facture* Begleichung *f*; Zahlung *f*; *fig* **règlement de compte(s)** Abrechnung *f*
réglementaire [ʀeglamɑ̃tɛʀ] *adj* vorschriftsmäßig; ordnungsgemäß
réglementation [ʀeglamɑ̃tasjõ] *f* **1.** *action* Regelung *f*; *péj* Reglementierung *f* **2.** (*règlements*) Bestimmungen *f/pl*; Vorschriften *f/pl*
réglementer [-e] *v/t* (durch Vorschriften) regeln; *péj* reglementieren
▸ **régler** [ʀegle] ⟨-è-⟩ **I** *v/t* **1.** *affaire, question* regeln; erledigen; *conflit* beilegen; bereinigen; *circulation* regeln; *programme* festlegen **2.** *facture, dettes* begleichen; bezahlen; *abs* zahlen **3.** TECH *appareil* einstellen; regulieren **II** *v/pr* **se régler sur qn** sich nach j-m richten
réglisse [ʀeglis] *m ou f* **1.** *pâte* Lakritze *f* **2.** *racine* Süßholz *n*
réglo [ʀeglo] F *adj* ⟨*inv*⟩ korrekt
régnant [ʀeɲɑ̃] *adj* ⟨-ante [-ɑ̃t]⟩ regierend; herrschend; **prince régnant** regierender Fürst
règne [ʀɛɲ] *m* **1.** *d'un souverain* Regierung(szeit) *f*; Herrschaft *f*; **sous le règne de** unter der Herrschaft (+ *gén*) **2.** **règne animal, végétal** Tier-, Pflanzenreich *n*
▸ **régner** [ʀeɲe] *v/i* ⟨-è-⟩ herrschen (**sur** über + *acc*); *souverain a* regieren; **faire régner l'ordre** Ordnung schaffen; *iron* **la confiance règne!** Vertrauen ist gut, Kontrolle ist besser!
regonfler [ʀ(ə)gõfle] *v/t ballon* wieder aufblasen; *pneu* wieder aufpumpen; F *fig* **regonfler (le moral de) qn** j-m (wieder) Mut machen; j-m neuen Auftrieb geben
regorger [ʀ(ə)gɔʀʒe] *v/t/indir* ⟨-ge-⟩ **regorger de qc** etw in Hülle und Fülle haben; voll von etw sein
régresser [ʀegʀese] *v/i* zurückgehen

R

Les régions de France

Frankreich ist in 26 Verwaltungsregionen (**régions**) eingeteilt, davon befinden sich 4 außerhalb Europas: Guadeloupe, Französisch-Guayana (la Guyane), Martinique und Réunion. In den Regionen werden mehrere Departements zusammengefasst. Jede Region wird durch einen Regionalrat (**conseil régional**) verwaltet, der nach dem allgemeinen und direkten Wahlrecht für sechs Jahre gewählt ist. An der Spitze jeder Region steht ein Regionalpräfekt (**préfet de région**), der von der Regierung ernannt wird, den Staat repräsentiert und verantwortlich ist für die dezentralen Aufgaben des Staates wie z. B. den Einsatz der Polizei. Korsika zählt zwar zu den 26 Regionen, verfügt aber über einen Sonderstatus mit weitgehenden Machtbefugnissen.

Die 26 Regionen und ihre Präfekturen – les 26 régions et les préfectures

Région	Préfecture	Région	Préfecture
l'Alsace *f*	Strasbourg	le Limousin	Limoges
l'Aquitaine *f*	Bordeaux	la Lorraine	Metz
l'Auvergne *f*	Clermont-Ferrand	la Martinique	Fort-de-France
la Bourgogne	Dijon	le Midi-Pyrénées	Toulouse
la Bretagne	Rennes	le Nord-Pas-de-Calais	Lille
le Centre	Orléans	la Basse-Normandie	Caen
la Champagne-Ardenne	Châlons-en-Champagne	la Haute-Normandie	Rouen
la Corse	Ajaccio	les Pays de la Loire	Nantes
la Franche-Comté	Besançon	la Picardie	Amiens
la Guadeloupe	Basse-Terre	le Poitou-Charentes	Poitiers
la Guyane	Cayenne	la région Provence-Alpes-Côte d'Azur	Marseille
l'Île-de-France *f*	Paris	la Réunion	Saint-Denis
le Languedoc-Roussillon	Montpellier	la région Rhône-Alpes	Lyon

régressif [-if] *adj* ⟨**-ive** [-iv]⟩ rückläufig; *sc* regressiv
régression [ʀegʀɛsjõ] *f* **1.** *de la natalité, etc* Rückgang *m*; **être en (voie de) régression** allmählich zurückgehen; im Rückgang begriffen sein **2.** *fig* Rückschritt *m* **3.** PSYCH Regression *f*
regret [ʀ(ə)gʀɛ] *m* **1.** (*chagrin*) Trauer *f*, Schmerz *m* (**de qc** um etw); (*nostalgie*) Sehnsucht *f* (nach etw); **à regret** ungern; schweren Herzens **2.** (*remords*) Reue *f*, (*déplaisir*) Bedauern *n* (**de** über *+ acc*); **je n'ai qu'un regret, c'est de** (*+ inf*) ich bereue, bedauere nur (eines), dass ...; **j'ai le regret de vous informer ...** zu meinem Bedauern muss ich Ihnen mitteilen ...; **exprimer ses regrets** sein Bedauern ausdrücken
regrettable [ʀ(ə)gʀɛtabl] *adj* bedauerlich
▸ **regretter** [ʀ(ə)gʀɛte] *v/t* **1.** (*être triste au souvenir de*) nachtrauern (**qn, qc** j-m, e-r Sache); *un absent* (schmerzlich) vermissen; **regretter le temps où ...** sich nach der Zeit zurücksehnen, da ... **2.** (*déplorer*) bedauern; **regretter que ...** (*+ subj*) bedauern, dass ...; **je regrette de vous avoir fait attendre** es tut mir leid, dass ich Sie habe warten lassen **3.** *faute, erreur* bereuen; **vous ne le regretterez pas!** Sie werden es nicht bereuen!

regrimper [ʀ(ə)gʀɛ̃pe] *v/i* **1.** wieder (hinauf)-klettern, -steigen (**à, sur** auf *+acc*) **2.** F *fig prix* wieder in die Höhe klettern; **la température regrimpe** das Thermometer klettert wieder in die Höhe
regrossir [ʀ(ə)gʀosiʀ] *v/i* wieder zunehmen, dicker werden
regroupement [ʀ(ə)gʀupmã] *m* Zusammenlegung *f*, -schluss *m*
regrouper [-e] **I** *v/t* zusammenfassen, -legen, -schließen **II** *v/pr* **se regrouper** sich zusammenschließen
régularisation [ʀegylaʀizasjõ] *f* *d'une situation* Regelung *f*
régulariser [ʀegylaʀize] *v/t* **1.** *sa situation* in Ordnung bringen; regeln **2.** *fleuve* regulieren
régularité [ʀegylaʀite] *f* **1.** Regelmäßigkeit *f*; *d'un mouvement a* Gleichmäßigkeit *f* **2.** *de l'élection, etc* ordnungsgemäßer Verlauf; Korrektheit *f*
régulateur [ʀegylatœʀ] **I** *adj* ⟨**-trice** [-tʀis]⟩ regulierend; Regel... **II** *m* TECH Regler *m*
régulation [-sjõ] *f* Regelung *f*; Regulierung *f*
réguler [ʀegyle] *v/t* mit Lagermetall ausgießer
régulier [ʀegylje] *adj* ⟨**-ière** [-jɛʀ]⟩ **1.** (*égal constant*) regelmäßig; *mouvement, respiratior a* gleichmäßig; *train* fahrplanmäßig; **vol régu**

lier Linienflug *m*; *il est régulier dans son travail* s-e Leistungen sind gleichmäßig **2.** (*légal*) ordnungsgemäß; vorschriftsmäßig; regulär **3.** F *personne* (*honnête*) korrekt

régulière [ʀegyljɛʀ] *f* P (*épouse, maîtresse*) P Olle *f*

régulièrement [ʀegyljɛʀmɑ̃] *adv* **1.** (*avec régularité*) regelmäßig; gleichmäßig **2.** *en tête de phrase* in der Regel; normalerweise **3.** (*légalement*) ordnungsgemäß

régurgitation [ʀegyʀʒitasjɔ̃] *f* MÉD Regurgitation *f*

régurgiter [-e] *v/t nourriture* in den Mund zurückbefördern

réhabilitable [ʀeabilitabl] *adj* rehabilitierbar

réhabilitation [-asjɔ̃] *f* **1.** JUR, *fig* Rehabilitierung *f* **2.** CONSTR Sanierung *f*

réhabiliter [ʀeabilite] **I** *v/t* **1.** JUR, *fig* rehabilitieren **2.** (*rénover*) sanieren **II** *v/pr* **se réhabiliter** sich rehabilitieren

réhabituer [ʀeabitɥe] *v/pr* **se réhabituer** sich wieder gewöhnen (*à* an + *acc*)

rehausser [ʀəose] *v/t* **1.** *mur* höher machen; erhöhen **2.** *fig* hervorheben; zur Geltung bringen; **rehaussé de, par qc** in der Wirkung durch etw verstärkt

réimplantation [ʀeɛ̃plɑ̃tasjɔ̃] *f* MÉD Reimplantation *f*

réimportation [ʀeɛ̃pɔʀtasjɔ̃] *f* Wiedereinfuhr *f*; Reimport *m*

réimporter [-e] *v/t* wieder einführen; reimportieren

réimpression [ʀeɛ̃pʀesjɔ̃] *f* Nachdruck *m*

réimprimer [ʀeɛ̃pʀime] *v/t* nachdrucken

Reims [ʀɛ̃s] Reims *n*

rein [ʀɛ̃] *m* **1.** Niere *f*; **rein artificiel** künstliche Niere **2.** *reins pl* Kreuz *n*; **avoir mal aux reins** Kreuzschmerzen haben; **se faire un tour de reins** sich (*dat*) das Kreuz verrenken; *fig* **avoir les reins solides** zahlungskräftig sein

réincarcération [ʀeɛ̃kaʀseʀasjɔ̃] *f* Wiedereinkerkerung *f*

réincarcérer [-e] *v/t* ⟨-**è**-⟩ wieder einkerkern

réincarnation [ʀeɛ̃kaʀnasjɔ̃] *f* Reinkarnation *f*

réincarner [-e] *v/pr* **se réincarner** wieder Fleisch werden

▸ **reine** [ʀɛn] *f* **1.** Königin *f* (*a* ZO) **2.** ÉCHECS Dame *f*

reine-claude [ʀɛnklod] *f* ⟨**reines-claudes**⟩ Reneklode *f*; Reineclaude *f*

reine-marguerite [ʀɛnmaʀɡəʀit] *f* ⟨**reines-marguerites**⟩ Garten-, Sommeraster *f*

reinette [ʀɛnɛt] *f pomme* Renette *f*

réinfecter [ʀeɛ̃fɛkte] *v/pr* **se réinfecter** sich wieder infizieren

réinscription [ʀeɛ̃skʀipsjɔ̃] *f* Wiedereinschreibung *f*

réinscrire [ʀeɛ̃skʀiʀ] ⟨→ **écrire**⟩ *v/t* (*et v/pr* **se réinscrire** sich) wieder einschreiben, anmelden

réinsérer [ʀeɛ̃seʀe] ⟨-**è**-⟩ *v/t handicapé* wieder eingliedern; *délinquant, drogué* resozialisieren

réinsertion [ʀeɛ̃sɛʀsjɔ̃] *f des handicapés* Wiedereingliederung *f*; *des délinquants* Resozialisierung *f*

réinstaller [ʀeɛ̃stale] *v/pr* **se réinstaller** sich wieder niederlassen, einrichten

réintégrable [ʀeɛ̃teɡʀabl] *adj* wieder einsetz-

bar

réintégration [-asjɔ̃] *f* Wiedereingliederung *f*; *dans une fonction* Wiedereinsetzung *f*

réintégrer [-e] *v/t* ⟨-**è**-⟩ **1.** *lieu* zurückkehren in (+ *acc*) **2.** *personne* wieder einsetzen (**dans** in + *acc*)

réintroduction [ʀeɛ̃tʀɔdyksjɔ̃] *f* Wiedereinführung *f*

réintroduire [ʀeɛ̃tʀɔdɥiʀ] *v/t* ⟨→ **conduire**⟩ wieder, von Neuem einführen

réinventer [ʀeɛ̃vɑ̃te] *v/t* noch einmal, von Neuem erfinden

réinvestir [ʀeɛ̃vɛstiʀ] *v/t* reinvestieren

réinviter [ʀeɛ̃vite] *v/t* wieder, noch einmal einladen

réitération [ʀeiteʀasjɔ̃] *litt f* Wiederholung *f*

réitéré [ʀeitere] *adj* ⟨~**e**⟩ wiederholt

réitérer [-e] *v/t* ⟨-**è**-⟩ wiederholen

rejaillir [ʀ(ə)ʒajiʀ] *v/i* **1.** *liquide* (auf-, hoch)spritzen **2.** *fig* **rejaillir sur qn** auf j-n zurückfallen

rejaillissement [ʀ(ə)ʒajismɑ̃] *m fig* Zurückfallen *n*, Auswirkung *f* (**sur** auf +*acc*)

rejet [ʀɔʒɛ] *m* **1.** MÉD Abstoßung *f* **2.** ÉCOL Schadstoffausstoß *m* **3.** (*refus*) Verwerfung *f*; Ablehnung *f*; Zurückweisung *f* **4.** BOT Schössling *m*

rejeter [ʀəʒ(ə)te] *v/t* ⟨-**tt**-⟩ **1.** (*relancer*) zurückwerfen; *mer: épaves* an Land spülen; *nourriture* wieder von sich geben; *organe greffé* abstoßen; *lave, polluants* ausstoßen; *mot* **rejeter à la fin de la phrase** ans Satzende stellen **2.** *faute, responsabilité* **rejeter sur qn** j-m zuschieben; auf j-n abwälzen **3.** *proposition, etc* verwerfen; ablehnen; zurückweisen **4.** *personne* ver-, ausstoßen; **rejeté par la société** aus der Gesellschaft ausgestoßen

rejeton [ʀɔʒtɔ̃] *m* **1.** BOT Schössling *m* **2.** F (*enfant*) F Sprössling *m*

rejoindre [ʀ(ə)ʒwɛ̃dʀ] ⟨→ **joindre**⟩ **I** *v/t* **1.** **rejoindre qn** (*aller retrouver*) zu j-m zurückkehren; (wieder) zu j-m gehen, kommen; j-n (wieder) treffen; (*rattraper*) zu j-m aufschließen; j-n einholen; **je te rejoindrai** ich komme nach **2.** *endroit* wieder gelangen, kommen, gehen an (+ *acc*) **3.** *rue* **rejoindre le boulevard** auf den Boulevard stoßen, treffen **II** *v/pr* **se rejoindre** **4.** *personnes, rues* sich (wieder) treffen **5.** *fig opinions* übereinstimmen

rejouer [ʀ(ə)ʒwe] *v/t et v/i* wieder, noch einmal spielen

réjoui [ʀeʒwi] *adj* ⟨~**e**⟩ vergnügt; heiter; fröhlich

réjouir [ʀeʒwiʀ] **I** *v/t* erfreuen **II** *v/pr* ▸ **se réjouir** sich freuen (**de qc** über, **à l'avance** auf etw [*acc*])

réjouissance [ʀeʒwisɑ̃s] *f* **1.** Fröhlichkeit *f*; Freude *f* **2.** *pl* **réjouissances** Festlichkeiten *f/pl*

réjouissant [-ɑ̃] *adj* ⟨-**ante** [-ɑ̃t]⟩ erfreulich

relâche[1] [ʀəlaʃ] *m ou f* **1.** THÉ **jour** *m* **de relâche** vorstellungsfreier Tag; **faire relâche** keine Vorstellung geben **2.** **sans relâche** ununterbrochen; unablässig; pausenlos

relâche[2] *f* MAR **faire relâche dans un port** e-n Hafen anlaufen

relâché [ʀ(ə)laʃe] *adj* ⟨~**e**⟩ *mœurs, discipline* locker; lax; *style* nachlässig

relâchement [R(ə)laʃmã] *m des mœurs* Lockerung *f; du zèle* Nachlassen *n*
relâcher [R(ə)laʃe] **I** *v/t* **1.** *corde, rênes, etc* lockern; *muscles a* entspannen **2.** *fig attention, zèle* erlahmen lassen **3.** *détenu* freilassen **II** *v/pr* **se relâcher 4.** *liens, étreinte* sich lockern; *muscles* erschlaffen **5.** *fig discipline, mœurs* sich lockern; *zèle, attention* nachlassen; erlahmen
relais [R(ə)lɛ] *m* **1.** (*course f de*) *relais* Staffel (-lauf) *f(m); fig* **prendre le relais de qn, de qc** j-n, etw ablösen **2.** ÉLECT Relais *n;* RAD Relaisstation *f* **3.** *relais* (*routier*) Raststätte *f*
relance [R(ə)lãs] *f* ÉCON Aufschwung *m*
relancer [R(ə)lãse] *v/t* ⟨**-ç-**⟩ **1.** *balle* zurückwerfen **2.** *économie* wieder ankurbeln; wieder beleben; *projet* wieder aufnehmen **3.** *moteur* wieder anlassen, anwerfen **4.** **relancer qn** j-m zusetzen; j-n bedrängen **5.** *abs au jeu* höher setzen
relater [R(ə)late] *v/t* (ausführlich) berichten
relatif [R(ə)latif] *adj* ⟨**-ive** [-iv]⟩ **1.** relativ; verhältnismäßig **2.** **relatif à qc** auf etw (*acc*) bezüglich; etw betreffend **3.** GR Relativ…; **pronom relatif** Relativpronomen *n*
▸ **relation** [R(ə)lasjõ] *f* **1.** *entre choses* Beziehung *f; sc* Relation *f;* **relation de cause à effet** Kausalzusammenhang *m* **2.** *entre personnes, pays* **relations** *pl* Beziehungen *f/pl;* Verhältnis *n;* **relations publiques** Public Relations *pl;* Öffentlichkeitsarbeit *f;* **avoir des relations avec une femme** (intime) Beziehungen mit e-r Frau haben; **cesser, interrompre ses relations** s-e Beziehungen abbrechen, lösen; **entretenir des relations amicales avec qn** freundschaftliche Beziehungen zu j-m unterhalten; mit j-m auf freundschaftlichem Fuß stehen; **être en relation(s) avec qn** mit j-m in Verbindung stehen; **se mettre, entrer en relation(s) avec qn** zu j-m Beziehungen aufnehmen; mit j-m in Verbindung treten **3.** *personne* Bekannte(r) *f(m);* **relations** *pl a* Beziehungen *f/pl;* **se faire des relations pendant les vacances** Ferienbekanntschaften schließen
relationnel [R(ə)lasjɔnɛl] *adj* ⟨**-le**⟩ *troubles* Beziehungs…; zwischenmenschlich
relativement [R(ə)lativmã] *adv* **1.** verhältnismäßig; relativ **2.** **relativement à** im Verhältnis zu
relativiser [R(ə)lativize] *v/t* relativieren
relativisme [-ism] *m* Relativismus *m*
relativité [-ite] *f* Relativität *f*
relaver [R(ə)lave] *v/t* noch einmal waschen
relax [R(ə)laks] *adj* F → **relaxe**
relaxant [R(ə)laksã] *adj* ⟨**-ante** [-ãt]⟩ entspannend
relaxation [-asjõ] *f* Entspannung *f*
relaxe [R(ə)laks] F **I** *adj* ungezwungen; locker; zwanglos **II** *f* Entspannung *f*
relaxer [R(ə)lakse] **I** *v/t* JUR freilassen **II** *v/pr* **se relaxer** sich entspannen; relaxen
relayer [R(ə)leje] ⟨**-ay-** *od* **-ai-**⟩ **I** *v/t* **1.** **relayer qn** j-n ablösen **2.** *émission* übertragen **II** *v/pr* **se relayer** sich ablösen; (sich) abwechseln
relayeur [R(ə)lɛjœR] *m,* **relayeuse** [-jøz] *f* Staffelläufer(in) *m(f)*
relecture [R(ə)lɛktyR] *f* nochmaliges, erneutes Lesen; nochmalige, erneute Lektüre

relégation [R(ə)legasjõ] *f* SPORTS Abstieg *m*
reléguer [R(ə)lege] *v/t* ⟨**-è-**⟩ *personne* abschieben; verbannen; *chose* abstellen *(au grenier* auf den Speicher); *fig* **reléguer qn au second plan** j-m e-e unbedeutende Rolle zuweisen; j-n in den Hintergrund drängen
relent [Rəlã] *m* **1.** übler Geruch (*de* nach) **2.** *fig* Beigeschmack *m* (*de* von)
relevable [Rəlvabl, Rləvabl] *adj* auf-, hochklappbar
relève [R(ə)lɛv] *f* Ablösung *f;* **prendre la relève** die Nachfolge antreten; **prendre la relève de qn, qc** j-n, etw ablösen
relevé [Rəl(ə)ve] **I** *adj* ⟨**~e**⟩ **1.** *bord* hochgebogen; *col* hochgeschlagen; *virage* überhöht **2.** *expression* gehoben **3.** CUIS pikant **II** *m* **relevé de compte** Kontoauszug *m;* **relevé d'identité bancaire** (*abr* **RIB**) (Nachweis *m* der) Bankverbindung *f*
relèvement [R(ə)lɛvmã] *m* **1.** *d'un pays* Wiedererstarkung *f;* Erholung *f* **2.** *des salaires, etc* Anhebung *f;* Erhöhung *f*
relever [Rəl(ə)ve] ⟨**-è-**⟩ **I** *v/t* **1.** *enfant* (wieder) aufheben; *adulte* wieder aufhelfen (*qn* j-m); *chaise* wieder aufstellen; *par ext cahiers* einsammeln; *fig économie, entreprise* wieder hochbringen **2.** *siège* hochklappen; *vitre de voiture* hochkurbeln; *col* hochschlagen; *manches* hochstreifen, -ziehen; *plafond* erhöhen; *tête* heben; *fig salaires, impôts* anheben; erhöhen; heraufsetzen; *niveau de vie* heben; CUIS pikanter machen **3.** (*constater*) feststellen; *traces a* sichern; *faute a* anstreichen; *allusion* aufgreifen; *par écrit* (schriftlich) festhalten; notieren; aufschreiben; *compteur* ablesen **4.** (*remplacer*) *sentinelle, équipe* ablösen; **relever qn de ses fonctions** j-n s-s Amtes entheben **II** *v/t/indir* **5.** **relever d'une grippe** gerade e-e Grippe überstanden, hinter sich (*dat*) haben **6.** (*dépendre*) **relever de** in den Bereich, in die Zuständigkeit (+ *gén*) fallen **III** *v/i* **7.** *jupe* zipfeln **IV** *v/pr* **se relever 8.** (*se remettre debout*) wieder aufstehen **9.** *fig* (*se remettre*) sich erholen (*de* von)
releveur [Rəl(ə)vœR] *m* **releveur des compteurs** (Strom-, Gas-, Wasser-)Ableser *m*
relief [Rəljɛf] *m* **1.** Relief *n* (*a* SCULP); GÉOGR *a* Oberflächengestalt *f;* **carte f en relief** Reliefkarte *f;* **être en relief** plastisch hervortreten; *fig* **mettre en relief** hervorheben **2.** *litt* **reliefs** *pl* Reste *m/pl*
relier [Rəlje] *v/t* **1.** *livre* (ein)binden **2.** (*joindre*) (miteinander) verbinden; **relier qc à qc** etw mit etw verbinden, verknüpfen
relieur [RəljœR] *m,* **relieuse** [-øz] *f* Buchbinder(in) *m(f)*
religieusement [R(ə)liʒøzmã] *adv* **1.** (*à l'église*) kirchlich **2.** (*scrupuleusement*) gewissenhaft **3.** (*avec recueillement*) andächtig; voller Andacht
religieux [R(ə)liʒjø] **I** *adj* ⟨**-euse** [-øz]⟩ **1.** religiös; kirchlich; Glaubens…; **édifice religieux** Kultgebäude *n;* **mariage religieux** kirchliche Trauung **2.** *fig* (*scrupuleux*) gewissenhaft **3.** *fig* (*recueilli*) andächtig; *silence* feierlich **II** *subst* **4.** **religieux, religieuse** *m,f* Ordensmitglied *n; pl* Ordensleute *pl;* (*moine*) Ordensgeistliche(r) *m;* (*sœur*) Ordensschwester *f;*

Nonne *f* **5.** *pâtisserie* **religieuse** *f* mit Creme gefüllter Windbeutel
▸ **religion** [ʀ(ə)liʒjõ] *f* Religion *f*; Glaube(n) *m*
religiosité [ʀ(ə)liʒjozite] *f* Religiosität *f*; Gläubigkeit *f*
reliquaire [ʀəlikɛʀ] *m* Reliquienschrein *m*; Reliquiar *n*
reliquat [ʀəlika] *m* Restbetrag *m*
relique [ʀəlik] *f* **1.** REL Reliquie *f* **2.** *fig* Erinnerungsstück *n*
relire [ʀ(ə)liʀ] ⟨→ **lire**⟩ **I** *v/t* noch einmal (durch)lesen **II** *v/pr* **se relire** noch einmal durchlesen, was man geschrieben hat
reliure [ʀəljyʀ] *f* **1.** *action* Binden *n*; *métier* Buchbinderei *f* **2.** *couverture* (Buch)Einband *m*; Einbanddecke *f*
relogement [ʀ(ə)lɔʒmã] *m* (Wieder)Unterbringung *f*
reloger [-e] *v/t* ⟨**-ge-**⟩ anderweitig unterbringen
relooker [ʀ(ə)luke] F **I** *v/t personne* einen neuen Look, ein neues Aussehen geben (+ *dat*); *produit* eine neue Aufmachung geben (+ *dat*) **II** *v/pr* **se relooker** sich (*dat*) einen neuen Look, ein neues Aussehen geben; sich neu stylen
relouer [ʀəlwe] *v/t* wieder vermieten
reluire [ʀ(ə)lɥiʀ] *v/i* ⟨→ **conduire**; *aber p/p* **relui**⟩ glänzen; schimmern; **faire reluire** blank reiben, putzen; polieren
reluisant [ʀ(ə)lɥizã] *adj* ⟨**-ante** [-ãt]⟩ **1.** glänzend; blitzblank **2.** *fig* **peu reluisant** nicht gerade glänzend
reluquer [ʀ(ə)lyke] F *v/t* schielen nach
remâcher [ʀ(ə)mɑʃe] *v/t* nicht loskommen von
remaigrir [ʀ(ə)megʀiʀ] *v/i* wieder abnehmen; wieder dünner, schlanker werden
remake [ʀimek] *m* Neuverfilmung *f*; Remake *n*
remanger [ʀ(ə)mãʒe] *v/t* ⟨**-ge-**⟩ noch einmal, wieder essen (*a abs*)
remaniement [ʀ(ə)manimã] *m* **remaniement ministériel** Regierungsumbildung *f*
remanier [ʀ(ə)manje] *v/t* **1.** *texte* neu bearbeiten; umarbeiten; überarbeiten **2.** *ministère*, *équipe* umbilden; umbesetzen
remaquiller [ʀ(ə)makije] *v/t* (*et v/pr* **se**) **remaquiller** (sich) neu, wieder schminken
remariage [ʀ(ə)maʀjaʒ] *m* Wiederverheiratung *f*
remarier [ʀ(ə)maʀje] *v/pr* **se remarier** sich wieder verheiraten; wieder heiraten
remarquable [ʀ(ə)maʀkabl] *adj* bemerkenswert; beachtlich
remarquablement [-mã] *adv* außerordentlich; bemerkenswert
▸ **remarque** [ʀ(ə)maʀk] *f* **1.** (*réflexion*) Bemerkung *f* **2.** (*annotation*) An-, Bemerkung *f*; Vermerk *m* **3.** (*critique*) **faire la remarque à qn que ...** j-m vorhalten, vorwerfen, dass ...
remarqué [ʀ(ə)maʀke] *adj* ⟨~e⟩ auffällig; **très remarqué** viel beachtet
▸ **remarquer** [ʀ(ə)maʀke] **I** *v/t* bemerken; aufmerksam werden auf (+ *acc*); **remarquez** (**bien**) **que ...** wohlgemerkt ...; **sans être remarqué** unbemerkt; **faire remarquer qc** (**à qn**) (j-n) auf etw (*acc*) aufmerksam machen; **se faire remarquer** auffallen (**par** durch); **sans se faire remarquer** unauffällig **II** *v/pr* **se remarquer** auffallen
emballage [ʀãbalaʒ] *m* Wiedereinpacken *n*

remballer [-e] *v/t* wieder einpacken
rembarquement [ʀãbaʀkəmã] *m* Wiedereinschiffung *f*
rembarquer [ʀãbaʀke] *v/i* (*et v/pr* **se rembarquer**) wieder an Bord gehen
rembarrer [ʀãbaʀe] F *v/t* **rembarrer qn** j-n (grob) abweisen; j-m e-e Abfuhr erteilen; **se faire rembarrer** sich (*dat*) e-e Abfuhr holen
remblai [ʀãblɛ] *m* Aufschüttung *f*; (Straßen-, Bahn)Damm *m*
remblayage [ʀãblɛjaʒ] *m* → **remblai**
remblayer [-e] *v/t* ⟨**-ay-** *od* **-ai-**⟩ *chaussée* aufschütten; *fossé* zuschütten
remblayeuse [-øz] *f* Versatzmaschine *f*
rembobiner [ʀãbɔbine] *v/t film* zurückspulen
rembourrage [ʀãbuʀaʒ] *m* Polsterung *f*
rembourrer [ʀãbuʀe] *v/t fauteuil* polstern; *coussin, matelas* füllen; F *personne* **bien rembourré** gut gepolstert
remboursable [ʀãbuʀsabl] *adj* rückzahlbar
remboursement [ʀãbuʀsəmã] *m* **1.** Rückzahlung *f*; (Rück)Erstattung *f* **2.** *envoi postal* **contre remboursement** per Nachnahme
▸ **rembourser** [ʀãbuʀse] *v/t emprunt* zurückzahlen; *frais* (zurück)erstatten; (rück)vergüten; ersetzen; **rembourser qn** j-m das Geld zurückzahlen; **se faire rembourser** sich (*dat*) das Geld zurückzahlen lassen; sich (*dat*) die Auslagen erstatten lassen
rembrunir [ʀãbʀyniʀ] *v/pr* **se rembrunir** *visage* sich verfinstern; sich verdüstern; *personne* ein finsteres Gesicht machen
remède [ʀ(ə)mɛd] *m* **1.** (*médicament*) (Heil)Mittel *n*; Arznei *f*; **remède de bonne femme** Hausmittel *n* **2.** *fig* (Gegen)Mittel *n*; Abhilfe *f*; **y porter remède** Abhilfe schaffen
remédier [ʀ(ə)medje] *v/t/indir* **remédier à** abhelfen (+ *dat*); beheben
remembrement [ʀ(ə)mãbʀəmã] *m* Flurbereinigung *f*
remémoration [ʀ(ə)memɔʀãsjõ] *f* (beabsichtigtes) Sicherinnern
remémorer [ʀ(ə)memɔʀe] *v/pr* **se remémorer qc** sich an etw (*acc*) erinnern
remerciement [ʀ(ə)mɛʀsimã] *m* Dank *m*; **avec tous mes remerciements** mit bestem Dank
▸ **remercier** [ʀ(ə)mɛʀsje] *v/t* **1.** danken (**qn de**, **pour qc** j-m für etw); sich bedanken (bei j-m für etw) **2.** (*congédier*) **remercier qn** j-m kündigen; j-n entlassen
remettre [ʀ(ə)mɛtʀ] ⟨→ **mettre**⟩ **I** *v/t* **1.** *vêtements* wieder anziehen; *chapeau* wieder aufsetzen; *articulation* wieder einrenken; *objet* wieder hinstellen, -legen; *le courant* wieder einschalten; *de l'eau, etc* nachfüllen; *montre* **remettre à l'heure** stellen; **remettre qc dans sa poche** etw wieder in die Tasche stecken; **remettre en marche** wieder in Gang setzen **2.** (*donner*) **remettre qc à qn** j-m etw aushändigen, übergeben; überreichen; etw bei j-m abgeben; *lettre etc a* j-m überbringen **3.** (*faire grâce de*) *dette* erlassen (**à qn** j-m); *péchés* vergeben (j-m) **4.** (*ajourner*) auf-, verschieben **5.** (*rétablir la santé*) **remettre qn** j-n wiederherstellen **6.** F (*reconnaître*) **remettre qn** j-n wiedererkennen **7.** F (*recommencer*) **on remet ça?** das Gleiche noch mal? **II** *v/pr* **8. le temps se remet** (**au beau**) es wird wieder besser,

schöner **9. *se remettre à table*** sich wieder zu Tisch setzen **10.** (*recommencer*) ***se remettre à qc*** wieder mit etw anfangen, beginnen; sich wieder mit etw beschäftigen; ***se remettre à faire qc*** wieder etw tun; wieder anfangen, etw zu tun **11.** (*aller mieux*) ▸ ***se remettre de qc*** sich (wieder) von etw erholen; ***allons, remettez-vous!*** beruhigen Sie sich doch! **12.** (*se fier*) ***s'en remettre à qn*** sich auf j-n verlassen

remeubler [R(ə)mœble] **I** *v/t* neu möblieren, einrichten **II** *v/pr **se remeubler*** sich neu einrichten

remilitarisation [R(ə)militaRizasjõ] *f* Wiederbewaffnung *f*; Wiederaufrüstung *f*

remilitariser [-e] *v/t* wieder bewaffnen, aufrüsten

réminiscence [Reminisãs] *f* Reminiszenz *f*; (vage) Erinnerung

remis [R(ə)mi] → ***remettre***

remise [R(ə)miz] *f* **1.** *local* Schuppen *m* **2.** COMM (*réduction*) Rabatt *m*; Nachlass *m*; Ermäßigung *f* **3. *remise de dette*** Schuldenerlass *m*; ***remise de peine*** Straferlass *m* **4.** (*action de donner*) Aushändigung *f*; Übergabe *f*; *d'un prix* Überreichung *f* **5. *remise à neuf*** Renovierung *f*; ***remise à niveau*** Auffrischungskurs *m*; ***remise en état*** (Wieder)Instandsetzung *f*; ***remise en forme*** Fitnesstraining *n*; SPORTS ***remise en jeu*** Einwurf *m*; ***remise en marche*** Wiederingangsetzung *f*; ***remise en question*** Infragestellung *f*

remiser [R(ə)mize] *v/t véhicule* unterstellen; *objet* abstellen

rémission [Remisjõ] *f* **1.** *des péchés* Vergebung *f*; Nachlass *m*; *fig **sans rémission*** unnachsichtig; *par ext* endgültig **2.** MÉD vorübergehendes Nachlassen

remmener [Rãmne] *v/t* ⟨**-è-**⟩ zurückbringen

remodeler [R(ə)mɔdle] *v/t* ⟨**-è-**⟩ **1.** *visage* liften **2.** ADM umgestalten; umstrukturieren

remontage [R(ə)mõtaʒ] *m* **1.** TECH erneute, nochmalige Montage; Wiederzusammenbauen *n* **2.** *d'une pendule, etc* Aufziehen *n*

remontant [R(ə)mõtã] *m* Stärkungsmittel *n*

remontée [R(ə)mõte] *f* **1.** Wiederaufstieg *m*; ***la remontée du fleuve*** die Fahrt flussaufwärts **2.** *de l'eau, etc* Wiederanstieg *m* **3.** SPORTS Aufholen *n* **4. *remontées mécaniques*** Seilbahnen *f/pl* und (Ski)Lifte *m/pl*

remonte-pente [R(ə)mõtpãt] *m* ⟨**remonte--pentes**⟩ Schlepplift *m*

remonter [R(ə)mõte] **I** *v/t* **1.** (*monter*) *rue* hinaufgehen; (*dans un*) *véhicule* hinauffahren; *colonne de voitures, peloton* überholen; ***remonter un fleuve*** *a* flussaufwärts fahren **2.** (*monter de nouveau*) *escalier* wieder hinaufgehen, -steigen **3.** *objet* wieder hinauftragen, -bringen, -schaffen; *col* hochschlagen; *pantalon, chaussettes* hochziehen; *vitre d'une voiture* hochkurbeln **4.** *fig **remonter qn*** j-n stärken, aufmuntern **5.** *pendule, réveil, jouet* aufziehen **6.** TECH wieder montieren, zusammenbauen **II** *v/i* ⟨*meist **être**, wenn e-e Person Subjekt ist*⟩ **7.** *personne* wieder hinauf- *ou* hochgehen, -steigen, heraufkommen; (*dans un*) *véhicule* wieder hinauffahren; ***remonter dans la voiture*** wieder in das Auto steigen **8.** *prix, baromètre,*

fièvre, mer wieder, erneut (an)steigen; *robe **remonter par-devant*** vorn hochrutschen **9.** *dans le passé* zurückgehen (***à*** auf + *acc*; bis); *chose a* zurückreichen (bis); *événement **remonter loin*** weit zurückliegen

remontoir [R(ə)mõtwaR] *m* TECH Aufziehvorrichtung *f*

remontrance [R(ə)mõtRãs] *f* Zurechtweisung *f*; ***remontrances*** *pl a* Vorhaltungen *f/pl*

remontrer [R(ə)mõtRe] *v/i **en remontrer à qn*** j-m etwas vormachen können

remords [R(ə)mɔR] *m* Schuldgefühl *n*; *pl* Gewissensbisse *m/pl*

remorquage [R(ə)mɔRkaʒ] *m* AUTO Abschleppen *n*; MAR Schleppen *n*

remorque [R(ə)mɔRk] *f* **1.** Anhänger *m* **2. *prendre en remorque*** in Schlepp nehmen

remorquer [R(ə)mɔRke] *v/t* **1.** *voiture* abschleppen; *bateau* schleppen **2.** F *fig qn* mitschleppen

remorqueur [-œR] *m* MAR Schlepper *m*

rémoulade [Remulad] *f* Remoulade(nsoße) *f*

rémouleur [Remulœr] *m* Scherenschleifer *m*

remous [Rəmu] *m* **1.** *dans l'eau* Strudel *m*; Wirbel *m*; *d'un bateau* Kielwasser *n* **2.** *fig pl* Wirbel *m*; Unruhe *f*

rempaillage [Rãpajaʒ] *m* Neubespannung *f* (mit Stroh)

rempailler [-e] *v/t chaise* mit e-m neuen Strohgeflecht bespannen

rempailleur [-œR] *m*, **rempailleuse** [-øz] *f* Stuhlflechter(in) *m(f)*

rempaqueter [Rãpakte] *v/t* ⟨**-tt-**⟩ wieder einpacken

rempart [Rãpar] *m* **1.** FORTIF Befestigungsanlage *f*; *d'une ville a* Stadtmauer *f* **2.** *fig* Bollwerk *n*

rempiler [Rãpile] *v/i* F MIL sich weiterverpflichten

remplaçable [Rãplasabl] *adj* ersetzbar

remplaçant [Rãplasã] *m*, **remplaçante** [-ãt] *f* (Stell)Vertreter(in) *m(f)*; SPORTS Auswechselspieler(in) *m(f)*

remplacement [Rãplasmã] *m* **1.** *de choses* Ersatz *m*; ***en remplacement de*** als Ersatz für **2.** *d'un absent* Vertretung *f*; ***faire des remplacements*** Vertretungen machen, übernehmen

▸ **remplacer** [Rãplase] ⟨**-ç-**⟩ *v/t* **1.** *chose* ersetzen (***par*** durch); *joueur* auswechseln (gegen) **2. *remplacer qn*** provisoirement j-n vertreten; (*succéder à*) j-n ersetzen; ***se faire remplacer*** sich vertreten lassen

rempli [Rãpli] *adj* ⟨**~e**⟩ voll; *journée, vie **bien rempli*** ausgefüllt; ***rempli de*** voll(er)

▸ **remplir** [RãpliR] **I** *v/t* **1.** füllen (***de*** mit); *verre a* vollgießen; vollschenken; *espace* ausfüllen **2.** *fig **remplir qn de joie**, etc* j-n mit Freude *etc* erfüllen **3.** *questionnaire* ausfüllen **4.** *conditions, devoir, mission* erfüllen; *fonction* ausüben **II** *v/pr **se remplir*** sich füllen (***de*** mit)

remplissage [Rãplisaʒ] *m* **1.** *action* (Auf)Füllen *n* **2.** *péj* bloßes Füllsel

remplumer [Rãplyme] *v/pr* F ***se remplumer*** **1.** wieder zu Geld kommen **2.** *physiquement* wie der zunehmen

rempocher [Rãpɔʃe] *v/t* wieder einstecken wieder in die Tasche stecken

remporter [RãpɔRte] *v/t* **1.** *objet* wieder mitnehmen **2.** *victoire, succès, prix* erringen; *victoire* davontragen

rempotage [Rɑ̃pɔtaʒ] *m* Umtopfen *n*

rempoter [-e] *v/t* umtopfen

remuant [Rəmɥɑ̃] *adj* ⟨**-ante** [-ɑ̃t]⟩ lebhaft; zapp(e)lig; unruhig

remue-ménage [R(ə)mymenaʒ] *m* ⟨*inv*⟩ geräuschvolles Durcheinander; Krach *m*; (*agitation*) Trubel *m*

▸ **remuer** [Rəmɥe] **I** *v/t* **1.** (*faire bouger*) bewegen; *meuble* (weg)rücken; *café, salade* umrühren; *chien* **remuer la queue** mit dem Schwanz wedeln **2.** *fig* (*émouvoir*) bewegen; rühren **II** *v/i* **3.** (*bouger*) sich bewegen; *enfant* unruhig sein; zappeln; *dent* wackeln **III** *v/pr* **se remuer** **4.** (*bouger*) sich bewegen **5.** *fig* (*se démener*) sich einsetzen

rémunérateur [Remyneratœr] *adj* ⟨**-trice** [-tris]⟩ einträglich; gewinnbringend

rémunération [-sjɔ̃] *f* Entlohnung *f*; Vergütung *f*; (Arbeits)Entgelt *n*

rémunérer [Remynere] *v/t* ⟨**-è-**⟩ bezahlen; entlohnen; *travail a* vergüten; honorieren; *capital* verzinsen

renâcler [R(ə)nɑkle] *v/i* **1.** *cheval, etc* schnauben **2.** *fig* → **rechigner**

renaissance [R(ə)nɛsɑ̃s] *f* **1.** Wiedergeburt *f*; Wiederaufleben *n*; Renaissance *f* **2.** HIST **la Renaissance** die Renaissance

renaître [R(ə)nɛtR] *v/i* ⟨→ **naître**⟩ wiedergeboren werden (*a* REL); *fig* wieder aufleben; *plantes au printemps* zu neuem Leben erwachen; **renaître à la vie** wieder aufleben; das Leben wieder genießen können; **se sentir renaître** sich wie neugeboren fühlen

rénal [Renal] *adj* ⟨**~e**; **-aux** [-o]⟩ Nieren...

▸ **renard** [R(ə)naR] *m* Fuchs *m*

renarde [R(ə)naRd] *f* ZO Füchsin *f*; CH *a* Fähe *f*

renardeau [-o] *m* ⟨**~x**⟩ junger Fuchs

renardière [-jɛR] *f* Fuchsbau *m*

Renault [Rəno] *voiture* **une Renault** ein Renault *m*

rencard [Rɑ̃kaR] → **rancard**

renchérir [Rɑ̃ʃeRiR] **I** *v/t/indir* **renchérir sur qc** etw (noch) übertreffen **II** *v/i* teurer werden; sich versteuern

renchérissement [Rɑ̃ʃeRismɑ̃] *m* Verteuerung *f*; Preissteigerung *f*

rencontre [Rɑ̃kɔ̃tR] *f* Begegnung *f* (*a* SPORTS); (Zusammen)Treffen *n*; **ami(e)** *m*(*f*) **de rencontre** Zufallsbekanntschaft *f*; **aller, venir à la rencontre de qn** j-m entgegengehen, -kommen; **faire une mauvaise rencontre** e-e verhängnisvolle Begegnung haben

▸ **rencontrer** [Rɑ̃kɔ̃tRe] **I** *v/t* **1.** begegnen (+ *dat*); treffen; **rencontrer qn par hasard** j-m begegnen; j-n (an)treffen; *exprès* mit j-m zusammentreffen, -kommen; j-n treffen; SPORT auf j-n treffen **2.** *obstacle, difficultés* stoßen auf (+ *acc*) **II** *v/pr* **se rencontrer 3.** *personnes, regards* sich (*dat*) begegnen; sich treffen; (*avoir une entrevue*) zusammenkommen, -treffen **4.** *choses* (*exister*) anzutreffen sein; vorkommen

▸ **rendement** [Rɑ̃dmɑ̃] *m* **1.** FIN, ÉCON Rendite *f*; Ertrag *m* **2.** AGR Ertrag *m* **3.** *du travail* (Arbeits)Leistung *f*; *d'une machine* Wirkungsgrad *m*

▸ **rendez-vous** [Rɑ̃devu] *m* **1.** Verabredung *f*; **rendez-vous (amoureux)** Rendezvous *n*;

avoir (un) rendez-vous verabredet sein (**avec qn** mit j-m); *chez le médecin* e-n Termin haben; **donner rendez-vous à qn** sich mit j-m verabreden; j-n bestellen; **se donner rendez-vous** sich verabreden; *client* **prendre rendez-vous** sich anmelden (**avec le médecin** beim Arzt); *médecin* **recevoir sur rendez-vous** Sprechstunde nach Vereinbarung haben **2.** *lieu* Treffpunkt *m* **3. rendez-vous spatial** Rendezvous (-manöver) *n* im Weltraum

rendormir [Rɑ̃dɔRmiR] ⟨→ **dormir**⟩ *v/pr* **se rendormir** wieder einschlafen

rendosser [Rɑ̃dose] *v/t* wieder an-, überziehen

▸ **rendre** [Rɑ̃dR] ⟨**je rends, il rend, nous rendons**; **je rendais**; **je rendis**; **je rendrai**; **que je rende**; **rendant**; **rendu**⟩ *v/t* **1.** (*restituer*) (wieder) zurückgeben; (*redonner*) wiedergeben; *monnaie* herausgeben; *élève; copie* abgeben; **rendre un coup** zurückschlagen; **rendre une invitation** e-e Gegeneinladung aussprechen; e-e Einladung erwidern **2.** (*faire payer*) vergelten, *péj* heimzahlen (**qc à qn** j-m etw) **3.** (*laisser échapper*) *de l'eau* abgeben; *sons* von sich geben; (*vomir*) erbrechen; *abs* sich übergeben **4.** *par le langage, par l'art* wiedergeben **5.** *avec adj* machen; **rendre qn célèbre, fou, malade, etc** j-n berühmt, verrückt, krank *etc* machen **II** *v/i* **6.** *terres, arbres fruitiers* **rendre peu, bien** wenig, viel abwerfen, einbringen **7.** *par ext* **bien rendre à l'écran** sich auf dem Bildschirm gut machen **III** *v/pr* **se rendre 8.** MIL sich ergeben **9.** (*aller*) sich begeben (**chez qn** zu j-m; **à Paris** nach Paris); **se rendre à son travail** an die Arbeit gehen **10.** *avec adj* **se rendre malade, utile, etc** sich krank, nützlich *etc* machen

rendu [Rɑ̃dy] **I** *p/p* → **rendre** *et adj* ⟨**~e**⟩ **1.** *portrait* **bien rendu** gut getroffen **2.** (*arrivé*) angekommen **II** *m* ARTS Wiedergabe *f*

rêne [Rɛn] *f* Zügel *m*; *fig* **tenir les rênes** die Zügel fest in der Hand haben

renégat [Rənega] *m*, **renégate** [-at] *f* REL, *fig* Renegat *m*; Abtrünnige(r) *f*(*m*)

reneiger [R(ə)neʒe] *v/imp* ⟨**-ge-**⟩ **il reneige** es schneit wieder

renettoyer [R(ə)nɛtwaje] *v/t* ⟨**-oi-**⟩ wieder reinigen, säubern, sauber machen

renfermé [Rɑ̃fɛRme] **I** *adj* ⟨**~e**⟩ *air, personne* verschlossen **II** *m* **odeur** *f* **de renfermé** muffiger Geruch; **sentir le renfermé** muffig riechen

renfermer [Rɑ̃fɛRme] **I** *v/t* enthalten; umfassen; in sich (*dat*) schließen **II** *v/pr* **se renfermer en soi-même** sich in sich (*acc*) selbst zurückziehen

renflé [Rɑ̃fle] *adj* ⟨**~e**⟩ bauchig

renflement [Rɑ̃fləmɑ̃] *m* Ausbauchung *f*; Verdickung *f*

renflouage [Rɑ̃fluaʒ] *m ou* **renflouement** [-mɑ̃] *m* MAR, *fig* Wiederflottmachen *n*

renflouer [Rɑ̃flue] *v/t* MAR, *fig* wieder flottmachen; *fig* **renflouer qn** j-m unter die Arme greifen

renfoncement [Rɑ̃fɔ̃smɑ̃] *m* Vertiefung *f*

renfoncer [Rɑ̃fɔ̃se] ⟨**-ç-**⟩ *v/t* **renfoncer son chapeau sur sa tête** sich (*dat*) den Hut tiefer ins Gesicht ziehen, drücken

renforcement [Rɑ̃fɔRsəmɑ̃] *m* Verstärkung *f*

renforcer [Rɑ̃fɔRse] *v/t* ⟨**-ç-**⟩ **1.** verstärken; POL

stärken **2. renforcer qn dans son opinion** j-n
in s-r Meinung bestärken
renfort [ʀɑ̃fɔʀ] *m* **1.** MIL, *fig* Verstärkung *f* **2. à
grand renfort de** mit (Hilfe von) viel
renfrogné [ʀɑ̃fʀɔɲe] *adj* ⟨**~e**⟩ mürrisch; ver-
drießlich
renfrogner [-e] *v/pr* **se renfrogner** ein saures
Gesicht machen
rengager [ʀɑ̃gaʒe] *v/pr* ⟨**-ge-**⟩ MIL **se rengager**
sich weiterverpflichten
rengaine [ʀɑ̃gɛn] *f* Schlager *m*; Gassenhauer
m; *fig* **c'est toujours la même rengaine** es
ist immer die alte Leier
rengainer [ʀɑ̃gene] *v/t* **1.** *épée* wieder in die
Scheide stecken **2.** F *fig* **rengainer qc** F sich
(*dat*) etw verkneifen
rengorger [ʀɑ̃gɔʀʒe] *v/pr* ⟨**-ge-**⟩ **se rengorger**
sich in die Brust werfen; F sich aufplustern
reniement [ʀənimɑ̃] *m* Verleugnung *f*
renier [ʀənje] *v/t* verleugnen
reniflement [ʀ(ə)nifləmɑ̃] *m* Schnüffeln *n*
renifler [ʀ(ə)nifle] **I** *v/t* **1.** schnüffeln (*a odeur*),
schnuppern (*qc* an etw [*dat*]) **2.** *fig mauvais
coup, etc* wittern **II** *v/i* (die Nase) hochziehen
renne [ʀɛn] *m* Ren(tier) *n*
renom [ʀənɔ̃] *m* (guter) Ruf; Name *m*; Anse-
hen *n*
renommé [ʀ(ə)nɔme] *adj* ⟨**~e**⟩ angesehen; re-
nommiert; **renommé pour** bekannt, berühmt
für
renommée [ʀ(ə)nɔme] *f* guter Ruf; Ansehen *n*;
Renommee *n*; **jouir d'une grande renommée**
großes Ansehen, e-n sehr guten Ruf genießen
renommer [ʀ(ə)nɔme] *v/t* wieder ernennen
renoncement [ʀ(ə)nɔ̃smɑ̃] *m* Verzicht *m* (**à** auf
+ *acc*); Entsagung *f*
▸ **renoncer** [ʀ(ə)nɔ̃se] *v/t/indir* ⟨**-ç-**⟩ **renoncer
à** verzichten auf (+ *acc*); (*abandonner*) aufge-
ben; **renoncer au monde** der Welt entsagen;
renoncer à un projet ein Projekt aufgeben;
renoncer à faire qc darauf verzichten, etw
zu tun
renonciation [ʀ(ə)nɔ̃sjasjɔ̃] *f* Verzicht *m* (**à** auf
+ *acc*)
renoncule [ʀənɔ̃kyl] *f* Hahnenfuß *m*
renouer [ʀənwe] **I** *v/t* **1.** *lacets* wieder (zu)bin-
den **2.** *fig conversation* wieder aufnehmen **II**
v/t/indir **renouer avec qc** an etw (*acc*) (wie-
der) anknüpfen; **renouer avec qn** die Bezie-
hungen zu j-m wieder aufnehmen
renouveau [ʀ(ə)nuvo] *m* ⟨**~x**⟩ neuer Frühling;
neue Blüte
renouvelable [ʀ(ə)nuvlabl] *adj* erneuerbar;
passeport verlängerbar; *expérience* wiederhol-
bar
renouveler [ʀ(ə)nuvle] ⟨**-ll-**⟩ **I** *v/t* erneuern;
contrat, passeport a verlängern; *offre, exploit
a* wiederholen; *question* erneut stellen; **renou-
veler une assemblée** ein Gremium neu wäh-
len **II** *v/pr* **se renouveler 1.** sich erneuern;
peintre, etc sich wandeln; Neues schaffen **2.** *in-
cident* sich wiederholen
renouvellement [ʀ(ə)nuvɛlmɑ̃] *m* Erneuerung
f; *d'un passeport a* Verlängerung *f*
rénovateur [ʀenɔvatœʀ] *m*, **rénovatrice** [-tʀis]
f Erneuerer *m*, Erneuerin *f*
rénovation [ʀenɔvasjɔ̃] *f* Renovierung *f*
rénover [ʀenɔve] *v/t* **1.** *bâtiment* renovieren **2.**

fig enseignement, etc erneuern
▸ **renseignement** [ʀɑ̃sɛɲmɑ̃] *m* **1.** Auskunft *f*;
par ext **renseignements** *pl* Auskunft(sstelle)
f; Information *f*; **donner, fournir des rensei-
gnements à qn sur qc** j-m über etw (*acc*) Aus-
kunft geben, erteilen; **prendre des rensei-
gnements** Erkundigungen einziehen, einho-
len (**sur** über + *acc*) **2. renseignements géné-
raux** *correspond à* Verfassungsschutz *m*; **ser-
vice** *m* **de renseignements** Nachrichten-
dienst *m*
renseigner [ʀɑ̃sɛɲe] **I** *v/t* Auskunft geben, er-
teilen (**qn sur qc, qn**) j-m über etw, j-n); infor-
mieren, unterrichten (j-n über etw, j-n) **II** *v/pr*
▸ **se renseigner** sich erkundigen, informieren
(**sur** über + *acc*)
rentabiliser [ʀɑ̃tabilize] *v/t* rentabel machen
rentabilité [-ite] *f* Rentabilität *f*
rentable [ʀɑ̃tabl] *adj* rentabel; lohnend; ein-
träglich; **être rentable** *a* sich rentieren
rente [ʀɑ̃t] *f* **1.** *d'un capital, bien* Rente *f*; *fig
rente de situation* Vorteil, der bei e-r Stellung
herausspringt; **vivre de ses rentes** von s-m
Vermögen leben **2.** F (*dépense régulière*) Fass
n ohne Boden **3.** (*emprunt d'État*) Staatsanlei-
he *f*
rentier [ʀɑ̃tje] *m*, **rentière** [-jɛʀ] *f* Rentier *m*;
Privatier *m*
rentré [ʀɑ̃tʀe] **I** *adj* ⟨**~e**⟩ **1.** *colère* unterdrückt **2.**
joues eingefallen; hohl **II** *m* COUT Umschlag *m*
rentrée [ʀɑ̃tʀe] *f* **1.** (*retour*) Rückkehr *f* **2.** *après
les vacances* Wiederbeginn *m* (der Arbeit, der
Schule, der Universität *etc*); **la rentrée des
classes** der Schulbeginn **3.** (*réapparition*)
Wiederkehr *f*; *de qn a* Rückkehr *f*; **faire sa ren-
trée** (s)ein Come-back feiern **4.** COMM *d'argent*
Eingang *m*; **rentrées** *pl* Eingänge *m/pl*; Ein-
nahmen *f/pl* **5.** ESPACE **rentrée dans l'atmos-
phère** Wiedereintritt *m* in die Atmosphäre
▸ **rentrer** [ʀɑ̃tʀe] **I** *v/t* objet (wieder) hinein- *ou*
herein-, F reinbringen, -schaffen, -tragen,
-schieben, -stecken; *ventre* einziehen; *avion*:
train d'atterrissage einziehen; einfahren; TYPO
ligne einrücken; *fig colère* unterdrücken; **ren-
trer sa chemise dans son pantalon** sein
Hemd (wieder) in die Hose stecken; **rentrer
sa voiture (au garage)** s-n Wagen einstellen,
in die Garage fahren *ou* bringen **II** *v/i* ⟨**être**⟩ **1.**
(*revenir*) zurückkehren, -kommen, -gehen;
rentrer (chez soi) heimkehren, -kommen;
nach Hause kommen, gehen **2.** (*retrouver*)
rentrer dans qc etw wiedererlangen; **rentrer
dans ses frais** s-e Ausgaben wieder hereinbe-
kommen **3.** *après les vacances* die Arbeit wie-
der aufnehmen; *écoles* wieder beginnen **4.** (*en-
trer*) hereinkommen; *personne a* hineingehen;
eintreten; *pluie, odeur a* eindringen; *argent a*
eingehen **5.** F *voiture* **rentrer dans un arbre**
gegen e-n Baum fahren; *fig* **il va lui rentrer de-
dans** er wird gleich auf ihn losgehen **6.** *objet
dans qc* hineingehen, -passen (**dans** in + *acc*) **7.**
(*faire partie de*) **rentrer dans** fallen unter (+
acc); gehören zu
renversant [ʀɑ̃vɛʀsɑ̃] *adj* ⟨**-ante** [-ɑ̃t]⟩ *nouvel-
le* verblüffend; F umwerfend
renverse [ʀɑ̃vɛʀs] **tomber à la renverse** au
den Rücken fallen
renversé [ʀɑ̃vɛʀse] *adj* ⟨**~e**⟩ **1.** (*à l'envers*) um

gekehrt; auf dem Kopf stehend; **crème ren-versée** gestürzter Pudding **2.** *chaise* umgekippt; *liquide* verschüttet; *tête* nach hinten geneigt **3.** *fig (stupéfait)* völlig verblüfft

renversement [ʀɑ̃vɛʀsəmɑ̃] *m* **1.** *d'un régime* Sturz *m* **2.** *(inversion)* Umkehrung *f*; *fig* Verkehrung *f* ins Gegenteil

▸ **renverser** [ʀɑ̃vɛʀse] **I** *v/t* **1.** *objet* umwerfen; umstoßen; *tempête: arbres* umreißen; *voiture: piéton* umfahren; *par ext vin, café* verschütten; F *fig* **cela me renverse** F das haut mich um **2.** *gouvernement, régime* stürzen **3.** *(inverser)* umkehren **4. renverser la tête (en arrière)** den Kopf zurückwerfen **II** *v/pr* **se renverser 5.** *objet* umfallen; umkippen; umstürzen **6.** *personne (s'adosser)* sich zurücklehnen **7.** *situation* sich ins Gegenteil verkehren

renvoi [ʀɑ̃vwa] *m* **1.** *de personnel* Entlassung *f*; *d'un élève* Verweisung *f* (von der Schule) **2.** *d'une lettre, etc* Zurückschicken *n*; Rücksendung *f* **3.** *dans un texte* Verweis *m* (**à** auf + *acc*) **4.** JUR Verweisung *f* (**devant un tribunal** an ein Gericht) **5.** *(ajournement)* Verschiebung *f* (**à 'huitaine** um acht Tage) **6.** *(rot)* Aufstoßen *n*

▸ **renvoyer** [ʀɑ̃vwaje] ⟨→ **envoyer**⟩ **I** *v/t* **1.** *personnel* entlassen; *élève* verweisen (**de l'école** von der Schule); *visiteur gênant* wegschicken; F abwimmeln **2.** *(faire retourner)* zurückschicken (*a lettre, marchandise*) **3.** *balle, image, son* zurückwerfen **4. renvoyer qn à qn** j-n an j-n verweisen; *dans un texte* **renvoyer à qc** auf etw *(acc)* verweisen **5.** *(reporter)* verschieben (**à** auf + *acc*) **II** *v/pr* **se renvoyer la faute** sich *(dat)* gegenseitig die Schuld zuschieben

réoccuper [ʀeɔkype] *v/t* wieder besetzen

réorchestration [ʀeɔʀkɛstʀasjɔ̃] *f* Neuorchestrierung *f*

réorchestrer [-e] *v/t* neu orchestrieren

réorganisation [ʀeɔʀganizasjɔ̃] *f* Umorganisierung *f*; Neugestaltung *f*; Neuordnung *f*

réorganiser [-e] *v/t* **I** *v/t* umorganisieren; neu gestalten, ordnen **II** *v/pr* **se réorganiser** sich reorganisieren

réorientation [ʀeɔʀjɑ̃tasjɔ̃] *f* Neuorientierung *f*

réorienter [-e] *v/t* neu orientieren; anders ausrichten

réouverture [ʀeuvɛʀtyʀ] *f* Wiedereröffnung *f*

repaire [ʀ(ə)pɛʀ] *m* **1.** *d'animaux* Höhle *f* **2.** *fig* Schlupfwinkel *m*

▸ **repaître** [ʀəpɛtʀ] *v/pr* ⟨→ **connaître**⟩ *st/s* **se repaître de 1.** *animal* sich satt fressen an (+ *dat*) **2.** *fig* sich weiden an (+ *dat*)

▸ **répandre** [ʀepɑ̃dʀ] ⟨→ **rendre**⟩ **I** *v/t* **1.** *liquide par accident* verschütten (**sur** auf + *dat*); *sable, etc* streuen (auf + *acc*); *larmes* vergießen **2.** *odeur, nouvelle, allégresse* verbreiten; *bienfaits* austeilen **II** *v/pr* **se répandre 3.** *liquide* sich ergießen (**sur** über + *acc*); auslaufen **4.** *odeur, chaleur, nouvelle, mode, épidémie* sich verbreiten; sich ausbreiten **5.** *personne* **se répandre en** sich ergehen in (+ *dat*)

épandu [ʀepɑ̃dy] *adj* ⟨**~e**⟩ verbreitet

éparable [ʀepaʀabl] *adj* reparabel; *perte* ersetzbar

eparaître [ʀ(ə)paʀɛtʀ] *v/i* ⟨→ **connaître**⟩ wie-

der erscheinen; sich wieder zeigen

réparateur [ʀepaʀatœʀ] *adj* ⟨**-trice** [-tʀis]⟩ *sommeil* erquickend; wohltuend

réparation [ʀepaʀasjɔ̃] *f* **1.** TECH Reparatur *f*; **être en réparation** repariert werden **2.** *d'une faute* Wiedergutmachung *f*; *après une guerre* **réparations** *pl* Reparationen *f/pl* **3.** FOOTBALL **surface** *f* **de réparation** Strafraum *m*

▸ **réparer** [ʀepaʀe] *v/t* **1.** TECH reparieren; *fig* **réparer ses forces** wieder zu Kräften kommen **2.** *faute* wiedergutmachen

reparler [ʀ(ə)paʀle] **I** *v/i* wieder, noch einmal sprechen (**à qn** mit j-m; *über* + *acc*; VON); zurückkommen (**de** auf + *acc*) **II** *v/pr* **se reparler** wieder miteinander sprechen

repartie [ʀepaʀti] *f* **avoir de la repartie** schlagfertig sein

repartir [ʀ(ə)paʀtiʀ] *v/i* ⟨→ **partir**⟩ **1.** *de nouveau* wieder weggehen, abreisen, abfahren; weiterfahren, -gehen; *moteur* wieder anspringen **2.** *d'où l'on vient* wieder zurückgehen, -fahren

répartir [ʀepaʀtiʀ] **I** *v/t* **1.** *(partager)* verteilen, aufteilen (**entre** unter + *dat*) **2.** *(classer)* einteilen (**en** in + *acc*) **II** *v/pr* **3. se répartir un travail** sich *(dat)* e-e Arbeit aufteilen **4.** *frais, etc* **se répartir** sich verteilen

répartition [ʀepaʀtisjɔ̃] *f* Verteilung *f*; Aufteilung *f*

▸ **repas** [ʀ(ə)pɑ] *m* Mahlzeit *f*; Essen *n*

repassage [ʀ(ə)pasaʒ] *m* Bügeln *n*

▸ **repasser** [ʀ(ə)pase] **I** *v/t* **1.** *fleuve* wieder überqueren; *frontière* wieder überschreiten; *film* noch einmal zeigen; *examen* noch einmal machen, ablegen **2.** F *(donner)* **repasser qc à qn** etw an j-n weitergeben **3.** *du linge* bügeln; plätten **4.** *(relire) leçons* noch einmal durchgehen; wiederholen **5.** *(aiguiser)* schleifen **II** *v/i* ⟨**être**⟩ noch einmal, wieder vorbeikommen, -gehen, -fahren; *fig* **repasser derrière qn** j-m auf die Finger sehen; **passer et repasser** auf und ab gehen

repasseuse [ʀ(ə)pasøz] *f* Büglerin *f*; *nordd a* Plätterin *f*

repayer [ʀ(ə)peje] *v/t et v/i* ⟨**-ay-** *od* **-ai-**⟩ noch einmal bezahlen

repêchage [ʀ(ə)pɛʃaʒ] *m* *examen* Wiederholungsprüfung *f*

repêcher [ʀ(ə)pɛʃe] *v/t* **1.** *dans l'eau* aus dem Wasser ziehen; F herausfischen **2.** F *fig* **repêcher qn** *candidat* j-n gerade noch durchkommen lassen; SPORTS j-m e-e zusätzliche Qualifikationschance geben

repeindre [ʀ(ə)pɛ̃dʀ] *v/t* ⟨→ **peindre**⟩ neu (an)streichen

repeint [ʀ(ə)pɛ̃] *m* Übermalung *f*

repenser [ʀ(ə)pɑ̃se] **I** *v/t* *problème* (noch einmal) überdenken **II** *v/t/indir* **repenser à** wieder denken an (+ *acc*); **j'y repenserai** ich werde es mir noch überlegen

repentant [ʀ(ə)pɑ̃tɑ̃] *adj* ⟨**-ante** [-ɑ̃t]⟩ reumütig; reuig

repenti [ʀ(ə)pɑ̃ti] *m* JUR Kronzeuge *m*

repentir [ʀ(ə)pɑ̃tiʀ] **I** *v/pr* ⟨→ **partir**⟩ **se repentir de qc** etw bereuen **II** *m* Reue *f*

repérage [ʀ(ə)peʀaʒ] *m* **1.** AVIAT Ortung *f* **2.** CIN Erkundung *f* geeigneter Drehorte

répercussion [ʀepɛʀkysjɔ̃] *f* Auswirkung *f*

répercuter [ʀepɛʀkyte] **I** v/t **1.** son zurückwerfen **2.** FIN charge abwälzen (**sur** auf + acc) **II** v/pr **3.** **se répercuter** bruit widerhallen; sons, cris zurückschallen **4.** fig **se répercuter sur qc** sich auf etw (acc) auswirken

repère [ʀ(ə)pɛʀ] m Markierung f; Zeichen n; **point** m **de repère** Anhalts-, Bezugs-, Orientierungspunkt m

repérer [ʀ(ə)peʀe] ⟨**-è-**⟩ **I** v/t **1.** (découvrir) ausfindig machen; auffinden; ausmachen; F **se faire repérer** auffallen; sich verraten **2.** AVIAT, MIL orten **II** v/pr **se repérer** sich zurechtfinden

répertoire [ʀepɛʀtwaʀ] m **1.** (Sach)Register n; Verzeichnis n; **répertoire d'adresses** Adressenheft n **2.** THÉ, d'un artiste, fig Repertoire n; **faire partie du répertoire** zum Repertoire gehören

répertorier [ʀepɛʀtɔʀje] v/t in ein Verzeichnis aufnehmen; erfassen

repeser [ʀ(ə)pəze] v/t ⟨**-è-**⟩ nachwiegen

▸ **répéter** [ʀepete] v/t ⟨**-è-**⟩ **1.** wiederholen; secret, nouvelle weitererzählen; **ne pas se le faire répéter** es sich (dat) nicht zweimal sagen lassen; **des tentatives répétées** wiederholte Versuche m/pl **2.** rôle, pièce, etc proben (a abs); einstudieren; leçon wiederholen

répétiteur [ʀepetitœʀ] m, **répétitrice** [-tʀis] f Repetitor m, Repetitorin f; F Einpauker(in) m(f)

répétitif [ʀepetitif] adj ⟨**-ive** [-iv]⟩ sich wiederholend; par ext monoton

répétition [ʀepetisjɔ̃] f **1.** Wiederholung f **2.** THÉ, etc Probe f; **répétition générale** Generalprobe f (a fig)

repeuplement [ʀ(ə)pœpləmɑ̃] m **1.** d'une région Wiederbevölkern n, -ung f **2.** d'un étang Wiederbesetzen n, -ung f; d'une forêt Wiederaufforsten n, -ung f

repeupler [-e] **I** v/t **1.** région wieder bevölkern **2.** étang wieder mit Fischen besetzen; forêt wieder aufforsten **II** v/pr **se repeupler** sich wieder bevölkern

repiquage [ʀ(ə)pikaʒ] m **1.** JARD Pikieren n **2.** d'une cassette, etc Überspielung f

repiquer [-e] v/t **1.** JARD pikieren; verpflanzen **2.** disque, cassette überspielen

répit [ʀepi] m Ruhe f; Atempause f; **sans répit** pausenlos; unablässig

replacer [ʀ(ə)plase] ⟨**-ç-**⟩ **I** v/t wieder hinstellen, -setzen, -legen **II** v/pr **se replacer** personne e-e andere ou neue Stelle bekommen

replanter [ʀ(ə)plɑ̃te] v/t umpflanzen; versetzen

replat [ʀəpla] m GÉOL Terrasse f

replâtrage [ʀ(ə)plɑtʀaʒ] m F péj Flickschusterei f

replet [ʀəplɛ] adj ⟨**-ète** [-ɛt]⟩ rundlich; füllig; beleibt

repleuvoir [ʀ(ə)plœvwaʀ] v/imp ⟨→ **pleuvoir**⟩ **il repleut** es regnet wieder

repli [ʀəpli] m **1.** Falte f; de l'intestin Windung f; COUT Umschlag m **2.** MIL (geordneter) Rückzug **3.** fig du cœur verborgener Winkel

repliement [ʀ(ə)plimɑ̃] m Zurückgezogenheit f; Abkapselung f

replier [ʀ(ə)plije] **I** v/t journal, vêtement wieder zusammenfalten; bord umschlagen; ailes anlegen; jambes anziehen **II** v/pr **1.** MIL **se replier**

sich zurückziehen **2.** **se replier sur soi-même** sich abkapseln

réplique [ʀeplik] f **1.** (riposte) Erwiderung f; Entgegnung f **2.** (objection) Widerrede f; **sans réplique** ohne Widerrede **3.** THÉ Antwort f; Gegenrede f; **donner la réplique à un acteur** e-m Schauspieler das Stichwort geben **4.** ARTS Replik f; Nachbildung f

répliquer [ʀeplike] v/t **1.** (répondre) entgegnen, erwidern (**qc à qn** j-m etw) **2.** abs (protester) widersprechen

replonger [ʀ(ə)plɔ̃ʒe] ⟨**-ge-**⟩ v/t wieder (ein)-tauchen (**dans** in +acc)

répondant [ʀepɔ̃dɑ̃] m Bürge m; F fig **avoir du répondant** F Geld im Rücken haben

répondeur [ʀepɔ̃dœʀ] m TÉL Anrufbeantworter m

▸ **répondre** [ʀepɔ̃dʀ] ⟨→ **rendre**⟩ **I** v/t antworten, erwidern, entgegnen (**qc à qn** j-m etw; **que** dass) **II** v/t/indir et v/i **1.** antworten (**à qn** j-m; **à qc** auf etw [acc]); beantworten (**à qc** etw); **répondre à l'affection de qn** die Zuneigung j-s erwidern; **répondre à une lettre** e-n Brief beantworten; auf e-n Brief antworten; **répondre au nom de …** auf den Namen … hören; **répondre au téléphone** ans Telefon gehen; TÉL **ça ne répond pas** es meldet sich niemand **2.** (correspondre) **répondre à qc** e-r Sache (dat) entsprechen **3.** (répliquer) enfant widersprechen (**à qn** j-m); abs **il répond** gibt freche Antworten **4.** mécanisme, organisme ansprechen, reagieren (**à** auf + acc) **5.** **répondre de qc, de qn** für etw, für j-n bürgen, sich verbürgen, einstehen, geradestehen; **je ne réponds de rien** ich kann für nichts garantiere für nichts

réponse [ʀepɔ̃s] f **1.** Antwort f, Erwiderung f, Entgegnung f (**à** auf + acc); **droit** m **de réponse** Anspruch m auf Gegendarstellung; **en réponse à votre lettre** in Beantwortung Ihres Schreibens; **donner, obtenir une réponse** e-e Antwort geben, erhalten; lettre, question **rester sans réponse** unbeantwortet bleiben **2.** BIOL, fig Reaktion f

report [ʀəpɔʀ] m **1.** (ajournement) Verschiebung f **2.** COMPTABILITÉ Übertrag m **3.** POL **report des voix** Stimmenübertragung f

▸ **reportage** [ʀ(ə)pɔʀtaʒ] m Reportage f; Bericht m

reporter[1] [ʀ(ə)pɔʀte] **I** v/t **1.** au point de départ zurücktragen, -bringen **2.** (transcrire) übertragen **3.** (ajourner) ver-, aufschieben **4.** **reporter qc sur qn** etw auf j-n übertragen **II** v/pr **5.** (se référer) **se reporter à qc** sich auf etw (acc) beziehen; **se reporter page 16** siehe Seite 16 **6.** **se reporter** dans le passé sich zurückversetzen (**à** in + acc)

reporter[2] [ʀ(ə)pɔʀtɛʀ] m Reporter m

▸ **repos** [ʀ(ə)po] m **1.** Ruhe f; Erholung f; **de tout repos** placement, situation sicher; risikolos; travail ruhig; **prendre du repos** ausspannen **2.** MIL **repos!** rührt euch!

reposant [ʀ(ə)pozɑ̃] adj ⟨**-ante** [-ɑ̃t]⟩ erholsam

reposé [ʀ(ə)poze] adj ⟨**~e**⟩ erholt; ausgeruht; **tête reposée** in (aller) Ruhe

repose-pied(s) [ʀ(ə)pozpje] m ⟨**repose-pieds**⟩ d'une moto Fußraste f

reposer [ʀ(ə)poze] **I** v/t **1.** objet wieder (hin) stellen, (-)setzen, (-)legen; question noch ein

R

mal stellen **2.** (*délasser*) ausruhen; entspannen; *les yeux* erholsam sein für **II** *v/i* **3.** *st/s* ruhen; *ici repose …* hier ruht … **4.** *laisser reposer liquide* sich absetzen lassen; *pâte* ruhen lassen **5.** *reposer sur* ruhen auf (+ *dat*) (*a fig*) **III** *v/pr* **6.** ▸ *se reposer* sich erholen; (sich) ausruhen; *aller se reposer* sich hinlegen **7.** *se reposer sur qn* sich auf j-n verlassen
repose-tête [R(ə)poztɛt] *m* ⟨*inv*⟩ Kopfstütze *f*
repoussant [R(ə)pusɑ̃] *adj* ⟨*-ante* [-ɑ̃t]⟩ abstoßend; widerlich
repousse [R(ə)pus] *f* (Nach)Wachsen *n*
repoussé [R(ə)puse] *adj* ⟨*~e*⟩ *métal* getrieben; gepunzt (*a cuir*)
repousser [R(ə)puse] **I** *v/t* **1.** (*faire reculer*) weg-, zurückstoßen; *ennemi* zurückwerfen; *attaque* zurückschlagen **2.** (*éconduire*) abweisen **3.** (*dégoûter*) abstoßen **4.** (*rejeter*) *conseil, etc* ablehnen; zurückweisen; *demande* abschlagen; *tentation* widerstehen (+ *dat*) **5.** *objets gênants, meuble* weg-, zurückschieben **6.** (*différer*) hinausschieben; verschieben **II** *v/i che-veux, gazon, etc* wieder wachsen; nachwachsen
repoussoir [R(ə)puswaR] *m* *servir de repous-soir à qn* dazu dienen, die Vorzüge j-s zur Geltung zu bringen
répréhensible [RepReɑ̃sibl] *adj* tadelnswert; verwerflich
reprendre [R(ə)pRɑ̃dR] ⟨→ **prendre**⟩ **I** *v/t* **1.** *objet* wieder, noch einmal nehmen; wieder weg-, fortnehmen; *personne, voiture, etc* (*aller cher-cher*) wieder abholen; *fugitif* wieder fassen; *sa place* wieder einnehmen; *habitude* wieder annehmen; *reprendre courage* wieder Mut fassen; *reprendre des forces* wieder zu Kräften kommen **2.** COMM *article* zurücknehmen; *vieille voiture, etc* in Zahlung nehmen **3.** (*continuer*) *travail, conversation, etc* wieder aufnehmen; fortsetzen; weiterführen; *appartement, commerce, programme* übernehmen **4.** (*améliorer*) *texte* überarbeiten; *vêtement* enger machen; ändern **5.** (*réprimander*) tadeln; zurechtweisen **6.** *on ne m'y reprendra plus* das wird mir nicht noch einmal passieren **II** *v/i* **7.** (*dire*) *reprit-il* sagte er (*nach e-r Pause*) **8.** *plante* wieder anwachsen; *par ext affaires* sich wieder beleben; wieder in Gang kommen **9.** (*recommencer*) wieder beginnen, anfangen; *froid* wieder einsetzen **III** *v/pr* **10.** *se reprendre* (*se ressaisir*) sich fangen; (*rectifier*) sich verbessern **11.** *s'y reprendre à deux fois* zweimal beginnen, anfangen
repreneur [R(ə)pRənœR] *m* Firmenaufkäufer *m*
représailles [R(ə)pRezaj] *f/pl* Repressalien *f/pl*; Vergeltungsmaßnahmen *f/pl*
représentable [R(ə)pRezɑ̃tabl] *adj* darstellbar
▸ **représentant** [R(ə)pRezɑ̃tɑ̃] *m*, **représentan-te** [-ɑ̃t] *f* Vertreter(in) *m(f)* (*a* POL, COMM); Repräsentant(in) *m(f)*; *représentant, représen-tante de commerce* Handelsvertreter(in) *m(f)*
eprésentatif [R(ə)pRezɑ̃tatif] *adj* ⟨*-ive* [-iv]⟩ repräsentativ (*de* für)
représentation [R(ə)pRezɑ̃tasjɔ̃] *f* **1.** (*image*) Darstellung *f* **2.** THÉ Aufführung *f*; Vorstellung *f* **3.** COMM, POL, JUR Vertretung *f*; POL *a* Repräsentation *f*

représentativité [R(ə)pRezɑ̃tativite] *f* repräsentativer Charakter
▸ **représenter** [R(ə)pRezɑ̃te] **I** *v/t* **1.** (*exprimer, constituer*) darstellen **2.** THÉ *pièce* aufführen **3.** COMM, POL, JUR vertreten **II** *v/pr* **4.** (*s'imagi-ner*) *se représenter qc* sich (*dat*) etw vorstellen **5.** *se représenter aux élections* sich erneut zur Wahl stellen; *se représenter à un examen* sich noch einmal zu e-r Prüfung melden
répressif [Represif] *adj* ⟨*-ive* [-iv]⟩ repressiv
répression [Represjɔ̃] *f* **1.** *d'un crime* Strafverfolgung *f*; Ahndung *f* **2.** *d'une révolte* Niederschlagung *f*; Unterdrückung *f*; Repression *f*
réprimande [Reprimɑ̃d] *f* Rüge *f*; Zurechtweisung *f*
réprimander [-e] *v/t* zurechtweisen; rügen
réprimer [Reprime] *v/t* unterdrücken; *révolte a* niederschlagen
repris [R(ə)pRi] *m* *repris de justice* Vorbestrafte(r) *m*
reprisage [R(ə)pRizaʒ] *m* COUT Stopfen *n*
reprise [R(ə)pRiz] *f* **1.** *du travail, etc* Wiederaufnahme *f*; Fortsetzung *f*; Weiterführung *f*; *d'un fonds de commerce* Übernahme *f*; THÉ Reprise *f*; Wiederaufnahme *f* in den Spielplan; (*recom-mencement*) Wiederbeginn *m*; *reprise écono-mique* Wiederbelebung *f*, Wiederaufschwung *m* der Wirtschaft **2.** COMM *d'un article* Zurücknahme *f*; *d'une vieille voiture* Inzahlungnahme *f* **3.** *moteur avoir de bonnes reprises* ein gutes Anzugsvermögen haben; spritzig sein **4.** BOXE Runde *f* **5.** *lors d'un emménagement* Ablösesumme *f* **6.** COUT gestopfte Stelle; *faire une reprise à qc* etw stopfen **7.** *à plusieurs reprises* mehrmals; mehrfach; wiederholt
repriser [R(ə)pRize] *v/t* stopfen
réprobateur [Reprobatœr] *adj* ⟨*-trice* [-tRis]⟩ vorwurfsvoll; missbilligend
réprobation [-sjɔ̃] *f* Missbilligung *f*; Missfallen *n*
▸ **reproche** [R(ə)pRɔʃ] *m* Vorwurf *m*; *faire des reproches à qn* j-m Vorwürfe machen
▸ **reprocher** [R(ə)pRɔʃe] **I** *v/t* vorwerfen (*qc à qn* j-m etw) **II** *v/pr* *se reprocher qc* sich (*dat*) etw vorwerfen
reproducteur [R(ə)pRɔdyktœR] *adj* ⟨*-trice* [-tRis]⟩ Fortpflanzungs…
reproduction [R(ə)pRɔdyksjɔ̃] *f* **1.** BIOL Fortpflanzung *f* **2.** (*copie*) Nachbildung *f*; Wiedergabe *f*; TECH, TYPO Reproduktion *f*; Vervielfältigung *f*; *d'un texte a* Ab-, Nach-, Neudruck *m*; Reprint *m*
reproduire [R(ə)pRɔdɥiR] ⟨→ **conduire**⟩ **I** *v/t* **1.** *réalité, sons* wiedergeben **2.** *texte* ab-, nachdrucken; *a tableau, dessin* reproduzieren; vervielfältigen **II** *v/pr* *se reproduire* **3.** (*recommen-cer*) sich wiederholen; wieder vorkommen **4.** BIOL sich fortpflanzen
reprographie [R(ə)pRɔgRafi] *f* Reprographie *f*
réprouvé(e) [Repruve] *m(f)* Geächtete(r) *f(m)*
réprouver [Repruve] *v/t* missbilligen
reptation [Rɛptasjɔ̃] *f* Kriechen *n*
reptile [Rɛptil] *m* Reptil *n*; Kriechtier *n*
repu [Rəpy] *adj* ⟨*~e*⟩ satt; gesättigt
républicain [Repyblikɛ̃] **I** *adj* ⟨*-aine* [-ɛn]⟩ republikanisch **II** *républicain(e) m(f)* Republikaner(in) *m(f)*

républicanisme [ʀepyblikanism] *m* republika-
nische Gesinnung
▸ **république** [ʀepyblik] *f* Republik *f*

Les différentes Républiques

In Frankreich hat man sich angewöhnt,
die Republiken mit einer jeweils neuen,
geänderten Verfassung zu nummerieren.
Es handelt sich meist um bedeutende
Perioden der französischen Geschichte.
Die **Erste Republik** wurde **1792** wäh-
rend der Französischen Revolution ge-
gründet. Doch schon bald folgte dieser
das Kaiserreich Napoleons I. (1804).
Die **Zweite Republik** entstand **1848**,
wurde aber schon 1851 durch den
Staatsstreich Napoleons III. abgelöst.
Die **Dritte Republik** wurde nach der
Niederlage gegen Deutschland im Jahre
1870 ins Leben gerufen. Sie endete erst
1939 mit der Besetzung Frankreichs
durch die deutsche Wehrmacht. Die
Vierte Republik begann **1946** nach En-
de des Zweiten Weltkrieges. Die heuti-
ge **Fünfte Republik** entstand **1958**: Ge-
neral Charles de Gaulle, der wegen des
Algerienkrieges an die Macht berufen
wurde, setzte eine neue Verfassung
durch, die dem Staatspräsidenten weit-
reichende Rechte einräumte.

---

répudiation [ʀepydjasjõ] *f d'une épouse* Ver-
stoßung *f*
répudier [-je] *v/t* **1.** *épouse* verstoßen **2.** *fig* ver-
werfen; aufgeben
répugnance [ʀepyɲɑ̃s] *f* Widerwille *m* (*pour*
gegen); Abscheu *m*, Ekel *m* (vor + *dat*); *avec
répugnance* widerwillig; mit Widerwillen
répugnant [ʀepyɲɑ̃] *adj* ⟨**-ante** [-ɑ̃t]⟩ wider-
lich; widerwärtig; abstoßend
répugner [ʀepyɲe] *v/t/indir* **1.** *personne* **répu-
gner à qc** Widerwillen gegen etw empfinden;
etw verabscheuen; **répugner à faire qc** wider-
willig etw tun **2.** *chose* **répugner à qn** j-n an-
widern; j-m zuwider sein
répulsion [ʀepylsjõ] *f* Widerwille *m* (*pour* ge-
gen); Abscheu *m* (vor + *dat*)
réputation [ʀepytasjõ] *f* (guter) Ruf; Leumund
m; Reputation *f*; **avoir (une) mauvaise répu-
tation** in e-m schlechten Ruf stehen; **faire une
mauvaise réputation à qn** j-n in Verruf brin-
gen; *connaître* **de réputation** vom Hörensagen
réputé [ʀepyte] *adj* ⟨**∼e**⟩ berühmt (**pour** we-
gen, für)
requérant [ʀəkeʀɑ̃] *m*, **requérante** [-ɑ̃t] *f* JUR
Antragsteller(in) *m(f)*
requérir [ʀəkeʀiʀ] *v/t* ⟨→ **acquérir**⟩ **1.** JUR *peine*
beantragen; fordern **2.** *attention, soins* erfor-
dern
requête [ʀəkɛt] *f* Gesuch *n*; Antrag *m*; **à, sur la
requête de** auf Ersuchen (+ *gén*); **faire, pré-
senter une requête** ein Gesuch einreichen;

e-e Eingabe machen
requiem [ʀekɥijɛm] *m* ⟨*inv*⟩ Requiem *n*
requiert [ʀəkjɛʀ] → **requérir**
▸ **requin** [ʀəkɛ̃] *m* **1.** ZO Hai(fisch) *m* **2.** *fig re-
quin (de la finance)* Finanzhai *m*
requinquer [ʀ(ə)kɛ̃ke] F **I** *v/t* F aufmöbeln **II**
v/pr **se requinquer** wieder munter werden
requis [ʀəki] *adj* ⟨**-ise** [-iz]⟩ erforderlich
réquisition [ʀekizisjõ] *f* **1.** *de choses* Beschlag-
nahmung *f* **2.** *de personnes* Dienstverpflich-
tung *f*
réquisitionner [ʀekizisjɔne] *v/t* **1.** *véhicules, lo-
caux* beschlagnahmen; requirieren **2.** *person-
nes* dienstverpflichten **3.** F *fig* **réquisitionner
qn pour faire qc** F j-n für etw einspannen
réquisitoire [ʀekizitwaʀ] *m* **1.** JUR Plädoyer *n*
(des Staatsanwaltes) **2.** *fig* Anklage(rede) *f*
requitter [ʀ(ə)kite] *v/t* (*et v/pr* (*se*) **requitter**
(einander) wieder verlassen
▸ **RER** [ɛʀøɛʀ] *m abr* ⟨*inv*⟩ (*réseau express ré-
gional*) S-Bahn *f*
resaler [ʀ(ə)sale] *v/t* nachsalzen
resalir [ʀ(ə)saliʀ] *v/t* (*et v/pr* **se**) **resalir** (sich)
wieder schmutzig machen
rescapé(e) [ʀɛskape] *m(f)* Überlebende(r)
f(m)
rescousse [ʀɛskus] *f* **venir à la rescousse (de
qn)** j-m zu Hilfe kommen
réseau [ʀezo] *m* ⟨**∼x**⟩ Netz *n* (*a* INFORM); ANAT *a*
Geflecht *n*; **réseau routier** Straßennetz *n*; **ré-
seau d'espionnage** Spionagenetz *n*, -ring *m*
réséda [ʀezeda] *m* Reseda *f*
▸ **réservation** [ʀezɛʀvasjõ] *f* Reservierung *f*;
Vorbestellung *f*; *d'un voyage* Buchung *f*; CH
DE FER Platzkarte *f*
▸ **réserve** [ʀezɛʀv] *f* **1.** (*provision*) Reserve *f*;
Vorrat *m*; **en réserve** in Reserve; vorrätig **2.**
MIL Reserve *f*; **officier** *m* **de réserve** Reserve-
offizier *m* **3.** *territoire* Reservat *n* (*a d'Indiens*);
réserve naturelle Naturschutzgebiet *n* **4.** *qua-
lité de qn* Reserviertheit *f*; Reserve *f*; Zurück-
haltung *f* **5.** (*restriction*) Vorbehalt *m*; **sans ré-
serve** vorbehalt-, rückhaltlos; **sous toutes ré-
serves** unter Vorbehalt; **sous réserve de ...**
vorbehaltlich (+ *gén*)
réservé [ʀezɛʀve] *adj* ⟨**∼e**⟩ **1.** *personne* zurück-
haltend; reserviert **2.** *place, etc* reserviert (**à qn**
für j-n)
▸ **réserver** [ʀezɛʀve] **I** *v/t* **1.** (*garder*) zurück-
(be)halten; aufbewahren; aufsparen **2.** *cham-
bre, place, table* reservieren; vorbestellen;
voyage, billet d'avion, a chambre buchen **3.**
(*destiner*) **réserver qc à qn** j-m etw vorbehal-
ten; etw für j-n bestimmen; *accueil, surprise,
déception* j-m bereiten **II** *v/pr* **4. se réserver
qc** sich (*dat*) etw *ou* etw für sich reservieren;
se réserver de (+ *inf*) sich (*dat*) vorbehalten
zu (+ *inf*) **5. se réserver** sich, s-e Kräfte scho-
nen (**pour** für)
réserviste [ʀezɛʀvist] *m* Reservist *m*
réservoir [ʀezɛʀvwaʀ] *m* Reservoir *n* (*a fig*)
Behälter *m*; **réservoir d'essence** Benzintank
m
résidant [ʀezidɑ̃] *adj* ⟨**-ante** [-ɑ̃t]⟩ **résidant à**
wohnhaft, ansässig in (+*dat*)
résidence [ʀezidɑ̃s] *f* **1.** (*domicile*) Wohnsitz *m*
Wohnort *m*; **résidence principale** Haupt-
wohnsitz *m*; **résidence secondaire** Zweit

La Résistance

La Résistance ist der Oberbegriff für Gruppen, die seit 1940 während der Besetzung Frankreichs durch die deutsche Wehrmacht im Untergrund gegen die deutsche Besatzungsmacht und z. T. auch gegen die mit der Besatzungsmacht zusammenarbeitenden französischen Behörden, Polizeieinheiten usw. agierten. Die Widerstandsbewegung verübte Sabotageakte gegen Eisenbahnlinien, um den Nachschub der deutschen Besatzungstruppen zu behindern, verteilte Flugblätter und im Untergrund gedruckte Zeitungen, beschaffte falsche Papiere für Widerstandskämpfer, leistete Fluchthilfe für französische Juden nach Spanien, überfiel Dienststellen der deutschen Besatzungstruppen und nahm auch den bewaffneten Kampf gegen die deutschen Besatzer auf. Die Widerstandskämpfer in Frankreich (**la Résistance intérieure**) wurden **maquisards** genannt. Unter **maquis** (benannt nach dem Buschwald, in dem sich die Partisanen versteckten) verstand man einzelne Widerstandsgruppen, die meist in unzugänglichem Gelände (Alpen, Zentralmassiv usw.) operierten. Als Ausgangspunkt der Résistance wird häufig mythisch verklärt der Aufruf von General de Gaulle angesehen, der am 18. Juni 1940 von London aus über die BBC ausgestrahlt wurde. General de Gaulle versuchte von London aus, die sogenannte **Résistance extérieure** zu organisieren. In Erwartung der Landung der Alliierten wurden im Februar 1944 alle kämpfenden Widerstandsgruppen in den FFI (Forces Françaises de l'Intérieur) zusammengefasst. Sie leisteten eine wichtige Unterstützung bei der Landung der Alliierten am 6. Juni 1944 in der Normandie.

---

wohnung *f* **2.** *immeuble*(*s*) Wohnanlage *f*
résident [ʀezidã] *m* **les résidents français en Allemagne** die in Deutschland ansässigen Franzosen *m/pl*
résidentiel [ʀezidãsjɛl] *adj* ⟨**~le**⟩ **quartier résidentiel** vornehmes Wohnviertel
résider [ʀezide] *v/i* **1.** wohnhaft sein, ansässig sein (**à, en, dans** in + *dat*) **2.** *fig* **résider dans qc** in etw (*dat*) liegen
résidu [ʀezidy] *m* Rest *m*; *péj* Abfall *m*; CHIM, TECH Rückstand *m*
résiduel [ʀezidɥɛl] *adj* ⟨**~le**⟩ Rest...
résignation [ʀeziɲasjõ] *f* Resignation *f*
résigné [ʀeziɲe] *adj* ⟨**~e**⟩ resigniert
résigner [ʀeziɲe] *v/pr* **se résigner** resignieren (*abs*); **se résigner à qc** sich mit etw abfinden
résiliable [ʀeziljabl] *adj contrat* kündbar
résiliation [-asjõ] *f d'un contrat* Kündigung *f*
résilier [-e] *v/t contrat* kündigen
résille [ʀezij] *f* **1.** Haarnetz *n* **2.** *adjt* **bas** *m/pl* **résille** Netzstrümpfe *m/pl*
résine [ʀezin] *f* Harz *n*
résineux [ʀezinø] **I** *adj* ⟨**-euse** [-øz]⟩ harzig; Harz... **II** *m/pl* POL Nadelhölzer *n/pl*
▸ **résistance** [ʀezistãs] *f* **1.** (*opposition*) Widerstand *m* (**à** gegen); Gegenwehr *f*; **n'opposer aucune résistance** keinen Widerstand leisten **2.** HIST **la Résistance** die Résistance (*frz Widerstandsbewegung 1940-1944*) **3.** PHYS, ÉLECT Widerstand *m*; *de matériaux* Festigkeit *f* **4.** (*endurance*) Widerstandskraft *f*, -fähigkeit *f*
▸ **résistant** [ʀezistã] **I** *adj* ⟨**-ante** [-ãt]⟩ widerstandsfähig; *personne a* ausdauernd; zäh; BIOL resistent; *vêtement a* strapazierfähig **II** **résistant(e)** *m*(*f*) POL Widerstandskämpfer(in) *m*(*f*)
▸ **résister** [ʀeziste] *v/t/indir et v/i* **1.** (*s'opposer*) Widerstand leisten (**à** *dat*); sich widersetzen (+ *dat*) **2.** (*supporter*) aushalten (**à qc** etw); standhalten (+ *dat*) **3.** (*ne pas céder*) widerstehen (**à** *dat*)

résolu [ʀezɔly] *p/p* → **résoudre** *et adj* ⟨**~e**⟩ entschlossen; resolut
résolument [ʀezɔlymã] *adv s'opposer* entschlossen; *être contre* entschieden
résolution [ʀezɔlysjõ] *f* **1.** (*décision*) Entschluss *m*; Vorsatz *m*; **prendre une résolution** e-n Entschluss fassen; **prendre de bonnes résolutions** gute Vorsätze fassen **2.** *d'une assemblée* Entschließung *f*; Resolution *f*; **adopter, approuver une résolution** e-e Entschließung annehmen **3.** (*détermination*) Entschlossenheit *f*
résolvais [ʀezɔlvɛ] → **résoudre**
résonance [ʀezonãs] *f* Resonanz *f*; MÉD **résonance magnétique nucléaire** (*abr* **RMN**) Kernspintomographie *f*; **caisse** *f* **de résonance** Resonanzkörper *m*
résonner [ʀezone] *v/i* (wider)hallen (**de** von)
résorber [ʀezɔʀbe] **I** *v/t chômage, etc* beseitigen **II** *v/pr* **se résorber** MÉD resorbiert werden
résorption [ʀezɔʀpsjõ] *f* **1.** MÉD Resorption *f* **2.** *du chômage, etc* Beseitigung *f*
▸ **résoudre** [ʀezudʀ] ⟨**je résous, il résout, nous résolvons; je résolvais; je résolus; je résoudrai; que je résolve; résolvant; résolu**⟩ **I** *v/t* **1.** *problème, énigme* lösen; *équation* (auf)-lösen **2.** **résoudre de** (+ *inf*) beschließen zu (+ *inf*) **II** *v/pr* **se résoudre à** (+ *inf*) sich entschließen zu (+ *inf*)
▸ **respect** [ʀɛspɛ] *m* **1.** Respekt *m*; (Hoch)Achtung *f*; **manque** *m* **de respect** Respektlosigkeit *f*; **sauf votre respect** mit Verlaub; **avoir du respect pour qn** Respekt, Achtung vor j-m haben; **tenir qn en respect** j-n in Schach halten **2.** *de la loi* Achtung *f* (**de** vor + *dat*); *des formes* Wahrung *f*, Einhaltung *f*, Beachtung *f* (+ *gén*)
respectabilité [ʀɛspɛktabilite] *f* Ehrenhaftigkeit *f*; Achtbarkeit *f*
respectable [ʀɛspɛktabl] *adj* **1.** ehrwürdig;

achtbar; respektabel; *scrupules* ehrenhaft **2.** *somme* beachtlich

▸ **respecter** [ʀɛspɛkte] **I** *v/t* respektieren; achten; *priorité* beachten; *règles, engagements* einhalten; *traditions, formes* wahren; *sommeil de qn* Rücksicht nehmen auf (+ *acc*); *faire respecter la loi* dem Gesetz Achtung verschaffen; *se faire respecter* sich (*dat*) Respekt verschaffen **II** *v/pr se respecter* etwas auf sich (*acc*) halten

respectif [ʀɛspɛktif] *adj* ⟨-ive [-iv]⟩ jeweilige

respectivement [ʀɛspɛktivmɑ̃] *adv* beziehungsweise (*abr* bzw.); *deux enfants âgés respectivement de cinq et huit ans* im Alter von fünf beziehungsweise acht Jahren

respectueux [ʀɛspɛktɥø] *adj* ⟨-euse [-øz]⟩ **1.** respektvoll **2.** *respectueux de qc* etw achtend

respirable [ʀɛspiʀabl] *adj* *pas respirable air* schlecht; *fig* unerträglich

respiration [ʀɛspiʀasjɔ̃] *f* Atmung *f*; *respiration artificielle* künstliche (Be)Atmung

respiratoire [ʀɛspiʀatwaʀ] *adj* Atem...

▸ **respirer** [ʀɛspiʀe] **I** *v/t* **1.** (ein)atmen **2.** *fig le calme, etc* ausstrahlen **II** *v/i* **3.** atmen; *respirer par la bouche, par le nez* durch den Mund, durch die Nase atmen; *par ext laissez-moi respirer* lassen Sie mich verschnaufen **4.** *fig* (*être soulagé*) aufatmen

resplendir [ʀɛsplɑ̃diʀ] *v/i* glänzen; strahlen (*a fig, de* vor + *dat*)

resplendissant [ʀɛsplɑ̃disɑ̃] *adj* ⟨-ante [-ɑ̃t]⟩ glänzend; strahlend (*a fig*)

responsabiliser [ʀɛspɔ̃sabilize] *v/t responsabiliser qn* das Verantwortungsgefühl j-s wecken

▸ **responsabilité** [ʀɛspɔ̃sabilite] *f* Verantwortung *f* (*de* für); JUR Haftung *f*; *responsabilité civile* Haftpflicht *f*; *prendre ses responsabilités* verantwortungsbewusst handeln

▸ **responsable** [ʀɛspɔ̃sabl] **I** *adj* **1.** verantwortlich (*de* für; *devant qn* j-m gegenüber); *être responsable de* JUR a haften für **2.** (*réfléchi*) verantwortungsbewusst **II** *m* Verantwortliche(r) *m*; *responsable syndical* Gewerkschaftsfunktionär *m*

resquillage [ʀɛskijaʒ] *m dans une queue* Vordrängen *n*; *au cinéma, etc* Schwarzfahren *n*; *dans le métro, etc* Schwarzfahren *n*

resquiller [-e] *v/i dans une queue* sich vordrängen; *au cinéma, etc* sich hereinschmuggeln; *dans le métro, etc* schwarzfahren

resquilleur [-œʀ] *m*, **resquilleuse** [-øz] *f* j, der sich vordrängt, hereinschmuggelt; *du métro, etc* Schwarzfahrer(in) *m(f)*

ressac [ʀəsak] *m* Brandung *f*

ressaisir [ʀ(ə)seziʀ] *v/pr se ressaisir* sich (wieder) fassen, fangen

ressasser [ʀ(ə)sase] *v/t* bis zum Überdruss wiederholen; F wiederkäuen

ressayer [ʀɛsɛje] *v/t* → *réessayer*

ressemblance [ʀ(ə)sɑ̃blɑ̃s] *f* Ähnlichkeit *f*

ressemblant [-ɑ̃] *adj* ⟨-ante [-ɑ̃t]⟩ s-m Vorbild ähnlich, getreu

▸ **ressembler** [ʀ(ə)sɑ̃ble] **I** *v/t/indir ressembler à* ähneln, gleichen (+ *dat*); ähnlich sein, sehen (+ *dat*); *fig cela lui ressemble tout à fait* das sieht ihm ähnlich; *fig à quoi ça ressemble!* was soll das eigentlich! **II** *v/pr se res-*

sembler sich ähneln

ressemelage [ʀ(ə)səmlaʒ] *m* Neubesohlung *f*

ressemeler [-e] *v/t* ⟨-ll-⟩ (neu) besohlen

ressemer [ʀəsme, ʀsəme] ⟨-è-⟩ *v/t graines* wieder aussäen

ressenti [ʀ(ə)sɑ̃ti] *adj* ⟨~e⟩ *description* **bien ressenti** gut nachempfunden

ressentiment [ʀ(ə)sɑ̃timɑ̃] *m* Ressentiment *n*; Groll *m*

ressentir [ʀ(ə)sɑ̃tiʀ] ⟨→ **sentir**⟩ **I** *v/t* empfinden; (ver)spüren **II** *v/pr se ressentir de qc* die Folgen e-r Sache (*gén*) spüren

resserre [ʀəsɛʀ] *f* Abstellraum *m*

resserré [ʀ(ə)seʀe] *adj* ⟨~e⟩ eingezwängt (*entre* zwischen +*dat*)

resserrer [ʀ(ə)seʀe] **I** *v/t* **1.** *nœud* fester ziehen; *ceinture* enger machen **2.** *fig liens* enger knüpfen; festigen **II** *v/pr se resserrer* **3.** *vallée* sich verengen; *filet* sich zusammenziehen **4.** *fig liens* enger werden

resservir [ʀ(ə)sɛʀviʀ] ⟨→ **partir**⟩ **I** *v/t* **1.** *mets* noch einmal servieren **2.** *fig histoires* wieder auftischen **II** *v/i vêtement* noch einmal, wieder gebraucht werden

ressort¹ [ʀ(ə)sɔʀ] *m* **1.** TECH Feder *f*; *faire ressort* zurückschnellen **2.** *fig d'une personne* Tatkraft *f*; Schwung *m*

ressort² *m être du ressort d'un tribunal* in die Zuständigkeit e-s Gerichts fallen; *par ext cela n'est pas de mon ressort* dafür bin ich nicht zuständig; *en dernier ressort juger* in letzter Instanz; *fig* schließlich; letzten Endes

ressortir [ʀ(ə)sɔʀtiʀ] ⟨→ **partir**⟩ **I** *v/t* wieder hervorholen; *fig histoires* wieder auftischen **II** *v/i* ⟨**être**⟩ **1.** wieder hinausgehen; wieder herauskommen **2.** *relief* hervortreten; *couleur* sich abheben; *faire ressortir* herausstellen; hervorheben **III** *v/imp* ⟨**être**⟩ *il ressort de là que ...* daraus geht hervor, ergibt sich, dass ...

ressortissant [ʀ(ə)sɔʀtisɑ̃] *m*, **ressortissante** [-ɑ̃t] *f* Staatsangehörige(r) *f(m)*

ressouder [ʀ(ə)sude] *v/t* wieder zusammenschweißen *ou* -löten

ressource [ʀ(ə)suʀs] *f* **1.** (Hilfs)Mittel *n*; *n'avoir d'autre ressource que ...* keine andere Möglichkeit haben als ... **2.** *ressources pl* Mittel *n/pl* (*a pécuniaires*); Möglichkeiten *f/pl*; *d'un pays a* Ressourcen *f/pl*; *par ext ressources humaines* Personal *n*; *ressources minières* Bodenschätze *pl*; *ressources naturelles* natürliche Ressourcen, Lebensgrundlagen *f/pl*; *être sans ressources* mittellos sein, dastehen

ressourcer [ʀ(ə)suʀse] *v/pr* ⟨-ç-⟩ *se ressourcer* neue Energie tanken

ressouvenir [ʀ(ə)suvniʀ] *v/pr* ⟨→ **venir**⟩ *se ressouvenir de qc* sich wieder e-r Sache (*gén*) *ou* an etw (*acc*) erinnern

ressurgir [ʀ(ə)syʀʒiʀ] → *resurgir*

ressusciter [ʀesysite] **I** *v/t* **1.** *mort* auferwecken **2.** *fig* wieder aufleben lassen **II** *v/i* ⟨**être**⟩ **3.** REL (wieder) auferstehen **4.** *fig* wieder aufleben

restant [ʀɛstɑ̃] **I** *adj* ⟨-ante [-ɑ̃t]⟩ **1.** übrig geblieben; restlich **2.** *poste restante* postlagernd **II** *m* Rest *m*

restau [ʀɛsto] *m* F → *resto*

▸ **restaurant** [ʀɛstɔʀɑ̃] *m* Restaurant *n*; Gast-

stätte *f*; (Speise)Lokal *n*; **restaurant universitaire** Mensa *f*
restaurateur [ʀɛstɔʀatœʀ] *m*, **restauratrice** [-tʀis] *f* **1.** *d'un restaurant* (Gast)Wirt(in) *m(f)*; Gastronom *m* **2.** *d'art* Restaurator(in) *m(f)*
restauration [ʀɛstɔʀasjõ] *f* **1.** *d'art* Restaurierung *f* **2.** HIST **la Restauration** die Restauration(szeit) **3.** *métier, secteur* Gaststättengewerbe *n*; Gastronomie *f*; **restauration rapide** Fast Food *n*
restaurer [ʀɛstɔʀe] **I** *v/t* **1.** *objet d'art* restaurieren **2.** *ordre, etc* wiederherstellen **II** *v/pr* **se restaurer** sich (wieder) stärken
▸ **reste** [ʀɛst] *m* Rest *m*; Überrest *m*; Überbleibsel *n*; **le reste** *a* das Übrige; *d'un mort* **les restes** die sterblichen (Über)Reste; *adv* **le reste du temps** während der übrigen Zeit; **et tout le reste** und so weiter; und so fort; **du reste** übrigens; außerdem; überdies; **pour le reste** sonst; ansonsten; **pour ne pas être en reste** um nicht nachzustehen
▸ **rester** [ʀɛste] ⟨être⟩ **I** *v/i* **1.** bleiben; **rester ouvert jusqu'à 20 heures** bis 20 Uhr geöffnet bleiben; **rester des heures entières à bavarder** stundenlang schwatzen **2.** F **y rester** dabei umkommen **3.** **où en sommes-nous restés?** wo sind wir stehen geblieben?; **restons-en là** lassen wir es dabei bewenden, damit genug sein **4.** (*subsister*) (übrig) bleiben; **le temps qui me reste** die Zeit, die mir (übrig) bleibt; die restliche Zeit **II** *v/imp* **il ne reste plus de pain** es ist kein Brot mehr da; (*il*) **reste que …** immerhin …; jedenfalls …; **il n'en reste pas moins que …** nichtsdestoweniger …; **il reste beaucoup à faire** es bleibt noch viel zu tun; **il ne vous reste qu'à signer** Sie brauchen nur noch zu unterschreiben
restituable [ʀɛstituabl] *adj* zurückzuerstatten(d); zurückzugeben(d); zu ersetzen(d)
restituer [-e] *v/t* **1.** (*rendre*) zurückgeben **2.** *texte* wiederherstellen **3.** *énergie* abgeben; *son* wiedergeben
restitution [ʀɛstitysjõ] *f* Rückgabe *f*
resto [ʀɛsto] *m abr* F → **restaurant**; **resto U** Mensa *f*; **resto du cœur** Speiselokal *n* für Bedürftige

---

Les restos du cœur

1985 gründete der Komiker Coluche die ersten „Suppenküchen des Herzens" für Obdachlose und sozial benachteiligte Menschen. 43 000 ehrenamtliche Helfer (**bénévoles**) arbeiten während der Wintermonate (Dezember bis März) in 1 900 Ausgabestellen (**centres de distribution**), die über ganz Frankreich verteilt sind. In den Kantinen werden pro Tag bis zu 650 000 Personen mit Essen versorgt.

•estoroute® [ʀɛstoʀut] *m* Raststätte *f*
•estreindre [ʀɛstʀɛ̃dʀ] ⟨→ **peindre**⟩ **I** *v/t* be-, einschränken **II** *v/pr* **se restreindre** sich ein-

schränken
restreint [ʀɛstʀɛ̃] *adj* ⟨**-einte** [-ɛ̃t]⟩ *vocabulaire, moyens* beschränkt
restrictif [ʀɛstʀiktif] *adj* ⟨**-ive** [-iv]⟩ einschränkend; restriktiv
restriction [ʀɛstʀiksjõ] *f* **1.** Ein-, Beschränkung *f*; Restriktion *f*; **sans restriction** uneingeschränkt; vorbehaltlos **2.** *pl* **restrictions** Rationierungsmaßnahmen *f/pl*
restructuration [ʀəstʀyktyʀasjõ] *f* Umstrukturierung *f*
restructurer [-e] *v/t* umstrukturieren
résultante [ʀezyltãt] *f* **1.** Folge *f* **2.** PHYS Resultante *f*
▸ **résultat** [ʀezylta] *m* Ergebnis *n*; Resultat *n*; Fazit *n*; **avoir pour résultat que …** zur Folge haben, dass …
résulter [ʀezylte] ⟨**avoir** *od* être⟩ **I** *v/i* **résulter de qc** sich aus etw ergeben; aus etw hervorgehen, resultieren, folgen **II** *v/imp* **il en résulte que …** daraus geht hervor, ergibt sich, dass …
résumé [ʀezyme] *m* Zusammenfassung *f*; Resümee *n*; **en résumé** kurz (gesagt)
▸ **résumer** [ʀezyme] **I** *v/t* zusammenfassen; resümieren **II** *v/pr* **se résumer 1.** *personne* zusammenfassen (*abs*) **2.** *chose* sich zusammenfassen lassen (**à, en** in + *dat*)
résurgence [ʀezyʀʒɑ̃s] *f* Wiederauftreten *n*
resurgir [ʀ(ə)syʀʒiʀ] *v/i* wieder auftauchen
résurrection [ʀezyʀɛksjõ] *f* **1.** REL Auferstehung *f* **2.** *fig* Wiederaufleben *n*
retable [ʀətabl] *m* Altaraufsatz *m*
rétabli [ʀetabli] *adj* ⟨**～e**⟩ wiederhergestellt (*a* = *guéri*)
rétablir [ʀetabliʀ] **I** *v/t* **1.** *ordre, communications, etc* wiederherstellen; *relations diplomatiques* wieder aufnehmen; *peine de mort* wieder einführen; *courant* wieder einschalten **2.** **rétablir qn dans ses fonctions** j-n wieder in sein Amt einsetzen **3.** *malade* (wieder) gesund machen **II** *v/pr* **se rétablir 4.** *malade* (wieder) gesund werden **5.** *calme* wieder eintreten, einkehren
rétablissement [ʀetablismã] *m* **1.** *de l'ordre, etc* Wiederherstellung *f* **2.** *d'un malade* Genesung *f*; Gesundung *f*; **je vous souhaite un prompt rétablissement** ich wünsche Ihnen gute Besserung **3.** SPORTS Aufschwung *m*
rétamé [ʀetame] *adj* ⟨**～e**⟩ **1.** F (*épuisé*) F fertig; F kaputt **2.** F (*ivre*) F besoffen; blau
rétamer [ʀetame] *v/t* **1.** *casserole* neu verzinnen **2.** F *personne* F fertigmachen; F kaputtmachen; *chose* kaputt machen
rétameur [ʀetamœʀ] *m* Kesselflicker *m*
retaper [ʀ(ə)tape] **I** *v/t* **1.** F *vieille maison* wieder herrichten; *médicament* **retaper qn** j-n wieder auf die Beine bringen **2.** *à la machine* noch einmal (ab)tippen **II** *v/pr* **se retaper** F sich aufrappeln
retapisser [ʀ(ə)tapise] *v/t* neu tapezieren
▸ **retard** [ʀ(ə)taʀ] *m* **1.** Verspätung *f*; Zuspätkommen *n* (**au travail** zur Arbeit); **sans retard** unverzüglich; umgehend; **être en retard** zu spät kommen; sich verspäten; F zu spät dran sein; *train, etc* Verspätung haben; *montre* **prendre du retard** nachgehen **2.** *dans le travail, un paiement, un développement* Rückstand *m*; Verzögerung *f*; **avoir du retard, être en retard**

R

im Rückstand, im Verzug sein (*sur qn, qc* gegenüber j-m, etw); *enfant* zurückgeblieben sein **3.** TECH *retard à l'allumage* Spätzündung *f* **4.** *adjt* PHARM Depot...

retardataire [ʀ(ə)taʀdatɛʀ] *m,f* Zuspätkommende(r) *f(m)*; Nachzügler(in) *m(f)*

retardé [ʀ(ə)taʀde] *adj* ⟨~e⟩ zurückgeblieben

retardement [ʀ(ə)taʀdəmɑ̃] *m* **bombe** *f* **à retardement** Zeitbombe *f*; *fig* **comprendre à retardement** erst hinterher begreifen

▸ **retarder** [ʀ(ə)taʀde] **I** *v/t* **1.** *personne, train, etc* aufhalten **2.** *montre* zurückstellen **3.** *départ, etc* auf-, verschieben **II** *v/i* **4.** *montre* nachgehen (*de cinq minutes* fünf Minuten) **5.** F *personne* F hinter dem Mond leben; *retarder sur son temps, sur son siècle* hinter s-r Zeit zurück sein

retéléphoner [ʀ(ə)telefɔne] *v/i* wieder telefonieren (*à qn* mit j-m), anrufen (j-n)

retenir [ʀət(ə)niʀ] ⟨→ venir⟩ **I** *v/t* **1.** *personne* zurück-, fest-, aufhalten; *chose* (zurück-, ein)behalten; *argent* abziehen (*de, sur* von); *souffle* anhalten; *barrage: eau* stauen; *ruban: cheveux* zusammenhalten; *retenir l'attention de qn* die Aufmerksamkeit j-s erregen; *retenir ses larmes* die Tränen zurückhalten, unterdrücken; *retenir qn prisonnier* j-n gefangen halten; *retenir qn à dîner* j-n zum Abendessen dabehalten **2.** *dans sa mémoire* sich (*dat*) merken; (im Gedächtnis) behalten **3.** *proposition, candidature* in Betracht ziehen **4.** (*réserver*) vorbestellen; reservieren **II** *v/pr* **se retenir 5.** (*se rattraper*) sich festhalten (*à* an + *dat*) **6.** (*s'empêcher*) sich zurückhalten; sich beherrschen; sich zusammennehmen

retenter [ʀ(ə)tɑ̃te] *v/t* wieder, noch einmal versuchen

rétention [ʀetɑ̃sjɔ̃] *f* MÉD *d'urine* Verhaltung *f*

retentir [ʀ(ə)tɑ̃tiʀ] *v/i* **1.** (er)tönen; (er)schallen; *chants* (er)klingen; *coup de feu* krachen; *retentir de* hallen von **2.** *fig* **retentir sur** sich auswirken auf (+ *acc*)

retentissant [ʀ(ə)tɑ̃tisɑ̃] *adj* ⟨-ante [-ɑ̃t]⟩ **1.** *choc* geräuschvoll; *gifle* schallend; *voix* dröhnend **2.** *fig* aufsehenerregend

retentissement [ʀ(ə)tɑ̃tismɑ̃] *m* Widerhall *m*; Resonanz *f*; (Aus)Wirkung *f* (*sur* auf + *acc*)

retenu [ʀətny, ʀtəny] *adj* ⟨~e⟩ **1.** (*réservé*) vorbestellt; reserviert; *place a* belegt **2.** *personne* verhindert **3.** *voix* gedämpft; verhalten

retenue [ʀət(ə)ny] *f* **1.** ÉCOLE Nachsitzen *n*; *être en retenue* nachsitzen **2.** (*prélèvement*) Abzug *m* (*sur* von) **3.** (*réserve*) Zurückhaltung *f*; Mäßigung *f*; *sans retenue* unbeherrscht **4.** MATH behaltene Zahl **5.** *lac m de retenue* Stausee *m*

réticence [ʀetisɑ̃s] *f* Reserve *f*; Zögern *n*

réticent [-ɑ̃] *adj* ⟨-ente [-ɑ̃t]⟩ reserviert; zögernd

réticule [ʀetikyl] *m* **1.** OPT Fadenkreuz *n* **2.** *sac* Abendtäschchen *n*

rétif [ʀetif] *adj* ⟨-ive [-iv]⟩ störrisch; widerspenstig

rétine [ʀetin] *f* Netzhaut *f*

retirage [ʀ(ə)tiʀaʒ] *m* Neuauflage *f*

retiré [ʀ(ə)tiʀe] *adj* ⟨~e⟩ **1.** (*solitaire*) zurückgezogen **2.** (*à la retraite*) im Ruhestand **3.** *village* abgelegen

retirer [ʀ(ə)tiʀe] **I** *v/t* **1.** (*faire sortir*) herausneh-

men, -ziehen, -holen (*de* aus); *argent de la banque* abheben; *courrier, billets réservés* abholen; *noyé, etc* **retirer de l'eau** aus dem Wasser ziehen, bergen **2.** *main* weg-, zurückziehen; *fig candidature, plainte* zurückziehen; *ce qu'on a dit* zurücknehmen **3.** *vêtement, bottes, gants* ausziehen; *chapeau, lunettes, housse* abnehmen **4.** *confiance, parole, permis de conduire* **retirer à qn** j-m entziehen **5.** *bénéfice, avantages* herausholen, -schlagen **II** *v/pr* **se retirer 6.** (*partir*) sich zurückziehen; F **retire-toi de là!** geh weg! **7.** *mer, eaux* zurückgehen

retombées [ʀ(ə)tɔ̃be] *f/pl* **1.** **retombées radioactives** radioaktiver Niederschlag; Fall-out *m* **2.** *fig* Auswirkungen *f/pl*

retomber [ʀ(ə)tɔ̃be] *v/i* ⟨être⟩ **1.** wieder (herunter)fallen; zurückfallen; *personne* wieder hinfallen **2.** *fig* **retomber dans qc** wieder in etw (*acc*) verfallen **3.** **retomber malade** wieder krank werden **4.** *rideau* fallen; *cheveux* **retomber sur les épaules** bis auf die Schultern fallen **5.** *responsabilité* **retomber sur qn** auf j-n zurückfallen

retordre [ʀ(ə)tɔʀdʀ] *v/t* ⟨→ rendre⟩ *fig* **donner du fil à retordre à qn** j-m schwer zu schaffen machen

rétorquer [ʀetɔʀke] *v/t* **rétorquer que ...** erwidern, entgegnen, dass ...

retors [ʀətɔʀ] *adj* ⟨-orse [-ɔʀs]⟩ durchtrieben; mit allen Wassern gewaschen

rétorsion [ʀetɔʀsjɔ̃] *f* Vergeltung *f*

retouche [ʀ(ə)tuʃ] *f* **1.** PHOT, *fig* Retusche *f* **2.** COUT Änderung *f*

retoucher [-e] *v/t* **1.** PHOT, *fig œuvre* retuschieren **2.** COUT ändern

retoucheuse [ʀ(ə)tuʃøz] *f* **1.** *photographe* Retuscheurin *f* **2.** *en confection* Änderungsschneiderin *f*

▸ **retour** [ʀ(ə)tuʀ] *m* **1.** Rückkehr *f*; *chez soi* Heimkehr *f*; CIN **retour en arrière** Rückblende *f*; **à mon retour** bei meiner Rückkehr; **être de retour** zurück sein; *fig* **faire un retour sur soi-même** sich auf sich (*acc*) selbst besinnen **2.** (*voyage de retour*) Rückfahrt *f*, -reise *f*; *en avion* Rückflug *m*; **les retours de vacances** der Ferienrückreiseverkehr **3.** (*réexpédition*) Rücksendung *f*; **retour à l'expéditeur** zurück an Absender; **par retour du courrier** postwendend; umgehend **4.** *du printemps, du froid, etc* Wiederkehr *f*; **sans retour** auf, für immer; unwiederbringlich **5.** (*revirement*) Umschlag *m*; Wechsel *m*; **retour d'âge** Wechseljahre *n/pl*; *fig* **retour de bâton** Rückwirkung *f* auf den Urheber; Bumerang *m*; **retour de flamme** TECH Flammenrückschlag *m*; *fig* (negative, fatale) Rückwirkung; Bumerang *m*; (*regain d'activité*) Wiederaufleben *n*; *fig* **retour de manivelle** plötzlicher Umschwung; **par un juste retour des choses** als gerechter Ausgleich **6.** (*échange*) **en retour** als Gegenleistung; dafür **7.** *adjt* **match** *m* **retour** Rückspiel *n*

retournement [ʀ(ə)tuʀnəmɑ̃] *m* Umkehrung *f*; Umschwung *m*

retourner [ʀ(ə)tuʀne] **I** *v/t* **1.** (*tourner*) umdrehen; *vêtement, bifteck* wenden; *terre* umgraben; *poche* umkehren; *fig situation* grundlegend ändern; *arme* **retourner contre qn** auf j-n richten **2.** F (*mettre en désordre*) F au-

den Kopf stellen **3.** F (*bouleverser*) **retourner**
qn j-n aufwühlen, F durcheinanderbringen **4.**
(*renvoyer*) zurückschicken, -senden; *fig com-*
pliment zurückgeben **II** *v/i* ⟨être⟩ **5.** (*aller de*
nouveau) wieder gehen, fahren, reisen (**à,**
en nach) **6.** *au point de départ* zurückkehren,
-gehen, -fahren, *en avion* -fliegen; **retourner**
chez soi nach Hause gehen; heimgehen, -keh-
ren **7.** *maison, terrain* **retourner à qn** an j-n zu-
rückfallen **III** *v/imp* **8.** *savoir de quoi il re-*
tourne wissen, worum es sich handelt **IV**
v/pr **9.** *se retourner personne* sich umdrehen;
sich umwenden; *voiture* sich überschlagen; **se**
retourner sur le dos sich auf den Rücken dre-
hen; *fig* **savoir se retourner** sich (*dat*) zu hel-
fen wissen **10.** *s'en retourner* wieder umkeh-
ren; wieder abziehen **11.** *se retourner contre*
qn sich gegen j-n wenden
retracer [ʀ(ə)tʀase] *v/t* ⟨**-ç-**⟩ schildern
rétractation [ʀetʀaktasjõ] *f* Widerruf *m*; Zu-
rücknahme *f*
rétracter [ʀetʀakte] **I** *v/t griffes* einziehen **II**
v/pr **se rétracter 1.** *muscle* sich zusammenzie-
hen **2.** (*se dédire*) widerrufen
retraduction [ʀ(ə)tʀadyksjõ] *f* **1.** (*nouvelle tra-*
duction) Neuübersetzung *f* **2.** *dans la langue de*
départ Rückübersetzung *f*
retraduire [ʀ(ə)tʀadɥiʀ] *v/t* ⟨→ **conduire**⟩ **a**)
neu, noch einmal übersetzen **b**) rücküberset-
zen **c**) *traduction* in e-e weitere (Fremd)Spra-
che übersetzen
retrait [ʀ(ə)tʀɛ] *m* **1.** *du permis de conduire* Ent-
zug *m*; *d'une candidature* Zurückziehung *f*;
d'argent Abhebung *f*; *de bagages* Abholung *f*
2. *de troupes* Abzug *m*; *de la compétition*
Rücktritt *m* **3.** **en retrait** *bâtiment* zurückge-
setzt; *fig* **rester en retrait** im Hintergrund blei-
ben
‣ **retraite** [ʀ(ə)tʀɛt] *f* **1.** MIL Rückzug *m*; **battre**
en retraite den Rückzug antreten; *fig* e-n
Rückzieher machen **2.** **retraite aux flam-**
beaux Fackelzug *m* **3.** *d'un travailleur* Ruhe-
stand *m*; **maison** *f* **de retraite** Alten-, Alters-
heim *n*; **à la retraite, en retraite** im Ruhe-
stand; *fonctionnaire* pensioniert; **prendre sa**
retraite in den Ruhestand gehen, treten **4.** *pen-*
sion (Alters)Rente *f*; Ruhegeld *n*; *d'un fonc-*
tionnaire Pension *f*; Ruhegehalt *n* **5.** CATH Ex-
erzitien *pl* **6.** *litt* (*refuge*) Zufluchtsort *m*
‣ **retraité** [ʀ(ə)tʀete] **I** *adj* ⟨**⁓e**⟩ im Ruhestand;
fonctionnaire pensioniert **II retraité(e)** *m(f)*
Rentner(in) *m(f)*; Ruheständler(in) *m(f)*;
fonctionnaire Pensionär(in) *m(f)*
retraitement [ʀ(ə)tʀɛtmã] *m* NUCL Wiederauf-
bereitung *f*
retraiter [-e] *v/t* NUCL wiederaufbereiten
retranchement [ʀ(ə)tʀãʃmã] *m* MIL Verschan-
zung *f*
retrancher [ʀ(ə)tʀãʃe] **I** *v/t* **1.** *mot* (weg)strei-
chen **2.** (*déduire*) abziehen **3.** MIL **camp retran-**
ché befestigtes Lager **II** *v/pr* MIL, *fig* **se retran-**
cher sich verschanzen
‣ **retransmettre** [ʀ(ə)tʀãsmɛtʀ] *v/t* ⟨→ **mettre**⟩
RAD, TV übertragen
retransmission *f* Übertragung *f*
retravailler [ʀ(ə)tʀavaje] **I** *v/t* (*modifier*) umar-
beiten **II** *v/i* wieder arbeiten
rétréci [ʀetʀesi] *adj* ⟨**⁓e**⟩ **1.** *chaussée* verengt **2.**

fig idées, esprit engstirnig
rétrécir [ʀetʀesiʀ] **I** *v/t vêtement* enger machen
II *v/i au lavage* einlaufen; eingehen **III** *v/pr* **se**
rétrécir sich verengen; **rétréci** verengt
rétrécissement [ʀetʀesismã] *m* **1.** Verengung *f*
2. *d'une étoffe* Einlaufen *n*
retremper [ʀ(ə)tʀãpe] *v/pr fig* **se retremper**
dans wieder eintauchen in (+ *acc*)
rétribuer [ʀetʀibɥe] *v/t* bezahlen; entlohnen
rétribution [ʀetʀibysjõ] *f* Bezahlung *f*
rétro [ʀetʀo] **I** *adj abr* ⟨*inv*⟩ Nostalgie... **II** *m* F
→ **rétroviseur**
rétroactif *adj* ⟨**-ive**⟩ rückwirkend; **effet ré-**
troactif rückwirkende Kraft
rétroactivité [ʀetʀoaktivite] *f* Rückwirkung *f*;
rückwirkende Kraft
rétrocéder *v/t* ⟨**-è-**⟩ wieder abtreten; rücküber-
tragen
rétrofusée *f* Bremsrakete *f*
rétrogradation [ʀetʀogʀadasjõ] *f* MIL Degra-
dierung *f*; *de fonctionnaire* Zurückstufung *f*
rétrograde *adj* rückschrittlich
rétrograder [ʀetʀogʀade] **I** *v/i* **1.** MIL degradieren
II *v/i* **1.** (*régresser*) zurückfallen **2.** AUTO zu-
rück-, herunterschalten
rétropédalage [ʀetʀopedalaʒ] *m* **frein** *m* **à ré-**
tropédalage Rücktrittbremse *f*
rétroprojecteur *m* Overheadprojektor *m*
rétrospectif [ʀetʀospɛktif] *adj* ⟨**-ive** [-iv]⟩ **1.**
rückblickend; rückschauend **2.** *peur* nachträg-
lich
rétrospective [-iv] *f exposition* Retrospektive *f*
rétrospectivement [ʀetʀospɛktivmã] *adv* **1.**
rückschauend; im Rückblick **2.** (*après coup*)
nachträglich
retroussé [ʀ(ə)tʀuse] *adj* ⟨**⁓e**⟩ *manches* hoch-
gekrempelt; **nez retroussé** Stupsnase *f*
retrousser [ʀ(ə)tʀuse] *v/t manches* hoch-, auf-
krempeln (*a fig*); *jupe* raffen; schürzen; *babi-*
nes hochziehen; *moustaches* zwirbeln
retrouvailles [ʀ(ə)tʀuvaj] F *f/pl* (großes) Wie-
dersehen
retrouver [ʀ(ə)tʀuve] **I** *v/t* **1.** *de nouveau* wie-
derfinden **2.** (*rejoindre*) wiedertreffen; **retrou-**
ver sa famille wieder zu s-r Familie zurück-
kehren; **aller retrouver qn** j-m folgen, nachrei-
sen **II** *v/pr* **3.** *personnes* **se retrouver** sich wie-
dertreffen; *menace* **on se retrouvera!** wir
sprechen uns noch! **4.** sich (wieder) befinden;
se retrouver seul (wieder) allein dastehen **5.**
s'y retrouver (*s'y reconnaître*) sich zurechtfin-
den **6.** F **s'y retrouver** (*faire un bénéfice*) auf
s-e Kosten kommen
rétroviseur *m* Rückspiegel *m*
rets [ʀɛ] *litt m* Netz *n*
réuni [ʀeyni] *adj* ⟨**⁓e**⟩ vereinigt (*a* COMM); ver-
sammelt
réunification [ʀeynifikasjõ] *f* Wiedervereini-
gung *f*
réunifier [-fje] *v/t* wiedervereinigen
‣ **réunion** [ʀeynjõ] *f* Versammlung *f*; Zusam-
menkunft *f*; (*séance*) Sitzung *f*; **réunion de fa-**
mille Familientreffen *n*; **réunion de parents**
d'élèves Elternabend *m*
Réunion [ʀeynjõ] (**l'île** *f* **de**) **la Réunion** Reuni-
on *n*
réunionite [ʀeynjɔnit] F *f* F Versammlungs-,
Sitzungswut *f*

R

réunionnais [ʀeynjɔnɛ] *adj* ⟨**-aise** [-ɛz]⟩ von Reunion

réunir [ʀeyniʀ] **I** *v/t* **1.** vereinigen; *documents* zusammenstellen; *preuves* zusammentragen; *fonds* aufbringen; *qualités* vereinen; **réunir qc à qc** etw mit etw vereinigen, verbinden **2.** *personnes* zusammenführen; *en un même lieu* versammeln; *assemblée* einberufen **II** *v/pr* ▸ **se réunir** sich vereinigen; *personnes* sich versammeln; zusammenkommen

réussi [ʀeysi] *adj* ⟨**~e**⟩ gelungen (*a iron*); geglückt

réussir [ʀeysiʀ] **I** *v/t* erfolgreich durchführen; zustande bringen; *examen* bestehen; **qn réussit qc** *a* etw gelingt j-m (gut) **II** *v/i* **1.** *personne* Erfolg haben; erfolgreich sein; es schaffen; reüssieren; **réussir (à un examen)** (e-e Prüfung) bestehen; **j'ai réussi à faire qc** es ist mir gelungen *ou* ich habe es geschafft *ou* ich habe es fertiggebracht, etw zu tun **2.** *expérience* gelingen; glücken; *affaire* erfolgreich sein; **faire réussir** zum Erfolg führen **3.** (*faire du bien*) **réussir à qn** j-m guttun, gut bekommen

réussite [ʀeysit] *f* **1.** Erfolg *m*; *de qc a* Gelingen *n*; **réussite sociale** sozialer Aufstieg **2.** *jeu de cartes* Patience *f*; **faire une réussite** e-e Patience legen

réutilisable [ʀeytilizabl] *adj* wiederverwendbar

réutiliser [-e] *v/t* wiederverwenden

revacciner [ʀ(ə)vaksine] *v/t* wieder, zum zweiten Mal impfen; nachimpfen

revaloir [ʀ(ə)valwaʀ] *v/t* ⟨→ **valoir**⟩ **revaloir qc à qn** *en bien* sich bei j-m für etw revanchieren; *en mal* j-m etw heimzahlen

revalorisation [ʀ(ə)valɔʀizasjɔ̃] *f* Aufwertung *f*

revaloriser [-e] *v/t* aufwerten; *salaires, retraites* aufbessern; anpassen

revanchard [ʀ(ə)vɑ̃ʃaʀ] **I** *adj* ⟨**-arde** [-aʀd]⟩ revanchistisch **II** *m* Revanchist *m*

revanche [ʀ(ə)vɑ̃ʃ] *f* Vergeltung *f*; Revanche *f* (*a* SPORTS, JEU); **prendre sa revanche** (*se venger*) Rache nehmen (**sur qn** an j-m); SPORTS sich revanchieren; **en revanche** dafür

rêvasser [ʀɛvase] *v/i* vor sich (*acc*) hin träumen

rêvasserie [-ʀi] *f* Dösen *n*

▸ **rêve** [ʀɛv] *m* Traum *m*; *fig a* Wunschtraum *m*; **une voiture de rêve** ein Traumwagen *m*; **faire un rêve** e-n Traum haben

rêvé [ʀɛve] *adj* ⟨**~e**⟩ Traum…; ideal

revêche [ʀəvɛʃ] *adj* barsch; unwirsch; kratzbürstig

▸ **réveil** [ʀevɛj] *m* **1.** Aufwachen *n*; **au réveil** beim Aufwachen **2.** *fig* (Wieder)Erwachen *n* **3.** *pendule* Wecker *m*

▸ **réveiller** [ʀeveje] **I** *v/t* **1.** (auf)wecken; **être réveillé** wach sein **2.** *fig curiosité* (wieder) (er)wecken; *souvenirs* (wieder) wachrufen; *appétit* (wieder) anregen **II** *v/pr* ▸ **se réveiller 3.** aufwachen; wach werden **4.** *fig* wieder wach werden, aufleben

▸ **réveillon** [ʀevɛjɔ̃] *m* Festessen *n* am Heiligabend *ou* zu Silvester; *par ext* Heiligabend *m ou* Silvester(feier) *n(f)*

réveillonner [ʀevɛjɔne] *v/i* Heiligabend *ou* Silvester (mit e-m Festessen) feiern

révélateur [ʀevelatœʀ] **I** *adj* ⟨**-trice** [-tʀis]⟩ aufschlussreich (*de* für) **II** *m* PHOT Entwickler *m*

révélation [ʀevelasjɔ̃] *f* **1.** *d'un crime, etc* Aufdeckung *f*; **révélations** *pl* Enthüllungen *f/pl* **2.** REL Offenbarung *f* **3.** *fig* plötzliche Erkenntnis; Offenbarung *f* **4.** *personne* Entdeckung *f*

révéler [ʀevele] ⟨**-è-**⟩ **I** *v/t* **1.** *secret, projets, etc* aufdecken; enthüllen **2.** REL offenbaren **3.** *qualité, attitude* erkennen lassen; verraten **II** *v/pr* **se révéler** sich erweisen, sich herausstellen (**qc** als etw); zutage treten

revenant [ʀəv(ə)nɑ̃] *m* Gespenst *n*

revendeur [ʀ(ə)vɑ̃dœʀ] *m*, **revendeuse** [-øz] *f* Wiederverkäufer(in) *m(f)*

revendicateur [ʀ(ə)vɑ̃dikatœʀ] *adj* ⟨**-trice** [-tʀis]⟩ fordernd

revendicatif [-tif] *adj* ⟨**-ive** [-iv]⟩ der Geltendmachung von (sozialen) Forderungen dienend

revendication [-sjɔ̃] *f* Forderung *f*

revendiquer [ʀ(ə)vɑ̃dike] *v/t* **1.** (*exiger*) fordern; verlangen; Anspruch erheben auf (+ *acc*) **2.** *responsabilité* übernehmen; *attentat* sich bekennen zu

revendre [ʀ(ə)vɑ̃dʀ] *v/t* ⟨→ **rendre**⟩ weiterverkaufen; wiederverkaufen; *fig* **avoir de qc à revendre** (von) etw reichlich, mehr als genug haben

▸ **revenir** [ʀəv(ə)niʀ] *v/i* ⟨→ **venir**; **être**⟩ **1.** *de nouveau* wieder kommen; *mode, saison, calme, etc* wiederkehren **2.** *au point de départ* (wieder) zurückkommen, -kehren; wiederkommen; **je reviens tout de suite** ich bin gleich wieder da; **revenir en arrière** umkehren; *dans le temps* zurückgehen, -greifen **3.** *fig* (*reprendre*) **revenir à, sur qc** auf etw (*acc*) (wieder) zurückkommen; **revenir à soi** wieder zu sich kommen **4.** (*annuler*) **revenir sur qc** etw zurücknehmen, rückgängig machen **5.** **il me revient dix euros** ich bekomme zehn Euro heraus, zurück **6.** *mot, nom* **revenir à qn** j-m wieder einfallen **7.** *appétit, courage, faculté* **qc revient à qn** j bekommt, erlangt etw wieder **8.** *droit, honneur* **revenir à qn** j-m zustehen, zukommen; **c'est à lui qu'il revient de faire qc** ihm kommt es zu, etw zu tun **9.** (*plaire*) **sa tête ne me revient pas** sein Gesicht gefällt mir nicht **10.** (*équivaloir*) **revenir à** hinauslaufen auf (+ *acc*); **cela revient à dire que …** das heißt mit anderen Worten, dass … **11.** (*se remettre*) **revenir de sa surprise** sich von s-r Überraschung erholen; **il revient de loin** er ist noch einmal davongekommen; **je n'en reviens pas** ich kann es gar nicht fassen **12.** (*se débarrasser*) **revenir de qc** von etw los-, abkommen; **j'en suis bien revenu** davon bin ich längst abgekommen **13.** (*coûter*) kosten; **revenir cher** teuer sein; *a fig* teuer kommen (**à qn** j-n) **14. faire revenir** *viande* anbraten; *oignons* in Fett dünsten **15.** *radis, etc* **revenir à qn** j-m aufstoßen

revente [ʀ(ə)vɑ̃t] *f* Wieder-, Weiterverkauf *m*

▸ **revenu** [ʀəv(ə)ny] *m* Einkommen *n*; **revenus** *pl* Einkünfte *pl*

▸ **rêver** [ʀɛve] **I** *v/t* **1.** träumen (**que** dass) **2.** *fig* **rêver qc** von etw träumen **II** *v/i* **3.** träumen (**de** von) **4.** *fig* (*souhaiter*) **rêver de qc** von etw träumen; sich (*dat*) etw erträumen; **rêver de** (+ *inf*) davon träumen zu (+ *inf*) **5.** *fig* (*rêvas-*

er) vor sich (*acc*) hin träumen

∘verbération [ʀevɛʀberasjõ] *f* Rückstrahlung *f*

∘verbère [ʀevɛʀbɛʀ] *m* Straßenlaterne *f*

∘verbérer [ʀevɛʀbere] *v/t* ⟨*-è-*⟩ zurückstrahlen

∘verdir [ʀ(ə)vɛʀdiʀ] *v/i* wieder grün werden

∘vérence [ʀeveʀɑ̃s] *f* (Hof)Knicks *m*; F *fig tirer sa révérence à qn* sich empfehlen

∘vérend [ʀeveʀɑ̃] **I** *adj* ⟨*-ende* [-ɑ̃d]⟩ ehrwürdig **II** *m* (*pasteur anglican*) Reverend *m*

∘vérer [ʀevɛʀe] *v/t* ⟨*-è-*⟩ verehren

∘verie [ʀɛvʀi] *f* Träumerei *f*

∘vers [ʀ(ə)vɛʀ] *m* **1.** *d'une feuille, monnaie* Rückseite *f*; *fig* **le revers de la médaille** die Kehrseite der Medaille; *d'un revers de main* mit dem Handrücken **2.** *d'un veston* Revers *n*; *d'un pantalon, d'une manche* Auf-, Umschlag *m* **3.** *fig (échec)* Rückschlag *m*; **revers (de fortune)** Schicksalsschlag *m* **4.** TENNIS Rückhand(schlag) *f(m)*

∘eversement [ʀ(ə)vɛʀsəmɑ̃] *m* Übertragung *f*

∘everser [-e] *v/t* **1.** *à boire* wieder einschenken; nachgießen **2.** *argent* übertragen

∘éversibilité [ʀevɛʀsibilite] *f* Umkehrbarkeit *f*

∘éversible [ʀevɛʀsibl] *adj* umkehrbar; **manteau** *m* **réversible** Wendemantel *m*

∘éversion [ʀevɛʀsjõ] *f* **pension** *f* **de réversion** Hinterbliebenenrente *f*

∘evêtement [ʀ(ə)vɛtmɑ̃] *m* TECH Verkleidung *f*; Überzug *m*; *d'une route, de sol* Belag *m*

∘evêtir [ʀ(ə)vetiʀ] *v/t* ⟨→ **vêtir**⟩ **1.** *habits* anlegen; anziehen **2.** *par ext* **revêtir qn d'une dignité** j-m e-e Würde verleihen **3.** *fig aspect, caractère* annehmen; *par ext (avoir)* aufweisen **4.** (*pourvoir*) **revêtir qc de qc** etw mit etw versehen

∘êveur [ʀɛvœʀ] **I** *adj* ⟨*-euse* [-øz]⟩ **1.** verträumt **2.** *cela me laisse rêveur* das stimmt mich nachdenklich **II** **rêveur, rêveuse** *m,f* Träumer(in) *m(f)*

∘evient [ʀəvjɛ̃] **prix** *m* **de revient** Selbstkostenpreis *m*

∘evigorer [ʀ(ə)vigɔʀe] *v/t* wieder kräftigen, beleben, stärken

∘evirement [ʀ(ə)viʀmɑ̃] *m* Umschwung *m*

∘évlser [ʀevize] *v/t* **1.** *texte, son jugement* revidieren **2.** TECH überholen; **faire réviser sa voiture** s-n Wagen zur Inspektion bringen **3.** *matière d'examen* wiederholen (*a abs*)

∘révision [ʀevizjõ] *f* **1.** *d'un texte, etc* Revision *f* **2.** JUR Wiederaufnahme(verfahren) *f(n)* **3.** TECH Überholung *f*; AUTO Inspektion *f* **4.** *en vue d'un examen* Wiederholung *f*

∘révisionnisme [ʀevizjɔnism] *m* Revisionismus *m*

∘révisionniste [-ist] **I** *adj* revisionistisch **II** *m,f* Revisionist(in) *m(f)*

∘revisiter [ʀəvizite] *v/t fig* neu interpretieren

∘revitalisant [ʀ(ə)vitalizɑ̃] *adj* ⟨*-ante* [-ɑ̃t]⟩ kräftigend

∘revivre [ʀ(ə)vivʀ] ⟨→ **vivre**⟩ **I** *v/t épreuve* noch einmal durchleben **II** *v/i* **1.** wieder aufleben **2.** *fig* **faire revivre** wieder lebendig werden lassen

révocable [ʀevɔkabl] *adj contrat* widerruflich; *fonctionnaire* absetzbar

révocation [ʀevɔkasjõ] *f* **1.** JUR Aufhebung *f* **2.**

d'un fonctionnaire Amtsenthebung *f*

revoici [ʀ(ə)vwasi] *prép* F **me revoici** hier bin ich wieder

revoilà [ʀ(ə)vwala] *prép* F **nous revoilà** da sind wir wieder

► **revoir** [ʀ(ə)vwaʀ] ⟨→ **voir**⟩ **I** *v/t* **1.** wiedersehen; ► **au revoir** auf Wiedersehen **2.** *texte* noch einmal durchsehen; *leçon* wiederholen **3.** *en esprit* (im Geist noch) vor sich (*dat*) sehen **II** *v/pr* **se revoir** sich wiedersehen

révoltant [ʀevɔltɑ̃] *adj* ⟨*-ante* [-ɑ̃t]⟩ empörend

révolte [ʀevɔlt] *f* **1.** (*rébellion*) Aufstand *m*; Revolte *f*; Aufruhr *m* **2.** (*indignation*) Empörung *f*

révolté [ʀevɔlte] **I** *adj* ⟨*~e*⟩ **1.** (*rebelle*) aufständisch; aufrührerisch **2.** (*indigné*) empört; aufgebracht **II** *m* Aufständische(r) *m*; Aufrührer *m*

révolter [ʀevɔlte] **I** *v/t* empören **II** *v/pr* **se révolter** **1.** (*se rebeller*) sich auflehnen, revoltieren (*contre* gegen) **2.** (*s'indigner*) sich empören (*contre* über + *acc*)

révolu [ʀevɔly] *adj* ⟨*~e*⟩ *époque, jours* vergangen; abgelaufen; **avoir trente ans révolus** das dreißigste Lebensjahr vollendet haben

► **révolution** [ʀevɔlysjõ] *f* **1.** POL Revolution *f* (*a fig*); Umsturz *m*; F *fig* **être en révolution** in Aufruhr sein **2.** ASTR, ESPACE Umlauf *m* **3.** MATH (Um)Drehung *f*

révolutionnaire [ʀevɔlysjɔnɛʀ] **I** *adj* **1.** POL Revolutions…; revolutionär **2.** *méthode, invention* revolutionär; umwälzend **II** *m,f* Revolutionär(in) *m(f)*

révolutionner [ʀevɔlysjɔne] *v/t* **1.** *quartier* in Aufruhr versetzen **2.** *industrie* revolutionieren

revolver [ʀevɔlvɛʀ] *m* **1.** Revolver *m*; **coup** *m* **de revolver** Revolverschuss *m* **2.** *adjt* **poche** *f* **revolver** Gesäßtasche *f*

révoquer [ʀevɔke] *v/t* **1.** *fonctionnaire* s-s Amtes entheben **2.** JUR aufheben

revoter [ʀ(ə)vɔte] **I** *v/t* noch einmal abstimmen über (+*acc*) **II** *v/i* noch einmal wählen

revouloir [ʀ(ə)vulwaʀ] F *v/t* ⟨→ **vouloir**⟩ wieder, F noch mal wollen

revoyure [ʀ(ə)vwajyʀ] F *à* **la revoyure** auf Wiedersehen

► **revue** [ʀ(ə)vy] *f* **1.** (*magazine*) Zeitschrift *f* **2.** THÉ Revue *f*; **revue à grand spectacle** Ausstattungsrevue *f* **3.** (*examen*) Durchsicht *f*; **revue de presse** Presseschau *f* **4.** MIL (Truppen)Parade *f*; Truppenschau *f*; **passer en revue** *troupes défilant* die Parade abnehmen (**les troupes** der Truppen); *troupes formant la haie* die Front abschreiten; *fig problèmes, etc* durchgehen; Revue passieren lassen

révulsé [ʀevylse] *adj* ⟨*~e*⟩ *yeux* verdreht; *visage* verzerrt

révulser [ʀevylse] **I** *v/t* anwidern **II** *v/pr* **se révulser** *visage* sich verzerren; **ses yeux se révulsèrent** er verdrehte die Augen

révulsif [ʀevylsif] *m* PHARM ableitendes Mittel

révulsion [-jõ] *f* MÉD Ableitung *f*

rewriting [ʀəʀajtiŋ] *m* Umredigieren *n*

► **rez-de-chaussée** [ʀedʃose] *m* ⟨*inv*⟩ Erdgeschoss *n*; **habiter au rez-de-chaussée** parterre, im Erdgeschoss wohnen

RF *abr* (*République française*) Französische Republik

▶ **RFA** [ɛʀɛfɑ] *f abr* (*République fédérale d'Allemagne*) BRD *f*

rhabillage [ʀabijaʒ] *m* Wiederanziehen *n*

rhabiller [ʀabije] *v/t* (*et v/pr* **se rhabiller** sich) wieder anziehen; F *fig* **va te rhabiller!** geh nach Hause!

rhénan [ʀenɑ̃] **I** *adj* ⟨**-ane** [-an]⟩ rhein(länd)isch **II** *subst* **Rhénan(e)** *m(f)* Rheinländer(in) *m(f)*

Rhénanie [ʀenani] **la Rhénanie** das Rheinland

Rhénanie(-du Nord)-Westphalie la Rhénanie(-du Nord)-Westphalie Nordrhein-Westfalen *n*

Rhénanie-Palatinat la Rhénanie-Palatinat Rheinland-Pfalz *n*

rhésus [ʀezys] *m* (**facteur** *m*) **rhésus** Rhesusfaktor *m*; **rhésus négatif, positif** ⟨*inv*⟩ Rhesus negativ, positiv

rhétorique [ʀetɔʀik] *f* **1.** Rhetorik *f*; Redekunst *f* **2.** *péj* Phrasendrescherei *f*; Wortgeklingel *n*

▶ **Rhin** [ʀɛ̃] **le Rhin** der Rhein

rhinite [ʀinit] *f* Nasenschleimhautentzündung *f*; *sc* Rhinitis *f*

rhinocéros [ʀinɔseʀɔs] *m* Nashorn *n*; Rhinozeros *n*

rhinopharyngite *f* Entzündung *f* der Nasen- und Rachenschleimhaut

rhizome [ʀizom] *m* Wurzelstock *m*

rhodanien [ʀɔdanjɛ̃] *adj* ⟨**-ienne** [-jɛn]⟩ Rhone…

Rhodes [ʀɔd] Rhodos *n*

rhododendron [ʀɔdɔdɛ̃dʀɔ̃] *m* Rhododendron *m*; Alpenrose *f*

Rhône [ʀon] **le Rhône** die Rhone

Rhône-Alpes [ʀonalp] (**la région**) **Rhône-Alpes** *frz* Region

rhubarbe [ʀybaʀb] *f* Rhabarber *m*

rhum [ʀɔm] *m* Rum *m*

rhumatisant [ʀymatizɑ̃] *m*, **rhumatisante** [-ɑ̃t] *f* Rheumatiker(in) *m(f)*

rhumatismal [ʀymatismal] *adj* ⟨**~e**; **-aux** [-o]⟩ rheumatisch

rhumatisme [ʀymatism] *m* Rheuma *n*; Rheumatismus *m*; **rhumatisme articulaire** Gelenkrheumatismus *m*

rhumatologie [ʀymatɔlɔʒi] *f* Rheumatologie *f*

rhumatologue [-lɔg] *m,f* Rheumatologe, -login *m,f*

▶ **rhume** [ʀym] *m* **rhume** (**de cerveau**) Schnupfen *m*; **rhume des foins** Heuschnupfen *m*; F **attraper un rhume** F Schnupfen kriegen; F sich (*dat*) e-n Schnupfen holen

ri [ʀi] *p/p* → **rire**

riant [ʀijɑ̃] *adj* ⟨**-ante** [-ɑ̃t]⟩ *air* heiter; *paysage* lieblich; anmutig

RIB [ʀib] *m abr* ⟨*inv*⟩ → **relevé II**

ribambelle [ʀibɑ̃bɛl] F *f* ganze Reihe, Schar *f* (**de** von *ou* + *gén*)

ribouldingue [ʀibuldɛ̃g] F *f* wüstes Gelage; **faire la ribouldingue** ein wüstes Gelage veranstalten

ricanement [ʀikanmɑ̃] *m* **1.** *moqueur* hämisches Grinsen **2.** *bête* Gekicher *n*

ricaner [ʀikane] *v/i* **1.** *pour se moquer* hämisch grinsen; F feixen **2.** *bêtement* kichern; albern grinsen

ricaneur [ʀikanœʀ] *adj* ⟨**-euse** [-øz]⟩ höhnisch *ou* albern grinsend

richard [ʀiʃaʀ] *m* F *péj* **gros richard** stinkreicher Mann

▶ **riche** [ʀiʃ] **I** *adj* reich (*a fig*; **en** an + *dat*); *sol, terre* ergiebig; fruchtbar; *nourriture* reichhaltig; gehaltvoll; *ameublement, etc* kostbar; prächtig; *langue* wortreich; F *idée* großartig; **riche en vitamines** vitaminreich **II** *m* Reiche(r) *m*; **nouveau riche** Neureiche(r) *m*

richement [ʀiʃmɑ̃] *adv* reich; sehr gut

▶ **richesse** [ʀiʃɛs] *f* Reichtum *m* (*a fig*; **en** an + *dat*); *d'un aliment* Reichhaltigkeit *f*; *de l'ameublement, etc* Kostbarkeit *f*; Pracht *f*; **richesses** *pl* Reichtümer *m/pl*; *d'une collection* Schätze *m/pl*; **richesses du sous-sol** Bodenschätze *m/pl*

richissime [ʀiʃisim] *adj* steinreich

ricin [ʀisɛ̃] *m* **huile** *f* **de ricin** Rizinusöl *n*

ricocher [ʀikɔʃe] *v/i* abprallen (**sur** an + *dat*)

ricochet [ʀikɔʃɛ] *m* Abprall *m*; *caillou* **faire des ricochets sur l'eau** auf dem Wasser hüpfen; *fig* **par ricochet** indirekt

ric-rac [ʀikʀak] F *adv* ganz genau; (*tout juste*) knapp

rictus [ʀiktys] *m* verzerrter Mund; verzerrtes Gesicht

ride [ʀid] *f* **1.** *de la peau* Falte *f*; Runzel *f* **2.** *pl* **rides** *de l'eau* Kräuselung *f*

ridé [ʀide] *adj* ⟨**~e**⟩ *peau, visage* faltig; runz(e)lig; *pomme* schrumpelig

▶ **rideau** [ʀido] *m* ⟨**~x**⟩ **1.** Vorhang *m* (*a* THÉ); *de fenêtre a* Gardine *f*; **rideau de douche** Duschvorhang *m*; **rideau de fer** HIST Eiserner Vorhang; *d'un magasin* Rollladen *m* aus Stahlblech **2.** *fig* **rideau d'arbres** dichte Baumreihe; **rideau de fumée** dicke Rauchschwaden *f/pl*

rider [ʀide] **I** *v/t eau* kräuseln **II** *v/pr* **se rider** faltig, runz(e)lig werden; Runzeln bekommen

▶ **ridicule** [ʀidikyl] **I** *adj* lächerlich (*a fig somme*); lachhaft **II** *m* Lächerlichkeit *f*; **se couvrir de ridicule** sich lächerlich machen; sich blamieren; **tourner en ridicule** lächerlich machen

ridiculement [ʀidikylmɑ̃] *adv* lächerlich

ridiculiser [ʀidikylize] *v/t* (*et v/pr* **se**) **ridiculiser** (sich) lächerlich machen; (sich) blamieren

▶ **rien** [ʀjɛ̃] **I** *pr/ind* **1.** ⟨*mit* **ne** *ohne Verb*⟩ nichts; ▶ **rien du tout** gar nichts; **il n'y a rien de mieux** es gibt nichts Besseres; **ce n'est rien** halb so schlimm; macht nichts; F **ce n'est pas rien** das will schon was heißen!; **il n'en est rien** das ist nicht der Fall; **je ne sais rien** ich weiß nichts; **un petit bobo de rien** ein kleines, unbedeutendes Wehwehchen; **une fille de rien** ein unsolides Mädchen; **de rien!** keine Ursache!; bitte!; **comme si de rien n'était** als ob nichts gewesen wäre; **en rien** in keiner Weise; **pour rien** umsonst; für nichts (und wieder nichts); **pour rien au monde** um nichts in der Welt; **rien que** nur; nichts als; **rien que d'y penser** schon der Gedanke daran **2.** *sens positif* ⟨*ohne* **ne**⟩ etwas; **sans rien dire, faire** ohne etwas zu sagen, tun **II** *m* Kleinigkeit *f*; Nichtigkeit *f*; Bagatelle *f*; Lappalie *f*; **un rien** (**de**) ein (ganz) klein wenig; F e-e Idee; **en un rien de temps** im Nu; im Handumdrehen; **pour un rien** wegen e-r Kleinigkeit

rieur [ʀijœʀ] **I** *adj* ⟨**-euse** [-øz]⟩ *personne* lustig; fröhlich; *yeux, air* lachend **II** *m* Lacher *m*

rififi [ʀififi] *arg m* Schlägerei *f*
rifle [ʀifl] *adjt* **carabine** *f* **22 long rifle** 5,58-mm--Karabiner *m*
rigide [ʀiʒid] *adj* **1.** *matériau* steif **2.** *principes, personne* starr; streng
rigidité [-ite] *f* **1.** Steifheit *f* **2.** *fig* Starrheit *f*; (unbeugsame) Strenge
rigolade [ʀiɡɔlad] F *f* Spaß *m*; Ulk *m*; F Jux *m*; **c'est de la rigolade** (*pas sérieux*) das ist ein Witz, e-e Farce; (*pas difficile*) das ist e-e Kleinigkeit; **prendre à la rigolade** als Spaß *etc* auffassen
rigolard [ʀiɡɔlaʀ] F *adj* ⟨**-arde** [-aʀd]⟩ spöttisch
rigole [ʀiɡɔl] *f* **1.** *d'écoulement* Rinne *f* **2.** (*filet d'eau*) Rinnsal *n*
rigoler [ʀiɡɔle] F *v/i* (*rire*) lachen; (*s'amuser*) Spaß machen; **tu rigoles!** du machst wohl Witze!; **il ne faut pas rigoler avec ça** damit ist nicht zu spaßen
rigolo [ʀiɡɔlo] F **I** *adj* ⟨**-ote** [-ɔt]⟩ lustig; spaßig; ulkig **II** **rigolo(te)** *m*(*f*) Spaßvogel *m*; *péj* Witzbold *m*
rigorisme [ʀiɡɔʀism] *m* Rigorismus *m*; übertriebene Strenge
rigoriste [-ist] **I** *adj* (übertrieben) streng; rigoristisch **II** *m,f* Rigorist(in) *m*(*f*)
rigoureusement [ʀiɡuʀøzmã] *adv* streng
rigoureux [ʀiɡuʀø] *adj* ⟨**-euse** [-øz]⟩ streng (*a hiver, raisonnement*); rigoros; unerbittlich; *climat* rau
rigueur [ʀiɡœʀ] *f* Strenge *f*; **à la rigueur** notfalls; zur Not; im Notfall; allenfalls; **de rigueur** erforderlich; unerlässlich; **tenir rigueur à qn de qc** j-m etw übel nehmen, nachtragen
rikiki [ʀikiki] *adj* → **riquiqui**
rillettes [ʀijɛt] *f/pl* fein gehacktes, gekochtes und im eigenen Fett konserviertes Fleisch
rime [ʀim] *f* Reim *m*; *fig* **sans rime ni raison** ohne Sinn und Verstand
rimer [ʀime] *v/i* sich reimen (**avec** auf + *acc*); *fig* **ne rimer à rien** keinen Sinn haben, machen
rimmel® [ʀimɛl] *m* Wimperntusche *f*
rinçage [ʀɛ̃saʒ] *m* **1.** (Nach)Spülen *n* **2.** *coiffeur* **faire un rinçage** das Haar tönen
rince-doigts [ʀɛ̃zdwa] *m* ⟨*inv*⟩ Wasserschale *f* zum Fingerreinigen
rincer [ʀɛ̃se] ⟨**-ç-**⟩ **I** *v/t* *linge* spulen; *vaisselle, cheveux* nachspülen; *verres* ausspülen; *l'extérieur* abspülen; F *fig* **se faire rincer** (vom Regen) durchnässt werden **II** *v/pr* **se rincer la bouche** sich (*dat*) den Mund ausspülen; *fig* **se rincer l'œil** den stillen Genießer spielen
ring [ʀiŋ] *m* (Box)Ring *m*
ringard [ʀɛ̃ɡaʀ] F *adj* ⟨**-arde** [-aʀd]⟩ altmodisch; überlebt
ripaille [ʀipaj] *f* F **faire ripaille** F ein Fressgelage *n* veranstalten
riper [ʀipe] *v/i* rutschen
ripolin® [ʀipɔlɛ̃] *m* Lackfarbe *f*
riposte [ʀipɔst] *f* **1.** schnelle, schlagfertige Antwort **2.** MIL, *fig* Gegenstoß *m*, -schlag *m*
riposter [ʀipɔste] *v/i* **1.** schnell, schlagfertig antworten (**à qc** auf etw [*acc*]; **à qn** j-m) **2.** MIL, *fig* e-n Gegenstoß führen; zurückschlagen
ripou [ʀipu] F *m* ⟨**~x**⟩ korrupter (Polizei)Beamter
riquiqui [ʀikiki] F *adj* ⟨*inv*⟩ winzig; *péj* armselig
▸ **rire** [ʀiʀ] ⟨**je ris, il rit, nous rions; je riais; je**

ris; **je rirai**; **que je rie**; **riant**; **ri**⟩ **I** *v/i* **1.** lachen (**de** über + *acc*); **vous me faites rire** dass ich nicht lache!; **mourir de rire** sich totlachen **2.** (*plaisanter*) spaßen; scherzen; **c'était pour rire** das war nur Spaß **3.** (*se moquer*) **rire de qn, qc** j-n auslachen; sich über j-n, etw lustig machen **II** *v/pr* *st/s* **se rire des difficultés** die Schwierigkeiten spielend meistern **III** *m* Lachen *n*; Gelächter *n*; (**crise** *f* **de**) **fou rire** Lachkrampf *m*; **avoir le fou rire** nicht mehr können vor Lachen
ris [ʀi] *m* **1.** **ris de veau** Kalbsbries *n* **2.** MAR Reff *n*
risée [ʀize] *f* Gespött *n*; **être la risée de tout le monde** sich zum Gespött der Leute machen
risette [ʀizɛt] *f* *enfant* **faire des risettes à qn** j-n anlächeln
risible [ʀizibl] *adj* lächerlich
▸ **risque** [ʀisk] *m* Risiko *n*; Gefahr *f*; **assurance** *f* **tous risques** Vollkaskoversicherung *f*; **à mes**, *etc* **risques et périls** auf eigene Gefahr; **à risque(s)** Risiko…; **au risque de** (+ *inf*) auf die Gefahr hin zu (+ *inf*); **courir le risque de** (+*inf*) Gefahr laufen, riskieren zu (+*inf*); **prendre des risques** Risiken eingehen, auf sich (*acc*) nehmen
risqué [ʀiske] *adj* ⟨**~e**⟩ riskant; gewagt
risquer [ʀiske] **I** *v/t* **1.** *vie, regard, plaisanterie* riskieren (**a** *amende, renvoi*); wagen; *vie a* aufs Spiel setzen; **risquer gros** viel riskieren, aufs Spiel setzen; **risquer de** (+ *inf*) riskieren, Gefahr laufen, drohen zu (+ *inf*) **2.** *chose* **risquer de** (+ *inf*) drohen zu (+ *inf*); *la maison* **risque de s'écrouler** droht einzustürzen; *par ext* **risquer de réussir** gelingen können; vielleicht gelingen **II** *v/pr* **se risquer à faire qc** sich darauf einlassen, etw zu tun
risque-tout [ʀiskɔtu] *m,f* ⟨*inv*⟩ Draufgänger(in) *m*(*f*)
rissoler [ʀisɔle] *v/t* **faire rissoler** goldbraun braten; bräunen; **rissolé** goldbraun
ristourne [ʀistuʀn] *f* Rabatt *m*
rite [ʀit] *m* **1.** REL Ritus *m* **2.** *fig* Brauch *m*; Gepflogenheit *f*
ritournelle [ʀituʀnɛl] *f* **1.** MUS Ritornell *n* **2.** *fig* alte Leier
rituel [ʀituɛl] **I** *adj* ⟨**~le**⟩ **1.** REL rituell **2.** *fig* gewohnheitsmäßig **II** *m* Ritual *n*
rivage [ʀivaʒ] *m* Küste *f*; Strand *m*
rival(e) [ʀival] **I** *m*(*f*) ⟨*m/pl* **-aux** [-o]⟩ Rivale *m*, Rivalin *f*; *en amour a* Nebenbuhler(in) *m*(*f*) **II** *adj* rivalisierend
rivaliser [ʀivalize] *v/i* rivalisieren, wetteifern (**avec qn de qc** mit j-m in etw [*dat*])
rivalité [-ite] *f* Rivalität *f*
▸ **rive** [ʀiv] *f* Ufer *n*
river [ʀive] *v/t* **1.** *tôles* (ver)nieten **2.** *fig* fesseln (**à** an + *acc*); *regard* **être rivé sur qc** auf etw (*acc*) geheftet sein
riverain [ʀivʀɛ̃] *m*, **riveraine** [-ɛn] *f* Anlieger(in) *m*(*f*); Anrainer(in) *m*(*f*); Anwohner(in) *m*(*f*)
rivet [ʀivɛ] *m* TECH Niete *f*
Riviera [ʀivjeʀa] **la Riviera** die italienische Riviera
▸ **rivière** [ʀivjɛʀ] *f* **1.** Fluss *m* **2.** *fig* Strom *m* (**de** von) **3.** SPORTS Wassergraben *m* **4.** **rivière de diamants** Diamantenkollier *n*

rixe [ʀiks] *f* Schlägerei *f*
▸ **riz** [ʀi] *m* Reis *m*; *riz au lait* Milchreis *m*; Reisbrei *m*; *poule f au riz* Huhn *n* mit Reis
riziculture [ʀizikyltyʀ] *f* Reisanbau *m*
rizière [ʀizjɛʀ] *f* Reisfeld *n*
RMI [ɛʀemi] *m abr* ⟨*inv*⟩ (*revenu minimum d'insertion*) *correspond à* Arbeitslosengeld II *n*
RMiste [ɛʀɛmist] *m*,*f correspond à* Empfänger(in) *m*(*f*) von Arbeitslosengeld II
RMN [ɛʀemɛn] *f* ⟨*inv*⟩ → *résonance*
RN *abr* (*route nationale*) *correspond à* B (Bundesstraße)
RNIS [ɛʀenis] *m abr* (*réseau numérique à intégration de services*) ISDN *n*
▸ **robe** [ʀɔb] *f* **1.** Kleid *n*; *robe de chambre* Morgenrock *m*, -mantel *m*; *robe d'été, de mariée, du soir* Sommer-, Braut-, Abendkleid *n* **2.** *des juges, etc* Robe *f*; Talar *m* **3.** *d'un animal* Fell *n* **4.** *d'un cigare* Deckblatt *n* **5.** *du vin* Farbe *f*
Robin des Bois [ʀɔbɛ̃dəbwa] *m* Robin Hood *m*
▸ **robinet** [ʀɔbinɛ] *m* TECH Hahn *m*
robinetterie [ʀɔbinɛtʀi] *f* Armaturen *f/pl*
Robinson Crusoé [ʀɔbɛ̃sõkʀyzɔe] *m* Robinson Crusoe *m*
roboratif [ʀɔbɔʀatif] *litt adj* ⟨*-ive* [-iv]⟩ stärkend; kräftigend
robot [ʀɔbo] *m* **1.** TECH, *fig* Roboter *m* **2.** CUIS Küchenmaschine *f*
robotique [ʀɔbɔtik] *f* Robotertechnik *f*
robotisation [ʀɔbɔtizasjõ] *f* **1.** TECH Vollautomatisierung *f*; Robotereinsatz *m* **2.** *fig et péj* Verwandlung *f* in e-n Roboter
robotiser [ʀɔbɔtize] *v/t* vollautomatisieren
robuste [ʀɔbyst] *adj* robust (*a moteur, etc*); widerstandsfähig; kräftig
robustesse [-ɛs] *f* Robustheit *f*
roc [ʀɔk] *m* Fels *m* (*a fig*)
rocade [ʀɔkad] *f* Umgehungsstraße *f*
rocaille [ʀɔkaj] *f* **1.** *terrain* steiniger Boden **2.** ARCH Muschelwerk *n*; Rocaille *n ou f* **3.** *adjt style m rocaille* Rokoko(stil) *n*(*m*)
rocailleux [ʀɔkajø] *adj* ⟨*-euse* [-øz]⟩ **1.** *chemin* steinig **2.** *fig voix* rau
rocambolesque [ʀɔkãbɔlɛsk] *adj* fantastisch; abenteuerlich
roche [ʀɔʃ] *f* **1.** Fels(en) *m* **2.** GÉOL Gestein *n*
▸ **rocher** [ʀɔʃe] *m* **1.** Fels(en) *m* **2.** *au chocolat* große nugatgefüllte Praline
rocheux [ʀɔʃø] *adj* ⟨*-euse* [-øz]⟩ Fels(en)...; felsig
rock [ʀɔk] **I** *m* **1.** MUS Rock *m*; Rockmusik *f* **2.** *danse* Rock and Roll *m* **II** *adj* ⟨*inv*⟩ Rock...
rocker [ʀɔkœʀ] *m*, **rockeuse** [-øz] *f* **1.** Rocksänger(in) *m*(*f*) **2.** Rockfan *m*
rocking-chair [ʀɔkiŋ(t)ʃɛʀ] *m* ⟨*rocking-chairs*⟩ Schaukelstuhl *m*
rococo [ʀɔkoko] **I** *adj* ⟨*inv*⟩ Rokoko... **II** *m* Rokoko *n*
rodage [ʀɔdaʒ] *m* **1.** *d'une voiture* Einfahren *n*; *en rodage* wird eingefahren **2.** *fig* Anlaufzeit *f*; *de qn* Einarbeitung *f*
rodéo [ʀɔdeo] *m* **1.** Rodeo *m ou n* **2.** *fig* wilde Verfolgungsjagd
roder [ʀɔde] *v/t* **1.** *voiture* einfahren **2.** *fig* einüben; *personne* einarbeiten (*à* in + *acc*); *rodé* eingearbeitet; geschult erfahren
rôder [ʀode] *v/i* sich herumtreiben; herum-

streunen; *rôder autour de qn, qc* um j-n, etw herumschleichen
rôdeur [ʀodœʀ] *m*, **rôdeuse** [-øz] *f* Herumtreiber(in) *m*(*f*)
rodomontade [ʀɔdɔmõtad] *f* Prahlerei *f*
rogatoire [ʀɔgatwaʀ] *adj* JUR *commission f rogatoire* Rechtshilfeersuchen *n*
rogatons [ʀɔgatõ] F *m/pl* (Essens)Reste *m/pl*
rogne [ʀɔɲ] *f* F *être en rogne* F e-e Stinklaune haben
rogner [ʀɔɲe] **I** *v/t* beschneiden **II** *v/t/indir rogner sur qc* an etw (*dat*) sparen
rognon [ʀɔɲõ] *m* CUIS Niere *f*
rognure [ʀɔɲyʀ] *f* Schnipsel *m ou n*; *rognures d'ongles* abgeschnittene Fingernägel *m/pl*; *rognures de viande* Fleischreste *m/pl*
rogomme [ʀɔgɔm] F *voix f de rogomme* Säuferstimme *f*
rogue [ʀɔg] *adj* überheblich
▸ **roi** [ʀwa] *m* König *m* (*a* ÉCHECS, CARTES, *fig*); *fig les rois du pétrole* die Ölmagnaten *m/pl*; *le roi des imbéciles* der größte Dummkopf; *fête f des Rois* Dreikönigstag *m*; Heilige Drei Könige; *tirer les rois* den Dreikönigskuchen essen
Roi-Soleil [ʀwasɔlɛj] *m* HIST *le Roi-Soleil* der Sonnenkönig
roitelet [ʀwatlɛ] *m* **1.** ZO Goldhähnchen *n*; *abus* Zaunkönig *m* **2.** *plais* Duodezfürst *m*
▸ **rôle** [ʀol] *m* **1.** THÉ Rolle *f* (*a fig*); *fig avoir le beau rôle* gut dastehen; F fein heraus sein; *fig jouer un grand rôle dans qc* e-e große Rolle bei etw spielen **2.** *à tour de rôle* abwechselnd; der Reihe nach; turnusmäßig
▸ **roller** [ʀɔlœʀ] *m* Inline-Skate *m*
romain [ʀɔmɛ̃] **I** *adj* ⟨*-aine* [-ɛn]⟩ **1.** römisch **2.** TYPO *caractères romains* Antiqua *f* **II** *subst* **3.** *Romain(e) m*(*f*) Römer(in) *m*(*f*) **4.** *romaine f* römischer Salat; Romana *f*
▸ **roman** [ʀɔmã] **I** *adj* ⟨*-ane* [-an]⟩ romanisch **II** *m* **1.** Roman *m* (*a fig*); *roman d'amour, d'aventures* Liebes-, Abenteuerroman **2.** ARCH Romanik *f*
romance [ʀɔmãs] *f* Liebeslied *n*
romancer [ʀɔmãse] *v/t* ⟨*-ç-*⟩ in Romanform schreiben
romanche [ʀɔmãʃ] *m* Rätoromanisch *n*; Romantsch *n*
romancier [ʀɔmãsje] *m*, **romancière** [-jɛʀ] *f* Romancier *m*; Romanschriftsteller(in) *m*(*f*); Romanautor(in) *m*(*f*)
romand [ʀɔmã] *adj* ⟨*-ande* [-ãd]⟩ *la Suisse romande* die französische Schweiz
romanesque [ʀɔmanɛsk] *adj* **1.** *aventure, etc* romanhaft; wie in e-m Roman; *personne* romantisch; schwärmerisch **2.** *œuvre f romanesque* Romanwerk *n*
roman-feuilleton *m* ⟨*romans-feuilletons*⟩ Fortsetzungsroman *m*
roman-fleuve *m* ⟨*romans-fleuves*⟩ sehr langer Roman
romanichel(le) [ʀɔmaniʃɛl] *m*(*f*) *péj* Zigeuner(in) *m*(*f*)
romanisant [ʀɔmanizã] *adj* ⟨*-ante* [-ãt]⟩ **1.** LING romanistisch **2.** REL der römisch-katholischen Kirche nahe kommend
romanisation [-asjõ] *f* HIST, LING Romanisierung *f*

R

romaniser [-e] **I** v/t **1.** *pays, peuple* romanisieren **2.** *texte* in lateinischer Schrift wiedergeben **3.** REL der römisch-katholischen Kirche zuführen **II** v/i REL römisch-katholisch eingestellt sein
romaniste [rɔmanist] m,f LING Romanist(in) m(f)
roman-photo m ⟨**romans-photos**⟩ Fotoroman m
romantique [rɔmɑ̃tik] **I** adj romantisch **II** m Romantiker m
romantisme [-ism] m Romantik f
romarin [rɔmaʀɛ̃] m Rosmarin m
rombière [rɔ̃bjɛʀ] f F alte Schachtel
Rome [rɔm] Rom n
rompre [rɔ̃pʀ] ⟨**je romps, il rompt, nous rompons; je rompais; je rompis; je romprai; que je rompe; rompant; rompu**⟩ **I** v/t brechen (a contrat); relations abbrechen; silence unterbrechen; équilibre stören; fiançailles, charme lösen; **applaudir à tout rompre** tosenden Beifall spenden **II** v/i **rompre avec qn, qc** mit j-m, etw brechen **III** v/pr **se rompre** corde (zer)reißen; digue, branche brechen; **se rompre les os** sich (dat) die Knochen brechen
rompu [rɔ̃py] adj ⟨~e⟩ **1. rompu (de fatigue)** wie gerädert **2.** (habile) **rompu à qc** in etw (dat) bewandert, erfahren
romsteck [rɔmstɛk] m Rumpsteak n
ronce [rɔ̃s] f **1.** BOT Brombeerstrauch m; **ronces** pl a Brombeergestrüpp n **2.** de noyer, etc Maserung f
ronchon [rɔ̃ʃɔ̃] F → ronchonneur
ronchonnement [rɔ̃ʃɔnmɑ̃] F m Nörgelei f; Gemecker n
ronchonner [rɔ̃ʃɔne] v/i F meckern
ronchonneur [-œʀ], **ronchonneuse** [-øz] **I** F m,f F Meckerer m, Meckerziege f **II** F adj brummig; knurrig
▸ **rond** [rɔ̃] **I** adj ⟨**ronde** [rɔ̃d]⟩ **1.** rund (a chiffre, somme); personne, partie du corps a rundlich; **ballon rond** Fußball m **2. rond en affaires** offen und großzügig **3.** F (ivre) F besoffen; F blau **II** adv **tourner rond** moteur gut laufen; fig **ça ne tourne pas rond** da stimmt etwas nicht; **ça fait cent euros tout rond** das macht genau hundert Euro **III** m **4.** Kreis m; Ring m; **rond de serviette** Serviettenring m; **en rond** im Kreis; **tourner en rond** sich im Kreis drehen (a fig); F fig **en rester comme deux ronds de flan** F ganz platt, baff sein **5.** F (sou) **avoir des ronds** Geld, F Moneten haben
rond-de-cuir [rɔ̃dkɥiʀ] m ⟨**ronds-de-cuir**⟩ péj Büromensch m
ronde [rɔ̃d] f **1.** d'un gardien Runde f; Rund-, Kontrollgang m; de police Streife f **2. à la ronde** in weiten Umkreis; **faire passer qc à la ronde** etw reihum gehen lassen **3.** danse Rundtanz m; Reigen m; enfants **faire la ronde** Ringelreihen spielen, tanzen **4.** MUS ganze Note
rondelet [rɔ̃dlɛ] adj ⟨**-ette** [-ɛt]⟩ **1.** rundlich; mollig; F pummelig **2. une somme rondelette** ein nettes Sümmchen
rondelle [rɔ̃dɛl] f Scheibe f; d'un écrou Unterlegscheibe f; **rondelle de saucisson** Wurstscheibe f
rondement [rɔ̃dmɑ̃] adv **1.** faire qc zügig **2.** parler offen

rondeur [rɔ̃dœʀ] f **1.** du corps Rundung f **2.** (sincérité) Offenheit f
rondin [rɔ̃dɛ̃] m **cabane f en rondins** Blockhütte f, -haus n
rondouillard [rɔ̃dujaʀ] F adj ⟨**-arde** [-aʀd]⟩ dicklich; füllig
rond-point m ⟨**ronds-points**⟩ **1.** carrefour Kreisel m; Kreisverkehr m **2.** place runder Platz; Stern m
ronflant [rɔ̃flɑ̃] adj ⟨**-ante** [-ɑ̃t]⟩ péj hochtrabend
ronflement [rɔ̃fləmɑ̃] m Schnarchen n
ronfler [rɔ̃fle] v/i **1.** personne schnarchen **2.** moteur brummen; feu bullern
ronflette [rɔ̃flɛt] f F **faire une ronflette** ein Schläfchen machen
ronfleur [rɔ̃flœʀ] m, **ronfleuse** [-øz] f Schnarcher(in) m(f)
ronger [rɔ̃ʒe] ⟨**-ge-**⟩ **I** v/t **1.** nagen (**qc** an etw [dat]); zernagen; os a abnagen; vers: bois zerfressen **2.** rouille: fer, etc zerfressen; angreifen **3.** fig chagrin, etc **ronger qn** an j-m nagen, fressen; j-n quälen **II** v/pr **4. se ronger les ongles** an den Nägeln kauen **5.** fig **se ronger d'inquiétude** vor Unruhe vergehen
rongeur [rɔ̃ʒœʀ] m Nager m; Nagetier n
ronron [rɔ̃rɔ̃] m **1.** du chat Schnurren n **2.** d'un moteur Surren n **3.** fig Eintönigkeit f
ronronnement [rɔ̃rɔnmɑ̃] m → ronron
ronronner [rɔ̃rɔne] v/i **1.** chat schnurren **2.** moteur surren
roquefort [rɔkfɔʀ] m Roquefort(käse) m
roquer [rɔke] v/i ÉCHECS rochieren
roquet [rɔkɛ] m Kläffer m (a fig)
roquette [rɔkɛt] f Rakete(ngeschoss) f(n)
rosace [rozas] f ARCH Rosette f
rosaire [rozɛʀ] m Rosenkranz m
rosâtre [rozɑtʀ] adj schmutzig rosa
rosbif [rɔzbif] m Roastbeef n
▸ **rose**[1] [roz] f **1.** BOT Rose f; **rose de Noël** Christrose f; fig **à l'eau de rose** kitschig; sentimental; F **envoyer qn sur les roses** j-m e-n Korb geben **2. rose des vents** Windrose f **3. rose des sables** Sandrose f
▸ **rose**[2] **I** adj **1.** rosa; rosarot; rosafarben; **rose bonbon** ⟨inv⟩ bonbonrosa **2.** fig (réjouissant) rosig **3.** fig Sex... **II** m Rosa n; fig **voir la vie, tout en rose** das Leben, alles durch e-e rosa Brille sehen
rosé [roze] adj ⟨~e⟩ zartrosa; rosé; (vin) **rosé** m Rosé(wein) m
roseau [rozo] m ⟨~**x**⟩ Schilf(rohr) n
rosée [roze] f Tau m
roséole [rozeɔl] f MÉD Roseole f; rotfleckiger Hautausschlag
roseraie [rozʀɛ] f Rosengarten m
rosette [rozɛt] f **1.** nœud Schleife f **2.** insigne Rosette f; **avoir la rosette** Offizier m der Ehrenlegion sein **3. rosette de Lyon** Salami f aus Lyon
rosier [rozje] m Rosenstrauch m, -stock m; Rose f
rosir [roziʀ] v/i (zart, leicht) erröten
rosse [rɔs] **I** f Schuft m; Leuteschinder m **II** adj gemein (**avec qn** zu j-m)
rossée [rɔse] F f (Tracht f) Prügel pl
rosser [rɔse] v/t verprügeln; F verhauen; F verdreschen

R

rosserie [rɔsʀi] *f* Gemeinheit *f*
rossignol [rɔsiɲɔl] *m* **1.** zo Nachtigall *f* **2.** (*passe-partout*) Dietrich *m* **3.** F comm Ladenhüter *m*
rot [ʀo] *m* F Rülpser *m*; *bébé* **faire son rot** (ein) Bäuerchen machen
rotatif [ʀɔtatif] *adj* ⟨**-ive** [-iv]⟩ Dreh...; *moteur m* **à piston rotatif** Wankelmotor *m*
rotation [ʀɔtasjõ] *f* **1.** (Um)Drehung *f*; Rotation *f* **2.** *fig* (*roulement*) turnusmäßiger Wechsel; Rotation *f*; écon Umschlag *m*; Umsatz *m*; *d'un moyen de transport* Zug- *ou* Busfolge *f*; **rotation du personnel** Fluktuation *f* der Belegschaft
rotative [ʀɔtativ] *f* Rotationspresse *f*
roter [ʀɔte] *v/i* F rülpsen
▸ **rôti** [ʀoti, ʀɔ-] *m* Braten *m*; **rôti de bœuf, de porc** Rinder-, Schweinebraten *m*
rotin [ʀɔtɛ̃] *m* Rattan *n*; Peddigrohr *n*; *fauteuil m* **de, en rotin** Korbsessel *m*
rôtir [ʀotiʀ, ʀɔ-] **I** *v/t* (**faire**) **rôtir** braten **II** *v/i* braten (*a* F *fig personne*) **III** *v/pr* **se rôtir** (**au soleil**) sich (in der Sonne) braten lassen
rôtisserie [ʀotisʀi] *f* Rotisserie *f*; Grillrestaurant *n*
rôtisseur [-œʀ] *m* Grillkoch *m*; Rotisseur *m*
rôtissoire [-waʀ] *f* Grill(gerät) *m(n)*
rotonde [ʀɔtõd] *f* Rundbau *m*; Rotunde *f*
rotor [ʀɔtɔʀ] *m* Rotor *m*
rottweiler [ʀɔtvajlœʀ] *m* zo Rottweiler *m*
rotule [ʀɔtyl] *f* **1.** anat Kniescheibe *f*; F *fig* **être sur les rotules** erschöpft, F ganz kaputt sein **2.** tech Kugelgelenk *n*
roturier [ʀɔtyʀje] *m*, **roturière** [-jɛʀ] *f* hist Nichtadelige(r) *f(m)*
rouage [ʀwaʒ] *m* Rädchen *n*; **rouages** *pl* Räderwerk *n* (*a fig*)
roublard [ʀublaʀ] F **I** *adj* ⟨**-arde** [-aʀd]⟩ durchtrieben; gerissen **II** **roublard(e)** *m(f)* gerissener Bursche; *femme* F schlaues Luder
roublardise [ʀublaʀdiz] F *f* Gerissenheit *f*; Durchtriebenheit *f*
rouble [ʀubl] *m* Rubel *m*
roucoulement [ʀukulmã] *m* Gurren *n*, Girren *n* (*a fig d'amoureux*)
roucouler [ʀukule] *v/i* **1.** *pigeon* gurren **2.** *fig* turteln
▸ **roue** [ʀu] *f* Rad *n*; **grande roue** Riesenrad *n*; **roue libre** Freilauf *m*; **roue de loterie** Glücksrad *n*; **faire la roue** sports Rad schlagen; *paon* ein Rad schlagen; *fig* **pousser à la roue** nachhelfen
roué [ʀwe] *adj* ⟨**~e**⟩ gerissen; verschlagen
rouelle [ʀwɛl] *f* **rouelle (de veau)** Fleischscheibe *f* aus der Kalbskeule
rouer [ʀwe] *v/t* **rouer qn de coups** j-n durchprügeln
rouerie [ʀuʀi] *f* Gerissenheit *f*; Verschlagenheit *f*
rouet [ʀwɛ] *m* Spinnrad *n*
rouflaquettes [ʀuflakɛt] F *f/pl* Koteletten *pl*
▸ **rouge** [ʀuʒ] **I** *adj* rot (*a* pol); *fer* (rot) glühend; **la mer Rouge** das Rote Meer; **poisson m rouge** Goldfisch *m*; (*vin m*) **rouge** *m* Rotwein *m* **II** *adv* **se fâcher tout rouge** F fuchsteufelswild werden; **voir rouge** F rotsehen **III** *m* **1.** Rot *n*; *de la peau, du visage* Röte *f*; **chauffer au rouge** bis zur Rotglut erhitzen; *feux* **être au rouge**

rot sein; Rot zeigen; **passer au rouge** *feux* auf Rot schalten; *voiture* bei Rot durchfahren **2.** **rouge à joues** Rouge *n*; **rouge à lèvres** Lippenstift *m*
rougeâtre [ʀuʒatʀ] *adj* rötlich
rougeaud [ʀuʒo] *adj* ⟨**-aude** [-od]⟩ mit rotem Gesicht
rouge-gorge *m* ⟨**rouges-gorges**⟩ Rotkehlchen *n*
rougeole [ʀuʒɔl] *f* Masern *pl*
rougeoyant [ʀuʒwajã] *adj* ⟨**-ante** [-ãt]⟩ ins Rötliche gehend; rot, rötlich schimmernd
rougeoyer [-e] *v/i* ⟨**-oi-**⟩ rot, rötlich schimmern
rouget [ʀuʒɛ] *m* Meerbarbe *f*
rougeur [ʀuʒœʀ] *f* *sur la peau* Rötung *f*; **rougeurs** *pl* rote Stellen *f/pl*, Flecken *m/pl*
rougi [ʀuʒi] *adj* ⟨**~e**⟩ *yeux* gerötet; **eau rougie** Wasser *n* mit e-m Schuss Rotwein
rougir [ʀuʒiʀ] *v/i* **1.** rot werden; *peau, feuilles* a sich röten; *métal* glühend werden **2.** *personne* rot werden, erröten (**de honte** vor Scham); *fig* **je n'ai pas à rougir de cela** dessen brauche ich mich nicht zu schämen
rougissant [ʀuʒisã] *adj* ⟨**-ante** [-ãt]⟩ *personne* (leicht) errötend
rougissement [-mã] *m* Erröten *n*; Rotwerden *n*
rouille [ʀuj] *f* **1.** *du fer*, agr Rost *m* **2.** cuis scharfe, mit Peperoni gewürzte Knoblauchsoße **3.** *adjt* ⟨*inv*⟩ rostbraun, -farben
rouillé [ʀuje] *adj* ⟨**~e**⟩ **1.** *fer, clé* verrostet; rostig **2.** *fig* eingerostet
rouiller [ʀuje] **I** *v/i* (ver)rosten; rostig werden **II** *v/pr* **se rouiller 1.** (ver)rosten **2.** *fig personne* einrosten
roulade [ʀulad] *f* **1.** (*galipette*) Purzelbaum *m*; sports Rolle *f* **2.** cuis Roulade *f* **3.** mus Roulade *f*
roulant [ʀulã] *adj* ⟨**-ante** [-ãt]⟩ rollend; Roll...; fahrbar; fahrend (*a personnel*); Fahr...; (**cuisine**) **roulante** *f* Feldküche *f*; F Gulaschkanone *f*; **feu roulant** mil Trommelfeuer *n*; *fig de questions* Kreuzfeuer *n*; **table roulante** Servier-, Teewagen *m*; **tapis roulant** → **tapis** 3
roulé [ʀule] *adj* **1.** gerollt; Roll...; **épaule roulée** Rollbraten *m*; **gâteau roulé** Biskuitrolle *f*; **r roulé** gerolltes r **2.** F *femme* **bien roulée** F gut gebaut
rouleau [ʀulo] *m* ⟨**~x**⟩ **1.** *de papier* Rolle *f*; *fig* **être au bout du rouleau** am Ende sein **2.** (*bigoudi*) Lockenwickler *m* **3.** tech Walze *f*; **rouleau compresseur** Straßen-, F Dampfwalze *f*; **rouleau à pâtisserie** Nudelholz *n*; **rouleau de peintre** Farbroller *m* **4.** (*grosse vague*) Brandungswelle *f* **5.** sports Roller *m*; Rollsprung *m*
roulé-boulé [ʀulebule] *m* ⟨**roulés-boulés**⟩ sports Rolle *f*; **faire un roulé-boulé** abrollen
roulement [ʀulmã] *m* **1.** *mouvement* Rollen *n* **2.** *bruit de voiture* Dröhnen *n*; *du tonnerre* Grollen *n*; **roulement de tambour** Trommelwirbel *m* **3.** **roulement à billes** Kugellager *n* **4.** (*alternance*) regelmäßiger Wechsel; **par roulement** turnusmäßig; *travailler* in Schichten
▸ **rouler** [ʀule] **I** *v/t* **1.** rollen (*a les yeux, les r*); *objet lourd* wälzen; *invalide* fahren; *tapis, crêpe* zusammenrollen; *cigarette* drehen **2.** F (*tromper*) **rouler qn** F j-n reinlegen, übers Ohr hauen; **se faire rouler** F reingelegt werden; F reinfallen (**par qn** auf j-n) **II** *v/i* **3.** *balle*,

etc rollen; *bateau* schlingern **4.** *véhicule* rollen; fahren (*a personne*); F *fig* **rouler pour qn** für j-n arbeiten; F *ça roule* F alles in Butter! **5.** *péj* (*se déplacer*) herumziehen **6.** *tonnerre* rollen; grollen **7.** *conversation* **rouler sur qc** sich um etw drehen **III** *v/pr* **se rouler par terre** sich auf dem Boden wälzen; **se rouler en boule** sich zu e-r Kugel zusammenrollen

roulette [ʀulɛt] *f* **1.** *de meubles* Rolle *f*; **sifflet** *m* **à roulette** Trillerpfeife *f*; F *fig* **marcher comme sur des roulettes** F wie geschmiert, wie am Schnürchen gehen **2.** *outil* Rädchen *n*; *de dentiste* Bohrer *m*; *dentiste* **passer la roulette** bohren **3.** *jeu* Roulett(e) *n*

roulis [ʀuli] *m* MAR Schlingern *n*

roulotte [ʀulɔt] *f* **1.** Wohnwagen *m* **2.** *vol* *m* **à la roulotte** Einbruchdiebstahl *m* in ein Kraftfahrzeug

roulottier [ʀulɔtje] *m* F Autoknacker *m*, -marder *m*

roulure [ʀulyʀ] *f* P *péj* Nutte *f*

roumain [ʀumɛ̃] **I** *adj* ⟨**-aine** [-ɛn]⟩ rumänisch **II** *subst* **1.** **Roumain(e)** *m(f)* Rumäne *m*, Rumänin *f* **2.** LING **le roumain** das Rumänische; Rumänisch *n*

Roumanie [ʀumani] **la Roumanie** Rumänien *n*

round [ʀawnd, ʀund] *m* BOXE Runde *f*

roupie [ʀupi] *f* Rupie *f*

roupiller [ʀupije] *v/i* F pennen

roupillon [ʀupijɔ̃] *m* F Nickerchen *n*; **faire, piquer un roupillon** F ein Nickerchen machen, halten; F einnicken

rouquin [ʀukɛ̃] F **I** *adj* ⟨**-ine** [-in]⟩ rothaarig **II** **rouquin(e)** *m(f)* Rothaarige(r) *f(m)*

rouspéter [ʀuspete] F *v/i* ⟨**-è-**⟩ schimpfen; F meckern

rouspéteur [-œʀ] *m*, **rouspéteuse** [-øz] *f* F Meckerfritze *m*, F Meckerziege *f*

roussâtre [ʀusɑtʀ] *adj* rötlich

rousse [ʀus] *f* *arg* (*police*) F Polente *f*

roussette [ʀusɛt] *f* *poisson* Katzenhai *m*

rousseur [ʀusœʀ] *f* **taches** *f/pl* **de rousseur** Sommersprossen *f/pl*

roussi [ʀusi] *m* **sentir le roussi** versengt, angesengt riechen; *fig* brenzlig werden

Roussillon [ʀusijɔ̃] **le Roussillon** historische Provinz in Südfrankreich

roussir [ʀusiʀ] **I** *v/t linge en repassant* an-, versengen **II** *v/i* CUIS *oignons* **faire roussir dans du beurre** leicht in Butter bräunen

routage [ʀutaʒ] *m* Sortierung *f* und Versand *m* (nach Leitgebieten)

routard [ʀutaʀ] *m* Rucksacktourist *m*

▸ **route** [ʀut] *f* **1.** (Land)Straße *f*; **grande route** viel befahrene Landstraße; **la route de Paris** die Straße nach Paris; *voiture* **tenir bien la route** gut auf der Straße liegen; *fig argument* **tenir la route** stichhaltig sein **2.** (*itinéraire*) Weg *m*; Route *f*; Strecke *f*; **bonne route!** gute Fahrt!; **en** (**cours de**) **route** unterwegs; **se mettre en route** sich auf den Weg machen; aufbrechen; **en route!** auf geht's!; *fig* **faire fausse route** auf dem falschen Weg, Holzweg sein; **faire route vers** auf dem Weg sein nach; **faire de la route** viel (herum)fahren; oft unterwegs sein **3.** **mettre en route** in Gang setzen (*a fig*); *fig* in die Wege leiten

routier [ʀutje] **I** *adj* ⟨**-ière** [-jɛʀ]⟩ Straßen...;

La route Napoléon

Die **route Napoléon** ist die Alpenstraße, die als **route nationale 85** von Juanles-Pins über Sisteron und Gap nach Grenoble führt.
Auf ihr marschierte **Napoléon Bonaparte** 1815 – nachdem er von der Insel Elba zurückgekehrt war – mit etwa 1000 Anhängern nach Paris.

---

transport routier Straßentransport *m* **II** *m* **1.** (*camionneur*) Fernfahrer *m* **2.** *restaurant* (gutes und billiges) Lokal für Fernfahrer **3.** **vieux routier** (alter) Routinier

routine [ʀutin] *f* Routine *f*

routinier [ʀutinje] **I** *adj* ⟨**-ière** [-jɛʀ]⟩ routine-, gewohnheitsmäßig **II** *m* Gewohnheitsmensch *m*

rouvre [ʀuvʀ] *m* (**chêne** *m*) **rouvre** Steineiche *f*

rouvrir [ʀuvʀiʀ] ⟨→ **couvrir**⟩ **I** *v/t* wieder öffnen, aufmachen; *débat* wieder eröffnen **II** *v/i magasin* wieder geöffnet haben **III** *v/pr* **se rouvrir** sich wieder öffnen; wieder aufgehen

▸ **roux** [ʀu] **I** *adj* ⟨**rousse** [ʀus]⟩ gelb-, fuchsrot; *cheveux* rot; *personne* rothaarig **II** *subst* **1.** **roux, rousse** *m,f* Rothaarige(r) *f(m)* **2.** *m* CUIS Mehlschwitze *f*; Einbrenne *f*

royal [ʀwajal] *adj* ⟨**~e**; **-aux** [-o]⟩ **1.** königlich; Königs... **2.** *fig cadeau* fürstlich **3.** *fig indifférence* völlig

royalement [ʀwajalmɑ̃] *adv* fürstlich; großzügig

royalisme [ʀwajalism] *m* Königstreue *f*; Royalismus *m*

royaliste [ʀwajalist] **I** *adj* royalistisch; königstreu; *fig* **être plus royaliste que le roi** päpstlicher sein als der Papst **II** *m,f* Royalist(in) *m(f)*

royalties [ʀwajalti] *f/pl* Tantiemen *f/pl*; Lizenzgebühren *f/pl*

royaume [ʀwajom] *m* **1.** Königreich *n* **2.** REL, *fig* Reich *n*

Royaume-Uni [ʀwajomyni] **le Royaume-Uni** das Vereinigte Königreich

royauté [ʀwajote] *f* Königtum *n*

RPR [ɛʀpeɛʀ] *m abr* (*Rassemblement pour la République*) HIST (Partei *f* der) Neogaullisten *m/pl*

R.S.V.P. *abr* (*répondez, s'il vous plaît*) um Antwort wird gebeten

RTT [ɛʀtete] *f abr* ⟨*inv*⟩ (*réduction du temps de travail*) (Übergang *m* zur) 35-Stunden-Woche *f*

ruade [ʀyad] *f d'un cheval* Ausschlagen *n*

Ruanda [ʀwɑ̃da] **le Ruanda** Ruanda *n*

ruandais [ʀwɑ̃dɛ] **I** *adj* ⟨**-aise** [-ɛz]⟩ ruandisch **II** *subst* **Ruandais(e)** *m(f)* Ruander(in) *m(f)*

ruban [ʀybɑ̃] *m* Band *n*; **ruban adhésif** Klebeband *n*, -streifen *m*; **ruban** (**encreur**) Farbband *n*

rubéole [ʀybeɔl] *f* Röteln *pl*

rubicond [ʀybikɔ̃] *adj* ⟨**-onde** [-ɔ̃d]⟩ hochrot

rubis [ʀybi] *m* Rubin *m*; *fig* **payer rubis sur l'ongle** sofort auf Heller und Pfennig bezahlen

rubrique [ʀybʀik] *f* Rubrik *f*

ruche [ʀyʃ] *f* **1.** Bienenstock *m*, -korb *m*; *par ext colonie* Bienenvolk *n* **2.** *fig* Ameisenhaufen *m*

ruché [ʀyʃe] *m* COUT Rüsche *f*

rucher [ʀyʃe] *m* Bienenhaus *n*, -stand *m*

rude [ʀyd] *adj* **1.** *personne, manières* roh; derb; grob; rüde; *métier, épreuve* hart (*a hiver*); schwer; *adversaire* gefährlich **2.** F (*fort*) F Mords…; F Riesen…

rudement [ʀydmã] *adv* **1.** (*sans ménagement*) grob; rüde; rücksichtslos **2.** F (*très*) F unheimlich

rudesse [ʀydɛs] *f* Rohheit *f*; Grobheit *f*

rudiment [ʀydimã] *m* **1.** *pl* **rudiments** *d'une science, d'un art* Anfangsgründe *m/pl*; Grundbegriffe *m/pl* **2.** BIOL Rudiment *n*; verkümmertes Organ

rudimentaire [ʀydimãtɛʀ] *adj* unzureichend; (not)dürftig

rudoyer [ʀydwaje] *v/t* ⟨**-oi-**⟩ (grob) anfahren; grob behandeln

▸ **rue** [ʀy] *f* Straße *f*; *südd a* Gasse *f*; F *ça ne court pas les rues* das ist selten; *fig* **descendre dans la rue** auf die Straße gehen (*demonstrieren*); *fig* **être à la rue** auf der Straße sitzen, stehen

ruée [ʀɥe] *f* Ansturm *m* (*vers* auf + *acc*); **ruée vers l'or** Goldrausch *m*

ruelle [ʀɥɛl] *f* (enge) Gasse; Gässchen *n*

ruer [ʀɥe] **I** *v/i cheval* ausschlagen **II** *v/pr* **se ruer** sich stürzen (**sur** auf + *acc*); **se ruer vers la sortie** zum Ausgang stürzen

rugby [ʀygbi] *m* Rugby *n*

rugbyman [ʀygbiman] *m* ⟨**rugbymen** [-mɛn]⟩ Rugbyspieler *m*

rugir [ʀyʒiʀ] *v/i* **1.** *fauve, personne* brüllen **2.** *vent* heulen

rugissement [-ismã] *m* **1.** *du lion* Brüllen *n*; Gebrüll *n* **2.** *du vent* Heulen *n*; *d'un moteur* Aufheulen *n*

rugosité [ʀygozite] *f* Rauheit *f*; Unebenheit *f*

rugueux [ʀygø] *adj* ⟨**-euse** [-øz]⟩ rau; uneben

Ruhr [ʀuʀ] *la Ruhr* das Ruhrgebiet

▸ **ruine** [ʀɥin] *f* **1.** **ruines** *pl* Ruinen *f/pl*; (*décombres*) Trümmer *pl*; **château** *m* **en ruine** verfallene Burg; Burgruine *f*; **tomber en ruine** verfallen **2.** *fig personne* Ruine *f*; Wrack *n* **3.** ÉCON Ruin *m*; **aller, courir à sa ruine** sich zugrunde richten **4.** (*cause de ruine*) **être une ruine** sehr kostspielig sein

ruiné [ʀɥine] *adj* ⟨**~e**⟩ ruiniert

ruiner [ʀɥine] **I** *v/t* ruinieren; zugrunde richten; *santé a* zerrütten **II** *v/pr* **se ruiner** sich (finanziell) ruinieren; **se ruiner la santé** s-e Gesundheit ruinieren

ruineux [ʀɥinø] *adj* ⟨**-euse** [-øz]⟩ ruinös

▸ **ruisseau** [ʀɥiso] *m* ⟨**~x**⟩ **1.** *cours d'eau* Bach *m* **2.** (*caniveau*) Gosse *f* (*a fig*); Rinnstein *m*

ruisselant [ʀɥislã] *adj* ⟨**-ante** [-ãt]⟩ **ruisselant d'eau** triefend; **ruisselant de sueur** schweißtriefend

ruisseler [ʀɥisle] *v/i* ⟨**-ll-**⟩ **1.** *eau, larmes* rinnen, rieseln, laufen (**sur** über + *acc*) **2.** **ruisseler de sueur** von Schweiß triefen

ruissellement [ʀɥisɛlmã] *m* **1.** **eaux** *f/pl* **de**

ruissellement abfließendes Wasser **2.** *fig de lumière* Fluten *n*

rumba [ʀumba] *f danse* Rumba *f ou m*

rumeur [ʀymœʀ] *f* **1.** (*on-dit*) Gerücht *n* **2.** *de voix* Gemurmel *n*; (*bruit sourd*) dumpfes Geräusch

ruminant [ʀyminã] *m* Wiederkäuer *m*

ruminer [ʀymine] *v/t* **1.** *vache, etc* wiederkäuen (*a abs*) **2.** *fig* grübeln, brüten über (+ *dat*)

rumsteck [ʀɔmstɛk] → **romsteck**

rupestre [ʀypɛstʀ] *adj* Fels…

rupin [ʀypɛ̃] F **I** *adj* ⟨*f inv*⟩ *personne* F betucht; F stinkreich; *quartier* F stinkvornehm **II** *m* Krösus *m*

rupture [ʀyptyʀ] *f* **1.** TECH Bruch *m*; (Zer)Reißen *n* **2.** MÉD Zerreißung *f*; Riss *m* **3.** *entre personnes* Bruch *m*; **être en rupture avec la société** im Gegensatz zur Gesellschaft stehen **4.** *des relations diplomatiques* Abbruch *m*; *d'un contrat* Bruch *m* **5.** COMM **nous sommes en rupture de stock** die Vorräte sind ausgegangen

rural [ʀyʀal] **I** *adj* ⟨**~e**; **-aux** [-o]⟩ ländlich; Land…; (*agricole*) landwirtschaftlich **II** *m/pl* **ruraux** Landbevölkerung *f*

ruse [ʀyz] *f* **1.** (*artifice*) List *f*; Trick *m* **2.** (*rouerie*) Schlauheit *f*; Schläue *f*; List *f*

rusé [ʀyze] **I** *adj* ⟨**~e**⟩ listig; schlau **II** *rusé(e) m(f)* schlauer Fuchs; F Schlauberger(in) *m(f)*; F Schlitzohr *n*

ruser [ʀyze] *v/i* (e-e) List anwenden; Tricks gebrauchen

rush [ʀœʃ] *m* Ansturm *m*

▸ **russe** [ʀys] **I** *adj* russisch **II** *Russe m,f* Russe *m*, Russin *f*

▸ **Russie** [ʀysi] *la Russie* Russland *n*

russification [ʀysifikasjõ] *f* Russifizierung *f*

russifier [-fje] *v/t* russifizieren

russo-… [ʀyso] *adj* russisch-…

russophile [ʀysɔfil] **I** *adj* russen-, russlandfreundlich **II** *m* Freund *m* der Russen; Russenfreund *m*

rusticité [ʀystisite] *f* **1.** *st/s des mœurs* bäuerliche Einfachheit **2.** *d'une plante, d'un animal* Widerstandsfähigkeit *f*

rustine® [ʀystin] *f* (Gummi)Flicken *m*

rustique [ʀystik] *adj* **1.** *style* Bauern…; rustikal **2.** *st/s mœurs, vie* bäuerlich einfach **3.** *plante* widerstandsfähig

rustre [ʀystʀ] *m péj* Rüpel *m*

rut [ʀyt] *m* Brunst *f*; CH Brunft *f*

rutabaga [ʀytabaga] *m* Kohlrübe *f*

rutilant [ʀytilã] *adj* ⟨**-ante** [-ãt]⟩ blitzend; funkelnd

Rwanda → **Ruanda**

▸ **rythme** [ʀitm] *m* Rhythmus *m*; *par ext* (*cadence*) Takt *m*; (*vitesse*) Tempo *n*; **rythme cardiaque** Herzrhythmus *m*; **au rythme de** im Rhythmus von (*ou* + *gén*)

rythmé [ʀitme] *adj* ⟨**~e**⟩ rhythmisch

rythmer [ʀitme] *v/t* **1.** e-n Rhythmus verleihen (+ *dat*) **2.** (*scander*) den Takt schlagen zu

rythmique [ʀitmik] **I** *adj* rhythmisch **II** *f* **1.** *science* Rhythmik *f* **2.** rhythmischer Tanz

S

S, s [ɛs] *m* ⟨*inv*⟩ S, s *n*
s *abr* (*seconde*) s *ou* Sek.
S. *abr* (*sud*) S (Süd[en])
s' [s] **1.** → *se* **2.** ⟨*vor il(s)*⟩ → *si²*
▸ **sa** [sa] → *son¹*
SA [ɛsa] *f abr* ⟨*inv*⟩ (*société anonyme*) AG *f*
sabayon [sabajõ] *m* CUIS Zabaione *f*
sabbat [saba] *m* **1.** REL Sabbat *m* **2.** *de sorcières* Hexensabbat *m*
sabbatique [sabatik] *adj* Sabbat...; *année f sabbatique d'un professeur d'université* vorlesungsfreies Jahr; *d'un employé* Sabbatjahr *n*
sabir [sabiʀ] *m* **1.** LING Lingua franca *f* **2.** *par ext* Kauderwelsch *n*
sablage [sablaʒ] *m* (Sand)Streuen *n*
▸ **sable** [sɑbl, sa-] *m* **1.** Sand *m*; *sables mouvants* Treibsand *m* **2.** *adjt* ⟨*inv*⟩ sandfarben
sablé [sable] **I** *adj* ⟨**~e**⟩ *pâte sablée* Mürbteig *m* **II** *m* Sandplätzchen *n*
sabler [sable] *v/t* **1.** mit Sand bestreuen **2.** *sabler le champagne* mit Champagner feiern
sableuse [sabløz] *f* Sandstrahlgebläse *n*
sableux [-ø] *adj* ⟨*-euse* [-øz]⟩ sandhaltig; Sand...
sablier [-ije] *m* Sanduhr *f*; CUIS Eieruhr *f*
sablière [-ijɛʀ] *f* Sandgrube *f*
sablonneux [sablɔnø] *adj* ⟨*-euse* [-øz]⟩ sandig
sabordage [sabɔʀdaʒ] *m* MAR Selbstversenkung *f*
saborder [sabɔʀde] **I** *v/t* **1.** *navire* versenken **2.** *par ext* einstellen; aufgeben **II** *v/pr se saborder* **3.** MAR sich selbst versenken **4.** *fig entreprise* s-n Betrieb, *journal* ihr Erscheinen einstellen
sabot [sabo] *m* **1.** *chaussure* Holzschuh *m*; *fig ne pas avoir les deux pieds dans le même sabot* zu helfen wissen **2.** zo Huf *m* **3.** *sabot de Denver* [dɑ̃vɛʀ] Parkkralle *f*; *sabot de frein* Bremsklotz *m* **4.** *adjt baignoire f sabot* Sitzbadewanne *f*
sabotage [sabɔtaʒ] *m* Sabotage *f*
saboter [sabɔte] *v/t* **1.** *négociations, etc* sabotieren; *installation* e-n Sabotageakt verüben an (+ *dat*) **2.** *travail* hinschludern
saboteur [sabɔtœʀ] *m*, **saboteuse** [-øz] *f* Saboteur(in) *m(f)*
sabotier [sabɔtje] *m* Holzschuhmacher *m*
sabre [sɑbʀ] *m* Säbel *m*
sabrer [sɑbʀe] *v/t texte* zusammenstreichen; *sabrer qn* → *sacquer*
▸ **sac¹** [sak] *m* **1.** *de grande taille, en jute* Sack *m*; *sac postal* Postsack *m*; *sac à dos* Rucksack *m*; *sac de couchage*, F *sac à viande* Schlafsack *m*; *fig l'affaire est dans le sac* die Sache ist unter Dach und Fach; *fig mettre dans le même sac* in einen Topf werfen; F *vider son sac* F auspacken **2.** *de petite taille* Tüte *f*; Beutel *m*; *sac en papier* Papiertüte *f*; *sac en plastique* Plastiktüte *f*, -beutel *m* **3.** *porté*

à la main Tasche *f*; ▸ *sac* (*à main*) Handtasche *f*; *sac de voyage* Reisetasche *f*

Le sac: Sack, Tasche, Beutel oder Tüte? ⟨WF⟩

le sac de sable	Sandsack
le sac à dos	Rucksack
le sac de couchage	Schlafsack
le sac à main	Handtasche
le sac de voyage	Reisetasche
le sac en papier	Papiertüte
le sac en plastique	Plastiktüte
le sac poubelle	Müllbeutel, Mülltüte

---

sac² *m* *mettre à sac* plündern
saccade [sakad] *f* Ruck *m*; Stoß *m*; *par saccades* stoß-, ruckweise
saccadé [sakade] *adj* ⟨**~e**⟩ *gestes, démarche* ruckartig; *voix* abgehackt
saccage [sakaʒ] *m* Plünderung *f*; Verwüstung *f*
saccager [-e] *v/t* ⟨*-ge-*⟩ **1.** (*piller*) plündern **2.** (*abîmer*) verwüsten
saccageur [-œʀ] *m* j, der alles verwüstet; Vandale *m*
saccharification [sakaʀifikasjõ] *f* Zuckerbildung *f*; Verzuckerung *f*
saccharine [sakaʀin] *f* Sa(c)charin *n*
saccharose [sakaʀoz] *m* Rohr- *ou* Rübenzucker *m*; Sa(c)charose *f*
sacerdoce [sasɛʀdɔs] *m* **1.** Priesteramt *n* **2.** *fig* aufopferungsvolles Amt
sacerdotal [sasɛʀdɔtal] *adj* ⟨**~e**; *-aux* [-o]⟩ priesterlich; Priester...
sachant [saʃɑ̃] *p/pr* → *savoir¹*
sache [saʃ] → *savoir¹*
sachet [saʃɛ] *m* Beutel *m*; Tüte *f*; Säckchen *n*; *sachet de thé* Teebeutel *m*
sacoche [sakɔʃ] *f* Tasche *f*; *de vélo, de moto* Packtasche *f*
sacquer [sake] *v/t* **1.** F *sacquer qn* (*noter sévèrement*) die Note j-s herunterdrücken; (*recaler*) F j-n durchrasseln lassen **2.** F (*renvoyer*) F feuern
sacralisation [sakʀalizasjõ] *f* Verleihung *f* e-s sakralen Charakters; Verehrung *f* als heilig
sacraliser [-e] *v/t* e-n sakralen Charakter verleihen (+*dat*); als heilig verehren
sacramentel [sakʀamɑ̃tɛl] *adj* ⟨**~le**⟩ sakramental
sacre [sakʀ] *m* **1.** *d'un souverain* Salbung *f*; (*couronnement*) Krönung *f* **2.** CATH Bischofs-

S

weihe *f*
► **sacré** [sakʀe] *adj* ⟨~e⟩ **1.** heilig (*a fig*); sakral; *art sacré* sakrale Kunst; *musique sacrée* Kirchenmusik *f* **2.** F verdammt (*a chance*); verflixt
sacrement [sakʀəmɑ̃] *m* Sakrament *n*; *le saint sacrement* das Allerheiligste
sacrément [sakʀemɑ̃] *adv* F verdammt
sacrer [sakʀe] *v/t* **1.** *sacrer qn roi, évêque* j-n zum König salben, zum Bischof weihen **2.** *fig sacrer qn qc* j-n zu etw erklären
sacrificateur [sakʀifikatœʀ] *m* Opferpriester *m*
sacrifice [sakʀifis] *m* REL, *fig* Opfer *n*; *fig faire des sacrifices* Opfer bringen
sacrifié [sakʀifje] *adj* ⟨~e⟩ **1.** geopfert **2.** *par ext soldats* dem Tode geweiht **3.** COMM *articles* zu Schleuderpreisen; spottbillig; *prix sacrifié* Schleuderpreis *m*
sacrifier [sakʀifje] **I** *v/t* **1.** REL, *fig* opfern **2.** *marchandises* verschleudern; verramschen **II** *v/pr* *se sacrifier* sich aufopfern (*à, pour* für)
sacrilège [sakʀilɛʒ] **I** *m* REL, *fig* Frevel(tat) *m(f)*; Sakrileg *n* **II** *adj* frevelhaft; gott-, ruchlos
sacripant [sakʀipɑ̃] *m* Schurke *m*
sacristain [sakʀistɛ̃] *m* Küster *m*
sacristie [sakʀisti] *f* Sakristei *f*
sacro-saint [sakʀosɛ̃] *adj* ⟨-sainte [-sɛ̃t]⟩ *iron* sakrosankt; hochheilig
sacrum [sakʀɔm] *m* Kreuzbein *n*
sadique [sadik] **I** *adj* sadistisch **II** *m,f* **1.** Sadist(in) *m(f)* **2.** JUR Triebtäter *m*
sadisme [sadism] *m* Sadismus *m*
sadomasochisme [sadɔmazɔʃism] *m* Sadomasochismus *m*
sadomasochiste I *adj* sadomasochistisch **II** *m* Sadomasochist *m*
safari [safaʀi] *m* Safari *f*
safari-photo *m* ⟨**safaris-photos**⟩ Fotosafari *f*
safran [safʀɑ̃] *m* **1.** Safran *m* **2.** *adjt* ⟨*inv*⟩ safrangelb
saga [saga] *f* Saga *f*
sagace [sagas] *adj* scharfsinnig
sagacité [-ite] *f* Scharfsinn *m*
sagaie [sagɛ] *f* Assagai *m* (*Wurfspieß*)
► **sage** [saʒ] **I** *adj* **1.** weise; klug; vernünftig; besonnen; *il serait plus sage d'y renoncer* es wäre vernünftiger *ou* klüger, darauf zu verzichten **2.** *enfant* artig; brav (*a robe*); *jeune fille* sittsam **II** *m* Weise(r) *m*
sage-femme *f* ⟨**sages-femmes**⟩ Hebamme *f*
sagesse [saʒɛs] *f* **1.** Weisheit *f*; *la voix de la sagesse* die Stimme der Vernunft **2.** *d'un enfant* Artigkeit *f*; Bravheit *f*
Sagittaire [saʒitɛʀ] *m* ASTR Schütze *m*
sagouin [sagwɛ̃] *m* F Schmutzfink *m*
Sahara [saaʀa] *le Sahara* die Sahara
saharien [saaʀjɛ̃] **I** *adj* ⟨-ienne [-jɛn]⟩ (in, aus) der Sahara **II** *f* **saharienne** *veste* Safarijacke *f*
saignant [sɛɲɑ̃] *adj* ⟨-ante [-ɑ̃t]⟩ *viande* nicht durchgebraten; *steak* englisch
saignée [seɲe] *f* **1.** MÉD, *fig* Aderlass *m* **2.** *saignée (du bras)* Armbeuge *f* **3.** TECH Rille *f*
saignement [sɛɲmɑ̃] *m* Bluten *n*; *saignement de nez* Nasenbluten *n*
► **saigner** [seɲe] **I** *v/t* **1.** HIST MÉD zur Ader lassen **2.** *animal* abstechen **II** *v/i* bluten (*a fig cœur*) **III** *v/pr fig se saigner aux quatre veines* große finanzielle Opfer bringen

saillant [sajɑ̃] *adj* ⟨-ante [-ɑ̃t]⟩ vorspringend; hervorstehend
saillie [saji] *f* **1.** Vorsprung *m*; *en saillie* vorspringend **2.** *d'un animal femelle* Decken *n*; Bespringen *n*
saillir [sajiʀ] **I** *v/t animal femelle* decken; bespringen **II** *v/i* ⟨→ **assaillir**; *aber* **il saillera**⟩ *veines, etc* hervortreten
► **sain** [sɛ̃] *adj* ⟨**saine** [sɛn]⟩ **1.** gesund; *sain et sauf* wohlbehalten; unversehrt; heil **2.** *fig* vernünftig; *jugement* gesund
saindoux [sɛ̃du] *m* Schweineschmalz *n*
sainfoin [sɛ̃fwɛ̃] *m* Esparsette *f*
► **saint** [sɛ̃] **I** *adj* ⟨**sainte** [sɛ̃t]⟩ heilig; *l'histoire sainte* die Biblische Geschichte; *saint Martin* der heilige Martin; Sankt Martin; *par ext* **toute la sainte journée** den lieben langen Tag **II** *subst* **1.** **saint(e)** *m(f)* Heilige(r) *f(m)*; *les saints de glace* die Eisheiligen *m/pl*; *fig ne (plus) savoir à quel saint se vouer* nicht ein noch aus wissen **2.** *le saint des saints* das Allerheiligste
saint-bernard [sɛ̃bɛʀnaʀ] *m* ⟨*inv*⟩ **1.** ZO Bernhardiner *m* **2.** *fig* aufopferungsvoller Mensch
saint-cyrien [sɛ̃siʀjɛ̃] *m* ⟨**saint-cyriens**⟩ Schüler *m* der Militärschule von Saint-Cyr
saint-émilion [sɛ̃temiljɔ̃] *m* ⟨**saint-émilion(s)**⟩ Wein aus Saint-Émilion (*Gironde*)
Saint-Esprit [sɛ̃tɛspʀi] *le Saint-Esprit* der Heilige Geist
sainteté [sɛ̃te] *f* **1.** Heiligkeit *f* **2.** ÉGL *Sa Sainteté* Seine Heiligkeit
Saint-Exupéry [sɛ̃tɛgzypeʀi] *frz Schriftsteller*
saint-frusquin [sɛ̃fʀyskɛ̃] *m* F Kram *m*
saint-glinglin [sɛ̃glɛ̃glɛ̃] F *à la saint-glinglin* am Sankt-Nimmerleins-Tag
saint-honoré [sɛ̃tɔnɔʀe] *m* ⟨*inv*⟩ *Brandteigkuchen mit Schlagsahne*
Saint-Marin [sɛ̃maʀɛ̃] San Marino *n*
Saint-Ouen [sɛ̃twɛ̃] *Vorort von Paris*
Saint-Père: *le Saint-Père* der Heilige Vater
saint-pierre *m* ⟨*inv*⟩ Heringskönig *m*; Petersfisch *m*
Saint-Pierre-et-Miquelon [sɛ̃pjɛʀemiklɔ̃] *frz Inselgruppe südlich von Neufundland*
Saint-Sépulcre: *le Saint-Sépulcre* das Heilige Grab
Saint-Siège: *le Saint-Siège* der Heilige Stuhl
Saint-Sylvestre [sɛ̃silvɛstʀ] *la Saint-Sylvestre* Silvester *m ou n*
sais [sɛ] → *savoir*[1]
saisi [sezi] **I** *adj* ⟨~e⟩ **1.** betroffen; überrascht; → *saisir* **2.** JUR gepfändet **II** *m* JUR gepfändeter Schuldner
saisie [sezi] *f* **1.** INFORM Erfassung *f* **2.** JUR Pfändung *f* **3.** *de drogue* Beschlagnahme *f*
► **saisir** [seziʀ] **I** *v/t* **1.** *objet, personne* ergreifen; fassen; packen **2.** *fig occasion* ergreifen; *prétexte* greifen zu **3.** (*comprendre*) begreifen; erfassen; verstehen; F mitbekommen **4.** *sensation saisir qn* j-n befallen, überkommen; *être saisi de qc* von etw erfasst, ergriffen werden *ou* sein **5.** *viande* anbraten **6.** JUR *biens de qn* pfänden; *par ext drogue* beschlagnahmen **7.** *saisir un tribunal d'une affaire* e-e Sache vor Gericht bringen **8.** INFORM erfassen **II** *v/pr* *se saisir de* in s-e Gewalt bringen
saisissable [sezisabl] *adj* **1.** JUR pfändbar **2.**

(*perceptible*) erfassbar; wahrnehmbar
saisissant [-ã] ⟨**-ante** [-ãt]⟩ **1.** *froid* durchdringend **2.** *spectacle, ressemblance* erstaunlich; frappierend
saisissement [-mã] *m* **1.** *frisson* Kälteschauer *m* **2.** *émotion* (plötzliche) Ergriffenheit
▸ **saison** [sɛzõ] *f* **1.** Jahreszeit *f*; *la belle saison* die warme Jahreszeit; *saison des pluies* Regenzeit *f*; *en cette, en toute saison* zu dieser, zu jeder Jahreszeit **2.** (*époque*) Zeit *f*; TOURISME, COMM Saison *f*; *saison théâtrale* Spielzeit *f*; Theatersaison *f*; *en pleine saison* in, während der Hochsaison; *faire la saison* in der Saison arbeiten; *fig être de saison* angebracht, passend sein
saisonnier [sɛzɔnje] **I** *adj* ⟨**-ière** [-jɛʀ]⟩ saisonbedingt; saisonal; Saison… **II** *m* Saisonarbeiter *m*
sait [sɛ] → *savoir*[1]
saké [sake] *m* Sake *m*; Reiswein *m*
salace [salas] *st/s adj* geil
▸ **salade** [salad] *f* **1.** CUIS Salat *m*; *salade niçoise* gemischter Salat aus Tomaten, Oliven, Anschovis etc; *salade de fruits* Obstsalat *m*; *en salade* als Salat (zubereitet) **2.** *plante* Salat *m*; *deux salades* zwei Salatköpfe *m/pl* **3.** F *fig* (*confusion*) Durcheinander *n*; F Kuddelmuddel *m ou n* **4.** F *fig raconter des salades* Ammenmärchen erzählen
▸ **saladier** [saladje] *m* (Salat)Schüssel *f*
salage [salaʒ] *m* **1.** Salzen *n* **2.** *salage d'une route* Salzstreuen *n* auf e-r Straße
▸ **salaire** [salɛʀ] *m* **1.** *d'un ouvrier* (Arbeits)Lohn *m*; *d'un employé* Gehalt *n*; *salaire de base* Grundlohn *m*, -gehalt *n*; *toucher son salaire* s-n Lohn *ou* sein Gehalt erhalten; entlohnt werden **2.** *fig* Lohn *m*
salaison [salɛzõ] *f* **1.** *pour conserver* Einsalzen *n*; (Ein)Pökeln *n* **2.** *salaisons pl* Eingesalzene(s) *n*; Eingepökelte(s) *n*
salamalecs [salamalɛk] F *m/pl* übertriebene Höflichkeit
salamandre [salamãdʀ] *f* **1.** ZO Salamander *m* **2.** *poêle* Dauerbrandofen *m*
salami [salami] *m* Salami(wurst) *f*
salant [salã] *adj* ⟨**-ante** [-ãt]⟩ *marais salants* Salzgärten *m/pl*
salarial [salaʀjal] *adj* ⟨**~e; -aux** [-o]⟩ Lohn…
salariat [salaʀja] *m* Arbeitnehmer *m/pl*
salarié [salaʀje] **I** *adj* ⟨**~e**⟩ unselbstständig; lohnabhängig **II** *m* Arbeitnehmer *m*; Lohnou Gehaltsempfänger *m*
salaud [salo] P *m* gemeiner Kerl *m*; P Scheiß-, Dreckskerl *m*; F Fiesling *m*
▸ **sale** [sal] *adj* **1.** (*malpropre*) schmutzig; dreckig; F schmuddelig **2.** (*ordurier*) schmutzig; unanständig **3.** (*vilain*) übel; F mies; *sale temps* F Sauwetter *n*; *sale tour* m übler, gemeiner Streich **4.** *terme d'injure* widerlich; gemein; F fies; *sale gosse* F Rotzbengel *m*
▸ **salé** [sale] **I** *adj* ⟨**~e**⟩ **1.** *mets* gesalzen; *eau de mer, goût* salzig; *eau salée* Salzwasser *n*; *trop salé* versalzen **2.** *fig* (*grivois*) deftig; derb **3.** F *addition* F gesalzen; F gepfeffert **II** *m* *petit salé* frisch eingesalzenes Schweinefleisch
salement [salmã] *adv manger salement* unsauber, unappetitlich essen
saler [sale] *v/t* **1.** *mets* salzen; *pour conserver*

einsalzen; (ein)pökeln; *saler une route* auf e-r Straße Salz streuen **2.** F *fig saler la note* F e-e gesalzene Rechnung machen
▸ **saleté** [salte] *f* **1.** Schmutz *m*; Dreck *m* (*a excrément*); *faire des saletés sur le tapis* den Teppich verunreinigen **2.** (*malpropreté*) Schmutzigkeit *f*; Unsauberkeit *f*; *être d'une saleté repoussante* vor Schmutz starren **3.** *fig* (*obscénité*) Zote *f*; F Schweinigelei *f* **4.** F (*bassesse*) Gemeinheit *f*; *faire des saletés à qn* j-m gegenüber gemein sein **5.** F (*chose sans valeur*) Schund *m*; F Dreck *m* **6.** *personne* P Miststück *n*
salière [saljɛʀ] *f* Salzstreuer *m*
saligaud [saligo] *m* F **1.** F Schmutzfink *m* **2.** *fig péj* Dreckskerl *m*
salin [salɛ̃] *adj* ⟨**-ine** [-in]⟩ salzhaltig; Salz…
saline [salin] *f* Saline *f*; Salzwerk *n*
salinité [salinite] *f* Salzgehalt *m*
▸ **salir** [saliʀ] **I** *v/t* **1.** schmutzig, dreckig machen; be-, verschmutzen; verunreinigen **2.** *fig* in den Schmutz ziehen; beschmutzen; besudeln **II** *v/pr se salir* **3.** sich schmutzig machen; *se salir les mains* sich (*dat*) die Hände schmutzig machen **4.** *robe* leicht schmutzig werden
salissant [salisã] *adj* ⟨**-ante** [-ãt]⟩ **1.** *tissu* leicht schmutzend **2.** *travail* schmutzig
salissure [salisyʀ] *f* Schmutz(stelle) *m(f)*
salivaire [salivɛʀ] *adj* Speichel…
salivation [salivasjõ] *f* Speichelfluss *m*
salive [saliv] *f* Speichel *m*; *fig perdre sa salive* F sich (*dat*) den Mund fusselig reden
saliver [salive] *v/i* Speichel absondern; *faire saliver qn* j-m den Mund wässerig machen
▸ **salle** [sal] *f* **1.** Saal *m*; (*pièce*) Raum *m*; Zimmer *n*; THÉ, CIN Zuschauerraum *m*; *salle commune* Gemeinschaftsraum *m*; *salle polyvalente* Mehrzweckhalle *f*; ▸ *salle à manger* Esszimmer *n*; *d'un hôtel, etc* Speisesaal *m*; ▸ *salle d'attente* CH DE FER Wartesaal *m*; MÉD Wartezimmer *n*; *salle d'audience* Gerichtssaal *m*; ▸ *salle de bains* Bad(ezimmer) *n*; *salle de classe* Klasse(nzimmer) *f(n)*; *d'une aérogare salle d'embarquement* Warteraum *m*; *salle d'opération* Operationssaal *m* (*abr* OP); ▸ *salle de séjour* Wohnzimmer *n*; SPORTS *en salle* Hallen…; → *Info bei Zimmer* **2.** *salle* (*de cinéma*) Kino *n*; Filmtheater *n*
salmis [salmi] *m* (Wild)Ragout *n*
salmonelles [salmɔnɛl] *f/pl* Salmonellen *f/pl*
salmonellose [-oz] *f* Salmonelleninfektion *f*
saloir [salwaʀ] *m* Salz-, Pökelfass *n*
▸ **salon** [salõ] *m* **1.** Wohnzimmer *n*; (*pièce de réception*) Empfangszimmer *n*; Salon *m* **2.** *meubles* Sitzgruppe *f* **3.** *salon de coiffure* Frisiersalon *m*; *salon de thé* Café *n* **4.** (*exposition*) Messe *f*
salopard [salɔpaʀ] P *m* → *salaud*
salope [salɔp] P *f* F Schlampe *f*
saloper [salɔpe] *v/t* F versauen
saloperie [salɔpʀi] *f* P **1.** (*chose sans valeur*) Schund *m*; F Mist *m* (*a par ext maladie, nourriture*) **2.** (*bassesse*) Gemeinheit *f*; *faire des saloperies à qn* gemein zu j-m sein; j-m übel mitspielen
salopette [salɔpɛt] *f à bretelles et bavette* Latzhose *f*; (*combinaison*) Overall *m*

S

salopiaud [salɔpjo] P *m* → *salaud*
salpêtre [salpɛtʀ] *m* Salpeter *m*
salsa [salsa] *f danse* Salsa *m*
salsifis [salsifi] *m* Schwarzwurzel *f*
saltimbanque [saltɛ̃bɑ̃k] *m* Gaukler *m*
salubre [salybʀ] *adj* gesund; der Gesundheit zuträglich
salubrité [salybʀite] *f* gesundheitliche Zuträglichkeit; *mesures f/pl de salubrité publique* Maßnahmen *f/pl* der Gesundheitspflege
▸ **saluer** [salɥe] **I** *v/t* **1.** grüßen; (*accueillir*) begrüßen; MIL salutieren (*qn* vor j-m) **2.** *fig événement, mesure* (freudig) begrüßen **3.** *saluer qn comme …* j-n anerkennen, ehren als … **II** *v/pr se saluer* sich (be)grüßen
salut [saly] *m* **1.** *geste* Gruß *m*; Begrüßung *f* **2.** F *int* (*bonjour*) F hallo!; F grüß dich!; *österr* F servus!; (*au revoir*) F tschüs! **3.** *d'un peuple, pays* Wohl *n*; *le salut public* das Allgemeinwohl **4.** (*vie sauve*) Heil *n*; Rettung *f*; REL (Seelen)Heil *n*
salutaire [salytɛʀ] *adj* **1.** *air, remède* heilkräftig; wohltuend **2.** *conseil, lecture* heilsam; nützlich
salutation [salytasjõ] *f* Gruß *m*; *à la fin d'une lettre veuillez agréer, Monsieur, mes salutations distinguées ou dévouées ou respectueuses ou mes sincères salutations* mit vorzüglicher Hochachtung; mit den besten Grüßen; *recevez, Monsieur, mes cordiales salutations* mit freundlichen Grüßen
salutiste [salytist] *m,f* Mitglied *n* der Heilsarmee
Salvador [salvadɔʀ] *le Salvador* El Salvador *n*
salvadorien [salvadɔʀjɛ̃] **I** *adj* ⟨**-ienne** [-jɛn]⟩ salvadorianisch **II** *subst Salvadorien(ne)* *m(f)* Salvadorianer(in) *m(f)*
salvateur [salvatœʀ] *litt adj* ⟨**-trice** [-tʀis]⟩ Heil bringend
salve [salv] *f* **1.** MIL Salve *f* **2.** *fig salve d'applaudissements* Beifallssturm *m*
Salzbourg [salzbuʀ] Salzburg *n*
Samaritain [samaʀitɛ̃] *m le bon Samaritain* der barmherzige Samariter
samba [sɑ̃ba] *f* Samba *f ou m*
▸ **samedi** [samdi] *m nordd* Sonnabend *m*; *südd* Samstag *m*
samouraï [samuʀaj] *m* Samurai *m*
samovar [samɔvaʀ] *m* Samowar *m*
SAMU [samy] *m abr* ⟨*inv*⟩ (*service d'aide médicale d'urgence*) Notarzt *m*; Rettungsdienst *m*
sanatorium [sanatɔʀjɔm] *m* (Lungen)Heilstätte *f*
sanctifiant [sɑ̃ktifjɑ̃] *adj* ⟨**-ante** [-ɑ̃t]⟩ *grâce* heiligmachend
sanctification [-fikasjõ] *f* Heiligung *f*
sanctifier [-fje] *v/t* heiligen
sanction [sɑ̃ksjõ] *f* **1.** JUR Strafmaßnahme *f*; Strafe *f*; Bestrafung *f* **2.** POL Sanktion *f*; Zwangsmaßnahme *f* **3.** (*approbation*) Sanktionierung *f*; Billigung *f*
sanctionner [sɑ̃ksjɔne] *v/t* **1.** (*approuver*) sanktionieren; billigen **2.** (*punir*) bestrafen; ahnden
sanctuaire [sɑ̃ktɥeʀ] *m* **1.** (*lieu saint*) Heiligtum *n* **2.** *d'une église* Altarraum *m*; *d'un temple* Allerheiligste(s) *n*
sandale [sɑ̃dal] *f* Sandale *f*
sandalette [-ɛt] *f* Sandalette *f*; leichte Sandale

sandow® [sɑ̃do] *m* Spanngurt *m*
sandre [sɑ̃dʀ] *m ou f* Zander *m*
sandwich [sɑ̃dwi(t)ʃ] *m* ⟨**sandwich(e)s**⟩ Sandwich *n*; belegtes Brötchen; *sandwich au jambon* Schinkenbrötchen *n*; F *fig* (*pris*) *en sandwich* eingezwängt
▸ **sang** [sɑ̃] *m* Blut *n*; *prise f de sang* Blutentnahme *f*, -abnahme *f*, -probe *f*; *faire une prise de sang* (*à qn*) (j-m) Blut abnehmen; *se gratter jusqu'au sang* blutig; *fig avoir du sang bleu* blaues Blut haben; *fig avoir le sang chaud* heißblütig sein; leicht aufbrausen; *fig il a ça dans le sang* das liegt ihm im Blut; *être* (*tout*) *en sang* blutüberströmt sein; *fig se faire du mauvais sang* sich (*dat*) Sorgen machen; F *tout mon sang n'a fait qu'un tour* das Blut stockte mir in den Adern; *fig se ronger les sangs* vor Sorgen umkommen
sang-froid *m* **1.** (*calme*) Gelassenheit *f*; *garder son sang-froid* e-n kühlen Kopf, kaltes Blut bewahren; gelassen bleiben; *perdre son sang-froid* s-e Beherrschung verlieren **2.** *de sang-froid* (*froidement*) kaltblütig
sanglant [sɑ̃glɑ̃] *adj* ⟨**-ante** [-ɑ̃t]⟩ **1.** blutig (*a combats*) **2.** *fig reproches* zutiefst verletzend
sangle [sɑ̃gl] *f* Gurt *m*
sangler [sɑ̃gle] *v/t fig* einschnüren
sanglier [sɑ̃glije] *m* Wildschwein *n*; *sanglier* (*mâle*) Keiler *m*
sanglot [sɑ̃glo] *m* Schluchzer *m*; *éclater en sanglots* in Schluchzen ausbrechen
sangloter [sɑ̃glɔte] *v/i* schluchzen
sangria [sɑ̃gʀija] *f* Sangria *f*
sangsue [sɑ̃sy] *f* Blutegel *m*
sanguin [sɑ̃gɛ̃] *adj* ⟨**-ine** [-in]⟩ **1.** Blut… **2.** *tempérament* sanguinisch **3.** *orange sanguine* → *sanguine*
sanguinaire [sɑ̃ginɛʀ] *adj* blutrünstig
sanguine [sɑ̃gin] *f* **1.** PEINT Rötel(stift) *m*; *dessin* Rötelzeichnung *f* **2.** BOT Blutorange *f*, -apfelsine *f*
sanguinolent [sɑ̃ginɔlɑ̃] *adj* ⟨**-ente** [-ɑ̃t]⟩ blutig
sanisette® [sanizɛt] *f* (vollhygienisches) Toilettenhäuschen
sanitaire [sanitɛʀ] *adj* **1.** MÉD Gesundheits…; gesundheitspolizeilich **2.** (*appareils m/pl, installations f/pl*) *sanitaires m/pl* sanitäre Einrichtungen *f/pl*
▸ **sans** [sɑ̃] **I** *prép* ohne (+ *acc*); *sans valeur* ohne Wert; wertlos; F *sans ça, sans quoi* sonst; andernfalls; *non sans* nicht ohne; *sans comprendre* ohne zu verstehen; verständnislos **II** *conj* ▸ *sans que … (ne)* (+ *subj*) ohne dass …
sans-abri [sɑ̃zabʀi] *m,f* ⟨*inv*⟩ Obdachlose(r) *f(m)*
sans-cœur [sɑ̃kœʀ] **I** *adj* ⟨*inv*⟩ herzlos; gefühllos **II** *m,f* ⟨*inv*⟩ herzloser, gefühlloser Mensch
sanscrit → *sanskrit*
sans-culotte [sɑ̃kylɔt] *m* ⟨**sans-culottes**⟩ *frz Revolutionär von 1789*
sans-emploi [sɑ̃zɑ̃plwa] *m,f* ⟨*inv*⟩ Stellungs-, Arbeitslose(r) *f(m)*
sans-façon [sɑ̃fasõ] *m* ⟨*inv*⟩ Ungezwungenheit *f*; Zwanglosigkeit *f*
sans-faute [sɑ̃fot] *m* ⟨*inv*⟩ ÉQUITATION Nullfehlerritt *m*; *fig faire un sans-faute* e-e fehlerfreie Leistung bieten; keinen Fehler machen

sans-fil [sɑ̃fil] **1.** *f* drahtlose Telegrafie; Funk *m*
2. *m* Funkspruch *m*
sans-gêne [sɑ̃ʒɛn] **1.** *m* ⟨*inv*⟩ Frechheit *f*;
Dreistigkeit *f*; Unverfrorenheit *f*; **quel sans-
-gêne!** so e-e Frechheit *etc* ! **2.** *m,f* ⟨*inv*⟩ freche,
dreiste Person
sanskrit [sɑ̃skʀi] *m* Sanskrit *n*
sans-le-sou [sɑ̃lsu] F *m,f* ⟨*inv*⟩ Habenichts *m*;
F armer Schlucker
sans-logis [sɑ̃lɔʒi] *m,f* ⟨*inv*⟩ Obdachlose(r)
f(m)
sansonnet [sɑ̃sɔnɛ] *m* zo Star *m*
sans-papiers [sɑ̃papje] *m/pl* illegale Einwan-
derer *m/pl* (ohne Papiere)
sans-plomb [sɑ̃plɔ̃] *m* ⟨*inv*⟩ bleifreies Benzin
sans-travail [sɑ̃tʀavaj] *m,f* ⟨*inv*⟩ Arbeitslo-
se(r) *f(m)*
santal [sɑ̃tal] *m* **bois** *m* **de santal** Sandelholz *n*
▸ **santé** [sɑ̃te] *f* Gesundheit *f*; **la santé pu-
blique** das Gesundheitswesen; **maison** *f* **de
santé** (private Nerven)Heilanstalt; **Organisa-
tion mondiale de la santé** Weltgesundheitsor-
ganisation *f*; **à votre santé!** auf Ihr Wohl!; zum
Wohl!; prosit!; F prost!; **meilleure santé!** gute
Besserung!; **comment va la santé?** wie geht
es gesundheitlich?; **avoir la santé** gesund sein;
boire à la santé de qn auf das Wohl j-s trin-
ken; **être en bonne santé** gesund, bei guter
Gesundheit sein; **être en mauvaise santé**
nicht gesund, bei schlechter Gesundheit sein;
être en parfaite santé bei bester Gesundheit
sein
santiag [sɑ̃tjag] *f* Cowboystiefel *m*
santon [sɑ̃tɔ̃] *m* (provenzalische) Krippenfigur *f*
Saône [son] **la Saône** *Fluss in Frankreich*
Saône-et-Loire [sonelwaʀ] **la Saône-et-Loire**
frz Departement
saoudien [saudjɛ̃] **I** *adj* ⟨*-ienne* [-jɛn]⟩ saudi-
-arabisch **II Saoudien(ne)** *m(f)* Saudi-Ara-
ber(in) *m(f)*; Saudi *m*
Saoudite [saudit] *adj* **l'Arabie** *f* **Saoudite** Sau-
di-Arabien *n*
saoul [su] *adj* → **soûl**
saper [sape] **I** *v/t* **1.** CONSTR unterhöhlen; *eau:
rive* unterspülen **2.** *fig* untergraben **II** *v/pr* F
se saper sich anziehen; **être bien sapé** gut an-
gezogen sein; F in Schale sein
sapeur [sapœʀ] *m* MIL Pionier *m*
sapeur-pompier *m* Feuerwehrmann *m*; **sa-
peurs-pompiers** *pl* a Feuerwehr *f*
saphir [safiʀ] *m* Saphir *m*
▸ **sapin** [sapɛ̃] *m* **1.** Tanne *f*; **sapin de Noël**
Weihnachtsbaum *m* **2.** *bois* Tannenholz *n*; F
fig **ça sent le sapin** F der macht's nicht mehr
lang

sapinière [sapinjɛʀ] *f* Tannenwald *m*
sapristi [sapristi] *int* F (zum) Donnerwetter!
saquer → **sacquer**
sarabande [saʀabɑ̃d] *f* Sarabande *f*; *fig* **faire la
sarabande** Krach machen
sarbacane [saʀbakan] *f* Blasrohr *n*
sarcasme [saʀkasm] *m* Sarkasmus *m*
sarcastique [-tik] *adj* sarkastisch
sarcelle [saʀsɛl] *f* Knäk-, Krickente *f*
sarclage [saʀklaʒ] *m* Jäten *n*
sarcler [-e] *v/t* jäten
sarcloir [-waʀ] *m* Jäthacke *f*
sarcophage [saʀkɔfaʒ] *m* Sarkophag *m*
Sardaigne [saʀdɛɲ] **la Sardaigne** Sardinien *n*
sarde [saʀd] **I** *adj* sardinisch; sardisch **II** *subst* **1.**
Sarde *m,f* Sardinier(in) *m(f)*; Sarde *m*, Sardin
f **2.** LING **le sarde** das Sardische; Sardisch *n*
sardine [saʀdin] *f* Sardine *f*; **sardines à l'huile**
Ölsardinen *f/pl*; F **être serrés comme des
sardines** F wie die Sardinen, Heringe stehen
ou sitzen
sardonique [saʀdɔnik] *adj* hämisch; höhnisch;
sardonisch
sari [saʀi] *m* Sari *m*
SARL [ɛsaɛʀɛl] *f abr* ⟨*inv*⟩ → **société**
sarment [saʀmɑ̃] *m* Weinranke *f*
Sarrasin [saʀazɛ̃] *m*, **Sarrasine** [-in] *f* HIST Sa-
razene *m*, Sarazenin *f*
sarrasin [saʀazɛ̃] *m* BOT Buchweizen *m*
sarrau [saʀo] *m* Bauernkittel *m*
▸ **Sarre** [saʀ] **la Sarre** das Saarland
Sarrebruck [saʀbʀyk] Saarbrücken *n*
sarriette [saʀjɛt] *f* Bohnenkraut *n*
sarrois [saʀwa] **I** *adj* ⟨*-oise* [-waz]⟩ saarlän-
disch **II Sarrois(e)** *m(f)* Saarländer(in) *m(f)*
Sarthe [saʀt] **la Sarthe** *Fluss u Departement in
Frankreich*
sas [sɑs] *m* **1.** TECH Luftschleuse *f* **2.** *d'une éclu-
se* Schleusenkammer *f*
Satan [satɑ̃] *m* (der) Satan
satané [satane] *adj* ⟨*~e*⟩ F verdammt; F verflixt
satanique [-ik] *adj* satanisch; teuflisch
satanisme [-ism] *m* Satanismus *m*; Satans-,
Teufelskult *m*
satellisation [satelizasjɔ̃] *f* **1.** *d'un engin spatial*
In-die-Umlaufbahn-Bringen *n* **2.** POL Ver-
wandlung *f* in e-n Satelliten
satelliser [satelize] *v/t* **1.** *engin spatial* in e-e
Umlaufbahn bringen; **satellisé** in e-r Umlauf-
bahn befindlich **2.** POL zu e-m Satelliten ma-
chen
▸ **satellite** [satelit] *m* **1.** ASTR Satellit *m* (*a* ESPA-
CE); Trabant *m*; **satellites de Jupiter** Jupiter-
monde *m/pl*; **satellite de télécommunica-
tions** Fernmeldesatellit *m* **2.** POL Satellit *m*;

adjt **pays** *m* **satellite** Satellitenstaat *m*; *par ext* **ville** *f* **satellite** Trabantenstadt *f*

satiété [sasjete] *f* **à satiété** *manger, boire* bis man genug hat; *répéter qc* bis zum Überdruss

satin [satɛ̃] *m* TEXT Satin *m*; Atlas *m*

satiné [satine] *adj* ⟨~e⟩ **1.** seidig; *papier* satiniert **2.** *peau* seidenweich

satiner [satine] *v/t* TECH satinieren; glätten

satire [satiʀ] *f* Satire *f*

satirique [-ik] *adj* satirisch

satisfaction [satisfaksjõ] *f* **1.** (*contentement*) Zufriedenheit *f*; Befriedigung *f*; Genugtuung *f*; **à la satisfaction générale** zur allgemeinen Zufriedenheit; **donner satisfaction à qn** j-n zufriedenstellen **2.** *d'un besoin, désir* Befriedigung *f* **3.** (*réparation*) Genugtuung *f*

satisfaire [satisfɛʀ] ⟨→ **faire**⟩ **I** *v/t* **1.** *personne* zufrieden stellen; befriedigen **2.** *besoin, curiosité* befriedigen; *attente, désir* erfüllen; *faim, soif* stillen **II** *v/t/indir* **3.** **satisfaire à qc** e-r Sache (*dat*) genügen, gerecht werden **III** *v/pr* **4.** **se satisfaire** *sexuellement* sich befriedigen **5.** **se satisfaire de peu** sich mit wenig(em) zufriedengeben

▸ **satisfaisant** [satisfəzɑ̃] *adj* ⟨-**ante** [-ɑ̃t]⟩ befriedigend; zufrieden stellend

▸ **satisfait** [satisfɛ] *adj* ⟨-**faite** [-fɛt]⟩ zufrieden (**de** mit)

saturation [satyʀasjõ] *f* **1.** CHIM, *du marché* Sättigung *f*; TÉL, *d'une route* Überlastung *f* **2.** *fig* Übersättigung *f*

saturé [satyʀe] *adj* ⟨~e⟩ **1.** CHIM, *marché* gesättigt; TÉL, *route* überlastet; *terre* **saturée d'eau** völlig durchtränkt **2.** *fig personne* **être saturé de qc** von etw übersättigt sein

saturer [satyʀe] *v/t* **1.** CHIM sättigen (**de** mit) **2.** *fig personne* übersättigen (**de** mit)

Saturne [satyʀn] ASTR (der) Saturn

saturnisme [satyʀnism] *m* Bleivergiftung *f*

satyre [satiʀ] *m* **1.** MYTH Satyr *m* **2.** *fig* Lüstling *m*; *p/fort* Sittenstrolch *m*

▸ **sauce** [sos] *f* Soße *f*; Tunke *f*; **sauce blanche** weiße, helle Soße; **sauce tomate** Tomatensoße *f*; *fig* **mettre qn à toutes les sauces** j-n zu allen möglichen Arbeiten heranziehen

saucée [sose] F *f* (Regen)Guss *m*

saucer [sose] *v/t* ⟨-ç-⟩ **1.** *assiette avec du pain* austunken **2.** F *fig* **se faire saucer** F patschnass werden

saucière [sosjɛʀ] *f* Sauciere *f*; Soßenschüssel *f*

sauciflard [sosiflaʀ] F → **saucisson**

▸ **saucisse** [sosis] *f* Bratwurst *f*; Würstchen *n*; **saucisse de Francfort** Frankfurter Würstchen; *fig* **ne pas attacher son chien** *ou* **ses chiens avec des saucisses** auf s-m Geld sitzen; jeden Pfennig dreimal umdrehen

▸ **saucisson** [sosisõ] *m* Wurst *f*; **saucisson sec** Dauer-, Hartwurst *f*; Salami *f*

saucissonné [sosisɔne] F *adj* ⟨~e⟩ (eng) eingeschnürt

saucissonner [-e] *v/i* F Brotzeit machen

▸ **sauf** [sof] **I** *adj* ⟨**sauve** [sov]⟩ **sain et sauf** wohlbehalten; unversehrt; heil; **avoir la vie sauve** mit dem Leben davonkommen; *fig* **l'honneur est sauf** die Ehre ist gerettet **II** *prép* **1.** außer (+ *dat*); bis auf (+ *acc*); **sauf que ...** außer dass ...; abgesehen davon, dass ... **2.** vorbehaltlich (+ *gén*)

sauf-conduit *m* ⟨**sauf-conduits**⟩ Passierschein *m*

sauge [soʒ] *f* Salbei *m*

saugrenu [sogʀəny] *adj* ⟨~e⟩ ausgefallen; skurril; ungereimt

saule [sol] *m* BOT Weide *f*

saumâtre [somɑtʀ] *adj* **1.** *eau f* **saumâtre** Brackwasser *n* **2.** F *fig* **la trouver saumâtre** es bitter finden

saumon [somõ] *m* **1.** Lachs *m* **2.** *adjt* ⟨*inv*⟩ lachsfarben, -rosa

saumoné [somɔne] *adj* ⟨~e⟩ **truite saumonée** Lachsforelle *f*

saumure [somyʀ] *f* (Salz)Lake *f*

saumuré [somyʀe] *adj* ⟨~e⟩ in (Salz)Lake (eingelegt)

sauna [sona] *m* Sauna *f*

saupoudrage [sopudʀaʒ] *m* **1.** Bestreuen *n* (**de** mit) **2.** *fig* (Verteilung *f* nach dem) Gießkannenprinzip *n*

saupoudrer [-e] *v/t* bestreuen (**de** mit)

saupoudreuse [-øz] *f* Streudose *f*, -büchse *f*; Streuer *m*

saur [sɔʀ] *adj* **'hareng** *m* **saur** Bückling *m*

saurai, saura(s) [sɔʀe, sɔʀa] → **savoir**¹

sauriens [sɔʀjɛ̃] *m/pl* Echsen *f/pl*

saut [so] *m* **1.** Sprung *m*; Satz *m*; Hüpfer *m*; **saut périlleux** Salto *m*; **saut à l'élastique** Bungeespringen *n*; **saut à la perche** Stabhochsprung *m*; **saut à skis** Skispringen *n*; **saut en 'hauteur, en longueur** Hoch-, Weitsprung *m*; **saut en parachute** Fallschirmabsprung *m*; *fig* **faire le saut** den Sprung (ins Ungewisse) wagen; *fig* **faire un saut chez qn** auf e-n Sprung bei j-m vorbeikommen, -schauen **2.** (*chute*) Sturz *m*; Fall *m*; *voiture* **faire un saut dans le ravin** in e-e Schlucht stürzen **3.** **au saut du lit** beim Aufstehen

saute [sot] *f* **saute de vent** Umschlagen *n* des Windes; *fig* **saute d'humeur** plötzlicher Stimmungswechsel

sauté [sote] **I** *adj* ⟨~e⟩ gebraten; **pommes de terre sautées** Bratkartoffeln *f/pl* **II** *m* **sauté de veau** Kalbsragout *n*

saute-mouton [sotmutõ] *m* Bockspringen *n*; **jouer à saute-mouton** Bockspringen machen

▸ **sauter** [sote] **I** *v/t* **1.** *obstacle* überspringen; springen, setzen über (+ *acc*); *fig* **sauter le pas** zu e-m Entschluss kommen **2.** *mot, etc* auslassen (*a repas*); überspringen (*a classe*) **3.** F *la sauter* (*avoir faim*) F Kohldampf schieben **4.** P *fille* P umlegen **II** *v/i* **5.** springen; hüpfen; **sauter à la corde** seilspringen, -hüpfen; *fig* **sauter aux yeux** ins Auge, in die Augen fallen, springen; **sauter de joie** Freudensprünge machen; **sauter en parachute** mit dem Fallschirm abspringen **6.** (*se précipiter*) sich stürzen (**sur** auf + *acc*); **sauter à la gorge de qn** j-m an die Gurgel springen, fahren; *fig* **sauter sur l'occasion** die Gelegenheit beim Schopf packen **7.** *bouton* abspringen; *vitre* zerspringen; *bouchon* knallen; **les plombs ont sauté** die Sicherung ist durchgebrannt **8.** (*exploser*) in die Luft fliegen; *explosif* hochgehen; *char* **sauter sur une mine** auf e-e Mine fahren; **faire sauter** sprengen (*a fig banque*); *serrure* aufbrechen **9.** F *fig avantage* wegfallen; *cours* ausfallen; **faire sauter** *amende* aufhe-

S

ben; rückgängig machen **10.** F *et que ça saute!* hopp, hopp! **11.** CUIS *faire sauter* braten **12.** F *fig faire sauter qn* j-n aus s-r Stellung drängen; F j-n absägen **13.** *paupière*, TV *image* zucken

sauterelle [sotʀɛl] *f* Heuschrecke *f*
sauterie [sotʀi] *f* Tanzparty *f*; F Tanzerei *f*
sauternes [sotɛʀn] *m* Sauternes *m* (*edelsüßer Weißwein aus der Region Bordeaux*)
sauteur [sotœʀ], **sauteuse** [-øz] **I** *subst* **1.** *m,f* SPORTS Springer(in) *m(f)* **2.** *f* CUIS Bratpfanne *f* **II** *adj* **3.** ZO Spring... **4.** *scie sauteuse* Stichsäge *f*
sautillant [sotijɑ̃] *adj* ⟨**-ante** [-ɑ̃t]⟩ **1.** *démarche* hüpfend **2.** *musique* zackig; *style* abgehackt
sautillement [sotijmɑ̃] *m* Hüpfen *n*
sautiller [-e] *v/i* (umher)hüpfen; F hopsen
sautoir [sotwaʀ] *m* **1.** *collier* lange Halskette **2.** SPORTS Sprunganlage *f*
▸ **sauvage** [sovaʒ] **I** *adj* **1.** wild; *animal a* wild lebend; *plante a* wild wachsend; *canard m sauvage* Wildente *f* **2.** *peuplade* primitiv; unzivilisiert **3.** *air, cri* wild; barbarisch **4.** (*farouche*) (menschen)scheu **5.** (*illégal*) wild; unerlaubt **II** *m,f* **6.** (*non-civilisé*) Wilde(r) *f(m)* **7.** (*brute*) Rohling *m*; Barbar(in) *m(f)*
sauvagement [sovaʒmɑ̃] *adv* brutal; grausam
sauvageon [sovaʒõ] *m*, **sauvageonne** [-ɔn] *f* Naturkind *n*
sauvagerie [sovaʒʀi] *f* Rohheit *f*; Grausamkeit *f*; Brutalität *f*
sauvagine [sovaʒin] *f coll* CH Wasser- und Sumpfvögel *m/pl*
sauvegarde [sovgaʀd] *f* **1.** Schutz *m*; *de droits a* Wahrung *f* **2.** INFORM Sichern *n*; *par ext* Sicherheitskopie *f*
sauvegarder [-e] *v/t* **1.** schützen; wahren **2.** INFORM sichern
sauve-qui-peut [sovkipø] *m* ⟨*inv*⟩ Panik *f*; wilde Flucht; *int* rette sich, wer kann!
▸ **sauver** [sove] **I** *v/t* **1.** retten (*de* vor + *dat*); *accidentés* bergen; *au jeu sauver la mise* wenigstens den Einsatz retten, wieder herausbekommen; *sauver la vie à qn* j-m das Leben retten; *par ext sauver les apparences* den Schein wahren **2.** REL erlösen **II** *v/pr* ▸ *se sauver* **3.** (*s'enfuir*) davon-, weglaufen; sich davonmachen **4.** F (*s'en aller*) (weg)gehen ▸ **5.** F *lait* überlaufen, -kochen
sauvetage [sovtaʒ] *m* Rettung *f*
sauveteur [sovtœʀ] *m* Retter *m*; *sauveteurs pl* Rettungsmannschaft *f*
sauvette [sovɛt] *à la sauvette* COMM schwarz; (*à la hâte*) mit verdächtiger Eile
sauveur [sovœʀ] *m* **1.** Retter *m* **2.** *le Sauveur* der Erlöser, Heiland
savamment [savamɑ̃] *adv* **1.** *parler* mit Sachkenntnis **2.** (*habilement*) geschickt
savane [savan] *f* Savanne *f*
▸ **savant** [savɑ̃] **I** *adj* ⟨**-ante** [-ɑ̃t]⟩ **1.** (*érudit*) gelehrt; (*versé*) sachkundig **2.** (*fait avec art*) geschickt; gekonnt **3.** *animal* dressiert **II** *m* Gelehrte(r) *m*; Wissenschaftler *m*
savarin [savaʀɛ̃] *m* mit *Rum* getränkter Napfkuchen
savate [savat] *f* alter, abgetragener Schuh; *savates pl a* F Latschen *m/pl*
savetier [savtje] *m litt* Flickschuster *m*

saveur [savœʀ] *f* **1.** Geschmack *m* **2.** *fig* Reiz *m*; Würze *f*
Savoie [savwa] *la Savoie* Savoyen *n*
▸ **savoir¹** [savwaʀ] ⟨je sais, il sait, nous savons; je savais; je sus; je saurai; que je sache, que nous sachions; sachant; su⟩ *v/t* **1.** (*connaître*) wissen; (*apprendre*) erfahren; ▸ *tu sais ...* weißt du ...; ▸ *vous savez ...* wissen Sie ...; *je ne sais rien* ich weiß nichts davon; *un je ne sais quoi* ein gewisses Etwas; *on ne sait jamais* man kann nie wissen; *je sais bien que ...* ich weiß sehr wohl, dass ...; *quand il a su que ...* als er erfuhr, dass ...; *faire savoir qc à qn* j-m etw mitteilen; j-n etw wissen lassen; *à savoir ...* und zwar ...; nämlich ...; *reste à savoir si ...* es fragt sich noch, ob ...; *il s'agit de savoir si ...* es geht darum, ob ...; (*autant*) *que je sache* soviel ich weiß; meines Wissens; *pas que je sache* nicht, dass ich wüsste; *sachez que ...* Sie müssen wissen, dass ... **2.** (*être capable*, *avoir appris*) können; *savoir l'anglais* Englisch können; *savoir lire, nager, jouer au tennis* lesen, schwimmen, Tennis spielen können; F *savoir y faire* sich darauf verstehen; *elle a su rester jeune* sie verstand es, jung zu bleiben; *il ne saurait être question de ...* es kann keine Rede davon sein zu ...; → *Info bei können* **II** *v/pr se savoir* **3.** (*être connu*) bekannt sein; an den Tag kommen; F herauskommen **4.** *il se sait incurable* er weiß, dass er unheilbar krank ist
savoir² *m* Wissen *n*
savoir-faire *m* ⟨*inv*⟩ Können *n*; Know-how *n*
savoir-vivre *m* ⟨*inv*⟩ Lebensart *f*; Manieren *pl*
▸ **savon** [savõ] *m* **1.** Seife *f*; *deux savons* zwei Stück Seife; *savon liquide* flüssige Seife; *savon de Marseille* Kernseife *f* **2.** F *fig passer un savon à qn* F j-n anschnauzen; j-m den Kopf waschen
savonnage [savonaʒ] *m* Waschen *n* (mit Seife); Einseifen *n*
savonner [savone] **I** *v/t* mit Seife waschen **II** *v/pr se savonner* sich einseifen
savonnerie [savonʀi] *f* Seifenfabrik *f*
savonnette [-ɛt] *f* Toilettenseife *f*
savonneux [savonø] *adj* ⟨**-euse** [-øz]⟩ *eau savonneuse* Seifenwasser *n*
savourer [savuʀe] *v/t* genießen
savoureux [savuʀø] *adj* ⟨**-euse** [-øz]⟩ schmackhaft; köstlich; lecker
savoyard [savwajaʀ] **I** *adj* ⟨**-arde** [-aʀd]⟩ savoyisch **II** *Savoyard(e)* *m(f)* Savoyer(in) *m(f)*
Saxe [saks] *la Saxe* Sachsen *n*
saxe [saks] *m* Meiß(e)ner Porzellan *n*
saxo [sakso] *m* F *abr* → *saxophone, saxophoniste*
saxon [saksõ] **I** *adj* ⟨**-onne** [-ɔn]⟩ sächsisch **II** *subst* **1.** *Saxon(ne)* *m(f)* Sachse *m*, Sächsin *f* **2.** LING *le saxon* das Sächsische; Sächsisch *n*; *le bas, le haut saxon* das Nieder-, Obersächsische
saxophone [saksɔfɔn] *m* Saxophon *n*
saxophoniste [-ist] *m,f* Saxophonist(in) *m(f)*
saynète [sɛnɛt] *f* THÉ **1.** HIST Sainete *m* **2.** Sket(s)ch *m*
sbire [zbiʀ] *m péj* Scherge *m*
scabreux [skabʀø] *adj* ⟨**-euse** [-øz]⟩ **1.** *histoire* anstößig; schlüpfrig **2.** *entreprise* heikel; ris-

kant
scalp [skalp] *m* Skalp *m*
scalpel [skalpɛl] *m* Skalpell *n*
scalper [skalpe] *v/t* skalpieren
scampi [skãpi] *m/pl* Scampi *pl*
scandale [skãdal] *m* **1.** Skandal *m*; Ärgernis *n*; **presse** *f* **à scandale** Skandalpresse *f*; **causer un scandale, faire scandale** e-n Skandal verursachen; Ärgernis erregen **2.** (*indignation*) Entrüstung *f* **3. faire du scandale** Krach *m* schlagen
scandaleux [skãdalø] *adj* ⟨**-euse** [-øz]⟩ skandalös; empörend
scandaliser [skãdalize] **I** *v/t* empören **II** *v/pr* **se scandaliser** Anstoß nehmen (**de** an + *dat*); sich entrüsten (über + *acc*)
scander [skãde] *v/t* skandieren
scandinave [skãdinav] **I** *adv* skandinavisch **II Scandinave** *m,f* Skandinavier(in) *m(f)*
Scandinavie [skãdinavi] **la Scandinavie** Skandinavien *n*
scanner [skanɛʀ] *m* **1.** TECH Scanner *m* **2.** MÉD Computertomograph *m*
scaphandre [skafãdʀ] *m* **des plongeurs** Taucheranzug *m*; **des astronautes** Raumanzug *m*
scaphandrier [-ije] *m* Taucher *m*
scarabée [skaʀabe] *m* Skarabäus *m*
scarification [skaʀifikasjõ] *f* Hautritzung *f*
scarlatine [skaʀlatin] *f* Scharlach *m*
scarole [skaʀɔl] *f* Winterendivie *f*
scatologique [skatɔlɔʒik] *adj* skatologisch; auf die Exkremente anspielend
sceau [so] *m* ⟨**~x**⟩ Siegel *n*; **garde** *m* **des Sceaux** Justizminister *m*; HIST Siegelbewahrer *m*; **apposer, mettre son sceau** sein Siegel aufdrücken; *fig* **sous le sceau du secret** unter dem Siegel der Verschwiegenheit
scélérat [seleʀa] *litt* **I** *adj* ruchlos **II** *m* Schurke *m*
scellé [sele] *m* Amtssiegel *n*; gerichtliches Siegel
scellement [sɛlmã] *m* Eingipsen *n*; Einzementieren *n*
sceller [sele] *v/t* **1.** *amitié, pacte* besiegeln **2.** CONSTR eingipsen; einzementieren
scellés [sele] *m/pl* JUR (Amts)Siegel *n(pl)*
scénario [senaʀjo] *m* **1.** CIN Drehbuch *n* **2.** *fig* Szenario *n*; Handlungsschema *n*
scénariste [-ist] *m* Drehbuchautor *m*
▸ **scène** [sɛn] *f* **1.** THÉ Bühne *f* (*a fig*); **entrer, paraître en scène, paraître sur (la) scène** auftreten; **mettre en scène** THÉ inszenieren; Regie führen (**qc** bei etw) (*a* CIN) **2.** THÉ (*partie d'un acte*) Szene *f* (*a* CIN, *fig*); Auftritt *m* **3.** (*dispute*) Szene *f*; **scène de ménage** Ehekrach *m*; **faire une scène à qn** j-m e-e Szene machen
scénique [senik] *adj* szenisch; Bühnen…; Theater…
scepticisme [sɛptisism] *m* Skepsis *f*
sceptique [sɛptik] **I** *adj* skeptisch **II** *m,f* Skeptiker(in) *m(f)*
sceptre [sɛptʀ] *m* Zepter *n*
schah → **chah**
scheik → **cheik(h)**
schéma [ʃema] *m* schematische Darstellung; Schema *n*; **dessiner, faire un schéma** eine schematische Darstellung zeichnen, anfertigen

schématique [ʃematik] *adj* schematisch (*a péj*)
schématisation [-izasjõ] *f* Schematisierung *f*
schématiser [-ize] *v/t* schematisch darstellen; schematisieren (*a péj*)
schématisme [-ism] *m souvent péj* Schematismus *m*
schilling [ʃiliŋ] *m* HIST Schilling *m*
schismatique [ʃismatik] *adj* REL schismatisch
schisme [ʃism] *m* **1.** REL Schisma *n* **2.** *fig* Spaltung *f*
schiste [ʃist] *m* Schiefer *m*
schisteux [ʃistø] *adj* ⟨**-euse** [-øz]⟩ Schiefer…; schief(e)rig
schizophrène [skizɔfʀɛn] **I** *adj* schizophren **II** *m,f* Schizophrene(r) *f(m)*
schizophrénie [skizɔfʀeni] *f* Schizophrenie *f*
Schleu(h) [ʃlø] *péj m* Deutsche(r) *m*
schlinguer [ʃlɛ̃ge] P *v/i* F miefen
schnaps [ʃnaps] *m* Schnaps *m*
schnock *ou* **schnoque** [ʃnɔk] *m* F **vieux schnock** *ou* **schnoque** F alter Knacker
schtroumpf [ʃtʀumpf] *m* Schlumpf *m*
schuss [ʃus] *m* SKI Schussfahrt *f*; **descendre (en) schuss** Schuss fahren
sciage [sjaʒ] *m* Sägen *n*
scialytique® [sjalitik] *m* Orationslampe *f*
sciatique [sjatik] **I** *adj* **nerf sciatique** Ischiasnerv *m* **II** *f* Ischias *m ou n*
▸ **scie** [si] *f* **1.** Säge *f*; **scie circulaire** Kreissäge *f*; **scie à métaux** Metallsäge *f* **2. scie musicale** Singende Säge *f* **3.** (*poisson m*) **scie** Sägefisch *m* **4.** *fig* F Nervensäge *f*
sciemment [sjamã] *adv* wissentlich
▸ **science** [sjãs] *f* **1.** Wissenschaft *f*; **sciences naturelles** Naturwissenschaften *f/pl*; **matière enseignée** Biologie *f* **2.** (*savoir*) Wissen *n*; (Er)-Kenntnis *f*
science-fiction *f* Sciencefiction *f*
▸ **scientifique** [sjãtifik] **I** *adj* wissenschaftlich; Wissenschafts… **II** *m,f* Wissenschaftler(in) *m(f)*
scientisme [sjãtism] *m* Wissenschaftsgläubigkeit *f*
scier [sje] *v/t* **1.** *bois, etc* (zer)sägen; *branche* absägen **2.** F *fig* (*stupéfier*) F (glatt) umhauen, umwerfen
scierie [siʀi] *f* Sägewerk *n*
scinder [sɛ̃de] *v/t* (*et v/pr* **se scinder** sich) (auf)spalten (**en** in + *acc*)
scintillant [sɛ̃tijã] *adj* ⟨**-ante** [-ãt]⟩ funkelnd; glitzernd; schimmernd; flimmernd
scintillement [sɛ̃tijmã] *m* **1.** *d'étoiles* Funkeln *n*; Glitzern *n*; Schimmern *n*; Flimmern *n* **2.** TV Flimmern *n*
scintiller [sɛ̃tije] *v/i* funkeln; glitzern; schimmern; flimmern
scission [sisjõ] *f* Spaltung *f*
sciure [sjyʀ] *f* Sägemehl *n*
sclérose [skleʀoz] *f* Sklerose *f*; **sclérose en plaques** multiple Sklerose
sclérosé [skleʀoze] *adj* ⟨**~e**⟩ **1.** MÉD sklerotisch; verhärtet **2.** *fig* verknöchert; verkalkt; verkrustet; erstarrt
scléroser [skleʀoze] *v/t se scléroser* **1.** *tissu, organe* sklerotisch werden; verhärten **2.** *fig* verknöchern; verkalken; erstarren
scolaire [skɔlɛʀ] *adj* **1.** Schul…; schulisch; **année** *f* **scolaire** Schuljahr *n* **2.** *péj* zu schulmäßig

scolarisable [skɔlaʀizabl] *adj* im Einschulungsalter

scolarisation [-asjõ] *f* Einschulung *f*

scolariser [-e] *v/t* einschulen

scolarité [skɔlaʀite] *f* Schulbesuch *m*; *durée* Schulzeit *f*; *scolarité obligatoire* Pflichtschulzeit *f*

scolastique [skɔlastik] **I** *adj* **1.** PHILOS scholastisch **2.** *péj* schulmeisterlich; spitzfindig **II 3.** *f* Scholastik *f* **4.** *m* Scholastiker *m*

scoliose [skɔljoz] *f* Skoliose *f*; Rückgratverkrümmung *f*

scolopendre [skɔlɔpɑ̃dʀ] *f* ZO Skolopender *m*

scoop [skup] *m* F Knüller *m*; Scoop *m*

scooter [skutœʀ, -tɛʀ] *m* (Motor)Roller *m*

scootériste [skuteʀist] *m,f* Rollerfahrer(in) *m(f)*

scorbut [skɔʀbyt] *m* Skorbut *m*

scorbutique [skɔʀbytik] **I** *adj* Skorbut…; skorbutisch **II** *m,f* Skorbutkranke(r) *f(m)*

score [skɔʀ] *m* **1.** SPORTS (Spiel)Stand *m*; *score final* Endstand *m*, -ergebnis *n* **2.** *score électoral* Wahlergebnis *n*

scories [skɔʀi] *f/pl* Schlacke *f*

scorpion [skɔʀpjõ] *m* **1.** ZO Skorpion *m* **2.** ASTR **Scorpion** Skorpion *m*

scotch¹ [skɔtʃ] *m* ⟨**~es**⟩ *whisky* Scotch *m*

scotch®² *m* *ruban adhésif* Tesafilm® *m*

scotcher [-e] *v/t* mit Tesafilm® kleben

scout [skut] **I** *m* Pfadfinder *m* **II** *adj* ⟨**scoute** [skut]⟩ Pfadfinder…

scoutisme [-ism] *m* Pfadfinderbewegung *f*

scrabble® [skʀabœl] *m* Scrabble® *n*

scribe [skʀib] *m* HIST Schreiber *m*

scribouillard [skʀibujaʀ] *m* *péj* Schreiberling *m*

script [skʀipt] *m* **1.** *écrire* **en script** in Blockschrift **2.** (*scénario*) Skript *n*

scripte [skʀipt] *f* Skriptgirl *n*

scripteur [skʀiptœʀ] *m* LING Schreiber *m*

scriptural [skʀiptyʀal] *adj* ⟨**~e**; **-aux** [-o]⟩ *monnaie scripturale* Buchgeld *n*

scrotum [skʀɔtɔm] *m* Hodensack *m*

scrupule [skʀypyl] *m* Skrupel *m*; *scrupules pl a* Bedenken *n/pl*; (*conscience professionnelle*) Gewissenhaftigkeit *f*; *sans scrupule(s)* skrupellos

scrupuleux [skʀypylø] *adj* ⟨**-euse** [-øz]⟩ gewissenhaft; peinlich genau

scrutateur [skʀytatœʀ] **I** *adj* ⟨**-trice** [-tʀis]⟩ *regard* forschend **II** *m* Stimmenauszähler *m*

scruter [skʀyte] *v/t* eingehend untersuchen, erforschen; *horizon* absuchen

scrutin [skʀytɛ̃] *m* Wahl *f*; *scrutin majoritaire, proportionnel* Mehrheits-, Verhältniswahl *f*; *scrutin à deux tours* Wahl mit zwei Wahlgängen, mit (e-r) Stichwahl

---

Le scrutin majoritaire à deux tours

Frankreich hat ein Mehrheitswahlrecht (**scrutin majoritaire**) mit zwei Wahlgängen (**à deux tours**). Der Wahlmodus besteht darin, im ersten Wahlgang einen Kandidaten für die Nationalversammlung (**Assemblée nationale**) mit absoluter Mehrheit der Stimmen (**majorité absolue**) zu wählen. Erreicht keiner der Kandidaten mehr als 50 %, wird ein zweiter Wahlgang durchgeführt, bei dem der Kandidat mit der relativen Mehrheit der Stimmen (**majorité relative**) den Wahlkreis gewinnt. Dadurch entstehen zwar stabile Mehrheiten, die kleineren Parteien aber werden erheblich benachteiligt, da ihre Stimmen unter den Tisch fallen.

---

sculpté [skylte] *adj* ⟨**~e**⟩ **1.** (*décoré de sculptures*) mit Skulpturen, Reliefen verziert; *meuble* mit Schnitzereien verziert **2.** *statue* in Stein gehauen; *sur bois, ivoire* geschnitzt

sculpter [skylte] *v/t statue* in Stein hauen; (aus)meißeln; *sur bois, ivoire* schnitzen; *bloc de pierre* behauen; *meuble* mit Schnitzereien verzieren; *abs* sich als Bildhauer betätigen

▸ sculpteur [skyltœʀ] *m*, sculptrice [skyltʀis] *f* Bildhauer(in) *m(f)*; *sculpteur sur bois* Holzschnitzer *m*

sculptural [skyltyʀal] *adj* ⟨**~e**; **-aux** [-o]⟩ **1.** bildhauerisch; Bildhauer… **2.** *fig* von klassischer Schönheit

▸ sculpture [skyltyʀ] *f* **1.** *art* Bildhauerei *f*; Bildhauerkunst *f*; Skulptur *f*; *sculpture sur bois* Holzschnitzerei *f* **2.** *œuvre* Skulptur *f*; Plastik *f* **3.** *d'un pneu* **sculptures** *pl* Profil *n*

SDF [ɛsdeef] *m,f abr* ⟨*inv*⟩ (*sans domicile fixe*) Obdachlose(r) *f(m)*

▸ se [s(ə)] *pr/pers* ⟨*vor Vokal und stummem h* **s'**⟩ **1.** *réfléchi et réciproque* sich (*acc et dat*); *il se lave les mains* er wäscht sich (*dat*) die Hände; *ils se regardent* sie sehen sich, einander an **2.** *passif cela ne se fait pas* das tut man nicht **3.** *non traduit* **s'en aller** weggehen

▸ séance [seɑ̃s] *f* **1.** (*réunion*) Sitzung *f* **2.** MÉD *séance de rayons* Bestrahlung *f* **3.** CIN Vorstellung *f*

séant [seɑ̃] **I** *m* *se dresser, se mettre sur son séant* sich aufsetzen; sich aufrichten **II** *litt adj* ⟨**-ante** [-ɑ̃t]⟩ schicklich

▸ seau [so] *m* ⟨**~x**⟩ Eimer *m*; Kübel *m*; *seau à champagne* Sektkübel *m*; *seau à ordures* Abfalleimer *m*; *un seau d'eau* ein Eimer (voll) Wasser; *fig il pleut à seaux* es regnet wie mit *ou* wie aus Kübeln

sébacé [sebase] *adj* ⟨**~e**⟩ Talg…; *glande sébacée* Talgdrüse *f*

sébile [sebil] *f* (Almosen)Schale *f*

séborrhée [sebɔʀe] *f* MÉD Seborrhö(e) *f*; Talgfluss *m*

sébum [sebɔm] *m* (Haut)Talg *m*

▸ sec [sɛk] **I** *adj* ⟨**sèche** [sɛʃ]⟩ **1.** trocken; *peau, cheveux a* spröde; *branche, feuille* dürr; *aliments* getrocknet; *à sec nettoyage* Trocken…; *torrent, puits* ausgetrocknet; F *fig* **être à sec** F blank sein **2.** *fig vin* trocken; herb; *bruit, coup* kurz (und heftig); *perte sèche* reiner, glatter Verlust **3.** *fig personne* dürr; hager **4.** *fig réponse, ton* schroff; barsch; *cœur* hart **II** *adv frapper* kräftig; *freiner, conduire* scharf; *démarrer* mit e-m Ruck; **boire sec** viel (Alkohol) vertragen (können); F **aussi sec** sofort; auf der Stelle **III** *m* **tenir qc au sec** etw trocken aufbewahren

sécable [sekabl] *adj* teilbar

SECAM [sekam] *m abr* (*séquentiel à mémoire*) SECAM-System *n*

sécante [sekɑ̃t] *f* MATH Sekante *f*

sécateur [sekatœʀ] *m* Gartenschere *f*

sécession [sesesjõ] *f* Abspaltung *f*; Sezession *f*; **faire sécession** sich abspalten

sécessionniste [sesesjɔnist] POL **I** *adj* sezessionistisch **II** *m* Sezessionist *m*

séchage [seʃaʒ] *m* Trocknen *n*

sèche [sɛʃ] **I** *adj* → **sec II** *f* F Glimmstängel *m*

sèche-cheveux [sɛʃʃəvø] *m* ⟨*inv*⟩ Föhn *m*

sèche-linge *m* ⟨*inv*⟩ Wäschetrockner *m*

sèche-mains *m* ⟨*inv*⟩ (Hände)Trockner *m*

sèchement [sɛʃmɑ̃] *adv* schroff; barsch

sécher [seʃe] ⟨**-è-**⟩ **I** *v/t* **1.** trocknen; *froid: peau* austrocknen; **poisson séché** getrockneter Fisch; Trockenfisch *m* **2.** F *élève* **sécher un cours** e-e Stunde schwänzen **II** *v/i* **3.** *linge, peinture, etc* trocknen; trocken werden; *sol* austrocknen; *route* abtrocknen; *encre* eintrocknen; *récolte* **sécher sur pied** verdorren; vertrocknen **4.** F *élève* nichts wissen **III** *v/pr* **se sécher** sich (ab)trocknen

sécheresse [seʃʀɛs] *f* **1.** Trockenheit *f* (*a fig du style*); Dürre *f* **2.** *fig* (*dureté*) Schroffheit *f*; Unfreundlichkeit *f*

séchoir [seʃwaʀ] *m* **1.** *à linge* Wäschetrockner *m* **2.** *pièce* Trockenraum *m* **3.** *à cheveux* Haartrockner *m*

second [s(ə)gõ] **I** *num/o* ⟨**seconde** [s(ə)gõd]⟩ zweite; *état* **second** → *état* **I** **II** *subst* **1.** **le second, la seconde** der, die, das Zweite; **en second** an zweiter Stelle; **être le second de sa classe** der Zweitbeste s-r Klasse sein **2.** *m étage* **au second** im zweiten Stock **3.** *m* (*adjoint*) Stellvertreter *m*; Assistent *m*; MAR **le second** der Erste Offizier **4.** *f* **seconde** ÉCOLE fünfte Klasse im Gymnasium; (Unter- *ou* Ober)Sekunda *f* **5.** *f* **seconde** CH DE FER zweite Klasse **6.** *f* **seconde** AUTO zweiter Gang

secondaire [s(ə)gõdɛʀ] *adj* **1.** Neben…; nebensächlich; sekundär; zweitrangig; **effets** *m/pl* **secondaires** Nebenwirkungen *f/pl* **2.** (*enseignement m*) **secondaire** *m* höheres Schulwesen **3.** **secteur** *m* **secondaire** industrieller Sektor **4.** **ère** *f* **secondaire** Mesozoikum *n*; Erdmittelalter *n*

▸ **seconde** [s(ə)gõd] *f* Sekunde *f*; **à la seconde** in der, pro Sekunde; *par ext* **une seconde!** e-e Sekunde, e-n Augenblick (noch)!; **dans une seconde** gleich; → **second**

secondement [s(ə)gõdmɑ̃] *adv* zweitens

seconder [s(ə)gõde] *v/t* **seconder qn** j-m zur Hand gehen; MÉD j-m assistieren

▸ **secouer** [s(ə)kwe] **I** *v/t* **1.** schütteln (*a tête*); *chiffon* ausschütteln; *poussière, fig joug* abschütteln; *explosion: ville* erschüttern; *dans une voiture* **être secoué** durchgerüttelt, durchgeschüttelt werden **2.** F **secouer qn** j-n antreiben, F auf Trab bringen **3.** *maladie, etc* **secouer qn** j-n mitnehmen **II** *v/pr* **se secouer** **4.** *chien* sich schütteln **5.** F **secoue-toi!** rühr dich!; tu was!

secourable [s(ə)kuʀabl] *adj* hilfreich; hilfsbereit

secourir [s(ə)kuʀiʀ] *v/t* ⟨→ **courir**⟩ Hilfe leisten (**qn** j-m)

secourisme [s(ə)kuʀism] *m* Erste Hilfe

secouriste [-ist] *m,f* Helfer(in) *m(f)*; Sanitäter(in) *m(f)*

▸ **secours** [s(ə)kuʀ] *m* **1.** Hilfe *f*; Hilfeleistung *f*; *pl a* Hilfsdienst *m*, -mannschaft(en) *f(pl)*; **premiers secours** Erste Hilfe; **secours en montagne** Bergwacht *f*; **roue** *f* **de secours** Reserverad *n*; **sortie** *f* **de secours** Notausgang *m*; **trousse** *f* **de secours** Verband(s)kasten *m*; **au secours!** Hilfe!; **appeler au secours** um Hilfe rufen; **porter secours à qn** j-m Hilfe leisten; **venir au secours de qn** j-m zu Hilfe kommen **2.** *matériel, financier* Unterstützung *f*; Hilfe *f*; *pl* Hilfsgüter *n/pl* **3.** MIL Entsatz(truppe) *m(f)*

secousse [s(ə)kus] *f* **1.** Stoß *m*; Ruck *m* **2.** *fig* Schlag *m*; Schock *m*

▸ **secret** [səkʀɛ] **I** *adj* ⟨**secrète** [səkʀɛt]⟩ **1.** geheim; Geheim… **2.** *personne* verschlossen **II** *m* **3.** Geheimnis *n*; **secret professionnel** Berufsgeheimnis *n*; Schweigepflicht *f*; **secret de la confession** Beichtgeheimnis *n*; **secret d'État** Staatsgeheimnis *n*; **dans le plus grand secret** unter strengster Geheimhaltung; in aller Heimlichkeit; **en secret** heimlich; **avoir le secret de qc** sich ausgezeichnet auf etw (*acc*) verstehen; **confier un secret à qn** j-m ein Geheimnis anvertrauen; **garder le secret sur qc** etw geheim halten; **mettre qn dans le secret** j-n einweihen **4.** JUR **mise** *f* **au secret** strenge Isolierung

▸ **secrétaire** [s(ə)kʀetɛʀ] **1.** *m,f* Sekretär(in) *m(f)*; **secrétaire médicale** Arzthelferin *f*; Sprechstundenhilfe *f*; **secrétaire** *f* **de direction** Chefsekretärin *f* **2.** *m* POL Sekretär *m*; **secrétaire général** Generalsekretär *m*; **secrétaire d'État** Staatssekretär *m* **3.** *m* **secrétaire de rédaction** Assistent *m* des Chefredakteurs **4.** *m meuble* Sekretär *m*

secrétariat [s(ə)kʀetaʀja] *m* **1.** *service* Sekretariat *n* **2.** *métier* Beruf *m* e-r Sekretärin

secrète [səkʀɛt] *f* F (*police secrète*) Geheimpolizei *f*

secrètement [səkʀɛtmɑ̃] *adv* **1.** (*en cachette*) heimlich **2.** (*intérieurement*) insgeheim

sécréter [sekʀete] *v/t* ⟨**-è-**⟩ **1.** BIOL absondern **2.** *fig ennui* verbreiten

sécrétion [sekʀesjõ] *f* **1.** *phénomène* Sekretion *f*; Absonderung *f* **2.** *substance* Sekret *n*

sectaire [sɛktɛʀ] *adj* intolerant; engstirnig

sectarisme [sɛktaʀism] *m* Sektierertum *n*

secte [sɛkt] *f* Sekte *f*

secteur [sɛktœʀ] *m* **1.** ADM Bezirk *m*; Sektor *m*; *par ext* Gegend *f* (*a* F) **2.** ÉCON (Wirtschafts)Sektor *m*, (-)Bereich *m*; **secteur privé, public** Privat-, Staatswirtschaft *f*; privater, öffentlicher Sektor **3.** ÉLECT (Strom)Netz *n*; **panne** *f* **de secteur** Netzstörung *f*, -ausfall *m* **4.** MATH Sektor *m*

section [sɛksjõ] *f* **1.** MATH Schnitt *m* **2.** TECH Querschnitt *m* **3.** *d'une route* Streckenabschnitt *m*; *d'une ligne de bus* Teilstrecke *f* **4.** ADM Abteilung *f*; Sektion *f*; ÉCOLE Fachrichtung *f*; **section électorale** Wahlbezirk *m*

d'un parti, etc **section locale** Ortsgruppe *f* **5.**
MIL Zug *m* **6.** MUS **section rythmique** Rhythmusgruppe *f*
sectionnement [sɛksjɔnmã] *m* **1.** Durchschneiden *n*, -trennen *n* **2.** *fig* Auf- *f*; Unterteilung *f*
sectionner [sɛksjɔne] **I** *v/t* **1.** durchschneiden; durch-, abtrennen **2.** *fig* aufteilen (**en** in + *acc*) **II** *v/pr* câble **se sectionner** reißen
sectoriel [sɛktɔrjɛl] *adj* ⟨**‿le**⟩ ÉCON sektorbezogen
sectorisation [sɛktɔrizasjõ] *f* Aufteilung *f* in Bezirke
sécu [seky] *f abr* F → **sécurité** *2*
séculaire [sekylɛR] *adj* jahrhundertealt
sécularisation [sekylaRizasjõ] *f* Säkularisierung *f*
séculariser [-e] *v/t* säkularisieren
séculier [sekylje] *adj* ⟨**-ière** [-jɛR]⟩ weltlich
secundo [s(ə)gõdo] *adv* zweitens
sécurisant [sekyRizã] *adj* ⟨**-ante** [-ãt]⟩ ein Gefühl der Sicherheit, Geborgenheit verleihend
sécuriser [sekyRize] *v/t* **sécuriser qn** j-m ein Gefühl der Sicherheit geben
► **sécurité** [sekyRite] *f* **1.** Sicherheit *f*; **sécurité routière** Verkehrssicherheit *f*; **de sécurité** Sicherheits…; **en toute sécurité** (ganz) beruhigt **2.** ► **Sécurité sociale** (französische) Sozialversicherung **3.** TECH Sicherung *f*
sédatif [sedatif] *m* Beruhigungsmittel *n*
sédentaire [sedãtɛR] *adj population, vie* sesshaft; *emploi* ohne Ortsveränderung
sédentariser [-aRize] *v/t* sesshaft machen
sédiment [sedimã] *m* GÉOL Sediment *n* (*a* MÉD); Ablagerung *f*
sédimentaire [-tɛR] *adj* GÉOL Sediment…; sedimentär
sédimentation [sedimãtasjõ] *f* MÉD **vitesse** *f* **de sédimentation** Blutsenkungsgeschwindigkeit *f*
séditieux [sedisjø] *adj* ⟨**-euse** [-øz]⟩ aufrührerisch
sédition [-sjõ] *f* Aufruhr *m*
séducteur [sedyktœR] *m*, **séductrice** [-tRis] *f* Verführer(in) *m(f)*
séduction [sedyksjõ] *f* Verführung *f*; *fig a* Verlockung *f*; **pouvoir** *m* **de séduction** Anziehungskraft *f*
séduire [sedɥiR] *v/t* ⟨→ **conduire**⟩ **1.** *femme* verführen **2.** *fig* (*attirer*) verlocken; verführen; (*charmer*) bezaubern
séduisant [sedɥizã] *adj* ⟨**-ante** [-ãt]⟩ verführerisch; bezaubernd; *idée a* verlockend
segment [sɛgmã] *m* **1.** MATH, BIOL, *fig* Segment *n* **2. segment de frein** Bremsbacke *f*; **segment de piston** Kolbenring *m*
segmentation [sɛgmãtasjõ] *f* BIOL Segmentierung *f*; *de l'ovule* Furchung *f*
segmenter [-e] *v/t* **I** *v/t* in Segmente gliedern **II** *v/pr* **se segmenter** BIOL sich teilen
ségrégatif [segRegatif] *adj* ⟨**-ive** [-iv]⟩ trennend wirkend; e-e (scharfe) Trennung bewirkend
ségrégation [segRegasjõ] *f* **ségrégation raciale** Rassentrennung *f*
ségrégationnisme [segRegasjɔnism] *m* Politik *f* der Rassentrennung
ségrégationniste [-ist] **I** *adj* Rassentren-

nungs… **II** *m,f* Verfechter(in) *m(f)* der Rassentrennung
seiche [sɛʃ] *f* Tintenfisch *m*
seigle [sɛgl] *m* Roggen *m*
seigneur [sɛɲœR] *m* **1.** HIST Lehns-, Grundherr *m*; *fig* **faire le grand seigneur** groß auftreten **2.** REL **le Seigneur** der Herr
seigneurial [sɛɲœRjal] *adj* ⟨**‿e; -aux** [-o]⟩ herrschaftlich
seigneurie [sɛɲœRi] *f* Lehnsherrschaft *f*
► **sein** [sɛ̃] *m* **1.** *d'une femme* Brust *f*; **seins** *pl* Busen *m*; **seins nus** F oben ohne; **donner le sein à un enfant** e-m Kind die Brust geben **2.** *fig* Schoß *m*; **au sein de** innerhalb (+ *gén*)
Seine [sɛn] **la Seine** die Seine
Seine-et-Marne [sɛnemaRn] **la Seine-et-Marne** *frz Departement*
Seine-Maritime [sɛnmaRitim] **la Seine-Maritime** *frz Departement*
Seine-Saint-Denis [sɛnsɛ̃dni] **la Seine-Saint-Denis** *frz Departement*
seing [sɛ̃] *m* JUR **acte** *m* **sous seing privé** Privaturkunde *f*
séisme [seism] *m* Erdbeben *n*; **séisme sous-marin** Seebeben *n*
séismique [seismik] → **sismique**
séismographe [seismɔgRaf] → **sismographe**
SEITA [seta] *f abr* (*Société nationale d'exploitation industrielle des tabacs et allumettes*) *frz* Tabakkonzern
► **seize** [sɛz] **I** *num/c* sechzehn; **Louis XVI** Ludwig XVI. (der Sechzehnte); **le seize mai** der sechzehnte *ou* am sechzehnten Mai **II** *m* ⟨*inv*⟩ Sechzehn *f*; **le seize (du mois)** der Sechzehnte *ou* am Sechzehnten (des Monats)
► **seizième** [sɛzjɛm] *num/o* sechzehnte
► **séjour** [seʒuR] *m* **1.** Aufenthalt *m*; **carte** *f* **de séjour en France** Ausländerausweis *m*; **permis** *m* **de séjour** Aufenthaltserlaubnis *f*, -genehmigung *f*, -bewilligung *f*; **faire un bref séjour** sich kurz aufhalten (**à Paris** in Paris) **2.** (**salle** *f* **de**) **séjour** Wohnzimmer *n*
séjourner [seʒuRne] *v/i* sich aufhalten
► **sel** [sɛl] *m* **1.** Salz *n* (*a* CHIM); **sels de bain** Badesalz *n*; **régime** *m* **sans sel** salzlose Kost **2.** *fig* (feiner) Witz; Würze *f*
► **sélect** [selɛkt] *adj* ⟨**‿e**⟩ vornehm; F pickfein
sélecteur [selɛktœR] *m* AUTO Wählhebel *m*; *d'une moto* Fußschalthebel *m*; ÉLECT Wählschalter *m*; *d'un lave-linge* Programmtaste *f*
sélectif [selɛktif] *adj* ⟨**-ive** [-iv]⟩ selektiv
sélection [selɛksjõ] *f* Auswahl *f* (*a* SPORTS *équipe*); Auslese *f* (*a* BIOL)
sélectionner [selɛksjɔne] *v/t* auswählen; **fruits sélectionnés** Qualitätsobst *n*
sélectionneur [selɛksjɔnœR] *m* Nationaltrainer *m*
sélectivité [selɛktivite] *f* Trennschärfe *f*
sélénium [selenjɔm] *m* Selen *n*
► **self** [sɛlf] *m abr* F (*self-service*) Selbstbedienungsrestaurant *n*
self-control [sɛlfkõtRol] *m* Selbstbeherrschung *f*
self-made-man [sɛlfmɛdman] *m* ⟨**self-made-men** [-men]⟩ Selfmademan *m*
self-service [sɛlfsɛRvis] *m* ⟨**self-services**⟩ Selbstbedienungsrestaurant *n*; Selbstbedienungsladen *m*

S

selle [sɛl] *f* **1.** Sattel *m*; *cheval m de selle* Reit-pferd *n*; *se mettre en selle* aufsitzen **2.** CUIS Rücken *m*; *selle de chevreuil* Rehrücken *m* **3.** *selles pl* Stuhlgang *m*; *aller à la selle* Stuhl-gang haben

seller [sele] *v/t* satteln

sellerie [sɛlʀi] *f* **1.** *métier* Sattlerei *f* **2.** (*selles et harnais*) Sattelzeug *n*

sellette [sɛlɛt] *f* *être sur la sellette* im Blick-punkt stehen; *mettre qn sur la sellette* j-n aus-fragen, F ausquetschen

sellier [sɛlje] *m* Sattler *m*

▸ **selon** [s(ə)lõ] *prép* gemäß, entsprechend, (je) nach, zufolge (+ *dat*); *selon moi* meines Er-achtens; F *c'est selon* je nachdem

semailles [s(ə)mɑj] *f/pl* Aussaat *f*

▸ **semaine** [s(ə)mɛn] *f* **1.** Woche *f*; *la semaine sainte* die Karwoche; *des semaines (entiè-res)* wochenlang; *au début, au milieu, à la fin de la semaine prochaine* Anfang, Mitte, Ende nächster Woche; *fig à la petite semaine* kurzsichtig; ohne klares Konzept; *en semaine* unter der Woche; wochentags; *une fois par semaine* einmal wöchentlich, pro Woche, in der Woche **2.** *paie* Wochenlohn *m*

semainier [s(ə)menje] *m* Wochenkalender *m*

sémantique [semɑ̃tik] **I** *adj* semantisch **II** *f* Se-mantik *f*

sémaphore [semafɔʀ] *m* **1.** MAR Semaphor *n ou m* **2.** CH DE FER Flügelsignal *n*

semblable [sɑ̃blabl] **I** *adj* **1.** (*analogue*) ähnlich (*à dat*) **2.** (*tel*) derartige; solche **II** *m* **3.** (*person-ne comparable*) *son semblable* seinesgleichen **4.** (*prochain*) *ses semblables* s-e Mitmen-schen *m/pl*

semblant [sɑ̃blɑ̃] *m* *un semblant de …* ein An-schein von …; ▸ *il fait semblant de dormir* er tut so, als ob er schliefe *ou* F schläft; er stellt sich schlafend; *ne faire semblant de rien* sich (*dat*) nichts anmerken lassen

▸ **sembler** [sɑ̃ble] **I** *v/i* scheinen; *vous semblez fatigué* Sie scheinen müde zu sein **II** *v/imp il me semble inutile de* (+ *inf*) es scheint mir unnötig zu (+ *inf*); *comme bon lui semble* wie er es für richtig hält; *il (me) semble que* (+ *ind ou* + *subj*) es scheint *ou* mir scheint, (dass) …

semelle [s(ə)mɛl] *f* **1.** (Schuh)Sohle *f*; *à l'inté-rieur* Einlegesohle *f*; *battre la semelle* mit den Füßen stampfen (*um sich aufzuwärmen*); *ne pas quitter qn d'une semelle* j-m auf Schritt und Tritt folgen **2.** TECH Grundplatte *f*

semence [s(ə)mɑ̃s] *f* Samen *m*; AGR *a* Saat *f*; Saatgut *n*

▸ **semer** [s(ə)me] *v/t* ⟨**-è**⟩ **1.** AGR (aus-, an)säen **2.** (*répandre*) (aus)streuen **3.** *fig terreur, faux bruits* verbreiten; *discorde* säen **4.** F *semer qn* F j-n abhängen

semestre [s(ə)mɛstʀ] *m* Halbjahr *n*; UNIVERSI-TÉ Semester *n*; *par semestre* halbjährlich

semestriel [səmɛstʀijɛl] *adj* ⟨**~le**⟩ halbjährlich

semeur [s(ə)mœʀ] *m*, **semeuse** [-øz] *f* Sämann *m*, Säerin *f*

semi-automatique [səmiɔtɔmatik] *adj* halb au-tomatisch

semi-conducteur *m* ⟨**semi-conducteurs**⟩ Halbleiter *m*

semi-fini [səmifini] *adj* ⟨**~e**⟩ *produit semi-fini*

Halbfabrikat *n*, -fertigware *f*

sémillant [semijɑ̃] *adj* ⟨**-ante** [-ɑ̃t]⟩ lebhaft

séminaire [seminɛʀ] *m* Seminar *n*

séminal [seminal] *adj* ⟨**~e**; **-aux** [-o]⟩ ANAT *vé-sicules séminales* Samenblasen *f/pl*

séminariste [seminaʀist] *m* Seminarist *m*

sémiologie [semjɔlɔʒi] *f* LING, MÉD Semiologie *f*

sémiotique [-tik] *f* Semiotik *f*

semi-perméable [səmipɛʀmeabl] *adj* PHYS halb durchlässig; semipermeabel

semi-remorque *m* ⟨**semi-remorques**⟩ Sattel-schlepper *m*; Sattelzug *m*

semis [s(ə)mi] *m* **1.** *action* Aussaat *f* **2.** *plantes* Sämling *m/pl* **3.** *terrain* Saatbeet *n* **4.** *décor* Streumuster *n*

sémite [semit] **I** *adj* semitisch **II** *Sémite m*, *f* Se-mit(in) *m*(*f*)

sémitique [-ik] *adj* semitisch

semoir [səmwaʀ] *m* Sämaschine *f*; *semoir à engrais* Düngerstreumaschine *f*

semonce [səmõs] *f* **1.** Rüge *f*; Tadel *m* **2.** MAR, *fig coup m de semonce* Warnschuss *m*

semoule [s(ə)mul] *f* Grieß *m*

sempiternel [sɑ̃pitɛʀnɛl, sɛ̃-] *adj* ⟨**~le**⟩ dau-ernd; F ewig

Sénat [sena] *m* Senat *m*

sénateur [senatœʀ] *m* Senator *m*

sénatorial [senatɔʀjal] *adj* ⟨**~e**; **-aux** [-o]⟩ *a*) Senats… **b**) Senatoren…

séneçon [sɛnsõ] *m* Kreuzkraut *n*

Sénégal [senegal] *le Sénégal* Senegal *n ou* der Senegal

sénégalais [senegalɛ] **I** *adj* senegalesisch **II** *Sé-négalais(e) m*(*f*) Senegalese *m*, -esin *f*

sénile [senil] *adj* senil; greisenhaft

sénilité [-ite] *f* Senilität *f*

senior [senjɔʀ] *m* SPORTS Senior *m*; *adjt caté-gorie f senior* Seniorenklasse *f*

▸ **sens**[1] [sɑ̃s] *m* **1.** Sinn *m*; *les cinq sens* die fünf Sinne; *fig le sixième sens* der sechste Sinn; *par ext le bon sens, le sens commun* der gesunde Menschenverstand; *sens esthéti-que* ästhetisches Empfinden; *sens pratique* praktische Veranlagung; *sens du devoir* Pflichtbewusstsein *n*, -gefühl *n*; *plaisirs m/pl des sens* Sinnengenuss *m*, -freuden *f/pl*; *à mon sens* meines Erachtens; *avoir le sens de qc* Sinn, ein Gespür für etw haben; *avoir le sens des affaires* Geschäftssinn besitzen; geschäftstüchtig sein; *avoir le sens de l'hu-mour* Sinn für Humor haben; *fig cela tombe sous le sens* das liegt auf der Hand **2.** (*signi-fication*) Sinn *m*; Bedeutung *f*; *au sens strict, large du terme* im engeren, weiteren Sinn (des Wortes); *à double sens* doppel-, zweideutig; *dénué, dépourvu de sens* sinnlos; *en un sens* in gewissem Sinne; *en ce sens que* in-sofern, als; *ne pas avoir de sens* keinen Sinn haben, machen; *donner un sens à qc* e-r Sa-che e-n Sinn geben **3.** (*direction*) Richtung *f*; ▸ *sens interdit* Verbot *n* der Einfahrt; ▸ (*rue f à*) *sens unique* Einbahnstraße *f*; *dans tous les sens* kreuz und quer; nach al-len Seiten; *dans le sens des aiguilles d'une montre* im Uhrzeigersinn; *dans le sens de la longueur* der Länge nach; in (der) Längsrich-tung; *dans le sens de la marche* in Fahrtrichtung; **en sens inverse** in entgegengesetzter Richtung; in der Gegenrichtung; **sens dessus dessous** [sãdsydsu] völlig durcheinander; in völliger Unordnung

sens² [sã] → **sentir**

sensass [sãsas] *adj* ⟨*inv*⟩ F *abr* → **sensationnel** *2*

sensation [sãsasjõ] *f* **1.** (*perception*) Empfindung *f*; (*émotion*) Gefühl *n*; **aimer les sensations fortes** den Nervenkitzel mögen; **éprouver une sensation de fatigue** Müdigkeit verspüren, empfinden **2.** (*forte impression*) Sensation *f*; **faire sensation** Aufsehen erregen; e-e Sensation sein; **à sensation** Sensations...

sensationnalisme [sãsasjɔnalism] *m* Sensationsgier *f*, -lust *f*

sensationnel [sãsasjɔnɛl] *adj* ⟨**⌣le**⟩ **1.** aufsehenerregend; sensationell **2.** F toll; F klasse; F spitze

sensé [sãse] *adj* ⟨**⌣e**⟩ vernünftig

sensibilisation [sãsibilizasjõ] *f* Sensibilisierung *f*

sensibiliser [-e] *v/t* sensibilisieren (**qn à qc** j-n für etw; *a* MÉD, PHOT)

sensibilité [sãsibilite] *f* **1.** *d'une personne* Sensibilität *f*; Empfindsamkeit *f*; Feinfühligkeit *f* **2.** TECH Empfindlichkeit *f*; PHOT Lichtempfindlichkeit *f*

sensible [sãsibl] *adj* **1.** empfindlich; **sensible à la douleur** schmerzempfindlich **2.** (*impressionnable*) sensibel; empfindsam; feinfühlend; **sensible à la flatterie** empfänglich für Schmeicheleien; **avoir le cœur sensible** ein weiches, mitfühlendes Herz haben **3.** *appareil* empfindlich; PHOT lichtempfindlich **4.** *progrès, baisse* fühlbar; spürbar; merklich **5.** (*délicat*) *dossier* heikel; **quartier** *m* **sensible** Problemviertel *n*

sensiblement [sãsibləmã] *adv* **1.** (*notablement*) fühlbar; spürbar; merklich **2.** (*à peu près*) etwa; ungefähr

sensiblerie [sãsibləʀi] *f* Sentimentalität *f*; F Gefühlsduselei *f*

sensitif [sãsitif] *adj* ⟨**-ive** [-iv]⟩ Empfindungs...

sensitive [sãsitiv] *f* Mimose *f*; Sinnpflanze *f*

sensoriel [sãsɔʀjɛl] *adj* ⟨**⌣le**⟩ Sinnes...; sensorisch

sensualisme [sãsɥalism] *m* Sensualismus *m*

sensualité [-ite] *f* Sinnlichkeit *f*

sensuel [sãsɥɛl] *adj* ⟨**⌣le**⟩ sinnlich

sentence [sãtãs] *f* Urteil(sspruch) *n*(*m*); **prononcer, exécuter une sentence** ein Urteil fällen, vollstrecken

sentencieux [sãtãsjø] *adj* ⟨**-euse** [-øz]⟩ *péj* schulmeisterlich; belehrend

senteur [sãtœʀ] *litt f* Duft *m*

senti [sãti] *adj* ⟨**⌣e**⟩ **bien senti** treffend

sentier [sãtje] *m* Fußweg *m*; Pfad *m*

▸ **sentiment** [sãtimã] *m* **1.** Gefühl *n*; Empfindung *f*; **sentiment d'infériorité** Minderwertigkeitsgefühl *n*; F **ça n'empêche pas les sentiments** das tut der Liebe keinen Abbruch; **manifester ses sentiments** s-e Gefühle zeigen; **partager les sentiments de qn** j-s Gefühle teilen; **prendre qn par les sentiments** j-n von der Gefühlsseite her nehmen, packen; **veuillez agréer l'expression de mes senti-**

ments distingués mit freundlichen Grüßen **2.** (*opinion*) Meinung *f*; Ansicht *f*

sentimental [sãtimãtal] *adj* ⟨**⌣e**; **-aux** [-o]⟩ **1.** (*affectif*) Gefühls...; *personne* gefühlsbetont **2.** *péj* sentimental; gefühlvoll; *film, etc a* rührselig **3.** (*amoureux*) Liebes...

sentimentalisme [sãtimãtalism] *m* Hang *m* zur Sentimentalität

sentimentalité [-ite] *f* Sentimentalität *f*

sentinelle [sãtinɛl] *f* (Wach)Posten *m*

▸ **sentir** [sãtiʀ] ⟨**je sens, il sent, nous sentons; je sentais; je sentis; je sentirai; que je sente; sentant; senti**⟩ **I** *v/t* **1.** fühlen; (ver)spüren; empfinden; **sentir la mort venir** den Tod herannahen fühlen; **faire sentir qc à qn** j-n etw spüren lassen; **se faire sentir** sich bemerkbar machen; spürbar, fühlbar werden **2.** (*flairer*) riechen; F *fig* **ne pas pouvoir sentir qn** F j-n nicht riechen können **3.** (*répandre une odeur*) **sentir qc** nach etw riechen; **sentir bon** gut riechen; duften; **sentir mauvais** schlecht *ou* übel riechen; stinken; **sentir de la bouche** aus dem Mund riechen **4.** *fig* **ça sent la neige** es sieht nach Schnee aus **II** *v/pr* ▸ **se sentir bien** sich wohlfühlen; **se sentir mal** sich schlecht, elend fühlen; **se sentir la force de faire qc** sich stark genug fühlen, etw zu tun; **ne plus se sentir de joie** vor Freude außer sich sein; **cela se sent** das merkt, spürt, fühlt man

seoir [swaʀ] ⟨*déf*: **il sied; il seyait; il siérait; seyant**⟩ *litt* **I** *v/i* robe **seoir à qn** j-m stehen **II** *v/imp* **il sied à qn de faire qc** *litt* es geziemt sich für j-n, etw zu tun

Séoul [seul] Seoul *m*

sépale [sepal] *m* Kelchblatt *n*

séparable [sepaʀabl] *adj* trennbar

séparateur [sepaʀatœʀ] *adj* ⟨**-trice** [-tʀis]⟩ trennend

séparation [sepaʀasjõ] *f* Trennung *f*; **séparation de biens** Gütertrennung *f*; **séparation des pouvoirs** Gewaltenteilung *f*

séparatisme [sepaʀatism] *m* Separatismus *m*

séparatiste [sepaʀatist] **I** *adj* separatistisch **II** *m,f* Separatist(in) *m*(*f*)

séparé [sepaʀe] *adj* ⟨**⌣e**⟩ getrennt; *époux* getrennt lebend

séparément [-mã] *adv* getrennt; gesondert

▸ **séparer** [sepaʀe] **I** *v/t* trennen **II** *v/pr* ▸ **se séparer** sich trennen (**de qn, qc** von j-m, etw); auseinandergehen

▸ **sept** [sɛt] **I** *num/c* sieben; **le sept mai** sieb(en)te *ou* am sieb(en)ten Mai **II** *m* ⟨*inv*⟩ Sieben *f*; Siebener *m*; **le sept (du mois)** der Sieb(en)te *ou* am Sieb(en)ten (des Monats)

septante [sɛptãt] *num/c en Belgique et en Suisse* siebzig

▸ **septembre** [sɛptãbʀ] *m* September *m*

septennal [sɛptɛ(n)nal] *adj* ⟨**⌣e**; **-aux** [-o]⟩ siebenjährig *ou* -jährlich; **mandat septennal** Mandat *n* auf sieben Jahre; *a* siebenjährige Amtszeit

septennat [sɛptena] *m* siebenjährige Amtszeit (*des frz Staatspräsidenten bis 2002*)

septentrional [sɛptãtʀijɔnal] *adj* ⟨**⌣e**; **-aux** [-o]⟩ nördlich; Nord...

septicémie [sɛptisemi] *f* Blutvergiftung *f*

▸ **septième** [sɛtjɛm] **I** *num/o* sieb(en)te **II** *subst*

S

1. le, la septième der, die das Sieb(en)te **2.** *m* MATH Sieb(en)tel *n* **3.** *m étage* **au septième** im sieb(en)ten Stock **4.** *f* fünfte Grundschulklasse
septièmement [sɛtjɛmmɑ̃] *adv* siebtens *ou* siebentens
septique [sɛptik] *adj* **fosse** *f* **septique** Klärgrube *f*
septuagénaire [sɛptɥaʒenɛʀ] *m,f* Siebzigjährige(r) *f(m)*
septuple [sɛptypl] **I** *adj* siebenfach **II** *subst* **le septuple** das Siebenfache
septupler [sɛptyple] **I** *v/t* versiebenfachen **II** *v/i* sich versiebenfachen
sépulcral [sepylkʀal] *adj* ⟨**∼e**; **-aux** [-o]⟩ **voix sépulcrale** Grabesstimme *f*
sépulcre [sepylkʀ] *m* → **Saint-Sépulcre**
sépulture [sepyltyʀ] *f* Grab(stätte) *n(f)*
séquelles [sekɛl] *f/pl* (Spät)Folgen *f/pl*; Nachwirkungen *f/pl*
séquence [sekɑ̃s] *f* Sequenz *f*; Folge *f*
séquentiel [sekɑ̃sjɛl] *adj* ⟨**∼le**⟩ INFORM sequenziell
séquestration [sekɛstʀasjõ] *f* Freiheitsberaubung *f*
séquestre [sekɛstʀ] *m* JUR Zwangsverwaltung *f*
séquestrer [-e] *v/t* (widerrechtlich) einsperren
séquoia [sekɔja] *m* Mammutbaum *m*
séracs [seʀak] *m/pl* Eiszacken *f/pl*, -türme *m/pl*
serai [s(ə)ʀɛ], **sera(s)** [s(ə)ʀa] → **être**[1]
sérail [seʀaj] *m* Serail *n*; *fig* **être du sérail** zum engsten Kreis (um j-n) gehören
serbe [sɛʀb] **I** *adj* serbisch **II** *subst* **1. Serbe** *m,f* Serbe *m*, Serbin *f* **2.** LING **le serbe** das Serbische; Serbisch *n*
Serbie [sɛʀbi] **la Serbie** Serbien *n*
serbo-croate [sɛʀbokʀɔat] **I** *adj* serbo-kroatisch **II** *subst* LING **le serbo-croate** das Serbokroatische; Serbokroatisch *n*
serein [s(ə)ʀɛ̃] *adj* ⟨**-eine** [-ɛn]⟩ **1.** (*calme*) ruhig; ausgeglichen; leidenschaftslos **2.** *temps, ciel* heiter
sérénade [seʀenad] *f* **1.** MUS (nächtliches) Ständchen; *composition* Serenade *f* **2.** (*charivari*) F Radau *m*; (*rengaine*) F alte Leier
sérénité [seʀenite] *f* Ruhe *f*; Ausgeglichenheit *f*
serf [sɛʀ(f)] *m* HIST Leibeigene(r) *m*
serge [sɛʀʒ] *f* (Kammgarn)Serge *f*
sergent [sɛʀʒɑ̃] *m* Unteroffizier *m*
sergent-chef *m* ⟨**sergents-chefs**⟩ Feldwebel *m*
sergent-major *m* ⟨**sergents-majors**⟩ Ober- *ou* Hauptfeldwebel *m*; *chargé de la comptabilité* Rechnungsführer *m*
serial killer [seʀjalkilər] *m* ⟨**serial killers**⟩ Serienmörder *m*
sériciculture [seʀisikyltyʀ] *f* Seidenraupenzucht *f*
▸ **série** [seʀi] *f* **1.** Reihe *f* (*a* MATH); Serie *f* (*a* TV); Folge *f*; *de choses semblables a* Satz *m*; **série noire** a) Serie von Katastrophen, Verbrechen; *de malchance* Pechsträhne *f*; b) *de romans policiers* F Krimireihe *f*; **voiture** *f* **de série** Serienwagen *m*; **en série** serienmäßig; in Serie; Serien...; **fabrication** *f* **en série** Serienfertigung *f*; **'hors série** in Sonderanfertigung hergestellt; *fig* außergewöhnlich **2.** ÉLECT **monta-**

ge *m* **en série** Hintereinander-, Reihenschaltung *f* **3.** SPORTS Leistungsgruppe *f*, -klasse *f*
sériel [seʀjɛl] *adj* ⟨**∼le**⟩ *musique* seriell
sérier [seʀje] *v/t* systematisch prüfen
sérieusement [seʀjøzmɑ̃] *adv* **1.** (*sans plaisanter*) im Ernst **2.** (*gravement*) ernstlich **3.** (*consciencieusement*) ernsthaft; *travailler* gewissenhaft **4.** (*vraiment*) wirklich
▸ **sérieux** [seʀjø] **I** *adj* ⟨**-euse** [-øz]⟩ **1.** (*grave*) ernst; *doute a* ernstlich; *offre* ernsthaft; ernst gemeint; **ce n'est pas sérieux?** das ist doch nicht Ihr Ernst? **2.** (*important*) bedeutend; groß; *raisons* gewichtig **3.** *personne dans sa conduite* solid(e); (*consciencieux*) zuverlässig, gewissenhaft (*a travail*); *élève* fleißig; COMM *maison* seriös **II** *m* Ernst *m*; Ernsthaftigkeit *f*; **garder son sérieux** ernst bleiben; **prendre qn, qc au sérieux** j-n, etw ernst nehmen; **se prendre au sérieux** sich wichtig nehmen
serin [s(ə)ʀɛ̃] *m* **1.** ZO Kanarienvogel *m* **2.** *fig* (*nigaud*) Einfaltspinsel *m*
seriner [s(ə)ʀine] *v/t péj* einhämmern (**qc à qn** j-m etw)
seringa [s(ə)ʀɛ̃ga] *m* Falscher Jasmin
seringue [s(ə)ʀɛ̃g] *f* MÉD Spritze *f*
serment [sɛʀmɑ̃] *m* Eid *m* (*a* JUR); Schwur *m*; **serment d'amour** Liebesschwur *m*; *fig* **serment d'ivrogne** leere Versprechungen *f/pl*; **sous (la foi du) serment** unter Eid; eidlich; **faire (le) serment de** (+ *inf*) schwören zu (+ *inf*); **prêter serment** e-n Eid leisten, ablegen
sermon [sɛʀmõ] *m* **1.** ÉGL Predigt *f* **2.** *péj* Straf-, Moralpredigt *f*
sermonner [sɛʀmɔne] *v/t* abkanzeln
sermonneur [-œʀ] *m* Moralprediger *m*
sérologie [seʀɔlɔʒi] *f* Serologie *f*
séropo [seʀopo] *adj* F *abr* → **séropositif**
séropositif [seʀopozitif] *adj* ⟨**-ive** [-iv]⟩ HIV-positiv; aidsinfiziert
serpe [sɛʀp] *f* Hippe *f*; *fig* *visage* **taillé à coups de serpe** grob(schlächtig)
▸ **serpent** [sɛʀpɑ̃] *m* **1.** ZO Schlange *f*; **serpent à sonnettes** Klapperschlange *f* **2.** **serpent monétaire** Währungsschlange *f*
serpenter [sɛʀpɑ̃te] *v/i* sich schlängeln
serpentin [sɛʀpɑ̃tɛ̃] *m* **1.** Papierschlange *f* **2.** TECH (Rohr)Schlange *f*
serpette [sɛʀpɛt] *f* Rebmesser *n*
serpillière [sɛʀpijɛʀ] *f* Scheuertuch *n*
serpolet [sɛʀpɔlɛ] *m* Feldthymian *m*
serrage [seʀaʒ] *m* (Fest)Klemmen *n*; (Fest)Spannen *n*; *d'une vis, d'un frein* Anziehen *n*
serre [sɛʀ] *f* **1.** Gewächs-, Treibhaus *n* **2.** *des rapaces* **serres** *pl* Fänge *m/pl*
serré [seʀe] *adj* ⟨**∼e**⟩ **1.** *vêtement* eng; knapp; *nœud* fest; *par ext café* stark; **en rangs serrés** in geschlossenen, dichten Reihen; *gens* **être serrés** dicht gedrängt stehen **2.** *concurrence* scharf; *discussion* hart; *score* knapp; *fig* **jouer serré** sich (*dat*) keine Blöße geben
serre-joint(s) *m* ⟨*inv*⟩ Schraubzwinge *f*
serre-livres *m* ⟨*inv*⟩ Bücherstütze *f*
serrement [sɛʀmɑ̃] *m* **serrement de main** Händedruck *m*; **serrement de cœur** Bedrücktheit *f*; Beklemmung *f*
serrer [seʀe] **I** *v/t* **1.** zusammendrücken; *dans se main* festhalten; *sous son bras* klemmen; *dans un étau* spannen; *dents* zusammenbeißen; *le*

vres zusammenkneifen; *poings* ballen; *fig gorge* zuschnüren; *fig cœur* zusammenschnüren; *vêtement* **serrer** **qn** j-m zu eng sein; spannen; *chaussures* drücken; ‣ **serrer la main à qn** j-m die Hand geben, drücken; **serrer les rangs** zusammenrücken; **serrer qn dans ses bras** j-n in die Arme schließen; *fig* **serrer qn de près** zudringlich werden **2.** *nœud* fest-, zuziehen; *ceinture* enger machen, schnallen; *vis*, *frein* anziehen **II** *v/i* **3.** **serrer à droite** sich rechts halten **III** *v/pr* **4.** *cœur* **se serrer** sich zusammenschnüren **5.** **se serrer contre qn** sich an j-n anschmiegen; *réciproquement* **se serrer** sich (zusammen)drängen; zusammenrücken
serre-tête *m* ⟨*inv*⟩ *bandeau* Stirnband *n*; *en métal* Haarreif *m*
serrure [sɛʁyʁ] *f* Schloss *n*; **trou** *m* **de la serrure** Schlüsselloch *n*
serrurerie [sɛʁyʁʁi] *f* Schlosserei *f*
serrurier [sɛʁyʁje] *m* Schlosser *m*
sers, sert [sɛʁ] → **servir**
sertir [sɛʁtiʁ] *v/t pierre précieuse* fassen
sertissage [sɛʁtisaʒ] *m* **1.** *de pierres précieuses* Fassen *n* **2.** TECH Falzen *n*
sérum [seʁɔm] *m* Serum *n*
servage [sɛʁvaʒ] *m* HIST Leibeigenschaft *f*
serval [sɛʁval] *m* ZO Serval *m*
servant [sɛʁvɑ̃] **I** *m* **1.** ÉGL CATH Messdiener *m*; Ministrant *m* **2.** MIL Kanonier *m* **3.** TENNIS Aufschläger *m* **II** *adj* → **chevalier**
servante [sɛʁvɑ̃t] *f* Magd *f*
serveur [sɛʁvœʁ] *m* **1.** (*garçon*) Kellner *m* **2.** TENNIS Aufschläger *m* **3.** INFORM *organisme* Provider *m*; *ordinateur* Server *m*
‣ **serveuse** [sɛʁvøz] *f* Kellnerin *f*; Bedienung *f*; Serviererin *f*
serviabilité [sɛʁvjabilite] *f* Hilfsbereitschaft *f*; Gefälligkeit *f*
serviable [-abl] *adj* hilfsbereit; gefällig
‣ **service** [sɛʁvis] *m* **1.** Dienst *m*; ÉCON **services** *pl* Dienstleistungen *f/pl*; *secteur* Dienstleistungsgewerbe *n*; **service secret** Geheimdienst *m*; **service de cars** Busverbindung *f*; **service d'entretien** Wartungsdienst *m*; **service de nuit** Nachtdienst *m*; **service d'ordre** Ordnungsdienst *m*; **service en ligne** Onlinedienst *m*; **être de service** Dienst haben; im Dienst sein; **j'ai un service à vous demander** ich möchte Sie um e-n Gefallen bitten; **je suis à votre service** ich stehe zu Ihren Diensten; **rendre (un) service à qn** j-m e-n Dienst, e-e Gefälligkeit erweisen; j-m e-n Gefallen tun; *chose* **rendre de grands services à qn** j-m gute Dienste leisten, tun **2.** ‣ **service** (*militaire*) Wehr-, Militärdienst *m* **3.** **service** (*religieux*) Gottesdienst *m* **4.** *dans un restaurant, etc* Bedienung *f*; Service *m*; **service compris** einschließlich Bedienung **5.** TECH **en service** in Betrieb; **mettre en service** in Betrieb nehmen; **'hors service** außer Betrieb **6.** *vaisselle* Service *n*; **service à café** Kaffeeservice *n* **7.** *d'une entreprise* Abteilung *f*; ADM Dienststelle *f*; Behörde *f*; *d'un hôpital* Station *f*; **service public** öffentlicher Betrieb; öffentliche Einrichtung **8.** TENNIS Aufschlag *m*; Service *m ou n*; VOLLEY-BALL An-, Aufgabe *f*
   serviette [sɛʁvjɛt] *f* **1.** **serviette** (*de toilette*) Handtuch *n*; **serviette de bain** Badetuch *n* **2.**

serviette (*de table*) Serviette *f*; **serviette en papier** Papierserviette *f* **3.** **serviette hygiénique, périodique** (Damen-, Monats)Binde *f* **4.** *sac en cuir* Mappe *f*; Aktentasche *f*
servile [sɛʁvil] *adj* unterwürfig; servil; sklavisch
servilité [-ite] *f* Unterwürfigkeit *f*; Servilität *f*
‣ **servir** [sɛʁviʁ] ⟨**je sers, il sert, nous servons; je servais; je servis; je servirai; que je serve; servant; servi**⟩ **I** *v/t* **1.** dienen (+ *dat*); *abs* **servir dans la marine** bei der Marine dienen **2.** **servir qn** j-n bedienen; **on vous sert, Madame?** werden Sie schon bedient?; **se faire servir** sich bedienen lassen **3.** *repas, plat* servieren; reichen; auf den Tisch bringen; *st/s* auftragen; **servir qc à qn** j-m etw servieren, vorsetzen; **servir à boire** Getränke servieren **4.** TENNIS **servir (la balle)** (den Ball) aufschlagen **II** *v/t/indir* **5.** **servir à qn** j-m nützen; *abs* **cela peut encore servir** das kann man noch (ge)brauchen; **cela ne sert à rien** (*de* + *inf*) es nützt nichts, es hat keinen Wert *ou* Zweck (zu + *inf*); **à quoi ça sert de** (+ *inf*)? was nützt es, welchen Zweck hat es zu (+ *inf*)? **6.** **servir à** (**faire**) **qc** zu etw dienen; F **à quoi sert cette machine?** wozu dient diese Maschine? **7.** **servir de** dienen als; **servir de bouc émissaire** als Sündenbock herhalten müssen; **servir de père à qn** bei j-m Vaterstelle vertreten **III** *v/pr* **8.** **se servir** sich bedienen; ‣ **servez-vous!** bedienen Sie sich!; greifen Sie zu!; **se servir de rôti** von dem Braten nehmen; *par ext* **se servir chez un marchand** (gewöhnlich) bei e-m Händler kaufen **9.** **se servir de qc** etw benutzen, gebrauchen, verwenden; *st/s* sich e-r Sache (*gén*) bedienen; **se servir de qn** sich j-s bedienen **10.** **se servir frais** kühl serviert werden
serviteur [sɛʁvitœʁ] *m* Diener *m*
servitude [sɛʁvityd] *f* **1.** (*asservissement*) Knechtschaft *f*; (*contrainte*) Zwang *m* **2.** JUR (Grund)Dienstbarkeit *f*
servofrein [sɛʁvofʁɛ̃] *m* Bremskraftverstärker *m*
servomoteur *m* Servomotor *m*
ses [se] → **son[1]**
sésame [sezam] *m* BOT Scsam *m*
session [sɛsjo] *f* **1.** *d'une assemblée* Sitzungsperiode *f* **2.** *d'un examen* **session de juin** Junitermin *m* **3.** INFORM Sitzung *f*
set [sɛt] *m* **1.** TENNIS Satz *m* **2.** **set** (**de table**) Set *n*
setter [setɛʁ] *m chien* Setter *m*
seuil [sœj] *m* **1.** (Tür)Schwelle *f* **2.** *fig* Schwelle *f*; **seuil d'audibilité** Hörschwelle *f*
‣ **seul** [sœl] **I** *adj* ⟨**~e**⟩ (*solitaire*) allein; alleinstehend; einsam; **parler tout seul** Selbstgespräche führen; **rire tout seul** vor sich (*acc*) hin lachen; **seul à seul** unter vier Augen **2.** (*unique*) einzig; bloß; **une seule fois** ein einziges Mal; **à la seule pensée de partir** bei dem bloßen Gedanken, (allein) schon beim Gedanken an die Abreise **II** *advt* allein; nur; **à elle seule** sie allein; nur sie; **cela va tout seul** das geht (ganz) von selbst, von allein(e) **III** *subst* **un seul, une seule** ein Einziger, e-e Einzige, ein Einziges; **pas un seul** kein Einziger; nicht ein Einziger; **le seul, la seule** der, die,

S

das Einzige
▶ **seulement** [sœlmɑ̃] *adv* **1.** nur; bloß; lediglich; *non seulement ... mais aussi, encore ...* nicht nur ..., sondern auch ... **2.** *temporel* erst; *seulement ce soir* erst heute Abend **3.** (*ne ...*) *pas seulement* nicht einmal
sève [sɛv] *f* **1.** BOT Saft *m* **2.** *fig* Kraft *f*
▶ **sévère** [sevɛʀ] *adj* **1.** (*dur, austere*) streng; *critique* hart **2.** (*grave*) *pertes, défaite* schwer
sévèrement [sevɛʀmɑ̃] *adv* **1.** *punir* streng; *critiquer* hart **2.** (*gravement*) schwer; ernstlich
sévérité [seveʀite] *f* Strenge *f*
sévices [sevis] *m/pl* Misshandlungen *f/pl*; *exercer des sévices sur qn* j-n misshandeln
Séville [sevil, -vij] Sevilla *n*
sévir [seviʀ] *v/i* **1.** *sévir contre* mit aller Strenge vorgehen gegen; *abs* hart durchgreifen **2.** *épidémie* grassieren; *tempête, voyous* wüten
sevrage [səvʀaʒ] *m d'un enfant* Entwöhnung *f*; Abstillen *n*; *d'un drogué* Entziehung *f* (von Rauschgiften)
sevrer [səvʀe] *v/t* ⟨**-è-**⟩ **1.** *enfant* abstillen; entwöhnen (*a drogué*) **2.** *fig et st/s* *sevrer qn de qc* j-n e-r Sache (*gén*) berauben
sexagénaire [sɛksaʒenɛʀ] *m,f* Sechzigjährige(r) *f(m)*
sex-appeal [sɛksapil] *m* Sex-Appeal *m*
▶ **sexe** [sɛks] *m* **1.** Geschlecht *n*; *le beau sexe* das schöne Geschlecht; *des deux sexes* beiderlei Geschlechts; *du sexe masculin, féminin* männlichen, weiblichen Geschlechts **2.** *organes* Geschlechtsteile *pl* **3.** (*sexualité*) Sex *m*
sexisme [sɛksism] *m* Sexismus *m*
sexiste [sɛksist] **I** *adj* sexistisch **II** *m,f* Sexist(in) *m(f)*
sexologie [sɛksɔlɔʒi] *f* Sexologie *f*; Sexualforschung *f*
sexologue [-lɔg] *m,f* Sexologe, -login *m,f*; Sexualforscher(in) *m(f)*
sex-shop [sɛksʃɔp] *m ou f* ⟨**sex-shops**⟩ Sexshop *m*
sextant [sɛkstɑ̃] *m* MAR Sextant *m*
sextuple [sɛkstypl] **I** *adj* sechsfach **II** *subst* *le* *sextuple* das Sechsfache
sextuplé(e)s [sɛkstyple] *m(f)pl* Sechslinge *m/pl*
sextupler [sɛkstyple] **I** *v/t* versechsfachen **II** *v/i* sich versechsfachen
sexualité [sɛksɥalite] *f* Sexualität *f*
sexué [sɛksɥe] *adj* ⟨**~e**⟩ BIOL geschlechtlich (differenziert)
sexuel [sɛksɥel] *adj* ⟨**~le**⟩ geschlechtlich; Geschlechts...; *avoir des rapports sexuels avec qn* e-e sexuelle Beziehung mit j-m haben
sexy [sɛksi] *adj* ⟨*inv*⟩ sexy
seyant [sejɑ̃] *adj* ⟨**-ante** [-ɑ̃t]⟩ passend; gut sitzend; kleidsam
Seychelles [sɛʃɛl] *les Seychelles* *f/pl* die Seychellen *pl*
SGML [ɛsʒeɛmɛl] *m abr* (*standard generalized markup language*) INFORM SGML *f*
shah → *chah*
shaker [ʃɛkœʀ] *m* Shaker *m*; Mixbecher *m*
shakespearien [ʃɛkspiʀjɛ̃] *adj* ⟨**-ienne** [-jɛn]⟩ Shakespeare...
shako [ʃako] *m* Tschako *m*
shampooiner [ʃɑ̃pwine] *v/t* → *shampouiner*
▶ **shampo(o)ing** [ʃɑ̃pwɛ̃] *m* **1.** *produit* Sham-

poo(n) *n* **2.** *lavage* Haarwäsche *f*; *se faire faire un shampo(o)ing* sich (*dat*) die Haare waschen lassen
shampouiner [ʃɑ̃pwine] *v/t* die Haare waschen (*qn* j-m)
shampouineuse [-øz] *f* Friseuse, die die Haare wäscht
Shanghai [ʃɑ̃gaj] Schanghai *n*
shérif [ʃeʀif] *m* Sheriff *m*
sherry [ʃeʀi] *m* Sherry *m*
shetland [ʃɛtlɑ̃d] *m* Shetlandwolle *f*; (*pull m en*) *shetland* Shetlandpullover *m*
Shetland [ʃɛtlɑ̃d] *les* (*îles f/pl*) *Shetland* die Shetlandinseln *f/pl*
shetlandais [ʃɛtlɑ̃dɛ] *adj* ⟨**-aise** [-ɛz]⟩ *poney shetlandais* Shetlandpony *n*
shit [ʃit] *m* F (*haschisch*) Shit *m ou n*
Shoah [ʃoa] *f* S(c)hoah *f*
shoot [ʃut] *m* **1.** FOOTBALL Schuss *m* **2.** *d'une drogue* F Schuss *m*
shooter [ʃute] **I** *v/i* FOOTBALL schießen **II** *v/pr drogué se shooter* sich (*dat*) e-n Schuss setzen
shopping [ʃɔpiŋ] *m* *faire du shopping* e-n Einkaufsbummel machen
▶ **short** [ʃɔʀt] *m* Shorts *pl*; kurze Hose
show [ʃo] *m* Show *f*
showbiz [ʃobiz] F *m*, **show-business** [ʃobiznɛs] *m* Showbusiness *n*
si¹ [si] *adv* **1.** doch; *vous ne viendrez pas? - si!* doch!; *que si* aber doch; doch, ganz bestimmt **2.** (*tellement*) so; *pas si vite!* nicht so schnell!
▶ **si²** **I** *conj* ⟨*vor il, ils s'*⟩ **1.** wenn; falls; *si vous continuez ainsi ...* wenn, falls Sie so weitermachen ...; *si on veut* wenn man so will; *si je le savais, je vous le dirais* wenn ich es wüsste, würde ich es Ihnen sagen; *si ce n'est* (*excepté*) außer (+ *dat*); (*sinon*) wenn nicht; *si ce n'est que* außer dass **2.** dass; *c'est à peine si ...* kaum dass ... **3.** ob; *je ne sais pas s'il viendra* ich weiß nicht, ob er kommt; *vous pensez s'il a été content!* und ob er sich gefreut hat! **II** *m* ⟨*inv*⟩ Wenn *n*; *trop de si et de mais* zu viele Wenn und Aber
si³ *m* ⟨*inv*⟩ MUS H *ou* H *n*
siamois [sjamwa] *adj* ⟨**-oise** [-waz]⟩ *chat siamois* Siamkatze *f*; *frères m/pl siamois ou sœurs siamoises* siamesische Zwillinge *m/pl*
Sibérie [sibeʀi] *la Sibérie* Sibirien *n*
sibérien [sibeʀjɛ̃] *adj* ⟨**-ienne** [-jɛn]⟩ sibirisch
sibyllin [sibilɛ̃] *adj* ⟨**-ine** [-in]⟩ sibyllinisch; geheimnisvoll; rätselhaft
sic [sik] *adv* (*textuellement*) sic
sicav [sikav] *f abr* ⟨*inv*⟩ (*société d'investissement à capital variable*) **1.** Investmentgesellschaft *f* **2.** Investmentzertifikat *n*
Sicile [sisil] *la Sicile* Sizilien *n*
sicilien [sisiljɛ̃] **I** *adj* ⟨**-ienne** [-jɛn]⟩ sizilianisch **II** *Sicilien(ne)* *m(f)* Sizilianer(in) *m(f)*
▶ **sida** [sida] *m abr* (*syndrome immuno-déficitaire acquis*) Aids *m*
side-car [sidkaʀ] *m* ⟨**side-cars**⟩ (*Motorrad* mit) Seitenwagen *m*
sidéen [sideɛ̃] **I** *adj* ⟨**-enne** [-ɛn]⟩ aidskrank **II** *sidéen(ne)* *m(f)* Aidskranke(r) *f(m)*
sidéral [sideʀal] *adj* ⟨**~e**; **-aux** [-o]⟩ *année sidérale* siderisches Jahr; Sternjahr *n*
sidérant [sideʀɑ̃] F *adj* ⟨**-ante** [-ɑ̃t]⟩ verblüf

fend
sidérer [sideʀe] F *v/t* ⟨**-è-**⟩ völlig verblüffen; *si-déré* sprachlos; fassungslos
sidérurgie [sideʀyʀ3i] *f* Eisenhüttenwesen *n*
sidérurgique [sideʀyʀ3ik] *adj* **industrie** *f* **sidé-rurgique** Eisen- und Stahlindustrie *f*; **usine** *f* **sidérurgique** Eisenhütte *f*
sidérurgiste [sideʀyʀ3ist] *m* Eisenhütten-, Stahlwerker *m*
▸ **siècle** [sjɛkl] *m* Jahrhundert *n*; **au vingtième** (**XXᵉ**) **siècle** im zwanzigsten (20.) Jahrhundert; F **il y a des siècles que ...** F es ist e-e Ewigkeit her, dass ...; **être de son siècle** mit der Zeit gehen

---

Le grand siècle

Das 17. Jahrhundert wird in Frankreich allgemein als das **grand siècle** bezeichnet. Um 1685 ist Frankreich das wohlhabendste, das bevölkerungsreichste und das militärisch stärkste Land Europas. Die französische Kultur beeinflusst nachhaltig den gesamten Kontinent. Die klassische Literatur wird beherrscht von Autoren wie Molière, Corneille und Racine. Kultur, Politik, Gesellschaft ordnen sich dem absoluten Herrscher Ludwig XIV. (**Louis XIV**) unter, der in Versailles residiert und der Wissenschaftler, Maler und Musiker protegiert und fördert. Französisch ist zu diesem Zeitpunkt die Sprache der europäischen Elite.

---

sied [sje] → **seoir**
▸ **siège** [sjɛ3] *m* **1.** Sitz *m* (*a d'un organisme, d'une douleur, à une assemblée*); *pour s'asseoir a* Sitzgelegenheit *f*; **siège social** Firmensitz *m*; **bain** *m* **de siège** Sitzbad *n* **2.** ÉGL Stuhl *m* **3.** MIL Belagerung *f*; **lever le siège** die Belagerung aufheben
siéger [sje3e] *v/i* ⟨**-è-**, **-ge-**⟩ **1.** *assemblée* tagen **2.** *député* e-n Sitz haben, sitzen (**à** in + *dat*)
▸ **sien** [sjɛ̃] **I** *pr/poss* ⟨**sienne** [sjɛn]⟩ **le sien, la sienne** der, die, das seine; seine(r, -s); *possesseur féminin* der, die, das ihre; ihre(r, -s); *pl* **les siens, les siennes** die seinen *ou* ihren; seine *ou* ihre **II** *subst* **1.** **y mettre du sien** das Seine *ou* Ihre, sein(en) *ou* ihr(en) Teil dazu beitragen **2.** **les siens** (*famille, amis*) die Seinen *ou* Ihren **3.** **il a encore fait des siennes** er hat sich (*dat*) wieder was geleistet
Sierra Leone [sjɛʀaleɔn] **la Sierra Leone** Sierra Leone *n*
sierra-léonien [sjɛʀaleɔnjɛ̃] **I** *adj* ⟨**-ienne** [-jɛn]⟩ sierra-leonisch **II** *subst* **Sierra-Léonien(ne)** *m(f)* Sierra Leoner(in) *m(f)*
sieste [sjɛst] *f* Mittagsschlaf *m*; Siesta *f*; **faire la sieste** ein Mittagsschläfchen halten, machen; Siesta halten
sieur [sjœʀ] *m* JUR **le sieur X** Herr X
sifflant [siflɑ̃] *adj* ⟨**-ante** [-ɑ̃t]⟩ pfeifend; **consonne sifflante** Zischlaut *m*

sifflement [sifləmɑ̃] *m* Pfeifen *n*; RAD *a* Pfeifgeräusch *n*; *résultat* Pfiff *m*
▸ **siffler** [sifle] **I** *v/t* **1.** *air, chanson* pfeifen; **siffler son chien** s-m Hund pfeifen; **siffler le coup d'envoi** das Spiel anpfeifen **2.** *orateur, pièce* auspfeifen **3.** F (*boire*) F runterkippen **II** *v/i* pfeifen (*a oiseau, vent, balle*); *merle* flöten; *serpent, vapeur* zischen
▸ **sifflet** [siflɛ] *m* **1.** *instrument* Pfeife *f*; **coup** *m* **de sifflet** Pfiff *m* **2.** *pl* **sifflets** (*huées*) Pfiffe *m/pl*; Pfeifkonzert *n* **3.** F **ça lui a coupé le sifflet** F da blieb ihm die Spucke weg
siffleur [siflœʀ] **I** *adj* ⟨**-euse** [-øz]⟩ (gern, viel) pfeifend; *merle* flötend **II** j, der pfeift; Pfeifer *m*
sifflotement [siflɔtmɑ̃] *m* halblautes, leises Pfeifen
siffloter [-e] *v/t et v/i* (leise) vor sich (*acc*) hin pfeifen
sigle [sigl] *m* (aus den Initialen bestehende) Abkürzung; Kürzel *n*
signal [siɲal] *m* ⟨**-aux** [-o]⟩ Signal *n* (*a* CH DE FER); Zeichen *n*; **signal d'alarme** CH DE FER Notbremse *f*; *contre le vol* Alarmanlage *f*; **donner le signal de qc** das Zeichen zu etw geben
signalé [siɲale] *litt adj* ⟨**~e**⟩ bemerkenswert; bedeutend
signalement [siɲalmɑ̃] *m* Personenbeschreibung *f*; *d'un fugitif* Steckbrief *m*
signaler [siɲale] **I** *v/t* **1.** (*indiquer*) anzeigen; signalisieren **2.** (*faire remarquer*) **signaler qc à qn** j-n auf etw (*acc*) hinweisen; j-m etw mitteilen, melden; **rien à signaler** keine besonderen Vorkommnisse **II** *v/pr* **se signaler** sich hervortun, sich auszeichnen (**par** durch)
signalétique [siɲaletik] *adj* **fiche** *f* **signalétique** Erkennungsbogen *m*
signalisation [siɲalizasjɔ̃] *f routière* Be-, Ausschilderung *f*; Verkehrszeichen *n/pl*; (*signaux*) Signalsystem *n*
signaliser [-e] *v/t route* be-, ausschildern
signataire [siɲatɛʀ] *m* Unterzeichner *m*
▸ **signature** [siɲatyʀ] *f* **1.** (*nom*) Unterschrift *f*; **apposer sa signature** s-e Unterschrift daruntersetzen **2.** *action* Unterzeichnung *f*
▸ **signe** [siɲ] *m* **1.** Zeichen *n*, MATH *a* Vorzeichen *n*; ASTR Sternzeichen *n*, -bild *n*; **signes particuliers** besondere Kennzeichen *n/pl*; **signe de ponctuation** Satzzeichen *n*; **signe du zodiaque** Tierkreiszeichen *n*; Sternzeichen *n*; → *Info bei* **Sternzeichen**; **en signe de** zum, als Zeichen (+ *gén*); **sous le signe de** im Zeichen (+ *gén*); **ne plus donner signe de vie** kein Lebenszeichen mehr von sich geben; **c'est bon, mauvais signe** das ist ein gutes, schlechtes Zeichen **2.** (*geste*) Wink *m*; **signe de tête** (**affirmatif, négatif**) Kopfnicken *n ou* -schütteln *n*; ▸ **faire signe à qn** j-m winken; *pour dire bonjour* j-m zuwinken; *par ext* sich bei j-m melden
▸ **signer** [siɲe] **I** *v/t* unterschreiben; unterzeichnen; *œuvre* signieren **II** *v/pr* **se signer** sich bekreuzigen
signet [siɲɛ] *m* **1.** Buch-, Lesezeichen *n* **2.** INFORM Bookmark *n ou f*
signifiant [siɲifjɑ̃] *m* LING Signifikant *m*; Schrift- *ou* Lautbild *n*

significatif [siɲifikatif] *adj* ⟨**-ive** [-iv]⟩ bezeichnend (**de** für)
signification [-sjõ] *f* Bedeutung *f*; Sinn *m*
signifié [siɲifje] *m* LING Signifikat *n*; Begriff *m*
signifier [siɲifje] *v/t* **1.** (*vouloir dire*) bedeuten **2.** (*faire savoir*) mitteilen, bekannt geben (**qc à qn** j-m etw) **3.** JUR zustellen
▸ **silence** [silɑ̃s] *m* **1.** Schweigen *n*; *d'un endroit* Stille *f*; **silence!** Ruhe!; **silence de mort** Totenstille *f*; **garder le silence** Stillschweigen bewahren (**sur** über + *acc*); **passer sous silence** verschweigen **2.** MUS Pause *f*
▸ **silencieux** [silɑ̃sjø] **I** *adj* ⟨**-euse** [-øz]⟩ still; *endroit a* ruhig; *pas, geste* lautlos; *machine* geräuschlos; (*taciturne*) schweigsam; **majorité silencieuse** schweigende Mehrheit; **rester silencieux** stillschweigen **II** *m* TECH Schalldämpfer *m*
Silésie [silezi] **la Silésie** Schlesien *n*
silésien [silezjɛ̃] *adj* ⟨**-ienne** [-jɛn]⟩ schlesisch
silex [silɛks] *m* Feuerstein *m*
silhouette [silwɛt] *f* **1.** Silhouette *f*; Umrisse *m/pl* **2.** *d'une personne* Figur *f*
silice [silis] *f* Kieselerde *f*
siliceux [-ø] *adj* ⟨**-euse** [-øz]⟩ kieselartig, -haltig; Kiesel...
silicium [silisjɔm] *m* Silicium *n*
silicone [silikon] *f* Silikon *n*
silicose [-os] *f* Silikose *f*; Staublunge *f*
sillage [sijaʒ] *m* **1.** MAR Kielwasser *n*; *fig* **marcher dans le sillage de qn** in die Fuß(s)tapfen j-s treten **2.** *d'un parfum* Duftwolke *f*
sillon [sijõ] *m* **1.** AGR, ANAT Furche *f* **2.** *d'un disque* Rille *f*
sillonner [sijɔne] *v/t bateau: mer* durchpflügen; *routes: pays* durchziehen; *en voiture* **sillonner une région** in e-r Gegend umherfahren; *visage* **sillonné de rides** zerfurcht
silo [silo] *m* Silo *m ou n*
silure [silyʀ] *m* ZO Wels *m*
simagrées [simagʀe] *f/pl* Gehabe *n*; Getue *n*; F Mätzchen *n/pl*; **faire des simagrées** sich zieren; F sich anstellen; F Mätzchen machen
Simenon [sim(ə)nõ] **Georges Simenon** belgischer Schriftsteller
simiesque [simjɛsk] *adj* affenähnlich
similaire [similɛʀ] *adj* gleichartig; ähnlich
simili [simili] *m* Imitation *f*; Nachahmung *f*
similicuir [similikɥiʀ] *m* Kunstleder *n*
similitude [similityd] *f* Ähnlichkeit *f*
▸ **simple** [sɛ̃pl] **I** *adj* **1.** einfach; *méthode a* simpel; *style, robe, etc a* schlicht; GR **passé** *m* **simple** historisches Perfekt; Passé simple *n* **2.** **simple d'esprit** geistig beschränkt **II** *m* **3.** TENNIS Einzel *n* **4.** PHARM **simples** *pl* Heilkräuter *n/pl*
simplement [sɛ̃pləmɑ̃] *adv* einfach
simplet [sɛ̃plɛ] *adj* ⟨**-ette** [-ɛt]⟩ etwas einfältig; simpel; naiv
simplicité [sɛ̃plisite] *f* Einfachheit *f*; *du style a* Schlichtheit *f*; *d'une personne a* (*naturel*) Natürlichkeit *f*; Unkompliziertheit *f*; (*modestie*) Anspruchslosigkeit *f*
simplifiable [sɛ̃plifjabl] *adj* vereinfachbar; MATH *fraction* kürzbar
simplificateur [sɛ̃plifikatœʀ] *adj* ⟨**-trice** [-tʀis]⟩ vereinfachend
simplification [-fikasjõ] *f* Vereinfachung *f*
simplifier [sɛ̃plifje] **I** *v/t* vereinfachen; MATH *fraction* kürzen **II** *v/pr* **se simplifier** einfacher werden
simplisme [sɛ̃plism] *m* übermäßige Vereinfachung *f*; Einseitigkeit *f*
simpliste [-ist] *adj* zu einfach; zu einseitig
simulacre [simylakʀ] *m* **simulacre de ...** Schein...; **simulacre de combat** Scheingefecht *n*
simulateur [simylatœʀ] *m*, **simulatrice** [-tʀis] *f* **1.** Simulant(in) *m(f)* **2.** *m* TECH Simulator *m*; **simulateur de vol** Flugsimulator *m*
simulation [simylasjõ] *f* **1.** Verstellung *f* (*abs*); Vortäuschung *f*; Simulieren *n* **2.** TECH Simulierung *f*; Simulation *f*
simulé [simyle] *adj* ⟨**~e**⟩ vorgetäuscht; fingiert; Schein...
simuler [simyle] *v/t* **1.** (*feindre*) vortäuschen; heucheln; *maladie a* simulieren **2.** TECH simulieren
simultané [simyltane] *adj* ⟨**~e**⟩ gleichzeitig; **traduction simultanée** Simultanübersetzung *f*
simultanéité [simyltaneite] *f* Gleichzeitigkeit *f*
simultanément [simyltanemã] *adv* gleichzeitig; zur gleichen Zeit
Sinaï [sinai] **le Sinaï** der Sinai
sinapisme [sinapism] *m* Senfpflaster *n*
sincère [sɛ̃sɛʀ] *adj* aufrichtig; ehrlich; offen
sincèrement [-mã] *adv* → **sincère**
sincérité [sɛ̃seʀite] *f* Aufrichtigkeit *f*; Ehrlichkeit *f*; Offenheit *f*
sinécure [sinekyʀ] *f* F Druckposten *m*; F **ce n'est pas une sinécure** F das ist kein Honigschlecken
sine qua non [sinekwanɔn] **condition** *f* **sine qua non** unerlässliche Voraussetzung
Singapour [sɛ̃gapuʀ] Singapur *n*
▸ **singe** [sɛ̃ʒ] *m* **1.** ZO Affe *m*; **faire le singe** Faxen machen **2.** *arg* (*corned-beef*) Büchsenfleisch *n* **3.** *arg* (*patron*) **le singe** F der Alte
singer [sɛ̃ʒe] *v/t* ⟨**-ge-**⟩ nachäffen
singeries [sɛ̃ʒʀi] *f/pl* Grimassen *f/pl*; Faxen *f/pl*; **faire des singeries** Faxen machen; Grimassen schneiden
singulariser [sɛ̃gylaʀize] *v/pr* **se singulariser** auffallen; von den anderen abstechen
singularité [sɛ̃gylaʀite] *f* **1.** (*particularité*) Eigenart *f*; Eigenheit *f* **2.** (*étrangeté*) Eigenartigkeit *f*
▸ **singulier** [sɛ̃gylje] **I** *adj* ⟨**-ière** [-jɛʀ]⟩ **1.** eigenartig; eigentümlich; sonderbar **2. combat singulier** Einzelkampf *m* **II** *m* GR Singular *m*; Einzahl *f*
singulièrement [sɛ̃gyljɛʀmã] *adv* **1.** (*très*) ungemein; überaus **2.** (*bizarrement*) eigenartig
sinistre [sinistʀ] **I** *adj* **1.** unheimlich; *présage* Unheil verkündend **2.** *péj* **une sinistre crapule** ein elender Lump **II** *m* **3.** (Brand-, Flut-, Erdbeben)Katastrophe *f* **4.** JUR Schaden(sfall) *m*
sinistré [sinistʀe] **I** *adj* ⟨**~e**⟩ von e-r Katastrophe heimgesucht; geschädigt; **région sinistrée** Katastrophengebiet *n* **II** *m* Opfer *n* (e-r Katastrophe); Geschädigte(r) *m*
sinistrose [sinistʀoz] *f* Katastrophenstimmung *f*; Schwarzseherei *f*
sino-... [sino] *adj* chinesisch-...
sinologie [sinolɔʒi] *f* Sinologie *f*; Chinakunde

sinologue [-lɔg] *m,f* Sinologe, -login *m,f*
▸ **sinon** [sinõ] *conj* **1.** (*autrement*) sonst; an-
der(e)nfalls **2.** (*sauf*) außer **3.** (*si ce n'est*) wenn
nicht (gar)
sinueux [sinɥø] *adj* ⟨**-euse** [-øz]⟩ **1.** *ligne* ge-
wunden; *route* kurvenreich **2.** *fig* verschlun-
gen; gewunden
sinuosités [sinɥozite] *f/pl* Windungen *f/pl*;
Krümmungen *f/pl*
sinus [sinys] *m* **1.** ANAT Nasennebenhöhle *f* **2.**
MATH Sinus *m*
sinusite [sinyzit] *f* Stirnhöhlenkatarrh *m*
sinusoïdal [sinyzɔidal] *adj* ⟨**~e**, **-aux** [-o]⟩ Si-
nus…; *fonction sinusoïdale* Sinusfunktion
f; *mouvement sinusoïdal* Sinusschwingung *f*
sinusoïde [sinyzɔid] *f* Sinuskurve *f*
sionisme [sjɔnism] *m* Zionismus *m*
sioniste [-ist] **I** *adj* zionistisch **II** *m,f* Zionist(in)
m(f)
Sioux [sju] *m/pl* Sioux *m/pl*; F *fig* **ruses** *f/pl* **de
Sioux** geschickte Tricks *m/pl*
siphon [sifõ] *m* **1.** *d'un évier* Geruchsverschluss
m; Siphon *m* **2.** *bouteille* Siphon(flasche) *m(f)*
3. PHYS Saugheber *m*
siphonné [sifɔne] *adj* ⟨**~e**⟩ F meschugge; →
cinglé
sire [siʀ] *m* **1.** *titre* **Sire** Majestät **2.** *un triste sire*
ein übles Subjekt
sirène [siʀɛn] *f* Sirene *f* (*a* MYTH)
sirocco [siʀɔko] *m* Schirokko *m*
sirop [siʀo] *m* Sirup *m*; *sirop contre la toux*
Hustensaft *m*; *fruits* *m/pl* *au sirop* einge-
machte Früchte *f/pl*
siroter [siʀɔte] F *v/t* mit Genuss schlürfen
sirtaki [siʀtaki] *m* Sirtaki *m*
sirupeux [siʀypø] *adj* ⟨**-euse** [-øz]⟩ **1.** sirupar-
tig **2.** *fig et péj musique* schmalzig
sis [si] *adj* ⟨**sise** [siz]⟩ JUR gelegen
sismicité [sismisite] *f* Seismizität *f*; Erdbeben-
tätigkeit *f*
sismique [sismik] *adj* Erdbeben…; *secousse* *f*
sismique Erdstoß *m*
sismogramme [sismɔgʀam] *m* Seismogramm
n
sismographe [-gʀaf] *m* Seismograph *m*, -meter
n
sismologie [-lɔʒi] *f* Seismologie *f*
sismologue [-lɔg] *m,f* Seismologe, -login *m,f*
site [sit] *m* **1.** (*paysage*) Landschaft *f*; Gegend *f*;
(*endroit*) Stätte *f*; *d'une ville* Lage *f*; *d'une usi-
ne* Standort *m*; *site classé* Natur- *ou* Kultur-
denkmal *n*; *site historique* historische Stätte;
site protégé Landschaftsschutzgebiet *n* **2.**
INFORM *site* (*Web*, *Internet*) Website [-saɪt] *f*
▸ **situation** [sitɥasjõ] *f* **1.** *d'une ville, d'une mai-
son* Lage *f* **2.** (*circonstances*) Lage *f*; Situation *f*
(*a* THÉ); Verhältnisse *n/pl*; *situation délicate*,
désespérée heikle, verzweifelte Lage, Situa-
tion; *situation de famille* Familien-, Perso-
nenstand *m*; *être en situation de* (+*inf*) in
der Lage sein zu (+*inf*); *mettre qn en situa-
tion* j-m kurz die Situation erklären **3.** (*emploi*)
(berufliche) Stellung; Position *f*
▸ **situé** [sitɥe] *adj* ⟨**~e**⟩ gelegen; *être situé* liegen
▸ **situer** [sitɥe] **I** *v/t* einordnen; zuordnen (+ *dat*);

verlegen **II** *v/pr* *se situer* *chose* liegen; *événe-
ment* stattfinden; *roman* spielen (*à* in + *dat*);
personne sich einordnen; POL stehen (*à gau-
che* links)
▸ **six** [sis, *vor Konsonant* si, *vor Vokal* siz] **I**
num/c sechs; *le six mai* der sechste *ou* am
sechsten Mai; *Charles VI* Karl VI. (der Sechs-
te); *six jours* *m/pl* Sechstagerennen *n* **II** *m*
Sechs *f*; Sechser *m*; *le six* (*du mois*) der Sechs-
te *ou* am Sechsten (des Monats)
▸ **sixième** [sizjɛm] **I** *num/o* sechste **II** *subst* **1.**
le, la sixième der, die, das Sechste **2.** *m* MATH
Sechstel *n* **3.** *m étage* *au sixième* im sechsten
Stock **4.** *f* erste Klasse im Gymnasium; Sexta *f*
sixièmement [sizjɛmmɑ̃] *adv* sechstens
six-quatre-deux [siskatdø] F *à la six-quatre-
-deux* F schluderig
skaï® [skaj] *m* Skai® *n*
skate-board [skɛtbɔʀd] *m* ⟨**skate-boards**⟩
Skateboard *n*
sketch [skɛtʃ] *m* ⟨**sketches**⟩ Sket(s)ch *m*
▸ **ski** [ski] *m* **1.** Ski *ou* Schi *m*; *à, en skis* auf
Skiern **2.** *sport* Skilauf(en) *m(n)*; Skifahren
n; Skisport *m*; *faire du ski* Ski laufen, fahren;
ski de fond (Ski)Langlauf *m*
skiable [skjabl] *adj* zum Skifahren geeignet;
neige geführig
▸ **skier** [skje] *v/i* Ski laufen, fahren
▸ **skieur** [skjœʀ] *m*, **skieuse** [-øz] *f* Skiläufer(in)
m(f); Skifahrer(in) *m(f)*; *skieur, skieuse de
fond* (Ski)Langläufer(in) *m(f)*
skin(head) [skin(ɛd)] *m,f* Skin(head) *m*
skipper [skipœʀ] *m* MAR Skipper *m*
slalom [slalɔm] *m* Slalom *m*; Torlauf *m*; *slalom
géant, spécial* Riesen-, Spezialslalom *m*; *fig
faire du slalom* Slalom fahren
slalomer [slalɔme] *v/i* Slalom fahren; im Zick-
zack fahren *ou* gehen
slalomeur [slalɔmœʀ] *m*, **slalomeuse** [-øz] *f*
Slalomläufer(in) *m(f)*
slave [slav] **I** *adj* slawisch **II** *Slave* *m,f* Slawe *m*,
Slawin *f*
slavisant [slavizɑ̃] *m* → *slaviste*
slaviser [-e] *v/t* slawisieren
slaviste [slavist] *m,f* Slawist(in) *m(f)*
slavistique *f* Slawistik *f*
slavophile [slavɔfil] **I** *adj* slawophil **II** *m* Slawo-
phile(r) *m*
▸ **slip** [slip] *m* Slip *m*; *pour femme* *a* Höschen *n*;
slip de bain Badehose *f*
slogan [slɔgɑ̃] *m* Slogan *m*; Parole *f*; Schlag-
wort *n*
slovaque [slɔvak] **I** *adj* slowakisch **II** *subst* **1.**
Slovaque *m,f* Slowake *m*, Slowakin *f* **2.** LING
le slovaque das Slowakische; Slowakisch *n*
Slovaquie [slɔvaki] *la Slovaquie* die Slowakei
slovène [slɔvɛn] **I** *adj* slowenisch **II** *Slovène*
m,f Slowene *m*, Slowenin *f*
Slovénie [slɔveni] *la Slovénie* Slowenien *n*
slow [slo] *m danse* Slowfox *m*
smala(h) [smala] *f* F *péj* Sippschaft *f*
smash [smaʃ] *m* ⟨**smashes**⟩ Schmetterball *m*
smasher [-e] *v/i* schmettern
SME [ɛsɛmə] *m abr* (*Système monétaire euro-
péen*) EWS *n*
▸ **SMIC** [smik] *m abr* (*salaire minimum inter-
professionnel de croissance*) gesetzlicher Min-
destlohn; → *Info nächste Seite*

Le SMIC

Beim **SMIC** (salaire minimum interprofessionnel de croissance) handelt es sich um einen gesetzlich festgelegten Bruttomindestlohn. Er wurde 1950 eingeführt und ist fest in der Verfassung und im Arbeitsrecht verankert. Die Höhe des SMIC wird einmal jährlich am 1. Juli an die gesamtwirtschaftliche Lage angepasst. Der Anteil der **smicards** (Mindestlohnempfänger) beträgt etwa 15 % der Bevölkerung.

smicard [smikaʀ] *m*, **smicarde** [-aʀd] *f* Mindestlohnempfänger(in) *m(f)*
smoking [smɔkiŋ] *m* Smoking *m*
SMS [ɛsɛmɛs] *m abr* (*short message service*) **1.** *message* SMS(-Nachricht) *f*; *envoyer un* (*message*) *SMS à qn* j-m e-e SMS schicken **2.** *service* SMS *m*
smurf [smœʀf] *m* Breakdance *m*
▶ **snack** [snak] *m* Schnellgaststätte *f*; Snackbar *f*; Imbissstube *f*
▶ **SNCF** [ɛsɛnseɛf] *f abr* (*Société nationale des chemins de fer français*) Französische Staatsbahn
SNES [snɛs] *m abr* (*Syndicat national de l'enseignement secondaire*) (*linksorientierte*) Gewerkschaft der Gymnasiallehrer
sniffer [snife] *v/t drogue* schnüffeln; sniffen
snob [snɔb] **I** *adj* ⟨*f inv*⟩ snobistisch **II** *m,f* Snob *m*
snober [snɔbe] *v/t snober qn* j-n von oben herab behandeln
snobinard [snɔbinaʀ] *m*, **snobinarde** [-aʀd] *f* F *péj* kleiner Snob
snobisme [snɔbism] *m* Snobismus *m*
snowboard [snobɔʀd] *m* Snowboard *n*
snowboardeur [-œʀ] *m*, **snowboardeuse** [-øz] *f* Snowboarder(in) *m(f)*
sobre [sɔbʀ] *adj* **1.** *personne* mäßig, maßvoll, zurückhaltend im Trinken **2.** *style, tenue* nüchtern; schmucklos
sobriété [sɔbʀijete] *f* **1.** Mäßigkeit *f* im Trinken **2.** *du style, etc* Nüchternheit *f*; Schmucklosigkeit *f*
sobriquet [sɔbʀikɛ] *m* Spitzname *m*
soc [sɔk] *m* Pflugschar *f*
sociabilité [sɔsjabilite] *f* Umgänglichkeit *f*; Geselligkeit *f*
sociable [-bl] *adj* gesellig; umgänglich
▶ **social** [sɔsjal] **I** *adj* ⟨*~e; -aux* [-o]⟩ **1.** (*relatif à la justice sociale*) sozial; Sozial…; *mesures sociales* soziale Maßnahmen *f/pl* **2.** (*de la société*) Gesellschafts…; gesellschaftlich; sozial; Sozial…; *sciences sociales* Gesellschafts-, Sozialwissenschaften *f/pl* **3.** COMM Firmen…; Gesellschafts… **II** *m* Sozialbereich *m*
social-démocrate **I** *adj* ⟨**sociale-démocrate**; **sociaux-démocrates**⟩ sozialdemokratisch **II** *m,f* Sozialdemokrat(in) *m(f)*
social-démocratie *f* Sozialdemokratie *f*
socialisant [sɔsjalizɑ̃] *adj* ⟨**-ante** [-ɑ̃t]⟩ zum Sozialismus tendierend

socialisation [-asjõ] *f* Sozialisierung *f*
socialiser [-e] *v/t* sozialisieren
socialisme [sɔsjalism] *m* Sozialismus *m*
▶ **socialiste** [sɔsjalist] **I** *adj* sozialistisch **II** *m,f* Sozialist(in) *m(f)*
sociétaire [sɔsjetɛʀ] *m* Mitglied *n*
▶ **société** [sɔsjete] *f* **1.** Gesellschaft *f*; *société industrielle* Industriegesellschaft *f*; *société de consommation* Konsumgesellschaft *f*; *jeux m/pl de société* Gesellschaftsspiele *n/pl*; *en société* in Gesellschaft **2.** (*association*) Gesellschaft *f*; Verein *m*; Verband *m*; Bund *m*; *société protectrice des animaux* (*abr SPA*) Tierschutzverein *m*; *société secrète* Geheimbund *m* **3.** ÉCON Gesellschaft *f*; Firma *f*; *société anonyme* (*abr SA*) Aktiengesellschaft *f* (*abr AG*); *société à responsabilité limitée* (*abr SARL*) Gesellschaft mit beschränkter Haftung (*abr GmbH*)
socioculturel [sɔsjokyltyʀɛl] *adj* ⟨**~le**⟩ soziokulturell
socio-économique *adj* sozioökonomisch
socio-éducatif *adj* ⟨**-ive** [-iv]⟩ sozialpädagogisch
sociolinguistique *f* Soziolinguistik *f*
sociologie [sɔsjɔlɔʒi] *f* Soziologie *f*
sociologique *adj* soziologisch
sociologue [-lɔg] *m,f* Soziologe, -login *m,f*
socioprofessionnel [sɔsjɔpʀɔfɛsjɔnɛl] *adj* ⟨**~le**⟩ Berufs…
socle [sɔkl] *m* Sockel *m*
socquette [sɔkɛt] *f* Söckchen *n*
Socrate [sɔkʀat] *m* Sokrates *m*
socratique [sɔkʀatik] *adj* sokratisch
soda [sɔda] *m* Sodawasser *n*
sodium [sɔdjɔm] *m* Natrium *n*
sodomie [sɔdɔmi] *f* Analverkehr *m*
sodomiser [-ize] *v/t* anal koitieren mit
▶ **sœur** [sœʀ] *f* **1.** Schwester *f* (*a* REL); F *fig et ta sœur?* was geht dich das an! **2.** *adjt âme f sœur* gleich gestimmte Seele
sofa [sɔfa] *m* Sofa *n*
SOFRES [sɔfʀɛs] *f abr* (*Société française d'enquête par sondage*) frz Meinungsforschungsinstitut
software [sɔftwɛʀ] *m* Software *f*
▶ **soi** [swa] *pr/pers* sich; *cela va de soi* das versteht sich von selbst; *en soi* an sich; *chacun pour soi* jeder für sich
▶ **soi-disant** [swadizɑ̃] **I** *adj* ⟨*inv*⟩ angeblich; sogenannt **II** *adv* angeblich
▶ **soie** [swa] *f* **1.** Seide *f*; *par ext papier m de soie* Seidenpapier *n*; *en soie, de soie* seiden; aus Seide; Seiden… **2.** *du porc* Borste *f*
soient [swa] → *être¹*
soierie [swaʀi] *f* Seidenstoff *m*
▶ **soif** [swaf] *f* Durst *m* (*a fig de* nach); *avoir soif* Durst haben; durstig sein; *mourir de soif* verdursten; F *fig jusqu'à plus soif* F bis zum Gehtnichtmehr
soignant [swaɲɑ̃] *adj* ⟨**-ante** [-ɑ̃t]⟩ *aide soignante* Schwesternhelferin *f*
soigné [swaɲe] *adj* ⟨**~e**⟩ **1.** gepflegt; *travail* sorgfältig **2.** F *iron* ordentlich
▶ **soigner** [swaɲe] **I** *v/t* **1.** (*s'occuper de*) pflegen; *vêtement* sorgfältig umgehen mit **2.** MÉD behandeln; *se faire soigner* sich (ärztlich) behandeln lassen **II** *v/pr se soigner* auf s-e Ge-

sundheit achten, achtgeben; sich pflegen
soigneur [swaɲœʀ] *m* Betreuer *m*
▸ **soigneusement** [swaɲøzmã] *adv* sorgfältig
soigneux [swaɲø] *adj* ⟨**-euse** [-øz]⟩ sorgfältig
soi-même *pr/pers* selbst; F selber; *réfléchi* sich selbst
soin [swɛ̃] *m* **1.** (*application*) Sorgfalt *f*; *avec soin* sorgfältig; *sans soin* ohne Sorgfalt **2.** (*préoccupation*) Sorge *f*; *avoir, prendre soin de qn, qc* sich um j-n, etw kümmern; *auf etw* (*acc*) achten; *avoir, prendre soin de* (+ *inf*) dafür Sorge tragen, darauf achten, dass … **3.** *soins pl* Pflege *f*; *soins de beauté* Schönheitspflege *f*; Kosmetik *f*; *sur une lettre aux bons soins de* bei; per Adresse (*abr* p. A.); *être aux petits soins pour, avec qn* j-m jeden Wunsch von den Augen ablesen **4.** MÉD *soins pl* Behandlung *f*; *premiers soins* Erste Hilfe
▸ **soir** [swaʀ] *m* Abend *m*; *le soir* abends; am Abend; *un soir* e-s Abends; *ce soir* heute Abend; *à ce soir!* bis heute Abend!; *demain soir* morgen Abend; *lundi soir* (am) Montagabend; *personne être du soir* ein Abendmensch sein; erst am Abend richtig munter werden
▸ **soirée** [swaʀe] *f* **1.** Abend *m*; Abendstunden *f/pl*; *bonne soirée!* (ich wünsche Ihnen) e-n schönen Abend!; *dans la soirée* im Laufe des Abends; *en début, en fin de soirée* am frühen, späten Abend **2.** *réunion* Abendgesellschaft *f* **3.** THÉ, CIN *en soirée* in der Abendvorstellung
sois [swa] → **être**[1]
soit [swa] **I** *conj* **1.** *soit …, soit …* entweder … oder …; *soit que …* (+ *subj*), *soit que … …* (+ *subj*) sei es dass … oder dass…; ob … oder … **2.** MATH gegeben **3.** (*à savoir*) das heißt; nämlich; sprich **II** *adv* *soit!* [swat] meinetwegen!; von mir aus!
soixantaine [swasātɛn] *f* **1.** *une soixantaine* (*de*) etwa, ungefähr, rund sechzig **2.** *âge* Sechzig *f*; Sechziger(jahre) *n/pl*
▸ **soixante** [swasāt] **I** *num/c* sechzig; ▸ *soixante et onze* einundsiebzig; *soixante et onzième* einundsiebzigste **II** *m* ⟨*inv*⟩ Sechzig *f*
▸ **soixante-dix** [swasɑtdis] **I** *num/c* siebzig **II** *m* ⟨*inv*⟩ Siebzig *f*
▸ **soixante-dixième** [swasātdizjɛm] *num/o* siebzigste
soixante-huitard [swasātɥitaʀ] *m* F Achtundsechziger *m*
soixantième [swasātjɛm] *num/o* sechzigste
soja [sɔʒa] *m* Soja(bohne) *f*
▸ **sol**[1] [sɔl] *m* Boden *m*; Erdboden *m*; *au sol* am Boden
sol[2] *m* ⟨*inv*⟩ MUS g *ou* G *n*
▸ **solaire** [sɔlɛʀ] **I** *adj* Sonnen…; Solar…; *chauffage m solaire* Solarheizung *f*; *crème f solaire* Sonnen(schutz)creme *f* **II** *m* Solartechnik *f*
solarium [sɔlaʀjɔm] *m* Solarium *n*
soldat [sɔlda] *m* Soldat *m*; *soldat de métier* Berufssoldat *m*; *soldat de plomb* Blei-, Zinnsoldat *m*
soldatesque [sɔldatɛsk] *f péj* Soldateska *f*
solde[1] [sɔld] *f* MIL (Wehr)Sold *m*; *fig être à la solde de qn* im Sold j-s stehen

---

Seit dem 11. November 1923 brennt die Flamme der Erinnerung (**la flamme du souvenir**) unter dem Arc de Triomphe in Paris. Sie ehrt damit die Soldaten des Ersten Weltkriegs und insbesondere den unbekannten Soldaten, der dort 1920 seine letzte Ruhe fand. Die Wahl dieses unbekannten Soldaten erfolgte auf bewegende Art und Weise: Im November 1920 wurden die sterblichen Reste von acht nicht identifizierten Soldaten in der Zitadelle von Verdun aufgebahrt. Der Minister André Maginot übergab dem jüngsten Soldaten des 132. Infanterieregiments einen Blumenstrauß, der auf dem Schlachtfeld von Verdun gepflückt worden war. Der junge Soldat, Auguste Thin, legte die Blumen auf einen der Särge, und dieser Soldat wurde dann der „unbekannte Soldat“, der noch heute unter dem Arc de Triomphe ruht.

solde[2] *m* **1.** *d'un compte* Saldo *m*; (*reste à payer*) Restbetrag *m*; *pour solde de* (*tout*) *compte* zum Ausgleich des Kontos **2.** ▸ *soldes pl* (*abus f/pl*) *marchandises* Restposten *m/pl*; Ausverkaufsware *f*; *ventes* Schluss-, Ausverkauf *m*; *acheter qc en solde* etw im Schlussverkauf kaufen
solder [sɔlde] **I** *v/t* **1.** *compte* saldieren **2.** *marchandises* (als Restposten, im Schlussverkauf) billiger verkaufen **II** *v/pr* **se solder par** (ab)schließen mit; *fig* **se solder par un échec** mit e-m Misserfolg enden
sole [sɔl] *f* Seezunge *f*
solécisme [sɔlesism] *m* syntaktischer Fehler
▸ **soleil** [sɔlɛj] *m* **1.** (ASTR *Soleil*) Sonne *f*; *coucher m du soleil* Sonnenuntergang *m*; ▸ *coup m de soleil* Sonnenbrand *m*; *lever m du soleil* Sonnenaufgang *m*; *au soleil* in der *ou* in die Sonne; *en plein soleil* in der prallen Sonne; *il y a du soleil ou il fait (du) soleil* die Sonne scheint; *le soleil se lève, se couche* die Sonne geht auf, unter **2.** BOT Sonnenblume *f* **3.** FEU D'ARTIFICE Feuerrad *n* **4.** SPORTS Riesenschwung *m*, -welle *f*
solennel [sɔlanɛl] *adj* ⟨**~le**⟩ feierlich
solennité [sɔlanite] *f* Feierlichkeit *f*
Soleure [sɔlœʀ] Solothurn *n*
solfège [sɔlfɛʒ] *m* Musiklehre *f*
solfier [sɔlfje] *v/t* die Noten (+ *gén*) singen
solidaire [sɔlidɛʀ] *adj* **1.** *personnes* solidarisch (*de qn* mit j-m) **2.** TECH verbunden (*de* mit)
solidariser [sɔlidaʀize] *v/pr* **se solidariser** sich solidarisch erklären, sich solidarisieren (*avec* mit)
solidarité [sɔlidaʀite] *f* Solidarität *f*
▸ **solide** [sɔlid] **I** *adj* **1.** fest (*a nourriture*); solid(e); *matériau a* haltbar; *vêtement a* strapazierfähig; *maison* fest, solid(e) gebaut **2.** *fig*

connaissances solid(e); gründlich; *amitié* fest; *raison* stichhaltig **3.** *personne* robust; kräftig; *nerfs* stark; *ne plus être très solide sur ses jambes* keine Kraft mehr in den Beinen haben **II** *m* **4.** (geometrischer) Körper **5.** PHYS Festkörper *m*
solidification [sɔlidifikasjõ] *f* Verfestigung *f*; Erstarrung *f*
solidifier [sɔlidifje] *v/pr* **se solidifier** sich verfestigen; erstarren
solidité [sɔlidite] *f* Festigkeit *f*; Solidität *f*; *d'un matériau a* Haltbarkeit *f*; Strapazierfähigkeit *f*
soliloquer [sɔlilɔke] *v/i* Selbstgespräche führen
soliste [sɔlist] *m,f* Solist(in) *m(f)*
solitaire [sɔlitɛʀ] **I** *adj* einsam; *personne a* zurückgezogen lebend; *navigateur m* **solitaire** Einhandsegler *m* **II** *subst* **1.** *m,f* Einzelgänger(in) *m(f)* **2.** *m diamant* Solitär *m*
solitude [sɔlityd] *f* Einsamkeit *f*
solive [sɔliv] *f* (Decken)Balken *m*
sollicitation [sɔlisitasjõ] *f* (dringende) Bitte
solliciter [sɔlisite] *v/t* **1.** (*demander*) **solliciter qc** um etw nach-, ersuchen, bitten; **solliciter qn** j-n ersuchen, bitten (*de* + *inf* zu + *inf*); **être sollicité** gefragt, umworben sein **2.** *attention, curiosité* erregen; auf sich (*acc*) ziehen; *personne* **être sollicité par qc** von etw angelockt werden
solliciteur [sɔlisitœʀ] *m*, **solliciteuse** [-øz] *f* Bittsteller(in) *m(f)*
sollicitude [sɔlisityd] *f* (liebevolle) Fürsorge
solo [sɔlo] *m* MUS Solo *n*; **en solo** solo
solstice [sɔlstis] *m* **solstice d'été, d'hiver** Sommer-, Wintersonnenwende *f*
solubilité [sɔlybilite] *f* Löslichkeit *f*
soluble [sɔlybl] *adj* **1.** löslich; **soluble dans l'eau** wasserlöslich **2.** *problème* lösbar
soluté [sɔlyte] *m* PHARM Lösung *f*
▸ **solution** [sɔlysjo] *f* **1.** Lösung *f* (*a liquide*); **solution de facilité** bequem(st)e Lösung **2.** *st/s* **solution de continuité** Unterbrechung *f*
solutionner [sɔlysjɔne] *v/t* lösen
solvabilité [sɔlvabilite] *f* Zahlungsfähigkeit *f*; Solvenz *f*
solvable [-abl] *adj* zahlungsfähig; solvent
solvant [sɔlvɑ̃] *m* Lösungsmittel *n*
somali [sɔmali] **I** *adj* somalisch **II** *subst* **1.** **Somali(e)** *m(f)* Somalier(in) *m(f)* **2.** LING **le somali** das Somali; Somali *n*
Somalie [sɔmali] **la Somalie** Somalia *n*
somalien [sɔmaljɛ̃] ⟨**-ienne** [-jɛn]⟩ → **somali**
somatique [sɔmatik] *adj* MÉD, PSYCH somatisch
somatiser [-ize] *v/t* in körperliche Symptome umsetzen
sombre [sõbʀ] *adj* **1.** (*obscur*) finster; dunkel (*a teinte*); düster **2.** *fig personne, air, avenir, etc* finster; düster
sombrer [sõbʀe] *v/i* **1.** *bateau* (ver)sinken **2.** *fig* **sombrer dans qc** e-r Sache (*dat*) verfallen
sombrero [sõbʀeʀo] *m* Sombrero *m*
sommaire [sɔmɛʀ] **I** *adj* **1.** *explication, exposé* kurz gefasst; knapp; summarisch **2.** *connaissances, tenue, repas* dürftig; einfach **3.** *exécution* ohne Gerichtsverfahren; **procédure** *f* **sommaire** Schnellverfahren *n* **II** *m* Inhaltsübersicht *f*; kurze Inhaltsangabe
sommation [sɔmasjõ] *f* JUR, MIL Aufforderung *f*; *de payer* Zahlungsbefehl *m*

▸ **somme**[1] [sɔm] *f* **1.** MATH Summe *f*; **faire la somme de** zusammenzählen, -rechnen **2.** **somme** (*d'argent*) (Geld)Summe *f*, (-)Betrag *m* **3.** *par ext* Menge *f*; **en somme, somme toute** alles in allem; aufs Ganze gesehen; eigentlich; schließlich
somme[2] *f* **bête** *f* **de somme** Lasttier *n*
somme[3] *m* Schläfchen *n*; F Nickerchen *n*; **ne faire qu'un somme** durchschlafen
Somme [sɔm] **la Somme** *Fluss u Departement in Frankreich*
▸ **sommeil** [sɔmɛj] *m* **1.** Schlaf *m*; **nuit** *f* **sans sommeil** schlaflose Nacht; **avoir le sommeil léger** e-n leichten Schlaf haben **2.** (*envie de dormir*) Schläfrigkeit *f*; **avoir sommeil** müde, schläfrig sein; **tomber de sommeil** zum Umfallen müde sein **3.** *fig projet* **être en sommeil** ruhen
sommeiller [sɔmeje] *v/i* schlummern (*a fig*)
sommelier [sɔməlje] *m* Weinkellner *m*; (*caviste*) Kellermeister *m*
sommer [sɔme] *v/t* **sommer qn de faire qc** j-n auffordern, etw zu tun
sommes [sɔm] → **être**[1]
▸ **sommet** [sɔmɛ] *m* **1.** *d'une montagne* Gipfel *m* (*a fig*); *d'un arbre* Wipfel *m*; *d'une tour, d'un rocher* Spitze *f* **2.** (**conférence** *f* **au**) **sommet** Gipfel(konferenz) *m(f)* **3.** MATH Scheitel *m*
sommier [sɔmje] *m* **sommier** (**à ressorts**) Sprungfederrahmen *m*; **sommier à lattes** Lattenrost *m*
sommité [sɔmite] *f* Kapazität *f*; Größe *f*
somnambule [sɔmnɑ̃byl] **I** *m,f* Schlafwandler(in) *m(f)* **II** *adj* mondsüchtig
somnambulisme [sɔmnɑ̃bylism] *m* Schlafwandeln *n*; Mondsüchtigkeit *f*
somnifère [sɔmnifɛʀ] *m* Schlafmittel *n*
somnolence [sɔmnɔlɑ̃s] *f* Schläfrigkeit *f*; Halbschlaf *m*
somnolent [-ɑ̃] *adj* ⟨**-ente** [-ɑ̃t]⟩ schläfrig
somnoler [-e] *v/i* halb schlafen; F dösen
somptuaire [sõptɥɛʀ] *adj dépenses* übertrieben
somptueux [sõptɥø] *adj* ⟨**-euse** [-øz]⟩ prächtig; prunkvoll; prachtvoll
somptuosité [sõptɥozite] *f* Pracht *f*; Prunk *m*
▸ **son**[1] [sõ] *adj/poss* ⟨*f* **sa** [sa], *vor Vokal u stummen h* **son**; *pl* **ses** [se]⟩ sein(e); *d'un possesseur féminin* ihr(e)
▸ **son**[2] *m* **1.** Ton *m*; *d'un instrument* Klang *m*; **prise** *f* **de son** Tonaufnahme *f* **2.** PHON Laut *m* **3.** PHYS Schall *m* **4.** (**spectacle** *m*) **son et lumière** Licht und Tonschau *f*

Son et lumière

Bei einem **spectacle son et lumière** kann man auf unterhaltsame Weise etwas über die Geschichte Frankreichs erfahren. Ein historisches Gebäude wird in wechselnden Beleuchtungen angestrahlt, dazu werden – oft musikalisch untermalt – Ereignisse aus seiner Geschichte erzählt.

son³ m du blé Kleie f
sonar [sɔnaʀ] m Sonar(gerät) n
sonate [sɔnat] f Sonate f
sondage [sõdaʒ] m **1.** TECH Sondierung f; forage Probebohrung f **2.** (enquête) Umfrage f; **sondage d'opinion** Meinungsumfrage f; science Meinungsforschung f; Demoskopie f; **faire, effectuer un sondage (d'opinion)** e-e Meinungsumfrage durchführen
sonde [sõd] f **1.** MAR Senkblei n; Lot n **2.** MÉD, TECH Sonde f; **sonde (urinaire)** Katheter m; **sonde spatiale** Raumsonde f
sonder [sõde] v/t **1.** TECH, MÉD sondieren; untersuchen; malade katheterisieren; **sonder le terrain** den Boden untersuchen, erforschen **2.** fig **sonder qn** j-n aushorchen; **sonder l'opinion** die öffentliche Meinung erforschen
sondeur [sõdœʀ] m d'opinion Meinungsbefrager m; Interviewer m
songe [sõʒ] litt m Traum m
songer [sõʒe] v/t/indir ⟨-ge-⟩ **songer à** denken an (+ acc); **songer à faire qc** daran denken, etw zu tun
songerie [sõʒʀi] litt f Träumerei f
songeur [sõʒœʀ] adj ⟨-euse [-øz]⟩ nachdenklich
sonnant [sõnɑ̃] adj ⟨-ante [-ɑ̃t]⟩ **à cinq heures sonnantes** Schlag fünf Uhr
sonné [sɔne] adj ⟨~e⟩ **1.** **il est midi sonné** es hat gerade zwölf (Uhr) geschlagen; F fig **avoir soixante ans bien sonnés** gut sechzig Jahre alt sein **2.** F fig (fou) F bekloppt; → **cinglé 3.** F boxeur angeschlagen; groggy
▸ **sonner** [sɔne] **I** v/t **1.** cloches läuten; l'heure schlagen **2.** MIL **sonner l'alarme** Alarm blasen **3.** **sonner qn** j-m läuten, klingeln; F **on ne vous a pas sonné** man hat Sie nicht um Ihre Meinung gefragt **II** v/t/indir **4.** **sonner de la trompette**, etc Trompete etc blasen **III** v/i **5.** cloche läuten; sonnette, téléphone, réveil klingeln; läuten; F schellen; horloge schlagen; **trois heures sonnent** es schlägt drei (Uhr); fig **sa dernière heure a sonné** sein letztes Stündlein hat geschlagen; instrument, fig nom **sonner bien** gut ou schön klingen **6.** à la porte de qn klingeln; läuten; F schellen
sonnerie [sɔnʀi] f **1.** (son) Klingeln n; Läuten n; MIL, CH (Horn-, Trompeten)Signal n **2.** mécanisme Klingel(anlage) f; d'une horloge Schlagwerk n; d'un réveil Läut(e)werk n
sonnet [sɔnɛ] m poème Sonett n
▸ **sonnette** [sɔnɛt] f Klingel f (a d'un vélo); Glocke f; **coup m de sonnette** Klingeln n; Klingelzeichen n
sonneur [sɔnœʀ] m Glöckner m
sono [sɔnɔ] f abr F → **sonorisation**
sonore [sɔnɔʀ] adj **1.** tönend; voix klangvoll; sonor; rire schallend; logement hellhörig; **une salle sonore** ein Saal, in dem es hallt **2.** Ton…; CIN **piste f sonore** Tonspur f; **signal m sonore** akustisches Signal **3.** PHYS Schall… **4.** PHON stimmhaft
sonorisation [sɔnɔʀizasjõ] f **1.** d'une salle Beschallung f; appareils Verstärker-, Lautsprecheranlage f **2.** d'un film Vertonung f
sonoriser [-e] **I** v/t **1.** salle beschallen **2.** film vertonen **II** v/pr **se sonoriser** PHON stimmhaft werden

sonorité [sɔnɔʀite] f **1.** d'un violon, d'une voix Klang m **2.** d'une salle Akustik f
sonotone® [sɔnɔtɔn] m Hörgerät n
sont [sõ] → **être¹**
sophisme [sɔfism] m Sophismus m; Trugschluss m
sophiste [-ist] m PHILOS et fig Sophist m
sophistication [sɔfistikasjõ] f **1.** (affectation) Künstelei f; Unnatürlichkeit f **2.** (complexité) hoher Entwicklungsstand; Komplexität f
sophistiqué [sɔfistike] adj ⟨~e⟩ **1.** (affecté) gekünstelt; unnatürlich; (recherché) exquisit **2.** (perfectionné) hoch entwickelt; komplex; ausgeklügelt
sophistiquer [sɔfistike] v/pr **se sophistiquer** sich verfeinern; immer raffinierter, komplexer werden
Sophocle [sɔfɔkl] m Sophokles m
soporifique [sɔpɔʀifik] m Schlafmittel n
soprano [sɔpʀano] **1.** m voix Sopran m **2.** m,f Sopranist(in) m(f)
sorbet [sɔʀbɛ] m Fruchteis n; Sorbet(t) m ou n
sorbetière [sɔʀbətjɛʀ] f Eismaschine f
sorbier [sɔʀbje] m Eberesche f
sorbitol [sɔʀbitɔl] m CHIM Sorbit m
sorcellerie [sɔʀsɛlʀi] f Hexerei f
sorcier [sɔʀsje] m Zauberer m; Hexenmeister m; en Afrique Medizinmann m; **apprenti sorcier** Zauberlehrling m; adjt **ce n'est pas bien sorcier** dazu gehört nicht viel
sorcière [sɔʀsjɛʀ] f Hexe f
sordide [sɔʀdid] adj **1.** maison schmutzig und ärmlich **2.** fig avarice, affaire schmutzig; crime gemein
sornettes [sɔʀnɛt] f/pl leeres Gerede
▸ **sort** [sɔʀ] m **1.** (destin) Schicksal n; Los n; **coup m du sort** Schicksalsschlag m; **abandonner qn à son (triste) sort** j-n s-m (traurigen) Schicksal überlassen; F fig **faire un sort à** mets aufessen; bouteille austrinken; leeren; **par une ironie du sort** durch e-e Ironie des Schicksals **2.** (hasard) **tirage m au sort** Auslosung f; **tirer au sort** auslosen; abs losen; fig **le sort en est jeté** die Würfel sind gefallen **3.** (maléfice) **jeter un sort à qn** j-n be-, verhexen
sortable [sɔʀtabl] adj **il n'est pas sortable** er ist nicht vorzeigbar
sortant [sɔʀtɑ̃] adj ⟨-ante [-ɑ̃t]⟩ **1.** député bisherige **2.** **numéros sortants** Gewinnzahlen f/pl
▸ **sorte** [sɔʀt] f **1.** (espèce) Art f; Sorte f (a COMM); **toutes sortes de** e-e Art (von) **2.** (façon) Art f; Weise f; Art und Weise; **de la sorte** so; auf diese (Art und) Weise; **en quelque sorte** gewissermaßen; **de (telle) sorte que** sodass; derart, dass; **faire en sorte que** (+ subj) es so einrichten, dass
▸ **sortie** [sɔʀti] f **1.** endroit Ausgang m; pour voitures Ausfahrt f; d'un bus Ausstieg m; **à la sortie** am Ausgang **2.** action Hinausgehen n; Verlassen n; d'un pays Ausreise f; d'un acteur, d'un gymnaste Abgang m; **à la sortie des bureaux** bei Büroschluss **3.** (promenade) Spaziergang m; Ausflug m; **sortie du personnel** Betriebsausflug m; **nous sommes de sortie** wir gehen aus **4.** MIL Ausbruch m **5.** AVIAT, de la police, des pompiers Einsatz m **6.** fig **faire une sortie contre qn** gegen j-n ausfallend,

ausfällig werden **7.** *d'un nouveau produit* Herausbringen *n*; *d'un livre* Erscheinen *n*; *d'un film* Uraufführung *f* **8.** *pl* **sorties (d'argent)** Ausgaben *f/pl*; Ausgänge *m/pl*; **sortie de devises** Devisenabfluss *m* **9.** INFORM Ausgabe *f*; Output *m ou n* **10.** **sortie de bain** Bademantel *m*

sortilège [sɔʀtilɛʒ] *m* Zauber *m*; *fig* Bann *m*

▸ **sortir** [sɔʀtiʀ] ⟨→ **partir**⟩ **I** *v/t* **1.** *visiteur, femme, chien* ausführen; *malade, enfant* spazieren führen; *en voiture* ausfahren **2.** F **sortir qn** F j-n rauswerfen **3.** *qc de qc* heraus-, F rausholen, -nehmen, -ziehen, -schaffen; *plante, chaise de jardin* hinausstellen, -tragen; *avion: train d'atterrissage* ausfahren; **sortir sa voiture du garage** s-n Wagen aus der Garage holen, fahren **4.** *nouveau produit* herausbringen **5.** F *sottises* von sich geben; F verzapfen **II** *v/i* ⟨**être**⟩ **6.** *personne* hinaus-, F rausgehen; heraus-, F rauskommen; *acteur* abgehen; abtreten; *(qn en) voiture* hinaus- *ou* herausfahren; *objet* herauskommen; *fumée, odeur a* herausdringen; *liquide, gaz a* austreten; *gaz a* ausströmen; *dents* kommen; *(dépasser)* hervor-, herausragen; *fig* **que va-t-il en sortir?** was wird wohl dabei herauskommen?; **sortir vainqueur** als Sieger hervorgehen; **sortir à cinq heures** *ouvrier* um fünf (Uhr) Feierabend haben; *élève* um fünf (Uhr) aushaben; **je sors de chez lui** ich komme gerade von ihm; **sortir de l'hôpital** aus dem Krankenhaus entlassen werden; *rivière* **sortir de son lit** über die Ufer treten; *bateau* **sortir du port** auslaufen; **sortir de table** vom Tisch, vom Essen aufstehen; SPORTS *balle* **sortir du terrain** ins Aus gehen; *fig* **sortir de maladie** e-e Krankheit überstanden, hinter sich *(dat)* haben; *fig* **ça m'est sorti de la mémoire, de la tête** das ist mir entfallen; *fig* **sortir de sa réserve** aus s-r Reserve herausgehen; **faire sortir** *qn* auffordern hinauszugehen; *arbitre: joueur* hinausstellen; *animal* hinausjagen, -scheuchen; *jus d'un citron* herausdrücken, -pressen; *air* herauslassen **7.** *en soirée ou pour se promener* ausgehen; **sortir (en voiture)** ausfahren; *par ext d'amoureux* **sortir avec qn** mit j-m gehen **8.** *nouveau produit* herauskommen *(a livre)*; auf den Markt kommen; *film* anlaufen **9.** LOTERIE *numéro* gezogen werden **10.** **sortir de** *(s'écarter de)* abweichen von; **sortir de la route** von der Straße abkommen **11.** **sortir de** *(venir de)* kommen, stammen von; hervorgehen aus; **d'où est-ce qu'il sort, celui-là?** wo kommt der bloß her? **III** *v/pr* **s'en sortir** *(venir à bout)* damit fertig werden; *(en réchapper)* davonkommen

SOS [ɛsoɛs] *m* SOS *n*; SOS-Ruf *m (a fig)*; **lancer un SOS** SOS-Rufe aussenden

sosie [sɔzi] *m* Doppelgänger *m*

sot [so] **I** *adj* ⟨**sotte** [sɔt]⟩ töricht; dumm **II** **sot(te)** *m(f)* Tor *m*; Narr *m*, Närrin *f*

sottise [sɔtiz] *f* Dummheit *f*; Torheit *f*; **dire, faire des sottises** Dummheiten sagen, machen *ou* begehen

sottisier [sɔtizje] *m* Stilblütensammlung *f*

sou [su] *m* HIST Sou *m*; F *fig* **sous** *pl (argent)* Geld *n*; → **fric**; **propre comme un sou neuf** blitzsauber; **être sans le sou, n'avoir pas le sou** keinen Pfennig (Geld) haben; **être près**

de ses sous ein Pfennigfuchser *m* sein

souabe [swab] **I** *adj* schwäbisch **II** *subst* **1.** **Souabe** *m,f* Schwabe *m*, Schwäbin *f* **2.** *région* **la Souabe** Schwaben *n*

soubassement [subasmã] *m* Sockel *m*

soubresaut [subʀəso] *m* **1.** *(secousse)* Stoß *m* **2.** *(tressaillement)* **avoir un soubresaut** zusammenzucken, -fahren

soubrette [subʀɛt] *f* Kammerzofe *f*

souche [suʃ] *f* **1.** *d'un arbre* Baumstumpf *m* **2.** *fig* **être de vieille souche** aus e-r alten Familie stammen; **faire souche** ein Geschlecht begründen **3.** *d'un chéquier* Stamm-, Kontrollabschnitt *m*

▸ **souci**[1] [susi] *m* **1.** Sorge *f*; **donner bien du souci à qn** j-m große Sorgen machen, bereiten; **se faire du souci** sich *(dat)* Sorgen machen, sich sorgen *(pour qn* um j-n) **2.** *(intérêt)* **par souci d'équité** im Bestreben, gerecht zu sein; **avoir le souci de l'exactitude** auf Genauigkeit bedacht sein

souci[2] *m* BOT Ringelblume *f*

soucier [susje] *v/pr* **ne pas se soucier de qc, qn** sich nicht um etw, j-n kümmern, scheren

▸ **soucieux** [susjø] *adj* ⟨**-euse** [-øz]⟩ **1.** *(inquiet)* besorgt **2.** **être soucieux de** (+ *inf*) darauf bedacht sein zu (+ *inf*); bestrebt sein zu (+ *inf*)

soucoupe [sukup] *f* **1.** Untertasse *f* **2.** *fig* **soucoupe volante** fliegende Untertasse

▸ **soudain** [sudɛ̃] *adj* ⟨**-aine** [-ɛn]⟩ *et adv* plötzlich

soudainement [sudɛnmã] *adv* plötzlich

soudaineté [-te] *f* Plötzlichkeit *f*

Soudan [sudã] **le Soudan** der Sudan

soudanais [sudanɛ] **I** *adj* ⟨**-aise** [-ɛz]⟩ sudanesisch **II** *subst* **Soudanais(e)** *m(f)* Sudanese *m*, Sudanesin *f*

soudard [sudaʀ] *péj m* alter Haudegen

soude [sud] *f* Soda *f ou n*; **soude (caustique)** Ätznatron *n*; kaustische Soda

soudé [sude] *adj* ⟨**~e**⟩ **1.** BIOL zusammengewachsen; verwachsen **2.** *fig* fest verbunden; (wie) zusammengeschweißt

souder [sude] **I** *v/t* **1.** *par fusion* schweißen; *par métal d'apport* löten **2.** *fig* zusammenschweißen **II** *v/pr* **se souder** BIOL, *fig* zusammen-, verwachsen

soudeur [sudœʀ] *m*, **soudeuse** [-øz] *f* Schweißer(in) *m(f)*; Löter(in) *m(f)*

soudoyer [sudwaje] *v/t* ⟨**-oi**⟩ dingen; bestechen

soudure [sudyʀ] *f* **1.** TECH *opération* Schweißen *n*; Löten *n*; *endroit* Schweißnaht *f*; Lötstelle *f* **2.** BIOL Zusammen-, Verwachsen *n* **3.** ÉCON **faire la soudure** die Zeit überbrücken

souffert [sufɛʀ] *p/p* → **souffrir**

soufflage [suflaʒ] *m du verre* Blasen *n*

soufflant [suflã] *adj* ⟨**-ante** [-ãt]⟩ F **c'est soufflant** F da bleibt einem die Spucke weg

▸ **souffle** [sufl] *m* **1.** *(expiration)* Hauch *m* **2.** *(respiration)* Atem *m*; Luft *f*; F Puste *f*; *fig* **il en a eu le souffle coupé** da blieb ihm die Luft, F die Spucke weg; **être à bout de souffle** außer Atem sein; *fig* nicht mehr können; **retenir son souffle** den Atem, die Luft anhalten **3.** *fig* **second souffle** neuer Anlauf, Aufschwung **4.** *d'air* Lufthauch *m*; **il n'y a pas**

un souffle es weht kein Lüftchen **5.** *d'un réacteur* Luftstrom *m*; *d'une explosion* Druckwelle *f* **6. avoir un souffle au cœur** e-n Herz-(klappen)fehler haben

soufflé [sufle] **I** *adj* ⟨~e⟩ **1.** CUIS frittiert **2.** F (*stupéfait*) sprachlos; F baff; F platt **II** *m* CUIS Auflauf *m*; Soufflé *n*

▸ **souffler** [sufle] **I** *v/t* **1.** *bougie* ausblasen; F auspusten **2.** *par une explosion* **être soufflé** vom Luftdruck weggefegt werden **3.** *un pion au jeu* wegnehmen; F **souffler qc à qn** F j-m etw (vor der Nase) wegschnappen **4.** (*dire*) **souffler qc à qn** j-m etw ein-, vorsagen, zuflüstern, ÉCOLE *a* einblasen, THÉ soufflieren (*a abs*) **5.** *verre* blasen **II** *v/i* **6.** *vent* wehen; *p/fort* blasen **7.** *personne* blasen *ou* hauchen; F pusten; **inspirez, soufflez!** einatmen, ausatmen!; **souffler dans, sur ses doigts** in die Hände hauchen; **souffler sur le feu** das Feuer anblasen **8.** (*respirer difficilement*) schnaufen **9.** (*reprendre haleine*) (sich) verschnaufen

soufflerie [suflǝʀi] *f* Gebläse *n*; **soufflerie** (**aérodynamique**) Windkanal *m*

soufflet [sufle] *m* **1.** TECH Blasebalg *m* **2.** *entre deux wagons* Faltenbalg *m* **3.** *litt* (*gifle*) *st/s* Backenstreich *m*

souffleur [suflœʀ] *m* **1.** *de verre* Glasbläser *m* **2.** THÉ Souffleur *m*

souffleuse [sufløz] *f* THÉ Souffleuse *f*

souffrance [sufʀɑ̃s] *f* **1.** Leiden *n*; Schmerz *m*; *morale a* Leid *n* **2. rester en souffrance** *dossier* unerledigt bleiben; *colis* nicht abgeholt werden

souffrant [sufʀɑ̃] *adj* ⟨-ante [-ɑ̃t]⟩ (leicht, vorübergehend) erkrankt

souffre-douleur [sufʀǝdulœʀ] *m* ⟨inv⟩ Opfer *n*; Prügelknabe *m*

souffreteux [sufʀǝtø] *adj* ⟨-euse [-øz]⟩ leidend; kränklich

▸ **souffrir** [sufʀiʀ] ⟨→ **couvrir**⟩ **I** *v/t* **1.** (*supporter*) erleiden; erdulden; **ne pas pouvoir souffrir qn, qc** j-n, etw nicht leiden, nicht ausstehen können **2.** *litt* (*permettre*) **souffrez que ...** (+ *subj*) gestatten Sie, dass ...; *st/s* **affaire ne souffrir aucun retard** keinen Aufschub dulden **II** *v/i* leiden (*de* MÉD an + *dat*, *par ext* unter + *dat*); **souffrir de la tête** an Kopfschmerzen leiden; **souffrir du froid** unter der Kälte leiden; **faire souffrir qn** j-m Leiden, Leid zufügen; MÉD j-m Schmerzen bereiten

soufre [sufʀ] *m* Schwefel *m*

soufré [sufʀe] *adj* ⟨~e⟩ **1.** geschwefelt; *allumettes* Schwefel... **2.** *couleur* schwefelgelb

soufrer [-e] *v/t* schwefeln

▸ **souhait** [swɛ] *m* Wunsch *m*; F **à vos souhaits!** Gesundheit!; **à souhait** (*parfaitement*) nach Wunsch; (*très*) sehr; äußerst

souhaitable [swɛtabl] *adj* wünschenswert

▸ **souhaiter** [swete] *v/t* wünschen (**qc à qn** j-m etw; **que ...** + *subj* dass ...; **faire qc** etw zu tun); **souhaiter la bonne année à qn** j-m ein gutes neues Jahr wünschen

souiller [suje] *st/s v/t* besudeln, beschmutzen (*a fig*)

souillon [sujɔ̃] *f péj* Schmutzliese *f*

souillure [sujyʀ] *f st/s* Makel *m*

souk [suk] *m* **1.** Basar *m*; Suk *ou* Souk *m* **2.** F *fig* Durcheinander *n*; Chaos *n*

soul [sul] **I** *adj* ⟨inv⟩ **musique** *f* **soul** Soulmusik *f* **II** *m* Soul *m*

soûl [su] **I** F *adj* ⟨soûle [sul]⟩ betrunken; F besoffen **II** *adv* **tout mon** (*ou* **ton, son**, *etc*) **soûl** nach Herzenslust

soulagement [sulaʒmɑ̃] *m* Erleichterung *f*; **pousser un soupir de soulagement** e-n Seufzer der Erleichterung ausstoßen

soulager [sulaʒe] ⟨-ge-⟩ **I** *v/t* **1.** *moralement* erleichtern; **être soulagé** erleichtert sein **2.** *douleur, misère* lindern; **soulager un malade** e-m Kranken Erleichterung bringen **3. soulager qn au travail** j-n entlasten **4.** *plais* (*voler*) **soulager qn de qc** j-n um etw erleichtern **II** *v/pr* F **se soulager** *d'un besoin naturel* F sich erleichtern

soûlant [sulɑ̃] F *adj* ⟨-ante [-ɑ̃t]⟩ *personne* ermüdend

soûlard [sulaʀ] *m* F Säufer *m*; F Schnapsbruder *m*

soûlarde [-aʀd] *f* F Schnapsdrossel *f*

soûlaud [-o] *m* F → **soûlard**

soûler [sule] F **I** *v/t* **1.** F besoffen machen **2.** *fig* (*fatiguer*) **soûler qn** j-n ermüden; *de paroles* j-n dumm und dusslig reden; **je suis soûlé** *a* mir brummt der Kopf **II** *v/pr* **se soûler** F sich besaufen

soûlerie [sulʀi] *f* F Sauferei *f*; Besäufnis *n*

soulèvement [sulɛvmɑ̃] *m* **1.** (*révolte*) Aufstand *m*; Erhebung *f* **2.** GÉOL Hebung *f*

▸ **soulever** [sulve] ⟨-è-⟩ **I** *v/t* **1.** *objet* hochheben; *un peu* anheben; *poids, charge* heben; *poussière* aufwirbeln **2.** *enthousiasme, etc* hervorrufen; *problème* aufwerfen; **soulever l'opinion publique contre qn** die Öffentlichkeit gegen j-n aufbringen; **soulever des protestations** Protest(e) hervorrufen, auslösen **3.** *élan de générosité, etc* **soulever qn** j-n beflügeln **II** *v/pr* **se soulever** *peuple* sich erheben

soulier [sulje] *m* Schuh *m*; F *fig* **être dans ses petits souliers** verlegen sein

soulignage [sulinaʒ] *m ou* **soulignement** [-mɑ̃] *m* Unterstreichen *n*, -ung *f*

souligner [suline] *v/t* unterstreichen (*a fig*)

soûlographie [sulɔgʀafi] *f* F Suff *m*

soumettre [sumɛtʀ] ⟨→ **mettre**⟩ **I** *v/t* **1.** *pays, rebelles* unterwerfen **2.** ADM unterwerfen (**à** **l'impôt** der Steuer [*dat*]); **être soumis à** unterliegen (+ *dat*) **3.** (*faire subir*) unterziehen (**à un examen** e-r Prüfung [*dat*]) **4.** *projet, question, cas* unterbreiten, vorlegen (**à qn** j-m) **II** *v/pr* **se soumettre** sich unterwerfen, sich fügen (**à** *dat*)

soumis [sumi] *p/p* → **soumettre** *et adj* ⟨-ise [-iz]⟩ fügsam; ergeben

soumission [sumisjɔ̃] *f* **1.** (*capitulation*) Unterwerfung *f* (**à** unter + *acc*) **2.** (*obéissance*) Fügsamkeit *f*; Ergebenheit *f* **3.** JUR Angebot *n* (bei e-r Ausschreibung)

soumissionner [sumisjɔne] *v/t* sich (bei e-r Ausschreibung) bewerben um; *abs* ein Angebot machen

soupape [supap] *f* Ventil *n* (*a fig*)

soupçon [supsɔ̃] *m* **1.** Verdacht *m*; Argwohn *m*; **être au-dessus de tout soupçon** über jeden Verdacht erhaben sein; **éveiller les soupçons de qn** j-s Verdacht erregen; **les soupçons se sont portés sur lui** der Verdacht ist auf ihn gefallen **2.** (*un peu*) Quäntchen *n*; Spur *f*

S

▸ **soupçonner** [supsɔne] *v/t* **1. soupçonner qn** j-n verdächtigen (*de vol* des Diebstahls); j-n im Verdacht haben **2.** (*pressentir*) vermuten; argwöhnen; ahnen

soupçonneux [supsɔnø] *adj* ⟨**-euse** [-øz]⟩ argwöhnisch

▸ **soupe** [sup] *f* **1.** Suppe *f*; *par ext* **soupe populaire** Suppenküche *f*; **soupe à l'oignon** Zwiebelsuppe *f*; F *fig* **un gros plein de soupe** F ein Fettkloß *m*, -sack *m*; *fig* **être soupe au lait** ein Hitzkopf *m* sein; leicht aufbrausen **2.** F (*neige fondante*) Matsch *m*

soupente [supɑ̃t] *f* Hängeboden *m*; *sous un escalier* Verschlag *m*

souper [supe] **I** *v/i* (zu Abend) essen; *st/s* soupieren; F *fig* **j'en ai soupé** F davon habe ich die Nase voll **II** *m* **1.** Essen *n* (nach e-r Abendveranstaltung); *st/s* Souper *n* **2.** *régional* Abendessen *n*

soupeser [supəze] *v/t* ⟨**-è-**⟩ **1.** mit der Hand abwiegen **2.** *fig* abwägen

soupière [supjɛʀ] *f* Suppenschüssel *f*

soupir [supiʀ] *m* **1.** Seufzer *m*; **rendre le dernier soupir** den letzten Atemzug tun **2.** MUS Viertelpause *f*

soupirail [supiʀaj] *m* ⟨**-aux** [-o]⟩ Kellerfenster *n*

soupirant [supiʀɑ̃] *m plais* Verehrer *m*

soupirer [supiʀe] *v/t et v/i* seufzen

▸ **souple** [supl] *adj* **1.** geschmeidig; *corps a* gelenkig; biegsam; *matière a* schmiegsam; weich **2.** *fig personne, caractère* geschmeidig; wendig; anpassungsfähig **3.** F (*accommodant*) entgegenkommend; kulant

souplesse [suplɛs] *f* **1.** Geschmeidigkeit *f*; *du corps a* Gelenkigkeit *f*; Biegsamkeit *f* **2.** *fig de qn* Geschmeidigkeit *f*; Wendigkeit *f*; Anpassungsfähigkeit *f*

souquer [suke] *v/i* MAR **souquer ferme** sich in die Riemen legen

sourate [suʀat] *f du Coran* Sure *f*

▸ **source** [suʀs] *f* Quelle *f* (*a fig*); **source lumineuse** Lichtquelle *f*; **source de danger, d'erreurs, d'informations** Gefahren-, Fehler-, Informationsquelle *f*; **de source officielle** von amtlicher Seite; **de source sûre** aus zuverlässiger, sicherer Quelle; *fig* **cela coule de source** das ergibt sich zwangsläufig, von selbst; *fleuve* **prendre sa source** entspringen; **tenir, savoir qc de source autorisée, de bonne source, de source sûre** etw aus maßgeblicher, guter, sicherer Quelle haben, wissen

sourcier [suʀsje] *m* (Wünschel)Rutengänger *m*

sourcil [suʀsi] *m* Augenbraue *f*; **froncer les sourcils** die Stirn runzeln

sourcilier [suʀsilje] *adj* ⟨**-ière** [-jɛʀ]⟩ Augenbrauen...

sourciller [suʀsije] *v/i* **ne pas sourciller** keine Miene verziehen; **sans sourciller** ohne mit der Wimper zu zucken

sourcilleux [suʀsijø] *adj* ⟨**-euse** [-øz]⟩ kleinlich; pedantisch

▸ **sourd** [suʀ] **I** *adj* ⟨**sourde** [suʀd]⟩ **1.** *personne* schwerhörig; *p/fort* taub; *fig* **rester sourd aux prières de qn** gegen die Bitten j-s taub bleiben **2.** *bruit, douleur* dumpf; *lutte* versteckt **3.** PHON stimmlos **II** **sourd(e)** *m(f)* Schwerhörige(r)

f(m); *p/fort* Taube(r) *f(m)*; Gehörlose(r) *f(m)*; **c'est un dialogue de sourds** sie reden aneinander vorbei

sourdine [suʀdin] *f* MUS Dämpfer *m*; **en sourdine** leise; *fig* **mettre une sourdine à** e-n Dämpfer aufsetzen (+ *dat*)

sourdingue [suʀdɛ̃g] *adj* F → **sourd I 1**

sourd-muet [suʀmɥɛ], **sourde-muette** [suʀdəmɥɛt] **I** *m,f* Taubstumme(r) *f(m)* **II** *adj* taubstumm

sourdre [suʀdʀ] *v/i* ⟨*déf: inf u 3. Person Präsens* **il sourd**, **ils sourdent**⟩ *litt* hervorquellen

souriant [suʀjɑ̃] *adj* ⟨**-ante** [-ɑ̃t]⟩ freundlich; vergnügt; heiter

souriceau [suʀiso] *m* ⟨**-x**⟩ Mäuschen *n*

souricière [-jɛʀ] *f* **1.** Mausefalle *f* **2.** *fig* Falle *f*

▸ **sourire** [suʀiʀ] **I** *v/i* ⟨→ **rire**⟩ lächeln; **sourire à qn** j-m zulächeln; *fig projet, idée* j-m passen, behagen; *fig* **la chance lui sourit** das Glück ist ihm hold **II** *m* Lächeln *n*

▸ **souris** [suʀi] *f* Maus *f* (*a* INFORM)

sournois [suʀnwa] **I** *adj* ⟨**-oise** [-waz]⟩ hinterhältig; heimtückisch **II** **sournois(e)** *m(f)* hinterhältiger Mensch; Duckmäuser(in) *m(f)*

sournoiserie [suʀnwazʀi] *f* Hinterhältigkeit *f*; Heimtücke *f*

▸ **sous** [su] *prép* unter (+ *dat question wo?*; + *acc question wohin?*); **sous (la) terre** unter der Erde; **sous mes yeux** vor meinen Augen; **sous Napoléon** unter Napoleon; **sous la Révolution** während, zur Zeit der (Französischen) Revolution; **sous cet aspect** unter diesem Aspekt, Gesichtspunkt; **être sous antibiotiques** unter Antibiotika stehen; **placer sous sa direction** s-r Leitung (*dat*) unterstellen

sous-... [su, *vor Vokal* suz] *préfixe* unter...; Unter...

sous-alimentation [suzalimɑ̃tasjɔ̃] *f* Unterernährung *f*

sous-alimenté [-te] *adj* ⟨**-e**⟩ unterernährt

sous-bois [subwa] *m* Unterholz *n*

sous-chef *m,f* stellvertretender Chef, stellvertretende Chefin

souscripteur [suskʀiptœʀ] *m à une édition* Subskribent *m*; *à un emprunt* Zeichner *m*

souscription [suskʀipsjɔ̃] *f* **1.** Subskription *f*; FIN Zeichnung *f*; (*quête*) Spendenaktion *f* **2.** *somme* Subskriptions-, Zeichnungsbetrag *m*

souscrire [suskʀiʀ] ⟨→ **écrire**⟩ **I** *v/t* (*signer*) unterschreiben, -zeichnen; **souscrire un abonnement** ein Abonnement abschließen **II** *v/t/indir* **1.** subskribieren (**à une publication** [auf] ein Werk); zeichnen (**à un emprunt** e-e Anleihe); (*donner de l'argent*) Geld spenden (**à qc** für etw) **2.** *fig* **souscrire à** zustimmen (+ *dat*)

souscrit [suskʀi] *p/p* → **souscrire** *et adj* ⟨**-ite** [-it]⟩ FIN gezeichnet

sous-cutané [sukytane] *adj* ⟨**-e**⟩ MÉD subkutan

sous-développé [sudevlɔpe] *adj* ⟨**-e**⟩ unterentwickelt

sous-développement *m* (wirtschaftliche) Unterentwicklung

sous-directeur [sudiʀɛktœʀ] *m*, **sous-directrice** [-tʀis] *f* stellvertretender Direktor, stellvertretende Direktorin

sous-emploi [suzɑ̃plwa] *m* Unterbeschäftigung *f*

sous-ensemble [suzɑ̃sɑ̃bl] *m* MATH Untermenge *f*

sous-entendre [suzɑ̃tɑ̃dR] *v/t* ⟨→ **rendre**⟩ mit darunter verstehen; als selbstverständlich voraussetzen

sous-entendu [suzɑ̃tɑ̃dy] *m* Andeutung *f*; Anspielung *f*; **par sous-entendus** andeutungsweise; in verhüllenden Worten

sous-équipé [suzekipe] *adj* ⟨~e⟩ unzureichend ausgestattet

sous-équipement [-mɑ̃] *m* unzureichende (industrielle) Ausstattung

sous-espèce [suzɛspɛs] *f* BIOL Unterart *f*

sous-estimation [suzɛstimasjɔ̃] *f* Unterschätzung *f*

sous-estimer [-e] *v/t* unterschätzen

sous-évaluer [suzevalɥe] *v/t* unterbewerten; zu niedrig bewerten

sous-exploité [suzɛksplwate] *adj* ⟨~e⟩ *espace* nicht genügend, unzureichend genutzt

sous-exposé [suzɛkspoze] *adj* ⟨~e⟩ PHOT unterbelichtet

sous-exposition [-isjɔ̃] *f* PHOT Unterbelichtung *f*

sous-fifre [sufifR] *m* F kleines Würstchen

sous-groupe [sugRup] *m* Untergruppe *f*

sous-homme [suzɔm] *m péj* Untermensch *m*

sous-jacent [suʒasɑ̃] *adj* ⟨-ente [-ɑ̃t]⟩ **1.** *couche* darunterliegend **2.** *problème* latent, unsichtbar vorhanden; tiefer liegend

sous-lieutenant [suljøtnɑ̃] *m* Leutnant *m*

sous-locataire [sulɔkatɛR] *m,f* Untermieter(in) *m(f)*

sous-location [-sjɔ̃] *f* Untermiete *f*; Untervermietung *f*

sous-louer [sulwe] *v/t* **1.** *locataire principal* untervermieten **2.** *sous-locataire* als Untermieter mieten

sous-main [sumɛ̃] **1.** *m* ⟨*inv*⟩ Schreibunterlage *f* **2.** **en sous-main** unter der Hand

sous-marin [sumaRɛ̃] **I** *adj* ⟨-ine [-in]⟩ Unterwasser…; unterseeisch **II** *m* U-Boot *n*; Unterseeboot *n*

sous-multiple [sumyltipl] *m* **4 est un sous-multiple de 20** 4 geht in 20 auf

sous-officier [suzɔfisje] *m* Unteroffizier *m*

sous-payé [supeje] *adj* ⟨~e⟩ unterbezahlt

sous-peuplé [supœple] *adj* ⟨~e⟩ unterbevölkert

sous-pied [supje] *m d'un pantalon* Steg *m*

sous-préfecture [supRefɛktyR] *f* Unterpräfektur *f*

sous-préfet *m*, **sous-préfète** *f correspond à* Landrat, -rätin *m,f*

sous-production [supRɔdyksjɔ̃] *f* Unterproduktion *f*

sous-produit [supRɔdɥi] *m* Nebenprodukt *n*

sous-programme [supRɔgRam] *m* Unterprogramm *n*

sous-prolétariat [supRɔletaRja] *m* Lumpen-, Subproletariat *n*

sous-pull [supyl] *m* (Unterzieh)Rolli *m*

sous-qualifié [sukalifje] *adj* ⟨~e⟩ *personnel* nicht genügend geschult, qualifiziert

sous-secrétaire [suskRetɛR] *m* **sous-secrétaire d'État** Unterstaatssekretär *m*; *correspond à* Staatssekretär *m*

sous-secrétariat [suskRetaRja] *m* Unterstaatssekretariat *n*

soussigné [susiɲe] *adj* ⟨~e⟩ JUR **je soussigné X déclare** (Endes)Unterzeichneter erklärt

sous-sol [susɔl] *m* **1.** *d'une maison* Unter-, Kellergeschoss *n*; Souterrain *n* **2.** GÉOL Untergrund *m*

sous-tendre [sutɑ̃dR] *v/t* ⟨→ **rendre**⟩ **sous-tendre qc** e-r Sache (*dat*) zugrunde liegen; die Grundlage für etw bilden

sous-tension [sutɑ̃sjɔ̃] *f* ÉLECT Unterspannung *f*

sous-titrage [sutitRaʒ] *m* CIN, TV Untertiteln *n*

sous-titre *m* Untertitel *m*

sous-titrer *v/t* mit Untertiteln versehen; untertiteln

soustraction [sustRaksjɔ̃] *f* MATH Abziehen *n*; Subtraktion *f*; **faire une soustraction** abziehen; e-e Subtraktion durchführen

soustraire [sustRɛR] ⟨→ **traire**⟩ **I** *v/t* **1.** MATH abziehen, subtrahieren (**de** von) **2.** (*voler*) entwenden (**qc à qn** j-m etw); unterschlagen (**qc** etw) **3.** (*faire échapper*) **soustraire à** entziehen (+ *dat*) **II** *v/pr* **se soustraire à qc** sich e-r Sache (*dat*) entziehen

sous-traitance [sutRɛtɑ̃s] *f* Vergabe *f* an Zulieferer; Zulieferindustrie *f*

sous-traitant [-ɑ̃] *m* Zulieferer *m*; Zulieferfirma *f*

sous-traiter [-e] *v/t et v/i* **a)** (Industrieaufträge) als Zulieferer ausführen **b)** (Aufträge) an Zulieferer vergeben

sous-verre [suvɛR] *m* ⟨*inv*⟩ Passepartout *n*

sous-vêtements *m/pl* Unterbekleidung *f*; Unterwäsche *f*

soutane [sutan] *f* Soutane *f*

soute [sut] *f* AVIAT, MAR Fracht-, Laderaum *m*; **soute à bagages** Gepäckraum *m*

soutenable [sutnabl] *adj* **1.** *opinion* vertretbar **2.** (*supportable*) **pas soutenable** unerträglich

soutenance [sutnɑ̃s] *f* UNIVERSITÉ *d'une thèse* Verteidigung *f*; Disputation *f*; *correspond à* Rigorosum *n*

soutènement [sutɛnmɑ̃] *m* **mur m de soutènement** Stützmauer *f*

souteneur [sutnœR] *m* Zuhälter *m*

soutenir [sutniR] ⟨→ **venir**⟩ **I** *v/t* **1.** CONSTR, *malade, fig monnaie* stützen **2.** (*aider*) unterstützen; **soutenir qn** a j-m beistehen; *dans une dispute* zu j-m halten, stehen **3.** *attaque, regard* standhalten (+ *dat*); aushalten **4.** *attention* nicht erlahmen lassen; *conversation* in Gang halten; aufrechterhalten; **soutenir son effort** in s-n Anstrengungen nicht nachlassen **5.** (*prétendre*) behaupten **6.** *point de vue* aufrechterhalten; vertreten; UNIVERSITÉ **soutenir une thèse** e-e Doktorarbeit vorlegen, verteidigen **II** *v/pr* **se soutenir** (**les uns les autres**) sich (gegenseitig) unterstützen

soutenu [sutny] *adj* ⟨~e⟩ **1.** *effort, attention* nicht nachlassend; *attention a* gespannt **2.** *couleur* kräftig **3.** *style* gehoben

souterrain [sutɛRɛ̃] **I** *adj* ⟨-aine [-ɛn]⟩ unterirdisch **II** *m* unterirdischer Gang; *pour piétons, voitures* Unterführung *f*

soutien [sutjɛ̃] *m* **1.** (*aide*) Unterstützung *f*; **apporter son soutien à qn** j-n unterstützen **2.**

personne, chose Stütze *f*; **soutien de famille** Ernährer *m* der Familie

soutien-gorge *m* ⟨**soutiens-gorge**⟩ Büstenhalter *m* (*abr* BH)

soutirage [sutiraʒ] *m du vin* Abstich *m*

soutirer [sutire] *v/t* **1.** *vin* abziehen **2. soutirer à qn** *argent* F j-m abknöpfen; *information* j-m entlocken

souvenance [suvnãs] *litt f* Erinnerung *f*

▸ **souvenir¹** [suvnir] *v/pr* ⟨→ **venir**⟩ **se souvenir de qn, qc** sich an j-n, etw erinnern; sich j-s, e-r Sache entsinnen; sich auf j-n, etw besinnen

▸ **souvenir²** *m* **1.** Erinnerung *f* (**de** an + *acc*); **souvenirs d'enfance** Kindheitserinnerungen *f/pl*; **en souvenir** zur Erinnerung, zum Andenken (**de** an + *acc*); **si mes souvenirs sont bons, exacts ...** wenn ich mich recht entsinne, erinnere ...; **garder un bon souvenir de qn, qc** j-n, etw in guter Erinnerung haben; **j'en garde un mauvais souvenir** ich habe es in unangenehmer, schlechter Erinnerung **2. meilleurs souvenirs** viele, herzliche Grüße (**de Paris** aus Paris) **3.** *objet* Andenken *n* (*a iron*); Souvenir *n*

▸ **souvent** [suvã] *adv* oft; häufig; oftmals; **assez souvent** öfter; ▸ **le plus souvent** meistens

souverain [suvrɛ̃] **I** *adj* ⟨**-aine** [-ɛn]⟩ **1.** POL souverän **2.** (*suprême*) höchste; **remède souverain** unfehlbares Mittel (*a fig*) **II souverain(e)** *m(f)* Herrscher(in) *m(f)*; Souverän *m*

souverainement [suvrɛnmã] *adv* **1.** *décider* souverän **2. souverainement intelligent** hochintelligent **3. déplaire souverainement** im höchsten Grad missfallen

souveraineté [suvrɛnte] *f* Souveränität *f*; höchste Gewalt; **souveraineté du peuple** Volkssouveränität *f*

soviétique [sɔvjetik] HIST **I** *adj* sowjetisch; Sowjet...; **l'Union** *f* **soviétique** die Sowjetunion **II Soviétique** *m,f* Sowjetbürger(in) *m(f)*

soviétisation [sɔvjetizasjõ] *f* Sowjetisierung *f*

soviétiser [-e] *v/t* sowjetisieren

soyeux [swajø] **I** *adj* ⟨**-euse** [-øz]⟩ seidig; seidenweich **II** *m à Lyon* Seidenfabrikant *m ou* -händler *m*

soyez, soyons [swaje, swajõ] → *être¹*

spa [spa] *m* **1.** Wellnesscenter *n* **2.** (*bain à remous*) Whirlpool *m*

SPA [ɛspea] *f abr* → *société*

spacieux [spasjø] *adj* ⟨**-euse** [-øz]⟩ geräumig

spaghetti(s) [spageti] *m/pl* Spaghetti *pl*

sparadrap [sparadra] *m* Heftpflaster *n*

spartiate [sparsjat] **I** *adj* spartanisch (*a fig*) **II spartiates** *f/pl* Römersandalen *f/pl*

spasme [spasm] *m* Krampf *m*

spasmodique [spasmɔdik] *adj* krampfartig

spasmophilie [spasmɔfili] *f* MÉD Spasmophilie *f* (*mit Neigung zu Krämpfen verbundene Stoffwechselkrankheit*)

spatial [spasjal] *adj* ⟨**~e**; **-aux** [-o]⟩ Raum...; ▸ **vol spatial** Raumflug *m*

spationaute [spasjonot] *m,f* Raumfahrer(in) *m(f)*

spatio-temporel [spasjotɑ̃pɔrɛl] *adj* ⟨**~le**⟩ *sc* raumzeitlich

spatule [spatyl] *f* **1.** *outil* Spachtel *m ou f*; Spatel *m* (*a* MÉD); CUIS Backschaufel *f*; Teigscha-

---

ber *m* **2.** *d'un ski* Spitze *f*

speaker [spikœr] *m* Ansager *m*

▸ **spécial** [spesjal] *adj* ⟨**~e**; **-aux** [-o]⟩ **1.** besondere; speziell; Sonder...; **envoyé spécial** Sonderkorrespondent *m*, -berichterstatter *m*; Spezial...; **rien de spécial** nichts Besonderes; **spécial à qn** j-m eigen **2.** (*bizarre*) eigenartig

spécialement [spesjalmã] *adv* besonders; speziell; (*exprès*) eigens

spécialisation [-izasjõ] *f* Spezialisierung *f*

spécialisé [spesjalize] *adj* ⟨**~e**⟩ spezialisiert (**dans** auf + *acc*); Fach...; *ouvrier* angelernt

spécialiser [spesjalize] *v/pr* **se spécialiser** sich spezialisieren (**dans** auf + *acc*)

▸ **spécialiste** [spesjalist] *m,f* **1.** Spezialist(in) *m(f)*, Fachmann *m*, Fachfrau *f* (**de** für) **2.** MÉD Facharzt, -ärztin *m,f*

spécialité [spesjalite] *f* **1.** (*domaine*) (Spezial-)Fach *n*; Fachgebiet *n*; Spezialgebiet *n*; F iron **c'est sa spécialité** das ist e-e Spezialität von ihm **2.** CUIS Spezialität *f*

spécieux [spesjø] *adj* ⟨**-euse** [-øz]⟩ Schein...

spécification [spesifikasjõ] *f* Spezifizierung *f*

spécificité [-fisite] *f* Spezifität *f*; Eigenart *f*

spécifier [spesifje] *v/t* genau angeben; spezifizieren; **bien spécifier** ausdrücklich sagen, betonen

spécifique [spesifik] *adj* spezifisch

spécimen [spesimɛn] *m* **1.** (*représentant*) Exemplar *n*; Stück *n*; **un spécimen rare** ein seltenes Exemplar **2.** *d'un livre* Freiexemplar *n*; Prüfstück *n*; *d'une revue* Probenummer *f*

▸ **spectacle** [spɛktakl] *m* **1.** (*tableau*) Anblick *m*; Schauspiel *n*; **à ce spectacle** bei diesem Anblick; *péj* **se donner en spectacle** sich zur Schau stellen **2.** (*représentation*) Vorstellung *f*; Aufführung *f*; **industrie** *f* **du spectacle** Unterhaltungsindustrie *f*; Showgeschäft *n*; **salle** *f* **de spectacle** Theater(saal) *n(m)*; **aller au spectacle** ins Theater gehen

spectaculaire [spɛktakylɛr] *adj* aufsehenerregend; spektakulär

▸ **spectateur** [spɛktatœr] *m*, **spectatrice** [spɛktatris] *f* Zuschauer(in) *m(f)*

spectral [spɛktral] *adj* ⟨**~e**; **-aux** [-o]⟩ **1.** gespenstisch **2.** PHYS Spektral...

spectre [spɛktr] *m* **1.** (*fantôme*) Gespenst *n*; *fig a* Schreckgespenst *n* **2.** PHYS Spektrum *n*

spéculaire [spekylɛr] *adj* Spiegel...

spéculateur [spekylatœr] *m*, **spéculatrice** [-tris] *f* Spekulant(in) *m(f)*

spéculatif [-tif] *adj* ⟨**-ive** [-iv]⟩ FIN Spekulations...; spekulativ (*a par ext*)

spéculation [spekylasjõ] *f* Spekulation *f*; **se livrer à des spéculations** sich in Spekulationen ergehen

spéculer [spekyle] *v/i* spekulieren (**en Bourse** an der Börse; **sur** auf + *acc*)

speech [spitʃ] *m* ⟨**~es**⟩ (kurze) Rede; Ansprache *f*

speeder [spide] F *v/i* schnell machen; F sich ranhalten

spéléo [speleo] F *m,f abr* → *spéléologue*

spéléologie [speleɔlɔʒi] *f* Höhlenkunde *f*, -forschung *f*

spéléologique [-lɔʒik] *adj* höhlenkundlich

spéléologue [-lɔg] *m,f* Höhlenforscher(in) *m(f)*

spermatozoïde [spɛrmatɔzɔid] *m* Samenfaden *m*, -zelle *f*; Spermium *n*

sperme [spɛrm] *m* (männlicher) Samen; Sperma *n*

spermicide [spɛrmisid] *m* Spermizid *n*; Samen abtötendes Mittel

sphère [sfɛr] *f* **1.** MATH Kugel *f* **2.** *fig* Sphäre *f*; Bereich *m*; **sphère d'influence** Einflussbereich *m*; **les 'hautes sphères de la politique, de la finance** die führenden politischen Kreise, Finanzkreise *m/pl*

sphérique [sferik] *adj* **1.** (*rond*) kugelförmig **2.** MATH Kugel…; sphärisch

sphincter [sfɛktɛr] *m* Schließmuskel *m*

sphinx [sfɛ̃ks] *m* **1.** ART, MYTH Sphinx *f* **2.** *fig* undurchschaubarer Mensch

spinnaker [spinakɛr] *m* Spinnaker *m*

spirale [spiral] *f* Spirale *f* (*a fig*); **en spirale** spiralförmig

spirante [spirɑ̃t] *f* PHON **spirante** *ou adj* **consonne** *f* **spirante** Spirant *m*; Reibelaut *m*

spire [spir] *f* TECH Windung *f*

Spire [spir] Speyer *n*

spiritisme [spiritism] *m* Spiritismus *m*

spiritualisation [spirityalizasjɔ̃] *f* Vergeistigung *f*

spiritualiser [-ize] *v/t* vergeistigen

spiritualisme [-ism] *m* Spiritualismus *m*

spiritualiste [spirityalist] **I** *adj* spiritualistisch **II** *m* Spiritualist *m*

spiritualité [spirityalite] *f* **1.** *de l'âme, etc* Geistigkeit *f* **2.** REL Spiritualität *f*

spirituel [spirityɛl] *adj* ⟨**~le**⟩ **1.** (*moral*) geistig **2.** REL geistlich **3.** (*plein d'esprit*) geistreich; witzig

spiritueux [spirityø] *m/pl* Spirituosen *pl*

spleen [splin] *litt m* Schwermut *f*

splendeur [splɑ̃dœr] *f* **1.** Glanz *m*; Pracht *f*; Herrlichkeit *f* **2.** **une splendeur** etwas Herrliches, Prächtiges

splendide [splɑ̃did] *adj* herrlich; prächtig; wunderschön

spoliateur [spɔljatœr] *litt* **I** *adj* ⟨**-trice** [-tris]⟩ räuberisch **II** *m* Räuber *m*

spoliation [-asjɔ̃] *litt f* Beraubung *f*; Raub *m*

spolier [spɔlje] *st/s v/t* berauben; **spolier qn de qc** j-n um etw bringen

spongieux [spɔ̃ʒjø] *adj* ⟨**-euse** [-øz]⟩ schwammig; schwammartig

sponsor [spɔ̃sɔr] *m* Sponsor *m*

sponsoriser [-ize] *v/t* sponsern

spontané [spɔ̃tane] *adj* ⟨**~e**⟩ spontan; *personne, caractère a* natürlich; s-r ersten Eingebung folgend

spontanéité [spɔ̃taneite] *f* Spontaneität *f*; *de qn a* Natürlichkeit *f*

spontanément [spɔ̃tanemɑ̃] *adv* spontan; aus eigenem Antrieb

sporadicité [spɔradisite] *f* vereinzeltes Auftreten

sporadique [-ik] *adj* vereinzelt (auftretend); sporadisch

spore [spɔr] *f* BIOL Spore *f*

▸ **sport** [spɔr] **I** *m* **1.** Sport *m*; **sport de compétition** Leistungssport *m*; **faire du sport** Sport treiben **2.** (*forme de sport*) Sportart *f*; **sports d'équipe** Mannschaftssport(arten) *m(f/pl)*;
▸ **sports d'hiver** Wintersport *m*; → *Info bei*

Sport 3. F *fig* **il va y avoir du sport** F da wird's was geben **II** *adj* ⟨*inv*⟩ Sport…; sportlich

▸ **sportif** [spɔrtif] **I** *adj* ⟨**-ive** [-iv]⟩ **1.** (*relatif au sport*) Sport… **2.** *personne, allure* sportlich **3.** (*beau joueur*) sportlich; fair **II** **sportif, sportive** *m,f* Sportler(in) *m(f)*

sportivement [spɔrtivmɑ̃] *adv* sportlich; fair

sportivité [spɔrtivite] *f* Sportlichkeit *f*; Fairness *f*; sportliche Haltung

spot [spɔt] *m* **1.** *lampe* Strahler *m*; Spotlight *n*; Spot *m* **2.** **spot (publicitaire)** (Werbe)Spot *m*

sprat [sprat] *m* Sprotte *f*

spray [sprɛ] *m* Spray *m ou n*

sprint [sprint] *m* **1.** (End)Spurt *m*; **piquer un sprint** zum (End)Spurt ansetzen **2.** (*course de vitesse*) Sprint *m*

sprinter[1] [sprintœr] *m* Sprinter *m*

sprinter[2] [sprinte] *v/i* spurten; sprinten

squale [skwal] *m* Hai(fisch) *m*

square [skwar] *m* kleine Grünanlage

squash [skwaʃ] *m* Squash *n*

squat [skwat] F *m* besetztes Haus

squatter [skwate] *ou* **squattériser** [skwaterize] *v/t* (illegal) besetzen

squatteur [skwatœr] *m* Hausbesetzer *m*

squelette [skɔlɛt] *m* ANAT, TECH Skelett *n*; Gerippe *n*; ANAT *a* Knochengerüst *n*

squelettique [skɔletik] *adj* **1.** spindel-, F klapperdürr **2.** *fig* dürftig; mager

Sri Lanka [srilɑ̃ka] **le Sri Lanka** Sri Lanka *n*

SS [ɛsɛs] HIST **les SS** *m/pl* die SS *sg*; **un SS** ein SS-Mann *m*

S[t] *abr* (*saint*) hl. *ou* St.

stabilisant [stabilizɑ̃] *m* CHIM Stabilisator *m*

stabilisateur [stabilizatœr] **I** *adj* ⟨**-trice** [-tris]⟩ stabilisierend; Stabilisierungs… **II** *m* **1.** AUTO, MAR Stabilisator *m*; AVIAT Stabilisierungsfläche *f* **2.** CHIM Stabilisator *m*

stabilisation [stabilizasjɔ̃] *f* Stabilisierung *f*

stabiliser [stabilize] *v/t* festigen; stabilisieren (*a monnaie*, TECH) **II** *v/pr* **se stabiliser** sich festigen; sich stabilisieren; sich einpendeln

stabilité [stabilite] *f* Beständigkeit *f*; Festigkeit *f*; Stabilität *f* (*a de la monnaie*, TECH); *d'une échelle* Standfestigkeit *f*, -sicherheit *f*

stable [stabl] *adj* beständig; fest; stabil (*a monnaie*, TECH); *échelle* standfest, sicher

▸ **stade** [stad] *m* **1.** SPORTS Stadion *n*; Sportanlage *f* **2.** (*phase*) Stadium *n*; Phase *f*

Staël [stal] **Madame de Staël** *frz Schriftstellerin*

staff [staf] *m* (Führungs)Stab *m*

▸ **stage** [staʒ] *m* Praktikum *n*; *pour avocat, professeur débutant* Referendarzeit *f*; *dans une entreprise a* Volontärzeit *f*

▸ **stagiaire** [staʒjɛr] **I** *m,f* Praktikant(in) *m(f)*; *dans une entreprise a* Volontär(in) *m(f)* **II** *adj* **avocat** *m*, **professeur** *m* **stagiaire** Gerichts-, Studienreferendar *m*

stagnant [stagnɑ̃] *adj* ⟨**-ante** [-ɑ̃t]⟩ **1.** **eaux stagnantes** stehende Gewässer *n/pl* **2.** ÉCON stagnierend

stagnation [stagnasjɔ̃] *f* ÉCON Stagnation *f*; Stockung *f*; Flaute *f*

stagner [stagne] *v/i* **1.** *liquide* stehen **2.** *fig affaires* stagnieren; stocken; flau sein; *personne* dahinvegetieren

stalactite [stalaktit] *f* (herabhängender) Tropfstein; Stalaktit *m*

stalagmite [stalagmit] *f* (vom Boden aufsteigender) Tropfstein; Stalagmit *m*

Staline [stalin] *m* HIST Stalin *m*

stalinien [stalinjɛ̃] **I** *adj* ⟨**-ienne** [-jɛn]⟩ stalinistisch **II** *subst* **stalinien(ne)** *m(f)* Stalinist(in) *m(f)*

stalinisme [-ism] *m* Stalinismus *m*

stalle [stal] *f* **1.** ÉGL *stalles pl* Chorgestühl *n* **2.** *dans une écurie* Stand *m*; Box *f*

stances [stɑ̃s] *f/pl poème* Stanzen *f/pl*

stand [stɑ̃d] *m* **1.** *d'exposition* (Messe) Stand *m* **2.** *pour voitures de course* **stand de ravitaillement** Boxen *f/pl* **3.** **stand (de tir)** Schießstand *m*

standard [stɑ̃daʀ] *m* **1.** *(type)* Standard *m*; *adjt* ⟨*inv*⟩ Standard...; **standard de vie** Lebensstandard *m* **2.** (Telefon)Zentrale *f*; Vermittlung *f*

standardisation [stɑ̃daʀdizasjɔ̃] *f* Standardisierung *f*

standardiser [-ize] *v/t* standardisieren; vereinheitlichen, normen (*a fig*)

standardiste [-ist] *m,f* Telefonist(in) *m(f)*

standing [stɑ̃diŋ] *m* Lebensstandard *m*; **de grand standing** Luxus...; für höchste Ansprüche

staphylocoque [stafilɔkɔk] *m* BIOL Staphylokokkus *m*; **staphylocoques** *pl* Staphylokokken *pl*

star [staʀ] *f* Filmstar *m*

starlette [staʀlɛt] *f* Starlet(t) *n*; Filmsternchen *n*

starter [staʀtɛʀ] *m* AUTO Starterklappe *f*; Choke *m*

starting-block [staʀtiŋblɔk] *m* ⟨**starting--blocks**⟩ Startblock *m*

start-up [staʀtœp] *f* ⟨*inv*⟩ ÉCON Start-up(-Unternehmen) *n*; neu gegründetes Unternehmen

▸ **station** [stasjɔ̃] *f* **1.** CH DE FER, *etc* Station *f*; *bus a* Haltestelle *f*; ▸ **station de métro** U-Bahn-Station *f*; U-Bahnhof *m*; **station de taxis** Taxistand *m* **2.** *(ville)* Kur-, Ferienort *m*; **station thermale** Thermal-, Heilbad *n*; Bade-, Kurort *m*; **station de sports d'hiver** Wintersportplatz *m*, -ort *m* **3.** TECH Station *f*; **station météorologique** Wetterwarte *f*, -station *f*; **station orbitale, spatiale** Raum-, Orbitalstation *f*; **station d'épuration** Kläranlage *f*; **station de radio** Radio-, Rundfunkstation *f*; INFORM **station de travail** Workstation *f* **4.** **station debout** Stehen *n*

stationnaire [stasjɔnɛʀ] *adj* gleichbleibend; unverändert; stationär

stationné [stasjɔne] *adj* ⟨**~e**⟩ **1.** *véhicule* geparkt; parkend **2.** *troupes* stationiert

▸ **stationnement** [stasjɔnmɑ̃] *m* Parken *n*

▸ **stationner** [stasjɔne] *v/i* parken; **interdiction f de stationner** Parkverbot *n*

▸ **station-service** *f* ⟨**stations-service**⟩ Tankstelle *f*

statique [statik] *adj* statisch

statisticien [statistisjɛ̃] *m*, **statisticienne** [-jɛn] *f* Statistiker(in) *m(f)*

statistique [statistik] **I** *adj* statistisch **II** *f* Statistik *f*; **établir une statistique** e-e Statistik aufstellen

statuaire [statɥɛʀ] *f* Bildhauerkunst *f*

▸ **statue** [staty] *f* Statue *f*; Standbild *n*; **immobile, droit comme une statue** völlig regungslos; **élever, ériger une statue** ein Standbild errichten (**à qn** j-m)

statuer [statɥe] *v/t/indir* **statuer sur qc** über etw (*acc*) entscheiden, befinden

statuette [statɥɛt] *f* kleine Statue; Statuette *f*; Figur *f*

statufier [statyfje] *v/t plais* **statufier qn** F j-n durch e-e Statue verewigen

statu quo [statykwo] *m* Status quo *m*; **maintenir le statu quo** den Status quo aufrechterhalten

stature [statyʀ] *f* **1.** Statur *f*; Gestalt *f*; Wuchs *m* **2.** *fig de qn* Format *n*

statut [staty] *m* **1.** *(règlement)* **statuts** *pl* Satzung *f*; Statuten *n/pl* **2.** *(position)* Status *m*

statutaire [statytɛʀ] *adj* satzungsgemäß

S^te *abr (sainte)* hl. ou St.

Sté *abr (Société)* Fa. (Firma)

▸ **steak** [stɛk] *m* Steak *n*

stéarine [steaʀin] *f* Stearin *n*

stéatite [steatit] *f* Speckstein *m*

stèle [stɛl] *f* Stele *f*

Stendhal [stɛ̃dal] *frz Schriftsteller*

sténo [steno] *f abr* **1.** *(sténographie)* Steno *f* **2.** → **sténodactylo**

sténodactylo [stenɔdaktilo] *f* Stenotypistin *f*

sténographie [stenɔgʀafi] *f* Stenografie *f*; Kurzschrift *f*

sténographier [-je] *v/t* (mit)stenografieren

sténographique [-ik] *adj* stenografisch; Kurzschrift...

sténotypiste [stenɔtipist] *m,f* Maschinenstenograf(in) *m(f)*

stentor [stɑ̃tɔʀ] *m* **voix f de stentor** Stentor-, Donnerstimme *f*

stéphanois [stefanwa] *adj* ⟨**-oise** [-waz]⟩ (*et subst* **Stéphanois** Einwohner) von Saint--Étienne

steppe [stɛp] *f* Steppe *f*

stère [stɛʀ] *m* Raummeter *m ou n*

stéréo [steʀeo] **I** *f* Stereo *n*; **en stéréo** in Stereo; stereo; Stereo... **II** *adj* ⟨*inv*⟩ Stereo...

stéréoscope [steʀeɔskɔp] *m* OPT Stereoskop *n*

stéréotype [steʀeɔtip] *m* Stereotyp *n*

stéréotypé [-tipe] *adj* ⟨**~e**⟩ stereotyp

stérile [steʀil] *adj* **1.** *sol, être vivant* unfruchtbar; steril; *homme a* zeugungsunfähig **2.** *pansement, etc* steril; keimfrei **3.** *fig* unergiebig; fruchtlos; nutzlos

stérilet [steʀilɛ] *m contraceptif* Spirale *f*

stérilisateur [steʀilizatœʀ] *m* Sterilisator *m*; Sterilisationsapparat *m*

stérilisation [steʀilizasjɔ̃] *f* **1.** *(désinfection)* Sterilisierung *f*; Keimfreimachung *f* **2.** *d'une personne* Sterilisation *f*; Unfruchtbarmachung *f*

stériliser [-e] *v/t* **1.** *(désinfecter)* sterilisieren; keimfrei machen **2.** *personne* sterilisieren; unfruchtbar machen

stérilité [steʀilite] *f* Unfruchtbarkeit *f*; Sterilität *f*

sterling [stɛʀliŋ] *adj* ⟨*inv*⟩ *monnaie* **livre f sterling** Pfund *n* Sterling

sternum [stɛʀnɔm] *m* Brustbein *n*

stéthoscope [stetɔskɔp] *m* Stethoskop *n*; Hörrohr *n*

steward [stiwaʀd] *m* Steward *m*; AVIAT *a* Flug-

begleiter *m*
stick [stik] *m produit de beauté* Stift *m*
stigmate [stigmat] *m* **1.** REL **stigmates** *pl* Stig-
men *n/pl*; Wundmale *n/pl* Christi **2.** *péj* Stigma
n; Schandmal *n*
stigmatisation [stigmatizasjõ] *f* **1.** REL Stigma-
tisation *f* **2.** *fig et st/s* Brandmarkung *f*; Stigma-
tisierung *f*
stigmatisé(e) [stigmatize] *m(f)* REL Stigmati-
sierte(r) *f(m)*
stigmatiser [-e] *v/t* brandmarken; anprangern
stimulant [stimylã] **I** *adj* ⟨**-ante** [-ãt]⟩ stimulie-
rend; anregend **II** *m* **1.** PHARM Anregungs-,
Reizmittel *n*; Stimulans *n* **2.** *fig* Anreiz *m*; An-
sporn *m*; Stimulans *n*
stimulateur [stimylatœʀ] *m* **stimulateur car-
diaque** Herzschrittmacher *m*
stimulation [stimylasjõ] *f* **1.** *(encouragement)*
Ansporn *m*; Stimulierung *f* **2.** *de l'appétit,
etc* Anregung *f*; Stimulation *f*
stimuler [stimyle] *v/t* **1.** *personne, zèle* anspor-
nen; anstacheln; stimulieren **2.** *digestion, ap-
pétit* anregen
stipendié [stipãdje] *adj* ⟨**~e**⟩ *litt* gedungen
stipulation [stipylasjõ] *f* JUR (vertragliche) Be-
stimmung; Klausel *f*
stipuler [stipyle] *v/t* **1.** JUR **le contrat stipule
que ...** im Vertrag ist festgelegt, dass ... **2.** *(spé-
cifier)* **il est stipulé que ...** es wird ausdrück-
lich gesagt, dass ...
stock [stɔk] *m* **1.** COMM (Lager-, Waren)Bestand
m, (-)Vorrat *m*; **en stock** vorrätig; auf Lager **2.**
F *(réserve)* Vorrat *m*; Menge *f*
stockage [stɔkaʒ] *m* (Ein)Lagerung *f*; Speiche-
rung *f* (*a* INFORM)
stocker [-e] *v/t* (ein)lagern; speichern (*a*
INFORM); *pour spéculer* horten
stoïcien [stɔisjɛ̃] **I** *adj* ⟨**-ienne** [-jɛn]⟩ stoisch **II**
m Stoiker *m*
stoïcisme [stɔisism] *m* Stoizismus *m*; *fig a* stoi-
scher Gleichmut
stoïque [stɔik] *adj* (von) stoisch(em Gleich-
mut); unerschütterlich
stop [stɔp] **I** *int* stop(p)!; halt! **II** *m* **1.** *panneau*
Stoppschild *n* **2.** AUTO Bremslicht *n* **3.** F *(auto-
-stop)* Trampen *n*; Autostopp *m*; **en stop** per
Anhalter; ▸ **faire du stop** per Anhalter fah-
ren; trampen
stoppage [stɔpaʒ] *m* Kunststopfen *n*
stopper[1] [stɔpe] *v/t et v/i* stoppen (*a fig*); anhal-
ten
stopper[2] *v/t* COUT kunststopfen
stoppeur [stɔpœʀ], **stoppeuse** [-øz] **1.** *m,f (au-
to-stoppeur)* Anhalter(in) *m(f)*; Tramper(in)
m(f) **2.** *m* FOOTBALL Stopper *m*
store [stɔʀ] *m* **1.** *léger* Rollo *n* **2.** *à lamelles* **sto-
re** *(vénitien)* Jalousie *f* **3.** *en biais* Markise *f*;
Sonnendach *n* **4.** *(voilage)* Store *m*
strabisme [stʀabism] *m* Schielen *n*
stradivarius [stʀadivaʀjys] *m violon* Stradiva-
ri *f*
strangulation [stʀãgylasjõ] *f* Erwürgen *n*; Er-
drosseln *n*; Strangulation *f*
strapontin [stʀapõtɛ̃] *m* Klappsitz *m*
Strasbourg [stʀazbuʀ] Straßburg *n*
strass [stʀas] *m* Strass *m*
stratagème [stʀataʒɛm] *m* List *f*
strate [stʀat] *f* GÉOL Schicht *f*

stratège [stʀatɛʒ] *m* MIL, *fig* Stratege *m*
stratégie [stʀateʒi] *f* Strategie *f* (*a fig*)
stratégique [-ik] *adj* strategisch (wichtig)
stratification [stʀatifikasjõ] *f* GÉOL Schichtung *f*
stratifié [stʀatifje] **I** *adj* ⟨**~e**⟩ TECH, GÉOL
Schicht... **II** *m* Schichtpressstoff *m*; Laminat *n*
stratosphère [stʀatɔsfɛʀ] *f* Stratosphäre *f*
streptocoque [stʀeptɔkɔk] *m* BIOL Streptokok-
kus *m*; **streptocoques** *pl* Streptokokken *pl*
stress [stʀɛs] *m* Stress *m*
stressant [stʀɛsã] *adj* ⟨**-ante** [-ãt]⟩ stressig
stresser [stʀɛse] **I** *v/t* stressen; **être stressé** ge-
stresst sein; unter Stress stehen **II** F *v/i* sich ge-
stresst fühlen
stretch [stʀɛtʃ] *m tissu* Stretch *m*
stretching [stʀɛtʃiŋ] *m* SPORTS Stretching *n*
strict [stʀikt] *adj* ⟨**~e**⟩ streng; strikt; (peinlich)
genau; *tenue* korrekt; *vérité* rein; **le strict mi-
nimum** das (Aller)Nötigste; **au sens strict** im
engeren Sinn; **c'est son droit le plus strict** das
ist sein gutes Recht
strictement [stʀiktəmã] *adv* streng; **stricte-
ment rien** rein gar nichts
strident [stʀidã] *adj* ⟨**-ente** [-ãt]⟩ schrill; *cri a*
gellend
stridulation [stʀidylasjõ] *f litt* Zirpen *n*
strie [stʀi] *f surtout pl* **stries** Rillen *f/pl*; Riffeln
f/pl; *(rayures)* Streifen *m/pl*
strié [stʀije] *adj* ⟨**~e**⟩ gerillt; geriffelt
string [stʀiŋ] *m* String(-Tanga) *m*
strip-tease [stʀiptiz] *m* Striptease *m ou n*
strip-teaseuse [-øz] *f* Stripteasetänzerin *f*; F
Stripperin *f*
strophe [stʀɔf] *f* Strophe *f*
structural [stʀyktyʀal] *adj* ⟨**~e**; **-aux** [-o]⟩
Struktur...; strukturell
structuralisme [-ism] *m* Strukturalismus *m*
structuraliste [-ist] *m,f* Strukturalist(in) *m(f)*
structuration [stʀyktyʀasjõ] *f* Strukturierung
f
structure [stʀyktyʀ] *f* Struktur *f*; Bau *m*; Auf-
bau *m*; Gefüge *n*; Gliederung *f*; **structure(s)
d'accueil** Aufnahmestelle(n) *f(pl)*; (touristi-
sche *etc*) Infrastruktur *f*
structurel [stʀyktyʀɛl] *adj* ⟨**~le**⟩ strukturell
structurer [-e] *v/t* strukturieren; gliedern
strychnine [stʀiknin] *f* Strychnin *n*
stuc [styk] *m* Stuck *m*; **stucs** *pl* Stuckaturen
f/pl
studieux [stydjø] *adj* ⟨**-euse** [-øz]⟩ fleißig; eif-
rig; strebsam; *vacances* mit geistiger Arbeit
ausgefüllt
studio [stydjo] *m* **1.** *logement* 1-Zimmer-Ap-
partement [ain-] *n* **2.** RAD, TV Studio *n*; Sende-
raum *m* **3.** CIN, PHOT, *d'un artiste* Atelier *n*; Stu-
dio *n*
stupéfaction [stypefaksjõ] *f* Verblüffung *f*;
sprachloses Erstaunen
stupéfait [stypefɛ] *adj* ⟨**-faite** [-fɛt]⟩ verblüfft;
sprachlos; (völlig) verdutzt
stupéfiant [stypefjã] **I** *adj* ⟨**-ante** [-ãt]⟩ ver-
blüffend **II** *m* Rauschgift *n*; PHARM Betäu-
bungsmittel *n*; **trafic** *m* **de stupéfiants**
Rauschgifthandel *m*
stupéfier [stypefje] *v/t (étonner)* verblüffen;
(consterner) betroffen machen
stupeur [stypœʀ] *f* **1.** *(étonnement)* Verblüffung
f; Fassungslosigkeit *f*; *(consternation)* Betrof-

S

fenheit *f* **2.** MÉD Stupor *m*
stupide [stypid] *adj* dumm; stupid(e); *travail a* stumpfsinnig; (*absurde*) sinnlos
stupidité [stypidite] *f* **1.** Dummheit *f*; Stupidität *f* **2. *stupidités*** *pl* dummes Zeug
▸ **style** [stil] *m* **1.** Stil *m*; ***style gothique*** gotischer Stil; ***style 1900*** Jugendstil *m*; *par ext* ***style de vie*** Lebensstil *m* **2.** GR ***style (in)direct*** (in)direkte Rede
stylé [stile] *adj* ⟨~e⟩ *personnel* perfekt
stylet [stilɛ] *m poignard* Stilett *n*
styliser [stilize] *v/t* stilisieren
stylisme [stilism] *m* **1.** COUT Styling *n*; INDUSTRIE Design *n* **2.** *litt* überspitzte Stilpflege
styliste [-ist] *m* **1.** COUT Stylist *m*; INDUSTRIE Designer *m* **2.** *écrivain* guter Stilist
stylistique [stilistik] **I** *adj* stilistisch; Stil... **II** *f* Stilistik *f*; Stilkunde *f*, -lehre *f*
▸ **stylo** [stilo] *m à plume* Füller *m*; Füll(feder)halter *m*; ▸ ***stylo (à) bille*** Kugelschreiber *m*
stylo-feutre *m* ⟨stylos-feutres⟩ Filzschreiber *m*, -stift *m*; Faserschreiber *m*
stylomine® [stilɔmin] *m* Druckbleistift *m*
Styrie [stiʀi] ***la Styrie*** die Steiermark
su [sy] **I** *p/p* → *savoir¹* **II** *m* → *vu*
suaire [sɥɛʀ] *m* ***le saint suaire*** das Grabtuch Christi
suant [sɥɑ̃] *adj* ⟨-ante [-ɑ̃t]⟩ **1.** schwitzend **2.** F *fig* lästig
suave [sɥav] *adj* lieblich; sanft
suavité [-ite] *litt f* Lieblichkeit *f*
subalterne [sybaltɛʀn] **I** *adj* untergeordnet; subaltern **II** *m* Untergebene(r) *m*
subconscient [sypkõsjɑ̃] *m* Unterbewusstsein *n*
subdiviser [sybdivize] **I** *v/t* unterteilen, untergliedern (***en*** + *acc*) **II** *v/pr* ***se subdiviser*** sich unterteilen lassen, sich gliedern, zerfallen (***en*** +*acc*)
subdivision [-jõ] *f* Unterteilung *f*
▸ **subir** [sybiʀ] *v/t* **1.** *défaite, pertes* erleiden; hinnehmen müssen; *conséquences* zu spüren bekommen; *opération* sich unterziehen (+ *dat*); ***subir un interrogatoire*** verhört, vernommen werden; ***subir des violences*** tätlich angegriffen werden **2. *subir qn*** j-n ertragen **3.** *chose: modification, etc* erfahren
subit [sybi] *adj* ⟨-ite [-it]⟩ plötzlich
subitement [sybitmɑ̃] *adv* → *subit*
subjectif [sybʒɛktif] *adj* ⟨-ive [-iv]⟩ subjektiv
subjectivité [-ivite] *f* Subjektivität *f*
subjonctif [sybʒõktif] *m* Konjunktiv *m*
subjuguer [sybʒyge] *v/t* fesseln; packen; in s-n Bann schlagen
sublimation [syblimasjõ] *f* CHIM, PSYCH Sublimierung *f*; Sublimation *f*
sublime [syblim] *adj* **1.** *beauté, spectacle, etc* erhaben **2.** *personne* überragend
sublimé [syblime] *m* CHIM Sublimat *n*
sublimer [-e] *v/t* CHIM, PSYCH sublimieren
subliminal [-inal] *adj* ⟨~e; -aux [-o]⟩ PSYCH unterschwellig; *sc a* subliminal
sublimité [syblimite] *litt f* Erhabenheit *f*
submerger [sybmɛʀʒe] *v/t* ⟨-ge-⟩ **1.** (*inonder*) überschwemmen, -fluten **2.** *fig sentiment* ***submerger qn*** j-n überwältigen; ***être submergé de travail*** mit Arbeit überhäuft, überlastet sein; ***être submergé par la foule*** von der Men-

ge überrannt werden
submersible [sybmɛʀsibl] *m* Untersee-, Tauchboot *n*
submersion [-jõ] *f* Überflutung *f*
subodorer [sybɔdɔʀe] *v/t plais* wittern
subordination [sybɔʀdinasjõ] *f* Unterordnung *f*; ***conjonction f de subordination*** unterordnende Konjunktion
subordonné [sybɔʀdɔne] *m* Untergebene(r) *m*
subordonnée [sybɔʀdɔne] *f* (*a adj* ***proposition subordonnée***) Nebensatz *m*
subordonner [sybɔʀdɔne] *v/t* unterordnen, *qn a* unterstellen (***à*** *dat*); *décision, action* abhängig machen (von); ***être subordonné à qn*** *a* j-m unterstehen
subornation [sybɔʀnasjõ] *f* ***subornation de témoins*** Zeugenbeeinflussung *f*, -bestechung *f*
subrepticement [sybʀɛptismɑ̃] *adv* heimlich
subrogé [sybʀɔʒe] *adj* ⟨~e⟩ JUR ***subrogé tuteur*** ⟨*f* **subrogée tutrice**⟩ Gegenvormund *m*
subséquemment [sypsekamɑ̃] *plais adv* daraufhin; infolgedessen
subsides [sybzid, -psid] *m/pl* Finanzhilfe *f*; Zuschüsse *m/pl*
subsidiaire [sybzidjɛʀ] *adj* zusätzlich; ***question f subsidiaire*** Stichfrage *f*
subsidiarité [sybzidjaʀite] *f* Subsidiarität *f*
subsistance [sybzistɑ̃s] *f* (Lebens)Unterhalt *m*
subsister [sybziste] *v/i* **1.** *chose* fortbestehen; (noch) vorhanden sein **2.** *personne* s-n Lebensunterhalt bestreiten
substance [sypstɑ̃s] *f* **1.** (*matière*) Substanz *f*; Stoff *m* **2.** *d'un livre, discours* wesentlicher Inhalt; Substanz *f*; Kern *m*; ***en substance*** im Wesentlichen
substantiel [sypstɑ̃sjɛl] *adj* ⟨~le⟩ **1.** (*nourrissant*) nahrhaft; gehaltreich **2.** (*important*) wesentlich; substanziell
substantif [sypstɑ̃tif] *m* Substantiv *n*; Hauptwort *n*
substantivation [sypstɑ̃tivasjõ] *f* LING Substantivierung *f*
substantivé [sypstɑ̃tive] *adj* ⟨~e⟩ LING substantiviert
substantiver [-e] *v/t* LING substantivieren
substituer [sypstitɥe] **I** *v/t* ersetzen (***une copie à l'original*** das Original durch e-e Kopie) **II** *v/pr* ***se substituer à*** an die Stelle (+ *gén*) treten
substitut [sypstity] *m* (Stell)Vertreter *m* des Staatsanwaltes
substitution [sypstitysjõ] *f* Ersetzung *f*; Substitution *f* (*a* CHIM, MATH)
subterfuge [syptɛʀfyʒ] *m* List *f*; Trick *m*
subtil [syptil] *adj* ⟨~e⟩ **1.** *personne* scharf-, feinsinnig; *esprit, question* subtil; *péj* spitzfindig **2.** *différence, nuance* fein; subtil; *odeur* fein; zart
subtiliser [syptilize] *v/t* F stibitzen (***qc à qn*** j-m etw)
subtilité [syptilite] *f d'une personne* Scharfsinn *m*; *d'un raisonnement* Subtilität *f*; *péj* Spitzfindigkeit *f*; *d'une nuance* Feinheit *f*; Subtilität *f*
subtropical [sybtʀɔpikal] *adj* ⟨~e; -aux [-o]⟩ subtropisch
suburbain [sybyʀbɛ̃] *adj* ⟨-aine [-ɛn]⟩ vorstädtisch; Vorstadt...; Vorort...

Wann Subjonctif?			

Nach folgenden Verben und verbalen Ausdrücken steht immer der Subjonctif:

1. Nach Ausdrücken der Forderung und der Notwendigkeit:

il est important que…	es ist wichtig, dass …	il est nécessaire que…	es ist notwendig, dass …
il faut que…	man muss …	exiger que…	fordern, dass …
il est temps que…	es ist Zeit, dass …		

2. Nach Ausdrücken der persönlichen Wertung oder Gefühle:

avoir peur que…	Angst haben, dass …	être triste que…	traurig sein, dass…
craindre que…	befürchten, dass …	regretter que…	bedauern, dass…
se plaindre que…	sich beklagen, dass …	ça me plaît que…	mir gefällt es, dass…
ça m'amuse que…	es macht mir Spaß, dass …	trouver bête / bizarre / bien / mauvais / important que…	es dumm / merkwürdig / gut / schlecht / wichtig finden, dass…
être content que…	zufrieden sein, dass …		

3. Nach Verben, die einen Wunsch, eine Bitte oder einen Vorschlag ausdrücken:

aimer que…	gernhaben, dass …	préférer que…	vorziehen, dass …
accepter que…	akzeptieren, dass …	permettre que…	gestatten, dass …
souhaiter que…	wünschen, dass …	avoir envie que…	Lust darauf haben, dass …

4. Nach Verben des Sagens und Denkens, wenn sie verneint sind:

Je ne crois pas que…	Ich glaube nicht, dass …	Je ne suis pas d'avis que…	Ich bin nicht der Meinung, dass …
Je ne pense pas que…	Ich denke nicht, dass …	Je ne dis pas que…	Ich sage nicht, dass …
Je ne prétends pas que…	Ich behaupte nicht, dass …		

5. Nach folgenden Konjunktionen:

bien que	obwohl	jusqu'à ce que	bis dass
pour que	damit	sans que	ohne dass
avant que	bevor	quoique	obwohl

subvenir [sybvəniʀ] v/t/indir ⟨→ **venir**; *aber*: **avoir**⟩ *subvenir à qc* für etw aufkommen

subvention [sybvɑ̃sjõ] f Subvention f

subventionner [sybvɑ̃sjɔne] v/t subventionieren

subversif [sybvɛʀsif] adj ⟨**-ive** [-iv]⟩ umstürzlerisch; subversiv

subversion [-jõ] f Umsturz m; Subversion f; Zersetzung f

suc [syk] m **1.** BIOL Saft m; *suc gastrique* Magensaft m **2.** *litt* Quintessenz f

succédané [syksedane] m Surrogat n, Ersatz m (*a fig*) (**de** für)

▸ **succéder** [syksede] ⟨**-è-**⟩ **I** v/t/indir *succéder à qc, qn* auf etw, j-n folgen **II** v/pr *se suc-*

céder aufeinanderfolgen

▸ **succès** [syksɛ] m Erfolg m; *à succès* Erfolgs…; *avec succès* erfolgreich; mit Erfolg; *sans succès* erfolglos; ohne Erfolg; *avoir du succès* Erfolg haben; erfolgreich sein; *proposition* Anklang, Beifall finden

successeur [syksesœʀ] m Nachfolger(in) m(f)

successif [syksesif] adj ⟨**-ive** [-iv]⟩ aufeinanderfolgend; fortwährend; laufend

succession [syksesjõ] f **1.** (*suite*) (Aufeinander)Folge f **2.** *dans une fonction* Nachfolge f; *prendre la succession de qn* die Nachfolge j-s antreten **3.** (*transmission de biens*) Erbfolge f; *par voie de succession* auf dem Erbwege **4.** (*biens transmis*) Nachlass m; Erbschaft f;

droits *m/pl* **de succession** Erbschaftssteuer *f*
successivement [syksesivmã] *adv* nacheinander
successoral [syksesɔral] *adj* ⟨~e; -aux [-o]⟩ JUR Erb(folge)…
succinct [syksɛ̃] *adj* ⟨-cincte [-sɛ̃t]⟩ knapp; kurz; *exposé a* gedrängt
succinctement [syksɛ̃tmã] *adv* kurz und bündig; knapp
succion [sysjõ, syksjõ] *f* Saugen *n*
succomber [sykõbe] *v/i* **1.** (*mourir*) sterben; **succomber à ses blessures** s-n Verletzungen erliegen **2.** (*céder*) erliegen (**à la tentation** der Versuchung [*dat*])
succulence [sykylãs] *litt f* köstlicher Geschmack; Schmackhaftigkeit *f*
succulent [-ã] *adj* ⟨-ente [-ãt]⟩ köstlich (*a histoire*); schmackhaft; lecker
succursale [sykyrsal] *f* Filiale *f*; Zweigniederlassung *f*; Zweigstelle *f*; **magasin** *m* **à succursales multiples** Ladenkette *f*
sucer [syse] *v/t* ⟨-ç-⟩ **1.** (*aspirer*) saugen; *orange, plaie* aussaugen **2.** *bonbon* lutschen; **sucer son pouce** am Daumen lutschen
sucette [sysɛt] *f bonbon* (Dauer)Lutscher *m*
suceur [sysœr] *m insecte* Sauger *m*
suçoir [syswar] *m* ZO Saugrüssel *m*
suçon [sysõ] *m* F Knutschfleck *m*
suçoter [sysɔte] *v/t bonbon* lutschen
sucrage [sykraʒ] *m du vin* Zuckern *n*
sucrant [-ã] *adj* ⟨-ante [-ãt]⟩ Süß…
▸ **sucre** [sykʀ] *m* Zucker *m*; **un sucre** ein Stück *n* Zucker; **sucre glace** Puderzucker *m*; **sucre d'orge** Lutschstange *f*; **sucre en morceaux, en poudre** Würfel-, Streuzucker *m*; *fig* **casser du sucre sur le dos de qn** über j-n herziehen
▸ **sucré** [sykʀe] *adj* ⟨~e⟩ **1.** süß; *subst* **préférer le sucré au salé** lieber Süßes als Gesalzenes essen **2.** *fig, péj* zuckersüß
sucrer [sykʀe] **I** *v/t* **1.** zuckern; süßen (*a abs*) **2.** F (*supprimer*) streichen **II** *v/pr* F **se sucrer** **3.** Zucker nehmen **4.** *fig* (*se servir*) F sich (*dat*) die Taschen füllen; F absahnen
sucrerie [sykʀəʀi] *f* **1.** **sucreries** *pl* Süßigkeiten *f/pl* **2.** Zuckerfabrik *f*
sucrette® [sykʀɛt] *f* Süßstoff *m*
sucrier [sykʀije] **I** *adj* ⟨-ière [-jɛʀ]⟩ Zucker…; **betterave sucrière** Zuckerrübe *f* **II** *m* Zuckerdose *f*
▸ **sud** [syd] **I** *m* **1.** Süd(en) *m*; **au sud** im Süden, südlich (**de** von *ou* + *gén*) **2.** *d'un pays, d'une ville, etc* **le Sud** der Süden; **l'Afrique** *f* **du Sud** Südafrika *n* **II** *adj* ⟨*inv*⟩ Süd…; südlich; **la banlieue sud** die südlichen Vororte *m/pl*
sud-africain [sydafʀikɛ̃] **I** *adj* ⟨-aine [-ɛn]⟩ südafrikanisch **II** **Sud-Africain(e)** *m(f)* Südafrikaner(in) *m(f)*
sud-américain [sydameʀikɛ̃] **I** *adj* ⟨-aine [-ɛn]⟩ südamerikanisch **II** **Sud-Américain(e)** *m(f)* Südamerikaner(in) *m(f)*
sudation [sydasjõ] *f* (starkes) Schwitzen *n*
sud-coréen [sydkɔʀeɛ̃] *adj* ⟨-enne [-ɛn]⟩ südkoreanisch
sud-est [sydɛst] *m* Südost(en) *m*; **le Sud-Est asiatique** Südostasien *n*; **vent** *m* **du sud-est** Südost(wind) *m*
Sudètes [sydɛt] **les Sudètes** *m/pl* die Sudeten *pl*

sudiste [sydist] HIST U.S.A. **I** *m,f* Südstaatler(in) *m(f)* **II** *adj* der Südstaaten
sudoku [sudoku] *m* Sudoku *n*; **jouer au sudoku** Sudoku *ou* ein Sudoku lösen
sudorifique [sydɔʀifik] *adj* PHARM schweißtreibend
sudoripare [sydɔʀipaʀ] *adj* **glandes** *f/pl* **sudoripares** Schweißdrüsen *f/pl*
sud-ouest [sydwɛst] *m* Südwest(en) *m*; **vent** *m* **du sud-ouest** Südwest(wind) *m*
sud-vietnamien [sydvjɛtnamjɛ̃] *adj* ⟨-ienne [-jɛn]⟩ südvietnamesisch
▸ **Suède** [sɥɛd] **la Suède** Schweden *n*
suédine [sɥedin] *f* Wildlederimitation *f*
▸ **suédois** [sɥedwa] **I** *adj* ⟨-oise [-waz]⟩ schwedisch **II** *subst* **1.** **Suédois(e)** *m(f)* Schwede *m*, Schwedin *f* **2.** LING **le suédois** das Schwedische; Schwedisch *n*
suée [sɥe] F *f* Schweißausbruch *m*; **piquer une suée** F ganz schön ins Schwitzen kommen
suer [sɥe] *v/t et v/i* **1.** schwitzen; *fig* **suer sang et eau** sich mächtig anstrengen, ins Zeug legen **2.** F *fig* **faire suer qn** F j-m auf den Geist gehen, auf den Wecker fallen; F *fig* **se faire suer** F sich entsetzlich langweilen; F sich mopsen
sueur [sɥœr] *f* Schweiß *m*; **cela vous donne des sueurs froides** dabei bricht einem der Angstschweiß aus; **être en sueur, couvert de sueur** in Schweiß gebadet, schweißgebadet sein
Suez [sɥɛz] Sues *ou* Suez *n*; **le canal de Suez** der Sueskanal
▸ **suffire** [syfiʀ] ⟨**je suffis, il suffit, nous suffisons**; **je suffisais**; **je suffis**; **je suffirai**; **que je suffise**; **suffisant**; **suffi**⟩ **I** *v/i* genügen, (aus)reichen, F langen (**à qn** j-m; **pour qc** für etw; **à, pour** + *inf* um zu + *inf*) **II** *v/imp* **il suffit de** (+ *inf*) *ou* **que …** (+ *subj*) es genügt, reicht zu (+ *inf*) *ou* dass … *ou* wenn … **III** *v/pr* **suffire à soi-même** sich (*dat*) selbst genügen; niemand(en) brauchen
suffisamment [syfizamã] *adv* ausreichend; genügend; genug
suffisance [-ãs] *f* Selbstgefälligkeit *f*; Dünkel *m*
▸ **suffisant** [syfizã] *adj* ⟨-ante [-ãt]⟩ **1.** (*qui suffit*) ausreichend; genügend **2.** *personne, air, ton* selbstgefällig; eingebildet; süffisant
suffixation [syfiksasjõ] *f* Ableitung *f* durch Suffixe
suffixe [syfiks] *m* Suffix *n*; Nachsilbe *f*
suffixer [-e] *v/t* mit e-m Suffix versehen; suffigieren
suffocant [syfɔkã] *adj* ⟨-ante [-ãt]⟩ **1.** *atmosphère, chaleur* zum Ersticken; stickig **2.** *fig* verblüffend
suffocation [syfɔkasjõ] *f* Atemnot *f*; Ersticken *n*
suffoquer [syfɔke] **I** *v/t* **suffoquer qn** j-m den Atem nehmen, *fig* verschlagen **II** *v/i* keine Luft mehr bekommen; fast ersticken (*a fig* **d'indignation** vor Empörung)
suffrage [syfraʒ] *m* **1.** (*scrutin*) Wahl *f*; **suffrage universel** allgemeines Wahlrecht **2.** (*voix*) (Wahl)Stimme *f*; **suffrages exprimés** abgegebene Stimmen *f/pl*; *fig* **remporter tous les suffrages** allgemein Beifall finden
suggérer [syɡʒeʀe] *v/t* ⟨-è-⟩ **1.** (*proposer*) sug-

gérer qc à qn j-m etw nahelegen, vorschlagen **2.** (*évoquer*) denken lassen an (+ *acc*) **3.** *en influençant* **suggérer qc à qn** j-m etw (ein)suggerieren

suggestible [syɡʒɛstibl] *adj* beeinflussbar; für Suggestionen empfänglich

suggestif [syɡʒɛstif] *adj* ⟨**-ive** [-iv]⟩ **1.** *paroles, musique* suggestiv **2.** *déshabillé, pose* (sinnlich) aufreizend

suggestion [-jõ] *f* **1.** (*proposition*) Anregung *f*; Vorschlag *m* **2.** PSYCH Suggestion *f*

suggestionner [syɡʒɛstjɔne] *v/t* **suggestionner qn** e-e suggestive Wirkung auf j-n ausüben

suicidaire [sɥisidɛʀ] *adj acte* selbstmörderisch; *personne* suizidgefährdet

suicide [sɥisid] *m* Selbstmord *m*; Freitod *m*; **tentative** *f* **de suicide** Selbstmordversuch *m*

suicidé(e) [sɥiside] *m(f)* Selbstmörder(in) *m(f)*

suicider [sɥiside] *v/pr* **se suicider** Selbstmord begehen; sich (*dat*) das Leben nehmen

suie [sɥi] *f* Ruß *m*

suif [sɥif] *m* Talg *m*

suintement [sɥɛ̃tmɑ̃] *m* **1. a)** *d'un liquide* (Aus)Sickern *n* **b)** *liquide* aus-, durchgesickerte Flüssigkeit **2.** *d'un mur* Schwitzen *n*; *d'une plaie* Nässen *n*

suinter [sɥɛ̃te] *v/i* **1.** *liquide* (aus-, durch)sickern **2.** *mur* schwitzen; *plaie* nässen

suis¹ [sɥi] → **être¹**

suis² → **suivre**

▸ **Suisse** [sɥis] **la Suisse** die Schweiz

▸ **suisse** [sɥis] **I** *adj* schweizerisch; Schweizer **II** *subst* **1. Suisse** *m,f* Schweizer(in) *m(f)* **2.** *m* CATH Kirchendiener *m* **3.** F **boire en suisse** für sich allein trinken

Suissesse [sɥisɛs] *iron f* Schweizerin *f*

▸ **suite** [sɥit] *f* **1.** Folge *f*; **propos** *m/pl* **sans suite** zusammenhanglose Reden *f/pl*; **à la suite, de suite** nach-, hintereinander; ▸ **tout de suite** sofort; gleich; **à la suite de** nach (+ *dat*); im Anschluss an (+ *acc*); (*derrière*) hinter (+ *dat*); (*à cause de*) infolge (+ *gén*); **par la suite** in der Folge; nachher; später; **par suite de** infolge (+ *gén*); **avoir de la suite dans les idées** konsequent, beharrlich sein Ziel verfolgen; **faire suite à qc** auf etw (*acc*) folgen; **prendre la suite de qn** die Nachfolge j-s antreten **2.** *d'un roman, d'une affaire* Fortsetzung *f*; **et ainsi de suite** und so weiter; und so fort **3.** (*série*) (Aufeinander)Folge *f*; Reihe *f* **4.** (*escorte*) Gefolge *n* **5.** MUS, *dans un hôtel* Suite *f*

▸ **suivant** [sɥivɑ̃] **I** *adj* ⟨**-ante** [-ɑ̃t]⟩ folgende; nächste; *subst* **au suivant!** der Nächste, bitte! **II** *prép* **1.** (*conformément à*) nach, gemäß, entsprechend (+ *dat*) **2.** (*selon*) je nach (+ *dat*); **suivant le(s) cas** je nach Fall; von Fall zu Fall **III** *conj* **suivant que ...** je nachdem, ob ...

suivante [sɥivɑ̃t] *f autrefois* Dienerin *f*; Zofe *f*

suiveur [sɥivœʀ] *m* SPORTS Begleiter *m*

suivi [sɥivi] **I** *adj* ⟨**~e**⟩ **1.** fortlaufend; beständig; *correspondance* regelmäßig; *qualité* gleichbleibend gut; **très suivi** *procès* viel beachtet; *exemple* viel befolgt **2.** *raisonnement* zusammenhängend; folgerichtig **II** *m* Weiterverfolgung *f*; (*surveillance*) Überwachung *f*; *de personnes* (weitere) Betreuung

▸ **suivre** [sɥivʀ] ⟨**je suis, il suit, nous suivons**; **je suivais; je suivis; je suivrai; que je suive**;

suivant; **suivi**⟩ **I** *v/t* **1. suivre qn, qc** j-m, e-r Sache folgen; **suivre qn** *à pied a* hinter j-m hergehen, -laufen; *en voiture a* hinter j-m herfahren; j-m nachfahren; **je vous suis** ich komme (gleich) nach; **suivre qn, qc des yeux** j-n, etw mit den Blicken verfolgen; **qc suit qc** *a* etw folgt auf etw (*acc*); **comme suit** wie folgt; *courrier* **faire suivre** nachsenden, -schicken **2.** *idée, piste, politique* verfolgen **3.** (*obéir à*) folgen (+ *dat*); Folge leisten (+ *dat*); *conseil a* befolgen; **suivre la mode** mit der Mode gehen; **suivre un traitement** sich e-r Behandlung unterziehen **4.** (*être attentif à*) *émission, conversation* (aufmerksam, genau) verfolgen; *médecin* **suivre un malade** e-n Patienten überwachen, betreuen; **à suivre** Fortsetzung folgt **5.** (*comprendre*) mitkommen, folgen können (*a abs*) **6.** (*assister à*) **suivre un, des cours** an e-m Kurs teilnehmen; e-n Kurs besuchen **7.** COMM *article* dauernd führen **II** *v/pr* **se suivre** einander folgen; *dans le temps* aufeinanderfolgen; *voitures* **se suivre de trop près** zu dicht auffahren

sujet¹ [syʒɛ] *adj* ⟨**-ette** [-ɛt]⟩ **sujet à qc** für etw anfällig; zu etw neigend

▸ **sujet²** *m* **1.** Thema *n* (*a* MUS); Gegenstand *m*; Stoff *m*; **sujet de conversation** Gesprächsthema *n*; ▸ **au sujet de** hinsichtlich (+ *gén*); über (+ *acc*); wegen (+ *gén*, F + *dat*); **à ce sujet** diesbezüglich; hierüber; **c'est à quel sujet?** worum geht es?; **aborder un sujet** ein Thema anschneiden, zur Sprache bringen **2.** GR Subjekt *n*; Satzgegenstand *m* **3.** (*motif*) Anlass *m*; Grund *m*; Ursache *f*; **sujet de mécontentement** Anlass, Grund zur Unzufriedenheit **4.** (*individu*) Person *f*; *péj* Subjekt *n*; MÉD Versuchsperson *f ou* -tier *n*; **mauvais sujet** Taugenichts *m* **5.** *d'un souverain* Untertan *m*

sujétion [syʒesjõ] *f* **1.** *st/s* POL Abhängigkeit *f* **2.** *fig* lästiger Zwang

sulfamide [sylfamid] *m* Sulfonamid *n*

sulfate [sylfat] *m* Sulfat *n*

sulfater [sylfate] *v/t* VIT mit Kupferkalkbrühe spritzen

sulfateuse [sylfatøz] *f* **1.** VIT (Vitriol)Spritze *f* **2.** *arg militaire* (*mitraillette*) F Kugelspritze *f*

sulfure [sylfyʀ] *m* Sulfid *n*

sulfureux [sylfyʀø] *adj* ⟨**-euse** [-øz]⟩ *fig* dämonisch; unheimlich

sulfurique [sylfyʀik] *adj* **acide** *m* **sulfurique** Schwefelsäure *f*

sulfurisé [sylfyʀize] *adj* ⟨**~e**⟩ **papier sulfurisé** Pergament-, Butterbrotpapier *n*

sultan [syltɑ̃] *m* Sultan *m*

sultanat [syltana] *m* Sultanat *n*

summum [sɔmɔm] *m* Höhepunkt *m*; Gipfel *m*; **être au summum de la gloire** auf dem Gipfel, Höhepunkt des Ruhms angelangt sein

sumo [symo] *m* **1.** *sport* Sumo *n*; **lutteur** *m* **de sumo** Sumoringer *m* **2.** *personne* Sumoringer *m*

sumotori [symɔtɔʀi] *m* Sumoringer *m*

sunlight [sœnlajt] *m* Jupiterlampe *f*

sunnites [synit] *m/pl* Sunniten *m/pl*

sup [syp] *adj abr* ⟨*inv*⟩ F (*supplémentaire*) **heures** *f/pl* **sup** Überstunden *f/pl*

▸ **super** [sypɛʀ] **I** *m* Super *n*; **prendre du super** Super tanken **II** *adj* ⟨*inv*⟩ F super; spitze

S

super... [sypɛr] *préfixe* super..., Super... (*a* F)

superbe [sypɛrb] **I** *adj* prächtig; herrlich **II** *litt f* Hochmut *m*

supercarburant *m* Superbenzin *n*

superchampion *m* vielfacher Meister

supercherie [sypɛrʃəri] *f* Betrug *m*; Schwindel *m*

supérette [sypɛrɛt] *f* (kleiner) Supermarkt

superfétatoire [sypɛrfetatwar] *litt adj* überflüssig; unnütz

superficialité [sypɛrfisjalite] *f rarement* Oberflächlichkeit *f*

superficie [sypɛrfisi] *f* **1.** Fläche *f* **2.** *fig* Oberfläche *f* (*a fig*)

superficiel [sypɛrfisjɛl] *adj* ⟨*~le*⟩ oberflächlich (*a fig*)

superflu [sypɛrfly] **I** *adj* ⟨*~e*⟩ überflüssig; unnötig **II** *le superflu* das Überflüssige

supergrand *m* Supermacht *f*

supérieur [sypɛrjœr] **I** *adj* ⟨*~e*⟩ **1.** *localement* obere; Ober... **2.** *hiérarchiquement* höhere; *cadres supérieurs* leitende Angestellte *m/pl*; *enseignement supérieur* Hochschulwesen *n*; *supérieur à qc* höher als etw; *être supérieur à* stehen, liegen über (+ *dat*) **3.** (*dominant*) überlegen (*a mine*); *qualité supérieure* Spitzenqualität *f*; *supérieur à qn, à qc* j-m, e-r Sache überlegen **II** *supérieur(e)* *m(f)* **4.** Vorgesetzte(r) *f(m)* **5.** REL Superior(in) *m(f)*; Oberin *f*

supérieurement [sypɛrjœrmɑ̃] *adv* *supérieurement intelligent, doué* hochintelligent; hochbegabt

supériorité [sypɛrjɔrite] *f* Überlegenheit *f*; *sentiment m de supériorité* Überlegenheitsgefühl *n*

superlatif [sypɛrlatif] *m* Superlativ *m*

▸ **supermarché** *m* Supermarkt *m*

superposable [sypɛrpozabl] *adj* deckungsgleich; kongruent

superposé *adj* ⟨*~e*⟩ übereinander-, aufeinanderliegend; *lits superposés* Etagenbett *n*

superposer **I** *v/t* übereinander-, aufeinanderlegen, -setzen, -stellen; (auf)stapeln **II** *v/pr se superposer* sich überlagern (*a fig*)

superposition *f* **1.** *action* Übereinander-, Aufeinanderlegen *n*, -stellen *n*, -setzen *n* **2.** *état* Überlagerung *f* (*a fig*); Übereinanderliegen *n*, -lagern *n*

superproduction *f* Monumentalfilm *m*

superpuissance *f* Supermacht *f*

supersonique [sypɛrsɔnik] *adj* Überschall...

superstar *f* Superstar *m*

superstitieux [sypɛrstisjø] *adj* ⟨*-euse* [-øz]⟩ abergläubisch

superstition [-sjɔ̃] *f* Aberglaube *m*

superstructure *f* CONSTR Ober-, Überbau *m*; MAR Aufbauten *m/pl*

superviser [sypɛrvize] *v/t* überwachen

superviseur [-œr] *m* INFORM Überwachungsprogramm *n*; Supervisor *m*

supplanter [syplɑ̃te] *v/t* verdrängen

suppléance [sypleɑ̃s] *f* (Stell)Vertretung *f*

suppléant [sypleɑ̃] *m*, **suppléante** [-ɑ̃t] *f* (Stell)Vertreter(in) *m(f)*; Ersatzmann *m*

suppléer [syplee] *v/t/indir* *suppléer à qc* etw ersetzen, aufwiegen, wettmachen

▸ **supplément** [syplemɑ̃] *m* **1.** Zusatz *m*; finan-

cier Zulage *f*; *un supplément d'information* zusätzliche, weitere Informationen *f/pl* **2.** *d'un livre* Nachtrag *m*; *d'un journal* Beilage *f* **3.** CH DE FER Zuschlag *m*; COMM (Preis)Aufschlag *m*; Aufpreis *m*; Mehrpreis *m*; *vin m en supplément* Wein wird extra berechnet

supplémentaire [syplemɑ̃tɛr] *adj* zusätzlich; Zusatz...; Extra...; Mehr...; ▸ *heure f supplémentaire* Überstunde *f*; *train m supplémentaire* Entlastungszug *m*

supplétif [sypletif] *adj* ⟨*-ive* [-iv]⟩ MIL Hilfs...

suppliant [syplijɑ̃] *adj* ⟨*-ante* [-ɑ̃t]⟩ flehend

supplication [syplikasjɔ̃] *f* inständige, flehentliche Bitte

supplice [syplis] *m* **1.** (*peine corporelle*) Marter *f*; Folter *f*; (*peine capitale*) Hinrichtung(sart) *f* **2.** (*souffrance*) Qual(en) *f(pl)*; *être au supplice* wie auf glühenden Kohlen sitzen

supplicié [syplisje] *m* (zu Tode) Gemarterte(r) *m*

supplicier [syplisje] *v/t* (zu Tode) martern, foltern

supplier [syplije] *v/t* *supplier qn de* (+ *inf*) j-n anflehen zu (+ *inf*)

supplique [syplik] *litt f* Bittgesuch *n*

support [sypɔr] *m* **1.** TECH Stütze *f*; Ständer *m*; Gestell *n*; *au mur, etc* Halterung *f* **2.** *fig* Träger *m*; INFORM Datenträger *m*; *support publicitaire* Werbeträger *m*

supportable [sypɔrtabl] *adj* erträglich

▸ **supporter**[1] [sypɔrte] *v/t* **1.** TECH, *par ext conséquences, frais* tragen **2.** *douleurs, épreuve, maladie* ertragen; erdulden; *douleurs a* aushalten; *critique, conduite de qn* sich (*dat*) gefallen lassen; hinnehmen; *ne pas supporter que* (+ *subj*) es nicht ertragen, dass ... **3.** *chaleur, froid, alcool* vertragen **4.** *supporter qn* j-n ertragen; SPORT, *par ext* j-n unterstützen; j-s Anhänger(in) sein; *ne pas pouvoir supporter qn* j-n nicht ausstehen können

supporter[2] [sypɔrter] *m* SPORTS Fan *m*; Schlachtenbummler *m*

supposé [sypoze] *adj* ⟨*~e*⟩ mutmaßlich; vermutlich

▸ **supposer** [sypoze] *v/t* **1.** (*présumer*) annehmen; vermuten; mutmaßen; *à supposer ou en supposant que* ... (+ *subj*) angenommen, ...; gesetzt den Fall, (dass) ... **2.** (*impliquer*) voraussetzen; zur Voraussetzung haben

supposition [sypozisjɔ̃] *f* Vermutung *f*; Annahme *f*; Mutmaßung *f*; *faire des suppositions* Vermutungen, Mutmaßungen anstellen

suppositoire [sypozitwar] *m* PHARM Zäpfchen *n*

suppôt [sypo] *m* *suppôt de Satan* Ausgeburt *f* der Hölle

suppression [sypresjɔ̃] *f* Beseitigung *f*; Aufhebung *f*; Streichung *f*; Wegfall *m*; Abbau *m*

▸ **supprimer** [syprime] **I** *v/t* beseitigen; *censure, libertés, arrêt de bus* aufheben; *subventions, trains, passage d'un texte* streichen; wegfallen lassen; *emplois* abbauen; *être supprimé souvent* wegfallen; *supprimer qc à qn* j-m etw entziehen; *supprimer qn* j-n beseitigen, aus dem Weg räumen **II** *v/pr se supprimer* sich umbringen

suppuration [sypyrasjɔ̃] *f* Eiterung *f*

suppurer [-e] *v/i* eitern

supputation [sypytasjɔ̃] *f* (Ab)Schätzung *f*
supputer [-e] *v/t* (ab)schätzen
supraconducteur [sypʀakɔ̃dyktœʀ] *m* ÉLECT Supraleiter *m*
supranational [sypʀanasjɔnal] *adj* ⟨~e; -aux⟩ überstaatlich
supranationalité [-ite] *f* Überstaatlichkeit *f*
suprématie [sypʀemasi] *f* Vorherrschaft *f*; Vormachtstellung *f*
suprême [sypʀɛm] *adj* **1.** (*supérieur*) oberste; höchste **2.** *st/s* (*très grand*) höchste **3.** *st/s* (*dernier*) äußerste; letzte **4.** *sauce f* **suprême** Geflügelrahmsoße *f*
▸ **sur**[1] [syʀ] *prép* **1.** *lieu*: auf, *sans contact* über (+ *dat question wo?*; + *acc question wohin?*); **s'asseoir sur une chaise** sich auf e-n Stuhl setzen; **être assis sur une chaise** auf e-m Stuhl sitzen; *personne* **avoir qc sur soi** etw bei sich haben; **fermer la porte sur soi** die Tür hinter sich (*dat*) zumachen; **il pleut sur Paris** es regnet über Paris; **retirer qc de sur la table** etw vom Tisch nehmen; **fenêtre sur la rue** Fenster nach der Straße zu, zur Straße hin; **Châlons-sur-Marne** Châlons an der Marne **2.** *temps*: auf (+ *acc*); gegen (+ *acc*); **sur ses vieux jours** auf s-e alten Tage; **sur le soir** gegen Abend; F **aller sur la cinquantaine** auf die fünfzig zugehen; **être sur un travail** bei, an e-r Arbeit sein; **faire bêtise sur bêtise** e-e Dummheit nach der andern machen; Dummheit auf Dummheit begehen **3.** *fig* auf (+ *acc*); aufgrund von (*ou* + *gén*); **sur (la) recommandation de** auf Empfehlung (+ *gén*); **juger sur les apparences** nach dem äußeren Anschein urteilen **4.** (*au sujet de*) über (+ *acc*); **apprendre qc sur qn** etw über j-n erfahren **5.** *rapport numérique*: von (+ *dat*); auf (+ *acc*); **un cas sur cent** e-r von hundert Fällen; **un Français sur deux** jeder zweite Franzose; *pièce* **avoir trois mètres sur cinq** drei mal fünf *ou* drei auf fünf Meter groß sein; *élève* **avoir douze sur vingt** zwölf von zwanzig Punkten haben
sur[2] *adj* ⟨~e⟩ sauer
▸ **sûr** [syʀ] *adj* ⟨~e⟩ **1.** (*incontestable*) sicher; gewiss; feststehend; **c'est sûr et certain** das ist ganz sicher, F bombensicher; ▸ **bien sûr!** sicher!; gewiss!; bestimmt!; natürlich!; selbstverständlich! **2.** *personne* **être sûr de qc** e-r Sache (*gén*) sicher, gewiss sein; **être sûr de qn** sich auf j-n verlassen können; **être sûr de soi** selbstsicher, selbstbewusst sein **3.** (*fiable*) sicher; zuverlässig (*a personne*) **4.** *endroit, quartier* sicher
sur... [syʀ] *préfixe* über...; Über...
surabondance *f* Überfülle *f*, großer Überfluss (**de** an +*dat*)
surabondant [-ɑ̃] *adj* ⟨-ante [-ɑ̃t]⟩ überreichlich; übermäßig
surabonder [-e] *v/i* überreichlich, im Überfluss vorhanden sein
suractivité *f* übermäßige Aktivität
suraigu *adj* ⟨-aiguë [-egy]⟩ schrill; *voix a* kreischend
surajouter *v/t* zusätzlich, nachträglich hinzufügen
suralimentation *f* **1.** Überernährung *f* **2.** *d'un moteur* Aufladung *f*

suralimenter *v/t* **1.** überernähren **2.** *moteur* aufladen
suranné [syʀane] *adj* ⟨~e⟩ altmodisch
surarmement *m* Überrüstung *f*
surbaissé [syʀbese] *adj* ⟨~e⟩ **1.** *arc surbaissé* Flachbogen *m* **2.** *carrosserie* tief liegend
surbooké [syʀbuke] *adj* ⟨~e⟩ überbucht
surbooking [-iŋ] *m* Überbuchung *f*
surboum [syʀbum] F *f* Party *f*
surcharge *f* **1.** Überlastung *f*; *d'un véhicule a* Überladung *f* **2.** *sur un timbre* Überdruck *m*
surcharger *v/t* ⟨-ge-⟩ überlasten; *véhicule a* überladen; **être surchargé de travail** (mit Arbeit) überlastet sein
surchauffe [syʀʃof] *f* TECH, ÉCON Überhitzung *f*
surchauffé *adj* ⟨~e⟩ *pièce* überheizt; TECH, *fig* überhitzt
surchauffer *v/t* **1.** *pièce* überheizen **2.** TECH überhitzen
surchoix *adj* ⟨*inv*⟩ erster Wahl
surclasser *v/t* SPORTS, *fig* deklassieren; weit hinter sich (*dat*) lassen
surcomposé *adj* ⟨~e⟩ *passé surcomposé* Perfekt *n* mit doppeltem Hilfsverb (*exemple*: *quand il a eu terminé*)
surconsommation *f* übermäßig hoher Verbrauch, Konsum
surcroît [syʀkʀwa] *m* *surcroît de travail* zusätzliche Arbeit; Mehrarbeit *f*; *par, de surcroît* überdies; obendrein
surdité [syʀdite] *f* Taubheit *f*; *incomplète* Schwerhörigkeit *f*
surdoué *adj* ⟨~e⟩ hochbegabt
sureau [syʀo] *m* ⟨~x⟩ Holunder *m*
sureffectif *m* Personalüberhang *m*
surélévation *f* Erhöhung *f*; *d'une maison* Aufstockung *f*
surélever *v/t* ⟨-è-⟩ erhöhen; *maison* **surélever d'un étage** aufstocken; *rez-de-chaussée surélevé* Hochparterre *n*
▸ **sûrement** [syʀmɑ̃] *adv* sicher(lich); bestimmt; gewiss
surenchère *f* **1.** höheres Angebot; Mehrgebot *n* **2.** *par ext* (gegenseitige) Überbietung (*électorale* in Wahlversprechungen)
surenchérir *v/i* **1.** JUR mehr, höher bieten **2.** *fig* noch e-n Schritt weitergehen
surenchérissement [-ismɑ̃] *m* *des prix* weiterer Preisanstieg
surendetté *adj* ⟨~e⟩ überschuldet
surendettement *m* Überschuldung *f*
surent [syʀ] → **savoir**[1]
surentraîné [syʀɑ̃tʀɛne] *adj* ⟨~e⟩ übertrainiert
surentraînement [-mɑ̃] *m* Übertraining *n*
surentraîner [-e] *v/t* übertrainieren
suréquipement *m* übermäßige Ausstattung; TECH Übermechanisierung *f*
surestimation *f* Überschätzung *f*
surestimer [-e] *v/t* überschätzen
sûreté [syʀte] *f* **1.** Sicherheit *f*; *de sûreté* Sicherheits...; *en sûreté* in Sicherheit; sicher **2.** *Sûreté* (*nationale*) Sicherheitspolizei *f* **3.** *d'une arme, d'un bijou* Sicherung *f*
surévaluer *v/t* überbewerten; zu hoch bewerten
surexcitation *f* Übererregtheit *f*; Überreiztheit *f*
surexcité *adj* ⟨~e⟩ übererregt; überreizt

surexciter v/t überreizen; sehr stark erregen
surexploiter v/t gnadenlos ausbeuten
surexposer v/t überbelichten
surexposition [-isjõ] f Überbelichtung f
surf [sœrf] m **1.** Surfen n; Surfing n; Wellenreiten n **2. surf (des neiges)** Snowboard(fahren) n
▸ **surface** [syʀfas] f **1.** (partie apparente) Oberfläche f; **surface de l'eau** Wasseroberfläche f; sous-marin **faire surface** auftauchen; fig **refaire surface** wieder auftauchen **2.** (superficie) Fläche f; **surface de but, de réparation** Tor-, Strafraum m **3.** COMM ▸ **grande surface** Verbrauchermarkt m
surfait adj ⟨-faite⟩ zu hoch eingeschätzt; überbewertet
surfer [sœrfe] v/i surfen; fig **surfer sur Internet** im Internet surfen
surfeur [sœrfœr] m, **surfeuse** [-øz] f Surfer(in) m(f)
surfiler v/t COUT umstechen
surfin adj ⟨-ine⟩ extrafein
surgelé [syʀʒəle] **I** adj ⟨~e⟩ tiefgekühlt; tiefgefroren **II** m/pl
surgelés Tiefkühlkost f
surgénérateur m Brutreaktor m; Schneller Brüter
surgir [syʀʒir] v/i plötzlich auftauchen
surhomme m Übermensch m
surhumain adj ⟨-aine⟩ übermenschlich
surimpression f Doppelbelichtung f; fig **en surimpression** zusätzlich; dazu noch
Surinam [syʀinam] **le Surinam** Surinam n
surinfection f zusätzliche Infektion
surir [syʀir] v/i sauer werden
surjet [syʀʒɛ] m überwendliche Naht
sur-le-champ [syʀləʃɑ̃] adv auf der Stelle; sofort; sogleich
surlendemain m **le surlendemain** am übernächsten Tag
surligner [syʀliɲe] v/t mit Leuchtstift markieren
surligneur [-œr] m Leuchtstift m; Textmarker m
surmenage [syʀmənaʒ] m Überarbeitung f; **surmenage scolaire** Schulstress m
surmener ⟨-è-⟩ **I** v/t überanstrengen; **surmené** überarbeitet **II** v/pr **se surmener** sich überarbeiten; sich überanstrengen
surmontable [syʀmõtabl] adj überwindbar
surmonter v/t **1.** difficulté, peur, etc überwinden **2.** (être placé au-dessus) überragen
surnager v/i ⟨-ge-⟩ an der Oberfläche schwimmen
surnaturel I adj ⟨~le⟩ übernatürlich **II le surnaturel** das Übernatürliche
surnom m Beiname m; (sobriquet) Spitzname m
surnombre adjt **en surnombre** überzählig; zu viele
surnommé adj ⟨~e⟩ mit dem Beinamen …
surnommer v/t **surnommer qn** j-m e-n Beinamen geben; **être surnommé …** den Beinamen … erhalten ou haben
surnuméraire adj überzählig
surpasser I v/t **surpasser qn** j-n übertreffen (**en courage** an Mut) **II** v/pr **se surpasser** sich selbst übertreffen

surpeuplé adj ⟨~e⟩ übervölkert; überbevölker
surpeuplement m Übervölkerung f
surpiqûre f Ziernaht f
surplace m **faire du surplace** nicht vorankommen; nicht von der Stelle kommen
surplis [syʀpli] m CATH Chorhemd n
surplomb m Überhang m; **en surplomb** balcon auskragend; vorspringend; mur, rocher über hängend
surplomber v/t überragen
surplus [syʀply] m **1.** Überschuss m **2. au surplus** im Übrigen
surpopulation f Überbevölkerung f; des prisons Überbelegung f; Überfüllung f
surprenant adj ⟨-ante⟩ überraschend; erstaunlich
▸ **surprendre** ⟨→ prendre⟩ **I** v/t **1.** (étonner) überraschen; verwundern; **j'ai été surpris de ou par ce résultat** dieses Ergebnis hat mich überrascht **2.** voleur überraschen; (auf frischer Tat) ertappen; secret kommen hinter (+ acc) **3.** ennemi überrumpeln; überfallen; **surprendre qn (chez lui)** j-n (mit s-m Besuch) überraschen; **être surpris par la pluie** vom Regen überrascht werden **II** v/pr **se surprendre à faire qc** sich dabei ertappen, dass man etw tut
surpris p/p → **surprendre**
▸ **surprise** f **1.** Überraschung f (a chose, cadeau); Verwunderung f; **à la surprise de tous** zur allgemeinen Überraschung; **attaquer qn par surprise** j-n überrumpeln; **faire une surprise à qn** j-n (mit e-m Geschenk etc) überraschen **2.** adjt überraschend; **attaque f surprise** Überraschungsangriff m
surproduction f Überproduktion f
surproduire v/t ⟨→ conduire⟩ überproduzieren; zuviel produzieren
surpuissant adj ⟨-ante [-ãt]⟩ moteur super stark
surréalisme m Surrealismus m
surréaliste I adj surrealistisch **II** m Surrealist m
surrénal adj ⟨~e; -aux⟩ **glandes ou capsules surrénales** Nebennieren f/pl
sursaut m **1.** Aufschrecken n; **avoir un sursaut** → **sursauter**; **se réveiller en sursaut** aus dem Schlaf hochfahren **2.** de colère, etc Aufwallung f
sursauter v/i zusammenfahren, -schrecken -zucken; aufschrecken; hochfahren
surseoir [syʀswar] v/t/indir ⟨je sursois, il sursoit, nous sursoyons; je sursoyais; je sursis; je surseoirai; que je sursoie; sursoyant sursis⟩ **surseoir à** aufschieben; aussetzen
sursis [syʀsi] m **1.** JUR **six mois de prison avec sursis** sechs Monate Gefängnis mit Bewährung **2.** (délai) Aufschub m; (répit) Gnaden-Galgenfrist f; **un mort en sursis** ein Todeskandidat m
sursitaire [syʀsiter] m (vom Wehrdienst) Zurückgestellte(r) m
surtaxe f (Steuer- ou Gebühren)Zuschlag m d'une lettre Nachgebühr f
surtaxer [-e] v/t mit e-m Steuer- ou Gebührenzuschlag belegen
surtension [syʀtãsjõ] f ÉLECT Überspannung
▸ **surtout I** adv vor allem; vor allen Dingen; besonders; **surtout ne fais pas ça!** tu das bloß, ja nicht!; conj F **surtout que** zumal **II** m Tafelauf-

satz *m*

surveillance [syʀvɛjãs] *f* Überwachung *f*; Aufsicht *f* (*de* über + *acc*); *être placé sous la surveillance de la police* unter Polizeiaufsicht stehen

▸ **surveillant** [syʀvɛjã] *m*, **surveillante** [-ãt] *f* Aufseher(in) *m(f)*; ÉCOLE Aufsichtführende(r) *f(m)*

surveillé [syʀveje] *adj* ⟨~e⟩ JUR *liberté surveillée* Freilassung *f* mit Bewährungsaufsicht; *être en résidence surveillée* unter Hausarrest stehen

▸ **surveiller** [syʀveje] **I** *v/t* überwachen; beaufsichtigen (*a enfant*); SPORTS *adversaire* bewachen; *surveiller sa ligne* auf s-e Linie achten **II** *v/pr se surveiller* sich in Acht nehmen

survenir [syʀvəniʀ] *v/i* ⟨→ **venir**⟩ (unerwartet, plötzlich) *personne* auftauchen, *incident* sich ereignen, *changement* eintreten, *problème* auftreten

survêtement *m* Trainingsanzug *m*

survie *f* **1.** Überleben *n* **2.** REL Weiterleben *n* nach dem Tode

survivance [syʀvivãs] *f* Relikt *n*

survivant I *adj* ⟨-ante⟩ überlebend **II** *survivant(e)* *m(f)* Überlebende(r) *f(m)*

▸ **survivre** ⟨→ **vivre**⟩ *v/t/indir et v/i* überleben; *survivre à qn, à qc* j-n, etw überleben, *de qc a* überdauern; *survivre à un accident* e-n Unfall überleben, lebend überstehen

survol *m* Überfliegen *n*

survoler *v/t* überfliegen (*a texte*)

survoltage [syʀvɔltaʒ] *m* ÉLECT Überspannung *f*

survolté [syʀvɔlte] *adj* ⟨~e⟩ übererregt; *atmosphère* hektisch

sus¹ [sy] → *savoir¹*

sus² [sy(s)] *adv st/s courir sus à l'ennemi* auf den Feind losgehen; *en sus* zusätzlich (*de* zu)

susceptibilité [sysɛptibilite] *f* Empfindlichkeit *f*

susceptible [sysɛptibl] *adj* **1.** *personne* empfindlich; verletzbar **2.** *être susceptible de* (+ *inf*) fähig, *chose a* geeignet sein zu (+ *inf*); *susceptible d'être amélioré* verbesserungsfähig

susciter [sysite] *v/t* hervorrufen

susdit [sy(s)di] *adj* ⟨-ite [-it]⟩ oben genannt

sushi [suʃi] *m* CUIS Sushi *n*

susmentionné [sy(s)mãsjɔne] *adj* ⟨~e⟩ oben erwähnt

susnommé [sy(s)nɔme] *adj* ⟨~e⟩ oben genannt

▸ **suspect** [syspɛ(kt)] **I** *adj* ⟨-ecte [-ɛkt]⟩ verdächtig (*de qc* e-r Sache [*gén*]); suspekt **II** *suspect(e)* *m(f)* Verdächtige(r) *f(m)*

suspecter [syspɛkte] *v/t* verdächtigen; im Verdacht haben; *la bonne foi de qn* anzweifeln; *être suspecté de* (+*inf*) verdächtigt werden, im Verdacht stehen zu (+*inf*)

suspendre [syspãdʀ] *v/t* ⟨→ **rendre**⟩ **1.** (*accrocher*) aufhängen **2.** (*interrompre*) *séance* unterbrechen; *négociations a* aussetzen; *paiements* einstellen **3.** *fonctionnaire* (vom Dienst) suspendieren; beurlauben; *permis de conduire* (vorläufig) einziehen

suspendu [syspãdy] *adj* ⟨~e⟩ **1.** hängend, aufgehängt (*à, par* an + *dat*); ▸ *être suspendu* hängen; *pont suspendu* Hängebrücke *f* **2.**

voiture bien suspendue gut gefedert

suspens [syspã] *en suspens affaire, question* in der Schwebe; offen; *travail* nicht abgeschlossen; unerledigt

suspense [syspɛns] *m* Spannung *f*; *film m à suspense* Thriller *m*

suspension [syspãsjõ] *f* **1.** TECH Aufhängung *f*; *d'un véhicule a* Federung *f* **2.** (*lustre*) Hängelampe *f* **3.** *d'une séance* Unterbrechung *f*; Aussetzung *f*; *des paiements* Einstellung *f* **4.** *d'un fonctionnaire* Suspendierung *f* **5.** *points m/pl de suspension* Auslassungspunkte *m/pl*

suspentes [syspãt] *f/pl* Fangleinen *f/pl*

suspicieux [syspisjø] *litt adj* ⟨-euse [-øz]⟩ argwöhnisch

suspicion [syspisjõ] *st/s f* Argwohn *m*; *avoir de la suspicion à l'égard de qn* j-n beargwöhnen, verdächtigen

sustentation [systãtasjõ] *f train m à sustentation magnétique* Magnet(schwebe)bahn *f*

sustenter [systãte] *v/pr se sustenter* sich stärken

susurrer [sysyʀe] *v/t et v/i* flüstern

sut, sût [sy] → *savoir¹*

suture [sytyʀ] MÉD Naht *f*; *point m de suture* Stich *m*; Einzelnaht *f*

suturer [sytyʀe] *v/t* MÉD *plaie* (ver)nähen; *bords d'une plaie* zusammennähen

suzerain [suzʀɛ̃] *m* HIST Lehnsherr *m*

svelte [svɛlt] *adj* schlank

sveltesse [-ɛs] *f* Schlankheit *f*

S.V.P. *abr* (*s'il vous plaît*) bitte

sweat-shirt [switʃœʀt] *m* ⟨sweat-shirts⟩ Sweatshirt *n*

swing [swiŋ] *m* **1.** MUS Swing *m* **2.** BOXE Schwinger *m*; GOLF Schwung *m*

swinguer [swiŋge] *v/i* **1.** MUS swingen **2.** F *fig ça swingue* F es herrscht e-e Bombenstimmung

Sydney [sidnɛ] Sydney *n*

syllabe [silab] *f* Silbe *f*

syllabique [-ik] *adj* Silben…; silbisch

syllogisme [silɔʒism] *m* Syllogismus *m*

sylphe [silf] *m* Sylphe *m*; Luftgeist *m*

sylvicole [silvikɔl] *adj* Forst…; forstwirtschaftlich

sylviculteur [silvikyltœʀ] *m correspond à* Forstwirt *m*

sylviculture [-yʀ] *f* Forstwirtschaft *f*

symbiose [sɛ̃bjoz] *f* Symbiose *f*

▸ **symbole** [sɛ̃bɔl] *m* **1.** Symbol *n* (*a* MATH, CHIM); Sinnbild *n* **2.** REL Glaubensbekenntnis *n*

symbolique [sɛ̃bɔlik] *adj* symbolisch; sinnbildlich

symboliser [-ize] *v/t* symbolisieren; versinnbildlichen

symbolisme [-ism] *m* **1.** Symbolik *f*; symbolische Bedeutung **2.** ART Symbolismus *m*

symboliste [sɛ̃bɔlist] LITTÉRATURE **I** *adj* symbolistisch **II** *m* Symbolist *m*

symétrie [simetʀi] *f* Symmetrie *f*

symétrique [-ik] *adj* symmetrisch

sympa [sɛ̃pa] *adj abr* ⟨f inv⟩ F → *sympathique*

sympathie [sɛ̃pati] *f* Sympathie *f*; Zuneigung *f*; (*condoléances*) Anteilnahme *f*; *avoir de la sympathie pour qn* für j-n Sympathie empfinden

▸ **sympathique** [sɛ̃patik] **I** *adj personne, visage* sympathisch; *accueil* freundlich; *soirée, am-*

biance gemütlich; nett **II** *m* ANAT Sympathikus *m*

sympathisant [sɛ̃patizɑ̃] *m*, **sympathisante** [-ɑ̃t] *f* Sympathisant(in) *m(f)*

sympathiser [sɛ̃patize] *v/i* sympathisieren (*avec qn* mit j-m); *ils ont tout de suite sympathisé* sie waren sich gleich sympathisch

symphonie [sɛ̃fɔni] *f* Symphonie *f*; Sinfonie *f* (*a fig*)

symphonique [sɛ̃fɔnik] *adj* sinfonisch; *orchestre m symphonique* Sinfonieorchester *n*

symphoniste [sɛ̃fɔnist] *m,f* Sinfoniker(in) *ou* Symphoniker(in) *m(f)*

symposium [sɛ̃pozjɔm] *m* Symposion *n*; Symposium *m*

symptomatique [sɛ̃ptɔmatik] *adj* symptomatisch (*de* für)

symptôme [sɛ̃ptom] *m* Symptom *n*; *fig a* Anzeichen *n*

synagogue [sinagɔg] *f* Synagoge *f*

synchro [sɛ̃kʀo] *f* → *synchronisation*

synchrone [sɛ̃kʀon] *adj* synchron; *moteur m synchrone* Synchronmotor *m*

synchronie [sɛ̃kʀɔni] *f* LING Synchronie *f*

synchronique [-ik] *adj* **1.** synchronistisch **2.** LING synchronisch

synchronisation [sɛ̃kʀɔnizasjõ] *f* Synchronisierung *f*, Synchronisation *f* (*a* TECH)

synchronisé [sɛ̃kʀɔnize] *adj* ⟨~e⟩ synchronisiert; *feux synchronisés* grüne Welle

synchroniser [sɛ̃kʀɔnize] *v/t* synchronisieren (*a* TECH, *film*); zeitlich aufeinander abstimmen

syncope [sɛ̃kɔp] *f* **1.** MÉD *avoir une syncope* ohnmächtig, bewusstlos werden **2.** MUS Synkope *f*

syndic [sɛ̃dik] *m* Verwalter *m*

syndical [sɛ̃dikal] *adj* ⟨~e; -aux [-o]⟩ **1.** gewerkschaftlich; Gewerkschafts... **2.** *chambre syndicale* Arbeitgeberverband *m*

syndicalisation [sɛ̃dikalizasjõ] *f* gewerkschaftliche Organisierung

syndicaliser [-e] *v/t* gewerkschaftlich organisieren

syndicalisme [sɛ̃dikalism] *m* Gewerkschaftsbewegung *f*; *faire du syndicalisme* aktives Mitglied e-r Gewerkschaft sein

syndicaliste [sɛ̃dikalist] **I** *adj* Gewerkschafts... **II** *m,f* Gewerkschaft(l)er(in) *m(f)*

▸ **syndicat** [sɛ̃dika] *m* **1.** *de salariés* Gewerk-

schaft *f*; *par ext* (*association*) Verband *m*; *syndicat patronal* Arbeitgeberverband *m* **2.** ▸ *syndicat d'initiative* Fremdenverkehrsbüro *n*

syndiqué(e) [sɛ̃dike] *m(f)* Gewerkschaftsmitglied *n*

syndiquer [sɛ̃dike] *v/pr* **se syndiquer 1.** *salariés* sich gewerkschaftlich organisieren **2.** *adhérer* e-r Gewerkschaft (*dat*) beitreten

syndrome [sɛ̃dʀom] *m* Syndrom *n*

synecdoque [sinɛkdɔk] *f* RHÉT Synekdoche *f*

synergie [sinɛʀʒi] *f* Synergie *f* (*a* ÉCON)

synode [sinɔd] *m* Synode *f*

synonyme [sinɔnim] **I** *adj* synonym; sinnverwandt; *fig être synonyme de* gleichbedeutend sein mit **II** *m* Synonym *n*

synonymie [sinɔnimi] *f* Synonymie *f*; Sinnverwandtschaft *f*

synoptique [sinɔptik] *adj* synoptisch; *tableau m synoptique* Übersichtstafel *f*

synovie [sinɔvi] *f* Gelenkschmiere *f*

syntaxe [sɛ̃taks] *f* Syntax *f*; Satzlehre *f*

syntaxique [sɛ̃taksik] *adj* syntaktisch

synthèse [sɛ̃tɛz] *f* Synthese *f* (*a* CHIM); Zusammenfassung *f*; *avoir l'esprit de synthèse* in Zusammenhängen denken

▸ **synthétique** [sɛ̃tetik] *adj* synthetisch; CHIM *a* Kunst...; künstlich hergestellt; *fibres f/pl synthétiques* Kunst-, Chemiefasern *f/pl*; synthetische Fasern *f/pl*; *résine f synthétique* Kunstharz *n*

synthétiser [sɛ̃tetize] *v/t* CHIM synthetisch herstellen

synthétiseur [sɛ̃tetizœʀ] *m* MUS Synthesizer *m*

syphilis [sifilis] *f* Syphilis *f*

Syracuse [siʀakyz] Syrakus *n*

Syrie [siʀi] *la Syrie* Syrien *n*

syrien [siʀjɛ̃] **I** *adj* ⟨-ienne [-jɛn]⟩ syrisch **II** *Syrien(ne)* *m(f)* Syrer(in) *m(f)*

systématique [sistematik] *adj* systematisch; *péj a* hartnäckig

systématiquement [-mɑ̃] *adv* systematisch

systématisation [sistematizasjõ] *f* Systematisierung *f*

systématiser [-e] *v/t* systematisieren

système [sistɛm] *m* System *n* (*a* POL, PHYS, INFORM, *etc*); F *je connais le système* ich weiß Bescheid; F *taper sur le système à qn* j-m auf die Nerven gehen

T

T, t [te] *m* ⟨*inv*⟩ T, t *n*

t' [t] → *te*

▸ **ta** → *ton¹*

▸ **tabac** [taba] *m* **1.** Tabak *m*; ▸ (*bureau m de*) *tabac* Tabakladen *m*; *österr* (Tabak)Trafik *f* **2.** F *passage m à tabac* Prügel *pl*; *passer qn à*

tabac j-n verprügeln **3.** F *faire un tabac* F e-n Riesen-, Bombenerfolg haben **4.** MAR *coup m de tabac* Sturm *m* **5.** *adjt* ⟨*inv*⟩ tabakfarben

tabagie [tabaʒi] *f* verräucherte Bude

tabagisme [-ism] *m* Nikotinmissbrauch *m*; Rauchen *n*

Le bureau de tabac

In einem **bureau de tabac** (Tabakladen) bekommt man nicht nur Tabak und Zigaretten, sondern auch Briefmarken, Telefonkarten, Schreibwaren und Lotteriescheine.

tabasser [tabase] F **I** *v/t* verprügeln **II** *v/pr* **se tabasser** sich prügeln
tabatière [tabatjɛʀ] *f* Tabaksdose *f*
tabernacle [tabɛʀnakl] *m* Tabernakel *m ou n*
▸ **table** [tabl] *f* **1.** Tisch *m*; **table basse** Couchtisch *m*; *fig* **table ronde** runder Tisch; Gesprächsrunde *f*; **table à dessin, à repasser** Zeichen-, Bügeltisch *m*; **table de nuit, de chevet** Nachttisch *m*; **table d'opération** Operationstisch *m*; **table de ping-pong** Tischtennisplatte *f*; **table de travail** Arbeitstisch *m*; *fig* **faire table rase** Tabula rasa, reinen Tisch machen **2.** (Ess)Tisch *m*; Tafel *f*; **plaisirs** *m/pl* **de la table** Tafelfreuden *f/pl*; **être à table** bei Tisch sitzen; **se lever de table, quitter la table, sortir de table** vom Tisch, vom Essen aufstehen; ▸ **mettre la table** den Tisch decken; **se mettre à table** sich zu Tisch setzen; F *fig* (*avouer*) F auspacken; **passer à table** zu Tisch gehen **3.** (*tableau*) Tafel *f*; Tabelle *f*; **table des matières** Inhaltsverzeichnis *n*; **table de multiplication** Einmaleins *n*

La table ronde

La table ronde bezeichnet ursprünglich die erlesene Tafelrunde von König Artus. Dabei saßen zwölf Ritter zu Beratungsgesprächen zusammen, und zwar an einem runden Tisch, damit keiner der Ritter eine bevorzugte Position am Tisch einnehmen konnte.

Im modernen Sprachgebrauch versteht man unter **table ronde** auch eine Diskussion am runden Tisch.

▸ **tableau** [tablo] *m* ⟨~x⟩ **1.** (*peinture*) Gemälde *n*; Bild *n*; *fig*, *péj* **vieux tableau** F alte Schachtel; *par ext* **tableau de chasse** CH Strecke *f*; F *fig* Erfolge *m/pl* (bei Frauen) **2.** (*spectacle*) Bild *n* (*a* THÉ); Anblick *m* **3.** (*description*) Bild *n*; Schilderung *f* **4.** (*panneau*) Tafel *f*; Brett *n*; **tableau d'affichage** Anschlagtafel *f*; Schwarzes Brett; *dans une gare, etc* Anzeigetafel *f*; **tableau de bord** Armaturen-, Instrumentenbrett *n* **5.** ÉCOLE **tableau** (**noir**) (Wand)Tafel *f*; **écrire qc au tableau** etw an die Tafel schreiben **6.** (*liste*) Übersicht *f*; Tabelle *f*; **tableau d'avancement** Beförderungsliste *f*; **tableau des conjugaisons** Konjugationstabelle *f*; ÉCOLE **tableau d'honneur** Lob *n* für gute Leistungen; **tableau de service** Dienstplan *m*
ablée [table] *f* Tischgesellschaft *f*
abler [table] *v/t/indir* **tabler sur qc** auf etw (*acc*) setzen; mit etw rechnen

tablette [tablɛt] *f* **1.** (*planchette*) Ablage *f* **2.** **tablette de chewing-gum** Kaugummistreifen *m*; **tablette de chocolat** Tafel *f* Schokolade **3.** HIST (Schreib)Tafel *f*; *fig* **noter qc sur ses tablettes** sich (*dat*) etw merken
tableur [tablœʀ] *m* INFORM Tabellen-(kalkulations)programm *n*
tablier [tablije] *m* **1.** Schürze *f*; **tablier à bavette** Latzschürze *f*; **tablier d'écolier** Schulkittel *m*; *fig* **rendre son tablier** s-e Stelle aufgeben **2.** *d'un pont* Fahrbahn *f* **3.** *d'une cheminée* Verschlussblech *n*
tabloïd(e)® [tablɔid] *m* Zeitung *f* im Kleinformat
tabou [tabu] **I** *adj* ⟨~e⟩ tabu **II** *m* Tabu *n*
taboulé [tabule] *m* syrisch-libanesisches Couscous-Gericht mit Petersilie, Pfefferminze, Zwiebeln und Tomaten
tabouret [tabuʀɛ] *m* Hocker *m*
tabulateur [tabylatœʀ] *m* Tabulator *m*
tabulation [tabylasjɔ̃] *f* **touche** *f* **de tabulation** Tabulatortaste *f*
tac [tak] *du tac au tac* schlagfertig
▸ **tache** [taʃ] *f* **1.** Fleck(en) *m*; **tache d'encre, de graisse** Tinten-, Fettfleck *m*; **taches de rousseur, de son** Sommersprossen *f/pl*; **avoir, enlever une tache** e-n Fleck(en) haben, entfernen; **tache de vin** Feuermal *n*; *fig* **faire tache** nicht passen (**dans** in + *acc*); *fig* **faire tache d'huile** sich verbreiten **2.** (*tare*) Makel *m*; Schandfleck *m*
▸ **tâche** [tɑʃ] *f* **1.** (*devoir*) Aufgabe *f*; (*travail*) Arbeit *f*; **accomplir sa tâche, s'acquitter d'une tâche, remplir une tâche** s-e *ou* e-e Aufgabe erfüllen **2.** **à la tâche** im Akkord; Akkord...
taché [taʃe] *adj* ⟨~e⟩ fleckig
tacher [taʃe] **I** *v/t* fleckig machen **II** *v/pr* **se tacher 1.** *personne* sich fleckig machen **2.** *chose* fleckig werden; Flecken bekommen
tâcher [tɑʃe] *v/t* **tâcher de** (+ *inf*) sich bemühen zu (+ *inf*); versuchen zu (+ *inf*)
tâcheron [tɑʃʀɔ̃] *m* *péj* Handlanger *m*
tacheté [taʃte] *adj* ⟨~e⟩ gefleckt; gesprenkelt
tachycardie [takikaʀdi] *f* Herzjagen *n*
tacite [tasit] *adj* stillschweigend
taciturne [tasityʀn] *adj* schweigsam
tacot [tako] *m* F (**vieux**) **tacot** F Klapperkasten *m*; F alte Kiste, Karre
tact [takt] *m* **1.** Takt *m*; Feingefühl *n*; **manque** *m* **de tact** Taktlosigkeit *f*; **avoir du tact** taktvoll sein; Takt besitzen **2.** BIOL Tastsinn *m*; Gefühl *n*
tacticien [taktisjɛ̃] *m*, **tacticienne** [-jɛn] *f* Taktiker(in) *m(f)*
tactile [taktil] *adj* Tast...
tactique [taktik] *f* Taktik *f*; **changer de tactique** s-e Taktik ändern
taekwondo [tekwɔ̃do] *m* Taekwondo *n*
tænia → **ténia**
taffe [taf] F *f* (*bouffée de cigarette*) Zug *m*; **tirer une taffe** F (mal) ziehen
taffetas [tafta] *m* Taft *m*
tag [tag] *m* (aufgesprühte) Graffiti *pl*
tagliatelles [taljatɛl] *f/pl* CUIS Tagliatelle *pl*
taguer [tage] **I** *v/i* Graffiti sprühen **II** *v/t* mit Graffiti besprühen
tagueur [tagœʀ] *m* Sprayer *m*

Tahiti [taiti] Tahiti *n*
tahitien [taisjɛ̃] **I** *adj* ⟨**-ienne** [-jɛn]⟩ von, aus, auf Tahiti **II** *Tahitien(ne)* *m(f)* Bewohner(in) *m(f)* von Tahiti
taie [tɛ] *f* *taie (d'oreiller)* Kopfkissenbezug *m*
taillable [tajabl] *adj* HIST zinspflichtig
taillader [tajade] *v/pr* *se taillader* sich schneiden
▸ **taille** [taj, tɑj] *f* **1.** Größe *f* (*a* COUT); *d'une personne a* Körpergröße *f*; Wuchs *m*; Statur *f*; *de taille moyenne* mittelgroß; F *de taille* F gewaltig; Riesen…; COUT *la taille au-dessus* e-e Nummer größer; *fig* *être de taille à* (+ *inf*) imstande, fähig sein zu (+ *inf*) **2.** ANAT Taille *f*; *taille de guêpe* Wespentaille *f*; *avoir la taille fine* e-e schlanke Taille haben **3.** *de la pierre* Behauen *n*; *de diamants* Schleifen *n*; Schliff *m*; *d'arbres* Beschneiden *n*; Schnitt *m* **4.** HIST Steuer *f* (der Nichtadligen)
taillé [taje] *adj* ⟨~e⟩ *taillé en athlète* athletisch gebaut; *fig* *être taillé pour* geschaffen sein für
taille-crayon(s) *m* ⟨**taille-crayons**⟩ Bleistiftspitzer *m*
tailler [taje] **I** *v/t* *vêtement* (zu)schneiden; *pierre* behauen; *diamants* schleifen; *crayon* spitzen; *haie, etc* beschneiden; stutzen **II** *v/i* *vêtement* *tailler grand, petit* groß, klein ausfallen **III** *v/pr* **1.** *fig* *se tailler la part du lion* sich (*dat*) den Löwenanteil nehmen; *se tailler un succès* e-n Erfolg verbuchen **2.** F *se tailler* F abhauen
tailleur [tajœR] *m* **1.** Schneider *m*; *être assis en tailleur* im Schneidersitz sitzen **2.** *costume de femme* Kostüm *n* **3.** *tailleur de pierre(s)* Steinmetz *m*
taillis [taji] *m* Dickicht *n*; Unterholz *n*
tain [tɛ̃] *m* Spiegelbelag *m*; *glace f sans tain* Einwegspiegel *m*
taire [tɛR] ⟨→ **plaire**; *aber il se tait*⟩ **I** *v/t* verschweigen **II** *v/pr* ▸ *se taire* (*être silencieux*) schweigen (*sur* über + *acc*); still sein; (*cesser*) verstummen (*a choses*); *tais-toi!* halt den Mund!; *faire taire qn* j-n zum Schweigen bringen; j-n auffordern, ruhig zu sein
Taïwan [tajwan] Taiwan *n*
talc [talk] *m* (Körper)Puder *m*
talé [tale] *adj* ⟨~e⟩ *fruit* mit Druckstellen
talent [talɑ̃] *m* Talent *n*; Gabe *f*; Begabung *f*; *avoir du talent* talentiert, begabt sein
talentueux [talɑ̃tɥø] *adj* ⟨**-euse** [-øz]⟩ talentiert; begabt; fähig
talibans [talibɑ̃] *m/pl* Taliban *pl*
talion [taljõ] *m* *la loi du talion* das Gesetz der Wiedervergeltung
talisman [talismɑ̃] *m* Talisman *m*
talkie-walkie [tokiwoki] *m* ⟨**talkies-walkies**⟩ tragbares Funksprechgerät; Walkie-Talkie *n*
talk-show [tɔ(l)kʃo] *m* ⟨**talk-shows**⟩ Talkshow *f*
Talleyrand [talɛRɑ̃, talRɑ̃] *frz Politiker*
taloche [talɔʃ] *f* **1.** F (*gifle*) Ohrfeige *f* **2.** CONSTR Reibebrett *n*
▸ **talon** [talõ] *m* **1.** ANAT, *d'un bas* Ferse *f*; *fig* *talon d'Achille* Achillesferse *f*; *fig* *être sur les talons de qn* j-m auf den Fersen sein; *fig* *tourner les talons* Fersengeld geben **2.** *de la chaussure* Absatz *m*; *nordd* Hacke *f*; *talons aiguilles* Pfennigabsätze *m/pl*; *à talons 'hauts*,

plats mit hohen, flachen Absätzen **3.** (*contraire: entame*) Endstück *n* **4.** *d'un chèque, etc* Stammabschnitt *m*; Coupon *m* **5.** CARTES Talon *m*; Kartenstock *m*
talonnade [talɔnad] *f* FOOTBALL Absatzkick *m*
talonnage [-aʒ] *m* RUGBY Hakeln *n*
talonner [talɔne] *v/t* *talonner qn* j-m auf den Fersen sein; *fig* j-n bedrängen; j-m zusetzen
talonnette [talɔnɛt] *f* **1.** *de chaussure* Ferseneinlage *f* **2.** *du pantalon* Stoßband *n*
talquer [talke] *v/t* einpudern
talus [taly] *m* Böschung *f*
tamanoir [tamanwaR] *m* Großer Ameisenbär
tamaris [tamaRis] *m* Tamariske *f*
tambouille [tɑ̃buj] F *f* Essen *n*; *péj* Fraß *m*; *faire la tambouille* kochen
tambour [tɑ̃buR] *m* **1.** MUS, TECH Trommel *f*; *fig* *mener l'affaire tambour battant* die Sache zügig, tatkräftig erledigen; *fig* *partir sans tambour ni trompette* heimlich, still und leise verschwinden **2.** *personne* Trommler *m* **3.** CONSTR Windfang *m*; (*porte f à*) *tambour* Drehtür *f* **4.** *pour broder* Stickrahmen *m*
tambourin [tɑ̃buRɛ̃] *m* Tamburin *n*
tambouriner [tɑ̃buRine] *v/i* trommeln
tambour-major *m* ⟨**tambours-majors**⟩ Tambourmajor *m*
tamil [tamil] → *tamoul*
tamis [tami] *m* Sieb *n*
Tamise [tamiz] *la Tamise* die Themse
tamiser [tamize] *v/t* **1.** (durch)sieben **2.** *fig* *lumière* dämpfen
tamoul [tamul] **I** *adj* ⟨~e⟩ tamilisch **II** *m/pl* *Tamouls* Tamilen *m/pl*
▸ **tampon** [tɑ̃põ] *m* **1.** *tampon hygiénique, périodique* Tampon *m*; *tampon d'ouate* Wattebausch *m* **2.** CH DE FER, *fig* Puffer *m*; *adjt* *État m tampon* Pufferstaat *m*; *personne* *servir de tampon* als Puffer dazwischenstehen **3.** (*cachet*) Stempel *m* **4.** *tampon encreur* Stempelkissen *n* **5.** (*bouchon*) Pfropfen *m*
tamponner [tɑ̃pɔne] **I** *v/t* **1.** (*essuyer*) abtupfen; abwischen **2.** *véhicule* auffahren auf (+ *acc*); rammen **3.** (*apposer un cachet*) (ab)stempeln **II** *v/pr* *se tamponner* zusammenstoßen
tamponneuse [tɑ̃pɔnøz] *adj* ⟨*f*⟩ *auto tamponneuse* (Auto)Skooter *m*
tam-tam [tamtam] *m* ⟨**tam-tams**⟩ **1.** afrikanische Trommel **2.** *fig* *faire du tam-tam* ein Tamtam machen (*autour de qc* um etw)
tancer [tɑ̃se] ⟨-ç-⟩ *litt* *v/t* schelten
tanche [tɑ̃ʃ] *f* Schleie *f*
tandem [tɑ̃dɛm] *m* **1.** *vélo* Tandem *n* **2.** *fig* Gespann *n*; Tandem *n*
tandis que [tɑ̃dik(ə)] *conj* während; *opposition a* wo(hin)gegen
tangage [tɑ̃gaʒ] *m* MAR Stampfen *n*
tangence [tɑ̃ʒɑ̃s] *f* MATH Berührung *f*
tangent [tɑ̃ʒɑ̃] *adj* ⟨**-ente** [-ɑ̃t]⟩ **1.** *droite tangente à un cercle* Gerade, die e-n Kreis berührt **2.** (*de justesse*) knapp
tangente [tɑ̃ʒɑ̃t] *f* Tangente *f*
tangentiel [-sjɛl] *adj* ⟨~le⟩ tangential; Tangential…
tangible [tɑ̃ʒibl] *adj* greifbar; *preuve* handgreiflich
tango [tɑ̃go] **I** *m* Tango *m* **II** *adj* ⟨*inv*⟩ orange(-rot)

tanguer [tãge] v/i MAR stampfen; *par ext véhicule* schwanken

tanière [tanjɛʀ] *f d'un animal* Höhle *f*

tanin [tanɛ̃] *m* Gerbstoff *m*

tank [tãk] *m* **1.** (*réservoir*) Tank *m* **2.** MIL Panzer *m* **3.** F *voiture* Straßenkreuzer *m*

tanné [tane] *adj* ⟨~e⟩ gegerbt (*a fig visage*)

tanner [tane] v/t **1.** *peaux, par ext soleil*: *visage* gerben **2.** F **tanner qn** F j-n nerven

tannerie [tanʀi] *f* **1.** *atelier* Gerberei *f* **2.** *technique* Gerben *n*

tanneur [tanœʀ] *m* Gerber *m*

tannin → **tanin**

▸ **tant** [tã] **I** *adv* **1.** so; so viel(e); so sehr; **tant de fois** so oft; **il a tant de livres que …** er hat so viele Bücher, dass …; **il vous aime tant** er liebt Sie so sehr; **il a tant travaillé que …** er hat so viel gearbeitet, dass …; **tous tant que vous êtes** ihr alle (ohne Ausnahme); **tant et plus** reichlich; in Mengen; **tant bien que mal** recht und schlecht; so gut es (es eben) geht; ▸ **tant mieux** umso *ou* desto besser; ▸ **tant pis** da kann man nichts machen; schade **2.** *quantité indéfinie* soundso viel; *subst* **le tant** am Soundsovielten (*des Monats*) **II** *conj* **3.** ▸ **tant que …** solange …; **tant que vous y êtes** wenn Sie schon dabei sind; **tant qu'à faire!** wennschon, dennschon! **4. tant et si bien que …** so lange, bis …; sodass schließlich … **5. si tant est que** (+ *subj*) falls; sofern; wenn überhaupt **6. en tant que** als; **en tant que médecin** als Arzt **7. tant … que** sowohl … als auch

▸ **tante** [tãt] *f* **1.** Tante *f* **2.** F (*homosexuel*) F *péj* Tunte *f* **3.** F *plais* (*mont-de-piété*) **ma tante** das Leihhaus

tantième [tãtjɛm] *m* Anteil *m*; COMM Tantieme *f*; Gewinnanteil *m*

tantinet [tãtinɛ] *adv* **un tantinet** ein klein wenig

tantôt [tãto] *adv* **1.** heute Nachmittag **2. tantôt …, tantôt …** bald …, bald …; (ein)mal …, (ein)mal …

tantouse [tãtuz] F *f* → **tante 2**

Tanzanie [tãzani] **la Tanzanie** Tansania *n*

tanzanien [tãzanjɛ̃] **I** *adj* ⟨-ienne [-jɛn]⟩ tansanisch **II** *subst* **Tanzanien(ne)** *m(f)* Tansanier(in) *m(f)*

taon [tã] *m* ZO Bremse *f*

tapage [tapaʒ] *m* **1.** (*bruit*) Lärm *m*; Krach *m*; F Spektakel *m*; **tapage nocturne** nächtliche Ruhestörung **2.** *fig* Wirbel *m*; Aufsehen *n*; **cette affaire a fait beaucoup de tapage** diese Sache hat großes Aufsehen erregt

tapageur [tapaʒœʀ] *adj* ⟨-euse [-øz]⟩ auffällig; aufdringlich; *publicité* marktschreierisch

tapant [tapã] *adj* ⟨-ante [-ãt]⟩ **à midi tapant** Schlag zwölf (Uhr)

tape [tap] *f* Klaps *m*

tapé [tape] *adj* ⟨~e⟩ F → **cinglé**

tape-à-l'œil [tapalœj] *adj* ⟨*inv*⟩ protzig; kitschig; *subst* **c'est du tape-à-l'œil** das ist Schaumschlägerei

tapecul *ou* **tape-cul** [tapky] F *m* ⟨**tape-culs**⟩ **1.** *voiture* F schlecht gefederte Karre **2.** *balançoire* Wippe *f*

tapée [tape] *f* F Haufen *m*

▸ **taper** [tape] **I** v/t **1.** (*frapper*) schlagen; **taper trois coups à la porte** dreimal an die Tür

klopfen **2.** *à la machine à écrire* tippen; *sur ordinateur, minitel* eingeben; eintippen **3.** F (*emprunter*) **taper qn** F j-n anpumpen **II** v/i **4.** (*frapper*) schlagen; **taper dans les mains** *ou* **des mains** in die Hände klatschen; **taper des pieds** mit den Füßen trampeln; F *fig* **taper sur qn** F über j-n herziehen; F *fig* **taper dans l'œil de qn** j-m ins Auge stechen; **taper sur les nerfs à qn** j-m auf die Nerven gehen **5. taper** (**à la machine**) tippen **6.** F (*se servir*) **taper dans** sich hermachen über (+ *acc*) **7.** *soleil* **taper** (**dur**) (heiß) brennen **III** v/pr **se taper 8.** F *à manger, à boire* F sich (*dat*) genehmigen; F sich (*dat*) reinziehen **9.** F *travail, trajet* auf sich (*acc*) nehmen müssen; *collègues, famille* ertragen

tapette [tapɛt] *f* **1.** *pour tapis* Teppichklopfer *m*; *pour mouches* Fliegenklatsche *f* **2.** F (*langue*) F (flottes) Mundwerk **3.** (*souricière*) Mausefalle *f* **4.** P (*homosexuel*) F Tunte *f*

tapeur [tapœʀ] *m* F Pumpgenie *n*

tapi [tapi] *adj* ⟨~e⟩ versteckt

tapin [tapɛ̃] *m* P **faire le tapin** F auf den Strich gehen

tapinois [tapinwa] **en tapinois** heimlich

tapioca [tapjɔka] *m* Tapioka *f*

tapir¹ [tapiʀ] v/pr **se tapir** sich verkriechen

tapir² *m* ZO Tapir *m*

▸ **tapis** [tapi] *m* **1.** Teppich *m*; *d'escalier* Läufer *m* **2.** *par ext* Matte *f* (*a* SPORTS); **tapis de bain** Bademattte *f*; BOXE **aller au tapis** zu Boden gehen; *fig* (**re**)**mettre une question sur le tapis** e-e Frage (wieder) aufs Tapet, zur Sprache bringen **3. tapis roulant** Förderband *n*; *pour piétons* Roll-, Fahrsteig *m*

tapis-brosse *m* ⟨**tapis-brosses**⟩ Fußmatte *f*; Abtreter *m*

tapisser [tapise] v/t **1.** *murs* tapezieren **2.** *par ext* bedecken (**de** mit)

tapisserie [tapisʀi] *f* **1.** Wandbehang *m*; Wandteppich *m*; Gobelin *m*; *fig* **faire tapisserie** ein Mauerblümchen sein **2.** (*canevas*) Kanevasstickerei *f*

tapissier [tapisje] *m* **1.** *décorateur* Tapezierer *m* **2.** *d'ameublement* Polsterer *m*

tapotement [tapɔtmã] *m* leichtes Klopfen; *de la joue* Tatscheln *n*

tapoter [-e] v/t (leicht) klopfen auf (+ *acc*); *joue* tätscheln

taquet [takɛ] *m* Knagge *f*; Pflock *m*

taquin [takɛ̃] *adj* ⟨-ine [-in]⟩ schalkhaft; schelmisch

taquiner [takine] **I** v/t necken; hänseln **II** v/pr **se taquiner** sich (gegenseitig) necken, hänseln

taquinerie [-ʀi] *f* Neckerei *f*; Hänselei *f*

tarabiscoté [taʀabiskɔte] *adj* ⟨~e⟩ *décor* verschnörkelt; *style* geschraubt

tarabuster [taʀabyste] v/t **tarabuster qn** j-m zusetzen; j-m keine Ruhe lassen

taratata [taʀatata] *int* na, na!

taraudage [taʀodaʒ] *m* TECH **a**) Gewindebohren *n* **b**) Innengewinde *n*

tarauder [taʀode] v/t (TECH ein Gewinde) bohren in (+ *acc*)

▸ **tard** [taʀ] **I** *adv* spät; **plus tard** später; **au plus tard** spätestens; **trop tard** zu spät; **attendre trop tard** zu lange warten; *prov* **mieux vaut tard que jamais** besser spät als nie (*prov*) **II** *m* **sur le tard** in vorgerücktem Alter

tarder [taʀde] **I** *v/i* auf sich (*acc*) warten lassen; *ça ne va pas tarder* es wird nicht mehr lange dauern; **sans tarder** unverzüglich; **tarder à** (+ *inf*) zögern zu (+ *inf*); **ne pas tarder à faire qc** bald etw tun **II** *v/imp* **il me tarde de** (+ *inf*) ich kann es kaum erwarten zu (+ *inf*)

tardif [taʀdif] *adj* ⟨**-ive** [-iv]⟩ spät; *fruit* spät reifend

tare [taʀ] *f* **1.** (*défaut*) Fehler *m*; Makel *m*; **tare héréditaire** erbliche Belastung **2.** COMM Tara *f*; Verpackungsgewicht *n*

taré [taʀe] *adj* ⟨**~e**⟩ **1.** (*dégénéré*) erblich belastet **2.** F (*débile*) schwachsinnig

tarentule [taʀɑ̃tyl] *f* Tarantel *f*

targette [taʀʒɛt] *f* Schubriegel *m*

targuer [taʀge] *v/pr st/s* **se targuer de** (+ *inf*) sich damit brüsten, dass …

tari [taʀi] *adj* ⟨**~e**⟩ *source* versiegt

▸ **tarif** [taʀif] *m* Tarif *m*; Preisliste *f*; *des médecins, avocats* Gebührenordnung *f*; **plein tarif** voller Preis; **tarifs postaux** Postgebühren *f/pl*; **billet *m* à tarif réduit** ermäßigte Fahrkarte; **tarif syndical** Verbandstarif *m*

tarifaire [taʀifɛʀ] *adj* Tarif…; tariflich

tarifer [-e] *v/t* den Preis *ou* ADM den Tarif festsetzen für; tarifieren

tarification [-ikasjɔ̃] *f* tarifliche Festlegung; Tarifierung *f*

tarin [taʀɛ̃] *m arg* (*nez*) F Zinken *m*

tarir [taʀiʀ] **I** *v/t* versiegen lassen **II** *v/i* **1.** *source*, *par ext larmes* versiegen **2.** *fig* **ne pas tarir d'éloges sur** des Lobes voll sein über (+ *acc*) **III** *v/pr* **se tarir** *source, fig inspiration* versiegen

tarissement [taʀismɑ̃] *m* Versiegen *n* (*a fig*)

Tarn [taʀn] **le Tarn** *Fluss u Departement in Frankreich*

Tarn-et-Garonne [taʀnegaʀɔn] **le Tarn-et-Garonne** *frz Departement*

tarot [taʀo] *m* Tarock *n ou m*; **tarots** *pl* Tarockkarten *f/pl*

tarse [taʀs] *m* Fußwurzel *f*

tartare [taʀtaʀ] *adj* **sauce** *f* **tartare** Mayonnaise mit gehackten Kräutern; **steak** *m* **tartare** rohes Rinderhackfleisch mit Sauce tartare

▸ **tarte** [taʀt] **I** *f* **1.** Obstkuchen *m*, -torte *f*; *fig* **tarte à la crème** abgedroschenes Thema; **tarte aux pommes** Apfelkuchen *m*; F *fig* **c'est pas de la tarte** F das hat es in sich **2.** F (*gifle*) Ohrfeige *f* **II** *adj* F (*moche*) hässlich; (*sot*) F dämlich; (*ridicule*) lächerlich

tartelette [taʀtəlɛt] *f* Törtchen *n*

Tartempion [taʀtɑ̃pjɔ̃] *m* F irgendein (Herr) Müller oder Meier

▸ **tartine** [taʀtin] *f* **1.** (bestrichene Brot)Schnitte; *nordd* Stulle *f*; **tartine beurrée** Butterbrot *n* **2.** F (*laïus*) F Sermon *m*

tartiner [taʀtine] *v/t du beurre, etc* auf e-e Brotschnitte streichen; *tranche de pain* (be)streichen

tartre [taʀtʀ] *m* **1.** *calaire* Kesselstein *m* **2.** *des dents* Zahnstein *m*

tartuf(f)e [taʀtyf] *m* Heuchler *m*

▸ **tas** [tɑ, ta] *m* **1.** (*amas*) Haufen *m*; **mettre en tas** aufhäufen; *linge* auf e-n Haufen legen; *terre* aufschütten **2.** (*grande quantité*) Menge *f*; F Haufen *m*; P **tas de salauds!** P Saubande!;

dans le tas unter den vielen **3.** **sur le tas** am Arbeitsplatz

t'as [ta] F = *tu as*

Tasmanie [tasmani] **la Tasmanie** Tasmanien *n*

▸ **tasse** [tɑs, tas] *f* Tasse *f*; **tasse à café** Kaffeetasse *f*; **tasse de café** Tasse Kaffee; *fig* **boire la tasse** Wasser schlucken (*beim Baden*)

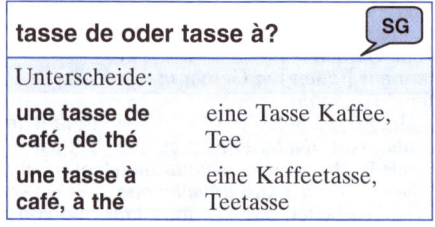

tasse de oder tasse à?	SG
Unterscheide:	
une tasse de café, de thé	eine Tasse Kaffee, Tee
une tasse à café, à thé	eine Kaffeetasse, Teetasse

tassé [tɑse] *adj* ⟨**~e**⟩ **1.** F **bien tassé** *verre* randvoll; *café* sehr stark **2.** *personne* vom Alter gebeugt

tasseau [tɑso] *m* ⟨**~x**⟩ Knagge *f*; (Trag)Leiste *f*

tassement [tɑsmɑ̃] *m* **tassement de vertèbres** Zusammensinken *n* der Wirbelkörper

tasser [tɑse] **I** *v/t sol* feststampfen; *qc de volumineux* zusammenpressen, -drücken **II** *v/pr* **se tasser 1.** *sol*, CONSTR sich senken; sich setzen; *fig personne* (mit zunehmendem Alter) kleiner werden **2.** F *affaire* wieder in Ordnung kommen; F sich wieder einrenken

taste-vin [tastəvɛ̃] *m* ⟨*inv*⟩ (silberner) Probierbecher; (*pipette*) Stechheber *m*

tata [tata] *enf f* Tante *f*; Tantchen *n*

tatanes [tatan] *f/pl* F Latschen *m/pl*

tâter [tɑte] **I** *v/t* be-, abtasten; be-, anfühlen **II** *v/t/indir* **tâter de qc** etw ausprobieren; F in etw (*acc*) hineinriechen **III** *v/pr* **je me tâte** ich muss es mir noch überlegen

tatillon [tatijɔ̃] *adj* ⟨**-onne** [-ɔn]⟩ pedantisch; F pingelig

tâtonnement [tɑtɔnmɑ̃] *m* **1.** (Herum)Tasten *n*, (-)Tappen *n* **2.** *fig surtout pl* **tâtonnements** tastende Versuche *m/pl*

tâtonner [tɑtɔne] *v/i* **1.** herumtasten **2.** *fig* tastende Versuche machen

tâtons [tɑtɔ̃] **à tâtons** tastend; **chercher la sortie à tâtons** sich zum Ausgang tasten

tatou [tatu] *m* Gürteltier *n*

tatouage [tatwaʒ] *m* Tätowierung *f*

tatouer [-e] *v/t* tätowieren

tatoueur [-œʀ] *m* Tätowierer *m*

taudis [todi] *m* Elendsquartier *n*; *par ext péj* Saustall *m*

taulard [tolaʀ] *m arg* Knastbruder *m*

taule [tol] *f* **1.** *arg* (*prison*) F Kittchen *n*; F Knast *m* **2.** F (*chambre, maison*) F Bude *f*

taulier [tolje] F *m*, **taulière** [-jɛʀ] F *f* Wirt(in) *m(f)*

taupe [top] *f* Maulwurf *m* (*a fig espion*); *myope comme une taupe* stark kurzsichtig *fig et péj*; **vieille taupe** alte Hexe, Schachtel

taupinière [topinjɛʀ] *f* Maulwurfshügel *m*

taureau [tɔʀo] *m* ⟨**~x**⟩ **1.** ZO Stier *m*; Bulle *m*; **taureau de combat** Kampfstier *m*; *fig* **prendre le taureau par les cornes** den Stier bei den Hörnern packen **2.** ASTR **le Taureau** der Stier

tauromachie [tɔʀɔmaʃi] *f* Stierkampf *m*
tauromachique [-ik] *adj* Stierkampf...
tautologie [totolɔʒi] *f* Tautologie *f*
tautologique *adj* tautologisch
▸ **taux** [to] *m* **1.** FIN **taux (d'intérêt)** Zinssatz *m*; **taux directeurs** Leitzinsen *m/pl*; **taux de change** Wechselkurs *m*; **taux d'escompte** Diskontsatz *m* **2.** (*proportion*) Rate *f*; Quote *f*; Ziffer *f*; **taux de chômage** Arbeitslosenquote *f*; **taux de glucose dans le sang** Blutzuckerspiegel *m*; **taux d'inflation** Inflationsrate *f*; **taux d'invalidité** Erwerbsminderung *f*; **taux de mortalité** Sterbeziffer *f*; Sterblichkeitsrate *f*
tavelé [tavle] *adj* ⟨**~e**⟩ fleckig
taverne [tavɛʀn] *f* Wirtshaus *n*
taxable [taksabl] *adj* besteuerbar
taxation [taksasjõ] *f* **1.** *des prix* Preisbindung *f* **2.** (*imposition*) Besteuerung *f*
taxe [taks] *f* (*impôt*) Steuer *f*; Abgabe *f*; (*redevance*) Gebühr *f*; **taxe professionnelle** Gewerbesteuer *f*; **taxe d'enlèvement des ordures ménagères** Müllabfuhrgebühr *f*; **taxe de séjour** Kurtaxe *f*; **taxe sur** Steuer auf (*+acc*); **'hors taxe** ohne Steuern und Abgaben; *marchandise importée* zollfrei
taxer [takse] *v/t* **1.** *prix* amtlich festsetzen **2.** (*imposer*) besteuern **3.** *fig* **taxer qn, qc de** j-n, etw bezeichnen als
▸ **taxi** [taksi] *m* Taxi *n*; *par ext* F **il est taxi** er ist Taxichauffeur
taxidermie [taksidɛʀmi] *f sc* Taxidermie *f*
taximètre [taksimɛtʀ] *m* Fahrpreisanzeiger *m*
Tchad [tʃad] *le Tchad* der Tschad; Tschad *n*
tchadien [tʃadjɛ̃] **I** *adj* ⟨**-ienne** [-jɛn]⟩ tschadisch **II** *subst* **Tchadien(ne)** *m(f)* Tschader(in) *m(f)*
tchador [tʃadɔʀ] *m* Tschador *m*
tchatche [tʃatʃ] *f* F **avoir de la tchatche** F ein flinkes Mundwerk haben
tchèque [tʃɛk] **I** *adj* tschechisch; *la République tchèque* die Tschechische Republik **II** **Tchèque** *m,f* Tscheche *m*, Tschechin *f*
Tchéquie [tʃeki] F **la Tchéquie** Tschechien *n*
tchétchène [tʃetʃɛn] **I** *adj* tschetschenisch **II** *subst* **Tchétchène** *m,f* Tschetschene, -tschenin *m,f*
Tchétchénie [tʃetʃeni] *la Tchétchénie* Tschetschenien *n*
tchin-tchin [tʃintʃin] *int* prost!
T.D. [tede] *m/pl abr* → **travail 2**
▸ **te** [t(ə)] *pr/pers* ⟨*vor Vokal u stummem h* **t'**⟩ *obj/dir* dich; *obj/indir* dir
té [te] *m règle* Reißschiene *f*
▸ **technicien** [tɛknisjɛ̃] *m*, **technicienne** [tɛknisjɛn] *f* **1.** Techniker(in) *m(f)*; **technicien supérieur** graduierter Ingenieur **2.** (*spécialiste*) Fachmann *m*, -frau *f*
technicité [tɛknisite] *f* fachlicher Charakter
technico-commercial [tɛknikokɔmɛʀsjal] *adj* ⟨**~e**, **-aux** [-o]⟩ **ingénieur technico-commercial** Vertriebs-, Verkaufsingenieur *m*
▸ **technique** [tɛknik] **I** *adj* **1.** (*spécialisé*) fachlich; Fach...; **lycée** *m* **technique** Fachoberschule *f*; **terme** *m* **technique** Fachausdruck *m* **2.** (*mécanique*) technisch; **incident** *m* **technique** technische Störung **II** *f* Technik *f*
techno [tɛkno] *adj* (**musique** *f*) **techno** *f* Tech-

no *n ou m*
technocrate [tɛknɔkʀat] *m* Technokrat *m*
technocratie [-kʀasi] *f* Technokratie *f*
technocratique [-kʀatik] *adj* technokratisch
technologie [tɛknɔlɔʒi] *f* Technologie *f*; Technik *f*
technologique *adj* technologisch; technisch
teck [tɛk] *m* Teakholz *n*
teckel [tekɛl] *m* Dackel *m*
tectonique [tɛktɔnik] *adj* tektonisch
tectrice [tɛktʀis] *f* Deckfeder *f*
teenager [tinɛdʒœʀ] *m,f* Teenager *m*
▸ **tee-shirt** [tiʃœʀt] *m* ⟨**tee-shirts**⟩ T-Shirt *n*
téflon® [teflõ] *m* Teflon® *n*
Téhéran [teeʀɑ̃] Teheran *n*
teigne [tɛɲ] *f* **1.** MÉD (Erb)Grind *m* **2.** *fig de qn* Giftkröte *f*
teigneux [tɛɲø] *adj* ⟨**-euse** [-øz]⟩ MÉD grindig
teindre [tɛ̃dʀ] ⟨→ **peindre**⟩ **I** *v/t* färben **II** *v/pr* **se teindre** (**les cheveux**) sich (*dat*) die Haare färben
teint [tɛ̃] **I** *m* **1.** Teint *m*; Gesichtsfarbe *f* **2.** *adjt* ⟨*inv*⟩ **bon, grand teint** *tissu* farbecht; *fig, plais*: *de qn* in der Wolle gefärbt **II** *adj* ⟨**teint** [tɛ̃t]⟩ gefärbt; F **elle est teinte** sie hat gefärbtes Haar
teinte [tɛ̃t] *f* **1.** Färbung *f*; Farbton *m* **2.** *fig* Anflug *m*; Hauch *m*
teinté [tɛ̃te] *adj* ⟨**~e**⟩ **lunettes** *f/pl* **à verres teintés** getönte Brille
teinter [tɛ̃te] **I** *v/t* tönen; *bois* beizen **II** *v/pr* **1.** **se teinter de rouge** sich rot färben **2.** *fig* **se teinter d'ironie**, *etc* e-n ironischen *etc* Beiklang annehmen
teinture [tɛ̃tyʀ] *f* **1.** *action* Färben *n* **2.** (*colorant*) Färbemittel *n*; Farblösung *f* **3.** **teinture d'iode** Jodtinktur *f*
teinturerie [tɛ̃tyʀʀi] *f* (chemische) Reinigung *f*
teinturier [tɛ̃tyʀje] *m*, **teinturière** [-jɛʀ] *f* Färber(in) *m(f)* und Chemischreiniger(in) *m(f)*; **porter une robe chez le teinturier** ein Kleid in die Reinigung bringen
teknival [tɛknival] *m* Technoparty *f*, -festival *n*
▸ **tel** [tɛl] *adj et pr* ⟨**~le**⟩ **1.** (*semblable*) solche(r, -s); so(lch) ein(e); derartige(r, -s); **une telle conduite** ein solches, ein derartiges Verhalten; **je n'ai rien vu de tel** ich habe nichts dergleichen gesehen; **telle est mon opinion** das ist meine Meinung; *il n'est pas riche*, **mais passe pour tel** wird aber dafür gehalten; **comme tel** *ou* **en tant que tel** als solcher; **tel que** (so) wie; *énumération* **tel(le)s que** wie zum Beispiel; **tel quel** unverändert **2.** (*si grand*) solche(r, -s); so groß; derartig; **rien de tel que ...** es geht nichts über (+ *acc*) **3.** *indéfini* der oder der; soundso; **tel ou tel numéro** die oder die Nummer; **tel jour, à telle heure** an dem und dem Tag, um soundso viel Uhr; **telle quantité de ...** soundso viel von ...; **Monsieur Un tel** Herr Sowieso, Soundso; **Madame Une telle** Frau Sowieso, Soundso
tél. *abr* (*téléphone*) Tel. (Telefon)
Tel-Aviv [tɛlaviv] Tel Aviv *n*
▸ **télé** [tele] *f* F **1.** Fernsehen *n*; **à la télé** im Fernsehen; **regarder la télé** fernsehen **2.** (*téléviseur*) Fernseher *m*
télé... [tele] *préfixe* **1.** (*à distance*) Fern...; fern...; Tele...; tele... **2.** (*de télévision*) Fernseh...

téléachat *m* Teleshopping *n*
télébenne *f ou* télécabine *f* Kabinenseilbahn *f*
▸ télécarte *f* Telefonkarte *f*

La télécarte

In den meisten Telefonzellen in Frankreich braucht man eine Telefonkarte, **une télécarte**. Diese kann man auf der Post oder im Tabakladen kaufen.

So lautet die automatische Ansage in französischen Telefonzellen:

Décrochez	Nehmen Sie den Hörer ab.
Insérez votre carte	Führen Sie Ihre Karte ein.
Patientez	Warten Sie.
Composez votre numéro	Wählen Sie.

---

téléchargeable [teleʃaʀʒabl] *adj* INFORM **1.** *vers l'internaute* herunterladbar; downloadbar **2.** *vers le serveur* uploadbar
téléchargement *m* INFORM **1.** *vers l'internaute* Herunterladen *n*; Download(en) *m(n)* **2.** *vers le serveur* Upload(en) *m(n)*
télécharger *v/t* ⟨**-ge-**⟩ INFORM *vers l'internaute* herunterladen
télécommande *f* Fernsteuerung *f*, -bedienung *f*
télécommander [-e] *v/t* fernsteuern (*a fig*); fernbedienen; **télécommandé** ferngesteuert
télécommunications *f/pl* Telekommunikation *f*
téléconférence *f* (*audioconférence*) Telefonkonferenz *f*; (*vidéoconférence*) Videokonferenz *f*
télécopie *f* (Tele)Fax *n*
télécopieur [-jœʀ] *m* Faxgerät *n*
télédiffusion *f* Fernsehübertragung *f*
téléenseignement *m* Fernunterricht *m*
téléférique → **téléphérique**
téléfilm *m* Fernsehfilm *m*
télégénique [teleʒenik] *adj* telegen
télégramme *m* Telegramm *n*
télégraphe [telegʀaf] *m* Telegraf *m*
télégraphier [-je] *v/t* telegrafieren
télégraphique *adj* **1.** TECH Telegrafen... **2.** (*par télégramme*) telegrafisch **3.** *fig style m* **télégraphique** Telegrammstil *m*
télégraphiste [telegʀafist] *m* Telegrammbote *m*
téléguidage [telegidaʒ] *m* Fernlenkung *f*
téléguidé [-e] *adj* ⟨**~e**⟩ ferngelenkt (*a fig*)
téléguider [-e] *v/t* fernlenken
téléinformatique *f* Datenfernverarbeitung *f*
télématique [telematik] *f* Telematik *f*; Verbindung *f* von Informatik und Fernmeldetechnik
téléobjectif *m* Teleobjektiv *n*
télépathie [telepati] *f* Telepathie *f*
téléphérique [teleferik] *m* Drahtseilbahn *f*; Seil(schwebe)bahn *f*
▸ téléphone [telefɔn] *m* **1.** Telefon *n*; ADM Fernsprecher *m*; ▸ **téléphone mobile** Mobiltelefon

n; **téléphone public** öffentlicher Fernsprecher; POL **le téléphone rouge** der heiße Draht; **téléphone à cartes** Kartentelefon *n*; **téléphone de voiture** Autotelefon *n*; **téléphone sans fil** schnurloses Telefon; **coup** *m* **de téléphone** (Telefon)Anruf *m*; **recevoir un coup de téléphone** (**de qn**) e-n (Telefon)Anruf (von j-m) bekommen; **par téléphone** telefonisch; fernmündlich; **avoir qn au téléphone** *à l'instant* mit j-m (gerade) telefonieren; (*joindre*) j-n telefonisch erreichen **2.** F *fig* **téléphone arabe** F Buschtrommel *f*
▸ téléphoner [telefɔne] **I** *v/t* durchtelefonieren, telefonisch mitteilen, durchgeben (**qc à qn** j-m etw) **II** *v/i* telefonieren (**à qn** mit j-m); anrufen (j-n) **III** *v/pr* **se téléphoner** miteinander telefonieren
téléphonique [telefɔnik] *adj* telefonisch; Telefon...; Fernsprech...
téléphoniste [-ist] *m,f* Telefonist(in) *m,f*
télescopage [teleskɔpaʒ] *m* Zusammenstoß *m*; Auffahrunfall *m*
télescope [teleskɔp] *m* Fernrohr *n*; Teleskop *n*
télescoper [teleskɔpe] **I** *v/t* zusammenstoßen mit; auffahren auf (+ *acc*) **II** *v/pr* **se télescoper** zusammenstoßen
télescopique [teleskɔpik] *adj* ausziehbar; Teleskop...
téléscripteur [teleskʀiptœr] *m* Fernschreiber *m*
télésiège *m* Sessellift *m*
téléski *m* Skilift *m*; Schlepplift *m*
▸ téléspectateur *m*, téléspectatrice *f* Fernsehzuschauer(in) *m(f)*
télésurveillance *f* Bildschirm-, Videoüberwachung *f*
télétravail [teletʀavaj] *m* Telearbeit *f*
télévisé [televize] *adj* ⟨**~e**⟩ im Fernsehen übertragen; Fernseh...
téléviser [-e] *v/t* im Fernsehen übertragen
téléviseur *m* Fernsehapparat *m*, -gerät *n*; Fernseher *m*; **téléviseur couleur** Farbfernseher *m*
▸ télévision *f* **1.** Fernsehen *n*; **télévision par câble**, **par satellite** Kabel-, Satellitenfernsehen *n* **2.** → **téléviseur**
télévisuel [televizɥɛl] *adj* ⟨**~le**⟩ Fernseh...
télex [teleks] *m* Telex *n*; Fernschreiben *n*
▸ tellement [tɛlmã] *adv* so; dermaßen; so sehr; F **tellement de** so viele; **pas tellement** nicht besonders; **ce serait tellement mieux** das wäre viel, viel besser
tellurique [tɛlyʀik] *adj* **secousse** *f* **tellurique** Erdstoß *m*
téméraire [temeʀɛʀ] *adj* kühn; waghalsig; vermessen
témérité [-ite] *f* Kühnheit *f*; Waghalsigkeit *f*
témoignage [temwaɲaʒ] *m* **1.** (*déclaration*) Aussage *f*; JUR *a* Zeugenaussage *f*; **faux témoignage** Falschaussage *f*; *par ext* Meineid *m* **2.** (*signe*) Beweis *m*, Zeichen *n* (**de qc** für etw); Bekundung *f*; **en témoignage de** als Beweis, Zeichen (+ *gén*); **donner à qn des témoignages d'affection** j-m (s-e) Zuneigung bekunden
témoigner [temwaɲe] **I** *v/i* **témoigner qc** *personne* etw zeigen, bekunden; *chose* etw erkennen lassen, verraten **II** *v/t/indir* **témoigner de** **qc** *personne* etw bezeugen; *chose* von etw zeu

gen **III** *v/i* JUR (als Zeuge) aussagen

▸ **témoin** [temwɛ̃] *m* **1.** Zeuge *m*, Zeugin *f* (*a* JUR); *d'un mariage* Trauzeuge *m*, -zeugin *f*; *témoin à charge, à décharge* Belastungs-, Entlastungszeuge *m* **2.** *par ext* Zeuge *m*; Zuhörer *m*; Zuschauer *m*; *être témoin de qc* bei etw anwesend, zugegen sein; Zeuge e-r Sache (*gen*) sein *ou* werden; etw mit ansehen *ou* mit anhören **3.** SPORTS Staffelstab *m* **4.** *adjt* *appartement m témoin* Musterwohnung *f*; *lampe f témoin* Kontrolllampe *f*

tempe [tɑ̃p] *f* Schläfe *f*

tempérament [tɑ̃peʀamɑ̃] *m* **1.** (*caractère*) Temperament *n*; Wesensart *f*; Veranlagung *f* **2.** *acheter à tempérament* auf Raten, Teil-, Abzahlung kaufen

tempérance [tɑ̃peʀɑ̃s] *f* Enthaltsamkeit *f*; Mäßigkeit *f* (*im Essen, Trinken*)

tempérant [-ɑ̃] *adj* ⟨**-ante** [-ɑ̃t]⟩ *personne* enthaltsam; mäßig

▸ **température** [tɑ̃peʀatyʀ] *f* Temperatur *f*; *avoir, faire de la température* Fieber *ou* (erhöhte) Temperatur haben; *prendre sa température* s-e Temperatur messen

tempéré [tɑ̃peʀe] *adj* ⟨**∼e**⟩ *climat, zone* gemäßigt

tempérer [-e] *v/t* ⟨**-è-**⟩ mäßigen; mildern

▸ **tempête** [tɑ̃pɛt] *f* Sturm *m* (*a fig*); Unwetter *n*; *tempête de neige, de sable* Schnee-, Sandsturm *m*; *fig tempête d'applaudissements* Beifallssturm *m*

tempêter [tɑ̃pete] *v/i* toben; wettern

temple [tɑ̃pl] *m* **1.** Tempel *m* **2.** (protestantische) Kirche

templier [tɑ̃plije] *m* HIST Templer *m*; Tempelritter *m*

tempo [tɛmpo, tẽpo] *m* MUS Tempo *n*

temporaire [tɑ̃pɔʀɛʀ] *adj* vorübergehend; zeitweilig; *travail m temporaire* Zeitarbeit *f*

temporalité [tɑ̃pɔʀalite] *f* PHILOS Zeitlichkeit *f*

temporel [tɑ̃pɔʀɛl] *adj* ⟨**∼le**⟩ zeitlich (*a* REL); GR *a* Temporal...

temporiser [tɑ̃pɔʀize] *v/i* versuchen, Zeit zu gewinnen

▸ **temps**[1] [tɑ̃] *m* **1.** Zeit *f*; *temps de réflexion* Bedenkzeit *f*; *un certain temps* e-e Zeit lang; c-c Weile; *ces derniers temps* in letzter Zeit; *ces temps-ci* zurzeit; *peu de temps après* kurze Zeit später; kurz darauf; *quelque temps* einige Zeit; e-e Zeit lang; ▸ *tout le temps* ständig; die ganze Zeit (über); ▸ *à temps* rechtzeitig; beizeiten; *dans le temps* seinerzeit; früher; *dans peu de temps* bald; in kurzer Zeit; *dans un premier temps ...,* *dans un second temps ...* zuerst ..., dann ...; *de mon temps* zu meiner Zeit; *de tout temps* seit je; schon immer; *du ou au temps des diligences* im Zeitalter der Postkutsche; ▸ *de temps en temps, de temps à autre* von Zeit zu Zeit; dann und wann; ab und zu; hin und wieder; *en ce temps-là* in, zu jener Zeit; damals; *en même temps* zur gleichen Zeit; gleichzeitig; *en deux temps, trois mouvements* im Handumdrehen; im Nu; F blitzschnell; *en un temps record* in Rekordzeit; *depuis le temps que ...* seit(dem) ...; seit der Zeit, da ...; *le temps de me retourner, il était déjà parti* ich drehte mich nur um,

da war er fort; *avoir le temps* Zeit haben (*de* + *inf* zu + *inf*); *n'avoir pas le temps* keine Zeit haben; *vous avez tout votre temps* Sie haben noch reichlich Zeit; *il est temps* es ist Zeit (*de* + *inf* zu + *inf*; *que* + *subj* dass ...); *il est grand temps* es ist höchste Zeit; *être de son temps* mit der Zeit gehen; *avoir fait son temps objet* ausgedient haben; *fig* vorbei sein; *perdre son temps* s-e Zeit vertun, verschwenden, vertrödeln; *perdre du temps* Zeit verlieren; *faire perdre son temps à qn personne* j-m die Zeit stehlen; *chose* j-n viel Zeit kosten; *prendre le temps de* (+ *inf*) sich (*dat*) die Zeit nehmen zu (+ *inf*); *prendre (tout) son temps* sich (*dat*) Zeit lassen, nehmen; *travailler à plein temps* ganztags arbeiten; *je trouve le temps long* die Zeit wird mir lang **2.** GR Zeit(form) *f*; Tempus *n* **3.** MUS, TECH Takt *m* **4.** INFORM *temps partagé* Timesharing *n*

▸ **temps**[2] *m* MÉTÉO Wetter *n*; Witterung *f*; *par beau temps* bei schönem Wetter; *quel temps fait-il?* wie ist das Wetter?; → *Info bei Wetter*

tenable [t(ə)nabl] *adj* *pas tenable* nicht auszuhalten; unerträglich

tenace [tənas] *adj* hartnäckig; zäh

ténacité [tenasite] *f* Hartnäckigkeit *f*; Zähigkeit *f*

tenailler [tənaje] *v/t* quälen; peinigen; *être tenaillé par le(s) remords* von Gewissensbissen gequält, gepeinigt werden

tenailles [t(ə)naj] *f/pl* Zange *f*

tenancier [tənɑ̃sje] *m*, **tenancière** [-jɛʀ] *f péj ou* ADM Geschäftsführer(in) *m(f)*

tenant [tənɑ̃] **I** *adj* ⟨**-ante** [-ɑ̃t]⟩ *séance tenante* auf der Stelle; sofort **II** *subst* **1.** SPORTS *tenant(e) m(f) du titre* Titelhalter(in) *m(f)* **2.** *m/pl les tenants et aboutissants* die näheren Umstände *m/pl*; *d'un seul tenant* in einem Stück

tendance [tɑ̃dɑ̃s] *f* **1.** (*inclination*) Neigung *f*; Hang *m*; Tendenz *f*; *avoir tendance à* (+ *inf*) dazu neigen *ou* tendieren zu (+ *inf*); *avoir tendance à exagérer* zu Übertreibungen neigen **2.** POL, ART, FIN Tendenz *f*; Trend *m*; *tendance à la hausse* steigende Tendenz

tendancieux [tɑ̃dɑ̃sjø] *adj* ⟨**-euse** [-øz]⟩ *péj* tendenziös

tendeur [tɑ̃dœʀ] *m* Spanner *m*; *pour porte-bagages* Spanngurt *m*

tendinite [tɑ̃dinit] *f* Sehnenentzündung *f*

tendon [tɑ̃dɔ̃] *m* Sehne *f*

tendre[1] [tɑ̃dʀ] ⟨→ *rendre*⟩ **I** *v/t* **1.** *corde, muscle* (an)spannen; *ressort, arc* spannen **2.** *mur* bespannen (*de* mit) **3.** (*avancer*) ausstrecken (*a bras, etc*); *tendre qc à qn* j-m etw hinhalten (*a joue*), reichen; *tendre le cou* den Hals recken; *tendre l'oreille* die Ohren spitzen **II** *v/t/indir* **4.** *personne tendre à, vers qc* nach etw streben **5.** *activité, paroles tendre à* (+ *inf*) darauf abzielen zu (+ *inf*); *situation* dazu tendieren zu (+ *inf*) **III** *v/pr se tendre fig rapports* gespannt werden

▸ **tendre**[2] *adj* **1.** *viande, légumes, couleur* zart; *pain, herbe* weich **2.** *fig âge m tendre* Kindheit *f*; *depuis ma plus tendre enfance* seit meiner frühesten Kindheit **3.** (*affectueux*) zärtlich; liebevoll; *cœur* weich; *mot m tendre* Kosewort *n*;

subst **c'est un tendre** er hat ein weiches Gemüt

tendrement [tɑ̃dRəmɑ̃] *adv* liebevoll; zärtlich

tendresse [tɑ̃dRɛs] *f* Zärtlichkeit *f*; *fig* **n'avoir aucune tendresse pour** nichts übrighaben für

tendreté [tɑ̃dRəte] *f* Zartheit *f*

tendron [tɑ̃dRõ] *m* **tendron de veau** Kalbsbrust *f*

tendu [tɑ̃dy] *adj* ⟨~**e**⟩ gespannt (*a fig rapports*); *fig personne, visage* angespannt

ténèbres [tenɛbR] *f/pl* Finsternis *f* (*a* REL); Dunkelheit *f*; Dunkel *n* (*a fig*)

ténébreux [tenebRø] *adj* ⟨**-euse** [-øz]⟩ *fig* dunkel; finster; düster

Ténériffe [teneRif] Teneriffa *n*

teneur [tənœR] *f* **1.** *d'un écrit* Inhalt *m*; Tenor *m* **2.** CHIM Gehalt *m*; **teneur en alcool** Alkoholgehalt *m*

ténia [tenja] *m* Bandwurm *m*

‣ **tenir** [t(ə)niR] ⟨→ **venir**⟩ **I** *v/t* **1.** halten; festhalten; **tenir qc à la main** etw in der Hand halten; **tenir les yeux baissés** die Augen gesenkt halten **2.** (*avoir*) haben; *voleur, etc* (gefasst) haben; **tenir qc de qn** etw von j-m haben **3.** *registre, caisse, compte, article, restaurant* führen **4.** *promesse, pari* halten; *engagements* nachkommen (+ *dat*); **tenir (sa) parole** (sein) Wort halten **5.** *réunion, conférence* abhalten; *discours* halten; **tenir des propos insensés** Unsinn reden **6.** **tenir pour** ansehen als; halten für; **tenez-vous-le pour dit** lassen Sie sich (*dat*) das gesagt sein **7.** *de la place* einnehmen **8.** *int* ‣ **tiens!** (*prends*) da!; da, nimm!; *étonné* ach!; so (et)was!; sieh mal (einer) an!; da schau her!; **tenez!** da!; nehmen Sie!; *par ext* hören Sie!; sehen Sie! **II** *v/t/indir* **9.** **tenir à qn, qc** (*être attaché à*) auf j-n, etw Wert legen; an j-m, etw hängen; **j'y tiens beaucoup** mir liegt viel daran; ich lege großen Wert darauf; **il a tenu à vous inviter** ihm lag daran *ou* er legte Wert darauf, Sie einzuladen **10.** **tenir à** (*résulter, dépendre de*) liegen an (+ *dat*); abhängen von; **s'il ne tenait qu'à moi** wenn es (nur) nach mir ginge; **qu'à cela ne tienne!** daran soll es nicht liegen **11.** *concrètement* **tenir à qc** an etw (*dat*) halten *ou* hängen **12.** **tenir de qn** j-m gleichen, ähneln, nachschlagen; **il a de qui tenir** er ist nicht aus der Art geschlagen; **cela tient du miracle** das grenzt an ein Wunder der **III** *v/i* **13.** *clou, pansement, etc* halten; festsitzen; *coiffure, couleur, nœud* halten; *neige* liegen bleiben; *fig union, accord* von Bestand sein; *vase, etc* **tenir debout** stehen bleiben **14.** *personne* (*résister*) aus-, standhalten; **tenir bon, ferme** standhalten; standhaft bleiben; durchhalten; **ne plus pouvoir (y) tenir** es nicht mehr aushalten **15.** (*être contenu*) Platz haben, finden; **cela tient en peu de mots** das lässt sich mit wenigen Worten sagen **IV** *v/pr* ‣ **se tenir 16.** *sens réfléchi* sich (fest)halten (*à* an + *dat*); *fig* **tenez-vous bien** jetzt halten Sie sich fest; machen Sie sich auf etw (*acc*) gefasst **17.** *réciproquement* **se tenir par la main** einander, sich an der Hand halten **18.** *dans une certaine position* sich halten; (da)stehen; **se tenir caché** sich versteckt halten; **se tenir tranquille** sich ruhig verhalten **19.** **se tenir pour**

sich betrachten als **20.** (*se comporter*) sich benehmen; **tiens-toi bien!** benimm dich! **21.** **s'en tenir à qc** sich an etw (*acc*) halten; **tenons-nous-en là** wir wollen es dabei bewenden lassen; **savoir à quoi s'en tenir** wissen, woran man ist **22.** *congrès, marché, etc* stattfinden; abgehalten werden **23.** *arguments* schlüssig, logisch sein; *récit* glaubhaft sein

‣ **tennis** [tenis] *m* **1.** SPORT Tennis *n*; **tennis de table** Tischtennis *n* **2.** *terrain* Tennisplatz *m* **3.** *pl chaussures* Turnschuhe *m/pl*

tenon [tənõ] *m* TECH Zapfen *m*

ténor [tenɔR] *m* **1.** MUS Tenor *m* **2.** *fig* Star *m*

tensio-actif [tɑ̃sjoaktif] **I** *adj* ⟨**-ive** [-iv]⟩ CHIM grenzflächenaktiv **II** *m* Tensid *n*

tension [tɑ̃sjõ] *f* **1.** Spannung *f* (*a* ÉLECT, *fig*, POL); ÉLECT '**haute tension** Hochspannung *f* **2.** **tension** (**artérielle**) Blutdruck *m*; **avoir de la tension** hohen Blutdruck haben **3.** **tension d'esprit** geistige Anspannung

tentaculaire [tɑ̃takylɛR] *adj fig* sich ungehemmt ausbreitend; ausufernd

tentacule [tɑ̃takyl] *m* Fangarm *m*

tentant [tɑ̃tɑ̃] *adj* ⟨**-ante** [-ɑ̃t]⟩ verlockend

tentateur [tɑ̃tatœR] *adj* ⟨**-trice** [-tRis]⟩ *litt* verführerisch

tentation [tɑ̃tasjõ] *f* Versuchung *f*; **céder à la tentation** der Versuchung nachgeben

‣ **tentative** [tɑ̃tativ] *f* Versuch *m*; **tentative d'évasion** Fluchtversuch *m*; **tentative de suicide** Selbstmordversuch *m*

‣ **tente** [tɑ̃t] *f* Zelt *n*; **tente à oxygène** Sauerstoffzelt *n*; **piquet** *m* **de tente** Hering *m*; Zeltpflock *m*; **sous la tente** im Zelt; **démonter une tente** ein Zelt abbrechen; **monter, dresser, planter une tente** ein Zelt aufschlagen

tenter [tɑ̃te] *v/t* **1.** in Versuchung führen (*a* REL); *par ext* (*séduire*) reizen; verlocken; verführen; **être tenté de** (+ *inf*) versucht sein zu (+ *inf*); **ça ne me tente pas** das reizt mich nicht **2.** (*essayer*) versuchen (**de** + *inf* zu + *inf*); **tenter sa chance** sein Glück versuchen

tenture [tɑ̃tyR] *f* (Wand)Behang *m*

tenu [t(ə)ny] *p/p* → **tenir** *et adj* ⟨~**e**⟩ **1.** **être tenu au secret professionnel** an das Berufsgeheimnis gebunden sein; **être tenu de faire qc** verpflichtet, gehalten sein, etw zu tun **2.** **bien tenu** gepflegt; ordentlich

ténu [teny] *adj* ⟨~**e**⟩ fein; dünn

tenue [t(ə)ny] *f* **1.** *du ménage, des livres de compte* Führung *f* **2.** (*conduite*) Betragen *n*; Benehmen *n* **3.** *du corps* **mauvaise tenue** schlechte Haltung **4.** (*vêtements*) Kleidung *f*; Anzug *m*; MIL Uniform *f*; **tenue de soirée** Abendtoilette *f*; *pour hommes* Abendanzug *m*; **tenue de sport** Sportkleidung *f*; **être en tenue légère**, **en petite tenue** sehr wenig anhaben **5.** AUTO **tenue de route** Straßenlage *f*

ter [tɛR] *adv* **habiter au 18 ter** Nummer 18 b wohnen

tercet [tɛRsɛ] *m* Terzine *f*

térébenthine [teRebɑ̃tin] *f* Terpentin *n*

tergal® [tɛRgal] *m* Tergal® *n*

tergiversations [tɛRʒiveRsasjõ] *f/pl* Ausflüchte *f/pl*

tergiverser [-e] *v/i* Ausflüchte machen

terme [tɛRm] *m* **1.** (*fin*) Ende *n*; (*date*) Termin *m*; (*délai*) Frist *f*; **marché** *m* **à terme** Termin

markt *m*, -geschäft *n*; *à court, à moyen, à long* **terme** kurz-, mittel-, langfristig; *accoucher à* **terme, avant terme** zum errechneten Termin, vorzeitig entbinden; *mener qc à terme* etw zu Ende führen; *mettre un terme à qc* e-r Sache (*dat*) ein Ende setzen, machen **2.** *pour les* *loyers* Zahlungstermin *m*; *somme* fällige (Vierteljahres)Miete **3.** *être en bons termes* *avec qn* mit j-m gut, auf gutem Fuß stehen; *être en mauvais termes avec qn* mit j-m nicht auskommen **4.** (*mot*) Wort *n*; (*expression*) Ausdruck *m*; *aux termes du contrat* nach dem Wortlaut des Vertrages; *en d'autres termes* mit anderen Worten **5.** GR, MATH Glied *n*
terminaison [tɛʀminɛzõ] *f* Endung *f*
terminal [tɛʀminal] **I** *adj* ⟨~e; -aux [-o]⟩ End...; Schluss... **II** *subst* **1.** *m* ⟨-aux [-o]⟩ INFORM Terminal *n*; AVIAT, TECH Terminal *m ou n* **2.** *termi-* *nale f* Abiturklasse *f*
▸ **terminer** [tɛʀmine] **I** *v/t* beenden; abschließen; *travail a* fertigstellen; *lettre* schließen; *abs j'ai terminé* ich bin fertig (damit); *pour ter-* *miner* zum (Ab)Schluss; abschließend; *chose* ▸ *être terminé* fertig, beendet, zu Ende sein **II** *v/pr* *se terminer* (*par*) zu Ende gehen *ou* sein; *se terminer bien, mal* gut, schlecht ausgehen; GR *se terminer en -er* auf -er enden, ausgehen
terminologie [tɛʀminɔlɔʒi] *f* Terminologie *f*; Fachsprache *f*
terminologique [-ik] *adj* terminologisch
▸ **terminus** [tɛʀminys] *m* Endstation *f*
termite [tɛʀmit] *m* Termite *f*
termitière [-jɛʀ] *f* Termitenhügel *m*
terne [tɛʀn] *adj* **1.** glanzlos; matt; trüb **2.** *fig* farblos; uninteressant; eintönig
ternir [tɛʀniʀ] **I** *v/t* trüben (*a fig*); *terni vitre*, *mi-* *roir* trüb; angelaufen **II** *v/pr* *se ternir* s-n Glanz verlieren; *miroir* trüb werden
▸ **terrain** [tɛʀɛ̃] *m* Gelände *n*; MIL *a* Terrain *n*; (*parcelle*) Grundstück *n*; Platz *m*; (*sol*) Boden *m*; *fig* (*domaine*) Gebiet *n*; Bereich *m*; *terrain* *à bâtir* Bauland *n*; (*parcelle*) Bauplatz *m*; *ter-* *rain d'aviation* Flugplatz *m*; *fig* *terrain d'en-* *tente* Verständigungsgrundlage *f*; *terrain de* *jeu(x)* Spielplatz *m*; *terrain de sport(s)* Sportplatz *m*; *adj* *véhicule m tout terrain* Geländewagen *m*; *fig* *sur le terrain* an Ort und Stelle; *fig* *céder du terrain* Zugeständnisse machen; *fig* *gagner, perdre du terrain* (an) Boden gewinnen, verlieren; *fig* *préparer le terrain* den Boden bereiten; *fig* *tâter le terrain* das Terrain sondieren; vorfühlen
terrarium [tɛʀaʀjɔm] *m* Terrarium *n*
▸ **terrasse** [tɛʀas] *f* Terrasse *f*; *toit m en terras-* *se* Flachdach *n*
terrassement [tɛʀasmã] *m* (*travaux m/pl de*) **terrassement** Erdarbeiten *f/pl*
terrasser [tɛʀase] *v/t* niederstrecken; niederschmettern (*a fig*); *fig* *terrassé par la fatigue* von Müdigkeit übermannt, überwältigt
terrassier [tɛʀasje] *m* Erdarbeiter *m*
▸ **terre** [tɛʀ] *f* **1.** (*sol*) Boden *m*; Erdboden *m*; Erde *f*; *adj fig* **terre à terre** prosaisch; nüchtern; *à terre*, ▸ *par terre* auf dem *ou* den Boden; auf der *ou* die Erde; *être assis par terre* auf dem Boden sitzen; *jeter à, par terre* auf den, zu Boden werfen **2.** *matière* Erde *f*; Erd-

reich *n*; Boden *m*; *en pleine terre* im Freiland **3.** (*terrain*) Grund *m*; Stück *n* Land; (*domaine*) Grundbesitz *m*; Gut *n*; *terres pl a* Ländereien *f/pl* **4.** *planète* **Terre** Erde *f*; (*monde*) Welt *f*; *sur (la) terre* auf der *ou* die Erde **5.** (*territoire*) Gebiet *n*; (*pays*) Land *n*; *la Terre sainte* das Heilige Land; *la Terre de Feu* Feuerland *n*; *en terre étrangère* in der Fremde **6.** (*opposé* *à mer et air*) Land *n*; *par voie de terre* auf dem Landwege; *sur terre et sur mer* zu Wasser und zu Lande; *aller, descendre à terre* an Land gehen; *bateau* *toucher terre* landen; anlegen **7.** ÉLECT Erde *f*; *mettre à la terre* erden **8.** TECH Erde *f*; *terre cuite* Terrakotta *f* (*a objet*); *de, en terre* Ton...; irden
terreau [tɛʀo] *m* ⟨~x⟩ Garten-, Blumen-, Humuserde *f*
terre-neuvas [tɛʀnœva] *m* ⟨*inv*⟩ Neufundlandfischer *m*
Terre-Neuve [tɛʀnœv] *f* Neufundland *n*
terre-neuve [tɛʀnœv] *m* ⟨*inv*⟩ zo Neufundländer *m*
terre-neuvien [tɛʀnœvjɛ̃] **I** *adj* ⟨-ienne [-jɛn]⟩ neufundländisch **II** *subst* **Terre-Neuvien(ne)** *m(f)* Neufundländer(in) *m(f)*
terre-plein *m* ⟨terre-pleins⟩ **1.** (*levée de terre*) Erdaufschüttung *f* **2.** *d'une autoroute* **terre-** *-plein central* Mittelstreifen *m*
terrer [tɛʀe] *v/pr* *se terrer* sich verkriechen
terrestre [tɛʀɛstʀ] *adj* **1.** (*de la planète*) Erd... **2.** (*opposé à mer ou air*) Land... **3.** REL irdisch
terreur [tɛʀœʀ] *f* **1.** (*épouvante*) (Angst *f* und) Schrecken *m*; panische Angst **2.** POL Terror *m*; Schreckensherrschaft *f* **3.** F *fig personne* *la terreur du quartier* der Schrecken der Nachbarschaft
terreux [tɛʀø] *adj* ⟨-euse [-øz]⟩ **1.** *teint* fahl **2.** *goût* erdig
▸ **terrible** [tɛʀibl] *adj* **1.** (*effrayant*) furchtbar; schrecklich; *il fait un froid terrible* es ist furchtbar kalt **2.** (*énorme*) gewaltig; enorm **3.** F (*sensationnel*) großartig; F toll
terriblement [tɛʀibləmã] *adv* furchtbar; schrecklich
terrien [tɛʀjɛ̃] **I** *adj* ⟨-ienne [-jɛn]⟩ **1.** *proprié-* *taire terrien* Grundbesitzer *m* **2.** (*paysan*) bäuerlich **II** *Terrien(ne)* *m(f)* Erdbewohner(in) *m(f)*
terrier [tɛʀje] *m* **1.** *d'un animal* Bau *m* **2.** *chien* Terrier *m*
terrifiant [tɛʀifjã] *adj* ⟨-ante [-ãt]⟩ furchterregend; erschreckend
terrifier [tɛʀifje] *v/t* **terrifier qn** j-n in Angst und Schrecken versetzen; j-m Entsetzen einjagen; *je suis terrifié à l'idée de* (+*inf*) die Vorstellung zu (+*inf*) entsetzt mich; bei der Vorstellung zu (+*inf*) packt mich das Entsetzen
terril [tɛʀi(l)] *m* (Abraum)Halde *f*
terrine [tɛʀin] *f* **1.** *récipient* Schüssel *f* mit Deckel; Römertopf *m* **2.** *pâté* Fleischpastete *f*
territoire [tɛʀitwaʀ] *m* **1.** (Hoheits)Gebiet *n*; Territorium *n*; *territoires d'outre-mer* überseeische Gebiete *n/pl* **2.** *d'un animal* Revier *n*
territorial [tɛʀitɔʀjal] *adj* ⟨~e; -aux [-o]⟩ territorial; *eaux territoriales* Hoheitsgewässer *n/pl*
territorialité [tɛʀitɔʀjalite] *f* Territorialität *f*
terroir [tɛʀwaʀ] *m* **1.** *vin* **avoir un goût de ter-**

roir am Geschmack s-e Herkunft erkennen lassen **2.** (Heimat)Region *f*; *accent m du terroir* regionaler Akzent

terroriser [tɛrɔrize] *v/t* terrorisieren; verängstigen; völlig einschüchtern

▸ **terrorisme** [tɛrɔrism] *m* Terrorismus *m*; *acte m de terrorisme* Terrorakt *m*

terroriste [tɛrɔrist] **I** *adj* terroristisch; Terror…; Terroristen… **II** *m,f* Terrorist(in) *m(f)*

tertiaire [tɛrsjɛr] *adj* **1.** (*ère f*) *tertiaire m* Tertiär *n* **2.** (*secteur m*) *tertiaire m* Dienstleistungssektor *m*; tertiärer Bereich, Sektor

tertio [tɛrsjo] *adv* drittens

tertre [tɛrtr] *m* kleiner Hügel

tes [te] → *ton¹*

t'es [tɛ] F = *tu es*

Tessin [tesɛ̃] *le Tessin* **1.** *canton* das Tessin **2.** *rivière* der Tessin

tesson [tesõ] *m* Scherbe *f*

test [tɛst] *m* PSYCH, MÉD, *fig* Test *m*; *adjt* Test…; *test de dépistage du sida* Aidstest *m*; *test de grossesse* Schwangerschaftstest *m*; *passer des tests* getestet werden; Tests machen; *faire passer des tests à qn* j-n testen (lassen); j-n Tests (*dat*) unterziehen

testament [tɛstamã] *m* **1.** JUR Testament *n*; *faire son testament* sein Testament machen; *léguer qc par testament* etw testamentarisch hinterlassen, vermachen **2.** *l'Ancien, le Nouveau Testament* das Alte, das Neue Testament

testamentaire [tɛstamãtɛr] *adj* testamentarisch; Testaments…

▸ **tester** [tɛste] *v/t* testen

testicule [tɛstikyl] *m* Hoden *m*

testostérone [tɛstɔsterɔn] *f* Testosteron *n*

tétanique [tetanik] *adj* Tetanus…; Wundstarrkrampf…

tétaniser [-ize] *v/t fig* lähmen

tétanos [tetanos] *m* Wundstarrkrampf *m*; Tetanus *m*

têtard [tɛtar] *m* Kaulquappe *f*

▸ **tête** [tɛt] *f* **1.** Kopf *m*; *st/s* Haupt *n*; *fig* Verstand *m*; *tête de cheval* Pferdekopf *m*; *tête de mort* Totenkopf *m*; *fig coup m de tête* unüberlegte Tat; Kurzschlusshandlung *f*; *la tête 'haute* stolz erhobenen Hauptes; *la tête la première* mit dem Kopf voran; kopfüber; vornüber; *calculer de tête* im Kopf; *de la tête aux pieds* von Kopf bis Fuß; *fig en tête à tête* unter vier Augen; allein; F *fig ça ne va pas, la tête?* F du bist wohl nicht recht bei Trost!; *fig il n'a pas de tête* er vergisst alles; *fig avoir la tête dure* ein Dickkopf, F -schädel sein; F *fig avoir la grosse tête* eingebildet sein; *avoir encore toute sa tête* geistig noch rüstig, frisch sein; *il n'a que cela en tête* er hat nichts anderes im Kopf; F *j'en ai par-dessus la tête* F ich habe die Nase voll; F *fig casser la tête à qn* j-m auf die Nerven gehen, fallen; *fig se casser la tête* sich (*dat*) den Kopf zerbrechen; *chercher dans sa tête* in ihn und her überlegen; FOOTBALL *faire une tête* köpfen; *fig n'en faire qu'à sa tête* nur nach seinem Kopf handeln; *cheval gagner d'une courte tête* mit e-r knappen Nasenlänge gewinnen; *fig se mettre qc dans la tête ou en tête* sich (*dat*) etw in den Kopf setzen; *mets-toi bien cela dans la tête!*

merk dir das!; *fig se payer la tête de qn* F j-n auf den Arm nehmen; *fig perdre la tête* (*s'affoler*) den Kopf verlieren; (*devenir fou*) den Verstand verlieren; *piquer une tête* e-n Kopfsprung machen; *faire rentrer qc dans la tête à qn* j-m etw beibringen, *p/fort* einbläuen; *cela ne veut pas lui rentrer dans la tête* das will ihm nicht in den Kopf; *ne plus savoir où donner de la tête* nicht mehr wissen, wo einem der Kopf steht; *fig tenir tête à qn* j-m die Stirn bieten; sich j-m widersetzen; *fig tu es tombé sur la tête, non?* du hast wohl den Verstand verloren? **2.** (*individu*) Person *f*; Kopf *m*; (*animal*) Stück *n*; *par tête*, F *par tête de pipe* pro Kopf; pro Person; F pro Nase **3.** (*visage*) Gesicht *n*; Aussehen *n*; *tête sympathique* sympathisches Gesicht; *il a une sale tête* er sieht sehr schlecht (= *krank*) aus; *faire la tête* schmollen; *faire une tête d'enterrement* e-e Leichenbittermiene aufsetzen **4.** *d'un train* vorderes Ende; Spitze *f*; *d'un chapitre, d'une liste* Anfang *m*; *d'un lit* Kopfende *n*; *d'un clou, d'une fusée*, *fig d'une conjuration* Kopf *m*; *d'un cortège* Spitze *f*; *fig tête d'affiche* Hauptdarsteller(in) *m(f)*; *tête d'épingle* Stecknadelkopf *m*; *tête de lecture* Lesekopf *m*; *tête de ligne* Endstation *f*; POL *tête de liste* Spitzenkandidat *m*; MIL *tête de pont* Brückenkopf *m*; *wagon m de tête* vorderer Waggon; *en tête* an der *ou* an die Spitze; SPORTS *être en tête* in Führung liegen; *être à la tête de qc* an der Spitze (+ *gen*) stehen

tête-à-queue *m* ⟨*inv*⟩ AUTO *faire un tête-à-queue* sich um die eigene Achse drehen

tête-à-tête *m* ⟨*inv*⟩ Gespräch *n* unter vier Augen; *tête-à-tête (amoureux)* Tête-à-tête *n*; *en tête-à-tête* → *tête 1*

tête-bêche *adv* *être couchés tête-bêche* entgegengesetzt liegen

tête-de-nègre *adj* ⟨*inv*⟩ dunkelbraun

tétée [tete] *f d'un nourrisson* Mahlzeit *f*; *donner six tétées par jour* (ein Kind) sechsmal täglich stillen

téter [tete] *v/t et v/i* ⟨**-è-**⟩ saugen; *nourrisson téter sa mère* gestillt werden

tétine [tetin] *f du biberon* Sauger *m*; *pour calmer* Schnuller *m*

téton [tetõ] F *m* Brust *f*; P Titte *f*

tétralogie [tetralɔʒi] *f* Tetralogie *f*

tétraplégie [tetrapleʒi] *f* Lähmung *f* aller vier Gliedmaßen; *sc* Tetraplegie *f*

tétraplégique [-ik] **I** *adj* an allen vier Gliedmaßen gelähmt **II** *m,f* an allen vier Gliedmaßen gelähmte Person

têtu [tety] *adj* ⟨**~e**⟩ eigensinnig; dickköpfig

teuf [tœf] *f* F Party *f*; Fete *f*

teuf-teuf [tœftœf] F *m* ⟨*inv*⟩ altes Auto; F Töfftöff *n*

teuton [tøtõ] *péj* **I** *adj* ⟨**-onne** [-ɔn]⟩ teutonisch **II** *Teuton(ne)* *m(f)* Teutone *m*, Teutonin *f*

texan [tɛksã] **I** *adj* ⟨**-ane** [-an]⟩ texanisch **II** *subst* *Texan(e)* *m(f)* Texaner(in) *m(f)*

Texas [tɛksas] *le Texas* Texas *n*

texte [tɛkst] *m* Text *m*; *lire Goethe dans le texte* Goethe im Original lesen

textile [tɛkstil] **I** *adj* Textil…; Faser… **II** *m* **1.** Faserstoff *m*; *textiles pl a* Textilien *pl*; *textiles artificiels* Chemiefaserstoffe *m/pl* **2.** Textil…

dustrie *f*
texto® [tɛksto] *m* SMS *f*
textuel [tɛkstɥɛl] *adj* ⟨**~le**⟩ wörtlich
textuellement [tɛkstɥɛlmɑ̃] *adv* wortwörtlich
texture [tɛkstyʀ] *f* Struktur *f*; Textur *f*
TF 1 [teɛfɛ̃, -œ̃] *abr* (*Télévision française première chaîne*) erstes Programm des französischen Fernsehens
▸ **TGV** [teʒeve] *m abr* ⟨*inv*⟩ (*train à grande vitesse*) Hochgeschwindigkeitszug *m*; *correspond à* ICE *m*

Le TGV

TGV ist die Abkürzung für **train à grande vitesse**, den französischen Hochgeschwindigkeitszug. Er verbindet Paris mit anderen französischen Großstädten, wie z. B. Lyon, Bordeaux, Nantes und Rennes. Das Streckennetz wird außerdem ständig ausgebaut.
Für den **TGV** benötigt man einen Zuschlag (**un supplément**) und eine Platzreservierung (**une réservation**).

---

thaï [taj] **I** *adj* ⟨**~e**⟩ Thai...; *langues thaïes* Thaisprachen *f/pl* **II** *subst* **Thaï(s)** *m/pl* Thai(s) *m/pl*
thaïlandais [tajlɑ̃dɛ] **I** *adj* ⟨-**aise** [-ɛz]⟩ thailändisch **II** *subst* **Thaïlandais(e)** *m(f)* Thailänder(in) *m(f)*
Thaïlande [tajlɑ̃d] *la Thaïlande* Thailand *n*
thalassothérapie [talasɔteʀapi] *f* Thalassothérapie *f*
thaumaturge [tomatyʀʒ] *litt m* Wundertäter *m*
▸ **thé** [te] *m* (schwarzer) Tee; *faire, préparer du thé* Tee machen, zubereiten, kochen
théâtral [teatʀal] *adj* ⟨**~e**; -**aux** [-o]⟩ **1.** Theater...; Bühnen... **2.** *fig, péj* theatralisch
théâtralement [teatʀalmɑ̃] *adv fig* theatralisch
théâtraliser [-ize] *v/t* bühnenwirksam gestalten
théâtralité [-ite] *f* Bühnenwirksamkeit *f*
▸ **théâtre** [teatʀ] *m* **1.** Theater *n*; *théâtre en plein air* Freilichtbühne *f*; *fig coup m de théâtre* Theatercoup *m*; unerwartete Wendung; *aller au théâtre* ins Theater gehen; *faire du théâtre* Theaterschauspieler(in) sein **2.** *fig* Schauplatz *m*
théier [teje] *m* Teestrauch *m*
théière [tejɛʀ] *f* Teekanne *f*
théisme [teism] *m* Theismus *m*
thématique [tematik] *adj* thematisch
thème [tɛm] *m* **1.** (*sujet*) Thema *n* (*a* MUS); Gegenstand *m*; Sujet *n* **2.** ÉCOLE Übersetzung *f* in die Fremdsprache; *thème anglais* Übersetzung ins Englische **3.** *thème astral* Geburtshoroskop *n*
théocratie [teɔkʀasi] *f* Theokratie *f*
théologie [teɔlɔʒi] *f* Theologie *f*
théologien [teɔlɔʒjɛ̃] *m*, **théologienne** [-jɛn] *f* Theologe, -login *m,f*
théologique [-ik] *adj* theologisch
théorème [teɔʀɛm] *m* Theorem *n*; Lehrsatz *m*
théoricien [teɔʀisjɛ̃] *m*, **théoricienne** [-jɛn] *f* Theoretiker(in) *m(f)*
théorie [teɔʀi] *f* Theorie *f*; *théorie de la rela-*

---

tivité Relativitätstheorie *f*; *en théorie* theoretisch; in der Theorie
théorique [teɔʀik] *adj* theoretisch
théoriquement [-mɑ̃] *adv* theoretisch; in der Theorie
thérapeute [teʀapøt] *m,f* Therapeut(in) *m(f)*
thérapeutique [-ik] *adj* therapeutisch; Heil...
thérapie [teʀapi] *f* Therapie *f*; *thérapie de groupe* Gruppentherapie *f*
thermal [tɛʀmal] *adj* ⟨**~e**; -**aux** [-o]⟩ Thermal...
thermalisme [-ism] *m* Bäderwesen *n*
thermes [tɛʀm] *m/pl* HIST Thermen *f/pl*
thermique [tɛʀmik] *adj* Wärme...; thermisch
thermodynamique [tɛʀmodinamik] *f* Thermodynamik *f*
thermomètre [tɛʀmomɛtʀ] *m* Thermometer *n*; *thermomètre médical* Fieberthermometer *n*
thermonucléaire [tɛʀmonykleɛʀ] *adj* thermonuklear
thermoplongeur *m* Tauchsieder *m*
thermos® [tɛʀmos] *m ou f ou adj* **bouteille** *f* **thermos** Thermosflasche® *f*
thermostat [tɛʀmosta] *m* Thermostat *m*
thésaurisation [tezɔʀizasjɔ̃] *f* Horten *n*, -ung *f* (von Geld)
thésauriser [-e] *v/t et v/i* horten
thèse [tɛz] *f* **1.** (*opinion*) These *f*; Behauptung *f*; *pièce f*, *roman m* **à thèse** Tendenzstück *n*, -roman *m*; *avancer une thèse* e-e These, Behauptung vorbringen **2.** UNIVERSITÉ Doktorarbeit *f*, Dissertation *f*
Thessalonique [tesalɔnik] Saloniki *n*; Thessaloniki *n*
thibaude [tibod] *f* Teppichunterlage *f*
▸ **thon** [tɔ̃] *m* Thunfisch *m*
thonier [tɔnje] *m* Kutter *m*, Schiff *n* für den Thunfischfang
thoracique [tɔʀasik] *adj* Brust(korb)...
thorax [tɔʀaks] *m* **1.** ANAT Brustkorb *m*; *sc* Thorax *m* **2.** *des insectes* Brust *f*
thrombose [tʀõboz] *f* Thrombose *f*
thune [tyn] *arg f* F Knete *f*; *je n'ai plus une thune* F ich bin pleite
Thurgovie [tyʀgɔvi] *la Thurgovie* der Thurgau
Thuringe [tyʀɛ̃ʒ] *la Thuringe* Thüringen *n*
thuya [tyja] *m* Thuja *f*; Lebensbaum *m*
thym [tɛ̃] *m* Thymian *m*
thyroïde [tiʀɔid] *f* Schilddrüse *f*
thyroïdien [-jɛ̃] *adj* ⟨-**ienne** [-jɛn]⟩ Schilddrüsen...
Tibériade [tibeʀjad] *le lac de Tibériade* der See Genezareth
Tibet [tibɛ] *le Tibet* Tibet *n*
tibétain [tibetɛ̃] **I** *adj* ⟨-**aine** [-ɛn]⟩ tibetisch; tibetanisch **II** *subs* **Tibétain(e)** *m(f)* Tibeter(in) *m(f)*; Tibetaner(in) *m(f)*
tibia [tibja] *m* Schienbein *n*
tic [tik] *m* MÉD, *fig* Tick *m*; MÉD *a* Tic *m*; *être bourré de tics* ständig (mit dem Gesicht *ou* mit dem Kopf, mit den Schultern, mit den Händen) zucken
▸ **ticket** [tikɛ] *m* **1.** *de transport* Fahrschein *m*; *d'entrée* Eintrittskarte *f*; *ticket repas, restaurant* Essen(s)marke *f*; *ticket de caisse* Kassenzettel *m*, -bon *m*; *ticket de métro* U-Bahn-Fahrschein *m* **2.** SÉCURITÉ SOCIALE *ticket modérateur* Selbstbeteiligung *f* **3.** F *avoir un ticket* e-e Eroberung gemacht haben

tic-tac

tic-tac [tiktak] **I** *int* ticktack!; *faire tic-tac* ticken **II** *m* ⟨*inv*⟩ Ticken *n*
▸ **tiède** [tjɛd] *adj* **1.** *liquide* lauwarm; *air, vent* lau **2.** *fig* lau
tiédeur [tjedœʀ] *f* **1.** *température* wohlige Wärme **2.** *fig* Lauheit *f*
tiédir [tjediʀ] **I** *v/t* anwärmen **II** *v/i* lauwarm werden; *laisser tiédir* abkühlen lassen
▸ **tien** [tjɛ̃] **I** *pr/poss* ⟨**tienne** [tjɛn]⟩ *le tien, la tienne* der, die, das deine; deine(r, -s); *pl les tiens, les tiennes* die deinen; deine; F ▸ *à la tienne!* prost!; auf dein Wohl!; *iron* viel Vergnügen! **II** *subst* **1.** *le tien* (*ton bien*) das Deine; *le tien et le mien* Mein und Dein; *il faut y mettre du tien* du musst dein(en) Teil dazu beitragen **2.** *les tiens* (*famille, amis*) die Deinen
tiens [tjɛ̃] → *tenir*
tierce [tjɛʀs] **I** *adj* → *tiers* **II** *f* MUS Terz *f*
tiercé [tjɛʀse] *m* TURF Dreierwette *f*
▸ **tiers** [tjɛʀ] **I** *adj* ⟨**tierce** [tjɛʀs]⟩ dritte; *le tiers monde* die Dritte Welt; *une tierce personne* ein Dritter **II** *m* **1.** *un tiers* ein Dritter (*a* JUR); ein Außenstehender; *tiers payant* Zahlung *f* der Arzt-, Arznei- und Krankenhauskosten direkt durch die Versicherung **2.** MATH Drittel *n*; *les deux tiers* zwei Drittel; *tiers provisionnel* Steuervorauszahlung *f*
▸ **tiers-monde** [tjɛʀmõd] *m* Dritte Welt
tiers-mondiste [tjɛʀmõdist] *adj* sich mit der Dritten Welt solidarisierend
tif *ou* **tiffe** [tif] F *m* Haar *n*
tige [tiʒ] *f* **1.** BOT Stängel *m*; Stiel *m*; *des céréales* Halm *m* **2.** TECH Stange *f*; Stift *m*
tignasse [tiɲas] *f* (wirrer) Haarschopf; dichte Mähne
▸ **tigre** [tigʀ] *m* Tiger *m*
tigré [tigʀe] *adj* ⟨*~e*⟩ getigert
tigresse [tigʀɛs] *f* **1.** ZO Tigerin *f* **2.** *fig* Furie *f*
tilde [tild] *m* Tilde *f*
tilleul [tijœl] *m* **1.** BOT Linde *f* **2.** *tisane* Lindenblütentee *m*
tilt [tilt] F *fig ça a fait tilt* F da machte es klick
timbale [tɛ̃bal] *f* **1.** MUS (Kessel)Pauke *f* **2.** (*gobelet*) (Trink)Becher *m* (*aus Metall*); F *fig décrocher la timbale* es schaffen **3.** CUIS (Teig)Pastete *f*; *moule* Pastetenform *f*
timbrage [tɛ̃bʀaʒ] *m* (Ab)Stempeln *n*; Abstempelung *f*
▸ **timbre** [tɛ̃bʀ] *m* **1.** (*timbre-poste*) Briefmarke *f*; *timbre de collection* Sondermarke *f* **2.** (*tampon*) Stempel *m*; *de la Poste* Poststempel *m* **3.** *timbre fiscal* Gebührenmarke *f* **4.** (*sonnette*) Glocke *f* **5.** *de la voix, d'un instrument* Klangfarbe *f*; Timbre *m*
timbré [tɛ̃bʀe] *adj* ⟨*~e*⟩ **1.** F übergeschnappt; → *cinglé* **2.** *voix bien timbrée* klangvoll **3.** *enveloppe* frankiert; *enveloppe timbrée a* Freiumschlag *m* **4.** *papier timbré* Papier *n* mit Stempelmarke
timbre-poste [tɛ̃bʀəpɔst] *m* ⟨**timbres-poste**⟩ → *timbre*
timbrer [tɛ̃bʀe] *v/t* **1.** (*affranchir*) frankieren; freimachen **2.** (*tamponner*) (ab)stempeln
timide [timid] *adj* schüchtern; zaghaft **II** *m,f* schüchterner Mensch
timidité [timidite] *f* Schüchternheit *f*; *d'une réaction, etc* Zaghaftigkeit *f*
timing [tajmiŋ] *m* Timing *n*

timon [timõ] *m* (Wagen)Deichsel *f*
timonier [timɔnje] *m* Steuermann *m*
timoré [timɔʀe] *adj* ⟨*~e*⟩ ängstlich
tint [tɛ̃] → *tenir*
tintamarre [tɛ̃tamaʀ] *m* Getöse *n*; *des klaxons* Gellen *n*
tintement [tɛ̃tmã] *m* **1.** *d'une sonnette* Läuten *n*; *des cloches a* F Gebimmel *n* **2.** *de verres, etc* Klingen *n* **3.** *tintement d'oreilles* Ohrensausen *n*
tinter [tɛ̃te] *v/i* **1.** *cloches* läuten; F bimmeln **2.** *verres, métal* klingen; *fig les oreilles ont dû vous tinter* die Ohren müssen Ihnen geklungen haben
tintin [tɛ̃tɛ̃] F *int* nichts!; F *faire tintin* F in den Mond gucken
Tintin [tɛ̃tɛ̃] *m Comicfigur*
tintinnabuler [tɛ̃tinabyle] *litt v/i* leise klirren; *clochettes* klingeln
tintouin [tɛ̃twɛ̃] F *m* F Scherereien *f/pl*
tique [tik] *f* Zecke *f*
tiquer [tike] *v/i* zurückzucken; *faire tiquer qn* j-n verstimmen
tir [tiʀ] *m* **1.** Schießen *n*; Schuss *m*; MIL *a* Feuer *n*; Beschuss *m*; *tir à l'arc* Bogenschießen *n* **2.** FOOTBALL, *etc* Schuss *m*; *tirs au but* Elfmeterschießen *n* **3.** *tir* (*forain*) Schießbude *f*
tirade [tiʀad] *f* **1.** THÉ langer Monolog **2.** *péj* Wortschwall *m*; Tirade *f*; Vortrag *m*
tirage [tiʀaʒ] *m* **1.** TYPO Auflage *f*; *journal à grand tirage* auflagenstark **2.** PHOT Abziehen *n*; Abzug *m* **3.** LOTERIE Ziehung *f*; *tirage au sort* Auslosung *f* **4.** *d'un chèque* Ausstellung *f*; *d'une lettre de change* Ziehung *f* **5.** *d'une cheminée* Zug *m* **6.** *du vin* Abziehen *n* **7.** F *fig* (*difficultés*) Reibereien *f/pl*; Schwierigkeiten *f/pl*
tiraillement [tiʀajmã] *m* **1.** Hin-und-her-Ziehen *n*, -Zerren *n* **2.** *tiraillements pl* (*douleurs*) ziehende Schmerzen *m/pl*; Ziehen *n* **3.** *fig tiraillements pl* (*difficultés*) Reibereien *f/pl*; F Hickhack *n*
tirailler [tiʀaje] **I** *v/t* **1.** herumzerren an (+ *dat*) **2.** *fig être tiraillé entre* hin und her gerissen werden zwischen (+ *dat*) **II** *v/i* F herumballern
tirailleur [tiʀajœʀ] *m* Einzelschütze *m*
tirant [tiʀã] *m* MAR *tirant d'eau* Tiefgang *m*
tire [tiʀ] *f* **1.** *vol m à la tire* Taschendiebstahl *m*; *voleur m à la tire* Taschendieb *m* **2.** *arg* (*auto*) F Schlitten *m*
tiré [tiʀe] **I** *adj* ⟨*~e*⟩ *avoir les traits tirés* abgespannt aussehen **II** *m* COMM Bezogene(r) *m*
tire-au-flanc *m* ⟨*inv*⟩ F Drückeberger *m*
▸ **tire-bouchon** *m* ⟨**tire-bouchons**⟩ Korkenzieher *m*; *fig queue f en tire-bouchon* Ringelschwänzchen *n*
tire-bouchonner *v/i* sich kringeln
tire-d'aile [tiʀdɛl] *à tire-d'aile* pfeilschnell
tirée [tiʀe] *f* F (*longue distance*) *ça fait une tirée* F das ist ein ganz schönes Stück
tire-fesses F *m* ⟨*inv*⟩ Ski-, Schlepplift *m*
tire-lait *m* ⟨*inv*⟩ Milchpumpe *f*
tire-larigot [tiʀlaʀigo] *à tire-larigot* reichlich sehr viel
tirelire [tiʀliʀ] *f* Sparbüchse *f*; Sparschwein *n*
▸ **tirer** [tiʀe] **I** *v/t* **1.** ziehen; *rideau* zu- *ou* aufziehen; *verrou* vorschieben; *tiroir* herausziehen; *vin* abziehen; auf Flaschen ziehen; *tire les cartes* die Karten legen; *tirer les cheveux*

à qn j-n an den Haaren ziehen; *tirer une re-morque* e-n Anhänger ziehen; *tirer qn du lit* j-n aus dem Bett holen, zerren; *tirer qc de sa poche* etw aus der Tasche ziehen; *tirer qn du sommeil* j-n aus dem Schlaf reißen; *ti-rer qn par la manche* j-n am Ärmel ziehen, zupfen; *tirer qc vers soi* etw zu sich heranzie-hen **2.** *fig* ziehen (*de* aus); her-, ableiten (von); *argent, bénéfice, renseignements* herausholen (aus); CHIM *produit* gewinnen (aus); *tirer des sons d'un instrument* e-m Instrument Töne entlocken **3.** *balle, flèche* (ab)schießen; *coup de feu* abgeben; abfeuern; *feu d'artifice* ab-brennen; *tirer un lièvre* e-n Hasen schießen; *par ext tirer un penalty* e-n Elfmeter schießen **4.** *ligne, trait* ziehen **5.** *chèque* ausstellen; *lettre de change* ziehen **6.** *tirer un livre à dix mille exemplaires* von e-m Buch zehntausend Exemplare drucken **7.** F *fig laps de temps* durch-, aushalten; *prison* F absitzen **II** *v/t/indir* **8.** *couleur* **tirer sur le bleu** ins Blaue (hin-über)spielen **III** *v/i* **9.** ziehen (*a poêle, chemi-née*); *peau* spannen; *tirer sur sa cigarette* an s-r Zigarette ziehen **10.** *avec une arme* schie-ßen; feuern; *par ext tirer au but* aufs Tor schie-ßen; ▸ *tirer sur qn, qc* auf j-n, etw schießen, feuern; j-n, etw beschießen **11.** PÉTANQUE die Kugel des Mitspielers anspielen, um sie weg-zustoßen **12.** *journal tirer à cent mille exem-plaires* e-e Auflage von hunderttausend ha-ben **IV** *v/pr* **13.** *s'en tirer d'un accident, d'une condamnation* davonkommen; *d'affaire* sich aus der Affäre ziehen; (*se débrouiller*) sich (so) durchschlagen **14.** F (*se terminer*) *ça se ti-re* es geht allmählich dem Ende zu **15.** F (*s'en aller*) *se tirer* F abhauen; F sich verziehen

tiret [tirɛ] *m* Gedankenstrich *m*; *en fin de ligne* Trennungsstrich *m*

tirette [tirɛt] *f* **1.** *d'un meuble* Ausziehplatte *f* **2.** *en Belgique* Reißverschluss *m*

tireur [tirœʀ] *m* **1.** Schütze *m*; *tireur d'élite* Scharfschütze *m* **2.** FIN Aussteller *m*

tireuse [tirøz] *f* **tireuse de cartes** Kartenlege-rin *f*

▸ **tiroir** [tiʀwaʀ] *m* Schublade *f*

tiroir-caisse *m* ⟨**tiroirs-caisses**⟩ Registrier-kasse *f*

tisane [tizan] *f* (Kräuter)Tee *m*

tison [tizɔ̃] *m* glimmendes Holzstück *m*

tisonner [tizɔne] *v/t feu* schüren

tisonnier [-je] *m* Schürhaken *m*

tissage [tisaʒ] *m* **1.** *action* Weben *n* **2.** *atelier* Weberei *f*

tisser [tise] *v/t* weben

tisserand [tisʀɑ̃] *m* (Hand)Weber *m*

tisseur [tisœʀ] *m*, **tisseuse** [-øz] *f* Weber(in) *m(f)*

▸ **tissu** [tisy] *m* **1.** TEXT Stoff *m*; Gewebe *n* **2.** BIOL Gewebe *n* **3.** *fig* **tissu de mensonges** Lü-gengewebe *n*

tissu-éponge *m* ⟨**tissus-éponges**⟩ Frottee *n ou m*

titan [titɑ̃] *m* MYTH Titan *m*

titane [titan] *m* CHIM Titan *n*

titanesque [titanɛsk] *litt adj* gewaltig; gigan-tisch

titi [titi] *m* **titi parisien** Pariser Straßenjunge *m*

titiller [titije] *v/t* **1.** (*chatouiller*) kitzeln **2.** F *fig*

(*démanger*) jucken

titrage [titʀaʒ] *m* CHIM Maßanalyse *f*; Titration *f*

▸ **titre** [titʀ] *m* **1.** (*dignité*) Titel *m* (*a* SPORTS); *titre universitaire* akademischer Titel; *en ti-tre* im Beamtenverhältnis; *par ext* ständig; fest; offiziell **2.** *d'un livre, film, etc* Titel *m*; *d'un chapitre, article* Überschrift *f*; *dans un journal* Titel *m*; Überschrift *f*; *gros titres* Schlagzeilen *f/pl* **3.** (*document*) Urkunde *f*; (*droit*) Rechtsanspruch *m*; *titre de transport* Fahr(t)ausweis *m* **4.** *à titre de* als; *à ce titre* als solche(r); *à titre d'exemple* als Beispiel; *à titre d'information* zur Information; *à titre de réciprocité* auf Gegenseitigkeit; *à aucun titre* in keiner Weise; *à titre définitif* endgültig; *à titre exceptionnel* ausnahmsweise; *à juste titre* mit vollem Recht; mit Fug und Recht; *au même titre que ...* ebenso wie ... **5.** FIN (Wert)Papier *n* **6.** CHIM Titer *m*; *d'or, etc* Fein-gehalt *m*

titrer [titʀe] *v/t* **1.** *journal* **titrer sur cinq colon-nes ...** die fünfspaltige Überschrift, Schlagzei-le bringen ... **2.** CHIM titrieren; *liqueur titrer 15 degrés* 15 (Volum)Prozent haben

titubant [titybɑ̃] *adj* ⟨**-ante** [-ɑ̃t]⟩ taumelnd; *ivrogne* torkelnd

tituber [-e] *v/i* taumeln; *ivrogne* torkeln

titulaire [titylɛʀ] **I** *adj* im Beamtenverhältnis; ADM beamtet **II** *m,f* Inhaber(in) *m(f)*; *titulaire d'un compte* Kontoinhaber *m*

titularisation [titylaʀizasjɔ̃] *f* Übernahme *f* ins Beamtenverhältnis; Verbeamtung *f*

titulariser [-e] *v/t* ins Beamtenverhältnis über-nehmen; verbeamten

toast [tost] *m* **1.** Toast *m*; Trinkspruch *m*; *por-ter un toast* e-n Toast ausbringen (*à qn* auf j-n) **2.** (*pain grillé*) Toast *m*

toasteur [tostœʀ] *m* Toaster *m*

toboggan [tɔbɔgɑ̃] *m* **1.** *pour jouer* Rutschbahn *f*; AVIAT Notrutsche *f*; TECH Rutsche *f* **2.** *sur une route* (provisorische) Stahlbrücke, Überfüh-rung

toc [tɔk] *m* Talmi *n*; Imitation *f*

tocade → **toquade**

tocard [tɔkaʀ] **I** *adj* ⟨**-arde** [-aʀd]⟩ F scheußlich **II** *m* schlechtes Pferd

tocsin [tɔksɛ̃] *m* Sturmläuten *n*; *sonner le toc-sin* Sturm läuten

tofu [tɔfu] *m* Tofu *m*

toge [tɔʒ] *f* **1.** HIST Toga *f* **2.** *des avocats, etc* Ro-be *f*; Talar *m*

Togo [tɔgo] *le Togo* Togo *n*

togolais [tɔgɔlɛ] **I** *adj* ⟨**-aise** [-ɛz]⟩ togolesisch; togoisch **II** *subst* **Togolais(e)** *m(f)* Togolese, -lesin *m,f*; Togoer(in) *m(f)*

tohu-bohu [tɔybɔy] *m* Tumult *m*; Trubel *m*; Tohuwabohu *n*

▸ **toi** [twa] *pr/pers* **1.** *sujet* du; *toi, tu restes ici!* du bleibst hier!; *si j'étais toi* wenn ich du wäre **2.** *obj/dir* dich; *obj/indir* dir; *on parle de toi* man spricht von dir, über dich; *sers-toi* bedien dich; *figure-toi ...* stell dir vor

toile [twal] *f* **1.** TEXT Leinen *n*; *par ext* Tuch *n*; *de ou en toile* aus Leinen; Leinen...; leinen **2.** *ta-bleau* (Öl)Gemälde *n*; *fig* **toile de fond** Hin-tergrund *m* **3.** MAR Segel *n/pl* **4.** *toile d'arai-gnée* Spinnwebe *f*; Spinnennetz *n* **5.** INFORM la Toile das Web; (naviguer) sur la Toile im Web (surfen)

toilettage [twalɛtaʒ] m pour chiens Trimmen n; boutique f de toilettage Hundesalon m

toilette [twalɛt] f 1. Waschen n; serviette f de toilette Handtuch n; faire sa toilette sich waschen; chat sich putzen 2. (habits) Kleidung f; Toilette f; être en grande toilette in großer Toilette sein 3. ► toilettes pl Toilette f; aller aux toilettes auf die Toilette gehen

toi-même [twamɛm] pr/pers 1. emphatique (du) selbst 2. réfléchi dich selbst

toise [twaz] f Messstab m; passer qn à la toise die Größe j-s messen

toiser [twaze] v/t mustern; mit dem Blick messen

toison [twazõ] f 1. du mouton Wolle f; par ext Schaffell n; la Toison d'or das Goldene Vlies 2. fig dichtes Haar

► toit [twa] m Dach n; par ext avoir un toit ein Dach über dem Kopf haben; fig crier qc sur les toits etw ausposaunen; recevoir qn sous son toit j-n bei sich, in s-m Haus empfangen

toiture [twatyʀ] f Bedachung f; Dach n

Tokyo [tɔkjo] Tokio n

tôle [tol] f 1. Blech n 2. → taule

tôlé [tole] adj ⟨~e⟩ neige tôlée Harsch m; verharschter Schnee

tolérable [tɔleʀabl] adj 1. (admissible) tolerierbar 2. (supportable) erträglich

tolérance [tɔleʀɑ̃s] f 1. Toleranz f; Nachsicht f; Duldsamkeit f; faire preuve de tolérance tolerant ou nachsichtig sein, Toleranz üben (à l'égard de, envers qn j-m gegenüber) 2. TECH Toleranz f (a MÉD); zulässige Abweichung 3. tolérance orthographique zulässige Schreibung

tolérant [tɔleʀɑ̃] adj ⟨-ante [-ɑ̃t]⟩ tolerant; duldsam; nachsichtig

tolérer [tɔleʀe] v/t ⟨-è-⟩ 1. chose dulden; zulassen; tolerieren; personne ertragen; dulden 2. MÉD vertragen

tôlerie [tolʀi] f 1. atelier Blechfabrik f, -walzwerk n 2. coll Blechteile n/pl

tolet [tɔlɛ] m (Ruder)Dolle f

tôlier [tolje] m 1. a) ouvrier Blecharbeiter m, -schlosser m b) commerçant Blechwarenhändler m 2. → taulier

tollé [tɔle] m Protestgeschrei n; Aufbegehren n; provoquer, soulever un tollé général allgemeines Protestgeschrei hervorrufen

TOM [tɔm] m abr (territoire d'outre-mer) (französisches) Übersee-Territorium

► tomate [tɔmat] f Tomate f; österr Paradeiser m

tombal [tõbal] adj ⟨~e; -als⟩ pierre tombale dalle Grabplatte f; stèle Grabstein m

tombant [tõbɑ̃] adj ⟨-ante [-ɑ̃t]⟩ moustaches, paupières herabhängend; cheveux tombants langes, offenes Haar; poitrine tombante Hängebusen m; fig à la nuit tombante bei Einbruch der Nacht

► tombe [tõb] f Grab n; Grabstätte f

tombeau [tõbo] m ⟨~x⟩ Grabmal n; Grabstätte f; poét Gruft f; fig rouler à tombeau ouvert rasen wie ein Irrer

tombée [tõbe] f à la tombée du jour, de la nuit bei Einbruch der Dunkelheit, Nacht

► tomber [tõbe] I v/t 1. F veste ausziehen 2. F fig femme F herumkriegen II v/i ⟨être⟩ 3. fallen; stürzen; (se renverser) umfallen; personne a hinfallen; du haut de qc hinab- ou herab-, hinunter- ou herunterfallen; alpiniste, avion abstürzen; feuilles, fruits abfallen; cheveux, dents ausfallen; foudre einschlagen; tomber à ou dans l'eau ins Wasser fallen (a fig projet); tomber par terre hinunter- ou herabfallen; personne debout hinfallen; faire tomber (renverser) umwerfen; du haut de qc herunterwerfen; d'un arbre herunterschütteln 4. fig paroles, etc fallen; la nuit tombe es wird Nacht, dunkel; son anniversaire tombe un dimanche fällt auf e-n Sonntag 5. soldat, ville fallen; obstacle, difficulté wegfallen; gouvernement stürzen; faire tomber gouvernement stürzen; zu Fall bringen; ► laisser tomber projet, personne fallen lassen; F abs laisse tomber! gib's auf! 6. tomber sur qn (attaquer) über j-n herfallen 7. (devenir) werden; dans un endroit, une situation geraten; kommen; tomber amoureux sich verlieben (de qn in j-n); tomber malade krank werden; erkranken; il est tombé dans le piège er ist in die Falle gegangen 8. (arriver) (unerwartet ou zufällig) kommen; fax, etc eingehen; tomber bien (à propos) gerade recht, zur richtigen Zeit, wie gerufen kommen; ça tombe bien das trifft sich gut, günstig; il est bien tombé (il a eu de la chance) er hat es gut getroffen; tomber juste calcul aufgehen; (deviner) es erraten; das Richtige treffen; tomber sur qc auf etw (acc) stoßen, treffen; tomber sur qn j-n zufällig treffen; j-m zufällig begegnen 9. prix, température fallen; sinken; zurückgehen; vent, enthousiasme nachlassen; sich legen; jour sich neigen; faire tomber prix drücken 10. (descendre, pendre) (herab)hängen; fallen; vêtement tomber bien gut fallen; épaules f/pl qui tombent Hängeschultern f/pl III v/imp il tombe de la neige, de la pluie es fällt Schnee, Regen

tombereau [tõbʀo] m ⟨~x⟩ 1. charrette Kippkarren m 2. TECH Kipper m

tombeur [tõbœʀ] m F 1. (séducteur) Frauenheld m 2. POL j, der e-n Minister etc zu Fall bringt

tombola [tõbɔla] f Tombola f; tirage m de la tombola Ziehung f der Lose bei der Tombola

tome [tɔm] m Band m

tomette [tɔmɛt] f Terrakottafliese f

tomme [tɔm] f Hartkäse aus Savoyen

► ton[1] [tõ] adj/poss ⟨f ta [ta], vor Vokal u stummem h ton [tɔ̃]⟩ pl tes [te]⟩ dein(e)

ton[2] m 1. de la voix Ton(höhe) m(f) 2. par ext Ton m (a d'une lettre); Umgangston m; fig de bon ton zum guten Ton gehörend; élégance geschmackvoll; changer de ton e-n anderen Ton anschlagen; si vous le prenez sur ce ton ... wenn Sie in diesem Ton mit mir reden ... 3. MUS (note) Ton m; (intervalle) Tonschritt m; (tonalité) Tonart f; fig donner le ton den Ton angeben 4. (couleur) (Farb)Ton m

tonalité [tɔnalite] f 1. MUS Tonalität f; Tonart f 2. d'une voix, radio, etc Klang m; Klangfarbe f 3. TÉL Wählton m

tondeuse [tõdøz] f 1. du coiffeur Haarschneidemaschine f 2. tondeuse (à gazon) Rasenmäher m

tondre [tõdʀ] *v/t* ⟨→ **rendre**⟩ **1.** *mouton, caniche, cheveux* scheren **2.** *gazon* mähen **3.** F *fig* **tondre qn** j-n ausnehmen

ondu [tõdy] *adj* ⟨~e⟩ kahl geschoren

ongs [tõg] *f/pl* Zehensandalen *f/pl*

onicité [tɔnisite] *f* stärkende, kräftigende Wirkung

onifiant [tɔnifjã] I *adj* ⟨-ante [-ãt]⟩ stärkend II *m* Tonikum *n*; Stärkungsmittel *n*

onifier [-fje] *v/t* stärken; kräftigen

onique [tɔnik] I *adj* **1.** (*stimulant*) kräftigend; stärkend; tonisch; belebend; **lotion f tonique** Gesichtswasser *n* **2.** PHON betont II *subst* **3.** *m* Tonikum *n*; Stärkungsmittel *n* **4.** *f* MUS Tonika *f*; Grundton *m*

onitruant [tɔnitʀyã] *adj* ⟨-ante [-ãt]⟩ **voix tonitruante** dröhnende Stimme; Donnerstimme *f*

onnage [tɔnaʒ] *m* Tonnage *f*

onnant [tɔnã] *adj* ⟨-ante [-ãt]⟩ donnernd

tonne [tɔn] *f* Tonne *f*; F *fig* **des tonnes de ...** F Riesenmengen *f/pl* von ...; *camion* **un sept tonnes** ein Siebentonner *m*

onneau [tɔno] *m* ⟨~x⟩ **1.** *à vin, etc* Fass *n* **2.** MAR (Register)Tonne *f* **3.** AUTO **faire un tonneau** sich überschlagen

onnelet [tɔnlɛ] *m* Fässchen *n*

onnelier [tɔnəlje] *m* Böttcher *m*

onnelle [tɔnɛl] *f* (Garten)Laube *f*

onner [tɔne] I *v/imp* **il tonne** es donnert II *v/i* **1.** *canons* donnern **2.** *personne* **tonner contre** wettern gegen

tonnerre [tɔnɛʀ] *m* **1.** Donner *m*; *fig* **tonnerre d'applaudissements** tosender Beifall; donnernder Applaus; **coup m de tonnerre** Donnerschlag *m*; *fig* schwerer Schlag **2.** F *fig* **du tonnerre** großartig; F toll

onsure [tõsyʀ] *f* CATH Tonsur *f*

onte [tõt] *f* Schur *f*

onton [tõtõ] *m enf* Onkel(chen) *m(n)*

onus [tɔnys] *m* **1.** *d'une personne* Energie *f*; Dynamik *f*; Spannkraft *f* **2.** **tonus (musculaire)** (Muskel)Tonus *m*

op [tɔp] *m* RAD **au quatrième top il sera ...** beim vierten Ton des Zeitzeichens ist es ...

opaze [tɔpɑz] *f* Topas *m*

oper [tɔpe] *v/i* **topc là!** schlag ein!; deine Hand drauf!

opette [tɔpɛt] F *f* Fläschchen *n*

opinambour [tɔpinãbuʀ] *m* Topinambur *f ou m*

opique [tɔpik] *m* **1.** MÉD örtlich wirkendes Mittel **2.** RHÉT Topos *m*

opo [tɔpo] F *m* (kurze) Darstellung

opographe [tɔpɔgʀaf] *m,f* Topograph(in) *m(f)*

opographie [-gʀafi] *f* Topographie *f*

opographique *adj* topographisch

opoguide [tɔpɔgid] *m* Wanderkarte *f*

opologie [tɔpɔlɔʒi] *f* Topologie *f*

opologique [-ik] *adj* topologisch

oponyme [tɔpɔnim] *m* Ortsname *m*

oponymie [-i] *f* Ortsnamenkunde *f*

oponymique [-ik] *adj* Ortsnamen...; der Ortsnamenkunde

oquade [tɔkad] F *f* Marotte *f*; F Fimmel *m*; **avoir une toquade pour qn, qc** in j-n, etw vernarrt sein

toquard → **tocard**

toque [tɔk] *f* Mütze *f*; *de magistrat* Barett *n*; **toque (de cuisinier)** Kochmütze *f*; **toque de fourrure** Pelzmütze *f*

toqué [tɔke] F *adj* ⟨~e⟩ **1.** F verdreht; F leicht bekloppt **2.** **être toqué de qn** F in j-n verknallt, verschossen sein

toquer [tɔke] *v/i* leise pochen (**à la porte** an die Tür)

torche [tɔʀʃ] *f* **1.** Fackel *f* **2.** **torche (électrique)** Stablampe *f*

torcher [tɔʀʃe] F *v/t* **1.** **torcher (le derrière d')un enfant** F e-m Kind den Hintern (ab)wischen, putzen **2.** *travail* F hinhauen; **bien torché** F gekonnt

torchère [tɔʀʃɛʀ] *f* **1.** *d'une raffinerie* Fackel *f* **2.** großer Kandelaber

torchis [tɔʀʃi] *m* Strohlehm *m*

torchon [tɔʀʃõ] *m* **1.** *pour la vaisselle* Geschirrtuch *n*; *fig* **le torchon brûle** die haben Krach miteinander **2.** F *fig* (*écrit sans valeur*) F Geschmiere *n* **3.** *en Belgique* (*serpillière*) Scheuertuch *n*

tordant [tɔʀdã] *adj* ⟨-ante [-ãt]⟩ F zum Piepen; F zum Schießen; urkomisch

tord-boyaux [tɔʀbwajo] *m* ⟨*inv*⟩ F Fusel *m*

tordre [tɔʀdʀ] ⟨→ **rendre**⟩ I *v/t* **1.** (*tourner*) drehen; verdrehen; *linge* auswringen; F **tordre le cou à qn** F j-m den Hals umdrehen **2.** (*plier*) (ver)biegen **3.** *bouche, visage* verzerren II *v/pr* **4.** **se tordre la cheville, le pied** sich (*dat*) den Knöchel verrenken; mit dem Fuß umknicken; **se tordre les mains** die Hände ringen **5.** **se tordre** (*se plier*) sich winden, sich krümmen (**de douleur** vor Schmerzen); **se tordre (de rire)** sich biegen vor Lachen; F sich schieflachen

tordu [tɔʀdy] *adj* ⟨~e⟩ **1.** *barre* verbogen; *jambes, nez* krumm; *bouche, visage* verzerrt **2.** F (*fou*) verrückt; F übergeschnappt; *fig* **avoir l'esprit tordu** auf absonderliche Gedanken kommen

toréador [tɔʀeadɔʀ] *m* → **torero**

toréer [tɔʀee] *v/i* als Stierkämpfer auftreten; mit Stieren kämpfen

torero [tɔʀeʀo] *m* Torero *m*; Stierkämpfer *m*

torgnole [tɔʀɲɔl] F *f* (saftige) Ohrfeige

tornade [tɔʀnad] *f* Tornado *m*; Wirbelsturm *m*

Toronto [tɔʀõto] Toronto *n*

torpeur [tɔʀpœʀ] *f* Benommenheit *f*; Betäubung *f*; Erstarrung *f*; **être plongé dans la torpeur** benommen, betäubt sein; **faire sortir, tirer qn de sa torpeur** j-n aus s-r Benommenheit, *etc* reißen

torpillage [tɔʀpijaʒ] *m* Torpedieren *n*; Torpedierung *f* (*a fig*)

torpille [tɔʀpij] *f* **1.** MIL Torpedo *m* **2.** (*poisson m*) **torpille** Zitterrochen *m*

torpiller [tɔʀpije] *v/t* torpedieren (*a fig*)

torpilleur *m* Torpedoboot *n*

torréfaction [tɔʀefaksjõ] *f* (Kaffee)Rösten *n*

torréfier [-fje] *v/t* rösten

▸ **torrent** [tɔʀã] *m* **1.** Wildbach *m*; Gebirgsbach *m*; **il pleut à torrents** es regnet in Strömen; F es gießt **2.** *fig* Strom *m*; Flut *f*

torrentiel [tɔʀãsjɛl] *adj* ⟨~le⟩ **pluie torrentielle** Wolkenbruch *m*

torride [tɔʀid] *adj climat* heiß; *chaleur* glühend; sengend

tors [tɔʀ] *adj* ⟨**torse** [tɔʀs]⟩ gedreht; gewunden; *jambes* krumm

torsade [tɔʀsad] *f* **1.** *torsade de cheveux* gedrehter Zopf; *pull à torsades* mit Zopfmuster **2.** *de fils* Kordel *f*

torsader [tɔʀsade] *v/t cheveux* (zusammen)drehen

torse [tɔʀs] *m* **1.** Oberkörper *m*; *torse nu* mit nacktem Oberkörper; *se mettre torse nu* den Oberkörper frei machen **2.** SCULP Torso *m*

torsion [tɔʀsjõ] *f* Torsion *f*; Verwindung *f*; Verdrehung *f*

▸ **tort** [tɔʀ] *m* **1.** Unrecht *n*; (*faute*) Verschulden *n*; Fehler *m*; *à tort* zu Unrecht; *à tort ou à raison* zu Recht oder zu Unrecht; *à tort et à travers* unüberlegt; drauflos; *avoir tort* unrecht haben; *il a tort de* (+ *inf*) es ist falsch, ein Fehler von ihm zu (+ *inf*); *être dans son tort* im Unrecht sein; schuld sein; *reconnaître ses torts* sein Unrecht einsehen **2.** (*préjudice*) Schaden *m*; Nachteil *m*; *faire du tort à qn* j-m schaden; j-m Schaden zufügen; j-n schädigen

torticolis [tɔʀtikɔli] *m* steifer Hals

tortillard [tɔʀtijaʀ] *m* F Bummelzug *m*; F Bimmelbahn *f*

tortillement [tɔʀtijmã] *m en marchant* Wiegen *n* der Hüften

tortiller [tɔʀtije] **I** *v/t* zusammendrehen; *moustache* zwirbeln **II** *v/i* F *fig il n'y a pas à tortiller* da hilft (alles) nichts **III** *v/pr se tortiller d'impatience* zappeln; *en marchant* sich in den Hüften wiegen

tortionnaire [tɔʀsjɔnɛʀ] *m* Folterknecht *m*

tortue [tɔʀty] *f* Schildkröte *f*; *avancer comme une tortue* im Schneckentempo

tortueux [tɔʀtɥø] *adj* ⟨**-euse** [-øz]⟩ **1.** *chemin* gewunden; *ruelle* krumm **2.** *fig manœuvres* undurchsichtig; dunkel

torturant [tɔʀtyʀã] *adj* ⟨**-ante** [-ãt]⟩ *pensée, remords* quälend; qualvoll

torture [tɔʀtyʀ] *f* **1.** Folter *f*; HIST *chambre f de torture* Folterkammer *f*; *fig mettre qn à la torture* j-n auf die Folter spannen; *être soumis à la torture, subir des tortures* gefoltert werden; *fig* Qualen ausstehen **2.** *fig* (Folter)Qual *f*; *infliger des tortures à qn* j-n foltern, *st/s* martern

torturer [tɔʀtyʀe] *v/t* **1.** foltern **2.** *fig* quälen; peinigen; *se torturer l'esprit* sich (*dat*) das Hirn zermartern

torve [tɔʀv] *adj regard* finster

toscan [tɔskã] *adj* ⟨**-ane** [-an]⟩ toskanisch

Toscane [tɔskan] *la Toscane* die Toskana

▸ **tôt** [to] *adv* früh; *tôt ou tard* früher oder später; *plus tôt* früher (*que* als); eher; *au plus tôt* frühestens; *il n'eut pas plus tôt dit cela que ...* kaum hatte er das gesagt, als ...; *pas de si tôt* nicht so bald

total [tɔtal] **I** *adj* ⟨**~e**; **-aux** [-o]⟩ **1.** (*complet*) völlig; vollkommen; vollständig; total; *confiance totale* volles Vertrauen **2.** (*global*) gesamt; Gesamt... **II** *subst* **3.** *m* Gesamtzahl *f*; *d'une addition* Summe *f*; *d'argent* Gesamtbetrag *m*; (Gesamt)Summe *f*; F *total: ...* Fazit: ...; *au total* (*en tout*) insgesamt; (*tout compte fait*) alles in allem (genommen); *faire le total* zusammenzählen, -rechnen (*de qc* etw) **4.** *totale*

f F Totaloperation *f* (*Hysterektomie*)

▸ **totalement** [tɔtalmã] *adv* völlig

totalisation [tɔtalizasjõ] *f* Zusammenzählen *n*; Addieren *n*

totaliser [tɔtalize] *v/t* **1.** (*avoir au total*) (insgesamt) erreichen, erzielen; *voix* auf sich (*acc*) vereinigen **2.** (*faire le total*) zusammenzählen, -rechnen

totalitaire [tɔtalitɛʀ] *adj* totalitär

totalitarisme [tɔtalitaʀism] *m* Totalitarismus *m*

totalité [tɔtalite] *f* Gesamtheit *f*; *la* (*presque*) *totalité du personnel* (fast) das gesamte Personal; *en totalité* vollständig; ganz

totem [tɔtɛm] *m* Totem *n*; *poteau* Totempfahl *m*

touareg [twaʀɛg] **I** *adj* ⟨*inv*⟩ Tuareg... **II** *subst* **Touareg(s)** *m/pl* Tuareg *m/pl*

toubib [tubib] F *m* Arzt *m*; F Doktor *m*

toucan [tukã] *m* ZO Tukan *m*; Pfefferfresser *m*

touchant [tuʃã] *adj* ⟨**-ante** [-ãt]⟩ rührend (*a iron*)

▸ **touche** [tuʃ] *f* **1.** *d'un clavier* Taste *f*; INFORM *touche de fonction* Funktionstaste *f* **2.** *pierre f de touche de l'orfèvre* Probierstein *m*; *fig* Prüfstein *m* **3.** PÊCHE Anbeißen *n*; *je n'ai pas eu une touche* kein einziger Fisch hat angebissen; F *fig faire une touche* e-e Eroberung machen **4.** PEINT Pinselstrich *m*; F Note *f* **5.** F (*allure*) *avoir une drôle de touche* komisch aussehen **6.** SPORTS (*rentrée f en*) *touche* Einwurf *m*; (*ligne f de*) *touche* Seitenlinie *f*; *il y a touche* der Ball ist im Seitenaus; *fig rester, être mis sur la touche* kaltgestellt werden

touche-à-tout *m* ⟨*inv*⟩ **1.** Kind, das alles anfasst **2.** *fig c'est un touche-à-tout* er tut tausend Dinge (*péj* und alle nur halb)

▸ **toucher¹** [tuʃe] **I** *v/t* **1.** berühren; *de la main* anfassen; anrühren; *autre maison* (an)grenzen; stoßen an (+ *acc*); *port* anlaufen **2.** (*atteindre*) treffen; *être touché par une balle* von e-r Kugel getroffen werden **3.** *qn par téléphone, lettre* erreichen **4.** *toucher qn* (*émouvoir*) j-n bewegen, ergreifen, rühren; j-m zu Herzen gehen; j-m nahegehen; (*blesser*) j-n treffen **5.** *argent* bekommen; erhalten; *salaire, pension* beziehen **6.** (*concerner*) betreffen; angehen **II** *v/t/indir* **7.** *toucher à qc* etw anfassen, berühren, anrühren; *fig il n'a jamais touché à un livre* er hat nie ein Buch angerührt; *n'y touche pas!* rühr ou fass das nicht an! **8.** *par ext toucher à économies* anrühren; angreifen; *institution, coutume* antasten; rühren an (+ *acc*); *question, sujet* anschneiden; zur Sprache bringen **III** *v/pr se toucher* sich berühren; *terrains, bâtiments* aneinanderstoßen, -grenzen

toucher² *m* **1.** *sens* Tastsinn *m*; Gefühl (ssinn) *n*(*m*) **2.** *être doux, rude au toucher* sich weich, rau anfühlen **3.** MÉD Austasten *n*

touffe [tuf] *f* Büschel *n*; *touffe de cheveux* Haarbüschel *n*

touffu [tufy] *adj* ⟨**~e**⟩ **1.** *haie, bois* dicht **2.** *fig* unübersichtlich

touiller [tuje] F *v/t* umrühren

▸ **toujours** [tuʒuʀ] *adv* **1.** (*constamment*) immer; stets; *toujours moins* immer weniger; *c'est un ami de toujours* er war schon immer mein Freund; *depuis toujours* schon immer; von jeher; *pour toujours* für, auf immer **2.** (*en-*

core) immer noch; noch immer; *il l'aime toujours* er liebt sie immer noch **3.** (*en tout cas*) jedenfalls; immerhin; wenigstens; F *c'est toujours ça* (*de pris, de gagné*) das ist immerhin etwas; *conj* **toujours est-il que …** jedenfalls …; immerhin …

Toulouse [tuluz] *Stadt im Dep. Haute-Garonne*

toundra [tundʀa] *f* Tundra *f*

toupet [tupɛ] F *m* Frechheit *f*; Unverschämtheit *f*; Unverfrorenheit *f*; Dreistigkeit *f*; *avoir du toupet* frech, unverschämt, unverfroren sein

toupie [tupi] *f* Kreisel *m*

▶ **tour**[1] [tuʀ] *f* Turm *m* (*a* ÉCHECS); *immeuble* (turmartiges) Hochhaus; Wohnturm *m*; *tour de contrôle* Kontrollturm *m*

▶ **tour**[2] *m* **1.** (*circonférence*) Umfang *m*; COUT *a* Weite *f*; *tour de poitrine* Brustumfang *m*; Oberweite *f*; *tour de taille* Taillenweite *f* **2.** (*promenade*) Rundgang *m*, -fahrt *f*; Runde *f*; Spaziergang *m*; (*excursion*) Tour *f*; Ausflug *m*; (*voyage*) Fahrt *f*; Reise *f*; *tour d'honneur* Ehrenrunde *f*; *tour en vélo, en voiture* Rad-, Autotour *f*; *faire un petit tour* e-n kleinen Spaziergang machen; *faire le tour de qc* um etw herumgehen, -fahren; *faire le tour du monde personne* e-e Weltreise machen; *chanson* um die Welt gehen; *fig* *faire le tour de la question* die Frage durchsprechen, erörtern; *faire le tour de la ville personne* e-n Rundgang, e-e Rundfahrt durch die Stadt machen; *nouvelle* in der ganzen Stadt die Runde machen **3.** (*rotation*) Drehung *f*; *d'un moteur* Umdrehung *f*; Tour *f*; *fig* *tour de main* (Kunst-)Fertigkeit *f*; *en un tour de main* im Handumdrehen; im Nu; *fermer* (*la porte*) *à double tour* den Schlüssel zweimal herumdrehen; (die Tür) zweimal abschließen **4.** *tour d'adresse* Kunststück *n*; Trick *m*; *tour de force* Kunststück *n*; Glanzleistung *f*; *avoir plus d'un tour dans son sac* mit allen Wassern gewaschen sein; *et voilà, le tour est joué* (und damit ist die Sache) schon in Ordnung, erledigt, F geritzt **5.** (*farce*) Streich *m*; *faire, jouer un* (*mauvais*) *tour à qn* j-m e-n (bösen, üblen) Streich spielen **6.** (*tournure*) Wendung *f*; *prendre un tour dramatique* c-c dramatische Wendung nehmen **7.** *dans un certain ordre* Reihe *f*; *tour de chant* Repertoire *n*; *tour de scrutin* Wahlgang *m*; *à qui le tour?* wer ist dran, an der Reihe?; *à mon, ton, etc tour* meinerseits, deinerseits *etc*; *à tour de rôle* der Reihe nach; *tour à tour* abwechselnd; *attendre son tour* warten, bis man an der Reihe ist *ou* bis man drankommt; *c'est mon, ton, etc tour* ich bin, du bist *etc* dran, an der Reihe

tour[3] *m* **1.** TECH Drehbank *f* **2.** *du potier* Töpferscheibe *f*

Touraine [tuʀɛn] *la Touraine* Landschaft im westlichen Mittelfrankreich

tourangeau [tuʀɑ̃ʒo] **I** *adj* ⟨*-elle* [-ɛl]; *-aux* [-o]⟩ aus der Touraine *ou* aus Tours **II** *subst* **Tourangeau, Tourangelle** *m,f* Einwohner(in) *m(f)* der Touraine *ou* von Tours

tourbe [tuʀb] *f* Torf *m*

tourbière [tuʀbjɛʀ] *f* Torfmoor *n*

tourbillon [tuʀbijõ] *m* **1.** Luftwirbel *m*; *tourbillon de neige* Schneegestöber *n*; *tourbillon de*

poussière Staubwirbel *m*, -wolke *f* **2.** *dans l'eau* Strudel *m* **3.** *fig* Wirbel *m*; Strudel *m*; Trubel *m*

tourbillonnant [tuʀbijɔnɑ̃] *adj* ⟨*-ante* [-ɑ̃t]⟩ (umher)wirbelnd

tourbillonnement *m* Wirbeln *n*

tourbillonner [tuʀbijɔne] *v/i* **1.** *feuilles, neige, etc* umherwirbeln **2.** *fig idées* **tourbillonner dans la tête de qn** j-m durch den Kopf schwirren

tourelle [tuʀɛl] *f* **1.** ARCH Türmchen *n* **2.** *d'un char* Drehturm *m*

▶ **tourisme** [tuʀism] *m* Fremdenverkehr *m*; Tourismus *m*; Touristik *f*; *tourisme de masse* Massentourismus *m*; *avion m de tourisme* Privatflugzeug *n*; *voiture f de tourisme* Personenwagen *m*; Pkw *m*; *faire du tourisme* als Tourist, zum Vergnügen reisen

▶ **touriste** [tuʀist] *m,f* Tourist(in) *m(f)*; *adjt* *classe f touriste* Touristenklasse *f*

touristique [tuʀistik] *adj* Fremdenverkehrs…; Touristen…; touristisch; *guide m touristique* Reiseführer *m*; *menu m touristique* preiswertes Menü für Touristen

tourment [tuʀmɑ̃] *litt m* Qual *f*

tourmente [tuʀmɑ̃t] *f* **1.** *litt* (*tempête*) Sturm *m* **2.** *fig* Wirren *pl*

tourmenté [tuʀmɑ̃te] *adj* ⟨*~e*⟩ *époque* unruhig; *vie* bewegt; *paysage* wild; zerklüftet; *mer* aufgewühlt

tourmenter [tuʀmɑ̃te] **I** *v/t* quälen; peinigen; plagen **II** *v/pr* *se tourmenter* sich (*dat*) Sorgen machen

tournage [tuʀnaʒ] *m* Dreharbeiten *f/pl*

tournant [tuʀnɑ̃] **I** *adj* ⟨*-ante* [-ɑ̃t]⟩ Dreh…; *grève tournante* wechselnder Schwerpunktstreik **II** *m* **1.** (*virage*) Kurve *f*; Biegung *f*; F *fig je l'attends, l'aurai au tournant* F den kriege ich noch **2.** *fig* Wende *f*; Wendepunkt *m*; *il est à un tournant de sa vie* er steht an e-m Wendepunkt s-s Lebens; er ist an e-m Wendepunkt s-s Lebens angelangt

tourné [tuʀne] *adj* ⟨*~e*⟩ **1.** *lait* geronnen **2.** *lettre, etc* **bien tourné** gut formuliert; *avoir l'esprit mal tourné* immer gleich Schlechtes denken

tournebouler [tuʀnəbule] *v/t* F **tournebouler qn** j n durcheinanderbringen; *elle était toute tourneboulée* sie war ganz durcheinander

tournebroche [tuʀnəbʀɔʃ] *m* Drehspieß *m*

tourne-disque [tuʀnədisk] *m* ⟨**tourne-disques**⟩ Plattenspieler *m*

tournedos [tuʀnədo] *m* (Rinder)Filetschnitte *f*

tournée [tuʀne] *f* **1.** *d'un facteur* Runde *f*; *d'un gardien* Rundgang *m*; COMM (Geschäfts)Reise *f*; *tournée électorale* Wahlkampftournee *f*; *tournée théâtrale* Tournee *f*; Gastspielreise *f*; THÉ *être en tournée* auf Tournee sein **2.** F *au café* Runde *f*

tournemain [tuʀnəmɛ̃] *adv litt* **en un tournemain** im Handumdrehen; im Nu

▶ **tourner** [tuʀne] **I** *v/t* **1.** drehen; wenden; *page* umblättern; umschlagen; *clé* (her)umdrehen; *salade, sauce* umrühren; *tourner et retourner* hin und her wenden (*a fig*); *fig* *tourner la tête à qn vin, réussite* j-m zu Kopf steigen; *personne* j-m den Kopf verdrehen; *regard, attention* *tourner vers* richten auf (+ *acc*) **2.** (*contourner*) *tourner qc* um etw gehen *ou* fahren; *fig* *difficulté, loi* umgehen; **tourner le coin de la rue** um die Ecke biegen **3.** TECH *métal* (ab)drehen; *bois* drechseln **4.** *film, scène* (ab)drehen **5.** *phrase, compliment* formulieren **II** *v/i* **6.** sich drehen; kreisen; TECH rotieren; umlaufen; *moteur* laufen; *fig entreprise, usine* in Betrieb sein; **l'heure tourne** die Zeit vergeht; **j'ai la tête qui tourne** mir dreht sich alles im Kopf; **ça me fait tourner la tête** davon wird mir schwind(e)lig; *représentant* **tourner sur une région** e-e Gegend bereisen **7. tourner autour de qc** sich um etw drehen (*a fig*); um etw kreisen (*a fig*); etw umkreisen; um etw herumgehen *ou* -laufen *ou* -fahren; *péj* **tourner autour de qn** um j-n herumscharwenzeln, -schwirren; *fig* **tourner autour de dix pour cent** sich um zehn Prozent bewegen **8.** (*changer de direction*) abbiegen; *vent* sich drehen; umspringen; *fig chance* sich wenden; **tourner à droite, à gauche** (nach) rechts, links abbiegen; **tourner dans une rue** in e-e Straße einbiegen **9.** (*se terminer*) ablaufen; ausgehen; (*évoluer*) sich entwickeln (**à** zu); werden; **tourner bien** gut ablaufen; gut ausgehen; **tourner mal** e-e schlechte, schlimme Wendung nehmen; F schiefgehen; *personne* auf die schiefe Bahn geraten; *temps* **tourner à la pluie** regnerisch werden **10.** *lait* gerinnen; sauer werden **11.** CIN drehen; filmen; **silence, on tourne!** Achtung, Aufnahme! **III** *v/pr* **12.** ▸ **se tourner** sich umdrehen; **se tourner et se retourner dans son lit** sich im Bett hin und her wälzen **13.** *fig* **se tourner vers qc** sich e-r Sache (*dat*) zuwenden

tournesol [turnəsɔl] *m* **1.** BOT Sonnenblume *f* **2.** CHIM Lackmus *n ou m*

tourneur [turnœr] **I** *m sur métaux* Dreher *m*; *sur bois* Drechsler *m* **II** *adj* **derviche m tourneur** tanzender Derwisch

tournevis [turnəvis] *m* Schraubenzieher *m*

tournicoter [turnikɔte] F *v/i* herumstreichen, -schleichen

tourniquet [turnikɛ] *m* **1.** *pour passer un à un* Drehkreuz *n* **2.** *pour arroser* Rasensprenger *m*; Kreisregner *m* **3.** *pour cartes postales* Drehständer *m*

tournis [turni] *m* F **ça me donne le tournis** F ich krieg den Drehwurm

tournoi [turnwa] *m* Turnier *n*

tournoyer [turnwaje] *v/i* ⟨**-oi-**⟩ sich im Kreise drehen; **faire tournoyer** etw schwingen

tournure [turnyr] *f* **1. tournure** (**de phrase**) (Rede)Wendung *f*; Redensart *f* **2.** (*apparence*) Aussehen *n*; Gestalt *f* **3.** (*évolution*) Wendung *f*; *affaire* **prendre une bonne, mauvaise tournure** e-e gute, schlimme Wendung nehmen **4. tournure d'esprit** Denkart *f*, -weise *f*

tour-opérateur *m* ⟨**tour-opérateurs**⟩ Reiseveranstalter *m*

Tours [tur] *Stadt im Dep. Indre-et-Loire*

tourte [turt] **I** *f flache, mit Fleisch oder Gemüse gefüllte Pastete* **II** *adj* F blöd

tourteau [turto] *m* ⟨**~x**⟩ **1.** AGR Ölkuchen *m* **2.** ZO Taschenkrebs *m*

tourtereaux [turtəro] *m/pl fig* Turteltäubchen *n/pl*; Liebespärchen *n*

tourterelle [-ɛl] *f* Turteltaube *f*

tourtière [turtjɛr] *f* Kuchenform *f*

tous → **tout**

▸ **Toussaint** [tusɛ̃] *f* **la Toussaint** Allerheiligen *n*; **à la Toussaint** (an, zu) Allerheiligen

▸ **tousser** [tuse] *v/i* **1.** husten **2.** (*se racler la gorge*) sich räuspern **3.** *fig moteur* stottern

toussotement [tusɔtmɑ̃] *m* Hüsteln *n*

toussoter [-e] *v/i* hüsteln

▸ **tout** [tu, *vor Vokal u stummem h* tut] ⟨*f* **toute** [tut], *m/pl* **tous** [tu, *alleinstehend u als pr/ind* tus], *f/pl* **toutes** [tut]⟩ **I** *adj* **1.** *sg* **tout(e)** (*entier*) ganze(r, -s); alle(r, -s); (*chaque*) jede(r, -s); **tout l'argent** das ganze Geld; alles Geld; **toute la France** ganz Frankreich; **tout un peuple** ein ganzes Volk; **toute la nuit** die ganze Nacht (über, hindurch); **tout ceci, cela** (F **ça**) dies, das alles; **tout ce qui** *ou* **que** alles, was; **à tout âge** in jedem Alter; **à tout point de vue** in jeder Hinsicht; **de toute espèce** allerlei ...; **il n'a pour tout bagage que ...** sein ganzes Gepäck besteht aus ...; **j'ai lu tout Balzac** ich habe den ganzen Balzac gelesen **2.** *pl* **tous, toutes** alle; **tous nos amis** alle unsere Freunde; **tous les autres** alle anderen; **tous les trois** alle drei; **tous les deux ans** alle zwei Jahre; jedes zweite Jahr; **tous les dimanches** jeden Sonntag; **toutes les questions ne sont pas réglées** nicht alle Fragen sind geregelt **II** *pr/ind* **3.** *sg* **tout** alles; **en tout** insgesamt; **il a tout d'un artiste** er ist ein richtiger Künstler; **c'est tout?** ist das alles?; **ce n'est pas tout de** (+ *inf*) es genügt nicht zu (+ *inf*); **c'est tout ou rien** alles oder nichts; **on se fait à tout** man gewöhnt sich an alles **4.** *pl* **tous** [tus], **toutes** alle; **nous tous** wir alle; **ils sont tous venus** sie sind alle gekommen **III** *adv* ⟨*vor mit Konsonant od h aspiré beginnendem adj f* **toute** *bzw* **toutes**⟩ ganz; **une tout autre affaire** e-e ganz andere Sache; **une voiture toute neuve** ein ganz neuer Wagen; **la toute première fois** das allererste Mal; **tout malin qu'il est** so schlau er auch ist ...; **tout autant** ebenso viel; ebenso sehr; **tout autrement** ganz anders; **tout comme** genau(so) wie; **tout à côté** gleich nebenan; ▸ **tout à fait** ganz (und gar); völlig; vollständig; vollkommen; F genau!; richtig!; **tout en marchant**, *il me racontait ...* im Gehen ...; während wir weitergingen ...; **tout en étant très connu**, *il vit simplement* obwohl er sehr berühmt ist ... **IV** *subst* **le tout** das Ganze; **un tout** ein Ganzes; ▸ **pas du tout** überhaupt nicht; **du tout au tout** vollständig; völlig; vollkommen; **le tout est de** (+ *inf*) die Hauptsache ist zu (+ *inf*); **risquer le tout pour le tout** alles aufs Spiel, auf e-e Karte setzen

tout-à-l'égout [tutalegu] *m* ⟨*inv*⟩ (Abwasser)Kanalisation *f*; *d'une maison* Kanalanschluss *m*

toutefois [tutfwa] *adv* jedoch; dennoch; **si toutefois** wenn überhaupt

toute-puissance [tutpɥisɑ̃s] *f* Allmacht *f*

toutim(e) [tutim] *arg* **le toutim(e)** alles Übrige; das Ganze

toutou [tutu] *m enf* Wauwau *m*

tout-petit *m* ⟨**tout-petits**⟩ Kleinkind *n*

tout-puissant **I** *adj* ⟨*f* **toute-puissante**; *m/pl* **tout-puissants**⟩ allmächtig **II** *m* **le Tout-Puissant** der Allmächtige

tout-terrain **I** *adj* ⟨*f inv*; *pl* **tout-terrains**⟩ geländegängig; Gelände... **II** *m* **faire du tout-ter**

rain e-e Geländefahrt machen

out-venant [tuvnã] *m* **le tout-venant** alles, wie es gerade kommt; *personnes* die große Masse

oux [tu] *f* Husten *m*; **petite toux** Hüsteln *n*; **quinte** *f* **de toux** Hustenanfall *m*

oxicité [tɔksisite] *f* Giftigkeit *f*

oxico [tɔksiko] F *abr* → **toxicomane**

oxicologie [tɔksikɔlɔʒi] *f* Toxikologie *f*

oxicologique *adj* toxikologisch

oxicologue [-lɔg] *m,f* Toxikologe, -login *m,f*

oxicomane [tɔksikɔman] *m,f* Drogenabhängige(r) *f(m)*; (Rauschgift)Süchtige(r) *f(m)*

oxicomanie [-i] *f* Rauschgiftsucht *f*

oxine [tɔksin] *f* Toxin *n*; Giftstoff *m*

oxique [tɔksik] *adj* giftig; Gift…; **gaz** *m* **toxique** Giftgas *n*

.P. [tepe] *m/pl abr* → **travail 2**

ac [trak] *m* Lampenfieber *n*; **avoir le trac** Lampenfieber haben; **donner le trac à qn** j-m Angst machen

acas [tʀaka] *m* (*soucis*) Sorgen *f/pl*; (*ennuis*) Ärger *m*

acasser [tʀakase] **I** *v/t* beunruhigen; plagen **II** *v/pr* **se tracasser** beunruhigt sein; sich (*dat*) Sorgen machen

acasseries [tʀakasʀi] *f/pl* Schikanen *f/pl*

trace [tʀas] *f* Spur *f* (*a fig*); CH *a* Fährte *f*; **traces de sang** Blutspuren *f/pl*; *fig* **marcher sur les traces de qn** in j-s Fuß(s)tapfen treten; **suivre un animal à la trace** der Fährte e-s Tieres folgen

acé [tʀase] *m* **1.** *d'une route, etc* Verlauf *m* **2.** *d'un dessin* Umrisse *m/pl*

acer [tʀase] ⟨-ç-⟩ **I** *v/t* **1.** *ligne, cercle* ziehen; *plan* (auf)zeichnen; *fig* **tracer un tableau de** ein Bild entwerfen von **2.** *route* trassieren; *fig* **tracer le chemin, la voie à qn** j-m s-n Weg vorzeichnen **II** *v/i* F rasen; F flitzen

aceur [tʀasœʀ] *m* INFORM **traceur de courbes** Plotter *m*

achée [tʀaʃe] *f ou* **trachée-artère** *f* ⟨**trachées-artères**⟩ Luftröhre *f*

achéite [tʀakeit] *f* Luftröhrenentzündung *f*

achéotomie [tʀakeɔtɔmi] *f* Luftröhrenschnitt *m*

ract [tʀakt] *m* Flugblatt *n*; **distribuer, lancer des tracts** Flugblätter verteilen, verbreiten

actations [tʀaktasjɔ̃] *f/pl péj* Machenschaften *f/pl*; geheime Verhandlungen *f/pl*; **se livrer à, mener des tractations avec qn** mit j-m gemeinsame Sache machen

racter [tʀakte] *v/t* schleppen; ziehen

racteur [tʀaktœʀ] *m* Traktor *m*; Schlepper *m*; Trecker *m*

raction [tʀaksjɔ̃] *f* **1.** TECH Ziehen *n*; *par ext* Antrieb *m*; **traction avant** Vorderrad-, Frontantrieb *m* **2.** SPORTS *suspendu* Klimmzug *m*; (*pompe*) Liegestütz *m*

radition [tʀadisjɔ̃] *f* Tradition *f*; Überlieferung *f*

raditionalisme [tʀadisjɔnalism] *m* Traditionsbewusstsein *n*; Traditionalismus *m*

raditionaliste [-ist] *adj* traditionsbewusst; traditionalistisch

traditionnel [tʀadisjɔnɛl] *adj* ⟨**~le**⟩ traditionell; althergebracht

traditionnellement [tʀadisjɔnɛlmɑ̃] *adv* nach altem Brauch; nach alter Sitte

traduc [tʀadyk] *argot scolaire f* Übersetzung *f*

traducteur [tʀadyktœʀ] *m*, **traductrice** [-tʀis] *f* Übersetzer(in) *m(f)*

traducteur-interprète *m* ⟨**traducteurs-interprètes**⟩ Übersetzer und Dolmetscher *m*

▸ **traduction** [tʀadyksjɔ̃] *f* Übersetzung *f*; *action a* Übersetzen *n*

▸ **traduire** [tʀadɥiʀ] ⟨→ **conduire**⟩ **I** *v/t* **1.** übersetzen (**de l'allemand en français** aus dem Deutschen ins Französische); *st/s* übertragen **2.** *fig* ausdrücken; zum Ausdruck bringen **3.** **traduire qn en justice** j-n vor Gericht stellen **II** *v/pr* **se traduire** zum Ausdruck kommen, sich äußern (**par** in + *dat*)

traduisible [tʀadɥizibl] *adj* übersetzbar

trafic [tʀafik] *m* **1.** (*circulation*) Verkehr *m*; **trafic aérien** Flugverkehr *m*; **trafic ferroviaire** Schienen-, Zugverkehr *m*; **trafic routier** Straßenverkehr *m* **2.** *péj* Schleich-, Schwarzhandel *m*; **trafic d'armes** Waffenschmuggel *m*; illegaler Waffenhandel *m*; **trafic de drogue** Rauschgifthandel *m*; JUR **trafic d'influence** passive Bestechung; **faire du trafic de drogue** mit Rauschgift handeln; dealen

traficoter [tʀafikɔte] *v/i* F *péj* unsaubere Geschäfte machen

trafiquant [tʀafikɑ̃] *m péj* Schwarzhändler *m*; Schieber *m*; **trafiquant de drogue** Rauschgifthändler *m*; Dealer *m*

trafiquer [tʀafike] *v/t* **1.** *denrées* verfälschen; *vin, lait* F pan(t)schen; *passeport* fälschen; *moteur* F frisieren; *compteur* manipulieren **2.** (*faire*) F treiben **3.** COMM Schwarzhandel treiben mit

tragédie [tʀaʒedi] *f* Tragödie *f* (*a fig*); Trauerspiel *n*

tragédien [tʀaʒedjɛ̃] *m*, **tragédienne** [-jɛn] *f* Tragöde *m*, Tragödin *f*

tragi-comédie [tʀaʒikɔmedi] *f* ⟨**tragi-comédies**⟩ THÉ Tragikomödie *f*

tragi-comique [-ik] *adj* THÉ, *fig* tragikomisch

tragique [tʀaʒik] **I** *adj* THÉ, *fig* tragisch; **auteur** *m* **tragique** Tragiker *m*; Tragödiendichter *m* **II** *m* Tragik *f*; Tragische(s) *n*; **prendre qc au tragique** etw tragisch nehmen

tragiquement [tʀaʒikmɑ̃] *adv* tragisch

▸ **trahir** [tʀaiʀ] **I** *v/t* **1.** *secret, patrie, personne* verraten; *confiance* enttäuschen **2.** (*montrer*) verraten; erkennen lassen **3.** *forces, nerfs: qn* verlassen; im Stich lassen **4.** *fig* **la pensée de qn** falsch wiedergeben **II** *v/pr* **se trahir** sich verraten

trahison [tʀaizɔ̃] *f* Verrat *m*; **commettre une trahison** Verrat begehen, üben

▸ **train** [tʀɛ̃] *m* **1.** CH DE FER Zug *m*; Eisenbahn *f* (*à jouet*); **train de banlieue** Nahverkehrs-, Vorortzug *m*; **train de marchandises** Güterzug *m*; **train de voyageurs** Reise-, Personenzug *m*; *par ext* **train de péniches** Schleppzug *m*; **manquer, rater, louper le** *ou* **son train** den Zug verpassen; **prendre le train de 8 h 15** den Zug um 8 Uhr 15 nehmen; **prendre le train, voyager par le** *ou* **en train** mit dem Zug, der (Eisen)Bahn fahren; *fig* **prendre le, monter dans le train en marche** sich im letzten Moment anschließen; nachziehen **2.** (*allure*) Gang *m*; (*vitesse*) Tempo *n*; **au train où vont les choses** wenn das so weitergeht; **aller**

bon train flott gehen; zügig vorankommen; **être en train** *travail* im Gange sein; **il n'est pas en train** er ist nicht in Form; **mettre en train** *personne* in Stimmung bringen; *travail* in Angriff nehmen; **être en train de lire**, *etc* gerade lesen *etc*; **maison** *f* **en train de brûler** brennendes Haus 3. AVIAT **train d'atterrissage** Fahrgestell *n*, -werk *n*; **train de pneus** Bereifung *f*; Satz *m* Reifen 4. *fig de mesures* Reihe *f* 5. **train de vie** Lebensstil *m*, -standard *m*; **mener grand train** auf großem Fuß leben

traînailler [tʀɛnaje] F *v/i* 1. (*lambiner*) (herum)trödeln; bummeln 2. (*rôder*) herumlungern; sich herumtreiben

traînant [tʀɛnɑ̃] *adj* ⟨**-ante** [-ɑ̃t]⟩ *voix, accent* schleppend; gedehnt

traînard [tʀɛnaʀ] *m* Nachzügler *m*

traînasser [tʀɛnase] *v/i* → **traînailler**

traîne [tʀɛn] *f* 1. *d'une robe* Schleppe *f* 2. **être, rester à la traîne** zurückbleiben

traîneau [tʀɛno] *m* ⟨**~x**⟩ Schlitten *m*

traînée [tʀɛne] *f* 1. Streifen *m*; Spur *f*; **traînée de condensation** Kondensstreifen *m*; *nouvelle* **se répandre comme une traînée de poudre** sich wie ein Lauffeuer verbreiten 2. P (*prostituée*) P Nutte *f*

▸ **traîner** [tʀɛne] **I** *v/t* 1. (hinter sich [*dat*] her)ziehen; schleppen; schleifen; **traîner les pieds** (mit den Füßen) schlurfen 2. (*amener avec soi*) (mit sich) (herum)schleppen; mitschleppen 3. *fig maladie* mit sich herumschleppen **II** *v/i* 4. **traîner par terre** auf dem Boden schleifen 5. (*n'être pas rangé*) herumliegen; **laisser traîner** herumliegen lassen 6. **traîner (en longueur)** sich in die Länge ziehen; sich hinziehen 7. (*lambiner*) trödeln; (*rester en arrière*) zurückbleiben; *péj* **traîner dans les rues** sich auf den Straßen herumtreiben **III** *v/pr* **se traîner** 8. *personne* sich (fort-, dahin)schleppen; **se traîner par terre** auf dem Boden herumkriechen 9. (*durer*) sich hinschleppen

training [tʀɛniŋ] *m* Training *n*

train-train *m* F **train-train quotidien** F Alltagstrott *m*

traire [tʀɛʀ] ⟨**je trais, il trait, nous trayons, ils traient; je trayais**; *kein Passé simple*; **je trairai; que je traie; trayant; trait**⟩ *v/t* melken

trait [tʀɛ] *m* 1. Strich *m*; **trait d'union** Bindestrich *m*; *fig* Bindeglied *n*; Brücke *f*; *fig* **tirer un trait sur qc** e-n Schlussstrich unter etw (*acc*) ziehen 2. (*caractéristique*) Merkmal *n*; Zug *m*; **trait de caractère** Charakter-, Wesenszug *m* 3. *pl* **traits** (**du visage**) Gesichtszüge *m/pl* 4. **trait d'esprit** geistreiche Bemerkung; **trait de génie** Geistesblitz *m*; genialer Einfall 5. **avoir trait à** Bezug haben auf (+ *acc*); im Zusammenhang stehen mit 6. *en buvant* Zug *m*; *vider son verre* **d'un trait** in einem Zug 7. **bête** *f* **de trait** Zugtier *n*

traitable [tʀɛtabl] *adj rarement* entgegenkommend; um-, zugänglich

traitant [tʀɛtɑ̃] *adj* ⟨**-ante** [-ɑ̃t]⟩ 1. *shampoing* Pflege... 2. **médecin traitant** behandelnder Arzt

traite [tʀɛt] *f* 1. COMM Tratte *f*; gezogener Wechsel; *dans une vente à tempérament* Rate *f*; **accepter, honorer une traite** e-n Wechsel akzeptieren, honorieren *ou* einlösen 2. **d'une**

seule traite in einem Zug; **faire le traje d'une seule traite** ohne Aufenthalt durchfah ren 3. **traite des blanches, des noirs** Mäd chen-, Sklavenhandel *m* 4. *des vaches* Melke *n*

▸ **traité** [tʀete] *m* 1. POL Vertrag *m*; **conclure signer un traité** e-n Vertrag schließen, unter zeichnen 2. *ouvrage* Abhandlung *f*

Le traité de Versailles

Der **Versailler Friedensvertrag**, oft auch Versailler Vertrag oder Diktat von Versailles genannt, beendete formell den Ersten Weltkrieg und war das Ergebnis des 1919 in Versailles tagenden Friedenskongresses. Er wurde am 28. Juni 1919 im Spiegelsaal von Versailles unterzeichnet, in dem am 18. Januar 1870 nach der Niederlage Frankreichs im Krieg 1870/71 das Deutsche Reich proklamiert worden war. Der Vertrag stellte die alleinige Verantwortung des Deutschen Reiches und seiner Verbündeten für den Ausbruch des Ersten Weltkrieges fest und verpflichtete Deutschland zu umfangreichen Reparationszahlungen an die Siegermächte. Deutschland musste seine Kolonien an den Völkerbund abtreten und verlor 13 % seines damaligen Territoriums, unter anderem Elsass-Lothringen.

▸ **traitement** [tʀɛtmɑ̃] *m* 1. Behandlung *f* (*c* MÉD); **mauvais traitements** Misshandlung(en) *f*(*pl*); **infliger des mauvais traitements à qr** j-n misshandeln; MÉD **suivre un traitemen** sich behandeln lassen; sich e-r Behandlung unterziehen 2. *d'un fonctionnaire* Gehalt *n* Bezüge *m/pl* 3. TECH Behandlung *f*; Verarbeitung *f*; Aufbereitung *f* 4. **traitement de l'infor mation** Datenverarbeitung *f*; ▸ **traitement de texte** Textverarbeitung *f*

traiter [tʀete] **I** *v/t* 1. **traiter qn** j-n behandeln (*a* MÉD) 2. **traiter qn de menteur**, *etc* j-n e-n Lügner *etc* nennen, schimpfen 3. *sujet, problème* behandeln 4. *affaire* verhandeln über (+ *acc*) 5. TECH behandeln; *matières premières* verarbeiten; *minerai* aufbereiten; *fruits* spritzen 6. INFORM verarbeiten **II** *v/t/indir* **traiter de qc** *ouvrage* von etw handeln **III** *v/i* verhandeln (**avec qn sur qc** mit j-m über etw [*acc*])

traiteur [tʀɛtœʀ] *m* Partyservice *m*

traître [tʀɛtʀ], **traîtresse** [tʀɛtʀɛs] **I** *m,f* Verräter(in) *m*(*f*); **prendre qn en traître** j-m in den Rücken fallen **II** *adj* verräterisch; heimtückisch; **pas un traître mot** kein einziges Wort

traîtreusement [tʀɛtʀøzmɑ̃] *adv* heimtückisch; hinterrücks

traîtrise [tʀɛtʀiz] *f* Verrat *m*; (Heim)Tücke *f* (*a de qc*)

trajectoire [tʀaʒɛktwaʀ] *f* Flugbahn *f*

▸ **trajet** [tʀaʒɛ] *m* 1. (*parcours*) Strecke *f*; Weg *m*; Fahrt *f*; **effectuer, faire le trajet en trois** *heures* die Strecke, den Weg in drei Stunden zurücklegen **2.** *d'un nerf* Verlauf *m*

tralala [tralala] F *m* Pomp *m*; F Tamtam *n*

▸ **tram** [tram] *m* → *tramway*

trame [tram] *f* **1.** TEXT Schuss *m* **2.** TYPO, TV Raster *m* **3.** *fig* Hintergrund *m*; Grundlage *f*

tramer [trame] **I** *v/t complot* schmieden **II** *v/pr il se trame qc* da braut sich etw zusammen

traminot [tramino] *m* Straßenbahner *m*

tramontane [tramōtan] *f* Nordwind *m*

trampoline [trãpɔlin] *m* Trampolin *n*

tramway [tramwɛ] *m* Straßenbahn *f*

tranchant [trãʃã] **I** *adj* ⟨**-ante** [-ãt]⟩ **1.** schneidend; scharf; *instrument tranchant* Schneidwerkzeug *n* **2.** *fig ton* entschieden **II** *m* Schneide *f*; *fig à double tranchant* zweischneidig

▸ **tranche** [trãʃ] *f* **1.** Scheibe *f*; Schnitte *f*; *tranche de jambon* Scheibe Schinken; F *fig s'en payer une tranche* sich köstlich amüsieren **2.** *par ext* Abschnitt *m*; Stufe *f*; Teil *m*; MATH (Zahlen)Gruppe *f*; *tranche d'âge* Altersstufe *f* **3.** *d'un livre* Schnitt *m*; *doré sur tranche(s)* mit Goldschnitt **4.** BOUCHERIE Unterschale *f*

tranché [trãʃe] *adj* ⟨**~e**⟩ klar (abgegrenzt); *opinion* fest; bestimmt

tranchée [trãʃe] *f* Graben *m*; MIL Schützengraben *m*

trancher [trãʃe] **I** *v/t* **1.** *(couper)* durchschneiden; *tête* abschlagen **2.** *question* entscheiden; *difficulté* ausräumen **II** *v/i* **3.** *fig trancher dans le vif* energisch durchgreifen **4.** *(décider)* entscheiden **5.** *couleur, fig trancher sur* abstechen gegen, von

▸ **tranquille** [trãkil] *adj* ruhig; still; *personne a (paisible)* friedlich; *(rassuré)* unbesorgt; *avoir la conscience tranquille* ein ruhiges Gewissen haben; *vous pouvez être tranquille* Sie können beruhigt, unbesorgt sein; *laisse-moi tranquille!* lass mich in Ruhe!; *rester, se tenir tranquille* sich ruhig verhalten; still sitzen bleiben

tranquillement [trãkilmã] *adv* ruhig; friedlich; ungestört; *(sans inquiétude)* unbesorgt; getrost; *(sans émotion)* in (aller) Ruhe; *(facilement)* leicht; problemlos

tranquillisant [trãkilizã] *m* Beruhigungsmittel *n*

tranquilliser [trãkilize] *v/t (et v/pr se tranquilliser)* sich) beruhigen; *tranquillisez-vous* beruhigen Sie sich; seien Sie unbesorgt

tranquillité [trãkilite] *f* Ruhe *f*; Stille *f*; *d'une personne* (innere) Ruhe; Frieden *m*; *tranquillité d'esprit* Seelenfrieden *m*; *en toute tranquillité* in (aller) Ruhe

transaction [trãzaksjō] *f* **1.** COMM Geschäft *n*; Transaktion *f* **2.** JUR Vergleich *m*; *conclure une transaction* e-n Vergleich, Kompromiss schließen

transalpin [trãzalpẽ] *adj* ⟨**-ine** [-in]⟩ HIST *la Gaule transalpine* Gallia transalpina *f*

transat [trãzat] **1.** *m* Liegestuhl *m* **2.** *f* Transatlantikregatta *f*

transatlantique [trãzatlãtik] *m* Übersee-, Ozeandampfer *m*

transbahuter [trãzbayte] F *v/t* (anderswohin) schleppen, schaffen

transborder [trãzbɔrde] *v/t* umladen

transcendance [trãsãdãs] *f* PHILOS Transzen-

denz *f*

transcendant [trãsãdã] *adj* ⟨**-ante** [-ãt]⟩ **1.** PHILOS transzendent; übersinnlich **2.** *(sublime)* überragend

transcender [trãsãde] *v/t* PHILOS transzendieren

transcodage [trãskɔdaʒ] *m* Umkodierung *f*

transcodeur [-œr] *m* Compiler *m*

transcription [trãskripsjō] *f* **1.** JUR Eintragung *f* **2.** *transcription phonétique* phonetische Umschrift, Transkription; Lautschrift *f* **3.** MUS Transkription *f*

transcrire [trãskrir] *v/t* ⟨→ **écrire**⟩ **1.** *texte*, JUR übertragen; *(enregistrer)* eintragen **2.** LING transkribieren; PHON umschreiben **3.** MUS transkribieren; bearbeiten

transe [trãs] *f* **1.** *être dans les transes* Todesängste ausstehen **2.** SPIRITISME Trance *f*; *entrer en transe* in Trance kommen; *par ext* außer sich geraten

transept [trãsɛpt] *m* ARCH Querschiff *n*

transférable [trãsferabl] *adj* übertragbar; *fonds* transferierbar

transfèrement [trãsfɛrmã] *m* *d'un prisonnier* Überstellung *f*

transférer [trãsfere] *v/t* ⟨**-è-**⟩ **1.** *propriété, etc, fig sentiments* übertragen (*à* auf + *acc*); transferieren **2.** *siège d'une firme* verlegen; *dépouille mortelle* überführen; *prisonnier* überstellen

transfert [trãsfɛr] *m* **1.** JUR, PSYCH Übertragung *f*, ÉCON, SPORTS Transfer *m* **2.** *du siège d'une firme* Verlegung *f*; *d'une dépouille mortelle* Überführung *f*; *d'un prisonnier* Überstellung *f*; *transfert de populations* Umsiedlung *f*

transfiguration [trãsfigyrasjō] *f* Verklärung *f*

transfigurer [-e] *v/t* verklären

transformable [trãsfɔrmabl] *adj* umwandelbar

transformateur [trãsfɔrmatœr] *m* Transformator *m*; Umspanner *m*

transformation [trãsfɔrmasjō] *f* **1.** Umwandlung *f*; Verwandlung *f*; Umgestaltung *f*; TECH (Weiter)Verarbeitung *f*; Veredelung *f*; CONSTR *transformations pl* Umbau *m* **2.** ÉLECT Transformierung *f*; *station f de transformation* Umspannwerk *n*

▸ **transformer** [trãsfɔrme] **I** *v/t* **1.** verändern; verwandeln, umwandeln (*en* in + *acc*); *choses a* umformen; umgestalten; *maison* umbauen; *matières premières* (weiter)verarbeiten; RUGBY *essai* verwandeln **2.** ÉLECT transformieren **II** *v/pr se transformer* sich verwandeln (*en* in + *acc*)

transfuge [trãsfyʒ] *m* Überläufer *m*

transfusé(e) [trãsfyze] *m(f)* Person *f*, der Blut übertragen wurde

transfuser [trãsfyze] *v/t sang* übertragen; *transfuser qn* j-m Blut übertragen

transfusion [trãsfyzjō] *f transfusion (sanguine)* Blutübertragung *f*; (Blut)Transfusion *f*

transgénique [trãsʒenik] *adj* gentechnisch verändert; *sc* transgen; *maïs m transgénique* Genmais *m*

transgresser [trãsgrese] *v/t* übertreten; verstoßen gegen; zuwiderhandeln (+ *dat*)

transgression [-grɛsjō] *f* Übertretung *f*; Verstoß *m* (*de qc* gegen etw); *abs a* Zuwiderhandlung *f*

transhumance [tʀãzymãs] *f* Almauftrieb *m*

transhumant [tʀãzymã] *adj* ⟨**-ante** [-ãt]⟩ *troupeaux transhumants ou subst transhumants m/pl* Vieh, das im Sommer auf die Alm(en) getrieben wird

transhumer [tʀãzyme] *v/i* auf die Alm(en) ziehen

transi [tʀãzi] *adj* ⟨**~e**⟩ **1. transi (de froid)** starr, steif vor Kälte **2.** *amoureux* zaghaft

transiger [tʀãziʒe] *v/i* ⟨**-ge-**⟩ e-n Kompromiss schließen; **ne pas transiger sur qc** es sehr genau nehmen mit etw

transistor [tʀãzistɔʀ] *m* **1.** ÉLECTRON Transistor *m* **2.** RAD Transistorgerät *n*; Kofferradio *n*

transit [tʀãzit] *m* Transit *m*; **passagers** *m/pl* **en transit** Transitreisende(n) *m/pl*

transitaire [tʀãzitɛʀ] **I** *adj* Transit…; Durchfuhr… **II** *m* Transitspediteur *m*

transiter [tʀãzite] **I** *v/t marchandises* im Transit(-verkehr) befördern **II** *v/i voyageurs* durchreisen; **transiter par** reisen, *en avion* fliegen über

transitif [tʀãzitif] *adj* ⟨**-ive** [-iv]⟩ transitiv; zielend

transition [tʀãzisjõ] *f* Übergang *m*; LITTÉRATURE, MUS *a* Überleitung *f*

transitoire [tʀãzitwaʀ] *adj* Übergangs…

translation [tʀãslasjõ] *f* **1.** JUR Übertragung *f* **2.** *litt d'une dépouille mortelle* Überführung *f* **3.** MATH, PHYS **mouvement** *m* **de translation** Translation *f*; Parallelverschiebung *f*

translucide [tʀãslysid] *adj* durchscheinend; lichtdurchlässig

translucidité [-ite] *f* Lichtdurchlässigkeit *f*

transmetteur [tʀãsmɛtœʀ] *m* MAR **transmetteur d'ordres** Maschinentelegraf *m*

transmettre [tʀãsmɛtʀ] ⟨→ **mettre**⟩ **I** *v/t* weitergeben, -leiten (**qc à qn** etw an j-n); *message* übermitteln (j-m etw); *droit, pouvoirs, biens,* PHYS *mouvement, AUTO* übertragen; BIOL vererben; **transmettre une maladie à qn** j-n mit e-r Krankheit anstecken; e-e Krankheit auf j-n übertragen **II** *v/pr* **se transmettre** übertragen werden; **se transmettre héréditairement** sich vererben

transmissibilité [tʀãsmisibilite] *f* Übertragbarkeit *f*; BIOL Vererblichkeit *f*

transmissible [-ibl] *adj* übertragbar (*a maladie*); BIOL vererblich

transmission [tʀãsmisjõ] *f* **1.** Übertragung *f* (*a* JUR, PHYS, MÉD); BIOL Vererbung *f*; *d'un message* Übermittlung *f*; *de connaissances* Weitergabe *f*; **transmission de pensée** Gedankenübertragung *f* **2.** TECH Transmission *f*; Antrieb *m* **3.** MIL **transmissions** *pl* Fernmeldetruppe *f*

transmutation [tʀãsmytasjõ] *f* Um-, Verwandlung *f*

transmuter [-e] *litt v/t* umwandeln; umgestalten

transocéanique [tʀãsɔseanik] *adj* Transozean…; transozeanisch

transparaître [tʀãspaʀɛtʀ] *st/s v/i* ⟨→ **connaître**⟩ **1. transparaître à travers qc** durch etw scheinen **2.** *fig* **laisser transparaître** erkennen lassen

transparence [tʀãspaʀãs] *f* Durchsichtigkeit *f*; Transparenz *f* (*a* POL, ÉCON); *regarder qc* **par transparence** gegen das Licht

transparent [tʀãspaʀã] **I** *adj* ⟨**-ente** [-ãt]⟩ **1.** durchsichtig; transparent **2.** *fig intentions, etc*

durchsichtig; leicht durchschaubar **II** *m* Folie *f* (für Tageslichtprojektor)

transpercer [tʀãspɛʀse] *v/t* ⟨**-ç-**⟩ **1.** (*percer*) durchbohren; *fig cœur* zerreißen **2.** *froid* **transpercer qn** j-n durchdringen; *pluie* **transpercer les vêtements** durch die Kleidung dringen

transpiration [tʀãspiʀasjõ] *f* Schwitzen *n*; (*sueur*) Schweiß *m*

transpirer [tʀãspiʀe] *v/i* **1.** schwitzen **2.** *fig secret, nouvelle* durchsickern

transplant [tʀãsplã] *m* Transplantat *n*

transplantable [tʀãsplãtabl] *adj* um-, verpflanzbar

transplantation [-asjõ] *f* Verpflanzung *f*; MÉD *a* Transplantation *f*

transplanter [-e] *v/t* verpflanzen; MÉD *a* transplantieren; *personnes a* umsiedeln

▸ **transport** [tʀãspɔʀ] *m* **1.** Transport *m*; Beförderung *f*; **transport de marchandises, de voyageurs** Güter-, Personenbeförderung *f*, -transport *m* **2. transports** *pl* Verkehrsmittel *n/pl*; *par ext* Verkehr *m*; **transports publics** öffentliche Verkehrsmittel; **transports routiers** Lkw-Verkehr *m*; ▸ **transports en commun** öffentliche Verkehrsmittel; Massenverkehrsmittel *n/pl* **3.** *litt ou plais* **transports amoureux** Leidenschaft *f*; **transports de colère** Zornesausbruch *m*; **transports de joie** Freudentaumel *m* **4. transport au cerveau** Gehirnschlag *m*

transportable [tʀãspɔʀtabl] *adj* transportabel; *malade* transportfähig

transporté [tʀãspɔʀte] *adj* ⟨**~e**⟩ **transporté d'admiration** hingerissen; **être transporté de joie** vor Freude außer sich sein

▸ **transporter** [tʀãspɔʀte] **I** *v/t* **1.** befördern; transportieren (*a malade*) **2.** *fig* **transporter à une autre époque** in e-e andere Zeit versetzen **II** *v/pr* **se transporter sur les lieux** sich an Ort und Stelle begeben

transporteur [tʀãspɔʀtœʀ] *m* **1.** Spediteur *m*; Transportunternehmer *m* **2.** TECH Förderanlage *f*

transposable [tʀãspozabl] *adj* umstellbar; umsetzbar

transposer [-e] *v/t* **1.** umsetzen; umgestalten **2.** MUS transponieren

transposition [-isjõ] *f* **1.** (*permutation*) Umstellung *f* **2.** MUS Transponieren *n*; Transposition *f* (*a résultat*) **3.** *fig de la réalité dans la littérature* Umsetzung *f*

transsexualisme [tʀãssɛksɥalism] *m* Transsexualismus *m*

transsexuel [-ɛl] *adj* ⟨**~le**⟩ transsexuell

transsibérien [tʀãssibeʀjɛ̃] *m* Transsibirische Eisenbahn

transvaser [tʀãsvaze] *v/t* umfüllen

transversal [tʀãsvɛʀsal] **I** *adj* ⟨**~e; aux** [-o]⟩ Quer… **II** *f* **transversale du but** Querlatte *f*; *passe* Querpass *m*

transversalement [-mã] *adv* quer

transverse [tʀãsvɛʀs] *adj* ANAT Quer…

transvider [tʀãsvide] *v/t* umfüllen

Transylvanie [tʀãsilvani] **la Transylvanie** Siebenbürgen *n*

trapèze [tʀapɛz] *m* MATH, SPORTS Trapez *n*

trapéziste [tʀapezist] *m,f* Trapezkünstler(in)

m(f)
trappe [tʀap] *f* **1.** *dans un plancher* Falltür *f*; Klappe *f*; THÉ Versenkung *f* **2.** CH Fallgrube *f*
trappeur [tʀapœʀ] *m* Trapper *m*
trappiste [tʀapist] *m* REL Trappist *m*
trapu [tʀapy] *adj* ⟨**~e**⟩ **1.** *personne* untersetzt; stämmig **2.** *bâtiment* massig; wuchtig
traque [tʀak] *f* CH Treibjagd *f*; Treiben *n*
traquenard [tʀaknaʀ] *m* CH, *fig* Falle *f*
traquer [tʀake] *v/t* **1.** CH *animal* treiben; umstellen **2.** *fig* hetzen; jagen
traumatique [tʀomatik] *adj* traumatisch
traumatisant [-zɑ̃] *adj* ⟨**-ante** [-ɑ̃t]⟩ traumatisch
traumatiser [tʀomatize] *v/t* schocken; *être traumatisé* e-n Schock, ein Trauma erleiden
traumatisme [tʀomatism] *m* **1.** MÉD Verletzung *f*; *traumatisme crânien* Schädelverletzung *f* **2.** PSYCH Trauma *n*; Schock *m*
traumatologie [tʀomatɔlɔʒi] *f* Unfallchirurgie *f*
traumatologique [-ik] *adj* Unfall...
▸ **travail** [tʀavaj] *m* ⟨**-aux** [-o]⟩ **1.** *sg* Arbeit *f*; *travail à la chaîne* Fließbandarbeit *f*; *travail à temps partiel, à plein temps* Teilzeit-, Ganztagsarbeit *f*, -beschäftigung *f*; *travail au noir* Schwarzarbeit *f*; *travail des enfants* Kinderarbeit *f*; *travail en équipe ou d'équipe* Teamarbeit *f*, -work *n*; *aller au travail* zur Arbeit gehen; *demander beaucoup de travail* viel Arbeit erfordern, kosten; *iron c'est du beau travail!* das ist ja e-e schöne Bescherung!; *se mettre au travail* sich an die Arbeit machen; an die Arbeit gehen **2.** *pl travaux* Arbeiten *f/pl*; CONSTR Bauarbeiten *f/pl*; UNIVERSITÉ *travaux dirigés* (*abr* **T.D.**) (Seminar)Übungen *f/pl*; *travaux pratiques* (*abr* **T.P.**) ÉCOLE praktische Übungen *f/pl*; UNIVERSITÉ (Seminar)Übungen *f/pl*; *travaux publics* Tiefbau *m*; Bauarbeiten der öffentlichen Hand; *fig travaux d'approche* Annäherungsversuche *m/pl* **3.** (*déformation*) *du bois, etc* Arbeiten *n* **4.** *de l'or, du verre, etc* Bearbeitung *f* **5.** MÉD *salle f de travail* Kreißsaal *m*; *femme f en travail* Gebärende *f*
▸ **travailler** [tʀavaje] **I** *v/t* **1.** *matériau* bearbeiten; *pâte* (durch)kneten **2.** *style* durch-, ausfeilen **3.** MUS *morceau* (ein)üben; SPORTS trainieren; *travailler ses mathématiques* Mathematik lernen, F büffeln **4.** *travailler qn* (*influencer*) j-n bearbeiten; (*tourmenter*) j-m keine Ruhe lassen; *pensée a* j-n umtreiben **II** *v/t/indir* **5.** *travailler à qc* à *un ouvrage* an etw (*dat*) arbeiten; *pour un résultat* auf etw (*acc*) hinarbeiten **III** *v/i* **6.** arbeiten; tätig sein; (*exercer un métier*) *a* berufstätig sein; beschäftigt sein (*chez* bei); *élève il travaille bien* er lernt gut **7.** *bois, fig imagination* arbeiten; *faire travailler son argent* sein Geld arbeiten lassen
travailleur [tʀavajœʀ] **I** *m* Arbeiter *m*; Erwerbs-, Berufs-, Werktätige(r) *m*; *travailleur indépendant* Selbstständige(r) *m*; *travailleur manuel* Handarbeiter *m*; *travailleur social* Sozialarbeiter *m* **II** *adj* ⟨**-euse** [-øz]⟩ fleißig; arbeitsam
travailleuse [tʀavajøz] *f* **1.** Arbeiterin *f* **2.** COUT Nähtisch *m*
travailliste [tʀavajist] **I** *adj* Labour...; *parti m*

travailliste Labour Party *f* **II** *m,f* Mitglied *n* der Labour Party
travée [tʀave] *f* **1.** ARCH Joch *n* **2.** (*rangée*) Reihe *f*
traveller's chèque [tʀavlœʀ(s)ʃɛk] *m* Reise-, Travellerscheck *m*
travelling [tʀavliŋ] *m* Fahraufnahme *f*; Kamerafahrt *f*
travelo [tʀavlo] F *m* Transvestit *m*
travers [tʀavɛʀ] **I** *prép et adv* **1.** ▸ *à travers qc ou au travers de qc* durch etw (hindurch); *fig passer au travers* darum herumkommen **2.** *de travers* schief; schräg; *fig comprendre, faire qc* verkehrt; falsch; *avaler de travers* sich verschlucken; *marcher de travers* schwanken; torkeln; *regarder qn de travers* j-n schief, *p/fort* böse ansehen **3.** *en travers* quer; *en travers de qc* quer über etw (*dat ou acc*); *fig se mettre en travers de qc* sich e-r Sache (*dat*) in den Weg stellen **II** *subst* **4.** *m* (*défaut*) kleiner Fehler, Mangel; Schwäche *f* **5.** *m/pl travers de porc* Spareribs *pl*; Schälrippchen *n/pl*
traversable [tʀavɛʀsabl] *adj* über-, durchquerbar
traverse [tʀavɛʀs] *f* **1.** CH DE FER Schwelle *f* **2.** CONSTR Querbalken *m* **3.** *chemin m de traverse* Abkürzung *f*
▸ **traversée** [tʀavɛʀse] *f* Überquerung *f*; Durchquerung *f*; *en véhicule a* (Durch)Fahrt *f* (*de* durch); *en bateau a* (Über)Fahrt *f* (*über* + *acc*); *en avion a* Flug *m* (*über* + *acc*); *fig traversée du désert* Durststrecke *f*
▸ **traverser** [tʀavɛʀse] *v/t* **1.** *rue, pont, mer, rivière, montagne* überqueren; *ville, pays, désert* durchqueren; *frontière* überschreiten; *à pied a* gehen über (+ *acc*) *ou* durch; *véhicule a* fahren über (+ *acc*) *ou* durch; durchfahren; *avion a* fliegen über (+ *acc*); überfliegen; *traverser la foule* sich durch die Menge drängen **2.** (*transpercer*) durchdringen; dringen durch **3.** *fig une idée lui traversa l'esprit* ging, fuhr, schoss ihm durch den Kopf **4.** *crise* durchmachen
traversier [tʀavɛʀsje] *adj* ⟨**-ière** [-jɛʀ]⟩ *flûte traversière* Querflöte *f*
traversin [tʀavɛʀsɛ̃] *m* Schlummer-, Nackenrolle *f*
travesti [tʀavɛsti] *m* Transvestit *m*
travestir [tʀavɛstiʀ] **I** *v/t* *vérité, etc* entstellen **II** *v/pr se travestir* sich verkleiden (*en* als)
travestisme [tʀavɛstism] *m* Transvestitentum *n*
travestissement [tʀavɛstismɑ̃] *m* **1.** Verkleidung *f*; Kostümierung *f* **2.** *de la vérité* Verzerrung *f*; Verdrehung *f*
traviole [tʀavjɔl] F *de traviole* schief
trayeuse [tʀɛjøz] *f* Melkmaschine *f*
trébuchant [tʀebyʃɑ̃] *adj* ⟨**-ante** [-ɑ̃t]⟩ *espèces sonnantes et trébuchantes* klingende Münze
trébucher [tʀebyʃe] *v/i* stolpern (*a fig*) (*sur ou contre* über + *acc*)
trébuchet [tʀebyʃɛ] *m* Feinwaage *f*
trèfle [tʀɛfl] *m* **1.** BOT Klee *m*; *trèfle à quatre feuilles* vierblättriges Kleeblatt **2.** *aux cartes* Kreuz *n*; Treff *n*
tréfonds [tʀefɔ̃] *m poét le tréfonds de l'âme* das Innerste der Seele

treillage [tʀɛjaʒ] *m* Gitter-, Lattenwerk *n*
treille [tʀɛj] *f* Weinlaube *f*; *plais* **le jus de la treille** der Rebensaft
treillis [tʀɛji] *m* **1.** TEXT Drillich *m*; *vêtement* Drillichanzug *m* **2.** Gitter(werk) *n*; **treillis** (**métallique**) Drahtgitter *n*
▸ **treize** [tʀɛz] **I** *num/c* dreizehn; **Louis XIII** Ludwig XIII. (der Dreizehnte); **vendredi treize** Freitag der Dreizehnte *ou* am Freitag dem Dreizehnten; *huîtres* **treize à la douzaine** dreizehn Stück für den Preis von zwölf **II** *m* ⟨*inv*⟩ Dreizehn *f*; **le treize (du mois)** der Dreizehnte *ou* am Dreizehnten (des Monats)
▸ **treizième** [tʀɛzjɛm] *num/o* dreizehnte
trekking [tʀɛkiŋ] *m* Trekking *n*
tréma [tʀema] *m* Trema *n*
tremblant [tʀɑ̃blɑ̃] *adj* ⟨**-ante** [-ɑ̃t]⟩ zitternd; *st/s* bebend; *lumière* flackernd
tremble [tʀɑ̃bl] *m* Espe *f*; Zitterpappel *f*
tremblé [tʀɑ̃ble] *adj* ⟨**~e**⟩ *écriture, voix* zitt(e)rig
tremblement [tʀɑ̃bləmɑ̃] *m* **1.** Zittern *n*; ▸ **tremblement de terre** Erdbeben *n* **2.** F **... et tout le tremblement** ... und alles Übrige
▸ **trembler** [tʀɑ̃ble] *v/i* **1.** zittern; *jambes a* schlottern; *terre* beben; *vitres a* klirren; *lumière, flamme* flackern; **trembler de froid, de peur** vor Kälte, vor Angst zittern; **faire trembler les vitres** die Scheiben erzittern lassen **2.** *fig* zittern (**devant qn** vor j-m); **trembler pour qn** um j-n bangen, zittern
tremblotant [tʀɑ̃blɔtɑ̃] *adj* ⟨**-ante** [-ɑ̃t]⟩ *voix* etwas zitternd; *lumière* flackernd
tremblote [tʀɑ̃blɔt] *f* F **avoir la tremblote** zittern; F den Tatterich haben
trembloter [tʀɑ̃blɔte] *v/i* zittern
trémie [tʀemi] *f* TECH Trichter *m*
trémière [tʀemjɛʀ] *adj* **rose** *f* **trémière** Stockrose *f*
trémolo [tʀemɔlo] *m* MUS Tremolo *n*; *fig* **avec des trémolos dans la voix** mit tremolierender Stimme
trémoussement [tʀemusmɑ̃] *m* zuckende *ou* schaukelnde Bewegung; Wiegen *n* der Hüften
trémousser [tʀemuse] *v/pr* **se trémousser** sich in den Hüften wiegen
trempage [tʀɑ̃paʒ] *m du linge* Einweichen *n*; *de légumes secs* Wässern *n*; Einweichen *n*
trempe [tʀɑ̃p] *f* **1.** *de l'acier* Härten *n* **2.** *fig* Art *f*; Schlag *m*; Kaliber *n* **3.** F (*volée de coups*) F Keile *f*; F Dresche *f*
trempé [tʀɑ̃pe] *adj* ⟨**~e**⟩ **1.** (*mouillé*) durchnässt; nass **2.** *st/s* **caractère bien trempé** sehr fester Charakter
tremper [tʀɑ̃pe] **I** *v/t* **1.** *vêtements* durchnässen; *pieds, éponge* eintauchen, *croissant* tunken (**dans** in + *acc*); **tremper ses lèvres dans le vin** am Wein nippen; **se faire tremper** nass werden **2.** *acier* härten **II** *v/i* **3.** **faire tremper** *linge, pain* einweichen; *légumes secs a* wässern; quellen lassen **4.** *fig personne* **tremper dans qc** in etw (*acc*) verwickelt sein
trempette [tʀɑ̃pɛt] *f* **faire trempette** kurz ins Wasser gehen
tremplin [tʀɑ̃plɛ̃] *m* Sprungbrett *n* (*a fig*); SKI Sprungschanze *f*
trentaine [tʀɑ̃tɛn] *f* **1.** **une trentaine (de)** etwa, ungefähr, rund dreißig **2.** *âge* Dreißig *f*;

Dreißiger(jahre) *n/pl*
▸ **trente** [tʀɑ̃t] **I** *num/c* dreißig; **le trente mai** der dreißigste *ou* am dreißigsten Mai **II** *m* ⟨*inv*⟩ Dreißig *f*; F *fig* **se mettre sur son trente et un** F sich in Schale werfen
trente-six **I** *num/c* **1.** sechsunddreißig **2.** F (*grande quantité*) Dutzende (von); F zig **II** *m* *fig* **tous les trente-six du mois** alle Jubeljahre
trente-trois *num/c* dreiunddreißig; *subst* **un trente-trois tours** e-e Langspielplatte
▸ **trentième** [tʀɑ̃tjɛm] **I** *num/o* dreißigste **II** *subst* **1.** **le, la trentième** der, die, das Dreißigste **2.** *m* MATH Dreißigstel *n*
trépaner [tʀepane] *v/t* MÉD den Schädel aufbohren (**qn** j-m); *subst* **trépané** *m* Person, der der Schädel aufgebohrt wurde
trépas [tʀepɑ] *m litt* Hinscheiden *n*
trépasser [tʀepɑse] *v/i litt* verscheiden; entschlafen
trépassés [tʀepɑse] *m/pl litt* **les trépassés** die Verstorbenen *pl*
trépidant [tʀepidɑ̃] *adj* ⟨**-ante** [-ɑ̃t]⟩ schnell; wirbelnd; **vie trépidante** hektisches Leben; Hektik *f*
trépidation [tʀepidasjõ] *f souvent pl* **trépidations 1.** *d'un véhicule, d'un moteur* Vibrieren *n*; Erschütterungen *f/pl* **2.** *fig* Hektik *f*
trépider [tʀepide] *v/i* vibrieren; zittern; beben
trépied [tʀepje] *m* Dreifuß *m*
trépignement [tʀepiɲmɑ̃] *m* Trampeln *n*; Stampfen *n*
trépigner [-e] *v/i* trampeln; mit den Füßen stampfen
▸ **très** [tʀɛ] *adv* sehr; **très intéressant** sehr interessant; hochinteressant; **être très en avance sur son temps** s-r Zeit weit voraus sein; **avoir très faim** großen Hunger haben; sehr hungrig sein
Très-Haut [tʀɛo] *m* **le Très-Haut** der Allerhöchste
▸ **trésor** [tʀezɔʀ] *m* **1.** Schatz *m* (*a fig*); *d'un musée* Schatzkammer *f*; **trésors artistiques** Kunstschätze *m/pl* **2.** *fig* **des trésors de patience** unerschöpfliche Geduld **3.** *terme d'affection* **mon trésor** (mein) Schatz **4.** **Trésor** (**public**) Staatskasse *f*; Fiskus *m*
trésorerie [tʀezɔʀʀi] *f* **1.** ADM Finanzverwaltung *f* **2.** *d'une entreprise* flüssige Mittel *n/pl*; **difficultés** *f/pl* **de trésorerie** Liquiditätsengpass *m*
trésorier [tʀezɔʀje] *m*, **trésorière** [-jɛʀ] *f* Kassenwart *m*; Schatzmeister *m*
tressage [tʀɛsaʒ] *m* Flechten *n*
tressaillement [tʀɛsajmɑ̃] *m* Zusammenzucken *n*; Schau(d)er *m*
tressaillir [tʀɛsajiʀ] *v/i* ⟨→ **assaillir**⟩ zusammenzucken; erschauern (**de joie** vor Freude)
tressauter [tʀɛsote] *v/i* **1.** (*sursauter*) zusammenzucken; auffahren **2.** (*être secoué*) hin und her geschüttelt werden
tresse [tʀɛs] *f* **1.** (*natte*) Zopf *m* **2.** (*galon*) Tresse *f*; Litze *f*
tresser [tʀɛse] *v/t* flechten
tréteau [tʀeto] *m* ⟨**~x**⟩ **1.** TECH Bock *m* **2.** THÉ HIST **tréteaux** *pl* Gerüstbühne *f*
treuil [tʀœj] *m* (Seil)Winde *f*
trêve [tʀɛv] *f* **1.** MIL Waffenruhe *f* **2.** *fig* Ruhe (-pause) *f*; **trêve de plaisanteries!** Scherz bei-

seite!; **sans trêve** (**ni repos**) rastlos; pausenlos
Trèves [tʀɛv] Trier *n*
trévise [tʀeviz] *f* Radicchio *m*
tri [tʀi] *m* (Aus)Sortieren *n*; **faire un tri** e-e Auswahl treffen (**parmi** unter + *dat*); sieben (+ *acc*); **faire le tri de qc** etw (aus)sortieren
triage [tʀijaʒ] *m* **gare** *f* **de triage** Rangierbahnhof *m*
triangle [tʀijɑ̃gl] *m* **1.** MATH, *fig* Dreieck *n*; **en triangle** dreieckig; Dreieck(s)... **2.** MUS Triangel *m*
triangulaire [tʀijɑ̃gylɛʀ] *adj* **1.** dreieckig **2.** *fig* **élection** mit drei Kandidaten
triathlon [tʀiatlɔ̃] *m* Triathlon *n*; ATHLÉTISME Dreikampf *m*
tribal [tʀibal] *adj* ⟨~e; -aux [-o]⟩ Stammes...
tribord [tʀibɔʀ] *m* Steuerbord *n*
tribu [tʀiby] *f* **1.** (Volks)Stamm *m* **2.** *iron ou péj* Sippe *f*
tribulations [tʀibylasjɔ̃] *f/pl* Widerwärtigkeiten *f/pl*; Missgeschicke *n/pl*
tribun [tʀibɛ̃, -bœ̃] *m* (Volks)Tribun *m*
▸ **tribunal** [tʀibynal] *m* ⟨-aux [-o]⟩ Gericht *n*; **tribunal de commerce** Handelsgericht *n*; **tribunal d'instance** Amtsgericht *n*; **tribunal de grande instance** Landgericht *n*
tribune [tʀibyn] *f* **1.** (Redner-, Zuschauer)Tribüne *f* **2.** *fig* Meinungsforum *n*; **tribune libre** Kommentare *m/pl*
tribut [tʀiby] *m* HIST, *fig* Tribut *m*
tributaire [tʀibytɛʀ] *adj* **tributaire de** angewiesen auf (+ *acc*); abhängig von
tricentenaire [tʀisɑ̃tnɛʀ] *m* dreihundertster Jahrestag
triceps [tʀisɛps] *m* Trizeps *m*
triche [tʀiʃ] F *f* Schiebung *f*; F Mogelei *f*
▸ **tricher** [tʀiʃe] **I** *v/i* betrügen; F mogeln; F schummeln; *au jeu a* falschspielen **II** *v/t/indir* **tricher sur son âge**, *etc* ein falsches Alter *etc* angeben
tricherie [tʀiʃʀi] *f* Betrug *m*; F Mogelei *f*; F Schummelei *f*; *au jeu a* Falschspielen *n*
tricheur [-œʀ] *m*, **tricheuse** [-øz] *f* Betrüger(in) *m(f)*; F Mogler(in) *m(f)*; *au jeu a* Falschspieler(in) *m(f)*
trichine [tʀiʃin, -k] *f* Trichine *f*
tricolore [tʀikɔlɔʀ] *adj* **1.** blauweißrot; **drapeau** *m* **tricolore** Trikolore *f*; **l'équipe** *f* **tricolore** *ou* **les tricolores** *m/pl* die französische Nationalmannschaft **2.** (*de trois couleurs*) dreifarbig; ▸ **feux** *m/pl* **tricolores** (Verkehrs)Ampel *f*
tricorne [tʀikɔʀn] *m* Dreispitz *m*
tricostéril® [tʀikɔsteʀil] *m* Hansaplast® *n*
tricot [tʀiko] *m* **1.** **en tricot** Strick...; **veste** *f* **en tricot** Strickjacke *f* **2.** *vêtement* Strickjacke *f*; Pullover *m*; **tricot de corps** (Herren)Unterhemd *n* **3.** *action* Stricken *n*; **faire du tricot** stricken
tricotage [tʀikɔtaʒ] *m* Stricken *n*
tricoté [tʀikɔte] *adj* ⟨~e⟩ Strick...; gestrickt
▸ **tricoter** [tʀikɔte] *v/t et v/i* stricken
tricoteuse [tʀikɔtøz] *f* **1.** *personne* Strickerin *f* **2.** TECH Strickmaschine *f*
tricycle [tʀisikl] *m* Dreirad *n*
trident [tʀidɑ̃] *m* **1.** *symbole* Dreizack *m* **2.** PÊCHE Fischspeer *m*
tridimensionnel [tʀidimɑ̃sjɔnɛl] *adj* ⟨~le⟩ dreidimensional

trièdre [tʀi(j)ɛdʀ] *adj* dreiflächig
triennal [tʀijɛnal] *adj* ⟨~e; -aux [-o]⟩ **1.** (*tous les trois ans*) dreijährlich **2.** (*pour trois ans*) dreijährig
trier [tʀije] *v/t* **1.** (*classer*) *papiers, etc* sortieren; sichten **2.** (*sélectionner*) aussortieren; *lentilles, etc* aus-, verlesen; *fig candidats* sieben; auswählen
trieur [tʀijœʀ] *m*, **trieuse** [-øz] *f* **1.** *personne* Sortierer(in) *m(f)* **2.** *appareil* Sortierer *m*; Sortiermaschine *f*
trifouiller [tʀifuje] F *v/i* kramen; wühlen; stöbern
trigonométrie [tʀigɔnɔmetʀi] *f* Trigonometrie *f*
trigonométrique [-ik] *adj* trigonometrisch
trijumeau [tʀiʒymo] *m* Trigeminus *m*
trilingue [tʀilɛ̃g] *adj* dreisprachig
trille [tʀij] *m* MUS Triller *m*; *d'un rossignol* **trilles** *pl* Trillern *n*
trilobé [tʀilɔbe] *adj* ⟨~e⟩ **arc trilobé** Kleeblattbogen *m*
trilogie [tʀilɔʒi] *f* Trilogie *f*
trimaran [tʀimaʀɑ̃] *m* Trimaran *m*
trimbal(l)er [tʀɛ̃bale] F **I** *v/t* F mit sich herumschleppen **II** *v/pr* **se trimbal(l)er en bagnole** F herumkutschieren
trimer [tʀime] *v/i* F schuften
▸ **trimestre** [tʀimɛstʀ] *m* **1.** Vierteljahr *n*; Quartal *n*; ÉCOLE Trimester *n* **2.** *somme* vierteljährliche Zahlung
trimestriel [tʀimɛstʀijɛl] *adj* ⟨~le⟩ **1.** (*tous les trois mois*) Vierteljahres... **2.** (*de trois mois*) dreimonatig
tringle [tʀɛ̃gl] *f* (Metall)Stange *f*; **tringle à rideaux** Gardinenstange *f*
Trinité [tʀinite] *f* Dreifaltigkeit *f*; Dreieinigkeit *f*
trinquer [tʀɛ̃ke] *v/i* **1.** (mit den Gläsern) anstoßen (**à** auf + *acc*) **2.** F *fig* (*écoper*) F es ausbaden müssen
trio [tʀijo] *m* **1.** MUS Trio *n* (*instruments*); Terzett *n* (*chant*) **2.** *personnes* Trio *n*; Kleeblatt *n*
triomphal [tʀijɔ̃fal] *adj* ⟨~e; -aux [-o]⟩ triumphal; **accueil triomphal** triumphaler, begeisterter Empfang; **élection triomphale** großer Wahlerfolg
triomphalement [tʀijɔ̃falmɑ̃] *adv accueillir* triumphal; im Triumph; *annoncer* triumphierend
triomphalisme [-ism] *m* übertriebene Siegessicherheit
triomphaliste [-ist] *adj* übertrieben siegessicher
triomphant [tʀijɔ̃fɑ̃] *adj* ⟨-ante [-ɑ̃t]⟩ triumphierend
triomphateur [-atœʀ] *m* Triumphator *m*
triomphe [tʀijɔ̃f] *m* Triumph *m*; glänzender Sieg *ou* Erfolg; **cri** *m* **de triomphe** Jubelschrei *m*; **porter qn en triomphe** j-n (im Triumph) auf den Schultern tragen; **remporter, avoir un** (**vrai**) **triomphe** e-n (wahren) Triumph erringen, erleben; durchschlagenden Erfolg haben
triompher [tʀijɔ̃fe] *v/i* **1.** triumphieren (**de** über + *acc*); **faire triompher qc, qn** e-r Sache, j-m zum Sieg verhelfen **2.** *acteur, chanteur* Triumphe feiern **3.** (*jubiler*) triumphieren; jubeln

trip [tʀip] *m d'un drogué* F Trip *m*

tripaille [tʀipɑj] F *f* Eingeweide *n/pl*

tripartite [tʀipaʀtit] *adj* Dreier…; *pacte* Dreimächte…; *gouvernement* Dreiparteien…

tripatouillages [tʀipatuaʒ] F *m/pl* Manipulationen *f/pl*

tripatouiller [-e] F *v/t texte* manipulieren; *compte* F frisieren

tripe [tʀip] *f* **tripes** *pl* CUIS Kaldaunen *f/pl*; Kutteln *f/pl*; ZO Eingeweide *n/pl*; F *fig* **avoir la tripe républicaine** F Republikaner bis in die Knochen sein; F *fig* **prendre qn aux tripes** j-n im Innersten ergreifen

triperie [tʀipʀi] *f* Geschäft *n*, in dem Innereien verkauft werden

tripier [tʀipje] *m*, **tripière** [-jɛʀ] *f* Innereienhändler(in) *m(f)*, -geschäft *n*

triple [tʀipl] **I** *adj* dreifach; **triple saut** *m* Dreisprung *m* **II** *subst* **le triple** das Dreifache; dreimal so viel

triplé [tʀiple] *m* **1.** SPORTS Hattrick *m* **2.** TURF Dreierwette *f*

triplé(e)s [tʀiple] *m(f)pl* Drillinge *m/pl*

triplement [tʀipləmɑ̃] **I** *adv* dreifach **II** *m* Verdreifachung *f*

tripler [tʀiple] **I** *v/t* verdreifachen **II** *v/i* sich verdreifachen

triporteur [tʀipɔʀtœʀ] *m* (Liefer)Dreirad *n*

tripot [tʀipo] *m péj* Spielhölle *f*

tripotages [tʀipɔtaʒ] F *m/pl* Machenschaften *f/pl*; F krumme Touren *f/pl*; **tripotages électoraux** Wahlmanipulationen *f/pl*

tripotée [tʀipɔte] *f* F Haufen *m*

tripoter [tʀipɔte] F **I** *v/t* herumspielen mit; F herumfummeln an (+ *dat*); *fruits* betasten; *femme* F begrapschen; F befummeln **II** *v/i* **1.** (*farfouiller*) herumwühlen (*dans* in + *dat*) **2.** (*trafiquer*) unsaubere Geschäfte machen

triptyque [tʀiptik] *m* **1.** PEINT, SCULP Triptychon *n*; LITTÉRATURE Werk *n* in drei Teilen **2.** ADM Triptyk *n*

trique [tʀik] *f* Knüppel *m*; *fig* **sec comme un coup de trique** F klapperdürr

trisaïeul(e) [tʀizajœl] *m(f)* Ururgroßvater *m*, -mutter *f*; **trisaïeuls** *m/pl* Ururgroßeltern *pl*

trisomie [tʀisɔmi] *f* Trisomie *f*

trisomique [-ik] **I** *adj personne* mit Down-Syndrom **II** *m,f* Mensch *m* mit Down-Syndrom

▸ **triste** [tʀist] *adj* **1.** *personne, mine* traurig; betrübt **2.** *temps, paysage, etc* trist; trübselig; trostlos; *sort, nouvelle, film* traurig; *dans un* **triste état** in e-m traurigen, beklagenswerten Zustand **3.** *péj* (*lamentable*) erbärmlich; armselig; traurig

tristement [tʀistəmɑ̃] *adv* traurig; **se rendre tristement célèbre** e-e traurige Berühmtheit erlangen

tristesse [tʀistɛs] *f* **1.** Traurigkeit *f*; Trauer *f*; Betrübnis *f* **2.** *d'un paysage, etc* Trostlosigkeit *f*

tristounet [tʀistunɛ] F *adj* ‹-ette [-ɛt]› (etwas) traurig; *chose a* freudlos; trist

trithérapie [tʀiteʀapi] *f* MÉD Kombinationstherapie *f*

triton [tʀitõ] *m* **1.** ZO Molch *m* **2.** MYTH **Triton** Triton *m*

triturer [tʀityʀe] *v/t* zerreiben; zermalmen; *muscles* (durch)kneten; *mouchoir* zerknüllen;

F *fig* **se triturer la cervelle** F sich (*dat*) das Hirn zermartern

trivial [tʀivjal] *adj* ‹~e; -aux [-o]› **1.** (*grossier*) vulgär; ordinär; zotig; unanständig **2.** *litt* (*commun*) trivial

trivialité [tʀivjalite] *f* **1.** Vulgarität *f*; Unanständigkeit *f*; *parole(s)* Zote *f* **2.** *litt* (*banalité*) Trivialität *f*

troc [tʀɔk] *m* Tausch *m*; ÉCON Tauschhandel *m*; **faire du troc** Tauschhandel treiben

troène [tʀɔɛn] *m* Liguster *m*

troglodyte [tʀɔglɔdit] *m* **1.** Höhlenbewohner *m* **2.** ZO Zaunkönig *m*

trogne [tʀɔɲ] F *f* Gesicht *n*

trognon [tʀɔɲõ] **I** *m de pomme, de poire* Kerngehäuse *n*; F Griebs *m*; F Butzen *m*; *de chou, de salade* Strunk *m* **II** *adj* ‹*f inv*› F süß; niedlich

troïka [tʀɔika] *f* Troika *f*, Dreigespann *n* (*a fig*)

▸ **trois** [tʀwa] **I** *num/c* drei; *Henri* **III.** (der Dritte); **le trois mai** der dritte *ou* am dritten Mai **II** *m* Drei *f*; Dreier *m*; **le trois** (**du mois**) der Dritte *ou* am Dritten (des Monats)

trois-huit [tʀwaɥit] *m/pl* **faire les trois-huit** in drei Schichten arbeiten

▸ **troisième** [tʀwazjɛm] **I** *num/o* dritte **II** *subst* **1.** **le, la troisième** der, die, das Dritte **2.** *m étage* **au troisième** im dritten Stock **3.** *f* vierte Klasse im Gymnasium; Tertia *f* **4.** *f* AUTO dritter Gang

troisièmement [tʀwazjɛmmɑ̃] *adv* drittens

trois-mâts [tʀwamɑ] *m* Dreimaster *m*

trois-quarts [tʀwakaʀ] *m* RUGBY Dreiviertelspieler *m*

trois-quatre [tʀwakatʀ] *m* ‹*inv*› MUS Dreivierteltakt *m*

trolley(bus) [tʀɔlɛ(bys)] *m* Oberleitungsomnibus *m*; Trolleybus *m*; F Obus *m*

trombe [tʀõb] *f* **trombe d'eau** Wolkenbruch *m*; *fig* **arriver en trombe** angesaust kommen; *fig* **passer en trombe** vorbeirasen

trombine [tʀõbin] F *f* Gesicht *n*

trombone [tʀõbɔn] *m* **1.** *agrafe* Büroklammer *f* **2.** MUS Posaune *f*; *joueur* Posaunist *m*; **trombone à coulisse** Zugposaune *f*

trompe [tʀõp] *f* **1.** MUS Horn *n*; MAR **trompe de brume** Nebelhorn *n*; **trompe de chasse** Jagdhorn *n* **2.** ZO Rüssel *m*; *des insectes* Saugrüssel *m* **3.** **trompe d'Eustache** Ohrtrompete *f*; eustachische Röhre; **trompe de Fallope, trompe utérine** Eileiter *m*; Tube *f*

trompe-l'œil [tʀõplœj] *m* ‹*inv*› **1.** *décor m* **en trompe-l'œil** perspektivisch gemalte Kulisse **2.** *fig* trügerischer Schein

▸ **tromper** [tʀõpe] **I** *v/t* täuschen; betrügen (*a son conjoint*); hintergehen; *vigilance de qn* überlisten; **ça ne trompe pas** das ist ein untrügliches Zeichen; *par ext* **tromper la** *ou* **sa faim** das Hungergefühl betäuben **II** *v/pr* ▸ **se tromper** sich täuschen; (sich) irren; **se tromper de date** sich im Datum irren; **se tromper de vingt euros** sich um zwanzig Euro verrechnen; TÉL **se tromper de numéro** sich verwählen; **se tromper de route** den Weg verfehlen; sich verlaufen; *en voiture* sich verfahren; **elle lui ressemble à s'y tromper** sie sieht ihr täuschend ähnlich

tromperie [tʀõpʀi] *f* Betrug *m*; Täuschung *f*

trompette [tʀɔ̃pɛt] *f* Trompete *f*; *fig* **nez** *m* **en trompette** Stülpnase *f*; F Himmelfahrtsnase *f*; **jouer de la trompette** (auf der) Trompete blasen; trompeten

trompettiste [tʀɔ̃petist] *m* Trompeter *m*

trompeur [tʀɔ̃pœʀ] *adj* ⟨**-euse** [-øz]⟩ trügerisch; täuschend; **les apparences sont trompeuses** der Schein trügt

▸ **tronc** [tʀɔ̃] *m* **1. tronc** (**d'arbre**) (Baum)- Stamm *m* **2.** *partie du corps* Rumpf *m* **3.** ÉGL Opferstock *m* **4. tronc commun** gemeinsamer Teil; ÉCOLE gemeinsamer Grundlehrplan

tronche [tʀɔ̃ʃ] *f* F (*figure*) F Visage *f*

tronçon [tʀɔ̃sɔ̃] *m* **1.** *de route* (Strecken)Abschnitt *m*; Teilstrecke *f*, -stück *n*; **tronçon d'autoroute** Autobahnabschnitt *m*, -teilstück *n* **2.** *de qc de cylindrique* Stück *n*

tronçonnage [tʀɔ̃sɔnaʒ] *m* Zersägen *n*

tronçonner [-e] *v/t* (in Stücke) zersägen

tronçonneuse [-øz] *f* Kettensäge *f*

trône [tʀon] *m* Thron *m*

trôner [tʀone] *v/i* thronen (*a iron*)

tronqué [tʀɔ̃ke] *adj* ⟨**~e**⟩ **colonne tronquée** Säulenstumpf *m*; **cône tronqué** Kegelstumpf *m*

tronquer [tʀɔ̃ke] *v/t texte* verstümmeln

▸ **trop** [tʀo] *adv* **1.** zu viel; *avec adj et adv* zu; *avec verbe* zu sehr; zu viel; **trop de** (+ *subst*) zu viel (+ *sg*); zu viele (+ *pl*); **bien, beaucoup trop difficile** viel zu schwierig; **trop peu** zu wenig; **sans trop de peine** ohne allzu viel Mühe; **j'ai trop chaud** es ist mir zu heiß; **boire trop** zu viel trinken; **c'est trop** das ist zu viel; **de, en trop** zu viel; **avoir des kilos en trop** überflüssige Pfunde haben; F **manger de trop** zu viel essen; **se sentir de** *ou* **en trop** sich (*dat*) überflüssig vorkommen **2.** (*très*) sehr; (*bien*) recht; **ça ne me dit trop rien, pas trop** das reizt mich nicht besonders, sonderlich; **vous êtes trop aimable** das ist sehr freundlich von Ihnen; **je ne sais pas trop** ich weiß nicht recht

trophée [tʀofe] *m* Trophäe *f*; **trophée de chasse** Jagdtrophäe *f*

tropical [tʀɔpikal] *adj* ⟨**~e**; **-aux** [-o]⟩ tropisch; Tropen…; **forêt tropicale** tropischer Regenwald

tropique [tʀɔpik] *m* **1. tropiques** *pl* Tropen *pl*; **sous les tropiques** in den Tropen **2.** *cercle* Wendekreis *m*

trop-perçu *m* ⟨**trop-perçus**⟩ zu viel erhobener Betrag

trop-plein *m* ⟨**trop-pleins**⟩ **1. le trop-plein des eaux** das überschüssige Wasser **2.** TECH Überlauf *m* **3.** *fig* **trop-plein d'énergie** überschäumende Kraft; **épancher le trop-plein de son cœur** sein übervolles Herz ausschütten

troquer [tʀoke] *v/t* **troquer qc contre qc** etw gegen etw tauschen; (*remplacer*) etw mit etw vertauschen

troquet [tʀokɛ] *m* F Kneipe *f*

trot [tʀo] *m* Trab *m*; **course** *f* **de trot attelé** Trabrennen *n*; F *fig* **allez, au trot!** F dalli, dalli!

Trotski [tʀɔtski] *m hist* Trotzki *m*

trotskisme [tʀɔtskism] *m* Trotzkismus *m*

trotskiste [-ist] **I** *adj* trotzkistisch; Trotzkisten… **II** *m,f* Trotzkist(in) *m(f)*

trotte [tʀɔt] *f* F **ça fait une trotte** F es ist ein gutes Ende zu laufen

trotte-bébé *m* ⟨*inv*⟩ Lauflerngerät *n*

trotter [tʀote] *v/i* **1.** *cheval* traben **2.** *par ext souris* huschen; *enfant* laufen; *personne* traben; herumlaufen **3.** *fig* **une idée, un air lui trotte dans la tête** geht ihm nicht aus dem Kopf

trotteur [tʀotœʀ] *m* **1.** *cheval* Traber *m* **2.** *chaussure* Trotteur(schuh) *m*

trotteuse [-øz] *f* Sekundenzeiger *m*

trottinement [tʀotinmã] *m* Getrippel *n*; Getrappel *n*

trottiner [-e] *v/i* trippeln; trappeln (*a âne*)

trottinette [-ɛt] *f* (Kinder)Roller *m*

▸ **trottoir** [tʀotwaʀ] *m* Geh-, Bürgersteig *m*; Trottoir *n*; **trottoir roulant** Roll-, Fahrsteig *m*; F **faire le trottoir** F auf den Strich gehen

▸ **trou** [tʀu] *m* **1.** Loch *n*; *d'une aiguille* (Nadel)- Öhr *n*; AVIAT **trou d'air** Luftloch *n*; F **trous de nez** Nasenlöcher *n/pl*; **trou du souffleur** Souffleurkasten *m*; F *fig* **être au trou** (*en prison*) F (im Loch) sitzen; F *fig* **faire son trou** es zu etwas bringen **2.** *fig* Lücke *f*; Loch *n* (*a dans un budget*); **trou de mémoire** Gedächtnislücke *f*; *dans un alibi* **il y a un trou dans son emploi du temps** für e-n bestimmten Zeitabschnitt hat er kein Alibi **3.** F **trou** (**perdu**) F gottverlassenes Nest; F Kaff *n*; **il n'est jamais sorti de son trou** er ist nie fortgekommen

troubadour [tʀubaduʀ] *m* Troubadour *m*

troublant [tʀublɑ̃] *adj* ⟨**-ante** [-ɑ̃t]⟩ **1.** verwirrend; *ressemblance* verblüffend; *détail* störend **2.** (*sensuel*) verführerisch; aufregend

trouble[1] [tʀubl] *adj* **1.** *liquide* trüb(e); **j'ai la vue trouble, je vois trouble** mir verschwimmt alles vor den Augen **2.** *fig* dunkel; undurchsichtig; *désirs* uneingestanden

trouble[2] *m* **1.** (*inquiétude*) Verwirrung *f* **2.** POL **troubles** *pl* Unruhen *f/pl* **3.** MÉD Störung *f*; **troubles** *pl a* Beschwerden *f/pl*; **troubles respiratoires** Atembeschwerden *f/pl*; **troubles de la vue** Sehstörungen *f/pl*

troublé [tʀuble] *adj* ⟨**~e**⟩ **1.** *personne, esprit* verwirrt; durcheinander **2.** *époque* unruhig

trouble-fête [tʀubləfɛt] *m* ⟨*inv*⟩ Störenfried *m*; Spielverderber *m*

troubler [tʀuble] **I** *v/t* **1.** *eau* trüben **2.** *sommeil, ordre public* stören; *raison* trüben; *personne* in Verwirrung bringen; verwirren (*a sensuellement*); verunsichern **II** *v/pr* **se troubler** *personne* unsicher werden; in Verwirrung geraten

troué [tʀue] *adj* ⟨**~e**⟩ *vêtement* durchlöchert; löcherig

trouée [tʀue] *f* Lücke *f*; Schneise *f*; **la trouée de Belfort** die Burgundische Pforte

trouer [tʀue] **I** *v/t vêtement* ein Loch *ou* Löcher machen in (+ *acc*) **II** *v/pr* **se trouer** Löcher bekommen

troufion [tʀufjɔ̃] F *m* einfacher Soldat

trouillard [tʀujaʀ] F **I** *adj* ⟨**-arde** [-aʀd]⟩ ängstlich **II** **trouillard(e)** *m(f)* F Angsthase *m*

trouille [tʀuj] F *f* **avoir la trouille** Angst, F Bammel, P Schiss haben

trouillomètre [tʀujɔmɛtʀ] *m* F **avoir le trouillomètre à zéro** F e-e Heidenangst, P Mordsschiss haben; P die Hosen gestrichen voll haben

troupe [tʀup] *f* **1.** (*groupe*) Gruppe *f*; Schar *f*; Trupp *m* **2. troupe** (**de comédiens**) Theatertruppe *f*; Ensemble *n* **3.** MIL Truppe *f*; **troupes**

pl Truppen *pl*
▸ **troupeau** [tʀupo] *m* ⟨~x⟩ Herde *f* (*a fig*)
trousse [tʀus] *f* **1.** *trousse* (*d'écolier*) Feder-mäppchen *n*; Schüleretui *n*; *trousse à couture* Nähetui *n*; *trousse de médecin* Besteckta-sche *f*; *trousse de toilette, de voyage* Kultur-beutel *m*; Reisenecessaire *n* **2.** *être aux trous-ses de qn* j-m auf den Fersen sein
trousseau [tʀuso] *m* ⟨~x⟩ **1.** *trousseau de clés* Schlüsselbund *m ou n* **2.** *d'une mariée* Aus-steuer *f*; *pour un internat* Wäscheausstattung *f*
trousser [tʀuse] *v/t* **1.** CUIS *volaille* zusammen-binden **2.** *compliment* drechseln
trouvaille [tʀuvaj] *f* **1.** glücklicher Fund; COMM F Schnäppchen *n* **2.** (*idée originale*) guter Ein-fall; Geistesblitz *m*
trouvé [tʀuve] *adj* ⟨~e⟩ **1.** *enfant trouvé* Fin-delkind *n*; *objet trouvé* Fundsache *f*; (*bureau m des*) *objets trouvés* Fundbüro *n* **2.** *formule bien trouvée* treffend; *la solution est toute trouvée* bietet sich von selbst an
▸ **trouver** [tʀuve] **I** *v/t* **1.** (*découvrir*) finden; auffinden; ausfindig machen; herausfinden; *abs j'ai trouvé!* ich hab's!; *trouver du travail* Arbeit finden; *trouver du plaisir à* (+ *inf*) Freude daran finden zu (+ *inf*); *aller trouver qn* j-n aufsuchen; zu j-m gehen; *il n'a pas en-core trouvé à se loger* er hat noch keine Blei-be gefunden **2.** (*rencontrer*) finden; vorfinden; antreffen; *trouver la mort* den Tod finden, ums Leben kommen (*dans un accident* bei e-m Unfall); *trouver la maison vide* das Haus leer (vor)finden; *trouver la porte fermée* vor verschlossener Tür stehen; F *trouver à qui parler* (gerade) an den Richtigen kommen **3.** (*juger*) *trouver* (+ *adj*) finden (+ *adj*); halten für (+ *adj*); *trouver que …* finden, dass …; *comment trouvez-vous cela?* wie finden Sie das?; *je ne trouve pas cela très bien de sa part* ich finde das nicht sehr schön von ihm; *je ne lui trouve pas bonne mine* ich fin-de, er sieht nicht gesund aus **II** *v/pr* **4.** (*être*)
▸ *se trouver* sich befinden; sein; *c'est là que se trouve la difficulté* darin liegt die Schwierigkeit; *votre nom ne se trouve pas sur cette liste* steht nicht auf dieser Liste **5.** (*se sentir*) *se trouver bien* sich wohlfühlen; *se trouver mal* ohnmächtig werden **6.** (*se croi-re*) *se trouver laid*, *etc* sich hässlich *etc* finden **7.** (*arriver*) *st/s il se trouve que …* es trifft sich, dass …; F *si ça se trouve* womöglich **8.** *se trouver* (+ *p/p*) werden; *se trouver puni* be-straft werden; *se trouver attrapé* hereinfallen
trouvère [tʀuvɛʀ] *m* (nordfranzösischer) Min-nesänger
troyen [tʀwajɛ̃] **I** *adj* ⟨-enne [-ɛn]⟩ **1.** HIST tro-janisch **2.** aus, von Troyes **II** *subst* **Troyen(ne)** *m(f)* **3.** HIST Trojaner(in) *m(f)* **4.** Einwoh-ner(in) *m(f)* von Troyes
Troyes [tʀwa] *Stadt im Dep. Aube*
truand [tʀyɑ̃] *m* Ganove *m*
truander [tʀyɑ̃de] F **I** *v/t* F übers Ohr hauen; *se faire truander* sich übers Ohr hauen lassen **II** *v/i* F mogeln
trublion [tʀyblijɔ̃] *m* Unruhestifter *m*
▸ **truc** [tʀyk] *m* **1.** F (*astuce*) Kniff *m*; Trick *m*; F Dreh *m* **2.** CIN Trick *m* **3.** F (*chose*) Sache *f*; Ding *n*; F Dings(da, -bums) *n*; F *péj* Zeug *n*;

F *c'est pas mon truc* F das ist nicht mein Fall
trucage → **truquage**
truchement [tʀyʃmɑ̃] *m par le truchement de qn* über j-n; durch j-n; durch j-s Vermittlung
trucider [tʀyside] *iron v/t* umbringen
truculence [tʀykylɑ̃s] *f* Urwüchsigkeit *f*
truculent [tʀykylɑ̃] *adj* ⟨-ente [-ɑ̃t]⟩ urwüchsig
truelle [tʀyɛl] *f* (Maurer)Kelle *f*
truffe [tʀyf] *f* **1.** BOT, CUIS Trüffel *f* **2.** *truffe* (*en chocolat*) (Schokolade)Trüffel *f* **3.** *du chien* Nase *f*
truffé [tʀyfe] *adj* ⟨~e⟩ **1.** CUIS getrüffelt; Trüf-fel… **2.** *fig* gespickt (*de* mit)
truffer [tʀyfe] *v/t* **1.** CUIS trüffeln **2.** *fig* spicken (*de* mit)
truie [tʀɥi] *f* (Zucht)Sau *f*
▸ **truite** [tʀɥit] *f* Forelle *f*
trumeau [tʀymo] *m* ⟨~x⟩ **1.** ARCH Mittelpfosten *m* **2.** *d'une cheminée* Kaminspiegel *m*
truquage [tʀykaʒ] *m* Trickaufnahme *f*
truqué [tʀyke] *adj* ⟨~e⟩ **1.** CIN, PHOT Trick…; *scène truquée* Trickszene *f* **2.** (*falsifié*) ge-fälscht; *cartes* gezinkt; *élections* manipuliert; *match truqué* Wettkampf, bei dem geschoben wurde
truquer [tʀyke] *v/t* fälschen; *cartes* zinken; *élec-tions* manipulieren
trust [tʀœst] *m* Trust *m*
tsar [tsaʀ, dzaʀ] *m* Zar *m*
tsarine [-in] *f* Zarin *f*
tsé-tsé [tsetse] *adjt mouche f tsé-tsé* Tsetse-fliege *f*
T-shirt [tiʃœʀt] *m* → *tee-shirt*
tsigane → *tzigane*
tsunami [tsynami] *m* Tsunami *m*; Flutwelle *f*
T.S.V.P. *abr* (*tournez, s'il vous plaît*) b. w.
TTC *abr* (*toutes taxes comprises*) einschließlich aller Gebühren und Steuern
▸ **tu**[1] [ty] *pr/pers* du; *dire tu à qn* du zu j-m sa-gen; *fig être à tu et à toi avec qn* mit j-m auf Du und Du stehen
tu[2] *p/p* → *taire*
tuant [tɥɑ̃] F *adj* ⟨-ante [-ɑ̃t]⟩ aufreibend; an-strengend (*a personne*); F strapaziös
tub [tœb] *m* Duschwanne *f*
tuba [tyba] *m* **1.** MUS Tuba *f* **2.** SPORTS Schnor-chel *m*
tubage [tybaʒ] *m* MÉD *tubage gastrique* Ein-führung *f* e-r Magensonde, e-s Magen-schlauchs; *tubage du larynx* Intubation *f*
tube [tyb] *m* **1.** (*tuyau*) Rohr *n*; Röhre *f*; F *rou-ler à pleins tubes* F mit Karacho fahren; F auf die Tube drücken **2.** ÉLECT Röhre *f* **3.** Tube *f*; *tube de dentifrice* Tube Zahnpasta; Zahnpas-tatube *f*; *en tube* in der Tube **4.** *tube d'aspi-rine* Röhrchen *n* Aspirin **5.** *tube digestif* Ver-dauungskanal *m*, -trakt *m*; F (*œsophage*) Spei-seröhre *f* **6.** F MUS Hit *m*; Schlager *m*
tubercule [tybɛʀkyl] *m* **1.** BOT Knolle *f* **2.** ANAT Höcker *m* **3.** MÉD Knötchen *n*
tuberculeux [tybɛʀkylø] *adj* ⟨-euse [-øz]⟩ tu-berkulös **II** *tuberculeux, tuberculeuse m,f* Tuberkulosekranke(r) *f(m)*
tuberculinique [tybɛʀkylinik] *adj* Tuberku-lin…
tuberculose [-oz] *f* Tuberkulose *f*
tubulaire [tybylɛʀ] *adj* **1.** röhrenförmig **2.** (*er… tubes métalliques*) Stahlrohr…

tubulure [tybylyʀ] f **1.** *orifice* Stutzen m **2.** *coll* Röhren f/pl; Rohre n/pl

tudesque [tydɛsk] *litt, péj adj* deutsch

tué [tɥe] **I** *adj* ⟨~e⟩ getötet; MIL gefallen **II** m Getötete(r) m; MIL Gefallene(r) m

tue-mouches [tymuʃ] *adj* **amanite** f **tue-mouches** Fliegenpilz m; **papier** m **tue-mouches** Fliegenfänger m

▸ **tuer** [tɥe] **I** v/t **1.** töten (a abs); *personne a* umbringen; (*assommer*) totschlagen; erschlagen; *avec une arme à feu* erschießen; *boucher: animal* schlachten; CH erlegen; schießen; **être tué, se faire tuer** getötet werden; umkommen; ums Leben kommen; *à la guerre a* fallen **2.** *fig sentiments* (ab)töten; völlig abstumpfen; *petit commerce, etc* ruinieren; zugrunde richten; **tuer le temps** die Zeit totschlagen **3.** F *fig* (*épuiser*) F fertigmachen; F krank machen; F umbringen **II** v/pr ▸ **se tuer 4.** (*se suicider*) sich töten; sich umbringen; sich (*dat*) das Leben nehmen **5.** (*mourir*) umkommen; ums Leben kommen; **se tuer en voiture** mit dem Auto tödlich verunglücken **6.** *fig* **se tuer au travail** sich zu Tode arbeiten; F **je me tue à lui dire que …** ich sage es ihm tausendmal, dass …

tuerie [tyʀi] f Blutbad n; Gemetzel n

tue-tête [tytɛt] **à tue-tête** *crier* aus Leibeskräften; *chanter* aus vollem Hals

tueur [tɥœʀ] **I** m **1.** (Massen)Mörder m; **tueur** (**à gages**) Killer m **2.** *dans un abattoir* Schlächter m **II** *adj* ⟨-euse [-øz]⟩ Killer…

tuf [tyf] m Tuff(stein) m

tuile [tɥil] f **1.** (Dach)Ziegel m **2.** F *fig* Schlag m ins Kontor; **quelle tuile!** F so ein Pech! **3.** CUIS Mandelplätzchen n

tulipe [tylip] f Tulpe f

tulle [tyl] m Tüll m

tuméfié [tymefje] *adj* ⟨~e⟩ (an)geschwollen; verschwollen

tuméfier [-fje] **I** v/t anschwellen lassen **II** v/pr **se tuméfier** anschwellen

tumeur [tymœʀ] f Tumor m; Geschwulst f

tumulte [tymylt] m Tumult m; Lärm m; Getöse n

tumultueux [tymyltɥø] *adj* ⟨-euse [-øz]⟩ **1.** *réunion* stürmisch; turbulent; lärmend **2.** *litt flots* tosend **3.** *fig vie* bewegt; *passion* stürmisch

tumulus [tymylys] m Hügelgrab n

tune → **thune**

tuner [tynɛʀ] m Tuner m

tungstène [tɛ̃kstɛn, tœ̃-] m CHIM Wolfram n

tunique [tynik] f **1.** HIST Tunika f **2.** *corsage long* Kasack(bluse) m(f)

Tunis [tynis] Tunis n

Tunisie [tynizi] *la Tunisie* Tunesien n

tunisien [tynizjɛ̃] **I** *adj* ⟨-ienne [-jɛn]⟩ tunesisch **II** **Tunisien(ne)** m(f) Tunesier(in) m(f)

▸ **tunnel** [tynɛl] m Tunnel m; **tunnel sous la Manche** Kanaltunnel m; *fig* **être au bout du tunnel** das Schlimmste hinter sich (*dat*) haben

turban [tyʀbɑ̃] m Turban m

turbin [tyʀbɛ̃] m *arg* (*travail*) F Maloche f

turbine [tyʀbin] f Turbine f

turbiner [tyʀbine] v/i *arg* (*travailler*) F schuften; sich abrackern

turbo [tyʀbo] **1.** m *abr* (*turbocompresseur*) Turbo m **2.** f *voiture* Turbo m

turbocompresseur m TECH Turbokompressor m; AUTO Turbolader m

turbopropulseur m Turbo-Prop-Triebwerk n

turbot [tyʀbo] m Steinbutt m

turbotrain [tyʀbotʀɛ̃] m Turbinenzug m

turbulence [tyʀbylɑ̃s] f **1.** *d'un enfant* Wildheit f; Lebhaftigkeit f **2.** PHYS, MÉTÉO Turbulenz f

turbulent [tyʀbylɑ̃] *adj* ⟨-ente [-ɑ̃t]⟩ *enfant* wild; sehr lebhaft; ausgelassen

▸ **turc** [tyʀk] **I** *adj* ⟨**turque** [tyʀk]⟩ türkisch; **bain turc** Dampfbad n; türkisches Bad; **cabinets** m/pl **à la turque** Stehklo n, -toilette f **II** **Turc, Turque** m,f Türke m, Türkin f; *fig* **tête f de Turc** ridiculisé Zielscheibe f des Spotts; *victime* Prügelknabe m; **fort comme un Turc** bärenstark

turf [tyʀf, tœʀf] m Pferderennsport m

turfiste [-ist] m,f Wetter(in) m(f) bei Pferderennen

Turin [tyʀɛ̃] Turin n

turista [tuʀista] f F (*diarrhée*) F *plais* Montezumas Rache f

turlupiner [tyʀlypine] v/t F **ça me turlupine** das lässt mir keine Ruhe

turlututu [tyʀlytyty] *int* **turlututu** (**chapeau pointu**)**!** papperlapapp!

turne [tyʀn] f F Bude f

turpitude [tyʀpityd] f *st/s* Schändlichkeit f

▸ **turque** [tyʀk] → **turc**

▸ **Turquie** [tyʀki] *la Turquie* die Türkei

turquoise [tyʀkwaz] **I** f Türkis m **II** *adj* ⟨*inv*⟩ türkis(farben)

tussilage [tysilaʒ] m Huflattich m

tutelle [tytɛl] f **1.** JUR Vormundschaft f; **territoire** m **sous tutelle** Treuhandgebiet n **2.** *péj* (*dépendance*) Bevormundung f **3.** *st/s* (*protection*) Schutz m

tuteur [tytœʀ] m **1.** JUR Vormund m **2.** JARD Stütze f

tutoiement [tytwamɑ̃] m Duzen n

tutoyer [tytwaje] ⟨**-oi-**⟩ v/t (*et* v/pr **se tutoyer** sich) duzen

tutrice [tytʀis] f (weiblicher) Vormund

tutti quanti [tutikwɑ̃ti] **… et tutti quanti** … und so weiter; … und dergleichen mehr

tutu [tyty] m **1.** Ballettröckchen n **2.** *enf* (*derrière*) Popo m

▸ **tuyau** [tɥijo] m ⟨~x⟩ **1.** *rigide* Rohr n; Röhre f; *souple* Schlauch m; **tuyau d'arrosage** Gartenschlauch m **2.** F (*renseignement*) Tip m **3.** **tuyau d'orgue** Orgelpfeife f

tuyauter [tɥijote] v/t F **tuyauter qn** j-m Tipps geben

tuyauterie [tɥijotʀi] f Rohrleitung(en) f(pl)

tuyère [tɥijɛʀ] f (Schub)Düse f

▸ **TVA** [tevea] f *abr* (*taxe à la valeur ajoutée*) Mehrwertsteuer f (*abr* MwSt.)

tweed [twid] m Tweed m

twin-set [twinsɛt] m ⟨**twin-sets**⟩ Twinset n ou m

tympan [tɛ̃pɑ̃] m **1.** ANAT Trommelfell n **2.** ARCH Tympanon n; Giebelfeld n

tympanon [tɛ̃panõ] m MUS Hackbrett n

▸ **type** [tip] m **1.** (*genre*) Typ(us) m; **avoir le type nordique** ein nordischer Typ sein **2.** F (*gars*) F Kerl m; F Typ m; **un chic type** ein prima Kerl **3.** TECH Modell n; Typ m; Bauart f; Ausführung f **4.** *adj* typisch

typé [tipe] *adj* ⟨~e⟩ *être très typé* ein sehr ausgeprägter Typ sein
typesse [tipɛs] *f* F *péj* Weibsbild *n*
typhique [tifik] **I** *adj* **1.** (*du typhus*) Fleckfieber... **2.** (*de la typhoïde*) Typhus... **II** *m,f* **3.** an Fleckfieber Erkrankte(r) *f(m)* **4.** Typhuskranke(r) *f(m)*
typhoïde [tifɔid] *f* Typhus *m*
typhon [tifõ] *m* Taifun *m*
typhus [tifys] *m* **typhus (exanthématique)** Fleckfieber *n*, -typhus *m*
▸ **typique** [tipik] *adj* typisch (*de* für)
typiquement [-mã] *adv* typisch
typographe [tipɔɡʀaf] *m,f* (Schrift)Setzer(in) *m(f)*
typographie [-i] *f* Typographie *f* (*a aspect*); Buchdruckerkunst *f*; Druck *m*
typographique [-ik] *adj* typographisch; Buch-

typologie [tipɔlɔʒi] *f* Typologie *f*
tyran [tiʀã] *m* Tyrann *m*
tyrannie [tiʀani] *f* Tyrannei *f* (*a fig*); Gewalt-, Willkürherrschaft *f*; *de la mode* Diktatur *f*
tyrannique [-ik] *adj* tyrannisch
tyranniser [tiʀanize] *v/t* tyrannisieren; *se laisser tyranniser* sich tyrannisieren lassen; *de choses, de sentiments* völlig beherrscht werden (*par* von)
Tyrol [tiʀɔl] *le Tyrol* Tirol *n*
tyrolien [tiʀɔljẽ] **I** *adj* ⟨-ienne [-jɛn]⟩ Tiroler; *chapeau tyrolien* Tirolerhut *m*; Trachtenhut *m* **II** *subst* **1.** *Tyrolien(ne)* *m(f)* Tiroler(in) *m(f)* **2.** *tyrolienne* *f* MUS Jodler *m*
tzigane [dzigan, tsi-] **I** *adj* Zigeuner... **II** *Tzigane* *m,f* Zigeuner(in) *m(f)*

U

U, u [y] *m* ⟨inv⟩ U, u *n*
ubiquité [ybikɥite] *f* Allgegenwart *f*; *je n'ai pas le don d'ubiquité* ich kann nicht überall zugleich sein
UDF [ydeɛf] *f abr* (*Union pour la démocratie française*) Partei der bürgerlich-liberalen Mitte
UE [yə] *f abr* (*Union européenne*) EU *f*
UEFA [yefa] *f abr* (*Union européenne de football association*) UEFA *f*; *coupe f de l'UEFA* UEFA-Cup *m*; UEFA-Pokal *m*
UFR [yɛfɛʀ] *f* ⟨inv⟩ → *unité* 6
UHT [yaʃte] *abr* (*ultra-haute température*) *lait m UHT* H-Milch *f*
Ukraine [ykʀɛn] *l'Ukraine f* die Ukraine
ukrainien [ykʀɛnjẽ] **I** *adj* ⟨-ienne [-jɛn]⟩ ukrainisch **II** *subst* **1.** *Ukrainien(ne)* *m(f)* Ukrainer(in) *m(f)* **2.** LING *l'ukrainien m* das Ukrainische; Ukrainisch *n*
ulcération [ylseʀasjõ] *f* Geschwürbildung *f*
ulcère [ylsɛʀ] *m* Geschwür *n*
ulcéré [ylseʀe] *adj* ⟨~e⟩ tief gekränkt; verbittert
ulcérer [ylseʀe] *v/t* ⟨-è-⟩ *ulcérer qn* j-n tief kränken; j-n verbittern
ulcéreux [ylseʀe] *adj* ⟨-euse [-øz]⟩ mit Geschwüren bedeckt
ULM [yɛlɛm] *m abr* ⟨inv⟩ (*ultra-léger motorisé*) Ultraleichtflugzeug *n*
ultérieur [ylteʀjœʀ] *adj* ⟨~e⟩ spätere; (zu)künftige
ultérieurement [-mã] *adv* später; in der Folge
ultimatum [yltimatɔm] *m* Ultimatum *n*; *adresser, envoyer un ultimatum* ein Ultimatum stellen (*à dat*)
ultime [yltim] *adj* allerletzte
ultra [yltʀa] *m* Ultra *m*; Rechtsextremist *m*
ultra... [yltʀa] *préfixe* sehr; extrem; hoch(...); F

super...; POL, *sc* ultra...; Ultra...
ultra-chic *adj* hochelegant; F todschick
ultra-confidentiel *adj* ⟨~le⟩ streng vertraulich
ultra-conservateur *adj* ⟨-trice [-tʀis]⟩ erzkonservativ
ultra-court *adj* *ondes ultra-courtes* Ultrakurzwellen *f/pl*
ultramoderne *adj* hochmodern; F supermodern
ultramontain [yltʀamõtẽ] ÉGL CATH **I** *adj* ultramontan **II** *m* Ultramontane(r) *m*
ultraperfectionné [yltʀapɛʀfɛksjɔne] *adj* ⟨~e⟩ hoch entwickelt; äußerst perfektioniert
ultra-rapide *adj* extrem schnell; F superschnell
ultrasensible *ou* **ultra-sensible** *adj* hochempfindlich
ultrason *ou* **ultra-son** *m* Ultraschall *m*
ultraviolet *ou* **ultra-violet** **I** *adj* ⟨-ette⟩ ultraviolett; *rayons ultraviolets ou ultra-violets* ultraviolette Strahlen *m/pl* **II** *m* Ultraviolett *n*
Ulysse [ylis] *m* Odysseus *m*
▸ **un** [ẽ, œ̃] *m*, **une** [yn] *f* **I** *num/c* **a)** *emploi isolé*: *un* ⟨inv⟩ eins; *le un* die Eins; der Einser **b)** *devant un subst*: *m* ein, *f* eine, *n* ein (*elliptiquement* einer, eine, ein[e]s); *pas un mot* kein Wort; *il est une heure* es ist ein Uhr *ou* eins; *trois heures une* drei Uhr eins; F *ne faire ni une ni deux* nicht lange fackeln; *journal à la une* auf der ersten Seite; TV F *sur la Une* im Ersten (*Programm*); *et d'un ou et d'une* das wäre eine(r, -s); eine(n, -s) hätten wir; *il étai moins une* es hätte nicht mehr viel gefehlt **c)** *adjt* eins; einzig; *c'est tout un* es ist ganz einerlei; *ne faire qu'un* eins, unzertrennlich sein **d)** *pas un(e)* nicht einer, eine, ein(e)s; keiner keine, kein(e)s; *comme pas un* wie kein ande rer; *un à un* [ẽnaẽ] *ou* *un par un* einer nach

dem anderen; einzeln **II** *article indéfini*: *m* ein, *f* eine, *n* ein (*elliptiquement* einer, eine, ein[e]s) **III** *pr/ind*: *m* einer, *f* eine, *n* ein(e)s; *l'un d'eux* einer von ihnen; *de deux choses l'une* eins von beiden; *l'un(e) ..., l'autre ...* der (die) eine ..., der (die) andere ...; *l'un dans l'autre* im Großen und Ganzen; *l'un et l'autre* beide; *ni l'un ni l'autre* keiner *ou* kein(e)s von beiden; *c'est l'un ou l'autre* entweder – oder; eins von beiden; *réciproquement* **l'un(e)** *l'autre* ou *les un(e)s les autres* sich gegenseitig; einander; *l'un après, avec, contre, pour l'autre* nach-, mit-, gegen-, füreinander

unanime [ynanim] *adj* einmütig; einstimmig; einhellig

unanimité [ynanimite] *f* Einmütigkeit *f*; Einstimmigkeit *f* (*a* POL); Einhelligkeit *f*; *à l'unanimité* einstimmig; *faire l'unanimité* allgemeine Zustimmung finden

une → *un*

UNEF [ynɛf] *f abr* (*Union nationale des étudiants de France*) Nationaler französischer Studentenverband

uni [yni] *adj* ⟨**~e**⟩ **1.** vereint; vereinigt; *famille* einträchtig zusammenlebend **2.** *tissu* uni; *papier* glatt; unlin(i)iert; *surface* glatt; eben

unicellulaire *adj* einzellig

unicité [ynisite] *f* Einmaligkeit *f*; Einzigartigkeit *f*

unicolore [ynikɔlɔʀ] *adj* einfarbig

unidirectionnel [ynidiʀɛksjɔnɛl] *adj* ⟨**~le**⟩ RAD einseitig gerichtet

unième [ynjɛm] *num/o* *vingt et unième* einundzwanzigste; *cent unième* hunderterste

unificateur [ynifikatœʀ] *adj* ⟨**-trice** [-tʀis]⟩ einigend

unification [ynifikasjõ] *f* **1.** Vereinheitlichung *f* **2.** Einigung *f*

unifier [-fje] *v/t* **1.** *tarifs, etc* vereinheitlichen **2.** *pays, parti* einigen

▸ **uniforme** [ynifɔʀm] **I** *adj* **1.** gleichförmig, -artig, -mäßig; einheitlich **2.** (*monotone*) ein-, gleichförmig **II** *m* Uniform *f*; Dienst-, Berufskleidung *f*

uniformément [ynifɔʀmemã] *adv* gleichartig, -förmig, -mäßig; einheitlich

uniformisation [ynifɔʀmizasjõ] *f* Vereinheitlichung *f*

uniformiser [-e] *v/t* vereinheitlichen

uniformité [ynifɔʀmite] *f* **1.** Gleichförmigkeit *f*, -artigkeit *f*, -mäßigkeit *f*; Einheitlichkeit *f* **2.** (*monotonie*) Einförmig-, Gleichförmigkeit *f*

unijambiste [yniʒãbist] *m,f* Beinamputierte(r) *f(m)*

unilatéral *adj* ⟨**~e**; **-aux** [-o]⟩ einseitig

unilingue [ynilɛ̃g] *adj* einsprachig

unilinguisme [-ɥism] *m* Einsprachigkeit *f*

uninominal *adj* ⟨**~e**; **-aux** [-o]⟩ *scrutin uninominal* Persönlichkeits-, Einzelwahl *f*

▸ **union** [ynjõ] *f* **1.** Union *f*; Bund *m*; Zusammenschluss *m*; *Union européenne* Europäische Union (*abr* EU) **2.** Ehe(bund) *f(m)*; *union libre* Ehe *f* ohne Trauschein **3.** Einigkeit *f*; *prov* *l'union fait la force* *prov* Einigkeit macht stark **4.** Verbindung *f*; Vereinigung *f*

Uniprix® [ynipʀi] *m frz Warenhauskette*

  unique [ynik] *adj* **1.** (*seul*) einzig; alleinig; *paiement, etc* einmalig; *enfant m,f unique*

Einzelkind *n*; *parti m unique* Einheitspartei *f*; ▸ *sens m unique* Einbahnstraße *f* **2.** (*exceptionnel*) einzigartig; einmalig; *unique en son genre* einzig in s-r Art

uniquement [ynikmã] *adv* einzig und allein; nur; bloß

unir [yniʀ] **I** *v/t* verein(ig)en, verbinden (*à* mit); einigen; *couple* trauen **II** *v/pr* ▸ *s'unir* sich verein(ig)en; *s'unir contre qn* sich gegen j-n verbünden

unisexe *adj* *vêtement* Unisex...; gleich für Mann und Frau

unisexué *adj* ⟨**~e**⟩ eingeschlechtig

unisson [ynisõ] *m* *à l'unisson* unisono; *fig* im Gleichklang

unitaire [yniteʀ] *adj* einheitlich; Einheits...

▸ **unité** [ynite] *f* **1.** Einheit *f*; Einheitlichkeit *f*; Geschlossenheit *f*; *unité d'action* einheitliches Vorgehen **2.** (Maß)Einheit *f*; *unité monétaire* Währungseinheit *f* **3.** (*ensemble*) Einheit *f* (*a* MIL) **4.** MATH Einer *m* **5.** COMM Stück *n*; *prix m à l'unité* Einzel-, Stückpreis *m* **6.** UNIVERSITÉ *unité de formation et de recherche* (*abr* **UFR**) Fachbereich *m* **7.** INFORM Gerät *n*; *unité centrale* Zentraleinheit *f*

univers [yniveʀ] *m* **1.** Weltall *n*; Universum *n*; All *n* **2.** *fig* Welt *f*

universalisation [yniveʀsalizasjõ] *f* allgemeine Verbreitung

universaliser [-e] **I** *v/t* allgemein verbreiten; verallgemeinern **II** *v/pr* *s'universaliser* sich allgemein verbreiten; Allgemeingut werden

universalité [yniveʀsalite] *f* Universalität *f*; All-, Vielseitigkeit *f*; *d'une langue* allgemeine Verbreitung; *d'une loi* Allgemeingültigkeit *f*

universel [yniveʀsɛl] *adj* ⟨**~le**⟩ **1.** universell; Universal...; allgemein(gültig); allgemein verbreitet; (all)umfassend; Gesamt...; *culture* universal; all-, vielseitig; *suffrage universel* allgemeines Wahlrecht **2.** (*mondial*) Welt...; weltweit

universellement [yniveʀsɛlmã] *adv* allgemein

universitaire [yniveʀsiteʀ] **I** *adj* Universitäts...; Hochschul...; akademisch; *restaurant m universitaire* Mensa *f* **II** *m,f* Hochschullehrer(in) *m(f)*

▸ **université** [yniveʀsite] *f* Universität *f*; Hochschule *f*; *université populaire* Volkshochschule *f*

Untel [ɛ̃tɛl, œ̃-] *monsieur, madame Untel* Herr, Frau Sowieso, Soundso

uppercut [ypɛʀkyt] *m* BOXE Aufwärtshaken *m*; Uppercut *m*

upsilon [ypsilɔn] *m* Ypsilon *n*

uranium [yʀanjɔm] *m* Uran *n*

Uranus [yʀanys] (der) Uranus

urbain [yʀbɛ̃] *adj* ⟨**-aine** [-ɛn]⟩ städtisch; Stadt...; TÉL *réseau urbain* Ortsnetz *n*

urbanisation [yʀbanizasjõ] *f* Verstädterung *f*

urbaniser [-ize] *v/pr* *s'urbaniser* verstädtern

urbanisme [-ism] *m* (Stadtplanung *f* und) Städtebau *m*

urbaniste [-ist] *m* Städtebauer *m*, -planer *m*

urbanistique [-istik] *adj* städtebaulich

urbanité [yʀbanite] *litt f* Höflichkeit *f*; Zuvorkommenheit *f*

urbi et orbi [yʀbiɛtɔʀbi] ÉGL CATH *bénédiction f urbi et orbi* (päpstlicher) Segen urbi et orbi

U

urée [yʀe] *f* Harnstoff *m*
urémie [yʀemi] *f* Harnvergiftung *f*; Urämie *f*
uretère [yʀtɛʀ] *m* Harnleiter *m*
urètre [yʀɛtʀ] *m* Harnröhre *f*
urgence [yʀʒɑ̃s] *f* **1.** Dringlichkeit *f*; Eiligkeit *f*; *d'urgence* dringend; sofort; *en cas d'urgence* in eiligen, dringenden Fällen **2.** MÉD Notfall *m*; *service m des urgences* Notaufnahme *f*
▸ **urgent** [yʀʒɑ̃] *adj* ⟨**-ente** [-ɑ̃t]⟩ dringend; eilig; (vor)dringlich
urgentiste [yʀʒɑ̃tist] **I** *m,f* Notarzt, -ärztin *m,f* **II** *adj médecin m urgentiste* Notarzt, -ärztin *m,f*
urger [yʀʒe] F *v/i* ⟨**-ge-**⟩ *ça urge* es eilt; es ist dringend
urinaire [yʀinɛʀ] *adj* Harn...
urinal [yʀinal] *m* ⟨**-aux** [-o]⟩ Urinflasche *f*
urine [yʀin] *f* Urin *m*; Harn *m*
uriner [yʀine] *v/i* urinieren; Wasser lassen
urinoir [-waʀ] *m* Pissoir *n*
urne [yʀn] *f* **1.** Urne *f*; *urne funéraire* Graburne *f* **2.** Wahlurne *f*; *aller aux urnes* zur Wahl gehen
urologie [yʀɔlɔʒi] *f* Urologie *f*
urologique *adj* urologisch
urologue [-lɔg] *m* Urologe *m*
urticaire [yʀtikɛʀ] *f* Nesselsucht *f*, -ausschlag *m*, -fieber *n*
Uruguay [yʀygwɛ] *l'Uruguay m* Uruguay *n*
uruguayen [yʀygwɛjɛ̃] **I** *adj* ⟨**-yenne** [-jɛn]⟩ uruguayisch **II** *Uruguayen(ne) m(f)* Uruguayer(in) *m(f)*
us [ys] *m/pl us et coutumes* Sitten und Gebräuche *pl*
▸ **usage** [yzaʒ] *m* **1.** (*utilisation*) Gebrauch *m*; Benutzung *f*; Anwendung *f*; Verwendung *f*; *de drogues, etc* Genuss *m*; *à l'usage* beim Gebrauch; *à l'usage de qn* für j-n (zum Gebrauch); *être encore en usage* noch verwendet, gebraucht werden; *'hors d'usage* außer Gebrauch; F *faire de l'usage* strapazierfähig sein; lange halten; *faire usage de qc* etw verwenden, gebrauchen, anwenden **2.** *de la langue usage* (*courant*) (allgemeiner) Sprachgebrauch; *en usage* üblich; gebräuchlich **3.** (*coutume*) Brauch *m*; Sitte *f*; F Usus *m*; *d'usage* üblich; gebräuchlich
usagé [yzaʒe] *adj* ⟨**~e**⟩ gebraucht; Alt...; *vêtements a* getragen
usager [yzaʒe] *m* Benutzer *m*; *usager de la route, du téléphone* Verkehrs-, Fernsprechteilnehmer *m*
usant [yzɑ̃] F *adj* ⟨**-ante** [-ɑ̃t]⟩ anstrengend
USB [yɛsbe] *m abr* (*universal serial bus*) INFORM USB *m*; *clé f USB* USB-Stick *m*
▸ **usé** [yze] *adj* ⟨**~e**⟩ **1.** abgenutzt; *vêtements a* abgetragen; ver-, zerschlissen; *semelle* durchgelaufen; *pneus* abgefahren; *eaux usées* Abwässer *n/pl* **2.** *personne* verbraucht; verlebt; *mains* abgearbeitet **3.** *expression* abgegriffen
user [yze] **I** *v/t* **1.** abnutzen; *vêtements a* abtragen; verschleißen **2.** (*consommer*) verbrauchen **3.** *user qn* j-n zermürben, aufreiben; *user ses yeux, s'user les yeux* (*dat*) die Augen verderben **II** *v/t/indir user de qc* etw anwenden, gebrauchen; von etw Gebrauch machen **III** *v/pr s'user* sich abnutzen; verschleißen

usinage [yzinaʒ] *m* maschinelle Fertigung; Be-, Verarbeitung *f*
▸ **usine** [yzin] *f* Fabrik *f*; Werk *n*; Betrieb *m*; Fabrikanlage *f*; F *fig c'est une véritable usine* das ist die reinste Fabrik
usiner [yzine] *v/t* maschinell fertigen; be-, verarbeiten
usinier [yzinje] *adj* ⟨**-ière** [-jɛʀ]⟩ Fabrik...
usité [yzite] *adj* ⟨**~e**⟩ *mot* gebräuchlich; geläufig; *peu usité* selten gebraucht
ustensile [ystɑ̃sil] *m* Gerät *n*; *ustensile de cuisine* Küchengerät *n*
usuel [yzɥɛl] *adj* ⟨**~le**⟩ üblich; gebräuchlich; gewöhnlich
usufruit [yzyfʀɥi] *m* JUR Nießbrauch *m*; Nutzung(srecht) *f(n)*
usufruitier [-tje] *m* JUR Nießbraucher *m*; Nutzungsberechtigte(r) *m*
usuraire [yzyʀɛʀ] *adj* wucherisch; Wucher...
usure [yzyʀ] *f* **1.** FIN (Kredit)Wucher *m*; Wucherzins *m* **2.** (*détérioration*) Abnutzung *f*; Verschleiß *m*; F *fig je l'aurai à l'usure* F mit der Zeit krieg ich ihn schon mürbe, herum
usurier [yzyʀje] *m* Wucherer *m*
usurpateur [yzyʀpatœʀ] *m* Usurpator *m*; Thronräuber *m*
usurpation [-sjõ] *f* **1.** POL Usurpation *f* **2.** *d'un droit* Anmaßung *f*
usurper [yzyʀpe] *v/t* **1.** POL usurpieren **2.** *usurper qc* sich (*dat*) etw anmaßen; sich (*dat*) widerrechtlich etw aneignen
ut [yt] *m* ⟨*inv*⟩ MUS c *ou* C *n*
utérin [yteʀɛ̃] *adj* ⟨**-ine** [-in]⟩ Gebärmutter...; Uterus...
utérus [yteʀys] *m* Gebärmutter *f*; Uterus *m*
▸ **utile** [ytil] **I** *adj* **1.** nützlich; zweckmäßig; (zweck)dienlich; brauchbar; geeignet; *utile à qn* von Nutzen für j-n; *en temps utile* zu gegebener Zeit; *si je peux vous être utile en qc* wenn ich Ihnen irgendwie behilflich sein kann; *se rendre utile* sich nützlich machen **2.** TECH Nutz... **II** *m joindre l'utile à l'agréable* das Angenehme mit dem Nützlichen verbinden
utilement [ytilmɑ̃] *adv* nützlich
utilisable [ytilizabl] *adj* verwendbar; benutzbar
utilisateur [-tœʀ] *m*, **utilisatrice** [-tʀis] *f* Benutzer(in) *m(f)*; INFORM *a* User *m*
▸ **utilisation** [ytilizasjõ] *f* Ver-, Anwendung *f*; Gebrauch *m*; Be-, Ausnutzung *f*; Nutzung *f*
▸ **utiliser** [ytilize] *v/t* verwenden; gebrauchen; benutzen; *espace* ausnutzen; *restes* verwerten; *méthode* anwenden; *ressources* nutzen
utilitaire [ytilitɛʀ] *adj* Nutz...; Gebrauchs...; *véhicule m utilitaire* Nutzfahrzeug *n*
utilitarisme [ytilitaʀism] *m* Utilitarismus *m*; Nützlichkeitsprinzip *n*
utilité [ytilite] *f* Nützlichkeit *f*; Nutzen *m*; Zweckmäßigkeit *f*; Brauchbarkeit *f*; Verwendbarkeit *f*; *association reconnue d'utilité publique* gemeinnützige Vereinigung
utopie [ytɔpi] *f* Utopie *f*
utopique [-ik] *adj* utopisch
utopiste [-ist] *m* Utopist *m*; Fantast *m*
UV [yve] *f abr* (*unité de valeur*) UNIVERSITÉ Schein *m*

V

V, v [ve] *m* ⟨*inv*⟩ V, v *n*; F **à la vitesse grand V** mit Höchstgeschwindigkeit

va [va] → **aller¹**; F **va pour 200 euros** also gut *ou* schön, 200 Euro; F *fig* **à la va comme je te pousse** schludrig; schlampig; **à tout va** ungehemmt

vacance [vakɑ̃s] *f* **1.** (*poste vacant*) freie, unbesetzte Stelle **2.** POL **vacance du pouvoir** Machtvakuum *n*

▸ **vacances** [vakɑ̃s] *f/pl* Ferien *pl*; *des salariés* Urlaub *m*; **grandes vacances** große Ferien; **vacances scolaires** Schulferien *pl*; **vacances de Noël, de Pâques** Weihnachts-, Osterferien *pl*; **être en vacances** in *ou* im Urlaub, in Ferien sein; Urlaub, Ferien haben; **partir en vacances** in Urlaub fahren *ou* gehen; **prendre des vacances** Urlaub nehmen, machen; → *Info bei* **Urlaub**

vacancier [vakɑ̃sje] *m*, **vacancière** [-jɛʀ] *f* Urlauber(in) *m(f)*; Feriengast *m*

vacant [vakɑ̃] *adj* ⟨**-ante** [-ɑ̃t]⟩ *poste* offen; unbesetzt; frei; vakant; *appartement* leer stehend

vacarme [vakaʀm] *m* Lärm *m*; Krach *m*

vacataire [vakatɛʀ] *m,f* Aushilfskraft *f*; Aushilfe *f*

vacation [-sjɔ̃] *f* Aushilfstätigkeit *f*; (Stell)Vertretung *f*

vaccin [vaksɛ̃] *m* Impfstoff *m*

vaccinable [vaksinabl] *adj* **être vaccinable** geimpft werden können

vaccination [vaksinasjɔ̃] *f* Impfung *f*

vacciner [vaksine] *v/t* **1.** MÉD impfen (**contre** gegen) **2.** F *fig* **être vacciné** geheilt sein (**contre** von)

▸ **vache** [vaʃ] **I** *f* **1.** ZO Kuh *f*; **vache sacrée** heilige Kuh (*a fig*); *fig* **vache à lait** ⊢ Melkkuh *f*, gute Einnahmequelle *f*; **maladie** *f* **de la vache folle** Rinderwahn(sinn) *m*; *fig* **manger de la vache enragée** sich kümmerlich durchschlagen müssen; F **parler français comme une vache espagnole** F ein miserables Französisch sprechen; F **il pleut comme vache qui pisse** ⊢ es schifft **2.** *cuir* Rinds-, Kuhleder *n* **3.** F *fig* (**peau** *f* **de**) **vache** Schuft *m*; (F hunds)gemeiner Kerl **4.** F *int* **la vache!** F Donnerwetter!; Mensch! **II** *adj* F (*méchant*) gemein, schuftig (**avec qn** zu j-m)

vachement [vaʃmɑ̃] F *adv* F ungeheuer; **vachement cher** F sauteuer; **il est vachement bien** F er sieht toll aus

vacher [vaʃe] *m*, **vachère** [-ɛʀ] *f* Kuhhirt(in) *m(f)*

vacherie [vaʃʀi] F *f* Gemeinheit *f*

vacherin [vaʃʀɛ̃] *m* **1.** *fromage* sahniger Weichkäse aus dem Jura **2.** *gâteau* Baisertorte *f* mit Eis und Sahne

vachette [vaʃɛt] *f* Färsenleder *n*

vacillant [vasijɑ̃] *adj* ⟨**-ante** [-ɑ̃t]⟩ **1.** *démarche*

taumelnd; schwankend; wankend **2.** *flamme* flackernd **3.** *fig foi, résolutions* schwankend; *raison* etwas verwirrt, wirr; *mémoire* unzuverlässig

vacillation [vasijasjɔ̃] *f ou* **vacillement** [-mɑ̃] *m* Schwanken *n*; Wanken *n*; Taumeln *n*; *d'une flamme* Flackern *n*

vaciller [vasije] *v/i* **1.** schwanken; wanken; taumeln **2.** *flamme* flackern **3.** *fig raison* wirr, verwirrt sein; *mémoire* unzuverlässig sein

vacuité [vakчite] *st/s f* Leere *f*

vadrouille [vadʀuj] *f* F **être en vadrouille** → **vadrouiller**

vadrouiller [vadʀuje] *v/i* F herumbummeln, -strolchen, -ziehen

vadrouilleur [vadʀujœʀ] *m* **c'est un vadrouilleur** F er strolcht, zigeunert gerne herum

va-et-vient [vaevjɛ̃] *m* ⟨*inv*⟩ **1.** **un va-et-vient incessant** ein ständiges Kommen und Gehen, Hin und Her **2.** TECH Hin- und Herbewegung *f* **3.** ÉLECT Wechselschalter *m*

vagabond [vagabɔ̃] *m* Vagabund *m*; Landstreicher *m*; Streuner *m*

vagabondage [vagabɔ̃daʒ] *m* Umherziehen *n*, -streifen *n*; Vagabundieren *n*

vagabonder [vagabɔ̃de] *v/i* **1.** sich herumtreiben; vagabundieren; umherstreifen; streunen **2.** *fig imagination* umherschweifen

vagin [vaʒɛ̃] *m* Scheide *f*; Vagina *f*

vaginal [vaʒinal] *adj* ⟨**~e; -aux** [-o]⟩ Scheiden…; Vaginal…; vaginal

vagir [vaʒiʀ] *v/i bébé* wimmern; schreien

vagissement [-ismɑ̃] *m* Wimmern *n*

vague¹ [vag] **I** *adj* **1.** vage; undeutlich; verschwommen; unklar; *regard* zerstreut **2.** (*quelconque*) irgendein **3.** (*ample*) weit **4.** **terrain** *m* **vague** unbebautes Gelände, Grundstück **II** *m* **vague à l'âme** Weltschmerz *m*; **rester dans le vague** sich nur vage äußern

▸ **vague²** *f* Welle *f* (*a fig*); *st/s* Woge *f*; **vague de chaleur, de froid** Hitze-, Kältewelle *f*; *fig* **vague de départs** Reisewelle *f*; *fig* **vague d'enthousiasme** Welle, Woge der Begeisterung; *fig* **faire des vagues** Wellen schlagen

vaguelette [vaglɛt] *f* kleine Welle

vaguement [vagmɑ̃] *adv* vage; undeutlich; verschwommen; **vaguement ému** leicht gerührt; **j'ai vaguement compris** ich habe so ungefähr verstanden

vaguer [vage] *v/i litt* **laisser vaguer** *regards* umherschweifen lassen; *imagination* schweifen lassen

vaillamment [vajamɑ̃] *adv* → **vaillant 1**

vaillance [vajɑ̃s] *st/s f* Tapferkeit *f*

vaillant [vajɑ̃] *adj* ⟨**-ante** [-ɑ̃t]⟩ **1.** *st/s* (*courageux*) tapfer; beherzt; *plais* wacker **2.** **il n'est pas encore bien vaillant** er ist noch etwas schwach **3.** **n'avoir pas un sou vaillant** keinen

Pfennig (Geld), F keinen (roten) Heller haben
vaille [vaj] **1.** → **valoir 2. vaille que vaille**
komme, was da wolle
vain [vɛ̃] *adj* ⟨**vaine** [vɛn]⟩ unnütz; vergeblich
(*a effort, espoir*); *promesses* leer; *discussion*
fruchtlos; ▸ **en vain** umsonst; vergeblich; ver-
gebens; **il est vain de** (+ *inf*) es ist sinn-,
zwecklos zu (+ *inf*)
▸ **vaincre** [vɛ̃kʀ] *v/t* ⟨**je vaincs, il vainc, nous
vainquons; je vainquais; je vainquis; je vain-
crai; que je vainque; vainquant; vaincu**⟩ **1.**
abs siegen; **vaincre qn** j-n besiegen; über j-n
siegen; j-n bezwingen **2.** *fig* (*surmonter*) über-
winden; *maladie* besiegen
vaincu [vɛ̃ky] I *p/p* → **vaincre** *et adj* ⟨**~e**⟩ be-
siegt II *m* Besiegte(r) *m*
vainement [vɛnmã] *adv* umsonst; vergeblich
▸ **vainqueur** [vɛ̃kœʀ] *m* **1.** Sieger(in) *m(f)* **2.** *fig*
Bezwinger *m*; Überwinder *m* **3.** *adjt* siegreich;
air vainqueur Siegermiene *f*
vairon [vɛʀõ] I *adj m yeux* verschiedenfarbig II
m ZO Elritze *f*; Pfrille *f*
vais [vɛ] → **aller**[1]
vaisseau [vɛso] *m* ⟨**~x**⟩ **1.** BIOL Gefäß *n*; **vais-
seau** (**sanguin**) Blutgefäß *n* **2.** Schiff *n*; **vais-
seau spatial** Raumschiff *n*
vaisselier [vɛsəlje] *m* Tellerbord *n*, -büfett *n*
▸ **vaisselle** [vɛsɛl] *f* Geschirr *n*; **faire la vais-
selle** (das) Geschirr spülen; abwaschen; *adjt*
liquide *m* **vaisselle** (Geschirr)Spülmittel *n*
val [val] *litt m* ⟨**vaux** [vo]⟩ Tal *n*
valable [valabl] *adj* **1.** *passeport, etc* gültig **2.** *ex-
cuse, argument* annehmbar; stichhaltig; *solu-
tion* brauchbar; *collaborateur* tüchtig; wert-
voll; *interlocuteur* kompetent; **sans motif va-
lable** ohne triftigen Grund
valablement [valabləmã] *adv* **1.** gebührend **2.**
entsprechend; richtig
Valais [valɛ] **le Valais** das Wallis
Val-de-Marne [valdəmaʀn] **le Val-de-Marne** *frz
Departement*
valdingue [valdɛ̃g] *m* F **faire un valdingue** →
valdinguer
valdinguer [valdɛ̃ge] F *v/i* hinunterpurzeln,
-kullern; **envoyer valdinguer** weg-, hinunter-
schleudern
Val-d'Oise [valdwaz] **le Val-d'Oise** *frz Departe-
ment*
valence [valãs] *f* CHIM Wertigkeit *f*
valériane [valeʀjan] *f* Baldrian *m*
valet [valɛ] *m* **1.** Diener *m*; AGR Knecht *m* (*a
péj*); **valet de chambre** Kammerdiener *m* **2.**
carte à jouer Bube *m*
▸ **valeur** [valœʀ] *f* **1.** Wert *m* (*a* MATH, PHILOS);
d'une valeur de im Wert von; **de valeur** wert-
voll; hochwertig; **sans valeur** wertlos; **la va-
leur de** etwa; ungefähr; **à sa juste valeur**
s-m Wert entsprechend; **mettre en valeur** *ar-
gent* arbeiten lassen; *région* erschließen; *sol*
bestellen; *fig* hervorheben; herausstellen;
zur Geltung bringen **2.** *d'une personne* Wert
m; Bedeutung *f*; **de valeur** bedeutend; ausge-
zeichnet **3.** BOURSE **valeurs** *pl* Werte *m/pl*; **va-
leurs** (**mobilières**) (Wert)Papiere *n/pl*; Effek-
ten *pl*
valeureux [valœʀø] *st/s adj* ⟨**-euse** [-øz]⟩ tapfer
validation [validasjõ] *f* Gültigkeitserklärung *f*;
Anerkennung *f*; *d'un titre de transport* Entwer-

tung *f*
valide [valid] *adj* **1.** *personne* gesund; kräftig **2.**
passeport, etc gültig
valider [valide] *v/t* für rechtsgültig erklären;
gültig machen; *diplômes, etc* anerkennen; *titre
de transport* entwerten
validité [validite] *f* (Rechts)Gültigkeit *f*; **durée**
f **de validité** Gültigkeits-, Geltungsdauer *f*
▸ **valise** [valiz] *f* (Reise-, Hand)Koffer *m*; **faire
sa valise, ses valises** den, die Koffer packen
▸ **vallée** [vale] *f* Tal *n*
vallon [valõ] *m* kleines Tal; Talmulde *f*
vallonné [valɔne] *adj* ⟨**~e**⟩ hügelig
vallonnement [-mã] *m* Hügellandschaft *f*
valoche [valɔʃ] F *f* Koffer *m*
▸ **valoir** [valwaʀ] *v/t* ⟨**je vaux, il vaut, nous va-
lons; je valais; je valus; je vaudrai; que je
vaille, que nous valions; valant; valu**⟩ I *v/t*
1. valoir qc à qn j-m etw einbringen **2.** *somme
à valoir sur* anzurechnen auf (+ *acc*) II *v/i* **3.**
wert sein; **valoir mieux** besser sein, mehr wert
sein (**que** als); **il vaut mieux** (+ *inf*) es ist bes-
ser zu (+ *inf*) (**que de** + *inf* als zu + *inf*); **ça
vaut un détour** ein Umweg lohnt sich; **ne rien
valoir** nichts wert sein; nichts taugen; **ne rien
valoir à qn** j-m nicht bekommen, guttun; **ça
ne me dit rien qui vaille** das lässt mich nichts
Gutes ahnen; **faire valoir** *droits* geltend ma-
chen; *argument* vorbringen; **faire valoir à qn
que …** j-m gegenüber betonen, geltend ma-
chen, dass …; **avoir des références à faire va-
loir** vorzuweisen haben **4.** (*coûter*) kosten; **va-
loir cher** teuer sein; *fig* **ne pas valoir cher**
nichts taugen **5.** (*concerner*) **valoir pour** gelten
für; betreffen (+ *acc*) III *v/pr* **se valoir** gleich
(gut *ou* schlecht) sein; F **ça se vaut** das kommt
aufs Gleiche heraus
valorisant [valɔʀizã] *adj* ⟨**-ante** [-ãt]⟩ das
Selbstwertgefühl steigernd
valorisation [-asjõ] *f* Aufwertung *f*; Wertstei-
gerung *f*
valoriser [-e] *v/t* aufwerten
valse [vals] *f* **1.** MUS Walzer *m* **2.** F *fig* Karussell
n
valser [valse] *v/i* **1.** Walzer tanzen **2.** F *fig* **aller
valser** F fliegen; F *fig* **envoyer valser qc** etw
wegschleudern
valseur [valsœʀ] *m*, **valseuse** [-øz] *f* Walzer-
tänzer(in) *m(f)*
valve [valv] *f* TECH Ventil *n*
valvule [valvyl] *f* Herzklappe *f*
vamp [vãp] *f* Vamp *m*
vamper [vãpe] F *v/t* bezirzen
vampire [vãpiʀ] *m* **1.** Vampir *m* **2.** *fig* Blutsau-
ger *m*
van [vã] *m* Transportwagen *m* für Rennpferde
vandale [vãdal] *m* Vandale *ou* Wandale *m* (*a
fig*)
vandaliser [-ize] *v/t* (mutwillig) beschädigen;
demolieren
vandalisme [-ism] *m* Vandalismus *ou* Wanda-
lismus *m*; Zerstörungswut *f*
vanesse [vanɛs] *f* zo Tagpfauenauge *n*
vanille [vanij] *f* Vanille *f*; **crème** *f*, **glace** *f* **à la
vanille** Vanillecreme *f*, -eis *n*
vanillé [vanije] *adj* ⟨**~e**⟩ Vanille…; **sucre vanil-
lé** Vanillezucker *m*
vanillier [vanije] *m* Vanille(pflanze) *f*

V

vanilline [vanilin] *f* Vanillin *n*

vanité [vanite] *f* **1.** Einbildung *f*; Selbstgefälligkeit *f*; Eitelkeit *f*; **tirer vanité de** sich (*dat*) etwas einbilden auf (+ *acc*) **2.** *litt* (*futilité*) Nichtigkeit *f*

vaniteux [vanitø] *adj* ⟨**-euse** [-øz]⟩ eingebildet; selbstgefällig; eitel

vanne [van] *f* **1.** TECH Schieber *m*; Schütz *n* **2.** F Stichelei *f*; **envoyer, lancer une vanne, des vannes à qn** gegen j-n sticheln

vanné [vane] *adj* ⟨~**e**⟩ F hundemüde

vanneau [vano] *m* ⟨~**x**⟩ ZO Kiebitz *m*

vanner [vane] *v/t blé* schwingen; worfeln

vannerie [vanʀi] *f* **1.** *métier* Korbflechterei *f* **2.** *objets* Korbwaren *f/pl*

vannier [vanje] *m* Korbmacher *m*, -flechter *m*

vantail [vãtaj] *m* ⟨**vantaux** [vãto]⟩ (Tür-, Fenster)Flügel *m*

vantard [vãtaʀ] **I** *adj* ⟨**-arde** [-aʀd]⟩ prahlerisch **II** *m* Prahlhans *m*; Angeber *m*; Aufschneider *m*

vantardise [vãtaʀdiz] *f* Prahlerei *f*; Aufschneiderei *f*; Angeberei *f*

vanter [vãte] **I** *v/t* rühmen; *marchandise* anpreisen **II** *v/pr* ▸ **se vanter** prahlen, aufschneiden, angeben (**de qc** mit etw); **se vanter de** (+ *inf*) sich (damit) brüsten, sich rühmen zu (+ *inf*); **et je m'en vante!** und ich bin stolz darauf!; F **il ne s'en est pas vanté** das hat er schamhaft verschwiegen

va-nu-pieds *m,f* ⟨*inv*⟩ Bettler(in) *m(f)*

vapes [vap] *f/pl* F **être dans les vapes** F im Tran sein; F **tomber dans les vapes** F umkippen

▸ **vapeur**[1] [vapœʀ] *f* **1.** Dampf *m*; (*cuit à la*) **vapeur** gedämpft; **à toute vapeur** mit Volldampf (*a fig*); *fig* **renverser la vapeur** auf Gegenkurs gehen **2.** *plais* **avoir ses vapeurs** sich unwohl fühlen

vapeur[2] *m* Dampfer *m*

vaporeux [vapoʀø] *adj* ⟨**-euse** [-øz]⟩ duftig

vaporisateur [vapoʀizatœʀ] *m* Zerstäuber *m*

vaporisation [vapoʀizasjõ] *f* **1.** PHYS Verdampfen *n* **2.** (*pulvérisation*) Zerstäuben *n*

vaporiser [vapoʀize] *v/t* zerstäuben; sprayen

vaquer [vake] *v/t/indir* **vaquer à ses occupations** s-r Beschäftigung nachgehen

Var [vaʀ] *m* **le Var** *Fluss u Departement in Frankreich*

varappe [vaʀap] *f* (Felsen)Klettern *n*

varech [vaʀɛk] *m* (See)Tang *m*

vareuse [vaʀøz] *f* Jacke *f*; Joppe *f*

variabilité [vaʀjabilite] *f* Veränderlichkeit *f*

variable [-abl] *adj* veränderlich; wechselnd; *temps a* wechselhaft; MATH *a* variabel

variante [vaʀjãt] *f* Variante *f*

variateur [vaʀjatœʀ] *m* Dimmer *m*

variation [vaʀjasjõ] *f* Schwankung *f*; (Ver)Änderung *f*; Wechsel *m*; Variation *f* (*a* MUS)

varice [vaʀis] *f* Krampfader *f*

varicelle [vaʀisɛl] *f* Windpocken *pl*

▸ **varié** [vaʀje] *adj* ⟨~**e**⟩ verschiedenartig; vielfältig; abwechslungsreich; bunt; '**hors-d'œuvre variés** verschiedene Vorspeisen *f/pl*

varier [vaʀje] **I** *v/t* abwechslungsreich gestalten; variieren **II** *v/i* **1.** (*changer*) sich ändern; wechseln; (*différer*) verschieden sein; variieren; *opinions* auseinandergehen; *prix* schwanken **2.** *personne* s-e Meinung ändern

variété [vaʀjete] *f* **1.** Verschiedenartigkeit *f*; Mannigfaltigkeit *f*; Abwechslung *f*; (*choix*) Vielfalt *f* **2.** BIOL Ab-, Spielart *f*; Varietät *f*; Sorte *f* **3.** (**spectacle** *m* **de**) **variétés** *pl* Varieté *n*; **émission** *f* **de variétés** Unterhaltungssendung *f*

variole [vaʀjɔl] *f* Pocken *pl*

Varsovie [vaʀsɔvi] Warschau *n*

vasculaire [vaskylɛʀ] *adj* Gefäß...

▸ **vase**[1] [vaz] *m* Vase *f*; (*récipient*) Gefäß *n*; *fig* **en vase clos** abgekapselt; ohne Kontakt mit anderen

vase[2] [vaz] *f* Schlamm *m*; Schlick *m*

vaseline [vazlin] *f* Vaseline *f*

vaseux [vazø] *adj* ⟨**-euse** [-øz]⟩ **1.** (*boueux*) schlammig **2.** F *fig* **se sentir vaseux** sich unwohl fühlen **3.** F *idées* schwammig; verschwommen

vasistas [vazistas] *m* Guckfenster *n*; Oberlicht *n*

vasouillard [vazujaʀ] F *adj* ⟨**-arde** [-aʀd]⟩ → **vaseux 3**

vasouiller [vazuje] F *v/i personne* unsicher sein; F schwimmen

vasque [vask] *f* (*bassin*) Brunnenschale *f*; (*coupe*) flache Schale

vassal [vasal] *m* ⟨**-aux** [-o]⟩ Vasall *m* (*a fig*)

vassalité [-ite] *f* Vasallentum *n*

vaste [vast] *adj* **1.** weit; ausgedehnt; *bâtiment* weitläufig; *pièce* geräumig **2.** *par ext* umfassend; umfangreich; vielseitig; F **une vaste blague** F ein ausgemachter Schwindel

Vatican [vatikã] **le Vatican** der Vatikan; **la cité du Vatican** die Vatikanstadt

va-tout [vatu] *m* **jouer son va-tout** alles auf e-e Karte setzen

Vaucluse [voklyz] **le Vaucluse** *frz Departement*

Vaud [vo] **le canton de Vaud** die Waadt

vaudeville [vodvil] *m* Vaudeville *n*; Posse *f* (*a fig*)

vaudevillesque [-ɛsk] *adj* possenhaft

vaudois [vodwa] **I** *adj* ⟨**-oise** [-waz]⟩ **1.** GÉOGR waadtländisch **2.** REL waldensisch **II** *subst* **3.** **Vaudois(e)** *m(f)* Waadtländer(in) *m(f)* **4.** *m/pl* REL Waldenser *m/pl*

vaudou [vodu] *m* Voodoo *ou* Wudu *m*

vaudrai [vodʀɛ] → **valoir**

vau-l'eau [volo] *fig* **s'en aller à vau-l'eau** zunichtewerden

vaurien [voʀjɛ̃] *m* (**petit**) **vaurien** Bengel *m*; Range *f*

vaurienne [voʀjɛn] *f* Göre *f*; Range *f*

vaut [vo] → **valoir**

vautour [votuʀ] *m* Geier *m* (*a fig*)

vautrer [votʀe] *v/pr* **se vautrer 1.** sich wälzen; *personne a* sich rekeln; F *péj* sich fläzen; sich hinlümmeln **2.** *fig* **se vautrer dans qc** sich (*dat*) in etw (*dat*) gefallen; sich in etw (*dat*) wohlfühlen

vauvert [vovɛʀ] **au diable vauvert** ganz weit draußen; F jwd

vaux [vo] → **valoir, val**

va-vite [vavit] **faire qc à la va-vite** etw hinschludern

▸ **veau** [vo] *m* ⟨~**x**⟩ **1.** ZO Kalb *n*; F **pleurer comme un veau** F heulen wie ein Schlosshund; *fig*

tuer le veau gras e-n Festschmaus veranstalten **2.** CUIS Kalbfleisch *n* **3.** *cuir* Kalb(s)leder *n* **4.** F *fig personne* Trampel *m ou n*; F Tranfunzel *f*; *voiture* F lahme Karre

vecteur [vɛktœʀ] *m* **1.** MATH Vektor *m* **2.** MÉD Überträger *m* **3.** *fig* Träger *m*; Vermittler *m*

vécu [veky] **I** *p/p →* **vivre** *et adj* ⟨~e⟩ erlebt **II** *m* eigenes Erleben; persönliche Erfahrung

vedettariat [vədɛtaʀja] *m* Welt *f* der Stars; Startum *n*

▸ **vedette** [vədɛt] *f* **1.** Star *m*; **vedette de** *ou* **du cinéma** Filmstar *m* **2.** *avoir la vedette* die Hauptrolle spielen; *par ext* im Vordergrund stehen; **mettre en vedette** herausstellen, -streichen; in den Vordergrund rücken; **voler la vedette à qn** j-m die Schau stehlen **3.** *adjt* Spitzen...; Star...; Haupt... **4.** MAR Schnellboot *n*; Küstenwachboot *n*

végétal [veʒetal] **I** *adj* ⟨~e; **-aux** [-o]⟩ Pflanzen...; pflanzlich **II** *m* ⟨**-aux** [-o]⟩ Pflanze *f*; Gewächs *n*

végétalisme [veʒetalism] *m* strenger Vegetarismus; Veganismus *m*

végétarien [veʒetaʀjɛ̃] **I** *adj* ⟨**-ienne** [-jɛn]⟩ vegetarisch **II** **végétarien(ne)** *m(f)* Vegetarier(in) *m(f)*

végétarisme [veʒetaʀism] *m* Vegetarismus *m*

végétatif [veʒetatif] *adj* ⟨**-ive** [-iv]⟩ vegetativ

végétation [veʒetasjɔ̃] *f* **1.** Vegetation *f*; Pflanzenwuchs *m* **2.** MÉD **opérer un enfant des végétations** e-m Kind die Mandeln herausnehmen

végéter [veʒete] *v/i* ⟨**-è-**⟩ (dahin)vegetieren; *plante* kümmern

véhémence [veemɑ̃s] *f* Heftigkeit *f*; Vehemenz *f*

véhément [-ɑ̃] *adj* ⟨**-ente** [-ɑ̃t]⟩ heftig; *discours* flammend

véhiculaire [veikylɛʀ] *adj* **langue** *f* **véhiculaire** Verkehrssprache *f*

▸ **véhicule** [veikyl] *m* **1.** Fahrzeug *n*; **véhicule utilitaire** Nutzfahrzeug *n* **2.** *fig* Träger *m*; Medium *n*

véhiculer [-e] *v/t* befördern; transportieren

veille [vɛj] *f* **1.** Vortag *m*; **la veille** am Tag zuvor; tags zuvor; **la veille au soir** am Abend vorher; **la veille du départ** am Tag vor der Abreise; *fig* **à la veille de** kurz vor (+ *dat*); *st/s* am Vorabend (+ *gén*) **2.** (*contraire: sommeil*) Wachen *n*; Wachsein *n* **3.** (*garde*) (Nacht)Wache *f*

veillée [veje] *f* **1.** *d'un malade* Nachtwache *f*; **veillée funèbre** Totenwache *f*; *fig* **veillée d'armes** Vorabend *m* e-s wichtigen Ereignisses **2.** (*soirée*) abendliches Beisammensein

veiller [veje] **I** *v/t* **veiller un malade** bei e-m Kranken wachen **II** *v/t/indir* **1.** **veiller à qc** über etw (*acc*) wachen; für etw sorgen; auf etw (*acc*) achten, bedacht sein; **veiller à ce que ...** (+ *subj*) dafür sorgen, dass ...; **veiller à** (+ *inf*) darauf achten zu (+ *inf*) **2.** **veiller sur qn** j-n unter s-e Obhut nehmen, hüten **III** *v/i* **3.** (*être de garde*) wachen **4.** (*ne pas se coucher*) wach bleiben; aufbleiben

veilleur [vɛjœʀ] *m* Wächter *m*; **veilleur de nuit** Nachtwächter *m*

veilleuse [vɛjøz] *f* Nachtlicht *n*; AUTO Standlicht *n*; *d'un appareil à gaz* Zündflamme *f*; **mettre en veilleuse** *lampe* dunkler einstellen;

flamme klein stellen; *fig affaire* ruhen lassen; F auf Eis legen

veinard [vɛnaʀ] F *m*, **veinarde** [-aʀd] F *f* Glückspilz *m*

veine [vɛn] *f* **1.** ANAT Vene *f*; (Blut)Ader *f* **2.** (*chance*) Glück *n*; F Dusel *m*; F Schwein *n* **3.** *fig* **veine poétique** poetische Ader; **être en veine de générosité** in Geberlaune sein **4.** MINES Ader *f*; Gang *m* **5.** **veines** *pl du bois* Maserung *f*; *du marbre* Adern *f/pl*; Äderung *f*

veiné [vene] *adj* ⟨~e⟩ *peau, marbre* geädert; *bois* gemasert

veineux [vɛnø] *adj* ⟨**-euse** [-øz]⟩ Venen...; *sang* venös

veinule [venyl] *f* Äderchen *n*

vêlage [vɛlaʒ] *m* ZO, GÉOGR Kalben *n*

vélaire [velɛʀ] PHON **I** *adj* velar **II** *f* Velar(laut) *m*; Hintergaumenlaut *m*

velcro® [vɛlkʀo] *m* (**bande** *f*) **velcro** Klettverschluss *m*

vêler [vele] *v/i vache* kalben

vélin [velɛ̃] *m peau* Velin *n*

véliplanchiste [veliplɑ̃ʃist] *m,f* (Wind)Surfer(in) *m(f)*

velléitaire [veleitɛʀ] *adj* entschlusslos; unentschlossen

velléité [veleite] *f* Anwandlung *f*

▸ **vélo** [velo] *m* (Fahr)Rad *n*; *schweiz* Velo *n*; *action* Radfahren *n*; **vélo d'appartement** Hometrainer *m*; **vélo de course** Rennrad *n*; **aller en** *ou* **à vélo, être à** *ou* **en vélo** *ou* **sur son vélo, faire du vélo, monter à** *ou* **en vélo** mit dem Rad fahren; Rad fahren; F radeln

véloce [velɔs] *litt adj* schnell

vélocipède [velɔsiped] *m autrefois* Veloziped *n*

vélocité [-ite] *litt f* Schnelligkeit *f*; Gewandtheit *f*

vélocross [velokʀɔs] *m* BMX-Rad *n*

vélodrome [-dʀom] *m* Radrennbahn *f*; Velodrom *n*

▸ **vélomoteur** *m* Moped *n*

velours [v(ə)luʀ] *m* Samt *m*; Velours *m*; **de velours** samten; *peau* samtig; wie Samt; *fig* **faire des yeux de velours** sanft blicken; *fig* **il joue sur le velours** dabei riskiert er nichts

velouté [v(ə)lute] **I** *adj* ⟨~e⟩ samtig; samtweich **II** *m* **1.** Samtglanz *m* **2.** **velouté d'asperges** Spargelcremesuppe *f*

velu [vəly] *adj* ⟨~e⟩ stark behaart

venaison [vənɛzɔ̃] *f* Wildbret *n*

vénal [venal] *adj* ⟨~e; **-aux** [-o]⟩ *péj* käuflich; bestechlich

vénalité [-ite] *f* Käuflichkeit *f*; Bestechlichkeit *f*

venant [v(ə)nɑ̃] **à tout venant** dem ersten Besten; jedem; allen

vendable [vɑ̃dabl] *adj* verkäuflich

vendange [vɑ̃dɑ̃ʒ] *f* Weinlese *f*; Traubenernte *f*; **vendanges** *pl* Zeit *f* der Weinlese; **faire les vendanges** Weinlese halten

vendanger [vɑ̃dɑ̃ʒe] ⟨**-ge-**⟩ **I** *v/t raisin* ernten; *vigne* abernten **II** *v/i* Weinlese halten

vendangeur [vɑ̃dɑ̃ʒœʀ] *m*, **vendangeuse** [-øz] *f* Weinleser(in) *m(f)*

Vendée [vɑ̃de] **la Vendée** *frz Departement*

vendéen [vɑ̃deɛ̃] **I** *adj* ⟨**-enne** [-ɛn]⟩ (aus) der Vendée **II** *subst* **Vendéen(ne)** *m(f)* Bewohner(in) *m(f)* der Vendée

vendetta [vɑ̃dɛta] *f* Blutrache *f*

V

venir	SG

Das Verb **venir** wird auf vielfältige Weise eingesetzt.

1. venir quelque part:

Chaque année, beaucoup de touristes viennent en Bourgogne.	Jedes Jahr kommen viele Touristen nach Burgund.

2. venir de:

L'obélisque érigé sur la place de la Concorde vient d'Égypte.	Der Obelisk, der auf der Place de la Concorde steht, kommt aus Ägypten.

3. venir de faire quelque chose:

Le ministre vient de prononcer un discours.	Der Minister hat soeben eine Rede gehalten.

4. venir à quelqu'un:

Tout d'un coup, il lui est venu une idée formidable.	Plötzlich kam ihm eine fantastische Idee.

5. venir à faire quelque chose:

S'il vient à pleuvoir, nous devrons annuler notre randonnée.	Sollte es regnen, so werden wir unsere Wanderung absagen müssen.

6. en venir à (faire) quelque chose:

Nous en sommes venu(e)s à la conclusion que ...	Wir sind zu der Schlussfolgerung gelangt, dass ...

7. venir chercher quelqu'un / quelque chose:

Anne est venue chercher ses livres.	Anne hat ihre Bücher abgeholt.

▸ **vendeur** [vãdœʀ] *m*, **vendeuse** [vãdøz] *f* Verkäufer(in) *m(f)*

▸ **vendre** [vãdʀ] ⟨→ **rendre**⟩ **I** *v/t* **1.** verkaufen (*a abs*); veräußern; *vendre qc à qn* j-m *ou* an j-n etw verkaufen **2.** *fig vendre qn* j-n verraten, *complices a* F verpfeifen **II** *v/pr* **se vendre 3.** *marchandise* verkauft werden; sich verkaufen (lassen); Absatz finden; *ne pas se vendre a* nicht gehen **4.** *fig personne* sich bestechen lassen; sich verkaufen (*à* an + *acc*)

▸ **vendredi** [vãdʀədi] *m* Freitag *m*; *Vendredi saint* Karfreitag *m*

vendu [vãdy] **I** *adj* ⟨~e⟩ **1.** verkauft **2.** *fig* bestochen **II** *m injure* Lump *m*

venelle [vənɛl] *litt f* Gässchen *n*

vénéneux [venenø] *adj* ⟨-**euse** [-øz]⟩ giftig; Gift...

vénérable [veneʀabl] *adj* ehrwürdig

vénération [-asjõ] *f* Verehrung *f*; Ehrfurcht *f*

vénérer [-e] *v/t* ⟨-**è**-⟩ verehren

vénerie [vɛnʀi] *f* Hetzjagd *f*; Parforcejagd *f*

vénérien [veneʀjɛ̃] *adj* ⟨-**ienne** [-jɛn]⟩ *maladie vénérienne* Geschlechtskrankheit *f*

veneur [vənœʀ] *m* HIST **grand veneur** Oberjägermeister *m*

Venezuela [venezɥela] *le Venezuela* Venezuela *n*

vénézuélien [venezɥeljɛ̃] **I** *adj* ⟨-**ienne** [-jɛn]⟩ venezolanisch **II** *Vénézuélien(ne) m(f)* Venezolaner(in) *m(f)*

vengeance [vãʒãs] *f* Rache *f*

venger [vãʒe] ⟨-**ge**-⟩ *v/t* rächen (*qn, qc* j-n, etw; *qn de qc* j-n für etw) **II** *v/pr* ▸ **se venger** sich rächen (*de qn* an j-m; *de qc* für etw)

vengeur [vãʒœʀ], **vengeresse** [vãʒʀɛs] **I** *m,f* Rächer(in) *m(f)* **II** *adj* rächend; Rache...

véniel [venjɛl] *adj* ⟨-**le**⟩ *péché* lässlich

venimeux [v(ə)nimø] *adj* ⟨-**euse** [-øz]⟩ **1.** giftig; Gift... **2.** *fig* giftig; bösartig

venin [v(ə)nɛ̃] *m* **1.** Gift *n* **2.** *fig* Bosheit *f*; *cracher son venin* Gift und Galle speien

▸ **venir** [v(ə)niʀ] ⟨je **viens**, il **vient**, **nous venons, ils viennent**; je **venais**; je **vins, nous vînmes**; je **viendrai**; que je **vienne, que nous venions**; **venant**; être **venu**⟩ **I** *v/i* **1.** kommen; herkommen; *venir à qn* zu j-m kommen; *idée* j-m kommen; *venir de* kommen von, aus; *par ext* (her)kommen von; herrühren von; stammen von, aus; *venir d'Allemagne* aus, von Deutschland kommen; *mot* **venir du grec** aus dem Griechischen kommen; *venir de ce que ...* daran liegen *ou* daher kommen, dass ...; *en venir à qc* zu etw kommen; *c'est là que je voulais en venir* gerade darauf wollte ich hinaus; *comment en est-on venu là?* wie konnte es so weit kommen?; *faire venir qn* j-n kommen lassen; *faire venir qc* sich (*dat*) etw kommen lassen; *voir venir* die Dinge auf sich (*acc*) zukommen lassen; *fig* **je l'ai vu venir** ich habe es kommen sehen; *fig* **je la vois venir** ich merke schon, worauf sie hinauswill; *adj* **à venir** *ou* **qui vient, qui viennent** kommende; (zu)künftige **2.** (*atteindre*) gehen, reichen (**à, jusqu'à** bis); *il me vient à l'épaule* er reicht mir bis zur Schulter **II** *v/aux* **3.** *avec inf:* **venir chercher qn, qc** j-n, etw abholen; etw holen; *il est venu nous dire ...* er kam, um uns zu sagen ...; er kam und sagte uns ...; **venir trouver** *qn* j-n aufsuchen; bei j-m vorsprechen; zu j-m kommen; *venir voir qn* j-n besuchen; *venir voir si ...* nachsehen, ob ... **4.** *si cela venait à se faire* falls es dazu kommen sollte **5.** *passé récent:* ▸ *venir de faire qc* etw gerade, (so)-eben getan haben; *livre vient de paraître* so-eben erschienen

Venise [vəniz] Venedig *n*

vénitien [venisjɛ̃] **I** *adj* ⟨-ienne [-jɛn]⟩ venezianisch **II** *Vénitien(ne)* *m(f)* Venezianer(in) *m(f)*

▸ **vent** [vã] *m* **1.** Wind *m*; *vent du nord* Nordwind *m*; *coup m de vent* Windstoß *m*; *fig* *entrer en coup de vent* hereinstürzen; *fig il est passé en coup de vent* er war nur auf e-n Sprung da; *(les) cheveux au vent* mit wehenden Haaren; *fig contre vents et marées* allen Widerständen, Hindernissen zum Trotz; *en plein vent* völlig frei stehend; *fig quel bon vent vous amène?* welchem glücklichen Umstand verdanke ich Ihren Besuch?; *il y a, il fait du vent* es ist windig; *fig avoir vent de qc* von etw Wind bekommen; *fig avoir le vent en poupe* Glück, e-e Glückssträhne haben; *fig être dans le vent* in sein; modern, zeitgemäß, aktuell sein; *fig c'est du vent* das ist leeres Gerede **2.** (Darm)Wind *m*; *lâcher un vent* e-n Wind abgehen lassen **3.** MUS *instrument m à vent* Blasinstrument *n*

▸ **vente** [vãt] *f* Verkauf *m*; Vertrieb *m*; Absatz *m*; *vente au détail* Einzel-, Kleinverkauf *m*; *vente de charité* Wohltätigkeitsbasar *m*; *vente par correspondance* Versandhandel *m*, -geschäft *n*; *en vente* erhältlich (*chez* bei); *en vente libre* frei verkäuflich; *médicament* rezeptfrei; *mettre en vente* zum Verkauf bringen, anbieten

venté [vãte] *adj* ⟨~e⟩ windig

venter [vãte] *v/imp il vente* es ist windig; *qu'il pleuve ou qu'il vente* bei Wind und Wetter

venteux [vãtø] *adj* ⟨-euse [-øz]⟩ windig

ventilateur [vãtilatœʀ] *m* Ventilator *m*; *d'un moteur* Gebläse *n*

ventilation [-sjõ] *f* **1.** Belüftung *f*; Ventilation *f* **2.** FIN *et par ext* Verteilung *f*; Aufschlüsselung *f*

ventiler [vãtile] *v/t* **1.** (*aérer*) belüften **2.** (*répartir*) verteilen; aufschlüsseln

ventouse [vãtuz] *f* Saugnapf *m* (*a* ZO); Sauger *m*; *faire ventouse* sich festsaugen

ventral [vãtʀal] *adj* ⟨~e; -aux [-o]⟩ Bauch...

▸ **ventre** [vãtʀ] *m* Bauch *m*; Leib *m*; *bas ventre* Unterleib *m*; *mal au ventre* Bauchweh *n*; *à plat ventre* bäuchlings; auf dem *ou* den Bauch; *fig se mettre, être à plat ventre devant qn* vor j-m kriechen; *ventre à terre* in gestrecktem Galopp; *fig courir ventre à terre* dahinjagen; *avoir, prendre du ventre* e-n Bauch haben, ansetzen *ou* bekommen; *fig il n'a rien dans le ventre* F er ist ein Schlappschwanz

ventricule [vãtʀikyl] *m* Herzkammer *f*

ventrière [vãtʀijɛʀ] *f d'un cheval* Bauchgurt *m*

ventriloque [vãtʀilɔk] *m* Bauchredner *m*

ventripotent [vãtʀipɔtã] *adj* ⟨-ente [-ãt]⟩ dickbäuchig

ventru [vãtʀy] *adj* ⟨~e⟩ dickbäuchig; *choses* bauchig

venu [v(ə)ny] **I** *p/p* → *venir et adj* ⟨~e⟩ *il serait*

mal venu de (+ *inf*) es wäre (jetzt) völlig verkehrt zu (+ *inf*) **II** *subst* *nouveau venu* (neu) Hinzugekommene(r) *m*; Neuankömmling *m*; *le premier venu, la première venue* der, die erste Beste *ou* Erstbeste

venue [v(ə)ny] *f* Kommen *n*; Ankunft *f*

Vénus [venys] *f* ASTR, MYTH Venus *f*

vêpres [vɛpʀ] *f/pl* CATH Vesper *f*

ver [vɛʀ] *m* Wurm *m*; (*asticot*) Made *f*; *ver luisant* Glühwürmchen *n*; Leuchtkäfer *m*; *ver solitaire* Bandwurm *m*; *ver à soie* Seidenraupe *f*; *ver de terre* Regenwurm *m*; *nu comme un ver* splitter(faser)nackt; *fig tirer les vers du nez à qn* j-m die Würmer aus der Nase ziehen

véracité [veʀasite] *f* Wahrheit *f*; Wahrheitsgehalt *m*; Richtigkeit *f*

véranda [veʀãda] *f* (Glas)Veranda *f*

verbal [vɛʀbal] *adj* ⟨~e; -aux [-o]⟩ **1.** mündlich; verbal **2.** LING Verbal...

verbalement [vɛʀbalmã] *adv* mündlich

verbalisation [vɛʀbalizasjõ] *f* gebührenpflichtige Verwarnung; JUR Protokollaufnahme *f*

verbaliser [-e] *v/i police* gebührenpflichtig verwarnen (*contre qn* j-n); JUR ein Protokoll aufnehmen

verbalisme [vɛʀbalism] *m* *péj* Neigung *f* zum Wortemachen

▸ **verbe** [vɛʀb] *m* **1.** GR Verb *n*; Zeit-, Tätigkeitswort *n* **2.** REL *le Verbe* das Wort **3.** *avoir le verbe 'haut* das große Wort führen

verbeux [vɛʀbø] *adj* ⟨-euse [-øz]⟩ *péj* wortreich; weitschweifig

verbiage [vɛʀbjaʒ] *m* leeres Gerede

verbosité [vɛʀbozite] *f* Weitschweifigkeit *f*; Langatmigkeit *f*; *d'une personne a* Redseligkeit *f*

Vercingétorix [vɛʀsɛ̃ʒetɔʀiks] *m* HIST Vercingetorix *m*

Vercors [vɛʀkɔʀ] *m* *le Vercors* Gebirgszug in den *frz* Voralpen

verdâtre [vɛʀdatʀ] *adj* grünlich

verdeur [vɛʀdœʀ] *f* **1.** *verdeur (de langage)* Deftigkeit *f* **2.** *d'une personne* Rüstigkeit *f* **3.** *d'un vin* Herbheit *f*

verdict [vɛʀdikt] *m* **1.** JUR (Urteils)Spruch *m* der Geschworenen; *rendre le verdict* den (Urteils)Spruch fällen **2.** *par ext* (hartes) Urteil; Verdikt *n*

verdier [vɛʀdje] *m* Grünfink *m*

verdir [vɛʀdiʀ] *v/i* grün werden; *de peur blass*, bleich werden

verdoré [vɛʀdɔʀe] *litt adj* ⟨~e⟩ goldgrün

verdoyant [vɛʀdwajã] *adj* ⟨-ante [-ãt]⟩ (satt)-grün

verdoyer [-e] *v/i* ⟨-oi-⟩ grünen

Verdun [vɛʀdɛ̃, -dœ̃] *m* *Stadt im Dep. Meuse*

verdunisation [vɛʀdynizasjõ] *f* → *javellisation*

verdure [vɛʀdyʀ] *f* **1.** Grün *n*; *dans la verdure* im Grünen **2.** CUIS F Grünzeug *n*

véreux [veʀø] *adj* ⟨-euse [-øz]⟩ **1.** *fruit* wurmig, wurmstichig **2.** *fig* anrüchig; zweifelhaft; faul unreell

verge [vɛʀʒ] *f* **1.** ANAT männliches Glied **2.** (*baguette*) Rute *f*; Gerte *f*

vergé [vɛʀʒe] *adj* ⟨~e⟩ *papier* mit Wasserzeichen aus parallelen Linien

verger [vɛrʒe] *m* Obstgarten *m*
vergetures [vɛrʒətyr] *f/pl* Schwangerschaftsstreifen *m/pl*
verglaçant [vɛrglasɑ̃] *adj* ⟨-ante [-ɑ̃t]⟩ *pluie verglaçante* gefrierender Regen; Eisregen *m*
verglacé [vɛrglase] *adj* ⟨~e⟩ vereist
▸ **verglas** [vɛrglɑ] *m* Glatteis *n*
vergogne [vɛrgɔɲ] *f sans vergogne* unverschämt; schamlos
vergue [vɛrg] *f* MAR Rah(e) *f*
véridique [veridik] *adj* wahrheitsgemäß, -getreu
vérifiable [verifjabl] *adj* nachprüfbar; beweisbar
vérificateur [verifikatœr] *m*, **vérificatrice** [-tris] *f* Prüfer(in) *m(f)*; Kontrolleur(in) *m(f)*
vérificatif [verifikatif] *adj* ⟨-ive [-iv]⟩ Prüf…
vérification [verifikasjõ] *f* (Über-, Nach)Prüfung *f*; Kontrolle *f*
▸ **vérifier** [verifje] **I** *v/t* (über-, nach)prüfen; (nach)kontrollieren; nachsehen (*a abs*); *monnaie* nachzählen **II** *v/pr* **se vérifier** sich bestätigen
vérin [verɛ̃] *m* TECH (Schrauben)Winde *f*
▸ **véritable** [veritabl] *adj* wirklich; wahr; echt
véritablement [veritabləmɑ̃] *adv* wirklich; tatsächlich
▸ **vérité** [verite] *f* **1.** Wahrheit *f*; *vérité première*, *vérité de La Palice* Binsenweisheit *f*, -wahrheit *f*; *heure f*, *minute f de vérité* Stunde *f* der Wahrheit; *en vérité* in der Tat; tatsächlich; wahrhaftig; *dire (toute) la vérité sur qc* die (ganze) Wahrheit über etw (*acc*) sagen; *dire à qn ses (quatre) vérités* j-m gründlich die, s-e Meinung sagen **2.** *d'un personnage* Lebensechtheit *f*; *d'un portrait* Naturtreue *f*
verlan [vɛrlɑ̃] *m* Argot, das auf Silbenvertauschung beruht
vermeil [vɛrmɛj] **I** *adj* ⟨~le⟩ *teint* rot; *lèvres vermeilles* Purpurlippen *f/pl* **II** *m* Vermeil *n*
vermicelle [vɛrmisɛl] *m* Suppennudeln *f/pl*; *potage m au vermicelle* Nudelsuppe *f*
vermiculaire [vɛrmikylɛr] *adj* ANAT **appendi-**

ce *m* **vermiculaire** Wurmfortsatz *m*
vermifuge [vɛrmifyʒ] *m* Wurmmittel *n*
vermillon [vɛrmijõ] *m* Zinnober(rot) *m(n)*
vermine [vɛrmin] *f* **1.** Ungeziefer *n* **2.** *fig* Gesindel *n*; Geschmeiß *n*
vermisseau [vɛrmiso] *m* ⟨~x⟩ Würmchen *n*
vermoulu [vɛrmuly] *adj* ⟨~e⟩ wurmstichig
vermoulure [-yr] *f* Wurmstich *m*, -fraß *m*
vermout(h) [vɛrmut] *m* Wermut *m*
vernaculaire [vɛrnakylɛr] *adj* **langue** *f* **vernaculaire** einheimische Sprache
verni [vɛrni] **I** *adj* ⟨~e⟩ lackiert; *poterie* glasiert; *vernies* Lackschuhe *m/pl* **II** *subst* F *fig* **c'est un petit verni** F er ist ein Glückspilz
vernir [vɛrnir] *v/t bois*, *etc* lackieren; *tableau* firnissen
vernis [vɛrni] *m* Lack *m*; *pour tableaux* Firnis *m* (*a fig*); *pour poteries* Glasur *f*; **vernis à ongles** Nagellack *m*
vernissage [vɛrnisaʒ] *m* **1.** Lackieren *n*; Glasieren *n*; Firnissen *n* **2.** (*réception*) Vernissage *f*
vernissé [vɛrnise] *adj* ⟨~e⟩ *poterie* glasiert
vernisser [-e] *v/t poterie* glasieren
vérole [verɔl] *f* **1.** *petite vérole* Blattern *pl*; Pocken *pl* **2.** F Syphilis *f*
vérolé [verɔle] *adj* ⟨~e⟩ **a)** pockenkrank **b)** F (*syphilitique*) syphilitisch
verrai [vɛre] → **voir**
verrat [vɛra] *m* (Zucht)Eber *m*
▸ **verre** [vɛr] *m* **1.** *matière*, *objet* Glas *n*; **verres de lunettes** Brillengläser *n/pl*; **verre de montre** Uhrglas *n*; *de ou en verre* gläsern; Glas…; aus Glas **2.** *récipient* (Trink)Glas *n*; *contenu* Glas *n*; *petit verre* Gläschen *n* (Schnaps); **verre à dents** Zahnputzglas *n*, -becher *m*; **verre à pied, à vin** Stiel-, Weinglas *n*; **verre d'eau** Glas Wasser; → *Info nächste Seite*; *fig* **se noyer dans un verre d'eau** sich (*dat*) bei der geringsten Schwierigkeit nicht zu helfen wissen; *fig* **avoir un verre dans le nez** zu tief ins Glas geguckt haben
verrerie [vɛri] *f* **1.** Glasfabrik *f*, -hütte *f* **2.**

Le verlan [SG]

Le verlan ist eine „Geheimsprache", die es Außenstehenden erschweren soll, einer Unterhaltung zu folgen. Beliebt sind Verlanausdrücke unter anderem bei Jugendlichen. Das Prinzip des **verlan** besteht darin, dass die Silben eines Wortes vertauscht werden. Dabei wird von der Aussprache ausgegangen; das stumme **e** wird zu **eu** [œ].

Ein paar Beispiele:

féca	= **café**	Café, Kaffee
tromé	= **métro**	U-Bahn
laisse béton !	= **laisse tomber !**	gib's auf!, vergiss es!

Manche Ausdrücke sind in den allgemeinen Sprachgebrauch übergegangen:

le beur	in Frankreich geborener Nordafrikaner	*von* **arabe**	Araber
la meuf	Tussi	*von* **femme**	Frau
le ripou	korrupter Beamter	*von* **pourri**	korrupt, verdorben

Der Begriff **verlan** selbst ist übrigens durch die Umkehrung des Wortes **l'envers** entstanden (**à l'envers** bedeutet ‚umgekehrt').

verre de oder verre à? 〖SG〗

Unterscheide:

un verre d'eau, de vin	ein Glas Wasser, Wein
un verre à eau, à vin	ein Wasserglas, Weinglas

Glasware(n) *f*(*pl*)
verrier [vɛʀje] *adj* **ouvrier** *m* **verrier** Glasmacher *m*
verrière [vɛʀjɛʀ] *f* **1.** Glaswand *f ou* -dach *n* **2.** großes Kirchenfenster
verroterie [vɛʀɔtʀi] *f* Glasschmuck *m*
verrou [vɛʀu] *m* Riegel *m*; *fig* **être sous les verrous** hinter Schloss und Riegel sitzen
verrouillage [vɛʀujaʒ] *m* **1.** Verriegelung *f*; Blockierung *f* **2.** MIL Abriegelung *f*
verrouiller [vɛʀuje] *v/t* ver-, zuriegeln
verrue [vɛʀy] *f* Warze *f*
▸ **vers**[1] [vɛʀ] *prép* **1.** *direction* gegen; nach; in Richtung auf (+ *acc*); auf (+ *acc*) zu; zu; ...wärts; **vers la droite** (nach) rechts; **vers le nord** nach, gegen Norden; nordwärts; **vers Paris** gegen Paris zu; **aller vers qn, qc** auf j-n, etw zugehen **2.** *temps* gegen; (etwa) um; **vers 1900** um (das Jahr) 1900; **vers la fin** gegen Ende; **vers (les) deux heures** gegen, etwa um zwei Uhr **3.** *fig* **le premier pas vers la détente** der erste Schritt zur Entspannung
vers[2] *m* Vers *m*; Verszeile *f*
versaillais [vɛʀsajɛ] **I** *adj* **-aise** [-ɛz] von Versailles; Versailler **II** *subst* **Versaillais(e)** *m*(*f*) Einwohner(in) *m*(*f*) von Versailles
versant [vɛʀsɑ̃] *m* (Ab)Hang *m*; **versant nord** Nordhang *m*
versatile [vɛʀsatil] *adj* wankelmütig; unbeständig; wetterwendisch
versatilité [-ite] *f* Wankelmut *m*
verse [vɛʀs] **il pleut à verse** es gießt in Strömen
versé [vɛʀse] *adj* **~e** **versé dans** bewandert, versiert in (+ *dat*)
Verseau [vɛʀso] *m* ASTR Wassermann *m*
versement [vɛʀsəmɑ̃] *m* Zahlung *f*; Einzahlung *f* (**à, sur un compte** auf ein Konto); *de pensions* Auszahlung *f*; **en plusieurs versements** in (mehreren) Raten
▸ **verser** [vɛʀse] **I** *v/t* **1.** *liquide* (hinein)gießen; (ein)füllen; *café, etc* ein-, ausschenken; eingießen; *fig larmes, sang* vergießen; *sucre, riz, etc* schütten (**dans** in + *acc*); *abs* eingießen, -füllen, -schenken; **verser** (**à boire**) ein-, ausschenken; **se verser du vin** sich (*dat*) Wein einschenken **2.** *argent* einzahlen (**à un compte** auf ein Konto); *pension, etc* (aus)zahlen; *acompte* leisten; *cotisations* entrichten **II** *v/i voiture* umstürzen; **verser dans le fossé** in den Graben stürzen
verset [vɛʀsɛ] *m* BIBL Vers *m*
verseur [vɛʀsœʀ] *adj* 〈nur *m*〉 **bec verseur** Schnauze *f*; Schnabel *m*; Tülle *f*
verseuse [vɛʀsøz] *f* Kaffee- *ou* Teekanne *f*
versificateur [vɛʀsifikatœʀ] *m* **1.** Dichter *m* **2.** *péj* Verseschmied *m*

versification [vɛʀsifikasjõ] *f* Versbildung *f*, -bau *m*
versifier [vɛʀsifje] **I** *v/t* in Verse bringen **II** *v/i* Verse machen; dichten
version [vɛʀsjõ] *f* **1.** Übersetzung *f* in die Muttersprache; **version latine** Übersetzung *f* aus dem Lateinischen **2.** Version *f*; Fassung *f*; *film* **en version originale** (*abr* **VO**) in Originalfassung **3.** (*interprétation*) Darstellung *f*; Version *f*; Wiedergabe *f*
verso [vɛʀso] *m* Rückseite *f*; **au verso** auf der *ou* die Rückseite; umseitig; **voir au verso** siehe Rückseite
▸ **vert** [vɛʀ] **I** *adj* 〈**verte** [vɛʀt]〉 **1.** grün; *légumes* frisch; *fruits a* unreif; *vin* zu jung; noch herb; **salade verte** Blattsalat *m*; **être vert de peur** vor Angst blass sein; *fig* **en faire voir des vertes et des pas mûres à qn** j-m viel zu schaffen machen **2.** *vieillard* rüstig **3.** *langage* derb; deftig; **langue verte** Gaunersprache *f*; Rotwelsch *n*; **en dire des vertes** Zoten erzählen **4.** **l'Europe verte** der gemeinsame europäische Agrarmarkt **5.** POL grün; *adv* **voter vert** grün wählen **II** *m* **6.** Grün *n*; *fig* **se mettre au vert** ins Grüne, aufs Land ziehen **7.** POL **les Verts** *pl* die Grünen *pl*
vert-de-gris [vɛʀdəgʀi] **I** *m* Grünspan *m* **II** *adj* 〈*inv*〉 graugrün
vert-de-grisé [vɛʀdəgʀize] *adj* 〈**~e**〉 mit Grünspan bedeckt
vertébral [vɛʀtebʀal] *adj* 〈**~e**; **-aux** [-o]〉 Wirbel...; ▸ **colonne vertébrale** Wirbelsäule *f*
vertèbre [vɛʀtɛbʀ] *f* ANAT Wirbel *m*
vertébrés [vɛʀtebʀe] *m*/*pl* Wirbeltiere *n*/*pl*
vertement [vɛʀtəmɑ̃] *adv* **réprimander qn vertement** j-n heftig tadeln, rügen
vertical [vɛʀtikal] **I** *adj* 〈**~e**; **-aux** [-o]〉 senk-, lotrecht; vertikal **II** *f* **verticale** Senkrechte *f*; Vertikale *f*
verticalement [vɛʀtikalmɑ̃] *adv* senkrecht; vertikal
verticalité [-ite] *f* senkrechte Richtung, Stellung
vertige [vɛʀtiʒ] *m* **1.** Schwindel(gefühl *n*, -anfall *m*) *m*; **j'ai un vertige, des vertiges, le vertige** mir ist, ich bin schwind(e)lig **2.** *fig* Taumel *m*; Rausch *m*
vertigineusement [vɛʀtiʒinøzmɑ̃] *adv* schwindelerregend
vertigineux [vɛʀtiʒinø] *adj* 〈**-euse** [-øz]〉 schwindelnd; schwindelerregend
vertu [vɛʀty] *f* **1.** Tugend *f*; **femme** *f* **de petite vertu** leichtes Mädchen; Flittchen *n* **2.** (*pouvoir*) Kraft *f*; **vertu thérapeutique** Heilkraft *f* **3.** **en vertu de** aufgrund von (*ou* + *gén*); *a* JUR kraft (+ *gén*)
vertueux [vɛʀtɥø] *adj* 〈**-euse** [-øz]〉 tugendhaft
verve [vɛʀv] *f* Schwung *m*; Feuer *n*; Witz *m*
verveine [vɛʀvɛn] *f* Eisenkraut *n*
vésicule [vezikyl] *f* **1.** **vésicule** (**biliaire**) Gallenblase *f* **2.** (*cloque*) Bläschen *n*
vespéral [vɛspeʀal] *poét adj* 〈**~e**; **-aux** [-o]〉 Abend...; abendlich
vessie [vesi] *f* (Harn)Blase *f*; *fig* **faire prendre des vessies pour des lanternes à qn** j-m ein X für ein U vormachen; j-m blauen Dunst vormachen
▸ **veste** [vɛst] *f* Jacke *f*; Jackett *n*; Sakko *m ou*

n; F *fig* **prendre une veste** e-e Schlappe erleiden; F *fig* **retourner sa veste** F umfallen; umschwenken
vestiaire [vɛstjɛʀ] *m* Garderobe *f* (*a objets déposés*); *d'une piscine, etc* Umkleideraum *m*; **la dame du vestiaire** die Garderobenfrau
vestibule [vɛstibyl] *m* Vorraum *m*; Diele *f*; Flur *m*; Vestibül *n*
vestiges [vɛstiʒ] *m/pl* Spuren *f/pl*; (Über)Reste *m/pl*; Relikte *n/pl*
vestimentaire [vɛstimɑ̃tɛʀ] *adj* Kleider...
veston [vɛstõ] *m* Jacke *f*; Jackett *n*
Vésuve [vezyv] **le Vésuve** der Vesuv
▸ **vêtement** [vɛtmɑ̃] *m* Kleidungsstück *n*; **vêtements** *pl* (Be)Kleidung *f*; Oberbekleidung *f*; → Info bei **Kleidung**
vétéran [veteʀɑ̃] *m* Veteran *m* (*a fig*); SPORTS Alter Herr
vétérinaire [veteʀinɛʀ] **I** *adj* tierärztlich **II** *m,f* Tierarzt, -ärztin *m,f*; Veterinär *m*
vététiste [vetetist] *m* Mountainbiker *m*
vétille [vetij] *f* Lappalie *f*; Bagatelle *f*
vêtir [vetiʀ] 〈**je vêts, il vêt, nous vêtons; je vêtais; je vêtis; je vêtirai; que je vête; vêtant; vêtu**〉 **I** *litt v/t* ankleiden **II** *v/pr* **se vêtir** sich anziehen; sich ankleiden
veto [veto] *m* Veto *n*; **droit** *m* **de veto** Vetorecht *n*; **mettre, opposer son veto à qc** sein Veto einlegen gegen etw
vêtu [vety] *adj* 〈**~e**〉 angezogen; bekleidet (**de** mit)
vétuste [vetyst] *adj* alt; baufällig; überaltert
vétusté [vetyste] *f* hohes Alter; Baufälligkeit *f*
▸ **veuf** [vœf] **I** *adj* 〈**veuve** [vœv]〉 verwitwet **II** **veuf, veuve** *m,f* Witwer *m*, Witwe *f*; **veuve de guerre** Kriegerwitwe *f*
veuille [vœj] → **vouloir¹**
veule [vøl] *adj* willenlos
veulent [vœl] → **vouloir¹**
veulerie [vølʀi] *f* Willenlosigkeit *f*
veut [vø] → **vouloir¹**
veuvage [vœvaʒ] *m* Witwer- *ou* Witwenschaft *f*
▸ **veuve** [vœv] → **veuf**
veux [vø] → **vouloir¹**
vexant [vɛksɑ̃] *adj* 〈**-ante** [-ɑ̃t]〉 **1.** kränkend; beleidigend **2.** (*contrariant*) ärgerlich
vexation [vɛksasjõ] *f* Kränkung *f*; Beleidigung *f*
vexatoire [vɛksatwaʀ] *adj* schikanös; **mesure** *f* **vexatoire** Schikane *f*
vexé [vɛkse] *adj* 〈**~e**〉 gekränkt; beleidigt
▸ **vexer** [vɛkse] **I** *v/t* kränken; beleidigen **II** *v/pr* **se vexer** gekränkt sein
via [vja] *prép* über (+ *acc*); via
viabilisé [vjabilize] *adj* 〈**~e**〉 terrain erschlossen; baureif
viabiliser [-e] *v/t* terrain erschließen
viabilité [vjabilite] *f* **1.** CONSTR Erschließung *f* **2.** BIOL, *fig* Lebensfähigkeit *f*
viable [vjabl] *adj* lebensfähig
viaduc [vjadyk] *m* Viadukt *m ou n*; Talbrücke *f*
viager [vjaʒe] **I** *adj* 〈**-ère** [-ɛʀ]〉 **rente viagère** Leibrente *f* **II** *m* **mettre en viager** auf Rentenbasis verkaufen
viagra® [vjagʀa] *m* Viagra® *n*
▸ **viande** [vjɑ̃d] *f* **1.** Fleisch *n*; **viande froide** kalter Braten **2.** F *péj* Körper *m*; Fleisch *n*
viander [vjɑ̃de] *v/i* CH äsen

vibrage [vibʀaʒ] *m* TECH Rütteln *n*
vibrant [vibʀɑ̃] *adj* 〈**-ante** [-ɑ̃t]〉 **1.** vibrierend (*a voix*) **2.** *fig* aufrüttelnd; mitreißend
vibraphone [vibʀafɔn] *m* Vibraphon *n*
vibraphoniste [-ist] *m* Vibraphonist *m*
vibrateur [vibʀatœʀ] *m* TECH Vibrator *m*; CONSTR Betonrüttler *m*
vibratile [vibʀatil] *adj* BIOL **cils** *m/pl* **vibratiles** Flimmerhärchen *n/pl*
vibration [vibʀasjõ] *f* **1.** Vibrieren *n* (*a de la voix*); Vibration *f*; Erschütterung *f*; Erzittern *n*; *de l'air* Flimmern *n* **2.** PHYS Schwingung *f*
vibrato [vibʀato] *m* MUS Vibrato *n*
vibratoire [vibʀatwaʀ] *adj* Vibrations...; Schwingungs...
vibré [vibʀe] *adj* 〈**~e**〉 béton Rüttel...
vibrer [vibʀe] *v/i* **1.** vibrieren (*a voix*); schwingen; erzittern **2.** *fig* gepackt, ergriffen sein; **faire vibrer qn** j-n mitreißen, packen, ergreifen
vibreur [vibʀœʀ] *m* ÉLECT Unterbrecher *m*; Summer *m*
vibromasseur [vibʀɔmasœʀ] *m* Vibrator *m*; Massagestab *m*
vicaire [vikɛʀ] *m* Vikar *m*; Kaplan *m*
vicariat [vikaʀja] *m* Vikariat *n*
vice [vis] *m* **1.** Untugend *f*; *p/fort* Laster *n* **2.** *de qc* Fehler *m*; Mangel *m*; JUR **vice de forme** Formfehler *m*
vice-amiral [visamiʀal] *m* 〈**vice-amiraux** [-o]〉 Konteradmiral *m*
vice-consul *m* 〈**vice-consuls**〉 Vizekonsul *m*
vicelard [vislaʀ] *adj* 〈**-arde** [-aʀd]〉 F → **vicieux**
vice-présidence [vispʀezidɑ̃s] *f* stellvertretender Vorsitz; Vizepräsidentschaft *f* (*a* POL)
vice-président *m* 〈**vice-présidents**〉 stellvertretende(r) Vorsitzende(r) *m*; Vizepräsident *m* (*a* POL)
vice-roi *m* 〈**vice-rois**〉 Vizekönig *m*
vice versa [vis(ə)vɛʀsa] **et vice versa** und umgekehrt
vichy [viʃi] *m* **1.** TEXT Vichy *m* **2.** (*eau*) Mineralwasser *n* aus Vichy
vicié [visje] *adj* 〈**~e**〉 air schlecht; verbraucht
vicieux [visjø] **I** *adj* 〈**-euse** [-øz]〉 lasterhaft; verderbt; sittenlos; *regard* geil; lüstern; **cercle vicieux** Teufelskreis *m* **II** *m* Lüstling *m*; **vieux vicieux** Lustgreis *m*
vicinal [visinal] *adj* 〈**~e; -aux** [-o]〉 **chemin vicinal** Gemeindeweg *m*
vicissitudes [visisityd] *f/pl* Auf und Ab *n*, Wechselfälle *m/pl* des Lebens
vicomte [vikõt] *m* Vicomte *m*
vicomtesse [vikõtɛs] *f* Vicomtesse *f*
▸ **victime** [viktim] *f* **1.** *de la guerre, de l'injustice, etc* Opfer *n*; (*mort*) *a* Todesopfer *n*; **être victime d'un accident** e-n Unfall erleiden; verunglücken; **faire de nombreuses victimes** zahlreiche Menschenleben fordern **2.** REL Opfertier *n*
▸ **victoire** [viktwaʀ] *f* Sieg *m* (*a* MIL, SPORTS); **victoire électorale** Wahlsieg *m*; **chanter, crier victoire** hurra schreien; jubeln
victorien [viktɔʀjɛ̃] *adj* 〈**-ienne** [-jɛn]〉 viktorianisch
victorieux [viktɔʀjø] *adj* 〈**-euse** [-øz]〉 siegreich; Sieger...
victuailles [viktɥaj] *f/pl* Proviant *m*
vidage [vidaʒ] *m* **1.** Leeren *n*; Entleerung *f* **2.** F

de qn F Rausschmiss *m*
vidange [vidɑ̃ʒ] *f* Entleerung *f*; AUTO Ölwechsel *m*; **faire la vidange** das Öl wechseln
vidanger [vidɑ̃ʒe] *v/t* ⟨**-ge-**⟩ **1.** *réservoir, etc* entleeren **2.** AUTO *huile* wechseln
vidangeur [vidɑ̃ʒœʀ] *m* Grubenentleerer *m*
▸ **vide** [vid] **I** *adj* **1.** leer; *logement* leer stehend; *rue a* menschenleer **2.** *fig* leer; *existence a* unausgefüllt; inhaltslos; sinnlos; *paroles* **vide de sens** leer; nichtssagend **II** *m* **3.** PHYS, TECH Vakuum *n*; luftleerer Raum; **emballage** *m* **sous vide** Vakuumverpackung *f* **4.** Leere *f*; Zwischen-, Hohlraum *m*; Lücke *f* (*a fig*); **à vide** leer; Leer…; *moteur* **tourner à vide** leer laufen; *fig* **laisser un grand vide** e-e große Lücke hinterlassen; *fig* **parler dans le vide** ins Blaue hinein reden; **regarder dans le vide** ins Leere starren **5.** (*abîme*) Tiefe *f*; Abgrund *m*; **sauter dans le vide** in die Tiefe springen **6.** *fig* Leere *f*; Sinnlosigkeit *f*
vidé [vide] *adj* ⟨**~e**⟩ **être vidé** F vollkommen ausgepumpt sein
▸ **vidéo** [video] **I** *f* Video *n* **II** *adj* ⟨*inv*⟩ Video…; **jeu** *m* **vidéo** Video-, Telespiel *n*
vidéocassette *f* Videokassette *f*
vidéoclip *m* Videoclip *m*
vidéodisque *m* Bildplatte *f*
vidéophone *m* Bildtelefon *n*
vide-ordures [vidɔʀdyʀ] *m* ⟨*inv*⟩ Müllschlucker *m*
vidéosurveillance *f* Videoüberwachung *f*
vidéothèque [videɔtɛk] *f* Videothek *f*
vide-poches [vidpɔʃ] *m* ⟨*inv*⟩ AUTO Handschuhfach *n*
▸ **vider** [vide] **I** *v/t* **1.** *récipient* (aus-, ent)leeren; leer machen; *bouteille* (*boire*) austrinken; leeren; *contenu* aus-, entleeren; auskippen; -schütten; *pièce* ausräumen **2.** *volaille, poisson* ausnehmen **3.** F (*épuiser*) F fertigmachen **4.** **vider une querelle** e-n Streit beilegen **II** *v/pr* **se vider** *récipient* sich entleeren; auslaufen; *lieu* sich leeren; **se vider de son sang** verbluten
videur [vidœʀ] *m* F Rausschmeißer *m*
▸ **vie** [vi] *f* **1.** Leben *n*; *par ext* **vie culturelle** kulturelles Leben; Kulturleben *n*; **vie de famille** Familienleben *n*; **à vie** auf Lebenszeit; lebenslänglich; **de** (**toute**) **ma vie** in meinem ganzen Leben; mein Lebtag; **sans vie** leblos; **avoir la vie dure** zählebig sein; ein zähes Leben haben (*a fig*); **donner la vie à qn** j-m das Leben schenken; **être en vie** am Leben sein; **être entre la vie et la mort** zwischen Leben und Tod schweben; **c'est une question de vie ou de mort** es geht auf Leben und Tod; **c'est la vie** so ist das Leben; **ce n'est pas une vie** das ist doch kein Leben; **c'est la belle vie** so lässt sich's leben; F **faire la vie** Szenen machen (*à qn* j-m) **2.** (*vitalité*) Leben *n*; Lebendigkeit *f*; Lebhaftigkeit *f*; **plein de vie** *personne* sehr lebhaft; quicklebendig; *œuvre* lebendig **3.** Leben(sunterhalt) *n*(*m*); ▸ **gagner sa vie** s-n Lebensunterhalt verdienen; **gagner bien sa vie** sein gutes Auskommen haben
vieil [vjɛj] → **vieux**
vieillard [vjɛjaʀ] *m* Greis *m*; alter Mann; **les vieillards** die alten Leute *pl*; die Alten *m/pl*
vieille [vjɛj] → **vieux**
vieilleries [vjɛjʀi] *f/pl* alter Plunder, Kram

▸ **vieillesse** [vjɛjɛs] *f* **1.** (hohes) Alter; Greisenalter *n*; *adjt* **assurance** *f* **vieillesse** Alters-, Rentenversicherung *f*; **mourir de vieillesse** an Altersschwäche sterben **2.** *de choses* hohes Alter
vieilli [vjeji] *adj* ⟨**~e**⟩ **1.** *personne, visage* gealtert; alt geworden **2.** *mot* veraltend **3.** *vin* gealtert
vieillir [vjejiʀ] **I** *v/t* alt *ou* älter machen; erscheinen lassen **II** *v/i* **1.** *personne* alt *ou* älter werden; altern; **en vieillissant** mit zunehmendem Alter **2.** *mot, etc* veralten **3.** *vin* altern; reifen
vieillissant [vjejisɑ̃] *adj* ⟨**-ante** [-ɑ̃t]⟩ *personne* alternd; *choses* veraltend
vieillissement [vjejismɑ̃] *m* Altern *n*; Altwerden *n*; *de la population* Überalterung *f*
vieillot [vjɛjo] *adj* ⟨**-otte** [-ɔt]⟩ altmodisch
vielle [vjɛl] *f* MUS Dreh-, Radleier *f*
vienne [vjɛn] → **venir**
Vienne [vjɛn] **1.** *en Autriche* Wien *n* **2.** *Stadt im Dep. Isère* **3. la Vienne** *Fluss u Departement in Frankreich*
viennois [vjɛnwa] **I** *adj* ⟨**-oise** [-waz]⟩ Wiener; wienerisch **II** **Viennois(e)** *m*(*f*) Wiener(in) *m*(*f*)
viennoiserie [vjɛnwazʀi] *f* Feingebäck *n*
viens, vient [vjɛ̃] → **venir**
vierge [vjɛʀʒ] **I** *adj* **1.** jungfräulich; unberührt **2.** *papier* unbeschrieben; *pellicule* unbelichtet; **cassette** *f* **vierge** Leerkassette *f*; **forêt** *f* **vierge** Urwald *m* **II** *f* **3.** Jungfrau *f* **4. la** (**Sainte**) **Vierge, la Vierge Marie** die Heilige Jungfrau; die Jungfrau Maria; **une Vierge** e-e Madonna; ein Marienbild *n* **5.** ASTR **Vierge** Jungfrau *f*
Viêt-nam [vjɛtnam] *le Viêt-nam* Vietnam *n*
vietnamien [vjɛtnamjɛ̃] **I** *adj* ⟨**-ienne** [-jɛn]⟩ vietnamesisch **II** *subst* **1. Vietnamien(ne)** *m*(*f*) Vietnamese *m*, Vietnamesin *f* **2.** LING **le vietnamien** das Vietnamesische; Vietnamesisch *n*
▸ **vieux** [vjø] **I** *adj* ⟨*m vor Vokal u stummem h* **vieil** [vjɛj]; *f* **vieille** [vjɛj]⟩ alt; *personne a* bejahrt; betagt; **un vieil ami** ein alter, langjähriger Freund; *adjt* **vieille France** altväterisch; antiquiert; **une vieille histoire** e-e alte Geschichte; **vieux vêtements** Altkleider *n/pl*; **vin vieux** alter Wein; **ma vieille voiture** mein alter, voriger Wagen; **sur ses vieux jours** auf s-e alten Tage; **devenir vieux, se faire vieux** alt werden; altern **II** *subst* **1. vieux, vieille** *m*,*f* alter Mann; Alte(r) *m*; alte Frau; Alte *f*; **les vieux** die Alten *pl*; F **mes vieux** F meine Alten *pl* (*parents*); F **mon vieux!** F mein Lieber!; alter Freund, Junge!; F **ma vieille!** F meine Liebe!; F **son vieux** (*mari*) F ihr Alter, Oller!; F **sa vieille** (*femme*) F s-e Alte, Olle; F **un petit vieux** ein altes Männchen; F **une petite vieille** ein altes Mütterchen; *fig* **un vieux de la vieille** ein alter Hase **2. le vieux** das Alte; F **prendre un coup de vieux** mit e-m Schlag alt, älter werden
vif [vif] **I** *adj* ⟨**vive** [viv]⟩ **1.** *personne* lebhaft; lebendig; *curiosité, désir, souvenir, etc* lebhaft; *imagination a* rege **2.** (*emporté*) heftig; aufbrausend; *propos a* scharf; *discussion a* hitzig **3.** *lumière* hell; *p/fort* grell; *couleur* lebhaft; kräftig; leuchtend; *teint* gesund; frisch; *air* frisch und kalt; *arête* scharf **4.** (*vivant*) leben-

dig; lebend; *être brûlé(e) vif* (*vive*) bei lebendigem Leib verbrannt werden **II** *m* **5.** JUR *donation f entre vifs* Schenkung *f* unter Lebenden **6.** *il a les nerfs à vif* s-e Nerven sind zum Zerreißen gespannt; *être piqué au vif* zutiefst getroffen, verletzt sein; *entrer dans le vif du sujet* zum Kern der Sache kommen; *prendre sur le vif* PHOT e-n Schnappschuss machen von; *scène* aus dem Leben greifen

vif-argent *m* Quecksilber *n* (*a fig*)

vigie [viʒi] *f* MAR Ausguck *m*

vigilance [viʒilɑ̃s] *f* Wachsamkeit *f*

vigilant [-ɑ̃] *adj* ⟨**-ante** [-ɑ̃t]⟩ wachsam; umsichtig

vigile [viʒil] *m* Wachmann *m*

vigipirate [viʒipiʀat] *plan m vigipirate frz* Anti-Terror-Programm

▸ **vigne** [viɲ] *f* **1.** Weinrebe *f*; (*cep m, pied m de*) *vigne* Wein-, Rebstock *m*; *vigne vierge* wilder Wein **2.** Weinberg *m*; *vignes pl a* Rebflächen *f/pl*; *fig être dans les vignes du Seigneur* betrunken, berauscht sein

vigneron [viɲ(ə)ʀɔ̃] *m*, **vigneronne** [-ɔn] *f* Winzer(in) *m(f)*

vignette [viɲɛt] *f* **1.** PHARM (Preis)Aufkleber *m* für die Kostenerstattung **2.** *vignette* (*automobile*) (Gebühren)marke *f* über entrichtete) Kraftfahrzeugsteuer *f*

vignoble [viɲɔbl] *m* **1.** Weinberg *m*, -garten *m* **2.** Wein(bau)gebiet *n*

vigogne [vigɔɲ] *f* zo Vikunja *n*

vigoureux [viguʀø] *adj* ⟨**-euse** [-øz]⟩ **1.** kräftig; robust **2.** *style* kraftvoll; *protestation* heftig

vigueur [vigœʀ] *f* **1.** (Lebens)Kraft *f*; Robustheit *f*; Stärke *f* **2.** *d'une protestation* Heftigkeit *f*; *d'expression* Kraft *f* **3.** JUR *en vigueur* in Kraft; gültig; geltend; *entrer en vigueur* in Kraft treten

VIH [veiaʃ] *m abr* (*virus de l'immunodéficience humaine*) HIV *n*

Vikings [vikiŋ] *m/pl* Wikinger *m/pl*

vil [vil] *adj* ⟨**~e**⟩ **1.** *st/s* ruchlos; nichtswürdig **2.** *à vil prix* zu e-m Spottpreis

vilain [vilɛ̃] **I** *adj* ⟨**-aine** [-ɛn]⟩ **1.** *enfant* unartig; böse; garstig **2.** (*laid*) hässlich; *blessure* schlimm; böse; *temps* scheußlich **II** *m* F *il va y avoir du vilain* F das gibt 'ne Keilerei

vilebrequin [vilbʀəkɛ̃] *m* Kurbelwelle *f*

vilenie [vil(ə)ni] *litt f* Ruchlosigkeit *f*

villa [vila] *f* Villa *f*

▸ **village** [vilaʒ] *m* Dorf *n*; *village de vacances* Feriendorf *n*

villageois [vilaʒwa] **I** *adj* ⟨**-oise** [-waz]⟩ dörflich **II** *villageois(e) m(f)* Dorfbewohner(in) *m(f)*

▸ **ville** [vil] *f* Stadt *f*; *grande ville* Großstadt *f*; *ville nouvelle* neue, neu gegründete Stadt; *petite ville* Kleinstadt *f*; Städtchen *n*; *vieille ville* Altstadt *f*; *la ville de Lyon* die Stadt Lyon; *à la ville* in der *ou* in die Stadt (*contraire: à la campagne*); *aller en ville* in die Stadt gehen, fahren; *dîner en ville* in der Stadt, auswärts essen

ville-champignon *f* ⟨**villes-champignons**⟩ aus dem Boden gestampfte *ou* geschossene Stadt

ville-dortoir *f* ⟨**villes-dortoirs**⟩ Schlafstadt *f*

villégiature [vileʒjatyʀ] *f* Sommerfrische *f*

ville-satellite *f* ⟨**villes-satellites**⟩ Trabantenstadt *f*

villosités [vi(l)lozite] *f/pl* ANAT *villosités intestinales* Darmzotten *f/pl*

▸ **vin** [vɛ̃] *m* Wein *m*; *vin blanc, rouge* Weiß-, Rotwein *m*; *vin d'honneur* Ehrentrunk *m*; *vin de table* Tafel-, Tischwein *m*; *fig il a le vin triste* der Wein macht, stimmt ihn traurig; *fig être entre deux vins* nicht ganz nüchtern sein

▸ **vinaigre** [vinɛgʀ] *m* **1.** Essig *m*; *fig tourner au vinaigre* schlechter werden **2.** F *faire vinaigre* schnell machen

vinaigrer [vinegʀe] *v/t* Essig geben an (+ *acc*); mit Essig anmachen

vinaigrerie [-əʀi] *f* Essigfabrik *f*

vinaigrette [vinɛgʀɛt] *f* Salatsoße *f*; Essig *m* und Öl *n*; *à la, en vinaigrette* in Salatsoße

vinaigrier [vinɛgʀije] *m flacon* Essigfläschchen *n*, -kännchen *n*

vinasse [vinas] F *f* schlechter Wein

vindicatif [vɛ̃dikatif] *adj* ⟨**-ive** [-iv]⟩ rachsüchtig

vindicte [vɛ̃dikt] *f litt désigner qn à la vindicte publique* j-n anprangern

vineux [vinø] *adj* ⟨**-euse** [-øz]⟩ *avoir l'haleine vineuse* nach Wein riechen; F e-e Fahne haben

▸ **vingt** [vɛ̃, *vor Vokalen u stummem h u in den Zahlen 22 bis 29* vɛ̃t] **I** *num/c* zwanzig; *le vingt mai* der zwanzigste *ou* am zwanzigsten Mai; *vingt mille* zwanzigtausend; ▸ *vingt et un* [vɛ̃teɛ̃] einundzwanzig **II** *m* **1.** Zwanzig *f*; *le vingt* (*du mois*) der Zwanzigste *ou* am Zwanzigsten (des Monats) **2.** (*meilleure note*) Eins *f*; Einser *m*

vingtaine [vɛ̃tɛn] *f une vingtaine* (*de*) etwa, ungefähr, an die zwanzig

▸ **vingt-deux** [vɛ̃tdø] *num/c* zweiundzwanzig; F *vingt-deux!* Achtung!

vingt-deuxième [vɛ̃tdøzjɛm] *num/o* zweiundzwanzigste

▸ **vingtième** [vɛ̃tjɛm] **I** *num/o* zwanzigste **II** *subst* **1.** *le, la vingtième* der, die, das Zwanzigste **2.** *m* MATH Zwanzigstel *n*

vingt-quatre [vɛ̃tkatʀ] *num/c* vierundzwanzig; *vingt-quatre heures sur vingt-quatre* rund um die Uhr

vinicole [vinikɔl] *adj* Wein(bau)...

vinification [-fikasjɔ̃] *f* Weinbereitung *f*

vinifier [-fje] *v/t les moûts* zu Wein verarbeiten

vins, vint [vɛ̃] → *venir*

vinyle [vinil] *m* Vinyl *n*

vioc [vjɔk] → *vioque*

viol [vjɔl] *m* **1.** Vergewaltigung *f* **2.** → *violation*

violacé [vjɔlase] *adj* ⟨**~e**⟩ blaurot; bläulich rot; *rouge m violacé* Rotviolett *n*

violateur [vjɔlatœʀ] *m* Rechtsbrecher *m*; *violateur de tombeau* Grabschänder *m*

violation [vjɔlasjɔ̃] *f de la loi, d'un secret* Verletzung *f*; *d'une sépulture* Schändung *f*; *violation de domicile* Hausfriedensbruch *m*

viole [vjɔl] *f* Viola *f*; *viole de gambe* Gambe *f*; Kniegeige *f*; Viola da Gamba *f*

violemment [vjɔlamɑ̃] *adv* heftig

▸ **violence** [vjɔlɑ̃s] *f* **1.** Gewalt *f*; *acte(s)* Gewalttat *f*, -tätigkeit *f*; *disposition* Brutalität *f*; Rohheit *f*; *violences pl a* Ausschreitungen *f/pl*; *par la violence* gewaltsam; mit Gewalt;

faire violence à qn auf j-n Zwang ausüben; **se faire violence** sich (*dat*), s-n Gefühlen Zwang antun **2.** (*intensité*) Heftigkeit *f*
▸ **violent** [vjɔlɑ̃] *adj* ⟨**-ente** [-ɑ̃t]⟩ **1.** *personne* gewalttätig; brutal (*a sport, scène*); *mort* gewaltsam **2.** (*intense*) heftig; *effort, choc a* gewaltig; *poison* (sehr schnell und) stark (wirkend); F **c'est un peu violent** F das ist ein starkes Stück
violenter [vjɔlɑ̃te] *v/t* vergewaltigen
violer [vjɔle] *v/t* **1.** *loi, secret, traité* verletzen; *promesse, traité* brechen **2.** *sépulture* schänden **3.** *femme* vergewaltigen
violet [vjɔlɛ] **I** *adj* ⟨**-ette** [-ɛt]⟩ violett; veilchenblau; *de froid* bläulich (angelaufen) **II** *m* Violett *n*
violette [vjɔlɛt] *f* Veilchen *n*
violeur [vjɔlœʀ] *m* Vergewaltiger *m*
▸ **violon** [vjɔlõ] *m* **1.** Geige *f*; Violine *f*; F *ou péj* Fiedel *f*; *fig* **violon d'Ingres** Steckenpferd *n*; Hobby *n*; P *fig* **c'est comme si on pissait dans un violon!** F das ist für die Katz! **2.** *joueur* Geiger(in) *m(f)* **3.** F *prison* Arrestlokal *n*; Polizeigewahrsam *m*
violoncelle [vjɔlõsɛl] *m* (Violon)Cello *n*
violoncelliste [-ist] *m,f* Cellist(in) *m(f)*
violoneux [vjɔlɔnø] *m* Fiedler *m* (*a péj*)
violoniste [-ist] *m,f* Geiger(in) *m(f)*; Violinist(in) *m(f)*
vioque [vjɔk] *arg* **I** *adj* alt **II** *m,f* Alte(r) *f(m)*
vipère [vipɛʀ] *f* **1.** ZO Viper *f*; Otter *f* **2.** *fig* Schlange *f*; F Giftkröte *f*
▸ **virage** [viʀaʒ] *m* **1.** *d'une route* Kurve *f* **2.** *action* Wendung *f*; Drehung *f*; AUTO, AVIAT Kurve *f*; SKI Bogen *m* **3.** *fig* Wende *f*; Umschwung *m*; POL **virage à droite** Schwenkung *f* nach rechts
virago [viʀago] *f* Mannweib *n*
viral [viʀal] *adj* ⟨**~e; -aux** [-o]⟩ Virus...
virée [viʀe] *f* F Spritztour *f*
virement [viʀmɑ̃] *m* Überweisung *f*; Giro *n*
virent [viʀ] → **voir**
virer [viʀe] **I** *v/t* **1.** überweisen (**à un compte** auf ein Konto) **2.** F *qn* hinauswerfen; F feuern **II** *v/t/indir* **virer à** umschlagen in (+ *acc*); werden zu **III** *v/i* sich drehen; *véhicule* e-e Kurve fahren; **virer à droite** nach rechts abbiegen; **virer de bord** MAR wenden; *fig*, POL umschwenken
vireux [viʀø] *adj* ⟨**-euse** [-øz]⟩ *sc* giftig
virevolte [viʀvɔlt] *f* Drehung *f* (um die eigene Achse)
virevolter [-e] *v/i* sich drehen; umherwirbeln
Virgile [viʀʒil] *m poète romain* Vergil *m*
virginal [viʀʒinal] *adj* ⟨**~e; -aux** [-o]⟩ jungfräulich; unberührt
Virginie [viʀʒini] *f* **1.** *Vorname* **2.** GÉOGR **la Virginie** Virginia *n*
virginité [viʀʒinite] *f* Jungfräulichkeit *f*; Unberührtheit *f*; *fig* **se refaire une virginité** sich (*dat*) e-e weiße Weste verpassen
▸ **virgule** [viʀgyl] *f* Komma *n*
viril [viʀil] *adj* ⟨**~e**⟩ **1.** männlich; Mannes...; viril **2.** *sexuellement* potent **3.** (*courageux*) männlich (*a traits*); mannhaft
virilité [viʀilite] *f* **1.** Männlichkeit *f*; Virilität *f* **2.** (*puissance sexuelle*) Potenz *f* **3.** *fig* Männlichkeit *f*; Mannhaftigkeit *f*
virole [viʀɔl] *f d'un outil* Zwinge *f*
virologie [viʀɔlɔʒi] *f* Virologie *f*; Virusforschung *f*

virologique *adj* virologisch
virologiste [-lɔʒist] *ou* **virologue** [-lɔg] *m,f* Virologe, -login *m,f*; Virusforscher(in) *m(f)*
virtualité [viʀtɥalite] *f* Virtualität *f*
virtuel [viʀtɥel] *adj* ⟨**~le**⟩ virtuell (*a* INFORM); theoretisch möglich
virtuellement [viʀtɥelmɑ̃] *adv* praktisch; so gut wie
virtuose [viʀtɥoz] *m,f* Virtuose *m*, Virtuosin *f*
virtuosité [-ite] *f* Virtuosität *f*
virulence [viʀylɑ̃s] *f* Heftigkeit *f*; Schärfe *f*
virulent [-ɑ̃] *adj* ⟨**-ente** [-ɑ̃t]⟩ heftig; scharf; bissig
virus [viʀys] *m* BIOL, INFORM, *fig* Virus *m ou n*
vis[1] [vi] → **voir, vivre**
vis[2] [vis] *f* Schraube *f*; *fig* **serrer la vis à qn** bei j-m die Zügel anziehen; j-n kurzhalten
▸ **visa** [viza] *m* Visum *n*; Sichtvermerk *m*
▸ **visage** [vizaʒ] *m* Gesicht *n*; *st/s* Antlitz *n*; **Visages pâles** Bleichgesichter *n/pl*; *fig* **à visage humain** human; menschlich
visagiste [vizaʒist] *m,f* Visagist(in) *m(f)*
vis-à-vis [vizavi] **I** *prép* **vis-à-vis de** gegenüber (+ *dat*) **II** *adv* **en vis-à-vis** einander gegenüber; vis-à-vis **III** *m* Gegenüber *n*; Visavis *n*
viscéral [viseral] *adj* ⟨**~e; -aux** [-o]⟩ **1.** ANAT Eingeweide... **2.** *peur* irrational; *haine* abgründig
viscères [visɛʀ] *m/pl* Eingeweide *n/pl*
viscose [viskoz] *f* CHIM Viskose *f*
viscosité [-ite] *f* Zähflüssigkeit *f*; Viskosität *f*
visé [vize] *m* Zielen *n*
visées [vize] *f/pl* Absichten *f/pl* (**sur** auf + *acc*)
viser [vize] **I** *v/t* **1.** zielen auf (+ *acc*); anvisieren **2.** *fig but* anstreben; anvisieren **3.** (*concerner*) *qn* auf j-n abzielen; **se sentir visé** sich getroffen fühlen **4.** P (*regarder*) F angucken **5.** ADM mit e-m Visum versehen **II** *v/t/indir* **6.** **viser à** zielen auf (+ *acc*), nach **7.** *fig* **viser à qc** auf etw (*acc*) hin-, abzielen; nach etw trachten **III** *v/i fig* **viser 'haut** hoch hinauswollen; hochfliegende Pläne haben
viseur [vizœʀ] *m* PHOT Sucher *m*; *d'une arme à feu* Visier *n*
visibilité [vizibilite] *f* Sicht *f*; *virage* **sans visibilité** unübersichtlich
visible [vizibl] *adj* **1.** sichtbar; erkennbar; **être visible** *a* zu sehen sein **2.** (*évident*) sichtlich; merklich **3.** *personne* **n'être pas visible** nicht zu sprechen sein
visiblement [vizibləmɑ̃] *adv* sichtlich; merklich; **il grandit visiblement** er wächst zusehends
visière [vizjɛʀ] *f* **1.** (Helm)Visier *n* **2.** (Mützen)Schirm *m*; *par ext* Augenschirm *m*, -blende *f*
vision [vizjõ] *f* **1.** (*vue*) Sehen *n*; Sehvermögen *n* **2.** (*idée*) Vorstellung *f(pl)*; Bild *n* **3.** *surnaturelle* Vision *f*; Gesicht *n*; Erscheinung *f*; F **j'ai des visions** F ich hab wohl geträumt, Halluzinationen
visionnaire [vizjɔnɛʀ] **I** *adj* visionär; seherisch **II** *m,f* Visionär(in) *m(f)*; Seher(in) *m(f)*
visionner [vizjɔne] *v/t film* (prüfend) ansehen
visionneuse [-øz] *f* Diabetrachter *m*; F Gucki *m*; *pour films* Bildbetrachter *m*
visiophone [vizjɔfɔn] *m* Bildtelefon *n*
▸ **visite** [vizit] *f* **1.** Besuch *m*; *d'un musée, etc a*

Besichtigung *f; du médecin à l'hôpital* Visite *f*,
à domicile Hausbesuch *m*; **visite guidée** Füh-
rung *f*; **avoir la visite de qn** j-n zu Besuch ha-
ben; **être en visite chez qn** bei j-m zu, auf Be-
such sein; **faire une visite,** ▸ **rendre (une) vi-
site à qn** j-n besuchen; j-m e-n Besuch ma-
chen, abstatten **2.** (*visiteur*) Besuch *m*; **avoir
de la visite** Besuch haben **3.** (*inspection*) Visi-
tation *f* **4. visite médicale** ärztliche Untersu-
chung
▸ **visiter** [vizite] *v/t* besuchen; *ville, musée, etc*
besichtigen; *pays a* bereisen
▸ **visiteur** [vizitœr] *m*, **visiteuse** [vizitøz] *f* Be-
sucher(in) *m(f)*; *a* Gast *m*
vison [vizõ] *m* Nerz *m* (*a* F *manteau*)
visqueux [viskø] *adj* **-euse** [-øz]⟩ **1.** *liquide*
zähflüssig **2.** *poisson, etc* schleimig; schmierig
vissage [visaʒ] *m* An-, Fest-, Zu-, Verschrau-
ben *n*
vissé [vise] *adj* ⟨~e⟩ *fig* **être vissé sur sa chai-
se** sich nicht von s-m Stuhl rühren
visser [vise] *v/t* **1.** (an-, fest)schrauben; *bou-
chon* zu-, verschrauben **2.** F *fig* **visser qn** j-n
kurzhalten
Vistule [vistyl] **la Vistule** die Weichsel
visualisation [vizɥalizasjõ] *f* Sichtbarmachen
n, -ung *f* (INFORM auf e-m Bildschirm)
visualiser [-e] *v/t* sichtbar machen (INFORM auf
e-m Bildschirm)
visuel [vizɥɛl] **I** *adj* ⟨~le⟩ Seh...; Gesichts...;
Blick...; visuell (*a mémoire*) **II** *subst* **1. vi-
suel(le)** *m(f)* visueller Typ; Augenmensch *m*
2. *m* INFORM Display *n*
vit [vi] → *voir, vivre*
vital [vital] *adj* ⟨~e; -aux [-o]⟩ **1.** BIOL Lebens...
2. *par ext* lebenswichtig; vital
vitalité [-ite] *f* Vitalität *f*; Lebenskraft *f*
vitamine [vitamin] *f* Vitamin *n*
vitaminé [vitamine] *adj* ⟨~e⟩ mit Vitaminen
angereichert
▸ **vite** [vit] *adv* schnell; rasch; geschwind; zügig;
au plus vite schleunigst; schnellstens; **aller
trop vite** übereilt, vorschnell handeln; **on a vi-
te fait de dire que ...** man hat leicht sagen,
dass ...; F **c'est du vite fait** F das ist geschlu-
dert, gepfuscht
▸ **vitesse** [vitɛs] *f* **1.** Geschwindigkeit *f*; Tempo
n; Schnelligkeit *f*; **vitesse moyenne** Durch-
schnittsgeschwindigkeit *f*; **vitesse de croisiè-
re** Reisegeschwindigkeit *f*; *fig* fester Rhyth-
mus; **à toute vitesse** in aller Eile; schleunigst;
F im Eiltempo; F **en vitesse** schnellstens;
schleunigst; F hopp, hopp!; **faire de la vitesse**
schnell fahren; F rasen; **prendre qn de vitesse**
j-m zuvorkommen; schneller sein als j; **pren-
dre de la vitesse** immer schneller werden; be-
schleunigen **2.** AUTO Gang *m*; F *fig* **en quatriè-
me vitesse** in größter Eile, Hast; F mit Voll-
dampf, Karacho
viticole [vitikɔl] *adj* Wein(bau)...
viticulteur [vitikyltœr] *m* Winzer *m*
viticulture [-yr] *f* Weinbau *m*
vitrage [vitraʒ] *m* **1.** Glasscheibe *f*, -wand *f* **2.**
rideau Scheibengardine *f*
vitrail [vitraj] *m* ⟨**vitraux** [vitro]⟩ Kirchen-
fenster *n*
▸ **vitre** [vitr] *f* (Glas-, Fenster)Scheibe *f*; *par ext*
Fenster *n*

vitré [vitre] *adj* ⟨~e⟩ Glas...; verglast; **porte vi-
trée** Glastür *f*
vitrer [vitre] *v/t* verglasen
vitrerie [vitrəri] *f* **1.** *industrie* Glaserhandwerk
n **2.** *produits* Glaswaren *f/pl*
vitreux [vitrø] *adj* ⟨**-euse** [-øz]⟩ glasig
vitrier [vitrije] *m* Glaser *m*
vitrification [vitrifikasjõ] *f* **1.** Umwandlung *f* in
Glas **2.** *du parquet* Versiegelung *f*
vitrifier [vitrifje] *v/t parquet* versiegeln
▸ **vitrine** [vitrin] *f* **1.** Schaufenster *n* (*a fig*); Aus-
lage *f*; *fig* **lécher les vitrines** e-n Schaufenster-
bummel machen **2.** *meuble* Vitrine *f*; Glas-
schrank *m*; Schaukasten *m*
vitriol [vitrijɔl] *m* Vitriol *n*; *fig* **au vitriol**
scharf; bissig
vitrioler [vitrijɔle] *v/t* **vitrioler qn** j-m Säure ins
Gesicht schütten
vitrocéramique [vitroseramik] *f* Glaskeramik
f
vitupérations [vityperasjõ] *st/s f/pl* heftige
Vorwürfe *m/pl*
vitupérer [vitypere] *v/t/indir* ⟨**-è-**⟩ *st/s* **vitupé-
rer contre** wettern gegen
vivable [vivabl] *adj* **pas vivable** unerträglich;
personne a unausstehlich
vivace [vivas] *adj* **1. plante** *f* **vivace** Dauer-
pflanze *f*; mehrjährige Pflanze **2.** *haine, etc*
hartnäckig; beharrlich
vivacité [vivasite] *f* **1.** Lebhaftigkeit *f*; Leben-
digkeit *f*; **vivacité d'esprit** geistige Regsam-
keit; rasche Auffassungsgabe **2.** (*emporte-
ment*) Heftigkeit *f* **3.** *d'une couleur* Leucht-
kraft *f*; Glanz *m*
vivandière [vivãdjɛr] *f* HIST Marketenderin *f*
▸ **vivant** [vivã] **I** *adj* ⟨**-ante** [-ãt]⟩ **1.** lebend; le-
bendig; ▸ **langue vivante** lebende Sprache **2.**
fig lebendig; *personnage* lebenswahr, -echt;
rue belebt; *enfant a* lebhaft **II** *m* **3. de son vi-
vant** zu; bei s-n Lebzeiten **4. les vivants** die
Lebenden *pl* **5. bon vivant** Genießer *m*;
Schlemmer *m*
vivarium [vivarjɔm] *m* Vivarium *n*; (*terrarium*)
Terrarium *n*
vivat [viva] *m* Vivat *n*; **vivats** *pl* Hochrufe *m/pl*
vive[1] [viv] *int* **vive ...!** es lebe ...!; ein Hoch auf
(+ *acc*)!; **vive les vacances!** hurra, Ferien!
vive[2] *f* ZO Petermännchen *n*
vivement [vivmã] *adv* **1.** (*vite*) schnell; rasch;
zügig **2.** *s'intéresser, etc* lebhaft; *souhaiter* in-
nig; *regretter* zutiefst; *conseiller* wärmstens **3.**
F **vivement les vacances!** wären doch schon
die Ferien da!
viveur [vivœr] *m* Lebemann *m*
vivier [vivje] *m* **1.** Fischteich *m* **2.** (*aquarium*)
Fischbehälter *m*, -kasten *m*
vivifiant [vivifjã] *adj* ⟨**-ante** [-ãt]⟩ kräftigend;
belebend
vivifier [vivifje] *v/t* **1.** *climat* stärken; kräftigen
2. *fig* beleben; erfrischen
vivipare [vivipar] *adj* lebend gebärend
vivisection [vivisɛksjõ] *f* Vivisektion *f*
vivoter [vivɔte] *v/i* sein Leben mühsam fristen;
entreprise dahinvegetieren
▸ **vivre** [vivr] ⟨**je vis, il vit, nous vivons; je vi-
vais; je vécus; je vivrai; que je vive; vivant;
vécu**⟩ **I** *v/t* erleben; durchleben; *jours a* verle-
ben; **vivre sa vie** sein eigenes Leben leben,

führen; *vivre mal un problème* mit e-m Problem schwer fertig werden **II** *v/i* leben; *vivre vieux* alt werden; *mode avoir vécu* sich überlebt haben; *prov* *qui vivra verra* man wird ja sehen; *il a (beaucoup) vécu* er hat (in s-m Leben) viel erlebt; *vivre bien* sorgenfrei leben; *vivre avec qn* mit j-m zusammenleben; *vivre dans l'angoisse, en paix* in Angst, in Frieden leben; *vivre de qc* von etw leben; *vivre pour soi* nur an sich (*acc*) denken; *avoir de quoi vivre* sein Auskommen, genug zum Leben haben; *faire vivre qn* für den Lebensunterhalt j-s aufkommen; j-n ernähren; *se laisser vivre* in den Tag hinein leben; *savoir vivre agréablement* zu leben verstehen; *selon l'usage* Lebensart haben

vivres [vivʀ] *m/pl* Lebensmittel *n/pl*; Verpflegung *f*; *fig* *couper les vivres à qn* j-m den Geldhahn zudrehen

vivrier [vivʀije] *adj* ⟨**-ière** [-jɛʀ]⟩ *cultures* der Ernährung dienend

vizir [viziʀ] *m* Wesir *m*

vlan [vlɑ̃] *int* peng!; bums!; wumm!

VO *abr* → *version*

vocable [vɔkabl] *m* Vokabel *f*; Wort *n*

▸ **vocabulaire** [vɔkabylɛʀ] *m* **1.** Wortschatz *m*; Vokabular *n* **2.** (*lexique*) Wörterverzeichnis *n*; Vokabular *n*; Glossar *n*

vocal [vɔkal] *adj* ⟨**~e**, **-aux** [-o]⟩ Stimm…; MUS Vokal…; *cordes vocales* Stimmbänder *n/pl*

vocalisation [vɔkalizasjɔ̃] *f* PHON Vokalisierung *f*

vocalise [vɔkaliz] *f* MUS Stimmübung *f*; Vokalise *f*

vocaliser [vɔkalize] **I** *v/t* PHON vokalisieren **II** *v/i* MUS Stimmübungen machen

vocatif [vɔkatif] *m* GR Vokativ *m*; Anredefall *m*

vocation [vɔkasjɔ̃] *f* **1.** REL, *pour une profession* Berufung *f* **2.** (*mission*) Bestimmung *f*; Aufgabe *f*; Eignung *f*

vociférations [vɔsifeʀasjɔ̃] *f/pl* Gebrüll *n*; Gezeter *n*

vociférer [-e] *v/i* ⟨**-è-**⟩ brüllen (*a v/t*); toben; zetern

vodka [vɔdka] *f* Wodka *m*

vœu [vø] *m* ⟨**~x**⟩ **1.** REL Gelübde *n*; *par ext* Gelöbnis *n*; feierliches Versprechen; *j'ai fait le vœu de* (+ *inf*) ich habe mir gelobt zu (+ *inf*) **2.** (*souhait*) Wunsch *m*; ▸ *meilleurs vœux! ou tous mes vœux!* meine besten Wünsche!; alles Gute!; *vœux de bonne année* Glückwünsche *m/pl* zum neuen Jahr; *faire un vœu* sich (*dat*) etwas wünschen

vogue [vɔg] *f* Publikumsgunst *f*; Beliebtheit *f*; *en vogue* in Mode; en vogue

voguer [vɔge] *litt* *v/i* fahren; segeln

voici [vwasi] *prép* da ist *ou* sind; hier ist *ou* sind; *la, les voici* da *ou* das ist, sind sie; *le livre que voici* dieses Buch da, hier; → *voilà*

▸ **voie** [vwa] *f* **1.** (*chemin*) (Verkehrs)Weg *m*; Straße *f*; *voie publique* öffentliche Straße; *voie romaine* Römerstraße *f*; *voie d'accès* Zu-, Auffahrt *f*; AUTOROUTE Zubringer *m*; *voies de communication* Verkehrswege *m/pl*, -verbindungen *f/pl* **2.** CH DE FER Gleis *n*; *voie de garage* Abstellgleis *n* (*a fig*); *à plusieurs voies* mehrgleisig **3.** *d'une route* Fahrspur *f*; *voie réservée aux véhicules lents*

Kriechspur *f*; *à trois voies* dreispurig **4.** ANAT Weg *m*; *voies respiratoires* Atemwege *m/pl* **5.** *fig* Weg *m*; *voie royale* Königsweg *m*; *en voie de …* in (+ *dat*) begriffen; *en voie de guérison* auf dem Wege der Genesung; *par (la) voie diplomatique* auf diplomatischem Wege; *être dans la bonne voie* auf dem richtigen Weg sein; *être en bonne voie* auf gutem Wege sein; *mettre qn sur la voie* j-n auf die (richtige) Spur bringen; j-m auf die Sprünge helfen **6.** JUR *voies pl de fait* Tätlichkeiten *f/pl* **7.** MAR *voie d'eau* Leck *n*

▸ **voilà** [vwala] *prép* da ist *ou* sind; *voilà!* da!; (*et*) *voilà!* das wär's!; *voilà, voilà, j'arrive!* ich komm ja schon!; *voilà un an (que…)* es ist ein Jahr her (, dass …); *tu veux des bonbons, en voilà* da sind welche; *en veux-tu en voilà* F in rauen Mengen; *me voilà* da bin ich; *nous y voilà* nun sind wir beim eigentlichen Thema; (*et*) *voilà tout* das ist alles; weiter nichts; *voilà ce que c'est (que) de* (+ *inf*) das kommt davon *ou* so geht es, wenn man …; *la maison que voilà* das, dieses Haus da; *voilà comment … so …; voilà pourquoi …* deshalb …; darum …; *mais voilà que, tout à coup, …* aber (siehe da,) plötzlich…

voilage [vwalaʒ] *m rideau* Store *m*

voile¹ [vwal] *m* **1.** Schleier *m*; *voile de mariée* Brautschleier *m*; REL *prendre le voile* den Schleier nehmen; Nonne werden **2.** TEXT Voile *m* **3.** *fig* Schleier *m*; *jeter un voile sur qc* e-n Schleier über etw (*acc*) breiten **4.** *voile du palais* Gaumensegel *n*; weicher Gaumen

▸ **voile²** *f* **1.** Segel *n*; *faire voile sur* segeln nach; F *mettre les voiles* F abhauen; F verduften **2.** Segeln *n*; Segelsport *m*; *faire de la voile* segeln; Segelsport treiben **3.** *vol m à voile* Segelflug *m*, -fliegen *n*

voilé [vwale] *adj* ⟨**~e**⟩ **1.** *femme* verschleiert **2.** *ciel, regard* verschleiert; *photo* mit e-m Schleier; *voix* heiser; belegt; *allusion* versteckt; *en termes voilés* in verhüllten Worten **3.** *roue* verbogen; F mit e-m Achter, e-r Acht

voiler¹ [vwale] **I** *v/t* verschleiern, verhüllen (*a fig*) **II** *v/pr* *se voiler* **1.** *femme* verschleiert sein *ou* gehen **2.** *ciel, regard* sich verschleiern; sich trüben

voiler² *v/pr* *se voiler* *roue* sich verbiegen

voilette [vwalɛt] *f* (Hut)Schleier *m*

voilier [vwalje] *m* Segelschiff *n*; Segler *m*; SPORTS Segelboot *n*, -jacht *f*

voilure [vwalyʀ] *f* **1.** MAR Besegelung *f* **2.** AVIAT Tragflächen *f/pl*

▸ **voir** [vwaʀ] ⟨**je vois, il voit, nous voyons, ils voient; je voyais; je vis; je verrai; que je voie; voyant; vu**⟩ **I** *v/t* **1.** (*apercevoir*) sehen; erblicken; bemerken; *voir un accident* e-n Unfall (mit an)sehen; *ne pas voir qn, qc* a j-n, etw übersehen; *sans être vu* a ungesehen; *je les ai vus mourir* ich habe sie sterben sehen; ▸ *faire voir qc à qn* j-m etw zeigen; *fais voir* zeig mal; *se faire voir* sich sehen lassen; F *va te faire voir (ailleurs)!* F scher dich doch zum Teufel!; *ne pas laisser voir son chagrin* sich (*dat*) s-n Kummer nicht anmerken lassen **2.** (*visiter*) (an)sehen; besuchen; (*rencontrer*) sehen; besuchen; *voir un film* sich (*dat*) e-n Film ansehen; e-n Film sehen; *être à voir* sehenswert sein; ▸ *aller voir qc, qn* sich (*dat*) etw ansehen; etw besichtigen; j-n auf-, besuchen; bei j-m vorsprechen; (*aller*) *voir le médecin* zum Arzt gehen; *se faire bien, mal voir* sich beliebt, unbeliebt machen; *venir voir qn* j-n be-, aufsuchen **3.** (*se représenter*) sehen; sich (*dat*) vorstellen; verstehen; *voir un 'héros en qn* in j-m e-n Helden sehen; F *tu vois ça d'ici* das kannst du dir wohl vorstellen; *tu vois ce que je veux dire* du verstehst, was ich sagen will **4.** (*examiner*) (nach-, durch)sehen; *va voir ce qui se passe* sieh nach, was los ist; *c'est à voir* das wäre zu überlegen **5.** (*vivre qc*) sehen; erleben; mit-, durchmachen; *elle en a vu dans sa vie* sie hat in ihrem Leben viel durchgemacht; F *vous allez voir ce que vous allez voir* F Sie werden (noch) Ihr blaues Wunder erleben; *on aura tout vu* das ist doch unglaublich, die Höhe, F das Letzte **6.** *cela n'a rien à voir* das gehört nicht hierher; das hat damit (gar) nichts zu tun; *je n'ai rien à voir là-dedans* ich habe damit nichts zu tun **II** *v/t*/*indir* **7.** F *il faudrait voir à ne pas confondre!* F dass mir ja keine Verwechslungen vorkommen! **III** *v/i* **8.** sehen (können); *ne voir que d'un œil* nur auf einem Auge sehen **9.** *par ext: voir page 20* siehe Seite 20; *voyons!* also!; aber, aber!; hören Sie *ou* hör mal!; (*ah!*) *je vois!* jetzt verstehe ich!; *on verra bien* man wird dann ja weitersehen; *il faut voir* das muss man (F erst mal) abwarten, sehen; *essaie* (*un peu*) *pour voir* versuch's doch mal; *viens voir* komm mal her; da, schau mal **IV** *v/pr* **10.** *se voir déjà millionnaire* sich schon als Millionär sehen; *se voir obligé de* (+ *inf*) sich gezwungen sehen zu (+ *inf*) **11.** *semi-auxiliaire: il s'est vu décerner le prix* er bekam den Preis verliehen; *elle s'est vu refuser l'entrée* der Eintritt wurde ihr verwehrt **12.** *se voir* sich, einander sehen, treffen; zusammenkommen; *fig ils ne peuvent pas se voir* sie können sich, einander nicht ausstehen, F riechen **13.** *cela se voit* das sieht, merkt man; *ça ne s'est jamais vu* das ist noch nie da gewesen; das hat's noch nie gegeben

voire [vwaʀ] *adv* (ja) sogar

voirie [vwaʀi] *f* Straßenverwaltung *f*; *service m de voirie* nettoyage Straßenreinigung *f*; *enlèvement des ordures* städtische Müllabfuhr

▸ **voisin** [vwazɛ̃] **I** *adj* ⟨-**ine** [-in]⟩ **1.** benachbart; Nachbar...; Neben...; angrenzend; *États voisins* Nachbarstaaten *m/pl*; *maison voisine* Nachbar-, Nebenhaus *n* **2.** (*ressemblant*) verwandt, ähnlich (*de dat*) **II** *voisin*(e) *m(f)* Nachbar(in) *m(f)*; ÉCOLE Banknachbar(in) *m(f)*; *en rang* Nebenmann *m*; *voisin de table* Tischnachbar *m*

voisinage [vwazinaʒ] *m* Nachbarschaft *f* (*a coll*); *relations f/pl de bon voisinage* gutnachbarliche Beziehungen *f/pl*

voisiner [vwazine] *v/i voisiner avec* stehen, liegen, sein bei, neben (+ *dat*)

▸ **voiture** [vwatyʀ] *f* **1.** Wagen *m*; Auto *n*; *voiture ancienne* Oldtimer *m*; *voiture de course, d'occasion* Renn-, Gebrauchtwagen *m*; *voiture de pompiers* Feuerwehrauto *n*; *en voiture* mit dem Auto, Wagen; *faire de la voiture* Auto fahren **2.** CH DE FER Wagen *m*; Waggon *m*; *en voiture!* bitte einsteigen! **3.** Wagen

m; Karren *m*; *voiture à bras* Handwagen *m*, -karren *m*; *voiture d'enfant* Kinderwagen *m*

voiture-bar *f* ⟨**voitures-bars**⟩ CH DE FER Wagen *m* mit Bar

voiture-couchettes *f* ⟨**voitures-couchettes**⟩ Liegewagen *m*

voiture-lit *f* ⟨**voitures-lits**⟩ Schlafwagen *m*

voiturer [vwatyʀe] *v/t* (im Wagen) befördern, transportieren

voiture-restaurant *f* ⟨**voitures-restaurants**⟩ Speisewagen *m*

voiturette [vwatyʀɛt] *f* kleiner Wagen

▸ **voix** [vwa, vwa] *f* **1.** Stimme *f* (*a* MUS, POL, *fig*); *fig voix de la raison* Stimme der Vernunft; *à voix basse, 'haute* leise, laut; mit leiser, lauter Stimme; *de vive voix* mündlich; *par dix voix contre trois* mit zehn gegen drei Simmen; *avoir de la voix* Stimme haben; singen können; *fig avoir voix au chapitre* etwas zu sagen, ein Wort mitzureden haben; *entendre des voix* Stimmen hören; *rester sans voix* keinen Ton hervorbringen **2.** GR *voix active* Aktiv *n*; Tätigkeitsform *f*; *voix passive* Passiv *n*; Leideform *f*

▸ **vol**[1] [vɔl] *m* **1.** Flug *m* (*a* AVIAT); *vol à voile* Segelflug *m*, -fliegen *n*; *au vol* im Fluge; *attraper au vol* *balle* im Fluge fangen; *bus* im letzten Moment erwischen; *remarque* aufschnappen; auffangen; *à vol d'oiseau* *distance* (in der) Luftlinie; *photo* aus der Vogelschau, -perspektive; *fig escroc de haut vol* ausgekocht; gerissen; *en* (*plein*) *vol* während des Fluges **2.** (*nuée*) Schwarm *m*

vol[2] *m* Diebstahl *m*; *vol à main armée* bewaffneter Diebstahl; (schwerer) Raub; *vol de voiture* Autodiebstahl *m*; *fig c'est du vol* (*organisé*) das ist ja Wucher; *au restaurant* F das ist der reinste Nepp

vol. *abr* (*volume*) Bd. (Band)

volage [vɔlaʒ] *adj* flatterhaft; unstet

volaille [vɔlaj] *f* Geflügel *n*; F Federvieh *n*; *une volaille* ein Stück *n* Geflügel

volailler [vɔlaje] *m* Geflügelhändler *m*

volant[1] [vɔlɑ̃] *adj* ⟨-**ante** [-ɑ̃t]⟩ **1.** fliegend; Flug... **2.** (*mobile*) beweglich; *feuille* lose

▸ **volant**[2] *m* **1.** AUTO Lenkrad *n*; Steuer *n* **2.** SPORTS Federball(spiel) *m(n)* **3.** COUT Volant *m*

volatil [vɔlatil] *adj* ⟨**~e**⟩ CHIM flüchtig

volatile [vɔlatil] *m* (Stück *n*) Geflügel *n*

volatiliser [vɔlatilize] *v/pr se volatiliser* CHIM sich verflüchtigen (*a fig* F); verdunsten; *fig a* sich in Luft auflösen

vol-au-vent [vɔlovɑ̃] *m* ⟨*inv*⟩ große Blätterteigpastete

volcan [vɔlkɑ̃] *m* Vulkan *m*

volcanique [vɔlkanik] *adj* **1.** vulkanisch; Vulkan... **2.** *fig* explosiv

volcanisme [vɔlkanism] *m* Vulkanismus *m*

volcanologie [vɔlkanɔlɔʒi] *f* Vulkanologie *f*

volcanologue [-lɔg] *m* Vulkanologe *m*; Vulkanforscher *m*

volé [vɔle] *adj* ⟨**~e**⟩ **1.** *chose* gestohlen **2.** *personne* bestohlen

volée [vɔle] *f* **1.** *d'oiseaux, d'enfants* Schwarm *m* **2.** *de projectiles* Hagel *m*; *volée* (*de coups*) Tracht *f* Prügel **3.** TENNIS Flugschlag *m*; Volley *m* **4.** *à toute volée* in vollem Schwung

▸ **voler**[1] [vɔle] *v/i* **1.** *oiseau, avion, pilote* fliegen;

objet durch die Luft fliegen; **voler en éclats** in Stücke fliegen; zersplittern; zerspringen; **faire voler la poussière** den Staub aufwirbeln **2.** *fig* **voler au secours de qn** j-m zu Hilfe eilen

▸ **voler**² *v/t* **1.** stehlen (*a abs*); **voler qc à qn** j-m etw stehlen, entwenden **2.** **voler qn** j-n bestehlen; **se faire voler** bestohlen werden **3.** *clients* betrügen; *au restaurant* ausnehmen; F neppen **4.** *fig idée, etc* stehlen; F **il ne l'a pas volé** das geschieht ihm ganz recht

▸ **volet** [vɔlɛ] *m* **1.** Fensterladen *m*; **volet roulant** Rollladen *m* **2.** **trier sur le volet** sieben; sorgfältig auswählen **3.** *d'un dépliant* (umklappbarer) Teil, Abschnitt; Blatt *n*; *par ext* Teil *m*

voleter [vɔlte] *v/i* ⟨**-tt-**⟩ (herum)flattern

▸ **voleur** [vɔlœʀ], **voleuse** [vɔløz] **I** *m,f* **1.** Dieb(in) *m(f)*; **voleur de voitures** Autodieb *m*; **au voleur!** Hilfe, Diebe!; haltet den Dieb! **2.** *m fig* Halsabschneider *m*; Geldschneider *m* **II** *adj* diebisch

volière [vɔljɛʀ] *f* Vogelhaus *n*; Voliere *f*

volige [vɔliʒ] *f* Dachlatte *f*

volley-ball [vɔlɛbol] *m* Volleyball *m*

volleyeur [vɔlɛjœʀ] *m*, **volleyeuse** [-øz] *f* Volleyballspieler(in) *m(f)*

volontaire [vɔlɔ̃tɛʀ] **I** *adj* **1.** (*de plein gré*) freiwillig **2.** (*voulu*) absichtlich; gewollt; vorsätzlich; bewusst; *incendie m* **volontaire** Brandstiftung *f* **3.** (*décidé*) willensstark **II** *m,f* Freiwillige(r) *f(m)*; **se porter volontaire** sich freiwillig melden

volontairement [vɔlɔ̃tɛʀmɑ̃] *adv* **1.** (*sans être contraint*) freiwillig; unaufgefordert **2.** (*exprès*) absichtlich

volontariat [vɔlɔ̃taʀja] *m* freiwilliger Dienst

volontarisme [vɔlɔ̃taʀism] *m* PHILOS, PSYCH Voluntarismus *m*

▸ **volonté** [vɔlɔ̃te] *f* **1.** (*désir*) Wille *m*; Wunsch *m*; **les dernières volontés de qn** der Letzte Wille j-s; **à volonté** nach Belieben; nach Wunsch; beliebig (viel); F **elle fait ses quatre volontés** sie gibt allen s-n Launen nach **2.** (*disposition*) **bonne volonté** guter Wille; Bereitwilligkeit *f*; *par ext* **les bonnes volontés** die Menschen guten Willens; **mauvaise volonté** böser Wille; mangelnde Bereitschaft; **mettre de la mauvaise volonté à faire qc** etw absichtlich langsam *ou* schlecht machen; **avec la meilleure volonté du monde** beim besten Willen **3.** (*caractère*) Wille *m*; Willenskraft *f*, -stärke *f*; **manque m de volonté** Willenlosigkeit *f*; Willensschwäche *f*; **sans volonté** willenlos; willensschwach; ohne eigenen Willen

▸ **volontiers** [vɔlɔ̃tje] *adv* **1.** gern(e); bereitwillig; **plus volontiers** lieber **2.** (*facilement*) häufig; leicht; gern

volt [vɔlt] *m* Volt *n*

voltage [-aʒ] *m* Spannung *f*; Voltzahl *f*

voltairien [vɔltɛʀjɛ̃] **I** *adj* ⟨**-ienne** [-jɛn]⟩ spöttisch-freidenkerisch **II** *m* Voltairianer *m*

volte [vɔlt] *f* ÉQUITATION Volte *f*

volte-face [vɔltəfas] *f* ⟨*inv*⟩ Kehrtwendung *f* (*a fig*); **faire volte-face** e-e Kehrtwendung machen (*a fig*); sich umdrehen

voltige [vɔltiʒ] *f* **1.** '**haute voltige** Hochseilakrobatik *f*; *fig* gewagtes, riskantes Unterfangen **2.** *à cheval* Kunstreiten *n* **3.** AVIAT Kunst-

fliegen *n*, -flug *m*

voltiger [vɔltiʒe] *v/i* ⟨**-ge-**⟩ hin und her fliegen; *papillons* gaukeln; *flocons* tanzen

voltigeur [-œʀ] *m* Seilakrobat *m*

volubile [vɔlybil] *adj* *personne* zungenfertig; *explications* wortreich

volubilis [vɔlybilis] *m* BOT Winde *f*

volubilité [vɔlybilite] *f* Zungenfertigkeit *f*

volume [vɔlym] *m* **1.** (*livre*) Band *m*; **en trois volumes** dreibändig **2.** MATH Volumen *n*; Rauminhalt *m* **3.** *fig* Umfang *m*; Volumen *n*; Menge *f* **4.** *de la voix* Volumen *n*; *d'un haut-parleur* Lautstärke *f*

volumétrique [vɔlymetʀik] *adj* CHIM maßanalytisch; volumetrisch

volumineux [vɔlyminø] *adj* ⟨**-euse** [-øz]⟩ voluminös; umfangreich

volupté [vɔlypte] *f* **1.** (Sinnen)Lust *f*; Sinnenfreude *f*; *sexuelle* Wollust *f* **2.** (*délice*) Wonne *f*; Genuss *m*

voluptueux [vɔlyptɥø] *adj* ⟨**-euse** [-øz]⟩ sinnenfreudig; wollüstig

volute [vɔlyt] *f* ARCH Volute *f*; *fig* **volutes de fumée** Rauchspirale *f*

vomi [vɔmi] F *m* Erbrochene(s) *n*

vomir [vɔmiʀ] *v/t* **1.** er-, ausbrechen; *abs* sich übergeben; sich erbrechen; F brechen; *st/s* speien; *fig* **c'est à vomir** dabei wird einem übel **2.** *fig* **vomir qn** j-n verabscheuen

vomissement [vɔmismɑ̃] *m* Erbrechen *n*

vomissure [-yʀ] *f* Erbrochene(s) *n*

vomitif [vɔmitif] *m* Brechmittel *n*

vont [vɔ̃] → **aller**¹

vorace [vɔʀas] *adj* gefräßig; gierig (*a fig*)

voracité [-ite] *f* Gefräßigkeit *f*; Gier *f* (*a fig*)

vos → **votre**

▸ **Vosges** [voʒ] **les Vosges** *f/pl* die Vogesen *pl*

vosgien [voʒjɛ̃] **I** *adj* ⟨**-ienne** [-jɛn]⟩ der Vogesen **II** **Vosgien(ne)** Bewohner(in) *m(f)* der Vogesen

votant [vɔtɑ̃] *m surtout pl* **votants** a) (*qui participent à un vote*) Abstimmende(n) *m/pl*; Wähler *m/pl*; b) (*qui ont le droit de voter*) Wahl-, Stimmberechtigte(n) *m/pl*

votation [vɔtasjɔ̃] *f Suisse* **votation populaire** Volksabstimmung *f*

▸ **vote** [vɔt] *m* **1.** Wahl *f*; Abstimmung *f*; **vote de confiance** Vertrauensvotum *n*; **vote par correspondance** Briefwahl *f* **2.** (*voix*) (Wahl)Stimme *f* **3.** *d'une loi* Verabschiedung *f*

▸ **voter** [vɔte] **I** *v/t loi* verabschieden; **faire voter une loi** ein Gesetz durchbringen **II** *v/i* wählen; abstimmen; s-e Stimme abgeben; **voter oui, non** mit Ja, Nein stimmen; → *Info bei* **wählen**

votif [vɔtif] *adj* ⟨**-ive** [-iv]⟩ Votiv...; Weih...

▸ **votre** [vɔtʀ] *adj/poss* ⟨*pl* **vos** [vo]⟩ **1.** euer, eure, *pl* eure **2.** *forme de politesse* Ihr(e), *pl* Ihre

vôtre [votʀ] **I** *pr/poss* **1.** ▸ **le vôtre, la vôtre** der, die, das eure; eure(r, -s); *pl* **les vôtres** die euren; eure **2.** *forme de politesse* ▸ **le vôtre, la vôtre** der, die, das Ihre; Ihre(r, -s); *pl* **les vôtres** die Ihren; Ihre; F ▸ **à la vôtre!** zum Wohl!; prost! **II** *subst* **3.** **le vôtre** a) das Eure; b) das Ihre **4.** **les vôtres** *m/pl* (*famille, amis, etc*) a) die Euren; b) die Ihren; **je suis des vôtres** ich mache, komme mit

voudrai(s) [vudʀɛ] → **vouloir**¹

vouer [vwe] **I** v/t **1.** *sa vie, etc* **vouer à** widmen, weihen (+ *dat*) **2.** *haine, amour, etc* geloben **3.** **vouer à qc** zu etw bestimmen; **être voué à l'échec** zum Scheitern verurteilt sein **II** v/pr **se vouer à qc** sich e-r Sache (*dat*) verschreiben, weihen

▸ **vouloir¹** [vulwaʀ] ⟨**je veux, il veut, nous voulons, ils veulent; je voulais; je voulus; je voudrai; que je veuille, que nous voulions; voulant; voulu;** *Imperativ der höflichen Aufforderung* **veuillez**⟩ **I** v/t **1.** wollen; **vouloir qc** etw (haben) wollen (**de qn** von j-m); **voulez-vous un apéritif?** möchten, wollen Sie e-n Aperitif?; ▸ **je voudrais ...** ich möchte ...; **tu l'as voulu** du hast es so gewollt; **que tu le veuilles ou non** ob du (es) willst oder nicht; **sans le vouloir** ohne es zu wollen; ungewollt; *résigné* **qu'est-ce que vous voulez?** das ist nun mal so; was soll man da machen?; ▸ je veux bien oh ja!; gerne!; das ist mir recht; ich habe nichts dagegen; **comme tu voudras** wie du willst; **vouloir faire qc** etw tun wollen; ▸ **vouloir dire** → **dire¹**; **je voudrais vous parler** ich möchte Sie, mit Ihnen sprechen; **veux- -tu te taire** willst du wohl still sein; **veuillez** (+ *inf*) wollen, würden Sie bitte (+ *inf*); F **le moteur ne veut pas démarrer** der Motor will nicht anspringen; **que voulez-vous que je vous dise?** was soll ich da sagen?; **le hasard a voulu que ...** (+ *subj*) der Zufall wollte es, dass ... **2.** (*prétendre*) **vouloir que ...** (+ *subj*) behaupten, dass ... **II** v/t/indir **3.** **ne pas vouloir de qc, qn** etw, j-n nicht (haben) wollen; von etw, j-m nichts wissen wollen **4.** ▸ **en vouloir à qn** j-m böse sein; es j-m übel nehmen, nachtragen; **en vouloir à mort à qn** j-n tödlich hassen; **en vouloir à qn, qc** es auf j-n, etw abgesehen haben; **en vouloir à la vie de qn** j-m nach dem Leben trachten **III** v/pr **5.** **s'en vouloir de** (+ *inf*) sich über sich (*acc*) selbst ärgern, auf sich (*acc*) selbst böse sein, dass ... **6.** (*vouloir passer pour*) **se vouloir ...** sich ... geben; ... sein wollen

vouloir² m **bon vouloir** guter Wille; Bereitwilligkeit f; **dépendre du bon vouloir de qn** vom Belieben j-s abhängen

voulu [vuly] adj ⟨**~e**⟩ **1.** (*exigé*) gewünscht; *âge* erforderlich (**pour** für); **en temps voulu** zur festgesetzten Zeit **2.** (*intentionnel*) absichtlich; gewollt; beabsichtigt

▸ **vous** [vu] **I** pr/pers **1.** *sujet* ihr; *obj/dir et obj/indir* euch (*acc et dat*); **vous vous êtes trompé(e)s** ihr habt euch getäuscht **2.** *forme de politesse* (*sg u pl*) *sujet* Sie; *obj/dir et obj/indir* Sie (*acc*); Ihnen (*dat*); *réfléchi* sich (*acc et dat*); **imaginez-vous!** stellen Sie sich (*dat*) vor!; **de vous à moi** unter uns gesagt; **dire vous à qn** zu j-m Sie sagen **II** pr/ind einen *ou* einem; **les gens qui vous disent que ...** die Leute, die einem sagen, dass ...

vous-même(s) [vumɛm] pr/pers **1.** *accentué* (ihr *ou* Sie) selbst **2.** *réfléchi* euch *ou* sich selbst

voûte [vut] f Gewölbe n; *fig* **voûte céleste** Himmelsgewölbe n

voûté [vute] adj ⟨**~e**⟩ *dos* krumm; gebeugt; *personne* **être tout voûté** e-n krummen, gebeugten Rücken haben; gebeugt gehen

voûter [vute] v/pr **se voûter** vom Alter gebeugt

werden; krumm werden

vouvoiement [vuvwamã] m Siezen n

vouvoyer [vuvwaje] ⟨**-oi-**⟩ v/t (*et* v/pr **se** sich) siezen; **vouvoyer qn** a j-n mit Sie anreden

▸ **voyage** [vwajaʒ] m **1.** Reise f; Fahrt f; **bon voyage!** gute Reise!; gute Fahrt!; **voyage éclair** Blitzbesuch m; **voyage à l'étranger** Auslandsreise f; **voyage d'affaires** Geschäftsreise f; **voyage de noces** Hochzeitsreise f; **voyage en avion, en bateau** Flug-, Schiffsreise f; **voyage en voiture** Autoreise f, -fahrt f; **gens** m/pl **du voyage** Zirkusleute pl; fahrendes Volk; **être en voyage** verreist, auf Reisen sein; **partir en voyage** verreisen; auf Reisen gehen **2.** (*trajet*) Fahrt f; **faire plusieurs voyages** mehrmals hin- und herfahren *ou* -gehen

▸ **voyager** [vwajaʒe] v/i ⟨**-ge-**⟩ **1.** reisen; **il a beaucoup voyagé** er ist viel gereist, herumgekommen **2.** *marchandises* transportiert werden

▸ **voyageur** [vwajaʒœʀ], **voyageuse** [vwajaʒøz] **1.** m,f Reisende(r) f(m); Fahrgast m; Passagier m **2.** **voyageur (de commerce)** (Handlungs)Reisende(r) m; Handelsvertreter m **3.** adjt **pigeon voyageur** Brieftaube f

voyagiste [vwajaʒist] m Reiseveranstalter m

voyance [vwajãs] f zweites Gesicht; Hellsehen n

voyant [vwajã] **I** adj ⟨**-ante** [-ãt]⟩ auffallend; auffällig; *couleur* a grell **II** subst **1.** **voyant(e)** m(f) Hellseher(in) m(f); **voyante** f a Wahrsagerin f **2.** (*non aveugle*) **voyant(e)** m(f) Sehende(r) f(m) **3.** m Kontrolllampe f

voyelle [vwajɛl] f Vokal m; Selbstlaut m

voyeur [vwajœʀ] m Voyeur m; F Spanner m

voyeurisme [-ism] m Voyeurismus m

voyons [vwajõ] → **voir**

voyou [vwaju] m **1.** (*loubar*) jugendlicher Rowdy; **petit voyou** Schlingel m; Lausbub m **2.** (*délinquant*) Ganove m

vrac [vʀak] **en vrac 1.** *marchandises* lose; offen; als Schüttgut **2.** *fig* durcheinander

▸ **vrai** [vʀɛ] **I** adj ⟨**~e**⟩ **1.** (*exact*) wahr; richtig; wahrheitsgemäß, -getreu; tatsächlich; **pas vrai?** nicht wahr?; **c'est vrai?** ist das wahr?; stimmt das (wirklich)?; F **c'est pas vrai!** das kann, F darf doch nicht wahr sein!; **il est vrai que ...** es ist wahr, es trifft zu, dass ...; *restrictif* zwar ...; allerdings ... **2.** (*authentique*) echt (*a tableau*); richtig; wirklich; wahr; **vrai de vrai** unverfälscht; typisch; F hundertprozentig **II** adv **à vrai dire, à dire vrai** offen gesagt, gestanden; eigentlich; **dire vrai** die Wahrheit sagen; recht haben **III** m **le vrai** das Wahre; die Wahrheit; *enf* **pour de vrai** im Ernst; wirklich; **être dans le vrai** recht haben

▸ **vraiment** [vʀɛmã] adv wirklich; wahrhaftig

vraisemblable [vʀɛsɑ̃blabl] adj wahrscheinlich

vraisemblablement [vʀɛsɑ̃blabləmã] adv wahrscheinlich

vraisemblance [vʀɛsɑ̃blɑ̃s] f Wahrscheinlichkeit f

vrille [vʀij] f **1.** bot Ranke f **2.** tech Nagelbohrer m **3.** aviat **descendre en vrille** abtrudeln

vriller [vʀije] v/t durchbohren

vrombir [vʀɔ̃biʀ] v/i *moteur* dröhnen; *insecte* summen

vrombissement [-ismã] m Dröhnen n

vroum [vʀum] int **vroum! vroum!** brumm,

brumm!

VRP [veɛʀpe] *m abr* ⟨*inv*⟩ (*voyageur de commerce, représentant et placier*) Handelsvertreter *m*

VTC [vetese] *m abr* ⟨*inv*⟩ (*vélo tout chemin*) Trekkingrad *n*

VTT [vetete] *m abr* ⟨*inv*⟩ (*vélo tout terrain*) Mountainbike *n*

vu [vy] **I** *p/p* → *voir et adj* ⟨~**e**⟩ gesehen; *ni vu ni connu* ohne dass jemand etwas bemerkt; *être bien, mal vu* beliebt, unbeliebt sein *ou* gut, schlecht angeschrieben sein (*de qn* bei j-m); *chose qn*, nicht gern gesehen werden; F *c'est tout vu!* das ist ein für alle Mal erledigt! **II** *prép* angesichts (+ *gén*); in Anbetracht (+ *gén*); *vu le temps* bei dem Wetter **III** *m au vu et au su de tous* vor aller Augen; *c'est du déjà vu* das ist nichts Neues

▸ **vue** [vy] *f* **1.** *sens* Sehen *n*; Sehkraft *f*, -vermögen *n*; Gesichtssinn *m*; *avoir la vue basse* kurzsichtig sein; *avoir une bonne vue* gute Augen haben; gut sehen; *perdre la vue* erblinden; das Augenlicht verlieren **2.** (*regard*) Blick *m*; Sicht *f*; *à vue* auf Sicht; *comm* bei Sicht; Sicht...; *à première vue* auf den ersten Blick; *à vue de nez* F über den Daumen gepeilt; *à vue d'œil* zusehends; merklich; *à la vue de tous* vor aller Augen; *en vue* in Sicht; sichtbar; *personne* herausragend; sehr bekannt; *connaître qn de vue* j-n vom Sehen kennen; F *en mettre plein la vue à qn* F bei j-m Eindruck schinden; *perdre qn, qc de vue* j-n, etw aus den Augen verlieren **3.** (*spectacle*) Anblick *m*; *à la vue du sang* beim Anblick von Blut; *à sa vue* a als ich, er *etc* ihn *ou* sie sah **4.** (*panorama*) Aussicht *f*; (Aus)Blick *m*; *avec vue sur la mer* mit Blick aufs Meer;

mit Meeresblick **5.** PHOT Ansicht *f*; *vue aérienne* Luftbild *n*; *vue d'ensemble* Gesamtansicht *f*; Überblick *m*, -sicht *f* (*a fig*) **6.** (*idée*) *vues pl* Ansichten *f/pl*; Meinung *f*; *une vue de l'esprit* e-e (rein) theoretische Vorstellung **7.** (*intention*) Absicht *f*; *en vue de* (+ *subst*) im Hinblick auf (+ *acc*); *en vue de* (+ *inf*) um zu (+ *inf*); *avoir qn en vue* j-n in Aussicht genommen haben; *avoir qc en vue* etw im Auge haben; *avoir des vues sur qc, qn* ein Auge auf etw, j-n geworfen haben **8.** *seconde vue* zweites Gesicht; Hellsehen *n*

vulcanisation [vylkanizasjõ] *f* Vulkanisierung *f*; Vulkanisation *f*

vulcaniser [-e] *v/t* vulkanisieren

vulcanologie [vylkanɔlɔʒi] → *volcanologie*

vulgaire [vylgɛʀ] *adj* **1.** (*quelconque*) einfach; gewöhnlich; ordinär **2.** (*grossier*) ordinär; vulgär **3.** (*populaire*) volkstümlich; allgemein üblich; *langue f vulgaire* Volkssprache *f*

vulgairement [vylgɛʀmã] *adv* **1.** *péj s'exprimer etc* ordinär; vulgär **2.** *appelé vulgairement* allgemein, im Volksmund (genannt)

vulgarisation [vylgaʀizasjõ] *f ouvrage de vulgarisation* populärwissenschaftlich

vulgariser [vylgaʀize] *v/t* allgemein verständlich darstellen (und verbreiten)

vulgarité [vylgaʀite] *f* Vulgarität *f*

vulnérabilité [vylneʀabilite] *f* Verwundbarkeit *f*

vulnérable [vylneʀabl] *adj* verwundbar; *fig a* verletzbar; empfindlich; *point m vulnérable* verwundbare Stelle; Schwachstelle *f*

vulve [vylv] *f* Vulva *f*

Vve *ou* **Vve** *abr* (*veuve*) Wwe. (Witwe)

V.V.F. [veveɛf] *m abr* (*village vacances familles*) Familienferiendorf *n*

W

W, w [dublǝve] *m* ⟨*inv*⟩ W, w *n*

▸ **wagon** [vagõ] *m* Waggon *m*; Wagen *m*; *wagon (de marchandises)* Güterwagen *m*

wagon-citerne *m* ⟨**wagons-citernes**⟩ Kesselwagen *m*

wagon-couchettes *m* ⟨**wagons-couchettes**⟩ Liegewagen *m*

▸ **wagon-lit** *m* ⟨**wagons-lits**⟩ Schlafwagen *m*

wagonnet [vagɔnɛ] *m* (Kipp)Lore *f*

wagon-poste *m* ⟨**wagons-poste**⟩ CH DE FER Postwagen *m*

▸ **wagon-restaurant** *m* ⟨**wagons-restaurants**⟩ Speisewagen *m*

walkman® [wɔkman] *m* Walkman® *m*

walkyrie [valkiʀi] *f* Walküre *f*

Wallis-et-Futuna [walisefytyna] *les îles f/pl Wallis-et-Futuna* die Wallisinseln *f/pl*; Wallis und Futuna *n*

wallon [walõ] **I** *adj* ⟨**-onne** [-ɔn]⟩ wallonisch **II** *subst* **1.** *Wallon(ne)* *m(f)* Wallone *m*, Wallonin *f* **2.** LING *le wallon* das Wallonische; Wallonisch *n*

Wallonie [walɔni] *la Wallonie* Wallonien *n*

water-polo [watɛʀpɔlo] *m* Wasserball *m*

waterproof [watɛʀpʀuf] *adj* ⟨*inv*⟩ wasserdicht

waters [watɛʀ] *m/pl* Klosett *n*; Abort *m*; F Klo *n*; *aller aux waters* aufs Klo gehen

watt [wat] *m* ÉLECT Watt *n*

▸ **W.-C.** [(dublǝ)vese] *m/pl* WC *n*; F Null-Null *n* (*inscription* 00)

Web [wɛb] *m abr* (*World Wide Web*) INFORM Web *n*; (*naviguer, surfer*) *sur le Web* im Web (surfen); *adj t page f Web* Webseite *f*; *site m Web* Website *f*

webcam® [wɛbkam] *f* INFORM Webcam *f*

webmaster [-mastœʀ] *m ou* **webmestre**

[-mɛstʀ] *m* INFORM Webmaster *m*
▸ **week-end** [wikɛnd] *m* ⟨**week-ends**⟩ Wochenende *n*; **bon week-end!** schönes Wochenende!; **partir en week-end** übers Wochenende wegfahren
western [wɛstɛʀn] *m* Western *m*; Wildwestfilm *m*
western-spaghetti *m* ⟨**westerns-spaghettis**⟩

Italowestern *m*
Westphalie [vɛsfali] **la Westphalie** Westfalen *n*
whisky [wiski] *m* ⟨**whiskies**⟩ Whisky *m*
white-spirit [wajtspiʀit] *m* Terpentinersatz *m*
Wisigoths [vizigo] *m/pl* Westgoten *m/pl*
Wurtemberg [vyʀtɛ̃bɛʀ] **le Wurtemberg** Württemberg *n*

X

X, x [iks] *m* ⟨*inv*⟩ **1.** *lettre* X, x *n*; **chromosome** *m* **X** X-Chromosom *n*; **jambes** *f/pl* **en X** X-Beine *n/pl* **2.** MATH x *n*; (**Monsieur**) **X** Herr X(Y); JUR **plainte** *f* **contre X** Anzeige *f* gegen Unbekannt; **accoucher sous X** anonym entbinden (*und das Kind weggeben*) **3.** **rayons** *m/pl* **X** Röntgenstrahlen *m/pl* **4.** **film** (**classé**) **X** Pornofilm *m*

xénon [ksenõ] *m* CHIM Xenon *n*
xénophobe [gzenɔfɔb] *adj* fremden-, ausländerfeindlich
xénophobie [-i] *f* Fremdenhass *m*; Ausländerfeindlichkeit *f*
xérès [kseʀɛs, gze-] *m* Sherry *m*
xylophone [gzilɔfɔn] *m* Xylophon *n*

Y

Y, y[1] [igʀɛk] *m* ⟨*inv*⟩ **1.** *lettre* Y, y *n*; Ypsilon *n* **2.** MATH y *n*
▸ **y**[2] [i] **I** *adv* dort; da; dort-, dahin; **tu y vas?** gehst du (da-, dort)hin?; **j'y étais aussi** ich war auch dort, dabei; **j'y suis, j'y reste** hier bin ich und hier bleibe ich; **on n'y voit rien** man sieht nichts **II** *pr* **1.** (*à cela*) dazu; daran; darauf *etc*; **vous m'y obligez** Sie zwingen mich dazu; **j'y penserai** ich werde daran denken; **j'y renonce** ich verzichte darauf **2.** F (*lui*) **j'y ai dit** ich hab ihm *ou* ihr gesagt
yacht [jɔt] *m* Jacht *f*
yachting [jɔtiŋ] *m* Jachtsport *m*
ya(c)k [jak] *m* Yak *m*; Jak *m*
▸ **yaourt** [jauʀ(t)] *m* Joghurt *m* ou *n*; **yaourt nature, aux fruits** Natur-, Fruchtjoghurt *m*
yaourtière [jauʀtjɛʀ] *f* Joghurtbereiter *m*
yard [jaʀd] *m* Yard *n*
Yémen [jemen] **le Yémen** Jemen *n*; der Jemen

yéménite [jemenit] **I** *adj* jemenitisch **II** **Yéménite** *m,f* Jemenite, -in *m,f*
yen [jɛn] *m* Yen *m*
yeux [jø] *m/pl* → **œil**
yiddish [jidiʃ] **I** *adj* ⟨*inv*⟩ jiddisch **II** *m* **le yiddish** das Jiddische; Jiddisch *n*
yoga [jɔga] *m* Yoga *n*; **faire du yoga** Yoga machen
yog(h)ourt [jɔguʀt] → **yaourt**
Yougoslavie [jugɔslavi] HIST **la Yougoslavie** Jugoslawien *n*
youpi [jupi] *int* juchhe!; hurra!
youyou [juju] *m* Dingi *n*
yo-yo [jojo] *m* ⟨*inv*⟩ **1.** *jouet* Jo-Jo *n*; Yo-Yo *n* **2.** *fig* Auf und Ab *n*
yucca [juka] *m* Yucca *f*; Palmlilie *f*
yuppie [jupi] *m* Yuppie *m*
Yvelines [ivlin] **les Yvelines** [lez-] *f/pl frz* Departement

Z

Z, z [zɛd] *m* ⟨*inv*⟩ Z, z *n*
Zaïre [zaiʀ] HIST **le Zaïre** Zaire *n*
zaïrois [zaiʀwa] **I** *adj* ⟨**-oise** [-waz]⟩ zairisch **II** *subst* **Zaïrois(e)** *m(f)* Zairer(in) *m(f)*
Zambie [zɑ̃bi] **la Zambie** Sambia *n*
zapper [zape] *v/i* zappen; (zwischen den Programmen) hin und her schalten
zapping [zapiŋ] *m*; Zappen *n*; Hin-und-her--Schalten *n* (zwischen den Programmen)
zèbre [zɛbʀ] *m* **1.** zo Zebra *n*; **courir comme un zèbre** sehr schnell laufen **2.** F *fig* **un drôle de zèbre** ein komischer Kauz
zébré [zebʀe] *adj* ⟨**~e**⟩ (zebraartig) gestreift
zébrer [-e] *v/t* ⟨**-è-**⟩ mit (zebraartigen) Streifen versehen
zébrure [zebʀyʀ] *f* **1.** Streifen *m* **2.** *sur la peau* Strieme(n) *f(m)*
zébu [zeby] *m* Zebu *n ou m*
zèle [zɛl] *m* Eifer *m*; Fleiß *m*; Beflissenheit *f*; Diensteifer *m*; **pas de zèle!** nur kein Übereifer!; **faire du zèle** übereifrig, allzu eifrig sein
zélé [zele] *adj* ⟨**~e**⟩ eifrig; voll Eifer
zénith [zenit] *m* **1.** ASTR Zenit *m*; Scheitelpunkt *m* **2.** *fig* Gipfel *m*; Höhepunkt *m*; Zenit *m*
ZEP [zɛp] *f abr* (*zone d'éducation prioritaire*) Problembezirk, in dem die Schulen mehr Geld bekommen, um benachteiligte Schüler besser zu fördern.

La ZEP

Bei den **zones d'éducation prioritaire** (kurz **ZEP**) handelt es sich um städtische Bereiche, in denen Schulen (collèges, lycées) mit besonders ausgebildeten und besser bezahlten Lehrern versuchen, benachteiligten Schülern aus problematischen Stadtvierteln eine angemessene Schulausbildung zu ermöglichen. Da diese Schulen seit 1981 zusätzliche finanzielle Hilfen erhalten, sind die Klassen kleiner als an Normalschulen. Damit möchte man eine bessere Betreuung der Schüler ermöglichen. Im Jahre 2007 gab es ca. 8800 Schulen in den ZEP.

zéphyr [zefiʀ] *m* Zephir *ou* Zephyr *m*
zeppelin [zɛplɛ̃] *m* Zeppelin *m*
▶ **zéro** [zeʀo] **I** *m* **1.** MATH Null *f* **2.** *fig* Nichts *n*; Null *f*; F **les avoir à zéro** P Mordsschiss haben; **avoir le moral à zéro** seelisch auf dem Nullpunkt (angelangt) sein; F **c'est zéro** das taugt nichts; **repartir à zéro** wieder ganz von vorne,

bei Null anfangen **3.** *fig personne* Null *f* **4.** Nullpunkt *m*; Gefrierpunkt *m*; **dix degrés au-dessus, au-dessous de zéro** zehn Grad über, unter null; zehn Grad Wärme, Kälte **5.** ÉCOLE Sechs *f*; **avoir (un) zéro en maths** e-e Sechs in Mathe haben **II** *num/c* null; **zéro degré** null Grad; **zéro heure** null Uhr
zeste [zɛst] *m* **zeste de citron** (Stück *n*) Zitronenschale *f*
Zeus [dzøs] *m* MYTH Zeus *m*
zézaiement [zezɛmɑ̃] *m* Lispeln *n*
zézayer [zezeje] *v/i* ⟨**-ay-** *od* **-ai-**⟩ lispeln; mit der Zunge anstoßen
ZI *abr* (*zone industrielle*) Industrie-, Gewerbegebiet *n*
zibeline [ziblin] *f* Zobel *m*
zieuter [zjøte] F *v/t* angucken
zigoto [zigɔto] *m* F **un drôle de zigoto** F e-e seltsame Type; F ein komischer Kauz
zigouiller [ziguje] *v/t* F abmurksen
zigue [zig] F *m* → **zigoto**
zigzag [zigzag] *m* Zickzack *m*; **en zigzag** Zickzack…; im Zickzack (verlaufend)
zigzaguer [zigzage] *v/i* im Zickzack, in Schlangenlinien gehen *ou* fahren; *ivrogne a* torkeln
Zimbabwe [zimbabwe] **le Zimbabwe** Simbabwe *n*
zimbabwéen [zimbabweɛ̃] **I** *adj* ⟨**-enne** [-ɛn]⟩ simbabwisch **II** *subst* **Zimbabwéen(ne)** *m(f)* Simbabwer(in) *m(f)*
zinc [zɛ̃g] *m* **1.** Zink *n* **2.** F (*comptoir*) Theke *f*; Schanktisch *m* **3.** F (*avion*) F Kiste *f*
zingage [zɛ̃gaʒ] *m* Verzinken *n*, -ung *f*
zinguer [zɛ̃ge] *v/t* **1.** verzinken **2.** *toit* mit Zinkblech decken
zingueur [zɛ̃gœʀ] *m* **plombier** *m* **zingueur** Klempner *m*
zinzin [zɛ̃zɛ̃] *adj* ⟨*inv*⟩ **il est un peu zinzin** F er spinnt ein bisschen
zip [zip] *m* (breiter) (Zier)Reißverschluss
zippé [zipe] *adj* ⟨**~e**⟩ mit (breitem) (Zier)Reißverschluss
zipper [zipe] *v/t* INFORM zippen
zizanie [zizani] *f* **semer la zizanie** Zwietracht säen, stiften
zizi [zizi] *m enf* (*pénis*) enf Zipfelchen *n*
zloty [zlɔti] *m monnaie* Zloty *m*
zodiacal [zɔdjakal] *adj* ⟨**~e; -aux** [-o]⟩ ASTR Tierkreis…
zodiaque [zɔdjak] *m* ASTR Tierkreis *m*; **signes** *m/pl* **du zodiaque** Tierkreiszeichen *n/pl*
Zola [zɔla] **Émile Zola** frz Schriftsteller
zombi *ou* **zombie** [zõbi] *m* Zombie *m* (*a fig*)
zona [zona] *m* MÉD Gürtelrose *f*
zonage [zonaʒ] *m* Aufteilung *f* in Nutzungsflächen
zonard [zonaʀ] *m péj* Rocker *m*
▶ **zone** [zon] *f* **1.** Zone *f* (*a* GÉOGR, MATH, ANAT)

Gebiet *n*; Bereich *m*; **zone bleue** Kurzparkzone *f*; **zone dangereuse** Gefahrenzone *f*; **zone industrielle** Industrie-, Gewerbegebiet *n*; **zone sinistrée** Katastrophengebiet *n*; **zone de basse, haute pression** Tiefdruck-, Hochdruckgebiet *n*; **sur une zone de 5 km** in e-m Umkreis, Gebiet von 5 km **2.** *autour d'une grande ville* arme Außenviertel *n/pl* **3.** *fig* **de seconde zone** zweitrangig; zweitklassig

zoner [zone] *v/t arg* (*habiter*) F hausen

zoo [zo] *m* Zoo *m*; Tierpark *m*

zoologie [zɔɔlɔʒi] *f* Zoologie *f*; Tierkunde *f*

zoologique [zɔɔlɔʒik] *adj* zoologisch; **jardin** *m* **zoologique** zoologischer Garten; Tierpark *m*

zoologiste [zɔɔlɔʒist] *ou* **zoologue** [-lɔg] *m,f*

Zoologe, -login *m,f*

zoom [zum] *m* Zoom(objektiv) *n*

zouave [zwav] *m* **1.** HIST MIL Zuave *m* **2.** F *fig* **faire le zouave** den Hanswurst spielen

Zoulou(s) [zulu] *m/pl* Zulu *m/pl*

zozo [zozo] *m* F Dummchen *n*

zozoter [zozɔte] F → **zézayer**

ZUP [zyp] *f abr* ⟨*inv*⟩ (*zone à urbaniser en priorité*) dicht bebaute Außenviertel *n/pl*

Zurich [zyʀik] Zürich *n*

▸ **zut** [zyt] *int* F **zut** (*alors*)! F verflixt!; verdammt!

zyeuter [zjøte] → **zieuter**

zygomatique [zigɔmatik] *m* ANAT Jochbeinmuskel *m*

Allemagne: carte politique

Mer du Nord

Mer Baltique

DANEMARK

COPENHAGUE

Kiel

Schleswig-
Holstein

Mecklembourg-
Poméranie occidentale

Hambourg
Hambourg

Schwerin

Brême
Brême

Basse-Saxe

Elbe

PAYS-

BAS

Hanovre

BERLIN

Berlin

Potsdam

Oder

POLOGNE

Magdebourg

Brandebourg

Rhénanie-du-Nord-

Westphalie

Weser

Saxe-Anhalt

Düsseldorf

ALLEMAGNE

Rhin

Hesse

Erfurt

Thuringe

Saxe

Dresde

-GIQUE

Rhénanie-

Wiesbaden

Main

PRAGUE

RÉPUBLIQUE

LUXEM-
BOURG

Moselle

Mayence

Palatinat

TCHÈQUE

-MBOURG

Sarre

Sarrebruck

Bavière

Stuttgart

Danube

Bade-

Wurtemberg

Danube

-RANCE

Munich

AUTRICHE

VADUZ

BERNE

LIECHTEN-
STEIN

SUISSE

ITALIE

SLOVÉNIE

5 500 000

50 100 150 km

Europe: carte politique

ISLANDE
○ Reykjavik

Cercle polaire arctique

Mer de Norvège

NORVÈGE

SUÈDE

Îles Féroé
(Dan.)

Scandinavie

Oslo ○

Îles Shetland

Îles Orcades

Stockholm □

Hébrides

Écosse

Mer du Nord

DANEMARK
Copenhague □

Sjaelland

Öland

Go

Mer Balt

Irlande du Nord   Belfast ○
Île de Man

GRANDE BRETAGNE

Dublin □
IRLANDE

Mer d'Irlande

Pays de Galles

Bornholm

Mer Celte

Angleterre

Îles Frisonnes

PAYS-BAS
Amsterdam □

Berlin □

Londres ■
Tamise

Rhin

Elbe

Odra

PC

Îles Anglo-Normandes
(G.-B.)

Manche

BELGIQUE
Bruxelles ■

ALLEMAGNE

OCÉAN ATLANTIQUE

LUXEMBOURG
○ Luxembourg

Seine

Main

Prague □

RÉPUBLIQUE TCHÈQUE

Paris ■

Meuse

Danube

FRANCE

Loire

SLOV
Vienne □   Bra

AUTRICHE

Budape

Golfe de Gascogne

Berne ○ Vaduz ○
SUISSE LIECHTENSTEIN

ALPES

4807
Mt. Blanc

HON

SLOVÉNIE
Ljubljana ○

Zagreb ○

HO

Garonne

Rhône

Pô

CROATIE

BOSNI HERZÉGO

PORTUGAL

Douro

Douro

PYRÉNÉES

3404
Pic d'Aneto

ANDORRE
Andorre-la-Vieille

MONACO

Mer Ligurienne

SAINT-MARIN

Sarajev

Lisbonne □

Madrid □

Ebre

Tage

ESPAGNE

Corse
(Fr.)

Elbe

ITALIE

Mer Adriatique

Guadiana

VATICAN □ Rome

Îles Baléares

Minorque

Ibiza Majorque

Sardaigne

Mer Tyrrhénienne

Rabat ○

RIF
2456

MAROC

Alger □

Mer Méditer

Sicile

Ioni

Tunis □

MALTE   La Valette

1 : 20 000 000

Ouest 0° Est

ALGÉRIE

TUNISIE

0   200   400   600 km

10°

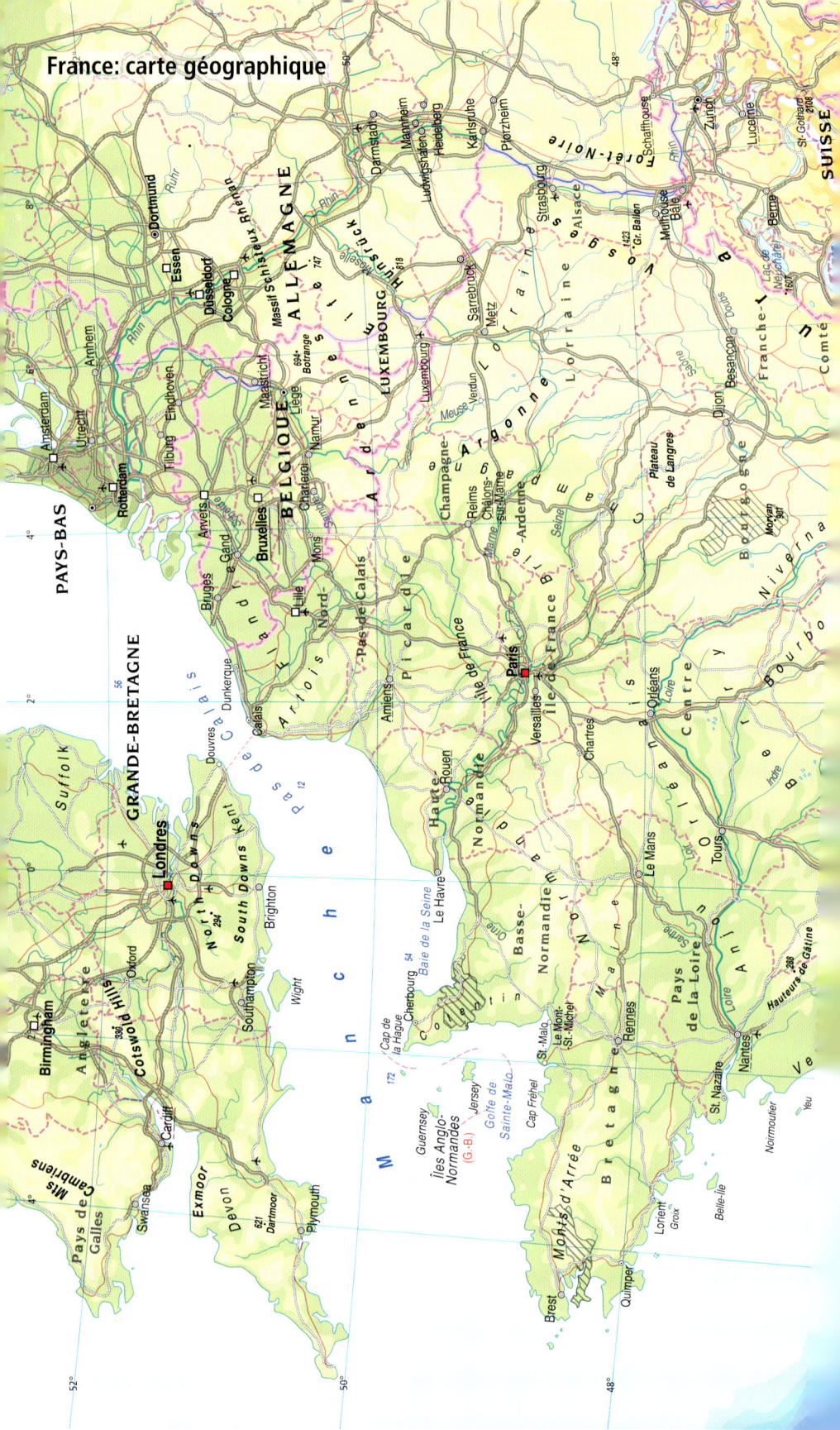

France: carte politique

M a n c h e

Îles Anglo-
Normandes (G.-B.)

Caen

BASSE-
NORMANDIE

BRETAGNE

Rennes

O C É A N

PAYS DE

LA LOIRE

Nantes

A T L A N T I Q U E

Poitiers

POITOU-
CHARENTES

F   R

Limo
LIMO

Golfe de

Gascogne

Bordeaux

AQUITAINE

MIDI-PYRÉN

Toulouse

R

ANDORR

ANDORRE-
LA-VIEILLE

E   S   P   A   G   N   E

MADRID

1 : 5 300 000

0   50   100   150   km

NORD-
PAS-DE-CALAIS

BRUXELLES
Lille ○

BELGIQUE

Amiens ○

PICARDIE

LUXEMBOURG

LUXEMBOURG

ALLEMAGNE

LE-DE-
PARIS ○

FRANCE

CHAMPAGNE-

Châlons-
en-Champagne

ARDENNE

Metz ○

LORRAINE

Strasbourg ○

ALSACE

ns

E

BOURGOGNE

Dijon ○

FRANCHE-
Besançon ○

N   C   E

COMTÉ

BERNE

VADUZ

LIECHTENSTEIN

AUTRICHE

SUISSE

Clermont-
Ferrand ○

Lyon ○

VERGNE

RHÔNE-ALPES

ITALIE

LANGUEDOC-

ontpellier ○

PROVENCE-ALPES-
CÔTE D'AZUR

MONACO
MONACO

Marseille ○

Golfe

u Lion

Bastia ○

MER MÉDITERRANÉE

CORSE

Cité du
Vatican

ROME

Autriche et Suisse: carte politique

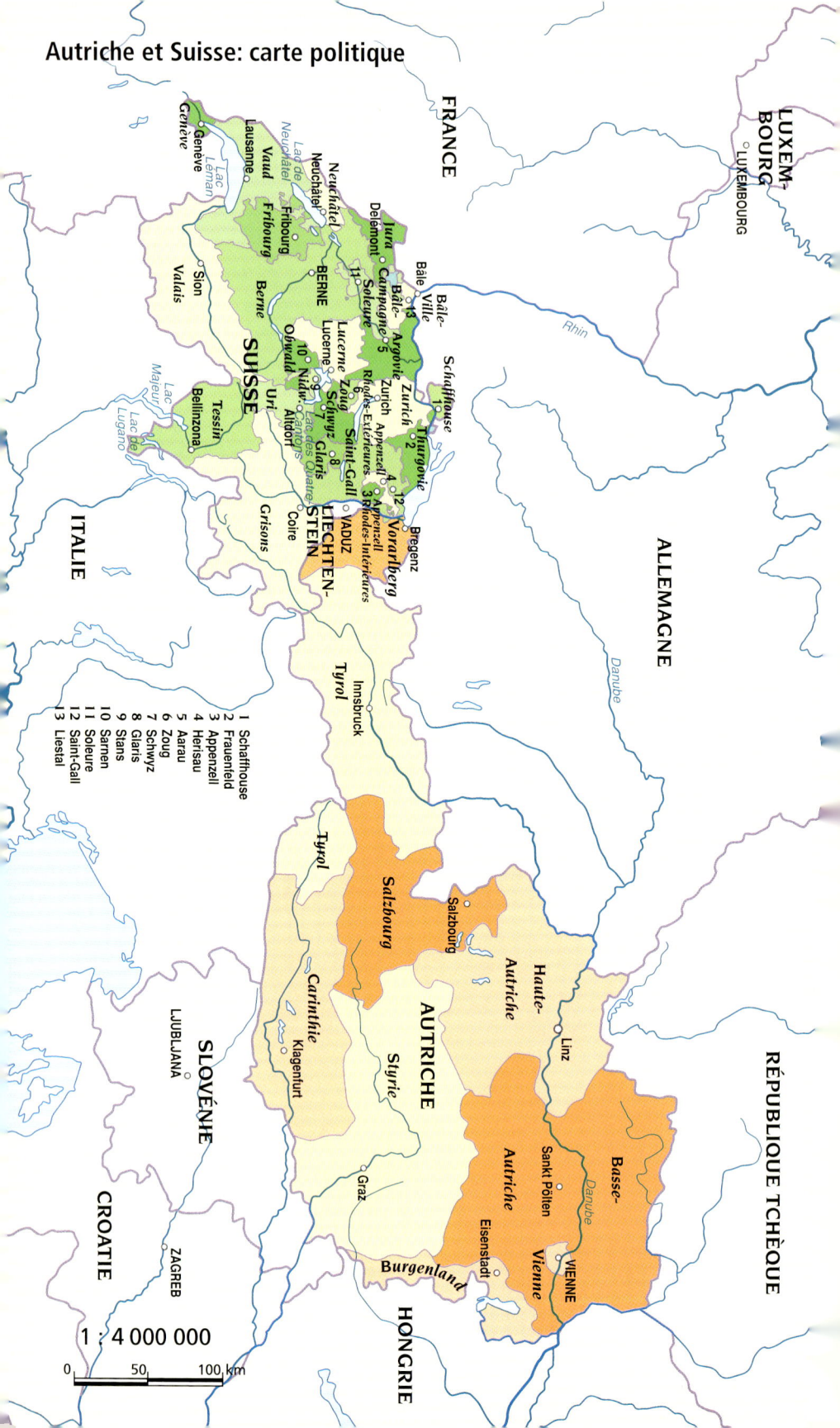

LUXEM-
BOURG

○ LUXEMBOURG

FRANCE

Rhin

ALLEMAGNE

Danube

RÉPUBLIQUE TCHÈQUE

○ Genève
Genève
Lausanne
Lac Léman
Vaud
Neuchâtel
Lac de Neuchâtel
Fribourg
Fribourg
Jura
Delémont
BERNE
Bâle-
Campagne
Soleure
Berne
Berne
11
Bâle-
Ville
Bâle
13
Argovie
5
Soleure
Schaffhouse
1
Lucerne
Lucerne
Zoug
Zurich
Zug
Zurich
Thurgovie
2
Appenzell
Rhodes-Extérieures
Saint-Gall
Appenzell
3 Rhodes-Intérieures
4
12
Bregenz
Vorarlberg
VADUZ
LIECHTEN-
STEIN

○ Sion
Valais
SUISSE
Lac Majeur
Lac de Lugano
Tessin
Bellinzona
Obwald
10
Nidwald
Uri
Altdorf
Schwyz
9
7
8
Glaris
Glaris
Lac des Quatre-Cantons
Grisons
Coire

ITALIE

1 Schaffhouse
2 Frauenfeld
3 Appenzell
4 Herisau
5 Aarau
6 Zoug
7 Schwyz
8 Glaris
9 Stans
10 Sarnen
11 Soleure
12 Saint-Gall
13 Liestal

Tyrol
Innsbruck

Tyrol

Salzbourg
Salzbourg

Haute-
Autriche

Carinthie
Klagenfurt

Styrie

Linz ○

AUTRICHE

SLOVÉNIE
LJUBLJANA

Graz ○

Basse-
Autriche

Sankt Pölten ○

Danube

VIENNE

Vienne

Burgenland

Eisenstadt

CROATIE
ZAGREB

HONGRIE

1 : 4 000 000

0   50   100 km

Deutsch – Französisch

A

A¹, a [a:] *n* ⟨A, a; A, a⟩ **1.** A, a *m*; (*das ist*) *das A und* (*das*) *O* (voilà) l'essentiel; F *fig von A bis Z* du commencement à la fin; de A à Z; *prov wer A sagt, muss auch B sagen prov* (quand) le vin est tiré, il faut le boire **2.** MUS la *m*
A² *abr* AUTO **1.** (*Austria, Österreich*) A (Autriche) **2.** (*Autobahn*) A (autoroute)
à [a] *prép* ⟨*Nominativ*⟩ COMM à; *zehn Flaschen à ein Euro* dix bouteilles à un euro
@ [ɛt] *n abr* (*at*) INFORM @
Aa [a'ʔa] *enf n* ⟨~⟩ *enf* caca *m*; *Aa machen* faire caca
Aachen ['a:xən] *n* ⟨~s⟩ Aix-la-Chapelle
Aal [a:l] *m* ⟨~¢s; ~e⟩ ZO anguille *f*
aalen F *v/r sich aalen* se prélasser; *in der Sonne a* F faire le lézard
aalglatt *adj* souple
Aargau ['a:rgaʊ] *m* ⟨~s⟩ l'Argovie *f*
Aas [a:s] *n* ⟨~es⟩ **1.** ⟨*pl* ~e⟩ charogne *f* **2.** F *fig péj* ⟨*pl* Äser⟩ F saleté *f*; P ordure *f*
aasen F *regional v/i* ⟨¢$⟩ *mit etw aasen* gaspiller qc; *mit s-n Kräften aasen* abuser de sa santé; se ruiner la santé
Aasgeier *m* vautour *m*; charognard *m* (*beide a* F *fig*)
ab [ap] **I** *prép* ⟨*dat*⟩ **1.** *räumlich* à partir de; *ab Düsseldorf fliegen* prendre l'avion à Düsseldorf **2.** COMM *ab Werk* départ usine **3.** *zeitlich* à partir de; dès **4.** *Folge* à partir de; *ab zehn Euro* à partir de dix euros **II** *adv* **5.** *räumlich von hier ab* à partir d'ici; F *ab sein Knopf* être parti; manquer **6.** *ab ins Bett!* allez, au lit!; *ab und zu* parfois; de temps en temps
AB [a'be:] *m* ⟨~$; ~$⟩ TÉL *abr* (*Anrufbeantworter*) répondeur *m* (téléphonique)
abändern *v/t* modifier; changer
Abänderung *f* modification *f*; changement *m*
abarbeiten ⟨-e-⟩ **I** *v/t* **1.** *s-e Schulden abarbeiten* travailler pour s'acquitter de ses dettes **2.** (*abnutzen*) *abgearbeitete Hände f/pl* mains abîmées par le travail **II** *v/r sich abarbeiten* s'épuiser
Abart *f* BOT, ZO variété *f*
abartig *adj* anormal; pervers
Abb. *abr* (*Abbildung*) ill. (illustration)
Abbau *m* ⟨~¢s⟩ **1.** BERGBAU extraction *f* **2.** (*Verminderung*) diminution *f*; réduction *f*; *von Vorurteilen, Angst a* suppression *f*; *von Arbeitsplätzen* suppression *f*; réduction *f* **3.** *e-r Maschine, e-s Gerüsts, Zelts* démontage *m*
abbaubar *adj biologisch abbaubar* biodégradable
abbauen I *v/t* **1.** BERGBAU extraire **2.** *Steuern, Personal* diminuer; réduire; *Vorurteile, Arbeitsplätze* supprimer **3.** *Gerüst, Maschine, Zelt* démonter **II** *v/i körperlich, geistig* baisser
abbeißen *v/t* ⟨*irr*⟩ arracher (en mordant); mordre

abbeizen *v/t* ⟨¢$⟩ *Farbe* enlever (avec un décapant); *Holz* décaper
Abbeizmittel *n* décapant *m*
abbekommen *v/t* ⟨*irr, sans ge*⟩ **1.** (*bekommen*) (en) avoir **2.** *Schläge, Kratzer* attraper; F se prendre; *etw abbekommen haben* (*verletzt sein*) être blessé; (*beschädigt sein*) être abîmé **3.** (*losbekommen*) réussir à enlever
abberufen *v/t* ⟨*irr, sans ge*⟩ rappeler; *zur Amtsenthebung* révoquer
Abberufung *f* rappel *m*; révocation *f*
abbestellen *v/t* ⟨*sans ge*⟩ décommander; *Hotelzimmer* annuler la réservation de
abbetteln F *v/t* ⟨¢⟩ *j-m etw abbetteln* quémander, mendier qc à qn
abbezahlen *v/t* ⟨*sans ge*⟩ rembourser (à tempérament)
abbiegen ⟨*irr*⟩ **I** *v/t* plier **II** *v/i* ⟨sn⟩ (*nach*) *rechts abbiegen* tourner, prendre à droite
Abbiegen *n* ⟨~s⟩ *beim Abbiegen in die Hauptstraße* en tournant dans la rue principale
Abbieger *m* ⟨~s; ~⟩ véhicule *m bzw* personne *f* qui tourne à gauche *bzw* à droite
Abbiegespur *f* file *f* de droite *bzw* de gauche
Abbiegung *f* tournant *m*
Abbild *n* image *f*; *e-r Person a* portrait *m*
abbilden *v/t* ⟨-e-⟩ *Sache* reproduire; *abgebildet sein Person* être représenté
Abbildung *f* ⟨~; ~en⟩ reproduction *f*; image *f*; *in Texten* illustration *f*
abbinden ⟨*irr*⟩ **I** *v/t* **1.** (*losbinden*) détacher **2.** MÉD *Arm, Bein* poser un garrot à; *Arterie* ligaturer **II** *v/i Zement etc* prendre
Abbitte *st/s f j-m Abbitte leisten* présenter ses excuses à qn
abblasen F *fig v/t* ⟨*irr*⟩ *Veranstaltung* annuler; *Termin, Treffen* F laisser tomber
abblättern *v/i* ⟨sn⟩ s'écailler
abblenden *v/i* ⟨-e-⟩ *im Auto* se mettre en code
Abblendlicht *n* AUTO codes *m/pl*; feux *m/pl* de croisement; *mit Abblendlicht fahren* rouler en code
abblitzen F *v/i* ⟨¢$, sn⟩ *j-n abblitzen lassen* F envoyer promener qn
abblocken *v/t* **1.** SPORT bloquer **2.** *fig Kritik, Antrag* refuser; *er hat meine Frage abgeblockt* il m'a empêché de poser ma question
abbrausen ⟨¢$⟩ **I** *v/t* doucher **II** F *v/i* ⟨sn⟩ *mit dem Auto* F démarrer en trombe, F sur les chapeaux de roues
abbrechen ⟨*irr*⟩ **I** *v/t* **1.** détacher; *Spitze* casser **2.** *Haus* démolir; raser; *Zelt, Lager* démonter **3.** *Beziehungen, Verhandlungen* rompre; *Sitzung, Reise, Spiel* arrêter; *Studium* abandonner; *Streik* cesser; *Gespräch* interrompre **II** *v/i* **4.** ⟨sn⟩ se détacher; *Bleistiftspitze, Zahn* se casser; se briser **5.** (*aufhören*) cesser; s'arrêter; *brechen wir hier für heute ab!* restons-en

là, arrêtons-nous ici pour aujourd'hui **III** *v/r* **sich** (*dat*) **e-n Fingernagel abbrechen** se casser un ongle

abbremsen *v/t u v/i* ⟨¢ß⟩ freiner; ralentir (*beide a fig*)

abbrennen ⟨*irr*⟩ **I** *v/t* brûler; *Feuerwerk* tirer; faire partir **II** *v/i* ⟨sn⟩ *Haus* brûler; **abgebrannt** *Haus* détruit par le feu

abbringen *v/t* ⟨*irr*⟩ **j-n von etw abbringen** détourner, dissuader qn de qc

abbröckeln *v/i* ⟨¢, sn⟩ *Putz, Farbe, fig Preise* s'effriter

Abbruch *m* **1.** *e-s Hauses* démolition *f* **2.** *von Verhandlungen, Beziehungen* rupture *f*; *e-s Gesprächs, Wettkampfs* arrêt *m*; *e-r Schwangerschaft* interruption *f* **3. e-r Sache** (*dat*) **Abbruch tun** nuire à qc; porter atteinte, préjudice à qc

abbruchreif *adj* bon pour la démolition

abbrühen *v/t* ébouillanter; blanchir

abbuchen *v/t* **e-n Betrag** (**vom Konto**) **abbuchen** prélever une somme (sur le compte)

Abbuchung *f* prélèvement *m* (**von** sur)

abbürsten *v/t* ⟨-e-⟩ **1.** *Kleider* brosser **2.** *Staub, Haare* enlever à la brosse

abbüßen *v/t* ⟨¢ß⟩ *Schuld* expier; *Strafe* purger; exécuter

Abc [aːbeːˈtseː] *n* ⟨~⟩ **1.** alphabet *m*; **das große, kleine Abc** l'alphabet en lettres majuscules, minuscules **2.** *fig* abc *m*; b a ba *m*

Abc-Schütze *m* écolier, -ière *m,f* (qui a fait sa première rentrée)

ABC-Waffen *f/pl* armes *f/pl* atomiques, biologiques et chimiques

abdampfen *v/i* ⟨sn⟩ F *fig* F filer

abdanken *v/i Minister* démissionner; *Monarch* abdiquer

Abdankung *f* ⟨~; ~en⟩ *e-s Ministers* démission *f*; *e-s Monarchen* abdication *f*

abdecken *v/t* **1.** enlever, retirer la couverture de; **das Dach abdecken** *Sturm* arracher, emporter la toiture **2.** (*zudecken*) recouvrir (**mit** de) **3.** *Themenkreis* tenir compte de

abdichten *v/t* ⟨-e-⟩ *Ritzen, Leck* boucher; colmater; *gegen Kälte* calfeutrer; *Schiffswand* calfater

abdrängen *v/t* repousser

abdrehen **I** *v/t Gas* fermer; *Heizung, Radio* éteindre **II** *v/i* ⟨h *ou* sn⟩ changer de direction; *Schiff, Flugzeug* changer de cap

abdriften *v/i* ⟨-e-, sn⟩ MAR dériver **2.** *fig* être entraîné (**in etw** [+ *acc*] dans qc)

Abdruck[1] *m* ⟨~¢s; -drücke⟩ (*Spur, aus Gips bzw Wachs*) empreinte *f*; *plastischer a* moulage *m*

Abdruck[2] *m* ⟨~¢s; ~e⟩ TYPO reproduction *f*; impression *f*

abdrucken *v/t* imprimer; reproduire

abdrücken **I** *v/t* **j-m die Luft abdrücken** étrangler qn **II** *v/i* (*schießen*) appuyer sur la gâchette

abdunkeln *v/t* ⟨¢⟩ *Raum* obscurcir; *Licht* foncer

abduschen **I** *v/t* **1.** (*duschen*) doucher **2.** (*wegwaschen*) nettoyer (au moyen d'une douche) **II** *v/r* **sich abduschen** se doucher

abebben *v/i* ⟨sn⟩ *Lärm, Wind* diminuer; *fig* se calmer

Abend [ˈaːbənt] *m* ⟨~s; ~e⟩ soir *m*; *Zeitdauer* soirée *f*; **bunter Abend** soirée *f* de variétés;

---

der Heilige Abend *Datum* le soir de Noël; *Feier* le réveillon de Noël; **guten Abend!** bonsoir!; **heute Abend** ce soir; **es wird Abend** le soir tombe; **am Abend** le soir; **zu Abend essen** dîner; F *fig* **du kannst mich mal am Abend besuchen!** tu m'embêtes!; F tu m'enquiquines!

Abendandacht *f* prières *f/pl*, office *m* du soir

Abendblatt *n* journal *m* du soir

Abendbrot *n* dîner *m*

Abenddämmerung *f* crépuscule *m*

Abendessen *n* dîner *m*

abendfüllend *adj Programm* qui remplit toute la soirée

Abendgymnasium *n* cours *m/pl* du soir préparant au baccalauréat

Abendkasse *f* **die Karten an der Abendkasse kaufen** prendre les places directement avant la représentation

Abendkleid *n* robe *f* du soir

Abendkurs *m* cours *m* du soir

Abendland *n* Occident *m*

abendländisch *adj* occidental; de l'Occident

abendlich *adj* du soir; *st/s* vespéral

Abendmahl *n* **1.** BIBL Cène *f* **2.** PROT communion *f*; **das Abendmahl nehmen** communier

Abendnachrichten *f/pl* journal *m*, nouvelles *f/pl* du soir

Abendprogramm *n* programme *m* de la soirée

Abendrot *n* flamboiement *m* du soleil couchant

abends *adv* le soir; **um sieben Uhr abends** à sept heures du soir

Abendschule *f* cours *m/pl* du soir

Abendschüler(in) *m(f)* étudiant(e) *m(f)* de cours du soir

Abendsonne *f* soleil couchant

Abendstern *m* étoile *f* du berger

Abendstunde *f* **in den** (**späten**) **Abendstunden** (tard) dans la soirée; (tard) le soir

Abendveranstaltung *f* soirée *f*

Abendvorstellung *f* soirée *f*; représentation *f* du soir

Abendzeitung *f* journal *m* du soir

Abenteuer [ˈaːbəntɔʏər] *n* ⟨~s; ~⟩ aventure *f* (*a fig*)

Abenteuerfilm *m* film *m* d'aventures

Abenteuerin *f* ⟨~; ~nen⟩ aventurière *f*

abenteuerlich *adj* **1.** aventureux **2.** *fig* extravagant; fantastique

Abenteuerlust *f* esprit *m* d'aventure; goût *m* de l'aventure

Abenteuerroman *m* roman *m* d'aventures

Abenteuerspielplatz *m* terrain *m*, parc *m* d'aventures

Abenteuerurlaub *m* vacances-aventures *f/pl*

Abenteurer(in) *m* ⟨~s; ~⟩ (*f*) ⟨~in; ~innen⟩ aventurier, -ière *m,f*

aber [ˈaːbər] **I** *conj* mais **II** *adv* **aber ja!** mais oui!; **das ist aber schön!** c'est bien, joli!

Aberglaube(n) *m* superstition *f*

abergläubisch *adj* superstitieux

aberkennen *v/t* ⟨*irr, sans ge*⟩ **j-m etw aberkennen** refuser qc à qn; **j-m ein Recht aberkennen** priver qn d'un droit

abermalig [ˈaːbərmaːlɪç] *adj* nouveau; autre; (*wiederholt*) répété

abermals [-maːls] *adv* de nouveau; encore une fois

abernten *v/t* ⟨-e-⟩ **ein Feld abernten** moissonner un champ; faire la récolte de … sur un champ; **e-n Obstbaum abernten** cueillir tous les fruits d'un arbre

aberwitzig *st/s adj* absurde; **es ist aberwitzig(, etw zu tun)** c'est de la folie (de faire qc)

Abf. *abr* (*Abfahrt*) départ

abfackeln *v/t* ⟨¢⟩ **1.** TECH brûler **2.** F (*niederbrennen*) incendier

abfahrbereit *adj* prêt à partir; *Zug, Schiff* en partance (**nach** pour)

abfahren ⟨*irr*⟩ **I** *v/t* **1.** enlever; transporter **2.** ⟨h ou sn⟩ *prüfend* reconnaître (en voiture) **3.** *j-m ein Bein abfahren* écraser la jambe de qn **4.** *Reifen* user **II** *v/i* ⟨sn⟩ **5.** (*wegfahren*) partir (**nach** pour) **6.** *nach unten*, SKISPORT descendre **7.** F *fig* **auf etw, j-n (voll) abfahren** s'emballer pour qc, qn; F être fana de qc, qn

Abfahrt *f* **1.** *e-s Zuges, Autos etc* départ *m* **2.** SKISPORT descente *f* **3.** (*Autobahnabfahrt*) sortie *f*

Abfahrtslauf *m* SKISPORT descente *f*

Abfahrtsläufer(in) *m(f)* descendeur, -euse *m,f*

Abfahrtsrennen *n* descente *f*

Abfahrtszeit *f* heure *f* du départ

Abfall *m* **1.** déchets *m/pl*; (*Müll*) ordures *f/pl*; **radioaktive Abfälle** déchets radioactifs **2.** *von Verbündeten* défection *f* **3.** (*Rückgang*) diminution *f*

Abfallbeseitigung *f* collecte *f* et traitement *m* des déchets

Abfalleimer *m* poubelle *f*

abfallen *v/i* ⟨*irr*, sn⟩ **1.** (*sich ablösen*) tomber **2.** *Gelände* descendre **3.** *fig* (*übrig bleiben*) rester; **es wird für dich nicht viel dabei abfallen** tu n'en (re)tireras pas grand-chose **4.** *Verbündete* renier (**von j-m** qn) **5.** *in der Leistung* être plus faible (**gegenüber** que)

abfallend *adjt Gelände* en pente; incliné; **sanft abfallend** en pente douce; **steil abfallend** escarpé; *Straße* a raide; *Berg* a à pic

abfällig I *adj* désobligeant **II** *adv* **von j-m abfällig sprechen** médire de qn

Abfallprodukt *n* sous-produit *m*

Abfallverwertung *f* récupération *f*, recyclage *m* des déchets

abfälschen *v/t Ball* détourner

abfangen *v/t* ⟨*irr*⟩ **1.** *Brief, Meldung* intercepter; *Person* s'emparer de **2.** (*wieder unter Kontrolle bringen*) redresser

Abfangjäger *m* AVIAT MIL intercepteur *m*

abfärben *v/i* déteindre (**auf** [+ *acc*] sur; *a fig*)

abfassen *v/t* ⟨¢$⟩ rédiger

Abfassung *f e-s Textes* rédaction *f*

abfedern *v/t* **1.** *Stoß etc* amortir **2.** *fig Verluste, soziale Härten* atténuer les effets de

abfeilen *v/t* limer

abfertigen *v/t* **1.** *Post* expédier; *Gepäck* enregistrer **2.** *Personen* servir; F *fig* **j-n kurz abfertigen** F expédier qn

Abfertigung *f von Post* expédition *f*; *des Gepäcks* enregistrement *m*; *zollamtlich* dédouanement *m*; *bei der Pass-, Zollkontrolle* contrôle *m*

Abfertigungsschalter *m am Flughafen* guichet *m* d'enregistrement; *beim Zoll* guichet *m* de la douane

abfeuern *v/t* tirer; faire feu avec

abfinden ⟨*irr*⟩ **I** *v/t* **j-n abfinden** dédommager, indemniser qn **II** *v/r* **sich mit etw abfinden** s'accommoder, s'arranger de qc

Abfindung *f* ⟨~; ~en⟩ indemnité *f*; **j-m e-e Abfindung zahlen** dédommager, indemniser qn (en argent)

Abfindungssumme *f* indemnité *f*

abflachen *v/t* aplatir

abflauen *v/i* ⟨sn⟩ **1.** *Wind* faiblir; *Lärm* diminuer **2.** *fig Gefühl, Begeisterung* diminuer; *Interesse* baisser

abfliegen *v/i* ⟨sn⟩ partir, s'envoler (**nach** pour)

abfließen *v/i* ⟨*irr*, sn⟩ s'écouler (*a fig Verkehr*)

Abflug *m* départ *m*

Abflugzeit *f* heure *f* de départ

Abfluss *m e-s Waschbeckens* tuyau *m* d'écoulement; *der Kanalisation* égout *m*

Abflussrohr *n* tuyau *m* d'écoulement

Abfolge *f* suite *f*

abfordern *v/t* **j-m etw abfordern** exiger qc de qn; réclamer qc à qn

abfragen *v/t* **1.** *Schüler* faire réciter sa leçon à; interroger; **j-n Vokabeln abfragen** faire réciter le vocabulaire à qn **2.** INFORM extraire; sortir

abfressen *v/t* ⟨*irr*⟩ *Blätter* manger; *Baum* manger toutes les feuilles de

abfrieren ⟨*irr*⟩ **I** *v/i* ⟨sn⟩ geler **II** *v/r* **sich** (*dat*) **die Füße abfrieren** avoir les pieds gelés

Abfuhr ['apfuːr] *f* ⟨~; ~en⟩ **1.** (*Abtransport*) enlèvement *m* **2.** (*Zurückweisung*) rebuffade *f*; **j-m e-e Abfuhr erteilen** rembarrer, rabrouer qn

abführen I *v/t* **1.** *Verbrecher* emmener **2.** FIN payer (**an** [+ *acc*] à) **3.** *fig* **das führt** (**uns**) **zu weit vom Thema ab** cela nous éloigne, écarte trop du sujet **II** *v/i* MÉD être laxatif

Abführmittel *n* laxatif *m*

abfüllen *v/t in Flaschen* mettre en bouteille; *in Tüten* emballer

Abgabe *f* **1.** (*Ablieferung*) remise *f* **2.** *e-r schriftlichen Erklärung* dépôt *m* **3.** (*Verkauf*) vente *f* **4.** (*Ballabgabe*) passe *f* **5.** FIN *meist pl* **Abgaben** impôts *m/pl*; taxes *f/pl*

abgabenfrei I *adj* exempt, exonéré de taxes, d'impôts; **abgabenfreie Waren** *f/pl* marchandises non taxées **II** *adv* sans taxe(s), impôt(s)

abgabe(n)pflichtig I *adj* imposable **II** *adv* avec taxe(s), impôt(s)

Abgabetermin *m e-r Examensarbeit etc* date *f* de remise

Abgang *m* **1.** *von Waren* départ *m*; envoi *m* **2.** *von Personen* départ *m* (*a ausscheidende Person*); THÉ sortie *f* **3.** TURNEN descente *f*

Abgangszeugnis *n* certificat *m* de fin de scolarité; *der Grundschule* certificat *m* d'études primaires

Abgas *n* gaz *m* d'échappement

abgasarm *adj* peu polluant

abgasfrei *adj* non polluant

Abgas(sonder)untersuchung *f* contrôle *m* (obligatoire) des gaz d'échappement

abgeben ⟨*irr*⟩ **I** *v/t* **1.** (*aushändigen*) donner; *Prüfungsarbeit* remettre; rendre **2.** *Erklärung, Gutachten* faire **3.** (*abtreten*) céder; donner **4.** *Ball* passer **5.** *Wärme, Energie* dégager **6.** (*sein*) **er wird einmal einen guten Lehrer abgeben** il fera un bon professeur **II** *v/i* SPORT faire une

passe **III** *v/r* **sich mit j-m, etw abgeben** s'occuper de qn, qc
abgebrannt I *p/p* → **abbrennen II** *adjt* F *fig* **abgebrannt sein** être fauché, à sec
abgebrüht F *fig adj* F blindé; **ein abgebrühter Bursche** F un dur à cuire
abgedroschen F *adj* ressassé
abgefeimt ['apgəfaımt] *adj* malin
abgegriffen *adjt* abîmé; usé
abgehackt *adjt Worte, Stil* 'haché; *Rhythmus* saccadé
abgehangen *adjt Fleisch* rassis
abgehärmt [-gəhɛrmt] *adj* rongé de soucis, de chagrin
abgehärtet *adjt* endurci, aguerri (**gegen** à)
abgehen *v/i* ⟨*irr*, *sn*⟩ **1.** *Schiff* partir; s'en aller; *Post, Waren* partir **2.** (*weggehen*) partir; sortir (*a* THÉ) **3.** *vom Weg, fig von e-m Entschluss* s'écarter, s'éloigner (**von** de) **4.** (*sich ablösen*) se détacher; *Knopf a* sauter **5.** (*abgezogen werden*) être à déduire **6.** (*fehlen*) *Fähigkeit* faire défaut; manquer (*a Materielles*)
abgehetzt *adjt* stressé; (*außer Atem*) à bout de souffle
abgekämpft *adjt* épuisé; exténué
abgekartet F *adjt* **das ist ein abgekartetes Spiel** c'est un coup monté
abgeklärt *adjt* serein
abgelagert *adjt Wein* qui a bien vieilli; *Holz, Tabak* sec
abgelegen *adj* éloigné; retiré
abgelten *v/t* ⟨*irr*⟩ régler; acquitter
abgeneigt *adj* **e-r Sache** (*dat*) (**nicht**) **abgeneigt sein** (ne pas) être défavorable, hostile à qc; **nicht abgeneigt sein, etw zu tun** être assez disposé, être prêt à faire qc
Abgeordnete(r) *f(m)* ⟨→ A⟩ député(e) *m(f)*
Abgeordnetenhaus *n* Chambre *f* des députés
abgerissen *adjt Kleidung* en lambeaux; *Person* déguenillé; en 'haillons
Abgesandte(r) *st/s f(m)* envoyé(e) *m(f)*
abgeschieden *st/s adjt* retiré; isolé
Abgeschiedenheit *f* ⟨∼⟩ isolement *m*; solitude *f*
abgeschlossen I *p/p* → **abschließen II** *adjt* **1.** *Tür* fermé à clé **2.** (*beendet*) terminé; achevé **3.** *von der Welt* isolé; retiré
abgeschmackt ['apgəʃmakt] *adj Späße, Redensarten* plat; banal
abgesehen *advt* **abgesehen von** à l'exception de; excepté; **abgesehen davon, dass ...** mis à part le fait que ...
abgespannt *adjt* fatigué; épuisé
Abgespanntheit *f* ⟨∼⟩ fatigue *f*; épuisement *m*
abgestanden *adjt Wasser* pas frais; *Bier* éventé
abgestumpft *adjt* abruti; insensible
abgetakelt *adj* F *péj Person* F décati
abgetragen *adjt Kleidung* usé
abgetreten *adjt Absätze* usé; éculé
abgewetzt *adjt* élimé; râpé
abgewinnen *v/t* ⟨*irr*⟩ *fig* **e-r Sache** (*dat*) **etw abgewinnen** trouver un (*bzw* des) avantage(s) à qc
abgewöhnen I *v/t* **j-m etw abgewöhnen** déshabituer, désaccoutumer qn de qc **II** *v/r* **sich** (*dat*) **etw abgewöhnen** perdre l'habitude de (faire) qc; se déshabituer de (faire) qc
abgezehrt *adjt* émacié

abgießen *v/t* ⟨*irr*⟩ **1.** *Flüssigkeit* verser **2.** *Kartoffeln* jeter l'eau (de cuisson) de
Abglanz *m* reflet *m*
abgleiten *st/s v/i* ⟨*irr*⟩ glisser (**von** de)
Abgott *m* idole *f* (*a fig*)
abgöttisch ['apgœtıʃ] **I** *adj* idolâtre **II** *adv* **j-n abgöttisch lieben, verehren** idolâtrer qn
abgrasen *v/t* ⟨¢⟩ **1.** **e-e Wiese abgrasen** brouter l'herbe d'un pré **2.** F *fig* (*absuchen*) ratisser; *Geschäfte* fouiller
abgrenzen *v/t* ⟨¢⟩ **1.** délimiter (**gegen** de) **2.** *Begriffe* **gegeneinander abgrenzen** différencier
Abgrenzung *f* ⟨∼; ∼en⟩ délimitation *f* (**gegen** de); *fig von Begriffen* différenciation *f*
Abgrund *m* abîme *m* (*a fig*)
abgründig ['apgryndıç] *st/s adj* **1.** (*rätselhaft*) impénétrable; *péj* sournois; *Humor* noir **2.** (*unermesslich*) illimité; démesuré; (*tief*) profond
abgrundtief *adj* extrême; sans borne; *Verachtung, Hass* profond
abgucken F *v/t* **etw bei** *od* **von j-m abgucken** copier qc sur qn (*a* SCHULE)
Abguss *m* SCULP moulage *m*; *in Gips a* plâtre *m*; **e-n Abguss von etw machen** prendre un moulage de qc
abhaben F *v/t* ⟨*irr*⟩ **du kannst etwas davon abhaben** tu peux en avoir un peu
abhacken *v/t* couper (à coups de hache, à la hache, *etc*)
abhaken *v/t* **1.** (*loshaken*) décrocher **2.** *auf e-r Liste* cocher; pointer; *fig* (*erledigen*) régler
abhalten *v/t* ⟨*irr*⟩ **1.** (*fernhalten*) **etw, j-n von sich** (*dat*) **abhalten** tenir qc, qn à distance **2.** (*hindern*) empêcher; **j-n davon abhalten, etw zu tun** empêcher qn de faire qc **3.** *Feier, Gottesdienst* célébrer; *Tagung, Wahlen* tenir
abhandeln *v/t* ⟨¢⟩ **1.** **j-m etw** (*billig*) **abhandeln** acheter qc (pas cher, bon marché) à qn **2.** **ein Thema abhandeln** traiter (d')un sujet
abhandenkommen [ap'handən-] *v/i* ⟨*irr*, *sn*⟩ disparaître
Abhandlung *f* traité *m*, étude *f*, thèse *f* (**über** [+ *acc*] sur)
Abhang *m* pente *f*; *e-s Berges* versant *m*
abhängen[1] *v/t* **1.** (*abnehmen*, *abkuppeln*) décrocher **2.** F *Verfolger* F semer
abhängen[2] *v/i* ⟨*irr*⟩ **von j-m, etw abhängen** dépendre de qn, qc
abhängig *adj* **1.** dépendant (**von** de); *von Drogen* toxicomane; drogué; **von j-m, etw abhängig sein** dépendre de qn, de qc **2.** *Satz(teil)* subordonné
Abhängigkeit *f* ⟨∼; ∼en⟩ dépendance *f*; (*Drogenabhängigkeit*) toxicomanie *f*
abhärten *v/t* (*u v/r*) ⟨-e-⟩ (**sich abhärten** s')endurcir, (s')aguerrir (**gegen** à)
Abhärtung *f* ⟨∼⟩ endurcissement *m* (**gegen** à)
abhauen ⟨*irr*⟩ **I** *v/t* couper; *Baum* abattre **II** F *v/i* ⟨*sn*⟩ (*verschwinden*) F filer; F ficher le camp; F se tailler
abhäuten *v/t* ⟨-e-⟩ dépouiller; écorcher
abheben ⟨*irr*⟩ **I** *v/t* **1.** *Deckel etc* enlever; *Telefonhörer* décrocher; KARTENSPIEL *einzelne Karten* retirer; *Kartenstapel* couper **2.** *Geld* retirer **II** *v/i* AVIAT décoller **III** *v/r* **sich von** *od* **gegen etw abheben als Kontrast** se détacher de qc

abheften *v/t* ⟨-e-⟩ mettre, ranger (dans un classeur)

abheilen *v/i* ⟨sn⟩ guérir

abhelfen *v/i* ⟨irr⟩ *e-r Sache* (*dat*) *abhelfen* remédier, porter remède à qc

abhetzen *v/r* ⟨¢ȿ⟩ *sich abhetzen* se dépêcher, se presser (continuellement, *etc*)

Abhilfe *f* ⟨~⟩ remède *m*; *Abhilfe schaffen* y porter remède; y remédier

abhobeln *v/t* ⟨¢⟩ raboter

abholbereit *adj u adv* prêt à emporter

abholen *v/t* (*holen gehen, fahren*) (aller *bzw* venir) chercher, prendre; *etw abholen lassen* envoyer chercher, prendre qc; faire prendre qc

---

abholen: aller chercher oder venir chercher?

Bei **aller chercher** und **venir chercher** ist die unterschiedliche Blickrichtung zu berücksichtigen:

Sie hat mich am Bahnhof abgeholt. (*Sie ist hierhergekommen: von dort nach hier*)	Elle est **venue me chercher** à la gare.
Sie hat ihn am Bahnhof abgeholt. (*Sie ist dorthin gegangen: von hier nach dort*)	Elle est **allée le chercher** à la gare.

Abholmarkt *m* libre-service *m* de gros

abholzen *v/t* ⟨¢ȿ⟩ *Wald* abattre; *Gebiet* déboiser

Abholzung *f* ⟨~; ~en⟩ *e-s Walds* abattage *m*; *e-s Gebiets* déboisement *m*

abhorchen *v/t* écouter; MÉD ausculter

Abhördienst *m* MIL (service *m* d')écoute *f*

abhören *v/t* **1.** interroger; *j-n etw abhören* faire réciter qc à qn **2.** (*mithören*) écouter; capter **3.** (*überwachen*) placer sur écoute **4.** MÉD ausculter

Abi ['abi] F *n* ⟨~s; ~s⟩ F bac *m*; *das Abi machen* F passer le *od* son bac

Abitur [abi'tu:r] *n* ⟨~s; ~e⟩ baccalauréat *m*; *das Abitur machen* passer le baccalauréat; *das Abitur bestehen* être reçu au baccalauréat; *sie hat Abitur* elle a le, F son baccalauréat

Abiturient(in) *m* ⟨~en; ~en⟩ (*f*) ⟨~in; ~innen⟩ candidat(e) *m(f)* au baccalauréat; *nach bestandenem Abitur* bachelier, -ière *m,f*

Abiturientenball *m* bal *m* des bacheliers

Abiturklasse *f* terminale *f*

Abiturprüfung *f* épreuve *f* du baccalauréat

Abiturzeugnis *n* diplôme *m* du baccalauréat

abjagen *v/t* *j-m s-e Beute, den Ball abjagen* courir après, poursuivre qn pour lui prendre son butin, le ballon

Abk. *abr* (*Abkürzung*) abrév. (abréviation)

abkanzeln F *v/t* ⟨¢⟩ F sonner les cloches à; F passer un savon à

abkapseln *v/r* ⟨¢⟩ *sich abkapseln* s'isoler (*von etw, j-m* de qc, qn)

abkassieren *v/t u v/i* ⟨sans ge⟩ **1.** (*kassieren*) encaisser; *im Restaurant ich möchte bitte abkassieren* voulez-vous régler (l'addition), je vous prie **2.** F *fig* (*Geld einstreichen*) empocher de l'argent; F palper

abkaufen *v/t* *j-m etw abkaufen* acheter qc à qn; F *fig* *das kaufe ich dir nicht ab* je ne te crois pas; tu ne me le feras pas croire

Abkehr ['apke:r] *f* ⟨~⟩ abandon *m*; détachement *m*

abkehren *v/r* *sich abkehren* (*von*) se détourner, s'éloigner (de)

abklappern F *v/t* *ich habe die ganze Stadt danach abgeklappert* j'ai couru toute la ville pour trouver cela

abklären *v/t* s'assurer de

Abklatsch *m* ⟨~¢s; ~e⟩ *péj* (mauvaise) copie *f*; imitation *f*

abklemmen *v/t* *Leitung* séparer

abklingen *v/i* ⟨irr, sn⟩ s'affaiblir; diminuer

abklopfen *v/t* **1.** (*wegklopfen*) faire tomber (en tapant); *den Staub von etw abklopfen* épousseter qc **2.** MÉD percuter

abknallen F *v/t* F descendre

abknapsen F *v/t* ⟨¢ȿ⟩ *j-m etw* (*von etw*) *abknapsen* rogner qc à qn (sur qc)

abknicken **I** *v/t* **1.** (*abbrechen*) casser **2.** (*knicken*) courber; plier **II** *v/i* ⟨sn⟩ **3.** (*abbrechen*) se casser **4.** (*einknicken*) se courber; se plier

abknöpfen *v/t* **1.** déboutonner; détacher **2.** F *fig* *j-m etw abknöpfen* soutirer, F carotter qc à qn

abknutschen F *v/t* (*u v/r sich*) *abknutschen* F (se) bécoter

abkochen *v/t* faire cuire; *Wasser, Milch* (faire) bouillir

abkommandieren *v/t* ⟨sans ge⟩ MIL détacher

abkommen *v/i* ⟨irr, sn⟩ **1.** *vom Weg, Thema* s'écarter, s'éloigner (*von* de); *von der Fahrbahn abkommen* quitter la route **2.** *von e-r Gewohnheit* abandonner (*von etw* qc)

Abkommen *n* ⟨~s; ~⟩ accord *m*; POL *a* convention *f*

abkömmlich ['apkœmlɪç] *adj* libre; disponible

Abkömmling *st/s* *m* ⟨~s; ~e⟩ descendant(e) *m(f)*

abkoppeln *v/t* ⟨¢⟩ détacher; décrocher

abkratzen ⟨¢ȿ⟩ **I** *v/t* enlever; gratter **II** P *v/i* ⟨sn⟩ (*sterben*) P crever; F claquer

abkriegen F *v/t* → *abbekommen*

abkühlen **I** *v/t* refroidir **II** *v/i* ⟨h *ou* sn⟩ (se) refroidir (*a fig*) **III** *v/r* *sich abkühlen* **1.** se refroidir (*a fig*) **2.** *Witterung* se rafraîchir; se refroidir

Abkühlung *f* *Wetter* rafraîchissement *m*; refroidissement *m* (*a fig*)

abkupfern F *v/t* copier (*aus etw* dans qc; *bei j-m* sur qn)

abkuppeln *v/t* ⟨¢⟩ décrocher

abkürzen *v/t* ⟨¢ȿ⟩ **1.** *Weg* raccourcir **2.** *Wort* abréger

Abkürzung *f* **1.** *Weg* raccourci *m* **2.** *von Wörtern* abréviation *f*

Abkürzungsliste *f*, **Abkürzungsverzeichnis** *n* liste *f* d'abréviations

abküssen *v/t* (*u v/r*) ⟨¢ȿ⟩ (*sich abküssen* se) couvrir de baisers; (s')embrasser

abladen *v/t* ⟨irr⟩ décharger

Ablage *f* **1.** (*Aktenablage*) classeur *m* **2.** (*Kleiderablage*) vestiaire *m*; *im Badezimmer* tablette *f*

3. (*Ablegen*) classement *m*
Ablagekorb *m* bac *m*; corbeille *f*
ablagern I *v/t* déposer **II** *v/r* **sich** (*auf, in etw* [*dat*]) **ablagern** se déposer sur, dans qc
Ablagerung *f* GÉOL, CHIM dépôt *m*
ablassen ⟨*irr*⟩ **I** *v/t* **1.** *Flüssigkeiten* faire écouler; évacuer; *Dampf, Luft* faire échapper; laisser, faire sortir **2.** *Teich, Becken* vider **II** *v/i* **von** *etw ablassen* abandonner qc; **von j-m ablassen** laisser qn tranquille
Ablativ ['ablatiːf] *m* ⟨∼s; ∼e⟩ GR ablatif *m*
Ablauf *m* **1.** (*Ablaufvorrichtung*) conduit *m* d'écoulement **2.** (*Verlauf*) déroulement *m*; cours *m* **3.** *e-r Frist* expiration *f*; **nach Ablauf von** à l'expiration de; au bout de
ablaufen ⟨*irr*⟩ **I** *v/t Schuhsohlen, Absätze* user **II** *v/i* ⟨sn⟩ **1.** *Flüssigkeit* s'écouler **2.** (*verlaufen*) se dérouler **3.** (*zu Ende gehen*) se terminer; finir; *Frist, Parkuhr, Ausweis* expirer
Ableben *st/s n* ⟨∼s⟩ décès *m*
ablecken *v/t* lécher
ablegen I *v/t* **1.** *Kleidung* enlever; se débarrasser de **2.** *Akten* classer; ranger **3.** *beim Kartenspiel* écarter **4.** (*niederlegen*) poser **5.** (*nicht mehr tragen*) mettre au rebut **6.** *fig Gewohnheiten* abandonner; perdre **7.** *Prüfung* passer **II** *v/i* **8.** *Kleidung* enlever son manteau, *etc* **9.** MAR appareiller
Ableger *m* ⟨∼s; ∼⟩ BOT marcotte *f*
ablehnen *v/t* **1.** refuser; *Angebot, Entwurf a* rejeter **2.** (*missbilligen*) désapprouver
ablehnend *adjt* défavorable; négatif; *Haltung* hostile
Ablehnung *f* ⟨∼; ∼en⟩ **1.** refus *m*; rejet *m* **2.** (*Missbilligung*) désapprobation *f*
ableisten *v/t* ⟨-e-⟩ faire; accomplir
ableiten *v/t* ⟨-e-⟩ **1.** *Fluss* dériver; détourner **2.** MATH, LING dériver **3.** (*folgern*) déduire (**von** de)
Ableitung *f* **1.** dérivation *f* **2.** MATH dérivation *f*; *Ergebnis* dérivée *f* **3.** LING dérivation *f*; *Wort* dérivé *m*
ablenken I *v/t* **1.** dévier; détourner **2.** *Aufmerksamkeit, Verdacht* détourner **3.** (*zerstreuen*) distraire; divertir **II** *v/i* **4.** (*vom Thema*) **ablenken** *Person* faire diversion **5.** *in der Aufmerksamkeit* distraire
Ablenkung *f* **1.** déviation *f* **2.** *der Aufmerksamkeit* détournement *m* **3.** (*Zerstreuung*) distraction *f*; diversion *f*
Ablenkungsmanöver *n* manœuvre *f* de diversion
Ablenkungsversuch *m* tentative *f* de diversion
Ablesedatum *n* date *f* de relevé
Ablesefehler *m* erreur *f* de lecture, TECH de relevé
Ablesegerät *n* instrument *m* de lecture
ablesen *v/t* ⟨*irr*⟩ **1.** *Text* lire **2.** *Zähler etc* relever **3.** *fig* (*erschließen*) **etw an etw** (*dat*) **ablesen** (*können*) (pouvoir) déduire qc de qc
ableugnen *v/t* ⟨-e-⟩ nier; contester
ablichten *v/t* ⟨-e-⟩ **1.** F (*fotografieren*) photographier **2.** (*fotokopieren*) photocopier
abliefern *v/t* **1.** *Ware* livrer; fournir; *Fundsachen* remettre; déposer **2.** *Hausarbeit, Manuskript* rendre
Ablieferung *f von Waren* livraison *f*; *von Fundsachen, e-r Hausarbeit* remise *f*

ablöschen I *v/t* **1.** *mit dem Löschblatt* sécher; *Tafel* effacer **2.** CUIS ajouter de l'eau, *etc* à; **etw mit Rotwein ablöschen** ajouter du vin rouge à qc **3.** *Brand* éteindre **II** *v/i* CUIS mouiller avec du vin, de l'eau, *etc*
Ablöse *f* ⟨∼; ∼n⟩ **1.** SPORT somme *f* de transfert **2.** *österr* (*Kaution*) caution *f*
ablösen ⟨¢$⟩ **I** *v/t* **1.** (*loslösen*) détacher, enlever (**von** de) **2.** (*abwechseln*) relayer; **j-n in s-m Amt ablösen** succéder à qn **II** *v/r* **sich ablösen 3.** (*sich loslösen*) se détacher; s'enlever **4.** (*sich abwechseln*) se relayer
Ablösesumme *f* SPORT somme *f* de transfert
Ablösung *f* **1.** *e-r Person* relève *f* **2.** (*Loslösen*) décollement *m*
abluchsen *v/t* ⟨¢$⟩ F **j-m etw abluchsen** F carotter qc à qn
ABM [aːbeːˈʔɛm] *abr* (*Arbeitsbeschaffungsmaßnahme*) mesure *f* de réinsertion des chômeurs
abmachen *v/t* **1.** F (*losmachen*) enlever **2.** (*vereinbaren*) convenir de; **abgemacht!** entendu!; d'accord!
Abmachung *f* ⟨∼; ∼en⟩ arrangement *m*; accord *m*
abmagern *v/i* ⟨sn⟩ maigrir
Abmagerungskur *f* régime amaigrissant
abmahnen *v/t* (*ermahnen*) avertir
Abmahnung *f* avertissement *m*
abmalen *v/t* copier
Abmarsch *m* départ *m*
abmarschieren *v/i* ⟨sans ge, sn⟩ se mettre en marche, en route
Abmeldebescheinigung *f* certificat *m* de déclaration de départ
Abmeldeformular *n* formulaire *m* de départ
abmelden ⟨-e-⟩ **I** *v/t* **j-n abmelden** *polizeilich* déclarer le départ de qn; F *fig* **er ist bei mir abgemeldet!** il n'existe plus pour moi; **ein Fahrzeug abmelden** déclarer qu'on n'utilise plus un véhicule; **sein Telefon abmelden** résilier son abonnement de téléphone **II** *v/r* **sich abmelden** *polizeilich* déclarer son départ (à la police); *beim Weggehen* prévenir (qn) de son départ
Abmeldung *f polizeilich* déclaration *f* de départ; *von Fahrzeugen* déclaration *f* qu'on n'utilise plus qc; *e-s Telefons* résiliation *f* d'abonnement
abmessen *v/t* ⟨*irr*⟩ mesurer
Abmessung *f* mesure *f*
abmontieren *v/t* ⟨sans ge⟩ démonter
ABM-Stelle *f* emploi *m* à durée déterminée dans le cadre de la réinsertion des chômeurs
abmühen *v/r* **sich** (*mit etw, j-m*) **abmühen** se donner du mal, de la peine (avec qc, qn)
abmurksen F *v/t* ⟨¢$⟩ F bousiller; F zigouiller
abnabeln ⟨¢⟩ **I** *v/t Kind* ligaturer et couper le cordon ombilical de **II** *v/r fig* **sich** (*von etw, j-m*) **abnabeln** se détacher (de qc, qn)
Abnab(e)lung *f* ⟨∼; ∼en⟩ **1.** MÉD ligature *f* et coupe *f* du cordon ombilical **2.** *fig* détachement *m*; séparation *f*
abnagen *v/t* ronger
Abnahme ['apnaːmə] *f* ⟨∼⟩ **1.** (*Entfernen*) enlèvement *m* **2.** COMM *von Waren* achat *m* **3.** (*Verminderung*) diminution *f*
abnehmbar *adj* amovible; détachable

abnehmen ⟨*irr*⟩ **I** *v/t* **1.** (*entfernen*) enlever; retirer; *Wäsche* rentrer; *Telefonhörer* décrocher; (*amputieren*) couper; amputer **2.** *j-m etw abnehmen* prendre, ôter qc à qn (*a fig*); *Arbeit* décharger qn de qc; *Weg, Sorge* épargner qc à qn **3.** COMM *Waren* prendre; acheter **4.** ⊢ *Geld etc* prendre; demander **5.** F *fig* (*glauben*) croire **II** *v/i* **6.** (*sich verringern*) diminuer; *Mond* décroître **7.** *an Gewicht* maigrir **8.** *am Telefon* décrocher

abnehmend *adj* **abnehmender Mond** lune décroissante; *wir haben abnehmenden Mond* la lune décroît

Abnehmer *m* ⟨∼s; ∼⟩ acheteur *m*

Abneigung *f* aversion *f* (*gegen* pour)

abnorm [apˈnɔrm] *adj* anormal

Abnormität *f* ⟨∼; ∼en⟩ anomalie *f*

abnötigen *st/s v/t* **j-m etw abnötigen** arracher qc à qn

abnutzen, abnützen *v/t* (*u v/r*) ⟨¢$⟩ (**sich abnutzen, abnützen** s')user

Abnutzung, Abnützung *f* usure *f*

Abnutzungserscheinung *f* signe *m* d'usure

Abo [ˈabo] F *n* ⟨∼s; ∼s⟩ → **Abonnement**

Abonnement [abɔnəˈmãː] *n* ⟨∼s; ∼s⟩ abonnement *m* (+ *gén* à)

Abonnent(in) *m* ⟨∼en; ∼en⟩ (*f*) ⟨∼in; ∼innen⟩ abonné(e) *m(f)* (+ *gén* à)

abonnieren *v/t* ⟨*sans ge*⟩ s'abonner à; *auf etw* (*acc*) *abonniert sein* être abonné à qc

abordnen *v/t* ⟨-e-⟩ déléguer; envoyer (*zu* à)

Abordnung *f* ⟨∼; ∼en⟩ délégation *f*

Abort [aˈbɔrt] *m* ⟨∼s; ∼e⟩ MÉD **1.** (*Fehlgeburt*) fausse couche **2.** (*Abtreibung*) avortement *m*

abpacken *v/t* empaqueter

abpassen *v/t* ⟨¢$⟩ attendre; guetter

abperlen *v/i* ⟨sn⟩ *von od an etw* (*dat*) *abperlen* couler, dégouliner sur qc

abpfeifen *v/t* ⟨*irr*⟩ SPORT **1.** (*unterbrechen*) siffler l'arrêt de **2.** (*beenden*) siffler la fin de

Abpfiff *m* SPORT coup *m* de sifflet d'arrêt *bzw* final

abpflücken *v/t* cueillir

abplacken F *v/r* **sich abplacken** F s'esquinter; F se crever

abplagen *v/r* **sich abplagen** se tuer; s'éreinter; *sich mit etw, j-m abplagen* se donner beaucoup de mal avec qc, qn

abplatten *v/t* ⟨-e-⟩ aplatir

abplatzen *v/i* ⟨¢$, sn⟩ *Farbe* s'écailler; *Knopf* sauter

abprallen *v/i* ⟨sn⟩ **1.** (*von od an etw* [*dat*]) *abprallen Ball* rebondir (sur qc); *Geschoss* ricocher (sur qc) **2.** *fig an j-m abprallen* ne pas avoir prise sur qn

Abpraller *m* ⟨∼s; ∼⟩ ballon *m* qui rebondit

abpressen *v/t* ⟨¢$⟩ **j-m etw abpressen** arracher qc à qn

abpumpen *v/t* pomper

abputzen *v/t* ⟨¢$⟩ essuyer; nettoyer

abquälen *v/r* **sich** (**mit etw**) **abquälen** se donner beaucoup de mal (avec qc)

abqualifizieren ⟨*sans ge*⟩ **I** *v/t* **j-n, etw** (**als etw**) **abqualifizieren** dénigrer qn, qc (en tant que qc) **II** *v/r* **sich** (**selbst**) **abqualifizieren** se disqualifier

abrackern F *v/r* **sich** (**mit etw**) **abrackern** F s'esquinter, se tuer (à faire qc)

abrasieren *v/t* ⟨*sans ge*⟩ raser

abraten *v/i* ⟨*irr*⟩ **j-m von etw abraten** déconseiller qc à qn; dissuader qn de qc

abräumen *v/t* *Tisch* débarrasser; desservir; *Schutt etc* déblayer

abreagieren ⟨*sans ge*⟩ **I** *v/t* **etw** (**an j-m, etw**) **abreagieren** décharger qc (sur qn, qc) **II** *v/r* **1.** **sich abreagieren** (*sich beruhigen*) se tranquilliser; se calmer; s'apaiser **2.** PSYCH **sich** (**an j-m, etw**) **abreagieren** se défouler (sur qn, qc)

abrechnen ⟨-e-⟩ **I** *v/t* **1.** (*abziehen*) déduire, retirer (**von** de) **2.** *als Abschlussrechnung* faire les comptes de **II** *v/i* **3.** *als Abschlussrechnung* faire les comptes **4.** *fig* **mit j-m abrechnen** régler un compte avec qn, son compte à qn

Abrechnung *f* **1.** (*Abzug*) déduction *f* **2.** (*Rechnungsabschluss*) règlement *m* de comptes (*a fig*); **die Abrechnung machen** faire les comptes

Abrechnungszeitraum *m* période *f* comptable

Abrede *f* **etw in Abrede stellen** nier, contester qc

abregen F *v/r* **sich abregen** se calmer; **reg dich ab!** calme-toi!

abreiben *v/t* ⟨*irr*⟩ **1.** (*trocken reiben*) frotter **2.** *Fleck* ôter, enlever (en frottant)

Abreibung *f* F *fig* (*Prügel*) F dérouillée *f*; F raclée *f*

Abreise *f* départ *m* (**nach** pour)

abreisen *v/i* ⟨¢$, sn⟩ partir (en voyage) (**nach** pour)

Abreisetag *m* jour *m* de départ

Abreisetermin *m* date *f* de départ

abreißen ⟨*irr*⟩ **I** *v/t* **1.** (*fortreißen*) arracher **2.** (*abtrennen*) détacher **3.** *Haus* démolir; raser **II** *v/i* ⟨sn⟩ **4.** *Telefon-, Funkverbindung* être coupé **5.** *fig Beziehungen, Besucherstrom* cesser; s'arrêter

abrichten *v/t* ⟨-e-⟩ dresser (*a fig*)

Abrichtung *f* dressage *m*

abriegeln *v/t* ⟨¢⟩ *Tür* verrouiller; barricader; *Straße* barrer

abringen ⟨*irr*⟩ **I** *v/t* **j-m etw abringen** arracher qc à qn **II** *v/r* **sich** (*dat*) **ein Lächeln abringen** se forcer à (un) sourire

Abriss *m* **1.** (*Kurzdarstellung*) précis *m*; abrégé *m* **2.** *e-s Hauses* démolition *f*

Abrissbirne *f* boulet *m* de démolition

Abrissunternehmen *n* entreprise *f* de démolition

abrollen **I** *v/t* dérouler **II** *v/i* ⟨sn⟩ *fig Ereignisse* **vor j-m abrollen** se dérouler devant qn

abrücken **I** *v/t* éloigner, reculer (**von** de) **II** *v/i* ⟨sn⟩ **1.** **von j-m, etw abrücken** s'éloigner, s'écarter de qn, qc; *fig* prendre ses distances à l'égard de qn, qc **2.** MIL partir

Abruf *m* **auf Abruf** sur appel; **sich auf Abruf bereithalten** être prêt au rappel

abrufbar *adj Daten, Summe* disponible

abrufbereit *adj Person, Daten* disponible; *Waren* livrable

abrufen *v/t* ⟨*irr*⟩ **1.** *Personen* rappeler **2.** COMM faire livrer **3.** INFORM rechercher

abrunden *v/t* ⟨-e-⟩ **1.** *Kanten* arrondir **2.** *Zahl* arrondir (**auf** [+ *acc*] à) **3.** (*vervollständigen*) compléter

Abrundung *f* **1.** (*das Abrunden*) arrondissement *m* **2.** (*abgerundete Stelle*) arrondi *m* **3.** (*Vervollkommnung*) perfectionnement *m*; **zur Abrundung des Abends** pour parfaire la soirée; **zur Abrundung des Geschmacks** pour améliorer le goût, parfaire l'assaisonnement

abrupt [a'brupt] *adj* brusque (*a fig*)

abrüsten *v/i* (*u v/t*) ⟨-e-⟩ désarmer

Abrüstung *f* désarmement *m*; **atomare Abrüstung** désarmement atomique, nucléaire

Abrüstungsabkommen *n* accord *m* de désarmement

Abrüstungsgespräche *n/pl* pourparlers *m/pl* sur le désarmement

Abrüstungskonferenz *f* conférence *f* pour le *od* du désarmement

Abrüstungsverhandlungen *f/pl* négociations *f/pl* sur le désarmement

abrutschen *v/i* ⟨sn⟩ glisser (**von** de)

ABS [aːbeːˈʔɛs] *n abr* (*Antiblockiersystem*) ABS *m*

Abs. *abr* **1.** (*Absender*) exp. (expéditeur) **2.** (*Absatz*) alinéa

absacken F *v/i* ⟨sn⟩ **1.** *Boden, Mauer* s'affaisser; s'enfoncer (*a Schiff, Flugzeug*) **2.** F *fig* dégringoler

Absage *f* **1.** (*abschlägiger Bescheid*) réponse négative **2.** *fig* refus *m* (**an** [+ *acc*] à); **j-m, e-r Sache e-e Absage erteilen** refuser qn, qc

absagen I *v/t Veranstaltung* annuler; décommander; *Einladung* refuser **II** *v/i* (**j-m**) **absagen** donner une réponse négative (à qn); *nach Zusage* se décommander

absägen *v/t* **1.** scier **2.** F *fig* **j-n absägen** éliminer qn

absahnen I *v/t* F *fig* F empocher **II** *v/i* F (**kräftig**) **absahnen** F s'en mettre plein les poches

absatteln *v/t* ⟨¢⟩ *Pferd* desseller; *Lasttier* débâter

Absatz *m* **1.** (*Schuhabsatz*) talon *m* **2.** (*Treppenabsatz*) palier *m* **3.** *in e-m Text* alinéa *m*; paragraphe *m* (*a* JUR) **4.** COMM vente *f*; écoulement *m*

Absatzgebiet *n* débouché *m*

Absatzmarkt *m* marché *m*; débouché *m*

Absatzschwierigkeiten *f/pl* difficultés *f/pl* de vente

Absatzsteigerung *f* augmentation *f* de la vente

absaufen *v/i* ⟨irr, sn⟩ **1.** P *Person* couler; se noyer **2.** F *Schiff* couler **3.** F **den Motor absaufen lassen** noyer le carburateur

absaugen *v/t* **1.** aspirer **2.** *Teppich* passer l'aspirateur sur

abschaben *v/t* gratter; racler

abschaffen *v/t* (*beseitigen*) supprimer; *Missbräuche, Todesstrafe* abolir; *Gesetze* abroger

Abschaffung *f* ⟨∼⟩ suppression *f*; abolition *f*; abrogation *f*

abschälen *v/t* peler

abschalten ⟨-e-⟩ **I** *v/t* → **ausschalten II** F *v/i* **1.** (*nicht mehr zuhören*) F décrocher **2.** (*sich entspannen*) se relaxer

abschätzen *v/t* ⟨¢ß⟩ estimer; évaluer

abschätzig *adj* méprisant

abschauen *v/t bes südd, österr, schweiz* → **abgucken**

Abschaum *m* ⟨∼¢s⟩ *péj* rebut *m*; *st/s* lie *f*

abscheiden *v/t* ⟨irr⟩ **1.** CHIM séparer **2.** BIOL sé-

créter

Abscheu *m* ⟨∼s⟩ horreur *f*; répulsion *f*

abscheuern *v/t* **1.** (*säubern*) récurer **2.** (*entfernen*) enlever (en frottant) **3.** (*abnutzen*) user (par frottement)

abscheulich *adj* horrible; détestable; affreux

Abscheulichkeit *f* ⟨∼; ∼en⟩ horreur *f*; atrocité *f*

abschicken *v/t Post* envoyer; *Paket a* expédier

Abschiebehaft *f* → **Abschiebungshaft**

abschieben *v/t* ⟨irr⟩ **1.** *Schuld, Verantwortung* rejeter (**auf** [+ *acc*] sur) **2.** *Person* se débarrasser de; **j-n ins Ausland abschieben** expulser, refouler qn à l'étranger

Abschiebung *f ins Ausland* expulsion *f*; refoulement *m*

Abschiebungshaft *f* rétention *f* (avant l'expulsion)

Abschied ['apʃiːt] *m* ⟨∼¢s; ∼e⟩ adieu(x) *m(pl)*; **von j-m Abschied nehmen** faire ses adieux à qn; prendre congé de qn

Abschiedsbrief *m* lettre *f* d'adieu(x)

Abschiedsessen *n* dîner *m*, repas *m* d'adieu(x)

Abschiedsfeier *f*, **Abschiedsfest** *n* fête *f* d'adieu(x)

Abschiedsgeschenk *n* cadeau *m* d'adieu

Abschiedskuss *m* baiser *m* d'adieu

Abschiedsschmerz *m* ⟨∼es⟩ douleur *f* de l'adieu

abschießen *v/t* ⟨irr⟩ **1.** *Kugel* tirer; *Pfeil* décocher; *Rakete* lancer **2.** *Wild* tuer; *Vogel, Flugzeug* abattre; *Panzer* détruire

abschinden F *v/r* ⟨irr⟩ **sich abschinden** F se crever

abschirmen *v/t* **1.** (*schützen*) protéger (**gegen** contre) **2.** *Licht* masquer; *Lärm* étouffer

Abschirmung *f* ⟨∼; ∼en⟩ **1.** protection *f* (**gegen** contre) **2.** ÉLECT, RAD écran *m*

abschlachten *v/t* ⟨-e-⟩ **1.** abattre **2.** *péj bes Menschen* massacrer

abschlaffen F *v/i* ⟨sn⟩ (*schlaff werden*) devenir fatigué; *fig péj* **ein abgeschlaffter Typ** un mollasson

Abschlag *m* **1.** (*Preisabschlag*) réduction *f*; diminution *f* **2.** (*Vorschuss*) avance *f*; acompte *m* **3.** FUSSBALL coup *m* de pied de but

abschlagen *v/t* ⟨irr⟩ **1.** *Putz, Äste* abattre; *Kopf* couper; trancher **2.** *Angriff* repousser **3.** *Ball* remettre en jeu **4.** *Wunsch, Bitte* refuser

abschlägig ['apʃlɛːgɪç] ADM **I** *adj* négatif **II** *adv* **abschlägig beschieden werden** être refusé

Abschlagszahlung *f* → **Abschlag**

abschlecken *v/t südd, österr* lécher

abschleifen ⟨irr⟩ **I** *v/t* **1.** (*entfernen*) enlever **2.** (*glätten*) polir; poncer **II** *v/r* **sich abschleifen 3.** s'user (par frottement) **4.** *fig* s'effacer, disparaître (peu à peu)

Abschleppdienst *m* service *m* de dépannage

abschleppen I *v/t* **1.** *Fahrzeug* remorquer **2.** *Personen* F draguer **II** F *v/r* **sich** (**mit etw**) **abschleppen** F se tuer à porter qc

Abschleppseil *n* câble *m* de remorquage

Abschleppwagen *m* dépanneuse *f*

abschließbar *adj* fermant à clé

abschließen ⟨irr⟩ **I** *v/t* **1.** fermer à clé **2.** (*absondern*) isoler, séparer (**von** de) **3.** (*beenden*) terminer; achever **4.** (*begrenzen*) terminer **II** *v/i* **5.** (*enden*) se terminer (**mit** par) **6.** *fig* **mit dem Leben abgeschlossen haben** ne plus rien at-

tendre de la vie **III** *v/r* **sich abschließen** s'iso-
ler (**von** de)
abschließend *adjt* final; définitif
Abschluss *m* **1.** (*Ende*) fin *f*; **zum Abschluss
kommen** s'achever; se terminer **2.** (*Beendi-
gung*) achèvement *m*; *e-r Rede, Diskussion*
conclusion *f*; *e-r Debatte, Untersuchung* clôtu-
re *f*; **etw zum Abschluss bringen** terminer,
achever qc **3.** COMM clôture *f* **4.** (*Vertragsab-
schluss, Geschäftsabschluss*) conclusion *f*
Abschlussball *m* bal *m* de clôture
Abschlussexamen *n* examen *m* de fin d'études
Abschlussfeier *f* fête *f*, réunion *f* de clôture
Abschlussklasse *f* classe terminale
Abschlussprüfung *f* examen *m* de fin d'études
Abschlusszeugnis *n* diplôme *m* de fin d'étu-
des
abschmecken *v/t* goûter (pour assaisonner)
abschmieren *v/t* TECH graisser; lubrifier
abschminken **I** *v/t* démaquiller **II** *v/r* **1.** **sich ab-
schminken** se démaquiller **2.** F (*verzichten*)
sich (*dat*) **etw abschminken** F faire son deuil
de qc; faire une croix sur qc
abschmirgeln *v/t* ⟨¢⟩ **1.** (*polieren*) polir au pa-
pier émeri **2.** (*entfernen*) enlever au papier
émeri
abschnallen **I** *v/t* enlever; ôter **II** *v/r* **sich ab-
schnallen** im *Auto* détacher sa ceinture
abschneiden ⟨*irr*⟩ **I** *v/t* couper (*a fig*); **j-m den
Weg abschneiden** couper la route à qn **II** *v/i*
gut, schlecht abschneiden avoir un bon,
mauvais résultat
Abschnitt *m* **1.** (*Teilabschnitt*) section *f*; partie *f*
2. *zeitlich* période *f*; époque *f* **3.** (*Textabschnitt*)
passage *m*; partie *f* **4.** *e-s Gebiets, der Front*
secteur *m*
abschnüren *v/t* **1.** *mit e-r Schnur* serrer avec
une corde; **das schnürt mir die Luft ab** cela
m'étrangle **2.** *fig* (*blockieren*) bloquer; barrer
abschöpfen *v/t* **1.** **Fett abschöpfen** dégraisser
2. COMM absorber
abschotten ⟨-e-⟩ **I** *v/t* **1.** MAR cloisonner **2.** *fig*
j-n, etw von etw abschotten isoler qn, qc
de qc **II** *v/r* **sich gegen j-n, etw abschotten**
s'isoler de qn, qc; être imperméable à qc
abschrägen *v/t Ecke, Kante, Brett* couper, tail-
ler en biais, en biseau; *Dach, Wand* incliner;
Raum aménager en mansarde
Abschrägung *f* ⟨~; ~en⟩ biais *m*; *e-s Dachs* in-
clinaison *f*; pente *f*
abschrauben *v/t* dévisser
abschrecken *v/t* **1.** rebuter; décourager **2.** CUIS
tremper dans l'eau froide
abschreckend *adjt* décourageant; rebutant
Abschreckung *f* ⟨~; ~en⟩ dissuasion *f* (*a* MIL)
abschreiben ⟨*irr*⟩ **I** *v/t* **1.** copier (**von j-m** sur
qn; *aus e-m Buch* dans un livre) **2.** COMM
amortir **3.** F *fig* (*aufgeben*) F faire son deuil
de; faire une croix sur **II** *v/i* **4.** *in der Schule*
copier (**von j-m** sur qn) **5.** **j-m abschreiben**
e-m Gastgeber se décommander auprès de qn
Abschreibung *f* COMM amortissement *m*
Abschrift *f* copie *f*; *e-r Urkunde etc* a double *m*;
duplicata *m*
abschrubben F *v/t* **1.** *Gegenstand* nettoyer, frot-
ter à la brosse, au balai-brosse **2.** *Schmutz*
enlever à la brosse, au balai-brosse
abschuften F *v/r* ⟨-e-⟩ **sich abschuften** F se

crever; F trimer
abschuppen **I** *v/t Fisch* écailler **II** *v/r* **sich ab-
schuppen** *Haut* se desquamer
abschürfen *v/r* **sich** (*dat*) **die Haut abschürfen**
s'érafler; s'écorcher
Abschürfung *f* éraflure *f*; écorchure *f*
Abschuss *m* **1.** *e-r Rakete etc* lancement *m* **2.**
e-s Flugzeugs, Panzers destruction *f*
abschüssig [ˈapʃʏsɪç] *adj* en pente
Abschussliste *f* F *fig* **auf der Abschussliste
stehen** être sur la liste noire
Abschussrampe *f* rampe *f* de lancement
abschütteln *v/t* ⟨¢⟩ **1.** *Schnee, Staub* secouer (*a
fig Joch*) **2.** *fig Müdigkeit, Sorgen* se débarras-
ser de **3.** *fig Verfolger* distancer; F semer
abschwächen **I** *v/t* affaiblir; *Kritik* atténuer;
modérer **II** *v/r* **sich abschwächen** s'affaiblir;
faiblir
Abschwächung *f* affaiblissement *m*; atténua-
tion *f*; modération *f*
abschweifen *v/i* ⟨sn⟩ s'écarter; s'éloigner (**vom
Thema** du sujet)
Abschweifung *f* ⟨~; ~en⟩ digression *f*
abschwellen *v/i* ⟨*irr*, sn⟩ désenfler
abschwenken *v/i* ⟨sn⟩ tourner (**nach rechts** à
droite)
abschwindeln *v/t* ⟨¢⟩ **j-m etw abschwindeln**
escroquer, soutirer qc à qn
abschwirren *v/i* ⟨sn⟩ **1.** *Vögel, Insekten* s'envo-
ler en bourdonnant **2.** F (*abhauen*) F filer; F fi-
cher le camp
abschwören *v/i* ⟨*irr*⟩ *e-r Sache* (*dat*) **ab-
schwören** renoncer définitivement à qc; REL
renier, abjurer qc
Abschwung *m* ÉCON récession *f*
absegnen F *plais v/t* ⟨-e-⟩ F donner sa bénédic-
tion à; approuver
absehbar *adj* qu'on peut prévoir; **in absehba-
rer Zeit** dans un proche avenir
absehen ⟨*irr*⟩ **I** *v/t* **1.** (*voraussehen*) prévoir; **es
ist kein Ende abzusehen** on n'en voit pas la
fin **2.** **er hat es darauf abgesehen, mich zu
ärgern** il est bien décidé à m'agacer; **er hat
es auf mich abgesehen** c'est à moi qu'il en
veut; F c'est après moi qu'il en a; **es auf
etw** (*acc*) **abgesehen haben** avoir des visées,
des vues sur qc **II** *v/i* **von etw absehen** (*ver-
zichten*) renoncer à qc; (*außer Acht lassen*) fai-
re abstraction de qc
abseifen *v/t* (*u v/r* **sich abseifen** se) savonner
abseilen **I** *v/t* descendre (à la corde) **II** *v/r* **sich
abseilen** **1.** descendre en rappel **2.** F *fig* (*ver-
schwinden*) F se tirer; F se casser
absein → **ab**
abseits [ˈapzaɪts] **I** *adv* **1.** à l'écart **2.** SPORT
'hors-jeu **II** *prép* ⟨*gén*⟩ à l'écart de
Abseits *n* ⟨~; ~⟩ **1.** SPORT 'hors-jeu *m* **2.** *fig im
Abseits stehen* être tenu à l'écart
Abseitsfalle *f* tactique *f* du hors-jeu
Abseitsregel *f* règle *f* du hors-jeu
Abseitsstellung *f* position *f* 'hors-jeu
Abseitstor *n* but marqué en 'hors-jeu
absenden *v/t* ⟨*irr ou régulier*⟩ envoyer; expé-
dier
Absender(in) *m* ⟨~s; ~⟩ (*f*) ⟨~in; ~innen⟩ expé-
diteur, -trice *m,f*
absenken *v/t* (a)baisser
Absenker *m* ⟨~s; ~⟩ JARD marcotte *f*

abservieren *v/t* ⟨*sans ge*⟩ **1.** *Geschirr* enlever; *Tisch* desservir **2.** F *fig* (*kaltstellen*) éliminer

absetzbar *adj steuerlich* déductible

absetzen ⟨¢$⟩ **I** *v/t* **1.** *Hut* ôter; enlever **2.** *Beamte, Präsidenten* destituer; révoquer **3.** *Last, Glas* (re)poser **4.** *Fahrgast* déposer **5.** *vom Spielplan, von der Tagesordnung* supprimer **6.** COMM écouler; vendre **7.** *Medikament* arrêter **8.** *von den Steuern* déduire **II** *v/i beim Sprechen, Schreiben* s'arrêter **III** *v/r* **sich absetzen 9.** *ins Ausland* fuir; F *fig* (*sich davonmachen*) F se tirer; F se casser **10.** (*sich ablagern*) se déposer

Absetzung *f* ⟨~; ~en⟩ **1.** *von Amtsinhabern* destitution *f*; révocation *f* **2.** *e-s Theaterstücks* retrait *m*

absichern I *v/t* protéger **II** *v/r* **sich** (**gegen etw**) **absichern** s'assurer, se prémunir (contre qc)

Absicht *f* ⟨~; ~en⟩ intention *f*; dessein *m*; **mit** (**voller**) **Absicht** exprès; à dessein

absichtlich ['apzɪçtlɪç *ou* -'zɪçt-] **I** *adj* intentionnel; voulu **II** *adv* exprès; intentionnellement

Absichtserklärung *f* déclaration *f* d'intention

absinken *v/i* ⟨*irr*, sn⟩ **1.** *Schiff etc* couler **2.** → **sinken 3.** *fig* baisser

Absinth [ap'zɪnt] *m* ⟨~¢s; ~e⟩ absinthe *f*

absitzen ⟨*irr*⟩ **I** F *v/t* **1.** (*hinter sich bringen*) F se farcir **2.** *im Gefängnis* F tirer **II** *v/i* ⟨sn⟩ *vom Pferd* descendre (de cheval)

absolut [apzo'luːt] *adj* absolu

Absolution [apzolutsi'oːn] *f* ⟨~; ~en⟩ CATH absolution *f*

Absolutismus *m* ⟨~⟩ absolutisme *m*

absolutistisch *adj* absolutiste

Absolvent(in) [apzɔl'vɛnt(ɪn)] *m* ⟨~en; ~en⟩ (*f*) ⟨~in; ~innen⟩ personne *f* qui a fait, terminé ses études (à l'université, *etc*)

absolvieren *v/t* ⟨*sans ge*⟩ **1.** *Lehre, Studium* faire **2.** *Pensum* faire

absonderlich *adj* singulier; bizarre

absondern I *v/t* **1.** (*isolieren*) isoler **2.** BIOL sécréter **II** *v/r* **sich absondern** s'isoler

Absonderung *f* ⟨~; ~en⟩ **1.** (*Isolierung*) isolement *m* **2.** BIOL sécrétion *f*; *bes e-r Drüse* excrétion *f*

absorbieren [apzɔr'biːrən] *v/t* ⟨*sans ge*⟩ absorber (*a fig*)

Absorption [apzɔrptsi'oːn] *f* ⟨~⟩ absorption *f*

abspalten ⟨*irr ou régulier*⟩ **I** *v/t* **1.** *mit dem Beil* détacher; enlever **2.** *fig* séparer **II** *v/r fig* **sich** (**von j-m, etw**) **abspalten** se séparer (de qn, qc)

Abspaltung *f fig* séparation *f*

Abspann *m* ⟨~¢s; ~e⟩ TV générique *m*

abspannen *v/t Zugtier* dételer

Abspannung *f* (*Ermüdung*) fatigue *f*

absparen *v/r* **sich** (*dat*) **etw vom Munde absparen** se serrer la ceinture, se priver pour acheter qc

abspecken F *v/i* (*u v/t*) *Person* maigrir (de); *fig Unternehmen* F dégraisser

abspeichern *v/t* INFORM mémoriser

abspeisen *v/t* ⟨¢$⟩ *fig* **j-n mit leeren Versprechungen abspeisen** bercer qn de vaines promesses

abspenstig ['apʃpɛnstɪç] *adj* **j-m etw, j-n abspenstig machen** prendre qc, qn à qn

absperren *v/t* **1.** *Baustelle* interdire l'accès de;

Straße barrer **2.** *Wasser, Gas, Strom* couper **3.** *österr, südd* (*abschließen*) fermer à clé

Absperrhahn *m* robinet *m* d'arrêt

Absperrung *f* barrage *m*

Abspiel *n* SPORT passe *f*

abspielen I *v/t* **1.** *CD, Schallplatte* passer **2.** *Musikstück* jouer **3.** SPORT (**den Ball**) **abspielen** faire une passe **II** *v/r* **sich abspielen** *Geschehnisse* se dérouler; se passer

absplittern *v/i* ⟨sn⟩ *Holz, Lack* sauter en éclats

Absprache *f* accord *m*, arrangement *m* (**mit** avec); *geheime* entente *f*; **mit j-m e-e Absprache treffen** se mettre d'accord avec qn

absprachegemäß *adv* comme convenu

absprechen ⟨*irr*⟩ **I** *v/t* **1.** (*verabreden*) convenir de; fixer **2.** (*aberkennen*) contester; dénier **II** *v/r* **sich absprechen** convenir (de faire qc); se concerter

abspringen *v/i* ⟨*irr*, sn⟩ **1.** *beim Weitsprung etc* partir **2.** (*herunterspringen*) sauter **3.** *Fahrradkette, Knopf* sauter

abspritzen ⟨¢$⟩ *v/t* **1.** *Gegenstand* nettoyer au jet d'eau **2.** *Schmutz* enlever au jet d'eau

Absprung *m* **1.** *beim Weitsprung* appel *m* **2.** (*Herunterspringen*) saut *m* **3.** *fig* **den Absprung schaffen** saisir sa chance

abspulen *v/t* débobiner; dérouler

abspülen *v/t* **1.** *Schmutz* enlever à l'eau, par rinçage **2.** *Gegenstände* laver

abstammen *v/i* ⟨*pas de p/p*⟩ **von j-m abstammen** descendre de qn; être né de qn

Abstammung *f* ⟨~; ~en⟩ origine *f*

Abstammungslehre *f* théorie *f* de l'évolution

Abstand *m* **1.** *räumlich* distance *f* (*a fig*); intervalle *m*; écart *m*; **Abstand halten** mit dem Auto etc garder sa distance; *fig* **den nötigen Abstand wahren** tenir, garder ses distances; *fig* **mit Abstand** de loin **2.** *zeitlich* intervalle *m*; **in Abständen von fünf Minuten** à cinq minutes d'intervalle **3.** *fig* recul *m*; **von etw Abstand nehmen** renoncer à qc **4.** → **Abstandssumme**

Abstandssumme *f* indemnité *f*; *bei Vermietung* reprise *f*

abstatten ['apʃtatən] *v/t* ⟨-e-⟩ **j-m e-n Besuch abstatten** rendre visite à qn

abstauben *v/t* épousseter

abstechen ⟨*irr*⟩ **I** *v/t Tiere* saigner; égorger **II** *v/i* (*kontrastieren*) **von etw, j-m abstechen** contraster avec qc, qn

Abstecher *m* ⟨~s; ~⟩ **e-n Abstecher** (**nach ...**) **machen** faire un crochet (par ...)

abstecken *v/t* **1.** (*abgrenzen*) jalonner **2.** *fig* (*umreißen*) tracer; fixer

abstehen *v/i* ⟨*irr*⟩ **1.** (*entfernt sein*) être éloigné, distant **2.** *Ohren* être décollé; **abstehende Ohren haben** avoir les oreilles décollées

Absteige *f* ⟨~; ~n⟩ *péj* hôtel miteux; (*Stundenhotel*) hôtel *m* de passe

absteigen *v/i* ⟨*irr*, sn⟩ **1.** (*heruntersteigen*) descendre (**von** de; *a fig*); *vom Pferd* mettre pied à terre **2.** *Sportverein* être relégué en deuxième division; être déclassé **3.** *in e-m Hotel* descendre (**in** [+ *dat*] dans)

Absteiger *m* ⟨~s; ~⟩ **1.** SPORT club relégué, déclassé **2.** *gesellschaftlicher* personne *f* en perte de vitesse

abstellen *v/t* **1.** *Lasten* poser; *an e-m bestimm-*

ten Ort déposer **2.** *nach Gebrauch* ranger; *Fahrrad, Wagen a* garer **3.** *Maschinen, Wecker* arrêter; *Heizung, Radio* éteindre; *Klingel, Strom, Gas* couper **4.** *fig Missstände* supprimer **5.** MIL détacher

Abstellgleis *n* voie *f* de garage; F *fig* **j-n aufs Abstellgleis schieben** mettre qn sur une voie de garage

Abstellkammer *f*, **Abstellraum** *m* débarras *m*

abstempeln *v/t* ⟨¢⟩ **1.** *Brief* timbrer; *Briefmarke* oblitérer; *Antrag, Ausweis* apposer un cachet sur **2.** *fig* **j-n abstempeln als** *od* **zu** étiqueter qn comme

absterben *v/i* ⟨*irr*, sn⟩ *Pflanze* mourir; *Gliedmaßen* s'engourdir; devenir insensible

Abstieg ['apʃtiːk] *m* ⟨~¢s; ~e⟩ **1.** *vom Gipfel* descente *f* **2.** *fig sozialer* déclin *m*; baisse *f* **3.** *e-s Sportvereins* déclassement *m*

abstiegsgefährdet *adjt* SPORT qui risque d'être déclassé

Abstiegskandidat *m* SPORT candidat *m* à la relégation

abstillen **I** *v/t Säugling* sevrer **II** *v/i* arrêter d'allaiter

abstimmen **I** *v/t* **1.** *(absprechen) etw mit j-m abstimmen* convenir de qc avec qn **2.** *etw auf etw (acc) abstimmen Farben* assortir à qc; *Interessen, Arbeit etc* harmoniser, faire concorder avec qc; *aufeinander abstimmen Farben* assortir; *Interessen* harmoniser **II** *v/i bei e-r Wahl* voter; *über etw (acc) abstimmen* procéder au vote de qc

Abstimmung *f* ⟨~; ~en⟩ **1.** *(Wahl)* vote *m*, scrutin *m* (*über* [+ *acc*] sur); *(Volksentscheid)* référendum *m*; **geheime Abstimmung** scrutin secret **2.** *(Harmonisierung)* harmonisation *f*

Abstimmungsantrag *m* demande *f* de scrutin

Abstimmungsergebnis *n* résultat *m* du vote *bzw* du scrutin

Abstimmungsverfahren *n* mode *m* de scrutin, de vote; procédure *f* de vote

abstinent [apsti'nɛnt] *adj im Alkoholgenuss* sobre; *sexuell* continent

Abstinenz *f* ⟨~⟩ sobriété *f*; continence *f*

abstoppen **I** *v/t Fahrzeug* arrêter; stopper **II** *v/i* s'arrêter (brusquement); stopper

Abstoß *m* FUSSBALL coup *m* de pied de but

abstoßen ⟨*irr*⟩ **I** *v/t* **1.** *Boot vom Ufer* donner une poussée à **2.** *(beschädigen)* abîmer **3.** PHYS repousser **4.** *fig* repousser; répugner; *alles stößt mich an ihm ab* tout me repousse en lui **5.** COMM se défaire de; liquider **6.** MÉD rejeter **II** *v/r* **sich (von etw) abstoßen** s'éloigner (de qc) par une poussée

abstoßend *adjt* repoussant; répugnant

Abstoßung *f* ⟨~; ~en⟩ MÉD rejet *m*

abstottern F *v/t* payer à crédit; *Kredit* rembourser péniblement

abstrahieren [apstra'hiːrən] *v/t u v/i* ⟨*sans ge*⟩ abstraire

abstrakt [ap'strakt] *adj* abstrait

Abstraktion *f* ⟨~; ~en⟩ abstraction *f*

abstrampeln F *v/r* ⟨¢⟩ **sich abstrampeln 1.** *beim Radfahren* s'essouffler à pédaler **2.** *(sich abmühen)* s'exténuer; s'épuiser

abstreifen *v/t* **1.** *Kleidungsstücke, Ring* enlever; ôter; **die Asche abstreifen** enlever la cendre **2.** *fig Vorurteile* se débarrasser de; abandonner

abstreiten *v/t* ⟨*irr*⟩ nier

Abstrich *m* **1.** *finanziell* coupe *f*; réduction *f*; *fig* **Abstriche (an etw [*dat*]) machen** faire des concessions (sur qc) **2.** MÉD prélèvement *m*

abstrus [ap'struːs] *st/s adj* abstrus; confus; obscur

abstufen *v/t* **1.** *Gelände* disposer en gradins, en terrasses **2.** *Farbtöne* dégrader; nuancer (*a fig*) **3.** *(staffeln)* échelonner (*nach* selon)

Abstufung *f* ⟨~; ~en⟩ **1.** *im Gelände* étagement *m* **2.** *von Farbtönen* dégradé *m*; *(Nuance)* nuance *f* **3.** *(Staffelung)* gradation *f*; *der Gehälter* échelonnement *m*

abstumpfen **I** *v/t Gefühle, Sinne* émousser; *Person* rendre insensible, indifférent (**gegen** à) **II** *v/i* ⟨sn⟩ *Gefühle, Sinne* s'émousser; *Person* devenir insensible, indifférent (**gegen** à)

Absturz *m* chute *f*

abstürzen *v/i* ⟨¢ſ, sn⟩ **1.** *Flugzeug* s'abattre, s'écraser (au sol, etc) **2.** *Person* faire une chute; tomber **3.** F INFORM F se planter

Absturzgefahr *f* danger *m* de chute

Absturzstelle *f* point *m* de chute

abstützen ⟨¢ſ⟩ **I** *v/t* CONSTR étayer **II** *v/r* **sich an etw** (*dat*) **abstützen** s'appuyer à qc

absuchen *v/t* fouiller; *Gelände a* ratisser

absurd [ap'zʊrt] *adj* absurde

Abszess [aps'tsɛs] *m* ⟨~es; ~e⟩ abcès *m*

Abszisse [aps'tsɪsə] *f* ⟨~; ~n⟩ MATH abscisse *f*

Abt [apt] *m* ⟨~¢s; ~e⟩ abbé *m*

Abt. *abr (Abteilung)* département *m*; service *m*

abtasten *v/t* ⟨-e-⟩ tâter; palper

abtauchen *v/i* **1.** MAR plonger **2.** F *fig* **(in den Untergrund) abtauchen** entrer dans la clandestinité

abtauen **I** *v/t* dégeler; *Kühlschrank* dégivrer **II** *v/i* ⟨sn⟩ *Eis, Schnee* fondre

Abtei [ap'taɪ] *f* ⟨~; ~en⟩ abbaye *f*

Abteil *n* ⟨~¢s; ~e⟩ compartiment *m*

abteilen *v/t* séparer (**von** de); *durch e-e Wand* cloisonner

Abteilung *f* ⟨~; ~en⟩ *e-s Betriebs* service *m*; *e-s Krankenhauses* département *m*; *e-s Warenhauses* rayon *m*; MIL détachement *m*

Abteilungsleiter(in) *m(f) im Warenhaus* chef *m* de rayon; *im Büro* chef *m* de service

abtippen F *v/t* taper (à la machine)

Äbtissin [ɛp'tɪsɪn] *f* ⟨~; ~nen⟩ abbesse *f*

abtönen *v/t* nuancer; dégrader

abtöten *v/t* ⟨-e-⟩ *Keim, Nerv* tuer; *fig Gefühl* étouffer

abtragen *v/t* ⟨*irr*⟩ **1.** *Erde* déblayer **2.** *Kleidung* user

abträglich ['aptrɛːklɪç] *st/s adj* **e-r Sache** (*dat*) **abträglich sein** être nuisible, préjudiciable à qc

abtrainieren *v/t* ⟨*sans ge*⟩ *Fett, Gewicht* perdre en faisant de l'exercice

Abtransport *m* transport *m*

abtransportieren *v/t* ⟨*sans ge*⟩ transporter

abtreiben ⟨*irr*⟩ **I** *v/t* **1.** *Wind, Strömung etw abtreiben* déporter qc; **von der Strömung abgetrieben werden** être entraîné par le courant **2.** MÉD avorter **II** *v/i* **3.** ⟨sn⟩ MAR, AVIAT dériver **4.** MÉD avorter; **sie hat abgetrieben** elle s'est fait avorter; elle a avorté

Abtreibung *f* ⟨~; ~en⟩ avortement *m*

Abtreibungsklinik F *f* clinique *f* d'avortements

Abtreibungspille *f* pilule abortive
Abtreibungsversuch *m* tentative *f* d'avortement
abtrennen *v/t Raum* séparer (*a fig*); *Abschnitt* détacher; *Angenähtes* découdre
abtreten ⟨*irr*⟩ **I** *v/t* **1.** *Schuhsohlen* user; *Absätze* éculer **2.** *Schmutz von den Schuhen* faire tomber (en piétinant) **3.** *fig Anspruch, Gebiet* **etw an j-n abtreten** céder qc à qn **II** *v/i* ⟨sn⟩ **4.** (*zurücktreten*) démissionner; se retirer de ses fonctions **5.** MIL se retirer **6.** THÉ sortir de scène; *fig* **von der Bühne abtreten** quitter la scène **III** *v/r* **sich** (*dat*) **die Füße abtreten** s'essuyer les pieds
Abtreter *m* ⟨∼s; ∼⟩ (*Fußabtreter*) paillasson *m*; *aus Metall* décrottoir *m*
Abtretung *f* ⟨∼; ∼en⟩ JUR cession *f*; désistement *m*
Abtrockentuch F *n* torchon *m*
abtrocknen ⟨-e-⟩ **I** *v/t Geschirr, Hände* essuyer; *abs* essuyer la vaisselle **II** *v/i* ⟨sn⟩ (*trocken werden*) sécher **III** *v/r* **sich** (*dat*) **die Tränen abtrocknen** essuyer ses larmes
abtropfen *v/i* ⟨sn⟩ **1.** *Wasser* s'égoutter; **von etw abtropfen** (dé)goutter de qc **2.** *Salat* **abtropfen lassen** (laisser) égoutter
Abtropfgestell *n* égouttoir *m* (à vaisselle)
abtrotzen *v/t* ⟨¢ʑ⟩ **j-m etw abtrotzen** arracher, extorquer qc à qn
abtrünnig ['aptrʏnɪç] *adj* **abtrünnig sein** être un apostat; être un renégat (*a fig*)
Abtrünnige(r) *f(m)* ⟨→ A⟩ apostat(e) *m(f)*; renégat(e) *m(f)* (*a fig*)
abtun *v/t* ⟨*irr*⟩ *Einwand etc* écarter
abtupfen **I** *v/t* tamponner **II** *v/r* **sich** (*dat*) **die Stirn abtupfen** se tamponner le front
aburteilen *v/t* juger
abverlangen *v/t* ⟨*sans ge*⟩ **j-m etw abverlangen** exiger qc de qn
abwägen *v/t* ⟨*irr ou régulier*⟩ peser
abwählen *v/t* **1.** *Person* destituer (d'un poste, d'une fonction) par vote **2.** *Schulfach* abandonner
abwälzen *v/t* ⟨¢ʑ⟩ (**auf j-n**) **abwälzen** *Verantwortung, Verdacht* rejeter (sur qn); *Kosten* reporter (sur qn)
abwandeln *v/t* ⟨¢⟩ modifier; changer
abwandern *v/i* ⟨sn⟩ émigrer (**aus** de; **nach, in** [+ *acc*]) vers)
Abwanderung *f* émigration *f*; exode *m*; *der Arbeitskräfte* migration *f*
Abwandlung *f* modification *f*; changement *m*
Abwärme *f* TECH chaleur perdue
abwarten ⟨-e-⟩ **I** *v/t* attendre; **das bleibt abzuwarten** c'est à voir **II** *v/i* attendre; **abwarten, bis ...** attendre (jusqu'à ce) que ... (+ *subj*); **sich abwartend verhalten** rester dans l'expectative; **warten wir (mal) ab!** attendons un peu!
Abwart(in) ['apvart(ɪn)] *m* ⟨∼s; ∼e⟩ (*f*) ⟨∼in; ∼innen⟩ *schweiz* gardien, -ienne *m,f* (d'immeuble)
abwärts ['apvɛrts] *adv* en descendant; en bas; vers le bas
abwärtsführen *v/i Weg* descendre; conduire en bas
abwärtsgehen *v/imp* ⟨*irr*, sn⟩ *fig* **mit ihm, mit s-r Gesundheit geht es abwärts** il, sa santé

baisse, décline
Abwärtstrend *m* tendance *f* à la baisse
Abwasch ['apvaʃ] *m* ⟨∼¢s⟩ vaisselle *f*; **den Abwasch machen** faire, laver la vaisselle
abwaschbar *adj* lavable
abwaschen ⟨*irr*⟩ **I** *v/t* laver **II** *v/i* faire, laver la vaisselle
Abwaschwasser *n* eau *f* de vaisselle
Abwasser *n* ⟨∼s; -wässer⟩ eaux usées, d'égout
Abwasserkanal *m* égout *m*
Abwasserleitung *f* canalisation *f* (des eaux usées)
abwechseln *v/i* (*u v/r*) ⟨¢⟩ (**sich abwechseln**) **1.** (*aufeinanderfolgen*) alterner (**mit** avec) **2.** (*sich ablösen*) se relayer
abwechselnd **I** *adjt* alternatif; alternant **II** *advt* alternativement; tour à tour; à tour de rôle; en alternance (**mit** avec)
Abwechslung *f* ⟨∼; ∼en⟩ (*Zerstreuung*) diversion *f*; changement *m*; (*Verschiedenartigkeit*) variété *f*; diversité *f*; **zur Abwechslung** pour changer, varier
abwechslungsreich **I** *adj* varié **II** *adv* **abwechslungsreich gestalten** diversifier; varier; *Freizeit* organiser de façon variée; **sich abwechslungsreich ernähren** varier sa nourriture; **abwechslungsreich verlaufen** être varié
Abweg *m* **auf Abwege geraten** s'écarter du droit chemin
abwegig *adj* aberrant
Abwehr *f* ⟨∼⟩ **1.** SPORT, MIL, MÉD défense *f* **2.** *fig* (*Ablehnung*) refus *m*
abwehren *v/t* **1.** *Angriff, Feind,* SPORT repousser; *Schlag* parer **2.** *Gefahr* détourner; écarter
Abwehrkraft *f*, **Abwehrkräfte** *f/pl des Organismus* défenses *f/pl* immunitaires
Abwehrmechanismus *m* réflexe *m* de défense
Abwehrreaktion *f des Organismus* réaction *f* immunitaire
Abwehrspieler *m* SPORT joueur *m* de la défense; FUSSBALL arrière *m*
abweichen *v/i* ⟨*irr*, sn⟩ **1.** *vom Weg, fig* s'écarter; s'éloigner **2.** (*sich unterscheiden*) **von etw abweichen** différer de qc; **voneinander abweichen** différer; diverger
Abweichung *f* ⟨∼; ∼en⟩ **1.** *vom Kurs, fig* écart *m* **2.** (*Unterschied*) différence *f*; divergence *f*
abweisen *v/t* ⟨*irr*⟩ **1.** *Person* renvoyer; refuser **2.** *Bitte, Vorschlag* rejeter
abweisend **I** *adjt* rébarbatif **II** *advt* **sich abweisend verhalten** prendre une attitude de refus
Abweisung *f* **1.** *von Personen* refus *m* **2.** *e-r Klage* rejet *m*
abwenden **I** *v/t* **1.** ⟨*irr ou régulier*⟩ *Gesicht etc* détourner **2.** *fig Gefahr, Katastrophe* écarter; prévenir **II** *v/r* ⟨*irr ou régulier*⟩ **sich** (**von j-m, etw**) **abwenden** *a fig* se détourner, se détacher (de qn, qc)
abwerben *v/t* ⟨*irr*⟩ *Kunden* prendre, *Arbeitskräfte* débaucher (**j-m** de qn)
Abwerbung *f von Arbeitskräften* débauchage *m*
abwerfen *v/t* ⟨*irr*⟩ **1.** (*herunterwerfen*) jeter; *Reiter* désarçonner; *Hirsch* **das Geweih abwerfen** perdre ses bois **2.** *Bombe* larguer; lancer; *Ballast* lâcher **3.** (*sich befreien von*) *Bürde* s'affranchir de; secouer **4.** *Spielkarte* se défaus

ser de **5.** *Ball ins Spielfeld* lancer
abwerten *v/t* ⟨-e-⟩ **1.** (*herabsetzen*) dévaloriser; dénigrer **2.** *Währung* dévaluer
Abwertung *f* **1.** (*Herabsetzung*) dévalorisation *f*; dénigrement *m* **2.** *der Währung* dévaluation *f*
abwesend ['apveːzənt] *adj* absent (*a fig*)
Abwesende(r) *f(m)* ⟨→ A⟩ absent(e) *m(f)*
Abwesenheit *f* ⟨~⟩ absence *f* (*a fig*)
abwetzen *v/t* ⟨¢$⟩ *Kleidung* élimer
abwickeln ⟨-e-⟩ *v/t* **1.** dérouler **2.** (*erledigen*) mener; régler; *Auftrag* exécuter **3.** (*auflösen*) *Betrieb* liquider
Abwicklung *f* ⟨~; ~en⟩ **1.** *e-s Auftrags* exécution *f* **2.** (*Auflösung*) liquidation *f*
abwiegen *v/t* ⟨*irr*⟩ peser
abwimmeln F *v/t* ⟨¢⟩ se débarrasser de; F envoyer promener
abwinkeln *v/t* ⟨¢⟩ plier
abwinken **I** *v/t Rennen* terminer par un signe; F **bis zum Abwinken** jusqu'à n'en plus pouvoir **II** *v/i* faire signe que non
abwirtschaften *v/i* ⟨-e-⟩ *abgewirtschaftet haben Firma* être ruiné; *ein abgewirtschaftetes Landgut* une propriété en ruine
abwischen *v/t* **1.** *Schmutz, Staub* essuyer **2.** *Tisch* essuyer; nettoyer
Abwurf *m* **1.** lancement *m*; *e-s Reiters* désarçonnement *m* **2.** *von Bomben* largage *m* **3.** BALLSPIELE lancement *m* de balle
abwürgen F *v/t* **1.** *Diskussion* étouffer **2.** *Motor* caler
abzahlen *v/t* payer à crédit
abzählen *v/t* compter (*an* [+ *dat*] sur)
Abzahlung *f* paiement *m* à tempérament, à crédit
abzapfen *v/t* tirer
abzäumen *v/t* débrider
abzäunen *v/t* clôturer
Abzäunung *f* ⟨~; ~en⟩ (*Zaun*) clôture *f*
Abzeichen *n* insigne *m*
abzeichnen ⟨-e-⟩ **I** *v/t* **1.** (*abmalen*) dessiner; *Bild* copier **2.** (*signieren*) parapher *od* parafer **II** *v/r* **sich abzeichnen 3.** *in Umrissen* se dessiner; *gegen e-n Hintergrund* se découper, se détacher (*gegen* sur) **4.** *Entwicklung* se dessiner; s'annoncer
Abziehbild *n* décalcomanie *f*
abziehen ⟨*irr*⟩ **I** *v/t* **1.** *Bettbezüge, Ring* enlever; retirer; *e-m Pfirsich die Haut abziehen* enlever, retirer la peau d'une pêche **2.** *Truppen* retirer (*a fig*) **3.** PHOT, TYPO tirer (une épreuve, une gravure, *etc* de) **4.** MATH soustraire; COMM déduire (*von* de); *vom Gehalt* retenir (sur) **II** *v/i* ⟨*sn*⟩ *Truppen* se retirer; *Rauch* s'échapper; sortir; *Gewitter* s'éloigner
abzielen *v/i* **auf etw** (*acc*) **abzielen** *Maßnahme etc* viser qc
Abzocke F *f* ⟨~⟩ F arnaque *f*
abzocken F *v/t* **j-n abzocken** F plumer qn; saigner qn (à blanc)
Abzocker(in) F *m(f)* F arnaqueur, -euse *m,f*
Abzug *m* **1.** épreuve *f*; **e-n Abzug machen** (*lassen*) (faire) tirer une épreuve **2.** (*Gewehrabzug*) détente *f*; gâchette *f* **3.** (*Rauchabzug*) sortie *f* **4.** (*Truppenabzug*) départ *m*; retrait *m* **5.** COMM déduction *f*; décompte *m*; (*Gehaltsabzug*) retenue *f*

abzüglich ['aptsyːklıç] *prép* ⟨*gén*⟩ COMM déduction faite de; moins
abzugsfähig *adj* déductible
Abzugsrohr *n* conduit *m* d'évacuation
Abzweig *m schweiz*, ADM *e-r Straße* bifurcation *f*; embranchement *m*
abzweigen **I** F *v/t Geld etc* prélever (**von** sur) **II** *v/i* ⟨*sn*⟩ *Straße* bifurquer; s'embrancher (**von** sur)
Abzweigung *f* ⟨~; ~en⟩ *e-r Straße* bifurcation *f*; embranchement *m*
abzwicken *v/t* couper (à la pince, *etc*)
Accessoire [akseso'aːr] *n* ⟨~s; ~s⟩ accessoire *m*
ach [ax] *int* ah!; eh!; *klagend* 'hélas!; *sehnsüchtig, bedauernd* **ach ja!** eh oui!; *zweifelnd* **ach ja?** ah oui?; **ach was!, ach wo!** allons donc!; mais non!; pensez-vous!; pas du tout!; **ach so!** ah bon!; ah ah!
Ach *n* ⟨~s⟩ F **mit Ach und Krach** avec bien du mal; péniblement
Achat [a'xaːt] *m* ⟨~¢s; ~e⟩ agate *f*
Achilles [a'xıles] *m* ⟨~⟩ Achille *m*
Achillesferse *f fig* talon *m* d'Achille; point *m* vulnérable
Achillessehne *f* ANAT tendon *m* d'Achille
Achse ['aksə] *f* ⟨~; ~n⟩ MATH, TECH axe *m* (*a fig*); *e-s Fahrzeugs* essieu *m*; **sich um s-e** *od* **die eigene Achse drehen** tourner autour de son axe; *Person* tourner sur soi-même; F **immer auf Achse sein** avoir la bougeotte
Achsel ['aksəl] *f* ⟨~; ~n⟩ aisselle *f*; (*Schulter*) épaule *f*; **die Achseln zucken** 'hausser les épaules
Achselhaare *n/pl* poils *m/pl* de l'aisselle
Achselhemd *n Unterhemd* maillot *m* de corps; *für Damen* débardeur *m*; t-shirt *m* sans manches
Achselhöhle *f* creux *m* de l'aisselle
Achselschweiß *m* sueur *f* de l'aisselle
Achselzucken *n* ⟨~s⟩ 'haussement *m* d'épaules
acht [axt] **I** *num/c* **1.** 'huit; **acht zu vier gewinnen** gagner par 'huit à quatre; **er ist acht Jahre** (**alt**) il a 'huit ans; **in acht Tagen** dans une semaine, 'huitaine; **morgen, Montag in acht Tagen** demain, lundi en 'huit; (**heute**) **vor acht Tagen** il y a (aujourd'hui) une semaine, 'huit jours; **alle acht Tage** tous les 'huit jours; chaque semaine **2.** *Uhrzeit* **um acht** (**Uhr**) à 'huit heures **II** *adv* **zu acht** à 'huit; **zu acht sein** être 'huit
Acht¹ *f* ⟨~; ~en⟩ **1.** *Zahl* 'huit *m* (*a Spielkarte, Straßenbahn*) **2.** F *Fahrrad* **e-e Acht im Rad haben** avoir une roue voilée
Acht² *f* ⟨~⟩ HIST, *fig* ban *m*
Acht³ *f* (*Aufmerksamkeit*) **Acht geben** → **achtgeben**; **etw außer Acht lassen** ne pas faire attention à qc; négliger qc; **sich vor j-m, etw in Acht nehmen** prendre garde, faire attention à qn, qc
achtbar *st/s adj* respectable; estimable; honorable
achte *num/o* 'huitième; **der achte, den achten, am achten Januar** le huit janvier; **der Achte** (**des Monats**) le huit (du mois)
Achteck *n* octogone *m*
achteckig *adj* octogonal
achteinhalb *num/c* 'huit et demi
achtel ['axtəl] *adj* ⟨*inv*⟩ *ein achtel Pfund ...*

etwa soixante-deux grammes de …

Achtel *n* ⟨∿s; ∿⟩ 'huitième *m*

Achtelfinale *n* SPORT 'huitième *m* de finale

Achtelnote *f* MUS croche *f*

achten ⟨-e-⟩ **I** *v/t Person* estimer; considérer; respecter (*a Gesetz, Gefühle*) **II** *v/i* **1.** (*aufpassen*) **auf etw, j-n achten** faire attention, prendre garde à qc, qn; **auf s-e Gesundheit achten** prendre soin de sa santé **2.** (*beachten*) **ohne darauf zu achten, dass …** sans remarquer que …; **achten Sie auf den Herrn mit dem grauen Mantel** regardez le monsieur au manteau gris

ächten ['ɛçtən] *v/t* ⟨-e-⟩ **1.** HIST mettre au ban **2.** *fig* bannir; proscrire

achtens ['axtəns] *adv* 'huitièmement

achtenswert *adj* estimable; respectable

Achter *m* ⟨∿s; ∿⟩ **1.** → **Acht¹ 2.** RUDERN 'huit *m*

Achterbahn *f* montagnes *f/pl* russes

Achterdeck *n* MAR pont *m* arrière

achterlei *adj* ⟨*inv*⟩ de huit sortes, espèces différentes

achtfach ['axtfax] **I** *adj* octuple; **die achtfache Menge** 'huit fois la quantité **II** *adv* 'huit fois (plus); **achtfach vergrößert** agrandi 'huit fois

achtgeben *v/i* ⟨*irr*⟩ (*vorsichtig sein*) faire attention; prendre garde; **gib acht, dass du nicht fällst!** fais attention, prends garde à ne pas tomber!; **auf etw, j-n achtgeben** (*aufpassen*) faire attention, prendre garde, veiller à qc, qn

achthundert *num/c* 'huit cent(s)

achtjährig *adj* (*acht Jahre alt*) (âgé) de huit ans; (*acht Jahre lang*) de huit ans; qui dure 'huit ans

achtlos I *adj* inattentif; négligent **II** *adv* sans faire attention; négligemment

Achtlosigkeit *f* ⟨∿⟩ manque *m* d'attention; négligence *f*

achtmal *adv* 'huit fois

achtsam *st/s adj* attentif

Achtsamkeit *st/s f* ⟨∿⟩ attention *f*

achtstellig *adj* de *od* à huit chiffres

achtstöckig [-ʃtœkɪç] *adj* de huit étages

Achtstundentag *m* journée *f* de huit heures

achtstündig [-ʃtʏndɪç] *adj* (*acht Stunden lang*) de huit heures; qui dure 'huit heures

achttägig [-tɛːgɪç] *adj* (*acht Tage lang*) de huit jours; d'une semaine; qui dure 'huit jours, une semaine

Achtung *f* ⟨∿⟩ **1.** (*Aufmerksamkeit*) attention *f*; *bei Durchsagen* **Achtung, Achtung!** attention, s'il vous plaît!; SPORT **Achtung, fertig, los!** à vos marques! prêts! partez! **2.** (*Respekt*) respect *m* (**vor** [+ *dat*] pour); (*Wertschätzung*) estime *f*, considération *f* (pour); F **alle Achtung!** F chapeau!

Ächtung *f* ⟨∿; ∿en⟩ mise *f* 'hors la loi; bannissement *m* (*beide a fig*)

Achtungserfolg *m* succès *m* d'estime

achtungsvoll *adj* respectueux

achtzehn *num/c* dix-huit; → **acht**

achtzig ['axtsɪç] *num/c* quatre-vingts; *bei folgender Zahl* quatre-vingt; **mit achtzig Stundenkilometern** à quatre-vingts kilomètres à l'heure

Achtzig *f* ⟨∿⟩ *Zahl* quatre-vingts *m*

achtziger *adj* **die achtziger Jahre, die Achtziger** les années *f/pl* quatre-vingt

Achtzigerjahre *n/pl* **die Achtzigerjahre** les an-

nées *f/pl* quatre-vingt

achtzigjährig *adj* (*achtzig Jahre alt*) (âgé) de quatre-vingts ans; *Person a* octogénaire; (*achtzig Jahre lang*) de quatre-vingts ans; qui dure quatre-vingts ans

ächzen ['ɛçtsən] *v/i* ⟨∿⟩ gémir

Acker ['akər] *m* ⟨∿s; ∵⟩ champ (labouré); **auf dem Acker** aux champs

Ackerbau *m* ⟨∿⟩ agriculture *f*; **Ackerbau treiben** cultiver la terre

Ackerboden *m* terre *f* labourable, arable

Ackerland *n* ⟨∿⟩ terres cultivées, labourées

ackern F *v/i* F bûcher; F trimer

a conto [a'kɔnto] *adv* FIN (à titre) d'acompte (de)

Acryl [a'kryːl] *n* ⟨∿s⟩ acrylique *m*

Acrylfarbe *f* peinture acrylique

Action ['ɛkʃən] F *f* ⟨∿⟩ action *f*

Actionfilm *m* film *m* d'action

a. D. [aː'deː] *abr* (*außer Dienst*) à la, en retraite

ad absurdum [at'ʔap'zurdum] *adv* **etw ad absurdum führen** prouver, montrer l'absurdité de qc

ADAC [aːdeːʔaːˈtseː] *m abr* ⟨∿⟩ (*Allgemeiner Deutscher Automobil-Club*) Automobile-Club allemand

ad acta [at'ʔakta] *adv* **etw ad acta legen** classer qc

Adamsapfel ['aːdams-] F *plais m* pomme *f* d'Adam

Adamskostüm *n* F **im Adamskostüm** en costume d'Adam

Adapter [a'daptər] *m* ⟨∿s; ∿⟩ TECH adaptateur *m*

adäquat [adɛ'kvaːt] *adj* adéquat

addieren [a'diːrən] *v/t* ⟨*sans ge*⟩ additionner; faire l'addition de

Addition *f* ⟨∿; ∿en⟩ addition *f*

ade [a'deː] *int* **1.** *poét* adieu! **2.** *regional* au revoir!

Adel ['aːdəl] *m* ⟨∿s⟩ noblesse *f* (*a fig*); **von Adel sein** être noble; *prov* **Adel verpflichtet** *prov* noblesse oblige

adelig → **adlig**

adeln *v/t* ⟨∿⟩ **1.** HIST anoblir **2.** *st/s fig* ennoblir

Adelsfamilie *f*, **Adelsgeschlecht** *n* famille *f* noble

Adelsstand *m* noblesse *f*; **j-n in den Adelsstand erheben** anoblir qn

Adelstitel *m* titre *m* de noblesse, nobiliaire

Ader ['aːdər] *f* ⟨∿; ∿n⟩ veine *f* (*a fig*); (*Erzader*) a filon *m*; *e-s Kabels* fil *m*; (*Arterie, Verkehrsader*) artère *f*; *fig* **j-n zur Ader lassen** saigner qn; *fig* **e-e künstlerische, poetische Ader haben** avoir des dispositions, des dons artistiques, pour la poésie

Aderlass ['aːdərlas] *m* ⟨∿es; -lässe⟩ MÉD, *fig* saignée *f*

ad hoc [at'hɔk] *adv* spontanément; immédiatement; au pied levé

adieu [adi'øː] → **ade**

Adjektiv ['atjɛktiːf] *n* ⟨∿s; ∿e⟩ adjectif (qualificatif) *m*

adjektivisch *adj* adjectif

Adjutant [atju'tant] *m* ⟨∿en; ∿en⟩ officier *m* d'ordonnance

Adler ['aːdlər] *m* ⟨∿s; ∿⟩ aigle *m*

Adlerauge *n fig* **Adleraugen haben** avoir des

Adjektive als Adverbien   SG

parler bas / fort	leise / laut sprechen
chanter juste / faux	richtig / falsch singen
sentir bon / mauvais	gut / schlecht riechen
coûter cher	teuer sein
payer cher	teuer bezahlen
gagner gros	viel verdienen
travailler dur	hart arbeiten
marcher droit	aufrecht gehen
voler bas / haut	niedrig / hoch fliegen

yeux d'aigle
Adlerblick m regard m d'aigle
Adlernase f nez en bec d'aigle, busqué
adlig ['a:dlıç] adj noble (a fig)
Adlige(r) f(m) ⟨→ A⟩ noble m,f
Administration [atminıstratsi'o:n] f ⟨∼; ∼en⟩ administration f
Admiral [atmi'ra:l] m ⟨∼s; ∼e ou -räle⟩ amiral m
Admiralität f ⟨∼; ∼en⟩ amirauté f
adoptieren [adɔp'ti:rən] v/t ⟨sans ge⟩ adopter
Adoption f ⟨∼; ∼en⟩ adoption f
Adoptivbruder m frère adoptif
Adoptiveltern pl parents adoptifs
Adoptivkind n enfant adoptif
Adoptivmutter f mère adoptive
Adoptivschwester f sœur adoptive
Adoptivsohn m fils adoptif
Adoptivtochter f fille adoptive
Adoptivvater m père adoptif
Adrenalin [adrena'li:n] n ⟨∼s⟩ adrénaline f
Adressat(in) m ⟨∼en; ∼en⟩ (f) ⟨∼in; ∼innen⟩ destinataire m,f
Adressaufkleber m autocollant m avec adresse
Adressbuch n répertoire m d'adresses

Adresse [a'drɛsə] f ⟨∼; ∼n⟩ adresse f; **dieses Restaurant zählt zu den ersten Adressen** (der Stadt) ce restaurant compte parmi les meilleurs (de la ville); F fig **da sind Sie bei mir an der falschen Adresse** ce n'est pas à moi qu'il faut demander ça
Adressenverzeichnis n liste f d'adresses
adressieren v/t ⟨sans ge⟩ Brief etc mettre, écrire l'adresse sur
adrett [a'drɛt] adj (hübsch anzusehen) coquet; (sauber und ordentlich) propret
Adria ['a:dria] ⟨∼⟩ **die Adria** l'Adriatique f
A-Dur n la m majeur
Advent [at'vɛnt] m ⟨∼s⟩ Avent m; **der erste Advent** le premier dimanche de l'Avent
Adventskalender m calendrier m de l'Avent
Adventskranz m couronne f de l'Avent (tressée avec des branches de sapin et décorée de quatre bougies)
Adventssonntag m dimanche m de l'Avent
Adventszeit f temps m de l'avent
Adverb [at'vɛrp] n ⟨∼s; ∼ien⟩ adverbe m; → Info nächste Seite
adverbial adj adverbial
Advokat(in) [atvo'ka:t(ın)] m ⟨∼en; ∼en⟩ (f) ⟨∼in; ∼innen⟩ österr, schweiz, regional avocat(e) m(f) (a fig)
Aerobic [ɛ'ro:bık] n ⟨∼s⟩ aérobic f
Aerodynamik [aerody'na:mık] f aérodynamique f
aerodynamisch adj aérodynamique
Affäre [a'fɛ:rə] f ⟨∼; ∼n⟩ affaire f; F **sich (geschickt) aus der Affäre ziehen** se tirer, se sortir (habilement) d'affaire
Affe ['afə] m ⟨∼n; ∼n⟩ **1.** singe m; F **ich glaub, mich laust der Affe** F j'en suis baba; j'en tombe des nues **2.** F Schimpfwort **dieser blöde Affe!** P ce, quel con! **3.** F (Rausch) **e-n Affen (sitzen) haben** F être beurré, bourré
Affekt [a'fɛkt] m ⟨∼¢s; ∼e⟩ passion f; émotion f; **im Affekt handeln** agir sous le coup de l'émotion
Affekthandlung f acte commis sous le coup de l'émotion

Adjektive: Stellung und Bedeutung

Einige Adjektive verändern ihre Bedeutung, je nachdem, ob sie **vor** oder **nach** dem Substantiv stehen:

ancien	C'est un **ancien** ministre.	Das ist ein **ehemaliger** Minister.
	C'est une maison **ancienne**.	Das ist ein **altes** Haus.
propre	C'est sa **propre** voiture.	Das ist sein **eigenes** Auto.
	C'est un restaurant **propre**.	Das ist ein **sauberes** Restaurant.
vrai	C'est un **vrai** scandale.	Das ist ein **echter** Skandal.
	C'est une histoire **vraie**.	Das ist eine **wahre** Geschichte.
brave	C'est un **brave** type (Umgangssprache).	Das ist ein **netter** Kerl.
	C'est une femme **brave**.	Das ist eine **mutige** Frau.
drôle	C'est une **drôle** d'histoire.	Das ist eine **merkwürdige** Geschichte.
	C'est une histoire **drôle**.	Das ist eine **lustige** Geschichte.

Adverbien bilden [SG]

Adjektiv		Adverb
maskulin	**feminin**	

Die Adverbien werden meist aus der femininen Form des Adjektivs + der Endung **-ment** gebildet:

heureux	heureuse	**heureusement**
long	longue	**longuement**
premier	première	**premièrement**
gratuit	gratuite	**gratuitement**
agréable	agréable	**agréablement**
difficile	difficile	**difficilement**

Adjektive, die auf hörbaren Vokal enden, bilden das Adverb von der maskulinen Form:

vrai	vraie	**vraiment**
poli	polie	**poliment**

Fast alle Adjektive, die auf **-ant** oder **-ent** enden, bilden das Adverb auf **-amment** beziehungsweise **-emment**:

méchant	méchante	**méchamment**
constant	constante	**constamment**
évident	évidente	**évidemment**
prudent	prudente	**prudemment**
Ausnahme: lent	lente	**lentement**

Sonderformen

bon	bonne	aber: **bien**
mauvais	mauvaise	aber: **mal**
meilleur	meilleure	aber: **mieux**
gentil	gentille	aber: **gentiment**
profond	profonde	aber: **profondément**
énorme	énorme	aber: **énormément**

affektiert *adj* affecté; maniéré
Affektiertheit *f* ⟨~⟩ affectation *f*; *bes der Sprechweise* préciosité *f*
affenartig *adj* qui ressemble au singe; qui rappelle le singe; simiesque; F **mit affenartiger Geschwindigkeit** F à une vitesse dingue
Affenhitze F *f* F chaleur *f* à crever
Affenliebe *f* amour excessif
Affenschande F *f* 'honte *f*; scandale *m*; **es ist eine Affenschande!** c'est scandaleux!; c'est une 'honte!
Affentheater F *n* simagrées *f/pl*; comédie *f*
Affenzahn F *m* F vitesse démente; **e-n Affenzahn drauf haben** F rouler plein pot
affig F *péj adj* affecté; (*lächerlich, albern*) ridicule; F cucul
Äffin ['ɛfɪn] *f* ⟨~; ~nen⟩ guenon *f*
Afghane[1] [af'gaːnə] *m* ⟨~n; ~n⟩ *Hunderasse* afghan *m*
Afghane[2] *m* ⟨~n; ~n⟩, **Afghanin** *f* ⟨~; ~nen⟩ *Bewohner(in)* Afghan(e) *m(f)*

afghanisch *adj* afghan
Afghanistan [af'gaːnɪstaːn] *n* ⟨~s⟩ l'Afghanistan *m*
Afrika ['aːfrika] *n* ⟨~s⟩ l'Afrique *f*
Afrikaner(in) *m* ⟨~s; ~⟩ *(f)* ⟨~in; ~innen⟩ Africain(e) *m(f)*
afrikanisch *adj* africain
After ['aftər] *m* ⟨~s; ~⟩ anus *m*
Aftershave ['aːftərʃeːv] *n* ⟨~ʃ; ~s⟩, **After-shave-Lotion** [-loːʃən] *f* ⟨~; ~s⟩ (lotion *f*) après-rasage *m*; after-shave *m*
After-Sun... [aːftər'zan] *in Zssgn* après-soleil
After-Sun-Lotion *f* ⟨~; ~s⟩ lotion *f* après-soleil
After-Sun-Produkt *n* après-soleil *m*
AG [aː'geː] *f abr* ⟨~; ~s⟩ **1.** (*Aktiengesellschaft*) SA *f* **2.** (*Arbeitsgemeinschaft*) groupe *m* de travail
Ägäis [ɛ'gɛːɪs] **die Ägäis** la mer Égée
Agave [a'gaːvə] *f* ⟨~; ~n⟩ agave *m*
Agent(in) [a'gɛnt(ɪn)] *m* ⟨~en; ~en⟩ *(f)* ⟨~in ~innen⟩ agent *m*

Agentur f ⟨∼; ∼en⟩ agence f
Aggregat [agre'ga:t] n ⟨∼¢s; ∼e⟩ **1.** MINÉR, CHIM agrégat m **2.** TECH, ÉLECT groupe m
Aggregatzustand m état m (de la matière)
Aggression [agrɛsi'o:n] f ⟨∼; ∼en⟩ agression f
aggressiv *adj* agressif

---

aggressiv = agressif m,
agressive f

Wird anders geschrieben als englisch
„aggressive".

Aggressivität f ⟨∼⟩ agressivité f
Aggressor m ⟨∼s; -ssoren⟩ agresseur m
agieren [a'gi:rən] *st/s v/i* ⟨*sans ge*⟩ agir
agil [a'gi:l] *st/s adj* agile; vif
Agitation [agitatsi'o:n] f ⟨∼; ∼en⟩ propagande f (politique)
Agitator(in) [agi'ta:to:r (-ta'to:rɪn)] m ⟨∼s; -toren⟩ *(f)* ⟨∼in; ∼innen⟩ agitateur, -trice m,f; propagandiste m,f
agitieren *v/i* ⟨*sans ge*⟩ faire de la propagande
Agonie [ago'ni:] f ⟨∼; ∼n⟩ *st/s,* MÉD agonie f
Agrar... [a'gra:r...] *in Zssgn* agricole; agraire
Agrarerzeugnis(se) $n(pl)$ produit(s) $m(pl)$ agricole(s)
agrarisch *adj* agricole
Agrarland n pays m agricole
Agrarmarkt m marché m agricole
Agrarprodukt n produit m agricole
Agrarreform f réforme f agraire
Agrarwirtschaft f économie f agricole
Ägypten [e'gʏptən] n ⟨∼s⟩ l'Égypte f
Ägypter(in) m ⟨∼n; ∼⟩ *(f)* ⟨∼in; ∼innen⟩ Égyptien, -ienne m,f
ägyptisch *adj* égyptien
ah [a:] *int verwundert* oh!; *freudig, genießerisch* ah!
äh [ɛ:] *int bei Sprechpausen* euh ...
aha [a'ha(:)] *int* 'ha! ('ha!); ah!; *überrascht, iron* tiens, tiens!; *verstehend* ah, bon!
Aha-Erlebnis n déclic m; *ein Aha-Erlebnis sein* faire tilt
Ahle [a:lə] f ⟨∼; ∼n⟩ *(Schusterahle)* alêne f
Ahn [a:n] *st/s m* ⟨∼¢s *ou* ∼en, ∼en⟩ aïeul m, ancêtre m *(a fig)*
ahnden ['a:ndən] *st/s v/t* ⟨-e-⟩ punir; réprimer
Ahndung *st/s f* ⟨∼; ∼en⟩ punition f; répression f
Ahne *st/s m* ⟨∼n; ∼n⟩ → **Ahn**
ähneln ['ɛ:nəln] ⟨¢⟩ **I** *v/i j-m, e-r Sache ähneln* ressembler à qn, qc **II** *v/r* **sich** *(dat)* **ähneln** se ressembler
ahnen ['a:nən] *v/t* **1.** *(vermuten)* se douter de; *(vorausahnen)* pressentir; *das konnte ich doch nicht ahnen!* je ne pouvais pourtant pas le savoir, le prévoir **2.** *(schwach erkennen)* deviner
Ahnenforschung f généalogie f
Ahnengalerie f galerie f des ancêtres, des aïeux
Ahnentafel f arbre m généalogique
ähnlich ['ɛ:nlɪç] **I** *adj* semblable; ressemblant; *j-m ähnlich sehen* ressembler à qn; → *ähnlichsehen* **II** *adv* semblablement; *mir geht es ähnlich* c'est pour moi la même chose; c'est pareil pour moi **III** *prép* ⟨*dat*⟩ comme
Ähnlichkeit f ⟨∼; ∼en⟩ ressemblance f (*mit*

avec); *mit j-m, etw Ähnlichkeit haben* ressembler à qn, qc
ähnlichsehen F *v/i* ⟨*irr*⟩ *das sieht ihm ähnlich!* c'est bien lui!; ça lui ressemble!
Ahnung f ⟨∼; ∼en⟩ **1.** *(Vorgefühl, Befürchtung)* pressentiment m **2.** F *(ich habe)* **keine Ahnung, wie man das macht** je ne sais pas comment on fait cela
ahnungslos **I** *adj* **1.** *(nichts ahnend)* qui ne se doute de rien **2.** *(unwissend)* ignorant; inconscient **II** *adv* **3.** sans se douter de rien **4.** inconsciemment
ahoi [a'hɔy] *int* ohé; *Schiff ahoi!* ohé! du bateau
Ahorn ['a:hɔrn] m ⟨∼s; ∼e⟩ érable m
Ähre ['ɛ:rə] f ⟨∼; ∼n⟩ épi m
Aids [e:ts] n ⟨∼⟩ sida m
aidskrank *adj* sidéen; malade du sida
Aidskranke(r) $f(m)$ sidéen, -éenne m,f; malade m,f du sida
Aidstest m test m de dépistage du sida
Aidsvirus n virus m du sida
Aikido [aɪ'ki:do] n ⟨∼$ SPORT aïkido m
Airbag ['ɛ:rbɛk] m ⟨∼s; ∼s⟩ airbag m
Airbus® ['ɛ:rbʊs] m *AVIAT* airbus® m
Airline ['ɛ:rlaɪn] f ⟨∼; ∼s⟩ compagnie aérienne
Akademie [akade'mi:] f ⟨∼; ∼n⟩ académie f
Akademiker(in) [aka'de:mikər(ɪn)] m ⟨∼s; ∼⟩ *(f)* ⟨∼in; ∼innen⟩ personne f ayant fait des études universitaires
akademisch **I** *adj* universitaire **II** *adv* **akademisch gebildet sein** avoir fait des études universitaires
Akazie [a'ka:tsiə] f ⟨∼; ∼n⟩ acacia m
Akklimatisation f ⟨∼; ∼en⟩ acclimatement m; *bes* BOT, ZO acclimatation f
akklimatisieren [aklimati'zi:rən] *v/r* ⟨*sans ge*⟩ *sich akklimatisieren* s'acclimater
Akkord [a'kɔrt] m ⟨∼¢s; ∼e⟩ **1.** MUS accord m **2.** ÉCON *im Akkord arbeiten* travailler à la tâche, à la pièce, aux pièces
Akkordarbeit f travail m à la tâche, à la pièce, aux pièces
Akkordarbeiter m ouvrier m à la tâche, à la pièce, aux pièces
Akkordeon [a'kɔrdeɔn] n ⟨∼s; ∼s⟩ accordéon m
Akkordlohn m salaire m à la tâche, à la pièce, aux pièces
akkreditieren [akredi'ti:rən] *v/t* ⟨*sans ge*⟩ accréditer (*bei* auprès de)
Akku ['aku] m ⟨∼s; ∼s⟩ F accus m/pl
Akkumulator [akumu'la:tor] m ⟨∼s; -toren⟩ accumulateur m
akkurat [aku'ra:t] *adj* méticuleux
Akkusativ ['akuzati:f] m ⟨∼s; ∼e⟩ accusatif m
Akkusativobjekt n complément m d'objet direct
Akne ['aknə] f ⟨∼; ∼n⟩ acné f
Akontozahlung [a'kɔnto-] f acompte m
Akquisiteur(in) [akvizi'tø:r(ɪn)] m ⟨∼s; ∼e⟩ *(f)* ⟨∼in; ∼innen⟩ COMM démarcheur, -euse m,f
Akribie [akri'bi:] *st/s f* ⟨∼⟩ méticulosité f; minutie f
Akrobat(in) [akro'ba:t(ɪn)] m ⟨∼en; ∼en⟩ *(f)* ⟨∼in; ∼innen⟩ acrobate m,f
Akrobatik f ⟨∼⟩ acrobatie f
akrobatisch *adj* acrobatique
Akropolis [a'kro:polɪs] ⟨∼⟩ *die Akropolis*

l'Acropole *f*

Akt [akt] *m* ⟨∼¢s; ∼e⟩ **1.** acte *m* (*a* THÉ) **2.** KUNST nu *m* **3.** (*Geschlechtsakt*) acte sexuel

Aktbild *n* nu *m*

Akte ['aktə] *f* ⟨∼; ∼n⟩ pièce *f*; (*Aktenbündel*) dossier *m*; **etw zu den Akten legen** ajouter, verser qc au dossier; *fig* (*beenden*) classer qc

Aktendeckel *m* chemise *f*

Aktenkoffer *m* attaché-case *m*

aktenkundig *adj* **aktenkundig sein** être inscrit, figurer dans un dossier

Aktenmappe *f* porte-documents *m*; serviette *f*

Aktennotiz *f* note *f*; → **Aktenvermerk**

Aktenordner *m* classeur *m*

Aktenschrank *m* (meuble-)classeur *m*

Aktentasche *f* serviette *f*

Aktenvermerk *m* mention *f*, note *f* (figurant dans un dossier)

Aktenzeichen *n* référence *f*; numéro *m* du dossier

Akteur [ak'tø:r] *m* ⟨∼s; ∼e⟩ acteur *m* (*a* THÉ)

Aktfoto *n* photo *f* de nu(s)

Aktfotografie *f* **1.** *Foto* nu *m* photographique **2.** *Tätigkeit, Kunst* photographie *f* de nu(s)

Aktie ['aktsiə] *f* ⟨∼; ∼n⟩ action *f*

Aktienanteil *m* coupure *f* d'actions

Aktienfonds *m* fonds *m* d'actions

Aktiengesellschaft *f* société *f* anonyme, par actions

Aktienkurs *m* cours *m* des actions

Aktienmarkt *m* marché *m* des actions

Aktienmehrheit *f* majorité *f* des actions

Aktienpaket *n* paquet *m* d'actions

Aktion [aktsi'o:n] *f* ⟨∼; ∼en⟩ **1.** (*Handlung*) action *f*; *bes* MIL, COMM, *humanitäre* opération *f* **2.** **in Aktion treten** entrer en action

Aktionär(in) [aktsio'nɛ:r(ın)] *m* ⟨∼s; ∼e⟩ (*f*) ⟨∼in; ∼innen⟩ actionnaire *m,f*

Aktionspreis *m* prix promotionnel; **zum Aktionspreis von ...** en promotion à ...

Aktionsradius *m* rayon *m* d'action (*a fig*)

aktiv [ak'ti:f] *adj* actif; **aktiver Offizier** officier *m* d'active; **aktiv werden** se mobiliser

Aktiv *n* ⟨∼s; ∼e⟩ GR actif *m*; voix, forme active

Aktiva [ak'ti:va] *pl* COMM actif *m*

Aktive(r) *f(m)* ⟨→ A⟩ SPORT concurrent(e) *m(f)*

aktivieren *v/t* ⟨sans ge⟩ activer

Aktivität *f* ⟨∼; ∼en⟩ activité *f*

Aktivposten *m* COMM (poste *m*) actif *m*; élément *m* d'actif (*a fig*)

Aktivurlaub *m* vacances actives

Aktmodell *n* modèle (*m* de) nu

Aktstudie *f* étude *f* de nu

aktualisieren [aktuali'zi:rən] *v/t* ⟨sans ge⟩ actualiser; mettre à jour

Aktualität *f* ⟨∼; ∼en⟩ actualité *f*

aktuell [aktu'ɛl] *adj* actuel

Aktzeichnung *f* dessin *m* de nu(s); nu *m*

Akupressur [akuprɛ'su:r] *f* ⟨∼; ∼en⟩ digitopuncture *f*

akupunktieren [akupuŋk'ti:rən] *v/t* ⟨sans ge⟩ traiter par l'acupuncture *od* l'acuponcture

Akupunktur *f* ⟨∼; ∼en⟩ acupuncture *od* acuponcture *f*

Akustik [a'kustık] *f* ⟨∼⟩ acoustique *f*

akustisch *adj* acoustique

akut [a'ku:t] *adj* MÉD aigu; *Problem, Frage* urgent; *Gefahr* imminent

AKW [a:ka:'ve:] F *n abr* ⟨∼$; ∼s⟩ (*Atomkraftwerk*) centrale *f* nucléaire

Akzent [ak'tsɛnt] *m* ⟨∼¢s; ∼e⟩ accent *m*; *fig* **den Akzent auf etw** (*acc*) **legen** mettre l'accent sur qc; insister sur qc; → *Info bei* **accent**

akzentfrei *adj u adv* sans accent

akzentuieren [aktsɛntu'i:rən] *v/t* ⟨sans ge⟩ accentuer

akzeptabel [aktsɛp'ta:bəl] *adj* ⟨-bl-⟩ acceptable

Akzeptanz *f* ⟨∼⟩ acceptation *f*; (*Zustimmung*) consentement *m*

akzeptieren *v/t* ⟨sans ge⟩ accepter

Alabaster [ala'bastər] *m* ⟨∼s; ∼⟩ albâtre *m*

à la carte [ala'kart] *adv* **à la carte essen, bestellen** manger, commander à la carte

Alarm [a'larm] *m* ⟨∼¢s; ∼e⟩ alarme *f*; alerte *f* (*a* MIL); **blinder Alarm** fausse alerte, alarme; **Alarm schlagen** donner l'alerte, l'alarme

Alarmanlage *f* alarme *f* automatique

alarmbereit *adj* en état d'alerte; prêt à répondre à l'alerte

Alarmbereitschaft *f* état *m* d'alerte

Alarmglocke *f* sonnette *f* d'alarme

alarmieren *v/t* ⟨sans ge⟩ **1.** (*zu Hilfe rufen*) alerter **2.** (*beunruhigen*) alarmer

alarmierend *adj* alarmant

Alarmsignal *n* signal *m* d'alarme (*a fig*)

Alarmstufe *f* **höchste Alarmstufe** niveau *m* d'alerte le plus élevé; *fig* état *m* d'alerte

Alarmzustand *m* état *m* d'alerte

Alaun [a'laun] *m* ⟨∼s; ∼e⟩ alun *m*

Albaner(in) [al'ba:nər(ın)] *m* ⟨∼s; ∼⟩ (*f*) ⟨∼in; ∼innen⟩ Albanais(e) *m(f)*

Albanien *n* ⟨∼s⟩ l'Albanie *f*

albanisch *adj* albanais

Albatros ['albatrɔs] *m* ⟨∼; ∼se⟩ albatros *m*

Albdruck *m* ⟨∼¢s; -drücke⟩, **Albdrücken** *n* cauchemar *m*

albern[1] ['albərn] *adj* **1.** (*einfältig*) bête; stupide; niais; (*kindisch*) nigaud **2.** F (*unbedeutend*) idiot

albern[2] *v/i* dire, faire des âneries

Albernheit *f* ⟨∼; ∼en⟩ **1.** *Verhalten* stupidité *f* **2.** *Bemerkung, Handlung* sottises *f/pl*; âneries *f/pl*

Albtraum *m* cauchemar *m* (*a fig*)

Album ['album] *n* ⟨∼s; Alben⟩ album *m*

Alchimie [alçi'mi:] *f* ⟨∼⟩ alchimie *f*

al dente [al'dɛntə] *adj u adv* CUIS al dente

Alemanne [alə'manə] *m* ⟨∼n; ∼n⟩, **Alemannin** *f* ⟨∼; ∼nen⟩ Alémanique *m,f*

alemannisch *adj* alémanique

Alge ['algə] *f* ⟨∼; ∼n⟩ algue *f*

Algebra ['algebra] *f* ⟨∼⟩ algèbre *f*

algebraisch *adj* algébrique

Algerien [al'ge:riən] *n* ⟨∼s⟩ l'Algérie *f*

Algerier(in) *m* ⟨∼s; ∼⟩ (*f*) ⟨∼in; ∼innen⟩ Algérien, -ienne *m,f*

algerisch *adj* algérien

alias ['a:lias] *adv* alias

Alibi ['a:libi] *n* ⟨∼s; ∼s⟩ alibi *m*

Alibifunktion *f* **Alibifunktion haben** être un alibi; *fig a* servir de *od* comme prétexte

Alimente [ali'mɛntə] *pl* pension *f* alimentaire

Alkali [al'ka:li] *n* ⟨∼s; ∼en⟩ alcali *m*

Alkohol ['alkoho:l] *m* ⟨∼s; ∼e⟩ alcool *m*

alkoholabhängig *adj* alcoolique

Alkoholabhängige(r) *f(m)* ⟨→ A⟩ alcoolique *m,f*
Alkoholabhängigkeit *f* alcoolisme *m*
alkoholarm *adj* peu alcoolisé
alkoholfrei *adj* sans alcool; *Getränk a* non alcoolisé
Alkoholgehalt *m* teneur *f* en alcool; *im Blut* taux *m* d'alcoolémie
Alkoholgenuss *m* consommation *f* d'alcool
alkoholhaltig *adj* alcoolisé
Alkoholiker(in) *m* ⟨~s; ~⟩ (*f*) ⟨~in; ~innen⟩ alcoolique *m,f*
alkoholisch *adj* alcoolisé; alcoolique (*a* CHIM)
alkoholisieren *v/t* ⟨*sans ge*⟩ **1.** *Getränk, Substanz* alcooliser **2.** *plais Person* soûler
alkoholisiert *adjt Person* ivre; F soûl; *in alkoholisiertem Zustand* en état d'ivresse
Alkoholismus *m* ⟨~⟩ alcoolisme *m*
Alkoholkonsum *m* consommation *f* d'alcool
alkoholkrank *adj* alcoolique
Alkoholmissbrauch *m* abus *m* d'alcool
Alkoholspiegel *m im Blut* taux *m* d'alcoolémie
alkoholsüchtig *adj* alcoolique
Alkoholsüchtige(r) *f(m)* alcoolique *m,f*
Alkoholtest *m* alco(o)test *m*
Alkoholverbot *n* interdiction *f*, défense *f* de boire de l'alcool
Alkoholvergiftung *f* intoxication *f* par l'alcool
Alkoven [al'koːvən] *m* ⟨~s; ~⟩ alcôve *f*
all [al] → *alle¹*
All [al] *n* ⟨~s⟩ univers *m*
allabendlich I *adj* de tous les soirs; de chaque soir **II** *adv* tous les soirs; chaque soir
Allah ['ala] *m* ⟨~s⟩ Allah *m*
alle¹ ['alə], **alles** *pr/ind* **I** *adjt* tout, toute; *pl alle* tous, toutes; *alle Menschen* tout le monde; tous les hommes; *alles Mögliche* tout ce que l'on peut imaginer; *alle Jahre wieder* tous les ans; chaque année; *alle zwei Jahre* tous les deux ans; un an sur deux; *ein für alle Mal* une fois pour toutes; *alle beide, drei* tous tous les deux, trois; *all die schönen Bilder* tous les jolis tableaux **II** *subst* tous *bzw* toutes; *alles* tout; *wir alle* nous tous *bzw* toutes; *alles in allem* en fin de compte; tout compte fait; *alles, was …* tout ce qui … *bzw acc* que …; *das sind alles Verbrecher* ce sont tous des bandits; *was es nicht alles gibt!* tu parles d'une histoire!; F *alles aussteigen!* tout le monde descend!; F *du hast sie wohl nicht mehr alle!* F tu débloques!
alle² F *adj* (*weg, verbraucht*) fini; F parti; *das Geld ist alle* il n'y a plus d'argent; *alle werden* s'épuiser
alledem *pr* **bei alledem** avec tout cela
Allee [a'leː] *f* ⟨~; ~n⟩ avenue *f*; *e-s Schlosses, Parks* allée *f*
Allegorie [alego'riː] *f* ⟨~; ~n⟩ allégorie *f*
allegorisch *adj* allégorique
allein [a'laɪn] **I** *adj u adv* seul; *ganz allein* tout seul; *allein erziehend, stehend* → *alleinerziehend, alleinstehend*; *jeder für sich allein* chacun pour soi; *alles allein erledigen* faire, régler tout soi-même, tout seul; F *die Schmerzen sind von allein weggegangen* les douleurs sont parties d'elles-mêmes; *der Gedanke allein, allein der Gedanke* rien que d'y penser **II** *st/s conj* cependant; toutefois

alleine F → *allein*
Alleinerbe *m*, **Alleinerbin** *f* unique héritier, -ière *m,f*
alleinerziehend *adjt* *alleinerziehende Mutter* mère seule; *alleinerziehender Vater* père seul; *alleinerziehend sein* être parent unique
Alleinerziehende(r) *f(m)* ⟨→ A⟩ personne *f* qui élève seule son *bzw* ses enfant(s); parent isolé
Alleingang *m* SPORT course *f* solitaire; *im Alleingang* en solitaire; *fig* tout seul
Alleinherrschaft *f* pouvoir absolu
Alleinherrscher *m* souverain absolu
alleinig *adj Erbe, Besitzer* unique; *Vertreter* exclusif
Alleinreisende(r) *f(m)* ⟨→ A⟩ personne *f* voyageant seule
Alleinschuld *f* entière faute
Alleinsein *n* solitude *f*
alleinstehend *adjt* **1.** *Person* seul; (*ledig*) célibataire **2.** *Gebäude* isolé
Alleinstehende(r) *f(m)* ⟨→ A⟩ personne *f* qui vit seule; (*Ledige[r]*) célibataire *m,f*
Alleinunterhalter *m* artiste *m* qui présente un spectacle solo
Alleinverdiener *m* personne *f* dont le revenu professionnel est le seul du ménage
Alleinverkauf *m* vente exclusive
Alleinvertrieb *m* distribution exclusive
allemal *adv* F (*auf jeden Fall*) F à tous les coups; à coup sûr
allenfalls *adv* **1.** (*höchstens*) à la rigueur **2.** (*vielleicht*) peut-être
allenthalben ['alənt'halbən] *st/s adv* partout; en tous lieux
allerbeste I *adj* le meilleur de tous; *sie kaufen nur das Allerbeste* ils n'achètent que ce qu'il y a de mieux **II** *adv* *am allerbesten* au mieux
allerdings *adv* **1.** *einschränkend* à vrai dire; mais **2.** *e-e Bejahung verstärkend* certainement; bien sûr **3.** (*in der Tat*) *das ist allerdings etwas anderes* dans ce cas-là *od* alors, c'est tout autre chose
allererste *adj* le premier de tous
allerfrühestens *adv* au plus tôt
Allergen [alɛr'geːn] *n* ⟨~s; ~e⟩ MÉD allergène *m*
Allergie [alɛr'giː] *f* ⟨~; ~n⟩ allergie *f*
Allergieschock *m* choc *m* anaphylactique
Allergietest *m* test *m* allergénique
Allergiker(in) *m* ⟨~s; ~⟩ (*f*) ⟨~in; ~innen⟩ (sujet *m*) allergique *m,f*
allergisch I *adj* allergique (*gegen* à; *a fig*) **II** *adv* MÉD *allergisch auf etw* (*acc*) *reagieren* réagir d'une façon allergique à qc
Allergologe *m* ⟨~n; ~n⟩, **Allergologin** *f* ⟨~; ~nen⟩ allergologue *m,f*
allergologisch *adj* allergologique
allergrößte *adj* le plus grand de tous
allerhand *adj* ⟨*inv*⟩ **1.** (*viel*) pas mal de; *alleinstehend* pas mal de choses; F *das ist doch od ja allerhand!* F c'est un peu raide!; c'est trop fort! **2.** (*vielerlei*) toutes sortes de
Allerheiligen *n* ⟨~⟩ la Toussaint
allerhöchste *adj* le plus 'haut de tous; *es ist allerhöchste Zeit* il est grand temps
allerhöchstens *adv* tout au plus
allerlei *adj* ⟨*inv*⟩ toutes sortes de; *alleinstehend* toutes sortes de choses
Allerlei *n* ⟨~s; ~s⟩ (*Mischung*) mélange *m*;

(*Durcheinander*) pêle-mêle *m*
allerletzte *adj* le dernier de tous; F *fig das ist ja*
(wirklich) das Allerletzte! c'est (vraiment) le
comble!
allerliebste I *adj* le plus cher de tous; *es wäre*
mir das Allerliebste, wenn ... ce que j'aime-
rais le mieux ce serait que ... (+ *subj*) II *adv* *am*
allerliebsten de préférence
allermeiste I *adj* la plupart de; la plus grande
partie de; *die allermeisten (Menschen)* la
plupart, la plus grande partie des gens II
adv *am allermeisten* le plus (de tous)
allernächste I *adj* le plus proche II *adv* *am al-*
lernächsten tout près
allerneueste *adj* tout dernier
allernötigste, allernotwendigste *adj* le plus
nécessaire de tous; *das Allernötigste, Aller-*
notwendigste l'indispensable *m*
allerschlimmste I *adj* le pire de tous II *adv* *am*
allerschlimmsten le pire; le plus grave
allerschönste I *adj* le plus beau de tous II *adv*
am allerschönsten le mieux (de tous)
Allerseelen *n* ⟨∼⟩ CATH le jour, la fête des Morts
allerseits *adv* (*überall*) partout; F *guten Abend*
allerseits! F bonsoir, toute la compagnie!;
bonsoir, tout le monde!
allerspätestens *adv* au plus tard
Allerweltsgesicht *n* péj visage banal, ordinaire
allerwenigste I *adj* très, bien peu de; *die aller-*
wenigsten (Menschen) très, bien peu de
gens; *das Allerwenigste* le moins (de tous)
II *adv* *am allerwenigsten* le moins (de tous,
de toutes)
Allerwerteste(r) F plais *m* ⟨→ A⟩ (*Gesäß*) der-
rière *m*; postérieur *m*
alles → **alle¹**
allesamt F *adv* tous ensemble
Alleskleber *m* colle universelle
allezeit *st/s adv* toujours; en *od* de tout temps
allgegenwärtig *adj* omniprésent
allgemein I *adj* 1. général; *im Allgemeinen* gé-
néralement; en général 2. oft péj (*unverbind-*
lich) vague; flou II *adv* *allgemein bekannt*
connu de tous, de tout le monde; *allgemein*
bildend, gültig → *allgemeinbildend, allge-*
meingültig; allgemein verständlich à la por-
tée de tous; compréhensible pour tout le mon-
de
Allgemeinbefinden *n* MÉD état général
allgemeinbildend *adjt* de culture générale
Allgemeinbildung *f* culture générale
allgemeingültig *adj* valable pour tout le mon-
de, pour tous
Allgemeingut *n fig Allgemeingut (geworden)*
sein, zum Allgemeingut gehören (*bekannt*
sein) être bien connu (de tous); (*geläufig sein*)
être courant; (*offensichtlich sein*) être évident
Allgemeinheit *f* ⟨∼⟩ public *m*; *im Interesse der*
Allgemeinheit dans l'intérêt général
Allgemeinmedizin *f* médecine générale
Allgemeinmediziner(in) *m(f)* généraliste *m(f)*
allgemeinverständlich → *allgemein* II
Allgemeinwissen *n* connaissances générales
Allgemeinwohl *n* intérêt général
allgewaltig *st/s adj* tout-puissant; omnipotent
Allheilmittel *n* MÉD, *fig* remède universel; pa-
nacée *f*
Allianz [ali'ants] *f* ⟨∼; ∼en⟩ alliance *f*

Alligator [ali'gaːtɔr] *m* ⟨∼s; -toren⟩ alligator *m*
Alliierte(r) *m* ⟨→ A⟩ POL allié *m*; HIST *die Alli-*
ierten les Alliés
alljährlich I *adj* annuel II *adv* tous les ans; cha-
que année
Allmacht *st/s f* toute-puissance *f*; omnipotence *f*
allmächtig *adj* tout-puissant; omnipotent; *der*
allmächtige Gott Dieu Tout-Puissant
Allmächtige(r) *st/s m* ⟨→ A⟩ *der Allmächtige*
le Tout-Puissant; *Allmächtiger!* ah, mon
Dieu!; grand Dieu!
allmählich [al'mɛːlɪç] I *adj* graduel II *adv* 1.
peu à peu; petit à petit 2. F (*langsam*) *ich wer-*
de allmählich müde je commence à être fati-
gué; *es wird allmählich Zeit!* il est temps!
allmonatlich I *adj* mensuel II *adv* tous les mois;
chaque mois
allmorgendlich I *adj* de tous les matins; de cha-
que matin II *adv* tous les matins; chaque matin
allnächtlich I *adj* de toutes les nuits; de chaque
nuit II *adv* toutes les nuits; chaque nuit
Allopathie [alopa'tiː] *f* ⟨∼⟩ MÉD allopathie *f*
Allradantrieb *m* traction *f* à quatre roues motri-
ces; *Fahrzeug n mit Allradantrieb* quatre-
-quatre *f*
allseitig I *adj* général; de tous les côtés II *adv*
allseitig begabt sein être doué en tout
allseits *adv* partout
Alltag *m* vie quotidienne; quotidien *m*; *der*
graue Alltag la grisaille quotidienne
alltäglich *adj* 1. (*täglich*) quotidien; de chaque
jour 2. (*gewöhnlich*) ordinaire; banal; de tous
les jours
Alltäglichkeit *f* ⟨∼; ∼en⟩ 1. (*Alltäglichsein*) ba-
nalité *f* 2. (*alltägliche Sache*) chose *f* de tous
les jours
alltags *adv* en semaine
Alltagsdinge *n/pl* petites choses de la vie de
tous les jours; banalités *f/pl*
Alltagssorgen *f/pl* soucis quotidiens
Alltagsstress *m* stress *m* de la vie quotidienne
Alltagstrott *m* péj train-train quotidien
allumfassend *adj* universel
Allüren [a'lyːrən] *f/pl* manières *f/pl*; allures *f/pl*;
was sind das für Allüren! en voilà des ma-
nières!
allwissend *adj* qui sait tout; omniscient
Allwissenheit *f* ⟨∼⟩ omniscience *f*
allwöchentlich I *adj* hebdomadaire II *adv* cha-
que semaine
allzu *adv* (par) trop; *allzu früh* trop tôt; *allzu*
oft trop souvent; *allzu sehr* trop; *allzu viel*
(par) trop
Allzweck... in Zssgn ... à tout faire; TECH poly-
valent
Allzweckreiniger *m* ⟨∼s; ∼⟩ nettoyant *m* multi-
-usages
Alm [alm] *f* ⟨∼; ∼en⟩ pâturage *m* alpestre; alpa-
ge *m*
Almhütte *f* chalet *m* sur l'alpage
Almosen ['almoːzən] *n* ⟨∼s; ∼⟩ aumône *f*; *ein*
Almosen geben faire l'aumône
Aloe ['aːloe] *f* ⟨∼; ∼n⟩ aloès *m*
Alp [alp] *f* ⟨∼; ∼en⟩ *schweiz* → *Alm*
Alpaka [al'paka] *n* ⟨∼s; ∼s⟩ alpaga *m*
Alpdruck *m* → *Albdruck*
Alpen ['alpən] *pl die Alpen* les Alpes *f/pl*
Alpenglühen *n* ⟨∼s⟩ coucher *m* de soleil sur les

Alpes
Alpenland *n* pays alpin; région alpine
Alpenpass *m* col alpin
Alpenrose *f* rhododendron *m* des Alpes
Alpenveilchen *n* cyclamen *m*
Alpenvorland *n* (région *f* des) Préalpes *f/pl*
Alphabet [alfaˈbeːt] *n* ⟨~s; ~e⟩ alphabet *m*
alphabetisch **I** *adj* alphabétique **II** *adv* par ordre alphabétique
alphabetisieren *v/t* ⟨sans ge⟩ **1.** *Geschriebenes* classer par ordre alphabétique **2.** *Menschen* alphabétiser
Alphabetisierung *f* ⟨~; ~en⟩ **1.** *Ordnen* classification *f*, classement *m* par ordre alphabétique **2.** *von Menschen* alphabétisation *f*
alphanumerisch *adj* INFORM alphanumérique
Alphorn *n* cor *m* des Alpes
alpin [alˈpiːn] *adj* alpin; *Landschaft, Pflanze* alpestre
Alpinist *m* ⟨~en; ~en⟩ alpiniste *m*
Alptraum *m* cauchemar *m* (*a fig*)
als [als] *conj* **1.** *zeitlich* lorsque; quand; comme; **damals als …** à l'époque où …; autrefois lorsque … **2.** *vergleichend nach comp* que; *vor Zahlen* de; **größer als** plus grand que; **mehr als hundert Personen** plus de cent personnes **3.** (*in der Eigenschaft*) comme; en tant que; en qualité de; *Zweck* pour; comme; **als Schlosser arbeiten** travailler comme serrurier; **er als Abgeordneter** lui en tant que député; **etw als Medizin nehmen** prendre qc comme médicament **4.** *modal* **als ob** *od* **wenn** comme si; **als ob ich das nicht wüsste!** comme si je ne savais pas cela! **5.** *Folge* **die Zeit war zu kurz, als dass …** le temps était trop court pour que … (+ *subj*)
alsbald *st/s adv* peu après
alsbaldig *adj* immédiat
alsdann *st/s adv* puis; ensuite
also [ˈalzo] *adv* **1.** *Folgerung* donc; par conséquent **2.** (*das heißt*) c'est à dire **3.** *verstärkend* **also gut!** eh bien alors!; eh bien alors!; **also los!** allons!; allez!; **also, so was!** incroyable!; **also doch!** vous voyez!; **na also!** voyez!; eh bien! **4.** *zusammenfassend* **also wie gesagt …** or, comme je viens de le dire …
alt [alt] *adj* ⟨älter, älteste⟩ **1.** *Altersangabe* âgé; **sie ist zwanzig Jahre alt** elle a vingt ans; elle est âgée de vingt ans; **wie alt sind Sie?** quel âge avez-vous?; quel est votre âge?; **ein vier Jahre altes Kind** un enfant de quatre ans **2.** (*bejahrt*) vieux; **Alt und Jung** jeunes et vieux; **alt werden** vieillir; F *fig* **alt aussehen** F être dans le pétrin **3.** (*schon lange bestehend*) vieux; (*vorherig, ehemalig*) ancien; **ein alter Bekannter** une vieille connaissance **4.** (*vertraut*) **es bleibt alles beim Alten** tout reste comme par le passé; il n'y a rien de changé; **er ist noch ganz der Alte** il est encore, toujours le même; il n'a pas changé **5.** (*mit historischem Wert*) ancien; **das alte Berlin** le Vieux-Berlin **6.** (*nicht mehr frisch*) qui n'est plus frais; *Brot* rassis **7.** (*vom letzten Jahr*) de l'année dernière **8.** F *verstärkend* vieux; **alter Geizkragen** vieil avare
Alt[1] *m* ⟨~s; ~e⟩ MUS contralto *m*
Alt[2] *n* ⟨~s⟩ → **Altbier**
Altar [alˈtaːr] *m* ⟨~s; -täre⟩ autel *m*
Altarbild *n* retable *m*; tableau *m* d'autel

altbacken *adj* **1.** *Brot* rassis **2.** *fig péj* vieux jeu
Altbau *m* ⟨~s; ~ten⟩ immeuble ancien; *coll* habitat ancien
Altbausanierung *f* rénovation *f* de bâtiments vétustes
Altbauwohnung *f* appartement *m* dans un immeuble ancien
altbekannt *adj* connu depuis longtemps
altbewährt *adj* infaillible; qui a fait ses preuves
Altbier *n* variété de bière brune amère (*de fermentation 'haute*)
Alte(r) *f(m)* ⟨→ A⟩ **1.** vieux *m*, vieille *f* (*a* F *von Eltern, Ehegatten*); **meine Alten** (*Eltern*) mes vieux **2.** F (*Chef*) patron *m*
altehrwürdig *st/s adj* vénérable
alteingesessen *adj Firma* établi depuis longtemps; *Familie* vieux
Alteisen *n* ferraille *f*
Altenheim *n* maison *f* de retraite
Altenpflege *f* soins *m/pl* aux personnes âgées
Altenpflegeheim *n* résidence médicalisée; hospice *m*
Altenpfleger(in) *m(f)* infirmier, -ière *m,f* travaillant dans une résidence médicalisée, dans un centre de gérontologie
Altentagesstätte *f* établissement hospitalier de jour à caractère gériatrique
Altenteil *n* part *f* réservataire des parents sur leurs biens immobiliers; *fig* **sich aufs Altenteil zurückziehen** prendre sa retraite
Altenwohnheim *n* maison *f* de retraite
Alter [ˈaltər] *n* ⟨~s; ~⟩ âge *m*; (*Greisenalter*) vieillesse *f*; **hohes Alter** grand âge; **im Alter** quand on est vieux; **in meinem Alter** à mon âge; **er ist in meinem Alter** il a mon âge; il est de mon âge; **im Alter von dreißig Jahren** à (l'âge de) trente ans
älter [ˈɛltər] *adj* plus vieux; *bei Personen a* plus âgé; *bei Verwandtschaftsbezeichnungen* aîné; **meine ältere Schwester** ma sœur aînée; **älter werden** vieillir; avancer en âge; **ein älterer Herr** un monsieur d'un certain âge; **dieses Kleid macht dich älter** cette robe te vieillit
altern *v/i* ⟨sn⟩ vieillir
alternativ [altɛrnaˈtiːf] *adj* alternatif; **alternative Energien** *f/pl* énergies douces; **alternative Medizin** médecine douce, parallèle, alternative
Alternative *f* ⟨~; ~n⟩ alternative *f*
altersbedingt *adj t* dû à l'âge, au grand âge (de qn)
Altersbeschwerden *f/pl* troubles *m/pl* du vieillissement
Alterserscheinung *f* signe *m* de vieillissement
altersgemäß **I** *adj* approprié à l'âge de qn **II** *adv* en fonction de l'âge de qn
Altersgenosse *m* personne *f* du même âge
Altersgrenze *f* limite *f* d'âge
Altersgründe *m/pl* **aus Altersgründen** pour des raisons d'âge
Altersgruppe *f* tranche *f* d'âge
Altersheim *n* maison *f* de retraite
Altersklasse *f* tranche *f* d'âge; SPORT classe *f* d'âge
Altersrente *f* retraite *f*; pension *f* de retraite
altersschwach *adj* décrépit; *fig plais* délabré
Altersschwäche *f* vieillesse *f*; décrépitude *f*
Altersteilzeit *f* cessation progressive d'activité;

C.P.A. *f*
Altersunterschied *m* différence *f* d'âge
Altersversicherung *f* assurance *f* vieillesse
Altersversorgung *f* assurance *f* vieillesse
Altersvorsorge *f* dispositions *f/pl* pour la retraite; (*Altersversicherung*) assurance *f* vieillesse; *private Altersvorsorge* complément *m* de retraite
Altertum ⟨~s⟩ *das Altertum* l'Antiquité *f*
altertümlich *adj* antique; *Wort* archaïque
älteste ['ɛltəstə] *adj* le plus vieux; *bei Personen* a le plus âgé; *verwandtschaftlich* aîné; *mein ältester Bruder* mon frère aîné
Altflöte *f* flûte *f* alto
Altglas *n* verre usagé
Altglascontainer *m* conteneur *m* à verre
altgriechisch *adj* grec ancien
althergebracht *adjt* traditionnel
Altistin *f* ⟨~; ~nen⟩ MUS contralto *f*
altjüngferlich ['altjʏŋfərlɪç] *adj* de vieille fille
Altkleidersammlung *f* collecte *f* de vieux vêtements
altklug *adj* précoce (et arrogant)
Altlasten *f/pl* ÉCOL décharges désaffectées
ältlich ['ɛltlɪç] *adj* vieillot
Altmaterial *n* matériel usagé; vieux matériel
Altmeister *m* vieux maître; chef *m* d'école; SPORT ancien champion
Altmetall *n* ferraille *f*; vieux métal
altmodisch *adj* démodé; *Ansichten* a périmé
Altöl *n* huile usagée, AUTO de vidange
Altpapier *n* vieux papiers
Altpapierbehälter *m*, **Altpapiercontainer** *m* conteneur *m* pour vieux papiers
Altpapiersammlung *f* collecte *f* des vieux papiers
Altphilologe *m*, **Altphilologin** *f* philologue *m,f* spécialiste des langues anciennes; *Student(in) etwa* étudiant(e) *m(f)* en lettres classiques
altsprachlich *adj* de langues classiques; *altsprachliches Gymnasium* lycée *m* classique (*latin, grec et une langue vivante*)
Altstadt *f* vieille ville; cité *f*
Altstimme *f* (voix *f* de) contralto *m*
alttestamentarisch *adj* de l'Ancien Testament
altvertraut *adj* familier; bien connu
Altwarenhändler *m* brocanteur *m*
Altweibersommer *m* été *m* de la Saint-Martin
Alu ['aːlu] F *n* ⟨~s⟩ F alu *m*
Alufolie *f* papier *m* (d')alu
Aluminium [alu'miːniʊm] *n* ⟨~s⟩ aluminium *m*
Aluminiumfolie *f* papier *m* d'aluminium
Alzheimer ['altshaɪmər] F *m* ⟨~s⟩, **Alzheimerkrankheit** *f* ⟨~⟩ maladie *f* d'Alzheimer
am [am] *prép* **1.** (*an dem*) *räumlich* à; GÉOGR *bei Flüssen etc* sur; *zeitlich meist bloßer acc*; *Frankfurt am Main* Francfort-sur-le-Main; *am ersten Mai* le premier mai **2.** F *er ist* (*gerade*) *am Schreiben* il est en train d'écrire
Amalgam [amal'gaːm] *n* ⟨~s; ~e⟩ amalgame *m*
Amalgamfüllung *f* amalgame *m*
Amaryllis [ama'rʏlɪs] *f* ⟨~; -llen⟩ BOT amaryllis *f*
Amateur(in) [ama'tøːr(ɪn)] *m* ⟨~s; ~e⟩ (*f*) ⟨~in; ~innen⟩ amateur *m*
Amateurfilm *m* film *m* d'amateur
amateurhaft *péj* **I** *adj* d'amateur **II** *adv* en amateur
Amazonas [ama'tsoːnas] ⟨~⟩ *der Amazonas*

am: Datumsangabe SG

Am 14. Juli 1789 wurde die Bastille von den Aufständischen eingenommen.

Le 14 juillet 1789, la Bastille fut prise par les émeutiers.

Das Datum wird im Französischen mit dem bestimmten Artikel und der Grundzahl angegeben. Ausnahme: Bei **le 1er** wird die Ordnungszahl verwendet.

Am 1. Januar fliege ich nach Kanada.

Le 1er janvier, je prendrai l'avion pour le Canada.

l'Amazone *f*
Amazone *f* ⟨~; ~n⟩ amazone *f*
Ambiente [ambi'ɛntə] *st/s n* ⟨~⟩ ambiance *f*
Ambition [ambitsi'oːn] *f* ⟨~; ~en⟩ ambition *f* (*auf* [+ *acc*] pour)
ambitioniert *adj* ambitieux
ambivalent [ambiva'lɛnt] *adj* ambivalent
Ambivalenz *f* ⟨~; ~en⟩ ambivalence *f*
Amboss ['ambɔs] *m* ⟨~es; ~e⟩ enclume *f*
ambulant [ambu'lant] **I** *adj* **1.** *Behandlung* ambulatoire; *Patient* non hospitalisé **2.** *Gewerbe, Händler* ambulant **II** *adv* **j-n ambulant behandeln** donner des soins ambulatoires à qn
Ambulanz *f* ⟨~; ~en⟩ **1.** (*Krankenwagen*) ambulance *f* **2.** (*Behandlungsstelle in Kliniken*) consultations *f/pl* externes (d'un hôpital)
Ameise ['aːmaɪzə] *f* ⟨~; ~n⟩ fourmi *f*
Ameisenbär *m* fourmilier *m*
Ameisenhaufen *m* fourmilière *f*
Ameisensäure *f* ⟨~⟩ acide *m* formique
amen ['aːmɛn] *adv* ainsi soit-il; amen
Amerika [a'meːrika] *n* ⟨~s⟩ l'Amérique *f*
Amerikaner(in) *m* ⟨~s; ~⟩ (*f*) ⟨~in; ~innen⟩ Américain(e) *m(f)*
amerikanisch *adj* américain
Amethyst [ame'tʏst] *m* ⟨~⟨e⟩s; ~e⟩ améthyste *f*
Ami ['ami] F *m* ⟨~s; ~s⟩ F Amerlo(que) *m*
Aminosäure [a'miːno-] *f* acide aminé
Ammann ['aman] *m* ⟨~⟨e⟩s; Ammänner⟩ *schweiz e-r Gemeinde* maire *m*
Amme ['amə] *f* ⟨~; ~n⟩ nourrice *f*
Ammenmärchen *n meist péj* conte *m* de bonne(s) femme(s)
Ammer ['amər] *f* ⟨~; ~n⟩ ZO bruant *m*
Ammoniak [amoni'ak] *n* ⟨~s⟩ ammoniac *m*
Amnesie [amne'ziː] *f* ⟨~; ~n⟩ MÉD amnésie *f*
Amnestie [amnɛs'tiː] *f* ⟨~; ~n⟩ amnistie *f*
amnestieren *v/t* ⟨*sans ge*⟩ amnistier
Amöbe [a'møːbə] *f* ⟨~; ~n⟩ amibe *f*
Amok ['aːmɔk] *m* ⟨~s⟩ *Amok laufen* avoir un accès de folie meurtrière
Amokfahrer(in) *m(f)* conducteur, -trice fou (folle)
Amokfahrt *f* course folle
Amoklauf *m* course folle
Amokläufer(in) *m(f)* fou furieux *m*, folle furieuse *f*; forcené(e) *m(f)*
Amokschütze *m* tireur fou
a-Moll *n* la *m* mineur

Amor ['aːmɔr] *m* ⟨~s⟩ MYTH Amour *m*; Cupidon *m*

amorph [a'mɔrf] *adj* amorphe

Amortisation [amɔrtizatsi'oːn] *f* ⟨~; ~en⟩ amortissement *m*

amortisieren *v/t* (*u v/r*) ⟨*sans ge*⟩ (*sich amortisieren* s')amortir

amourös [amu'røːs] *adj* galant

Ampel ['ampəl] *f* ⟨~; ~n⟩ feux *m/pl* (de signalisation); *die Ampel wird grün* le feu passe au vert

Ampelkreuzung *f* croisement *m* avec feux

Ampere [am'pɛːr] *n* ⟨~s; ~⟩ ampère *m*

Amperemeter *n* ⟨~s; ~⟩ ampèremètre *m*

Amphibie [am'fiːbiə] *f* ⟨~; ~n⟩ amphibie *m*; *pl* **Amphibien** amphibiens *m/pl*

Amphibienfahrzeug *n* véhicule *m* amphibie

amphibisch *adj* amphibie

Amphitheater [am'fiː-] *n* amphithéâtre *m*

Ampulle [am'pʊlə] *f* ⟨~; ~n⟩ ampoule *f*

Amputation [amputatsi'oːn] *f* ⟨~; ~en⟩ amputation *f*

amputieren *v/t* ⟨*sans ge*⟩ amputer

Amsel ['amzəl] *f* ⟨~; ~n⟩ merle *m*

Amt [amt] *n* ⟨~⌀s; ⌀er⟩ **1.** (*Dienststelle*) service *m*; administration *f*; bureau *m* (*a Raum*); *von Amts wegen* d'office **2.** *Tätigkeit* fonction(s) *f(pl)*; charge *f*; (*Posten*) poste *m*; *fig* (*Aufgabe*) tâche *f*; *im Amt sein* être en fonction, exercice **3.** TÉL central *m* (téléphonique)

amtieren *v/i* ⟨*sans ge*⟩ être en fonction; *amtieren als* exercer les fonctions de; *stellvertretend* faire fonction de

amtlich *adj* officiel; F *fig das ist amtlich* c'est sûr et certain

Amtmann *m* ⟨~⌀s; -männer *ou* -leute⟩ fonctionnaire *m* appartenant à la catégorie A de la fonction publique

Amtsantritt *m* entrée *f* en fonction

Amtsarzt *m*, **Amtsärztin** *f* médecin *m* de la santé publique, du service de santé

Amtsbereich *m* ressort *m*; compétence *f*

Amtsblatt *n* Journal officiel

Amtsdeutsch *n* *péj* jargon administratif allemand

Amtseid *m* serment *m* professionnel

Amtseinführung *f* installation *f* dans ses fonctions; investiture *f*

Amtsenthebung *f* destitution *f*; révocation *f*

Amtsgeheimnis *n* secret professionnel (dans la fonction publique)

Amtsgericht *n* tribunal *m* d'instance

Amtsgeschäfte *pl* fonctions officielles

Amtshandlung *f* acte administratif

Amtsinhaber *m* titulaire *m* d'une fonction, d'une charge

Amtsleitung *f* TÉL ligne principale

Amtsmissbrauch *m* abus *m*, excès *m* de pouvoir

amtsmüde *adj* usé par le pouvoir

Amtsperiode *f* durée *f* d'un mandat

Amtsrichter(in) *m(f)* juge *m* auprès d'un tribunal d'instance

Amtsschimmel F *péj m* bureaucratie *f*; chinoiseries administratives

Amtssprache *f* **1.** *e-s Landes* langue officielle **2.** (*Amtsdeutsch*) jargon administratif

Amtsvorgänger(in) *m(f)* prédécesseur *m*

Amtsvorsteher *m* chef *m* de service

Amtszeichen *n* TÉL tonalité *f*

Amtszeit *f* durée *f* d'un mandat

Amulett [amu'lɛt] *n* ⟨~⌀s; ~e⟩ amulette *f*

amüsant [amy'zant] *adj* amusant; drôle

amüsieren ⟨*sans ge*⟩ **I** *v/t* amuser **II** *v/r sich amüsieren* s'amuser; *sich mit j-m, etw amüsieren* s'amuser avec qn, qc; *sich über j-n, etw amüsieren* se moquer de qn, qc

Amüsierlokal *n* boîte *f* de nuit (avec attractions)

Amüsierviertel *n* quartier *m* des boîtes de nuit

an [an] **I** *prép Lage* ⟨*dat*⟩, *Richtung* ⟨*acc*⟩ **1.** *räumlich à*; GÉOGR *bei Flüssen* sur; *nahe an* près, proche de; *an der Ecke* au coin; *an der Küste* sur la côte; *Frankfurt an der Oder* Francfort-sur-l'Oder; *an der Elbe* sur le bord de l'Elbe; *an der Straße nach X* sur la route de X; *an erster Stelle* en premier lieu; *an die Arbeit!* au travail! **2.** *zeitlich à*; *oft bloßer acc*; *an e-m Sonntagmorgen* un dimanche matin **I** *adv* **3.** *auf Fahrplänen Berlin an …* arrivée Berlin à … **4.** F *vor Maß-, Mengenangaben an die* presque; à peu près; environ **5.** *an sein Licht, Radio* être allumé; *Maschine* être en marche **6.** (*bekleidet*) *mit wenig an* habillé légèrement; *ohne etw, mit nichts an* (tout) nu

Anabolikum [ana'boːlikʊm] *n* ⟨~s; -ka⟩ anabolisant *m*

Anachronismus [anakro'nɪsmʊs] *m* ⟨~; -men⟩ anachronisme *m*

anachronistisch *adj* anachronique

anal [a'naːl] **I** *adj* anal **II** *adv untersuchen* par l'anus

Analgetikum [anal'geːtikʊm] *n* ⟨~s; -ka⟩ MÉD analgésique *m*

analog [ana'loːk] **I** *adj* analogue (*zu* à); INFORM, TECH analogique **II** *adv* par analogie (*zu* avec); INFORM, TECH analogiquement

Analogie *f* ⟨~; ~n⟩ analogie *f*; *in Analogie zu* par analogie avec

Analogrechner *m* calculateur *m* analogique

Analoguhr *f* montre *f* analogique

Analphabet [anʔalfa'beːt] *m* ⟨~en; ~en⟩ illettré *m*; analphabète *m*

Analphabetentum *n* ⟨~s⟩ analphabétisme *m*

Analverkehr *m* sodomie *f*

Analyse [ana'lyːzə] *f* ⟨~; ~n⟩ analyse *f*

analysieren *v/t* ⟨*sans ge*⟩ analyser

Analytiker(in) *m* ⟨~s; ~⟩ (*f*) ⟨~in; ~innen⟩ analyste *m,f*

analytisch *adj* analytique

Anämie [anɛ'miː] *f* ⟨~; ~n⟩ anémie *f*

Anamnese [anam'neːzə] *f* ⟨~; ~n⟩ MÉD anamnèse *f*

Ananas ['ananas] *f* ⟨~; ~ *ou* ~se⟩ ananas *m*

Anarchie [anar'çiː] *f* ⟨~; ~n⟩ anarchie *f*

Anarchismus *m* ⟨~⟩ anarchisme *m*

Anarchist(in) *m* ⟨~en; ~en⟩ (*f*) ⟨~in; ~innen⟩ anarchiste *m,f*

anarchistisch *adj* anarchiste

Anästhesie [anʔɛste'ziː] *f* ⟨~; ~n⟩ anesthésie *f*

Anatomie [anato'miː] *f* ⟨~; ~n⟩ anatomie *f*

anatomisch *adj* anatomique

anbaggern F *v/t* F draguer

anbahnen **I** *v/t* préparer (la voie à) **II** *v/r sich anbahnen* s'ébaucher

anbändeln ['anbɛndəln] *v/i* ⟨⌀⟩ F *mit j-m an-*

bändeln flirter avec qn
Anbau m ⟨~¢s; ~ten⟩ **1.** AGR culture f **2.** CONSTR (*Anbauen*) agrandissement m; *Gebäude* annexe f
anbauen I v/t **1.** AGR cultiver **2.** CONSTR ajouter (**an** [+ *acc*] à) **II** v/i CONSTR s'agrandir
Anbaufläche f surface f, superficie f cultivable, arable
Anbaugebiet n région f, zone f de culture
Anbauküche f cuisine f à partir d'éléments combinables
Anbaumöbel n/pl meubles m/pl, éléments m/pl modulables
Anbauschrank m armoire f à éléments combinables
Anbeginn st/s m commencement m; début m; origine f
anbehalten v/t ⟨irr, sans ge⟩ garder; ne pas enlever
anbei adv ci-joint; ci-inclus
anbeißen ⟨irr⟩ **I** v/t mordre dans; entamer; F fig **zum Anbeißen sein** F être (mignon, joli) à croquer **II** v/i **1.** *Fisch* mordre (à l'hameçon) **2.** fig mordre à l'hameçon
anbelangen v/t ⟨sans ge⟩ **was mich anbelangt,** (**so**) ... en ce qui me concerne od quant à moi, je ...
anbellen v/t aboyer après
anberaumen v/t ⟨sans ge⟩ fixer
anbeten v/t ⟨-e-⟩ REL, fig adorer
Anbetracht m **in Anbetracht e-r Sache** (gén) en considération de, en raison de qc; **in Anbetracht der Tatsache** od **dessen, dass ...** attendu, vu, étant donné que ...
anbetteln v/t ⟨¢⟩ **j-n** (**um etw**) **anbetteln** mendier (qc) auprès de qn
Anbetung f ⟨~; ~en⟩ adoration f
anbiedern v/r péj **sich bei j-m anbiedern** vouloir se faire bien voir de qn; F faire de la lèche à qn
anbieten ⟨irr⟩ **I** v/t (**j-m**) **etw anbieten** offrir qc (à qn); (*vorschlagen*) proposer qc (à qn) **II** v/r **sich anbieten** se proposer (**etw zu tun** de faire qc); fig *Möglichkeit* se présenter; *Erklärung* s'imposer
Anbieter m fournisseur m
anbinden ⟨irr⟩ v/t attacher (**an** [+ dat ou acc] à); *Boot* a amarrer (à)
Anbindung f e-r *Region* rattachement m, liaison f (**an** [+ acc] à)
anblasen v/t ⟨irr⟩ **1.** *Feuer, Glut* attiser; *Hochofen* mettre à feu; allumer **2.** MUS *Instrument* souffler dans; *Ton* jouer **3.** **j-n** (**mit etw**) **anblasen** souffler (qc) dans la direction de qn
Anblick m **1.** vue f; **beim Anblick von** à la vue de **2.** (*Bild*) spectacle m
anblicken v/t regarder
anblinzeln v/t ⟨¢⟩ regarder en clignant des yeux
anbohren v/t (commencer à) percer
anbraten v/t ⟨irr⟩ faire revenir
anbrechen ⟨irr⟩ **I** v/t *Vorräte* entamer **II** st/s v/i ⟨sn⟩ *Epoche* commencer; *Tag* se lever; poindre; *Nacht* tomber
anbrennen ⟨irr⟩ **I** v/t allumer **II** v/i ⟨sn⟩ *Essen* brûler; *Milch, Brei* attacher
anbringen v/t ⟨irr⟩ **1.** F (*herbeibringen*) (r)apporter; bes *Person, Tier* (r)amener **2.** (*befestigen*) mettre; placer; poser **3.** fig *Bemerkung,*

Kinnhaken placer
Anbruch st/s m ⟨~¢s⟩ des *Tages* lever m; der *Nacht* tombée f; e-r *Epoche* commencement m; **bei Anbruch der Dunkelheit** à la tombée de la nuit
anbrüllen v/t F **j-n anbrüllen** F engueuler qn
Anchovis [an'ʃoːvɪs] f ⟨~; ~⟩ anchois m
Andacht ['andaxt] f ⟨~; ~en⟩ **1.** REL *innere* dévotion f; piété f; (*Gebete*) prières f/pl **2.** fig recueillement m
andächtig ['andɛçtɪç] **I** adj recueilli **II** adv avec recueillement
Andalusien [anda'luːziən] n ⟨~s⟩ l'Andalousie f
andauern v/i continuer; persister
andauernd I adj continuel; permanent **II** adv continuellement; en permanence
Andenken n ⟨~s; ~⟩ (*Erinnerung*), *Gegenstand* souvenir m; *an e-n Verstorbenen* a mémoire f; **als Andenken** en souvenir; **zum Andenken an** (+ acc) en souvenir de
andere ['andərə], **anderer, anderes** pr/ind **I** adjt autre **II** subst **ein anderer, e-e andere** un(e) autre; pl **andere** d'autres; **die ander(e)n** les autres; **einer nach dem ander(e)n** l'un après l'autre; à tour de rôle; **er ist ein anderer geworden** il a changé; **etwas anderes** autre chose; **er ist alles andere als ...** il est loin d'être ...; **... und anderes mehr** ... et (d')autres choses encore; ... et ainsi de suite; **alles andere** tout le reste; (*immer*) **eins nach dem ander(e)n** pas tout à la fois; **er macht e-n Fehler nach dem ander(e)n** il fait faute sur faute, une faute après l'autre; **eine war hübscher als die andere** elles étaient plus jolies les unes que les autres; **da müssen schon andere kommen!** si tu crois que tu m'impressionnes!
anderenfalls adv sinon; autrement
andererseits adv d'autre part
andermal adv **ein andermal** une autre fois
ändern ['ɛndərn] **I** v/t changer; modifier; *Kleidung* retoucher; **etw an e-r Sache** (dat) **ändern** changer qc à qc **II** v/r **sich ändern** changer
andernfalls → **anderenfalls**
anders ['andərs] adv u adj ⟨attribut⟩ (*verschieden*) autrement (**als** que); différemment (de); **anders aussehen als** ne pas ressembler à; **anders geartet, lautend** → **andersgeartet, anderslautend**; **er ist anders als s-e Kameraden** il est différent de ses camarades; **das muss anders werden** cela doit changer; **ich konnte nicht anders** je ne pouvais pas faire autrement; **irgendwo anders** ailleurs; autre part; **nirgendwo anders** nulle part
andersartig adj différent
Andersdenkende(r) f(m) ⟨→ A⟩ personne f qui pense autrement; POL a dissident(e) m(f)
andersgeartet adj différent
andersgläubig adj qui a d'autres convictions religieuses
Andersgläubige(r) f(m) ⟨→ A⟩ personne f qui a d'autres convictions religieuses
andersherum adv dans l'autre sens
anderslautend adjt autre; différent; (*widersprüchlich*) contradictoire
anderswo F adv ailleurs; autre part

anderswoher F *adv* (provenant) d'ailleurs, d'un autre lieu

anderswohin F *adv* ailleurs; autre part

anderthalb ['andərt'halp] *num/c* un et demi; **anderthalb Stunden** une heure et demie

Änderung *f* ⟨∼; ∼en⟩ changement *m*, modification *f* (**an** [+ *dat*] à)

Änderungsantrag *m* POL amendement *m*

Änderungsschneider(in) *m(f)* retoucheur, -euse *m,f* en confection

Änderungsschneiderei *f* retoucheur, -euse *m,f* en confection; *auf Schildern* retouches *f/pl*

Änderungsvorschlag *m* proposition *f* de modification, de changement

Änderungswunsch *m* demande *f* de modification

anderweitig I *adj* autre; **anderweitige Verpflichtungen** *f/pl* d'autres obligations II *adv* ailleurs; autre part; *verwenden* pour autre chose; (*an j anderen*) à qn d'autre

andeuten ⟨-e-⟩ I *v/t* 1. (*zu verstehen geben*) indiquer (vaguement, à demi-mot); (*ahnen lassen*) laisser entendre; laisser, faire comprendre 2. *zeichnerisch* esquisser II *v/r* **sich andeuten** s'annoncer

Andeutung *f* (vague) indication *f*; (*Anspielung*) allusion *f*; *fig e-s Lächelns etc* esquisse *f*; ébauche *f*; **Andeutungen machen** laisser, faire comprendre qc

andeutungsweise *adv* vaguement; *mit Worten* à demi-mot

andichten *v/t* ⟨-e-⟩ **j-m etw andichten** attribuer, imputer (faussement, à tort) qc à qn

andocken *v/i Raumfahrzeug* s'arrimer

Andorra [an'dɔra] *n* ⟨∼s⟩ l'Andorre *f*

Andrang *m* ⟨∼∼s⟩ affluence *f*

andre, andrer, andres → **andere**

andrehen *v/t* 1. *Radio, Heizung* mettre; allumer; *Gas* ouvrir 2. F **j-m etw andrehen** F refiler qc à qn

andrerseits → **andererseits**

androhen *v/t* **j-m etw androhen** menacer qn de qc

Androhung *f* menace *f*

andrücken *v/t* presser, appuyer (**an** [+ *acc*] sur, contre)

anecken *v/i* ⟨sn⟩ Γ *fig* (**bei j-m**) **anecken** se faire mal voir (par qn)

aneignen *v/r* ⟨-e-⟩ **sich** (*dat*) **etw aneignen** 1. *Kenntnisse* assimiler qc; *Gewohnheiten, Bildung* acquérir qc 2. *fremdes Eigentum* s'approprier qc

Aneignung *f* 1. assimilation *f*; acquisition *f* 2. appropriation *f*

aneinander *adv* l'un(e) à l'autre *bzw* les un(e)s aux autres; **aneinander vorbeigehen** passer l'un à côté de l'autre; → **aneinanderbinden**, **aneinanderfügen**, **aneinandergeraten** *etc*

aneinanderbinden *v/t* ⟨*irr*⟩ attacher bout à bout, l'un à l'autre

aneinanderfügen *v/t* joindre

aneinandergeraten *v/i* ⟨*irr, p/p* aneinandergeraten, sn⟩ se disputer (**mit** avec); *handgreiflich* en venir aux mains (avec)

aneinandergrenzen *v/i* ⟨¢ṡ⟩ se toucher; être contigu

aneinanderlegen *v/t* mettre l'un à côté de l'autre

aneinanderreihen I *v/t* mettre l'un à côté de l'autre II *v/r* **sich aneinanderreihen** *zeitlich* se suivre; *räumlich* être aligné

Aneinanderreihung *f von Fakten* suite *f*; succession *f*; *von Gegenständen* alignement *m*; rangée *f*; *von Gedanken* enchaînement *m*

aneinanderschmiegen *v/r* **sich aneinanderschmiegen** se blottir, se pelotonner l'un contre l'autre

aneinanderstoßen *v/i* ⟨*irr, sn*⟩ s'entrechoquer; (*aneinandergrenzen*) se toucher

Anekdote [anɛk'doːtə] *f* ⟨∼; ∼n⟩ anecdote *f*

anekdotenhaft *adj* anecdotique

anekeln *v/t* ⟨¢⟩ **j-n anekeln** dégoûter, écœurer qn

Anemone [ane'moːnə] *f* ⟨∼; ∼n⟩ BOT anémone *f*

Anerbieten *st/s n* ⟨∼s; ∼⟩ offre *f*

anerkannt *adjt* reconnu

anerkennen *v/t* ⟨*irr, séparable ou inséparable, sans ge*⟩ reconnaître (*a* JUR, POL); *Regeln* accepter; *Leistung* apprécier; *Rekord* homologuer; **ein paar anerkennende Worte sprechen** dire quelques mots d'appréciation

anerkennenswert *adj* louable

Anerkennung *f* ⟨∼; ∼en⟩ reconnaissance *f* (*a* JUR, POL); (*Wertschätzung*) appréciation *f*; *e-s Rekords* homologation *f*; (*Zustimmung*) acceptation *f*

anerziehen *v/t* ⟨*irr, sans ge*⟩ **j-m etw anerziehen** inculquer qc à qn

anfachen ['anfaxən] *st/s v/t* 1. *Feuer anfachen* souffler sur le feu 2. *fig Eifer, Ehrgeiz* exciter; *Leidenschaft* attiser

anfahren ⟨*irr*⟩ I *v/t* 1. (*hertransportieren*) amener; transporter 2. *Fußgänger* accrocher; 'heurter 3. F *fig* **j-n** (**grob**) **anfahren** F enguirlander, engueuler qn 4. (*ansteuern*) se diriger vers; *Schiff* mettre le cap sur II *v/i* ⟨sn⟩ 5. *Zug, Auto* se mettre en marche; démarrer 6. **angefahren kommen** arriver, approcher (en voiture, *etc*)

Anfahrt *f* 1. *zur Arbeit* trajet *m* 2. (*Zufahrt*) (voie *f* d')accès *m*

Anfall *m von Fieber, Husten* accès *m*; (*Asthmaanfall, Herzanfall, Tobsuchtsanfall*) crise *f*

anfallen ⟨*irr*⟩ I *v/t* attaquer II *v/i* ⟨sn⟩ *Arbeiten, Kosten* se présenter (**für** à); *Produkte* être produit

anfällig *adj* de santé fragile, délicate; **für etw anfällig sein** être sujet à qc

Anfälligkeit *f* ⟨∼⟩ fragilité *f*; réceptivité *f* (**für** à)

Anfang *m* début *m*; commencement *m*; **von Anfang an** dès le début; dès le commencement; **am** *od* **zu Anfang** au commencement; au début; **Anfang Mai** début mai; **er ist Anfang sechzig** il a une petite soixantaine; (**mit etw**) **den Anfang machen** commencer (par qc)

anfangen *v/t u v/i* ⟨*irr*⟩ 1. (*beginnen*) commencer (**zu** à; **mit** par, avec); **anfangen zu** (+ *inf*) *a* se mettre à (+ *inf*); **er fängt immer wieder davon an** il recommence toujours à en parler; **bei e-m Unternehmen anfangen** commencer à travailler dans *bzw* pour une entreprise 2. (*zustande bringen*) faire; **etw falsch, richtig anfangen** s'y prendre mal, bien

Anfänger(in) ['anfɛŋər(ɪn)] *m* ⟨∼s; ∼⟩ (*f*) ⟨∼in; ∼innen⟩ débutant(e) *m(f)* (*a péj*)

anfänglich *adj* premier; du début
anfangs *adv* au début; d'abord
Anfangsbuchstabe *m* première lettre; *als Monogramm* initiale *f*; **mit großem, kleinem Anfangsbuchstaben** avec (une) majuscule, minuscule
Anfangsgehalt *n* salaire *m* d'embauche
Anfangsgründe *m/pl* e-r *Wissenschaft* notions *f/pl* élémentaires; rudiments *m/pl*
Anfangsphase *f* phase initiale
Anfangsschwierigkeiten *f/pl* difficultés *f/pl* du début
Anfangsstadium *n* stade initial; première phase
Anfangszeit *f* 1. (*erste Zeit*) premiers temps 2. *im Kino* heure *f* de la séance, *im Theater* de la matinée *bzw* soirée
anfassen ⟨¢$⟩ I *v/t* 1. (*berühren*) toucher 2. (*nehmen, halten*) prendre 3. *fig* (*behandeln*) **j-n hart, zart anfassen** traiter qn durement *od* avec dureté, avec douceur 4. *fig* (*angehen*) *Problem, Arbeit* aborder II *v/i* **mit anfassen** (*helfen*) donner un coup de main
anfauchen *v/t* 1. *Katze* **j-n anfauchen** feuler après qn 2. *fig Person* rembarrer
anfechtbar *adj* contestable; attaquable
anfechten *v/t* ⟨*irr*⟩ 1. JUR attaquer (en justice); contester (la validité de) 2. *st/s* (*beunruhigen*) inquiéter
Anfechtung *f* ⟨~; ~en⟩ 1. JUR contestation *f* (de la validité) 2. *st/s* (*Versuchung*) tentation *f*
anfeinden *v/t* ⟨-e-⟩ attaquer; manifester de l'hostilité à
Anfeindung *f* ⟨~; ~en⟩ attaque *f*; hostilité *f*
anfertigen *v/t* faire; confectionner
Anfertigung *f* exécution *f*; confection *f*
anfeuchten *v/t* ⟨-e-⟩ humecter
anfeuern *v/t* 1. *Ofen, Kessel* allumer; faire du feu dans 2. *fig* SPORT encourager
Anfeuerungsruf *m* cri *m* d'encouragement
anflehen *v/t* implorer; supplier; **j-n um etw anflehen** implorer qc de qn
anfliegen ⟨*irr*⟩ I *v/t Flughafen* approcher de; voler sur; *zur Zwischenlandung* faire escale à II *v/i* ⟨*sn*⟩ **angeflogen kommen** arriver
Anflug *m* 1. AVIAT approche *f* 2. *fig* (*angehen*) **ein Anflug von Spott** une légère moquerie; **ein Anflug von Traurigkeit** une légère tristesse; une ombre de tristesse; **mit e-m Anflug von Ironie** avec une pointe d'ironie
anfordern *v/t Hilfe, Arbeitskräfte* demander; *Ersatzteile* commander; *Notarzt* faire venir
Anforderung *f* 1. (*Bestellung*) commande *f*; *von Arbeitskräften, Hilfe* demande *f* 2. (*Anspruch*) exigence *f*; **hohe Anforderungen an j-n, etw stellen** exiger beaucoup de qn, qc; demander beaucoup à qn, qc
Anfrage *f* demande *f*; PARLAMENT interpellation *f*
anfragen *v/i* (**bei j-m wegen etw**) **anfragen** demander (qc à qn)
anfressen *v/t* ⟨*irr*⟩ 1. (*annagen*) (commencer à) manger; s'attaquer à 2. (*zersetzen*) ronger
anfreunden *v/r* ⟨-e-⟩ **sich** (**mit j-m**) **anfreunden** se lier d'amitié (avec qn); *fig* **sich mit etw anfreunden** se faire à qc; se familiariser avec qc
anfrieren *v/i* ⟨*irr, sn*⟩ **an etw** (*dat*) **anfrieren** s'attacher à qc par le gel
anfügen *v/t* ajouter; joindre

anfühlen *v/r* **sich hart anfühlen** être dur au toucher; **sich wie Wolle anfühlen** avoir le toucher de la laine
anführen *v/t* 1. *Mannschaft etc* conduire 2. *Beispiele, Textstellen* citer (*a Zeugen*); donner (*a Gründe*) 3. F (*an der Nase herumführen*) **j-n anführen** F posséder qn; F rouler qn; F avoir qn
Anführer(in) *m(f)* chef *m*; *bes* POL meneur, -euse *m,f* (*a péj*)
Anführung *f* *von Beispielen* citation *f*; *von Gründen* énumération *f*
Anführungsstriche *m/pl*, **Anführungszeichen** *n/pl* guillemets *m/pl*
anfüllen *v/t* remplir (**mit** de)
Angabe *f* 1. (*Aussage*) indication *f*; *statistisch* donnée *f*; (*Auskunft*) renseignement *m*; information *f* 2. SPORT service *m* 3. (*Prahlerei*) vantardise *f*; crânerie *f*
angaffen *v/t* regarder bouche bée
angeben ⟨*irr*⟩ I *v/t* 1. (*nennen*) indiquer; *Adresse a* donner; *Waren beim Zoll* déclarer 2. *Tempo, Ton* donner II *v/i* 3. SPORT servir 4. (*prahlen*) se vanter (**mit** de); crâner
Angeber(in) *m* ⟨~s; ~⟩ (*f*) ⟨~in; ~innen⟩ crâneur, -euse *m,f*; vantard(e) *m(f)*; fanfaron, -onne *m,f*
Angeberei *f* ⟨~; ~en⟩ crânerie *f*; vantardise *f*; F esbroufe *f*
angeberisch *adj* crâneur; vantard; fanfaron
angeblich I *adj* prétendu; soi-disant II *adv* soi-disant; paraît-il
angeboren *adj* *Krankheit* congénital; *Eigenschaft* inné; naturel
Angebot *n* 1. offre *f* (*a* COMM); **Angebot und Nachfrage** l'offre et la demande 2. (*Sonderangebot*) promotion *f*; **im Angebot sein** être en promotion
angebracht *adj* opportun; indiqué; convenable; **ich halte es für angebracht zu** (+ *inf*) je crois qu'il conviendrait de (+ *inf*)
angedeihen *v/i* ⟨*seulement inf*⟩ *st/s* **j-m etw angedeihen lassen** faire bénéficier qn de qc
angefault *adj Holz* qui a commencé à pourrir; *Obst* abîmé
angegossen *adj Kleidung* **wie angegossen sitzen** *od* **passen** aller comme un gant
angegriffen *adj* fatigué; *Gesundheit* affaibli; compromis
angehaucht *adj* **rot angehauchte Wangen** des joues légèrement colorées; F **er ist marxistisch angehaucht** il est un peu marxiste sur les bords
angeheiratet *adj Verwandtschaft* par alliance
angeheitert *adj* gai; gris; F éméché
angehen ⟨*irr*⟩ I *v/t* 1. *Gegner, Hindernis* attaquer; *fig* s'attaquer à 2. **j-n um etw angehen** s'adresser à qn pour avoir qc; demander qc à qn 3. (*betreffen*) concerner; regarder; **was mich angeht ...** quant à moi ...; **das geht dich nichts an** cela ne te regarde pas; ce n'est pas ton affaire II *v/i* ⟨*sn*⟩ 4. **gegen etw, j-n angehen** s'attaquer à qc, qn (*a fig*) 5. F (*beginnen*) commencer 6. *Licht, Radio, Fernseher, Heizung* s'allumer; *Feuer* prendre; *Motor, Maschine* se mettre en marche 7. (*vertretbar sein*) être admissible, acceptable
angehend *adj* futur
angehören *v/i* ⟨*p/p* angehört⟩ **e-r Sache** (*dat*)

angehören faire partie de qc
angehörig *adj* **e-r Sache** (*dat*) **angehörig** membre de qc
Angehörige(r) *f*(*m*) ⟨→ A⟩ **1.** (*Familienange-hörige*) (proche) parent(e) *m*(*f*); *pl meist* famille *f*; **meine Angehörigen** les miens; ma famille; mes proches **2.** (*Mitglied*) membre *m*
Angeklagte(r) *f*(*m*) ⟨→ A⟩ accusé(e) *m*(*f*); *im Strafprozess a* prévenu(e) *m*(*f*)
angeknackst F *adj Knochen, Arm, Bein, Stuhl-bein* fêlé; *Freundschaft etc* qui a pris un coup; *Selbstbewusstsein* affaibli; diminué
Angel ['aŋəl] *f* ⟨~; ~n⟩ **1.** *zum Fischfang* canne *f* à pêche; gaule *f*; **die Angel auswerfen** lancer la ligne **2.** *e-r Tür* gond *m*; *fig* **die Welt aus den Angeln heben** bouleverser le monde
Angelegenheit *f* affaire *f*
Angelhaken *m* hameçon *m*
angeln ⟨⌀⟩ I *v/t u v/i* **1.** pêcher (à la ligne); **angeln gehen** aller pêcher; **Angeln verboten!** pêche interdite! **2.** F *fig* **nach etw angeln** chercher à attraper qc II *v/r* **sich** (*dat*) **e-n reichen Mann angeln** se trouver un mari riche
Angelpunkt *m* **e-s** *Problems etc* pivot *m*; clé *f* de voûte
Angelrute *f* canne *f* à pêche; gaule *f*
Angelsachse *m* Anglo-Saxon *m*
angelsächsisch *adj* anglo-saxon
Angelschein *m* permis *m* de pêche
Angelschnur *f* ligne *f*
Angelsport *m* pêche *f* à la ligne
angemessen *adjt* convenable; *Preis a* raisonnable; *Strafe* équitable; juste
angenehm *adj* agréable; **angenehme Ruhe!** repose-toi *bzw* reposez-vous bien!; *beim Vor-stellen* (**sehr**) **angenehm!** enchanté!
angenommen *p/p* → **annehmen**
angepasst *adjt* conforme; conformiste
Angepasstheit *f* ⟨~⟩ conformisme *m*
angeregt I *adjt Gespräch* animé II *advt* **sich an-geregt unterhalten** avoir une conversation animée
angeschlagen *adjt fig Gegner* touché; *gesund-heitlich, seelisch* ébranlé; secoué
Angeschuldigte(r) *f*(*m*) ⟨→ A⟩ JUR inculpé(e) *m*(*f*); prévenu(e) *m*(*f*)
angesehen *adjt* estimé; considéré
Angesicht *st/s n* ⟨~⌀s; ~er⟩ visage *m*; figure *f*; face *f*; **von Angesicht zu Angesicht** face à face; **im Angesicht des Todes** *etc* face à la mort, *etc*
angesichts *prép* ⟨*gén*⟩ **1.** en vue, présence de; face à **2.** *fig* vu; étant donné
angespannt *adjt Lage* tendu; *Arbeit* assidu; intense
angestammt *adjt Recht, Macht* héréditaire; *Rolle, Platz* habituel
angestellt *adjt* **fest angestellt sein** avoir un emploi fixe; **bei der Stadt, bei e-r Firma an-gestellt sein** être employé à *od* de la ville, dans une société
Angestellte(r) *f*(*m*) ⟨→ A⟩ employé(e) *m*(*f*)

Angestellter = **employé**

Wird anders geschrieben als englisch „employee".

Angestelltenverhältnis *n* **im Angestelltenver-hältnis stehen** être employé(e) (*ni fonction-naire ni ouvrier*)
Angestelltenversicherung *f* assurance *f* des employés
angestrengt I *adjt Arbeit* assidu; intense II *advt* *arbeiten, nachdenken* intensément
angetan I *p/p* → **antun** II *adjt* **von j-m, e-r Sa-che** (**sehr**) **angetan sein** être conquis, séduit, charmé par qn, qc
angetrunken *adjt* légèrement ivre
angewandt *adjt* appliqué
angewiesen *adjt* **auf j-n, etw angewiesen sein** dépendre de qn, qc; **aufeinander angewiesen sein** dépendre l'un de l'autre
angewöhnen ⟨*p/p* angewöhnt⟩ I *v/t* **j-m etw an-gewöhnen** habituer, accoutumer qn à qc II *v/r* **sich** (*dat*) **etw angewöhnen** *od* (**es**) **sich** (*dat*) **angewöhnen, etw zu tun** prendre l'habitude de faire qc
Angewohnheit *f* habitude *f*; coutume *f*
angewurzelt *adjt* **wie angewurzelt dastehen** être cloué, figé sur place
Angina [aŋ'gi:na] *f* ⟨~; -nen⟩ angine *f*
angleichen *v/t* ⟨*irr*⟩ r(é)ajuster, adapter (**an** [+ *acc*] à)
Angleichung *f der Löhne etc* r(é)ajustement *m*, adaptation *f* (**an** [+ *acc*] à)
Angler(in) ['aŋlər(ın)] *m* ⟨~s; ~⟩ (*f*) ⟨~in; ~in-nen⟩ pêcheur, -euse *m*,*f* (à la ligne)
angliedern *v/t* rattacher, joindre (**an** [+ *acc*] à)
Angliederung *f* rattachement *m* (**an** [+ *acc*] à)
Anglist(in) [aŋ'glɪst(ın)] *m* ⟨~en; ~en⟩ (*f*) ⟨~in; ~innen⟩ *Student(in)* étudiant(e) *m*(*f*) d'an-glais; *Wissenschaftler(in)* angliciste *m*,*f*
Anglistik [aŋ'glɪstɪk] *f* ⟨~⟩ (études *f/pl* de) lan-gue *f*, (de) littérature *f* et (de) civilisation *f* an-glaises
Anglizismus *m* ⟨~; -men⟩ LING anglicisme *m*
anglotzen F *v/t* ⟨⌀⌀⟩ **j-n, etw anglotzen** regar-der qn, qc bouche bée, avec des yeux ronds
Angola [aŋ'go:la] *n* ⟨~s⟩ l'Angola *m*
Angorakatze [aŋ'go:ra-] *f* chat *m* angora
Angorawolle *f* (laine *f*) angora *m*
angreifbar *adj* attaquable (*a fig*)
angreifen *v/t* ⟨*irr*⟩ **1.** *Gegner,* SPORT attaquer; *mit Gewalt* agresser **2.** *fig Material* attaquer; *Nerven* fatiguer; *Gesundheit* ébranler **3.** *Vorrä-te* entamer; F attaquer; *Ersparnisse a* écorner **4.** *österr* (*anfassen*) toucher; (*nehmen*) prendre
Angreifer(in) *m* ⟨~s; ~⟩ (*f*) ⟨~in; ~innen⟩ agres-seur *m*; attaquant(e) *m*(*f*); assaillant(e) *m*(*f*)
angrenzen *v/i* ⟨⌀⌀⟩ **an etw** (*acc*) **angrenzen** toucher (à) qc; avoisiner qc
angrenzend *adjt* avoisinant; voisin; *Länder, Gemeinden a* limitrophe; *Grundstücke a* atte-nant; contigu
Angriff *m* SPORT, MIL, *fig* attaque *f* (**auf** [+ *acc*], **gegen** contre); **etw in Angriff nehmen** com-mencer qc; se mettre à qc
Angriffsfläche *f* **1.** surface *f* de prise **2.** *fig* prise *f*; **dem Gegner keine Angriffsfläche bieten** ne donner aucune prise à son adversaire
Angriffslust *f* agressivité *f*
angriffslustig *adj* agressif
Angriffsspiel *n* SPORT jeu offensif
Angriffsspieler(in) *m*(*f*) SPORT attaquant(e) *m*(*f*); (*Stürmer[in]*) avant *m*,*f*

Angriffswaffe *f* arme offensive
angrinsen F *v/t* ⟨¢$⟩ *j-n angrinsen* ricaner au nez de qn; regarder qn en ricanant
angst [aŋst] *adjt mir ist angst (und bange)* j'ai peur; *mir wird angst (und bange)* je commence à avoir peur
Angst *f* ⟨~; ≈e⟩ peur *f* (*vor* [+ *dat*] de); (*Angstgefühl*) angoisse *f*; anxiété *f*; *schreckliche Angst* peur bleue; (*vor etw, j-m*) *Angst haben* avoir peur (de qc, qn); *davor habe ich keine Angst* cela ne me fait pas peur; *j-m Angst machen* faire peur à qn; *keine Angst, das schaffen wir schon!* n'aie *bzw* n'ayez pas peur, nous y arriverons!; *Angst bekommen od* F *kriegen* prendre peur; *um j-n Angst haben* avoir peur pour qn
Angstgegner *m* SPORT F bête *f* noire
Angsthase F *m* F froussard *m*; poule mouillée
ängstigen ['ɛŋstɪgən] **I** *v/t* faire peur à **II** *v/r sich (um j-n) ängstigen* avoir peur (pour qn)
ängstlich *adj* (*scheu*) craintif; (*feige*) peureux; (*ängstlich besorgt*) anxieux
Ängstlichkeit *f* ⟨~⟩ (*Scheuheit*) caractère craintif; (*Besorgnis*) peur *f*
Angstschweiß *m* sueur *f* d'angoisse
angstvoll **I** *adj* angoissé **II** *adv j-n angstvoll anblicken* regarder qn d'un air angoissé
Angstzustand *m* état anxieux; angoisse(s) *f(pl)*; *Angstzustände haben, bekommen* avoir des angoisses
angucken F *v/t* regarder
angurten ⟨-e-⟩ **I** *v/t j-n angurten* attacher la ceinture à qn **II** *v/r sich angurten* attacher sa ceinture
anhaben *v/t* ⟨*irr*⟩ **1.** F *Kleidung* porter; avoir mis **2.** *j-m, e-r Sache nichts anhaben können* ne pouvoir rien faire à qn, qc
anhaften *v/i* ⟨-e-⟩ *fig Makel j-m, e-r Sache anhaften* être inhérent à qn, qc
Anhalt *m* → *Anhaltspunkt*
anhalten ⟨*irr*⟩ **I** *v/t* **1.** (faire) arrêter; *Auto a* stopper **2.** *den Atem anhalten a fig* retenir son souffle, sa respiration **3.** *j-n zu etw anhalten* apprendre à qn (à faire) qc **II** *v/i* **4.** (*stehen bleiben*) s'arrêter; stopper **5.** (*andauern*) durer; continuer; persister
anhaltend *adjt* continuel
Anhalter(in) *m* ⟨~s; ~⟩ (*f*) ⟨~in; ~innen⟩ auto-stoppeur, -euse *m,f*; F stoppeur, -euse *m,f*; *per Anhalter fahren* faire de l'auto-stop, F du stop
Anhaltspunkt *m* point *m* de repère (*für* pour); indice *m* (pour)
anhand *prép* ⟨*gén*⟩, *adv anhand von* au moyen de; en s'appuyant sur
Anhang *m* **1.** *e-s Buches etc* appendice *m* **2.** (*Anhängerschaft*) partisans *m/pl*; adhérents *m/pl* **3.** (*Verwandtschaft*) famille *f*
anhängen **I** *v/t* **1.** *Schild* suspendre (*an* [+ *acc*] à); (*ankuppeln*) accrocher, atteler (*an* [+ *acc*] à) **2.** *fig* (*anfügen*) ajouter (*an* [+ *acc*] à) **3.** F *fig j-m etw anhängen* F mettre qc sur le dos de qn **II** *v/r fig sich an j-n anhängen* suivre qn; s'attacher aux pas de qn
Anhänger *m* **1.** (*Autoanhänger*) remorque *f* **2.** *Schmuckstück* pendentif *m* **3.** (*Kofferanhänger*) étiquette *f* mobile; porte-adresse *m*
Anhänger(in) *m* ⟨~s; ~⟩ (*f*) ⟨~in; ~innen⟩ *e-r Partei* partisan(e) *m(f)*; adhérent(e) *m(f)*;

SPORT, POL supporter *m*
Anhängerkupplung *f* AUTO attelage *m* de remorque
Anhängerschaft *f* ⟨~; ~en⟩ partisans *m/pl*; adhérents *m/pl*
anhängig *adj* JUR *Verfahren* en instance
anhänglich *adj* affectueux
Anhänglichkeit *f* ⟨~⟩ attachement *m* (*an* [+ *acc*] pour); affection *f* (pour)
Anhängsel ['anhɛŋzəl] *n* ⟨~s; ~⟩ (*Überflüssiges*) *ein Anhängsel sein* n'être qu'accessoire
anhauchen *v/t* faire de la buée sur
anhauen F *v/t* ⟨*irr*⟩ accoster; racoler; *j-n um zwanzig Euro anhauen* accoster qn pour lui demander vingt euros
anhäufen *v/t* (*u v/r sich anhäufen* s')amasser; (s')accumuler; (s')entasser
Anhäufung *f* amassement *m*; accumulation *f*; entassement *m*
anheben *v/t* ⟨*irr*⟩ **1.** *Schrank etc* soulever (un peu) **2.** *Gehälter, Preise* relever
anheften *v/t* ⟨-e-⟩ *etw an etw* (*acc*) *anheften* attacher qc à qc; fixer qc sur, à qc; *mit Heftklammern* agrafer qc à qc
anheim *st/s adv* → *anheimfallen, anheimstellen*
anheimelnd ['anhaɪməlnt] *adj* accueillant; douillet
anheimfallen *st/s v/i* ⟨*irr,* sn⟩ *Vermögen j-m anheimfallen* échoir à qn; *der Vergessenheit* (*dat*) *anheimfallen* tomber dans l'oubli
anheimstellen *st/s v/t* *es j-m anheimstellen, etw zu tun* laisser qn libre de faire qc
anheizen *v/t* ⟨¢$⟩ **1.** *Ofen* allumer **2.** F *fig Stimmung* chauffer
anheuern *v/t* MAR enrôler; engager (*a fig*)
Anhieb *m auf Anhieb* du premier coup
anhimmeln F *v/t* ⟨¢⟩ adorer; porter aux nues
Anhöhe *f* éminence *f*; 'hauteur *f*; élévation *f* (de terrain); colline *f*
anhören *v/t* écouter; *Zeugen* entendre **II** *v/r* **1.** *sich* (*dat*) *etw anhören* écouter qc **2.** *sich gut, schlecht anhören* être agréable, désagréable à entendre *od* à l'oreille; *fig das hört sich gut an* ça n'a pas l'air mal
Anhörung *f* ⟨~; ~en⟩ *im Parlament* consultation *f*

animalisch [ani'maːlɪʃ] *adj* animal; *fig a* bestial
Animateur(in) [anima'tøːr(ɪn)] *m* ⟨~s; ~e⟩ (*f*) ⟨~in; ~innen⟩ animateur, -trice *m,f*
Animierdame *f* entraîneuse *f*
animieren *v/t* ⟨*sans ge*⟩ inciter, pousser, entraîner (*zu* à)
Animierlokal *n* boîte *f* (de nuit) avec des entraîneuses
Animiermädchen *n* entraîneuse *f*
Anis [a'niːs] *m* ⟨~¢$; ~e⟩ anis *m*
Anislikör *m* anisette *f*
Ank. *abr* (*Ankunft*) arrivée
ankämpfen *v/i gegen j-n, etw ankämpfen* lutter contre qn, qc
Ankauf *m* achat *m*; *An- und Verkauf* achat(s) et vente(s)
ankaufen *v/t* acheter
Anker ['aŋkər] *m* ⟨~s; ~⟩ **1.** MAR ancre *f*; *Anker werfen, vor Anker gehen* jeter l'ancre; mouiller; *vor Anker liegen* être, se tenir à l'ancre, au mouillage **2.** ÉLECT induit *m*

ankern *v/i* mouiller
Ankerplatz *m* mouillage *m*
Ankerwinde *f* MAR guindeau *m*
anketten *v/t* ⟨-e-⟩ attacher; mettre à la chaîne; enchaîner
Anklage *f* JUR accusation *f* (*a Anklagevertretung*, *fig*); inculpation *f*; (*gegen j-n*) **Anklage erheben** accuser (qn); inculper (qn)
Anklagebank *f* ⟨∼; -bänke⟩ banc *m* des accusés
anklagen *v/t* JUR, *fig* **j-n** (*e-r Sache* [*gén*] *od* **wegen etw**) **anklagen** accuser qn (de qc)
Anklagepunkt *m* chef *m* d'accusation
Ankläger *m* accusateur
Anklageschrift *f* acte *m* d'accusation
Anklagevertreter *m* représentant *m* de l'accusation; procureur *m*
Anklagevertretung *f* ministère public; accusation *f*
anklammern *v/t* attacher (avec une pince, une agrafe, *etc*) (*an* [+ *acc*] à)
Anklang *m* Plan, Vorschlag **Anklang finden** être bien accueilli, reçu (*bei* par)
ankleben *v/t* (*u v/i* ⟨sn⟩) coller (*an* [+ *acc*] à, sur)
Ankleidekabine *f* **1.** *im Kaufhaus* cabine *f* d'essayage **2.** *im Schwimmbad* cabine *f* (de bain)
ankleiden *st/s v/t* (*u v/r*) ⟨-e-⟩ (**sich ankleiden** s')habiller; (se) vêtir
anklicken *v/t* INFORM cliquer sur
anklingen *v/i* ⟨*irr*⟩ **1.** *an etw* (*acc*) **anklingen** évoquer qc **2.** ⟨h *ou* sn⟩ *in ihren Worten klingt Enttäuschung an* la déception transparaît dans ses paroles
anklopfen *v/i* **1.** frapper (à la porte) **2.** F *fig* **bei j-m anklopfen** tâter le terrain auprès de qn
anknabbern *v/t* grignoter (un peu)
anknipsen F *v/t* ⟨*¢$*⟩ allumer
anknüpfen I *v/t* **1.** (*an etw* [*acc*]) **anknüpfen** attacher, nouer (à qc) **2.** *mit j-m Beziehungen anknüpfen* entrer en relations avec qn; *mit j-m ein Gespräch anknüpfen* engager la conversation avec qn; lier conversation avec qn II *v/i an etw* (*acc*) **anknüpfen** partir de qc; se rattacher à qc
Anknüpfung *f* ⟨∼; ∼en⟩ *von Beziehungen etc* engagement *m*; *an Traditionen, Erfahrungen* rattachement *m* (*an* [+ *acc*] à)
Anknüpfungspunkt *m* point *m* de départ (*für* pour)
ankommen ⟨*irr*, sn⟩ I *v/i* **1.** (*eintreffen*) arriver; *bist du gut* (*zu Hause*) *angekommen?* tu es bien rentré(e)? **2.** F (*Anklang finden*) avoir du succès; *Witz a* être bien accueilli **3.** *gegen j-n, etw ankommen* venir à bout de qn, qc II *v/imp* **4.** (*abhängen*) *auf etw* (*acc*) *ankommen* dépendre de qc; *es kommt* (*ganz*) *darauf an* cela dépend; c'est selon **5.** (*wichtig sein*) *es kommt darauf an zu* (+ *inf*) il importe de (+ *inf*); il s'agit de (+ *inf*); *darauf kommt es nicht an* cela n'importe, ne compte pas; *auf ein paar Euro soll es mir nicht ankommen* je n'en suis pas à quelques euros près **6.** *es auf etw* (*acc*) *ankommen lassen* risquer qc; *es darauf ankommen lassen* risquer, F tenter le coup
ankoppeln ⟨*¢*⟩ I *v/t Raumfahrzeug* (*an etw* [*acc*]) **ankoppeln** arrimer (à qc); → **ankuppeln** II *v/i* s'arrimer
ankotzen P *v/t* ⟨*¢$*⟩ P emmerder; dégoûter;

das kotzt mich an! F j'en ai marre!; P ça m'emmerde!; *du kotzt mich an!* P tu m'emmerdes!; P tu me fais chier!
ankreiden *v/t* ⟨-e-⟩ *j-m etw ankreiden* reprocher qc à qn; faire grief de qc à qn
ankreuzen *v/t* ⟨*¢$*⟩ marquer d'une croix; *auf e-m Formular* cocher
ankündigen *v/t* (*u v/r sich ankündigen* s')annoncer (*a fig*)
Ankündigung *f* annonce *f*
Ankunft ['ankʊnft] *f* ⟨∼; -künfte⟩ arrivée *f*
Ankunftshalle *f* 'hall *m* d'arrivée
Ankunftszeit *f* heure *f* d'arrivée
ankuppeln *v/t* ⟨*¢*⟩ *Anhänger etc* atteler; accrocher
ankurbeln *v/t* ⟨*¢*⟩ **1.** *Motor etc* mettre en marche (à la manivelle) **2.** *fig Wirtschaft, Produktion* relancer; stimuler
Anl. *abr* (*Anlage*[*n*]) P.J.
anlächeln *v/t* ⟨*¢*⟩ sourire à
anlachen I *v/t* regarder en riant II F *v/r sich* (*dat*) *j-n anlachen* se trouver qn, un(e) petit(e) ami(e)
Anlage *f* **1.** (*Anlegen*) *von Parks, Straßen* aménagement *m*; *e-r Akte* établissement *m* **2.** (*Grünanlage*) espace vert; jardin (public); parc *m* **3.** (*Einrichtung*) installation *f*; (*Vorrichtung*) dispositif *m* **4.** (*Sportanlage*) terrain *m* de sport; stade *m* **5.** (*Konzeption*) plan *m*; conception *f* **6.** (*Veranlagung*) disposition *f* (*zu* à) **7.** (*Kapitalanlage*) placement *m*; investissement *m* **8.** *in Briefen* pièce jointe; annexe *f*; *in der Anlage* ci-joint **9.** (*Stereoanlage*) chaîne *f* stéréo
Anlageberater(in) *m*(*f*) conseiller, -ère *m,f* d'investissements
Anlagekapital *n* capital *n* d'investissement
Anlagevermögen *n e-s Unternehmens* actif immobilisé
anlangen I *v/t* → **anbelangen** II *v/i* ⟨sn⟩ arriver; parvenir
Anlass ['anlas] *m* ⟨∼es; -lässe⟩ **1.** (*Grund*) raison *f* (*zu* de); (*Beweggrund*) motif *m* (de); *Anlass zur Klage geben* donner lieu à des plaintes **2.** (*Gelegenheit*) occasion *f*; *bei offiziellen Anlässen* pour des occasions officielles
anlassen ⟨*irr*⟩ I *v/t* **1.** (*in Gang setzen*) mettre en marche; faire démarrer; *Motor a* lancer **2.** (*eingeschaltet lassen*) laisser allumé **3.** F *Kleidung* garder II F *v/r etw lässt sich gut, schlecht an* qc se présente, s'annonce bien, mal
Anlasser *m* ⟨∼s; ∼⟩ démarreur *m*
anlässlich ['anlɛslɪç] *prép* ⟨*gén*⟩ à l'occasion de; lors de
anlasten *v/t* ⟨-e-⟩ *j-m etw anlasten* reprocher qc à qn
Anlauf *m* **1.** SPORT élan *m*; *Anlauf nehmen* prendre son élan, de l'élan **2.** *fig* (*Versuch*) essai *m*; *beim ersten Anlauf* du premier coup; d'emblée
anlaufen ⟨*irr*⟩ I *v/t Hafen* toucher; faire escale (à Hambourg, dans un port) II *v/i* ⟨sn⟩ **1.** *Maschine* se mettre en marche; démarrer; *Produktion, Aktion* démarrer; commencer; *Film* sortir **2.** *angelaufen kommen* arriver, venir en courant; accourir **3.** SPORT prendre son élan, de l'élan **4.** *fig gegen etw anlaufen* lutter contre qc; combattre qc **5.** (*beschlagen*) se couvrir

de buée; s'embuer **6. rot anlaufen** rougir; devenir tout rouge
Anlaufstelle f (centre m d')accueil m
Anlaufzeit f durée f, période f de démarrage
Anlegebrücke f MAR embarcadère m; appontement m
anlegen I v/t **1. etw (an etw** [acc]**) anlegen** mettre, poser qc (contre qc); **(e-e Spielkarte, e-n Dominostein) anlegen** fournir (une carte, un domino); **das Gewehr anlegen** mettre le fusil en joue **2. die Arme anlegen** mettre les bras le long du corps; **die Ohren anlegen** rabattre les oreilles; **die Flügel anlegen** replier ses ailes **3.** st/s (anziehen) mettre **4.** Garten, Straße aménager; Vorräte faire; Liste, Akte faire; établir **5.** (investieren) placer **6.** (ausgeben) **etw (für etw) anlegen** mettre qc (pour qc) **7. er hat es darauf angelegt, ihm zu schaden** il s'est donné pour but, il a en tête de lui nuire **II** v/i **8.** Schiff accoster, aborder (**an etw** [dat] qc) **9.** mit dem Gewehr etc **auf j-n anlegen** mettre, coucher qn en joue **III** v/r **sich mit j-m anlegen** se disputer, F s'accrocher avec qn
Anlegeplatz m débarcadère m; embarcadère m
Anleger(in) m ⟨~s; ~⟩ (f) ⟨~in; ~innen⟩ FIN investisseur, -euse m,f
Anlegestelle f débarcadère m; embarcadère m
anlehnen I v/t Tür, Fenster laisser entrouvert, entrebâillé; **etw an etw** (acc) **anlehnen** appuyer, adosser qc contre, à qc **II** v/r **sich (an j-n, etw) anlehnen** s'appuyer (contre qn, qc)
Anlehnung f ⟨~; ~en⟩ **in Anlehnung an** (+ acc) (en) suivant l'exemple de; sur le modèle de
anleiern F v/t mettre en route
Anleihe f ⟨~; ~n⟩ FIN, fig emprunt m
anleimen v/t **etw (an etw** [acc]**) anleimen** coller qc (à qc)
anleinen v/t mettre en laisse
anleiten v/t ⟨-e-⟩ instruire
Anleitung f instruction(s) f(pl)
anlernen v/t initier; former; **angelernter Arbeiter** ouvrier spécialisé; OS m
anliefern v/t livrer
anliegen v/i ⟨irr⟩ **1.** Kleidung **eng anliegen** être collant **2.** F (zu erledigen sein) **es liegt viel an** il y a beaucoup à faire
Anliegen n ⟨~s; ~⟩ (Bitte) demande f; (Wunsch) désir m
anliegend adjt Schriftstück ci-joint; ci-inclus
Anlieger m ⟨~s; ~⟩ riverain m
Anliegerstaat m État riverain, limitrophe
Anliegerverkehr m circulation f des riverains
anlocken v/t attirer; durch Köder a allécher
anlöten v/t ⟨-e-⟩ souder
anlügen v/t ⟨irr⟩ mentir à
Anmache F f ⟨~; ~n⟩ F drague f
anmachen v/t **1.** Feuer, Licht, Radio allumer **2.** Mörtel, Gips gâcher **3.** Salat assaisonner; accommoder **4.** F (aufreißen) **j-n anmachen** F draguer qn
anmahnen v/t réclamer
anmalen I v/t peindre **II** v/r F **sich anmalen** (schminken) se peindre
Anmarsch m approche f; **im Anmarsch sein** approcher, avancer (**auf** [+ acc] sur, vers)
anmaßen v/r ⟨¢$⟩ **sich** (dat) **etw anmaßen** se permettre de faire qc
anmaßend I adjt arrogant; présomptueux **II**

advt avec arrogance; avec présomption
Anmaßung f ⟨~; ~en⟩ **1.** von Rechten usurpation f **2.** im Auftreten arrogance f; présomption f
anmeckern F v/t rouspéter après
Anmeldeformular n formulaire m d'inscription; im Hotel fiche f
Anmeldefrist f délai m de déclaration, zur Teilnahme d'inscription
Anmeldegebühr f droit(s) m(pl) d'inscription
anmelden ⟨-e-⟩ **I** v/t **1.** Besuch annoncer; Schüler faire inscrire; Rundfunkgerät déclarer; Auto (faire) immatriculer; TÉL Gespräch demander **2.** fig (geltend machen) revendiquer; présenter; **Bedenken anmelden** avoir des doutes, des hésitations **II** v/r **sich anmelden** zur Teilnahme se faire inscrire (**zu, bei, an** [+ dat] à); beim Arzt etc prendre rendez-vous; **sich polizeilich anmelden** déclarer son domicile
Anmeldeschluss m (date f de) clôture f des inscriptions
Anmeldung f **1.** e-s Besuchers annonce f; für e-e Schule inscription f; beim Arzt **nach vorheriger Anmeldung** sur rendez-vous **2.** fig von Ansprüchen revendication f; présentation f
anmerken v/t **1.** j-m s-n Ärger, s-e Verlegenheit anmerken voir que qn est en colère, est gêné; lire la colère, la gêne sur le visage de qn; **man merkt ihm an, dass ...** on voit, on remarque qu'il ...; **sich** (dat) **nichts anmerken lassen** ne rien montrer **2.** (bemerken) **etw zu etw anmerken** faire des remarques sur qc
Anmerkung f ⟨~; ~en⟩ **1.** (Bemerkung) remarque f **2.** (Fußnote) note f; am Rand annotation f
anmoderieren v/t TV, RAD **e-e Sendung anmoderieren** présenter une émission
anmotzen F v/t ⟨¢$⟩ râler après
Anmut f ⟨~⟩ grâce f; charme m
anmuten v/t u v/i ⟨-e-⟩ **(j-n) ... anmuten** sembler ... (à qn); donner l'impression de ... (à qn)
anmutig adj gracieux; Landschaft charmant
annageln v/t ⟨¢⟩ clouer (**an etw** [acc] à, sur qc)
annähen v/t **etw (an etw** [acc]**) annähen** coudre, attacher qc (à qc)
annähern v/r **sich (e-r Sache** [dat] od **an etw** [acc]**) annähern** s'approcher (de qc); fig, geistig, menschlich se rapprocher (de qc)
annähernd advt à peu près; environ; approximativement
Annäherung f ⟨~; ~en⟩ **1.** approche f (**an** [+ acc] de) **2.** fig rapprochement m (**zwischen** [+ dat] entre)
Annäherungsversuch m travaux m/pl d'approche; avances f/pl
Annahme ['anna:mə] f ⟨~; ~n⟩ **1.** von Waren réception f **2.** (Billigung) acceptation f; von Gesetzesvorlagen adoption f **3.** (Vermutung) supposition f; hypothèse f; **in der Annahme, dass ...** à supposer od en supposant que ... (+ subj)
Annahmeschluss m clôture f
Annahmestelle f für Wetten guichet m
Annalen [a'na:lən] pl annales f/pl
annehmbar adj acceptable; (halbwegs gut) a passable
annehmen ⟨irr⟩ **I** v/t **1.** Einladung, Geschenk, Angebot, Vorschlag accepter **2.** Antrag, Gesetzesvorlage adopter **3.** Form, Gewohnheit, Hal-

tung prendre **4.** (*vermuten, voraussetzen*) supposer; admettre; **ich nehme es (nicht) an** je (ne) crois (pas) **II** *v/r* **sich j-s, e-r Sache annehmen** se charger, s'occuper, prendre soin de qn, qc

Annehmlichkeit *f* ⟨∼; ∼en⟩ commodité *f*; agrément *m*

annektieren [anɛkˈtiːrən] *v/t* ⟨*sans ge*⟩ annexer

Annektierung *f* ⟨∼; ∼en⟩ annexion *f*

anno [ˈano] *anno 1813* en (l'an) 1813; *anno dazumal* au temps jadis

Annonce [aˈnõːsə] *f* ⟨∼; ∼n⟩ annonce *f*

annoncieren *v/i* ⟨*sans ge*⟩ insérer, passer une annonce

annullieren [anuˈliːrən] *v/t* ⟨*sans ge*⟩ annuler

Annullierung *f* ⟨∼; ∼en⟩ annulation *f*

Anode [aˈnoːdə] *f* ⟨∼; ∼n⟩ PHYS anode *f*

anöden [ˈanˀøːdən] F *v/t* ⟨-e-⟩ assommer; F raser; F barber

anomal [ˈanomaːl] *adj* anormal

Anomalie *f* ⟨∼; ∼n⟩ anomalie *f*

anonym [anoˈnyːm] *adj* anonyme

Anonymität *f* ⟨∼⟩ anonymat *m*

Anorak [ˈanorak] *m* ⟨∼s; ∼s⟩ anorak *m*

anordnen *v/t* ⟨-e-⟩ **1.** (*befehlen*) ordonner **2.** (*ordnen*) arranger; disposer

Anordnung *f* **1.** (*Anweisung*) ordre *m*; *auf Anordnung des Arztes* sur l'ordre du médecin **2.** (*Ordnung*) arrangement *m*; disposition *f*

anorganisch *adj* inorganique

anormal *adj* anormal

anpacken I *v/t* **1.** F (*anfassen*) toucher **2.** (*angehen*) *etw falsch, richtig anpacken* mal, bien aborder qc **II** *v/i* (*mit*) *anpacken* donner un coup de main

anpassen ⟨⌀⟩ **I** *v/t* **1.** TECH ajuster (*e-r Sache* [*dat*] à qc) **2.** *fig* adapter (*e-r Sache* [*dat*] à qc); *Löhne, Gehälter etc* a r(é)ajuster **II** *v/r* *sich anpassen* (+ *dat, an* [+ *acc*]) s'adapter (à)

Anpassung *f* ⟨∼; ∼en⟩ adaptation *f* (*an* [+ *acc*] à); *der Löhne, Mieten etc* r(é)ajustement *m*

anpassungsfähig *adj* BIOL capable de s'adapter; *geistig* souple; flexible

Anpassungsfähigkeit *f* capacité *f*, faculté *f* d'adaptation; souplesse *f*; flexibilité *f*

Anpassungsschwierigkeiten *f/pl* difficultés *f/pl* d'adaptation

anpeilen *v/t* (*ansteuern*) mettre le cap sur; F *fig* viser

anpfeifen *v/t* ⟨*irr*⟩ SPORT *das Spiel anpfeifen* donner le coup de sifflet d'envoi

Anpfiff *m* **1.** SPORT coup *m* de sifflet d'envoi **2.** F *fig* F engueulade *f*

anpflanzen *v/t* ⟨⌀⟩ (*pflanzen*) planter; (*anbauen*) cultiver

Anpflanzung *f* plantation *f*

anpflaumen F *v/t j-n anpflaumen* F se ficher, se foutre de qn; mettre qn en boîte

anpinseln F *v/t* ⟨⌀⟩ peindre; *péj* barbouiller

anpöbeln F *v/t* ⟨⌀⟩ apostropher (en termes grossiers)

Anprall [ˈanpral] *m* ⟨∼⌀s⟩ choc *m*

anprallen *v/i* ⟨sn⟩ *an od gegen j-n, etw anprallen* ˈheurter qn, qc

anprangern *v/t* dénoncer (*als* comme)

anpreisen *v/t* ⟨*irr*⟩ recommander vivement, vanter, prôner (*als* comme)

Anprobe *f* essayage *m*

anprobieren *v/t* ⟨*sans ge*⟩ essayer

anpumpen F *v/t j-n* (*um fünfzig Euro*) *anpumpen* F taper qn (de cinquante euros)

Anrainer(in) *m* ⟨∼s; ∼⟩ (*f*) ⟨∼in; ∼innen⟩ riverain(e) *m(f)*

Anrainerstaat *m* État riverain, limitrophe

anraten *v/t* ⟨*irr*⟩ *j-m etw anraten* conseiller, recommander qc à qn; *auf Anraten* (*acc*) *des Arztes* sur le conseil, sur la recommandation du médecin

anrechnen *v/t* ⟨-e-⟩ **1.** (*gutschreiben, berücksichtigen*) tenir compte de; COMM, JUR imputer (*auf* [+ *acc*] sur) **2.** *fig* (*würdigen*) *j-m etw hoch anrechnen* savoir gré à qn de qc **3.** (*berechnen*) *j-m etw anrechnen* compter qc à qn

Anrecht *n* droit *m* (*auf* [+ *acc*] à)

Anrede *f* formule *f* pour s'adresser à qn; (*Titel*) titre *m*

anreden *v/t* ⟨-e-⟩ (*ansprechen*) adresser la parole à; *auf der Straße* aborder

anregen *v/t* **1.** suggérer **2.** (*ermuntern*) stimuler; inspirer **3.** *Appetit, Kreislauf, Fantasie* stimuler

anregend *adjt* stimulant (*a fig*)

Anregung *f* **1.** (*Vorschlag*) suggestion *f*, idée *f* (*zu* pour) **2.** *des Appetits, der Fantasie* stimulation *f* (*a* MÉD)

anreichern I *v/t* enrichir (*mit* de) **II** *v/r* *sich in etw* (*dat*) *anreichern* s'accumuler dans qc

Anreise *f* **1.** (*Reise*) voyage *m* **2.** (*Ankunft*) arrivée *f*

anreisen *v/i* ⟨⌀, sn⟩ **1.** (*reisen*) voyager **2.** (*ankommen*) arriver

anreißen *v/t* ⟨*irr*⟩ **1.** (*aufreißen*) déchirer; ouvrir **2.** F (*anbrechen*) entamer **3.** (*kurz darlegen*) esquisser

Anreiz *m* attrait *m*; stimulant *m*

anreizen *v/t* ⟨⌀⟩ inciter, pousser (*zu* à)

anrempeln F *v/t* ⟨⌀⟩ bousculer; F rentrer dans

anrennen *v/t* ⟨*irr*, sn⟩ **1.** F *gegen etw, j-n anrennen* ˈheurter qc, qn; se cogner dans qc, qn (en courant) **2.** *fig gegen e-e Mauer von Vorurteilen anrennen* se heurter à un mur de préjugés **3.** F *angerannt kommen* arriver en courant; accourir

Anrichte *f* ⟨∼; ∼n⟩ buffet (bas)

anrichten *v/t* ⟨-e-⟩ **1.** *das Essen anrichten* garnir et décorer les plats **2.** *Schaden* causer; provoquer; *iron da hast du* (*ja*) *etwas Schönes angerichtet!* tu en as fait de belles!

anritzen *v/t* ⟨⌀⟩ *Holz, Stein* rayer; *bes Haut* égratigner

anrosten *v/i* ⟨-e-, sn⟩ rouiller légèrement; commencer à rouiller

anrüchig [ˈanryçɪç] *adj* de mauvaise réputation; *Haus, Kneipe* a mal famé

anrücken *v/i* ⟨sn⟩ arriver; s'approcher

Anruf *m* appel *m* téléphonique; coup *m* de téléphone; *anonymer Anruf* appel anonyme

Anrufbeantworter *m* ⟨∼s; ∼⟩ répondeur *m* (automatique)

anrufen *v/t* ⟨*irr*⟩ **1.** TÉL *j-n anrufen* téléphoner à qn; appeler qn (par téléphone) **2.** *durch Rufen* appeler **3.** JUR *ein Gericht wegen e-r Sache anrufen* saisir un tribunal d'une affaire **4.** REL invoquer

Anrufer(in) *m* ⟨∼s; ∼⟩ (*f*) ⟨∼in; ∼innen⟩ correspondant(e) *m(f)* qui appelle

Anrufung *f* ⟨∼; ∼en⟩ **1.** *e-s Gerichts* saisine *f* (+

gén de) **2.** REL invocation *f* (+ *gén* à)
anrühren *v/t* **1.** toucher; *fig* **keinen Alkohol anrühren** ne pas toucher à l'alcool **2.** *Kleister, Farben* délayer
ans [ans] = **an das**
Ansage *f* présentation *f*
ansagen *v/t* **1.** annoncer (*a beim Kartenspiel*) **2.** F **angesagt sein** (*in Mode sein*) être à la mode; être en vogue; (*auf dem Programm stehen*) être prévu
Ansager(in) *m* ⟨∼s; ∼⟩ (*f*) ⟨∼in; ∼innen⟩ RAD, TV speaker *m*, speakerine *f*; *e-r Show* présentateur, -trice *m,f*
ansammeln ⟨∉⟩ **I** *v/t* amasser; accumuler **II** *v/r* **sich ansammeln** s'accumuler; *Menschen* se rassembler; *fig Ärger* s'accumuler; s'amasser
Ansammlung *f* accumulation *f*; *von Menschen* rassemblement *m*
ansässig ['anzɛsɪç] *adj* domicilié; *seit Langem* établi
Ansatz *m* **1.** (*Lösungsansatz*) approche *f* **2.** (*Beginn*) commencement *m*; début *m* **3.** (*Haaransatz*) racine *f*
Ansatzpunkt *m* point *m* de départ, d'attaque
ansatzweise *adv* en partie
ansaugen *v/t* aspirer
anschaffen **I** *v/t* acheter; acquérir **II** *v/r* **sich** (*dat*) **etw anschaffen** s'acheter qc
Anschaffung *f* ⟨∼; ∼en⟩ achat *m*; acquisition *f*
Anschaffungskosten *pl* frais *m/pl* d'achat, d'acquisition
anschalten *v/t* ⟨-e-⟩ *Licht, Radio* allumer; *Maschine* mettre en marche
anschauen *v/t bes südd, österr, schweiz* → **ansehen**
anschaulich *adj* clair; compréhensible; *Beispiel, Bild* concret
Anschauung *f* ⟨∼; ∼en⟩ **1.** (*Erfahrung*) expérience *f*; **etw aus eigener Anschauung kennen** connaître qc par expérience **2.** (*Meinung*) vue *f*; idée *f*
Anschauungsmaterial *n* matériel d'illustration, *im Unterricht* éducatif
Anschein *m* ⟨∼∉s⟩ apparence *f*; **dem Anschein nach** selon les apparences; **es hat (ganz) den Anschein, als ob …** on dirait, il semble que … (+ *ind*)
anscheinend *advt* apparemment; selon toute apparence; **anscheinend …** on dirait que …; il semble que … (+ *ind*)
anschicken *st/s v/r* **sich anschicken, etw zu tun** s'apprêter, se disposer à faire qc
anschieben *v/t* ⟨*irr*⟩ pousser
anschießen *v/t* ⟨*irr*⟩ blesser, toucher (d'un coup de fusil, d'une balle)
Anschiss F *m* F engueulade *f*; **e-n Anschiss kriegen** F se faire engueuler
Anschlag *m* **1.** (*Bekanntmachung*) affiche *f* **2.** (*Attentat*) attentat *m* (**auf** [+ *acc*]) contre) **3.** *auf der Schreibmaschine* frappe *f*
Anschlagbrett *n* tableau *m*, panneau *m* d'affichage
anschlagen ⟨*irr*⟩ **I** *v/t* **1.** *Plakate, Ankündigungen* afficher; apposer; placarder **2.** *Stimmgabel* frapper; *Saite* toucher; *fig* **e-n anderen Ton anschlagen** changer de ton **3.** (*beschädigen*) abîmer; *Glas* ébrécher **II** *v/i* **4.** *Hund* aboyer **5.** ⟨*sn*⟩ (*anstoßen*) **an etw** (*acc*) **anschlagen**

'heurter qc; taper contre qc **III** *v/r* **sich** (*dat*) **den Kopf an etw** (*acc*) **anschlagen** se heurter, se taper la tête contre qc
anschleichen *v/r* ⟨*irr*⟩ **sich (an j-n, etw) anschleichen** s'approcher (de qn, qc) à pas de loup, à pas feutrés
anschleppen *v/t* **1.** *Stein etc* apporter; amener; *a F Person* ramener **2.** *Fahrzeug* remorquer (pour faire démarrer le moteur)
anschließen ⟨*irr*⟩ **I** *v/t* **1.** **anschließen** (**an** [+ *acc ou dat*]) *mit Schloss* attacher (à); *elektrische Geräte* brancher (sur) **2.** (*anfügen*) ajouter (**an** [+ *acc*] à) **II** *v/i* **3.** **an etw** (*acc*) **anschließen** *räumlich* être contigu à qc; *zeitlich* suivre qc **III** *v/r* **4.** **sich an etw** (*acc*) **anschließen** (*angrenzen*) être contigu à qc **5.** (*beipflichten*) **sich j-s Meinung** (*dat*) **anschließen** partager l'opinion de qn; se rallier à l'avis de qn **6.** (*folgen*) **sich anschließen** suivre; **an den Vortrag schloss sich eine Diskussion an** la conférence fut suivie d'une discussion **7.** (*zugesellen*) **sich j-m anschließen** se joindre à qn; **sich e-r Partei** (*dat*) *etc* **anschließen** rejoindre un parti
anschließend **I** *adjt* suivant; qui suit **II** *advt* ensuite; après
Anschluss *m* **1.** (*Zuganschluss*) correspondance *f* **2.** TÉL, *von Gas, Wasser, Strom* raccordement *m*; *von Strom a* branchement *m*; TÉL **kein Anschluss unter dieser Nummer** le numéro que vous demandez n'est pas en service actuellement **3.** *fig* (*Verbindung*) contact *m* (**an** [+ *acc*] avec); **im Anschluss an** (+ *acc*) à la suite de; comme, faisant suite à **4.** (*menschlicher Kontakt*) **Anschluss suchen** chercher à se faire des connaissances **5.** POL rattachement *m*
Anschlussflug *m* (vol *m* de) correspondance *f*
Anschlussstelle *f* *e-r Autobahn* bretelle *f* (d'accès)
Anschlusstor *n*, **Anschlusstreffer** *m* SPORT but *m* réduisant la différence de score à un seul point
Anschlusszug *m* (train *m* de) correspondance *f*
anschmiegen *v/r* **sich an j-n anschmiegen** se serrer, se blottir contre qn
anschmiegsam *adj* (*zärtlich*) câlin
anschmieren F *v/t* F refaire; F rouler
anschnallen **I** *v/t* attacher **II** *v/r* **sich anschnallen** *im Auto, Flugzeug* attacher sa ceinture; s'attacher
Anschnallgurt *m* ceinture *f* de sécurité
Anschnallpflicht *f* port *m* obligatoire de la ceinture de sécurité
anschnauzen F *v/t* ⟨∉⟩ F engueuler; F enguirlander
anschneiden *v/t* ⟨*irr*⟩ **1.** *Brot, Wurst* entamer **2.** *fig Frage* aborder
Anschnitt *m* entame *f*
Anschovis [an'ʃoːvɪs] *f* ⟨∼; ∼⟩ anchois *m*
anschrauben *v/t* **etw** (**an etw** [*dat ou acc*]) **anschrauben** visser qc (à ou sur qc)
anschreiben *v/t* ⟨*irr*⟩ **1.** **etw an die Tafel anschreiben** écrire qc (au tableau) **2.** **j-n anschreiben** écrire à qn **3.** F **etw anschreiben lassen** faire mettre qc sur son compte *od* son ardoise **4.** F *fig* **bei j-m gut (schlecht) angeschrieben sein** F (ne pas) avoir la cote avec qn

anschreien *v/t* ⟨*irr*⟩ crier après
Anschrift *f* adresse *f*
anschuldigen *v/t* **j-n** (*wegen etw*) **anschuldigen** accuser, inculper qn (de qc)
Anschuldigung *f* ⟨~; ~en⟩ accusation *f*; inculpation *f*
anschwärzen F *péj v/t* ⟨¢$⟩ **j-n** (*bei s-m Vorgesetzten*) **anschwärzen** F débiner qn (auprès de son supérieur)
anschweißen *v/t* ⟨¢$⟩ **etw** (*an etw* [*dat ou acc*]) **anschweißen** souder qc (à qc)
anschwellen *v/i* ⟨*irr*, sn⟩ **1.** *Füße* (se) gonfler; (s')enfler; *Fluss* être en crue **2.** *fig Stimme, Musik* (s')enfler
Anschwellung *f* enflure *f*; gonflement *m*
anschwemmen *v/t* apporter; déposer
anschwindeln F *v/t* ⟨¢⟩ F raconter un (des) bobard(s) à
ansehen ⟨*irr*⟩ **I** *v/t* **1.** (*anblicken, betrachten*) regarder; **es war schrecklich anzusehen** c'était terrible à voir; F **sieh** (**mal**) **an!** tiens! (tiens!); voyez donc! **2.** *j-m, e-r Sache ansehen, dass* ... voir que qn, qc ...; **man sieht ihm sein Alter nicht an** on ne lui donnerait pas son âge **3.** *j-n, etw ansehen als* considérer qn, qc comme; *irrtümlich* prendre qn, qc pour **4.** (*zusehen*) **etw nicht mit ansehen können** ne pas pouvoir supporter qc **II** *v/r* **sich** (*dat*) **etw ansehen** regarder, voir qc; **sich** (*dat*) **die Stadt ansehen** visiter la ville
Ansehen *n* ⟨~s⟩ **1.** *st/s* **ohne Ansehen der Person** sans égard à la personne **2.** (*Achtung*) considération *f*; estime *f*; réputation *f*; *bes großes, hohes* prestige *m*
ansehnlich ['anzeːnlɪç] *adj* **1.** (*stattlich*) de belle apparence **2.** (*beträchtlich*) considérable; remarquable
anseilen *v/t* (*u v/r* **sich anseilen**) *Bergsteiger* (s')encorder
ansein → an
ansengen *v/t* brûler légèrement
ansetzen ⟨¢$⟩ **I** *v/t* **1.** *Trinkgefäß* porter aux lèvres; *Blasinstrument* emboucher; *Werkzeug* appliquer **2.** (*anfügen*) **ansetzen** (*an* [+ *acc*]) (r)ajouter, rapporter (à) **3.** *Bowle, Likör* préparer; faire **4.** *Rost ansetzen* (commencer à) rouiller; **Fett ansetzen** engraisser **5.** (*veranschlagen*) **3000 Euro für etw ansetzen** estimer, évaluer qc à 3000 euros **6.** *Termin* fixer **II** *v/i* (*sich anschicken*) commencer; **zu e-r Frage ansetzen** s'apprêter à poser une question; **zur Landung ansetzen** amorcer l'atterrissage
Ansicht *f* ⟨~; ~en⟩ **1.** (*Meinung*) opinion *f*; avis *m*; vue *f*; idée *f*; **meiner Ansicht nach** à mon avis; d'après moi **2.** COMM **Ware zur Ansicht senden** envoyer de la marchandise pour examen gratuit **3.** (*Bild*) vue *f*
Ansichtskarte *f* carte postale (illustrée)
Ansichtssache *f* affaire *f*, question *f* d'opinion
ansiedeln ⟨¢⟩ **I** *v/t* **j-n ansiedeln** établir qn **II** *v/r* **sich ansiedeln** s'établir; se fixer
Ansied(e)lung *f* **1.** (*Siedlung*) agglomération *f* **2.** (*Ansiedeln*) établissement *m*
Ansinnen *n* ⟨~s; ~⟩ exigence *f*
anspannen *v/t* **1.** *Pferde* atteler **2.** *Seil* tendre; *Muskeln* bander
Anspannung *f* tension *f*

anspielen **I** *v/t* BALLSPIEL **j-n anspielen** passer la balle à qn **II** *v/i fig* **auf j-n, etw anspielen** faire allusion à qn, qc
Anspielung *f* ⟨~; ~en⟩ allusion *f* (**auf** [+ *acc*] à)
anspitzen *v/t* ⟨¢$⟩ *Bleistift* tailler
Ansporn *m* ⟨~¢$⟩ stimulant *m*
anspornen *v/t* **j-n anspornen** stimuler, aiguillonner qn
Ansprache *f* allocution *f*; discours *m*
ansprechbar *adj* **1.** **nicht ansprechbar sein** (*beschäftigt sein*) être pris, occupé; (*geistig abwesend sein*) ne plus rien entendre **2.** *Kranke* lucide **3.** (*empfänglich*) **für etw nicht ansprechbar sein** ne pas être sensible, réceptif à qc
ansprechen ⟨*irr*⟩ **I** *v/t* **1.** (*anreden*) adresser la parole à; *auf der Straße* aborder **2.** (*sich wenden an*) s'adresser à; **er fühlte sich angesprochen** il s'est senti concerné; **j-n um Hilfe ansprechen** demander de l'aide à qn **3.** (*zur Sprache bringen*) **etw ansprechen** aborder le sujet, la question de qc **4.** (*gefallen*) **j-n ansprechen** plaire à qn **II** *v/i* (*auf etw* [*acc*]) **ansprechen** réagir (à qc)
ansprechend *adjt* plaisant; sympathique; agréable
Ansprechpartner(in) *m(f)* interlocuteur, -trice *m,f*
anspringen ⟨*irr*⟩ **I** *v/t* bondir, sauter sur **II** *v/i* ⟨sn⟩ *Motor* démarrer; partir
Anspruch *m* **1.** (*Forderung*) exigence *f*; (*Erwartung*) prétention *f*; **Ansprüche stellen** avoir des prétentions *bzw* exigences; **etw, j-n in Anspruch nehmen** recourir à qc, qn **2.** (*Anrecht*) droit *m* (**auf** [+ *acc*] à); **auf etw** (*acc*) **Anspruch haben** avoir droit à qc; **auf etw** (*acc*) **Anspruch erheben** revendiquer qc; *st/s* prétendre à qc
anspruchslos *adj* **1.** (*genügsam*) peu exigeant **2.** (*schlicht*) sans prétention; simple
anspruchsvoll *adj* exigeant; *péj* prétentieux
anspucken *v/t* cracher sur
anspülen *v/t* rejeter
anstacheln *v/t* ⟨¢⟩ aiguillonner; stimuler
Anstalt ['anʃtalt] *f* ⟨~; ~en⟩ **1.** établissement *m* **2.** (*Heilanstalt*) hôpital *m* psychiatrique
Anstalten *pl* **Anstalten machen, etw zu tun** se préparer, s'apprêter à faire qc; **sie machte keine Anstalten zu gehen** elle ne faisait pas mine de vouloir partir
Anstand *m* bienséance *f*; convenances *f/pl*; *bes moralisch* décence *f*; (*Würde*) dignité *f*
anständig **I** *adj* convenable; honnête; *Benehmen a* correct; comme il faut; *Kleidung* décent **II** *adv* convenablement; décemment; comme il faut; **benimm dich bitte anständig!** tiens-toi bien *od* de la tenue, s'il te plaît!
Anstandsdame *f* chaperon *m*; duègne *f*
anstandshalber *adv* pour la forme; par convenance; par politesse
anstandslos *adv* (*ohne Zögern*) sans hésitation; (*ohne Probleme*) sans difficulté
anstarren *v/t* regarder fixement; fixer du regard
anstatt **I** *conj* **anstatt zu** (+ *inf*), **anstatt dass** ... au lieu de (+ *inf*) **II** *prép* ⟨*gén*⟩ à la place de; au lieu de
anstauen *v/t* (*u v/r* **sich anstauen** s')amasser; *fig Gefühle a* (s')accumuler

anstechen *v/t* ⟨*irr*⟩ piquer; percer; *Fass* mettre en perce

anstecken I *v/t* **1.** *Brosche* attacher, fixer (avec une épingle); accrocher; *Ring* mettre sur *od* à son doigt **2.** (*infizieren*) *j-n anstecken* contaminer qn; *er hat mich angesteckt* il m'a passé sa maladie **II** *v/i Krankheit* être contagieux (*a fig*) **III** *v/r sich anstecken* contracter une maladie contagieuse; *ich habe mich bei ihm angesteckt* j'ai attrapé sa maladie; c'est lui qui m'a contaminé

ansteckend *adj Krankheit, fig Lachen* contagieux

Anstecknadel *f als Schmuck* épingle *f*; *als Abzeichen* insigne *m*; badge *m*

Ansteckung *f* ⟨∼; ∼en⟩ contagion *f* (*a fig*); infection *f*

Ansteckungsgefahr *f* risque *m*, danger *m* de contagion, d'infection

anstehen *v/i* ⟨*irr*⟩ **1.** *in e-r Schlange* faire la queue (*nach etw* pour [avoir] qc) **2.** *Probleme, Fragen* être en suspens **3.** *st/s* **es steht ihm nicht an, Kritik zu üben** *st/s* il ne lui sied pas de critiquer

ansteigen *v/i* ⟨*irr*, sn⟩ → **steigen**

anstelle *prép* ⟨*gén*⟩, *adv* **anstelle von** à la place de; au lieu de

anstellen I *v/t* **1.** *etw an etw* (*acc*) *anstellen* mettre, placer, appuyer qc contre qc **2.** *beruflich j-n anstellen* engager qn; *Arbeiter* embaucher qn **3.** *Wasser, Gas* ouvrir; *Radio, Fernseher* mettre; allumer; *Elektrogeräte, Heizung* allumer; faire marcher; *Motor* mettre en marche **4.** (*machen*) *Vergleich* faire; *Nachforschungen* procéder à; *Betrachtungen, Experimente* se livrer à; *was habt ihr schon wieder angestellt?* qu'est-ce que vous avez encore fait, F fabriqué?; F *wie hast du das angestellt?* comment tu t'y es pris?; comment t'as fait ça? **II** *v/r* **5.** *in e-r Schlange* **sich (nach etw) anstellen** faire la queue (pour [avoir] qc); *sich hinten anstellen* se mettre à la queue, en bout de file **6.** F *sich (bei etw) dumm anstellen* s'y prendre bêtement (pour faire qc); *stell dich nicht so an!* ne fais pas tant de manières!

Anstellung *f* **1.** (*Einstellung*) engagement *m*; *von Arbeitern* embauche *f*; embauchage *m* **2.** (*Stellung*) emploi *m*; place *f*

Anstellungsvertrag *m* contrat *m* de travail

ansteuern *v/t* se diriger vers

Anstieg *m* ⟨∼¢s; ∼e⟩ *des Geländes, des Wassers* montée *f*; *der Temperatur* 'hausse *f*; *des Umsatzes, der Produktion etc* augmentation *f*; (*Preisanstieg*) montée *f*; 'hausse *f*

anstieren *v/t péj* fixer d'un air bête

anstiften *v/t* ⟨-e-⟩ **1.** *Komplott* tramer **2.** *j-n zu etw anstiften* inciter qn à (faire) qc

Anstifter(in) *m(f)* instigateur, -trice *m,f*

Anstiftung *f* provocation *f*; incitation *f* (*zu* à)

anstimmen *v/t* entonner

Anstoß *m* **1.** FUSSBALL coup *m* d'envoi **2.** (*Auslöser*) impulsion *f*; *den Anstoß zu etw geben* donner une impulsion à qc **3.** (*Ärgernis*) *Anstoß erregen* causer, provoquer un scandale; faire scandale; (*mit etw*) *bei j-m Anstoß erregen* choquer, offusquer, scandaliser qn (par qc); *an etw* (*dat*) *Anstoß nehmen* se scandaliser de qc; être choqué par qc

anstoßen ⟨*irr*⟩ **I** *v/t* **1.** *Gegenstand* donner un coup à; 'heurter **2.** *Person* pousser (*mit* de); *versehentlich* 'heurter **II** *v/i* **3.** ⟨sn⟩ (*mit dem Fuß, Kopf*) *an etw* (*acc*) *anstoßen* 'heurter qc (du pied, de la tête) **4.** *beim Trinken* (*mit den Gläsern*) *anstoßen* trinquer; *auf j-n, etw anstoßen* porter un toast à qn, qc **5.** (*lispeln*) *mit der Zunge anstoßen* zézayer; zozoter

Anstößer(in) *m* ⟨∼s; ∼⟩ (*f*) ⟨∼in; ∼innen⟩ *schweiz* riverain(e) *m(f)*

anstößig ['anʃtøːsɪç] *adj* choquant; indécent; inconvenant

anstrahlen *v/t* **1.** (*anleuchten*) illuminer **2.** *mit Blicken j-n anstrahlen* regarder qn d'un air radieux *od* rayonnant

anstreben *st/s v/t* aspirer à

anstreichen *v/t* ⟨*irr*⟩ **1.** peindre **2.** (*markieren*) marquer

Anstreicher *m* peintre *m* (en bâtiment)

anstrengen ['anʃtrɛŋən] **I** *v/t* **1.** *Tätigkeit j-n anstrengen* fatiguer qn **2.** *s-e Fantasie anstrengen* faire travailler son imagination **II** *v/r sich anstrengen* (*, etw zu tun*) se donner du mal (pour faire qc); faire un effort, *körperlich a* des efforts (pour faire qc)

anstrengend *adj* fatigant; pénible

Anstrengung *f* ⟨∼; ∼en⟩ **1.** (*Bemühung*) effort *m*; (*große*) *Anstrengungen machen, etw zu tun* faire tous ses efforts pour faire qc **2.** (*Strapaze*) fatigue *f*

Anstrich *m* **1.** (*Farbe*) (couche *f* de) peinture *f* **2.** (*Anstreichen*) peintures *f/pl* **3.** *fig* apparence *f*; air *m*

Ansturm *m* **1.** assaut *m* (*auf* [+ *acc*] à) **2.** *fig von Kunden* ruée *f* (*auf* [+ *acc*] sur); rush *m*

anstürmen *v/i* ⟨sn⟩ *anstürmen gegen* donner l'assaut à

Antarktis [ant'ʔarktɪs] ⟨∼⟩ *die Antarktis* l'Antarctique *m*

antarktisch *adj* antarctique

antasten *v/t* ⟨-e-⟩ **1.** (*berühren*) toucher **2.** *fig Ehre, Rechte* porter atteinte à; empiéter sur **3.** *fig Vorräte* toucher à

Anteil *m* **1.** part *f* (*an* [+ *dat*] de) (*a* COMM); portion *f*; quote-part *f* **2.** (*Beteiligung, Interesse*) part *f*; *geringen, großen Anteil an etw* (*dat*) *haben* avoir peu de, avoir une grande part à qc; *an etw* (*dat*) *regen, lebhaften Anteil nehmen* prendre vivement part à qc; prendre un vif intérêt à qc

anteilig, anteilmäßig *adj* proportionnel

Anteilnahme *f* **1.** (*Beteiligung*) participation *f* **2.** (*Mitgefühl*) sympathie *f*; (*Interesse*) intérêt *m* (*an* [+ *dat*] pour)

Anteilschein *m* ÉCON action *f*

Antenne [an'tɛnə] *f* ⟨∼; ∼n⟩ antenne *f*

Anthologie [antolo'giː] *f* ⟨∼; ∼n⟩ anthologie *f*

anthrazit [antra'tsiːt] *adj* ⟨*inv*⟩, **anthrazitfarben** *adj* anthracite

anti..., Anti... [antiʦ] *in Zssgn* anti(-)...

Antialkoholiker(in) *m(f)* antialcoolique *m,f*

antialkoholisch *adj* antialcoolique

antiautoritär *adj* anti-autoritaire

Antibabypille F *f* pilule (contraceptive, anti-conceptionnelle)

antibakteriell *adj* antibactérien, -ienne

Antibiotikum *n* ⟨∼s; -ka⟩ antibiotique *m*

Antiblockiersystem *n* AUTO système *m* antiblocage
Antidepressivum *n* ⟨~s; -va⟩ PHARM antidépresseur *m*
Anti-'Falten-Creme *f* crème *f* antirides; antirides *m*
Antifaschismus *m* antifascisme *m*
Antifaschist(in) *m(f)* antifasciste *m,f*
antifaschistisch *adj* antifasciste
Antihistamin *n* PHARM antihistaminique *m*
antik [an'tiːk] *adj* **1.** (*die Antike betreffend*) antique **2.** *fig Möbel, Schmuck etc* ancien
Antike *f* ⟨~⟩ Antiquité *f*
Antikörper *m* MÉD anticorps *m*
Antillen [an'tɪlən] *pl* **die Antillen** les Antilles *f/pl*
Antilope [anti'loːpə] *f* ⟨~; ~n⟩ antilope *f*
Antipathie [antipa'tiː] *f* ⟨~; ~n⟩ antipathie *f*
Antipode [anti'poːdə] *m* ⟨~n; ~n⟩ GÉOGR antipode *m*
antippen *v/t* **1.** toucher **2.** *fig Thema* effleurer
Antiquar(in) [anti'kvaːr(ɪn)] *m* ⟨~s; ~e⟩ *(f)* ⟨~in; ~innen⟩ **1.** *Buchhändler(in)* marchand(e) *m(f)* de livres d'occasion; *in Paris* bouquiniste *m,f* **2.** (*Antiquitätenhändler[in]*) antiquaire *m,f*
Antiquariat *n* ⟨~¢s; ~e⟩ *Buchhandlung* librairie *f* (de livres) d'occasion; bouquiniste *m*; **modernes Antiquariat** librairie ancienne et moderne
antiquarisch *adj u adv* d'occasion
antiquiert [anti'kviːrt] *adjt péj* vieux; désuet; antique
Antiquität *f* ⟨~; ~en⟩ objet d'art ancien
Antiquitätenhändler(in) *m(f)* antiquaire *m,f*; marchand(e) *m(f)* d'antiquités
Antiquitätenladen *m* magasin *m* d'antiquités
Antiquitätensammler(in) *m(f)* collectionneur, -euse *m,f* d'antiquités, d'objets d'art anciens
Antiquitätensammlung *f* collection *f* d'objets d'art anciens, d'antiquités
Antisemit *m* antisémite *m*
antisemitisch *adj* antisémite
Antisemitismus *m* ⟨~⟩ antisémitisme *m*
antiseptisch *adj* MÉD antiseptique
antistatisch *adj* antistatique
Antiterroreinheit *f* commando *m* antiterroriste
Antivirenprogramm, **Antivirusprogramm** *n* INFORM programme *m* antivirus
Antlitz ['antlɪts] *st/s n* ⟨~es; ~e⟩ visage *m*; face *f*
antörnen ['antœrnən] F *v/t Droge* F faire flipper; *Musik* exciter (*a Person*); F chauffer
Antrag ['antraːk] *m* ⟨~¢s; -träge⟩ **1.** *im Parlament* motion *f* (**auf** [+ *acc*], **zu** de); **e-n Antrag stellen, einbringen** déposer, présenter une motion **2.** (*Gesuch*) demande *f* (**auf** [+ *acc*] de); JUR *a* requête *f*; **auf Antrag** (**zurückerstatten**) (rembourser) sur demande; **e-n Antrag stellen** faire une demande **3.** *Formular* formulaire *m* de demande **4.** (*Heiratsantrag*) demande *f* en mariage
antragen *st/s v/t* ⟨*irr*⟩ **j-m etw antragen** offrir, proposer qc à qn
Antragsformular *n* → **Antrag**
Antragsteller(in) *m* ⟨~s; ~⟩ *(f)* ⟨~in; ~innen⟩ demandeur, -deresse *m,f* (*a* JUR); JUR requérant *m*
antreffen *v/t* ⟨*irr*⟩ trouver; rencontrer
antreiben *v/t* ⟨*irr*⟩ **1.** *Tiere* faire avancer **2.** *ans*

Ufer pousser (vers le rivage) **3.** *fig* **j-n zu etw antreiben** pousser, inciter qn à faire qc **4.** *Maschine* actionner; commander; *Fahrzeug, Flugzeug, Rakete* propulser
antreten ⟨*irr*⟩ **I** *v/t* commencer; **e-e Fahrt antreten** se mettre en route; **s-n Urlaub antreten** prendre ses vacances, ses congés; **e-e Stelle antreten** commencer à un poste, dans un emploi; **s-n Dienst antreten** prendre son service; **j-s Nachfolge** (*acc*) **antreten** succéder à qn; **e-e Erbschaft antreten** recueillir un héritage; **e-e Strafe antreten** (commencer à) purger une peine **II** *v/i* **1.** (*sich aufstellen*) se mettre en rang **2. zu e-m Wettkampf, gegen e-e Spitzenmannschaft antreten** se présenter à une épreuve, contre une équipe vedette
Antrieb *m* **1.** (*Impuls*) impulsion *f*; mouvement *m*; **etw aus eigenem Antrieb tun** faire qc de son propre gré **2.** *e-r Maschine* commande *f*; entraînement *m*; *e-s Fahrzeugs, Flugzeugs, e-r Rakete* propulsion *f*
Antriebskraft *f* force motrice, de propulsion
Antriebswelle *f* TECH arbre moteur
Antritt *m* début *m*; commencement *m*; **vor Antritt der Reise, Fahrt** avant le voyage, départ
Antrittsbesuch *m* première visite (de politesse)
Antrittsrede *f* discours inaugural
antun ⟨*irr*⟩ **I** *v/t* **1.** *Böses, Leid etc* faire **2. es j-m angetan haben** avoir charmé, enchanté, séduit qn **II** F *v/r* **sich** (*dat*) **etwas antun** se suicider
anturnen ['antœrnən] → **antörnen**
Antwerpen [ant'vɛrpən] *n* ⟨~s⟩ Anvers
Antwort ['antvɔrt] *f* ⟨~; ~en⟩ **1.** réponse *f* (**auf** [+ *acc*] à); (*Erwiderung*) réplique *f*; *schlagfertige* repartie *f*; *scharfe* riposte *f*; **Antwort geben** donner (une) réponse; répondre; *auf Einladungskarten* **um Antwort wird gebeten** répondez, s'il vous plaît **2.** *fig* (*Reaktion*) réponse *f*; réaction *f*
antworten *v/i* ⟨-e-⟩ **1.** répondre (**auf etw** [*acc*] à qc; **j-m** à qn); (*erwidern*) répliquer; *schlagfertig, rasch* riposter **2.** (*reagieren*) répondre (**mit** par)
Antwortkarte *f* carte-réponse *f*
Antwortschein *m* **internationaler Antwortschein** coupon-réponse international
Antwortschreiben *n* lettre *f* de réponse
anvertrauen ⟨*sans ge*⟩ **I** *v/t* **j-m etw anvertrauen** confier qc à qn **II** *v/r* **1. sich j-s Schutz** (*dat*) **anvertrauen** se mettre sous la protection de qn **2. sich j-m anvertrauen** se confier à qn, auprès de qn
anvisieren *v/t* ⟨*sans ge*⟩ viser (*a fig*); prendre pour cible
anwachsen *v/i* ⟨*irr*⟩ **1.** *Pflanze* prendre racine; s'enraciner **2.** (*zunehmen*) augmenter; s'accroître
anwählen *v/t* composer le numéro de; *par ext a* téléphoner à
Anwalt ['anvalt] *m* ⟨~¢s; -wälte⟩, **Anwältin** *f* ⟨~; ~nen⟩ avocat(e) *m(f)* (*a fig*)
Anwaltsbüro *n* cabinet *m* juridique, d'avocat(s)
Anwaltskammer *f* ordre *m* des avocats; barreau *m*
Anwaltskanzlei *f* cabinet *m* juridique, d'avocat(s)
Anwaltskosten *pl* honoraires *m/pl* d'avocat

Anwandlung *f* accès *m*; velléité *f*; *in e-r Anwandlung von Furcht ging sie ...* prise d'un accès de peur elle alla ...
anwärmen *v/t* (faire) chauffer légèrement; (faire) tiédir
Anwärter(in) *m(f)* postulant(e) *m(f)*, candidat(e) *m(f)*, *auf e-n Thron* prétendant(e) *m(f)* (*auf* [+ *acc*] à)
Anwartschaft *f* ⟨~; ~en⟩ expectative *f*, prétentions *f/pl* (*auf* [+ *acc*] à)
anweisen *v/t* ⟨*irr*⟩ **1.** (*beauftragen*) *j-n anweisen, etw zu tun* ordonner à qn, donner l'ordre à qn de faire qc **2.** (*anleiten*) *j-n anweisen* donner des instructions à qn **3.** *Platz* indiquer; *Zimmer, Tätigkeit* attribuer **4.** *etw (zur Zahlung) anweisen* donner l'ordre de payer qc
Anweisung *f* **1.** (*Anordnung*) consigne *f*; ordre *m*; instruction *f*; *Anweisungen pl a* directives *f/pl*; *auf (schriftliche) Anweisung* sur ordre (écrit) **2.** (*Anleitung*) indication *f*, instruction *f* (*für, bei* pour)
anwendbar *adj* applicable (*auf* [+ *acc*] à)
anwenden *v/t* ⟨*irr*⟩ **1.** (*gebrauchen*) employer; utiliser; faire usage de **2.** *Regel, Gesetz* appliquer
Anwender(in) *m* ⟨~s; ~⟩ (*f*) ⟨~in; ~innen⟩ INFORM utilisateur, -trice *m,f*
Anwendung *f* **1.** (*Gebrauch*) emploi *m*; utilisation *f*; usage *m* **2.** *e-r Regel etc* application *f* (*auf* [+ *acc*] à)
Anwendungsbereich *m*, **Anwendungsgebiet** *n* champ *m* d'application; domaine *m* d'utilisation
Anwendungsmöglichkeit *f* application *f*, utilisation *f*, emploi *m* (possible)
Anwendungsvorschrift *f* consigne *f* d'application, d'emploi
anwerben *v/t* ⟨*irr*⟩ recruter; MIL *a* enrôler; *Arbeitskräfte a* engager; embaucher
Anwerbung *f* recrutement *m*; enrôlement *m*; embauche *f*; embauchage *m*
anwerfen *v/t* ⟨*irr*⟩ *Motor* lancer; mettre en marche
Anwesen *n* ⟨~s; ~⟩ propriété *f*
anwesend ['anveːzənt] *adj* présent
Anwesende(r) *f(m)* ⟨→ A⟩ personne présente; *die Anwesenden a* l'assistance *f*
Anwesenheit *f* ⟨~⟩ présence *f*; *in Anwesenheit* (*dat*) *von od* (+ *gén*) en présence de
Anwesenheitsliste *f* liste *f* de présence
anwidern *v/t* *j-n anwidern* répugner à qn; dégoûter qn
anwinkeln *v/t* ⟨¢⟩ plier
Anwohner(in) *m* ⟨~s; ~⟩ (*f*) ⟨~in; ~innen⟩ riverain(e) *m(f)*
Anzahl *f* ⟨~⟩ nombre *m*; quantité *f*; *e-e Anzahl (von) Schüler(n)* un certain nombre d'élèves
anzahlen *v/t* verser un acompte de
Anzahlung *f* acompte *m*; arrhes *f/pl*
anzapfen *v/t* **1.** *Fass* mettre en perce **2.** F *Telefon* mettre sur écoute; *Leitung* se brancher, se rac-

corder sans autorisation sur; pirater
Anzeichen *n* signe *m*; indice *m*; symptôme *m* (*a* MÉD)
anzeichnen *v/t* ⟨-e-⟩ **1.** *etw (an etw* [*acc*]*) anzeichnen* dessiner qc (sur qc) **2.** (*markieren*) marquer
Anzeige *f* ⟨~; ~n⟩ **1.** (*Zeitungsanzeige*) annonce *f*; *e-e Anzeige aufgeben* passer, insérer, faire paraître une annonce **2.** (*Familienanzeige*) faire-part *m* **3.** (*Strafanzeige*) plainte *f*; *Anzeige erstatten* porter plainte (*gegen j-n* contre qn) **4.** (*Stand e-s Messgerätes*), INFORM affichage *m*
anzeigen *v/t* **1.** *Richtung, Zeit, Temperatur* indiquer; montrer; INFORM afficher **2.** *Vermählung, Geburt* faire part de **3.** *Straftat, Täter* dénoncer; *Täter a* porter plainte contre
Anzeigenblatt *n* journal *m* d'annonces
Anzeigenschluss *m* date *f* limite d'acceptation d'une annonce
Anzeigenteil *m* petites annonces
Anzeiger *m* **1.** TECH indicateur *m* **2.** *e-r Gemeinde* bulletin *m*
Anzeigetafel *f* tableau *m* d'affichage
anzetteln *v/t* ⟨¢⟩ *Schlägerei, Streit* provoquer; *Unruhen* fomenter
anziehen ⟨*irr*⟩ **I** *v/t* **1.** *Kleidungsstücke* mettre; *Hemd, Pullover a* passer **2.** *j-n anziehen* habiller qn **3.** *Metall, fig* attirer **4.** *Beine* ramener vers soi **5.** *Schraube, Bremse* serrer **II** *v/i Preise* être en 'hausse; monter; augmenter **III** *v/r sich anziehen* s'habiller
anziehend *adj* attirant; attrayant
Anziehung *f* PHYS attraction *f*
Anziehungskraft *f* **1.** PHYS force *f* d'attraction **2.** *fig* attraction *f*; attirance *f*
Anzug *m* **1.** costume *m*; complet *m* **2.** *fig im Anzug sein* s'approcher
anzüglich ['antsyːklɪç] **I** *adj* (*unangenehm*) désobligeant; malveillant; (*zweideutig*) équivoque **II** *adv anzüglich lächeln* avoir un sourire malveillant
Anzüglichkeit *f* ⟨~; ~en⟩ insinuation, allusion désobligeante, malveillante
anzünden *v/t* ⟨-e-⟩ **1.** allumer **2.** *Haus* mettre le feu à; incendier
Anzünder *m für Gas* allume-gaz *m*; *für den Grill* allume-feu *m*
anzweifeln *v/t* ⟨¢⟩ mettre en doute; douter de
AOK [aːʔoːˈkaː] *f abr* ⟨~⟩ (*Allgemeine Ortskrankenkasse*) *etwa* caisse *f* primaire d'assurance maladie
Aorta [aˈɔrta] *f* ⟨~; -ten⟩ ANAT aorte *f*
apart [aˈpart] *adj Kleid* qui a du cachet, du chic; *Gesicht* qui a un charme particulier
Apartment [aˈpartmənt] *n* ⟨~s; ~s⟩ studio *m*
Apartmenthaus *n* immeuble *m* de studios
Apathie [apaˈtiː] *f* ⟨~; ~n⟩ apathie *f*
apathisch *adj* apathique
aper ['aːpər] *adj südd, österr, schweiz* sans neige
Aperitif [aperiˈtiːf] *m* ⟨~s; ~s⟩ apéritif *m*

Appartement ≠ appartement

Er hat ein kleines **Appartement**.	Il a un petit **studio**.
Notre **appartement** comprend cinq pièces.	Unsere **Wohnung** hat fünf Zimmer.

Apfel ['apfəl] *m* ⟨~s; ⁀⟩ pomme *f*; *fig* **in den sauren Apfel beißen** avaler la pilule; F *fig* **für einen Apfel und ein Ei** pour une bouchée de pain
Apfelbaum *m* pommier *m*
Apfelkuchen *m* tarte *f* aux pommes
Apfelmus *n* compote *f* de pommes
Apfelpfannkuchen *m* crêpe *f* aux pommes
Apfelsaft *m* jus *m* de pomme
Apfelschorle *f* *mélange de jus de pommes et d'eau minérale gazeuse*
Apfelsine [apfəl'ziːnə] *f* ⟨~; ~n⟩ orange *f*
Apfelsinenbaum *m* oranger *m*
Apfelsinensaft *m* jus *m* d'orange
Apfelstrudel *m* strudel *m* aux pommes
Apfeltasche *f* CUIS chausson *m* aux pommes
Apfelwein *m* cidre *m*
Apokalypse [apoka'lʏpsə] *f* ⟨~⟩ **1.** BIBL Apocalypse *f* **2.** *st/s fig* apocalypse *f*
Apostel [a'pɔstəl] *m* ⟨~s; ~⟩ REL, *fig* apôtre *m*
Apostelgeschichte *f* Actes *m/pl* des apôtres
apostolisch *adj* apostolique
Apostroph [apo'stroːf] *m* ⟨~s; ~e⟩ apostrophe *f*
Apotheke [apo'teːkə] *f* ⟨~; ~n⟩ pharmacie *f* (*a Hausapotheke, Reiseapotheke*)
apothekenpflichtig *adj* en vente uniquement dans les pharmacies
Apotheker(in) *m* ⟨~s; ~⟩ (*f*) ⟨~in; ~innen⟩ pharmacien, -ienne *m,f*
Apparat [apa'raːt] *m* ⟨~ɇs; ~e⟩ appareil *m* (*a* PHOT, TÉL, *Verwaltungsapparat*)
Apparatemedizin *f* médecine technicisée (*oft péj*)
Apparatur *f* ⟨~; ~en⟩ équipement *m*; appareillage *m*
Appartement [apartə'mãː] *n* ⟨~s; ~s⟩ **1.** *Wohnung* studio *m* **2.** (*Hotelappartement*) suite *f*
Appell [a'pɛl] *m* ⟨~s; ~e⟩ **1.** MIL rassemblement *m* **2.** *fig* appel *m*
appellieren *v/i* ⟨*sans ge*⟩ **an etw, j-n appellieren** faire appel à qc, qn; en appeler à qc, qn
Appenzell [apən'tsɛl] *n* ⟨~s⟩ l'Appenzell
Appenzeller *m* ⟨~s; ~⟩ *od adj* ⟨*inv*⟩ **Appenzeller (Käse)** appenzell *m*
Appetit [ape'tiːt] *m* ⟨~ɇs; ~e⟩ appétit *m*; (**auf etw** [*acc*]) **Appetit bekommen** se sentir de l'appétit pour qc; **e-n gesunden, großen Appetit haben** avoir un solide, un grand appétit; **Appetit auf etw** (*acc*) **haben** avoir envie, faim de qc; **j-m Appetit machen** donner de l'appétit, faire envie à qn; *Speisen* **Appetit machen** être appétissant; **guten Appetit!** bon appétit!
appetitanregend *adjt* qui donne de, ouvre l'appétit; (*appetitlich*) appétissant
Appetithappen *m* canapé *m*; F amuse-gueule *m*
appetitlich *adj* appétissant
Appetitlosigkeit *f* ⟨~⟩ manque *m* d'appétit *f*
Appetitzügler *m* ⟨~s; ~⟩ coupe-faim *m*; *sc* anorexigène *m*
applaudieren [aplau'diːrən] *v/i* ⟨*sans ge*⟩ applaudir (**j-m** qn)
Applaus [a'plaʊs] *m* ⟨~es; ~e⟩ applaudissements *m/pl*
apportieren [apɔr'tiːrən] *v/t u v/i* ⟨*sans ge*⟩ *Hund* rapporter
appretieren [apre'tiːrən] *v/t* ⟨*sans ge*⟩ apprêter
Appretur *f* ⟨~; ~en⟩ apprêt *m*
Approbation [aprobatsi'oːn] *f* ⟨~; ~en⟩ autori-

sation *f* d'exercer
Aprikose [apri'koːzə] *f* ⟨~; ~n⟩ abricot *m*
Aprikosenbaum *m* abricotier *m*
Aprikosenmarmelade *f* confiture *f* d'abricots
April [a'prɪl] *m* ⟨~ɇs; ~e⟩ (mois *m* d')avril *m*; **j-n in den April schicken** faire un poisson d'avril à qn; → **Januar**
Aprilscherz *m* poisson *m* d'avril
Aprilwetter *n* temps *m* d'avril; temps changeant
Aquädukt [akvɛ'dʊkt] *m* *od n* ⟨~ɇs; ~e⟩ aqueduc *m*
Aquajogging ['aːkvadʒɔgɪŋ] *n* SPORT aquajogging *m*
Aquamarin [akvama'riːn] *m* ⟨~s; ~e⟩ aigue-marine *f*
Aquaplaning [akva'plaːnɪŋ] *n* ⟨~ɇ⟩ aquaplaning *m*
Aquarell [akva'rɛl] *n* ⟨~s; ~e⟩ aquarelle *f*
Aquarellfarbe *f* peinture *f*, couleur *f* à l'eau
Aquarellmaler(in) *m(f)* aquarelliste *m,f*
Aquarium [a'kvaːrium] *n* ⟨~s; -ien⟩ aquarium *m*
Äquator [ɛ'kvaːtɔr] *m* ⟨~s⟩ équateur *m*
Äquivalent [ɛkviva'lɛnt] *n* ⟨~ɇs; ~e⟩ équivalent *m*
Ar [aːr] *n* *od m* ⟨~s; ~e, *mais* 20 ~⟩ *Flächenmaß* are *m*
Ära ['ɛːra] *f* ⟨~; Ären⟩ ère *f*; **die Ära Adenauer** les années *f/pl* Adenauer
Araber(in) [Ɂaraˈbɔr(ɪn)] *m* ⟨~s; ~⟩ (*f*) ⟨~in; ~nen⟩ Arabe *m,f*
Arabien [a'raːbiən] *n* ⟨~s⟩ l'Arabie *f*
arabisch *adj* arabe
Arancini [aran'tʃiːni], **Aranzini** [aran'tsiːni] *pl österr* écorces *f/pl* d'oranges confites
Arbeit ['arbaɪt] *f* ⟨~; ~en⟩ **1.** *Tätigkeit* travail *m* (*a* PHYS); **Tag** *m* **der Arbeit** Fête *f* du Travail; **ganze Arbeit leisten** faire du bon, *iron* du beau travail; **an die Arbeit gehen, sich an die Arbeit machen** se mettre au travail, à l'œuvre; **bei der Arbeit sein** être en train de travailler; **etw in Arbeit haben** avoir qc en chantier; → *Info nächste Seite* **2.** *Produkt* travail *m*; (*Werk*) ouvrage *m*; (*Kunstwerk*) œuvre *f* **3.** (*Klassenarbeit*) contrôle *m* **4.** (*Arbeitsplatz, Berufstätigkeit*) travail *m*; **e-r, s-r Arbeit** (*dat*) **nachgehen** travailler **5.** (*Mühe*) (**j-m**) **Arbeit machen** donner du travail, du mal (à qn)
arbeiten ⟨-e-⟩ **I** *v/i* travailler (*a fig Holz, Geld*); *Organ* fonctionner; *Maschine* marcher; **an etw** (*dat*) **arbeiten** travailler à qc **II** *v/r* **1. sich müde arbeiten** travailler jusqu'à l'épuisement; **sich zu Tode arbeiten** se tuer au travail **2. sich durch das Gedränge arbeiten** se frayer un chemin, un passage à travers la foule; *fig* **sich nach oben arbeiten** réussir à force de travail; arriver à la force du poignet
Arbeiter *m* ⟨~s; ~⟩ travailleur *m*; *in der Industrie* ouvrier *m*
Arbeiterbewegung *f* mouvement ouvrier
Arbeiterin *f* ⟨~; ~nen⟩ travailleuse *f*; *in der Industrie* ouvrière *f*
Arbeiterklasse *f* classe ouvrière
Arbeiterpartei *f* parti ouvrier
Arbeiterschaft *f* ⟨~⟩ ouvriers *m/pl*; *bes* POL travailleurs *m/pl*
Arbeiterviertel *n* quartier ouvrier
Arbeiterwohlfahrt *f* association *f* d'aide sociale

Arbeit – le travail [WF]

halbtags arbeiten	travailler à mi-temps	befristeter Arbeits-vertrag	le CDD (contrat à durée déterminée)
am Fließband arbeiten	travailler à la chaîne	Lohnnebenkosten	les charges sociales
Schwarzarbeit	le travail au noir		
Gastarbeiter	le travailleur immigré	Sozialleistungen	les prestations sociales
Arbeitnehmer	le salarié	Auslagerung (ins Ausland)	la délocalisation
Überstunde	l'heure *f* supplémentaire	(ins Ausland) verlagern	délocaliser
einstellen	engager	rationalisieren	rationaliser
j-n einstellen	embaucher qn	Globalisierung	la mondialisation
die Einstellung	l'embauche *f*	Konkurs	la faillite
entlassen	licencier	Konkursantrag	la demande de mise en faillite
j-n entlassen	donner congé à qn		
entlassen werden	se faire licencier	Protest	la contestation
Arbeitsplätze streichen	supprimer des emplois	Forderung	la revendication
der / die Arbeitsuchende	le demandeur / la demandeuse d'emploi	Demonstration	la manifestation
		Gewerkschaft	le syndicat
		Arbeitgeber	le patron
Arbeitslosigkeit	le chômage	verhandeln	négocier
der / die Arbeitslose	le chômeur / la chômeuse	Streik	la grève
Kurzarbeit	le chômage partiel	der / die Streikende	le / la gréviste
Gelegenheitsarbeiten	les petits boulots	für bessere Arbeitsbedingungen kämpfen	lutter pour l'amélioration des conditions de travail
einen Beruf ausüben	exercer un métier	Urabstimmung	le vote (sur la grève)
Werktag	le jour ouvrable	Mindestlohn	le SMIC (salaire minimum interprofessionnel de croissance)
Feiertag	le jour férié		
Arbeitszeitverkürzung	la réduction du temps de travail		
Gleitzeit	l'horaire *m* à la carte	den Mindestlohn erhalten	être payé au SMIC
Zeitarbeit	le travail temporaire	Tarifvertrag	la convention collective

aux travailleurs

Arbeitgeber(in) *m* ⟨∼s; ∼⟩ (*f*) ⟨∼in; ∼innen⟩ employeur *m*; patron, patronne *m,f*; *die Arbeitgeber pl* le patronat; les patrons

Arbeitgeberanteil *m* cotisations patronales

Arbeitgeberverband *m* syndicat patronal; *in Frankreich etwa* Medef *m*

Arbeitnehmer(in) *m* ⟨∼s; ∼⟩ (*f*) ⟨∼in; ∼innen⟩ salarié(e) *m(f)*; employé(e) *m(f)*

Arbeitnehmeranteil *m* cotisations *f/pl* du salarié *bzw* des salariés

Arbeitsablauf *m* déroulement *m* du travail

Arbeitsagentur *f* agence *f* pour l'emploi

arbeitsam *st/s adj* travailleur; laborieux

Arbeitsamt *n* agence *f* pour l'emploi

Arbeitsanleitung *f* directive(s) *f(pl)* de travail

Arbeitsanzug *m* tenue *f, blauer* bleu *m* de travail

Arbeitsaufwand *m der Arbeitsaufwand dafür ist sehr groß, gering* cela représente un énorme travail, (assez) peu de travail

Arbeitsbedingungen *f/pl* conditions *f/pl* de travail

Arbeitsbeginn *m* début *m* de la journée de travail

vail
Arbeitsbelastung *f* effort, *p/fort* stress (dû au travail)
Arbeitsbereich *m* **1.** (*Arbeitsgebiet*) champ *m* d'activité; domaine *m* **2.** im Raum coin *m* travail; *e-r Maschine* rayon *m*, champ *m* d'action
Arbeitsbeschaffung *f* création *f* d'emplois
Arbeitsbeschaffungsmaßnahme *f* mesure *f* pour la création d'emplois
Arbeitsbescheinigung *f* certificat *m* de travail; attestation *f* d'emploi
Arbeitsbesprechung *f* discussion *f* de travail
Arbeitsbuch *n* SCHULE livre *m* d'exercices
Arbeitseifer *m* zèle *m*; *st/s* ardeur *f* au travail
Arbeitseinstellung *f* attitude *f* vis-à-vis du travail
Arbeitseinteilung *f* répartition *f*, organisation *f* du travail
Arbeitsende *n* fin *f* de la journée de travail
Arbeitserlaubnis *f* Recht autorisation *f* de travail; *Ausweis* permis *m* de travail
Arbeitserleichterung *f* allégement *m* du travail
Arbeitsessen *n* déjeuner *m*, dîner *m* d'affaires
arbeitsfähig *adj* en état, capable de travailler
arbeitsfrei *adj* **arbeitsfreier Tag** jour chômé
Arbeitsfrieden *m* paix sociale (entre patronat et salariat)
Arbeitsgang *m* opération *f*, phase *f* (de travail)
Arbeitsgebiet *n* champ *m* d'activité
Arbeitsgemeinschaft *f* groupe *m* de travail, d'études
Arbeitsgenehmigung *f* autorisation *f* de travail
Arbeitsgerät *n* **1.** einzelnes outil *m* **2.** Gesamtheit matériel *m* de travail; outils *m/pl*; outillage *m*
Arbeitsgericht *n* conseil *m* de(s) prud'hommes
Arbeitsgruppe *f* → **Arbeitsgemeinschaft**
Arbeitsheft *n* SCHULE cahier *m* pour les contrôles
arbeitsintensiv *adj* qui exige, demande beaucoup de travail
Arbeitskampf *m* conflit social (entre patronat et salariat)
Arbeitskleidung *f* vêtements *m/pl* de travail
Arbeitsklima *n* ⟨~s⟩ ambiance *f* au travail
Arbeitskollege *m*, **Arbeitskollegin** *f* collègue *m,f*
Arbeitskraft *f* **1.** (*Leistungsfähigkeit*) capacité *f*, puissance *f*, potentiel *m* de travail **2.** Person travailleur, -euse *m,f*; *in der Industrie* ouvrier, -ière *m,f*; *pl* **Arbeitskräfte** main-d'œuvre *f*
Arbeitskreis *m* cercle *m* de travail, d'études
Arbeitslager *n* camp *m* de travail
Arbeitsleistung *f* rendement *m*
Arbeitslohn *m* salaire *m*; paie *f*
arbeitslos *adj* sans travail; en *od* au chômage; chômeur; **arbeitslos werden** être mis au chômage; **sich arbeitslos melden** s'inscrire au chômage
Arbeitslose(r) *f(m)* ⟨→ A⟩ chômeur, -euse *m,f*; sans-travail *m,f*
Arbeitslosengeld *n* allocation *f* (de) chômage
Arbeitslosenhilfe *f* allocation *f* de fin de droits; RMI *m*
Arbeitslosenhilfeempfänger(in) *m(f)* RMiste *m,f*
Arbeitslosenquote *f* taux *m* de chômage
Arbeitslosenunterstützung *f* → **Arbeitslosen-**

geld
Arbeitslosenversicherung *f* assurance *f* chômage; ASSEDIC *f/pl*
Arbeitslosenzahl *f*, **Arbeitslosenziffer** *f* nombre *m* des chômeurs
Arbeitslosigkeit *f* ⟨~⟩ chômage *m*
Arbeitsmarkt *m* marché *m* du travail
Arbeitsmaterial *n* matériel *m* de travail
Arbeitsmedizin *f* médecine *f* du travail
Arbeitsminister(in) *m(f)* ministre *m* du Travail
Arbeitsministerium *n* ministère *m* du Travail
Arbeitsmittel *n* moyen *m*, outil *m* de travail
Arbeitsmoral *f* mentalité *f*, attitude *f* vis-à-vis du travail
Arbeitsniederlegung *f* débrayage *m*
Arbeitsplatz *m* **1.** (*Stelle*) emploi *m*; travail *m* **2.** (*Arbeitszimmer*) bureau *m*; in e-r Fabrik poste *m*
Arbeitsplatzsicherung *f* (mesures *f/pl* pour assurer la) sécurité *f* de l'emploi
Arbeitsplatzwechsel *m* changement *m* de situation, d'emploi
Arbeitsprozess *m* **1.** (*Erwerbsleben*) vie active **2.** (*Arbeitsablauf*) processus *m* de travail
Arbeitsrecht *n* droit *m* du travail
arbeitsreich *adj* Tag, Woche etc bien rempli; Leben a laborieux
Arbeitsruhe *f* arrêt *m* de travail
arbeitsscheu *adj* paresseux
Arbeitsschluss *m* sortie *f* (du travail)
Arbeitsschritt *m* temps *m*, étape *f* (dans un travail)
Arbeitsschuh *m* chaussure *f* de travail
Arbeitsschutz *m* sécurité *f* du travail
Arbeitsspeicher *m* INFORM mémoire vive
Arbeitsstätte *f* lieu *m* de travail
Arbeitsstelle *f* **1.** (*Arbeitsstätte*) lieu *m* de travail **2.** (*Arbeitsplatz*) emploi *m*; travail *m*
Arbeitsstunde *f* heure *f* de travail
Arbeitssuche *f* recherche *f* d'un emploi
Arbeitssuchende(r) *f(m)* ⟨→ A⟩ demandeur, -euse *m,f* d'emploi
Arbeitstag *m* **1.** journée *f* de travail **2.** (*Werktag*) jour *m* ouvrable
arbeitsteilig *adj* basé sur la répartition des tâches *bzw* sur la division du travail
Arbeitsteilung *f* division *f* du travail
Arbeitstempo *n* vitesse *f*, rythme *m* de travail
Arbeitstier *n* **1.** (*Lasttier*) bête *f* de somme; (*Zugtier*) animal *m* de trait **2.** F fig F bourreau *m* de travail; F bosseur, -euse *m,f*
Arbeitstreffen *n* réunion *f* de travail
Arbeitsüberlastung *f* surcharge *f* de travail
arbeitsunfähig *adj* qui n'est pas en état de travailler
Arbeitsunfähigkeit *f* incapacité *f* de travail
Arbeitsunfall *m* accident *m* du travail
Arbeitsunterlagen *f/pl* documents *m/pl* de travail
Arbeitsverhältnis *n* emploi *m*; **das Arbeitsverhältnis lösen** résilier le contrat de travail
Arbeitsvermittlung *f* bureau *m* de placement
Arbeitsvertrag *m* contrat *m* de travail; **befristeter Arbeitsvertrag** contrat *m* à durée déterminée; CDD *m*; **unbefristeter Arbeitsvertrag** contrat *m* à durée indéterminée; CDI *m*
Arbeitsverweigerung *f* refus *m* de travailler
Arbeitsweise *f* manière *f* de travailler; e-r Ma-

schine (mode *m* de) fonctionnement *m*
Arbeitswelt *f* monde *m* du travail
arbeitswillig *adj* prêt à travailler; *beim Streik* non-gréviste
Arbeitswoche *f* semaine *f* de travail
Arbeitswut *f* frénésie *f* de travail
Arbeitszeit *f* heures *f/pl* de travail
Arbeitszeitverkürzung *f* réduction *f* du temps, des heures de travail
Arbeitszeugnis *n* certificat *m* de travail
Arbeitszimmer *n* bureau *m*
archaisch [ar'ça:ɪʃ] *adj* archaïque
Archäologe [arçɛo'lo:gə] *m* ⟨~n; ~n⟩, **Archäologin** *f* ⟨~; ~nen⟩ archéologue *m,f*
Archäologie *f* ⟨~⟩ archéologie *f*
archäologisch *adj* archéologique
Arche ['arçə] ⟨~⟩ BIBL *die Arche Noah* l'arche *f* de Noé
Archipel [arçi'pe:l] *m* ⟨~s; ~e⟩ archipel *m*
Architekt(in) [arçi'tɛkt(ɪn)] *m* ⟨~en; ~en⟩ (*f*) ⟨~in; ~innen⟩ architecte *m,f*
architektonisch [-'to:nɪʃ] *adj* architectonique
Architektur *f* ⟨~; ~en⟩ architecture *f*
Archiv [ar'çi:f] *n* ⟨~s; ~e⟩ archives *f/pl*
Archivar(in) *m* ⟨~s; ~e⟩ (*f*) ⟨~in; ~innen⟩ archiviste *m,f*
archivieren *v/t* ⟨sans ge⟩ classer dans les archives
ARD [a:ʔɛr'de:] *f abr* ⟨~⟩ (*Arbeitsgemeinschaft der öffentlich-rechtlichen Rundfunkanstalten der Bundesrepublik Deutschland*) première chaîne de la télévision allemande
Ardennen [ar'dɛnən] *pl die Ardennen* les Ardennes *f/pl*
Areal [are'a:l] *n* ⟨~s; ~e⟩ **1.** (*abgegrenztes Gebiet*) terrain *m* **2.** (*Bodenfläche*) superficie *f*; surface *f*
Arena [a're:na] *f* ⟨~; -nen⟩ arène *f* (*a fig*)
arg [ark] **I** *adj* ⟨⁓er, ⁓ste⟩ **1.** *st/s* (*böse*) méchant; mauvais; *sein ärgster Feind* son plus grand ennemi **2.** (*schlimm*) grave; (*schlecht*) mauvais; *st/s im Argen liegen* être en piteux état **3.** *regional verstärkend* grand; très **II** *regional adv* très; beaucoup
Argentinien [argɛn'ti:niən] *n* ⟨~s⟩ l'Argentine *f*
Argentinier(in) *m* ⟨~s; ~⟩ (*f*) ⟨~in; ~innen⟩ Argentin(e) *m(f)*
argentinisch *adj* argentin
ärger ['ɛrgər] *comp* → **arg**
Ärger *m* ⟨~s⟩ **1.** (*Unmut*) dépit *m*; irritation *f*; (*Zorn*) colère *f* **2.** (*Unannehmlichkeiten*) ennuis *m/pl*; contrariété *f*; *ich habe Ärger bekommen* j'ai eu des ennuis
ärgerlich I *adj* **1.** (*ungehalten*) irrité; contrarié; fâché; *ärgerlich werden* se fâcher **2.** (*unerfreulich*) fâcheux; ennuyeux; embêtant **II** *adv* (*ungehalten*) avec irritation; (*zornig*) avec colère
ärgern I *v/t* **1.** (*reizen*) agacer; embêter; (*zornig machen*) mettre en colère **2.** (*unangenehm berühren*) contrarier; fâcher **II** *v/r sich ärgern* (*verärgert sein*) être fâché (*über j-n* contre qn, *über etw* [*acc*] de qc); (*zornig werden*) se fâcher (*über j-n* contre qn)
Ärgernis *n* ⟨~ses; ~se⟩ **1.** (*Anstoß*) scandale *m*; outrage *m*; *Ärgernis erregen* faire scandale **2.** (*Unannehmlichkeit*) contrariété *f*
Arglist *st/s f* fourberie *f*; perfidie *f*

arglistig *adj* sournois; perfide; fourbe; JUR dolosif
arglos *adj* **1.** (*unschuldig*) sans malice; innocent; candide **2.** (*vertrauensselig*) confiant
Arglosigkeit *f* ⟨~⟩ **1.** *e-s Kindes* candeur *f*; innocence *f* **2.** (*Vertrauensseligkeit*) confiance *f*
ärgste ['ɛrkstə] *sup* → **arg**
Argument [argu'mɛnt] *n* ⟨~⊄s; ~e⟩ argument *m*
Argumentation *f* ⟨~; ~en⟩ argumentation *f*; raisonnement *m*
argumentieren *v/i* ⟨sans ge⟩ argumenter; raisonner
Argwohn ['arkvo:n] *st/s m* ⟨~⊄s⟩ soupçon *m*
argwöhnen ['arkvø:nən] *st/s v/t etw argwöhnen* soupçonner qc
argwöhnisch *st/s* **I** *adj* soupçonneux; méfiant **II** *adv* avec méfiance, défiance
Arie ['a:riə] *f* ⟨~; ~n⟩ aria *f*; *e-r Oper a* air *m* d'opéra
Aristokrat(in) [arɪsto'kra:t(ɪn)] *m* ⟨~en; ~en⟩ (*f*) ⟨~in; ~innen⟩ aristocrate *m,f*
Aristokratie *f* ⟨~; ~n⟩ aristocratie *f*
aristokratisch *adj* aristocratique
Arithmetik [arɪt'me:tɪk] *f* ⟨~⟩ arithmétique *f*
arithmetisch *adj* arithmétique
Arkade [ar'ka:də] *f* ⟨~; ~n⟩ arcade *f*
Arktis ['arktɪs] ⟨~⟩ *die Arktis* l'Arctique *m*
arktisch *adj* arctique
arm [arm] *adj* ⟨⁓er, ⁓ste⟩ **1.** (*nicht reich*) pauvre; *j-n arm machen* appauvrir qn; *fig plais* ruiner qn; *Arm und Reich* riches et pauvres **2.** (*bedauernswert*) pauvre (*vorangestellt*); *du Ärmste(r)!* ma (mon) pauvre! **3.** *arm an Rohstoffen, Vitaminen* (*sein*) (être) pauvre en matières, en vitamines
Arm [arm] *m* ⟨~⊄s; ~e⟩ **1.** bras *m* (*a fig*); *Arm in Arm* bras dessus bras dessous; *fig j-n auf den Arm nehmen* faire marcher qn; se payer la tête de qn; *fig j-m unter die Arme greifen* tirer qn d'affaire (*mit etw* avec qc, en faisant qc); *finanziell* aider qn (financièrement) **2.** (*Ärmel*) manche *f*
Armaturen [arma'tu:rən] *f/pl im Bad* robinetterie *f*
Armaturenbrett *n* AUTO, AVIAT tableau *m* de bord
Armband *n* ⟨~⊄s; -bänder⟩ bracelet *m*
Armbanduhr *f* montre-bracelet *f*; bracelet--montre *m*
Armbeuge *f* **1.** ANAT pli *m*, saignée *f* du bras **2.** *im Liegestütz* flexion *f* du bras
Armbinde *f* brassard *m*
Armbrust *f* arbalète *f*
Arme(r) *f(m)* ⟨→ A⟩ (homme *m*) pauvre *m*; femme *f* pauvre
Armee [ar'me:] *f* ⟨~; ~n⟩ armée *f* (*a fig*)
Armeefahrzeug *n* véhicule *m* militaire
Ärmel ['ɛrməl] *m* ⟨~s; ~⟩ manche *f*; *die Ärmel hochkrempeln* retrousser ses manches (*a* F *fig*); F *fig etw aus dem Ärmel schütteln* faire qc sans peine, sans (aucune) difficulté
Ärmelkanal *der Ärmelkanal* la Manche
ärmellos *adj* sans manches
Armenien [ar'me:niən] *n* ⟨~s⟩ l'Arménie *f*
Armenier(in) *m* ⟨~s; ~⟩ (*f*) ⟨~in; ~innen⟩ Arménien, -ienne *m,f*
armenisch *adj* arménien
Armenviertel *n* quartier *m* pauvre
ärmer ['ɛrmər] *comp* → **arm**

Armlehne f accoudoir m; e-s Sessels a bras m
Armleuchter F péj m F (espèce f d')andouille f; F couillon m
ärmlich ['ɛrmlɪç] adj pauvre (vorangestellt); p/fort misérable
armmachen v/t → **arm** 1
Armreif m bracelet m
armselig adj **1.** (sehr arm) pauvre; misérable **2.** (karg) maigre; pauvre **3.** fig piètre; minable
Armsessel m fauteuil m
ärmste ['ɛrmstə] sup → **arm**
Armut ['armuːt] f ⟨∼⟩ pauvreté f (a fig); (Bedürftigkeit) indigence f
Armutszeugnis n **sich** (dat) **ein Armutszeugnis ausstellen** faire preuve de, démontrer son incapacité
Aroma [a'roːma] n ⟨∼s; -men ou st/s ∼ta⟩ arome od arôme m; parfum m (a Geschmack)
aromatisch adj aromatique
aromatisieren v/t ⟨sans ge⟩ aromatiser
arrangieren [arã'ʒiːrən] **I** v/t **1.** arranger (a MUS) **2.** Fest organiser **II** v/r **sich** (**mit j-m**) **arrangieren** s'arranger (avec qn)
Arrest [a'rɛst] m ⟨∼¢s; ∼e⟩ (Haft) détention f; HIST SCHULE retenue f; MIL arrêts m/pl
arretieren [are'tiːrən] v/t ⟨sans ge⟩ arrêter; bloquer
arrogant [aro'gant] adj arrogant
Arroganz f ⟨∼⟩ arrogance f
Arsch [arʃ] P m ⟨∼¢s; ≈e⟩ P cul m; **j-m in den Arsch kriechen** F lécher les bottes, le cul à qn; **leck mich am Arsch!** P je t'emmerde!; F fous--moi la paix!; Dinge **im Arsch sein** F être foutu; F être nase od naze; **am Arsch der Welt** au bout du monde; au diable
Arschbacke P f fesse f
Arschkriecher P m F lèche-bottes m; P lèche--cul m
Arschloch P n Schimpfwort P con m; P connard m, connasse f
Arsen [ar'zeːn] n ⟨∼s⟩ arsenic m
Arsenal [arze'naːl] n ⟨∼s; ∼e⟩ MIL, fig arsenal m
Art [aːrt] f ⟨∼; ∼en⟩ **1.** (Weise) manière f; façon f; mode m; **auf diese Art** (**und Weise**) de cette façon, manière **2.** (Wesensart) genre m; nature f; **das ist nicht ihre Art** ce n'est pas dans sa nature **3.** (Benehmen) manières f/pl; façons f/pl **4.** (Sorte) genre m; sorte f; espèce f (a BIOL); (so) **e-e Art Sofa** une espèce, sorte de canapé; **aus der Art schlagen** ne ressembler à personne dans la famille **5.** CUIS **... nach Art des Hauses** ... maison
artenreich adj avec une grande variété d'espèces
Artenreichtum m (grande) variété des espèces
Artenschutz m protection f des espèces
Artenvielfalt f → **Artenreichtum**
Arterie [ar'teːriə] f ⟨∼; ∼n⟩ artère f
Arterienverkalkung, **Arteriosklerose** f artériosclérose f
artfremd adj étranger à l'espèce
Artgenosse, **Artgenossin** m,f congénère m,f; Mensch a semblable m,f
artgerecht adj Tierhaltung naturel
Arthritis [ar'triːtɪs] f ⟨∼; -tiden⟩ arthrite f
Arthrose [ar'troːzə] f ⟨∼; ∼n⟩ arthrose f
artig ['aːrtɪç] adj Kind sage; gentil
Artikel [ar'tiːkəl] m ⟨∼s; ∼⟩ article m; e-s Wör-

terbuchs entrée f; GR (**un**)**bestimmter Artikel** article (in)défini
artikulieren [artiku'liːrən] ⟨sans ge⟩ **I** v/t **1.** PHON articuler; prononcer **2.** (zum Ausdruck bringen) exprimer **II** v/r **sich artikulieren** s'exprimer
Artillerie [artɪlə'riː] f ⟨∼; ∼n⟩ artillerie f
Artischocke [arti'ʃɔkə] f ⟨∼; ∼n⟩ artichaut m
Artischockenboden m fond m d'artichaut
Artischockenherz n cœur m d'artichaut
Artist(in) [ar'tɪst(ɪn)] m ⟨∼en; ∼en⟩ (f) ⟨∼in; ∼innen⟩ artiste m,f de cirque, de music-hall; acrobate m,f
artistisch adj acrobatique
Arznei [aːrts'naɪ] f ⟨∼; ∼en⟩ médicament m; remède m
Arzneimittel n médicament m; produit m pharmaceutique
Arzneimittelgesetz n législation réglementant la fabrication et la vente de médicaments
Arzneimittelkunde f pharmacologie f
Arzneimittelmissbrauch m abus m de médicaments
Arzneipflanze f plante médicinale
Arzt [aːrtst] m ⟨∼es; ≈e⟩ médecin m; docteur m; **zum Arzt gehen** (aller) voir un médecin
Ärztekammer ['ɛːrtstəkamər] f ordre m des médecins
Ärzteschaft f ⟨∼⟩ corps médical
Arzthelferin f assistante médicale
Ärztin ['ɛːrtstɪn] f ⟨∼; ∼nen⟩ (femme f) médecin m; docteur m; F doctoresse f
ärztlich **I** adj médical **II** adv **sich ärztlich untersuchen lassen** se faire examiner par un médecin
Arztpraxis f cabinet médical, de consultation
Arztrechnung f note f de bzw du médecin
Arzttermin m rendez-vous m chez le médecin
As → **Ass**
Asbest [as'bɛst] m ⟨∼¢s; ∼e⟩ amiante m
Asche ['aʃə] f ⟨∼; ∼n⟩ cendre(s) f(pl); e-s Verstorbenen cendres f/pl
Aschenbahn f (piste f) cendrée f
Aschenbecher m cendrier m
Aschenbrödel [-brøːdəl] n ⟨∼s⟩, **Aschenputtel** [-putəl] n ⟨∼s⟩ Cendrillon f
Ascher F m ⟨∼s; ∼⟩ cendrier m
Aschermittwoch m (mercredi m des) Cendres f/pl
aschfahl adj Gesicht terreux; cendreux
aschgrau adj gris cendré
ASCII-Code ['aski-] m code m ASCII
äsen ['ɛːzən] v/i ⟨¢¢⟩ Reh, Hirsch viander
aseptisch [a'zɛptɪʃ] adj MÉD aseptique
Aserbaidschan [azɛrbaɪ'dʒaːn] n ⟨∼s⟩ l'Azerbaïdjan m
Asiat(in) [azi'aːt(ɪn)] m ⟨∼en; ∼en⟩ (f) ⟨∼in; ∼innen⟩ Asiatique m,f
asiatisch adj asiatique
Asien ['aːziən] n ⟨∼s⟩ l'Asie f
Askese [as'keːzə] f ⟨∼⟩ ascèse f
Asket m ⟨∼en; ∼en⟩ ascète m
asketisch **I** adj ascétique **II** adv **asketisch leben** vivre en ascète
Askorbinsäure [askɔr'biːnzɔyrə] f acide m ascorbique
asozial adj oft péj asocial; par ext marginal
Asoziale(r) f(m) ⟨→ A⟩ oft péj individu asocial;

par ext marginal(e) *m*(*f*)

Aspekt [as'pɛkt] *m* ⟨~¢s; ~e⟩ aspect *m*

Asphalt [as'falt] *m* ⟨~¢s; ~e⟩ asphalte *m*; (*Straßenbelag*) *a* bitume *m*

asphaltieren *v/t* ⟨*sans ge*⟩ bitumer; asphalter

Aspik [as'pi:k] *m* ⟨~s; ~e⟩ CUIS aspic *m*

Aspirant [aspi'rant] *m* ⟨~en; ~en⟩ aspirant *m*

Aspirin® [aspi'ri:n] *n* ⟨~s⟩ aspirine® *f*

Ass [as] *n* ⟨~es; ~e⟩ **1.** *Spielkarte* as *m* **2.** TENNIS ace *m* **3.** *fig* champion, -ionne *m,f*; as *m*; crack *m*

aß [a:s] → **essen**

Assessor(in) [a'sɛsɔr (-'so:rɪn)] *m* ⟨~s; -soren⟩ (*f*) ⟨~in; ~innen⟩ **1.** JUR magistrat débutant **2.** (*Studienassessor*) professeur débutant

Assistent(in) [asɪs'tɛnt(ɪn)] *m* ⟨~en; ~en⟩ (*f*) ⟨~in; ~innen⟩ assistant(e) *m*(*f*)

Assistenzarzt *m*, **Assistenzärztin** *f* interne *m,f* (des hôpitaux)

assistieren *v/i* ⟨*sans ge*⟩ (*j-m*) **assistieren** assister qn (**bei etw** pendant qc)

Assoziation *f* ⟨~; ~en⟩ PSYCH association *f*; (*Ideenassoziation*) association d'idées

assoziieren [asotsi'i:rən] ⟨*sans ge*⟩ *bes* PSYCH **I** *v/t* **etw mit** *od* **bei etw assoziieren** associer qc à qc **II** *v/i* procéder par associations; **frei assoziieren** avoir des associations d'idées

Ast [ast] *m* ⟨~¢s; ~e⟩ **1.** branche *f*; F *fig* **sich** (*dat*) **e-n Ast lachen** rire comme un bossu **2.** (*Stelle im Holz*) nœud *m*

AStA ['asta] *m* ⟨~¢; ~¢ *ou* ASten⟩ *abr* (*Allgemeiner Studentenausschuss*) comité général des étudiants (d'une université)

Aster ['astər] *f* ⟨~; ~n⟩ aster *m*

Ästhet [ɛs'te:t] *m* ⟨~en; ~en⟩ esthète *m*

Ästhetik *f* ⟨~⟩ esthétique *f*

ästhetisch *adj* esthétique

Asthma ['astma] *n* ⟨~s⟩ asthme *m*

Asthmatiker *m* ⟨~s; ~⟩ asthmatique *m*

asthmatisch *adj* asthmatique

Astloch *n* trou *m* (provenant d'un nœud dans le bois)

Astrologe [astro'lo:gə] *m* ⟨~n; ~n⟩, **Astrologin** *f* ⟨~; ~nen⟩ astrologue *m,f*

Astrologie *f* ⟨~⟩ astrologie *f*

astrologisch *adj* astrologique

Astronaut(in) *m* ⟨~en; ~en⟩ (*f*) ⟨~in; ~innen⟩ astronaute *m,f*; cosmonaute *m,f*

Astronom *m* ⟨~en; ~en⟩ astronome *m*

Astronomie *f* ⟨~⟩ astronomie *f*

astronomisch *adj* astronomique (*a* F *fig Preise*)

ASU ['a:zu] *f* ⟨~⟩ → **Abgas(sonder)-untersuchung**

Asyl [a'zy:l] *n* ⟨~s; ~e⟩ **1.** asile *m*; **j-m Asyl gewähren** donner asile à qn **2.** (*Obdachlosenasyl*) asile *m* de nuit

Asylant(in) *oft neg!* *m* ⟨~en; ~en⟩ (*f*) ⟨~in; ~innen⟩ demandeur, -euse *m,f* d'asile

Asylantrag *m* demande *f* d'asile

Asylbewerber(in) *m*(*f*) demandeur, -euse *m,f* d'asile

Asylrecht *n* droit *m* d'asile

Asymmetrie *f* ⟨~; ~n⟩ asymétrie *f*

asymmetrisch *adj* asymétrique

asynchron *adj* asynchrone

Aszendent [astsɛn'dɛnt] *m* ⟨~en; ~en⟩ ascendant *m*

Atelier [atəli'e:] *n* ⟨~s; ~s⟩ *e-s Künstlers* atelier *m*; *e-s Fotografen*, (*Filmatelier*) studio *m*

Atem ['a:təm] *m* ⟨~s⟩ **1.** (*Atmung*) respiration *f*; souffle *m*; *fig* **j-n in Atem halten** (*in Spannung halten*) tenir qn en haleine; (*pausenlos beschäftigen*) tenir qn en mouvement **2.** (*einod ausgeatmete Luft*) haleine *f*; souffle *m*; **außer Atem sein** être essoufflé; être 'hors d'haleine; (**tief**) **Atem holen** respirer (profondément)

atemberaubend *adjt Geschwindigkeit* vertigineux; *Spannung* à couper le souffle

Atembeschwerden *f/pl* troubles *m/pl* respiratoires

Atemgerät *n* respirateur *m*

Atemholen *n* ⟨~s⟩ inspiration *f*; aspiration *f*

atemlos **I** *adj* 'hors d'haleine; essoufflé **II** *adv* **atemlos hereinkommen** arriver tout essoufflé

Atemnot *f* (crise *f* d')étouffements *m/pl*

Atempause *f* (moment *m* de) répit *m*; temps *m* d'arrêt

Atemstillstand *m* arrêt *m* respiratoire; apnée *f*

Atemtechnik *f* technique *f* respiratoire

Atemübung *f* exercice *m* respiratoire

Atemwege *m/pl* voies *f/pl* respiratoires

Atemzug *m* souffle *m*; *fig* **in e-m** *od* **im selben Atemzug** au même instant, moment

Atheismus [ate'ɪsmʊs] *m* ⟨~⟩ athéisme *m*

Atheist(in) *m* ⟨~en; ~en⟩ (*f*) ⟨~in; ~innen⟩ athée *m,f*

atheistisch *adj* athée

Athen [a'te:n] *n* ⟨~s⟩ Athènes *f*

Äther ['ɛ:tər] *m* ⟨~s; ~⟩ éther *m*

ätherisch *adj* CHIM, *fig* éthéré; **ätherische Öle** *n/pl* essences *f/pl*; huiles essentielles

Äthiopien [ɛti'o:piən] *n* ⟨~s⟩ l'Éthiopie *f*

Äthiopier(in) *m* ⟨~s; ~⟩ (*f*) ⟨~in; ~innen⟩ Éthiopien, -ienne *m,f*

äthiopisch *adj* éthiopien

Athlet(in) [at'le:t(ɪn)] *m* ⟨~en; ~en⟩ (*f*) ⟨~in; ~innen⟩ athlète *m,f*

athletisch *adj* athlétique

Äthylalkohol [ɛ'ty:l-] *m* alcool *m* éthylique

Äthylen [ɛty'le:n] *n* ⟨~s⟩ CHIM éthylène *m*

Atlantik [at'lantɪk] ⟨~s⟩ **der Atlantik** l'Atlantique *m*

atlantisch *adj* atlantique; **der Atlantische Ozean** l'océan *m* Atlantique

Atlas ['atlas] *m* ⟨~ *ou* ~ses; ~se *ou* -lanten⟩ atlas *m*

atmen ['a:tmən] *v/t u v/i* ⟨-e-⟩ respirer

Atmosphäre [atmo'sfɛ:rə] *f* ⟨~; ~n⟩ atmosphère *f*

atmosphärisch *adj* atmosphérique

Atmung *f* ⟨~⟩ respiration *f*

Atmungsorgane *n/pl* appareil *m* respiratoire

Atoll [a'tɔl] *n* ⟨~s; ~e⟩ atoll *m*

Atom [a'to:m] *n* ⟨~s; ~e⟩ atome *m*

atomar *adj* atomique; nucléaire; **atomare Bedrohung** menace *f* nucléaire

Atombombe *f* bombe *f* atomique

Atombombenversuch *m* essai *m* nucléaire

Atombunker *m* abri *m* antiatomique

Atomenergie *f* énergie *f* atomique, nucléaire

Atomexplosion *f* explosion *f* atomique, nucléaire

Atomforscher(in) *m*(*f*) atomiste *m,f*

Atomforschung *f* recherche *f* nucléaire

Atomgegner(in) *m*(*f*) adversaire *m*,*f* du nucléaire

Atomgewicht *n* PHYS poids *m*, masse *f* atomique

atomisieren *v/t* ⟨*sans ge*⟩ atomiser

Atomkern *m* noyau *m* atomique

Atomkraft *f* énergie *f* nucléaire, atomique

Atomkraftwerk *n* centrale *f* atomique, nucléaire

Atomkrieg *m* guerre *f* atomique, nucléaire

Atommacht *f* puissance *f* nucléaire

Atommeiler *m* réacteur *m* nucléaire

Atommüll *m* déchets nucléaires, radioactifs

Atomphysik *f* physique *f* atomique, nucléaire

Atomphysiker(in) *m*(*f*) atomiste *m*,*f*

Atompilz *m* champignon *m* atomique

Atomreaktor *m* réacteur *m* nucléaire

Atomsperrvertrag *m* accords *m*/*pl* de non-prolifération des armes atomiques

Atomsprengkopf *m* ogive *f* atomique; tête *f* nucléaire

Atomstrom *m* énergie *f* nucléaire

Atomtest *m* essai *m* nucléaire

Atomtransport *m* transport *m* de déchets nucléaires

Atomversuch *m* essai *m* nucléaire

Atomwaffe *f* arme *f* atomique, nucléaire

atomwaffenfrei *adj* **atomwaffenfreie Zone** zone dénucléarisée

Atomwaffensperrvertrag *m* accords *m*/*pl* de non-prolifération des armes atomiques

Atomzeitalter *n* ère *f*, âge *m* atomique

ätsch [ɛːtʃ] *enf int* (c'est) bien fait!

Attaché [ata'ʃeː] *m* ⟨~s; ~s⟩ DIPL attaché *m*

Attachment [ə'tɛtʃmənt] *n* ⟨~s; ~s⟩ INFORM fichier joint; pièce jointe

Attacke [a'takə] *f* ⟨~; ~n⟩ attaque *f* (*a* MÉD, *fig*)

attackieren *v/t* ⟨*sans ge*⟩ attaquer (*a fig*)

Attentat ['atəntaːt] *n* ⟨~¢s; ~e⟩ attentat *m*

Attentäter(in) *m*(*f*) auteur *m* d'un attentat

Attest [a'tɛst] *n* ⟨~¢s; ~e⟩ certificat (médical); attestation *f* (du médecin)

attestieren *v/t* ⟨*sans ge*⟩ certifier; attester

Attraktion [atraktsi'oːn] *f* ⟨~; ~en⟩ attraction *f*

attraktiv *adj* **1.** *Angebot etc* intéressant **2.** *Person* attirant; séduisant

Attraktivität *f* ⟨~⟩ **1.** *e-s Angebots etc* intérêt *m* **2.** *e-r Frau* (pouvoir *m* de) séduction *f*

Attrappe [a'trapə] *f* ⟨~; ~n⟩ article *m* factice; (*Flaschenattrappe*) bouteille *f* factice

Attribut [atri'buːt] *n* ⟨~¢s; ~e⟩ **1.** (*Merkmal*) attribut *m* **2.** GR épithète *f*; complément *bzw* adjectif déterminatif

attributiv *adj* GR **attributives Adjektiv** adjectif *m* épithète

atypisch *adj* atypique

ätzen ['ɛtsən] *v/t* ⟨*¢ß*⟩ **1.** CHIM corroder; attaquer **2.** MÉD cautériser

ätzend *adjt* **1.** CHIM corrosif; corrodant; caustique **2.** *fig Spott, Geruch* mordant; *Spott a* caustique; corrosif **3.** *Jugendsprache* (*scheußlich*) F dégueu(lasse)

au [au] *int* aïe!; ouille!

Au [au] *f* ⟨~; ~en⟩ *südd, österr* prairie *f*; pré *m*

AU ['aːʔuː] *f* ⟨~⟩ → **Abgas(sonder)-untersuchung**

aua ['aua] *enf*, F *int* aïe!; ouille!

Aubergine [obɛr'ʒiːnə] *f* ⟨~; ~n⟩ aubergine *f*

auch [aux] *adv* **1.** (*ebenfalls*) aussi; également; *verneint* non plus; *ich auch* moi aussi; *ich auch nicht* (ni) moi non plus **2.** (*sogar, selbst*) même; *auch wenn …* même si … **3.** (*außerdem*) *auch* (*noch*) encore; F *auch das noch!* il ne manquait plus que cela!; F et ça par-dessus le marché! **4.** *verallgemeinernd* **wer, was, wo** *etc* **es auch** (*immer*) **sein mag** qui, quoi, où, *etc* que ce soit **5.** *zweifelnd* bien; *ist das auch wahr?* (mais,) est-ce bien vrai?

Audienz [aud̯i'ɛnts] *f* ⟨~; ~en⟩ audience *f*

audiovisuell [aud̯iovizu'ɛl] *adj* audiovisuel

Auditorium [aud̯i'toːrium] *n* ⟨~s; -ien⟩ **1.** (*Hörsaal*) amphithéâtre *m*; **Auditorium maximum** grand amphithéâtre **2.** (*Zuhörer*) auditoire *m*

Aue ['auə] *poét f* ⟨~; ~n⟩ prairie *f*; pré *m*

Auerhahn ['auərhaːn] *m* grand tétras; coq *m* de bruyère

auf [auf] **I** *prép* ⟨*dat ou acc*⟩ **1.** *räumlich* **a**) *Lage* ⟨*dat*⟩ sur; *bei Behörden, Inseln, Veranstaltungen meist* à; *bei femininen Inselnamen* en; *auf der Erde* sur la Terre; *auf der Bank* à la banque; *auf Korsika* en Corse; *auf e-r Insel* dans *od* sur une île; *auf dem Tisch liegen* être sur la table **b**) *Richtung* ⟨*acc*⟩ sur; *auf den Tisch legen* mettre, poser sur la table; *auf j-n, etw zugehen* aller vers qn, qc **2.** *zeitlich* ⟨*acc*⟩ pour; *auf unbestimmte Zeit* pour un temps indéterminé; *auf die Dreißig zugehen* aller sur ses trente ans **3.** *modal* **auf diese Weise** de cette façon, manière; *aufs angenehmste, herzlichste* de la façon la plus agréable, cordiale; le plus agréablement, cordialement possible **4.** *final* ⟨*acc*⟩ *etw auf s-e Richtigkeit überprüfen* vérifier l'exactitude de qc; *etw auf Fehler durchlesen* lire qc pour chercher les fautes **5.** *konsekutiv* ⟨*acc*⟩ *auf s-e Bitte* (*hin*) à *od* sur sa demande **6.** (*pro*) ⟨*acc*⟩ *ein Abgeordneter auf zehntausend Einwohner* un député pour dix mille habitants; *drei Eier auf ein Pfund Mehl* trois œufs pour une *od* par livre de farine **II** *adv* **7.** F *auf* (*offen*) être ouvert; *schon auf* (*nicht im Bett*) *sein* être levé; *noch auf sein* être encore debout **8.** *Aufforderung* *auf!* (*an die Arbeit etc*) allez!; *auf nach München, zum Sportplatz!* en route pour Munich, le stade! **9.** *in festen Verbindungen* **auf und ab** *od st/s* **nieder** de haut en bas, de bas en 'haut; *Person auf und ab* (*hin und her*) *gehen* aller et venir; passer et repasser; marcher de long en large; faire les cent pas; *fig das Auf und Ab des Lebens* les 'hauts et les bas *m*/*pl* de la vie; *st/s* les vicissitudes *f*/*pl* de l'existence; *sich auf und davon machen* se sauver; prendre le large; F décamper; *er war schon auf und davon* il était déjà parti **III** *st/s conj auf dass …* afin que, pour que … (+ *subj*); afin de (+ *inf*)

aufarbeiten *v/t* ⟨-e-⟩ **1.** *Rückstände, Post* mettre à jour **2.** *Vergangenheit, Erlebnis* assumer

Aufarbeitung *f* ⟨~; ~en⟩ **1.** *von Rückständen* mise *f* à jour **2.** (*Analyse*) compte *m* rendu analytique

aufatmen *v/i* ⟨-e-⟩ respirer (*a fig*); *fig* se sentir soulagé

aufbacken *v/t* ⟨*régulier ou irr*⟩ réchauffer, passer au four

aufbahren *v/t* exposer (sur un catafalque, sur un lit de parade)

Aufbau *m* ⟨~s; ~ten⟩ **1.** construction *f* (*a fig*); *e-s Gerüsts, e-r Maschine* montage *m* **2.** (*Gliederung*) structure *f* **3.** AUTO carrosserie *f*
aufbauen I *v/t* **1.** construire; *Gerüst, Zelt, Maschine* monter **2.** (*arrangieren*) disposer; arranger **3.** *fig Gesellschaft* édifier; *Organisation, Firma* créer, monter (avec succès) **4.** (*gliedern*) structurer **5.** *etw auf etw* (*dat*) *aufbauen* construire, édifier, bâtir qc sur qc (*a fig*) **6.** *fig j-n zu od als etw aufbauen* (vouloir) faire qc de qn **7.** F *fig j-n aufbauen psychisch* redonner le moral à qn; *physisch* remonter qn **II** *v/i auf etw* (*dat*) *aufbauen* être basé, fondé sur qc **III** *v/r sich aufbauen* (*sich zusammensetzen*) se composer, se constituer (*aus* de)
aufbäumen *v/r sich aufbäumen* se cabrer (*a fig gegen* contre)
aufbauschen *v/t* **1.** *Segel* gonfler **2.** *fig Ereignis* exagérer; enfler
aufbegehren *st/s v/i* ⟨*sans ge*⟩ se révolter, se rebeller (*gegen* contre)
aufbehalten *v/t* ⟨*irr, sans ge*⟩ garder
aufbeißen ⟨*irr*⟩ **I** *v/t Nuss* ouvrir, casser avec ses dents **II** *v/r sich* (*dat*) *die Lippe aufbeißen* s'ouvrir, se fendre la lèvre
aufbekommen *v/t* ⟨*irr, sans ge*⟩ **1.** F *Tür, Schloss* réussir, parvenir, arriver à ouvrir **2.** SCHULE *etw aufbekommen* avoir à faire qc comme devoir
aufbereiten *v/t* ⟨-e-, *sans ge*⟩ traiter
Aufbereitung *f* traitement *m*
Aufbereitungsanlage *f* TECH installation *f* de traitement
aufbessern *v/t* **1.** *Gehälter* augmenter; relever **2.** *Kenntnisse* améliorer
Aufbesserung *f* **1.** augmentation *f*; relèvement *m* **2.** amélioration *f*
aufbewahren *v/t* ⟨*sans ge*⟩ conserver; garder; *kühl, trocken aufbewahren* garder, tenir au frais, au sec
Aufbewahrung *f* conservation *f*; garde *f*; dépôt *m*
aufbieten *v/t* ⟨*irr*⟩ *Kräfte, Energie, Überredungskunst* déployer; *Polizei, Militär a* mettre en action; *Mittel* employer; *s-n ganzen Einfluss aufbieten* user de toute son influence
Aufbietung *f* ⟨~⟩ *unter Aufbietung* (*dat*) *aller Kräfte* en rassemblant ses dernières forces; *unter Aufbietung* (*dat*) *s-r ganzen Überredungskunst* en déployant toute son éloquence
aufbinden *v/t* ⟨*irr*⟩ *Schleife, Schuh* dénouer; défaire
aufblähen I *v/t* (faire) gonfler; *Leib aufgebläht* ballonné **II** *v/r sich aufblähen* **1.** *Segel* se gonfler; s'enfler **2.** *fig, péj* se gonfler d'importance
aufblasbar *adj* gonflable
aufblasen ⟨*irr*⟩ **I** *v/t* gonfler **II** F *péj v/r sich aufblasen* se rengorger; F se faire mousser; faire l'important
aufbleiben F *v/i* ⟨*irr, sn*⟩ **1.** (*geöffnet bleiben*) rester ouvert **2.** (*nicht zu Bett gehen*) rester debout; veiller
aufblenden *v/t u v/i* ⟨-e-⟩ (*die Scheinwerfer*) *aufblenden* mettre les feux de route, les phares; *mit aufgeblendeten Scheinwerfern fahren* rouler pleins phares
aufblicken *v/i* **1.** lever les yeux (*zu j-m* vers qn)

2. *fig zu j-m aufblicken* respecter qn
aufblitzen *v/i* ⟨¢$, sn⟩ **1.** étinceler, briller (un moment); jeter une vive lueur **2.** *fig Gedanke* jaillir
aufblühen *v/i* ⟨sn⟩ fleurir; être en fleur(s); s'épanouir (*a fig*)
aufbocken *v/t* mettre sur (des) chevalets
aufbohren *v/t* percer une ouverture, un trou dans
aufbrauchen *v/t* épuiser (*a fig*)
aufbrausen *v/i* ⟨¢$, sn⟩ **1.** *Beifall* éclater; retentir **2.** *Person* s'emporter
aufbrausend *adj Person* emporté; coléreux
aufbrechen ⟨*irr*⟩ **I** *v/t* forcer; fracturer **II** *v/i* ⟨sn⟩ **1.** *Knospen* s'ouvrir; éclore; *Geschwür* crever; percer **2.** (*weggehen*) partir; s'en aller; se mettre en route
aufbrezeln ['aʊfbreːtsəln] F *v/r* ⟨¢⟩ *sich aufbrezeln* (*sich auffällig schminken u kleiden*) F s'attifer
aufbringen *v/t* ⟨*irr*⟩ **1.** *Mode* lancer; introduire; *Gerücht* faire courir; lancer **2.** *Geld etc* trouver; fournir; réunir; *Kosten* faire face à; *fig Mut, Kraft* trouver; *fig Verständnis, Geduld* faire preuve de; montrer **3.** (*in Wut versetzen*) mettre en colère; *j-n gegen sich aufbringen* monter qn contre soi
Aufbruch *m* départ *m*; *im Aufbruch sein* s'éveiller
Aufbruchsstimmung *f* ⟨~⟩ atmosphère *f*, ambiance *f* de départ; *es herrschte allgemeine Aufbruchsstimmung* cela sentait le départ; *in Aufbruchsstimmung sein Gäste* être sur le point de partir; *Wirtschaft* croire à la reprise des affaires
aufbrühen *v/t Tee* (faire) infuser; *Kaffee* faire
aufbrummen F *v/t j-m etw aufbrummen* F coller qc à qn; *etw aufgebrummt bekommen* F écoper (de) qc
aufbügeln *v/t* ⟨¢⟩ donner un coup de fer à; repasser
aufbürden *v/t* ⟨-e-⟩ *j-m etw aufbürden* mettre qc sur les bras *od* sur le dos de qn; charger qn de qc
aufdecken *v/t* **1.** *Bett* découvrir **2.** *Spielkarte* retourner **3.** *fig* (*enthüllen*) découvrir; *Intrige, Verbrechen* déceler; *Geheimnis, Pläne* révéler
Aufdeckung *f* (*Enthüllung*) découverte *f*
aufdonnern F *péj v/r sich aufdonnern* s'accoutrer
aufdrängen I *v/t j-m etw aufdrängen* presser, obliger qn d'accepter qc; *Willen, Ansichten* imposer qc à qn **II** *v/r sich j-m aufdrängen* s'imposer à qn
aufdrehen *v/t* **1.** ouvrir **2.** F *Radio* mettre (plus) fort
aufdringlich *adj* **1.** *Person* indiscret; F collant **2.** *Parfüm* tenace
Aufdringlichkeit *f* ⟨~⟩ indiscrétion *f*
Aufdruck *m* ⟨~s; ~e⟩ texte imprimé
aufdrucken *v/t etw* (*auf etw* [*acc*]) *aufdrucken* imprimer qc (sur qc)
aufdrücken *v/t* **1.** *Tür* ouvrir (en poussant); pousser **2.** *Pickel* faire crever **3.** *Siegel* apposer
aufeinander *adv* l'un(e) sur l'autre *bzw* les un(e)s sur les autres; → *aufeinanderfolgen, aufeinanderlegen, aufeinanderliegen etc*
aufeinanderfolgen *v/i* ⟨sn⟩ se succéder; se sui-

vre
aufeinanderfolgend *adjt* consécutif; successif
aufeinanderlegen *v/t* mettre, poser l'un sur l'autre
aufeinanderliegen *v/i* ⟨*irr*⟩ être posé, empilé, entassé l'un sur l'autre
aufeinanderprallen *v/i* ⟨sn⟩ se heurter (*a fig*); se tamponner
aufeinanderschichten *v/t* ⟨-e-⟩ empiler; entasser
aufeinandersetzen *v/t* ⟨¢$⟩ mettre, poser l'un sur l'autre; superposer
aufeinanderstapeln *v/t* ⟨¢⟩ empiler; entasser
aufeinanderstellen *v/t* mettre, poser l'un sur l'autre; superposer
aufeinanderstoßen *v/i* ⟨*irr*, sn⟩ se heurter (*a fig*)
aufeinandertreffen *v/i* ⟨*irr*, sn⟩ se rencontrer; *feindlich* se heurter
Aufenthalt ['auf'?ɛnthalt] *m* ⟨∼¢s; ∼e⟩ **1.** *während e-r Fahrt* arrêt *m*; 'halte *f* **2.** (*Verweilen*) séjour *m*; *der Aufenthalt in diesem Raum ist verboten* interdiction de rester dans cette pièce
Aufenthaltserlaubnis *f*, **Aufenthaltsgenehmigung** *f* permis *m* de séjour
Aufenthaltsort *m* lieu *m* de séjour, de résidence
Aufenthaltsraum *m* *e-s Wohnheims* foyer *m*
auferlegen *st/s* ⟨*sans ge*⟩ **I** *v/t* *j-m etw auferlegen* imposer qc à qn; *Strafe* infliger qc à qn **II** *v/r* **sich** (*dat*) **etw auferlegen** s'imposer qc
auferstehen *v/i* ⟨*irr*, *séparable ou inséparable*, *sans ge*, sn⟩ BIBL ressusciter
Auferstehung *f* ⟨∼⟩ résurrection *f* (*a fig*)
aufessen *v/t u v/i* ⟨*irr*⟩ manger tout
auffahren ⟨*irr*⟩ **I** *v/t* **1.** *Geschütz* mettre en batterie; pousser en position **2.** F *Speisen* mettre sur la table **II** *v/i* ⟨sn⟩ **3.** *aus Gedanken* sursauter **4.** *auf etw* (*acc*) *auffahren Fahrzeug* télescoper, tamponner qc **5.** (*heranfahren*) *auf j-n, etw dicht od nah auffahren* suivre qn, qc de très près **6.** (*vorfahren*) *auffahren vor* (+ *dat*) *e-m Gebäude* se placer devant (l'entrée de)
Auffahrt *f* (*Autobahnauffahrt*) bretelle *f*; *vor e-m Gebäude* rampe *f* (d'accès)
Auffahrunfall *m* télescopage *m*
auffallen *v/t* ⟨*irr*, sn⟩ *Person* se faire remarquer (*durch* par); *Dinge* se voir; se remarquer; sauter aux yeux; *j-m auffallen* frapper qn; *nicht auffallen* passer inaperçu; *mir fiel auf, dass …* j'ai remarqué que …; je me suis aperçu que …; *fiel dir nichts an ihm auf?* n'as-tu rien remarqué chez lui?
auffallend I *adjt* frappant; *Kleidung, Farbe* voyant **II** *advt* d'une façon frappante; *sich auffallend kleiden* s'habiller d'une façon voyante
auffällig *adj* frappant; *Kleidung, Farbe* voyant
auffangen *v/t* ⟨*irr*⟩ **1.** *Ball etc* (r)attraper **2.** *Flüssigkeit* recueillir **3.** *Schlag, Stoß* amortir
Auffanglager *n* centre *m* d'accueil
auffassen *v/t* ⟨¢$⟩ **1.** (*verstehen*) saisir; comprendre; *etw falsch auffassen* mal interpréter qc **2.** (*ansehen*) *etw als etw auffassen* prendre qc pour qc; interpréter qc comme qc
Auffassung *f* conception *f*; opinion *f*; *nach meiner Auffassung* à mon sens; *der Auffassung sein, dass …* être d'avis, penser que …
Auffassungsgabe *f* compréhension *f*; *e-e*

schnelle Auffassungsgabe haben avoir l'esprit vif, rapide
auffindbar *adj* trouvable
auffinden *v/t* ⟨*irr*⟩ trouver; découvrir
auffischen F *v/t* **1.** (re)pêcher; retirer de l'eau **2.** *fig* (*aufgabeln*) F pêcher; F dégoter
aufflackern *v/i* ⟨sn⟩ *Feuer, fig* se raviver; se ranimer
aufflammen *v/i* ⟨sn⟩ flamber; flamboyer; *fig Unruhen* éclater
auffliegen *v/i* ⟨*irr*, sn⟩ **1.** *Vogel* s'envoler **2.** F *Schwindel, Betrüger* être découvert **3.** *Tür* s'ouvrir brusquement
auffordern *v/t* *j-n auffordern, etw zu tun* inviter qn à faire qc; ADM sommer qn de faire qc
Aufforderung *f* invitation *f* (*zu* à); ADM sommation *f*
aufforsten *v/t* ⟨-e-⟩ reboiser
Aufforstung *f* ⟨∼; ∼en⟩ reboisement *m*
auffressen *v/t* ⟨*irr*⟩ manger (*a fig*); dévorer
auffrischen I *v/t Farben* raviver; *Vorräte* renouveler; *Kenntnisse* réactiver **II** *v/i* ⟨h *ou* sn⟩ *der Wind frischt auf* le vent fraîchit, se lève
Auffrischung *f* ⟨∼; ∼en⟩ *von Farben* ravivement *m*; *von Vorräten* renouvellement *m*; *von Kenntnissen* remise *f* à niveau
Auffrischungskurs *m* cours *m* de remise à niveau
aufführen I *v/t* **1.** *Theaterstück* représenter; jouer; *Musikstück* exécuter **2.** *Beispiele, Gründe* donner; énumérer; (*auflisten*) mentionner **II** *v/r* **sich aufführen** se comporter; se conduire
Aufführung *f* **1.** représentation *f*; exécution *f* **2.** énumération *f*; mention *f*
auffüllen *v/t* remplir; *s-n Bestand (an etw [dat])* *auffüllen* refaire le stock (de qc)
Aufgabe *f* **1.** (*Auftrag*) tâche *f*; mission *f*; (*Pflicht*) devoir *m* **2.** SCHULE (*Hausaufgabe*) schriftliche devoir *m*; mündliche leçon *f*; (*Übung*) exercice *m*; *bes* (*Rechenaufgabe*) problème *m* **3.** *des Gepäcks* enregistrement *m*; *e-s Telegramms* expédition *f* **4.** *e-r Stellung, e-s Plans*, SPORT abandon *m*
aufgabeln F *fig v/t* ⟨¢⟩ F pêcher; F dégoter
Aufgabenbereich *m* ressort *m*; attributions *f/pl*; domaine *m*
Aufgabenheft *n* cahier *m* de textes
Aufgabenstellung *f bes* MATH données *f/pl* du problème; *par ext im Arbeitsleben etc* (définition *f* de) tâche *f*
Aufgabenverteilung *f* répartition *f* des tâches
Aufgang *m* **1.** *e-s Gestirns* lever *m* **2.** (*Treppe*) escalier *m* **3.** (*Weg*) sentier *m*
aufgeben ⟨*irr*⟩ **I** *v/t* **1.** *Schularbeiten* donner; *Rätsel* poser **2.** *Brief etc* expédier; *Gepäck* (faire) enregistrer **3.** *Vorhaben, Hoffnung, Widerstand* abandonner; *Stellung* quitter; *das Rauchen aufgeben* arrêter de fumer **4.** *e-n Kranken* condamner; *die Ärzte haben ihn aufgegeben* les médecins l'ont condamné **5.** *sein Geschäft aufgeben* liquider, fermer définitivement son commerce, son affaire **II** *v/i* abandonner (*a* SPORT)
aufgebläht *adjt Bauch* ballonné; *fig* hypertrophié
aufgeblasen F *péj adjt* prétentieux
Aufgebot *n* **1.** *zur Eheschließung* publication *f*

des bans (de mariage); ***das Aufgebot bestellen*** faire publier les bans **2.** *an Material* mise *f* en action; *an Menschen* déploiement *m* **3.** *schweiz* (*Einberufungsbefehl*) (ordre *m* d')appel *m*

aufgebracht *adjt* en colère; furieux

aufgedonnert F *adjt* (drôlement) accoutré, F attifé, 'harnaché

aufgedreht F *adjt* excité

aufgedunsen *adj* bouffi; boursouflé

aufgehen *v/i* ⟨*irr*, sn⟩ **1.** *Gestirn* se lever **2.** (*sich öffnen*) s'ouvrir; *Knoten, Schleife* se défaire; *Naht* se défaire; se découdre; *Vorhang* se lever; *Geschwür* crever; percer **3.** *Teig* lever **4.** *Saat* lever; pousser **5.** *fig* **plötzlich ging mir auf, was er gemeint hatte** je compris soudain ce qu'il avait voulu dire **6.** *Rechnung* tomber juste

aufgeilen F **I** *v/t* exciter (sexuellement) **II** *v/r* **sich** (**an etw** [*dat*]) **aufgeilen** *a fig* s'exciter (sur qc)

aufgeklärt *adjt* **1.** éclairé; sans préjugés **2.** *sexuell* averti

aufgekratzt F *adjt* en train; en verve; *p/fort* excité

aufgelegt *adjt* **gut, schlecht aufgelegt sein** être de bonne, de mauvaise humeur; **zu etw aufgelegt sein** être disposé, d'humeur à qc; avoir le cœur à qc

aufgelöst *adjt fig* (**völlig**) **aufgelöst** (complètement) affolé; bouleversé

aufgeräumt *adjt* **1.** *Zimmer* rangé; en ordre **2.** *fig* de bonne humeur

aufgeraut *adjt Oberfläche, Haut, Hand* rugueux; *Stoff* gratté

aufgeregt *adjt* excité; agité; (*nervös*) énervé

Aufgeregtheit *f* ⟨∼⟩ excitation *f*; agitation *f*; (*Nervosität*) énervement *m*

aufgeschlossen *adjt Person* ouvert (**für** à)

Aufgeschlossenheit *f* ⟨∼⟩ ouverture *f* d'esprit; intérêt *m*; (*Empfänglichkeit*) réceptivité *f*

aufgeschmissen F *adj* F paumé; perdu

aufgesetzt *adjt fig* artificiel; forcé; contraint

aufgesprungen *adjt Lippe, Haut* gercé

aufgeweckt *adjt fig* éveillé; vif; dégourdi

Aufgewecktheit *f* ⟨∼⟩ vivacité *f* d'esprit; esprit éveillé

aufgießen *v/t* ⟨*irr*⟩ → **aufbrühen**

aufgliedern *v/t* diviser, décomposer (**in** [+ *acc*] en); *in Kategorien* classer, classifier (**in** [+ *acc*], **nach** en)

Aufgliederung *f* division *f*; décomposition *f*; classification *f*

aufgraben *v/t* ⟨*irr*⟩ creuser

aufgreifen *v/t* ⟨*irr*⟩ **1.** *Thema, Frage* reprendre **2.** (*festnehmen*) appréhender; saisir

aufgrund *prép* ⟨*gén*⟩, *adv* **aufgrund von** (*wegen*) en raison de; vu; (*kraft*) en vertu de

Aufguss *m* infusion *f*

Aufgussbeutel *m* sachet *m* d'infusion

aufhaben F *v/t* ⟨*irr*⟩ **1.** *Hut* avoir (sur la tête); *Brille* avoir (sur le nez) **2.** (*geöffnet haben*) *Geschäft* être ouvert; **ab wann haben Sie auf?** à quelle heure ouvrez-vous? **3.** *Hausaufgaben* avoir à faire, à apprendre

aufhacken *v/t* ouvrir (à coups de pioche)

aufhalsen F *v/t* ⟨∉∮⟩ **j-m etw aufhalsen** F coller, F refiler qc à qn

aufhalten ⟨*irr*⟩ **I** *v/t* **1.** (*geöffnet halten*) tenir,

garder ouvert; ***die Hand aufhalten*** tendre la main (*a fig*) **2.** (*hemmen*) arrêter; (*zurückhalten*) **j-n aufhalten** retenir, retarder qn **II** *v/r* **3.** **sich aufhalten** (*verweilen*) être; **sich aufhalten** (**in** [+ *dat*]) (*bleiben*) rester (à); *im Ausland* séjourner (à) **4.** **sich mit etw aufhalten** s'arrêter à, s'attarder à *od* sur qc; perdre son temps avec *od* à qc

aufhängen I *v/t* **1.** suspendre; *Bild, Mantel* accrocher; *Wäsche* étendre; *Telefonhörer* raccrocher **2.** (*erhängen*) pendre **II** *v/r* **sich aufhängen** se pendre

Aufhänger *m* ⟨∼s; ∼⟩ **1.** attache *f* **2.** *fig* point *m* de départ (**für etw** de qc)

Aufhängung *f* ⟨∼⟩ TECH suspension *f*

aufhauen ⟨*irr, imparfait* F haute auf⟩ **I** *v/t Ei, Nuss* casser **II** F *v/i* ⟨sn⟩ → **aufschlagen** *II* 7

aufhäufen *v/t* (*u v/r* **sich aufhäufen** s')accumuler; (s')amasser; (s')entasser

aufheben ⟨*irr*⟩ **I** *v/t* **1.** *vom Boden* ramasser; (*hochheben*) soulever **2.** (*aufbewahren*) garder; conserver; mettre de côté; *fig* **gut, schlecht aufgehoben sein** être, ne pas être en bonnes mains **3.** (*abschaffen*) supprimer; JUR *Strafe, Urteil* annuler; *Gesetz* abroger; *Sperre* débloquer **4.** (*beenden*) *Versammlung* clore; clôturer; *Blockade* lever **II** *v/r* **sich** (**gegenseitig**) **aufheben** s'annuler (réciproquement)

Aufheben *st/s n* ⟨∼s⟩ **viel, kein Aufheben(s) von etw machen** faire grand, peu de cas de qc

Aufhebung *f* **1.** (*Abschaffung*) suppression *f*; JUR *e-r Strafe, e-s Urteils* levée *f*; annulation *f*; *e-s Gesetzes* abrogation *f*; *e-r Sperre* déblocage *m* **2.** (*Beendigung*) *e-r Blockade* levée *f*; *e-r Versammlung* clôture *f*

aufheitern I *v/t* **j-n aufheitern** égayer, dérider qn **II** *v/r* **sich aufheitern 1.** MÉTÉO s'éclaircir **2.** *fig Blick* s'éclairer

Aufheiterung *f* ⟨∼; ∼en⟩ MÉTÉO éclaircie *f*

aufheizen ⟨∉∮⟩ **I** *v/t* (faire) chauffer; *fig Stimmung* chauffer (à blanc) **II** *v/r* **sich aufheizen** chauffer

aufhelfen *v/i* ⟨*irr*⟩ **j-m aufhelfen** aider qn à se relever

aufhellen I *v/t* **1.** éclaircir **2.** *fig* (*klären*) éclaircir; élucider **II** *v/r* **sich aufhellen 3.** *Himmel, Wetter* s'éclaircir; se dégager; **es hat sich aufgehellt** le temps s'est éclairci **4.** *fig Gesicht* s'éclairer

aufhetzen *v/t* ⟨∉∮⟩ **j-n gegen j-n aufhetzen** monter (la tête à) qn contre qn; dresser qn contre qn

aufheulen *v/i* 'hurler; *Motor* s'emballer

aufholen I *v/t* rattraper **II** *v/i* SPORT regagner du terrain

aufhorchen *v/i* dresser, tendre l'oreille; *fig* **j-n aufhorchen lassen** éveiller l'attention de qn

aufhören *v/i* s'arrêter; **mit etw aufhören** cesser, arrêter qc; **aufhören zu** (+ *inf*) cesser, (s')arrêter de (+ *inf*); **ohne aufzuhören** sans cesse; sans relâche; sans arrêt; F **da hört (sich) doch alles auf!** c'est trop fort!

aufkaufen *v/t* acheter (en masse)

aufkehren *v/t* balayer; enlever

aufkeimen *v/i* ⟨sn⟩ **1.** *Saat* germer **2.** *fig* naître

aufklappbar *adj* dépliant; *Autoverdeck* décapotable

aufklappen *v/t Buch, Taschenmesser etc* ouvrir

Gartenstuhl déplier

aufklaren *v/i Wetter* s'éclaircir; se lever

aufklären I *v/t* **1.** *Ursache, Irrtum etc* tirer au clair; *Verbrechen* élucider **2.** *(informieren)* ***j-n über etw** (acc)* **aufklären** instruire qn de qc; éclairer qn sur qc **3.** *sexualkundlich* ***j-n aufklären*** mettre qn au courant des choses de la vie **II** *v/r* ***sich aufklären*** **4.** *Wetter, Himmel* s'éclaircir; *fig Gesicht* s'éclairer **5.** *(sich klären)* s'expliquer

Aufklärung *f* **1.** *e-s Missverständnisses, Verbrechens* éclaircissement *m*; élucidation *f* **2.** *(Erklärung)* explication *f*; information *f* **3. die** *(**sexuelle**)* **Aufklärung** l'éducation sexuelle **4.** HIST ***das Zeitalter der Aufklärung*** le siècle des lumières

Aufklärungsflug *m* MIL vol *m* de reconnaissance

Aufklärungsflugzeug *n* MIL avion *m* de reconnaissance

aufkleben *v/t* ***etw*** *(**auf etw** [acc])* **aufkleben** coller qc sur qc

Aufkleber *m* autocollant *m*; étiquette collante

aufknöpfen *v/t* déboutonner

aufknoten *v/t* 〈-e-〉 défaire; dénouer

aufkochen I *v/t* faire bouillir **II** *v/i* 〈sn〉 bouillir

aufkommen *v/i* 〈*irr*, sn〉 **1.** *Gewitter* se former; *Nebel* survenir; *Sturm* se lever; *Gerücht* se répandre; *Zweifel, Gefühl* naître; *Mode* être lancé; ***keine Zweifel über etw** (acc)* **aufkommen lassen** ne permettre aucun doute sur qc **2.** *(bezahlen)* ***für etw aufkommen*** payer qc **3.** *(auftreffen)* ***auf etw** (acc od dat)* **aufkommen** *weich* se poser sur qc; *beim Sprung* atterrir sur qc

aufkratzen *v/t* 〈¢$〉 *Wunde* gratter; *Haut* égratigner

aufkreischen *v/i* pousser des cris stridents, perçants; *fig Bremsen* grincer

aufkrempeln *v/t* 〈¢〉 retrousser

aufkreuzen F *v/i* 〈¢$, sn〉 *(erscheinen)* F s'amener; F rappliquer

aufkriegen F *v/t* → **aufbekommen**

aufkündigen *v/t* résilier; dénoncer; *st/s* ***j-m die Freundschaft aufkündigen*** retirer son amitié à qn

auflachen *v/i* rire; ***laut auflachen*** éclater de rire

aufladen 〈*irr*〉 **I** *v/t* **1.** *Batterie etc* (re)charger **2.** *Fracht* ***etw*** *(**auf etw** [acc])* **aufladen** charger qc (sur qc); *fig* ***j-m etw aufladen*** mettre qc sur le dos de qn **II** *v/r* ***sich aufladen*** se recharger

Aufladung *f e-r Batterie* (re)chargement *m*

Auflage *f* **1.** *e-s Buchs* édition *f*; tirage *m* (*a Auflagenhöhe*); ***achte, durchgesehene Auflage*** 'huitième édition revue **2.** *(Verpflichtung)* obligation *f*; ***j-m zur Auflage machen, etw zu tun*** obliger qn à faire qc

Auflagehöhe *f e-s Buchs, e-r Zeitung* tirage *m*

auflagenschwach *adj* à faible tirage

auflagenstark *adj* à grand tirage

Auflageziffer *f* → **Auflagehöhe**

auflassen F *v/t* 〈*irr*〉 **1.** *Tür etc* laisser ouvert **2.** *Hut, Brille* garder

auflauern *v/i* ***j-m auflauern*** guetter qn

Auflauf *m* **1.** *von Personen* attroupement *m*; rassemblement *m* **2.** CUIS gratin *m*; *mit Eischnee zubereitet* soufflé *m*

auflaufen *v/i* 〈*irr*, sn〉 **1.** *Beiträge* s'accumuler **2.**

Schiff (s')échouer (*auf* [+ *acc*] sur) **3.** SPORT ***zu s-r Bestform auflaufen*** atteindre sa pleine forme; ***j-n auflaufen lassen*** faire obstruction à qn; F *fig* ne pas réagir aux avances de qn; battre froid à qn

Auflaufform *f* moule *m* à soufflé

aufleben *v/i* 〈sn〉 *(**wieder**)* **aufleben** renaître; retrouver de l'allant, de l'entrain; *Bräuche a* revivre; ***durch den Besuch lebte er förmlich auf*** cette visite lui redonna vie

auflecken *v/t* lécher

auflegen *v/t* **1.** *Tischdecke, Schallplatte, Holz, Rouge etc* mettre; TÉL *(**den Hörer**)* **auflegen** raccrocher **2.** *Buch* éditer **3.** FIN *Wertpapiere* émettre

auflehnen *v/r* ***sich gegen j-n, etw auflehnen*** se révolter, se rebeller contre qn, qc

Auflehnung *f* 〈∼; ∼en〉 révolte *f*; rébellion *f*

auflesen *v/t* 〈*irr*〉 ramasser; *Tier* recueillir

aufleuchten *v/i* 〈-e-, sn *ou* h〉 s'allumer; *Blitz* luire; *Sterne* apparaître

aufliegen *v/i* 〈*irr*〉 *(**auf etw** [dat])* **aufliegen** reposer sur, être posé sur qc

auflisten *v/t* 〈-e-〉 INFORM lister

Auflistung *f* 〈∼; ∼en〉 *Vorgang, Ergebnis* listage *m*

auflockern I *v/t* **1.** *Boden* biner; ameublir **2.** *fig Häuserfront, Muster, Stil* aérer; dégager; *Atmosphäre* détendre; *Bericht* égayer **II** *v/r* ***sich auflockern*** *Bewölkung* se dissiper; se disperser; ***aufgelockerte Bewölkung*** nuages épars, dispersés

Auflockerung *f fig* ***zur Auflockerung der Atmosphäre*** pour détendre l'ambiance

Auflockerungsübung *f* SPORT exercice *m* d'assouplissement

auflodern *v/i* 〈sn〉 **1.** flamber; *Flammen* monter; jaillir **2.** *fig Kämpfe, Hass* flamber; *Leidenschaft* s'enflammer

auflösbar *adj* soluble

auflösen 〈¢$〉 **I** *v/t* **1.** *Rätsel, Gleichung* résoudre; *Widerspruch* dissiper **2.** *in e-r Flüssigkeit* dissoudre; *Tabletten* ***in Wasser*** *(dat)* **auflösen** faire fondre dans de l'eau **3.** *Parlament, Ehe,* dissoudre; *Vertrag* résilier; *Geschäft* liquider **II** *v/r* ***sich auflösen*** **4.** *in e-r Flüssigkeit* se dissoudre; *Tabletten* ***sich in Wasser*** *(dat)* **auflösen** fondre dans de l'eau **5.** *Rätsel, Widersprüche* se résoudre **6.** *Parlament, Verein* se dissoudre **7.** *Menschenmenge* se disperser; *Nebel* se dissiper

Auflösung *f* **1.** *e-s Rätsels, e-r Rechenaufgabe* solution *f*; *e-r Gleichung* résolution *f* **2.** *e-s Parlaments* dissolution *f*; *e-r Gruppe* désagrégation *f*; *e-s Vertrags* résiliation *f*; *e-s Geschäfts* liquidation *f* **3.** OPT, PHOT résolution *f*

Auflösungserscheinung *f* phénomène *m* de désagrégation, de dissolution

Auflösungszeichen *n* MUS bécarre *m*

aufmachen I F *v/t* **1.** *(öffnen)* ouvrir; *Knoten* défaire **2.** *Geschäft* ouvrir **II** F *v/i* **3.** *([er]öffnen)* ouvrir **4.** *(die Tür öffnen)* ouvrir **III** *v/r* ***sich aufmachen*** se mettre en route, partir (*nach* pour)

Aufmacher *m* *e-r Zeitung* manchette *f*; gros titre

Aufmachung *f* 〈∼; ∼en〉 **1.** *e-r Ware* présentation *f* **2.** *Kleidung* tenue *f*; *péj* accoutrement *m*

Aufmarsch *m von Demonstranten, Truppen etc* rassemblement *m*
aufmarschieren *v/i* ⟨*sans ge*, sn⟩ se rassembler
aufmeißeln *v/t* ⟨¢⟩ ouvrir au ciseau, au burin; MÉD trépaner
aufmerken *v/i* dresser l'oreille
aufmerksam *adj* **1.** attentif; *auf j-n, etw aufmerksam werden* remarquer qn, qc; *j-n auf etw (acc) aufmerksam machen* faire remarquer, observer qc à qn; *j-n auf j-n aufmerksam machen* attirer l'attention de qn sur qn **2.** (*zuvorkommend*) prévenant; attentionné
Aufmerksamkeit *f* ⟨∼; ∼en⟩ **1.** attention *f* **2.** *e-e kleine Aufmerksamkeit* (*Geschenk*) un petit quelque chose
aufmöbeln F *v/t* ⟨¢⟩ (*aufmuntern*) remonter; F ravigoter
aufmotzen F *v/t* ⟨¢$⟩ (*effektvoll gestalten*) arranger; retaper; *Motor* gonfler
aufmucken F *v/i* regimber; F se rebiffer (*gegen* contre)
aufmuntern *v/t* **1.** (*aufheitern*) remonter; regaillardir **2.** (*ermutigen*) encourager
Aufmunterung *f* ⟨∼; ∼en⟩ **1.** réconfort *m* **2.** encouragement *m*
aufmüpfig ['aʊfmʏpfɪç] F *adj* rebelle; récalcitrant
Aufmüpfigkeit *f* ⟨∼⟩ esprit *m* de rébellion
aufnähen *v/t* *etw* (*auf etw* [*acc*]) *aufnähen* coudre, appliquer qc (sur qc)
Aufnahme ['aʊfnaːmə] *f* ⟨∼; ∼n⟩ **1.** (*Empfang*) accueil *m*; réception *f* **2.** *in e-e Organisation, Schule etc* admission *f* **3.** *von Nährstoffen, Feuchtigkeit* absorption *f* **4.** (*Beginn*) commencement *m* **5.** (*Aufzeichnung auf Tonband, Filmstreifen*) enregistrement *m*; PHOT, FILM, TV prise *f* de vue(s); (*Tonaufnahme*) prise *f* de son **6.** (*Foto*) photo(graphie) *f*
Aufnahmeantrag *m* demande *f* d'admission
Aufnahmebedingung *f* **1.** *in e-e Schule, e-e Partei* condition *f* d'admission **2.** *pl* **Aufnahmebedingungen** FILM, PHOT conditions *f/pl* de prises de vues; *bei Tonaufnahmen* conditions *f/pl* de prise de son
aufnahmefähig *adj* geistig réceptif (*für* à)
Aufnahmefähigkeit *f* ⟨∼⟩ geistige réceptivité *f*
Aufnahmegebühr *f* droits *m/pl* d'admission
Aufnahmegerät *n* appareil *m* d'enregistrement
Aufnahmeleiter(in) *m(f)* FILM, TV régisseur *m* de plateau
Aufnahmeprüfung *f* examen *m* d'admission, d'entrée; concours *m*
Aufnahmestudio *n* FILM, TV studio *m*; salle *f* d'enregistrement
Aufnahmetaste *f* touche *f* d'enregistrement
Aufnahmetechnik *f* ⟨∼; ∼en⟩ FILM, PHOT technique *f* de la prise de vues, *akustische* de l'enregistrement (du son), de la prise de son
Aufnahmewagen *m* TV, RAD voiture *f*, car *m* de prise de vues *bzw* de prise de son; voiture *f*, car *m* de reportage
aufnehmen *v/t* ⟨*irr*⟩ **1.** *vom Boden* ramasser; *Gegenstand, Last* soulever; *fig Fährte* relever **2.** *Gäste* recevoir; accueillir **3.** *in e-e Organisation, Schule, Partei etc* admettre (*in* [+ *acc*] à, dans) **4.** *etw in sein Programm aufnehmen* prendre qc dans, (r)ajouter qc à son programme **5.** *Nahrung* prendre; absorber **6.** (*fassen*)

Ladungsmenge, Menschenmenge etc contenir; recevoir **7.** *geistig* retenir; assimiler **8.** *Nachricht* accueillir; *wie hat er die Nachricht aufgenommen?* comment a-t-il pris la nouvelle? **9.** *Kredit, Hypothek* prendre **10.** (*beginnen*) commencer **11.** *Kontakte* prendre; établir; *Verhandlungen* amorcer; engager; *diplomatische Beziehungen* entrer en; établir **12.** (*fotografieren*) prendre, faire une photo de; photographier; (*filmen*) filmer **13.** *auf Tonband* enregistrer (*auf* [+ *acc*] sur) **14.** *fig es mit j-m aufnehmen* rivaliser avec qn; défier qn
Aufnehmer *m* ⟨∼s; ∼⟩ *nordd* (*Scheuerlappen*) serpillière *f*
aufnötigen *v/t* *j-m etw aufnötigen* forcer, presser qn d'accepter qc; obliger qn à prendre qc
aufopfern *v/r* *sich aufopfern* se sacrifier (*für etw* à qc, *für j-n* pour qn); se dévouer (*für j-n* pour qn)
aufopfernd *adjt* *aufopfernde Pflege* soins dévoués
Aufopferung *f* ⟨∼⟩ dévouement *m*
aufopferungsvoll *adj* plein de dévouement
aufpäppeln ['aʊfpɛpəln] F *v/t* ⟨¢⟩ F remplumer; F requinquer
aufpassen *v/i* ⟨¢$⟩ *auf etw, j-n aufpassen* faire attention à qc, à qn; prendre garde à qc, à qn; surveiller qc, qn; F *aufgepasst!* attention!; *pass mal auf!* fais attention!
Aufpasser(in) *m* ⟨∼s; ∼⟩ (*f*) ⟨∼in; ∼innen⟩ **1.** *péj* surveillant(e) *m(f)* **2.** (*Wärter[in]*) garde *m*
aufpeitschen *v/t* **1.** *Meer* fouetter **2.** *fig Leidenschaften, Menschenmenge* exciter, galvaniser
aufpeppen F *v/t* donner du pep à
aufpflanzen F *v/r* ⟨¢$⟩ *sich vor j-m aufpflanzen* se planter, se camper devant qn
aufpicken *v/t* **1.** *Körner etc* picoter; picorer **2.** *öffnen* ouvrir à coups de bec
aufplatzen *v/i* ⟨¢$, sn⟩ éclater; *Sack* crever; *Wunde* se rouvrir
aufplustern I *v/t* gonfler **II** *v/r* *sich aufplustern* **1.** *Vögel* gonfler ses plumes; se hérisser **2.** *fig péj* se rengorger; faire la roue
aufpolieren *v/t* ⟨*sans ge*⟩ **1.** repolir **2.** F *fig Ansehen etc* redorer; *Kenntnisse* rafraîchir
aufprägen *v/t* *etw* (*auf etw* [*acc*]) *aufprägen* graver qc sur qc
Aufprall ['aʊfpral] *m* ⟨∼s; ∼e⟩ choc *m*, 'heurt *m* (*auf* [+ *acc* ou *dat*] contre)
aufprallen *v/i* ⟨sn⟩ (*auf etw* [*acc* ou *dat*]) *aufprallen* 'heurter, tamponner qc
Aufpreis *m* supplément *m*
aufpumpen *v/t* gonfler
aufputschen *v/t* exciter; stimuler; *pl/fort* doper
Aufputschmittel *n* stimulant *m*; excitant *m*; dopant *m*
aufquellen *v/i* ⟨*irr*, sn⟩ gonfler
aufraffen *v/r* **1.** *sich aufraffen* (*mit Mühe aufstehen*) se relever avec peine **2.** *fig sich aufraffen, etw zu tun* prendre son courage à deux mains pour faire qc
aufragen *v/i* se dresser; s'élever (très 'haut)
aufrappeln F *v/r* ⟨¢⟩ **1.** → *aufraffen* **2.** *Kranker sich wieder aufrappeln* F se retaper
aufrauen *v/t* rendre rugueux; *zur weiteren Bearbeitung* gratter légèrement
aufräumen I *v/t* ranger; mettre de l'ordre dans; *nach Unfall* déblayer **II** *v/i* **1.** mettre, faire de

l'ordre; ranger **2.** *fig* (*beseitigen*) **mit etw auf-räumen** faire table rase de qc
Aufräumungsarbeiten *f/pl* (travaux *m/pl* de) déblaiement *m*
aufrechnen *v/t* ⟨-e-⟩ compenser (**gegen** par; *a fig*)
aufrecht *adj u adv* **1.** (*aufgerichtet*) droit; debout; **aufrecht stehen** être debout; **aufrecht sitzen** être assis très droit; **sich** (**vor Müdigkeit** [*dat*]) **kaum noch aufrecht halten können** pouvoir à peine se tenir debout de fatigue; *fig* **diese Hoffnung hält mich noch aufrecht** cet espoir me fait vivre **2.** (*rechtschaffen*) droit; loyal
aufrechterhalten *v/t* ⟨*irr, sans ge*⟩ maintenir
Aufrechterhaltung *f* maintien *m*
aufregen I *v/t* énerver; agacer **II** *v/r* **sich** (**über etw, a** *j-n*) **aufregen** s'énerver (à cause de qc, de qn); s'irriter (de qc, contre qn)
aufregend *adj* excitant; *Roman, Film* palpitant; passionnant
Aufregung *f* agitation *f*; excitation *f*; énervement *m*; *j-n in Aufregung* (*acc*) **versetzen** mettre qn dans un état d'énervement; énerver, exciter qn
aufreiben ⟨*irr*⟩ **I** *v/t* **1.** (*vernichten*) anéantir **2.** (*zermürben*) user; épuiser; tuer **II** *v/r* **sich aufreiben** s'user; se tuer
aufreibend *adj* tuant; exténuant
aufreihen *v/t* **1.** *Perlen* enfiler **2.** *Gegenstände* ranger l'un à côté de l'autre; aligner
aufreißen ⟨*irr*⟩ **I** *v/t* **1.** *Tür* ouvrir (brusquement); **die Augen aufreißen** ouvrir de grands yeux; écarquiller les yeux; **den Mund aufreißen** ouvrir grand la bouche **2.** *Brief, Packung* ouvrir (rapidement) **3.** *mit Gewalt* déchirer; *Boden, Straße* défoncer **4.** F *Mädchen* F draguer **II** *v/i* ⟨sn⟩ *Wolkendecke, Naht* se déchirer
aufreizen *v/t* ⟨*¢ß*⟩ exciter; *sexuell a* provoquer; aguicher
aufreizend *adj* provocant (*Kleid, Dekolleté*)
aufrichten ⟨-e-⟩ **I** *v/t* **1.** redresser; relever; **den Oberkörper aufrichten** redresser le buste **2.** *fig* (*trösten*) consoler; réconforter; donner courage à **II** *v/r* **sich aufrichten 3.** se relever; se remettre debout **4.** *fig* (*wieder Mut fassen*) reprendre courage
aufrichtig *adj* sincère; *Person a* franc; droit
Aufrichtigkeit *f* sincérité *f*; franchise *f*
Aufriss *m* **1.** (*kurzer Überblick*) esquisse *f* **2.** ARCH, TECH élévation *f*
aufritzen *v/t* ⟨*¢ß*⟩ érafler; égratigner
aufrollen *v/t* **1.** (*zusammenrollen*) enrouler; rouler **2.** (*auseinanderrollen*) dérouler **3.** *fig Frage* soulever; **e-n Prozess wieder aufrollen** reprendre un procès
aufrücken *v/i* ⟨sn⟩ **1.** (*vorrücken*) (s')avancer; (*aufschließen*) serrer les rangs **2.** *fig* (*befördert werden*) accéder (**in** [+ *acc*] à); *im Dienstgrad* monter en grade
Aufruf *m* appel *m* (**an** [+ *acc*] à; *a fig*)
aufrufen *v/t* ⟨*irr*⟩ appeler (**zu etw** à faire qc)
Aufruhr ['aufruːr] *m* ⟨*∼s; ∼e*⟩ **1.** (*Auflehnung*) émeute *f*; révolte *f* **2.** *fig* (*Erregung*) agitation *f*; tumulte *m*; *j-n in Aufruhr* (*acc*) **versetzen** bouleverser qn; **die ganze Stadt war in Aufruhr** (*dat*) toute la ville était en ébullition, en effervescence

aufrühren *v/t* **1.** remuer **2.** *Vergangenheit etc* réveiller; raviver; **alte Geschichten wieder aufrühren** remettre de vieilles histoires sur le tapis
Aufrührer *m* ⟨*∼s; ∼*⟩ émeutier *m*; séditieux *m*
aufrührerisch *adj* révolté; séditieux
aufrunden *v/t* ⟨-e-⟩ arrondir (**auf** [+ *acc*] à)
aufrüsten ⟨-e-⟩ **I** *v/t* armer; (*wieder aufrüsten*) réarmer **II** *v/i* s'armer; se réarmer
Aufrüstung *f* armements *m/pl*; réarmement *m*
aufrütteln *v/t* ⟨*¢*⟩ secouer; *fig* **j-n aus s-r Gleichgültigkeit** *etc* **aufrütteln** arracher qn à, faire sortir qn de son indifférence, *etc*
aufs [aufs] = **auf das**
aufsagen *v/t* réciter
aufsammeln *v/t* ⟨*¢*⟩ ramasser
aufsässig ['aufzɛsɪç] *adj* récalcitrant; rebelle
Aufsässigkeit *f* ⟨*∼*⟩ caractère récalcitrant, rebelle
Aufsatz *m* **1.** (*Schulaufsatz*) rédaction *f*; *in der Oberstufe* dissertation *f*; **e-n Aufsatz schreiben** faire une rédaction *bzw* une dissertation **2.** (*aufgesetzter Teil*) élément supérieur
Aufsatzheft *n* cahier *m* de rédactions
Aufsatzthema *n* sujet *m* de rédaction, *in der Oberstufe* de dissertation
aufsaugen *v/t Flüssigkeit* absorber (*a fig*); TECH aspirer (*a Gas, Staub*)
aufschauen *v/i* → **aufblicken**
aufschäumen I *v/t* TECH faire mousser **II** *v/i* ⟨sn ou h⟩ *Wasser, Meer* écumer; *Seife, Getränk* mousser
aufscheinen *v/i* ⟨*irr*, sn⟩ **1.** *st/s* (*aufleuchten*) s'allumer; briller **2.** *österr* (*erscheinen*) apparaître; faire son apparition
aufscheuchen *v/t* **1.** *Vögel, Wild* effrayer; effaroucher **2.** F *fig* (*beunruhigen*) effrayer
aufscheuern *v/r* **sich** (*dat*) **die Haut aufscheuern** s'écorcher la peau
aufschichten *v/t* ⟨-e-⟩ empiler; disposer par *od* en couches
aufschieben *v/t* ⟨*irr*⟩ **1.** ouvrir; faire glisser **2.** (*zeitlich verschieben*) remettre; reporter; ajourner
aufschiebend *adj* JUR dilatoire; suspensif; **aufschiebende Wirkung** effet suspensif
aufschießen *v/i* ⟨*irr*, sn⟩ **1.** *Flammen etc* jaillir; s'élever (brusquement) **2.** *Unkraut, Pilz etc* pousser vite; *Kind* pousser, grandir vite; **ein lang aufgeschossenes Mädchen** une fille toute en longueur
Aufschlag *m* **1.** (*Preisaufschlag*) majoration *f*; augmentation *f*; supplément *m* **2.** (*Aufprall*) 'heurt *m*; choc *m* **3.** TENNIS service *m*; **Aufschlag haben** servir **4.** *an Ärmeln, Hosen* revers *m*
aufschlagen ⟨*irr*⟩ **I** *v/t* **1.** *Gerüst, Zelt* monter; dresser; *Lager* établir **2.** *Augen, Buch etc* ouvrir; **Seite 21 aufschlagen** ouvrir à la page 21 **3.** *Ei, Nuss* casser **4.** *Mantelkragen* remonter; *Ärmel* retrousser **5.** COMM **bei e-e Ware zwanzig Cent aufschlagen** majorer une marchandise de vingt cents **II** *v/i* **6.** ⟨h ou sn⟩ *Preise etc* augmenter (**um** de) **7.** ⟨sn⟩ (*aufprallen*) (**auf etw** [*dat ou acc*]) **aufschlagen** 'heurter (qc) **8.** TENNIS servir **III** *v/r* **sich** (*dat*) **das Knie aufschlagen** se blesser au genou
Aufschlagfehler *m* TENNIS faute *f* de service

Aufschlaglinie *f* TENNIS ligne *f* de service
aufschlecken *v/t* lécher
aufschließen ⟨*irr*⟩ **I** *v/t* ouvrir (avec une clé) **II** *v/i* (*aufrücken*) se pousser (d'une place); *Truppen* serrer les rangs; SPORT *zu j-m aufschließen* rejoindre qn
aufschlitzen *v/t* ⟨*¢$*⟩ *Briefumschlag* ouvrir (à l'aide d'un couteau); *j-m den Bauch aufschlitzen* éventrer qn
aufschluchzen *v/i* ⟨*¢$*⟩ éclater en sanglots
Aufschluss *m* (*Aufklärung*) éclaircissement *m*; explication *f*; (*Auskunft*) renseignement *m*
aufschlüsseln *v/t* ⟨*¢*⟩ répartir (*nach Berufen* suivant la profession)
aufschlussreich *adj* révélateur (*für etw* de qc); (*lehrreich*) instructif
aufschnappen *v/t* **1.** (*auffangen*) attraper; 'happer **2.** F *fig Wort* entendre; F pêcher
aufschneiden ⟨*irr*⟩ **I** *v/t* **1.** (*öffnen*) couper; ouvrir **2.** *Wurst* couper en tranches; *Fleisch* découper **II** *v/i* (*prahlen*) se vanter; fanfaronner
Aufschneider(in) *m(f) péj* vantard(e) *m(f)*; frimeur, -euse *m,f*
Aufschneiderei *f* ⟨*~; ~en*⟩ vantardise *f*; frime *f*
Aufschnitt *m* (*Wurstaufschnitt*) assortiment *m* de charcuterie; (*Käseaufschnitt*) assortiment *m* de fromages
aufschnüren *v/t Paket* défaire; déficeler; *Schuhe* délacer
aufschrammen *v/r sich* (*dat*) *die Haut aufschrammen* s'écorcher la peau
aufschrauben *v/t* **1.** (*losschrauben*) dévisser **2.** (*befestigen*) *etw auf etw* (*acc*) *aufschrauben* visser qc sur qc
aufschrecken **I** *v/t* effrayer; faire sursauter; *j-n aus dem Schlaf aufschrecken* réveiller qn en sursaut **II** *v/i* ⟨*schreckt ou* schrickt auf, schreckte *ou* schrak auf, aufgeschreckt, sn*⟩ sursauter; *aus s-n Gedanken aufschrecken* être tiré brutalement de ses pensées; *aus dem Schlaf aufschrecken* se réveiller en sursaut
Aufschrei *m* (grand) cri; exclamation *f*; *bes e-r Menge* clameur *f*
aufschreiben *v/t* ⟨*irr*⟩ noter; mettre par écrit; prendre note de; (*sich* [*dat*]) *etw aufschreiben* noter qc
aufschreien *v/i* ⟨*irr*⟩ pousser un *od* des cri(s)
Aufschrift *f* inscription *f*
Aufschub *m* délai *m*; retard *m*; *des Strafvollzugs* sursis *m*; (*Zahlungsaufschub*) (prolongation *f* du) délai *m*; *keinen Aufschub dulden* être urgent
aufschürfen *v/r sich* (*dat*) *das Knie aufschürfen* s'érafler le genou
aufschütten *v/t* ⟨-e-⟩ **1.** mettre, verser (*auf* [+ *acc*] sur) **2.** *Straße, Damm* remblayer
aufschwatzen, *regional* **aufschwätzen** F *v/t* ⟨*¢$* ⟩ *j-m etw aufschwatzen, aufschwätzen* F refiler qc à qn
aufschwemmen *v/t* boursoufler; enfler; *aufgeschwemmtes Gesicht* visage bouffi
aufschwingen *v/r* ⟨*irr*⟩ **1.** → *aufraffen* **2.** (*e-e Rolle übernehmen*) *sich zum Richter aufschwingen* s'ériger en juge
Aufschwung *m bes* ÉCON essor *m*; *wirtschaftlicher Aufschwung* essor économique; *st/s j-m wieder neuen Aufschwung geben* re-

aufsehen *v/i* ⟨*irr*⟩ → *aufblicken*
Aufsehen *n* ⟨*~s*⟩ sensation *f*; *Aufsehen erregen* faire sensation; *Aufsehen erregend* → *aufsehenerregend*
aufsehenerregend *adj* sensationnel
Aufseher(in) *m(f)* gardien, -ienne *m,f* (*im Gefängnis* de prison, *im Museum* de musée); surveillant(e) *m(f)*
aufsein → *auf*
aufseiten *prép* ⟨*gén*⟩ du côté de
aufsetzen ⟨*¢$*⟩ **I** *v/t* **1.** *Hut, Brille* mettre; *fig Miene* prendre **2.** (*aufs Feuer setzen*) mettre sur le feu **3.** (*aufnähen*) mettre; poser **4.** (*verfassen*) rédiger; *Vertrag a* libeller **5.** *auf e-e Unterlage etw* (*auf etw* [*acc*]) *aufsetzen* poser qc sur qc; *den Fuß aufsetzen* poser le pied **II** *v/i* (*landen*) toucher terre; atterrir (*auf* [+ *dat*] sur) se poser (sur) **III** *v/r sich aufsetzen* se mettre, se dresser sur son séant
Aufsetzer *m* SPORT ballon *m* qui rebondit
Aufsicht *f* **1.** (*Überwachung*) surveillance *f*; *unter ärztlicher Aufsicht stehen* être placé sous surveillance médicale; (*die*) *Aufsicht haben od führen* être de surveillance, de garde **2.** (*Aufsichtsperson*) surveillant(e) *m(f)*
Aufsichtsamt *n Behörde* inspection *f*
Aufsichtsperson *f* surveillant(e) *m(f)*
Aufsichtspersonal *n* personnel *m* de surveillance
Aufsichtspflicht *f* ⟨*~*⟩ JUR devoir *m* de surveillance
Aufsichtsrat *m e-r AG* conseil *m* de surveillance
Aufsichtsratmitglied *n e-r AG* membre *m* du conseil de surveillance
Aufsichtsratsvorsitzende(r) *f(m) e-r AG* président(e) *m(f)* du conseil de surveillance
aufsitzen *v/i* ⟨*irr*⟩ **1.** ⟨*sn*⟩ *auf ein Reittier* monter en selle; *auf ein Pferd a* monter à cheval; *auf ein Fahrzeug* monter derrière **2.** *fig j-m, e-r Sache aufsitzen* ⟨*sn*⟩ F se faire avoir par qn, par qc; *j-n aufsitzen lassen* ⟨*h*⟩ faire faux bond à qn; F laisser qn en plan
aufspalten *v/t* (*u v/r*) ⟨*irr ou régulier*⟩ (*sich aufspalten* se) diviser (*in* [+ *acc*] en; *a fig*)
Aufspaltung *f* division *f* (*a fig*)
aufspannen *v/t Regenschirm* ouvrir; *Sprungtuch* tendre
aufsparen *v/t* garder; réserver
aufsperren *v/t* **1.** F ouvrir tout grand; *Augen a* écarquiller **2.** (*aufschließen*) ouvrir (avec une clé)
aufspielen **I** *v/i* (*Musik machen*) jouer; *zum Tanz aufspielen* jouer de la musique de danse **II** F *péj v/r sich* (*vor j-m*) *aufspielen* faire l'important (devant qn); se la jouer; *sich als Held aufspielen* jouer au héros
aufspießen *v/t* ⟨*¢$*⟩ piquer; *mit Gabel, Spieß, Hörnern* embrocher
aufsplittern *v/t* (*u v/r sich aufsplittern*) *Land, Partei etc* (se) morceler; *fig* ([*sich*] *spalten*) (se) diviser
Aufsplitterung *f* ⟨*~; ~en*⟩ morcellement *m*; *fig* (*Spaltung*) division *f*
aufsprengen *v/t* faire sauter
aufspringen *v/i* ⟨*irr*, sn⟩ **1.** (*hochspringen*) se lever d'un bond; bondir **2.** *auf etw* (*acc*) *auf*

springen sauter sur qc; **auf e-e Straßenbahn aufspringen** sauter dans un tramway **3.** *Tür* s'ouvrir (brusquement); *Deckel* sauter **4.** *Haut, Lippen* (se) gercer **5.** *Ball* rebondir

aufspritzen *v/i* ⟨¢♯, sn⟩ jaillir

aufsprühen *v/t etw* (*auf etw* [*acc*]) **aufsprühen** vaporiser qc sur qc

aufspulen *v/t* (em)bobiner

aufspüren *v/t* dépister (*a fig*)

aufstacheln *v/t* ⟨¢⟩ exciter; **j-n zum Widerstand aufstacheln** pousser, exciter qn à la résistance

aufstampfen *v/i* **mit dem Fuß aufstampfen** frapper le sol du pied

Aufstand *m* soulèvement *m*; révolte *f*

aufständisch [ˈaʊfʃtɛndɪʃ] *adj* insurgé; révolté

Aufständische(r) *m* ⟨→ A⟩ insurgé *m*

aufstapeln *v/t* ⟨¢⟩ empiler; mettre en pile

aufstauen **I** *v/t* retenir **II** *v/r* **sich aufstauen** s'accumuler (*a fig*)

aufstechen *v/t* ⟨*irr*⟩ percer; crever

aufstecken **I** *v/t* **1.** *Haar* relever **2.** *etw* (*auf etw* [*acc*]) **aufstecken** *Ring* mettre, passer qc (à qc) **3.** F (*aufgeben*) renoncer à; F laisser tomber **II** F *v/i* F laisser tomber; abandonner

aufstehen *v/i* ⟨*irr*⟩ **1.** ⟨sn⟩ se lever; **beim Aufstehen** au lever; au saut du lit **2.** ⟨h⟩ (*offen stehen*) être ouvert

aufsteigen *v/i* ⟨*irr*, sn⟩ **1.** *Ballon, Rauch* monter; s'élever; *Flugzeug* décoller; s'envoler **2.** *aufs Rad, Pferd, zum Gipfel* (*auf etw* [*acc*]) **aufsteigen** monter (à, sur qc) **3.** *st/s fig Erinnerungen, Zweifel* surgir; *Angst* monter **4.** *beruflich* avancer (en grade); s'élever (*zu* à); SPORT monter en division supérieure

Aufsteiger *m* ⟨~s; ~⟩ **1.** F *sozialer* personne arrivée, qui a réussi **2.** SPORT équipe montée en division supérieure

aufstellen **I** *v/t* **1.** (*hinstellen*) mettre; placer; disposer (*in e-m Raum* dans une pièce); *Möbel* installer **2.** (*aufbauen*) *Gerüst* dresser; monter; *Denkmal* ériger; élever; *Maschine, Zelt* monter **3.** (*aufrecht hinstellen*) relever; redresser **4.** *Posten, Wache* mettre; placer; poster; *Kandidaten* présenter; *Mannschaft, Armee* former; mettre sur pied **5.** *Etat, Programm, Regel* établir; *Hypothese* faire; formuler; *Gleichung* poser; **e-e Behauptung aufstellen** avancer une affirmation **II** *v/r* **sich aufstellen** se poster; se placer; **sich hintereinander aufstellen** se ranger les uns derrière les autres

Aufstellung *f* **1.** *von Möbeln* installation *f*; *e-r Maschine, e-s Gerüsts* montage *m*; *e-s Denkmals* élévation *f* **2.** *e-r Wache* mise *f* en place; *e-s Kandidaten* présentation *f*; *e-r Mannschaft* formation *f*; mise *f* sur pied **3.** (*Erstellung*) établissement *m* **4.** (*Liste*) liste *f*; (*Tabelle*) tableau *m*

aufstemmen *v/t Kiste etc* ouvrir à l'aide d'une pince-monseigneur

Aufstieg [ˈaʊfʃtiːk] *m* ⟨~¢s; ~e⟩ **1.** *zum Gipfel* montée *f* (*zu* à); ascension *f* (à) **2.** *fig beruflicher* promotion *f*; *in e-e höhere Gehaltsgruppe* avancement *m*; SPORT montée *f* en division supérieure

Aufstiegschance *f im Beruf* chance *f* d'avancement, de promotion; SPORT chance *f* de se qua-

lifier, de monter en division supérieure

Aufstiegsmöglichkeiten *f/pl im Beruf* chances *f/pl* d'avancement, de promotion

Aufstiegsspiel *n* SPORT match *m* de qualification

aufstöbern *v/t* **1.** débusquer; (faire) lever **2.** *fig* (*entdecken*) dénicher

aufstocken *v/t* **1.** *Haus* surélever **2.** *Kapital* augmenter (*um* de)

aufstöhnen *v/i* pousser un gémissement; gémir

aufstören *v/t* **1.** *Tier* effaroucher **2.** **j-n aufstören** déranger qn (*aus dem Schlaf* dans son sommeil)

aufstoßen ⟨*irr*⟩ **I** *v/t* **1.** *Tür etc* ouvrir (d'un coup de pied, *etc*) **2.** **sich** (*dat*) **das Knie** *etc* **aufstoßen** se cogner le genou, *etc* **II** *v/i* éructer; avoir des renvois; *Säugling* faire son rot; **j-m stößt etw auf** ⟨sn⟩ qc donne des renvois à qn; F *fig etw stößt j-m auf* ⟨sn⟩ qc frappe qn

aufstrebend *adj Person* (plein) d'avenir; **aufstrebende Industrie** industrie *f* en plein développement

Aufstrich *m* beurre *m*, confiture *f*, pâté *m*, *etc* (à tartiner)

aufstützen ⟨¢♯⟩ **I** *v/t etw* (*auf etw* [*acc ou dat*]) **aufstützen** appuyer qc sur qc **II** *v/r* **sich mit den Ellbogen aufstützen** s'accouder (*auf* [+ *acc*] à)

aufsuchen *st/s v/t Person* aller voir; rendre visite à; *Arzt* (aller) consulter; *Ort* aller à

auftakeln F *péj v/r* ⟨¢⟩ **sich auftakeln** se harnacher; s'accoutrer

Auftakt *m* ouverture *f*; prélude *m* (*zu* à); **den Auftakt zu etw bilden** ouvrir qc; préluder à qc

auftanken **I** *v/t Flugzeug* ravitailler; **das Auto auftanken** faire le plein (d'essence) **II** *v/i beim Auto* faire le plein; *beim Flugzeug* se ravitailler (en carburant)

auftauchen *v/i* ⟨sn⟩ **1.** émerger; apparaître (à la surface); faire surface **2.** *fig* (*sichtbar werden*) apparaître; surgir **3.** (*gefunden werden*) réapparaître; être retrouvé

auftauen **I** *v/t Schnee, Eis* faire fondre; *Tiefkühlkost* décongeler **II** *v/i* ⟨sn⟩ **1.** *Eisdecke* fondre; *Tiefkühlkost, See* dégeler; *Erde* (se) dégeler **2.** *fig* se dégeler; sortir de sa réserve

aufteilen *v/t* **1.** (*verteilen*) partager **2.** (*einteilen*) répartir, diviser (*in Gruppen* [*acc*] en groupes)

Aufteilung *f* partage *m*; répartition *f*

auftischen *v/t* (*j-m*) **etw auftischen** servir qc (à qn); F *fig Lügen etc* raconter, débiter qc (à qn)

Auftrag [ˈaʊftraːk] *m* ⟨~¢s; -träge⟩ **1.** (*Weisung*) mission *f*; ordre *m*; **j-m den Auftrag erteilen, etw zu tun** charger qn, donner l'ordre à qn de faire qc; **im Auftrag von** od (+ *gen*) par ordre de; sur (l')ordre de; (*im Namen*) au nom de **2.** COMM (*Bestellung*) commande *f*; ordre *m*; **etw in Auftrag geben** passer commande de qc; commander qc **3.** FIN ordre *m*; **im Auftrag von** od (+ *gen*) pour le compte de

auftragen ⟨*irr*⟩ **I** *v/t* **1.** *st/s Speise* servir **2.** *Farbe, Salbe* **etw** (*auf etw* [*acc*]) **auftragen** mettre, étaler qc sur qc **3.** *Kleidungsstücke* finir d'user; user **4.** **j-m etw auftragen** charger qn de faire qc **II** *v/i* **5.** *Kleid* grossir **6.** F **dick auftragen** (*übertreiben*) exagérer; en rajouter

Auftraggeber(in) *m* ⟨~s; ~⟩ (*f*) ⟨~in; ~innen⟩ COMM donneur *m* d'ordre; JUR mandant(e)

m(f); commettant(e) *m(f)*; (*Kunde*) client(e) *m(f)*

Auftragnehmer(in) *m* ⟨∼s; ∼⟩ (*f*) ⟨∼in; ∼innen⟩ preneur *m* de commande; (*Lieferant[in]*) fournisseur *m*

Auftragsbestätigung *f* confirmation *f* de commande

Auftragsbuch *n* livre *m* des commandes

auftragsgemäß I *adj* conforme à l'ordre (de) **II** *adv* suivant l'ordre (de); conformément à l'ordre (de)

Auftragslage *f* ⟨∼⟩ rentrée *f* de commandes

Auftragsrückgang *m* régression *f* des commandes

auftreffen *v/i* ⟨*irr*, sn⟩ **auf etw** (*acc*) **auftreffen** 'heurter, rencontrer qc; *Strahlen* tomber sur, rencontrer qc

auftreiben F *v/t* ⟨*irr*⟩ (*ausfindig machen*) dénicher; F dégot(t)er

auftrennen *v/t* découdre

auftreten *v/i* ⟨*irr*, sn⟩ **1.** poser le pied (sur le sol) **2.** (*die Bühne betreten*) entrer en scène; apparaître sur (la) scène **3.** *als Schauspieler, Künstler* jouer; se produire **4.** (*in Erscheinung treten*) **als ... auftreten** se présenter comme ... **5.** (*sich verhalten*) se montrer **6.** *Schwierigkeiten etc* apparaître; surgir **7.** *Krankheit* survenir; se manifester

Auftreten *n* ⟨∼s⟩ **1.** (*Benehmen*) manières *f/pl*; présentation *f* **2.** *in der Öffentlichkeit* apparition *f*; entrée *f* en scène **3.** *von Schwierigkeiten* apparition *f*

Auftrieb *m* **1.** PHYS poussée (verticale); AVIAT force ascensionnelle **2.** *fig* élan *m*; encouragement *m*; **j-m Auftrieb geben** encourager qn

Auftritt *m* **1.** THÉ *e-s Schauspielers* entrée *f* en scène **2.** THÉ *Akteinteilung* scène *f* **3.** *e-s Künstlers, Sängers* apparition *f* sur scène

auftrumpfen *v/i* étaler sa supériorité

auftun ⟨*irr*⟩ **I** F *v/t* (*entdecken*) dénicher **II** *st/s v/r* **sich auftun** *Abgrund etc* s'ouvrir (*a fig*)

auftürmen I *v/t* **auftürmen** (*zu*) empiler (en); entasser (en) **II** *v/r* **sich** (*vor j-m*) **auftürmen** *Berge, Schwierigkeiten* se dresser, s'élever (devant qn)

aufwachen *v/i* ⟨sn⟩ se réveiller (**aus** de)

Aufwachen *n* réveil *m*; **beim Aufwachen** au réveil

aufwachsen *v/i* ⟨*irr*, sn⟩ grandir

aufwallen *v/i* ⟨sn⟩ **1.** *Wasser* bouillir **2.** *st/s fig Zorn, Hass* **in j-m aufwallen** monter en qn

Aufwand ['aufvant] *m* ⟨∼¢s⟩ **1.** (*Ausgaben*) frais *m/pl*; dépenses *f/pl*; **mit geringem Aufwand** à peu de frais **2.** (*Einsatz*) dépense *f*; **Aufwand an Zeit** dépense de temps **3.** (*Verschwendung*) luxe *m*; **großen Aufwand mit etw treiben** dépenser beaucoup de temps et d'argent pour qc

aufwändig *adj* → **aufwendig**

Aufwandsentschädigung *f* indemnité *f* de frais (de représentation)

aufwärmen I *v/t* réchauffer **II** *v/r* **sich aufwärmen** se réchauffer; SPORT s'échauffer

aufwarten *v/i* ⟨-e-⟩ **mit etw aufwarten** présenter qc; **mit e-r Neuigkeit aufwarten** raconter une nouvelle

aufwärts *adv* vers le *od* en 'haut; en montant; *fig* **vom Hauptmann** (**an**) **aufwärts** à partir du

capitaine; → **aufwärtsführen, aufwärtsgehen**

Aufwärtsbewegung *f* mouvement ascendant

Aufwärtsentwicklung *f* progression *f*; *pl/fort* essor *m*

aufwärtsführen *v/i Weg* monter; conduire en 'haut

aufwärtsgehen *v/i/imp* ⟨*irr*, sn⟩ **mit uns geht es aufwärts** *wirtschaftlich, gesundheitlich* nous allons mieux, de mieux en mieux

Aufwärtstrend *m* tendance *f* à la hausse

Aufwartung *st/s f* **j-m s-e Aufwartung machen** *litt* aller rendre ses devoirs à qn

Aufwasch ['aufvaʃ] *m* ⟨∼¢s⟩ *regional* → **Abwasch**; F *das machen wir in einem Aufwasch* on fera ça en une seule fois, dans la foulée

aufwecken *v/t* réveiller

aufweichen I *v/t* ramollir; *durch Regen* détremper **II** *v/i* ⟨sn⟩ (se) ramollir

aufweisen *v/t* ⟨*irr*⟩ (*zeigen*) montrer; (*bieten*) présenter

aufwenden *v/t* ⟨*irr ou régulier*⟩ *Einfluss, Mühe, Fleiß* mettre en œuvre; déployer; *Zeit, Geld* dépenser; consacrer

aufwendig *adj* (*kostspielig*) coûteux

Aufwendung *f* **1.** *von Fleiß etc* mise *f* en œuvre; déploiement *m*; *von Zeit, Geld* dépense *f*; **unter Aufwendung s-r ganzen Kräfte** en déployant toutes ses forces **2.** *meist pl* **Aufwendungen** (*Ausgaben*) dépenses *f/pl*

aufwerfen *v/t* ⟨*irr*⟩ **1.** *Damm, Wall* élever; remblayer **2.** *fig Fragen, Probleme* soulever

aufwerten *v/t* ⟨-e-⟩ FIN réévaluer; revaloriser (*a fig*)

Aufwertung *f* FIN réévaluation *f*; revalorisation *f* (*a fig*)

aufwickeln *v/t* ⟨¢⟩ enrouler; (*aufspulen*) embobiner; **j-m, sich** (*dat*) **die Haare aufwickeln** mettre à qn, se mettre des rouleaux *od* bigoudis

aufwiegeln ['aufvi:gəln] *v/t* ⟨¢⟩ inciter à la révolte, à la rébellion

aufwiegen *v/t* ⟨*irr*⟩ compenser; contrebalancer

Aufwiegler(in) *m* ⟨∼s; ∼⟩ (*f*) ⟨∼in; ∼innen⟩ agitateur, -trice *m,f*

aufwieglerisch *adj* agitateur; séditieux

Aufwind *m* **1.** MÉTÉO, AVIAT courant d'air ascendant, ascensionnel **2.** *fig* (**durch etw**) **Aufwind bekommen** être encouragé (par qc)

aufwirbeln ⟨¢⟩ **I** *v/t* soulever (des tourbillons de); faire tourbillonner **II** *v/i* ⟨sn⟩ s'élever en tourbillons; tourbillonner

aufwischen *v/t* essuyer

Aufwischlappen *m*, **Aufwischtuch** *n* ⟨∼¢s; -tücher⟩ serpillière *f*

aufwühlen *v/t* **1.** *Erde* fouiller; *Meer* démonter **2.** *fig seelisch* bouleverser; retourner

aufzählen *v/t* énumérer

Aufzählung *f* énumération *f*

aufzäumen *v/t Pferd* mettre la bride à; F *fig etw verkehrt aufzäumen* s'y prendre mal, de travers

aufzehren *st/s* **I** *v/t* **1.** *Vorräte* épuiser; *Ersparnisse, Vermögen* dépenser **2.** *fig Kraft, Energie* épuiser **II** *v/r* **sich aufzehren** *Mensch st/s* se consumer

aufzeichnen *v/t* ⟨-e-⟩ **1.** (*zeichnen*) dessiner; tracer **2.** (*notieren*) noter **3.** RAD, TV enregistrer *e-e Sendung aufzeichnen* enregistrer une émission

Aufzeichnung *f* **1.** *auf Magnetband* enregistrement *m* **2.** RAD, TV émission *f* en différé; *als Aufzeichnung senden* diffuser en différé **3.** *pl Aufzeichnungen* (*Notizen*) notes *f*/*pl*; *sich* (*dat*) *Aufzeichnungen machen* prendre des notes

aufzeigen *v/t* mettre en évidence; montrer

aufziehen ⟨*irr*⟩ **I** *v/t* **1.** *Vorhang, Schublade* ouvrir **2.** *etw auf etw* (*acc*) *aufziehen Saiten* monter qc sur qc; *Bilder auf Pappe etc* coller qc sur qc **3.** *Uhr* remonter **4.** (*großziehen*) élever **5.** F (*necken*) *j-n* (*mit od wegen etw*) *aufziehen* charrier qn, F se ficher de qn, mettre qn en boîte (à cause de qc) **II** *v/i* ⟨*sn*⟩ **6.** *Posten, Wache* prendre la garde **7.** *Gewitter* se préparer

Aufzucht *f* élevage *m*

Aufzug *m* **1.** (*Fahrstuhl*) ascenseur *m* **2.** THÉ acte *m* **3.** *péj* (*Kleidung*) accoutrement *m*

aufzwingen *v/i* ⟨*irr*⟩ *j-m etw aufzwingen* imposer qc à qn; *Speise* forcer qn à prendre qc

Augapfel *m* globe *m* oculaire; *etw wie s-n Augapfel hüten* tenir à qc comme à la prunelle de ses yeux

Auge ['augə] *n* ⟨~s; ~n⟩ **1.** œil *m*; **a**) *mit adj blaue Augen haben* avoir les yeux bleus; *fig ein blaues Auge haben* avoir un œil au beurre noir, un œil poché; F *fig mit einem blauen Auge davonkommen* l'échapper belle; *große Augen machen* ouvrir de grands yeux; écarquiller les yeux; *gute, schlechte Augen haben* avoir de bons, de mauvais yeux; F *fig j-m schöne Augen machen* faire les yeux doux à qn; F *da blieb kein Auge trocken* tous rirent aux larmes; *vor Rührung* tous les yeux se mouillèrent d'émotion **b**) *mit Verben endlich gingen ihm die Augen auf* enfin ses yeux se dessillèrent; *j-m Auge in Auge gegenüberstehen* se trouver en face de qn; *ein Auge auf j-n haben* surveiller qn; jeter (de temps en temps) un coup d'œil sur qn; F *fig hast du keine Augen im Kopf?* tu es aveugle?; ouvre tes yeux!; F t'as donc pas les yeux en face des trous!; F *da wird sie* (*aber*) *Augen machen* elle en fera des grands yeux; *fig die Augen offen halten* ouvrir l'œil; F *ein Auge auf j-n, etw werfen* jeter son dévolu sur qn, sur qc; avoir des vues sur qn, sur qc; F *fig ein Auge, p/fort beide Augen zudrücken* fermer les yeux (*bei etw* sur qc) **c**) *mit prép* *man sieht es ihm an den Augen an* on le voit à *bzw* dans ses yeux; *j-n, etw nicht aus den Augen lassen* ne pas quitter qn, qc des yeux; *j-n aus den Augen verlieren* perdre qn de vue; *j-n, etw im Auge behalten* ne pas perdre qn, qc de vue; *fig in meinen Augen* à mes yeux; *fig ins Auge fallen, springen* sauter aux yeux; crever les yeux; *sich in die Augen sehen* se regarder dans les yeux; *der Gefahr ins Auge sehen* regarder le danger en face; *fig etw ins Auge fassen* envisager qc; F *fig ins Auge gehen* (*misslingen*) rater; *mit e-m lachenden und e-m weinenden Auge* pleurant d'un œil et riant de l'autre; *mit eigenen Augen* de mes, tes *etc* (propres) yeux; *unter vier Augen* en tête à tête; entre quatre yeux; *vor aller Augen* à la vue de tous; *j-m etw vor Augen führen od halten* montrer

qc à qn; *etw vor Augen haben* avoir qc devant *od* sous les yeux **2.** *e-s Würfels* point *m*

äugen ['ɔygən] *v/i* regarder (d'un air interrogateur)

Augenarzt *m*, **Augenärztin** *f* oculiste *m,f*; ophtalmologiste *m,f*; ophtalmologue *m,f*

Augenbinde *f* bandeau *m* (pour les yeux)

Augenblick ['augənblɪk *ou* augən'blɪk] *m* moment *m*; instant *m*; *im Augenblick* (*gegenwärtig*) en ce moment; (*vorerst*) pour l'instant, le moment; *in diesem Augenblick* à ce moment (-là); à cet instant; *in dem Augenblick, wo ...* au moment où ...; *e-n Augenblick, bitte!* un moment, s'il vous plaît!

augenblicklich I *adj* **1.** (*gegenwärtig*) actuel; présent **2.** (*vorübergehend*) momentané **3.** (*unverzüglich*) immédiat; instantané **II** *adv* **4.** (*sofort*) à l'instant; immédiatement **5.** (*zurzeit*) en ce moment; pour l'instant

Augenbraue *f* sourcil *m*

Augenbrauenstift *m* crayon *m* à sourcils

Augendruck *m* ⟨~₡s⟩ tension *f* oculaire

Augenentzündung *f* inflammation *f* de l'œil; *sc* ophtalmie *f*

Augenfarbe *f* couleur *f* des yeux

Augenheilkunde *f* ophtalmologie *f*

Augenhöhe *f* *in Augenhöhe* à la hauteur des yeux

Augenhöhle *f* orbite *f* (de l'œil)

Augeninnendruck *m* tension *f* oculaire

Augenklappe *f* bandeau *m* (sur l'œil)

Augenlicht *st/s n* vue *f*

Augenlid *n* paupière *f*

Augen-Make-up *n* maquillage *m* des yeux

Augenmaß *n* *nach Augenmaß* à vue d'œil; à vue de nez; *ein gutes, schlechtes Augenmaß haben* avoir, ne pas avoir le coup d'œil *od* le compas dans l'œil

Augenmerk ['augənmɛrk] *n* ⟨~₡s⟩ *sein Augenmerk auf etw* (*acc*) *richten* fixer son attention, ses regards sur qc

Augenoptiker(in) *m*(*f*) opticien, -ienne *m,f*

Augenschein *st/s m* (*Eindruck*) apparence(s) *f*(*pl*); (*Betrachtung*) examen *m*; *etw, j-n in Augenschein nehmen* examiner, inspecter qc; *dem Augenschein nach* selon toute apparence

augenscheinlich *st/s adj* visible; manifeste; évident

Augentropfen *m*/*pl* gouttes *f*/*pl* pour les yeux

Augenweide *f* plaisir *m* des yeux; régal *m* pour les yeux

Augenwischerei *f* ⟨~⟩ *das ist* (*reine*) *Augenwischerei* F c'est de la frime

Augenzeuge *m*, **Augenzeugin** *f* témoin *m* oculaire

Augenzeugenbericht *m* récit *m* de témoins oculaires

Augenzwinkern *n* ⟨~s⟩ clignement *m* d'yeux

augenzwinkernd *advt* en faisant, *fig* avec un clin d'œil

August [au'gust] *m* ⟨~₡s *ou* ~;˙~e⟩ (mois *m* d')août *m*; → *Januar*

Auktion [auktsi'o:n] *f* ⟨~; ~en⟩ vente *f* aux enchères

Auktionator *m* ⟨~s; -toren⟩ commissaire-priseur *m*

Aula ['aula] *f* ⟨~; ~s *ou* -len⟩ salle *f* des fêtes

Au-pair-Aufenthalt [oˈpɛːr-] *m* séjour *m* au pair
Au-pair-Mädchen *n* jeune fille *f* au pair
Au-pair-Stelle *f* travail *m* au pair
Aura [ˈauːra] *st/s f* ⟨~⟩ aura *f*
aus [aus] **I** *prép* ⟨*dat*⟩ **1.** *räumlich* de; *aus e-m Glas, der Flasche trinken* boire dans un verre, à la bouteille **2.** *Herkunft* de; *Ausgangspunkt* depuis; *der Zug aus Paris* le train de Paris; *das Spiel aus dem Stadion übertragen* retransmettre le match depuis le stade **3.** *Material* en **4.** *Ursache, Grund* par; *aus Angst* par peur; *aus Wut* de colère **II** *adv* **5.** F (*vorbei*) fini; terminé; *aus und vorbei* bien fini, terminé; *das Kino ist um zehn Uhr aus* le film finit à dix heures; *jetzt ist alles aus* maintenant tout est perdu **6.** *Licht, Radio etc* éteint; *Motor* arrêté; *Licht aus!* éteins *bzw* éteignez la lumière! **7.** *an Geräten* arrêt **8.** *von ... aus* de ...; depuis ...; F *von mir aus kannst du dableiben* pour ce qui est de moi, tu peux rester; F *von mir aus!* si tu veux *bzw* vous voulez!; F j'ai rien contre! **9.** *auf etw* (*acc*) *aus sein* vouloir avoir, viser qc; *auf Abenteuer aus sein* chercher, courir l'aventure
Aus *n* ⟨~⟩ **1.** SPORT *der Ball geht ins Aus* le ballon sort du terrain; TENNIS *Aus!* out! **2.** *fig* fin *f*; *das ist das Aus für unsere Pläne* c'est la fin de nos projets
ausarbeiten *v/t* ⟨-e-⟩ élaborer; *Vortrag* rédiger; *Richtlinien* mettre au point
Ausarbeitung *f* ⟨~, ~en⟩ élaboration *f*; rédaction *f*; mise *f* au point
ausarten *v/i* ⟨-e-, sn⟩ **1.** (*in etw* [*acc*]) *ausarten* dégénérer (en qc) **2.** (*sich danebenbenehmen*) devenir, être grossier
ausatmen *v/i* ⟨-e-⟩ expirer
ausbaden F *v/t* ⟨-e-⟩ *es ausbaden müssen* F trinquer; payer les pots cassés
ausbaggern *v/t* excaver
ausbalancieren *v/t* ⟨*sans ge*⟩ équilibrer; contrebalancer (*beide a fig*)
Ausbau *m* ⟨~¢s⟩ **1.** (*Entfernung*) démontage *m* **2.** CONSTR (travaux *m/pl* d')achèvement *m* et (d')équipement *m* **3.** *fig* (*Erweiterung*) développement *m*; extension *f*
ausbauen *v/t* **1.** (*entfernen*) démonter **2.** (*erweitern*) développer; étendre **3.** *fig Wirtschaftsbeziehungen* consolider; étendre; *Vorsprung* consolider; augmenter; *Theorie, Kenntnisse* approfondir
ausbaufähig *adj* **1.** CONSTR aménageable **2.** *fig* susceptible d'être amélioré, consolidé, développé
ausbedingen *v/r* ⟨*irr, sans ge*⟩ *sich* (*dat*) *etw ausbedingen* poser qc comme condition; stipuler qc
ausbeißen *v/r* ⟨*irr*⟩ *sich* (*dat*) *e-n Zahn ausbeißen* se casser une dent
ausbessern *v/t* réparer
Ausbesserung *f* réparation *f*
ausbeulen *v/t* **1.** *Kotflügel* redresser **2.** *Hose etc* faire des poches à; déformer; *e-e Hose mit ausgebeulten Knien* un pantalon avec des poches aux genoux
Ausbeute *f* rendement *m*; *fig* profit *m*; fruits *m/pl*
ausbeuten *v/t* ⟨-e-⟩ exploiter
Ausbeuter *m* ⟨~s; ~⟩ *péj* exploiteur *m*; profi-

teur *m*
Ausbeutung *f* ⟨~; ~en⟩ exploitation *f*
ausbezahlen *v/t* ⟨*sans ge*⟩ payer
ausbilden ⟨-e-⟩ **I** *v/t* **1.** former; instruire (*a* MIL) **2.** *Fähigkeiten* former; *Muskeln* développer **II** *v/r sich zur, als Krankenschwester etc ausbilden lassen* suivre *od* prendre des cours, suivre une formation d'infirmière, *etc*
Ausbilder(in) *m* ⟨~s; ~⟩ (*f*) ⟨~in; ~innen⟩ formateur, -trice *m,f*; MIL instructeur *m*
Ausbildung *f* **1.** formation *f*; MIL instruction *f*; *in der Ausbildung sein* als *Lehrling* être en apprentissage **2.** (*Entwicklung*) développement *m*; formation *f*
Ausbildungsbeihilfe *f* *für Studenten* bourse *f* d'études; *für Lehrlinge* bourse *f* d'apprentissage
Ausbildungsberuf *m* métier *m*, profession *f* nécessitant une formation
Ausbildungsförderung *f* bourses *f/pl* d'études
Ausbildungsplatz *m* place *f* d'apprenti
Ausbildungsstätte *f* centre *m* de formation
Ausbildungsvertrag *m* contrat *m* d'apprentissage
Ausbildungszeit *f* période *f* de formation
ausbitten *v/r* ⟨*irr*⟩ *sich* (*dat*) *von j-m etw ausbitten* demander qc à qn; *ich bitte mir Ruhe aus* je vous demanderai d'être silencieux
ausblasen *v/t* ⟨*irr*⟩ souffler; éteindre
ausbleiben *v/i* ⟨*irr*, sn⟩ (*nicht kommen*) ne pas arriver; ne pas venir; *Ereignis, Wirkung* ne pas se produire; *etw bleibt nicht aus* qc ne manque pas d'arriver; qc est inévitable
ausbleichen **I** *v/t* décolorer **II** *v/i* ⟨*irr*, sn⟩ se faner; se décolorer
ausblenden ⟨-e-⟩ **I** *v/t Filmszene, Ton* fermer en fondu **II** *v/r sich* (*aus e-r Sendung*) *ausblenden* rendre l'antenne
Ausblick *m* vue *f*; *Zimmer mit Ausblick auf den See* avec vue sur le lac; *fig e-n Ausblick in die Zukunft gewähren* permettre un regard vers l'avenir
ausbluten *v/i* ⟨-e-, sn⟩ saigner; *st/s fig ausgeblutet* saigné à blanc
ausbooten F *v/t* ⟨-e-⟩ éliminer; F liquider; F débarquer
ausborgen *v/t u v/r* → *ausleihen*
ausbrechen ⟨*irr*⟩ **I** *v/t* enlever (*aus* de) **II** *v/i* ⟨sn⟩ **1.** *Häftling etc* s'évader; s'échapper (*a Tier*) **2.** *Krieg* éclater; *Vulkan* entrer en éruption; *Brand, Epidemie* se déclarer; *mir brach der* (*kalte*) *Schweiß aus* j'en ai eu des sueurs froides; *in Tränen ausbrechen* fondre en larmes **III** *v/r sich* (*dat*) *e-n Zahn ausbrechen* se casser une dent
Ausbrecher(in) F *m* ⟨~s; ~⟩ (*f*) ⟨~in; ~innen⟩ évadé(e) *m(f)*
ausbreiten ⟨-e-⟩ **I** *v/t Waren, Karte, Zeitung, fig* étaler; *Teppich, Arme* étendre; *Flügel* déployer; *mit ausgebreiteten Armen* les bras ouverts **II** *v/r sich ausbreiten Feuer, Epidemie, Licht, Schall* se propager; *Epidemie, Nebel* s'étendre; *Nachricht, Geruch, Hitze, Epidemie, Mode* se répandre
Ausbreitung *f* ⟨~⟩ propagation *f*; extension *f*
ausbrennen ⟨*irr*⟩ **I** *v/t Wunde* cautériser **II** *v/i* ⟨sn⟩ **1.** *Feuer* s'éteindre **2.** *Haus, Flugzeug* brûler (entièrement); *Panzer, Flugzeug ausge-*

brannt calciné

ausbringen *v/t* ⟨*irr*⟩ *e-n Trinkspruch auf j-n ausbringen* porter un toast à qn

Ausbruch *m* **1.** *e-s Kriegs etc* éclatement *m*; *e-r Epidemie* apparition *f*; *e-s Vulkans* éruption *f*; *bei Ausbruch des Krieges* lorsque la guerre éclata; *zum Ausbruch kommen Konflikt, Ärger* éclater; *Krankheit* se déclarer **2.** *e-s Häftlings* évasion *f* **3.** (*Gefühlsausbruch*) éclat *m*; (*Wutausbruch*) accès *m*

ausbrüten *v/t* ⟨-e-⟩ **1.** couver **2.** F *péj Pläne* F trafiquer; manigancer

ausbuchten *v/i* → *ausgebuchtet*

Ausbuchtung *f* ⟨∼; ∼en⟩ renflement *m*

ausbuddeln F *v/t* ⟨∉⟩ déterrer

ausbügeln F *v/t* ⟨∉⟩ *Fehler* réparer

ausbuhen F *v/t* 'huer

Ausbund *m* ⟨∼∉s⟩ *er ist ein Ausbund an od von Neugier etc* c'est la curiosité, *etc* personnifiée, en personne

ausbürgern *v/t* déclarer déchu, priver de sa nationalité

Ausbürgerung *f* ⟨∼; ∼en⟩ déchéance *f* de la nationalité

ausbürsten *v/t* ⟨-e-⟩ brosser; donner un coup de brosse à

ausbüxen [-bʏksən] F *v/i* ⟨∉s, sn⟩ F décamper; déguerpir

auschecken *v/i* **1.** AVIAT régler les formalités d'arrivée, de débarquement **2.** *aus e-m Hotel* régler les formalités de départ

Ausdauer *f* persévérance *f*; constance *f*; endurance *f* (*a* SPORT)

ausdauernd *adjt* persévérant; constant; endurant

ausdehnen I *v/t* **1.** *räumlich, fig Unternehmen* agrandir; *Gebiet, Einfluss, Aufgabenbereich* étendre (*auf* [+ *acc*] à) **2.** *zeitlich* prolonger; allonger **II** *v/r* *sich ausdehnen* **3.** *Stadt etc* s'agrandir; PHYS se dilater; *Kleidungsstück, Gewebe, Ebene* s'étendre **4.** *zeitlich* se prolonger; s'allonger (*bis* jusqu'à)

Ausdehnung *f* **1.** PHYS dilatation *f* **2.** *des Einflusses, der Macht etc* extension *f*; *e-s Unternehmens* expansion *f* **3.** *zeitlich* prolongation *f*; allongement *m* **4.** *e-s Gebiets* étendue *f*

ausdenken ⟨*irr*⟩ **I** *v/t* **1.** (*erfinden*) inventer **2.** (*sich vorstellen*) imaginer; *die Folgen sind nicht auszudenken* les suites seraient inimaginables, effrayantes **II** *v/r* *sich* (*dat*) *etw ausdenken* (*sich vorstellen*) imaginer qc; (*erfinden*) inventer qc

ausdiskutieren *v/t* ⟨*sans ge*⟩ discuter à fond

ausdörren *v/t* (*u v/i* ⟨sn⟩ se) dessécher

ausdrehen *v/t* *Radio, Fernseher, Heizung etc* éteindre

Ausdruck[1] *m* ⟨∼∉s; -drücke⟩ **1.** *sprachlicher* expression *f*; (*Fachausdruck*) terme *m*; *sich im Ausdruck vergreifen* tenir des propos déplacés; employer un ton regrettable; → *Ausdrucksweise* **2.** (*Gesichtsausdruck, äußerliches Zeichen*) expression *f*; *er gab od st/s verlieh der Hoffnung Ausdruck, dass* il exprima l'espoir que (+ *subj*) **3.** (*Kennzeichen*) symbole *m*; caractéristique *f*

Ausdruck[2] *m* ⟨∼∉s; ∼e⟩ INFORM saisie *f* papier; listing *m*

ausdrucken *v/t* INFORM imprimer; lister

ausdrücken I *v/t* **1.** *Schwamm, Frucht* presser **2.** *Zigarette* éteindre; écraser **3.** *durch Worte* exprimer; *anders ausgedrückt* autrement dit; en d'autres termes **II** *v/r* *sich ausdrücken* s'exprimer

ausdrücklich I *adj Genehmigung, Verbot, Wille, Befehl* exprès; *Bestimmung* explicite **II** *adv* expressément

Ausdruckskraft *f* force *f* d'expression

ausdruckslos *adj u adv* sans expression

ausdrucksvoll I *adj* expressif; parlant **II** *adv* de manière expressive

Ausdrucksweise *f* façon *f*, manière *f* de s'exprimer; style *m*

ausdünnen *v/t* **1.** *Haar* dépaissir; *Pflanze* éclaircir **2.** *fig* réduire

ausdünsten *v/t* ⟨-e-⟩ répandre; dégager

Ausdünstung *f* ⟨∼; ∼en⟩ émanation *f*

auseinander *adv* séparé, distant, écarté (l'un de l'autre); séparément; → *auseinanderbekommen, auseinanderbrechen, auseinanderbringen etc*

auseinanderbekommen *v/t* ⟨*irr, sans ge*⟩ (réussir, arriver à) séparer, détacher

auseinanderbrechen ⟨*irr*⟩ **I** *v/t* casser; rompre **II** *v/i* ⟨sn⟩ se casser; se rompre; *fig Ehe, Freundschaft* se briser

auseinanderbringen *v/t* ⟨*irr*⟩ (*entzweien*) brouiller; désunir; F (*auseinanderbekommen*) (réussir, arriver à) séparer, détacher

auseinanderfallen *v/i* ⟨*irr,* sn⟩ tomber en morceaux, en miettes

auseinandergehen *v/i* ⟨*irr,* sn⟩ *Personen* se séparer; *Menschenmenge* se disperser; *Linien, Straßen* diverger; *fig Ansichten* diverger; différer

auseinanderhalten *v/t* ⟨*irr*⟩ distinguer (l'un de l'autre)

auseinanderjagen *v/t* disperser

auseinanderklamüsern [aʊs?aɪ-'nandərklamyːzərn] F *v/t* ⟨∉, sans ge⟩ (*entwirren*) éclaircir; démêler; (*j-m*) *etw auseinanderklamüsern* expliquer qc (à qn)

auseinanderkriegen F *v/t* (réussir, arriver à) séparer, détacher

auseinanderlaufen *v/i* ⟨*irr,* sn⟩ se séparer; *Menge, Gruppe* s'égailler; *Lichtstrahlen, Linien, Straßen* diverger; *Teig, Farbe* s'étaler; *Eis* fondre; *Käse* couler

auseinanderleben *v/r* *sich auseinanderleben* se détacher peu à peu l'un de l'autre

auseinandernehmen *v/t* ⟨*irr*⟩ démonter; désassembler

auseinanderreißen *v/t* ⟨*irr*⟩ déchirer

auseinanderschreiben *v/t* ⟨*irr*⟩ écrire séparément

auseinandersetzen ⟨∉s⟩ **I** *v/t* (*darlegen*) exposer; (*erklären*) expliquer **II** *v/r* **1.** *sich mit e-m Problem auseinandersetzen* se préoccuper d'un, réfléchir à un, étudier un problème **2.** *sich mit j-m auseinandersetzen* avoir une discussion, *streitend* une explication avec qn

Auseinandersetzung *f* ⟨∼; ∼en⟩ **1.** *e-s Problems etc* exposé *m*; explication *f* **2.** (*Beschäftigung*) étude *f*, examen *m* (*mit* de) **3.** (*Meinungsaustausch*) discussion *f*, débat *m* (*über* [+ *acc*] sur) **4.** (*Streit*) explication *f*; altercation *f*; querelle *f*

5. (*Kampfhandlung*) conflit *m*
auseinandertreiben *v/t* ⟨*irr*⟩ disperser
auserkoren ['aʊsʔerkoːrən] *st/s adj* élu
auserlesen *st/s adj* → **erlesen**
Auserwählte(r) *st/s f(m)* ⟨→ A⟩ élu(e) *m(f)* (*a*
REL); *plais* **s-e Auserwählte**, *st/s* **die Auser-**
wählte s-s Herzens l'élue de son cœur
ausfahrbar *adj* télescopique
ausfahren ⟨*irr*⟩ **I** *v/t* **1.** *j-n ausfahren* sortir,
promener qn **2.** (*ausliefern*) livrer; apporter
3. *Fahrwerk* sortir **4.** *ausgefahrene Straße*
rue abîmée, *p/fort* défoncée **II** *v/i* ⟨*sn*⟩ **5.** (*spa-*
zieren fahren) sortir en voiture, *etc* **6.** *Schiffe,*
Zug sortir; partir
Ausfahrt *f* **1.** (*Spazierfahrt*) promenade *f*, sortie
f en voiture, *etc* **2.** *e-s Zugs* départ *m* **3.** (*Aus-*
fahrstelle, Autobahnausfahrt) sortie *f*; **Aus-**
fahrt frei halten! sortie de voitures!
Ausfall *m* **1.** (*Verlust, Produktionsausfall*) perte
f **2.** TECH panne *f*; défaillance *f* **3.** (*Abwesen-*
heit) absence *f* **4.** (*Haarausfall*) chute *f*; (*Zahn-*
ausfall) perte *f* **5.** *fig* insulte *f*; remarque insul-
tante
ausfallen *v/i* ⟨*irr, sn*⟩ **1.** *Haare, Zähne etc* tom-
ber; *mir fallen die Haare aus* je perds mes che-
veux **2.** (*nicht stattfinden*) ne pas avoir lieu; *die*
Schule, der Unterricht fällt heute aus il n'y a
pas classe, cours aujourd'hui **3.** (*wegfallen*) ne
pas être effectué; être perdu; *Zug* ne pas cir-
culer **4.** TECH être en panne; s'arrêter; *Strom* être coupé **5.** *Person* (*fehlen*) être ab-
sent; manquer; (*nicht zur Verfügung stehen*)
ne pas être disponible **6.** *etw fällt gut,*
schlecht aus qc est bon, mauvais; *wie ist*
die Prüfung ausgefallen? quel est le résultat
de l'examen?
ausfallend *adj*, **ausfällig** *adj* (*gegen j-n*) *aus-*
fallend, ausfällig werden devenir grossier
(envers qn); faire une sortie contre qn
Ausfall(s)erscheinung *f* déficience *f*
Ausfallstraße *f* route *f* de sortie (d'une agglo-
mération)
ausfasern *v/i* ⟨*sn ou h*⟩ s'effilocher; s'effiler
ausfechten *v/t* ⟨*irr*⟩ *e-e Sache ausfechten* se
battre (pour régler la question)
ausfegen *v/t* balayer
ausfeilen *v/t* **1.** TECH limer **2.** *fig* polir; *Technik*
etc perfectionner
ausfertigen *v/t Rechnung* établir; *Vertrag* rédi-
ger; *Pass* délivrer
Ausfertigung *f* **1.** (*Ausfertigen*) rédaction *f*; éta-
blissement *m* **2.** (*Exemplar*) exemplaire *m*; *in*
doppelter, dreifacher Ausfertigung en dou-
ble, triple exemplaire
ausfindig *adv etw, j-n ausfindig machen* (finir
par) trouver, découvrir qc, qn
ausfliegen ⟨*irr*⟩ **I** *v/t* évacuer en avion (*nach*
vers) **II** *v/i* ⟨*sn*⟩ **1.** *Vogel* s'envoler **2.** F *fig aus-*
geflogen sein être parti
ausfließen *v/i* ⟨*irr, sn*⟩ couler; s'écouler
ausflippen F *v/i* ⟨*sn*⟩ *vor Freude* être fou de
joie; *vor Wut* être 'hors de soi; *vor Angst* F flip-
per
Ausflucht *f* ⟨*~; -flüchte*⟩ échappatoire *f*; excuse
f; (*Vorwand*) prétexte *m*; *Ausflüchte machen*
donner des excuses; fournir des prétextes
Ausflug *m* excursion *f*; sortie *f*; *längerer* ran-
donnée *f*

Ausflügler(in) ['aʊsflyːklər(ɪn)] *m* ⟨*~s; ~*⟩ (*f*)
⟨*~in; ~innen*⟩ excursionniste *m,f*
Ausflugsdampfer *m* bateau *m* d'excursion
Ausflugslokal *n* restaurant *m*, auberge *f* de
campagne
Ausflugsort *m* ⟨*~₵s; ~e*⟩ lieu *m* d'excursion
Ausflugsziel *n* but *m* d'excursion
Ausfluss *m* **1.** (*Ausfließen*) écoulement *m* **2.**
MÉD flux *m* **3.** *e-s Teiches etc* orifice *m* d'écou-
lement; décharge *f*
ausforschen *v/t* **1.** (*herausfinden*) découvrir **2.**
(*ausfragen*) sonder, questionner (*über* [+ *acc*]
sur)
ausfragen *v/t* interroger, questionner (*nach od*
über [+ *acc*] sur)
ausfransen *v/i* ⟨*₵$, sn*⟩ s'effranger; s'effilocher
ausfressen *v/t* ⟨*irr*⟩ F *fig etw ausgefressen*
haben avoir fait une bêtise
Ausfuhr ['aʊsfuːr] *f* ⟨*~; ~en*⟩ exportation *f*
ausfuhrbar *adj Plan etc* réalisable; faisable
Ausfuhrbescheinigung *f* certificat *m* d'expor-
tation
Ausfuhrbeschränkung *f* restriction *f* à l'expor-
tation
ausführen *v/t* **1.** *Person* sortir **2.** COMM exporter
3. (*durchführen*) exécuter; *Plan* réaliser; *Tat*
accomplir; *Strafstoß* exécuter **4.** (*ausarbeiten*)
développer; élaborer **5.** (*darlegen*) exposer;
développer
Ausfuhrgenehmigung *f* permis *m* de sortie,
d'exportation
Ausfuhrland *n* pays exportateur
ausführlich I *adj* détaillé **II** *adv* en détail
Ausführlichkeit *f* ⟨*~*⟩ abondance *f* de détails; *in*
aller Ausführlichkeit dans les moindres dé-
tails
Ausführung *f* **1.** (*Durchführung*) exécution *f*;
e-s Plans réalisation *f*; *e-r Tat* accomplissement
m **2.** (*Herstellungsart*) fabrication *f*; qualité *f*;
(*Modell*) modèle *m* **3.** *von Entwürfen, Themen*
etc développement *m*; élaboration *f* **4.** (*Darle-*
gung) explication *f*; développement *m*
Ausfuhrverbot *n* interdiction *f* d'exportation
Ausfuhrzoll *m* droit *m* à l'exportation
ausfüllen *v/t* **1.** *Raum, Formular* remplir; *fig*
Lücke combler **2.** *Zeit* remplir; passer **3.** (*in-*
nerlich befriedigen) satisfaire; (*beanspruchen*)
absorber
Ausgabe *f* **1.** (*Geldausgabe*) dépense *f* **2.** (*Ma-*
terialausgabe, Essenausgabe) distribution *f*;
(*Gepäckausgabe, Warenausgabe*) remise *f*;
(*Fahrkartenausgabe*) délivrance *f*; *von Wertpa-*
pieren émission *f* **3.** (*Ausgabestelle*) centre *m*
de distribution; *für amtliche Papiere* bureau
m de délivrance; (*Schalter*) guichet *m* **4.** *e-s*
Buchs, e-r Zeitung, der Nachrichten édition
f; *e-r Zeitung a* numéro *m* **5.** INFORM sortie *f*;
output *m*
Ausgabestelle *f für Papiere, Pass* bureau *m* de
délivrance; *für Essen, Werkzeug, Büromaterial*
centre *m* de distribution; *für Gepäck, Fahrkar-*
ten guichet *m*
Ausgang *m* **1.** *räumlich* sortie *f*; *zeitlich* fin *f* **2.**
(*Ergebnis*) issue *f*; *tödlicher Ausgang* issue
fatale **3.** *Ausgang haben Soldaten* avoir une
permission; *Hausangestellte* avoir son jour
de sortie **4.** → *Ausgangspunkt*
Ausgangsbasis *f* base *f* de départ

Ausgangslage *f* situation initiale
Ausgangsposition *f* position initiale
Ausgangspunkt *m* point *m* de départ
Ausgangssperre *f* couvre-feu *m*; *für Soldaten* consigne *f*
Ausgangsstellung *f* position *f* de départ
ausgeben ⟨*irr*⟩ **I** *v/t* **1.** *Geld* dépenser **2.** (*austeilen*) distribuer; *Waren, Gepäck* remettre; *Fahrkarten, amtliche Papiere* délivrer; *Wertpapiere* émettre; *fig Parole, Befehl* donner **3.** F (*spendieren*) **j-m etw ausgeben** F payer qc à qn; **einen ausgeben** F payer une tournée **4.** INFORM sortir **5. j-n, etw für** *od* **als j-n, etw ausgeben** faire passer qn, qc pour qn, qc **II** *v/r* **sich für** *od* **als j-n, etw ausgeben** se faire passer pour qn, qc; prétendre être qn, qc
ausgebombt *adjt* sinistré (lors des bombardements); bombardé
ausgebrannt **I** *p/p* → *ausbrennen* **II** *adjt fig* à bout de forces; épuisé
ausgebucht *adjt Hotel* complet; *der Flug ist ausgebucht* l'avion, le vol est complet; toutes les places sont réservées dans l'avion; F *plais er, sie ist ständig ausgebucht* il, elle est pris(e) sans arrêt
ausgebuchtet *adj Gefäß* renflé; bombé; *Küste* découpé; échancré
ausgebufft ['aʊsgəbʊft] F *péj adj* F roublard; rusé
Ausgeburt *st/s péj f* **1.** (*Produkt*) produit *m*; *e-e Ausgeburt der Hölle* un suppôt de Satan **2.** (*Inbegriff*) incarnation *f*
ausgedehnt *adjt* **1.** (*lang dauernd*) long **2.** (*sich weit erstreckend*) étendu
ausgedient F *p/p* **ausgedient haben** avoir fait son temps
ausgefallen *adjt* original; singulier; saugrenu
ausgefuchst F *adj* malin; rusé
ausgeglichen *adjt* équilibré; *Klima* tempéré
Ausgeglichenheit *f* ⟨~⟩ équilibre *m*; *des Klimas* caractère tempéré
ausgehen *v/i* ⟨*irr*, sn⟩ **1.** sortir **2. auf Eroberungen, Entdeckungen ausgehen** partir à la conquête, découverte; **auf Abenteuer ausgehen** courir l'aventure; partir pour l'aventure **3.** (*zum Ausgangspunkt nehmen*) **von etw ausgehen** partir de qc; *Ich gehe davon aus, dass …* je présume, je suppose que … **4.** (*s-n Ausgang nehmen*) partir (**von** de); *Duft, Wärme* émaner (**von** de) **5. von j-m ausgehen** (*herrühren*) venir de qn; (*ausgestrahlt werden*) émaner de qn **6.** (*enden*) se terminer; finir **7.** (*zur Neige gehen*) venir à manquer; s'épuiser; *ihr geht die Luft aus* elle est essoufflée, à bout de souffle; *fig* elle s'essouffle **8.** *Feuer, Lampe, Heizung* s'éteindre; *Motor* s'arrêter **9.** → *ausfallen*
ausgehend *adjt* **im ausgehenden Mittelalter** vers la fin du Moyen Âge
ausgehfertig *adj* prêt à sortir
ausgehungert *adjt* affamé; *p/fort* famélique
Ausgehverbot *n* interdiction *f* de sortir; MIL consigne *f*
ausgekocht F *péj adjt* F roublard; roué
ausgelassen *adj Personen* exubérant; turbulent; *Stimmung* gai; plein d'entrain
Ausgelassenheit *f* ⟨~⟩ exubérance *f*; turbulence *f*; gaieté *f*; entrain *m*

ausgelaugt *adjt fig* épuisé; F lessivé
ausgeleiert ['aʊsgəlaɪərt] F *adjt Gummiband* détendu; *Gewinde* usé
ausgemacht *adjt* **1.** (*beschlossen*) convenu; entendu; *es ist (e-e) ausgemachte Sache, dass …* c'est convenu que … **2. ein ausgemachter Schwindel** une parfaite, fameuse escroquerie
ausgemergelt ['aʊsgəmɛrgəlt] *adj* squelettique; décharné
ausgenommen *conj* **1.** → *außer* **2.** (*außer wenn*) → *außer*
ausgeprägt *adjt* prononcé; marqué; accusé
ausgepumpt F *adjt* (*erschöpft*) F pompé; F crevé
ausgerechnet F *advt* justement; précisément
ausgereift *adjt fig Verfahren, System* au point; *Plan* (bien) mûri; *Urteil* formé
ausgeschissen P *fig adj* (*bei j-m*) **ausgeschissen haben** F être devenu un zéro pour qn
ausgeschlafen *adjt* (*ausgeruht*) bien reposé; F *fig* (*hellwach*) vif; dégourdi
ausgeschlossen *adjt* impossible; exclu; *es ist nicht ausgeschlossen, dass …* il n'est pas impossible *od* exclu que … (+ *subj*)
ausgeschnitten *adjt Kleid* (*tief* *od* *weit*) **ausgeschnitten** (profondément) décolleté
ausgesorgt F *adjt* **ausgesorgt haben** être à l'abri du besoin
ausgesprochen **I** *adjt* marqué; prononcé; accentué **II** *advt* vraiment; carrément; réellement; tout à fait
ausgestalten *v/t* ⟨-e-, *p/p* ausgestaltet⟩ **1.** *Fest* arranger; (*dekorieren*) décorer **2.** (*ausbauen*) *etw zu etw ausgestalten* développer qc en qc
Ausgestaltung *f* **1.** arrangement *m* **2.** (*Umgestaltung*) développement *m* (*zu* en)
ausgesucht *adjt* sélectionné; exquis; choisi
ausgewachsen *adjt* **1.** *Kind* grand; *Tier, Pflanze* adulte **2.** F *fig* (*richtig*) vrai; véritable
ausgewechselt F *adjt* **wie ausgewechselt sein** être tout changé, transformé
ausgewogen *adjt* équilibré
Ausgewogenheit *f* ⟨~⟩ équilibre *m*
ausgezeichnet *adjt* excellent; exquis; *ausgezeichnet!* excellent!; parfait!
ausgiebig ['aʊsgiːbɪç] **I** *adj* abondant **II** *adv* abondamment
ausgießen *v/t* ⟨*irr*⟩ vider
Ausgleich ['aʊsglaɪç] *m* ⟨~s; ~e⟩ compensation *f*; *verschiedener Interessen* arrangement *m*; accord *m*; *als* *od* *zum Ausgleich für* en compensation de; pour compenser; SPORT *den Ausgleich erzielen* égaliser (le score)
ausgleichen ⟨*irr*⟩ **I** *v/t* compenser; *Konto* balancer; *Gegensätze* concilier **II** *v/i* SPORT égaliser **III** *v/r* **sich ausgleichen** se compenser
Ausgleichssport *m* sport *m* de compensation
Ausgleichstor *n*, **Ausgleichstreffer** *m* but égalisateur
ausgleiten *st/s v/i* ⟨*irr*, sn⟩ glisser
ausgraben *v/t* ⟨*irr*⟩ déterrer; ARCHÄOLOGIE exhumer (*beide a fig*)
Ausgrabung *f* exhumation *f*; *pl* **Ausgrabungen** fouilles *f/pl*
Ausgrabungsarbeiten *f/pl* fouilles *f/pl*
Ausgrabungsstätte *f* site *m* archéologique
ausgrenzen *v/t* ⟨¢ß⟩ exclure; *Personen a* marginaliser

Ausgrenzung f ⟨~; ~en⟩ exclusion f; marginalisation f

Ausguck ['ausguk] m ⟨~¢s; ~e⟩ MAR vigie f

Ausguss m **1.** *Becken* évier m **2.** *(Tülle)* bec *(verseur)*

aushaben F ⟨*irr*⟩ **I** v/t **1.** *Kleidungsstück* avoir enlevé, retiré **2.** *Buch etc* avoir fini **II** v/i *(Unterrichtsschluss haben)* F avoir fini

aushaken **I** v/t *(u v/r) Seil etc* (**sich aushaken** se) décrocher; (se) détacher **II** v/imp F **bei ihr hakte es aus** F elle a perdu les pédales

aushalten ⟨*irr*⟩ **I** v/t **1.** *(ertragen)* supporter; endurer; *Druck* résister à; supporter; **ich halte es hier nicht mehr aus** je n'en peux plus ici **2.** *(standhalten)* soutenir; **den Vergleich mit j-m, etw aushalten** soutenir la comparaison avec qn, qc **3.** F *péj* entretenir; **sich von j-m aushalten lassen** se faire entretenir par qn **II** v/i *(durchhalten)* tenir

aushandeln v/t ⟨¢⟩ négocier; débattre

aushändigen ['aushɛndıgən] v/t remettre

Aushändigung f ⟨~⟩ remise f

Aushang m affiche f; écriteau m; **e-n Aushang machen** afficher qc; mettre un écriteau

aushängen **I** v/t **1.** *Bekanntmachung* afficher **2.** *Tür* déboîter **II** v/i ⟨*irr*⟩ *Bekanntmachung* être affiché

Aushängeschild n enseigne f; *fig* label m; bonne réclame; **als Aushängeschild (für etw) dienen** servir d'image de marque (à qc)

ausharren st/s v/i persévérer

ausheben v/t ⟨*irr*⟩ **1.** *Erde* enlever; retirer; *Graben* creuser **2.** *Nest* vider; *Eier, Vögel* dénicher **3.** *Verbrechernest* F cueillir

aushecken ['aushɛkən] F v/t machiner; combiner; **e-n Streich aushecken** monter un coup

ausheilen v/t u v/i ⟨sn⟩ guérir (complètement)

aushelfen v/i ⟨*irr*⟩ **j-m (mit etw) aushelfen** aider qn (avec qc)

Aushilfe f **1.** **zur Aushilfe arbeiten** pour aider (temporairement); comme aide (temporaire) **2.** *Person* aide m,f (temporaire)

Aushilfsarbeit f travail m intérimaire, temporaire

Aushilfskellner m extra m

Aushilfskraft f aide m,f (temporaire)

Aushilfskräfte f/pl, **Aushilfspersonal** n personnel m temporaire, auxiliaire

aushilfsweise *adv* comme aide temporaire; comme auxiliaire

aushöhlen v/t creuser; *bes Früchte* évider

ausholen v/i **1.** *zum Schlag* lever la main (**zu** pour) **2.** *fig beim Erzählen* **weit ausholen** aller chercher, remonter loin

aushorchen v/t **j-n (über etw** [*acc*]) **aushorchen** sonder qn (sur, à propos de qc)

aushungern v/t affamer

auskehren v/t balayer

auskennen v/r ⟨*irr*⟩ **sich (mit** *od* **in etw** [*dat*]) **auskennen** s'y connaître (en qc); **ich kenne mich hier nicht aus** in e-r *Stadt* je ne connais pas du tout la ville

auskerben v/t encocher

auskippen v/t vider

ausklammern v/t **1.** exclure; laisser de côté **2.** MATH sortir de la parenthèse

Ausklang st/s m fin f; note finale

ausklappen v/t déplier

auskleiden ⟨-e-⟩ **I** v/t **1.** st/s *(entkleiden)* dévêtir; déshabiller **2.** *Hohlraum* garnir, recouvrir (**mit** de) **II** st/s v/r **sich auskleiden** se dévêtir; se déshabiller

ausklingen v/i ⟨*irr*, sn⟩ **1.** *Ton* se perdre (insensiblement); mourir **2.** *fig Veranstaltung* se terminer, s'achever (**mit** par)

ausklinken **I** v/t détacher; décliqueter **II** v/r **sich ausklinken 1.** se détacher **2.** F *fig* se retirer

ausklopfen v/t **1.** *Polstermöbel* battre; taper **2.** *Staub* faire sortir en tapant

ausklügeln ['auskly:gəln] v/t ⟨¢⟩ concevoir; élaborer; **ausgeklügelt** finement pensé, conçu

auskneifen F v/i ⟨*irr*, sn⟩ F filer, se sauver en douce

ausknipsen F v/t ⟨¢$⟩ *Licht* éteindre

ausknobeln F v/t ⟨¢⟩ **1.** → **auswürfeln 2.** *Plan* combiner

auskochen v/t faire bouillir

auskommen v/i ⟨*irr*, sn⟩ **1.** *(genügend haben)* **mit etw auskommen** (pouvoir) s'en tirer, s'en sortir avec qc **2. ohne etw, j-n auskommen können** savoir, pouvoir se passer de qc, qn **3. mit j-m (gut, schlecht) auskommen** (bien, mal) s'entendre, s'accorder avec qn

Auskommen n ⟨~s⟩ **1.** *(Lebensunterhalt)* moyens m/pl d'existence; **sein Auskommen haben** avoir de quoi vivre **2. mit ihm ist kein Auskommen** on ne peut (pas) s'entendre, vivre avec lui

auskosten st/s v/t ⟨-e-⟩ *Triumph, Glück, Augenblick etc* savourer; jouir de

auskramen F v/t **1.** ressortir **2.** *fig Erinnerungen, Kenntnisse* F déballer

auskratzen v/t ⟨¢$⟩ gratter; MÉD cureter; *fig* **j-m die Augen auskratzen** arracher les yeux à qn

auskugeln v/r ⟨¢⟩ **sich** *(dat)* **den Arm auskugeln** se démettre, se déboîter, se luxer le bras

auskühlen **I** v/t refroidir; rafraîchir **II** v/i ⟨sn⟩ se refroidir; se rafraîchir

auskundschaften v/t ⟨-e-⟩ reconnaître

Auskunft ['auskunft] f ⟨~; -künfte⟩ **1.** renseignement m; information f; **j-m (über etw** [*acc*]) **Auskunft geben** *od* **erteilen** renseigner, informer qn (sur qc); donner des renseignements à qn (sur qc); **Auskünfte (über j-n, etw) einholen** prendre des renseignements, se renseigner (sur qn, qc) **2.** *(Auskunftsbüro, Auskunftsstelle)* (service m, bureau m de) renseignements m/pl **3.** TÉL renseignements m/pl

Auskunftei f ⟨~; ~en⟩ agence f, bureau m de renseignements

Auskunftsbüro n bureau m de renseignements

Auskunftsschalter m guichet m des renseignements

Auskunftsstelle f service m de renseignements

auskuppeln v/i ⟨¢⟩ *beim Auto* débrayer

auskurieren v/t ⟨*sans ge*⟩ guérir complètement, totalement, tout à fait

auslachen v/t se moquer de; rire de; **er wurde von allen ausgelacht** tout le monde s'est moqué de lui; il a été la risée de tous

ausladen[1] v/t ⟨*irr*⟩ *Waren, Fahrzeug* décharger; *Schiff* débarquer

ausladen[2] v/t ⟨*irr*⟩ *Gäste* décommander

ausladend *adj* large

Auslage *f* **1.** (*Ware im Schaufenster*) étalage *m*; marchandises *f/pl* en vitrine, à l'étalage **2.** (*Schaufenster*) vitrine *f* **3.** *pl* **Auslagen** (*Ausgaben*) dépenses *f/pl*; frais *m/pl*
auslagern *v/t* transporter en lieu sûr
Ausland *n* étranger *m*; **im Ausland** à l'étranger
Ausländer(in) ['aʊslɛndər(ɪn)] *m* ⟨~s; ~⟩ (*f*) ⟨~in; ~innen⟩ étranger, -ère *m,f*
ausländerfeindlich *adj* xénophobe
Ausländerfeindlichkeit *f* ⟨~⟩ xénophobie *f*
ausländerfreundlich *adj* xénophile
ausländisch *adj* étranger
Auslandsaufenthalt *m* séjour *m* à l'étranger
Auslandsbeziehungen *f/pl* relations *f/pl* avec l'étranger
Auslandserfahrung *f* expérience *f* de l'étranger
Auslandsgespräch *n* TÉL communication internationale
Auslandskorrespondent(in) *m*(*f*) correspondant(e) *m*(*f*) à l'étranger
Auslandsmarkt *m* marché extérieur
Auslandsreise *f* voyage *m* à l'étranger
Auslandsschutzbrief *m* assurance-voyages *f* à l'étranger
auslangen *v/i* F österr (*ausreichen*) suffire
auslassen ⟨*irr*⟩ **I** *v/t* **1.** (*weglassen*) omettre; *e-e Gelegenheit auslassen* laisser passer une occasion **2.** *Zorn etc* **an j-m auslassen** passer, décharger sur qn **3.** *Fett* faire fondre **4.** F (*ausgeschaltet lassen*) laisser éteint; *Motor* laisser arrêté **II** *v/r* **sich über j-n, etw auslassen** parler (longuement) de qn, qc; *péj* émettre des propos peu aimables sur qn, qc
Auslassung *f* ⟨~; ~en⟩ **1.** (*Weglassung*) omission *f* **2.** *pl* **Auslassungen** (*Äußerungen*) oft *péj* remarques *f/pl*
Auslassungspunkte *m/pl* points *m/pl* de suspension
Auslassungszeichen *n* apostrophe *f*
auslasten *v/t* ⟨-e-⟩ **1.** *Arbeitskräfte, Maschinen etc* exploiter, utiliser pleinement la capacité, le rendement de **2.** (*beanspruchen*) occuper pleinement
Auslauf *m* espace *m* libre
auslaufen *v/i* ⟨sn⟩ **1.** *Schiff* partir; sortir **2.** *Gefäß* se vider; *Flüssigkeit* couler **3.** *Vertrag etc* expirer; venir à expiration **4.** *Modell, Serie* être écoulé; ne plus se faire
Ausläufer *m* e-s *Gebirges* contrefort(s) *m*(*pl*); MÉTÉO ligne *f*
Auslaufmodell *n* fin *f* de série
auslaugen *v/t* **1.** lessiver **2.** *fig* épuiser; F lessiver
Auslaut *m* PHON son final; finale *f*
ausleben *v/r* **sich ausleben** vivre sa vie; se donner du bon temps
auslecken *v/t* lécher
ausleeren *v/t* vider
auslegen *v/t* **1.** *Waren* exposer; étaler; *Köder* mettre; *Netze* tendre **2.** *Fußboden* recouvrir (**mit** de) **3.** *Geld* avancer **4.** (*deuten*) interpréter (**als** comme)
Auslegeware *f* moquette *f*
Auslegung *f* ⟨~; ~en⟩ interprétation *f*
ausleiern F *v/t* *Gummiband, Feder* détendre; *Gewinde* user
Ausleihe *f* ⟨~; ~n⟩ **1.** *Raum* salle *f* de prêt **2.**

(*Ausleihen*) prêt *m*
ausleihen *v/t* ⟨*irr*⟩ **1.** (*verleihen*) (*j-m*) *etw ausleihen* prêter qc (à qn) **2.** (*entleihen*) (*a v/r* **sich** [*dat*]) *etw* (*von j-m*) *ausleihen* emprunter qc (à qn)
auslernen *v/i* finir son apprentissage; *prov* **man lernt nie aus** on n'a jamais fini d'apprendre
Auslese *f* **1.** (*Auswahl*) sélection *f*; choix *m* **2.** (*Elite*) élite *f*
auslesen¹ *v/t* ⟨*irr*⟩ *Buch* finir de lire
auslesen² *v/t* ⟨*irr*⟩ (*auswählen*) choisir; sélectionner
ausleuchten *v/t* ⟨-e-⟩ bien éclairer
Auslieferer *m* ⟨~s; ~⟩ COMM dépositaire *m*
ausliefern *v/t* **1.** *Waren* fournir; livrer **2.** *Gefangene* livrer (**an** [+ *acc*] à); *an ein anderes Land* extrader
Auslieferung *f* **1.** livraison *f* **2.** extradition *f*
Auslieferungsantrag *m* POL demande *f* d'extradition
Auslieferungslager *n* COMM dépôt *m* (du dépositaire)
ausliegen *v/i* ⟨*irr*⟩ *Waren, Pläne* être exposé
Auslinie *f* SPORT ligne *f* de touche
auslöffeln *v/t* ⟨¢⟩ manger (à la cuillère)
ausloggen ['aʊslɔgən] *v/i* (*u v/r* **sich ausloggen**) INFORM se déconnecter
auslöschen *v/t* **1.** *Feuer* éteindre **2.** *Geschriebenes, fig* effacer; *st/s ein Menschenleben* anéantir
auslosen *v/t* ⟨¢$⟩ tirer au sort
auslösen *v/t* ⟨¢$⟩ **1.** *Mechanismus* déclencher **2.** *fig* provoquer; *Krise, Krieg a* déclencher **3.** *Pfand* retirer
Auslöser *m* ⟨~s; ~⟩ PHOT déclencheur *m*
Auslosung *f* tirage *m* au sort
Auslösung *f* TECH, *fig* déclenchement *m*
ausloten *v/t* ⟨-e-⟩ sonder (*a fig*)
auslüften *v/t* ⟨-e-⟩ aérer
ausmachen *v/t* **1.** F *Licht, Feuer* éteindre; *Motor* arrêter **2.** (*vereinbaren*) convenir de **3.** (*klären*) régler **4.** (*bilden, darstellen*) constituer; *Summe* faire **5.** (*erkennen*) discerner; (*orten*) repérer **6.** (*ins Gewicht fallen*) **bei der Menge macht das nicht viel aus** vu la quantité cela ne fait rien **7.** (*stören*) **das macht mir nichts aus** cela ne me fait rien
ausmalen **I** *v/t* **1.** colorier **2.** *fig Erlebnisse* décrire; peindre **II** *v/r* **sich** (*dat*) *etw ausmalen* se figurer, s'imaginer qc
Ausmaß *n* **1.** *räumlich meist pl* **Ausmaße** dimensions *f/pl* **2.** *fig* dimensions *f/pl*; **in großem Ausmaß exportieren** exporter sur une grande échelle, en grande(s) quantité(s)
ausmergeln ['aʊsmɛrgəln] *v/t* ⟨¢⟩ épuiser; exténuer
ausmerzen [-mɛrtsən] *v/t* ⟨¢$⟩ supprimer; éliminer
ausmessen *v/t* ⟨*irr*⟩ mesurer
ausmisten *v/t* ⟨-e-⟩ **1.** *Stall* nettoyer **2.** F *fig Unbrauchbares* débarrasser
ausmustern *v/t* *Unbrauchbares* mettre au rebut
Ausnahme ['aʊsnaːmə] *f* ⟨~; ~n⟩ exception *f*; **mit Ausnahme von** (*od* + *gén*) à l'exception de; sauf; **ohne Ausnahme** sans exception; **e-e Ausnahme** (**bei j-m**) **machen** faire une exception (en faveur de, pour qn); *prov* **Ausnahmen bestätigen die Regel** *prov* l'exception

confirme la règle
Ausnahmebestimmung *f* règlement d'exception, exceptionnel
Ausnahmeerscheinung *f* phénomène exceptionnel
Ausnahmefall *m* cas exceptionnel
Ausnahmegenehmigung *f* autorisation exceptionnelle
Ausnahmesituation *f* situation d'exception, exceptionnelle
Ausnahmezustand *m* état *m* d'urgence
ausnahmslos *adj u adv* sans exception
ausnahmsweise *adv* exceptionnellement
ausnehmen ⟨*irr*⟩ **I** *v/t* **1.** *Geflügel, Wild etc* vider **2. ein Nest ausnehmen** dénicher des oiseaux, des œufs **3.** F *péj* (*schröpfen*) F plumer **4.** (*ausschließen*) exclure, excepter (**von** de) **II** *st/s v/r* **sich gut, sonderbar ausnehmen** avoir l'air bien, bizarre; faire (un) bon effet, un effet bizarre
ausnehmend *st/s advt* extraordinairement; exceptionnellement; extrêmement; **das gefällt mir ausnehmend gut** cela me plaît énormément
ausnüchtern *v/t* (*u v/i* se) dégriser
Ausnüchterung *f* ⟨∼; ∼en⟩ dégrisement *m*
Ausnüchterungszelle *f* cellule *f* de dégrisement
ausnutzen, *bes südd, österr* **ausnützen** *v/t* ⟨¢$⟩ **1.** *Gelegenheit, Zeit* profiter de; *Vorteil* tirer profit de; *Raum* utiliser **2.** *péj Person* profiter de; exploiter
Ausnutzung *f* ⟨∼⟩, *bes südd, österr* **Ausnützung** *f* ⟨∼⟩ **1.** mise *f* à profit **2.** exploitation *f*
auspacken **I** *v/t Koffer* défaire; *Paket, Waren* déballer; dépaqueter **II** *v/i fig* (*sich aussprechen*) F (tout) déballer; F vider son sac; (*gestehen*) F cracher le morceau
ausparken *v/i* sortir d'une place de stationnement
auspeitschen *v/t* fouetter
auspfeifen *v/t* ⟨*irr*⟩ siffler; *par ext* 'huer
ausplaudern *v/t* ébruiter; divulguer
ausplündern *v/t Person, Auto etc* dévaliser; *Stadt, Laden* piller
ausposaunen F *péj v/t* ⟨*sans ge*⟩ crier sur les toits; carillonner
Ausprägung *f e-s Charakteristikums* empreinte *f*
auspressen *v/t* ⟨¢$⟩ *Frucht* presser; *Saft* exprimer; extraire
ausprobieren *v/t* ⟨*sans ge*⟩ essayer (**an j-m, etw** sur qn, qc)
Auspuff *m* ⟨∼¢$; ∼e⟩ (tuyau *m*, pot *m* d')échappement *m*
Auspuffgas(e) *n* gaz *m*(*pl*) d'échappement
Auspuffrohr *n* tuyau *m* d'échappement
Auspufftopf *m* pot *m* d'échappement
auspumpen *v/t* **1.** *Wasser* pomper **2.** *Keller* vider (à l'aide d'une pompe)
auspusten F *v/t* ⟨-e-⟩ → **ausblasen**
Ausputzer *m* ⟨∼s; ∼⟩ FUSSBALL libéro *m*
ausquartieren *v/t* ⟨*sans ge*⟩ déloger; loger ailleurs
ausquetschen *v/t* **1.** (*auspressen*) presser **2.** F (*ausfragen*) **j-n ausquetschen** F cuisiner qn
ausradieren *v/t* ⟨*sans ge*⟩ **1.** gommer; effacer **2.** *fig péj Stadt etc* rayer de la carte; effacer

ausrangieren *v/t* ⟨*sans ge*⟩ mettre au rancart, au rebut
ausrasieren *v/t* ⟨*sans ge*⟩ raser
ausrasten[1] *v/i* ⟨-e-, sn⟩ F *fig* (*durchdrehen*) F perdre la boule; F disjoncter
ausrasten[2] *v/i* (*u v/r*) ⟨-e-⟩ *südd, österr* → **ausruhen, rasten**
ausrauben *v/t* dévaliser
ausräuchern *v/t* enfumer
ausraufen *v/t* arracher; **sich** (*dat*) **die Haare ausraufen** s'arracher les cheveux (**vor Verzweiflung** de désespoir)
ausräumen *v/t* **1.** *Wohnung* déménager les meubles de; vider de ses meubles **2.** *Möbel* sortir, enlever (**aus** de) **3.** *fig Missverständnisse* dissiper; *Bedenken* éliminer; *Schwierigkeiten* aplanir
ausrechnen ⟨-e-⟩ **I** *v/t* calculer **II** *v/r fig* **sich** (*dat*) **Chancen ausrechnen** penser avoir de bonnes chances
Ausrede *f* excuse *f*; échappatoire *f*; (*Vorwand*) prétexte *m*
ausreden ⟨-e-⟩ **I** *v/t* **j-m etw ausreden** dissuader, détourner qn de qc **II** *v/i* finir (de parler)
ausreichen *v/i* suffire
ausreichend *adjt* suffisant; *Schulnote* → **Vier**
ausreifen *v/i* ⟨sn⟩ mûrir (*a fig*)
Ausreise *f* départ *m* (pour l'étranger); **bei der Ausreise aus Frankreich** en sortant de (la), en quittant la France
Ausreiseerlaubnis, Ausreisegenehmigung *f* permis *m*, autorisation *f* de sortie
ausreisen *v/i* ⟨¢$, sn⟩ partir (pour l'étranger); quitter (**aus e-m Land** un pays)
Ausreisevisum *n* visa *m* de sortie
ausreißen ⟨*irr*⟩ **I** *v/t* arracher **II** *v/i* ⟨sn⟩ F (*weglaufen*) F prendre le large; F se tirer; F se casser; *bes Jugendliche* faire une fugue; F fuguer
Ausreißer(in) F *m* ⟨∼s; ∼⟩ (*f*) ⟨∼in; ∼innen⟩ fugueur, -euse *m,f*
ausreiten *v/i* ⟨*irr*, sn⟩ sortir, se promener à cheval
ausrenken ['ausrɛŋkən] **I** *v/t* démettre; déboîter **II** *v/r* **sich** (*dat*) **den Arm ausrenken** se démettre, se déboîter le bras
ausrichten *v/t* ⟨-e-⟩ **1.** *Gegenstände, Soldaten* aligner; **nach Süden ausrichten** orienter au sud **2.** *fig Programm, Produktion* **ausrichten nach** adapter à **3.** *Auftrag, Gruß* transmettre; **richten Sie ihm bitte aus, dass...** dites-lui s'il vous plaît que ...; **als Antwort ich werde es ausrichten** je n'y manquerai pas **4.** (*veranstalten*) organiser; *Fest a* arranger **5.** (*erreichen*) **etw ausrichten** (réussir à) obtenir qc; **gegen etw, j-n nichts ausrichten können** ne pouvoir rien (faire) contre qc, qn
Ausrichtung *f* **1.** alignement *m*; orientation *f* (*beide a fig*) **2.** *e-r Veranstaltung* organisation *f*; préparation *f*
Ausritt *m* sortie *f*, promenade *f* à cheval
ausrollen *v/t Teppich* dérouler; *Teig* étendre (au rouleau)
ausrotten ['ausrɔtən] *v/t* ⟨-e-⟩ *Lebewesen* exterminer; *Unsitte, Aberglaube* extirper; détruire
Ausrottung *f* ⟨∼; ∼en⟩ extermination *f*; destruction *f*
ausrücken *v/i* ⟨sn⟩ **1.** MIL partir; *Feuerwehr* sor-

tir **2.** F → **ausreißen**
Ausruf *m* exclamation *f*; cri *m*
ausrufen *v/t* ⟨*irr*⟩ **1.** crier; **j-n ausrufen lassen**
faire appeler qn **2.** (*bekannt geben*) annoncer
(à 'haute voix) **3.** (*proklamieren*) proclamer;
j-n zum König ausrufen proclamer qn roi
Ausrufesatz *m* GR proposition exclamative
Ausrufezeichen, **Ausrufungszeichen** *n* point
m d'exclamation
ausruhen *v/i* (*u v/r* **sich ausruhen**) se reposer
ausrüsten *v/t* ⟨-e-⟩ équiper (*mit* de); *mit Werk-*
zeugen outiller
Ausrüstung *f*, **Ausrüstungsgegenstände**
m/pl équipement *m*
ausrutschen *v/i* ⟨sn⟩ glisser
Ausrutscher F *m* ⟨∼s; ∼⟩ **1.** glissade *f* **2.** *fig*
(*Fauxpas*) F gaffe *f*
Aussaat *f* semis *m*; semailles *f/pl*
aussäen *v/t* semer
Aussage *f* **1.** (*Feststellung*) déclaration *f*; dire(s)
m(*pl*) **2.** JUR déposition *f*; **e-e Aussage ma-**
chen faire une déposition; **die Aussage ver-**
weigern refuser de déposer, de faire une dépo-
sition **3.** *e-s Kunstwerks* message *m*
Aussagekraft *f* **1.** *e-s Kunstwerks* force *f* d'ex-
pression **2.** *von Angaben* pertinence *f*
aussagekräftig *adj* pertinent; substantiel
aussagen *v/t* **1.** (*ausdrücken*) exprimer; dire **2.**
JUR déposer (**gegen j-n** contre qn)
aussägen *v/t* découper (à la scie)
Aussagesatz *m* GR proposition énonciative
Aussatz *m* ⟨∼es⟩ MÉD HIST, *fig* lèpre *f*
Aussätzige(r) [-zɛtsɪgə(r)] *f*(*m*) ⟨→ A⟩ MÉD
HIST, *fig* lépreux, - euse *m,f*
aussaugen *v/t* ⟨*régulier ou st/s irr*⟩ sucer
ausschaben *v/t* gratter; MÉD cureter
Ausschabung *f* ⟨∼; ∼en⟩ MÉD curetage *m*
ausschachten *v/t* ⟨-e-⟩ creuser; excaver
ausschalten *v/t* ⟨-e-⟩ **1.** *Licht, Heizung, Radio,*
Fernseher éteindre; *Strom* couper; interrom-
pre; *Maschine, Motor* arrêter **2.** *fig* éliminer;
écarter
Ausschaltung *f* ⟨∼⟩ (*Beseitigung*) élimination *f*
Ausschank ['aʊsʃaŋk] *m* ⟨∼∉s; -schänke⟩ **1.**
(*Ausschenken*) vente *f* **2.** (*Schankraum*) buvet-
te *f*; débit *m* de boissons
Ausschau *f* ⟨∼⟩ **nach j-m, etw Ausschau hal-**
ten → **ausschauen**
ausschauen *v/i* **1.** **nach j-m, etw ausschauen**
chercher qn, qc des yeux, du regard; scruter
l'horizon pour voir si qn, qc arrive **2.** *südd,*
österr → **aussehen**
ausscheiden ⟨*irr*⟩ **I** *v/t* *Stoffwechselprodukte*
excréter; *Fremdkörper* éliminer; CHIM dégager
II *v/i* ⟨sn⟩ **1.** *aus e-r Gemeinschaft* quitter (**aus**
etw qc); se retirer (de qc) **2.** *bei e-m Wettbewerb*
être éliminé **3.** (*nicht in Betracht kommen*) être
exclu, 'hors de question
Ausscheidung *f* **1.** *von Stoffwechselprodukten*
excrétion *f*; *von Fremdkörpern* élimination *f* **2.**
SPORT éliminatoire *f*
Ausscheidungskampf *m* SPORT (épreuve *f*) éli-
minatoire *f*
Ausscheidungsspiel *n* SPORT match *m* élimi-
natoire
ausschenken *v/t* **1.** (*verkaufen*) débiter **2.** (*aus-*
gießen) verser **3.** (*servieren*) servir
ausscheren *v/i* ⟨sn⟩ *Fahrzeug* se déporter; dé-

boîter
ausschiffen *v/t* (*u v/r* **sich ausschiffen**) débar-
quer
ausschildern *v/t* *Straße* signaliser; *Umleitung*
indiquer; signaler
Ausschilderung *f* signalisation *f*
ausschimpfen *v/t* gronder
ausschlachten F *v/t* ⟨-e-⟩ **1.** (*ausnutzen*) exploi-
ter **2.** *altes Auto* retirer tout ce qui est encore
utilisable de
ausschlafen *v/i* (*u v/r*) ⟨*irr*⟩ (**sich ausschla-**
fen) dormir assez, son compte; **gut ausge-**
schlafen sein être bien reposé
Ausschlag *m* **1.** MÉD éruption *f* (de boutons);
eczéma *m* **2.** *e-s Messinstruments* déviation
f; *fig* **den Ausschlag geben** faire pencher la
balance; être décisif (**für** pour)
ausschlagen ⟨*irr*⟩ **I** *v/t* **1.** *Zahn* casser **2.** (*ableh-*
nen) refuser **II** *v/i* **3.** ⟨h *ou* sn⟩ *Baum* bourgeon-
ner **4.** *Pferd* ruer **5.** ⟨h *ou* sn⟩ *Zeiger e-s Mess-*
instruments, Pendel dévier
ausschlaggebend *adj* décisif
ausschlecken *v/t* lécher
ausschließen *v/t* ⟨*irr*⟩ **1.** exclure (**von, aus** de);
es ist nicht auszuschließen, dass … il est
possible que … (+ *subj*) **2.** → **aussperren**
ausschließlich **I** *adv* exclusivement **II** *prép*
⟨*gén*⟩ à l'exclusion de
ausschlüpfen *v/i* ⟨sn⟩ éclore; sortir (de l'œuf)
Ausschluss *m* exclusion *f*
ausschmücken *v/t* **1.** (*dekorieren*) décorer, or-
ner (**mit** de) **2.** *Erzählung* embellir; enjoliver
Ausschmückung *f* ⟨∼; ∼en⟩ **1.** décoration *f* **2.**
embellissement *m*; enjolivement *m*
ausschneiden *v/t* ⟨*irr*⟩ découper (**aus** dans)
Ausschnitt *m* **1.** (*Zeitungsausschnitt*) coupure *f*
(de presse) **2.** (*Halsausschnitt*) décolleté *m* **3.**
(*Auszug*) extrait *m*; (*Bildausschnitt*) détail
m; (*Filmausschnitt*) séquence *f*
ausschöpfen *v/t* **1.** *Wasser* vider **2.** *fig Möglich-*
keiten etc épuiser
ausschreiben *v/t* ⟨*irr*⟩ **1.** *Wort etc* écrire en tou-
tes lettres **2.** **e-e Stelle ausschreiben** mettre
une annonce d'offre d'emploi; *Arbeiten* **öf-**
fentlich ausschreiben mettre en adjudication
Ausschreibung *f* *e-r Stelle* publication *f* d'une
annonce; **öffentliche Ausschreibung** appel
m d'offres; adjudication (administrative)
Ausschreitungen *f/pl* excès *m/pl*
Ausschuss *m* **1.** (*Kommission*) comité *m*; com-
mission *f* **2.** (*fehlerhafte Ware*) rebut *m*
Ausschussmitglied *n* membre *m* du comité, de
la commission
Ausschusssitzung *f* séance *f* du comité, de la
commission
Ausschussware *f* marchandise *f* de rebut
ausschütteln *v/t* ⟨¢⟩ secouer
ausschütten *v/t* ⟨-e-⟩ **1.** *Inhalt* vider **2.** *Gewinn,*
Dividenden répartir
Ausschüttung *f* ⟨∼; ∼en⟩ (*Gewinnausschüt-*
tung) répartition *f*; (*Dividende*) dividende *m*
ausschweifend *adj* *Fantasie etc* débridé; dé-
bordant; **ein ausschweifendes Leben führen**
mener une vie dissolue, de débauche
Ausschweifung *f* ⟨∼; ∼en⟩ *im Genuss* excès *m*;
(*Sittenlosigkeit*) débauche *f*
ausschweigen *v/r* ⟨*irr*⟩ **sich** (**über etw** [*acc*])
ausschweigen garder le silence, se taire

(sur qc)

aussehen v/i ⟨irr⟩ avoir l'air; paraître; **müde aussehen** avoir l'air fatigué; **jung aussehen** faire jeune; **aussehen wie** ressembler à; **wie siehst du denn aus!** te voilà bien arrangé!; **so siehst du aus!** tu n'y penses pas!; F compte là-dessus!; **es sieht nach Regen aus** le temps est à la pluie

Aussehen n ⟨~s⟩ **1.** (Gesichtsausdruck) air m; mine f **2.** (Äußeres) apparences f/pl; extérieur m

aussein → **aus**

außen ['aʊsən] adv dehors; à l'extérieur; **nach außen** (**hin**) à od vers l'extérieur; au od en dehors; **von außen** du dehors; de l'extérieur; F **j-n, etw außen vor lassen** ignorer qn, qc; F **außen vor bleiben** être ignoré

Außen... in Zssgn meist extérieur

Außenansicht f extérieur m; vue extérieure

Außenantenne f antenne extérieure

Außenaufnahmen f/pl FILM extérieurs m/pl

Außenbahn f SPORT piste extérieure; LEICHT-ATHLETIK couloir extérieur

Außenbeleuchtung f éclairage extérieur

Außenbezirk m e-r Stadt quartier m périphérique

Außenborder F m ⟨~s; ~⟩ **1.** Motor moteur m 'hors-bord **2.** Boot 'hors-bord m

Außenbordmotor m moteur m 'hors-bord; **Boot mit Außenbordmotor** m 'hors-bord m

aussenden v/t ⟨irr ou régulier⟩ **1.** Strahlen émettre **2.** Boten envoyer

Außendienst m **im Außendienst** (**tätig**) **sein** être en déplacement

Außendienstmitarbeiter(in) m(f) collaborateur, -trice m,f externe; (Handelsvertreter[in]) représentant(e) m(f) de commerce

Außenhandel m commerce extérieur

Außenkante f (re)bord extérieur

Außenleuchte f lampe extérieure

Außenmauer f mur extérieur

Außenminister(in) m(f) ministre m des Affaires étrangères

Außenministerkonferenz f conférence f des ministres des Affaires étrangères

Außenministerium n ministère m des Affaires étrangères

Außenpolitik f politique extérieure, étrangère

Außenpolitiker(in) m(f) homme m politique, politicien, -ienne m,f s'occupant des affaires étrangères d'un pays

außenpolitisch adj de (la) politique extérieure

Außenseite f côté extérieur

Außenseiter m ⟨~s; ~⟩ outsider m; gesellschaftlicher marginal m

Außenspiegel m rétroviseur extérieur

Außenstände m/pl COMM créances f/pl

Außenstehende(r) f(m) ⟨→ A⟩ profane m,f

Außenstelle f succursale f

Außenstürmer m SPORT ailier m

Außentemperatur f température extérieure

Außenwand f mur extérieur

Außenwelt f monde extérieur

außer ['aʊsər] **I** prép ⟨dat⟩ **1.** (außerhalb von) 'hors de; **außer sich** (dat) **sein** être 'hors de soi **2.** (abgesehen von) à part; excepté; à l'exception de; sauf; **niemand außer mir** personne à part moi **3.** (neben) outre; en dehors de **II**

conj **außer wenn** sauf si; à moins que ... ne (+ subj)

außerdem [aʊsər'deːm ou 'aʊ-] adv en outre; de od en plus; par ailleurs

außerdienstlich adj en dehors du service, de l'exercice de mes, etc fonctions

äußere ['ɔysərə] adj extérieur; externe

Äußere(s) n ⟨→ A⟩ extérieur m; apparences f/pl

außerehelich adj extraconjugal; Kind illégitime; naturel

außereuropäisch adj extra-européen

außergerichtlich adj extrajudiciaire

außergewöhnlich adj extraordinaire; exceptionnel

außerhalb I prép ⟨gén⟩ en dehors, à l'extérieur de **II** adv **außerhalb wohnen** habiter en dehors de la ville; **von außerhalb** de l'extérieur

außerirdisch adj extraterrestre

äußerlich adj **1.** (außen befindlich) extérieur; externe (a PHARM) **2.** fig (scheinbar) apparent

Äußerlichkeit f ⟨~; ~en⟩ **1.** pl **Äußerlichkeiten** (Äußerliches) apparences f/pl **2.** (Formalität) formalité f

äußern ['ɔysərn] **I** v/t (aussprechen, kundtun) exprimer; Meinung a dire; donner **II** v/r **sich äußern 1.** (sich zeigen) se montrer, se traduire, se manifester (**in** [+ dat] par) **2. sich zu etw** od **über etw** (acc) **äußern** dire, donner son opinion sur qc; se prononcer sur qc

außerordentlich I adj extraordinaire; exceptionnel **II** adv (sehr) extrêmement; énormément; **es tut uns außerordentlich leid** nous regrettons infiniment, vivement

außerparlamentarisch adj extraparlementaire; **außerparlamentarische Opposition** opposition f extraparlementaire

außerplanmäßig adj 'hors(-)plan; (zusätzlich) supplémentaire

außerschulisch adj extrascolaire

außersinnlich adj extrasensoriel; **außersinnliche Wahrnehmung** perception extrasensorielle

äußerst ['ɔysərst] adv extrêmement

außerstande [aʊsər'ʃtandə] adv **außerstande sein, etw zu tun** être 'hors d'état, incapable de faire qc

äußerste adj extrême (a fig); **im äußersten Fall** à la rigueur

Äußerung f ⟨~; ~en⟩ **1.** (Bemerkung) remarque f; pl **Äußerungen** a propos m/pl; paroles f/pl **2.** e-s Gefühls etc manifestation f

aussetzen ⟨¢⟩ **I** v/t **1.** Kind, Tier abandonner **2.** e-r Gefahr, Beanspruchung exposer **3.** Belohnung offrir **4.** (unterbrechen) interrompre; Verfahren suspendre **5.** JUR Strafe surseoir à **6. etw an j-m, etw auszusetzen haben** trouver à redire à qn, qc; avoir à reprocher qc à qn, qc **II** v/i **7.** Motor, Herz s'arrêter **8. mit der Arbeit** (**für ein paar Wochen**) **aussetzen** arrêter de travailler (pour quelques semaines)

Aussetzer F m (Ausfall) e-s Motors raté m (a Missgeschick); **e-n Aussetzer haben** F avoir un trou

Aussetzung f ⟨~; ~en⟩ **1.** e-s Kindes abandon m **2.** e-r Belohnung offre f **3.** e-s Streiks interruption f **4.** JUR e-s Verfahrens suspension f; e-r Strafe sursis m

Aussicht *f* ⟨~; ~en⟩ **1.** (*Ausblick*) vue *f* (*auf* [+ *acc*] sur) **2.** *fig* perspective *f*, chance *f*, espérance *f* (de); *etw in Aussicht haben* avoir qc en vue; *j-m etw in Aussicht stellen* laisser entrevoir qc à qn; *ohne Aussicht auf Erfolg* sans espoir de succès, de réussir
aussichtslos *adj* sans aucune chance de succès; sans espoir
Aussichtslosigkeit *f* ⟨~⟩ inutilité *f*
Aussichtspunkt *m* point *m* de vue
aussichtsreich *adj* prometteur; plein d'espoir
Aussichtsturm *m* belvédère *m*
aussieben *v/t* **1.** cribler **2.** *fig Bewerber* trier (sur le volet); passer au crible
aussiedeln *v/t* ⟨¢⟩ déplacer
Aussiedler(in) *m(f)* rapatrié(e) *m(f)*
aussitzen F *v/t* ⟨*irr*⟩ *ein Problem aussitzen* attendre qu'un problème se résolve de lui-même
aussöhnen ['ausz øːnən] **I** *v/t* *j-n mit j-m aussöhnen* réconcilier qn avec qn **II** *v/r sich mit j-m aussöhnen* se réconcilier avec qn; faire la paix avec qn
Aussöhnung *f* ⟨~; ~en⟩ réconciliation *f*
aussondern *v/t* retirer
aussortieren *v/t* ⟨*sans ge*⟩ trier; mettre à part
ausspähen *v/t* épier; espionner
ausspannen **I** *v/t* **1.** *Zugtiere* dételer **2.** F *j-m j-n, etw ausspannen* F chiper qn, qc à qn **II** *v/i* se détendre; se reposer; se relaxer
aussparen *v/t* **1.** *Wort* laisser en blanc **2.** *fig Thema* éviter (de parler de)
Aussparung *f* ⟨~; ~en⟩ (*Öffnung*) ouverture *f*; (*Platz*) place
aussperren *v/t* **1.** (*ausschließen*) *j-n aussperren* fermer la porte derrière qn qui n'a pas de clé pour rentrer **2.** *im Streik* lock-outer
Aussperrung *f* *im Streik* lock-out *m*
ausspielen **I** *v/t* **1.** *Gegner im Sport* feinter **2.** *Spielkarte* jouer; *fig s-e Überlegenheit ausspielen* jouer de sa supériorité **3.** *j-n gegen j-n ausspielen* se servir de qn contre qn **II** *v/i beim Kartenspiel* commencer à jouer; jouer le premier
ausspionieren *v/t* ⟨*sans ge*⟩ espionner
ausspotten *österr* → *verspotten*
Aussprache *f* **1.** *e-s Wortes* prononciation *f* **2.** *klärende* explication *f*; (*Meinungsaustausch*) discussion *f*; débat *m*
Ausspracheangabe *f* notation *f* phonétique
Aussprachefehler *m* faute *f* de prononciation
Aussprachewörterbuch *n* dictionnaire *m* de prononciation
aussprechen ⟨*irr*⟩ **I** *v/t* **1.** *Wort* prononcer **2.** (*ausdrücken*) exprimer **II** *v/r sich aussprechen* **3.** *Wort* se prononcer **4.** (*sein Herz ausschütten*) s'épancher **5.** *sich mit j-m aussprechen* s'expliquer avec qn **6.** (*sich äußern*) se prononcer; *sich für, gegen j-n, etw aussprechen* se prononcer en faveur de *od* pour, contre qn, qc **III** *v/i* finir de parler
Ausspruch *m* parole(s) *f(pl)*; sentence *f*
ausspucken *v/t* u *v/i* cracher
ausspülen *v/t* rincer
ausstaffieren ['ausʃtafiːrən] *v/t* ⟨*sans ge*⟩ *péj* (*herausputzen*) accoutrer; affubler; (*verkleiden*) déguiser (*als* en)
Ausstand *m* grève *f*; débrayage *m*; *in den Ausstand treten* se mettre en grève; débrayer

ausstanzen *v/t* ⟨¢$⟩ découper à l'emporte-pièce; poinçonner
ausstatten ['ausʃtatən] *v/t* ⟨-e-⟩ doter, munir, pourvoir, équiper (*mit* de); *Raum* installer; garnir, décorer (de)
Ausstattung *f* ⟨~; ~en⟩ **1.** (*Inneneinrichtung*) installation *f*; décoration *f* **2.** (*Ausrüstung*) équipement *m* **3.** THÉ décors *m/pl* et costumes *m/pl*
ausstechen *v/t* ⟨*irr*⟩ **1.** *Auge* crever; *Torf* découper **2.** *fig j-n ausstechen* supplanter, éclipser qn
ausstehen ⟨*irr*⟩ **I** *v/t* **1.** *Ängste ausstehen* trembler (*um* pour); *das ist ausgestanden* c'est terminé, passé **2.** *j-n, etw nicht ausstehen können* ne pas pouvoir souffrir, supporter qn, qc **II** *v/i Geld* être dû; *Entscheidung* être (encore) à prendre; *die Antwort steht noch aus* on attend encore la réponse
aussteigen *v/i* ⟨*irr*, sn⟩ **1.** descendre (*aus* de) **2.** F *fig aus e-m Geschäft etc* se retirer (*aus* de); *aus der Gesellschaft* se marginaliser (de)
Aussteiger(in) F *m* ⟨~s; ~⟩ (*f*) ⟨~in; ~innen⟩ marginal(e) *m(f)*
ausstellen *v/t* **1.** *Gemälde, Waren* exposer; *Waren* a. étaler **2.** *Pass etc* délivrer; *Scheck* faire; émettre; *Rechnung* faire; établir; dresser **3.** F → *ausschalten*
Aussteller(in) *m* ⟨~s; ~⟩ (*f*) ⟨~in; ~innen⟩ *Künstler(in), auf e-r Messe* exposant(e) *m(f)*
Ausstellung *f* exposition *f*
Ausstellungsdatum *n e-s Passes etc* date *f* de délivrance
Ausstellungsfläche *f* surface *f* d'exposition
Ausstellungsgelände *n* terrain *m* d'exposition; parc *m* des expositions
Ausstellungshalle *f* 'hall *m* d'exposition
Ausstellungskatalog *m* catalogue *m* de l' *bzw* d'exposition
Ausstellungsraum *m* salle *f* d'exposition
Ausstellungsstück *n* **1.** *im Schaufenster* article *m* d'étalage **2.** *im Museum* objet exposé
aussterben *v/i* ⟨*irr*, sn⟩ *Familie, Rasse* s'éteindre; *Tierart, Dialekt* disparaître
Aussteuer *f* dot *f*; trousseau *m*
aussteuern *v/t* ÉLECTRON régler le niveau de
Ausstieg ['ausʃtiːk] *m* ⟨~⟫s; ~e⟩ **1.** sortie *f* **2.** *fig* abandon *m*
ausstopfen *v/t* empailler; naturaliser
Ausstoß *m* production *f*; débit *m*
ausstoßen *v/t* ⟨*irr*⟩ **1.** *Rauch, Lava* rejeter **2.** *Schrei, Seufzer* pousser; *Drohungen* lancer; proférer **3.** *aus e-r Gemeinschaft* expulser, exclure (*aus* de)
ausstrahlen **I** *v/t* **1.** *Licht* émettre; répandre; *Wärme* dégager; *fig Ruhe* respirer; dégager **2.** RAD, TV diffuser **II** *v/i* **3.** *Wärme* émaner; rayonner; *Schmerz* s'irradier **4.** (*wirken*) *auf etw, j-n ausstrahlen* rayonner sur qc, qn
Ausstrahlung *f* **1.** *von Wärme* rayonnement *m* (*a fig*); *von Schmerzen* irradiation *f* **2.** RAD, TV diffusion *f* **3.** (*Wirkung*) rayonnement *m*; influence *f* (*auf* [+ *acc*] sur)
ausstrecken **I** *v/t Hand* tendre; *Arm, Bein, Fühler* étendre **II** *v/r sich ausstrecken* s'allonger; s'étendre
ausstreichen *v/t* ⟨*irr*⟩ barrer; rayer
ausströmen *v/i* ⟨sn⟩ *Gas* fuir, se dégager,

s'échapper (**aus** de)
aussuchen v/t choisir; (a v/r **sich** [dat]) **etw aussuchen** choisir qc
Austausch m échange m; **im Austausch für** od **gegen** en échange de
austauschbar adj échangeable; interchangeable; (ersetzbar) remplaçable
Austauschdienst m **Akademischer Austauschdienst** office m d'échanges universitaires
austauschen v/t échanger (**gegen** contre) (a fig); (auswechseln) changer; (ersetzen) remplacer
Austauschmotor m moteur m de remplacement
Austauschprofessor(in) m(f) professeur m (d'université) qui fait un échange
Austauschschüler(in) m(f) élève m,f qui fait un échange
Austauschstudent(in) m(f) étudiant(e) m(f) qui fait un échange
austeilen v/t distribuer (**an** [+ acc] à)
Austeilung f distribution f
Auster ['austər] f ⟨~; ~n⟩ huître f
Austernbank f ⟨~; -bänke⟩ banc m d'huîtres
Austernfischer m zo huîtrier m
Austernhändler(in) m(f) écailler, -ère m,f
Austernpilz m pleurote m
Austernschale f écaille f d'huître
Austernzucht f ostréiculture f
Austernzüchter m ostréiculteur m
austesten v/t ⟨-e-⟩ tester
austoben v/r **sich austoben** se défouler; Kinder se dépenser; s'ébattre; Unwetter faire rage
austragen v/t ⟨irr⟩ **1.** Zeitungen, Post distribuer **2.** Kind porter jusqu'à terme **3.** Wettkampf disputer; organiser; Konflikt terminer; régler
Austräger(in) m(f) von Zeitungen porteur, -euse m,f de journaux
Austragung f ⟨~; ~en⟩ **1.** von Wettkämpfen déroulement m; organisation f **2.** von Konflikten règlement m
Austragungsort m ⟨~¢s; ~e⟩ lieu m de la rencontre sportive
Australien [aus'traːliən] n ⟨~s⟩ l'Australie f
Australier(in) m ⟨~s; ~⟩ (f) ⟨~in; ~innen⟩ Australien, -ienne m,f
australisch adj australien
austreiben v/t ⟨irr⟩ **1. j-m etw austreiben** faire passer à qn l'habitude, le goût de (faire) qc **2.** Teufel exorciser
austreten ⟨irr⟩ **I** v/t **1.** Schuhe avachir **2.** Weg tracer; Treppe user **3.** Zigarette écraser du pied **II** v/i ⟨sn⟩ **4.** (ausscheiden) quitter (**aus etw** qc); partir, sortir (**aus** de); **aus der Kirche ausgetreten sein** ne plus faire partie de l'Église **5.** (entweichen) s'échapper (**aus** de) **6.** (zur Toilette gehen) aller aux toilettes; **darf ich mal austreten?** est-ce que je peux sortir?
austricksen F v/t ⟨¢ß⟩ F feinter
austrinken ⟨irr⟩ **I** v/t finir; vider **II** v/i vider son verre, sa tasse, etc
Austritt m **1.** aus e-r Vereinigung départ m **2.** (Entweichen) fuite f
Austrittserklärung f déclaration f de départ, de quitter qc
austrocknen ⟨-e-⟩ **I** v/t dessécher **II** v/i ⟨sn⟩ se dessécher; Gewässer s'assécher

austüfteln F v/t ⟨¢⟩ combiner; inventer
ausüben v/t **1.** Beruf etc exercer; pratiquer **2.** Einfluss, Kontrolle exercer (**auf, über** [+ acc] sur); Zwang user de
Ausübung f ⟨~⟩ exercice m; pratique f
ausufern v/i ⟨sn⟩ prendre de trop grandes proportions; Gespräch s'étendre trop
Ausverkauf m soldes m/pl; (Totalausverkauf) liquidation f; **etw im Ausverkauf kaufen** acheter qc en solde
ausverkauft adjt Artikel **ausverkauft sein** être épuisé; **die Vorstellung ist ausverkauft** c'est complet pour cette séance; **vor ausverkauftem Haus spielen** jouer à bureaux fermés, devant une salle comble
auswachsen **I** v/r ⟨irr⟩ **sich auswachsen 1.** (sich normalisieren) se normaliser; se corriger **2. sich zu etw auswachsen** se transformer en qc **II** F v/i **es ist zum Auswachsen (mit dir)!** F c'est à devenir dingue (avec toi)!
Auswahl f choix m (**an** [+ dat] de); sélection f (a SPORT); **zur Auswahl stehen** être au choix
auswählen v/t choisir (**aus, unter** [+ dat] parmi)
Auswahlmannschaft f SPORT équipe sélectionnée
Auswahlmöglichkeit f possibilité f de choisir
Auswahlspieler(in) m(f) SPORT joueur, -euse m,f sélectionné(e)
Auswahlverfahren n sélection f
Auswanderer m, **Auswanderin** f émigrant(e) m(f); émigré(e) m(f)
auswandern v/i ⟨sn⟩ émigrer
Auswanderung f émigration f
auswärtig ['ausvɛrtɪç] adj **1.** extérieur, étranger à la ville, etc **2.** (das Ausland betreffend) étranger; **das Auswärtige Amt** le ministère des Affaires étrangères
auswärts adv **1.** (nach außen) vers l'extérieur **2.** (nicht zu Hause) à l'extérieur; **auswärts essen** ne pas manger chez soi; manger en ville **3.** (nicht am Ort) à l'extérieur; **von auswärts** de l'extérieur; **auswärts wohnen** habiter à l'extérieur de la ville
Auswärtssieg m SPORT victoire f en déplacement
Auswärtsspiel n match m à l'extérieur
auswaschbar adj Einkaufstasche etc lavable à l'intérieur
auswaschen v/t ⟨irr⟩ **1.** laver **2.** GÉOL éroder
auswechselbar adj échangeable; (ersetzbar) remplaçable
auswechseln v/t ⟨¢⟩ (é)changer (**gegen** contre); (ersetzen) remplacer (par); SPORT remplacer
Auswechselspieler(in) m(f) remplaçant(e) m(f)
Auswechs(e)lung f ⟨~; ~en⟩ changement m (**gegen** contre); (Ersatz), SPORT remplacement m (par)
Ausweg m issue f (**aus e-r Situation** à une situation); moyen m de s'en sortir; échappatoire f
ausweglos adj sans issue
Ausweglosigkeit f ⟨~⟩ impossibilité f de trouver une issue, de s'en sortir
ausweichen v/i ⟨irr, sn⟩ **1.** im Verkehr éviter (**j-m, e-r Sache** qn, qc); **nach rechts ausweichen** se ranger sur la droite **2.** fig éviter (**e-r**

Sache [*dat*] qc); se dérober
ausweichend *adjt Antwort* évasif
Ausweichmanöver *n* manœuvre *f* pour éviter qn, qc; *fig* (*Ausflüchte*) dérobade *f*
Ausweichmöglichkeit *f* possibilité *f*, moyen *m* d'éviter qn, qc
ausweinen *v/r* **sich ausweinen** pleurer tout son content, soûl; **sich bei j-m ausweinen** pleurer sur l'épaule de qn
Ausweis ['ausvais] *m* ⟨∼ɡ́s; ∼e⟩ carte *f*; (*Personalausweis*) carte *f* d'identité
ausweisen ⟨*irr*⟩ **I** *v/t* expulser (*aus* de) **II** *v/r* **sich ausweisen** justifier (de) son identité; montrer sa carte, ses papiers
Ausweiskontrolle *f* contrôle *m* d'identité
Ausweispapiere *n/pl* papiers *m/pl* d'identité
Ausweisung *f* expulsion *f* (*aus* de)
ausweiten ⟨-e-⟩ **I** *v/t* élargir; agrandir (*a fig*); *fig* développer **II** *v/r* **sich ausweiten** **1.** (*sich vergrößern*) s'élargir; s'agrandir **2.** *sich zu etw ausweiten* se transformer, dégénérer en qc
Ausweitung *f* ⟨∼; ∼en⟩ transformation *f* (*zu* en); (*Ausdehnung*) extension *f*
auswendig *adv* par cœur; *etw auswendig lernen* apprendre qc par cœur
auswerfen *v/t* ⟨*irr*⟩ **1.** *Netz, Anker* jeter **2.** TECH éjecter
auswerten *v/t* ⟨-e-⟩ *Statistik* exploiter; *Fragebogen* dépouiller
Auswertung *f* exploitation *f*; dépouillement *m*
auswickeln *v/t* ⟨¢⟩ *etw auswickeln* défaire, enlever le papier qui enveloppe qc
auswiegen *v/t* ⟨*irr*⟩ peser (exactement)
auswinden *v/t* ⟨*irr*⟩ *bes südd, schweiz* essorer
auswirken *v/r* **sich auswirken** avoir des conséquences, retentir, se répercuter (*auf* [+ *acc*] sur); **sich positiv auswirken** avoir des conséquences positives
Auswirkung *f* (*Folge*) conséquence *f* (*auf* [+ *acc*] sur); (*Wirkung*) effet *m* (sur); (*Rückwirkung*) répercussion *f* (sur)
auswischen *v/t* **1.** *Geschriebenes* effacer **2.** *Gläser* essuyer **3.** F *j-m eins auswischen* F faire une vacherie à qn
auswringen *v/t* ⟨*irr*⟩ essorer
Auswuchs *m* **1.** MÉD, BOT excroissance *f* **2.** *fig pl* **Auswüchse** excès *m/pl*
auswuchten *v/t* ⟨-e-⟩ TECH équilibrer
Auswurf *m* MÉD crachat *m*
auswürfeln *v/t* ⟨¢⟩ *e-e Runde Bier auswürfeln* jouer aux dés pour savoir qui paiera une tournée de bière
auszahlen **I** *v/t* **1.** *Gehalt* payer; *Rente, Zinsen* verser **2.** *j-n auszahlen* payer, régler qn; *Geschäftspartner* désintéresser qn **II** *v/r* **sich auszahlen** en valoir la peine; être payant
auszählen *v/t* **1.** compter; dénombrer; *bei e-r Wahl* **die Stimmen auszählen** dépouiller le scrutin **2.** BOXEN compter out
Auszahlung *f* **1.** paiement *m*; versement *m* **2.** désintéressement *m*
Auszählung *f* (dé)compte *m*; dénombrement *m*; dépouillement *m*
auszehren *st/s v/t Person* consumer; épuiser
Auszehrung *f* ⟨∼⟩ **1.** (*Schwächung*) épuisement *m* **2.** MÉD consomption *f*
auszeichnen ⟨-e-⟩ **I** *v/t* **1.** (*ehren*) distinguer (*mit, durch etw* par qc); *mit Orden* décorer;

Film décerner un prix, une récompense à **2.** (*kennzeichnen*) *etw zeichnet j-n, etw* (*gegenüber j-m, etw*) *aus* qn, qc se distingue (de qn, qc) par qc **3.** *Waren* étiqueter; marquer les prix sur **II** *v/r* **sich auszeichnen** se distinguer
Auszeichnung *f* distinction *f*; *mit e-m Orden* décoration *f* (*mit* de)
Auszeit *f* SPORT temps mort
ausziehbar *adj Tisch* à rallonges; TECH télescopique
ausziehen ⟨*irr*⟩ **I** *v/t* **1.** *Kleidung* enlever; retirer; ôter; *Person* déshabiller; dévêtir; (*a v/r* *sich* [*dat*]) *die Schuhe ausziehen* enlever ses chaussures; se déchausser **2.** *Sofa* déplier; *Tisch* rallonger **II** *v/i* ⟨*sn*⟩ (*aus e-r Wohnung*) *ausziehen* déménager **III** *v/r* **sich ausziehen** se déshabiller; *sich nackt ausziehen* se mettre nu
Ausziehtisch *m* table *f* à rallonges
Auszubildende(r) *f(m)* ⟨→ A⟩ apprenti(e) *m(f)*
Auszug *m* **1.** (*Textauszug*), CHIM extrait *m*; (*Kontoauszug*) relevé *m* **2.** *aus e-r Wohnung* déménagement *m*
Auszugsmehl *n* fleur *f* de farine
auszugsweise *adv* par extraits; *e-e Rede auszugsweise drucken* imprimer des extraits d'un discours
auszupfen *v/t* arracher; *Haare mit e-r Pinzette* épiler
autark [aʊ'tark] *adj* ÉCON autosuffisant; autarcique
Autarkie [aʊtar'kiː] *f* ⟨∼; ∼n⟩ ÉCON autosuffisance *f*; autarcie *f*
authentisch [aʊ'tɛntɪʃ] *adj* authentique
Authentizität *st/s f* ⟨∼⟩ authenticité *f*
Autismus [aʊ'tɪsmʊs] *m* ⟨∼⟩ autisme *m*
Autist(in) *m* ⟨∼en; ∼en⟩ (*f*) ⟨∼in; ∼innen⟩ autiste *m,f*
autistisch *adj* autiste
Auto ['aʊto] *n* ⟨∼s; ∼s⟩ voiture *f*; auto *f*; *Auto fahren* faire de la voiture; *Fahrer* conduire

---

Autos	
Achtung: **Autos** sind im Französischen – im Gegensatz zum Deutschen – immer weiblich:	
der Renault	**la Renault** [ʀəno]
der Citroen	**la Citroën** [sitʀɔɛn]
der VW	**la Volkswagen** [vɔlksvaɡɛn]
ein Mercedes	**une Mercedes** [mɛrsedɛs]
mein Peugeot	**ma Peugeot** [pøʒo]

Autoabgase *n/pl* gaz *m/pl* d'échappement
Autoatlas *m* atlas routier
Autobahn *f* autoroute *f*
Autobahnabschnitt *m* tronçon *m* d'autoroute
Autobahnauffahrt *f* bretelle *f* d'accès

A

Autobahnausfahrt *f* sortie *f* d'autoroute
Autobahnbrücke *f* pont *m* d'autoroute
Autobahndreieck *n* échangeur *m* (d'autoroute)
Autobahngebühr *f* péage *m*; → *Info bei* **péage**
Autobahnkreuz *n* échangeur *m* (d'autoroute)
Autobahnmeisterei *f* ⟨~; ~en⟩ service *m* d'entretien de l'autoroute
Autobahnnetz *n* réseau autoroutier
Autobahnrastplatz *m* aire *f* de repos
Autobahnraststätte *f* restoroute *m*; relais routier sur l'autoroute
Autobahntankstelle *f* aire *f* de service
Autobahnteilstück *n* tronçon *m* d'autoroute
Autobahnzubringer *m* voie *f* d'accès à l'autoroute
Autobiografie *f* autobiographie *f*
Autobombe *f* voiture piégée
Autobus *m* autobus *m*; (*Reisebus*) autocar *m*
Autocar [-kaːr] *m* ⟨~s; ~s⟩ *schweiz* autocar *m*
Autodidakt [-di'dakt] *m* ⟨~en; ~en⟩ autodidacte *m*
Autodiebstahl *m* vol *m* de voiture(s)
Autofähre *f* bac *m* (à voitures); (*Fährschiff*) car-ferry *m*
Autofahren *n* conduite *f* (automobile)
Autofahrer(in) *m(f)* automobiliste *m,f*
Autofahrergruß F *plais m geste du doigt sur la tempe que fait un automobiliste pour montrer son mécontentement*
Autofahrt *f* voyage *m*, promenade *f* en voiture
Autofokus [-foːkʊs] *m* PHOT autofocus *m*
autofrei *adj Ort, Tag* où la circulation automobile est interdite
Autogas *n* GPL *m* (gaz pétrole liquéfié)
autogen [-'geːn] *adj* **autogenes Training** training *m* autogène
Autogramm *n* ⟨~s; ~e⟩ autographe *m*
Autogrammjäger F *m* chasseur *m* d'autographes
Autogrammstunde *f* séance *f* d'autographes
Autohändler(in) *m(f)* marchand(e) *m(f)* de voitures
Autohof *m* gare routière
Autoindustrie *f* industrie *f* automobile
Autokarte *f* carte routière
Autokino *n* drive-in *m*
Autoknacker F *m* F roullottier *m*
Autokolonne *f* file *f* de voitures
Automarder F *m* F roullottier *m*; voleur *m* à la roulotte
Automarke *f* marque *f* d'automobile
Automat [-'maːt] *m* ⟨~en; ~en⟩ distributeur *m* (automatique); (*selbsttätiger Apparat*) automate *m*
Automatik *f* ⟨~; ~en⟩ dispositif *m* automatique; automatisme *m*; **ein Auto mit Automatik** une voiture automatique
Automatikgetriebe *n* boîte *f* (de vitesses) automatique
Automatikgurt *m* ceinture *f* de sécurité à enrouleur
Automation *f* ⟨~⟩ automation *f*
automatisch *adj* automatique
automatisieren *v/t* ⟨*sans ge*⟩ automatiser
Automatisierung *f* ⟨~; ~en⟩ automatisation *f*
Automatismus *m* ⟨~; -men⟩ automatisme *m*
Automechaniker(in) *m(f)* mécanicien, -ienne *m,f* auto(mobile)

Autominute *f* **zehn Autominuten** dix minutes de *od* en voiture
Automobil *n* ⟨~s; ~e⟩ automobile *f*
Automobilausstellung *f* salon *m* de l'automobile
Automobilindustrie *f* industrie *f* automobile
Automobilist(in) *m* ⟨~en; ~en⟩ (*f*) ⟨~in; ~innen⟩ *bes schweiz* automobiliste *m,f*
Automobilklub *m* automobile-club *m*
autonom [-'noːm] *adj* autonome
Autonome(r) *f(m)* ⟨→ A⟩ autonomiste *m,f*
Autonomie *f* ⟨~; ~n⟩ autonomie *f*
Autonummer *f* numéro *m* d'immatriculation, minéralogique
Autopapiere *n/pl* papiers *m/pl* de (la) voiture
Autopilot *m* AVIAT pilote *m* automatique
Autopsie [aʊtɔp'siː] *f* ⟨~; ~n⟩ MÉD autopsie *f*
Autor ['aʊtɔr] *m* ⟨~s; -toren⟩ auteur *m*
Autoradio *n* autoradio *m*
Autoreifen *m* pneu *m* de voiture
Autoreisezug *m* train *m* auto-couchettes
Autorennen *n* course *f* automobile
Autoreparatur *f* réparation *f* d'une voiture
Autoreparaturwerkstatt *f* garage *m*
Autorin *f* ⟨~; ~nen⟩ auteur *m*
autorisieren *v/t* ⟨*sans ge*⟩ autoriser (**etw zu tun** à faire qc)
autoritär [aʊtori'tɛːr] *adj* autoritaire
Autorität *f* ⟨~; ~en⟩ autorité *f*
Autoschalter *m* guichet *m* pour automobilistes
Autoschlange *f* file *f* de voitures
Autoschlosser(in) *m(f)* → **Automechaniker(in)**
Autoschlüssel *m* clé *f* de voiture
Autoskooter *m* auto tamponneuse
Autostopp *m* auto-stop *m*; **per Autostopp reisen** faire de l'auto-stop
Autostrich F *m* ⟨~¢s⟩ racolage *m* des automobilistes
Autostunde *f* heure *f* de *od* en voiture
Autotelefon *n* téléphone *m* de voiture; radiotéléphone *m*
Autotür *f* portière *f*
Autounfall *m* accident *m* de voiture
Autoverkehr *m* circulation *f*, trafic *m* automobile
Autoverleih *m*, **Autovermietung** *f* location *f* de voitures
Autowaschanlage *f*, **Autowaschstraße** *f* lavage *m* automatique de voitures
Autowerkstatt *f* garage *m*
Autozubehör *n* accessoires *m/pl* automobiles
autsch [aʊtʃ] F *int* aïe!; ouille!
auweh [aʊ've:] *int* **1.** *bei Schmerz* aïe! **2.** *bei Unangenehmem* oh, mon Dieu!; oh, là là!
auwei(a) [aʊ'vaɪ(a)] F *int* aïe, aïe, aïe!; oh, là là!
Avantgarde [avã'gardə] *f* avant-garde *f*
avantgardistisch *adj* avant-gardiste; d'avant-garde
Aversion [avɛrzi'oːn] *f* ⟨~; ~en⟩ aversion *f* (**gegen etw, j-n** pour qc, qn)
Avocado [avo'kaːdo] *f* ⟨~; ~s⟩ avocat *m*
Axt [akst] *f* ⟨~; ÷e⟩ 'hache *f*
Azalee [atsa'leːə] *f* ⟨~; ~n⟩ azalée *f*
Azoren [a'tsoːrən] *pl* **die Azoren** les Açores *f/pl*
Azorenhoch *n* MÉTÉO anticyclone *m* des Açores
Azubi [a'tsuːbi] F *m* ⟨~s; ~s⟩ *u f* ⟨~; ~s⟩ apprenti(e) *m(f)*

B

B[1], **b** [beː] *n* ⟨B, b; B, b⟩ **1.** B, b *m* **2.** MUS si *m* bémol

B[2] *f abr* ⟨~⟩ (*Bundesstraße*) *etwa* RN *f*

babbeln ['babəln] F *regional v/t u v/i* ⟨¢⟩ *Kleinkind* babiller; (*schwatzen*) bavarder; papoter

Baby ['beːbi] *n* ⟨~s; ~s⟩ bébé *m*; **ein Baby erwarten** attendre un bébé

Babyausstattung *f* layette *f*

Babyboom *m* baby-boom *m*; (forte) augmentation de la natalité

Babyjahr *n* année *f* de maternité (*prise en compte pour l'assurance-vieillesse*)

Babynahrung *f* aliments *m/pl* pour bébés

Babypause F *f* pause *f* maternité

babysitten F *v/i* ⟨*seulement inf*⟩ faire du baby-sitting

Babysitter(in) *m* ⟨~s; ~⟩ (*f*) ⟨~in; ~innen⟩ baby-sitter *m,f*

Babyspeck F *plais m* rondeurs *f/pl* de bébé, d'adolescent(e)

Babystrich F *m* prostitution *f* des mineur(e)s

Babytragetasche *f* porte-bébé *m*

Babyzelle *f* petite pile électrique

Bach [bax] *m* ⟨~¢s; ⨯e⟩ ruisseau *m*; F *fig* **den Bach runtergehen** tourner mal; *Geschäft* courir à la faillite

Bachforelle *f* truite *f* de rivière

Bachstelze *f* ⟨~; ~n⟩ bergeronnette *f*

Backblech *n* plaque *f* à pâtisserie

Backbord ['bakbɔrt] *n* ⟨~¢s; ~e⟩ MAR bâbord *m*

Backe ['bakə] *f* ⟨~; ~n⟩ **1.** (*Wange*) joue *f* **2.** F (*Gesäßbacke*) fesse *f*

backen ⟨backt *ou* bäckt, backte *ou* buk, gebacken⟩ **I** *v/t Brot, Kuchen* faire cuire **II** *v/i im Backofen* cuire (au four)

Backenbart *m* favoris *m/pl*

Backenknochen *m* pommette *f*

Backenzahn *m* molaire *f*

Bäcker(in) ['bɛkər(ɪn)] *m* ⟨~s; ~⟩ (*f*) ⟨~in; ~innen⟩ boulanger, -ère *m,f*; (*Feinbäcker*) pâtissier, -ière *m,f*

Backerbsen *f/pl* petites boules de pâte (*utilisées comme garniture de soupe*)

Bäckerei *f* ⟨~; ~en⟩ boulangerie *f*; (*Feinbäckerei*) pâtissier *m*

Bäckergeselle *m* garçon *m* boulanger; mitron *m*

Bäckerladen *m* → **Bäckerei**

Bäckerlehrling *m* apprenti *m* boulanger

Bäckermeister *m* maître *m* boulanger

Backform *f* moule *m* à pâtisserie

Backhähnchen *n*, *österr* **Backhendl** *n* poulet pané

Backobst *n* fruits secs

Backofen *m* four *m*

Backpfeife *f bes nordd* gifle *f*; claque *f*

Backpflaume *f* pruneau *m*

Backpulver *n* levure *f* chimique

Backrezept *n* recette *f* de pâtisserie

Backrohr *n südd, österr,* **Backröhre** *f* four *m*

Backslash ['bɛkslɛʃ] *m* ⟨~s; ~s⟩ TYPO backslash *m*; barre *f* oblique inverse

Backstein *m* brique *f*

Backsteinbau *m* ⟨~¢s; ~ten⟩ construction *f* en briques

Backstube *f* fournil *m*

bäckt [bɛkt] → **backen**

Backwaren *f/pl* produits *m/pl* de boulangerie

Bad [baːt] *n* ⟨~¢s; ⨯er⟩ **1.** bain *m* (*a* MÉD, CHIM, TECH); *fig* **Bad in der Menge** bain de foule **2.** (*Badezimmer*) salle *f* de bains **3.** (*Schwimmbad*) piscine *f* **4.** (*Badeort*) ville *f* d'eaux; station thermale

Badeanstalt *f* piscine *f*

Badeanzug *m* maillot *m* de bain

Badegast *m e-s Schwimmbads* usager *m*; *am Strand* baigneur, -euse *m,f*

Badehandtuch *n* → **Badetuch**

Badehaube *f* → **Badekappe**

Badehose *f* caleçon *m*, slip *m* de bain

Badekappe *f* bonnet *m* de bain

Bademantel *m* peignoir *m*

Badematte *f* tapis *m* de bain

Bademeister *m* maître *m* nageur

Bademütze *f* → **Badekappe**

baden ['baːdən] ⟨-e-⟩ **I** *v/t* baigner; *in e-r Wanne* faire prendre un bain à **II** *v/i* (*u v/r* **sich baden**) se baigner; *in e-r Wanne* prendre un bain; **baden gehen** aller se baigner; F *fig* F se planter; **in Schweiß gebadet** en nage; baigné, trempé de sueur; **Baden verboten** baignade interdite

Baden-Württemberg *n* ⟨~s⟩ le Bade-Wurtemberg

Badeofen *m* chauffe-bain *m*

Badeort *m* station thermale, *an der See* balnéaire

Badesachen *f/pl* affaires *f/pl* de bain *bzw* de piscine

Badesalz *n* sels *m/pl* de bain

Badestrand *m* plage *f*

Badetasche *f* sac *m* de plage

Badetuch *n* ⟨~¢s; -tücher⟩ serviette *f*, *großes* drap *m* de bain

Badewanne *f* baignoire *f*

Badewasser *n* eau *f* du bain

Badezeug F *n* → **Badesachen**

Badezimmer *n* salle *f* de bains

Badezusatz *m* produit *m* pour le bain

Badminton ['bɛtmɪntən] *n* ⟨~⟩ badminton *m*

Badreiniger *m* ⟨~s; ~⟩ produit *m* de nettoyage pour salle de bains

baff [baf] F *adj* **baff sein** F en être baba

Bafög ['baːfœk] *n* ⟨~⟩ F **sie bekommt (100 Euro) Bafög** elle a une bourse (de 100 euros par mois)

B

Bagage ≠ bagage

Ich würde gerne die ganze **Bagage** nach Hause schicken.

Je voudrais bien renvoyer toute cette **racaille** à la maison.

J'ai oublié tous mes **bagages** à l'aéroport.

Ich habe mein ganzes **Gepäck** am Flughafen vergessen.

Baiser (*Gebäck*) ≠ baiser

In der Bäckerei: „Ich hätte gerne zwei **Baisers.**"

À la boulangerie : « Je voudrais deux **meringues**. »

Donne un petit **baiser** à mamie.

Gib der Omi ein **Küsschen.**

Bagage [ba'gaːʒə] F *f* ⟨∼⟩ (*Gesindel*) racaille *f*
Bagatelle [baga'tɛlə] *f* ⟨∼; ∼n⟩ bagatelle *f*
bagatellisieren *v/t* ⟨*sans ge*⟩ minimiser
Bagatellschaden *m* dommage insignifiant
Bagger ['bagər] *m* ⟨∼s; ∼⟩ excavatrice *f*; *großer* excavateur *m*; (*Schwimmbagger*) drague *f*
Baggerführer *m* conducteur *m* d'une excavatrice, *etc*
Baggerloch *n* **1.** excavation *f* **2.** → *Baggersee*
baggern *v/t u v/i* excaver; creuser
Baggersee *m* (lac artificiel formé dans une) gravière
Baguette [ba'gɛt] *n* ⟨∼s; ∼s⟩ baguette *f*
Bahamas [ba'haːmas] *pl* ⟨∼⟩ *die Bahamas* les (îles *f/pl*) Bahamas *f/pl*
Bahn [baːn] *f* ⟨∼; ∼en⟩ **1.** (*Eisenbahn*) chemin *m* de fer; (*Zug*) train *m*; (*Bahnlinie*) ligne *f* (de chemin de fer); *mit der Bahn fahren* prendre le train **2.** SPORT *einzelne* couloir *m*; (*Rennbahn*) piste *f* **3.** e-s Geschosses trajectoire *f*; ASTR, NUCL orbite *f* **4.** (*Weg*) chemin *m*; voie *f*; *freie Bahn haben* avoir la voie libre; *fig* avoir le champ libre; *fig sich* (*dat*) *Bahn brechen* se faire jour; (*sich durchsetzen*) s'imposer; *fig auf die schiefe Bahn geraten* mal tourner **5.** (*Stoffbahn, Tapetenbahn*) lé *m*
Bahnbeamte(r) *m* agent *m* des chemins de fer; cheminot *m*
bahnbrechend *adj* révolutionnaire
Bahncard® [-kart] *f* ⟨∼; ∼s⟩ EISENBAHN carte annuelle à tarif réduit
Bahndamm *m* remblai *m*
bahnen *v/t Weg* frayer; ouvrir
Bahnfahrer(in) *m(f)* **1.** usager *m* du train **2.** RADSPORT coureur, -euse *m,f* sur piste; pistard(e) *m(f)*
Bahnfahrt *f* voyage *m* (en train)
Bahngelände *n* emprises *f/pl* de la voie
Bahngleis *n* voie ferrée
Bahnhof *m* gare *f*; station *f*; F *fig ich verstehe nur Bahnhof* F j'y comprends que dalle
Bahnhofsbuchhandlung *f* librairie *f* (d'une gare)
Bahnhofsgaststätte *f* buffet *m*, restaurant *m* de la gare
Bahnhofsgebäude *n* bâtiment *m* de la gare
Bahnhofshalle *f* 'hall *m* (d'une gare)
Bahnhofsmission *f* centre *m* d'accueil (d'une gare)
Bahnhofsrestaurant *n* buffet *m* de gare
Bahnhofsuhr *f* horloge *f* de gare
Bahnhofsviertel *n* quartier *m* de la gare
Bahnlinie *f* ligne *f* de chemin de fer; voie ferrée
Bahnpolizei *f* police *f* des chemins de fer
Bahnreise *f* voyage *m* (en train)
Bahnschranke *f* barrière *f* (du passage à niveau)
Bahnstation *f* station *f* (de chemin de fer)
Bahnsteig *m* ⟨∼s; ∼e⟩ quai *m*
Bahnstrecke *f* ligne *f* de chemin de fer
Bahnübergang *m* passage *m* à niveau
Bahnverbindung *f* liaison *f* ferroviaire
Bahnwärter *m* garde-barrière *m*
Bahrain [ba'raɪn] *n* ⟨∼s⟩ le Bahreïn
Bahre ['baːrə] *f* ⟨∼; ∼n⟩ civière *f*
Baiser [bɛ'zeː] *n* ⟨∼s; ∼s⟩ meringue *f*
Bajonett [bajo'nɛt] *n* ⟨∼s; ∼e⟩ baïonnette *f*
Bajonettverschluss *m* fermeture *f* à baïonnette
Bake ['baːkə] *f* ⟨∼; ∼n⟩ balise *f*
Bakterie [bak'teːriə] *f* ⟨∼; ∼n⟩ microbe *m*; sc bactérie *f*
bakteriell *adj* microbien; bactérien
Balance [ba'lãːs(ə)] *f* ⟨∼; ∼n⟩ équilibre *m* (*a fig*); *die Balance halten, verlieren* garder, perdre l'équilibre
Balanceakt *m* numéro *m* d'équilibre
balancieren ⟨*sans ge*⟩ **I** *v/t* tenir en équilibre **II** *v/i* se (main)tenir en équilibre
bald [balt] *adv* **1.** ⟨eher, am ehesten⟩ (*in kurzer Zeit*) bientôt; sous peu; *bald darauf* peu après; *so bald wie möglich* le plus tôt possible; dès que possible; *bis bald!* à bientôt!; F *wirds bald!* F alors, ça vient? **2.** F (*fast*) presque **3.** *st/s bald ..., bald ...* tantôt ... tantôt ...
Baldachin ['baldaxiːn] *m* ⟨∼s; ∼e⟩ baldaquin *m*; dais *m*
baldig *adj* prochain; proche

Balance ≠ balance

Er hat **die Balance** verloren.

Il a perdu **l'équilibre.**

Il met les pommes sur **la balance.**

Er legt die Äpfel auf **die Waage.**

baldmöglichst *adv* le plus tôt possible; dès que possible
Baldrian ['baldriaːn] *m* ⟨~s; ~e⟩ valériane *f*
Baldriantropfen *m/pl* teinture *f* de valériane
Balearen [bale'aːrən] *pl* ⟨~⟩ **die Balearen** les Baléares *f/pl*
Balg[1] [balk] *m* ⟨~¢s; ːe⟩ **1.** *von Tieren, fig* peau *f* **2.** *e-r Orgel* soufflet *m*
Balg[2] *n od m* ⟨~¢s; ːer⟩ F *meist péj Kind* F gosse *m,f*; F môme *m,f*
balgen ['balgən] *v/r* **sich balgen** se bagarrer
Balgerei F *f* ⟨~; ~en⟩ bagarre *f*
Balkan ['balkaːn] ⟨~s⟩ **der Balkan** les Balkans *m/pl*
Balkanhalbinsel *f* péninsule *f* balkanique, des Balkans
Balkanstaaten *m/pl* États *m/pl* balkaniques
Balken ['balkən] *m* ⟨~s; ~⟩ poutre *f*; (*Deckenbalken*) solive *f*
Balkon [bal'kɔŋ *ou* -'koːn] *m* ⟨~s; ~s *ou* ~e⟩ balcon *m*
Ball[1] [bal] *m* ⟨~¢s; ːe⟩ (*Tanzfest*) bal *m*
Ball[2] *m* ⟨~¢s; ːe⟩ ([*Tisch*]*Tennisball, Golfball*) balle *f*; *größerer* ballon *m*; **Ball spielen** jouer à la balle, au ballon; F *fig* **am Ball bleiben** F s'accrocher
Ballabgabe *f* SPORT passe *f*
Ballade [ba'laːdə] *f* ⟨~; ~n⟩ ballade *f*
Ballast [ba'last] *m* ⟨~¢s; ~e⟩ **1.** lest *m* **2.** *fig* choses *f/pl* inutiles; fatras *m*
Ballaststoffe *m/pl* fibres *f/pl*
ballen *v/t* **die Fäuste ballen** serrer les poings; *fig* **geballte Energie** *etc* énergie, *etc* concentrée
Ballen *m* ⟨~s; ~⟩ **1.** (*Packen*) balle *f*; ballot *m*; (*Stoffballen*) pièce *f* **2.** (*Handballen*) éminence *f* sur la paume de la main; (*Fußballen*) plante antérieure du pied
Ballerina [balə'riːna] *f* ⟨~; -nen⟩ ballerine *f*
Ballermann F *m* F pétard *m*; F flingue *m*
ballern ['balərn] F *v/i* tirer des coups de feu
Ballett [ba'lɛt] *n* ⟨~¢s; ~e⟩ ballet *m*
Ballettabend *m* soirée *f* de ballet
Ballettschuh *m* chausson *m* de danse
Ballettschule *f* école *f* de danse classique
Ballettschülerin *f* élève *f* de danse classique
Balletttänzer(in) *m(f)* danseur, -euse *m,f* de ballet
Balletttruppe *f* (compagnie *f* de) ballet *m*
Ballführung *f* ⟨~⟩ accompagnement *m* du ballon, de la balle
Ballistik [ba'lɪstɪk] *f* ⟨~⟩ balistique *f*
ballistisch *adj* balistique
Balljunge *m* ramasseur *m* de balles
Ballkleid *n* robe *f* de bal
Ballon [ba'lɔŋ] *m* ⟨~s; ~s⟩ ballon *m*
Ballonfahrer(in) *m(f)* aéronaute *m,f*
Ballonfahrt *f* voyage *m* en ballon
Ballonmütze *f* casquette *f* gavroche
Ballonseide *f* soie *f* pour ballons
Ballsaal *m* salle *f* de bal, de danse
Ballspiel *n* jeu *m* de balle, de ballon
Ballungsgebiet *n*, **Ballungsraum** *m* agglomération urbaine; *sc* conurbation *f*
Ballungszentrum *n* grand centre économique, industriel
Ballwechsel *m* échange *m* de balles
Balsam ['balzaːm] *m* ⟨~s; ~e⟩ baume *m*

Balsamico [bal'zaːmiko] *m* ⟨~s⟩ *Essig* vinaigre *m* balsamique
Balte *m* ⟨~n; ~n⟩, **Baltin** *f* ⟨~; ~nen⟩ Balte *m,f*
Baltikum ['baltikʊm] ⟨~s⟩ **das Baltikum** les pays *m/pl* baltes
baltisch *adj* balte
Balz [balts] *f* ⟨~; ~en⟩ pariade *f*
Bambus ['bambʊs] *m* ⟨~ *ou* ~ses; ~se⟩, **Bambusrohr** *n* bambou *m*
Bambussprossen *f/pl* pousses *f/pl* de bambou
Bammel ['baməl] F *m* ⟨~s⟩ F trouille *f*
banal [ba'naːl] *adj* banal
Banalität *f* ⟨~; ~en⟩ banalité *f*; platitude *f*
Banane [ba'naːnə] *f* ⟨~; ~n⟩ *Frucht* banane *f*; *Pflanze* bananier *m*
Bananenrepublik *f péj* république bananière
Bananenschale *f* peau *f* de banane
Banause [ba'nauzə] *m* ⟨~n; ~n⟩ *péj* béotien, -ienne *m,f*
band [bant] → **binden**
Band[1] *n* ⟨~¢s; ːer⟩ **1.** (*Streifen*) ruban *m* (*a* TECH, RAD); *zum Zusammenbinden* lien *m* **2.** ANAT ligament *m* **3.** (*Tonband*) bande *f* (magnétique) **4.** (*Förderband*) bande transporteuse; *fig* **am laufenden Band** sans arrêt
Band[2] *m* ⟨~¢s; ːe⟩ (*Buchband*) volume *m*
Band[3] [bɛnt] *f* ⟨~; ~s⟩ MUS orchestre *m*; (*Beatband, Rockband*) groupe *m*
Bandage [ban'daːʒə] *f* ⟨~; ~n⟩ bandage *m*
bandagieren *v/t* ⟨*sans ge*⟩ bander
Bandaufnahme *f* enregistrement *m* sur bande (magnétique)
Bandbreite *f* **1.** RAD (largeur *f* de) bande *f* **2.** *fig* gamme *f*
Bande[1] ['bandə] *f* ⟨~; ~n⟩ (*Verbrecherbande etc*) bande *f* (*a fig*)
Bande[2] *f* ⟨~; ~n⟩ BILLARD bande *f*; SPORT bord *m*; bordure *f*
Banderole [bandə'roːlə] *f* ⟨~; ~n⟩ **1.** (*Steuerbanderole*) vignette *f* **2.** (*Papierband*) bande *f*
Bänderriss ['bɛndər-] *m* déchirure *f* d'un ligament
Bänderzerrung *f* élongation *f* d'un ligament
bändigen ['bɛndɪgən] *v/t Tiere* dompter; apprivoiser; *Kind* calmer; *fig* maîtriser
Bandit [ban'diːt] *m* ⟨~en; ~en⟩ bandit *m*; brigand *m*
Bandleader ['bɛntliːdər] *m* ⟨~s; ~⟩ chef *m* d'un *bzw* du groupe (de jazz, de rock)
Bandmaß *n* mètre *m* à ruban
Bandnudeln *f/pl* nouilles (plates)
Bandoneon [ban'doːneɔn] *n* ⟨~s; ~s⟩ MUS bandonéon *m*
Bandscheibe *f* disque intervertébral
Bandscheibenvorfall *m* 'hernie discale
Bandwurm *m* ténia *m*; ver *m* solitaire
bang(e) ['baŋ(ə)] *adj* ⟨banger *ou* bänger, bangste *ou* bängste⟩ inquiet; **mir ist bang(e)** j'ai peur (**vor** [+ *dat*] de); **j-m** *od* **j-n Bange machen** faire peur à qn
bangen *st/s v/i* craindre, trembler (**um** pour)
Bangladesch [baŋgla'dɛʃ] *n* ⟨~s⟩ le Bangladesh
Banjo ['banjo] *n* ⟨~s; ~s⟩ MUS banjo *m*
Bank[1] [baŋk] *f* ⟨~; ːe⟩ (*Sitzbank*) banc *m*; F *fig* **etw auf die lange Bank schieben** remettre qc à plus tard; repousser qc
Bank[2] *f* ⟨~; ~en⟩ (*Geldinstitut*) banque *f*

B

Bankangestellte(r) *f*(*m*) employé(e) *m*(*f*) de banque
Bankanweisung *f* assignation *f*, chèque *m* bancaire
Bankauftrag *m* ordre *m* de banque
Bankauskunft *f* renseignement *m* bancaire
Bankautomat *m* distributeur *m* (automatique) de billets
Bankdirektor(in) *m*(*f*) directeur *m* de (la) banque
Banker ['bɛŋkər] F *m* ⟨~s; ~⟩ banquier *m*
Bankett [baŋ'kɛt] *n* ⟨~¢s; ~e⟩ (*Festmahl*) banquet *m*; dîner *m* de gala
Bankfiliale *f* agence *f*, succursale *f* d'une banque
Bankgeheimnis *n* secret *m* bancaire
Bankgeschäft *n* opération *f* bancaire
Bankguthaben *n* avoir(s) *m*(*pl*) en banque
Bankier [baŋki'e:] *m* ⟨~s; ~s⟩ banquier *m*
Bankkaufmann *m*, **Bankkauffrau** *f* employé(e) *m*(*f*) de banque diplômé(e)
Bankkonto *n* compte *m* en banque
Banklehre *f* formation *f* des employés de banque
Bankleitzahl *f* code *m* banque
Banknachbar(in) *m*(*f*) voisin(e) *m*(*f*) de banc
Banknote *f* billet *m* de banque
Bankomat [baŋko'ma:t] *m* ⟨~en; ~en⟩ *bes österr* → *Bankautomat*
Bankraub *m* 'hold-up *m* (d'une banque)
Bankräuber *m* auteur *m* du 'hold-up (d'une banque); F braqueur *m*
bankrott [baŋ'krɔt] *adj* en faillite
Bankrott *m* ⟨~¢s; ~e⟩ faillite *f* (*a fig*); banqueroute *f*; *Bankrott machen* faire faillite, banqueroute; → *bankrottgehen*
bankrottgehen *v/i* ⟨*irr*, sn⟩ faire faillite, banqueroute
Bankschließfach *n* coffre *m* (bancaire)
Banküberfall *m* 'hold-up *m*, attaque *f* à main armée, F braquage *m* (d'une banque)
Banküberweisung *f* virement *m* bancaire
Bankverbindung *f* coordonnées *f*/*pl* bancaires; RIB *m*
Bankwesen *n* ⟨~s⟩ système *m* bancaire; banques *f*/*pl*
Bann [ban] *m* ⟨~¢s⟩ 1. HIST ban *m*; *kirchlicher* anathème *m* 2. *st*/*s fig* charme *m*; fascination *f*; envoûtement *m*; *in j-s Bann* (*dat*) *stehen* être sous le charme de qn
bannen *v/t* (*bezaubern*) envoûter; charmer; *Gefahr* conjurer; *wie gebannt* subjugué; fasciné
Banner ['banər] *n* ⟨~s; ~⟩ bannière *f*
bar [ba:r] **I** *adj* 1. COMM comptant 2. (*rein*) véritable; *Unsinn* pur **II** *adv* (au) comptant; *in bar* (*nicht in Raten*) (au) comptant; (*mit Bargeld*) en espèces
Bar *f* ⟨~; ~s⟩ 1. (*Theke*) bar *m* 2. (*Nachtlokal*) boîte *f* de nuit
Bär [bɛ:r] *m* ⟨~en; ~en⟩ 1. ours *m*; F *fig j-m e-n Bären aufbinden* monter un bateau à qn 2. ASTR *der Große, Kleine Bär* la Grande, Petite Ourse
Baracke [ba'rakə] *f* ⟨~; ~n⟩ baraque *f*
Barbados [bar'ba:dɔs] *n* ⟨von ~⟩ la Barbade
Barbar [bar'ba:r] *m* ⟨~en; ~en⟩ barbare *m*
Barbarei *f* ⟨~; ~en⟩ barbarie *f*
barbarisch *adj* barbare

bärbeißig *adj* bourru; *er ist bärbeißig* a c'est un ours mal léché
Barbiturat [barbitu'ra:t] *n* ⟨~s; ~e⟩ PHARM barbiturique *m*
barbusig *adj* aux seins nus
Bardame *f* barmaid *f*; serveuse *f*
Bärendienst *m* *j-m e-n Bärendienst erweisen* rendre un mauvais service à qn
Bärenhunger F *m* faim *f* de loup
Barfrau *f* barmaid *f*
barfuß *adv* nu-pieds; (les) pieds nus
barfüßig ['ba:rfy:sɪç] *adj u adv* → *barfuß*
barg [bark] → *bergen*
Bargeld *n* argent *m* liquide
bargeldlos *adj u adv* (*durch Überweisung*) par virement; (*mit Scheck*) par chèque; (*mit Karte*) par carte; *bargeldloser Zahlungsverkehr* transactions *f*/*pl* par virement
Barhocker *m* tabouret *m* de bar
Bärin *f* ⟨~; ~nen⟩ ourse *f*
Bariton ['ba:ritɔn] *m* ⟨~s; ~e⟩ baryton *m*
Barkasse [bar'kasə] *f* ⟨~; ~n⟩ MAR barcasse *f*
Barkauf *m* achat *m* (au) comptant
Barkeeper ['ba:rki:pər] *m* ⟨~s; ~⟩ barman *m*
Bärlauch ['bɛ:rlaux] *m* ⟨~¢s⟩ BOT ail *m* des ours
barmherzig [barm'hɛrtsɪç] *st*/*s adj* charitable; REL miséricordieux
Barmherzigkeit *st*/*s f* ⟨~⟩ charité *f*; REL miséricorde *f*
Barmixer *m* barman *m*
barock [ba'rɔk] *adj* baroque (*a fig*)
Barock *n od m* ⟨~$⟩ baroque *m*
Barockkirche *f* église *f* baroque
Barometer [baro'-] *n* ⟨~s; ~⟩ baromètre *m*
Baron(in) [ba'ro:n(ɪn)] *m* ⟨~s; ~e⟩ (*f*) ⟨~in; ~innen⟩ baron, -onne *m*,*f*
Barrel ['bɛrəl] *n* ⟨~s; ~s, *mais 5* ~⟩ baril *m*
Barren ['barən] *m* ⟨~s; ~⟩ 1. *aus Edelmetall* lingot *m* 2. SPORT barres *f*/*pl* parallèles
Barriere [bari'e:rə] *f* ⟨~; ~n⟩ barrière *f*
Barrikade [bari'ka:də] *f* ⟨~; ~n⟩ barricade *f*; F *fig auf die Barrikaden gehen* monter au créneau; se battre (*für* pour)
barsch [barʃ] *adj* brusque; rude
Barsch *m* ⟨~¢s; ~e⟩ ZO perche *f*
Barscheck *m* chèque non barré, au porteur
barst [barst] → *bersten*
Bart [ba:rt] *m* ⟨~¢s; ~e⟩ 1. barbe *f*; (*Oberlippenbart*) moustache *f*; *e-n Bart haben* porter la barbe; *mit Bart* barbu; F *fig der Bart ist ab* c'est fini; F *fig das hat so einen Bart* F c'est archiconnu 2. *e-r Katze etc* moustaches *f*/*pl*; *e-s Schlüssels* panneton *m*
Barthaar *n* poil *m* de barbe
bärtig ['bɛ:rtɪç] *adj* barbu
Bartstoppeln *f*/*pl* poils *m*/*pl* de la barbe
Bartwuchs *m* barbe *f*
Barzahlung *f* paiement *m* au comptant, en espèces
Basalt [ba'zalt] *m* ⟨~¢s; ~e⟩ basalte *m*
Basar [ba'za:r] *m* ⟨~s; ~e⟩ 1. *im Orient* bazar *m* 2. *zu Wohltätigkeitszwecken* vente *f* de charité, de bienfaisance
Base¹ ['ba:zə] *f* ⟨~; ~n⟩ *südd* (*Kusine*) cousine *f*
Base² *f* ⟨~; ~n⟩ CHIM base *f*
Baseball ['be:sbo:l] *m* ⟨~s⟩ baseball *m*
Basel ['ba:zəl] *n* ⟨~s⟩ Bâle
basieren *v/i* ⟨*sans ge*⟩ *auf etw* (*dat*) *basieren*

reposer, s'appuyer sur qc
Basilika [ba'ziːlika] $f\langle\sim;$ -ken$\rangle$ basilique f
Basilikum [ba'ziːlikum] $n\langle\sim s\rangle$ basilic m
Basis ['baːzɪs] $f\langle\sim;$ Basen$\rangle$ base f (a fig)
Baske ['baskə] $m\langle\sim n;\sim n\rangle$ Basque m
Baskenland *das Baskenland* le Pays basque
Baskenmütze f béret m basque
Basketball ['ba(ː)skət-] m **1.** *Spiel* basket(-ball) m **2.** *Ball* ballon m de basket
Basketballspieler m basketteur m
Baskin $f\langle\sim;\sim nen\rangle$ Basque f
baskisch *adj* basque
Bass [bas] $m\langle\sim es;\ddot\sim e\rangle$ **1.** *Stimme, Person* basse f **2.** *Instrument* contrebasse f **3.** *im Lautsprecher* **die Bässe** pl les basses f/pl
Bassgeige f contrebasse f
Bassin [ba'sɛ̃ː] $n\langle\sim s;\sim s\rangle$ bassin m
Bassist $m\langle\sim en;\sim en\rangle$ **1.** (*Basssänger*) basse f **2.** (*Bassspieler*) contrebassiste m; *Gitarrist* guitariste m basse
Bassschlüssel m MUS clé f de fa
Bassstimme f (voix f de) basse f
Bast [bast] $m\langle\sim es;\sim e\rangle$ liber m; *zum Flechten* raphia m; *Gewebe* rabane f
basta ['basta] f *int* suffit!; assez!; *und damit basta!* un point, c'est tout!
Bastard ['bastart] $m\langle\sim s;\sim e\rangle$ *péj, Hund* bâtard m; BIOL hybride m
Bastelei $f\langle\sim;\sim en\rangle$ bricolage m
basteln ['bastəln] v/t u v/i $\langle\phi\rangle$ bricoler; *an etw* (*dat*) *basteln* bricoler qc
Bastion [basti'oːn] $f\langle\sim;\sim en\rangle$ FORTIF, *fig* bastion m
Bastler(in) $m\langle\sim s;\sim\rangle$ (f) $\langle\sim in;\sim innen\rangle$ bricoleur, -euse m,f
Bastmatte f natte f de raphia
bat [baːt] → *bitten*
BAT [beːˀaːˈteː] $m\langle\sim\rangle$ abr → *Bundesangestelltentarif*
Bataillon [batalˈjoːn] $n\langle\sim s;\sim e\rangle$ bataillon m
Batik ['baːtɪk] $m\langle\sim s;\sim en\rangle$ *od* $f\langle\sim;\sim en\rangle$ batik m
batiken I v/t faire en batik II v/i faire du batik
Batist [ba'tɪst] $m\langle\sim es;\sim e\rangle$ batiste f
Batterie [batə'riː] $f\langle\sim;\sim n\rangle$ **1.** MIL, TECH, PHYS, AUTO batterie f **2.** ÉLECT pile f **3.** F *fig* (*Reihe*) batterie f; série f; rangée f
Batteriebetrieb $m\langle\sim s\rangle$ alimentation f par (une) batterie; *bei Uhr, Kassettenrekorder* fonctionnement m sur piles
batteriebetrieben *adj* qui fonctionne sur piles
Batteriehuhn F n poulet m d'élevage intensif
Batterieladegerät n chargeur m d'accumulateurs
Bau [bau] $m\langle\sim s;\sim ten\rangle$ **1.** *e-s Hauses* construction f **2.** (*Gebäude*) construction f; bâtiment m; édifice m **3.** (*Aufbau*) structure f **4.** F (*Baustelle*) chantier m; *auf dem Bau arbeiten* travailler dans le bâtiment **5.** $\langle pl\sim e\rangle$ (*Tierbau*) terrier m; (*Fuchsbau*) tanière f
Bauabnahme f réception f de la construction, du bâtiment
Bauabschnitt m partie f, *zeitlich* phase f de la construction
Bauamt n → *Bauaufsichtsamt*
Bauantrag m demande f d'un permis de construire
Bauarbeiten f/pl travaux m/pl
Bauarbeiter m ouvrier m du bâtiment

Bauart f type m
Bauaufsicht f surveillance f des travaux
Bauaufsichtsamt n *in Frankreich etwa* direction départementale de l'Équipement
Baubeginn m mise f en chantier
Bauch [baux] $m\langle\sim$¢s; Bäuche$\rangle$ **1.** ventre m; (*Unterleib*) abdomen m; *e-n Bauch bekommen, haben* prendre, avoir du ventre; F *sich* (*dat*) *den Bauch vollschlagen* F s'empiffrer; F s'en mettre plein la lampe, la panse **2.** *e-s Schiffes, e-r Flasche* ventre m
Bauchansatz m début m de ventre
Bauchfell n péritoine m
Bauchfellentzündung f péritonite f
bauchig *adj* ventru; bombé; renflé
Bauchklatscher F $m\langle\sim s;\sim\rangle$ *beim Schwimmen* plat m
Bauchladen m éventaire m
Bauchlandung F f AVIAT atterrissage m sur le ventre; crash m
Bauchmuskel m muscle abdominal
Bauchmuskulatur f abdominaux m/pl
Bauchnabel m nombril m
Bauchredner(in) $m(f)$ ventriloque m,f
Bauchschmerzen m/pl mal m de ventre; *ich habe Bauchschmerzen* j'ai mal au ventre
Bauchspeicheldrüse f pancréas m
Bauchtanz m danse f du ventre
Bauchtänzerin f danseuse orientale
Bauchweh F $n\langle\sim s\rangle$ → *Bauchschmerzen*
Baudenkmal n monument (public)
bauen I v/t **1.** construire; bâtir **2.** F *e-n Unfall bauen* F faire un accident **3.** *Person kräftig gebaut* de forte constitution; *sie ist gut gebaut* elle est bien faite, F bien balancée II v/i (*bauen lassen*) faire construire, bâtir; *selbst* construire, bâtir une maison; *fig auf etw, j-n bauen* compter sur qc, qn
Bauer¹ ['bauɐr] $m\langle\sim n;\sim n\rangle$ **1.** (*Landwirt*) paysan m; fermier m **2.** F *péj* F plouc m; F péquenot m **3.** SCHACH *den, KARTENSPIEL* valet m
Bauer² n od $m\langle\sim s;\sim\rangle$ (*Vogelkäfig*) cage f
Bäuerin ['bɔyərɪn] $f\langle\sim;\sim nen\rangle$ paysanne f; fermière f
bäuerlich *adj* paysan
Bauernbrot n pain m de campagne
Bauernfänger F *péj* $m\langle\sim s;\sim\rangle$ charlatan m; F arnaqueur m
Bauernfängerei F *péj* $f\langle\sim;\sim en\rangle$ attrape-nigaud(s) $m(pl)$; F arnaque f
Bauernfrühstück n omelette f aux pommes de terre et au lard
Bauernhaus n (corps m de) ferme f
Bauernhof m ferme f; *Ferien* pl *auf dem Bauernhof* vacances f/pl à la ferme
Bauernmöbel n/pl meubles m/pl rustiques
Bauernopfer n *beim Schachspiel* pion sacrifié; *fig, bes* POL éviction f d'un employé subalterne, *etc pour conserver le poste d'un 'haut fonctionnaire, etc*
Bauernregel f dicton m populaire
bauernschlau *adj* finaud
Bauernschläue f finasserie f; ruse f (de paysan)
Bauersfrau f paysanne f
Bauersleute pl paysans m/pl
baufällig *adj* délabré; vétuste
Baufälligkeit f délabrement m; vétusté f
Baufinanzierung f financement m de la cons-

B

truction
Baufirma *f* entreprise *f* de bâtiment
Baugelände *n* terrain *m* à bâtir
Baugeld *n* (fonds *m* d')aide *f* à la construction
Baugenehmigung *f* permis *m* de construire
Baugerüst *n* échafaudage *m*
Baugesellschaft *f* société de construction, immobilière
Baugewerbe *n* (industrie *f* du) bâtiment *m*
Baugrube *f* fouille *f* (pour une construction)
Baugrund *m* terrain *m* à bâtir
Bauherr *m* maître *m* de l'ouvrage; *privater a* propriétaire *m* qui fait bâtir
Bauhof *m* dépôt *m* de machines et de matériaux de construction
Bauindustrie *f* (industrie *f* du) bâtiment *m*
Bauingenieur *m* ingénieur *m* du génie civil
Baujahr *n* année *f* de construction, de fabrication; *dieses Auto ist Baujahr 1998* cette voiture est un modèle 1998
Baukasten *m* jeu *m* de construction
Baukastensystem *n* système *m* modulaire
Baukosten *pl* frais *m/pl* de construction
Baukostenzuschuss *m* contribution *f* aux frais de construction *od* de rénovation
Baukran *m* grue *f* de chantier
Baukunst *f* architecture *f*
Bauland *n* terrain *m* à bâtir, constructible
Bauleiter(in) *m(f)* chef *m* de chantier
Bauleitung *f* direction *f*, conduite *f* des travaux
baulich *adj* architectural; *bauliche Veränderungen* *f/pl* transformations *f/pl*
Baum [baʊm] *m* ⟨∼¢s; Bäume⟩ arbre *m*
Baumarkt *m* grande surface de matériaux de construction
Baumaßnahme *f* (projet *m* de) construction *f*
Baumaterial *n* matériaux *m/pl* de construction
Baumeister *m* **1.** ingénieur *m* du bâtiment **2.** ʜɪsᴛ maître *m* d'œuvre
baumeln ['baʊmǝln] F *v/i* ⟨¢⟩ pendiller; F pendouiller; *die Beine baumeln lassen* balancer ses jambes
Baumgrenze *f* limite supérieure des forêts
Baumhaus *n* cabane *f* dans un arbre
Baumkrone *f* cime *f*
Baumkuchen *m* genre de gâteau à la broche à base de pâte à biscuit
baumlang F *adj* *ein baumlanger Kerl* F une grande perche
Baumrinde *f* écorce *f* (d'arbre)
Baumschule *f* pépinière *f*
Baumstamm *m* tronc *m* (d'arbre)
Baumsterben *n* ⟨∼s⟩ mort *f* des forêts
Baumstumpf *m* souche *f*
Baumwolle *f* coton *m*
baumwollen *adj* de *od* en coton
Baumwollernte *f* récolte *f*, cueillette *f* du coton
Baumwollfaden *m* fil *m* de coton
Baumwollfaser *f* fibre *f* de coton
Baumwollgarn *n* fil *m* de coton
Baumwollgewebe *n* tissu *m* de coton
Baumwollpflanze *f* plante cotonnière
Baumwollpflücker(in) *m(f)* personne *f* qui fait la cueillette du coton
Baumwollplantage *f* plantation *f* de coton
Bauordnung *f* code *m* de la construction et de l'habitation
Bauplan *m* plan *m* de construction; *fig* structu-

re *f*
Bauplanung *f* programme *m* de construction; projet *m* d'urbanisme
Bauplatz *m* terrain *m* à bâtir
bäurisch ['bɔʏrɪʃ] *adj péj* (de) rustre; grossier
Bausatz *m* kit *m*
Bausch [baʊʃ] *m* ⟨∼¢s; Bäusche⟩ (*Wattebausch*) tampon *m*; *fig etw in Bausch und Bogen verurteilen* condamner qc en bloc
bauschen I *v/t* (faire) gonfler II *v/r* *sich bauschen* se gonfler; *Kleid* bouffer
bauschig *adj* bouffant
Bauschlosser *m* serrurier *m* en bâtiment
Bauschreiner *m* menuisier *m* du bâtiment
Bauschutt *m* gravats *m/pl*
Bausparen *n* ⟨∼s⟩ épargne-logement *f*
Bausparer(in) *m(f)* personne *f* ayant un plan d'épargne-logement
Bausparkasse *f* caisse *f* d'épargne-logement
Bausparvertrag *m* plan *m* d'épargne-logement
Baustein *m* **1.** pierre *f* de construction **2.** *Spielzeug* cube *m* **3.** *fig* élément (constitutif); composant *m*
Baustelle *f* chantier *m*
Baustil *m* style architectural
Baustopp *m* interdiction *f* de construire
Bausubstanz *f* *e-s Gebäudes* qualité *f* des matériaux de construction
Bauten *pl* → *Bau*
Bauträger *m* promoteur (immobilier, de construction)
Bauunternehmen *n* entreprise *f* de bâtiment; entrepreneur *m*
Bauunternehmer *m* entrepreneur *m* (de bâtiment, de construction)
Bauvorhaben *n* projet *m* de construction
Bauweise *f* méthode *f*, mode *m*, (*Bauart*) type *m* de construction
Bauwerk *n* bâtiment *m*; construction *f*; édifice *m*
Bauwesen *n* ⟨∼s⟩ bâtiment *m*
Bauxit [baʊ'ksiːt] *m* ⟨∼s; ∼e⟩ bauxite *f*
Bauzaun *m* clôture *f*, palissade *f* de chantier
Bauzeichnung *f* plan *m* de construction
Bauzeit *f* durée *f* de la construction
Bayer(in) ['baɪǝr(ɪn)] *m* ⟨∼n; ∼n⟩ (*f*) ⟨∼in; ∼innen⟩ Bavarois(e) *m(f)*
bay(e)risch *adj* bavarois; de Bavière
Bayern *n* ⟨∼s⟩ la Bavière
Bazar → *Basar*
Bazille [ba'tsɪlǝ] F *f* ⟨∼; ∼n⟩, **Bazillus** *m* ⟨∼; -llen⟩ bacille *m*
B-Dur *n* si *m* bémol majeur
beabsichtigen *v/t* ⟨*sans* ge⟩ *beabsichtigen, etw zu tun* avoir l'intention, se proposer, projeter, envisager de faire qc; *beabsichtigt* voulu; intentionnel
beachten *v/t* ⟨-e-, *sans* ge⟩ faire attention à; tenir compte de; *Regel* observer; respecter; (*bedenken*) prendre en considération
beachtenswert *adj* remarquable; notable
beachtlich *adj* (*beträchtlich*) considérable; (*wichtig*) important; (*anerkennenswert*) appréciable
Beachtung *f* ⟨∼⟩ *von Vorschriften* observation *f*; respect *m*; (*Aufmerksamkeit*) intérêt *m*; *e-r Sache* (*dat*) *Beachtung schenken* porter de l'intérêt à qc

Beachvolleyball ['biːtʃ-] *m* volley-ball *m* de plage; beach volley *m*
Beamer ['biːmɐ] *m* ⟨~s; ~⟩ INFORM projecteur *m* vidéo; vidéo projecteur *m*
Beamte(r) [bəˈʔamtə(r)] *m* ⟨→ A⟩ fonctionnaire *m*; agent *m*
Beamtenanwärter(in) *m(f)* (fonctionnaire *m,f*) stagiaire *m,f*
Beamtenbeleidigung *f* outrage *m* à magistrat
Beamtenbesoldung *f* traitement *m*, rémunération *f* des fonctionnaires
Beamtenbestechung *f* corruption *f* de fonctionnaire(s)
Beamtenlaufbahn *f* carrière *f* de fonctionnaire
Beamtenverhältnis *n* **ins Beamtenverhältnis übernehmen** titulariser
Beamtin *f* ⟨~; ~nen⟩ fonctionnaire *f*
beängstigen *v/t* ⟨sans ge⟩ inquiéter; effrayer
beängstigend *adjt* inquiétant; effrayant
beanspruchen *v/t* ⟨sans ge⟩ **1.** *Recht etc* revendiquer; *Aufmerksamkeit, Kraft* demander; exiger; *Platz, Zeit* prendre **2.** *Maschine* soumettre à des efforts; *Nerven* fatiguer; *Person* occuper; prendre
Beanspruchung *f* ⟨~; ~en⟩ PHYS, TECH effort *m*
beanstanden *v/t* ⟨-e-, sans ge⟩ critiquer; *Mängel* incriminer
Beanstandung *f* ⟨~; ~en⟩ critique *f*; *e-r Ware* réclamation *f* (+ *gén* concernant, à propos de)
beantragen *v/t* ⟨sans ge⟩ demander; *Strafe* requérir
beantworten *v/t* ⟨-e-, sans ge⟩ répondre à (**mit** par)
Beantwortung *f* ⟨~; ~en⟩ réponse *f* (+*gén* à)
bearbeiten *v/t* ⟨-e-, sans ge⟩ **1.** *Material* travailler; façonner; *maschinell* usiner **2.** *Boden* cultiver; travailler **3.** *Antrag* étudier **4.** THÉ, KINO, TV adapter (**für das Fernsehen** pour la télévision); MUS arranger; *Text* (**neu**) **bearbeiten** refondre; remanier **5.** F *fig j-n bearbeiten* (*beeinflussen*) travailler qn **6.** *j-n mit Fußtritten bearbeiten* frapper qn à coups de pied
Bearbeiter(in) *m(f)* **1.** *e-s Fachgebiets, Antrags* personne chargée de … **2.** *e-s Buchs* personne *f* qui remanie …; MUS arrangeur, -euse *m,f*; THÉ, KINO, TV adaptateur, -trice *m,f*
Bearbeitung *f* ⟨~; ~en⟩ **1.** *des Bodens* culture *f*; travail *m*; TECH travail *m*; façonnage *m*; *maschinelle* usinage *m*; *e-s Textes* remaniement *m*; refonte *f*; MUS arrangement *m*; THÉ, KINO, TV adaptation *f* (**für den Film** cinématographique) **2.** (*bearbeitete Fassung*) version *f*
beargwöhnen *st/s v/t* ⟨sans ge⟩ suspecter; soupçonner
beatmen *v/t* ⟨-e-, sans ge⟩ **j-n** (**künstlich**) **beatmen** pratiquer la respiration artificielle sur qn
Beatmung *f* (**künstliche**) **Beatmung** respiration artificielle (+*gén* sur)
Beatmungsgerät *n* respirateur (artificiel)
beaufsichtigen *v/t* ⟨sans ge⟩ surveiller; (*kontrollieren*) inspecter; contrôler; (*bewachen*) garder
Beaufsichtigung *f* ⟨~; ~en⟩ surveillance *f*
beauftragen *v/t* ⟨sans ge⟩ **j-n mit etw beauftragen** charger qn de qc; **j-n beauftragen, etw zu tun** charger qn de faire qc
Beauftragte(r) *f(m)* ⟨→ A⟩ mandataire *m,f*; délégué(e) *m(f)*

beäugen *v/t* ⟨sans ge⟩ observer; examiner
bebauen *v/t* ⟨sans ge⟩ **1.** *Grundstück* construire sur; *städtebaulich* urbaniser; **bebaut** *Grundstück* bâti **2.** AGR cultiver
Bebauung *f* ⟨~; ~en⟩ **1.** construction *f* (de bâtiments); urbanisation *f* **2.** AGR culture *f*
beben ['beːbən] *v/i* **1.** *Erde* trembler **2.** *st/s vor Erregung* trembler (**vor** [+ *dat*] de)
Beben *n* ⟨~s; ~⟩ **1.** séisme *m*; tremblement *m* (de terre) **2.** *st/s* tremblement *m*
bebildern *v/t* ⟨sans ge⟩ illustrer
Béchamelsoße [beʃaˈmɛl-] *f* béchamel *f*
Becher ['bɛçɐ] *m* ⟨~s; ~⟩ **1.** gobelet *m*; (*Joghurtbecher*) pot *m* **2.** TECH godet *m*
bechern F *v/i* F picoler
becircen [bəˈtsɪrtsən] → **bezirzen**
Becken ['bɛkən] *n* ⟨~s; ~⟩ **1.** bassin *m* (*a* ANAT, GÉOL) **2.** (*Waschbecken*) lavabo *m*; (*Spülbecken*) évier *m* **3.** MUS cymbale *f*
Beckenbruch *m* MÉD fracture *f* du bassin
Beckenendlage *f* MÉD présentation *f* par le siège
Beckengurt *m* ceinture *f* de sécurité (autour des 'hanches)
Beckenknochen *m* os *m* du bassin
Beckenrand *m am Schwimmbecken* bord *m* du bassin, de la piscine, *am Spülbecken* de l'évier
Becquerel [bɛkəˈrɛl] *n* ⟨~s; ~⟩ PHYS becquerel *m*
bedacht [bəˈdaxt] **I** *p/p* → **bedenken II** *adjt auf etw* (*acc*) **bedacht sein** être soucieux de qc
Bedacht *m* **mit Bedacht** de façon réfléchie; avec circonspection
bedächtig [bəˈdɛçtɪç] *adj* posé; réfléchi
bedanken *v/r* ⟨sans ge⟩ **sich** (**bei j-m**) **bedanken** remercier qn (**für etw** de, pour qc)
Bedarf [bəˈdarf] *m* ⟨~¢s⟩ besoin(s) *m(pl)* (**an** [+ *dat*] en); **bei Bedarf** en cas de besoin; (**je**) **nach Bedarf** selon, suivant le(s) besoin(s)
Bedarfsgüter *n/pl* biens *m/pl* de consommation
bedauerlich *adj* regrettable
bedauerlicherweise *adv* malheureusement
bedauern ⟨sans ge⟩ **I** *v/t* **1.** *Sache* regretter; déplorer **2.** *Person* plaindre **II** *v/i* regretter; être désolé
Bedauern *n* ⟨~s⟩ regret *m*
bedauernswert *adj Vorfall* regrettable; *Person* pauvre (*vorangestellt*)
bedecken *v/t* ⟨sans ge⟩ (re)couvrir (**mit** de); **bedeckt** *Himmel* couvert
bedenken *v/t* ⟨irr, sans ge⟩ **1.** (*überlegen*) réfléchir à; penser à; (*beachten*) considérer; prendre en considération **2.** *st/s j-n mit etw bedenken* gratifier qn de qc
Bedenken *n* ⟨~s; ~ souvent pl⟩ **Bedenken** (**gegen**) doute *m* (quant à); réserve *f* (sur); *moralische* scrupules *m/pl* (quant à); **ohne Bedenken** sans hésiter
bedenkenlos *adj* sans scrupules
bedenklich *adj* **1.** (*zweifelhaft*) douteux; louche **2.** (*besorgniserregend*) inquiétant
Bedenkzeit *f* temps *m*, délai *m* de réflexion
bedeuten *v/t* ⟨-e-, sans ge⟩ **1.** (*heißen*) signifier; vouloir dire **2.** (*sein*) représenter; signifier **3.** (*mit sich bringen*) entraîner; avoir pour conséquence **4.** (*hindeuten auf*) vouloir dire; annoncer; présager **5.** (*wichtig sein*) importer (**j-m** à

B

qn); *das hat nichts zu bedeuten* cela n'a pas d'importance; *er bedeutet mir viel* je tiens beaucoup à lui **6.** *st/s* (*zu verstehen geben*) *j-m etw bedeuten* donner à entendre, laisser entendre qc à qn
bedeutend *adjt* **1.** (*wichtig*) important **2.** *mengenmäßig* considérable
bedeutsam *adj* **1.** (*wichtig*) important **2.** (*vielsagend*) significatif
Bedeutung *f* ⟨~; ~en⟩ **1.** (*Sinn*) signification *f*; sens *m* **2.** (*Wichtigkeit*) importance *f*; *von Bedeutung sein für* être important pour
bedeutungslos *adj* insignifiant; négligeable
bedeutungsvoll *adj* **1.** (*wichtig*) d'une grande importance **2.** (*vielsagend*) significatif
bedienen ⟨*sans ge*⟩ **I** *v/t* **1.** *Gäste, Kunden* servir (*a abs*); F *iron ich bin bedient* F j'en ai marre **2.** *Maschine* manier; manœuvrer; faire fonctionner **II** *v/r* **3.** *sich bedienen* se servir **4.** *st/s sich e-r Sache, j-s bedienen* se servir de qc, qn
Bedienung *f* ⟨~; ~en⟩ **1.** *e-s Gasts* service *m* **2.** *von Maschinen* maniement *m* **3.** (*Kellner*) garçon *m*; (*Kellnerin*) serveuse *f*; *Bedienung, bitte!* Monsieur *bzw* Madame(, s'il vous plaît)!
Bedienungsanleitung *f*, **Bedienungsanweisung** *f* mode *m* d'emploi; notice explicative
Bedienungsfehler *m* erreur *f*, faute *f* de manœuvre, de commande
Bedienungshebel *m* levier *m* de commande, de manœuvre
bedingen *v/t* ⟨*sans ge*⟩ (*verursachen*) avoir pour conséquence; causer; (*bestimmen*) déterminer; conditionner; *bedingt sein durch* être dû à
bedingt *adjt* (*mit Einschränkungen*) conditionnel; sous réserve
Bedingung *f* ⟨~; ~en⟩ condition *f*; *unter diesen Bedingungen* dans ces circonstances; *unter der Bedingung, dass ...* à (la) condition que ... (+ *subj*)
bedingungslos *adj* sans condition(s); inconditionnel
Bedingungssatz *m* GR proposition conditionnelle
bedrängen *v/t* ⟨*sans ge*⟩ 'harceler (*mit* de); presser (de); (*bestürmen*) assaillir (de); (*verfolgen*) poursuivre; *Gegner* serrer de près; (*bedrücken*) tracasser; tourmenter
Bedrängnis *st/s f* ⟨~; ~se⟩ embarras *m*; gêne *f*; *in Bedrängnis* (*acc*) *geraten* tomber dans une situation difficile; *in äußerster Bedrängnis sein* être en difficulté, *materiell* aux abois
bedrohen *v/t* ⟨*sans ge*⟩ menacer (*mit* de)
bedrohlich *adj* menaçant
Bedrohung *f* menace *f*
bedrucken *v/t* ⟨*sans ge*⟩ imprimer
bedrücken *v/t u v/imp* ⟨*sans ge*⟩ attrister; *Sorgen* accabler; *Einsamkeit* peser à
bedrückend *adjt* pesant
Beduine [bedu'iːnə] *m* ⟨~n; ~n⟩ Bédouin *m*
bedürfen *st/s* ⟨*irr, sans ge*⟩ **I** *v/i* *e-r Sache* (*gén*) *bedürfen* avoir besoin de qc **II** *v/imp es bedarf e-r Sache* (*gén*) il faut qc; cela demande qc
Bedürfnis *n* ⟨~ses; ~se⟩ besoin *m* (*nach* de); *das Bedürfnis haben, verspüren zu* (+ *inf*) éprouver le besoin de (+ *inf*)
bedürftig *adj* nécessiteux; indigent; *bedürftig*

sein a être dans le besoin
Bedürftigkeit *f* ⟨~⟩ indigence *f*; besoin *m*
Beefsteak ['biːf-] *n* bifteck *m*
beehren *st/s v/t* ⟨*sans ge*⟩ *j-n mit etw beehren* honorer qn de qc
beeiden *v/t* ⟨-e-, *sans ge*⟩ affirmer sous serment
beeilen *v/r* ⟨*sans ge*⟩ *sich beeilen* se dépêcher (, *etw zu tun* de faire qc); se presser
Beeilung *f* ⟨~⟩ F *ein bisschen Beeilung*(, *wenn ich bitten darf!*) F activons!; F pressons!; F dépêchons!
beeindrucken *v/t* ⟨*sans ge*⟩ impressionner
beeinflussen *v/t* ⟨¢ş, *sans ge*⟩ influencer; avoir de l'influence sur
Beeinflussung *f* ⟨~; ~en⟩ influence *f*
beeinträchtigen [bə'ʔaɪntrɛçtɪɡən] *v/t* ⟨*sans ge*⟩ *Erfolg* compromettre; *Freiheit* porter atteinte à; (*behindern*) gêner; entraver; (*mindern*) diminuer
Beeinträchtigung *f* ⟨~; ~en⟩ (*Verletzung*) atteinte *f*, préjudice *m* (+ *gén* à); (*Behinderung*) entrave *f* (à); (*Minderung*) diminution *f* (de)
beenden *v/t* ⟨-e-, *sans ge*⟩ finir; terminer; achever; *Gespräch* clore
Beend(ig)ung *f* ⟨~⟩ achèvement *m*; *e-s Gesprächs* clôture *f*; (*Ende*) fin *f*
beengen *v/t* ⟨*sans ge*⟩ serrer; gêner; *beengt wohnen* être logé à l'étroit
beerben *v/t* ⟨*sans ge*⟩ hériter de
beerdigen *v/t* ⟨*sans ge*⟩ enterrer; inhumer
Beerdigung *f* ⟨~; ~en⟩ enterrement *m*; inhumation *f*
Beerdigungsinstitut *n* (entreprise *f* de) pompes *f/pl* funèbres
Beere ['beːrə] *f* ⟨~; ~n⟩ baie *f*; *e-r Traube* grain *m*
Beerenauslese *f* vin *moelleux à partir de raisins mûrs*
Beerenobst *n* baies *f/pl*
Beet [beːt] *n* ⟨~¢s; ~e⟩ plate-bande *f*; carré *m*; *für Blumen a* parterre *m*
Beete → *Bete*
befähigen *v/t* ⟨*sans ge*⟩ *j-n befähigen, etw zu tun* rendre qn capable de faire qc; *Ausbildung* qualifier qn pour faire qc
befähigt *adjt* capable (*zu* de); apte (à); (*qualifiziert*) qualifié (pour)
Befähigung *f* ⟨~⟩ (*Können*) capacités *f/pl*, aptitudes *f/pl* (*zu* pour); (*Qualifikation*) qualification *f* (pour, à)
befahl [bə'faːl] → *befehlen*
befahrbar *adj* (*ohne Hindernisse*) praticable; (*für Autos ausgebaut*) carrossable; *Wasserwege* navigable
befahren *v/t* ⟨*irr, sans ge*⟩ *Straße* emprunter; *Gewässer* naviguer sur; *stark befahrene Straße* route très fréquentée
befallen *v/t* ⟨*irr, sans ge*⟩ **1.** *Schädlinge: Pflanze* envahir; attaquer **2.** *fig* saisir; gagner; *Krankheit: Person* atteindre; toucher
befangen *adj* **1.** (*verlegen*) intimidé; embarrassé; gêné **2.** (*parteiisch*) partial
Befangenheit *f* ⟨~⟩ **1.** embarras *m*; timidité *f* **2.** partialité *f*
Befangenheitsantrag *m* JUR demande *f* de récusation (en suspicion légitime)
befassen *v/r* ⟨¢ş, *sans ge*⟩ *sich mit etw befassen* s'occuper de qc; *Buch* traiter de qc

begegnen

Befehl [bə'fe:l] *m* ⟨~¢s; ~e⟩ **1.** (*Auftrag*), MIL ordre *m*; **auf Befehl** (*acc*) **von** sur (l')ordre de; par ordre de; **zu Befehl!** à vos ordres! **2.** (*Befehlsgewalt*) commandement *m* **3.** INFORM instruction *f*; ordre *m*
befehlen ⟨befiehlt, befahl, befohlen⟩ **I** *v/t* **j-m befehlen, etw zu tun** ordonner, donner l'ordre à qn de faire qc; **j-m etw befehlen** ordonner, commander qc à qn **II** *v/i* (*über etw, j-n*) **befehlen** commander (qc, qn)
befehligen *v/t* ⟨sans ge⟩ MIL commander
Befehlsempfänger *m* exécutant *m*
Befehlsform *f* GR (mode *m*) impératif *m*
Befehlshaber *m* ⟨~s; ~⟩ commandant *m*
Befehlsverweigerung *f* refus *m* d'obéissance
befestigen *v/t* ⟨sans ge⟩ **1.** **etw** (**an etw** [*dat*]) **befestigen** attacher, fixer qc (à qc) **2.** *Ufer, Straße* stabiliser **3.** MIL fortifier
Befestigung *f* ⟨~; ~en⟩ **1.** (*Anbringung*), *Vorrichtung* fixation *f* **2.** (*Festigung*) consolidation *f*; *des Ufers, e-r Straße* stabilisation *f* **3.** MIL fortification *f*
Befestigungsanlage *f* fortification *f*
befeuchten *v/t* ⟨-e-, sans ge⟩ humidifier (*a* TECH); *Lippen, Wäsche* humecter; *p/fort* mouiller
befiehlt [bə'fi:lt] → **befehlen**
befinden ⟨irr, sans ge⟩ **I** *st/s v/t* (*beurteilen*) trouver; juger; **für richtig befinden** reconnaître exact **II** *v/r* **sich befinden 1.** *räumlich* se trouver; être **2.** *in e-m Zustand* être; *st/s* **sich im Irrtum befinden** être dans l'erreur **III** *v/i* ADM **über etw** (*acc*) **befinden** décider de qc
Befinden *n* ⟨~s⟩ **1.** (*Gesundheitszustand*) état *m* de santé **2.** *st/s* (*Meinung*) jugement *m*; avis *m*; opinion *f*
befindlich *adj* se trouvant; **im Bau befindlich** en (cours de) construction
Befindlichkeit *st/s f* ⟨~; ~en⟩ état *m*, humeur *f* (du moment)
beflaggen *v/t* ⟨sans ge⟩ pavoiser
beflecken *v/t* ⟨sans ge⟩ **1.** tacher **2.** *fig* flétrir
beflügeln *st/s v/t* ⟨¢, sans ge⟩ stimuler
befohlen [bə'fo:lən] → **befehlen**
befolgen *v/t* ⟨sans ge⟩ *Rat* suivre; *Vorschrift* observer
Befolgung *f* ⟨~⟩ *e-s Befehls* exécution *f*; *e-r Vorschrift* observation *f*; respect *m*
befördern *v/t* ⟨sans ge⟩ **1.** transporter; *Post* acheminer **2.** *im Rang* **j-n befördern** donner de l'avancement à qn; promouvoir qn; MIL faire monter qn en grade
Beförderung *f* **1.** transport *m*; acheminement *m* **2.** avancement *m*; promotion *f*
Beförderungsmittel *n* moyen *m* de transport
befragen *v/t* ⟨sans ge⟩ questionner; interroger (*a Zeugen*)
Befragung *f* ⟨~; ~en⟩ **1.** *e-s Zeugen* interrogation *f* **2.** (*Umfrage*) enquête *f*; sondage *m*
befreien ⟨sans ge⟩ **I** *v/t* **1.** délivrer, libérer (**aus, von** de) (*a fig*) **2.** (*erleichtern*) soulager **3.** (*entbinden*) dispenser (**von** de); *vom Steuern, vom Militärdienst* exempter (de) **II** *v/r* **sich befreien** se délivrer, se libérer, se dégager (**aus, von** de)
befreiend *adj* libérateur (*a Lachen*)
Befreier(in) *m* ⟨~s; ~⟩ (*f*) ⟨~in; ~innen⟩ libérateur, -trice *m,f*
befreit **I** *adj* **1.** (*frei*) délivré; libéré **2.** *fig* (erleichtert) soulagé **3.** *von Steuern* exempt; exonéré; *vom Turnen etc* dispensé **II** *advt* **befreit aufatmen** pousser un soupir de soulagement
Befreiung *f* ⟨~⟩ **1.** délivrance *f*; libération *f* (*a fig*, POL) **2.** *vom Unterricht, Militärdienst* dispense *f*; *von Steuern, vom Militärdienst* exemption *f*
Befreiungsarmee *f* armée *f* de libération
Befreiungsbewegung *f* mouvement *m* de libération
Befreiungskampf *m* combat *m* pour la libération
Befreiungskrieg *m* guerre *f* de libération
Befreiungsschlag *m* **1.** EISHOCKEY dégagement interdit; FUSSBALL dégagement *m* **2.** F *fig* (grande) libération
befremden *v/t* ⟨-e-, sans ge⟩ irriter
Befremden *n* ⟨~s⟩ irritation *f*; étonnement *m*
befremdend *adj*, **befremdlich** *adj* surprenant; étonnant
befreunden *v/r* ⟨-e-, sans ge⟩ → **anfreunden**
befreundet *adj* ami; **eng** (**miteinander**) **befreundet sein** être (amis) intimes
befriedigen ⟨sans ge⟩ **I** *v/t* satisfaire (*a fig*) **II** *v/r* **sich** (**selbst**) **befriedigen** se masturber
befriedigend *adj* satisfaisant; *Schulnote* → **Drei**
Befriedigung *f* ⟨~⟩ satisfaction *f* (*a fig*)
befristen *v/t* ⟨-e-, sans ge⟩ limiter (**auf** [+ *acc*] à)
befristet *adj* à durée limitée; temporaire; *Vertrag* à durée déterminée
Befristung *f* ⟨~; ~en⟩ limitation *f* de durée (**auf** [+ *acc*] de)
befruchten *v/t* ⟨-e-, sans ge⟩ BIOL féconder; *künstlich* inséminer
Befruchtung *f* ⟨~; ~en⟩ BIOL fécondation *f*; **künstliche Befruchtung** insémination artificielle
Befugnis *f* ⟨~; ~se⟩ autorisation *f*; (*Berechtigung*) pouvoir *m*; droit *m*
befugt *adj* **befugt** (**zu etw**) autorisé, habilité (à faire qc)
befühlen *v/t* ⟨sans ge⟩ toucher; (*betasten*) tâter; palper
Befund *m* ⟨~¢s; ~e⟩ résultat *m*; MÉD **ohne Befund** résultat négatif
befürchten *v/t* ⟨-e-, sans ge⟩ craindre, redouter, appréhender (, **dass ...** que ... [ne] [+ *subj*])
Befürchtung *f* ⟨~; ~en⟩ crainte *f*; appréhension *f*
befürworten *v/t* ⟨-e-, sans ge⟩ (*gutheißen*) approuver; (*empfehlen*) préconiser
Befürworter(in) *m* ⟨~s; ~⟩ (*f*) ⟨~in; ~innen⟩ partisan *m*
begabt *adj* doué (**für** pour)
Begabtenförderung *f* *bourses accordées aux élèves et aux étudiants particulièrement doués*
Begabung *f* ⟨~; ~en⟩ disposition(s) *f*(*pl*); don(s) *m*(*pl*); talent(s) *m*(*pl*)
begann [bə'gan] → **beginnen**
begatten *v/r* ⟨-e-, sans ge⟩ **sich begatten** s'accoupler; copuler
Begattung *f* accouplement *m*; copulation *f*
begeben *st/s v/r* ⟨irr, sans ge⟩ **1.** **sich zu, nach ... begeben** se rendre à ... **2.** (*sich ereignen*) arriver; se passer; se produire
Begebenheit *st/s f* ⟨~; ~en⟩ événement *m*; fait *m*
begegnen [bə'ge:gnən] *v/i* ⟨-e-, sans ge, sn⟩ **1.**

B

(*treffen*) **j-m begegnen** rencontrer qn **2.** *st/s* (*widerfahren*) arriver **3.** *st/s* **j-m höflich begegnen** traiter qn poliment **4.** *st/s* **e-m Übel, e-r Gefahr** (*entgegentreten*) affronter; faire face à; (*abwenden*) combattre

Begegnung *f* ⟨∼; ∼en⟩ rencontre *f* (*a* SPORT)
Begegnungsstätte *f* lieu *m* de rencontre
begehen *v/t* ⟨*irr, sans ge*⟩ **1.** *st/s* Fest fêter; *feierlich* célébrer **2.** *Verbrechen, Fehler* commettre; *Dummheit* faire
begehren [bə'geːrən] *v/t* ⟨*sans ge*⟩ désirer (*a sexuell*); *heftig* convoiter
Begehren *st/s* *n* ⟨∼s⟩ désir *m*
begehrenswert *adj* désirable
begehrlich *st/s adj Blick* plein de convoitise
begehrt *adjt* recherché; COMM *a* demandé
begeistern *v/t* (*u v/r*) ⟨*sans ge*⟩ (**sich begeistern** s')enthousiasmer, *leidenschaftlich* (se) passionner (**für** pour)
begeistert **I** *adjt* enthousiaste; **von j-m, etw begeistert sein** être enthousiasmé, passionné par qn, qc **II** *advt* avec enthousiasme; avec passion
Begeisterung *f* ⟨∼⟩ enthousiasme *m*; (*Leidenschaft*) passion *f*
begeisterungsfähig *adj* capable de s'enthousiasmer
Begeisterungsfähigkeit *f* ⟨∼⟩ capacité *f* d'enthousiasme
Begierde [bə'giːrdə] *f* ⟨∼; ∼n⟩ désir *m* (**nach** de); avidité *f*
begierig *adj* avide, (très) désireux (**auf** [+ *acc*], **nach** de)
begießen *v/t* ⟨*irr, sans ge*⟩ arroser (**mit** avec) (*a* F *Freudiges*)
Beginn [bə'gɪn] *m* ⟨∼¢s⟩ commencement *m*; début *m*; **am, zu, bei Beginn** au début
beginnen ⟨begann, begonnen⟩ **I** *v/t* commencer **II** *v/i* commencer (**zu** [+ *inf*] à [+ *inf*]); **mit etw beginnen** *Dinge* commencer, débuter par qc; *Person* commencer qc
beglaubigen *v/t* ⟨*sans ge*⟩ ADM certifier; authentifier; **amtlich beglaubigen** légaliser; **beglaubigte Abschrift** copie certifiée conforme
Beglaubigung *f* ⟨∼; ∼en⟩ ADM authentification *f*; *e-r Abschrift* certification *f* conforme; *e-r Unterschrift* légalisation *f*
begleichen *v/t* ⟨*irr, sans ge*⟩ régler; payer
Begleitbrief *m* lettre *f* d'accompagnement, d'envoi
begleiten *v/t* ⟨-e-, *sans ge*⟩ accompagner (*a* MUS); *zum Schutz* escorter; **j-n nach Hause begleiten** raccompagner qn
Begleiter(in) *m* ⟨∼s; ∼⟩ (*f*) ⟨∼in; ∼innen⟩ compagnon *m*; compagne *f*; MUS accompagnateur, -trice *m,f*
Begleiterscheinung *f* effet *m* secondaire
Begleitinstrument *n* instrument *m* d'accompagnement
Begleitmusik *f* musique *f* d'accompagnement
Begleitpapiere *n/pl* documents *m/pl* d'accompagnement
Begleitperson *f* accompagnateur, -trice *m,f*
Begleitpersonal *n* accompagnateurs *m/pl*; personnel *m* d'accompagnement; *für Gütertransporte* convoyeurs *m/pl*
Begleitschein *m* bordereau *m* d'expédition
Begleitschreiben *n* lettre *f* d'accompagnement

Begleitschutz *m* escorte *f* (*a* AVIAT)
Begleittext *m* (*Bilderläuterung*) légende *f*; (*Kommentar*) commentaire *m*
Begleitumstände *m/pl* faits concomitants
Begleitung *f* ⟨∼; ∼en⟩ **1.** MUS accompagnement *m* **2.** (*Gesellschaft*) compagnie *f*; **in Begleitung ihres Mannes** en compagnie de son mari **3.** *Person* compagnon *m*; compagne *f*
beglücken *st/s v/t* ⟨*sans ge*⟩ rendre heureux
beglückt *adjt* heureux; ravi
beglückwünschen *v/t* ⟨*sans ge*⟩ féliciter (**zu etw** de qc)
begnadet *st/s adj* merveilleusement doué; 'hors pair'
begnadigen *v/t* ⟨*sans ge*⟩ gracier
Begnadigung *f* ⟨∼; ∼en⟩ grâce *f*
begnügen [bə'gnyːgən] *v/r* ⟨*sans ge*⟩ **sich mit etw begnügen** se contenter de qc
Begonie [be'goːniə] *f* ⟨∼; ∼n⟩ bégonia *m*
begonnen [bə'gɔnən] → **beginnen**
begraben *v/t* ⟨*irr, sans ge*⟩ **1.** (*beerdigen*) enterrer; inhumer **2.** (*verschütten*) ensevelir **3.** *s-e Hoffnungen begraben* abandonner tout espoir; **e-n Streit begraben** faire la paix
Begräbnis [bə'grɛːpnɪs] *n* ⟨∼ses; ∼se⟩ enterrement *m*; inhumation *f*
begradigen *v/t* ⟨*sans ge*⟩ *Fluss* rectifier
Begradigung *f* ⟨∼; ∼en⟩ rectification *f*
begreifen ⟨*irr, sans ge*⟩ **I** *v/t* **1.** (*verstehen*) comprendre; saisir **2.** (*betrachten*) **etw als etw begreifen** considérer qc comme qc **II** *v/i* comprendre
begreiflich *adj* compréhensible
begreiflicherweise *adv* on comprend (aisément) que …; naturellement
begrenzen *v/t* ⟨¢$, *sans ge*⟩ **1.** *als Grenze* délimiter **2.** (*beschränken*) limiter (**auf** [+ *acc*] à)
begrenzt *adjt* limité (*a fig*)
Begrenzung *f* ⟨∼; ∼en⟩ **1.** limitation *f* (*a fig*) **2.** (*Grenze*) limite *f*
Begriff *m* ⟨∼s; ∼e⟩ **1.** (*Vorstellung*) notion *f*; idée *f*; concept *m* **2.** (*Ausdruck*) terme *m* **3.** F **schwer von Begriff sein** F être (un peu) bouché **4.** **im Begriff sein, etw zu tun** être sur le point de faire qc
begriffen *adjt* **in der Entwicklung begriffen** en train de se développer; **im Aufbruch begriffen** sur le point de partir; **im Entstehen begriffen** en (voie de) formation
begrifflich *adj* conceptuel; (*abstrakt*) (**rein**) **begrifflich** abstrait
begriffsstutzig *adj* (qui a l'esprit) lent; obtus
begründen *v/t* ⟨-e-, *sans ge*⟩ **1.** (*Grund angeben*) motiver (**mit** par); (*rechtfertigen*) justifier; **begründet** *Vorwurf, Kritik* justifié; fondé **2.** (*Grund sein*) être à l'origine de
Begründer(in) *m*(*f*) fondateur, -trice *m,f*
Begründung *f* (exposé *m* des) motifs *m/pl*; raison(s) *f(pl)*; (*Rechtfertigung*) justification *f*
begrüßen *v/t* ⟨¢$, *sans ge*⟩ saluer (*a fig*); (*empfangen*) accueillir
begrüßenswert *adj* (*willkommen*) bienvenu; (*erfreulich*) heureux; réjouissant; **begrüßenswert sein** être le bienvenu, la bienvenue
Begrüßung *f* ⟨∼; ∼en⟩ salutation(s) *f(pl)*; accueil *m*
Begrüßungsansprache *f* allocution *f* de bienvenue

Begrüßung auf Französisch 〔SG〕	
Guten Morgen!	**Bonjour !**
Guten Tag!	**Bonjour !**
Guten Abend!	**Bonsoir !**

Wenn man jemanden siezt, kann man auch sagen:

Bonjour, Monsieur ! *bzw.*

Bonjour, Madame !

Freunde begrüßt man mit:

Bonjour, ça va ?	Hallo, wie gehts?

oder **Salut, ça va ?**

Zu einem Arzt sagt man:

Bonjour, docteur !

Begrüßungscocktail *m* cocktail *m* de bienvenue
Begrüßungskuss *m* bise *f*; *sich* (*dat*) *e-n Begrüßungskuss geben* (se) faire la bise
Begrüßungsrede *f* discours *m* de bienvenue
begünstigen *v/t* ⟨*sans ge*⟩ favoriser; (*bevorteilen*) privilégier
Begünstigung *f* ⟨∼⟩ **1.** traitement préférentiel, de faveur (+*gén* accordé à); (*Vorteil*) avantage *m* **2.** JUR complicité *f* (par assistance)
begutachten *v/t* ⟨-e-, *sans ge*⟩ *fachlich* expertiser; *par ext* donner son avis sur
begütert [bəˈgyːtərt] *adj* aisé; fortuné
begütigend *adjt* apaisant; calmant
behaart *adj* poilu; velu
Behaarung *f* ⟨∼; ∼en⟩ pilosité *f*; poils *m/pl*; (*Fell*) pelage *m*
behäbig [bəˈhɛːbɪç] *adj* flegmatique; (*schwerfällig*) lourd et lent; (*gemächlich*) qui prend son temps
behaftet *st/s adj* *mit etw behaftet sein* avoir qc; *mit e-m Übel* être atteint de qc; *mit e-m Gebrechen* être affligé de qc
behagen [bəˈhaːgən] *v/i* ⟨*sans ge*⟩ *j-m behagen* plaire, convenir à qn
Behagen *n* ⟨∼s⟩ (*Vergnügen*) plaisir *m*; (*Zufriedenheit*) contentement *m*; (*Wohlbefinden*) bien-être *m*
behaglich *adj Ort* où l'on se sent bien, à l'aise; agréable; *Stimmung* douillet; *Gefühl* de bien-être
Behaglichkeit *f* ⟨∼⟩ agrément *m*; confort *m*; bien-être *m*
behalten *v/t* ⟨*irr, sans ge*⟩ garder; *im Gedächtnis* retenir
Behälter [bəˈhɛltər] *m* ⟨∼s; ∼⟩ récipient *m*; *für Flüssigkeiten* réservoir *m*
Behältnis *st/s n* ⟨∼ses; ∼se⟩ récipient *m*
behände [bəˈhɛndə] *adj* vif; agile; preste; leste
behandeln *v/t* ⟨¢, *sans ge*⟩ *Person, Thema* traiter (*a* MÉD, TECH); MÉD soigner; *der behandelnde Arzt* le médecin traitant
Behandlung *f* traitement *m*; MÉD *a* soins *m/pl*
Behandlungskosten *pl* MÉD frais *m/pl* de traitement
Behandlungsmethode *f* méthode *f* de traite-

ment
Behandlungsraum *m* salle *f* de soins
Behandlungsstuhl *m* fauteuil utilisé pour l'examen médical; *beim Zahnarzt* fauteuil *m* de dentiste
Behandlungszimmer *n* salle *f* de soins
behängen *v/t* ⟨*sans ge*⟩ décorer, orner, couvrir (*mit etw* de qc)
beharren *v/i* ⟨*sans ge*⟩ *auf etw* (*dat*) *beharren* persister dans qc; ne pas démordre de qc; *darauf beharren, etw zu tun* insister pour, s'obstiner à faire qc
beharrlich I *adj* (*ausdauernd*) persévérant; (*hartnäckig*) obstiné; opiniâtre **II** *adv* avec persévérance; obstinément; opiniâtrement
Beharrlichkeit *f* ⟨∼⟩ persistance *f*; persévérance *f*; obstination *f*; opiniâtreté *f*
behauen *v/t* ⟨*irr, sans ge*⟩ tailler
behaupten ⟨-e-, *sans ge*⟩ **I** *v/t* **1.** (*beteuern*) soutenir; affirmer; (*vorgeben*) prétendre **2.** *Stellung* maintenir; (*verteidigen*) défendre **II** *v/r* *sich behaupten* s'imposer
Behauptung *f* ⟨∼; ∼en⟩ affirmation *f*
Behausung *st/s f* ⟨∼; ∼en⟩ *litt* logis *m*
beheben *v/t* ⟨*irr, sans ge*⟩ *Schäden* réparer; remédier à; *Missstände* supprimer
Behebung *f* ⟨∼⟩ *von Schäden* réparation *f*; *von Schwierigkeiten* aplanissement *m*; suppression *f* (*a von Missständen*)
beheimatet *adjt* *beheimatet in* (+ *dat*) (*abstammend*) originaire de; (*ansässig*) domicilié à
beheizbar *adj* chauffant
beheizen *v/t* ⟨¢$, *sans ge*⟩ chauffer
Behelf *m* ⟨∼$s; ∼e⟩ moyen *m* de fortune
behelfen *v/r* ⟨*irr, sans ge*⟩ *sich mit etw behelfen* se débrouiller avec qc
Behelfsausfahrt *f* sortie *f* de délestage
behelfsmäßig *adj* provisoire
behelligen *v/t* ⟨*sans ge*⟩ *j-n* (*mit etw*) *behelligen* importuner qn (par, avec qc)
behende → *behände*
beherbergen *v/t* ⟨*sans ge*⟩ **1.** héberger **2.** *fig* accueillir
beherrschen ⟨*sans ge*⟩ **I** *v/t* **1.** *Land* régner sur; asservir; *Welt* dominer; *Markt* être leader sur **2.** *Situation* contrôler; *Gefühle, Sprache* maîtriser **3.** (*vorherrschen*) dominer **II** *v/r* *sich beherrschen* se retenir; se contenir
beherrscht *adjt* maître de soi; discipliné
Beherrschung *f* ⟨∼⟩ **1.** *e-s Landes* domination *f* **2.** *e-r Situation, Sprache, seiner selbst* maîtrise *f*; *s-e Beherrschung verlieren* perdre son sang-froid
beherzigen *v/t* ⟨*sans ge*⟩ suivre; prendre à cœur
beherzt *adj* (*mutig*) courageux; (*entschlossen*) résolu; (*unerschrocken*) intrépide
behilflich *adj* *j-m* (*bei etw*) *behilflich sein* aider qn (à faire qc)
behindern *v/t* ⟨*sans ge*⟩ gêner
behindert *adjt* 'handicapé
Behinderte(r) *f*(*m*) ⟨→ A⟩ 'handicapé(e) *m*(*f*); *ein geistig Behinderter* un 'handicapé mental
behindertengerecht *adj* (aménagé) pour les 'handicapés
Behindertenolympiade *f* Jeux *m/pl* olympiques 'handisports
Behindertensport *m* 'handisport *m*
Behindertentoilette *f* toilettes adaptées aux

'handicapés

Behindertenwerkstatt *f* atelier *m* pour 'handicapés

Behinderung *f* ⟨~; ~en⟩ **1.** MÉD infirmité *f*; 'handicap *m* **2.** (*Hindernis*) gêne *f*; entrave *f*

Behörde [bə'hø:rdə] *f* ⟨~; ~n⟩ autorité *f*; administration *f*

behördlich *adj* administratif

behüten *v/t* ⟨-e-, *sans ge*⟩ protéger (*vor* [+ *dat*] de, contre); préserver (de)

behutsam I *adj* (*vorsichtig*) précautionneux; (*achtsam*) attentionné; (*rücksichtsvoll*) plein d'égards **II** *adv* avec précaution; (*rücksichtsvoll*) avec ménagement

Behutsamkeit *f* ⟨~⟩ précaution *f*; égards *m/pl*

bei [baɪ] *prép* ⟨*dat*⟩ **1.** *räumlich* près de; *bei Personen* auprès de; *in j-s Haus* chez; *bei mir* (*zu Hause*) chez moi; *beim Arzt, Friseur* chez le médecin, le coiffeur; *bei der Post*® *arbeiten* travailler à la poste; *das steht bei Goethe* cela se trouve, c'est dans Gœthe; *etw bei sich haben* avoir qc sur soi; F *nicht ganz bei sich sein* ne pas avoir toute sa tête (à soi); *so war es auch bei mir* c'était aussi comme ça pour moi **2.** *zeitlich* à; pendant; au moment de; lors de; *bei Sonnenaufgang* au lever du soleil; *beim Laufen* en courant; *beim Essen sein* être en train de manger **3.** *modal* *bei e-m Unfall* dans un accident; (*im Falle e-s Unfalls*) en cas d'accident; *bei e-m Glas Wein* devant un verre de vin **4.** (*aufgrund von*) étant donné; *bei ihrer Intelligenz* avec son intelligence **5.** (*trotz*) malgré; avec; *bei aller Anerkennung* malgré toute mon, notre, *etc* estime **6.** *in Beteuerungsformeln* *bei meiner Ehre!* sur mon honneur!

beibehalten *v/t* ⟨*irr, sans ge*⟩ conserver; garder

Beiblatt *n* feuille *f* annexe

Beiboot *n* canot *m*

beibringen *v/t* ⟨*irr*⟩ **1.** (*lehren*) apprendre; enseigner **2.** F (*mitteilen*) *j-m etw schonend beibringen* dire, apprendre, annoncer qc à qn avec ménagement **3.** *Niederlage* infliger **4.** *Bescheinigung, Zeugen* produire

Beichte ['baɪçtə] *f* ⟨~; ~n⟩ confession *f*; *zur Beichte gehen* aller se confesser; aller à confesse

beichten ⟨-e-⟩ **I** *v/t* (*j-m*) *etw beichten* REL, *fig* confesser qc (à qn); *fig* avouer qc (à qn) **II** *v/i* se confesser (*bei* à)

Beichtgeheimnis *n* secret *m* de la confession

Beichtstuhl *m* confessionnal *m*

Beichtvater *m* confesseur *m*

beide ['baɪdə] *pr* I *adj* les deux; *die, meine beiden Söhne* les, mes deux fils II *subst* les deux; *eins von beiden* de deux choses l'une; *e-r von beiden* (l')un des deux; TENNIS, TISCHTENNIS *fünfzehn beide* quinze partout

beiderlei *adj* ⟨*inv*⟩ *beiderlei Geschlechts* des deux sexes

beiderseitig *adj* réciproque; mutuel

beiderseits *adv* (*u prép* ⟨*gén*⟩) des deux côtés (de); de part et d'autre (de)

beidhändig ['baɪthɛndɪç] **I** *adj* (*mit beiden Händen*) des deux mains; (*mit beiden Händen gleich geschickt*) ambidextre **II** *adv* à *od* des deux mains

beidrehen *v/i* MAR se mettre en panne

beieinander *adv* ensemble; *dicht, nahe beieinander* très près, proche l'un de l'autre

Beifahrer(in) *m(f)* *im Auto* passager, -ère *m,f* (avant); *im Lastwagen* aide-conducteur *m*; SPORT coéquipier, -ière *m,f*

Beifahrersitz *m* siège *m* avant droit

Beifall *m* ⟨~¢s⟩ **1.** applaudissements *m/pl* **2.** (*Zustimmung*) approbation *f*; *Beifall finden* être bien accueilli; *Beifall klatschen* applaudir

beifällig I *adj* approbateur; approbatif; favorable **II** *adv* *etw beifällig aufnehmen* bien accueillir qc

Beifallsruf *m* acclamation *f*; bravo *m*

Beifallssturm *m* tonnerre *m* d'applaudissements

beifügen *v/t* **1.** (*dazulegen*) joindre **2.** (*hinzufügen*) ajouter

Beigabe *f* **1.** (*Hinzugefügtes*) supplément *m*; complément *m* **2.** *durch Beigabe von ...* en ajoutant ...

beige [be:ʃ] *adj* ⟨*inv*, F *déclinable*⟩ beige

Beige *n* ⟨~; ~⟩ beige *m*

beigeben *v/t* ⟨*irr*⟩ **1.** *st/s* (*hinzufügen*) ajouter **2.** F *klein beigeben* céder; baisser le ton; baisser pavillon

beigefarben *adj* beige

Beigeordnete(r) *f(m)* ⟨→ A⟩ ADM adjoint(e) *m(f)*

Beigeschmack *m* petit goût; *fig* arrière-goût *m*; *e-n bitteren Beigeschmack haben* avoir un goût amer (*a fig*)

beiheften *v/t* ⟨-e-⟩ attacher

Beihilfe *f* **1.** *finanzielle* allocation *f*; aide *f* **2.** JUR complicité *f* (*zu* de)

Beikoch *m*, **Beiköchin** *f* aide-cuisinier, -ière *m,f*

beikommen *v/i* ⟨*irr*, sn⟩ *j-m, e-r Sache nicht beikommen können* ne pas pouvoir venir à bout de qn, qc

Beil [baɪl] *n* ⟨~¢s; ~e⟩ 'hache *f*; cognée *f*; (*Hackbeil*) couperet *m*

Beilage *f* **1.** *e-r Zeitung* supplément *m* **2.** CUIS accompagnement *m*; garniture *f*

beiläufig ['baɪlɔYfɪç] **I** *adj* *Bemerkung* fait en passant **II** *adv* en passant

beilegen *v/t* **1.** (*beifügen*) joindre **2.** *Streit* régler; arranger

beileibe *adv* *beileibe nicht* pas du tout; sûrement pas; certainement pas

Beileid *n* condoléances *f/pl*; sympathie *f*; *j-m sein Beileid aussprechen* exprimer, présenter ses condoléances à qn; (*mein*) *herzliches od aufrichtiges Beileid* mes sincères condoléances

Beileidsbesuch *m* visite *f* de sympathie

Beileidskarte *f* carte *f* de condoléances

beiliegen *v/i* ⟨*irr*⟩ *e-m Brief* être joint

beiliegend *adj* *t u advt* ADM ci-joint; ci-inclus

beim [baɪm] = *bei dem*

beimessen *v/t* ⟨*irr*⟩ attacher; attribuer

Bein [baɪn] *n* ⟨~¢s; ~e⟩ ANAT, (*Hosenbein*) jambe *f*; *von Tieren* patte *f*; (*Tischbein*) *etc* pied *m*; F *sich* (*dat*) *kein Bein ausreißen* F ne pas se casser (la tête *od* la nénette); F *j-m Beine machen* (*fortjagen*) faire déguerpir qn; (*antreiben*) F secouer qn; *j-m ein Bein stellen* faire un croche-pied, un croc-en-jambe à qn; F *fig* *die Beine in die Hand nehmen* prendre ses jambes à son cou; F *den ganzen Tag auf den Beinen sein* être debout toute la journée; *sich auf die Beine machen* se mettre en route; *fig auf eigenen Beinen stehen* être indépendant; F *fig etw auf die Beine stellen* mettre qc sur pied; F *fig wieder auf die Beine kommen* reprendre le dessus; (*wieder gesund werden*) *a* se remettre; *fig mit beiden Beinen im Leben stehen* avoir les (deux) pieds sur terre

Das Bein   WF

die Ferse	le talon
der Fuß	le pied
das Knie	le genou (*pl*: **les genoux**)
der Oberschenkel	la cuisse
das Schienbein	le tibia
die Wade	le mollet
die Zehe	le doigt de pied

beinahe *adv* presque; *vor Zahlen a* près de; *er wäre beinahe ertrunken a* il a failli se noyer; il a manqué (de) se noyer
Beinahezusammenstoß *m* collision évitée de peu
Beiname *m* surnom *m*
Beinamputation *f* amputation *f* d'une *bzw* de la *bzw* des deux jambe(s)
beinamputiert *adjt* amputé d'une *bzw* de la *bzw* des deux jambe(s)
Beinamputierte(r) *f(m)* ⟨→ A⟩ amputé(e) *m(f)* d'une *bzw* de la *bzw* des deux jambe(s)
Beinarbeit *f* SPORT jeu *m* de(s) jambes; SCHWIMMEN mouvement *m* des jambes
Beinbruch *m* fracture *f* de la jambe; F *das ist (doch) kein Beinbruch!* F ce n'est (quand même) pas tragique!; F *Hals- und Beinbruch!* F merde puissance treize!; bonne chance!
Beinfreiheit *f* ⟨∼⟩ place *f* pour les jambes
beinhalten *v/t* ⟨-e-, *sans ge*⟩ contenir
Beipackzettel *m* notice *f*
beipflichten *v/i* ⟨-e-⟩ *j-m beipflichten* approuver qn (*in etw* [*dat*] sur qc)
Beirat *m* ⟨∼¢s; ∼e⟩ *Gremium* conseil, comité consultatif; *Person* membre *m* du conseil, comité consultatif
Beiried *n* ⟨∼¢s⟩ *österr* (*Roastbeef*) rosbif *m*
beirren *v/t* ⟨*sans ge*⟩ déconcerter
beisammen [baɪˈzamən] → *zusammen*
Beisammensein *n* ⟨∼s⟩ réunion *f*; *geselliges Beisammensein* petite réunion, fête
Beischlaf *st/s*, ADM *m* rapports (sexuels)
beischließen *v/t* ⟨irr⟩ *österr* joindre
Beisein *n* présence *f*; *im Beisein von ... en* présence de ...
beiseite *adv* de côté; à l'écart; → *beiseitelassen etc*
beiseitelassen *v/t* ⟨irr⟩ laisser de côté (*a fig*)
beiseitelegen, **beiseiteräumen** *v/t* mettre de côté

beiseiteschaffen *v/t* mettre à l'écart; *Gestohlenes* faire disparaître
beiseiteschieben *v/t* ⟨irr⟩ *Bedenken* écarter
Beisel [ˈbaɪzəl] *n* ⟨∼s; ∼n⟩ *österr* café *m*; F bistro(t) *m*
beisetzen *st/s v/t* ⟨¢¢⟩ inhumer
Beisetzung *st/s f* ⟨∼; ∼en⟩ inhumation *f*
Beisitzer(in) *m* ⟨∼s; ∼⟩ (*f*) ⟨∼in; ∼innen⟩ JUR assesseur *m*
Beispiel *n* exemple *m* (*für* de); *zum Beispiel* par exemple; *j-m ein Beispiel geben* donner l'exemple à qn; *sich* (*dat*) *an j-m ein Beispiel nehmen* prendre exemple sur qn

Beispiel = exemple

Wird anders geschrieben als englisch „example".

beispielhaft *adj* exemplaire
beispiellos *adj* sans égal; *péj* sans pareil
beispielsweise *adv* par exemple
beißen [ˈbaɪsən] ⟨¢¢, biss, gebissen⟩ **I** *v/t* **1.** mordre **2.** (*kauen*) mâcher; F *fig nichts zu beißen haben* F n'avoir rien à se mettre sous la dent **II** *v/i* **3.** mordre **4.** *Rauch etc* piquer **III** *v/r sich beißen Farben* jurer; *p/fort* 'hurler'
beißend *adjt Kälte* mordant; *Geruch* âcre; *Kritik* mordant; incisif
Beißzange *f* tenailles *f/pl* (de menuisier, de mécanicien)
Beistand *st/s m* ⟨∼¢s⟩ assistance *f*; concours *m*; (*Hilfe*) secours *m*; aide *f*; *j-m Beistand leisten* prêter assistance, son appui à qn
beistehen ⟨irr⟩ *v/i j-m beistehen* seconder, soutenir qn
Beistelltisch *m* table *f* d'appoint
beisteuern *v/t etw zu etw beisteuern* contribuer à qc en apportant qc; *Geld* donner qc pour qc
Beitrag [ˈbaɪtraːk] *m* ⟨∼¢s; ∼e⟩ **1.** (*Mitwirkung*) contribution *f*; apport *m* **2.** *für e-e Zeitung* article *m* **3.** (*Mitgliedsbeitrag*) cotisation *f*
beitragen *v/t u v/i* ⟨irr⟩ *zu etw beitragen* contribuer, concourir à qc
Beitragsbemessungsgrenze *f* plafond *m* de calcul des cotisations
Beitragserhöhung *f* relèvement *m* des cotisations
beitragsfrei *adj* dispensé de la cotisation
Beitragsgruppe *f*, **Beitragsklasse** *f* tranche *f* de cotisation
Beitragspflicht *f* assujettissement *m* à une cotisation
beitragspflichtig *adj* assujetti à la cotisation
Beitragsrückerstattung *f* remboursement *m* des cotisations
Beitragssatz *m* montant *m* de la cotisation
Beitragssenkung *f* réduction *f* des cotisations
Beitragszahlung *f* versement *m* des cotisations
beitreten *v/i* ⟨irr, sn⟩ *e-r Partei, e-m Verein* adhérer (+ *dat* à); entrer (dans)
Beitritt *m* adhésion *f*, affiliation *f* (*zu* à); entrée *f* (dans)
Beitrittserklärung *f* bulletin *m* d'adhésion
Beiwagen *m* side-car *m*
Beiwagenfahrer(in) *m(f)* passager, -ère *m,f* du

side-car
Beiwerk *n* ⟨~¢s⟩ accessoire(s) *m(pl)*
beiwohnen *st/s v/i* **e-r Sache** (*dat*) **beiwohnen**
assister, être présent à qc
Beize ['baitsə] *f* ⟨~; ~n⟩ *für Holz* teinture *f*;
CUIS marinade *f*
beizeiten *adv* **1.** (*rechtzeitig*) à temps **2.** (*früh-zeitig*) de bonne heure; tôt
beizen *v/t* ⟨¢$⟩ *Holz* teinter; CUIS mariner
bejahen [bə'jaːən] *v/t* ⟨*sans ge*⟩ **1.** *Frage* répon-
dre affirmativement à; dire oui à **2.** *fig* (*befür-
worten*) approuver
bejahend *adj* affirmatif; positif
bejahrt *st/s adj* âgé; d'un âge avancé
Bejahung *f* ⟨~; ~en⟩ **1.** réponse affirmative **2.**
fig approbation *f*
bejubeln *v/t* ⟨¢, *sans ge*⟩ acclamer; saluer par
des cris de joie
bekämpfen *v/t* ⟨*sans ge*⟩ combattre; lutter con-
tre; faire la guerre à
Bekämpfung *f* ⟨~⟩ lutte *f* (+ *gén* contre)
bekannt [bə'kant] *adj* **1.** connu; (*berühmt*) cé-
lèbre; **das ist mir bekannt** je (le) sais; **davon
ist mir nichts bekannt** je n'en sais rien **2. mit
j-m, etw bekannt sein** connaître qn, qc; **j-n
mit j-m bekannt machen** présenter qn à qn
3. bekannt geben, machen publier; **bekannt
werden** être divulgué, publié
Bekannte(r) *f(m)* ⟨→ A⟩ connaissance *f*; **ein
Bekannter von mir** une personne de ma con-
naissance
Bekanntenkreis *m* relations *f/pl*; connaissan-
ces *f/pl*
Bekanntgabe *f* publication *f*
bekanntgeben *v/t* → **bekannt** 3
Bekanntheit *f* ⟨~⟩ **1.** (*Kenntnis*) connaissance *f*
2. (*Berühmtheit*) notoriété *f*; célébrité *f*
Bekanntheitsgrad *m* popularité *f*; (degré *m* de)
notoriété *f*
bekanntlich *adv* comme chacun sait
bekanntmachen *v/t* → **bekannt** 2, 3
Bekanntmachung *f* ⟨~; ~en⟩ publication *f*; ADM
avis *m*
Bekanntschaft *f* ⟨~; ~en⟩ connaissance *f*; **j-s
Bekanntschaft machen** faire la connaissance
de qn; F **mit etw Bekanntschaft machen** avoir
affaire à qc
bekanntwerden *v/i* → **bekannt** 3
bekehren *v/t* (*u v/r*) ⟨*sans ge*⟩ (**sich bekehren**
se) convertir (**zu** à)
Bekehrung *f* ⟨~; ~en⟩ conversion *f* (**zu** à)
bekennen ⟨*irr, sans ge*⟩ **I** *v/t* avouer; reconnaî-
tre; confesser (*a* REL) **II** *v/r* **1. sich zum Chris-
tentum bekennen** faire profession de foi chré-
tienne; **sich zu j-m bekennen** prendre parti
pour qn **2. sich schuldig bekennen** s'avouer
coupable; **sich zu e-m Verbrechen bekennen**
revendiquer un crime
Bekennerbrief *m* lettre *f* de revendication (d'un
crime)
Bekenntnis *n* ⟨~ses; ~se⟩ **1.** aveu *m*; confession
f (*a* REL) **2.** (*Eintreten für*) profession *f* de foi
bekifft [bə'kıft] F *adj* F camé
beklagen ⟨*sans ge*⟩ **I** *v/t* déplorer **II** *v/r* **sich
(bei j-m) über etw, j-n beklagen** se plaindre
(à qn) de qc, qn
beklagenswert *adj Person* à plaindre; *Sache* re-
grettable; lamentable

Beklagte(r) *f(m)* ⟨→ A⟩ JUR défendeur, -deres-
se *m,f*
beklauen F *v/t* ⟨*sans ge*⟩ **j-n beklauen** voler qn
bekleben *v/t* ⟨*sans ge*⟩ **etw (mit etw) bekleben**
coller qc sur qc
bekleckern F *v/t* (*u v/r*) ⟨*sans ge*⟩ (**sich bekle-
ckern** se) tacher; *p/fort* (se) salir
bekleiden *v/t* ⟨-e-, *sans ge*⟩ **1.** (re)vêtir (**mit** de)
2. *st/s Amt* occuper
bekleidet *adj* vêtu, habillé (**mit** de)
Bekleidung *f* vêtements *m/pl*; habillement *m*;
tenue *f*
Bekleidungshaus *n* maison *f* de confection
Bekleidungsindustrie *f* industrie *f* du vête-
ment; confection *f*
beklemmend *adj Schweigen* oppressant; (*be-
ängstigend*) angoissant
Beklemmung *f* ⟨~; ~en⟩ oppression *f*
beklommen [bə'klɔmən] *adj* oppressé; angois-
sé
Beklommenheit *f* ⟨~⟩ oppression *f*; angoisse *f*
bekloppt F *adj* F cinglé; F dingue
beknackt F *adj Person* F cinglé; F dingue; *Situa-
tion* F pas marrant
beknien F *v/t* ⟨*sans ge*⟩ supplier (à genoux)
bekommen ⟨*irr, sans ge*⟩ **I** *v/t* **1.** (*erhalten*) rece-
voir; avoir; *mit Mühe* obtenir; **wo bekommt
man …?** où peut-on trouver, F avoir …?; *im
Geschäft* **was bekommen Sie?** vous désirez?
2. *mit „zu" + inf* **etw zu essen bekommen**
avoir qc à manger; **vieles zu sehen bekom-
men** voir beaucoup de choses **3.** *mit p/p* **etw
geschenkt bekommen** recevoir qc en cadeau;
ich bekam gesagt … on m'a dit … **4.** (*erlei-
den, entwickeln*) (commencer à) avoir; **e-e
Krankheit bekommen** attraper une maladie;
e-e Erkältung bekommen prendre froid **5.**
(*e-n bestimmten Zustand hervorrufen*) réussir,
arriver à (+ *inf*) **6.** (*erreichen*) avoir; attraper;
den Zug gerade noch bekommen avoir son
train de justesse; **den Zug nicht mehr bekom-
men** manquer, rater son train **II** *v/i* ⟨sn⟩ **j-m
(gut) bekommen** convenir, réussir à qn; **wohl
bekomms!** à ta *bzw* votre santé
bekömmlich [bə'kœmlɪç] *adj* digeste; **leicht
bekömmlich** digeste; **schwer bekömmlich**
indigeste
beköstigen [bə'kœstɪgən] *v/t* ⟨*sans ge*⟩ nourrir
bekräftigen *v/t* ⟨*sans ge*⟩ renforcer
Bekräftigung *f* ⟨~; ~en⟩ renforcement *m*
bekreuzigen *v/r* ⟨*sans ge*⟩ **sich bekreuzigen**
signer; faire le signe de (la) croix
bekriegen ⟨*sans ge*⟩ **I** *v/t* faire la guerre à **II** *v/r*
sich bekriegen se faire la guerre
bekritteln *v/t* ⟨¢, *sans ge*⟩ critiquer mesquine-
ment
bekritzeln *v/t* ⟨¢, *sans ge*⟩ griffonner sur; *bes
Wand* couvrir de graffitis
bekümmern *v/t* ⟨*sans ge*⟩ **1.** (*traurig machen*)
peiner; attrister **2.** (*Sorgen machen*) donner
du souci à
bekümmert *adj* soucieux; peiné
bekunden *st/s v/t* ⟨-e-, *sans ge*⟩ témoigner
Bekundung *f* ⟨~; ~en⟩ témoignage *m*
belächeln *v/t* ⟨¢, *sans ge*⟩ sourire de
beladen *v/t* ⟨*irr, sans ge*⟩ charger (**mit** de)
Beladung *f* ⟨~⟩ chargement *m*
Belag [bə'laːk] *m* ⟨~¢s; ~e⟩ (*Schicht*) couche *f*

(*Straßenbelag, Fußbodenbelag*) revêtement *m*; (*Bremsbelag*) garniture *f*; (*Zahnbelag*) plaque *f* dentaire; → **Brotbelag**

belagern *v/t* ⟨*sans ge*⟩ assiéger (*a fig*)

Belagerung *f* ⟨~; ~en⟩ siège *m* (*a fig*)

Belagerungszustand *m* ⟨~¢s⟩ état *m* de siège

Belang [bə'laŋ] *m* ⟨~¢s; ~e⟩ **1. von Belang** important; **ohne Belang** sans importance **2.** *pl* **Belange** (*Interessen*) intérêts *m/pl*

belangen *v/t* ⟨*sans ge*⟩ poursuivre en justice (*wegen* pour)

belanglos *adj* sans importance

Belanglosigkeit *f* ⟨~; ~en⟩ **1.** ⟨*sans pl*⟩ (*Bedeutungslosigkeit*) insignifiance *f* **2.** *Äußerung* futilité *f*

belassen *v/t* ⟨*irr, sans ge*⟩ laisser; **es bei etw belassen** en rester à qc

belastbar *adj* **1.** qui peut porter une charge (de) **2.** *fig* résistant

Belastbarkeit *f* ⟨~⟩ **1.** limite *f* de charge **2.** *fig* résistance *f*

belasten *v/t* ⟨-e-, *sans ge*⟩ **1.** charger (*mit* de) **2.** *mit Schadstoffen* polluer **3.** *Konto* débiter (*mit* de) **4.** *Sorgen* **j-n belasten** accabler qn **5.** JUR charger

belästigen *v/t* ⟨*sans ge*⟩ **1.** importuner (*mit* par); ennuyer (avec) **2.** *sexuell* 'harceler

Belästigung *f* ⟨~; ~en⟩ ennuis *m/pl*; **sexuelle Belästigung** 'harcèlement sexuel

Belastung *f* ⟨~; ~en⟩ charge *f*; *fig a* fardeau *m*; TECH effort *m*

Belastungs-EKG *n* électrocardiogramme *m* après effort

Belastungsgrenze *f* TECH limite *f* de charge; *e-r Person* limites *f/pl*

Belastungsmaterial *n* JUR pièces *f/pl* à conviction

Belastungsprobe *f* TECH test *m* de résistance; *fig* rude épreuve *f*

Belastungszeuge *m*, **Belastungszeugin** *f* JUR témoin *m* à charge

belaufen *v/r* ⟨*irr, sans ge*⟩ **sich belaufen auf** (+ *acc*) se monter à; s'élever à

belauschen *v/t* ⟨*sans ge*⟩ *Personen* épier; *Gespräch* écouter

beleben ⟨*sans ge*⟩ **I** *v/t* animer; (*anregen*) stimuler; *Farben* aviver **II** *v/r* **sich beleben** s'animer

belebend *adjt* vivifiant; (*anregend*) stimulant

belebt *adjt Straße* animé

Belebung *f* ⟨~; ~en⟩ stimulation *f*

Beleg [bə'le:k] *m* ⟨~¢s; ~e⟩ **1.** (*Beweis*) pièce justificative **2.** (*Quittung*) quittance *f* **3.** (*Belegstelle*) référence *f*

Belegarzt *m*, **Belegärztin** *f* praticien, -ienne *m,f* exerçant une activité libérale à l'hôpital

Belegbett *n* lit *m* d'hospitalisation

belegen *v/t* ⟨*sans ge*⟩ **1.** *Fußboden* recouvrir (*mit* de); TECH, CUIS garnir (de) **2.** *Sitzplatz* (*reservieren*) réserver; (*besetzt halten*) occuper **3.** *Behauptung* prouver

Belegexemplar *n* exemplaire justificatif

Belegschaft *f* ⟨~; ~en⟩ personnel *m*

belegt *adjt* **1.** *Krankenhaus* occupé; *Platz* retenu; réservé; *Hotel* (**voll**) **belegt sein** afficher complet **2.** *Zunge* chargé; *Stimme* voilé **3.** CUIS **belegtes Brot, Brötchen** sandwich *m*

belehren *v/t* ⟨*sans ge*⟩ instruire, informer (**über** [+ *acc*] de)

belehrend *adjt* instructif; *péj* moralisateur

Belehrung *f* ⟨~; ~en⟩ instruction *f*; (*Zurechtweisung*) leçon *f*

beleibt [bə'laɪpt] *st/s adj* corpulent

beleidigen [bə'laɪdɪgən] *v/t* ⟨*sans ge*⟩ offenser; insulter; (*beschimpfen*) injurier

beleidigt *adjt* offensé; (*gekränkt*) vexé

Beleidigung *f* ⟨~; ~en⟩ offense *f*; insulte *f*; (*Beschimpfung*) injure *f*

beleihen *v/t* ⟨*irr, sans ge*⟩ prêter sur; **etw beleihen lassen** mettre qc en gage

Beleihung *f* ⟨~; ~en⟩ prêt *m* (+*gén* sur); *vom Entleiher aus* mise *f* en gage

belesen *adjt* **belesen sein** avoir beaucoup lu; être érudit

Belesenheit *f* ⟨~⟩ érudition *f*

beleuchten *v/t* ⟨-e-, *sans ge*⟩ **1.** éclairer; *festlich* illuminer **2.** *fig* examiner (de près)

Beleuchter(in) *m* ⟨~s; ~⟩ (*f*) ⟨~in; ~innen⟩ THÉ, FILM éclairagiste *m,f*

Beleuchtung *f* ⟨~; ~en⟩ **1.** éclairage *m*; *festliche* illumination *f* **2.** *fig* examen *m*

Beleuchtungsanlage *f* installation *f* d'éclairage

Beleuchtungskörper *m* luminaire *m*

Beleuchtungstechnik *f* technique *f* de l'éclairage; éclairagisme *m*

Beleuchtungstechniker(in) *m(f)* éclairagiste *m,f*

Belgien ['bɛlgiən] *n* ⟨~s⟩ la Belgique

Belgier(in) *m* ⟨~s; ~⟩ (*f*) ⟨~in; ~innen⟩ Belge *m,f*

belgisch *adj* belge; de (la) Belgique

belichten *v/t* ⟨-e-, *sans ge*⟩ PHOT exposer

Belichtung *f* ⟨~; ~en⟩ PHOT exposition *f*; pose *f*

Belichtungsautomatik *f* réglage *m* automatique du temps de pose

Belichtungsmesser *m* ⟨~s; ~⟩ posemètre *m*

Belichtungszeit *f* temps *m* de pose

belieben *st/s v/imp* ⟨*sans ge*⟩ **wie es Ihnen beliebt** comme vous voudrez; *st/s* comme il vous plaira

Belieben *n* ⟨~s⟩ **nach Belieben** à volonté

beliebig I *adj* quelconque; **jeder Beliebige** n'importe qui **II** *adv* à volonté

beliebt *adj* **1.** aimé, estimé (**bei** par, de); populaire; **sich** (**bei j-m**) **beliebt machen** se faire aimer (par, de qn) **2.** (*häufig benutzt*) courant; en vogue

Beliebtheit *f* ⟨~⟩ popularité *f*; faveur *f*

beliefern *v/t* ⟨*sans ge*⟩ fournir, approvisionner (*mit* en)

Belieferung *f* approvisionnement *m* (*mit* en); *abs a* livraison *f*

bellen ['bɛlən] *v/i* aboyer

Belletristik [bɛle'trɪstɪk] *f* ⟨~⟩ littérature générale; lettres *f/pl*

belohnen *v/t* ⟨*sans ge*⟩ récompenser (**für** pour, de)

Belohnung *f* ⟨~; ~en⟩ récompense *f*

belüften *v/t* ⟨-e-, *sans ge*⟩ ventiler

Belüftung *f* ventilation *f*

belügen *v/t* ⟨*irr, sans ge*⟩ mentir à

belustigen *v/t* ⟨*sans ge*⟩ amuser

Belustigung *f* ⟨~; ~en⟩ amusement *m*; divertissement *m*

bemächtigen *st/s v/r* ⟨*sans ge*⟩ **sich j-s, e-r Sache bemächtigen** s'emparer de qn, qc

bemalen v/t ⟨sans ge⟩ peindre
Bemalung f ⟨~; ~en⟩ peinture f
bemängeln [bə'mɛŋəln] v/t ⟨¢, sans ge⟩ critiquer
bemannt adj Raumschiff etc habité
bemänteln st/s v/t ⟨¢, sans ge⟩ cacher; déguiser
bemerkbar adj **sich bemerkbar machen** Person se faire remarquer; Sache se faire sentir
bemerken v/t ⟨sans ge⟩ **1.** (wahrnehmen) remarquer **2.** (äußern) remarquer
bemerkenswert adj remarquable
Bemerkung f ⟨~; ~en⟩ remarque f
bemessen ⟨irr, sans ge⟩ **I** v/t calculer; évaluer; **das Trinkgeld reichlich bemessen** donner un généreux pourboire **II** v/r **sich nach etw bemessen** être calculé d'après, selon qc **III** adjt **genau bemessen** Menge des quantités calculé, déterminé avec précision; **reichlich bemessen** Essen copieux; **meine Zeit ist sehr knapp bemessen** je ne dispose que de très peu de temps
Bemessung f calcul m; évaluation f (a von Steuern)
Bemessungsgrundlage f base f de calcul; bei Steuern assiette f
bemitleiden v/t ⟨-e-, sans ge⟩ avoir pitié de; s'apitoyer sur
bemitleidenswert adj pitoyable
bemühen v/r ⟨sans ge⟩ **1.** (sich anstrengen) **sich bemühen** se donner de la peine, du mal; s'efforcer (**zu** [+ inf] de [+ inf]) **2.** (sich kümmern) **sich um j-n bemühen** s'occuper de qn; prendre soin de qn **3.** (erlangen wollen) **sich um etw bemühen** s'efforcer d'obtenir qc
Bemühung f ⟨~; ~en⟩ effort(s) m(pl)
bemuttern v/t ⟨sans ge⟩ materner; dorloter
benachbart adj voisin; avoisinant
benachrichtigen v/t ⟨sans ge⟩ informer, prévenir, avertir (**von** de)
Benachrichtigung f ⟨~; ~en⟩ information f; avertissement m; avis m
benachteiligen v/t ⟨sans ge⟩ désavantager; (unrecht tun) porter préjudice, faire du tort à
Benachteiligung f ⟨~; ~en⟩ désavantage m; (Unrecht) préjudice m, tort m (+gén causé à)
benebeln v/t ⟨¢, sans ge⟩ (leicht betäuben) étourdir; Alkohol griser
Benefizkonzert [bene'fi:ts-] n concert m au bénéfice de qn od d'une œuvre de bienfaisance
benehmen v/r ⟨irr, sans ge⟩ **sich benehmen** se conduire; se comporter; **sich zu benehmen wissen** avoir des manières
Benehmen n ⟨~s⟩ comportement m; conduite f; manières f/pl; **kein Benehmen haben** être mal élevé
beneiden v/t ⟨-e-, sans ge⟩ **j-n** (**um etw**) **beneiden** envier (qc à) qn
beneidenswert adj enviable
Beneluxstaaten [be:ne'lʊksʃta:tən] m/pl **die Beneluxstaaten** le Benelux
benennen v/t ⟨irr, sans ge⟩ désigner; donner un nom à
Benennung f ⟨~; ~en⟩ **1.** (Bezeichnung, Name) appellation f; dénomination f **2.** ⟨sans pl⟩ von Zeugen etc désignation f
Bengel ['bɛŋəl] F m ⟨~s; ~⟩ garnement m; gamin m; galopin m
Benin [be'ni:n] n ⟨~s⟩ le Bénin

benommen [bə'nɔmən] adjt étourdi; hébété
Benommenheit f ⟨~⟩ torpeur f; hébétude f
benoten v/t ⟨-e-; sans ge⟩ mettre une note à
benötigen v/t ⟨sans ge⟩ avoir besoin de; **benötigt** (**werden**) (être) nécessaire
Benotung f ⟨~; ~en⟩ notation f; (Note) note f
benutzen v/t ⟨¢$, sans ge⟩ utiliser; se servir de; Gelegenheit profiter de; Weg prendre
Benutzer(in) m ⟨~s; ~⟩ (f) ⟨~in; ~innen⟩ utilisateur, -trice m,f; e-s Verkehrsmittels usager m
benutzerfreundlich adj facile à utiliser; pratique; INFORM convivial
Benutzerfreundlichkeit f ⟨~⟩ facilité f d'utilisation; commodité f; INFORM convivialité f
Benutzerkreis m utilisateurs m/pl; usagers m/pl
Benutzername m INFORM nom m d'utilisateur
Benutzeroberfläche f interface f utilisateur
Benutzung f ⟨~⟩ utilisation f; usage m; emploi m
Benutzungsgebühr f taxe f, droits m/pl d'utilisation; für e-e Straße péage m
Benzin [bɛn'tsi:n] n essence f
Benzinfeuerzeug n briquet m à essence
Benzingutschein m bon m d'essence
Benzinkanister m bidon m d'essence; jerricane od jerrycan m
Benzinmotor m moteur m à essence
Benzinpreis m prix m de l'essence
Benzinpumpe f pompe f à essence
Benzintank m réservoir m d'essence
Benzinuhr f jauge f d'essence
Benzinverbrauch m consommation f d'essence
Benzol [bɛn'tso:l] n ⟨~s; ~e⟩ benzène m
beobachten [bə'ʔo:baxtən] v/t ⟨-e-, sans ge⟩ observer; (überwachen) surveiller
Beobachter(in) m ⟨~s; ~⟩ (f) ⟨~in; ~innen⟩ observateur, -trice m,f
Beobachtung f ⟨~; ~en⟩ observation f; **unter Beobachtung** (dat) **stehen** être surveillé
beordern v/t ⟨sans ge⟩ **j-n nach, zu … beordern** ordonner à qn de venir bzw d'aller à, chez …
bepacken v/t ⟨sans ge⟩ charger (**mit** de)
bepflanzen v/t ⟨¢$, sans ge⟩ garnir de plantes
bepinseln F v/t ⟨¢, sans ge⟩ badigeonner, enduire (**mit** de)
bequatschen F v/t ⟨sans ge⟩ **1. etw bequatschen** bavarder de qc; discuter en long et en large de qc **2. j-n bequatschen** F baratiner qn
bequem [bə'kve:m] adj **1.** (behaglich) confortable; (praktisch) commode; (mühelos) aisé; facile **2.** Person paresseux; indolent; **es sich** (dat) **bequem machen** se mettre à l'aise
bequemen st/s v/r ⟨sans ge⟩ **sich zu etw bequemen** se décider enfin, widerwillig se résoudre à faire qc
Bequemlichkeit f ⟨~; ~en⟩ commodité f; confort m
berappen [bə'rapən] F v/t ⟨sans ge⟩ F cracher
beraten ⟨irr, sans ge⟩ **I** v/t **1. j-n beraten** conseiller qn; **gut, schlecht beraten sein** être bien, mal avisé **2. etw beraten** discuter (de) qc **II** v/i (**über etw** [acc]) **beraten** se consulter (sur qc) **III** v/r **sich beraten** se consulter
beratend adjt consultatif
Berater(in) m ⟨~s; ~⟩ (f) ⟨~in; ~innen⟩ conseil-

ler, -ère *m,f*
beratschlagen *v/i* ⟨*sans ge*⟩ (*über etw* [*acc*])
  beratschlagen se consulter (sur qc)
Beratung *f* ⟨∼; ∼en⟩ **1.** consultation *f* **2.** (*Besprechung*) délibération *f*
Beratungsfirma *f* société *f*, entreprise *f* de conseil
Beratungsgespräch *n* consultation *f*
Beratungsstelle *f* service *m* de consultation
Beratungszimmer *n* salle *f* des délibérations
berauben *v/t* ⟨*sans ge*⟩ **1.** voler; dévaliser **2.** *st/s fig* **j-n e-r Sache** (*gén*) *berauben* priver qn de qc
berauschen *st/s v/t* (*u v/r*) ⟨*sans ge*⟩ (*sich berauschen* se) griser, (s')enivrer (*an* [+ *dat*] de; *a fig*)
berauschend *adjt* capiteux; grisant (*a fig*)
Berber ['bɛrbər] *m* ⟨∼s; ∼⟩ **1.** *in Nordafrika* Berbère *m* **2.** *Teppich* tapis *m* berbère **3.** F (*Stadtstreicher*) clochard *m*
berechenbar [bə'rɛçənbaːr] *adj* **1.** *Summe* calculable; *Kosten* évaluable **2.** *fig* (*vorhersehbar*) prévisible
berechnen *v/t* ⟨-e-, *sans ge*⟩ **1.** calculer **2.** (*in Rechnung stellen*) facturer **3.** (*vorsehen*) prévoir
berechnend *adjt péj* calculateur
Berechnung *f* calcul *m* (*a fig péj*)
berechtigen *v/t* ⟨*sans ge*⟩ *berechtigen* (*zu*) autoriser (à)
berechtigt *adjt* **1.** *Person* **berechtigt sein, etw zu tun** être autorisé à faire qc **2.** (*rechtmäßig*) légitime **3.** (*begründet*) fondé
Berechtigung *f* ⟨∼; ∼en⟩ **1.** (*Befugnis*) autorisation *f* **2.** (*Rechtmäßigkeit*) légitimité *f*
bereden ⟨-e-, *sans ge*⟩ **I** *v/t* **1.** *etw bereden* discuter de qc **2.** *j-n bereden, etw zu tun* convaincre qn de faire qc **II** *v/r* **sich bereden** se consulter
beredsam *adj* (*beredt*) éloquent; (*redefreudig*) loquace
Beredsamkeit *f* ⟨∼⟩ éloquence *f*
beredt [bə'reːt] *adj* éloquent (*a fig*)
Bereich [bə'raɪç] *m* ⟨∼¢s; ∼e⟩ **1.** *räumlich* zone *f*; région *f* **2.** *fig* domaine *m*; (*Aufgabenbereich*) ressort *m*
bereichern *v/t* (*u v/r*) ⟨*sans ge*⟩ (*sich bereichern* s')enrichir (*a fig*)
Bereicherung *f* ⟨∼; ∼en⟩ enrichissement *m*
bereifen *v/t* ⟨*sans ge*⟩ équiper de pneus
Bereifung *f* ⟨∼; ∼en⟩ pneus *m/pl*
bereinigen *v/t* ⟨*sans ge*⟩ régler
bereisen *v/t* ⟨¢$, *sans ge*⟩ parcourir; visiter
bereit [bə'raɪt] *adj* prêt (*zu* à); **sich zu etw bereit erklären** être prêt à qc; (*sich*) **bereit machen** (se) préparer
bereiten *v/t* ⟨-e-, *sans ge*⟩ **1.** *Essen* préparer; *Kaffee, Tee* faire **2.** *Sorge, Freude* causer; donner; *Empfang, Überraschung* réserver
bereiterklären *v/r* → *bereit*
bereithalten *v/t* ⟨*irr*⟩ tenir prêt
bereitlegen *v/t* préparer
bereitliegen *v/i* ⟨*irr*⟩ être prêt, préparé
bereitmachen *v/t u v/r* → *bereit*
bereits *adv* déjà
Bereitschaft *f* ⟨∼⟩ disposition *f*
Bereitschaftsarzt *m*, **Bereitschaftsärztin** *f* médecin *m* de garde

Bereitschaftsdienst *m* (service *m* de) permanence *f*; MÉD service *m* des urgences; **Bereitschaftsdienst haben** être de permanence; MÉD être de garde
Bereitschaftspolizei *f* gendarmerie *f* mobile; *etwa* CRS *m/pl*
bereitstehen *v/i* ⟨*irr*⟩ être prêt
bereitstellen *v/t* préparer; *etw für j-n bereitstellen* mettre qc à la disposition de qn
Bereitung *f* ⟨∼⟩ préparation *f*
bereitwillig **I** *adj* obligeant **II** *adv* de bonne grâce
Bereitwilligkeit *f* ⟨∼⟩ obligeance *f*; empressement *m*
bereuen *v/t* ⟨*sans ge*⟩ se repentir de; regretter
Berg [bɛrk] *m* ⟨∼¢s; ∼e⟩ **1.** montagne *f*; *mit Eigennamen* mont *m*; **über Berg und Tal** par monts et par vaux; F *fig* **über den Berg sein** avoir passé le cap; F *fig* **über alle Berge sein** être (bien) loin; *fig* **mit etw hinterm Berg halten** faire mystère de qc; *fig* **goldene Berge versprechen** promettre monts et merveilles **2.** *fig* (*große Menge*) montagne *f*; tas *m*
bergab *adv* en descendant; à la descente; **bergab gehen, fahren** descendre
Bergarbeiter *m* mineur *m*
bergauf *adv* en montant; à la montée; **bergauf gehen, fahren** monter
Bergbahn *f* (*Zahnradbahn*) chemin *m* de fer à crémaillère; (*Seilbahn*) téléphérique *m*
Bergbau *m* ⟨∼¢s⟩ industrie, exploitation minière
Bergbauer *m* paysan *m* des montagnes
Bergdorf *n* village *m* de montagne
bergen ['bɛrgən] *v/t* ⟨birgt, barg, geborgen⟩ **1.** *Gegenstände* sauver; mettre en sûreté; *Personen* retirer **2.** *st/s* **in sich** (*dat*) **bergen** renfermer; *Gefahr* comporter
Bergfried *m* ⟨∼¢s; ∼e⟩ FORTIF donjon *m*
Bergführer(in) *m(f)* guide *m* de montagne
Berggipfel *m* sommet *m*; cime *f*
Berghang *m* versant *m*
Berghütte *f* refuge *m*
bergig *adj* montagneux
Bergkamm *m* crête *f*
Bergkette *f* chaîne *f* de montagnes
Bergkristall *m* cristal *m* de roche
Bergkuppe *f* sommet arrondi
Bergland *n* pays montagneux
Bergmann *m* ⟨∼¢s; -leute⟩ mineur *m*
Bergmassiv *n* massif montagneux
Bergnot *f* ⟨∼⟩ difficulté *f*, *pl/fort* détresse *f* en montagne
Bergpredigt *f* ⟨∼⟩ Sermon *m* sur la montagne
Bergrücken *m* crête *f*
Bergspitze *f* pic *m*
Bergsteigen *n* ⟨∼s⟩ alpinisme *m*
Bergsteiger(in) *m* ⟨∼s; ∼⟩ (*f*) ⟨∼in; ∼innen⟩ alpiniste *m,f*
Bergstraße *f* route *f* de montagne
Bergtour *f* course *f*, excursion *f* (en montagne)
Berg-und-Tal-Bahn *f* montagnes *f/pl* russes
Bergung *f* ⟨∼; ∼en⟩ sauvetage *m*
Bergungsaktion *f* (opération *f* de) sauvetage *m*
Bergungsarbeiten *f/pl* travaux *m/pl* de sauvetage
Bergungsmannschaft *f* équipe *f* de sauvetage
Bergwacht *f* ⟨∼⟩ secours *m* en montagne

Bergwanderung f randonnée f, excursion f (en montagne)
Bergwerk n mine f
Bericht [bəˈrɪçt] m ⟨∼ɇs; ∼e⟩ rapport m; compte m rendu; *erzählender* récit m; (*Pressebericht*) reportage m; **Bericht erstatten** faire un rapport
berichten ⟨-e-, *sans ge*⟩ I v/t *j-m etw berichten* informer, instruire qn de qc II v/i *über etw* (*acc*) *berichten* faire un rapport sur qc
Berichterstatter(in) m ⟨∼s; ∼⟩ (f) ⟨∼in; ∼innen⟩ correspondant(e) m(f); reporter m
Berichterstattung f *der Presse* information(s) f(pl); reportage m
berichtigen v/t ⟨*sans ge*⟩ rectifier; *Druckfehler* corriger
Berichtigung f ⟨∼; ∼en⟩ rectification f; correction f
Berichtsjahr n année f de référence
Berichtszeitraum m période f de référence
berieseln v/t ⟨ɇ, *sans ge*⟩ **1.** JARD irriguer; arroser **2.** *fig* **sich mit Musik berieseln lassen** avoir la radio, *etc* allumée en permanence
Berieselung f ⟨∼⟩ **1.** JARD irrigation f; arrosage m **2.** *fig* répétition continuelle; *durch die Medien* matraquage m (publicitaire)
Berieselunganlage f installation f d'irrigation, d'arrosage
beritten [bəˈrɪtən] *adj* monté; à cheval
Berlin [bɛrˈliːn] n ⟨∼s⟩ Berlin
Berliner m ⟨∼s; ∼⟩ CUIS *etwa* beignet m
Berliner(in) m ⟨∼s; ∼⟩ (f) ⟨∼in; ∼innen⟩ Berlinois(e) m(f)
Bermudas[1] [bɛrˈmuːdas] pl, **Bermudainseln** f/pl *die Bermudas, Bermudainseln* les Bermudes f/pl
Bermudas[2], **Bermudashorts** pl bermuda m
Bern [bɛrn] n ⟨∼s⟩ Berne
Bernhardiner [bɛrnharˈdiːnər] m ⟨∼s; ∼⟩ *Hunderasse* saint-bernard m
Bernstein [ˈbɛrnʃtaɪn] m ⟨∼ɇs⟩ ambre m jaune
bernsteinfarben *adj* ambré
Berserker [bɛrˈzɛrkər] m ⟨∼s; ∼⟩ **1.** MYTH berserk m **2.** *fig* brute déchaînée
bersten [ˈbɛrstən] st/s v/i ⟨birst, barst, geborsten, sn⟩ éclater; se fendre
berüchtigt [bəˈrʏçtɪçt] *adj* de mauvaise réputation; *Ort a* mal famé
berücksichtigen v/t ⟨*sans ge*⟩ prendre en considération; tenir compte de
Berücksichtigung f ⟨∼⟩ prise f en considération; *unter Berücksichtigung* (*dat*) *von* compte tenu de
Beruf [bəˈruːf] m ⟨∼ɇs; ∼e⟩ profession f; métier m; *von Beruf* de (son) métier; *was sind Sie von Beruf?* quelle est votre profession?
berufen[1] ⟨*irr, sans ge*⟩ I v/t *j-n zu etw berufen* nommer qn (au poste de) qc II v/r *sich auf j-n, etw berufen* se réclamer de qn, qc; se référer à qn, qc
berufen[2] *adj* *aus berufenem Munde* de source autorisée, bien informée; *sich zu etw berufen fühlen* se sentir une vocation de qc
beruflich I *adj* professionnel II *adv* **beruflich erfolgreich sein** réussir dans sa profession
Berufsanfänger(in) m(f) débutant(e) m(f) (dans une profession)
Berufsausbildung f formation professionnelle

Berufsaussichten f/pl débouchés m/pl
Berufsberater(in) m(f) conseiller, -ère m,f d'orientation professionnelle; orienteur, -euse m,f (professionnel[le])
Berufsberatung f orientation professionnelle
Berufsbezeichnung f nom m de métier, de profession
berufsbezogen *adj* professionnel
Berufsbildungszentrum n centre m de formation professionnelle
Berufserfahrung f expérience professionnelle
Berufsfachschule f collège m d'enseignement professionnel (à temps plein)
Berufsfeuerwehr f sapeurs-pompiers m/pl de métier
Berufsgeheimnis n secret professionnel
Berufsgenossenschaft f association préventive des accidents du travail
Berufsgruppe f catégorie (socio-)professionnelle
Berufsheer n armée f de métier
Berufskleidung f vêtement(s) m(pl) de travail
Berufskrankheit f maladie professionnelle
Berufsleben n vie professionnelle; *im Berufsleben stehen* travailler; *ins Berufsleben zurückkehren* recommencer à travailler
Berufsoffizier m officier m de carrière
Berufsrisiko n risque professionnel
Berufsschule f *etwa* centre m de formation professionnelle
Berufsschüler(in) m(f) élève m,f d'un centre de formation professionnelle
Berufssoldat m militaire m de carrière
Berufssportler(in) m(f) (sportif, -ive m,f) professionnel, -elle m,f
Berufsstand m classe f socio-professionnelle
berufstätig *adj* qui exerce une activité professionnelle
Berufstätige(r) f(m) ⟨→ A⟩ personne f qui exerce une activité professionnelle; pl *die Berufstätigen* la population active; les actifs m/pl
Berufstätigkeit f activité professionnelle
berufsunfähig *adj* incapable d'exercer son métier, sa profession
Berufsunfähigkeit f incapacité f de travail
Berufsverband m syndicat professionnel; association, union professionnelle
Berufsverbot n interdiction professionnelle
Berufsverkehr m heures f/pl d'affluence, de pointe
Berufswahl f ⟨∼⟩ choix m d'une profession
Berufswunsch m aspirations professionnelles
Berufsziel n objectif professionnel
Berufung f ⟨∼; ∼en⟩ **1.** nomination f (*zu* à; *in, an* [+ *acc*] à) **2.** *innere* vocation f **3.** JUR appel m; pourvoi m en appel; *Berufung einlegen* interjeter, faire appel; *in die Berufung gehen* se pourvoir en appel **4.** *unter Berufung* (*dat*) *auf etw, j-n* en se référant à qc, qn
beruhen v/i ⟨*sans ge*⟩ *auf etw* (*dat*) *beruhen* reposer, être basé, être fondé sur qc; *e-e Sache auf sich beruhen lassen* ne pas donner suite à une affaire
beruhigen ⟨*sans ge*⟩ I v/t calmer; apaiser; rassurer II v/r *sich beruhigen* se calmer
Beruhigung f ⟨∼⟩ apaisement m; *zur Beruhigung* pour me, te, *etc* calmer

Beruhigungsmittel *n* calmant *m*
Beruhigungspille *f* calmant *m* (*a fig*)
Beruhigungsspritze *f* injection *f* d'un calmant;
er hat e-e Beruhigungsspritze bekommen
on lui a injecté un calmant
berühmt *adj* célèbre; fameux
berühmt-berüchtigt *adj* tristement célèbre;
p/fort de triste mémoire
Berühmtheit *f* ⟨~; ~en⟩ **1.** *Person* célébrité *f* **2.**
(*Ruhm*) réputation *f*; renommée *f*
berühren *v/t* ⟨*sans ge*⟩ **1.** *körperlich* toucher **2.**
fig Thema aborder **3.** *fig* (*beeindrucken*) tou-
cher; *das hat mich seltsam berührt* cela
m'a laissé une impression étrange
Berührung *f* ⟨~; ~en⟩ contact *m* (*a fig*)
Berührungsangst *f* peur *f*, phobie *f* des
contacts
Berührungsbildschirm *m* écran *m* tactile
Berührungspunkt *m* point *m* de contact, MATH
de tangence; *fig* point commun
besagen *v/t* ⟨*sans ge*⟩ vouloir dire; signifier
besagt *adjt* ledit *bzw* ladite *bzw* lesdit(e)s; déjà
mentionné
besaiten *v/t* ⟨-e-, *sans ge*⟩ monter des cordes
sur; mettre des cordes à; *fig zartbesaitet sein*
être sensible; avoir l'âme sensible
besänftigen [bə'zɛnftɪɡən] *v/t* ⟨*sans ge*⟩ cal-
mer; apaiser
Besänftigung *f* ⟨~; ~en⟩ apaisement *m*
Besatz [bə'zats] *m* ⟨~es; ~e⟩ cout bordure *f*
Besatzung *f* ⟨~; ~en⟩ **1.** MIL (troupes *f/pl* d')oc-
cupation *f* **2.** MAR, AVIAT équipage *m*
Besatzungsarmee *f* armée *f* d'occupation
Besatzungsmacht *f* puissance occupante; oc-
cupant *m*
Besatzungstruppen *f/pl* forces *f/pl*, troupes
f/pl d'occupation
besaufen P *v/r* ⟨*irr, sans ge*⟩ *sich besaufen* F se
soûler; F prendre une cuite
Besäufnis [bə'zɔyfnɪs] F *n* ⟨~ses; ~se⟩ F soûle-
rie *f*; F cuite *f*
beschädigen *v/t* ⟨*sans ge*⟩ endommager; abî-
mer
Beschädigung *f* ⟨~; ~en⟩ endommagement *m*
beschaffen[1] *v/t* ⟨*sans ge*⟩ procurer; *sich* (*dat*)
etw beschaffen se procurer qc
beschaffen[2] *adj* fait; constitué; *so beschaffen,
dass ...* de nature à ...
Beschaffenheit *f* ⟨~⟩ qualité *f*; nature *f*; cons-
titution *f*
Beschaffung *f* ⟨~⟩ (*Erwerb*) acquisition *f*; (*Ver-
sorgung*) approvisionnement *m* (+ *gén* en)
Beschaffungskriminalität *f* délinquance *f* des
toxicomanes (pour se procurer de la drogue)
beschäftigen [bə'ʃɛftɪɡən] ⟨*sans ge*⟩ I *v/t* **1.** (*in
Anspruch nehmen*) occuper **2.** *beruflich* em-
ployer II *v/r* *sich mit j-m, etw beschäftigen*
s'occuper de qn, qc
Beschäftigte(r) *f(m)* ⟨→ A⟩ employé(e) *m(f)*
Beschäftigung *f* ⟨~; ~en⟩ **1.** (*Tätigkeit*) occupa-
tion *f* **2.** *berufliche* emploi *m* **3.** *mit Problemen*
étude *f* (*mit* de); réflexion *f* (sur)
Beschäftigungstherapie *f* ergothérapie *f*
beschämen *v/t* ⟨*sans ge*⟩ faire 'honte à
beschämend *adjt* 'honteux
beschämt I *adjt* 'honteux II *advt* avec 'honte
Beschämung *f* ⟨~; ~en⟩ 'honte *f*
beschatten *v/t* ⟨-e-, *sans ge*⟩ **1.** *st/s* ombrager **2.**

fig prendre en filature
beschaulich *adj* contemplatif; paisible
Beschaulichkeit *f* ⟨~⟩ (*Ruhe*) tranquillité *f*;
(*Besinnlichkeit*) contemplation *f*
Bescheid [bə'ʃaɪt] *m* ⟨~¢s; ~e⟩ **1.** information
f; *j-m Bescheid geben, sagen* informer, pré-
venir qn; (*über etw* [*acc*]) *Bescheid wissen*
être au courant (de qc) **2.** ADM avis *m*
bescheiden[1] ⟨*irr, sans ge*⟩ I *v/t* **1.** ADM *abschlä-
gig bescheiden* refuser; rejeter **2.** *st/s* (*zuteil-
werden lassen*) donner; accorder II *st/s v/r sich
bescheiden* se contenter (*mit* de)
bescheiden[2] *adj* modeste
Bescheidenheit *f* ⟨~⟩ modestie *f*
bescheinen *v/t* ⟨*irr, sans ge*⟩ éclairer
bescheinigen *v/t* ⟨*sans ge*⟩ certifier; attester
Bescheinigung *f* ⟨~; ~en⟩ certificat *m*; attesta-
tion *f*
bescheißen P *v/t* ⟨*irr, sans ge*⟩ P baiser; P en-
tuber
beschenken *v/t* ⟨*sans ge*⟩ faire un *bzw* des ca-
deau(x) à; *j-n mit etw beschenken* faire ca-
deau de qc à qn
bescheren [bə'ʃeːrən] *v/t* ⟨*sans ge*⟩ *j-n mit etw
bescheren* offrir qc à qn (à Noël)
Bescherung *f* ⟨~; ~en⟩ **1.** *zu Weihnachten* dis-
tribution *f* de(s) cadeaux (de Noël) **2.** F *iron
das ist ja e-e schöne Bescherung!* nous voilà
dans de beaux draps!
bescheuert F *adj* **1.** *Person* F dingue; F taré; F
malade **2.** *Sache* stupide
beschichten *v/t* ⟨-e-, *sans ge*⟩ *etw* (*mit etw*) *be-
schichten* (re)couvrir qc d'une couche (de qc);
enduire qc (de qc)
Beschichtung *f* ⟨~; ~en⟩ **1.** *Vorgang* revête-
ment *m* **2.** (*Schicht*) couche *f*
beschießen *v/t* ⟨*irr, sans ge*⟩ tirer sur; *Artillerie*
bombarder
Beschießung *f* ⟨~; ~en⟩ tir *m*; feu *m*
beschildern *v/t* ⟨*sans ge*⟩ signaliser; baliser
Beschilderung *f* ⟨~; ~en⟩ signalisation *f*; bali-
sage *m*; (*Straßenbeschilderung*) signalisation
routière
beschimpfen *v/t* ⟨*sans ge*⟩ insulter; injurier; in-
vectiver
Beschimpfung *f* ⟨~; ~en⟩ insulte *f*; injure *f*; in-
vective *f*
Beschiss P *m* ⟨~es⟩ F arnaque *f*
beschissen [bə'ʃɪsən] P *adjt* P emmerdant; P
chiant
Beschlag *m* **1.** *an Türen* ferrures *f/pl* **2.** *etw, j-n
in Beschlag nehmen* accaparer qc, qn
beschlagen[1] ⟨*irr, sans ge*⟩ I *v/t Tür etc* garnir de
ferrures; *Pferd* ferrer II *v/i* ⟨sn⟩ (*u v/r sich be-
schlagen*) *Fenster* s'embuer
beschlagen[2] *adj in etw* (*dat*) *beschlagen sein*
être fort, calé en qc
Beschlagnahme [bə'ʃlaːknaːmə] *f* ⟨~; ~n⟩ sai-
sie *f*; confiscation *f*
beschlagnahmen *v/t* ⟨*sans ge*⟩ saisir; confis-
quer
Beschlagnahmung *f* ⟨~; ~en⟩ → *Beschlag-
nahme*
beschleunigen [bə'ʃlɔynɪɡən] *v/t* u *v/i* ⟨*sans
ge*⟩ accélérer
Beschleunigung *f* ⟨~; ~en⟩ accélération *f*
beschließen *v/t* ⟨*irr, sans ge*⟩ **1.** décider **2.** (*be-
enden*) finir; terminer

Beschluss *m* décision *f*; *e-n Beschluss fassen* prendre une décision
beschlussfähig *adj die Versammlung ist beschlussfähig* le quorum est atteint
Beschlussfähigkeit *f* quorum *m*
beschmieren *v/t* ⟨*sans ge*⟩ **1.** (*beschmutzen*) barbouiller **2.** *péj* (*bekritzeln*) gribouiller sur
beschmutzen *v/t* ⟨*¢$, sans ge*⟩ salir (*mit* de; *a fig*)
beschneiden *v/t* ⟨*irr, sans ge*⟩ **1.** couper; *Hecke* tailler **2.** *fig Freiheit, Rechte* restreindre; réduire **3.** REL circoncire
Beschneidung *f* ⟨*∼; ∼en*⟩ **1.** MÉD, REL *bei Männern* circoncision *f*; *bei Frauen* excision *f* **2.** *fig* restriction *f*
beschnuppern *v/t* ⟨*sans ge*⟩ *Hund*, F *fig* flairer; renifler
beschönigen *v/t* ⟨*sans ge*⟩ embellir; idéaliser
Beschönigung *f* ⟨*∼; ∼en*⟩ embellissement *m*
beschränken [bə'ʃrɛŋkən] ⟨*sans ge*⟩ **I** *v/t* limiter, restreindre, réduire (*auf* [+ *acc*] à) **II** *v/r sich beschränken* se borner, se limiter, s'en tenir (à)
beschrankt *adj Bahnübergang* gardé
beschränkt *adjt* **1.** (*begrenzt*) limité; *Raum* étroit **2.** *geistig* étriqué; borné
Beschränktheit *f* ⟨*∼*⟩ **1.** *e-s Raumes* exiguïté *f*; *der Mittel* insuffisance *f* **2.** *geistige* étroitesse *f* d'esprit
Beschränkung *f* ⟨*∼; ∼en*⟩ limitation *f*; restriction *f*
beschreiben *v/t* ⟨*irr, sans ge*⟩ **1.** *Papier* écrire sur; *Seiten* remplir **2.** (*schildern*) décrire; *Weg* indiquer
Beschreibung *f* ⟨*∼; ∼en*⟩ description *f*; *jeder Beschreibung spotten* défier toute description
beschreiten *st/s v/t* ⟨*irr, sans ge*⟩ (*gehen*) emprunter; *fig Weg* prendre
beschriften *v/t* ⟨*-e-, sans ge*⟩ mettre une inscription sur
Beschriftung *f* ⟨*∼; ∼en*⟩ inscription *f*
beschuldigen *v/t* ⟨*sans ge*⟩ *j-n* (*e-r Sache* [*gén*]) *beschuldigen* accuser qn (de qc); *bes* JUR inculper qn (de qc)
Beschuldigte(r) *f(m)* ⟨→ A⟩ accusé(e) *m(f)*; *bes* JUR inculpé(e) *m(f)*
Beschuldigung *f* ⟨*∼; ∼en*⟩ accusation *f*; *bes* JUR inculpation *f*
beschummeln F ⟨*¢, sans ge*⟩ **I** *v/t* F rouler **II** *v/i* tricher
Beschuss *m* ⟨*∼es*⟩ tir *m*; feu *m*; *unter Beschuss* (*acc*) *nehmen* ouvrir le feu sur; *fig* tirer à boulets rouges sur; *unter Beschuss* (*dat*) *stehen* être sous le feu; *fig* essuyer le feu de la critique *bzw* des critiques
beschützen *v/t* ⟨*¢$, sans ge*⟩ protéger (*vor* [+ *dat*] de, contre)
Beschützer(in) *m* ⟨*∼s; ∼*⟩ (*f*) ⟨*∼in; ∼innen*⟩ protecteur, -trice *m,f*
beschwatzen F *v/t* ⟨*¢$, sans ge*⟩ *j-n beschwatzen* F emboliner qn
Beschwerde [bə'ʃveːrdə] *f* ⟨*∼; ∼n*⟩ **1.** plainte *f*; réclamation *f*; JUR recours *m* **2.** MÉD *pl Beschwerden* maux *m/pl*; douleurs *f/pl*
beschwerdefrei *adj* MÉD sans douleurs
beschweren ⟨*sans ge*⟩ **I** *v/t* alourdir; charger **II** *v/r sich* (*bei j-m über j-n, etw*) *beschweren* se

plaindre (de qn, qc à *od* auprès de qn)
beschwerlich *adj* pénible; fatigant
beschwichtigen [bə'ʃvɪçtɪgən] *v/t* ⟨*sans ge*⟩ apaiser; calmer; tranquilliser
Beschwichtigung *f* ⟨*∼; ∼en*⟩ apaisement *m*
beschwindeln F *v/t* ⟨*¢, sans ge*⟩ raconter des histoires, F des bobards à; (*betrügen*) F avoir; F rouler
beschwingt *adj* gai; *Melodie* léger
beschwipst [bə'ʃvɪpst] F *adj* F éméché
beschwören *v/t* ⟨*irr, sans ge*⟩ **1.** JUR affirmer sous serment; *eidlich* jurer **2.** (*bitten*) conjurer **3.** *Schlange* charmer; *Geister* invoquer; *Vergangenheit* évoquer
Beschwörung *f* ⟨*∼; ∼en*⟩ **1.** *von Geistern* invocation *f*; *der Vergangenheit* évocation *f* **2.** *durch Bitten* supplication *f*
beseelen *st/s v/t* ⟨*sans ge*⟩ *Gefühl, Glaube, Hoffnung j-n beseelen* animer qn
besehen *v/t* ⟨*irr, sans ge*⟩ regarder; *prüfend* examiner
beseitigen *v/t* ⟨*sans ge*⟩ supprimer; éliminer (*a Person*); *Flecken* enlever; *Schwierigkeiten* aplanir; *Zweifel* dissiper
Beseitigung *f* ⟨*∼*⟩ suppression *f*; élimination *f*; aplanissement *m*; dissipation *f*
Besen ['beːzən] *m* ⟨*∼s; ∼*⟩ balai *m*; F *ich fresse e-n Besen, wenn …* que le diable m'emporte si …; *prov neue Besen kehren gut prov* tout nouveau, tout beau
Besenkammer *f* placard *m* à balais
besenrein *adj* (*bien*) nettoyé
Besenreiser *pl* varicosités *f/pl*; télangiectasie *f*
Besenschrank *m* placard *m* à balais
Besenstiel *m* manche *m* à balai
besessen [bə'zɛsən] *adjt* possédé; *von e-r Idee besessen sein* être obsédé par une idée
Besessenheit *f* ⟨*∼*⟩ fanatisme *m*
besetzen *v/t* ⟨*¢$, sans ge*⟩ **1.** COUT garnir (*mit* de); *am Rand* border **2.** *Platz* réserver **3.** *Posten* pourvoir; THÉ *Rolle* distribuer **4.** MIL occuper **5.** *Haus* squatter
besetzt *adjt Platz*, TÉL occupé; *Platz a* pris; *Zug, Hotel* complet
Besetztzeichen *n* TÉL tonalité *f* « pas libre », « occupé »
Besetzung *f* ⟨*∼; ∼en*⟩ **1.** THÉ distribution *f* **2.** MIL occupation *f*; *e-s Postens* affectation *f*
besichtigen *v/t* ⟨*sans ge*⟩ visiter
Besichtigung *f* ⟨*∼; ∼en*⟩ visite *f*
besiedeln *v/t* ⟨*¢, sans ge*⟩ peupler; HIST POL coloniser
Besied(e)lung *f* ⟨*∼; ∼en*⟩ peuplement *m*; HIST POL colonisation *f*
besiegeln *v/t* ⟨*¢, sans ge*⟩ *Freundschaft, Pakt, Schicksal* sceller (*mit* par)
besiegen *v/t* **1.** MIL vaincre (*a fig*) **2.** *bei Sport u Spiel* battre
Besiegte(r) *f(m)* ⟨→ A⟩ vaincu(e) *m(f)*
besinnen *v/r* ⟨*irr, sans ge*⟩ *sich besinnen* **1.** (*sich erinnern*) se souvenir (*auf etw* [*acc*] de qc); se rappeler (qc) **2.** (*zur Vernunft kommen*) reprendre ses esprits **3.** (*überlegen*) réfléchir; *sich anders besinnen* changer d'avis, d'idée; se raviser
besinnlich *adj* méditatif
Besinnung *f* ⟨*∼*⟩ *die Besinnung verlieren* perdre connaissance; (*wieder*) *zur Besinnung*

kommen reprendre connaissance; *fig* reprendre ses esprits

besinnungslos *adj* **1.** (*bewusstlos*) sans connaissance; évanoui **2.** (*außer sich*) 'hors de soi

Besinnungslosigkeit *f* ⟨∼⟩ évanouissement *m*; **bis zur Besinnungslosigkeit trinken** boire sans aucune retenue

Besitz [bə'zɪts] *m* ⟨∼es⟩ **1.** possession *f*; **in j-s Besitz** (*dat*) **sein** être en la possession de qn; → **besitzergreifend 2.** (*Besitztum*) propriété *f*; bien *m*

Besitzanspruch *m* droit *m* à la possession; **auf etw** (*acc*) **Besitzansprüche anmelden** faire valoir ses droits sur qc

besitzanzeigend *adj* GR possessif

besitzen *v/t* ⟨*irr, sans ge*⟩ posséder; avoir

Besitzer(in) *m* ⟨∼s; ∼⟩ (*f*) ⟨∼in; ∼innen⟩ propriétaire *m,f*; JUR possesseur *m*

besitzergreifend *adjt* possessif

Besitzstand *m* acquis *m/pl* sociaux; *par ext* niveau *m* de vie

Besitztum *n* ⟨∼s; ∼er⟩ propriété *f*

Besitzverhältnisse *n/pl* répartition *f* de la fortune

besoffen [bə'zɔfən] F *adj* soûl; F beurré

besohlen *v/t* ⟨*sans ge*⟩ ressemeler

besolden *v/t* ⟨-ete, *pas de ge*-, h⟩ *Beamte* payer; rémunérer; *Soldaten* payer la solde à

Besoldung *f* ⟨∼; ∼en⟩ *von Beamten* traitement *m*; *von Soldaten* solde *f*

Besoldungsgruppe *f*, **Besoldungsstufe** *f* échelon *m*

besondere [bə'zɔndərə], **besonderer, besonderes** *adj* particulier; spécial; **im Besonderen** en particulier; **nichts Besonderes** rien d'extraordinaire

Besonderheit *f* ⟨∼; ∼en⟩ particularité *f*; singularité *f*

besonders *adv* particulièrement; **ganz besonders** par-dessus tout; **mir geht es nicht besonders** je ne vais pas très bien

besonnen [bə'zɔnən] *adj* réfléchi; pondéré; avisé

Besonnenheit *f* ⟨∼⟩ réflexion *f*

besorgen *v/t* ⟨*sans ge*⟩ **1.** *Haushalt* s'occuper de; *Arbeit, Einkäufe* faire **2.** (*beschaffen*) procurer

Besorgnis *f* ⟨∼; ∼se⟩ souci *m*; préoccupation *f*; inquiétude *f*; **Besorgnis erregend** → **besorgniserregend**

besorgniserregend *adjt* inquiétant; préoccupant

besorgt *adjt* **1.** (*sorgenvoll*) soucieux; **um, über etw** (*acc*) **besorgt sein** s'inquiéter de qc **2.** (*fürsorglich*) attentionné (**um** pour)

Besorgung *f* ⟨∼; ∼en⟩ **Besorgungen machen** faire des courses, des achats

bespannen *v/t* ⟨*sans ge*⟩ *Wand* tendre (**mit** de); *Tennisschläger* corder

bespielbar *adj* *Sportplatz* praticable

bespielen *v/t* ⟨*sans ge*⟩ *Tonband* enregistrer

bespitzeln *v/t* ⟨∉, *sans ge*⟩ espionner; surveiller

besprechen ⟨*irr, sans ge*⟩ *v/t* **1.** discuter; débattre **2.** *Buch, Film* critiquer; faire une critique de

Besprechung *f* ⟨∼; ∼en⟩ **1.** (*Gespräch*) entretien *m*; (*Beratung*) conférence *f* **2.** *e-s Buches* critique *f*; compte *m* rendu

Besprechungsraum *m*, **Besprechungszimmer** *n* salle *f* de conférence

besprengen *v/t* ⟨*sans ge*⟩ arroser; asperger (*a mit Weihwasser*); *Wäsche* humecter

bespritzen *v/t* ⟨∉, *sans ge*⟩ asperger; (*beschmutzen*) éclabousser

besprühen *v/t* ⟨*sans ge*⟩ asperger

bespucken *v/t* ⟨*sans ge*⟩ cracher sur

besser ['bɛsər] **I** *adj* meilleur; **sich für etwas Besseres halten** se croire supérieur; **j-n e-s Besseren belehren** détromper qn **II** *adv* **1.** mieux; **es besser haben** avoir une vie meilleure; **es geht ihr schon besser** elle va déjà (beaucoup) mieux; **immer alles besser wissen** se croire plus malin que les autres; **umso besser!** tant mieux!; **besser gesagt** pour être plus précis, exact; → **besserstellen 2.** (*lieber*) plutôt

bessergehen *v/imp* → **besser II 1**

bessern *v/t* (*u v/r* **sich bessern** s')améliorer

besserstellen *v/t* améliorer la situation de; **bessergestellt** plus 'haut placé (dans l'échelle sociale)

Besserung *f* ⟨∼⟩ **1.** **gute Besserung!** bon rétablissement! **2.** *e-r Situation* amélioration *f* **3.** **Besserung geloben** promettre de s'amender, de se corriger

Besserverdienende(r) *f(m)* ⟨→ A⟩ *pl* **die Besserverdienenden** les gros salaires, revenus

Besserwisser(in) *m* ⟨∼s; ∼⟩ (*f*) ⟨∼in; ∼innen⟩ *péj* personne *f* qui sait tout (mieux que les autres)

Besserwisserei *f* ⟨∼⟩ *péj* manie *f* de vouloir tout savoir mieux que les autres

Bestand *m* ⟨∼∉s; ∼e⟩ **1.** (*Bestehen*) existence *f*; (*Fortbestand*) survie *f*; **Bestand haben** être durable; **keinen Bestand haben** être éphémère, passager **2.** *an Waren* stock *m*

bestanden I *p/p* → **bestehen II** *adjt* **mit Bäumen bestanden** planté d'arbres; arboré

beständig *adj* **1.** (*von Dauer*) durable; (*konstant*) constant **2.** (*widerstandsfähig*) résistant (**gegen** à)

Beständigkeit *f* ⟨∼⟩ constance *f*; *des Wetters* stabilité *f*; *gegen Hitze etc* résistance *f* (à)

Bestandsaufnahme *f* **1.** COMM inventaire *m* **2.** *ftg* bilan *m*

Bestandteil *m* élément *m*; composante *f*; CHIM composant *m*; **sich in s-e Bestandteile auflösen** CHIM se décomposer en ses éléments; *fig* se désagréger; se disloquer

bestärken *v/t* ⟨*sans ge*⟩ *Zweifel etc* renforcer; **j-n darin bestärken, etw zu tun** conforter qn dans l'idée de faire qc

bestätigen [bə'ʃtɛːtɪgən] ⟨*sans ge*⟩ **I** *v/t* confirmer; vérifier, ADM certifier **II** *v/r* **sich bestätigen** se confirmer; se vérifier

Bestätigung *f* ⟨∼; ∼en⟩ confirmation *f*

bestatten [bə'ʃtatən] *st/s v/t* ⟨-e-, *sans ge*⟩ inhumer

Bestattung *st/s f* ⟨∼; ∼en⟩ inhumation *f*

Bestattungsinstitut *n* pompes *f/pl* funèbres

bestäuben [bə'ʃtɔʏbən] *v/t* ⟨*sans ge*⟩ **1.** *mit Mehl etc* saupoudrer **2.** BOT transporter le pollen sur

Bestäubung *f* ⟨∼; ∼en⟩ BOT pollinisation *f*

bestaunen *v/t* ⟨*sans ge*⟩ s'émerveiller de

beste ['bɛstə], **bester, bestes** *adj* meilleur; *es*

B

ist das Beste, er … le mieux (c')est qu'il … (+ *subj*); *am besten* le mieux; *aufs Beste* le mieux (du monde); au mieux; *etw zum Besten geben* raconter, réciter, chanter *etc* qc (en société); *j-n zum Besten halten* se moquer de qn; se payer la tête de qn

Beste(s) *n* ⟨→ A⟩ *das Beste* le mieux; *das Beste aus etw machen* tirer le meilleur parti de qc; *das Beste vom Besten* le nec plus ultra; *sein Bestes tun* faire de son mieux; *ich will nur dein Bestes* c'est pour ton bien

bestechen *v/t* ⟨*irr, sans ge*⟩ 1. corrompre 2. *fig* séduire

bestechend *adjt* séduisant; attirant

bestechlich *adj* vénal; corruptible

Bestechlichkeit *f* ⟨∿⟩ vénalité *f*; corruptibilité *f*

Bestechung *f* ⟨∿; ∿en⟩ corruption *f*

Bestechungsaffäre *f* affaire *f* de corruption

Bestechungsgeld *n* pot-de-vin *m*

Bestechungsskandal *m* scandale *m* de corruption

Bestechungsversuch *m* tentative *f* de corruption, *bei Zeugen* a de subornation

Besteck [bə'ʃtɛk] *n* ⟨∿∉s; ∿e⟩ couvert *m*

Besteckkasten *m* ménagère *f*

Besteckschublade *f* tiroir *m* à couverts

bestehen ⟨*irr, sans ge*⟩ I *v/t Examen* réussir (à); être reçu à; *Kampf* sortir vainqueur de II *v/i* 1. (*existieren*) exister; *es besteht (die) Aussicht, dass* … il y a des chances (pour) que … (+ *subj*) 2. (*beharren*) *auf s-m Recht bestehen* faire valoir ses droits; *darauf bestehen, dass* … insister pour que … (+ *subj*) 3. *aus etw bestehen* être composé, se composer de qc; *in etw* (*dat*) *bestehen* consister en qc 4. *bestehen bleiben* subsister; rester; se maintenir

Bestehen *n* ⟨∿s⟩ 1. existence *f*; *seit Bestehen der Welt* depuis que le monde est monde, existe 2. *e-s Examens* réussite *f* (+ *gén* à)

bestehend *adjt* 1. existant 2. *bestehend aus* composé de

bestehlen *v/t* ⟨*irr, sans ge*⟩ *j-n bestehlen* voler qn

besteigen *v/t* ⟨*irr, sans ge*⟩ monter sur; *Berg* faire l'ascension de

Besteigung *f* ⟨∿; ∿en⟩ ascension *f*

bestellen *v/t* ⟨*sans ge*⟩ 1. *Waren, im Lokal* commander; *Taxi* appeler 2. *j-n* (*zu sich* [*dat*]) *bestellen* convoquer qn (chez soi) 3. (*ausrichten*) *j-m etw bestellen* faire savoir qc à qn; *bestell deiner Mutter schöne Grüße* (*von mir*) donne le bonjour (de ma part) à ta mère 4. *Feld, Garten* cultiver

Bestellkarte *f* carte *f* de commande

Bestellliste *f* liste *f* de commandes

Bestellnummer *f* numéro *m* de commande

Bestellschein *m* bon *m* de commande

Bestellung *f* ⟨∿; ∿en⟩ 1. COMM, *im Lokal* commande *f*; COMM a ordre *m*; *e-e Bestellung aufgeben* passer (une) commande; *j-s Bestellung aufnehmen* prendre la commande de qn; *auf Bestellung* sur commande 2. *von Feld, Garten* culture *f*

bestenfalls *adv* au mieux

bestens *adv* au mieux; de mon, ton, *etc* mieux

besteuern *v/t* ⟨*sans ge*⟩ *Person, Einkommen* imposer; *Genussmittel* taxer

Besteuerung *f* ⟨∿⟩ imposition *f*; *von Genuss-*

mitteln taxation *f*

Bestform *f* SPORT excellente condition; F top niveau *m*; *in Bestform* en excellente condition; F au top niveau

bestialisch [bɛsti'aːlɪʃ] I *adj* bestial; *Verbrechen*, F *fig* atroce II *adv* 1. d'une façon bestiale 2. F *fig es stinkt bestialisch* ça pue atrocement

Bestialität *f* ⟨∿; ∿en⟩ 1. *Eigenschaft* bestialité *f* 2. *Handlung* atrocité *f*

besticken *v/t* ⟨*sans ge*⟩ broder

Bestie ['bɛstiə] *f* ⟨∿; ∿n⟩ bête *f*, animal *m* féroce (a *fig*)

bestimmen ⟨*sans ge*⟩ I *v/t* 1. (*festlegen*) fixer; déterminer 2. (*vorsehen*) destiner (*für* à); (*ernennen*) désigner (*zu* comme) 3. (*ermitteln*) déterminer; *Begriff* définir 4. (*prägen*) marquer; déterminer II *v/i* commander; *über etw* (*acc*) *bestimmen* décider de qc

bestimmend *adjt* déterminant

bestimmt I *adjt* 1. (*speziell*) déterminé; (bien) défini 2. (*entschieden*) *Ton* décidé; *Worte* énergique 3. (*feststehend*) donné; déterminé; *Stunde* fixé 4. (*gewiss*) certain 5. (*genau*) *niemand weiß etwas Bestimmtes* personne ne sait rien de précis II *advt* 6. (*sicher*) certainement; *das weiß ich ganz bestimmt* j'en suis sûr, certain 7. (*vermutlich*) certainement; sûrement; *ich habe es bestimmt verloren* j'ai dû le perdre 8. (*entschieden*) fermement

Bestimmtheit *f* ⟨∿⟩ 1. (*Entschiedenheit*) détermination *f*; fermeté *f* 2. (*Gewissheit*) certitude *f*

Bestimmung *f* ⟨∿; ∿en⟩ 1. (*Anordnung*) disposition *f*; règlement *m* 2. (*Zweck*) destination *f*; *etw s-r Bestimmung* (*dat*) *übergeben Gebäude* inaugurer qc 3. (*Schicksal*) destin *m*; *zu e-m Beruf* vocation *f* 4. (*Ermitteln*) détermination *f*; *e-s Begriffs* définition *f* 5. GR *adverbiale Bestimmung* complément circonstanciel

Bestimmungsbahnhof *m* gare *f* de destination

bestimmungsgemäß *adv* conformément aux dispositions, au règlement

Bestimmungshafen *m* port *m* de destination

Bestimmungsland *n* pays *m* de destination

Bestimmungsort *m* ⟨∿∉s; ∿e⟩ (lieu *m* de) destination *f*

Bestimmungswort *n* ⟨∿(e)s; ∿er⟩ GR mot déterminant

Bestimmungszweck *m* destination *f*

Bestleistung *f* SPORT meilleure performance

Bestmarke *f* SPORT record *m*

bestmöglich I *adj* le meilleur … possible II *adv* le mieux possible

Best.-Nr. *abr* (*Bestellnummer*) numéro *m* de commande

bestrafen *v/t* ⟨*sans ge*⟩ punir (*mit* de)

Bestrafung *f* ⟨∿; ∿en⟩ punition *f*

bestrahlen *v/t* ⟨*sans ge*⟩ 1. éclairer; illuminer 2. MÉD traiter par les rayons

Bestrahlung *f* ⟨∿; ∿en⟩ 1. (*Sonnenbestrahlung*) exposition *f* au soleil 2. MÉD traitement *m* par les rayons; radiothérapie *f*

Bestreben *n* ⟨∿s⟩ *im Bestreben zu* (+ *inf*) soucieux de (+ *inf*)

bestrebt *adjt bestrebt sein, etw zu tun* s'efforcer de faire qc

Bestrebung *f* ⟨∿; ∿en⟩ effort *m*

bestreichen *v/t* ⟨*irr, sans ge*⟩ enduire (*mit* de); *Brot* tartiner; *mit Butter bestreichen* beurrer
bestreiken *v/t* ⟨*sans ge*⟩ *e-n Betrieb bestreiken* faire la grève dans une entreprise
bestreiten *v/t* ⟨*irr, sans ge*⟩ **1.** (*leugnen*) contester; *das lässt sich nicht bestreiten* c'est incontestable **2.** (*streitig machen*) *j-m das Recht bestreiten zu* (+ *inf*) contester à qn le droit de (+ *inf*) **3.** *Kosten, Ausgaben* subvenir à
bestreuen *v/t* ⟨*sans ge*⟩ couvrir, parsemer (*mit* de); *mit Zucker, Salz* saupoudrer (de); *mit Sand bestreuen* sabler
Bestseller ['bɛstzɛlər] *m* ⟨∼s; ∼⟩ best-seller *m*
Bestsellerautor(in) *m*(*f*) auteur *m* de best-sellers
Bestsellerliste *f* liste *f* des meilleures ventes, de(s) best-sellers
bestücken *v/t* ⟨*sans ge*⟩ équiper, munir (*mit* de); MIL armer (*mit* de)
bestürmen *v/t* ⟨*sans ge*⟩ assaillir (*mit* de)
bestürzen *v/t* ⟨*¢¢, sans ge*⟩ consterner
Bestürzung *f* ⟨∼⟩ consternation *f*
Bestzeit *f* SPORT meilleur temps
Besuch [bə'zuːx] *m* ⟨∼¢s; ∼e⟩ **1.** visite *f*; *der Schule* fréquentation *f*; *bei j-m zu Besuch sein* être en visite chez qn; *j-m e-n Besuch machen* rendre visite à qn **2.** (*Gast*) invité(e) *m*(*f*); *offizieller* hôte *m,f*; *er hat Besuch* il a de la visite, des invités, du monde
besuchen *v/t* ⟨*sans ge*⟩ aller *bzw* venir voir; rendre visite à; *Museum, Land* visiter; *Kino, Kirche* aller à; *häufig* fréquenter

---

besuchen: aller voir oder venir voir?

Bei **aller voir** und **venir voir** ist die unterschiedliche Blickrichtung zu berücksichtigen:

Sie hat ihren ehemaligen Deutschlehrer besucht. (*Sie ist dorthin gegangen: von hier nach dort*)	Elle **est allée voir** son ancien prof d'allemand.
Sie hat mich besucht. (*Sie ist hierhergekommen: von dort nach hier*)	Elle **est venue me voir**.

Besucher(in) *m* ⟨∼s; ∼⟩ (*f*) ⟨∼in; ∼innen⟩ visiteur, -euse *m,f*; (*Gast*) invité(e) *m*(*f*); *offizielle*(*r*) hôte *m,f*; *e-s Theaters, Kinos* spectateur, -trice *m,f*
Besuchserlaubnis *f* autorisation *f* de visite
Besuchstag *m* jour *m* de visite
Besuchszeit *f* heures *f/pl* de visite
Besuchszimmer *n* parloir *m*
besucht *adj* *das Restaurant war gut, schlecht besucht* il y avait du monde, peu de monde dans le restaurant; *schlecht besucht* a peu fréquenté
besudeln *v/t* ⟨*¢, sans ge*⟩ salir, *st/s* souiller (*mit* de) (*beide a fig*)

Betablocker ['beːtablɔkər] *m* ⟨∼s; ∼⟩ PHARM bêtabloquant *m*
betagt *st/s adj* âgé; *d'un âge avancé*
betasten *v/t* ⟨-e-, *sans ge*⟩ tâter; MÉD palper
betätigen ⟨*sans ge*⟩ **I** *v/t* actionner; manœuvrer **II** *v/r* *sich betätigen* s'occuper; *sich politisch betätigen* faire de la politique
Betätigung *f* ⟨∼; ∼en⟩ **1.** (*Bedienen*) manœuvre *f* **2.** (*Tätigkeit*) activité *f*
Betätigungsfeld *n* sphère *f* d'activité
betatschen [bə'tatʃən] F *v/t* ⟨*sans ge*⟩ F tripoter
betäuben [bə'tɔybən] *v/t* ⟨*sans ge*⟩ **1.** MÉD anesthésier; *örtlich* insensibiliser **2.** *durch e-n Schlag* étourdir; *durch Lärm* assourdir; *durch Geruch* enivrer **3.** *Schmerz* calmer
betäubend *adjt* *Lärm* assourdissant; *Duft* enivrant
Betäubung *f* ⟨∼; ∼en⟩ anesthésie *f*; insensibilisation *f*; étourdissement *m*; assourdissement *m*; apaisement *m*; *örtliche Betäubung* anesthésie locale; insensibilisation *f*
Betäubungsmittel *n* anesthésique *m*; narcotique *m*
Betäubungsmittelgesetz *n* loi *f* sur les stupéfiants
Bete ['beːtə] *f* ⟨∼; ∼n⟩ *Rote Bete* betterave *f* rouge
beteiligen [bə'taɪlɪgən] ⟨*sans ge*⟩ **I** *v/t* *j-n an etw* (*dat*) *beteiligen* faire participer qn à qc **II** *v/r* *sich an etw* (*dat*) *beteiligen* participer, prendre part à qc
beteiligt *adj* *an etw* (*dat*) *beteiligt sein* participer à qc; *an e-m Unfall beteiligt sein* être impliqué dans un accident
Beteiligte(r) *f(m)* ⟨→ A⟩ (*Teilnehmer*[*in*]) participant(e) *m*(*f*) (*an* [+ *dat*] à, de); *an e-m Unfall, Prozess* personne impliquée (dans)
Beteiligung *f* ⟨∼; ∼en⟩ participation *f* (*an* [+ *dat*] à)
beten ['beːtən] ⟨-e-⟩ **I** *v/t Gebet* dire; réciter **II** *v/i* prier; faire sa prière; *zu Gott beten* prier Dieu
beteuern [bə'tɔyərn] *v/t* ⟨*sans ge*⟩ protester de; affirmer (solennellement)
Beteuerung *f* ⟨∼; ∼en⟩ protestation *f*
Beton [bɛ'tɔŋ] *m* ⟨∼s⟩ béton *m*
betonen [bə'toːnən] *v/t* ⟨*sans ge*⟩ **1.** PHON, MUS accentuer **2.** *fig* mettre l'accent sur; souligner
betonieren [beto'niːrən] *v/t* ⟨*sans ge*⟩ bétonner
Betonmischer *m*, **Betonmischmaschine** *f* bétonneuse *f*; bétonnière *f*
betont **I** *adjt* **1.** PHON, MUS accentué **2.** *fig* prononcé; marqué **II** *advt fig* **betont schlicht** d'une simplicité étudiée
Betonung *f* ⟨∼; ∼en⟩ accentuation *f* (*a fig*); (*Betonungsakzent*) accent *m* tonique
betören [bə'tøːrən] *v/t* ⟨*sans ge*⟩ envoûter; ensorceler
betörend *adjt* envoûtant; ensorcelant
Betr. *abr* ADM (*Betreff, betrifft*) objet
Betracht [bə'traxt] *m* *in Betracht kommen* entrer en considération, en ligne de compte; *in Betracht ziehen* prendre en considération; tenir compte de; *außer Betracht lassen* laisser de côté
betrachten *v/t* ⟨-e-, *sans ge*⟩ **1.** (*ansehen*) regarder; *Gemälde* contempler **2.** *fig* (*beurteilen*)

B

considérer; *so betrachtet* vu sous cet angle **3.** *j-n, etw als j-n, etw betrachten* considérer qn, qc comme qn, qc
Betrachter(in) *m* ⟨~s; ~⟩ (*f*) ⟨~in; ~innen⟩ observateur, -trice *m,f*
beträchtlich [bə'trɛçtlıç] *adj* considérable; notable
Betrachtung *f* ⟨~; ~en⟩ **1.** *e-s Bildes* contemplation *f* **2.** *e-s Problems* examen *m*; *Betrachtungen* (*über etw* [*acc*]) *anstellen* se livrer à des considérations (sur qc)
Betrachtungsweise *f* façon *f* de voir; (*Standpunkt*) point *m* de vue; perspective *f*; *e-e wissenschaftliche Betrachtungsweise* une approche scientifique
Betrag [bə'traːk] *m* ⟨~¢s; ~e⟩ somme *f*; montant *m*; COMM *Betrag* (*dankend*) *erhalten* pour acquit
betragen ⟨*irr, sans ge*⟩ **I** *v/i* se monter à; s'élever à **II** *v/r sich ... betragen* se conduire ...; se comporter ...
Betragen *n* ⟨~s⟩ conduite *f*
betrauen *v/t* ⟨*sans ge*⟩ *j-n mit etw betrauen* confier qc à qn; charger qn de qc
betrauern *v/t* ⟨*sans ge*⟩ *Person* pleurer; *Verlust* déplorer
beträufeln *v/t* ⟨¢, *sans ge*⟩ *etw mit etw beträufeln* verser qc goutte à goutte sur qc
Betreff [bə'trɛf] *m* ⟨~¢s; ~e⟩ ADM *im Brief* objet *m*
betreffen *v/t* ⟨*irr, sans ge*⟩ concerner; *was ... betrifft* en ce qui concerne ...
betreffend *adj* en question
betreffs *prép* ⟨*gén*⟩ ADM concernant
betreiben *v/t* ⟨*irr, sans ge*⟩ **1.** *Gewerbe* exercer; *Geschäft* exploiter; *Studien, Politik* faire **2.** (*vorantreiben*) activer; accélérer **3.** *mit Strom betrieben werden* marcher à l'électricité
Betreiben *n* ⟨~s⟩ *auf Betreiben von* sous l'impulsion de; *péj* à l'instigation de
Betreiber(in) *m* ⟨~s; ~⟩ (*f*) ⟨~in; ~innen⟩ **1.** *Person* exploitant(e) *m(f)* **2.** *Institution* société *f* d'exploitation
betreten¹ *v/t* ⟨*irr, sans ge*⟩ *Raum* entrer dans; *Rasen* marcher sur; *Weg* s'engager dans; *Grundstück* pénétrer dans; *Betreten verboten!* entrée interdite!; défense d'entrer!
betreten² *adj* embarrassé; gêné
betreuen *v/t* ⟨*sans ge*⟩ **1.** *Kinder, Tiere* prendre soin de **2.** *Abteilung* être le responsable de; *Gruppe* animer
Betreuer(in) *m* ⟨~s; ~⟩ (*f*) ⟨~in; ~innen⟩ responsable *m,f*; *e-r Gruppe* animateur, -trice *m,f*; moniteur, -trice *m,f*
Betreuung *f* ⟨~⟩ **1.** (prise *f* en) charge *f*; *e-r Gruppe* animation *f* **2.** *ärztliche* soins *m/pl*
Betrieb [bə'triːp] *m* ⟨~¢s; ~e⟩ **1.** (*Unternehmen*) entreprise *f* **2.** (*Funktionieren*) marche *f*; fonctionnement *m*; *in Betrieb nehmen* mettre en service; *in Betrieb setzen* mettre en marche; *in Betrieb sein* être en service, en marche; *außer Betrieb sein* être 'hors service **3.** F (*Treiben*) animation *f*; *es herrscht viel Betrieb* il y a beaucoup de monde
betrieblich *adj* de l'entreprise
betriebsam *adj* actif
Betriebsamkeit *f* ⟨~⟩ activité *f*
Betriebsangehörige(r) *f(m)* membre *m* du per-

sonnel (de l'entreprise)
Betriebsanleitung *f* mode *m* d'emploi; notice explicative
Betriebsarzt *m*, **Betriebsärztin** *f* médecin *m* d'entreprise
Betriebsausflug *m* excursion *f* du personnel
betriebsbereit *adj* prêt à fonctionner
Betriebsbesichtigung *f* visite *f* d'entreprise
betriebsblind *adj* prisonnier de la routine
Betriebserlaubnis *f* permis *m* d'exploitation
Betriebsferien *pl* fermeture annuelle (de l'entreprise)
Betriebsfest *n* fête (annuelle) de l'entreprise
Betriebsgeheimnis *n* secret *m* d'exploitation, de fabrication
Betriebsgelände *n* terrain *m* de l'entreprise
betriebsintern *adj* interne (à l'entreprise)
Betriebskapital *n* fonds *m/pl* de roulement
Betriebsklima *n* ambiance *f* (dans une entreprise); *hier herrscht ein gutes Betriebsklima* il y a ici un bon climat
Betriebskosten *pl* frais *m/pl* d'exploitation
Betriebskrankenkasse *f* caisse *f* (de) maladie de l'entreprise
Betriebsleiter(in) *m(f)* directeur, -trice *m,f* (d'une entreprise)
Betriebsleitung *f* direction *f* (de l'entreprise)
Betriebsnudel F *f* boute-en-train *m*
Betriebsprüfer(in) *m(f)* polyvalent(e) *m(f)*
Betriebsprüfung *f* contrôle fiscal
Betriebsrat *m* ⟨~¢s; ~e⟩ **1.** *Ausschuss* comité *m* d'entreprise **2.** *Person* délégué *m* du personnel
Betriebsrätin *f* ⟨~; ~nen⟩ déléguée *f* du personnel
Betriebsratsmitglied *n* délégué(e) *m(f)* du personnel
Betriebsrente *f* retraite *f*, pension *f* d'entreprise
betriebssicher *adj* fiable; éprouvé
Betriebssicherheit *f* ⟨~⟩ fiabilité *f*
Betriebsstilllegung *f* fermeture *f* d'une entreprise
Betriebsstörung *f* incident *m* technique; panne *f*
Betriebssystem *n* INFORM système *m* d'exploitation
Betriebsunfall *m* accident *m* du travail
Betriebsvereinbarung *f* accord *m* d'entreprise
Betriebsverfassungsgesetz *n* loi *f* sur l'organisation interne des entreprises
Betriebsversammlung *f* assemblée (générale), réunion *f* du personnel de l'entreprise
Betriebswirt(in) *m(f)* diplômé(e) *m(f)* en gestion (d'entreprise)
Betriebswirtschaft *f* ⟨~⟩ économie *f* d'entreprise; gestion *f* (d'entreprise)
betriebswirtschaftlich *adj* gestionnaire
Betriebswirtschaftslehre *f* → *Betriebswirtschaft*
Betriebszugehörigkeit *f* ancienneté *f*; présence *f* dans l'entreprise
betrinken *v/r* ⟨*irr, sans ge*⟩ *sich betrinken* s'enivrer
betroffen [bə'trɔfən] *adj* intéressé; touché
Betroffene(r) *f(m)* ⟨→ A⟩ intéressé(e) *m(f)*; personne touchée
Betroffenheit *f* ⟨~⟩ confusion *f*
betrüben *v/t* ⟨*sans ge*⟩ affliger; attrister
betrüblich *adj* affligeant; attristant

betrübt *adjt* affligé, attristé, peiné (*über* [+ *acc*] de)

Betrug [bə'truːk] *m* ⟨~¢s⟩ tromperie *f*; duperie *f*; escroquerie *f* (*a* JUR); *meist* FIN fraude *f*; *beim Spiel* tricherie *f*

betrügen ⟨*irr*, *sans ge*⟩ **I** *v/t* tromper (*a in der Liebe*); duper; escroquer (*a* JUR); *j-n um etw betrügen* escroquer qc à qn **II** *v/i meist* FIN frauder; *beim Spiel* tricher

Betrüger(in) *m* ⟨~s; ~⟩ (*f*) ⟨~in; ~innen⟩ escroc *m* (*a* JUR); *meist* FIN fraudeur, -euse *m,f*; *beim Spiel* tricheur, -euse *m,f*

Betrügerei *f* ⟨~; ~en⟩ → **Betrug**

betrügerisch *adj* frauduleux; *Person* perfide

betrunken [bə'truŋkən] *adjt* ivre

Betrunkene(r) *f(m)* ⟨→ A⟩ homme *m*, femme *f* ivre

Bett [bɛt] *n* ⟨~¢s; ~en⟩ **1.** lit *m*; *das Bett machen* le *bzw* son lit; *die Betten beziehen* mettre les draps; *frisch* changer les draps; *zu, ins Bett bringen* mettre au lit; coucher; *zu, ins Bett gehen* aller se coucher, au lit; F *mit j-m ins Bett gehen* F coucher avec qn **2.** (*Flussbett*) lit *m*

Bettbezug *m* 'housse *f* de couette

Bettcouch *f* canapé-lit *m*

Bettdecke *f* couverture *f*

bettelarm *adj* misérable

Bettelei *f* ⟨~; ~en⟩ mendicité *f*

betteln ['bɛtəln] *v/i* ⟨¢⟩ (*um etw*) *betteln* mendier (qc) (*a fig*)

betten *st/s v/t* ⟨-e-⟩ coucher

Bettfedern *f/pl* duvet *m*

Bettflasche *f regional* bouillotte *f*

Bettgeschichte *f péj* **1.** (*Verhältnis*) F coucherie *f* **2.** *Klatsch* F histoire *f* de fesses, de cul

Betthupferl F *n* ⟨~s; ~⟩ *friandise que l'on mange avant de se coucher*

Bettjäckchen [-jɛkçən] *n*, **Bettjacke** *f* liseuse *f*

bettlägerig [-lɛːgərɪç] *adj* alité; *als Dauerzustand* grabataire

Bettlaken *n* drap *m* (de lit)

Bettlektüre *f* lecture délassante (pour se détendre avant de dormir)

Bettler(in) *m* ⟨~s; ~⟩ (*f*) ⟨~in; ~innen⟩ mendiant(e) *m(f)*

Bettnässer ['bɛtnɛsər] *m* ⟨~s; ~⟩ enfant *m,f* qui fait pipi au lit; *sc* énurétique *m,f*

Bettruhe *f* alitement *m*

Bettszene *f* FILM, TV (scène *f* d')intimités *f/pl* au lit

Betttuch *n* ⟨~¢s; ≈er⟩ drap *m* (de lit)

Bettvorleger *m* descente *f* de lit; carpette *f*

Bettwäsche *f* linge *m* de lit

Bettzeug F *n* ⟨~¢s⟩ literie *f* (sans matelas)

betucht [bə'tuːxt] F *adj* cossu; riche

betulich [bə'tuːlɪç] *adj* (*gemächlich*) (trop) lent

betupfen *v/t* ⟨*sans ge*⟩ tamponner

Beuge ['bɔygə] *f* ⟨~; ~n⟩ **1.** TURNEN flexion *f* **2.** ANAT pli *m* (du bras, *etc*)

Beugehaft *f* JUR contrainte *f* par corps

beugen I *v/t* **1.** *Knie, Rumpf* plier; *Kopf* pencher; *vom Kummer gebeugt* écrasé, anéanti de chagrin **2.** *fig Stolz etc* briser **3.** *Recht, Gesetz* tourner **4.** GR *Substantiv, Adjektiv* décliner; *Verb* conjuguer **II** *v/r* **5.** *sich aus dem Fenster beugen* se pencher par la fenêtre **6.** *fig sich beugen* (*nachgeben*) s'incliner (+

dat devant); céder (à)

Beugung *f* ⟨~; ~en⟩ GR flexion *f*; *e-s Substantivs, Adjektivs* déclinaison *f*; *e-s Verbs* conjugaison *f*

Beule ['bɔylə] *f* ⟨~; ~n⟩ *am Kopf etc* bosse *f*; *Gegenstand Beulen haben* être cabossé, bosselé

beulen *v/i* (*u v/r sich beulen*) faire des bosses

beunruhigen *v/t* (*u v/r*) ⟨*sans ge*⟩ (*sich beunruhigen* s')inquiéter

Beunruhigung *f* ⟨~; ~en⟩ inquiétude *f*; souci *m*

beurkunden *v/t* ⟨-e-, *sans ge*⟩ donner acte de; authentifier

beurlauben *v/t* ⟨*sans ge*⟩ **1.** accorder un congé à **2.** *vom Amt* suspendre (de ses fonctions)

Beurlaubung *f* ⟨~; ~en⟩ **1.** congé *m* **2.** *vom Amt* suspension *f*

beurteilen *v/t* ⟨*sans ge*⟩ juger (de); porter un jugement sur

Beurteilung *f* ⟨~; ~en⟩ **1.** jugement *m* **2.** (*Gutachten*) évaluation *f*

Beuschel ['bɔyʃəl] *n* ⟨~s; ~⟩ *österr* CUIS ragoût *de cœur, de poumon, etc de veau ou de mouton*

Beute ['bɔytə] *f* ⟨~⟩ **1.** (*Beutegut, Diebesbeute*) butin *m*; (*Jagdbeute*) (tableau *m* de) chasse *f* **2.** *e-s Raubtiers* proie *f* (*a fig*)

Beutel ['bɔytəl] *m* ⟨~s; ~⟩ (petit) sac; *kleiner* sachet *m*

beuteln F *v/t* ⟨¢⟩ *Leben, Schicksal j-n beuteln* malmener, secouer qn

Beuteltier *n* marsupial *m*

bevölkern [bə'fœlkərn] *v/t* ⟨*sans ge*⟩ peupler (*mit* de; *a fig*)

Bevölkerung *f* ⟨~; ~en⟩ population *f*

Bevölkerungsdichte *f* densité *f* de (la) population

Bevölkerungsentwicklung *f* évolution *f* démographique

Bevölkerungsexplosion *f* explosion *f* démographique

Bevölkerungsgruppe *f* catégorie *f* de la population

Bevölkerungspolitik *f* politique *f* démographique

Bevölkerungsrückgang *m* régression *f* de la population

Bevölkerungsschicht *f* couche *f* de la population

bevollmächtigen [bə'fɔlmɛçtɪgən] *v/t* ⟨*sans ge*⟩ donner mandat à (*zu* pour)

bevollmächtigt *adjt* autorisé (*zu* à)

Bevollmächtigte(r) *f(m)* ⟨→ A⟩ mandataire *m,f*; COMM fondé *m* de pouvoir

bevor *conj* avant que (+ *subj*)

bevormunden *v/t* ⟨-e-, *sans ge*⟩ JUR tenir en tutelle; *fig* dicter sa conduite à

Bevormundung *f* ⟨~; ~en⟩ tutelle *f* (*a fig*)

bevorstehen *v/i* ⟨*irr*⟩ être en vue; *unmittelbar bevorstehen* être imminent

bevorstehend *adjt* en vue; proche

bevorzugen *v/t* ⟨*sans ge*⟩ **1.** *Dinge* préférer **2.** *Person* favoriser

bevorzugt I *adjt* **1.** préféré **2.** favorisé **II** *advt bevorzugt behandelt werden* bénéficier d'un traitement de faveur

Bevorzugung *f* ⟨~; ~en⟩ préférence *f*; *von Personen* traitement *m* de faveur

bewachen *v/t* ⟨*sans ge*⟩ garder; surveiller

Bewacher(in) *m* ⟨~s; ~⟩ (*f*) ⟨~in; ~innen⟩ gardien, -ienne *m,f*

B

bewachsen *adj* (re)couvert (*mit* de)
Bewachung *f* ⟨~; ~en⟩ garde *f*; surveillance *f*
bewaffnen *v/t* (*u v/r*) ⟨-e-, *sans ge*⟩ (*sich bewaffnen* s')armer (*mit* de) (*a fig*)
Bewaffnung *f* ⟨~; ~en⟩ armement *m*
bewahren *v/t* ⟨*sans ge*⟩ 1. (*erhalten*) garder; conserver 2. (*schützen*) préserver (*vor* [+ *dat*] de); protéger (de, contre)
bewähren *v/r* ⟨*sans ge*⟩ *sich bewähren* faire ses preuves
bewahrheiten *v/r* ⟨-e-, *sans ge*⟩ *sich bewahrheiten* se vérifier; s'avérer juste
bewährt *adjt* éprouvé
Bewahrung *f* ⟨~⟩ 1. (*Beibehaltung*) conservation *f* 2. (*Schutz*) préservation *f*, protection *f* (*vor* [+ *dat*] contre)
Bewährung *f* ⟨~; ~en⟩ JUR sursis *m* (à l'exécution des peines); (*Bewährungsfrist*) probation *f*; *Strafe* **mit Bewährung** avec sursis
Bewährungsauflage *f* JUR condition *f* du sursis (à l'exécution des peines)
Bewährungsfrist *f* JUR probation *f*; délai *m* probatoire
Bewährungshelfer(in) *m(f)* JUR agent *m* de probation
Bewährungsprobe *f* épreuve *f*
Bewährungszeit *f* JUR période *f* probatoire
bewaldet *adj* boisé; couvert de bois
bewältigen [bə'vɛltɪgən] *v/t* ⟨*sans ge*⟩ venir à bout de; *Vergangenheit* assumer
Bewältigung *f* ⟨~⟩ *e-s Problems* résolution *f*; *e-r Arbeit, Situation* maîtrise *f*; *von Wissensstoff* assimilation *f*; *e-r Enttäuschung* dépassement *m* (+*gén* de); victoire *f* (+*gén* sur); *die Bewältigung der Vergangenheit* la prise de conscience, *p/l fort* la maîtrise du passé
bewandert *adj* *in etw* (*dat*) *bewandert sein* s'y connaître en qc
Bewandtnis [bə'vantnɪs] *f* ⟨~; ~se⟩ *damit hat es s-e eigene Bewandtnis* c'est un cas particulier
bewässern *v/t* ⟨*sans ge*⟩ arroser
Bewässerung *f* ⟨~; ~en⟩ arrosage *m*
Bewässerungsanlage *f* système *m* d'irrigation, d'arrosage
Bewässerungsgraben *m* rigole *f*, fossé *m* d'irrigation
Bewässerungskanal *m* canal *m* d'irrigation
bewegen[1] [bə've:gən] ⟨*sans ge*⟩ I *v/t* 1. räumlich remuer; bouger; (*in Bewegung versetzen*) agiter *2.* (*rühren*) émouvoir; toucher 3. (*geistig beschäftigen*) préoccuper II *v/r* *sich bewegen* remuer; bouger
bewegen[2] *v/t* ⟨bewog, bewogen⟩ *j-n zu etw bewegen* décider, pousser, inciter qn à qc
Beweggrund *m* mobile *m*; motif *m*
beweglich *adj* 1. mobile (*a Feiertag*); *der bewegliche Besitz* les biens *m/pl* meubles 2. *geistig* vif; alerte
Beweglichkeit *f* ⟨~⟩ 1. mobilité *f* 2. *des Geistes* vivacité *f* d'esprit
bewegt *adjt* 1. *Leben etc* mouvementé; agité 2. (*ergriffen*) ému; touché
Bewegung *f* ⟨~; ~en⟩ 1. mouvement *m*; *sich in Bewegung setzen* se mettre en marche; *Zug a* s'ébranler 2. (*Geste*) geste *m* 3. *innere* agitation *f*; (*Rührung*) émotion *f* 4. POL *etc* mouvement *m*

Bewegung = mouvement 〔FQ〕

Wird anders geschrieben als englisch „movement".

Bewegungsablauf *m* phases *f/pl*, déroulement *m* d'un mouvement
Bewegungsdrang *m* besoin *m* de mouvement, d'exercice
Bewegungsfreiheit *f* liberté *f* de mouvement
bewegungslos *adj* immobile; figé; inerte
Bewegungslosigkeit *f* ⟨~⟩ immobilité *f*
Bewegungsmelder *m* ⟨~s; ~⟩ détecteur *m* de mouvement
Bewegungstherapie *f* kinésithérapie *f*
bewegungsunfähig *adj* incapable de se mouvoir
beweinen *v/t* ⟨*sans ge*⟩ *j-n, etw beweinen* pleurer qn, qc
Beweis [bə'vaɪs] *m* ⟨~es; ~e⟩ preuve *f* (*für* de)
Beweisantrag *m* JUR offre *f* de preuve
Beweisaufnahme *f* JUR instruction *f*
beweisen *v/t* ⟨*irr, sans ge*⟩ 1. prouver 2. *Mut etc* faire preuve de
Beweisführung *f* argumentation *f*; démonstration *f*; JUR administration *f* de la preuve
Beweisgegenstand *m* JUR corps *m* du délit
Beweiskraft *f* ⟨~⟩ (*keine*) *Beweiskraft haben* (ne pas) constituer une preuve
beweiskräftig *adj* probant
Beweislast *f* ⟨~⟩ charge *f* de la preuve
Beweismaterial *n* preuves *f/pl*
Beweismittel *n* preuve *f*
Beweisstück *n* pièce à conviction, justificative
bewenden *es bei od mit etw bewenden lassen* en rester, s'en tenir à qc
bewerben *v/r* ⟨*irr, sans ge*⟩ *sich* (*um e-e Stelle*) *bewerben* poser sa candidature à un poste; *nur beruflich sich bewerben bei j-m, e-r Firma* solliciter, postuler un emploi chez qn, dans une entreprise
Bewerber(in) *m* ⟨~s; ~⟩ (*f*) ⟨~in; ~innen⟩ candidat(e) *m(f)*; *nur beruflich* postulant(e) *m(f)*
Bewerbung *f* ⟨~; ~en⟩ 1. candidature *f* (*um* à) 2. *Schriftstück* lettre *f* de candidature
Bewerbungsbogen *m* formulaire *m* de candidature
Bewerbungsgespräch *n* entretien *m* d'embauche
Bewerbungsmappe *f* dossier *m* de candidature
Bewerbungsschreiben *n* lettre *f* de candidature
Bewerbungsunterlagen *f/pl* dossier *m* de candidature
bewerfen *v/t* ⟨*irr, sans ge*⟩ *etw, j-n mit etw bewerfen* jeter à qc, qn
bewerkstelligen [bə'vɛrkʃtɛlɪgən] *v/t* ⟨*sans ge*⟩ effectuer; exécuter; (*zustande bringen*) accomplir; réaliser
bewerten *v/t* ⟨-e-, *sans ge*⟩ évaluer; estimer; SPORT, SCHULE noter
Bewertung *f* évaluation *f*; estimation *f*; SPORT, SCHULE note *f*; points *m/pl*
bewilligen *v/t* ⟨*sans ge*⟩ accorder; autoriser
Bewilligung *f* ⟨~; ~en⟩ autorisation *f*; octroi *m*
bewirken *v/t* ⟨*sans ge*⟩ 1. (*verursachen*) causer; provoquer; avoir pour effet 2. (*erreichen*) obte-

nir
bewirten v/t ⟨-e-, sans ge⟩ offrir un repas à; **j-n mit etw bewirten** servir qc à qn
bewirtschaften v/t ⟨-e-, sans ge⟩ exploiter
Bewirtschaftung f ⟨~; ~en⟩ exploitation f
Bewirtung f ⟨~; ~en⟩ repas (offert à qn); restauration f
bewog [bə'voːk], **bewogen** [bə'voːgən] → **bewegen²**
bewohnbar adj habitable
bewohnen v/t ⟨sans ge⟩ habiter
Bewohner(in) m ⟨~s; ~⟩ (f) ⟨~in; ~innen⟩ habitant(e) m(f)
bewölken [bə'vœlkən] v/r ⟨sans ge⟩ **sich bewölken** se couvrir (de nuages)
Bewölkung f ⟨~; ~en⟩ nuages m/pl
Bewunderer m ⟨~s; ~⟩, **Bewunderin** f ⟨~; ~nen⟩ admirateur, -trice m,f
bewundern v/t ⟨sans ge⟩ admirer
bewundernswert, **bewundernswürdig** adj admirable; digne d'admiration
Bewunderung f ⟨~⟩ admiration f
bewunderungswürdig adj admirable; digne d'admiration
bewusst [bə'vʊst] **I** adj **1.** conscient; **sich** (dat) **e-r Sache** (gén) **bewusst sein**, **werden** avoir, prendre conscience de qc; **sich** (dat) **etw bewusst machen** se rendre compte de qc **2.** (absichtlich) voulu; délibéré **3.** (besagt) en question **II** adv **4.** consciemment **5.** délibérément
bewusstlos adj sans connaissance; évanoui; **bewusstlos werden** perdre connaissance; s'évanouir
Bewusstlosigkeit f ⟨~⟩ évanouissement m; perte f de connaissance
bewusstmachen v/t → **bewusst I 1**
Bewusstsein n ⟨~s⟩ **1.** PSYCH, PHILOS conscience f **2.** MÉD connaissance f; **das Bewusstsein verlieren** perdre connaissance; **wieder zu Bewusstsein kommen** reprendre connaissance
Bewusstseinsstörung f trouble m de la conscience
Bewusstseinsveränderung f transformation f de la conscience
bewusstwerden v/r → **bewusst I 1**
bezahlen ⟨sans ge⟩ **I** v/t payer (**j-m etw** qc à qn); **für etw zehn Euro bezahlen** payer qc dix euros; **sich bezahlt machen** être payant; payer **II** v/i payer; **Herr Ober, bitte bezahlen!** garçon, l'addition s'il vous plaît!
Bezahlung f ⟨~⟩ **1.** paiement m **2.** (Lohn) rémunération f
bezähmen st/s v/t (u v/r) ⟨sans ge⟩ (**sich bezähmen** se) dominer; (se) maîtriser
bezaubern v/t ⟨sans ge⟩ charmer
bezaubernd adjt charmant; ravissant
bezeichnen ⟨-e-, sans ge⟩ **I** v/t **1.** (markieren) marquer; indiquer **2.** (benennen) désigner; **näher bezeichnen** spécifier **3.** (einschätzen) qualifier (**als** de) **II** v/r **sich als Künstler bezeichnen** se dire artiste
bezeichnend adjt typique, caractéristique (**für** de); (aufschlussreich) révélateur
bezeichnenderweise adv **bezeichnenderweise hat er …** ce qui est typique pour lui, c'est qu'il a …
Bezeichnung f **1.** (Angabe) indication f **2.** (Zeichen) marque f **3.** (Benennung) désignation f;

dénomination f
bezeugen v/t ⟨sans ge⟩ témoigner de
bezichtigen [bə'tsɪçtɪgən] v/t ⟨sans ge⟩ accuser
Bezichtigung f ⟨~; ~en⟩ accusation f
beziehbar adj Wohnung habitable (immédiatement); (frei) libre
beziehen ⟨irr, sans ge⟩ **I** v/t **1.** Schirm, Möbel recouvrir (**mit** de) **2.** Wohnung s'installer dans **3.** Waren se fournir en, acheter (**von j-m** chez qn); Gehalt toucher; percevoir; Zeitung être abonné à **4.** **etw auf etw** (acc) **beziehen** appliquer qc à qc; **etw auf sich** (acc) **beziehen** prendre qc pour soi; **bezogen auf** (+ acc) par rapport à **II** v/r **sich beziehen auf** (+ acc) se référer à
Bezieher(in) m ⟨~s; ~⟩ (f) ⟨~in; ~innen⟩ e-r Zeitung abonné(e) m(f); e-s Gehalts bénéficiaire m,f
Beziehung f **1.** (Verbindung) relation f; rapport m; **gute Beziehungen zu j-m haben** entretenir de bons rapports avec qn; avoir de bonnes relations avec qn; **e-e feste Beziehung haben** avoir une relation (amoureuse) suivie **2.** **Beziehungen haben** (einflussreiche Personen kennen) avoir des relations **3.** (Verhältnis) rapport m; lien m; **in Beziehung zu etw stehen** avoir rapport à qc **4.** (Verständnis) affinités f/pl (**zu** avec) **5.** (Hinsicht) **in dieser Beziehung** de ce point de vue; sous ce rapport; à cet égard; **in gewisser Beziehung** dans un certain sens; d'un certain point de vue; **in mancher Beziehung** à maints égards; **in keiner Beziehung** en aucune façon; **in jeder Beziehung** à tout point de vue; à tous (les) égards
Beziehungskiste F f relations (amoureuses) compliquées
beziehungsweise adv **1.** (im anderen Fall) respectivement; (oder) ou; **sie sind drei beziehungsweise fünf Jahre alt** ils sont âgés respectivement de trois et cinq ans; **der beziehungsweise die Täter** le ou les malfaiteurs **2.** (genauer gesagt) ou plutôt, plus exactement
beziffern v/t (u v/r) ⟨sans ge⟩ (**sich beziffern** se) chiffrer (**auf** [+ acc] à)
Bezirk [bə'tsɪrk] m ⟨~¢s; ~e⟩ district m; circonscription f
Bezirksklasse f SPORT etwa division régionale
bezirzen [bə'tsɪrtsən] F v/t ⟨sans ge⟩ charmer; p/fort ensorceler
Bezug [bə'tsuːk] m **1.** (Bettbezug, Kissenbezug) enveloppe f; 'housse f (a Möbelbezug); (Kopfkissenbezug) taie f **2.** von Waren achat m; von Zeitungen abonnement m (+ gén à) **3.** FIN pl Bezüge appointements m/pl; traitement m **4.** (Beziehung) rapport m; **in Bezug auf j-n, etw** en ce qui concerne qn, qc; au sujet de qn, qc; **Bezug nehmen auf** (+ acc) se référer à
bezüglich [bə'tsyːklɪç] prép ⟨gén⟩ au sujet de; en ce qui concerne
Bezugnahme [bə'tsuːknaːmə] f ⟨~; ~n⟩ ADM **mit, unter Bezugnahme auf** (+acc) en référence à
bezugsfertig adj (schlüsselfertig) clés en main; → **beziehbar**
Bezugsperson f personne f de confiance
Bezugspreis m prix m d'achat, e-r Zeitung d'abonnement

Bezugsquelle *f* source *f* d'approvisionnement; fournisseur *m*
Bezugsschein *m* carte *f* de rationnement; bon *m* d'achat
Bezugsstoff *m* tissu *m* d'ameublement
bezuschussen *v/t* ⟨¢$, *sans ge*⟩ subventionner
bezwecken *v/t* ⟨*sans ge*⟩ viser à
bezweifeln *v/t* ⟨¢, *sans ge*⟩ douter de; mettre en doute; *bezweifeln, dass ...* douter que ... (+ *subj*)
bezwingen *v/t* ⟨*irr, sans ge*⟩ vaincre; *Leidenschaften* maîtriser
Bezwinger(in) *m* ⟨∼s; ∼⟩ (*f*) ⟨∼in; ∼innen⟩ vainqueur *m*
Bezwingung *f* ⟨∼; ∼en⟩ victoire *f* (+ *gén* sur)
Bf. *abr* (*Bahnhof*) gare
BGB [be:ge:'be:] *n abr* ⟨∼⟩ (*Bürgerliches Gesetzbuch*) *etwa* Code civil
BGH [be:ge:'ha:] *m* ⟨∼⟩ *abr* (*Bundesgerichtshof*) BRD Cour fédérale de cassation
BH [be:'ha:] F *m abr* ⟨∼$; ∼$⟩ (*Büstenhalter*) soutien-gorge *m*
Bhf. *abr* (*Bahnhof*) gare
bi [bi:] F *adj* bisexuel; *er, sie ist bi* F c'est un, une bi
Biathlet(in) *m*(*f*) biathlète *m,f*
Biathlon ['bi:atlɔn] *n* ⟨∼s; ∼s⟩ biathlon *m*
bibbern ['bɪbərn] F *v/i* trembler
Bibel ['bi:bəl] *f* ⟨∼; ∼n⟩ Bible *f*; *als Buch, fig* bible *f*
Bibelspruch *m* citation biblique, (tirée) de la Bible
Bibelstelle *f* passage *m* de l'Écriture, de la Bible
Bibelübersetzung *f* traduction *f*, version *f* de la Bible
Bibelvers *m* verset *m*
Biber ['bi:bər] *m* ⟨∼s; ∼⟩ castor *m*
Bibliograph(in) [biblio'gra:f(ɪn)] *m* ⟨∼en; ∼en⟩ (*f*) ⟨∼in; ∼innen⟩ bibliographe *m,f*
Bibliographie *f* ⟨∼; ∼n⟩ bibliographie *f*
bibliographisch *adj* bibliographique
Bibliothek [-'te:k] *f* ⟨∼; ∼en⟩ bibliothèque *f*
Bibliothekar(in) *m* ⟨∼s; ∼e⟩ (*f*) ⟨∼in; ∼innen⟩ bibliothécaire *m,f*
Bibliotheksbenutzer(in) *m*(*f*) usager, -ère *m,f* d'une bibliothèque
Bibliothekskatalog *m* catalogue *m* (de la bibliothèque)
biblisch *adj* biblique; de la Bible; *fig biblisches Alter* âge *m* canonique
Bidet [bi'de:] *n* ⟨∼s; ∼s⟩ bidet *m*
bieder ['bi:dər] *adj* bon; honnête; brave; (*langweilig*) fade
Biedermann *m* ⟨∼¢s; ∼er⟩ **1.** (*rechtschaffener Mann*) homme *m* honnête; brave homme **2.** *péj* (*Spießer*) petit-bourgeois *m*; F beauf *m*
Biedermeier ['bi:dərmaɪər] *n* ⟨∼s⟩ (époque *f* du) Biedermeier *m*; *etwa* style *m* Louis-Philippe
biegen ['bi:gən] ⟨bog, gebogen⟩ **I** *v/t* courber; plier; F *fig auf Biegen oder Brechen* coûte que coûte; à tout prix **II** *v/i* ⟨sn⟩ tourner; *um die Ecke biegen* tourner au coin (de la rue) **III** *v/r sich biegen* se courber; *unter starker Last* s'infléchir
biegsam *adj* flexible; souple (*beide a fig*)
Biegsamkeit *f* ⟨∼⟩ flexibilité *f*; souplesse *f* (*bei-*

de a fig)
Biegung *f* ⟨∼; ∼en⟩ courbe *f*; *e-s Weges, Flusses* tournant *m*; *e-e Biegung machen* tourner
Biene ['bi:nə] *f* ⟨∼; ∼n⟩ **1.** abeille *f* **2.** F (*Mädchen*) F poupée *f*
Bienenfleiß *m* application *f*; acharnement *m*
Bienenhaus *n* rucher *m*
Bienenhonig *m* miel *m* (d'abeilles)
Bienenkönigin *f* reine *f* des abeilles
Bienenkorb *m* ruche *f*
Bienenschwarm *m* essaim *m* d'abeilles
Bienenstaat *m* cité *f* des abeilles
Bienenstich *m* **1.** piqûre *f* d'abeille **2.** CUIS gâteau *m* fourré de crème et recouvert d'amandes effilées
Bienenstock *m* ruche *f*
Bienenvolk *n* colonie *f* d'abeilles
Bienenwabe *f* rayon *m*; gâteau *m* de cire
Bienenwachs *n* cire *f* d'abeille
Bienenzucht *f* apiculture *f*
Bienenzüchter(in) *m*(*f*) apiculteur, -trice *m,f*
Biennale [biɛ'na:lə] *f* ⟨∼; ∼n⟩ biennale *f*
Bier [bi:r] *n* ⟨∼¢s; ∼e⟩ bière *f*; *helles, dunkles Bier* bière blonde, brune; *e-e Flasche Bier* une bouteille de bière; *Bier vom Fass* bière (à la) pression; F pression *f*; *im Lokal Herr Ober, ein Bier!* garçon, un demi!; F *fig das ist nicht mein Bier* F c'est pas mes oignons
Bierbauch F *m* F bedaine *f*
Bierbrauer *m* brasseur *m*
Bierbrauerei *f* brasserie *f*
Bierdeckel *m* dessous-de-verre *m*
Bierdose *f* boîte *f* de bière
bierernst F *adj* F sérieux comme un pape
Bierfass *n* tonneau *m* à bière
Bierfilz *m* dessous-de-verre *m*
Bierflasche *f* bouteille *f* de bière; *kleine* canette *f* (de bière)
Biergarten *m* brasserie *f* avec terrasse (en plein air)
Bierglas *n* verre *m* à bière
Bierhefe *f* levure *f* de bière
Bierkasten *m* caisse *f* de bière
Bierkeller *m Lokal* brasserie *f*
Bierkneipe F *f* brasserie *f*
Bierkrug *m* chope *f*; pot *m* à bière
Bierleiche F *plais f* ivre mort *m*
Bierlokal *n* brasserie *f*
Bierschinken *m grosse saucisse avec des morceaux de jambon*
Bierstube *f* débit *m* de bière
Bierverlag *m* dépôt *m* d'une brasserie
Bierwurst *f grosse saucisse fumée*
Bierzelt *n chapiteau sous lequel on boit de la bière*
Biest [bi:st] F *péj n* ⟨∼¢s; ∼er⟩ *Tier* sale bête *f*; *Frau* F chameau *m*; garce *f*
bieten ['bi:tən] ⟨bietet, bot, geboten⟩ **I** *v/t* **1.** *Anblick, Bild* offrir; présenter; *das lasse ich mir nicht bieten!* F je ne me laisserai pas marcher sur les pieds! **2.** *Geld j-m etw (für etw) bieten* offrir qc à qn (pour qc) **3.** *bei Auktionen* faire une enchère de; *wer bietet mehr?* qui dit mieux? **II** *v/r sich bieten* s'offrir
bietenlassen *v/t* → *bieten I 1*
Bigamie [biga'mi:] *f* ⟨∼; ∼n⟩ bigamie *f*
Bigamist(in) *m* ⟨∼en; ∼en⟩ (*f*) ⟨∼in; ∼innen⟩ bi-

game *m,f*

bigott [bi'gɔt] *adj péj* (*frömmelnd*) bigot; (*scheinheilig*) hypocrite

Bigotterie *f* ⟨∼; ∼n⟩ *péj* (*Frömmelei*) bigoterie *f*; (*Scheinheiligkeit*) hypocrisie *f*

Bikini [bi'ki:ni] *m* ⟨∼s; ∼s⟩ bikini *m*

Bilanz [bi'lants] *f* ⟨∼; ∼en⟩ bilan *m* (*a fig*); (*Handelsbilanz, Zahlungsbilanz*) balance *f*; **aktive, passive Bilanz** bilan, balance excédentaire, déficitaire; **e-e Bilanz aufstellen** dresser, établir un bilan; *fig* **die Bilanz aus etw ziehen** faire le bilan de qc

Bilanzbuchhalter(in) *m(f)* comptable chargé(e) du bilan

bilanzieren *v/i* (*u v/t*) ⟨*sans ge*⟩ dresser, établir le bilan (de)

Bilanzierung *f* ⟨∼; ∼en⟩ établissement *m* du bilan

bilateral ['bi:latera:l] *adj* bilatéral

Bild [bɪlt] *n* ⟨∼¢s; ∼er⟩ **1.** (*Abbildung*) image *f*; (*Fotografie*) photo *f*; *in Büchern* illustration *f*; (*Gemälde*) tableau *m* **2.** *sprachliches* image *f*; (*Metapher*) métaphore *f* **3.** (*Anblick*) spectacle *m*; **ein Bild des Jammers** un spectacle de désolation **4.** (*klare Vorstellung*) **sich** (*dat*) **ein Bild von etw machen** se faire une idée de qc; (*über etw, j-n*) **im Bilde sein** être informé, au courant (de qc, au sujet de qn)

Bildarchiv *n* photothèque *f*; archives *f/pl* photographiques

Bildaufzeichnung *f* prise *f* d'images

Bildausfall *m* panne *f* (d'image)

Bildausschnitt *m* détail *m*

Bildautor(in) *m(f)* photographe *m,f* (*comme co-auteur d'un ouvrage*)

Bildband *m* livre (abondamment) illustré; album *m*

Bildbearbeitung *f* traitement *m* d'image; **digitale Bildbearbeitung** traitement *m* d'image numérique

Bildberichterstattung *f* information *f* en images

Bildbeschreibung *f* description *f* d'un tableau, d'une image

Bildbetrachter *m* TECH visionneuse *f*

Bilddatei *f* INFORM fichier *m* image(s)

Bildeinstellung *f* PHOT cadrage *m*

bilden ['bɪldən] ⟨-e-⟩ **I** *v/t* **1.** (*formen*) former (*a geistig*); *künstlerisch* façonner; *Satz* construire **2.** (*darstellen*) constituer; former; **ein Ganzes bilden** former un ensemble, un tout **3.** (*gründen*) constituer **II** *v/r* **sich bilden** se former **III** *v/i Reisen etc* ouvrir l'esprit

bildend *adjt* (*belehrend*) instructif; (*erzieherisch*) éducatif; **die bildende Kunst** les arts *m/pl* plastiques; les beaux-arts

Bilderbogen *m* feuille imprimée découpée en vignettes; image *f* d'Épinal

Bilderbuch *n* livre *m* d'images

Bilderbuch... *in Zssgn fig* idéal

Bildergeschichte *f* histoire *f* en images

Bilderhaken *m* crochet *m* pour tableaux

Bilderleiste *f* baguette *f* d'encadrement

Bilderrahmen *m* cadre *m*

Bilderrätsel *n* rébus *m*

Bildersammlung *f* collection *f* de tableaux

Bildfläche *f* F *fig* **von der Bildfläche verschwinden** F disparaître de la circulation; F

fig **auf der Bildfläche erscheinen** F s'amener

Bildfolge *f* suite *f* d'images; FILM séquence *f*

Bildformat *n* format *m* de l'image, de la photo, du tableau, *etc*

Bildfrequenz *f* vitesse *f* de défilement; images *f/pl* par seconde

bildhaft *adj* imagé

Bildhauer *m* ⟨∼s; ∼⟩ sculpteur *m*

Bildhauerei *f* ⟨∼⟩ sculpture *f*

bildhübsch *adj* joli comme un cœur

Bildjournalist(in) *m(f)* reporter *m,f* photographe

bildlich *adj* en images; *Ausdruck* figuré

Bildmaterial *n* photo(graphie)s *f/pl*; films *m/pl*; illustrations *f/pl*

Bildmitte *f* centre *m* de l'image, de la photo, *etc*

Bildnis *n* ⟨∼ses; ∼se⟩ portrait *m*

Bildplatte *f* vidéodisque *m*

Bildpunkt *m* pixel *m*

Bildqualität *f* qualité *f* de l'image

Bildreportage *f* reportage illustré, photographique

Bildreporter(in) *m(f)* reporter *m,f* photographe

Bildröhre *f* tube *m* cathodique

Bildschärfe *f* netteté *f* de l'image

Bildschirm *m* **1.** *des Computers* écran *m*; **am Bildschirm arbeiten** travailler sur écran **2.** F (*Fernseher*) petit écran

Bildschirmarbeit *f* travail *m* sur écran

Bildschirmarbeitsplatz *m* poste *m* de travail sur écran

Bildschirmschoner *m* ⟨∼s; ∼⟩ économiseur *m* d'écran

Bildschirmtext *m* minitel® *m*

bildschön *adj* superbe; *Person* beau comme le jour, comme un astre

Bildstock *m südd, österr* calvaire *m*

Bildstörung *f* interruption *f* de l'image; „**Bildstörung**" incident *m* technique

Bildtafel *f* planche *f*

Bildtelefon *n* visiophone *m*; vidéophone *m*

Bildung *f* ⟨∼; ∼en⟩ **1.** *geistige* culture *f*; formation *f*; (*Erziehung*) éducation *f*; (*Schulbildung*) instruction *f*; **Bildung haben** être cultivé **2.** (*Entstehung*) formation *f*

Bildungsbürger *m* bourgeois cultivé

Bildungsbürgertum *n* bourgeoisie cultivée

Bildungschancen *f/pl* (chances *f/pl* d')accès *m* à la formation

Bildungsgrad *m* degré *m* d'instruction, de culture

Bildungsgut *n* bien culturel

Bildungslücke *f* lacune *f* (dans la culture générale)

Bildungsnotstand *m* carences *f/pl* du système éducatif

Bildungspolitik *f* politique *f* de l'éducation

Bildungsreform *f* réforme *f* de l'enseignement

Bildungsurlaub *m* congé *m* (de) formation

Bildungsweg *m* formation *f*; **zweiter Bildungsweg** enseignement dit de la deuxième chance

Bildungswesen *n* enseignement *m*

Bildunterschrift *f* légende *f*

Bildzuschrift *f* réponse *f* avec photo

Billard ['bɪljart] *n* ⟨∼s; ∼e⟩ billard *m*; **Billard spielen** jouer au billard

B

Billardkugel *f* boule *f* de billard
Billardspieler(in) *m(f)* joueur, -euse *m,f* de billard
Billardstock *m* queue *f* (de billard)
Billardtisch *m* (table *f* de) billard *m*
Billett [bɪl'jɛt] *n* ⟨~⢠s; ~e *ou* ~s⟩, österr [bi'jeː]
n ⟨~s; ~s⟩ **1.** (*Fahr-, Eintrittskarte*) billet *m* **2.**
österr (*Glückwunschkarte*) carte *f* de félicitations
Billiarde [bɪli'ardə] *f* ⟨~; ~n⟩ mille billions *m/pl*
billig ['bɪlɪç] **I** *adj* **1.** *im Preis* bon marché; pas
cher; **billiger** meilleur marché; moins cher **2.**
péj, fig de mauvaise qualité; *Ausrede* mauvais;
Trick primitif **II** *adv* bon marché
Billiganbieter *m* discounte(u)r *m*
billigen *v/t* approuver
Billigflieger F *m* → **Billigfluglinie**
Billigflug *m* vol *m* à bas prix
Billigfluglinie *f* compagnie aérienne à tarif réduit; compagnie (aérienne) low cost
Billigladen *m* magasin *m* bon marché
Billiglohn *m* bas salaire
Billiglohnland *n* ⟨~⢠s; -länder⟩ pays *m* à bas salaires
Billigung *f* ⟨~⟩ approbation *f*
Billigware *f* marchandise *f* à bas prix
Billion [bɪli'oːn] *f* ⟨~; ~en⟩ billion *m*
bim [bɪm] *int* ding!; **bim, bam!** ding, dong!
Bimmel ['bɪməl] F *f* ⟨~; ~n⟩ clochette *f*
Bimmelbahn F *f* tortillard *m*
bimmeln *v/i* ⟨⢠⟩ tinter; sonner
Bimsstein ['bɪms-] *m* pierre *f* ponce
bin [bɪn] → **sein¹**
binär [bi'nɛːr] *adj* binaire
Binärsystem *n* MATH numération *f* binaire
Binde ['bɪndə] *f* ⟨~; ~n⟩ **1.** MÉD bande *f*; (*Verband*) bandage *m*; (*Armbinde*) écharpe *f*; (*Augenbinde*) bandeau *m*; **elastische Binde** bande élastique **2.** (*Armbinde der Blinden*) brassard *m* **3.** (*Damenbinde*) serviette *f* hygiénique
4. F **sich** (*dat*) **e-n hinter die Binde gießen** F
s'en jeter un derrière la cravate
Bindegewebe *n* tissu conjonctif
Bindegewebsmassage *f* massage *m* du tissu conjonctif
Bindegewebsschwäche *f* fragilité *f* du tissu conjonctif
Bindeglied *n* lien *m*
Bindehaut *f* conjonctive *f*
Bindehautentzündung *f* conjonctivite *f*
Bindemittel *n* PEINT, CONSTR liant *m*; CUIS gélifiant *m*
binden ⟨bindet, band, gebunden⟩ **I** *v/t* **1.** (*festbinden*) attacher; (*zusammenbinden*) lier; *Besen, Kranz, Strauß* faire; *Krawatte, Schal*
nouer; **fester binden** serrer (davantage) **2.**
Buch relier; CUIS, MUS lier; CHIM fixer; *Preise*
imposer; contrôler **3.** *fig Person* lier; engager
II *v/i Zement etc* prendre; PHON faire la liaison
III *v/r* **sich binden** s'engager; se lier
bindend *adj* qui engage; obligatoire; **bindende Zusage** engagement *m*
Binder *m* ⟨~⢠s; ~⟩ cravate *f*
Bindestrich *m* trait *m* d'union
Bindewort *n* ⟨~⢠s; ⫶er⟩ conjonction *f*
Bindfaden *m* ficelle *f*; F **es regnet Bindfäden** il
pleut des cordes
Bindung *f* ⟨~; ~en⟩ **1.** (*Verbundenheit*) lien(s)

m(pl) (**an** [+ *acc*] avec) **2.** (*Verpflichtung*) engagement *m* (**an j-n** envers qn); **e-e Bindung
eingehen** s'engager; se lier **3.** CUIS, MUS, CHIM,
PHON liaison *f* **4.** (*Skibindung*) fixation *f*
Bindungsangst *f* peur *f* de s'engager, de se lier
binnen ['bɪnən] *prép* ⟨*dat ou st/s gén*⟩ **binnen
drei Tagen** dans, sous les trois jours; **binnen
Kurzem** sous peu
Binnengewässer *n See* lac *m*; *Fluss* rivière *f*;
Meer mer intérieure; *pl* **Binnengewässer**
eaux intérieures, continentales
Binnenhafen *m* port fluvial
Binnenhandel *m* commerce intérieur
Binnenland *n* intérieur *m* (du pays); terres *f/pl*
Binnenmarkt *m* marché intérieur; **der europäische Binnenmarkt** le Marché unique (européen)
Binnenmeer *n* mer intérieure
Binnenschifffahrt *f* navigation intérieure, fluviale
Binnensee *m* lac *m*
Binom [bi'noːm] *n* ⟨~⢠s; ~e⟩ MATH binôme *m*
Binse ['bɪnzə] *f* ⟨~; ~n⟩ jonc *m*; F *fig* **in die Binsen gegangen** F fichu; P foutu
Binsenweisheit *f* vérité première, de la Palisse
Bio ['biːo] F *f* ⟨~⟩ F sciences *f/pl* nat
Bio... *in Zssgn* bio...; biologique; naturel
Biobrot F *n* pain *m* biologique
Biochemie *f* biochimie *f*
Biochemiker(in) *m(f)* biochimiste *m,f*
biochemisch *adj* biochimique
Biochip *m* biopuce *f*
Biodiesel *m* biodiesel *m*
biodynamisch *adj* biologique
Bioethik *f* bioéthique *f*
Biogas *n* biogaz *m*; biométhane *m*
Biogemüse F *n* légumes *m/pl* biologiques
Biogenese *f* biogenèse *f*
biogenetisch *adj* biogénétique
Biografie *f* ⟨~; ~n⟩ biographie *f*
biografisch *adj* biographique
Biographie *f* ⟨~; ~n⟩ biographie *f*
biographisch *adj* biographique
Biohaus F *n* maison *f* biologique
Bioladen F *m* magasin *m* de produits naturels,
biologiques
Biologe *m* ⟨~n; ~n⟩, **Biologin** *f* ⟨~; ~nen⟩ biologiste *m,f*
Biologie *f* ⟨~⟩ biologie *f*; SCHULE *a* sciences naturelles
Biologieunterricht *m* enseignement *m* des
SVT; cours *m(pl)* de SVT
biologisch I *adj* biologique **II** *adv* **biologisch
abbaubar** biodégradable
biologisch-dynamisch *adj* biologique
Biomasse *f* ⟨~⟩ biomasse *f*
Biometrie *f* ⟨~⟩ biométrie *f*
biometrisch *adj* biométrique
Biomüll *m* déchets *m/pl* organiques
Biophysik *f* biophysique *f*
Bioprodukt *n* produit *m* bio(logique)
Biopsie [bio'psiː] *f* ⟨~; ~n⟩ MÉD biopsie *f*
Biorhythmus *m* biorythme *m*
Biosphäre *f* biosphère *f*
Biotechnik *f* ⟨~⟩, **Biotechnologie** *f* ⟨~⟩ biotechnologie *f*
Biotonne *f* poubelle *f* pour déchets organiques
Biotop [bio'toːp] *n od m* ⟨~⢠s; ~e⟩ biotope *m*

birgt [bɪrkt] → *bergen*
Birke ['bɪrkə] *f* ⟨∼; ∼n⟩ bouleau *m*
Birma ['bɪrma] *n* ⟨∼s⟩ la Birmanie
Birnbaum *m* poirier *m*
Birne ['bɪrnə] *f* ⟨∼; ∼n⟩ **1.** *Frucht* poire *f*; *Baum* poirier *m* **2.** F (*Kopf*) F caboche *f* **3.** (*Glühbirne*) ampoule *f*
birnenförmig *adj* en forme de poire; *sc* piriforme
birst [bɪrst] → *bersten*
bis [bɪs] **I** *prép* ⟨*acc*⟩ *zeitlich u räumlich* jusqu'à; *vor einigen Adverbien* jusque; **von ... bis ...** de ... à ... **II** *adv* **bis an** (+ *acc*), **zu** jusqu'à; **bis auf** (+ *acc*) (*ausschließlich*) sauf; excepté; à part; (*einschließlich*) jusqu'à; **bis auf e-e Ausnahme** à une exception près; **bis in drei Monaten** d'ici trois mois; **bis zum Oktober** jusqu'en octobre **III** *conj* **1.** (*zwischen*) **zehn bis zwölf Personen** (de) dix à douze personnes; **in zwei bis drei Tagen** dans deux ou trois jours **2.** (*nicht länger als*) jusqu'à ce que ... (+ *subj*); (*bevor*) avant que ... (+ *subj*); avant de (+ *inf*); **warten, bis ...** attendre que ... (+ *subj*), *intensiver* jusqu'à ce que ... (+ *subj*)
Bisam ['biːzam] *m* ⟨∼s; ∼e *ou* ∼s⟩ **1.** *Pelz* rat musqué **2.** (*Moschus*) musc *m*
Bisamratte *f* rat musqué
Bischof ['bɪʃɔf] *m* ⟨∼s; ∼e⟩ évêque *m*
bischöflich ['bɪʃœflɪç] *adj* épiscopal
Bischofskonferenz *f* conférence épiscopale
Bischofsmütze *f* mitre *f*
Bischofssitz *m* évêché *m*
Bischofsstab *m* crosse *f*
Bisexualität ['biː-] *f* bisexualité *f*
bisexuell *adj* bisexuel
bisher *adv* jusqu'à présent; jusqu'ici; **wie bisher** comme toujours; comme par le passé
bisherig *adj* (*momentan*) présent; (*vorherig*) précédent; (*scheidend*) sortant
Biskaya [bɪsˈkaːja] *f* ⟨∼⟩ **der Golf von Biskaya** le golfe de Gascogne
Biskuit [bɪsˈkviːt] *n od m* ⟨∼ɇs; ∼s *ou* ∼e⟩ biscuit *m* (de Savoie)
Biskuitrolle *f* gâteau roulé
Biskuitteig *m* pâte *f* à biscuit
bislang → *bisher*
Bismarckhering ['bɪsmark-] *m* (filet *m* de) hareng mariné
Bison ['biːzɔn] *m* ⟨∼s; ∼s⟩ bison *m*
biss [bɪs] → *beißen*
Biss *m* ⟨∼es; ∼e⟩ morsure *f*; *von Menschen* coup *m* de dent
bisschen ['bɪsçən] *pr/ind* **ein bisschen** un peu; **ein bisschen** (+ *subst*) un peu de (+ *subst*); **ein kleines bisschen Salz** F un (tout) petit peu de sel; **kein bisschen!** pas le moins du monde!; **ein bisschen viel** un peu trop; F un peu beaucoup
Bissen ['bɪsən] *m* ⟨∼s; ∼⟩ bouchée *f*; morceau *m*; F *fig* **ein fetter Bissen** une aubaine; une bonne affaire; **mir blieb der Bissen im Hals(e) stecken** j'ai failli, manqué m'étrangler
bissig *adj* **1.** *Tier* qui mord; méchant **2.** *fig* mordant; acerbe; caustique
Bissigkeit *f* ⟨∼⟩ *e-r Bemerkung* mordant *m*; causticité *f*; *e-r Person* 'hargne *f*
Bisswunde *f* morsure *f*
bist [bɪst] → *sein[1]*

Bistro ['bɪstro, bɪsˈtroː] *n* ⟨∼s; ∼s⟩ F bistro(t) *m*
Bistum ['bɪstuːm] *n* ⟨∼s; ∼er⟩ évêché *m*
bisweilen *st/s adv* parfois
Bit [bɪt] *n* ⟨∼ɇs; ∼ɇs⟩ INFORM bit *m*
Bittbrief *m* demande écrite; requête *f*; *gemeinschaftlicher* pétition *f*
bitte ['bɪtə] *int* **1.** *Wunsch, Aufforderung* s'il vous *bzw* te plaît; **bitte schön!, bitte sehr!** s'il vous plaît; (**hier**) **bitte!** voilà! **2.** *Antwort: auf e-e Entschuldigung* il n'y a pas de mal!; ce n'est rien!; *auf e-e Bitte* oui! *bzw* faites!; **bitte (sehr)!** *auf e-n Dank* je vous en *bzw* je t'en prie!; il n'y a pas de quoi!; de rien! **3.** *Frage* (**wie**) **bitte?** comment?; pardon?; *am Telefon* **ja, bitte?** allô!; *im Laden* **bitte (schön)?** vous désirez?
Bitte *f* ⟨∼; ∼n⟩ demande *f* (**um** de); *inständige* prière *f* (de); **mit der Bitte um Rückgabe** prière de retourner; **ich habe e-e Bitte an Sie** j'ai un service à vous demander
bitten *v/t u v/i* ⟨bittet, bat, gebeten⟩ (*j-n*) **um etw bitten** demander qc (à qn); *j-n* **bitten, etw zu tun** prier qn de faire qc; demander à qn qc; *j-n* **zu sich** (*dat*) **bitten** faire venir qn; **ich muss doch sehr bitten!** *entrüstet* je vous en prie!; **aber ich bitte Sie!** mais bien sûr!; **wenn ich bitten darf** si vous voulez bien; *zum Tanz* **darf ich bitten?** voulez-vous danser avec moi?; vous dansez?; **ich lasse bitten!** faites entrer!; **bitten und betteln** demander et quémander
bitter ['bɪtər] **I** *adj* **1.** *Geschmack* amer (*a fig*) **2.** *Erfahrung* dur; *Armut, Not* extrême; *Kälte* rigoureux; **das ist bitter** c'est dur **II** *adv* **3.** **bitter schmecken** avoir un goût amer **4.** *fig* **bitter enttäuscht** amèrement déçu; **etw bitter nötig haben** avoir bien, extrêmement besoin de qc
bitterböse *adj* très méchant; (*verärgert*) très fâché
bitterernst *adj* très sérieux
bitterkalt *adj* excessivement, très froid
Bitterkeit *f* ⟨∼⟩ amertume *f* (*a fig*)
bitterlich *adv weinen* à chaudes larmes
bittersüß *adj* doux-amer
Bittgesuch *n* requête *f*
Bittschrift *f* pétition *f*
Bittsteller(in) *m* ⟨∼s; ∼⟩ (*f*) ⟨∼in; ∼innɇn⟩ solliciteur, -euse *m,f*; pétitionnaire *m,f*
Bitumen [biˈtuːmən] *n* ⟨∼s; ∼ *ou* -mina⟩ bitume *m*
Biwak ['biːvak] *n* ⟨∼s; ∼s⟩ bivouac *m*
biwakieren *v/i* ⟨*sans ge*⟩ bivouaquer
bizarr [biˈtsar] *adj* bizarre
Bizeps ['biːtsɛps] *m* ⟨∼ɇs; ∼e⟩ biceps *m*
BKA [beːkaːˈʔaː] *n* ⟨∼ɇs⟩ *abr* → *Bundeskriminalamt*
Blabla [blaˈblaː] F *n* ⟨∼ɇs⟩ F blabla(bla) *m*; baratin *m*
Black Box ['blɛkˈbɔks] *f* ⟨∼; ∼es [-ɪs]⟩ AVIAT boîte noire
Blackout ['blɛkˈʔaut] *m* ⟨∼s; ∼s⟩ PSYCH absence *f*; blanc *m*; trou *m*
blähen ['blɛːən] **I** *v/t* (*u v/r* **sich blähen**) *Segel* (se) gonfler; (s')enfler **II** *v/i* ballonner le ventre
Blähung *f* ⟨∼; ∼en⟩ ballonnement *m*; **Blähungen haben** avoir des ballonnements
blamabel [blaˈmaːbl] *adj* ⟨-bl-⟩ lamentable; → *Info nächste Seite*

> **blamabel ≠ blâmable**
>
> Ihre Reaktion ist **blamabel**. Sa réaction est **lamentable**.
> Son comportement est **blâmable**. Sein Verhalten ist **tadelnswert**.

Blamage [bla'ma:ʒə] *f* ⟨∼; ∼n⟩ (*Ungeschick*) maladresse *f*; (*Schande*) 'honte *f*
blamieren *v/t* (*u v/r*) ⟨*sans ge*⟩ (**sich blamieren** se) ridiculiser (**vor j-m** auprès de qn)
blanchieren [blã'ʃiːrən] *v/t* ⟨*sans ge*⟩ CUIS blanchir
blank [blaŋk] **I** *adj* **1.** (*glänzend*) (re)luisant; brillant **2.** F (*abgewetzt*) lustré **3.** (*unbedeckt*) nu; dénudé **4.** (*rein, pur*) pur **5.** F (**völlig**) **blank sein** F être à sec, sans le sou, sans un rond **II** *adv* **blank putzen** faire reluire, briller; astiquer
Blank [blaŋk] *m ou n* ⟨∼s; ∼s⟩ INFORM espace *m*; blanc *m*
blanko ['blaŋko] *adv Scheck, Vollmacht* en blanc
Blankoscheck *m* chèque *m* en blanc
Blankounterschrift *f* blanc-seing *m*
Blankovollmacht *f* pleins pouvoirs; *fig* **j-m Blankovollmacht geben** donner carte blanche, son blanc-seing à qn
blankputzen *v/t* → **blank II**
Bläschen ['blɛːsçən] *n* ⟨∼s; ∼⟩ petite bulle; petite cloque; MÉD vésicule *f*
Blase ['blaːzə] *f* ⟨∼; ∼n⟩ **1.** (*Luftblase, Seifenblase*) bulle *f*; *in Metall, Glas* soufflure *f*; *im Anstrich* cloque *f*; **Blasen werfen, ziehen** Farbe faire des cloques **2.** *in der Haut* ampoule *f* **3.** (*Harnblase*) vessie *f*
Blasebalg *m* ⟨∼¢s; -bälge⟩ soufflet *m*
blasen ⟨¢$, bläst, blies, geblasen⟩ **I** *v/t* **1.** souffler (*a Glas*) **2.** MUS jouer de; **Horn blasen** sonner, jouer du cor **II** *v/i* **3.** *Wind* souffler **4.** MUS jouer
Blasenentzündung *f* cystite *f*
Blasenschwäche *f* ⟨∼⟩ atonie *f* de la vessie
Blasenspiegelung *f* cystoscopie *f*
Blasensprung *m* rupture *f* de la poche des eaux
Bläser ['blɛːzər] *m* ⟨∼s; ∼⟩ joueur *m* (d'un instrument à vent)
blasiert [bla'ziːrt] *adj* blasé
Blasinstrument *n* instrument *m* à vent
Blaskapelle *f* orchestre *m* d'instruments à vent; (*Blechmusikkapelle*) fanfare *f*
Blasmusik *f* musique *f* d'instruments à vent
Blasphemie [blasfe'miː] *f* ⟨∼; ∼n⟩ blasphème *m*
blasphemisch *adj* blasphématoire
blass [blas] *adj* **1.** pâle; *p/fort* blême; **blass werden** pâlir; → *Info bei* **passé** (**composé**) **2.** *fig* (*schwach*) faible; (*vage*) vague; (*nichtssagend*) fade; terne
blassblau *adj* bleu pâle
Blässe ['blɛsə] *f* ⟨∼⟩ pâleur *f*
Blässhuhn ['blɛs-] *n* ZO foulque *f*
blässlich *adj* pâlot; F pâlichon
blassrosa *adj* ⟨*inv*⟩ rose pâle
bläst [blɛːst] → **blasen**
Blatt [blat] *n* ⟨∼¢s; ∼er *mais 5* ∼ Papier⟩ **1.** BOT feuille *f*; *fig* **kein Blatt vor den Mund nehmen** ne pas mâcher ses mots **2.** *Papier* feuille *f*; *fig* **das steht auf e-m anderen Blatt** c'est une autre histoire; *fig* **das Blatt hat sich gewendet** la

chance, le vent a tourné **3.** (*Notenblatt*) page *f* (de musique); **vom Blatt spielen** jouer à livre ouvert **4.** (*Zeitung*) journal *m*; feuille *f* **5.** *e-r Säge* lame *f* **6.** *e-s Ruders* pale *f*
Blattern ['blatərn] *f/pl* MÉD petite vérole; variole *f*
blättern ['blɛtərn] *v/i* **in etw** (*dat*) **blättern** feuilleter qc
Blätterteig *m* pâte feuilletée
Blattgold *n* or *m* en feuille, battu
Blattlaus *f* puceron *m*
Blattsalat *m* salade verte
blau [blau] *adj* bleu; **blau gefroren** bleu, violacé de froid; F *fig* **blau sein** F être noir, rond; F (**e-n**) **blauen Montag machen** F ne pas aller bosser lundi
Blau *n* ⟨∼s; ∼⟩ bleu *m*; couleur bleue
blauäugig ['blau'?ɔygɪç] *adj* **1.** aux yeux bleus **2.** *fig* naïf
Blaubeere *f* myrtille *f*
blaublütig *adj* de sang bleu
Blaue(s) *n* ⟨→ A⟩ bleu *m*; F *fig* **ins Blaue(s) hinein** à l'aveuglette; au hasard; F **das Blaue(s) vom Himmel** (**herunter**) **lügen** mentir comme un arracheur de dents
Bläue ['blɔyə] *f* ⟨∼⟩ bleu *m*; *des Himmels* azur *m*
blaugrau *adj* gris bleu
blaugrün *adj* bleu vert
Blauhelm *m* (*UNO-Soldat*) casque bleu
Blaukraut *n südd, österr* chou *m* rouge
bläulich ['blɔylɪç] *adj* bleuâtre; bleuté
Blaulicht *n der Polizei* gyrophare *m*
blaumachen F *v/i* F ne pas aller bosser
Blaumann F *m* ⟨∼¢s; -männer⟩ bleu *m* de travail
Blaumeise *f* mésange bleue
Blaupause *f* photocalque bleu; bleu *m*
Blausäure *f* acide *m* cyanhydrique
Blauschimmel *m* moisissure bleue
Blauschimmelkäse *m* bleu *m*
Blaustrumpf *m péj* bas-bleu *m*
Blauwal *m* (grande) baleine bleue
Blazer ['bleːzər] *m* ⟨∼s; ∼⟩ blazer *m*
Blech [blɛç] *n* ⟨∼¢s; ∼e⟩ **1.** tôle *f*; (*Weißblech*) fer-blanc *m* **2.** F *fig* (*Unsinn*) F conneries *f/pl*
Blechbläser *m* musicien *m* d'une fanfare; *pl* **die Blechbläser** les cuivres *m/pl*
Blechblasinstrument *n* instrument *m* à vent en cuivre
Blechbüchse *f*, **Blechdose** *f* boîte *f* en fer-blanc
blechen F *v/t u v/i* (*zahlen*) F casquer
blechern *adj* **1.** (*aus Blech*) de *od* en tôle, fer-blanc **2.** *Stimme* métallique
Blechinstrument *n* MUS instrument *m* à vent en cuivre; *pl* **Blechinstrumente** cuivres *m/pl*
Blechkiste F *f* F caisse *f*; F tire *f*
Blechlawine F *f* procession *f* de voitures sur des kilomètres
Blechschaden *m* (légers) dégâts matériels; tô-

le froissée
blecken ['blɛkən] *v/t* **die Zähne blecken** montrer les dents
Blei [blaɪ] *n* ⟨~¢s; ~e⟩ plomb *m*
Bleibe ['blaɪbə] *f* ⟨~; ~n⟩ toit *m*; *st/s* demeure *f*; **keine Bleibe haben** être sans toit
bleiben *v/i* ⟨blieb, geblieben, sn⟩ rester; TÉL **bleiben Sie am Apparat!** ne quittez pas!; **wo bleibst du denn (so lange)?** tu en mets *bzw* tu en a mis du temps (pour venir)!; **es bleibt dabei** (c'est) entendu; **ich bleibe dabei, dass …** je maintiens que …; **stehen, sitzen, liegen bleiben** rester debout, assis, couché; **bleiben lassen** laisser tomber; **lass das bleiben!** ne fais pas cela!
bleibend *adj* durable
bleibenlassen *v/t* → **bleiben**
bleich [blaɪç] *adj* pâle; livide; *Licht, Himmel* blafard
bleichen[1] *v/t Wäsche* blanchir; **sich** (*dat*) **die Haare bleichen lassen** se faire décolorer
bleichen[2] *v/i* ⟨sn⟩ *Farbe* pâlir; *Haare, Stoff* se décolorer
Bleichgesicht F, *plais n* visage *m* pâle
Bleichmittel *n* produit blanchissant; CHIM décolorant *m*
Bleichsellerie *m od f* céleri *m* en branche
bleiern *adj* **1.** de *od* en plomb **2.** *fig Hitze* lourd; *Schlaf* de plomb
bleifrei *adj Benzin* sans plomb
Bleigehalt *m* teneur *f* en plomb
Bleigießen *n* ⟨~s⟩ *coutume de la Saint-Sylvestre consistant à lire l'avenir dans des figures obtenues en jetant du plomb fondu dans de l'eau*
bleihaltig *adj* plombifère
Bleikristall *n* cristal *m* (à l'oxyde de plomb)
Bleischürze *f* tablier (protecteur) en plomb
bleischwer *adj* lourd (comme du plomb)
Bleistift *m* crayon (noir)
Bleistiftabsatz F *m* talon *m* aiguille
Bleistiftmine *f* mine *f* de crayon
Bleistiftskizze *f* esquisse *f* au crayon
Bleistiftspitzer *m* taille-crayon *m*
Bleistiftzeichnung *f* (dessin *m* au) crayon *m*
Bleivergiftung *f* saturnisme *m*
Bleiverglasung *f* fenêtre(s) *f(pl)* à carreaux plombés
Blende ['blɛndə] *f* ⟨~; ~n⟩ **1.** OPT, PHOT diaphragme *m*; **bei Blende acht** avec une ouverture de huit **2.** FILM fondu *m* **3.** *im Auto* pare-soleil *m*
blenden ⟨-e-⟩ **I** *v/t* aveugler; éblouir (*a fig péj*) **II** *v/i* éblouir; *fig péj* jeter de la poudre aux yeux
blendend I *adj* aveuglant; éblouissant (*a fig*) **II** *advt* **mir geht es blendend** je vais très bien; F tout baigne
blendfrei *adj* anti-éblouissant
Blendschutz *m gegen Sonne* pare-soleil *m*
Blendung *f* ⟨~; ~en⟩ éblouissement *m* (*a fig*)
Bleu [blø:] *n* ⟨~s; ~ *ou* F ~s⟩ bleu *m* pâle
Blick [blɪk] *m* ⟨~¢s; ~e⟩ **1.** regard *m*; **den Blick senken** baisser les yeux; **e-n Blick auf j-n, etw werfen** jeter un regard sur qn, qc; F **e-n Blick riskieren** F risquer un œil; **etw auf den ersten Blick sehen** voir, remarquer qc du *od* au premier coup d'œil **2.** (*Aussicht*) vue *f*; **mit Blick auf** (+ *acc*) avec vue sur; **j-n, etw im Blick haben** avoir qn, qc à l'œil **3.** (*Augenausdruck*)

yeux *m/pl*; **der böse Blick** le mauvais œil **4.** (*Urteilsvermögen*) coup *m* d'œil; **e-n Blick für etw haben** avoir le coup d'œil pour qc
blicken *v/i* **auf j-n, etw blicken** regarder qn, qc; F **das lässt tief blicken** c'est très révélateur; cela en dit long; **sich blicken lassen** se montrer; faire une apparition; **lass dich mal wieder blicken!** passe un de ces jours!
blickenlassen *v/r* → **blicken**
Blickfang *m* objet *m* qui attire, accroche le regard, l'attention; WERBUNG accroche *f*
Blickfeld *n* champ visuel; *fig* **j-n, etw ins Blickfeld rücken** attirer l'attention générale sur qn, qc
Blickkontakt *m* **Blickkontakt haben** se regarder; **Blickkontakt mit j-m aufnehmen** entrer en contact avec qn par le regard
Blickpunkt *m* **im Blickpunkt des Interesses stehen** occuper le devant de la scène; être au premier plan de l'actualité
Blickrichtung *f* direction *f* (du regard)
Blickwinkel *m* **1.** OPT angle visuel **2.** *fig* point *m* de vue; perspective *f*; angle *m*
blieb [bli:p] → **bleiben**
blies [bli:s] → **blasen**
blind [blɪnt] *adj* **1.** aveugle (*a fig*); **auf e-m Auge blind sein** être borgne; *fig* **für etw blind sein** ne pas voir qc **2.** (*trübe*) terne **3.** (*vorgetäuscht*) faux
Blinddarm *m* cæcum *m*; (*Wurmfortsatz*) appendice *m*
Blinddarmentzündung *f* appendicite *f*
Blinddarmoperation *f* opération *f* de l'appendicite
Blinde(r) *f(m)* ⟨→ A⟩ aveugle *m,f*; non--voyant(e) *m(f)*; F **das sieht doch ein Blinder** cela crève les yeux
Blindekuh *f* **Blindekuh spielen** jouer à colin--maillard
Blindenführer(in) *m(f)* accompagnateur, -trice *m,f* d'aveugle
Blindenheim *n* institut *m* pour aveugles
Blindenhund *m* chien *m* d'aveugle
Blindenschrift *f* (écriture *f*, alphabet *m*) braille *m*
Blindenstock *m* canne blanche
Blindflug *m* vol *m* sans visibilité
Blindgänger *m* ⟨~s; ~⟩ **1.** obus *m*, *Bombe* bombe *f* non éclaté(e) **2.** F *péj* (*Versager[in]*) F raté(e) *m(f)*
Blindheit *f* ⟨~⟩ cécité *f*; *fig* aveuglement *m*; **mit Blindheit geschlagen sein** être aveugle (*a fig*)
blindlings *adv* aveuglément
Blindschleiche *f* ⟨~; ~n⟩ orvet *m*
blindwütig *adj* fou de rage; furibond
blinken ['blɪŋkən] *v/i* **1.** (*glänzen*) briller; (*funkeln*) étinceler; (*glitzern*) scintiller **2.** *Warnlichter* clignoter
Blinker *m* ⟨~s; ~⟩ clignotant *m*
Blinklicht *n*, **Blinklichtanlage** *f* feu clignotant
Blinkzeichen *n* signal lumineux
blinzeln ['blɪntsəln] *v/i* ⟨¢⟩ cligner des yeux; *als Zeichen* faire un clin d'œil
Blitz [blɪts] *m* ⟨~es; ~e⟩ **1.** éclair *m*; (*Blitzschlag*) foudre *f*; **vom Blitz erschlagen werden** être foudroyé; **wie ein Blitz aus heiterem Himmel kommen** F arriver comme un coup de

tonnerre dans un ciel bleu **2.** F PHOT flash *m*
Blitzableiter *m* paratonnerre *m*
Blitzaktion *f* action-éclair *f*; intervention *f* rapi-
de
Blitzangriff *m* attaque *f* éclair
blitzartig **I** *adj* de l'éclair **II** *adv* comme l'éclair
Blitzbesuch *m* POL visite-éclair *f*
blitzblank F *adj* F nickel; *Schuhe* bien astiqué
blitzen ⟨¢$⟩ **I** F *v/t* PHOT photographier au flash;
in e-r Radarfalle **geblitzt werden** se faire pren-
dre par le radar **II** *v/i u v/imp* **1.** *es blitzt* il y a
od il fait un éclair, des éclairs **2.** (*funkeln*) étin-
celer; (*glänzen*) briller
Blitzgerät *n* flash *m*
Blitzkrieg *m* guerre *f* éclair
Blitzlicht *n* flash *m*
Blitzlichtaufnahme *f* photo *f* au flash
blitzsauber F *adj* impeccable; F nickel
Blitzschlag *m* coup *m* de foudre
blitzschnell F **I** *adj* rapide comme l'éclair **II** *adv*
en un rien de temps; F en moins de deux
Blitzstart *m* démarrage *m* en trombe; SPORT, *fig*
démarrage *m* en flèche
Blitzwürfel *m* flash *m* cube
blochen ['blɔxən] *v/t schweiz* (*bohnern*) cirer
Blocher *m* ⟨∼s; ∼⟩ *schweiz* cireuse *f*
Block [blɔk] *m* ⟨∼¢s; ⁀e⟩ **1.** *aus Stein, Holz, Me-
tall* bloc *m* **2.** ⟨*pl* ∼s⟩ (*Häuserblock*) îlot *m*;
bloc *m* d'immeubles; pâté *m* de maisons **3.**
POL, ÉCON bloc *m* **4.** ⟨*pl* ∼s *ou* ⁀e⟩ (*Schreib-
block*) bloc(-notes) *m*
Blockade [blɔ'ka:də] *f* ⟨∼; ∼n⟩ blocus *m*
Blockbuchstabe *m* caractère *m* d'imprimerie
blocken *v/t* **1.** SPORT bloquer **2.** *südd* (*bohnern*)
cirer
Blockflöte *f* flûte *f* à bec
blockfrei *adj* POL non-aligné
Blockhaus *n* cabane *f* en rondins
blockieren *v/t* ⟨*sans ge*⟩ bloquer; *Straße* obs-
truer
Blockierung *f* ⟨∼; ∼en⟩ blocage *m*; *e-r Straße*
obstruction *f*
Blockschokolade *f* chocolat *m* à cuire
Blockschrift *f* caractères *m/pl* d'imprimerie
Blockstaaten *m/pl* États *m/pl* membres d'un
bloc politique
Blockstunde *f* SCHULE deux heures *f/pl* de
cours (groupées)
Blockunterricht *m* fächerübergreifender ensei-
gnement *m* interdisciplinaire; (*Blockstunden*)
heures groupées
blöd(e) [bløːt (ˈbløːdə)] *adj* **1.** (*schwachsinnig*)
idiot; crétin **2.** F (*dumm*) bête; P con; *stell
dich nicht so blöd an!* tu n'es vraiment pas
dégourdi! **3.** F (*ärgerlich*) embêtant; F chiant
Blödelei *f* ⟨∼; ∼en⟩ idioties *f/pl*; P conneries *f/pl*
blödeln *v/i* ⟨¢⟩ faire l'idiot
Blödheit *f* ⟨∼⟩ idiotie *f*
Blödian [ˈbløːdiaːn] F *m* ⟨∼s; ∼e⟩, **Blödmann** F
m ⟨∼¢s; -männer⟩ idiot *m*; P con *m*
Blödsinn F *m* idiotie *f*; P connerie(s) *f(pl)*;
Blödsinn machen P faire des conneries;
Blödsinn verzapfen F dire des conneries
blödsinnig *adj* **1.** (*schwachsinnig*) débile; idiot
2. F (*unsinnig*) F débile; idiot
Blog [blɔk] *n od m* ⟨∼s; ∼s⟩ INFORM blog *m*;
weblog *m*
blöken [ˈbløːkən] *v/i* bêler

blond [blɔnt] **I** *adj* blond; F *fig plais* **blondes
Gift** pin up blonde **II** *adv* **blond gefärbt** blon-
di; **blond gelockt** aux boucles blondes
blondhaarig *adj* aux cheveux blonds; blond
blondieren [blɔnˈdiːrən] *v/t* ⟨*sans ge*⟩ oxygé-
ner; décolorer
Blondine [blɔnˈdiːnə] *f* ⟨∼; ∼n⟩ blonde *f*
bloß [bloːs] **I** *adj* **1.** (*nackt*) nu; *mit bloßem Au-
ge* à l'œil nu; *bloß legen* dégager; *fig* → *bloß-
legen 2* **2.** (*einfach*) simple; seul **II** F *adv* **3.**
(*nur*) seulement; *wenn ich bloß daran denke*
rien que d'y penser **4.** *verstärkend* donc; *tu das
bloß nicht!* ne fais surtout pas ça!
Blöße [ˈbløːsə] *f* ⟨∼; ∼n⟩ **1.** *st/s* (*Nacktheit*) nu-
dité *f* **2.** *fig* point *m* faible; *sich* (*dat*) *e-e Blöße
geben* prêter le flanc à la critique
bloßlegen *v/t* **1.** dégager **2.** *fig Fehler* révéler;
dévoiler
bloßstellen *v/t* compromettre
Blouson [bluˈzõː] *n od m* ⟨∼$; ∼s⟩ blouson *m*
blubbern [ˈblubərn] F *v/i* gargouiller
Bluejeans [ˈbluːdʒiːns] *pl od f* ⟨∼; ∼⟩ blue-jean
m
Blue Jeans → **Bluejeans**
Bluff [blœf] *m* ⟨∼s; ∼s⟩ bluff *m*
bluffen *v/t u v/i* F bluffer
Bluffer(in) *m* ⟨∼s; ∼⟩ (*f*) ⟨∼in; ∼innen⟩ F bluf-
feur, -euse *m,f*
blühen [ˈblyːən] *v/i* **1.** fleurir; être en fleur(s) **2.**
Geschäft prospérer; être florissant **3.** F (*bevor-
stehen*) arriver; *das kann dir auch* (*noch*) *blü-
hen* F ça te pend au nez
blühend *adj* **1.** fleuri; en fleur(s) **2.** *fig Ge-
schäft, Gesundheit* florissant; *Fantasie* débor-
dant
Blume [ˈbluːmə] *f* ⟨∼; ∼n⟩ **1.** fleur *f*; *fig durch
die Blume* à mots couverts, à demi-mot **2.** *des
Biers* mousse *f*; *des Weins* bouquet *m*
Blumenbeet *n* plate-bande *f*; parterre *m* de
fleurs
Blumenbinder(in) *m* ⟨∼s; ∼⟩ (*f*) ⟨∼in; ∼innen⟩
fleuriste *m,f*
Blumenerde *f* terreau *m*
Blumengeschäft *n* (boutique *f* de) fleuriste *m,f*
blumengeschmückt *adj* fleuri
Blumenhändler(in) *m(f)* fleuriste *m,f*
Blumenkasten *m* jardinière *f*
Blumenkohl *m* chou-fleur *m*
Blumenkübel *m* bac *m* à fleurs
Blumenladen *m* (boutique *f* de) fleuriste *m,f*
Blumenständer *m* jardinière *f*
Blumenstrauß *m* bouquet *m* de fleurs
Blumentopf *m* pot *m* de fleurs
Blumenvase *f* vase *m*
Blumenzwiebel *f* oignon *m*; bulbe *m*
blumig *adj Sprache, Parfüm* fleuri; *Wein* qui a
du bouquet; bouqueté
Bluse [ˈbluːzə] *f* ⟨∼; ∼n⟩ chemisier *m*; (*Hemd-
bluse*) chemise *f*
Blut [bluːt] *n* ⟨∼¢s⟩ sang *m*; *kein Blut sehen
können* avoir horreur du sang; *blaues Blut
haben* avoir du sang bleu; *ruhig Blut bewah-
ren* garder, conserver son sang-froid, tout son
calme; *das hat viel böses Blut gemacht* cela
a provoqué beaucoup de mécontentement; *bis
aufs Blut* à l'extrême; F *Blut* (*und Wasser*)
schwitzen vor Angst avoir des sueurs froides;
vor Anstrengung suer sang et eau; *das liegt*

mir im Blut j'ai ça dans le sang; **Blut bildend, reinigend, stillend** → **blutbildend, blutreinigend, blutstillend**
Blutalkohol *m* taux *m* d'alcool dans le sang; alcoolémie *f*
blutarm *adj* anémique
Blutarmut *f* anémie *f*
Blutbad *n* bain *m* de sang; carnage *m*; massacre *m*
Blutbahn *f* circuit sanguin; veines *f/pl*; *in die Blutbahn eindringen* pénétrer dans le sang
blutbefleckt, blutbeschmiert *adjt* couvert, taché de sang
Blutbild *n* analyse *f* de sang; hémogramme *m*
blutbildend *adjt* qui favorise la formation des globules rouges; hématopoïétique
Blutdruck *m* pression, tension artérielle; *zu niedrigen, hohen Blutdruck haben* faire de l'hypotension, de l'hypertension
Blutdruckmesser *m* ⟨~s; ~⟩ tensiomètre *m*
blutdrucksenkend *adjt* hypotenseur
Blüte ['bly:tə] *f* ⟨~; ~n⟩ **1.** fleur *f* **2.** (*Blühen*) floraison *f*; *in Blüte* (*dat*) *stehen* être en fleur(s) **3.** *st/s* (*Höhepunkt*) apogée *m* **4.** F (*falsche Banknote*) faux billet
Blutegel *m* ⟨~s; ~⟩ sangsue *f*
bluten *v/i* ⟨-e-⟩ **1.** saigner **2.** F *fig* (*viel zahlen*) casquer
Blütenblatt *n* pétale *m*
Blütenhonig *m* miel *m* de fleurs
Blütenkelch *m* calice *m* (d'une fleur)
Blütenknospe *f* bouton *m* de fleur
Blütenstand *m* inflorescence *f*
Blütenstaub *m* pollen *m*
Blutentnahme *f* prélèvement *m*, prise *f* de sang
blütenweiß *adj* d'un blanc éclatant
Bluter *m* ⟨~s; ~⟩ hémophile *m*
Bluterguss *m* hématome *m*
Bluterkrankheit *f* ⟨~⟩ hémophilie *f*
Blütezeit *f* **1.** floraison *f* **2.** *fig* apogée *m*
Blutfarbstoff *m* hémoglobine *f*
Blutfleck *m* tache *f* de sang
Blutgefäß *n* vaisseau sanguin
Blutgerinnsel *n* ⟨~s; ~⟩ caillot *m* de sang
Blutgerinnung *f* coagulation *f* du sang
blutgetränkt *adjt* trempé, imbibé de sang
Blutgruppe *f* groupe sanguin; *ich habe Blutgruppe 0 positiv* mon groupe sanguin est 0 rhésus positif
Blutgruppenbestimmung *f* détermination *f* du groupe sanguin
Bluthochdruck *m* hypertension *f*
Bluthund *m* **1.** limier (anglais) **2.** *fig* boucher *m*
blutig **I** *adj* **1.** (*blutbefleckt*) taché de sang; *Schlacht* sanglant **2.** F *fig* *ein blutiger Anfänger* un novice; un bleu **II** *adv* *j-n blutig schlagen* frapper qn jusqu'au sang
blutjung *adj* tout jeune
Blutkonserve *f* (flacon *m* de) sang conservé
Blutkörperchen *n* ⟨~s; ~⟩ globule *m* (du sang); *rotes, weißes Blutkörperchen* globule rouge, blanc
Blutkreislauf *m* circulation du sang, sanguine
Blutlache *f* mare *f* de sang
blutleer *adj* exsangue; *fig* anémique
Blutorange *f* (orange *f*) sanguine *f*
Blutplasma *n* plasma sanguin
Blutprobe *f* prise *f* de sang

Blutrache *f* vendetta *f*
Blutrausch *m* folie meurtrière
blutreinigend *adjt* dépuratif
blutrot *adj* rouge sang
blutrünstig [-rʏnstɪç] *adj* sanguinaire
Blutsbande *n/pl* liens *m/pl* du sang
Blutsbruder *m* frère *m* de sang
Blutschande *f* inceste *m*
Blutsenkung *f* sédimentation sanguine
Blutspende *f* **1.** don *m* de sang **2.** (*Blut*) dose *f* de sang
Blutspender(in) *m(f)* donneur, -euse *m,f* de sang
Blutspur *f* trace *f* de sang
blutstillend *adjt* hémostatique
Blutstropfen *m* goutte *f* de sang
Blutsturz *m* hémorragie *f*
blutsverwandt *adj* consanguin
Blutsverwandte(r) *f(m)* parent(e) *m(f)* consanguin(e)
Blutsverwandtschaft *f* consanguinité *f*
Bluttat *st/s f* crime *m* de sang; meurtre *m*
Bluttransfusion *f* transfusion *f* de sang
bluttriefend *adj* **1.** *Wunde* qui saigne fort **2.** *fig Geschichte etc* sanguinaire; où l'hémoglobine coule à flots
blutüberströmt *adj* tout en sang
Blutübertragung *f* transfusion *f* de sang
Blutung *f* ⟨~; ~en⟩ saignement *m*; *p/fort* hémorragie *f*; (*Regelblutung*) règles *f/pl*; *innere Blutung* hémorragie interne
blutunterlaufen *adj Auge* injecté (de sang)
Blutuntersuchung *f* analyse *f* de sang
Blutvergießen *n* ⟨~s⟩ effusion *f* de sang
Blutvergiftung *f* septicémie *f*
Blutverlust *m* perte *f* de sang
Blutwäsche *f* hémodialyse *f*
Blutwurst *f* boudin (noir)
Blutzirkulation *f* circulation du sang, sanguine
Blutzucker *m* glucose *m* dans le sang; glycémie *f*
Blutzuckerspiegel *m* taux *m* de glucose dans le sang, de glycémie
Blutzufuhr *f* arrivée *f* du sang
BLZ *abr* (*Bankleitzahl*) code *m* banque
b-Moll *n* si *m* bémol mineur
BMX-Rad [beː?ɛmˈ?ɪks-] *n* bicross *m*
BND [beː?ɛnˈdeː] *m abr* ⟨~⟩ (*Bundesnachrichtendienst*) Service fédéral de renseignements
Bö [bøː] *f* ⟨~; ~en⟩ rafale *f* (de vent)
Boa ['boːa] *f* ⟨~; ~s⟩ boa *m*
Bob [bɔp] *m* ⟨~s; ~s⟩ bob(sleigh) *m*
Bobbahn *f* piste *f* de bob(sleigh)
Bobfahrer(in) *m(f)* bobeur, -euse *m,f*
Bobrennen *n* course *f* de bob(sleigh)
Bobsport *m* bob(sleigh) *m*
Bock [bɔk] *m* ⟨~ɟs; ≈e⟩ **1.** (*männliches Tier*) mâle *m*; (*Ziegenbock*) bouc *m*; (*Schafbock*) bélier *m*; (*Rehbock*) chevreuil *m*; (*Gämsbock*) chamois *m*; *fig den Bock zum Gärtner machen* enfermer le loup dans la bergerie; *fig e-n Bock schießen* F faire une gaffe **2.** *fig* F *sturer Bock* cabochard *m*; tête *f* de cochon; P *geiler Bock* F chaud lapin **3.** (*Stützbock*) tréteau *m*; (*Gestell*) chevalet *m* **4.** SPORT cheval *m* de saut **5.** (*Kutschbock*) siège *m* (du cocher) **6.** F *fig Bock haben* avoir très envie (*auf* [+ *acc*] de); F *fig ich habe null Bock* F

B

ça me fait suer, *p*/*fort* chier
Bockbier *n* bock *m* (*bière*)
bocken *v*/*i* **1.** *Esel* être rétif **2.** F *fig Motor* F ca-
fouiller; *Person* se buter
bockig *adj* têtu
Bockshorn *n* F *j-n ins Bockshorn jagen* inti-
mider qn
Bockspringen *n* ⟨∼s⟩ *Spiel* saute-mouton *m*;
Sportart cheval *m* de saut
Bockwurst *f etwa* saucisse *f* de Francfort
Boden ['boːdən] *m* ⟨∼s; ∼̈⟩ **1.** (*Erde*) sol *m*; terre
f; (*Terrain*) terrain *m*; (*an*) *Boden gewinnen,*
verlieren gagner, perdre du terrain; *fig etw*
aus dem Boden stampfen faire apparaître
qc comme par magie **2.** (*Fußboden*) sol *m*;
plancher *m*; *zu Boden fallen* tomber *od*
à terre; BOXEN *zu Boden gehen* aller au tapis;
fig den Boden unter den Füßen verlieren
perdre pied; F *am Boden zerstört sein* être
anéanti **3.** *e-s Gefäßes* fond *m*; *e-r Flasche*
cul *m*; *doppelter Boden* double fond *m* **4.**
(*Dachboden*) grenier *m*
Bodenanalyse *f* analyse *f* du sol
Bodenbelag *m* revêtement *m* de sol
Bodenbelastung *f* pollution *f* du sol
Bodenbeschaffenheit *f* nature *f* du sol (*a* AGR),
du terrain (*a* SPORT)
Bodenfrost *m* gelée *f* au sol
Bodenfrostgefahr *f* ⟨∼⟩ danger *m* de gelée au
sol
bodenlos *adj* **1.** sans fond **2.** *fig* inouï
Bodennebel *m* brouillard *m* au sol
Bodenpersonal *n* AVIAT personnel non navi-
gant, au sol
Bodenprobe *f* échantillon *m* de terrain
Bodensatz *m* dépôt *m*; fond *m*
Bodenschätze *m*/*pl* ressources minières; ri-
chesses *f*/*pl* du sous-sol
Bodenschwelle *f* ralentisseur *m*
Bodensee *der Bodensee* le lac de Constance
bodenständig *adj* natif; *Industrie* local
Bodenstation *f* RAUMFLUG station *f* terrestre
Bodentruppen *f*/*pl* forces *f*/*pl* terrestres
Bodenturnen *n* gymnastique *f* au sol
Bodenübung *f* TURNEN exercice *m* au sol
Bodenwelle *f* **1.** ondulation *f* du terrain **2.** RAD
Bodenwellen pl ondes directes, de surface
Body ['bɔdi] F *m* ⟨∼s; ∼s⟩ COUT body *m*
Bodybuilder(in) [-bɪldər(ɪn)] *m* ⟨∼s; ∼⟩ (*f*)
⟨∼in; ∼innen⟩ culturiste *m,f*
Bodybuilding [-bɪldɪŋ] *n* ⟨∼s⟩ culturisme *m*
Bodysuit [-sjuːt] *m* ⟨∼$; ∼s⟩ body *m*
Böe ['bøːə] *f* ⟨∼; ∼n⟩ rafale *f* (de vent)
bog [boːk] → *biegen*
Bogen ['boːgən] *m* ⟨∼s; ∼ ou südd, österr ∼̈⟩ **1.**
(*Biegung*) courbe *f*; courbure *f*; *e-s Flusses*
coude *m*; F *fig im hohen Bogen hinausflie-*
gen F se faire virer; F *fig um j-n e-n* (*großen*)
Bogen machen (faire un détour pour) éviter
qn **2.** CONSTR arc *m*; *e-r Brücke* arche *f* **3.** *e-s*
Streichinstruments archet *m* **4.** *Schusswaffe*
arc *m*; *fig den Bogen überspannen* (dé)pas-
ser les bornes; aller trop loin **5.** (*Papierbogen*)
feuille *f* (de papier)
bogenförmig *adj* en (forme d')arc; arqué
Bogengang *m* CONSTR arcades *f*/*pl*
Bogenlampe *f* lampe *f* à arc
Bogenschießen *n* ⟨∼s⟩ tir *m* à l'arc

Bogenschütze *m*, **Bogenschützin** *f* ⟨∼; ∼nen⟩
archer *m*
Bohemien [boemi'ɛ̃ː] *m* ⟨∼s; ∼s⟩ bohème *m*
Bohle ['boːlə] *f* ⟨∼; ∼n⟩ planche épaisse; ma-
drier *m*
Böhme ['bøːmə] *m* ⟨∼n; ∼n⟩, **Böhmin** *f* ⟨∼;
∼nen⟩ Bohémien, -ienne *m,f*
Böhmen *n* ⟨∼s⟩ la Bohême
böhmisch *adj* de (la) Bohême
Bohne ['boːnə] *f* ⟨∼; ∼n⟩ **1.** 'haricot *m*; *grüne,*
weiße Bohnen 'haricots verts, blancs; *dicke*
Bohnen fèves *f*/*pl*; F *plais blaue Bohnen* F
pruneaux *m*/*pl*; F *nicht die Bohne!* pas du
tout! **2.** (*Kaffeebohne*) grain *m*
Bohnenkaffee *m* café *m* (en grains)
Bohnenkraut *n* sarriette *f*
Bohnensalat *m* salade *f* de haricots
Bohnenstange *f* **1.** rame *f* des 'haricots **2.** F *fig* F
asperge *f*; F grande perche
Bohnenstroh *n* F *dumm wie Bohnenstroh* bê-
te comme ses pieds; F bête à manger du foin
Bohnensuppe *f* soupe *f* aux 'haricots
bohnern ['boːnərn] *v*/*t* cirer; encaustiquer
Bohnerwachs *n* encaustique *f*; cire *f*
bohren ['boːrən] **I** *v*/*t Loch* percer; creuser;
TECH forer **II** *v*/*i Zahnarzt* passer la roulette;
in der Nase bohren se mettre les doigts dans
le nez; F *fig bei j-m bohren* (*drängen*) travail-
ler, 'harceler qn **III** *v*/*r sich in etw* (*acc*) *boh-*
ren s'enfoncer dans qc
bohrend *adj t Schmerz* violent; *Blick, Fragen*
inquisiteur; *Zweifel* tenaillant
Bohrer *m* ⟨∼s; ∼⟩ (*elektrischer Handbohrer*)
perceuse *f*; *des Zahnarztes* fraise *f*; roulette *f*
Bohrinsel *f* plate-forme *f* de forage
Bohrloch *n* trou (percé au foret); (*Erdölbohr-*
loch) puits *m* (de pétrole)
Bohrmaschine *f* perceuse *f*
Bohrturm *m* tour *f* de forage; derrick *m*
Bohrung *f* ⟨∼; ∼en⟩ **1.** (*Bohren*) forage *m* **2.**
(*Bohrloch*) trou *m*
böig *adj* (soufflant) en rafales
Boiler ['bɔylər] *m* ⟨∼s; ∼⟩ chauffe-eau *m*
Boje ['boːjə] *f* ⟨∼; ∼n⟩ bouée *f*
Bolero [bo'leːro] *m* ⟨∼s; ∼s⟩ boléro *m*
Bolivianer(in) [bolivi'aːnər(ɪn)] *m* ⟨∼s; ∼⟩ (*f*)
⟨∼in; ∼innen⟩ Bolivien, -ienne *m,f*
bolivianisch *adj* bolivien; de Bolivie
Bolivien [bo'liːviən] *n* ⟨∼s⟩ la Bolivie
Bollwerk ['bɔl-] *n* **1.** bastion *m* **2.** *fig* rempart *m*
bolzen ['bɔltsən] F *v*/*i* (*Fußball spielen*) taper
dans le ballon
Bolzen ['bɔltsən] *m* ⟨∼s; ∼⟩ **1.** (*Schraubenbol-*
zen) boulon *m*; (*Zapfen*) cheville *f*; goujon
m **2.** (*Geschoss*) carreau *m* (d'arbalète)
Bolzenschneider *m* coupe-boulons *m*
Bolzplatz *m* terrain *m* de jeu (*où les enfants*
peuvent jouer au foot)
Bombardement [bɔmbardə'mãː] *n* ⟨∼s; ∼s⟩ MIL
bombardement *m*
bombardieren *v*/*t* ⟨*sans ge*⟩ bombarder (*mit*
de; *a fig*)
Bombardierung *f* ⟨∼; ∼en⟩ bombardement *m*
bombastisch *adj Stil, Sprache* ampoulé; pom-
peux; *Bau* pompier
Bombe ['bɔmbə] *f* ⟨∼; ∼n⟩ bombe *f*
Bombenalarm *m* alerte *f* à la bombe
Bombenangriff *m* bombardement *m*; *aus der*

Luft raid aérien
Bombenanschlag *m*, **Bombenattentat** *n* attentat *m* à la bombe (*auf* [+ *acc*] contre)
Bombendrohung *f* menace *f* d'attentat à la bombe
Bombenerfolg F *m* F succès fou, monstre
Bombenexplosion *f* explosion *f* de la *bzw* d'une bombe
Bombenform F *f Sportler* **in Bombenform** en pleine forme
Bombengeschäft F *n* F affaire juteuse
Bombenhagel *m* grêle *f* de bombes
Bombenkrater *m* entonnoir *m* de bombe
bombensicher[1] *adj* (*unzerstörbar*) qui résiste aux bombes
bombensicher[2] F *adj* (*gewiss*) F sûr et certain; *Alibi* F en béton
Bombensplitter *m* éclat *m* de bombe
Bombenstimmung F *f* F ambiance *f* formidable, d'enfer
Bombenteppich *m* tapis *m* de bombes
Bombenterror *m* attentats *m/pl* à la bombe
Bombentrichter *m* entonnoir *m* de bombe
Bomber F *m* ⟨∼s; ∼⟩ bombardier *m*
bombig F *adj* F du tonnerre
Bommel ['bɔməl] F *f* ⟨∼; ∼n⟩ pompon *m*
Bon [bɔŋ] *m* ⟨∼s; ∼s⟩ (*Gutschein*) bon *m*; (*Kassenquittung*) ticket *m* de caisse
Bonbon [bɔŋ'bɔŋ] *m od n* ⟨∼s; ∼s⟩ bonbon *m*
Bonsai ['bɔnzai] *m* ⟨∼s; ∼s⟩ BOT bonsaï *m*
Bonus ['bo:nus] *m* ⟨∼ *ou* ∼ses; ∼ *ou* ∼se⟩ *der Versicherung* bonus *m*
Bonze ['bɔntsə] *m* ⟨∼n; ∼n⟩ bonze *m* (*a fig péj*)
Bookmark ['bukmark] *f* ⟨∼; ∼s⟩ *ou n* ⟨∼s; ∼s⟩ INFORM signet *m*
Boom [bu:m] *m* ⟨∼s; ∼s⟩ boom *m*
boomen *v/i Wirtschaft* être en pleine expansion; être en plein boom (*a Geschäft*)
Boot [bo:t] *n* ⟨∼⊄s; ∼e⟩ bateau *m*; embarcation *f*; (*Ruderboot*) barque *f*; (*Motorboot*) canot *m*; F *fig* **wir sitzen alle im selben Boot** nous sommes tous logés à la même enseigne
booten ['bu:tən] *v/t* ⟨-e-⟩ INFORM redémarrer
Bootsfahrt *f* promenade *f* en bateau
Bootshaus *n* 'hangar *m* à bateaux
Bootsmann *m* ⟨∼⊄s; -leute⟩ MAR MIL premier maitre
Bootssteg *m* passerelle *f* d'embarquement
Bootsverleih *m* location *f* de bateaux
Bor [bo:r] *n* ⟨∼s⟩ CHIM bore *m*
Bord[1] [bɔrt] *n* ⟨∼⊄s; ∼e⟩ (*Bücherbord*) rayon *m*; étagère *f*
Bord[2] *m* ⟨∼⊄s; ∼e⟩ MAR, AVIAT bord *m*; **an Bord gehen** s'embarquer; monter à bord; **von Bord gehen** descendre à quai *bzw* d'avion; **über Bord werfen** jeter par-dessus bord (*a fig*)
Bordbuch *n* MAR journal *m* de bord
Bordcomputer *m* MAR calculateur *m* de bord, AVIAT de vol
Bordeaux [bɔr'do:] *m* ⟨∼ [bɔr'do:(s)]; ∼ [bɔr'do:s]⟩ *Wein* bordeaux *m*
bordeauxrot *adj* bordeaux
Bordell [bɔr'dɛl] *n* ⟨∼s; ∼e⟩ maison *f* de tolérance, de prostitution
Bordfunk *m* radio *f* de bord
Bordkarte *f* AVIAT carte *f* d'embarquement
Bordstein *m* bordure *f* du trottoir
Bordsteinkante *f* bord *m* du trottoir

Bordüre [bɔr'dy:rə] *f* ⟨∼; ∼n⟩ COUT bordure *f*
borgen ['bɔrgən] *v/t* **1.** (*entleihen*) **etw bei** *od* **von j-m borgen** emprunter qc à qn **2.** (*verleihen*) **j-m etw borgen** prêter qc à qn
Borke ['bɔrkə] *f* ⟨∼; ∼n⟩ écorce *f*
Borkenkäfer *m* bostryche *m*
borniert [bɔr'ni:rt] *adj* borné
Börse ['bœrzə] *f* ⟨∼; ∼n⟩ Bourse *f*
Börsenbericht *m in der Zeitung* rubrique boursière
Börsengeschäft *n* opération boursière
Börsenhandel *m* commerce boursier
Börsenindex *m* indice boursier
Börsenkrach *m* krach *m*; débâcle financière
Börsenkurs *m* cours *m* de la Bourse, des valeurs
Börsenmakler(in) *m(f)* agent *m* de change; courtier, -ière *m,f*
Börsennotierung *f* cotation *f* en Bourse
Börsenschluss *m* clôture *f* de la Bourse
Börsenschwankung *f* fluctuation *f* des cours
Börsenspekulant(in) *m(f)* spéculateur, -trice *m,f* en Bourse
Börsenspekulation *f* spéculation boursière; boursicotage *m*
Börsensturz *m* effondrement *m* des cours; chute *f* de la Bourse
Börsentipp *m* tuyau boursier
Borste ['bɔrstə] *f* ⟨∼; ∼n⟩ soie *f* (de porc)
borstig *adj* **1.** *mit Borsten* qui porte des soies **2.** *Haar* 'hérissé; hirsute (*a Bart*)
Borte ['bɔrtə] *f* ⟨∼; ∼n⟩ galon *m*; bordure *f*
bös [bø:s] → *böse*
bösartig *adj* **1.** méchant **2.** *Krankheit* malin
Bösartigkeit *f* ⟨∼⟩ **1.** méchanceté *f* **2.** malignité *f*
Böschung ['bœʃuŋ] *f* ⟨∼; ∼en⟩ talus *m*
böse ['bø:zə] **I** *adj* **1.** *moralisch* méchant; *ein böser Mensch* un méchant **2.** *Streich, Absicht* mauvais **3.** F (*verärgert*) fâché; *böse werden* se mettre en colère; se fâcher; *j-m od auf j-n böse sein* en vouloir à qn **4.** F (*ungezogen*) vilain **II** *adv* *es sieht böse aus* ça a l'air sérieux; *ich habe es nicht böse gemeint* je n'ai pas pensé à mal
Böse(r) *f(m)* ⟨→ A⟩ méchant(e) *m(f)*
Böse(s) *n* ⟨→ A⟩ mal *m*
Bösewicht *m* ⟨∼⊄s; ∼cⁱ⟩ méchant *m*
boshaft ['bo:shaft] *adj* méchant
Boshaftigkeit *f* ⟨∼; ∼en⟩, **Bosheit** *f* ⟨∼; ∼en⟩ méchanceté *f*
Bosnien(-Herzegowina) ['bɔsniən (hɛrtse-'go:vina)] *n* la Bosnie(-Herzégovine)
Bosnier(in) *m* ⟨∼s; ∼⟩ (*f*) ⟨∼in; ∼innen⟩ Bosniaque *m,f*
bosnisch *adj* bosniaque
Boss [bɔs] F *m* ⟨∼es; ∼e⟩ patron *m*; F boss *m*; *e-r Bande* chef *m*
böswillig *adj* malveillant
Böswilligkeit *f* ⟨∼⟩ malveillance *f*
bot [bo:t] → *bieten*
Botanik [bo'ta:nik] *f* ⟨∼⟩ botanique *f*
botanisch *adj* botanique
Bote ['bo:tə] *m* ⟨∼n; ∼n⟩, **Botin** *f* ⟨∼; ∼nen⟩ **1.** (*Überbringer[in]*) messager, -ère *m,f* **2.** *berufsmäßige(r)* garçon *m* de courses; commissionnaire *f*
Botengang *m* course *f*; commission *f*
Botschaft *f* ⟨∼; ∼en⟩ **1.** *st/s* (*Nachricht*) message

m; nouvelle *f* **2.** POL ambassade *f*
Botschafter(in) *m* ⟨~s; ~⟩ *(f)* ⟨~in; ~innen⟩ ambassadeur, -drice *m,f*
Böttcher ['bœtçər] *m* ⟨~s; ~⟩ tonnelier *m*
Bottich ['bɔtɪç] *m* ⟨~s; ~e⟩ cuve *f*; *(Waschbottich)* baquet *m*
Bouillon [bul'jɔŋ] *f* ⟨~; ~s⟩ bouillon (gras); *kräftige* consommé *m*
Bouillonwürfel *m* cube *m* de consommé
Boulevardblatt [bulə'va:r-] *n* journal *m* à sensation
Boulevardpresse *f péj* presse *f* à sensation
Boulevardstück *n* pièce *f* de boulevard
Boulevardzeitung *f péj* journal *m* à sensation
Boutique [bu'ti:k] *f* ⟨~; ~n⟩ boutique *f* de mode
Bowle ['bo:lə] *f* ⟨~; ~n⟩ **1.** *boisson à base de vin, de mousseux, de fruits et de sucre* **2.** *Gefäß* bol *m* à punch
bowlen ['bo:lən] *v/i* jouer au bowling
Bowling ['bo:lɪŋ] *n* ⟨~s; ~s⟩ bowling *m*
Bowlingbahn *f* piste *f* de bowling
Bowlingcenter [-sɛntər] *n* bowling *m*
Box [bɔks] *f* ⟨~; ~en⟩ **1.** *(Pferdebox, Autobox)* box *m*; *für Rennwagen* stand *m* de ravitaillement **2.** *Behälter* boîte *f* **3.** *(Lautsprecherbox)* baffle *m*; enceinte *f* acoustique
boxen *v/t u v/i* ⟨∅⟩ boxer
Boxer *m* ⟨~s; ~⟩ **1.** SPORT boxeur *m* **2.** *Hund* boxer *m*
Boxershorts *pl* boxer *m*
Boxhandschuh *m* gant *m* de boxe
Boxkampf *m* match *m* de boxe
Boxring *m* ring *m*
Boxsport *m* boxe *f*
Boy [bɔy] *m* ⟨~s; ~s⟩ groom *m*
Boygroup ['bɔygru:p] *f* ⟨~; ~s⟩ boys band *m*
Boykott [bɔy'kɔt] *m* ⟨~∅s; ~s ou ~e⟩ boycott *m*; boycottage *m*
boykottieren *v/t* ⟨*sans ge*⟩ boycotter
brach [bra:x] → **brechen**
Brachialgewalt [braxi'a:l-] *st/s f* **mit Brachialgewalt** par la force
Brachland *n* terre *f* inculte, en friche *(a fig)*
brachlegen *v/t* mettre en jachère
brachliegen *v/i* ⟨*irr*⟩ **1.** être en friche **2.** *fig* être inemployé
brachte ['braxtə] → **bringen**
brackig ['brakɪç] *adj* saumâtre
Brackwasser *n* ⟨~s; ~⟩ eau *f* saumâtre
Brainstorming ['brɛ:nstɔrmɪŋ] *n* ⟨~s⟩ brainstorming *m*
Branche ['brã:ʃə] *f* ⟨~; ~n⟩ branche *f*
Branchenkenntnis *f* compétence *f* (dans la spécialité)
branchenüblich *adj* habituel dans une branche
Branchenverzeichnis *n* TÉL pages *f/pl* jaunes
Brand [brant] *m* ⟨~∅s; ~e⟩ **1.** incendie *m*; feu *m*; *in Brand geraten* prendre feu; *etw in Brand stecken* mettre le feu à qc **2.** F *(Durst)* (grande) soif
brandaktuell F *adj* d'une actualité brûlante
Brandanschlag *m* incendie criminel *(auf* [+ *acc*] de)
Brandblase *f* cloque causée par une brûlure
Brandbombe *f* bombe *f* incendiaire
brandeilig F *adj* urgent; pressant
branden ['brandən] *st/s v/i* ⟨-e-⟩ déferler
Brandenburg ['brandənburk] *n* ⟨~s⟩ *Bundes-*

land le Brandebourg
Brandgefahr *f* danger *m* d'incendie
brandheiß F *fig adj* brûlant; d'une actualité brûlante
Brandherd *m* foyer *m* d'incendie
Brandkatastrophe *f* incendie *m* monstre, gigantesque
Brandleger(in) *m* ⟨~s; ~⟩ *(f)* ⟨~in; ~innen⟩ *österr* incendiaire *m,f*
Brandlegung *f* ⟨~; ~en⟩ *österr* incendie *m*
Brandmal *st/s n* **1.** cicatrice *f* de brûlure **2.** *fig* stigmate *m*
brandmarken *v/t* stigmatiser
Brandmauer *f* mur *m* coupe-feu
brandneu F *adj* flambant neuf
Brandsalbe *f* pommade *f* contre les brûlures
Brandschaden *m* dommages, dégâts causés par l'incendie
Brandstelle *f* lieu *m* de l'incendie
Brandstifter(in) *m(f)* incendiaire *m,f*
Brandstiftung *f* incendie *m* volontaire
Brandung *f* ⟨~; ~en⟩ déferlement *m* des vagues; ressac *m*
Brandursache *f* cause *f* d'incendie
Brandwunde *f* brûlure *f*
brannte ['brantə] → **brennen**
Branntwein *m* eau-de-vie *f*
Brasilianer(in) [brazili'a:nər(ɪn)] *m* ⟨~s; ~⟩ *(f)* ⟨~in; ~innen⟩ Brésilien, -ienne *m,f*
brasilianisch *adj* brésilien
Brasilien [bra'zi:liən] *n* ⟨~s⟩ le Brésil
brät [brɛ:t] → **braten**
Bratapfel *m* pomme cuite au four
braten ['bra:tən] ⟨brät, briet, gebraten⟩ **I** *v/t* faire cuire; *im Ofen a* faire rôtir; *am Grill* faire griller, rôtir; *Kartoffeln* faire sauter **II** *v/i* cuire; rôtir; griller
Braten *m* ⟨~s; ~⟩ rôti *m*; *kalter Braten* viande froide; F *fig* **den Braten riechen** éventer la mèche
Bratensaft *m* jus *m* de rôti
Bratensoße *f* sauce *f* (au jus de rôti)
Bräter ['brɛ:tər] *m* ⟨~s; ~⟩ *regional* cocotte *f*
bratfertig *adj* prêt à rôtir
Bratfett *n* graisse *f* (à rôtir)
Bratfisch *m gebratener* poisson frit; *zum Braten* poisson à frire
Brathähnchen *n*, *südd, österr* **Brathendl** *n gebratenes* poulet rôti; *zum Braten* poulet à rôtir
Brathering *m* 'hareng frit et mariné
Bratkartoffeln *f/pl* pommes de terre sautées
Bratling *m* ⟨~s; ~e⟩ CUIS boulette végétale
Bratpfanne *f* poêle *f* à frire
Bratröhre *f* four *m*
Bratrost *m* gril *m*; barbecue *m*
Bratsche ['bra:tʃə] *f* ⟨~; ~n⟩ alto *m*
Bratschist(in) *m* ⟨~en; ~en⟩ *(f)* ⟨~in; ~innen⟩ altiste *m,f*
Bratspieß *m* brochette *f*
Bratwurst *f gebratene* saucisse grillée; *zum Braten* saucisse à griller
Brauch [braux] *m* ⟨~∅s; Bräuche⟩ coutume *f*; usage *m*; tradition *f*
brauchbar *adj* qui peut servir *(für* à); utile (à); utilisable; valable
Brauchbarkeit *f* ⟨~⟩ utilité *f*
brauchen ['brauxən] **I** *v/t* ⟨*p/p* gebraucht⟩ **1.** *(benötigen)* avoir besoin de; *ich brauche et-*

brauchen – avoir besoin de		
Achtung bei der Übersetzung von **brauchen**:		
Ich brauche Geld. Sie braucht Hilfe.	J'ai besoin **d'**argent. Elle a besoin **d'**aide.	Kein Begleiter im Deutschen → kein Begleiter im Französischen nach **de**
Er braucht **die** Hilfe seines Vaters. Sie braucht **ihre** Turnschuhe. Er braucht **dieses** Buch.	Il a besoin **de** l'aide de son père. Elle a besoin **de ses** baskets. Il a besoin **de ce** livre.	Begleiter im Deutschen (die, ihre, dieses) → dann auch Begleiter im Französischen nach **de**
Sie bekommt die Hilfe, **die** sie braucht.	Elle reçoit l'aide **dont** elle a besoin.	**dont** wegen Ergänzung mit **de**

was a il me faut quelque chose **2.** *Zeit* mettre; **das braucht Zeit** cela demande du temps **3.** (*gebrauchen*) se servir de **II** *v/aux de mode* ⟨*p/p* brauchen⟩ **Sie brauchen nur zu** (+ *inf*) vous n'avez qu'à (+ *inf*); **er braucht nicht zu kommen** ce n'est pas la peine qu'il vienne

Brauchtum *n* ⟨~⌀s; -tümer⟩ coutumes *f/pl*; tradition *f*

Braue ['brauə] *f* ⟨~; ~n⟩ sourcil *m*

brauen ['brauən] *v/t* **1.** *Bier* brasser **2.** F *fig* concocter

Brauer *m* ⟨~s; ~⟩ brasseur *m*

Brauerei *f* ⟨~; ~en⟩ brasserie *f*

Brauhaus *n* brasserie *f*

braun [braun] *adj* marron; (*dunkelbraun*) brun; *von der Sonne* bronzé; **braun gebrannt** bronzé; 'hâlé

Braun *n* ⟨~s; ~⟩ (couleur *f*) marron *m*; (*Dunkelbraun*) brun *m*

braunäugig ['-⌀ɔygɪç] *adj* aux yeux marron

Braunbär *m* ours brun

Bräune ['brɔynə] *f* ⟨~⟩ 'hâle *m*

bräunen *v/t* **1.** *Sonne: Haut* bronzer; brunir **2.** cuis faire revenir

braungebrannt *adjt* → **braun**

braunhaarig *adj* brun

Braunkohle *f* lignite *m*

bräunlich *adj* brunâtre

Braunschweig ['braunʃvaɪk] *n* ⟨~s⟩ Brunswick

Bräunung *f* ⟨~; ~en⟩ bronzage *m*

Bräunungsstudio *n* solarium *m*

Brause ['brauzə] *f* ⟨~; ~n⟩ **1.** (*Dusche*) douche *f* **2.** (*Limonade*) limonade gazeuse **3.** (*Brausepulver*) poudre effervescente

brausen *v/i* ⟨¢$⟩ **1.** *Sturm, Meer* mugir; *Orgel* retentir **2.** ⟨sn⟩ *Fahrzeuge* passer en trombe **3.** (*duschen*) se doucher

Brausepulver *n* poudre effervescente

Brausetablette *f* comprimé effervescent

Braut [braut] *f* ⟨~; Bräute⟩ **1.** (*Verlobte*) fiancée *f*; *am Hochzeitstag* mariée *f* **2.** F (*Mädchen*) F nana *f*

Brauteltern *pl* parents *m/pl* de la mariée

Brautführer *m* garçon *m* d'honneur

Bräutigam ['brɔytɪgam] *m* ⟨~s; ~e⟩ (*Verlobter*) fiancé *m*; *am Hochzeitstag* marié *m*

Brautjungfer *f* demoiselle *f* d'honneur

Brautkleid *n* robe *f* de mariée

Brautmesse *f* messe *f* de mariage

Brautmutter *f* ⟨~; -mütter⟩ mère *f* de la mariée

Brautpaar *n* (*Verlobte*) fiancés *m/pl*; *am Hochzeitstag* mariés *m/pl*

Brautschau *f* *plais* **auf Brautschau gehen** chercher femme

Brautstrauß *m* bouquet *m* de (la) mariée

Brautvater *m* père *m* de la mariée

brav [braːf] *adj* **1.** *Kind* sage; gentil **2.** *Erwachsener* brave (*vorangestellt*) **3.** *fig péj* fade; plat

bravo ['braːvo] *int* bravo!

Bravo *n* ⟨~s; ~s⟩, **Bravoruf** *m* bravo *m*

Brav(o)ur [bra'vuːr] *f* ⟨~⟩ **mit Brav(o)ur** avec éclat, brio

brav(o)urös [bravu'røːs] **I** *adj* brillant; magistral **II** *adv* avec éclat, brio

BRD [beːʔɛr'deː] ⟨~⟩ *abr* (*Bundesrepublik Deutschland*) **die BRD** la RFA

Breakdance ['breːkdɛns] *m* ⟨~$⟩ smurf *m*

Brechbohne *f* 'haricot *m* mange-tout

Brechdurchfall *m* gastro-entérite *f*

Brecheisen *n* pince-monseigneur *f*

brechen ['brɛçən] ⟨bricht, brach, gebrochen⟩ **I** *v/t* **1.** (*zerbrechen, durchbrechen*) casser; rompre; *in mehrere Stücke* briser; *Brot* rompre; *Gliedmaßen* casser **2.** *Marmor etc* extraire **3.** *fig Bann, Vertrag* rompre; *Eid, Recht* violer; *Widerstand* briser; *Blockade* forcer; *Rekord* battre **II** *v/i* **4.** ⟨sn⟩ (*zerbrechen, durchbrechen*) (se) rompre; (se) casser; (se) briser; F **brechend voll sein** être plein à craquer **5.** **mit j-m, etw brechen** rompre avec qn, qc **6.** F (*sich erbrechen*) vomir **III** *v/r Licht* **sich brechen** se réfracter

Brecher *m* ⟨~s; ~⟩ paquet *m* de mer

Brechmittel *n* vomitif *m*

Brechreiz *m* envie *f* de vomir; nausée *f*

Brechstange *f* pince-monseigneur *f*

Brechung *f* ⟨~; ~en⟩ opt, phys réfraction *f*

Bredouille [bre'duljə] F *f* ⟨~; ~n⟩ **in der Bredouille sein** od **sitzen** F être dans la bredouille

Brei [braɪ] *m* ⟨~$s; ~e⟩ bouillie *f*; *von Kartoffeln, Erbsen* purée *f*; F **um den (heißen) Brei herumreden** tourner autour du pot

breiig *adj* en bouillie; pâteux

breit [braɪt] **I** *adj* large; *Hüfte* fort; *Schilderung* ample; **zwei Meter breit sein** avoir deux mètres de large; être large de deux mètres; **breiter machen** élargir; **breiter werden** s'élargir; → **breitmachen II** *adv* **breit gefächert** varié; **breit gestreift** à larges rayures

breitbeinig *adv* les jambes écartées
Breite *f* ⟨~; ~n⟩ **1.** *räumliche* largeur *f*; F *in die Breite gehen* grossir **2.** GÉOGR latitude *f*
Breitengrad *m* GÉOGR degré *f* de latitude
Breitenkreis *m* GÉOGR parallèle *m*
Breitensport *m* sport *m* de masse
breitmachen *v/r* **sich breitmachen** *Stimmung etc* se propager; *Person* F s'étaler
breitschlagen F *v/t* ⟨irr⟩ finir par persuader; fléchir; **sich breitschlagen lassen** finir par céder
breitschult(e)rig *adj* de forte carrure
Breitseite *f* MAR, MIL bordée *f*
breittreten F *v/t* ⟨irr⟩ (trop) s'appesantir sur
Breitwandfilm *m* film *m* grand écran, en ciné-mascope®
Bremen ['breːmən] *n* ⟨~s⟩ Brême
Bremsbacke *f* mâchoire *f* de frein
Bremsbelag *m* garniture *f* de frein
Bremsdruck *m* ⟨~¢s; ~e⟩ pression *f* de freinage
Bremse¹ ['brɛmzə] *f* ⟨~; ~n⟩ TECH frein *m*; **auf die Bremse treten** appuyer sur le frein
Bremse² *f* ⟨~; ~n⟩ ZO taon *m*
bremsen *v/t u v/i* ⟨¢$⟩ freiner (*a fig*)
Bremsflüssigkeit *f* liquide *m* de frein
Bremsklotz *m* sabot *m*, patin *m* de frein
Bremskraftverstärker *m* servofrein *m*
Bremsleuchte *f*, **Bremslicht** *n* feu *m* de stop
Bremspedal *n* pédale *f* de frein
Bremsscheibe *f* disque *m* de frein
Bremsspur *f* trace *f* de freinage
Bremstrommel *f* tambour *m* de frein
Bremsung *f* ⟨~; ~en⟩ freinage *m*
Bremsweg *m* distance *f* de freinage
Bremszylinder *m* cylindre *m* de frein
brennbar *adj* combustible; **leicht brennbar** inflammable
Brenndauer *f* e-r *Glühbirne* durée *f* d'éclairage; e-r *Rakete* durée *f* de combustion
Brennelement *n* NUCL élément *m* combustible
brennen ['brɛnən] ⟨brannte, gebrannt⟩ **I** *v/t Ton, Ziegel, Kalk* cuire; *Branntwein* distiller **II** *v/i* **1.** brûler; **zu brennen beginnen** prendre feu; **es brennt** il y a le feu; **es brennt!** au feu!; F *fig* **wo brennts denn?** qu'est-ce qui ne va pas? **2.** *Ofen* marcher; *Licht* être allumé **3.** *Wunde, Augen, Sonne* brûler; *Rauch in den Augen* piquer **4.** *fig* **vor Verlangen** (*dat*) **brennen** brûler de désir
brennend I *adj* **1.** brûlant; *Gebäude, Wald* en feu; en flammes; *Lampe, Zigarette* allumé **2.** *fig Schmerz* cuisant; *Durst* ardent; *Interesse* vif **3.** *fig Aktualität, Frage* brûlant **II** *adv* **sich brennend für etw interessieren** manifester un vif intérêt pour qc
Brenner *m* ⟨~s; ~⟩ TECH brûleur *m*
Brennerei *f* ⟨~; ~en⟩ distillerie *f*
Brennholz *n* bois *m* de chauffage
Brennmaterial *n* combustibles *m/pl*
Brennnessel *f* ⟨~; ~n⟩ ortie *f*
Brennofen *m* four *m*
Brennpunkt *m* **1.** foyer *m* **2.** *fig* centre *m*
Brennspiegel *m* OPT miroir *m* concave
Brennspiritus *m* alcool *m* à brûler
Brennstab *m* NUCL barre *f* de combustible
Brennstoff *m* combustible *m*
Brennweite *f* OPT distance focale
brenzlig ['brɛntslɪç] *adj* **1.** qui sent le brûlé, le

roussi **2.** F *fig* (*bedenklich*) délicat; **die Sache wird brenzlig** ça sent le roussi
Bresche ['brɛʃə] *f* ⟨~; ~n⟩ brèche *f*; *fig* **für j-n in die Bresche springen** remplacer qn au pied levé
Bretone [bre'toːnə] *m* ⟨~n; ~n⟩, **Bretonin** *f* ⟨~; ~nen⟩ Breton, -onne *m,f*
bretonisch *adj* breton
Brett [brɛt] *n* ⟨~¢s; ~er⟩ **1.** planche *f*; **Schwarzes Brett** tableau *m*, panneau *m* d'affichage; F *fig* **ein Brett vor dem Kopf haben** être bouché (à l'émeri) **2.** (*Damebrett*) damier *m*; (*Schachbrett*) échiquier *m* **3.** *pl* **die Bretter** (*Bühne*) la scène; les planches *f/pl* **4.** F *pl* **Bretter** (*Skier*) skis *m/pl*
Brettchen *n* ⟨~s; ~⟩ planchette *f*
Bretterbude *f* baraque *f*; cabane *f* en planches
brettern F *v/i* ⟨sn⟩ (*schnell fahren*) F foncer
Bretterzaun *m* palissade *f*
Brettspiel *n* jeu *m* de table
Brezel ['breːtsəl] *f* ⟨~; ~n⟩ bretzel *m*
bricht [brɪçt] → **brechen**
Bridge [brɪtʃ] *n* ⟨~⟩ bridge *m*
Brief [briːf] *m* ⟨~¢s; ~e⟩ lettre *f*; F **blauer Brief** SCHULE (lettre *f* d')avertissement *m*
Briefbeschwerer *m* ⟨~s; ~⟩ presse-papiers *m*
Briefbogen *m* feuille *f* de papier à lettres
Briefbombe *f* lettre piégée
briefen [briːfən] *v/t* (*informieren, einweisen*) briefer
Brieffreund(in) *m(f)* correspondant(e) *m(f)*

Brieffreund = correspondant

Wird anders geschrieben als englisch „correspondent".

Briefgeheimnis *n* secret *m* des correspondances
Briefkasten *m* boîte *f* aux lettres
Briefkastenfirma *f* société *f* boîte aux lettres
Briefkastenleerung *f* levée *f* des boîtes aux lettres
Briefkastenschlitz *m* fente *f* de la boîte aux lettres
Briefkopf *m* en-tête *m* (de lettre)
brieflich *adj u adv* par lettre(s); par écrit
Briefmarke *f* timbre(-poste) *m*
Briefmarkenalbum *n* album *m* de timbres
Briefmarkenautomat *m* distributeur *m* (automatique) de timbres
Briefmarkensammler(in) *m(f)* philatéliste *m,f*
Briefmarkensammlung *f* collection *f* de timbres
Brieföffner *m* coupe-papier *m*
Briefpapier *n* papier *m* à lettres
Briefpost *f* courrier *m*
Briefroman *m* roman *m* épistolaire
Briefsendung *f* envoi *m* de lettres
Brieftasche *f* portefeuille *m*; *österr* (*Geldbörse*) porte-monnaie *m*; bourse *f*
Brieftaube *f* pigeon *m* voyageur
Brieftelegramm *n* télégramme-lettre *m*
Briefträger(in) *m(f)* facteur, -trice *m,f*
Briefumschlag *m* enveloppe *f*
Briefwaage *f* pèse-lettre *m*
Briefwahl *f* vote *m* par correspondance

Briefwechsel *m* correspondance *f*
Bries [bri:s] *n* ⟨~es; ~e⟩ CUIS ris *m* de veau
briet [bri:t] → **braten**
Brigade [bri'ga:də] *f* ⟨~; ~n⟩ brigade *f*
Brikett [bri'kɛt] *n* ⟨~s; ~s⟩ briquette *f*
brillant [brɪl'jant] *adj* brillant
Brillant *m* ⟨~en; ~en⟩ brillant *m*
Brillantkollier *n* collier *m* de brillants
Brillantring *m* bague *f* avec des brillants; *mit nur e-m Brillanten* solitaire *m*
Brillantschliff *m* taille *f* en brillant
Brille ['brɪlə] *f*⟨~; ~n⟩ **1.** lunettes *f/pl*; *e-e Brille* des lunettes; une paire de lunettes **2.** F (*Klosettbrille*) lunette *f*
Brillenbügel *m* branche *f* de lunettes
Brillenetui *n* étui *m* à lunettes
Brillengestell *n* monture *f*
Brillenglas *n* verre *m* (de lunettes)
Brillenschlange *f* serpent *m* à lunettes
Brillenträger(in) *m(f)* personne *f* qui porte des lunettes
Brimborium [brɪm'bo:rium] F *n* ⟨~s⟩ (*Getue*) F chichis *m/pl*; *viel Brimborium machen* F faire beaucoup de chichis
bringen ['brɪŋən] *v/t* ⟨brachte, gebracht⟩ **1.** (*mitbringen*) *Dinge* apporter; *Person* amener; (*hinbringen*) *Dinge* (em)porter; *Person* (em)mener; conduire; (*zurückbringen*) *Dinge* rapporter; *Person* ramener **2.** (*begleiten*) accompagner; (*zurückbringen*) raccompagner **3.** (*veröffentlichen*) publier; (*darbieten*) réciter; dire; chanter **4.** *Profit, Zinsen* rapporter **5.** *es zu etwas bringen* faire son chemin; *es zu nichts bringen* ne parvenir à rien; *es weit bringen* faire son chemin; (bien) réussir **6.** *Schwierigkeiten* créer; *Vorteile* apporter **7.** *j-n dazu bringen, etw zu tun* amener qn à faire qc **8.** *mit prép das brachte mich darauf zu* (+ *inf*) cela m'a donné l'idée de (+ *inf*); *etw mit sich bringen* entraîner qc; *es mit sich bringen, dass …* avoir pour conséquence que …; *es nicht über sich* (*acc*) *bringen, etw zu tun* ne pas pouvoir se résoudre à faire qc **9.** *etw zum Kochen bringen* faire bouillir qc
Bringschuld *f* ⟨~; ~en⟩ JUR dette *f* portable
brisant [bri'zant] *adj* brûlant; explosif
Brisanz *f* ⟨~⟩ *e-s Themas* caractère brûlant
Brise ['bri:zə] *f* ⟨~; ~n⟩ brise *f*
Brite ['brɪtə] *m* ⟨~n; ~n⟩, **Britin** *f*⟨~; ~nen⟩ Britannique *m,f*
britisch *adj* britannique
bröck(e)lig ['brœk(ə)lıç] *adj* friable
bröckeln *v/i* ⟨¢, sn⟩ s'effriter
Brocken ['brɔkən] *m* ⟨~s; ~⟩ **1.** morceau *m*; *ein paar Brocken e-r Unterhaltung, Sprache* quelques bribes *f/pl* **2.** F *fig Mensch* F balèze *m*; F malabar *m*
brodeln ['bro:dəln] *v/i* ⟨¢⟩ bouillonner
Brokat [bro'ka:t] *m* ⟨~¢s; ~e⟩ brocart *m*
Brokkoli ['brɔkoli] *pl* brocoli *m*
Brom [bro:m] *n* ⟨~s⟩ brome *m*
Brombeere ['brɔmbe:rə] *f* mûre *f*
Brombeermarmelade *f* confiture *f* de mûres
Brombeerstrauch *m* roncier *m*; ronce *f*
Bronchie ['brɔnçiə] *f* ⟨~; ~n⟩ bronche *f*
Bronchitis [brɔn'çi:tıs] *f* ⟨~; -itiden⟩ bronchite *f*

Bronze ['brõ:sə] *f* ⟨~; ~n⟩ bronze *m*
bronzefarben *adj* bronzé; couleur bronze
Bronzemedaille *f* médaille *f* de bronze
Bronzezeit *f* âge *m* du bronze
Brosame ['bro:za:mə] *st/s f* ⟨~; ~n⟩ miette *f*
Brosche ['brɔʃə] *f* ⟨~; ~n⟩ broche *f*
Broschüre [brɔ'ʃy:rə] *f* ⟨~; ~n⟩ brochure *f*
Brösel ['brø:zəl] *m*, *österr n* ⟨~s; ~⟩ miette *f*
bröseln *v/i* ⟨¢⟩ s'émietter
Brot [bro:t] *n* ⟨~¢s; ~e⟩ **1.** pain *m*; *e-e Scheibe Brot* une tranche de pain **2.** (*Butterbrot*) tartine *f*; *zugeklapptes* sandwich *m* **3.** *fig das ist ein hartes Brot* c'est très dur
Brotaufstrich *m* beurre *m*, confiture *f*, pâté *m*, fromage *m*, *etc* (à tartiner)
Brotbelag *m* charcuterie *f*, fromage *m*, *etc* (sur les tranches de pain)
Brötchen ['brø:tçən] *n* ⟨~s; ~⟩ petit pain; *belegtes Brötchen* sandwich *m*
Broteinheit *f* équivalent *m* pain
Broterwerb *m* gagne-pain *m*
Brotkasten *m* boîte *f* à pain
Brotkorb *m* corbeille *f* à pain; *fig j-m den Brotkorb höherhängen* serrer la vis à qn
Brotkrume *f*, **Brotkrümel** *m* miette *f* (de pain)
Brotlaib *m* miche *f*
brotlos *adj* **brotlos sein** être sans travail, sur le pavé; *brotlose Kunst* profession peu lucrative, qui ne nourrit pas son homme
Brotmaschine *f* machine *f* à couper, à trancher le pain
Brotmesser *n* couteau *m* à pain
Brotscheibe *f*, **Brotschnitte** *f* tranche *f* de pain
Brotsuppe *f* panade *f*
Brotzeit *f* *südd Imbiss* casse-croûte *m*; *Pause* pause *f* casse-croûte
Browser ['brauzər] *m* ⟨~s; ~⟩ INFORM navigateur *m*
brr [br] *int* **1.** *bei Kälte* brrr! **2.** *zum Pferd etc* 'ho!
Bruch [brux] *m* ⟨~¢s; ~e⟩ **1.** rupture *f* (*a fig*); *e-s Eides* violation *f*; *zu Bruch gehen* se casser; se briser; *in die Brüche gehen* se briser; se casser; *fig Ehe* être un échec **2.** (*Knochenbruch*) fracture *f*; (*Eingeweidebruch*) 'hernie *f* **3.** MATH fraction *f*
Bruchband *n* ⟨~¢s; -bänder⟩ bandage *m* 'herniaire
Bruchbude F *f* F baraque *f*
brüchig ['brʏçıç] *adj* **1.** *Material* cassant; fragile **2.** *fig Stimme* cassé; *Beziehung* fragile
Bruchlandung *f* atterrissage *m* en catastrophe
Bruchrechnen *n*, **Bruchrechnung** *f* calcul *m* des fractions
Bruchschaden *m* casse *f*
bruchsicher *adj* incassable
Bruchstelle *f* cassure *f*; point *m* de rupture
Bruchstrich *m* barre *f* de fraction
Bruchstück *n* fragment *m*; morceau *m*; *pl* **Bruchstücke** *e-r Unterhaltung etc* bribes *f/pl*
bruchstückhaft **I** *adj* fragmentaire **II** *adv* par fragments; *sprechen etc* par bribes
Bruchteil *m* fraction *f*; *fig* (petite) partie
Bruchzahl *f* nombre *m* fractionnaire
Brücke ['brʏkə] *f*⟨~; ~n⟩ **1.** pont *m* (*a* TURNEN); *fig alle Brücken hinter sich* (*dat*) *abbrechen* couper les ponts **2.** (*Schiffsbrücke*) passerelle *f* **3.** *Teppich* carpette *f* **4.** (*Zahnbrücke*) bridge *m*

B

Brückenbogen *m* arche *f*
Brückengeländer *n* parapet *m* de pont; garde-
-fou *m*
Brückenkopf *m* tête *f* de pont
Brückenpfeiler *m* pile *f*
Brückentag *m* pont *m*
Bruder ['bruːdər] *m* ⟨~s; ∺⟩ frère *m* (*a* REL); F
plais **unter Brüdern** F entre copains
Bruderkuss *m* accolade (fraternelle)
brüderlich ['bryːdərlɪç] **I** *adj* fraternel **II** *adv* en
frère(s); *etw* **brüderlich teilen** partager qc en
frères
Brüderlichkeit *f* ⟨~⟩ fraternité *f*
Brudermord *m* fratricide *m*
Brudermörder(in) *m(f)* fratricide *m,f*
Bruderschaft *f* ⟨~; ~en⟩ REL confrérie *f*
Brüderschaft *f* **mit j-m Brüderschaft trinken**
*trinquer avec qn pour fêter la décision mutuelle
de se tutoyer*
Brügge ['brʏɡə] *n* ⟨~s⟩ Bruges
Brühe ['bryːə] *f* ⟨~; ~n⟩ **1.** (*Fleischbrühe*) bouil-
lon *m*; *kräftige* consommé *m* **2.** F *péj* (*Wasser*)
eau *f* sale; (*Kaffee, Tee*) F lavasse *f*
brühen *v/t Kaffee, Tee* faire; (*überbrühen*)
ébouillanter; échauder
brühwarm F *fig adv* **e-e Neuigkeit brühwarm
weitererzählen** servir une nouvelle toute fraî-
che, toute chaude
Brühwürfel *m* cube *m* de consommé
Brühwurst *f saucisse à faire chauffer dans l'eau
bouillante*
brüllen ['brʏlən] *v/i* **1.** *Rind* mugir; beugler;
meugler; *Löwe* rugir; *Tiger* feuler **2.** F (*schrei-
en*) 'hurler; F gueuler
Brummbär F *m* ronchon *m*; grognon *m*
brummen ['brʊmən] **I** *v/t mürrisch* grommeler;
marmonner **II** *v/i* **1.** *Bär* grogner; *Flugzeug*
vrombir; *Fliege* bourdonner; *Motor* ronfler;
F *fig* **mir brummt der Kopf** j'ai mal à la tête
2. *mürrisch* F ronchonner
Brummer F *m* ⟨~s; ~⟩ **1.** (*Fliege*) grosse mouche
2. (*Lastwagen*) F gros cul
Brummi F *m* ⟨~s; ~s⟩ F gros cul
brummig F *adj* grincheux
Brummschädel F *m* **e-n Brummschädel ha-
ben** avoir mal aux cheveux; F avoir la gueule
de bois
Brunch [bran(t)ʃ] *m* ⟨~¢s *ou* ~; ~¢s *ou* ~e⟩
brunch *m*
brunchen *v/i* bruncher
brünett [brʏˈnɛt] *adj* brun
Brunft [brʊnft] *f* ⟨~; ~e⟩ → **Brunst**
brunftig → **brünstig**
Brunnen ['brʊnən] *m* ⟨~s; ~⟩ fontaine *f*; (*Zieh-
brunnen*) puits *m*
Brunnenbecken *n* bassin *m*
Brunnenfigur *f* statue *f* de fontaine
Brunnenkresse *f* cresson *m* de fontaine
Brunnenschacht *m* puits *m*
Brunnenwasser *n* ⟨~s; ~⟩ eau *f* de puits, de fon-
taine
Brunst [brʊnst] *f* ⟨~; ~e⟩ rut *m*; chaleur *f*
brünstig ['brʏnstɪç] *adj Tier* en rut; en chaleur
brüsk [brʏsk] *adj* brusque; rude
brüskieren *v/t* ⟨*sans ge*⟩ brusquer
Brüssel ['brʏsəl] *n* ⟨~s⟩ Bruxelles
Brust [brʊst] *f* ⟨~; ~e⟩ **1.** ANAT poitrine *f*; (*Brust-
korb*) thorax *m*; **sich in die Brust werfen**

bomber le torse; *aus voller Brust* à gorge dé-
ployée; à pleine gorge **2.** SCHWIMMEN *100 m
Brust* 100 m brasse **3.** *der Frau* sein *m*; *pl* **Brüs-
te** *a* poitrine *f*; *e-m Kind die Brust geben* don-
ner le sein, donner à téter à un enfant **4.** CUIS
(*Geflügelbrust*) blanc *m*; (*Rinderbrust, Kalbs-
brust*) poitrine *f*
Brustbein *n* sternum *m*
Brustbeutel *m* porte-monnaie *bzw* portefeuille
porté autour du cou
Brustbild *n* buste *m*
brüsten ['brʏstən] *v/r* ⟨-e-⟩ *péj* **sich** (*mit etw*)
brüsten se vanter (de qc)
Brustfell *n* ANAT plèvre *f*
Brustfellentzündung *f* pleurésie *f*
Brustkasten F *m* F coffre *m*
Brustkorb *m* cage *f* thoracique; thorax *m*
Brustkrebs *m* cancer *m* du sein
Brustschwimmen *n* brasse *f*
Brustschwimmer(in) *m* nageur, -euse *m,f* de
brasse
Brusttasche *f innere* poche intérieure; *äußere*
poche *f* de poitrine
Brustton *m* **im Brustton der Überzeugung**
d'un ton convaincu
Brüstung *f* ⟨~; ~en⟩ parapet *m*
Brustwarze *f* mamelon *m*
Brut [bruːt] *f* ⟨~; ~en⟩ **1.** *von Vögeln* couvée *f*;
von Insekten couvain *m*; *von Fischen* alevins
m/pl **2.** (*Brüten*) incubation *f* **3.** F *péj* F sale race
f
brutal [bruˈtaːl] *adj* brutal; rude
Brutalität *f* ⟨~; ~en⟩ brutalité *f*
Brutapparat *m* couveuse (artificielle); incuba-
teur *m*
brüten ['bryːtən] ⟨-e-⟩ *v/i* **1.** *Vögel* couver **2.** *fig*
(*über etw* [*dat*]) *brüten* ruminer qc
brütend I *adj* **t** *brütende Hitze* chaleur suffo-
cante, accablante **II** *adv* t F *brütend heiß* tor-
ride; d'une chaleur suffocante
Brüter *m* ⟨~s; ~⟩ NUCL *Schneller Brüter* surré-
générateur *m*
Bruthenne *f* (poule *f*) couveuse *f*
Brutkasten *m* MÉD couveuse *f*; incubateur *m*
Brutstätte *f* **1.** lieu *m* de reproduction **2.** *fig*
foyer *m* (*für* od + gén de)
brutto ['bruto] *adv* brut; *sie verdient 1000 Eu-
ro brutto* son salaire brut est de 1000 euros
Bruttoeinkommen *n* revenu brut
Bruttoeinnahme *f* recette brute
Bruttogehalt *n*, **Bruttolohn** *m* salaire brut
Bruttopreis *m* prix brut
Bruttoregistertonne *f* tonneau *m* de jauge bru-
te
Bruttosozialprodukt *n* produit national brut
brutzeln ['brʊtsəln] ⟨¢⟩ **I** *v/t* faire revenir, sau-
ter **II** *v/i* grésiller
BSE [beːʔɛsˈʔeː] *f abr* (*bovine spongiforme En-
zephalopathie*) ESB *f*
Btx [beːteːˈʔɪks] *abr* (*Bildschirmtext*) minitel®
m
Bub [buːp] *m* ⟨~en; ~en⟩ *südd, österr, schweiz*
garçon *m*
Bube ['buːbə] *m* ⟨~n; ~n⟩ *Spielkarte* valet *m*
Bubikopf ['buːbi-] *m* coiffure *f* à la garçonne
Buch [buːx] *n* ⟨~¢s; ~er⟩ **1.** livre *m*; F *reden wie
ein Buch* F être un moulin à paroles; *fig ein
Buch mit sieben Siegeln* de l'hébreu; du chi-

nois; un grand mystère **2.** COMM *Bücher* livres *m/pl*; comptes *m/pl*; écritures *f/pl*; (*genau*) *über etw* (*acc*) *Buch führen* tenir un compte exact de qc **3.** (*Drehbuch*) scénario *m*; script *m*

Buchbinder(in) *m* ⟨~s; ~⟩ (*f*) ⟨~in; ~innen⟩ relieur, -ieuse *m,f*

Buchbinderei *f Werkstatt* atelier *m* de relieur

Buchdeckel *m* couverture *f* de livre

Buchdruck *m* imprimerie *f*

Buchdrucker *m* imprimeur *m*

Buchdruckerei *f* imprimerie *f*

Buche ['buːxə] *f* ⟨~; ~n⟩ 'hêtre *m*

Buchecker *f* ⟨~; ~n⟩ faîne *od* faine *f*

buchen *v/t* **1.** COMM comptabiliser **2.** *Reise etc* réserver

Bücherbrett ['byːçər-] *n* rayon *m*; étagère *f*

Bücherei *f* ⟨~; ~en⟩ bibliothèque *f*

Büchernarr *m* bibliomane *m*

Bücherregal *n* étagère *f*; rayonnage *m*

Bücherschrank *m* bibliothèque *f*

Büchersendung *f* envoi *m* de livres

Bücherverbrennung *f* autodafé *m* (de livres)

Bücherwand *f Möbel* bibliothèque *f*; *Wand* mur occupé d'étagères de livres

Bücherwurm *m plais* rat *m* de bibliothèque

Buchfink *m* pinson *m*

Buchführung *f* comptabilité *f*; tenue *f* des livres

Buchhalter(in) *m* ⟨~s; ~⟩ (*f*) ⟨~in; ~innen⟩ comptable *m,f*

Buchhaltung *f* comptabilité *f*

Buchhandel *m herstellender* industrie *f* du livre; éditeurs *m/pl*; *verbreitender* commerce *m* de(s) livres; libraires *m/pl*

Buchhändler(in) *m(f)* libraire *m,f*

Buchhandlung *f*, **Buchladen** *m* librairie *f*

Büchlein ['byːçlaɪn] *n* ⟨~s; ~⟩ petit livre; opuscule *m*

Buchmacher *m* bookmaker *m*

Buchmesse *f* foire *f* du livre

Buchprüfer(in) *m(f)* expert-comptable *m*, experte-comptable *f*; commissaire *m,f* aux comptes

Buchprüfung *f* vérification *f* de(s) comptes

Buchs [buks] *m* ⟨~es; ~e⟩, **Buchsbaum** *m* buis *m*

Buchse *f* ⟨~; ~n⟩ **1.** TECH coussinet *m* **2.** ÉLECT prise femelle

Büchse ['byksə] *f* ⟨~; ~n⟩ **1.** boîte *f*; (*Konservenbüchse*) boîte *f* de conserve **2.** *Schusswaffe* carabine *f*

Büchsenmilch *f* lait concentré (en boîte)

Büchsenöffner *m* ouvre-boîte *m*

Buchstabe ['buːxʃtaːbə] *m* ⟨~ns; ~n⟩ lettre *f*; caractère *m* (*a* TYPO); *großer Buchstabe* majuscule *f*; capitale *f*; *kleiner Buchstabe* minuscule *f*

buchstabengetreu I *adj* littéral **II** *adv* à la lettre

Buchstabieralphabet *n* code *m* d'épellation alphabétique

buchstabieren *v/t* ⟨*sans ge*⟩ épeler

buchstäblich ['buːxʃtɛːplɪç] *adv* littéralement

Buchstütze *f* serre-livres *m*

Bucht [buxt] *f* ⟨~; ~en⟩ baie *f*; *kleine anse f*; crique *f*

Buchtel ['buxtəl] *f* ⟨~; ~n⟩ *österr*: petit gâteau de pâte levée et fourrée

Buchung *f* ⟨~; ~en⟩ **1.** COMM comptabilisation *f*

Das französische Buchstabieralphabet		
A	comme	Anatole
B	comme	Berthe
C	comme	Célestin
D	comme	Désiré
E	comme	Eugène
F	comme	François
G	comme	Gaston
H	comme	Henri
I	comme	Irma
J	comme	Joseph
K	comme	Kléber
L	comme	Louis
M	comme	Marcel
N	comme	Nicolas
O	comme	Oscar
P	comme	Pierre
Q	comme	Quintal
R	comme	Raoul
S	comme	Suzanne
T	comme	Thérèse
U	comme	Ursule
V	comme	Victor
W	comme	William
X	comme	Xavier
Y	comme	Yvonne
Z	comme	Zoë

2. *e-r Reise etc* réservation *f*

Buchungsbeleg *m* pièce *f* comptable

Buchungsfehler *m* erreur *f* de comptabilisation

Buchungsnummer *f* numéro *m* d'enregistrement, de comptabilisation

Buchweizen *m* sarrasin *m*; blé noir

Buckel ['bukəl] *m* ⟨~s; ~⟩ **1.** MÉD bosse *f*; *e-n Buckel haben* être bossu **2.** F (*Rücken*) dos *m*; *e-n Buckel machen Katze* faire le gros dos; *er kann mir den Buckel runterrutschen!* F qu'il me fiche la paix!; F il me les casse! **3.** F (*Wölbung*) bosse *f*; (*kleiner Hügel*) tertre *m*; butte *f*

buckelig → **bucklig**

buckeln F *v/i* ⟨¢⟩ **1.** *Katze* faire le gros dos **2.** *fig péj vor j-m buckeln* ramper, faire des courbettes devant qn

bücken ['bykən] *v/r sich* (*nach etw*) *bücken* se baisser (pour ramasser qc)

bucklig *adj* **1.** MÉD bossu **2.** F *Weg, Fläche* bossué; défoncé

B

Bückling[1] ['bʏklɪŋ] *m* ⟨~s; ~e⟩ F *plais* (*Verbeugung*) courbette *f*
Bückling[2] *m* ⟨~s; ~e⟩ (*Räucherhering*) 'hareng *m* saur, fumé
Buddel ['budəl] F *f* ⟨~; ~n⟩ *nordd* bouteille *f*
buddeln ['budəln] F *v/t u v/i* ⟨¢⟩ creuser
Buddha ['buda] *m* ⟨~s⟩ Bouddha *m*
Buddhismus [bu'dɪsmus] *m* ⟨~⟩ bouddhisme *m*
Buddhist(in) *m* ⟨~en; ~en⟩ (*f*) ⟨~in; ~innen⟩ bouddhiste *m,f*
buddhistisch *adj Person* bouddhiste; *Lehre etc* bouddhique
Bude ['buːdə] *f* ⟨~; ~n⟩ **1.** (*Bretterbude, Jahrmarktsbude*) baraque *f* (*a F péj Haus*) **2.** F (*Zimmer*) F piaule *f*; **sturmfreie Bude** chambre indépendante; **Leben in die Bude bringen** mettre de l'ambiance
Budget [bʏ'dʒeː] *n* ⟨~s; ~s⟩ budget *m*
Büfett [bʏ'fɛt] *n* ⟨~¢s; ~s *ou* ~e⟩ **1.** (*Anrichte*) buffet *m* **2.** CUIS **kaltes Büfett** buffet (froid) **3.** (*Schanktisch*) comptoir *m* **4.** *schweiz* (*Bahnhofsrestaurant*) buffet *m*
Büffel ['bʏfəl] *m* ⟨~s; ~⟩ buffle *m*
büffeln F *v/t u v/i* ⟨¢⟩ F bosser
Buffet *n* ⟨~s; ~s⟩, *österr a* **Büffet** [bʏ'feː] *n* ⟨~s; ~s⟩ → **Büfett**
Bug [buːk] *m* ⟨~¢s; ~e *ou* ~e⟩ **1.** ⟨*pl* ~e⟩ MAR proue *f*; avant *m* (*a* AVIAT); nez *m* **2.** *beim Rind* épaule *f*
Bügel ['byːgəl] *m* ⟨~s; ~⟩ **1.** (*Kleiderbügel*) cintre *m* **2.** (*Steigbügel*) étrier *m* **3.** (*Brillenbügel*) branche *f* **4.** *e-r Handtasche* monture *f*
Bügelautomat *m* machine *f* à repasser
Bügel-BH *m* soutien-gorge *m* à armatures
Bügelbrett *n* planche *f* à repasser
Bügeleisen *n* fer *m* à repasser
Bügelfalte *f* pli *m* (de pantalon)
bügelfrei *adj* qui ne se repasse pas; infroissable
Bügelmaschine *f* machine *f* à repasser
bügeln ['byːgəln] *v/t* ⟨¢⟩ repasser
Bügelsäge *f* scie *f* à monture trapézoïdale
Bügelwäsche *f* ⟨~⟩ *zum Bügeln* linge *m* à repasser; *gebügelte* linge repassé
Buggy ['bagi] *m* ⟨~s; ~s⟩ **1.** *Auto* buggy *m* **2.** *Kinderwagen* poussette pliante
bugsieren [bu'ksiːrən] *v/t* ⟨*sans ge*⟩ F *fig* pousser; *Person* piloter; guider
Bugwelle *f* vague *f*, lame *f* d'étrave
buh [buː] *int* 'hou!; (*pfui*) berk!
buhen F *v/i* 'huer (*qn bzw qc*)
buhlen *st/s v/i péj* **um etw buhlen** briguer, rechercher qc avec ardeur
Buhmann F *m* ⟨~¢s; -männer⟩ bouc *m* émissaire; **j-n zum Buhmann machen** faire porter le chapeau à qn
Buhne ['buːnə] *f* ⟨~; ~n⟩ brise-lames *m*
Bühne ['byːnə] *f* ⟨~; ~n⟩ **1.** THÉ (*Spielfläche*) scène *f*; plateau *m*; **die Bühne betreten** entrer en scène; F **etw über die Bühne bringen** (*durchführen*) mener qc à bien; (*beenden*) mener qc à bonne fin **2.** (*Theater*) théâtre *m*; scène *f*; **zur Bühne gehen** faire du théâtre
Bühnenarbeiter *m* machiniste *m*
Bühnenausstattung *f* décors *m/pl*
Bühnenautor(in) *m(f)* auteur *m* dramatique
Bühnenbeleuchtung *f* éclairage *m* de la scène
Bühnenbild *n* décors *m/pl*

Bühnenbildner(in) *m* ⟨~s; ~⟩ (*f*) ⟨~in; ~innen⟩ décorateur, -trice *m,f* (de théâtre)
Bühnendekoration *f* décoration *f* scénique
Bühnendichtung *f* œuvre *f* dramatique
Bühneneingang *m* entrée *f* des artistes
Bühnenerfolg *m* succès théâtral
Bühnenfassung *f* adaptation *f* scénique
Bühnenlaufbahn *f* carrière théâtrale
bühnenreif *adj* théâtral; transposable au théâtre
Bühnenstück *n* pièce *f* de théâtre
Bühnentechnik *f* ⟨~⟩ technique *f* du plateau, de la machinerie
Buhruf *m* 'huée *f*
buk [buːk] → **backen**
Bukett [bu'kɛt] *n* ⟨~s; ~s *ou* ~e⟩ bouquet *m*
Bulette [bu'lɛtə] *f* ⟨~; ~n⟩ *regional* boulette *f* (de viande); F *plais* **ran an die Buletten!** on y va!; allons-y!
Bulgare [bul'gaːrə] *m* ⟨~n; ~n⟩, **Bulgarin** *f* ⟨~; ~nen⟩ Bulgare *m,f*
Bulgarien *n* ⟨~s⟩ la Bulgarie
bulgarisch *adj* bulgare
Bulimie [buli'miː] *f* ⟨~⟩ MÉD boulimie *f*
Bulimiekranke(r) *f(m)* boulimique *m,f*
Bullauge ['bul'ʔaugə] *n* 'hublot *m*
Bulldogge *f* bouledogue *m*
Bulldozer ['-doːzər] *m* ⟨~s; ~⟩ bulldozer *m*
Bulle ['bulə] *m* ⟨~n; ~n⟩ **1.** taureau *m* **2.** F *fig* (*starker Mann*) F armoire *f* à glace **3.** F *péj* (*Polizist*) F flic *m*; F poulet *m*
Bullenhitze F *f* F chaleur *f* d'enfer, à crever
Bulletin [bʏl'tɛ̃ː] *n* ⟨~s; ~s⟩ bulletin *m*
bullig F *adj* **1.** *Mensch* F costaud; F balèze **2.** *Hitze* F à crever
bum [bum] *int* boum!
Bumerang ['buməraŋ] *m* ⟨~s; ~e *ou* ~s⟩ boomerang *m*
Bummel ['buməl] F *m* ⟨~s; ~⟩ F balade *f*
Bummelant F *péj m* ⟨~en; ~en⟩ **1.** (*Trödelfritze*) traînard *m* **2.** (*Nichtstuer*) feignant *m*; F flemmard *m*
Bummelei F *péj f* ⟨~; ~en⟩ **1.** (*Trödelei*) lenteur *f* **2.** (*Pflichtvergessenheit*) fainéantise *f*; F flemme *f*
bumm(e)lig F *péj adj* (*langsam*) traînard
bummeln F *v/i* ⟨¢⟩ **1.** ⟨*sn*⟩ (*schlendern*) flâner (**durch die Stadt** dans les rues) **2.** *péj* (*trödeln*) F lambiner; traîner; (*faulenzen*) F flemmarder; F glander
Bummelstreik *m* grève *f* du zèle
Bummelzug F *m* tortillard *m*
bums [bums] *int* boum!; patatras!
Bums F *m* ⟨~es; ~e⟩ boum *m*; coup sourd
bumsen ⟨¢s⟩ **I** P *v/t sexuell* P baiser **II** F *v/i* ⟨+ *indication de direction* sn⟩ faire boum; *an e-e Tür* taper; frapper (**an** [+ *acc*] contre); **gegen etw bumsen** se cogner à, contre qc
Bumslokal F *péj n* bouge *m*
Bund[1] [bunt] *m* ⟨~¢s; ~e⟩ **1.** (*Vereinigung*) union *f*; **der Bund der Ehe** les liens *m/pl* du mariage; *st/s* **mit j-m den Bund fürs Leben schließen** s'unir à qn (pour la vie) **2.** POL fédération *f* **3.** COUT ceinture *f* **4.** F (*Bundeswehr*) service *m* (militaire)
Bund[2] *n* ⟨~¢s; ~e, *mais* 4 ~⟩ *Gemüse* botte *f*; *Petersilie* bouquet *m*
Bündchen ['bʏntçən] *n* ⟨~s; ~⟩ *am Ärmel* poi-

gnet *m*; *am Hals* col *m*
Bündel ['byndəl] *n* ⟨~s; ~⟩ *Briefe, Wäsche, fig*
paquet *m*; *Briefe, Banknoten a* liasse *f*; *Stroh*
botte *f*
bündeln *v/t* ⟨¢⟩ lier ensemble; faire un paquet
de; *Banknoten* faire des liasses de; *Garben,*
Gemüse faire des bottes de
bündelweise *adv* par paquets, liasses, bottes,
etc
Bundes... *in Zssgn meist* fédéral
Bundesagentur *f* **Bundesagentur für Arbeit**
Office fédéral du travail
Bundesamt *n* ⟨~¢s⟩ office fédéral (*für* de); *Sta-*
tistisches Bundesamt Office fédéral de la
statistique
Bundesangestelltentarif *m* BRD grille des sa-
laires des employés du service public allemand
Bundesautobahn *f* BRD, *österr* autoroute fé-
dérale
Bundesbürger *m* citoyen *m* de la RFA
Bundesebene *f* ⟨~⟩ *auf Bundesebene* au ni-
veau, à l'échelon, sur le plan fédéral
Bundesgebiet *n* territoire *m* de la RFA
Bundesgrenzschutz *m* BRD Corps fédéral de
protection des frontières
Bundeshauptstadt *f* capitale fédérale
Bundeskabinett *n* BRD cabinet fédéral
Bundeskanzler *m* BRD, *österr* chancelier *m* de
la République fédérale
Bundeskanzleramt *n* ⟨~¢s⟩ Chancellerie fédé-
rale
Bundeskanzlerin *f* BRD, *österr* chancelière *f*
de la République fédérale
Bundeskartellamt *n* ⟨~¢s⟩ BRD Office fédéral
des ententes
Bundeskriminalamt *n* ⟨~¢s⟩ BRD Office fédé-
ral de police criminelle
Bundesland *n* BRD, *österr* land *m*; BRD *die*
alten Bundesländer les länder ouest-alle-

mands; *die neuen Bundesländer* les nou-
veaux länder
Bundesliga *f* SPORT première division
Bundesminister(in) *m(f)* ministre fédéral (*für*
de)
Bundesministerium *n* ministère fédéral (*für*
de)
Bundesnachrichtendienst *m* ⟨~¢s⟩ BRD Ser-
vice fédéral de renseignements
Bundespräsident(in) *m(f)* président *m* de la
République fédérale, *schweiz* de la Confédé-
ration
Bundespresseamt *n* ⟨~¢s⟩ BRD Office *m* de
presse du gouvernement fédéral
Bundesrat *m* **1.** chambre *f* des länder **2.** *schweiz*
Conseil fédéral
Bundesrechnungshof *m* ⟨~¢s⟩ BRD Cour fé-
dérale des comptes
Bundesregierung *f* gouvernement fédéral
Bundesrepublik *die* **Bundesrepublik**
Deutschland la République fédérale d'Alle-
magne
Bundesstaat *m* **1.** *Gesamtstaat* État fédéral **2.**
Gliedstaat État (fédéré)
Bundesstraße *f etwa* route nationale
Bundestag *m* Parlement fédéral; Bundestag *m*
Bundestagsabgeordnete(r) *f(m)* député *m* du
Bundestag
Bundestagsdebatte *f* débat *m* au Bundestag
Bundestagsfraktion *f* groupe *m* parlementaire
du Bundestag
Bundestagspräsident(in) *m(f)* président(e)
m(f) du Bundestag
Bundestagswahl *f* élections *f/pl* au Bundestag
Bundestrainer *m* sélectionneur *m*; entraîneur
m de l'équipe nationale
Bundesverdienstkreuz *n* BRD Croix fédérale
du mérite
Bundesverfassungsgericht *n* Cour constitu-

Die Bundesländer

Baden-Württemberg	**le Bade-Wurtemberg**
Bayern	**la Bavière**
Berlin	**Berlin**
Brandenburg	**le Brandebourg**
Bremen	**Brême**
Hamburg	**Hambourg**
Hessen	**la Hesse**
Mecklenburg-Vorpommern	**le Mecklembourg et la Poméranie occidentale**
Niedersachsen	**la Basse-Saxe**
Nordrhein-Westfalen	**la Rhénanie-du-Nord-Westphalie**
Rheinland-Pfalz	**la Rhénanie-Palatinat**
das Saarland	**la Sarre**
Sachsen	**la Saxe**
Sachsen-Anhalt	**la Saxe-Anhalt**
Schleswig-Holstein	**le Schleswig-Holstein**
Thüringen	**la Thuringe**

tionnelle fédérale

Bundesversammlung *f BRD*, *schweiz* Assemblée fédérale

Bundesverwaltungsgericht *n BRD* Cour administrative fédérale

Bundeswehr *f* Bundeswehr *f*; forces armées de la République fédérale

bundesweit *adj* sur tout le territoire fédéral; à l'échelle fédérale

Bundfalte *f* pince *f*

Bundfaltenhose *f* pantalon *m* à pinces

Bundhose *f* knicker(s) *m(pl)*

bündig ['bʏndıç] *adj Antwort* clair; net; *Beweis* concluant

Bündnis ['bʏntnıs] *n* ⟨~ses; ~se⟩ alliance *f*; pacte *m*

Bündnisgrüne(r) *f(m)* membre *m* du parti d'union écologiste Alliance 90/les Verts

Bündnispartner *m* allié *m*

Bundweite *f* COUT tour *m* de taille

Bungalow ['buŋgalo] *m* ⟨~s; ~s⟩ bungalow *m*

Bungeejumping ['bandʒıdʒampıŋ] *n* ⟨~s⟩, **Bungeespringen** *n* ⟨~s⟩ saut *m* à l'élastique

Bunker ['buŋkər] *m* ⟨~s; ~⟩ **1.** MIL blockhaus *m*; *(Luftschutzbunker)* abri antiaérien **2.** F *(Gefängnis)* F trou *m*

Bunsenbrenner ['bʊnzən-] *m* bec *m* Bunsen

bunt [bʊnt] **I** *adj* **1.** *(farbig)* en couleurs **2.** *(mehrfarbig)* multicolore; bigarré **3.** *fig (ungeordnet)* **ein buntes Durcheinander** une belle pagaille; un joyeux méli-mélo; F **jetzt wird es mir aber zu bunt!** F c'est trop fort! **II** *adv* **4.** **etw bunt bemalen** peindre qc de toutes les couleurs **5.** *fig* **bunt gemischt** *Programm, Publikum* varié **6.** F *fig* **er treibt es zu bunt** il va trop loin

Buntspecht *m* (pic *m*) épeiche *f*

Buntstift *m* crayon *m* de couleur

Buntwäsche *f* linge *m* de couleur

Bürde ['bʏrdə] *st/s f* ⟨~; ~n⟩ fardeau *m* (*a fig*)

Burg [bʊrk] *f* ⟨~; ~en⟩ château fort

Bürge ['bʏrgə] *m* ⟨~n; ~n⟩ garant *m*; répondant *m*; JUR caution *f*

bürgen *v/i (für j-n, etw)* **bürgen** se porter garant (pour qn, de qc); répondre (de qn, qc); **für etw bürgen** garantir qc

Bürger(in) *m* ⟨~s; ~⟩ (*f*) ⟨~in; ~innen⟩ **1.** *(Staatsbürger[in])* citoyen, -enne *m,f* **2.** *e-r Stadt meist* habitant(e) *m(f)*

Bürgerentscheid *m* référendum *m*

Bürgerinitiative *f* comité *m* de défense

Bürgerkrieg *m* guerre civile

bürgerlich I *adj* **1.** *(staatsbürgerlich)* civil; civique **2.** *(zum Bürgertum gehörend)* bourgeois (*a péj*); *(nichtadlig)* roturier **II** *adv* **bürgerlich denken** avoir des valeurs conservatrices

Bürgerliche(r) *f(m)* ⟨→ A⟩ bourgeois(e) *m(f)*; *(Nichtadlige[r])* roturier, -ière *m,f*

Bürgermeister(in) *m(f)* maire *m*

bürgernah *adj* à l'écoute des citoyens

Bürgerpflicht *f* devoir *m* civique, du citoyen

Bürgerrecht *n* droit *m* civique, du citoyen

Bürgerrechtler *m* ⟨~s; ~⟩ défenseur *m* des droits civiques

Bürgerrechtsbewegung *f* mouvement *m* en faveur des droits civiques

Bürgerschaft *f* ⟨~; ~en⟩ citoyens *m/pl*

Bürgersteig *m* ⟨~¢s; ~e⟩ trottoir *m*

Bürgertum *n* ⟨~s⟩ bourgeoisie *f*

Burgfriede(n) *m* POL trêve *f* politique

Bürgschaft *f* ⟨~; ~en⟩ caution *f*; garantie *f*

Burgund [bʊr'gʊnt] *n* ⟨~s⟩ la Bourgogne

Burgunder *m* ⟨~s; ~⟩ *Wein* vin *m* de Bourgogne; bourgogne *m*

Burkina Faso [bʊr'kiːna'faːzo] *n* ⟨~s⟩ le Burkina Faso

burlesk [bʊr'lɛsk] *adj* burlesque

Büro [by'roː] *n* ⟨~s; ~s⟩ bureau *m*; *e-s Anwalts, Notars* étude *f*

Büroangestellte(r) *f(m)* employé(e) *m(f)* de bureau

Büroarbeit *f* travail *m* de bureau

Bürogebäude *n* immeuble *m* de bureaux

Bürogehilfe *m*, **Bürogehilfin** *f* auxiliaire *m,f* (de bureau)

Bürokaufmann *m*, **Bürokauffrau** *f* agent *m* de gestion

Büroklammer *f* trombone *m*

Bürokommunikation *f* bureautique® *f*

Bürokrat [byro'kraːt] *m* ⟨~en; ~en⟩ *péj* bureaucrate *m*

Bürokratie *f* ⟨~; ~n⟩ bureaucratie *f*

bürokratisch *adj* bureaucratique

Büromaterial *n* matériel *m*, articles *m/pl* de bureau

Büromöbel *n/pl* meubles *m/pl*, mobilier *m* de bureau

Büroraum *m* bureau *m*

Büroschrank *m* classeur *m*

Bursche ['bʊrʃə] *m* ⟨~n; ~n⟩ garçon *m*; jeune *m*; F gars *m*; **toller Bursche** F type épatant; F mec *m* super

Burschenschaft *f* ⟨~; ~en⟩ association *f* d'étudiants *(de tendance conservatrice)*

burschikos [bʊrʃi'koːs] *adj* désinvolte; sans gêne; cavalier

Bürste ['bʏrstə] *f* ⟨~; ~n⟩ brosse *f*

bürsten *v/t* ⟨-e-⟩ brosser; donner, passer un coup de brosse à

Bürstenschnitt *m* (coupe *f* en) brosse *f*

Burundi [bu'rʊndi] *n* ⟨~s⟩ le Burundi

Bürzel ['bʏrtsəl] *m* ⟨~s; ~⟩ *der Vögel* croupion *m*

Bus [bʊs] *m* ⟨~ses; ~se⟩ (auto)bus *m*; *(Reise-, Schulbus)* (auto)car *m*

Busbahnhof *m* gare routière

Busch [bʊʃ] *m* ⟨~¢s; ~e⟩ **1.** buisson *m*; F *fig* **bei j-m auf den Busch klopfen** tâter le terrain auprès de qn; F *fig* **da ist etwas im Busch** il y a anguille sous roche **2.** GÉOGR brousse *f*

Büschel ['bʏʃəl] *n* ⟨~s; ~⟩ touffe *f*; *(Federbüschel)* aigrette *f*

büschelweise *adv* par touffes

buschig *adj (dicht gewachsen)* touffu; *Augenbrauen* broussailleux

Buschmesser *n* coupe-coupe *m*; machette *f*

Buschwindröschen [-vıntrøːsçən] *n* anémone *f* des bois

Busen ['buːzən] *m* ⟨~s; ~⟩ **1.** seins *m/pl*; poitrine *f* **2.** *poét (Brust) litt* sein *m*

Busenfreund(in) *m(f)* ami(e) *m(f)* intime

Busfahrer *m* conducteur *m* de bus; *(Reisebusfahrer)* chauffeur *m* d'autocar

Bushaltestelle *f* arrêt *m* d'autobus

Business Class ['bıznısklaːs] *f* ⟨~⟩ AVIAT classe *f* affaires

Buslinie *f* ligne *f* de bus
Bussard ['bʊsart] *m* ⟨~s; ~e⟩ buse *f*
Buße ['buːsə] *f* ⟨~; ~n⟩ **1.** REL pénitence *f*; **Buße tun** faire pénitence **2.** JUR amende *f*
büßen ['byːsən] *v/t u v/i* (*für*) *etw büßen* expier qc (*a fig*); *das sollst du mir büßen!* tu me le paieras!
Büßer *m* ⟨~s; ~⟩ pénitent *m*
Bußgeld *n* amende *f*; contravention *f*
Bußgeldbescheid *m* contravention *f*
Büste ['bʏstə] *f* ⟨~; ~n⟩ buste *m*
Büstenhalter *m* soutien-gorge *m*
Butangas [bu'taːn-] *n* gaz *m* butane
Butler ['batlər] *m* ⟨~s; ~⟩ maître *m* d'hotel; majordome *m*
Bütte ['bʏtə] *f* ⟨~; ~n⟩ cuve *f*
Büttenpapier *n* papier *m* à la cuve, à la main
Büttenrede *f regional* discours *m* d'un(e) humoriste du carnaval
Büttenredner(in) *m(f) regional* humoriste *m,f* du carnaval
Butter ['bʊtər] *f* ⟨~⟩ beurre *m*; *mit Butter bestreichen* beurrer; F *fig* (*es ist*) *alles in Butter* F ça baigne
Butterblume *f* (*Hahnenfuß*) bouton-d'or *m*
Butterbrot *n* tartine beurrée

Butterbrotpapier *n* papier sulfurisé
Buttercreme *f* crème *f* au beurre
Buttercremetorte *f* gâteau fourré de crème au beurre
Butterdose *f* beurrier *m*
Butterflöckchen *n* coquille *f* de beurre
Butterkäse *m fromage gras à pâte pressée*
Butterkeks *m* petit-beurre *m*
Buttermilch *f* babeurre *m*
buttern *v/t* **1.** beurrer **2.** F *fig* **Geld in etw** (*acc*) **buttern** F claquer de l'argent dans qc
Buttersäure *f* ⟨~⟩ acide *m* butyrique
Butterschmalz *n* beurre clarifié
butterweich *adj* **1.** de la consistance du beurre; *Birne* fondant **2.** F *Landung* en douceur
Button ['batən] *m* ⟨~s; ~s⟩ badge *m*
Butzenscheibe ['bʊtsən-] *f* vitre *f* en culs-de- -bouteille
b. w. *abr* (*bitte wenden*) T.S.V.P.
BWL [beːveˈʔɛl] *abr* → **Betriebswirtschaftslehre**
Bypass ['baɪpas] *m* ⟨~es; ~e⟩ MÉD pontage *m*
Bypassoperation *f* pontage *m*
Byte [baɪt] *n* ⟨~$; ~$⟩ INFORM octet *m*
bzw. *abr* → **beziehungsweise**

C

C, c [tseː] *n* ⟨C, c; C, c⟩ **1.** C, c *m* **2.** MUS do *m*; ut *m*
ca. *abr* (*circa*) environ; à peu près
Cabrio ['kaːbrio] *n* ⟨~s; ~s⟩, **Cabriolet** [kabrioˈleː] *n* ⟨~s; ~s⟩ cabriolet *m*; (voiture *f*) décapotable *f*
CAD [kɛt] *n abr* ⟨~⟩ (*Computer Aided Design*) CAO *f*
Cadmium ['katmiʊm] *n* ⟨~s⟩ cadmium *m*
Café [kaˈfeː] *n* ⟨~s; ~s⟩ salon *m* de thé

Café

Wer in Frankreich Appetit auf Kaffee und Kuchen hat, sollte nicht in ein **café** gehen, sondern in einen **salon de thé**. Im französischen **café** bekommt man zwar Kaffee und Sandwiches, es gibt aber fast nie Kuchen.

Cafeteria [kafetəˈriːa] *f* ⟨~; ~s⟩ cafétéria *f*
Callboy ['koːlbɔy] *m* ⟨~s; ~s⟩ call-boy *m*
Call-by-Call ['koːlbaɪˈkoːl] *n souvent sans article* ⟨~s⟩, **Call-by-Call-Verfahren** *n* TÉL call- -by-call *m*
Call-Center [-sɛntər] *n* ⟨~s; ~⟩ centre *m* d'appels

Callgirl [-gøːrl] *n* ⟨~s; ~s⟩ call-girl *f*
Camcorder ['kamkɔrdər] *m* ⟨~s; ~⟩ camésco- pe *m*
Camembert ['kaməmbeːr] *m* ⟨~s; ~s⟩ *Käse* camembert *m*
Camion ['kamjõ] *m* ⟨~s; ~s⟩ *schweiz* camion *m*
Campagne → **Kampagne**
campen ['kɛmpən] *v/i* faire du camping; cam per
Camper(in) *m* ⟨~s; ~⟩ (*f*) ⟨~in; ~innen⟩ campeur, -euse *m,f*
Camping ['kɛmpɪŋ] *n* ⟨~s⟩ camping *m*
Campingbus *m* camping-car *m*
Campingplatz *m* (terrain *m* de) camping *m*
Candle-Light-Dinner ['kɛndəllaɪtdɪnər] *n* ⟨~s; ~$⟩ dîner *m* aux chandelles
Cannabis ['kanabɪs] *m* ⟨~⟩ cannabis *m*
Canyoning ['kɛnjənɪŋ] *n* ⟨~s⟩ SPORT canyoning *m*
Cape [keːp] *n* ⟨~s; ~s⟩ cape *f*
Cappuccino [kapuˈtʃiːno] *m* ⟨~$; ~$⟩ cappuccino *m*
Caprihose ['kaːpri-] *f* pantalon *m* corsaire
Caravan ['ka(ː)ravan] *m* ⟨~s; ~s⟩ (*Wohnwagen*) caravane *f*
Caritas ['kaːritas] *f* ⟨~⟩ Secours *m* catholique
Carport ['kaːrpɔrt] *m* ⟨~s; ~s⟩ auvent *m* pour voiture(s)
Cartoon [karˈtuːn] *m od n* ⟨~$; ~s⟩ dessin *m* (de

bande dessinée) humoristique
carven ['karvən] *v/i* ⟨sn⟩ faire du carving
Carvingski ['karvıŋ-] *m* ski *m* de carving
Cashewkern ['kɛʃu-] *m*, **Cashewnuss** *f* noix *f* de cajou
Casino → **Kasino**
Cäsium ['tsɛːzium] *n* ⟨~s⟩ césium *m*
Casting ['kaːstıŋ] *n* ⟨~s; ~s⟩ FILM, TV casting *m*
catchen ['kɛtʃən] *v/i* catcher
Catcher(in) *m* ⟨~s; ~⟩ (*f*) ⟨~in; ~innen⟩ catcheur, -euse *m,f*
Cayennepfeffer [ka'jɛn-] *m* poivre *m* de Cayenne
CB-Funk [tseː'beː-] *m* CB *f*
CB-Funker(in) *m* cibiste *m,f*
ccm *abr* (*Kubikzentimeter*) cm³ (centimètre cube)
CD [tseː'deː] *f* ⟨~; ~s⟩ CD *m*; disque compact; F compact *m*
CD-Brenner *m* graveur *m* de CD
CD-Player [-pleːər] *m* ⟨~s; ~⟩ platine *f* laser
CD-Rohling *m* CD *m* vierge
CD-ROM [-'rɔm] *f* ⟨~; ~s⟩ CD-ROM *m*
CD-ROM-Laufwerk *n* lecteur *m* de CD-ROM
CD-Spieler *m* platine *f* laser
CDU [tseːdeː'ʔuː] *f abr* ⟨~⟩ (*Christlich-Demokratische Union*) Union chrétienne-démocrate
C-Dur *n* do *m*, ut *m* majeur
Cellist(in) [tʃɛ'lıst(ın)] *m* ⟨~en; ~en⟩ (*f*) ⟨~in; ~innen⟩ violoncelliste *m,f*
Cello ['tʃɛlo] *n* ⟨~s; ~s *ou* Celli⟩ violoncelle *m*
Cellophan® [tsɛlo'faːn] *n* ⟨~s⟩ cellophane® *f*
Cellulite [tsɛlu'liːtə] *f* ⟨~⟩ MÉD cellulite *f*
Celsius ['tsɛlzius] *20 Grad Celsius* 20 degrés *m/pl* centigrades
Cembalo ['tʃɛmbalo] *n* ⟨~s; ~s *ou* -li⟩ clavecin *m*
Cent [(t)sɛnt] *m* ⟨~$; ~$, *mais 5* ~⟩ *Währung der EU* cent *m*
Centre-Court ['sɛntər'koːt] *m* ⟨~s; ~s⟩ TENNIS court central
Ceran(koch)feld® [tseˈraːn-] *n* plaque *f* vitrocéramique
Ceylontee ['tsaılɔn-] *m* thé *m* de Ceylan
Chalet [ʃa'leː] *n* ⟨~s; ~s⟩ *Landhaus* chalet *m*; (*Sennhütte*) chalet *m* d'alpage
Chamäleon [ka'mɛːleɔn] *n* ⟨~s; ~s⟩ caméléon *m*
Champagner [ʃam'panjər] *m* ⟨~s; ~⟩ champagne *m*
Champignon ['ʃampınjɔŋ] *m* ⟨~s; ~s⟩ champignon *m* de Paris, de couche
Chance ['ʃãːs(ə)] *f* ⟨~; ~n⟩ chance *f*; *wie stehen unsere Chancen?* où en sont, quelles sont nos chances?
Chancengleichheit *f* égalité *f* des chances
Chanson [ʃã'sõː] *n* ⟨~s; ~s⟩ chanson *f*
Chaos ['kaːɔs] *n* ⟨~⟩ chaos *m*
Chaot [ka'oːt] *m* ⟨~en; ~en⟩ **1.** (*Randalierer*) casseur *m* **2.** (*unordentlicher Mensch*) personne mal organisée
chaotisch *adj* chaotique
Charakter [ka'raktər] *m* ⟨~s; -tere⟩ caractère *m*

Charakter = caractère

Wird anders geschrieben als englisch „character".

Charaktereigenschaft *f* trait *m* de caractère
charakterisieren *v/t* ⟨sans ge⟩ caractériser
Charakteristik *f* ⟨~; ~en⟩ description *f* des caractéristiques; *e-r Person* portrait *m*
Charakteristikum *n* ⟨~s; -ka⟩ caractère distinctif; caractéristique *f*
charakteristisch *adj* caractéristique; typique (*für j-n* pour qn; *für etw* de qc)
charakterlich *adj* de caractère
charakterlos *adj* (*schlecht*) mauvais; (*schwach*) faible; *fig* (*farblos*) sans caractère
Charakterschwäche *f* faiblesse *f* de caractère
Charakterstärke *f* force *f* de caractère
Charakterzug *m* train *m* de caractère
Charisma ['çaːrısma] *n* ⟨~s; -rismen⟩ REL, *fig* charisme *m*
charismatisch *adj* charismatique
charmant [ʃar'mant] *adj* charmant
Charme [ʃarm] *m* ⟨~s⟩ charme *m*
Charmeur *m* ⟨~s; ~e⟩ charmeur *m*
Charterflug ['tʃartər-] *m* vol *m* charter
Charterflugzeug *n* charter *m*
Chartergesellschaft *f* compagnie *f* de charters
Chartermaschine *f* charter *m*
chartern *v/t* affréter
Charts [tʃarts] *pl* 'hit-parade *m*; *in den amerikanischen Charts sein* être au hit-parade américain
Chassis [ʃa'siː] *n* ⟨~; ~⟩ AUTO châssis *m*
Chat [tʃɛt] *m* ⟨~s; ~s⟩ INFORM chat *m*; conversation *f* en ligne
Chatroom ['tʃɛtruːm] *m* ⟨~s; ~s⟩ INFORM salon *m* de conversation
chatten ['tʃɛtən] *v/i* ⟨-e-⟩ INFORM chatter; bavarder, dialoguer (en ligne)
Chauffeur [ʃɔ'føːr] *m* ⟨~s; ~e⟩ chauffeur *m*
chauffieren *v/t u v/i* ⟨sans ge⟩ conduire
Chauvi ['ʃoːvi] F *péj m* ⟨~s; ~s⟩ F macho *m*
Chauvinismus *m* ⟨~⟩ chauvinisme *m*; *männlicher* machisme *m*; phallocratie *f*
Chauvinist *m* ⟨~en; ~en⟩ chauvin *m*; (*Sexist*) macho *m*; phallocrate *m*
chauvinistisch *adj* chauvin; (*sexistisch*) phallocrate; machiste
Check [ʃɛk] *m schweiz* → **Scheck**
checken ['ʃɛkən] *v/t* **1.** TECH contrôler **2.** F (*kapieren*) F piger
Checkliste *f* liste *f* de contrôle
Check-up [-ap] *m od n* ⟨~$; ~s⟩ bilan *m* de santé; check-up *m*
Cheeseburger ['tʃiːsbœrgər] *m* ⟨~s; ~⟩ CUIS cheeseburger *m*
Chef [ʃɛf] *m* ⟨~s; ~s⟩ (*Leiter*) chef *m*; *in e-m Betrieb* patron *m*
Chefarzt *m* médecin-chef *m*
Chefetage *f* étage *m* de la direction
Chefin *f* ⟨~; ~nen⟩ (*Leiterin*) chef *m*; *in e-m Betrieb* patronne *f*
Chefredakteur *m* rédacteur *m* en chef
Chefsekretärin *f* secrétaire *f* de direction
Chemie [çe'miː] *f* ⟨~⟩ chimie *f*
Chemiefaser *f* fibre *f* chimique
Chemieingenieur(in) *m(f)* ingénieur *m,f* chimiste
Chemielaborant(in) *m(f)* laborantin(e) *m(f)* dans un laboratoire de chimie
Chemikalie [çemi'kaːliə] *f* ⟨~; ~n⟩ produit *m* chimique

eine Person charakterisieren – caractériser une personne			WF
Er / sie ist eher …	Il / elle est plutôt…	… als …	… que…
hart	dur(e)	weich, sanft	doux / douce
stark	fort(e)	schwach	faible
empfindsam	sensible	dickfellig	insensible
nüchtern	réaliste	verträumt	rêveur / rêveuse
aktiv	actif / active	passiv	passif / passive
selbstsicher	sûr de lui / sûre d'elle	schüchtern	timide
resolut, entschlossen	résolu(e)	unentschlossen	indécis(e)
hilfsbereit	prêt(e) à aider	selbstsüchtig	égoïste
ehrgeizig	ambitieux / ambitieuse	bescheiden	modeste
berechnend	calculateur / calculatrice	großzügig	généreux / généreuse
aggressiv	agressif / agressive	friedlich, ruhig	paisible
mitleidvoll	compatissant(e)	mitleidlos	impitoyable
voller Energie	plein(e) d'énergie	schlapp	flasque, lâche
heiter, fröhlich	gai(e)	traurig, bedrückt	triste, déprimé(e)
nachdenklich	pensif / pensive	unbekümmert	insouciant(e)
gut gelaunt	de bonne humeur	schlecht gelaunt	de mauvaise humeur
mutig	courageux / courageuse	feige	lâche
zurückhaltend	réservé(e)	prahlerisch	vantard(e)
aufrichtig	sincère	verlogen	hypocrite, menteur / menteuse
sympathisch	sympathique	unsympathisch	antipathique
klug	intelligent(e)	tollkühn	téméraire
vorsichtig	prudent(e)	unvorsichtig	imprudent(e)
gleichgültig	indifférent(e)	engagiert	engagé(e)
naiv	naïf / naïve	gerissen	malin / maligne
ausgeglichen	équilibré(e)	unausgeglichen	déséquilibré(e)
optimistisch	optimiste	pessimistisch	pessimiste
angepasst	conformiste	unabhängig	indépendant(e)
anziehend	séduisant(e)	abstoßend	repoussant(e)
offen	ouvert(e)	verschlossen	fermé(e)
begeisterungsfähig	enthousiaste	langweilig	ennuyeux / ennuyeuse
leichtgläubig	crédule	skeptisch	sceptique

Chemiker(in) ['çeːmikər(ɪn)] m ⟨∼s; ∼⟩ (f) ⟨∼in; ∼innen⟩ chimiste m,f
chemisch adj chimique
Chemotherapie [çemo-] f MÉD chimiothérapie f
Cherrytomate ['tʃeri-] f tomate f cerise
chic [ʃɪk] → **schick**
Chic [ʃɪk] m ⟨∼s⟩ chic m

Chicorée ['ʃikore] m ⟨∼s⟩ od f ⟨∼⟩ endive f
Chiffon ['ʃɪfõ] m ⟨∼s; ∼s⟩ voile m de soie
Chiffre ['ʃɪfrə] f ⟨∼; ∼n⟩ chiffre m; in Anzeigen référence f; numéro m
chiffrieren v/t ⟨sans ge⟩ chiffrer
Chile ['çiːle ou 'tʃiːle] n ⟨∼s⟩ le Chili
Chilene [çi'leːnə ou tʃi'leːnə] m ⟨∼n; ∼n⟩, **Chi-**

lenin $f \langle\sim; \sim\text{nen}\rangle$ Chilien, -ienne m,f
chilenisch *adj* chilien
China ['çi:na] $n \langle\sim s\rangle$ la Chine
Chinakohl m chou chinois
Chinese [çi'ne:zə] $m \langle\sim n; \sim n\rangle$, **Chinesin** $f \langle\sim; \sim\text{nen}\rangle$ Chinois(e) $m(f)$
chinesisch *adj* chinois; POL *in Zssgn* sino-…
Chinin [çi'ni:n] $n \langle\sim s\rangle$ PHARM quinine f
Chip [tʃɪp] $m \langle\sim s; \sim s\rangle$ **1.** (*Kartoffelchip*) **Chips** *pl* chips f/pl **2.** INFORM puce f **3.** (*Spielmarke*) jeton m
Chipkarte f INFORM carte f à puce
Chiropraktiker(in) [çiro'praktikər(ɪn)] $m(f)$ chiropracteur m; ostéopathe m,f
Chirurg [çi'rʊrk] $m \langle\sim en; \sim en\rangle$ chirurgien m
Chirurgie $f \langle\sim\rangle$ chirurgie f
chirurgisch *adj* chirurgical
Chlor [klo:r] $n \langle\sim s\rangle$ chlore m
chlorfrei *adj* sans chlore
Chlorid [klo'ri:t] $n \langle\sim s; \sim e\rangle$ CHIM chlorure m
Chloroform [kloro'fɔrm] $n \langle\sim s\rangle$ chloroforme m
Chlorophyll [kloro'fyl] $n \langle\sim s\rangle$ chlorophylle f
Choke [tʃo:k] $m \langle\sim s; \sim s\rangle$ AUTO starter m
Cholera ['ko:lera] $f \langle\sim\rangle$ choléra m
Choleriker(in) [ko'le:rikər(ɪn)] $m \langle\sim s; \sim\rangle$ (f) $\langle\sim in; \sim innen\rangle$ colérique m,f
cholerisch *adj* colérique
Cholesterin [koleste'ri:n] $n \langle\sim s\rangle$ cholestérol m
Cholesterinhemmer m anticholestérol m
Cholesterinspiegel m taux m de cholestérol
Chor [ko:r] $m \langle\sim\phi s; \sim e\rangle$ chœur m (*a* ARCH, *fig*); *Verein* chorale f
Choral [ko'ra:l] $m \langle\sim s;$ -äle$\rangle$ PROT choral m; CATH plain-chant m
Choreograph(in) [koreo'gra:f(ɪn)] $m \langle\sim en; \sim en\rangle$ $(f) \langle\sim in; \sim innen\rangle$ chorégraphe m,f
Choreographie $f \langle\sim; \sim n\rangle$ chorégraphie f
choreographisch *adj* chorégraphique
Christ [krɪst] $m \langle\sim en; \sim en\rangle$ chrétien m
Christbaum m arbre m de Noël
Christbaumschmuck m décorations f/pl pour arbres de Noël
Christdemokrat(in) $m(f)$ chrétien-démocrate m, chrétienne-démocrate f
Christenheit $f \langle\sim\rangle$ chrétienté f
Christentum $n \langle\sim s\rangle$ christianisme m
Christenverfolgung f persécution f des chrétiens
Christin $f \langle\sim; \sim\text{nen}\rangle$ chrétienne f
Christkind n enfant Jésus m
christlich *adj* chrétien
Christmesse f, **Christmette** f messe f de minuit
Christrose f rose f de Noël; ellébore noir
Christstollen m gâteau m de Noël
Christus ['krɪstʊs] $m \langle\sim$ *ou* Christi$\rangle$ le Christ; *vor Christus, vor Christi Geburt* avant Jésus--Christ
Chrom [kro:m] $n \langle\sim s\rangle$ chrome m
Chromosom [kromo'zo:m] $n \langle\sim s; \sim en\rangle$ BIOL chromosome m
Chronik ['kro:nɪk] $f \langle\sim; \sim en\rangle$ chronique f
chronisch *adj* chronique
Chronologie [kronolo'gi:] $f \langle\sim\rangle$ chronologie f
chronologisch *adj* chronologique
Chrysantheme [kryzan'te:mə] $f \langle\sim; \sim n\rangle$ chrysanthème m
circa ['tsɪrka] *adv* environ; à peu près
City ['sɪti] $f \langle\sim; \sim s\rangle$ centre-ville m

Clementine → **Klementine**
clever ['klɛvər] F **I** *adj* malin; habile; adroit **II** *adv* avec habileté
Clinch [klɪn(t)ʃ] $m \langle\sim\phi s\rangle$ F *fig* **mit j-m im Clinch liegen** F être en bisbille avec qn
Clip [klɪp] $m \langle\sim s; \sim s\rangle$ **1.** (*Videoclip*) clip m **2.** (*Ohrclip*) boucle f d'oreille
Clique ['klɪkə] $f \langle\sim; \sim n\rangle$ **1.** *péj* clique f **2.** *Freundeskreis* bande f
Clou [klu:] F $m \langle\sim s; \sim s\rangle$ clou m
Clown [klaʊn] $m \langle\sim s; \sim s\rangle$ clown m
Club → **Klub**
cm *abr* (*Zentimeter*) cm
c-Moll n do m, ut m mineur
Co. *abr* (*Kompanie*, *Compagnie*) Cie
Coca-Cola® [koka'ko:la] $n \langle\sim\phi\rangle$ *od* $f \langle\sim\rangle$, *pl* $\langle\sim\rangle$ coca-cola® m
Cockpit ['kɔkpɪt] $n \langle\sim s; \sim s\rangle$ cockpit m
Cocktail ['kɔkte:l] $m \langle\sim s; \sim s\rangle$ cocktail m
Cocktailkleid n robe f de cocktail
Cocktailparty f cocktail m
Cocktailtomate f tomate f cerise
Code → **Kode**
Cognac® ['kɔnjak] $m \langle\sim s; \sim s,$ *mais* 3 $\sim\rangle$ cognac m
Coiffeur [koa'fø:r] $m \langle\sim s; \sim e\rangle$, **Coiffeuse** [-ø:zə] $f \langle\sim; \sim n\rangle$ *schweiz* coiffeur, -euse m,f
Cola ['ko:la] F n *abr* $\langle\sim\phi\rangle$ *od* f *abr* $\langle\sim\rangle$, *pl* $\langle\sim s,$ *mais* 3 $\sim\rangle$ (*Coca-Cola*®) coca m
Collage [kɔ'la:ʒə] $f \langle\sim; \sim n\rangle$ collage m
Collegemappe ['kɔlɪtʃ-] f porte-documents m
Collegeschuhe m/pl mocassins m/pl
Colt® [kɔlt] $m \langle\sim s; \sim s\rangle$ colt m
Comeback [kam'bɛk] $n \langle\sim s; \sim s\rangle$ rentrée f; retour m; (**s**)**ein Comeback feiern** faire sa rentrée
Comic ['kɔmɪk] $m \langle\sim s; \sim s\rangle$ bande dessinée; F BD f
Compact Disc ['kɔmpɛktdɪsk] $f \langle\sim; \sim s\rangle$ (*disque*) compact m; CD m
Computer [kɔm'pju:tər] $m \langle\sim s; \sim\rangle$ ordinateur m; **am Computer arbeiten** travailler sur ordinateur; **etw auf Computer** (*acc*) **umstellen** informatiser qc; **unsere Firma hat auf Computer umgestellt** notre entreprise s'est informatisée
Computeranimation f animation f par ordinateur
Computerarbeitsplatz m poste m de travail
Computerausdruck $m \langle\sim\phi s; \sim e\rangle$ listing m; saisie f papier
computergesteuert *adjt* commandé par ordinateur
computergestützt *adjt* assisté par ordinateur
computerisieren *v/t* $\langle$*sans ge*$\rangle$ informatiser
Computerisierung $f \langle\sim; \sim en\rangle$ informatisation f
Computerkriminalität f délits m/pl informatiques; criminalité f, délinquance f informatique
Computerprogramm n programme m informatique
Computersimulation f simulation f sur ordinateur
Computerspiel n jeu m vidéo
Computertechnik $f \langle\sim\rangle$ technologie f des ordinateurs
Computertisch m desserte f informatique
Computertomographie f scanographie f
computerunterstützt *adjt* assisté par ordina-

Computer – l'ordinateur WF

Computer	l'ordinateur *m*	Cursor	le curseur
PC	le PC	Pfeil	la flèche
seinen PC einschalten / ausschalten	allumer / éteindre son PC	Videospiel	le jeu vidéo
Festplatte	le disque dur	Spielkonsole	la console de jeux vidéo
Diskette	la disquette	Joystick	la manette de jeu
Diskettenlaufwerk	le lecteur de disquettes	Software	le logiciel
CD-ROM	le CD-ROM	installieren	installer
Bildschirm	l'écran *m*	Textverarbeitung	le traitement de texte
Tastatur	le clavier	Datei	le fichier
Taste	la touche	zum Hauptmenü zurückkehren	revenir au menu principal
tippen	taper	Passwort	le mot de passe
Maus	la souris	speichern	enregistrer
klicken (*mit der Maus*)	cliquer	sichern	sauvegarder
Drucker	l'imprimante *f*	Man muss den Text sichern, bevor man die Datei schließt.	Il faut sauvegarder le texte avant de fermer le fichier.
Tintenstrahldrucker	l'imprimante *f* à jet d'encre	aktualisieren	mettre à jour
Laserdrucker	l'imprimante *f* laser	kopieren	copier
Scanner	le scanner [skanɛʀ]	ausschneiden	couper
scannen	scanner [skane]	löschen	effacer

teur
Computervirus *m* virus *m* informatique
Confoederatio Helvetica [kɔnføde'raːtsiohɛl-'veːtɪka] *f* ⟨~⟩ *schweiz* Confédération *f* helvétique *od* suisse
Container [kɔn'teːnər] *m* ⟨~s; ~⟩ conteneur *m*; (*Müllcontainer*) benne *f* à ordures
Controller(in) [kɔn'troːlər(ɪn)] *m* ⟨~s; ~⟩ (*f*) ⟨~in; ~innen⟩ ÉCON contrôleur *m* de gestion
Controlling *n* ⟨~s⟩ ÉCON contrôle *m* de gestion
cool [kuːl] F *adj* **1.** (*gelassen*) F cool **2.** (*super*) F super
Copyright ['kɔpiraɪt] *n* ⟨~s; ~s⟩ copyright *m*
Copyshop [-ʃɔp] *m* ⟨~s; ~s⟩ centre *m* de photocopies, de reprographie
Cord [kɔrt] *m* ⟨~¢s; ~e *ou* ~s⟩ velours côtelé
Cordon bleu [kɔrdõ'blø] *n* ⟨~; Cordons bleus⟩ CUIS escalope de veau panée, farcie au jambon et au fromage
Corned Beef ['kɔrnət'biːf] *n* ⟨~⟩ corned-beef *m*
Corner ['kɔrnər] *m* ⟨~s; ~⟩ *österr, schweiz* FUSSBALL corner *m*
Cornflakes ['kɔrnfleːks] *pl* corn-flakes *m/pl*
Costa Rica ['kɔsta'riːka] *n* ⟨~s⟩ le Costa Rica
Costaricaner(in) [kɔstari'kaːnər(ɪn)] *m* ⟨~s; ~⟩ (*f*) ⟨~in; ~innen⟩ Costaricien, -ienne *m,f*
costaricanisch *adj* costaricien
Couch [kaʊtʃ] *f* ⟨~; ~¢s *ou* ~en⟩ canapé *m*
Couchgarnitur *f* salon *m* (*meuble*)

Couchtisch *m* table *f* de salon
Countdown ['kaʊnt'daun] *m od n* ⟨~$; ~s⟩ compte *m* à rebours
Coup [kuː] *m* ⟨~s; ~s⟩ coup *m*
Coupé [ku'peː] *n* ⟨~s; ~s⟩ AUTO coupé *m*
Coupon [ku'põː] *m* ⟨~s; ~s⟩ **1.** (*Abschnitt*) talon *m* **2.** FIN coupon *m*
Courage [ku'raːʒə] F *f* ⟨~⟩ courage *m*
Cousin [ku'zɛ̃ː] *m* ⟨~s; ~s⟩ cousin *m*
Cousine [ku'ziːnə] *f* ⟨~; ~n⟩ cousine *f*
Couvert [ku'veːr] *n* ⟨~s; ~s⟩ *schweiz* (*Briefumschlag*) enveloppe *f*
Cover ['kavər] *n* ⟨~s; ~s⟩ couverture *f*
Covergirl [-gø:rl] *n* cover-girl *f*
Cowboy ['kaubɔy] *m* ⟨~s; ~s⟩ cow-boy *m*
Crack[1] [krɛk] *m* ⟨~s; ~s⟩ SPORT champion *m*; *fig* crack *m*
Crack[2] *n* ⟨~s⟩ *Rauschgift* crack *m*
Cracker ['krɛkər] *m* ⟨~s; ~⟩ CUIS cracker *m*
Crashkurs ['krɛʃ-] *m* cours accéléré
Creme ['kreːm(ə)] *f* ⟨~; ~s⟩ crème *f*
cremefarben *adj* crème
Cremetorte *f* gâteau *m* à la crème
cremig *adj* crémeux
Crevette [kre'vɛtə] *f* ⟨~; ~n⟩ crevette *f*
Crew [kruː] *f* ⟨~; ~s⟩ équipage *m*
Croissant [kroa'sãː] *n* ⟨~$; ~s⟩ CUIS croissant *m*
Cromargan® [kromar'gaːn] *n* ⟨~s⟩ acier *m* au nickel-chrome; *bei Geschirr etwa* inox® *m*
CSU [tse:'ʔɛs'ʔuː] *f abr* ⟨~⟩ (*Christlich-Soziale*

Union) Union chrétienne-sociale
Cup [kap] *m* ⟨~s; ~s⟩ **1.** SPORT coupe *f* **2.** *beim BH* bonnet *m*
Curling ['kø:rlɪŋ] *n* ⟨~s⟩ SPORT curling *m*
Curry ['kœri] *n od m* ⟨~s; ~s⟩ curry *m*
Currysoße *f* sauce *f* au curry
Currywurst *f* saucisse grillée au curry
Cursor ['kœrsər] *m* ⟨~s; ~s⟩ INFORM curseur *m*

Cutter(in) ['katər(ɪn)] *m* ⟨~s; ~⟩ (*f*) ⟨~in; ~in-nen⟩ FILM, RAD, TV monteur, -euse *m,f*
CVJM [tse:fauʃɔt'ʔɛm] *m abr* ⟨~⟩ (*Christlicher Verein Junger Menschen*) union chrétienne de jeunes gens
Cybercafé ['saɪbər-] *n* cybercafé *m*
Cybersex *m* cybersexe *m*
Cyberspace [-spe:s] *m* ⟨~; ~s⟩ cybermonde *m*

D

D, d [de:] *n* ⟨D, d; D, d⟩ **1.** D, d *m* **2.** MUS ré *m*
da [da:] **I** *adv* **1.** *räumlich* là; *da entlang* par là; *da ist ..., sind ...* voilà ...; *in größerer Nähe* voici; *da sein* y être; être là; *Person a* être présent; *da bin ich!* me voici!; me voilà!; *er ist da gewesen* il est venu; *ich bin gleich wieder da* je ne fais qu'aller et venir; *nicht da sein* ne pas être là; *Person a* être absent; *es ist noch Suppe da* il y a, il reste encore de la soupe; *das Buch da* ce livre-là **2.** *zeitlich* alors; à ce moment-là; (*damals*) à cette époque; *von da ab, an* à partir de, dès ce moment-là **3.** (*in diesem Fall*) dans *od* en ce cas; dans ces circonstances; alors; *da kann man nichts machen* là, il n'y a rien à faire **II** *conj* (*weil*) comme; puisque; étant donné que; vu que
DAAD [de:ʔa:ʔa:'de:] *m* ⟨~⟩ *abr* (*Deutscher Akademischer Austauschdienst*) office allemand d'échanges universitaires
dabei [da'baɪ] *adv* **1.** *räumlich* à côté; avec (cela); (*nahe*) *dabei* tout près; *dabei sein* y être, assister, participer; *bei etw dabei sein* assister, participer à qc **2.** *zeitlich* en même temps; (*gerade*) *dabei sein, etw zu tun* (*gerade tun*) être sur le point de faire qc **3.** (*überdies*) à la fois **4.** (*doch*) mais; pourtant; cependant **5.** *es ist nichts dabei* (*es ist nicht schwierig*) ce n'est pas (bien) sorcier; (*es ist nicht schlimm*) ce n'est pas grave; *was ist denn (schon) dabei?* quel mal y a-t-il à cela?
dabeibleiben *v/i* ⟨*irr*, sn⟩ rester; continuer
dabeihaben *v/t* ⟨*irr*⟩ *etw dabeihaben* avoir qc sur soi; *j-n dabeihaben* être accompagné de qn
dabeisein → *dabei*
dabeisitzen *v/i* ⟨*irr*⟩, **dabeistehen** *v/i* ⟨*irr*⟩ y être, assister
dableiben *v/i* ⟨*irr*, sn⟩ rester
Dach [dax] *n* ⟨~es; ~er⟩ toit *m*; *kein Dach über dem Kopf haben* être à la rue; être sans abri; *fig unter Dach und Fach sein* être terminé; F *eins aufs Dach bekommen* F en prendre pour son grade
Dachboden *m* combles *m/pl*; grenier *m*
Dachdecker *m* ⟨~s; ~⟩ couvreur *m*
Dachdeckerei *f* ⟨~; ~en⟩ atelier *m bzw* métier *m* de couvreur

Dachfenster *n* lucarne *f*
Dachgarten *m* → *Dachterrasse*
Dachgepäckträger *m* galerie *f*
Dachgeschoss, *österr* **Dachgeschoß** *n* étage mansardé; mansarde(s) *f(pl)*
Dachkammer *f* mansarde *f*
Dachlawine *f* paquet *m* de neige qui se détache d'un toit
Dachleiter *f* échelle *f* de couvreur
Dachluke *f* tabatière *f*
Dachorganisation *f* organisation *f* de contrôle; organisme *m* de coordination
Dachpappe *f* carton bitumé
Dachrinne *f* gouttière *f*; chéneau *m*
Dachs [daks] *m* ⟨~es; ~e⟩ blaireau *m*
Dachschaden *m* F *du hast wohl einen Dachschaden!* F ça va pas la tête?
Dachstuhl *m* charpente *f* du toit
dachte ['daxtə] → *denken*
Dachterrasse *f* (toiture *f* en) terrasse *f*
Dachwohnung *f* appartement *m* sous les toits
Dachziegel *m* tuile *f*
Dackel ['dakəl] *m* ⟨~s; ~⟩ basset allemand; teckel *m*
dadurch [da'durç] *adv* **1.** *räumlich* par là **2.** *Mittel, Grund, Umstand* de cette manière, façon; par ce moyen; *dadurch, dass* comme; du fait que
dafür [da'fy:r] *adv* **1.** pour cela; *ich habe zehn Euro dafür bezahlt* je l'ai payé dix euros; *ich kann nichts dafür* je n'y peux rien; ce n'est pas ma faute **2.** *beim Tausch* en échange; à la place **3.** *zum Ausgleich* en retour; en compensation **4.** *mit Bezug auf Vorhergehendes* y; en; *ich werde dafür sorgen* je m'en occuperai; j'y veillerai **5.** (*zugunsten*) *dafür sein* être pour; (*nicht*) *dafür sein, dass ...* (ne pas) approuver que ... **6.** (*in Anbetracht dessen*) *dafür, dass er erst zwei Jahre alt ist, ...* pour (être âgé de) deux ans, ...
dag *abr* (*Dekagramm*) *österr* décagramme *m*
dagegen [da'ge:gən] *adv* **1.** contre (cela); *dagegen sein* être contre; ne pas être d'accord; *ich bin dagegen, dass ...* je m'oppose à ce que ... (+ *subj*) **2.** *bei Vergleich* en comparaison; → *dagegenhalten* 2 **3.** (*zum Ausgleich*) en retour; en revanche **4.** (*jedoch*) par contre;

au contraire
dagegenhalten v/t ⟨irr⟩ **1.** *erwidernd* objecter **2.** F *vergleichend* **etw dagegenhalten** comparer qc à, avec cela
daheim [da'haɪm] *adv* chez moi *bzw* nous; à la maison
daheimbleiben v/i ⟨irr, sn⟩ rester chez soi, à la maison
daher [da'heːr] **I** *adv* **1.** *räumlich* de là; en; de ce côté-là; de cet endroit **2.** (*durch diesen Umstand*) de là; **das kommt daher, dass ...** cela vient de ce que ... **II** *conj* **3.** *Grund* c'est, voilà pourquoi **4.** *Folge* par conséquent
dahergelaufen adjt péj venu, sorti d'on ne sait où
daherreden v/i ⟨-e-⟩ péj parler pour ne rien dire
dahin [da'hɪn] *adv* **1.** *räumlich* là; là-bas; à cet endroit-là; y; **bis dahin** jusque-là **2.** *zeitlich* **bis dahin** jusque-là; d'ici là **3.** (*vergangen*) passé; (*weg*) parti **4.** **sich dahin** (**gehend**) **äußern, dass ...** s'exprimer en ce sens que ...; **es dahin bringen, dass ...** arriver, parvenir, réussir à (+ *inf*)
dahinauf, **dahinaus** adv gehen etc par ici; par là
dahinein adv gehen etc par ici
dahingehen st/s v/i ⟨irr, sn⟩ s'en aller
dahingestellt adjt **dahingestellt sein lassen** laisser en suspens
dahinraffen st/s v/t enlever; emporter; *von Tod a* faucher
dahinschwinden st/s v/i ⟨irr, sn⟩ *Zeit* s'envoler; passer; *Vermögen* fondre
dahinsiechen st/s v/i ⟨sn⟩ dépérir
dahinten [da'hɪntən] adv là-bas (derrière)
dahinter [da'hɪntər] adv (là-)derrière; F **sich dahinterklemmen, dahinterknien** s'atteler à la tâche; F s'accrocher; **dahinterkommen** F éventer la mèche; F découvrir le pot aux roses; F **sie steckt dahinter** elle est derrière; **da steckt etwas dahinter** il y a qc là-dessous; il y a anguille sous roche
dahinüber adv (*obendrüber*) par-dessus; (*dorthin*) là-bas
dahinunter adv là en bas; **wir müssen dahinunter** nous devons descendre par ici, par là
dahinvegetieren v/i ⟨sans ge⟩ végéter
Dahlie ['daːliə] f ⟨~; ~n⟩ dahlia m
dalassen F v/t ⟨irr⟩ laisser là
daliegen v/i ⟨irr⟩ être (étendu) là
dalli ['dali] F adv **dalli, dalli!** F et plus vite que ça!; F et que ça saute!
Dalmatiner [dalma'tiːnər] m ⟨~s; ~⟩ *Hund* dalmatien m
damalig adj d'alors; de cette époque
damals adv alors; à cette époque; **seit damals** depuis lors
Damast [da'mast] m ⟨~⟡s; ~e⟩ damas m
Dame ['daːmə] f ⟨~; ~n⟩ dame f; *Schachfigur* reine f; (*Tanzpartnerin*) cavalière f; **Dame spielen** jouer aux dames; **junge Dame** jeune fille; **meine Damen und Herren!** Mesdames, Messieurs!
Damebrett n damier m
Damenbinde f serviette f hygiénique
Damenfahrrad n bicyclette f de femme; vélo m (de) femme
Damenfriseur m coiffeur m pour dames
Damenfußball m football féminin

damenhaft adj de (grande) dame; distingué; *übertrieben* guindé
Damenoberbekleidung f vêtements m/pl pour, de femmes; prêt-à-porter féminin
Damenrad n vélo m (de) femme
Damentoilette f toilettes f/pl pour dames
Damenunterwäsche f lingerie f; sous-vêtements féminins
Damenwahl f quart d'heure américain
Damespiel n jeu m de dames
Damhirsch ['dam-] m daim m
damit [da'mɪt] **I** adv **1.** avec cela **2.** *mit Bezug auf Vorhergehendes* en; y; **was willst du damit sagen?** que veux-tu dire par là?; **was macht er damit?** qu'en fait-il?; **wie steht es damit?** où en sont les choses? **II** conj **damit ...** (+ *ind*) afin de (+ *inf*); afin que ... (+ *subj*)
dämlich ['dɛːmlɪç] F adj bête; stupide; *Person a* niais; F godiche
Damm [dam] m ⟨~⟡s; ⟡e⟩ **1.** (*Bahndamm*) remblai m; (*Staudamm*) barrage m; (*Deich*) digue f; (*Hafendamm*) jetée f; môle m **2.** (*aufgeschütteter Weg*) chaussée f **3.** ANAT périnée m **4.** F **nicht auf dem Damm sein** ne pas être dans son assiette; F être mal fichu
dämmerig adj abends déjà sombre; crépusculaire; *morgens* encore sombre; **es wird schon dämmerig** la nuit tombe
Dämmerlicht ['dɛmər-] n demi-jour m; pénombre f
dämmern v/i/imp **1.** **es dämmert** *morgens* il commence à faire jour, *abends* à faire nuit **2.** F *fig* **es dämmert mir** je commence à y voir (plus) clair
Dämmerung f ⟨~; ~en⟩ abends crépuscule m; déclin m du jour; *morgens* aube f; point m du jour
dämmrig → **dämmerig**
Dämmung f ⟨~; ~en⟩ TECH isolation f
Dämon ['dɛːmɔn] m ⟨~s; -monen⟩ démon m (a fig)
dämonisch [dɛ'moːnɪʃ] adj démoniaque; diabolique
Dampf [dampf] m ⟨~⟡s; ⟡e⟩ vapeur f; F fig **Dampf ablassen** laisser exploser sa colère; décharger sa bile; F **Dampf hinter etw** (*acc*) **machen** activer qc; ⊢ **j-m Dampf machen** F secouer, bousculer qn
Dampfbad n bain m de vapeur; bain turc
Dampfbügeleisen n fer m à vapeur
dampfen v/i dégager de la vapeur; *Speisen* fumer
dämpfen ['dɛmpfən] v/t **1.** *Stoß, Geräusch* amortir; *Licht* tamiser **2.** *fig Begeisterung* tempérer; refroidir **3.** CUIS (faire) cuire à l'étuvée, à la vapeur
Dampfer m ⟨~s; ~⟩ (bateau m à) vapeur m; (*Überseedampfer*) paquebot m; F **auf dem falschen Dampfer sein** F être à côté de la plaque
Dämpfer m ⟨~s; ~⟩ **1.** MUS sourdine f; *beim Klavier* étouffoir m **2.** fig douche f; F **e-n Dämpfer bekommen** être F douché, refroidi
Dampfkochtopf m cocotte-minute f; autocuiseur m
Dampflok(omotive) f locomotive f à vapeur
Dampfmaschine f machine f à vapeur
Dampfnudeln f/pl südd: (sorte de) quenelles de pâte levée cuites à l'étuvée

D

Dampfschiff *n* → *Dampfer*
Dämpfung *f* ⟨~; ~en⟩ **1.** *e-s Stoßes, Geräuschs* amortissement *m* **2.** *fig des Schmerzes* atténuation *f*; *der Begeisterung* ralentissement *m*; *der Konjunktur* freinage *m*
Dampfwalze *f* rouleau compresseur
Damwild ['dam-] *n* daims *m/pl*
danach [da'na:x] *adv* **1.** *zeitlich* après cela; (et) puis; (et) ensuite; *zwei Tage danach* deux jours après **2.** *räumlich* après; derrière **3.** *(entsprechend)* d'après, suivant cela; en conséquence; *es sieht ganz danach aus* cela en a tout, bien l'air **4.** *ich habe ihn danach gefragt* je le lui ai demandé
Däne ['dɛ:nə] *m* ⟨~n; ~n⟩ Danois *m*
daneben [da'ne:bən] *adv* **1.** *räumlich* à côté **2.** *(außerdem)* outre cela; à côté de cela; en outre **3.** *(gleichzeitig)* en même temps
danebenbenehmen F *v/r* ⟨*irr, sans ge*⟩ *sich danebenbenehmen* se conduire mal
danebengehen *v/i* ⟨*irr, sn*⟩ **1.** *Schuss* passer à côté; manquer sa cible; *Schlag* porter à faux **2.** F *fig* rater; échouer; manquer son but
Dänemark ['dɛ:nəmark] *n* ⟨~s⟩ le Danemark
Dänin *f* ⟨~; ~nen⟩ Danoise *f*
dänisch *adj* danois; du Danemark
dank [daŋk] *prép* ⟨*dat ou gén*⟩ grâce à
Dank *m* ⟨~¢s⟩ remerciement *m*; *(j-m) Dank sagen* dire merci (à qn); remercier (qn); *besten, vielen Dank!* merci beaucoup, bien!
dankbar **I** *adj* **1.** *(voller Dank)* reconnaissant *(j-m für etw* à qn de qc) **2.** *Publikum* bon **3.** *Aufgabe* qui vaut la peine; intéressant **II** *adv* avec reconnaissance
Dankbarkeit *f* ⟨~⟩ gratitude *f*; reconnaissance *f*
danke *int* merci!; *nein danke!* non merci!; *danke sehr, danke schön!* merci beaucoup, bien!
danken *v/t u v/i* *j-m für etw danken* remercier qn de, pour qc; *nichts zu danken!* je vous en prie!; (il n'y a) pas de quoi!; de rien!
dankend *advt* *dankend ablehnen* refuser poliment; *(Betrag) dankend erhalten* pour acquit
dankenswert *adj* louable; digne de reconnaissance
Dankesbrief *m* lettre *f* de remerciement
Dankeschön *n* ⟨~s⟩ merci *m*
Dankgebet *n* prière *f* d'action de grâce
Danksagung *f* ⟨~; ~en⟩ remerciements *m/pl*
Dankschreiben *n* lettre *f* de remerciement
dann [dan] *adv* **1.** *zeitlich* (et) alors; puis; ensuite; après; *dann und wann* de temps en temps; de temps à autre; *und was dann?* et puis?; et après?; et alors? **2.** *(unter diesen Umständen) nur dann, wenn ...* seulement dans le cas où ...; F *na, dann eben nicht!* eh bien, tant pis!; *wer dann?* qui donc, alors?; mais alors, qui? **3.** *(außerdem)* et puis
daran [da'ran] *adv* **1.** *räumlich, mit Bezug auf etw* à cela; y; en; *nah daran* tout près; *daran arbeiten* y travailler **2.** *(dadurch)* pour cette raison; en; *daran sterben* en mourir
darangehen *v/i* ⟨*irr, sn*⟩ s'y mettre; *darangehen zu* (+ *inf*) se mettre à (+ *inf*)
daranmachen F *v/r sich daranmachen* s'y mettre; *sich daranmachen, etw zu tun* se mettre à faire qc
daransetzen *v/t* ⟨¢$⟩ *alles daransetzen* mettre tout en œuvre

darauf [da'rauf] *adv* **1.** *räumlich* sur cela; (là-)dessus **2.** *zeitlich* après; puis; *darauf folgend* suivant; *im Jahr darauf* l'année suivante **3.** *mit Verben* en; y; *man muss darauf achten* il faut y veiller; *ich gebe mein Wort darauf* j'en donne ma parole
darauffolgend *adjt* suivant
daraufhin *adv* **1.** *zeitlich* sur ce; là-dessus; après (cela) **2.** *(unter diesem Gesichtspunkt)* de ce point de vue
daraus [da'raus] *adv* de cela; par là; en (*a fig*); *daraus wird nichts* cela ne se fera pas
darben ['darbən] *st/s v/i st/s* vivre dans l'indigence
darbieten ['da:r-] *st/s v/t (u v/r)* ⟨*irr*⟩ (*sich darbieten* s')offrir; (se) présenter
Darbietung *f* ⟨~; ~en⟩ **1.** *st/s* présentation *f* **2.** THÉ représentation *f*; *im Zirkus* numéro *m*
darf(st) [darf(st)] → *dürfen*
darin [da'rɪn] *adv* (là-)dedans; en cela; y
darlegen ['da:r-] *v/t* exposer
Darlegung *f* ⟨~; ~en⟩ exposé *m*
Darleh(e)n ['da:rle:(ə)n] *n* ⟨~s; ~⟩ prêt *m*; *ein Darleh(e)n aufnehmen* contracter un prêt
Darm [darm] *m* ⟨~¢s; ¢e⟩ intestin *m*; *bei Tieren, (Wurstdarm)* boyau *m*
Darmflora *f* flore intestinale
Darmgeschwür *n* ulcère intestinal
Darmgrippe *f* grippe intestinale
Darmkrebs *m* cancer *m* de l'intestin
Darmträgheit *f* paresse, atonie intestinale
Darmverschluss *m* occlusion intestinale
darstellen ['da:r-] *v/t* représenter; *Tatsachen* présenter; exposer; *fig etwas darstellen* avoir de l'allure; bien présenter
Darsteller(in) *m* ⟨~s; ~⟩ (*f*) ⟨~in; ~innen⟩ acteur, -trice *m,f*
Darstellung *f* ⟨~; ~en⟩ représentation *f*; *von Tatsachen* présentation *f*; exposé *m*
darüber [da'ry:bər] *adv* **1.** *räumlich* (au-)dessus; par-dessus; *darüber hinaus* au-delà; *fig* en outre; de plus **2.** *bei Angaben* plus; *100 Jahre und darüber* 100 ans et plus **3.** *(währenddessen)* pendant ce temps-là; sur ces entrefaites **4.** *mit Verben* denken Sie darüber nach! réfléchissez-y!; pensez-y!; *sich darüber freuen* s'en réjouir; → *darüberstehen*
darüberstehen *v/i* ⟨*irr*⟩ être au-dessus (de cela)
darum [da'rum] *adv* **1.** *räumlich* autour **2.** *kausal* pour cela, cette raison; *darum war sie so aufgeregt* c'est pourquoi elle était si nerveuse **3.** *mit Verben* ich bitte dich darum! je t'en prie!; *darum geht es nicht* ce n'est pas de cela qu'il s'agit
darunter [da'runtər] *adv* **1.** *räumlich* (là-)dessous; au-dessous; en dessous; *darunter liegen* être en dessous **2.** *bei Angaben* à moins; *5 Grad und darunter* 5 degrés et moins **3.** *(inmitten) ist er darunter?* est-il parmi eux? **4.** *mit Verben* darunter leiden en souffrir; *was verstehen Sie darunter?* qu'entendez-vous par là?
darunterliegen *v/i* ⟨*irr*⟩ *räumlich* être en dessous
Darwinismus [darvi'nɪsmus] *m* ⟨~⟩ darwinisme *m*
Darwinist(in) *m* ⟨~en; ~en⟩ (*f*) ⟨~in; ~innen⟩ darwiniste *m,f*

darwinistisch *adj* darwinien
das [das] *sg n ⟨dat* dem; *acc* das⟩ **I** *Artikel ⟨gén* des⟩ *Nominativ, acc* le *bzw* la *bzw* l'; *gén* du *bzw* de la *bzw* de l'; *dat* au *bzw* à la *bzw* à l' **II** *pr/dém* **1.** *adjt ⟨gén* des⟩ ce *bzw* cet *bzw* cette **2.** *subst ⟨gén* dessen⟩ ce; ceci; cela; F ça; *das hier* celui-ci *bzw* celle-ci; *das da* celui-là *bzw* celle-là; *das ist es!* c'est bien ça! **III** *pr/rel ⟨gén* dessen⟩ *Nominativ* qui; *gén* dont; *dat* à qui; *acc* que; *nach prép a* lequel *bzw* laquelle
dasein → *da*
Dasein *n ⟨~s⟩* existence *f*
dasitzen *v/i ⟨irr⟩* être là; *mit Betonung des Sitzens* être assis (là)
dasjenige ['dasjeːnɪɡə] *pr/dém* **der-, die-, dasjenige 1.** *adjt* ce *bzw* cet *bzw* cette; *pl* **diejenigen** ces **2.** *subst* ce *bzw* celui *bzw* celle (qui); *pl* ceux *bzw* celles (qui)
dass [das] *conj* que
dasselbe [das'zɛlbə] *pr/dém* le *bzw* la même; *das ist dasselbe* c'est la même chose; c'est pareil; *dasselbe tun* en faire autant
dastehen *v/i ⟨irr⟩* **1.** être, se tenir là; *mit Betonung des Stehens* être debout **2.** *fig* **gut, schlecht dastehen** être en bonne, mauvaise posture *od* position
Datei [da'taɪ] *f ⟨~; ~en⟩ bes* INFORM fichier *m* (de données)
Dateiformat *n* INFORM type *m* de fichier
Dateimanager *m* INFORM gestionnaire *m* de fichiers
Dateipfad *m* INFORM chemin *m* du fichier
Dateityp *m* INFORM type *m* de fichier
Daten ['daːtən] *n/pl* **1.** → *Datum* **2.** INFORM données *f/pl* **3.** (*Angaben*) indications *f/pl*; (*Lebensdaten*) dates *f/pl*; *technische Daten* caractéristiques *f/pl* techniques
Datenautobahn *f* autoroute *f* de l'information
Datenbank *f ⟨~; ~en⟩* banque *f* de données
Datenbestand *m* base *f* de données
Datenerfassung *f* saisie *f* des données
Datenfernübertragung *f* transmission *f* de données à distance; télématique *f*
Datenfernverarbeitung *f* télétraitement *m*
Datennetz *n* réseau *m* informatique
Datensatz *m* INFORM ensemble *m*, jeu *m* de données
Datenschutz *m* protection *f* contre les abus de l'informatique, des personnes fichées
Datenschutzbeauftragte(r) *f(m)* expert chargé de veiller au respect de la loi contre les abus de l'informatique
Datenschutzgesetz *n* loi *f* contre les abus de l'informatique; *in Frankreich* loi « informatique et libertés »
Datenträger *m* support *m* de données
Datentypist(in) *m ⟨~en; ~en⟩ (f) ⟨~in; ~innen⟩* opérateur, -trice *m,f* de saisie
Datenübertragung *f* transmission *f* de données
Datenverarbeitung *f* informatique *f*; traitement *m* de l'information, des données
datieren *v/t u v/i ⟨sans ge⟩* dater (*von* de)
Datierung *f ⟨~; ~en⟩* datation *f*
Dativ ['daːtiːf] *m ⟨~s; ~e⟩* datif *m*
Dativobjekt *n* complément *m* d'objet indirect
Dattel ['datəl] *f ⟨~; ~n⟩* datte *f*
Dattelpalme *f* dattier *m*

Datum ['daːtʊm] *n ⟨~s; -ten⟩* date *f*; *welches Datum haben wir heute?* le combien sommes-nous?
Datumsangabe *f* (indication *f* de) date *f*
Datumsgrenze *f ⟨~⟩* GÉOGR ligne *f* de changement de date
Datumsstempel *m* (timbre *m*) dateur *m*
Dauer ['dauər] *f ⟨~⟩* **1.** (*Zeitraum*) durée *f*; *auf die Dauer* à la longue **2.** (*Dauerhaftigkeit*) durabilité *f*; *von Dauer sein* être durable
Dauerarbeitslose(r) *f(m)* chômeur, -euse *m,f* de longue durée
Dauerauftrag *m* FIN ordre de virement permanent
Dauerbrenner *m* **1.** *Ofen* poêle *m* à feu continu **2.** F *fig Film, Theaterstück* spectacle *m* qui tient longtemps l'affiche; *Kuss* (très) long baiser
Dauerfrost *m* gel persistant
dauerhaft *adj* durable; *Material* résistant; solide
Dauerkarte *f* (carte *f* d')abonnement *m*
Dauerlauf *m* course *f* d'endurance; *im Dauerlauf* au pas de gymnastique
dauern *v/i* durer; *es wird lange dauern* ce sera long
dauernd **I** *adjt* continuel; permanent **II** *advt* (*immer wieder*) continuellement; (*fortwährend*) en permanence
Dauerparker *m ⟨~s; ~⟩* F voiture *f* ventouse
Dauerregen *m* pluie persistante
Dauerstellung *f* situation *f* stable; emploi permanent, fixe
Dauerwelle *f* permanente *f*
Dauerwurst *f* saucisson sec
Dauerzustand *m* état permanent
Daumen ['daumən] *m ⟨~s; ~⟩* pouce *m*; *fig j-m die Daumen halten, drücken* souhaiter bonne chance à qn; F *über den Daumen gepeilt* à vue de nez; F au pif(omètre)
Daunen ['daunən] *pl* duvet *m*
Daunenbett *n* édredon *m*
Daunendecke *f* édredon *m*; duvet *m*
davon [da'fɔn] *adv* **1.** *räumlich* **20 Meter davon** (*entfernt*) à 20 mètres de là **2.** (*dadurch*) de cela; en; *was habe ich davon?* qu'est-ce que j'y gagne? **3.** *Teil* en; *ich hätte gern fünf davon* j'en voudrais cinq **4.** *davon ist nicht die Rede* il n'en est pas question
davonfahren *v/i ⟨irr, sn⟩* partir (en voiture, *etc*)
davonfliegen *v/i ⟨irr, sn⟩* s'envoler
davonjagen *v/t* chasser
davonkommen *v/i ⟨irr, sn⟩* en réchapper; s'en sortir; *mit e-r Verwarnung davonkommen* s'en tirer avec un avertissement
davonlaufen *v/i ⟨irr, sn⟩* s'enfuir; se sauver; *j-m davonlaufen* fausser compagnie à qn
davonmachen *v/r sich davonmachen* s'esquiver; s'éclipser
davonrennen *v/i ⟨irr, sn⟩* s'enfuir; se sauver
davonschleichen *⟨irr⟩ v/i ⟨sn⟩ (u v/r sich davonschleichen)* s'esquiver; s'éclipser
davontragen *v/t ⟨irr⟩* **1.** (*wegtragen*) emporter **2.** *st/s fig* **schwere Verletzungen davontragen** être grièvement blessé **3.** *st/s Preis, Sieg* remporter
davonziehen *v/i ⟨irr, sn⟩* s'éloigner; partir; SPORT se détacher ([+ *dat*] de)

davor [da'foːr] *adv* 1. *räumlich* devant (cela) 2. *zeitlich* avant (cela) 3. *mit Bezug auf etw* de cela; en; *er fürchtet sich davor* il en a peur

DAX® [daks] *m* ⟨~⟩ *abr* (*Deutscher Aktienindex*) indice boursier allemand; *in Frankreich etwa* CAC 40

dazu [da'tsuː] *adv* 1. *Zweck* à cela; pour cela; dans ce but 2. (*zu diesem Ergebnis*) *dazu wird es nicht kommen* on n'en viendra pas là; *wie kommst du dazu, das zu sagen?* comment peux-tu dire cela? 3. (*darüber*) *was sagst du dazu?* qu'en dis-tu? 4. *hinzufügend* (*noch*) *dazu* un outre; de plus

dazugeben *v/t* ⟨*irr*⟩ *Geld* donner en plus; CUIS ajouter

dazugehören *v/i* ⟨*p/p* dazugehört⟩ 1. (*dabei sein*) en faire partie 2. (*passen*) F aller avec 3. (*nötig sein*) *dazu gehört Mut* il faut du courage pour cela

dazugehörig *adj* 1. qui en fait partie 2. (*passend*) F qui va avec; correspondant 3. (*nötig*) nécessaire

dazugesellen *v/r* ⟨*p/p* dazugesellt⟩ *sich dazugesellen Person* se joindre à nous, *etc*

dazukommen *v/i* ⟨*irr*, sn⟩ *er kam gerade dazu, als ...* il arriva juste au moment où ...; *fig dazu kommt, dass ...* ajoutez à cela que ...

dazulernen *v/t u v/i* en apprendre davantage; *er hat nichts dazugelernt* il n'a rien appris de plus

dazusetzen *v/r* ⟨¢$⟩ *sich dazusetzen* s'asseoir à côté d'eux, *etc*; se joindre à eux, *etc*

dazutun F *v/t* ⟨*irr*⟩ ajouter; *ohne mein Dazutun* sans mon aide, mon intervention

dazuzählen *v/t* ajouter

dazwischen [da'tsvɪʃən] *adv* 1. *räumlich* entre les deux; F entre; (*darunter*) parmi eux, elles 2. *zeitlich* entre-temps

dazwischenfahren *v/i* ⟨*irr*, sn⟩, **dazwischenfunken** F *v/i* intervenir énergiquement, vigoureusement; *j-m dazwischenfahren, dazwischenfunken* interrompre qn brusquement

dazwischenkommen *v/i* ⟨*irr*, sn⟩ 1. se coincer 2. *fig* intervenir; survenir; *wenn nichts dazwischenkommt* sauf imprévu

dazwischenliegen *v/i* ⟨*irr*⟩ *räumlich* se trouver, être au milieu, entre (les) deux; *zeitlich ein Jahrhundert liegt dazwischen* un siècle s'est écoulé entre-temps

dazwischenreden *v/i* ⟨-e-⟩ se mêler de la conversation; *j-m dazwischenreden* interrompre qn

DDR [deːdeː'ɛr] ⟨~⟩ HIST *abr* (*Deutsche Demokratische Republik*) *die DDR* la RDA

D-Dur *n* ré *m* majeur

Deadline ['dɛdlaɪn] *f* ⟨~; ~s⟩ date *f* butoir

Deal [diːl] F *m* ⟨~s; ~s⟩ affaire *f*; transaction *f*

dealen F *v/i* faire le trafic de drogues; F dealer

Dealer F *m* ⟨~s; ~⟩ revendeur *m* de drogue; deale(u)r *m*

Debakel [de'baːkəl] *st/s n* ⟨~s; ~⟩ débâcle *f*

Debatte [de'batə] *f* ⟨~; ~n⟩ débat *m* (*über* [+ *acc*] sur); discussion *f* (de)

debattieren *v/t u v/i* ⟨*sans ge*⟩ débattre, discuter (*über etw* [*acc*] qc)

Debüt [de'byː] *n* ⟨~s; ~s⟩ débuts *m/pl*

Debütant(in) [deby'tant(ɪn)] *m* ⟨~en; ~en⟩ (*f*) ⟨~in; ~innen⟩ débutant(e) *m(f)*

debütieren *v/i* ⟨*sans ge*⟩ faire ses débuts; débuter

dechiffrieren [deʃɪ'friːrən] *v/t* ⟨*sans ge*⟩ déchiffrer

Deck [dɛk] *n* ⟨~¢s; ~s⟩ MAR pont *m*; *an, auf Deck* (*dat*) sur le pont

Deckbett *n* édredon *m*; couette *f*

Deckblatt *n* 1. BOT bractée *f* 2. *von Zigarren* robe *f*; cape *f* 3. TYPO feuille rectificative

Deckchen *n* ⟨~s; ~⟩ (*Zierdeckchen*) napperon *m*

Decke ['dɛkə] *f* ⟨~; ~n⟩ 1. (*Bettdecke*) couverture *f*; (*Tischdecke*) nappe *f*; F *unter e-r Decke stecken* être de connivence, F de mèche (*mit* avec) 2. (*Zimmerdecke*) plafond *m*

Deckel ['dɛkəl] *m* ⟨~s; ~⟩ couvercle *m*

decken I *v/t* 1. *etw über etw* (*acc*) *decken* recouvrir qc de qc 2. *Dach* couvrir; *Tisch* mettre 3. *Kosten, Bedarf* couvrir 4. SPORT marquer 5. (*schützen*) (re)couvrir; protéger **II** *v/i Farbe* couvrir **III** *v/r sich decken Begriffe*, MATH coïncider (*mit* avec); être identique

Deckenlampe *f*, **Deckenleuchte** *f* plafonnier *m*

Deckfarbe *f* peinture couvrante

Deckhaar *n* ⟨~¢s⟩ *des Menschen* cheveux *m/pl* du dessus; *der Tiere* poils *m/pl* du dessus

Deckmantel *m fig unter dem Deckmantel* (+ *gén*) sous le couvert de

Deckname *m* pseudonyme *m*

Deckung *f* ⟨~; ~en⟩ 1. (*Schutz*) couverture *f*; protection *f*; *in Deckung* (*acc*) *gehen* se mettre à l'abri 2. COMM couverture *f*; garantie *f* (*a Versicherung*); *e-s Schecks* provision *f*; *des Bedarfs* satisfaction *f* 3. BOXEN garde *f*; *e-s Spielers* marquage *m*; (*Verteidigung*) défense *f*

deckungsgleich *adj* MATH coïncident; *fig* concordant

Deckweiß *n* blanc opaque, couvrant

Decoder [de'koːdər] *m* ⟨~s; ~⟩ décodeur *m*

defekt [de'fɛkt] *adj* (*mangelhaft*) défectueux; (*schadhaft*) endommagé; *Motor a* en panne; *Ware* avarié

Defekt *m* ⟨~¢s; ~e⟩ *Defekt* (*an* [+ *dat*]) défaut *m* (de); (*Schaden*) dommage *m* (à); *an Motoren a* panne *f* (de)

defensiv [defɛn'ziːf] *adj* défensif

Defensive *f* ⟨~; ~n⟩ défensive *f*; *in der Defensive* sur la défensive

definieren [defi'niːrən] *v/t* ⟨*sans ge*⟩ définir

Definition *f* ⟨~; ~en⟩ définition *f*

definitiv *adj* définitif

Defizit ['deːfitsɪt] *n* ⟨~s; ~e⟩ déficit *m* (*a fig*)

defizitär [defitsi'tɛr] *adj* déficitaire; en déficit

Deflation [deflatsi'oːn] *f* ⟨~; ~en⟩ déflation *f*

Defloration [defloratsi'oːn] *f* ⟨~; ~en⟩ défloration *f*

deflorieren *v/t* ⟨*sans ge*⟩ déflorer

deformieren *v/t* ⟨*sans ge*⟩ déformer

deftig ['dɛftɪç] *adj* 1. *Essen* nourrissant 2. *fig Spaß, Preis* corsé

Degen ['deːgən] *m* ⟨~s; ~⟩ épée *f*

Degeneration [degeneratsi'oːn] *f* ⟨~; ~en⟩ BIOL, MÉD, *fig* dégénérescence *f*

degenerieren *v/i* ⟨*sans ge*, sn⟩ BIOL, *fig* dégénérer (*zu* en)

degradieren [degra'diːrən] *v/t* ⟨*sans ge*⟩ dégrader

dehnbar *adj durch Wärme* dilatable; *feste Kör-*

per, ANAT extensible; *Metalle* ductile; *fig* élastique

dehnen ['de:nən] *v/t* (*u v/r* **sich dehnen** s')étendre; PHYS (se) dilater; *in die Länge* (s')allonger; *in die Breite* (s')élargir; TECH (s')étirer

Dehnung *f* ⟨∼; ∼en⟩ extension *f*; dilatation *f*; allongement *m*; élargissement *m*

Deich [daıç] *m* ⟨∼¢s; ∼e⟩ digue *f*

Deichsel ['daıksəl] *f* ⟨∼; ∼n⟩ timon *m*

deichseln F *v/t* ⟨¢⟩ F goupiller

dein [daın] *pr/poss* **I** *adjt* ton *bzw* ta; **dein und mein Freund** ton ami et le mien; **e-r deiner Freunde** un de tes amis; *am Briefschluss* **Dein Karl** Charles **II** *subst* **der, die, das Deine** le tien *bzw* la tienne; *st/s* **die Deinen** les tiens; ta famille

deiner *st/s pr/pers* ⟨*gén de* du⟩ de toi

deinerseits *adv* de ta part; de bien côté

deinesgleichen *pr* ⟨*inv*⟩ ton *bzw* ta pareil(le), semblable *bzw* tes pareil(le)s, semblable(s)

deinetwegen *adv* **1.** (*wegen dir*) à cause de toi **2.** (*dir zuliebe*) pour toi **3.** (*von dir aus*) quant à toi

deinetwillen *adv* **um deinetwillen** pour toi

deinige *st/s pr/poss* → **dein**

Deka ['deka] *n* ⟨∼s; ∼⟩ *österr* décagramme *m*

Dekade [de'ka:də] *f* ⟨∼; ∼n⟩ (*10 Tage*) décade *f*; (*Jahrzehnt*) décennie *f*

dekadent [deka'dɛnt] *adj* décadent; en décadence

Dekadenz *f* ⟨∼⟩ décadence *f*

Dekagramm [deka'gram], *österr* ['dekagram] *n* décagramme *m*

Dekan [de'ka:n] *m* ⟨∼s; ∼e⟩ *e-r Fakultät*, CATH doyen *m*

Dekanat *n* ⟨∼¢s; ∼e⟩ *e-r Fakultät*, ÉGL décanat *m*; CATH doyenné *m*

dekantieren [dekan'ti:rən] *v/t* ⟨*sans ge*⟩ décanter

deklamieren [dekla'mi:rən] *v/t u v/i* ⟨*sans ge*⟩ déclamer (*a péj*)

deklarieren [dekla'ri:rən] *v/t* ⟨*sans ge*⟩ *förmlich*, *Waren*, *Einkünfte* déclarer

deklassieren [dekla'si:rən] *v/t* ⟨*sans ge*⟩ SPORT, *fig* surclasser

Deklination [deklinatsi'o:n] *f* ⟨∼; ∼en⟩ ASTR, GR, PHYS déclinaison *f*

deklinieren *v/t* ⟨*sans ge*⟩ GR décliner

dekodieren [deko'di:rən] *v/t* ⟨*sans ge*⟩ décoder

Dekolleté [dekɔl'te:] *n* ⟨∼s; ∼s⟩ décolleté *m*

dekolletiert *adjt* décolleté

dekontaminieren [dekɔntami'ni:rən] *v/t* ⟨*sans ge*⟩ décontaminer

Dekor [de'ko:r] *n* ⟨∼s; ∼s *ou* ∼e⟩ décor *m*

Dekorateur(in) *m* ⟨∼s; ∼e⟩ (*f*) ⟨∼in; ∼innen⟩ décorateur, -trice *m,f*; (*Schaufensterdekorateur[in]*) étalagiste *m,f*

Dekoration *f* ⟨∼; ∼en⟩ décoration *f*; THÉ décors

m/pl

dekorativ *adj* décoratif

dekorieren *v/t* ⟨*sans ge*⟩ décorer (**mit** avec; *mit Orden* de)

Dekret [de'kre:t] *n* ⟨∼¢s; ∼e⟩ décret *m*

Delegation [delegatsi'o:n] *f* ⟨∼; ∼en⟩ délégation *f*

delegieren *v/t* ⟨*sans ge*⟩ déléguer (**in** [+ *acc*], **zu** à)

Delegierte(r) *f(m)* ⟨→ A⟩ délégué(e) *m/f*

Delfin[1] [dɛl'fi:n] *m* ⟨∼s; ∼e⟩ zo dauphin *m*

Delfin[2] *n* ⟨∼s⟩, **Delfinschwimmen** *n* brasse *f* papillon

delikat [deli'ka:t] *adj* **1.** (*fein, heikel*) délicat **2.** (*wohlschmeckend*) délicieux

Delikatesse [delika'tɛsə] *f* ⟨∼; ∼n⟩ régal *m*; *pl* **Delikatessen** épicerie fine

Delikatessengeschäft *n* épicerie fine

Delikt [de'lıkt] *n* ⟨∼¢s; ∼e⟩ délit *m*

Delinquent [delıŋ'kvɛnt] *m* ⟨∼en; ∼en⟩ délinquant *m*

Delirium [de'li:rıʊm] *n* ⟨∼s; -ien⟩ délire *m*; **im Delirium sein** délirer

Delle ['dɛlə] *f* ⟨∼; ∼n⟩ creux *m*

Delphin → **Delfin**[1], **Delfin**[2]

Delta ['dɛlta] *n* ⟨∼s; ∼s *ou* -en⟩ delta *m*

dem [de:m] *dat sg m*, *n* → **der**[1], **das**

Demagoge [dema'go:gə] *m* ⟨∼n; ∼n⟩ démagogue *m*

demagogisch *adj* démagogique

demaskieren [demas'ki:rən] *v/t* (*u v/r*) ⟨*sans ge*⟩ (**sich demaskieren** se) démasquer (**als** comme)

Dementi [de'mɛnti] *n* ⟨∼s; ∼s⟩ démenti *m*

dementieren *v/t* ⟨*sans ge*⟩ démentir

dementsprechend I *adj* conforme; approprié; **der Rest ist dementsprechend** le reste est à l'avenant **II** *adv* en conséquence

demgegenüber *adv* par contre; au contraire

demgemäß *adv* en conséquence

demnach *adv* **1.** (*so wie*) d'après cela **2.** (*folglich*) en conséquence

demnächst *adv* sous peu

Demo ['de:mo] F *f* ⟨∼; ∼s⟩ F manif *f*

Demographie [demogra'fi:] *f* ⟨∼; ∼n⟩ démographie *f*

demographisch *adj* démographique

Demokrat [demo'kra:t] *m* ⟨∼en; ∼en⟩ démocrate *m*

Demokratie *f* ⟨∼; ∼n⟩ démocratie *f*

demokratisch *adj* *Person* démocrate; *Sache* démocratique

demokratisieren *v/t* ⟨*sans ge*⟩ démocratiser

demolieren [demo'li:rən] *v/t* ⟨*sans ge*⟩ démolir

Demonstrant(in) [demɔns'trant(ın)] *m* ⟨∼en; ∼en⟩ (*f*) ⟨∼in; ∼innen⟩ manifestant(e) *m(f)*

Demonstration *f* ⟨∼; ∼en⟩ **1.** (*Vorführung*) démonstration *f* **2.** (*Kundgebung*) manifestation *f*

Demonstration ≠ démonstration

Im Mai 68 gab es in Paris viele **Demonstrationen**.

En mai 68, il y a eu beaucoup de **manifestations**.

La **démonstration** faite par le vendeur était convaincante.

Die **Vorführung** des Verkäufers war überzeugend.

Demonstrationsrecht *n* ⟨~¢s⟩ droit *m* de manifester
Demonstrationsverbot *n* interdiction *f* de manifester
demonstrativ *adj* démonstratif
Demonstrativpronomen *n adjektivisches* adjectif démonstratif; *substantivisches* pronom démonstratif
demonstrieren ⟨*sans ge*⟩ **I** *v/t* (*vorführen*) démontrer **II** *v/i* POL manifester (*für* pour; *gegen* contre)
demontieren [demɔn'tiːrən] *v/t* ⟨*sans ge*⟩ **1.** TECH démonter **2.** *fig* supprimer graduellement, progressivement
demoralisieren [demorali'ziːrən] *v/t* ⟨*sans ge*⟩ démoraliser
Demoskopie [demosko'piː] *f* ⟨~; ~n⟩ étude *f* de l'opinion publique
demoskopisch *adj* obtenu par sondage; *demoskopische Umfrage* sondage *m* d'opinion
Demut ['deːmuːt] *f* ⟨~⟩ humilité *f*; (*Unterwürfigkeit*) soumission *f*
demütig ['deːmyːtɪç] *adj* humble; (*unterwürfig*) soumis
demütigen *v/t* humilier
Demütigung *f* ⟨~; ~en⟩ humiliation *f*
demzufolge *adv* en conséquence
den¹ [deːn] *acc sg m* → *der*¹
den² *dat pl m,f,* → *die*² *I*
denen ['deːnən] *dat pl m,f, n* → *die*² *II, III*
Den Haag [deːn'haːk] *n* ⟨~s⟩ La Haye
Denkansatz *m* point *m* de départ; prémisses *f/pl*
Denkanstoß *m* incitation *f* à réfléchir
denkbar I *adj* imaginable **II** *adv* **denkbar schlecht** aussi mauvais que l'on peut (s')imaginer
denken ['dɛŋkən] ⟨dachte, gedacht⟩ **I** *v/t* penser; *e-e gedachte Linie* une ligne imaginaire; *wer hätte das gedacht?* qui aurait pu le penser?; *ich dachte, er sei verreist* je croyais qu'il était parti; je le croyais parti **II** *v/i* penser (*an* [+ *acc*] à); (*Überlegungen anstellen*) raisonner; (*nachdenken*) réfléchir; méditer; *j-m zu denken geben* donner à réfléchir, à penser à qn; *wie denken Sie darüber?* qu'en pensez-vous?; F *wo denken Sie hin!* quelle idée!; F *denkste!* F tu parles(, Charles)!; *daran denken zu* (+ *inf*) avoir l'intention de (+ *inf*); *denk daran, dass ...* n'oublie pas que ...; *ich denke nicht daran, es zu tun* je me garderai bien de le faire **III** *v/r* *ich kann es mir schon denken* je vois, je m'imagine ce que c'est; *das habe ich mir gleich gedacht* je m'en doutais; *Sie können sich* (*dat*) *denken, dass ...* vous comprenez bien que ...; *er dachte sich* (*dat*) *nichts* (*Böses*) *dabei* il ne pensait pas à mal
Denken *n* ⟨~s⟩ pensée *f*
Denker(in) *m* ⟨~s; ~⟩ (*f*) ⟨~in; ~innen⟩ penseur, -euse *m,f*
denkfaul *adj* qui n'aime pas réfléchir
Denkfehler *m* faute *f*, erreur *f* de raisonnement
Denkmal *n* ⟨~¢s; ⸚er⟩ monument *m* (*a fig*)
Denkmalschutz *m* protection *f* des monuments; *unter Denkmalschutz stehen* être classé monument historique
Denkschrift *f* mémoire *m*; mémorandum *m*

Denksport(aufgabe) *m(f)* jeu *m* d'esprit
Denkweise *f* manière *f*, façon *f* de penser; tournure *f* d'esprit
denkwürdig *adj* mémorable
Denkzettel *m* *j-m e-n Denkzettel verpassen* donner une leçon à qn
denn [dɛn] **I** *conj* **1.** *begründend* car **2.** *st/s* (*als*) *mehr denn je* plus que jamais **3.** *es sei denn, dass ...* à moins que ... ne ... (+ *subj*) **II** *Partikel* donc; *warum denn nicht?* et pourquoi pas?
dennoch ['dɛnɔx] *conj u adv* cependant; pourtant; toutefois; néanmoins
Dentallabor *n* laboratoire *m* de prothèse dentaire
Denunziant [denuntsi'ant] *m* ⟨~en; ~en⟩ dénonciateur *m*; délateur *m*
Denunziation *f* ⟨~; ~en⟩ dénonciation *f*; délation *f*
denunzieren *v/t* ⟨*sans ge*⟩ dénoncer (*bei* à)
Deo ['deːo] *n* ⟨~s; ~s⟩, **Deodorant** [deʔodo'rant] *n* ⟨~s; ~s ou ~e⟩ déodorant *m*
Deoroller *m* déodorant *m* bille
Deospray *n* déodorant *m* aérosol, en bombe
Departement *n* **1.** *schweiz* [departə'mɛnt] ⟨~¢s; ~e⟩ (*Ministerium*) ministère *m* **2.** [departə'mãː] ⟨~s; ~s⟩ *frz Verwaltungsbezirk* département *m*
deplatziert [depla'tsiːrt] *adjt* déplacé
Deponie [depo'niː] *f* ⟨~; ~n⟩ décharge (publique)
deponieren *v/t* ⟨*sans ge*⟩ mettre en dépôt; déposer; *Müll* mettre à la décharge
Deportation [depɔrtatsi'oːn] *f* ⟨~; ~en⟩ déportation *f*
deportieren *v/t* ⟨*sans ge*⟩ déporter (*nach* en, à, dans)
Deportierte(r) *f(m)* ⟨→ A⟩ déporté(e) *m(f)*
Depot [de'poː] *n* ⟨~s; ~s⟩ **1.** COMM, FIN dépôt *m* **2.** (*Lager*) entrepôt *m*
Depp [dɛp] F *péj m* ⟨~s ou ~en; ~en⟩ idiot *m*; imbécile *m*; F ballot *m*
Depression [depresi'oːn] *f* ⟨~; ~en⟩ dépression *f*
depressiv *adj* dépressif
deprimieren [depri'miːrən] *v/t* ⟨*sans ge*⟩ déprimer; *deprimiert sein* *a* avoir le cafard
Deputierte(r) [depu'tiːrtə(r)] *f(m)* ⟨→ A⟩ député(e) *m(f)*
der¹ [deːr] *sg m* ⟨*dat* dem; *acc* den⟩ **I** *Artikel* ⟨*gén* des⟩ *Nominativ, acc* le *bzw* la *bzw* l' **II** *pr/dém* ⟨*gén* dessen⟩ **1.** *adjt* ce *bzw* cet *bzw* cette **2.** *subst der da* celui-là *bzw* celle-là **III** *pr/rel* ⟨*gén* dessen⟩ *Nominativ* qui; *gén* dont; *nach prép* à duquel *bzw* de laquelle; *dat* à qui; *nach prép* à auquel *bzw* à laquelle; *acc* que; *nach prép* à lequel *bzw* laquelle
der² *gén, dat sg f* → *die*¹ *I, II 1*
der³ *gén pl m,f, n* → *die*² *I*
derart *adv* de telle manière, façon; tant; tellement; *derart, dass* à tel point que
derartig I *adj* tel; pareil; de ce genre **II** *adv* → *derart*
derb [dɛrp] *adj* **1.** (*fest, kräftig*) ferme; solide; fort; (*widerstandsfähig*) résistant **2.** (*grob*) rude; grossier; *Worte, Witze* cru; corsé
Derbheit *f* ⟨~; ~en⟩ rudesse *f*; grossièreté *f*; *von Worten* *a* crudité *f*

deren ['deːrən] **I** pr/poss **1.** sg f son bzw sa bzw ses **2.** pl m,f, n leur bzw leurs **II** pr/dém → **die¹** II, **die²** II **III** pr/rel → **die¹** III, **die²** III
dere(n)twegen I adv **1.** (wegen derjenigen) à cause d'elle bzw de lui; (wegen denjenigen) à cause d'eux bzw d'elles **2.** (derjenigen zuliebe) pour elle bzw lui; (denjenigen zuliebe) pour eux bzw elles **II** pr/rel à cause de laquelle bzw duquel bzw desquel(le)s
derer ['deːrər] pr/dém gén pl m,f, n de ceux-ci bzw celles-ci; de ceux-là bzw celles-là; bei folgendem pr/rel de ceux bzw de celles
dergleichen pr/dém tel; pareil; **und dergleichen mehr** et autres choses de ce genre; **er tat nichts dergleichen** il n'en fit rien
derjenige ['deːrjeːnɪɡə] → **dasjenige**
dermaßen → **derart**
Dermatologe [dɛrmatoˈloːɡə] m ⟨∼n; ∼n⟩, **Dermatologin** f ⟨∼; ∼nen⟩ dermatologue m,f
derselbe [deːrˈzɛlbə] pr/dém le bzw la même
derzeit adv en ce moment
derzeitig adj présent; actuel
des [dɛs] gén sg m, n → **der¹** I, **das** I
desensibilisieren [dezɛnzibiliˈziːrən] v/t ⟨sans ge⟩ désensibiliser
Deserteur [dezɛrˈtøːr] m ⟨∼s; ∼e⟩ déserteur m
desertieren v/i ⟨sans ge, sn⟩ déserter
desgleichen adv également; de même
deshalb adv à cause de cela; pour cette raison; pour cela; **deshalb lehne ich es ab** c'est pourquoi je refuse
Design [diˈzaɪn] n ⟨∼s; ∼s⟩ design m; (Modedesign als Unterrichtsfach) stylisme m; (Muster) dessin m
Designer(in) m ⟨∼s; ∼⟩ (f) ⟨∼in; ∼innen⟩ designer m,f; (Modedesigner[in]) styliste m,f; bekannter grand couturier
Designerjeans f(pl) jean m od jeans m/pl couture
Designermöbel n/pl meubles m/pl design
Designermode f mode design, griffée
desillusionieren [dɛsʔiluzioˈniːrən] v/t ⟨sans ge⟩ désillusionner
Desinfektion [dɛsʔɪnfɛktsiˈoːn] f désinfection f
Desinfektionsmittel n désinfectant m
desinfizieren v/t ⟨sans ge⟩ désinfecter
Desinteresse ['dɛsʔ-] n manque m d'intérêt (**an** [+ dat] pour)
desinteressiert adjt indifférent (**an** [+ dat] à); détaché (**an etw** [+ dat] de qc)
Desktop-Publishing ['dɛsktɔpˈpablɪʃɪŋ] n ⟨∼$ ⟩ INFORM PAO f
desolat [dezoˈlaːt] st/s adj désolant; lamentable
Despot [dɛsˈpoːt] m ⟨∼en; ∼en⟩ despote m
despotisch adj despotique
dessen ['dɛsən] gén sg m, n → **der¹** II, III, **das** II, III; **dessen ungeachtet** malgré cela; néan-

moins; toutefois
Dessert [dɛˈseːr] n ⟨∼s; ∼s⟩ dessert m
Dessertlöffel m cuillère od cuiller f à dessert
Dessertteller m assiette f à dessert
Dessertwein m vin m de dessert
Dessous [dɛˈsuː] n ⟨∼; ∼⟩ vêtement m de dessous (féminin); pl dessous m/pl
destillieren [dɛstɪˈliːrən] v/t ⟨sans ge⟩ distiller
desto ['dɛsto] conj d'autant plus; **je eher, desto besser** le plus tôt sera le mieux
deswegen → **deshalb**
Detail [deˈtaːj] n ⟨∼s; ∼s⟩ détail m; **ins Detail gehen** entrer dans les détails
detailliert adj détaillé
Detektei [detɛkˈtaɪ] f ⟨∼; ∼en⟩ agence f de détectives (privés)
Detektiv(in) [detɛkˈtiːf (-vɪn)] m ⟨∼s; ∼e⟩ (f) ⟨∼in; ∼innen⟩ détective m
Detektivbüro n agence f de détectives (privés)
Detektivroman m roman policier
Detonation [detonatsiˈoːn] f ⟨∼; ∼en⟩ détonation f
detonieren v/i ⟨sans ge, sn⟩ détoner
Deut [dɔʏt] m **keinen Deut wert sein** ne pas valoir un sou, F un clou, tripette
deuten ⟨-e-⟩ **I** v/t interpréter **II** v/i **auf etw** (acc) **deuten** indiquer, montrer qc (du doigt)
deutlich I adj (klar) clair; net; (leicht zu unterscheiden) distinct; (ausgeprägt) marqué; (spürbar) sensible; **j-m etw deutlich machen** (dé)montrer qc à qn; **deutlich werden** Person ne pas mâcher ses mots **II** adv **1.** distinctement; **deutlich schreiben** écrire lisiblement **2.** fig (unverblümt) franchement
Deutlichkeit f ⟨∼⟩ clarté f; précision f
deutsch [dɔʏtʃ] **I** adj allemand; de l'Allemagne; POL in Zssgn germano-…; **deutsch-französisch** franco-allemand; Wörterbuch allemand-français **II** adv **deutsch sprechen** parler allemand; F fig **deutsch mit j-m reden** dire son fait, parler net à qn
Deutsch n ⟨∼$⟩ Sprache, Unterrichtsfach allemand m; **auf, in Deutsch** en allemand; F **auf (gut) Deutsch** en clair; nach Verben des Sagens carrément; **fließend Deutsch sprechen** parler couramment (l')allemand; **Deutsch sprechend** germanophone; **sic ist gut in Deutsch** elle est bonne en allemand
Deutsche n ⟨∼n⟩ Sprache **das Deutsche** l'allemand m; **aus dem Deutschen** de l'allemand; **im Deutschen, ins Deutsche** en allemand
Deutsche(r) f(m) ⟨→ A⟩ Allemand(e) m(f)
Deutschland n ⟨∼s⟩ l'Allemagne f
Deutschlandlied n hymne national allemand
Deutschlehrer(in) m(f) professeur m d'allemand
deutschsprachig adj Mensch, Land de langue allemande; germanophone; Literatur d'expression allemande

---

desinteressiert ≠ désintéressé

Die Schüler schienen **desinteressiert** zu sein.

Les Médecins sans frontières agissent de façon **désintéressée**.

Les élèves avaient l'air **peu intéressés**.

Die Ärzte ohne Grenzen handeln **uneigennützig**.

deutschsprechend *adjt* germanophone
deutschstämmig *adj* d'origine allemande; de souche allemande
Deutschunterricht *m* enseignement *m* de l'allemand; *Schulstunde* cours *m* d'allemand
Deutung *f* ⟨∼; ∼en⟩ interprétation *f*
Devise [de'viːzə] *f* ⟨∼; ∼n⟩ devise *f*
Devisen *f/pl* COMM devises *f/pl*
Devisenbestimmungen *f/pl* réglementations *f/pl* des changes
Devisengeschäft *n* opération *f* de change
Devisenhändler *m* agent *m* de change
Devisenmarkt *m* marché *m* des devises, des changes
Devisenschmuggel *m* trafic *m* de devises
Dezember [de'tsɛmbər] *m* ⟨∼ɟ; ∼⟩ (mois *m* de) décembre *m*; → *Januar*
dezent [de'tsɛnt] *adj* discret
dezentral ['deːtsɛntraːl] *adj* décentralisé
dezentralisieren *v/t* ⟨sans ge⟩ décentraliser
Dezernat [detsɛr'naːt] *n* ⟨∼ɟs; ∼e⟩ département *m*; service *m*
Dezibel [detsi'bɛl] *n* ⟨∼s; ∼⟩ décibel *m*
Deziliter ['deːtsi-] *m od n* décilitre *m*
dezimal [detsi'maːl] *adj* décimal
Dezimalbruch *m* fraction décimale
Dezimalrechnung *f* calcul décimal
Dezimalstelle *f* décimale *f*
Dezimalsystem *n* numération décimale
Dezimalzahl *f* nombre décimal
Dezimeter ['deːtsi-] *m od n* décimètre *m*
dezimieren [detsi'miːrən] *v/t* ⟨sans ge⟩ décimer
dgl. *abr* → *dergleichen*
d. h. *abr* (*das heißt*) c.-à-d.
Dia ['diːa] *n* ⟨∼s; ∼s⟩ diapo *f*
Diabetes [dia'beːtɛs] *m* ⟨∼⟩ diabète *m*
Diabetiker(in) *m* ⟨∼s; ∼⟩ (*f*) ⟨∼in; ∼innen⟩ diabétique *m,f*
diabolisch [dia'boːlɪʃ] *st/s adj* diabolique
Diadem [dia'deːm] *n* ⟨∼s; ∼e⟩ diadème *m*
Diagnose [dia'gnoːzə] *f* ⟨∼; ∼n⟩ diagnostic *m*; *e-e Diagnose stellen* établir, émettre un diagnostic
diagnostizieren [diagnɔsti'tsiːrən] *v/t* ⟨sans ge⟩ diagnostiquer
diagonal [diago'naːl] I *adj* diagonal II *adv* diagonalement; en diagonale; F *diagonal lesen* lire en diagonale
Diagonale *f* ⟨∼; ∼n⟩ diagonale *f*
Diagramm [dia'-] *n* ⟨∼s; ∼e⟩ diagramme *m*
Diakon [dia'koːn] *m* ⟨∼s ou ∼en; ∼eɲ⟩ REL diacre *m*
Diakonie [dia'-] *f* ⟨∼⟩ PROT œuvre *f* d'assistance de l'église évangélique
Diakonisse *f* ⟨∼; ∼n⟩ PROT diaconesse *f*
Dialekt [dia'lɛkt] *m* ⟨∼ɟs; ∼e⟩ dialecte *m*; patois *m*
Dialog [dia'loːk] *m* ⟨∼ɟs; ∼e⟩ dialogue *m* (*a* INFORM)
Dialogfeld *n* INFORM boîte *f* de dialogue
Dialyse [dia'lyːzə] *f* ⟨∼; ∼n⟩ dialyse *f*
Dialysezentrum *n* centre *m* de dialyse
Diamant [dia'mant] *m* ⟨∼en; ∼en⟩ diamant *m*
Diamantring *m* bague (ornée) de diamants
diametral [diame'traːl] *adv diametral entgegengesetzt* diamétralement opposé
Diapositiv ['diːa-] *n* ⟨∼s; ∼e⟩ diapositive *f*
Diaprojektor *m* projecteur *m* (de diapositives)

Diarahmen *m* cadre *m* de diapositive
Diät [di'ɛːt] *f* ⟨∼; ∼en⟩ régime *m* (alimentaire); *Diät halten* suivre un régime; *Diät leben* (*müssen*) être au régime
Diät... in Zssgn diététique
Diätassistent(in) *m(f)* diététicien, -ienne *m,f*
Diäten *pl* indemnité *f* (parlementaire)
Diätjoghurt *m od n* yaourt allégé
Diätplan *m* régime *m*
Diätschokolade *f* chocolat *m* diététique
dich [dɪç] *pr/pers* ⟨acc de du⟩ te *bzw* t'; *unverbunden* toi
dicht [dɪçt] I *adj* 1. *Menschenmenge, Verkehr* dense (*a* PHYS); (*gedrängt*), *Gewebe* serré; *Nebel* dense; épais; *Regen, Haar* dru; *Wald* touffu 2. *Gefäß* étanche; *Verschluss, fig* hermétique; F *du bist wohl nicht ganz dicht!* F tu n'es pas un peu malade *od* fêlé(, par hasard)? II *adv dicht bei* tout près de; *dicht hinter, vor j-m* juste derrière, devant qn; *dicht besiedelt, dicht bevölkert adjt* très peuplé
dichtbesiedelt, dichtbevölkert *adjt* → *dicht II*
Dichte *f* ⟨∼⟩ densité *f* (*a* PHYS)
dichten[1] → *abdichten*
dichten[2] *v/t u v/i* ⟨-e-⟩ (*schreiben*) composer; écrire; *Verse* faire (des vers)
Dichter(in) *m* ⟨∼s; ∼⟩ (*f*) ⟨∼in; ∼innen⟩ poète *m*, (femme *f*) poète *m*; poétesse *f*; (*Schriftsteller[in]*) écrivain *m*; auteur *m*
dichterisch *adj* poétique
dichthalten F *v/i* ⟨irr⟩ garder bouche cousue; tenir sa langue
dichtmachen F *v/t u v/i* fermer (définitivement)
Dichtung[1] *f* ⟨∼; ∼en⟩ TECH joint *m*
Dichtung[2] *f* ⟨∼; ∼en⟩ *Kunst, Werk* poésie *f*; (*Literatur*) littérature *f*; *einzelnes Werk* poème *m*; œuvre *f* poétique
Dichtungsgummi *n* caoutchouc *m* pour joints
Dichtungsring *m*, **Dichtungsscheibe** *f* (rondelle *f* de) joint *m*
dick [dɪk] I *adj* épais; *Person, Tier* gros; (*angeschwollen*) enflé; *dick machen Essen* faire grossir; *Kleid* grossir; *dick werden Person* grossir (→ *Info passé* [*composé*]); *p/fort* engraisser; *e-n Meter dick sein* avoir un mètre d'épaisseur; *fig mit j-m durch dick und dünn gehen* aller au bout du monde avec qn II *adv sich dick anziehen* s'habiller chaudement; *etw dick unterstreichen* souligner qc d'un gros trait *od* en gras
Dickdarm *m* gros intestin
Dicke *f* ⟨∼⟩ épaisseur *f*; grosseur *f*; *e-s Menschen a* embonpoint *m*; corpulence *f*
Dicke(r) F *f(m)* ⟨→ A⟩ gros bonhomme, grosse bonne femme
Dickerchen F *n* ⟨∼s; ∼⟩ F petit(e) gros, grosse
dickfellig *adj Person* insensible
dickflüssig *adj* épais; visqueux
Dickhäuter [-hɔytər] *m* ⟨∼s; ∼⟩ pachyderme *m*
Dickicht ['dɪkɪçt] *n* ⟨∼ɟs; ∼e⟩ fourré *m*; taillis *m*; *fig* maquis *m*
Dickkopf F *m* F tête *f* de mule, de bois
dickköpfig F *adj* têtu; buté; F cabochard
dicklich *adj* rondelet; replet
dickmachen *v/t* → *dick I*
Dickmacher F *m* ⟨∼s; ∼⟩ aliment *m* qui fait grossir
Dickmilch *f* lait caillé

Dickschädel *m* → **Dickkopf**
Dickwanst F *m* F gros lard; F boule *f* de graisse
Didaktik [di'daktɪk] *f* ⟨~; ~en⟩ didactique *f*
didaktisch *adj* didactique
die[1] [diː] *sg f* ⟨*dat* der; *acc* die⟩ **I** *Artikel* ⟨*gén* der⟩ *Nominativ, acc* la *bzw* le *bzw* l'; *dat* à la *bzw* au *bzw* à l' **II** *pr/dém* ⟨*gén* deren⟩ **1.** *adjt* cette *bzw* ce(t) **2.** *subst* **die hier** celle-ci *bzw* celui-ci; **die da** celle-là *bzw* celui-là **III** *pr/rel* ⟨*gén* deren⟩ *Nominativ* qui; *gén* dont; *nach prép a* de laquelle *bzw* duquel; *dat* à qui; *nach prép a* à laquelle *bzw* auquel; *acc* que
die[2] *pl m,f, n* **I** *Artikel* ⟨*gén* der; *dat* den; *acc* die⟩ *Nominativ, acc* les; *gén* des; *dat* aux **II** *pr/dém* **1.** *adjt* ⟨*gén* deren; *dat* denen; *acc* die⟩ *Nominativ, acc* ces; *gén* de ces; *dat* à ces **2.** *subst* ⟨*gén* deren *bzw* derer; *dat* denen; *acc* die⟩ **die hier** ceux-ci *bzw* celles-ci; **die da** ceux-là *bzw* celles-là **III** *pr/rel* ⟨*gén* deren; *dat* denen; *acc* die⟩ *Nominativ* qui; *gén* dont; *nach prép* desquel(le)s; *dat* à qui; *nach prép a* auxquel(le)s; *acc* que; *nach prép a* lesquel(le)s
Dieb(in) [diːp ('diːbɪn)] *m* ⟨~¢s; ~e⟩ (*f*) ⟨~in; ~innen⟩ voleur, -euse *m,f*
Diebesbande *f* bande *f* de voleurs
Diebesbeute *f*, **Diebesgut** *n* butin *m*
diebisch I *adj* voleur **II** *adv* **sich diebisch freuen** se réjouir malicieusement
Diebstahl ['diːpʃtaːl] *m* ⟨~¢s; ~e⟩ vol *m*
Diebstahlsicherung *f* antivol *m*
Diebstahlversicherung *f* assurance *f* contre le vol
diejenige ['diːjeːnɪgə] → **dasjenige**
Diele ['diːlə] *f* ⟨~; ~n⟩ **1.** (*Fußbodenbrett*) planche *f* **2.** (*Flur*) vestibule *m*
dienen ['diːnən] *v/i* servir (**j-m** qn; **als** de); **beim Militär** faire son service militaire; **j-m zu etw dienen** servir à qn de qc; **womit kann ich dienen?** qu'est-ce que je peux faire pour vous?; **damit ist mir nicht gedient** cela ne m'arrange pas
Diener *m* ⟨~s; ~⟩ **1.** domestique *m*; serviteur *m* **2.** F (*Verbeugung*) révérence *f*; **e-n Diener machen** s'incliner (devant qn)
Dienerin *f* ⟨~; ~nen⟩ domestique *f*
Dienerschaft *f* ⟨~⟩ domestiques *m/pl*
dienlich *adj* utile; **e-r Sache** (*dat*) **dienlich sein** servir à qc
Dienst [diːnst] *m* ⟨~¢s; ~e⟩ **1.** service *m*; **außer Dienst** à la, en retraite; **Dienst haben, im Dienst sein** être de service; **Dienst habend, Dienst tuend** → **diensthabend, diensttuend** **2.** **öffentlicher Dienst** fonction *f* publique **3.** (*Gefälligkeit*) service *m*; **j-m e-n Dienst erweisen** rendre (un) service à qn
Dienstag ['diːnstaːk] *m* mardi *m*; → **Montag**
dienstags *adv* le mardi; tous les mardis
Dienstalter *n* années *f/pl* de service; ancienneté *f*
Dienstälteste(r) *f(m)* ⟨→A⟩ le plus ancien, la plus ancienne; le doyen, la doyenne
Dienstantritt *m* entrée *f* en service, en fonction, en charge
Dienstaufsicht *f* contrôle *m* hiérarchique
Dienstaufsichtsbeschwerde *f* plainte *f* hiérarchique
Dienstausweis *m* laissez-passer *m*; carte *f* de service

dienstbereit *adj* serviable; *Apotheke* de garde
Dienstbote *m* domestique *m*
diensteifrig *adj* zélé; empressé
Dienstfahrt *f* déplacement *m* de service; mission *f*
dienstfrei *adj* libre; **dienstfrei haben** ne pas être de service
Dienstgeheimnis *n* secret professionnel
Dienstgrad *m* grade *m*
diensthabend *adjt* de service; *Arzt* de garde
Dienstleister *m* ⟨~s; ~⟩ prestataire *m* de services
Dienstleistung *f* (prestation *f* de) service *m*
Dienstleistungsbetrieb *m*, **Dienstleistungsunternehmen** *n* prestataire *m* de services
dienstlich *adj* de service
Dienstmädchen *n* bonne *f*
Dienstreise *f* déplacement professionnel
Dienstschluss *m* fin *f* des heures de service
Dienststelle *f* service *m*; bureau *m*
Dienststunden *f/pl* heures *f/pl* de service, de bureau
diensttuend *adjt* de service; *Arzt* de garde
Dienstverhältnis *n* situation administrative (d'un fonctionnaire)
Dienstvorschrift *f* règlement *m*; MIL consigne *f*
Dienstwagen *m* voiture *f* de fonction *od* de service
Dienstweg *m* voie *f* hiérarchique
Dienstwohnung *f* logement *m* de fonction
Dienstzeit *f* **1.** *tägliche* temps *m*, heures *f/pl* de service **2.** (*Dienstjahre*) années *f/pl* de service
dies [diːs] → **diese**
diesbezüglich *adj u adv* à cet effet; sous ce rapport; à ce sujet
diese ['diːzə], **dieser, dieses** *pr/dém* ⟨*n a* dies⟩ **1.** *adjt* ce *bzw* cet *bzw* cette; *bei Gegenüberstellung* ce(t) ...-ci *bzw* cette ...-ci; *pl* ces; **dieser Tage** ces jours-ci **2.** *subst* celui-ci *bzw* celle-ci; ceci *od* ça; *pl* ceux-ci *bzw* celles-ci; **dies und das** ceci et cela
Diesel ['diːzəl] *m* ⟨~$; ~⟩ **1.** *Fahrzeug, Motor* diesel *m* **2.** ⟨*sans article*⟩ *Kraftstoff* gasoil *od* gazole *m*
dieselbe [di'zɛlbə] *pr/dém* la *bzw* le même
Dieselkraftstoff *m* gasoil *od* gazole *m*
Dieselmotor *m* (moteur *m*) diesel *m*
dieser, dieses → **diese**
diesig ['diːzɪç] *adj* brumeux
diesjährig *adj* de cette année
diesmal *adv* cette fois(-ci)
diesseitig *adj* qui est en deçà
diesseits I *adv* de ce côté **II** *prép* ⟨*gén*⟩ en deçà de
Dietrich ['diːtrɪç] *m* ⟨~s; ~e⟩ crochet *m*; rossignol *m*
diffamieren [dɪfa'miːrən] *v/t* ⟨*sans ge*⟩ diffamer
Diffamierung *f* ⟨~; ~en⟩ diffamation *f*
Differenz [dɪfə'rɛnts] *f* ⟨~; ~en⟩ **1.** (*Unterschied*) différence *f* **2.** (*Unstimmigkeit*) différend *m*
Differenzial [-tsi'aːl] *n* ⟨~s; ~e⟩ AUTO différentiel *m*
Differenzialgetriebe *n* engrenage différentiel
Differenzialrechnung *f* calcul différentiel
differenzieren *v/t u v/i* ⟨*sans ge*⟩ différencier (*a* MATH)

differenziert I *adjt* nuancé **II** *advt* avec nuance
differieren [dɪfəˈriːrən] *st/s v/i* ⟨*sans ge*⟩ différer (*um* de)
diffus [dɪˈfuːs] *adj* **1.** OPT diffus **2.** *fig* confus
digital [digiˈtaːl] *adj* digital; numérique
Digitalanzeige *f* affichage digital, numérique
Digitalfernsehen *n* télévision *f* numérique
digitalisieren *v/t* ⟨*sans ge*⟩ digitaliser; numériser
Digitalkamera *f* appareil *m* photo numérique
Digitalrechner *m* calculateur *m* numérique
Digitaltechnik *f* technique *f* numérique
Digitaluhr *f* montre digitale, à affichage numérique
Diktat [dɪkˈtaːt] *n* ⟨ₓ∉s; ₓe⟩ dictée *f*
Diktator *m* ⟨ₓs; -toren⟩ dictateur *m*
diktatorisch *adj* dictatorial
Diktatur *f* ⟨ₓ; ₓen⟩ dictature *f*
diktieren [dɪkˈtiːrən] *v/t* ⟨*sans ge*⟩ dicter
Diktiergerät *n* dictaphone® *m*
Dildo [ˈdɪldo] *m* ⟨ₓs; ₓs⟩ godemiché *m*
Dilemma [diˈlɛma] *n* ⟨ₓs; ₓs *ou* ₓta⟩ dilemme *m*
Dilettant(in) [dilɛˈtant(ɪn)] *m* ⟨ₓen; ₓen⟩ (*f*) ⟨ₓin; ₓinnen⟩ amateur *m*; dilettante *m,f* (*beide a péj*)
dilettantisch *adj* en amateur; en dilettante (*beide a péj*)
Dilettantismus *m* ⟨ₓ⟩ amateurisme *m*; dilettantisme *m* (*beide a péj*)
Dill [dɪl] *m* ⟨ₓ∉s; ₓe⟩ aneth *m*
Dimension [dimɛnziˈoːn] *f* ⟨ₓ; ₓen⟩ dimension *f*
Dimmer [ˈdɪmər] *m* ⟨ₓs; ₓ⟩ variateur *m* (de lumière)
DIN® [diːn] *abr* (*Deutsche Industrie-Norm[en]*) norme(s) industrielle(s) allemande(s)
Dinar [diˈnaːr] *m* ⟨ₓs; ₓe, mais 5 ₓ⟩ *Währung* dinar *m*
DIN-A4-Blatt *n* feuille *f* de 21 x 29,7 cm
DIN-Format *n* format *m* DIN
Ding [dɪŋ] *n* ⟨ₓ∉s; ₓe⟩ **1.** (*Sache*) chose *f*; (*Gegenstand*) objet *m* **2.** (*Angelegenheit*) affaire *f*; histoire *f*; **das geht nicht mit rechten Dingen zu** c'est une affaire louche; **vor allen Dingen** avant toute chose; avant tout **3.** *st/s* **guter Dinge sein** être de bonne humeur **4.** F ⟨*pl* ₓer⟩ (*Mädchen*) **das arme Ding** la pauvre enfant; **dummes Ding** (petite) sotte **5.** F ⟨*pl* ₓer⟩ (*Dingsda*) F machin *m*; F truc *m*; **das ist ja ein Ding!** (ah ça,) par exemple!
dingfest *adj* **j-n dingfest machen** mettre qn en état d'arrestation
Dings [dɪŋs], **Dingsbums, Dingsda** F *m,f, n* ⟨ₓ⟩ F truc *m*; F machin *m*; **die (Frau) Dings, Dingsbums, Dingsda** F madame Machin *od* Chose
Dinkel [ˈdɪŋkəl] *m* ⟨ₓs; ₓ⟩ BOT épeautre *m*
Dino [ˈdiːno] F *m* ⟨ₓs; ₓs⟩, **Dinosaurier** *m* dinosaure *m*
Diode [diˈoːdə] *f* ⟨ₓ; ₓn⟩ ÉLECT diode *f*
Dioptrie [diˈɔptriː] *f* ⟨ₓ; ₓn⟩ OPT dioptrie *f*
Dioxin [diɔˈksiːn] *n* ⟨ₓs; ₓe⟩ dioxine *f*
Diözese [diøˈtseːzə] *f* ⟨ₓ; ₓn⟩ CATH diocèse *m*
Dip [dɪp] *m* ⟨ₓs; ₓs⟩ CUIS dip *m*
Diphterie [dɪfteˈriː] *f* ⟨ₓ; ₓn⟩ diphtérie *f*
Diphthong [dɪfˈtɔŋ] *m* ⟨ₓs; ₓe⟩ PHON diphtongue *f*
Dipl.-Ing. *abr* → **Diplomingenieur**

Diplom [diˈploːm] *n* ⟨ₓs; ₓe⟩ diplôme *m*; brevet *m*
Diplom... *in Zssgn* diplômé
Diplomarbeit *f* mémoire *m*
Diplomat(in) [diploˈmaːt(ɪn)] *m* ⟨ₓen; ₓen⟩ (*f*) ⟨ₓin; ₓinnen⟩ diplomate *m,f*
Diplomatenkoffer *m* attaché-case *m*
Diplomatie [diplomaˈtiː] *f* ⟨ₓ⟩ diplomatie *f* (*a fig*)
diplomatisch *adj* diplomatique (*a fig*); *Person* diplomate
Diplomingenieur *m* ingénieur diplômé
dir [diːr] *pr/pers* ⟨*dat de* du⟩ te *bzw* t'; *nach prép* toi; *betont* à toi
direkt [diˈrɛkt] **I** *adj* direct **II** *adv* **1.** directement **2.** (*live*) **direkt übertragen** diffuser en direct **3.** (*unmittelbar*) juste (**vorm Haus** devant la maison) **4.** (*unverblümt*) carrément
Direktbank *f* ⟨ₓ; ₓen⟩ banque directe
Direktflug *m* vol direct, sans escale
Direktion *f* ⟨ₓ; ₓen⟩ direction *f*; **die Direktion** *a* les directeurs *m/pl*
Direktmandat *n* POL mandat direct
Direktor(in) [diˈrɛktɔr (-ˈtoːrɪn)] *m* ⟨ₓs; -toren⟩ (*f*) ⟨ₓin; ₓinnen⟩ directeur, -trice *m,f*; *e-s Gymnasiums* proviseur *m*
Direktorium *n* ⟨ₓs; -ien⟩ comité *m* directeur; direction *f*
Direktübertragung *f* retransmission *f* en direct
Direktverkauf *m* vente directe, sans intermédiaire
Direktwahl *f* POL suffrage direct
Direktwerbung *f* publicité *f* directe
Dirigent *m* ⟨ₓen; ₓen⟩ chef *m* d'orchestre
dirigieren [diriˈgiːrən] *v/t u v/i* ⟨*sans ge*⟩ diriger, conduire (un orchestre, une symphonie)
Dirne [ˈdɪrnə] *f* ⟨ₓ; ₓn⟩ prostituée *f*
Discjockey [ˈdɪskdʒɔke] *m* disc-jockey *m*
Disco → **Disko**
Discounter [dɪsˈkauntər] *m* ⟨ₓs; ₓ⟩ ÉCON discounte(u)r *m*
Discountgeschäft *n* (magasin *m*) discount *m*
Discountpreis *m* prix réduit
Disharmonie [dɪsharmoˈniː, 'dɪs-] *f* ⟨ₓ; ₓn⟩ **1.** dissonance *f* **2.** *fig* désaccord *m*
disharmonisch *adj* discordant
Diskette [dɪsˈkɛtə] *f* ⟨ₓ; ₓn⟩ disquette *f*
Diskettenlaufwerk *n* lecteur *m* de disquettes
Diskjockey → **Discjockey**
Disko [ˈdɪskoː] F *f* ⟨ₓ; ₓs⟩ discothèque *f*; F boîte *f*
Diskomusik *f* musique *f* disco; disco *m*
Diskont [dɪsˈkɔnt] *m* ⟨ₓs; ₓe⟩ FIN escompte *m*
Diskontsatz *m* taux *m* d'escompte
Diskothek [dɪskoˈteːk] *f* ⟨ₓ; ₓen⟩ discothèque *f*
Diskrepanz [dɪskreˈpants] *f* ⟨ₓ; ₓen⟩ écart *m*; divergence *f*
diskret [dɪsˈkreːt] *adj* discret
Diskretion *f* ⟨ₓ⟩ discrétion *f*
diskriminieren [dɪskrimiˈniːrən] *v/t* ⟨*sans ge*⟩ discriminer
diskriminierend *adjt* discriminatoire
Diskriminierung *f* ⟨ₓ; ₓen⟩ discrimination *f*
Diskus [ˈdɪskʊs] *m* ⟨ₓ *ou* ₓses; -ken *ou* ₓse⟩ SPORT disque *m*
Diskussion [dɪskʊsiˈoːn] *f* ⟨ₓ; ₓen⟩ discussion *f* (**über** [+ *acc*] de); **etw zur Diskussion stellen** mettre qc en discussion; **zur Diskussion ste-**

hen être à débattre; *das steht nicht zur Diskussion* la discussion n'est pas là; (*das kommt nicht infrage*) il n'en est pas question
Diskussionsbeitrag *m* intervention *f* (dans un débat)
Diskussionsforum *n* INFORM forum *m* (de discussion); groupe *m* de discussion
Diskussionsgegenstand *m* ⟨~¢s⟩ objet *m* de la discussion
Diskussionsgrundlage *f* base *f* de discussion
Diskussionsleiter(in) *m*(*f*) animateur, -trice *m,f* d'un débat
Diskussionsteilnehmer(in) *m*(*f*) intervenant(e) *m*(*f*)
Diskuswerfen *n* ⟨~s⟩ lancer *m* du disque
diskutieren [dɪsku'tiːrən] *v/t u v/i* ⟨sans ge⟩ discuter ([*über*] *etw* [*acc*] sur, de qc)
Dispersionsfarbe [dɪspɛrzi'oːns-] *f* peinture-émulsion *f*
Display [dɪs'pleː] *n* ⟨~s; ~s⟩ COMM présentoir *m*; INFORM (*Anzeige*) affichage *m*; (*Datensichtgerät*) visuel *m*
disponieren [dɪspo'niːrən] *v/i* ⟨sans ge⟩ disposer (*über* [+ *acc*] de)
Disposition *f* ⟨~; ~en⟩ disposition *f*
Dispositionskredit *m* découvert autorisé
Disqualifikation *f* disqualification *f*
disqualifizieren *v/t* (*u fig v/r*) ⟨sans ge⟩ (*sich disqualifizieren* se) disqualifier
Disqualifizierung *f* disqualification *f*
Dissertation [dɪsɛrtatsi'oːn] *f* ⟨~; ~en⟩ thèse *f* (de doctorat)
Dissident(in) [dɪsi'dɛnt(ɪn)] *m* ⟨~en; ~en⟩ (*f*) ⟨~in; ~innen⟩ dissident(e) *m*(*f*)
Dissonanz [dɪso'nants] *f* ⟨~; ~en⟩ MUS, *fig* dissonance *f*
Distanz [dɪs'tants] *f* ⟨~; ~en⟩ distance *f*
distanzieren *v/r* ⟨sans ge⟩ *sich von etw, j-m distanzieren* se désolidariser de qc, qn; prendre ses distances
Distel ['dɪstəl] *f* ⟨~; ~n⟩ chardon *m*
Distelfink *m* chardonneret *m*
Distrikt [dɪs'trɪkt] *m* ⟨~¢s; ~e⟩ district *m*; circonscription *f*
Disziplin [dɪstsi'pliːn] *f* ⟨~; ~en⟩ discipline *f*
disziplinarisch *adj* disciplinaire
Disziplinarmaßnahme *f* mesure *f* disciplinaire
Disziplinarstrafe *f* sanction *f* disciplinaire
Disziplinarverfahren *n* procédure *f* disciplinaire
diszipliniert *adjt* discipliné
disziplinlos *adj* indiscipliné
Disziplinlosigkeit *f* ⟨~⟩ (acte *m* d')indiscipline *f*
dito ['diːto] F *adv* idem
Diva ['diːva] *f* ⟨~; ~s ou Diven⟩ (*Sängerin*) diva *f*; (*Schauspielerin*) star *f*
diverse [di'vɛrzə] *adj* ⟨pl⟩ divers
diversifizieren *v/t u v/i* ⟨sans ge⟩ ÉCON diversifier
Diversifizierung *f* ⟨~; ~en⟩ diversification *f*
Dividende [divi'dɛndə] *f* ⟨~; ~n⟩ dividende *m*
dividieren *v/t* ⟨sans ge⟩ diviser
Division *f* ⟨~; ~en⟩ division *f*
DJ ['diːdʒe] *m abr* ⟨~$; ~s⟩ (*Diskjockey*) DJ *m* (disc-jockey)
d. J. *abr* (*dieses Jahres*) de cette année; de l'année en cours
DM *abr* (*Deutsche Mark*) HIST DM *m*

d-Moll *n* MUS ré *m* mineur
DNA [deː'ʔɛn'ʔaː] *f* ⟨~⟩ *abr* (*deoxyribonucleic acid*) ADN *m*
DNA-Test *m* test *m* ADN
DNS [deː'ʔɛn'ʔɛs] *f* ⟨~⟩ *abr* (*Desoxyribonukleinsäure*) ADN *m*
Dobermann ['doːbərman] *m* ⟨~s; -männer⟩ ZO doberman *m*
doch [dɔx] I *adv* 1. *unbetont* **du kommst doch?** mais tu viendras?; **pass doch auf!** fais donc attention!; **nicht doch!** mais non!; que non!; *tadelnd* laisse ça!; **ja doch!** mais oui!; en effet!; **du weißt doch, dass ...** tu sais bien que ... 2. *betont* **also doch!** quand même! 3. *als Antwort* **doch!** si! II *conj* pourtant; cependant; mais
Docht [dɔxt] *m* ⟨~¢s; ~e⟩ mèche *f*
Dock [dɔk] *n* ⟨~s; ~s⟩ dock *m*
Dockarbeiter *m* docker *m*
Dogge ['dɔgə] *f* ⟨~; ~n⟩ dogue *m*
Dogma ['dɔgma] *n* ⟨~s; -men⟩ dogme *m*
dogmatisch *adj* dogmatique
Dohle ['doːlə] *f* ⟨~; ~n⟩ ZO choucas *m*
Doktor ['dɔktɔr] *m* ⟨~s; -toren⟩ 1. F (*Arzt*) docteur *m*; médecin *m*; **Herr Doktor!** docteur! 2. *Doktor der Philosophie, der Rechte* docteur *m* ès lettres, en droit
Doktorarbeit *f* thèse *f* de doctorat
Doktorhut *m* toque carrée de docteur
Doktorin *f* ⟨~; ~nen⟩ 1. F (*Ärztin*) doctoresse *f*; (*femme f*) médecin *m* 2. *Akademikerin* docteur *m*
Doktortitel *m* titre *m* de docteur
Doktorvater *m* patron *m* de thèse
Doktrin [dɔk'triːn] *f* ⟨~; ~en⟩ doctrine *f*
Dokument [doku'mɛnt] *n* ⟨~¢s; ~e⟩ document *m*
Dokumentarbericht *m* documentaire *m*
Dokumentarfilm *m* (film *m*) documentaire *m*
dokumentarisch *adj* documentaire
Dokumentation *f* ⟨~; ~en⟩ documentation *f*
dokumentieren *v/t* ⟨sans ge⟩ 1. documenter; prouver 2. (*bekunden*) manifester
Dolch [dɔlç] *m* ⟨~¢s; ~e⟩ poignard *m*
Dolchstoß *m* coup *m* de poignard
Dolde ['dɔldə] *f* ⟨~; ~n⟩ BOT ombelle *f*
Dollar ['dɔlar] *m* ⟨~$; ~s, mais 5 ~⟩ dollar *m*
Dollarkurs *m* cours *m* du dollar
Dollarzeichen *n* symbole *m* du dollar
dolmetschen ['dɔlmɛtʃən] *v/i* **dolmetschen** (**bei**) servir d'interprète (à); faire l'interprète (auprès de)
Dolmetscher(in) *m* ⟨~s; ~⟩ (*f*) ⟨~in; ~innen⟩ interprète *m,f*
Dolomiten [dolo'miːtən] *pl* **die Dolomiten** les Dolomites *f/pl*
Dom [doːm] *m* ⟨~¢s; ~e⟩ cathédrale *f*
Domain [do'meːn] *f* ⟨~; ~s⟩ INFORM domaine *m*
Domäne [do'mɛːnə] *f* ⟨~; ~n⟩ domaine *m*
domestizieren [domɛsti'tsiːrən] *v/t* ⟨sans ge⟩ domestiquer
dominant [domi'nant] *adj* dominant (*a* BIOL)
dominieren *v/i* ⟨sans ge⟩ (pré)dominer
dominikanisch [domini'kaːnɪʃ] *adj* dominicain; **die Dominikanische Republik** la République dominicaine
Domino ['doːmino] *n* ⟨~s; ~s⟩ *Spiel* dominos *m/pl*
Dominostein *m* 1. *Spielstein* domino *m* 2. *bon-*

bon au chocolat fourré à la pâte de fruit
Domizil [domi'tsi:l] *st/s n* ⟨∼s; ∼e⟩ domicile *m*
Dompteur [dɔmp'tø:r] *m* ⟨∼s; ∼e⟩, **Dompteuse** [-'tø:zə] *f* ⟨∼; ∼n⟩ dompteur, -euse *m,f*
Donau ['do:nau] ⟨∼⟩ **die Donau** le Danube
Donauländer *n/pl* pays danubiens
Döner ['dø:nɛr] *m abr* ⟨∼s; ∼⟩ → **Dönerkebab**
Dönerkebab [dønɛrke'bap] *m* ⟨∼$; ∼s⟩ CUIS chiche-kebab *m*; döner *m*
Donner ['dɔnər] *m* ⟨∼s; ∼⟩ tonnerre *m*
donnern I F *v/t* (*schleudern*) F flanquer **II** *v/i* **1.** *Kanonen* tonner; *Zug* ⟨sn⟩ passer avec un bruit de tonnerre **2.** F (*schlagen*) cogner (*an* [+ *acc*] à; **gegen** contre) **3.** F ⟨sn⟩ (*prallen*) **gegen etw donnern** *Fahrzeug etc* percuter contre qc **III** *v/imp* **es donnert** il tonne
Donnerschlag *m* coup *m* de tonnerre
Donnerstag *m* jeudi *m*; → **Montag**
donnerstags *adv* le jeudi; tous les jeudis
Donnerwetter F *n* **1. Donnerwetter!** *zornig* F tonnerre de Dieu!; *bewundernd* F merde alors!; (**zum**) **Donnerwetter!** F nom d'une pipe!; **wo, zum Donnerwetter, ist …?** où diable peut être …? *z* **2.** (*Krach*) F engueulade *f*
doof [do:f] *adj* bête; idiot; (*langweilig*) F rasant
Doofmann F *m* ⟨∼$s; -männer⟩ F ballot *m*; F andouille *f*
dopen ['do:pən] *v/t* doper
Doping *n* ⟨∼s; ∼s⟩ dopage *m*
Dopingkontrolle *f* contrôle *m* antidopage
Dopingmittel *n* dopant *m*
Doppel ['dɔpəl] *n* ⟨∼s; ∼⟩ double *m* (*a* TENNIS)
Doppelbelastung *f* double tâche *f*
Doppelbett *n* lits jumeaux
Doppel-CD *f* double CD *m*
Doppeldecker *m* ⟨∼s; ∼⟩ *Flugzeug* biplan *m*; *Bus* autobus *m* à impériale
doppeldeutig *adj* ambigu; équivoque (*a péj*)
Doppelfehler *m* TENNIS double faute *f*
Doppelfenster *n* fenêtre *f* à double vitrage
Doppelgänger [-gɛŋər] *m* ⟨∼s; ∼⟩ sosie *m*
Doppelhaus *n* maisons jumelles
Doppelhochzeit *f* double(s) noce(s) *f(pl)*
Doppelkinn *n* double menton *m*
Doppelklick *m* ⟨∼s; ∼s⟩ INFORM double-clic *m*
doppelklicken *v/i* ⟨*p/p* -ge-⟩ INFORM cliquer deux fois (**auf** [+ *acc*] sur)
Doppelkopf *m* ⟨∼(e)s⟩ KARTENSPIEL doppelkopf *m*
Doppelleben *n* double vie *f*
Doppelmoral *f* morale jésuite
Doppelmord *m* double assassinat *m*
Doppelname *m* nom *m* double
Doppelpass *m* FUSSBALL passe redoublée
Doppelpunkt *m* deux points *m/pl*
Doppelrolle *f* double rôle *m*
doppelseitig *adj Anzeige* sur deux pages; *Lungenentzündung* double
Doppelsieg *m* double victoire *f*
Doppelstecker *m* fiche *f* bipolaire, double
Doppelstunde *f* heure *f* double
doppelt I *adj* double **II** *adv* doublement; **er ist doppelt so alt wie ich** il a le double de mon âge; **doppelt so viel** deux fois plus, autant; F **doppelt und dreifach** doublement; excessivement
Doppelte(s) *n* ⟨→ A⟩ double *m*
Doppeltür *f* double porte *f*

Doppelverdiener *pl Ehepaar* ménage *m* à double salaire
Doppelzentner *m* quintal *m*
Doppelzimmer *n* chambre *f* double

Doppelzimmer

Wer in einem französischen Hotel ein **Doppelzimmer** (**une chambre double**) bucht, wird dort in der Regel ein französisches Bett, **un grand lit** (ca. 140 cm breit), vorfinden. Möchte man das nicht, sollte man gleich bei der Bestellung nach einem Zimmer mit zwei Betten, **une chambre à deux lits**, fragen.

Dorf [dɔrf] *n* ⟨∼¢s; ∼er⟩ village *m*
Dorfbewohner(in) *m(f)* villageois(e) *m(f)*
Dorfjugend *f* jeunesse villageoise, du village
dörflich ['dœrflɪç] *adj* villageois
Dorftrottel *m* idiot *m* du village
Dorn [dɔrn] *m* ⟨∼¢s; ∼en⟩ épine *f*; *fig* **er ist mir ein Dorn im Auge** il me hérisse; je ne le supporte pas
Dornenhecke *f* 'haie *f* d'épines
Dornenkrone *f* couronne *f* d'épines
dornig *adj* épineux
Dornröschen [dɔrn'rø:sçən] *n* ⟨∼s⟩ la Belle au bois dormant
dörren ['dœrən] *v/t* sécher
Dörrfleisch *n südd* viande séchée
Dörrobst *n* fruits séchés
Dorsch [dɔrʃ] *m* ⟨∼¢s; ∼e⟩ petite morue
dort [dɔrt] *adv* là; à cet endroit-là; **von dort aus** de là(-bas); **dort drüben** là-bas
dorther *adv* (**von**) **dorther** de là; de ce côté-là
dorthin *adv* (de ce côté-)là; là-bas; y
dorthinaus *adv* (en sortant) par là; F **frech bis dorthinaus** F effronté comme pas un
dortig *adj* de là-bas; de cet endroit
Dose ['do:zə] *f* ⟨∼; ∼n⟩ boîte *f*
dösen ['dø:zən] F *v/i* ⟨¢$⟩ somnoler; sommeiller
Dosenbier *n* bière *f* en boîte(s)
Dosenmilch *f* lait concentré (en boîte)
Dosenöffner *m* ouvre-boîte *m*
dosieren [do'zi:rən] *v/t* ⟨*sans ge*⟩ doser
Dosierung *f* ⟨∼; ∼en⟩ dosage *m*
Dosis ['do:zɪs] *f* ⟨∼; Dosen⟩ dose *f*
dotieren [do'ti:rən] *v/t* ⟨*sans ge*⟩ doter (**mit** de); **gut dotiert sein** être bien rémunéré
Dotierung *f* ⟨∼; ∼en⟩ dotation *f*
Dotter ['dɔtər] *m od n* ⟨∼s; ∼⟩ jaune *m* d'œuf
doubeln ['du:bəln] *v/t u v/i* ⟨¢⟩ FILM doubler
Double ['du:bəl] *n* ⟨∼s; ∼⟩ FILM doublure *f*
Dover ['do:vər] *n* ⟨∼s⟩ Douvres; **die Straße von Dover** le pas de Calais
down [daun] F *adj* **down sein** F déprimer
Download ['daunlo:t] *m od n* ⟨∼s; ∼s⟩ INFORM téléchargement *m*
downloaden ['daunlo:dən] *v/t* ⟨-e-⟩ INFORM transférer; télécharger
Down-Syndrom *n* MÉD trisomie *f* 21
Dozent(in) [do'tsɛnt(ɪn)] *m* ⟨∼en; ∼en⟩ (*f*) ⟨∼in; ∼innen⟩ chargé(e) *m(f)* de cours; *par ext* professeur *m* d'université

Drama – le drame

Theater	le théâtre
Theaterstück	la pièce de théâtre
Prosastück	la pièce en prose
Versdrama	la pièce en vers
Drama, Schauspiel	le drame
Komödie	la comédie
komisch	comique
Tragödie	la tragédie
tragisch	tragique
die Handlung spielt in …	l'action se déroule / se passe à…
Ausgangspunkt	le point de départ
Hauptdarsteller(in)	le / la protagoniste
Hauptperson	le personnage principal
Held(in)	le héros / l'héroïne f
Monolog	le monologue
Dialog	le dialogue
inszenieren	mettre en scène
Regisseur	le metteur en scène
die Inszenierung unterstreicht …	la mise en scène souligne…

ein Stück inszenieren	monter une pièce
Publikum	le public
Schauspieler(in)	l'acteur m / l'actrice f
Rolle	le rôle
Einleitung	l'exposition f
Intrige	l'intrigue f
Knoten, Verwicklung	le nœud
Höhepunkt	le point culminant
entscheidende Wende	le tournant décisif
überraschende Wende	le coup de théâtre
Motiv	le mobile
Missverständnis	le malentendu
Lösung	le dénouement
Katastrophe	la catastrophe
Charakterkomik	le comique de caractère
Situationskomik	le comique de situation
Verwechslung	le quiproquo

---

dozieren v/i ⟨sans ge⟩ fig iron pontifier
Dr. abr (Doktor) Dr (docteur)
Drache ['draxə] m ⟨∼n; ∼n⟩ MYTH dragon m
Drachen m ⟨∼s; ∼⟩ **1.** (Papierdrachen) cerf-volant m **2.** F (zanksüchtige Frau) mégère f **3.** SPORT deltaplane® m
Drachenfliegen n deltaplane m; vol m libre
Drachenflieger(in) m(f) libériste m,f
Dragee [dra'ʒeː] n ⟨∼s; ∼s⟩, **Dragée** n ⟨∼s; ∼s⟩ dragée f
Draht [draːt] m ⟨∼¢s; ∼e⟩ fil m (métallique); POL heißer Draht téléphone m rouge; F auf Draht sein être dégourdi, malin
Drahtbürste f brosse f métallique
Drahtesel F plais m vélo m; F bécane f
Drahtglas n verre armé
drahtig adj Person nerveux
drahtlos adj sans fil
Drahtschere f cisailles f/pl
Drahtseil n câble m d'acier; e-s Seiltänzers corde f raide
Drahtseilbahn f téléphérique m; auf Schienen funiculaire m
Drahtzaun m grillage m
Drahtzieher m ⟨∼s; ∼⟩ fig der Drahtzieher sein tirer les ficelles
drakonisch [dra'koːnɪʃ] adj draconien
drall [dral] adj plantureux

Drall m ⟨∼¢s; ∼e⟩ (Drehbewegung) rotation f
Drama ['draːma] n ⟨∼s; -men⟩ drame m (a fig)
Dramatik f ⟨∼⟩ **1.** (Dichtkunst) drame m **2.** fig intensité f dramatique
Dramatiker(in) m ⟨∼s; ∼⟩ (f) ⟨∼in; ∼innen⟩ auteur m dramatique; dramaturge m,f
dramatisch adj dramatique (a fig)
dramatisieren v/t ⟨sans ge⟩ donner la forme d'un drame à; fig dramatiser
Dramaturg(in) [drama'tʊrk (-'tʊrgɪn)] m ⟨∼en; ∼en⟩ (f) ⟨∼in; ∼innen⟩ conseiller m dramatique
Dramaturgie f ⟨∼; ∼n⟩ dramaturgie f
dran [dran] F adv → daran; ich bin dran! c'est mon tour!; c'est à moi!; arm dran sein être à plaindre; an e-m Gerücht etc da ist was dran il y a du vrai à cela, là-dedans
dranbleiben F v/i ⟨irr, sn⟩ am Telefon rester à l'écoute, en ligne; bleiben Sie bitte dran! ne quittez pas!
drang [dran] → dringen
Drang m ⟨∼¢s⟩ **1.** (Druck) pression f **2.** (Antrieb) élan m (nach vers); désir m (de); (Bedürfnis) besoin m (de)
Drängelei [drɛŋə'laɪ] F péj f ⟨∼; ∼en⟩ bousculade f
drängeln F v/t u v/i ⟨¢⟩ pousser; bousculer
drängen **I** v/t pousser; j-n drängen, etw zu tun

presser qn de faire qc **II** *v/i* **die Zeit drängt** le temps presse; **auf etw** (*acc*) **drängen** réclamer, exiger qc **III** *v/r* **sich drängen** se presser; se pousser

drangsalieren [draŋzaˈliːrən] *v/t* ⟨*sans ge*⟩ tourmenter

drankommen F *v/i* ⟨*irr*, sn⟩ passer (**als erster** en premier); *in der Schule* être interrogé; **du kommst dran** c'est à toi

drankriegen F *v/t* F avoir

drannehmen F *v/t* ⟨*irr*⟩ prendre; *in der Schule* interroger

drapieren [draˈpiːrən] *v/t* ⟨*sans ge*⟩ draper

drastisch [ˈdrastɪʃ] **I** *adj* frappant; *Maßnahme* radical; *Ausdrucksweise* expressif **II** *adv Preise* **drastisch erhöhen** augmenter excessivement

drauf [draʊf] F *adv* → **darauf**; **drauf und dran sein, etw zu tun** être sur le point de faire qc; **gut drauf sein** F avoir le moral

Draufgänger [ˈ-gɛŋər] *m* ⟨⁓s; ⁓⟩ F fonceur *m*; F casse-cou *m*

draufgängerisch *adj* F fonceur; F casse-cou (*inv*)

draufgehen F *v/i* ⟨*irr*, sn⟩ **1.** (*sterben*) F y rester **2. dabei geht viel Geld drauf** on y dépense beaucoup d'argent

draufhaben F *v/t* ⟨*irr*⟩ *Auto, Motorrad* **achtzig** (**Sachen**) **draufhaben** faire du quatre-vingt; **was draufhaben** F être fort(iche)

drauflegen F *v/t* mettre dessus; *fig* payer en plus

drauflos *adv* droit au but; carrément

drauflosgehen F *v/i* ⟨*irr*, sn⟩ F y aller carrément

drauflosreden F *v/i* ⟨-e-⟩ parler à tort et à travers

draufmachen *v/t* F **einen draufmachen** F faire la bringue, la fête

draufzahlen F **I** *v/t* (*zusätzlich zahlen*) payer en surplus **II** *v/i* (*Verluste haben*) subir des pertes; être perdant (*a fig*)

draus [draʊs] F → **daraus**

draußen [ˈdraʊsən] *adv* dehors; (*im Freien*) en plein air

drechseln [ˈdrɛksəln] *v/t* ⟨¢⟩ tourner; faire au tour

Drechsler *m* ⟨⁓s; ⁓⟩ tourneur *m*

Dreck [drɛk] *m* ⟨⁓¢s⟩ **1.** F (*Schmutz*) boue *f*; saleté *f*; *von Tieren* crotte *f*; (*Abfälle*) ordures *f/pl*; P **das geht dich e-n Dreck an** P qu'est-ce que ça peut bien te foutre!; F **sich über jeden Dreck ärgern** se fâcher pour un rien; F **sich um jeden Dreck kümmern** F fourrer son nez partout; P **j-n wie den letzten Dreck behandeln** traiter qn comme le dernier des derniers, P comme une merde **2.** F (*Schund*) camelote *f*; saleté *f*

Dreckarbeit *f fig* F sale boulot *m*

dreckig F **I** *adj* sale (*a fig*) **II** *adv* **es geht ihm dreckig** F il est dans la mouise, P dans la merde

Drecksau P *f*, **Dreckschwein** P *n* F (espèce *f* de) salaud *m*, salope *f*

Dreckspatz F *m* F petit(e) cochon, -onne

Dreckstall F *péj m* porcherie *f*

Dreckwetter F *n* sale temps *m*

Dreh [dreː] F *m* ⟨⁓s; ⁓s⟩ F truc *m*; F combine *f*; **den Dreh raushaben** F avoir trouvé le truc, la combine; **um den Dreh** à peu près

Dreharbeiten *f/pl* tournage *m* (**zu** de)

Drehbank *f* ⟨⁓; ⁓e⟩ tour *m*

drehbar *adj* pivotant; tournant

Drehbleistift *m* portemine *m*; stylomine® *m*

Drehbuch *n* scénario *m*

Drehbuchautor(in) *m(f)* scénariste *m,f*

Drehbühne *f* THÉ plateau tournant; scène tournante

drehen I *v/t* tourner; (*winden*) tordre; *Film* tourner; *Zigarette* rouler **II** *v/i Regisseur, Wind* tourner **III** *v/r* **sich drehen** tourner; F **worum dreht es sich?** de quoi s'agit-il?; F **es dreht sich darum, ob …** la question est de savoir si …

Drehkran *m* grue pivotante

Drehkreuz *n* tourniquet *m*

Drehorgel *f* orgue *m* de Barbarie

Drehpause *f* arrêt *m* de tournage

Drehscheibe *f* **1.** EISENBAHN, *fig* plaque tournante **2.** TÖPFEREI tour *m*

Drehstrom *m* courant triphasé

Drehstuhl *m* chaise pivotante

Drehtag *m* FILM jour *m* de tournage

Drehtür *f* (porte *f* à) tambour *m*; porte tournante

Drehung *f* ⟨⁓; ⁓en⟩ tour *m*; rotation *f*; **e-e halbe, ganze Drehung** un demi-tour, un tour complet

Drehzahl *f* TECH nombre *m* de tours

Drehzahlbereich *m* TECH régime *m*; **im oberen, unteren Drehzahlbereich** à plein, à bas régime

Drehzahlmesser *m* compte-tours *m*

drei [draɪ] *num/c* trois; **drei Viertel** trois quarts (de); F **nicht bis drei zählen können** F être bête comme ses pieds; → **acht**

Drei *f* ⟨⁓; ⁓en⟩ **1.** *Zahl* trois *m*; → **Acht**[1] **2.** *Schulnote* assez bien; *in Frankreich etwa* douze *m*, treize *m* (sur vingt)

drei…, Drei… → **acht…, Acht…**

Dreibettzimmer *n* chambre *f* à trois lits

dreidimensional *adj* à trois dimensions

Dreieck *n* triangle *m*; (*Zeichenwinkel*) équerre *f*

dreieckig *adj* triangulaire

Dreiecksverhältnis F *n* ménage *m* à trois

Dreieinigkeit *f* ⟨⁓⟩ Trinité *f*

Dreier *m* ⟨⁓s; ⁓⟩ trois *m*; → **Drei**

dreierlei *adj* ⟨*inv*⟩ de trois sortes, espèces différentes

dreifach I *adj* triple; → **achtfach II** *adv* trois fois (plus); au triple; *falten etc* en trois

Dreifache(s) *n* ⟨→ A⟩ triple *m*

Dreifuß *m* trépied *m*

dreihundert *num/c* trois cent(s)

dreijährig *adj* (*drei Jahre alt*) (âgé) de trois ans; (*drei Jahre lang*) de trois ans; qui dure trois ans

Dreikampf *m* SPORT triathlon *m*

Dreiklang *m* triple accord *m*

Dreikönige *pl*, **Dreikönigsfest** *n* fête *f* des Rois

dreimal *adv* trois fois

Dreimeilenzone *f* MAR zone *f* (des eaux territoriales) de trois milles marins

Dreimeterbrett *n* tremplin *m* de trois mètres

dreinblicken [ˈdraɪn-] *v/i* **nachdenklich, traurig dreinblicken** avoir l'air pensif, triste

dreinreden F *v/i* ⟨-e-⟩ se mêler (à la conversation); s'en mêler

dreinschlagen F *v/i* ⟨*irr*⟩ F taper dans le tas

Dreirad *n* tricycle *m*
Dreisatz *m* ⟨~es⟩, Dreisatzrechnung *f* règle *f* de trois
Dreisprung *m* triple saut *m*
dreispurig *adj Straße* à trois voies
dreißig ['draɪsɪç] *num/c* trente; *etwa, rund dreißig* (*Personen*) une trentaine (de personnes); *etwa, rund dreißig Jahre alt sein* avoir la trentaine; → *achtzig*
Dreißig *f* ⟨~⟩ trente *m*
dreißiger *adj* ⟨*inv*⟩ *die dreißiger Jahre n/pl* les années *f/pl* trente
dreißigjährig *adj* (*dreißig Jahre alt*) (âgé) de trente ans; (*dreißig Jahre lang*) qui dure trente ans
dreist [draɪst] *adj* effronté; F culotté
dreistellig *adj* de *od* à trois chiffres
Dreistigkeit *f* ⟨~; ~en⟩ audace *f*
Dreitagebart *m* barbe *f* de trois jours
Dreitagefieber *n* fièvre *f* des trois jours
dreitausend *num/c* trois mille
Dreiviertelstunde *f* trois quarts *m/pl* d'heure
Dreivierteltakt *m* mesure *f* à trois temps; trois--quatre *m*
Dreiwegekatalysator *m* catalyseur *m* à trois voies
Dreizack *m* ⟨~¢s; ~e⟩ trident *m*
dreizehn *num/c* treize; F *jetzt schlägt's dreizehn!* ça dépasse les bornes!; c'en est trop!; c'est trop; → *acht*
Dreizimmerwohnung *f* trois-pièces *m*
Dresche ['drɛʃə] F *f* ⟨~⟩ F raclée *f*
dreschen *v/t u v/i* ⟨drischt, drosch, gedroschen⟩ **1.** AGR battre **2.** F (*prügeln*) F tabasser; F cogner
Dreschmaschine *f* batteuse *f*
Dresden ['drɛːsdən] *n* ⟨~s⟩ Dresde
Dress [drɛs] *m* ⟨~ *ou* ~es; ~e⟩ tenue *f* (de sport)
dressieren [drɛ'siːrən] *v/t* ⟨*sans ge*⟩ dresser
Dressing ['drɛsɪŋ] *n* ⟨~s; ~s⟩ sauce *f* (de salade)
Dressman ['drɛsmən] *m* ⟨~s; -men [-mən]⟩ mannequin *m*; (*Fotomodell*) modèle *m*
Dressur *f* ⟨~; ~en⟩ dressage *m*
Dressurpferd *n* cheval *m* de dressage
Dressurreiten *n* (équitation *f* de) dressage *m*
dribbeln ['drɪbəln] *v/i* ⟨¢⟩ BALLSPIEL dribbler
Drift [drɪft] *f* ⟨~; ~en⟩ MAR, AVIAT dérive *f*
driften *v/i* ⟨-e-, sn⟩ MAR aller à la dérive; POL *nach rechts driften* glisser à droite
Drill [drɪl] *m* ⟨¢s⟩ MIL dressage *m*
drillen *v/t* dresser
Drilling ['drɪlɪŋ] *m* ⟨~s; ~e⟩ un(e) *m(f)* des triplé(e)s; *pl Drillinge* triplé(e)s *m(f)pl*
drin [drɪn] *adv* → *darin*; *das ist* (*nicht*) *drin* F ça (ne) marche (pas); *es ist noch alles drin* rien n'est encore joué
dringen ['drɪŋən] *v/i* ⟨drang, gedrungen⟩ **1.** ⟨sn⟩ *aus etw dringen* sortir de qc; *in etw* (*acc*) *dringen* entrer, pénétrer dans qc **2.** *st/s* ⟨sn⟩ *in j-n dringen* insister auprès de qn **3.** *auf etw* (*acc*) *dringen* réclamer, exiger qc
dringend **I** *adj* urgent; pressant; *Bitte* instant; *Verdacht* lourd **II** *adv* d'urgence; *etw dringend benötigen* avoir un besoin pressant de qc
dringlich *adj* pressant; urgent
Dringlichkeit *f* ⟨~⟩ urgence *f*
Dringlichkeitsantrag *m* demande *f* de priorité
Drink [drɪŋk] *m* ⟨~$; ~s⟩ drink *m*

drinnen ['drɪnən] *adv* dedans; à l'intérieur
drinstecken F *v/i* être dedans; *fig da steckt man nicht drin* impossible de le savoir
dritt [drɪt] *adv zu dritt* à trois; → *acht*
dritte *num/o* troisième; *zum Dritten!* bei Versteigerung trois fois!; JUR *e-m Dritten genüber* devant un tiers; → *achte*
Drittel ['drɪtəl] *n* ⟨~s; ~⟩ tiers *m*
dritteln *v/t* ⟨¢⟩ partager en trois
drittens *adv* troisièmement; en troisième lieu
Dritte-Welt-Laden *m* magasin *m* qui vend des produits du tiers monde
drittklassig *adj péj* de troisième classe, catégorie
DRK [deːʔɛr'kaː] *n* ⟨~⟩ *abr* (*Deutsches Rotes Kreuz*) Croix Rouge allemande
droben ['droːbən] *st/s adv* là-haut; en 'haut
Droge ['droːgə] *f* ⟨~; ~n⟩ drogue *f*; *harte, weiche Droge* drogue dure, douce; *unter Drogen* (*dat*) *stehen* être drogué
drogenabhängig *adj* dépendant (de la drogue); toxicomane
Drogenabhängige(r) *f(m)* ⟨→ A⟩ drogué(e) *m(f)*; toxicomane *m,f*
Drogenberatungsstelle *f* service *m* d'aide aux toxicomanes
Drogenhandel *m* trafic *m* de (la) drogue
Drogenkonsum *m* consommation *f* de drogues
Drogenmissbrauch *m* abus *m* de drogues
Drogensucht *f* toxicomanie *f*
drogensüchtig → *drogenabhängig*
Drogenszene *f* milieu *m* de la drogue
Drogentherapie *f* traitement *m* des toxicomanies
Drogentote(r) *f(m)* victime *f* d'une overdose
Drogerie [drogə'riː] *f* ⟨~; ~n⟩ droguerie *f*
Drogist(in) *m* ⟨~en; ~en⟩ (*f*) ⟨~in; ~innen⟩ droguiste *m,f*
Drohbrief *m* lettre *f* de menaces
drohen ['droːən] *v/i j-m* (*mit etw*) *drohen* menacer qn (de qc); *einzustürzen, zu ersticken drohen* menacer de s'écrouler, risquer de s'étouffer
drohend *adjt* menaçant; *Gefahr* imminent
Drohgebärde *f* geste menaçant
Drohne ['droːnə] *f* ⟨~; ~n⟩ **1.** ZO faux bourdon **2.** *fig péj* parasite *m*
dröhnen ['drøːnən] *v/i* résonner; retentir; *Motor* vrombir; *mir dröhnt der Kopf* j'ai la tête qui bourdonne
Drohung *f* ⟨~; ~en⟩ menace *f*
drollig ['drɔlɪç] *adj* drôle; amusant
Dromedar [drome'daːr] *n* ⟨~s; ~e⟩ dromadaire *m*
Drops [drɔps] *m od n* ⟨~; ~⟩ bonbon acidulé *m*
drosch [drɔʃ] → *dreschen*
Drossel ['drɔsəl] *f* ⟨~; ~n⟩ grive *f*
drosseln *v/t* ⟨¢⟩ *Einfuhr, Geschwindigkeit* limiter; réduire; *Motor* mettre au ralenti; *Gas, Heizung* baisser
drüben ['dryːbən] *adv* de l'autre côté
drüber ['dryːbər] F → *darüber*
Druck[1] [drʊk] *m* ⟨~¢s; ~e⟩ **1.** (*Drücken*) pression *f* (*a* PHYS, MÉD); *e-r Last* poids *m*; pesée *f*; *e-n Druck im Kopf haben* avoir la tête lourde **2.** *fig* pression *f*; F *im Druck sein* être bousculé, pressé; *unter Druck* (*acc*) *setzen* faire pression sur; presser; *unter Druck* (*dat*) *ste-*

hen être sous pression

Druck² *m* ⟨~¢s; ~e⟩ TYPO **1.** *Verfahren* impression *f*; *im Druck sein* être sous presse **2.** *Erzeugnis* impression *f*; (*Abdruck*) tirage *m*; (*Kunstdruck*) gravure *f*

Druckabfall *m* ⟨~¢s⟩ chute *f* de pression

Druckausgleich *m* compensation *f* de pression

Druckbleistift *m* stylomine® *m*; portemine *m*

Druckbuchstabe *m* caractère *m* d'imprimerie

Drückeberger ['drʏkəbɛrgər] F *m* ⟨~s; ~⟩ F tire-au-flanc *m*; F planqué *m*

drucken *v/t u v/i* imprimer; (*abdrucken*) tirer

drücken ['drʏkən] **I** *v/t* **1.** presser; (*zu eng sein*) serrer; *etw, j-n an sich* (*acc*) *drücken* serrer qc, qn contre soi; *etw breit, platt drücken* écraser, aplatir qc **2.** *st/s Sorgen etc* oppresser; accabler **3.** *Niveau* abaisser **II** *v/i Last* peser; (*zu eng sein*) serrer; *auf etw* (*acc*) *drücken* appuyer sur qc; *Aufschrift drücken* poussez **III** *v/r* F *sich drücken* se défiler (*vor etw* [*dat*] pour ne pas faire qc)

drückend *adjt* lourd; *es ist drückend* il fait lourd

Drucker *m* ⟨~s; ~⟩ **1.** (*Buchdrucker*) imprimeur *m* **2.** INFORM imprimante *f*

Drücker *m* ⟨~s; ~⟩ (*Türgriff*) poignée *f*; (*Türöffner*) bouton *m*; F *am Drücker sitzen* être au poste, aux leviers de commande; F *auf den letzten Drücker* au dernier moment

Druckerei *f* ⟨~; ~en⟩ imprimerie *f*

Druckerschwärze *f* encre *f* d'imprimerie

Druckfehler *m* faute *f* d'impression; coquille *f*

druckfertig *adj* TYPO bon à tirer

druckfrisch *adj* qui vient de sortir

Druckkabine *f* AVIAT cabine pressurisée

Druckknopf *m* **1.** TECH bouton-poussoir *m* **2.** COUT bouton-pression *m*

Druckluft *f* air comprimé

Druckmaschine *f* machine *f* à imprimer

Druckmittel *n* moyen coercitif, de pression

druckreif *adj* prêt à être imprimé; TYPO bon à tirer

Drucksache *f* imprimé *m*

Druckschrift *f* **1.** *Schriftart* caractères *m/pl* typographiques, d'imprimerie; *in Druckschrift* (*dat*) en capitales (d'imprimerie) **2.** *Schriftwerk* imprimé *m*

Druckstelle *f* empreinte *f*; marque *f*; *Obst a* talure *f*

Druckverband *m* bandage compressif

Druckwelle *f* onde *f* de choc

drum [drʊm] F *adv* → *darum*; *um etw drum herum* autour de qc; *das ganze Drum und Dran* (et) tout ce qui s'y rapporte, rattache

drunter ['drʊntər] F *adv* → *darunter*; *es ging alles drunter und drüber* tout était sens dessus dessous

Drüse ['dryːzə] *f* ⟨~; ~n⟩ glande *f*

Dschungel ['dʒʊŋəl] *m* ⟨~s; ~⟩ jungle *f* (*a fig*)

dt. *abr* (*deutsch*) allemand

DTP [deːteːˈpeː] *n abr* ⟨~⟩ (*Desktop-Publishing*) INFORM PAO *f*

Dtzd. *abr* (*Dutzend*) douzaine

du [duː] *pr/pers beim Verb* tu; *alleinstehend od betont* toi; *vor voilà* te; *mit j-m auf Du und Du stehen* être à tu et à toi avec qn; *j-n mit Du anreden* tutoyer qn

Dübel ['dyːbəl] *m* ⟨~s; ~⟩ cheville *f*

dübeln *v/t* ⟨¢⟩ cheviller

dubios [dubiˈoːs] *adj* douteux

Dublette [duˈblɛtə] *f* ⟨~; ~n⟩ double *m*

ducken ['dʊkən] *v/r sich ducken* **1.** se baisser; *zum Schutz* se blottir **2.** *fig* courber l'échine, s'aplatir (*vor* [+ *dat*] devant)

Duckmäuser ['dʊkmɔʏzər] *m* ⟨~s; ~⟩ sournois *m*; (*Feigling*) couard *m*

dudeln ['duːdəln] F⟨¢⟩ **I** *v/t* ressasser **II** *v/i* faire de la mauvaise musique

Dudelsack *m* cornemuse *f*

Duell [duˈɛl] *n* ⟨~s; ~e⟩ duel *m*

duellieren *v/r* ⟨*sans ge*⟩ *sich duellieren* se battre en duel (*mit* avec; *um* pour)

Duett [duˈɛt] *n* ⟨~¢s; ~e⟩ MUS duo *m* (de chant); *im Duett* en duo

Duft [dʊft] *m* ⟨~¢s; ⁓e⟩ odeur *f* agréable; parfum *m*; senteur *f*

dufte F *adj* F super

duften *v/i* ⟨-e-⟩ sentir bon; *nach etw duften* sentir, fleurer qc

duftend *adjt* odorant; qui sent bon

Duftkerze *f* bougie parfumée

Duftmarke *f* ZO marque *f* (d'un chien, *etc*)

Duftnote *f* (nuance *f* de) parfum *m*

Duftstoff *m* parfum *m*; CHIM matière odorante

Duftwolke *f* nuage *m* de parfum

dulden ['dʊldən] *v/t* ⟨-e-⟩ tolérer; souffrir; supporter

duldsam *adj* tolérant

Duldsamkeit *f* ⟨~⟩ tolérance *f*

Duldung *f* ⟨~⟩ tolérance *f*

dumm [dʊm] **I** *adj* ⟨⁓er, ⁓ste⟩ bête; (*töricht*) sot; *pl/fort* stupide; idiot; (*unwissend*) ignorant; (*albern*) niais; F *das wird mir zu dumm* j'en ai assez **II** *adv* F *j-n für dumm verkaufen* prendre qn pour un idiot; *sich dumm stellen* faire l'innocent, la bête

dummdreist *adj* bête et insolent

Dumme(r) *f(m)* ⟨→ A⟩ *der, die Dumme sein* être le dindon de la farce; F être roulé(e)

dummerweise *adv* par bêtise; (*durch misslichen Zufall*) malheureusement

Dummheit *f* ⟨~; ~en⟩ bêtise *f*; sottise *f*

Dummkopf *m* sot *m*, sotte *f*; imbécile *m,f*

dümmlich ['dʏmlɪç] simplet; F bébête

dumpf [dʊmpf] *adj* **1.** *Geräusch, Aufprall* sourd; *Laut* mat **2.** *fig* (*unklar*) confus; vague

Dumpfbacke F *f* F débile *m,f*

Dumping ['dampɪŋ] *n* ⟨~s⟩ dumping *m*

Düne ['dyːnə] *f* ⟨~; ~n⟩ dune *f*

Dung [dʊŋ] *m* ⟨~¢s⟩ fumier *m*

Düngemittel ['dʏŋə-] *n* engrais *m*

düngen *v/t* fertiliser; engraisser; *mit Mist* fumer

Dünger *m* ⟨~s; ~⟩ engrais *m*

dunkel ['dʊŋkəl] **I** *adj* ⟨-kl-⟩ **1.** sombre; obscur; *es wird dunkel* il commence à faire nuit; *im Dunkeln* dans l'obscurité **2.** *Farben, Haar* foncé; *Teint* basané; *Bier* brun **3.** *fig* (*unklar*) obscur; *Ahnung* vague; confus; *im Dunkeln tappen* tâtonner; *j-n über* (+ *acc*) *im Dunkeln lassen* laisser qn dans l'incertitude au sujet de **II** *adv* *sich dunkel erinnern* (*an* [+ *acc*]) se souvenir vaguement, confusément (de)

Dunkel *n* ⟨~s⟩ obscurité *f* (*a fig*)

Dünkel ['dʏŋkəl] *st/s m* ⟨~s⟩ *st/s* outrecuidance *f*; suffisance *f*; présomption *f*

dunkelblau *adj* bleu foncé

dunkelblond *adj* blond foncé
dunkelhaarig *adj* brun
dunkelhäutig [-hɔʏtɪç] *adj* brun (de peau)
Dunkelheit *f* ⟨~⟩ obscurité *f* (*a fig*)
Dunkelkammer *f* chambre noire
dunkelrot *adj* rouge foncé
Dunkelziffer *f* nombre *m* des cas non recensés
dünn [dʏn] **I** *adj* mince (*a fig*); *Papier* fin; *Stoff, Kaffee* léger; (*mager*) maigre; *Taille, Haar* fin; (*schütter*) rare; clairsemé; *Flüssigkeit* clair; *Luft* rare; *Faden* ténu; *Stimme* grêle; fluet **II** *adv* **etw dünn auftragen** appliquer une couche mince de qc; **dünn besiedelt** peu peuplé
Dünndarm *m* intestin *m* grêle
dünnflüssig *adj* très fluide, liquide
dünnhäutig *adj* à la peau fine; *fig* susceptible
dünnmachen F *v/r* **sich dünnmachen** F filer (à l'anglaise, en douce)
Dunst [dʊnst] *m* ⟨~¢s; ~e⟩ brume (légère); (*Ausdünstung*) exhalaison *f*; (*Dampf*) vapeur(s) *f(pl)*; F **keinen** (**blassen**) **Dunst von etw haben** n'avoir pas la moindre idée de qc
Dunstabzugshaube *f* 'hotte aspirante
dünsten ['dʏnstən] *v/t* ⟨-e-⟩ cuire à l'étuvée, à la vapeur
Dunstglocke *f* couche *f* de fumée(s); smog *m*
dunstig *adj* brumeux
Duo ['duːo] *n* ⟨~s; ~s⟩ duo *m*
Duplikat [dupliˈkaːt] *n* ⟨~¢s; ~e⟩ duplicata *m*; double *m*
Dur [duːr] *n* ⟨~⟩ mode, ton majeur
durch [dʊrç] **I** *prép* ⟨acc⟩ **1.** *räumlich* par; (**quer**) **durch** à travers **2.** (*mittels*) par **3.** *zeitlich* **das ganze Jahr** (**hin**)**durch** (durant) toute l'année **II** *adv* **4.** F (*vorbei*) **sechs Uhr durch** six heures passées; **durch sein** *Zug, Briefträger* être passé; *Gesetz* être voté; **mit etw durch sein** avoir fini qc **5.** F **durch und durch** complètement; pleinement; F **durch und durch nass sein** être trempé jusqu'aux os **6.** **durch sein** (*löchrig sein*) être troué, percé; *Käse* être fait; *Fleisch* être bien cuit
durcharbeiten ⟨-e-⟩ **I** *v/t* **1.** étudier à fond **2.** **die Pause durcharbeiten** travailler pendant la pause **II** *v/i* travailler sans interruption **III** *v/r* **sich** (**durch etw**) **durcharbeiten** se frayer un chemin (à travers qc); *fig* avancer péniblement (dans qc)
durchatmen *v/i* ⟨-e-⟩ (**tief**) **durchatmen** respirer à fond
durchaus *adv* absolument; **durchaus nicht** absolument pas; nullement
durchbeißen ⟨irr⟩ **I** *v/t* couper en mordant, avec les dents **II** *v/r* F **sich durchbeißen** faire son chemin en luttant
durchblättern *v/t* feuilleter; parcourir
Durchblick F *fig m* (**überhaupt**) **keinen Durchblick haben** n'y comprendre *od* n'y connaître rien (du tout); **den** (**absoluten**) **Durchblick haben** s'y connaître (très bien)
durchblicken *v/i* regarder à travers; *fig* **durchblicken lassen** laisser entendre; F **da blicke ich nicht durch** je n'y comprends rien
durchbluten *v/t* ⟨-e-, sans ge⟩ BIOL irriguer
Durchblutung *f* irrigation sanguine
Durchblutungsstörungen *f/pl* troubles *m/pl* de la circulation (sanguine)
durchbohren¹ *v/t Brett, Wand* percer

durchbohren² *v/t* ⟨sans ge⟩ TECH perforer; (trans)percer; *fig* **mit Blicken durchbohren** transpercer du regard
durchbraten *v/t* ⟨irr⟩ bien cuire, rôtir; *Steak* **gut durchgebraten** bien cuit
durchbrechen¹ ⟨irr⟩ **I** *v/t Gegenstand* casser **II** *v/i* ⟨sn⟩ **1.** (*zerbrechen*) se rompre **2.** (*einbrechen*) s'enfoncer **3.** (*hervorkommen*) sortir
durchbrechen² *v/t* ⟨irr, sans ge⟩ *Hindernis* enfoncer; *Blockade* forcer; *fig Regeln* violer
durchbrennen *v/i* ⟨irr, sn⟩ **1.** *Sicherung* sauter; *Glühbirne* griller **2.** F *fig* F filer; *Kind* faire une fugue
durchbringen ⟨irr⟩ **I** *v/t* **1.** *Gesetz* faire passer, adopter **2.** *Kranke* sauver; *Kandidaten* faire réussir **3.** *Vermögen* dissiper **II** *v/r* **sich durchbringen** gagner (péniblement) sa vie
Durchbruch *m* TECH, MIL, SPORT, *fig* percée *f*; *fig* **e-r Sache** (*dat*) **zum Durchbruch verhelfen** faire triompher qc
durchchecken *v/t* contrôler (en détail); vérifier
durchdacht *adjt* bien conçu; *Plan* élaboré; préparé; *Antwort* (mûrement) réfléchi
durchdenken *v/t* ⟨irr, sans ge⟩ examiner à fond
durchdrehen **I** *v/t Fleisch* passer au hachoir **II** *v/i* **1.** *Räder* patiner **2.** F ⟨h *ou* sn⟩ F disjoncter; F péter les plombs
durchdringen¹ *v/t* ⟨irr, sans ge⟩ *Kälte* transpercer; *Flüssigkeit* imprégner
durchdringen² *v/i* ⟨irr, sn⟩ *Feuchtigkeit etc* pénétrer (**durch etw** qc); *Nachricht* **durchdringen** (**[bis**] **zu**) parvenir (à)
durchdringend *adjt* perçant
durchdrücken *v/t* **1.** *Knie* tendre **2.** F *fig* (réussir à) imposer
durcheinander *adv* pêle-mêle; en désordre; *Person* **ganz durcheinander sein** F être sens dessus dessous; être tout retourné; → **durcheinanderbringen, durcheinanderreden**
Durcheinander *n* ⟨~s⟩ désordre *m*; pêle-mêle *m*; (*Wirrwarr*) confusion *f*; chaos *m*
durcheinanderbringen *v/t* ⟨irr⟩ mettre en désordre; *Begriffe* confondre; mélanger; **j-n durcheinanderbringen** troubler, déconcerter qn
durcheinanderreden *v/i* ⟨-e-⟩ parler tous à la fois
durchfahren *v/i* ⟨irr, sn⟩ ne pas s'arrêter; **e-e Nacht durchfahren** rouler toute une nuit; **durch e-e Stadt durchfahren** traverser une ville
Durchfahrt *f* passage *m*; **auf der Durchfahrt sein** être de passage; **Durchfahrt verboten** passage interdit
Durchfahrtsstraße *f* grand axe (de circulation)
Durchfall *m* **1.** MÉD diarrhée *f* **2.** F *fig* échec *m*
durchfallen *v/i* ⟨irr, sn⟩ **1.** (*hindurchfallen*) tomber à travers **2.** F *fig* THÉ être un fiasco, F un bide; **in e-r Prüfung durchfallen** F rater un, être collé à un examen
durchfeiern *v/i* (**die ganze Nacht**) **durchfeiern** faire la fête toute la nuit
durchfinden *v/r* ⟨irr⟩ **sich durchfinden** s'y retrouver
durchfliegen *v/i* ⟨irr, sn⟩ traverser (en volant); *ohne Unterbrechung* voler sans escale
durchfließen *v/i* ⟨irr, sn⟩ couler à travers
durchfluten *st/s v/t* ⟨-e-, sans ge⟩ *Fluss* couler à

travers; *Licht, fig* inonder
durchfragen *v/r* **sich durchfragen** parvenir au but en demandant son chemin
Durchfuhr ['dʊrçfuːr] *f*⟨∼; ∼en⟩ COMM transit *m*
durchführbar *adj* réalisable; faisable
durchführen **I** *v/t* **1.** (*hindurchführen*) guider **2.** *Plan* réaliser; *Beschluss* appliquer; *Arbeit* exécuter; *Veranstaltung* organiser **II** *v/i* **durchführen durch** passer par
Durchführung *f* réalisation *f*; exécution *f*; organisation *f*
Durchgang *m* **1.** passage *m* **2.** *bei Wahl, Wettkampf etc* tour *m*
Durchgangsstraße *f* axe routier qui traverse une agglomération
Durchgangsverkehr *m* traffic *m* de passage
durchgeben *v/t* ⟨irr⟩ communiquer; transmettre
durchgefroren *adj* complètement gelé; transi (de froid); **ganz durchgefroren sein** être complètement gelé
durchgehen ⟨irr, sn⟩ **I** *v/t Schriftstück* examiner **II** *v/i* **1.** (*hindurchgehen*) traverser; F (*durchpassen*) passer (**durch** par); (*weitergehen*) avancer **2.** *Weg* aller jusqu'au bout; **durchgehen bis** aller jusqu'à **3.** (*andauern*) durer **4.** *Pferd* s'emballer; *fig* **s-e Fantasie ging mit ihm durch** il s'est laissé emporter par son imagination **5.** *Antrag etc* passer; **etw durchgehen lassen** laisser passer qc **6.** F (*durchdringen*) passer (**durch** à travers)
durchgehend **I** *adj Linie* continu; *Zug* direct **II** *adv* **durchgehend geöffnet** ouvert sans interruption, en permanence
durchgeknallt F *adj* F givré; **er ist völlig durchgeknallt** F il a complètement pété les plombs
durchgreifen *v/i* ⟨irr⟩ *fig* intervenir énergiquement; *disziplinarisch* sévir
durchgreifend *adj* radical
durchhalten ⟨irr⟩ **I** *v/t* tenir jusqu'au bout de **II** *v/i* tenir bon, jusqu'au bout, le coup
Durchhaltevermögen *n* ⟨∼s⟩ endurance *f*
durchhängen *v/i* ⟨irr⟩ **1.** s'affaisser; fléchir **2.** F *fig* (*schlapp sein*) F être vidé, lessivé
durchkämmen *v/t* **1.** *Haar* démêler **2.** *Gelände* passer au peigne fin; ratisser
durchkauen *v/t* bien mâcher; F *fig* F rabâcher
durchkneten *v/t* ⟨-e-⟩ *Teig* bien pétrir; (*massieren*) masser
durchkommen *v/i* ⟨irr, sn⟩ **1.** (*hindurchkommen*) passer à travers; (*durchpassen*) passer (**durch** par) **2.** (*durchdringen*) percer **3.** F TÉL passer **4.** (*erfolgreich sein*) parvenir, arriver à son but; *im Examen* réussir; être reçu; *bei Krankheit* s'en tirer; *wirtschaftlich* s'en sortir, tirer
durchkreuzen *v/t* ⟨∮∮, sans ge⟩ *Pläne* contrarier; contrecarrer; se mettre en travers de
durchlassen *v/t* ⟨irr⟩ laisser passer
durchlässig *adj* perméable
Durchlauf *m* INFORM passage *m*
durchlaufen[1] ⟨irr⟩ **I** *v/t Sohlen* user; trouer **II** *v/i* ⟨sn⟩ **1.** (*hindurchlaufen*) passer (**durch** par, à travers) **2.** *Flüssigkeiten* couler (par, à travers); *Kaffee* passer **3.** *ohne anzuhalten* marcher, courir sans s'arrêter, sans interruption
durchlaufen[2] *v/t* ⟨irr, sans ge⟩ *Strecke* parcourir

durchlaufend *adjt* continu (*a* CONSTR)
Durchlauferhitzer *m* ⟨∼s; ∼⟩ chauffe-eau instantané
durchlesen *v/t* ⟨irr⟩ *ganz* lire en entier; *flüchtig* parcourir
durchleuchten *v/t* ⟨-e-, sans ge⟩ **1.** (*röntgen*) passer à la radio(scopie) **2.** *fig* tirer au clair
Durchleuchtung *f* ⟨∼; ∼en⟩ radio(scopie) *f*
durchlöchern *v/t* ⟨sans ge⟩ perforer; trouer; *fig* saper
durchmachen F *v/t* **1.** *Lehre* suivre **2.** (*erleiden*) subir; **viel durchmachen** en voir de toutes les couleurs **3.** **die Nacht durchmachen** fêter toute la nuit
Durchmesser *m* ⟨∼s; ∼⟩ MATH diamètre *m*; TECH calibre *m*
durchnässen *v/t* ⟨∮∮, sans ge⟩ tremper
durchnehmen *v/t* ⟨irr⟩ étudier; traiter
durchnummerieren *v/t* ⟨sans ge⟩ numéroter (d'un bout à l'autre)
durchorganisieren *v/t* ⟨sans ge⟩ organiser à fond
durchpausen *v/t* ⟨∮∮⟩ calquer
durchpeitschen *v/t* **1.** fouetter (fort) **2.** F *fig Gesetze etc* F expédier
durchprobieren *v/t* ⟨sans ge⟩ essayer, *Speisen* goûter l'un après l'autre
durchqueren *v/t* ⟨sans ge⟩ traverser
Durchquerung *f* ⟨∼; ∼en⟩ traversée *f*
durchrechnen *v/t* ⟨-e-⟩ calculer
Durchreiche *f* ⟨∼; ∼n⟩ passe-plat *m*
Durchreise *f* passage *m*; **auf der Durchreise sein** être de passage
durchreisen *v/i* ⟨∮∮, sn⟩ passer (**durch** par)
Durchreisevisum *n* visa *m* de transit
durchreißen ⟨irr⟩ **I** *v/t* déchirer **II** *v/i* ⟨sn⟩ se rompre; se déchirer
durchringen *v/r* ⟨irr⟩ **sich zu etw durchringen** se résoudre à qc
durchrosten *v/i* ⟨-e-, sn⟩ être rongé par la rouille
durchrutschen *v/i* ⟨sn⟩ **1.** glisser à travers **2.** F *bei Prüfungen* **gerade so durchrutschen** avoir son examen de justesse
durchs [dʊrçs] = **durch das**
Durchsage *f* message *m*
durchsagen *v/t* → **durchgeben**
durchsägen *v/t* scier en deux
durchschauen *v/t* ⟨sans ge⟩ *Pläne, Absichten* pénétrer; deviner; **j-n durchschauen** deviner les intentions de qn
durchschimmern *v/i* luire à travers
durchschlafen *v/i* ⟨irr⟩ dormir d'une traite
Durchschlag *m* **1.** (*Kopie*) double *m* **2.** CUIS passoire *f*
durchschlagen[1] ⟨irr⟩ **I** *v/t* **1.** (*entzweischlagen*) casser en deux **2.** (*hindurchschlagen*) enfoncer **II** *v/i* ⟨sn⟩ **3.** *Flüssigkeit* passer à travers **4.** *fig* réussir; être efficace **III** *v/r* **sich durchschlagen** se frayer (difficilement) un chemin; (*zurechtkommen*) se débrouiller
durchschlagen[2] *v/t* ⟨irr, sans ge⟩ *Geschoss: Mauer* percer
durchschlagend *adjt* décisif; percutant; *Erfolg* éclatant
Durchschlagpapier *n* papier *m* pelure, pour doubles
Durchschlagskraft *f* force de pénétration; *fig*

efficacité *f*
durchschlängeln *v/r* ⟨¢⟩ **sich durchschlängeln** se faufiler (**durch** à travers)
durchschlüpfen *v/i* ⟨sn⟩ se glisser, se faufiler (à travers)
durchschmoren F *v/i* ⟨sn⟩ brûler; *Draht* griller
durchschneiden *v/t* ⟨*irr*⟩ couper en deux; trancher
Durchschnitt *m* moyenne *f*; **im Durchschnitt** en moyenne
durchschnittlich **I** *adj* moyen **II** *adv* en moyenne
Durchschnitts... in *Zssgn* moyen
Durchschnittsalter *n* âge moyen
Durchschnittseinkommen *n* revenu moyen
Durchschnittsgeschwindigkeit *f* vitesse moyenne; **mit e-r Durchschnittsgeschwindigkeit von achtzig Stundenkilometern** à une moyenne de quatre-vingts kilomètres--heure
Durchschnittslohn *m* salaire moyen
Durchschnittsnote *f* moyenne *f*
Durchschnittstemperatur *f* température moyenne
Durchschnittswert *m* valeur moyenne; MATH moyenne *f*
Durchschrift *f* double *m*; copie *f*
durchschwitzen *v/t* ⟨¢⟩ tremper de sueur
durchsehen ⟨*irr*⟩ **I** *v/t flüchtig* parcourir (du regard); *prüfend* examiner; vérifier; revoir; *Post* dépouiller **II** *v/i* (*hindurchsehen*) regarder (à travers)
durchsein → **durch**
durchsetzen ⟨¢⟩ **I** *v/t Meinung, Willen* faire adopter; **es durchsetzen, dass ...** obtenir que ... (+ *subj*) **II** *v/r* **sich durchsetzen** arriver à ses fins; *im Leben* se faire respecter; s'imposer
durchsetzt *adj* **durchsetzt mit** (entre)mêlé, chargé de
Durchsetzungsvermögen *n* ⟨~s⟩ aptitude *f* à s'imposer; punch *m*
Durchsicht *f* examen *m*; révision *f*; **nach Durchsicht der Akten** sur le vu des pièces
durchsichtig *adj* transparent (*a fig*)
Durchsichtigkeit *f* ⟨~⟩ transparence *f*
durchsickern *v/i* ⟨sn⟩ **1.** *Wasser etc* suinter, s'infiltrer (à travers) **2.** *fig Nachricht* transpirer
durchsieben *v/t* tamiser; *Grobkörniges* cribler; passer au crible
durchspielen *v/t* **1.** jouer jusqu'au bout **2.** *fig Möglichkeiten* passer en revue
durchsprechen *v/t* ⟨*irr*⟩ discuter à fond
durchstecken *v/t* faire passer (à travers)
durchstehen *v/t* ⟨*irr*⟩ supporter; surmonter
durchsteigen *v/i* ⟨*irr*, sn⟩ **1.** passer (**durch** par) **2.** F (*begreifen*) F piger
durchstellen *v/t* TÉL passer
durchstöbern F *v/t* ⟨*sans ge*⟩ F farfouiller dans (**nach** à la recherche de)
durchstoßen *v/t* ⟨*irr*, *sans ge*⟩ **1.** (trans)percer **2.** MIL enfoncer
durchstreichen *v/t* ⟨*irr*⟩ barrer; rayer; biffer
durchstreifen *v/t* ⟨*sans ge*⟩ flâner par, dans, à travers
durchsuchen *v/t* fouiller (**nach** à la recherche de)
Durchsuchung *f* ⟨~; ~en⟩ fouille *f*

Durchsuchungsbefehl *m* mandat *m* de perquisition
durchtanzen *v/t* ⟨¢⟩ **die Nacht durchtanzen** passer la nuit à danser
durchtrennen *v/t* couper (en deux)
durchtreten *v/t* ⟨*irr*⟩ *Gaspedal* appuyer à fond sur
durchtrieben [dʊrçˈtriːbən] *adj* rusé
durchwachsen *adj* **1.** *Fleisch* persillé; entrelardé **2.** F (*mal gut, mal schlecht*) comme ci, comma ça
durchwählen *v/i* TÉL faire le numéro directement
Durchwahl(nummer) *f* TÉL numéro *m* de sa, *etc* ligne directe
durchwandern *v/t* ⟨*sans ge*⟩ traverser, parcourir à pied
durchwärmen *v/t* bien chauffer
durchwaschen F *v/t* ⟨*irr*⟩ laver
durchweg *adv* sans exception; entièrement
durchwühlen *v/t* ⟨*sans ge*⟩ fouiller dans (**nach** à la recherche de)
durchzählen *v/t* compter un à un
durchzecht *adj Nacht* de beuverie
durchziehen ⟨*irr*⟩ **I** *v/t* **1.** *Faden* passer **2.** *Linie* tirer; tracer **3.** F (*durchführen*) aller jusqu'au bout de **II** *v/i* ⟨sn⟩ **4.** *durch Gebiet* passer **5.** CUIS macérer
Durchzug *m* courant *m* d'air
durchzwängen *v/r* **sich durchzwängen** passer, se glisser avec peine à travers
dürfen [ˈdʏrfən] ⟨darf, durfte⟩ **I** *v/aux de mode* ⟨*p/p* dürfen⟩ **1.** (*die Erlaubnis haben*) avoir la permission, le droit de; pouvoir; **das hättest du nicht tun dürfen** tu n'aurais pas dû faire cela; **wenn ich fragen darf** si je peux vous le demander **2.** (*Grund haben*) pouvoir **3.** (*wahrscheinlich sein*) **das dürfte stimmen** cela devrait, doit être juste **4.** **was darf es sein?** qu'est-ce que vous désirez? **II** *v/t u v/i* ⟨*p/p* gedurft⟩ avoir la permission (de); **darf ich?** puis--je?; est-ce que je peux?; **sie darf alles** elle a le droit de tout faire; elle a tous les droits
dürftig [ˈdʏrftɪç] *adj* (*unzureichend*) insuffisant; médiocre; (*armselig*) pauvre; (*kümmerlich*) pitoyable
dürr [dʏr] *adj* sec (*a fig*)
Dürre *f* ⟨~; ~n⟩ sécheresse *f* (*a fig*)
Durst [dʊrst] *m* ⟨~¢s⟩ soif *f* (**auf** [+ *acc*] de); **Durst haben** avoir soif; **auf etw** (*acc*) **Durst haben** avoir envie de boire qc; F (**einen**) **über den Durst getrunken haben** avoir bu un coup de trop
durstig *adj* assoiffé; **durstig sein** avoir soif
durstlöschend, durststillend *adj* désaltérant
Durststrecke *f* période *f* de vaches maigres; traversée *f* du désert
Dusche [ˈduːʃə] *f* ⟨~; ~n⟩ douche *f*; **e-e kalte Dusche** une douche froide (*a fig*)
duschen **I** *v/t* doucher **II** *v/i* (*u v/r* **sich duschen**) se doucher; prendre une douche
Duschgel *n* gel moussant
Duschkabine *f* cabine *f* de douche
Duschraum *m* (salle *f* de) douche(s) *f(pl)*
Duschvorhang *m* rideau *m* de douche
Düse [ˈdyːzə] *f* ⟨~; ~n⟩ (*Schubdüse*), AVIAT tuyère *f*; *am Schlauch etc* buse *f*; *am Vergaser* gicleur *m*

Dusel [ˈduːzəl] F *m* ⟨~s⟩ F veine *f*; F pot *m*; *Dusel haben* F avoir de la veine, du pot
Düsenantrieb *m* propulsion *f* par réaction
Düsenflugzeug *n* avion *m* à réaction; jet *m*
Düsenjäger *m* chasseur *m* à réaction
Düsentriebwerk *n* turboréacteur *m*
Dussel [ˈdʊsəl] F *m* ⟨~s; ~⟩ idiot(e) *m(f)*
duss(e)lig F *adj* idiot; stupide
düster [ˈdyːstər] *adj* sombre (*a fig*); (*bedrückend*) morne; *p/fort* lugubre
Duty-free-Shop [ˈdjuːtiˈfriːʃɔp] *m* ⟨~$; ~s⟩ boutique franche, ˈhors taxes
Dutzend [ˈdʊtsənt] *n* ⟨~s; ~e, *mais* 6 ~⟩ douzaine *f*; *pl* **Dutzende (von)** ... (*viele*) des dizaines de ...; F *im Dutzend billiger* moins cher à la douzaine
Dutzendware *f* marchandise *f* à la douzaine, ordinaire

dutzendweise *adv* par douzaines
duzen [ˈduːtsən] *v/t* (*u v/r*) ⟨¢$⟩ (*sich duzen se*) tutoyer
DV [deːˈfau] *f abr* ⟨~⟩ → *Datenverarbeitung*
DVD [deːfauˈdeː] *f abr* ⟨~; ~s⟩ (*digital versatile disk*) DVD *m*
DVD-Laufwerk *n* lecteur *m* (de) DVD
DVD-Player [-pleːər] *m* ⟨~s; ~⟩ lecteur *m* de DVD
Dynamik [dyˈnaːmɪk] *f* ⟨~⟩ PHYS, *fig* dynamique *f*; *fig a* dynamisme *m*
dynamisch *adj* dynamique (*a fig*)
Dynamit [dynaˈmiːt] *n* ⟨~s⟩ dynamite *f*; *mit Dynamit sprengen* dynamiter
Dynamo [dyˈnaːmo] *m* ⟨~s; ~s⟩ dynamo *f*
Dynastie [dynasˈtiː] *f* ⟨~; ~n⟩ dynastie *f*
D-Zug *m* (train *m*) rapide *m*

E

E, e [eː] *n* ⟨E, e; E, e⟩ **1.** E, e *m* **2.** MUS mi *m*
Ebbe [ˈɛbə] *f* ⟨~; ~n⟩ marée descendante; reflux *m*; *zurückgegangen* marée basse; *Ebbe und Flut* marée *f*; *es ist Ebbe* la mer est basse; c'est marée basse
eben [ˈeːbən] **I** *adj* **1.** *Gelände, Weg* plat **2.** MATH plan **3.** (*glatt*) lisse; uni **II** *adv* **4.** (*gerade, genau*) justement; précisément; *nicht eben freundlich* pas vraiment aimable; *das ist es ja eben* c'est cela même **5.** (*nun einmal*) *das ist eben so* c'est comme ça **6.** (*soeben*) *eben etw angefangen haben* venir (justement) de commencer qc; *eben wollte ich es sagen* j'allais (justement) le dire
Ebenbild *n* portrait *m*; image *f*
ebenbürtig [ˈeːbənbʏrtɪç] *adj* d'égale valeur; de même niveau; *einander ebenbürtig sein* se valoir
ebenda *adv bei Zitaten* ibidem
ebendasselbe, ebenderselbe *pr/dém* juste le *bzw* la même
ebendeshalb, ebendeswegen *adv* c'est justement pour ça; voilà justement pourquoi
ebendieselbe *pr/dém* juste la *bzw* le même
Ebene [ˈeːbənə] *f* ⟨~; ~n⟩ **1.** plaine *f* **2.** MATH, TECH plan *m* **3.** *fig* plan *m*; niveau *m*; échelon *m*; *auf politischer Ebene* sur le plan politique
ebenerdig *adj* au niveau du sol
ebenfalls *adv* également; pareillement; *danke, ebenfalls!* merci, à vous aussi!
Ebenholz *n* ébène *f*
Ebenmaß *n* régularité *f*; harmonie *f*
ebenmäßig *adj* régulier; bien proportionné
ebenso *adv* pareillement; de même; aussi; *ebenso groß wie* (juste) aussi grand que; *es geht mir ebenso* il en va de même pour moi; *es ebenso machen* en faire autant;

ebenso gut tout aussi bien; *ebenso sehr, ebenso viel* (tout) autant (*wie* que); juste autant (que); *ebenso wenig* (tout) aussi peu (*wie* que)
Eber [ˈeːbər] *m* ⟨~s; ~⟩ verrat *m*
Eberesche *f* sorbier *m*
ebnen [ˈeːbnən] *v/t* ‹-e-› aplanir
EC [eːˈtseː] *m abr* ⟨~$; ~$⟩ (*Eurocity-Zug*) Eurocity *m*
Echo [ˈɛço] *n* ⟨~s; ~s⟩ écho *m*
Echolot *n* radar *m*; sonar *m*
Echse [ˈɛksə] *f* ⟨~; ~n⟩ zo saurien *m*
echt [ɛçt] **I** *adj* véritable; vrai; *Gemälde, Urkunde* authentique; *Haare* naturel; *Metall, Leder* véritable; *Perle* fin **II** *adv* **1.** F (*regelrecht*) vraiment **2.** *echt deutsch* bien, typiquement allemand
Echtheit *f* ⟨~⟩ *e-r Urkunde etc* authenticité *f*; *e-r Nachricht* véracité *f*
Eck [ɛk] *n* ⟨~$s; ~e⟩ *südd, österr* coin *m* (*a Toreck*); *über(s) Eck* en diagonale
Eckball *m* SPORT corner *m*
Eckbank *f* ⟨~; ~e⟩ banquette *f* d'angle
Eckdaten *pl* données *f/pl* de référence
Ecke [ˈɛkə] *f* ⟨~; ~n⟩ **1.** coin *m*; (*Winkel*) angle *m*; *gleich um die Ecke* tout près; (juste) au coin de la rue; F *an allen Ecken und Enden* de tous (les) côtés; F *j-n um die Ecke bringen* F liquider qn **2.** SPORT corner *m*
Eckfahne *f* SPORT drapeau *m* de corner
Eckhaus *n* maison *f* qui fait l'angle
eckig *adj* anguleux
Eckpfeiler *m* pilier *m* d'angle; *fig* pilier *m*
Eckpfosten *m* poteau *m* cornier, d'angle
Eckplatz *m* (place *f* de) coin *m*
Eckschrank *m* armoire *f* d'angle
Eckstein *m* CONSTR, *fig* pierre *f* angulaire, d'an-

gle
Eckstoß *m* SPORT corner *m*
Eckzahn *m* canine *f*
E-Commerce ['iːkɔmɛrs] *m* ⟨∼⟩ e-commerce *m*; commerce *m* électronique
Economyklasse [ɪ'kɔnəmɪklasə] *f* classe *f* économique
Ecstasy ['ɛkstəzi] *f* ⟨∼; ∼s⟩ ecstasy *f*
Ecu [e'kyː] *m* ⟨∼$; ∼$⟩ *Währung* écu *m*
Ecuador [ekua'doːr] *n* ⟨∼s⟩ l'Équateur *m*
Edamer ['eːdamər] *m* ⟨∼s; ∼⟩ *ou adj* ⟨*inv*⟩ **Edamer** (*Käse*) édam *m*
edel ['eːdəl] *adj* ⟨-dl-⟩ noble; *Wein* fin; *Metall* précieux
Edelgas *n* gaz *m* rare
Edelholz *n* bois précieux
Edelmetall *n* métal précieux
edelmütig [-myːtɪç] *adj* généreux
Edelstahl *m* acier *m* inoxydable
Edelstein *m* pierre précieuse; gemme *f*
Edeltanne *f* sapin argenté
Edelweiß *n* ⟨∼¢$; ∼e⟩ edelweiss *m*
Edelzwicker *m* ⟨∼s; ∼⟩ *Wein* Edelzwicker *m*
editieren [edi'tiːrən] *v/t* ⟨*sans ge*⟩ *Daten* éditer
Editor ['eːdɪtɔr] *m* ⟨∼s; -toren⟩ INFORM éditeur *m*
E-Dur *n* mi *m* majeur
EDV [eːdeː'faʊ] *f abr* ⟨∼⟩ (*elektronische Datenverarbeitung*) informatique *f*
EDV-Anlage *f* ordinateur *m*
EDV-Spezialist(in) *m(f)* informaticien, -ienne *m,f*
Efeu ['eːfɔy] *m* ⟨∼s⟩ lierre *m*
Effeff ['ɛf'ʔɛf] *n* F *etw aus dem Effeff können* savoir qc sur le bout du doigt
Effekt [ɛ'fɛkt] *m* ⟨∼¢s; ∼e⟩ effet *m*
Effekten *pl* COMM titres *m/pl*; valeurs *f/pl* (mobilières); effets *m/pl*
Effektenbörse *f* Bourse *f* des valeurs
effektiv [-'tiːf] I *adj* (*wirksam*) efficace; (*tatsächlich*) effectif II *adv* avec efficacité
effektvoll *adj* qui fait de l'effet; théâtral
effizient [ɛfitsi'ɛnt] *st/s adj* efficace
Effizienz *st/s f* ⟨∼; ∼en⟩ efficacité *f*
EG [eː'geː] *f abr* ⟨∼⟩ (*Europäische Gemeinschaft*) CE *f* (Communauté européenne)
egal [e'gaːl] F *adj* égal; *das ist egal* c'est pareil, indifférent; *das ist mir egal* ça m'est égal
Egel ['eːgəl] *m* ⟨∼s; ∼⟩ sangsue *f*
Egge ['ɛgə] *f* ⟨∼; ∼n⟩ 'herse *f*
eggen *v/t u v/i* 'herser
Ego ['eːgo] *n* ⟨∼; ∼s⟩ PSYCH ego *m*
Egoismus *m* ⟨∼⟩ égoïsme *m*
Egoist(in) *m* ⟨∼en; ∼en⟩ (*f*) ⟨∼in; ∼innen⟩ égoïste *m,f*
egoistisch *adj* égoïste
Egotrip F *m* égocentrisme *m*; nombrilisme *m*; *auf dem Egotrip sein* faire du nombrilisme
egozentrisch *adj* égocentrique
eh [eː] I *int* eh!; hé! II *adv* 1. *bes südd, österr* (*sowieso*) de toute façon 2. *seit eh und je* depuis toujours
ehe ['eːə] *conj* avant que ... (+ *subj*); *bei gleichem Subjekt* avant de (+ *inf*)
Ehe *f* ⟨∼; ∼n⟩ mariage *m*; *Kind aus erster Ehe* du premier lit, mariage; *e-e glückliche Ehe führen* être heureux en ménage; *die Ehe brechen* commettre un adultère

eheähnlich *adj* *in e-m eheähnlichen Verhältnis leben* vivre en concubinage, en union libre (*mit* avec)
Eheberater(in) *m(f)* conseiller, -ère conjugal(e) *m*; commerce *m* électronique
Eheberatung *f* consultation conjugale
Eheberatungsstelle *f* centre *m* de consultation conjugale
Ehebett *n* lit conjugal
Ehebrecher(in) *m* ⟨∼s; ∼⟩ (*f*) ⟨∼in; ∼innen⟩ homme *m*, femme *f* adultère
ehebrecherisch *adj* adultère
Ehebruch *m* adultère *m*
Ehefrau *f* épouse *f*; femme *f*
Ehegatte *st/s m*, **Ehegattin** *st/s f* époux *m*, épouse *f*
Ehegattensplitting *n* → *Splitting*
Ehehälfte *f plais* moitié *f*
Ehekrach F *m* scène *f* de ménage
Ehekrise *f* crise conjugale
Eheleben *n* ⟨∼s⟩ vie conjugale
Eheleute *pl* époux *m/pl*; couple *m*
ehelich *adj* conjugal; *Kind* légitime
ehelos *adj* célibataire
ehemalig *adj* ancien
ehemals *adv* autrefois; jadis
Ehemann *m* mari *m*
Ehepaar *n* couple *m*; époux *m/pl*
Ehepartner *m* conjoint *m*
eher *adv* 1. (*früher*) plus tôt; avant; *je eher, je lieber* le plus tôt sera le mieux 2. (*mehr*) plutôt 3. (*lieber*) plutôt; de préférence; *eher würde ich ...* j'aimerais mieux...; *das schon eher* plutôt cela 4. (*wahrscheinlicher*) *das ist eher möglich* c'est plus vraisemblable
Ehering *m* alliance *f*
Ehescheidung *f* divorce *m*
Eheschließung *f* mariage *m*
eheste I *adj* le plus tôt possible II *adv* *diese Kirschen sind am ehesten reif* ces cerises mûrissent les premières
Ehestreit *m* querelle(s) *f(pl)* de ménage
Eheversprechen *n* promesse *f* de mariage
Ehevertrag *m* contrat *m* de mariage
ehrbar *st/s adj* (*angesehen*) honorable; (*rechtschaffen*) honnête
Ehrbegriff *m* notion *f* d'honneur
Ehre ['eːrə] *f* ⟨∼; ∼n⟩ honneur *m*; *in Ehren halten* *Erinnerung* respecter; *Geschenk* garder avec soin; *j-m, e-r Sache zu Ehren* en l'honneur de qn, qc; *j-m die letzte Ehre erweisen* rendre les derniers honneurs à qn
ehren *v/t* honorer (*mit, durch* de); (*achten*) respecter; *Briefanfang* *Sehr geehrter Herr X, ...* (Cher) Monsieur, ...
Ehrenamt *n* charge *f*, fonction *f* honorifique
ehrenamtlich I *adj* bénévole; *Tätigkeit* honorifique II *adv* à titre honorifique
Ehrenbürger(in) *m(f)* citoyen, -enne *m,f* d'honneur
Ehrendoktor *m* docteur *m* honoris causa
Ehrengast *m* invité *m* d'honneur
ehrenhaft *adj* honorable; respectable
ehrenhalber *adv* honoris causa
Ehrenkodex *m* code *m*, règles *f/pl* de l'honneur
Ehrenlegion *f* Légion *f* d'honneur
Ehrenmal *n* ⟨∼¢s; ∼e *ou* ∼er⟩ monument *m* aux morts
Ehrenmann *m* ⟨∼s; ∼er⟩ homme *m* d'honneur,

de bien
Ehrenmitglied *n* membre *m* honoraire
Ehrenplatz *m* place *f* d'honneur
Ehrenrechte *n/pl* **bürgerliche Ehrenrechte** droits *m/pl* civiques
Ehrenrettung *f* réhabilitation *f*
ehrenrührig *adj* diffamant
Ehrenrunde *f* tour *m* d'honneur
Ehrensache *f* affaire *f* d'honneur; F (**das ist doch**) **Ehrensache!** tu peux compter sur moi *bzw* nous!
Ehrentag *st/s m* journée commémorative
Ehrentitel *m* titre *m* honorifique
Ehrentor *n* SPORT but *m* qui sauve l'honneur
Ehrentribüne *f* tribune *f* d'honneur
Ehrenurkunde *f* diplôme *m* d'honneur
ehrenvoll *adj* honorable
ehrenwert *adj* honorable; respectable
Ehrenwort *n* ⟨*∼¢*s; *∼*e⟩ parole *f* d'honneur; **Ehrenwort!** parole (d'honneur)!
ehrerbietig ['eːrˀɛrbiːtɪç] *st/s adj* déférent; respectueux
Ehrerbietung *st/s f* ⟨*∼*⟩ déférence *f*; respect *m*
Ehrfurcht *f* (profond) respect; vénération *f*; **Ehrfurcht gebieten** imposer le respect
ehrfürchtig *adj* respectueux; déférent
Ehrgefühl *n* sens *m* de l'honneur
Ehrgeiz *m* ambition *f*
ehrgeizig *adj* ambitieux; **ehrgeizig sein** avoir de l'ambition
ehrlich I *adj* (*aufrichtig*) sincère; franc; (*rechtschaffen*) honnête; intègre; (*anständig*) honorable; **wenn ich ehrlich bin** pour être franc, sincère II *adv* honnêtement; **es ehrlich mit j-m meinen** agir honnêtement envers qn; **ehrlich gesagt** (à parler) franchement
Ehrlichkeit *f* ⟨*∼*⟩ (*Aufrichtigkeit*) sincérité *f*; (*Rechtschaffenheit*) honnêteté *f*
ehrlos *adj* malhonnête; *p/fort* infâme
Ehrung *f* ⟨*∼*; *∼*en⟩ hommage *m*
ehrwürdig *adj* respectable
ei [aɪ] *int* oh!; tiens!
Ei *n* ⟨*∼¢*s; *∼*er⟩ **1.** œuf *m*; **Eier legen** pondre (des œufs); F **wie aus dem Ei gepellt** tiré à quatre épingles; **sich** (*dat*) **gleichen wie ein Ei dem anderen** se ressembler comme deux gouttes d'eau **2.** BIOL ovule *m* **3.** P *pl* **Eier** (*Hoden*) P couilles *f/pl*
Eibe ['aɪbə] *f* ⟨*∼*; *∼*n⟩ BOT if *m*
Eiche ['aɪçə] *f* ⟨*∼*; *∼*n⟩ chêne *m*
Eichel *f* ⟨*∼*; *∼*n⟩ gland *m*
Eichelhäher [-hɛːər] *m* ⟨*∼*s; *∼*⟩ ZO geai *m*
eichen *v/t* étalonner; *Hohlkörper* jauger
Eichhörnchen *n* écureuil *m*
Eichmaß *n* étalon *m*
Eichstrich *m* marque *f* d'étalonnage
Eid [aɪt] *m* ⟨*∼¢*s; *∼*e⟩ serment *m*; **e-n Eid leisten, ablegen** prêter serment (**auf** [+ *acc*] sur); **unter Eid aussagen** déposer sous (la foi du) serment
Eidechse ['aɪdɛksə] *f* ⟨*∼*; *∼*n⟩ lézard *m*
Eidesformel *f* formule *f* du serment
eidesstattlich *adj* **eidesstattliche Erklärung** déclaration *f* tenant lieu de serment
Eidgenosse *m*, **Eidgenossin** *f* citoyen, -enne *m,f* suisse
eidgenössisch *adj* fédéral (suisse)
Eidotter *m od n* jaune *m* d'œuf

Eierbecher *m* coquetier *m*
Eierkocher *m* coquetière *f*
Eierkuchen *m* omelette *f*
Eierlikör *m* liqueur *f* aux œufs
Eierlöffel *m* cuillère *f* à œuf
Eiernudeln *f/pl* pâtes *f/pl* aux œufs
Eierpfannkuchen *m* crêpe (épaisse)
Eierschale *f* coquille *f* d'œuf
eierschalenfarben *adj* coquille d'œuf (*inv*)
Eierschwamm *m*, **Eierschwammerl** *n bes österr* chanterelle *f*; girolle *f*
Eierspeise *f* plat *m* aux œufs; *österr* œufs brouillés
Eierstich *m* ⟨*∼¢*s⟩ CUIS royale *f*
Eierstock *m* ANAT ovaire *m*
Eiertomate *f* olivette *f*
Eieruhr *f* sablier *m*
Eifer ['aɪfər] *m* ⟨*∼*s⟩ zèle *m*; *p/fort* ardeur *f*; (*Überstürzung*) empressement *m*; **im Eifer des Gefecht(e)s** dans le feu de l'action
Eiferer *m* ⟨*∼*s; *∼*⟩ fanatique *m*
Eifersucht *f* jalousie *f* (**auf j-n** contre qn)
eifersüchtig *adj* jaloux (**auf j-n** de qn)
Eifersuchtsdrama *n* drame *m* de la jalousie
Eifersuchtsszene *f* scène *f* de jalousie
eiförmig *adj* ovoïde; ovale
eifrig ['aɪfrɪç] I *adj* zélé; (*fleißig*) appliqué II *adv* avec zèle, empressement, application
Eigelb *n* ⟨*∼*s; *∼*e, *mais 3 ∼*⟩ jaune *m* d'œuf
eigen ['aɪgən] *adj* **1.** *besitzanzeigend* propre; à soi; **sich** (*dat*) **etw zu eigen machen** s'approprier qc; *fig* adopter qc **2.** (*eigentümlich*) particulier; (*typisch*) caractéristique **3.** (*sonderbar*) étrange
Eigenart *f* particularité *f*
eigenartig *adj* singulier; étrange
Eigenbedarf *m* besoins personnels
Eigenblutbehandlung *f* MÉD autohémothérapie *f*
Eigenbrötler [-brøːtlər] *m* ⟨*∼*s; *∼*⟩ original *m*; *péj* ours *m*
Eigendynamik *f* dynamique *f* propre
Eigenfinanzierung *f* autofinancement *m*
Eigengewicht *n* poids *m* propre; *e-s Fahrzeuges* poids mort
eigenhändig ['aɪgənhɛndɪç] *adj* de ma, *etc* (propre) main; *Testament* olographe; **eigenhändige Unterschrift** autographe *m*
Eigenheim *n* maison individuelle
Eigenheit *f* ⟨*∼*; *∼*en⟩ particularité *f*; singularité *f*
Eigeninitiative *f* initiative personnelle
Eigenkapital *n* capital *m* propre
Eigenleben *n* ⟨*∼*s⟩ vie personnelle
Eigenlob *n* éloge *m* de soi; F **Eigenlob stinkt** l'éloge de soi est détestable
eigenmächtig I *adj* arbitraire II *adv* de sa propre autorité; de son propre chef
Eigenname *m* nom *m* propre
eigennützig I *adj* intéressé; *p/fort* égoïste II *adv* par intérêt
eigens *adv* exprès; spécialement
Eigenschaft *f* ⟨*∼*; *∼*en⟩ qualité *f*; (*trait m de*) caractère *m*; PHYS, CHIM propriété *f*; **in s-r Eigenschaft als** en qualité de
Eigenschaftswort *n* ⟨*∼¢*s; -wörter⟩ adjectif (qualificatif)
Eigensinn *m* entêtement *m*; obstination *f*
eigensinnig *adj* entêté; buté; obstiné; opiniâtre

eigenständig *adj* autonome
Eigenständigkeit *f* ⟨~⟩ autonomie *f*
eigentlich I *adj* véritable; vrai; proprement dit
II *adv* à vrai dire; proprement (dit); au fait; *eigentlich hat sie Recht* au fond, elle a raison; *was willst du eigentlich?* que veux tu au juste?; *weißt du eigentlich, dass …?* (*übrigens*) à propos, sais-tu que …?
Eigentor *n* SPORT but *m* contre son propre camp; *ein Eigentor schießen* marquer un but contre sa propre équipe; *fig* se nuire à soi-même
Eigentum *n* ⟨~s⟩ propriété *f*; *geistiges Eigentum* propriété intellectuelle; *fremdes Eigentum* bien *m* d'autrui
Eigentümer(in) ['aɪɡəntyːmər(ɪn)] *m* ⟨~s; ~⟩ (*f*) ⟨~in; ~innen⟩ propriétaire *m,f*
eigentümlich 1. (*eigen*) particulier; caractéristique **2.** (*seltsam*) singulier
Eigentümlichkeit *f* ⟨~; ~en⟩ **1.** particularité *f*; caractéristique *f* **2.** singularité *f*; étrangeté *f*
Eigentumsdelikt *n* JUR délit *m* contre la propriété
Eigentumsrecht *n* droit *m* de propriété
Eigentumswohnung *f* appartement *m* en copropriété
eigenwillig *adj* **1.** (*eigensinnig*) entêté; volontaire **2.** (*ungewöhnlich*) particulier; spécial
Eigenwilligkeit *f* ⟨~⟩ **1.** entêtement *m* **2.** particularité *f*
eignen ['aɪɡnən] *v/t sich eignen* convenir (*für* à; *als* comme); *Person a* être apte (*für* à)
Eignung *f* ⟨~⟩ qualification *f*; aptitude *f*
Eignungsprüfung *f*, **Eignungstest** *m* test *m* d'aptitude
Eilbote *m durch Eilboten* par exprès
Eilbrief *m* lettre *f* exprès
Eile ['aɪlə] *f* ⟨~⟩ 'hâte *f*; *in* (*großer*) *Eile sein* être (très) pressé; *die Sache hat keine Eile* cela ne presse pas
Eileiter *m* ANAT trompe utérine
eilen ['aɪlən] *v/i* ⟨sn⟩ se presser; se dépêcher; se 'hâter; *er eilte nach Hause* il courut à la maison **II** *v/r* → **beeilen III** *v/imp es eilt* cela presse; c'est urgent
eilends *adv* à la hâte; en 'hâte
eilig I *adj* pressé; *Sachen a* urgent; *es eilig haben* être pressé **II** *adv* en 'hâte; vite
Eiltempo *n* F *im Eiltempo* F en quatrième vitesse
Eilverfahren *n* JUR procédure *f* à jour fixe; *fig im Eilverfahren* sommairement
Eilzug *m* etwa (train *m*) express *m*
Eilzustellung *f* remise *f* par exprès
Eimer ['aɪmər] *m* ⟨~s; ~⟩ seau *m*; F *im Eimer sein* F être fichu, P foutu
eimerweise *adv* par seaux
ein¹ [aɪn] **I** *unbestimmter Artikel* ⟨*f* eine⟩ un *bzw* une; *er hat ein spitzes Kinn* il a le menton pointu **II** *num/c* **1.** *adjt* ⟨*f* eine⟩ un *bzw* une **2.** *subst* ⟨*m* einer, *f* eine, *n* ein(e)s⟩ un *bzw* une; *eins von beiden* de deux choses l'une **3.** ⟨*inv*⟩ *ein bis zwei Tage* un à deux jours; *sein Ein und Alles* tout ce qu'il a de plus cher **III** *pr/ind* ⟨*m* einer, *f* eine, *n* ein(e)s⟩ *der eine oder* (*der*) *andere* l'un ou l'autre; F *was für eine, einer, eins?* lequel *bzw* laquelle?
ein² *adv* **1.** *nicht mehr ein und aus wissen* ne plus savoir où donner de la tête; *bei j-m ein*

und aus gehen avoir ses entrées chez qn **2.** *an Geräten* marche
ein… → acht…
Einakter *m* ⟨~s; ~⟩ pièce *f* en un acte
einander [aɪ'nandər] *pr* mutuellement; *acc* l'un(e) l'autre *bzw* les un(e)s les autres; *dat* l'un(e) à l'autre *bzw* les un(e)s aux autres
einarbeiten ⟨-e-⟩ **I** *v/t* **1.** *in Arbeit* mettre au courant (d'un travail) **2.** *einarbeiten* (*in* [+ *acc*]) *Text etc* insérer (dans) **II** *v/r sich einarbeiten* se mettre au courant (d'un travail)
Einarbeitung *f* ⟨~⟩ mise *f* au courant; entraînement *m* (*in* [+ *acc*] à)
Einarbeitungszeit *f* période *f* d'initiation, d'adaptation
einarmig *adj* manchot
einäschern ['aɪn'ɛʃərn] *v/t* réduire en cendres; *Leichen* incinérer
Einäscherung *f* ⟨~; ~en⟩ incinération *f*
einatmen ⟨-e-⟩ **I** *v/t* **1.** *durch die Nase* inspirer; *durch den Mund* aspirer; *Gas, Rauch* respirer **II** *v/i* inspirer
einäugig ['aɪn'ɔʏɡɪç] *adj* borgne
Einbahnstraße *f* (rue *f* à) sens *m* unique
Einband *m* couverture *f*; reliure *f*
Einbau *m* ⟨~¢s⟩ encastrement *m*; *von Maschinen* montage *m*
einbauen *v/t Möbel* encastrer; *Geräte* monter (*in* [+ *acc*] dans)
Einbauküche *f* cuisine intégrée
Einbaumöbel *n/pl* meubles encastrés
Einbauschrank *m* placard *m*
einbegriffen *adjt* (y) compris
einbehalten *v/t* ⟨*irr, sans ge*⟩ retenir; déduire
einberufen *v/t* ⟨*irr, sans ge*⟩ *Versammlung* convoquer; réunir; MIL appeler sous les drapeaux
Einberufung *f* convocation *f*; MIL appel *m* (sous les drapeaux)
Einberufungsbefehl *m*, **Einberufungsbescheid** *m* MIL (ordre *m* d')appel *m* sous les drapeaux
einbetonieren *v/t* ⟨*sans ge*⟩ encastrer, sceller dans du béton
Einbettzimmer *n* chambre *f* à un lit
einbeulen *v/t* bosseler; cabosser
einbeziehen *v/t* ⟨*irr, sans ge*⟩ *einbeziehen* (*in* [+ *acc*]) intégrer (dans, à); comprendre (dans); inclure (dans)
einbiegen *v/i* ⟨*irr, sn*⟩ tourner (*links* à gauche; *in* [+ *acc*] dans)
einbilden *v/r* ⟨-e-⟩ **1.** *sich* (*dat*) *etw einbilden* s'imaginer, se figurer qc **2.** F *sich* (*dat*) *etw auf etw* (*acc*) *einbilden* être fier de qc; *sich* (*dat*) *viel auf etw* (*acc*) *einbilden* tirer vanité de qc
Einbildung *f* **1.** (*Fantasie*) imagination *f* **2.** (*Überheblichkeit*) prétention *f*; vanité *f*
Einbildungskraft *f* imagination *f*
einbinden *v/t* ⟨*irr*⟩ (*in* [+ *acc*]) **1.** *Buch* relier (en) **2.** *fig* (*einbeziehen*) intégrer (dans, à)
einbläuen ['aɪnblɔʏən] *v/t* F *j-m etw einbläuen* F enfoncer qc dans la tête de qn
einblenden ⟨-e-⟩ **I** *v/t einblenden* (*in* [+ *acc*]) FILM, TV insérer (dans); RAD intercaler (dans) **II** *v/r sich einblenden* (*in* [+ *acc*]) se brancher (sur)
Einblick *m* vue *f*; *fig* connaissance *f*; *flüchtiger* aperçu *m*; *fig in etw* (*acc*) *Einblick haben* con-

naître qc
einbrechen ⟨*irr*⟩ **I** *v/t* enfoncer **II** *v/i* ⟨sn⟩ **1.** *auf dem Eis* s'enfoncer (dans l'eau) **2.** ⟨h, *avec* **in** sn⟩ *in ein Haus etc* cambrioler (**in etw** [+ *acc*] qc) **3.** *Dunkelheit* tomber
Einbrecher(in) *m* ⟨∼s; ∼⟩ (*f*) ⟨∼in; ∼innen⟩ cambrioleur, -euse *m,f*
Einbrenne *f* ⟨∼⟩ *bes südd, österr* CUIS roux *m*
einbringen ⟨*irr*⟩ **I** *v/t* **1.** *Ernte* rentrer **2.** *Antrag, Klage* déposer **3.** *Gewinn* rapporter **4.** *Lob, Kritik* valoir **II** *v/r* **sich einbringen** (**bei, in** [+ *acc*]) s'investir (dans)
einbrocken *v/t Brot* tremper; F **j-m etw einbrocken** jouer un mauvais tour à qn
Einbruch *m* **1.** JUR effraction *f*, cambriolage *m* (**in** [+ *acc*] de) **2.** *von Wasser etc* irruption *f*; **bei Einbruch der Dunkelheit** à la nuit tombante
einbruchsicher *adj Schloss* incrochetable; *Haus etc* difficile à cambrioler
einbürgern I *v/t* JUR naturaliser **II** *v/r* **sich einbürgern** *Sitten* s'implanter; passer dans l'usage
Einbürgerung *f* ⟨∼; ∼en⟩ JUR naturalisation *f*; *von Sitten* implantation *f*
Einbuße *f* perte *f* (**an** [+ *dat*] de)
einbüßen *v/t u v/i* ⟨¢$⟩ perdre (**an** [+ *dat*] de)
einchecken AVIAT **I** *v/t* enregistrer **II** *v/i* se faire enregistrer
eincremen *v/t* (*u v/r* **sich eincremen** s')enduire de crème
eindämmen *v/t Fluss* endiguer (*a fig*); *Brand* circonscrire; maîtriser (*a fig*)
eindecken I *v/t* F **j-n mit Arbeit eindecken** submerger qn de travail **II** *v/r* **sich eindecken** s'approvisionner (**mit** en)
eindeutig *adj* clair; net; sans ambiguïté
Eindeutigkeit *f* ⟨∼⟩ clarté *f*; netteté *f*; précision *f*
eindeutschen *v/t* germaniser
eindimensional *adj* à une dimension; *fig* simpliste
eindringen *v/i* ⟨*irr*, sn⟩ pénétrer (**in etw** [*acc*] dans qc); **in ein Land eindringen** envahir un pays; **auf j-n eindringen** assaillir qn (*a fig*)
eindringlich I *adj* pressant; insistant **II** *adv* avec insistance; instamment
Eindringlichkeit *f* ⟨∼⟩ insistance *f*
Eindringling *m* ⟨∼s; ∼e⟩ intrus *m*
Eindruck *m* ⟨∼¢s; ∼e⟩ impression *f*; **Eindruck machen** faire de l'impression; **auf j-n Eindruck machen** impressionner qn; **unter dem Eindruck von** sous l'effet, sous le coup de; F **Eindruck schinden** F faire de l'esbroufe, de l'épate
eindrücken *v/t Tür* enfoncer; *Glasscheibe* casser; *Weiches* presser
eindrucksvoll *adj* impressionnant
eine → **ein**[1]
einebnen *v/t* ⟨-e-⟩ aplanir; niveler; égaliser (*alle a fig*)
Einehe *f* monogamie *f*
eineiig ['aɪnʔaɪɪç] *adj* → *Zwilling*
eineinhalb *num/c* un(e) et demi(e)
einengen *v/t* réduire; *Freiheit a* restreindre; limiter
einer → **ein**[1] II 2, III
Einer ['aɪnər] *m* ⟨∼s; ∼⟩ **1.** MATH unité *f* **2.** SPORT skif(f) *m*

einerlei *adj* ⟨*inv*⟩ (*gleichgültig*) indifférent; **es ist mir einerlei** cela m'est égal
Einerlei *n* ⟨∼s⟩ monotonie *f*; **das tägliche Einerlei** le train-train de la vie quotidienne
einerseits *adv* d'un côté
eines → **ein**[1] II 2, III
einesteils *adv* d'une part (**anderenteils** d'autre part)
Ein'eurojob *m* F job *m* à un euro (*indemnité sociale plus un euro de l'heure travaillée*)
einfach I *adj* simple; (*nicht schwierig*) facile; (*bescheiden*) modeste **II** *adv* simplement; **ganz einfach** purement et simplement; **es ist einfach unglaublich** c'est absolument incroyable
Einfachheit *f* ⟨∼⟩ simplicité *f*; **der Einfachheit halber** pour plus de commodité
einfädeln ['aɪnfɛːdəln] ⟨¢⟩ **I** *v/t* **1.** *Nadel* enfiler **2.** F *fig* manigancer; *Verhandlungen* F emmancher; *Geschäft* lancer **II** *v/r* **sich einfädeln** *Fahrzeug, Fahrer* s'insérer dans une file
einfahren ⟨*irr*⟩ **I** *v/t Getreide* rentrer; *Auto* roder **II** *v/i* ⟨sn⟩ entrer; *Zug* entrer en gare; *Bergmann* descendre
Einfahrt *f* entrée *f*; (*Toreinfahrt*) porte cochère; *Aufschrift* **Einfahrt frei halten** sortie de voiture
Einfall *m* **1.** (*Gedanke*) idée *f* **2.** *von Licht* incidence *f* **3.** MIL invasion *f*
einfallen *v/i* ⟨*irr*, sn⟩ **1.** *Gedanken* venir à l'esprit, à l'idée; **dabei fällt mir ein, dass ...** à propos ...; cela me fait penser que ...; F **was fällt dir ein!** F qu'est-ce qui te prend! **2.** *Licht* entrer; *Strahlen* tomber **3.** MIL **in etw** (*acc*) **einfallen** envahir qc **4.** (*einstürzen*) s'écrouler
einfallslos *adj* qui manque d'idées
einfallsreich *adj* plein d'idées; imaginatif
Einfallswinkel *m* PHYS angle *m* d'incidence
Einfalt *f* ⟨∼⟩ simplicité *f*; niaiserie *f*; naïveté *f*
einfältig ['-fɛltɪç] *adj* simple; naïf
Einfaltspinsel F *péj m* nigaud *m*; F gogo *m*
Einfamilienhaus *n* maison individuelle
einfangen *v/t* ⟨*irr*⟩ **1.** capturer **2.** *fig Stimmung* rendre
einfarbig *adj* monochrome; *Stoff* uni
einfassen *v/t* ⟨¢$⟩ *Edelstein* sertir; COUT border; *Brillengläser* monter
Einfassung *f* bordure *f*; *des Edelsteins* sertissage *m*; monture *f*
einfetten *v/t* graisser
einfinden *v/r* ⟨*irr*⟩ **sich einfinden** venir; se présenter
einfließen *v/i* ⟨*irr*, sn⟩ couler (**in** [+ *acc*] dans); *fig* **etw** (**in etw** [*acc*]) **einfließen lassen** glisser qc (dans qc)
einflößen ['aɪnfløːsən] *v/t* ⟨¢$⟩ *Arznei* faire prendre; → *Furcht*
Einflugschneise *f* AVIAT axe balisé (d'atterrissage)
Einfluss *m* influence *f* (**auf** [+ *acc*] sur); ascendant *m* (sur); **großen Einfluss haben, ausüben auf** (+ *acc*) avoir, exercer une grande influence sur
Einflussbereich *m* zone *f* d'influence
einflussreich *adj* (très) influent
einfordern *v/t* exiger; réclamer
einförmig *adj* uniforme; *fig* monotone
Einförmigkeit *f* ⟨∼; ∼en⟩ uniformité *f*; *fig* mo-

notonie *f*

einfrieren ⟨*irr*⟩ **I** *v/t Lebensmittel* congeler; *fig Kredit* geler **II** *v/i* ⟨sn⟩ geler (*a fig*)

einfügen I *v/t* **einfügen** (**in** [+ *acc*]) insérer (dans) **II** *v/r* **sich einfügen** (**in** [+ *acc*]) s'intégrer (à, dans)

Einfügetaste *f* touche *f* d'insertion

einfühlen *v/r* **sich in etw** (*acc*) **einfühlen** sentir qc; **sich in j-n einfühlen** se mettre à la place de qn

einfühlsam *adj* compréhensif

Einfühlungsvermögen *n* intuition *f*

Einfuhr ['-fu:r] *f* ⟨∼; ∼en⟩ importation *f*

Einfuhrbeschränkungen *f/pl* restrictions *f/pl* à l'importation

Einfuhrbestimmungen *f/pl* règlements *m/pl* des importations

einführen *v/t* **1.** *j-n, Sitten*, MÉD introduire (**in** [+ *acc*] dans); (*einweihen*) initier (à); *in ein Amt* installer (dans); **einführende Worte** *n/pl* mots *m/pl* d'introduction **2.** COMM importer (en, à)

Einfuhrgenehmigung *f* permis *m* d'importation

Einfuhrland *n* pays importateur

Einführung *f* introduction *f*; installation *f*; initiation *f*; *e-s Produktes* lancement *m*

Einführungspreis *m* prix *m* de lancement

Einfuhrverbot *n* interdiction *f* d'importation

Einfuhrzoll *m* taxe *f* à l'importation; droit *m* d'entrée

einfüllen *v/t* verser (**in** [+ *acc*] dans)

Einfüllstutzen *m am Benzintank* tubulure *f* de remplissage

Eingabe *f* **1.** (*Gesuch*) pétition *f*; JUR requête *f* **2.** INFORM entrée *f*

Eingabefehler *m* erreur *f* de saisie

Eingabegerät *n* unité *f* d'entrée

Eingabetaste *f* touche *f* d'entrée

Eingang *m* **1.** (*Zugang*) entrée *f* **2.** *von Post* arrivée *f*; *e-r Summe* rentrée *f*; *von Waren* arrivage *m*

eingängig *adj* (*verständlich*) clair; *Melodie* qui se retient facilement

eingangs *adv* (*u prép* ⟨*gén*⟩) au début (de); au commencement (de)

Eingangsdatum *n* date *f*, jour *m* d'entrée

Eingangshalle *f* 'hall *m* (d'entrée)

Eingangsstempel *m* cachet *m* de réception

Eingangstür *f* porte *f* d'entrée

eingeben *v/t* ⟨*irr*⟩ **1.** INFORM entrer **2.** *Gedanken* inspirer

eingebildet *adjt* **1.** (*überheblich*) prétentieux **2.** *Krankheit etc* imaginaire

Eingeborene(r) *f(m)* ⟨→ A⟩ indigène *m,f*

Eingebung *f* ⟨∼; ∼en⟩ inspiration *f*

eingedenk ['aɪngədeŋk] *adj st/s* **eingedenk der Tatsache** (*gén*), **dass ...** compte tenu du fait que ...

eingefallen *adjt* creux

eingefleischt *adjt Junggeselle* endurci; *Gewohnheit* invétéré

eingehen ⟨*irr*, sn⟩ **I** *v/t Ehe* contracter; *Risiko* courir **II** *v/i* **1.** (*ankommen*) arriver **2.** *Geld* rentrer **3.** **auf j-s Wunsch** (*acc*) **eingehen** répondre au désir de qn; **auf j-n eingehen** être à l'écoute de qn **4.** *Pflanze, Tier* mourir; dépérir; *fig Zeitung* disparaître **5.** *Stoff* (se) rétrécir

eingehend I *adjt* détaillé; (*genau*) exact **II** *advt*

en détail

Eingemachte(s) *n* ⟨→ A⟩ fruits *od* légumes stérilisés; F **jetzt gehts ans Eingemachte** c'est l'instant critique

eingemeinden *v/t* ⟨-e-, *p/p* eingemeindet⟩ rattacher à une commune

eingenommen *adjt* prévenu (**für, von** en faveur de; **gegen** contre); **von sich eingenommen sein** être imbu de soi

eingeschnappt F *adjt* (*beleidigt*) vexé

eingeschrieben *adjt* inscrit; *Brief* recommandé

eingeschworen *adjt* **auf etw** (*acc*) **eingeschworen sein** ne jurer que par qc

Eingeständnis *n* aveu *m*

eingestehen *v/t* ⟨*irr*, *p/p* eingestanden⟩ avouer; admettre

eingestellt *adjt* **konservativ eingestellt sein** avoir des opinions conservatrices

eingetragen *adjt* enregistré; inscrit; **eingetragener Verein** association déclarée

Eingeweide ['aɪngəvaɪdə] *n/pl* ANAT viscères *m/pl*; ZO tripes *f/pl*

eingeweiht *adjt* **eingeweiht** (**in** [+*acc*]) initié (à); *in e-n Plan etc* informé (de)

Eingeweihte(r) *f(m)* ⟨→ A⟩ initié(e) *m(f)*

eingewöhnen *v/r* ⟨*p/p* eingewöhnt⟩ **sich eingewöhnen** s'habituer (**in** [+ *acc*] à); s'acclimater (à)

Eingewöhnung *f* ⟨∼⟩ acclimatation *f*; accoutumance *f*

eingießen *v/t* ⟨*irr*⟩ verser (**in** [+ *acc*] dans)

eingipsen *v/t* ⟨¢$⟩ plâtrer

eingleisig *adj u adv* à une voie; à voie unique

eingliedern *v/t* incorporer, intégrer (**in** [+ *acc*] dans, à)

eingraben ⟨*irr*⟩ **I** *v/t* **eingraben** (**in** [+ *acc*]) enterrer (dans) **II** *v/r* **sich eingraben** (**in** [+ *acc*]) se terrer (dans)

eingravieren *v/t* ⟨*sans ge*⟩ graver (**in** [+ *acc*] dans)

eingreifen *v/i* ⟨*irr*⟩ intervenir (**in** [+ *acc*] dans)

eingrenzen *v/t* ⟨¢$⟩ (dé)limiter (*a fig*)

Eingriff *m* intervention *f* (*a* MÉD); JUR empiétement *od* empiètement *m*

einhaken I *v/t* (*u v/r*) **1.** TECH (**sich**) **einhaken** (**in** [+ *acc*]) (s')accrocher (à) **2.** **sich bei j-m einhaken** prendre le bras de qn **II** F *v/i* (*sich einschalten*) intervenir

Einhalt *st/s m* **e-r Sache** (*dat*) **Einhalt gebieten** faire cesser qc; (*eindämmen*) juguler qc

einhalten *v/t* ⟨*irr*⟩ observer (strictement); *Versprechen, Verpflichtungen* tenir

einhandeln *v/r* ⟨¢⟩ **sich** (*dat*) **etw einhandeln** *Krankheit* F attraper qc; *Strafe* F ramasser qc

einhändig ['aɪnhɛndɪç] *adj* à une (seule) main (*a* MUS)

einhängen I *v/t* accrocher; *Tür* mettre sur ses gonds; *Telefonhörer* raccrocher (*a abs*) **II** *v/r* **sich bei j-m einhängen** prendre le bras de qn

einheimisch *adj* du pays; indigène; (*inländisch*) national; (*örtlich*) local

Einheimische(r) *f(m)* ⟨→ A⟩ quelqu'un du coin *bzw* du pays; *pl* **die Einheimischen** les gens *m/pl* du pays

einheiraten *v/i* ⟨-e-⟩ **in e-e Familie einheiraten** entrer dans une famille par alliance; **in ein Geschäft einheiraten** épouser une affaire

Einheit *f* ⟨∼; ∼en⟩ unité *f* (*a* MIL); **e-e Einheit bilden** former un tout
einheitlich I *adj* (*gleichartig*) uniforme; *Werk* homogène **II** *adv* **einheitlich gestalten** uniformiser
Einheitsliste *f* POL liste *f* unique
Einheitspreis *m* prix *m* unique
Einheitstarif *m* tarif *m* unique
einheizen *v/i* ⟨∉∌⟩ chauffer
einhellig I *adj* unanime **II** *adv* à l'unanimité; d'un commun accord
einhergehen *st/s v/i* ⟨*irr*, sn⟩ **mit etw einhergehen** s'accompagner de qc
einholen *v/t* **1.** (*erreichen*) rejoindre **2.** *Ernte* rentrer; *Segel, Flagge* amener **3.** *Erlaubnis* demander **4.** → **einkaufen**
Einhorn *n* licorne *f*
einhüllen *v/t* (*u v/r* **sich einhüllen** s')envelopper (**in** [+ *acc*] dans)
einhundert → **hundert**
einig *adj* **mit j-m über etw** (*acc*) **einig sein, werden** être, tomber d'accord avec qn sur qc; **sich einig werden** s'entendre
einige ['aɪnɪɡə] *pr/ind* **1.** ⟨*pl*⟩ **a)** *adjt* quelque(s); **einige Leute sagen** certaines personnes disent **b)** *subst* quelques-un(e)s **2.** ⟨*sg*⟩ *subst n* **einiges** quelque chose; *untertreibend* pas mal de choses
einigen I *v/t* unifier **II** *v/r* **sich einigen** tomber, se mettre d'accord (**über** [+ *acc*], **auf** [+ *acc*] sur)
einigermaßen *adv* dans une certaine mesure; (*leidlich*) passablement; tant bien que mal
Einigkeit *f* ⟨∼⟩ union *f*; accord *m*; entente *f*
Einigung *f* ⟨∼; ∼en⟩ **1.** *e-s Landes* unification *f* **2.** (*Verständigung*) entente *f*; accord *m*
einjagen *v/t* **j-m Furcht einjagen** faire peur à qn
einjährig *adj* (*ein Jahr alt*) (âgé) d'un an; (*ein Jahr lang*) d'un an; *Pflanze* annuel
einkalkulieren *v/t* ⟨*sans ge*⟩ tenir compte de; prévoir
Einkauf *m* achat *m*; **Einkäufe machen** faire des courses, des achats
einkaufen I *v/t* acheter **II** *v/i* **einkaufen** (**gehen**) (aller) faire des courses
Einkäufer(in) *m(f)* COMM acheteur, -euse *m,f*
Einkaufsbummel *m* shopping *m*; **e-n Einkaufsbummel machen** (aller) faire du shopping
Einkaufskorb *m* panier *m* à provisions
Einkaufspassage *f* galerie marchande
Einkaufspreis *m* prix *m* d'achat; **zum Einkaufspreis** au prix coûtant
Einkaufstasche *f* sac *m* à provisions
Einkaufswagen *m* caddie® *m*
Einkaufszentrum *n* centre commercial; hypermarché *m*
Einkaufszettel *m* liste *f* des courses
Einkehr ['aɪnkeːr] *st/s f* ⟨∼⟩ *fig* recueillement *m*; retour *m* sur soi
einkehren *v/i* ⟨sn⟩ s'arrêter dans un restaurant, une auberge
einkerben *v/t* entailler
einkesseln *v/t* ⟨∉⟩ *bes* MIL encercler; cerner
einklammern *v/t* mettre entre parenthèses
Einklang *m* accord *m*; *fig* **im Einklang stehen mit** concorder avec; *fig* **in Einklang** (*acc*) **brin-**

gen harmoniser
einkleben *v/t* coller (**in** [+ *acc*] dans)
einkleiden *v/t* (*u v/r*) ⟨-e-⟩ (**sich**) (**neu**) **einkleiden** (s')habiller (de neuf)
einklemmen *v/t* coincer; pincer
einkochen I *v/t* faire des conserves de **II** *v/i* ⟨sn⟩ se réduire; s'épaissir
Einkommen *n* ⟨∼s; ∼⟩ revenu(s) *m(pl)*
Einkommensgrenze *f* limite *f* des revenus
Einkommensgruppe *f* tranche *f* de revenus
einkommensschwach *adj* à faibles revenus
einkommensstark *adj* à revenus importants
Einkommensteuer *f* impôt *m* sur le revenu
Einkommensteuererklärung *f* déclaration *f* d'impôt sur le revenu
Einkommensverhältnisse *n/pl* (importance *f* des) ressources *f/pl*
einkreisen *v/t* ⟨∉∌⟩ **1.** entourer (d'un cercle) **2.** (*umstellen*), *fig* cerner
Einkünfte ['aɪnkʏnftə] *pl* revenus *m/pl*
einladen[1] *v/t* ⟨*irr*⟩ *Ladung* charger (**in** [+ *acc*] dans)
einladen[2] *v/t* ⟨*irr*⟩ *Gäste* inviter (**zum Abendessen** à dîner)
einladend *adjt Speisen* appétissant; alléchant; *Atmosphäre* accueillant
Einladung *f* invitation *f*
Einlage *f* **1.** THÉ intermède *m* **2.** FIN dépôt *m* **3.** CUIS **Suppe** *f* **mit Einlage** soupe garnie **4.** *im Schuh* semelle *f* orthopédique
einlagern *v/t* emmagasiner
Einlass *m* ⟨∼es⟩ admission *f*; entrée *f*; **Einlass um 20 Uhr** ouverture des portes à 20 heures
einlassen ⟨*irr*⟩ **I** *v/t* **1.** (*hereinlassen*) laisser entrer **2.** *Wasser* faire couler **II** *v/r* **sich auf etw** (*acc*) **einlassen** s'engager, s'embarquer dans qc; *péj* **sich mit j-m einlassen** s'acoquiner avec qn
Einlauf *m* MÉD lavement *m*
einlaufen *v/i* ⟨*irr*, sn⟩ **1.** arriver; SPORT *aufs Spielfeld* faire son entrée; *in die Zielgerade* aborder (la dernière ligne droite); *Schiff* entrer au port **2.** *Stoff* (se) rétrécir
einläuten *v/t* ⟨-e-⟩ sonner (pour annoncer); *fig* inaugurer
einleben *v/r* **sich einleben** s'acclimater, s'habituer (à un endroit)
einlegen *v/t* **1.** mettre (*Film etc*); *zwischen etw* insérer **2.** CUIS mariner **3.** **die Haare einlegen** faire une mise en plis **4.** *Pause* faire
Einlegesohle *f* semelle (intérieure)
einleiten *v/t* ⟨-e-⟩ **1.** introduire; *Fahndung* entreprendre; *Verhandlungen, Untersuchung* ouvrir; *Verfahren* engager **2.** *Abwässer* déverser (**in** [+ *acc*] dans)
einleitend *adjt* préliminaire
Einleitung *f* **1.** (*Beginn*) introduction *f* **2.** JUR ouverture *f* **3.** *von Abwässern* déversement *m*
einlenken *v/i* faire des concessions
einlesen *v/t* ⟨*irr*⟩ INFORM lire
einleuchten *v/i* ⟨-e-⟩ paraître, être évident, clair
einleuchtend *adjt* évident; clair; *Argument* convaincant
einliefern *v/t* livrer; remettre
Einlieferung *f* livraison *f*; remise *f*
Einlieferungsschein *m* POST récépissé *m*
Einliegerwohnung *f* logement indépendant, séparé (à l'intérieur d'une maison indivi-**

duelle)

einloggen ['aınlɔgən] *v/i* (*u v/r* **sich einloggen**) INFORM se connecter

einlösen *v/t* ⟨¢$⟩ *Scheck* encaisser; *Wechsel* honorer; *Pfand* retirer; *Versprechen* tenir

einlullen [-lulən] F *v/t* enjôler; F embob(el)iner

einmachen *v/t* faire des conserves de

Einmachglas *n* bocal *m* à conserves

einmal *adv* une fois; **einmal hell, einmal dunkel** tantôt clair, tantôt sombre; **auf einmal** (*plötzlich*) tout à coup; (*mit e-m Schlag*) d'un (seul) coup; (*gleichzeitig*) à la fois; **es war einmal** il était une fois; **noch einmal** encore une fois; **noch einmal so groß wie ...** deux fois plus grand que ...; **nicht einmal** même pas; **es ist nun einmal so** c'est comme ça

Einmaleins *n* ⟨∿⟩ table *f* de multiplication; *fig* b a ba *m*; abc *m*

Einmalhandtuch *n* essuie-mains *m* jetable

einmalig *adj Zahlung etc*, (*einzigartig*) unique; *Gelegenheit a* exceptionnel; **nach einmaligem Durchlesen** après une seule lecture

Einmannbetrieb *m* entreprise exploitée par une seule personne; *Bahn* conduite *f* par un seul agent; *Bedienung* commande *f* par un seul opérateur

Einmarsch *m* entrée *f* (*a* MIL); MIL (*gewaltsame Besetzung*) invasion *f*

einmarschieren *v/i* ⟨sans ge, sn⟩ **in etw** (*acc*) **einmarschieren** entrer dans, en, à qc (*a* MIL); *gewaltsam* envahir qc

Einmaster *m* ⟨∿s; ∿⟩ MAR bateau *m* à un seul mât

einmauern *v/t* (em)murer

einmischen *v/r* **sich einmischen** (**in** [+ *acc*]) se mêler (de); intervenir (dans)

Einmischung *f* intervention *f*

einmünden *v/i* ⟨-e-, sn⟩ **einmünden in** (+ *acc*) *Fluss* se jeter dans; *Straße, fig Gespräch* déboucher sur

Einmündung *f* e-r *Straße* débouché *m*

einmütig *adj* unanime

Einnahme ['aınna:mə] *f* ⟨∿; ∿n⟩ **1.** MIL prise *f* **2.** COMM recette *f* **3.** *von Arznei* absorption *f*

Einnahmequelle *f* source *f* de revenus

einnehmen *v/t* ⟨irr⟩ **1.** *Essen* prendre (*a* MIL, *fig*) **2.** *Geld* encaisser; *Steuern, Miete* percevoir **3.** *Stellung, Posten, Platz* occuper; tenir **4.** *fig* **j-n für sich einnehmen** conquérir qn

einnehmend *adjt* avenant; prévenant; **ein einnehmendes Wesen haben** avoir des manières avenantes; *plais* empocher tout ce qui se présente

einnicken F *v/i* ⟨sn⟩ s'assoupir

einnisten *v/r* ⟨-e-⟩ **sich einnisten** se nicher; *fig* **sich bei j-m einnisten** s'incruster chez qn

Einöde *f* contrée *f* désertique

einölen I *v/t* TECH huiler II *v/r* **sich einölen** se mettre de l'huile

einordnen ⟨-e-⟩ I *v/t* classer; ranger II *v/r fig* **sich einordnen** s'adapter (**in** [+ *acc*] à); *Verkehr* **sich** (**rechts**) **einordnen** se ranger dans la file (de droite)

einpacken I *v/t* emballer; envelopper; *in Koffer* mettre (dans une valise) II F *v/i* **da können wir einpacken** F nous n'avons plus qu'à remballer

einparken I *v/t* garer II *v/i* se garer; *rückwärts* faire un créneau

einpendeln *v/r* ⟨¢⟩ **sich einpendeln** se stabiliser

Einpersonenhaushalt *m* ménage *m* d'une personne

Einpersonenstück *n* THÉ pièce *f* à un personnage

einpferchen *v/t Mensch, Tier* parquer

einpflanzen *v/t* ⟨¢$⟩ planter; MÉD implanter; greffer

einplanen *v/t* prévoir

einpolig *adj* TECH unipolaire

einprägen I *v/t* graver (**in** [+ *acc*] sur, dans) II *v/r fig* **sich einprägen** être gravé dans la mémoire; **sich** (*dat*) **etw einprägen** mémoriser qc

einprägsam *adj* facile à retenir

einprogrammieren *v/t* ⟨sans ge⟩ INFORM programmer

einquartieren *v/t* (*u v/r*) ⟨sans ge⟩ (**sich einquartieren** s')installer, (se) loger (**in** [+ *dat*] dans)

Einquartierung *f* ⟨∿; ∿en⟩ logement *m*; MIL cantonnement *m*

einquetschen *v/t* **j-m etw einquetschen** coincer qc à qn; **eingequetscht sein** être coincé, serré (**zwischen** [+*dat*] dans)

einrahmen *v/t* encadrer

einrammen *v/t* enfoncer (avec un mouton)

einrasten *v/i* ⟨-e-, sn⟩ s'enclencher (**in** [+ *acc*] dans)

einräumen *v/t* **1.** (*einordnen*) ranger; mettre en place; *Zimmer* installer **2.** (*zugestehen*) accorder; concéder; admettre **3.** *Frist, Kredit* accorder; *Recht* concéder

einreden ⟨-e-⟩ I *v/t* **j-m etw einreden** tenter de persuader qn de qc; faire croire qc à qn II **auf j-n einreden** tenter de persuader qn III *v/r* **sich** (*dat*) **etw einreden** se persuader de qc

einregnen *v/r* ⟨-e-⟩ **es regnet sich ein** la pluie s'installe

einreiben *v/t* (*u v/r*) ⟨irr⟩ (**sich**) **mit etw einreiben** (se) frictionner avec qc

einreichen *v/t* présenter; remettre; déposer (*a Antrag, Klage*)

einreihen I *v/t* **einreihen in** (+ *acc*) ranger parmi II *v/r* **sich einreihen** se mettre dans une file

Einreiher *m* costume *m* à veston droit

Einreise *f* entrée *f* (**in** [ı *acc*], **nach** en, dans, à)

Einreiseerlaubnis *f* autorisation *f* d'entrée

einreisen *v/i* ⟨¢$, sn⟩ entrer (**in** [+ *acc*], **nach** en, dans, à)

Einreiseverbot *n* interdiction *f* d'entrée

Einreisevisum *n* visa *m* d'entrée

einreißen ⟨irr⟩ I *v/t* **1.** *Papier etc* déchirer **2.** (*niederreißen*) démolir II *v/i* ⟨sn⟩ **3.** se déchirer **4.** *fig Unsitte, Gewohnheit* se propager; se répandre

einrenken ['aınrɛŋkən] I *v/t* **1.** MÉD remettre; remboîter **2.** F *fig* arranger II F *v/r* **das wird sich schon wieder einrenken** cela s'arrangera

einrennen *v/t* ⟨irr⟩ *Tür* enfoncer

einrichten ⟨-e-⟩ I *v/t* **1.** (*arrangieren*) arranger; **es so einrichten, dass ...** faire en sorte que ... (+ *subj*); **das lässt sich einrichten** cela peut se faire; **auf etw** (*acc*) **eingerichtet sein** être préparé à qc **2.** (*möblieren*) aménager; meubler **3.** *Institution* ouvrir; établir; fonder II *v/r* **sich einrichten** (*sich möblieren*) s'instal-

ler; se meubler
Einrichtung f **1.** (*Institution*) institution f; organisation f; **öffentliche Einrichtung** service public **2.** (*Gründung*) établissement m; fondation f **3.** (*Einrichten*) aménagement m **4.** (*Mobiliar*) ameublement m; meubles m/pl **5.** TECH installation f
Einrichtungsgegenstand m objet m d'ameublement
Einrichtungshaus n maison f d'ameublement
einritzen v/t ⟨¢⟩ graver
einrosten v/i ⟨-e-, sn⟩ (se) rouiller
einrücken I v/t *Zeile* rentrer II v/i ⟨sn⟩ (*einmarschieren*) entrer (**in** [+ acc] dans)
eins[1] [aɪns] num/c un, une; SPORT **eins zu eins** un but partout; F **eins a** de première (qualité); F **das ist mir** (**alles**) **eins** F je m'en fiche
eins[2] → **ein**[1] *II 2, III*
Eins f ⟨~; ~en⟩ **1.** *Zahl* un m; → **Acht**[1] **2.** *Schulnote* très bien; *in Frankreich etwa* dix-sept m, dix-huit m (sur vingt)
einsacken[1] v/t (*in Säcke füllen*) mettre en sac(s); ensacher; F *fig* empocher
einsacken[2] v/i ⟨sn⟩ F (*einsinken*) s'enfoncer (**in** [+ acc] dans)
einsam adj solitaire; seul; isolé; *Insel* désert; **sich einsam fühlen** se sentir seul
Einsamkeit f ⟨~⟩ solitude f; isolement m
einsammeln v/t ⟨¢⟩ ramasser
Einsatz m **1.** (*Spieleinsatz, Wetteinsatz*) mise f; enjeu m **2.** *e-s Geräts* élément m encastrable **3.** COUT empiècement m **4.** MUS attaque f **5.** *fig* (*Engagement*) engagement m; **unter Einsatz des Lebens** au péril de sa vie **6.** *fig* (*Gebrauch*) emploi m; *von Kräften* mise f en œuvre; mobilisation f **7.** *von Truppen* engagement m; (*Feuerwehreinsatz, Polizeieinsatz*) intervention f
Einsatzbefehl m ordre m d'intervention
einsatzbereit adj disponible; TECH opérationnel
Einsatzbereitschaft f ⟨~⟩ disponibilité f; MIL état m d'alerte
Einsatzgebiet n zone f d'intervention, d'engagement
Einsatzkommando n groupe m mobile d'intervention; MIL commando m
Einsatzleiter(in) m(f) chef m de groupe (d'intervention)
Einsatzplan m plan m d'intervention
Einsatzwagen m *der Polizei* véhicule m d'intervention
einsaugen v/t ⟨irr⟩ *Luft* 'humer; *Nektar* sucer
einscannen v/t scanner
einschalten ⟨-e-⟩ I v/t **1.** *Licht, Radio* allumer; *Strom* mettre en circuit **2.** *fig* (*beteiligen*) faire appel à II v/r **sich einschalten** (**in** [+ acc]) *fig* intervenir (dans)
Einschaltquote f audimat m
einschärfen v/t **j-m etw einschärfen** inculquer qc à qn
einschätzen v/t ⟨¢⟩ évaluer; estimer; **falsch einschätzen** mal juger, estimer
Einschätzung f estimation f (*a steuerlich*); évaluation f; **nach meiner Einschätzung** à mon avis
einschenken v/t **j-m etw einschenken** verser, servir qc à qn

einschicken v/t envoyer
einschieben v/t ⟨irr⟩ **1. einschieben** (**in** [+ acc]) glisser (dans); intercaler (entre) **2.** *fig* intercaler; insérer
einschiffen v/r **sich einschiffen** (s')embarquer (**nach** pour)
einschlafen v/i ⟨irr, sn⟩ s'endormir; *Glieder* s'engourdir; F *fig* cesser peu à peu
einschläfern ['aɪnʃlɛːfərn] v/t **1.** endormir (*a* MÉD) **2.** *Tier* piquer
einschläfernd adj soporifique; endormant (*beide a fig*)
Einschlafstörungen f/pl troubles m/pl de l'endormissement
Einschlag m **1.** (*Geschosseinschlag, Blitzeinschlag*) impact m **2.** AUTO braquage m **3.** *fig* **mit italienischem Einschlag** de type italien
einschlagen ⟨irr⟩ I v/t **1.** *Nägel etc* enfoncer; planter; *Fensterscheibe* enfoncer; casser **2.** (*einpacken*) envelopper, emballer (**in** [+ acc] dans) **3.** *Weg* prendre; *Laufbahn* embrasser **4.** AUTO (*die Lenkung*) **einschlagen** braquer II v/i **5.** *Geschoss, Blitz* tomber **6.** (*Erfolg haben*) réussir **7.** (*einwilligen*) toper **8. auf j-n einschlagen** taper sur qn
einschlägig ['aɪnʃlɛːgɪç] I adj correspondant; *Geschäft* spécialisé II adv **einschlägig vorbestraft sein** avoir été condamné pour un délit analogue
einschleichen v/r ⟨irr⟩ **sich einschleichen** (**in** [+ acc]) se glisser, se faufiler, s'introduire (dans); *fig Fehler* se glisser (dans)
einschleppen v/t *Krankheit* importer; introduire
einschleusen v/t ⟨¢⟩ *fig* faire entrer clandestinement
einschließen ⟨irr⟩ I v/t **1.** enfermer à clé; (*verwahren*) mettre sous clé **2.** MIL cerner **3.** (*umfassen*) comprendre II v/r **sich einschließen** s'enfermer à clé
einschließlich I adv (y) compris; inclus II prép ⟨gén⟩ **einschließlich Bedienung** service compris
einschmeicheln v/r ⟨¢⟩ **sich bei j-m einschmeicheln** s'insinuer auprès de qn
einschmeichelnd adj péj (*angenehm*) enjôleur; caressant
einschmelzen v/t ⟨irr⟩ (re)fondre
einschmuggeln ⟨¢⟩ I v/t introduire en fraude II v/r *fig* **sich einschmuggeln** s'introduire clandestinement
einschneiden ⟨irr⟩ I v/t couper; inciser; *Inschrift, Zeichen* graver II v/i **in etw** (acc) **einschneiden** couper qc
einschneidend adj radical
einschneien v/i ⟨sn⟩ **eingeschneit sein** être enneigé, *Fahrzeug* bloqué par la neige
Einschnitt m **1.** (*Kerbe*) encoche f; MÉD incision f **2.** *fig* (*Wende*) événement décisif; coupure f; tournant m
einschränken ['aɪnʃrɛŋkən] I v/t réduire; restreindre; *Ausgaben, Produktion a* diminuer II v/r **sich einschränken** se restreindre
einschränkend adj restrictif; limitatif
Einschränkung f ⟨~; ~en⟩ réduction f; restriction f; limitation f; (*Vorbehalt*) réserve f; **ohne Einschränkung** sans réserve
einschrauben v/t visser (**in** [+ acc] dans)

Einschreibebrief *m* lettre recommandée

einschreiben *v/t* ⟨*irr*⟩ inscrire; *Post* **einschreiben lassen** recommander

Einschreiben *n* envoi recommandé; *per Einschreiben* en recommandé; „*Einschreiben*" «recommandé»

einschreiten *v/i* ⟨*irr*, sn⟩ intervenir; *gegen etw einschreiten* prendre des mesures contre qc

Einschub *m* passage intercalé

einschüchtern *v/t* intimider

einschulen *v/t* scolariser

Einschulung *f* scolarisation *f*

Einschuss *m* *Stelle* point *m* d'impact; *Wunde* blessure *f* par balle

einschweißen *v/t* ⟨*¢$*⟩ *in Folie* emballer sous film plastique

einsegnen *v/t* ⟨-e-⟩ (*konfirmieren*) confirmer; (*segnen*) bénir

Einsegnung *f* (*Konfirmation*) confirmation *f*; (*Segnung*) bénédiction *f*

einsehen *v/t* ⟨*irr*⟩ **1.** (*begreifen*) comprendre; (*erkennen*) voir **2.** *Bücher* examiner; *Akten* consulter **3.** (*überblicken*) voir

Einsehen *n* ⟨~s⟩ *ein Einsehen haben* se rendre à la raison

einseifen *v/t* **1.** savonner **2.** F *fig* (*betrügen*) F baratiner

einseitig **I** *adj* **1.** d'un (seul) côté; JUR, POL unilatéral **2.** *fig Ausbildung* trop spécialisé; *Beurteilung* simpliste; *Ernährung* mal équilibré; *Darstellung* tendancieux **II** *adv* *ein Blatt einseitig beschreiben* n'écrire que sur un côté d'une feuille; *einseitig begabt* doué dans un seul domaine; *einseitig beurteilen* juger avec partialité

einsenden *v/t* ⟨*irr*⟩ envoyer, expédier (+ *dat od* *an* [+ *acc*] à)

Einsender *m* expéditeur *m*

Einsendeschluss *m* date *f* limite des envois

Einsendung *f* envoi *m*

Einser *m* ⟨~s; ~⟩ un *m*; → *Eins*

einsetzen ⟨*¢$*⟩ **I** *v/t* **1.** (*hineinsetzen*) *einsetzen* (*in* [+ *acc*]) mettre, placer (dans); (*fest anbringen*) insérer (dans); *Fensterscheibe* poser **2.** *Arbeitskraft, Maschine* employer; *Polizei, Truppen* faire intervenir **3.** (*ernennen*) instituer; désigner; *in ein Amt* investir (*in* [+ *acc*] dans); installer (dans) **II** *v/i* (*anfangen*) commencer (*mit* par); MUS attaquer **III** *v/r* *sich für j-n, etw einsetzen* intervenir pour qn, qc

Einsicht *f* **1.** (*Einsichtnahme*) examen *m*; *in etw* (*acc*) *Einsicht nehmen* consulter qc **2.** (*Verständnis*) discernement *m*; *zur Einsicht kommen* se rendre à la raison **3.** (*Einblick*) vue *f* (*in* [+ *acc*] dans)

einsichtig *adj* **1.** (*verständnisvoll*) compréhensif; raisonnable **2.** (*verständlich*) compréhensible

Einsichtnahme *f* ⟨~⟩ *zur Einsichtnahme* avec prière de prendre connaissance; pour examen; *nach Einsichtnahme* après examen

Einsiedler(in) *m(f)* ermite *m*; *wie ein Einsiedler leben* vivre en ermite

Einsiedlerkrebs *m* zo bernard-l'ermite *m*

einsilbig *adj* **1.** LING monosyllabique **2.** *fig Person* taciturne; peu loquace

Einsilbigkeit *f* ⟨~⟩ brièveté *f* des propos

einsinken *v/i* ⟨*irr*, sn⟩ *im Schlamm* (s')enfoncer

einsitzen *v/i* ⟨*irr*⟩ ADM être en prison

einsortieren *v/t* ⟨*sans ge*⟩ trier; classer

einspannen *v/t* **1.** TECH serrer, mettre (*in* [+ *acc*] dans); *Pferde* atteler **2.** F *fig j-n für e-e Arbeit einspannen* atteler qn à un travail

Einspänner ['aɪnʃpɛnər] *m* ⟨~s; ~⟩ **1.** *Kutsche* voiture *f* à un cheval **2.** *österr* (*Glas mit schwarzem Kaffee u Schlagsahne*) moka servi dans un grand verre avec de la Chantilly

einsparen *v/t* économiser

Einsparung *f* ⟨~; ~en⟩ économie *f* (*an* [+ *dat*] de)

einspeichern *v/t* *etw einspeichern* (*in* [+ *acc*]) INFORM mettre qc en mémoire (dans)

einsperren *v/t* enfermer; *ins Gefängnis* mettre en prison

einspielen *v/r* *sich einspielen* SPORT s'entraîner (à jouer)

Einsprache *f* *österr, schweiz* → *Einspruch*

einsprachig *adj* monolingue

einspringen *v/i* ⟨*irr*, sn⟩ *für j-n einspringen* remplacer qn (au pied levé)

einspritzen *v/t* ⟨*¢$*⟩ injecter

Einspritzer F *m*, **Einspritzmotor** *m* moteur *m* à injection

Einspruch *m* protestation *f* (*gegen* contre); JUR opposition *f* (à); recours *m*; *gegen etw Einspruch erheben, einlegen* faire opposition à qc

einspurig *adj Straße* à une seule voie

einst [aɪnst] *st/s adv* **1.** (*früher*) autrefois; jadis **2.** (*künftig*) un jour

einstampfen *v/t Bücher* mettre au pilon

Einstand *m* **1.** *s-n Einstand geben* arroser son entrée en fonction **2.** TENNIS égalité *f*

einstecken *v/t* **1.** mettre (*in* [+ *acc*] dans) **2.** *fig Schlag* F encaisser; *Gewinn* empocher; *Beleidigung, Vorwurf* avaler

einstehen *v/i* ⟨*irr*, sn⟩ *für j-n, etw einstehen* se porter garant de qn, qc

einsteigen *v/i* ⟨*irr*, sn⟩ (*in* [+ *acc*]) **1.** *in ein Fahrzeug* monter (*Wagen* en; *Bus, Zug* dans) **2.** *Dieb* entrer (dans) (en escaladant) **3.** F *in e-n Beruf, ein Geschäft* entrer, s'engager dans

einstellen **I** *v/t* **1.** (*hineinstellen*) mettre (*in* [+ *acc*] dans) **2.** TECH, RAD, TV régler; *scharf* mettre au point **3.** *Arbeitskraft* engager; embaucher **4.** (*beenden*) cesser; *Zahlungen* suspendre; JUR arrêter **5.** *Rekord* égaler **II** *v/r* **6.** *sich einstellen Person* arriver; *Schmerzen* se faire sentir **7.** *sich auf j-n, etw einstellen* s'adapter à qn, qc

einstellig *adj Zahl* d'un seul chiffre

Einstellknopf *m* bouton *m* de réglage

Einstellung *f* **1.** TECH réglage *m*; *beim Film* plan *m* **2.** *e-r Arbeitskraft* embauche *f*; engagement *m* **3.** (*Beendigung*) cessation *f*; JUR *e-s Verfahrens* arrêt *m* **4.** (*innere Haltung*) attitude *f*; (*Auffassung*) point *m* de vue

Einstellungsgespräch *n* entretien *m* (d'embauche)

Einstellungsstopp *m* arrêt *m* de recrutement

Einstich *m* piqûre *f*

Einstieg *m* ⟨~¢s; ~e⟩ *Einstieg* (*in* [+ *acc*]) entrée *f* (*Wagen* en; *Bus, Zug* dans); *fig* accès *m* (à)

Einstiegsdroge *f* drogue douce

einstig *adj* ancien

einstimmen **I** *v/t j-n auf etw* (*acc*) *einstimmen*

préparer (psychologiquement) qn à qc **II** *v/i* **einstimmen in** (+ *acc*) joindre sa voix à

einstimmig I *adj* MUS à une voix; *fig* unanime **II** *adv* MUS à l'unisson; *fig* à l'unanimité

Einstimmigkeit *f* ⟨~⟩ unanimité *f*

einstöckig ['aɪnʃtœkɪç] *adj* d'un étage; à un étage

einstreichen F *v/t* ⟨*irr*⟩ *Geld* empocher

einströmen *v/i* **einströmen** (**in** [+ *acc*]) *Wasser, Luft etc* rentrer (dans); *Menschenmenge* affluer (dans)

einstudieren *v/t* ⟨*sans ge*⟩ *Theaterstück* répéter; *Rolle a* apprendre

einstufen *v/t* classer

Einstufung *f* ⟨~; ~en⟩ classification *f*

einstündig ['aɪnʃtʏndɪç] *adj* d'une heure

einstürmen *v/i* ⟨sn⟩ **auf j-n** (**mit Fragen**) **einstürmen** assaillir qn (de questions)

Einsturz *m* écroulement *m*; effondrement *m*

einstürzen *v/i* ⟨¢, sn⟩ s'écrouler; s'effondrer

Einsturzgefahr *f* danger *m* d'écroulement

einstweilen *adv* (*vorläufig*) pour le moment; (*inzwischen*) pendant ce temps-là

einstweilig *adj* provisoire; JUR provisionnel; **einstweilige Verfügung** ordonnance *f* de référé

Eintagsfliege *f* **1.** ZO éphémère *m* **2.** F *fig* phénomène *m* éphémère

eintauchen I *v/t* plonger; *Brot* tremper **II** *v/i* plonger; *fig* s'enfoncer

eintauschen *v/t* **etw gegen etw eintauschen** échanger qc contre qc

eintausend → **tausend**

einteilen *v/t* **in** *Gruppen* répartir, diviser, *in Klassen* classer, *Zeit, Arbeit, Geld* répartir (**in** [+ *acc*]) en; **nach** selon, d'après)

Einteiler *m* ⟨~s; ~⟩ (maillot) une pièce *m*

einteilig *adj* d'une (seule) pièce

Einteilung *f der Zeit, Arbeit* répartition *f*; division *f*; *in Klassen* classement *m*

eintönig ['aɪntøːnɪç] *adj* monotone

Eintönigkeit *f* ⟨~⟩ monotonie *f*

Eintopf *m* plat *m* unique; *mit Fleisch* ragoût *m*

Eintracht *f* ⟨~⟩ concorde *f*; harmonie *f*

einträchtig *adj* en accord; en harmonie

Eintrag ['aɪntraːk] *m* ⟨~¢s; ~e⟩ (*Eintragung*) inscription *f*; enregistrement *m*; (*Wörterbucheintrag*) entrée *f*

eintragen ⟨*irr*⟩ **I** *v/t* **eintragen** (**in** [+ *acc*]) in *Bücher* inscrire, enregistrer (dans) **II** *v/r* **sich eintragen** (**in** [+ *acc*]) in *e-e Liste* s'inscrire (sur); *in ein Gästebuch* inscrire son nom (dans)

einträglich ['aɪntrɛːklɪç] *adj* rentable; lucratif

Eintragung *f* ⟨~; ~en⟩ *in e-e Liste* inscription *f*; *in Bücher* enregistrement *m*; (*Vermerk*) mention *f*; (*Notiz*) notes *f/pl*

eintreffen *v/i* ⟨*irr*, sn⟩ arriver; *Voraussage* se réaliser

eintreiben *v/t* ⟨*irr*⟩ *Geld, Steuern* faire rentrer

eintreten ⟨*irr*⟩ **I** *v/t* *Tür* enfoncer d'un coup de pied **II** *v/i* **1. eintreten** (**in** [+ *acc*]) entrer (dans); **treten Sie ein!** entrez! **2.** (*sich ereignen*) arriver; se faire; *Stille* se faire; *Tod* survenir; *Umstände* se présenter **3. für j-n, etw eintreten** appuyer qn, qc

eintrichtern F *v/t* **j-m etw eintrichtern** faire ingurgiter qc à qn (*a fig*)

Eintritt *m* **1.** (*Eintreten, Eintrittsgeld*) entrée *f*;

Eintritt frei, verboten entrée libre, interdite **2.** *fig* arrivée *f*

Eintrittsgeld *n* (prix *m* d')entrée *f*

Eintrittskarte *f* billet *m* d'entrée

eintrocknen *v/i* ⟨-e-, sn⟩ sécher

eintrüben *v/r* **sich eintrüben** se couvrir

eintrudeln F *v/i* ⟨¢, sn⟩ F (se) radiner

einüben *v/t* étudier

einverleiben ⟨*sans ge*⟩ **I** *v/t* incorporer (*a* MIL) **II** *v/r* **sich** (*dat*) **etw einverleiben** s'approprier qc; *plais* (*essen*) ingurgiter qc

Einvernehmen *n* ⟨~s⟩ accord *m*; entente *f*; intelligence *f*; **in gegenseitigem Einvernehmen** d'un commun accord

einverstanden *adjt* **einverstanden!** d'accord!; entendu!; **mit etw einverstanden sein** être d'accord avec qc; consentir à qc

Einverständnis *n* accord *m*; entente *f*; *geheimes* intelligence *f*; **im Einverständnis mit** en accord avec; **in beiderseitigem Einverständnis** d'un commun accord

Einwand *m* ⟨~¢s; ~e⟩ objection *f* (**gegen** à, contre)

Einwanderer *m*, **Einwanderin** *f* immigrant(e) *m*(*f*); (*Eingewanderte[r]*) immigré(e) *m*(*f*)

einwandern *v/i* ⟨sn⟩ immigrer

Einwanderung *f* immigration *f*

Einwanderungsbehörde *f* office *m* de l'immigration

Einwanderungserlaubnis *f* autorisation *f*, permis *m* d'immigration

Einwanderungsland *n* pays *m* d'immigration

Einwanderungspolitik *f* politique *f* d'immigration

Einwanderungsquote *f* taux *m* d'immigration

Einwanderungsverbot *n* interdiction *f* d'immigration

einwandfrei I *adj* **1.** (*ohne Fehler*) sans défaut; impeccable **2.** *moralisch* irréprochable **3.** (*unbestreitbar*) incontestable; *Alibi* parfait **II** *adv* arbeiten parfaitement

einwechseln *v/t* ⟨¢⟩ changer

einwecken *v/t* faire des conserves de

Einwegflasche *f* bouteille *f* à verre perdu

Einwegspritze *f* seringue *f* jetable

Einwegverpackung *f* emballage perdu

einweichen *v/t* faire tremper

einweihen *v/t* **1.** *Gebäude* inaugurer **2. j-n einweihen** mettre qn dans le secret; **j-n in etw** (*acc*) **einweihen** (*einführen*) initier qn à qc

Einweihung *f* ⟨~; ~en⟩ inauguration *f*

Einweihungsfeier *f* inauguration *f*

einweisen *v/t* ⟨*irr*⟩ **1.** *Fahrzeug* diriger; guider **2. einweisen** (**in** [+ *acc*]) in *e-e Arbeit* initier (à) **3. einweisen** (**in** [+ *acc*]) in *ein Heim etc* envoyer (dans); **in e-e Heilanstalt einweisen** interner; **in ein Krankenhaus einweisen** hospitaliser

Einweisung *f* **in** *ein Heim etc* envoi *m* (**in** [+ *acc*] dans); *in e-e Heilanstalt* internement *m* (dans); *in ein Krankenhaus* hospitalisation *f* (dans)

einwenden *v/t* ⟨*irr*⟩ objecter (**gegen** à)

einwerfen *v/t* ⟨*irr*⟩ **1.** *Scheibe etc* casser **2.** *Ball* remettre en jeu **3.** *Brief* mettre à la boîte; *Münzen* introduire **4.** (*bemerken*) **einwerfen** (~, **dass ...**) observer en passant (que ...)

einwickeln *v/t* ⟨¢⟩ envelopper; emballer; F **j-n**

Einwanderung	WF
die Arbeitserlaubnis	l'autorisation f de travail
der Asylantrag	la demande d'asile
der Asylbewerber	le demandeur d'asile
die Asylbewerberin	la demandeuse d'asile
die Aufenthaltsgenehmigung	la carte de séjour
ausländerfeindlich	xénophobe
die Ausländerfeindlichkeit	la xénophobie
einbürgern	naturaliser
die Einbürgerung	la naturalisation
der Einwanderer	l'immigré m
die Einwanderin	l'immigrée f
einwandern	immigrer
die multikulturelle Gesellschaft	la société multiculturelle
die Integration	l'intégration f
integrieren	intégrer
die doppelte Staatsbürgerschaft	la double nationalité

E

einwickeln F embobiner qn
einwilligen v/i **in etw** (acc) **einwilligen** consentir à qc
Einwilligung f ⟨∼; ∼en⟩ consentement m, assentiment m (**in** [+ acc], **zu** à)
einwirken v/i **auf j-n, etw einwirken** agir, influer sur qn, qc
Einwirkung f effet m; influence f
Einwohner(in) m ⟨∼s; ∼⟩ (f) ⟨∼in; ∼innen⟩ habitant(e) m(f)
Einwohnermeldeamt n bureau m de déclaration de domicile
Einwohnerzahl f nombre m d'habitants
Einwurf m **1.** SPORT remise f en jeu; FUSSBALL (rentrée f en) touche f **2.** (*Bemerkung*) brève remarque
Einzahl f GR singulier m
einzahlen v/t verser; *Spargeld* déposer
Einzahlung f versement m; dépôt m
Einzahlungsbeleg m attestation f de versement; reçu m
einzäunen ['aɪntsɔynən] v/t enclore; clôturer
Einzäunung f ⟨∼; ∼en⟩ clôture f
einzeichnen v/t ⟨-e-⟩ dessiner (**in** [+ dat ou acc], **auf** [+ dat] dans)
Einzel ['aɪntsəl] n ⟨∼s; ∼⟩ TENNIS simple m
Einzelbett n lit m (pour) une personne
Einzelexemplar n exemplaire m unique
Einzelfall m cas individuel; (*vereinzelter Fall*) cas spécial
Einzelgänger(in) [-gɛŋər(ɪn)] m ⟨∼s; ∼⟩ (f) ⟨∼in; ∼innen⟩ solitaire m,f
Einzelgespräch n entretien personnel
Einzelhaft f isolement m cellulaire
Einzelhandel m commerce m de détail
Einzelhandelskaufmann m détaillant m; commerçant m en détail
Einzelhändler m détaillant m
Einzelhaus n maison séparée

Einzelheit f ⟨∼; ∼en⟩ détail m
Einzelkind n enfant m unique
Einzeller m ⟨∼s; ∼⟩ BIOL organisme m unicellulaire; protozoaire m
einzellig adj BIOL unicellulaire
einzeln ['aɪntsəln] **I** adj (*allein*) seul; (*für sich bestehend*) individuel; (*gesondert*) séparé; isolé; pl **Einzelne** quelques-un(e)s; **ein Einzelner** un individu; une seule personne; **jeder Einzelne** chacun en particulier; **im Einzelnen** en détail **II** adv (*nacheinander*) l'un après l'autre; (*gesondert*) séparément
Einzelperson f individu m; particulier m
Einzelschicksal n destinée individuelle
Einzelstück n exemplaire m unique
Einzelteil n pièce détachée; élément m
Einzelunterricht m cours particulier
Einzelzimmer n chambre individuelle
einziehen ⟨irr⟩ **I** v/t **1.** *Gummiband* enfiler; passer **2.** *Bauch, Fahrwerk* rentrer **3.** CONSTR **e-e Decke einziehen** (**in etw** [acc]) plafonner (qc) **4.** FIN encaisser **5.** (*beschlagnahmen*) confisquer **6.** *Soldaten* appeler (sous les drapeaux) **7.** (*aus dem Verkehr ziehen*) retirer de la circulation **II** v/i ⟨sn⟩ **einziehen** (**in** [+ acc]) **8.** (*s-n Einzug halten*) entrer (dans) **9.** *Flüssigkeit* pénétrer (dans) **10.** *in e-e Wohnung* emménager (dans)
einzig ['aɪntsɪç] **I** adj unique (a einzigartig); exceptionnel (a außergewöhnlich); seul; **kein Einziger** personne; pas un seul **II** adv **einzig und allein** uniquement
einzigartig **I** adj unique en son genre; sans pareil **II** adv extraordinairement
Einzimmerwohnung f studio m
Einzug m **1.** entrée f (**in** [+ acc] dans) **2.** *in e-e Wohnung* emménagement m **3.** FIN encaissement m
Einzugsbereich m *e-r Großstadt* grande ban-

lieue; COMM zone *f* de chalandise

Einzugsermächtigung *f* FIN autorisation *f* de prélèvement

Einzugsgebiet *n* → **Einzugsbereich**

Eis [aɪs] *n* ⟨∼es⟩ glace *f* (*a Speiseeis*); (*Eiswürfel*) glaçon *m*; **Eis am Stiel** esquimau *m*; **auf Eis legen** mettre à rafraîchir; *fig* mettre en veilleuse; → **eislaufen**

Eisbahn *f* patinoire *f*

Eisbär *m* ours blanc

Eisbecher *m* coupe glacée

Eisbein *n* CUIS jambonneau *m*

Eisberg *m* iceberg *m*

Eisbergsalat *m* salade *f* iceberg

Eisbeutel *m* vessie *f* de glace

Eisblumen *f/pl* cristaux *m/pl* de givre

Eisbombe *f* CUIS bombe glacée

Eisbrecher *m* brise-glace *m*

Eiscafé *n* → **Eisdiele**

Eischnee *m* œufs (battus) en neige

Eiscreme *f* crème glacée

Eisdiele *f* glacier *m*; *par ext* café *m*; **in der Eisdiele** chez le glacier

Eisen ['aɪzən] *n* ⟨∼s; ∼⟩ fer *m*; **altes Eisen** ferraille *f*; F *fig* **zum alten Eisen gehören** F être mûr pour la retraite; *fig* **heißes Eisen** sujet brûlant

Eisenbahn *f* chemin(s) de fer *m(pl)*; (*Zug*) train *m*; F **es ist (aller)höchste Eisenbahn** il n'y a pas une minute à perdre; F ça urge!

Eisenbahnabteil *n* compartiment *m* (de chemin de fer)

Eisenbahnbrücke *f* pont *m* de chemin de fer

Eisenbahner *m* ⟨∼s; ∼⟩ cheminot *m*

Eisenbahnfähre *f* ferry-boat *m*

Eisenbahnlinie *f* ligne *f* de chemin de fer

Eisenbahnnetz *n* réseau *m* ferroviaire

Eisenbahntunnel *m* tunnel *m* de chemin de fer

Eisenbahnunglück *n* accident *m* de chemin de fer

Eisenbahnwagen *m* voiture *f* (d'un train)

Eisenerz *n* minerai *m* de fer

Eisengießerei *f* fonderie *f*

Eisengitter *n* grille *f* de *od* en fer

eisenhaltig *adj* ferrugineux

Eisenkraut *n* BOT verveine *f*

Eisenmangel *m* MÉD carence *f* en fer

Eisenstange *f* barre *f*, perche *f* de fer

Eisenträger *m* poutre *f* de *od* en fer

Eisen- und Stahlindustrie *f* sidérurgie *f*

Eisenwaren *f/pl* quincaillerie *f*

Eisenzeit *f* âge *m* du fer

eisern ['aɪzərn] **I** *adj* de *od* en fer; *fig Wille etc* de fer; inébranlable **II** *adv* **eisern an etw** (*dat*) **festhalten** ne pas démordre de qc; **eisern sparen** économiser dur

Eisfach *n* freezer *m*; compartiment *m* de congélation

eisfrei *adj* libéré des glaces

eisgekühlt *adj* glacé; *Sekt* frappé

Eisglätte *f* verglas *m*

Eisheiligen die Eisheiligen *m/pl* les saints *m/pl* de glace

Eishockey *n* 'hockey *m* sur glace

Eishockeymannschaft *f* équipe *f* de hockey sur glace

Eishockeyschläger *m* crosse *f* de hockey sur glace

Eishockeyspieler(in) *m(f)* joueur, -euse *m,f* de hockey sur glace

eisig *adj* glacé; glacial (*beide a fig*)

Eiskaffee *m* café liégeois

eiskalt **I** *adj* glacial (*a fig*); glacé (*a* CUIS) **II** *adv* froidement; (*kaltblütig*) de sang-froid

Eiskanal *m* SPORT piste *f* de luge, de bob

Eiskristall *m* cristal *m* de glace

Eiskübel *m* seau *m* à glace

Eiskunstlauf(en) *m* (*n*) patinage *m* artistique

Eiskunstläufer(in) *m(f)* patineur, -euse *m,f* artistique

Eislauf *m* patinage *m*

eislaufen *v/i* ⟨*irr*, sn⟩ faire du patin; patiner

Eisläufer(in) *m(f)* patineur, -euse *m,f*

Eismann *m* marchand de glace (ambulant)

Eismaschine *f* sorbetière *f*; machine *f* à glace

Eismeer *n* océan glacial

Eispickel *m* piolet *m*

Eisprung *m* BIOL ovulation *f*

Eisregen *m* pluie verglaçante

Eisrevue *f* revue *f* sur glace

Eissalat *m* salade *f* iceberg

Eisschnelllauf(en) *m* (*n*) patinage *m* de vitesse

Eisschnellläufer(in) *m(f)* patineur, -euse *m,f* de vitesse

Eisscholle *f* plaque *f* de glace flottante

Eisschrank *m* glacière *f*; (*Kühlschrank*) réfrigérateur *m*

Eissport *m* sports *m/pl* de glace

Eisstadion *n* patinoire *f*; stade *m* d'hiver

Eisstand *m* marchand de glaces

Eisstockschießen *n* ⟨∼s⟩ curling *m*

Eistanz *m* danse *f* sur glace

Eistee *m* thé glacé

Eisverkäufer(in) *m(f)* marchand(e) *m(f)* de glaces

Eisvogel *m* martin-pêcheur *m*

Eiswaffel *f* gaufrette *f*

Eiswasser *n* ⟨∼s⟩ eau glacée

Eiswein *m* vin *m* fait avec des raisins (vendangés et pressurés alors qu'ils sont) gelés

Eiswürfel *m* glaçon *m*

Eiszapfen *m* glaçon *m*; stalactite *f* de glace

Eiszeit *f* période *f* glaciaire

eitel ['aɪtəl] *adj* ⟨-tl-⟩ (*gefallsüchtig*) coquet; (*selbstgefällig*) vaniteux

Eitelkeit *f* ⟨∼⟩ coquetterie *f*; vanité *f*

Eiter ['aɪtər] *m* ⟨∼s⟩ pus *m*

Eiterbeule *f* furoncle *m*

Eiterbläschen *n* pustule *f*

Eiterherd *m* foyer purulent

eit(e)rig *adj* purulent; suppurant

eitern *v/i* suppurer

Eiterpfropf *m* bourbillon *m*

Eiterpickel *m* bouton (purulent)

Eiterung *f* ⟨∼; ∼en⟩ suppuration *f*

Eiweiß *n* ⟨∼es; ∼e, *mais* CUIS 3 ∼⟩ **1.** CUIS blanc *m* d'œuf **2.** BIOL, CHIM protéine(s) *f(pl)*; protides *m/pl*

eiweißarm *adj* pauvre en protéines

Eiweißmangel *m* carence *f* en protéines

eiweißreich *adj* riche en protéines

Eizelle *f* ovule *m*

Ejakulation [ejakulatsi'oːn] *f* ⟨∼; ∼en⟩ éjaculation *f*

ejakulieren *v/i* ⟨*sans ge*⟩ éjaculer

Ekel[1] ['eːkəl] *m* ⟨∼s⟩ (*Widerwille*) dégoût *m*

(**vor** [+ *dat*] pour); répugnance *f* (pour); nausée *f*; **Ekel erregend** → **widerlich**
Ekel² F *n* ⟨~s; ~⟩ (*widerlicher Mensch*) dégoûtant(e) *m(f)*
ekelerregend *adjt* → **widerlich**
ekelhaft I *adj* dégoûtant; répugnant **II** *adv* **1.**
ekelhaft riechen avoir une odeur écœurante;
ekelhaft schmecken avoir un goût écœurant
2. F (*sehr*) affreusement
ekeln ⟨¢⟩ **I** *v/t* dégoûter **II** *v/r* **ich ekle mich vor etw** (*dat*) qc me dégoûte **III** *v/imp* **es ekelt mich** *od* **mir** (**davor**) cela me dégoûte
EKG [eːkaːˈgeː] *n abr* ⟨~$; ~$⟩ (*Elektrokardiogramm*) électrocardiogramme *m*
Eklat [eˈkla(ː)] *st/s m* ⟨~s; ~s⟩ éclat *m*
eklatant [eklaˈtant] *st/s adj* éclatant
eklig [ˈeːklɪç] **I** *adj* (*ekelhaft*) dégoûtant; F (*gemein*) F infect **II** *adv* **1.** → **ekelhaft 2.** F (*sehr*) affreusement
Ekstase [ɛkˈstaːzə] *f* ⟨~; ~n⟩ extase *f*; **in Ekstase** (*acc*) **geraten** tomber en extase
Ekzem [ɛkˈtseːm] *n* ⟨~s; ~e⟩ eczéma *m*
Elan [eˈlaːn] *m* ⟨~s⟩ élan *m*; punch *m*
Elastikbinde [eˈlastɪk-] *f* bande *f* élastique
elastisch *adj* élastique; *fig a* souple
Elastizität [elastitsiˈtɛːt] *f* ⟨~⟩ élasticité *f*
Elch [ɛlç] *m* ⟨~¢s; ~e⟩ zo élan *m*
Elchtest *m* test *m* de la baïonnette
Elefant [eleˈfant] *m* ⟨~en; ~en⟩ éléphant *m*; F **wie ein Elefant im Porzellanladen** comme un éléphant dans un magasin de porcelaine
Elefantenbulle *m* éléphant *m* mâle
Elefantenhochzeit F *f* mariage *m* éléphantesque
Elefantenkuh *f* éléphante *f*
elegant [eleˈgant] *adj* élégant
Eleganz *f* ⟨~⟩ élégance *f*
Elegie [eleˈgiː] *f* ⟨~; ~n⟩ élégie *f*
elektrifizieren [elɛktrifiˈtsiːrən] *v/t* ⟨*sans ge*⟩ électrifier
Elektrifizierung *f* ⟨~; ~en⟩ électrification *f*
Elektrik [eˈlɛktrɪk] *f* ⟨~; ~en⟩ équipement *m*, électrique
Elektriker(in) *m* ⟨~s; ~⟩ (*f*) ⟨~in; ~innen⟩ électricien, -ienne *m,f*
elektrisch I *adj* électrique **II** *adv* **elektrisch geladen** chargé; électrisé
elektrisieren *v/t* ⟨*sans ge*⟩ électriser (*a fig*)
Elektrizität [-tsiˈtɛːt] *f* ⟨~⟩ électricité *f*
Elektrizitätswerk *n* centrale *f* électrique
Elektroantrieb [eˈlɛktro-] *m* commande *f* (par moteur) électrique
Elektroartikel *m* article *m*, appareil *m* électrique
Elektroauto *n* voiture *f* électrique
Elektrode *f* ⟨~; ~n⟩ électrode *f*
Elektrogerät *n* appareil *m* électrique
Elektrogeschäft *n* magasin *m* d'appareils électriques
Elektrogrill *m* gril *m* électrique
Elektroherd *m* cuisinière *f* électrique
Elektroindustrie *f* industrie *f* électrique
Elektroingenieur *m* ingénieur *m* électricien
Elektroinstallateur *m* électricien *m*
Elektrokardiogramm *n* électrocardiogramme *m*
Elektrolyse [-ˈlyːzə] *f* ⟨~; ~n⟩ électrolyse *f*
Elektromagnet *m* électro-aimant *m*

elektromagnetisch *adj* électromagnétique
Elektromotor *m* moteur *m* électrique
Elektron [eˈlɛktrɔn] *n* ⟨~s; -tronen⟩ électron *m*
Elektronengehirn F *n* cerveau *m* électronique
Elektronenmikroskop *n* microscope *m* électronique
Elektronenrechner *m* calculatrice *f*, calculateur *m* électronique
Elektronik [elɛkˈtroːnɪk] *f* ⟨~⟩ électronique *f*
elektronisch *adj* électronique; **elektronische Datenverarbeitung** informatique *f*
Elektrorasierer *m* rasoir *m* électrique
Elektroschock *m* électrochoc *m*
Elektrosmog *m* pollution *f* électromagnétique
Elektrotechnik *f* électrotechnique *f*
Elektrotechniker *m* électrotechnicien *m*
elektrotechnisch *adj* électrotechnique
Elektrotherapie *f* électrothérapie *f*
Element [eleˈmɛnt] *n* ⟨~¢s; ~e⟩ élément *m* (*a fig*, CHIM, ÉLECT)
elementar *adj* élémentaire
Elementarteilchen *n* PHYS particule *f* élémentaire
Elementarunterricht *m* enseignement *m* élémentaire
elend [ˈeːlɛnt] **I** *adj* misérable; (*jämmerlich*) lamentable; (*unglücklich*) malheureux; (*krank*) malade **II** *adv* misérablement; **sich elend fühlen** se sentir très mal
Elend *n* ⟨~s⟩ **1.** (*Armut*) misère *f* **2.** (*Leid*) misère *f*; malheur *m*; **es ist ein Elend!** c'est une pitié!
Elendsquartier *n* taudis *m*
Elendsviertel *n* quartier pouilleux; bidonville *m*
elf [ɛlf] *num/c* onze; → **acht**
Elf *f* ⟨~; ~en⟩ onze *m* (*a* SPORT); → **Acht**¹
Elf(e) *m* ⟨~en; ~en⟩ (*f*) ⟨~e; ~en⟩ elfe *m*
Elfenbein *n* ivoire *m*
elfenbeinfarben *adj* ivoire
Elfenbeinküste **die Elfenbeinküste** la Côte-d'Ivoire
Elfenbeinturm *m fig* tour *f* d'ivoire
Elfmeter *m* FUSSBALL penalty *m*
Elfmetermarke *f*, **Elfmeterpunkt** *m* point *m* de penalty
Elfmeterschießen *n* ⟨~s⟩ tirs *m/pl* au but
Elfmeterschütze *m* tireur *m* (au but)
Elfmetertor *n* but *m* sur penalty
eliminieren [elimiˈniːrən] *v/t* ⟨*sans ge*⟩ éliminer
elitär [eliˈtɛːr] *adj* élitaire; *péj* élitiste
Elite [eˈliːtə] *f* ⟨~; ~n⟩ élite *f*
Elitedenken *n* élitisme *m*
Elixier [elɪˈksiːr] *n* ⟨~s; ~e⟩ élixir *m*
Ellbogen *m* ⟨~s; ~⟩ coude *m*; *fig* **s-e Ellbogen gebrauchen** jouer des coudes
Ellbogenfreiheit *f* **Ellbogenfreiheit haben** avoir les coudées franches
Ellbogengelenk *n* articulation *f* du coude
Ellbogengesellschaft *f* ⟨~⟩ *péj* société *f* d'arrivistes; *par ext* jungle *f*
Ellbogenschutz *m* protège-coude *m*
Elle [ˈɛlə] *f* ⟨~; ~n⟩ ANAT cubitus *m*
Ellenbogen → **Ellbogen**
ellenlang F *adj* extrêmement long
Ellipse [ɛˈlɪpsə] *f* ⟨~; ~n⟩ ellipse *f*
elliptisch *adj* elliptique
El Salvador [ɛlzalvaˈdoːr] *n* ⟨~s *ou* von ~⟩ le

Salvador
Elsass ['ɛlzas] ⟨∼ *ou* ∼es⟩ *das Elsass* l'Alsace *f*
Elsässer(in) ['ɛlzɛsər(ɪn)] *m* ⟨∼s; ∼⟩ (*f*) ⟨∼in; ∼innen⟩ Alsacien, -ienne *m,f*
elsässisch *adj* alsacien
Elster ['ɛlstər] *f* ⟨∼; ∼n⟩ ZO pie *f; fig* **diebische Elster** voleuse *f*
elterlich *adj* des parents; parental
Eltern ['ɛltərn] *pl* parents *m/pl*; F *nicht von schlechten Eltern* F pas piqué des vers
Elternabend *m* réunion *f* de parents d'élèves
Elternbeirat *m* conseil *m* des parents d'élèves
Elterngeld *n* allocation parentale
Elternhaus *n* maison paternelle; *fig* milieu familial
Elterninitiative *f* comité *m* de parents
elternlos *adj* sans parents
Elternpaar *n* parents *m/pl*
Elternschlafzimmer *n* chambre *f* des parents
Elternsprechtag *m* réunion *f* parents-professeurs
Elternteil *m* *ein Elternteil* l'un *m* des parents
Elternversammlung *f* réunion *f* de parents d'élèves
Elternvertreter(in) *m(f)* délégué(e) *m(f)* des parents d'élèves
Elternvertretung *f* délégués *m/pl* des parents d'élèves
Elternzeit *f etwa* congé parental d'éducation
EM [eː'ʔɛm] *f abr* ⟨∼⟩ (*Europameisterschaft*) championnat *m* d'Europe
Email [e'maɪ] *n* ⟨∼s; ∼s⟩ émail *m*
E-Mail ['iːmeːl] *f* ⟨∼; ∼s⟩ **1.** *Einrichtung* courrier *m*, messagerie *f* électronique **2.** *Nachricht* e-mail *m*; message *m* électronique; e-mail *m*; *j-m e-e E-Mail schicken* envoyer un e-mail à qn; *per E-Mail* par, via e-mail
E-Mail-Adresse *f* adresse *f* e-mail; adresse *f* électronique
Emaille [e'maljə] *f* ⟨∼; ∼n⟩ émail *m*
emaillieren [emal'jiːrən] *v/t* ⟨*sans ge*⟩ émailler
Emanze [e'mantsə] F *péj f* ⟨∼; ∼n⟩ féministe *f* (pure et dure)
Emanzipation *f* ⟨∼; ∼en⟩ émancipation *f*
emanzipieren *v/t* (*u v/r*) ⟨*sans ge*⟩ (*sich emanzipieren* s')émanciper
emanzipiert *adjt* émancipé
Embargo [ɛm'bargo] *n* ⟨∼s; ∼s⟩ embargo *m*
Emblem [ɛm'bleːm] *n* ⟨∼s; ∼e⟩ emblème *m*
Embolie [ɛmbo'liː] *f* ⟨∼; ∼n⟩ embolie *f*
Embryo ['ɛmbryo] *m* ⟨∼s; ∼s *ou* -onen⟩ embryon *m*
embryonal *adj* embryonnaire
Emigrant(in) [emi'grant(ɪn)] *m* ⟨∼en; ∼en⟩ (*f*) ⟨∼in; ∼innen⟩ émigrant(e) *m(f)*; (*Ausgewanderte[r]*) émigré(e) *m(f)*
Emigration *f* ⟨∼; ∼en⟩ émigration *f*
emigrieren *v/i* ⟨*sans ge*, sn⟩ émigrer
Emission [emɪsi'oːn] *f* ⟨∼; ∼en⟩ émission *f*
Emissionsschutz *m* (mesures *f/pl* de) protection *f* contre les émissions polluantes
Emissionswert *m der Luft* taux *m* de pollution
Emmentaler ['ɛməntaːlər] *m* ⟨∼s; ∼⟩ *Käse* emmenthal *m*; gruyère *m*
e-Moll *n* mi *m* mineur
Emoticon [e'moːtɪkɔn] *n* ⟨∼s; ∼s⟩ INFORM (*Smiley*) émoticone *m*
Emotion [emotsi'oːn] *f* ⟨∼; ∼en⟩ émotion *f*

emotional *adj* émotionnel
emotionsgeladen *adjt* chargé d'émotion; *p/fort* passionné
emotionslos *adj* Mensch impassible; *Debatte* sans passion
empfahl [ɛm'pfaːl] → *empfehlen*
empfand [ɛm'pfant] → *empfinden*
Empfang [ɛm'pfaŋ] *m* ⟨∼¢s; ∼e⟩ **1.** *e-s Besuches* réception *f* (*a im Hotel*); accueil *m*; *j-m e-n freundlichen Empfang bereiten* faire bon accueil à qn **2.** COMM réception *f*; *den Empfang* (*e-r Sache* [*gén*]) *bestätigen* accuser réception (de qc); *etw in Empfang* (*acc*) *nehmen* prendre livraison de qc **3.** RAD, TV réception *f*
empfangen *v/t* ⟨empfängt, empfing, empfangen⟩ recevoir (*a* RAD, TV); *Geld a* toucher
Empfänger [ɛm'pfɛŋər] *m* ⟨∼s; ∼⟩ **1.** *von Post* destinataire *m*; *e-r Zahlung* bénéficiaire *m* **2.** RAD récepteur *m*
empfänglich *adj* réceptif, sensible (*für* à); *für Krankheiten* prédisposé (à)
Empfängnis *f* ⟨∼; ∼se⟩ conception *f*
empfängnisverhütend *adjt* contraceptif; anticonceptionnel
Empfängnisverhütung *f* contraception *f*
Empfängnisverhütungsmittel *n* contraceptif *m*
Empfangsbereich *m* zone *f* de réception
Empfangsbescheinigung *f*, **Empfangsbestätigung** *f* reçu *m*; accusé *m* de réception
Empfangschef *m* chef *m* de (la) réception
Empfangsdame *f* hôtesse *f* d'accueil
Empfangshalle *f* salle *f* de réception
Empfangskomitee *n* comité *m* d'accueil
empfehlen [ɛm'pfeːlən] ⟨empfiehlt, empfahl, empfohlen⟩ **I** *v/t* recommander; *j-m empfehlen, etw zu tun* recommander à qn de faire qc **II** *v/r st/s* (*weggehen*) *sich empfehlen* se retirer **III** *v/imp* *es empfiehlt sich zu* (+ *inf*) il convient de (+ *inf*)

---

empfehlen = recommander

Wird anders geschrieben als englisch „to recommend".

---

empfehlenswert *adj* recommandé; recommandable
Empfehlung *f* ⟨∼; ∼en⟩ recommandation *f*; *auf Empfehlung von ...* sur la recommandation de ...; *gute Empfehlungen haben* avoir de bonnes références
Empfehlungsschreiben *n* lettre *f* de recommandation
empfiehlt [ɛm'pfiːlt] → *empfehlen*
empfinden [ɛm'pfɪndən] *v/t* ⟨empfindet, empfand, empfunden⟩ ressentir; éprouver; sentir; *ich empfinde es als lästig* (*zu* + *inf*) cela m'ennuie (de + *inf*)
Empfinden *n* ⟨∼s⟩ sensation *f*; sentiment *m*; *für mein Empfinden* à mon avis
empfindlich **I** *adj* sensible (*gegen* à); *Möbel, Stoff, Magen* fragile; *Person* susceptible; *Schmerz, Kälte* vif; *Mangel* important **II** *adv* sensiblement; beaucoup; *empfindlich kalt* très froid; *empfindlich auf etw* (*acc*) *reagieren* réagir vivement à qc

Empfindlichkeit *f* ⟨∼⟩ sensibilité *f* (*gegen* à); (*Verletzbarkeit*) susceptibilité *f*; (*Zartheit*) délicatesse *f*
empfindsam *adj* (*feinfühlig*) sensible; (*gefühlsbetont*) sentimental; *p/fort* émotif
Empfindung *f* ⟨∼; ∼en⟩ (*Sinnesempfindung*) sensation *f*; (*Gefühl*) sentiment *m*
empfindungslos *adj* insensible
empfing [ɛm'pfɪŋ] → **empfangen**
empfohlen [ɛm'pfoːlən] → **empfehlen**
empfunden [ɛm'pfʊndən] → **empfinden**
empirisch [ɛm'piːrɪʃ] *adj* empirique
empor [ɛm'poːr] *st/s adv* en 'haut
Empore *f* ⟨∼; ∼n⟩ CONSTR galerie *f*; *e-r Kirche* tribune *f*
empören [ɛm'pøːrən] ⟨*sans ge*⟩ **I** *v/t* indigner; révolter **II** *v/r* **sich empören** (*über* [+ *acc*]) s'indigner (de); se révolter (contre)
empörend *adjt* révoltant
Emporkömmling [ɛm'poːrkœmlɪŋ] *m* ⟨∼s; ∼e⟩ *péj* parvenu *m*
emporragen *st/s v/i* se dresser; s'élever
empört *adjt* indigné (**über** [+ *acc*] par)
Empörung *f* ⟨∼; ∼en⟩ indignation *f*
emsig ['ɛmzɪç] *adj* (*viel beschäftigt*) affairé; (*eifrig*) empressé
Emsigkeit *f* ⟨∼⟩ empressement *m*
Emu ['eːmu] *m* ⟨∼s; ∼s⟩ ZO émeu *m*
Emulsion [emʊlzi'oːn] *f* ⟨∼; ∼en⟩ CHIM, PHOT émulsion *f*
E-Musik *f* ⟨∼⟩ musique *f* classique
Endabnehmer *m* consommateur final
Endabrechnung *f* compte définitif
Endausscheidung *f* SPORT finale *f*
Endbahnhof *m* gare *f* terminus
Endbetrag *m* montant final
Endbuchstabe *m* (lettre) finale *f*
Ende ['ɛndə] *n* ⟨∼s; ∼n⟩ **1.** *räumlich* fin *f*; extrémité *f*; bout *m*; *am äußersten Ende* à l'extrémité; tout au bout; *am Ende der Welt* au bout du monde **2.** *zeitlich* fin *f*; terme *m*; *Ende Februar* fin février; *am Ende* à la fin; (*schließlich*) en fin de compte; F *am Ende sein* mit den Kräften, Nerven F être au bout du rouleau; *etw zu Ende führen, bringen* finir qc; mener qc à terme, à bonne fin; *zu Ende gehen* toucher à sa fin; prendre fin; *e-r Sache* (*dat*) *ein Ende bereiten, machen* mettre fin, un terme à qc; *zu Ende sein, ein Ende nehmen, haben* finir; se terminer; prendre fin; *ein böses od schlimmes Ende nehmen* finir mal; *prov En-de gut, alles gut* *prov* tout est bien qui finit bien
Endeffekt *m* *im Endeffekt* en fin de compte
enden *v/i* ⟨-e-⟩ finir; prendre fin; *enden mit* se terminer par
Endergebnis *n* résultat final
endgültig **I** *adj* définitif **II** *adv* définitivement; F *jetzt ist endgültig Schluss!* maintenant c'est fini!
Endgültigkeit *f* caractère définitif
Endhaltestelle *f* terminus *m*
Endivie [ɛn'diːviə] *f* ⟨∼; ∼n⟩ chicorée *f*
Endiviensalat *m* salade *f* de chicorée
Endkampf *m* SPORT finale *f*; MIL combat décisif
Endlager *n* NUCL site *m*, lieu *m* de stockage définitif
endlagern *v/t* ⟨*p/p* endgelagert⟩ stocker défini-

tivement
Endlagerung *f* stockage définitif
endlich **I** *adj* PHILOS, MATH fini **II** *adv* enfin; *sei endlich still!* tu vas te taire?; tu as fini?
endlos **I** *adj* sans fin; infini **II** *adv* à l'infini; *end-los lang* interminable
Endlosigkeit *f* ⟨∼⟩ durée infinie
Endlospapier *n* papier *m* en continu
Endlösung *f* solution finale (*a* HIST)
Endoskop [ɛndo'skoːp] *n* ⟨∼s; ∼e⟩ MÉD endoscope *m*
Endphase *f* phase terminale
Endprodukt *n* produit final
Endresultat *n* résultat final
Endrunde *f* SPORT poule finale
Endsilbe *f* syllabe finale
Endspiel *n* SPORT finale *f*
Endspurt *m* SPORT sprint final; finish *m*
Endstadium *n* stade terminal
Endstation *f* terminus *m*
Endstück *n* extrémité *f*; (*Wurstendstück*) etc bout *m*
Endsumme *f* total *m*
Endung *f* ⟨∼; ∼en⟩ terminaison *f*
Endverbraucher *m* consommateur final
Endziel *n* but *m*
Endziffer *f* dernier chiffre (d'un nombre)
Endzweck *m* but *m*; finalité *f*
Energie [enɛr'giː] *f* ⟨∼; ∼en⟩ énergie *f*
Energiebedarf *m* besoins *m/pl* énergétiques
Energiebündel F *n* *ein Energiebündel sein* F péter le feu
energiegeladen *adjt* plein d'énergie; dynamique
Energiehaushalt *m* bilan *m* énergétique
Energiekrise *f* crise *f* de l'énergie
energielos *adj* sans énergie
Energiequelle *f* source *f* d'énergie
energiesparend *adjt* qui consomme peu d'énergie
Energiesparlampe *f* lampe *f* à économie d'énergie
Energieverbrauch *m* consommation *f* d'énergie
Energieverschwendung *f* gaspillage *m* d'énergie
Energieversorgung *f* alimentation *f* en énergie
Energiewirtschaft *f* ⟨∼⟩ économie *f* énergétique
energisch *adj* énergique
eng [ɛŋ] **I** *adj* étroit (*a fig Beziehung*); *fig* (*begrenzt*) restreint; *Kleidungsstück* *zu eng* serré; étriqué **II** *adv* étroitement; *eng schreiben* écrire serré; *eng anliegend Kleidung* moulant
Engagement [āɡaʒə'mãː] *n* ⟨∼s; ∼s⟩ engagement *m*
engagieren *v/t* (*u v/r*) ⟨*sans ge*⟩ (*sich engagie-ren* s')engager (*für* pour)
enganliegend *adjt* Kleidung moulant
Enge ['ɛŋə] *f* ⟨∼; ∼n⟩ étroitesse *f*; *fig j-n in die Enge treiben* acculer qn
Engel ['ɛŋəl] *m* ⟨∼s; ∼⟩ ange *m* (*a fig*)
Engelsgeduld *f* patience *f* angélique
engherzig *adj* mesquin
England ['ɛŋlant] *n* ⟨∼s⟩ l'Angleterre *f*
Engländer ['ɛŋlɛndər] *m* ⟨∼s; ∼⟩ TECH clé anglaise
Engländer(in) *m* ⟨∼s; ∼⟩ (*f*) ⟨∼in; ∼innen⟩ An-

glais(e) *m(f)*
englisch I *adj* anglais; POL *in Zssgn* anglo-... **II**
adv CUIS **englisch** (*gebraten*) saignant
engmaschig *adj* à mailles serrées, fines
Engpass *m fig* goulot *m* d'étranglement
engstirnig *adj* borné; étroit (d'esprit)
Engstirnigkeit *f* ⟨∼⟩ étroitesse *f* d'esprit
Enkel(in) ['ɛŋkəl(ɪn)] *m* ⟨∼s; ∼⟩ (*f*) ⟨∼in; ∼in-
nen⟩, **Enkelkind** *n* petit-fils *m*, petite-fille *f*;
pl **die Enkel(kinder)** les petits-enfants *m/pl*
Enklave [ɛn'kla:və] *f* ⟨∼; ∼n⟩ enclave *f*
enorm [e'nɔrm] *adj* énorme
Ensemble [ã'sã:bl] *n* ⟨∼s; ∼s⟩ THÉ troupe *f*; MUS
ensemble *m*
entarten *v/i* ⟨-e-, *sans ge*, sn⟩ dégénérer (*zu* en);
sittlich se dépraver
entbehren [ɛnt'be:rən] *v/t* ⟨*sans ge*⟩ être privé,
manquer de; *j-n, etw* (*nicht*) **entbehren kön-
nen** (ne pas) pouvoir se passer de qn, qc
entbehrlich *adj* superflu; inutile
Entbehrung *f* ⟨∼; ∼en⟩ privation *f*; manque *m*
entbinden ⟨*irr, sans ge*⟩ **I** *v/t* **1.** *von e-r Ver-
pflichtung* délier (*von* de) **2.** *e-e Frau entbin-
den* accoucher une femme **II** *v/i* accoucher
Entbindung *f* MÉD accouchement *m*
Entbindungsstation *f* service *m* d'obstétrique;
maternité *f*
entblößen *v/t* ⟨*¢ʂ, sans ge*⟩ dénuder; découvrir
entbrennen *st/s v/i* ⟨*irr, sans ge*, sn⟩ *Kampf,
Streit* éclater; *für j-n entbrennen* s'enflammer
pour qn
entbunden [ɛnt'bundən] → **entbinden**
entdecken *v/t* ⟨*sans ge*⟩ découvrir; (*finden*)
trouver; (*bemerken*) s'apercevoir de; (*enthül-
len*) dévoiler
Entdecker(in) *m* ⟨∼s; ∼⟩ (*f*) ⟨∼in; ∼innen⟩ ex-
plorateur, -trice *m,f*
Entdeckung *f* ⟨∼; ∼en⟩ découverte *f*
Entdeckungsreise *f* voyage *m* d'exploration
Ente ['ɛntə] *f* ⟨∼; ∼n⟩ **1.** ZO canard *m*; *weibliche
cane* *f*; F *lahme Ente* F mollasson, -onne *m,f* **2.**
F (*Zeitungsente*) F bobard *m* (de la presse) **3.** F
(*Citroën*) 2 CV *f*; F deux chevaux *f*
entehren *v/t* ⟨*sans ge*⟩ déshonorer
entehrend *adj* déshonorant; (*ehrenrührig*) in-
famant (*a* JUR)
Entehrung *f* ⟨∼; ∼en⟩ déshonneur *m*
enteignen *v/t* ⟨-e-, *sans ge*⟩ exproprier
Enteignung *f* ⟨∼; ∼en⟩ expropriation *f*
enteisen *v/t* ⟨*¢ʂ, sans ge*⟩ dégivrer
Entenbraten *m* canard rôti
Entenei *n* œuf *m* de cane
Entengrütze *f* ⟨∼⟩ BOT lentille *f* d'eau
Entenjagd *f* chasse *f* aux canards (sauvages)
enterben *v/t* ⟨*sans ge*⟩ déshériter
Enterbung *f* ⟨∼; ∼en⟩ déshéritement *m*
Enterich ['ɛntərɪç] *m* ⟨∼s; ∼e⟩ canard *m* (mâle)
entern ['ɛntərn] *v/t* MAR aborder
Entertainer ['ɛntərte:nər] *m* ⟨∼s; ∼⟩ animateur
m
Enter-Taste ['ɛntər-] *f* touche *f* d'entrée
entfachen *st/s v/t* ⟨*sans ge*⟩ **1.** *Feuer* allumer **2.**
fig enflammer
entfallen *v/i* ⟨*irr, sans ge*, sn⟩ **1.** *dem Gedächtnis*
sortir (+ *dat* de); *sein Name ist mir entfallen*
son nom m'échappe; *das ist mir entfallen* cela
m'est sorti de la tête **2.** (*wegfallen*) être annulé,
supprimé **3.** *als Anteil* revenir (*auf* [+ *acc*] à)

entfalten ⟨-e-, *sans ge*⟩ **I** *v/t* (*auseinanderfalten*)
déplier; (*ausbreiten*) déployer (*a fig*) **II** *v/r* **sich
entfalten** s'épanouir (*a fig*)
Entfaltung *f* ⟨∼; ∼en⟩ dépliage *m*; déploiement
m (*a fig von Prunk etc*); *von Blumen, fig* épa-
nouissement *m*
entfärben *v/t* ⟨*sans ge*⟩ décolorer
Entfärber *m* ⟨∼s; ∼⟩ décolorant *m*
entfernen ⟨*sans ge*⟩ **I** *v/t Fleck, Etikett* enlever;
Person éloigner; *Hindernis* écarter **II** *v/r* **sich
entfernen** s'éloigner (*a fig*); (*weggehen*) s'ab-
senter
entfernt I *adjt* éloigné (*a* Verwandte); *e-e be-
stimmte Strecke* distant; **weit entfernt** loin
(**von** de); **weit davon entfernt, es zu glauben**
(bien) loin de le croire **II** *advt* **nicht im Ent-
ferntesten** pas le moins du monde
Entfernung *f* ⟨∼; ∼en⟩ **1.** distance *f*; *in e-r Ent-
fernung von* à une distance de; *aus der Ent-
fernung* à distance **2.** (*Beseitigung*) enlève-
ment *m*; *aus dem Amt* révocation *f*
entfesseln *v/t* ⟨*¢, sans ge*⟩ *Leidenschaften* dé-
chaîner; *Streit* déclencher
entfiel → **entfallen**
entflammbar *adj* inflammable
entflammen ⟨*sans ge*⟩ *v/t* (*u v/i* ⟨sn⟩ s')enflam-
mer (*für* pour) (*a fig*)
entfliegen *v/i* ⟨*irr, sans ge*, sn⟩ s'envoler;
s'échapper
entfliehen *v/i* ⟨*irr, sans ge*, sn⟩ s'enfuir; s'échap-
per
entfloh(en) → **entfliehen**
entfremden ⟨-e-, *sans ge*⟩ **I** *v/t* aliéner; **s-m
Zweck entfremden** utiliser à d'autres fins, au-
trement que prévu **II** *v/r* **sich entfremden** (+
dat) devenir étranger à
Entfremdung *f* ⟨∼; ∼en⟩ PHILOS aliénation *f*;
zwischen Menschen détachement *m*
entfrosten *v/t* ⟨-e-, *sans ge*⟩ dégivrer
Entfroster *m* ⟨∼s; ∼⟩ dégivreur *m*
entführen *v/t* ⟨*sans ge*⟩ enlever (*a fig plais*); kid-
napper; *Flugzeug* détourner
Entführer *m* ravisseur *m*; (*Flugzeugentführer*)
pirate *m* de l'air
Entführung *f* enlèvement *m*; (*Flugzeugentfüh-
rung*) détournement *m*
entgangen → **entgehen**
entgegen *prép u adv* ⟨*dat*⟩ **1.** *Gegensatz* con-
trairement à **2.** *Richtung* vers; à la rencontre de
entgegenbringen *v/t* ⟨*irr*⟩ *fig* manifester; mon-
trer
entgegenfiebern *v/i e-r Sache* (*dat*) **entgegen-
fiebern** attendre qc avec impatience; attendre
fiévreusement qc
entgegengehen *v/i* ⟨*irr*, sn⟩ *j-m entgegenge-
hen* aller à la rencontre de qn; *fig dem Ende
entgegengehen* toucher à sa fin
entgegengesetzt *adj* opposé (+ *dat* à); *pl/fort*
contraire (à); inverse
entgegenhalten *v/t* ⟨*irr*⟩ *fig j-m etw entgegen-
halten* opposer qc à qn
entgegenkommen *v/i* ⟨*irr*, sn⟩ *j-m entgegen-
kommen* venir à la rencontre de qn; *Fahrzeug*
venir en sens inverse de qn; *fig* faire des
concessions à qn
Entgegenkommen *n* ⟨∼s⟩ complaisance *f*; obli-
geance *f*
entgegenkommend *adjt* complaisant; obli-

geant
entgegennehmen *v/t* ⟨*irr*⟩ recevoir; accepter; *Ware* prendre livraison de; *Bestellung* prendre
entgegensehen *v/i* ⟨*irr*⟩ **e-r Sache** (*dat*) **entgegensehen** attendre, envisager qc
entgegensetzen *v/t* ⟨¢ß⟩ opposer (+ *dat* à)
entgegenstehen *v/i* ⟨*irr*⟩ **entgegenstehen** (+ *dat*) s'opposer à
entgegentreten *v/i* ⟨*irr*, sn⟩ **j-m, e-r Sache entgegentreten** s'opposer à qn, qc
entgegenwirken *v/i* **e-r Sache** (*dat*) **entgegenwirken** combattre qc
entgegnen *v/t* ⟨-e-, *sans ge*⟩ répondre; répliquer; *treffend* riposter; *scharf* riposter
Entgegnung *f* ⟨~; ~en⟩ réplique *f*, repartie *f*, riposte *f* (**auf** [+ *acc*] à)
entgehen *v/i* ⟨*irr*, *sans ge*, sn⟩ *e-r Gefahr* **entgehen** (+ *dat*) échapper à; **dir entgeht etwas** tu manques quelque chose; **mir ist nicht entgangen, dass …** j'ai bien remarqué, noté que …
entgeistert *adj* ébahi; stupéfait
Entgelt [ɛnt'gɛlt] *n* ⟨~ß; ~e⟩ rémunération *f*
entgiften *v/t* ⟨-e-, *sans ge*⟩ MÉD désintoxiquer (*a fig*); ÉCOL dépolluer; NUCL décontaminer
Entgiftung *f* ⟨~; ~en⟩ désintoxication *f*; dépollution *f*; décontamination *f*
entgleisen *v/i* ⟨¢ß, *sans ge*, sn⟩ 1. dérailler 2. *fig* déraper
Entgleisung *f* ⟨~; ~en⟩ déraillement *m*; *fig* dérapage *m*
entgleiten *st/s v/i* ⟨*irr*, *sans ge*, sn⟩ échapper (+ *dat* de) (*a fig*)
entgräten *v/t* ⟨-e-, *sans ge*⟩ enlever les arêtes à
enthaaren *v/t* ⟨*sans ge*⟩ épiler
Enthaarungscreme *f* crème *f* dépilatoire
Enthaarungsmittel *n* dépilatoire *m*
enthalten ⟨*irr*, *sans ge*⟩ **I** *v/t* contenir; (*in sich schließen*) renfermer; (*umfassen*) comprendre; **mit enthalten sein** être inclus, compris (**in** [+ *dat*] dans) **II** *v/r* **sich** (*der Stimme* [*gén*]) **enthalten** s'abstenir (de voter)
enthaltsam *adj* abstinent; *im Alkoholgenuss* sobre; *sexuell* continent
Enthaltsamkeit *f* ⟨~⟩ abstinence *f*; sobriété *f*; continence *f*
Enthaltung *f* (*Stimmenthaltung*) abstention *f*
enthärten *v/t* ⟨-e-, *sans ge*⟩ *Wasser* adoucir
enthaupten *st/s v/t* ⟨-e-, *sans ge*⟩ décapiter
enthäuten *v/t* *Tier* dépouiller; *Obst* éplucher
entheben *st/s v/t* ⟨*irr*, *sans ge*⟩ **j-n e-r Sache** (*gén*) **entheben** dégager qn de qc; **j-n s-s Amtes entheben** relever qn de ses fonctions
enthemmt *adj* décomplexé; sans complexe(s)
enthoben → **entheben**
enthüllen *v/t* ⟨*sans ge*⟩ découvrir; *Denkmal, Geheimnis* dévoiler; (*aufdecken*) révéler
Enthüllung *f* ⟨~; ~en⟩ découverte *f*; dévoilement *m*; révélation *f*
Enthusiasmus [ɛntuzi'asmʊs] *m* ⟨~⟩ enthousiasme *m*
enthusiastisch **I** *adj* enthousiaste **II** *adv* avec enthousiasme
entjungfern *v/t* déflorer
Entjungferung *f* ⟨~; ~en⟩ défloration *f*; F dépucelage *m*
entkalken *v/t* ⟨*sans ge*⟩ détartrer
entkernen *v/t* ⟨*sans ge*⟩ *Steinobst* dénoyauter; *Kernobst* épépiner

entkleiden *st/s v/t* (*u v/r*) ⟨-e-, *sans ge*⟩ (**sich entkleiden** se) déshabiller
entkommen *v/i* ⟨*irr*, *sans ge*, sn⟩ **entkommen** (**aus**) s'échapper (de); **j-m, e-r Sache** (*dat*) **entkommen** échapper à qn, qc
Entkommen *n* évasion *f*; **es gab kein Entkommen** il n'y avait aucun moyen de s'échapper
entkorken *v/t* ⟨*sans ge*⟩ déboucher
entkräften *v/t* ⟨-e-, *sans ge*⟩ 1. *Krankheit* affaiblir; épuiser; *durch Überanstrengung* exténuer 2. *fig* infirmer
entkrampfen *v/t* (*u v/r*) ⟨*sans ge*⟩ (**sich entkrampfen** se) détendre (*a fig*); (se) décontracter
entkriminalisieren *v/t* ⟨*sans ge*⟩ décriminaliser
entladen ⟨*irr*, *sans ge*⟩ **I** *v/t* décharger **II** *v/r* **sich entladen** se décharger (*a* ÉLECT); *Gewitter, Begeisterung* éclater
entlang **I** *prép* ⟨*acc*, *dat*⟩ le long de **II** *adv* **hier entlang, bitte!** par ici, s'il vous plaît!
entlangfahren *v/t u v/i* ⟨*irr*, sn⟩ 1. **entlangfahren** (+ *acc*) *od* **entlangfahren an** (+ *dat*) aller le long de; longer; suivre 2. (**mit dem Finger**) **entlangfahren** passer (le doigt) sur, le long de
entlanggehen *v/t u v/i* ⟨*irr*, sn⟩ **entlanggehen** (+ *acc*) *od* **entlanggehen an** (+ *dat*) aller le long de; longer; suivre
entlarven *v/t* ⟨*sans ge*⟩ démasquer
entlassen *v/t* ⟨*irr*, *sans ge*⟩ *Arbeitnehmer* licencier; congédier; MIL, *aus dem Gefängnis* libérer
Entlassung *f* ⟨~; ~en⟩ licenciement *m*; libération *f*; *aus dem Krankenhaus* sortie *f*
entlasten *v/t* ⟨-e-, *sans ge*⟩ *bei der Arbeit* aider; soulager (*a fig*, TECH); *Verkehr* décongestionner
Entlastung *f* ⟨~; ~en⟩ aide *f*; soulagement *m*; COMM, JUR décharge *f*
Entlastungsmaterial *n* pièces *f/pl* à décharge
Entlastungszeuge *m* témoin *m* à décharge
entlauben *v/t* ⟨*sans ge*⟩ défolier
Entlaubungsmittel *n* défoliant *m*
entlaufen *v/i* ⟨*irr*, *sans ge*, sn⟩ s'échapper; s'enfuir; **j-m entlaufen** échapper à qn
entlausen *v/t* ⟨¢ß, *sans ge*⟩ épouiller
entledigen *st/s v/r* ⟨*sans ge*⟩ **sich j-s, e-r Sache** (*gén*) **entledigen** se débarrasser de qn, qc; **sich s-r Kleider entledigen** ôter, retirer ses vêtements; **sich s-r Pflichten entledigen** s'acquitter de son devoir
entleeren *v/t* (*u v/r*) ⟨*sans ge*⟩ (**sich entleeren** se) vider; TECH vidanger
entlegen *adj* 1. *räumlich* éloigné; (*abgelegen*) isolé 2. *fig* (*unüblich*) insolite
entlehnen *v/t* ⟨*sans ge*⟩ emprunter, prendre (+ *dat*, **aus**, **von** à)
entleihen *v/t* ⟨*irr*, *sans ge*⟩ emprunter (**von** à)
entloben *v/r* ⟨*sans ge*⟩ **sich entloben** rompre ses fiançailles
entlocken *v/t* ⟨*sans ge*⟩ *Geheimnis, Lächeln* arracher (+ *dat* à); *Töne* tirer
entlohnen *v/t* ⟨*sans ge*⟩ rémunérer; payer (**für** pour)
Entlohnung *f* ⟨~; ~en⟩ rémunération *f*; rétribution *f*
entlüften *v/t* ⟨-e-, *sans ge*⟩ aérer; *Leitung* purger
Entlüftung *f* aération *f*; *e-r Leitung* purge *f*
Entlüftungsventil *n* soupape *f* (de purge d'air); ventouse *f*
entmachten *v/t* ⟨-e-, *sans ge*⟩ priver de son pou-

voir

Entmachtung *f* ⟨~; ~en⟩ privation *f* de pouvoir(s)

entmilitarisieren *v/t* ⟨*sans ge*⟩ démilitariser

Entmilitarisierung *f* ⟨~; ~en⟩ démilitarisation *f*

entmündigen *v/t* **1.** JUR interdire **2.** *fig* mettre sous tutelle

Entmündigung *f* ⟨~; ~en⟩ **1.** JUR interdiction *f* judiciaire **2.** *fig* mise *f* sous tutelle

Entmündigungsantrag *m* demande *f* en interdiction

Entmündigungsverfahren *n* procédure *f* d'interdiction

entmutigen *v/t* ⟨*sans ge*⟩ décourager

entmutigend *adj* décourageant

Entmutigung *f* ⟨~; ~en⟩ découragement *m*

Entnahme [ɛnt'naːmə] *f* ⟨~; ~n⟩ prélèvement *m*; *bei, nach Entnahme von ...* lors d'un, après prélèvement de ...

entnehmen *v/t* ⟨*irr, sans ge*⟩ (+ *dat*, *aus*) **1.** prendre (de, dans); *Probe*, MÉD prélever (sur) **2.** *fig* conclure (de)

entnerven *v/t* ⟨*sans ge*⟩ énerver

entpacken *v/t* ⟨*sans ge*⟩ INFORM décompresser; décompacter

entpolitisieren *v/t* ⟨*sans ge*⟩ dépolitiser

entprivatisieren *v/t* ⟨*sans ge*⟩ nationaliser

entpuppen *v/r* ⟨*sans ge*⟩ *fig sich als j, etw entpuppen* se révéler être qn, qc

entrahmen *v/t* ⟨*sans ge*⟩ *Milch* écrémer

enträtseln *v/t* ⟨¢, *sans ge*⟩ déchiffrer

Entrecote [ãtrə'koːt] *n* ⟨~¢s; ~s⟩ CUIS entrecôte *f*

entreißen *v/t* ⟨*irr, sans ge*⟩ *j-m etw entreißen* arracher qc à qn

entrichten *v/t* ⟨-e-, *sans ge*⟩ payer; *Beitrag* verser; *Steuern* acquitter

entrinnen *v/i* ⟨*irr, sans ge*, sn⟩ *st/s* échapper (+ *dat* à); *poét Zeit* s'écouler; *es gibt kein Entrinnen* la situation est sans issue

entrollen *v/t* ⟨*sans ge*⟩ dérouler

entrosten *v/t* ⟨-e-, *sans ge*⟩ dérouiller

entrückt *st/s adj* absent

entrümpeln [ɛnt'rʏmpəln] *v/t* ⟨¢, *sans ge*⟩ déblayer

Entrümpelung *f* ⟨~; ~en⟩ déblaiement *m*

entrüsten *v/r* ⟨-e-, *sans ge*⟩ *sich entrüsten* s'indigner, se scandaliser (*über* [+ *acc*] de)

entrüstet *adj* *über j-n, etw entrüstet sein* être indigné contre qn, par qc

Entrüstung *f* indignation *f*

entsaften *v/t* ⟨-e-, *sans ge*⟩ extraire le jus de

Entsafter *m* ⟨~s; ~⟩ centrifugeuse *f* (à jus de fruits)

entsagen *st/s v/i* ⟨*sans ge*⟩ renoncer (+ *dat* à)

Entsagung *st/s f* ⟨~; ~en⟩ renoncement *m*

entschädigen *v/t* ⟨*sans ge*⟩ dédommager (*für* de); *in Geld* indemniser (*für* de)

Entschädigung *f* ⟨~; ~en⟩ dédommagement *m*; indemnisation *f*; *Summe* indemnité *f*

entschärfen *v/t* ⟨*sans ge*⟩ désamorcer (*a fig*); *Diskussion* dépassionner; *Text* édulcorer

Entscheid [ɛnt'ʃaɪt] *m* ⟨~¢s; ~e⟩ JUR décision *f*

entscheiden ⟨*irr, sans ge*⟩ **I** *v/t* décider **II** *v/i* **entscheiden** (*über* [+ *acc*]) décider (de); JUR statuer (sur) **III** *v/r* *sich* (*für, gegen j-n, etw*) *entscheiden* se décider, se prononcer (pour, contre qn, qc)

entscheidend *adjt* décisif

Entscheidung *f* décision *f* (*a* JUR); *e-e Entscheidung treffen, fällen* prendre une décision

Entscheidungsfreiheit *f* liberté *f* de décision

Entscheidungskampf *m* combat décisif

Entscheidungsspiel *n* SPORT belle *f*; match décisif

Entscheidungsträger *m* décideur *m*

entschieden [ɛnt'ʃiːdən] **I** *adjt Ton, Haltung* résolu; *Ablehnung* catégorique **II** *advt* résolument; catégoriquement; (*eindeutig*) décidément

Entschiedenheit *f* ⟨~⟩ détermination *f*

entschlacken *v/t* ⟨*sans ge*⟩ TECH décrasser; MÉD dépurer

Entschlackung *f* ⟨~; ~en⟩ TECH décrassage *m*; MÉD dépuration *f*

entschlafen *st/s v/i* ⟨*irr, sans ge*, sn⟩ (*sterben*) s'éteindre; s'endormir

entschließen *v/r* ⟨*irr, sans ge*⟩ *sich entschließen* se décider, se résoudre (*zu* à)

Entschließung *f* résolution *f*

entschlossen [ɛnt'ʃlɔsən] **I** *adjt* résolu; déterminé; *fest entschlossen* fermement décidé **II** *advt kurz entschlossen* sans hésiter

Entschlossenheit *f* ⟨~⟩ résolution *f*; détermination *f*

Entschluss *m* décision *f*; (*Vorsatz*) résolution *f*; *den Entschluss fassen zu* (+ *inf*) décider de (+ *inf*)

entschlüsseln *v/t* ⟨¢, *sans ge*⟩ décoder; déchiffrer

entschlussfreudig *adj* décidé; qui a de l'esprit de décision

Entschlusskraft *f* détermination *f*

entschuldbar *adj* excusable

entschuldigen ⟨*sans ge*⟩ **I** *v/t* excuser; pardonner; *abs* *entschuldigen Sie!* pardon!; *Frage, Bitte* *entschuldigen Sie bitte*, ... excusez-moi, ... **II** *v/r sich entschuldigen* (*wegen, für*) s'excuser (de); *sich bei j-m entschuldigen* s'excuser auprès de qn

---

Sich entschuldigen

Sie haben jemanden aus Versehen angestoßen?

So können Sie sich entschuldigen:

Pardon !
Excuse-moi !
(*wenn Sie die Person duzen*) *bzw.*
Pardon, Monsieur !
Pardon, Madame !
Excusez-moi !
(*wenn Sie die Person siezen*)

Und so können Sie einen Fremden um eine Auskunft bitten:

Entschuldigen Sie bitte, können Sie mir sagen, wo der Bahnhof ist?

Pardon, Madame (*bzw.* **Monsieur**), **pourriez-vous me dire où se trouve la gare ?**

Tipp:
Es ist unhöflich zu sagen: **Je m'excuse !** (Ich entschuldige mich!), weil es nicht an Ihnen liegt, Ihr Verhalten zu entschuldigen, sondern an der Person, die Sie um Entschuldigung bitten.

Entschuldigung *f* ⟨~; ~en⟩ excuse *f*; SCHULE mot *m* d'excuse; **Entschuldigung!** pardon!; excusez-moi!; *j-n* **(wegen, für etw) um Entschuldigung bitten** faire, présenter ses excuses à qn (pour qc)
Entschuldigungsgrund *m* excuse *f*
Entschuldigungsschreiben *n* lettre *f* d'excuse(s)
entschwinden *st/s v/i* ⟨*irr, sans ge*⟩ disparaître (peu à peu)
entsenden *v/t* ⟨*irr, sans ge*⟩ envoyer
entsetzen ⟨¢¢, *sans ge*⟩ **I** *v/t* épouvanter; horrifier **II** *v/r* **sich entsetzen** s'épouvanter, s'effrayer (**über** [+ *acc*] de)
Entsetzen *n* ⟨~s⟩ horreur *f*; terreur *f*; épouvante *f*; **starr vor Entsetzen** glacé de terreur
entsetzlich **I** *adj* épouvantable; effrayant; horrible (*a* F *fig*) **II** *adv* F **entsetzlich dumm** affreusement bête
entseuchen *v/t* ⟨*sans ge*⟩ NUCL décontaminer; MÉD désinfecter
entsichern *v/t* enlever la sûreté de
entsinnen *v/r* ⟨*irr, sans ge*⟩ **sich (e-r Sache, j-s)** **entsinnen** se souvenir (de qc, qn); se rappeler (qc, qn)
entsorgen *v/t* ⟨*sans ge*⟩ *Abfall* enlever; collecter et traiter; *durch Verbrennung* éliminer; *par ext* se débarrasser de
Entsorgung *f* ⟨~; ~en⟩ enlèvement *m*, collecte *f* et traitement *m* des ordures; élimination *f* des déchets
entspannen ⟨*sans ge*⟩ **I** *v/t* détendre (*a fig*, POL); *(lockern)* relâcher **II** *v/r* **sich entspannen** se détendre; se relâcher; *(sich erholen)* se relaxer; se décontracter
Entspannung *f* détente *f*; relâchement *m*
Entspannungspolitik *f* politique *f* de détente
Entspannungsübung *f* exercice *m* de relaxation
entspinnen *v/r* ⟨*irr, sans ge*⟩ **sich entspinnen** *Freundschaft* naître; *Unterhaltung* s'engager
entsprechen ⟨*irr, sans ge*⟩ **I** *v/t* **entsprechen** (+ *dat*) **1.** *den Tatsachen* correspondre à; *e-m Zweck* répondre à; *den Umständen* être approprié à **2.** *e-r Bitte* satisfaire à; *e-m Antrag* donner suite à **II** *v/r* **sich entsprechen** se correspondre
entsprechend **I** *adj* correspondant; *Mittel*, *Worte a* approprié **II** *advt* (*dementsprechend*) en conséquence; à l'avenant **III** *prép* ⟨*dat*⟩ en fonction de; conformément à
Entsprechung *f* ⟨~; ~en⟩ *Eigenschaft* correspondance *f*; *Sache* équivalent *m*
entspringen *v/i* ⟨*irr, sans ge*, sn⟩ **1.** *Fluss* prendre sa source; naître **2.** *(entstehen)* **entspringen** (+ *dat*) sortir, provenir de
entstammen *v/i* ⟨*sans ge*, sn⟩ **entstammen** (+ *dat*) provenir de; *(abstammen)* être issu de, descendre de

entstehen *v/i* ⟨*irr, sans ge*, sn⟩ naître (**aus** de); *(sich entwickeln)* se produire; *Schwierigkeiten* surgir; **aus etw entstehen** résulter, provenir de qc
Entstehung *f* ⟨~⟩ naissance *f*; origine *f*; (*Bildung*) formation *f*
Entstehungsgeschichte *f* genèse *f*
Entstehungsort *m* *Ursprung* lieu *m* d'origine; berceau *m*; *e-s Werks* lieu *m* de réalisation
Entstehungszeit *f* époque *f* d'origine; *e-s Werks* période *f* de gestation
entsteinen *v/t* ⟨*sans ge*⟩ dénoyauter
entstellen *v/t* ⟨*sans ge*⟩ défigurer; déformer (*beide a fig*)
Entstellung *f* défiguration *f*; déformation *f*
entstören *v/t* ⟨*sans ge*⟩ ÉLECT antiparasiter
Entstörungsdienst *m*, **Entstörungsstelle** *f* ÉLECT service *m* d'antiparasitage
entströmen *v/i* ⟨*sans ge*, sn⟩ *Gas* s'échapper
enttarnen *v/t* ⟨*sans ge*⟩ démasquer (**als** comme)
Enttarnung *f* découverte *f*
enttäuschen *v/t* ⟨*sans ge*⟩ décevoir; désillusionner; **von j-m enttäuscht sein** être déçu par qn
enttäuschend *adjt* décevant
Enttäuschung *f* déception *f*
entthronen *v/t* ⟨*sans ge*⟩ détrôner (*a fig*)
entwachsen *adj* **e-r Sache** (*dat*) **entwachsen sein** être sorti de qc
entwaffnen [ɛnt'vafnən] *v/t* ⟨-e-, *sans ge*⟩ désarmer (*a fig*)
Entwaffnung *f* ⟨~; ~en⟩ désarmement *m*
entwarnen *v/i* ⟨*sans ge*⟩ donner le signal de fin d'alerte
Entwarnung *f* fin *f* d(e l)'alerte
entwässern *v/t* ⟨*sans ge*⟩ drainer; assécher
Entwässerung *f* ⟨~; ~en⟩ drainage *m*; assèchement *m*
entweder *conj* **entweder ... oder ...** ou (bien) ...; soit ... soit ...
entweichen *v/i* ⟨*irr, sans ge*, sn⟩ s'échapper (**aus** de); CHIM se dégager
entweihen *v/t* ⟨*sans ge*⟩ profaner (*a fig*)
entwenden *v/t* ⟨-e-, *sans ge*⟩ dérober; voler
entwerfen *v/t* ⟨*irr, sans ge*⟩ *Plan, Vertrag* ébaucher; *Muster* esquisser; *Programm* projeter; *Skizze* crayonner
entwerten *v/t* ⟨-e-, *sans ge*⟩ **1.** *Geld* dévaloriser **2.** *Briefmarke* oblitérer; *Fahrkarte* composter
Entwerter *m* ⟨~s; ~⟩ *für Fahrkarten* composteur *m*
Entwertung *f* dévalorisation *f*; oblitération *f*; compostage *m*
entwickeln ⟨¢, *sans ge*⟩ **I** *v/t* développer (*a* PHOT); *Wärme, Gas* dégager; TECH mettre au point; *Aktivität* déployer; *Plan* exposer; **etw zu etw entwickeln** faire de qc qc **II** *v/r* **sich entwickeln** se développer; *Wärme, Gas* se dégager; **sich zu etw entwickeln** devenir qc

---

entwickeln = développer

Wird anders geschrieben als englisch „to develop".

Entwicklung *f* ⟨~; ~en⟩ développement *m*; dégagement *m*; mise *f* au point; déploiement *m*;

(*Weiterentwicklung*) évolution *f*; *Jugendlicher* **in der Entwicklung sein** être en pleine croissance

Entwicklungsabschnitt *m* phase *f* d'évolution

Entwicklungsdienst *m* coopération *f* (avec les pays en voie de développement)

entwicklungsfähig *adj Sache* évolutif

Entwicklungsgeschichte *f* genèse *f*

Entwicklungshelfer(in) *m(f)* coopérant(e) *m(f)*

Entwicklungshilfe *f* coopération *f*; aide *f* au développement

Entwicklungsjahre *n/pl* puberté *f*

Entwicklungskosten *pl* coûts *m/pl* de développement

Entwicklungsland *n* pays *m* en voie de développement

Entwicklungsmöglichkeit *f* possibilité *f* de développement, d'évolution

Entwicklungspolitik *f* politique *f* de développement

Entwicklungsprozess *m* processus *m* de développement

Entwicklungsstadium *n* stade *m* de développement

Entwicklungsstand *m* ⟨~¢s⟩ niveau *m* de développement; degré *m* d'évolution

Entwicklungsstörung *f* BIOL accident *m* lors du développement

Entwicklungsstufe *f* degré *m* de développement

Entwicklungszeit *f* durée *f* du développement; *Pubertät* puberté *f*

entwirren *v/t (u v/r)* ⟨*sans ge*⟩ (**sich entwirren** se) démêler; (se) débrouiller

entwischen *v/i* ⟨*sans ge*, sn⟩ s'échapper; **j-m entwischen** échapper à qn

entwöhnen [ɛntˈvøːnən] *v/t* ⟨*sans ge*⟩ **1.** *Säugling* sevrer **2.** MÉD désintoxiquer

Entwöhnung *f* ⟨~; ~en⟩ **1.** sevrage *m* **2.** MÉD désintoxication *f*

entwürdigend *adjt* avilissant; dégradant

Entwurf *m* *e-s Gesetzes*, *Vertrags* projet *m*; PEINT, *e-s Briefs* ébauche *f*; PEINT *a* esquisse *f*; (*Konzept*) brouillon *m*

entwurzeln *v/t* ⟨¢, *sans ge*⟩ déraciner (*a fig*)

entzerren *v/t* zeitlich, Verkehr étaler

entziehen ⟨*irr, sans ge*⟩ **I** *v/t* **1.** retirer (**j-m etw** qc à qn) **2.** CHIM, TECH enlever **II** *v/r* **sich entziehen** se soustraire, se dérober (+ *dat* à)

Entziehungskur *f* cure *f* de désintoxication

entziffern *v/t* ⟨*sans ge*⟩ déchiffrer; *Kode a* décoder

entzippen *v/t* ⟨*sans ge*⟩ INFORM dézipper

entzücken *v/t* ⟨*sans ge*⟩ ravir; charmer; enchanter

Entzücken *n* ⟨~s⟩ ravissement *m*; enchantement *m*

entzückend *adj* ravissant; charmant

entzückt *adjt* ravi, enchanté (**über** [+ *acc*] de)

Entzug *m* **1.** *des Führerscheins etc* retrait *m*; *e-s Rechts* privation *f* **2.** *von Drogen* sevrage *m*; (*Entziehungskur*) cure *f* de désintoxication

Entzugserscheinungen *f/pl* (état *m* de) manque *m*; **Entzugserscheinungen haben** être en manque

entzündbar *adjt* inflammable

entzünden ⟨-e-, *sans ge*⟩ **I** *v/t* allumer; enflam-

mer (*a fig*) **II** *v/r* **sich entzünden** prendre feu; MÉD s'enflammer; *fig* **sich an etw** (*dat*) **entzünden** éclater au sujet de qc

entzündet *adjt* MÉD enflammé; irrité

entzündlich *adj* inflammable; MÉD inflammatoire

Entzündung *f* MÉD inflammation *f*

entzündungshemmend *adjt* anti-inflammatoire

Entzündungsherd *m* foyer *m* d'inflammation

entzwei *adj* cassé

entzweien *v/t (u v/r)* ⟨*sans ge*⟩ (**sich entzweien** se) brouiller; (se) désunir

entzweigehen *v/i* ⟨*irr*, sn⟩ se casser

Enzian [ˈɛntsiaːn] *m* ⟨~s; ~e⟩ BOT, *Likör* gentiane *f*

Enzyklopädie [ɛntsyklopeˈdiː] *f* ⟨~; ~n⟩ encyclopédie *f*

enzyklopädisch *adj* encyclopédique

Enzym [ɛnˈtsyːm] *n* ⟨~s; ~e⟩ enzyme *m od f*

Epidemie [epideˈmiː] *f* ⟨~; ~n⟩ épidémie *f*

epidemisch *adj* épidémique

Epigramm [epiˈgram] *n* ⟨~s; ~e⟩ épigramme *f*

Epik [ˈeːpɪk] *f* ⟨~⟩ poésie *f* épique

Epiker *m* ⟨~s; ~⟩ poète *m* épique

Epilepsie [epilɛˈpsiː] *f* ⟨~; ~n⟩ épilepsie *f*

Epileptiker(in) *m* ⟨~s; ~⟩ (*f*) ⟨~in; ~innen⟩ épileptique *m,f*

epileptisch *adj* épileptique; *Anfall* d'épilepsie

Epilog [epiˈloːk] *m* ⟨~s; ~e⟩ épilogue *m*

episch [ˈeːpɪʃ] *adj* épique

Episode [epiˈzoːdə] *f* ⟨~; ~n⟩ épisode *m*

episodenhaft, **episodisch** *adj* épisodique

Epizentrum [epiˈtsɛntrʊm] *n* *e-s Erdbebens* épicentre *m*

Epoche [eˈpɔxə] *f* ⟨~; ~n⟩ époque *f*; **Epoche machen** faire époque

Epos [ˈeːpɔs] *n* ⟨~; Epen⟩ épopée *f*

Equipe [eˈkɪp] *f* ⟨~; ~n⟩ équipe *f*

er [eːr] *pr/pers* **1.** *beim Verb* il **2.** *alleinstehend od betont* lui **3.** *vor voilà* le; **da ist er** le voilà

erachten *st/s v/t* ⟨-e-, *sans ge*⟩ estimer; juger; **etw für, als notwendig erachten** estimer, juger qc nécessaire

Erachten *n* **meines Erachtens** à mon avis

erarbeiten *v/t (u v/r)* ⟨-e-, *sans ge*⟩ (**sich** [*dat*]) **erarbeiten 1.** (*erwerben*) acquérir, gagner par le travail **2.** *Wissensstoff* assimiler **3.** (*ausarbeiten*) élaborer

Erbadel *m* noblesse *f* héréditaire

Erbanlagen *f/pl* hérédité *f*; caractères *m/pl* héréditaires

Erbanspruch *m* prétention *f* à un héritage

erbarmen [ɛrˈbarmən] *st/s* ⟨*sans ge*⟩ **I** *v/t* faire pitié à **II** *v/r* **sich j-s, e-r Sache erbarmen** avoir pitié de qn, qc

Erbarmen *n* ⟨~s⟩ pitié *f*; *bes* REL miséricorde *f*; **mit j-m Erbarmen haben** avoir pitié de qn

erbärmlich [ɛrˈbɛrmlɪç] **I** *adj* **1.** lamentable (*a fig*); (*kläglich*) déplorable; (*jämmerlich*) pitoyable; F minable **2.** F *fig Angst etc* terrible; horrible **II** *adv* à faire pitié; **erbärmlich frieren** avoir terriblement froid

Erbärmlichkeit *f* ⟨~⟩ état *m* pitoyable

erbarmungslos I *adj* impitoyable **II** *adv* sans pitié, merci; impitoyablement

erbauen ⟨*sans ge*⟩ **I** *v/t* **1.** construire; bâtir; *Stadt* fonder **2.** *fig* édifier; **er war davon nicht**

gerade **erbaut** il n'était pas ravi **II** *st/s v/r* **sich an etw** (*dat*) **erbauen** être édifié par qc
Erbauer *m* ⟨~s; ~⟩ constructeur *m*; bâtisseur *m*
erbaulich *adj* édifiant
Erbauung *f* ⟨~; ~en⟩ construction *f*; édification *f* (*a fig*); *e-r Stadt* fondation *f*
erbberechtigt *adj* successible; **erbberechtigt sein** avoir droit à la succession
Erbe[1] ['ɛrbə] *m* ⟨~n; ~n⟩ héritier *m*; **j-n zum Erben einsetzen** instituer qn héritier
Erbe[2] *n* ⟨~s⟩ héritage *m*; patrimoine *m* (*beide a fig*)
erbeben *st/s v/i* ⟨*sans ge*, sn⟩ tressaillir, (se mettre à) trembler (**vor etw** [*dat*] de qc)
erben *v/t abs* faire un héritage; **etw erben** hériter de qc (*a fig*); **etw von j-m erben** hériter qc de qn
Erbengemeinschaft *f* communauté *f* d'héritiers
erbetteln *v/t* ⟨¢, *sans ge*⟩ mendier; quémander
erbeuten *v/t* ⟨-e-, *sans ge*⟩ capturer, prendre (**von** à)
Erbfall *m* cas *m* de succession
Erbfehler *m* BIOL défaut *m* héréditaire
Erbfeind *m* ennemi *m* héréditaire
Erbfolge *f* ordre successoral; succession *f*
Erbgut *n* hérédité *f*; patrimoine *m* héréditaire, génétique
erbieten *st/s v/r* ⟨*irr, sans ge*⟩ **sich erbieten zu** (+ *inf*) s'offrir à (+ *inf*)
Erbin ['ɛrbɪn] *f* ⟨~; ~nen⟩ héritière *f*
erbitten *st/s v/t* ⟨*irr, sans ge*⟩ **etw von j-m erbitten** demander qc à qn
erbittern *v/t* ⟨*sans ge*⟩ remplir d'amertume; *p/fort* exaspérer
erbittert **I** *adjt Kampf* acharné; âpre; *Widerstand* farouche; *Person* furieux; exaspéré **II** *advt* avec acharnement
Erbitterung *f* ⟨~⟩ (*Groll*) amertume *f*; rancœur *f*; (*Außersichsein*) exaspération *f*
Erbkrankheit *f* maladie *f* héréditaire
erblassen [ɛr'blasən] *st/s v/i* ⟨¢¢, *sans ge*, sn⟩ pâlir, blêmir (**vor** [+ *dat*] de)
Erblasser(in) ['ɛrplasər(ɪn)] *m* ⟨~s; ~⟩ (*f*) ⟨~in; ~innen⟩ JUR testateur, -trice *m,f*; de cujus *m*
erbleichen *st/s v/i* ⟨*sans ge*, sn⟩ blêmir
erblich **I** *adj* héréditaire **II** *adv* **erblich belastet sein** souffrir d'un mal héréditaire
erblicken *st/s v/t* ⟨*sans ge*⟩ apercevoir; voir; découvrir
erblinden *st/s v/i* ⟨-e-, *sans ge*, sn⟩ perdre la vue; devenir aveugle
Erblindung *f* ⟨~; ~en⟩ perte *f* de la vue; cécité *f*
erblühen *st/s v/i* ⟨*sans ge*, sn⟩ s'épanouir
Erbmasse *f* **1.** JUR masse successorale **2.** BIOL hérédité *f*
Erbonkel *m plais* oncle *m* à héritage
erbosen [ɛr'boːzən] *st/s v/t* ⟨¢¢, *sans ge*⟩ mettre en colère; exaspérer
erbrechen *v/t* ⟨*irr, sans ge*⟩ (*u v/r* **sich erbrechen**) vomir
Erbrechen *n* ⟨~s⟩ MÉD vomissement *m*; F *fig* **bis zum Erbrechen** F jusqu'au ras-le-bol
Erbrecht *n* droit successoral
erbringen *v/t* ⟨*irr, sans ge*⟩ *Beweis* apporter; fournir; *Summe* rapporter
Erbrochene(s) [ɛr'brɔxənə(s)] *n* ⟨→ A⟩ vomissures *f/pl*

Erbschaft *f* ⟨~; ~en⟩ héritage *m*; succession *f*; **e-e Erbschaft machen** faire un héritage
Erbschaftsangelegenheit *f* affaire successorale
Erbschaftsanspruch *m* prétention *f* à l'héritage
Erbschaft(s)steuer *f* droits *m/pl* de succession
Erbschein *m* certificat *m* d'héritier
Erbschleicher(in) *m* ⟨~s; ~⟩ (*f*) ⟨~in; ~innen⟩ captateur, -trice *m,f*
Erbse ['ɛrpsə] *f* ⟨~; ~n⟩ pois *m*; **grüne Erbsen** petits pois
Erbseneintopf *m* ragoût *m* aux pois secs (et au lard)
erbsenförmig *adj* en forme de pois
erbsengroß *adj* gros, grosse comme un (petit) pois
Erbsensuppe *f* soupe *f* aux pois
Erbstück *n* objet hérité
Erbsünde *f* péché originel
Erbtante *f plais* tante *f* à héritage
Erbteil *n* part *f* d'héritage
Erdachse *f* axe *m* de la Terre
Erdanziehung *f* attraction *f* terrestre
Erdapfel *m bes österr* pomme *f* de terre
Erdatmosphäre *f* atmosphère *f* terrestre
Erdbahn *f* ⟨~⟩ ASTR orbite *f* terrestre
Erdball *st/s m* globe *m* terrestre
Erdbeben *n* tremblement *m* de terre; séisme *m*
Erdbebengebiet *n* zone *f* sismique
Erdbebenherd *m* foyer *m* du séisme, du tremblement de terre; hypocentre *m*
erdbebensicher *adj* à l'abri des tremblements de terre
Erdbeerbowle *f boisson à base de vin, de mousseux, de fraises et de sucre*
Erdbeere *f* fraise *f*
Erdbeereis *n* glace *f* à la fraise
Erdbeermarmelade *f* confiture *f* de fraises
Erdbeertorte *f* tarte *f* aux fraises
Erdbevölkerung *f* population *f* du globe
Erdboden *m* sol *m*; terre *f*; **dem Erdboden gleichmachen** raser; **wie vom Erdboden verschluckt** disparu comme par enchantement
Erddurchmesser *m* diamètre *m* de la terre
Erde ['eːrdə] *f* ⟨~⟩ **1.** (*Welt*) terre *f*; monde *m*; *Planet* Terre *f*; **auf der Erde** sur (la) terre; **auf Erden** ici-bas; sur terre **2.** (*Erdboden*) terre *f*; sol *m*; **auf die Erde fallen, werfen** tomber, jeter par *od* à terre; **unter der Erde** sous terre; souterrain **3.** ÉLECT terre *f*; masse *f*
erden *v/t* ⟨-e-⟩ ÉLECT mettre à la terre
erdenklich *adj* imaginable; concevable
Erderwärmung *f* réchauffement *m* de la planète
Erdgas *n* gaz naturel
Erdgeschichte *f* géologie *f*
Erdgeschoss, *österr* **Erdgeschoß** *n* rez-de--chaussée *m*
Erdinnere(s) *n* ⟨→ A⟩ entrailles *f/pl* de la Terre
Erdkabel *n* câble souterrain
Erdklumpen *m* motte *f* de terre
Erdkruste *f* écorce *f* terrestre
Erdkugel *f* globe *m* terrestre
Erdkunde *f* géographie *f*
Erdmassen *f/pl* terres *f/pl*; masses *f/pl* de terre
Erdmittelpunkt *m* ⟨~¢s⟩ centre *m* de la Terre
Erdnuss *f Frucht* cacah(o)uète *f*; *Pflanze* ara-

chide f
Erdnussbutter f beurre m de cacahuète
Erdoberfläche f surface f de la Terre
Erdöl n pétrole m; **Erdöl exportierend** exportateur de pétrole
erdolchen st/s v/t ⟨sans ge⟩ poignarder
erdölexportierend adjt exportateur de pétrole
Erdölfeld n champ m pétrolifère
Erdölgewinnung f production pétrolière
Erdölleitung f pipeline m; oléoduc m
Erdölraffinerie f raffinerie f de pétrole
Erdölvorkommen n gisement m pétrolifère
Erdreich n terre f; sol m
erdreisten st/s v/r ⟨-e-, sans ge⟩ **sich erdreisten, etw zu tun** avoir le front de faire qc
erdrosseln v/t ⟨-e-, sans ge⟩ étrangler
erdrücken v/t ⟨sans ge⟩ écraser; fig accabler
erdrückend adjt Mehrheit écrasant; Beweise, Hitze accablant
Erdrutsch m glissement m de terrain; éboulement m; fig raz m de marée
Erdsatellit m satellite m terrestre
Erdschatten m ombre f de la Terre
Erdschicht f couche f de terre; GÉOL assise f
Erdstoß m secousse f sismique
Erdteil m continent m
erdulden v/t ⟨-e-, sans ge⟩ Leiden endurer; souffrir; (hinnehmen müssen) subir; supporter
Erdumdrehung f rotation f de la Terre
Erdumfang m circonférence f de la Terre
Erdumkreisung f révolution f autour de la Terre
Erdumlaufbahn f orbite f (autour de la Terre)
Erdung f ⟨~; ~en⟩ ÉLECT mise f à la terre; prise f de terre
ereifern v/r ⟨sans ge⟩ **sich ereifern (über** [+ acc]) s'échauffer (pour)
ereignen v/r ⟨-e-, sans ge⟩ **sich ereignen** (vor sich gehen) se passer; (stattfinden) avoir lieu; Unangenehmes arriver; se produire
Ereignis n ⟨~ses; ~se⟩ événement m; **freudiges Ereignis** (Geburt) heureux événement
ereignislos adj Leben, Tag calme; (gleichförmig) monotone
ereignisreich adj mouvementé; riche en événements
ereilen st/s v/t ⟨sans ge⟩ **j-n ereilen** Tod surprendre qn; Schicksal frapper qn
Erektion [erɛktsi'oːn] f ⟨~; ~en⟩ érection f
Eremit [ere'miːt] m ⟨~en; ~en⟩ ermite m
ererbt adjt hérité
erfahren[1] v/t ⟨irr, sans ge⟩ **1.** durch Mitteilung apprendre (durch j-n, von j-m par qn); savoir **2.** (die Erfahrung machen) faire l'expérience de **3.** Leid subir; éprouver; Veränderungen subir
erfahren[2] adjt expérimenté; **er ist in diesen Dingen sehr erfahren** il a beaucoup d'expérience en la matière
Erfahrung f ⟨~; ~en⟩ expérience f; (Übung) a pratique f; **aus (eigener) Erfahrung** par expérience; **mit etw gute Erfahrungen machen** être content de qc; **mit j-m, etw schlechte Erfahrungen machen** avoir des déconvenues avec qn, qc; **Erfahrungen sammeln** acquérir de l'expérience
Erfahrungsaustausch m échange m de vues
Erfahrungsbericht m rapport m (pratique)

erfahrungsgemäß adv (je sais, etc) par expérience (que ...)
Erfahrungswert m valeur f empirique
erfassen v/t ⟨¢$, sans ge⟩ **1.** saisir (a fig, INFORM); bei e-m Verkehrsunfall accrocher **2.** (einbeziehen) englober; couvrir; **statistisch, zahlenmäßig erfassen** recenser
Erfassung f enregistrement m; STATISTIK recensement m; INFORM saisie f
erfinden v/t ⟨irr, sans ge⟩ Neues, Geschichte inventer
Erfinder(in) m(f) inventeur, -trice m,f
Erfindergeist m génie inventif
erfinderisch adj inventif; (findig) ingénieux; (fantasievoll) imaginatif
Erfindung f ⟨~; ~en⟩ invention f; (Erdichtung) fiction f
Erfindungsgabe f inventivité f; (Fantasie) imagination f
erflehen st/s v/t ⟨sans ge⟩ implorer
Erfolg [ɛr'fɔlk] m ⟨~¢s; ~e⟩ succès m; réussite f; (Ergebnis) résultat m; **viel Erfolg!** bonne chance!; **Erfolg haben** avoir du succès; réussir (**bei j-m** auprès de qn); **Erfolg versprechend** prometteur
erfolgen v/i ⟨sans ge, sn⟩ (geschehen) avoir lieu; se produire; (durchgeführt werden) s'effectuer
erfolglos I adj infructueux; vain; (glücklos) malchanceux **II** adv sans succès; **erfolglos bleiben** être un échec
Erfolglosigkeit f ⟨~⟩ insuccès m; échec m
erfolgreich I adj couronné de succès; à succès **II** adv avec succès
Erfolgsaussichten f/pl chances f/pl de succès
Erfolgsautor(in) m(f) auteur m à succès
Erfolgsbeteiligung f participation (calculée au prorata des résultats)
Erfolgserlebnis n (sentiment m de) réussite f; succès m
Erfolgsmeldung f (annonce f de od d'un) succès m; bonne nouvelle
Erfolgsprämie f prime f de succès; bonus m
Erfolgsquote f pourcentage m de réussite
Erfolgsrezept n recette f (de succès)
Erfolgszwang m **unter Erfolgszwang** (dat) **stehen** être obligé de réussir
erfolgversprechend adjt prometteur
erforderlich adj nécessaire; Alter requis
erfordern v/t ⟨sans ge⟩ demander; p/fort exiger; nécessiter
Erfordernis n ⟨~ses; ~se⟩ exigence f; (Notwendigkeit) nécessité f
erforschen v/t ⟨sans ge⟩ wissenschaftlich, Land explorer; étudier; TECH sonder; (ermitteln) rechercher
Erforscher(in) m(f) explorateur, -trice m,f
Erforschung f exploration f; recherche f; TECH sondage m
erfragen v/t ⟨sans ge⟩ s'enquérir de; demander
erfreuen ⟨sans ge⟩ **I** v/t réjouir; faire plaisir à; **erfreut sein über** (+ acc) être content, enchanté de; **sehr erfreut!** enchanté! **II** v/r **sich erfreuen** (gén) **erfreuen** jouir de qc; **sich erfreuen an** (+ dat) prendre plaisir à
erfreulich adj réjouissant; Fortschritte satisfaisant; encourageant; **es ist erfreulich, zu sehen ...** c'est un plaisir de voir ...
erfreulicherweise adv heureusement

erfrieren v/i ⟨irr, sans ge, sn⟩ Person mourir de froid; Pflanzen, Glieder geler

Erfrierung f ⟨~; ~en⟩ gelure f

erfrischen v/t (u v/r) ⟨sans ge⟩ (**sich erfrischen** se) rafraîchir

erfrischend adjt rafraîchissant (a fig)

Erfrischung f ⟨~; ~en⟩ rafraîchissement m

Erfrischungsgetränk n boisson rafraîchissante

Erfrischungsraum m buvette f; im Warenhaus cafétéria f

Erfrischungstuch n pochette rafraîchissante

erfüllen ⟨sans ge⟩ **I** v/t **1.** mit Bewunderung remplir (**mit** de) **2.** Pflicht, Aufgabe accomplir; Verpflichtungen faire face à; Bedingung, Versprechen, Zweck remplir; Bitte satisfaire à; Wunsch, Hoffnungen réaliser; combler; Erwartungen répondre à **II** v/r **sich erfüllen** s'accomplir; se réaliser

Erfüllung f accomplissement m; réalisation f; **in Erfüllung gehen** se réaliser

ergänzen [ɛr'gɛntsən] ⟨¢s, sans ge⟩ **I** v/t compléter; Bemerkung ajouter **II** v/r **sich ergänzen** se compléter

ergänzend I adjt complémentaire; (zusätzlich) supplémentaire **II** advt **ergänzend bemerken** ajouter

Ergänzung f ⟨~; ~en⟩ zur Vervollständigung, GR complément m; als Zusatz supplément m

Ergänzungsabgabe f taxe f complémentaire

Ergänzungsband m supplément m

ergattern F v/t ⟨sans ge⟩ F décrocher; F dégot(t)er

ergaunern v/t ⟨sans ge⟩ escroquer (**etw von j-m** qc à qn)

ergeben[1] ⟨irr, sans ge⟩ **I** v/t donner (pour résultat); rendre; Gewinn, Betrag rapporter **II** v/r **sich ergeben 1.** MIL, fig se rendre; capituler **2.** in sein Schicksal se résigner (**in** [+ acc] à) **3.** e-m Laster s'adonner à **4.** (die Folge sein) résulter (**aus** de); **es ergab sich so** c'est arrivé comme ça

ergeben[2] adjt Person dévoué (+ dat à); (unterwürfig) soumis; (resignierend) résigné

Ergebenheit f ⟨~⟩ dévouement m; soumission f; résignation f

Ergebnis n ⟨~ses; ~se⟩ résultat m; SPORT a score m; (Folge) conséquence f; **zu keinem Ergebnis führen** ne pas aboutir

ergebnislos I adj sans résultat; Arbeit infructueux; Bemühungen inutile; vain **II** adv sans résultat

ergehen ⟨irr, sans ge⟩ **I** v/i **1.** ⟨sn⟩ st/s Einladung être envoyé (**an** [+ acc] à); Aufruf, Verbot être lancé (à); Befehl être donné (à) **2.** etw über sich (acc) **ergehen lassen** supporter, subir qc **II** v/r **sich ergehen** in Vorwürfen, über ein Thema se répandre (**in** [+ dat] en) **III** v/imp ⟨sn⟩ **wie ist es dir ergangen?** qu'estu devenu?; **es ist ihm schlecht ergangen** ça s'est mal passé pour lui

ergiebig [ɛr'giːbɪç] adj qui rend bien; Thema riche; Ackerland fertile; Einnahmequelle productif

ergießen v/r ⟨irr, sans ge⟩ **sich ergießen** se répandre (**über** [+ acc] sur); Fluss se jeter (**in** [+ acc] dans)

Ergometer [ɛrgo'meːtər] n ⟨~s; ~⟩ MÉD ergomètre m

Ergonomie [ɛrgono'miː] f ⟨~⟩ ergonomie f

ergonomisch adj ergonomique

ergötzen st/s ⟨¢s, sans ge⟩ **I** v/t amuser; divertir **II** v/r **sich ergötzen** se délecter (**an** [+ dat] à)

ergrauen v/i ⟨sans ge, sn⟩ grisonner

ergreifen v/t ⟨irr, sans ge⟩ **1.** Gegenstand saisir; Verbrecher arrêter **2.** fig die Flucht, Maßnahme prendre; Beruf embrasser; Gelegenheit saisir **3.** **j-n ergreifen** seelisch émouvoir qn; Furcht saisir qn

ergreifend adjt émouvant; touchant

Ergreifung f ⟨~; ~en⟩ prise f; e-s Verbrechers arrestation f

ergriffen I → **ergreifen II** adjt ému; touché; **tief ergriffen** bouleversé

Ergriffenheit f ⟨~⟩ émotion f; plötzliche saisissement m

ergründen v/t ⟨-e-, sans ge⟩ Erscheinung, Problem étudier; Geheimnis pénétrer

Erguss m MÉD, fig épanchement m; (Samenerguss) éjaculation f

erhaben adj **1.** (plastisch) en relief **2.** fig Gedanke, Tat élevé; sublime; Stil noble **3.** **über etw** (acc) **erhaben** au-dessus de qc

Erhabenheit f ⟨~⟩ élévation f

Erhalt m **1.** ADM, COMM réception f **2.** → **Erhaltung**

erhalten[1] v/t ⟨irr, sans ge⟩ **1.** recevoir; avoir; als Ergebnis obtenir; Geld toucher **2.** Kunstwerk conserver; Frieden maintenir; in e-m Zustand entretenir

erhalten[2] adjt **gut erhalten** bien conservé (plais a Person); **erhalten bleiben** rester

erhältlich [ɛr'hɛltlɪç] adj en vente

Erhaltung f ⟨~⟩ conservation f; (Instandhaltung) entretien m; (Aufrechterhaltung) maintien m

erhängen v/t (u v/r) ⟨sans ge⟩ (**sich erhängen** se) pendre

erhärten v/t ⟨-e-, sans ge⟩ Behauptung etc corroborer; confirmer

erhaschen v/t ⟨sans ge⟩ saisir; attraper; e-n Blick von etw entrapercevoir

erheben ⟨irr, sans ge⟩ **I** v/t **1.** Glas, Hand lever; Stimme élever **2.** fig zum Prinzip ériger (**zu** en) **3.** Steuern percevoir **4.** Einwände soulever; Protest élever; Anschuldigung porter **5.** Daten recueillir **II** v/r **sich erheben 6.** von s-m Sitz se lever; Flugzeug, Berg, Gebäude s'élever **7.** (rebellieren) se soulever (**gegen** contre) **8.** Streit, Stimme s'élever; Frage se poser; Wind se lever

erhebend adjt exaltant

erheblich I adj considérable **II** adv considérablement; **erheblich jünger** beaucoup plus jeune

Erhebung f ⟨~; ~en⟩ **1.** im Gelände, fig élévation f **2.** (Aufstand) soulèvement m **3.** von Steuern perception f **4.** STATISTIK enquête f

erheitern v/t ⟨sans ge⟩ égayer; (belustigen) divertir; amuser

Erheiterung f ⟨~⟩ divertissement m; amusement m

erhellen v/t ⟨sans ge⟩ éclairer; Problem éclaircir

erhitzen ⟨¢s, sans ge⟩ **I** v/t (faire) chauffer; fig échauffer **II** v/r **sich erhitzen** s'échauffer (a fig); fig a s'exalter

erhoben [ɛr'hoːbən] → **erheben**
erhoffen v/t ⟨sans ge⟩ espérer; escompter
erhöhen ⟨sans ge⟩ **I** v/t **1.** CONSTR surélever (**um** de) **2.** Löhne, Preise, Geschwindigkeit augmenter (**um** de); Bildungsniveau, Lebensstandard élever; MÉD **erhöhte Temperatur** un peu de température **II** v/r **sich erhöhen** Zahl augmenter; s'accroître
Erhöhung f ⟨~; ~en⟩ **1.** surélévation f **2.** augmentation f; élévation f (a Anhöhe)
erholen v/r ⟨sans ge⟩ **sich erholen** se remettre; nach der Arbeit se reposer; nach e-r Anstrengung récupérer; nach e-r Krankheit se rétablir; von s-m Schrecken revenir (**von** de); fig ÉCON reprendre
erholsam adj reposant
Erholung f ⟨~⟩ repos m; nach e-r Krankheit rétablissement m; fig ÉCON reprise f
erholungsbedürftig adj qui a besoin de repos
Erholungsgebiet n zone f d'excursion, de promenade
Erholungsheim n maison f de repos, de convalescence
Erholungspause f récréation f
Erholungsurlaub m repos m; nach Krankheit (congé m de) convalescence f
Erholungswert m qualité f du repos
Erholungszentrum n centre m de repos; zur Freizeitgestaltung centre m de loisirs
erhören v/t ⟨sans ge⟩ exaucer
erigieren [eri'giːrən] v/i ⟨sans ge, sn⟩ avoir une érection
Erika ['eːrika] f ⟨~; -ken⟩ BOT bruyère f
erinnern ⟨sans ge⟩ **I** v/t **j-n an etw, j-n erinnern** rappeler qc, qn à qn; **j-n daran erinnern, etw zu tun** rappeler à qn de faire qc **II** v/i faire penser (**an** [+ acc] à); rappeler, évoquer (**an etw, j-n** qc, qn) **III** v/r **sich an j-n, etw erinnern** se souvenir de qn, qc; se rappeler qn, qc; **wenn ich mich recht erinnere** si je me souviens bien
Erinnerung f ⟨~; ~en⟩ souvenir m; (Gedächtnis) mémoire f; (Mahnung) rappel m; **j-n, etw (noch) gut in Erinnerung** (dat) **haben** se souvenir bien de qn, qc; **zur Erinnerung an** (+ acc) en souvenir de
Erinnerungsfoto n photo-souvenir f
Erinnerungsvermögen n mémoire f
Erinnerungswert m valeur sentimentale
Eritrea [eri'treːa] n ⟨~s⟩ l'Érythrée m
erkalten v/i ⟨-e-, sans ge, sn⟩ se refroidir (a fig)
erkälten v/r ⟨-e-, sans ge⟩ **sich erkälten** prendre froid; s'enrhumer
Erkältung f ⟨~; ~en⟩ refroidissement m; rhume m
erkämpfen ⟨sans ge⟩ **I** v/t Sieg remporter **II** v/r **sich** (dat) **etw erkämpfen** (**müssen**) (devoir) lutter pour obtenir qc
erkaufen v/t ⟨sans ge⟩ payer (**mit** de); durch Bestechung acheter; **etw teuer erkaufen müssen** devoir payer cher qc
erkennbar adj reconnaissable; (wahrnehmbar) perceptible
erkennen ⟨irr, sans ge⟩ **I** v/t reconnaître (**an** [+ dat] à); Absicht discerner; (wahrnehmen) percevoir; **erkennen lassen** révéler; montrer; **zu erkennen geben** donner à, laisser entendre **II** v/i JUR **auf Freispruch erkennen** prononcer l'acquittement

erkenntlich adj **sich** (j-m gegenüber) **erkenntlich zeigen** se montrer reconnaissant (envers qn)
Erkenntnis f Fähigkeit, Vorgang, PHILOS connaissance f; PHILOS a cognition f; Ergebnis, oft pl résultat m; conclusion f
Erkennungsdienst m POLIZEI service m d'anthropométrie judiciaire
Erkennungsmarke f plaque f d'identité
Erkennungsmelodie f RAD indicatif m
Erkennungszeichen n signe m de reconnaissance; signe distinctif
Erker ['ɛrkər] m ⟨~s; ~⟩ saillie f; encorbellement m
Erkerfenster n oriel m
erklärbar adj explicable
erklären ⟨sans ge⟩ **I** v/t **1.** (erläutern) expliquer; interpréter **2.** (mitteilen) déclarer; Rücktritt, Zustimmung donner **II** v/r **sich erklären 3.** Person se déclarer; **sich mit etw einverstanden erklären** donner son accord à qc **4.** Sache s'expliquer
erklärend adj explicatif
erklärlich adj explicable
erklärt adj Gegner déclaré; avoué
Erklärung f **1.** (Begründung) explication f; interprétation f **2.** (Mitteilung) déclaration f; **e-e Erklärung** (zu etw) **abgeben** faire une déclaration (au sujet de qc)
Erklärungsversuch m tentative f d'explication
erklingen v/i ⟨irr, sans ge, sn⟩ retentir
erkranken v/i ⟨sans ge, sn⟩ tomber malade; Organ être atteint; **an etw** (dat) **erkrankt** atteint de qc
Erkrankung f ⟨~; ~en⟩ maladie f; affection f
erkunden v/t ⟨-e-, sans ge⟩ explorer; MIL reconnaître
erkundigen v/r ⟨sans ge⟩ **sich** (nach j-m, etw bei j-m) **erkundigen** s'informer (sur qn, de qc auprès de qn); se renseigner (sur qn, qc auprès de qn)
Erkundigung f ⟨~; ~en⟩ information f (**über** [+ acc] sur); **über j-n Erkundigungen einziehen** prendre des renseignements sur qn
erlahmen v/i ⟨sans ge, sn⟩ Kräfte s'affaiblir; diminuer
erlangen v/t ⟨sans ge⟩ obtenir; Gewissheit acquérir
Erlass [ɛr'las] m ⟨~es; ~e⟩ **1.** ministerieller arrêté m; der Regierung décret m **2.** e-r Strafe, Schuld remise f; von Gebühren dispense f
erlassen v/t ⟨irr, sans ge⟩ **1.** Gesetz édicter; Haftbefehl lancer **2.** **j-m etw erlassen** Strafe remettre qc à qn; Gebühren dispenser qn de qc
erlauben ⟨sans ge⟩ **I** v/t permettre; autoriser; **j-m erlauben, etw zu tun** autoriser qn à faire qc; permettre à qn de faire qc **II** v/r **sich** (dat) **etw erlauben** se permettre qc; F **erlauben Sie mal!** permettez!; empört dites donc!
Erlaubnis f ⟨~; ~se⟩ permission f; autorisation f (a offizielle); **j-n um Erlaubnis bitten** demander la permission, l'autorisation à qn
erlaubt adj permis; autorisé; gesetzlich licite
erlaucht [ɛr'lauxt] st/s adj illustre
erläutern v/t ⟨sans ge⟩ expliquer; commenter
Erläuterung f ⟨~; ~en⟩ explication f; zu e-m Text note explicative
Erle ['ɛrlə] f ⟨~; ~n⟩ BOT au(l)ne m

erleben *v/t* ⟨*sans ge*⟩ **1.** voir; *mit Zeitbestimmungen* vivre; (*erfahren*) faire l'expérience de **2.** *Überraschung, Freude* éprouver; F *dann kannst du was erleben!* tu vas voir!
Erlebnis *n* ⟨∼ses; ∼se⟩ événement *m*; expérience (vécue)
Erlebnisbad *n* centre *m*, parc *m* aquatique
Erlebnispark *m* parc *m* d'attractions
erlebt *adjt* vu; vécu; GR *erlebte Rede* style, discours indirect libre
erledigen ⟨*sans ge*⟩ **I** *v/t* **1.** *Arbeit, Aufgabe* finir; terminer; *laufende Geschäfte* expédier; *Angelegenheit* régler; *Auftrag* exécuter; mettre à jour; *Formalitäten* accomplir **2.** F (*erschöpfen*) F crever; F démolir **3.** F (*töten*) F liquider **II** *v/r* *sich erledigen* Angelegenheit se régler
erledigt *adjt* **1.** *Sache* fini; réglé; F *schon erledigt!* F ça y est! **2.** F (*erschöpft*) F crevé; (*ruiniert*) F fichu; F *er ist für mich erledigt* il n'existe plus pour moi
Erledigung *f* ⟨∼; ∼en⟩ *e-r Angelegenheit* règlement *m*; *laufender Geschäfte* expédition *f*; *der Post* mise *f* à jour; *e-s Auftrags* exécution *f*; *von Formalitäten* accomplissement *m*
erlegen *v/t* ⟨*sans ge*⟩ abattre; tuer
erleichtern *v/t* ⟨*sans ge*⟩ *gewichtsmäßig* alléger; *seelisch* soulager; *Arbeit, Dasein, Zahlung* faciliter
Erleichterung *f* ⟨∼; ∼en⟩ **1.** *seelische* soulagement *m* **2.** (*Verbesserung*) amélioration *f*
erleiden *v/t* ⟨*irr, sans ge*⟩ **1.** *Schmerzen* endurer **2.** *Verluste, Niederlage* subir
erlernbar *adj* qui peut s'apprendre
erlernen *v/t* ⟨*sans ge*⟩ apprendre
erlesen *st/s adjt* de choix; choisi
erleuchten *v/t* ⟨-e-, *sans ge*⟩ éclairer; illuminer (*a* REL, *fig*); *fig* inspirer
Erleuchtung *f* ⟨∼; ∼en⟩ REL, *fig* illumination *f*; *fig a* inspiration *f*
erliegen *v/i* ⟨*irr, sans ge*, sn⟩ *e-r Krankheit, Versuchung* **erliegen** (+ *dat*) succomber à; *zum Erliegen kommen* être paralysé
erlogen [ɛr'lo:gən] *adj* mensonger; faux
Erlös [ɛr'lø:s] *m* ⟨∼es; ∼e⟩ produit *m*; recette *f*
erlöschen *v/i* ⟨erlischt, erlosch, erloschen, sn⟩ s'éteindre (*a fig*); *Firma* cesser d'exister; *Frist* expirer
erlösen *v/t* ⟨¢$, *sans ge*⟩ **1.** (*befreien*) délivrer (*von* de) **2.** REL racheter; sauver **3.** COMM tirer (*aus* de)
Erlöser *m* ⟨∼s; ∼⟩ REL Rédempteur *m*; Sauveur *m*
Erlösung *f* **1.** (*Erleichterung*) délivrance *f*; F *e-e wahre Erlösung* F un bon débarras **2.** REL Rédemption *f*
ermächtigen *v/t* ⟨*sans ge*⟩ autoriser (*zu etw* à faire qc)
Ermächtigung *f* ⟨∼; ∼en⟩ autorisation *f* (*zu* à)
ermahnen *v/t* ⟨*sans ge*⟩ exhorter (*zu* à); (*zurechtweisen*) admonester
Ermahnung *f* exhortation *f*; admonestation *f*
Ermangelung *st/s f* ⟨∼⟩ *in Ermangelung* (+ *gén*) faute de; à défaut de; *in Ermangelung e-s Besseren* faute de mieux
ermäßigen *v/t* ⟨*sans ge*⟩ réduire; diminuer
Ermäßigung *f* ⟨∼; ∼en⟩ (*Preisnachlass*) réduction *f*; (*Senkung*) diminution *f*

ermatten *st/s* ⟨-e-, *sans ge*⟩ **I** *v/t* fatiguer; *p/fort* exténuer **II** *v/i* ⟨sn⟩ *Person* se fatiguer; *Kräfte* s'affaiblir
ermessen *v/t* ⟨*irr, sans ge*⟩ juger (de); apprécier
Ermessen *n* ⟨∼s⟩ appréciation *f*; jugement *m*; *nach menschlichem Ermessen* autant que l'on puisse en juger; *nach eigenem Ermessen* à mon, ton, *etc* gré
Ermessensfrage *f* question *f* d'appréciation
Ermessensspielraum *m* latitude *f* de d'appréciation
ermitteln ⟨¢, *sans ge*⟩ **I** *v/t* *Sachverhalt* établir; *Täter* découvrir; MATH calculer; *durch Berechnung* déterminer **II** *v/i* JUR *gegen j-n ermitteln* (*wegen*) informer contre qn (de, sur); *in e-r Sache ermitteln* enquêter sur qc
Ermittlung *f* ⟨∼; ∼en⟩ **1.** *durch Befragung* investigation *f*; *durch Berechnung* détermination *f*; calcul *m*; *von Sachverhalten* établissement *m* **2.** *e-s Täters* recherche *f* **3.** JUR *pl* **Ermittlungen** enquête *f*
Ermittlungsausschuss *m* commission *f* d'enquête
Ermittlungsbeamte(r) *m* fonctionnaire chargé de l'enquête
Ermittlungsrichter *m* juge chargé de l'enquête
Ermittlungsverfahren *n* procédure *f* d'enquête
ermöglichen *v/t* ⟨*sans ge*⟩ rendre possible; permettre
ermorden *v/t* ⟨-e-, *sans ge*⟩ assassiner
Ermordung *f* ⟨∼; ∼en⟩ assassinat *m*; meurtre *m*
ermüden ⟨-e-, *sans ge*⟩ **I** *v/t* fatiguer; lasser **II** *v/i* ⟨sn⟩ se fatiguer; TECH fatiguer
ermüdend *adjt* fatigant
Ermüdung *f* ⟨∼; ∼en⟩ fatigue *f*; lassitude *f* (*a* TECH)
Ermüdungserscheinungen *f/pl a* TECH symptômes *m/pl* de fatigue
ermuntern *v/t* ⟨*sans ge*⟩ *zu etw ermuntern* encourager, inciter à faire qc
Ermunterung *f* ⟨∼; ∼en⟩ encouragement *m*
ermutigen *v/t* ⟨*sans ge*⟩ encourager (*zu* à)
Ermutigung *f* ⟨∼; ∼en⟩ encouragement *m*
ernähren *v/t* (*u v/r*) ⟨*sans ge*⟩ (*sich ernähren* se) nourrir, (s')alimenter (*von* de)
Ernährer(in) *m* ⟨∼s; ∼⟩ (*f*) ⟨∼in; ∼innen⟩ *e-r Familie* soutien *m* de famille
Ernährung *f* ⟨∼⟩ alimentation *f*; BIOL nutrition *f*
Ernährungsstörungen *f/pl* troubles *m/pl* de la nutrition
Ernährungsweise *f* mode *m* d'alimentation
Ernährungswissenschaft *f* diététique *f*
ernennen *v/t* ⟨*irr, sans ge*⟩ nommer (*j-n zu etw* qn qc)
Ernennung *f* nomination *f*
Ernennungsurkunde *f* acte *m* de nomination
erneuerbar *adj* renouvelable (*a Energie*)
erneuern *v/t* ⟨*sans ge*⟩ renouveler; TECH remplacer; (*neu instand setzen*) refaire; remettre à neuf
Erneuerung *f* ⟨∼; ∼en⟩ renouvellement *m*; remplacement *m*; remise *f* à neuf
erneut *I adj* renouvelé; nouveau **II** *adv* de nouveau; à nouveau
erniedrigen ⟨*sans ge*⟩ **I** *v/t* abaisser; avilir; humilier **II** *v/r* *sich erniedrigen* s'abaisser; s'avilir
erniedrigend *adjt* humiliant

E

Erniedrigung f ⟨~; ~en⟩ humiliation f
ernst [ɛrnst] **I** adj sérieux; grave **II** adv sérieusement; **j-n, etw ernst nehmen** prendre qn, qc au sérieux; **ernst gemeint** sérieux; **das ist nicht ernst gemeint** c'est pour rire
Ernst m ⟨~¢s⟩ **1.** (*Ernsthaftigkeit*) sérieux m; gravité f **2.** (*ernsthafte Meinung*) **allen Ernstes** pour de bon; **im Ernst** sérieusement; vraiment; **das ist mein (voller) Ernst** je ne plaisante pas (du tout); **ist das Ihr Ernst?** parlez-vous sérieusement? **3.** **der Ernst der Lage** la gravité de la situation; **der Ernst des Lebens** les choses sérieuses (de la vie)
Ernstfall m **im Ernstfall** en cas d'urgence; *bei Gefahr* en cas de danger (réel)
ernstgemeint adjt, **ernsthaft** adj, **ernstlich** adj sérieux
Ernte ['ɛrntə] f ⟨~; ~n⟩ récolte f (a fig); (*Getreideernte*) moisson f (a fig); (*Heuernte*) fenaison f; (*Obsternte*) cueillette f
Erntearbeiter(in) m(f) moissonneur, -euse m,f
Ernteausfall m récolte perdue
Erntedankfest n fête f de la moisson
erntefrisch adj tout frais
Erntehelfer(in) m(f) saisonnier, -ière m,f agricole
ernten v/t ⟨-e-⟩ récolter (a fig); *Getreide* moissonner; *Obst* cueillir; *fig* recueillir
Erntezeit f moisson f
ernüchtern v/t ⟨sans ge⟩ dégriser (a fig); *fig* désillusionner
ernüchternd adjt dégrisant (a fig); *fig* décevant
Ernüchterung f ⟨~; ~en⟩ dégrisement m (a fig); *fig* désillusion f
Eroberer m ⟨~s; ~⟩ conquérant m
erobern v/t ⟨sans ge⟩ conquérir (a MIL, fig); *Stadt* a prendre
Eroberung f ⟨~; ~en⟩ conquête f (a fig); MIL prise f
eröffnen ⟨-e-, sans ge⟩ **I** v/t **1.** ouvrir; *Ausstellung* inaugurer; *Kampf* engager **2.** fig **j-m etw eröffnen** faire savoir qc à qn **II** v/r **sich eröffnen** *Aussichten* s'ouvrir; *Möglichkeiten* se présenter
Eröffnung f ouverture f; *e-r Ausstellung* inauguration f
Eröffnungsansprache f allocution f d'ouverture
Eröffnungsfeier f cérémonie f d'ouverture; inauguration f
Eröffnungsspiel n SPORT première rencontre
Eröffnungswehen f/pl MÉD phase f de dilatation (du col de l'utérus)
erogen [ero'ge:n] adj érogène
erörtern [ɛr'ʔœrtərn] v/t ⟨sans ge⟩ discuter; débattre
Erörterung f ⟨~; ~en⟩ discussion f; débat m
Eros-Center ['e:rɔssɛntər] n ⟨~s; ~⟩ eros-center m
Erosion [erozi'o:n] f ⟨~; ~en⟩ érosion f
Erotik [e'ro:tɪk] f ⟨~⟩ érotisme m
erotisch adj érotique
Erpel ['ɛrpəl] m ⟨~s; ~⟩ canard m (mâle)
erpicht [ɛr'pɪçt] adj **auf etw** (acc) **erpicht sein** avoir très envie, être avide de qc
erpressen v/t ⟨¢$, sans ge⟩ **j-n (mit etw) erpressen** faire chanter qn (avec qc); **von j-m etw erpressen** extorquer qc à qn

Erpresser m ⟨~s; ~⟩ racketteur m; maître-chanteur m
Erpresserbrief m lettre f de chantage
erpresserisch adj par (le) chantage
Erpressung f ⟨~; ~en⟩ e-r Person chantage m; e-s Lösegeldes racket m; extorsion f
erproben v/t ⟨sans ge⟩ expérimenter (**etw an j-m** qc sur qn); tester; *Gerät* essayer; éprouver (a fig)
Erprobung f ⟨~; ~en⟩ expérimentation f; test m; essai m
erquicken [ɛr'kvɪkən] st/s v/t ⟨sans ge⟩ délasser; (*erfrischen*) rafraîchir
erquickend st/s adj bienfaisant; (*erfrischend*) rafraîchissant
erraten v/t ⟨irr, sans ge⟩ deviner
errechnen v/t ⟨-e-, sans ge⟩ calculer
erregbar adj irritable; excitable
Erregbarkeit f ⟨~⟩ irritabilité f; excitabilité f
erregen ⟨sans ge⟩ **I** v/t **1.** (*aufregen*), *sexuell* exciter; (*verärgern*) irriter **2.** *Argwohn* faire naître; *Verdacht* éveiller; *Aufmerksamkeit* attirer; *Anstoß, Verwunderung* provoquer **II** v/r **sich erregen** (**über** [+ acc]) s'énerver (de); s'exciter (sur)
Erreger m ⟨~s; ~⟩ MÉD agent m pathogène
erregt adjt excité; énervé; (*verärgert*) irrité
Erregung f excitation f (a sexuell); (*Aufregung*) énervement m; agitation f; (*Verärgerung*) irritation f
erreichbar adj *Ort, Ziel* accessible; *Person* joignable; **er ist im Augenblick nicht erreichbar** on ne peut pas le joindre pour le moment
erreichen v/t ⟨sans ge⟩ **1.** *Ort, Zweck, Alter* atteindre; *Zug* avoir; attraper; **j-n telefonisch erreichen** joindre qn par téléphone **2.** **bei j-m etw erreichen** (arriver à) obtenir qc de qn
errichten v/t ⟨-e-, sans ge⟩ **1.** *Gebäude* construire; *Barrikaden, Mauer, Denkmal* élever; *Fabrik, Anlage* établir **2.** (*gründen*) créer
erringen v/t ⟨irr, sans ge⟩ obtenir; *Preis, Sieg, Erfolg* remporter
erröten v/i ⟨-e-, sans ge, sn⟩ rougir (**vor** [+ dat] de)
errungen [ɛr'ruŋən] → **erringen**
Errungenschaft f ⟨~; ~en⟩ conquête f; (*Erwerbung*) acquisition f; fig réalisation f; **soziale Errungenschaften** acquis sociaux
Ersatz m **1.** *stellvertretender* produit m de remplacement; *unzulänglicher* succédané m; ersatz m; (*Ersetzung*) remplacement m; **als, zum Ersatz für etw** pour remplacer qc **2.** (*Entschädigung*) compensation f; (*Erstattung*) restitution f; **j-m Ersatz für etw leisten** dédommager qn de qc
Ersatzanspruch m droit m à indemnisation; recours m
Ersatzbank f ⟨~; -bänke⟩ SPORT banc m des remplaçants
Ersatzbefriedigung f compensation f
Ersatzdienst m ⟨~¢s⟩ service civil (pour les objecteurs de conscience)
Ersatzdienstleistende(r) m ⟨→ A⟩ jeune homme m qui fait son service civil
Ersatzkasse f etwa caisse libre agréée (d'assurance maladie)
ersatzlos adj sans contrepartie
Ersatzmann m ⟨~¢s; -männer ou -leute⟩ rem-

plaçant *m* (*a* SPORT)
Ersatzrad *n* roue *f* de rechange, de secours
Ersatzreifen *m* pneu *m* de rechange
Ersatzspieler(in) *m(f)* remplaçant(e) *m(f)*
Ersatzteil *n* pièce *f* de rechange
Ersatzteillager *n* dépôt *m* de pièces de rechange
ersatzweise *adv* à titre de compensation, d'indemnité, de remplacement
ersaufen F *v/i* ⟨*irr, sans ge,* sn⟩ se noyer
ersäufen [ɛrˈzɔyfən] *v/t* ⟨*sans ge*⟩ noyer
erschaffen *v/t* ⟨*irr, sans ge*⟩ créer
Erschaffung *f* création *f*
erschallen *v/i* ⟨*sans ge, régulier ou* erscholl, erschollen, sn⟩ résonner; *Gelächter* éclater
erschauern *st/s v/i* ⟨*sans ge,* sn⟩ frissonner (*vor* [+ *dat*] de)
erscheinen ⟨*irr, sans ge,* sn⟩ I *v/i* (*sichtbar werden*), *Buch* paraître; *Person, Geist* apparaître II *v/imp* **es erscheint mir merkwürdig, dass** il me semble étonnant que (+ *subj*)
Erscheinen *n* ⟨⸝s⟩ *e-s Buches* parution *f*; publication *f*; *e-r Person* apparition *f*; **um zahlreiches Erscheinen wird gebeten** vous êtes priés de venir nombreux
Erscheinung *f* ⟨⸝; ⸝en⟩ (*Naturerscheinung, Phänomen*) phénomène *m*; *äußere* apparences *f/pl*; (*Vision*) vision *f*; apparition *f*; **in Erscheinung treten** se montrer; se manifester
Erscheinungsbild *n* apparence *f*; *e-r Sache a* aspect *m*
Erscheinungsform *f* manifestation *f*
Erscheinungsjahr *n* année *f* de parution
erschießen ⟨*irr, sans ge*⟩ I *v/t* tuer d'un coup de feu; abattre; MIL fusiller II *v/r* **sich erschießen** se tuer d'un coup de feu
Erschießung *f* ⟨⸝; ⸝en⟩ MIL exécution *f*
erschlaffen *v/i* ⟨*sans ge,* sn⟩ se relâcher (*a fig*)
erschlagen¹ *v/t* ⟨*irr, sans ge*⟩ tuer (à coups de qc); assommer
erschlagen² F *adjt* (*erschöpft*) F claqué; F crevé; (*verblüfft*) F sidéré
erschleichen *v/r* ⟨*irr, sans ge*⟩ *péj* **sich** (*dat*) *etw erschleichen* obtenir qc par ruse; *Vertrauen* capter qc
erschließen ⟨*irr, sans ge*⟩ I *v/t* 1. *Gebiet* mettre en valeur; aménager (*a touristisch*); *Grundstück* viabiliser; *neue Märkte* créer 2. *fig* ouvrir II *st/s v/r* **sich erschließen** s'ouvrir
Erschließung *f* mise *f* en valeur; aménagement *m*; viabilisation *f*
erscholl(en) [ɛrˈʃɔl(ən)] → **erschallen**
erschöpfen ⟨*sans ge*⟩ I *v/t* épuiser (*a fig*) II *v/r* **sich erschöpfen** diminuer; **sich in etw** (*dat*) **erschöpfen** se réduire à qc
erschöpfend I *adj körperlich* épuisant; *fig* exhaustif II *advt* **erschöpfend behandeln** traiter à fond
erschöpft *adj* épuisé
Erschöpfung *f* épuisement *m*
Erschöpfungszustand *m* état *m* d'épuisement
erschossen [ɛrˈʃɔsən] I *p/p* → **erschießen** II F *adjt* (*erschöpft*) F crevé
erschrecken ⟨*sans ge*⟩ I *v/t* effrayer; faire peur à II *v/i* ⟨erschrickt, erschrak, erschrocken, sn⟩ *u v/r* ⟨*régulier ou* erschrickt, erschrak, erschrocken⟩ (**sich erschrecken**) s'effrayer (*vor* [+ *dat*] de)

erschreckend *adjt* effrayant
erschrocken [ɛrˈʃrɔkən] I *p/p* → **erschrecken** II *adjt* effrayé
erschüttern *v/t* ⟨*sans ge*⟩ 1. *Boden, fig Vertrauen etc* ébranler 2. *seelisch* bouleverser
erschütternd *adjt* bouleversant
Erschütterung *f* ⟨⸝; ⸝en⟩ 1. ébranlement *m* (*a fig*) 2. (*Ergriffenheit*) bouleversement *m*; choc *m*
erschweren *v/t* ⟨*sans ge*⟩ compliquer
erschwerend I *adj* JUR *Umstand* aggravant II *adv* **das kommt erschwerend hinzu** cela complique la situation
erschwinglich *adj* abordable; **für jeden erschwinglich** à la portée de toutes les bourses
ersehen *v/t* ⟨*irr, sans ge*⟩ voir; **daraus ist zu ersehen, dass …** il en ressort que …
ersehnen *st/s v/t* ⟨*sans ge*⟩ désirer (ardemment)
ersetzbar *adj* remplaçable; *Verlust, Schaden* réparable
ersetzen *v/t* ⟨⸝ɸ, *sans ge*⟩ 1. remplacer (**durch** par); **X durch Y ersetzen** substituer Y à X 2. *Unkosten* rembourser; *Schaden* indemniser (**j-m etw** qn de qc); *Verlust* compenser
ersichtlich *adj* évident; *Grund* apparent; **daraus wird ersichtlich, dass …** il en ressort que …
ersinnen *st/s v/t* ⟨*irr, sans ge*⟩ imaginer; *List etc* inventer
erspähen *st/s v/t* ⟨*sans ge*⟩ repérer
ersparen *v/t* ⟨*sans ge*⟩ épargner; économiser; *fig* **j-m etw ersparen** épargner qc à qn; **uns bleibt nichts erspart** rien ne nous est épargné
Ersparnis *f* ⟨⸝; ⸝se⟩ 1. *an Platz, Zeit etc* économie *f* 2. *an Geld* **Ersparnisse** *pl* économies *f/pl*; épargne *f*
Ersparte(s) *n* ⟨→ A⟩ économies *f/pl*; épargne *f*
ersprießlich *st/s adj* fructueux
erst [eːrst] *adv* 1. (*zuerst*) d'abord 2. (*nicht eher, mehr als*) ne … que; seulement; **eben erst** il y a un instant; **erst gestern** seulement hier 3. *verstärkend* **und ich erst!** et moi donc!; **erst recht** à plus forte raison; **nun erst recht!** plus que jamais!
erstarken *st/s v/i* ⟨*sans ge,* sn⟩ se renforcer; se fortifier
erstarren *v/i* ⟨*sans ge,* sn⟩ 1. *Glieder vor Kälte* s'engourdir; *Flüssigkeit* se solidifier 2. *fig vor Schreck* être glacé (**vor** [+ *dat*] de)
Erstarrung *f* ⟨⸝⟩ engourdissement *m*; CHIM solidification *f*
erstatten *v/t* ⟨-e-, *sans ge*⟩ *Unkosten* rembourser (**j-m etw** qc à qn)
Erstattung *f* ⟨⸝; ⸝en⟩ remboursement *m*
Erstattungsanspruch *m* COMM demande *f* de, droit *m* à remboursement; JUR demande *f* en restitution
Erstattungsbetrag *m* montant *m* du remboursement
Erstaufführung *f* première *f*
erstaunen ⟨*sans ge*⟩ I *v/t* étonner II *v/i* ⟨sn⟩ s'étonner (**über** [+ *acc*] de)
Erstaunen *n* étonnement *m*; **in Erstaunen versetzen** (*acc*) frapper d'étonnement; étonner; **zu meinem Erstaunen** à mon étonnement
erstaunlich *adj* étonnant
erstaunlicherweise *adv* chose étonnante; bizarrement

erstaunt *adjt* étonné; surpris
Erstausgabe *f* première édition
Erstausstattung *f e-r Wohnung* équipement *m* de base; *fürs Baby* première layette
erstbeste *adj* **der, die, das erstbeste** (+*subst*) le premier ... venu, la première ... venue
Erstbesteigung *f* première *f* (ascension)
Erstbezug *m e-r Wohnung* première occupation
erste *num/o* premier; **Franz der Erste, Franz I.** François Ier; **der erste Beste** le premier venu; **fürs Erste** pour le moment; F **im Ersten Programm** F sur la Une; **zum Ersten!** *bei Versteigerungen* une fois!; → **achte**
erstechen *v/t ⟨irr, sans ge⟩* tuer à coups de couteau; poignarder
erstehen *st/s v/t ⟨irr, sans ge⟩* acquérir; acheter
ersteigen *v/t ⟨irr, sans ge⟩* escalader; gravir; faire l'ascension de
ersteigern *v/t ⟨sans ge⟩* acheter aux enchères
Ersteigung *f* escalade *f*; ascension *f*
erstellen *v/t ⟨sans ge⟩* **1.** *Gebäude* construire **2.** *Plan* élaborer; *Liste* dresser; établir
erstemal *adv* → **Mal²**
erstens *adv* premièrement
erstere *num/o* le (la) premier (-ière)
Erstgeborene(r) *f(m) ⟨→ A⟩* aîné(e) *m(f)*
Erstgenannte(r) *f(m) ⟨→ A⟩* le (la) premier (-ière) nommé(e)
ersticken *⟨sans ge⟩* **I** *v/t* étouffer (*a fig*); asphyxier **II** *v/i ⟨sn⟩* étouffer (**an** [+ *dat*] de)
Erstickung *f ⟨∼⟩* étouffement *m*; asphyxie *f*
Erstickungsanfall *m* crise *f*, accès *m* d'étouffement
Erstickungsgefahr *f* danger *m* d'asphyxie
Erstickungstod *m* (mort *f* par) asphyxie *f*
erstiegen *p/p* → **ersteigen**
erstklassig *adj* de première qualité; *Künstler etc* de premier ordre
Erstkommunion *f* CATH première communion
erstmalig *adj* premier
erstmals *adv* pour la première fois
erstrahlen *v/i ⟨sans ge, sn⟩* briller; *st/s* resplendir; **in neuem Glanz erstrahlen** briller d'un nouvel éclat
erstreben *v/t ⟨sans ge⟩* aspirer à
erstrebenswert *adj* digne d'efforts; souhaitable
erstrecken *v/r ⟨sans ge⟩* **1.** *räumlich* **sich erstrecken** s'étendre, s'étaler (**über** [+ *acc*] sur); **sich erstrecken von ... bis ...** *a* aller de ... à ... **2.** *fig* **sich erstrecken auf** (+ *acc*) s'étendre à; porter sur **3.** *zeitlich* **sich erstrecken über** (+ *acc*) s'étaler sur; durer
Erstsemester *n* étudiant(e) *m(f)* au premier semestre
Erststimme *f* POL première voix
erstunken [ɛr'ʃtuŋkən] *adj* F **das ist erstunken und erlogen** ce ne sont que des mensonges
erstürmen *v/t ⟨sans ge⟩* MIL prendre d'assaut
Erstürmung *f ⟨∼; ∼en⟩* prise *f* d'assaut
Erstzulassung *f e-s Autos* première immatriculation
ersuchen *st/s v/t ⟨sans ge⟩* **j-n ersuchen, etw zu tun** demander à qn de faire qc; prier qn de faire qc; **j-n um etw ersuchen** demander qc à qn

Ersuchen *n ⟨∼s; ∼⟩* demande *f*; ADM requête *f*; **auf Ersuchen von** à la requête de
ertappen *⟨sans ge⟩* **I** *v/t* surprendre **II** *v/r* **sich bei etw ertappen** se surprendre à faire qc
erteilen *v/t ⟨sans ge⟩* *Unterricht, Auskunft, Wort, Erlaubnis* donner; *Rüge* infliger; *Lob* prodiguer; *Patent, Lizenz* délivrer; COMM *Auftrag* passer
ertönen *v/i ⟨sans ge, sn⟩* retentir
Ertrag *m ⟨∼¢s; ∼e⟩* rendement *m*; (*Einnahme*) revenu *m*
ertragen *v/t ⟨irr, sans ge⟩* supporter; **nicht zu ertragen** insupportable
erträglich [ɛr'trɛːklɪç] *adj* supportable; tolérable; (*leidlich*) acceptable
ertragreich *adj* productif; fertile
Ertragslage *f* niveau *m* de rendement
Ertrag(s)steuer *f* impôt *m* sur les bénéfices
ertränken *v/t ⟨sans ge⟩* noyer (*a fig*)
erträumen *⟨sans ge⟩ v/t* (*u v/r* **sich** [*dat*] **erträumen**) rêver de; (s')imaginer
ertrinken *v/i ⟨irr sans ge, sn⟩* se noyer; *fig* être submergé (**in** [+ *dat*] de)
ertrug → **ertragen**
ertrunken *p/p* → **ertrinken**
Ertrunkene(r) *f(m) ⟨→ A⟩* noyé(e) *m(f)*
Ertüchtigung *f ⟨∼; ∼en⟩* entraînement *m*; **körperliche Ertüchtigung** éducation *f* physique
erübrigen *⟨sans ge⟩* **I** *v/t Zeit, Geld* avoir encore; (*einsparen*) économiser **II** *v/r* **sich erübrigen** être inutile, superflu
eruieren [eru'iːrən] *st/s v/t ⟨sans ge⟩* trouver; découvrir
Eruption [eruptsi'oːn] *f ⟨∼; ∼en⟩* éruption *f*
erwachen *v/i ⟨sans ge, sn⟩* se réveiller (*a fig*); **aus e-m Traum** sortir (d'un rêve)
Erwachen *n ⟨∼s⟩* réveil *m* (*a fig*); *fig* éveil *m*; *geistig,* POL prise *f* de conscience; *fig* **es gab ein böses Erwachen** le réveil fut pénible
erwachsen¹ *v/i ⟨irr, sans ge, sn⟩* sortir, naître; résulter (**aus** de)
erwachsen² *adj* adulte
Erwachsene(r) *f(m) ⟨→ A⟩* adulte *m,f*
Erwachsenenbildung *f* formation *f* pour adultes
erwägen *v/t ⟨erwog, erwogen⟩* considérer; examiner; envisager
Erwägung *f ⟨∼; ∼en⟩* considération *f*; **etw in Erwägung** (*acc*) **ziehen** prendre qc en considération; envisager qc
erwähnen *v/t ⟨sans ge⟩* mentionner; faire mention de
erwähnenswert *adj* digne d'être mentionné; important
Erwähnung *f ⟨∼; ∼en⟩* mention *f*
erwärmen *⟨sans ge⟩* **I** *v/t* (faire) chauffer; échauffer **II** *v/r* **sich erwärmen** s'échauffer; *fig* **sich für etw erwärmen** s'intéresser à qc
Erwärmung *f ⟨∼⟩* (r)échauffement *m*; *der Temperatur* radoucissement *m*
erwarten *v/i ⟨-e-, sans ge⟩* attendre; (*erhoffen*) espérer; **ein Kind erwarten** attendre un enfant, un bébé; **ich erwarte, dass ...** je m'attends à ce que ... (+ *subj*); **ich kann es kaum erwarten, dass ...** il me tarde de (+ *inf*) *bzw* que ... (+ *subj*); **von ihm ist nicht viel zu erwarten** il ne faut pas attendre grand-chose de lui

Erwartung $f \langle \sim; \sim en \rangle$ attente f; (*Hoffnung*) espérance f; **Erwartungen in etw** (*acc*) **setzen** bâtir, fonder de grandes espérances sur qc
erwartungsgemäß *adv* comme prévu
Erwartungshorizont *m* espérances f/pl
erwartungsvoll *adj* plein d'attente, d'espoir
erwecken $v/t \langle sans \, ge \rangle$ *Hoffnung, Verdacht, Interesse* éveiller; *Vertrauen, Furcht* inspirer; *Eindruck* donner
erwehren $st/s \, v/r \langle sans \, ge \rangle$ **sich** (+ *gén*) **erwehren** se défendre de
erweichen $\langle sans \, ge \rangle$ v/t TECH amollir; *fig* attendrir; fléchir; **sich nicht erweichen lassen** être inexorable (**durch etw** à qc)
erweisen $\langle irr, sans \, ge \rangle$ **I** v/t **1.** (*beweisen*) prouver; **es ist erwiesen, dass ...** il est établi que ... **2.** *Achtung, Dankbarkeit* témoigner; manifester; *Dienst, Ehre* rendre; *Gunst* faire **II** v/r **sich als notwendig erweisen** se révéler nécessaire; **sich als mutig, wirksam erweisen** se montrer courageux, efficace
erweitern $\langle sans \, ge \rangle$ **I** v/t élargir; étendre (*a Gebiet*); *Geschäft* agrandir; PHYS, MÉD dilater **II** v/r **sich erweitern** s'élargir
Erweiterung $f \langle \sim; \sim en \rangle$ élargissement m; extension f; agrandissement m; dilatation f
Erwerb $m \langle \sim \rlap{/}\, \text{¢} s \rangle$ **1.** (*Kauf*) acquisition f **2.** (*Verdienst*) gain m; (*Broterwerb*) gagne-pain m
erwerben $v/t \langle irr, sans \, ge \rangle$ acquérir
Erwerber $m \langle \sim s; \sim \rangle$ acquéreur m
erwerbsfähig *adj* capable de travailler
Erwerbsfähigkeit $f \langle \sim \rangle$ capacité f d'exercer une activité professionnelle, de travailler
Erwerbsleben *n* activité professionnelle
erwerbslos → **arbeitslos**
Erwerbsquelle f source f de revenus
erwerbstätig *adj* qui exerce une activité professionnelle
Erwerbstätige(r) $f(m) \langle \rightarrow A \rangle$ personne active
Erwerbstätigkeit f activité professionnelle
erwerbsunfähig *adj* inapte au travail; invalide
Erwerbsunfähigkeit f incapacité f de travail
Erwerbung $f \langle \sim; \sim en \rangle$ acquisition f
erwidern $v/t \langle sans \, ge \rangle$ **1.** répondre (**auf** [+ *acc*] à); *auf e-n Vorwurf* répliquer (à) **2.** *Gruß, Besuch* rendre
Erwiderung $f \langle \sim; \sim en \rangle$ réponse f; réplique f
erwiesen [ɛr'viːzən] **I** p/p → **erweisen II** *adjt* prouvé; établi; avéré
erwiesenermaßen *adv* comme il a été prouvé
erwirken $v/t \langle sans \, ge \rangle$ obtenir
erwirtschaften $v/t \langle -e-, sans \, ge \rangle$ *Gewinn* réaliser
erwischen F $v/t \langle sans \, ge \rangle$ attraper; *Dieb a* F pincer; **ihn hats erwischt** (*er ist krank*) il a attrapé un bon rhume, une bonne grippe, *etc*; (*er ist tot*) il n'en a pas réchappé; *plais* (*er ist verliebt*) F il est mordu
erwog(en) → **erwägen**
erwünscht *adjt* souhaité; désiré
erwürgen $v/t \langle sans \, ge \rangle$ étrangler
Erz [eːrts] $n \langle \sim es; \sim e \rangle$ minerai m
erzählen $v/t \langle sans \, ge \rangle$ raconter; conter; dire; **j-m von etw erzählen** parler de qc à qn
Erzähler(in) $m \langle \sim s; \sim \rangle$ (f) $\langle \sim in; \sim innen \rangle$ narrateur, -trice m,f; conteur, -euse m,f
Erzählung $f \langle \sim; \sim en \rangle$ narration f; récit m; (*Märchen*) conte m; (*Geschichte*) histoire f

Erzbischof m archevêque m
Erzbistum n, **Erzdiözese** f archevêché m
Erzengel m archange m
erzeugen $v/t \langle sans \, ge \rangle$ produire (*a fig Eindruck, Gefühl*); *Energie a* engendrer; (*herstellen*) fabriquer
Erzeuger $m \langle \sim s; \sim \rangle$ **1.** (*Produzent*) producteur m **2.** (*Vater*) géniteur m
Erzeugerland n pays producteur
Erzeugnis $n \langle \sim ses; \sim se \rangle$ produit m
Erzeugung f production f; fabrication f; *von Energie* génération f
Erzfeind m ennemi juré, mortel
Erzgebirge n **das Erzgebirge** les monts m/pl Métallifères
Erzherzog(in) $m(f)$ archiduc, -duchesse m,f
erziehbar *adj* éducable; **ein schwer erziehbares Kind** un enfant caractériel
erziehen $v/t \langle irr, sans \, ge \rangle$ élever; éduquer; **ein Kind zu umweltbewusstem Verhalten erziehen** élever un enfant dans le respect de l'environnement; **schlecht erzogen sein** être mal élevé
Erzieher(in) $m \langle \sim s; \sim \rangle$ (f) $\langle \sim in; \sim innen \rangle$ éducateur, -trice m,f
erzieherisch *adj* éducatif; pédagogique
Erziehung f éducation f
Erziehungsberater(in) $m(f)$ conseiller, -ère m,f en matière d'éducation
Erziehungsberatungsstelle f centre m de conseil en matière d'éducation
Erziehungsberechtigte(r) $f(m) \langle \rightarrow A \rangle$ personne chargée de l'éducation
Erziehungsgeld n allocation parentale d'éducation
Erziehungsheim n établissement m d'éducation surveillée
Erziehungsjahr n année f de congé parental
Erziehungsmaßnahme f mesure éducative
Erziehungsmethode f méthode f d'éducation, pédagogique
Erziehungsurlaub m congé parental d'éducation
Erziehungswissenschaft f pédagogie f
erzielen $v/t \langle sans \, ge \rangle$ *Preise, Ergebnis, Erfolg* obtenir; *Gewinn a* réaliser; *Treffer* marquer; *Einigung* arriver à
erzittern $v/i \langle sans \, ge, sn \rangle$ (se mettre à) trembler; *Person a* frémir
erzkonservativ *adj* ultra-conservateur
erzogen [ɛr'tsoːɡən] p/p → **erziehen**
Erzrivale m éternel rival
erzürnen v/t (u v/r) $\langle sans \, ge \rangle$ (**sich erzürnen** se) mettre en colère
erzwingen $v/t \langle irr, sans \, ge \rangle$ forcer; obtenir de *od* par force; **ein Geständnis erzwingen** extorquer un aveu (**von** à); *Gefühle* **sich nicht erzwingen lassen** ne pas se commander
es [ɛs], **...s** *pr/pers* **I** *als Subjekt* **1.** il *bzw* elle; *vor v/imp* il; on; **es regnet** il pleut; **es klopft** on frappe **2.** *einleitend* **es spielt das Orchester X** (avec l')orchestre X; **es sprechen ...** prendront la parole ... **3.** *mit „sein“:* **es ist** + *adj* il est; *wenn etw vorhergeht* c'est; cela est; **es ist offensichtlich, dass ...** il est évident que ... **4.** **es ist** *vor subst der Zeit* il est; *vor subst mit Artikel* c'est; **es ist ein Junge!** c'est un garçon! **II** *als Objekt* **5.** le *bzw* la;

bei Verbkonstruktion mit „de" bzw „à" en bzw y; *ich habe es satt* j'en ai assez; *ich bin es gewöhnt* j'y suis habitué **6.** *mit „sein":* ***ich bins, er ists, wir sinds*** c'est moi, lui, nous

Es, es *n* ⟨Es, es; Es, es⟩ MUS mi *m* bémol

ESA ['eːza] *f abr* ⟨~⟩ (*European Space Agency*) (*Europäische Weltraum-Organisation*) ESA *f* (Agence spatiale européenne)

Escape-Taste [ɪsˈkeːp-] *f* touche *f* échappe

Esche ['ɛʃə] *f* ⟨~; ~n⟩ BOT frêne *m*

Esel ['eːzəl] *m* ⟨~s; ~⟩ âne *m*; F baudet *m*; F *du Esel!* F espèce *f* d'âne!; F *du alter Esel!* F bourrique!

Eselin *f* ⟨~; ~nen⟩ ânesse *f*

Eselsbrücke F *f* (*Gedächtnisstütze*) moyen *m* mnémotechnique; (*Verstehenshilfe*) guide--âne *m*

Eselsohr F *n* corne *f* (*d'une page de livre*)

Eskalation [eskalatsi'oːn] *f* ⟨~; ~en⟩ escalade *f*

eskalieren *v/i* ⟨*sans ge,* zu en⟩ dégénérer (*zu* en)

Eskapade [ɛska'paːdə] *f* ⟨~; ~n⟩ frasque *f*

Eskimo ['ɛskimo] *m* ⟨~s; ~s⟩ Esquimau *m*

Eskimofrau *f* Esquimaude *f*

Eskorte [ɛs'kɔrtə] *f* ⟨~; ~n⟩ escorte *f*

eskortieren *v/t* escorter

Esoterik [ezo'teːrɪk] *f* ⟨~⟩ ésotérisme *m*

esoterisch *adj* ésotérique

Espe ['ɛspə] *f* ⟨~; ~n⟩ BOT tremble *m*

Espenlaub *n wie* ***Espenlaub zittern*** trembler comme une feuille

Esperanto [ɛspe'ranto] *n* ⟨~s⟩ espéranto *m*

Espresso [ɛs'prɛso] *m* ⟨~s; ~s, mais 2 ~⟩ express *m*

Espressomaschine *f* (cafetière *f*) expresso *m*

Essay [ɛ'seː] *m od n* ⟨~s; ~s⟩ essai *m*

essbar *adj* comestible; mangeable

Esse ['ɛsə] *f* ⟨~; ~n⟩ cheminée *f*

Essecke *f* coin *m* repas

essen ['ɛsən] *v/t u v/i* ⟨du isst, er isst, aß, gegessen⟩ manger; prendre son repas; ***kalt, warm essen*** prendre un repas froid, chaud; ***etw gern essen*** aimer qc; ***essen gehen*** aller au restaurant; ***chinesisch*** *etc* ***essen gehen*** aller manger dans un restaurant chinois, *etc*; *prov* ***es wird nichts so heiß gegessen, wie es gekocht wird*** tout s'arrange à la longue

Essen *n* ⟨~s; ~⟩ (*Mahlzeit*) repas *m*; (*Nahrung*) nourriture *f*; ***j-n zum Essen einladen*** inviter qn à manger; ***Essen auf Rädern*** service social de livraison de repas à domicile

Essen(s)ausgabe *f* distribution *f* de repas

Essen(s)marke *f* ticket *m* repas

Essenszeit *f* heure *f* du déjeuner *bzw* du dîner

Essenz [ɛ'sɛnts] *f* ⟨~; ~en⟩ essence *f*

essenziell [ɛsɛntsi'ɛl] *adj* essentiel (*a fig*)

Esser *m* ⟨~s; ~⟩ mangeur *m*; ***ein guter Esser sein*** être un gros mangeur

Essgewohnheiten *f/pl* habitudes *f/pl* alimentaires

Essig ['ɛsɪç] *m* ⟨~s; ~e⟩ vinaigre *m*; F *damit ist es Essig!* F c'est raté, fichu!

Essigessenz *f* vinaigre concentré

Essiggurke *f* cornichon *m*

Essigsäure *f* acide *m* acétique

Esskastanie *f* marron *m*

Esslöffel *m* cuillère *od* cuiller *f* à soupe

Essstörung *f* trouble *m* du comportement alimentaire

Esstisch *m* table *f*

Esszimmer *n* salle *f* à manger

Este ['eːstə] *m* ⟨~n; ~n⟩, **Estin** *f* ⟨~; ~nen⟩ Estonien, -ienne *m,f*

Estland *n* ⟨~s⟩ l'Estonie *f*

estnisch *adj* estonien

Estragon ['ɛstragɔn] *m* ⟨~s⟩ estragon *m*

Estrich ['ɛstrɪç] *m* ⟨~s; ~e⟩ chape *f* de ciment

etablieren [eta'bliːrən] *v/t* (*u v/r*) ⟨*sans ge*⟩ (***sich etablieren*** s')établir

etabliert *adj* établi; en place

Etablissement [etablɪs(ə)'mãː] *n* ⟨~s; ~s⟩ **1.** *st/s* (*Geschäft*) établissement *m* **2.** (*Bordell*) maison close

Etage [e'taːʒə] *f* ⟨~; ~n⟩ étage *m*

Etagenbett *n* lits superposés

etagenförmig *adj* en étages

Etagenheizung *f* chauffage central d'étage, d'appartement

Etagenwohnung *f* appartement *m*

Etappe [e'tapə] *f* ⟨~; ~n⟩ étape *f* (*a* SPORT, *fig*); MIL arrière(s) *m(pl)*

Etappensieg *m* SPORT victoire *f* d'étape

Etappensieger *m* SPORT vainqueur *m* d'étape

Etat [e'taː] *m* ⟨~s; ~s⟩ budget *m*

Etatkürzung *f* compressions *f/pl* budgétaires; réduction *f* du budget

etc. *abr* (*et cetera*) etc.

et cetera [ɛt'tseːtera] et cetera

etepetete [eːtəpe'teːtə] F *adj* maniéré; affecté; F chichiteux

Ethik ['eːtɪk] *f* ⟨~⟩ éthique *f*

Ethikunterricht *m* (cours *m* d')éthique *f*

ethisch *adj* éthique

ethnisch ['ɛtnɪʃ] *adj* ethnique

Ethnologie [ɛtnolo'giː] *f* ⟨~⟩ ethnologie *f*

ethnologisch *adj* ethnologique

Ethos ['eːtɔs] *n* ⟨~⟩ principes moraux

Etikett [eti'kɛt] *n* ⟨~¢s; ~en *ou* ~s⟩ étiquette *f* (*marque*)

Etikette *f* ⟨~⟩ étiquette *f* (*protocole*); ***gegen die Etikette verstoßen*** manquer à l'étiquette

Etikettenschwindel *péj m* fraude *f* sur les étiquettes

etikettieren *v/t* ⟨*sans ge*⟩ étiqueter

etliche ['ɛtlɪçə] *pr/ind* quelques; *st/s* maint(e)s; *subst* quelques-un(e)s; ***etliches*** plusieurs choses

Etüde [e'tyːdə] *f* ⟨~; ~n⟩ MUS étude *f*

Etui [ɛ'tviː] *n* ⟨~s; ~s⟩ étui *m*; *für Schmuck*

Etat ≠ état

Die Schule verfügt über einen sehr niedrigen **Etat**.	L'école dispose d'un très faible **budget**.
Les maisons sont dans un très mauvais **état**.	Die Häuser sind in sehr schlechtem **Zustand**.

---

etwas Schönes – quelque chose de beau

Etwas Schreckliches ist passiert. Ich habe **etwas Schönes** gekauft. Ich habe **etwas Interessantes** gehört.	**Quelque chose de terrible** est arrivé. J'ai acheté **quelque chose de beau**. J'ai entendu **quelque chose d'intéressant**.	Zwischen **quelque chose** und dem folgenden (immer maskulinen) Adjektiv muss die Präposition **de** stehen.

écrin m

etwa ['ɛtva] adv **1.** (ungefähr) environ; à peu près; dans les; **in etwa** à peu près; **etwa zehn Pfund** dans les dix livres **2.** (vielleicht) peut--être; **bist du etwa krank?** serais-tu malade par hasard? **3.** (zum Beispiel) par exemple

etwaig adj éventuel

etwas ['ɛtvas] **I** pr/ind quelque chose; verneint rien; **etwas Merkwürdiges** quelque chose de curieux; **etwas zum Lesen** de quoi lire; **ohne etwas zu sagen** sans rien dire **II** adv un peu; **das ist etwas besser** c'est un peu mieux **Etwas** n ⟨∼⟩ **das gewisse Etwas** le je-ne-sais--quoi

Etymologie [etymolo'giː] f ⟨∼; ∼n⟩ étymologie f

etymologisch adj étymologique

EU [eː'ʔuː] f abr ⟨∼⟩ (Europäische Union) Union européenne

EU-Bestimmung f POL disposition européenne

euch [ɔʏç] pr/pers ⟨dat et acc de ihr⟩ (à) vous

Eucharistie [ɔʏçarɪs'tiː] f ⟨∼; ∼n⟩ CATH eucharistie f

euer ['ɔʏər] **I** pr/poss **1.** adjt ⟨f et pl eure⟩ votre, pl vos; am Briefschluss **Euer Thomas** Thomas **2.** subst **der, die, das Eure** le bzw la vôtre **II** st/s pr/pers ⟨gén de ihr⟩ de vous

EU-Erweiterung f POL élargissement m de l'UE

Eukalyptus [ɔʏka'lʏptʊs] m ⟨∼; ∼ ou -ten⟩ eucalyptus m

EU-Kommissar(in) m(f) POL commissaire européen

Eule ['ɔʏlə] f ⟨∼; ∼n⟩ chouette f; **Eulen nach Athen tragen** porter de l'eau à la rivière

EU-Mitgliedsstaat m POL État m membre de l'Union européenne

Eunuch [ɔʏ'nuːx] m ⟨∼en; ∼en⟩ eunuque m

Euphemismus [ɔʏfe'mɪsmʊs] m ⟨∼; -men⟩ euphémisme m

euphemistisch I adj euphémique **II** adv par euphémisme

Euphorie [ɔʏfo'riː] f ⟨∼; ∼n⟩ euphorie f

euphorisch adj euphorique

EUR abr (Euro) EUR

eure(r) ['ɔʏrə(r)] → **euer**

eurerseits adv de votre côté; de votre part

euresgleichen pr vos pareil(le)s, semblables

euretwegen adv **1.** (wegen euch) à cause de vous **2.** (euch zuliebe) pour vous **3.** (von euch aus) quant à vous

euretwillen adv **um euretwillen** (par égard) pour vous

eurige st/s pr/poss → **euer**

Euro ['ɔʏro] m ⟨∼$; ∼$, mais 5 ∼⟩ Währung euro m

Euro... in Zssgn euro...; Euro...

Eurocent m cent m

Eurocheque m ⟨∼s; ∼s⟩ eurochèque m

Eurochequekarte f carte f eurochèque

Eurocity m Eurocity m

Euroland n ⟨∼¢s⟩ POL zone f euro

Euronorm f norme européenne

Europa [ɔʏ'roːpa] n ⟨∼s⟩ l'Europe f

Europaabgeordnete(r) f(m) eurodéputé(e) m(f)

Europacup m coupe f d'Europe

Europäer(in) [ɔʏro'pɛːər(ɪn)] m ⟨∼s; ∼⟩ (f) ⟨∼in; ∼innen⟩ Européen, -éenne m,f

Europaflagge f drapeau m de l'Europe

europäisch adj européen; d(e l)'Europe

Europameister(in) m(f) champion, -ionne m,f d'Europe

Europameisterschaft f championnat m d'Europe

Europaparlament n Parlement européen

Europapokal m coupe f d'Europe

Europapolitik f politique européenne

Europarat m Conseil m de l'Europe

Europastraße f route européenne

europaweit adj pour, dans toute l'Europe

Europol f ⟨∼⟩ Europol f

Eurocheck m eurochèque m

Eurotunnel m eurotunnel m

Eurovision f Eurovision f

Euter ['ɔʏtər] n ⟨∼s; ∼⟩ pis m

Euthanasie [ɔʏtana'ziː] f ⟨∼⟩ euthanasie f

EU-Verfassung f ⟨∼⟩ POL Constitution européenne

ev. abr (evangelisch) protestant

e. V. [eː'faʊ] abr (eingetragener Verein) association déclarée

evakuieren [evaku'iːrən] v/t ⟨sans ge⟩ évacuer

Evakuierung f ⟨∼; ∼en⟩ évacuation f

evangelisch [evaŋ'geːlɪʃ] adj protestant

Evangelist m ⟨∼en; ∼en⟩ évangéliste m

Evangelium n ⟨∼s; -ien⟩ Évangile m; **das Evangelium des Matthäus** l'Évangile selon saint Matthieu

Evaskostüm ['eːfas-] n plais **im Evaskostüm** dans le plus simple appareil

Eventualität [evɛntuali'tɛːt] f ⟨∼; ∼en⟩ éventualité f

eventuell adj éventuel

Evolution [evolutsi'oːn] f ⟨∼; ∼en⟩ évolution f

Evolutionstheorie f théorie f de l'évolution; évolutionnisme m

evtl. abr (eventuell) éventuel(lement)

E-Werk n centrale f électrique

EWG [eːveː'geː] f abr ⟨∼⟩ (Europäische Wirtschaftsgemeinschaft) CEE f

ewig ['eːvɪç] **I** adj **1.** éternel (a REL) **2.** F péj perpétuel; sempiternel; **seit ewigen Zeiten** depuis une éternité **II** adv éternellement; F **ewig dauern, bleiben** s'éterniser; F **das dauert ja**

ewig cela dure une éternité
Ewigkeit $f\langle\sim; \sim\text{en}\rangle$ éternité *f*; ***bis in alle Ewigkeit*** à (tout) jamais; F ***ich habe ihn e-e Ewigkeit nicht gesehen*** il y a une éternité que je ne l'ai pas vu
EWS [eːveːˈʔɛs] *n abr* $\langle\sim\rangle$ (*Europäisches Währungssystem*) SME *m*
EWU [eːveːˈʔuː] *f abr* $\langle\sim\rangle$ (*Europäische [Wirtschafts- und] Währungsunion*) UEM *f* (Union économique et monétaire)
ex [ɛks] F *adv* ***ex trinken*** F faire cul sec
Ex... *in Zssgn* ex-...
exakt [ɛˈksakt] **I** *adj* exact; précis **II** *adv* exactement; précisément; ***exakt um 14 Uhr*** à 14 heures précises
Examen [ɛˈksaːmən] *n* $\langle\sim\text{s}; \sim ou \text{-mina}\rangle$ examen *m*; ***das mündliche Examen*** les épreuves orales; l'oral *m*; ***das schriftliche Examen*** les épreuves écrites; l'écrit *m*; ***ein Examen ablegen, machen*** passer, subir un examen
Examensangst *f* F trac *m* (avant ou pendant un examen)
Examensarbeit *f etwa* dissertation *f*
Examensaufgabe *f* sujet *m*, devoir *m* d'examen
Examenskandidat(in) *m(f)* candidat(e) *m(f)* (à un examen)
examinieren *v/t* $\langle sans\ ge\rangle$ ***j-n über etw*** (*acc*) ***examinieren*** examiner qn en, sur qc
exekutieren [ɛkseku'tiːrən] *v/t* $\langle sans\ ge\rangle$ exécuter
Exekution *f* $\langle\sim; \sim\text{en}\rangle$ exécution *f*
Exekutive *f* $\langle\sim; \sim\text{n}\rangle$ POL (pouvoir) exécutif *m*
Exempel [ɛˈksɛmpəl] *n* $\langle\sim\text{s}; \sim\rangle$ exemple *m*; ***ein Exempel statuieren*** faire un exemple
Exemplar [ɛksɛmˈplaːr] *n* $\langle\sim\text{s}; \sim\text{e}\rangle$ exemplaire *m*; spécimen *m*
exemplarisch *adj* exemplaire; ***exemplarisch für*** typique, caractéristique de
exerzieren [ɛksɛrˈtsiːrən] $\langle sans\ ge\rangle$ **I** F *v/t* (*üben*) s'exercer à (+ *inf*) **II** *v/i* MIL faire l'exercice
Exhibitionismus [ɛkshibitsioˈnɪsmʊs] *m* $\langle\sim\rangle$ exhibitionnisme *m*
Exhibitionist *m* $\langle\sim\text{en}; \sim\text{en}\rangle$ exhibitionniste *m*
exhumieren [ɛkshuˈmiːrən] *v/t* $\langle sans\ ge\rangle$ exhumer
Exhumierung *f* $\langle\sim; \sim\text{en}\rangle$ exhumation *f*
Exil [ɛˈksiːl] *n* $\langle\sim\text{s}; \sim\text{e}\rangle$ exil *m*; ***ins Exil gehen*** s'exiler; ***ins Exil schicken*** exiler
existent [ɛksɪsˈtɛnt] *adj* existant
Existenz *f* $\langle\sim; \sim\text{en}\rangle$ **1.** (*Dasein*) existence *f* **2.** (*Lebensgrundlage*) situation *f*; vie *f*; ***sich*** (*dat*) ***e-e Existenz aufbauen*** bâtir son avenir **3.** *péj* (*Person*) individu *m*; F ***verkrachte Existenzen*** des ratés *m/pl*
Existenzangst *f* angoisse existentielle
Existenzberechtigung *f* droit *m* à l'existence; raison *f* d'être
Existenzgründer(in) *m(f)* créateur, -trice *m,f* d'entreprise
Existenzgrundlage *f* bases *f/pl* d'une existence; assise matérielle
Existenzgründung *f* création *f* d'entreprise
Existenzialismus *m* $\langle\sim\rangle$ existentialisme *m*
Existenzialist(in) *m* $\langle\sim\text{en}; \sim\text{en}\rangle$ (*f*) $\langle\sim\text{in}; \sim\text{innen}\rangle$ existentialiste *m,f*
existenzialistisch *adj* existentialiste
existenziell *adj* existentiel

Existenzkampf *m* lutte *f* pour la vie, pour l'existence
Existenzminimum *n* minimum vital
existieren *v/i* $\langle sans\ ge\rangle$ (*vorhanden sein*) exister; (*leben*) vivre
Exitus [ˈɛksitʊs] *m* $\langle\sim\rangle$ MÉD issue fatale
exklusiv [ɛksklu'ziːf] **I** *adj Klub, Kreis* fermé; (*vornehm*) sélect; (*ausschließlich*) exclusif; *Lokal* distingué; de luxe **II** *adv* en exclusivité
Exklusivbericht *m* reportage *m* en exclusivité
Exklusivität *f* $\langle\sim\rangle$ exclusivité *f*; *fig* distinction *f*
exkommunizieren *v/t* $\langle sans\ ge\rangle$ CATH excommunier
Exkremente [ɛkskre'mɛntə] *n/pl* excréments *m/pl*
Exkurs [ɛks'kʊrs] *m* $\langle\sim\text{es}; \sim\text{e}\rangle$ (*Abschweifung*) digression *f*; (*beigefügte Ausarbeitung*) traité *m* supplémentaire; annexe *f*
Exkursion [ɛkskʊrziˈoːn] *f* $\langle\sim; \sim\text{en}\rangle$ excursion *f* (scientifique, pédagogique)
Exkursionsteilnehmer(in) *m(f)* participant(e) *m(f)* d'une *od* à une excursion; excursionniste *m,f*
exmatrikulieren [ɛksmatriku'liːrən] *v/t* (*u v/r*) $\langle sans\ ge\rangle$ (***sich***) ***exmatrikulieren*** (se faire) rayer de la liste des étudiants
Exodus [ˈɛksodʊs] *st/s m* $\langle\sim; \sim\text{se}\rangle$ exode *m*
Exorzismus [ɛksɔrˈtsɪsmʊs] *m* $\langle\sim; \text{-men}\rangle$ exorcisme *m*
Exorzist *m* $\langle\sim\text{en}; \sim\text{en}\rangle$ exorciste *m*
Exot [ɛˈksoːt] *m* $\langle\sim\text{en}; \sim\text{en}\rangle$ **1.** *Mensch* habitant *m* d'un pays exotique; *plais* original *m* **2.** *Pflanze, Tier* plante *f*, animal *m* exotique
exotisch *adj* exotique
Expander [ɛks'pandər] *m* $\langle\sim\text{s}; \sim\rangle$ SPORT extenseur *m*
expandieren *v/i* $\langle sans\ ge\rangle$ prendre de l'extension
Expansion *f* $\langle\sim; \sim\text{en}\rangle$ expansion *f*
Expedition [ɛkspeditsi'oːn] *f* $\langle\sim; \sim\text{en}\rangle$ expédition *f*
Expeditionsleiter(in) *m(f)* chef *m* d'expédition
Expeditionsteilnehmer(in) *m(f)* participant(e) *m(f)* d'une *od* à une expédition
Experiment [ɛksperi'mɛnt] *n* $\langle\sim\text{s}; \sim\text{e}\rangle$ expérience *f*
experimentell *adj* expérimental
experimentieren *v/i* $\langle sans\ ge\rangle$ faire des expériences (***mit etw*** sur, avec qc)
Experte [ɛks'pɛrtə] *m* $\langle\sim\text{n}; \sim\text{n}\rangle$, **Expertin** *f* $\langle\sim; \sim\text{nen}\rangle$ expert *m* (***für*** en)
Expertise [ɛksper'tiːzə] *f* $\langle\sim; \sim\text{n}\rangle$ expertise *f*
explizit [ɛkspli'tsiːt] *adj* explicite
explodieren [ɛksplo'diːrən] *v/i* $\langle sans\ ge, \text{sn}\rangle$ exploser; éclater (*beide a fig*)
Explosion *f* $\langle\sim; \sim\text{en}\rangle$ explosion *f* (*a fig*)
Explosionsgefahr *f* danger *m*, risque *m* d'explosion
explosiv *adj* explosif (*a fig*)
Explosivität *f* $\langle\sim\rangle$ explosibilité *f*; *fig* caractère explosif
Exponat [ɛkspo'naːt] *n* $\langle\sim\text{s}; \sim\text{e}\rangle$ produit, matériel, KUNST objet exposé
Exponent [-'nɛnt] *m* $\langle\sim\text{en}; \sim\text{en}\rangle$ MATH exposant *m*; *fig* représentant *m*
exponiert [-'niːrt] *adj t* exposé
Export [ɛks'pɔrt] *m* $\langle\sim\text{s}; \sim\text{e}\rangle$ exportation *f*
Exportabteilung *f* service *m* (des) exportations

Exportartikel *m* article *m* d'exportation
Exportbeschränkungen *f/pl* restrictions *f/pl* des exportations
Exportbestimmungen *f/pl* réglementations *f/pl* d'exportation
Exportbier *n* bière blonde de 4% à 5% d'alcool
Exporterlaubnis *f* autorisation *f* d'exportation
Exporteur [-'tøːr] *m* ⟨∼s; ∼e⟩ exportateur *m*
Exportfirma *f* maison *f* d'exportation
Exporthandel *m* commerce *m* d'exportation
exportieren *v/t* ⟨sans ge⟩ exporter (*a* INFORM)
Exportland *n* pays exportateur
Exportrückgang *m* recul *m* des exportations
Exportunternehmen *n* entreprise exportatrice
Exposee [ɛkspo'zeː] *n* ⟨∼s; ∼s⟩, **Exposé** [ɛkspo'zeː] *n* ⟨∼s; ∼s⟩ exposé *m*; FILM synopsis *m od f*
Express [ɛks'prɛs] *m* ⟨∼es⟩ bes österr (train *m*) express *m*
Expressgut *n* colis *m* (par) exprès
Expressionismus [ɛkspresio'nɪsmʊs] *m* ⟨∼⟩ expressionnisme *m*
Expressionist(in) *m* ⟨∼en; ∼en⟩ (*f*) ⟨∼in; ∼innen⟩ expressionniste *m,f*
expressionistisch *adj* expressionniste
exquisit [ɛkskvi'ziːt] *adj* exquis; choisi
Extension [ɛkstɛnzi'oːn] *f* ⟨∼; ∼en⟩ INFORM extension *f*
extern [ɛks'tɛrn] *adj* externe
Externe(r) *f(m)* ⟨→ A⟩ externe *m,f*
extra ['ɛkstra] *adv* **1.** (*gesondert*) à part **2.** (*eigens*) exprès; spécialement **3.** (*besonders*) très; particulièrement **4.** (*zusätzlich*) en plus; en sus **5.** F (*absichtlich*) exprès

Extra *n* ⟨∼s; ∼s⟩ AUTO option *f*
Extraausgabe *f* **1.** FIN dépense *f* supplémentaire; frais *m/pl* supplémentaires **2.** *Zeitung* édition spéciale
Extrablatt *n* édition spéciale
extrafein *adj* CUIS extrafin; surfin
Extrakt [ɛks'trakt] *m* ⟨∼¢s; ∼e⟩ extrait *m*
extravagant [-va'ɡant] *adj* extravagant
Extrawurst *f* **er will immer e-e Extrawurst** (**gebraten**) **haben** il ne peut jamais faire comme tout le monde
extrem [ɛks'treːm] *adj* extrême
Extrem *n* ⟨∼s; ∼e⟩ extrême *m*; **von e-m Extrem ins andere fallen** passer d'un extrême à l'autre
Extremismus *m* ⟨∼; -men⟩ extrémisme *m*
Extremist *m* ⟨∼en; ∼en⟩ extrémiste *m*
extremistisch *adj* extrémiste
Extremitäten *f/pl* extrémités *f/pl*
extrovertiert [ɛkstrover'tiːrt] *adjt* extraverti
exzellent [ɛkstsɛ'lɛnt] *adj* excellent
Exzellenz *f* ⟨∼; ∼en⟩ Excellence *f*
Exzentriker [ɛks'tsɛntrikər] *m* ⟨∼s; ∼⟩ excentrique *m*
exzentrisch *adj* excentrique (*a fig*)
exzerpieren *v/t* ⟨sans ge⟩ *Buch, Autor* dépouiller
Exzerpt [ɛks'tsɛrpt] *n* ⟨∼¢s; ∼e⟩ extrait *m*
Exzess [ɛks'tsɛs] *m* ⟨∼es; ∼e⟩ excès *m*; **etw bis zum Exzess treiben** pousser qc à l'excès
Eyeliner ['aɪlaɪnər] *m* ⟨∼s; ∼⟩ eye-liner *od* eye-liner *m*
EZB [eːtsɛt'beː] *f abr* ⟨∼⟩ (*Europäische Zentralbank*) BCE *f* (Banque centrale européenne)

F

F, f [ɛf] *n* ⟨F, f; F, f⟩ **1.** F, f *m* **2.** MUS fa *m*
Fa. *abr* (*Firma*) maison; Sté
Fabel ['faːbəl] *f* ⟨∼; ∼n⟩ fable *f* (*a fig*); → *Info nächste Seite*
fabelhaft *adj* fabuleux; F formidable
Fabeltier *n* animal fabuleux
Fabelwesen *n* créature fabuleuse; être fabuleux
Fabrik [fa'briːk] *f* ⟨∼; ∼en⟩ usine *f*; COMM **ab Fabrik** départ usine
Fabrikanlagen *f/pl* usines *f/pl*
Fabrikant *m* ⟨∼en; ∼en⟩ fabricant *m*
Fabrikarbeiter(in) *m(f)* ouvrier, -ière *m,f* d'usine
Fabrikat *n* ⟨∼¢s; ∼e⟩ produit *m*; article *m*; (*Marke*) marque *f*
Fabrikation *f* ⟨∼; ∼en⟩ fabrication *f*
Fabrikationsfehler *m* défaut *m*, vice *m* de fabrication
Fabrikbesitzer(in) *m(f)* propriétaire *m,f* d'usine
Fabrikgebäude *n* bâtiment *m* d'usine

Fabrikgelände *n* terrain *m* (d'une usine)
Fabrikhalle *f* atelier *m* (de fabrication)
fabrikneu *adj* qui sort de l'usine; neuf
fabrizieren [fabri'tsiːrən] *v/t* ⟨sans ge⟩ fabriquer (*a plais, péj*)
Face-Lifting ['feːslɪftɪŋ] *n* ⟨∼s; ∼s⟩ lifting *m*
Facette [fa'sɛtə] *f* ⟨∼; ∼n⟩ facette *f* (*a fig*)
Fach [fax] *n* ⟨∼¢s; ∼er⟩ **1.** *e-r Schublade, e-s Schranks* case *f*; (*Schrankfach a, Regalfach*) rayon *m*; *e-r Tasche* poche *f*; compartiment *m* **2.** (*Schulfach, Studienfach*) matière *f*; discipline *f*; (*Spezialfach*) spécialité *f*; domaine *m*; **vom Fach sein** être du métier
Fachabitur *n* baccalauréat professionnel
Facharbeiter(in) *m(f)* ouvrier, -ière qualifié(e)
Facharzt *m*, **Fachärztin** *f* (médecin *m*) spécialiste *m,f*
Fachausbildung *f* formation spéciale, professionnelle
Fachausdruck *m* ⟨∼¢s; -drücke⟩ terme *m* technique

Fabeln

Wer kennt sie nicht, die Fabel vom Fuchs (**le renard**) und vom Raben (**le corbeau**), in der der Fuchs mit List und Tücke dem Raben ein Stück Käse abnehmen will? Oder die Fabel von der Grille (**la cigale**), die den ganzen Sommer über gesungen und keine Vorräte für den Winter angesammelt hat, und der fleißigen Ameise (**la fourmi**), die der lebenslustigen Grille nun aus der Patsche helfen soll?
Die französische Bearbeitung dieser bereits auf griechische Vorbilder zurückgehenden Fabeln stammt von Jean de La Fontaine (1621–1695).
Die Hauptdarsteller in La Fontaines Fabeln sind Tiere, die menschliche Schwächen und Marotten verkörpern. Der Leser soll dadurch belehrt und geläutert werden.

Fachausschuss m commission f, comité m d'experts
Fachbegriff m terme m technique
Fachberater m conseiller m (économique, juridique, etc)
Fachbereich m service m; département m; e-r französischen Hochschule a Unité f de formation et de recherche; UFR f
Fachbuch n livre, ouvrage spécialisé
Fächer ['fɛçər] m ⟨~s; ~⟩ éventail m
fächerartig adj u adv en éventail
fächerübergreifend adj interdisciplinaire
Fachfrau f spécialiste f; expert m
Fachgebiet n spécialité f; domaine m
fachgerecht I adj approprié **II** adv d'une façon appropriée
Fachgeschäft n magasin spécialisé
Fachhandel m commerce spécialisé
Fachhochschule f institut m universitaire de technologie
Fachidiot m spécialiste borné
Fachjargon m jargon technique, administratif, etc
Fachkenntnis(se) f(pl) connaissances spéciales
Fachkraft f personne qualifiée
Fachkräfte f/pl personnel qualifié
fachkundig adj compétent; expert
Fachlehrer(in) m(f) professeur m,f (**für** de)
Fachleute pl von **Fachmann**
fachlich adj professionnel
Fachliteratur f littérature spécialisée; coll livres, ouvrages spécialisés
Fachmann m ⟨~⨍s; -männer ou -leute⟩ spécialiste m; expert m
fachmännisch I adj de spécialiste; d'expert **II** adv avec compétence
Fachmesse f foire-exposition (spéciale); foire spécialisée
Fachoberschule f lycée (d'enseignement) pro-

fessionnel; LEP m
Fachpersonal n personnel qualifié
Fachpresse f presse spécialisée
Fachrichtung f branche f; discipline f
Fachschaft f ⟨~; ~en⟩ e-r Hochschule (délégués m/pl des) étudiants m/pl d'un département
Fachschule f école professionnelle
fachsimpeln F v/i ⟨⨍⟩ parler métier, boutique
fachspezifisch adj orienté, axé sur un domaine spécifique
Fachsprache f langage m technique; terminologie f
Fachunterricht m enseignement spécialisé
Fachverband m association professionnelle
Fachwerk n colombage m
Fachwerkhaus n maison f à colombage
Fachwissen n connaissances spécialisées, techniques
Fachwort n ⟨~⨍s; -wörter⟩ → **Fachausdruck**
Fachwörterbuch n dictionnaire spécialisé
Fachzeitschrift f revue spécialisée
Fackel ['fakəl] f ⟨~; ~n⟩ torche f; flambeau m
fackeln F v/i ⟨⨍⟩ **nicht lange fackeln** F ne faire ni une ni deux; ne pas hésiter
Fackelzug m retraite f aux flambeaux
fad(e) [faːt (ˈfaːdə)] adj **1.** Speise, fig fade; insipide **2.** (langweilig) ennuyeux
Faden ['faːdən] m ⟨~s; ⩗⟩ fil m (a MÉD); (Nähfaden) aiguillée f; MÉD **die Fäden ziehen** retirer les fils; fig **roter Faden** fil conducteur; **den Faden verlieren** perdre le fil; **alle Fäden in der Hand halten** tirer les ficelles; **an e-m (seidenen) Faden hängen** ne tenir qu'à un fil
Fadenkreuz n OPT réticule m
Fadennudeln f/pl vermicelle m
fadenscheinig adj **1.** (abgewetzt) élimé; râpé **2.** fig péj cousu de fil blanc
Fagott [faˈgɔt] n ⟨~⨍s; ~e⟩, **Fagottist** m ⟨~en; ~en⟩ basson m
fähig ['fɛːɪç] adj **1.** (befähigt) capable (**zu** de); apte (à) **2.** (bereit) **zu etw fähig sein** être capable de qc; péj **zu allem fähig** capable de tout
Fähigkeit f ⟨~; ~en⟩ **zu e-r Tätigkeit** capacité f; natürliche aptitude f; geistige faculté f
fahl [faːl] adj blafard; blême
Fähnchen ['fɛːnçən] n ⟨~s; ~⟩ petit drapeau; dreieckig fanion m
fahnden ['faːndən] v/i ⟨-e-⟩ **nach j-m fahnden** rechercher qn
Fahnder(in) m ⟨~s; ~⟩ (f) ⟨~in; ~innen⟩ investigateur, -trice m,f
Fahndung f ⟨~; ~en⟩ recherches f/pl
Fahndungsliste f liste f des personnes recherchées par la police
Fahne ['faːnə] f ⟨~; ~n⟩ **1.** drapeau m; fig **s-e Fahne nach dem Wind(e) hängen** retourner sa veste **2.** F (Alkoholfahne) **e-e Fahne haben** sentir l'alcool
Fahneneid m serment m (de fidélité) au drapeau
Fahnenflucht f désertion f
fahnenflüchtig adj **fahnenflüchtig werden** déserter
Fahnenkorrektur f épreuve f
Fahnenmast m mât m de drapeau
Fahnenstange f 'hampe f (de drapeau)
Fahnenträger m porte-drapeau m
Fahrausweis m titre m de transport

Fahrbahn *f e-r Straße* chaussée *f*; (*Fahrspur*) voie *f*
fahrbar *adj* roulant
Fahrbücherei *f* bibliobus *m*
Fähre ['fɛːrə] *f* ⟨∼; ∼n⟩ bac *m*; *große* ferry-boat *m*
fahren ['faːrən] ⟨fährt, fuhr, gefahren⟩ **I** *v/t Person, Auto* conduire; *Wagen, Lasten* transporter; *Strecke, Runde* faire; F *e-n fahren lassen* F faire un pet **II** *v/i* ⟨sn⟩ **1.** aller; rouler; *Person am Steuer* conduire; *mit 80 km/h fahren* faire du 80 à l'heure; *mit dem Auto, dem Fahrrad, der Bahn fahren* aller en voiture, à bicyclette, en train; prendre la voiture, la bicyclette, le train; *rechts fahren* rouler à droite; *gegen etw fahren* rentrer dans qc **2.** (*abfahren*) partir **3.** (*verkehren*) circuler; *der Bus fährt zweimal täglich* le bus passe deux fois par jour **4.** *fig mit der Hand über etw* (*acc*) *fahren* passer la main sur qc; *was ist bloß in dich gefahren?* qu'est--ce qui t'a pris?; F *gut mit j-m, e-r Sache fahren* être content de qn, qc
Fahren *n* ⟨∼s⟩ *am Steuer* conduite *f*; *e-s Fahrzeugs* marche *f*
fahrend *adj*: *fahrendes Volk* gens *m/pl* du voyage
Fahrenheit ['faːrənhaɪt] ⟨*sans article*⟩ PHYS Fahrenheit; *32 Grad Fahrenheit* 32 degrés *m/pl* Fahrenheit
fahrenlassen F *v/t* → *fahren I*
Fahrer *m* ⟨∼s, ∼⟩ conducteur *m*; *Beruf* chauffeur *m*
Fahrerflucht *f* délit *m* de fuite; *Fahrerflucht begehen* commettre un délit de fuite
Fahrerin *f* ⟨∼; ∼nen⟩ conductrice *f*
Fahrerlaubnis *f* ADM permis *m* de conduire
Fahrgast *m im Auto, Schiff* passager, -ère *m,f*; *in Zug, Bus, Straßenbahn* voyageur, -euse *m,f*; *im Taxi* client(e) *m(f)*
Fahrgeld *n* argent *m* pour le tramway, pour l'autobus, *etc*
Fahrgeldzuschuss *m* prime *f* de transport
Fahrgelegenheit *f* occasion *f* d'aller en voiture, en train, *etc*; → *Mitfahrgelegenheit*
Fahrgemeinschaft *f* covoiturage *m*
Fahrgeschwindigkeit *f* allure *f*; vitesse *f*
Fahrgestell *n e-s Autos* châssis *m*; *e-s Flugzeugs* train *m* d'atterrissage
fahrig *adj* (*unruhig*) agité; (*nervös*) nerveux
Fahrkarte *f* billet *m*; *einfache Fahrkarte* aller *m* simple
Fahrkartenautomat *m* distributeur *m* de billets
Fahrkartenkontrolle *f* contrôle *m* des billets
Fahrkartenkontrolleur(in) *m(f)* contrôleur, -euse *m,f*
Fahrkartenschalter *m* guichet *m* des billets
fahrlässig I *adj* négligent; *fahrlässige Tötung* homicide *m* par imprudence **II** *adv* par négligence
Fahrlässigkeit *f* ⟨∼⟩ négligence *f*
Fahrlehrer(in) *m(f)* moniteur, -trice *m,f* d'auto-école
Fährmann *m* ⟨∼s; -männer *ou* -leute⟩ passeur *m*
Fahrplan *m* **1.** horaire *m* **2.** F (*Programm*) programme *m*
fahrplanmäßig I *adj Zug, Bus* régulier; *Ankunft, Abfahrt* prévu (selon l'horaire) **II** *adv*

selon l'horaire
Fahrpraxis *f* ⟨∼⟩ pratique *f* de la conduite
Fahrpreis *m* prix *m* du transport
Fahrpreisanzeiger *m* ⟨∼s; ∼⟩ *im Taxi* compteur *m*
Fahrpreiserhöhung *f* augmentation *f* du prix du billet, du ticket
Fahrpreisermäßigung *f* réduction *f* du prix du billet, du ticket
Fahrprüfung *f* examen *m* du permis de conduire
Fahrrad *n* bicyclette *f*; vélo *m*
Fahrradanhänger *m* remorque *f* pour bicyclette
Fahrraddiebstahl *m* vol *m* de bicyclette
Fahrradfahrer(in) *m(f)* cycliste *m,f*
Fahrradhändler *m* marchand *m* de cycles
Fahrradkeller *m* garage *m* à vélos
Fahrradkette *f* chaîne *f* (de vélo, bicyclette)
Fahrradklingel *f* sonnette *f* (de bicyclette)
Fahrradsattel *m* selle *f* de vélo
Fahrradständer *m am Rad* béquille *f*; *Gestell* râtelier *m* à bicyclettes
Fahrradträger *m* AUTO porte-vélo *m*
Fahrradverleih *m* location *f* de vélos
Fahrradweg *m* piste *f* cyclable
Fahrschein *m* billet *m*; *für U-Bahn* ticket *m* (*oft a für Bus, Straßenbahn*)
Fahrscheinautomat *m* distributeur *m* de billets
Fährschiff *n* ferry-boat *m*
Fahrschule *f* auto-école *f*
Fahrschüler(in) *m(f)* élève *m,f* d'auto-école
Fahrspur *f* voie *f*; file *f*
Fahrstil *m* style *m* de conduite
Fahrstreifen *m* voie *f*; file *f*
Fahrstuhl *m* ascenseur *m*
Fahrstunde *f* leçon *f* de conduite
Fahrt [faːrt] *f* ⟨∼; ∼en⟩ **1.** (*Reise*) voyage *m*; *kurze* trajet *m*; *im Taxi* course *f*; (*Spazierfahrt*) promenade *f*; *Fahrt ins Blaue* excursion *f* à l'aventure; *auf der Fahrt nach ...* en allant à ...; *gute Fahrt!* bon voyage!; *bei e-r Autofahrt* bonne route! **2.** (*Fahren*) marche *f*; (*Geschwindigkeit*) vitesse *f*; allure *f*; *wir hatten freie Fahrt* nous avons bien roulé **3.** *fig* F *in Fahrt kommen* se dégeler; (*wütend werden*) s'énerver; F *in Fahrt sein* être lancé, (*aufgebracht sein*) F être fumace, furax
Fährte ['fɛːrtə] *f* ⟨∼; ∼n⟩ trace *f*; piste *f*; *fig auf der falschen Fährte sein* être sur une fausse piste; faire fausse route
Fahrtenbuch *n* AUTO carnet *m* de route
Fahrtenschreiber *m* TECH tachygraphe *m*; appareil enregistreur de vitesse
Fahrtkosten *pl* frais *m/pl* de transport
Fahrtkostenpauschale *f* prime *f* forfaitaire de transport
Fahrtkostenzuschuss *m* prime *f* de transport
Fahrtrichtung *f* sens *m* de la marche
fahrtüchtig *adj Person* en état de conduire; *Fahrzeug* en état de marche
Fahrtwind *m* vent *m*; air *m*
Fahrverbot *n* interdiction *f* de conduire
Fahrverhalten *n des Fahrers* comportement *m* au volant; conduite *f*; *des Fahrzeugs* qualités *f/pl*; (*Straßenlage*) tenue *f* de route
Fahrwasser *n fig in ein politisches Fahrwasser kommen* prendre une tournure politique

Fahrweise f façon f de conduire; conduite f
Fahrwerk n → **Fahrgestell**
Fahrzeit f durée f du trajet, du voyage
Fahrzeug n ⟨~¢s; ~e⟩ véhicule m
Fahrzeugbrief m → **Kraftfahrzeugbrief**
Fahrzeughalter m ADM détenteur m du véhicule
Fahrzeugkolonne f colonne f de véhicules
Fahrzeugpapiere n/pl papiers m/pl du véhicule
Faible ['fɛːbəl] n ⟨~s; ~s⟩ faible m; **ein Faible für j-n, etw haben** avoir un faible pour qn, pour qc
fair [fɛːr] adj fair-play; loyal; **fair sein (gegenüber)** être fair-play (avec)
Fairness ['fɛːrnəs] f ⟨~⟩ fair-play m
Fäkalien [fɛˈkaːliən] pl matières fécales
Fakir ['faːkiːr] m ⟨~s; ~e⟩ fakir m
Faksimile [fakˈziːmile] n ⟨~s; ~s⟩ facsimilé m
Fakt [fakt] n od m ⟨~¢s; ~en⟩ fait m
faktisch adj effectif
Faktor ['faktoːr] m ⟨~s; -toren⟩ facteur m
Faktum n ⟨~s; -ten⟩ fait m
Faktura [fakˈtuːra] f ⟨~; -ren⟩ bes österr COMM facture f
Fakultät [fakulˈtɛːt] f ⟨~; ~en⟩ faculté f; **juristische Fakultät** la faculté de droit
fakultativ adj facultatif
Falke ['falkə] m ⟨~n; ~n⟩ ZO, POL faucon m
Falklandinseln f/pl **die Falklandinseln** les (îles f/pl) Malouines f/pl
Falkner m ⟨~s; ~⟩ fauconnier m
Fall [fal] m ⟨~¢s; ~e⟩ **1.** (Vorkommnis) cas m (a JUR, MÉD); **in diesem Fall(e)** dans ce cas; **im schlimmsten Fall(e)** au pire; **auf jeden Fall, auf alle Fälle** en tout cas; de toute façon; **auf keinen Fall** en aucun cas; **für alle Fälle** à tout 'hasard; **für den Fall, dass ...** au cas où ... (+ Konditional); **von Fall zu Fall (entscheiden)** (décider) selon, suivant le cas; **gesetzt den Fall, dass ...** supposons que ... (+ subj); **(nicht) der Fall sein** (ne pas) être le cas **2.** (Sturz) chute f (a fig); st/s **zu Fall kommen** tomber; st/s fig **zu Fall bringen** Regierung provoquer la chute de; Antrag faire échouer **3.** GR cas m
Fallbeil n guillotine f; couperet m
Falle ['falə] f ⟨~; ~n⟩ **1.** piège m (a fig); fig **j-m e-e Falle stellen** tendre un piège à qn; **in die Falle gehen** tomber dans le piège, fig le panneau **2.** F (Bett) F pieu m
fallen v/i ⟨fällt, fiel, gefallen, sn⟩ **1.** zu Boden tomber; **fallen lassen** laisser tomber; **sich fallen lassen** se détendre **2.** im Krieg mourir à la guerre; tomber **3.** Preise, Kurse baisser; Thermometer baisser; descendre **4.** Festung être pris **5.** (wegfallen) tomber; être supprimé **6.** Schuss partir; SPORT Tor être marqué **7.** Wort être lâché **8.** Entscheidung être pris **9.** JUR **an j-n fallen** revenir à qn **10.** (treffen) **auf j-n, etw fallen** tomber sur qn, qc; Wahl, Verdacht se porter sur qn **11.** zeitlich **auf e-n Sonntag etc fallen** tomber un dimanche, etc **12.** **in dieselbe Kategorie fallen** rentrer dans la même catégorie
fällen ['fɛlən] v/t **1.** Baum abattre **2.** Entscheidung prendre
fallend adj tombant; Preise, Kurse, Barometer en baisse; Tendenz à la baisse

fallenlassen v/r → **fallen** 1
fällig ['fɛlɪç] adj Gebühr, Steuer exigible; Zinsen payable; (am ...) **fällig werden** échoir (le ...)
Fälligkeit f ⟨~; ~en⟩ échéance f
Fallobst n fruits tombés
Fallrohr n tuyau m de descente
Fallrückzieher m FUSSBALL coup de pied retourné
falls [fals] conj si (+ ind); au cas où ... (+ Konditional); **falls nicht** sinon
Fallschirm m parachute m; **mit dem Fallschirm abspringen** sauter en parachute
Fallschirmabsprung m saut m en parachute
Fallschirmjäger m parachutiste m
Fallschirmspringen n parachutisme m
Fallschirmspringer(in) m(f) parachutiste m,f
Fallstrick m traquenard m (a fig)
Fallstudie f étude f de cas
Falltür f trappe f
falsch [falʃ] **I** adj faux (a péj Person); Adresse, Mittel, Richtung, Tür mauvais **II** adv singen faux; aussprechen, schreiben, verstehen mal; machen mal; de travers; Uhr **falsch gehen** ne pas être juste od à l'heure; **falsch parken** être en stationnement interdit; TÉL (**ich bin**) **falsch verbunden** c'est une erreur
Falschaussage f JUR fausse déposition
fälschen ['fɛlʃən] v/t durch Nachahmung contrefaire; durch Änderung falsifier; truquer
Fälscher(in) m ⟨~s; ~⟩ (f) ⟨~in; ~innen⟩ faussaire m,f
Fälscherbande f bande f de faussaires
Falschfahrer m automobiliste m roulant à contresens
Falschgeld n fausse monnaie
Falschheit f ⟨~⟩ fausseté f
fälschlich **I** adj faux; (irrtümlich) erroné **II** adv faussement; (irrtümlich) par erreur
fälschlicherweise adv → **fälschlich**
Falschmeldung f fausse nouvelle
Falschmünzer m ⟨~s; ~⟩ faux-monnayeur m
Falschparker(in) m ⟨~s; ~⟩ (f) ⟨~in; ~innen⟩ automobiliste m,f en stationnement interdit
Falschspieler(in) m(f) tricheur, -euse m,f
Fälschung f ⟨~; ~en⟩ durch Nachahmung contrefaçon f; durch Änderung falsification f; von Kunstwerken faux m
fälschungssicher adj infalsifiable
Faltblatt n dépliant m
Faltboot n canot pliant
Falte ['faltə] f ⟨~; ~n⟩ **1.** (Kleiderfalte) pli m; ungewollte faux pli; (Kräuselfalte) fronce f; **Falten werfen** faire des plis **2.** (Hautfalte) ride f; **die Stirn in Falten ziehen** od **legen** nachdenklich plisser le front; aus Ärger froncer les sourcils
falten v/t ⟨-e-⟩ plier; Hände joindre
faltenlos adj Kleid sans plis; Haut sans rides
Faltenrock m jupe plissée
Faltenwurf m KUNST draperie f; COUT drapé m
Falter m ⟨~s; ~⟩ ZO papillon m
faltig adj (zerknittert) froissé; Haut ridé
Falz [falts] m ⟨~es; ~e⟩ e-s Papierbogens pli m; e-s Buchs onglet m
falzen v/t ⟨¢¢s⟩ Papier plier
familiär [famiˈlɛːr] adj **1.** (zwanglos) familier **2.** (Familien...) familial; de famille

Familie [fa'mi:liə] $f\langle\sim;\sim n\rangle$ famille f; **e-e Familie gründen** fonder une famille; *plais das kommt in den besten Familien vor* cela arrive dans les meilleures familles

---

Familie = famille

Wird anders geschrieben als englisch „family".

Familienalbum n album m de famille
Familienangehörige(r) $f(m)$ membre m de la famille; parent(e) $m(f)$
Familienangelegenheit f affaire f de famille
Familienanschluss m accueil m dans une famille
Familienbesitz m bien(s) $m(pl)$ de famille
Familienbetrieb m entreprise familiale
Familienbuch n livret m de famille
Familienfeier f fête f de famille
familienfeindlich *adj* contre la famille
Familienfoto n photo f de famille
familienfreundlich *adj* Politik, Maßnahme en faveur des familles; *Preise* pour les familles
Familiengrab n caveau m de famille
Familienkreis m **im engsten Familienkreis** dans la plus stricte intimité
Familienleben n vie f de famille, familiale
Familienminister(in) $m(f)$ *in Deutschland* ministre m,f des Affaires familiales
Familienmitglied n membre m de la famille
Familienname m nom m de famille
Familienoberhaupt n chef m de famille
Familienpackung f comm paquet familial
Familienplanung f planning familial
Familienpolitik f politique familiale
Familienstammbuch n livret m de famille
Familienstand m adm état civil; situation f de famille
Familientragödie f drame familial, de famille
Familientreffen n réunion de famille
Familienunternehmen $n \rightarrow$ **Familienbetrieb**
Familienvater m père m de famille
famos [fa'mo:s] F *adj* épatant; F chouette
Fan [fɛn] $m \langle\sim s; \sim s\rangle$ fan m,f; *e-s Sportlers* supporter m
Fanal [fa'na:l] st/s $n \langle\sim s; \sim e\rangle$ flambeau m
Fanatiker(in) [fa'na:tikər(in)] $m \langle\sim s; \sim\rangle$ (f) $\langle\sim in; \sim innen\rangle$ fanatique m,f
fanatisch *adj* fanatique
Fanatismus $m \langle\sim\rangle$ fanatisme m
fand [fant] $\rightarrow$ **finden**
Fanfare [fan'fa:rə] $f \langle\sim; \sim n\rangle$ fanfare f
Fang [faŋ] $m \langle\sim ¢s; \approx e\rangle$ **1.** (*Fischfang*) prise f (*a fig*); pêche f; (*Beute*) capture f **2.** *pl* **Fänge** *e-s Raubvogels* serres f/pl
Fangarm m zo tentacule m
Fangemeinde f fan-club m
fangen $\langle$fängt, fing, gefangen$\rangle$ **I** *v/t Person, Tier, Ball* attraper; *Tier a* capturer; *Fische* prendre; **Fangen spielen** jouer à chat **II** *v/r sich (wieder) fangen* se reprendre (*a fig*)
Fangfrage f question f piège; (*j-m*) **e-e Fangfrage stellen** poser une colle (à qn)
Fangopackung ['faŋo-] f enveloppement m (à base) de boues minérales
Fangschaltung f tél dispositif m de localisa-

tion d'une *bzw* des communication(s) téléphonique(s)
Fanklub m club m de fans
Fantasie [fanta'zi:] $f \langle\sim; \sim n\rangle$ **1.** (*Einbildungskraft*) imagination f; (*Einfallsreichtum*) fantaisie f **2.** *meist pl* (*Vorstellung*) **Fantasien** visions f/pl; rêveries f/pl
fantasielos *adj* dépourvu d'imagination
Fantasielosigkeit $f \langle\sim\rangle$ manque m d'imagination
fantasieren *v/i* $\langle$*sans ge*$\rangle$ **1.** rêver (**von** de); *abs* fantasmer; s'abandonner à son imagination **2.** *im Fieber* divaguer; délirer **3.** (*Unsinn reden*) F débloquer; F délirer
fantasievoll *adj* plein d'imagination
fantastisch [fan'tastɪʃ] *adj* **1.** fantastique; romanesque; fantaisiste **2.** (*unwirklich*) invraisemblable; incroyable; rocambolesque **3.** F (*großartig*) F formidable; fantastique
Fantasy ['fɛntəzi] $f \langle\sim\rangle$ literatur, film fantastique m
Faradaykäfig ['farade:-] m élect cage f de Faraday
Farbband $n \langle\sim ¢s; -bänder\rangle$ ruban m encreur
Farbbild n photo f (en) couleur(s)
Farbdruck $m \langle\sim ¢s; \sim e\rangle$ impression f en couleurs; chromotypographie f
Farbdrucker m imprimante f couleur
Farbe ['farbə] $f \langle\sim; \sim n\rangle$ **1.** couleur f (*a fig*); *des Gesichts a* teint m; *fig* **Farbe bekennen** jouer cartes sur table; $\rightarrow$ *Info bei* **couleur 2.** *zum Anstreichen* peinture f
farbecht *adj* grand teint
färben ['fɛrbən] **I** *v/t* **1.** colorer; *Gewebe, Haar* teindre; **blau färben** colorer, teindre en bleu **2.** *fig Bericht* déformer **II** *v/r sich (rot) färben* se colorer (de rouge)
farbenblind *adj* daltonien
Farbenblindheit f daltonisme m
farbenfroh *adj* coloré; 'haut en couleurs
Farbenlehre $f \langle\sim\rangle$ théorie f des couleurs
farbenprächtig *adj* aux couleurs magnifiques
Farbfernsehen n télévision f en couleurs
Farbfernseher F m F télé f couleur
Farbfernsehgerät n téléviseur m couleur
Farbfilm m film m en couleurs; phot pellicule f (en) couleurs
Farbfilter m *od* n opt, phot filtre, écran coloré
Farbfleck m tache f de couleur
Farbfoto n photo f (en) couleur(s)
Farbfotografie f photographie f (en) couleur(s)
farbig *adj* (*bunt*) Hautfarbe de couleur; *Glas, fig* coloré
Farbige(r) $f(m) \langle\rightarrow A\rangle$ homme m, femme f de couleur
Farbkasten m boîte f de couleurs
Farbkombination f combinaison f de couleurs
Farbkontrast m opposition f de couleurs; contraste m des couleurs
Farbkopie f copie f en couleurs
Farbkopierer m (photo)copieur m couleur
farblich **I** *adj* des couleurs **II** *adv* **etw farblich abstimmen** accorder les couleurs de qc
farblos *adj* incolore; sans couleur (*a fig*)
Farbskala f échelle f, gamme f de couleurs
Farbstift m crayon m de couleur
Farbstoff m matière colorante; colorant m
Farbton $m \langle\sim ¢s; -töne\rangle$ teinte f

Farbtupfen *m*, **Farbtupfer** F *m* tache *f* de couleur

Färbung *f* ⟨∼; ∼en⟩ *Vorgang* teinture *f*; *Eigenschaft* coloration *f*; teinte *f* (*a fig*)

Farce ['farsə] *f* ⟨∼; ∼n⟩ farce *f* (*a fig*)

Farm [farm] *f* ⟨∼; ∼en⟩ ferme *f*; *in Amerika* ranch *m*

Farmer(in) *m* ⟨∼s; ∼⟩ (*f*) ⟨∼in; ∼innen⟩ fermier, -ière *m,f*

Farn [farn] *m* ⟨∼¢s; ∼e⟩ fougère *f*

Farnkraut *n* → **Farn**

Färöer [fɛ'røːər] *die Färöer pl* les îles *f/pl* Féroé

Färse ['fɛrzə] *f* ⟨∼; ∼n⟩ AGR génisse *f*

Fasan [fa'zaːn] *m* ⟨∼¢s; ∼eɲ⟩ faisan *m*

Faschierte(s) [fa'ʃiːrtə(s)] *n* ⟨→ A⟩ *österr* 'hachis *m*

Fasching ['faʃɪŋ] *m* ⟨∼s; ∼e *ou* ∼s⟩ carnaval *m*

Faschingsball *m* bal *m* de carnaval

Faschismus [fa'ʃɪsmʊs] *m* ⟨∼⟩ fascisme *m*

Faschist(in) *m* ⟨∼en; ∼en⟩ (*f*) ⟨∼in; ∼innen⟩ fasciste *m,f*

faschistisch *adj* fasciste

faseln ['faːzəln] F *péj v/t u v/i* ⟨¢⟩ radoter; F dérailler

Faser ['faːzər] *f* ⟨∼; ∼n⟩ fibre *f*

faserig *adj* fibreux; *Fleisch* filandreux

fasern *v/i von Stoff* s'effilocher

Faserschreiber *m* → **Filzschreiber**

Fass [fas] *n* ⟨∼es; ∼er⟩ **1.** tonneau *m*; barrique *f* (*etwa 225 l*); *meist für Wein a* fût *m*; *für Heringe* baril *m*; *Bier n vom Fass* (bière *f*) pression *f* **2.** *fig ein Fass ohne Boden* un gouffre; *das schlägt dem Fass den Boden aus* c'est le comble

Fassade [fa'saːdə] *f* ⟨∼; ∼n⟩ façade *f* (*a fig*)

fassbar *adj* (*wahrnehmbar*) perceptible (*a fig*); (*begreifbar*) concevable

Fassbier *n* (bière *f*) pression *f*

Fässchen ['fɛsçən] *n* ⟨∼s; ∼⟩ tonnelet *m*; barillet *m*

fassen ['fasən] ⟨¢¢⟩ **I** *v/t* **1.** (*greifen*) prendre; saisir; *Verbrecher* arrêter **2.** → *einfassen* **3.** *Gefäß*, *Raum* (pouvoir) contenir **4.** *Entschluss*, *Vertrauen*, *Vorsatz* prendre; *Plan* concevoir; *Mut* reprendre **5.** (*glauben*) *etw nicht fassen können* ne pas pouvoir croire qc; *es ist nicht zu fassen!* c'est incroyable! **II** *v/i* **6.** (*greifen*) *Schraube* mordre; *in etw* (*acc*) *fassen* mettre la main dans qc; *an etw* (*acc*) *fassen* toucher qc **III** *v/r* **7.** *sich* (*wieder*) *fassen* se ressaisir; (*sich beruhigen*) se calmer **8.** → *kurzfassen*

Fasson [fa'sõː] *f* ⟨∼; ∼s⟩ façon *f*; *fig nach s-r Fasson* à sa guise

Fassung *f* ⟨∼; ∼en⟩ **1.** *e-r Glühbirne* douille *f*; *e-r Brille*, *e-s Edelsteins* monture *f* **2.** *e-s Textes* version *f* **3.** (*Selbstbeherrschung*) contenance *f*; *die Fassung bewahren* faire bonne contenance; *die Fassung verlieren* perdre contenance; *j-n aus der Fassung bringen* décontenancer qn

fassungslos *adj* décontenancé; stupéfait

Fassungsvermögen *n* contenance *f*; capacité *f*

fast [fast] *adv* presque; *vor Zahlen a* près de; *fast nichts* pratiquement rien; *ich wäre fast gefallen* j'ai failli tomber

fasten *v/i* ⟨-e-⟩ jeûner; ne rien manger

Fasten *n* ⟨∼s⟩ jeûne *m*

Fastenkur *f* cure *f* d'amaigrissement par le jeû-

ne

Fastenzeit *f* carême *m*

Fastfood ['faːst'fuːt] *n* ⟨∼$⟩ **1.** *Gastronomie* fast-food *m*; restauration *f* rapide **2.** *Mahlzeit* repas *m* rapide

Fastfoodkette *f* chaîne *f* de restauration rapide

Fastfoodrestaurant *n* fast-food *m*

Fastnacht *f* (*Karneval*) carnaval *m*; (*Fastnachtsdienstag*) mardi gras

Fastnachtsdienstag *m* mardi gras

Faszination [fastsinatsi'oːn] *f* ⟨∼⟩ fascination *f*

faszinieren *v/t* ⟨*sans ge*⟩ fasciner

fatal [fa'taːl] *adj* **1.** (*misslich*) fâcheux **2.** (*verhängnisvoll*) fatal; *fatale Folgen haben* avoir des conséquences graves

Fatalismus *m* ⟨∼⟩ fatalisme *m*

fatalistisch *adj* fataliste

Fata Morgana ['faːtamɔr'gaːna] *f* ⟨∼; -nen *ou* ∼s⟩ mirage *m*

Fatzke ['fatskə] F *péj m* ⟨∼n *ou* ∼s; ∼n *ou* ∼s⟩ poseur *m*; fat *m*

fauchen ['fauxən] *v/i* **1.** *Katze*, *Tiger* feuler **2.** *fig Person* grogner

faul [faul] *adj* **1.** *Person* paresseux; P *fauler Sack* F cossard *m* **2.** *Früchte*, *Ei* pourri **3.** F *péj faule Ausrede* mauvaise excuse; *fauler Kompromiss* compromis boiteux; *da ist etwas faul* c'est louche

Fäule ['fɔylə] *f* ⟨∼⟩ pourriture *f*

faulen *v/i* ⟨*sn ou* h⟩ pourrir; *Wasser* croupir

faulenzen ['faulɛntsən] *v/i* ⟨¢$⟩ paresser; *péj* F flemmarder

Faulenzer(in) *m* ⟨∼s; ∼⟩ (*f*) ⟨∼in; ∼innen⟩ *péj* paresseux, -euse *m,f*; fainéant(e) *m(f)*

Faulenzerei *f* ⟨∼⟩ *péj* fainéantise *f*

Faulheit *f* ⟨∼⟩ paresse *f*; *p/fort* fainéantise *f*

faulig *adj Wasser* croupi; *Geruch* putride; *Obst* pourri

Fäulnis *f* ⟨∼⟩ pourriture *f*

Faulpelz F *m* → **Faulenzer(in)**

Faultier *n* **1.** zo paresseux *m* **2.** F → **Faulenzer(in)**

Faun [faun] *m* ⟨∼$s; ∼e⟩ MYTH, *fig* faune *m*

Fauna ['fauna] *f* ⟨∼; -nen⟩ faune *f*

Faust [faust] *f* ⟨∼; Fäuste⟩ **1.** poing *m*; *j-m mit der Faust drohen* montrer le poing à qn **2.** *fig mit der Faust auf den Tisch hauen* taper du poing sur la table; F *das passt wie die Faust aufs Auge* (*passt nicht*) ça vient comme un cheveu sur la soupe; (*passt genau*) ça va parfaitement ensemble; *etw auf eigene Faust tun* faire qc de son propre chef

Faustball *m* ⟨∼¢s⟩ SPORT balle *f* au poing

Fäustchen ['fɔystçən] *n* ⟨∼s; ∼⟩ *fig sich* (*dat*) *ins Fäustchen lachen* rire sous cape

faustdick I *adj* gros comme le poing; F *Lüge* gros comme une maison **II** F *adv er hat es faustdick hinter den Ohren* c'est un malin, un rusé

fausten *v/t* ⟨-e-⟩ *Torhüter* dégager du poing

faustgroß *adj* gros comme le poing

Fausthandschuh *m* moufle *f*

Fäustling ['fɔystlɪŋ] *m* ⟨∼s; ∼e⟩ moufle *f*

Faustrecht *n* loi *f* du plus fort

Faustregel *f* règle générale

Faustschlag *m* coup *m* de poing

Fauteuil [fo'tøːj] *m* ⟨∼s; ∼s⟩ *österr* fauteuil *m*

Fauxpas [fo'pa] *m* ⟨∼; ∼⟩ impair *m*; faux pas

e-n Fauxpas begehen faire, commettre un impair

Favorit(in) [favoˈriːt(ın)] *m* ⟨∼en; ∼en⟩ (*f*) ⟨∼in; ∼innen⟩ favori, -ite *m,f*

Fax [faks] *n* ⟨∼; ∼e⟩ fax *m*; télécopie *f*

Faxanschluss *m* fax *m*

faxen *v/t* ⟨¢$⟩ faxer

Faxen [ˈfaksən] F *f/pl* (*Albereien*) clowneries *f/pl*; (*Grimassen*) singeries *f/pl*

Faxgerät *n* télécopieur *m*; fax *m*

Faxnummer *f* numéro *m* de télécopieur, de fax

Fayence [faˈjãːs] *f* ⟨∼; ∼n⟩ faïence *f*

Fazit [ˈfaːtsıt] *n* ⟨∼s; ∼e *ou* ∼s⟩ résultat *m*; bilan *m*; *das Fazit* (*aus etw*) *ziehen* faire le bilan (de qc)

FC [ɛfˈtseː] *m abr in Zssgn* ⟨∼⟩ (*Fußballclub*) F.C. *m* (football club)

FCKW [ɛftseːkaːˈveː] *abr* (*Fluorchlorkohlenwasserstoffe*) CFC *m/pl* (chlorofluorocarbones)

FDP [ɛfdeːˈpeː] *f abr* ⟨∼⟩ (*Freie Demokratische Partei*) F.D.P. *m* (parti libéral allemand)

F-Dur *n* fa *m* majeur

Feber [ˈfeːbər] *m* ⟨∼s; ∼⟩ *österr* (mois *m* de) février *m*; → *Januar*

Februar [ˈfeːbruaːr] *m* ⟨∼$; ∼e⟩ (mois *m* de) février *m*; → *Januar*

fechten [ˈfɛçtən] *v/i* ⟨ficht, focht, gefochten⟩ **1.** faire de l'escrime (*mit dem Degen* à l'épée) **2.** *st/s fig* (*kämpfen*) se battre (*für, gegen* pour, contre)

Fechten *n* ⟨∼s⟩ escrime *f*

Fechter(in) *m* ⟨∼s; ∼⟩ (*f*) ⟨∼in; ∼innen⟩ escrimeur, -euse *m,f*

Feder [ˈfeːdər] *f* ⟨∼; ∼n⟩ **1.** (*Vogelfeder*) plume *f*; (*Hutfeder*) plumet *m*; *fig sich mit fremden Federn schmücken* se parer des plumes du paon; F *fig dabei Federn lassen* y laisser des plumes; F *noch in den Federn liegen* F être encore au lit **2.** (*Schreibfeder*) plume *f*; *zur Feder greifen* prendre la plume **3.** TECH ressort *m*

Federball *m* Ball *u* Spiel volant *m*; badminton *m*

Federballschläger *m* raquette *f* de volant, de badminton

Federbett *n* couette *f*; *kleines* édredon *m*

Federboa *f* COUT boa *m*

federführend *adjt* compétent; responsable

Federführung *f die Federführung* (*bei od in etw* [*dat*]) *haben* avoir la responsabilité (de qc); *unter der Federführung von* sous la responabilité de

Federgewicht *n* SPORT poids *m* plume

Federhalter *m* porte-plume *m*

Federkernmatratze *f* matelas *m* à ressorts

federleicht *adj* léger comme une plume

Federlesen *n nicht viel Federlesens machen* ne pas y aller par quatre chemins

Federmäppchen *n* ⟨∼s; ∼⟩ trousse *f* (d'écolier); *aus Holz od Metall* plumier *m*

federn **I** *v/t Matratze* mettre des ressorts à; *Auto gut gefedert* avec une bonne suspension **II** *v/i* faire ressort

federnd *adjt* qui fait ressort; *Gang, Bewegung* élastique

Federschmuck *m* parure *f* de plumes

Federung *f* ⟨∼; ∼en⟩ suspension *f*

Federvieh F *n* volaille *f*

Federweiße(r) *m* ⟨→ A⟩ vin bourru

Federzeichnung *f* dessin *m* à la plume

Fee [feː] *f* ⟨∼; ∼n⟩ fée *f*; *gute, böse Fee* bonne, mauvaise fée

Feedback [ˈfiːdbɛk] *n* ⟨∼s; ∼s⟩ feed-back *m*

Fegefeuer *n* purgatoire *m*

fegen [ˈfeːgən] **I** *v/t* **1.** *mit Besen* balayer; *Schornstein* ramoner **2.** *etw vom Tisch fegen* envoyer valser qc; *fig* balayer qc d'un revers de main **II** *v/i* ⟨sn⟩ *Schnellzug etc* passer en trombe; *Wind über die Ebene fegen* balayer la plaine

Fehde [ˈfeːdə] *f* ⟨∼; ∼n⟩ querelle *f* (*a fig*)

Fehdehandschuh *st/s m* **j-m den Fehdehandschuh hinwerfen** jeter le gant à qn

Fehl [feːl] *st/s m ohne Fehl* (*und Tadel*) irréprochable; sans défaut

Fehlalarm *m* fausse alerte

Fehlanzeige *f* F (*nichts*) *Fehlanzeige!* néant!

Fehlbesetzung *f* THÉ mauvaise distribution (des rôles)

Fehlbetrag *m* déficit *m*

Fehlbildung *f* MÉD malformation *f*

Fehldiagnose *f* erreur *f* de diagnostic

Fehleinschätzung *f* erreur *f* d'appréciation

fehlen [ˈfeːlən] *v/i u v/imp* **1.** (*mangeln, nicht da sein*) manquer; *Person a* être absent; *mir fehlen fünfzig Euro* il me manque cinquante euros; *es fehlt ihm nicht an Talent* (*dat*) il ne manque pas de talent **2.** (*nötig sein*) manquer; *ihr fehlen noch zwei Punkte zum Gewinn* il lui manque encore deux points; *es hätte nicht viel gefehlt, und ich wäre gefallen* j'ai failli tomber; *iron das fehlte gerade noch!* il ne manquait plus que ça! **3.** *du fehlst mir* tu me manques **4.** *gesundheitlich fehlt Ihnen etwas?* ça ne va pas?; vous n'êtes pas bien? **5.** *st/s weit gefehlt!* il n'en est rien; pas du tout!

Fehlen *n* ⟨∼s⟩ manque *m*; défaut *m*; (*Abwesenheit*) absence *f*

fehlend *adjt* manquant; absent

Fehlentscheidung *f* mauvaise décision

Fehler *m* ⟨∼s; ∼⟩ **1.** (*Verstoß*) faute *f* (*a moralischer*, SPORT); (*Irrtum*) erreur *f* (*a* MATH); *e-n Fehler machen* faire une erreur **2.** (*Mangel*) défaut *m*; vice *m*

Fehleranalyse *f* analyse *f* d'erreurs

fehlerfrei *adj* **1.** sans faute(s); correct **2.** (*ohne Mangel*) sans défaut(s)

fehlerhaft *adj* **1.** plein de fautes **2.** TECH défectueux

fehlerlos → *fehlerfrei*

Fehlermeldung *f* signalement *m* d'une erreur

Fehlerquelle *f* source *f* d'erreur(s)

Fehlerquote *f* pourcentage *m* d'erreurs

Fehlersuche *f beim Reparieren* détection *f* d'anomalies; INFORM détection *f* d'erreurs

Fehlfarbe *f* **1.** *Zigarre* cigare *m* de second choix **2.** (*fehlende Spielkarte*) carte manquante (dans la couleur demandée); (*Farbe, die nicht Trumpf ist*) couleur *f* qui n'est pas atout

Fehlgeburt *f* fausse couche; *e-e Fehlgeburt haben* faire une fausse couche

fehlgehen *st/s v/i* ⟨*irr*, sn⟩ *gehe ich fehl in der Annahme, dass …?* est-ce que je me trompe en supposant que …?

Fehlgriff *m* mauvais choix; erreur *f*

Feiertage in Frankreich

le 1er janvier	le jour de l'An	Neujahrstag
mars/avril	**Pâques** (*immer ohne Artikel!*)	Ostern
le 1er mai	la Fête du Travail	Tag der Arbeit
le 8 mai	le Jour de la Victoire (der Siegestag)	Ende des 2. Weltkriegs
mai	l'Ascension	Christi Himmelfahrt
mai/juin	la Pentecôte	Pfingsten
le 14 juillet	la fête nationale	französischer Nationalfeiertag (1789: Eroberung der Bastille)
le 15 août	l'Assomption	Mariä Himmelfahrt
le 1er novembre	la Toussaint	Allerheiligen
le 11 novembre	l'Armistice (der Waffenstillstand)	Ende des 1. Weltkriegs
le 25 décembre	**Noël** (*immer ohne Artikel!*)	Weihnachten

Fehlinterpretation f interprétation erronée; mauvaise interprétation
Fehlinvestition f mauvais investissement
Fehlkalkulation f mauvais calcul
Fehlkauf m mauvaise affaire; mauvais achat
Fehlkonstruktion f construction défectueuse
Fehlleistung f PSYCH (*freudsche*) **Fehlleistung** acte manqué; *beim Schreiben od Sprechen* lapsus m
Fehlpass m mauvaise passe
Fehlplanung f (exemple f de) mauvaise planification
Fehlschlag m échec m
fehlschlagen v/i ⟨*irr*, sn⟩ échouer; rater
Fehlstart m faux départ
Fehltritt m 1. (*Tritt daneben*) faux pas 2. *moralischer* écart m de conduite
Fehlurteil n erreur f de jugement
Fehlzündung f AUTO raté m
Feier ['faɪər] f ⟨~; ~n⟩ 1. *private* fête f 2. *e-s Gedenktages* célébration f; *oft plais* **zur Feier des Tages** en l'honneur de ce grand jour
Feierabend m fin f de la journée de travail; **Feierabend machen** finir de travailler; **nach Feierabend** après le travail
feierlich *adj* solennel
Feierlichkeit f ⟨~; ~en⟩ 1. *e-r Veranstaltung* solennité f 2. *Vorgang* cérémonie f
feiern I v/t **j-n, etw feiern** fêter qn, qc; *festlich* **etw feiern** célébrer qc II v/i faire une fête
Feierstunde f cérémonie f
Feiertag m jour férié, de fête; **gesetzlicher, kirchlicher Feiertag** fête légale, religieuse; **schöne Feiertage!** (passez de) bonnes fêtes!
Feiertagszuschlag m prime f, indemnité f de jour férié
feig(e) [faɪk ('faɪɡə)] *adj* lâche
Feige f ⟨~; ~n⟩ figue f
Feigenbaum m figuier m
Feigenblatt n feuille f de figuier; KUNST, *fig* feuille de vigne
Feigenkaktus m BOT raquette f; figuier m de Barbarie

Feigheit f ⟨~⟩ lâcheté f
Feigling m ⟨~s; ~e⟩ lâche m,f; F **sei kein Feigling!** F ne te dégonfle pas!
Feile ['faɪlə] f ⟨~; ~n⟩ lime f
feilen v/t 1. limer; **sich** (*dat*) **die Fingernägel feilen** se limer les ongles 2. *fig* **an e-m Text feilen** peaufiner un texte
feilschen ['faɪlʃən] v/i *péj* **um etw feilschen** marchander qc
Feilspäne m/pl, **Feilstaub** m limaille f
fein [faɪn] I *adj* 1. fin (*a Sand, Sinne, Haar, Papier, Regen*); *Unterschied, Humor* subtil 2. (*edel*) exquis; fin; **alles nur vom Feinsten** tout ce qu'il y a de meilleur 3. (*vornehm*) distingué 4. F (*nett*) F sympa 5. F (*schön*) **fein!** parfait!; **e-e feine Sache** F un truc formidable II *adv* 6. finement; *mahlen* fin 7. (*gut*) bien; F **sie ist fein heraus** elle s'en est bien tirée
Feinabstimmung f TECH syntonisation f de précision; réglage minutieux
Feind [faɪnt] m ⟨~¢s; ~e⟩ ennemi m; **sich** (*dat*) **j-n zum Feind(e) machen** se faire un ennemi de qn; **zum Feind überlaufen** passer à l'ennemi

Feind = ennemi
Wird anders geschrieben als englisch „enemy".

Feindbild n idée f qu'on se fait de l'adversaire; *pl/fort* cliché m de l'ennemi
Feindin f ⟨~; ~nen⟩ ennemie f
feindlich I *adj* (*des Feindes*) ennemi; (*feindselig*) hostile II *adv* **j-m feindlich gesinnt sein** être hostile à qn
Feindschaft f ⟨~; ~en⟩ hostilité f; inimitié f; **in Feindschaft** (*dat*) **leben mit** vivre en inimitié avec
feindselig *adj* hostile
Feindseligkeit f ⟨~; ~en⟩ hostilité f
feinfühlig *adj* sensible

Feingebäck *n* pâtisseries *f/pl*
Feingefühl *n* tact *m*; délicatesse *f*
Feingehalt *m* *e-s Metalls* titre *m*
Feingold *n* or fin
Feinheit *f* ⟨∼; ∼en⟩ finesse *f* (*a fig*); *pl* **die Fein-heiten** les finesses *f/pl*; les subtilités *f/pl*
feinkörnig *adj Sand* fin; PHOT à grain fin
Feinkost *f* épicerie fine
Feinkostgeschäft *n* épicerie fine; traiteur *m*
Feinmechaniker *m* mécanicien *m* de précision
feinporig *adj* aux pores fins
Feinripp *m* ⟨∼s⟩ TEXT tricot *m* à côtes fines
Feinschmecker(in) *m* ⟨∼s; ∼⟩ (*f*) ⟨∼in; ∼innen⟩ gourmet *m*
Feinschmeckerlokal *n* restaurant *m* gastrono-mique
feinsinnig *adj* subtil; fin
Feinstaub *m* poussière fine
Feinstrumpfhose *f* collant fin
Feinwäsche *f* lingerie fine
Feinwaschmittel *n* lessive *f* pour tissus délicats
feist [faɪst] *adj péj* gras; obèse
feixen ['faɪksən] F *v/i* ⟨¢⟩ ricaner
Felchen ['fɛlçən] *m* ⟨∼s; ∼⟩ zo corégone *m*; féra *m*
Feld [fɛlt] *n* ⟨∼¢s; ∼er⟩ **1.** (*Land*) campagne *f*; **auf freiem Feld(e)** en rase campagne **2.** (*Acker*) champ *m* **3.** (*umgrenztes Gebiet, Sportfeld*) terrain *m*; SPORT (*Mannschaftsfeld*) peloton *m* **4.** (*Schlachtfeld*) champ *m* **5.** *fig das Feld räumen* battre en retraite; *st/s gegen etw zu Felde ziehen* lancer une campagne contre qc **6.** *e-s Formulars, Brettspiels* case *f* **7.** PHYS, INFORM champ *m* **8.** *fig* (*Bereich*) domaine *m*; *das ist ein weites Feld* c'est un vaste sujet
Feldarbeit *f* travaux *m/pl* des champs
Feldbett *n* lit *m* de camp
Feldflasche *f* gourde *f*
Feldforschung *f* travaux *m/pl* sur le terrain
Feldhase *m* lièvre commun
Feldherr *m* général *m*
Feldjäger *m/pl* police *f* militaire
Feldmarschall *m* feld-maréchal *m*
Feldmaus *f* campagnol *m*
Feldsalat *m* mâche *f*; doucette *f*
Feldspieler *m* joueur *m*
Feldstecher *m* ⟨∼s; ∼⟩ OPT jumelles *f/pl*
Feldverweis *m* SPORT expulsion *f*
Feld-Wald-und-Wiesen-... F *in Zssgn* quelcon-que
Feldwebel *m* ⟨∼s; ∼⟩ MIL sergent-chef *m*; F *fig péj* adjudant *m*
Feldweg *m* chemin (rural)
Feldzug *m* campagne *f* (*a fig*)
Felgaufschwung *m* TURNEN rétablissement *m* avec tour d'appui
Felge ['fɛlgə] *f* ⟨∼; ∼n⟩ **1.** TECH jante *f* **2.** TURNEN tour *m* d'appui
Felgenbremse *f* frein *m* sur jante
Fell [fɛl] *n* ⟨∼¢s; ∼e⟩ **1.** *lebender Tiere* poil *m*; *toter Tiere* peau *f*; *e-s Pferds* robe *f*; *von Pelz-tieren* fourrure *f*; *mit Fell gefüttert* fourré **2.** F *fig ein dickes Fell haben* être insensible; *j-m das Fell über die Ohren ziehen* F plumer qn; F rouler qn
Fels [fɛls] *m* ⟨∼en; ∼en⟩ rocher *m*; *fig fest wie ein Fels* solide comme un roc; *wie ein Fels in der Brandung stehen* ne pas se laisser im-

pressionner
Felsblock *m* ⟨∼s; ∼̈e⟩, **Felsbrocken** *m* bloc *m* de roche
Felsen *m* ⟨∼s; ∼⟩ rocher *m*
felsenfest **I** *adj* inébranlable **II** *adv* fermement; *felsenfest an etw* (*acc*) *glauben* croire dur comme fer à qc; *von etw felsenfest über-zeugt sein* être convaincu fermement de qc
Felsenküste *f* côte rocheuse
Felsenriff *n* récif *m*; écueils *m/pl*
felsig *adj* rocheux
Felsmalerei *f* peinture *f* rupestre
Felsmassiv *n* massif rocheux
Felsschlucht *f* ravin *m*; gorge *f*
Felsspalte *f* crevasse *f*
Felsvorsprung *m* promontoire rocheux; saillie rocheuse
Felswand *f* paroi rocheuse
Felszeichnungen *f/pl* dessins *m/pl* rupestres
feminin [femi'niːn] *adj* **1.** (*weiblich*) féminin (*a* GR) **2.** *péj* (*unmännlich*) efféminé
Femininform *f* GR forme féminine
Femininum *n* ⟨∼s; -na⟩ GR féminin *m*
Feminismus *m* ⟨∼⟩ féminisme *m*
Feministin *f* ⟨∼; ∼nen⟩ féministe *f*
feministisch *adj* féministe
Fenchel ['fɛnçəl] *m* ⟨∼s⟩ fenouil *m*
Fencheltee *m* tisane *f* de fenouil
Feng-Shui [fɛŋ'ʃui] *n* ⟨∼⟩ feng-shui *m*
Fenster ['fɛnstər] *n* ⟨∼s; ∼⟩ fenêtre *f* (*a* INFORM, *e-s Briefumschlags*); *großes* baie vitrée; *e-r Kirche* vitrail *m*; AUTO glace *f*; F *fig das Geld zum Fenster hinauswerfen* jeter l'argent par les fenêtres; F *fig weg vom Fenster sein* F ne plus être dans le coup
Fensterbank *f* ⟨∼; ∼̈e⟩, **Fensterbrett** *n* rebord *m* de la fenêtre
Fensterbriefumschlag *m* enveloppe *f* à fenêtre
Fensterflügel *m* battant *m* de fenêtre; vantail *m*
Fensterglas *n* verre *m* à vitres
Fensterheber *m* ⟨∼s; ∼⟩ AUTO lève-glace *m*
Fensterladen *m* volet *m*
Fensterleder *n* peau *f* de chamois
fensterln ['fɛnstərln] *v/i südd, österr* rendre vi-site à sa bien-aimée en grimpant par une échelle
Fensterplatz *m* coin *m* fenêtre
Fensterputzer *m* ⟨∼s; ∼⟩ laveur *m* de carreaux
Fensterrahmen *m* châssis *m* de fenêtre
Fensterscheibe *f* vitre *f*; carreau *m*
Fenstersims *m* rebord *m* de la fenêtre
Ferien ['feːriən] *pl* vacances *f/pl*; *die großen Ferien* les grandes vacances; *Ferien haben* être en vacances
Ferienarbeit *f* job *m* de vacances
Feriendorf *n* village *m* de vacances
Feriengast *m* vacancier, -ière *m,f*; *im Sommer* estivant(e) *m(f)*
Ferienhaus *n* résidence *f* secondaire; *auf dem Land a* maison *f* de campagne; *gemietetes* lo-cation *f*
Ferienheim *n* maison *f*, *für Kinder a* colonie *f* de vacances
Ferienjob *m* job *m* de vacances
Ferienklub *m* club *m* de vacances
Ferienkolonie *f* colonie *f* de vacances
Ferienkurs *m* cours *m* de vacances

F

Ferienlager *n* colonie *f*, camp *m* de vacances
Ferienort *m* ⟨~¢; ~e⟩ lieu *m* de vacances; *grö-ßerer* ville *f* touristique
Ferienparadies *n* paradis *m* pour les vacanciers, pour les vacances
Ferienpläne *m/pl* projets *m/pl* de vacances
Ferienreise *f* voyage *m* touristique
Ferienstimmung *f* atmosphère *f*, ambiance *f* de vacances
Ferientag *m* jour *m* de vacances
Ferienwoche *f* semaine *m* de vacances, de congé
Ferienwohnung *f* location *f*
Ferienzeit *f* (époque *f* des) vacances *f/pl*
Ferkel ['fɛrkəl] *n* ⟨~s; ~⟩ **1.** zo porcelet *m*; goret *m* **2.** F *péj* petit cochon; *du altes Ferkel!* F vieux cochon!
Fermate [fɛr'maːtə] *f* ⟨~; ~n⟩ MUS point *m* d'orgue
Ferment [fɛr'mɛnt] *n* ⟨~s; ~e⟩ ferment *m*
Fermentation *f* ⟨~; ~en⟩ fermentation *f*
fermentieren *v/t* ⟨sans ge⟩ faire fermenter
fern [fɛrn] **I** *adj räumlich, zeitlich* lointain; éloigné; *ferne Länder n/pl* pays lointains **II** *adv* loin (*von* de); *von fern* de loin; → *fernhalten*, *fernliegen* **III** *st/s prép* ⟨*dat*⟩ loin de
fernab *st/s adv u prép* ⟨*dat*⟩ loin (de)
Fernabfrage *f* TÉL télédemande *f* téléphonique
Fernbedienung *f* télécommande *f*
fernbleiben *st/s v/i* ⟨*irr, sn*⟩ être absent (*dem Unterricht* aux cours); *unerlaubt fernbleiben* manquer sans autorisation
ferne *st/s adv von ferne* de loin
Ferne *f* ⟨~; ~n⟩ lointain *m*; *in der Ferne* au loin; *aus der Ferne* de loin; *in weiter Ferne* tout au loin; *das liegt noch in weiter Ferne* nous en sommes encore loin
ferner *adv* **1.** (*außerdem*) de plus; en outre; F *das kommt unter „ferner liefen"* ça n'est pas bien important; c'est accessoire **2.** *st/s* (*künftig*) à l'avenir
Fernfahrer *m* routier *m*
Fernflug *m* vol *m* long-courrier
Ferngas *n* ⟨~es⟩ gaz (transporté) à grande distance
ferngelenkt *adjt* téléguidé (*a fig*)
Ferngespräch *n* TÉL communication interurbaine
ferngesteuert *adjt* téléguidé (*a fig*)
Fernglas *n* jumelles *f/pl*
fernhalten *st/s* ⟨*irr*⟩ **I** *v/t* **j-n von j-m, etw fernhalten** tenir qn à l'écart de qn, qc **II** *v/r* **sich von j-m, etw fernhalten** se tenir à l'écart de qn, qc
Fernheizung *f* chauffage urbain
Fernkopierer *m* fax *m*; télécopieur *m*
Fernkurs(us) *m* cours *m* par correspondance
Fernlaster F *m*, **Fernlastzug** *m* poids lourd
Fernleihe *f* ⟨~; ~n⟩ **1.** *Dienststelle* service *m* de prêt à distance **2.** ⟨*sans pl*⟩ *Leihverkehr* prêt *m* à distance
Fernlenkung *f* → *Fernsteuerung*
Fernlicht *n* AUTO feux *m/pl* de route; phares *m/pl*
fernliegen *st/s v/i* ⟨*irr*⟩ être loin; *es liegt mir fern zu* (+ *inf*) je suis loin de (+ *inf*)
Fernmeldeamt *n* bureau *m* des télécommunications

Fernmeldesatellit *m* satellite *m* de télécommunications
Fernmeldetechnik *f* ⟨~⟩ technique *f* des télécommunications
Fernmeldeturm *m* tour-relais *f* de télécommunication
Fernmeldewesen *n* ⟨~s⟩ télécommunications *f/pl*
fernmündlich *adj u adv* par téléphone
Fernost ⟨*sans article*⟩ l'Extrême-Orient *m*; *in Fernost* en Extrême-Orient
fernöstlich *adj* d'Extrême-Orient
Fernreise *f* voyage *m* dans un pays lointain
Fernrohr *n* longue-vue *f*; ASTR télescope *m*
Fernruf *m auf Briefköpfen* téléphone *m*
Fernschreiben *n* télex *m*
Fernschreiber *m* télex *m*; téléscripteur *m*
Fernsehabend *m* soirée *f* télé
Fernsehansager(in) *m(f)* présentateur, -trice *m,f* de la télévision
Fernsehanstalt *f* chaîne *f* de télévision
Fernsehantenne *f* antenne *f* de télévision
Fernsehapparat *m* téléviseur *m*; poste *m* de télévision
Fernsehaufnahme *f* prise *f* de vue(s) pour la télévision
Fernsehauftritt *m* passage *m* à la télé
Fernsehbericht *m* reportage télévisé
Fernsehbild *n* image (télévisée)
Fernsehdiskussion *f* débat télévisé
fernsehen *v/i* ⟨*irr*⟩ regarder la télévision
Fernsehen *n* ⟨~s⟩ télévision *f*; *im Fernsehen übertragen* téléviser; retransmettre à la télévision
Fernseher F *m* ⟨~s; ~⟩ F télé *f*
Fernsehfilm *m* téléfilm *m*
Fernsehgebühren *f/pl* redevance *f* pour la télévision
Fernsehgerät *n* → *Fernsehapparat*
Fernsehkamera *f* caméra *f* de télévision
Fernsehlotterie *f* loto *m* avec tirage en direct à la télévision
Fernsehprogramm *n* **1.** *Sendungen, Heft* programme *m* de télévision **2.** *Kanal* chaîne *f*
Fernsehrechte *n/pl* droits *m/pl* d'antenne
Fernsehreihe *f* série *f* d'émissions (ayant le même thème)
Fernsehreportage *f* reportage télévisé, à la télévision
Fernsehreporter(in) *m(f)* reporter *m*, journaliste *m,f* à la télévision
Fernsehsender *m* émetteur *m* de télévision
Fernsehsendung *f* émission *f* de télévision
Fernsehserie *f* série télévisée
Fernsehshow *f* show télévisé
Fernsehspiel *n* téléfilm *m*
Fernsehspot *m* spot télévisé
Fernsehstudio *n* studio *m* de télévision
Fernsehtechniker *m* technicien *m* de télévision
Fernsehturm *m* tour *f* de télévision
Fernsehübertragung *f* retransmission *f* par télévision; télédiffusion *f*
Fernsehwerbung *f* publicité télévisée
Fernsehzeitschrift *f* programme *m* de télévision
Fernsehzuschauer(in) *m(f)* téléspectateur, -trice *m,f*
Fernsicht *f* vue *f*; *e-e gute Fernsicht haben*

voir très loin
Fernsprecher ADM *m* téléphone *m*
Fernsprechnetz *n* réseau *m* téléphonique
Fernsprechteilnehmer *m* abonné *m* du télé-
phone
fernsteuern *v/t* téléguider (*a fig*)
Fernsteuerung *f* télécommande *f*; téléguidage
m (*a fig*)
Fernstraße *f* grand axe routier
Fernstudium *n* cours *m/pl* par correspondance
Fernüberwachung *f* télésurveillance *f*
Fernunterricht *m* cours *m/pl* par correspon-
dance; téléenseignement *m*
Fernverkehr *m* trafic *m* à grande distance
Fernwärme *f* chauffage urbain
Fernweh *st/s n* nostalgie *f* des pays lointains, du
voyage
Fernzug *m* train *m* de grande ligne
Ferse ['fɛrzə] *f* ⟨~; ~n⟩ talon *m*; *fig **j-m** (**dicht**)
auf den Fersen sein être aux trousses de qn
Fersengeld F *n* **Fersengeld geben** tourner les
talons
fertig ['fɛrtɪç] *adj* **1.** (*bereit*) prêt (**zu, für** à); **das
Essen ist fertig!** à table! **2.** (*zu Ende*) ter-
miné; **ich bin** (**mit meiner Arbeit**) **fertig** j'ai
fini mon travail; **schon fertig!** ça y est!; **fertig
bringen** (*beenden*) arriver à finir; → **fertig-
bringen**; **fertig machen** (*beenden*) finir; faire;
(*bereit machen*) faire; préparer; **sich fertig
machen** (**für, zu**) se préparer (pour); → **fertig-
machen**; **fertig stellen** achever; finir; *fig **mit
j-m, etw fertig werden*** venir à bout de qn, qc
3. F (*erschöpft*) F à plat; F crevé; F claqué
Fertigbauweise *f* préfabrication *f*
fertigbringen *v/t* ⟨*irr*⟩ **es fertigbringen zu** (+
inf) arriver à (+ *inf*); être capable de (+
inf); → **fertig** *2*
fertigen *v/t* fabriquer
Fertiggericht *n* plat cuisiné
Fertighaus *n* maison préfabriquée
Fertigkeit *f* ⟨~; ~en⟩ **1.** (*Geschicklichkeit*) adres-
se *f* **2.** (*Fähigkeit*) habileté *f*; capacité *f*
fertigmachen F *v/t* **1.** (*zermürben*) user **2.** (*de-
primieren*) démoraliser **3.** (*erledigen*) F démolir
4. (*zusammenschlagen*) F casser la figure à **5.**
(*zurechtweisen*) F engueuler **6.** (*beenden, be-
reit machen*) → **fertig** *2*
Fertigprodukt *n* produit fini
fertigstellen *v/t* achever; finir
Fertigstellung *f* achèvement *m*
Fertigteil *n* élément préfabriqué
Fertigung *f* ⟨~⟩ fabrication *f*; production *f*; *ma-
schinelle* usinage *m*
fertigwerden *v/i* → **fertig** *2*
fesch [fɛʃ ou österr feːʃ] *adj* **1.** F *bes österr*
(*hübsch*) coquet **2.** *österr* (*nett*) gentil
Fessel ['fɛsəl] *f* ⟨~; ~n⟩ **1.** liens *m/pl*; (*Ketten*)
chaînes *f/pl*; **j-m Fesseln anlegen** → **fesseln**
2. *fig* entrave *f* **3.** ANAT **Fesseln** *pl* attaches *f/pl*
Fesselballon *m* ballon captif
fesseln *v/t* ⟨¢⟩ **1.** attacher, ligoter (**an** [+ *acc*] à);
Tier entraver **2.** *fig **j-n fesseln*** captiver qn; **ans
Bett gefesselt sein** être cloué au lit
fesselnd *adj* captivant
fest [fɛst] **I** *adj* **1.** (*nicht weich*) ferme; *Masse*
compact **2.** (*nicht flüssig*) solide; **fest werden**
se solidifier **3.** (*haltbar*) solide; *Faden* fort;
Stoff, Knoten serré **4.** (*kräftig*) ferme; *Schlaf*

profond **5.** (*unveränderlich*) fixe, permanent;
stable; *Regel* établi; *Umrisse* net **6.** *Wohnsitz,
Anstellung, Preise, Einkommen* fixe **7.** (*unum-
stößlich*) ferme; *Termin* fixe **II** *adv* **8.** ferme-
ment; solidement; *Schraube* **fest anziehen**
serrer à fond; *Gegenstand* **fest anbringen**
fixer **9.** *fig* glauben fermement; *vereinbaren*
définitivement; *versprechen* formellement;
(**mit j-m**) **fest befreundet sein** être très ami(s)
(avec qn)
Fest *n* ⟨~¢s; ~e⟩ fête *f* (*a Feiertag, Party*); **ein
Fest feiern** faire une fête; (**ein**) **frohes Fest!**
joyeuse fête!; **man muss die Feste feiern,
wie sie fallen** toutes les occasions sont bonnes
pour faire la fête
Festakt *m* cérémonie *f*
festbeißen *v/r* ⟨*irr*⟩ *Hund* **sich in etw** (*dat*)
festbeißen mordre qc sans lâcher prise; *fig*
sich an e-m Problem festbeißen s'acharner
sur un problème
Festbeleuchtung *f* (grandes) illuminations
festbinden *v/t* ⟨*irr*⟩ attacher (**an** [+ *dat*] à)
Festessen *n* festin *m*; banquet *m*; *am Heilig-
abend, zu Silvester* réveillon *m*
festfahren ⟨*irr*⟩ *v/i* ⟨sn⟩ *u v/r* ⟨h⟩ **sich festfah-
ren** être bloqué; *fig **festgefahren sein*** *Sache*
être au point mort; *Person* s'encroûter (**in** [+
dat] dans)
festfrieren *v/i* ⟨*irr*, sn⟩ être pris dans la glace
Festgeld *n* FIN dépôt *m* à terme
Festhalle *f* salle *f* des fêtes
festhalten ⟨*irr*⟩ **I** *v/t* **1.** retenir (**am Arm** par le
bras) **2.** (*gefangen halten*) détenir **3.** (*fixieren*)
fixer; (*konstatieren*) retenir, noter (**dass** que)
II *v/i* **an etw** (*dat*) **festhalten** rester fidèle à
qc **III** *v/r* **sich festhalten** s'accrocher (**an** [+
dat] à)
festigen *v/t* (*u v/r* **sich festigen** s')affermir (*a
fig*); *fig Freundschaft* renforcer; (se) consoli-
der; (se) stabiliser
Festiger *m* ⟨~s; ~⟩ fixateur *m*
Festigkeit *f* ⟨~⟩ fermeté *f* (*a fig*); TECH résistan-
ce *f*
Festigung *f* ⟨~⟩ consolidation *f*
Festival ['fɛstivəl] *n* ⟨~s; ~s⟩ festival *m*
festklammern *v/r* **sich an j-m, etw festklam-
mern** se cramponner à qn, qc
festkleben *v/t* ⟨h⟩ *u v/i* ⟨sn⟩ coller (**an etw** [*dat*]
à qc)
festklemmen *v/t* bloquer; coincer
Festkörper *m* PHYS (corps *m*) solide *m*
Festland *n* **1.** *Gegensatz: Insel* continent *m* **2.**
Gegensatz: Meer terre *f* ferme
festlegen **I** *v/t* fixer; *Kapital* immobiliser; *ver-
traglich* stipuler **II** *v/r* **sich** (**auf etw** [*acc*]) **fest-
legen** s'engager (à qc)
festlich **I** *adj* de fête; (*feierlich*) solennel **II** *adv*
festlich begehen fêter; célébrer; **festlich ge-
kleidet** endimanché
Festlichkeit *f* ⟨~; ~en⟩ **1.** (*Fest*) festivité *f* **2.** *e-r
Veranstaltung* solennité *f*
festliegen *v/i* ⟨*irr*⟩ *Datum* être fixé; *Schiff, Ka-
pital* être immobilisé
festmachen **I** *v/t* **1.** *Gegenstand* **festmachen**
(**an** [+ *dat*]) fixer (à); attacher (à); MAR amarrer
(à) **2.** *fig Termin* fixer **II** *v/i* MAR s'amarrer (**an**
[+ *dat*] à)
Festmahl *st/s n* festin *m*; banquet *m*

Festmeter *m od n* mètre *m* cube
festnageln *v/t* ⟨¢⟩ clouer (**an** [+ *dat*] à); F *fig* **j-n** (**auf etw** [*acc*]) **festnageln** coincer qn (sur qc)
festnähen *v/t* coudre
Festnahme ['fɛstnaːmə] *f* ⟨∼; ∼n⟩ arrestation *f*
festnehmen *v/t* ⟨*irr*⟩ arrêter; appréhender
Festplatte *f* INFORM disque dur
Festplattenspeicher *f* INFORM mémoire *f* à disque dur
Festpreis *m* prix *m* fixe
Festrede *f* discours solennel
Festredner *m* orateur *m* de la fête
Festsaal *m* salle *f* des fêtes
festsaugen *v/r* **sich festsaugen** (**an** [+ *dat*]) *Tier* se fixer par succion (sur)
festschnallen *v/t* (*u v/r*) **festschnallen** (**an** [+*dat*]) fixer (à, sur); (**sich**) **festschnallen** (**an** [+*dat*]) (s')attacher (à, sur)
festschrauben *v/t* visser
Festschrift *f* (livre *m* en) hommage *m*
festsetzen ⟨¢$⟩ **I** *v/t Preis, Frist etc* fixer **II** *v/r* **sich festsetzen** *Schmutz* se déposer
festsitzen *v/i* ⟨*irr*⟩ **1.** (*gut halten*) tenir bien **2.** (*klemmen*) être coincé **3.** *Fahrzeug, fig* être en panne; rester bloqué
Festspeicher *m* INFORM mémoire morte
Festspiele *n/pl* festival *m*
Festspielhaus *n* théâtre *m* du festival
feststehen *v/i* ⟨*irr*⟩ être certain; être (bien) établi; **so viel steht fest ...** ce qui est certain, c'est que ...
Feststellbremse *f* frein *m* à main
feststellen *v/t* **1.** TECH bloquer; caler **2.** *Tatsache, Tod, Irrtum, Echtheit* constater; établir; *Ursache* déterminer; (*nachsehen*) vérifier (**ob** si)
Feststellschraube *f* vis *f* de blocage
Feststelltaste *f e-s Computers, e-r Schreibmaschine* touche *f* de verrouillage des majuscules
Feststellung *f* constatation *f*; (*Ermittlung*) établissement *m*
Festtag *m* jour *m* de fête
festtreten *v/t* ⟨*irr*⟩ *Erde* fouler; *auf dem Boden* écraser
Festung *f* ⟨∼; ∼en⟩ MIL forteresse *f*; (*befestigter Ort*) place forte
Festungsanlage *f* fortification(s) *f(pl)*
Festungswall *m* rempart *m*
festverzinslich *adj* à revenu fixe
Festzelt *n* tente *f*
Festzug *m* cortège *m*
Feta ['feːta] *m* ⟨∼s⟩ CUIS feta *f*
Fete ['feːtə] F *f* ⟨∼; ∼n⟩ fête *f*; boum *f*
Fetisch ['feːtɪʃ] *m* ⟨∼es; ∼e⟩ fétiche *m* (*a fig*)
Fetischismus *m* ⟨∼⟩ fétichisme *m* (*a fig*)
Fetischist(in) *m* ⟨∼en; ∼en⟩ (*f*) ⟨∼in; ∼innen⟩ fétichiste *m,f*
fett [fɛt] **I** *adj* **1.** *Nahrung, Haut, Haar* gras **2.** *péj Person* gros **3.** (*üppig*) gros; **fette Jahre** *n/pl* années *f/pl* d'abondance **4.** *Jugendsprache* (*hervorragend*) F cool (*inv*); **voll fett** F trop bien **II** *adv essen* gras; **fett gedruckt** imprimé en caractères gras
Fett *n* ⟨∼¢s; ∼e⟩ graisse *f*; (*Speisefett*) *a* matières grasses; *am Fleisch* gras *m*; BIOCHEMIE **die Fette** les lipides *m/pl*; F *fig* **sein Fett (ab)bekommen** se faire moucher
Fettablagerung *f* dépôt *m* de graisse; capiton *m*

Fettabsaugung *f* ⟨∼; ∼en⟩ MÉD liposuccion *f*
fettarm **I** *adj* peu gras; *Käse, Joghurt* allégé; maigre; *Milch* écrémé **II** *adv* **fettarm essen** ne pas manger gras
Fettauge *n der Suppe* **Fettaugen** *pl* yeux *m/pl*
fetten *v/t u v/i* ⟨-e-⟩ graisser
Fettfleck(en) *m* tache *f* de graisse
Fettgehalt *m* teneur *f* en matières grasses
fetthaltig *adj* gras
fettig *adj* gras
fettleibig *st/s adj* obèse
Fettleibigkeit *st/s f* ⟨∼⟩ obésité *f*
Fettnäpfchen ['-nɛpfçən] *n* ⟨∼s; ∼⟩ F *plais* **ins Fettnäpfchen treten** mettre les pieds dans le plat
Fettpolster *n* bourrelet *m* de graisse
fettreich **I** *adj* gras **II** *adv essen* très gras
Fettsack P *péj m* F gros lard
Fettsäure *f* acide gras
Fettschicht *f* couche *f* de graisse
Fettsucht *f* adipose *f*
Fettwanst F *m* F gros lard
Fettwulst *m* bourrelet *m* de graisse
Fetus ['feːtʊs] *m* ⟨∼ ou ∼ses; ∼se ou Feten⟩ BIOL fœtus *m*
Fetzen ['fɛtsən] *m* ⟨∼s; ∼⟩ morceau *m*; bout *m*; lambeau *m* (*a fig*); *e-s Gesprächs* bribes *f/pl*; F (**arbeiten,**) **dass die Fetzen fliegen** (travailler) avec rage
fetzig F *adj* F qui déménage
feucht [fɔyçt] *adj* humide; *Hände, Hitze* moite; *Boden, Gras a* mouillé
Feuchtbiotop *n od m* biotope *m* humide
feuchtfröhlich *adj* F *plais* **feuchtfröhlicher Abend** soirée bien arrosée et gaie
Feuchtigkeit *f* ⟨∼⟩ humidité *f*; *der Haut* moiteur *f*
Feuchtigkeitscreme *f* crème hydratante
feuchtkalt *adj* froid et humide
feuchtwarm *adj* chaud et humide
feudal [fɔyˈdaːl] *adj* **1.** HIST féodal **2.** F (*luxuriös*) luxueux; F sélect
Feudalismus *m* ⟨∼⟩ féodalisme *m*
Feuer ['fɔyər] *n* ⟨∼s; ∼⟩ **1.** feu *m*; *kurz aufloderndes* flambée *f*; (*Brand*) incendie *m*; **Feuer!** au feu!; **Feuer (an)machen** faire du feu; allumer le feu; **Feuer fangen** prendre feu; s'enflammer (*a fig*); **j-m Feuer geben** donner du feu à qn; **Feuer speien** cracher du feu; **Feuer speiender Berg** volcan *m* (en éruption) **2.** *fig* **dafür lege ich meine Hand ins Feuer** j'en mettrais ma main au feu; **für j-n durchs Feuer gehen** se jeter au feu pour qn; **mit dem Feuer spielen** jouer avec le feu **3.** MIL feu *m*; (*Schusslinie*) tir *m*; *Befehl* **Feuer!** feu!; **das Feuer eröffnen, einstellen** ouvrir, cesser le feu **4.** *fig* (*Schwung*) ardeur *f*; fougue *f*; F **Feuer und Flamme für j-n, etw sein** être tout feu tout flamme pour qn, qc
Feueralarm *m* alerte *f* au feu
feuerbeständig *adj* résistant au feu; ignifuge
Feuerbestattung *f* incinération *f*
Feuereifer *m* zèle ardent
feuerfest *adj Glas, Porzellan* à feu; *Schüssel, Form* résistant *od* allant au feu; **feuerfeste Form** plat *m* à gratin
feuergefährlich *adj* inflammable
Feuergefecht *n* combat *m*; coups *m/pl* de feu

Feuerland *n* ⟨~s⟩ la Terre de Feu
Feuerleiter *f am Haus* échelle *f* de secours; *der Feuerwehr* grande échelle
Feuerlöscher *m* ⟨~s; ~⟩ extincteur *m*
Feuermelder *m* ⟨~s; ~⟩ avertisseur *m* d'incendie
feuern I *v/t* **1.** F (*werfen*) jeter; F balancer **2.** F (*entlassen*) F virer; F vider; *gefeuert werden* F se faire virer, vider **II** *v/i* **3.** *mit Holz, Kohle* chauffer **4.** MIL faire feu, tirer (*auf* [+ *acc*] sur)
Feuerprobe *f* épreuve *f* du feu; *fig die Feuerprobe bestehen* passer le test
feuerrot *adj* rouge feu; *Gesicht* écarlate
Feuerschlucker F *m* avaleur *m* de feu
Feuerstein *m* pierre *f* à briquet
Feuerstelle *f* foyer *m*
Feuertaufe *f* baptême *m* du feu (*a fig*)
Feuerung *f* ⟨~; ~en⟩ **1.** (*Heizen*), *Anlage* chauffage *m* **2.** (*Heizmaterial*) combustible *m*
Feuerversicherung *f* assurance *f* incendie
Feuerwache *f* caserne *f* de pompiers
Feuerwaffe *f* arme *f* à feu
Feuerwehr *f* ⟨~; ~en⟩ (sapeurs-)pompiers *m/pl*; *die Feuerwehr alarmieren* appeler les pompiers
Feuerwehrauto *n* voiture *f* de pompiers
Feuerwehrhaus *n* caserne *f* de pompiers
Feuerwehrleiter *f* échelle *f* d'incendie, de pompiers
Feuerwehrleute *pl* (sapeurs-)pompiers *m/pl*
Feuerwehrmann *m* ⟨~¢s; -männer *ou* -leute⟩ (sapeur-)pompier *m*
Feuerwehrschlauch *m* tuyau *m* d'incendie
Feuerwerk *n* feu *m* d'artifice (*a fig*)
Feuerwerkskörper *m* pièce *f* d'artifice
Feuerzangenbowle *f* punch à base de vin rouge et de rhum servi chaud et flambé
Feuerzeug *n* briquet *m*
Feuilleton [fœjə'tõ:] *n* ⟨~s; ~s⟩ rubrique *f* culture
feurig ['fɔʏrɪç] *adj Person, Temperament* ardent; *Rede, Blick* enflammé; *Liebhaber, Pferd* fougueux
Fez [fe:ts] F *m* ⟨~es⟩ (*Spaß, Unsinn*) F rigolade *f*; *Fez machen* F rigoler; F faire le fou
ff. *abr* (*folgende* [*Seiten*]) (et pages) suivantes
FF *abr* (*französischer Franc bzw französisches Francs*) HIST FF (franc[s] français)
FH [ef'ha:] *f abr* ⟨~⟩ → *Fachhochschule*
Fiaker [fi'akər] *m* ⟨~s; ~⟩ *österr* **1.** (*Kutsche*) fiacre *m* **2.** (*Kutscher*) cocher *m* de fiacre
Fiasko [fi'asko] *n* ⟨~s; ~s⟩ fiasco *m*
Fibel ['fi:bəl] *f* ⟨~; ~n⟩ abécédaire *m*
ficht [fɪçt] → *fechten*
Fichte *f* ⟨~; ~n⟩ épicéa *m*
Fick [fɪk] *vulgär m* ⟨~s; ~s⟩ *vulgär* baise *f*
ficken *vulgär v/t u v/i vulgär* baiser (*j-n od mit j-m* qn)
fickerig *adj regional* nerveux

fidel [fi'de:l] F *adj* gai; joyeux
Fidschi ['fɪdʒi] *n* ⟨~s⟩ les (îles *f/pl*) Fidji *f/pl*
Fieber ['fi:bər] *n* ⟨~s⟩ fièvre *f* (*a fig*); *Fieber haben* avoir de la fièvre, de la température; (*bei j-m*) *Fieber messen* prendre la température (de qn)
fieberfrei *adj* sans fièvre; *Kranker* **fieberfrei sein** ne plus avoir de fievre
fieberhaft *adj* fiévreux; fébrile (*beide a fig*)
Fieberkurve *f* courbe *f* de température
fiebern *v/i* **1.** avoir de la fièvre, de la température **2.** *fig vor Aufregung* (*dat*) *fiebern* être dans un état d'excitation fébrile
fiebersenkend *adjt* fébrifuge
Fieberthermometer *n* thermomètre médical
fiebrig *adj* fébrile; fiévreux (*beide a fig*)
Fiedel ['fi:dəl] *f* ⟨~; ~n⟩ *plais* violon *m*
fiedeln *v/i* ⟨¢⟩ *plais od péj* gratter du violon
fiel [fi:l] → *fallen*
fiepen ['fi:pən] *v/i Hund* couiner
fies [fi:s] F *adj* F dégueulasse; F vache; *Trick, Typ* sale
Fiesling F *péj m* ⟨~s; ~e⟩ F sale type *m*; F salaud *m*
Fifa, FIFA ['fi:fa] *f* ⟨Fifa, FIFA⟩ *abr* (*Fédération internationale de football association, Internationaler Fußballverband*) FIFA *f*
Figur [fi'gu:r] *f* ⟨~; ~en⟩ **1.** SPORT, KUNST, MATH figure *f* **2.** (*Schachfigur*) pièce *f* **3.** (*Körperwuchs*) taille *f*; *sie hat e-e gute Figur* elle est bien faite; *fig e-e gute, schlechte Figur machen* faire bonne, piètre figure **4.** (*Person, Romanfigur*) personnage *m* **5.** (*kleine Statue*) statuette *f*
figürlich [fi'gy:rlɪç] *adj* figuré
Fiktion [fɪktsi'o:n] *f* ⟨~; ~en⟩ fiction *f*
fiktiv *adj* fictif
Filet [fi'le:] *n* ⟨~s; ~s⟩ filet *m*
Filetsteak *n* steak *m*, bifteck *m* dans le filet
Filiale [fili'a:lə] *f* ⟨~; ~n⟩ succursale *f*
Filialleiter(in) *m(f)* directeur, -trice *m,f* de succursale
Filigranarbeit [fili'gra:n-] *f* filigrane *m*
Film [fɪlm] *m* ⟨~¢s; ~e⟩ **1.** PHOT pellicule *f* **2.** (*Kinofilm*), *TV* film *m* **3.** *Branche* cinéma *m*; F *er ist beim Film* il est dans le cinéma **4.** (*dünne Schicht*) pellicule *f*; film *m*
Filmarchiv *n* cinémathèque *f*; filmothèque *f*
Filmatelier *n* studio *m* de cinéma
Filmaufnahme *f* prise *f* de vue
Filmemacher(in) *m(f)* cinéaste *m,f*
filmen I *v/t* filmer **II** *v/i* tourner; faire du cinéma
Filmfestival *n*, **Filmfestspiele** *n/pl* festival *m* de cinéma
Filmindustrie *f* industrie *f* du cinéma
Filmkamera *f* caméra *f*
Filmkritik *f* **1.** *Beurteilung* critique *f* de cinéma **2.** *coll* critiques *m/pl* de cinéma
Filmkritiker(in) *m(f)* critique *m* de cinéma

Feuilleton ≠ feuilleton

Als Erstes schaue ich mir das **Feuilleton** an.	Tout d'abord, je regarde **la rubrique culture**.
En ouvrant le journal, je lis d'abord le **feuilleton**.	Wenn ich die Zeitung aufschlage, lese ich als Erstes den **Fortsetzungsroman**.

Filmkulisse f décors m/pl (d'un film)
Filmmusik f musique f de film
Filmpreis m prix m de cinéma
Filmpremiere f première f (d'un film)
Filmproduzent(in) m(f) producteur, -trice m,f (de cinéma)
Filmregisseur(in) m(f) réalisateur, -trice m,f
Filmriss m F fig **e-n Filmriss haben** avoir un trou
Filmrolle f rôle m dans un film
Filmschauspieler(in) m(f) acteur, -trice m,f de cinéma
Filmstar m vedette f, star f de cinéma
Filmstudio n studio m de cinéma
Filmtheater n cinéma m
Filmverleih m société f de distribution de films
Filmvorführer m projectionniste m
Filmvorschau f bande-annonce f
Filter ['fɪltər] m, TECH meist n ⟨∼s; ∼⟩ filtre m (a fig)
Filterkaffee m café m filtre
filtern v/t filtrer (a fig)
Filterpapier n papier-filtre m
Filtertüte f filtre m en papier
Filterzigarette f cigarette f à bout filtre
filtrieren [fɪl'triːrən] v/t ⟨sans ge⟩ filtrer
Filz [fɪlts] m ⟨∼es; ∼e⟩ **1.** feutre m **2.** F (Kungelei) F magouillage m
filzen ⟨¢$⟩ **I** F v/t (durchsuchen) fouiller **II** v/i (se) feutrer
Filzhut m (chapeau m de) feutre m
Filzlaus f zo morpion m
Filzpantoffel m pantoufle f de feutre
Filzschreiber m, **Filzstift** m crayon-feutre m; stylo-feutre m; feutre m
Fimmel ['fɪməl] F m ⟨∼s; ∼⟩ manie f; **e-n Fimmel haben** F être toqué
Finale [fi'naːlə] n ⟨∼s; ∼⟩ **1.** MUS final(e) m **2.** (Endspiel) finale f
Finalist(in) m ⟨∼en; ∼en⟩ (f) ⟨∼in; ∼innen⟩ finaliste m
Finanz... [fi'nants...] in Zssgn meist financier; des finances
Finanzamt n Gebäude perception f; Behörde fisc m
Finanzbeamte(r) m, **Finanzbeamtin** f percepteur m; receveur m des contributions
Finanzberater(in) m(f) conseiller, -ère m,f financier, -ière
Finanzbericht m rapport financier, de trésorerie
Finanzbuchhalter(in) m(f) comptable m,f (en comptabilité financière od générale)
Finanzbuchhaltung f comptabilité financière od générale
Finanzen f/pl finances f/pl
Finanzexperte m, **Finanzexpertin** f expert financier
finanziell **I** adj financier; **finanzielle Sorgen haben** avoir des problèmes d'argent **II** adv financièrement; sur le plan financier; **finanziell unterstützen** aider financièrement; Institution etc subventionner
finanzieren v/t ⟨sans ge⟩ financer
Finanzierung f ⟨∼; ∼en⟩ financement m
Finanzierungskosten pl frais m/pl de financement
Finanzierungsmittel n/pl moyens m/pl de financement
Finanzierungsplan m plan m, programme m de financement
finanzkräftig adj économiquement fort
Finanzlage f état m des finances
Finanzminister m ministre m des Finances
Finanzministerium n ministère m des Finances
Finanzpolitik f politique financière
finanzschwach adj économiquement faible
Finanzspritze F f injection f de capitaux
Findelkind ['fɪndəl-] n enfant m,f trouvé(e)
finden ['fɪndən] ⟨findet, fand, gefunden⟩ **I** v/t **1.** (auffinden, herausfinden, vorfinden) trouver; **Arbeit finden** trouver du travail **2.** **den Tod finden** trouver la mort; **Freude daran finden zu** (+ inf) trouver du plaisir à (+ inf) **3.** (beurteilen) trouver (**dass** que); **etw gut finden** trouver qc bien; **wie finden Sie das?** comment trouvez-vous cela? **II** v/i **nach Hause finden** trouver le chemin de la maison; fig **zu sich selbst finden** trouver sa voie **III** v/r **sich finden** se trouver; **das wird sich schon alles finden** tout finira par s'arranger
Finder m ⟨∼s; ∼⟩ personne f qui a trouvé
Finderlohn m récompense f (pour un objet trouvé)
findig adj ingénieux
Finesse [fi'nɛsə] f ⟨∼; ∼n⟩ **1.** (Trick) ruse f; (Raffinesse) astuce f; F combine f **2.** in der Ausstattung raffinement m; **mit allen Finessen** sophistiqué
fing [fɪŋ] → **fangen**
Finger ['fɪŋər] m ⟨∼s; ∼⟩ **1.** doigt m; **der kleine Finger** le petit doigt; l'auriculaire m; **Finger weg!** bas les mains, F les pattes!; **Finger breit** doigt m **2.** mit prép F fig **j-m auf die Finger klopfen** taper sur les doigts à qn; **j-m auf die Finger sehen** avoir qn à l'œil (a fig); fig **sich** (dat) **etw aus den Fingern saugen** inventer qc; **sich** (dat) **in den Finger schneiden** se couper le doigt; F fig **sie** se mettre le doigt dans l'œil; **mit Fingern auf j-n zeigen** montrer qn du doigt (a fig); F fig **sich** (dat) **die Finger danach lecken** F s'en lécher les doigts; F fig **j-n um den (kleinen) Finger wickeln** mener qn par le bout du nez **3.** mit Verb F fig **keinen Finger krumm machen, rühren** ne pas lever le petit doigt; fig **sich** (dat) **die Finger nicht schmutzig machen** ne pas se salir les mains; fig **sich** (dat) **die Finger verbrennen** être échaudé

Die Finger		WF
der Daumen	**le pouce**	
der Zeigefinger	**l'index** m	
der Mittelfinger	**le majeur**	
der Ringfinger	**l'annulaire** m	
der kleine Finger	**le petit doigt**	

Fingerabdruck m ⟨∼¢s; -drücke⟩ empreinte digitale; **genetischer Fingerabdruck** empreinte génétique
Fingerbreit m ⟨∼; ∼⟩ Abstand doigt m
Fingerfarben f/pl couleurs f/pl aux doigts

fingerfertig *adj* habile de ses doigts
Fingerfertigkeit *f* dextérité *f*
Fingerhakeln *n* ⟨~s⟩ *sport populaire variante du bras de fer pratiquée avec le doigt du milieu*
Fingerhandschuh *m* gant *m* à doigts
Fingerhut *m* **1.** COUT dé *m* (à coudre) **2.** BOT digitale *f*
Fingerkuppe *f* bout *m* du doigt
fingern *v/i* tripoter (**an etw** [*dat*] qc)
Fingernagel *m* ongle *m*
Fingerspitze *f* bout *m* du doigt
Fingerspitzengefühl *n* doigté *m*; tact *m*
Fingerübung *f* MUS exercice *m* de doigté
Fingerzeig *m* ⟨~¢s; ~e⟩ indication *f*
fingieren [fɪŋˈɡiːrən] *v/t* ⟨*sans ge*⟩ simuler; **fingiert** *Rechnung* faux; fictif
Finish [ˈfɪnɪʃ] *n* ⟨~s; ~s⟩ SPORT finish *m*
finit [fiˈniːt] *adj* GR *Verbform* conjugué
Fink [fɪŋk] *m* ⟨~en; ~en⟩ pinson *m*
Finne [ˈfɪnə] *m* ⟨~n; ~n⟩, **Finnin** *f* ⟨~; ~nen⟩ Finlandais(e) *m(f)*
finnisch *adj* finlandais; *Sprache, Kultur* finnois
Finnland *n* ⟨~s⟩ la Finlande
finster [ˈfɪnstər] **I** *adj* sombre (*a fig*); obscur (*a Blick, Gedanken*); **im Finstern** dans l'obscurité **II** *adv* **finster dreinschauen** regarder d'un air sombre
Finsternis *f* ⟨~⟩ obscurité *f*
Finte [ˈfɪntə] *f* ⟨~; ~n⟩ feinte *f*
Firewall [ˈfaɪərvoːl] *f* ⟨~; ~s⟩ INFORM pare-feu *m*
Firlefanz [ˈfɪrləfants] F *m* ⟨~es⟩ **1.** (*Unsinn*) bêtises *f/pl*; sottises *f/pl* **2.** (*wertlose Gegenstände*) fanfreluches *f/pl*
firm [fɪrm] *adj* **in etw** (*dat*) **firm sein** être fort, F calé en qc
Firma [ˈfɪrma] *f* ⟨~; -men⟩ entreprise *f*; maison *f*; **Firma X** établissements *m/pl* X
Firmament [fɪrmaˈmɛnt] *poét n* ⟨~¢s; ~e⟩ *poét* firmament *m*
firmen *v/t* CATH confirmer
Firmeninhaber(in) *m(f)* propriétaire *m,f* d'une entreprise
Firmenname *m* raison sociale
Firmenschild *n* enseigne *f*
Firmensitz *m* siège social
Firmensprecher(in) *m(f)* porte-parole *m* d'une entreprise
Firmenstempel *m* cachet *m*, tampon *m* d'une entreprise
Firmenverzeichnis *n* annuaire *m* du commerce
Firmenwagen *m* voiture *f* de fonction
Firmenzeichen *n* marque *f* (de fabrique); logo *m*
firmieren *v/i* ⟨*sans ge*⟩ COMM **firmieren als …** avoir comme raison sociale …
Firmling *m* ⟨~s; ~e⟩ CATH confirmand(e) *m(f)*
Firmung *f* ⟨~; ~en⟩ CATH confirmation *f*
Firn [fɪrn] *m* ⟨~¢s; ~e⟩ névé *m*
Firnis [ˈfɪrnɪs] *m* ⟨~ses; ~se⟩ vernis *m*
First [fɪrst] *m* ⟨~¢s; ~e⟩ faîte *m*
First Lady [ˈføːrstˈleːdi] *f* ⟨~; -dies⟩ première dame; **Frankreichs First Lady** la première dame de France
fis, Fis [fɪs] *n* ⟨fis, Fis; fis, Fis⟩ MUS fa *m* dièse
Fisch [fɪʃ] *m* ⟨~es; ~e⟩ poisson *m*; ASTR **Fische** Poissons *m/pl*; **stumm wie ein Fisch sein** être muet comme une carpe; F **weder Fisch noch Fleisch sein** n'être ni chair ni poisson; F **das**

sind kleine Fische c'est *od* ce sont des broutilles
Fischbesteck *n* couvert *m* à poisson
Fischbrötchen *n* sandwich *m* au poisson
fischen *v/t u v/i* **1.** pêcher **2.** *fig* **etw aus etw fischen** enlever qc de qc; **im Trüben fischen** pêcher en eau trouble
Fischer *m* ⟨~s; ~⟩ pêcheur *m*
Fischerboot *n* barque *f* de pêche
Fischerdorf *n* village *m* de pêcheurs
Fischerei *f* ⟨~⟩ pêche *f*
Fischereihafen *m* port *m* de pêche
Fischernetz *n* filet *m* de pêche
Fischfang *m* pêche *f*
Fischfilet *n* filet *m* de poisson
Fischfrikadelle *f* croquette *f* de poisson
Fischfutter *n* nourriture *f* pour poisson(s)
Fischgericht *n* (plat *m* de) poisson *m*
Fischgeruch *m* odeur *f* de poisson, *frischer Seefische a* de marée
Fischgeschäft *n* poissonnerie *f*
Fischgräte *f* arête *f* de poisson
Fischgrätenmuster *n* chevron *m*
Fischgründe *m/pl* pêcheries *f/pl*
Fischhändler(in) *m(f)* poissonnier, -ière *m,f*
Fischkonserve *f* conserve *f* de poisson
Fischkopf F *péj m meist pl* (*Norddeutsche[r]*) Allemand(e) *m(f)* du Nord
Fischkutter *m* chalutier *m*
Fischmarkt *m* marché *m* aux poissons
Fischmehl *n* farine *f* de poisson
Fischmesser *n* couteau *m* à poisson
Fischotter *m* loutre *f*
Fischreiher *m* 'héron cendré
Fischrestaurant *n* restaurant *m* de fruits de mer et de poisson
Fischschwanz *m* queue *f* de poisson
Fischschwarm *m* banc *m* de poissons
Fischstäbchen *n/pl* bâtonnet *m/pl* de poisson
Fischsterben *n* ⟨~s⟩ mort *f* des poissons
Fischsuppe *f* soupe *f* de poisson
Fischvergiftung *f* intoxication *f* par le poisson
Fischzucht *f* pisciculture *f*
Fisimatenten [fizimaˈtɛntən] F *pl* **Fisimatenten machen** faire des manières
Fiskus [ˈfɪskʊs] *m* ⟨~⟩ fisc *m*
Fisole [fiˈzoːlə] *f* ⟨~, ~n⟩ *österr* 'haricot vert
Fistel [ˈfɪstəl] *f* ⟨~; ~n⟩ MÉD fistule *f*
Fistelstimme *f* voix *f* de fausset
fit [fɪt] *adj* ⟨fitter, fitteste⟩ en forme; bien entraîné; **sich fit halten** s'entraîner pour rester en forme; **j-n fit machen** remettre qn en forme; *fig* **ein Unternehmen für etw fit machen** préparer une entreprise à qc
Fitness [ˈfɪtnɛs] *f* ⟨~⟩ (pleine) forme
Fitnesscenter [-sɛntər] *n* ⟨~s; ~⟩ institut *m*, centre *m* de remise en forme
Fitnessraum *m* salle *f* de musculation
Fitnessstudio *n* → **Fitnesscenter**
Fitnesstraining *n* entraînement *m* de remise en forme
Fittich [ˈfɪtɪç] *poét m* ⟨~¢s; ~e⟩ aile *f*; F *fig* **j-n unter s-e Fittiche nehmen** prendre qn sous son aile
fix [fɪks] **I** *adj* **1.** (*fest*) fixe (*a* COMM); **fixes Gehalt** (traitement *m*) fixe *m*; **fixe Kosten** *pl* frais *m/pl* fixes; *fig* **e-e fixe Idee** une idée fixe **2.** F (*schnell*) rapide; **fix und fertig** (*vorbereitet*) fin

prêt; (*erschöpft*) F crevé; F claqué **II** *adv* vite; F (*nun mal*) *ein bisschen fix!* dépêche-toi!; F et que ça saute!

fixen *v/i* ⟨¢ß⟩ se piquer; *arg* se shooter
Fixer(in) *m* ⟨~s; ~⟩ (*f*) ⟨~in; ~innen⟩ *arg* camé(e) *m(f)*
fixieren [fɪ'ksiːrən] *v/t* ⟨*sans ge*⟩ **1.** (*festlegen*) fixer (*a* PHOT) **2.** (*anschauen*) fixer (son regard sur) **3.** PSYCH *fixiert sein auf* (+ *acc*) faire une fixation sur
Fixierung *f* ⟨~; ~en⟩ fixation *f* (*a* PSYCH)
Fixkosten *pl* COMM frais *m/pl* fixes
Fixstern *m* étoile *f* fixe
Fixum *n* ⟨~s; Fixa⟩ COMM fixe *m*
Fjord [fjɔrt] *m* ⟨~¢s; ~e⟩ fjord *od* fiord *m*
FKK [ɛfkaːˈkaː] *abr* (*Freikörperkultur*) naturisme *m*; nudisme *m*
FKK-Anhänger(in) *m(f)* naturiste *m,f*; nudiste *m,f*
FKK-Strand *m* plage *f* de nudistes
flach [flax] **I** *adj* **1.** *Gelände, Dach, Teller, Absatz* plat; *Küste, Gebäude, Stirn* bas; *Gewässer* peu profond; *Ball* au ras du sol; *Atmung* faible; *die flache Hand* le plat de la main **2.** *fig Unterhaltung* plat; superficiel **II** *adv* *sich flach hinlegen* se mettre à plat; s'allonger
Flachbildschirm *m* écran plat
Flachdach *n* toit plat, en terrasse
Fläche ['flɛçə] *f* ⟨~; ~n⟩ surface *f* (*a* MATH); *berechnete* superficie *f*; (*Seitenfläche*) face *f*
Flächenberechnung *f* calcul *m* des surfaces
Flächenbrand *m* nappe *f* de feu
flächendeckend *adjt* global
Flächeninhalt *m* superficie *f*; surface *f*
Flächenmaß *n* mesure *f* de surface
Flächennutzungsplan *m* plan *m* d'occupation des sols
Flächenstilllegung *f* mise *f* en jachère
flachfallen F *v/i* ⟨*irr*, sn⟩ tomber à l'eau
Flachküste *f* côte plate
Flachland *n* pays plat
Flachmann F *m* ⟨~¢s; -männer⟩ (*Taschenflasche*) flasque *f* (*genre de gourde*)
Flachs [flaks] *m* ⟨~es⟩ **1.** BOT lin *m* **2.** F (*Scherz*) blague *f*
flachsen F *v/i* ⟨¢ß⟩ F rigoler
flackern ['flakərn] *v/i* vaciller
Fladen ['flaːdən] *m* ⟨~s; ~⟩ **1.** CUIS galette *f* **2.** (*Kuhfladen*) bouse *f* (de vache)
Fladenbrot *n* pain rond et plat (*sans mie, à pâte non-levée*)
Flagge ['flagə] *f* ⟨~; ~n⟩ drapeau *m*; (*Nationalflagge*) *a* couleurs *f/pl*; MAR pavillon *m*; *unter französischer Flagge fahren* battre pavillon français; naviguer sous le pavillon français; *die Flagge streichen* baisser pavillon; *fig Flagge zeigen* annoncer la couleur
flaggen *v/i* pavoiser
Flaggschiff *n* vaisseau *m* amiral; *fig* produit *m* phare
Flair [flɛːr] *n* ⟨~s⟩ (*besondere Note*) note *f*; touche *f*; (*Atmosphäre*) ambiance *f*
Flak [flak] *f* ⟨~; ~ß⟩ MIL canon antiaérien; *par ext* DCA *f*
Flakon [fla'kõː] *n od m* ⟨~s; ~s⟩ flacon *m*
flambieren [flam'biːrən] *v/t* ⟨*sans ge*⟩ CUIS flamber
Flame ['flaːmə] *m* ⟨~n; ~n⟩, **Flämin** ['flɛːmɪn] *f*

⟨~; ~nen⟩ Flamand(e) *m(f)*
Flamenco [fla'mɛŋko] *m* ⟨~ß; ~s⟩ MUS flamenco *m*
Flamingo [fla'mɪŋgo] *m* ⟨~s; ~s⟩ flamant *m* (rose)
flämisch ['flɛːmɪʃ] *adj* flamand
Flamme ['flamə] *f* ⟨~; ~n⟩ **1.** flamme *f*; *in Flammen aufgehen* être la proie des flammes; *in Flammen stehen* être en flammes **2.** (*Brennstelle*) feu *m*; *auf kleiner Flamme kochen* faire mijoter **3.** F *iron* (*Geliebte*) F béguin *m*
flammend *adjt* flamboyant; *fig Rede, Appell* enflammé; *Rot* ardent
Flammenmeer *st/s n* mer *f* de flammes
Flammenwerfer *m* ⟨~s; ~⟩ lance-flammes *m*
Flandern ['flandərn] *n* ⟨~s⟩ la Flandre; les Flandres *f/pl*
Flanell [fla'nɛl] *m* ⟨~s; ~e⟩ flanelle *f*
Flanellhemd *n* chemise *f* de flanelle
Flanellhose *f* pantalon *m* de flanelle
flanieren [fla'niːrən] *v/i* ⟨*sans ge*, h *ou* sn⟩ flâner; se balader
Flanke ['flaŋkə] *f* ⟨~; ~n⟩ **1.** (*Seite*) flanc *m* (*a* MIL) **2.** FUSSBALL centre *m*
flanken *v/t u v/i* FUSSBALL centrer
flankieren *v/t* ⟨*sans ge*⟩ flanquer; *fig flankierende Maßnahmen f/pl* mesures *f/pl* complémentaires
Flansch [flanʃ] *m* ⟨~¢s; ~e⟩ bride *f*
flapsig ['flapsɪç] F *adj* (*ungezwungen*) désinvolte; (*flegelhaft*) goujat; mufle
Fläschchen ['flɛʃçən] *n* ⟨~s; ~⟩ petite bouteille; PHARM flacon *m*; *für Säuglinge* biberon *m*
Flasche ['flaʃə] *f* ⟨~; ~n⟩ **1.** bouteille *f*; *für Säuglinge* biberon *m*; *e-e Flasche Wein* une bouteille de vin; *in Flaschen* (*acc*) *füllen* mettre en bouteilles; *fig zur Flasche greifen* (se mettre à) boire, F picoler **2.** F *fig* (*Feigling*) F dégonflé *m*; trouillard *m*; (*Dussel*) F cloche *f*; gourde *f*; (*Versager*) F minable *m,f*
Flaschenbier *n* bière *f* en bouteille(s)
Flaschenbürste *f* goupillon *m*
Flaschengärung *f* fermentation *f* en bouteille
Flaschengestell *n* casier *m* à bouteilles
Flaschenhals *m* goulot *m*; *fig* goulot *m* d'étranglement
Flaschenkind *n* enfant élevé au biberon
Flaschenkorb *m* panier *m* à bouteilles
Flaschenkürbis *m* BOT gourde *f*; calebasse *f*
Flaschenmilch *f* lait *m* en bouteille(s)
Flaschenöffner *m* ouvre-bouteille *m*; décapsuleur *m*
Flaschenpfand *n* consigne *f*
Flaschenpost *f* bouteille *f* à la mer
Flaschenreiniger *m* ⟨~s; ~⟩ → *Flaschenbürste*
Flaschenverschluss *m* bouchon *m*
Flaschenwein *m* vin *m* en bouteille
flaschenweise *adv* par bouteilles
Flaschenzug *m* TECH palan *m*
Flatrate ['flɛtreːt] *f* ⟨~; ~s⟩ INFORM forfait *m* accès Internet illimité
Flatter ['flatər] *f* *die Flatter machen* F se tirer; F se barrer; F se casser
flatterhaft *adj* inconstant
flattern *v/i* **1.** ⟨sn⟩ *Vogel* voleter; *fig j-m auf den Tisch flattern* F atterrir sur le bureau de qn **2.** *Fahne, Kleider, Haare* flotter (*im Winde* au vent) **3.** *fig Herz* palpiter; *j-s Nerven flattern*

F qn a les nerfs en pelote
flau [flau] *adj* **1.** *Wind* faible **2.** (*übel*) mal à l'aise; *mir ist* (*ganz*) *flau* j'ai mal au cœur **3.** COMM stagnant; *Börse* terne
Flaum [flaum] *m* ⟨~¢s⟩ duvet *m*
Flaumfeder *f* duvet *m*
flaumig *adj* duveteux
Flausch [flauʃ] *m* ⟨~¢s; ~e⟩ TEXT frise *f*
flauschig *adj* en *od* de frise; moelleux
Flausen ['flauzən] F *f/pl* **Flausen im Kopf haben** ne penser qu'à des bêtises
Flaute ['flautə] *f* ⟨~; ~n⟩ **1.** MAR calme plat (*a fig*); accalmie *f* **2.** COMM période creuse; marasme *m*
fläzen ['flɛːtsən] ⟨¢¢s⟩ F *v/r* **sich** (**in e-n Sessel, aufs Bett**) *fläzen* se vautrer (dans un fauteuil, sur son lit)
Flechte ['flɛçtə] *f* ⟨~; ~n⟩ **1.** MÉD dartre *f* **2.** BOT lichen *m*
flechten *v/t* ⟨flicht, flocht, geflochten⟩ *Haar, Korb, Kranz* tresser; **Zöpfe flechten** faire des nattes
Fleck [flɛk] *m* ⟨~¢s; ~e *ou* ~en⟩ **1.** tache *f* (*a fig*); **blauer Fleck** bleu *m*; **Flecke geben** faire des taches; tacher **2.** (*Ort, Stelle*) endroit *m*; **nicht vom Fleck kommen** ne pas avancer (d'un pouce); **sich nicht vom Fleck rühren** ne pas bouger
Fleckchen *n* ⟨~s; ~⟩ coin *m*; **ein schönes Fleckchen Erde** un coin ravissant
Flecken *m* ⟨~s; ~⟩ **1.** → **Fleck 2.** (*Ortschaft*) village *m*
Fleckentferner *m* ⟨~s; ~⟩, **Fleckenwasser** *n* ⟨~s; ~⟩ détachant *m*
fleckig *adj* taché; *Gesicht, Obst a* tavelé
Fledermaus ['fleːdər-] *f* chauve-souris *f*
Fleece [fliːs] *n* ⟨~⟩ TEXT laine *f* polaire
Fleecejacke *f* veste *f* en laine polaire
Flegel ['fleːgəl] *m* ⟨~s; ~⟩ mufle *m*; goujat *m*
Flegelei *f* ⟨~; ~en⟩ muflerie *f*; goujaterie *f*
flegelhaft *adj* de mufle; de goujat
Flegeljahre *n/pl* âge ingrat
flehen ['fleːən] *v/i* supplier (**zu j-m** qn); implorer (**zu j-m** qn; **bei j-m um etw** qn de faire qc)
flehentlich *st/s adv* instamment; **flehentlich bitten** prier instamment; supplier
Fleisch [flaɪʃ] *n* ⟨~¢s⟩ **1.** BIOL chair *f*; (*Fruchtfleisch*) *a* pulpe *f*; CUIS viande *f*; **Fleisch fressend** carnivore **2.** *fig* **j-m in Fleisch und Blut übergehen** passer dans les habitudes de qn; *st/s* **sein eigen(es) Fleisch und Blut** la chair de sa chair; **sich** (*dat*) **ins eigene Fleisch schneiden** se faire du tort à soi-même
Fleischbrühe *f* bouillon *m* de viande; *kräftige* consommé *m*
Fleischer *m* ⟨~s; ~⟩ boucher *m*; *bes für Schweinefleisch u Wurstwaren* charcutier *m*
Fleischerei *f* ⟨~; ~en⟩ boucherie *f*; *für Schweinefleisch u Wurstwaren* charcuterie *f*
fleischfressend *adjt* carnivore
Fleischgericht *n* plat *m* de viande
Fleischhauer *m*, **Fleischhauerei** *f* österr → **Metzger, Metzgerei**
fleischig *adj* charnu
Fleischkäse *m* pâté à base de viande de porc hachée
Fleischklopfer *m* ⟨~s; ~⟩ CUIS battoir *m* à viande

Fleischkloß *m* **1.** CUIS boulette *f* de viande ('hachée) **2.** *péj* (*Dicke[r]*) mastodonte *m*
Fleischklößchen *n* ⟨~s; ~⟩, **Fleischküchle** *n* ⟨~s; ~⟩, *österr* **Fleischla(i)berl** *n* ⟨~s; ~n⟩ boulette *f* de viande 'hachée
fleischlich *adj* charnel
fleischlos *adj* sans viande
Fleischpflanzerl *n* ⟨~s; ~⟩ boulette *f* de viande 'hachée
Fleischsalat *m* salade *f* de saucisse à la mayonnaise
Fleischtomate *f* (grosse) tomate (charnue)
Fleischvergiftung *f* intoxication *f* par la viande
Fleischwaren *f/pl* viande *f* et charcuterie *f*
Fleischwolf *m* 'hachoir *m* (à viande)
Fleischwunde *f* blessure *f*; plaie *f*
Fleischwurst *f* cervelas *m*
Fleiß [flaɪs] *m* ⟨~es⟩ application *f*; *beharrlicher* assiduité *f*; (*Eifer*) zèle *m*; *prov* **ohne Fleiß kein Preis** on n'a rien sans peine
fleißig I *adj* (*arbeitsam*) appliqué; travailleur; (*eifrig*) assidu **II** *adv* avec application; assidûment; **fleißig üben** s'exercer avec application; **fleißig lernen** bien travailler
flektieren [flɛk'tiːrən] *v/t* ⟨sans ge⟩ *Substantiv, Adjektiv* décliner; *Verb* conjuguer
flennen ['flɛnən] F *v/i* F chialer
fletschen ['flɛtʃən] *v/t* **die Zähne fletschen** montrer les dents
Fleurop® ['flɔɪrɔp] *f* ⟨~⟩ Fleurop Interflora® *f*
flexibel [flɛ'ksiːbəl] *adj* ⟨-bl-⟩ flexible (*a fig*); *fig* *a* souple
Flexibilität *f* ⟨~⟩ flexibilité *f* (*a fig*); *fig* *a* souplesse *f*
Flexion [flɛksi'oːn] *f* GR flexion *f*
flicht [flɪçt] → **flechten**
flicken ['flɪkən] *v/t* *Kleidung* raccommoder; rapiécer; *Schlauch* réparer
Flicken *m* ⟨~s; ~⟩ *für Kleidung* pièce *f*; *für Schläuche* rustine *f*
Flickwerk *n* *péj* F rafistolage *m*
Flickzeug *n* nécessaire *m* pour réparer les pneus
Flieder ['fliːdər] *m* ⟨~s; ~⟩ lilas *m*
fliederfarben *adj* lilas
Fliederstrauch *m* lilas *m*
Fliege ['fliːgə] *f* ⟨~; ~n⟩ **1.** ZO mouche *f*; *fig* **zwei Fliegen mit e-r Klappe schlagen** faire d'une pierre deux coups; *fig* **keiner Fliege etw zuleide tun** ne pas faire de mal à une mouche; F **mach die Fliege!** F dégage!; F tire-toi! **2.** (*Querbinder*) nœud *m* papillon
fliegen ⟨flog, geflogen⟩ **I** *v/t* **1.** *Flugzeug* piloter; *Personen, Waren* transporter en avion **2.** ⟨h *ou* sn⟩ *Strecke* faire **II** *v/i* ⟨sn⟩ **3.** *Vogel, Insekt,* AVIAT voler; (**mit dem Flugzeug**) *fliegen* prendre l'avion; aller en avion (**nach Paris** à Paris) **4.** *Ball, Pfeil* voler; F *Gegenstände* **durch die Luft fliegen** voler; **durchs** *od* **aus dem Fenster fliegen** passer par la fenêtre; **die Bücher flogen in die Ecke** F il, elle, *etc* a balancé les livres dans un coin **5.** F (*entlassen werden*) F se faire virer; **von der Schule fliegen** être renvoyé de l'école **6.** F (*fallen*) tomber; *fig* **durch die Prüfung fliegen** F être collé, recalé (à l'examen) **7.** F **auf j-n, etw fliegen** F adorer qn, qc
Fliegen *n* ⟨~s⟩ vol *m*

fliegend *adjt* volant; *fliegende Untertasse* soucoupe volante; *fliegender Händler* marchand ambulant
Fliegendreck *m* chiures *f/pl* de mouches
Fliegenfänger *m* ⟨~s; ~⟩ papier *m* tue-mouches
Fliegengewicht *n*, Fliegengewichtler *m* ⟨~s; ~⟩ SPORT poids *m* mouche
Fliegengitter *n* toile *f* métallique, grillage *m* contre les mouches
Fliegenklatsche *f* tapette *f*
Fliegenpilz *m* amanite *f* tue-mouches
Flieger *m* ⟨~s; ~⟩ **1.** (*Pilot*) pilote *m*; aviateur *m* (*a* MIL) **2.** F (*Flugzeug*) avion *m*
Fliegeralarm *m* alerte aérienne
Fliegerei *f* ⟨~⟩ aviation *f*
Fliegerhorst *m* base aérienne
Fliegerjacke *f* blouson *m* d'aviateur
fliehen ['fliːən] ⟨floh, geflohen⟩ I *st/s v/t* fuir II *v/i* ⟨sn⟩ s'enfuir, *Gefangener* s'évader (*aus* de); *vor j-m, etw fliehen* fuir devant qn, qc; *ins Ausland fliehen* s'enfuir à l'étranger
fliehend *adjt Stirn, Kinn* fuyant
Fliehkraft *f* force *f* centrifuge
Fliese ['fliːzə] *f* ⟨~; ~n⟩ carreau *m*; *größere* dalle *f*; *mit Fliesen auslegen* carreler
fliesen *v/t* ⟨¢$⟩ carreler
Fliesenleger *m* ⟨~s; ~⟩ carreleur *m*
Fließband *n* ⟨~¢s; ~er⟩ chaîne *f* (de montage); *am Fließband arbeiten* travailler à la chaîne
Fließbandarbeit *f* travail *m* à la chaîne
fließen ['fliːsən] *v/i* ⟨¢$, floss, geflossen, sn⟩ couler; ÉLECT circuler; passer; *Geld* affluer; *Verkehr* être fluide; *fließen in* (+ *acc*) *Fluss* se jeter dans; *fließen durch* traverser
fließend I *adjt* courant; *fig Grenzen* pas fixe II *advt sprechen* couramment
Fließheck *n* AUTO arrière profilé
Flimmerkiste ['flɪmər-] *f* F *plais* F télé *f*
flimmern *v/i Stern* scintiller; *Bild* trembler; *Luft* vibrer; *es flimmert mir vor den Augen* j'ai des éblouissements
flink [flɪŋk] I *adj* (*behände*) leste; *Person a* agile; *Bewegung* alerte; *Person, Bewegung, Gang* rapide; vif II *adv* avec agilité
Flinte ['flɪntə] *f* ⟨~; ~n⟩ fusil *m*; *fig die Flinte ins Korn werfen* jeter le manche après la cognée
Flipper ['flɪpər] *m* ⟨~s; ~⟩, Flipperautomat *m* flipper *m*
flippern F *v/i* jouer au flipper
flippig F *adj* (*verrückt*) F jeté; (*ausgefallen*) excentrique
Flirt [flœrt] *m* ⟨~s; ~s⟩ flirt *m*
flirten *v/i* ⟨-e-⟩ flirter
Flittchen ['flɪtʃən] F *péj n* ⟨~s; ~⟩ (petite) coureuse
Flitter ['flɪtər] *m* ⟨~s; ~⟩ paillettes *f/pl*; clinquant *m* (*a fig*)
Flitterkram F *péj m* clinquant *m*
Flitterwochen *f/pl* lune *f* de miel
Flitz(e)bogen F *m fig gespannt sein wie ein Flitz(e)bogen(, ob ...*) être très curieux (de savoir si ...)
flitzen ['flɪtsən] F *v/i* ⟨¢$, sn⟩ filer; F foncer
Flitzer F *m* ⟨~s; ~⟩ *Auto* bolide *m*
flocht [flɔxt] → flechten
Flocke ['flɔkə] *f* ⟨~; ~n⟩ **1.** *von Schnee, Wolle* flocon *m* **2.** *von Staub pl Flocken* moutons

m/pl
flockig *adj* floconneux
flog [floːk] → fliegen
floh [floː] → fliehen
Floh *m* ⟨~¢s; ːe⟩ puce *f*; F *fig j-m e-n Floh ins Ohr setzen* mettre, fourrer une idée dans la tête de qn
Flohmarkt *m* (marché *m* aux) puces *f/pl*

Flohmarkt

Ein berühmter **Flohmarkt** (**un marché aux puces**) befindet sich im Norden von Paris, zwischen der Porte de Clignancourt und der Porte de Saint Ouen. Die 2000 Stände sind jeweils von Samstag bis Montag geöffnet.

Flop [flɔp] F *m* ⟨~s; ~s⟩ F bide *m*; *ein totaler Flop sein* F faire un bide
Flor [floːr] *m* ⟨~s; ~e⟩ **1.** (*Blumenflor*) profusion *f* de fleurs **2.** *bei Samt, Teppichen* poil *m* **3.** (*Trauerflor*) crêpe *m* de deuil
Flora ['floːra] *f* ⟨~; -ren⟩ flore *f*
Florenz [flo'rɛnts] *n* ⟨~⟩ Florence
Florett [flo'rɛt] *n* ⟨~¢s; ~e⟩ fleuret *m*
Florettfechter(in) *m(f)* fleurettiste *m,f*
Florida [flo'riːda] *n* ⟨~⟩ la Floride
florieren [flo'riːrən] *v/i* ⟨*sans ge*⟩ être florissant, prospère; prospérer
Florist(in) [flo'rɪst(ɪn)] *m* ⟨~en; ~en⟩ (*f*) ⟨~in; ~innen⟩ fleuriste *m,f*
Floskel ['flɔskəl] *f* ⟨~; ~n⟩ formule toute faite; *abgedroschene* cliché *m*
floss [flɔs] → fließen
Floß [floːs] *n* ⟨~es; ːe⟩ radeau *m*
Flosse ['flɔsə] *f* ⟨~; ~n⟩ **1.** ZO nageoire *f*; *beim Hai* aileron *m* **2.** (*Schwimmflosse*) palme *f* **3.** F (*Hand*) F paluche *f*; F patte *f*
flößen ['fløːsən] *v/t* ⟨¢$⟩ flotter
Flößer *m* ⟨~s; ~⟩ flotteur *m* de bois
Floßfahrt *f* descente *f* d'un fleuve en radeau
Flöte ['fløːtə] *f* ⟨~; ~n⟩ flûte *f*; *Flöte spielen* jouer de la flûte
flöten ⟨-e-⟩ I *v/t* **1.** MUS jouer à la flûte **2.** *fig* susurrer II *v/i* **3.** MUS jouer de la flûte **4.** *Amsel* siffler **5.** *fig* susurrer
flötengehen F *v/i* ⟨*irr*, sn⟩ être fichu
Flötenspieler(in) *m(f)*, Flötist(in) *m* ⟨~en; ~en⟩ (*f*) ⟨~in; ~innen⟩ joueur, -euse *m,f* de flûte; flûtiste *m,f*
flott [flɔt] I *adj* **1.** F (*rasch*) rapide; *Musik* entraînant; *Gang* allègre **2.** F (*schick*) qui a de l'allure; (*attraktiv*) qui a de la classe **3.** (*lebenslustig*) fringant **4.** *wieder flott sein Schiff* être à flot; F *Fahrzeug* être à nouveau en état de marche; → *flottmachen* II F *adv* vite; *flott gekleidet sein* avoir de l'allure
Flotte ['flɔtə] *f* ⟨~; ~n⟩ flotte *f*
Flottenstützpunkt *m* base navale
flottmachen *v/t Schiff* mettre à flot; F *Auto* dépanner
Flöz [fløːts] *n* ⟨~es; ~e⟩ BERGBAU couche *f*; filon *m*
Fluch [fluːx] *m* ⟨~¢s; ːe⟩ **1.** (*Verwünschung*) malédiction *f* **2.** *Kraftwort* juron *m*

fluchen v/i jurer; **auf j-n, etw fluchen** pester contre qn, qc

Flucht[1] [fluxt] f ⟨~; ~en⟩ (*Fliehen*) fuite f (**vor** [+ *dat*] devant [*a fig*]; **aus** de); *aus e-m Gefängnis a* évasion f; **auf der Flucht** pendant la fuite; en fuyant; **auf der Flucht sein** être en fuite; **die Flucht ergreifen** prendre la fuite; s'enfuir; **j-n in die Flucht schlagen** mettre qn en fuite; *fig* **die Flucht nach vorn** la fuite en avant

Flucht[2] f ⟨~; ~en⟩ **1.** (*Fluchtlinie*) alignement m **2.** *st/s von Räumen* enfilade f

fluchtartig adv précipitamment

Fluchtauto n voiture f des fugitifs

flüchten ['flʏçtən] ⟨-e-⟩ **I** v/i ⟨sn⟩ (**vor j-m, etw**) s'enfuir (devant qn, qc); fuir (qn, qc *od* devant qn, qc); → *Info* **passé** (**composé**); *Gefangene a* s'évader (de qn, qc) **II** v/r **sich in etw** (*acc*), **zu j-m flüchten** se réfugier dans qc, chez qn

Fluchtgefahr f risque m de fuite, d'évasion

Fluchthelfer(in) m(f) passeur, -euse m,f

Fluchthilfe f assistance f à une personne voulant passer illégalement une frontière

flüchtig **I** adj **1.** *Verbrecher* en fuite; fugitif **2.** *Gedanke, Eindruck, Berührung* fugitif **3.** (*oberflächlich*) superficiel **4.** CHIM volatil **II** adv **5.** (*hastig*) rapidement; à la va-vite **6.** (*beiläufig*) en passant **7.** (*oberflächlich*) superficiellement

Flüchtigkeitsfehler m faute f d'inattention

Flüchtling m ⟨~s; ~e⟩ réfugié(e) m(f)

Flüchtlingsfamilie f famille f de réfugiés

Flüchtlingslager n camp m de réfugiés

Flüchtlingsstrom m afflux m de réfugiés

Fluchtlinie f CONSTR alignement m

Fluchtplan m plan m d'évasion

Fluchtversuch m tentative f d'évasion, de fuite

Fluchtweg m *zum Notausgang* parcours m à accomplir pour arriver à une sortie de secours

Flug [fluːk] m ⟨~⌀s; ~e⟩ vol m; **auf dem Flug nach ...** en allant à ... en avion; **im Fluge** (**fangen**) (attraper) au vol; **die Zeit vergeht** (**wie**) **im Flug(e)** le temps passe (si) vite

Flugabwehr f défense antiaérienne; DCA f

Flugabwehrrakete engin antiaérien

Flugangst f peur f de prendre l'avion

Flugbahn f trajectoire f

Flugbegleiter(in) m(f) steward m; hôtesse f (de l'air)

Flugblatt n tract m

Flugdauer f durée f de vol

Flügel ['flyːgəl] m ⟨~s; ~⟩ **1.** aile f (*a* ZO, AVIAT, CONSTR, POL, MIL, SPORT, *fig*); *fig* **j-m die Flügel stutzen** rogner les ailes à qn; F *fig* **die Flügel hängen lassen** être découragé; *st/s Freude, Liebe* **j-m Flügel verleihen** donner des ailes à qn **2.** *e-s Fensters* battant m; *e-s Altars* volet m **3.** MUS piano m à queue

flügellahm adj **1.** *Vogel* blessé à l'aile **2.** *fig Person* découragé; *Unternehmen* qui bat de l'aile

Flügelmutter f ⟨~; ~n⟩ TECH papillon m

Flügelschlag m coup m, battement m d'ailes

Flügelschraube f TECH vis f à papillon

Flügelspannweite f *e-s Vogels* envergure f

Flügelstürmer m ailier m

Flügeltür f porte f à deux battants

Fluggast m passager, -ère m,f

flügge ['flʏgə] adj capable de voler; *fig* **flügge** **sein** voler de ses propres ailes

Fluggeschwindigkeit f vitesse f de vol

Fluggesellschaft f compagnie aérienne

Flughafen m aéroport m

Flughafenbus m bus m *bzw* navette f (transportant les passagers à l'aéroport)

Flughafengebühr f taxe f d'aéroport

Flughöhe f altitude f de vol

Flugkapitän m commandant m de bord

Flugkörper m missile m

Fluglärm m bruits m/pl de circulation aérienne

Fluglehrer m moniteur m d'aviation

Fluglinie f ligne aérienne

Fluglotse m contrôleur m de la navigation aérienne; aiguilleur m du ciel

Flugobjekt n **unbekanntes Flugobjekt** objet volant non identifié

Flugpersonal n personnel volant, navigant

Flugplan m horaire m

Flugplatz m aérodrome m

Flugreise f voyage m en avion

flugs [fluks] adv vite; en vitesse

Flugschein m **1.** (*Ticket*) billet m d'avion **2.** *für Piloten* brevet m de pilote

Flugschreiber m AVIAT enregistreur m de vol

Flugsicherheit f sécurité aérienne

Flugsicherung f contrôle m de la navigation aérienne

Flugsimulator m simulateur m de vol

Flugsteig m porte f (d'embarquement)

Flugstrecke f itinéraire m; route aérienne

Flugstunde f heure f de vol

Flugticket n billet m d'avion

Flugverkehr m trafic aérien

Flugzeug n ⟨~⌀s; ~e⟩ avion m; **im Flugzeug** en avion; → *Info bei* **avion**

Flugzeugabsturz m accident m d'avion; crash m

Flugzeugbesatzung f équipage m d'avion

Flugzeugentführer m pirate m de l'air

Flugzeugentführung f détournement m d'avion

Flugzeughalle f 'hangar m (d'avions, d'aviation)

Flugzeugindustrie f industrie f aéronautique

Flugzeugkatastrophe f catastrophe aérienne

Flugzeugtrager m porte avions m

Flugzeugunglück n accident m d'avion

Fluidum ['fluːidʊm] n ⟨~s⟩ fluide m

Fluktuation [flʊktuatsi'oːn] f ⟨~; ~en⟩ fluctuation f

Flunder ['flʊndər] f ⟨~; ~n⟩ flet m

flunkern ['flʊŋkərn] F v/i raconter des histoires

Flunsch [flʊnʃ] F m ⟨~⌀s; ~e⟩ moue f; **e-n Flunsch ziehen** faire la moue

Fluor ['fluːɔr] n ⟨~s⟩ fluor m

Fluorchlorkohlenwasserstoff m chlorofluorocarbone m

fluoreszieren [fluɔrɛs'tsiːrən] v/i ⟨*sans ge*⟩ être fluorescent

Flur[1] [fluːr] m ⟨~⌀s; ~e⟩ *e-r Wohnung* entrée f; vestibule m; (*Gang*) couloir m

Flur[2] f ⟨~; ~en⟩ *st/s* (*Feldflur*) champs m/pl; *fig* **allein auf weiter Flur** tout seul

Flurschaden m dégât(s) causé(s) aux champs

Fluse ['fluːzə] f ⟨~; ~n⟩ petit poil; peluche f; F pluche f

Flusensieb n *e-r Waschmaschine etc* filtre m

Fluss [flʊs] *m* ⟨-es; ⸚e⟩ **1.** rivière *f*; (*Strom*) fleuve *m*; **an e-m Fluss liegen** être au bord d'un fleuve **2.** *fig der Rede, des Verkehrs* flux *m*; *etw in Fluss* (*acc*) *bringen* amorcer qc; *im Fluss sein* (*sich ändern*) changer sans cesse; (*im Gange sein*) être en cours
flussabwärts *adv* en aval
Flussarm *m* bras *m* de rivière
flussaufwärts *adv* en amont
Flussbett *n* lit *m* de rivière, de fleuve
Flussdiagramm *n* INFORM ordinogramme *m*
flüssig ['flʏsɪç] **I** *adj* **1.** liquide; *Gas* liquéfié; *flüssig machen* EIN liquide; disponible; F *ich bin im Augenblick nicht flüssig* F je suis à sec; → *flüssigmachen* **3.** *fig Stil* aisé; coulant; fluide (*a Verkehr*) **II** *adv schreiben, sprechen* avec aisance
Flüssiggas *n* gaz liquéfié
Flüssigkeit *f* ⟨-; -en⟩ **1.** liquide *m* **2.** *fig* fluidité *f*; *des Stils* a aisance *f*
Flüssigkeitsmenge *f* quantité *f* de liquide
Flüssigkristallanzeige *f* affichage *m* à cristaux liquides
flüssigmachen *v/t Kapital* réaliser
Flüssigseife *f* savon *m* liquide
Flusskrebs *m* écrevisse *f*
Flusslauf *m* cours *m* d'une rivière
Flussmündung *f* embouchure *f*
Flusspferd *n* hippopotame *m*
Flussufer *n* rive *f*; bord *m* de la rivière; *steiles* berge *f*
flüstern ['flʏstərn] *v/t u v/i* chuchoter (*j-m ins Ohr* à l'oreille de qn)
Flüsterpropaganda *f* bouche à oreille *m*
Flüsterton *m* im Flüsterton en chuchotant
Flut [fluːt] *f* ⟨-; -en⟩ **1.** (*Gezeit*) marée montante *bzw* 'haute; flux *m*; *die Flut setzt ein* la mer commence à monter **2.** *st/s* (*Wassermasse*) *Flut(en)* flots *m/pl* **3.** *fig von Worten etc* flot *m*; *von Tränen* a torrent *m*
fluten *st/s v/i* ⟨-e-, sn⟩ (s'é)couler; *fig in etw* (*acc*) *fluten Menschenmenge* affluer dans qc; *Licht* inonder qc
Flutlicht *n* lumière *f* des projecteurs; *bei Flutlicht spielen* jouer en nocturne, à *od* sous la lumière des projecteurs
Flutlichtanlage *f* éclairage (extérieur) aux projecteurs, à haute intensité lumineuse
Flutlichtbeleuchtung *f* éclairage *m* par projecteurs
Flutlichtscheinwerfer *m* projecteur *m* (à haute intensité lumineuse)
Flutlichtspiel *n* SPORT match *m* en nocturne
flutschen ['flʊtʃən] F *v/i* **1.** ⟨sn⟩ (*gleiten*) *j-m aus der Hand flutschen* glisser des mains de qn **2.** ⟨h⟩ *Arbeit* aller comme sur des roulettes
Flutwelle *f* raz-de-marée *m*
f-Moll *n* ⟨-⟩ fa *m* mineur
focht [fɔxt] → *fechten*

Fock [fɔk] *f* ⟨-; -en⟩ (*voile f de*) misaine *f*; *beim Segelboot* foc *m*
Föderalismus [fødera'lɪsmʊs] *m* ⟨-⟩ fédéralisme *m*
föderalistisch *adj* fédéraliste
Föderation *f* ⟨-; -en⟩ fédération *f*
Fohlen ['foːlən] *n* ⟨-s; -⟩ poulain *m*
Föhn [føːn] *m* ⟨-⸚s; -e⟩ **1.** (*Haartrockner*) sèche-cheveux *m* **2.** *Wind* fœhn *m*
föhnen *v/t* sécher au sèche-cheveux; *sich* (*dat*) *die Haare föhnen* se sécher les cheveux (au sèche-cheveux)
Föhre ['føːrə] *f* ⟨-; -n⟩ BOT pin *m* sylvestre
Folge ['fɔlgə] *f* ⟨-; -n⟩ **1.** (*Aufeinanderfolge*) suite *f*; série *f*; TV, RAD épisode *m*; *in rascher Folge* coup sur coup; *in der Folge* par la suite **2.** (*Resultat*) conséquence *f*; suite *f*; *e-r Krankheit* séquelle *f*; *etw zur Folge haben* entraîner qc; avoir qc pour conséquence; *die Folge davon ist, dass ...* il en résulte que ... **3.** *e-r Sache* (*dat*) *Folge leisten* suivre qc; *e-r Aufforderung, Anordnung* obtempérer à qc; *e-r Vorladung* se rendre à qc; *e-r Einladung* répondre à qc
folgen *v/i* ⟨sn⟩ **1.** (*nachfolgen*) *j-m, e-r Sache folgen* suivre qn, qc; → *Info passé* (*composé*); *auf j-n, etw folgen* succéder à qn, qc; *wie folgt* comme suit **2.** (*resultieren*) *folgen aus* résulter de; *daraus folgt* (*, dass...*) il en résulte (que ...); il s'ensuit (que ...) **3.** (*sich richten nach*) suivre **4.** *geistig* suivre; *können Sie folgen?* vous me suivez?; vous y êtes? **5.** ⟨h⟩ (*gehorchen*) obéir (*j-m* à qn)
folgend *adj* t suivant; *im Folgenden* ci-après; dans ce qui suit; *das Folgende* ce qui suit
folgendermaßen *adv* de la manière suivante
folgenschwer *adj* lourd de conséquences; grave; *e-e folgenschwere Entscheidung* une décision lourde de conséquences
folgerichtig *adj* logique
folgern ['fɔlgərn] *v/t* conclure (*aus* de)
Folgerung *f* ⟨-; -en⟩ conclusion *f*; *aus etw Folgerungen ziehen* tirer des conséquences de qc
Folgeschaden *m* dommages indirects
Folgezeit *f* suite *f*; *in der Folgezeit* par la suite; (*künftig*) à l'avenir
folglich *conj u adv* par conséquent; en conséquence
folgsam *adj* obéissant; docile
Folie ['foːliə] *f* ⟨-; -n⟩ **1.** (*Metallfolie*) feuille *f* **2.** (*Plastikfolie*) (*film m*) plastique *m* **3.** (*Arbeitsfolie*) transparent *m*
Folienkartoffeln *f/pl* CUIS pommes *f/pl* de terre en papillotes
Folk [foːk] *m* ⟨-s⟩ MUS (*musique f*) folk *m*
Folklore [fɔlk'loːrə] *f* ⟨-⟩ folklore *m*
folkloristisch *adj* folklorique
Folksänger(in) *m(f)* chanteur, -euse *m,f* folk

Folie ≠ **folie**

Er hat eine **Folie** auf den Overheadprojektor gelegt.	Il a mis un **transparent** sur le rétroprojecteur.
Il a sombré dans la **folie**.	Er ist dem **Wahnsinn** verfallen.

Folksong m ⟨~s; ~s⟩ chanson f folk
Folter ['fɔltər] f ⟨~; ~n⟩ torture f (a HIST, fig); fig **j-n auf die Folter spannen** mettre qn à la torture
Folterinstrument n instrument m de torture
Folterkammer f chambre f de torture
foltern v/t torturer (a st/s fig)
Folterung f ⟨~; ~en⟩ torture f
Fon n → **Phon**
Fön® → **Föhn**
Fond [fõː] m ⟨~s; ~s⟩ (Hintergrund), e-s Autos arrière m
Fonds [fõː] m ⟨~; ~⟩ FIN fonds m
Fondue [fõ'dyː] f ⟨~; ~s⟩ od n ⟨~s; ~s⟩ (Käsefondue) fondue (savoyarde); (Fleischfondue) fondue bourguignonne
Fonduegabel f fourchette f à fondue
Fonduetopf m caquelon m
Fontäne [fɔn'tɛːnə] f ⟨~; ~n⟩ jet m d'eau
foppen ['fɔpən] v/t mystifier; taquiner
forcieren [fɔr'siːrən] v/t ⟨sans ge⟩ Arbeit accélérer; pousser; Anstrengungen, Entwicklung forcer
Förderband ['fœrdər-] n ⟨~¢s; -bänder⟩ tapis roulant
Förderer m ⟨~s; ~⟩, **Förderin** f ⟨~; ~nen⟩ protecteur, -trice m,f
förderlich adj **e-r Sache** (dat) **förderlich sein** être utile, profitable à qc
fordern ['fɔrdərn] v/t 1. (verlangen) **etw von j-m fordern** demander qc à qn; p/fort exiger qc de qn; bes Recht revendiquer qc auprès de qn; **fordern, dass** exiger que (+ subj) 2. (Leistung abverlangen) exiger le maximum de
fördern ['fœrdərn] v/t 1. Bodenschätze extraire 2. Beziehungen, Künstler encourager; Sportler sponsoriser; Kunst protéger; Wissenschaft, Entwicklung promouvoir; Schüler pousser; Verdauung aider; favoriser
Forderung f ⟨~; ~en⟩ 1. (Verlangen) exigence f; rechtmäßige revendication f (nach de) 2. COMM, JUR créance f; **e-e Forderung an j-n haben** avoir une créance sur qn
Förderung f ⟨~; ~en⟩ 1. von Bodenschätzen extraction f 2. von Talenten, Beziehungen encouragement m; der Kunst protection f; der Wissenschaft a promotion f; durch e-n Sponsor sponsoring m
Förderunterricht m cours m de soutien
Forelle [fɔ'rɛlə] f ⟨~; ~n⟩ truite f; CUIS **Forelle blau** truite au bleu; **Forelle nach Müllerinart** truite (à la) meunière
Form [fɔrm] f ⟨~; ~en⟩ 1. (Gestalt, Darstellungsweise) forme f (a GR, JUR); **Formen** pl e-r Frau formes f/pl; **in Form von** od + gén sous, en forme de; **feste Formen annehmen** prendre forme; se concrétiser 2. (Umgangsform) **in aller Form** en bonne et due forme; dans les formes; **der Form halber** pour la forme; **die Form wahren** (y) mettre les formes 3. bes SPORT forme f; **in Form** (dat) **sein** être en forme; **in guter, schlechter Form sein** avoir une bonne, mauvaise condition physique 4. (Gussform, Kuchenform) moule m
formal I adj formel II adv quant à la forme
Formaldehyd ['fɔrmˀaldehyːt] m formaldéhyde m
Formalität f ⟨~; ~en⟩ formalité f

Format [fɔr'maːt] n ⟨~¢s; ~e⟩ 1. e-s Bilds etc format m (a INFORM) 2. fig envergure f; classe f; **Format haben** avoir de l'envergure, de la classe
formatieren v/t ⟨sans ge⟩ INFORM formater
Formatierung f ⟨~; ~en⟩ INFORM formatage m
Formation f ⟨~; ~en⟩ formation f
formbar adj plastique; malléable (a fig)
formbeständig adj indéformable
Formblatt n ADM formulaire m
Formel ['fɔrməl] f ⟨~; ~n⟩ formule f; MOTORSPORT **Formel 1** formule 1
Formel-1-Fahrer m pilote m de formule 1
Formel-1-Wagen m voiture f de formule 1
formell I adj formel II adv selon les formes, les règles
Formelsammlung f bes MATH recueil m de formules
formen v/t former (a fig); façonner; modeler
Formenlehre f morphologie f
Formfehler m JUR vice m de forme
Formgebung f ⟨~; ~en⟩ façonnage m
formieren v/t (u v/r) ⟨sans ge⟩ (**sich formieren** se) former
...förmig [...fœrmɪç] in Zssgn meist en forme de ...
förmlich ['fœrmlɪç] I adj (formgerecht) dans les formes; péj formaliste; cérémonieux II adv 1. (formgerecht) dans les formes 2. (buchstäblich) littéralement
Förmlichkeit f ⟨~; ~en⟩ JUR formalité f; péj cérémonie f
formlos adj Gebilde, Körper informe; Antrag informel; Begrüßung sans façons
Formsache f formalité f
formschön adj qui a une belle forme
Formtief n méforme f
Formular [fɔrmu'laːr] n ⟨~s; ~e⟩ formulaire m; **ein Formular ausfüllen** remplir un formulaire
formulieren v/t ⟨sans ge⟩ formuler; exprimer; énoncer
Formulierung f ⟨~; ~en⟩ manière f d'exprimer; énonciation f
formvollendet adjt parfait
Formvorschrift f JUR prescription f de forme
forsch [fɔrʃ] adj énergique; décidé
forschen v/i **nach etw, j-m forschen** rechercher qc, qn; (**nach etw**) **forschen** wissenschaftlich faire des recherches (sur qc)
forschend adjt Blick scrutateur
Forscher(in) m ⟨~s; ~⟩ (f) ⟨~in; ~innen⟩ chercheur, -euse m,f; (Entdecker) explorateur, -trice m,f
Forschung f ⟨~; ~en⟩ recherche f (scientifique)
Forschungsabteilung f service m, département m études et recherche
Forschungsarbeit f travail m de recherche
Forschungsauftrag m mission f de recherche(s)
Forschungsgebiet n domaine m, champ m de recherches, d'investigations
Forschungsreaktor m réacteur expérimental
Forschungsreise f expédition f scientifique
Forschungssatellit m satellite m d'observation
Forschungssemester n semestre consacré à des recherches
Forst [fɔrst] m ⟨~¢s; ~en⟩ forêt f
Förster ['fœrstər] m ⟨~s; ~⟩ garde forestier

Forsthaus n maison forestière
Forstrevier n zone forestière
Forstwirtschaft f sylviculture f
forstwirtschaftlich adj sylvicole; d'économie forestière
Forsythie [fɔr'zyːtsiə] f ⟨~; ~n⟩ forsythia m
fort [fɔrt] adv 1. (weg) parti; absent; pas là; **fort mit dir!** va-t'en! 2. **in e-m fort** sans arrêt; sans cesse; **und so fort** et ainsi de suite
Fort [foːr] n ⟨~s; ~s⟩ MIL fort m
fortan st/s adv 1. (von nun an) désormais; dorénavant 2. (seitdem) dès lors
Fortbestand m maintien m; BIOL continuité f
fortbestehen v/i ⟨irr, sans ge⟩ se maintenir; se perpétuer
fortbewegen ⟨sans ge⟩ I v/t éloigner; écarter II v/r **sich fortbewegen** se déplacer
Fortbewegung f locomotion f
Fortbewegungsmittel n moyen m de locomotion
fortbilden ⟨-e-⟩ I v/t assurer la formation continue de II v/r **sich fortbilden** se perfectionner
Fortbildung f formation continue
Fortbildungskurs m cours m(pl) de formation continue
fortbleiben v/i ⟨irr, sn⟩ ne pas (re)venir
fortbringen v/t ⟨irr⟩ 1. **j-n fortbringen** emmener qn 2. **etw fortbringen** emporter qc
Fortdauer f continuation f; von Regen, Kälte, Fieber persistance f
fortdauern v/i continuer; durer; Kälte, Regen persister
fortdauernd adj continuel; Kälte, Regen, Fieber persistant
fortfahren v/i ⟨irr, sn⟩ 1. (wegfahren) partir (en voiture, etc) 2. (weitermachen) continuer (**mit etw** qc)
fortfliegen v/i ⟨irr, sn⟩ 1. s'envoler (**nach** pour) 2. (fortgeblasen werden) être emporté (par le vent)
fortführen v/t 1. (wegführen) emmener 2. (weiterführen) continuer
Fortführung f continuation f
Fortgang m 1. (Weggang) départ (définitif) 2. (Fortsetzung) continuation f; poursuite f
fortgehen v/i ⟨irr, sn⟩ 1. (weggehen) s'en aller, partir (**von** de) 2. (weitergehen) continuer
fortgeschritten adj avancé
Fortgeschrittene(r) f(m) ⟨→ A⟩ étudiant(e) m(f) avancé(e); non débutant(e) m(f)
fortgesetzt adj continue
Fortkommen n im Beruf avancement m
fortlaufen v/i ⟨irr, sn⟩ se sauver; **von zu Hause fortlaufen** s'enfuir de chez soi
fortlaufend I adj continu; Bemühungen suivi II advt d'une façon continue, suivie; **fortlaufend nummeriert** a numéroté consécutivement
fortmachen F v/r **sich fortmachen** s'en aller; F débarrasser le plancher
fortpflanzen v/r ⟨⊄⟩ **sich fortpflanzen** 1. BIOL se reproduire 2. PHYS se propager
Fortpflanzung f 1. BIOL reproduction f 2. PHYS propagation f
Fortpflanzungstrieb m instinct reproducteur
fortschaffen v/t enlever; (verschwinden lassen) faire disparaître
fortschicken v/t Person renvoyer
fortschleichen v/i ⟨irr, sn⟩ (u v/r ⟨h⟩ **sich fort-**

schleichen) s'esquiver
fortschreiben v/t ⟨irr⟩ mettre à jour
fortschreiten v/i ⟨irr, sn⟩ Krankheit progresser; Zeit, Arbeit avancer
fortschreitend adjt progressif
Fortschritt m progrès m; **Fortschritte machen** faire des progrès; progresser; Arbeit avancer
fortschrittlich adj progressiste; Idee avancé; Lösung moderne
fortschwemmen v/t emporter; p/fort entraîner; **fortgeschwemmt werden** être emporté par le(s) courant(s)
fortschwimmen v/i ⟨irr, sn⟩ Person s'éloigner à la nage; Gegenstand être emporté (par le courant)
fortsetzen v/t (u v/r) ⟨⊄⟩ (**sich fortsetzen**) continuer; (se) poursuivre
Fortsetzung f ⟨~; ~en⟩ 1. continuation f 2. e-s Texts suite f; **Fortsetzung folgt** à suivre; la suite au prochain numéro
Fortsetzungsroman m roman-feuilleton m
fortstehlen v/r ⟨irr⟩ **sich fortstehlen** s'esquiver
forttragen v/t ⟨irr⟩ emporter
fortwährend I adjt continuel II advt continuellement; **er klagt fortwährend** il n'arrête pas de se plaindre
fortwollen v/i vouloir s'en aller, partir
Forum ['foːrum] n ⟨~s; Foren⟩ 1. HIST, (öffentliche Aussprache) forum m 2. (Kreis interessierter Personen) cercle m 3. (Ort, Gelegenheit für Erörterungen) tribune f
Fossil [fɔ'siːl] n ⟨~s; ~ien⟩ fossile m (a fig)
Foto ['foːto] n ⟨~s; ~s⟩ photo f; **auf dem Foto** en photo; **ein Foto von j-m, etw machen** prendre qn, qc en photo
Fotoalbum n album m de photos
Fotoapparat m appareil m photo(graphique)
Fotoatelier n atelier m de photographe
Fotoausrüstung f équipement m photographique
Fotofinish n SPORT photo-finish f
fotogen [foto'geːn] adj photogénique
Fotogeschäft n magasin m de photographie
Fotograf(in) m ⟨~en; ~en⟩ (f) ⟨~in; ~innen⟩ photographe m,f
Fotografie f ⟨~; ~n⟩ photo(graphie) f (a Verfahren)
fotografieren ⟨sans ge⟩ I v/t photographier; prendre en photo II v/i prendre une photo; **als Hobby** faire de la photo
fotografisch adj photographique
Fotohandy n TÉL (téléphone m) portable m avec appareil photo intégré
Fotokopie f photocopie f
fotokopieren v/t ⟨sans ge⟩ photocopier
Fotokopierer F m, **Fotokopiergerät** n photocopieur m; photocopieuse f
Fotolabor n laboratoire m photographique
Fotomodell n modèle m
Fotomontage f photomontage m
Fotopapier n papier m photographique
Fotoreporter(in) m(f) reporter m,f photographe
Fotosafari f safari-photo m
Fotosatz m ⟨~es⟩ TYPO photocomposition f
Fototasche f sac m pour appareil photo
Fotozelle f cellule f photo-électrique

Fötus ['føːtʊs] *m* → *Fetus*
Fotze ['fɔtsə] *vulgär f* ⟨∼; ∼n⟩ *(Vulva) vulgär* con *m*; *Schimpfwort* P conasse *f*
Foul [faʊl] *n* ⟨∼s; ∼s⟩ faute *f* (*an* [+ *dat*] contre)
Foulelfmeter *m* penalty dû à une faute
foulen *v/t* commettre une faute contre
Foxterrier ['fɔks-] *m* zo fox-terrier *m*
Foxtrott *m* ⟨∼¢s; ∼e *ou* ∼s⟩ fox-trot *m*
Foyer [foa'jeː] *n* ⟨∼s; ∼s⟩ foyer *m*
FPÖ [ɛfpeːˈʔøː] *f* ⟨∼⟩ *abr* (*Freiheitliche Partei Österreichs*) F.P.Ö. *m* (*parti libéral autrichien de tendance nationaliste*)
Fr. *abr* (*Frau*) Mme *od* Mᵐᵉ
Fracht [fraxt] *f* ⟨∼; ∼en⟩ **1.** *Ladung* chargement *m*; *e-s Flugzeugs* fret *m*; *e-s Schiffs* cargaison *f* **2.** (*Frachtkosten*) frais *m/pl* de transport; *für Schiffs- u Luftfracht* fret *m*
Frachtbrief *m* lettre *f* de voiture; MAR connaissement *m*
Frachtenbahnhof *m österr* gare *f* de marchandises
Frachter *m* ⟨∼s; ∼⟩ cargo *m*
Frachtgut *n* marchandises *f/pl* en régime ordinaire
Frachtkosten *pl* frais *m/pl* de transport
Frachtraum *m* soute *f*
Frachtschiff *n* cargo *m*
Frack [frak] *m* ⟨∼¢s; ∼e⟩ habit *m*; frac *m*; *im* *Frack* en habit
Frage ['fraːgə] *f* ⟨∼; ∼n⟩ **1.** question *f*; interrogation *f* (*a* GR); *ohne Frage* sans aucun doute; (*j-m od an j-n*) *e-e Frage stellen* poser une question (à qn) **2.** (*Angelegenheit*) problème *m*; *in Frage kommen, stellen* → *infrage*

Die Frage, ob …

Die Frage, ob … wird im Französischen mit dem Infinitiv **de savoir** wiedergegeben:

| Die Frage, ob er kommt, kann ich nicht beantworten. | **La question de savoir s'il** vient, je ne peux pas y répondre. |
| Die Frage, ob alles in Ordnung ist, beschäftigt meine Mutter. | **La question de savoir si** tout est en ordre préoccupe ma mère. |

Fragebogen *m* questionnaire *m*
fragen **I** *v/t u v/i* demander; *j-n etw od nach etw fragen* demander qc à qn; *j-n* (*nach j-m, etw*) *fragen* (*ausfragen*) interroger, questionner qn (sur qn, qc); *nach j-m fragen* (*j-n sprechen wollen*) demander qn (à qn); (*sich nach j-m erkundigen*) demander des nouvelles de qn **II** *v/r* *sich fragen* se demander **III** *v/imp* **es fragt** *sich, ob* … on se demande si …; reste à savoir si …
fragend **I** *adj* interrogateur **II** *advt j-n fragend ansehen* interroger qn du regard
Fragesatz *m* proposition interrogative
Fragestellung *f* (façon *f* de formuler la) question *f*; problème *m*
Fragestunde *f im Parlament* heure *f* d'interpel-

lations
Frage-und-Antwort-Spiel *n* jeu *m* de questions et de réponses
Fragewort *n* ⟨∼¢s; -wörter⟩ interrogatif *m*
Fragezeichen *n* GR, *fig* point *m* d'interrogation
fraglich *adj* **1.** (*unsicher*) douteux; *es ist fraglich, ob* … on se demande si …; reste à savoir si … **2.** (*betreffend*) en question
fraglos *adv* incontestablement
Fragment [fra'gmɛnt] *n* ⟨∼¢s; ∼e⟩ fragment *m*
fragmentarisch *adj* fragmentaire
fragwürdig *adj* **1.** (*problematisch*) problématique; (*zweifelhaft*) douteux **2.** (*zwielichtig*) louche
Fraktion [fraktsi'oːn] *f* ⟨∼; ∼en⟩ **1.** POL groupe *m* parlementaire **2.** (*Sondergruppe*) groupe *m*
Fraktionsführer(in) → *Fraktionsvorsitzende(r)*
Fraktionssitzung *f* réunion *f* de groupe parlementaire
Fraktionsvorsitzende(r) *f(m)* président(e) *m(f)* de groupe parlementaire
Fraktionszwang *m* discipline *f* de vote
Fraktur [frak'tuːr] *f* ⟨∼; ∼en⟩ **1.** MÉD fracture *f* **2.** TYPO gothique *f*; F *mit j-m Fraktur reden* dire à qn ses quatre vérités
Franc [frã:] *m* ⟨∼; ∼s, *mais* 5 ∼⟩ HIST *Währung* franc *m*; *französischer, belgischer Franc* franc français, belge
Franchise ['frɛntʃaɪs] *n* ⟨∼⟩, **Franchising** ['frɛntʃaɪzɪŋ] *n* ⟨∼s⟩ ÉCON franchisage *m*; franchising *m*
frank [fraŋk] *adv* **frank und frei** franchement; sans ambages; carrément
Franke *m* ⟨∼n; ∼n⟩ **1.** (*Bewohner von Franken*) Franconien *m* **2.** HIST Franc *m*
Franken¹ *n* ⟨∼s⟩ GÉOGR la Franconie
Franken² *m* ⟨∼s; ∼⟩ *Währung* franc *m* suisse
Frankenwein *m* vin *m* de Franconie
Frankfurt ['fraŋkfʊrt] *n* ⟨∼s⟩ Francfort
Frankfurter **I** *adj* ⟨*inv*⟩ de Francfort **II** **1.** *m* ⟨∼s; ∼⟩ Francfortois *m* **2.** *f* ⟨∼; ∼⟩ *Wurst* saucisse *f* de Francfort
frankieren [fraŋ'kiːrən] *v/t* ⟨*sans ge*⟩ affranchir
Frankierung *f* ⟨∼; ∼en⟩ affranchissement *m*
fränkisch ['frɛŋkɪʃ] *adj* **1.** (*des heutigen Franken*) franconien **2.** *Sprache* francique **3.** HIST franc
franko ['fraŋko] *adv* COMM franco
frankophil [fraŋko'fiːl] *adj* francophile
Frankreich *n* ⟨∼s⟩ la France
Franse ['franzə] *f* ⟨∼; ∼n⟩ COUT frange *f*
Franz [frants] *m* ⟨von ∼ *ou* des ∼ *ou* ∼ens⟩ François *m*
Franzbranntwein *m* ⟨∼s⟩ PHARM alcool camphré (pour frictions)
Franziskaner [frantsɪs'kaːnər] *m* ⟨∼s; ∼⟩ franciscain *m*
Franzose [fran'tsoːzə] *m* ⟨∼n; ∼n⟩ Français *m*
Französin [fran'tsøːzɪn] *f* ⟨∼; ∼nen⟩ Française *f*
französisch **I** *adj* français; de France; POL *in Zssgn* franco-…; *französisches Bett* grand lit; *französisch-deutsch* Wörterbuch *etc* français-allemand; *Beziehungen, Grenze etc* franco-allemand; *auf Französisch* en français **II** *adv französisch sprechen, verstehen* parler français, comprendre le français; *französisch essen* dîner à la française

F

In Frankreich wird nicht nur Französisch gesprochen ...

Neben der Landessprache Französisch haben sich in verschiedenen Gebieten Frankreichs bis zum heutigen Tag sogenannte Regionalsprachen erhalten:

Bretonisch	**le breton**	*in der Bretagne*
Flämisch	**le flamand**	*im Nordosten Frankreichs*
Elsässisch	**l'alsacien**	*im Elsass*
Korsisch	**le corse**	*auf Korsika*
Okzitanisch	**l'occitan**	*im Süden Frankreichs*
Katalanisch	**le catalan**	*an der Grenze zu Spanien*
Baskisch	**le basque**	*im Baskenland*

Französisch n ⟨~$⟩ *Sprache, Unterrichtsfach* français *m*; *fließend Französisch sprechen* parler couramment français; *sie ist gut in Französisch* elle est bonne en français
Französische n ⟨~n⟩ *Sprache das Französische* le français; *aus dem Französischen* du français; *ins Französische, im Französischen* en français
Französisch-Guayana *n* la Guyane française
Französischlehrer(in) *m(f)* professeur *m* de français
französischsprachig *adj Mensch, Land* de langue française; francophone; *Literatur* d'expression française
Französischstunde *f* cours *m* de français
Französischunterricht *m* enseignement *m* du français; *Schulstunde* cours *m* de français
frappant [fra'pãt] *adj* frappant
frappieren *v/t* ⟨sans ge⟩ frapper
Fräse ['frɛːzə] *f* ⟨~; ~n⟩ **1.** *Werkzeug* fraise *f* **2.** *Maschine* fraiseuse *f*
fräsen *v/t u v/i* ⟨¢$⟩ fraiser
fraß [fraːs] → *fressen*
Fraß *m* ⟨~es⟩ **1.** F *péj* (*Essen*) F tambouille *f* **2.** (*Tiernahrung*) nourriture *f*
Fratz [frats] F *m* ⟨~es; ~e⟩ F petit(e) môme *m,f*; *süßer Fratz* gamin(e) *m(f)* adorable
Fratze *f* ⟨~; ~n⟩ **1.** (*hässliches Gesicht*) figure grimaçante, grotesque **2.** F (*Grimasse*) grimace *f*; *j-m Fratzen schneiden* faire des grimaces à qn
frau [frau] *pr/ind oft plais* on (*lorsqu'il s'agit de femmes*); *hier kann frau sich wohlfühlen* ici on se sent bien; ici la femme que l'on est peut se sentir bien
Frau [frau] *f* ⟨~; ~en⟩ **1.** femme *f* (*a Ehefrau*); *zur Frau nehmen* épouser **2.** *vor Namen* Madame; *Frau X!* Madame!; *in Briefen Sehr geehrte Frau X, ...* Madame, ...; *Liebe Frau X, ...* Chère Madame, ...
Frauchen F *n* ⟨~s; ~⟩ *e-s Hundes* maîtresse *f*
Frauenarzt *m*, **Frauenärztin** *f* gynécologue *m,f*
Frauenbeauftragte *f* ⟨→ A⟩ déléguée *f* à la condition féminine
Frauenberuf *m* métier féminin
Frauenbewegung *f* mouvement *m* féministe
Frauenchor *m* chorale *f*, ÉGL chœur *m* de femmes
frauenfeindlich *adj* misogyne
Frauenhaus *n* centre *m* d'accueil pour femmes battues
Frauenheilkunde *f* gynécologie *f*
Frauenheld *m* F tombeur *m*; homme *m* à femmes
Frauenkrankheit *f*, **Frauenleiden** *n* affection *f* gynécologique
Frauenquote *f* pourcentage *m* de postes occupés par des femmes
Frauenrechtlerin *f* ⟨~; ~nen⟩ féministe *f*
Frauenstimme *f* voix *f* de femme
Frauenzeitschrift *f* revue féminine
Frauenzimmer F *péj n* bonne femme
Fräulein ['frɔylaın] *n* ⟨~s; ~⟩ **1.** demoiselle *f* **2.** *vor Familiennamen* Mademoiselle *f*; *Anrede Fräulein X!* Mademoiselle (X)!; F *für Kellnerinnen* **Fräulein!** Madame!; *in Briefen Sehr geehrtes Fräulein X, ...* Mademoiselle, ...; *Liebes Fräulein X, ...* Chère Mademoiselle, ...
fraulich *adj* féminin
Freak [friːk] F *m* ⟨~s; ~s⟩ F accro *m,f*; F mordu(e) *m(f)*
frech [frɛç] **I** *adj* **1.** (*unverschämt*) insolent, impertinent, effronté (*zu j-m* envers, avec qn); *ganz schön frech sein* F avoir du culot **2.** *Kleidung, Frisur* coquin **II** *adv* avec impertinence
Frechdachs F *oft plais m* petit(e) impertinent(e)
Frechheit *f* ⟨~; ~en⟩ insolence *f*; impertinence *f*; effronterie *f*; *die Frechheit haben zu* (+ *inf*) avoir l'audace de (+ *inf*)
Freesie ['freːziə] *f* ⟨~; ~n⟩ BOT freesia *m*
Freeware ['friːveːr] *f* ⟨~⟩ INFORM freeware *m*
Fregatte [fre'gatə] *f* ⟨~; ~n⟩ frégate *f*
frei [fraı] **I** *adj* **1.** (*unabhängig*) libre; *Volk, Leben, Person a* indépendant **2.** (*nicht angestellt*) indépendant; free-lance; *freier Beruf* profession libérale **3.** *Verbrecher* en liberté; *frei bekommen* → *freibekommen I*; *frei lassen* → *freilassen* **4.** (*tolerant*) libéral; *freie Liebe* amour *m* libre **5.** *Straße etc* libre; *freies Gelände* terrain *m* vague **6.** (*unbesetzt*) *Platz etc* libre; *den Weg frei machen* dégager la voie; *frei halten Platz* réserver; *Einfahrt frei halten!* sortie de voitures! **7.** (*ungehindert*) libre; *freier Blick* vue dégagée; *frei legen* → *freilegen* **8.** (*nicht beeinträchtigt*) *frei von* (*Fehlern etc*) sans (fautes, *etc*); *sich von etw frei machen* s'affranchir de qc **9.** (*verfügbar*) *Zeit, Telefonleitung* libre; (*arbeitsfrei, schulfrei*) de

congé; **ein freier Nachmittag** un(e) après-midi (de) libre, de congé; **sich** (*dat*) **e-n Tag frei nehmen** prendre un jour de congé; → **freibekommen, freigeben, freihaben** *etc* **10.** (*unentgeltlich*) gratuit; libre **11.** (*ohne Hilfsmittel*) libre; *Rede* sans notes **12.** CHIM libre; *Gas, Wärme* **frei werden** se dégager **13.** SPORT démarqué **14.** *beim Arzt* **machen Sie sich bitte frei!** déshabillez-vous, s'il vous plaît! **II** *adv* librement; **frei herumlaufen** *Tier, Verbrecher* être en liberté; **frei sprechen** *ohne Konzept* parler sans notes; **frei erfunden** inventé de toutes pièces; **frei stehend** (*alleinstehend*) isolé; **frei nach** *Goethe* d'après Goethe

Freibad *n* piscine *f* en plein air

freibekommen ⟨*irr, sans ge*⟩ **I** *v/t* **j-n freibekommen** obtenir la libération de qn; **e-n Tag freibekommen** avoir un jour de congé **II** F *v/i* avoir congé

Freiberufler(in) *m* ⟨~s; ~⟩ (*f*) ⟨~in; ~innen⟩ personne *f* travaillant à son compte; ADM non-salarié(e) *m(f)*

freiberuflich *adj* qui travaille à son compte; *Journalist, Fotograf* free-lance

Freibetrag *m* montant exonéré

Freibier *n* bière gratuite

Freibrief *m* carte blanche (**für** pour)

Freiburg *n* ⟨~s⟩ *in der Schweiz* Fribourg; **Freiburg im Breisgau** Fribourg-en-Brisgau

Freie(s) *n* ⟨→ A⟩ **im Freien** en plein air; **ins Freie gehen** aller dehors; sortir

Freier *m* ⟨~s; ~⟩ *e-r Dirne* F micheton *m*

Freiexemplar *n* exemplaire gratuit; spécimen *m*

Freifrau *f* baronne *f*

freigeben *v/t* ⟨*irr*⟩ **1.** *Gefangene, Vertragspartner, Preise, Weg* libérer; *Preise, Wechselkurse* débloquer; *Presseartikel* autoriser la publication de; *Film* **freigegeben ab 18 Jahren** interdit aux moins de 18 ans; **für den Verkehr freigeben** ouvrir à la circulation **2.** **j-m** (**e-n Tag**) **freigeben** donner (un jour de) congé à qn

freigebig *adj* généreux (**gegenüber** avec)

Freigebigkeit *f* ⟨~⟩ générosité *f*

Freigehege *n* parc animalier

Freigepäck *n* franchise *f* de bagages

freihaben F *v/t u v/i* ⟨*irr*⟩ avoir congé; *in der Dienststelle* ne pas être de service; **zwei Tage freihaben** avoir deux jours de congé

freihalten *v/t* ⟨*irr*⟩ **1.** **j-n freihalten** tout payer à qn **2.** → **frei I 6**

Freihandelszone *f* zone *f* de libre-échange

freihändig [ˈfraɪhɛndɪç] *adj u adv* à main levée; *Rad fahren* sans tenir le guidon

Freihandzeichnen *n,* **Freihandzeichnung** *f* dessin *m* à main levée

Freiheit *f* ⟨~; ~en⟩ liberté *f*; **dichterische Freiheit** licence *f* poétique; **wieder in Freiheit** (*dat*) **sein** *Gefangener* être relâché; *Tier* être remis en liberté; **sich** (*dat*) **die Freiheit nehmen, etw zu tun** prendre la liberté de faire qc

freiheitlich **I** *adj* libéral **II** *adv* **freiheitlich gesinnt sein** être libéral

Freiheitsberaubung *f* séquestration *f*

Freiheitsdrang *m* soif *f*, désir *m* de liberté

Freiheitskampf *m* lutte *f* de libération

Freiheitskämpfer *m* combattant *m* pour la liberté

Freiheitsliebe *f* amour *m* de la liberté

Freiheitsstatue *f im Hafen von New York* statue *f* de la liberté

Freiheitsstrafe *f* peine *f* de prison; **j-n zu drei Jahren Freiheitsstrafe verurteilen** condamner qn à trois ans de prison

freiheraus *adv* franchement

Freiherr *m* baron *m*

Freikarte *f* billet gratuit, de faveur

freikaufen **I** *v/t* racheter **II** *v/r* **sich freikaufen** racheter sa liberté

Freikirche *f* Église indépendante de l'État

freikommen *v/i* ⟨*irr,* sn⟩ **aus e-m Griff freikommen** se libérer d'une prise; **aus dem Gefängnis freikommen** sortir de prison

Freikörperkultur *f* naturisme *m*; nudisme *m*

Freilandgemüse *n* légumes *m/pl* de plein champ

freilassen *v/t* ⟨*irr*⟩ *Gefangenen* libérer; relâcher; JUR relaxer; *Tier* remettre en liberté; relâcher; **gegen Kaution freilassen** relâcher sous caution

Freilassung *f* ⟨~; ~en⟩ libération *f*; mise *f* en liberté; JUR relaxation *f*

Freilauf *m* TECH roue *f* libre

freilaufen *v/r* ⟨*irr*⟩ SPORT **sich freilaufen** se démarquer

freilegen *v/t* mettre au jour; dégager

freilich *adv* **1.** (*allerdings*) à vrai dire; cependant **2.** *bes südd* (*selbstverständlich*) bien sûr

Freilichtbühne *f* théâtre *m* en plein air

Freilichtmuseum *n* écomusée *m*

Freilos *n* billet de loterie gratuit

freimachen **I** *v/t* Post affranchir **II** *v/r* **sich freimachen 1.** (*sich freie Zeit nehmen*) se libérer **2.** → **frei I 8, 14**

Freimaurer *m* franc-maçon *m*

freimütig **I** *adj* franc **II** *adv* franchement

freinehmen *v/t* ⟨*irr*⟩ **sich** (*dat*) **e-n Tag freinehmen** prendre un jour de congé, de vacances

freischaffend *adjt* indépendant

Freischärler [ˈfraɪʃɛrlər] *m* ⟨~s; ~⟩ franc-tireur *m*

freischwimmen *v/r* ⟨*irr*⟩ **sich freischwimmen** passer son brevet de natation

Freischwimmer *m* nageur *m* qui possède le brevet de natation; F **den Freischwimmer machen** passer son brevet de natation

freisetzen *v/t* ⟨¢$⟩ **1.** PHYS, CHIM dégager; libérer **2.** (*entlassen*) licencier

Freisprechanlage *f,* **Freisprecheinrichtung** *f* téléphone *m*, installation *f* téléphonique mains libres

freisprechen *v/t* ⟨*irr*⟩ JUR acquitter; *fig* **j-n von e-m Verdacht freisprechen** laver qn d'un soupçon

Freispruch *m* acquittement *m*

Freistaat *m* État *m* libre

freistehen ⟨*irr*⟩ **I** *v/i* (*leer stehen*) être inoccupé **II** *v/imp* **es steht Ihnen frei zu** (+ *inf*) vous êtes libre de (+ *inf*)

freistehend *adjt* (*leer stehend*) libre

freistellen *v/t* **1.** **j-m freistellen, etw zu tun** laisser qn libre de faire qc **2.** **freistellen** (**von**) exempter (de) **3.** (*entlassen*) licencier

Freistil *m* **1.** SCHWIMMEN nage *f* libre **2.** RINGEN lutte *f* libre

Freistoß *m* coup franc

Freistunde *f* SCHULE heure *f* (de) libre

Freitag *m* vendredi *m*; → **Montag**
freitags *adv* le vendredi; tous les vendredis
Freitod *m* suicide *m*
Freitreppe *f* perron *m*; escalier extérieur
Freiübungen *f/pl* gymnastique *f*
Freiumschlag *m* enveloppe timbrée
Freiwild *n fig* proie *f*
freiwillig **I** *adj* volontaire; *Dienst, Hilfe* bénévole; (*freigestellt*) facultatif **II** *adv* volontairement; *sich freiwillig melden* (*zu*) se proposer (pour)
Freiwillige(r) *f(m)* ⟨→ A⟩ volontaire *m,f*; MIL engagé *m*
Freizeichen *n* TÉL **1.** (*Wählton*) tonalité *f* **2.** (*Freiton*) tonalité *f* signalisant que la ligne est libre
Freizeit *f* **1.** loisir(s) *m(pl)*; temps *m* libre; *in der Freizeit* pendant mes, *etc* loisirs **2.** (*Ferienfreizeit*) camp *m* de vacances
Freizeitangebot *n* activités *f/pl* de loisir
Freizeitbeschäftigung *f* activité *f* de loisir; distraction *f*
Freizeitgestaltung *f* organisation *f* des loisirs
Freizeithemd *n* chemise *f* sport
Freizeitindustrie *f* industrie *f* des loisirs
Freizeitkleidung *f* tenue sport, décontractée
Freizeitpark *m* parc *m* de loisirs
Freizeitwert *m* *e-n hohen Freizeitwert haben* offrir une large gamme de loisirs
freizügig *adj* **1.** (*großzügig*) généreux (*a finanziell*); *Auslegung* large **2.** (*gewagt*) osé; *Einstellung* libre
Freizügigkeit *f* **1.** générosité *f* **2.** liberté *f*
fremd [frɛmt] *adj* **1.** (*ausländisch*) étranger **2.** (*e-s anderen*) d'autrui; *fremde Gelder* *n/pl* capitaux *m/pl* d'emprunt **3.** (*unbekannt*) étranger; *j-m fremd sein* être étranger à qn; *in e-r Stadt fremd sein* ne pas connaître une ville; *ich bin hier fremd* je ne suis pas d'ici
fremdartig *adj* étrange
Fremde *st/s* *f* ⟨~⟩ *die Fremde* l'étranger *m*; *in der, in die Fremde* à l'étranger
Fremde(r) *f(m)* ⟨→ A⟩ **1.** (*Auswärtige[r]*) étranger, -ère *m,f*; (*Unbekannte[r]*) inconnu(e) *m(f)* **2.** (*Besucher[in]*) visiteur *m*; touriste *m,f*
fremdeln ⟨¢⟩, *schweiz* **fremden** ⟨-e-⟩ *v/i Kind* avoir peur des étrangers
fremdenfeindlich *adj* xénophobe
Fremdenführer(in) *m(f)* guide *m*
Fremdenhass *m* xénophobie *f*
Fremdenlegion *f* Légion étrangère
Fremdenverkehr *m* tourisme *m*
Fremdenverkehrsamt *n* syndicat *m* d'initiative; office *m* du tourisme
Fremdenzimmer *n* chambre *f* (à louer)
fremdgehen F *v/i* ⟨*irr*⟩ être infidèle
Fremdherrschaft *f* domination étrangère
Fremdkapital *n* capitaux empruntés, étrangers
Fremdkörper *m* MÉD corps étranger; *fig* élément étranger
fremdländisch [-lɛndɪʃ] *adj* étranger; exotique
Fremdsprache *f* langue étrangère
Fremdspracheninstitut *n* école *f* de langues
Fremdsprachenkorrespondent(in) *m(f)* secrétaire *m,f* bilingue *bzw* trilingue
Fremdsprachenunterricht *m* enseignement *m* des langues étrangères
fremdsprachig *adj Mensch, Land* de langue

étrangère; *Text, Unterricht* en langue étrangère
fremdsprachlich *adj Wort* d'une langue étrangère; *Unterricht* des langues étrangères
Fremdwort *n* ⟨~¢s; ⁻er⟩ mot étranger, d'origine étrangère
Fremdwörterbuch *n* dictionnaire *m* de mots d'origine étrangère (et de mots savants)
frenetisch [fre'ne:tɪʃ] *adj* frénétique
Frequenz [fre'kvɛnts] *f* ⟨~; ~en⟩ fréquence *f* (*a* MÉD, PHYS)
Fresko ['frɛsko] *n* ⟨~s; -ken⟩ PEINT fresque *f*
Fressalien [frɛ'sa:liən] F *f/pl* F bouffe *f*
Fresse ['frɛsə] P *f* ⟨~; ~n⟩ (*Mund, Gesicht*) F gueule *f*; *j-m die Fresse polieren* F casser la gueule à qn; *halt die Fresse!* F (ferme) ta gueule!
fressen ⟨frisst, fraß, gefressen⟩ **I** *v/t u v/i* **1.** *von Tieren* manger **2.** P *von Menschen* F bouffer; *fig j-n gefressen haben* F avoir qn dans le nez; F *plais j-n zum Fressen gernhaben* adorer qn **3.** F *fig* (*verschlingen*) F bouffer **4.** *Rost, Säure* ronger (*a fig*) (*an etw* [*dat*] qc) **II** *v/r sich durch, in etw* (*acc*) *fressen* pénétrer dans qc; *Rost* ronger qc
Fressen *n* ⟨~s⟩ **1.** *der Tiere* nourriture *f* **2.** P *péj* F bouffe *f*; F *ein gefundenes Fressen* une aubaine
Fresserei P *péj* *f* ⟨~⟩ F bouffe *f*; *Art des Essens* gloutonnerie *f*
Fresskorb F *m zur Verpflegung* panier *m* de pique-nique; *als Geschenk* corbeille garnie de victuailles
Fressnapf *m* écuelle *f*
Fresspaket F *n* colis *m* de victuailles, de bonnes choses
Fresssack *m péj* goinfre *m*; glouton *m*
Fresssucht *f* boulimie *f*
Frettchen ['frɛtçən] *n* ⟨~s; ~⟩ zo furet *m*
Freude ['frɔydə] *f* ⟨~; ~n⟩ joie *f*, plaisir *m* (*an* [+ *dat*] de); *vor Freude* (*dat*) de joie; *zu meiner großen Freude* à ma grande joie; *an etw* (*dat*) *Freude haben* prendre plaisir à qc; aimer qc; *j-m mit etw Freude machen* *od* *bereiten* faire plaisir à qn avec qc
Freudenfest *n* fête *f*
Freudenhaus *n* maison close, de tolérance
Freudenmädchen *n* fille *f* de joie
Freudenschrei *m* cri *m* de joie
Freudensprung *m* saut *m*
Freudentag *m* jour *m* de joie
Freudentanz *m* *e-n Freudentanz aufführen* danser de joie
Freudentaumel *m* joie délirante; allégresse *f*
Freudentränen *f/pl* larmes *f/pl* de joie
freudestrahlend *adjt u advt* rayonnant de joie; épanoui
freudig **I** *adj* joyeux; *Nachricht* heureux; bon; *freudiges Ereignis* (*Geburt*) heureux événement **II** *adv* avec joie
freudlos *adj* sans joie; triste; *Leben a* morne
freudsch [frɔytʃ] *adj* freudien
freuen ['frɔyən] **I** *v/t* *es freut mich zu* (+ *inf*) je suis content, heureux de (+ *inf*); *es freut mich, dass* je suis content, heureux que (+ *subj*); *das freut mich* j'en suis content, heureux; cela me fait plaisir **II** *v/r* *sich* (*über etw* [*acc*], *an etw* [*dat*]) *freuen* être content,

heureux, se réjouir (de qc); **sich auf etw** (acc)
freuen se réjouir de qc; **ich freue mich darauf**
je m'en réjouis à l'avance; **sich** (**darüber**)
freuen, dass se réjouir que (+ subj); être content, heureux que (+ subj)
Freund [frɔʏnt] m ⟨∽es; ∽e⟩ **1.** ami m; F copain m; **gute, F dicke Freunde sein** être très amis **2.** (Geliebter) petit ami; F copain m **3.** (Anhänger) amateur m; **kein Freund von etw sein** ne pas aimer qc
Freundchen n ⟨∽s; ∽⟩ drohend **pass auf, Freundchen!** gare à toi, mon petit ami!
Freundeskreis m (cercle m d')amis m/pl
Freundin f ⟨∽; ∽nen⟩ **1.** amie f; F copine f **2.** (Geliebte) petite amie; F copine f
freundlich adj **1.** Person aimable, gentil (**zu j-m** avec qn); **so freundlich sein zu** (+ inf) avoir la gentillesse, l'amabilité de (+ inf); **bitte recht freundlich!** souriez, s'il vous plaît! **2.** Dinge agréable; Empfang, Ton aimable; Atmosphäre sympathique; Wohnung, Miene accueillant; Wetter beau
freundlicherweise adv aimablement
Freundlichkeit f ⟨∽; ∽en⟩ amabilité f; gentillesse f; **die Freundlichkeit haben zu** (+ inf) avoir la gentillesse, l'amabilité de (+ inf)
Freundschaft f ⟨∽; ∽en⟩ amitié f; **mit j-m Freundschaft schließen** se lier d'amitié avec qn
freundschaftlich adj amical
Freundschaftsbesuch m visite amicale
Freundschaftsdienst m service m d'ami
Freundschaftsspiel n match amical
Freundschaftsvertrag m POL traité m d'amitié
Frevel ['freːfəl] st/s m ⟨∽s; ∽⟩ (Missetat) méfait m; REL sacrilège m
frevelhaft st/s adj criminel; Handlung a sacrilège
Frevler st/s m ⟨∽s; ∽⟩ malfaiteur m; REL sacrilège m
Friede ['friːdə] m ⟨∽ns; ∽n⟩ → **Frieden**
Frieden m ⟨∽s; ∽⟩ paix f; **Frieden schließen** faire la paix (**mit j-m** avec qn); **um des lieben Friedens willen** pour avoir la paix; de guerre lasse; F **lass mich in Frieden!** laisse-moi tranquille!; F fiche-moi la paix!
Friedensbemühungen f/pl efforts m/pl en faveur de la paix
Friedensbewegung f mouvement m pacifiste
Friedensforschung f études f/pl sur la paix
Friedensinitiative f **1.** Bemühungen initiative f pour la paix **2.** Gruppe mouvement m pacifiste
Friedenskonferenz f conférence f de paix
Friedensnobelpreis m prix m Nobel de la paix
Friedenspfeife f calumet m de la paix
Friedenspolitik f politique f de paix
Friedensprozess m processus m de paix
Friedensschluss m conclusion f de la paix
Friedenstaube f colombe f de la paix
Friedenstruppe f forces f/pl de maintien de la paix
Friedensverhandlungen f/pl négociations f/pl de paix
Friedensvertrag m traité m de paix
Friedenszeit f temps m de paix
friedfertig adj pacifique; paisible
Friedfertigkeit f ⟨∽⟩ caractère m pacifique, paisible

Friedhof m cimetière m
friedlich adj **1.** (ohne Krieg) pacifique; **auf friedlichem Wege** pacifiquement **2.** Charakter, Landschaft paisible; calme; **sei doch friedlich!** garde ton calme!; ne t'énerve pas!
friedliebend adjt pacifique
Friedrich ['friːdrɪç] m ⟨∽s⟩ Frédéric m; HIST **Friedrich der Große** Frédéric le Grand; F plais **s-n Friedrich Wilhelm unter etw** (acc) **setzen** apposer sa signature au bas de qc
frieren ['friːrən] ⟨fror, gefroren⟩ **I** v/t **mich friert, es friert mich** j'ai froid **II** v/i **1.** Lebewesen avoir froid; **ich friere an den Händen** j'ai froid aux mains **2.** ⟨sn⟩ (gefrieren) Boden, Wasser geler **III** v/imp (gefrieren) **es friert** il gèle
Fries [friːs] m ⟨∽es; ∽e⟩ frise f
Friese ['friːzə] m ⟨∽n; ∽n⟩, **Friesin** f ⟨∽; ∽nen⟩ Frison, -onne m,f
friesisch adj frison
Friesland n ⟨∽s⟩ la Frise
frigid(e) [fri'giːt (-də)] adj frigide
Frigidität f ⟨∽⟩ frigidité f
Frikadelle [frika'dɛlə] f ⟨∽; ∽n⟩ boulette f de viande ʼhachée
Frikassee [frika'seː] n ⟨∽s; ∽s⟩ fricassée f
Frisbee® ['frɪzbiː] n ⟨∽; ∽s⟩, **Frisbeescheibe** f frisbee® m
frisch [frɪʃ] **I** adj **1.** frais (a Lebensmittel, Wunde, Farbe, Teint, Eindruck); Wäsche propre; Blume qu'on vient de cueillir; **mit frischen Kräften** avec une nouvelle énergie; **sich frisch machen** faire un brin de toilette **2.** (kühl) frais; **es ist frisch** il fait frais **II** adv fraîchement; **frisch gebügelt** qu'on vient de repasser; **frisch gebacken** Brot frais; qui sort du four; → **frischgebacken**; **frisch gestrichen!** peinture fraîche!
Frische f ⟨∽⟩ fraîcheur f; **geistige Frische** jeunesse f d'esprit; F **bis morgen in alter Frische!** à demain!
Frischfleisch n viande fraîche
frischgebacken F fig adjt Ingenieur etc frais émoulu; **das frischgebackene Ehepaar** les jeunes mariés m/pl
Frischgemüse n légumes frais
Frischhaltebeutel m sachet m fraîcheur
Frischhaltefolie f film m plastique
Frischhaltepackung f emballage m fraîcheur (pour aliments)
Frischkäse m fromage frais
Frischling m ⟨∽s; ∽e⟩ marcassin m
Frischluft f air frais
frischmachen v/r → **frisch** I 1
Frischmilch f lait frais
Friseur [fri'zøːr] m ⟨∽s; ∽e⟩ coiffeur m
Friseursalon m salon m de coiffure
Friseuse [fri'zøːzə] f ⟨∽; ∽n⟩ coiffeuse f
frisieren I v/t **1.** Haare coiffer **2.** F fig Zahlen, Bilanz maquiller; Motor gonfler **II** v/r **sich frisieren** se coiffer
Frisiersalon m salon m de coiffure
Frisör m → **Friseur**
frisst [frɪst] → **fressen**
Frist [frɪst] f ⟨∽; ∽en⟩ délai m; **innerhalb e-r Frist von acht Tagen** dans les 'huit jours; **innerhalb der Frist** dans les délais; **in kürzester Frist** dans les plus brefs délais; **j-m e-e Frist setzen** fixer un délai à qn

fristen v/t ⟨-e-⟩ *ein kümmerliches Dasein fristen* vivoter; mener une existence misérable
fristgemäß, fristgerecht adj u adv dans les délais fixés
fristlos adj u adv sans préavis
Fristverlängerung f prolongation f de délai
Frisur f ⟨~; ~en⟩ coiffure f
Frittate [frɪ'ta:tə] f ⟨~; ~n⟩ österr CUIS lamelle f de crêpes
Frittatensuppe f österr consommé m aux lamelles de crêpes
Fritte ['frɪtə] F f ⟨~; ~n⟩ CUIS frite f
Fritteuse [fri'tø:zə] f ⟨~; ~n⟩ friteuse f
frittieren v/t ⟨sans ge⟩ frire
frivol [fri'vo:l] adj *Geschichte, Blick* coquin; *Unterhaltung, Geschichte* léger; leste (*a Witz*)
Frivolität f ⟨~; ~en⟩ caractère m leste; légèreté f
Frl. abr (*Fräulein*) Mlle od Mlle
froh [fro:] adj **1.** (*erfreut*) content, heureux (*über* [+ acc] de); (*fröhlich*) joyeux; *froh sein zu* (+ inf) bzw *dass ...* être content, heureux de (+ inf) bzw que ... (+ subj); *sie kann froh sein, dass ...* elle peut s'estimer heureuse que ... (+ subj) **2.** (*Freude bringend*) joyeux; *Nachricht* bon; *frohes Fest!* bonne fête!; *frohe Ostern!* joyeuses Pâques!; bonnes fêtes de Pâques!
fröhlich ['frø:lɪç] adj joyeux; (*lustig*) gai; *von Natur aus* jovial
Fröhlichkeit f ⟨~⟩ gaieté f; *Charakterzug* jovialité f
frohlocken st/s v/i ⟨sans ge⟩ jubiler (*über* [+ acc] de); exulter (*vor Freude* [dat] de joie)
Frohnatur f heureuse nature
Frohsinn m bonne humeur; enjouement m
fromm [frɔm] adj ⟨~er ou ⁓er, ~ste ou ⁓ste⟩ pieux; *iron frommer Wunsch* vœu pieux
Frömmelei [frœmə'laɪ] f ⟨~⟩ bigoterie f
Frömmigkeit f ⟨~⟩ piété f; dévotion f
Fron [fro:n] f ⟨~⟩ HIST, st/s fig corvée f
frönen ['frø:nən] st/s v/i *e-r Sache* (dat) *frönen* s'adonner, se livrer à qc
Fronleichnam ⟨sans article⟩ Fête-Dieu f
Fronleichnamsprozession f procession f de la Fête-Dieu
Front [frɔnt] f ⟨~; ~en⟩ front m (a MÉTÉO, fig); CONSTR façade f; *an der Front* au front; fig *gegen j-n, etw Front machen* faire front à qn, qc; fig *die Fronten haben sich verhärtet* on note de part et d'autre un durcissement de la situation
frontal adj u adv de front
Frontalangriff m MIL, fig attaque f de front
Frontalunterricht m cours traditionnel où l'enseignant fait face à sa classe
Frontalzusammenstoß m collision frontale
Frontantrieb m traction f avant
Frontwechsel m fig changement m d'opinion; volte-face f
fror [fro:r] → *frieren*
Frosch [frɔʃ] m ⟨~¢s; ⁓e⟩ ZO grenouille f; F fig *e-n Frosch im Hals haben* avoir un chat dans la gorge; F *sei kein Frosch!* allez, ne fais pas de manières!
Froschlaich m frai m de grenouille
Froschmann m ⟨~¢s; -männer⟩ homme-grenouille m
Froschperspektive f **1.** PHOT contre-plongée f **2.** fig point m de vue de l'humble spectateur

Froschschenkel m cuisse f de grenouille
Frost [frɔst] m ⟨~¢s; ⁓e⟩ gelée f; *andauernder gel* m; *bei Frost* quand il gèle; *es herrscht Frost* il a gelé
frostbeständig adj résistant au gel
Frostbeule f engelure f
frösteln ['frœstəln] v/t u v/i ⟨¢⟩ *ich fröst(e)le, mich fröstelt, es fröstelt mich* je frissonne; j'ai des frissons
Frostgefahr f risque m de gelée
frostig adj glacial; fig *Empfang* glacial; froid
Frostschaden m dégâts causés par le gel
Frostschutzmittel n antigel m
Frottee [frɔ'te:] n od m ⟨~¢; ~s⟩ tissu m éponge
Frottee(hand)tuch n ⟨~¢s; -tücher⟩ serviette f éponge
frottieren v/t (u v/r) ⟨sans ge⟩ (*sich frottieren* se) frotter; (se) frictionner
Frotzelei F f ⟨~; ~en⟩ taquinerie(s) f(pl)
frotzeln ['frɔtsəln] F v/i ⟨¢⟩ se moquer (*über j-n, etw* de qn, qc)
Frucht [fruxt] f ⟨~; ⁓e⟩ fruit m (a fig); *Früchte tragen* porter des, fig ses fruits; *Frucht bringend* fructueux
fruchtbar adj AGR fertile; BIOL fécond (a fig *Idee, Autor, Arbeit*); *Zusammenarbeit* fructueux; fig *Schriftsteller* (*sehr*) *fruchtbar* prolifique; *fruchtbar machen* fertiliser; fig *etw fruchtbar machen für* faire profiter de qc à
Fruchtbarkeit f ⟨~⟩ fécondité f; fertilité f (*beide a fig*)
Fruchtbecher m **1.** *Eisbecher* coupe f de glace aux fruits **2.** BOT cupule f
Fruchtblase f MÉD poche f des eaux
Fruchtbonbon n od m bonbon m aux fruits
fruchtbringend adjt fructueux
Früchtchen ['frʏçtçən] F péj n ⟨~s; ~⟩ *ein sauberes Früchtchen* F un drôle de coco
Früchtebrot n etwa gâteau m aux fruits séchés
Fruchteis n glace f aux fruits
fruchten v/i ⟨-e-⟩ porter ses fruits; *etw fruchten* servir à qc; (*bei j-m*) *nichts fruchten* ne servir à rien (avec qn)
Fruchtfleisch n pulpe f; chair f
Fruchtfliege f mouche f du vinaigre
Fruchtgeschmack m goût m de fruit(s); *mit Fruchtgeschmack* fruité
fruchtig adj fruité
Fruchtknoten m BOT ovaire m
fruchtlos adj (*vergeblich*) infructueux; (*unergiebig*) stérile; sans résultat
Fruchtpresse f presse-fruits f
Fruchtsaft m jus m de fruits
Fruchtsäure f acide contenu dans les fruits
Fruchtwasser n liquide m amniotique
Fruchtwasseruntersuchung f MÉD amniocentèse f
Fruchtzucker m fructose m
früh [fry:] **I** adj *Obst, Jahreszeit, Altern* précoce; *Tod* prématuré; *das frühe Mittelalter* le haut Moyen Âge **II** adv tôt; de bonne heure; *von früh bis spät* du matin au soir; *zu früh kommen* arriver trop tôt
Früh f österr → *Frühe*
Frühaufsteher(in) m ⟨~s; ~⟩ (f) ⟨~in; ~innen⟩ lève-tôt m; *Frühaufsteher sein* être matinal, du matin
Frühchen ['fry:çən] F n ⟨~s; ~⟩ (zu früh gebo-

renes Kind) prématuré(e) *m*(*f*); enfant prématuré
Frühe *f* **in der Frühe** de bonne heure; de bon matin; **in aller Frühe** de grand matin
früher I *adj* **1.** (*vergangen*) passé; **in früheren Zeiten** autrefois **2.** (*ehemalig*) ancien; ex-; **ihr früherer Mann** son ex-mari **II** *adv* **3.** (*eher*) plus tôt; *fig* **früher oder später** tôt *ou* tard **4.** (*einst*) autrefois
Früherkennung *f* MÉD dépistage *m* précoce
frühestens ['fry:əstəns] *adv* au plus tôt
Frühgeburt *f Entbindung* accouchement prématuré; *Kind* prématuré(e) *m*(*f*)
Frühgemüse *n* primeurs *f/pl*
Frühgeschichte *f* protohistoire *f*
Frühgottesdienst *m* premier service religieux, divin
Frühgymnastik *f* gymnastique matinale
Frühherbst *m* début *m* de l'automne
Frühjahr *n* printemps *m*; **im Frühjahr** au printemps
Frühjahrskollektion *f* MODE collection *f* de printemps
Frühjahrsmüdigkeit *f* fatigue *f* (survenant au printemps)
Frühjahrsputz *m* nettoyage *m* de printemps
Frühkartoffel *f* pomme *f* de terre nouvelle
Frühling *m* ⟨~s; ~e⟩ printemps *m*; *fig* renouveau *m*; **im Frühling** au printemps
Frühlingsanfang *m* début *m* du printemps
frühlingshaft *adj* printanier
Frühlingsrolle *f* pâté impérial
Frühlingssuppe *f* potage printanier
Frühlingstag *m* jour *m* de printemps
Frühmesse *f* première messe (du matin)
frühmorgens *adv* de bon, grand matin
Frühnebel *m* brume matinale; brouillard matinal
frühreif *adj* précoce (*a fig*)
Frührente *f wegen Krankheit* retraite anticipée; *im Vorruhestand* préretraite *f*
Frührentner(in) *m*(*f*) *durch Krankheit* invalide *m*,*f* du travail; *im Vorruhestand* préretraité(e) *m*(*f*)
Frühschicht *f Arbeit* poste *m* du matin; *Arbeiter* équipe *f* du matin
Frühschoppen *m* rencontre conviviale (dominicale) où on prend un pot, un apéritif
Frühsport *m* sport matinal
Frühstadium *n* débuts *m/pl*; premier stade
Frühstück *n* petit-déjeuner *m*

Das französische Frühstück

Das **Frühstück** fällt in Frankreich eher spärlich aus. Die meisten Franzosen beginnen den Tag mit einem Milchkaffee, **un café au lait**, und einem Butterbrot mit Marmelade, **une tartine**.
In Cafés bekommt man zum Kaffee ein Blätterteighörnchen, **un croissant**, oder auch ein Schokoladenbrötchen, **un pain au chocolat**.
Ein reichhaltiges Frühstücksbüfett gibt es nur in den Hotels der gehobenen Klasse.

---

frühstücken *v/i* prendre son petit-déjeuner
Frühstücksbrettchen *n* ⟨~s; ~⟩ planche *f*
Frühstücksbüfett *n* buffet *m* de petit-déjeuner
Frühstücksei *n* œuf à la coque (servi au petit-déjeuner)
Frühstücksfernsehen *n* programme matinal de télévision (d'informations)
Frühstückspause *f* pause *f* du petit-déjeuner
Frühstücksspeck *m* bacon *m*
frühzeitig I *adj* **1.** (*rechtzeitig*) à temps **2.** (*vorzeitig*) précoce; prématuré **II** *adv* **3.** (*rechtzeitig*) à temps **4.** (*vorzeitig*) tôt
Frust [frʊst] F *m* ⟨~¢s⟩ frustration *f*
Frustration [frʊstratsi'oːn] *f* ⟨~; ~en⟩ frustration *f*
frustrieren *v/t* ⟨*sans ge*⟩ frustrer
frz. *abr* (*französisch*) français
Fuchs [fʊks] *m* ⟨~es; ~e⟩ **1.** ZO, *Pelz* renard *m*; F *fig* **alter Fuchs** vieux renard; F *fig* **schlauer Fuchs** fin renard; malin *m*; *plais* **wo sich Fuchs und Hase gute Nacht sagen** dans un coin perdu; F dans un bled **2.** *Pferd* alezan *m*
Fuchsbau *m* ⟨~¢s; ~e⟩ tanière *f* du renard
fuchsen *f v/t* ⟨¢¢⟩ F turlupiner; agacer
Fuchsie ['fʊksiə] *f* ⟨~; ~n⟩ fuchsia *m*
Füchsin ['fʏksɪn] *f* ⟨~; ~nen⟩ renarde *f*
Fuchsjagd *f* chasse *f* au renard
Fuchspelz *m* renard *m*
fuchsrot *adj* roux; poil de carotte
Fuchsschwanz *m* **1.** ZO queue *f* de renard **2.** *Säge* (scie *f*) égoïne *f*
fuchsteufelswild F *adj* furieux; F furibard; **fuchsteufelswild werden** *a* se fâcher tout rouge
Fuchtel ['fʊxtəl] F *f* **unter j-s Fuchtel** (*dat*) **stehen** être sous la coupe de qn
fuchteln F *v/i* ⟨¢⟩ gesticuler; **mit etw fuchteln** agiter qc
Fuffziger ['fʊftsɪgər] *m* ⟨~s; ~⟩ *regional* billet *m* de cinquante; F *fig* **falscher Fuffziger** (*unaufrichtige Person*) F faux jeton
Fug [fuːk] *m* **mit Fug und Recht** à juste titre; à bon droit
Fuge ['fuːgə] *f* ⟨~; ~n⟩ **1.** CONSTR joint *m*; *fig* **aus den Fugen geraten** se disloquer **2.** MUS fugue *f*
fügen ['fyːgən] **I** *v/t* **1.** (*setzen*) **etw auf etw** (*acc*) **fügen** poser qc sur qc; **etw an etw** (*acc*) **fügen** ajouter qc à qc **2.** *st/s* (*zusammenfügen*) assembler; joindre; *fig* **fest gefügte Ordnung** ordre établi **3.** *st/s* **das Schicksal fügte es, dass** le destin a voulu que (+ *subj*) **II** *v/r* **sich fügen 4.** (*gehorchen*) obéir; se soumettre (**e-m Befehl** à un ordre) **5. sich in sein Schicksal fügen** se résigner à son sort **III** *st/s v/imp* **es fügt sich gut, dass** c'est un heureux hasard que (+ *subj*)
fügsam *adj* docile
Fügung *f* ⟨~; ~en⟩ *des Schicksals* arrêt *m* du destin; (*Zusammentreffen*) coïncidence *f*; **glückliche Fügung** heureuse coïncidence; **durch Gottes Fügung** par la volonté de Dieu
fühlbar I *adj* **1.** (*berührbar*) tangible (*a fig*); (*wahrnehmbar*) sensible **2.** *fig Unterschied, Verbesserung* notable; *Fortschritt, Preiserhöhung* sensible **II** *adv* sensiblement
fühlen ['fyːlən] **I** *v/t* sentir; *lebhaft* ressentir; **j-n etw fühlen lassen** faire sentir qc à qn **II** *v/i* (*Gefühl haben*) réagir à des sensations; **nach**

etw fühlen chercher qc à tâtons; ***mit j-m füh-len*** être de tout cœur avec qn **III** *v/r* ***sich ge-schmeichelt*** *etc* ***fühlen*** se sentir flatté, *etc*; ***sich als Held fühlen*** se prendre pour un 'héros; → ***wohlfühlen***
Fühler *m* ⟨∼s; ∼⟩ **1.** *von Insekten* antenne *f*; F *fig* ***s-e Fühler ausstrecken*** tâter le terrain **2.** (*Sensor*) capteur *m*
Fühlung *f* ⟨∼⟩ → ***Kontakt***
fuhr [fuːr] → ***fahren***
Fuhre *f* ⟨∼; ∼n⟩ **1.** (*Wagenladung*) charretée *f* **2.** (*Transport*) transport *m*
führen ['fyːrən] **I** *v/t* **1.** (*begleiten*) mener (***bei od an der Hand*** par la main); conduire; *Blinden* guider **2.** (*bringen*) mener; amener; ***was führt Sie zu mir?*** qu'est-ce qui vous amène ici? **3.** (*leiten*) diriger; MIL *a* commander; *Unternehmen a* gérer; *Geschäft, Haushalt a* tenir; *Touristen* guider; ***die Geschäfte führen*** gérer les affaires **4.** *Gespräch* tenir; *Verhandlungen, Leben* mener; ***ein Telefongespräch führen*** téléphoner **5.** (*tragen*) avoir; ***s-e Papiere mit sich*** (*dat*) ***führen*** avoir ses papiers sur soi **6.** *Namen, Titel* porter **7.** *Kasse* tenir; *Buch, Tagebuch, Liste* tenir (***über*** [+ *acc*] sur) **8.** *Waffe, Pinsel, Feder, Kamera* manier **9.** COMM *Artikel* avoir; vendre **II** *v/i* **10.** *räumlich* mener (***nach, zu*** à); *Tür* ***auf die*** *od* ***zur Straße führen*** (s')ouvrir, donner sur la rue; ***durch etw führen*** traverser qc; ***zu etw führen*** aboutir à qc (*a fig*) **11.** SPORT (***mit 1:0***) ***führen*** mener (par un à zéro) **12.** *fig* ***das führt zu nichts*** cela ne mène à rien **III** *v/r* ***sich gut, schlecht führen*** se conduire bien, mal
führend *adj Person* de premier plan; *im Sport* qui mène; *Unternehmen* ***führend sein in*** (+ *dat*) être le numéro un, le leader dans
Führer *m* ⟨∼s; ∼⟩ **1.** *e-r Gruppe* chef *m*; dirigeant *m* **2.** *für Touristen* guide *m* (*Person u Buch*)
Führerausweis *m schweiz* → ***Führerschein***
Führerhaus *n* cabine *f*
Führerin *f* ⟨∼; ∼nen⟩ **1.** *e-r Gruppe* chef *m*; dirigeante *f* **2.** *für Touristen* guide *f*
führerlos *adj u adv Fahrzeug* sans conducteur; *Flugzeug* sans pilote; *Land, Gruppe* sans chef
Führerschein *m* permis *m* de conduire; ***Führerschein auf Probe*** permis (de conduire) probatoire; ***den Führerschein machen*** passer son permis (de conduire)
Führerscheinentzug *m* retrait *m* du permis de conduire
Fuhrpark *m* parc *m* (de véhicules)
Führung *f* ⟨∼; ∼en⟩ **1.** *für Touristen* visite guidée **2.** *e-r Gruppe, e-s Betriebs, Staats* direction *f*; MIL commandement *m*; ***unter der Führung von*** sous la direction de **3.** SPORT avantage *m*; avance *f*; ***in Führung*** (*dat*) ***liegen*** in e-m *Rennen, in der Tabelle* être en tête; *im Spiel* mener (***mit 1:0*** [*par*] 1 à 0); ***in Führung*** (*acc*) ***gehen*** prendre la tête **4.** *von Verhandlungen, Geschäften* conduite *f*; *von Geschäften, e-s Haushalts a* gestion *f*; *e-s Titels* port *m* **5.** (*Verhalten*) conduite *f*
Führungskraft *f* cadre supérieur; manager *m*
Führungsspitze *f* direction *f*; dirigeants *m/pl*
Führungsstil *m* style *m* de direction
Führungstor *n* but *m* qui donne l'avantage

Führungszeugnis *n* certificat *m* de bonnes vie et mœurs
Fuhrunternehmen *n* entreprise *f* de transport
Fuhrwerk *n* charrette *f*
Fülle ['fYlə] *f* ⟨∼⟩ abondance *f*; (*Haarfülle*) épaisseur *f*; (*Körperfülle*) embonpoint *m*; (*Klangfülle*) volume *m*
füllen I *v/t* remplir (***mit*** de); CUIS farcir; ***in etw*** (*acc*) ***füllen*** verser dans qc **II** *v/r* ***sich füllen*** remplir (***mit*** de)
Füller *m* ⟨∼s; ∼⟩, **Füllfederhalter** *m* ⟨∼s; ∼⟩ stylo *m* (à encre)
Füllgewicht *n* poids net à l'emballage
füllig *adj Figur* replet; *Haar* bouffant
Füllung *f* ⟨∼; ∼en⟩ **1.** *Aktion* remplissage *m* **2.** *von Polstern* rembourrage *m* **3.** *e-s Zahns* plombage *m* **4.** CUIS farce *f* **5.** (*Türfüllung*) panneau *m*
Fummel ['fuməl] F *m* ⟨∼s; ∼⟩ F fringues *f/pl*
fummeln F *v/i* ⟨∉⟩ F **1. an, in etw** (*dat*) ***fummeln*** tripoter qc **2.** *sexuell* F peloter qn
Fund [funt] *m* ⟨∼∉s; ∼e⟩ objet trouvé; *glücklicher* trouvaille *f*
Fundament [funda'mɛnt] *n* ⟨∼∉s; ∼e⟩ **1.** CONSTR fondations *f/pl*; ***das Fundament legen*** faire, jeter les fondations **2.** *fig* base *f*
fundamental *adj* fondamental
Fundamentalismus *m* ⟨∼⟩ REL intégrisme *m*; POL extrémisme *m*
Fundamentalist(in) *m* ⟨∼en; ∼en⟩ (*f*) ⟨∼in; ∼innen⟩ REL intégriste *m,f*; POL extrémiste *m,f*
fundamentalistisch *adj* REL intégriste; POL extrémiste
Fundbüro *n* bureau *m* des objets trouvés
Fundgrube *f fig* mine *f*
fundiert [fun'diːrt] *adj Kritik* fondé; *Argument* solide; *Wissen* approfondi
fündig ['fYndɪç] *adj* ***fündig werden*** découvrir un gisement exploitable; *fig* trouver qc
Fundort *m* endroit *m* où un objet a été trouvé; ARCHÄOLOGIE site *m* archéologique
Fundsache *f* objet trouvé
Fundus ['funduːs] *m* ⟨∼; ∼⟩ (*Grundstock*) fonds *m*
fünf [fYnf] *num/c* cinq; F *fig* ***fünf(e) gerade sein lassen*** passer sur qc; → ***acht***
Fünf *f* ⟨∼; ∼en⟩ **1.** *Zahl* cinq *m* **2.** (*Schulnote*) in *Frankreich etwa* six *m*, sept *m*, 'huit *m* (sur vingt)
fünf... → ***acht...***
Fünfeck *n* pentagone *m*
fünfeckig *adj* pentagonal
Fünfer *m* ⟨∼s; ∼⟩ **1.** F pièce *f* de cinq cents **2.** (*Fünf*) cinq *m*; → ***Fünf***
fünferlei *adj* ⟨*inv*⟩ de cinq sortes, espèces différentes
fünffach I *adj* quintuple; → ***achtfach*** **II** *adv* cinq fois plus; au quintuple
Fünffache(s) *n* ⟨→ A⟩ quintuple *m*
fünfhundert *num/c* cinq cent(s)
fünfjährig *adj* (*fünf Jahre alt*) (âgé) de cinq ans; (*fünf Jahre lang*) de cinq ans; qui dure cinq ans
Fünfjährige(r) *f(m)* ⟨→ A⟩ garçon *m*, fille *f* de cinq ans
Fünfkampf *m* pentathlon *m*; ***moderner Fünfkampf*** pentathlon moderne
Fünfkämpfer *m* pentathlonien *m*
Fünfling *m* ⟨∼s; ∼e⟩ quintuplé(e) *m(f)*

fünfmal *adv* cinq fois
fünfstellig *adj* de *od* à cinq chiffres
Fünfsternehotel *n* palace *m*; hôtel *m* catégorie luxe
fünft [fʏnft] *adv* **zu fünft** à cinq; **zu fünft sein** être cinq
Fünftagewoche *f* semaine *f* de cinq jours
fünftausend *num/c* cinq mille
fünfte *num/o* cinquième; → *achte*
Fünftel *n* ⟨~s; ~⟩ cinquième *m*
fünftens *adv* cinquièmement
Fünfunddreißigstundenwoche *f* semaine *f* de trente-cinq heures
fünfzehn *num/c* quinze; **etwa, rund fünfzehn (Personen)** une quinzaine (de personnes); → *acht*
fünfzig ['fʏnftsɪç] *num/c* cinquante; **etwa, rund fünfzig (Personen)** une cinquantaine (de personnes); **etwa, rund fünfzig (Jahre alt) sein** avoir la cinquantaine; → *achtzig*
Fünfzig *f* ⟨~⟩ cinquante *m*
fünfziger *adj* ⟨*inv*⟩ **die fünfziger Jahre** *n/pl* les années *f/pl* cinquante
Fünfziger F *m* ⟨~s; ~⟩ **1.** *Geldschein* billet *m* de cinquante **2.** *Münze* pièce *f* de cinquante cents
fünfzigjährig *adj* (*fünfzig Jahre alt*) (âgé) de cinquante ans; (*fünfzig Jahre lang*) de cinquante ans; qui dure cinquante ans
Fünfzigjährige(r) *f(m)* ⟨→ A⟩ quinquagénaire *m,f*; homme *m*, femme *f* de cinquante ans
Fünfzimmerwohnung *f* appartement *m* de cinq pièces
fungieren [fʊŋ'giːrən] *v/i* ⟨*sans ge*⟩ **fungieren als** faire fonction de
Funk [fʊŋk] *m* ⟨~s⟩ radio *f*; **über Funk** (*acc*) par radio
Funkamateur *m* radioamateur *m*
Fünkchen ['fʏŋkçən] *n* ⟨~s; ~⟩ → *Funke 2*
Funke ['fʊŋkə] *m* ⟨~ns; ~n⟩ **1.** étincelle *f* (*a fig*); **Funken sprühen** jeter des étincelles **2.** *fig* **kein Funke Ehrgeiz** *etc* pas la moindre ambition, *etc*; **ein Funken Hoffnung** une lueur d'espoir
funkeln ['fʊŋkəln] *v/i* ⟨⊄⟩ étinceler; *Augen* **vor Freude** (*dat*) **funkeln** pétiller de joie
funkelnagelneu F *adj* flambant neuf
funken I *v/t* transmettre, émettre par radio II F *fig v/imp* **es hat gefunkt** (*es hat Krach gegeben*) F ça a bardé; (*sie haben sich verliebt*) ça a fait tilt; **es hat bei ihr gefunkt** F elle a pigé
Funken *m* ⟨~s; ~⟩ → *Funke*
Funker *m* ⟨~s; ~⟩ (*opérateur m*) radio *m*
Funkfrequenz *f* fréquence *f* de radio
Funkgerät *n* (poste *m*) émetteur-récepteur *m*
Funkgespräch *n* conversation *f* radiotéléphonique
funkgesteuert *adjt* radioguidé
Funkhaus *n* maison *f* de la radio
Funkloch *n* zone *f* 'hors réseau'
Funkmeldung *f* → *Funkspruch*
Funknetz *n* réseau *m* de stations de radio
Funksprechgerät *n* talkie-walkie *m*
Funkspruch *m* message *m* radio
Funkstille *f* interruption *f* des émissions radio
Funkstreife *f* (patrouille *f* de) policiers *m/pl* en voiture radio
Funkstreifenwagen *m* voiture *f* de radio de la police

Funktaxi *n* radio-taxi *m*
Funktelefon *n* radiotéléphone *m*
Funktion [fʊŋktsi'oːn] *f* ⟨~; ~en⟩ fonction *f*; **in s-r Funktion als ...** en sa fonction de ...
funktional *adj* fonctionnel
Funktionär [fʊŋktsio'nɛːr] *m* ⟨~s; ~e⟩ permanent *m*
funktionell *adj* fonctionnel
funktionieren *v/i* ⟨*sans ge*⟩ fonctionner
funktionsfähig *adj* qui fonctionne
Funktionstaste *f* touche *f* de fonction
Funkturm *m* tour émettrice de radio
Funkuhr *f* öffentliche horloge radiopilotée; *Armbanduhr* montre radiopilotée; *Wanduhr* pendule radiopilotée
Funkverbindung *f* liaison *f* radio
Funkverkehr *m* radiocommunications *f/pl*
Funzel ['fʊntsəl] F *f* ⟨~; ~n⟩ F loupiote *f*
für [fyːr] *prép* ⟨*acc*⟩ **1.** *Ziel, Bestimmung* pour; **das ist für dich** c'est pour toi; **für sich** (*allein*) (tout) seul; **das ist e-e Sache für sich** c'est une chose à part **2.** F (*gegen*) **für den Husten** pour la toux **3.** *Preis* pour; **für zehn Euro** pour dix euros **4.** *Vergleich* pour; **er ist groß für sein Alter** il est grand pour son âge **5.** (*zugunsten*) en faveur de; pour; **für j-n, etw sein** être pour qn, qc; **das Für und Wider** le pour et le contre **6.** *Zeitpunkt, Zeitspanne* pour; **für ein Jahr** pour un an **7.** (*an j-s Stelle*) pour
Fürbitte *f* intercession *f*; **bei j-m Fürbitte einlegen** intercéder auprès de qn
Furche ['fʊrçə] *f* ⟨~; ~n⟩ AGR sillon *m*
Furcht [fʊrçt] *f* ⟨~⟩ crainte *f*, peur *f* (**vor** [+ *dat*] de); **Furcht haben** avoir peur (**vor j-m, etw** de qn, qc); **j-m Furcht einflößen** faire peur à qn; **Furcht einflößend, Furcht erregend** effrayant; intimidant; **aus Furcht vor Strafe** par crainte de la punition
furchtbar I *adj* **1.** (*schrecklich*) terrible; affreux; **das ist ja furchtbar!** mais c'est terrible, affreux! **2.** F (*unangenehm*) épouvantable; atroce; (*groß, stark*) terrible II *adv* terriblement; affreusement; F **furchtbar schwierig** terriblement difficile; F **furchtbar dumm** très bête
fürchten ['fʏrçtən] I *v/t* craindre; *p/fort* redouter; **ich fürchte, es ist zu spät** *od* **dass es zu spät ist** je crains qu'il ne soit trop tard II *v/r* **sich** (**vor j-m, etw**) **fürchten** avoir peur (de qn, qc)
fürchterlich → *furchtbar*
furchterregend *adjt* effrayant; intimidant
furchtlos *adj* intrépide
furchtsam *adj* craintif
füreinander *adv* l'un(e) pour l'autre *bzw* les un(e)s pour les autres
Furie ['fuːriə] *f* ⟨~; ~n⟩ MYTH, *fig* furie *f*
Furnier [fʊr'niːr] *n* ⟨~s; ~e⟩ placage *m*
furnieren *v/t* ⟨*sans ge*⟩ plaquer; **Eiche furniert** en chêne plaqué
Furore [fu'roːrə] **Furore machen** faire fureur
fürs [fyːrs] = **für das**
Fürsorge *f* staatliche assistance *f*; (*Sozialhilfe*) aide sociale; *liebevolle* sollicitude *f*
fürsorglich I *adj* plein de sollicitude II *adv* avec sollicitude
Fürsprache *f* intercession *f*; **bei j-m für j-n Fürsprache einlegen** intercéder auprès de qn en faveur de qn

Fürsprecher(in) *m*(*f*) avocat(e) *m*(*f*)
Fürst [fʏrst] *m* ⟨∼en; ∼en⟩ prince *m*
Fürstentum *n* ⟨∼¢s; -tümer⟩ principauté *f*; *das Fürstentum Monaco* la principauté de Monaco
Fürstin *f* ⟨∼; ∼nen⟩ princesse *f*
fürstlich **I** *adj* princier (*a fig*); *fig Pracht, Gehalt, Trinkgeld* royal **II** *adv* princièrement; comme un prince; *bewirten* royalement
Furt [fʊrt] *f* ⟨∼; ∼en⟩ gué *m*
Furunkel [fu'rʊŋkəl] *m od n* ⟨∼s; ∼⟩ furoncle *m*
Fürwort *n* ⟨∼¢s; -wörter⟩ pronom *m*
Furz [fʊrts] P *m* ⟨∼es; ∼̈e⟩ F pet *m*; *e-n Furz lassen* P lâcher un pet
furzen F *v/i* ⟨¢¢⟩ F péter
Fusel ['fu:zəl] F *m* ⟨∼s; ∼⟩ F tord-boyaux *m*
Fusion [fuzi'oːn] *f* ⟨∼; ∼en⟩ fusion *f*
fusionieren *v/i* ⟨sans ge⟩ fusionner
Fuß [fuːs] *m* ⟨∼es; ∼̈e⟩ **1.** ANAT pied *m* (*a e-r Lampe, e-s Möbelstücks*); *von Tieren* patte *f*; *bei Fuß!* au pied!; *mit bloßen Füßen* nu-pieds; pieds nus; *zu Fuß gehen* aller à pied **2.** *fig* *stehenden Fußes* sur-le-champ; *st/s* *j-m zu Füßen liegen* être aux pieds de qn; *auf eigenen Füßen stehen* être indépendant; *Jugendlicher* voler de ses propres ailes; *(festen) Fuß fassen* arriver, réussir à s'imposer; *Unternehmen* prendre pied; *j-n auf freien Fuß setzen* relâcher qn; JUR relaxer qn; *auf großem Fuß leben* vivre sur un grand pied; mener grand train **3.** *e-s Bergs* pied *m*; *am Fuß* (+ *gén*) au pied de **4.** ⟨*pl* ∼⟩ *Längenmaß* pied *m*
Fußabstreifer *m* ⟨∼s; ∼⟩ (*Fußmatte*) paillasson *m*; (*Rost*) décrottoir *m*
Fußangel *f* piège *m* à mâchoires (pour hommes); *fig* chausse-trap(p)e *f*
Fußbad *n* bain *m* de pieds
Fußball *m* **1.** *Ball* ballon *m* de football **2.** *Spiel* football *m*; *Fußball spielen* jouer au football
Fußballanhänger(in) *m*(*f*) amateur *m* de, fervent(e) *m*(*f*) du football
Fußballen *m* (éminence formée sur la) plante antérieure du pied
Fußballer(in) F *m* ⟨∼s; ∼⟩ (*f*) ⟨∼in; ∼innen⟩ → *Fußballspieler(in)*
Fußballfan *m* supporter *m* de football, F de foot
Fußballmannschaft *f* équipe *f* de football
Fußballmeister *m* champion *m* de football, F de foot
Fußballmeisterschaft *f* championnat *m* de football, F de foot
Fußballplatz *m* terrain *m* de football
Fußballschuh *m* chaussure *f* de football, F de foot
Fußballspiel *n* match *m* de football
Fußballspieler(in) *m*(*f*) joueur, -euse *m*,*f* de football; footballeur, -euse *m*,*f*
Fußballtor *n* but *m* de football
Fußballtoto *n od m* loto sportif
Fußballtrainer *m* entraîneur *m* de football
Fußballverband *m* fédération *f*, association *f* de football
Fußballverein *m* club *m* de football
Fußbett *n* assise *f* du pied (dans des chaussures)
Fußboden *m* plancher *m*

Fußbodenbelag *m* revêtement *m* de sol
Fußbodenheizung *f* chauffage *m* par le sol, le plancher
Fußbremse *f* frein *m* à pied
Fussel ['fʊsəl] *f* ⟨∼; ∼n⟩ peluche *f*
fusselig *adj* pelucheux; F *fig sich* (*dat*) *den Mund fusselig reden* F perdre sa salive
fusseln *v/i* ⟨¢⟩ pelucher
fußen *v/i* ⟨¢¢⟩ *fußen auf* (+ *dat*) reposer sur
Fußende *n* pied *m* (du lit)
Fußgänger(in) ['fuːsgɛŋər(ɪn)] *m* ⟨∼s; ∼⟩ (*f*) ⟨∼in; ∼innen⟩ piéton *m*
Fußgängerüberweg *m* passage *m* pour piétons
Fußgängerzone *f* zone piétonne, piétonnière
Fußgelenk *n* articulation *f* du pied
fußhoch **I** *adj* 'haut d'un pied **II** *adv* *das Wasser steht fußhoch* on a de l'eau jusqu'aux chevilles
Fußkettchen *n* ⟨∼s; ∼⟩ *Schmuck* chaînette *f* autour du pied
Fußknöchel *m* cheville *f*
fußkrank *adj* qui a mal aux pieds; qui a des problèmes de pied(s)
Fußleiste *f* plinthe *f*
Fußmarsch *m* marche *f* (à pied)
Fußmatte *f* paillasson *m*
Fußnagel *m* ongle *m* (d'un orteil)
Fußnote *f* note *f* au bas de la page
Fußpfad *m* sentier *m*
Fußpflege *f* soins *m/pl* des pieds
Fußpfleger(in) *m*(*f*) pédicure *m*,*f*
Fußpilz *m* mycose *f* du pied
Fußreflexzonenmassage *f* massage *m* des zones réflexes (des pieds)
Fußsohle *f* plante *f* du pied
Fußspur *f* trace *f* de pas
Fußstapfen *m* ⟨∼s; ∼⟩ empreinte *f* de pas; *fig in j-s Fußstapfen* (*acc*) *treten* marcher sur les traces de qn
Fußtritt *m* coup *m* de pied
Fußvolk *n péj* piétaille *f*
Fußweg *m* sentier *m*
Futon ['fuːtɔn] *m* ⟨∼s; ∼s⟩ futon *m*
futsch [fʊtʃ] F *adj* (*kaputt*) F fichu; P foutu; (*weg*) perdu
Futter[1] ['fʊtər] *n* ⟨∼s⟩ *für Tiere* nourriture *f*; (*Viehfutter*) fourrage *m*; *Futter geben* donner à manger
Futter[2] *n* ⟨∼s; ∼⟩ COUT doublure *f*
Futteral *n* ⟨∼s; ∼e⟩ étui *m*; gaine *f*
Futterkrippe *f* mangeoire *f*
futtern F *v/i u v/i* F bouffer
füttern[1] ['fʏtərn] *v/t* **1.** *Tier, Person* donner à manger à **2.** *fig Computer* *mit Daten füttern* alimenter en données
füttern[2] *v/t* COUT doubler (*mit* de); *mit Pelz* fourrer
Futternapf *m* écuelle *f*
Futterneid *m* jalousie *f* (*a* F *fig*)
Futtertrog *m* auge *f*; mangeoire *f*
Fütterung *f* ⟨∼; ∼en⟩ *des Viehs* alimentation *f*; *die Fütterung der Raubtiere* le repas des fauves
Futur [fu'tuːr] *n* ⟨∼s; ∼e⟩ GR futur *m*; *zweites Futur* futur antérieur
futuristisch *adj* futuriste

G

G, g [ge:] *n* ⟨G, g; G, g⟩ **1.** G, g *m* **2.** MUS sol *m*

g *abr* (*Gramm*) g

gab [ga:p] → *geben*

Gabe ['ga:bə] *f* ⟨∼; ∼n⟩ **1.** *st/s* (*Spende*) don *m*; *milde Gabe* aumône *f* **2.** *st/s* (*Geschenk*) présent *m* **3.** (*Begabung*) don *m*

Gabel ['ga:bəl] *f* ⟨∼; ∼n⟩ **1.** (*Essgabel*) fourchette *f* **2.** (*Mistgabel, Fahrradgabel, Astgabel*) fourche *f*; (*Telefongabel*) support *m*

Gabelbissen *m* amuse-gueule *m*; (*Heringshappen*) filet *m* de hareng mariné (dans du vinaigre, *etc*)

Gabelfrühstück *n* lunch *m*

gabeln ⟨¢⟩ *v/r* **sich gabeln** bifurquer

Gabelstapler *m* ⟨∼s; ∼⟩ chariot élévateur

Gabelung *f* ⟨∼; ∼en⟩ bifurcation *f*

Gabelzinke *f* dent *f* de fourche(tte)

Gabentisch *m* table *f* des cadeaux

Gabun [ga'bu:n] *n* ⟨∼s⟩ le Gabon

gackern ['gakərn] *v/i* **1.** *Huhn* caqueter **2.** F *fig* (*kichern*) glousser

gaffen ['gafən] *v/i péj* regarder bouche bée

Gaffer *m* ⟨∼s; ∼⟩ *péj* badaud *m*

Gag [gɛk] *m* ⟨∼s; ∼s⟩ gag *m*

Gage ['ga:ʒə] *f* ⟨∼; ∼n⟩ cachet *m*

gähnen ['gɛ:nən] *v/i* bâiller

Gala ['ga:la] *f* ⟨∼; ∼s⟩ **1.** *Kleidung* tenue *f* de gala **2.** *Veranstaltung* gala *m*

Galaabend *m* soirée *f* de gala

Galadiner *n* dîner *m* de gala

galant [ga'lant] *adj* galant

Galapagosinseln [ga'lapagɔsʔınzəln] *f/pl* îles *f/pl* Galapagos

Galavorstellung *f* (soirée *f* de) gala *m*

Galaxie [galə'ksi:] *f* ⟨∼; ∼n⟩ galaxie *f*

Galeere [ga'le:rə] *f* ⟨∼; ∼n⟩ galère *f*

Galerie [galə'ri:] *f* ⟨∼; ∼n⟩ ARCH, (*Kunstgalerie*) galerie *f*

Galerist(in) *m* ⟨∼en; ∼en⟩ (*f*) ⟨∼in; ∼innen⟩ galeriste *m,f*

Galgen ['galgən] *m* ⟨∼s; ∼⟩ potence *f*; gibet *m*

Galgenfrist *f* dernier sursis

Galgenhumor *m* humour *m* macabre

Galgenvogel F *m Person* gibier *m* de potence

Galionsfigur [gali'o:ns-] *f* figure *f* de proue (*a fig*)

Galle ['galə] *f* ⟨∼; ∼n⟩ **1.** *Flüssigkeit* bile *f*; *fig* **mir läuft die Galle über** la moutarde me monte au nez **2.** (*Gallenblase*) vésicule *f* biliaire

galle(n)bitter *adj* très amer

Gallenblase *f* vésicule *f* biliaire

Gallenkolik *f* colique *f* hépatique

Gallenstein *m* calcul *m* biliaire

Gallert ['galərt] *n* ⟨∼¢s; ∼e⟩ gelée *f*

gallertartig *adj* gélatineux

Gallien ['galiən] *n* ⟨∼s⟩ HIST la Gaule; → *Info nächste Seite*

Gallier(in) *m* ⟨∼s; ∼⟩ (*f*) ⟨∼in; ∼innen⟩ Gaulois(e) *m(f)*

gallisch *adj* gaulois

Galopp [ga'lɔp] *m* ⟨∼s; ∼s *ou* ∼e⟩ galop *m*; *im Galopp* au galop (*a fig*)

galoppieren *v/i* ⟨sans ge, sn⟩ galoper

galoppierend *adj fig* galopant

Galopprennbahn *f* hippodrome (aménagé pour courses au galop)

Galopprennen *n* course *f* au galop

galt [galt] → *gelten*

Gamasche [ga'maʃə] *f* ⟨∼; ∼n⟩ guêtre *f*

Gambe ['gambə] *f* ⟨∼; ∼n⟩ MUS viole *f* de gambe

Gambia ['gambia] *n* ⟨∼s⟩ la Gambie

Gameboy® ['ge:mbɔy] *m* ⟨∼¢; ∼s⟩ Gameboy® *m od f*

gammelig ['gaməlıç] F *adj* **1.** *Person* débraillé **2.** *Nahrungsmittel* pourri

gammeln F *v/i* ⟨¢⟩ **1.** *Person* F glander **2.** *Nahrungsmittel* pourrir

Gammler F *m* ⟨∼s; ∼⟩ beatnik *m*; F glandeur *m*

Gamsbart ['gamsba:rt] *m* touffe *f* de poils de chamois (*ornant un chapeau tyrolien*)

Gämse ['gɛmzə] *f* ⟨∼; ∼n⟩ chamois *m*

gang [gaŋ] **das ist gang und gäbe** c'est tout à fait courant

Gang *m* ⟨∼¢s; ∼e⟩ **1.** (*Gehen*) marche *f*; *in Gang bringen Maschine* mettre en marche; actionner; *Gespräch* entamer; *in Gang kommen Maschine* se mettre en marche; *fig* démarrer **2.** (*Verlauf*) cours *m*; *von Geschäften* marche *f*; *im Gang(e) sein* être en cours; *in vollem Gange sein* battre son plein; *s-n* (*gewohnten*) *Gang gehen* suivre son cours **3.** (*Gehweise*) démarche *f*; allure *f* **4.** (*Besorgung*) démarche *f*; (*Rundgang*) tour *m* **5.** (*Flur*) couloir *m* (*a im Zug, Bus, Flugzeug*); *im Kino, Theater* allée *f*; *auf dem Gang* dans le couloir **6.** *unterirdischer* souterrain *m*; galerie *f*; BERGBAU filon *m*; veine *f* **7.** CUIS plat *m* **8.** AUTO vitesse *f*; *den ersten Gang einlegen* passer en première

---

Gage ≠ gage

Die **Gage** dieses Schauspielers ist noch nicht sehr hoch.

Pour ce jeu, il faut laisser un **gage**.

Le **cachet** de cet acteur n'est pas encore très élevé.

Für dieses Spiel muss man ein **Pfand** hinterlegen.

Gallien

Spätestens seit der Lektüre unseres ersten Asterix-Bandes wissen wir, dass Asterix, Obelix und Majestix keine Franzosen, sondern Gallier waren – und dass die Hauptstadt zur damaligen Zeit noch nicht *Paris*, sondern *Lutetia* (**Lutèce**) hieß. Im Altertum war *Gallia* (frz. **la Gaule**) die Bezeichnung für die Regionen, die im Osten vom Rhein und den Alpen, im Süden vom Mittelmeer, im Westen von den Pyrenäen und im Norden von der Atlantik- und Kanalküste begrenzt wurden. Im Jahre 60 v. Chr., also zur Zeit Cäsars, setzte sich Gallien aus den drei Teilen **la Gaule Belgique**, **la Gaule Celtique** und **l'Aquitaine** zusammen. Der heutige **Midi de la France** von Toulouse über Nîmes bis nach Marseille war bereits römische Provinz mit der Hauptstadt Narbonne. Gallien war von den sogenannten Festlandkelten bewohnt, deren Sprache mit dem heutigen Französisch nichts gemein hatte. Erst ab dem Jahr 52 v. Chr., nachdem der Gallierfürst Vercingetorix die berühmte Schlacht von Alesia gegen Cäsar verloren hatte, konnte sich das Vulgärlateinische (das Latein, so wie es das Volk sprach) in ganz Gallien ausbreiten. Von einer französischen Sprache kann man erst ab dem 9. Jahrhundert nach Christi Geburt sprechen. Das zu dieser Zeit gesprochene Französisch nennt man *Altfranzösisch* (**l'ancien français**).

Gangart *f* allure *f*
gangbar *adj* praticable (*a fig*)
Gängelband ['gɛŋəl-] *n* **j-n am Gängelband führen** tenir qn en laisse
gängeln F *péj v/t* ⟨¢⟩ commander; régenter
gängig *adj* **1.** (*üblich*) courant **2.** *Produkt, Artikel* qui se vend bien
Gangschaltung *f* im *Auto* changement *m* de vitesse; *am Fahrrad* dérailleur *m*
Gangster ['gɛnstər] *m* ⟨∼s; ∼⟩ gangster *m*
Gangsterbande *f* gang *m*
Gangsterboss F *m* F caïd *m*; chef *m* de gang
Gangsterbraut F *f* F nana *f* de gangster
Gangway ['gɛŋveɪ] *f* ⟨∼; ∼s⟩ MAR, AVIAT passerelle *f*
Ganove [ga'noːvə] F *m* ⟨∼n; ∼n⟩ malfaiteur *m*; voyou *m*; F malfrat *m*
Gans [gans] *f* ⟨∼; ∼e⟩ oie *f*; *fig* **dumme Gans** dinde *f*; F cruche *f*; F bécasse *f*
Gänseblümchen *n* pâquerette *f*
Gänsebraten *m* oie rôtie
Gänsebrust *f* poitrine *f* d'oie; CUIS blanc *m* d'oie
Gänsefüßchen F *fig n/pl* guillemets *m/pl*
Gänsehaut *f fig* chair *f* de poule; *e-e Gänsehaut bekommen* avoir la chair de poule
Gänsekeule *f* cuisse *f* d'oie
Gänsekiel *m* plume *f* d'oie (*servant à écrire*)
Gänseleber *f* foie *m* d'oie
Gänseleberpastete *f* foie gras
Gänsemarsch *m* **im Gänsemarsch** en file indienne; à la queue leu leu
Gänserich ['gɛnzərɪç] *m* ⟨∼s; ∼e⟩ jars *m*
Gänseschmalz *n* graisse *f* d'oie
Gänsewein F *plais m* ⟨∼s⟩ eau *f*; F flotte *f*
ganz [gants] **I** *adj* **1.** (*gesamt*) tout; entier; *das ganze Brot* tout le pain; *die ganze Welt* le monde entier; *ganz Paris* tout Paris; *in ganz Frankreich* dans toute la France **2.** (*vollständig*) entier; *ein ganzes Brot* un pain entier **3.** F (*unversehrt*) intact; entier; *etw wieder ganz machen* réparer, refaire qc **4.** F (*alle*) *die ganzen Leute* tout le monde **II** *adv* **5.** (*vollkommen*) entièrement; complètement; *ein Buch ganz lesen* lire un livre en entier;

er ist ganz der Vater c'est tout à fait son père; F c'est son père tout craché **6.** *verstärkend* tout; *p/fort* tout à fait; *meist bei Verben* entièrement; *sie ist ganz gerührt* elle est tout émue; *ganz wie du willst od meinst* c'est comme tu veux; *ganz und gar* tout à fait; absolument; *ganz und gar nicht* pas du tout **7.** *einschränkend* assez; pas mal; *die Bezahlung ist ganz gut* on est pas mal payé
Ganze(s) *n* ⟨→ A⟩ tout *m*; ensemble *m*; F *aufs Ganze gehen* aller droit au but; risquer le tout pour le tout; *es geht ums Ganze* tout est en jeu
ganzheitlich *adj* global
Ganzheitsmedizin *f* approche globale du malade
ganzjährig ['gantsjɛːrɪç] **I** *adj* qui dure (toute) une année **II** *adv* (pendant) toute l'année; *ganzjährig geöffnet* ouvert toute l'année
Ganzkörpermassage *f* massage *m* de tout le corps
gänzlich ['gɛntslɪç] *adv* totalement; entièrement
ganzmachen F *v/t* → *ganz* **I** *3*
ganztägig ['gantstɛːgɪç] **I** *adj* qui dure toute la journée **II** *adv* *ganztägig geöffnet* ouvert toute la journée
ganztags *adv* (pendant) toute la journée
Ganztagsbeschäftigung *f* poste *m*, emploi *m* à plein temps
Ganztagsschule *f* école avec des cours le matin et l'après-midi
gar¹ [gaːr] *adj* CUIS à point; (assez) cuit
gar² *adv* **1.** (*überhaupt*) *gar nicht* pas du tout; *gar niemand* absolument personne; *gar nichts* rien du tout **2.** *verstärkend* *gar zu bescheiden* beaucoup trop modeste; *gar zu gern würde ich* (+ *inf*) j'aimerais tellement (+ *inf*); *oder gar* ou même
Garage [ga'raːʒə] *f* ⟨∼; ∼n⟩ garage *m*
Garageneinfahrt *f* entrée *f* d'un, de garage; *Aufschrift a* sortie *f* de véhicule
Garagenstellplatz *m* box *m*
Garagentor *n* porte *f* de garage
Garagenwagen *m* voiture peu utilisée, garée en

permanence dans un garage

Garant [ga'rant] *m* ⟨∼en; ∼en⟩ garant *m* (*für* de)

Garantie *f* ⟨∼; ∼n⟩ *vom Hersteller*, *fig* garantie *f*; *mit*, *ohne Garantie* avec, sans garantie; *darauf habe ich noch Garantie* c'est encore sous garantie; *ein Jahr Garantie haben* être garanti un an; *fig die Garantie für etw übernehmen* se porter garant de qc; F *das ist unter Garantie gelogen!* c'est sûrement des mensonges!

Garantiefrist *f* délai *m* de garantie

garantieren ⟨*sans ge*⟩ **I** *v/t* (*j-m*) *etw garantieren* garantir qc (à qn) **II** *v/i* *für j-n, etw garantieren* se porter garant de qn, qc

garantiert *advt* F *fig das ist garantiert gelogen* c'est sûrement des mensonges

Garantieschein *m* bon *m* de garantie

Garantiezeit *f* délai *m* de garantie; *die Garantiezeit für meine Uhr ist abgelaufen* je n'ai plus de garantie sur ma montre; ma montre n'est plus sous garantie

Garaus ['ga:rʔaʊs] *m j-m den Garaus machen* donner le coup de grâce à qn

Garbe ['garbə] *f* ⟨∼; ∼n⟩ AGR, MIL gerbe *f*

Gardasee ['gardaze:] *der Gardasee* le lac de Garde

Garde ['gardə] *f* ⟨∼; ∼n⟩ garde *f* (*a fig*)

Gardenie [gar'de:niə] *f* ⟨∼; ∼n⟩ gardénia *m*

Garderobe [gardə'ro:bə] *f* ⟨∼; ∼n⟩ **1.** (*Kleider*) garde-robe *f* **2.** (*Kleiderablage*) vestiaire *m*; (*Flurgarderobe*) portemanteau *m* **3.** (*Umkleideraum e-s Künstlers*) loge *f*

Garderobenfrau *f* dame *f* du vestiaire

Garderobenmarke *f*, **Garderobennummer** *f* numéro *m* de vestiaire

Garderobenständer *m* portemanteau *m*

Gardine [gar'di:nə] *f* ⟨∼; ∼n⟩ rideau *m*; F *plais fig* *hinter schwedischen Gardinen* F à l'ombre

Gardinenpredigt F *f* F savon *m*; *j-m e-e Gardinenpredigt halten* F passer un savon à qn

Gardinenring *m* anneau *m* de rideau

Gardinenstange *f* tringle *f* à rideaux

garen *v/t* cuire (à point)

gären ['gɛ:rən] ⟨gärte *ou* gor, gegärt *ou* gegoren⟩ **I** *v/i* fermenter **II** *v/imp* *fig es gärt im Volk* le peuple est en effervescence

Garn [garn] *n* ⟨∼¢s; ∼e⟩ fil *m*

Garnele [gar'ne:lə] *f* ⟨∼; ∼n⟩ crevette *f*

garnieren [gar'ni:rən] *v/t* ⟨*sans ge*⟩ garnir (*mit* de)

Garnierung *f* ⟨∼; ∼en⟩ garniture *f*

Garnison [garni'zo:n] *f* ⟨∼; ∼en⟩ garnison *f*

Garnitur [garni'tu:r] *f* ⟨∼; ∼en⟩ **1.** (*Satz zusammengehöriger Dinge*) assortiment *m*; (*Wäschegarnitur*) parure *f*; (*Möbelgarnitur*) ensemble *m* **2.** F *fig die erste Garnitur* l'élite *f*

Garnrolle *f* bobine *f* de fil

Garnspule *f* can(n)ette *f*

garstig ['garstiç] *adj* (*böse*) méchant; (*abscheulich*) répugnant; affreux

Garten ['gartən] *m* ⟨∼s; ∼̈⟩ jardin *m*; *botanischer*, *zoologischer Garten* jardin botanique, zoologique; *im Garten arbeiten* jardiner

Gartenarbeit *f* jardinage *m*

Gartenbau *m* horticulture *f*

Gartencenter [-sɛntər] *n* ⟨∼s; ∼⟩ jardinerie *f*

Gartenerde *f* terreau *m*

Gartenfest *n* (grande) fête dans un jardin; gar-

den-party *f*

Gartengerät *n* outil *m* de jardinage

Gartengrill *m* barbecue *m*

Gartenhäuschen *n* cabane *f* (de jardin)

Gartenlaube *f* tonnelle *f*

Gartenlokal *n* restaurant *m*, café *m* avec jardin

Gartenmöbel *n/pl* meubles *m/pl* de jardin

Gartenparty *f* → **Gartenfest**

Gartenschau *f* exposition *f* horticole

Gartenschere *f* sécateur *m*

Gartenschlauch *m* tuyau *m* d'arrosage

Gartenstadt *f* cité-jardin *f*

Gartenstuhl *m* chaise *f* de jardin

Gartentisch *m* table *f* de jardin

Gartenwirtschaft *f* → **Gartenlokal**

Gartenzaun *m* clôture *f* de jardin

Gartenzwerg *m* nain *m* de jardin

Gärtner(in) ['gɛrtnər(ın)] *m* ⟨∼s; ∼⟩ (*f*) ⟨∼in; ∼innen⟩ jardinier, -ière *m,f*; (*Gartenbautreibende[r]*) horticulteur, -trice *m,f*

Gärtnerei *f* ⟨∼; ∼en⟩ établissement *m* horticole

Gärung *f* ⟨∼; ∼en⟩ fermentation *f*

Garzeit *f* (temps *m* de) cuisson *f*

Gas [ga:s] *n* ⟨∼es; ∼e⟩ **1.** CHIM, *im Haushalt* gaz *m* **2.** AUTO *Gas geben* accélérer (*a* F *fig*); F appuyer sur le champignon; *das Gas wegnehmen* lever le pied **3.** F (*Gaspedal*) accélérateur *m*

Gasexplosion *f* explosion *f* de gaz

Gasfeuerzeug *n* briquet *m* à gaz

Gasflamme *f* flamme *f* du gaz

Gasflasche *f* bouteille *f* de gaz

gasförmig *adj* gazeux

Gasgeruch *m* odeur *f* de gaz

Gashahn *m* robinet *m* à gaz

Gasheizung *f* chauffage *m* au gaz

Gasherd *m* gazinière *f*; cuisinière *f* à gaz

Gaskammer *f* chambre *f* à gaz

Gaskocher *f* réchaud *m* à gaz

Gasleitung *f* canalisation *f* de gaz; (*Überlandgasleitung*) gazoduc *m*

Gasmaske *f* masque *m* à gaz

Gasometer [gazo'me:tər] *m* ⟨∼s; ∼⟩ gazomètre *m*

Gaspedal *n* accélérateur *m*

Gasrohr *n* tuyau *m* à gaz

Gässchen ['gɛsçən] *n* ⟨∼s; ∼⟩ ruelle *f*

Gasse ['gasə] *f* ⟨∼; ∼n⟩ **1.** rue étroite; ruelle *f* **2.** (*Durchgang*) passage *m*

Gassenhauer F *m* ⟨∼s; ∼⟩ rengaine *f*; chanson *f*, refrain *m* populaire

Gassi ['gasi] F (*mit dem Hund*) *Gassi gehen* sortir le chien

Gast [gast] *m* ⟨∼¢s; ∼e⟩ **1.** *eingeladener* invité(e) *m(f)*; hôte *m*; *beim Essen a* convive *m,f*; (*Besucher*) visiteur, -euse *m,f*; *ein ungebetener Gast* un(e) intrus(e); *bei j-m zu Gast sein* être l'invité(e) de qn **2.** *e-s Restaurants*, *e-s Hotels* client(e) *m(f)*

Gastarbeiter(in) *oft neg!* *m(f)* travailleur, -euse *m,f* immigré(e)

Gastdozent(in) *m(f)* professeur *m,f* (d'enseignement supérieur) invité(e)

Gästebuch ['gɛstə-] *n* livre *m* d'hôtes

Gästehandtuch *n* essuie-mains *m* (pour invités)

Gäste-WC *n* deuxième W.-C. *m*

Gästezimmer *n* chambre *f* d'ami(s)

Gastfamilie *f* famille *f* d'accueil
gastfreundlich *adj* hospitalier
Gastfreundschaft *f* hospitalité *f*
Gastgeber(in) *m* ⟨~s; ~⟩ (*f*) ⟨~in; ~innen⟩ hôte, -esse *m,f*
Gastgeschenk *n* cadeau *m* (d'un invité à son hôte)
Gasthaus *n*, **Gasthof** *m* auberge *f*
Gasthörer(in) *m(f)* auditeur, -trice *m,f* libre
gastieren *v/i* ⟨*sans ge*⟩ se produire, jouer (en tournée)
Gastkonzert *n* concert *m* (lors d'une tournée)
Gastland *n* ⟨~¢s; -länder⟩ pays *m* d'accueil
gastlich *adj* accueillant; hospitalier
Gastlichkeit *f* ⟨~⟩ hospitalité *f*
Gastmannschaft *f* visiteurs *m/pl*; équipe visiteuse
Gastprofessor *m* professeur invité
Gastrecht *n* (droit *m* d')hospitalité *f*
Gastredner(in) *m(f)* conférencier, -ière invité(e)
Gastritis [gas'triːtɪs] *f* ⟨~; -tiden⟩ gastrite *f*
Gastronom [gastro'noːm] *m* ⟨~en; ~en⟩ restaurateur *m*
Gastronomie *f* ⟨~⟩ **1.** *Gewerbe* restauration *f* **2.** (*Kochkunst*) gastronomie *f*
Gastspiel *n* représentation *f* d'acteur(s), *etc* en tournée
Gastspielreise *f* tournée *f*
Gaststätte *f* restaurant *m*; (*Landgaststätte*) auberge *f*
Gaststube *f* salle *f* de restaurant
Gastvorlesung *f* *cours donné par un professeur invité*
Gastwirt(in) *m(f)* restaurateur, -trice *m,f*; (*Gastwirt u Hotelbesitzer*) hôtelier, -ière *m,f*
Gastwirtschaft *f* (petit) restaurant; *auf dem Land* auberge *f*
Gasuhr *f* compteur *m* à gaz
Gasverbrauch *m* consommation *f* de gaz
Gasvergiftung *f* intoxication *f* par le gaz
Gaswerk *n* usine *f* à gaz
Gaszähler *m* compteur *m* à gaz
Gaszufuhr *f* admission *f*, arrivée *f* des gaz
Gatte ['gatə] *st/s m* ⟨~n; ~n⟩ époux *m*
Gatter ['gatər] *n* ⟨~s; ~⟩ *e-r Einzäunung* barrière *f*, porte *f* à claire-voie
Gattin *st/s f* ⟨~; ~nen⟩ épouse *f*
Gattung ['gatʊŋ] *f* ⟨~; ~en⟩ BIOL, KUNST genre *m*
Gattungsname *m* BOT, ZO nom *m* générique; GR nom commun
GAU [gau] *m* *abr* ⟨~s; ~s⟩ (*größter anzunehmender Unfall*) accident majeur
Gaudi ['gaudi] F *f* ⟨~⟩ *bes südd, österr* plaisir *m*; amusement *m*
Gaukler ['gauklər] *m* ⟨~s; ~⟩ saltimbanque *m*; bateleur *m*
Gaul [gaul] *m* ⟨~¢s; Gäule⟩ *péj* F canasson *m*; *prov* **e-m geschenkten Gaul schaut man nicht ins Maul** à cheval donné on ne regarde pas les dents
Gaumen ['gaumən] *m* ⟨~s; ~⟩ ANAT palais *m*
Gaumenkitzel *st/s m* régal *m*
Gauner ['gaunər] *m* ⟨~s; ~⟩ **1.** *péj* escroc *m* **2.** F *fig* (*gerissener Mensch*) rusé *m*
Gaunerei [-'raɪ] *f* ⟨~; ~en⟩ escroquerie *f*
Gaunersprache *f* argot *m* du milieu

Gazastreifen ['gaːza-] POL *der Gazastreifen* la bande de Gaza
Gaze ['gaːzə] *f* ⟨~; ~n⟩ TEXT gaze *f*
Gazelle [ga'tsɛlə] *f* ⟨~; ~n⟩ gazelle *f*
G-Dur *n* sol *m* majeur
Geächtete(r) *f(m)* ⟨→ A⟩ proscrit(e) *m(f)*
geadert, geädert *adj‡* veiné; *Blatt* nervuré
geartet *adj* **anders geartet** différent; *so geartet sein, dass …* être de nature à (+ *inf*)
Geäst [gə'ˀɛst] *n* ⟨~¢s⟩ branchage *m*
geb. *abr* (*geboren[e]*) né(e)
Gebäck [gə'bɛk] *n* ⟨~¢s; ~e⟩ petits gâteaux; *ohne Füllung* gâteaux secs
Gebälk [gə'bɛlk] *n* ⟨~¢s; ~e⟩ charpente *f*
geballt *adj‡* concentré (*a fig*)
gebar [gə'baːr] → *gebären*
Gebärde [gə'bɛːrdə] *f* ⟨~; ~n⟩ geste *m*
gebärden *v/r* ⟨-e-⟩ *sich gebärden* se comporter (*wie toll* comme un fou furieux)
Gebärdensprache *f* langage par gestes, gestuel
Gebaren [gə'baːrən] *n* ⟨~s⟩ comportement *m*
gebären [gə'bɛːrən] *v/t* ⟨gebärt *ou st/s* gebiert, gebar, geboren⟩ donner naissance à (*a fig*); mettre au monde; *geboren werden* naître; *er ist am … geboren* il est né le …
gebärfähig *adj Frau* **im gebärfähigen Alter** en âge de procréer
Gebärmutter *f* ⟨~; -mütter⟩ utérus *m*
Gebärmutterhals *m* col *m* de l'utérus
Gebärmutterkrebs *m* cancer *m* de l'utérus
gebauchpinselt F *plais adj* **sich gebauchpinselt fühlen** se sentir flatté
Gebäude [gə'bɔʏdə] *n* ⟨~s; ~⟩ **1.** bâtiment *m*; *großes immeuble m* **2.** *fig geistiges* échafaudage *m*
Gebäudekomplex *m* ensemble *m* de bâtiments
Gebäudereinigung *f* ⟨~; ~en⟩ **1.** *Aktion* nettoyage *m* (de bureaux) **2.** *Betrieb* entreprise *f* de nettoyage
Gebäudeversicherung *f* assurance immobilière
Gebeine *st/s n/pl* ossements *m/pl*
Gebell *n* ⟨~¢s⟩ aboiement(s) *m(pl)*
geben ['geːbən] ⟨gibt, gab, gegeben⟩ **I** *v/t* **1.** donner; (*reichen, weitergeben*) *a* passer; TÉL *geben Sie mir bitte Herrn X!* vous pouvez me passer Monsieur X, s'il vous plaît?; F *fig es j-m geben* donner à qn ce qu'il mérite; *mit Worten* dire à qn ses quatre vérités; *prov Geben ist seliger denn Nehmen* il y a plus de bonheur à donner qu'à recevoir **2.** *fig Antwort, Auskunft, Beispiel* donner; *Versprechen, Kredit, Rabatt, Fest* faire **3.** KARTENSPIEL donner (*a abs*) **4.** (*ergeben*) faire; *10 durch 2 gibt 5* 10 divisé par 2 fait *od* égale 5 **5.** THÉ jouer **6.** (*hervorbringen*) faire **7.** (*äußern*) *etw von sich* (*dat*) *geben* dire, proférer qc **8.** *viel auf etw* (*acc*) *geben* faire grand cas de qc; *viel darum geben zu* (+ *inf*) donner cher pour (+ *inf*) **9.** (*hinzugeben*) ajouter; mettre **II** *v/r* **10.** *sich ungezwungen geben* se montrer naturel **11.** (*nachlassen*) se calmer; *das wird sich schon geben* ça va s'arranger **III** *v/imp* *es gibt …* il y a …; *es gibt Regen* on aura de la pluie; il va pleuvoir; *das gibt es nicht* cela n'existe pas; F *das gibts doch nicht!* F pas possible!; *was gibt es?* qu'y a-t-il?; qu'est-ce qu'il y a?; *was gibt es zu essen, im Fernsehen?*

qu'est-ce qu'il y a à manger, à la télé?; F *was es nicht alles gibt!* on en voit, des choses!

gebenedeit [gəbene'daɪt] *adj* REL béni

Gebet [gə'be:t] *n* ⟨~¢s; ~e⟩ prière *f*; *fig j-n ins Gebet nehmen* mettre qn sur la sellette

Gebetbuch *n* livre *m* de prières

gebeten *p/p* → *bitten*

Gebetsteppich *m* tapis *m* de prières

gebiert [gə'bi:rt] → *gebären*

Gebiet [gə'bi:t] *n* ⟨~¢s; ~e⟩ **1.** GÉOGR région *f*; territoire *m* **2.** *fig* domaine *m*; *auf diesem Gebiet* dans ce domaine

gebieten *st/s v/t u v/i* ⟨*irr, p/p* geboten⟩ commander; *über etw, j-n gebieten* régner sur qc, qn

Gebieter(in) *st/s m* ⟨~s; ~⟩ (*f*) ⟨~in; ~innen⟩ maître, -esse *m,f* (*über* [+ *acc*] de)

gebieterisch *st/s adj* impérieux

Gebietsanspruch *m* revendication territoriale

Gebilde *n* ⟨~s; ~⟩ (*Gegenstand*) chose *f*; objet *m*; POL entité *f*

gebildet *adjt* cultivé

Gebildete(r) *f(m)* ⟨→ A⟩ personne cultivée

Gebinde *n* ⟨~s; ~⟩ (*Blumengebinde*) gerbe *f*; (*Bund*) botte *f*

Gebirge [gə'bɪrgə] *n* ⟨~s; ~⟩ (chaîne *f* de) montagnes *f/pl*

gebirgig *adj* montagneux

Gebirgsbach *m* torrent *m*

Gebirgsdorf *n* village *m* de montagne

Gebirgskette *f* chaîne *f* de montagnes

Gebirgsmassiv *n* massif montagneux

Gebirgspass *m* col *m*

Gebirgszug *m* chaîne *f* de montagnes

Gebiss *n* ⟨~es; ~e⟩ dentition *f*; dents *f/pl*; (*künstliches*) *Gebiss* dentier *m*

gebissen *p/p* → *beißen*

Gebläse [gə'blɛ:zə] *n* ⟨~s; ~⟩ AUTO ventilateur *m*; TECH soufflerie *f*

geblasen *p/p* → *blasen*

geblieben [gə'bli:bən] *p/p* → *bleiben*

geblümt [gə'bly:mt] *adjt* à fleurs

Geblüt [gə'bly:t] *st/s n* ⟨~¢s⟩ sang *m*; *von edlem Geblüt* (de famille) noble

gebogen [gə'bo:gən] **I** *p/p* → *biegen* **II** *adjt* *Schnabel, Nase, Hörner* recourbé; *Linie, Gegenstand* courbe

gebongt [gə'bɔŋt] F *adj* (*ist*) *gebongt!* F d'acc!; F c'est bon!

geboren [gə'bo:rən] **I** *p/p* → *gebären* **II** *adjt* né; *Mädchenname geborene X* née X; *fig der geborene Redner* un orateur-né

geborgen I *p/p* → *bergen* **II** *adjt* en sécurité; à l'abri

Geborgenheit *f* ⟨~⟩ sécurité *f*

geborsten *p/p* → *bersten*

Gebot [gə'bo:t] *n* ⟨~¢s; ~e⟩ **1.** REL commandement *m*; *die Zehn Gebote* les dix commandements; le décalogue **2.** *bei Versteigerung* offre *f*; *höheres* enchère *f* **3.** *fig* *es ist ein Gebot der Vernunft zu* (+ *inf*) la raison nous impose de (+ *inf*)

geboten I *p/p* → *bieten, gebieten* **II** *adjt* qui s'impose; requis; *Vorsicht ist geboten* la prudence s'impose

Gebr. *abr* (*Gebrüder*) COMM frères

gebracht [gə'braxt] *p/p* → *bringen*

gebrannt [gə'brant] *p/p* → *brennen*

gebraten *p/p* → *braten*

Gebräu [gə'brɔy] *n* ⟨~¢s; ~e⟩ *péj* breuvage *m*; mixture *f*

Gebrauch *m* ⟨~¢s; Gebräuche⟩ **1.** usage *m*; emploi *m* (*a e-s Wortes, e-r List*); *von etw Gebrauch machen* se servir de, faire usage de qc; employer qc; *von e-m Recht* user de qc; *etw in od im Gebrauch haben* se servir de qc; utiliser qc; *vor Gebrauch schütteln* agiter avant usage **2.** (*Brauch*) coutume *f*

gebrauchen *v/t* ⟨*p/p* gebraucht⟩ **1.** (*benutzen*) employer; utiliser; *das ist nicht zu gebrauchen* c'est inutilisable; *Person, Sache zu nichts zu gebrauchen sein* n'être bon à rien **2.** F *das kann ich gut gebrauchen* cela me sera très utile

gebräuchlich [gə'brɔyçlɪç] *adj* courant; *Wort a* usité; *nicht mehr gebräuchlich sein* ne plus être employé

Gebrauchsanleitung *f*, **Gebrauchsanweisung** *f* mode *m* d'emploi

gebrauchsfertig *adj* prêt à l'emploi

Gebrauchsgegenstand *m* objet *m* d'usage courant

gebraucht *adjt* usagé; (*aus zweiter Hand*) d'occasion

Gebrauchtwagen *m* voiture *f* d'occasion

Gebrauchtwagenhändler *m* marchand *m* de voitures d'occasion

Gebrechen *st/s n* ⟨~s; ~⟩ infirmité *f*

gebrechlich *adj* décrépit

Gebrechlichkeit *f* ⟨~⟩ décrépitude *f*

gebrochen [gə'brɔxən] **I** *p/p* → *brechen* **II** *adjt* **1.** *seelisch* brisé **2.** *Lichtstrahl* réfracté; *Linie, fig Stimme* brisé **3.** *Sprache* mauvais **III** *advt* *gebrochen Englisch sprechen* parler un mauvais anglais

Gebrüder [gə'bry:dər] *pl* frères *m/pl*; COMM *Gebrüder Meyer* Meyer frères

Gebrüll *n* ⟨~¢s⟩ **1.** *e-s Rindes* mugissement(s) *m(pl)*; *e-s Löwen* rugissement(s) *m(pl)* **2.** (*Geschrei*) 'hurlements *m/pl* **3.** (*Grölen*) braillements *m/pl*

Gebühr [gə'by:r] *f* ⟨~; ~en⟩ **1.** *oft pl* *Gebühren* taxe(s) *f(pl)*; (*Fernsehgebühr, Rundfunkgebühr*) redevance *f*; (*Straßenbenutzungsgebuhr*) péage *m*, (*Postgebühr*) tarif *m* **2.** *über Gebühr* excessivement; outre mesure

gebühren *st/s* ⟨*p/p* gebührt⟩ **I** *v/t j-m gebühren* être dû à qn **II** *v/imp u v/r* *es gebührt sich nicht (für j-n) zu* (+ *inf*) ce n'est pas à moi, lui *etc* de (+ *inf*)

gebührend I *adjt* (*zukommend*) dû (*j-m* à qn); (*angemessen*) convenable **II** *advt* comme il convient; *st/s* dûment

Gebühreneinheit *f* TÉL unité *f*

Gebührenerhöhung *f* augmentation *f* de tarif, de taxe(s)

gebührenfrei I *adj* exempt de taxe(s) **II** *adv* franco (de port)

Gebührenordnung *f* tarif *m*

gebührenpflichtig *adj* payant; *Straße* à péage

Gebührenrechnung *f* *e-s Rechtsanwalts* note *f* d'honoraires

Gebührensatz *m* taux *m* des taxes, des droits

gebunden [gə'bʊndən] **I** *p/p* → *binden* **II** *adjt* **1.** CHIM fixé; TYPO relié; *Preise* imposé **2.** *fig* lié; *an* (+ *acc*) *gebunden an Regeln* soumis à; *an*

G

s-e Familie attaché à

Geburt [gə'buːrt] *f* ⟨∼; ∼en⟩ **1.** naissance *f*; *bei s-r Geburt* à sa naissance; *von Geburt an blind* aveugle de naissance; *er ist von Geburt Franzose* il est Français de naissance **2.** (*Entbindung*) accouchement *m*; F *fig das war e-e schwere Geburt* F c'était laborieux

Geburtenkontrolle *f* contrôle *m* des naissances

Geburtenregelung *f* régulation *f* des naissances

Geburtenrückgang *m* baisse *f* de la natalité; dénatalité *f*

geburtenschwach *adj* à faible natalité

geburtenstark *adj* à forte natalité

Geburtenüberschuss *m* excédent *m* des naissances

Geburtenziffer *f* (taux *m* de) natalité *f*

gebürtig [gə'bʏrtɪç] *adj* de naissance; natif (*aus* de); (*ein*) *gebürtiger Deutscher sein* être Allemand de naissance

Geburtsanzeige *f* faire-part *m* de naissance

Geburtsdatum *n* date *f* de naissance

Geburtsfehler *m* malformation congénitale

Geburtshaus *n* maison natale

Geburtshelfer(in) *m*(*f*) accoucheur, -euse *m,f*; obstétricien, -ienne *m,f*

Geburtsjahr *n* année *f* de naissance

Geburtsname *m* nom *m* de jeune fille

Geburtsort *m* lieu *m* de naissance

Geburtsstadt *f* ville natale

Geburtsstunde *f* heure *f* de naissance

Geburtstag *m* anniversaire *m*; (*Geburtsdatum*) date *f* de naissance; *sie hat heute Geburtstag* aujourd'hui, c'est son anniversaire; *herzlichen Glückwunsch zum Geburtstag!* bon anniversaire!

Geburtstagsfeier *f* fête *f* d'anniversaire

Geburtstagsgeschenk *n* cadeau *m* d'anniversaire

Geburtstagskarte *f* carte *f* d'anniversaire

Geburtstagskind *n plais* personne *f* qui fête son anniversaire

Geburtstagskuchen *m* gâteau *m* d'anniversaire

Geburtstagstorte *f* → **Geburtstagskuchen**

Geburtstagsüberraschung *f* surprise (faite à qn pour son anniversaire)

Geburtstagswünsche *m/pl der Gratulanten* souhaits *m/pl* (à l'occasion d'un anniversaire)

Geburtsurkunde *f* acte *m* de naissance

Geburtsvorbereitungskurs *m* cours *m* de préparation à l'accouchement

Gebüsch [gə'bʏʃ] *n* ⟨∼es; ∼e⟩ buissons *m/pl*

Gecko ['gɛko] *m* ⟨∼s; ∼s⟩ zo gecko *m*

gedacht [gə'daxt] *p/p* → **denken**, **gedenken**

Gedächtnis [gə'dɛçtnɪs] *n* ⟨∼ses; ∼se⟩ **1.** mémoire *f*; *aus dem Gedächtnis* de mémoire; *j-m etw ins Gedächtnis* (*zurück*)*rufen* rappeler qc à qn **2.** (*Andenken*) mémoire *f*; souvenir *m*; *zum Gedächtnis an j-n, etw* à la mémoire de qn, qc

Gedächtnislücke *f* trou *m* de mémoire

Gedächtnisschwund *m* perte *f* de (la) mémoire; amnésie *f*

Gedächtnisstütze *f* pense-bête *m*

gedämpft *adj* Geräusch assourdi; étouffé; *Farbe* doux; *Licht* tamisé; *Stimmung* refroidi; *mit gedämpfter Stimme* à mi-voix

Gedanke [gə'daŋkə] *m* ⟨∼ns; ∼n⟩ (*Überlegung*) pensée *f*; (*Einfall, Idee*) idée *f*; *der bloße Gedanke daran* rien que d'y penser; *j-s Gedanken lesen* lire dans les pensées de qn; *j-n auf andere Gedanken bringen* changer les idées à qn; F *auf dumme Gedanken kommen* faire des bêtises; *in Gedanken* (*im Geiste*) mentalement; par la, en pensée; *in Gedanken versunken sein* être plongé dans ses pensées; *mit dem Gedanken spielen zu* (+ *inf*) caresser l'idée de (+ *inf*); *sich* (*dat*) *über etw* (*acc*) *Gedanken machen* réfléchir à, reconsidérer qc; *sich* (*dat*) *um j-n, etw Gedanken machen* (*sich sorgen*) se faire du souci pour qn, qc

Gedankenaustausch *m* échange *m* d'idées, de vues

Gedankenfreiheit *f* liberté *f* de pensée

Gedankengang *m* raisonnement *m*

Gedankengut *n* idées *f/pl*

gedankenlos *adj* irréfléchi; inconsidéré

Gedankenlosigkeit *f* ⟨∼⟩ **1.** (*Zerstreutheit*) distraction *f* **2.** (*Unüberlegtheit*) irréflexion *f*; inconscience *f*

Gedankensprung *m* coq-à-l'âne *m*

Gedankenstrich *m* tiret *m*

Gedankenübertragung *f* transmission *f* de pensée

gedankenverloren *adjt u advt* perdu dans mes, *etc* pensées

gedanklich *adj* mental

Gedärm [gə'dɛrm] *n* ⟨∼∉s; ∼e⟩ *meist pl* **Gedärme** intestins *m/pl*; *e-s Tieres* boyaux *m/pl*

Gedeck [gə'dɛk] *n* ⟨∼∉s; ∼e⟩ **1.** couvert *m* **2.** (*Menü*) menu *m*

Gedeih [gə'daɪ] *m auf Gedeih und Verderb* pour le meilleur et pour le pire

gedeihen *v/i* ⟨gedieh, gediehen, sn⟩ **1.** *Pflanze*, *Kind* pousser bien; se développer bien; *Wirtschaft* prospérer **2.** (*fortschreiten*) progresser

gedenken *st/s v/i* ⟨*irr*, *p/p* gedacht⟩ **1.** *j-s, e-r Sache gedenken* évoquer la mémoire de qn, le souvenir de qc **2.** *etw zu tun gedenken* compter faire qc; avoir l'intention de faire qc

Gedenken *st/s n* ⟨∼s⟩ mémoire *f* (*an j-n* de qn); souvenir *m* (*an etw* [*acc*] de qc); *zum Gedenken an j-n, etw* à la mémoire de qn, qc

Gedenkfeier *f* commémoration *f*

Gedenkgottesdienst *m* messe *f* commémorative

Gedenkminute *f* minute *f* de silence

Gedenkmünze *f* médaille commémorative

Gedenkstätte *f* lieu commémoratif

Gedenkstunde *f* cérémonie commémorative

Gedenktafel *f* plaque commémorative

Gedenktag *m* (jour *m*) anniversaire *m*

Gedicht [gə'dɪçt] *n* ⟨∼∉s; ∼e⟩ poème *m*; *ein Gedicht aufsagen* réciter une poésie, un poème; F *fig das war ein Gedicht!* c'était divin!

Gedichtinterpretation *f* interprétation *f* d'un poème

Gedichtsammlung *f* recueil *m* de poèmes; anthologie *f* de poésie

Gedichtzyklus *m* cycle *m* (de poèmes)

gediegen [gə'diːgən] *adj* **1.** *Metall* pur **2.** *Möbel*, *Kleidung* de bonne qualité **3.** *Kenntnisse* solide

gedieh [gə'diː] → **gedeihen**

gediehen *p/p* → **gedeihen**

Gedränge *n* ⟨∼s⟩ cohue *f*; bousculade *f*; *fig zeitlich* **ins Gedränge kommen** être bousculé
gedrängt I *adjt* (*bündig*) concis; *Stundenplan* serré **II** *advt* **dicht gedrängt stehen, sitzen** être serrés
gedroschen [gə'drɔʃən] *p/p* → **dreschen**
gedrückt *adjt seelisch* abattu; *Stimmung* pesant
gedrungen [gə'druŋən] **I** *p/p* → **dringen II** *adjt Gestalt* trapu
Gedudel F *péj n* ⟨∼s⟩ F scie *f*; rengaine *f*
Geduld [gə'dult] *f* ⟨∼⟩ patience *f*; **Geduld haben** avoir de la patience; **mit j-m Geduld haben** être patient avec qn; **die Geduld verlieren** perdre patience; s'impatienter; **mit s-r Geduld am Ende sein** être à bout de patience; **nur Geduld!** patience!
gedulden *v/r* ⟨-e-, *p/p* geduldet⟩ **sich gedulden** patienter
geduldig *adj* patient
Geduldsfaden *m* F **mir reißt der Geduldsfaden** ma patience est à bout
Geduldsprobe *f* **j-n auf e-e Geduldsprobe stellen** mettre la patience de qn à l'épreuve
Geduld(s)spiel *n* (jeu *m* de) patience *f*
gedurft [gə'durft] *p/p* → **dürfen**
geeignet *adjt Augenblick, Maßnahme* approprié; convenable; *Person* apte (**für** à); *Bewerber* **geeignet sein** convenir (**für** pour)
Gefahr [gə'faːr] *f* ⟨∼; ∼en⟩ danger *m*; (*Wagnis*) risque *m*; **in Gefahr** (*dat*) **sein** être en danger; **außer Gefahr sein** être 'hors de danger; **auf eigene Gefahr** à mes, *etc* risques et périls; **j-n, etw in Gefahr** (*acc*) **bringen** mettre qn, qc en danger; **auf die Gefahr hin, alles zu verlieren** au risque de tout perdre; **Gefahr laufen zu** (+ *inf*) courir le risque de (+ *inf*); risquer de (+ *inf*); **sich in Gefahr** (*acc*) **begeben** s'exposer à un danger
gefährden [gə'fɛːrdən] *v/t* ⟨-e-, *p/p* gefährdet⟩ *Person* mettre en danger; *Pläne, Frieden, Sicherheit* compromettre
Gefährdung *f* ⟨∼; ∼en⟩ danger *m*; *der Sicherheit* atteinte *f* (+ *gén* à); (*Bedrohung*) menace *f* (+ *gén* pour)
gefahren *p/p* → **fahren**
Gefahrenherd *m* foyer *m* de troubles
Gefahrenquelle *f* source *f* de danger
Gefahrenzone *f* zone dangereuse
Gefahrenzulage *f* indemnité *f* de risques
gefährlich [gə'fɛːrlɪç] *adj* dangereux; *fig plais* **er könnte mir gefährlich werden** il ne me déplaît pas
gefahrlos *adj* sans danger; sans risque
Gefährt [gə'fɛːrt] *st/s n* ⟨∼¢s; ∼e⟩ véhicule *m*
Gefährte *st/s m* ⟨∼n; ∼n⟩, **Gefährtin** *st/s f* ⟨∼; ∼nen⟩ compagnon *m*, compagne *f*
Gefälle [gə'fɛlə] *n* ⟨∼s; ∼⟩ **1.** *e-s Geländes, Gewässers* pente *f* **2.** *fig* (*Unterschied*) écart *m*
gefallen¹ ⟨*irr, p/p* gefallen⟩ **I** *v/i* plaire (**j-m** à qn); **wie gefällt Ihnen …?** comment trouvez-vous …?; **mir gefällt es in Leipzig** j'aime beaucoup Leipzig; F **die Sache gefällt mir nicht** F il y a du louche là-dedans **II** *v/r* F **sich** (*dat*) **alles gefallen lassen** se laisser toujours faire; F **sich** (*dat*) **nichts gefallen lassen** ne pas se laisser faire; *péj* **sich** (*dat*) **in e-r Rolle gefallen** se (com)plaire dans un rôle
gefallen² *p/p* → **fallen, gefallen¹**

Gefallen¹ *m* ⟨∼s; ∼⟩ (*Gefälligkeit*) service *m*; faveur *f*; **j-m e-n Gefallen tun** rendre un service à qn
Gefallen² *n* ⟨∼s⟩ **Gefallen an etw** (*dat*) **finden** trouver (du) plaisir à (faire) qc; **aneinander Gefallen finden** se plaire
Gefallene(r) *m* ⟨→ A⟩ (soldat *m*) mort *m* pour la patrie
gefällig *adj* **1.** *Person* serviable; obligeant **2.** *Anblick* agréable; plaisant **3. sonst noch etwas gefällig?** et avec cela?
Gefälligkeit *f* ⟨∼; ∼en⟩ **1.** (*Hilfsbereitschaft*) obligeance *f* **2.** (*Gefallen*) service *m*; faveur *f*
gefälligst F *adv* **machen Sie gefälligst die Tür zu!** vous ne pourriez pas fermer cette porte?; **halt gefälligst den Mund!** fais-moi le plaisir de te taire!; tais-toi, je t'en prie!
gefangen I *p/p* → **fangen II** *adjt* prisonnier; (*in Haft*) détenu; **gefangen halten** *Häftling* détenir; *Geisel* séquestrer; *Tier* enfermer; *st/s fig* (*begeistern*) captiver; **gefangen nehmen** faire prisonnier, -ière; capturer; *st/s fig* (*begeistern*) captiver
Gefangene(r) *f(m)* prisonnier, -ière *m,f* (*a Kriegsgefangene[r]*); (*Inhaftierte[r]*) détenu(e) *m(f)*
Gefangenenaustausch *m* échange *m* de prisonniers
Gefangenenlager *n* camp *m* de prisonniers
Gefangenentransport *m* convoi *m* de prisonniers
Gefangennahme [gə'faŋənnaːmə] *f* ⟨∼⟩ MIL capture *f*; *von Geiseln* prise *f*
Gefangenschaft *f* ⟨∼⟩ captivité *f* (*a e-s Tiers*); **in Gefangenschaft geraten** être fait prisonnier
Gefängnis [gə'fɛŋnɪs] *n* ⟨∼ses; ∼se⟩ prison *f*; **ins Gefängnis kommen** aller en prison; **im Gefängnis sein** *od* **sitzen** être en prison; **j-n zu zwei Jahren Gefängnis verurteilen** condamner qn à deux ans de prison; **darauf steht Gefängnis** c'est puni de prison
Gefängnisarzt *m*, **Gefängnisärztin** *f* médecin *m* pénitentiaire
Gefängnisaufseher(in) *m(f)* gardien, -ienne *m,f* de prison
Gefängnisdirektor(in) *m(f)* directeur, -trice *m,f* de prison
Gefängnisinsasse *m*, **Gefängnisinsassin** *f* détenu(e) *m(f)*
Gefängniskleidung *f* uniforme *m* (de détenu[e])
Gefängnismauer *f* mur *m* de prison
Gefängnisstrafe *f* peine *f* de prison
Gefängniswärter(in) *m(f)* gardien, -ienne *m,f* de prison
Gefängniszelle *f* cellule *f* (de prison)
Gefasel F *péj n* ⟨∼s⟩ radotage *m*
Gefäß [gə'fɛːs] *n* ⟨∼es; ∼e⟩ **1.** (*Behälter*) récipient *m* **2.** ANAT vaisseau *m*
Gefäßchirurgie *f* chirurgie *f* vasculaire
gefäßerweiternd *adjt* vasodilatateur
Gefäßkrankheit *f* maladie *f* vasculaire
gefasst [gə'fast] *adjt* **1.** (*beherrscht*) impassible (**angesichts** [+ *gén*] devant); calme **2. auf etw** (*acc*) **gefasst sein** s'attendre à qc
gefäßverengend *adjt* vasoconstricteur
Gefäßverengung *f* vasoconstriction *f*
Gefäßverkalkung *f* artériosclérose *f*

G

Gefecht [gə'fɛçt] *n* ⟨~¢s; ~e⟩ combat *m*; **außer Gefecht setzen** mettre 'hors de combat (*a fig*)
gefeit [gə'faɪt] *adj* **gegen etw gefeit sein** être à l'abri de qc; être immunisé contre qc
gefestigt *adjt Person, Charakter* stable
Gefieder [gə'fiːdər] *n* ⟨~s; ~⟩ plumage *m*
gefiedert *adj* **1.** zo emplumé **2.** BOT penné
Gefilde [gə'fɪldə] *poét n* ⟨~s; ~⟩ campagne *f*; région *f*; sphères *f/pl*; *plais* **wieder in heimatlichen Gefilden sein** être rentré en pays connu, *zu Hause* dans ses foyers
Geflecht [gə'flɛçt] *n* ⟨~s; ~e⟩ **1.** *aus Draht, Holz* treillis *m*; *aus Bändern* enlacement *m* **2.** *fig aus Linien, Adern* réseau *m*
gefleckt *adj* tacheté; moucheté; **rot gefleckt** avec des taches rouges
geflissentlich [gə'flɪsəntlɪç] **I** *adj* intentionnel **II** *adv* intentionnellement; **etw geflissentlich übersehen** passer sur qc intentionnellement, exprès
geflochten [gə'flɔxtən] *p/p* → **flechten**
geflogen [gə'floːgən] *p/p* → **fliegen**
geflohen [gə'floːən] *p/p* → **fliehen**
geflossen [gə'flɔsən] *p/p* → **fließen**
Geflügel *n* ⟨~s⟩ volaille *f*
Geflügelhaltung *f* ⟨~⟩ aviculture *f*; élevage *m* de volailles
Geflügelhändler(in) *m(f)* marchand(e) *m(f)* de volaille(s)
Geflügelhandlung *f* commerce *m* de volaille(s)
Geflügelpest *f* peste *f* aviaire
Geflügelsalat *m* salade *f* de volaille
Geflügelschere *f* cisailles *f/pl* à volaille
Geflüster *n* ⟨~s⟩ chuchotements *m/pl*
gefochten [gə'fɔxtən] *p/p* → **fechten**
Gefolge *n* ⟨~s; ~⟩ suite *f*
Gefolgschaft *f* ⟨~; ~en⟩ partisans *m/pl*; **j-m die Gefolgschaft verweigern** refuser de suivre qn
gefragt *adjt Ware, Person* demandé; **sehr gefragt sein** être très demandé
gefräßig [gə'frɛːsɪç] *adj Tier* vorace; *Mensch* glouton
Gefräßigkeit *f* ⟨~⟩ voracité *f*; gloutonnerie *f*
Gefreite(r) [gə'fraɪtə(r)] *m* ⟨→ A⟩ caporal *m*
gefressen *p/p* → **fressen**
gefrieren *v/i* ⟨*irr, p/p* gefroren, sn⟩ geler
Gefrierfach *n* compartiment congélateur; freezer *m*
gefriergetrocknet *adjt* lyophilisé
Gefriergut *n* aliments congelés, surgelés; surgelés *m/pl*
Gefrierpunkt *m* PHYS point *m* de congélation; (*Nullpunkt*) zéro *m*; **unter dem Gefrierpunkt** au-dessous de zéro
Gefrierschrank *m*, **Gefriertruhe** *f* congélateur *m*
gefroren [gə'froːrən] *p/p* → **frieren, gefrieren**

Gefrorene(s) *n* ⟨→ A⟩ *österr* glace *f*
Gefüge *n* ⟨~s; ~⟩ structure *f*; **soziales Gefüge** structures sociales
gefügig *adj* docile
Gefühl [gə'fyːl] *n* ⟨~s; ~e⟩ **1.** (*Sinneswahrnehmung*) sensation *f*; **kein Gefühl mehr in den Füßen haben** ne plus sentir ses pieds **2.** *seelisch* sentiment *m*; **mit gemischten Gefühlen** avec des sentiments mitigés **3.** (*Gespür*) sens *m* (**für** de); (*Intuition*) intuition *f*; **sich auf sein Gefühl verlassen** se fier à son intuition **4.** (*Ahnung*) sentiment *m*; **ich habe das Gefühl, dass ...** j'ai le sentiment, l'impression que ...
gefühllos *adj* insensible (**gegenüber** à)
Gefühllosigkeit *f* ⟨~⟩ insensibilité *f*
Gefühlsausbruch *m* explosion *f* de sentiments
gefühlsbetont *adjt Mensch* sentimental; *Reaktion* affectif
Gefühlsduselei F *péj f* ⟨~; ~en⟩ sensiblerie *f*
Gefühlsleben *n* vie affective; sentiments *m/pl*
gefühlsmäßig *adv* par intuition; intuitivement
Gefühlsregung *f* émotion *f*
Gefühlssache *f* **das ist Gefühlssache** c'est une question de doigté
gefühlvoll **I** *adj* sensible **II** *adv* avec âme
gefüllt *adjt mit Fleisch* farci; *Bonbons, Gebäck* fourré
gefunden [gə'fundən] *p/p* → **finden**
gefürchtet *adjt Feind etc* redouté
gefüttert *adjt Kleidungsstück, Briefumschlag* doublé; *mit Pelz* fourré
Gegacker *n* ⟨~s⟩ **1.** *von Hühnern* caquetage *m* **2.** F *fig* (*Gekicher*) gloussements *m/pl*
gegangen [gə'gaŋən] *p/p* → **gehen**
gegeben **I** *p/p* → **geben** **II** *adjt* donné; **unter den gegebenen Umständen** dans ces conditions; **etw als gegeben voraussetzen** supposer que qc est un fait établi
gegebenenfalls *adv* le cas échéant
Gegebenheit *f* ⟨~; ~en⟩ fait *m*; donnée *f*
gegen ['geːgən] **I** *prép* ⟨*acc*⟩ **1.** *räumlich, fig* contre; **gegen j-n, etw sein** être contre qn, qc **2.** (*im Austausch für*) contre; en échange de; **gegen Barzahlung** au comptant **3.** (*im Vergleich zu*) comparé à; par rapport à **4.** *Richtungsangabe, zeitlich* vers; **gegen sieben Uhr** vers (les) sept heures **II** *adv vor Zahlen* près de; à peu près
Gegenangebot *n* offre faite en retour; **ein Gegenangebot machen** offrir qc, autre chose en retour
Gegenangriff *m* MIL, SPORT, *fig* contre-attaque *f*
Gegenanzeige *f* MÉD contre-indication *f*
Gegenargument *n* parade *f*; objection *f*
Gegenbeispiel *n* exemple *m* (démontrant le) contraire
Gegenbesuch *m* visite (faite en retour); **j-m**

---

gegen – contre oder vers?

Man muss **gegen** die Drogen kämpfen.	Il faut lutter **contre** les drogues.	**gegen** (= nicht für)	**contre**
Ich habe nichts **gegen** ihn.	Je n'ai rien **contre** lui.		
Er wird **gegen** 23 Uhr ankommen.	Il va arriver **vers** 23 heures.	**gegen** (= etwa um)	**vers**

!FQ

e-n Gegenbesuch machen rendre sa visite à qn

Gegenbewegung *f* mouvement contraire (*a* MUS), opposé; POL réaction *f*

Gegenbeweis *m* preuve *f* du contraire; *den Gegenbeweis antreten* fournir la preuve du contraire

Gegend ['ge:gənt] *f* ⟨~; ~en⟩ région *f*; *schöne* site *m*; (*Stadtviertel*) quartier *m*; (*Fleckchen*) coin *m*; *in der Gegend von Paris* dans la région parisienne

Gegendarstellung *f* autre version *f* des faits

Gegendemonstration *f* contre-manifestation *f*

gegeneinander *adv* l'un(e) contre l'autre *bzw* les un(e)s contre les autres

gegeneinanderhalten *v/t* ⟨*irr*⟩ **1.** appuyer l'un contre l'autre **2.** *fig* (*vergleichen*) comparer

gegeneinanderprallen *v/i* ⟨sn⟩ se heurter; entrer en collision

Gegenfahrbahn *f* voie opposée

gegenfinanzieren *v/t* ⟨*sans ge*⟩ financer (en réduisant des dépenses et en augmentant des impôts)

Gegenforderung *f* revendication *f* en retour; compensation exigée; COMM créance *f* en contrepartie

Gegenfrage *f* question posée en retour; *e-e Gegenfrage stellen* poser une question en retour; *mit e-r Gegenfrage antworten* répondre par une question à une question

Gegengewicht *n* contrepoids *m*; *ein Gegengewicht zu etw bilden* contrebalancer qc

Gegengift *n* contrepoison *m*; antidote *m*

Gegenkandidat(in) *m(f)* candidat(e) *m(f)* adverse

Gegenleistung *f* contrepartie *f*; *als Gegenleistung* en contrepartie

Gegenlicht *n* contre-jour *m*; *im Gegenlicht* à contre-jour

Gegenlichtaufnahme *f* photo *f* à contre-jour

Gegenliebe *f* *wenig Gegenliebe finden, auf wenig Gegenliebe stoßen* être mal reçu

Gegenmaßnahme *f* contre-mesure *f*; POL *a* mesure *f* de rétorsion

Gegenmittel *n* antidote *m*

Gegenpartei *f* JUR partie *f* adverse; POL parti opposant

Gegenpol *m* *fig* contraire *m*

Gegenprobe *f* contre-épreuve *f*

Gegenrichtung *f* sens *m* inverse

Gegensatz *m* **1.** (*Kontrast*) contraste *m*; (*Gegenteil*) contraire *m*; (*Widerspruch*) opposition *f*; *im Gegensatz zu* contrairement à **2.** (*Meinungsverschiedenheit*) *Gegensätze pl* divergences *f/pl*

gegensätzlich ['ge:gənzɛtslɪç] *adj* contraire; opposé; *Meinungen* divergent

Gegenschlag *m* MIL, *fig* riposte *f*; *zum Gegenschlag ausholen* passer à la contre-attaque (*a fig*)

Gegenseite *f* côté opposé; JUR, *fig* partie *f* adverse

gegenseitig *adj* **1.** (*wechselseitig*) réciproque; mutuel **2.** (*beidseitig*) commun

Gegenseitigkeit *f* ⟨~⟩ réciprocité *f*; *auf Gegenseitigkeit beruhen* être réciproque

Gegenspieler(in) *m(f)* adversaire *m,f*

Gegensprechanlage *f* interphone® *m*

Gegenstand *m* **1.** (*Ding*) objet *m* **2.** *fig* (*Thema*) sujet *m*; *e-r Verhandlung, e-s Vertrags, der Kritik* objet *m*; *zum Gegenstand haben* avoir pour objet, sujet

gegenständlich ['ge:gənʃtɛntlɪç] *adj* cencret; KUNST figuratif

gegenstandslos *adj* **1.** *Frage, Reklamation* sans objet; injustifié **2.** KUNST non-figuratif

gegensteuern *v/i* **1.** AUTO contrebraquer **2.** *fig* rectifier le cours

Gegenstimme *f* **1.** *bei e-r Wahl* voix *f* contre; *ohne Gegenstimme* à l'unanimité **2.** (*gegenteilige Meinung*) avis *m* contraire

Gegenstück *n* **1.** (*Entsprechung*) pendant *m* **2.** (*Gegenteil*) contraire *m*

Gegenteil *n* contraire *m*; (*ganz*) *im Gegenteil* (bien) au contraire; *Stimmung ins Gegenteil umschlagen* changer brusquement du tout au tout; *das Gegenteil ist der Fall* c'est le contraire

gegenteilig *adj* contraire

Gegentor *n*, **Gegentreffer** *m* but marqué par l'adversaire

gegenüber **I** *prép* ⟨*dat*⟩ **1.** *örtlich* en face de; vis-à-vis de **2.** (*in Bezug auf*) envers; à l'égard de; vis-à-vis de; *mir gegenüber* envers moi; à mon égard **3.** (*im Vergleich zu*) par rapport à **II** *adv* en face; vis-à-vis; *das Haus gegenüber* la maison d'en face

Gegenüber *n* ⟨~s; ~⟩ vis-à-vis *m*

gegenüberliegen *v/i* ⟨*irr*⟩ *e-r Sache* (*dat*) *gegenüberliegen* être en face de qc; faire face à qc

gegenüberliegend *adj* d'en face

gegenübersitzen *v/i* u *v/r* ⟨*¢$, irr*⟩ *j-m, sich gegenübersitzen* être assis en face de qn, l'un en face de l'autre

gegenüberstehen *v/i* u *v/r* ⟨*irr*⟩ **1.** *räumlich j-m gegenüberstehen* être en face de qn; *sich gegenüberstehen* être en face l'un(e) de l'autre **2.** *fig e-r Sache* (*dat*) *ablehnend, wohlwollend gegenüberstehen* être défavorable, favorable à qc; *großen Problemen gegenüberstehen* être confronté à de graves problèmes

gegenüberstellen *v/t* opposer (*j-m, e-r Sache* à qn, qc); confronter (avec qn, qc; *a* JUR)

Gegenüberstellung *f* confrontation *f* (*a* JUR)

gegenübertreten *v/i* ⟨*irr*, sn⟩ *gegenübertreten* (+ *dat*) faire face à (*a fig*)

Gegenuhrzeigersinn *m* *im Gegenuhrzeigersinn* en sens inverse des aiguilles d'une montre

Gegenverkehr *m* circulation *f* en sens inverse

Gegenvorschlag *m* contre-proposition *f*

Gegenwart ['ge:gənvart] *f* ⟨~⟩ **1.** (*jetzige Zeit*) présent *m* (*a* GR) **2.** (*Anwesenheit*) présence *f*; *in s-r Gegenwart* en sa présence

gegenwärtig ['ge:gənvɛrtɪç] **I** *adj* **1.** (*jetzig*) actuel; présent **2.** *st/s* (*erinnerlich*) *das ist mir nicht gegenwärtig* je ne m'en souviens pas **II** *adv* à l'heure actuelle

Gegenwartskunst *f* ⟨~⟩ art contemporain

Gegenwartsliteratur *f* littérature contemporaine

gegenwartsnah *adj* actuel; moderne

Gegenwehr *f* résistance *f*; *Gegenwehr leisten* opposer une résistance; *keine Gegenwehr leisten* ne pas opposer de résistance

G

Gegenwert *m* équivalent *m* (**in** [+ *dat*] en)
Gegenwind *m* vent *m* contraire, MAR debout
gegenzeichnen *v/t* ⟨-e-⟩ contresigner
Gegenzug *m* **1.** SCHACH *etc*, *fig* riposte *f*; *fig* **im Gegenzug** en contrepartie **2.** BAHN train *m* (venant) en sens inverse
gegessen [gə'gɛsən] *p/p* → **essen**
geglichen [gə'glɪçən] *p/p* → **gleichen**
geglitten [gə'glɪtən] *p/p* → **gleiten**
geglommen [gə'glɔmən] *p/p* → **glimmen**
Gegner(in) ['geːgnər(ɪn)] *m* ⟨~s; ~⟩ (*f*) ⟨~in; ~innen⟩ adversaire *m,f* (*a* SPORT); MIL enne-mi(e) *m(f)*; POL opposant(e) *m(f)*
gegnerisch *adj* adverse (*a* SPORT); MIL *a* ennemi
Gegnerschaft *f* ⟨~⟩ **1.** *Haltung* antagonisme *m* **2.** (*die Gegner*) adversaires *m/pl*
gegolten [gə'gɔltən] *p/p* → **gelten**
gegoren [gə'goːrən] *p/p* → **gären**
gegossen [gə'gɔsən] *p/p* → **gießen**
gegriffen [gə'grɪfən] *p/p* → **greifen**
Gehabe *n* ⟨~s⟩ *péj* manières *f/pl*
Gehackte(s) *n* ⟨→ A⟩ viande ʼhachée
Gehalt[1] *m* ⟨~(e)s; ~e⟩ **1.** CHIM teneur *f* (**an** [+ *dat*] en) **2.** *gedanklicher* substance *f*
Gehalt[2] *n* ⟨~¢s; ⁓er⟩ *von Angestellten* salaire *m*; *von Beamten* traitement *m*
gehalten *p/p* → **halten**
gehaltlos *adj* **1.** *Nahrung* sans valeur nutritive **2.** *fig* superficiel
Gehaltsabrechnung *f* bulletin *m* de salaire
Gehaltsbescheinigung *f* attestation (délivrée par l'employeur) du salaire versé
Gehaltsempfänger(in) *m(f)* salarié(e) *m(f)*
Gehaltserhöhung *f* augmentation *f* de salaire *bzw* de traitement
Gehaltsforderung *f* revendication salariale
Gehaltsgruppe *f* catégorie *f* de salaires *bzw* de traitements
Gehaltskonto *n* compte en banque (utilisé par l'employeur pour verser un salaire)
Gehaltskürzung *f* diminution *f* de salaire
Gehaltsvorstellung *f*, **Gehaltswunsch** *m* prétentions *f/pl*
Gehaltszahlung *f* paiement *m* du salaire *bzw* du traitement
Gehaltszulage *f* prime *f*
gehaltvoll *adj* substantiel (*a fig*)
gehandikapt *adjt* ʼhandicapé
gehangen [gə'haŋən] *p/p* → **hängen**
geharnischt *adj* *Protest* énergique; *Antwort, Brief* cinglant
gehässig [gə'hɛsɪç] *adj* méchant; ʼhaineux
Gehässigkeit *f* ⟨~; ~en⟩ méchanceté *f* (*a Äußerung*); ʼhargne *f*
gehauen *p/p* → **hauen**
gehäuft **I** *adjt* **ein gehäufter Löffel ...** une bonne cuillerée de ... **II** *advt* en grande quantité; (*häufig*) souvent
Gehäuse [gə'hɔyzə] *n* ⟨~s; ~⟩ **1.** *e-r Uhr etc* boîtier *m*; TECH carter *m* **2.** (*Schneckengehäuse*) coquille *f* **3.** *von Obst* trognon *m*
gehbehindert *adjt* à mobilité réduite
Gehege [gə'heːgə] *n* ⟨~s; ~⟩ enclos *m*; *im Tierpark* enceinte *f*; *fig* **j-m ins Gehege kommen** marcher sur les brisées de qn
geheim [gə'haɪm] *adj* (*verborgen*) secret; (*vertraulich*) confidentiel; **streng geheim** ultrasecret; top secret; **im Geheimen** en secret; **ge-**

heim halten tenir secret; **etw vor j-m geheim halten** cacher qc à qn
Geheimagent(in) *m(f)* agent secret
Geheimdienst *m* services secrets
Geheimfach *n* compartiment *m bzw* tiroir *m* (à) secret
Geheimgang *m* passage secret; *unterirdischer* passage souterrain secret
geheimhalten *v/t* → **geheim**
Geheimhaltung *f* secret *m*; **strikte Geheimhaltung** la plus grande discrétion
Geheimnis *n* ⟨~ses; ~se⟩ **1.** secret *m*; **vor j-m keine Geheimnisse haben** ne pas avoir de secrets pour qn; **ein Geheimnis aus etw machen** faire un mystère de qc; **ein offenes Geheimnis** un secret de Polichinelle; **darin liegt das ganze Geheimnis** c'est là tout le secret **2.** *unergründliches* mystère *m*; **die Geheimnisse des Meeres** les mystères de l'océan
Geheimniskrämer(in) F *m(f)* cachottier, -ière *m,f*
Geheimniskrämerei F *f* ⟨~⟩ cachotteries *f/pl*
geheimnisumwittert *adjt* entouré de mystères
geheimnisvoll **I** *adj* mystérieux **II** *adv* **geheimnisvoll tun** faire des mystères
Geheimnummer *f* numéro secret; *e-r Scheckkarte* code confidentiel
Geheimpolizei *f* police secrète
Geheimratsecken F *plais f/pl* tempes dégarnies
Geheimrezept *n* secret *m*
Geheimschrift *f* écriture secrète, chiffrée; chiffre *m*
Geheimsprache *f* langage secret, codé
Geheimtipp *m* F tuyau *m*
Geheimwaffe *f* arme secrète
Geheimzahl *f* code confidentiel
gehemmt *adjt Person* complexé
gehen ['geːən] ⟨ging, gegangen, sn⟩ **I** *v/t Weg* faire (à pied) **II** *v/i* **1.** (*sich begeben*) aller (**zu j-m** chez qn); *zu Fuß a* marcher; (*nicht fahren etc*) aller à pied; **in ein Gebäude gehen** entrer dans un bâtiment; **durch e-e Straße gehen** passer par une rue; **auf die andere Seite gehen** traverser; aller, passer de l'autre côté; **nach rechts, links gehen** aller, prendre à droite, gauche **2.** (*weggehen*) s'en aller; partir; (*abfahren*) *Bus, Zug* partir; *st/s* **von j-m gehen** (*sterben*) quitter qn **3.** *fig* **j-m bis an die Schulter gehen** arriver à l'épaule de qn; *Schaden* **in die Tausende gehen** se chiffrer par milliers; **in sich** (*acc*) **gehen** faire un retour sur soi-même; F **j-n gehen lassen** (*in Ruhe lassen*) laisser qn tranquille; **sich gehen lassen** se laisser aller; F **mit j-m gehen** (*ein Liebespaar sein*) sortir avec qn; *Fenster* **nach Norden gehen** donner au nord; **vor sich gehen** se passer; **das geht nicht** c'est impossible; F **geh nicht an meine Sachen!** ne touche pas à mes affaires! **4.** (*hineinpassen*) **in etw** (*acc*) **gehen** entrer, tenir dans qc **5.** (*funktionieren*) marcher; fonctionner **6.** (*läuten*) *Telefon, Klingel* sonner **7.** *Geschäft* marcher; aller; *Ware* se vendre **8.** *Teig* lever **9.** F (*so gerade angehen*) F être potable; **das Wetter geht ja noch, aber ...** le temps, passe encore, mais ... **III** *v/imp* **10.** (*ergehen*) **wie geht es Ihnen?** comment allez-vous?; F **wie gehts?** ça va?; **es geht** ça va; *wie hast du geschlafen? -* **es geht** (**so**) moyennement;

pas mal **11.** (*möglich sein*) **es geht** c'est possible; ça marche; **es wird schon gehen!** ça va s'arranger! **12. es geht nichts über** (+ *acc*) rien ne vaut ... **13.** *Maßstab* **nach j-m gehen** dépendre de qn; **wenn es nach mir ginge** si ça dépendait de moi **14.** (*sich handeln*) **gehen um** s'agir de; **ihm geht es nur ums Geld** il n'y a que l'argent qui l'intéresse
Gehen *n* ⟨~s⟩ marche *f* (*a* SPORT)
gehenlassen *v/t u v/r* → **gehen** II 3
Geher(in) *m* ⟨~s; ~⟩ (*f*) ⟨~in; ~innen⟩ SPORT marcheur, -euse *m,f*
geheuer [gə'hɔyər] *adj* **nicht (ganz) geheuer** (*verdächtig*) suspect; (*unheimlich*) inquiétant; **hier ist es nicht (ganz) geheuer** ce n'est pas très rassurant ici; (*hier spukt es*) la maison, *etc* est 'hantée; **ihm ist nicht (ganz) geheuer zumute** il a un sentiment de malaise
Geheul *n* ⟨~¢s⟩ **1.** 'hurlement(s) *m(pl)* **2.** F *péj* F pleurnicheries *f/pl*
Gehgips *m* plâtre *m* de marche
Gehhilfe *f* ⟨~; ~n⟩ appareil *m* orthopédique aidant à la marche
Gehilfe [gə'hɪlfə] *m* ⟨~n; ~n⟩ aide *m*; (*Laden-gehilfe, Schreibgehilfe*) commis *m*
Gehilfin *f* ⟨~; ~nen⟩ aide *f*
Gehirn [gə'hɪrn] *n* ⟨~¢s; ~e⟩ *Organ* cerveau *m*; *Substanz*, *fig* cervelle *f*
Gehirnblutung *f* hémorragie cérébrale
Gehirnerschütterung *f* commotion cérébrale
Gehirnhälfte *f* hémisphère cérébral
Gehirnhautentzündung *f* méningite *f*
Gehirnschlag *m* (attaque *f* d')apoplexie *f*
Gehirntumor *m* tumeur cérébrale
Gehirnwäsche *f* lavage *m* de cerveau
gehoben [gə'ho:bən] **I** *p/p* → **heben** II *adjt* **1.** *Stil* soutenu **2.** *Stimmung* gai; *Stellung* élevé; *Güter* **für den gehobenen Bedarf** de luxe
Gehöft [gə'hø:ft] *n* ⟨~¢s; ~e⟩ ferme *f*
geholfen [gə'hɔlfən] *p/p* → **helfen**
Gehölz [gə'hœlts] *n* ⟨~es; ~e⟩ bosquet *m*
Gehör [gə'hø:r] *n* ⟨~¢s⟩ **1.** *Sinn* ouïe *f*; MUS oreille *f*; **ein gutes Gehör haben** avoir l'ouïe fine; MUS avoir de l'oreille **2.** *st/s* **j-m, e-r Sache Gehör schenken** prêter l'oreille à qn, qc; **(kein) Gehör finden** (ne pas) réussir à se faire entendre (**bei j-m** par qn)
gehorchen *v/i* ⟨*p/p* gehorcht⟩ obéir (*a fig Beine*); **aufs Wort gehorchen** obéir au doigt et à l'œil
gehören ⟨*p/p* gehört⟩ **I** *v/i* **1.** *als Besitz* **j-m gehören** appartenir, être à qn **2.** *als Teil* **zu etw, j-m gehören** faire partie de qc, qn; **das gehört nicht hierher** cela n'a rien à voir (avec ça) **3.** (*erforderlich sein*) **dazu gehört Mut** *etc* il faut du courage, *etc* pour cela **4.** (*am Platze sein*) être à sa place; être rangé; **wo gehört das hin?** où faut-il ranger cela?; **du gehörst ins Bett** tu devrais être au lit **II** *v/imp u v/r* **es gehört sich zu** (+ *inf*) il faut (+ *inf*); **das gehört sich (nicht)** cela (ne) se fait (pas); **wie es sich gehört** comme il faut
Gehörgang *m* conduit auditif
gehörig **I** *adj* **1.** *als Besitz* appartenant **2.** *als Teil* **zu etw gehörig** qui fait partie de qc **3.** (*gebührend*) convenable; dû **4.** F (*tüchtig, kräftig*) bon; grand; F sacré **II** F *adv* (*gebührend, kräftig*) comme il faut; (*enorm*) F drôlement

gehörlos *adj* sourd; déficient auditif
gehörnt [gə'hœrnt] *adjt* **1.** zo à cornes; cornu **2.** *fig plais Ehemann* F cocu
gehorsam [gə'ho:rza:m] **I** *adj* obéissant **II** *adv* avec obéissance; docilement
Gehorsam *m* ⟨~s⟩ obéissance *f*
Gehörsinn *m* ouïe *f*
Gehsteig *m* ⟨~¢s; ~e⟩, **Gehweg** *m* trottoir *m*
Geier ['gaɪər] *m* ⟨~s; ~⟩ vautour *m*; F **weiß der Geier!** aucune idée!
Geifer ['gaɪfər] *m* ⟨~s⟩ (*Speichel*) bave *f*; *wut-schäumender* écume *f*
geifern *v/i* baver; *fig vor Wut* écumer de rage
Geige ['gaɪgə] *f* ⟨~; ~n⟩ violon *m*; *fig* **die erste Geige spielen** tenir le premier rôle
geigen **I** *v/t* jouer au violon **II** *v/i* jouer du violon
Geigenbauer *m* ⟨~s; ~⟩ luthier *m*
Geigenkasten *m* étui *m* à violon
Geiger(in) *m* ⟨~s; ~⟩ (*f*) ⟨~in; ~innen⟩ violoniste *m,f*
Geigerzähler *m* compteur *m* Geiger
geil [gaɪl] *adj* **1.** (*lüstern*) lubrique; **er ist geil auf sie** elle l'excite **2.** *Jugendsprache* (*toll*) F cool; F génial
Geisel ['gaɪzəl] *f* ⟨~; ~n⟩ otage *m*
Geiselbefreiung *f* libération *f* des otages
Geiseldrama *n* prise *f* d'otages dramatique
Geiselgangster *m* preneur *m* d'otages
Geiselnahme [-na:mə] *f* ⟨~; ~n⟩ prise *f* d'otages
Geiselnehmer *m* ⟨~s; ~⟩ preneur *m* d'otages
Geisha ['ge:ʃa] *f* ⟨~; ~s⟩ geisha *f*
Geiß [gaɪs] *f* ⟨~; ~en⟩ *südd, österr, schweiz* (*Ziege*) chèvre *f*
Geißblatt *n* BOT chèvrefeuille *m*
Geißbock *m* *südd, österr, schweiz* bouc *m*
Geißel ['gaɪsəl] *f* ⟨~; ~n⟩ *st/s fig* fléau *m*
geißeln *v/t* ⟨¢⟩ **1.** (*züchtigen*) flageller **2.** *st/s fig* (*anprangern*) fustiger
Geist [gaɪst] *m* ⟨~¢s; ~er⟩ **1.** *e-s Menschen, Werkes, e-r Zeit* esprit *m*; (*Verstand*) intelligence *f*; *st/s* **s-n Geist aufgeben** rendre l'âme (*a F fig*); **etw im Geist(e) vor sich** (*dat*) **sehen** se représenter, s'imaginer qc; F **j-m auf den Geist gehen** taper sur les nerfs à qn **2.** *Mensch* esprit *m*; *plais* **ein unruhiger Geist sein** ne pas tenir en place; **hier scheiden sich die Geister** sur cette question les avis diffèrent **3.** (*Hausgeist, Naturgeist*) esprit *m*; (*Gespenst*) revenant *m*; **der Heilige Geist** le Saint-Esprit
Geisterbahn *f* train *m* fantôme
Geisterfahrer(in) *m(f)* automobiliste *m,f* roulant à contresens sur une autoroute
geisterhaft *adj* fantomatique
Geisterhand *f* **wie von Geisterhand** comme animé, poussé, *etc* par une main invisible
geistern ['gaɪstərn] *v/i* ⟨sn⟩ rôder, errer (**durch** dans); *fig Idee* **durch etw geistern** 'hanter qc
Geisterstadt *f* ville morte
Geisterstunde heure *f* des revenants
geistesabwesend *adj* absent; distrait
Geistesabwesenheit *f* absence *f*; distraction *f*
Geistesblitz F *m* trait *m* de génie
Geistesgegenwart *f* présence *f* d'esprit
geistesgegenwärtig **I** *adj* qui a de la présence d'esprit **II** *adv* avec (de la) présence d'esprit
Geistesgeschichte *f* histoire *f* des idées
geistesgestört *adjt* atteint de troubles mentaux; déséquilibré

Geistesgestörte(r) *f(m)* ⟨→ A⟩ aliéné(e) *m(f)*
Geisteshaltung *f* mentalité *f*
geisteskrank *adj* malade mental; aliéné
Geisteskranke(r) *f(m)* malade *m,f* mental(e); aliéné(e) *m(f)*
Geisteskrankheit *f* maladie, aliénation mentale
Geisteswissenschaften *f/pl* lettres *f/pl* et sciences humaines
Geisteswissenschaftler(in) *m(f)* étudiant(e) *m(f)*, spécialiste *m,f* en lettres et sciences humaines
Geisteszustand *m* état mental
geistig I *adj* **1.** (*verstandesmäßig*) intellectuel; PSYCH mental; (*spirituell*) spirituel; *geistige Arbeit* travail intellectuel **2.** *geistige Getränke* *n/pl* spiritueux *m/pl* **II** *adv* *geistig behindert* 'handicapé mental; *geistig unbeweglich* borné
geistlich *adj* spirituel; (*religiös*) religieux; (*kirchlich*) ecclésiastique; *Musik* sacré; *der geistliche Stand* le clergé
Geistliche(r) *m* ⟨→ A⟩ ecclésiastique *m*
Geistlichkeit *f* ⟨∼⟩ clergé *m*
geistlos *adj* dénué d'esprit
geistreich *adj* (*klug-witzig*) spirituel; fin; plein d'esprit; (*tiefgründig*) profond
geisttötend *adj* abrutissant
Geiz [ɡaɪts] *m* ⟨∼es⟩ avarice *f*
geizen *v/i* ⟨∉⟩ *mit etw geizen* lésiner sur qc; *mit Komplimenten* *etc* *geizen* être avare de compliments, *etc*
Geizhals *m* avare *m*
geizig *adj* avare
Geizkragen F *m* grippe-sou *m*; F radin *m*
Gejammer F *n* ⟨∼s⟩ lamentations *f/pl*; F jérémiades *f/pl*
Gejohle F *n* ⟨∼s⟩ beuglement *m*
gekannt [ɡə'kant] *p/p* → *kennen*
Gekicher F *péj n* ⟨∼s⟩ ricanement *m*
Gekläff F *n* ⟨∼s⟩ glapissement *m*
Geklapper F *péj n* ⟨∼s⟩ *von Geschirr, e-r Schreibmaschine* cliquetis *m*; *von Störchen* craquètement *m*; claquement *m* de bec; *der Zähne, Absätze* claquement *m*
Geklimper F *péj n* ⟨∼s⟩ pianotage *m*
geklungen [ɡə'kluŋən] *p/p* → *klingen*
Geknatter F *péj n* ⟨∼s⟩ *e-s Motorrads* pétarade *f*
geknickt F *fig adj* démoralisé; déprimé
gekniffen [ɡə'knɪfən] *p/p* → *kneifen*
Geknister *n* ⟨∼s⟩ *des Feuers* crépitement *m*; *des Papiers* froissement *m*
gekommen *p/p* → *kommen*
gekonnt [ɡə'kɔnt] **I** *p/p* → *können* **II** *adjt* parfait; (*geschickt*) habile
Gekreisch(e) *n* ⟨∼(e)s⟩ *von Menschen, Möwen* cris perçants; *bei Streit* criaillements *m/pl*; *e-r Säge* grincement *m*
Gekritzel F *péj n* ⟨∼s⟩ griffonnage(s) *m(pl)*; gribouillage(s) *m(pl)*
gekrochen [ɡə'krɔxən] *p/p* → *kriechen*
gekünstelt [ɡə'kʏnstəlt] *adj* maniéré
Gel [ɡeːl] *n* ⟨∼s; ∼e⟩ gel *m*
Gelaber F *péj n* ⟨∼s⟩ bavardage *m*
Gelächter [ɡə'lɛçtər] *n* ⟨∼s; ∼⟩ rires *m/pl*; *schallendes Gelächter* éclats *m/pl* de rire; *in Gelächter ausbrechen* éclater de rire
geladen I *p/p* → *laden¹, laden²* **II** F *adjt* *gela-*

den sein être furieux (*auf* [+ *acc*] contre)
Gelage [ɡə'laːɡə] *n* ⟨∼s; ∼⟩ orgie *f*; (*Trinkgelage*) beuverie *f*
gelähmt *adjt* paralysé
Gelähmte(r) *f(m)* ⟨→ A⟩ paralytique *m,f*; paralysé(e) *m(f)*
Gelände [ɡə'lɛndə] *n* ⟨∼s; ∼⟩ terrain *m* (*a* MIL)
Geländefahrzeug *n* (véhicule *m*) tout-terrain *m*
geländegängig *adj* *Fahrzeug* tout-terrain
Geländer *n* ⟨∼s; ∼⟩ balustrade *f*; *e-r Treppe* rampe *f*
Geländereifen *m* pneu *m* tout terrain
Geländeritt *m* cross-country *m* équestre
Geländesport *m* sport *m* en terrain varié
Geländeübung *f* MIL (exercice *m* de) grandes manœuvres
Geländewagen *n* (véhicule *m*) tout-terrain *m*
gelang [ɡə'laŋ] → *gelingen*
gelangen *v/i* ⟨*p/p* gelangt, sn⟩ parvenir, arriver, accéder (*zu, nach* à); *zu Reichtum gelangen* faire fortune
gelassen I *p/p* → *lassen* **II** *adjt* (*ruhig*) calme; (*gleichmütig*) flegmatique **III** *advt* avec calme
Gelassenheit *f* ⟨∼⟩ (*Ruhe*) calme *m*; (*Gleichmut*) flegme *m*
Gelatine [ʒela'tiːnə] *f* ⟨∼⟩ gélatine *f*
gelaufen *p/p* → *laufen*
geläufig [ɡə'lɔyfɪç] *adj* courant; (*vertraut*) familier; *das ist mir (nicht) geläufig* je (ne) connais (pas) bien
gelaunt [ɡə'laʊnt] *adj* *gut, schlecht gelaunt sein* être de bonne, mauvaise humeur
Geläut *n* ⟨∼∉s; ∼e⟩ *von Glocken* carillon *m*; sonnerie *f*
gelb [ɡɛlp] *adj* jaune; *Verkehrsampel* orange; *gelb werden* devenir jaune; jaunir; *Ampel* passer à l'orange
Gelb *n* ⟨∼s; ∼⟩ (couleur *f*) jaune *m*; *die Ampel steht auf Gelb* le feu est à l'orange
Gelbe(s) *n* ⟨→ A⟩ jaune *m*; F *das ist nicht das Gelbe vom Ei* F ce n'est pas génial
Gelbfieber *n* fièvre *f* jaune
Gelbkörperhormon *n* progestérone *f*
gelblich *adj* jaunâtre
Gelbsucht *f* jaunisse *f*
Gelbwurst *f* *etwa* cervelas *m*
Geld [ɡɛlt] *n* ⟨∼∉s; ∼er⟩ **1.** argent *m*; *großes Geld* (gros) billet(s) *m(pl)*; *kleines Geld* monnaie *f*; F *fig j-m das Geld aus der Tasche ziehen* voler, F plumer qn; F *fig im Geld schwimmen*, F *Geld wie Heu haben* F être plein aux as; F *ins Geld gehen* coûter cher; *zu Geld kommen* s'enrichir; *etw zu Geld machen* vendre qc; *Wertpapiere* réaliser qc; *sein Geld wert sein* valoir son prix **2.** *meist pl* *Gelder* (*Mittel*) fonds *m/pl*
Geldadel *m* 'hauts milieux de la finance
Geldangelegenheit *f* affaire *f*, question *f* d'argent
Geldanlage *f* placement *m*
Geldanleihe *f* emprunt *m* (d'argent)
Geldanweisung *f* mandat *m*
Geldausgabe *f* dépense (d'argent, financière)
Geldautomat *m* distributeur *m* de billets; guichet *m* automatique
Geldbetrag *m* somme *f* (d'argent); montant *m*
Geldbeutel *m*, **Geldbörse** *f* porte-monnaie *m*; bourse *f*

Geldbuße *f* amende *f*
Geldeinwurf *m bei Automaten* fente *f* (pour la pièce de monnaie)
Geldgeber *m* ⟨~s; ~⟩ bailleur *m* de fonds
Geldgier *f* rapacité *f*; cupidité *f*
geldgierig *adj* rapace; cupide
Geldhahn *m* F *j-m den Geldhahn abdrehen od zudrehen* couper les vivres à qn
Geldinstitut *n* établissement financier
geldlich *adj* financier; pécuniaire
Geldmangel *m* manque *m* d'argent
Geldmittel *n/pl* fonds *m/pl*
Geldquelle *f* ressources *f/pl*; (*Einkommensquelle*) source *f* de revenu
Geldschein *m* billet *m* de banque
Geldschrank *m* coffre-fort *m*
Geldsorgen *f/pl* soucis d'argent, financiers, matériels
Geldspende *f* don *m* en argent
Geldstrafe *f* amende *f*
Geldstück *n* pièce *f* de monnaie
Geldsumme *f* somme *f* d'argent
Geldtransport *m* transport *m* de fonds
Geldumtausch *m* change *m*
Geldwäsche F *fig f* blanchiment *m* de l'argent
Geldwechsel *m* change *m*
Geldwechsler *m* ⟨~s; ~⟩ *Automat* changeur *m* de monnaie
Gelee [ʒe'le:] *n od m* ⟨~s; ~s⟩ gelée *f*; *in Gelee* en gelée; en aspic
gelegen I *p/p* → *liegen* II *adjt* 1. *örtlich* situé; *am Wald gelegen* situé au bord de la forêt 2. (*passend*) convenable; *zeitlich a* opportun; *das kommt* (*mir*) *gerade gelegen* cela tombe bien; cela m'arrange 3. → *liegen*
Gelegenheit *f* ⟨~; ~en⟩ occasion *f*; *bei Gelegenheit* à l'occasion; *bei passender Gelegenheit* en temps et lieu; *bei dieser Gelegenheit* à cette occasion; *bei nächster Gelegenheit* à la première occasion; *Gelegenheit haben zu* (+ *inf*) avoir l'occasion de (+ *inf*); *j-m Gelegenheit geben zu* (+ *inf*) fournir à qn l'occasion de (+ *inf*)
Gelegenheitsarbeit *f* travail occasionnel; petit boulot
Gelegenheitsjob *m* petit boulot
Gelegenheitskauf *m* occasion *f*
gelegentlich [gə'le:gəntlıç] I *adj* occasionnel II *adv* (*ab und zu*) de temps en temps; (*bei Gelegenheit*) à l'occasion
gelehrig [gə'le:rıç] *adj* docile
Gelehrsamkeit *st/s f* ⟨~⟩ érudition *f*
gelehrt *adjt* savant; érudit
Gelehrte(r) *f(m)* ⟨→ A⟩ érudit(e) *m(f)*; savant *m*
Geleit [gə'laıt] *st/s n* ⟨~¢s; ~e⟩ escorte *f*; JUR *j-m freies Geleit zusichern* assurer la protection de qn (pour se rendre en un lieu); *j-m das letzte Geleit geben* accompagner qn à sa dernière demeure
geleiten *st/s v/t* ⟨-e-, *p/p* geleitet⟩ accompagner; *offiziellen Gast*, MIL escorter
Geleitschutz *m* escorte *f*
Gelenk [gə'lɛnk] *n* ⟨~¢s; ~e⟩ ANAT, TECH articulation *f*; TECH a joint *m*
Gelenkbus *m* autobus articulé
gelenkig *adj* souple
Gelenkigkeit *f* ⟨~⟩ souplesse *f*
gelernt *adjt* (*von Beruf*) de métier

gelesen *p/p* → *lesen¹*, *lesen²*
Geliebte(r) *f(m)* ⟨→ A⟩ 1. *außerehelich* amant *m*, maîtresse *f* 2. *st/s* bien-aimé(e) *m(f)*; *Anrede* mon amour *m*
geliefert *adj* F *geliefert sein* F être fichu
geliehen [gə'li:ən] *p/p* → *leihen*
gelieren [ʒe'li:rən] *v/i* ⟨*sans ge*⟩ se gélifier
Gelierzucker *m* sucre gélifiant; gélisuc® *m*
gelinde I *st/s adj* (*mild*) léger; *Klima* doux II *adv* *gelinde gesagt* pour ne pas dire plus
gelingen [gə'lıŋən] *v/i* ⟨gelang, gelungen, sn⟩ réussir; *etw gelingt j-m* (*gut*) qn réussit qc; *es gelingt mir, etw zu tun* je réussis, j'arrive à faire qc
Gelingen *n* ⟨~s⟩ réussite *f*; succès *m*; *gutes Gelingen!* bonne chance!
gelitten [gə'lıtən] *p/p* → *leiden*
gellen ['gɛlən] *v/i* retentir
gellend *adj* perçant; strident
geloben *st/s v/t* ⟨*p/p* gelobt⟩ promettre solennellement; *ich habe mir gelobt zu* (+ *inf*) j'ai fait le vœu de (+ *inf*)
Gelöbnis [gə'lø:pnıs] *st/s n* ⟨~ses; ~se⟩ promesse solennelle; vœu *m*
gelockt *adjt Haar* bouclé
gelogen [gə'lo:gən] *p/p* → *lügen*
gelöst *adjt fig* décontracté; détendu
gelt [gɛlt] *int südd, österr* 'hein?
gelten ['gɛltən] ⟨gilt, galt, gegolten⟩ I *v/t* (*wert sein*) valoir; *s-e Ansicht gilt viel* son avis compte pour beaucoup II *v/i* 1. (*gültig sein*) être valable; *Gesetz, Recht, Regelung, Preise* être en vigueur; *das gilt nicht* (*ist gegen die Spielregel*) cela ne vaut pas; (*zählt nicht*) cela ne compte pas; *etw gelten lassen* admettre qc 2. (*gehalten werden*) *gelten als, für* être considéré comme; *Person a* passer pour 3. *gelten für* (*sich beziehen auf*) valoir pour 4. *j-m gelten* (*j-n betreffen*) s'adresser à qn III *v/imp* (*darauf ankommen*) *es gilt zu* (+ *inf*) il s'agit de (+ *inf*)
geltend *adjt* 1. *Recht, Gesetz, Preise* en vigueur 2. *etw geltend machen* faire valoir qc; *Einfluss* exercer qc; *Bedenken, Argument* invoquer qc
Geltung *f* ⟨~⟩ 1. (*Gültigkeit*) validité *f*; (*keine*) *Geltung* (*für etw, j-n*) *haben* (ne pas) être valable (pour qc, qn) 2. (*Wirkung*) valeur *f*; *etw zur Geltung bringen* mettre qc en valeur; *zur Geltung kommen* être mis en valeur; *sich* (*dat*) *Geltung verschaffen* s'imposer
Geltungsbedürfnis *n* besoin *m* de se faire remarquer
Geltungsbereich *m* champ *m* d'application
Geltungsdauer *f* durée *f* de validité
Geltungssucht *f* manie *f* de se faire remarquer
Gelübde [gə'lʏpdə] *st/s n* ⟨~s; ~⟩ vœu *m*; *ein Gelübde ablegen* faire un vœu
gelungen [gə'luŋən] I *p/p* → *gelingen* II *adjt* (*ansprechend*) réussi
gelüsten [gə'lʏstən] *st/s v/imp* ⟨-e-, *p/p* gelüstet⟩ *es gelüstet mich nach* j'ai envie de
gemach [gə'ma:x] *st/s int* doucement!
Gemach *st/s n* ⟨~¢s; ːer⟩ pièce *f*; *pl die Gemächer* les appartements *m/pl*
gemächlich [gə'mɛ:çlıç] *adj* tranquille
Gemahl(in) [gə'ma:l(ın)] *st/s m* ⟨~¢s; ~e⟩ (*f*) ⟨~in; ~innen⟩ époux *m*, épouse *f*

Gemälde [gə'mɛ:ldə] n ⟨~s; ~⟩ tableau m; peinture f; *auf Leinwand* a toile f
Gemäldeausstellung f exposition f de tableaux, de peinture
Gemäldegalerie f musée m de peinture
Gemäldesammlung f collection f de tableaux
gemasert adjt *Holz etc* veiné
gemäß [gə'mɛ:s] **I** adj (*entsprechend*) conforme (+ dat à) **II** prép ⟨dat⟩ selon; *bes* ADM, JUR conformément à
gemäßigt adjt modéré; *Klima(zone)* tempéré
Gemäuer [gə'mɔyər] st/s n ⟨~s; ~⟩ murailles f/pl
Gemecker F péj n ⟨~s⟩ rouspétance f
gemein [gə'maɪn] adj **1.** *Person, Bemerkung* méchant; *Gesinnung* ignoble; abject; *Trick* sale; **gemeiner Kerl** sale type m; F **das ist gemein!** F c'est vache! **2.** zo, bot commun **3.** st/s (*gewöhnlich*) commun; ordinaire; **der gemeine Mann** l'homme m du peuple **4.** st/s **etw mit j-m gemein haben** avoir qc de, en commun avec qn
Gemeinde [gə'maɪndə] f ⟨~; ~n⟩ **1.** ADM commune f **2.** (*Kirchengemeinde*) paroisse f; *beim Gottesdienst* fidèles m/pl **3.** (*Gemeinschaft Gleichgesinnter*) communauté f
Gemeindehaus n maison f des œuvres paroissiales
Gemeindehelfer(in) m(f) diacre m
Gemeindemitglied n paroissien, -ienne m,f
Gemeindeordnung f statuts m/pl de la commune; législation administrative communale
Gemeinderat m ⟨~¢s; ⁓e⟩ **1.** *Gremium* conseil municipal **2.** *Person* conseiller municipal
Gemeindesaal m salle paroissiale
Gemeindeschwester f infirmière rétribuée par une paroisse *bzw* une commune
Gemeindeverwaltung f administration f de la commune; municipalité f
Gemeindezentrum n foyer municipal
gemeingefährlich adj *Handlung* qui constitue un danger public; *Person* qui est un danger public
Gemeingut st/s n bien commun; *fig* patrimoine commun; *Redensart* (**zum**) **Gemeingut werden** se répandre
Gemeinheit f ⟨~; ~en⟩ **1.** méchanceté f **2.** (*Eigenschaft, Handlung*) F vacherie f
gemeinhin adv communément
gemeinnützig [-nʏtsɪç] adj d'utilité publique
Gemeinplatz m lieu commun
gemeinsam I adj **1.** (*gemeinschaftlich*) commun; *Werk* collectif; *Konto* joint **2. sie hat mit mir gemeinsam, dass sie gern kocht** nous avons en commun d'aimer faire la cuisine **II** adv en commun; ensemble
Gemeinsamkeit f ⟨~; ~en⟩ **1.** *Eigenschaft* point commun **2.** (*Verbundenheit*) communauté f
Gemeinschaft f ⟨~; ~en⟩ **1.** *Gruppe* communauté f; **die Europäische Gemeinschaft** la Communauté européenne **2.** (*Verbundensein*) solidarité f; **eheliche Gemeinschaft** union conjugale
gemeinschaftlich I adj (en) commun **II** adv en commun
Gemeinschaftsanschluss m TÉL ligne commune
Gemeinschaftsantenne f antenne collective
Gemeinschaftsarbeit f **1.** *Vorgang* travail m

d'équipe **2.** *Ergebnis* projet commun
Gemeinschaftsgefühl n esprit m communautaire
Gemeinschaftsgeist m ⟨~¢s⟩ esprit m de solidarité
Gemeinschaftskasse f caisse commune
Gemeinschaftsküche f cuisine commune
Gemeinschaftskunde f instruction f civique
Gemeinschaftsleben n ⟨~s⟩ vie f communautaire; vie f de groupe
Gemeinschaftspraxis f cabinet médical en association
Gemeinschaftsproduktion f coproduction f
Gemeinschaftsraum m salle commune
Gemeinschaftsschule f école interconfessionnelle
Gemeinsinn m sens m civique
gemeinverständlich adj u adv à la portée de tous
Gemeinwesen n communauté f; (*Staat*) chose publique
Gemeinwohl n bien, intérêt public
Gemenge n ⟨~s; ~⟩ **1.** (*Gemisch*) mélange m (a CHIM) **2.** (*Menschengewühl*) cohue f
gemessen I p/p → **messen II** adjt *Haltung* grave; st/s **gemessenen Schrittes** d'un pas mesuré; **in gemessenem Abstand** à (une) distance respectueuse
Gemetzel n ⟨~s; ~⟩ massacre m
gemieden [gə'mi:dən] p/p → **meiden**
Gemisch [gə'mɪʃ] n ⟨~¢s; ~e⟩ mélange m (a AUTO)
gemischt adj *Klasse, Chor,* SPORT mixte; *Abendgesellschaft etc* mélangé; *Gesamtgesellschaft* mêlé; *Eis* panaché; *Salat* composé
gemocht [gə'mɔxt] p/p → **mögen**
gemolken [gə'mɔlkən] p/p → **melken**
Gemse → **Gämse**
Gemurmel n ⟨~s⟩ murmures m/pl
Gemüse [gə'my:zə] n ⟨~s; ~⟩ légume(s) m(pl); F *fig plais* **junges Gemüse** F de la jeunesse

Gemüse	WF
die Kartoffel	la pomme de terre
der Rotkohl	le chou rouge
der Weißkohl	le chou blanc
der Rosenkohl	le chou de Bruxelles
der Blumenkohl	le chou-fleur
der Kohlrabi	le chou-rave
die Karotte	la carotte
der Lauch	le poireau
der Knoblauch	l'ail m
die Knoblauchzehe	la gousse d'ail
das Radieschen	le radis
der Sellerie	le céleri
die Tomate	la tomate
die Gurke	le concombre
die Aubergine	l'aubergine f

die Zucchini *pl*	**les courgettes** *f/pl*
der Paprika	**le poivron**
der Fenchel	**le fenouil**
der Spargel	**l'asperge** *f*
die Bohne	**le haricot**

Gemüsebeet *n* carré *m* de légumes
Gemüseeintopf *m* potée *f* de légumes
Gemüsegarten *m* (jardin *m*) potager *m*
Gemüsehändler(in) *m(f)* marchand(e) *m(f)* de légumes
Gemüsesuppe *f* potage *m* aux légumes
gemusst [gə'mʊst] *p/p* → **müssen**
gemustert *adjt* à dessins; (*mit eingewebtem Muster*) façonné
Gemüt [gə'myːt] *n* ⟨~ɇs; ~er⟩ nature *f*; tempérament *m*; **ein kindliches Gemüt** une âme d'enfant; **das ist etwas fürs Gemüt** c'est émouvant, touchant; **sich** (*dat*) **etw zu Gemüte führen** (*essen, trinken*) savourer qc; *Film* voir, *Buch* lire qc; (*beherzigen*) tenir compte de qc; **die Gemüter haben sich erhitzt** les esprits se sont échauffés
gemütlich I *adj* **1.** *Wohnung* accueillant; *Lokal, Umgebung* intime; *Essen, Beisammensein* convivial; (*bequem*) confortable; *Stimmung, Abend* sympathique **2.** (*umgänglich*) facile à vivre **3.** *Tempo* tranquille **II** *adv* **4.** (*bequem*) comfortablement; (*ruhig*) tranquillement; **es sich** (*dat*) **gemütlich machen** s'installer confortablement **5.** (*gemächlich*) sans se presser
Gemütlichkeit *f* ⟨~⟩ **1.** *e-r Wohnung* caractère accueillant; *e-s Lokals* intimité *f*; (*Bequemlichkeit*) confort *m*; (*Zwanglosigkeit*) convivialité *f* **2.** (*Umgänglichkeit*) bon caractère **3.** (*Gemächlichkeit*) **in aller Gemütlichkeit** sans se presser
Gemütsbewegung *f* émotion *f*
gemütskrank *adj* atteint de troubles mentaux
Gemütsmensch F *m* nature *f* placide
Gemütsruhe *f* tranquillité *f* d'esprit; **in aller Gemütsruhe** en toute tranquillité
Gemütsverfassung *f*, **Gemütszustand** *m* état *m* d'âme
gen [gɛn] *poét prép* ⟨*acc*⟩ (*gegen*) vers
Gen [geːn] *n* ⟨~s; ~e⟩ BIOL gène *m*
genannt [gə'nant] *p/p* → **nennen**
genas [gə'naːs] → **genesen**
genau [gə'naʊ] **I** *adj* **1.** (*exakt*) exact; *Angaben* précis; *Übersetzung* a fidèle; **die genaue Zeit** l'heure exacte **2.** (*sorgfältig*) précis; (*peinlich*) **genau** méticuleux **3.** (*streng*) strict **4.** (*ausführlich*) détaillé **II** *adv* **5.** (*exakt*) exactement; **genau um fünf Uhr** à cinq heures précises; **genau gehen** *Uhr* être à l'heure **6.** (*sorgfältig*) avec précision; **genau hinsehen** regarder de (très) près; **etw genau nehmen** *wörtlich* prendre qc au pied de la lettre **7.** (*streng*) strictement; **genau genommen** strictement parlant **8.** (*ausführlich*) **etw genau berichten** faire un rapport, récit détaillé de qc **9.** *verstärkend* exactement; *mit Verben* très bien; *als Ausruf* (*ja,*) **genau!** c'est tout à fait ça!; **ganz genau!** absolument! **10.** (*eben, gerade*) (tout) juste
Genauigkeit *f* ⟨~⟩ **1.** (*Exaktheit*) précision *f*;

exactitude *f* **2.** (*Sorgfalt*) minutie *f*; méticulosité *f*
genauso *adv* → **ebenso**
Genbank *f* ⟨~; ~en⟩ banque *f* de génotypes
Gendarm [ʒan'darm] *m* ⟨~en; ~en⟩ gendarme *m*
Gendarmerie *f* ⟨~; ~n⟩ gendarmerie *f*
Genealogie [genealo'giː] *f* ⟨~; ~n⟩ généalogie *f*
genehm [gə'neːm] *st/s adj* **j-m genehm sein** convenir à qn
genehmigen *v/t* ⟨*p/p* genehmigt⟩ **I** *v/t Einreise, Veranstaltung* autoriser; *bes* ADM *Antrag* approuver **II** F *v/r* **sich** (*dat*) **etw genehmigen** s'offrir, se payer qc; **sich** (*dat*) **einen genehmigen** s'accorder un petit verre
Genehmigung *f* ⟨~; ~en⟩ autorisation *f*; *bes* ADM approbation *f*; agrément *m*
geneigt *adjt* **1.** *Gelände, Fläche* incliné **2.** **geneigt sein, etw zu tun** être disposé à faire qc
Genera ['gɛnera] *pl* → **Genus**
General [genə'raːl] *m* ⟨~s; ~e *ou* ~e⟩ général *m*
Generalbevollmächtigte(r) *f(m)* fondé *m* de pouvoir ayant procuration générale
Generaldirektor *m* (président-)directeur général; P.D.G. *m*
Generalkonsulat *n* consulat général
Generalprobe *f* répétition générale
Generalsekretär *m* secrétaire général
Generalstab *m* MIL état-major *m*
Generalstreik *m* grève générale
generalüberholen *v/t* ⟨*sans ge*⟩ faire une révision générale de
Generalversammlung *f* assemblée générale
Generalvertreter *m* agent général
Generalvollmacht *f* procuration générale
Generation [genəratsi'oːn] *f* ⟨~; ~en⟩ génération *f*
Generationskonflikt *m* conflit *m* des générations
Generationsproblem *n* problème *m* de génération
Generator *m* ⟨~s; -toren⟩ ÉLECT génératrice *f*; générateur *m*
generell *adj* général
genesen [gə'neːzən] *st/s v/i* ⟨ɇɂ, genas, genesen, sn⟩ guérir, se rétablir (**von** de)
Genesende(r) *f(m)* ⟨→ A⟩ convalescent(e) *m(f)*
Genesung *st/s f* ⟨~; ~en⟩ guérison *f*; convalescence *f*; rétablissement *m*
Genesungsprozess *m* processus *m* de guérison
Genetik [ge'neːtɪk] *f* ⟨~⟩ génétique *f*
genetisch *adj* génétique
Genf [gɛnf] *n* ⟨~s⟩ Genève *f*
Genfer *adj* ⟨*inv*⟩ genevois; de Genève; **der Genfer See** le lac Léman
Genforschung *f* recherche *f* génétique
genial [geni'aːl] *adj* génial; *Künstler, Idee* a de génie
Genialität *f* ⟨~⟩ génie *m*
Genick [gə'nɪk] *n* ⟨~ɇs; ~e⟩ nuque *f*; **sich** (*dat*) **das Genick brechen** se rompre, se casser le cou (*a fig*)
Genickschuss *m* balle *f* dans la nuque
Genie [ʒe'niː] *n* ⟨~s; ~s⟩ génie *m*
genieren [ʒe'niːrən] *v/r* ⟨*sans ge*⟩ **sich genieren** se sentir gêné (**vor j-m** devant qn); **sich**

genieren, etw zu tun être gêné de faire qc
genießbar *adj* consommable; (*essbar*) mangeable; (*noch trinkbar*) buvable
genießen [gə'niːsən] *v/t* ⟨¢$, genoss, genossen⟩ **1.** *st/s* (*essen*) manger; (*trinken*) boire; F *fig* **er ist heute nicht zu genießen** F il est imbuvable aujourd'hui **2.** *fig* jouir de (*a Vertrauen, Ruf*); *mit Behagen* savourer; prendre plaisir à; **sein Leben genießen** profiter de la vie
Genießer *m* ⟨∼s; ∼⟩ jouisseur *m*; (*Feinschmecker*) gourmet *m*; **er ist ein richtiger Genießer** c'est un bon vivant
genießerisch **I** *adj* de jouisseur **II** *adv* en jouisseur; avec délice, plaisir
Genitalbereich [geni'taːl-] *m* parties génitales
Genitalien [geni'taːliən] *pl* parties génitales
Genitiv ['geːnitiːf] *m* ⟨∼s; ∼e⟩ génitif *m*
Genitivobjekt *n* complément *m* d'objet au génitif
Genius ['geːniʊs] *m* ⟨∼; -ien⟩ génie *m*
Genmais *m* maïs *m* transgénique
Genmanipulation *f* manipulation *f/pl* génétiques
Genom [ge'noːm] *n* ⟨∼s; ∼e⟩ BIOL génome *m*
genommen [gə'nɔmən] *p/p* → **nehmen**
genoss [gə'nɔs] → **genießen**
Genosse [gə'nɔsə] *m* ⟨∼n; ∼n⟩, **Genossin** *f* ⟨∼; ∼nen⟩ camarade *m,f*
genossen *p/p* → **genießen**
Genossenschaft *f* ⟨∼; ∼en⟩ coopérative *f*
Genre ['ʒãːrə] *n* ⟨∼s; ∼s⟩ genre *m*
Gentechnik *f* génie *m*, ingénierie *f* génétique
gentechnisch **I** *adj* génétique **II** *adv* **gentechnisch verändert** génétiquement modifié; transgénique
Gentechnologie *f* → **Gentechnik**
Gentest *m* test *m* génétique
Gentherapie *f* thérapie *f* génique
Genua ['geːnua] *n* ⟨∼s⟩ Gênes
genug [gə'nuːk] *adv* assez; (*ausreichend*) suffisant; suffisamment; **genug Geld haben** avoir assez d'argent; **es ist genug** c'est assez; cela suffit; **mehr als genug** (**sein**) (suffire) largement; F *fig* **von etw genug haben** en avoir assez de qc; F en avoir plein le dos de qc; **genug** (**davon**)**!** cela suffit!; *st/s* **genug der Worte!** *st/s* trêve de paroles!
Genüge [gə'nyːgə] *st/s f* ⟨∼⟩ **zur Genüge** (*ausreichend*) suffisamment; (*reichlich*) abondamment; *st/s* **j-m, e-r Sache Genüge tun** satisfaire aux exigences de qn, à qc
genügen *v/i* ⟨*p/p* genügt⟩ **1.** (*ausreichen*) suffire; **das genügt mir** ça me suffit; **es genügt zu** (+ *inf*) il suffit de (+ *inf*) **2.** (*entsprechen*) **e-r Sache** (*dat*) (*nicht*) **genügen** (ne pas) satisfaire à qc
genügend **I** *adj* suffisant **II** *adv* suffisamment; assez; **genügend Geld** suffisamment, assez d'argent
genügsam **I** *adj* peu exigeant; content de peu; *im Trinken* sobre; *im Essen a* frugal **II** *adv* **genügsam leben** se contenter de peu
Genugtuung [gə'nuːktuːʊŋ] *f* ⟨∼; ∼en⟩ satisfaction *f*; **es ist mir e-e Genugtuung zu** (+ *inf*) je suis (très) satisfait de (+ *inf*)
Genus ['gɛnʊs] *n* ⟨∼; Genera⟩ genre *m*
Genuss [gə'nʊs] *m* ⟨∼es; ∼e⟩ **1.** *von Ess-, Trinkbarem* consommation *f* **2.** (*Wohlbehagen*) plai-

sir *m*; jouissance *f*; **mit Genuss** avec délectation **3.** *fig* **in den Genuss e-r Sache** (*gén*) **kommen** bénéficier de qc
genüsslich [gə'nʏslɪç] **I** *adj* voluptueux **II** *adv* voluptueusement; avec délectation
Genussmittel *n* denrée *f* de luxe
Genusssucht *f* hédonisme *m*
genusssüchtig *adj* jouisseur; hédoniste
genverändert *adjt* → **gentechnisch**
Geograf → **Geograph**
Geografie → **Geographie**
geografisch → **geographisch**
Geograph [geo'graːf] *m* ⟨∼en; ∼en⟩ géographe *m*
Geographie [-a'fiː] *f* ⟨∼⟩ géographie *f*
geographisch *adj* géographique
Geologe *m* ⟨∼n; ∼n⟩ géologue *m*
Geologie *f* ⟨∼⟩ géologie *f*
geologisch *adj* géologique
Geometrie *f* ⟨∼⟩ géométrie *f*
geometrisch *adj* géométrique
geordnet *adjt fig* en ordre; réglé; **in geordneten Verhältnissen leben** mener une vie réglée
Georgien [ge'ɔrgiən] *n* ⟨∼s⟩ la Géorgie
Gepäck [gə'pɛk] *n* ⟨∼¢s⟩ bagages *m/pl*
Gepäckabfertigung *f* **1.** *Schalter* guichet *m* d'enregistrement des bagages **2.** *Vorgang* enregistrement *m* des bagages
Gepäckablage *f* porte-bagages *m*
Gepäckannahme *f* → **Gepäckabfertigung, Gepäckaufbewahrung**
Gepäckaufbewahrung *f* consigne *f*
Gepäckausgabe *f* **1.** *Schalter* (guichet *m* de la) consigne *f* **2.** *Vorgang* remise *f* des bagages
Gepäckkontrolle *f* contrôle *m* des bagages
Gepäcknetz *n* filet *m* d'un porte-bagages
Gepäckraum *m* compartiment *m* à bagages
Gepäckschalter *m* guichet *m* des bagages
Gepäckschein *m* bulletin *m* d'enregistrement
Gepäckschließfach *n* (casier *m* de) consigne *f* automatique
Gepäckstück *n* bagage *m*
Gepäckträger *m* **1.** *Person* porteur *m* **2.** *am Fahrrad etc* porte-bagages *m*
Gepäckwagen *m* fourgon *m* (à bagages)
Gepard ['geːpart] *m* ⟨∼s; ∼e⟩ guépard *m*
gepfeffert *adjt* F *fig Rechnung* salé; *Preise* excessif
gepfiffen [gə'pfɪfən] *p/p* → **pfeifen**
gepflegt **I** *adjt* **1.** *Person, Äußeres, Kleidung* soigné; *Park, Garten* bien entretenu; *Haus* bien tenu **2.** *Unterhaltung* cultivé; *Essen, Getränke* de choix; *Lokal, Hotel* de (grande) classe **II** *advt* **sich gepflegt ausdrücken** s'exprimer en termes choisis; **gepflegt essen gehen** aller dans un bon restaurant
Gepflogenheit *st/s f* ⟨∼; ∼en⟩ habitude *f*; coutume *f*
geplagt *adjt* **er ist ein geplagter Mann** il a la vie dure; il est bien à plaindre
Geplänkel [gə'plɛŋkəl] *n* ⟨∼s; ∼⟩ MIL, *fig* escarmouche(s) *f(pl)*
Geplapper F *n* ⟨∼s⟩ *e-s Kindes* babillage *m*; *péj* bavardage *m*
Geplauder *st/s n* ⟨∼s⟩ causerie *f*
Gepolter *n* ⟨∼s⟩ (*Dröhnen*) fracas *m*; (*Radau*) vacarme *m*
Gepräge *st/s n* ⟨∼s; ∼⟩ empreinte *f*; caractère *m*;

e-r Sache (*dat*) *ihr Gepräge geben* marquer qc de son empreinte
gepriesen [gə'priːzən] *p/p* → *preisen*
gepunktet *adj Stoff* à pois
gequält *adj Lächeln* tendu; forcé
Gequassel F *péj n* ⟨∼s⟩ papotage *m*; cancans *m/pl*
Gequatsche F *péj n* ⟨∼s⟩ papotage *m*; cancans *m/pl*
gequollen [gə'kvɔlən] *p/p* → *quellen¹*
gerade [gə'raːdə] **I** *adj* **1.** *Linie, Straße, Nase etc* droit; *gerade biegen* redresser; (*sich*) *gerade halten* (se) tenir droit; *gerade stehen* se tenir droit **2.** *Zahl* pair **II** *adv* **3.** (*genau*) juste(ment); précisément; *gerade* (*in dem Augenblick*), *als ...* juste, précisément au moment où ... **4.** (*im Moment*) justement; *ich wollte gerade gehen* j'étais sur le point de partir; *er ist gerade angekommen* il vient (juste[ment] d')arriver **5.** (*knapp*) juste; *gerade so viel, dass ...* juste assez pour (+ *inf*) **6.** (*ausgerechnet*) justement; *warum gerade ich?* et pourquoi justement moi? **7.** (*besonders*) précisément; *nicht gerade leicht etc* pas précisément facile, *etc* **8.** F (*erst recht*) *nun, jetzt gerade!* maintenant raison de plus!
Gerade *f* ⟨∼n; ∼n⟩ **1.** MATH droite *f* **2.** SPORT ligne droite **3.** BOXEN direct *m*
geradeaus *adv* tout droit
geradebiegen *v/t* ⟨*irr*⟩ **1.** redresser **2.** F *fig* arranger
geradehalten *v/t* (*u v/r*) ⟨*irr*⟩ (*sich geradehalten*) (se) tenir droit
geradeheraus *adv* franchement
geradeso *adv geradeso groß wie* (juste) aussi grand que
geradestehen *v/t* ⟨*irr*⟩ **1.** se tenir droit **2.** *fig für j-n, etw geradestehen* prendre la responsabilité pour qn, de qc
geradewegs *adv* directement; tout droit
geradezu *adv* vraiment; tout simplement
Geradheit *f* ⟨∼⟩ (*Offenheit*) franchise *f*; droiture *f*
geradlinig **I** *adj* **1.** rectiligne **2.** *fig* (*aufrichtig*) droit **II** *adv verlaufen* en ligne droite
Geradlinigkeit *f* ⟨∼⟩ **1.** disposition *f* rectiligne **2.** *fig* (*Aufrichtigkeit*) droiture *f*; franchise *f*
gerammelt F *advt gerammelt voll* bondé; plein à craquer
Gerangel [gə'raŋəl] F *n* ⟨∼s⟩ bagarre *f* (*um* pour; *a fig*)
Geranie [ge'raːniə] *f* ⟨∼; ∼n⟩ géranium *m*
gerann [gə'ran] → *gerinnen*
gerannt [gə'rant] *p/p* → *rennen*
gerät [gə'rɛːt] → *geraten¹*
Gerät *n* ⟨∼⟨e⟩s; ∼e⟩ **1.** (*Haushaltsgerät*) ustensile *m*; (*Werkzeug, Gartengerät*) outil *m*; *elektrische Geräte* appareils *m/pl* électriques **2.** *coll* outillage *m* **3.** (*Radiogerät, Fernsehgerät*) poste *m* **4.** *pl Geräte* (*Turngerät*) agrès *m/pl*
geraten¹ *v/i* ⟨gerät, geriet, geraten, sn⟩ **1.** (*zufällig gelangen*) tomber, arriver (par 'hasard'); *an j-n geraten* tomber sur qn; *außer sich* (*acc od dat*) *geraten vor Zorn* sortir de ses gonds; *vor Ärger* se fâcher tout rouge; *vor Freude* ne pas se sentir de joie; *unter ein Auto geraten* passer sous une voiture **2.** (*gut*) *geraten* réussir; *schlecht geraten* rater; *ihm gerät alles*

tout lui réussit **3.** *nach dem Vater geraten* ressembler à son père
geraten² **I** *p/p* → *raten*, *geraten¹* **II** *adj* (*ratsam*) *es für geraten halten zu* (+ *inf*) juger bon, utile de (+ *inf*)
Geräteraum *m für Sportgeräte* salle *f* des appareils
Geräteschuppen *m* remise *f* (à outils)
Geräteturnen *n* exercices *m/pl* aux agrès
Geräteübung *f* exercice *m* aux agrès
Gerätewagen *m* voiture *f* d'outillage
Geratewohl *n aufs Geratewohl* au hasard; au petit bonheur (la chance)
Gerätschaften *f/pl* outillage *m*
Geratter F *n* ⟨∼s⟩ *e-s Zuges* roulement *m*
geraucht, geräuchert *adjt* fumé
geraum [gə'raum] *st/s adj seit geraumer Zeit* depuis (assez) longtemps
geräumig [gə'rɔymiç] *adj* spacieux
Geräumigkeit *f* ⟨∼⟩ caractère spacieux; espace *m*
Geräusch [gə'rɔyʃ] *n* ⟨∼⟨e⟩s; ∼e⟩ bruit *m*
geräuscharm *adj* qui fait peu de bruit
geräuschempfindlich *adj* sensible au bruit
Geräuschkulisse *f* **1.** (*Hintergrundgeräusch*) fond *m* sonore **2.** THÉ bruitage *m*
geräuschlos *adj* silencieux
Geräuschlosigkeit *f* ⟨∼⟩ absence *f* de bruit; silence *m*; *e-s Geräts, e-r Maschine* fonctionnement silencieux
Geräuschpegel *m* niveau *m* sonore
geräuschvoll *adj* bruyant
gerben ['gɛrbən] *v/t* tanner
Gerber *m* ⟨∼s; ∼⟩ tanneur *m*
Gerbera ['gɛrbəra] *f* ⟨∼; ∼s⟩ gerbera *m*
Gerberei *f* ⟨∼; ∼en⟩ tannerie *f*
gerecht [gə'rɛçt] **I** *adj* **1.** *Richter, Urteil, Strafe, Note etc* juste **2.** (*gerechtfertigt*) justifié; *Zorn* légitime; *e-e gerechte Sache* une cause juste **3.** *Lohn, Entschädigung* juste; *j-m, e-r Sache gerecht werden* apprécier qn, qc à sa juste valeur; *e-r Aufgabe* venir à bout de qc; *Wünschen* satisfaire à qc **II** *adv* avec justice; équitablement
gerechterweise *adv* pour être juste
gerechtfertigt *adjt* justifié
Gerechtigkeit *f* ⟨∼⟩ justice *f*; *st/s Gerechtigkeit walten lassen* être juste; *st/s j-m, e-r Sache Gerechtigkeit widerfahren lassen* rendre justice à qn, qc
Gerechtigkeitssinn *m* sens *m* de la justice
Gerede F *péj n* ⟨∼s⟩ bavardage(s) *m*(*pl*); *leeres* verbiage *m*; F blabla(bla) *m*; (*Klatsch*) cancans *m/pl*; *ins Gerede kommen* faire jaser
geregelt *adjt* réglé
gereichen *st/s v/i v/l* ⟨*p/p* gereicht⟩ *j-m zur Ehre gereichen* faire honneur à qn
gereizt *adjt* irrité
Gereiztheit *f* ⟨∼⟩ irritation *f*
Geriatrie [geria'triː] *f* ⟨∼⟩ gériatrie *f*
geriatrisch *adj* gériatrique
Gericht¹ [gə'rɪçt] *n* ⟨∼⟨e⟩s; ∼e⟩ JUR tribunal *m*; (*Gerichtshof*) cour *f* de justice; REL *das Jüngste Gericht* le Jugement dernier; *vor Gericht* (*acc*) *gehen* aller en justice; *vor Gericht* (*dat*) *stehen* être jugé; *vor Gericht* (*dat*) *erscheinen* comparaître en justice; *st/s über j-n Gericht halten od zu Gericht sitzen*

juger qn; *fig* **mit j-m (scharf** *od* **hart) ins Ge-**
richt gehen faire le procès de qn
Gericht² *n* ⟨~⊄s; ~e⟩ CUIS plat *m*; (*Spezialität*)
spécialité *f*
gerichtlich I *adj* judiciaire; *Medizin* légal **II** *adv*
par voie de justice; **gegen j-n gerichtlich vor-**
gehen poursuivre qn en justice
Gerichtsakten *f/pl* dossier *m* judiciaire
Gerichtsbarkeit *f* ⟨~; ~en⟩ juridiction *f*
Gerichtsbeschluss *m* décision *f* judiciaire
Gerichtsdolmetscher(in) *m(f)* interprète *m,f*
auprès des tribunaux
Gerichtsferien *pl* vacations *f/pl* (des tribunaux)
Gerichtsgebäude *n* palais *m* de justice
Gerichtsgebühren *f/pl* droits *m/pl* de justice
Gerichtshof *m* cour *f* de justice
Gerichtskosten *pl* frais *m/pl* de justice
Gerichtsmedizin *f* médecine légale
Gerichtsmediziner(in) *m(f)* médecin *m* légiste
gerichtsmedizinisch *adj* médicolégal
Gerichtsordnung *f* règlement *m* de procédure
Gerichtsreporter(in) *m(f)* chroniqueur, -euse
m,f judiciaire
Gerichtssaal *m* salle *f* d'audience; prétoire *m*
Gerichtsstand *m* tribunal compétent
Gerichtstermin *m* jour *m* d'audience
Gerichtsurteil *n* jugement *m* du tribunal
Gerichtsverfahren *n* procédure *f* judiciaire
Gerichtsverhandlung *f* audience *f*
Gerichtsvollzieher *m* ⟨~s; ~⟩ huissier *m* de jus-
tice
gerieben [gəˈriːbən] *p/p* → **reiben**
gering [gəˈrɪŋ] *adj* peu (de); *Anzahl, Menge,*
Einkommen petit; *Kenntnisse* limité; *Unter-*
schied, Abstand, Höhe faible; *Summe, Preis*
insignifiant; **von geringem Wert** de peu de va-
leur; **gering achten, gering schätzen** mépri-
ser; dédaigner
geringachten *v/t* → **gering**
geringer *adj* moindre; *Stellung* inférieur (**als**
à); *Summe* moins élevé; **kein Geringerer als**
... ... en personne
geringfügig [gəˈrɪŋfyːgɪç] **I** *adj* peu important
(*a Summe*); (*unerheblich*) insignifiant; *Summe,*
Unterschied minime; *Fehler, Unterschied a* lé-
ger **II** *adv* légèrement
Geringfügigkeit *f* ⟨~⟩ insignifiance *f*; **das Ver-**
fahren wegen Geringfügigkeit einstellen
rendre un non-lieu (pour insuffisance de char-
ges)
geringschätzen *v/t* → **gering**
geringschätzig I *adj* méprisant; dédaigneux **II**
adv avec mépris, dédain
Geringschätzung *f* mépris *m*; dédain *m*
geringste *adj* (le, la) moindre; **nicht das Ge-**
ringste absolument rien; rien du tout; **nicht**
im Geringsten pas le moins du monde
gerinnen [gəˈrɪnən] *v/i* ⟨gerann, geronnen, sn⟩
Blut (se) coaguler; *Milch* cailler; tourner
Gerinnsel [gəˈrɪnzəl] *n* ⟨~s; ~⟩ MÉD caillot *m*
Gerinnung *f* ⟨~⟩ MÉD coagulation *f*; *von Milch*
caillage *m*
Gerinnungsfaktor *m* MÉD facteur *m* de coagu-
lation
Gerinnungsmittel *n* MÉD coagulant *m*
Gerippe [gəˈrɪpə] *n* ⟨~s; ~⟩ **1.** ANAT squelette *m*
2. *fig* (*Gliederung*) structure *f*
gerippt *adj* *Stoff* côtelé

gerissen [gəˈrɪsən] **I** *p/p* → **reißen II** F *adjt*
(*schlau*) rusé; F roublard
geritten [gəˈrɪtən] *p/p* → **reiten**
geritzt *adjt* F **ist geritzt!** F ça baigne!
Germ [gɛrm] *m* ⟨~⊄s⟩ *od f* ⟨~⟩ *südd, österr* le-
vure *f*
Germane [gɛrˈmaːnə] *m* ⟨~n; ~n⟩, **Germanin** *f*
⟨~; ~nen⟩ Germain(e) *m(f)*
germanisch *adj* germanique (*a* LING); germain
Germanist(in) *m* ⟨~en; ~en⟩ (*f*) ⟨~in; ~innen⟩
germaniste *m,f*
Germanistik *f* ⟨~⟩ (études *f/pl* de) langue, (de)
littérature et (de) civilisation allemandes
Germknödel *m* *südd, österr. grosse boule de pâ-
te levée fourrée à la confiture de prune
gern(e) [ˈgɛrn(ə)] *adv* ⟨lieber, am liebsten⟩ **1.**
(*mit Vergnügen*) volontiers; *Antwort* **gern(e)!**
a avec plaisir!; **gern geschehen!** (il n'y a)
pas de quoi!; **etw gern(e) tun** aimer faire qc;
etw gern mögen, essen aimer qc; **gern gese-**
hen sein *Gast* être le bienvenu; → **gernhaben**
2. *Wunsch* **ich hätte gern(e) ...** je voudrais ...;
ich möchte gern ins Kino gehen j'aimerais
bien aller au cinéma **3.** (*ohne weiteres*) **das**
glaube ich gern(e) je le crois volontiers; **du**
kannst gern(e) dableiben! tu peux rester, si
tu veux!
Gernegroß F *m* ⟨~; ~e⟩ vantard *m*
gerngesehen *adjt* → **gern(e)** *1*
gernhaben *v/t* ⟨*irr*⟩ **1. etw gernhaben** aimer qc
2. j-n gernhaben aimer (bien) qn
gerochen [gəˈrɔxən] *p/p* → **riechen**
Geröll [gəˈrœl] *n* ⟨~s; ~e⟩ éboulis *m*
geronnen [gəˈrɔnən] *p/p* → **gerinnen, rinnen**
Gerontologie [gerɔntoloˈgiː] *f* ⟨~⟩ gérontolo-
gie *f*
Gerste [ˈgɛrstə] *f* ⟨~⟩ orge *f*
Gerstenkorn *n* MÉD orgelet *m*
Gerstensaft *m* *plais* bière *f*
Gerte [ˈgɛrtə] *f* ⟨~; ~n⟩ badine *f*
gertenschlank *adj* élancé; svelte
Geruch [gəˈrux] *m* ⟨~⊄s; ~e⟩ **1.** odeur *f* **2.** (*Ge-
ruchssinn*) odorat *m*
geruchlos *adj* sans odeur; inodore
Geruchsbelästigung *f* gêne causée par de
mauvaises odeurs; nuisances olfactives
Geruchsnerv *m* nerf olfactif
Geruchsorgan *n* organe olfactif
Geruchssinn *m* odorat *m*
Geruchsstoff *m* substance perçue par l'odorat
Gerücht [gəˈrʏçt] *n* ⟨~⊄s; ~e⟩ bruit *m*; ru-
meur(s) *f(pl)*; **ein Gerücht verbreiten, in**
die Welt setzen faire courir, répandre un
bruit; **es geht das Gerücht, dass ...** le bruit
court que ...
Gerüchteküche F *péj f* officine *f* de fausses
nouvelles
gerufen *p/p* → **rufen**
geruhen *st/s, iron v/i* ⟨*p/p* geruht⟩ **geruhen,**
etw zu tun daigner faire qc
gerührt *adjt* *seelisch* touché; ému
geruhsam *adj* tranquille; calme
Gerümpel [gəˈrʏmpəl] *n* ⟨~s⟩ *péj* bric-à-brac *m*;
vieilleries *f/pl*
Gerundium [geˈrundium] *n* ⟨~s; -ien⟩ gérondif
m
gerungen [gəˈrʊŋən] *p/p* → **ringen**
Gerüst [gəˈrʏst] *n* ⟨~⊄s; ~e⟩ **1.** CONSTR échafau-

dage *m* **2.** *fig e-s Aufsatzes* structure *f*; *e-s Romans* cadre *m*

Ges, ges [gɛs] *n* ⟨Ges, ges; Ges, ges⟩ MUS sol *m* bémol

gesalzen I *p/p* → *salzen* **II** *adjt* → *gepfeffert*

gesammelt *adjt innerlich* recueilli

Gesamtansicht [gə'zamt-] *f* vue d'ensemble, générale

Gesamtauflage *f* tirage (global)

Gesamtausgabe *f* (édition *f* des) œuvres complètes

Gesamtbetrag *m* (montant *m*) total *m*

Gesamtbevölkerung *f* (la) population dans son ensemble

gesamtdeutsch *adj* concernant toute l'Allemagne, *bes* HIST l'Allemagne de l'Est et de l'Ouest

gesamte [gə'zamtə] *adj* total; global; *der, die, das gesamte ...* tout le, toute la ...; l'ensemble de ...

Gesamteindruck *m* impression générale, d'ensemble

Gesamtergebnis *n* résultat global, total; SPORT classement général

Gesamtgewicht *n* poids total

Gesamtheit *f* ⟨∼⟩ totalité *f*; ensemble *m*; *... in ihrer Gesamtheit* ... dans leur ensemble

Gesamthochschule *f forme nouvelle d'université permettant aux étudiants une formation multidisciplinaire*

Gesamtkosten *pl* totalité *f* des frais

Gesamtkunstwerk *n* œuvre *f* d'art qui réunit plusieurs genres, pluriforme

Gesamtlänge *f* longueur totale

Gesamtnote *f* note globale

Gesamtschaden *m* totalité *f* des dommages

Gesamtschule *f établissement scolaire regroupant collège et lycée*

Gesamtsieger *m* vainqueur final

Gesamtsumme *f* somme totale

Gesamtumsatz *m* chiffre d'affaires global

Gesamtwerk *n e-s Künstlers* œuvre *m*

Gesamtwert *m* valeur totale, globale

Gesamtwertung *f* classement général

Gesamtzahl *f* nombre total; total *m*

Gesamtzusammenhang *m etw im Gesamtzusammenhang betrachten* voir qc dans son ensemble

gesandt [gə'zant] *p/p* → *senden*

Gesandte(r) *f(m)* ⟨→ A⟩ DIPL ministre *m* plénipotentiaire

Gesandtschaft *f* ⟨∼; ∼en⟩ légation *f*

Gesang [gə'zaŋ] *m* ⟨∼¢s; ∼e⟩ chant *m*

Gesangbuch *n* livre *m* de cantiques

Gesangverein *m* (société *f*) chorale *f*

Gesäß [gə'zɛːs] *n* ⟨∼es; ∼e⟩ derrière *m*; fesses *f/pl*

Gesäßfalte *f* sillon fessier; raie *f* des fesses

Gesäßtasche *f* poche *f* revolver

gesch. *abr* (*geschieden*) divorcé

geschaffen *p/p* → *schaffen*

geschafft *adjt* F *geschafft sein* F être crevé

Geschäft [gə'ʃɛft] *n* ⟨∼¢s; ∼e⟩ **1.** (*wirtschaftliche Tätigkeit*) affaire *f*; (*Handel*) marché *m*; *dunkle Geschäfte* affaires *f/pl* louches; *ein Geschäft abschließen* conclure une affaire, un marché; *mit j-m ein Geschäft, Geschäfte machen* faire une, des affaire(s) avec qn **2.**

(*Profit, Absatz*) bonnes affaires; *par ext* profit *m*; (*mit etw*) *ein gutes Geschäft machen* gagner beaucoup d'argent (avec qc) **3.** (*Laden*) magasin *m* **4.** *fig* (*Aufgabe*) tâche *f*; travail *m*; *sein Geschäft verstehen* connaître son métier **5.** F, *enf* (*Notdurft*) *kleines, großes Geschäft* petite, grosse commission; *sein Geschäft verrichten* faire ses besoins

Geschäftemacher *m* affairiste *m*

Geschäftemacherei *f* ⟨∼; ∼en⟩ affairisme *m*

geschäftig *adj* affairé; actif

Geschäftigkeit *f* ⟨∼⟩ affairement *m*; activité *f*

geschäftlich I *adj* **1.** d'affaires (*a Verabredung, Beziehungen*); *Erfolg etc* en affaires **2.** (*unpersönlich*) impersonnel **II** *adv* pour affaires; *geschäftlich unterwegs* en voyage d'affaires

Geschäftsabschluss *m* conclusion *f* d'une affaire

Geschäftsaufgabe *f* cessation *f* de commerce

Geschäftsbedingungen *f/pl allgemeine Geschäftsbedingungen* conditions (générales) de vente

Geschäftsbereich *m* ressort *m*; *Minister m ohne Geschäftsbereich* ministre *m* sans portefeuille

Geschäftsbericht *m* rapport *m* de gestion

Geschäftsbeziehungen *f/pl* relations commerciales

Geschäftsbrief *m* lettre *f* d'affaires

Geschäftseröffnung *f* ouverture *f* d'un commerce, d'un magasin

geschäftsfähig *adj* JUR ayant la capacité d'accomplir des actes juridiques

Geschäftsfrau *f* femme *f* d'affaires

Geschäftsfreund *m* relation *f* d'affaires; *mein Geschäftsfreund bei VW* mon correspondant chez Volkswagen

geschäftsführend *adjt* qui gère les affaires; *Direktor* général

Geschäftsführer(in) *m(f)* gérant(e) *m(f)*

Geschäftsführung *f* **1.** gestion *f* (d'affaires) **2.** *Personen* direction *f*

Geschäftsgebaren *n* comportement *m* en affaires

Geschäftshaus *n* maison *f* de commerce; immeuble *m* de bureaux

Geschäftsinhaber(in) *m(f)* propriétaire *m,f* d'un magasin, d'une entreprise

Geschäftsjahr *n* exercice *m*

Geschäftskosten *pl auf Geschäftskosten* aux frais de la maison, de l'entreprise

Geschäftslage *f* **1.** situation des affaires, commerciale **2.** *Gegend das ist e-e sehr gute Geschäftslage* ce magasin est très bien situé

Geschäftsleben *n* ⟨∼s⟩ (vie *f* des) affaires *f/pl*; *sich aus dem Geschäftsleben zurückziehen* se retirer des affaires

Geschäftsleitung *f* → *Geschäftsführung*

Geschäftsmann *m* ⟨∼¢s; -leute⟩ homme *m* d'affaires

Geschäftsordnung *f* règlement intérieur

Geschäftspartner(in) *m(f)* partenaire *m,f* en affaires; (*Teilhaber[in]*) associé(e) *m(f)*

Geschäftsräume *m/pl* local *m* à usage commercial

Geschäftsreise *f* voyage *m* d'affaires

geschäftsschädigend *adjt* qui constitue un préjudice (commercial)

G

Geschäftsschädigung *f* préjudice (commercial)

Geschäftsschluss *m* fermeture *f* des magasins, des bureaux

Geschäftssinn *m* sens *m* des affaires

Geschäftssitz *m* siège social

Geschäftsstelle *f* (*Büro*) agence *f*; *e-s Gerichts* greffe *m*

Geschäftsstraße *f* rue commerçante

Geschäftsträger *m* DIPL chargé *m* d'affaires

geschäftstüchtig *adj* (bon) commerçant; habile, doué en affaires

Geschäftstüchtigkeit *f* habileté *f*, talent *m* en affaires

Geschäftsübernahme *f* reprise *f* d'un commerce, d'une affaire

geschäftsunfähig *adj* JUR qui n'a pas la capacité d'accomplir des actes juridiques

Geschäftsverbindung *f* relation commerciale

Geschäftsverkehr *m* mouvement *m* des affaires; relations *f/pl* d'affaires

Geschäftsviertel *n* quartier *m* des affaires

Geschäftszeit *f* heures *f/pl* d'ouverture

Geschäftszweig *m* secteur commercial

geschah [gə'ʃaː] → *geschehen*

geschehen [gə'ʃeːən] *v/i* ⟨geschieht, geschah, geschehen, sn⟩ se passer; arriver; se produire; *als wäre nichts geschehen* comme si de rien n'était; *was auch geschehen mag* quoi qu'il arrive; *was soll damit geschehen?* que faut-il en faire?; *es muss etwas geschehen* il faut faire quelque chose; *es geschieht dir nichts* on ne te fera pas de mal; *das geschieht ihm (ganz) recht* c'est bien fait pour lui; *es ist um ihn geschehen* c'en est fait de lui

Geschehen *st/s n* ⟨~s⟩ événements *m/pl*

gescheit [gə'ʃaɪt] *adj* (*klug*) intelligent; (*vernünftig*) raisonnable; sensé; *ich kann daraus nicht gescheit werden* je n'y comprends rien

Geschenk [gə'ʃɛŋk] *n* ⟨~¢s; ~e⟩ cadeau *m*; *j-m ein Geschenk machen* faire un cadeau à qn

Geschenkartikel *m/pl* cadeaux *m/pl*

Geschenkband *n* ⟨~¢s; ⁀er⟩ ruban *m* (pour paquet-cadeau)

Geschenkgutschein *m* chèque-cadeau *m*

Geschenkpackung *f* paquet-cadeau *m*

Geschenkpapier *n* papier-cadeau *m*

Geschichte [gə'ʃɪçtə] *f* ⟨~; ~n⟩ **1.** (*Entwicklung*), *Fach* histoire *f*; *Geschichte machen, in die Geschichte eingehen* entrer dans l'histoire **2.** (*Erzählung*) histoire *f*; (*Märchen*) conte *m* **3.** F *fig* (*Angelegenheit*) histoire *f*; affaire *f*; *iron das ist ja e-e schöne Geschichte!* c'est une sale affaire!; nous voilà dans de beaux draps!; *iron schöne Geschichten machen* en faire de belles

geschichtlich **I** *adj* historique **II** *adv* sur le plan historique; *erklären etc* historiquement

Geschichtsbewusstsein *n* prise *f* de conscience historique

Geschichtsbild *n* **1.** représentation *f* (que l'on a, se fait) de l'histoire **2.** KUNST tableau *m*, peinture *f* historique

Geschichtsbuch *n* livre *m* d'histoire

Geschichtsforschung *f* recherches *f/pl* historiques

Geschichtslehrer(in) *m(f)* professeur *m* d'histoire

Geschichtsschreibung *f* historiographie *f*

Geschichtsstudium *n* études *f/pl* d'histoire

Geschichtsstunde *f* cours *m* d'histoire

Geschichtsunterricht *m* enseignement *m* de l'histoire

Geschick [gə'ʃɪk] *n* ⟨~¢s⟩ (*Geschicklichkeit*) habileté *f*

Geschicke *st/s n/pl* (*Entwicklung*) destin *m*

Geschicklichkeit *f* ⟨~⟩ habileté *f*; adresse *f*; (*Fingerfertigkeit*) dextérité *f*

Geschicklichkeitsprüfung *f* épreuve *f* d'habileté

Geschicklichkeitsspiel *n* jeu *m* d'adresse

geschickt *adj* (*gewandt*) habile, adroit (*im Nähen etc* en couture, *etc*)

geschieden [gə'ʃiːdən] **I** *p/p* → *scheiden* **II** *adjt Eheleute* divorcé; *ihr geschiedener Mann* son ex-mari; *s-e geschiedene Frau* son ex-femme

Geschiedene(r) *f(m)* ⟨→ A⟩ divorcé(e) *m(f)*

geschieht [gə'ʃiːt] → *geschehen*

geschienen *p/p* → *scheinen*

Geschirr [gə'ʃɪr] *n* ⟨~¢s; ~e⟩ **1.** (*Tafelgeschirr*) vaisselle *f*; (*das*) *Geschirr spülen* faire, laver la vaisselle **2.** *von Zugtieren* 'harnais *m*

Geschirrschrank *m* buffet *m*

Geschirrspüler *m* ⟨~s; ~⟩, **Geschirrspülmaschine** *f* lave-vaisselle *m*

Geschirrspülmittel *n* produit *m* vaisselle

Geschirrtuch *n* ⟨~¢s; ⁀er⟩ torchon *m*

geschissen [gə'ʃɪsən] *p/p* → *scheißen*

geschlafen *p/p* → *schlafen*

geschlagen **I** *p/p* → *schlagen* **II** *adjt e-e geschlagene Stunde* une heure entière

geschlaucht *adjt* F *geschlaucht sein* F être crevé

Geschlecht [gə'ʃlɛçt] *n* ⟨~¢s; ⁀er⟩ **1.** BIOL sexe *m*; *plais das schwache, starke Geschlecht* le sexe faible, fort **2.** GR genre *m* **3.** (*Familie*) famille *f*; (*Herrschergeschlecht*) dynastie *f* **4.** (*Geschlechtsteil*) sexe *m*

Geschlechterrolle *f* rôle sexuel

geschlechtlich **I** *adj* sexuel **II** *adv mit j-m geschlechtlich verkehren* avoir des rapports sexuels avec qn

Geschlechtsakt *m* acte sexuel

geschlechtskrank *adj* atteint d'une maladie sexuellement transmissible, d'une maladie vénérienne

Geschlechtskrankheit *f* maladie *f* sexuellement transmissible; MST *f*; maladie vénérienne

Geschlechtsleben *n* vie sexuelle

geschlechtslos *adj* BIOL, *fig* asexué

Geschlechtsmerkmal *n* (*primäres, sekundäres*) *Geschlechtsmerkmal* caractère sexuel (primaire, secondaire)

Geschlechtsorgane *n/pl bei der Frau* organes *m/pl* génitaux; *beim Mann* parties génitales

geschlechtsreif *adj* ayant atteint la maturité sexuelle

Geschlechtsreife *f* maturité sexuelle

geschlechtsspezifisch *adj* propre à un sexe

Geschlechtsteil *n* sexe *m*

Geschlechtstrieb *m* instinct sexuel

Geschlechtsumwandlung *f* changement *m* de sexe

Geschlechtsverkehr *m* rapports sexuels; rela-

Geschichte – l'histoire

ein historisches Ereignis	**un événement historique**	der Dritte Stand (*Volk*)	**le Tiers-État**
sich ereignen	**avoir lieu**	Erstürmung der Bastille	**la prise de la Bastille**
Der Zweite Weltkrieg hat von 1939 – 1945 stattgefunden.	**La Seconde Guerre mondiale a eu lieu de 1939 à 1945.**	Hinrichtung	**l'exécution** *f*
von ... bis ... dauern	**durer de... à...**	Menschenrechte	**les droits** *m/pl* **de l'homme**
Kreuzzüge	**les Croisades** *f/pl*	Gewaltenteilung	**la séparation des pouvoirs**
Zeit des Absolutismus in Frankreich vor der Revolution	**l'Ancien Régime**	der Deutsch-Französische Krieg 1870 – 1871	**la guerre franco-allemande**
absolute Monarchie	**la monarchie absolue**	der Erste Weltkrieg	**la Première Guerre mondiale**
der König / die Königin	**le roi / la reine**	einmarschieren in ...	**envahir ...**
regieren	**régner**	besetzen	**occuper**
absoluter Herrscher	**le souverain absolu**	Aggressor	**l'envahisseur** *m*
Herrschaft	**le règne**	verwüsten	**dévaster**
Adel	**la noblesse**	besiegen	**vaincre**
Klerus	**le clergé**	Niederlage	**la défaite**
Bürgertum	**la bourgeoisie**	Zusammenbruch	**la débâcle**
Kaiserreich	**l'empire** *m*	Verhandlungen	**les négociations**
Kaiser	**l'empereur** *m*	Waffenstillstand	**l'armistice** *m*
Freiheit, Gleichheit, Brüderlichkeit (*Wahlspruch Frankreichs*)	**Liberté, Égalité, Fraternité**	der Versailler Vertrag	**le traité de Versailles**
		Sieger	**le vainqueur**
		Besiegter	**le vaincu**

G

tions sexuelles

Geschlechtswort *n* ⟨~~⟩s; ~er⟩ article *m*
geschlichen [gə'ʃlɪçən] *p/p* → **schleichen**
geschliffen [gə'ʃlɪfən] **I** *p/p* → **schleifen¹** **II** *adjt Stil etc* poli; *Manieren, Sprache* raffiné
geschlossen [gə'ʃlɔsən] **I** *p/p* → **schließen** **II** *adjt* fermé (*a Abteilung, Vokal*); *Reihe, Front* serré **III** *advt* (*alle[s] zusammen*) en bloc; (*einstimmig*) à l'unanimité; **geschlossen hinter j-m stehen** faire bloc derrière qn
geschlungen [gə'ʃlʊŋən] *p/p* → **schlingen**
Geschmack [gə'ʃmak] *m* ⟨~~s; ~e ou F *plais* ~er⟩ goût *m* (*a Geschmackssinn, fig*); **nach meinem Geschmack** à *od* de mon goût; **das ist nicht mein Geschmack** ça ne me plaît pas; (**e-n guten**) **Geschmack haben** *Person* avoir du goût; *Essen* avoir bon goût; **an etw** (*dat*) **Geschmack finden** prendre goût à qc; **auf den Geschmack kommen** y prendre goût; F *plais* (**die**) **Geschmäcker sind verschieden** chacun son goût; **über Geschmack lässt sich nicht streiten** des goûts et des couleurs on ne discute pas

geschmacklich I *adj* de goût **II** *adv* quant au goût
geschmacklos *adj* **1.** CUIS sans goût; insipide **2.** *fig Person* qui manque de goût; *Dinge, Handlung* de mauvais goût; **es wäre geschmacklos zu** (+ *inf*) ce serait un manque de goût de (+ *inf*)
Geschmacklosigkeit *f* ⟨~; ~en⟩ **1.** (*Taktlosigkeit*) mauvais goût **2.** *Bemerkung* remarque *f* de mauvais goût
Geschmacksfrage *f* affaire *f* de goût
geschmacksneutral *adj* sans goût défini
Geschmacksrichtung *f* **1.** *von Eis etc* parfum *m* **2.** (*Vorliebe*) goût *m*
Geschmack(s)sache *f* **das ist Geschmack(s)sache** c'est une affaire, une question de goût
Geschmackssinn *m* (*sens m du*) goût *m*
Geschmacksstoff *m* agent *m* de sapidité
Geschmacksverirrung *f* faute *f* de goût
Geschmacksverstärker *m* exhausteur *m* (de goût)
geschmackvoll I *adj* de bon goût **II** *adv* avec goût

Geschmeide [gəˈʃmaɪdə] *st/s n* ⟨~s; ~⟩ bijoux *m/pl*; parure *f*
geschmeidig *adj* souple
Geschmeidigkeit *f* ⟨~⟩ souplesse *f*
Geschmiere F *n* ⟨~s⟩ *geschriebenes* gribouillage *m*; *gemaltes* barbouillage *m*
geschmissen [gəˈʃmɪsən] *p/p* → **schmeißen**
geschmolzen [gəˈʃmɔltsən] *p/p* → **schmelzen**
Geschnatter *n* ⟨~s⟩ **1.** *e-r Ente* nasillement(s) *m(pl)*; *e-r Gans* cris *m/pl* **2.** F *péj* caquetage *m*; jacasseries *f/pl*
Geschnetzelte(s) *n* ⟨→ A⟩ CUIS émincé *m*
geschnitten [gəˈʃnɪtən] *p/p* → **schneiden**
geschoben [gəˈʃoːbən] *p/p* → **schieben**
gescholten [gəˈʃɔltən] *p/p* → **schelten**
Geschöpf [gəˈʃœpf] *n* ⟨~ɛs; ~e⟩ créature *f*
geschoren [gəˈʃoːrən] *p/p* → **scheren**[1]
Geschoss[1] [gəˈʃɔs] *n* ⟨~es; ~e⟩, *österr* **Geschoß**[1] [gəˈʃoːs] *n* ⟨~es; ~e⟩ MIL, *fig* projectile *m*
Geschoss[2] *n* ⟨~es; ~e⟩, *österr* **Geschoß**[2] *n* ⟨~es; ~e⟩ CONSTR étage *m*
geschossen [gəˈʃɔsən] *p/p* → **schießen**
geschraubt *adj Stil* maniéré; *Sprache* affecté
Geschrei *n* ⟨~s⟩ cris *m/pl*; *e-r Menge* clameurs *f/pl*; **mit lautem Geschrei** à grands cris; **ein großes Geschrei erheben** pousser les 'hauts cris
geschrieben [gəˈʃriːbən] *p/p* → **schreiben**
geschrie(e)n [gəˈʃriː(ə)n] *p/p* → **schreien**
geschritten [gəˈʃrɪtən] *p/p* → **schreiten**
geschunden [gəˈʃundən] *p/p* → **schinden**
Geschütz [gəˈʃyts] *n* ⟨~es; ~e⟩ pièce *f* d'artillerie; *fig* **schweres Geschütz auffahren** employer les grands moyens
Geschützfeuer *n* feu *m* d'artillerie; canonnade *f*
Geschwader [gəˈʃvaːdər] *n* ⟨~s; ~⟩ MAR, AVIAT escadre *f*
Geschwafel F *n* ⟨~s⟩ radotage *m*
Geschwätz F *péj n* ⟨~es⟩ bavardage *m*; *leeres* verbiage *m*; *endloses* radotage *m*
geschwätzig *adj péj* bavard
Geschwätzigkeit *f* ⟨~⟩ *péj* volubilité *f*
geschweige *conj* **geschweige (denn)** et encore moins
geschwiegen [gəˈʃviːgən] *p/p* → **schweigen**
geschwind [gəˈʃvɪnt] *adv bes südd* rapidement; pour quelques instants
Geschwindigkeit *f* ⟨~; ~en⟩ vitesse *f*; allure *f*; **mit großer** *od* **hoher Geschwindigkeit** à grande vitesse; à vive allure
Geschwindigkeitsbegrenzung *f*, **Geschwindigkeitsbeschränkung** *f* limitation *f* de vitesse
Geschwindigkeitskontrolle *f* contrôle *m* de vitesse
Geschwindigkeitsrausch *m* griserie *f* de la vitesse
Geschwindigkeitsrekord *m* record *m* de vitesse
Geschwindigkeitsüberschreitung *f* excès *m* de vitesse
Geschwister [gəˈʃvɪstər] *n/pl* frère(s) *m(pl)* et sœur(s) *f(pl)*
geschwisterlich *adj* fraternel
Geschwisterpaar *n* frère *m* et sœur *f*
geschwollen [gəˈʃvɔlən] **I** *p/p* → **schwellen II**

adjt **1.** MÉD enflé **2.** *fig péj* ampoulé; grandiloquent **III** *advt fig péj* avec grandiloquence
geschwommen [gəˈʃvɔmən] *p/p* → **schwimmen**
geschworen [gəˈʃvoːrən] *p/p* → **schwören**
Geschworene(r) *f(m)* ⟨→ A⟩ juré *m*
Geschworenenbank *f* ⟨~; -bänke⟩ banc *m* des jurés
Geschworenengericht *n* → **Schwurgericht**
Geschwulst [gəˈʃvulst] *f* ⟨~; ~e⟩ tumeur *f*
geschwunden [gəˈʃvundən] *p/p* → **schwinden**
geschwungen [gəˈʃvuŋən] **I** *p/p* → **schwingen II** *adjt* courbe (*a Linie*)
Geschwür [gəˈʃvyːr] *n* ⟨~s; ~e⟩ ulcère *m*
gesehen *p/p* → **sehen**
Geselchte(s) *n* ⟨→ A⟩ *südd, österr* viande fumée
Geselle [gəˈzɛlə] *m* ⟨~n; ~n⟩ **1.** (*Handwerksgeselle*) ouvrier qualifié **2.** (*Kerl*) gaillard *m*
gesellen *v/r* ⟨*p/p* gesellt⟩ **sich zu j-m gesellen** se joindre à qn
Gesellenbrief *m* certificat *m* d'aptitude professionnelle; CAP *m*
Gesellenprüfung *f* (examen *m* du) CAP *m*
Gesellenstück *n* ouvrage *m* à exécuter pour l'obtention d'un CAP
gesellig I *adj Person* sociable; *Beisammensein* convivial **II** *adv* **gesellig zusammensitzen** passer une soirée conviviale
Geselligkeit *f* ⟨~⟩ sociabilité *f*; **die Geselligkeit lieben** aimer la compagnie
Gesellschaft [gəˈzɛlʃaft] *f* ⟨~; ~en⟩ **1.** POL, HIST société *f*; **die vornehme Gesellschaft** la haute société **2.** (*Vereinigung*) association *f*; *bes* COMM société *f* **3.** (*geladener Kreis*) réunion *f*; (*Abendgesellschaft*) soirée *f*; **geschlossene Gesellschaft** réunion privée **4.** (*Beisammensein*) compagnie *f*; **j-m Gesellschaft leisten** tenir compagnie à qn; **sich in schlechter, guter Gesellschaft befinden** se trouver en mauvaise, bonne compagnie
Gesellschafter *m* ⟨~s; ~⟩ **1.** COMM associé *m*; **stiller Gesellschafter** commanditaire *m* **2.** **ein glänzender Gesellschafter sein** être brillant en société
gesellschaftlich *adj* social; *Leben, Beziehungen, Verpflichtungen* mondain
Gesellschaftsform *f* POL, JUR forme *f* de société
Gesellschaftskritik *f* ⟨~⟩ critique *f* de la société
Gesellschaftskritiker(in) *m(f)* observateur, -trice *m,f* critique de la société
gesellschaftskritisch *adj* qui critique la société
Gesellschaftslehre *f* **1.** SCHULE instruction *f* civique **2.** (*Soziologie*) sociologie *f*
Gesellschaftsordnung *f* ordre social
Gesellschaftsreise *f* voyage collectif
Gesellschaftsschicht *f* couche sociale
Gesellschaftsspiel *n* jeu *m* de société
Gesellschaftssystem *n* système social
Gesellschaftstanz *m* danse *f* de salon
Gesellschaftswissenschaft *f* sociologie *f*; **die Gesellschaftswissenschaften** les sciences sociales
gesessen [gəˈzɛsən] *p/p* → **sitzen**
Gesetz [gəˈzɛts] *n* ⟨~es; ~e⟩ loi *f*; *fig* **es ist ein ungeschriebenes Gesetz, dass ...** il est tacitement admis que ...; **nach dem Gesetz**

Gesellschaft – la société   **WF**

Jugendliche	**les jeunes** *m/pl*	Lebensstandard	**le niveau de vie**
Alte	**les personnes** *f/pl* **âgées**	illegale Einwanderer	**les sans-papiers** *m/pl*
Senioren	**le troisième âge**	Benachteiligte	**les déshérités** *m/pl*
Jugend	**la jeunesse**	verarmt	**appauvri**
Alter	**la vieillesse**	Außenseiter(in)	**un(e) marginal(e)** *m(f)*
der / die Obdachlose	**le / la sans-abri,** **le / la SDF (sans** **domicile fixe)**	Ausgrenzung	**l'exclusion** *f*
		ausgrenzen	**exclure**
Arbeitsloser	**le chômeur**	sich in einer heiklen Lage befinden	**se trouver dans** **une situation pré-** **caire**
Arbeiterklasse	**la classe ouvrière**		
Bürgertum	**la bourgeoisie**	Sozialhilfe	**l'aide sociale**
Mittelschicht	**les classes moyennes**	j-n entmutigen	**décourager qn**
wohlhabendes Milieu	**le milieu aisé**	Probleme haben	**avoir des problèmes**
Lebensbedingungen	**les conditions** *f/pl* **de vie**	soziale Kluft	**la fracture sociale**

G

d'après la loi; *ein Gesetz verabschieden* voter une loi
Gesetzbuch *n* Code *m*; *Bürgerliches Gesetzbuch* Code civil
Gesetzentwurf *m* projet *m* de loi
Gesetzesänderung *f* amendement législatif
Gesetzeshüter *m* oft iron pandore *m*
Gesetzesinitiative *f* initiative législative, des lois
Gesetzeskraft *f* ⟨∿⟩ force *f* de loi; *Gesetzeskraft erhalten* acquérir force de loi
Gesetzeslücke *f* lacune *f* dans (le texte d')une loi
Gesetzesnovelle *f* loi additionnelle
Gesetzessammlung *f* recueil *m* de lois
Gesetzestext *m* texte de loi, législatif
Gesetzesvorlage *f* proposition *f*, projet *m* de loi
gesetzgebend *adj* législatif
Gesetzgeber *m* ⟨∿s; ∿⟩ législateur *m*
Gesetzgebung *f* ⟨∿⟩ législation *f*
gesetzlich I *adj* légal; *Erbe* légitime **II** *adv* légalement; par la loi; *gesetzlich geschützt* protégé par la loi
gesetzlos *adj* sans loi; déréglé
Gesetzlosigkeit *f* ⟨∿⟩ absence *f* de lois
gesetzmäßig *adj* **1.** JUR légal; (*rechtmäßig*) légitime **2.** (*regelmäßig*) régulier
gesetzt *adj* (*besonnen*) posé; *Alter* mûr
gesetzwidrig *adj* illégal
Gesetzwidrigkeit *f* ⟨∿; ∿en⟩ **1.** illégalité *f* **2.** (*Rechtsbruch*) action illégale
gesichert *adj* protégé; assuré; *e-e gesicherte Existenz* une existence assurée
Gesicht [ɡəˈzɪçt] *n* ⟨∿⟨s; ∿er⟩ **1.** ANAT figure *f*; visage *m*; *mitten ins Gesicht* en pleine figure; *ein trauriges Gesicht machen* avoir l'air triste; *er machte ein langes Gesicht* son visage

s'allongea; *Gesichter schneiden* faire des grimaces; F *er strahlt übers ganze Gesicht* son visage rayonne; *fig sein wahres Gesicht zeigen* montrer son vrai visage; *j-m etw* (*glatt*) *ins Gesicht sagen* dire qc à qn en face; *etw zu Gesicht bekommen* voir qc; *fig das Gesicht verlieren, wahren* perdre, sauver la face **2.** *e-r Stadt, e-s Landes* aspect *m*; physionomie *f*
Gesichtsausdruck *m* ⟨∿⟨s; -drücke⟩ air *m*; mine *f*
Gesichtscreme *f* crème *f* pour le visage
Gesichtsfarbe *f* teint *m* (du visage)
Gesichtsfeld *n* champ visuel
Gesichtshälfte *f* côté *m* (du visage)
Gesichtskontrolle F *plais* f sélection *f* à l'entrée
Gesichtskreis *m* horizon *m* (*a fig*)
gesichtslos *adj* sans personnalité
Gesichtsmaske *f* masque *m*
Gesichtspartie *f* partie *f* du visage
Gesichtspflege *f* soins *m/pl* du visage
Gesichtspunkt *m* point *m* de vue; angle *m*; aspect *m*; *unter diesem Gesichtspunkt* sous, de ce point de vue
Gesichtsverlust *m* *ohne Gesichtsverlust* sans perdre la face
Gesichtswasser *n* lotion *f* pour le visage
Gesichtswinkel *m* angle visuel
Gesichtszüge *m/pl* traits *m/pl* (du visage)
Gesindel [ɡəˈzɪndəl] *n* ⟨∿s⟩ racaille *f*
gesinnt *adj* *feindlich gesinnt* hostile; *demokratisch gesinnt* démocrate; → *gutgesinnt*
Gesinnung *f* ⟨∿; ∿en⟩ convictions *f/pl*; opinions *f/pl*; *niedrige Gesinnung* bassesse *f*
Gesinnungsgenosse *m* personne *f* qui partage les mêmes idées (politiques); *péj* acolyte *m*
gesinnungslos *adj* sans caractère
Gesinnungswandel *m* volte-face *f*

gesittet *adj* bien élevé; civilisé
Gesöff [gə'zœf] F *n* ⟨~¢s; ~e⟩ bibine *f*
gesoffen [gə'zɔfən] *p/p* → **saufen**
gesogen [gə'zo:gən] *p/p* → **saugen**
gesondert I *adjt* séparé **II** *advt* à part; séparément
gesonnen [gə'zɔnən] *p/p* → **sinnen**
gesotten [gə'zɔtən] *p/p* → **sieden**
Gespann [gə'ʃpan] *n* ⟨~¢s; ~e⟩ **1.** attelage *m* **2.** *fig* couple *m*; tandem *m*
gespannt I *adjt* **1.** *Atmosphäre, Verhältnis, Beziehungen, Lage* tendu **2. gespannt sein** être curieux, impatient (*auf* [+ *acc*] de savoir, connaître ...); **ich bin gespannt, ob ...** je suis curieux de savoir si ... **II** *advt zuhören* avec une attention soutenue; *verfolgen* avec grand intérêt
Gespenst [gə'ʃpɛnst] *n* ⟨~¢s; ~er⟩ **1.** (*Geist*) fantôme *m*; *fig* **Gespenster sehen** se faire des idées **2.** *st/s fig* spectre *m*
Gespensterstunde *f* heure *f* des revenants
gespenstisch *adj* (*geisterhaft*) fantomatique; (*beunruhigend*) inquiétant; (*unheimlich*) sinistre
gesperrt I *adjt* **1.** barré; interdit; **gesperrt für LKW** interdit aux poids lourds **2.** TYPO espacé **II** *advt* TYPO **etw gesperrt drucken** espacer qc
gespie(e)n [gə'ʃpiː(ə)n] *p/p* → **speien**
gesponnen [gə'ʃpɔnən] *p/p* → **spinnen**
Gespött [gə'ʃpœt] *n* ⟨~¢s⟩ risée *f*; **j-n zum Gespött machen** tourner qn en dérision; **sich zum Gespött machen** se rendre ridicule
Gespräch [gə'ʃprɛːç] *n* ⟨~¢s; ~e⟩ **1.** (*Unterhaltung*) conversation *f*; entretien *m*; **mit j-m ein Gespräch** (*über etw, j-n*) **führen** avoir une conversation, un entretien avec qn (à propos de qc, qn); **mit j-m im Gespräch sein** être en pourparlers avec qn; **das Gespräch auf etw** (*acc*) **bringen** amener la conversation sur qc **2.** TÉL communication *f* (téléphonique); **ein Gespräch für Sie!** un appel pour vous!
gesprächig *adj* bavard; loquace
Gesprächigkeit *f* ⟨~⟩ loquacité *f*
gesprächsbereit *adj* prêt à discuter
Gesprächsbereitschaft *f* ⟨~⟩ bonne volonté (à discuter de qc)
Gesprächsdauer *f* TÉL durée *f* d'une communication
Gesprächsfetzen *m* fragment *m* (d'une conversation); *pl* bribes *f/pl* de conversation
Gesprächsgegenstand *m* sujet *m*, thème *m* de conversation
Gesprächskreis *m* groupe *m* (de discussion)
Gesprächsleiter(in) *m(f)* responsable *m,f* dans un groupe de discussion
Gesprächspartner(in) *m(f)* interlocuteur, -trice *m,f*; TÉL correspondant(e) *m(f)*
Gesprächspause *f* interruption *f*, pause *f* (dans une discussion)
Gesprächsrunde *f* table ronde
Gesprächsstoff *m* sujet(s) *m(pl)* de conversation
Gesprächsteilnehmer(in) *m(f)* participant(e) *m(f)*
Gesprächsthema *n* sujet *m* de conversation
Gesprächstherapie *f* psychothérapie *f* par entretien
gesprächsweise *adv* (tout) en conversant; *etw*

gesprächsweise erwähnen mentionner qc au cours d'une conversation
gespreizt *adjt fig péj* affecté
gesprochen [gə'ʃprɔxən] *p/p* → **sprechen**
gesprossen [gə'ʃprɔsən] *p/p* → **sprießen**
gesprungen [gə'ʃpruŋən] *p/p* → **springen**
Gespür *n* ⟨~s⟩ flair *m*; instinct *m* (**für** de)
gest. *abr* (*gestorben*) décédé
Gestagen [gɛsta'ge:n] *n* ⟨~s; ~e⟩ hormone *f* gestagène
Gestalt [gə'ʃtalt] *f* ⟨~; ~en⟩ **1.** (*äußere Erscheinung*) forme *f*; **in** (*der*) **Gestalt von** sous la forme de; (*feste*) **Gestalt annehmen** prendre forme, corps **2.** (*Person*) personnage *m* **3.** (*Körperbau*) taille *f*; stature *f*
gestalten ⟨-e-, *p/p* gestaltet⟩ **I** *v/t Leben, Freizeit* organiser; (*anordnen*) arranger; (*e-e Form geben*) donner une forme à; *Produkt a* dessiner; *schöpferisch* créer; réaliser; (*formen*) former **II** *v/r* **sich gestalten** (*sich darbieten*) se présenter
gestalterisch *adj* créateur
Gestaltung *f* ⟨~; ~en⟩ *des Lebens, der Freizeit, e-s Abends* organisation *f*; *e-s Raumes* décoration *f*; (*Konzeption*) conception *f*; *schöpferische* réalisation *f*
Gestammel *n* ⟨~s⟩ balbutiement *m*
gestand [gə'ʃtant] → **gestehen**
gestanden [gə'ʃtandən] **I** *p/p* → **stehen**, **gestehen II** *adjt* (*routiniert*) chevronné; **ein gestandener Mann** un homme fait
geständig [gə'ʃtɛndɪç] *adj* **geständig sein** avouer; faire des aveux
Geständnis [gə'ʃtɛntnɪs] *n* ⟨~ses; ~se⟩ aveu *m*; JUR aveux *m/pl*; **ein Geständnis ablegen** faire des aveux
Gestank [gə'ʃtaŋk] *m* ⟨~¢s⟩ puanteur *f*
gestatten [gə'ʃtatən] *v/t* ⟨-e-, *p/p* gestattet⟩ permettre (*dass* que + *subj*); **gestatten Sie e-e Frage?** vous permettez que je vous pose une question?
Geste ['ge:stə] *f* ⟨~; ~n⟩ geste *m*
Gesteck [gə'ʃtɛk] *n* ⟨~¢s; ~e⟩ composition florale
gestehen *v/t u v/i* ⟨*irr, p/p* gestanden⟩ avouer; **offen gestanden, ...** (à parler) franchement ...
Gestein *n* ⟨~¢s; ~e⟩ roche *f*
Gesteinsbrocken *m* rocher *m*
Gesteinsschicht *f* couche rocheuse
Gestell [gə'ʃtɛl] *n* ⟨~¢s; ~e⟩ **1.** TECH bâti *m*; carcasse *f* **2.** (*Brillengestell*) monture *f* **3.** (*Regal*) étagère *f*; (*Wäschegestell*) étendoir *m*; (*Bock*) chevalet *m*
gestelzt *adjt fig Stil* maniéré; *Sprache* affecté
gestern ['gɛstərn] *adv* hier; **gestern Abend** hier soir; **gestern vor e-r Woche** il y a eu huit jours hier; F *fig* **ich bin nicht von gestern** F je ne suis pas né d'hier
gestiefelt *adj* botté; **der Gestiefelte Kater** le Chat botté
gestiegen [gə'ʃtiːgən] *p/p* → **steigen**
Gestik ['ge:stɪk] *f* ⟨~⟩ gestes *m/pl*
gestikulieren [gɛstiku'liːrən] *v/i* ⟨*sans ge*⟩ gesticuler
Gestirn [gə'ʃtɪrn] *n* ⟨~¢s; ~e⟩ astre *m*
gestoben [gə'ʃtoːbən] *p/p* → **stieben**
gestochen [gə'ʃtɔxən] **I** *p/p* → **stechen II** *adjt*

Handschrift très net **III** *advt* **gestochen scharf** très net

gestohlen [gəˈʃtoːlən] *p/p* → **stehlen**

gestorben [gəˈʃtɔrbən] *p/p* → **sterben**

gestört *adjt fig* **ein gestörtes Verhältnis zu etw haben** être brouillé avec qc; **geistig gestört** dérangé

gestoßen [gəˈʃtoːsən] *p/p* → **stoßen**

Gestotter F *n* ⟨~s⟩ bégaiement *m*

Gesträuch [gəˈʃtrɔyç] *n* ⟨~¢s; ~e⟩ buissons *m/pl*

gestreift *adj* rayé

gestrichen [gəˈʃtriçən] **I** *p/p* → **streichen II** *adjt Löffel* ras

gestrig [ˈɡɛstriç] *adj* d'hier; **am gestrigen Tage** hier

gestritten [gəˈʃtritən] *p/p* → **streiten**

Gestrüpp [gəˈʃtryp] *n* ⟨~¢s; ~e⟩ **1.** broussailles *f/pl* **2.** *fig* maquis *m*

Gestühl [gəˈʃtyːl] *n* ⟨~¢s; ~e⟩ bancs *m/pl bzw* chaises *f/pl*; (*Chorgestühl*) stalles *f/pl*

gestunken [gəˈʃtuŋkən] *p/p* → **stinken**

Gestüt [gəˈʃtyːt] *n* ⟨~¢s; ~e⟩ 'haras *m*

Gesuch [gəˈzuːx] *n* ⟨~¢s; ~e⟩ demande *f*; requête *f*

gesucht *adjt* (*geziert, gefragt*) recherché

Gesumm *n* ⟨~¢s⟩ *von Bienen* bourdonnement *m*; (*Singen*) fredonnement *m*

gesund [gəˈzunt] *adj* ⟨̈er, ̈este⟩ **1.** *Person* en bonne santé; *Organ, Klima, Kost, fig Wirtschaft* sain; *Klima* a salubre; *Herz* solide; *Schlaf, Appetit* bon; **wieder gesund werden** guérir; se rétablir; **gesund und munter sein** être plein de santé; **bleib gesund!** fais bien attention à toi!; **Salat ist sehr gesund** la salade, c'est bon pour la santé; → **gesundschreiben 2.** (*vernünftig*) sain

gesunden *v/i* ⟨-e-, *p/p* gesundet, sn⟩ guérir; *fig Wirtschaft* se redresser

Gesundheit *f* ⟨~⟩ santé *f*; *des Klimas* salubrité *f*; **Gesundheit!** *beim Niesen* à vos ̈~ tes souhaits!; **bei bester Gesundheit sein** être en parfaite santé; **auf j-s Gesundheit** (*acc*) **trinken** boire à la santé de qn

gesundheitlich I *adj* de santé **II** *adv* **wie geht es gesundheitlich?** comment va la santé?

Gesundheitsamt *n* service *m* de l'hygiène publique

Gesundheitsapostel *m plais* F fana *m* de la santé

Gesundheitsattest *n* certificat *m* (sur l'état) de santé

gesundheitsbewusst I *adj* soucieux de sa, *etc* santé **II** *adv leben* sainement

gesundheitsfördernd *adjt* salubre

Gesundheitspflege *f* (soins *m/pl* d')hygiène *f*

Gesundheitspolitik *f* politique *f* en matière de santé publique

Gesundheitsreform *f réforme du système de sécurité sociale*

Gesundheitsschaden *m* problèmes *m/pl* de santé

gesundheitsschädlich *adj* nuisible à la santé; *Klima* insalubre

Gesundheitswesen *n* santé publique

Gesundheitszeugnis *n* certificat *m* de santé

Gesundheitszustand *m* état *m* de santé

gesundschreiben *v/t* ⟨*irr*⟩ *Arzt* **j-n gesund-**

schreiben délivrer un certificat de guérison à qn

gesundschrumpfen F ⟨¢s⟩ **I** *v/t* dégraisser les effectifs de **II** *v/r* **sich gesundschrumpfen** procéder à un dégraissage d'effectifs

Gesundung *st/s f* ⟨~⟩ guérison *f*; *fig* assainissement *m*

gesungen [gəˈzuŋən] *p/p* → **singen**

gesunken [gəˈzuŋkən] *p/p* → **sinken**

getan [gəˈtaːn] *p/p* → **tun**

getigert *adj* tigré

Getöse [gəˈtøːzə] *n* ⟨~s⟩ fracas *m*; vacarme *m*

getragen I *p/p* → **tragen II** *adjt Musik* solennel

Getrampel F *péj n* ⟨~s⟩ piétinement *m*; *vor Freude, Wut* trépignement *m*

Getränk [gəˈtrɛŋk] *n* ⟨~¢s; ~e⟩ boisson *f*

Getränkeausschank *m* débit *m* de boissons

Getränkeautomat *m* distributeur *m* de boissons

Getränkeindustrie *f* industrie *f* des boissons

Getränkekarte *f* carte *f* des boissons

Getränkemarkt *m* débit *m* de boissons

Getränkestand *m* buvette *f*

Getratsch(e) F *péj n* ⟨~¢s⟩ commérages *m/pl*; racontars *m/pl*

getrauen *v/r* ⟨*p/p* getraut⟩ **sich getrauen, etw zu tun** oser faire qc

Getreide [gəˈtraɪdə] *n* ⟨~s; ~⟩ céréales *f/pl*

Getreideanbau *m* cultures céréalières

Getreideart *f* céréale *f*

Getreideernte *f* moisson *f*

Getreidefeld *n* champ *m* de céréales

Getreideland *n* ⟨~¢s; ̈er⟩ **1.** pays (producteur) de céréales **2.** (*Ackerland*) champs *m/pl* de céréales

Getreidesilo *m od n*, **Getreidespeicher** *m* silo *m* à céréales

getrennt I *adjt* séparé **II** *advt* séparément; *schreiben* en deux mots; **getrennt leben** *Eheleute* être séparés

getreten *p/p* → **treten**

getreu I *adj Bericht, st/s Person* fidèle **II** *prép* ⟨*dat*⟩ fidèle à

Getriebe [gəˈtriːbə] *n* ⟨~s; ~⟩ **1.** AUTO boîte *f* de vitesses **2.** *fig der Großstadt etc* agitation *f*

getrieben [gəˈtriːbən] *p/p* → **treiben**

Getriebeöl *n* huile *f* de graissage, lubrifiante

Getriebeschaden *m* boîte de vitesses défectueuse

getroffen [gəˈtrɔfən] *p/p* → **treffen**

getrogen [gəˈtroːɡən] *p/p* → **trügen**

getrost *adv* en toute tranquillité

getrunken [gəˈtruŋkən] *p/p* → **trinken**

Getto [ˈɡɛto] *n* ⟨~s; ~s⟩ ghetto *m*

Gettoblaster [-blaːstər] *m* ⟨~s; ~⟩ ghetto-blaster *m*

Getue [gəˈtuːə] F *péj n* ⟨~s⟩ manières *f/pl*; chichis *m/pl*

Getümmel [gəˈtyməl] *n* ⟨~s; ~⟩ cohue *f*; *im Kampf* mêlée *f*

getupft *adj* moucheté; *Stoff* à pois

Getuschel F *péj n* ⟨~s⟩ chuchotements *m/pl*; F messes basses

geübt *adjt* expérimenté; *Auge, Ohr* exercé; **in etw** (*dat*) **geübt sein** être entraîné à (faire) qc

Gewächs [gəˈvɛks] *n* ⟨~es; ~e⟩ **1.** (*Pflanze*) plante *f* **2.** (*Weinsorte*) cru *m* **3.** MÉD excroissance *f*

gewachsen I *p/p* → **wachsen¹** II *adjt* **j-m gewachsen sein** être de taille à se mesurer avec qn; **e-r Sache** (*dat*) **gewachsen sein** être à la hauteur de qc

Gewächshaus *n* serre *f*

gewagt *adjt* **1.** (*kühn*) risqué **2.** (*freizügig*) osé

gewählt I *adjt* recherché II *advt sich ausdrücken* en termes choisis

gewahr [gə'vaːr] *adj* **j-n, etw** *od st/s* **j-s, e-r Sache gewahr werden** apercevoir qn; s'apercevoir de qc

Gewähr [gə'vɛːr] *f* ⟨∼⟩ garantie *f*; **für etw Gewähr leisten** garantir qc; **ohne Gewähr** sous toutes réserves

gewähren ⟨*p/p* gewährt⟩ I *v/t* **1.** (*zugestehen*) accorder; **j-m Einlass gewähren** permettre à qn d'entrer **2.** (*bieten*) offrir II *v/i* **j-n gewähren lassen** laisser faire qn

gewährleisten *v/t* ⟨-e-, *p/p* gewährleistet⟩ garantir

Gewährleistung *f* garantie *f*

Gewahrsam [gə'vaːrzaːm] *m* ⟨∼s⟩ **1.** (*Polizeigewahrsam*) garde *f* à vue **2.** (*Obhut*) garde *f*; **etw in Gewahrsam** (*acc*) **nehmen** exercer la garde de qc

Gewährsmann *m* ⟨∼⊄s; -männer *ou* -leute⟩ informateur *m* fiable

Gewalt [gə'valt] *f* ⟨∼; ∼en⟩ **1.** (*Kraftanwendung, Zwang*) force *f*; *meist unrechtmäßige* violence *f*; *fig* **mit aller Gewalt** à tout prix; à toute force; **mit Gewalt öffnen** *Tür etc* forcer; **Gewalt anwenden** recourir à la force *bzw* à la violence; *st/s* **j-m Gewalt antun** violenter qn **2.** (*Machtbefugnis*) pouvoir *m*; **j-n, etw in s-e Gewalt bringen** s'emparer de qn, qc; **sich in der Gewalt haben** se maîtriser; **die Gewalt über etw** (*acc*) **verlieren** perdre le contrôle de qc **3.** *st/s* (*elementare Kraft*) violence *f*; JUR **höhere Gewalt** (cas *m* de) force majeure

Gewaltakt *m* acte *m* de violence

Gewaltanwendung *f* recours *m* à la violence

gewaltbereit *adj* prêt à user de violence

Gewaltenteilung *f* séparation *f* des pouvoirs

gewaltfrei *adj* non-violent; POL pacifique

Gewaltherrschaft *f* tyrannie *f*; despotisme *m*

gewaltig I *adj* **1.** (*riesig*) énorme; *Bauwerk a* monumental **2.** (*eindrucksvoll*) impressionnant **3.** (*mächtig*) puissant II F *adv* (*sehr*) énormément; extrêmement

Gewaltkur F *f* traitement de choc, radical

gewaltlos I *adj* non-violent II *adv* sans violence

Gewaltlosigkeit *f* ⟨∼⟩ non-violence *f*

Gewaltmarsch *m* marche forcée

gewaltsam I *adj Tod* violent; *Trennung, Vertreibung* forcé II *adv* par la force; de force; *Tür etc* **gewaltsam öffnen** forcer

Gewalttat *f* (acte *m* de) violence *f*; JUR voie *f* de fait

Gewalttäter *m* auteur *m* de violences; (*Verbrecher*) criminel *m*

gewalttätig *adj* violent

Gewalttätigkeit *f* violence *f*

Gewaltverbrechen *n* crime *m*; (*Bluttat*) crime de sang

Gewaltverbrecher *m* criminel *m*

Gewaltverzicht *m* engagement *m* à ne pas recourir à la force

Gewand [gə'vant] *st/s n* ⟨∼⊄s; ∴er⟩ robe *f*; habit *m*; *fig* **im neuen Gewand** sous un nouvel aspect

gewandt [gə'vant] I *p/p* → **wenden** II *adj* (*geschickt*) habile; *körperlich* leste; agile; *Umgangsformen, Stil* aisé

Gewandtheit *f* ⟨∼⟩ habileté *f*; *körperliche* agilité *f*; *der Umgangsformen* aisance *f*

gewann [gə'van] → **gewinnen**

Gewäsch [gə'vɛʃ] F *péj n* ⟨∼⊄s⟩ bavardage *m*; radotage *m*

gewaschen *p/p* → **waschen**

Gewässer [gə'vɛsər] *n* ⟨∼s; ∼⟩ eaux *f/pl*; **stehende, fließende Gewässer** eaux stagnantes, courantes

Gewässerbelastung *f* pollution *f* des eaux

Gewässerkunde *f* ⟨∼⟩ hydrologie *f*

Gewässerschutz *m* mesures *f/pl* contre la pollution des eaux

Gewebe [gə'veːbə] *n* ⟨∼s; ∼⟩ TEXT, BIOL, *fig* tissu *m*

Gewebeprobe *f* prélèvement *m* de tissu

Gewehr [gə'veːr] *n* ⟨∼⊄s; ∼e⟩ fusil *m*

Gewehrkolben *m* crosse *f* (d'un fusil)

Gewehrkugel *f* balle *f* (de fusil)

Gewehrlauf *m* canon *m* (d'un fusil)

Geweih [gə'vaɪ] *n* ⟨∼⊄s; ∼e⟩ ZO bois *m/pl*

Gewerbe [gə'vɛrbə] *n* ⟨∼s; ∼⟩ **1.** (*Tätigkeit*) métier *m*; **ein Gewerbe betreiben** exercer un métier **2.** (*gewerbliche Wirtschaft*) activité artisanale, commerciale; industrie *f*

Gewerbeaufsicht *f*, **Gewerbeaufsichtsamt** *n* (service *m* de l')inspection *f* du travail

Gewerbebetrieb *m* établissement commercial

Gewerbefreiheit *f* libre exercice *m* d'une activité commerciale *bzw* artisanale

Gewerbegebiet *n* zone industrielle

Gewerbeordnung *f* ⟨∼⟩ code *m* de législation commerciale et du travail

Gewerbeschein *m* licence *f*

Gewerbesteuer *f* taxe professionnelle

Gewerbetreibende(r) *f(m)* ⟨→ A⟩ commerçant(e) *m(f)*

Gewerbezweig *m* secteur *m* d'activité commerciale

gewerblich I *adj* industriel; commercial; *Räume* professionnel; **für gewerbliche Zwecke** pour usage professionnel II *adv* **gewerblich tätig sein** exercer une activité commerciale

gewerbsmäßig *adj* professionnel; JUR **gewerbsmäßige Unzucht** prostitution *f*

Gewerkschaft *f* ⟨∼; ∼en⟩ syndicat *m*

Gewerkschaft(l)er *m* ⟨∼s; ∼⟩ syndicaliste *m*

gewerkschaftlich I *adj* syndical II *adv* **gewerkschaftlich organisiert sein** être syndiqué

Gewerkschaftsarbeit *f* ⟨∼⟩ syndicalisme *m*

Gewerkschaftsbund *m* centrale syndicale

Gewerkschaftsführer *m* leader syndical

Gewerkschaftsfunktionär *m* responsable syndical

Gewerkschaftsmitglied *n* syndiqué(e) *m(f)*

gewesen [gə'veːzən] *p/p* → **sein¹**

gewichen [gə'vɪçən] *p/p* → **weichen²**

Gewicht [gə'vɪçt] *n* ⟨∼⊄s; ∼e⟩ poids *m* (*a fig*); **ein Gewicht von fünf Kilo haben** peser cinq kilos; *fig* (**großes**) **Gewicht haben** avoir du poids; *fig* **e-r Sache** (*dat*) **Gewicht beimessen** accorder de l'importance à qc; *fig* **ins Gewicht**

Gewichtsangaben	🔊!FQ
100 Gramm Räucherlachs	**100 grammes de saumon fumé**
200 Gramm Schinken	**200 grammes de jambon**
ein halbes Pfund Butter	**250 grammes de beurre**
ein Pfund Erdbeeren	**une livre de fraises**
ein Kilo Tomaten	**un kilo de tomates**
eineinhalb Kilo Äpfel	**un kilo et demi de pommes**
ein Liter Milch	**un litre de lait**

fallen être important; avoir de l'importance

gewichten v/t ⟨-e-, p/p gewichtet⟩ évaluer

Gewichtheben n ⟨∼s⟩ haltérophilie f

Gewichtheber m ⟨∼s; ∼⟩ haltérophile m

gewichtig adj **1.** plais (schwer) pesant **2.** Frage, Gründe important; Argument de poids

Gewichtsabnahme f diminution f de poids

Gewichtsangabe f déclaration f de poids

Gewichtsklasse f SPORT, COMM catégorie f de poids

Gewichtskontrolle f vérification f du poids

Gewichtsverlagerung f **1.** déplacement m de poids **2.** fig déplacement m du centre d'intérêt

Gewichtsverlust m perte f de poids

Gewichtszunahme f augmentation f de poids

gewieft [gə'viːft] F adj F débrouillard

gewiesen [gə'viːzən] p/p → **weisen**

gewillt [gə'vɪlt] adj **gewillt sein, etw zu tun** être disposé à faire qc

Gewimmel n ⟨∼s⟩ grouillement m

Gewimmer n ⟨∼s⟩ gémissement(s) m(pl)

Gewinde [gə'vɪndə] n ⟨∼s; ∼⟩ filetage m

Gewindebohrer m taraud m

Gewinn [gə'vɪn] m ⟨∼¢s; ∼e⟩ **1.** COMM bénéfice m; profit m; **Gewinn bringen** rapporter (un bénéfice); **Gewinn bringend** → **gewinnbringend**; **aus etw Gewinn ziehen** tirer profit de qc **2.** (Preis) gain m **3.** fig (Nutzen) avantage m; profit m; **ein Buch mit Gewinn lesen** tirer profit de sa lecture

Gewinnanteil m part f de bénéfice

Gewinnbeteiligung f participation f aux bénéfices

gewinnbringend adjt COMM lucratif; rentable (a fig); fig avantageux

Gewinnchance f chance f de gagner

gewinnen ⟨gewann, gewonnen⟩ **I** v/t **1.** gagner (a SPORT, fig); Preis a remporter; **j-n für e-e Sache gewinnen** gagner qn à une cause **2.** TECH extraire, tirer (**aus** de) **II** v/i gagner (**bei, in** [+ dat] à; **an Präzision** [dat] en précision); **bei näherem Kennenlernen gewinnen** gagner à être connu

gewinnend adjt Lächeln engageant; Wesen charmant; avenant

Gewinner(in) m ⟨∼s; ∼⟩ (f) ⟨∼in; ∼innen⟩ gagnant(e) m(f)

Gewinnliste f liste f des numéros gagnants bzw des gains

Gewinnlos n billet gagnant

Gewinnnummer f numéro gagnant

Gewinnspanne f marge f bénéficiaire

Gewinnstreben n recherche f, amour m du gain

Gewinnsucht f avidité f; âpreté f au gain

Gewinnung f ⟨∼⟩ TECH extraction f; (Erzeugung) production f

Gewinnzahl f numéro gagnant

Gewirr [gə'vɪr] n ⟨∼¢s; ∼e⟩ **1.** von Fäden, Gassen etc enchevêtrement m **2.** fig von Straßen, Vorschriften dédale m; von Stimmen confusion f

gewiss [gə'vɪs] **I** adj **1.** (nicht näher bestimmt) certain (vorangestellt); **ein gewisser Herr Bauer** un certain monsieur Bauer **2.** (sicher) sûr; **der Erfolg ist uns gewiss** notre succès est assuré **II** adv certainement; sûrement; (aber) **gewiss!** (mais) bien sûr!

Gewissen [gə'vɪsən] n ⟨∼s; ∼⟩ conscience f; **ein gutes, reines Gewissen haben** avoir bonne conscience; **ruhigen Gewissens, mit gutem Gewissen** la conscience tranquille; **j-m ins Gewissen reden** faire appel à la conscience de qn; **etw auf dem Gewissen haben** avoir qc sur la conscience; **j-n auf dem Gewissen haben** être responsable de la mort, de la ruine, etc de qn

gewissenhaft adj consciencieux; scrupuleux

Gewissenhaftigkeit f ⟨∼⟩ assiduité f

gewissenlos adj u adv sans scrupules

Gewissenlosigkeit f ⟨∼⟩ absence f de scrupules

Gewissensbisse m/pl remords m/pl; **sich** (dat) **wegen etw Gewissensbisse machen** avoir mauvaise conscience d'avoir fait qc

Gewissensentscheidung f choix moral

Gewissensfrage f cas m de conscience

Gewissensfreiheit f liberté f de conscience

Gewissensgründe m/pl raisons morales

Gewissenskonflikt m cas m de conscience

Gewissensnot f dilemme moral

gewissermaßen adv en quelque sorte; pour ainsi dire

Gewissheit f ⟨∼⟩ certitude f; **sich** (dat) **über etw** (acc) **Gewissheit verschaffen** s'assurer de qc

Gewitter [gə'vɪtər] n ⟨∼s; ∼⟩ orage m (a fig)

gewittern v/imp ⟨p/p gewittert⟩ **es gewittert** il fait de l'orage

Gewitterneigung f tendances orageuses

Gewitterregen m pluie f d'orage

Gewitterwolke f nuage orageux

gewittrig [gə'vɪtrɪç] adj orageux

gewitzt [gə'vɪtst] adj rusé; malin

gewoben [gə'voːbən] p/p → **weben**

gewogen [gə'voːgən] **I** p/p → **wiegen¹** **II** adjt st/s **j-m gewogen sein** être bien disposé envers qn

gewöhnen [gə'vøːnən] ⟨*p/p* gewöhnt⟩ **I** *v/t* **j-n an j-n, etw gewöhnen** habituer qn à qn, qc **II** *v/r* **sich an j-n, etw gewöhnen** s'habituer à qn, qc

Gewohnheit *f* ⟨~; ~en⟩ habitude *f*; **aus Gewohnheit** par habitude; **sich** (*dat*) **etw zur Gewohnheit machen** prendre l'habitude de (faire) qc

gewohnheitsmäßig I *adj* habituel **II** *adv* par habitude

Gewohnheitsrecht *n* droit coutumier

Gewohnheitssache *f* ⟨~⟩ question *f* d'habitude

Gewohnheitstier *n* **ein Gewohnheitstier sein** être esclave de ses habitudes

Gewohnheitstrinker *m* buveur invétéré

Gewohnheitsverbrecher *m* récidiviste *m*

gewöhnlich I *adj* **1.** (*normal*) ordinaire; (*gewohnt*) habituel **2.** *péj* (*ordinär*) vulgaire; commun **II** *adv* **3.** (*meist*) (*für*) **gewöhnlich** d'habitude; **wie gewöhnlich** comme d'habitude **4.** *péj* (*ordinär*) d'une façon vulgaire, commune

gewohnt [gə'voːnt] *adj* **1.** habituel **2. etw** (*acc*) **gewohnt sein** être habitué à qc; avoir l'habitude de qc; **wie gewohnt** comme d'habitude

Gewöhnung *f* ⟨~⟩ accoutumance *f* (**an** [+ *acc*] à)

Gewölbe [gə'vœlbə] *n* ⟨~s; ~⟩ **1.** *Decke* voûte *f* **2.** *Raum* cave voûtée

gewölbt *adj* *Stirn etc* bombé; *Decke* voûté

gewonnen [gə'vɔnən] *p/p* → **gewinnen**

geworben [gə'vɔrbən] *p/p* → **werben**

geworden [gə'vɔrdən] *p/p* → **werden**

geworfen [gə'vɔrfən] *p/p* → **werfen**

gewrungen [gə'vruŋən] *p/p* → **wringen**

Gewühl [gə'vyːl] *n* ⟨~¢s⟩ *e-r Menschenmenge* cohue *f*; **sich ins Gewühl stürzen** se mêler à la foule

gewunden [gə'vundən] **I** *p/p* → **winden II** *adjt Fluss* sinueux; *Pfad* tortueux; *Stil* contourné

gewunken [gə'vuŋkən] F *p/p* → **winken**

Gewürz [gə'vyrts] *n* ⟨~es; ~e⟩ épice *f*; condiment *m*

Gewürzgurke *f* cornichon *m*

Gewürzmischung *f* assortiment *m*, mélange *m* d'épices

Gewürznelke *f* clou *m* de girofle

gewusst [gə'vust] *p/p* → **wissen**

gez. *abr* (*gezeichnet*) signé

gezackt, gezahnt, gezähnt *adjt* denté; *ungleichmäßig* dentelé

Gezänk [gə'tsɛŋk] *n* ⟨~¢s⟩ *péj* disputes continuelles

Gezeiten [gə'tsaıtən] *pl* marée *f*

Gezeitenkraftwerk *n* usine marémotrice

Gezeitenwechsel *m* renversement *m* de marée

Gezeter *n* ⟨~s⟩ *péj* vociférations *f/pl*

gezielt I *adjt* précis **II** *advt* de manière précise; **j-n gezielt ansprechen** cibler qn

geziemen [gə'tsiːmən] *st/s v/r* ⟨*p/p* geziemt⟩ **sich geziemen** convenir; être convenable; **wie es sich geziemt** comme il faut

geziemend *st/s adjt* convenable

geziert *adjt péj* affecté; maniéré

gezogen [gə'tsoːgən] *p/p* → **ziehen**

Gezwitscher *n* ⟨~s⟩ gazouillement *m*

gezwungen [gə'tsvuŋən] **I** *p/p* → **zwingen II** *adjt Lächeln etc* forcé; contraint

gezwungenermaßen *adv* forcément; **etw ge-**

zwungenermaßen tun être forcé de faire qc

ggf. *abr* (*gegebenenfalls*) le cas échéant

Ghana ['gaːna] *n* ⟨~s⟩ le Ghana

Ghetto ['gɛto] *n* ⟨~s; ~s⟩ ghetto *m*

Ghostwriter ['goːstraıtər] *m* ⟨~s; ~⟩ F nègre *m*

gibt [giːpt] → **geben**

Gicht [gıçt] *f* ⟨~⟩ MÉD goutte *f*

Gichtknoten *m* nodosité goutteuse

Giebel ['giːbəl] *m* ⟨~s; ~⟩ ARCH pignon *m*

Giebelfenster *n* fenêtre *f* de pignon

Gier [giːr] *f* ⟨~⟩ désir ardent (**nach** de); avidité *f*; (*Geldgier*) cupidité *f*; (*Fressgier*) gloutonnerie *f*

gierig I *adj* avide (**nach** de); (*geldgierig*) cupide; âpre au gain; *im Essen* glouton **II** *adv* avec avidité; *essen* avec voracité

gießen ['giːsən] ⟨¢#s, goss, gegossen⟩ **I** *v/t* **1.** *Flüssigkeit* verser; *Blumen* arroser; **etw über etw** (*acc*) **gießen** (*verschütten*) renverser qc sur qc **2.** TECH couler **II** *v/imp* F **es gießt** il pleut à verse

Gießer *m* ⟨~s; ~⟩ fondeur *m*

Gießerei *f* ⟨~; ~en⟩ fonderie *f*

Gießkanne *f* arrosoir *m*

Gießkannenprinzip *n* ⟨~s⟩ *fig plais* saupoudrage *m*

Gift [gıft] *n* ⟨~¢s; ~e⟩ poison *m*; *tierisches* venin *m*; F *fig* **du kannst Gift darauf nehmen, dass** ... F je parie n'importe quoi que ...; *fig* **das ist Gift für ihn** c'est très mauvais pour lui

Giftgas *n* gaz *m* toxique

giftgrün *adj* vert criard

giftig *adj* **1.** toxique; *Tier* venimeux; *Pflanze* vénéneux **2.** F *fig* venimeux

Giftmischer(in) F *m(f)* empoisonneur, -euse *m,f*

Giftmord *m* empoisonnement *m*

Giftmörder(in) *m(f)* empoisonneur, -euse *m,f*

Giftmüll *m* déchets *m/pl* toxiques

Giftmülltransport *m* transport *m* de déchets toxiques

Giftnudel F *péj f Person* personne médisante; vraie teigne

Giftpfeil *m* flèche empoisonnée

Giftpilz *m* champignon vénéneux

Giftschlange *f* serpent venimeux

Giftschrank *m* armoire *f* aux poisons

Giftspinne *f* araignée venimeuse

Giftstachel *m* dard venimeux

Giftstoff *m* substance *f* toxique

Giftwolke *f* nuage *m* toxique

Giftzahn *m* crochet *m* à venin

Gigabyte ['giːga-] *n* giga-octet *m*

Gigant [gi'gant] *m* ⟨~en; ~en⟩ MYTH, *fig* géant *m*

gigantisch *adj* gigantesque; *Unternehmen* géant; *Erfolg* fabuleux

Gilde ['gıldə] *f* ⟨~; ~n⟩ guilde *f*

gilt [gılt] → **gelten**

Gin [dʒın] *m* ⟨~s; ~s⟩ gin *m*

ging [gıŋ] → **gehen**

Ginster ['gınstər] *m* ⟨~s; ~⟩ genêt *m*

Gipfel ['gıpfəl] *m* ⟨~s; ~⟩ **1.** (*Berggipfel*) sommet *m* **2.** *fig* (*Höhepunkt*) sommet *m*; apogée *m* **3.** *fig péj* comble *m*; F **das ist** (*doch*) **der Gipfel!** c'est le comble, le bouquet! **4.** POL sommet *m*

Gipfelgespräch *n* POL entretien(s) *m(pl)* au

sommet

Gipfelkonferenz *f* POL conférence *f* au sommet

Gipfelkreuz *n* croix *f* (au sommet d'une montagne)

gipfeln *v/i* ⟨¢⟩ *in etw* (*dat*) **gipfeln** culminer dans qc

Gipfelpunkt *m* **1.** (*höchster Punkt*) point culminant **2.** *fig* (*Höhepunkt*) sommet *m*; apogée *m*

Gipfeltreffen *n* rencontre *f* au sommet

Gips [gɪps] *m* ⟨~es; ~e⟩ MINÉR gypse *m*; TECH, MÉD plâtre *m*; *den Arm in Gips haben* avoir le, un bras dans le plâtre

Gipsabdruck *m* ⟨~s; -drücke⟩ (moulage *m* en) plâtre *m*

Gipsbein F *n* jambe plâtrée

gipsen *v/t* ⟨¢ȿ⟩ plâtrer (*a* MÉD)

Gipsfigur *f* plâtre *m*

Gipsverband *m* plâtre *m*

Giraffe [gi'rafə] *f* ⟨~; ~n⟩ girafe *f*

Girlande [gɪr'landə] *f* ⟨~; ~n⟩ guirlande *f*

Giro ['ʒiːro] *n* ⟨~s; ~s⟩ virement *m*

Girokonto *n* compte courant

Gis, gis [gɪs] *n* ⟨Gis, gis; Gis, gis⟩ MUS sol *m* dièse

Gischt [gɪʃt] *m* ⟨~¢s; ~e⟩ *od f* ⟨~; ~en⟩ écume *f*; embruns *m/pl*

Gitarre [gi'tarə] *f* ⟨~; ~n⟩ guitare *f*

Gitarrist(in) *m* ⟨~en; ~en⟩ (*f*) ⟨~in; ~innen⟩ guitariste *m,f*

Gitter ['gɪtər] *n* ⟨~s; ~⟩ (*Fenstergitter, Absperrgitter*) grille *f*; (*Drahtgitter*) grillage *m*; (*Holzgitter*) treillis *m*; F *fig* **hinter Gittern sitzen** être sous les verrous

Gitterbett *n* lit *m* à barreaux

Gitterfenster *n* fenêtre grillagée

gitterförmig *adj u adv* en forme de grille, de grillage

Gitternetz *n auf Landkarten* quadrillage *m*

Gitterrost *m* ⟨~¢s; ~e⟩ grille *f*

Gitterstab *m*, **Gitterstange** *f* barreau *m* de grille

Gittertor *n* porte grillagée, à claire-voie

Gitterzaun *m* clôture *f* à claire-voie; treillis *m*; treillage *m*

Glace ['glasə] *f* ⟨~; ~n⟩ *schweiz* (*Speiseeis*) glace *f*

Glacéhandschuh [gla'seː-] *m* gant *m* en chevreau glacé; *fig* **j-n mit Glacéhandschuhen anfassen** prendre des gants avec qn

Gladiole [gladi'oːlə] *f* ⟨~; ~n⟩ glaïeul *m*

Glanz [glants] *m* ⟨~es⟩ **1.** éclat *m* (*a von Perlen, Augen*); *vom Haar, von Metall* brillant *m*; *e-s Stoffes a* lustre *m* **2.** *st/s fig* splendeur *f*

glänzen ['glɛntsən] *v/t* ⟨¢ȿ⟩ briller (*a fig*)

glänzend **I** *adj* **1.** brillant **2.** *fig* brillant; *Zeugnis, Ergebnis a* excellent; *Idee* lumineux **II** *advt* (*glanzvoll*) brillamment; *mir geht es glänzend* je vais très bien

Glanzleistung *f* brillante performance (*a iron*)

glanzlos *adj* sans éclat; terne

Glanzpapier *f* papier glacé

Glanzpunkt *m* apogée *m*

Glanzstück *n* **1.** (*Glanzleistung*) brillante performance **2.** (*wertvolles Stück*) joyau *m*

glanzvoll *adj* brillant; splendide

Glanzzeit *f* temps *m* de splendeur

Glas [glaːs] *n* ⟨~es; ~er⟩ **1.** *Material* verre *m*; *Aufschrift* **Vorsicht, Glas!** fragile! **2.** ⟨*pl* ~er,

mais 2 ~ Bier⟩ (*Trinkglas*) verre *m*; (*Marmeladenglas*) pot *m*; (*Einmachglas*) bocal *m*; *aus e-m Glas trinken* boire dans un verre; *fig zu tief ins Glas geguckt haben* avoir bu un coup de trop; → *Info bei* **verre** 3. (*Brillenglas*) verre *m* **4.** (*Fernglas, Opernglas*) jumelles *f/pl*

Glasauge *n* œil *m* de verre

Glasbläser *m* souffleur *m* de verre

Gläschen ['glɛːsçən] *n* ⟨~s; ~⟩ petit verre

Glasdach *n* toit en verre, vitré; verrière *f*

Glaser *m* ⟨~s; ~⟩ vitrier *m*

Glaserei *f* ⟨~; ~en⟩ vitrerie *f*

gläsern ['glɛːzərn] *adj* **1.** en, de verre **2.** *Blick* vitreux

Glasfaser *f* fibre *f* optique; *zur Isolierung* fibre *f* de verre

Glasfaserkabel *n* câble *m* optique

Glashaus *n* serre *f*; *prov* **wer im Glashaus sitzt, soll nicht mit Steinen werfen** mieux vaut balayer devant sa porte (avant de critiquer)

Glashütte *f* verrerie *f*; cristallerie *f*

glasieren [gla'ziːrən] *v/t* ⟨*sans ge*⟩ CUIS glacer; KERAMIK vernisser

glasig *adj* vitreux (*a fig*)

glasklar[1] *adj* (*klar wie Glas*) clair comme du cristal

glasklar[2] *adj fig* (*deutlich*) clair comme de l'eau de roche

Glaskugel *f* boule *f* de verre; *e-r Wahrsagerin* boule *f* de cristal

Glasmalerei *f* peinture *f* sur verre

Glasnost ['glasnɔst] *f* ⟨~⟩ glasnost *f*

Glasnudel *f* vermicelle chinois

Glasplatte *f* panneau *m*, plaque *f* de verre

Glasreiniger *m* *Mittel* produit *m* à vitres

Glasscheibe *f* vitre *f*; carreau *m*

Glasscherbe *f* morceau *m*, débris *m* de verre; *e-r Flasche* tesson *m*

Glasschneider *m* *Instrument* coupe-verre *m*

Glassplitter *m* éclat *m* de verre

Glastür *f* porte vitrée

Glasur [gla'zuːr] *f* ⟨~; ~en⟩ **1.** *von Keramik* vernis *m* **2.** CUIS glaçage *m*

Glaswaren *f/pl* verrerie *f*

glatt [glat] **I** *adj* **1.** *Oberfläche, Haar, Haut etc* lisse; *Papier, Wasserfläche* uni **2.** *Rechnung, Betrag* rond **3.** *Straße, Pflaster* glissant **4.** *péj Person* mielleux; trop poli **5.** (*ohne Zwischenfall*) sans encombre **6.** F (*eindeutig*) vrai; pur (et simple) **II** *adv* **7.** (*ohne Komplikationen*) sans problèmes **8.** F (*rückhaltlos*) carrément **9.** F *das habe ich glatt vergessen* je l'ai carrément oublié

Glätte ['glɛtə] *f* ⟨~⟩ caractère *m*, aspect *m* lisse; *der Fahrbahn* état glissant

Glatteis *n* verglas *m*; *fig* **j-n aufs Glatteis führen** entraîner qn sur un terrain glissant

glätten ⟨-e-⟩ **I** *v/t* **1.** *Haar, Papier* lisser; *Zettel, Geldschein* défroisser **2.** *schweiz* (*bügeln*) repasser **II** *v/r* **sich glätten** *Meer, Wellen* se calmer

glattgehen F *v/i* ⟨*irr, sn*⟩ marcher, aller comme sur des roulettes

glattweg F *adv* carrément

Glatze ['glatsə] *f* ⟨~; ~n⟩ calvitie *f*; *e-e Glatze haben, bekommen* être, devenir chauve

Glatzkopf *m* **1.** *Kopf* crâne *m*, tête *f* chauve **2.** F

---

glauben

Bei **glauben** muss man verschiedene Konstruktionen auseinanderhalten:

croire qn / qc:	j-m / etwas glauben:
Il ne croit même pas ses amis.	Er glaubt nicht einmal seinen Freunden.
Je ne crois pas ce que tu dis.	Ich glaube nicht, was du sagst.
croire en qn / à qc:	an j-n / etwas glauben:
Tu crois **à** l'amitié ?	Glaubst du an die Freundschaft?
Je crois **en** mes amis.	Ich glaube an meine Freunde.
croire en Dieu:	an Gott glauben:
Il ne croit pas **en** Dieu.	Er glaubt nicht an Gott.

G

Mensch chauve *m*

glatzköpfig *adj* chauve

Glaube ['glaubə] *m* ⟨∼ns⟩ **1.** (*religiöse Überzeugung*) foi *f*, croyance *f* (**an** [+ *acc*] en); **der Glaube an Gott** la croyance en Dieu **2.** (*innere Gewissheit*) foi *f* (**an** [+ *acc*] en); **in gutem Glauben handeln** agir de bonne foi; **j-m Glauben schenken** croire qn; **j-n im Glauben lassen, dass …** laisser croire à qn que …

glauben I *v/t* croire; **ich glaube es Ihnen** je vous crois; je le crois; **ich kann es kaum glauben!** j'ai de la peine à le croire! **II** *v/i* croire (**an j-n, etw** en qn, à qc); **ich glaube, ja** je crois que oui; F *fig* **dran glauben müssen** *bei Unangenehmem* F y passer; (*sterben*) F y rester

Glauben *m* ⟨∼s⟩ → **Glaube**

Glaubensbekenntnis *n* REL Credo *m*; *fig* credo *m*

Glaubensfreiheit *f* liberté *f* du culte

Glaubensgemeinschaft *f* communauté religieuse

Glaubensrichtung *f* tendance religieuse

Glaubersalz ['glaubər-] *n* ⟨∼es⟩ CHIM sel *m* de Glauber

glaubhaft I *adj* crédible; vraisemblable; (*überzeugend*) convaincant **II** *adv* avec vraisemblance; (*überzeugend*) d'une façon convaincante

gläubig ['glɔybɪç] *adj* REL croyant; **gläubig sein** *a* avoir la foi

Gläubige(r) *f(m)* ⟨→ A⟩ REL fidèle *m,f*; croyant(e) *m(f)*

Gläubiger(in) *m* ⟨∼s; ∼⟩ (*f*) ⟨∼in; ∼innen⟩ COMM créancier, -ière *m,f*

glaubwürdig I *adj* digne de foi **II** *adv* de façon crédible

Glaubwürdigkeit *f* ⟨∼⟩ crédibilité *f*

Glaukom [glau'koːm] *n* ⟨∼s; ∼e⟩ MÉD glaucome *m*

gleich [glaɪç] **I** *adj* **1.** même; égal (*a* MATH); (*ähnlich*) pareil; (*identisch*) identique; (*gleichwertig*) équivalent; **vier mal drei (ist) gleich zwölf** quatre fois trois égalent douze; **das Gleiche gilt für …** c'est pareil, la même chose pour …; **Gleiches mit Gleichem vergelten** rendre la pareille **2.** F (*gleichgültig*) égal **II** *adv* **3.** *zeitlich* (*sofort*) tout de suite; **bis gleich!** à tout à l'heure!; (**ich komme) gleich!** (j'arrive) tout de suite!; **gleich darauf, danach** aussitôt après; **gleich heute** dès aujourd'hui; aujourd'hui même **4.** *räumlich* juste; **gleich da-**

neben juste à côté **5.** (*genauso*) de la même façon, manière; *vergleichend* aussi; **gleich schnell** aussi rapide, vite (**wie** que); **gleich bleiben** rester le *bzw* la même; *Temperatur, Preise* rester constant; F **das bleibt sich gleich** cela revient au même; **gleich bleibend** constant; **gleich gesinnt sein** avoir les mêmes idées, intérêts, opinions **III** *Partikel in Fragesätzen* déjà; **wie heißt er doch gleich?** comment s'appelle-t-il déjà?

gleichalt(e)rig *adj* du même âge

gleichartig *adj* (*von gleicher Art*) de même nature, sorte; (*ähnlich*) similaire; *Fall* analogue

gleichbedeutend *adj* équivalent; synonyme

gleichberechtigt *adjt* égal en droits

Gleichberechtigung *f* égalité *f* des droits; émancipation *f*

gleichbleiben *v/i* ⟨*irr*, sn⟩ → **gleich** *II 5*

gleichbleibend *adjt* constant

gleichen ⟨glich, geglichen⟩ **I** *v/i* **j-m, e-r Sache gleichen** ressembler à qn, qc **II** *v/r* **sich** (*dat*) **gleichen** se ressembler

gleichermaßen *adv* de la même manière, façon

gleichfalls *adv* également; **danke gleichfalls!** merci, (à) vous aussi!

gleichförmig *adj* (*einheitlich*) uniforme (*a* PHYS); (*monoton*) monotone

gleichgeschlechtlich *adj* homosexuel

Gleichgewicht *n* équilibre *m* (*a fig*); **aus dem Gleichgewicht kommen** perdre l'équilibre; **aus dem Gleichgewicht bringen** déséquilibrer; **im Gleichgewicht** en équilibre

Gleichgewichtsstörung *f* trouble *m* de l'équilibre

gleichgültig I *adj* **1.** (*teilnahmslos*) indifférent (**gegenüber** à) **2.** (*mitleidslos*) insensible (à) **3.** (*egal*) indifférent; égal; **das ist mir gleichgültig** cela m'est égal, indifférent; **gleichgültig, zu welcher Zeit** à n'importe quelle heure; **gleichgültig, was du machst** quoi que tu fasses **II** *adv* avec indifférence; *zuschauen* d'un air indifférent

Gleichgültigkeit *f* indifférence *f* (**gegenüber** envers)

Gleichheit *f* ⟨∼⟩ égalité *f*

Gleichheitszeichen *n* signe *m* égal

gleichkommen *v/i* ⟨*irr*, sn⟩ **j-m, e-r Sache gleichkommen** égaler qn, qc

gleichmachen *v/t* rendre égal; niveler

Gleichmacherei *f* ⟨∼⟩ *péj* nivellement *m*

gleichmäßig *adj* *Bewegung* uniforme; (*regel-*

mäßig) régulier
Gleichmäßigkeit *f* uniformité *f*; régularité *f*
Gleichmut *m* égalité *f* d'humeur; *meist péj* impassibilité *f*
gleichmütig [-myːtıç] *adj* d'humeur égale; *meist péj* impassible
gleichnamig *adj* du même nom; *Brüche* du même dénominateur
Gleichnis *n* ⟨∼ses; ∼se⟩ parabole *f*
gleichrangig **I** *adj* de la même importance **II** *adv* sur le même niveau, plan
Gleichrichter *m* ÉLECT redresseur *m*
gleichsam *st/s adv* pour ainsi dire; en quelque sorte
gleichschalten *v/t* ⟨-e-⟩ POL, *fig* mettre au pas
Gleichschritt *m* pas cadencé
gleichseitig *adj* équilatéral
gleichsetzen *v/t* ⟨¢$⟩ mettre sur le même plan; indentifier (**mit** à)
Gleichstand *m* égalité *f* (de points *bzw* de buts)
gleichstellen *v/t* **j-n** (**mit**) **j-m gleichstellen** mettre qn au même niveau que qn
Gleichstellung *f* mise *f* sur un pied d'égalité; *soziale* assimilation *f*
Gleichstrom *m* courant continu
gleichtun *v/t* ⟨*irr*⟩ **es j-m gleichtun** faire comme qn
Gleichung *f* ⟨∼; ∼en⟩ équation *f*
gleichwertig *adj* équivalent; *Gegner* de force égale; de même niveau
gleichwohl *st/s adv* néanmoins; pourtant
gleichzeitig **I** *adj* simultané **II** *adv* simultanément; en même temps
Gleichzeitigkeit *f* ⟨∼⟩ simultanéité *f*
gleichziehen *v/i* ⟨*irr*⟩ **mit j-m gleichziehen** SPORT, *fig* rattraper qn; *sozial* atteindre le même niveau que qn
Gleis [glaıs] *n* ⟨∼es; ∼e⟩ **1.** voie (ferrée); rails *m/pl*; (*Bahnsteig*) quai *m*; *Zug* **auf Gleis acht einlaufen** entrer en gare au quai 'huit **2.** *fig* **j-n aus dem Gleis werfen** bouleverser l'existence de qn; **sich in ausgefahrenen Gleisen bewegen** suivre les sentiers battus
Gleitboot *n* hydroglisseur *m*
gleiten ['glaıtən] *v/i* ⟨gleitet, glitt, geglitten⟩ **1.** ⟨sn⟩ glisser; *fliegend* planer; **über etw** (*acc*) **gleiten** *mit den Händen* passer les mains sur qc; **j-m aus den Händen gleiten** glisser des mains de qn **2.** F *Arbeitnehmer* prendre un jour, *etc* de libre (*dans le cadre d'un horaire à la carte*)
gleitend *adjt Preise, Lohnskala* mobile; **gleitende Arbeitszeit** horaire *m* à la carte, mobile, variable
Gleitflug *m* vol plané; **im Gleitflug** en vol plané
Gleitflugzeug *n* planeur *m*
Gleitklausel *f* clause *f* d'un contrat prévoyant le réajustement de paiements
Gleitmittel *n* lubrifiant *m*
Gleitschirm *m* parapente *m*
Gleitschirmfliegen *n* parapente *m*
Gleitschirmflieger(in) *m(f)* parapentiste *m,f*
Gleitschutz *m* AUTO antidérapant *m*
Gleitsee *m* lac *m* glaciaire
Gleittag *m* jour *m* de libre
Gleitzeit *f* **1.** F *System* horaire *m* à la carte, mobile, variable **2.** (*Gleitzeitspanne*) plage *f* mobile

Gletscher ['glɛtʃər] *m* ⟨∼s; ∼⟩ glacier *m*
Gletscherbrand *m* coup *m* de soleil (dû à la réflexion du soleil sur la neige)
Gletscherbrille *f* lunettes *f/pl* de protection 'haute montagne
Gletscherspalte *f* crevasse *f*
glich [glıç] → **gleichen**
Glied [gliːt] *n* ⟨∼¢s; ∼er⟩ **1.** ANAT membre *m*; (*Fingerglied, Zehenglied*) phalange *f* **2.** (*Penis*) membre (viril) **3.** (*Mitglied*) membre *m* **4.** MIL rang *m* **5.** *e-r Kette* maillon *m*; chaînon *m*
gliedern ['gliːdərn] **I** *v/t* (*unterteilen*) diviser (**in** [+ *acc*] en); (*anordnen*) agencer; (*strukturieren*) structurer **II** *v/r* **sich gliedern** se diviser (en)
Gliederpuppe *f* poupée articulée
Gliederschmerz *m* douleurs rhumatismales
Gliedertier *n* zo articulé *m*
Gliederung *f* ⟨∼; ∼en⟩ (*Unterteilung*) division *f*; (*Anordnung*) agencement *m*; (*Struktur*) structure *f*; *e-s Buches, Aufsatzes* plan *m*
Gliedmaßen *f/pl* membres *m/pl*
glimmen ['glımən] *v/i* ⟨glomm *ou* glimmte, geglommen *ou* geglimmt⟩ rougeoyer
Glimmer *m* ⟨∼s; ∼⟩ mica *m*
Glimmstängel F *m* F clope *f*; F sèche *f*
glimpflich ['glımpflıç] **I** *adj* **1.** (*nicht schlimm*) sans conséquences graves; *Folgen* pas trop graves **2.** *Urteil* clément **II** *adv* **glimpflich davonkommen** s'en tirer à bon compte; **glimpflich ausgehen** se terminer sans trop de dégâts
glitschig ['glıtʃıç] *adj* glissant
glitt [glıt] → **gleiten**
glitzern ['glıtsərn] *v/i* scintiller
Glitzern *n* ⟨∼s⟩ scintillement *m*
global [glo'baːl] *adj* **1.** (*weltweit*) mondial; universel **2.** (*umfassend*) global; général
Globalisierung *f* ⟨∼⟩ mondialisation *f*
Globetrotter ['gloːbətrɔtər] *m* ⟨∼s; ∼⟩ globe-trotter *m*
Globus ['gloːbus] *m* ⟨∼ *ou* ∼ses; ∼se⟩ globe *m* (terrestre)
Glöckchen ['glœkçən] *n* ⟨∼s; ∼⟩ clochette *f*
Glocke ['glɔkə] *f* ⟨∼; ∼n⟩ **1.** cloche *f*; (*Klingel*) sonnette *f*; F *fig* **etw an die große Glocke hängen** crier qc sur les toits; claironner qc **2.** (*Käseglocke*) cloche *f*
Glockenblume *f* campanule *f*
Glockengeläut *n* sonnerie *f* des cloches; *festliches a* carillon *m*
Glockengießer *m* fondeur *m* de cloches
Glockenrock *m* jupe *f* à godets
Glockenschlag *m* F **mit dem Glockenschlag** à l'heure tapante, précise
Glockenspiel *n* **1.** *auf Rathaustürmen etc* carillon *m* **2.** *Musikinstrument* glockenspiel *m*
Glockenstuhl *m* (partie supérieure d'un) clocher *m*
Glockenturm *m* clocher *m*
Glöckner ['glœknər] *m* ⟨∼s; ∼⟩ sonneur *m* (de cloches); carillonneur *m*
glomm [glɔm] → **glimmen**
Glorienschein *m* auréole *f*; gloire *f*
glorreich ['gloːr-] *adj* glorieux
Glossar *n* ⟨∼s; ∼e⟩ glossaire *m*
Glosse ['glɔsə] *f* ⟨∼; ∼n⟩ **1.** *in Presse, Rundfunk etc* commentaire *m* **2.** (*spöttische Bemerkung*) commentaire moqueur
Glotze ['glɔtsə] F *f* ⟨∼; ∼n⟩ F télé *f*; F téloche *f*

glotzen F *péj* v/i ⟨¢$⟩ faire des yeux ronds
Glück [glʏk] *n* ⟨~¢s⟩ (*Glücklichsein*) bonheur *m*; (*Glücksfall*) chance *f*; (*Schicksal*) fortune *f*; **viel Glück!** bonne chance!; **auf gut Glück** au petit bonheur; **zum Glück** heureusement; par bonheur; **zu meinem Glück** heureusement pour moi; **Glück bringend** qui porte bonheur; (**es ist**) **ein Glück, dass ...** (c'est) une chance que ... (+ *subj*); **Glück haben** avoir de la chance; **j-m viel Glück wünschen** souhaiter bonne chance à qn
Glucke ['glʊkə] *f* ⟨~; ~n⟩ (*Bruthenne*) couveuse *f*; *fig* (*Mutter*) mère *f* poule
glucken v/i *Henne* glousser
glücken v/i ⟨sn⟩ réussir; **etw ist mir geglückt** j'ai réussi à faire qc
gluckern [glʊkərn] v/i glouglouter
glücklich I *adj* heureux; *Lösung, Ende a* bon II *adv* **1. glücklich verheiratet** heureux en ménage **2.** (*erfolgreich, gut*) bien **3.** (*schließlich*) finalement
glücklicherweise *adv* heureusement
Glücksbringer *m* ⟨~s; ~⟩ porte-bonheur *m*
glückselig *adj* rayonnant (de bonheur)
Glückseligkeit *f* félicité *f*; béatitude *f*
Glücksfall *m* coup *m* de chance
Glücksgöttin *f* Fortune *f*
Glückskäfer *m* → **Marienkäfer**
Glückskind *n* F veinard *m*
Glücksklee *m* trèfle *m* porte-bonheur; trèfle *m* à quatre feuilles
Glückspfennig *m* pfennig *m* porte-bonheur
Glückspilz F *m* F veinard *m*
Glückssache *f* question *f* de chance
Glücksspiel *n* jeu *m* de hasard
Glücksspieler *m* joueur *m*
Glückssträhne *f* période *f* de chance; **e-e Glückssträhne haben** être dans une bonne passe
Glückstag *m* jour *m* de chance
glückstrahlend *adjt u advt* rayonnant de bonheur
Glückstreffer *m* coup *m* de chance
Glückszahl *f* chiffre *m* porte-bonheur
Glückwunsch *m* félicitations *f/pl* (**zu** pour); **herzlichen Glückwunsch zum Geburtstag!** bon anniversaire!
Glückwunschkarte *f* carte *f* de félicitations
Glühbirne ['glyː-] *f* ampoule *f*
glühen v/i **1.** *Metall, Kohlen* être incandescent; (**rot**) **glühen** rougeoyer **2.** *fig Himmel etc* être embrasé; *Sonne* brûler; *Gesicht* être rouge, en feu; *Augen* briller; *st/s* **vor Begeisterung glühen** brûler d'enthousiasme
glühend I *adjt* **1.** *Metall, Kohlen* incandescent **2.** *fig Sonne* ardent; *Gesicht* rouge; en feu **3.** *fig* (*begeistert*) fervent; *Liebe* passionné; *Hass* violent II *advt* **4. glühend heiß** brûlant; *Wetter* torride **5.** *fig* **j-n glühend verehren** adorer qn
Glühlampe *f* lampe *f* à incandescence; ampoule *f*
Glühwein *m* vin chaud
Glühwürmchen F *n* ver luisant
Glukose [glu'koːzə] *f* ⟨~⟩ glucose *m*
Glut [gluːt] *f* ⟨~; ~en⟩ **1.** (*Holzglut, Kohlenglut*) braise *f*; (*Hitze*) chaleur *f* torride **2.** *st/s fig* ardeur *f*
Gluthitze *f* chaleur *f* torride; fournaise *f*

glutrot *adj* embrasé
Glyzerin [glytse'riːn] *n* ⟨~s⟩ glycérine *f*
GmbH [geːʔɛmbeːˈhaː] *f abr* ⟨~; ~s⟩ (*Gesellschaft mit beschränkter Haftung*) SARL *f*
g-Moll *n* MUS sol *m* mineur
Gnade ['gnaːdə] *f* ⟨~; ~n⟩ grâce *f*; **um Gnade bitten** demander grâce; **keine Gnade kennen** être impitoyable; **Gnade vor Recht ergehen lassen** user de clémence
gnaden v/i (**dann**) **gnade mir, dir** *etc* **Gott!** malheur à moi, toi, *etc!*
Gnadenakt *m* acte *m*, mesure *f* de clémence
Gnadenfrist *f* délai *m* de grâce
Gnadengesuch *n* recours *m* en grâce
gnadenlos *adj* sans pitié
Gnadenstoß *m* coup *m* de grâce (*a fig*)
Gnadentod *m* mort donnée par pitié
gnädig ['gnɛːdɪç] I *adj* (*milde*) clément; indulgent; *péj* (*gönnerhaft*) protecteur; *Anrede st/s* **gnädige Frau!** Madame! II *adv* avec clémence, indulgence
Gnom [gnoːm] *m* ⟨~en; ~en⟩ gnome *m*
Gnu [gnuː] *n* ⟨~s; ~s⟩ gnou *m*
Gobelin [gobə'lɛ̃ː] *m* ⟨~s; ~s⟩ *echter* gobelin *m*; (*Wandteppich*) tapisserie *f*
Gockel ['gɔkəl] *m* ⟨~s; ~⟩ *südd* coq *m*
Gokart ['goːkart] *m* ⟨~$; ~s⟩ kart *m*
Gold [gɔlt] *n* ⟨~¢s⟩ or *m*; *fig* **Gold wert sein** valoir son pesant d'or
Goldader *f* filon *m* d'or
Goldauflage *f* **mit Goldauflage** (en) plaqué or
Goldbarren *m* lingot *m* d'or
Goldbarsch *m* sébaste *m*
golden *adj* **1.** (*aus Gold*) en or **2.** (*goldfarben*) doré
Golden Goal ['goːldən'goːl] *n* ⟨~s; ~s⟩ FUSSBALL but *m* en or
Goldfisch *m* poisson *m* rouge
Goldfüllung *f* plombage *m* en or
goldgelb *adj* jaune d'or
Goldgräber *m* ⟨~s; ~⟩ chercheur *m* d'or
Goldgrube *f* mine *f* d'or (*a fig*)
Goldhamster *m* 'hamster (doré)
goldig *adj Kind, Tier* adorable; *Kind a* mignon
Goldkette *f* chaîne *f* en or
Goldklumpen *m* pépite *f*
Goldkrone *f* couronne *f* en or (*a am Zahn*)
Goldlack *m* BOT giroflée *f* jaune
Goldmedaille *f* médaille *f* d'or
Goldmine *f* mine *f* d'or
Goldmünze *f* pièce *f* d'or
Goldrand *m* *e-r Tasse* filet, *e-r Brille* cercle, bord doré
Goldrausch *m* ⟨~es⟩ HIST, *fig* ruée *f* vers l'or
Goldregen *m* **1.** BOT cytise *m* **2.** *beim Feuerwerk etwa* bouquet *m* **3.** *fig* (*Reichtum*) manne *f*
goldrichtig F I *adj* très juste II *int* F impeccable!
Goldschmied(in) *m(f)* orfèvre *m,f*
Goldschnitt *m* dorure *f* sur tranche; **ein Buch mit Goldschnitt** un livre doré sur tranche
Goldstück *n* **1.** (*Goldmünze*) pièce *f* d'or **2.** F *plais Person* perle *f*
Goldwaage *f* trébuchet *m*; **jedes Wort auf die Goldwaage legen** *e-s anderen* prendre tout au pied de la lettre; *s-e eigenen Worte* peser ses mots
Goldwährung *f* monnaie-or *f*
Goldzahn *m* dent *f* en or

Golf¹ [gɔlf] *m* ⟨⌒ɟs; ⌒e⟩ GÉOGR golfe *m*
Golf² *n* ⟨⌒s⟩ SPORT golf *m*
Golfball *m* balle *f* de golf
Golfer(in) *m* ⟨⌒s; ⌒⟩ (*f*) ⟨⌒in; ⌒innen⟩ golfeur, -euse *m,f*
Golfplatz *m* terrain *m* de golf
Golfschläger *m* club *m*
Golfspieler(in) *m*(*f*) joueur, -euse *m,f* de golf; golfeur, -euse *m,f*
Golfstaat *m* pays *m* du golfe Persique
Golfstrom *m* Gulf Stream *m*
Gondel ['gɔndəl] *f* ⟨⌒; ⌒n⟩ **1.** MAR gondole *f* **2.** AVIAT nacelle *f*; *e-r Seilbahn* cabine *f*
Gong [gɔŋ] *m* ⟨⌒s; ⌒s⟩ gong *m*
gongen *v/i Person* frapper un coup de gong; *es gongt* le gong retentit
Gongschlag *m* coup *m* de gong
gönnen ['gœnən] **I** *v/t j-m etw gönnen* ne pas envier qc à qn; *ich gönne ihm s-n Erfolg* je suis content pour lui qu'il ait réussi **II** *v/r sich* (*dat*) *etw gönnen* s'accorder qc
Gönner(in) *m* ⟨⌒s; ⌒⟩ (*f*) ⟨⌒in; ⌒innen⟩ protecteur, -trice *m,f*; (*Wohltäter[in]*) bienfaiteur, -trice *m,f*
gönnerhaft *adj péj* protecteur
Gönnermiene *f péj* air protecteur
gor [goːr] → *gären*
Göre ['gøːrə] *f* ⟨⌒; ⌒n⟩ *nordd, meist péj* **1.** *Mädchen* F gosse *f* **2.** *freche* (petite) chipie
Goretex® ['goːrtɛks] *n* ⟨⌒⟩ TEXT goretex® *m*
Gorgonzola [gɔrgɔn'tsoːla] *m* ⟨⌒s; ⌒s⟩ *Käse* gorgonzola *m*
Gorilla [go'rɪla] *m* ⟨⌒s; ⌒s⟩ gorille *m* (*a* F *fig*)
Gosche(n) ['gɔʃə(n)] F *südd, österr f* ⟨⌒(n); ⌒n⟩ F gueule *f*
goss [gɔs] → *gießen*
Gosse ['gɔsə] *f* ⟨⌒; ⌒n⟩ caniveau *m*; *fig péj in der Gosse landen od enden* tomber dans le ruisseau
Gotik ['goːtɪk] *f* ⟨⌒⟩ **1.** *Stil* gothique *m* **2.** *Epoche* époque *f* gothique
gotisch *adj* gothique
Gott [gɔt] *m* ⟨⌒es; ⌒er⟩ **1.** REL Dieu *m*; *der liebe Gott* le bon Dieu; F *fig in Gottes Namen!* soit!; *an Gott glauben* croire en Dieu; *ach (du lieber) Gott!, mein Gott!, großer Gott!* grand Dieu!; *grüß Gott! bzw* bonsoir!; *um Gottes willen!* pour l'amour de Dieu!; *Gott behüte od bewahre!* Dieu m'en garde!; *Gott weiß wie, wo etc* Dieu sait comment, où, *etc* **2.** MYTH dieu *m*; *er singt wie ein junger Gott* il chante divinement (bien); F *das wissen die Götter* Dieu seul le sait
Gotterbarmen *n zum Gotterbarmen* à faire pitié
Götterspeise ['gœtər-] *f* CUIS entremets à base de gélatine
Gottesdienst *m* service (religieux); PROT culte *m*; CATH messe *f*
gottesfürchtig *adj* (très) pieux
Gotteshaus *st/s n* maison *f* de Dieu; église *f*
Gotteslästerung *f* blasphème *m*
Gottesmutter *f* mère *f* de Dieu
Gottessohn *m* ⟨⌒ɟs⟩ fils *m* de Dieu
Gottheit *f* ⟨⌒; ⌒en⟩ divinité *f*
Göttin ['gœtɪn] *f* ⟨⌒; ⌒nen⟩ déesse *f*
göttlich *adj* divin (*a fig*)
gottlos *adj* impie; irréligieux; (*atheistisch*)

athée
Gottvater *m* Dieu *m* le Père
gottverdammt P *adjt* maudit; *p/fort* sacré
gottverlassen *adjt Ort* perdu
Götze ['gœtsə] *m* ⟨⌒n; ⌒n⟩, **Götzenbild** *n* idole *f*
Gouverneur [guvɛr'nøːr] *m* ⟨⌒s; ⌒e⟩ gouverneur *m*
Grab [graːp] *n* ⟨⌒ɟs; ⌒er⟩ tombe *f*; *st/s zu Grabe tragen* enterrer (*a fig*); *fig* (*sich* [*dat*]) *sein eigenes Grab schaufeln* causer sa propre ruine; F *fig sich im Grab(e) herumdrehen* se retourner dans sa tombe; F *schweigen wie ein Grab* être muet comme une tombe; F *fig das bringt mich noch ins Grab* ça me tuera
graben ⟨gräbt, grub, gegraben⟩ **I** *v/t u v/i* creuser **II** *v/r sich in etw* (*acc*) *graben* s'enfoncer dans qc
Graben *m* ⟨⌒s; ⌒⟩ fossé *m* (*a* GÉOL, *fig*); *im Ozean* fosse *f*; MIL tranchée *f*
Grabesstille *f* silence *m* de mort
Grabesstimme *f* voix sépulcrale
Grabfund *m* objet(s) trouvé(s) dans un tombeau
Grabgesang *m* chant *m* funèbre
Grabinschrift *f* épitaphe *f*
Grabkammer *f* chambre *f* funéraire
Grabmal *n* ⟨⌒ɟs; -mäler *ou st/s* ⌒e⟩ tombeau *m*
Grabpflege *f* entretien *m* de tombe(s)
Grabplatte *f* pierre tombale
Grabrede *f* discours *m* funèbre
Grabschändung *f* profanation *f* de sépulture
Grabstätte *f* sépulture *f*
Grabstein *m* pierre tombale
gräbt [grɛːpt] → *graben*
Grabung *f* ⟨⌒; ⌒en⟩ fouilles *f/pl*
Grad [graːt] *m* ⟨⌒ɟs; ⌒e, *mais 3* ⌒⟩ **1.** *Maßeinheit*, GÉOGR, *fig* degré *m*; *bei* (*plus*) *zehn Grad* à dix degrés; *bei minus zwanzig Grad* à moins vingt degrés; *Verbrennungen, Gleichung ersten, zweiten Grades* du premier, second degré; *im höchsten Grade* au plus 'haut point; extrêmement; *bis zu e-m gewissen Grade* jusqu'à un certain point **2.** MIL grade *m*; *akademischer Grad* grade universitaire
Gradeinteilung *f* graduation *f*
Gradmesser *m* indicateur *m*
Gradnetz *n e-r Karte* quadrillage *m*
graduell [gradu'ɛl] *adj* graduel
graduiert *adjt* diplômé
Graf [graːf] *m* ⟨⌒en; ⌒en⟩ comte *m*
Graffiti [gra'fiːti] *pl* graffiti *m/pl*; *aufgesprühte a* tags *m/pl*
Grafik ['graːfɪk] *f* ⟨⌒; ⌒en⟩ **1.** *Technik, Kunst* arts *m/pl* graphiques **2.** *Kunstwerk* gravure *f*; estampe *f* **3.** *Schaubild* graphique *m*
Grafiker(in) *m* ⟨⌒s; ⌒⟩ (*f*) ⟨⌒in; ⌒innen⟩ dessinateur, -trice *m,f*
Grafikkarte *f* carte *f* graphique
Grafikprogramm *n* grapheur *m*
Gräfin ['grɛːfɪn] *f* ⟨⌒; ⌒nen⟩ comtesse *f*
grafisch *adj* graphique
Grafit → *Graphit*
gräflich *adj* du comte
Grafologe *etc* → *Graphologe*
Grafschaft *f* ⟨⌒; ⌒en⟩ comté *m*
gram [graːm] *st/s adj j-m gram sein* garder ran-

cune à qn
Gram *st/s m* ⟨~¢s⟩ chagrin *m*
grämen ['grɛːmən] *st/s v/r* **sich grämen** s'affliger (**über** [+ *acc*] de)
Gramm [gram] *n* ⟨~s; ~e, *mais* 2 ~⟩ gramme *m*
Grammatik [gra'matɪk] *f* ⟨~; ~en⟩ grammaire *f*
grammatikalisch, grammatisch *adj* grammatical
Grammatikregel *f* règle grammaticale, de grammaire
Grammophon® [gramo'foːn] *n* ⟨~s; ~e⟩ phonographe *m*
Granada [gra'naːda] *n* ⟨~s⟩ Grenade
Granat [gra'naːt] *m* ⟨~¢s; ~e⟩ MINÉR grenat *m*
Granatapfel *m* grenade *f*
Granate [gra'naːtə] *f* ⟨~; ~n⟩ obus *m*; (*Handgranate*) grenade *f*
Granatsplitter *m* éclat *m* d'obus
Granatwerfer *m* ⟨~s; ~⟩ mortier *m*; lance-grenades *m*
grandios [grandi'oːs] *adj* grandiose
Grand Prix [grã'priː] *m* ⟨~ [-'priː, -'priːs]; ~ [-'priːs]⟩ Grand prix
Granit [gra'niːt] *m* ⟨~s; ~e⟩ granit(e) *m*
Granne ['granə] *f* ⟨~; ~n⟩ BOT barbe *f*
grantig ['grantɪç] F *südd, österr adj* grincheux; bourru; 'hargneux
Granulat [granu'laːt] *n* ⟨~¢s; ~e⟩ granulés *m/pl*
Grapefruit ['greːpfruːt] *f* ⟨~; ~s⟩ pamplemousse *m*
Graphik *etc* → **Grafik**
Graphit [gra'fiːt] *m* ⟨~s; ~e⟩ graphite *m*
Graphologe [grafo'loːgə] *m* ⟨~n; ~n⟩, **Graphologin** *f* ⟨~; ~nen⟩ graphologue *m,f*
Graphologie *f* ⟨~⟩ graphologie *f*
graphologisch *adj* graphologique
Grapscher F *m* ⟨~s; ~⟩ F peloteur *m*
Gras [graːs] *n* ⟨~es; ⸚er⟩ herbe *f*; *sc* graminée *f*; F *fig* **das Gras wachsen hören** se croire plus malin que les autres; F *fig* **über etw** (*acc*) **Gras wachsen lassen** passer l'éponge sur qc; F *fig* **ins Gras beißen** F claquer; F passer l'arme à gauche
grasbedeckt *adjt* couvert d'herbe
Grasbüschel *n* touffe *f* d'herbe
grasen *v/i* ⟨¢s⟩ paître
grasgrün *adj* vert-pré
Grashalm *m* brin *m* d'herbe
Grashüpfer F *m* sauterelle *f*
Grasnarbe *f* (couche *f* d')herbe *f*
grassieren [gra'siːrən] *v/i* ⟨sans ge⟩ *Krankheit* sévir; *Mode* faire fureur; *Gerücht* courir; *Missstände* régner
grässlich ['grɛslɪç] *adj* atroce; horrible; affreux
Grat [graːt] *m* ⟨~¢s; ~e⟩ **1.** *e-s Bergs* arête *f* **2.** TECH bavure *f*
Gräte ['grɛːtə] *f* ⟨~; ~n⟩ arête *f*
Gratifikation [gratifikatsi'oːn] *f* ⟨~; ~en⟩ gratification *f*
Gratin [gra'tɛ̃ː] *n* ⟨~s; ~s⟩ CUIS gratin *m*
gratis ['graːtɪs] *adv* gratuitement; gratis
Gratisprobe *f* échantillon gratuit
Grätsche ['grɛːtʃə] *f* ⟨~; ~n⟩ saut *m* jambes écartées
grätschen I *v/t Beine* écarter II *v/i* ⟨sn⟩ sauter jambes écartées
Gratulant(in) [gratu'lant(ɪn)] *m* ⟨~en; ~en⟩ (*f*)

⟨~in; ~innen⟩ personne *f* présentant ses félicitations à qn
Gratulation *f* ⟨~; ~en⟩ félicitations *f/pl*
gratulieren *v/i* ⟨sans ge⟩ **j-m zu etw gratulieren** féliciter qn de qc; **j-m zum Geburtstag gratulieren** souhaiter à qn un bon anniversaire; (**ich**) **gratuliere!** (mes) félicitations!
Gratwanderung *f fig* difficile exercice *m* d'équilibre; **sich auf e-r Gratwanderung befinden** être sur la corde raide
grau [grau] *adj* gris (*a fig Markt*); **in grauer Vorzeit** dans la nuit des temps; **grau werden** *Haare, Mensch* grisonner; **grau meliert** grisonnant; **der Himmel ist grau in grau** il fait gris; le temps est gris
Grau *n* ⟨~s; ~⟩ gris *m*; *fig* (*Trostlosigkeit*) grisaille *f*
Graubrot *n* pain bis
Graubünden [grau'byndən] *n* ⟨~s⟩ les Grisons *m/pl*
Gräuel ['grɔyəl] *st/s m* ⟨~s; ~⟩ **1.** (*Gräueltat*) atrocité *f* **2.** (*etw Abstoßendes*) horreur *f*; **er ist mir ein Gräuel** je ne peux pas le sentir; **das ist mir ein Gräuel** j'ai horreur de cela
Gräuelmärchen *n* atrocités inventées
Gräueltat *f* atrocité *f*
grauen¹ ['grauən] *v/i* **der Morgen graut** le jour se lève
grauen² *v/imp* **es graut mir, mir graut vor** (+ *dat*) j'ai horreur de; **davor graut mir** *a* cela me fait horreur
Grauen *n* ⟨~s⟩ horreur *f* (**vor** [+ *dat*] de); épouvante *f*; **ein Bild des Grauens** un spectacle horrible
grauenhaft, grauenvoll *adj* horrible; épouvantable (*beide a* F *fig*)
grauhaarig *adj* aux cheveux gris; gris
gräulich ['grɔylɪç] *adj* **1.** *Farbe* grisâtre **2.** (*grässlich*) atroce; horrible; affreux
graumeliert *adjt* grisonnant
Graupe ['graupə] *f* ⟨~; ~n⟩ *meist pl* orge mondé
Graupel ['graupəl] *f* ⟨~; ~n⟩ *meist pl* grésil *m*
graupeln *v/imp* ⟨¢⟩ **es graupelt** il tombe du grésil; il grésille
Graupelschauer *m* giboulée *f*
Graus [graus] *m* ⟨~es⟩ **es ist ein Graus mit ihr** avec elle, c'est l'horreur; F *plais* **o Graus!** horreur!
grausam *adj* **1.** (*brutal*) cruel **2.** (*schrecklich*), F *fig* terrible; horrible; atroce
Grausamkeit *f* ⟨~; ~en⟩ **1.** *Wesensart* cruauté *f* **2.** *Tat* (acte *m* de) cruauté *f*
grausen ['grauzən] → **grauen**²
Grausen *n* ⟨~s⟩ horreur *f*
grausig → **grauenhaft**
Grauzone *f* **in der Grauzone zwischen Legalität und Illegalität** à la limite de la légalité et de l'illégalité
Graveur *m* ⟨~s; ~e⟩ graveur *m*
gravieren [gra'viːrən] *v/t* ⟨sans ge⟩ graver (**in** [+ *acc*] dans)
gravierend *adjt Irrtum, Fehler* grave; *Unterschiede* gros; *Probleme* sérieux
Gravierung *f* ⟨~; ~en⟩ **1.** (*eingravierte Verzierung*) illustration, date, *etc* gravée **2.** *Tätigkeit* gravure *f*
Gravitation [gravitatsi'oːn] *f* ⟨~⟩ gravitation *f*
Gravitationsfeld *n* champ *m* de gravitation

Gravitationsgesetz *n* loi *f* de la gravitation
Gravur *f* ⟨~; ~en⟩ → *Gravierung*
Grazie ['gra:tsiə] *f* ⟨~; ~n⟩ 1. grâce *f* 2. *die drei Grazien* les trois Grâces *f/pl*
grazil [gra'tsi:l] *adj* gracile
graziös [gratsi'ø:s] *adj* gracieux
Greifarm *m* TECH bras *m*
Greifbagger *m* excavateur *m* à benne preneuse
greifbar *adj* 1. *Ware* disponible; *etw greifbar haben* avoir qc à portée de la main; *in greifbarer Nähe* à portée de la main 2. *fig* (*konkret*) tangible; (*deutlich*) concret; *Vorteil* palpable
greifen ['graɪfən] ⟨griff, gegriffen⟩ I *v/t* 1. (*ergreifen*) saisir; prendre; *fig zum Greifen nahe* à portée de la main 2. (*schätzen*) *das ist mir zu hoch gegriffen* c'est trop ('haut, élevé) II *v/i* 3. *in die Tasche greifen* porter la main à la poche; *nach etw greifen* (chercher à) prendre, saisir qc; *fig um sich greifen* se propager; *st/s zu etw greifen* prendre qc; avoir recours à qc 4. *fig Maßnahme etc* être opérant 5. TECH avoir prise
Greifer *m* ⟨~s; ~⟩ TECH grappin *m*
Greifvogel *m* rapace *m*; oiseau *m* de proie
Greifzange *f* pince *f*
greis [graɪs] *st/s adj* très âgé
Greis *m* ⟨~es; ~e⟩ vieillard *m*
Greisenalter *n* vieillesse *f*; grand âge
greisenhaft *adj Aussehen* de vieillard; *Verhalten* sénile
Greisin *f* ⟨~; ~nen⟩ vieille femme
grell [grɛl] *adj* 1. *Licht* cru; éblouissant; *Farbe* voyant; *péj* (*schrill*) criard 2. *Ton, Stimme* perçant
grellrot *adj* d'un rouge très vif, *péj* criard
Gremium ['gre:miʊm] *n* ⟨~s; -ien⟩ comité *m*; commission *f*
Grenada [gre'na:da] *n* ⟨~s⟩ la Grenade
Grenzbeamte(r) *m* agent *m* des douanes
Grenzbereich *m* 1. (*Grenzgebiet*) zone frontalière 2. *fig* limites *f/pl*
Grenzbewohner(in) *m(f)* frontalier, -ière *m,f*
Grenzbezirk *m* zone frontalière
Grenze ['grɛntsə] *f* ⟨~; ~n⟩ 1. *e-s Landes* frontière *f*; *die Grenze zu Frankreich* la frontière avec la France 2. *e-s Grundstücks, e-r Gemeinde* limite *f* 3. *fig* limite(s) *f(pl)*; bornes *f(pl)*; *sich in Grenzen* (*dat*) *halten* être limité; *Leistungen a* être moyen; *alles hat s-e Grenzen* il y a des limites à tout
grenzen *v/i* ⟨¢$⟩ *an etw* (*acc*) *grenzen* confiner à qc; *fig* friser qc; confiner à qc
grenzenlos I *adj* (*uneingeschränkt*) sans limites; illimité (*a Macht, Geduld, Vertrauen*); *Bewunderung* sans bornes; *péj* (*maßlos*) démesuré II *adv* infiniment
Grenzenlosigkeit *f* ⟨~⟩ immensité *f*
Grenzfall *m* cas *m* limite
Grenzgänger *m* ⟨~s; ~⟩ frontalier *m*
Grenzgebiet *m* région frontalière
Grenzkonflikt *m* conflit frontalier, de frontière
Grenzkontrolle *f* contrôle *m* à la frontière
Grenzlinie *f* ligne *f* de démarcation
Grenzpfahl *m* poteau *m* frontière
Grenzposten *m* 1. *Person* garde-frontière *m* 2. *Stelle* poste *m* frontière
Grenzstadt *f* ville frontière, frontalière
Grenzstein *m* borne *f*

Grenzstreitigkeit *f* différend frontalier
Grenzübergang *m* 1. *Stelle* poste *m* frontière 2. *Aktion* passage *m* de la frontière
grenzüberschreitend *adjt* au-delà des frontières
Grenzverkehr *m* trafic frontalier
Grenzverlauf *m* tracé *m* de la frontière
Grenzverletzung *f* violation *f* de frontière
Grenzwert *m* 1. (*äußerster Wert*) valeur *f* limite 2. MATH limite *f*
Grenzzwischenfall *m* incident *m* de frontière
Greuel *etc* → *Gräuel*
Grieben ['gri:bən] *f/pl* rillons *m/pl*
Griebenschmalz *n* saindoux contenant des rillons
Grieche ['gri:çə] *m* ⟨~n; ~n⟩, **Griechin** *f* ⟨~; ~nen⟩ Grec *m*, Grecque *f*
Griechenland *n* ⟨~s⟩ la Grèce
griechisch *adj* grec
griechisch-orthodox *adj* orthodoxe grec
griechisch-römisch *adj* gréco-romain
Griesgram ['gri:sgra:m] *m* ⟨~¢s; ~e⟩ grincheux *m*; grognon *m*
griesgrämig [-grɛ:mɪç] *adj* grincheux; grognon
Grieß [gri:s] *m* ⟨~es, ~e⟩ semoule *f*
Grießbrei *m* (bouillie *f* de) semoule *f*
Grießklößchen *n* quenelle *f* à la semoule
Grießmehl *n* semoule *f*
Grießnockerl *n österr* quenelle *f* de semoule
Grießpudding *m* entremets *m* à base de semoule
griff [grɪf] → *greifen*
Griff *m* ⟨~¢s; ~e⟩ 1. *e-r Tür, e-s Degens, Hebels, Koffers etc* poignée *f*; *e-s Topfes* anse *f*; *e-s Werkzeugs, Messers* manche *m* 2. (*Handgriff*) geste *m*; SPORT prise *f*; *mit e-m Griff holte sie ein Glas Marmelade aus dem Regal* (d'un geste,) elle attrapa un pot de confiture sur le rayon 3. *fig* (*mit j-m, etw*) *e-n guten Griff tun* avoir la main heureuse (en choisissant qn, qc); *etw im Griff haben* (*gut können*) avoir l'habitude de (faire) qc; (*unter Kontrolle haben*) maîtriser qc; *etw in den Griff bekommen* apprendre à faire qc
griffbereit *adj* à portée de la main
Griffel ['grɪfəl] *m* ⟨~s; ~⟩ 1. (*Schreibgriffel*) crayon *m* d'ardoise 2. BOT style *m*
griffig *adj* 1. (*handlich*) maniable 2. *Reifen etc* antidérapant 3. *Stoff* qui a de la tenue
Grill [grɪl] *m* ⟨~s, ~s⟩ *Gerät* gril *m*; (*Grillrost*) gril *m*; barbecue *m*
Grille ['grɪlə] *f* ⟨~; ~n⟩ 1. ZO grillon *m* 2. *st/s* (*wunderlicher Einfall*) lubie *f*
grillen I *v/t* faire griller II *v/i* faire un barbecue
Grillparty *f* barbecue *m*
Grillplatz *m* emplacement aménagé pour un barbecue
Grillrestaurant *n* restaurant spécialisé en grillades
Grillrost *m* grille *f* (d'un gril)
Grillzange *f* pincette *f* (pour barbecue)
Grimasse [gri'masə] *f* ⟨~; ~n⟩ grimace *f*; *Grimassen schneiden* faire des grimaces
grimmig ['grɪmɪç] *adj* 1. (*zornig*) furibond 2. *fig Kälte* terrible
Grind [grɪnt] *m* ⟨~¢s; ~e⟩ (*Wundschorf*) escarre *f*
grinsen ['grɪnzən] *v/i* ⟨¢$⟩ ricaner

Grinsen *n* ⟨~s⟩ ricanement *m*
grippal *adj* grippal; **grippaler Infekt** infection grippale
Grippe ['grɪpə] *f* ⟨~; ~n⟩ grippe *f*
Grippeepidemie *f* épidémie *f* de grippe
Grippeimpfung *f* vaccination *f* contre la grippe
grippekrank *adj* grippé
Grippevirus *n od m* virus grippal
Grippewelle *f* épidémie *f* de grippe
Grips [grɪps] F *m* ⟨~es⟩ F jugeote *f*; **s-n Grips anstrengen** F se creuser les méninges
Grislibär, Grizzlybär ['grɪsli-] *m* grizzly *m*
grob [gro:p] **I** *adj* ⟨~er; ~ste⟩ **1.** *Gewebe, Gesichtszüge* grossier; *Feile, Faser, Sand* gros **2.** *Fehler, Irrtum* grossier; grave; *Lüge* gros **3.** *Person* grossier; rude (**zu** avec) **4.** *(ungefähr) Skizze* grossier; *Schätzung* approximatif; **in groben Umrissen od Zügen** en gros; grosso modo **II** *adv* **5.** *zerkleinern etc* grossièrement **6.** *(schwerwiegend)* gravement **7.** *mit Worten* grossièrement; *körperlich* avec rudesse **8.** *(ungefähr)* en gros
Grobeinstellung *f* réglage grossier
Grobheit *f* ⟨~; ~en⟩ grossièreté *f*
Grobian ['gro:bia:n] *m* ⟨~¢s; ~e⟩ *péj* mufle *m*; goujat *m*; malotru *m*
grobkörnig *adj* à gros grains
grobschlächtig [-ʃlɛçtɪç] *adj Gestalt* lourd; maladroit; *Gesichtszüge* grossier
Grog [grɔk] *m* ⟨~s; ~s⟩ grog *m*
groggy ['grɔgi] *adj* groggy
grölen ['grø:lən] F *péj v/t u v/i* beugler; F brailler
Groll [grɔl] *st/s m* ⟨~¢s⟩ rancune *f*; *p/fort* rancœur *f*
grollen *st/s v/i* **1.** *j-m grollen* garder rancune à qn (**wegen etw** de qc) **2.** *Donner* gronder
Grönland ['grø:nlant] *n* ⟨~s⟩ le Groenland
Gros [gro:] *n* ⟨~ (o)(s)!; ~ [gro:s]⟩ gros *m*
Groschen ['grɔʃən] *m* ⟨~s; ~⟩ **1.** HIST *österr* groschen *m* **2.** F HIST *(Zehnpfennigstück)* pièce *f* de dix pfennigs **3.** F *fig der Groschen ist gefallen* F il, *etc* a pigé
Groschenroman *m* roman *m* de quatre sous
groß [gro:s] **I** *adj* ⟨~er, größte⟩ **1.** *Ausmaße, Menge, Bedeutung* grand (*a fig*); *im Volumen oft* gros; **wie groß ist …?** combien mesure …?; **sie ist 1,70 m groß** elle fait, mesure 1,70 m; **im Großen und Ganzen** en gros; dans l'ensemble **2.** *(älter)* **mein großer Bruder** mon grand frère; *von Kindern* **das ist unser Großer** c'est notre aîné **3.** *(erwachsen)* grand; **Groß und Klein** petits et grands; **die Großen** les grands *m/pl*; les grandes personnes; **groß werden** grandir **II** *adv* **groß angelegt** *Plan etc* de grande envergure; **j-n groß ansehen** regarder qn avec de grands yeux; F **groß ausgehen** sortir sans regarder à la dépense; F faire la tournée des grands-ducs; F **etw groß feiern** faire une grande fête pour qc; → **großschreiben**
Großabnehmer *m* acheteur *m* en gros
Großaktionär *m* gros actionnaire
Großalarm *m* alerte générale
großangelegt *adjt* → **groß II**
Großangriff *m* attaque *f* de grande envergure
großartig **I** *adj* grandiose; magnifique **II** *adv* magnifiquement; à merveille

Großaufnahme *f* gros plan
Großauftrag *m* grosse commande
Großbank *f* ⟨~; ~en⟩ grande banque
Großbaustelle *f* grand chantier
Großbritannien [gro:sbri'taniən] *n* ⟨~s⟩ la Grande-Bretagne
Großbuchstabe *m* majuscule *f*; TYPO capitale *f*
Größe ['grø:sə] *f* ⟨~; ~n⟩ **1.** *Eigenschaft* grandeur *f* (*a fig*); *im Volumen oft* grosseur *f*; *(Ausmaße)* dimensions *f/pl*; taille *f* (*a Körpergröße*) **2.** *e-s Kleidungsstücks* taille *f*; *(Schuhgröße, Handschuhgröße, Hutgröße)* pointure *f*; *(Format)* format *m*; **ich habe Größe 42** je fais du 42; **bei Schuhen** *a* je chausse du 42 **3.** MATH, PHYS grandeur *f*; **unbekannte Größe** inconnue *f* (*a fig*) **4.** *fig Person* sommité *f*; *im Sport etc* as *m*

Größen

die Kleidergröße	=	**la taille**
die Schuhgröße	=	**la pointure**

Übrigens: Wer in Frankreich ein Kleidungsstück kauft, sollte bei der Größe achtgeben, denn die deutschen und die französischen Konfektionsgrößen stimmen nicht überein: So entspricht z. B. die deutsche Damengröße 38 der französischen 40, die deutsche 40 entspricht der französischen 42 usw.

Großeinkauf *m* achat *m* en gros; **e-n Großeinkauf machen** faire tous ses achats, toutes ses courses en même temps
Großeltern *pl* grands-parents *m/pl*
Größenordnung *f* ordre *m* de grandeur; **in e-r Größenordnung von 30%** de l'ordre de 30%
großenteils *adv* en grande partie
Größenverhältnis *n* proportion *f*
Größenwahn *m* folie *f* des grandeurs; mégalomanie *f*
größenwahnsinnig *adj* mégalomane
größer ['grø:sər] *adj* **1.** plus grand; **größer machen** *Schrift, Loch etc* agrandir; **größer werden** *Lebewesen, Unzufriedenheit* grandir; *Familie, Firma, Stadt* s'agrandir; *Arbeitslosigkeit, Schulden, Bevölkerung* augmenter **2.** *(ziemlich groß)* assez grand; *Summe* assez gros
Großfahndung *f* vaste opération *f* de recherches policières
Großfamilie *f* grande famille
großflächig *adj* à grande surface; sur une grande surface
Großflughafen *m* aéroport *m* (international)
Großformat *n* grand format
Großgrundbesitzer *m* grand propriétaire terrien
Großhandel *m* commerce *m* de *od* en gros
Großhändler *m* grossiste *m*
Großhandlung *f* magasin *m* de gros
großherzig *st/s adj* magnanime
Großherzog(in) *m(f)* grand-duc *m*, grande-duchesse *f*
Großhirn *n* cerveau *m*
Großhirnrinde *f* écorce cérébrale

Großindustrie *f* grande, grosse industrie
Großindustrielle(r) *m* grand industriel
Grossist [grɔˈsɪst] *m* ⟨~en; ~en⟩ COMM grossiste *m*
großjährig [ˈɡroːsjɛːrɪç] *litt adj* majeur
Großkapitalist *m* gros capitaliste
Großkatze *f* grand félin
Großkonzern *m* grand consortium
großkotzig F *péj adj* F crâneur
Großkundgebung *f* manifestation *f* monstre
Großmacht *f* grande puissance
Großmama F *f* mamie *f*; bonne-maman *f*
Großmarkt *m* e-r *Stadt* 'halles *f/pl*; (*Verbrauchermarkt*) hypermarché *m*
Großmaul F *n* F grande gueule
Großmut *f* ⟨~⟩ magnanimité *f*
großmütig *adj* magnanime
Großmutter *f* ⟨~; -mütter⟩ grand-mère *f*
Großneffe *m* petit-neveu *m*
Großnichte *f* petite-nièce *f*
Großonkel *m* grand-oncle *m*
Großpapa F *m* papi *od* papy *m*; grand-papa *m*
Großraum *m* agglomération *f*
Großraumabteil *n* BAHN voiture *f* à couloir central, sans compartiments; *in Frankreich a* voiture *f* corail
Großraumbüro *n* grand bureau aménagé pour plusieurs postes de travail
Großraumflugzeug *n* gros-porteur *m*
großräumig [ˈɡroːsrɔymɪç] I *adj* 1. (*viel Platz bietend*) spacieux 2. (*große Gebiete betreffend*) vaste II *adv* **etw großräumig umfahren** faire un grand détour autour de qc
Großraumlimousine *f* monospace *m od f*
Großrechner *m* gros ordinateur
Großreinemachen *n* nettoyage *m* en grand
großschreiben *v/t* ⟨*irr*⟩ *Wort* écrire avec une majuscule
Großschreibung *f* emploi *m* des majuscules
großspurig *adj* fanfaron
Großstadt *f* grande ville
Großstädter(in) *m(f)* habitant(e) *m(f)* d'une grande ville
großstädtisch *adj* d'une grande ville
Großstadtmensch *m* habitant(e) *m(f)* d'une grande ville
Großstadtverkehr *m* circulation *f*, trafic *m* d'une grande ville
Großtante *f* grand-tante *f*
Großtat *f* exploit *m*; prouesse *f*
größte [ˈɡrøːstə] *adj* le plus grand
Großteil *m* grande partie; **zum Großteil** en majeure partie
größtenteils *adv* pour la plupart; en majeure partie
größtmöglich *adj* le plus grand possible
Großunternehmen *n* grande entreprise
Großvater *m* grand-père *m*
Großveranstaltung *f* grande réunion
Großverdiener *m* gros salaire
Großwetterlage *f* situation météorologique générale
Großwild *n* gros gibier
Großwildjagd *f* chasse *f* aux grands animaux
Großwildjäger *m* chasseur *m* (de gros gibier)
großziehen *v/t* ⟨*irr*⟩ élever
großzügig *adj* 1. (*freigebig*) généreux; (*tolerant*) large d'esprit 2. (*weiträumig*) vaste; spacieux

Großzügigkeit *f* ⟨~⟩ 1. (*Freigebigkeit*) générosité *f*; largesse *f*; (*Toleranz*) largeur *f* d'esprit 2. (*Weiträumigkeit*) caractère spacieux
grotesk [ɡroˈtɛsk] *adj* grotesque
Grotte [ˈɡrɔtə] *f* ⟨~; ~n⟩ grotte *f*
grottenschlecht P *adj* P nul à chier
grub [ɡruːp] → *graben*
Grübchen [ˈɡryːpçən] *n* ⟨~s; ~⟩ fossette *f*
Grube [ˈɡruːbə] *f* ⟨~; ~n⟩ 1. fosse *f* 2. BERGBAU mine *f*
Grübelei *f* ⟨~; ~en⟩ ruminations *f/pl*
grübeln [ˈɡryːbəln] *v/i* ⟨¢⟩ ruminer (**über etw** [*acc*] qc)
Grubenarbeiter *m* mineur *m*
Grubengas *n* grisou *m*
Grubenlampe *f* lampe *f* de mineur
Grubenunglück *n* catastrophe minière
Grübler(in) *m* ⟨~s; ~⟩ (*f*) ⟨~in; ~innen⟩ méditatif, -ive *m,f*
grüezi [ˈɡryːɛtsi] *int schweiz* (*guten Morgen, Tag*) bonjour; (*guten Abend*) bonsoir
Gruft [ɡrʊft] *f* ⟨~; ≈e⟩ caveau *m*
Grufti [ˈɡrʊfti] *m* ⟨~s; ~s⟩ *Jugendsprache* F croulant(e) *m(f)*
grün [ɡryːn] *adj* 1. vert (*a Salat, Tee, Obst*); *fig* (*unerfahren*) inexpérimenté; novice; *fig* **grünes Licht für etw geben** donner le feu vert à qc; **grün werden** devenir vert; *Natur* reverdir; F *fig* **sich grün und blau ärgern** se fâcher tout rouge; F **j-n grün und blau schlagen** F tabasser qn; F *fig* **j-m nicht grün sein** ne pas porter qn dans son cœur 2. ÉCOL, POL vert; F écolo; **der Grüne Punkt** label sur l'emballage qui en garantit la reprise et le recyclage
Grün *n* ⟨~s; ~⟩ 1. *Farbe* vert *m*; **die Ampel steht auf Grün** le feu est au vert; F **das ist dasselbe in Grün** c'est du pareil au même; F c'est kif-kif 2. *Pflanzen* verdure *f*
Grünanlagen *f/pl* espaces verts
Grund [ɡrʊnt] *m* ⟨~¢s; ≈e⟩ 1. (*Untergrund, Hintergrund*) fond *m* 2. *e-s Gewässers, Gefäßes* fond *m*; MAR **auf Grund laufen** (s')échouer; *fig* **e-r Sache** (*dat*) **auf den Grund gehen** aller au fond des choses; *fig* **von Grund auf** de fond en comble; à fond; *stl/s* **im Grunde s-s Herzens** au fond de son cœur; **im Grunde** (*genommen*) au fond 3. (*Erdboden*) sol *m*; **Grund und Boden** terres *f/pl*; terrain *m*; *fig* **sich in Grund und Boden schämen** mourir de honte 4. (*Vernunftgrund*) raison *f*; (*Beweggrund*) motif *m*; (*Ursache*) cause *f*; **Grund haben zu** (+ *inf*) avoir lieu, des raisons de (+ *inf*); **das ist kein Grund zur Aufregung** il n'y a pas de quoi s'affoler; **und zwar aus gutem Grund(e)** et pour cause; **ohne Grund** sans raison; sans cause; **auf Grund von** (*wegen*) en raison de; (*kraft*) en vertu de; **aus welchem Grund?** pour quelle raison?
Grundanstrich *m* première couche (de peinture); fond *m*
Grundausbildung *f* MIL instruction *f* militaire (de base)
Grundausstattung *f* équipement *m* de base
Grundbedeutung *f* sens premier, primitif
Grundbegriff *m* notion fondamentale; **Grundbegriffe** *pl* rudiments *m/pl*; éléments *m/pl*
Grundbesitz *m* propriété foncière
Grundbesitzer *m* propriétaire foncier, terrien

G

Grundbuch *n etwa* registre *m* du bureau des hypothèques

Grundbuchamt *n etwa* bureau *m* (de conservation) des hypothèques

Grundbuchauszug *m etwa* extrait *m* du registre du bureau des hypothèques

Grundbucheintragung *f etwa* inscription *f* au registre du bureau des hypothèques

grundehrlich *adj* foncièrement honnête

gründen ['grʏndən] ⟨-e-⟩ **I** *v/t* fonder; créer; *etw auf etw* (*acc*) *gründen* baser qc sur qc **II** *v/r sich auf etw* (*acc*) *gründen* se baser, se fonder sur qc

Gründer(in) *m* ⟨∼s; ∼⟩ (*f*) ⟨∼in; ∼innen⟩ fondateur, -trice *m,f*

Grunderwerb(s)steuer *f* droits *m/pl* de mutation

grundfalsch *adj* absolument faux

Grundfarbe *f* **1.** *Farbenlehre* couleur *f* primaire **2.** (*Grundierung*) fond *m*; apprêt *m*

Grundfesten ['grʊntfɛstən] *st/s pl* bases *f/pl*; *etw in s-n Grundfesten erschüttern* ébranler qc jusque dans ses fondements

Grundfläche *f e-r Wohnung* surface *f*; MATH base *f*

Grundgebühr *f* taxe *f* de base

Grundgedanke *m* idée fondamentale

Grundgehalt *n* salaire *m*, traitement *m* de base

Grundgesetz *n* loi fondamentale; (*Verfassung*) constitution *f*

grundieren *v/t* ⟨*sans ge*⟩ passer la première couche sur

Grundierung *f* ⟨∼; ∼en⟩ **1.** *Tätigkeit* application *f* de la première couche **2.** *Ergebnis* première couche

Grundkapital *n* capital social

Grundkenntnisse *f/pl* connaissances *f/pl* de base

Grundkurs *m in der Oberstufe* cours *m* de base

Grundlage *f* base *f*; *e-r Theorie etc* fondement *m*; *auf der Grundlage von* sur la base de; *jeder Grundlage* (*gén*) *entbehren* être dénué de tout fondement

grundlegend *adjt* fondamental

gründlich ['grʏntlɪç] **I** *adj Person, Arbeit* minutieux; *Kenntnisse* solide; *Untersuchung* approfondi **II** *adv* **1.** à fond; minutieusement **2.** F (*gehörig*) complètement; F à fond

Gründlichkeit *f* ⟨∼⟩ (*Sorgfalt*) minutie *f*; soin *m*; *e-r Arbeit* qualité *f*

Grundlinie *f* **1.** MATH base *f* **2.** SPORT ligne *f* de fond

grundlos I *adj* sans fondement; gratuit **II** *adv* sans raison

Grundmauer *f* mur *m* de fondation

Grundnahrungsmittel *n* aliment *m* de base

Gründonnerstag *m* jeudi saint

Grundpfeiler *m fig* pilier *m*

Grundprinzip *n* principe fondamental

Grundrechenart *f*, **Grundrechnungsart** *f* opération fondamentale de l'arithmétique

Grundrecht *n* droit fondamental

Grundregel *f* règle fondamentale

Grundriss *m* **1.** plan *m* **2.** *Lehrbuch* précis *m* (+ *gén* de)

Grundsatz *m* principe *m*

Grundsatzdebatte *f*, **Grundsatzdiskussion** *f* discussion *f* de principe

Grundsatzentscheidung *f* décision *f* de principe

Grundsatzerklärung *f* déclaration *f* de principe

Grundsatzfrage *f* question *f* de principe

grundsätzlich ['grʊntzɛtslɪç] **I** *adj* **1.** (*grundlegend*) fondamental **2.** (*prinzipiell*) de principe **II** *adv* **3.** fondamentalement **4.** (*aus Prinzip*) par principe **5.** (*im Prinzip*) en principe

Grundsatzprogramm *n* programme limité à ses grandes lignes

Grundsatzrede *f* discours *m* (exposant des principes)

Grundsatzurteil *n* JUR jugement *m* qui fait jurisprudence

Grundschuld *f* ⟨∼; ∼en⟩ dette foncière; (*Hypothek*) hypothèque *f*

Grundschule *f* école *f* primaire

Grundschüler(in) *m*(*f*) écolier, -ière *m,f*

Grundschullehrer(in) *m*(*f*) instituteur, -trice *m,f*

Grundstein *m* première pierre

Grundsteinlegung *f* ⟨∼; ∼en⟩ pose *f* de la première pierre

Grundsteuer *f* impôt foncier

Grundstock *m* base *f*

Grundstoff *m* **1.** CHIM corps *m* simple **2.** (*Rohstoff*) matière première

Grundstück *n* terrain *m*

Grundstücksmakler *m* agent immobilier

Grundstücksspekulation *f* spéculation foncière

Grundstudium *n* premier cycle d'études universitaires

Grundstufe *f* SCHULE premier cycle de lycée (comprenant la 5e, 6e et 7e année de scolarité)

Grundtendenz *f* tendance fondamentale

Grundton *m* ⟨∼s; -töne⟩ **1.** MUS son fondamental **2.** PEINT ton dominant **3.** *fig* ton général

Grundübel *n* source *f* de tous les maux

Grundüberzeugung *f* conviction fondamentale

Grundübung *f* exercice *m* de base

Grundumsatz *m* métabolisme basal

Gründung *f* ⟨∼; ∼en⟩ fondation *f*

Gründungsjahr *n* année *f* de fondation

Gründungsmitglied *n* membre fondateur

grundverkehrt *adj* absolument faux

grundverschieden *adj* radicalement différent

Grundversorgung *f mit Vorräten* approvisionnement *m*, ravitaillement *m* avec des aliments de base; *mit Strom, Wasser* distribution *f*; *von Kranken, Kindern* soins *m/pl* élémentaires; (*Altersgrundversorgung*) retraite *f* de base

Grundvoraussetzung *f* condition impérative

Grundwasser *n* nappe *f* phréatique

Grundwasserspiegel *m* niveau *m* de la nappe phréatique

Grundwortschatz *m* vocabulaire *m* de base

Grundzahl *f* nombre cardinal

Grundzug *m* caractéristique *f*

Grüne(r) *f(m)* ⟨→ A⟩ POL membre *m* du parti écologiste allemand; *die Grünen* les Verts *m/pl*

Grüne(s) *n* ⟨→ A⟩ **1.** *Farbe* vert *m* **2.** (*Natur*) nature *f*; *im Grünen* dans la nature

grünen *st/s v/i* verdir; verdoyer

Grünfink *m* verdier *m*

Grünfläche *f* espace vert

Grüngürtel *m* ceinture verte

Grünkern *m* ⟨∼¢s⟩ (grain *m* de) blé vert
Grünkohl *m* chou vert
grünlich *adj* verdâtre
Grünpflanze *f* plante verte
Grünschnabel *m* *péj* blanc-bec *m*
Grünspan *m* vert-de-gris *m*
Grünspecht *m* piver
Grünstreifen *m* *e-r Straße* terre-plein central
grunzen ['grʊntsən] *v/i* ⟨¢$⟩ grogner
Grünzeug F *n* verdure *f*
Gruppe ['grʊpə] *f* ⟨∼; ∼n⟩ groupe *m*; (*Katego-rie*) catégorie *f*
Gruppenarbeit *f* travail *m* en groupe
Gruppenbild *n* photo *f* de groupe
Gruppendynamik *f* PSYCH dynamique *f* de groupe
gruppendynamisch *adj* PSYCH de dynamique de groupe
Gruppenfoto *n* → **Gruppenbild**
Gruppenführer(in) *m(f)*, **Gruppenleiter(in)** *m(f)* chef *m* de groupe
Gruppenmitglied *n* membre *m* d'un groupe, d'une équipe, *etc*
Gruppenreise *f* voyage organisé
Gruppensex *m* échangisme *m*
Gruppentherapie *f* thérapie *f* de groupe
Gruppenunterricht *m* enseignement *m* par groupes
gruppenweise *adv* par groupes
gruppieren *v/t* (*u v/r*) ⟨*sans ge*⟩ (**sich gruppie-ren** se) grouper
Gruppierung *f* ⟨∼; ∼en⟩ groupement *m*; *in e-r Partei* fraction *f*
Gruselfilm ['gruːzəl-] *m* film *m* d'épouvante
grus(e)lig *adj* qui donne le frisson
gruseln *v/t u v/i* ⟨¢⟩ *mir od mich gruselt* cela me donne le frisson; je frissonne d'épouvante
Gruseln *n* ⟨∼s⟩ frisson *m*; épouvante *f*
Gruß [gruːs] *m* ⟨∼es; ∼e⟩ **1.** *Wort, Geste* salut *m* **2.** *Briefschluss* **mit freundlichen Grüßen** sin-cères salutations; *förmlicher* veuillez agréer, chère Madame *bzw* cher Monsieur, l'expres-sion de mes sentiments distingués; (**mit**) **herz-liche(n) Grüße(n)** amitiés; je vous *bzw* je t'em-brasse; **viele Grüße** meilleurs souvenirs (**aus Berlin** de Berlin) **3.** *aufgetragener* bonjour *m*; *unter Vertrauten* amitiés *f/pl*; *j-m von j-m* **Grüße bestellen** *od* **ausrichten** donner le bonjour à qn de la part de qn; **e-n schönen Gruß von mir!** donne-lui le bonjour de ma part!
grüßen ['gryːsən] ⟨¢$⟩ **I** *v/t* dire bonjour à; sa-luer; *südd* **grüß** (**dich**) **Gott!** bonjour! *bzw* bonsoir!; F **grüß dich!** salut!; **grüßen Sie ihn von mir!** donnez-lui le bonjour de ma part! **er lässt Sie grüßen** il vous donne le bonjour **II** *v/i* dire bonjour
Grütze ['grʏtsə] *f* ⟨∼; ∼n⟩ **1.** gruau *m*; **rote Grüt-ze** gelée à base de fruits rouges **2.** F *fig* (*Ver-stand*) cervelle *f*; F jugeote *f*
Guatemala [guate'maːla] *n* ⟨∼s⟩ le Guatemala
gucken ['gʊkən] F **I** *v/t Fernsehen, Film* regar-der **II** *v/i* **1.** regarder, F zieuter (**auf etw** [+ *acc*], **nach etw, nach j-m** qc, qn); **guck mal!** re-garde! **2.** (*hervorsehen*) dépasser (**aus** de) **3.** **böse, freundlich gucken** avoir l'air méchant, aimable
Guckloch *n* trou *m* (pour regarder qc); *in e-r*

Tür etc judas *m*
Guerillakrieg [gɛ'rɪlja-] *m* guérilla *f*
Gugelhupf ['guːgəlhupf] *m* ⟨∼¢s; ∼e⟩ *südd, österr* kouglof *m*
Guillotine [gijo'tiːnə] *f* ⟨∼; ∼n⟩ guillotine *f*
Guinea [gi'neːa] *n* ⟨∼s⟩ la Guinée
Guinea-Bissau [gi'neːabɪ'sau] *n* ⟨∼s⟩ la Gui-née-Bissau
Gulasch ['gulaʃ *ou* 'guːlaʃ] *n od m* ⟨∼¢s; ∼e *ou* ∼s⟩ goulache *od* goulasch *f od m*
Gulaschkanone *f* MIL *plais* (cuisine *f*) roulante *f*
Gulaschsuppe *f* soupe *f* de goulache
Gulden ['gʊldən] *m* ⟨∼s; ∼⟩ HIST florin *m*
Gülle ['gʏlə] *f* ⟨∼⟩ *südd, schweiz* purin *m*
Gully ['guli] *m od n* ⟨∼s; ∼s⟩ bouche *f* d'égout
gültig ['gʏltɪç] *adj* valable; JUR *a* valide; *Geld* qui a cours
Gültigkeit *f* ⟨∼⟩ validité *f*; **Gültigkeit haben** être valable
Gültigkeitsdauer *f* durée *f*, période *f* de validité
Gummi¹ ['gumi] *n od m* ⟨∼s; ∼$⟩ *Material* caoutchouc (vulcanisé)
Gummi² *m* ⟨∼s; ∼s⟩ **1.** (*Radiergummi*) gomme *f* **2.** F (*Präservativ*) F capote anglaise
Gummi³ F *n* ⟨∼s; ∼s⟩ (*Gummiband*) élastique *m*
gummiartig *adj* caoutchouteux
Gummiball *m* balle *f*, *großer* ballon *m* de caout-chouc
Gummiband *n* élastique *m*
Gummibärchen *n* ⟨∼s; ∼⟩ ourson *m* en gomme gélifiée
Gummibaum *m* caoutchouc *m*
Gummiboot *n* canot *m* pneumatique
gummieren *v/t* ⟨*sans ge*⟩ gommer
Gummihandschuh *m* gant *m* de caoutchouc
Gummiknüppel *m* matraque *f* (en caoutchouc)
Gummiparagraph F *m* loi *f* élastique
Gummipuppe *f* poupée *f* en caoutchouc
Gummireifen *m* pneu(matique) *m*
Gummiring *m* *auf Einmachgläsern* caoutchouc *m*; *Büroartikel* élastique *m*
Gummischlauch *m* tuyau *m* en *od* de caout-chouc
Gummischuh *m* chaussure *f* en caoutchouc
Gummischürze *f* tablier *m* en caoutchouc
Gummisohle *f* semelle *f* de caoutchouc
Gummistiefel *m* botte *f* en caoutchouc
Gummistrumpf *m* bas *m* à varices
Gummitier *n* *Spielzeug* animal *m* en caout-chouc
Gummizelle *f* cabanon *m*
Gummizug *m* COUT (bande *f*) élastique *m*
Gunst [gunst] *f* ⟨∼⟩ faveur(s) *f(pl)*; **die Gunst der Stunde nutzen** profiter de l'occasion pro-pice; **zu s-n Gunsten** en sa faveur
günstig ['gʏnstɪç] **I** *adj* favorable (**für** à); *Zeit-punkt, Wetter a* propice; *Angebot, Preis* avan-tageux **II** *adv* favorablement; *kaufen* à un prix avantageux; **sich günstig auswirken** avoir des effets favorables
Günstling ['gʏnstlɪŋ] *m* ⟨∼s; ∼e⟩ *péj* protégé(e) *m(f)*
Gurgel ['gʊrgəl] *f* ⟨∼; ∼n⟩ gorge *f*
gurgeln *v/i* ⟨¢⟩ **1.** (*spülen*) se gargariser **2.** (*blub-bern*) gargouiller
Gürkchen ['gʏrkçən] *n* ⟨∼s; ∼⟩ cornichon *m*
Gurke ['gʊrkə] *f* ⟨∼; ∼n⟩ concombre *m*; *kleine*

cornichon *m*; *saure Gurke* cornichon au vinaigre

Gurkenhobel *m* râpe *f* (à concombre)

Gurkensalat *m* salade *f* de concombres

gurren ['gurən] *v/i* roucouler

Gurt [gurt] *m* ⟨~¢s; ~e⟩ (*Riemen*) sangle *f*; (*Sicherheitsgurt*) ceinture *f*

Gürtel ['gyrtəl] *m* ⟨~s; ~⟩ ceinture *f*; F *fig den Gürtel enger schnallen* F se serrer la ceinture

Gürtellinie *f* ceinture *f*; *ein Schlag unter die Gürtellinie* un coup bas (*a* F *fig*)

Gürtelreifen *m* pneu *m* à carcasse radiale

Gürtelrose *f* MÉD zona *m*

Gürtelschlaufe *f* passant *m* de ceinture

Gürtelschnalle *f* boucle *f* de ceinture

Gürteltasche *f* (sac *m*) banane *f*

Gürteltier *n* tatou *m*

Gurtmuffel F *m* personne qui n'aime pas mettre de ceinture de sécurité en voiture

Gurtstraffer *m* ⟨~s; ~⟩ AUTO rétracteur *m* de ceinture de sécurité

Guru ['gu:ru] *m* ⟨~s; ~s⟩ gourou *m* (*a fig*)

GUS [ge:ʔu:'ʔɛs] *abr* (*Gemeinschaft Unabhängiger Staaten*) *die GUS* la CEI

Guss [gus] *m* ⟨~es; ~e⟩ **1.** TECH fonte *f*; *fig wie aus e-m Guss* sans défaut; impeccable **2.** F (*Regenguss*) ondée *f*; averse *f* **3.** CUIS glaçage *m*

Gussbeton *m* béton coulé

Gusseisen *n* fonte *f*

gusseisern *adj* en fonte

Gussform *f* moule *m*

Gussstahl *m* acier fondu

gut [gu:t] **I** *adj* ⟨besser, beste⟩ **1.** bon; *prädikativ* (*gut gemacht etc*) bien; *Wetter* beau; *gute zehn Minuten* dix bonnes minutes; *die gute alte Zeit* le bon vieux temps; *Gut und Böse* le bien et le mal; *zu j-m gut sein* être bon pour qn; *seien Sie so gut und ...* veuillez ...; *Mittel für od zu, gegen etw gut sein* être bon pour od à, contre qc; *es wird noch alles gut werden* tout s'arrangera; *mir ist nicht gut* je ne me sens pas bien; *es ist gut od wie gut, dass du gekommen bist* heureusement que tu es venue; *es wäre gut, wenn ...* ce serait bien de (+ *inf*); F *gut (so)!* bien!; (*also od nun*) *gut!* bon!; bien!; soit!; F *lassen wir es gut sein!* restons-en là! **2.** *Schulnote* → *Zwei*; *sehr gut* → *Eins* **II** *adv* bien; **a**) *mit Verben gut gehen* *Geschäft* bien marcher; (*gut ausgehen*) se terminer bien; bien finir; (*gut verlaufen*) se passer bien; *es geht ihm gut* gesundheitlich il va bien; geschäftlich ses affaires vont bien; *etw gut können* savoir bien faire qc; F *machs gut!* F salut!; → *guttun* **b**) *mit p/pr gut aussehend* beau; gesundheitlich *Geschäft* prospère; florissant **c**) *mit p/p gut bezahlt* bien payé; *gut erhalten* en bon état; F *Person gut gebaut* bien bâti; *gut gelaunt* de bonne humeur; *gut gemeint* qui part d'une bonne intention; *gut situiert* fortuné; aisé **d**) *bei Zeitangaben gut zehn Jahre* dix bonnes années; *vor gut zehn Jahren* il y a, cela fait bien dix ans **e**) *mit adv* F *gut und gern* au moins; *so gut wie alles, nichts* presque tout, rien

Gut *n* ⟨~¢s; ~er⟩ **1.** (*Besitz*) bien *m* (*a fig*) **2.** (*Landgut*) domaine *m*; (*Gutshof*) ferme *f* **3.** (*Transportgut*) marchandise(s) *f(pl)*

Gutachten *n* ⟨~s; ~⟩ expertise *f*

Gutachter *m* ⟨~s; ~⟩ expert *m*

gutartig *adj* **1.** *Tier* inoffensif; pas méchant (de nature) **2.** MÉD bénin

gutaussehend *adjt* beau

gutbezahlt *adjt* bien payé

gutbürgerlich **I** *adj* bourgeois **II** *adv* *gutbürgerlich essen* manger de la cuisine bourgeoise

Gutdünken ['gu:tdʏŋkən] *n* ⟨~s⟩ *nach* (*meinem etc*) *Gutdünken* comme bon me, *etc* semble

Gute(s) *n* ⟨→ A⟩ **1.** bien *m*; (*j-m*) *Gutes tun* faire du bien (à qn); *des Guten zu viel tun* exagérer; *das ist des Guten zu viel* c'en est trop; *sein Gutes haben* avoir du bon; *j-m etw im Guten sagen* dire qc à qn en toute amitié, gentiment **2.** *alles Gute!* bonne chance!

Güte ['gy:tə] *f* ⟨~⟩ **1.** *e-r Person* bonté *f*; F *ach du meine Güte!* mon Dieu! **2.** *e-r Ware* qualité *f*; *erster Güte* de première qualité

Güteklasse *f* catégorie *f*

Gutenachtgeschichte *f* histoire (*lue à un enfant au moment du coucher*)

Gutenachtkuss *m* baiser *m* pour dire bonne nuit

Güterbahnhof *m* gare *f* de marchandises

Gütergemeinschaft *f* communauté *f* de biens

guterhalten *adjt* en bon état

Gütertrennung *f* séparation *f* de biens

Güterverkehr *m* trafic *m* de marchandises

Güterwagen *m* wagon *m* de marchandises

Güterzug *m* train *m* de marchandises

Gütesiegel *n*, **Gütezeichen** *n* label *m* de qualité

gutgebaut F *adjt Person* bien bâti

gutgehen *v/i* *u v/imp* → *gut II a*

gutgehend *adjt* → *gut II b*

gutgelaunt *adj* de bonne humeur

gutgemeint *adjt* qui part d'une bonne intention

gutgesinnt *adj* *j-m gutgesinnt sein* être bien disposé à l'égard de qn

gutgläubig *adj* *u adv* de bonne foi

Gutgläubigkeit *f* bonne foi

Guthaben *n* ⟨~s; ~⟩ avoir *m*

gutheißen *v/t* ⟨*irr*⟩ approuver

gütig ['gy:tɪç] **I** *adj* bon **II** *adv* avec bonté

gütlich **I** *adj* (à l')amiable **II** *adv* **1.** à l'amiable **2.** *sich an etw* (*dat*) *gütlich tun* se régaler de qc

gutmachen *v/t Fehler* réparer; *Versäumtes, Verlust* rattraper

gutmütig ['gu:tmy:tɪç] *adj* bon enfant; bonhomme

Gutmütigkeit *f* ⟨~⟩ bonhomie *f*

Gutsbesitzer(in) *m(f)* propriétaire *m,f* d'un domaine

Gutschein *m* bon *m* (*für, auf* [+ *acc*] pour)

gutschreiben *v/t* ⟨*irr*⟩ *j-m e-n Betrag gutschreiben* créditer (le compte de) qn d'une somme

Gutschrift *f* **1.** *Betrag* crédit *m* **2.** *Bescheinigung* avis *m* de crédit

Gutshaus *n* manoir *m*

Gutsherr(in) *m(f)* propriétaire *m,f* d'un domaine

Gutshof *m* ferme *f* (d'un domaine)

gutsituiert *adj* → *situiert*

guttun *v/i* ⟨*irr*⟩ faire du bien

G

Gymnasium ≠ gymnase

Die Schüler von 16 bis 18 Jahren gehen aufs **Gymnasium**.	Les élèves de 16 à 18 ans vont au **lycée**.
Dans notre école, on fait de l'escalade dans le **gymnase**.	Auf unserer Schule findet Kletterunterricht in der **Sporthalle** statt.

---

guttural [gʊtuˈraːl] *adj* PHON guttural
gutwillig I *adj* (plein) de bonne volonté **II** *adv* de bon gré
Guyana [guˈjaːna] *n* ⟨~s⟩ la Guyana
Gymnasialbildung [gymnaziˈaːl-] *f* études *f/pl* secondaires
Gymnasiallehrer(in) *m(f)* professeur *m* de lycée
Gymnasialunterricht *m* enseignement *m* secondaire
Gymnasiast(in) *m* ⟨~en; ~en⟩ *(f)* ⟨~in; ~innen⟩

lycéen, -éenne *m,f*
Gymnasium [gymˈnaːzium] *n* ⟨~s; -ien⟩ *bis zur 9. Klasse etwa* collège *m; danach* lycée *m*
Gymnastik [gymˈnastɪk] *f* ⟨~⟩ gymnastique *f*
Gymnastikanzug *m* justaucorps *m*; body *m*
gymnastisch *adj* de gymnastique
Gynäkologe [gynɛkoˈloːgə] *m* ⟨~n; ~n⟩, **Gynäkologin** *f* ⟨~; ~nen⟩ gynécologue *m,f*
Gynäkologie *f* ⟨~⟩ gynécologie *f*
gynäkologisch *adj* gynécologique
Gyros [ˈgyːrɔs] *n* ⟨~; ~⟩ CUIS gyros *m*

H

H

H, h [haː] *n* ⟨H, h; H, h⟩ **1.** H, h *m* **2.** MUS si *m*
h *abr* (*hora*) (*Stunde, Uhrzeit: Uhr*) h
ha¹ *abr* (*Hektar*) ha
ha² [ha] *int* *Überraschung, Triumph* ah!
Haar [haːr] *n* ⟨~s; ~e⟩ (*Haupthaar*) cheveu *m*; (*Körperhaar*), ZO, BOT, *e-s Pinsels* poil *m*; *coll* **das Haar** les cheveux; **blonde Haare** *od* **blondes Haar haben** avoir les cheveux blonds; **sich** (*dat*) **aufs Haar gleichen** se ressembler comme deux gouttes d'eau; **um ein Haar wäre er ums Leben gekommen** il s'en est fallu d'un rien qu'il n'échappe à la mort; F *fig* **ein Haar in der Suppe finden** trouver à critiquer, à redire; **j-m kein Haar krümmen** ne pas toucher (à) un cheveu de qn; F **kein gutes Haar an j-m, etw**

lassen ne dire que du mal de qn, qc; *plais* **Haare auf den Zähnen haben** ne pas se laisser marcher sur les pieds; **sich** (*dat*) **in die Haare geraten** *od* F **kriegen** s'empoigner; F se voler dans les plumes; **sich** (*dat*) **in den Haaren liegen** se battre; F **an den Haaren herbeigezogen** tiré par les cheveux; **sich** (*dat*) (**vor Verzweiflung**) **die Haare raufen** s'arracher les cheveux (de désespoir); F **dabei stehen einem die Haare zu Berge** cela (vous) fait dresser les cheveux sur la tête
Haaransatz *m* racine *f* des cheveux; *als Linie* naissance *f* des cheveux
Haarausfall *m* chute *f* des cheveux
Haarband *n* ⟨~¢s; -bänder⟩ ruban *m* dans les

Rund ums Haar

dunkle Haare	**les cheveux foncés**
blonde Haare	**les cheveux blonds**
graue Haare	**les cheveux gris**
lockiges Haar	**les cheveux bouclés**
krauses Haar	**les cheveux frisés**
der Pony	**la frange**
die Strähne	**la mèche**
die Locke	**la boucle**
die Dauerwelle	**la permanente**
Sie hat lange Haare.	**Elle a les cheveux longs.**
Er hat kurzes Haar.	**Il a les cheveux courts.**
ein blondes Mädchen	**une jeune fille aux cheveux blonds**

cheveux; serre-tête *m*
Haarbürste *f* brosse *f* à cheveux
Haarbüschel *n* touffe *f* de cheveux *bzw* de poils
haaren *v/i Tier* perdre ses poils
Haaresbreite *f* **um Haaresbreite** de peu; de justesse
Haarfarbe *f* couleur *f* des cheveux
Haarfärbemittel *n* teinture *f* capillaire
Haarfestiger *m* ⟨~s; ~⟩ fixateur *m*
Haargarn *n* TEXT fil *m* de poil animal
Haargel *n* gel *m* (capillaire)
haargenau F *adj* très exact, précis
haarig *adj* **1.** *Körperteil* poilu **2.** F (*heikel*) délicat
Haarklammer *f* pince *f* à cheveux
haarklein *adv* par le menu
Haarklemme *f* pince *f* à cheveux
Haarlack *m* laque *f*
Haarnadel *f* épingle *f* à cheveux
Haarnadelkurve *f* virage *m* en épingle à cheveux
Haarnetz *n* résille *f*; filet *m*
Haaröl *n* huile *f* capillaire
Haarriss *m* TECH fissure très fine
haarscharf *adv* **1.** (*klar*) très nettement; (*genau*) avec une extrême précision **2.** (*ganz dicht, nah*) de justesse; de peu
Haarschleife *f* nœud *m* (dans les cheveux)
Haarschnitt *m* coupe *f* de cheveux
Haarsieb *n* tamis très fin
Haarspalterei *f* ⟨~; ~en⟩ *péj* chinoiseries *f/pl*; **das ist doch Haarspalterei!** c'est couper les cheveux en quatre
Haarspange *f* barrette *f*
Haarspitze *f* pointe *f* (d'un cheveu)
Haarspray *n od m* laque *f*
Haarsträhne *f* mèche *f* (de cheveux)
haarsträubend *adj* **1.** (*entsetzlich*) monstrueux **2.** (*unerhört*) inouï; (*unglaublich*) absurde
Haarteil *n* postiche *m*
Haartrockner *m* sèche-cheveux *m*
Haarwäsche *f* shampooing *m*
Haarwaschmittel *n* shampooing *m*
Haarwasser *n* ⟨~s; -wässer⟩ lotion *f* capillaire
Haarwuchs *m* **1.** *Vorgang* pousse *f* des cheveux **2.** (*Haare*) cheveux *m/pl*; *bei Tieren, am Körper* poils *m/pl*
Haarwuchsmittel *n* produit *m* capillaire
Haarwurzel *f* racine *f* d'un cheveux, *bei Tieren, am Körper* poil un poil
Hab [ha:p] *st/s* **Hab und Gut** *n* biens *m/pl*
Habe ['ha:bə] *st/s f* ⟨~⟩ biens *m/pl*
haben ⟨hast, hat; hatte; gehabt⟩ **I** *v/t* avoir; (*besitzen*) *a* posséder; **e-e Stunde hat sechzig Minuten** une heure fait soixante minutes; **wir haben heute Montag, den 1. April** aujourd'hui nous sommes lundi, le 1ᵉʳ avril; **wir haben Sommer** nous sommes en été; **da hast du Geld** tiens, voilà de l'argent; F **was hast du (denn)?** mais qu'est-ce que tu as?; **das kann ich nicht haben** je ne supporte pas ça; F **da haben wirs!** (*das war zu erwarten*) ça y est!; (*so ist es also*) nous y voilà!; **ich habs** (*gefunden*) j'ai trouvé; je l'ai; **es gut haben** avoir la vie belle; F **das werden wir gleich haben** ça ne sera pas long; COMM **zu haben sein** être en vente; **sie, er ist noch zu haben** elle, il est encore libre; F **man hat jetzt wieder kurze Rö-**

cke la mode est de nouveau aux jupes courtes; **ich habe zu** (+ *inf*) j'ai à, je dois, il me faut (+ *inf*); **ich habe zu tun** j'ai à faire; F **es am Magen haben** avoir des problèmes d'estomac; *fig* **es in sich** (*dat*) **haben** être très difficile; **nichts von etw haben** ne pas profiter de qc; **etw vor sich** (*dat*) **haben** être à la veille de qc; *weiter entfernt* avoir qc en perspective **II** *v/aux* avoir; *bei reflexiver Konstruktion* être **III** F *v/r* **hab dich nicht so!** ne fais pas tant de façons, de manières!; **damit hat sichs** c'est tout; c'est fini
Haben *n* ⟨~s⟩ COMM avoir *m*; crédit *m*
Habenichts *m* ⟨~¢$; ~e⟩ F sans-le-sou *m*
Habenseite *f* ⟨~⟩ COMM côté *m* avoir, crédit
Habenzinsen *m/pl* intérêts créditeurs
Habgier *f* cupidité *f*
habgierig *adj* cupide
habhaft *adj* **j-s, e-r Sache habhaft werden** se saisir de qn, qc
Habicht ['ha:bɪçt] *m* ⟨~s; ~e⟩ autour *m*
Habilitation [habilitatsi'o:n] *f* ⟨~; ~en⟩ doctorat *m* d'État
habilitieren *v/i* (*u v/r*) ⟨*sans ge*⟩ (**sich habilitieren**) passer un doctorat d'État
Habseligkeiten *f/pl* affaires *f/pl*
Habsucht *f* ⟨~⟩ → **Habgier**
habsüchtig →**habgierig**
Hachse ['haksə] *f* ⟨~; ~n⟩ **1.** CUIS jarret *m* **2.** F *plais pl* **Hachsen** F pattes *f/pl*
Hackbeil ['hak-] *n* couperet *m*
Hackbraten *m* rôti *m* de viande 'hachée
Hackbrett *n* **1.** CUIS 'hachoir *m* **2.** MUS tympanon *m*
Hacke[1] *f* ⟨~; ~n⟩ AGR 'houe *f*; (*Gartenhacke*) binette *f*
Hacke[2] *f* ⟨~; ~n⟩ *nordd* (*Absatz, Ferse*) talon *m*
hacken **I** *v/t* CUIS 'hacher; JARD biner; **Holz hacken** casser du bois **II** *v/i* **1.** JARD biner **2.** *Vogel* **nach j-m, etw hacken** donner des coups de bec à qn, qc
Hacker *m* ⟨~s; ~⟩ INFORM pirate *m*
Hackfleisch *n* viande 'hachée; F **aus j-m Hackfleisch machen** F casser la figure à qn
Hackklotz *m* billot *m*
Hackmesser *n* 'hachoir *m*
Häcksel ['hɛksəl] *n od m* ⟨~s⟩ AGR paille 'hachée; foin 'haché
häckseln *v/t* ⟨¢⟩ *Heu, Stroh* 'hacher
Hacksteak *n* steak 'haché
Hader ['ha:dər] *st/s m* ⟨~s⟩ (*Streit*) querelle *f*; (*Zwietracht*) dissension *f*
hadern *v/i* **mit j-m hadern** se quereller avec qn; **mit s-m Schicksal hadern** s'en prendre au destin
Hafen ['ha:fən] *m* ⟨~s; ⁓⟩ port *m* (*a fig*)
Hafenanlagen *f/pl* installations *f/pl* portuaires
Hafenarbeiter *m* docker *m*
Hafenbecken *n* bassin *m* portuaire
Hafeneinfahrt *f* entrée *f* du port
Hafengebühren *f/pl* taxe *f* portuaire
Hafenkneipe *f* bistro(t) *m* d'un port
Hafenmeister *m* capitaine *m* de port
Hafenpolizei *f* police *f* portuaire, du port
Hafenrundfahrt *f* tour *m* du port en bateau
Hafenstadt *f* ville *f* portuaire
Hafenviertel *n* quartier *m* du port
Hafer ['ha:fər] *m* ⟨~s⟩ avoine *f*; F *fig* **ihn sticht**

der Hafer il ne se sent plus
Haferbrei *m* bouillie *f* d'avoine
Haferflocken *f/pl* flocons *m/pl* d'avoine
Hafergrütze *f* gruau *m* d'avoine
Hafermehl *n* farine *f* d'avoine
Haferschleim *m* crème *f* d'avoine
Haff [haf] *n* ⟨~¢s; ~s *ou* ~e⟩ GÉOGR 'haff *m*
Haft [haft] *f* ⟨~⟩ détention *f*; emprisonnement *m*; *in Haft* en détention
Haftanstalt *f* maison *f* d'arrêt
haftbar *adj* responsable; *j-n für etw haftbar machen* rendre qn responsable de qc
Haftbefehl *m* mandat *m* d'arrêt
haften[1] *v/i* ⟨-e-⟩ *(festhaften)* adhérer (*an* [+ *dat*] à); *(kleben)* coller (à); *Makel an j-m haften* (pour)suivre qn; *im Gedächtnis haften* être gravé dans la mémoire
haften[2] *v/i* ⟨-e-⟩ JUR *für j-n, etw haften* être responsable de qn, qc
Haftentlassung *f* mise *f* en liberté
haftfähig *adj* JUR incarcérable
Haftfähigkeit *f* ⟨~⟩ JUR *die Haftfähigkeit des Angeklagten wurde bestätigt* rien ne s'opposa à l'incarcération de l'accusé
Häftling ['hɛftlɪŋ] *m* ⟨~s; ~e⟩ détenu(e) *m(f)*; prisonnier, -ière *m,f*
Haftnotiz *f* post-it® *m*
Haftpflicht *f* responsabilité civile
haftpflichtig *adj* responsable
Haftpflichtversicherung *f* assurance *f* (de) responsabilité civile
Haftrichter(in) *m(f)* juge *m* de l'application des peines
Haftschale *f* OPT verre *m* de contact
Haftstrafe *f* détention *f*
Haftung[1] *f* ⟨~⟩ TECH adhérence *f*
Haftung[2] *f* ⟨~⟩ JUR responsabilité *f* (*für* de)
Hafturlaub *m* permission *f* de sortie
Hagebutte ['ha:gəbutə] *f* ⟨~; ~n⟩ fruit *m* de l'églantier; gratte-cul *m*
Hagel ['ha:gəl] *m* ⟨~s; ~⟩ grêle *f* (*a fig*)
Hagelkorn *n* grêlon *m*
hageln *v/imp* ⟨¢⟩ *es hagelt* il grêle; *fig es hagelte Schläge* les coups pleuvaient
Hagelschauer *m* averse *f* de grêle
hager ['ha:gər] *adj* maigre; *Gesicht* émacié; *Arme, Beine* grêle
haha [ha'ha(:)] *int* 'ha, 'ha!
Häher ['hɛːər] *m* ⟨~s; ~⟩ zo geai *m*
Hahn [ha:n] *m* ⟨~¢s; ~e⟩ **1.** zo coq *m*; F *danach kräht kein Hahn* personne ne s'en soucie; F *Hahn im Korb sein* avoir (toute) une cour (autour de soi); *péj* être le coq du village **2.** *(Wasserhahn, Gashahn)* robinet *m* **3.** *e-r Schußwaffe* chien *m*
Hähnchen ['hɛːnçən] *n* ⟨~s; ~⟩ poulet *m*
Hahnenfuß *m* BOT renoncule *f*
Hahnenkamm *m* zo crête *f* d'un coq
Hahnenkampf *m* combat *m* de coqs
Hai [hai] *m* ⟨~¢s; ~e⟩, **Haifisch** *m* requin *m*
Hain [hain] *poét m* ⟨~¢s; ~e⟩ bosquet *m*; bois *m*
Hainbuche *f* charme *m*
Haiti [ha'i:ti] *n* ⟨~s⟩ Haïti
Häkchen ['hɛːkçən] *n* ⟨~s; ~⟩ **1.** *(kleiner Haken)* crochet *m* **2.** *auf e-r Liste* signe *m*
Häkelarbeit ['hɛːkəl-] *f* ouvrage *m* au crochet
Häkeldecke *f* couverture *f* au crochet
Häkelmuster *n* point *m* de crochet

häkeln ⟨¢⟩ **I** *v/t* faire au crochet **II** *v/i* faire du crochet
Häkelnadel *f* crochet *m*
haken ['ha:kən] **I** *v/t etw an etw* (acc) *haken* accrocher qc à qc **II** *v/i* *(klemmen)* se coincer
Haken *m* ⟨~s; ~⟩ **1.** crochet *m* (*a zum Aufhängen, beim Schreiben*); *(Kleiderhaken)* patère *f*; *(Angelhaken)* hameçon *m* **2.** BOXEN *linker, rechter Haken* crochet *m* du gauche, du droit **3.** F *fig (Schwierigkeit)* 'hic *m*; F os *m*; *die Sache hat e-n Haken* il y a un 'hic, F un os
hakenförmig **I** *adj* en forme de crochet; crochu **II** *adv* *hakenförmig gebogen* crochu
Hakenkreuz *n* *im Nationalsozialismus* croix gammée
Hakennase *f* nez crochu
halb [halp] **I** *adj* demi; la moitié de; *ein halbes Brot* la moitié d'un pain; un demi-pain; *e-e halbe Stunde* une demi-heure; *es ist halb vier* il est trois heures et demie; *das ist nichts Halbes und nichts Ganzes* cela n'est ni fait ni à faire **II** *adv* à moitié; à demi; *halb automatisch* semi-automatique; *halb fertig* à moitié terminé; *halb leer, voll* à moitié vide, plein; *halb nackt* à moitié, à demi nu; *halb offen* entrouvert; *halb verhungert* à moitié mort de faim; *halb so groß* deux fois moins grand; *halb so viel (wie)* moitié moins (que); la moitié (de); *es ist halb so schlimm od* F *wild* ce n'est pas si grave; *halb und halb Mischung* moitié, moitié; *halb ..., halb ...* moitié ..., moitié ...
halbamtlich *adj* officieux
halbautomatisch *adj* semi-automatique
Halbbildung *f* vernis *m* de culture
halbbitter *adj Schokolade* noir extra fin
Halbblut *n Pferd* demi-sang *m*; *Mensch* métis *m*
Halbbruder *m* demi-frère *m*
Halbdunkel *n* demi-obscurité *f*; pénombre *f*
Halbedelstein *m* pierre fine
halbe-halbe F *adv* *mit j-m halbe-halbe machen* F faire, partager moitié-moitié avec qn
halber *prép* ⟨*gén*⟩ à *od* pour cause de
Halbfabrikat *n* COMM demi-produit *m*; semi-produit *m*
halbfertig *adj* à moitié terminé
halbfett *adj Käse* allégé; *Druck* demi-gras
Halbfinale *n* demi-finale *f*
Halbgefrorene(s) *n* ⟨→ A⟩ CUIS parfait *m*; crème glacée
Halbgeschwister *pl* demi-frère(s) *m(pl)* et demi-sœur(s) *f(pl)*
Halbgott *m* demi-dieu *m*
Halbheit *f* ⟨~; ~en⟩ demi-mesure *f*
halbherzig *adj u adv* sans conviction
halbhoch **I** *adj* pas très 'haut **II** *adv* à mi-'hauteur
halbieren [hal'bi:rən] *v/t* ⟨*sans ge*⟩ partager en deux (parties égales)
Halbinsel *f* presqu'île *f*; *große* péninsule *f*
Halbjahr *n* semestre *m*
Halbjahreszeugnis *n* bulletin *m* du premier semestre
halbjährig *adj* de six mois
halbjährlich **I** *adj* semestriel **II** *adv* semestriellement; *bezahlen, erscheinen* tous les six mois
Halbkreis *m* demi-cercle *m*
Halbkugel *f* hémisphère *m*

halblang *adj* mi-long
halblaut *adj u adv* à mi-voix
halbleer *adj* à moitié vide
Halbleinen *n* ⟨~s⟩ toile métisse; métis *m*; *Buch* **in Halbleinen gebunden** en demi-reliure toile
Halbleiter *m* semi-conducteur *m*
halbmast *adv* en berne
Halbmesser *m* ⟨~s; ~⟩ MATH rayon *m*
Halbmond *m* **1.** ASTR premier *bzw* dernier quartier (de lune) **2.** *fig Form* croissant *m*
halbnackt *adj* à moitié, à demi nu
halboffen *adj* entrouvert
halboffiziell *adj* semi-officiel
Halbpension *f* demi-pension *f*
halbrund *adj* semi-circulaire
Halbschatten *m* pénombre *f*
Halbschlaf *m* demi-sommeil *m*
Halbschuh *m* chaussure basse
Halbschwergewicht *n* BOXEN poids mi-lourd
Halbschwester *f* demi-sœur *f*
halbseiden *adj* **1.** mi-soie **2.** *fig Methoden, Person* douteux; *Person, Milieu* louche
halbseitig I *adj Anzeige* sur une demi-page **II** *adv gesperrt* d'un côté
Halbstarke(r) F *péj m* ⟨→ A⟩ F loubard *m*
Halbstiefel *m* bottillon *m*; bottine *f*
halbstündig *adj* d'une demi-heure
halbstündlich *adv* toutes les demi-heures
halbtägig *adj* d'une demi-journée
halbtags *adv* à mi-temps
Halbtagsarbeit *f*, **Halbtagsbeschäftigung** *f* (travail *m* à) mi-temps *m*
Halbtagskraft *f* employé(e) *m(f)* à mi-temps
Halbton *m* ⟨~s; -töne⟩ **1.** MUS demi-ton *m* **2.** PEINT demi-teinte *f*
halbtrocken *adj Wein* demi-sec
halbverhungert *adjt* à moitié mort de faim
Halbvokal *m* semi-voyelle *f*
halbvoll *adj* à moitié plein
Halbwahrheit *f* demi-vérité *f*
Halbwaise *f* orphelin(e) *m(f)* de père *bzw* de mère
halbwegs *adv* passablement; à peu près
Halbwelt *f* demi-monde *m*
Halbwertszeit *f* NUCL demi-vie *f*; période *f*
Halbwissen *n* connaissances superficielles
halbwüchsig [-vy:ksıç] *adj* adolescent
Halbwüchsige(r) *f(m)* ⟨→ A⟩ adolescent(e) *m(f)*
Halbzeit *f* mi-temps *f*
Halbzeitpfiff *m* coup *m* de sifflet de mi-temps
Halde ['haldə] *f* ⟨~; ~n⟩ BERGBAU terril *m*; *fig* **auf Halde liegen** rester invendu; *fig* **auf Halde produzieren** produire trop
half [half] → **helfen**
Hälfte ['hɛlftə] *f* ⟨~; ~n⟩ moitié *f*; **zur Hälfte fertig** *etc* à moitié terminé, *etc*; **um die Hälfte teurer** (de) moitié plus cher; **Kinder zahlen die Hälfte** les enfants payent demi-tarif; F *plais* **meine bessere Hälfte** ma moitié; SPORT **die gegnerische Hälfte** la moitié de terrain adverse
Halfter[1] ['halftər] *n od m* ⟨~s; ~⟩ *für Pferde* licou *m*
Halfter[2] *f* ⟨~; ~n⟩ *od n* ⟨~s; ~⟩ *für Pistolen* gaine *f*
Hall [hal] *m* ⟨~¢s; ~e⟩ bruit *m*; son *m*; (*Widerhall*) écho *m*

Halle *f* ⟨~; ~n⟩ (*Saal*) (grande) salle; (*Empfangshalle, Bahnhofshalle, Schalterhalle; Messehalle*) 'hall *m*; (*Sporthalle*) salle *f* (omnisports); (*Werkhalle*) atelier *m*
halleluja [hale'lu:ja] *int* REL alléluia!
hallen *v/i* résonner; *p/fort* retentir
Hallenbad *n* piscine couverte
Hallenhandball *m* 'handball *m* en salle
Hallensport *m* sport *m* en salle
Hallenturnen *n* gymnastique *f* dans le gymnase
hallo [ha'lo: *ou* 'halo] *int* **1.** *Zuruf* 'hep!; 'hé!; *aus der Ferne* ohé! **2.** F *Gruß* F salut! **3.** TÉL allô!
Hallo *n* ⟨~s; ~s⟩ cris *m/pl* (de joie); **mit großem Hallo** à grands cris
Hallodri [ha'lo:dri] F *südd, österr m* ⟨~s; ~$⟩ F (petit) rigolo *m*
Halloween [hɛlo'vi:n] *n* halloween *f*
Halluzination [halutsinatsi'o:n] *f* ⟨~; ~en⟩ hallucination *f*
Halm [halm] *m* ⟨~¢s; ~e⟩ (*Getreidehalm*) tige *f*; (*bes Grashalm*) brin *m*
Halma ['halma] *n* ⟨~s⟩ *Brettspiel* 'halma *m*
Halmabrett *n* échiquier *m* du halma
Halogen [halo'ge:n] *n* ⟨~s; ~e⟩ halogène *m*
Halogenlampe *f* lampe *f* halogène
Halogenscheinwerfer *m* phare *m* halogène
Hals [hals] *m* ⟨~¢s; :e⟩ **1.** ANAT cou *m*; (*Kehle*) gorge *f*; *Fleisch* **vom Hals** dans le collier; F **etw in den falschen Hals kriegen** (*sich verschlucken*) avaler qc de travers; *fig* (*falsch verstehen*) prendre qc de travers; **j-m um den Hals fallen** sauter au cou de qn; **sich** (*dat*) **den Hals brechen** se casser le cou; F **j-n, etw auf dem** *od* **am Hals haben** avoir qn, qc sur les bras; F **sich** (*dat*) **j-n, etw vom Hals(e) schaffen** se débarrasser de qn, qc; F **es hängt mir zum Hals(e) heraus** F j'en ai ras le bol, marre; **aus vollem Hals(e)** à gorge déployée; F **Hals über Kopf** précipitamment; F **er hat sich Hals über Kopf in sie verliebt** il a eu le coup de foudre pour elle; F **mir steht das Wasser bis zum Hals** je suis à bout, F au fond du trou; *a finanziell* F je suis dans le pétrin **2.** (*Flaschenhals*) col *m*; goulot *m*; (*Knochenhals*) col *m*; *e-r Geige* manche *m*
Halsabschneider F *m* voleur *m*; bandit *m*
Halsausschnitt *m* encolure *f*
Halsband *n* collier *m*
halsbrecherisch *adj* périlleux; casse-cou
Halsentzündung *f* inflammation *f* de la gorge
Halskette *f* collier *m*
Halskrause *f* **1.** COUT collerette *f*; fraise *f* **2.** ZO *bei Vögeln* fraise *f*
Hals-Nasen-Ohren-Arzt *m*, **Hals-Nasen-Ohren-Ärztin** *f* oto-rhino-laryngologiste *m,f*
Halsschlagader *f* carotide *f*
Halsschmerzen *m/pl* mal *m* de gorge; **Halsschmerzen haben** avoir mal à la gorge
Halsschmuck *m* collier *m*
halsstarrig I *adj* entêté **II** *adv* avec entêtement
Halsstarrigkeit *f* ⟨~⟩ entêtement *m*
Halstuch *n* ⟨~¢s; -tücher⟩ foulard *m*
Hals- und Beinbruch *int* bonne chance!
Halsweh F *n* → **Halsschmerzen**
Halswirbel *m* vertèbre cervicale
halt[1] [halt] *int* stop!; MIL 'halte!
halt[2] *adv südd, österr, schweiz* (*nun einmal*) **das**

ist halt so eh bien, c'est comme ça; *verstärkend dann gehe ich halt nach Hause* alors je rentre chez moi
Halt *m* ⟨~¢s; ~e⟩ **1.** (*Stütze*) appui *m*; *beim Bergsteigen* **Halt haben** avoir prise; **den Halt verlieren** perdre l'équilibre **2.** *fig* appui *m*; soutien *m*; *innerer Halt* soutien moral **3.** (*Anhalten*) arrêt *m*; *Halt machen* → haltmachen
haltbar *adj* **1.** *Material, Kleidung* solide; résistant **2.** *Lebensmittel* qui se conserve (bien); *mindestens haltbar bis …* à consommer de préférence avant le … **3.** *fig These* soutenable
Haltbarkeit *f* ⟨~⟩ **1.** *von Material* solidité *f*; résistance *f* **2.** *von Lebensmitteln* (durée *f* de) conservation *f*
Haltbarkeitsdatum *n* date *f* limite de conservation
Haltegriff *m* poignée *f*
Haltelinie *f auf der Straße* ligne *f* d'arrêt, de stop
halten ⟨hält, hielt, gehalten⟩ **I** *v/t* **1.** (*festhalten*) tenir; *in e-r bestimmten Lage halten* den Kopf unter Wasser halten tenir la tête sous l'eau **2.** *Schuss, Elfmeter* arrêter **3.** *Tier, Fahrzeug* avoir **4.** (*beibehalten*) *Ton, Takt, Standard, Vorsprung, Gleichgewicht* garder; *Geschwindigkeit, Position* maintenir **5.** *These etc* sich nicht halten lassen ne pas être soutenable **6.** (*zurückhalten*) *j-n halten* retenir qn; *er war nicht mehr zu halten* on ne pouvait plus le tenir **7.** *Wort, Versprechen* tenir; *Gebot* observer **8.** *in e-m bestimmten Zustand halten*; *Essen warm halten* tenir au chaud **9.** (*verfahren*) *ich halte es damit so* moi, je fais comme ça; *wie haltet ihr es mit …?* comment faites-vous avec …? **10.** (*behandeln*) traiter; *j-n streng halten* traiter qn sévèrement **11.** (*abhalten*) faire; *Rede, Ansprache, Predigt a* prononcer; *Gottesdienst* célébrer; *Unterricht halten* faire cours, la classe **12.** (*einschätzen*) *etw, j-n für etw, j-n halten* considérer qc, qn comme qc, qn; *fälschlicherweise* prendre qc, qn pour qc, qn; *ich halte ihn für klug* je le crois intelligent; F *wofür halten Sie mich eigentlich?* pour qui me prenez-vous?; *es für gut halten zu* (+ *inf*) *bzw* dass … trouver, juger, croire bon de (+ *inf*) *bzw* que … (+ *subj*) **13.** (*urteilen*) *viel von j-m halten*

estimer beaucoup qn; *viel von etw halten* penser beaucoup de bien de qc; *nichts von etw halten* ne penser aucun bien de qc; *was halten Sie davon?* qu'en pensez-vous? **II** *v/i* **14.** (*Halt haben*) *Seil, Farbe, Brücke etc* tenir **15.** *Kleidung, Gerät, Freundschaft* durer; *Kleidung lange halten a* faire de l'usage **16.** (*anhalten*) s'arrêter; *Halten verboten!* défense de s'arrêter! **17.** *an sich* (*acc*) *halten* se retenir **18.** *zu j-m halten* être du côté de qn **III** *v/r* **sich halten 19.** (*sich behaupten, bleiben*) *Regierung* se maintenir au pouvoir; *Wetter, Preise, Kurse etc* se maintenir **20.** *Körperhaltung* sich aufrecht halten se tenir droit; *stehend* se tenir debout **21.** (*sich bewähren*) *sich gut, tapfer halten* se comporter bien, courageusement **22.** (*bleiben*) *sich rechts, links halten* tenir sa droite, sa gauche **23.** *sich an j-n, etw halten* s'en tenir à qn, qc **24.** *Lebensmittel* se conserver; se garder; F *fig sie hat sich gut gehalten* F elle est bien conservée
Halteplatz *m für Taxis* station *f*
Haltepunkt *m* point *m* d'arrêt
Halter *m* ⟨~s; ~⟩ **1.** (*Fahrzeughalter*) détenteur *m*; (*Tierhalter*) propriétaire *m* **2.** TECH support *m*
Halterin *f* ⟨~; ~nen⟩ (*Fahrzeughalterin*) détentrice *f*; (*Tierhalterin*) propriétaire *f*
Halterung *f* ⟨~; ~en⟩ support *m*
Haltesignal *n* signal *m* d'arrêt
Haltestelle *f* arrêt *m*
Halteverbot *n* **1.** *Verkehrszeichen* absolutes, eingeschränktes Halteverbot arrêt, stationnement interdit **2.** *Zone* (zone *f* d')arrêt interdit
Halteverbotsschild *n* panneau *m* d'arrêt interdit
haltlos *adj* **1.** *Person* instable **2.** *Verdacht, Behauptung* sans fondement; injustifié
Haltlosigkeit *f* ⟨~⟩ **1.** instabilité *f* **2.** absence *f* de fondement
haltmachen *v/i* s'arrêter; *um zu rasten* faire (une) 'halte; *fig* vor nichts haltmachen ne reculer devant rien
Haltung *f* ⟨~; ~en⟩ **1.** (*Körperhaltung*) tenue *f*; position *f* (*a von Körperteilen*); (*Positur*) pos-

---

für … halten   !FQ

1. mit Substantiv

Ich halte ihn für einen guten Präsidenten.	Je le **considère comme** un bon président.	halten für (*persönliche Meinung*)	**considérer comme**
Ich hatte ihn für einen guten Freund gehalten.	Je l'avais **pris pour** un bon ami.	halten für (*irrtümlich*)	**prendre pour**

2. mit Adjektiv

Ich halte ihn für unfähig.	Je le **crois incompétent**.	halten für	**croire** *oder* **juger**
Ich halte ihn für fähig, dieses Problem zu lösen.	Je le **juge capable** de résoudre ce problème.		

ture *f*; **e-e aufrechte Haltung haben** se tenir droit **2.** (*Einstellung*) attitude *f* **3.** (*Fassung*) contenance *f*; **Haltung bewahren** garder bonne contenance **4.** (*Tierhaltung*) élevage *m*

Haltungsschaden *m* déformation *f* pathologique (du squelette)

Halunke [ha'luŋkə] *m* ⟨~n; ~n⟩ escroc *m*; *plais* canaille *f*; coquin *m*

Hämatom [hɛma'toːm] *n* ⟨~s; ~e⟩ MÉD hématome *m*

Hamburg ['hambʊrk] *n* ⟨~s⟩ 'Hambourg

Hamburger ['hɛmbœrgər] *m* ⟨~s; ~⟩ CUIS 'hamburger *m*

Häme ['hɛːmə] *st/s f* ⟨~⟩ fiel *m*; venin *m*

hämisch *adj* méchant; *Ton, Worte* fielleux

Hammel ['haməl] *m* ⟨~s; ~⟩ mouton *m*

Hammelfleisch *n* mouton *m*

Hammelkeule *f* gigot *m* de mouton

Hammer ['hamər] *m* ⟨~s; ⁓⟩ **1.** marteau *m* (*a* ANAT, SPORT); *fig* **unter den Hammer kommen** être vendu aux enchères **2.** F *fig* **ein dicker Hammer** (*Fehler*) une grosse bourde; **das war vielleicht ein Hammer!** *Überraschung* tu parles d'une surprise!; *Unverschämtheit* F quel sale coup!

hämmern ['hɛmərn] **I** *v/t* marteler **II** *v/i* **1.** *mit dem Hammer* donner des coups de marteau **2.** *fig* (*schlagen*) taper; *Herz* battre fort; *gegen die Tür* tambouriner

Hammerwerfen *n* ⟨~s⟩ lancer *m* du marteau

Hammerwerfer *m* ⟨~s; ~⟩ lanceur *m* de marteau

Hammondorgel ['hɛmənd?ɔrgəl] *f* orgue *m* 'Hammond

Hämorr(ho)iden [hɛmɔ'riːdən] *f/pl* hémorroïdes *f/pl*

Hampelmann ['hampəl-] *m* ⟨~¢s; -männer⟩ pantin *m* (*a* F *fig péj*)

hampeln F *v/i* ⟨¢⟩ F gigoter

Hamster ['hamstər] *m* ⟨~s; ~⟩ 'hamster *m*

Hamsterkauf *m* (achat *m* de) réserves *f/pl*

hamstern *v/t u v/i* faire des réserves (**etw** de qc)

Hand [hant] *f* ⟨~; ⁓e⟩ main *f* (*a* FUSSBALL); **a)** *mit adj u num/o* **aus erster Hand** de première main; F **in festen Händen sein** être casé; **die flache, hohle Hand** le plat, creux de la main; **freie Hand haben** avoir carte blanche; **j-m freie Hand lassen** laisser le champ libre à qn; **e-e glückliche Hand haben** avoir la main heureuse; **bei j-m in guten Händen sein** être en bonnes mains chez qn; **von langer Hand vorbereitet** préparé de longue date; **linker, rechter Hand** à gauche, à droite; F **zwei linke Hände haben** être la maladresse en personne; **die öffentliche Hand** les pouvoirs publics; *fig* **j-s rechte Hand sein** être le bras droit de qn; **mit vollen Händen ausgeben** dépenser sans compter; **mir sind die Hände gebunden** j'ai les mains liées; **eine Hand voll** une poignée (de); **alle Hände voll zu tun haben** avoir du travail par-dessus la tête; **eine Hand breit** une largeur de la main **b)** *mit subst* **Hand und Fuß haben** tenir debout; **weder Hand noch Fuß haben** n'avoir ni queue ni tête; F **die Hände über dem Kopf zusammenschlagen** lever les bras au ciel; **die Hände in den Schoß legen** rester les bras croisés; **bei etw die Hände im Spiel haben** être mêlé à

qc; avoir trempé dans qc **c)** *mit Verben* **j-m die Hand geben** *od* **drücken** *od* **schütteln** serrer la main à qn; *prov* **e-e Hand wäscht die andere** un (petit) service en vaut un autre **d)** *mit prép* **an Hand von** à l'aide de; **j-n an die** *od* **st/s bei der Hand nehmen** prendre qn par la main; (**klar**) **auf der Hand liegen** être évident; tomber sous le sens; **etw aus der Hand geben** (*weggeben*) donner qc; (*aufgeben*) abandonner qc; **etw aus der Hand legen** poser qc; **etw bei der** *od* **zur Hand haben** *Gegenstand, Mittel* avoir qc sous la main; *Antwort* avoir qc tout prêt; **j-m etw in die Hand drücken** mettre qc dans la main de qn; **Hand in Hand gehen** aller, marcher la main dans la main; *fig* aller de pair; **j-n in der Hand haben** tenir qn sous sa coupe; **etw in der Hand halten** tenir qc à la main; **in die Hände klatschen** frapper dans ses mains; *fig* **etw in die Hand nehmen** prendre qc en main; **mit der Hand schreiben** écrire à la main; (**bei j-m**) **um j-s Hand anhalten** demander la main de qn (à qn); **unter der Hand** en sous-main; **etw unter der Hand erfahren** apprendre qc de manière non officielle; **von Hand zu Hand** de main en main; **etw von Hand bedienen** commander, actionner qc à la main; **von der Hand in den Mund leben** vivre au jour le jour; **das ist nicht von der Hand zu weisen** ce n'est pas impossible; *auf Briefen* **zu Händen von ...** à l'attention de ...

Handarbeit *f* **1.** (*manuelle Arbeit*) travail manuel; **das ist Handarbeit** c'est fait (à la) main **2.** *fertiges Werk* ouvrage fait (à la) main **3.** (*Nadelarbeit*) travaux *m/pl* d'aiguille; F *Schulfach* couture *f*

Handaufheben *n* ⟨~s⟩ **durch Handaufheben abstimmen** voter à main levée

Handball *m* **1.** *Sportart* 'handball *m* **2.** *Ball* ballon *m* de handball

Handballen *m* → **Ballen**

Handballer(in) *m* ⟨~s; ~⟩ (*f*) ⟨~in; ~innen⟩, **Handballspieler(in)** *m(f)* 'handballeur *m*; joueur, -euse *m,f* de handball

Handbesen *m* balayette *f*

Handbetrieb *m* actionnement *m* à la main

Handbewegung *f* geste *m* de la main

Handbrause *f* douchette *f*

Handbreit *f* ⟨~; ~⟩ largeur *f* de la main

Handbremse *f* frein *m* à main

Handbuch *n* manuel *m*

Händchen ['hɛntçən] *n* ⟨~s; ~⟩ petite main; F **Händchen halten** se tenir par la main; F **ein Händchen für etw haben** avoir le coup de main pour qc

Handcreme *f* crème *f* pour les mains

Händedruck ['hɛndə-] *m* ⟨~¢s; -drücke⟩ poignée *f* de main

Händeklatschen *n* ⟨~s⟩ applaudissements *m/pl*

Handel ['handəl] *m* ⟨~s⟩ **1.** ÉCON commerce *m*, négoce *m*, illegaler trafic *m* (**mit** de); **Handel treiben** faire du commerce; **im Handel sein** être dans le commerce **2.** (*Geschäft*) marché *m* **3.** (*Vereinbarung*) marché *m*

Händel ['hɛndəl] *st/s m/pl* querelle *f*; **mit j-m Händel haben** se quereller avec qn

handeln ⟨¢⟩ **I** *v/t Aktie* **zu 50 Euro gehandelt werden** être coté à 50 euros **II** *v/i* **1.** (*sich ver-*

halten, eingreifen) agir **2.** (*Handel treiben*) faire du commerce; **mit etw handeln** faire le commerce de qc **3.** (*feilschen*) marchander (**um etw** qc); *fig* **er lässt** (**nicht**) **mit sich** (*dat*) **handeln** on (ne) peut (pas) discuter avec lui **4.** *Buch etc* **von etw handeln** traiter de qc **III** *v/imp* **es handelt sich um ...** il s'agit de ...; **es handelt sich darum, dass ...** (*es ist wichtig*) l'important c'est que ...; (*es geht um*) il s'agit de (+ *inf*)

Handeln *n* ⟨∼s⟩ (*Vorgehen*) action *f*; procédés *m/pl*; **zum Handeln entschlossen** décidé à agir

Handelsabkommen *n* accord commercial
Handelsattaché *m* attaché commercial
Handelsbank *f* ⟨∼; ∼en⟩ banque *f* de commerce commerce
Handelsbeschränkungen *f/pl* restrictions commerciales
Handelsbeziehungen *f/pl* relations commerciales
Handelsbilanz *f* **1.** *e-s Landes* balance commerciale; **passive, aktive Handelsbilanz** balance commerciale déficitaire, excédentaire **2.** *e-r Firma* bilan commercial
handelseinig *adj* (**mit j-m**) **handelseinig sein, werden** être, tomber d'accord (avec qn)
Handelsembargo *n* embargo *m* (économique)
Handelsfirma *f* maison *f* de commerce
Handelsflotte *f* flotte *f* de commerce
Handelsgesellschaft *f* société commerciale; **offene Handelsgesellschaft** société en nom collectif
Handelsgesetzbuch *n* code *m* de commerce
Handelshafen *m* port *m* de commerce
Handelskammer *f* chambre *f* de commerce
Handelskette *f* chaîne *f* de distribution
Handelsklasse *f* catégorie *f*
Handelskorrespondenz *f* correspondance commerciale
Handelsmacht *f* puissance commerciale
Handelsmarine *f* marine marchande
Handelsmarke *f* marque *f* de commerce
Handelsname *m* nom commercial
Handelspartner *m* partenaire commercial
Handelsplatz *m* place commerciale et financière
Handelsrecht *n* ⟨∼¢s⟩ droit commercial
Handelsregister *n* registre *m* du commerce
Handelsschiff *n* navire *m* de commerce
Handelsschranken *f/pl* barrières commerciales
Handelsschule *f* école commerciale
Handelsspanne *f* marge commerciale
Handelssperre *f* embargo *m*
handelsüblich *adj* en usage dans le commerce; *Format, Bezeichnung* commercial
Handelsvertreter(in) *m(f)* représentant(e) *m(f)* de commerce; VRP *m*
Handelsvertretung *f* représentation commerciale; POL mission commerciale
Handelsvolumen *n* ⟨∼s⟩ volume *m* des échanges commerciaux
Handelsware *f* article *m* de commerce
Handelsweg *m* voie commerciale
Handelswert *m* valeur marchande
Handelszentrum *n* capitale commerciale
händeringend ['hɛndərɪŋənt] *advt fig* désespé-

rément
Händeschütteln *n* ⟨∼s⟩ poignées *f/pl* de main
Händetrockner *m* sèche-mains *m*
Handfeger *m* ⟨∼s; ∼⟩ balayette *f*
Handfertigkeit *f* ⟨∼⟩ dextérité *f*; habileté manuelle
handfest *adj Beweis etc* solide; palpable; *Mahlzeit* consistant; *Streit, Skandal* gros; *Prügelei* sérieux; *Lüge* grossier
Handfeuerlöscher *m* extincteur *m* (à main)
Handfeuerwaffe *f* arme portative
Handfläche *f* paume *f*
handgearbeitet *adj* fait (à la) main
handgeknüpft *adj* noué à la main
Handgelenk *n* poignet *m*; F *fig* **etw aus dem Handgelenk schütteln** (**können**) faire qc sans peine, avec facilité
handgemacht *adj* fait (à la) main
Handgemenge *n* mêlée *f*
Handgepäck *n* bagages *m/pl* à main
handgeschrieben *adj* écrit à la main; manuscrit
handgestrickt *adj* tricoté (à la) main
handgewebt *adj* tissé (à la) main
Handgranate *f* grenade *f* à main
handgreiflich *adj* **1.** (*offensichtlich*) évident; palpable **2.** (*tätlich*) **handgreiflich werden** en venir aux mains
Handgreiflichkeit *f* ⟨∼; ∼en⟩ **es kam zu Handgreiflichkeiten** on en vint aux mains
Handgriff *m* **1.** *Bewegung* geste *m*; **mit wenigen Handgriffen** en deux temps (et) trois mouvements **2.** *an Geräten, Koffern* poignée *f*
Handhabe *f* ⟨∼; ∼n⟩ **e-e Handhabe gegen j-n haben** avoir une arme contre qn
handhaben *v/t* **1.** *Werkzeug, Gerät* manier; manipuler **2.** *Vorschrift etc* appliquer
Handhabung *f* ⟨∼; ∼en⟩ **1.** maniement *m*; manipulation *f* **2.** application *f*
Handheld ['hɛnthɛlt] *m od n* ⟨∼s; ∼s⟩ INFORM assistant *m* électronique
Handicap ['hɛndikɛp] *n* ⟨∼s; ∼s⟩ SPORT, *fig* 'handicap *m*
Handikap → **Handicap**
Handkante *f* tranchant *m* de la main
Handkoffer *m* valise *f*
Handkurbel *f* manivelle *f*
Handkuss *m* baisemain *m*
Handlanger *m* ⟨∼s; ∼⟩ **1.** (*Helfer*) manœuvre *m* **2.** *fig péj* homme *m* de main (**für** de)
Handlauf *m am Treppengeländer* main courante
Händler(in) ['hɛndlər(ɪn)] *m* ⟨∼s; ∼⟩ (*f*) ⟨∼in; ∼innen⟩ marchand(e) *m(f)*; (*Kaufmann*) commerçant(e) *m(f)*
Handlesekunst *f* ⟨∼⟩ chiromancie *f*
handlich *adj Gegenstand, Format, Auto* maniable; *Buch* d'un format pratique; (*leicht zu handhaben*) facile à manier
Handlinie *f* ligne *f* de la main
Handlung ['handluŋ] *f* ⟨∼; ∼en⟩ **1.** (*Tat*) acte *m*; **strafbare Handlung** délit *m* **2.** *e-s Romans etc* action *f*
handlungsfähig *adj* capable d'agir; JUR ayant la capacité d'exercice
Handlungsfähigkeit *f* ⟨∼⟩ capacité *f*; JUR capacité *f* d'exercice
Handlungsfreiheit *f* liberté *f* d'action

Handlungsspielraum *m* marge *f* de manœuvre
handlungsunfähig *adj* incapable (d'agir); JUR incapable
Handlungsvollmacht *f* procuration commerciale
Handlungsweise *f* manière *f* d'agir; (*Vorgehen*) procédés *m/pl*
Handmixer *m* mixeur *m*
Hand-out ['hɛntʔaut] *n* ⟨~s; ~s⟩ information *f*; documentation *f*
Handpflege *f* manucure *f*
Handpuppe *f* marionnette *f* à gaine
Handreichung *f* ⟨~; ~en⟩ service *m*; aide *f*
Handrücken *m* dos *m* de la main
Handschelle *f* menotte *f*; ***j-m Handschellen anlegen*** passer les menottes à qn
Handschlag *m* poignée *f* de main; ***etw durch Handschlag bekräftigen*** confirmer qc en topant dans la main de qn; F *fig* ***keinen Handschlag tun*** F ne pas en fiche (une rame)
Handschrift *f* 1. (*Schriftzüge*) écriture *f* 2. *fig* griffe *f* 3. *Schriftwerk* manuscrit *m*
Handschriftendeutung *f* ⟨~⟩ graphologie *f*
handschriftlich I *adj* écrit à la main; manuscrit II *adv* ***etw handschriftlich hinzufügen*** (r)ajouter qc à la main
Handschuh *m* gant *m*; (*Fausthandschuh*) moufle *f*
Handschuhfach *n* boîte *f* à gants; vide-poches *m*
Handschuhgröße *f* pointure *f* (de gants)
Handspiegel *m* miroir *m* à main
Handspiel *n* FUSSBALL main *f*
Handstand *m* appui tendu; ***e-n Handstand machen*** faire l'arbre
Handsteuerung *f* commande manuelle
Handstreich *m bes* MIL coup *m* de main
Handtasche *f* sac *m* à main
Handteller *m* paume *f* (de la main)
Handtuch *n* ⟨~ɕs; -tücher⟩ serviette *f* (de toilette); ***das Handtuch werfen*** jeter l'éponge (*a fig*)
Handtuchhalter *m* porte-serviettes *m*
Handumdrehen *n* ***im Handumdrehen*** en un tour de main
handverlesen *adjt* trié à la main; *fig* trié sur le volet
Handvoll *f* ⟨~; ~⟩ poignée *f*
Handwaffe *f* arme *f* de main
Handwagen *m* voiture *f* à bras
handwarm *adj u adv* à température moyenne
Handwaschbecken *n* petit lavabo
Handwäsche *f* lessive *f* à la main
Handwerk *n* métier *m* (*a fig*); *coll* artisanat *m*; ***sein Handwerk verstehen*** connaître son métier (*a fig*); ***j-m ins Handwerk pfuschen*** empiéter sur le domaine de qn; ***j-m das Handwerk legen*** mettre fin aux activités de qn
Handwerker *m* ⟨~s; ~⟩ artisan *m*
handwerklich *adj* artisanal
Handwerksbetrieb *m* entreprise artisanale
Handwerkskammer *f* chambre *f* des métiers
Handwerksmeister *m* maître *m* artisan
Handwerkszeug *n* 1. outils *m/pl* 2. *fig* outils *m/pl* de travail
Handwurzel *f* ANAT carpe *m*
Handy ['hɛndi] *n* ⟨~ɕ; ~s⟩ (téléphone *m*) portable *m*

Handynummer *f* numéro *m* de (téléphone) portable
Handzeichen *n* signe *m* de la main
Handzettel *m* tract *m*
hanebüchen ['ha:nəby:çən] *st/s adj* inouï; incroyable
Hanf [hanf] *m* ⟨~ɕs⟩ chanvre *m*
Hang [haŋ] *m* ⟨~ɕs; ⱦe⟩ 1. (*Neigung*) penchant *m* (***zu*** à, pour); tendance *f* (à) 2. (*Abhang*) pente *f*
Hangar ['haŋga:r] *m* ⟨~s; ~s⟩ AVIAT 'hangar *m*
Hängebacke *f* joue pendante; bajoue *f*
Hängebauch *m* F (grosse) bedaine
Hängeboden *m* soupente *f*
Hängebrücke *f* pont suspendu
Hängelampe *f* suspension *f*
hangeln ['haŋəln] *v/i* ⟨ɕ, h *ou* sn⟩ (*u v/r* ***sich hangeln***) avancer en suspension
Hängematte *f* 'hamac *m*
hängen ['hɛŋən] I *v/t* 1. (*aufhängen*) suspendre (***an*** [+ *acc*] à); *Kleider* ***in den Schrank hängen*** pendre dans l'armoire 2. *mit Haken, Nagel* accrocher (***an*** [+ *acc*] à) 3. (*hängen lassen*) pendre (***ein Bein ins Wasser*** une jambe dans l'eau) 4. (*erhängen*) pendre; *fig* ***mit Hängen und Würgen*** de justesse; F ric-rac II *v/i* ⟨hing, gehangen, h *ou südd, österr, schweiz* sn⟩ 5. (*herunterhängen*) pendre; ***hängen bleiben*** an e-m Haken rester accroché (***an*** [+ *dat*] à); (*haften bleiben*) rester collé, attaché (à); ***hängen lassen*** (*vergessen*) laisser; *Arme, Flügel* laisser pendre 6. (*befestigt sein*) être accroché, suspendu (***an*** [+ *dat*] à); ***das Bild hängt schief*** le tableau penche, est penché 7. (*festhängen*) être, rester accroché (***mit etw an etw*** [*dat*] par qc à qc); *fig* ***an j-m, etw hängen*** être attaché, tenir à qn, qc; *fig Verdacht* ***an j-m hängen bleiben*** poursuivre qn; *fig* ***davon ist nicht viel hängen geblieben*** il n'en est pas resté grand-chose 8. F *fig* (*sich aufhalten*) ***am Telefon hängen*** être pendu au téléphone; ***vor dem Fernseher hängen*** rester (collé) devant la télé 9. (*erhängt sein*) être pendu 10. (*abhängen*) ***an j-m, etw hängen*** dépendre de qn, qc 11. F *bei e-r schwierigen Sache* ***hängen bleiben*** beim Sprechen avoir un trou; F *fig* ***j-n hängen lassen*** F laisser qn dans le pétrin; ***sich hängen lassen*** se laisser aller III *v/r* ***sich an j-n, etw hängen*** (*festhalten*) s'accrocher à qn, qc; *emotional* se raccrocher à qn, qc
hängenbleiben *v/i* → ***hängen*** II 5, 7, 11
hängenlassen *v/t u v/r* → ***hängen*** II 5, 11
Hängepartie *f* SCHACH partie ajournée
Hängepflanze *f* plante retombante
Hängeschrank *m* élément suspendu
Hannover [ha'no:fər] *n* ⟨~s⟩ 'Hanovre
Hans [hans] *m* Jean *m*; ***Hans im Glück*** Jeannot *m* la Chance; F *fig* veinard *m*
Hansaplast® [hanza'plast] *n* ⟨~ɕs⟩ sparadrap *m*; tricostéril® *m*
Hansdampf F *m* ⟨~ɕs; ⱦe⟩ (***ein***) ***Hansdampf in allen Gassen sein*** être partout à la fois
Hanse ['hanzə] *f* ⟨~⟩ HIST ***die Hanse*** la Hanse
hanseatisch *adj* 'hanséatique
hänseln ['hɛnzəln] *v/t* ⟨ɕ⟩ taquiner
Hansestadt *f* ville *f* 'hanséatique
Hanswurst *m* ⟨~ɕs; ⱦe⟩ (*Dummkopf*) clown *m*;

(*Kasper*) guignol *m*

Hantel ['hantəl] *f* ⟨~; ~n⟩ haltère *m*

Hantelübung *f* exercice *m* avec des haltères

hantieren [han'tiːrən] *v/i* ⟨*sans ge*⟩ **mit etw hantieren** manipuler qc

hapern ['haːpərn] *v/imp* **1.** (*nicht klappen*) **es hapert mit etw** il y a qc qui cloche, qui ne marche pas dans qc **2.** (*mangeln*) **es hapert an etw** (*dat*) il manque qc

Häppchen ['hɛpçən] *n* ⟨~s; ~⟩ (*Bissen*) petite bouchée; (*Kanapee*) canapé *m*; (*Appetithäppchen*) amuse-gueule *m*

Happen ['hapən] *m* ⟨~s; ~⟩ bouchée *f*; **e-n Happen essen** manger un petit morceau

Happening ['hɛpənɪŋ] *n* ⟨~s; ~s⟩ 'happening *m*

happig F *adj* exagéré

happy ['hɛpi] F *adj* heureux

Happy-End ['hɛpi'ˀɛnt] *n* ⟨~s; ~s⟩ 'happy end *m od f*

Happy Hour ['hɛpi'ˀauər] *f* ⟨~; ~s⟩ 'happy hour *f*

Harass ['haras] *m* ⟨~es; ~e⟩ *schweiz* **1.** (*Getränkekasten*) caisse *f* **2.** (*Lattenkiste*) cageot *m*; *kleinerer* cagette *f*

Härchen ['hɛːrçən] *n* ⟨~s; ~⟩ petit cheveu *bzw* poil

Hardcover ['hartkavər] *n* ⟨~s; ~s⟩ livre *m* à couverture rigide

Hardtop [-tɔp] *n od m* ⟨~s; ~s⟩ **1.** *Dach* 'hard-top *m* **2.** *Wagen* cabriolet *m* avec 'hard-top

Hardware [-vɛːr] *f* ⟨~; ~s⟩ matériel *m*; 'hardware *m*

Harem ['haːrɛm] *m* ⟨~s; ~s⟩ 'harem *m* (*a fig plais*)

Harfe ['harfə] *f* ⟨~; ~n⟩ 'harpe *f*

Harke ['harkə] *f* ⟨~; ~n⟩ râteau *m*

harken *v/t* râtisser

Harlekin ['harlekiːn] *m* ⟨~s; ~e⟩ arlequin *m*

harmlos ['harmloːs] **I** *adj* *Tier, Mensch, Medikament* inoffensif; *Vergnügen* innocent; *Mittel, Bemerkung, Kritik, Vorfall, Witz* anodin; *Verletzung, Unfall* sans gravité; *Krankheit* bénin **II** *adv* **harmlos aussehen** *Lebewesen* avoir l'air inoffensif; *Sache* avoir l'air anodin

Harmlosigkeit *f* ⟨~⟩ caractère inoffensif, anodin; *e-s Medikaments* innocuité *f*

Harmonie [harmo'niː] *f* ⟨~, ~n⟩ MUS, *fig* harmonie *f*

Harmonielehre ['harmo'niː] *f* ⟨~⟩ MUS (théorie *f* de l')harmonie *f*

harmonieren *v/i* ⟨*sans ge*⟩ *Personen* s'entendre (**mit** avec); *Farben etc* s'accorder (avec)

harmonisch *adj* MUS, *fig* harmonieux

harmonisieren *v/t* ⟨*sans ge*⟩ MUS, *fig* harmoniser

Harn [harn] *m* ⟨~s; ~e⟩ urine *f*

Harnblase *f* vessie *f*

Harndrang *m* besoin *m* d'uriner

Harnisch ['harnɪʃ] *m* ⟨~s; ~e⟩ HIST armure *f*; *fig* **j-n in Harnisch bringen** faire sortir qn de ses gonds

Harnleiter *m* uretère *m*

Harnröhre *f* urètre *m*

Harnsäure *f* ⟨~⟩ acide *m* urique

harntreibend *adj* diurétique

Harnwege *m/pl* voies *f/pl* urinaires

Harpune [har'puːnə] *f* ⟨~; ~n⟩ 'harpon *m*

harren ['harən] *v/i* **j-s, e-r Sache harren** at-

tendre qn, qc

Harsch [harʃ] *m* ⟨~¢s⟩ neige tôlée

hart [hart] **I** *adj* ⟨~er, ~este⟩ *Material* dur (*a fig*: *Arbeit, Droge, Kampf, Wasser, Worte, Zeiten, Mensch*); *Winter* rigoureux; *Los, Schicksal* cruel; *Kritik, Maßnahmen, Strafe, Urteil* sévère; *Währung* fort; *Aufprall* violent; **hart zu j-m sein** être dur avec qn; **hart werden** *Material* durcir; *Person* se durcir; devenir dur **II** *adv* **1.** *schlagen, aufprallen* violemment; *fig* (*schwer, streng*) durement; **hart gefroren** gelé; **hart gekocht** *Ei* dur; **hart arbeiten** travailler dur; *fig* **hart bleiben** ne pas céder; **hart durchgreifen** prendre des mesures énergiques, sévères; *Unglück, Krankheit* **j-n hart treffen** éprouver qn durement, cruellement; **wenn es hart auf hart geht** en cas de coup dur **2. hart an** (*dicht*) tout près de; **hart an der Grenze des Erlaubten** à la limite de ce qui est permis

Härte ['hɛrtə] *f* ⟨~; ~n⟩ **1.** *des Materials* dureté *f* (*a fig*); *e-s Urteils, e-r Maßnahme* sévérité *f*; rigueur *f*; *e-s Aufpralls* violence *f* **2.** *e-r Person* dureté *f* (**gegenüber j-m** envers qn); (*Zähigkeit, Ausdauer*) endurance *f* **3.** *unbillige, unsoziale* (grave) inégalité *f* **4.** *Jugendsprache* **das ist die Härte!** *positiv* F (c'est) génial, super!; *negativ* F c'est une horreur!

Härtefall *m* cas *m* (difficile) (*a* F *fig Person*); **sozialer Härtefall** cas social

Härtegrad *m* *des Wassers* degré *m* hydrotimétrique

härten ⟨-e-⟩ **I** *v/t* durcir; *Metall* tremper **II** *v/i* (se) durcir

Härtetest *m* **1.** TECH test *m* de dureté **2.** *fig* épreuve *f*

Hartfaserplatte *f* panneau *m* en fibre dure

hartgefroren *adj* gelé

hartgekocht *adj* *Ei* dur

Hartgeld *n* pièces *f/pl* de monnaie

hartgesotten *adj* (*unnachgiebig*) dur; (*abgebrüht*) insensible; F dur à cuire

Hartgummi *m od n* ébonite *f*

hartherzig *adj* *Person* dur; insensible; *Verhalten* impitoyable; **hartherzig sein** avoir le cœur dur

Hartholz *n* bois dur

Hartkäse *m* fromage *m* à pâte pressée

Hartmetall *n* alliage dur

hartnäckig ['hartnɛkɪç] **I** *adj* *Person, Widerstand, Vorurteil, Schnupfen etc* tenace; *Person, Widerstand a* obstiné; *Kälte* persistant **II** *adv* avec obstination; *Kälte, Gerücht* **sich hartnäckig halten** persister

Hartnäckigkeit *f* ⟨~⟩ (*Zähigkeit*) opiniâtreté *f*; (*Beharrlichkeit*) ténacité *f*; (*Eigensinn*) obstination *f*; *e-r Krankheit* persistance *f*

Hartplatz *m* SPORT terrain *m* en dur

Hartweizen *m* blé dur

Hartweizengrieß *m* semoule *f* de blé dur

Hartwurst *f* saucisson sec

Harz [haːrts] *n* ⟨~es; ~e⟩ résine *f*

harzig *adj* résineux

Hasch [haʃ] F *n* ⟨~s⟩ F 'hasch *m*

Haschee ['haʃeː] *n* ⟨~s; ~s⟩ 'hachis *m*

haschen[1] ['haʃən] *st/s* **I** *v/t* (*fangen*) attraper **II** *v/i* **nach etw, j-m haschen** chercher à attraper qc, qn

haschen[2] F *v/i* (*Haschisch rauchen*) fumer du haschisch

Häscher ['hɛʃər] *litt m* ⟨~s; ~⟩ sbire *m*
Hascherl ['haʃərl] F *n* ⟨~s; ~n⟩ *südd, österr **armes Hascherl!*** pauvre petit(e)!
Haschisch ['haʃɪʃ] *m od n* ⟨~⁀⟩ 'ha(s)chi(s)ch *m*
Hase ['haːzə] *m* ⟨~n; ~n⟩ lièvre *m*; (*Stallhase*) lapin *m*; F *fig **ein alter Hase*** un vieux routier; F *da liegt der Hase im Pfeffer* voilà le hic; F *wissen, wie der Hase läuft* F connaître la musique; F *plais **mein Name ist Hase*** je n'en sais rien
Haselnuss ['haːzəl-] *f* noisette *f*
Hasel(nuss)strauch *m* noisetier *m*; coudrier *m*
Hasenbraten *m* lièvre rôti
Hasenfuß *m fig péj* poule mouillée
Hasenkeule *f* cuisse *f* de lièvre
Hasenpfeffer *m* CUIS civet *m* de lièvre
hasenrein *adj **nicht (ganz) hasenrein*** louche
Hasenrücken *m* CUIS râble *m* de lièvre
Hasenscharte *f* bec-de-lièvre *m*
Hass [has] *m* ⟨~es⟩ 'haine *f* (*gegen, auf* [+ *acc*] de)
hassen *v/t* ⟨~⁀⟩ détester; 'haïr
hasserfüllt I *adjt* 'haineux II *advt **j-n hasserfüllt anblicken*** regarder qn avec 'haine
hässlich ['hɛslɪç] *adj* **1.** (*nicht schön*) laid; vilain; *hässlich aussehen* être laid **2.** *fig* (*gemein*) détestable; *Wort* vilain **3.** *fig* (*unangenehm*) affreux
Hässlichkeit *f* ⟨~⟩ laideur *f*; *fig* atrocité *f*; horreur *f*
Hassliebe *f* 'haine-passion *f*
hast [hast] → *haben*
Hast *f* ⟨~⟩ (*Eile*) 'hâte *f*; (*Überstürzung*) précipitation *f*; *ohne Hast* tranquillement
hasten *v/i* ⟨-e-, sn⟩ se hâter; se presser
hastig I *adj* précipité; *Bewegung* brusque II *adv* à la hâte; précipitamment; *nicht so hastig!* pas si vite!
hat [hat] → *haben*
hätscheln ['hɛtʃəln] *v/t* ⟨~⟩ (*liebkosen*) cajoler; (*verwöhnen*) gâter; choyer (*a fig Künstler*)
hatschi [ha'tʃiː] *int* atchoum!
hatte ['hatə] → *haben*
Hatz [hats] *f* ⟨~; ~en⟩ *fig* (*Hetzjagd*) chasse *f* (*auf* [+ *acc*] à)
Haube ['haubə] *f* ⟨~; ~n⟩ **1.** bonnet *m*; coiffe *f* (*a Schwesternhaube*); F *plais **j-n unter die Haube bringen*** marier, F caser qn **2.** ZO 'huppe *f* **3.** (*Motorhaube*) capot *m* **4.** (*Trockenhaube*) casque *m* de coiffeur
Hauch [haux] *m* ⟨~⁀s; ~e⟩ (*Atemhauch, Lufthauch*) souffle *m* (*a fig*); (*dünne Schicht*) fine couche; *Zartes, Duftiges **ein Hauch von ...*** un soupçon de ...
hauchdünn *adj Schicht, Scheibe* très fin; *Gewebe, Vorsprung* minime; *Mehrheit* très faible
hauchen *v/t u v/i* souffler; *fig Worte* susurrer
hauchfein *adj* très fin
Hauchlaut *m* son expiré; *mit Hauchlaut (aus)sprechen* aspirer
hauchzart *adj* très fin; *Gewebe a st/s* arachnéen, -enne
Haudegen *m* (*alter*) *Haudegen* (vieux) baroudeur
Haue *f* ⟨~; ~n⟩ **1.** F (*Prügel*) F raclée *f* **2.** *südd, österr* (*Hacke*) 'houe *f*
hauen ['hauən] ⟨haute *ou* hieb, gehauen *ou* F

gehaut⟩ I *v/t* **1.** SCULP *in Stein* (*acc*) *hauen* tailler dans la pierre **2.** F (*hineinhauen*) *Löcher ins Eis hauen* faire des trous dans la glace **3.** F (*schlagen*) battre; frapper; F taper **4.** F (*schleudern*) *etw irgendwohin hauen* F balancer qc quelque part II *F v/i* **5.** (*schlagen*) frapper; F cogner **6.** (*stoßen*) (*mit etw*) *gegen etw hauen* se cogner (qc) contre qc III *v/r **sich hauen*** (*sich schlagen*) se battre
Hauer *m* ⟨~s; ~⟩ **1.** BERGBAU piqueur *m*; 'haveur *m* **2.** *des Keilers* défense *f*
Häufchen ['hɔyfçən] *n* ⟨~s; ~⟩ petit tas; *wie ein Häufchen Elend aussehen* avoir l'air d'une pauvre petite chose
häufeln ['hɔyfəln] *v/t* ⟨⁀⟩ mettre en tas; JARD butter
Haufen ['haufən] *m* ⟨~s; ~⟩ **1.** (*Berg*) tas *m*; *meist wirrer* amas *m*; *sehr großer* monceau *m*; F *j-n über den Haufen rennen, fahren* renverser qn; F *j-n über den Haufen schießen* abattre qn; F *über den Haufen werfen Pläne* bousculer; F chambarder **2.** F (*Kothaufen*) crotte *f* **3.** F (*große Menge*) *ein Haufen ...* un *od* des tas de ...; *ein Haufen Geld* beaucoup d'argent **4.** (*Menschenhaufen*) tas *m* de gens; foule *f*
häufen ['hɔyfən] I *v/t* entasser (*auf* [+ *acc*] sur) II *v/r **sich häufen*** **1.** (*sich anhäufen*) s'entasser **2.** *fig Fälle* se multiplier
haufenweise F *adv* F en masse; *haufenweise Geld verdienen* F gagner un argent fou
Haufenwolke *f* cumulus *m*
häufig ['hɔyfɪç] I *adj* fréquent II *adv* souvent; fréquemment
Häufigkeit *f* ⟨~; ~en⟩ fréquence *f*
Häuflein *n* ⟨~s; ~⟩ → *Häufchen*
Häufung *f* ⟨~; ~en⟩ *von Fällen* multiplication *f*
Haupt [haupt] *st/s n* ⟨~⁀s; Häupter⟩ **1.** (*Kopf*) tête *f*; *erhobenen Hauptes* (la) tête 'haute **2.** *fig* (*Führer*) chef *m*
Hauptabnehmer *m* COMM premier client
Hauptakzent *m* **1.** PHON accent principal **2.** *fig* accent *m*
Hauptaltar *m* maître-autel *m*
hauptamtlich I *adj Tätigkeit* professionnel II *adv* à titre professionnel
Hauptangeklagte(r) *f(m)* principal(e) accusé(e) *m(f)*
Hauptanklagepunkt *m* principal chef d'accusation
Hauptanschluss *m* TÉL ligne principale
Hauptanteil *m* majeure partie
Hauptarbeit *f* gros *m* du travail
Hauptargument *n* argument principal
Hauptattraktion *f* principale attraction; clou *m*
Hauptaugenmerk *n **sein Hauptaugenmerk auf etw*** (*acc*) *richten* faire principalement attention à qc
Hauptausgang *m* sortie principale
Hauptbahnhof *m* gare centrale
Hauptbelastungszeuge *m* principal témoin à charge
Hauptberuf *m* profession (régulière, principale)
hauptberuflich I *adj* professionnel II *adv* à titre professionnel
Hauptbeschäftigung *f* occupation, activité principale

Hauptbestandteil *m* élément, composant, constituant principal

Hauptdarsteller(in) *m(f)* FILM, THÉ acteur *m*, actrice *f* principal(e)

Haupteingang *m* entrée principale

Häuptelsalat ['hɔʏptəl-] *m südd, österr* laitue *f*

Haupterbe *m*, **Haupterbin** *f* héritier, -ière *m,f* principal(e)

Hauptfach *n* STUDIUM, SCHULE matière principale

Hauptfehler *m* principal défaut; (*Irrtum*) erreur principale

Hauptfigur *f* personnage principal (*a fig*); *fig a* protagoniste *m,f*

Hauptfilm *m* grand film

Hauptgang *m* CUIS plat principal

Hauptgebäude *n* bâtiment principal

Hauptgedanke *m* idée principale, maîtresse

Hauptgericht *n* CUIS plat principal

Hauptgeschäft *n* **1.** *Gebäude* maison *f* mère **2.** (*Hauptumsatz*) plus grosses ventes

Hauptgeschäftsstelle *f* bureau principal; agence principale

Hauptgewinn *m* gros lot

Hauptgrund *m* raison principale

Haupthahn *m* TECH robinet principal

Hauptinteresse *n* principal intérêt

Hauptkasse *f* caisse principale

Hauptlast *f* charge principale (*a fig*)

Häuptling ['hɔʏptlɪŋ] *m* ⟨~s; ~e⟩ chef *m* de tribu

Hauptmahlzeit *f* repas principal

Hauptmann *m* ⟨~⁄¢s; -leute⟩ MIL capitaine *m*

Hauptmerkmal *n* caractère principal

Hauptmieter(in) *m(f)* locataire *m,f* principal(e)

Hauptmotiv *n* principal mobile

Hauptnahrung *f* nourriture principale

Hauptnenner *m* MATH dénominateur commun

Hauptniederlassung *f* établissement principal

Hauptort *m* **1.** (*Zentrum*) centre *m* **2.** ADM *e-s Departements*, *Arrondissements* chef-lieu *m*; *e-s Kantons* capitale cantonale

Hauptperson *f* personnage principal; *sie will immer die Hauptperson sein* elle veut toujours avoir le premier rôle

Hauptportal *n* portail central; grand portail

Hauptpost *f*, **Hauptpostamt** *n* poste centrale

Hauptproblem *n* problème-clé *m*

Hauptquartier *n* MIL grand quartier général

Hauptredner(in) *m(f)* principal orateur

Hauptreisezeit *f* pleine saison (des voyages, du tourisme)

Hauptrolle *f* premier rôle; *die Hauptrolle spielen Person, fig* jouer le rôle principal

Hauptsache *f* principal *m*; F *Hauptsache, du bist hier* l'essentiel, c'est que tu sois là

hauptsächlich I *adj* principal **II** *adv* surtout

Hauptsaison *f* pleine saison

Hauptsatz *m* (proposition) principale *f*

Hauptschalter *m* ÉLECT commutateur principal

Hauptschlagader *f* aorte *f*

Hauptschlüssel *m* passe-partout *m*

Hauptschulabschluss *m* certificat *m* de fin d'études primaires

Hauptschuld *f* faute principale; *die Hauptschuld an etw* (*dat*) *tragen* être le principal fautif, responsable de qc

Hauptschule *f école de fin de scolarité* (*cycle d'enseignement primaire long*)

Hauptschüler(in) *m(f)* *élève de la 5ᵉ à la 9ᵉ ou 10ᵉ* (*österr 8ᵉ*) *année préparant le certificat de fin d'études primaires*

Hauptschullehrer(in) *m(f)* *professeur enseignant dans le cycle d'enseignement primaire long*

Hauptseminar *n* UNIVERSITÄT séminaire *m* de deuxième cycle

Hauptsendezeit *f* heure(s) *f(pl)* de grande écoute

Hauptsitz *m* siège *m*

Hauptstadt *f* capitale *f*

Hauptstraße *f* rue principale; grand-rue *f*

Hauptstrecke *f* EISENBAHN grande ligne

Hauptstudium *n* second cycle d'études universitaires

Haupttätigkeit *f* principale occupation, activité

Hauptteil *m* (*wichtigster Teil*) partie principale; (*größter Teil*) majeure partie

Hauptthema *n* sujet principal

Haupttreffer *m* LOTTERIE gros lot

Haupttribüne *f* tribune principale

Hauptunterschied *m* principale différence; différence essentielle

Hauptursache *f* cause principale

Hauptverantwortliche(r) *f(m)* responsable *m,f* (principal[e], en chef) (*für* pour, de)

Hauptverhandlung *f* JUR débats *m/pl*

Hauptverkehr *m* majeure partie de la circulation

Hauptverkehrsstraße *f* rue *f bzw* route *f* à grande circulation; (grande) artère

Hauptverkehrszeit *f* heures *f/pl* de pointe, d'affluence

Hauptversammlung *f e-r AG* assemblée générale

Hauptverwaltung *f* administration centrale

Hauptwache *f* commissariat principal

Hauptwohnsitz *m* résidence principale

Hauptwort *n* ⟨~⁄¢s; -wörter⟩ nom *m*; substantif *m*

Hauptzeuge *m*, **Hauptzeugin** *f* principal témoin

Hauptziel *n* principal but; objectif principal

Hauptzweck *m* principal but

hau ruck ['hau'rʊk] *int* oh! 'hissc!

Haus [haus] *n* ⟨~es; Häuser⟩ **1.** *Gebäude* maison *f* (*a* ASTR, *Firma, Hotel*); *aus dem Haus gehen* sortir (de chez soi); COMM *frei Haus* franco à domicile; *ins Haus liefern* livrer à domicile; *nach Hause, zu Hause* à la maison; chez soi; *nach Hause gehen* rentrer à la maison, chez soi; *zu Hause bleiben* rester à la maison, chez soi; → *Info nächste Seite* **2.** *fig* F *j-m das Haus einrennen* F assiéger qn; *aus gutem Hause sein* être de bonne famille; F *j-m ins Haus stehen* (bientôt) tomber sur qn; F pendre au nez de qn; *von Haus aus Lehrer sein* être professeur à l'origine **3.** (*Theater*) théâtre *m*; *volles, leeres Haus* salle *f* comble, vide; *vor vollem Haus spielen* jouer à bureaux fermés **4.** (*Parlament*) Chambre *f* **5.** (*Schneckenhaus*) coquille *f*

Hausangestellte(r) *f(m)* employé(e) *m(f)* de maison

Hausanzug *m* costume *m*, tenue *f* d'intérieur

Hausapotheke *f* pharmacie (familiale)

zu Hause, nach Hause SG

Neben der Übersetzung **à la maison** wird oft auch **chez** und das jeweils passende Personalpronomen verwendet:

Ich gehe nach Hause.	**Je vais chez moi.**
Er ist zu Hause.	**Il est chez lui.**
Seid ihr zu Hause?	**Vous êtes chez vous ?**

Hausarbeit f **1.** im Haushalt travaux ménagers **2.** für die Schule devoirs m/pl **3.** im Studium mémoire m

Hausarrest m **1.** JUR résidence surveillée **2.** für Kind privation f de sortie

Hausarzt m, **Hausärztin** f médecin m de famille

Hausaufgabe f devoir m

hausbacken adj péj terre-à-terre; Frau a F popote

Hausbar f bar m de salon

Hausbau m construction f d'une maison

Hausbesetzer(in) m ⟨∼s; ∼⟩ (f) ⟨∼in; ∼innen⟩ squatte(u)r m

Hausbesetzung f squat m

Hausbesitzer(in) m(f) propriétaire m,f (d'une maison)

Hausbesuch m e-s Arztes visite f

Hausbewohner(in) m(f) habitant(e) m(f) de la maison; (Mieter[in]) locataire m,f

Hausboot n péniche f (servant d'habitation)

Häuschen ['hɔʏsçən] n ⟨∼s; ∼⟩ **1.** (kleines Haus) maisonnette f; F (ganz) aus dem Häuschen sein être dans tous ses états; vor Freude être fou de joie **2.** F (Toilette) F petit coin

Hausdetektiv m surveillant m (de magasin)

Hausdiener m garçon m de service

Hausdrache(n) F péj m mégère f; dragon m

Hauseigentümer(in) m(f) propriétaire m,f (d'une maison)

Hauseinfahrt f porte cochère

Hauseingang m entrée f (de la maison)

hausen F v/i ⟨∼ʂ⟩ **1.** (wohnen) F crécher **2.** (wüten) übel, schlimm hausen saccager tout

Häuserblock ['hɔʏzər-] m ⟨∼¢s; ∼s⟩ pâté m de maisons

Häuserfront f front m

Häusermeer n mer f, océan m de maisons

Häuserreihe f rangée f de maisons

Hausflur m vestibule m; entrée f

Hausfrau f femme f au foyer; ménagère f

Hausfrauenart f CUIS nach Hausfrauenart bonne femme

Hausfreund m **1.** ami m de la maison **2.** plais (Liebhaber) amant (attitré)

Hausfriedensbruch m violation f de domicile

Hausgebrauch m für den Hausgebrauch à usage domestique; fig pour mon, ton, etc usage personnel

Hausgeburt f accouchement m à la maison, à domicile

Hausgehilfin f aide-ménagère f; bonne f; Beruf employée f de maison

hausgemacht adjt Lebensmittel (fait) maison; fig maison

Hausgemeinschaft f (communauté f d')habitants m/pl d'un immeuble

Haushalt m ⟨∼¢s; ∼e⟩ **1.** privater foyer m; ménage m; ein Haushalt mit fünf Personen une famille de cinq personnes; (j-m) den Haushalt führen tenir le ménage (de qn) **2.** öffentlicher budget m

haushalten v/i ⟨irr⟩ économiser (mit etw qc) (a fig)

Haushälterin ['haʊshɛltərɪn] f ⟨∼; ∼nen⟩ gouvernante f

Haushaltsabfälle m/pl ordures ménagères

Haushaltsartikel m article m de ménage

Haushaltsausschuss m ADM commission f du budget

Haushaltsbuch n carnet m de dépenses (ménagères)

Haushaltsbudget n budget m de la maison, du ménage

Haushaltsdebatte f discussion f budgétaire

Haushaltsführung f gestion f de la maison; finanzielle gestion f budgétaire; doppelte Haushaltsführung entretien m de deux ménages

Haushaltsgeld n argent m du ménage

Haushaltsgerät n appareil ménager

Haushaltshilfe f aide-ménagère f

Haushaltsjahr n ADM exercice m; année f budgétaire

Haushaltskasse f **1.** caisse f du ménage **2.** Geld argent m du ménage

Haushaltsmittel n/pl fonds m/pl budgétaires

Haushaltsplan m budget m

Haushaltsvorstand m chef m de famille

Haushaltswaren f/pl articles ménagers

Hausherr m **1.** (Familienoberhaupt) maître m de maison; (Gastgeber) hôte m **2.** (Besitzer) propriétaire m

Hausherrin f (Familienoberhaupt) maîtresse f de maison; (Gastgeberin) hôtesse f

haushoch **I** adj de la hauteur d'une maison; fig Überlegenheit écrasant; Niederlage, Sieg immense **II** adv fig gewinnen 'haut la main'; j-m haushoch überlegen sein être supérieur à qn et de loin; écraser qn

Haushund m chien m domestique

hausieren v/i ⟨sans ge⟩ mit etw hausieren gehen colporter qc (a fig péj)

Hausierer m ⟨∼s; ∼⟩ colporteur m

Hauskatze f chat m domestique

Hauskleid n robe f d'intérieur

Hauslehrer(in) m(f) précepteur, -trice m,f

häuslich ['hɔʏslɪç] **I** adj **1.** (das Haus betreffend) domestique; Arbeiten a à la maison; Angelegenheit privé **2.** Person casanier **II** adv F sich häuslich bei j-m niederlassen s'installer chez qn

Hausmacherart f CUIS nach Hausmacherart maison

Hausmann m homme m au foyer

Hausmannskost f cuisine f maison

Hausmarke f F (bevorzugtes Getränk) boisson préférée f; in e-m Lokal marque f maison

Hausmeister(in) m(f) concierge m,f

Hausmitteilung f in e-r Firma note f de service; unter Kollegen note f; für Kunden circulaire f (d'information)

Hausmittel *n* remède *m* de bonne femme
Hausmüll *m* ordures ménagères
Hausmusik *f* musique (jouée) en famille
Hausnummer *f* numéro *m* (de la maison)
Hausordnung *f* règlement intérieur
Hausputz *m* nettoyage *m* (de la maison)
Hausrat *m* mobilier *m* et ustensiles *m/pl* de ménage
Hausratversicherung *f* assurance mobilière
Hausrecht *n* ⟨~¢s⟩ droit *m* du maître de la maison
Haussammlung *f* collecte *f* à domicile
Hausschlüssel *m* clé *f* de la maison
Hausschuh *m* pantoufle *f*
Hausschwein *n* cochon *m*
Hausse ['ho:s(ə)] *f* ⟨~; ~n⟩ ÉCON 'hausse *f*
Haussegen *m* F *plais* **bei ihnen hängt der Haussegen schief** F le torchon brûle
Hausstand *m* foyer *m*
Hausstauballergie *f* allergie *f* à la poussière domestique
Haustelefon *n* téléphone intérieur
Haustier *n* animal *m* domestique
Haustür *f* porte *f* d'entrée
Hausverbot *n* interdiction *f* d'entrer; **Hausverbot haben** ne pas avoir le droit d'entrer; **j-m Hausverbot erteilen** interdire à qn l'entrée
Hausverwalter(in) *m(f)* gérant(e) *m(f)* (d'un immeuble)
Hausverwaltung *f* gérance *f* d'un immeuble
Hauswart *m* ⟨~¢s; ~e⟩ concierge *m*
Hauswirt(in) *m(f)* propriétaire *m,f* (d'une maison)
Hauswirtschaft *f* économie *f* domestique; *Lehrfach* enseignement ménager
hauswirtschaftlich *adj* ménager
Hauswirtschaftslehrerin *f* professeur *f* d'enseignement ménager
Hauswirtschaftsleiterin *f* intendante *f*; économe *f*
Hauswirtschaftsmeisterin *f* diplômée *f* d'économie domestique
Hauswirtschaftsschule *f* école ménagère
Hauszelt *n* (tente *f*) canadienne *f*
Haut [haut] *f* ⟨~; Häute⟩ peau *f* (*a von Obst, auf der Milch*); **a)** *mit subst* F *fig* **mit Haut und Haar(en)** tout entier; entièrement, F **nur noch Haut und Knochen sein** n'avoir plus que la peau et les os **b)** *mit adj* F *fig* **auf der faulen Haut liegen** flemmarder; F tirer sa flemme; **mit heiler Haut davonkommen** s'en tirer (sans une égratignure) **c)** *mit präp* **nass bis auf die Haut** trempé jusqu'aux os; F **aus der Haut fahren** sortir de ses gonds; F **niemand kann aus s-r Haut heraus** on ne se refait pas; F **sich in s-r Haut wohl, nicht wohl fühlen** être bien, mal dans sa peau; F **ich möchte nicht in s-r Haut stecken** je ne voudrais pas être à sa place **d)** *mit Verb* **sich s-r Haut** (*gén*) **wehren** défendre sa peau
Hautabschürfung *f* éraflure *f*; écorchure *f*
Hautarzt *m*, **Hautärztin** *f* dermatologue *m,f*
Hautausschlag *m* éruption cutanée
Hautcreme *f* crème *f* pour la peau
häuten ['hɔγtən] ⟨-e-⟩ **I** *v/t Tier* dépouiller **II** *v/r* **sich häuten** muer
hauteng *adj* collant; moulant
Hautevolee [(h)o:tvo'le:] *f* ⟨~⟩ *oft péj* F gratin

m; haute volée
Hautfarbe *f* couleur *f* de (la) peau
hautfreundlich *adj* doux pour la peau
Hautkontakt *m* contact *m* physique
Hautkrankheit *f* maladie *f* de (la) peau
hautnah **I** *adj* **1.** (*sehr nah*) immédiat **2.** F *fig* (*anschaulich, packend*) prenant; saisissant **II** *adv* **3.** (*sehr nah*) de tout, très près **4.** F *fig* de façon prenante, saisissante
Hautpflege *f* soins *m/pl* de la peau
Hautpilz *m* MÉD champignon *m*
Hautreizung *f* irritation *f* de la peau
Hautschere *f* ciseaux *m/pl* à peau
hautschonend *adj* qui protège la peau
Hauttransplantation *f* greffe *f* de (la) peau
Hautunreinheit *f* impureté *f* de la peau
Havanna [ha'vana] *f* ⟨~; ~s⟩ *Zigarre* 'havane *m*
Havarie [hava'ri:] *f* ⟨~; ~n⟩ **1.** MAR, AVIAT avarie *f* **2.** *an Maschinen* dommage *m*
Hawaii [ha'vaɪ] *n* ⟨~s⟩ (les îles *f/pl*) Hawaï
Haxe *f südd* → **Hachse**
Hbf. *abr* (*Hauptbahnhof*) gare centrale
H-Dur *n* si *m* majeur
he [he:] F *int* **1.** *Zuruf* 'hé! **2.** *bei Empörung* 'hé!; *bei Verwunderung* 'holà!
Hebamme ['he:pʔamə] *f* sage-femme *f*
Hebebühne *f* AUTO pont élévateur
Hebel ['he:bəl] *m* ⟨~s; ~⟩ levier *m*; F *fig* **alle Hebel in Bewegung setzen** mettre tout en œuvre; F *fig* **am längeren Hebel sitzen** être en position de force
Hebelarm *m* bras *m* de levier
Hebelwirkung *f* effet *m* de levier
heben ['he:bən] ⟨hob, gehoben⟩ **I** *v/t* **1.** (*hochheben*) *Last, Person* soulever; (*nach oben bewegen*), *Arm, Hand, Kopf etc* lever; F **einen heben** boire un coup **2.** *gesunkenes Schiff* relever; *Schatz* déterrer **3.** *fig Niveau, Ansehen* améliorer; *Stimmung* faire monter **II** *v/r* **sich heben 4.** *Vorhang etc* se lever **5.** *fig Niveau, Stimmung* s'améliorer
hebräisch [he'brɛ:ɪʃ] *adj* hébraïque; *m a* hébreu
Hebung *f* ⟨~; ~en⟩ **1.** *e-s Schiffes* relevage *m*; *e-s Schatzes* déterrement *m* **2.** GÉOL soulèvement *m* **3.** *fig des Niveaus* élévation *f*; *des Ansehens, der Stimmung* amélioration *f*
hecheln ['hɛçəln] *v/i* ⟨¢⟩ *Hund* 'haleter
Hecht [hɛçt] *m* ⟨~¢s; ~e⟩ brochet *m*; F *fig* **ein toller Hecht** F un type, mec super
hechten *v/i* ⟨-e-, sn⟩ plonger; faire un plongeon
Hechtsprung *m* TURNEN saut *m* de carpe; SCHWIMMEN plongeon *m*
Heck [hɛk] *n* ⟨~¢s; ~e *ou* ~s⟩ arrière *m*; MAR *a* poupe *f*
Heckantrieb *m* traction *f* arrière
Hecke ['hɛkə] *f* ⟨~; ~n⟩ 'haie *f*
Heckenrose *f Strauch* églantier *m*; *Blüte* églantine *f*
Heckenschere *f* sécateur *m*
Heckenschütze *m* tireur embusqué
Heckfenster *n* lunette *f* arrière
Heckflosse *f* AUTO bé(c)quet *m*
Heckklappe *f* AUTO 'hayon *m*
Heckmotor *m* moteur *m* arrière
Heckscheibe *f* lunette *f*, vitre *f* arrière
Heer [he:r] *n* ⟨~¢s; ~e⟩ armée *f* (*a fig*)
Heeresleitung *f* ('haut) commandement des ar-

mées; état-major *m*
Heerschar *f* REL **die himmlischen Heerscha-ren** l'armée *f* céleste; F *fig* **ganze Heerscha-ren von ...** une armée, une foule de ...
Hefe ['heːfə] *f* ⟨~; ~n⟩ levure *f*; *zum Backen* le-vure *f* de boulanger
Hefebrot *n* pain *m* à la levure de boulanger
Hefegebäck *n* pâtisseries *f/pl*, petits gâteaux fait(e)s avec une pâte levée
Hefekuchen *m* gâteau fait avec une pâte levée
Hefepilz *m* levure *f*
Hefeteig *m* pâte levée
Hefeteilchen *n regional* petit gâteau, pâtisserie *f* fait(e) avec une pâte levée
Hefezopf *m* genre de brioche en forme de natte tressée
Heft[1] [heft] *n* ⟨~¢s; ~e⟩ **1.** (*Schreibheft*) cahier *m* **2.** *e-r Zeitschrift* numéro *m* **3.** *bes schweiz* (*Zeitschrift*) revue *f*
Heft[2] *st/s n* ⟨~¢s; ~e⟩ *e-s Messers* manche *m*; *fig* **das Heft in der Hand haben** tenir les commandes
Heftchen *n* ⟨~s; ~⟩ **1.** (*Block*) carnet *m* **2.** *oft péj* (*Comicheftchen, Romanheftchen etc*) revue *f*
heften ⟨-e-⟩ **I** *v/t* **1.** *mit Reißzwecken* fixer, *mit Heftklammern* agrafer (**an** [+ *acc*] à) **2.** COUT faufiler **3.** *Buch* **geheftet** broché **4.** *st/s fig* **den Blick auf j-n, etw heften** fixer, attacher son regard sur qn, qc **II** *v/r* **sich auf j-n, etw heften** *Blick, Augen* s'arrêter, rester fixé sur qn, qc
Hefter *m* ⟨~s; ~⟩ **1.** (*Heftmaschine*) agrafeuse *f* **2.** → **Schnellhefter**
Heftfaden *m*, **Heftgarn** *n* faufil *m*
heftig ['heftɪç] *adj Schmerzen, Gewitter, Kritik* violent; *Verlangen* ardent; *Regen* fort; *Schnup-fen* gros; *Person* **heftig werden** s'emporter
Heftigkeit *f* ⟨~⟩ violence *f*
Heftklammer *f* agrafe *f*
Heftmaschine *f* BÜRO agrafeuse *f*
Heftpflaster *n* pansement adhésif; sparadrap *m*
Heftzwecke *f* punaise *f*
hegen ['heːgən] *v/t* **1.** *Wild* protéger; *Pflanzen* soigner; *st/s Menschen* prendre soin de; *etw* **hegen und pflegen** prendre grand soin de qc **2.** *fig Zweifel, Verdacht, Hoffnung, Plan* nourrir
Hehl [heːl] *n od m* **kein(en) Hehl aus etw ma-chen** ne pas dissimuler, cacher qc
Hehler *m* ⟨~s; ~⟩ receleur *m*
Hehlerei *f* ⟨~; ~en⟩ recel *m*
hehr [heːr] *st/s adj* sublime
heia ['haɪa] *enf* **heia machen** faire dodo
Heia *enf f* ⟨~; ~s⟩, **Heiabett** *enf n enf* dodo *m*; **in die Heia gehen** aller au dodo
Heide[1] ['haɪdə] *m* ⟨~n; ~n⟩ REL païen *m*
Heide[2] *f* ⟨~; ~n⟩ **1.** GÉOGR lande *f* **2.** BOT bruyère *f*
Heidekraut *n* bruyère *f*
Heidelandschaft *f* (paysage *m* de) landes *f/pl*
Heidelbeere ['haɪdəl-] *f* myrtille *f*
Heidenangst F *f* peur bleue; F frousse *f* (**vor** [+ *dat*] de)
Heidenarbeit F *f* travail *m* énorme; F boulot *m* monstre
Heidengeld F *n* argent, F fric fou
Heidenlärm F *m* F boucan *m* du diable
Heidenspaß F *m* plaisir fou
Heidenspektakel F *m* → **Heidenlärm**

Heidentum *n* ⟨~s⟩ paganisme *m*; *Personen* païens *m/pl*
Heidin ['haɪdɪn] *f* ⟨~; ~nen⟩ REL païenne *f*
heidnisch *adj* païen
Heidschnucke ['haɪtʃnʊkə] *f* ⟨~; ~n⟩ ZO mou-ton *m* des Landes de Lüneburg
heikel ['haɪkəl] *adj* ⟨-kl-⟩ délicat
heil [haɪl] *adj Person* indemne; sain et sauf; *Sa-che* intact; *fig* **die heile Welt** un monde intact; *verletzter Arm* **wieder heil sein** être guéri; *etw* **heil überstehen** sortir indemne de qc
Heil *n* ⟨~s⟩ REL, *fig* salut *m*; **sein Heil in der Flucht suchen** chercher son salut dans la fuite
Heiland ['haɪlant] *m* ⟨~¢s⟩ REL Sauveur *m*
Heilanstalt *f* maison *f* de santé
Heilbad *n* station thermale
heilbar *adj* guérissable; curable
Heilbarkeit *f* ⟨~⟩ curabilité *f*
Heilbehandlung *f* traitement *m* thérapeutique
Heilbutt ['haɪlbut] *m* flétan *m*
heilen *v/t* (*u v/i* ⟨sn⟩) guérir (**von** de)
Heilerde *f* ⟨~; ~n⟩ terre médicamenteuse
Heilfasten *n* jeûne *m* thérapeutique
heilfroh F *adj* très content, heureux; F vache-ment content
Heilgymnastik *f* gymnastique corrective
heilig ['haɪlɪç] **I** *adj* **1.** saint; **der heilige Paulus** saint Paul; **der Heilige Abend** la veille, le soir de Noël; **die Heiligen Drei Könige** *m/pl* les Rois *m/pl* mages **2.** (*geweiht, st/s fig unantast-bar*) sacré; **heiliges Feuer** feu sacré; **mein Schlaf ist mir heilig** le sommeil, pour moi c'est sacré; **ihm ist nichts heilig** il ne respecte rien **II** *adv* → **heilighalten, heiligsprechen**
Heiligabend *m* veille *f*, soir *m* de Noël
Heilige(r) *f(m)* ⟨→ A⟩ saint(e) *m(f)*; F *iron* **ein komischer Heiliger** un drôle de paroissien
heiligen *v/t* sanctifier; (*weihen*) consacrer
Heiligenbild *n* image sainte
Heiligenschein *m* auréole *f* (*a fig*); nimbe *m*
heilighalten *v/t* ⟨*irr*⟩ *j-s Andenken etc* tenir pour sacré
Heiligkeit *f* ⟨~⟩ sainteté *f*; **Seine Heiligkeit** (*Papst*) Sa Sainteté
heiligsprechen *v/t* ⟨*irr*⟩ canoniser
Heiligsprechung *f* ⟨~; ~en⟩ canonisation *f*
Heiligtum *n* ⟨~s; ~er⟩ sanctuaire *m*
Heilkraft *f* vertu *f* thérapeutique
Heilkräuter *n/pl* herbes médicinales; simples *m/pl*
Heilkunde *f* médecine *f*
heillos **I** *adj* terrible; incroyable; **ein heilloses Durcheinander** un désordre incroyable; *fig* une terrible confusion **II** *adv* terriblement
Heilmethode *f* méthode curative; thérapie *f*
Heilmittel *n* remède *m*; (*Arznei*) médicament *m*
Heilpädagoge *m*, **Heilpädagogin** *f* éducateur, -trice *m,f* spécialisé(e), *in e-r Einrichtung a* dans un institut médico-éducatif
Heilpädagogik *f* pédagogie curative, spéciale
Heilpflanze *f* plante médicinale
Heilpraktiker(in) *m(f)* praticien, -ienne *m,f* de médecines parallèles
Heilquelle *f* source *f* d'eau thermale
heilsam *adj* salutaire
Heilsarmee *f* Armée *f* du Salut
Heilschlaf *m* cure *f* de sommeil
Heilstätte *f* maison *f* de santé; *für Lungenkran-*

ke a sanatorium *m*
Heilung *f* ⟨~; ~en⟩ guérison *f*
Heilungsprozess *m* processus *m* de guérison
Heilwasser *n* ⟨~s; ⤸⟩ eau minérale
Heilwirkung *f* effet *m* thérapeutique
heim [haɪm] *adv* à la maison
Heim *n* ⟨~¢s; ~e⟩ **1.** (*Zuhause*) chez-soi *bzw* chez-moi, *etc m*; foyer *m* **2.** (*Kinderheim, Studentenheim*) foyer *m*; (*Altersheim*) maison *f* de retraite; (*Obdachlosenheim*) asile *m* de nuit
Heimarbeit *f* travail *m* à domicile
Heimarbeiter(in) *m(f)* travailleur, -euse *m,f* à domicile
Heimat ['haɪmaːt] *f* ⟨~⟩ patrie *f*; (*Heimatland*) pays (natal); *e-r Spezialität* lieu *m* d'origine; *in meiner Heimat* dans mon pays
Heimatdichter(in) *m(f)* écrivain *m* du terroir
Heimatfilm *m* film *m* régionaliste (sentimental)
Heimathafen *m* port *m* d'attache
Heimatkunde *f Schulfach* géographie *f* et culture *f* d'une région
Heimatland *n* pays natal
heimatlich *adj* de mon, ton, *etc* pays
heimatlos *adj* sans patrie; apatride
Heimatmuseum *n* musée local, régional
Heimatort *m* lieu *m* d'origine
Heimatroman *m* roman *m* régionaliste
Heimatstadt *f* ville natale
Heimatverein *m* association *f* folklorique
Heimatvertriebene(r) *f(m)* personne déplacée
heimbringen *v/t* ⟨*irr*⟩ **1.** *Person* raccompagner **2.** *Sache* ramener
Heimchen *n* ⟨~s; ~⟩ **1.** zo grillon *m* domestique **2.** F *péj* **Heimchen** (*am Herd*) brave (petite) ménagère
Heimcomputer *m* micro-ordinateur *m*
heimelig *adj* douillet; où l'on est bien
Heimerziehung *f* éducation *f* en foyer
heimfahren ⟨*irr*⟩ **I** *v/t j-n heimfahren* ramener qn chez soi **II** *v/i* ⟨sn⟩ rentrer chez soi
Heimfahrt *f* (voyage *m* de) retour *m*; *auf der Heimfahrt* au retour; en rentrant
heimfinden *v/i* ⟨*irr*⟩ trouver le chemin pour rentrer
Heimgang *st/s fig st/s* décès *m*
heimgehen *v/i* ⟨*irr*, sn⟩ **1.** rentrer chez soi **2.** *st/s fig* (*sterben*) décéder
heimisch *adj* **1.** *Bevölkerung, Industrie, Produkte etc* du pays; local; *Pflanze, Tier* indigène **2.** (*vertraut*) familier; *sich heimisch fühlen* se sentir chez soi; *heimisch werden* s'acclimater
Heimkehr *f* ⟨~⟩ retour *m* (chez soi, au pays); *bei s-r Heimkehr* en rentrant; à son retour
heimkehren *v/i* ⟨sn⟩ rentrer
Heimkehrer *m* ⟨~s; ~⟩ **1.** personne *f* qui revient **2.** (*Kriegsheimkehrer*) rapatrié *m*
Heimkind *n* enfant *m* vivant dans un foyer, (placé) en foyer
heimkommen *v/i* ⟨*irr*, sn⟩ rentrer; revenir
heimlaufen *v/i* ⟨*irr*, sn⟩ rentrer chez soi à pied; *schnell* courir à la maison, chez soi
Heimleiter(in) *m(f)* directeur, -trice *m,f* du foyer, de l'asile de nuit, *etc*
Heimleitung *f* direction *f* du foyer, de l'asile de nuit, *etc*
heimleuchten *v/i* ⟨-e-⟩ F *fig j-m heimleuchten* dire ses quatre vérités, son fait à qn
heimlich I *adj* secret; (*heimlich u illegal*) clan-

destin **II** *adv tun etc* en secret; secrètement; F **heimlich, still und leise** F en douce
Heimlichkeit *f* ⟨~; ~en⟩ secret *m*; *in aller Heimlichkeit* dans le plus grand secret
Heimlichtuerei [-tuːəˈraɪ] *f* ⟨~; ~en⟩ cachotterie(s) *f(pl)*
heimmüssen *v/i* ⟨*irr*⟩ *ich muss heim* il faut que je rentre (*subj*)
Heimniederlage *f* SPORT défaite *f* à domicile
Heimplatz *m* place *f* en foyer
Heimrecht *n* SPORT droit *m* de jouer sur son propre terrain
Heimreise *f* voyage *m* de retour; *auf der Heimreise* au retour; en rentrant
Heimsieg *m* SPORT victoire *f* à domicile
Heimspiel *n* SPORT match *m* à domicile
heimsuchen *v/t Krieg, Epidemie* éprouver; *Katastrophe, Seuche etc* frapper; affliger; *Geister* 'hanter
Heimsuchung *f* ⟨~; ~en⟩ (*Schicksalsprüfung*) épreuve *f*; (*Geißel*) fléau *m*
Heimtrainer *m* 'home-trainer *m*; vélo *m* d'appartement
Heimtücke *f e-r Person* sournoiserie *f*; *e-r Krankheit* caractère insidieux; *pl/fort* traîtrise *f*
heimtückisch *adj Person, Handlung* sournois; *Krankheit* insidieux; *pl/fort* traître
Heimvorteil *m* SPORT avantage *m* de jouer sur son terrain
heimwärts *adv* (*nach Hause*) chez soi; (*in die Heimat*) vers son pays
Heimweg *m* chemin *m* du retour; *sich auf den Heimweg machen* prendre le chemin du retour
Heimweh *n* mal *m* du pays; *fig* nostalgie *f* (*nach* de); *Heimweh haben* avoir le mal du pays
Heimwerker *m* ⟨~s; ~⟩ bricoleur *m*
heimzahlen *v/t es j-m heimzahlen* rendre la pareille à qn; *das werde ich dir heimzahlen!* tu me le paieras!
Heinrich ['haɪnrɪç] *m* ⟨~s⟩ Henri *m*
Heinzelmännchen ['haɪntsəl-] *n* lutin *m*
Heirat ['haɪraːt] *f* ⟨~; ~en⟩ mariage *m*

Heirat = mariage

Wird anders geschrieben als englisch „marriage".

---

heiraten ⟨-e-⟩ **I** *v/t* épouser; se marier avec; → *Info nächste Seite* **II** *v/i* se marier
Heiratsantrag *m* demande *f* en mariage; *j-m e-n Heiratsantrag machen* demander qn en mariage
Heiratsanzeige *f* **1.** (*Heiratsannonce*) annonce matrimoniale **2.** (*Vermählungsanzeige*) faire-part *m* de mariage
heiratsfähig *adj* en âge de se marier; ADM nubile
Heiratsschwindler *m* escroc *m* au mariage
Heiratsurkunde *f* acte *m* de mariage; *Abschrift* extrait *m* de mariage
Heiratsvermittler(in) *m(f)* agent matrimonial
Heiratsvermittlung *f* agence matrimoniale
Heiratsversprechen *n* promesse *f* de mariage
heiser ['haɪzər] *adj* enroué
Heiserkeit *f* ⟨~⟩ enrouement *m*

Vorsicht beim Heiraten und Verheiraten! !FQ

| Er hat seine Freundin **ge-heiratet**. | Il **s'est marié avec** son amie. Il a **épousé** son amie. | **jemanden heiraten**: se marier avec qn, épouser qn |
| Monsieur Khadra hat seine Tochter mit einem Nachbarn **verheiratet**. | Monsieur Khadra a **marié** sa fille à un voisin. | **jemanden mit jemandem verheiraten**: marier qn à qn |

---

heiß [haɪs] **I** *adj* **1.** (très) chaud; (*kochend heiß*) bouillant; (*glühend heiß*) brûlant; *Klima* torride; *mir ist heiß* j'ai chaud; *heiß laufen* TECH chauffer; *heiß machen* (faire) chauffer **2.** *fig Wunsch, Liebe* ardent; *Kampf, Diskussion* acharné; passionné **3.** (*aufreizend*) excitant; *Musik, Rhythmus* chaud; F d'enfer; F *ein heißer Typ* F un mec cool **4.** F *fig heikel* chaud; délicat; *Thema* brûlant **5.** F *fig Tipp etc* sûr; *auf e-r heißen Spur sein* être sur une piste brûlante **6.** F *Person* (*ganz*) *heiß auf etw* (*acc*) *sein* F être un mordu de qc **II** *adv* **7.** (très) chaud **8.** *fig j-n heiß und innig lieben* adorer qn; F *es ging heiß her* F ça chauffait, bardait; *heiß ersehnt* ardemment désiré; *heiß geliebt* ardemment aimé; *heiß umstritten* ardemment disputé
heißblütig *adj* **1.** (*leicht aufbrausend*) qui a le sang chaud **2.** (*feurig*) ardent; *Liebhaber* fougueux
heißen ['haɪsən] ⟨¢ß, hieß, geheißen⟩ **I** *st/s v/t* **1.** (*nennen*) appeler; traiter de **2.** *j-n etw tun heißen st/s* enjoindre, dire à qn de faire qc **II** *v/i* **3.** (*den Namen haben*) s'appeler; *wie heißen Sie?* comment vous appelez-vous?; quel est votre nom? **4.** (*bedeuten*) signifier; vouloir dire; *was soll das* (*denn*) *heißen?* qu'est-ce que cela veut dire?; *das will nichts heißen* cela ne veut rien dire; *was od wie heißt „Haus" auf Französisch?* comment dit-on «Haus» en français?; *erklärend, berichtigend das heißt* c'est-à-dire **III** *v/imp* **5.** *es heißt*, (*dass*) … on dit que …; il paraît que … **6.** *da heißt es aufgepasst* c'est là qu'il s'agit de faire attention **7.** (*geschrieben stehen*) *es heißt an dieser Stelle* … il est dit à cet endroit …
heißersehnt *adjt* ardemment désiré
heißgeliebt *adjt* ardemment aimé
Heißhunger *m* F fringale *f* (*auf* [+ *acc*] de; *a fig*)
heißlaufen *v/i* → *heiß I 1*
Heißluft *f* air chaud
Heißluftballon *m* ballon *m* à air chaud; montgolfière *f*
Heißluftherd *m* four *m* à chaleur tournante
heißmachen *v/t* → *heiß I 1*
Heißmangel *f* machine *f* à repasser; repasseuse *f*
Heißsporn *st/s m* ⟨~¢s; ~e⟩ tête brûlée
heißumstritten *adjt* ardemment disputé
Heißwasserbereiter *m* ⟨~s; ~⟩ chauffe-eau *m*
heiter ['haɪtər] *adj* **1.** *Wetter* beau; *Himmel* serein **2.** *Person, Wesen* gai; enjoué **3.** *Szene, Geschichte* amusant; F *iron das kann ja heiter werden!* F ça promet!
Heiterkeit *f* ⟨~⟩ (*Fröhlichkeit*) gaieté *f*; (*Belustigung*) hilarité *f*
heizbar ['haɪtsbaːr] *adj* qui peut être chauffé; *Heckscheibe* chauffant

Heizdecke *f* couverture chauffante
heizen *v/t u v/i* ⟨¢ß⟩ chauffer
Heizer *m* ⟨~s; ~⟩ chauffeur *m*
Heizfläche *f* surface *f* de chauffe
Heizkessel *m* chaudière *f*
Heizkissen *n* coussin électrique, chauffant
Heizkörper *m* radiateur *m*
Heizkosten *pl* frais *m/pl* de chauffage
Heizkraftwerk *n* centrale *f* thermique
Heizlüfter *m* radiateur soufflant
Heizmaterial *n* combustible(s) *m(pl)*
Heizofen *m* radiateur *m*
Heizöl *n* fuel *m*; mazout *m*
Heizperiode *f* période *f* de chauffage
Heizplatte *f* **1.** (*Kochplatte*) plaque *f* électrique **2.** (*Warmhalteplatte*) chauffe-plats *m*
Heizstrahler *m* radiateur (électrique) rayonnant
Heizung *f* ⟨~; ~en⟩ chauffage *m*
Heizungsanlage *f* installation *f* de chauffage
Heizungskeller *m* chaufferie *f*
Heizungsmonteur *m* installateur *m* (de chauffage); chauffagiste *m*
Hektar ['hɛktaːr] *n od m* ⟨~s; ~e, mais 3 ~⟩ hectare *m*
Hektik ['hɛktɪk] *f* ⟨~⟩ agitation *f*
hektisch *adj Person* énervé; nerveux; *Leben* trépidant; *Bewegung* nerveux; *Betriebsamkeit* fiévreux
Hektoliter [hɛkto'-] *m od n* hectolitre *m*
helau [he'laʊ] *int im Karneval* 'hourra!
Held [hɛlt] *m* ⟨~en; ~en⟩ 'héros *m* (*a Romanheld, fig*)
Heldenepos *n* épopée *f*
heldenhaft *adj* héroïque
Heldenmut *m* héroïsme *m*
heldenmütig *adj* héroïque
Heldensage *f* légende *f* héroïque
Heldentat *f* prouesse *f*; *iron* exploit *m*
Heldentenor *m* fort ténor *m*
Heldentum *n* ⟨~s⟩ héroïsme *m*
Heldin *f* ⟨~; ~nen⟩ héroïne *f*
helfen ['hɛlfən] *v/i* ⟨hilft, half, geholfen⟩ **1.** (*behilflich sein*) *j-m helfen* aider qn (*bei der Arbeit* dans son travail); *j-m in den, aus dem Mantel helfen* aider qn à mettre, ôter son manteau; *sich* (*dat*) *zu helfen wissen* savoir se débrouiller; *sich* (*dat*) *nicht mehr zu helfen wissen* ne plus savoir quoi *od* que faire; *ich kann mir nicht helfen,* (*aber*) *ich muss lachen* je ne peux pas m'empêcher de rire; *dem Kranken ist nicht mehr zu helfen* on ne peut plus rien faire pour le malade; F *fig ihm ist nicht zu helfen* c'est un cas désespéré; *drohend* F *dir werde ich helfen!* attends un peu que je t'aide! **2.** (*nützen*) *Mittel, Maßnahme* servir; *Medikament gegen od bei Zahnschmerzen helfen* être bon pour, contre le mal de dents; *das*

hilft nichts cela ne sert à rien; **es hilft alles nichts**, *wir müssen gehen* il n'y a rien à faire
Helfer(in) *m* ⟨~s; ~⟩ (*f*) ⟨~in; ~innen⟩ aide *m,f*; **ein freiwilliger Helfer** un aide bénévole
Helfershelfer *m* *péj* acolyte *m*
Helikopter [heli'kɔptər] *m* ⟨~s; ~⟩ hélicoptère *m*
Helium ['heːlium] *n* ⟨~s⟩ hélium *m*
hell [hɛl] **I** *adj* **1.** (*nicht dunkel*) clair; (*a Farbe, Stimme, Klang*); *Bier, Tabak* blond; (*leuchtend*) lumineux; *Stern* brillant; **es wird hell** il commence à faire jour **2.** *fig Person* intelligent; **ein heller Kopf** un esprit lucide **3.** F *fig Begeisterung, Freude* (le plus) complet; *Freude* a parfait; **s-e helle Freude an etw** (*dat*) **haben** être très content de voir qc; **in heller Verzweiflung** complètement désespéré **II** *adv* **hell leuchten** *Lampe* éclairer bien; **hell klingen** rendre un son clair
hellauf *adv* **hellauf begeistert sein** être très, complètement enthousiaste
hellblau *adj* bleu clair
hellblond *adj* blond clair
Helle(s) F *n* ⟨→ A⟩ bière blonde
Heller ['hɛlər] *m* ⟨~s; ~⟩ *fig* **auf Heller und Pfennig** au centime près
hellgrün *adj* vert clair
hellhäutig [-hɔytɪç] *adj* à, qui a la peau claire
hellhörig *adj* **1.** *Wohnung* sonore **2.** *Person* attentif
Helligkeit *f* ⟨~⟩ clarté *f*; *e-r Lichtquelle*, TV luminosité *f*
Helligkeitsregler *m* ÉLECTRON variateur *m* de lumière
helllicht ['hɛlɪçt] *adj* **am helllichten Tag(e)** en plein jour
hellrot *adj* rouge clair
hellsehen *v/i* ⟨seulement *inf*⟩ **hellsehen können** avoir le don de double vue
Hellseher(in) *m(f)* voyant(e) *m(f)*
hellseherisch *adj* **hellseherische Fähigkeiten** don *m* de double vue, de voyance
hellsichtig *adj* (*scharf blickend*) lucide; (*weitblickend*) clairvoyant
hellwach *adj* **1.** tout à fait éveillé **2.** F *fig* (*aufgeweckt*) éveillé; malin
Helm [hɛlm] *m* ⟨~¢s; ~e⟩ MIL, (*Schutzhelm*) casque *m*; HIST 'heaume *m*
Hemd [hɛmt] *n* ⟨~¢s; ~en⟩ (*Oberhemd*) chemise *f*; (*Unterhemd*) maillot *m* de corps
Hemdbluse *f* chemisier *m*
Hemdblusenkleid *n* robe *f* chemisier
Hemdsärmel *m* manche *f* de chemise; **in Hemdsärmeln** en bras de chemise
hemdsärmelig *adj* **1.** en bras de chemise **2.** F *fig* (*leger*) décontracté
Hemisphäre [hɛmi'sfɛːrə] *f* ⟨~; ~n⟩ hémisphère *m*
hemmen ['hɛmən] *v/t* **1.** *Bewegung, fig* freiner; TECH, *Entwicklung, Prozess* arrêter; *fig* (*behindern*) entraver **2.** PSYCH inhiber
Hemmnis *n* ⟨~ses; ~se⟩ obstacle *m*, entrave *f* (**für** à, pour)
Hemmschuh *m* *fig* frein *m* (**für** pour)
Hemmung *f* ⟨~; ~en⟩ **1.** (*Verlangsamung*) ralentissement *m*; freinage *m* **2.** PSYCH inhibition *f* **3.** *pl* **Hemmungen** (*Gehemmtheit*) complexes *m/pl*; **Hemmungen haben** avoir des com-

plexes; (*Bedenken haben*) avoir des scrupules
hemmungslos I *adj* déchaîné; (*skrupellos*) sans scrupules **II** *adv* sans retenue; (*skrupellos*) sans scrupules
Hemmungslosigkeit *f* ⟨~⟩ manque *m* de retenue; (*Skrupellosigkeit*) absence *f* de scrupules
Hendl ['hɛndl] *n* ⟨~s; ~n⟩ *bayrisch, österr* poulet *m*; CUIS poulet rôti
Hengst [hɛŋst] *m* ⟨~es; ~e⟩ étalon *m*
Henkel ['hɛŋkəl] *m* ⟨~s; ~⟩ anse *f*
Henkelkorb *m* panier *m* à anse(s)
henken ['hɛŋkən] *st/s v/t* pendre
Henker *m* ⟨~s; ~⟩ bourreau *m*; P **weiß der Henker!** F j'en sais rien!
Henkersmahlzeit *f* dernier repas d'un condamné; *fig plais* dernier (bon) repas
Henna ['hɛna] *f* ⟨~⟩ *od n* ⟨~¢⟩ 'henné *m*
Henne ['hɛnə] *f* ⟨~; ~n⟩ poule *f*
Heparin [hepa'riːn] *n* ⟨~s⟩ MÉD héparine *f*
Hepatitis [hepa'tiːtɪs] *f* ⟨~; -itiden⟩ hépatite *f*; **Hepatitis A, B** hépatite (virale) A, B
her [heːr] *adv* **1.** (*hierher*) par ici; **her zu mir!** (viens *bzw* venez) ici!; **her damit!** donne(z)-le(-moi)!; **von … her** (du côté) de …; **von weit her** de loin; **wo ist er her?** d'où est-il, vient-il?; **hinter j-m her sein** être aux trousses de qn; *verliebt* courir après qn; **hinter e-r Sache her sein** être à la poursuite, recherche de qc **2.** *Zeit* **von früher her** d'autrefois; **es ist (schon) lange her(, dass …)** il y a, cela fait (déjà) longtemps (que …); **das ist ein Jahr her** cela fait un an; il y a un an **3.** *fig* **von der Form** *etc* **her** du point de vue de la forme, *etc*; *fig* **damit ist es nicht weit her** ce n'est pas extraordinaire
herab [hɛ'rap] *st/s adv* **von oben herab** d'en 'haut; *fig* **sie sah ihn von oben herab an** elle le regarda de haut, avec dédain
herabblicken *st/s v/i* regarder vers le bas; **von etw herabblicken** regarder du haut de qc; **auf die Stadt herabblicken** regarder la ville en bas; *fig* **auf j-n herabblicken** regarder qn de haut
herabhängen *v/i* ⟨*irr*⟩ pendre
herablassen ⟨*irr*⟩ **I** *st/s v/t* faire descendre; *Jalousien* baisser **II** *v/r fig* **sich herablassen, etw zu tun** s'abaisser à faire qc; **auf e-e Bltte** *hin* condescendre à faire qc
herablassend I *adjt* condescendant **II** *advt* avec condescendance
herabmindern *v/t* (*herabsetzen*) déprécier; *Gefahr* minimiser
herabsehen *v/i* ⟨*irr*⟩ → **herabblicken**
herabsetzen *v/t* ⟨¢$⟩ **1.** *Preis, Ware* baisser; *Geschwindigkeit* réduire; **zu herabgesetztem Preis** à prix réduit **2.** *fig Leistung, Person* déprécier
Herabsetzung *f* ⟨~; ~en⟩ **1.** *der Preise etc* réduction *f* **2.** *fig* dépréciation *f*
herabsteigen *st/s* → **hinuntersteigen**
herabstürzen *st/s* → **hinunterstürzen**
herabwürdigen *v/t* déprécier
Herabwürdigung *f* ⟨~; ~en⟩ dépréciation *f*
Heraldik [he'raldɪk] *f* ⟨~⟩ héraldique *f*
heran [hɛ'ran] *adv* **nur heran!** approche(z) donc!; (*dicht*) **an etw** (*acc*) **heran** tout près de qc
heranbilden *v/t* (*u v/r*) ⟨-e-⟩ (**sich heranbilden**

se) former
heranfahren *v/i* ⟨*irr*, sn⟩ *an etw, j-n heranfahren* s'approcher de qc, qn; *rechts heranfahren* serrer à droite
heranführen *v/t* *j-n an etw* (*acc*) *heranführen* amener qn à qc; *fig* initier qn à qc
herangehen *v/i* ⟨*irr*, sn⟩ **1.** *an etw, j-n herangehen* s'approcher de qc, qn **2.** *fig an ein Problem etc herangehen* aborder un problème, *etc*
herankommen *v/i* ⟨*irr*, sn⟩ **1.** *an etw, j-n herankommen* s'approcher de qc, qn; *die Dinge an sich* (*acc*) *herankommen lassen* laisser venir **2.** *an etw* (*acc*) *herankommen* (*heranreichen*) atteindre qc; *fig* (*bekommen*) avoir accès à qc **3.** *fig an j-n herankommen* (*Kontakt aufnehmen*) approcher qn; (*j-m gleichkommen*) égaler qn
heranlassen *v/t* ⟨*irr*⟩ **1.** *j-n, etw an j-n, etw heranlassen* laisser qn, qc approcher *bzw* toucher qn, qc **2.** *fig niemand(en) an sich* (*acc*) *heranlassen* être inaccessible (à tous)
heranmachen F *v/r sich an etw* (*acc*) *heranmachen* (*in Angriff nehmen*) s'attaquer à qc; *sich an j-n heranmachen* accoster qn
herannahen *st/s v/i* ⟨sn⟩ s'approcher
heranreichen *v/i* **1.** *an etw* (*acc*) *heranreichen* atteindre qc **2.** *fig an j-n, etw heranreichen* égaler qn, qc
heranreifen *v/i* ⟨sn⟩ mûrir (*a Plan etc*); *zur Künstlerin heranreifen* devenir une véritable artiste
heranrücken I *v/t etw an etw, j-n heranrücken* approcher qc de qc, qn II *v/i* ⟨sn⟩ *an etw, j-n heranrücken* s'approcher de qc, qn; *er rückte näher an sie heran* il se rapprocha d'elle
herantasten *v/r* ⟨-e-⟩ *sich an* (+ *acc*) *herantasten* s'approcher à tâtons de; *fig an ein Problem* aborder prudemment
herantreten *v/i* ⟨*irr*, sn⟩ **1.** (*an j-n, etw*) *herantreten* s'approcher (de qn, qc) **2.** *fig an j-n* (*mit e-r Bitte*) *herantreten* s'adresser à qn (pour demander qc)
heranwachsen *v/i* ⟨*irr*, sn⟩ grandir
Heranwachsende(r) *f(m)* ⟨→ A⟩ adolescent(e) *m(f)*; JUR personne *f* entre 18 et 21 ans
heranwagen *v/r sich an j-n, etw heranwagen* oser s'approcher de qn, qc; *sich an e-e Aufgabe heranwagen* se risquer à entreprendre une tâche
heranziehen ⟨*irr*⟩ I *v/t* **1.** *Gegenstand* rapprocher **2.** *zu Zahlungen* mettre à contribution; *zu e-r Arbeit* faire appel à; *Fachmann* consulter **3.** *Tier, Kind* élever; *Pflanze* faire pousser **4.** *Beleg, Material* se servir de II *v/i* ⟨sn⟩ s'approcher
herauf [hɛ'rauf] *adv hier, da herauf!* par ici!; par là!; *von unten herauf* d'en bas
heraufarbeiten → *hocharbeiten*
heraufbeschwören *v/t* ⟨*irr, sans ge*⟩ *Erinnerungen* évoquer; *Gefahr* provoquer
heraufkommen *v/i* ⟨*irr*, sn⟩ monter
heraufsetzen *v/t* ⟨ȼ$⟩ *Preis etc* augmenter; majorer
heraufsteigen *v/i* ⟨*irr*, sn⟩ monter (*auf* [+ *acc*] sur)
heraufziehen ⟨*irr*⟩ I *v/t* monter II *v/i* ⟨sn⟩ *Gewitter, Unheil* approcher
heraus [hɛ'raus] *adv* dehors; *von innen her-*

aus de l'intérieur; *aus e-m Gefühl des Mitleids heraus* par pité; F *heraus damit!* donne(z)-le!; montre(z)-le!; *heraus sein* (*draußen sein*) être sorti; (*entfernt sein*) être enlevé; *Blüten* être sorti; *Buch* être paru, sorti; (*ausgesprochen sein*) être dit
herausarbeiten *v/t* ⟨-e-⟩ **1.** *aus Stein, Holz* sculpter **2.** *fig Gedanken, Unterschiede* faire ressortir; mettre en relief
herausbekommen *v/t* ⟨*irr, sans ge*⟩ **1.** *Nagel, Fleck* arriver à enlever **2.** *Geheimnis* découvrir; *etw aus j-m herausbekommen* arracher qc à qn **3.** *Lösung* (parvenir à) trouver **4.** *Sie bekommen zehn Euro heraus* je vous rends dix euros **5.** *Wort* F (pouvoir) sortir
herausbilden *v/r* ⟨-e-⟩ *sich herausbilden* se former
herausbringen *v/t* ⟨*irr*⟩ **1.** (*nach außen bringen*) apporter **2.** (*veröffentlichen*) sortir; *fig etw, j-n groß herausbringen* mettre qc, qn en vedette **3.** *Wort* F (pouvoir) sortir **4.** F → *herausbekommen*
herausfahren ⟨*irr*⟩ I *v/t* **1.** *Fahrzeug, Person* sortir **2.** SPORT *Sieg, Platz, Zeit* obtenir II *v/i* ⟨sn⟩ **3.** sortir (*aus* de) **4.** F *fig Wort* échapper
herausfallen *v/i* ⟨*irr*, sn⟩ tomber (*aus* de)
herausfiltern *v/t* filtrer (*a fig*)
herausfinden ⟨*irr*⟩ I *v/t* découvrir II *v/i* trouver la sortie (*aus* de)
herausfischen F *v/t* pêcher (*aus* dans); *sich* (*dat*) *das Beste herausfischen* prendre le meilleur
Herausforderer *m* ⟨∼s; ∼⟩ SPORT, *fig* challenger *m*
herausfordern I *v/t* **1.** *j-n herausfordern* (*provozieren*) provoquer qn; SPORT défier qn **2.** *Kritik, Widerspruch* provoquer II *v/i* *zu etw herausfordern* zum *Protest* provoquer qc
herausfordernd *adj* provocant
Herausforderung *f* défi *m* (*a* SPORT); (*Provokation*) provocation *f*
Herausgabe *f* **1.** *e-s Besitzes* restitution *f*; remise *f*; *e-r Geisel* libération *f* **2.** *e-r Zeitschrift* publication *f*; *e-s Buches a* édition *f*
herausgeben ⟨*irr*⟩ I *v/t* **1.** (*herausreichen*) passer (au dehors) **2.** *Besitz* restituer; remettre; *Gefangenen* livrer; *Geisel* libérer **3.** *Zeitschrift* publier; *Buch, Text a* éditer **4.** *Wechselgeld* rendre II *v/i als Wechselgeld* rendre la monnaie
Herausgeber(in) *m* ⟨∼s; ∼⟩ (*f*) ⟨∼in; ∼innen⟩ *e-s Buches* éditeur *m*; *e-r Zeitschrift* directeur, -trice *m,f* de la publication
herausgehen *v/i* ⟨*irr*, sn⟩ **1.** *nach außen* sortir; *fig aus sich* (*dat*) *herausgehen* sortir de sa réserve **2.** *Nagel, Korken* sortir; *Fleck* partir
herausgreifen *v/t* ⟨*irr*⟩ prendre (au hasard) (*aus* parmi)
heraushaben F *v/t* ⟨*irr*⟩ **1.** *Nagel etc* être arrivé à faire sortir **2.** (*herausgefunden haben*) savoir; avoir trouvé (*a Lösung*) **3.** (*beherrschen*) *etw heraushaben* savoir s'y prendre
heraushalten ⟨*irr*⟩ I *v/t* **1.** (*nach außen halten*) tendre au dehors **2.** F *fig* (*nicht verwickeln*) tenir à l'écart (*aus* de); ne pas mêler (à) II *v/r* F *sich aus etw heraushalten* ne pas se mêler de qc
heraushängen I *v/t Schild etc* suspendre; ac-

crocher **II** *v/i* ⟨*irr*⟩ *aus e-m Fenster* pendre (*aus* par); *aus der Tasche* sortir (de)
herausheben ⟨*irr*⟩ **I** *v/t* **1.** (faire) sortir **2.** *fig* faire ressortir **II** *v/r* **sich herausheben** se détacher; *Gegenstände a* ressortir
heraushelfen *v/i* ⟨*irr*⟩ *j-m aus etw heraushelfen* aider qn à sortir de qc; *fig j-m aus e-r Verlegenheit heraushelfen* tirer qn d'embarras
herausholen *v/t* **1.** *aus e-r Tasche etc* sortir **2.** F *fig Antwort* **aus j-m herausholen** tirer de qn; arracher à qn; *Gewinn* **aus etw herausholen** tirer de qc; *das Letzte aus sich* (*dat*) *herausholen* tirer le maximum de soi-même
heraushören *v/t* percevoir
herauskehren *v/t Eigenschaft* montrer; faire voir; *den Vorgesetzten herauskehren* jouer ostensiblement son rôle de chef
herauskommen *v/i* ⟨*irr*, sn⟩ **1.** *aus e-m Raum, Land etc* sortir (*aus* de); *fig* **aus dem Lachen nicht herauskommen** ne plus, pas pouvoir s'arrêter de rire **2.** F *Resultat* **bei etw herauskommen** résulter de qc; *was kommt* (*bei der Aufgabe*) *heraus?* quel est ton, *etc* résultat?; *fig* **auf dasselbe herauskommen** revenir au même; *dabei kommt nichts heraus* cela ne mène, ne sert à rien **3.** F *Verborgenes* se savoir **4.** *Neuerscheinung etc* sortir; *mit e-m neuen Produkt herauskommen* sortir, lancer un nouveau produit; F *fig Künstler, Produkt etc* **groß herauskommen** être lancé
herauskriegen F *v/t* → **herausbekommen**
herauskristallisieren *v/r* ⟨*sans ge*⟩ **sich herauskristallisieren** *fig* se cristalliser; se préciser
herauslaufen *v/i* ⟨*irr*, sn⟩ **1.** sortir (en courant) **2.** (*herausfließen*) couler (*aus* de)
herauslesen *v/t* ⟨*irr*⟩ *etw aus etw herauslesen aus e-m Text* deviner qc à la lecture de qc; *aus e-m Blick* lire qc dans, sur qc
herauslocken *v/t* **1.** attirer; *Person* faire sortir **2.** *Geheimnis* arracher; *Geld* soutirer
herausmachen F **I** *v/t* enlever (*a Fleck*) **II** *v/r* **sich herausmachen** (bien) se développer
herausmüssen F *v/i* ⟨*irr*⟩ **1.** *er muss heraus* il faut qu'il sorte; (*aufstehen müssen*) *sie muss früh heraus* elle doit se lever tôt **2.** *der Zahn muss heraus* il faut arracher la dent
herausnehmen ⟨*irr*⟩ **I** *v/t* **etw** (*aus etw*) *herausnehmen* retirer qc (de qc); F *j-m den Blinddarm herausnehmen* enlever l'appendice à qn **II** F *v/r* **sich** (*dat*) **etw herausnehmen** se permettre de faire qc
herauspauken F *v/t* **j-n** (*aus e-r Sache*) *herauspauken* tirer qn de qc
herausplatzen F *v/i* ⟨*⁄s*, sn⟩ *vor Lachen* éclater de rire; *mit e-r Neuigkeit herausplatzen* crier une nouvelle
herausputzen ⟨*⁄s*⟩ *v/t* (*u v/r* **sich herausputzen**) bien (s')habiller; *Frau* (s')habiller coquettement; (se) pomponner
herausragen *v/i* **1.** *aus etw herausragen* dépasser (de) qc; *Gebäude a* dominer qc **2.** *fig* *über etw, j-n herausragen* être supérieur à qc, qn
herausragend *adj fig* excellent; éminent
herausreden *v/r* ⟨-e-⟩ *sich herausreden* s'en tirer par de belles paroles
herausreißen *v/t* ⟨*irr*⟩ *Haare, Pflanze* arracher;

Fliesen etc enlever; *j-n aus s-r Arbeit, dem Schlaf herausreißen* tirer qn de son travail, de son sommeil
herausrücken F **I** *v/t* (*hergeben*) donner; *wieder herausrücken* rendre **II** *v/i* **mit etw herausrücken** donner qc; sortir qc; *mit der Sprache herausrücken* s'expliquer; (*gestehen*) lâcher le morceau
herausrutschen *v/i* **1.** glisser, sortir (*aus* de) **2.** F *fig Wort etc* échapper
herausschinden F *v/t* ⟨*irr*⟩ *Vorteil, Gewinn* tirer; *Geld, Zeit* gagner
herausschlagen ⟨*irr*⟩ **I** *v/t* **1.** *Nagel etc* faire sortir **2.** F *fig Geld, Zeit* gagner; *Vorteil aus, bei etw herausschlagen* tirer de qc **II** *v/i* ⟨sn⟩ *Flammen* jaillir, sortir (*aus* de)
herausschneiden *v/t* ⟨*irr*⟩ couper, *Verzierung, Muster* découper (*aus* dans, de); *schlechte Stelle* enlever
herausspringen *v/i* ⟨*irr*, sn⟩ **1.** (*aus etw, aus dem Fenster*) *herausspringen* sauter (de qc, par la fenêtre) **2.** (*sich lösen*) sortir; *Sicherung* sauter **3.** F *fig als Gewinn etc* rapporter
herausstellen I *v/t* **1.** *nach draußen* sortir; mettre dehors **2.** *fig* (*hervorheben*) mettre en évidence, relief **II** *v/r* **sich herausstellen** s'avérer (*als wahr, falsch* vrai, faux)
herausstrecken *v/t* tendre (*aus, zu* par); *j-m die Zunge herausstrecken* tirer la langue à qn
herausstreichen *v/t* ⟨*irr*⟩ **1.** (*wegstreichen*) barrer **2.** (*hervorheben*) faire valoir; souligner
herausstürzen *v/i* ⟨*⁄s*, sn⟩ (*herauseilen*) sortir précipitamment (*aus* de)
heraussuchen *v/t* chercher (*aus* dans, parmi, au milieu de)
herauswachsen *v/i* ⟨*irr*, sn⟩ sortir (*aus* de); *er ist aus s-n Kleidern herausgewachsen* ses vêtements ne lui vont plus
herauswagen *v/r* **sich herauswagen** oser sortir
herauswaschen *v/t* ⟨*irr*⟩ *Fleck* laver
herauswerfen → **hinauswerfen**
herauswirtschaften *v/t* ⟨-e-⟩ *Gewinn* économiser (*aus* sur)
herausziehen ⟨*irr*⟩ **I** *v/t aus dem Wasser etc* retirer, sortir (*aus* de), *Schublade* tirer; *Nagel, Zahn* arracher **II** *v/i* ⟨sn⟩ *aus der Stadt herausziehen* quitter la ville
herb [hɛrp] *adj* **1.** *im Geschmack* âpre; *Wein* sec **2.** *fig Enttäuschung* amer; *Schönheit, Wesen* austère; *Kritik* sévère
Herbarium [hɛr'baːrɪʊm] *n* ⟨∼s, -ien⟩ herbier *m*
herbei [hɛr'baɪ] *adv* **herbei!** venez!; approchez!
herbeieilen *v/i* ⟨sn⟩ accourir
herbeiführen *v/t Ereignis, Niederlage, Tod* causer; provoquer; *Entscheidung* entraîner
herbeikommen *v/i* ⟨*irr*, sn⟩ (s')approcher; venir
herbeilaufen *v/i* ⟨*irr*, sn⟩ accourir
herbeirufen *v/t* ⟨*irr*⟩ appeler; *Taxi* 'héler
herbeischaffen *v/t Gegenstände* apporter; *Beweismaterial* procurer; fournir
herbeisehnen *v/t* → **herbeiwünschen**
herbeiströmen *v/i* ⟨sn⟩ affluer
herbeiwünschen *v/t* souhaiter la venue de
herbemühen *st/s* ⟨*sans ge*⟩ **I** *v/t j-n herbemühen* prier qn de venir **II** *v/r* **sich herbemühen**

se donner la peine de venir

Herberge ['hɛrbɛrgə] *f* ⟨~; ~n⟩ **1.** (*Unterkunft*) gîte *m* **2.** (*Jugendherberge*) auberge *f* de (la) jeunesse

Herbergseltern *pl* parents *m/pl* aubergistes

Herbergsmutter *f* ⟨~; ⁓⟩ mère *f* aubergiste

Herbergsvater *m* père *m* aubergiste

herbestellen *v/t* ⟨*sans ge*⟩ faire venir

herbeten *v/t* ⟨-e-⟩ *fig péj* réciter (machinalement)

herbitten *v/t* ⟨*irr*⟩ prier de venir

herbringen *v/t* ⟨*irr*⟩ *Sache* apporter; *Person, Sache* amener

Herbst [hɛrpst] *m* ⟨~es; ~e⟩ automne *m*; *im Herbst* en automne

Herbstanfang *m* début *m* de l'automne

Herbstferien *pl* vacances *f/pl* d'automne

Herbstkollektion *f* collection *f* d'automne

Herbstlaub *n* feuilles *f/pl* d'automne

herbstlich *adj* de l'automne; *bes Wetter* d'automne

Herbsttag *m* jour *m* d'automne

Herbstzeitlose *f* ⟨~; ~n⟩ colchique *m*

Herd [heːrt] *m* ⟨~es; ~e⟩ **1.** (*Küchenherd*) cuisinière *f*; fourneau *m* **2.** *fig e-r Krankheit, e-s Erdbebens* foyer *m*

Herde ['heːrdə] *f* ⟨~; ~n⟩ troupeau *m*

Herdentier *n* **1.** animal *m* grégaire **2.** *fig péj* mouton *m* (de Panurge)

Herdentrieb *m* instinct *m* grégaire

Herdplatte *f* plaque (chauffante)

herein [hɛ'raɪn] *adv* **herein!** entrez!; **hier herein!** entrez (par) ici!; **von draußen herein** du dehors; **zum Fenster herein** par la fenêtre

hereinbekommen F *v/t* ⟨*irr, sans ge*⟩ *Ware, Sender* recevoir

hereinbitten *v/t* ⟨*irr*⟩ **j-n hereinbitten** prier qn d'entrer

hereinbrechen *v/i* ⟨*irr, sn*⟩ *Wassermassen* faire irruption; *Nacht* tomber; *Unwetter, Unheil* s'abattre (**über etw, j-n** sur qc, qn)

hereinbringen *v/t* ⟨*irr*⟩ apporter; *Person, Tier* **mit hereinbringen** amener

hereinfallen *v/i* ⟨*irr, sn*⟩ **1.** *Licht* entrer **2.** F *fig* → **reinfallen**

hereinführen *v/t* introduire

hereinholen *v/t* **1.** *Person* faire entrer; *Sache* rentrer **2.** *fig Aufträge* aller prendre

hereinkommen *v/i* ⟨*irr, sn*⟩ **1.** entrer **2.** F *fig Waren* arriver; *Geld* rentrer

hereinkriegen F *v/t* → **hereinbekommen**

hereinlassen *v/t* ⟨*irr*⟩ faire *bzw* laisser entrer

hereinlegen *v/t* F *fig* **j-n hereinlegen** F rouler qn

hereinplatzen F *v/i* ⟨*sn*⟩ entrer à l'improviste

hereinrufen *v/t* ⟨*irr*⟩ **j-n hereinrufen** appeler qn

hereinschneien *v/i* ⟨*sn*⟩ F *fig* **bei j-m hereinschneien** F débarquer chez qn

hereinsehen *v/i* ⟨*irr*⟩ **1. zum Fenster hereinsehen** regarder à la fenêtre **2.** F *fig* **bei j-m hereinsehen** passer voir qn

hereinspazieren F *v/i* ⟨*sans ge, sn*⟩ entrer; **hereinspaziert!** entrez donc

hereinströmen *v/i* ⟨*sn*⟩ *Luft, Gas* entrer; pénétrer; *Wasser* entrer à flots; *Menschen* affluer

hereinstürzen *v/i* ⟨⊄, sn⟩ *Person in e-n Raum* entrer précipitamment; faire irruption (*a Wasser*)

hereintragen *v/t* ⟨*irr*⟩ rentrer, apporter (**in** [+ *acc*] dans)

hereinwinken *v/t* **j-n hereinwinken** faire signe à qn d'entrer

herfahren ⟨*irr*⟩ **I** *v/t Sache* apporter (en voiture, *etc*); *Sache, Person* amener (en voiture, *etc*) **II** *v/i* ⟨*sn*⟩ **1.** *nach hier* venir (en voiture, *etc*) **2. vor j-m herfahren** précéder qn; rouler devant qn; **hinter j-m herfahren** suivre qn

Herfahrt *f* **auf der Herfahrt** en venant (ici)

herfallen *v/i* ⟨*irr, sn*⟩ **über j-n herfallen** se jeter sur qn; assaillir qn; **über etw** (*acc*) **herfallen** se jeter sur qc; *fig péj* critiquer (férocement), déchirer qc

herfinden *v/i* ⟨*irr*⟩ trouver (qn, qc, le chemin de qc)

herführen I *v/t* amener; **was führt dich her?** qu'est-ce qui t'amène? **II** *v/i Weg, Spur* mener, conduire ici

Hergang *m* déroulement *m*

hergeben *v/t* ⟨*irr*⟩ **1.** (*reichen*) donner **2.** (*wieder*) **hergeben** redonner; rendre **3.** (*weggeben*) donner; *fig* **sich für etw hergeben** se prêter à qc

hergebracht *adjt* traditionnel

hergehen ⟨*irr, sn*⟩ **I** *v/i* **vor j-m hergehen** marcher devant qn; (*dicht*) **hinter j-m hergehen** suivre qn (de près) **II** F *v/imp* **gestern ging es hoch her** *bei e-m Fest* F ça donnait hier soir; **es geht heiß her** F ça chauffe; F ça barde

hergelaufen *adjt* venu on ne sait d'où

herhaben F *v/t* ⟨*irr*⟩ **wo hat sie das her?** où a-t-elle pris, F pêché cela?; *Idee, Ausdruck* où a-t-elle entendu cela?

herhalten ⟨*irr*⟩ **I** *v/t* tendre **II** *v/i* **als etw herhalten müssen** *Person, Gegenstand* servir de qc

herholen *v/t* aller chercher; *fig* **weit hergeholt** tiré par les cheveux

herhören *v/i* écouter

Hering ['heːrɪŋ] *m* ⟨~s; ~e⟩ **1.** *zo* 'hareng *m*; F *plais* **wie die Heringe** serrés comme des sardines, F comme des 'harengs **2.** (*Zeltpflock*) piquet *m* (de tente)

Heringsfilet *n* filet *m* de hareng

Heringssalat *m* salade *f* de harengs (saurs)

Heringsschwarm *m* banc *m* de harengs

herjagen *v/t* **j-n vor sich** (*dat*) **herjagen** chasser qn devant soi

herkommen *v/i* ⟨*irr, sn*⟩ **1.** (*herbeikommen*) venir (ici) **2.** (*abstammen*) **herkommen von** venir de

herkömmlich ['heːrkœmlɪç] *adj* traditionnel

Herkunft ['heːrkʊnft] *f* ⟨~⟩ origine *f*; *e-r Ware a* provenance *f*

Herkunftsland *n* pays *m* d'origine

herlaufen *v/i* ⟨*irr, sn*⟩ **1.** (*herbeilaufen*) venir; accourir **2. vor j-m herlaufen** courir devant qn; **hinter j-m herlaufen** courir derrière, *a fig* après qn

herleiten ⟨-e-⟩ **I** *v/t logisch* déduire (**aus, von** de); *Recht* tirer, faire découler (de); *Wort* dériver (de) **II** *v/r* **sich aus, von etw herleiten** *Wort* dériver, *Recht* découler, provenir de qc

hermachen F *v/r* **sich über etw** (*acc*) **hermachen** se jeter, se précipiter sur qc; *über e-e Arbeit* s'attaquer à qc; **sich über j-n hermachen** se jeter sur qn

Hermelin[1] [hɛrmə'liːn] *n* ⟨~s; ~e⟩ *Tier* hermine *f*

Hermelin[2] *m* ⟨~s; ~e⟩ *Pelz* hermine *f*

hermetisch [hɛr'meːtɪʃ] *adj* hermétique

hernach *adv* après; ensuite

hernehmen *v/t* ⟨*irr*⟩ (*beschaffen*) prendre

Heroin [hero'iːn] *n* ⟨~s⟩ héroïne *f*

heroinsüchtig *adj* héroïnomane

heroisch *adj* héroïque

Herpes ['hɛrpɛs] *m* ⟨~⟩ MÉD herpès *m*

Herr [hɛr] *m* ⟨~¢n; ~en⟩ **1.** monsieur *m* (*a vor Familiennamen, Titeln*); SPORT **die Abfahrt der Herren** la descente hommes; **Herr X** monsieur X; **der Herr Direktor** monsieur le directeur; *Anrede* **Herr X!** Monsieur (X)!; **Herr Doktor!** MÉD docteur!; **meine Herren** Messieurs **2.** (*Gebieter*), *-s Tiers* maître *m*; **der Herr des Hauses** le maître de maison; **Herr im Hause sein** être maître chez soi; **sein eigener Herr sein** être son propre maître; *st/s* **aus aller Herren Länder** des quatre coins du monde; **Herr über etw, j-n sein** être maître de qc, qn; **Herr der Lage sein** être maître de la situation; **e-r Sache, j-s Herr werden** se rendre maître de qc, qn **3.** (*Gott*) **der Herr** le Seigneur **4.** (*Tanzpartner*) cavalier *m*

Herrchen F *n* ⟨~s; ~⟩ *e-s Hundes* maître *m*

Herrenabend *m* soirée *f* entre hommes

Herrenausstatter *m* ⟨~s; ~⟩ magasin *m* de prêt-à-porter masculin

Herrenbegleitung *f* **in Herrenbegleitung** (*dat*) **sein** être accompagné (d'un homme)

Herrenbekleidung *f* prêt-à-porter masculin

Herrenbesuch *m* visite *f* d'un homme

Herrendoppel *n* SPORT double *m* messieurs

Herreneinzel *n* SPORT simple *m* messieurs

Herrenfriseur *m* coiffeur *m* pour hommes

Herrenhaus *n* manoir *m*

herrenlos *adj* abandonné; *Tier a* sans maître

Herrenmode *f* mode masculine

Herrenrad *n* vélo *m* (d')homme

Herrentoilette *f* toilettes *f/pl* pour hommes

Herrgott F *m* **der Herrgott** le Seigneur; P **Herrgott** (**noch mal**)! P bon Dieu!

Herrgottsfrühe *f* **in aller Herrgottsfrühe** de grand matin

herrichten *v/t* ⟨-e-⟩ **1.** (*bereitstellen*) préparer **2.** **wieder herrichten** remettre en état

Herrin *f* ⟨~; ~nen⟩ maîtresse *f*

herrisch I *adj* autoritaire II *adv* **herrisch auftreten** être (très) autoritaire

herrlich *adj* magnifique

Herrlichkeit *f* ⟨~; ~en⟩ **1.** (*Herrlichsein*) splendeur *f*; magnificence *f*; **die Herrlichkeit Gottes** la gloire de Dieu **2.** (*herrliche Sache*) merveille *f*

Herrschaft *f* ⟨~; ~en⟩ **1.** domination *f* (**über** [+ *acc*] sur); *im Staat* pouvoir *m*; **unter j-s Herrschaft** (*dat*) **stehen** être sous la domination de qn; **die Herrschaft über sein Fahrzeug verlieren** perdre le contrôle de son véhicule **2.** *pl* **meine Herrschaften!** Mesdames et Messieurs!; F Messieurs Dames!; **die Herrschaften sind nicht zu Hause** monsieur et madame sont sortis

herrschaftlich *adj* **1.** *Schloss etc* seigneurial **2.** *fig Wohnung* somptueux

herrschen ['hɛrʃən] *v/i* **1.** *Herrscher, Person* ré-

gner (**über** [+ *acc*] sur) **2.** *fig* régner; **es herrscht ... oft** il y a ...; **es herrscht starker Verkehr** il y a beaucoup de circulation; **es herrscht Frieden** la paix règne

herrschend *adj* **1.** POL au pouvoir; dirigeant **2.** *fig Meinung* dominant; *Ordnung* établi; **die augenblicklich herrschende Stimmung** l'atmosphère qui règne en ce moment

Herrscher(in) *m* ⟨~s; ~⟩ (*f*) ⟨~in; ~innen⟩ **1.** POL souverain(e) *m(f)*; (*Monarch*) monarque *m* **2.** *fig* maître *m*

Herrschsucht *f* besoin *m* de domination

herrschsüchtig *adj* dominateur

herrufen *v/t* ⟨*irr*⟩ **1.** **j-n herrufen** appeler qn **2.** **etw hinter j-m herrufen** crier qc à qn

herrühren *v/i* **von j-m, etw herrühren** (pro)venir de qn, qc

hersagen *v/t* réciter; *gedankenlos* débiter

hersehen *v/i* ⟨*irr*⟩ **1.** regarder **2.** **hinter j-m hersehen** suivre qn des yeux

herstammen *v/i* **wo stammt er her?** d'où est-il originaire?; **wo stammt dieses Zitat her?** d'où vient cette citation?

herstellen *v/t* **1.** (*platzieren*) mettre **2.** (*produzieren*) fabriquer **3.** *Verbindung, Gleichgewicht* établir; **wieder herstellen** *Frieden, Gesundheit* rétablir

Hersteller *m* ⟨~s; ~⟩ fabricant *m*

Herstellerfirma *f* maison productrice

Herstellung *f* **1.** fabrication *f* **2.** *fig von Beziehungen etc* établissement *m*

Herstellungskosten *pl* frais *m/pl* de fabrication

Herstellungsverfahren *n* procédé *m* de fabrication

Hertz [hɛrts] *n* ⟨~; ~⟩ PHYS 'hertz *m*

herüber [hɛ'ryːbər] *adv* de ce côté-ci; *Richtung* vers ici

herüberkommen *v/i* ⟨*irr*, sn⟩ **1.** *hierher* venir **2.** **über etw** (*acc*) **herüberkommen** passer (par-dessus) qc

herüberreichen I *v/t* **j-m etw herüberreichen** passer qc à qn II *v/i* (*sich erstrecken*) s'étendre jusqu'ici

herum [hɛ'rʊm] *adv* **um ... herum** autour de (*a bei Zahlenangaben*); **richtig, verkehrt herum** (tourné) du bon, du mauvais côté; *Richtung* dans le bon, mauvais sens; **im Kreis herum** en rond; en cercle; **herum sein** F (*vorbei sein*) être fini, passé, terminé; (*immer*) **um j-n herum sein** s'occuper sans arrêt de qn

herumärgern F *v/r* **sich mit etw, j-m herumärgern** avoir du fil à retordre avec qc, qn

herumblättern *v/i* **in etw** (*dat*) **herumblättern** feuilleter qc

herumbrüllen F *v/i* F gueuler

herumdoktern F *v/i* **an e-r Krankheit herumdoktern** essayer de soigner une maladie tant bien que mal

herumdrehen I *v/t* tourner; *Verkehrtliegendes* retourner II **sich herumdrehen** se retourner (**zu j-m** vers qn)

herumdrücken F *v/r* **1.** **sich um etw herumdrücken** *um e-e Aufgabe etc* se dérober à qc **2.** **sich in Lokalen, auf der Straße herumdrücken** traîner (dans) les cafés, dans la rue

herumfahren ⟨*irr*⟩ I *v/t* promener en voiture, *etc* II *v/i* ⟨sn⟩ **1.** **um etw herumfahren** contourner qc; *ganz herum* faire le tour de qc; **um die**

Straßenecke **herumfahren** tourner le coin de la rue **2.** *ziellos* circuler **3.** *Person vor Schreck etc* se retourner brusquement

herumfuchteln F *v/i* ⟨¢⟩ **mit etw (vor j-s Nase** [*dat*]) **herumfuchteln** agiter qc (sous le nez de qn)

herumführen I *v/t* **1.** *j-n um etw herumführen um ein Hindernis* faire contourner qc à qn; *ganz herum* faire faire le tour de qc à qn **2.** *j-n in e-r Stadt herumführen* guider qn dans une ville **II** *v/i Weg etc* **um etw herumführen** contourner qc; *ganz herum* faire le tour de qc

herumfummeln F *v/i* ⟨¢⟩ **an etw, j-m herumfummeln** tripoter qc, qn

herumgammeln F *v/i* ⟨¢⟩ *Personen* (passer son temps à) traîner

herumgehen *v/i* ⟨*irr*, sn⟩ **1. um etw herumgehen** *um ein Hindernis* contourner qc; *um e-e Statue etc* faire le tour de qc **2.** *ziellos* marcher; se promener **3.** (*die Runde machen*) faire le tour **4.** (*herumgereicht werden*) circuler; faire le tour **5.** F *Zeit* passer

herumhacken F *v/i fig* **auf j-m herumhacken** attaquer, critiquer qn constamment

herumhängen F *v/i* ⟨*irr*⟩ *fig* (*herumlungern*) traîner; F glander

herumhorchen F *v/i* (*überall*) **herumhorchen** écouter (partout)

herumirren *v/i* ⟨sn⟩ errer

herumkommandieren F *v/t* ⟨*sans ge*⟩ *j-n herumkommandieren* mener qn à la baguette

herumkommen *v/i* ⟨*irr*, sn⟩ **1.** *um e-e Ecke* tourner (le coin de la rue) **2.** F *in e-m Land* circuler; *in der Welt* voyager **3.** F *fig* **um etw herumkommen** *um e-e Strafe, Aufgabe* F passer au travers de qc; *wir werden nicht darum herumkommen zu* (+ *inf*) on ne peut pas faire autrement que de (+ *inf*)

herumkriegen F *v/t* **1.** *Zeit* passer; tuer **2.** (*überreden*) faire céder; F emberlificoter; *sexuell* F avoir

herumlaufen *v/i* ⟨*irr*, sn⟩ **1.** *ziellos* courir; (*gehen*) se promener **2. um etw herumlaufen** faire le tour de qc **3.** F *fig* **barfuß, im Bademantel herumlaufen** se promener nu-pieds, en peignoir

herumliegen *v/i* ⟨*irr*⟩ F *Gegenstände* traîner; *Papier a* être éparpillé

herumlungern F *v/i* traîner; F glander

herumpfuschen F *v/i* **an etw** (*dat*) **herumpfuschen** mal réparer, mal faire qc

herumplagen *v/r*, **herumquälen** *v/r* F **sich mit etw herumplagen, herumquälen** se donner beaucoup de mal avec qc; F **sich mit j-m herumplagen, herumquälen** avoir du mal avec qn

herumreden F *v/i* ⟨-e-⟩ **um etw herumreden** tourner autour du pot

herumreichen *v/t* faire passer, circuler

herumreißen *v/t* ⟨*irr*⟩ AUTO **das Steuer herumreißen** donner un brusque coup de volant

herumreiten *v/i* ⟨*irr*, sn⟩ F *fig* (*immer*) **auf etw** (*dat*) **herumreiten** insister sur qc; *auf Prinzipien* être à cheval sur qc

herumschlagen F *v/r* ⟨*irr*⟩ **sich mit j-m herumschlagen** se battre avec qn; **sich mit Problemen herumschlagen** se débattre avec des problèmes

herumschnüffeln *v/i* ⟨¢⟩ F *fig* F fouiner (*in* [+ *dat*] dans); F fourrer son nez (dans)

herumsitzen *v/i* ⟨*irr*⟩ **1. um etw, j-n herumsitzen** être assis autour de qc, qn **2.** F (*untätig*) **herumsitzen** rester assis sans rien faire

herumsprechen *v/r* ⟨*irr*⟩ **sich herumsprechen** se savoir; s'ébruiter

herumstehen *v/i* ⟨*irr*⟩ **1. um etw, j-n herumstehen** faire cercle autour de qc, qn **2.** F (*untätig*) **herumstehen** rester là sans rien faire

herumstöbern F *v/i* **in etw** (*dat*) **herumstöbern** (far)fouiller dans qc

herumstochern F *v/i* **mit e-m Stock** fouiller (*in* [+ *dat*] dans); **im Essen herumstochern** jouer avec sa fourchette; *fig* picorer; **in den Zähnen herumstochern** se curer les dents

herumstreiten F *v/r* ⟨*irr*⟩ **sich mit j-m herumstreiten** se disputer avec qn

herumtollen *v/i* ⟨sn⟩ faire le fou

herumtrampeln *v/i* ⟨¢, h *ou* sn⟩ **1. auf etw** (*dat*) **herumtrampeln** piétiner qc **2.** F *fig* **auf j-s Gefühlen herumtrampeln** mettre la sensibilité de qn à rude épreuve

herumtreiben F *v/r* ⟨*irr*⟩ **sich herumtreiben** traîner

Herumtreiber F *m* ⟨~s; ~⟩ **1.** vagabond *m* **2.** *fig* traîneur *m*

herumwühlen *v/i* **in etw** (*dat*) **herumwühlen** fouiller dans qc

herumzeigen F *v/t* montrer partout, à tout le monde

herunter [hɛ'rʊntər] *adv* en bas; vers le bas; **herunter (da)!** descends *bzw* descendez (de là)!; **herunter sein** F *fig wirtschaftlich* être ruiné; *gesundheitlich* être dans un sale état

herunterbekommen *v/t* ⟨*irr*, *sans ge*⟩ **1.** *Essen* arriver à avaler **2.** *Gegenstand* arriver à descendre

herunterbrennen *v/i* ⟨*irr*, sn⟩ **1.** *Feuer* **herunterbrennen lassen** laisser presque s'éteindre **2.** *Haus* brûler entièrement; *Kerze* brûler jusqu'au bout **3.** ⟨h⟩ *Sonne* brûler

herunterbringen *v/t* ⟨*irr*⟩ descendre

herunterdrücken *v/t* **1.** *Taste* appuyer sur; *Türklinke* baisser **2.** *Preise, Fieber* faire baisser

herunterfallen *v/i* ⟨*irr*, sn⟩ tomber (**von** de); **mir ist die Gabel heruntergefallen** j'ai laissé tomber ma fourchette

heruntergehen *v/i* ⟨*irr*, sn⟩ **1.** (*nach unten gehen*) descendre **2.** *Preise, Temperatur, Fieber* baisser

heruntergekommen *adjt moralisch, beruflich* tombé bien bas; *im Aussehen* négligé; *Gebäude* délabré

herunterhandeln *v/t* ⟨¢⟩ **den Preis herunterhandeln** faire baisser le prix (**um** de)

herunterhängen *v/i* ⟨*irr*⟩ pendre

herunterhauen → **runterhauen**

herunterholen *v/t* descendre (**von** de)

herunterklappen *v/t* rabattre

herunterkommen *v/i* ⟨*irr*, sn⟩ **1.** (*nach unten kommen*) descendre **2.** *fig* (*verkommen*) se clochardiser; *moralisch, beruflich* tomber bien bas; *Gebäude* se dégrader; *Unternehmen* baisser; décliner **3.** F *fig* **vom Alkohol herunterkommen** F décrocher

herunterladen *v/t* ⟨*irr*⟩ INFORM télécharger; transférer

herunterlassen v/t ⟨irr⟩ faire bzw laisser descendre; *Autofenster, Jalousien, Hose* baisser
herunterleiern F *péj* v/t *Gedicht* débiter
herunternehmen v/t ⟨irr⟩ descendre; **die Arme herunternehmen** baisser les bras
herunterputzen F v/t ⟨¢ß⟩ F sonner les cloches à
herunterrutschen v/i ⟨sn⟩ glisser (jusqu'en bas); *Hose* glisser; descendre
herunterschalten v/i ⟨-e⟩ *beim Fahrzeug* rétrograder
herunterschrauben v/t *fig* **s-e Ansprüche herunterschrauben** en rabattre
heruntersehen v/i ⟨irr, sn⟩ → **herabblicken**
herunterspielen F v/t **1.** *Musikstück* jouer d'une traite **2.** *fig Angelegenheit* dédramatiser; *Risiken etc* minimiser
heruntertragen v/t ⟨irr⟩ descendre
herunterwirtschaften F v/t ⟨-e-⟩ couler; ruiner
herunterwürgen v/t avaler avec peine
hervor [hɛrˈfoːr] *st/s adv* **hervor mit euch!** sortez de là!
hervorbringen v/t ⟨irr⟩ produire (a *Laut*); *Land e-n Künstler etc* engendrer
hervorgehen v/i ⟨irr, sn⟩ **hervorgehen aus** (stammen von) sortir de; *als Folge* résulter, s'ensuivre de; *Kinder aus e-r Ehe* être issu, né de; **aus etw als Sieger hervorgehen** sortir vainqueur de qc; **daraus geht hervor, dass ...** il en résulte que ...
hervorheben v/t ⟨irr⟩ (herausstellen) faire ressortir; (betonen) souligner; TYPO mettre en relief
Hervorhebung f ⟨~⟩ mise f en évidence, en relief
hervorholen v/t sortir (**aus** de)
hervorkehren v/t *Eigenschaft etc* montrer; faire voir
hervorkommen v/i ⟨irr, sn⟩ sortir (**aus** de)
hervorlocken v/t inciter à sortir
hervorragen v/i **1.** *aus dem Wasser etc* sortir

(**aus** de); *aus e-r Menge* dépasser (**aus etw** qc); CONSTR faire saillie **2.** *fig Leistung* **aus etw hervorragen** être supérieur à qc
hervorragend I *adj* excellent; remarquable; *bes Qualität* supérieur **II** *advt* à la perfection
hervorrufen v/t ⟨irr⟩ *fig Gefühl* faire naître; *bes Gelächter, Ärger* provoquer; *bes Bewunderung, Interesse, Ärger, Unruhe* susciter; *Eindruck* donner
hervorstechen v/i ⟨irr⟩ se faire remarquer; sauter aux yeux
hervortreten v/i ⟨irr, sn⟩ **1.** *hinter etw* (dat) **hervortreten** sortir de (derrière) qc **2.** *Muskeln* saillir; *Augen* être globuleux **3.** (zum Vorschein kommen) apparaître
hervortun v/r ⟨irr⟩ **sich mit, als etw hervortun** se distinguer par, comme qc
hervorwagen v/r **sich hervorwagen** oser sortir (**aus** de)
hervorzaubern v/t faire apparaître comme par enchantement
herwagen v/r **sich herwagen** oser venir
Herweg m **auf dem Herweg** en venant (ici)
Herz [hɛrts] n ⟨~ens; ~en⟩ cœur m (a *fig, Spielkarte*); **a)** *mit adj* **von ganzem Herzen** de tout mon, etc cœur; **mit ganzem Herzen bei der Sache sein** mettre tout son cœur à l'ouvrage; **schweren Herzens** le cœur gros **b)** *mit subst* **das Herz auf dem rechten Fleck haben** avoir bon cœur; **j-n, etw auf Herz und Nieren prüfen** (vouloir) voir ce que vaut qn, qc; **ein Herz und e-e Seele sein** être comme les deux doigts de la main; **s-m Herzen e-n Stoß geben** faire un effort (sur soi-même) **c)** *mit Verben* **j-m sein Herz ausschütten** s'épancher auprès de qn; confier sa peine à qn; **alles, was das Herz begehrt** tout ce que l'on désire; *st/s* **j-m das Herz brechen** briser le cœur à qn; **sich** (dat) **ein Herz fassen** prendre son courage à deux mains; **ein Herz für Tiere haben** aimer les animaux; **mein Herz hängt an** (+ dat)

Hervorhebung im Satz

C'est François **qui** m'a aidé(e).	**François** hat mir geholfen.	Im Deutschen kann man jeden Satzteil durch entsprechende Betonung hervorheben: **Er** fliegt nach Amerika
C'est Nathalie **que** j'aime.	Ich liebe **Nathalie.**	(nicht seine Mutter). Er **fliegt** nach Amerika (er fährt nicht mit dem
C'est nous **qui avons** causé l'accident.	**Wir** haben den Unfall verursacht.	Schiff). Er fährt nach **Amerika** (und nicht nach Australien).
C'est moi **qui suis** allé à Paris.	**Ich** bin nach Paris gefahren.	Dies ist im Französischen nicht möglich. Hier hebt man einzelne Satzteile mit **c'est... qui** bzw. **c'est... que** hervor.

Mit **c'est... qui** wird das Subjekt (Wer? Was?), mit **c'est... que** das direkte Objekt (Wen? Was?) hervorgehoben.

Achten Sie auf die Angleichung des Verbs!

je suis très attaché à; ***j-s Herz höherschlagen lassen*** enthousiasmer qn **d)** *mit prép* ***das liegt mir am Herzen*** cela me tient à cœur; ***etw, j ist mir ans Herz gewachsen*** je suis très attaché à qc, qn; ***j-m etw ans Herz legen*** confier qc à qn; ***etw auf dem Herzen haben*** avoir qc sur le cœur; ***Hand aufs Herz!*** dis-moi franchement; ***j-n in sein Herz geschlossen haben*** aimer qn de tout cœur; ***etw nicht übers Herz bringen*** ne pas avoir le cœur de faire qc; ***das kommt von Herzen*** c'est de bon cœur; ***sich*** (*dat*) ***etw zu Herzen nehmen*** prendre qc à cœur

Herzanfall *m* crise *f* cardiaque
Herzass *n* as *m* de cœur
Herzbeschwerden *f/pl* troubles *m/pl* cardiaques
Herzbube *m* valet *m* de cœur
Herzchirurg(in) *m(f)* chirurgien *m* cardiologue
Herzdame *f* dame *f* de cœur
herzeigen F *v/t* montrer
herzen *st/s v/t* ⟨¢$⟩ cajoler
Herzensangelegenheit *f* affaire *f* de cœur
Herzensbrecher *m* bourreau *m* des cœurs
herzensgut *adj* qui a un cœur d'or
Herzenslust *f* ***nach Herzenslust*** à cœur joie
Herzenswunsch *m* plus cher désir
herzerfrischend *adjt* frais; *Art, Lachen* spontané
herzergreifend *st/s adjt* poignant; émouvant
Herzfehler *m angeborener* malformation *f* cardiaque; *erworbener* lésion *f* cardiaque
Herzflimmern *n* MÉD fibrillation *f*
herzförmig *adj* en forme de cœur
herzhaft I *adj* **1.** (*kräftig*) vigoureux; *Lachen, Gähnen* grand **2.** (*nahrhaft*) consistant; *im Geschmack* bien épicé **II** *adv* ***herzhaft gähnen*** bâiller comme une carpe; ***herzhaft schmecken*** avoir un goût relevé
herziehen ⟨*irr*⟩ **I** *v/t* ***etw hinter sich*** (*dat*) ***herziehen*** traîner qc derrière soi **II** *v/i* **1.** ⟨sn⟩ (*umziehen*) (venir) s'installer (ici) **2.** F *fig* ⟨h *ou* sn⟩ ***über j-n herziehen*** casser du sucre sur le dos de qn
herzig *adj* mignon; gentil
Herzinfarkt *m* infarctus *m* du myocarde
Herzkammer *f* ventricule *m*
Herzklappe *f* valvule *f* (du cœur)
Herzklappenfehler *m* MÉD lésion *f* valvulaire
Herzklopfen *n* palpitations *f/pl*; ***mit Herzklopfen*** le cœur battant; ***ich habe Herzklopfen*** j'ai le cœur qui bat
Herzkönig *m* roi *m* de cœur
herzkrank *adj* cardiaque
Herzkranke(r) *f(m)* cardiaque *m,f*
Herzkranzgefäße *n/pl* vaisseaux *m/pl* coronaires
Herz-Kreislauf-Erkrankung *f* maladie *f* cardio--vasculaire
herzlich I *adj* (*freundschaftlich*) cordial; (*warm*) chaleureux (*a Empfang, Worte, Ton, Beifall*); ***herzlichen Dank!*** un grand merci (***für*** pour)! **II** *adv* **1.** cordialement; chaleureusement; ***herzlich willkommen!*** soyez le *bzw* la bienvenu(e)!; ***j-m herzlich danken*** remercier qn beaucoup, de tout cœur **2.** F (*sehr*) ***herzlich gern*** très, bien volontiers; ***herzlich wenig*** très, bien peu
Herzlichkeit *f* ⟨∼⟩ cordialité *f*

herzlos *adj* sans cœur
Herzlosigkeit *f* ⟨∼⟩ manque *m* de cœur
Herz-Lungen-Maschine *f* cœur-poumon artificiel
Herzmassage *f* massage *m* cardiaque
Herzmuskel *m* myocarde *m*
Herzog(in) ['hɛrtsoːk (-oːgɪn)] *m* ⟨∼s; -zöge⟩ (*f*) ⟨∼in; ∼innen⟩ duc *m*, duchesse *f*
Herzogtum *n* ⟨∼s; -tümer⟩ duché *m*
Herzoperation *f* opération *f* cardiaque, du cœur
Herzrhythmusstörungen *f/pl* arythmie *f* cardiaque
Herzschlag *m* **1.** (*Puls*) pulsation *f*; (*Herzklopfen*) battement(s) *m(pl)* de cœur **2.** (*Herzversagen*) crise *f* cardiaque
Herzschrittmacher *m* stimulateur *m* cardiaque; pacemaker *m*
Herzschwäche *f* insuffisance *f* cardiaque
Herzspezialist(in) *m(f)* cardiologue *m,f*
Herzstillstand *m* arrêt *m* cardiaque
Herzstück *n* cœur *m*
Herztod *m* mort *f* par arrêt cardiaque
Herztöne *m/pl* bruits *m/pl* du cœur
Herztransplantation *f*, **Herzverpflanzung** *f* greffe *f* du cœur; transplantation *f* cardiaque
Herzversagen *n* crise *f* cardiaque
herzzerreißend I *adjt* déchirant **II** *advt* à vous déchirer le cœur
Hesse *m* ⟨∼n; ∼n⟩ 'Hessois *m*
Hessen ['hɛsən] *n* la Hesse
Hessin *f* ⟨∼; ∼nen⟩ 'Hessoise *f*
hessisch *adj* de (la) Hesse; 'hessois
Hetero ['heːtero] *Jargon m* ⟨∼s; ∼s⟩ F hétéro *m*
heterogen [hetero'geːn] *adj* hétérogène
Heterosexualität *f* hétérosexualité *f*
heterosexuell *adj* hétérosexuel
Hetze ['hɛtsə] *f* ⟨∼; ∼n⟩ **1.** (*Eile*) course (continuelle); bousculade *f* **2.** (*Hetzreden*) propos incendiaires, 'haineux (***gegen*** contre)
hetzen ⟨¢$⟩ **I** *v/t* **1.** ***die Hunde auf j-n hetzen*** lâcher les chiens sur qn; ***die Polizei auf j-n hetzen*** lancer la police à la recherche de qn **2.** (*antreiben*) bousculer **II** *v/i* **3.** *péj* ***gegen j-n hetzen*** tenir des propos incendiaires contre qn **4.** ⟨sn⟩ (*eilen*) courir **III** *v/r* ***sich hetzen*** (*sich beeilen*) se depêcher
Hetzjagd *f* **1.** *auf Wild* chasse *f* à courre **2.** *fig* (*Hast*) course *f*; bousculade *f*
Hetzkampagne *f* campagne *f* de diffamation
Hetzschrift *f* écrit *m* polémique, incendiaire (***gegen*** contre)
Heu [hɔy] *n* ⟨∼¢s⟩ foin *m*
Heuboden *m* grenier *m* à foin; fenil *m*
Heuchelei *f* ⟨∼; ∼en⟩ hypocrisie *f*
heucheln ['hɔyçəln] ⟨¢⟩ **I** *v/t* feindre; simuler **II** *v/i* faire l'hypocrite
Heuchler(in) *m* ⟨∼s; ∼⟩ (*f*) ⟨∼in; ∼innen⟩ hypocrite *m,f*
heuchlerisch *adj* hypocrite
heuen *v/i regional* faire les foins
heuer ['hɔyər] *adv südd, österr, schweiz* cette année
Heuer *f* ⟨∼; ∼n⟩ MAR paie *f* de marin
Heuernte *f* fenaison *f*; récolte *f* des foins
Heuhaufen *m* meule *f*, tas *m* de foin
heulen ['hɔylən] *v/i* **1.** *Sirene, Tier, Wind, Motor* 'hurler **2.** F (*weinen*) pleurer; *p/fort* 'hurler; F ***es ist zum Heulen*** c'est à pleurer

Heuler *m* ⟨~s; ~⟩ **1.** zo bébé *m* phoque **2.** F (*tolles Ding*) *das ist der* (*absolute*) *Heuler!* c'est génial, super!

Heulsuse F *f* ⟨~; ~n⟩ pleurnicheuse *f*

heurig ['hɔyrɪç] *adj südd, österr, schweiz* de cette année

Heurige(r) *m* ⟨→ A⟩ *österr* vin nouveau

Heuschnupfen *m* rhume *m* des foins

Heuschober [-ʃoːbər] *m* ⟨~s; ~⟩ *südd, österr* **1.** *Haufen* meule *f* de foin **2.** *Scheune* fenil *m*

Heuschrecke *f* ⟨~; ~n⟩ sauterelle *f*

heute ['hɔytə] *adv* aujourd'hui; *heute in acht Tagen* aujourd'hui en 'huit; *heute vor vierzehn Tagen* il y a aujourd'hui quinze jours; *bis heute* jusqu'à aujourd'hui; *par ext* jusqu'à présent; *von heute auf morgen* du jour au lendemain

heutig *adj* d'aujourd'hui; (*gegenwärtig*) actuel; *der heutige Tag* cette journée

heutzutage *adv* de nos jours

Hexadezimalsystem [hɛksadetsi-'maːlzysteːm] *n* ⟨~s⟩ MATH, INFORM système hexadécimal

Hexe ['hɛksə] *f* ⟨~; ~n⟩ sorcière *f* (*a fig péj*)

hexen *v/i* ⟨¢$⟩ être sorcier; F *ich kann doch nicht hexen!* mais je ne peux pas faire plus vite!

Hexenjagd *f* chasse *f* aux sorcières (*a fig auf* [+ *acc*] contre)

Hexenkessel *m fig* enfer *m*

Hexenmeister *m* sorcier *m*

Hexenschuss *m* lumbago *m*

Hexenverbrennung *f* supplice *m* du feu (infligé aux sorcières)

Hexenverfolgung *f* chasse *f* aux sorcières

Hexerei *f* ⟨~; ~en⟩ sorcellerie *f*; *das ist doch keine Hexerei* cela n'est pas sorcier

Hibiskus [hi'bɪskʊs] *m* ⟨~; -ken⟩ BOT hibiscus *m*

Hickhack ['hɪkhak] F *n od m* ⟨~s; ~s⟩ tiraillements *m/pl* (*um* à propos de)

hie [hiː] *adv* *hie und da* → *hier*

hieb [hiːp] → *hauen*

Hieb *m* ⟨~¢s; ~e⟩ coup *m*; F *pl Hiebe* (*Schläge*) coups *m/pl*

hieb- und stichfest *adj Alibi, Beweis* solide; à toute épreuve; en béton

hielt [hiːlt] → *halten*

hier [hiːr] *adv* ici; *fig* (*in diesem Punkt*) là; *hier* (*nimm*)*!* tiens!; prends!; *hier oben etc* ici; *von hier aus* d'ici; *zeitlich* à partir de là; *hier und da* par-ici, par-là (*a zeitlich*); *dies Buch hier* ce livre-ci; F *der, die, das hier* celui-ci, celle-ci, ce-ci; *hier ist, sind …* voici, voilà …; *hier bin ich!* me voici!; me voilà!; TÉL *hier ist Müller* c'est Monsieur Müller à l'appareil; *hier sein* être ici, là; → *hierbehalten, hierbleiben, hierlassen*

hieran *adv* à cela; *im Anschluss hieran* après cela

Hierarchie [hierar'çiː] *f* ⟨~; ~n⟩ 'hiérarchie *f*

hierarchisch [-'rarçɪʃ] *adj* 'hiérarchique

hierauf *adv* **1.** *räumlich* là-dessus; *zeitlich a* après cela; (*infolgedessen*) après quoi **2.** *fig* à cela

hieraus *adv* de cela; de là; *hieraus folgt, dass …* il en résulte que …

hierbehalten *v/t* ⟨*irr, sans ge*⟩ garder (ici)

hierbei *adv* **1.** (*was das angeht*) à ce sujet **2.** *zeitlich* en même temps; (*bei dieser Gelegenheit*) à cette occasion

hierbleiben *v/i* ⟨*irr, sn*⟩ rester ici

hierdurch *adv* **1.** *räumlich* par ici **2.** *ursächlich* par ce moyen

hierfür *adv* pour cela

hierher *adv* ici; par ici; *bis hierher und nicht weiter* jusque-là et pas plus; *hierher gehören Gegenstand* être à sa place (ici); *fig das gehört nicht hierher* cela n'a rien à faire ici

hierhin *adv* ici; *bis hierhin* jusque-là; jusqu'ici

hierin *adv* **1.** *räumlich* là-dedans **2.** *fig* en cela

hierlassen *v/t* ⟨*irr*⟩ laisser ici

hiermit *adv* **1.** avec cela (*a fig einverstanden sein*) **2.** ADM *hiermit teile ich Ihnen mit, dass …* par la présente je vous fais savoir que …

hiernach *adv* **1.** *zeitlich* après cela **2.** (*demgemäß*) d'après cela, (*demzufolge*) par conséquent

Hieroglyphe [hiero'glyːfə] *f* ⟨~; ~n⟩ hiéroglyphe *m*

hierüber *adv* là-dessus (*a fig u st/s zeitlich*); *hierüber ist nichts bekannt* à ce sujet, on ne sait rien

hierum *adv* **1.** *räumlich* autour de cela; (*hierherum*) par ici **2.** *fig* (*um diese Sache*) de cela

hierunter *adv* **1.** *räumlich* là-dessous **2.** *unter e-r Menge* parmi eux **3.** *fig was verstehen Sie hierunter?* qu'entendez-vous par là?

hiervon *adv* de cela; *unbetont* en

hiervor *adv* **1.** *räumlich* devant cela; là-devant **2.** *fig* de cela; en

hierzu *adv* **1.** (*zu diesem Zweck*) pour cela **2.** (*hinzu*) *hierzu kommt noch …* ajoutez à cela … **3.** (*diesbezüglich*) à ce sujet

hierzulande *adv* ici; dans ce pays

hiesig ['hiːzɪç] *adj* d'ici; *die hiesige Gegend* cette région

hieß [hiːs] → *heißen*

hieven ['hiːfən] *v/t* MAR, *fig* 'hisser

Hi-Fi-Anlage ['haɪfi-] *f* chaîne *f* 'hi-fi

high [haɪ] F *adj high sein von Drogen* F planer; F être défoncé

Highlife ['haɪlaɪf] F *n* ⟨~$⟩ grande vie; *Highlife machen* faire la fête

Highlight ['haɪlaɪt] *n* ⟨~$; ~s⟩ moment, temps fort

High Society ['haɪsə'saɪətɪ] *f* ⟨~⟩ 'haute société

Hightech-… ['haɪtɛkʒ] *in Zssgn* 'high-tech

hihi(hi) [(hi)hi'hiː] *int* 'hi, 'hi, 'hi!

Hilfe ['hɪlfə] *f* ⟨~; ~n⟩ **1.** (*Hilfeleistung*) aide *f*; *Erste Hilfe Kenntnis, Technik* secourisme *m*; *am Unfallort* premiers soins; *j-m Hilfe leisten* prêter assistance, porter secours à qn; *mit Hilfe von Sache* à l'aide de; *Person* avec l'aide de; *j-n um Hilfe bitten* demander de l'aide à qn; *um Hilfe rufen* appeler au secours; (*zu*) *Hilfe!* au secours!; *sich Hilfe suchend an j-n wenden* demander de l'aide à qn; *j-m zu Hilfe kommen, eilen* venir, voler au secours de qn; *etw zu Hilfe nehmen* s'aider de qc **2.** FIN aide (financière) **3.** (*Hilfskraft*) aide *m,f*

Hilfeleistung *f* aide *f*; assistance *f*; *unterlassene Hilfeleistung* non-assistance *f* à personne en danger

Hilferuf *m* appel *m* au secours
Hilfestellung *f beim Turnen* aide *f*; *j-m Hilfestellung geben* aider qn
hilflos *adj* (*schutzlos*) désarmé; (*ratlos*) désemparé; (*verwirrt*) en désarroi; (*in Not*) en détresse
Hilflosigkeit *f* ⟨∼⟩ (*Not*) détresse *f*; (*Ratlosigkeit*) perplexité *f*
hilfreich *st/s adj* **1.** (*hilfsbereit*) serviable; secourable **2.** (*nützlich*) utile
Hilfsaktion *f* secours *m/pl* (*für* pour, à)
Hilfsarbeiter(in) *m(f)* manœuvre *m*
hilfsbedürftig *adj* qui a besoin d'aide
hilfsbereit *adj* serviable
Hilfsbereitschaft *f* serviabilité *f*
Hilfsdienst *m* service *m* d'aide, d'assistance, de secours
Hilfsfonds *m* fonds *m* de secours
Hilfskraft *f* aide *m,f*; auxiliaire *m,f*
Hilfsmaßnahme *f* mesure *f* d'aide; secours *m*
Hilfsmittel *n* FIN aide (financière); *zur Arbeit* outil *m* de travail
Hilfsmotor *m* moteur *m* auxiliaire
Hilfsorganisation *f* organisation *f* d'aide humanitaire
Hilfsverb *n* (verbe *m*) auxiliaire *m*
Hilfswerk *n* œuvre *f* de bienfaisance, d'assistance
hilft [hɪlft] → **helfen**
Himalaja [hiˈmaːlaja] ⟨∼s⟩ *der Himalaja* l'Himalaya *m*
Himbeere [ˈhɪm-] *f* ⟨∼; ∼n⟩ framboise *f*
Himbeereis *n* glace *f* à la framboise
Himbeergeist *m* framboise *f*
Himbeermarmelade *f* confiture *f* de framboise(s)
Himbeersirup *m* sirop *m* de framboise(s)
Himbeerstrauch *m* framboisier *m*
Himmel [ˈhɪməl] *m* ⟨∼s; ∼⟩ ciel *m* (*a* REL, *fig*); *am Himmel* dans le ciel; REL *im Himmel* au ciel; F *aus heiterem Himmel* sans prévenir; *unter freiem Himmel* en plein air; *in den Himmel kommen* aller au ciel; *um Himmels willen!* au nom du ciel!; F (*ach,*) *du lieber Himmel!* mon Dieu!; F (*das*) *weiß der Himmel!* Dieu seul le sait; F *im siebten Himmel sein* être au septième ciel; être aux anges; *Himmel und Hölle in Bewegung setzen* remuer ciel et terre; *das schreit zum Himmel* c'est révoltant; F *das stinkt zum Himmel* c'est un véritable scandale
himmelangst F *adv mir ist himmelangst* j'ai une peur terrible, F une de ces frousses
Himmelbett *n* lit *m* à baldaquin
himmelblau *adj* bleu ciel
Himmelfahrt *f* (*Christi*) *Himmelfahrt* l'Ascension *f*; *Mariä Himmelfahrt* l'Assomption *f*
Himmelfahrtskommando *n* mission *f* suicide, kamikaze
Himmelfahrtsnase F *plais f* nez retroussé
Himmelreich *n* royaume *m* des cieux
Himmelschlüssel *m* BOT primevère *f*
himmelschreiend *adj Ungerechtigkeit* criant; *Dummheit, Unsinn* sans nom
Himmelskörper *m* corps *m* céleste
Himmelskunde *f* astronomie *f*
Himmelsrichtung *f* point cardinal; *fig aus allen Himmelsrichtungen* de toutes les directions

Himmelsrichtungen WF

Norden	**nord**
Süden	**sud**
Westen	**ouest**
Osten	**est**

Achtung: die Abkürzung **O** steht im Französischen nicht für Osten, sondern für **ouest** (Westen); für Osten (**est**) steht **E**.

himmelweit *adj Unterschied* énorme
himmlisch *adj* **1.** REL céleste **2.** F *fig* (*großartig*) divin; sublime
hin [hɪn] *adv* **1.** *räumlich nach Süden hin* vers le sud; *hin und zurück* aller et retour; *hin und her gehen* aller et venir; F *wo ist sie hin?* où est-elle allée?; *dieses ewige Hin und Her* cet éternel va-et-vient **2.** *zeitlich gegen Abend hin* vers le soir; *hin und wieder* de temps en temps; F *nach langem Hin und Her* après bien des discussions; *es ist noch einige Zeit hin, bis …* on a encore un peu de temps avant que … (+ *subj*) **3.** *fig hin sein* F (*unbrauchbar sein*) F être fichu; P (*tot sein*) être F clamsé, P crevé; *hin und her überlegen* peser le pour et le contre; *hin und her gerissen werden* être ballotté, tiraillé (*zwischen* [+ *dat*] entre); F *von j-m, etw ganz hin sein* (*hingerissen sein*) F être emballé par qn, qc; F *dann ist unsere Ruhe hin* après c'en est fini de notre tranquillité
hinab [hɪˈnap] → **hinunter**
hinauf [hɪˈnauf] *adv* en 'haut; *dort hinauf!* par là!; monte(z) là!; *hinauf haben wir drei Stunden gebraucht* pour monter nous avons mis trois heures; *bis zum Gipfel hinauf* jusqu'au sommet
hinauffahren ⟨*irr*⟩ *v/t* ⟨h⟩ *u v/i* ⟨sn⟩ monter
hinaufgehen *v/i* ⟨*irr*, sn⟩ monter (*a fig*)
hinaufklettern *v/t u v/i* ⟨sn⟩ *etw* (*acc*) *od auf etw* (*acc*) *hinaufklettern* grimper sur qc
hinaufsteigen *v/i* ⟨*irr*, sn⟩ (*auf etw* [*acc*]) *hinaufsteigen* monter (sur qc)
hinaus [hɪˈnaus] *adv* **1.** *räumlich* dehors; *hinaus!* sors *bzw* sortez (d'ici)!; dehors!; *hier hinaus* par ici; par là; *zum Fenster hinaus* par la fenêtre **2.** *zeitlich auf Monate hinaus* pour des mois; *über den ersten April hinaus* au-delà du premier avril
hinausbegleiten *v/t* ⟨-e-, *sans ge*⟩ raccompagner
hinausbringen *v/t* ⟨*irr*⟩ *Sache* sortir; mettre dehors; *zu j-m* apporter (dehors); *Person* raccompagner
hinausekeln F *v/t* ⟨¢⟩ *j-n hinausekeln* dégoûter, écœurer qn (jusqu'à ce qu'il parte)
hinausfahren ⟨*irr*⟩ **I** *v/t* sortir (en voiture) **II** *v/i* ⟨sn⟩ **1.** (*nach draußen fahren*) sortir (*aus* de) **2.** (*wegfahren*) partir (*nach* à)
hinausfliegen *v/i* ⟨*irr*, sn⟩ **1.** *Vogel etc* s'envoler; sortir **2.** F *fig bes am Arbeitsplatz* être mis, F flanqué à la porte; *bes aus e-m Lokal* se faire jeter, F vider

hinausgehen v/i ⟨irr, sn⟩ **1.** *Person* sortir (*aus* de); aller dehors **2.** *Fenster, Tür* **auf den Hof hinausgehen** donner sur la cour **3.** *fig* **über etw** (*acc*) **hinausgehen** dépasser qc

hinausjagen v/t chasser

hinauslaufen v/i ⟨irr, sn⟩ **1.** *Person* sortir (en courant) **2.** *fig* **auf etw** (*acc*) **hinauslaufen** aboutir à qc; **das läuft auf dasselbe hinaus** cela revient au même

hinauslehnen v/r **sich hinauslehnen** se pencher au dehors

hinausragen v/i **über j-n, etw hinausragen** dépasser qn, (de) qc; dominer qn, qc (*a fig*)

hinausschieben v/t ⟨irr⟩ **1.** *aus e-m Raum* sortir (*aus* de); pousser dehors **2.** *zeitlich* reporter; remettre (à plus tard)

hinausschmeißen F v/t ⟨irr⟩ → **hinauswerfen**

hinausstehlen v/r ⟨irr⟩ **sich hinausstehlen** s'éclipser

hinauswachsen v/i ⟨irr, sn⟩ **über etw** (*acc*) **hinauswachsen** dépasser qc; *fig* **über j-n hinauswachsen** surpasser qn; **über sich** (*acc*) **selbst hinauswachsen** se surpasser

hinauswagen v/r **sich hinauswagen** oser sortir

hinauswerfen v/t ⟨irr⟩ **1.** *Gegenstand* jeter (dehors) **2.** F *fig* **j-n hinauswerfen** *bes am Arbeitsplatz* mettre, F flanquer qn à la porte; *bes Mieter, Gast* jeter, F vider qn

hinauswollen v/i ⟨irr⟩ **1.** F vouloir sortir **2.** *fig* **auf etw** (*acc*) **hinauswollen** vouloir en venir à qc; **hoch hinauswollen** avoir de grandes ambitions

hinausziehen ⟨irr⟩ **I** v/t **1.** (*nach draußen ziehen*) sortir; tirer **2.** **es zieht ihn in die Natur hinaus** il est attiré par la nature **3.** (*verzögern*) retarder **II** v/i ⟨sn⟩ **4.** sortir (*aus* de) **5.** **aufs Land hinausziehen** s'installer à la campagne **III** v/r **sich hinausziehen** (*sich verzögern*) être retardé

hinauszögern I v/t retarder **II** v/r **sich hinauszögern** être retardé

hinbekommen F v/t ⟨irr⟩ **1.** (*schaffen*) **es hinbekommen** y arriver **2.** **etw wieder hinbekommen** réussir à réparer qc

hinbiegen F v/t ⟨irr⟩ arranger

hinblättern F v/t F raquer; (*j-m*) **etw hinblättern** F allonger qc (à qn)

Hinblick m **im** *od* **in Hinblick auf** (+ *acc*) (*in Anbetracht*) compte tenu de; (*in Bezug auf*) en ce qui concerne

hinbringen v/t ⟨irr⟩ *Person* (y) emmener; *Sache* apporter

hindenken v/i ⟨irr⟩ **wo denkst du hin!** tu n'y penses pas!

hinderlich [ˈhɪndərlɪç] adj gênant; **j-m, e-r Sache hinderlich sein** gêner qn, qc

hindern v/t **1.** **j-n** (**daran**) **hindern, etw zu tun** empêcher qn de faire qc **2.** (*behindern*) gêner (**j-n bei der Arbeit**) qn dans son travail)

Hindernis n ⟨ ͜ ses; ͜ se⟩ obstacle m

Hindernislauf m LEICHTATHLETIK steeple m

Hindernisrennen n PFERDESPORT course f d'obstacles; steeple-chase m

Hinderungsgrund m (cause f, motif m d')empêchement m; **das ist** (**für mich**) **kein Hinderungsgrund** ce n'est pas un problème, une raison (pour moi)

hindeuten v/i ⟨-e-⟩ **auf etw** (*acc*) **hindeuten** montrer qc du doigt; *fig* indiquer qc

Hindu [ˈhɪndu] m ⟨ ͜ s; ͜ s⟩ Hindou m

Hinduismus m ⟨ ͜ ⟩ hindouisme m

hinduistisch adj hindou

hindurch adv **1.** *räumlich* **durch etw hindurch** à travers qc; **hier hindurch** par ici; par là **2.** *zeitlich* durant; pendant; **das ganze Jahr hindurch** (pendant) toute l'année

hindurchgehen v/i ⟨irr, sn⟩ **durch etw hindurchgehen** *Schuss, Person, Weg* traverser qc; F (*passen*) passer par qc

hindürfen F v/i ⟨irr⟩ pouvoir y aller; avoir la permission d'y aller; **nicht hindürfen** ne pas devoir y aller; ne pas avoir la permission d'y aller

hinein [hɪˈnaɪn] adv **1.** *räumlich* dedans; **nur hinein!** entre(z) donc!; **hier hinein!** entre(z) (par) ici, là!; **in etw** (*acc*) **hinein** dans qc **2.** *zeitlich* **bis in den Mai hinein** jusqu'en mai

hineinbeißen v/i ⟨irr⟩ mordre dedans; **in etw** (*acc*) **hineinbeißen** mordre dans qc

hineinbekommen v/t ⟨sans ge⟩ **etw** (**in etw** [*acc*]) **hineinbekommen** parvenir, arriver à (faire) rentrer qc (dans qc)

hineindenken v/r ⟨irr⟩ **sich in j-n, in j-s Lage hineindenken** se mettre à la place de qn

hineinfahren ⟨irr⟩ **I** v/t *Fahrzeug, Dinge* rentrer (**in** [+ *acc*] dans); **j-n in die Stadt hineinfahren** conduire qn en ville **II** v/i ⟨sn⟩ **in etw** (*acc*) **hineinfahren** entrer dans qc; *in e-e Straße* s'engager dans qc

hineinfinden v/r ⟨irr⟩ *fig* **sich in etw** (*acc*) **hineinfinden** se familiariser avec qc

hineinfressen v/t ⟨irr⟩ *Zorn, Ärger* **in sich** (*acc*) **hineinfressen** ravaler

hineingehen v/i ⟨irr, sn⟩ **1.** (*eintreten*) entrer (**in** [+ *acc*] dans) **2.** *fig* (*Platz finden*) tenir (*dans*)

hineingeraten v/i ⟨irr, p/p hineingeraten, sn⟩ **in etw** (*acc*) **hineingeraten** tomber dans qc

hineininterpretieren v/t ⟨sans ge⟩ **etw in e-n Text hineininterpretieren** voir dans un texte des choses qui n'y sont pas

hineinknien v/r *fig* **sich in e-e Arbeit hineinknien** s'atteler à un travail

hineinkommen v/i ⟨irr, sn⟩ **1.** (*hineingelangen*) entrer (**in** [+ *acc*] dans) **2.** F (*hineinsollen*) entrer; se mettre; *bes* CUIS venir s'ajouter; être mis

hineinkriegen F → **hineinbekommen**

hineinlaufen v/i ⟨irr, sn⟩ **1.** *Person* entrer (en courant) (**in** [+ *acc*] dans); **in ein Auto hineinlaufen** se faire accrocher par une voiture **2.** *Flüssigkeit* **in etw** (*acc*) **hineinlaufen** couler dans qc

hineinlegen v/t **etw in etw** (*acc*) **hineinlegen** mettre qc dans qc (*a fig Gefühl*)

hineinpassen v/i ⟨ ͢ ⟩ (r)entrer (**in** [+ *acc*] dans)

hineinreden v/i ⟨-e-⟩ *fig* **j-m in s-e Angelegenheiten hineinreden** se mêler des affaires de qn

hineinstecken v/t **1.** **etw in etw** (*acc*) **hineinstecken** mettre qc dans qc **2.** F **Geld in etw** (*acc*) **hineinstecken** placer de l'argent dans qc

hineinsteigern v/r **sich in s-n Zorn hineinsteigern** s'abandonner à la colère

hineinversetzen v/r ⟨ ͢ , sans ge⟩ **sich in j-n, in**

j-s Lage hineinversetzen se mettre à la place de qn

hineinwachsen *v/i* ⟨*irr*, sn⟩ *fig in e-e Aufgabe hineinwachsen* se faire à une tâche

hineinwerfen *v/t* ⟨*irr*⟩ *etw in etw* (*acc*) *hineinwerfen* jeter qc dans qc; *e-n Blick in etw* (*acc*) *hineinwerfen* jeter un coup d'œil dans qc

hineinwollen F *v/i* ⟨*irr*⟩ vouloir entrer

hineinziehen ⟨*irr*⟩ **I** *v/t fig j-n in etw* (*acc*) *hineinziehen* entraîner qn dans qc **II** *v/i* ⟨sn⟩ entrer (*in* [+ *acc*] dans)

hinfahren ⟨*irr*⟩ **I** *v/t* Person y conduire; *Lasten* transporter à un endroit, chez qn, *etc* **II** *v/i* ⟨sn⟩ y aller (en voiture, *etc*)

Hinfahrt *f* aller *m*; *auf der Hinfahrt* à l'aller

hinfallen *v/i* ⟨*irr*, sn⟩ tomber (*Gegenstand* par terre)

hinfällig *adj* **1.** (*ungültig*) annulé **2.** (*gebrechlich*) affaibli; *Greis* décrépit

hinfinden *v/i* ⟨*irr*⟩ trouver son chemin

hinfliegen *v/i* ⟨*irr*, sn⟩ **1.** *mit dem Flugzeug* y aller en avion **2.** F *fig* (*hinfallen*) s'étaler

Hinflug *m* (vol *m*) aller *m*; *auf dem Hinflug* à l'aller

hinführen **I** *v/t* y conduire **II** *v/i* Weg *hinführen zu* mener, conduire à; *fig wo soll das hinführen?* où cela va-t-il nous mener?

hing [hɪŋ] → *hängen*

Hingabe *f* **1.** (*Aufopferung*) dévouement *m* **2.** (*Leidenschaft*) passion *f*

hingeben ⟨*irr*⟩ **I** *st/s v/t* donner **II** *v/r* **1.** *sich e-r Sache* (*dat*) *hingeben* s'adonner à qc; *sich der Hoffnung hingeben, dass ...* nourrir l'espoir que ... **2.** *sexuell sich j-m hingeben* se donner à qn

Hingebung *f* ⟨∼⟩ dévouement *m*

hingebungsvoll **I** *adj* **1.** (*aufopfernd*) dévoué **2.** (*leidenschaftlich*) passionné **II** *adv* **3.** avec dévouement **4.** avec passion

hingegen *conj* par contre; au contraire

hingehen *v/i* ⟨*irr*, sn⟩ **1.** *an e-n Ort* y aller; *hingehen zu* aller à, vers, *in j-s Haus* chez; *wo gehst du hin?* où vas-tu? **2.** *zeitlich* passer; s'écouler **3.** (*durchgehen*) *das mag diesmal noch hingehen* (cela) passe encore pour cette fois

hingehören *v/i* ⟨*p/p* hingehört⟩ être à sa place; *wo gehört das hin?* où faut-il mettre cela?

hingeraten *v/i* ⟨*irr*, *p/p* hingeraten, sn⟩ F passer; *wo sind wir denn hier hingeraten?* F mais où est-ce que l'on a atterri?

hingerissen *adjt* → *hinreißen*

hinhalten *v/t* ⟨*irr*⟩ **1.** *j-m etw hinhalten* tendre qc à qn **2.** *fig j-n hinhalten* (*warten lassen*) faire attendre qn; (*ablenken*) amuser qn

Hinhaltetaktik *f* temporisation *f*; tactique *f* dilatoire

hinhauen F ⟨*irr*⟩ **I** *v/t* **1.** *Arbeit* bâcler **2.** (*hinschmeißen*) F balancer **II** *v/i fig* (*klappen*, *richtig sein*) marcher; F coller **III** *v/r sich hinhauen* s'allonger; (*schlafen gehen*) F aller au pieu

hinhocken *v/réfl sich hinhocken* s'asseoir; se poser

hinhören *v/i* écouter

hinken ['hɪŋkən] *v/i* **1.** boiter; *fig Vergleich* être boiteux; *leicht hinken* boitiller **2.** ⟨sn⟩ *über die Straße hinken* traverser la rue en boitant

hinknien *v/i* ⟨sn⟩ (*u v/r sich hinknien*) se mettre à genoux; s'agenouiller

hinkommen *v/i* ⟨*irr*, sn⟩ **1.** (*kommen*) venir (*zu etw* à qc; *zu j-m* chez qn); *wie kommt man hin?* comment peut-on y aller?; *fig wo kämen wir hin, wenn ...?* où irions-nous si ...? **2.** *wo ist meine Tasche hingekommen?* F où est passé mon sac? **3.** F (*hingehören*) être à sa place; *wo kommt das hin?* où faut-il mettre cela? **4.** F (*auskommen*) *mit etw hinkommen* avoir assez de qc **5.** F (*stimmen*) être juste; correspondre

hinkriegen → *hinbekommen*

hinlänglich **I** *adj* suffisant **II** *adv* suffisamment; *hinlänglich bekannt* assez connu

hinlegen **I** *v/t* **1.** poser; mettre; *j-m etw hinlegen* mettre qc à qn **2.** F (*bezahlen*) allonger **3.** F (*mustergültig ausführen*) exécuter **II** *v/r sich hinlegen* s'allonger; *ins Bett* se coucher

hinlenken *v/t* **1.** diriger (*zu* vers, sur) **2.** *fig das Gespräch auf etw* (*acc*) *hinlenken* amener la conversation sur qc

hinmachen F *v/i da hat ein Hund hingemacht* un chien a fait là; *überall hinmachen* faire partout

hinmüssen F *v/i* ⟨*irr*⟩ devoir y aller; *ich muss unbedingt hin* il faut que j'y aille absolument

hinnehmen *v/t* ⟨*irr*⟩ (*dulden*) supporter; (*akzeptieren*) accepter

hinpassen F *v/i* ⟨¢$⟩ être à sa place (*a* Personen, Worte); *das Bild passt hier nicht hin* ce tableau ne fait, va pas bien ici

hinreichend **I** *adjt* suffisant **II** *advt* suffisamment

Hinreise *f* aller *m*; *auf der Hinreise* à l'aller

hinreißen *v/t* ⟨*irr*⟩ **1.** (*begeistern*) enthousiasmer; *von etw, j-m hingerissen sein* être enthousiasmé, ravi par qc, qn **2.** *sich zu e-r Bemerkung hinreißen lassen* se laisser aller, entraîner à faire une remarque

hinreißend *adjt* superbe; ravissant

hinrichten *v/t* ⟨-e-⟩ *j-n hinrichten* exécuter qn

Hinrichtung *f* exécution (capitale)

hinschaffen *v/t* (y) transporter; *wo haben sie es hingeschafft?* où l'ont-ils transporté?

hinschauen *bes südd* → *hinsehen*

hinschicken *v/t* envoyer (*zu* à, chez)

hinschlagen *v/i* ⟨*irr*⟩ **1.** (*schlagen*) frapper **2.** F ⟨sn⟩ (*hinfallen*) F s'étaler

hinschleppen **I** *v/t* traîner (*zu* vers, à) **II** *v/r sich hinschleppen* se traîner (*zu* vers, à) (*a fig sich hinziehen*)

hinschmeißen F ⟨*irr*⟩ → *hinwerfen*

hinschreiben ⟨*irr*⟩ *v/t* écrire

hinsehen *v/i* ⟨*irr*⟩ regarder; *ich kann* (*gar*) *nicht hinsehen* je ne peux pas voir ça; *bei genauerem Hinsehen* en (y) regardant de plus près

hinsein → *hin*

hinsetzen ⟨¢$⟩ **I** *v/t* Sache mettre; poser; Person asseoir **II** *v/r sich hinsetzen* s'asseoir

Hinsicht *f in dieser Hinsicht* à cet égard; *in jeder Hinsicht* à tous égards; *in politischer Hinsicht* du point de vue politique

hinsichtlich *prép* ⟨*gén*⟩ en ce qui concerne; quant à

Hinspiel *n* SPORT match *m* aller

hinstellen **I** *v/t* **1.** *an e-e Stelle* mettre; (*abstellen*) déposer **2.** *fig etw, j-n als etw hinstellen* pré-

senter qc, qn comme qc **II** v/r **sich hinstellen an** e-e *Stelle* se mettre; **sich hinten hinstellen** se mettre derrière
hintanstellen [hɪnt'ʔan-] st/s v/t (*zurückstellen*) faire passer au second plan
hinten ['hɪntən] adv à l'arrière; derrière; in e-r *Reihe* en arrière; (im *Hintergrund*) au fond; (am *Ende*) à la fin; **hinten im Saal** au fond de la salle; **weiter hinten** plus loin (a in e-m *Buch*); **von hinten** par, de derrière; F **j-n am liebsten von hinten sehen** se passer volontiers de (la présence de) qn; **hinten stehen** in e-m *Raum* se trouver, être au fond; in e-r *Reihe* se trouver, être à la fin
hintendrauf F adv à l'arrière; derrière; **j-m ein paar hintendrauf geben** donner une fessée à qn
hintenherum adv **1.** *räumlich* par derrière **2.** F *fig* bekommen en sous-main; *erfahren* d'une façon détournée
hintenüber adv en arrière; à la renverse
hinter ['hɪntər] *prép Lage* ⟨dat⟩, *Richtung* ⟨acc⟩ derrière; *Reihenfolge* après; **gleich hinter Köln** tout de suite après Cologne; **hinter j-m, etw stehen** être derrière qn, qc (a *fig*); **etw hinter sich** (acc) **bringen** venir à bout de qc; **etw hinter sich** (dat) **haben** *Arbeit etc* en avoir fini, terminé avec qc; *Operation etc* avoir subi qc; F **hinter etw** (acc) **kommen** (*entdecken*) découvrir qc; (*verstehen*) comprendre, saisir qc
Hinterachse f im *Auto* pont m arrière
Hinterausgang m sortie f de derrière
Hinterbacke F f fesse f
Hinterbänkler [-bɛŋklər] m ⟨∼s; ∼⟩ député m des derniers rangs
Hinterbein n patte f de derrière; F *fig* **sich auf die Hinterbeine stellen** ruer dans les brancards
Hinterbliebene(r) [-'bliːbənə(r)] f(m) ⟨→ A⟩ survivant(e) m(f); **die trauernden Hinterbliebenen** la famille (du défunt)
hinterbringen v/t ⟨irr⟩ **j-m etw hinterbringen** rapporter qc à qn
hintere adj de derrière; bes *Körperteile* postérieur; dernier; **die hinteren Reihen** f/pl les derniers rangs
hintereinander adv **1.** *räumlich* l'un(e) derrière l'autre **2.** *zeitlich* l'un(e) après l'autre; **viermal hintereinander** quatre fois de suite
Hintereingang m entrée f de derrière
hinterfragen v/t ⟨sans ge⟩ remettre en question
Hintergedanke m arrière-pensée f
hintergehen v/t ⟨irr, sans ge⟩ tromper; duper
Hintergrund m fond m (a PEINT, THÉ); *Perspektive* arrière-plan m; **im Hintergrund** à l'arrière-plan; *fig* **sich im Hintergrund halten, im Hintergrund bleiben** rester dans l'ombre; pl **Hintergründe** *fig* arrière-plan m
hintergründig ['hɪntərɡryndɪç] adj *Lächeln* énigmatique; *Humor* subtil
Hintergrundinformation f information f sur les dessous (**über** [+ acc] de)
Hintergrundmusik f musique f de fond
Hinterhalt m ⟨∼⌀s; ∼e⟩ embuscade f; guet-apens m; **in e-n Hinterhalt locken** attirer dans une embuscade
hinterhältig ['hɪntərhɛltɪç] adj sournois

Hinterhand f **1.** zo arrière-main f **2.** *fig* **etw in der Hinterhand haben** avoir qc en réserve
hinterher adv **1.** *zeitlich* après (coup); *fig* **mit, in etw** (dat) **hinterher sein** être en retard dans qc **2.** *räumlich* derrière (a *Rangfolge*) **3.** *fig* (**sehr**) **hinterher sein, dass ...** être très attentif à ce que ... (+ *subj*)
hinterherhinken v/i ⟨sn⟩ être à la traîne (a *fig*)
hinterherlaufen v/i ⟨irr, sn⟩ **j-m, e-r Sache hinterherlaufen** courir après qn, qc (a F *fig*)
hinterherspionieren v/i ⟨sans ge⟩ **j-m hinterherspionieren** espionner qn; suivre qn pour l'espionner
Hinterhof m arrière-cour f
Hinterkopf m occiput m; F **etw im Hinterkopf haben** avoir qc en tête; F **etw im Hinterkopf behalten** ne pas perdre de vue qc
Hinterland n arrière-pays m
hinterlassen v/t ⟨irr, sans ge⟩ laisser; *testamentarisch* léguer
Hinterlassenschaft f ⟨∼; ∼en⟩ héritage m
hinterlegen v/t ⟨sans ge⟩ déposer
Hinterlegung f ⟨∼; ∼en⟩ dépôt m; **gegen Hinterlegung von** moyennant le dépôt de
Hinterlist f perfidie f
hinterlistig perfide
hinterm ['hɪntərm] F = **hinter dem**
Hintermann m ⟨∼⌀s; ∼er⟩ **1.** mein **Hintermann** la personne derrière moi **2.** *fig* (*Drahtzieher*) personne f qui tire les ficelles
Hintermannschaft f SPORT défense f
hintern ['hɪntərn] F = **hinter den**
Hintern F m ⟨∼s; ∼⟩ derrière m; F postérieur m; fesses f/pl; **j-m den Hintern versohlen** donner une fessée à qn; **j-n od j-m in den Hintern treten** botter le derrière, les fesses de qn; *fig* **j-m in den Hintern kriechen** lécher les bottes de qn; F faire de la lèche à qn
Hinterrad n roue f arrière
Hinterradantrieb m traction f arrière
hinterrücks ['hɪntərryks] adv par derrière
hinters ['hɪntərs] F = **hinter das**
Hinterschinken m jambon m
Hinterseite f derrière m
Hintersinn m double sens m; bei *Äußerungen* sous-entendu m
hintersinnig adj à double sens, ambigu
Hintersitz m siège m arrière
hinterste adj dernier; **in der hintersten Reihe** au dernier rang
Hinterteil F n (*Gesäß*) derrière m
Hintertreffen n **ins Hintertreffen geraten** perdre du terrain
hintertreiben v/t ⟨irr, sans ge⟩ *Reform, Gesetz* empêcher; *Pläne* contrecarrer
Hintertreppe f escalier(s) m(pl) de service
Hintertür f porte f de derrière
Hintertürchen ['-tyːrçən] n ⟨∼s; ∼⟩ *fig* **sich** (dat) **ein Hintertürchen offen halten** se ménager une porte de sortie
Hinterwäldler ['-vɛltlər] m ⟨∼s; ∼⟩ F plouc m
hinterziehen v/t ⟨irr, sans ge⟩ détourner; soustraire; **Steuern hinterziehen** frauder le fisc
Hinterzimmer n pièce f de derrière
hintun F v/t ⟨irr⟩ (y) mettre
hinüber [hɪ'nyːbər] adv de l'autre côté; **über** (+ acc) **hinüber** par-dessus; F **hinüber sein** (*kaputt, verdorben*) F être fichu; (*tot*) F avoir passé

l'arme à gauche; (*bewusstlos*) F être dans les vapes

hinüberfahren ⟨*irr*⟩ **I** *v/t j-n, etw über den Fluss hinüberfahren* faire passer le fleuve à qn, qc **II** *v/i* ⟨sn⟩ (*über e-n Fluss, e-e Brücke*) **hinüberfahren** traverser (un fleuve, un pont); *hinüberfahren zu, nach …* aller à …

hinübergehen *v/i* ⟨*irr*, sn⟩ *über e-e Straße, Brücke etc* traverser (*über etw* [*acc*] qc); *auf die andere Seite hinübergehen* aller de l'autre côté

hinüberkommen *v/i* ⟨*irr*, sn⟩ **1.** *auf die andere Seite* passer de l'autre côté **2.** *über ein Hindernis* passer par-dessus **3.** F (*besuchen*) *zu j-m hinüberkommen* venir voir qn

hinüberreichen I *v/t j-m etw hinüberreichen* passer qc à qn **II** *v/i* (*sich erstrecken*) s'étendre (*bis* jusqu'à)

hinübersteigen *v/i* ⟨*irr*, sn⟩ *über etw* (*acc*) *hinübersteigen* passer par-dessus qc

hinüberwechseln *v/i* ⟨¢, h *ou* sn⟩ passer (*zu* à); *zu e-r anderen Partei hinüberwechseln* changer de parti

hin- und hergehen *v/i* ⟨*irr*, sn⟩ *im Zimmer* marcher de long en large; *nervös* faire les cent pas

Hin- und Rückfahrt *f* aller (et) retour *m*

Hin- und Rückflug *m* vol *m* aller (et) retour

Hin- und Rückweg *m* aller (et) retour *m*

hinunter [hɪˈnʊntər] *adv* en bas; vers le bas; *dort hinunter!* (descends *bzw* descendez) par là!; *hinunter ging die Fahrt sehr schnell* pour descendre le voyage a été très rapide; *bis ins Tal hinunter* jusque dans la vallée

hinunterfahren ⟨*irr*⟩ *v/t* ⟨h⟩ *u v/i* ⟨sn⟩ descendre

hinunterfallen → *herunterfallen*

hinuntergehen *v/i* ⟨*irr*, sn⟩ descendre

hinunterschlucken *v/t* **1.** avaler **2.** F *fig Ärger* ravaler; *Enttäuschung, Kritik* encaisser

hinunterspringen *v/i* ⟨*irr*, sn⟩ sauter en bas; *von etw hinunterspringen* sauter du haut de qc

hinunterspülen *v/t* **1.** *im Ausguss, WC* faire partir **2.** F *Bissen etc* faire descendre; *fig Kummer, Ärger* noyer

hinuntersteigen *v/t u v/i* ⟨*irr*, sn⟩ descendre; *den Berg hinuntersteigen* descendre de la montagne

hinunterstürzen ⟨¢$⟩ **I** *v/t* **1.** *Person* précipiter (*von* du haut de) **2.** F *fig Getränk* F descendre; F siffler **II** *v/i* ⟨sn⟩ (*hinunterfallen*) tomber (*von* du haut de) **III** *v/r sich hinunterstürzen* se jeter en bas; *sich von e-m Turm hinunterstürzen* se jeter du haut d'une tour

hinunterwerfen *v/t* ⟨*irr*⟩ jeter (en bas); *unabsichtlich* faire tomber

hinunterwürgen *v/t* avaler avec peine

hinwagen *v/r sich hinwagen* oser, se risquer à y aller

hinweg [hɪnˈvɛk] *adv* **1.** *st/s hinweg* (*mit dir*)! va-t-en! **2.** *räumlich über etw* (*acc*) *hinweg* par-dessus qc; *fig über unsere Köpfe* od *uns hinweg* sans s'occuper de nous **3.** *zeitlich über Jahre hinweg* des années durant

Hinweg [ˈhɪnveːk] *m* aller *m*; *auf dem Hinweg* à l'aller

hinweggehen *v/i* ⟨*irr*, sn⟩ (*nicht beachten*) *über etw* (*acc*) *hinweggehen* passer outre à, sur qc

hinweghelfen *v/i* ⟨*irr*⟩ *j-m über etw* (*acc*) *hinweghelfen* aider qn à surmonter qc

hinwegkommen *v/i* ⟨*irr*, sn⟩ *über etw* (*acc*) *hinwegkommen* surmonter qc; *ich komme darüber nicht hinweg* je ne m'en remets pas

hinwegsehen *v/i* ⟨*irr*⟩ (*unbeachtet lassen*) *über etw* (*acc*) *hinwegsehen* fermer les yeux, passer sur qc

hinwegsetzen *v/r* ⟨¢$⟩ *sich über etw* (*acc*) *hinwegsetzen* ne pas tenir compte de qc

hinwegtäuschen *v/t j-n über etw* (*acc*) *hinwegtäuschen* empêcher qn de voir qc; *das täuscht darüber hinweg, dass …* cela masque le fait que …

hinwegtrösten *v/t* ⟨-e-⟩ *j-n über etw* (*acc*) *hinwegtrösten* consoler qn de qc

Hinweis [ˈhɪnvaɪs] *m* ⟨~es; ~e⟩ **1.** (*Mitteilung*) indication *f*; précision *f* **2.** ADM *unter Hinweis auf* (+ *acc*) en se référant à **3.** (*Anzeichen*) indication *f* (sur)

hinweisen ⟨*irr*⟩ **I** *v/t j-n auf etw* (*acc*) *hinweisen* faire remarquer qc à qn **II** *v/i auf etw* (*acc*) *hinweisen* indiquer, signaler qc; *ich weise darauf hin, dass …* je fais remarquer que …

hinweisend *adj* GR démonstratif

Hinweisschild *n* panneau indicateur

Hinweistafel *f* tableau indicateur

hinwenden *v/r* ⟨*irr*⟩ *sich zu j-m hinwenden* se tourner vers qn (*a fig*); *fig nicht wissen, wo man sich hinwenden soll* ne pas savoir à qui s'adresser

hinwerfen ⟨*irr*⟩ **I** *v/t* **1.** jeter (par terre) **2.** F *Arbeit etc* F envoyer promener **II** *v/r sich hinwerfen* se jeter par terre

hinwirken *v/i auf etw* (*acc*) *hinwirken* tendre, viser à qc

hinwollen F *v/i* ⟨*irr*⟩ vouloir y aller; *wo willst du hin?* où vas-tu?

Hinz [hɪnts] *m* F *péj Hinz und Kunz* Pierre et Paul

hinziehen ⟨*irr*⟩ **I** *v/t* **1.** *etw zu sich* (*dat*) *hinziehen* tirer qc vers soi; *fig ich fühle mich zu ihm hingezogen* je me sens attiré par lui **2.** (*in die Länge ziehen*) faire traîner en longueur **II** *v/i* ⟨sn⟩ (*umziehen*) s'y installer **III** *v/r sich hinziehen* **3.** (*sich in die Länge ziehen*) traîner en longueur **4.** *räumlich* s'étendre (*bis nach* jusqu'à)

hinzielen *v/i auf etw* (*acc*) *hinzielen* viser, tendre à qc

hinzu [hɪnˈtsuː] *adv* en plus

hinzufügen *v/t* ajouter (*zu* à)

hinzukommen *v/i* ⟨*irr*, sn⟩ **1.** (*sich anschließen*) s'y joindre **2.** *überraschend* survenir **3.** *Dinge* (venir) s'y ajouter; *es kommt noch hinzu, dass …* ajoutez à cela que …

hinzusetzen *v/t* ⟨¢$⟩ ajouter

hinzuzählen *v/t* ajouter

hinzuziehen *v/t* ⟨*irr*⟩ *Arzt etc* avoir recours à

Hiobsbotschaft [ˈhiːɔps-] *f* nouvelle désastreuse; très mauvaise nouvelle

Hip-Hop [ˈhɪphɔp] *m* ⟨~s⟩ MUS 'hip-hop *m*

Hippie [ˈhɪpi] *m* ⟨~s; ~s⟩ 'hippie *m,f*

Hirn [hɪrn] *n* ⟨~¢s; ~e⟩ **1.** *Organ* cerveau *m* **2.** *Substanz*, CUIS, *fig* cervelle *f*

Hirngespinst *n* chimère *f*

Hirnhautentzündung *f* méningite *f*

hirnlos *adj péj* sans cervelle; écervelé

hirnrissig F *adj* F cinglé; F fêlé; *Idee* de fou
Hirntod *m* mort cérébrale
Hirntumor *m* tumeur *f* au cerveau
hirnverbrannt F *adjt* → **hirnrissig**
Hirsch [hɪrʃ] *m* ⟨~ɟs; ~e⟩ cerf *m*
Hirschbraten *m* rôti *m* de cerf
Hirschfänger *m* couteau *m* de chasse
Hirschgeweih *n* bois *m/pl* de cerf
Hirschkäfer *m* cerf-volant *m*
Hirschkalb *n* faon *m*
Hirschkuh *f* biche *f*
Hirse ['hɪrzə] *f* ⟨~; ~n⟩ mil *m*; millet *m*
Hirsebrei *m* bouillie *f* de millet
Hirt [hɪrt] *m* ⟨~en; ~en⟩ berger *m*
Hirte *m* ⟨~n; ~n⟩ **1.** *st/s* → **Hirt 2.** REL pasteur *m*; *der Gute Hirte* le Bon Pasteur
Hirtenbrief *m* lettre pastorale
Hirtenhund *m* chien *m* de berger
His, his [hɪs] *n* ⟨His, his; His, his⟩ MUS si *m* dièse
Hisbollah [hɪs'bɔla] *f* ⟨~⟩ 'Hezbollah *m*
hissen ['hɪsən] *v/t* ⟨¢ɟ⟩ 'hisser
Histamin [hɪsta'miːn] *n* ⟨~s; ~e⟩ MÉD histamine *f*
Historiker(in) [hɪs'toːrɪkər(ɪn)] *m* ⟨~s; ~⟩ (*f*) ⟨~in; ~innen⟩ historien, -ienne *m,f*
historisch *adj* historique
Hit [hɪt] F *m* ⟨~ɟ; ~s⟩ **1.** MUS F tube *m* **2.** *fig* succès *m*; (*Mode*) mode *f*
Hitliste *f*, **Hitparade** *f* 'hit-parade *m*
Hitze ['hɪtsə] *f* ⟨~⟩ chaleur *f* (*a fig*); MÉD **fliegende Hitze** bouffée *f* de chaleur; **bei dieser Hitze** par cette chaleur; **etw bei schwacher Hitze kochen** cuire qc à feu doux; (faire) mijoter qc; *in der Hitze des Gefechts* dans le feu de l'action
hitzebeständig *adj* réfractaire
Hitzebläschen *n* bouton *m* de chaleur
hitzeempfindlich *adj* sensible à la chaleur
hitzefrei *adj* SCHULE **hitzefrei haben** avoir congé à cause de la chaleur
Hitzeperiode *f* période *f* de (grande) chaleur; *bes im Sommer* canicule *f*
Hitzewallung *f* MÉD bouffée *f* de chaleur
Hitzewelle *f* vague *f* de chaleur
hitzig *adj Temperament* chaud; ardent; (*erregt*) excité; *Debatte* passionné; âpre
Hitzkopf *m* tête brûlée; excité *m*
Hitzschlag *m* coup *m* de chaleur
HIV [haːʔiːˈfaʊ] *n abr* ⟨~ɟ; ~ɟ⟩ (*human immunodeficiency virus*) HIV *m*
HIV-infiziert *adjt* infecté par le HIV
HIV-negativ *adj* séronégatif
HIV-positiv *adj* séropositif
HIV-Virus *m od n* virus *m* HIV
Hl. *abr* (*Heilige[r]*) Sᵗ *bzw* Sᵗᵉ
H-Milch ['haː-] *f* lait *m* UHT
h-Moll *n* MUS si *m* mineur
HNO-Arzt [haːʔɛnˈʔoːʔartst] *m*, **HNO-Ärztin** *f* F oto-rhino *m,f*; ORL *m,f*
Hoax [hoːks] *m* ⟨~ *ou* ~es⟩ INFORM hoax *m*
hob [hoːp] → **heben**
Hobby ['hɔbi] *n* ⟨~s; ~s⟩ 'hobby *m*; violon *m* d'Ingres
Hobbygärtner(in) *m(f)* jardinier, -ière *m,f* amateur
Hobbykoch *m*, **Hobbyköchin** *f* cuisinier, -ière *m,f* amateur

Hobbyraum *m* atelier *m* (de bricolage)
Hobel ['hoːbəl] *m* ⟨~s; ~⟩ rabot *m*
Hobelbank *f* ⟨~; -bänke⟩ établi *m* de menuisier
hobeln *v/t u v/i* ⟨¢⟩ raboter
hoch [hoːx] **I** *adj* ⟨hohe, höher, höchste⟩ **1.** (*von großer Höhe*) 'haut; **zwei Meter hoch sein** avoir deux mètres de haut; **wie hoch ist der Montblanc?** quelle est la hauteur, l'altitude du mont Blanc?; F *fig* **das ist mir zu hoch** F c'est trop calé pour moi; ça me dépasse **2.** (*in großer Höhe*) 'haut; élevé; *fig* **im hohen Norden** dans le Grand Nord **3.** *wert- u mengenmäßig Alter, Geschwindigkeit, Kunst* grand; *Preis, Kosten, Verlust, Zahl, Gehalt, Zinsen, Miete, Gewicht* élevé; *Preis, Lohn, Niveau, Ansehen, Temperatur, Präzision* 'haut; *Gehalt, Konzentration* 'haut; fort; *Gehalt, Niederlage, Gewinn, Betrag, Zinsen* gros; *Fieber, Summe* fort; *Strafe* sévère; **hohe Ansprüche stellen** être très exigeant (**an j-n** avec qn); **wie hoch ist die Summe?** à combien se monte, s'élève la somme? **4.** *Rangfolge: Beamter, Würdenträger etc* 'haut; *Posten, Rang* élevé; *Offizier* de haut rang **5.** MUS *Ton* aigu; *Stimme* 'haut; *Note* **das hohe C** le do six **6.** MATH **vier hoch fünf** quatre puissance cinq; **vier hoch zwei** *meist* quatre au carré; **vier hoch drei** *meist* quatre au cube **II** *adv* **7.** (*in großer Höhe*) en 'haut; **hoch oben** (**auf**[+ *dat*]) tout en 'haut (de); **hoch erhobenen Hauptes** la tête 'haute; → **hochgewachsen 8.** (*nach oben*) **Hände hoch!** 'haut les mains!; **etw hoch in die Luft werfen** lancer qc 'haut dans l'air, très 'haut **9.** *wert- u mengenmäßig* très; **a)** *mit adj u p/p* **hoch angesehen** très estimé; **hoch begabt** surdoué; **hoch dotiert** bien rémunéré; **hoch entwickelt** *Völker, Land* très développé; *Technik* sophistiqué; **hoch geachtet** très estimé; **hoch qualifiziert** 'hautement qualifié; **hoch verschuldet** surendetté; → **hochempfindlich, hochgestellt, hochstehend, hochzivilisiert b)** *mit Verben* **hoch gewinnen** SPORT gagner 'haut la main; remporter une grande victoire; **hoch verlieren** SPORT essuyer une lourde défaite; **etw hoch und heilig versprechen** promettre qc solennellement; **etw hoch und heilig versichern** jurer ses grands dieux que …; F **wenn es hoch kommt** tout au plus **10.** *singen* 'haut
Hoch *n* ⟨~s; ~s⟩ **1.** MÉTÉO anticyclone *m* **2.** (*Hochruf*) vivat *m*; **ein Hoch der** *od* **auf die Köchin!** vive la cuisinière!
Hochachtung *f* grande estime (**vor** [+ *dat*] pour); *Briefschluss* **mit vorzüglicher Hochachtung** veuillez agréer, Monsieur *bzw* Madame, l'assurance de ma considération distinguée
hochachtungsvoll *adv Briefschluss* veuillez agréer, Monsieur *bzw* Madame, l'expression de mes salutations distinguées
Hochadel *m* 'haute noblesse
hochaktuell *adj* très actuel
Hochalpen *pl* 'hautes Alpes
hochalpin *adj* des 'hautes Alpes; alpin
Hochaltar *m* maître-autel *m*
Hochamt *n* grand-messe *f*
hochangesehen *adjt* très estimé
hochanständig *adj* très honnête

H

Hochantenne *f* antenne aérienne
hocharbeiten *v/r* ⟨-e-⟩ **sich hocharbeiten** réussir, parvenir à force de travail (**zu** à devenir)
hochauflösend *adjt* TV 'haute définition
Hochbahn *f* métro aérien
Hochbau *m* Sektor bâtiment *m*; **Hoch- und Tiefbau** bâtiment et travaux publics; génie civil
hochbegabt *adj* surdoué
Hochbegabte(r) *f(m)* ⟨→ A⟩ surdoué(e) *m(f)*
Hochbegabtenförderung *f* bourses accordées aux élèves extrêmement doués
hochbetagt *adj* très âgé; *poét* chargé d'ans
Hochbetrieb *m* activité *f* intense; **es herrscht Hochbetrieb** (es sind viele Leute da) il y a un monde fou
Hochburg *f* fig fief *m*
hochdeutsch *adj* allemand standard; 'haut allemand
hochdienen *v/r* **sich hochdienen** gravir les échelons
hochdotiert *adjt* bien rémunéré
Hochdruck *m* **1.** MÉTÉO 'hautes pressions **2.** F fig **mit** od **unter Hochdruck arbeiten** travailler d'arrache-pied **3.** MÉD hypertension *f*
Hochdruckgebiet *n* → **Hoch** 1
Hochebene *f* 'haut plateau
hochempfindlich *adjt* Messinstrument très sensible; Film ultrasensible
hochentwickelt *adjt* → **hoch** II 9 a
hocherfreut *adjt* ravi, enchanté (**über** [+ acc] de)
hochexplosiv *adj* très explosif (a fig)
hochfahren *v/i* ⟨irr, sn⟩ **1.** monter (a fig **nach Hamburg** à Hambourg) **2.** fig erschrocken se dresser en sursaut; aufbrausend s'emporter
Hochfinanz *f* ⟨∼⟩ 'haute finance
hochfliegend *adjt* fig ambitieux; Pläne a vaste
Hochform *f* grande forme; **in Hochform sein** être en pleine forme
Hochformat *n* format vertical; format *m* à la française
Hochfrequenz *f* 'haute fréquence
Hochfrisur *f* cheveux relevés
Hochgarage *f* parking *m* à étages
hochgeachtet *adjt* très estimé
hochgebildet *adjt* très, extrêmement cultivé
Hochgebirge *n* 'haute montagne
Hochgebirgstour *f* course *f*, randonnée *f* en 'haute montagne
Hochgefühl *n* euphorie *f*; ivresse *f*; délice *m*
hochgehen *v/i* ⟨irr, sn⟩ **1.** Person, Ballon monter; Vorhang se lever **2.** F (explodieren) sauter; **etw hochgehen lassen** faire sauter qc **3.** fig Preise monter **4.** F (wütend werden) F s'emballer; monter sur ses grands chevaux **5.** Spionagenetz etc être démantelé
Hochgenuss *m* délice *m*
hochgeschlossen *adjt* Kleid montant
Hochgeschwindigkeitszug *m* train *m* à grande vitesse; TGV *m*
hochgesteckt *adjt* Haar relevé
hochgestellt *adjt* fig 'haut placé
hochgestochen F péj adj prétentieux; Ausdrucksweise ampoulé
hochgewachsen *adjt* de haute taille
Hochglanz *m* poli *m*; **etw auf Hochglanz brin-**

gen Auto etc polir, faire briller, astiquer qc
hochgradig **I** *adj* fort; intense **II** *adv* à un 'haut degré
hochhackig *adj* à talons 'hauts
hochhalten *v/t* ⟨irr⟩ **1.** lever; im Augenblick tenir levé **2.** fig **j-s Andenken hochhalten** tenir qn en grande estime
Hochhaus *n* tour *f*; immeuble *m*
hochheben *v/t* ⟨irr⟩ Last soulever; Hand, Arm lever
hochintelligent *adj* très intelligent
hochinteressant *adj* très intéressant
hochjubeln F *v/t* ⟨∉⟩ chanter les louanges de
hochkant *adv* debout; F **j-n hochkant hinauswerfen** F flanquer qn carrément à la porte
hochkarätig ['hoːxkarɛːtɪç] *adj* **1.** Diamant etc de fort carat; très pur **2.** fig Person extrêmement compétent; Politiker, Manager a d'envergure
hochklappen *v/t* relever
hochklettern F *v/i* ⟨sn⟩ grimper
hochkommen F *v/i* ⟨irr, sn⟩ **1.** (heraufkommen) monter **2.** aus dem Magen revenir; fig **es kommt mir hoch, wenn ich das sehe** je suis écœuré quand je vois ça **3.** fig wirtschaftlich etc prospérer; **wieder hochkommen** Land se redresser; Kranker se remettre; se rétablir **4.** fig beruflich réussir; faire son chemin
Hochkonjunktur *f* conjoncture *f* très favorable; boom *m*
hochkrempeln *v/t* ⟨∉⟩ Ärmel retrousser
hochkriegen F *v/t* Arm arriver à, pouvoir lever; Koffer arriver à, pouvoir soulever; P **keinen (mehr) hochkriegen** P ne plus pouvoir bander
Hochland *n* 'hauts plateaux
hochleben *v/i* **j-n, etw hochleben lassen** porter un toast à (la santé de) qn, à qc; **er lebe hoch!, hoch soll er leben!** vive X!
Hochleistungssport *m* sport *m* de compétition, de haut niveau
hochmodern *adj* ultramoderne
Hochmoor *n* marais *m* (de montagne)
Hochmut *m* orgueil *m*; 'hauteur *f*
hochmütig ['-myːtɪç] *adj* orgueilleux; 'hautain
hochnäsig ['-nɛːzɪç] *adj* arrogant
Hochnäsigkeit *f* ⟨∼⟩ arrogance *f*
Hochnebel *m* couche de brouillard élevée
hochnehmen *v/t* ⟨irr⟩ **1.** (anheben) soulever; Kind prendre sur le bras **2.** F fig (verspotten) F faire marcher
Hochofen *m* 'haut fourneau
Hochparterre *n* rez-de-chaussée surélevé
hochprozentig *adj* Getränk fortement alcoolisé; très fort
hochqualifiziert *adjt* 'hautement qualifié
hochragen *v/i* s'élever; se dresser
hochrechnen *v/t* ⟨-e-⟩ estimer
Hochrechnung *f* estimation *f*
hochreißen *v/t* ⟨irr⟩ Arme, Gewicht lever brusquement
hochrot *adj* Gesicht cramoisi; écarlate
Hochruf *m* vivat *m*; pl **Hochrufe** e-r Menge a acclamations *f/pl*
Hochsaison *f* pleine saison
hochschaukeln F ⟨∉⟩ **I** *v/t* monter en épingle **II** *v/r* **sich (gegenseitig) hochschaukeln** s'exciter mutuellement
hochschlagen ⟨irr⟩ **I** *v/t* Kragen relever **II** *v/i*

⟨sn⟩ *Flammen* s'élever; *Wasser, Wellen* se soulever
hochschnellen *v/i* ⟨sn⟩ faire un bond
hochschrauben *v/t* faire monter (*a fig*)
Hochschulabschluss *m* diplôme *m* universitaire; **mit Hochschulabschluss** diplômé de l'université
Hochschule *f* établissement *m* d'enseignement supérieur; (*Universität*) université *f*
Hochschüler(in) *m*(*f*) étudiant(e) *m*(*f*)
Hochschullehrer(in) *m*(*f*) professeur *m* d'université
Hochschulreife *f* baccalauréat *m*
Hochschulstudium *n* études *f/pl* universitaires
hochschwanger *adj* en état de grossesse avancée
Hochsee *f* 'haute mer; large *m*
Hochseefischerei *f* pêche 'hauturière; grande pêche
Hochseejacht *f* yacht *m* de croisière
Hochseil *n* corde *f* (raide)
Hochseilakt *m* numéro *m* de funambule
Hochsicherheitstrakt *m* quartier *m* de haute sécurité
Hochsitz *m* JAGD affût perché
Hochsommer *m* plein été
hochsommerlich *adj* de plein été
Hochspannung *f* 1. ÉLECT 'haute tension 2. *fig* grande tension
Hochspannungsleitung *f* ligne *f* à 'haute tension
Hochspannungsmast *m* pylône *m*
hochspielen *v/t* monter en épingle
Hochsprache *f* langue cultivée, standard
hochspringen *v/i* ⟨irr, sn⟩ sauter, bondir (**vor Freude** de joie); **an j-m hochspringen** sauter sur qn
Hochspringer(in) *m* ⟨∼s; ∼⟩ (*f*) ⟨∼in; ∼innen⟩ sauteur, -euse *m,f* en 'hauteur
Hochsprung *m* saut *m* en 'hauteur
höchst [høːçst] *adv* extrêmement; très
Höchstalter *n* âge *m* maximum, limite
hochstämmig *adj* JARD à 'haute tige
Hochstand *m* JAGD affût perché
Hochstapelei *f* ⟨∼; ∼en⟩ imposture *f*
hochstapeln *v/i* ⟨¢⟩ commettre une imposture
Hochstapler(in) *m* ⟨∼s; ∼⟩ (*f*) ⟨∼in; ∼innen⟩ imposteur *m*
Höchstbetrag *m* (somme *f*) maximum *m*
Höchstbietende(r) *m* ⟨→ A⟩ le plus offrant
Höchstdauer *f* durée *f* maximum
Höchstdosis *f* dose *f* maximum
höchste *adj* le plus 'haut (*a Ausmaß, Rang*); le plus élevé; TECH, PHYS, COMM, ADM maximum; **das höchste Gut** le bien le plus précieux; **auf höchster Ebene** au plus 'haut niveau
höchstehend *adj†* fig d'un 'haut niveau
höchstenfalls *adv* tout au plus
höchstens *adv* 1. tout au plus; au maximum 2. (*bestenfalls*) au mieux 3. (*außer*) sauf; excepté
Höchstfall *m* **im Höchstfall** tout au plus; au maximum
Höchstgeschwindigkeit *f* (**zulässige) Höchstgeschwindigkeit** vitesse *f* limite
Höchstgrenze *f* plafond *m*; maximum *m*
Hochstimmung *f* bonne humeur; euphorie *f*; **in Hochstimmung sein** *Personen* être de très bonne humeur

Höchstleistung *f* SPORT meilleure performance (*a fig*); record *m*; *e-s Motors* puissance *f* maximum
Höchstmaß *n* maximum *m* (**an** [+ *dat*] de)
höchstmöglich *adj* maximum
höchstpersönlich *adv* en personne
Höchstpreis *m* prix *m* maximum, plafond
Höchstsatz *m* taux *m* maximum
Höchststand *m* niveau *m* maximum
Höchststrafe *f* peine maximale
Hochstuhl *m* **für Kinder** chaise 'haute
höchstwahrscheinlich *adv* très probablement
Höchstwert *m* valeur *f* maximum
höchstzulässig *adj* maximum autorisé
Hochtechnologie *f* technologie *f* de pointe
Hochtour *f* **auf Hochtouren laufen** TECH tourner à plein régime; *fig* battre son plein
hochtourig *adj* à grande vitesse de régime
hochtrabend *adj* grandiloquent
hochverdient *adj†* *Person* de grand mérite; *Erfolg* bien mérité
hochverehrt *adj†* très honoré
Hochverrat *m* 'haute trahison
hochverschuldet *adj†* surendetté
hochverzinslich *adj* produisant des intérêts élevés
Hochwald *m* ('haute) futaie
Hochwasser *n* ⟨∼s; ∼⟩ 1. *e-s Flusses* crue *f*; (*Überschwemmung*) inondation *f*; **Hochwasser führen** être en crue 2. (*höchster Flutstand*) marée 'haute
Hochwassergefahr *f* danger *m* de crue, d'inondation
Hochwasserkatastrophe *f* inondation *f* catastrophique; grave(s) inondation(s) *f(pl)*
Hochwassermarke *f* marque *f* indiquant la hauteur de la (plus grande) crue
Hochwasserschaden *m* dégâts causés par l'inondation
Hochwasserstand *m* niveau *m* de la crue
hochwerfen *v/t* ⟨irr⟩ jeter en 'haut, en l'air; *Arme* lever brusquement
hochwertig *adj* de qualité supérieure; *Nahrungsmittel* riche
Hochwild *n* gros gibier
hochwirksam *adj* très efficace
Hochwürden *Anrede* (**Euer** od **Eure**) **Hochwürden** mon Père; monsieur le Curé, l'Abbé
Hochzahl *f* exposant *m*
Hochzeit ['hɔx-] *f* mariage *m*; **silberne, goldene, diamantene Hochzeit** noces *f/pl* d'argent, d'or, de diamant
Hochzeitsfeier *f* célébration *f* du mariage; noce *f*
Hochzeitsgeschenk *n* cadeau *m* de mariage
Hochzeitsgesellschaft *f* noce *f*
Hochzeitskleid *n* robe *f* de mariée
Hochzeitskutsche *f* calèche *f* des mariés *bzw* pour le mariage
Hochzeitsmarsch *m* MUS marche nuptiale
Hochzeitsnacht *f* nuit *f* de noces
Hochzeitspaar *n* mariés *m/pl*
Hochzeitsreise *f* voyage *m* de noces
Hochzeitstag *m* 1. (*Tag der Hochzeit*) jour *m* du mariage, de la noce 2. *Jahrestag* anniversaire *m* de mariage
hochziehen ⟨irr⟩ **I** *v/t* 1. *Last* monter; *Fahne etc* 'hisser; *Jalousie, Hose* remonter; relever; *Vor-*

hang lever; *Schultern, Augenbrauen* 'hausser **2.** *Flugzeug* redresser **II** *v/r* **sich an etw** (*dat*) **hochziehen** se hisser à qc
hochzivilisiert *adj* 'hautement civilisé
Hocke ['hɔkə] *f* ⟨~; ~n⟩ position accroupie; (*Hocksprung*) saut groupé; **in die Hocke gehen** s'accroupir
hocken I *v/i* ⟨h *ou* südd sn⟩ **1.** (*kauern*) être accroupi **2.** F (*sitzen*) être assis **II** *v/r* **sich hocken** *südd* (*sich setzen*) s'asseoir
Hocker *m* ⟨~s; ~⟩ tabouret *m*
Höcker ['hœkər] *m* ⟨~s; ~⟩ bosse *f*
Hockey ['hɔki] *n* ⟨~s⟩ 'hockey *m*
Hockeyplatz *m* terrain *m* de hockey
Hockeyschläger *m* crosse *f* de hockey
Hockeyspieler(in) *m(f)* 'hockeyeur, -euse *m,f*
Hoden ['ho:dən] *m* ⟨~s; ~⟩ testicule *m*
Hodensack *m* scrotum *m*; bourses *f/pl*
Hof [ho:f] *m* ⟨~⊄s; ⨯e⟩ **1.** *e-s Hauses etc* cour *f*; **auf dem Hof** dans la cour **2.** (*Bauernhof*) ferme *f* **3.** (*Fürstenhof*) cour *f*; **bei** *od* **am Hofe** à la cour **4. e-r Frau den Hof machen** faire la cour à une femme **5.** ASTR 'halo *m*
Hofdame *f* dame *f* d'honneur
hoffen ['hɔfən] *v/t u v/i* espérer (**dass** que; **zu gewinnen** gagner); **auf etw** (*acc*) **hoffen** espérer qc; **hoffen wir das Beste!** espérons!; **das will ich hoffen** j'espère bien
hoffentlich *adv* j'espère *bzw* espérons que ...; *Antwort* **hoffentlich!** espérons-le! *bzw* je l'espère!; **hoffentlich nicht!** espérons *bzw* j'espère que non!
Hoffnung *f* ⟨~; ~en⟩ espoir *m* (**auf** [+ *acc*] de, en); espérance *f*; **die Hoffnung haben zu** (+ *inf*) avoir l'espoir de (+ *inf*); **sich** (*dat*) **Hoffnung(en) machen** espérer; **mach dir keine Hoffnungen!** ne te fais pas d'illusions!; **j-m Hoffnungen machen, dass ...** donner à qn l'espoir que ...; **es besteht Hoffnung, dass er überlebt** il a des chances de survivre, de s'en sortir
hoffnungslos I *adj* sans espoir; désespéré; *fig* **ein hoffnungsloser Fall** un cas désespéré **II** *adv* sans espoir; **hoffnungslos verliebt** éperdument amoureux
Hoffnungslosigkeit *f* ⟨~⟩ désespoir *m*
Hoffnungsschimmer *m* lueur *f* d'espoir
Hoffnungsträger(in) *m(f)* espoir *m*
hoffnungsvoll *adj* **1.** (*zuversichtlich*) confiant; optimiste **2.** (*vielversprechend*) qui promet (beaucoup)
Hofhund *m* chien *m* de garde
hofieren *st/s v/t* ⟨*sans ge*⟩ courtiser; faire la cour à
höfisch ['hø:fɪʃ] *adj* courtois
Hofknicks *m* (profonde) révérence
höflich ['hø:flɪç] **I** *adj* poli; courtois **II** *adv* poliment
Höflichkeit *f* ⟨~; ~en⟩ politesse *f*; **aus Höflichkeit** par politesse
Höflichkeitsbesuch *m* visite *f* de courtoisie
Höflichkeitsfloskel *f*, **Höflichkeitsformel** *f* formule *f* de politesse
Höfling *m* ⟨~s; ~e⟩ courtisan *m* (*a fig péj*)
Hofnarr *m* fou *m* du roi
Hofrat *m österr* conseiller *m* de la cour
Hofstaat *m* cour *f*
hohe ['ho:ə] → **hoch**

Höhe ['hø:ə] *f* ⟨~; ~n⟩ **1.** *Ausdehnung, Lage* 'hauteur *f*; *über dem Meeresspiegel*, AVIAT altitude *f*; **auf gleicher Höhe** (**mit**) à la même 'hauteur (que); **auf halber Höhe** à mi-hauteur; *e-r Straße etc* à mi-côte; MAR **auf der Höhe von** à la hauteur de; **in die Höhe ragen** s'élever (vers le ciel); **in die Höhe werfen** jeter en l'air, en 'haut **2.** (*Anhöhe*) 'hauteur *f*; *fig* **die Höhen und Tiefen des Lebens** les 'hauts *m/pl* et les bas *m/pl* de la vie **3.** MATH, ASTR, MUS 'hauteur *f*; AKUSTIK **Höhen und Bässe** aigu *m* et grave *m* **4.** *e-r Summe etc* montant *m*; *Betrag* **in Höhe von** d'un montant de; se montant à **5.** *fig* (*Gipfel*) sommet *m*; faîte *m*; **auf der Höhe s-s Ruhms** au faîte, au sommet de sa gloire; F **ich bin heute nicht ganz auf der Höhe** aujourd'hui, je ne me sens pas tout à fait bien; F **das ist** (**doch**) **die Höhe!** c'est le comble!
Hoheit ['ho:haɪt] *f* ⟨~; ~en⟩ **1.** (*Souveränität*) souveraineté *f* (**über** [+ *acc*] sur) **2.** *Titel* altesse *f*; (**Eure**) **Hoheit** Votre Altesse
hoheitlich *adj* de souveraineté
Hoheitsgebiet *n* territoire national
Hoheitsgewässer *n/pl* eaux territoriales
Höhenangst *f* peur *f* de l'altitude; acrophobie *f*
Höhenflug *m fig* envolée *f*
Höhenkrankheit *f* ⟨~⟩ mal *m* d'altitude
Höhenlage *f* altitude *f*
Höhenluft *f* air *m* des montagnes
Höhenmesser *m* altimètre *m*
Höhenruder *n* AVIAT gouvernail *m* de profondeur
Höhensonne® *f* lampe *f* à bronzer, à rayons ultraviolets
Höhenunterschied *m* différence *f* de niveau
höhenverstellbar *adj* à hauteur variable
Höhenzug *m* chaîne *f* de montagnes
Hohepriester *m* ⟨~s; ~⟩ BIBL grand prêtre
Höhepunkt *m e-s Festes, Dramas, e-r Karriere, der Macht, des Ruhms* point culminant; *e-r Epoche, Karriere, der Macht, des Ruhms* a apogée *m*; *e-r Krankheit, Krise* paroxysme *m*; (*Orgasmus*) orgasme *m*; **auf dem Höhepunkt der Diskussion** au plus fort de la discussion
höher I *adj* plus 'haut, plus élevé (**als** que); *Stockwerk, Temperatur, Geschwindigkeit* supérieur (**als** à); **fünf Meter höher sein als** avoir cinq mètres de plus que **II** *adv* plus 'haut; **höher bewerten** mieux noter; → **höhergestellt**
höhergestellt *adj* (plus) 'haut placé
hohl [ho:l] **I** *adj* creux (*a fig*) **II** *adv* **hohl klingen** sonner creux
Höhle ['hø:lə] *f* ⟨~; ~n⟩ **1.** GÉOL caverne *f*; grotte *f* **2.** *wilder Tiere* tanière *f*; *fig* **sich in die Höhle des Löwen wagen** se jeter dans la gueule du loup **3.** *péj* (*Wohnung*) bouge *m*; trou *m* **4.** (*Augenhöhle*) orbite *f*
Höhlenforscher(in) *m(f)* spéléologue *m,f*
Höhlenforschung *f* spéléologie *f*
Höhlenmalerei *f* peinture *f* rupestre
Höhlenmensch *m* homme *m* des cavernes
Höhlenzeichnung *f* dessin *m* rupestre
Hohlkopf F *m* imbécile *m,f*
Hohlkörper *m* corps creux
Hohlkreuz *n* MÉD lordose *f*

Hohlmaß *n* mesure *f* de capacité (*a Gefäß*)
Hohlraum *m* cavité *f*; vide *m*
Hohlraumversiegelung *f* AUTO injection *f* d'anticorrosif dans les parties creuses
Hohlsaum *m* ourlet *m* à jours
Hohlspiegel *m* miroir *m* concave
Hohlweg *m* chemin creux
Hohlziegel *m* brique creuse
Hohn [hoːn] *m* ⟨~¢s⟩ dérision *f*; sarcasme *m*; **e-r Sache** (*dat*) **zum Hohn** au mépris de qc; *fig* **das ist der reinste Hohn** c'est une pure dérision
höhnen ['høːnən] *st/s v/i* ... **höhnte er** dit-il d'un ton sarcastique; ironisa-t-il
Hohngelächter *n* rire *m* sarcastique; ricanement *m*
höhnisch **I** *adj* sarcastique **II** *adv* **höhnisch lachen, grinsen** ricaner
Hokuspokus [hoːkʊs'poːkʊs] *m* ⟨~⟩ **1.** (*Zauberei*) tour *m* de passe-passe **2.** (*Zauberformel*) abracadabra *m* **3.** *péj* (*Drum und Dran*) fourbi *m*
hold [hɔlt] *adj* **1.** *st/s* **j-m hold sein** être favorable à qn **2.** *poét* (*lieblich*) gracieux
Holding ['hoːldɪŋ] *f* ⟨~; ~s⟩, **Holdinggesellschaft** *f* ʼholding *f*
holen ['hoːlən] **I** *v/t* **1.** (*hingehen u herbringen*) aller chercher; (*abholen*) venir chercher; **etw aus der Tasche** *etc* **holen** sortir qc de son sac, *etc* **2.** F *fig Preis, Medaille etc* F décrocher; *Punkte* remporter; marquer; F *fig* **bei ihm ist nichts zu holen** il n'y a rien à en tirer **II** F *v/r* **sich** (*dat*) **etw holen** prendre qc; *Krankheit* attraper qc
Holland ['hɔlant] *n* ⟨~s⟩ la Hollande
Holländer(in) ['hɔlɛndər(ɪn)] *m* ⟨~s; ~⟩ (*f*) ⟨~in; ~innen⟩ ʼHollandais(e) *m(f)*
holländisch *adj* ʼhollandais
Hölle ['hœlə] *f* ⟨~; ~n⟩ enfer *m*; **in die Hölle kommen** aller en enfer; **zur Hölle damit!** au diable tout cela!; F **j-m die Hölle heißmachen** rendre la vie dure à qn; **j-m das Leben zur Hölle machen** rendre la vie impossible à qn; F **da war die Hölle los** c'était l'enfer, F infernal
Höllenangst F *f* **e-e Höllenangst haben** avoir une peur terrible
Höllenlärm F *m* ⊢ boucan *m* du diable
Höllenmaschine F *f* machine infernale
Höllenqual F *f* supplice infernal; **Höllenqualen ausstehen** souffrir mille morts
Höllentempo F *n* **in** *od* **mit e-m Höllentempo fahren** aller, rouler à un train d'enfer
höllisch **I** *adj* **1.** (*der Hölle*) de l'enfer **2.** *fig Schmerzen etc* atroce **3.** F *fig* (*groß*) *Angst* affreux; *Lärm, Tempo* F infernal; d'enfer **II** F *adv* atrocement; F diablement; **man muss dabei höllisch aufpassen** il faut (y) faire extrêmement attention
Hollywoodschaukel ['hɔlivʊtʃaʊkəl] *f* balancelle *f*
Holm [hɔlm] *m* ⟨~¢s; ~e⟩ **1.** *e-r Leiter* montant *m* **2.** *am Barren* barre *f*
Holocaust ['hoːlokaʊst] *m* ⟨~¢; ~s⟩ holocauste *m*
Hologramm [holo'gram] *n* ⟨~s; ~e⟩ hologramme *m*
Holographie *f* ⟨~; ~n⟩ holographie *f*
holp(e)rig ['hɔlp(ə)rɪç] *adj* **1.** *Weg* cahoteux;

Straßenpflaster inégal **2.** *Verse* raboteux; *Stil* rocailleux; *Fremdsprache* hésitant
holpern *v/i Wagen* cahoter
holterdiepolter [hɔltərdi'pɔltər] F *adv* précipitamment (et à grand bruit)
Holunder [ho'lʊndər] *m* ⟨~s; ~⟩ sureau *m*
Holunderbeere *f* baie *f* de sureau
Holz [hɔlts] *n* ⟨~es; ⁻er⟩ bois *m*; **aus Holz** de, en bois; **Holz verarbeitend** de transformation du bois; *fig* **aus dem gleichen, aus anderem Holz geschnitzt sein** être, ne pas être de la même trempe
Holzbein *n* jambe *f* de bois
Holzbläser *m* joueur *m* d'un instrument à vent en bois
Holzbock *m* **1.** ZO tique *f* **2.** *Gerät* chevalet *m*
hölzern ['hœltsərn] *adj* **1.** de, en bois **2.** *fig* (*steif*) raide; contraint
Holzfäller *m* ⟨~s; ~⟩ bûcheron *m*
holzfrei *adj Papier* sans fibres de bois
Holzhacker *m bes österr* bûcheron *m*
Holzhammer *m* maillet *m*
Holzhammermethode F *f* manière forte
Holzhandel *m* commerce *m* du bois
Holzhaus *n* maison *f* de, en bois
holzig *adj Gemüse, Obst* filandreux
Holzklotz *m* **1.** bloc *m* de bois; (*Hackklotz*) billot *m* **2.** *Spielzeug* cube *m* en bois
Holzkohle *f* charbon *m* de bois
Holzkohlengrill *m* barbecue *m* à charbon de bois
Holzkopf F *péj m* F taré(e) *m(f)*; F demeuré(e) *m(f)*
Holzleim *m* colle *f* à bois
Holzleiste *f* baguette *f* de bois
Holzofenbrot *n* pain cuit au feu de bois
Holzscheit *m* bûche *f*
Holzschnitt *m* gravure *f* sur bois
holzschnittartig *adj fig* sans nuance; *pl/fort* simpliste
Holzschnitzer *m* sculpteur *m* sur bois
Holzschnitzerei *f* sculpture *f* sur bois
Holzschuh *m* sabot *m*
Holzschutzmittel *n* produit *m* de traitement du bois
Holzspielzeug *n* jouet(s) *m(pl)* en bois
Holzsplitter *m* éclat *m* de bois; *in der Haut* écharde *f*
Holzstoß *m* pile *f* de bois
Holztäfelung *f* lambris *m*; boiserie *f*
Holztreppe *f* escalier *m* de, en bois
Holzweg *m fig* **auf dem Holzweg sein** faire fausse route
Holzwolle *f* fibre *f* de bois
Holzwurm *m* ver *m* du bois
Homebanking ['hoːmbɛŋkɪŋ] *n* ⟨~s⟩ banque *f* à domicile
Homepage [-peːtʃ] *f* ⟨~; ~s⟩ page *f* d'accueil
Hometrainer *m* ʼhome-trainer *m*; vélo *m* d'appartement
Homo ['hoːmo] F *m* ⟨~s; ~s⟩ F homo *m*
homogen [homo'geːn] *adj* homogène
Homöopath(in) [homøo'paːt(ɪn)] *m* ⟨~en; ~en⟩ (*f*) ⟨~in; ~innen⟩ homéopathe *m,f*
Homöopathie *f* ⟨~⟩ homéopathie *f*
homöopathisch *adj Mittel* homéopathique; *Arzt* homéopathe
Homosexualität *f* homosexualité *f*

homosexuell *adj* homosexuel
Homosexuelle(r) *f(m)* ⟨→ A⟩ homosexuel, -elle *m,f*
Honduras [hɔn'duːras] *n* le Honduras
Honig ['hoːnɪç] *m* ⟨∼s; ∼e⟩ miel *m*; F *j-m Honig ums Maul schmieren* passer de la pommade à qn
Honigbiene *f* abeille *f* (mellifique)
Honigkuchen *m* pain *m* d'épice
Honiglecken F *n das ist kein Honiglecken* F ce n'est pas de la tarte, du gâteau
Honigmelone *f* variété de melon très sucrée
honigsüß *adj* **1.** sucré comme le miel **2.** *fig péj* mielleux
Honorar [hono'raːr] *n* ⟨∼s; ∼e⟩ honoraires *m/pl*
Honoratioren [honoratsi'oːrən] *pl* notables *m/pl*
honorieren *v/t* ⟨sans ge⟩ **1.** (*bezahlen*) *etw honorieren* verser des honoraires pour qc; rétribuer qc **2.** *fig* (*würdigen*) apprécier
Hooligan ['huːligən] *m* ⟨∼s; ∼s⟩ 'houligan *m*
Hopfen ['hɔpfən] *m* ⟨∼s; ∼⟩ 'houblon *m*; F *bei ihm ist Hopfen und Malz verloren* on ne peut rien en tirer
hopp [hɔp] *int* 'hop!; *hopp, hopp!* allez, 'hop!
hoppeln *v/i* ⟨¢, sn⟩ *Kaninchen* sauter
hoppla ['hɔpla] *int* 'hop là!
hops [hɔps] **I** *int* 'hop! **II** F *adj hops sein* (*verloren sein*) être perdu; (*kaputt sein*) F être fichu
hopsa(sa) ['hɔpsa(sa)] *enf int* 'hop!
hopsen F *v/i* ⟨¢s, sn⟩ sautiller (*a péj beim Tanzen*); sauter; gambader
Hopser F *m* ⟨∼s; ∼⟩ saut *m*; gambade *f*
hopsgehen F *v/i* ⟨irr, sn⟩ (*verloren gehen*) se perdre; (*sterben*) P clamser; (*kaputtgehen*) se casser
hopsnehmen F *v/t* ⟨irr⟩ (*festnehmen*) F choper; F épingler
hörbar *adj* audible; perceptible
hörbehindert *adjt* malentendant
Hörbuch *n* livre-cassette *m*
horchen ['hɔrçən] *v/i* écouter (*an der Tür* à la porte)
Horde[1] ['hɔrdə] *f* ⟨∼; ∼n⟩ (*Schar*) 'horde *f*; *von Kindern a* bande *f*
Horde[2] *f* ⟨∼; ∼n⟩ (*Lattengestell*) claie *f*
hören ['høːrən] **I** *v/t* **1.** (*vernehmen*) entendre; *j-n kommen hören* entendre qn venir; *ich habe ihn sagen hören, dass ...* je l'ai entendu dire que ... **2.** (*anhören*) écouter; *die Zeugen hören* entendre les témoins; *das lässt sich hören* voilà qui s'appelle parler **3.** (*erfahren*) *ich habe gehört, dass ...* j'ai entendu dire que ...; *etwas von j-m hören* avoir des nouvelles de qn; *lass mal etwas von dir hören!* donne-nous de tes nouvelles à l'occasion **II** *v/i* **4.** (*verstehen*) entendre; *schlecht, schwer hören* entendre mal; être dur d'oreille; F *dabei vergeht einem Hören und Sehen* c'est à vous couper le souffle **5.** (*zuhören*) écouter; *ich höre* je vous écoute; *vorwurfsvoll* F (*na*) *hör mal!* dis donc! **6.** (*gehorchen*) *auf j-n hören* écouter qn; *p/fort* obéir à qn; F *nicht hören wollen* ne pas vouloir écouter, obéir **7.** (*heißen*) *auf den Namen Felix hören* s'appeler Félix **8.** (*erfahren*) *von j-m hören* avoir des nouvelles de qn; *Sie werden* (*noch*) *von mir hören!* vous aurez de mes nouvelles!

---

hören: écouter oder entendre?

Hier muss man zwischen bewusstem Hinhören (Zuhören) und zufälligem Hören (Wahrnehmen) unterscheiden:

Radio hören	**écouter la radio**
ein komisches Geräusch hören	**entendre un bruit étrange**

Hörensagen *n vom Hörensagen* par ouï-dire; de réputation
Hörer *m* ⟨∼s; ∼⟩ **1.** *Person* auditeur *m* **2.** (*Telefonhörer*) combiné *m*
Hörerin *f* ⟨∼; ∼nen⟩ auditrice *f*
Hörerpost *f* courrier *m* des auditeurs
Hörerschaft *f* ⟨∼; ∼en⟩ RAD auditeurs *m/pl*; *e-r Vorlesung* auditoire *m*
Hörerwünsche *m/pl* souhaits *m/pl* des auditeurs
Hörfehler *m* **1.** erreur *f* de compréhension **2.** MÉD défaut *m* de l'ouïe
Hörfunk *m* radio *f*
Hörgerät *n* prothèse auditive
Hörgeräteakustiker *m* audioprothésiste *m*
hörgeschädigt *adjt* malentendant
hörig *adj fig* esclave; *bes sexuell* dépendant; *er ist ihr hörig* il lui est entièrement soumis (*a sexuell*)
Hörigkeit *f* ⟨∼⟩ *fig* esclavage *m*; *sexuelle* dépendance *f*; soumission *f*
Horizont [hori'tsɔnt] *m* ⟨∼s; ∼e⟩ horizon *m* (*a fig*); *am Horizont* à l'horizon; *s-n Horizont erweitern* élargir son horizon; *das geht über s-n Horizont* cela le dépasse
horizontal *adj* horizontal
Horizontale *f* ⟨∼; ∼n⟩ horizontale *f*
Hormon [hɔr'moːn] *n* ⟨∼s; ∼e⟩ hormone *f*
Hormonbehandlung *f* traitement hormonal
Hormonhaushalt *m* équilibre hormonal
Hormonpräparat *n* produit *m* à base d'hormones
Hormonspiegel *m* taux d'hormone(s), hormonal
Hormonspritze *f* piqûre *f* d'hormone(s)
Hörmuschel *f am Telefon* écouteur *m*
Horn [hɔrn] *n* ⟨∼¢s; ≈er⟩ **1.** ZO corne *f*; F *fig sich* (*dat*) *die Hörner abstoßen* jeter sa gourme; F *fig s-m Ehemann Hörner aufsetzen* F faire son mari cocu **2.** ⟨pl ∼e⟩ *Material* corne *f* **3.** MUS cor *m*; F *fig in das gleiche Horn stoßen* être du même avis
Hornberger *adj* ⟨inv⟩ *ausgehen wie das Hornberger Schießen* finir en queue de poisson
Hornbrille *f* lunettes *f/pl* d'écaille
Hörnchen ['hœrnçən] *n* ⟨∼s; ∼⟩ *Gebäck* croissant *m*
Hörnerv *m* nerf auditif
Hornhaut *f* **1.** (*verhärtete Haut*) callosité *f* **2.** *am Auge* cornée *f*
Hornisse [hɔr'nɪsə] *f* ⟨∼; ∼n⟩ frelon *m*
Hornist(in) *m* ⟨∼en; ∼en⟩ (*f*) ⟨∼in; ∼innen⟩ MUS corniste *m,f*
Hornochse F *m* imbécile *m,f*; F andouille *f*

Horoskop [horo'skoːp] *n* ⟨∼s; ∼e⟩ horoscope *m*
horrend [hɔ'rɛnt] *adj* exorbitant
Hörrohr *n* **1.** *Hörgerät* cornet *m* acoustique **2.** (*Stethoskop*) stéthoscope *m*
Horror ['hɔrɔr] *m* ⟨∼s⟩ horreur *f*; *e-n Horror vor etw* (*dat*) *haben* avoir horreur de qc
Horrorfilm *m* film *m* d'épouvante
Horrortrip F *m im Drogenrausch* F trip *m*; F défonce *f*; *fig das war der reinste Horrortrip* c'était l'horreur, l'enfer
Hörsaal *m* amphithéâtre *m*
Hörspiel *n* pièce *f* radiophonique
Horst [hɔrst] *m* ⟨∼¢s; ∼e⟩ **1.** (*Vogelhorst*) aire *f* **2.** (*Fliegerhorst*) base aérienne
Hörsturz *m* MÉD perte *f* passagère de l'audition
Hort [hɔrt] *m* ⟨∼¢s; ∼e⟩ **1.** *st/s* (*sicherer Ort*) refuge *m*; asile *m* **2.** (*Kinderhort*) garderie *f*
horten *v/t* ⟨-e-⟩ *Waren* stocker; *Geld* thésauriser
Hortensie [hɔr'tɛnziə] *f* ⟨∼; ∼n⟩ hortensia *m*
Hörtest *m* test auditif
Hörvermögen *n* capacité auditive
Hörweite *f* portée *f* de la voix; *in, außer Hörweite* à, 'hors de portée de la voix
Höschen ['høːsçən] *n* ⟨∼s; ∼⟩ **1.** (*kurze Hose*) culotte *f* **2.** *Damenslip* slip *m*
Hose ['hoːzə] *f* ⟨∼; ∼n⟩ **1.** *lange* pantalon *m*; *kurze* culotte *f*; (*kurze Sommerhose*) short *m*; *in die Hose machen* faire dans sa culotte **2.** F *fig* (*sich* [*dat*]) (*vor Angst*) *in die Hose(n) machen* F faire dans sa culotte; *die Hosen anhaben Frau* porter la culotte; *die Hosen runterlassen* jouer cartes sur tables; *in die Hose(n) gehen* F foirer; *hier ist tote Hose* F c'est mort ici
Hosenanzug *m* tailleur-pantalon *m*
Hosenaufschlag *m* revers *m* de pantalon
Hosenbein *n* jambe *f* de pantalon
Hosenboden *m* fond *m* de culotte; F *fig sich auf den Hosenboden setzen* s'accrocher; F bosser
Hosenbügel *m* cintre *m* pour pantalon
Hosenbund *m* ceinture *f* de pantalon
Hosenklammer *f* pince *f* (de pantalon)
Hosenrock *m* jupe-culotte *f*
Hosenschlitz *m* braguette *f*
Hosentasche *f* poche *f* de pantalon
Hosenträger *m/pl* bretelles *f/pl*
Hospital [hɔspi'taːl] *n* ⟨∼s; ∼e *ou* -täler⟩ hôpital *m*
Hospitalismus *m* ⟨∼⟩ MÉD hospitalisme *m*
hospitieren *v/i* ⟨*sans ge*⟩ (*bei j-m*) *hospitieren* assister au cours (de qn)
Hospiz [hɔs'piːts] *n* ⟨∼es; ∼e⟩ hospice *m*
Hostess [hɔs'tɛs] *f* ⟨∼; ∼en⟩ hôtesse *f*
Hostie ['hɔstiə] *f* ⟨∼; ∼n⟩ hostie *f*
Hotdog ['hɔt'dɔk] *m od n* ⟨∼s; ∼s⟩ 'hot-dog *m*
Hotel [ho'tɛl] *n* ⟨∼s; ∼s⟩ hôtel *m*
Hotelbar *f* bar *m* d'un *bzw* de l'hôtel
Hotelboy *m* groom *m*
Hoteldetektiv *m* détective *m* d'hôtel *bzw* de l'hôtel
Hoteldieb *m* rat *m* d'hôtel
Hoteldiener *m* garçon *m* d'hôtel
Hoteldirektor(in) *m(f)* directeur, -trice *m,f* d'hôtel
Hotelfach *n* ⟨∼¢s⟩ hôtellerie *f*
Hotelfachschule *f* école d'hôtellerie, hôtelière
Hotelführer *m* guide *m* des hôtels

Hotelgast *m* client(e) *m(f)* d'un hôtel
Hotelhalle *f* 'hall *m* de l'hôtel
Hotelier [hotɛli'eː] *m* ⟨∼s; ∼s⟩ hôtelier *m*
Hotelkette *f* chaîne hôtelière
Hotelpage *m* groom *m*
Hotelportier *m* portier *m* de l'hôtel
Hotelschiff *n* péniche-hôtel *f*
Hotelverzeichnis *n* liste *f* des hôtels
Hotelzimmer *n* chambre *f* d'hôtel
Hotline ['hɔtlaɪn] *f* ⟨∼; ∼s⟩ ligne directe; assistance *f* téléphonique
Hrsg. *abr* (*Herausgeber*) éditeur
HTML [haːteː'ʔɛm'ʔɛl] *f* ⟨∼⟩ *abr* (*Hypertext Mark-up Language*) INFORM HTML *m*
hu [huː] *int zum Erschrecken* 'hou!; *bei Angst* brrr!
hü [hyː] *int* (*vorwärts*) 'hue!
Hub [huːp] *m* ⟨∼¢s; ∼e⟩ *e-s Kolbens* course *f*
hüben ['hyːbən] *adv* de ce côté-ci; *hüben und drüben* des deux côtés
Hubraum *m* cylindrée *f*
hübsch [hypʃ] **I** *adj* **1.** *Frau etc* joli; *sich hübsch machen* se faire belle **2.** F (*ziemlich groß*) F joli **II** *adv* F *sei hübsch artig!* sois bien sage!; *das werde ich hübsch bleiben lassen* je m'en garderai bien
Hubschrauber *m* ⟨∼s; ∼⟩ hélicoptère *m*
Hubschrauberlandeplatz *m* héliport *m*
huch [hux] *int Schrecken* 'hou!
Hucke ['hukə] *f* F *j-m die Hucke vollhauen* F flanquer une volée, une raclée à qn
huckepack F *adv* *huckepack tragen, nehmen* porter, prendre sur son dos
Huckepackverkehr *m* transport multimodal
hudeln ['huːdəln] F *bes südd, österr* *v/i* ⟨¢⟩ bâcler (*bei etw* qc); *nur nicht hudeln!* doucement!
Huf [huːf] *m* ⟨∼¢s; ∼e⟩ sabot *m*
Hufeisen *n* fer *m* (à cheval)
hufeisenförmig *adj* en (forme de) fer à cheval
Huflattich *m* tussilage *m*
Hufschmied *m* maréchal-ferrant *m*
Hüftbein *n* os *m* iliaque
Hüfte ['hyftə] *f* ⟨∼; ∼n⟩ 'hanche *f*
Hüftgelenk *n* articulation *f* de la hanche
Hüftgürtel *m*, **Hüfthalter** *m* gaine *f*
hüfthoch *adv* *hüfthoch im Wasser stehen* être dans l'eau jusqu'à la taille
Hüfthose *f* pantalon *m* taille basse
Hüftier *n* ongulé *m*
Hüftumfang *m*, **Hüftweite** *f* tour *m* de hanches
Hügel ['hyːgəl] *m* ⟨∼s; ∼⟩ colline *f*; monticule *m*; coteau *m*; *kleiner* butte *f*
Hügelgrab *n* tumulus *m*
hüg(e)lig *adj* vallonné
Hugenotte [hugə'nɔtə] *m* ⟨∼n; ∼n⟩, **Hugenottin** *f* ⟨∼; ∼nen⟩ 'huguenot(e) *m(f)*
Huhn [huːn] *n* ⟨∼¢s; ∼er⟩ **1.** zo poule *f*; *junges*, CUIS poulet *m*; *gebratenes Huhn* poulet rôti; F *da lachen ja die Hühner* c'est tout simplement ridicule **2.** F *fig ein dummes Huhn* une dinde; une oie
Hühnchen ['hyːnçən] *n* ⟨∼s; ∼⟩ poulet *m*; *fig mit j-m ein Hühnchen zu rupfen haben* avoir un compte à régler avec qn
Hühnerauge ['hyːnər-] *n* MÉD cor *m*; œil-de--perdrix *m*
Hühneraugenpflaster *n* coricide adhésif

Hühnerbrühe f bouillon m de poule
Hühnerei n œuf m de poule
Hühnerfarm f élevage m de poulets
Hühnerfrikassee n fricassée f de poulet
Hühnerhof m basse-cour f
Hühnerklein n ⟨~s⟩ abattis m/pl de poulet
Hühnerleiter f échelle f de poulailler
Hühnerpest f peste f aviaire
Hühnerstall m poulailler m
Hühnerstange f perchoir m; juchoir m
Hühnersuppe f potage m à base de bouillon de poule
Hühnerzucht f élevage m de poules
huhu int **1.** F ['hu:hu] Zuruf 'hou! 'hou! **2.** [hu-'hu:] Erschrecken 'hou!
hui [hui] int **1.** bruit du vent **2.** schnelle Bewegung 'hop!
huldigen ['huldɪgən] st/s v/i **1.** j-m huldigen rendre hommage à qn **2.** e-r Sache (dat) huldigen être partisan de qc; dem Sport, dem Alkohol etc s'adonner à qc
Huldigung f ⟨~; ~en⟩ hommage m
Hülle ['hylə] f ⟨~; ~n⟩ **1.** (Umhüllung) enveloppe f; über Kleidung 'housse f; (Plattenhülle) pochette f; (Ausweishülle) étui m; st/s die sterbliche Hülle st/s la dépouille mortelle **2.** fig in Hülle und Fülle en abondance
hüllen v/t j-n, etw in etw (acc) hüllen envelopper qn, qc dans qc; fig sich in Schweigen hüllen garder le silence
hüllenlos adj plais (nackt) en costume d'Ève bzw d'Adam
Hülse ['hylzə] f ⟨~; ~n⟩ **1.** bot cosse f **2.** e-r Patrone douille f **3.** (Filmhülse) boîte f
Hülsenfrüchte ['-fryçtə] f/pl légumes secs
human [hu'ma:n] adj humain
Humanismus m ⟨~⟩ humanisme m
Humanist m ⟨~en; ~en⟩ humaniste m (a fig)
humanistisch I adj humaniste; Gymnasium, Studium classique II adv humanistisch gebildet qui a fait des études classiques
humanitär [humani'tɛ:r] adj humanitaire
Humanität f ⟨~⟩ humanité f
Humanmedizin f médecine f
Humanmediziner(in) m(f) médecin m
Humbug ['humbuk] F péj m ⟨~⟩ F fumisterie f; bluff m
Hummel ['huməl] f ⟨~; ~n⟩ bourdon m
Hummer ['humər] m ⟨~s; ~⟩ 'homard m
Hummercocktail m salade f de homard
Hummergabel f fourchette f à 'homard
Hummerkrabbe f bouquet m; crevette f rose
Hummersuppe f bisque f de homard
Humor [hu'mo:r] m ⟨~s⟩ humour m; (Sinn für) Humor haben avoir (le sens) de l'humour; etw mit Humor nehmen od tragen prendre qc avec humour
humorig adj plein d'humour
Humorist m ⟨~en; ~en⟩ humoriste m
humoristisch adj humoristique
humorlos adj sans humour
humorvoll adj plein d'humour
humpeln ['humpəln] v/i ⟨¢, + indication de direction sn⟩ boiter; mit Richtungsangabe aller en boitant
Humpen ['humpən] m ⟨~s; ~⟩ 'hanap m
Humus ['hu:mus] m ⟨~⟩ humus m
Humusboden m, **Humuserde** f terreau m

Hund [hunt] m ⟨~¢s; ~e⟩ **1.** zo chien m; Vorsicht, bissiger Hund! chien méchant!; wie Hund und Katze leben vivre comme chien et chat; F bekannt sein wie ein bunter Hund être connu comme le loup blanc; F fig da liegt der Hund begraben F voilà le hic; F vor die Hunde gehen F crever; P être foutu; F auf den Hund gekommen sein moralisch être tombé bien bas; F das ist ein dicker Hund! (grober Fehler) F c'est une grosse boulette!; (Unverschämtheit) quel culot, F toupet!; F damit kann man keinen Hund hinter dem Ofen hervorlocken cela n'attire personne; prov Hunde, die bellen, beißen nicht prov chien qui aboie ne mord pas **2.** F péj Person ein blöder Hund un imbécile; P un enfoiré; ein feiger Hund F un dégonflé; ein gemeiner Hund F une vache; P un salaud
Hundeausstellung f exposition canine, de chiens
Hundebiss m morsure f de chien
hundeelend F adj u adv mir ist hundeelend, ich fühle mich hundeelend je suis malade comme un chien
Hundefutter n nourriture f pour chiens
Hundegebell n aboiement(s) m(pl)
Hundehalsband n collier m de chien
Hundehütte f niche f
hundekalt F adj es ist hundekalt il fait un froid de canard, de chien
Hundeklo F n toilettes f/pl pour chiens
Hundekorb m, **Hundekörbchen** n corbeille f de chien
Hundekot m crotte f de chien
Hundekuchen m biscuit(s) m(pl) pour chiens
Hundeleben F fig n vie f de chien
Hundeleine f laisse f
Hundemarke f plaque f d'identité
hundemüde F adj F crevé
Hunderasse f race f de chiens
hundert ['hundərt] num/c cent; → Hundert[1] 1, 2
Hundert[1] n ⟨~s; ~e⟩ **1.** Menge cent m etwa, rund Hundert (Personen) une centaine (de personnes) **2.** Einheit cent m; centaine f; Hunderte pl (mehrere Hundert) des centaines f/pl; vier etc vom Hundert quatre, etc pour cent zu Hunderten par centaines; es geht in die Hunderte cela se chiffre par centaines
Hundert[2] f ⟨~; ~en⟩ Zahl cent m
hunderteins num/c cent un
Hunderter m ⟨~s; ~⟩ **1.** math centaine f **2.** F Geldschein billet m de cent
Hundertjahrfeier f (fête f du) centenaire m
hundertjährig adj Person centenaire; Dinge séculaire; (hundert Jahre lang) de cent ans; qui dure cent ans; Jubiläum centenaire
Hundertjährige(r) f(m) ⟨→ A⟩ centenaire m,f
hundertmal adv cent fois
Hundertmarkschein m hist billet m de cent marks
Hundertmeterlauf m course f de cent mètres
hundertpro F adv à cent pour cent
hundertprozentig adj u adv à cent pour cent (a F fig)
Hundertschaft f ⟨~; ~en⟩ unité f de cent …
hundertste num/o centième; vom Hundertsten ins Tausendste kommen s'éloigner du su-

jet
hundertstel *adj* ⟨*inv*⟩ centième
Hundertstel *n* ⟨~s; ~⟩ centième *m*
hunderttausend *num/c* cent mille
Hundesalon *m* boutique *f* de toilettage
Hundeschlitten *m* traîneau tiré par des chiens
Hundesteuer *f* taxe *f* sur les chiens
Hundewetter F *n* temps *m* de chien
Hundezucht *f* élevage *m* de chiens
Hundezwinger *m* chenil *m*
Hündin ['hʏndɪn] *f* ⟨~; ~nen⟩ chienne *f*
hündisch *adj fig* servile
hundsgemein F *adj* ⟨~⟩
hundsmiserabel F *adj* ⟨-bl-⟩ **1.** (*sehr schlecht*) F minable; nul **2.** (*hundeelend*) malade comme un chien
Hundstage *m/pl* canicule *f*
Hüne ['hyːnə] *m* ⟨~n; ~n⟩ géant *m*
Hünengrab *n* tombe *f* mégalithique
hünenhaft *adj* gigantesque
Hunger ['hʊŋər] *m* ⟨~s⟩ faim *f* (*auf* [+ *acc*], *fig nach* de); (*keinen*) *Hunger haben* (ne pas) avoir faim; *großen Hunger haben* F avoir très faim; *Hunger haben wie ein Bär* od *Wolf* avoir une faim de loup; F avoir la dent; *Hunger bekommen* (commencer à) avoir faim; *Hunger leiden* souffrir de la faim; *vor Hunger sterben* mourir de faim
Hungergefühl *n* sensation *f* de faim
Hungerjahr *n* année *f* de famine
Hungerkur *f* diète absolue
Hungerleider F *péj m* ⟨~s; ~⟩ F crève-la-faim *m*
Hungerlohn *m* salaire *m* de misère
hungern *v/i* **1.** (*Hunger leiden*) ne pas manger à sa faim; souffrir de la faim; *freiwillig* jeûner **2.** *fig nach etw hungern* avoir faim, soif de qc
Hungersnot *f* famine *f*; disette *f*
Hungerstreik *m* grève *f* de la faim
Hungertod *m* mort *f* par inanition
Hungertuch *n* *am Hungertuch nagen* ne pas manger à sa faim; souffrir de la faim
hungrig *adj* **1.** qui a faim; *p/fort* affamé; *hungrig machen* donner faim; *hungrig sein* avoir faim (*auf* [+ *acc*] de) **2.** *st/s fig* avide (*nach* de)
Hunne ['hʊnə] *m* ⟨~n; ~n⟩ 'Hun *m*
Hupe ['huːpə] *f* ⟨~; ~n⟩ klaxon® *m*; avertisseur *m*
hupen *v/i* klaxonner
hupfen ['hʊpfən] *südd, österr* → *hüpfen*; F *das ist gehupft wie gesprungen* c'est bonnet blanc et blanc bonnet
hüpfen ['hʏpfən] *v/i* ⟨sn⟩ sauter; *fig Herz* bondir, sauter (de joie)
Hupkonzert F *plais n* concert *m* de klaxons
Hupsignal *n* coup *m* de klaxon
Hupverbot *n* interdiction *f* de klaxonner
Hürde ['hʏrdə] *f* ⟨~; ~n⟩ **1.** SPORT 'haie *f* **2.** *fig* obstacle *m*; *e-e Hürde nehmen* franchir un obstacle
Hürdenlauf *m* course *f* de haies
Hürdenläufer(in) *m(f)* coureur, -euse *m,f* de haies
Hure ['huːrə] *f* ⟨~; ~n⟩ *péj* P putain *f*
Hurensohn *m* *Schimpfwort* P fils *m* de pute
hurra [hʊ'raː] *inf* 'hourra!
Hurrapatriot(in) *m(f) péj* chauvin(e) *m(f)*
Hurraruf *m* 'hourra *m*
Hurrikan ['harikən] *m* ⟨~s; ~s⟩ 'hurricane *m*

hurtig ['hʊrtɪç] *adj* (*schnell*) rapide; prompt; (*flink u gewandt*) leste; alerte
husch [hʊʃ] *int* **und husch war sie weg** et 'hop! la voilà partie; *husch, husch*(*, ins Bett*)! vite! vite! (au lit!)
huschen *v/i* ⟨sn⟩ **1.** se glisser rapidement; *über etw* (*acc*) *huschen* passer rapidement qc **2.** *fig Schatten, Licht* passer
hüsteln ['hyːstəln] *v/i* ⟨¢⟩ toussoter
husten ['huːstən] ⟨-e-⟩ **I** *v/t Blut etc* cracher; F *fig ich werde dir was husten* F tu peux toujours courir **II** *v/i* **1.** tousser **2.** F *fig auf etw* (*acc*) *husten* F se moquer de qc comme de l'an quarante
Husten *m* ⟨~s; ~⟩ toux *f*; *Husten haben* tousser
Hustenanfall *m* quinte *f*, accès *m* de toux
Hustenbonbon *n* bonbon *m* contre, pour la toux
Hustenreiz *m* envie *f* de tousser
Hustensaft *m* sirop *m* contre la toux
hustenstillend *adjt* qui calme la toux
Hustentropfen *m/pl* gouttes *f/pl* contre la toux
Hut[1] [huːt] *m* ⟨~¢s; ːe⟩ chapeau *m*; (*vor j-m*) *den Hut ziehen* saluer (qn) d'un coup de chapeau; F *fig* tirer son chapeau à qn; F *fig s-n Hut nehmen* (*müssen*) (devoir) rendre son tablier; F *fig Hut ab!* F chapeau!; F *fig zwei Dinge unter e-n Hut bringen* concilier deux choses; F *fig das ist* (*doch*) *ein alter Hut* F c'est de l'histoire ancienne; F *fig damit habe ich nichts am Hut* F ce n'est pas ma tasse de thé, mon truc; F *fig das kannst du dir an den Hut stecken!* F tu peux te le mettre (là) où je pense!; F *fig da geht einem* (*ja*) *der Hut hoch!* c'est trop fort!
Hut[2] *st/s f auf der Hut sein* être sur ses gardes; prendre garde (*vor* [+ *dat*] à)
Hutablage *f* porte-chapeaux *m*
hüten ['hyːtən] ⟨-e-⟩ **I** *v/t* garder (*a fig Bett, Geheimnis*) **II** *v/r sich vor j-m, etw hüten* se garder de qn, qc; *sich hüten, etw zu tun* se garder de faire qc; F *ich werde mich hüten!* je m'en garderai bien!
Hüter(in) *m* ⟨~s; ~⟩ (*f*) ⟨~in; ~innen⟩ gardien, -ienne *m,f*; *plais* **die Hüter des Gesetzes** les représentants *m/pl* de l'ordre
Hutgeschäft *n* chapellerie *f*
Hutkrempe *f* bord *m* de chapeau
Hutmacher(in) *m* ⟨~s; ~⟩ (*f*) ⟨~in; ~innen⟩ chapelier, -ière *m,f*
Hutnadel *f* épingle *f* à chapeau
Hutschachtel *f* carton *m* à chapeau(x)
Hutschnur F *fig f das geht* (*mir*) *über die Hutschnur!* c'est trop fort!
Hütte ['hʏtə] *f* ⟨~; ~n⟩ **1.** (*einfache Behausung*) cabane *f*; 'hutte *f*; *kleine, elende* cahute *f*; (*Eingeborenenhütte*) case *f*; (*Berghütte*) refuge *m* **2.** *fig péj* (*Haus*) F bicoque *f* **3.** TECH usine *f* métallurgique
Hüttenkäse *m* fromage blanc à gros caillots; cottage® *m*
Hyäne [hy'ɛːnə] *f* ⟨~; ~n⟩ hyène *f*; *fig* requin *m*; vautour *m*
Hyazinthe [hya'tsɪntə] *f* ⟨~; ~n⟩ jacinthe *f*
hybrid [hy'briːt] *adj* BIOL, *fig* hybride
Hybridantrieb *m* TECH système *m* de propulsion hybride; *Auto n mit Hybridantrieb* voiture *f* hybride

Hydrant [hy'drant] *m* ⟨~en; ~en⟩ bouche *f* d'incendie
Hydrat *n* ⟨~¢s; ~e⟩ CHIM hydrate *m*
Hydraulik [hy'draulɪk] *f* ⟨~⟩ hydraulique *f*
hydraulisch *adj* hydraulique
Hydrokultur ['hy:dro-] *f* culture *f* hydroponique
Hydrolyse [hydro'ly:zə] *f* ⟨~; ~n⟩ CHIM hydrolyse *f*
Hygiene [hygi'e:nə] *f* ⟨~⟩ hygiène *f*
hygienisch *adj* hygiénique
Hygrometer [hygro'-] *n* ⟨~s; ~⟩ hygromètre *m*
Hymne ['hʏmnə] *f* ⟨~; ~n⟩ hymne *m*
Hyperbel [hy'pɛrbəl] *f* ⟨~; ~n⟩ hyperbole *f*
hyperkorrekt [hypərko'rɛkt] *adj* hypercorrect
Hyperlink ['haɪpərlɪŋk] *m* ⟨~s; ~s⟩ INFORM hyperlien *m*
hypermodern *adj* ultramoderne
hypersensibel *adj* ⟨-bl-⟩ hypersensible
Hypertonie [hypərto'ni:] *f* ⟨~; ~n⟩ (*Bluthochdruck*) hypertension *f*
Hypnose [hyp'no:zə] *f* ⟨~; ~n⟩ hypnose *f*; *unter Hypnose stehen* être sous hypnose; *j-n in Hypnose* (*acc*) *versetzen* hypnotiser qn
hypnotisch *adj* hypnotique
Hypnotiseur *m* ⟨~s; ~e⟩ hypnotiseur *m*
hypnotisieren *v/t* ⟨*sans ge*⟩ hypnotiser

Hypochonder [hypo'xɔndər] *m* ⟨~s; ~⟩ hypocondriaque *m*
hypochondrisch *adj* hypocondriaque
Hypotenuse [hypote'nu:zə] *f* ⟨~; ~n⟩ hypoténuse *f*
Hypothek [hypo'te:k] *f* ⟨~; ~en⟩ hypothèque *f* (*a fig*); *e-e Hypothek aufnehmen* prendre une hypothèque; *mit e-r Hypothek belasten* hypothéquer (*a fig*)
Hypothekenbank *f* ⟨~; ~en⟩ banque *f* hypothécaire
Hypothekendarlehen *n* prêt *m* hypothécaire, sur hypothèque(s)
hypothekenfrei *adj* libre d'hypothèques
Hypothekenzinsen *m/pl* intérêts *m/pl* hypothécaires
Hypothese [hypo'te:zə] *f* hypothèse *f*
hypothetisch *adj* hypothétique
Hypotonie [hypoto'ni:] *f* ⟨~; ~n⟩ (*niedriger Blutdruck*) hypotension *f*
Hysterie [hʏste'ri:] *f* ⟨~; ~n⟩ hystérie *f*
Hysteriker(in) *m* ⟨~s; ~⟩ (*f*) ⟨~in; ~innen⟩ hystérique *m,f*
hysterisch *adj* hystérique; *hysterischer Anfall* crise *f* d'hystérie
Hz *abr* (*Hertz*) Hz (hertz)

I

I, i [i:] *n* ⟨I, i; I, i⟩ I, i *m*
i [i:] *int Abscheu* pouah!; ah!; F *i bewahre!*, F *i wo!* F pensez-vous!
i. A. *abr* (*im Auftrag*) p.o.
iberisch [i'be:rɪʃ] *adj* ibérique; *die Iberische Halbinsel* la péninsule Ibérique
IC® [i:'tse:] *m abr* ⟨~$; ~$⟩ (*Intercity*) train *m* rapide intervilles
ICE® [i:tse:'ʔe:] *m abr* ⟨~$; ~$⟩ (*Intercity Express*) etwa TGV *m*
ich [ɪç] *pr/pers* je *bzw* j'; *betont* moi; *ich bin es!* c'est moi!; *hier bin ich!* me voici!; me voilà!
Ich *n* ⟨~$; ~$⟩ moi *m*
ichbezogen *adj* égocentrique
Icherzähler *m* narrateur *m* à la première personne
Ichform *f in der Ichform* (*schreiben*) (écrire) à la première personne
ideal [ide'a:l] **I** *adj* idéal **II** *adv ideal gelegen* situé à un endroit idéal
Ideal *n* ⟨~s; ~e⟩ idéal *m*
Idealfall *m* cas idéal; idéal *m*; *im Idealfall* dans le meilleur des cas
Idealfigur *f* corps parfait
Idealgewicht *n* poids idéal
idealisieren *v/t* ⟨*sans ge*⟩ idéaliser
Idealisierung *f* ⟨~; ~en⟩ idéalisation *f*
Idealismus *m* ⟨~⟩ idéalisme *m*

Idealist(in) *m* ⟨~en; ~en⟩ (*f*) ⟨~in; ~innen⟩ idéaliste *m,f*
idealistisch *adj* idéaliste
Idee [i'de:] *f* ⟨~; ~n⟩ 1. idée *f*; *e-e fixe Idee* une idée fixe; *e-e Idee haben* avoir une idée; *er kam auf die Idee zu* (+ *inf*) il lui vint (à) l'idée de (+ *inf*); il eut l'idée de (+ *inf*) 2. (*Kleinigkeit*) rien *m*; soupçon *m*; *e-e Idee Zucker* un soupçon de sucre

> **Idee = idée**
>
> Wird anders geschrieben als englisch „idea".

ideell [ide'ɛl] *adj* idéal
ideenreich *adj Werk* riche en idées; *Person* plein d'idées; inventif
Ideenreichtum *m* ⟨~s⟩ abondance *f* d'idées
Identifikation [idɛntifikatsi'o:n] *f* ⟨~; ~en⟩ identification *f*
identifizierbar *adj* identifiable
identifizieren [idɛntifi'tsi:rən] ⟨*sans ge*⟩ **I** *v/t* identifier **II** *v/r sich mit etw, j-m identifizieren* s'identifier à qc, qn
Identifizierung *f* ⟨~; ~en⟩ identification *f*
identisch *adj* identique (*mit* à)

Identität *f* ⟨∼⟩ identité *f*
Ideologie [ideolo'giː] *f* ⟨∼; ∼n⟩ idéologie *f*
ideologisch *adj* idéologique
Idiom [idi'oːm] *n* ⟨∼s; ∼e⟩ idiome *m*
Idiomatik *f* ⟨∼⟩ locutions *f/pl*, tournures *f/pl*, expressions *f/pl* idiomatiques
idiomatisch *adj* idiomatique; *idiomatische Redewendung* locution *f*, tournure *f*, expression *f* idiomatique
Idiot [idi'oːt(ɪn)] *m* ⟨∼en; ∼en⟩ F *péj*, MÉD idiot *m*; F *so ein Idiot!* quel idiot!
Idiotenhang, Idiotenhügel F *plais m* montagne *f* à vaches
idiotensicher F *plais adj* (d'utilisation) simple, facile
Idiotie *f* ⟨∼; ∼n⟩ F *péj*, MÉD idiotie *f*
Idiotin *f* ⟨∼; ∼nen⟩ F *péj*, MÉD idiote *f*
idiotisch *adj* F *péj* idiot
Idol [i'doːl] *n* ⟨∼s; ∼e⟩ idole *f*
i. d. R. *abr* (*in der Regel*) en règle générale
Idyll [i'dyl] *n* ⟨∼s; ∼e⟩ tableau *m* idyllique
Idylle *f* ⟨∼; ∼n⟩ **1.** *Gedicht* idylle *f* **2.** *fig* tableau *m* idyllique
idyllisch I *adj* idyllique **II** *adv* *idyllisch gelegen* situé dans un paysage idyllique
Igel ['iːɡəl] *m* ⟨∼s; ∼⟩ ˈhérisson *m*
igitt(igitt) [i'ɡɪt(iɡɪt)] *int* F pouah!; F be(u)rk!
Iglu ['iːɡlu] *m od n* ⟨∼s; ∼s⟩ igloo *od* iglou *m*
Ignorant(in) *m* ⟨∼en; ∼en⟩ (*f*) ⟨∼in; ∼innen⟩ ignorant(e) *m(f)*
Ignoranz *f* ⟨∼⟩ ignorance *f*
ignorieren *v/t* ⟨*sans ge*⟩ *j-n ignorieren* ignorer qn; *etw ignorieren* ne pas tenir compte de qc
IHK [iːhaː'kaː] *f* ⟨∼⟩ *abr* (*Industrie- und Handelskammer*) C.C.I. *f* (Chambre de commerce et d'industrie)
ihm [iːm] *pr/pers* (*dat de* er, es) lui; *unverbunden* à lui
ihn [iːn] *pr/pers* (*acc de* er) le *bzw* l'; *nach prép*, *unverbunden* lui
ihnen ['iːnən] *pr/pers* (*dat pl de* er, sie, es) leur; *nach prép* eux *bzw* elles; *unverbunden* à eux *bzw* à elles
Ihnen *pr/pers* (*dat de* Sie) vous; *unverbunden* à vous
ihr¹ [iːr] *pr/pers* (*dat de* sie) lui; *nach prép* elle; *unverbunden* à elle
ihr² *pr/pers* (*nominatif pl de* du) vous; *in der Anrede mit folgendem subst* vous autres
ihr³ *pr/poss* **I** *adjt* **1.** son *bzw* sa; *bei mehreren Besitzern* leur; *ihre Tante* sa *bzw* leur tante; *ihre Kinder* ses *bzw* leurs enfants **2.** *in der Anrede* **Ihr** votre; *pl* **Ihre** vos **3.** *Ihre Majestät* Sa Majesté; *Briefschluss* **Ihr** Peter Kunz bien à vous, Peter Kunz **II** *subst* *der, die, das ihre* le sien, la sienne; *bei mehreren Besitzern* le, la leur; *in der Anrede* *der, die, das Ihre* le, la vôtre
ihrer *st/s pr/pers* (*gén de* sie) d'elle; *pl* d'eux *bzw* d'elles; *ich gedenke ihrer* je pense à elle *bzw* à eux *bzw* à elles
Ihrer *st/s pr/pers* (*gén de* Sie) de *bzw* à vous
ihrerseits *adv* de sa, *pl* de leur part; de son, *pl* de leur côté; *in der Anrede* **Ihrerseits** de votre part, côté
ihresgleichen *pr* ⟨*inv*⟩ son *bzw* sa semblable *bzw* ses semblables; son pareil *bzw* sa pareille *bzw* ses pareil(le)s; *pl* leur(s) pareil(s) *bzw*

leur(s) pareille(s); *in der Anrede* **Ihresgleichen** votre pareil(le) *bzw* vos pareil(le)s
ihretwegen *adv* **1.** (*wegen ihr*) à cause d'elle; (*wegen ihnen*) à cause d'eux *bzw* d'elles; *in der Anrede* **Ihretwegen** à cause de vous **2.** (*ihr zuliebe*) pour elle; (*ihnen zuliebe*) pour eux *bzw* elles; *in der Anrede* **Ihretwegen** pour vous **3.** (*von ihr aus*) quant à elle; (*von ihnen aus*) quant à eux *bzw* elles; *in der Anrede* **Ihretwegen** quant à vous
ihretwillen *adv* *um ihretwillen* (par égard) pour elle *bzw* eux *bzw* elles
ihrige ['iːrɪɡə] *st/s pr/poss* → *ihr³* II
Ikone [i'koːnə] *f* ⟨∼; ∼n⟩ icône *f*
illegal ['ɪleɡaːl] *adj* illégal
illegitim ['ɪleɡitiːm] *adj* illégitime
Illusion [ɪluzi'oːn] *f* ⟨∼; ∼en⟩ illusion *f*
illusorisch [ɪlu'zoːrɪʃ] *adj* illusoire
Illustration [ɪlustratsi'oːn] *f* ⟨∼; ∼en⟩ illustration *f*; *zur Illustration* pour illustrer
Illustrator(in) [ɪlus'traːtoːr (-traˈtoːrɪn)] *m* ⟨∼s; -toren⟩ (*f*) ⟨∼in; ∼innen⟩ illustrateur, -trice *m,f*
illustrieren *v/t* ⟨*sans ge*⟩ illustrer (*a fig*)
Illustrierte *f* ⟨→A⟩ revue *f*; illustré *m*; magazine *m*
Iltis ['ɪltɪs] *m* ⟨∼ses; ∼se⟩ putois *m*
im [ɪm] = *in dem*
Image ['ɪmɪtʃ] *n* ⟨∼ʃ; ∼s⟩ image *f* (de marque)
Imageverlust *m* atteinte *f* à l'image de marque
imaginär [imaɡi'nɛːr] *adj* imaginaire
Imam [i'maːm] *m* ⟨∼s; ∼s *ou* ∼e⟩ imam *m*
Imbiss ['ɪmbɪs] *m* ⟨∼es; ∼e⟩ casse-croûte *m*; *vornehmer* lunch *m*; collation *f*
Imbissbude F *f*, **Imbissstand** *m* buvette *f*
Imbissstube *f* snack(-bar) *m*
Imitation [imitatsi'oːn] *f* ⟨∼; ∼en⟩ imitation *f*
imitieren *v/t* ⟨*sans ge*⟩ imiter
Imker ['ɪmkər] *m* ⟨∼s; ∼⟩ apiculteur *m*
Imkerei *f* ⟨∼⟩ apiculture *f*
immanent [ima'nɛnt] *adj* immanent
Immatrikulation [ɪmatrikulatsi'oːn] *f* ⟨∼; ∼en⟩ inscription *f* (à la faculté)
immatrikulieren *v/r* ⟨*sans ge*⟩ *sich immatrikulieren* s'inscrire (à la fac, l'université)
Imme ['ɪmə] *poét f* ⟨∼; ∼n⟩ abeille *f*
immens [ɪ'mɛns] *adj* immense; *Summe, Leistung* énorme
immer ['ɪmər] *adv* toujours; *vor comp meist* de plus en plus; *immer noch* toujours; encore; *noch immer nicht* toujours pas; *immer wenn ...* toutes les fois que ...; (à) chaque fois que ...; *immer wieder* tout le temps; *immer besser* de mieux en mieux; *immer mehr* de plus en plus; *immer weniger* de moins en moins; *immer schlimmer* de pire en pire; *wer, was, wo es auch immer sein mag* qui, quoi, où que ce soit; → *Info nächste Seite*
immerfort *adv* continuellement; toujours
immergrün *adj* BOT à feuilles persistantes
Immergrün *n* ⟨∼s; ∼e⟩ BOT pervenche *f*
immerhin *adv* après tout; *das ist immerhin etwas* c'est toujours ça de gagné, de pris; *einräumend* *immerhin!* tout de même!
immerzu *adv* toujours; constamment
Immigrant(in) [ɪmi'ɡrant(ɪn)] *m* ⟨∼en; ∼en⟩ (*f*) ⟨∼in; ∼innen⟩ immigré(e) *m(f)*; immigrant(e) *m(f)*
Immigration *f* ⟨∼; ∼en⟩ immigration *f*

immer: nicht immer toujours? ⟨!FQ⟩

Immer wenn es klingelt, bellt der Hund.	**Chaque fois qu'**on sonne, le chien aboie.	**immer wenn**	**chaque fois que**
Es regnet **immer noch**.	Il pleut **toujours**.	**immer noch**	**toujours / encore**
Der Transport wird **immer** gefährlicher.	Le transport devient **de plus en plus** dangereux.	**immer** (+ *Kompa-rativ*)	**de plus en plus / toujours plus**
Die Autos fahren **immer** schneller.	Les voitures roulent **toujours plus vite**.		
Die Jugendlichen lesen **immer weni-ger**.	Les jeunes lisent **de moins en moins**.	**immer weniger**	**de moins en moins / toujours moins**

immigrieren *v/i* ⟨*sans ge*, sn⟩ immigrer
Immission [ɪmɪsiˈoːn] *f* ⟨~; ~en⟩ ÉCOL nuisance *f*
Immobilie [ɪmoˈbiːliə] *f* ⟨~; ~n⟩ bien immeuble, immobilier
Immobilienfonds *m* fonds immobilier
Immobilienmakler(in) *m(f)* agent immobilier
immun [ɪˈmuːn] *adj* **1.** POL qui jouit de l'immunité parlementaire **2.** MÉD, *fig* **gegen etw immun sein** être immunisé contre qc
immunisieren *v/t* ⟨*sans ge*⟩ immuniser (**gegen** contre)
Immunität *f* ⟨~⟩ MÉD immunité *f* (**gegen** contre); POL immunité parlementaire; DIPL immunité diplomatique
Immunologie *f* ⟨~⟩ MÉD immunologie *f*
Immunschwäche *f* MÉD déficience *f* immunitaire
Immunsystem *n* MÉD système *m* immunitaire
Imperativ [ˈɪmperatiːf] *m* ⟨~s; ~e⟩ GR (mode *m*) impératif *m*
Imperfekt [ˈɪmpɛrfɛkt] *n* ⟨~s; ~e⟩ GR imparfait *m*
Imperialismus *m* ⟨~⟩ impérialisme *m*
imperialistisch *adj* impérialiste
Imperium [ɪmˈpeːriʊm] *n* ⟨~s; -ien⟩ HIST, *fig* empire *m*
impertinent [ɪmpɛrtiˈnɛnt] *adj* impertinent; insolent
impfen [ˈɪmpfən] *v/t* vacciner (**gegen** contre)
Impflokal *n* lieu *m* de vaccination
Impfpass *m* carnet *m* de vaccinations
Impfpflicht *f* ⟨~⟩ vaccination *f* obligatoire
Impfschein *m* certificat *m* de vaccination
Impfschutz *m* protection assurée par un vaccin
Impfstoff *m* vaccin *m*
Impfung *f* ⟨~; ~en⟩ vaccination *f*
Implantat [ɪmplanˈtaːt] *n* ⟨~s; ~e⟩ MÉD implant *m*
Implantation *f* ⟨~; ~en⟩ MÉD implantation *f*
implantieren *v/t* ⟨*sans ge*⟩ MÉD implanter
implodieren [ɪmploˈdiːrən] *v/i* ⟨*sans ge*, sn⟩ imploser
Implosion *f* ⟨~; ~en⟩ implosion *f*
imponieren [ɪmpoˈniːrən] *v/i* ⟨*sans ge*⟩ **j-m** (**mit etw**) **imponieren** impressionner qn (par qc)
imponierend *adj* imposant

Import [ɪmˈpɔrt] *m* ⟨~(e)s; ~e⟩ importation *f*
Importeur [-ˈtøːr] *m* ⟨~s; ~e⟩ importateur *m*
importieren *v/t* ⟨*sans ge*⟩ importer (*a* INFORM)
imposant [ɪmpoˈzant] *adj* imposant
impotent [ˈɪmpotɛnt] *adj* impuissant (*a fig*)
Impotenz *f* ⟨~⟩ impuissance *f* (*a fig*)
imprägnieren [ɪmprɛˈɡniːrən] *v/t* ⟨*sans ge*⟩ *Stoff* imperméabiliser; *Holz* imprégner (**mit** de)
Imprägnierung *f* ⟨~; ~en⟩ *von Stoff* imperméabilisation *f*; *von Holz* imprégnation *f*
Impressionismus [ɪmpresioˈnɪsmus] *m* ⟨~⟩ impressionnisme *m*
Impressionist *m* ⟨~en; ~en⟩ impressionniste *m*
impressionistisch *adj* impressionniste
Impressum [ɪmˈprɛsʊm] *n* ⟨~s; -ssen⟩ TYPO mention *f* des responsables de l'édition et du contenu; PRESSE ours *m*
improvisieren [ɪmproviˈziːrən] *v/t u v/i* ⟨*sans ge*⟩ improviser
Impuls [ɪmˈpʊls] *m* ⟨~es; ~e⟩ PHYS, PSYCH, *fig* impulsion *f*
impulsiv *adj* impulsif
imstande [ɪmˈʃtandə] *adj* **imstande sein, etw zu tun** être capable de faire qc; F **er ist imstande und ...** il est bien capable de (+ *inf*)
in[1] [ɪn] *prép* **1.** *Lage* ⟨*dat*⟩ à; (*innerhalb*) dans; en (*a bei weiblichen Ländernamen, Erdteilen*); *bei Straßennamen unübersetzt*; **in Rom** à Rome; **in Dänemark** au Danemark; **in Deutschland** en Allemagne; **in ganz Europa** dans toute l'Europe; **in der Stadt** en ville; **der Beste in der Klasse** le meilleur de la classe; **in meinem Zimmer** dans ma chambre; **im Französischen** en français; **er ist gut in Mathematik** il est bon, fort en maths **2.** *Richtung* ⟨*acc*⟩ à; en; **ins Ausland** à l'étranger; **in die Stadt fahren** aller en ville **3.** *auf die Frage wann?* ⟨*dat*⟩, *auf die Frage bis wann?* ⟨*acc*⟩ en; dans; à; pendant; **in drei Tagen** dans trois jours; **in den Ferien** pendant les vacances; **in meinem ganzen Leben** de toute ma vie **4.** *Art u Weise* ⟨*dat*⟩ *od* ⟨*acc*⟩ en; à; de; **in strengem Ton** d'un ton sévère; **in dieser Farbe** de, dans cette teinte
in[2] *adj* F (*in Mode*) **in sein** F être branché, «in»
in... *in Zssgn zur Bezeichnung des Gegenteils* in…

in (bei Ortsangaben): à, à la, au, aux oder en? 🔲FQ

à:		
Städte	**à Paris, à Berlin** *aber*: **en ville**	in Paris, in Berlin in der Stadt
à la, au, aux:		
männliche Ländernamen	**au Danemark** **au Canada**	in Dänemark in Kanada
Ländernamen im Plural	**aux Pays-Bas** **aux États-Unis**	in den Niederlanden in den USA
Gebäude	**à la banque** **au musée**	in der Bank im Museum
en:		
weibliche Ländernamen	**en Belgique** **en France**	in Belgien in Frankreich
männliche Ländernamen, die mit Vokal beginnen	**en Afghanistan** **en Iran**	in Afghanistan im Iran

inaktiv *adj* inactif
inakzeptabel *st/s adj* ⟨-bl-⟩ inacceptable
Inanspruchnahme [ɪn'ʔanʃpruxnaːmə] *f* ⟨~;
~n⟩ (*Nutzung*) utilisation *f*; (*Belastung*) exigence *f*
Inbegriff *m* incarnation *f*
inbegriffen *adj u adv* (y) compris; *Bedienung inbegriffen* service compris
Inbetriebnahme [ɪnbə'triːpnaːmə] *f* ⟨~; ~n⟩ ADM mise *f* en service
Inbrunst ['ɪnbrunst] *st/s f* ⟨~⟩ ferveur *f*; ardeur *f*
inbrünstig *st/s* **I** *adj* fervent; ardent **II** *adv* avec ferveur, ardeur
indem *conj* **1.** (*während*) pendant que; tandis que; *bei gleichem Subjekt* en (+ *p/pr*) **2.** (*dadurch, dass*) en (+ *p/pr*)
Inder(in) *m* ⟨~s; ~⟩ (*f*) ⟨~in; ~innen⟩ Indien, -ienne *m,f*
indes(sen) **I** *adv* **1.** *zeitlich* pendant ce temps; sur ces entrefaites **2.** *einschränkend* pourtant; néanmoins; cependant **II** *st/s conj* tandis que
Index ['ɪndɛks] *m* ⟨~⍟; ~e *ou* -dizes⟩ **1.** ÉCON, MATH indice *m* **2.** (*Verzeichnis*) index *m*
Indianer(in) [ɪndi'aːnər(ɪn)] *m* ⟨~s; ~⟩ (*f*) ⟨~in; ~innen⟩ Indien, -ienne *m,f* (d'Amérique)
Indianerhäuptling *m* chef indien
Indianerreservat *n* réserve *f* d'Indiens
Indianerstamm *m* tribu *f* d'Indiens
indianisch *adj* indien
Indien ['ɪndiən] *n* ⟨~s⟩ l'Inde *f*
Indikation [ɪndikatsi'oːn] *f* ⟨~; ~en⟩ MÉD indication *f*

Indikativ ['ɪndikatiːf] *m* ⟨~s; ~e⟩ GR (mode *m*) indicatif *m*
indirekt *adj* indirect
indisch *adjt* indien
indiskret *adj* indiscret
Indiskretion *f* ⟨~; ~en⟩ indiscrétion *f*
indiskutabel *adj* ⟨-bl-⟩ inadmissible
indisponiert *st/s adj* indisposé
Individualist(in) [ɪndividua'lɪst(ɪn)] *m* ⟨~en; ~en⟩ (*f*) ⟨~in; ~innen⟩ individualiste *m,f*
Individualität [-li'tɛːt] *f* ⟨~; ~en⟩ individualité *f*
individuell *adj* individuel
Individuum [-'viːduum] *n* ⟨~s; -duen⟩ individu *m*
Indiz [ɪn'diːts] *n* ⟨~es; ~ien⟩ indice *m* (*für* de) (*a* JUR)
Indizienbeweis *m* JUR preuve *f* par indices
Indochina [ɪndo'çiːna] *n* l'Indochine *f*
indogermanisch *adj* indo-européen
Indonesien [ɪndo'neːziən] *n* ⟨~s⟩ l'Indonésie *f*
indonesisch *adj* indonésien
Indossament [ɪndɔsa'mɛnt] *n* ⟨~s; ~e⟩ FIN endos(sement) *m*
Indossant *m* ⟨~en; ~en⟩ FIN endosseur *m*
Induktion [ɪndʊktsi'oːn] *f* ⟨~; ~en⟩ ÉLECT, BIOL, LOGIK induction *f*
Induktionsstrom *m* ÉLECT courant induit
industrialisieren *v/t* ⟨*sans ge*⟩ industrialiser
Industrialisierung *f* ⟨~⟩ industrialisation *f*
Industrie [ɪndus'triː] *f* ⟨~; ~n⟩ industrie *f*; *verarbeitende Industrie* industrie de transformation

Die Relativpronomen in der indirekten Frage 🔲FQ

Je ne sais pas	**ce qui**	t'intéresse.	was	**Subjekt**: Sache
Je voudrais savoir	**ce que**	tu vas faire.	was	**direktes Objekt**: Sache
Je voudrais savoir	**qui**	m'accompagnera.	wer	**Subjekt**: Person
Je voudrais savoir	**qui**	tu as informé.	wen	**direktes Objekt**: Person

Industrie... *in Zssgn* industriel
Industrieabwässer *n/pl* eaux industrielles usées
Industrieanlage *f* installation industrielle; usine *f*
Industrieausstellung *f* exposition industrielle
Industriebetrieb *m* entreprise industrielle
Industriegebiet *n e-s Lands* région industrielle; *e-r Stadt* zone industrielle
Industriegelände *n* terrain industriel
Industriegesellschaft *f* société industrielle
Industriekauffrau *f*, **Industriekaufmann** *m* agent technico-commercial
Industrieland *n* pays industriel
industriell *adj* industriel
Industrielle(r) *m* ⟨→ A⟩ industriel *m*
Industriemesse *f* foire industrielle
Industriemüll *m* déchets industriels
Industrienorm *f* norme industrielle
Industriepark *m* zone industrielle
Industrieroboter *m* robot industriel
Industriespionage *f* espionnage industriel
Industriestaat *m* État industriel
Industriestadt *f* ville industrielle
Industrie- und Handelskammer *f* ⟨~; ~n⟩ Chambre *f* de commerce et d'industrie
Industriezeitalter *n* ⟨~s⟩ époque industrielle
Industriezweig *m* secteur industriel
ineffektiv *adj* inefficace
ineinander *adv* l'un(e) dans l'autre; *pl* les un(e)s dans les autres; → *ineinanderfließen, ineinanderfügen, ineinandergreifen, ineinanderschieben*
ineinanderfließen *v/i* ⟨irr, sn⟩ se confondre; *Flüssigkeiten, Farben* se mélanger
ineinanderfügen *v/t* emboîter
ineinandergreifen *v/i* ⟨irr⟩ *Zahnräder* s'engrener; *fig* s'enchaîner
ineinanderschieben *v/t* ⟨irr⟩ **I** *v/t* faire entrer l'un dans l'autre; emboîter; *mit Gewalt* télescoper **II** *v/r* **sich ineinanderschieben** s'emboîter
infam [ɪn'faːm] *adj* infâme
Infanterie [ɪnfantəˈriː] *f* ⟨~; ~n⟩ MIL infanterie *f*
Infanterist *m* ⟨~en; ~en⟩ MIL fantassin *m*
infantil [ɪnfan'tiːl] *adj* infantile (*a fig*)
Infarkt [ɪn'farkt] *m* ⟨~⊄s; ~e⟩ infarctus *m*
Infekt [ɪn'fɛkt] *m* ⟨~⊄s; ~e⟩ infection *f*; **grippaler Infekt** infection grippale
Infektion *f* ⟨~; ~en⟩ **1.** (*Ansteckung*) contagion *f* **2.** F (*Entzündung*) infection *f*
Infektionsgefahr *f* danger *m* de contagion
Infektionsherd *m* foyer *m* d'infection
Infektionskrankheit *f* maladie infectieuse
infektiös [ɪnfɛktsiˈøːs] *adj* infectieux
Inferno [ɪn'fɛrno] *st/s n* ⟨~s⟩ enfer *m* (*a fig*)
Infiltration [ɪnfɪltratsi'oːn] *f* ⟨~; ~en⟩ infiltration *f* (*a fig*)
infiltrieren *v/t* ⟨sans ge⟩ POL s'infiltrer dans
Infinitesimalrechnung [ɪnfinitezi'maːl-] *f* MATH calcul infinitésimal
Infinitiv ['ɪnfinitiːf] *m* ⟨~s; ~e⟩ GR (mode *m*) infinitif *m*
Infinitivendung *f* terminaison *f*, désinence *f* de l'infinitif
Infinitivsatz *m* proposition infinitive
infizieren [ɪnfi'tsiːrən] ⟨sans ge⟩ **I** *v/t* infecter; contaminer **II** *v/r* **sich (mit etw) infizieren** at-

traper qc
in flagranti [ɪnflaˈgranti] *st/s adv* en flagrant délit
Inflation [ɪnflatsi'oːn] *f* ⟨~; ~en⟩ inflation *f*
inflationär [-'nɛːr] *adj* inflationniste
Inflationsrate *f* taux *m* d'inflation
Info ['ɪnfo] F *n* ⟨~s; ~s⟩ feuille *f* d'information
infolge *prép* ⟨gén⟩ par suite de
infolgedessen *adv* par conséquent
Infopost *f im Postverkehr* imprimé *m*
Informant(in) *m* ⟨~en; ~en⟩ (*f*) ⟨~in; ~innen⟩ informateur, -trice *m,f*
Informatik [ɪnfɔr'matɪk] *f* ⟨~⟩ informatique *f*
Informatiker(in) *m* ⟨~s; ~⟩ (*f*) ⟨~in; ~innen⟩ informaticien, -ienne *m,f*
Information *f* ⟨~; ~en⟩ **1.** information *f*, renseignement *m* (*über* [+ acc] sur); **zu Ihrer Information** pour votre information **2.** *Stand* stand *m* d'information
Informationsaustausch *m* échange *m* d'informations
Informationsblatt *n* journal *m* d'information
Informationsbüro *n* agence *f* d'information
Informationsfluss *m* circulation *f* de l'information
Informationsmaterial *n* documentation *f*
Informationsquelle *f* source *f* (d'une information)
Informationsstand *m* **1.** *Stelle* stand *m* d'information **2.** (*Kenntnisstand*) niveau *m* d'information
informativ [ɪnfɔrma'tiːf] *adj* instructif
informieren [ɪnfɔr'miːrən] ⟨sans ge⟩ **I** *v/t* **informieren** (*über* [+ acc]) informer (de, sur); renseigner (sur) **II** *v/r* **sich informieren** s'informer (de, sur); se renseigner (sur)
Infostand F *m* → **Information**
infrage *adv* **infrage kommen** entrer en ligne de compte; (*das*) **kommt nicht infrage!** (il n'en est) pas question!; **es kommt nicht infrage, dass ...** il n'est pas question que ...; **etw infrage stellen** remettre qc en question, en cause
infrarot ['ɪnfra-] *adj* infrarouge
Infrarotstrahler *m* radiateur *m* à infrarouge
Infraschall ['ɪnfraʃal] *m* AKUSTIK infrason *m*
Infrastruktur *f* infrastructure *f*
Infusion [ɪnfuzi'oːn] *f* ⟨~; ~en⟩ perfusion *f*
Ing. *abr* → **Ingenieur(in)**
Ingenieur(in) [ɪnʒeni'øːr(ɪn)] *m* ⟨~s; ~e⟩ (*f*) ⟨~in; ~innen⟩ ingénieur *m,f*
Ingenieurbüro *n* bureau *m* d'ingénieurs
Ingwer ['ɪŋvər] *m* ⟨~s⟩ gingembre *m*
Inhaber(in) ['ɪnhaːbər(ɪn)] *m* ⟨~s; ~⟩ (*f*) ⟨~in; ~innen⟩ *e-s Geschäfts* propriétaire *m,f*; *e-r Wohnung* occupant(e) *m(f)*; *e-s Amts, Titels, Passes, Kontos* titulaire *m,f*; COMM *e-s Wechsels, Schecks* porteur *m*; détenteur, -trice *m,f* (*a e-s Rekords*)
Inhaberpapier *n* FIN titre *m* au porteur
inhaftieren [ɪnhaf'tiːrən] *v/t* ⟨sans ge⟩ emprisonner
Inhaftierte(r) *f(m)* ⟨→ A⟩ détenu(e) *m(f)*
Inhaftierung *f* ⟨~; ~en⟩ emprisonnement *m*
inhalieren [ɪnha'liːrən] ⟨sans ge⟩ **I** *v/t* inhaler **II** *v/i* faire des inhalations
Inhalt ['ɪnhalt] *m* ⟨~⊄s; ~e⟩ **1.** *e-s Gefäßes* contenu *m* **2.** (*Gehalt*) contenu *m*; (*Wortlaut*) *a* teneur *f* **3.** (*Flächeninhalt*) superficie *f*; aire *f*;

(*Rauminhalt*) volume *m*; capacité *f* **4.** (*Inhalts-verzeichnis*) table *f* des matières
inhaltlich I *adj* du contenu **II** *adv* quant au contenu
Inhaltsangabe *f e-r Erzählung* résumé *m*; sommaire *m*
Inhaltserklärung *f* déclaration *f* du contenu
inhaltslos *adj* sans fond; creux
inhaltsreich *adj* substantiel
inhaltsschwer *adj* profond
Inhaltsverzeichnis *n* table *f* des matières
inhuman *adj* inhumain
Initiale [initsi'aːlə] *f* ⟨~; ~n⟩ initiale *f*
Initiative [initsia'tiːvə] *f* ⟨~; ~n⟩ **1.** initiative *f*; **die Initiative ergreifen** prendre l'initiative **2.** → **Bürgerinitiative**
Initiator [initsi'aːtɔr] *m* ⟨~s; -toren⟩ promoteur *m*
Injektion [ɪnjɛktsi'oːn] *f* ⟨~; ~en⟩ MÉD injection *f*
Injektionsnadel *f* aiguille *f* hypodermique
Injektionsspritze *f* seringue *f* hypodermique, à injections
injizieren [ɪnji'tsiːrən] *v/t* ⟨*sans ge*⟩ injecter
Inka ['ɪŋka] *m* ⟨~$; ~$⟩ Inca *m*
Inkasso [ɪn'kaso] *n* ⟨~s; ~s *ou* -kassi⟩ FIN encaissement *m*
Inkassobüro *n* bureau *m* d'encaissement
Inkassovollmacht *f* procuration *f* pour encaisser de l'argent
inkl. *abr* → **inklusive**
inklusive [ɪnklu'ziːvə] *adv u prép* ⟨*gén*⟩ (y) compris
inkognito [ɪn'kɔɡnito] *adv* incognito
inkompatibel *adj* ⟨-bl-⟩ incompatible (*a* INFORM)
inkompetent *adj* incompétent
inkonsequent *adj* inconséquent
Inkonsequenz *f* inconséquence *f*
Inkontinenz *f* ⟨~; ~en⟩ MÉD incontinence *f*
inkorrekt *adj Auskunft* inexact; *Satz, Kleidung, Verhalten* incorrect
Inkrafttreten *n* ⟨~s⟩ entrée *f* en vigueur
Inkubationszeit [ɪnkubatsi'oːns-] *f* période *f* d'incubation
Inland *n* intérieur *m* du pays; **im Inland** à l'intérieur du pays
Inlandflug *m* vol intérieur
inländisch ['ɪnlɛndɪʃ] *adj* du pays; indigène
Inlandsabsatz *m* débouchés *m/pl* sur le marché intérieur
Inlandsmarkt *m* marché intérieur, national
Inlett ['ɪnlɛt] *n* ⟨~¢s; ~s *ou* ~e⟩ 'housse *f* d'édredon *bzw* de couette
Inliner ['ɪnlainər] *m* ⟨~s; ~⟩, **Inline-Skate** ['ɪnlainskeːt] *m* ⟨~s; ~s⟩ roller *m*
inmitten *st/s prép* ⟨*gén*⟩ au milieu de
innehaben ['ɪnə-] *v/t* ⟨*irr*⟩ *Amt* occuper; *Rekord* détenir
innehalten *v/i* ⟨*irr*⟩ s'arrêter
innen ['ɪnən] *adv* à l'intérieur; **nach innen** à l'intérieur; *aufgehen* vers l'intérieur; **von innen** de l'intérieur
Innen... *in Zssgn meist* intérieur
Innenansicht *f* vue intérieure
Innenarchitektur *f* architecture *f* d'intérieur
Innenarchitekt(in) *m(f)* architecte *m,f* d'intérieur

Innenaufnahme *f* PHOT, FILM intérieur *m*
Innenausstattung *f* aménagement intérieur
Innenbahn *f* SPORT piste intérieure; LEICHTATH-LETIK couloir intérieur
Innenbeleuchtung *f* éclairage intérieur
Innendienst *m* service intérieur, interne
Inneneinrichtung *f* aménagement (intérieur)
Innenfläche *f* surface intérieure
Innenhof *m* cour intérieure
Innenleben *n* vie intérieure
Innenminister(in) *m(f)* ministre *m* de l'Intérieur
Innenministerium *n* ministère *m* de l'Intérieur
Innenpolitik *f* politique intérieure
innenpolitisch *adj* de (la) politique intérieure
Innenraum *m* intérieur *m*; *im Auto* habitacle *m*
Innenseite *f* côté intérieur; *e-s Stoffs* envers *m*
Innenspiegel *m* rétroviseur intérieur
Innenstadt *f* centre *m* (de la) ville
Innentasche *f* poche intérieure
Innentemperatur *f* température intérieure
Innenwand *f* cloison *f*
innerbetrieblich *adj* interne (à l'entreprise)
innerdeutsch *adj* interallemand
innere ['ɪnərə] *adj* intérieur; interne (*a* MÉD)
Innere(s) *n* ⟨→ A⟩ intérieur *m*; centre *m*; *fig e-s Menschen* for intérieur; dedans *m*
Innereien *f/pl* abats *m/pl*
innerhalb ['ɪnərhalp] *prép* ⟨*gén*⟩ *u adv* **1.** *örtlich* à l'intérieur (de); (au-de)dans (de) **2.** *zeitlich* en; **innerhalb kurzer Zeit** en peu de temps
innerlich I *adj* (*innen befindlich*) intérieur; interne (*a* MÉD) **II** *adv fig* dans mon, ton, *etc* for intérieur
innerstädtisch *adj* local
innerste *adj* le plus profond; intime
Innerste(s) *n* ⟨→ A⟩ partie la plus interne, profonde; âme *f*; cœur *m*; **im Innersten des Landes** au cœur du pays; **in s-m Innersten** dans son for intérieur
innert ['ɪnert] *prép* ⟨*gén*⟩ *schweiz, österr* → **innerhalb 2**
innewohnen *st/s v/i* **e-r Sache** (*dat*) **innewohnen** être inhérent, immanent à qc
innig ['ɪnɪç] **I** *adj* **1.** (*tief empfunden*) cordial; *Freundschaft* sincère; *Wunsch* ardent **2.** (*sehr eng*) intime, **ein inniges Verhältnis zu j-m haben** être très lié avec qn **II** *adv* **sich innig lieben** s'aimer tendrement
inniglich *st/s* → **innig**
Innovation [ɪnovatsi'oːn] *f* ⟨~; ~en⟩ innovation *f*
innovativ *adj* innovateur
Innung ['ɪnʊŋ] *f* ⟨~; ~en⟩ corporation *f*; corps *m* de métier
inoffiziell I *adj* non officiel; (*halbamtlich*) officieux **II** *adv* de manière non officielle; (*halbamtlich*) officieusement
inoperabel *adj* ⟨-bl-⟩ MÉD inopérable
inopportun *st/s adj* inopportun
in petto [ɪn'peto] F **etw in petto haben** avoir qc en réserve
in puncto [ɪn'pʊŋkto] *prép* **in puncto Kleidung** en ce qui concerne l'habillement
Input ['ɪnpʊt] *m od n* ⟨~s; ~s⟩ INFORM entrée *f*
Inquisition [ɪnkvizitsi'oːn] *f* ⟨~⟩ HIST Inquisition *f*
ins [ɪns] = **in das**

Insasse ['ɪnzasə] *m* ⟨∼n; ∼n⟩, **Insassin** *f* ⟨∼; ∼nen⟩ *e-s Autos* occupant(e) *m(f)*; *e-s Zuges* voyageur, -euse *m,f*; *e-s Flugzeuges* passager, -ère *m,f*; *e-s Heims* pensionnaire *m,f*; *e-s Gefängnisses* détenu(e) *m(f)*

Insassenversicherung *f* assurance *f* des personnes transportées

insbesond(e)re *adv* en particulier; spécialement

Inschrift *f* inscription *f*

Insekt [ɪn'zɛkt] *n* ⟨∼s; ∼en⟩ insecte *m*

Insektenfresser *m/pl* insectivores *m/pl*

Insektengift *n* insecticide *m*

Insektenkunde *f* entomologie *f*

Insektenspray *n od m* bombe *f* insecticide

Insektenstich *m* piqûre *f* d'insecte

Insektizid [ɪnzɛkti'tsi:t] *n* ⟨∼s; ∼e⟩ insecticide *m*

Insel ['ɪnzəl] *f* ⟨∼; ∼n⟩ île *f*; *kleine* îlot *m* (*a fig Sprachinsel*); (*Verkehrsinsel*) îlot directionnel; refuge *m*

Inselbewohner(in) *m(f)* insulaire *m,f*

Inselgruppe *f* archipel *m*; groupe *m* d'îles

Inselstaat *m* État *m* insulaire

Inserat [ɪnze'ra:t] *n* ⟨∼s; ∼e⟩ annonce *f*

Inserent(in) *m* ⟨∼en; ∼en⟩ *(f)* ⟨∼in; ∼innen⟩ annonceur, -euse *m,f*

inserieren *v/i* ⟨*sans ge*⟩ mettre, faire passer une annonce

insgeheim *adv* en secret; secrètement

insgesamt *adv* en tout; au total

Insider ['ɪnsaɪdər] *m* ⟨∼s; ∼⟩ initié *m*

insofern I *adv* sur ce point **II** *conj* **insofern, als** ... dans la mesure où ...

insolvent *adj* insolvable

Insolvenz *f* ⟨∼; ∼en⟩ insolvabilité *f*

insoweit → **insofern**

in spe [ɪn'spe:] *adj* ⟨*inv*⟩ futur (*vorangestellt*)

Inspekteur [ɪnspɛk'tø:r] *m* ⟨∼s; ∼e⟩ MIL inspecteur *m*

Inspektion *f* ⟨∼; ∼en⟩ inspection *f* (*a Behörde*); TECH révision *f*; *das Auto muss zur Inspektion* il faut faire réviser la voiture

Inspektor(in) [ɪn'spɛktɔr (-'to:rɪn)] *m* ⟨∼s; -toren⟩ *(f)* ⟨∼in; ∼innen⟩ **1.** *Beamter* fonctionnaire *m,f* des cadres moyens **2.** *Prüfer(in)* inspecteur, -trice *m,f*

Inspiration [ɪnspiratsi'o:n] *f* ⟨∼; ∼en⟩ inspiration *f*

inspirieren *v/t* ⟨*sans ge*⟩ *j-n inspirieren* inspirer qn; *sich von etw, j-m inspirieren lassen* s'inspirer de qc, qn

Inspizient [ɪnspitsi'ɛnt] *m* ⟨∼en; ∼en⟩ THÉ régisseur *m*

inspizieren *v/t* ⟨*sans ge*⟩ inspecter

instabil *adj* instable

Installateur [ɪnstala'tø:r] *m* ⟨∼s; ∼e⟩ (*Heizungsinstallateur*) installateur *m* de chauffage

Installation *f* ⟨∼; ∼en⟩ installation *f* (*a* INFORM)

installieren *v/t* ⟨*sans ge*⟩ installer (*a* INFORM)

instand [ɪn'ʃtant] *adv* **instand halten** maintenir en bon état; entretenir; **instand setzen** remettre en bon état; réparer

Instandhaltung *f* entretien *m*; maintien *m* en bon état

Instandhaltungskosten *pl* frais *m/pl* d'entretien

inständig ['ɪnʃtɛndɪç] *adj* instant; **inständige**

Bitte demande pressante, instante

Instandsetzung *f* ⟨∼; ∼en⟩ remise *f* en (bon) état; réparation *f*

Instanz [ɪn'stants] *f* ⟨∼; ∼en⟩ **1.** (*Stelle für Entscheidungen*) autorité *f* **2.** JUR instance *f*; *in erster Instanz* en première instance

Instanzenweg *m* ADM voie *f* 'hiérarchique; JUR instances *f/pl*; ADM *auf dem Instanzenweg* par la voie 'hiérarchique

Instinkt [ɪn'stɪŋkt] *m* ⟨∼¢s; ∼e⟩ instinct *m*

instinktiv *adj* instinctif

instinktlos I *adj Verhalten* qui manque de tact; *Äußerung* grossier **II** *adj sich verhalten* sans tact; *sich äußern* grossièrement

Institut [ɪnsti'tu:t] *n* ⟨∼¢s; ∼e⟩ (*Forschungsinstitut*) institut *m* (*für* de); (*Lehranstalt*) a école *f*; institution *f*

Institution *f* ⟨∼; ∼en⟩ institution *f* (*a fig*)

institutionell *adj* institutionnel

instruieren [ɪnstru'i:rən] *v/t* (*u v/r*) ⟨*sans ge*⟩ (*sich instruieren* s')instruire, (s')informer (*über* [+ *acc*] de)

Instruktion [ɪnstrʊktsi'o:n] *f* ⟨∼; ∼en⟩ instruction *f*; MIL consigne *f*

instruktiv *adj* instructif

Instrument [ɪnstru'mɛnt] *n* ⟨∼¢s; ∼e⟩ instrument *m* (*a fig*); *ein Instrument spielen* jouer d'un instrument

Instrumentalmusik *f* musique instrumentale

Instrumentenbrett *n* tableau *m* de bord

Instrumentenflug *m* AVIAT vol *m* aux instruments

Insuffizienz ['ɪnzufitsiɛnts] *f* ⟨∼; ∼en⟩ MÉD insuffisance *f*

Insulaner(in) [ɪnzu'la:nər(ɪn)] *m* ⟨∼s; ∼⟩ *(f)* ⟨∼in; ∼innen⟩ insulaire *m,f*

Insulin® [ɪnzu'li:n] *n* ⟨∼s⟩ insuline *f*

inszenieren [ɪnstse'ni:rən] *v/t* ⟨*sans ge*⟩ **1.** THÉ, FILM, *fig* mettre en scène **2.** *péj* manigancer

Inszenierung *f* ⟨∼; ∼en⟩ **1.** THÉ, FILM, *fig* mise *f* en scène **2.** *péj* manigances *f/pl*

intakt [ɪn'takt] *adj* intact; *Landschaft* resté intact; *Wirtschaft* sain

Intarsie [ɪn'tarziə] *f* ⟨∼; ∼n⟩ marqueterie *f*

integer [ɪn'te:gər] *adj* ⟨-gr-⟩ intègre

Integral [ɪnte'gra:l] *n* ⟨∼s; ∼e⟩ MATH intégrale *f*

Integralhelm *m* casque intégral

Integralrechnung *f* calcul intégral

Integration [ɪntegratsi'o:n] *f* ⟨∼; ∼en⟩ intégration *f*

integrieren *v/t* ⟨*sans ge*⟩ intégrer

Integrität *f* ⟨∼⟩ intégrité *f*

Intellekt [ɪnte'lɛkt] *m* ⟨∼¢s⟩ intellect *m*

intellektuell *adj* intellectuel

Intellektuelle(r) *f(m)* ⟨→ A⟩ intellectuel, -elle *m,f*

intelligent [ɪnteli'gɛnt] *adj* intelligent

Intelligenz *f* ⟨∼⟩ **1.** intelligence *f*; *künstliche Intelligenz* intelligence artificielle **2.** (*geistig führende Schicht*) intellectuels *m/pl*; intelligentsia *f*

Intelligenzbestie F *f* F cerveau *m*

Intelligenzquotient *m* quotient intellectuel

Intelligenztest *m* test *m* d'intelligence

Intendant(in) [ɪntɛn'dant(ɪn)] *m* ⟨∼en; ∼en⟩ *(f)* ⟨∼in; ∼innen⟩ THÉ directeur, -trice *m,f*; RAD, TV directeur, -trice *m,f* général(e)

Intensität [ɪntɛnzi'tɛ:t] *f* ⟨∼⟩ intensité *f*

intensiv [ɪntɛn'ziːf] **I** adj (stark) intense; (angestrengt) intensif **II** adv intensivement; intensément; **intensiv nachdenken** réfléchir intensément

intensivieren v/t ⟨sans ge⟩ intensifier

Intensivierung f ⟨~; ~en⟩ intensification f

Intensivkurs m cours intensif

Intensivstation f service m de réanimation

inter... [ɪntər...] in Zssgn inter...

interaktiv adj interactif

Intercity m ⟨~s; ~s⟩ train m rapide intervilles

Intercityexpresszug m TGV m

interessant [ɪntərɛ'sant] **I** adj intéressant **II** adv d'une manière, façon intéressante

interessanterweise adv **interessanterweise wurde diese Frage ausgeklammert** curieusement, cette question n'a pas été abordée

Interesse n ⟨~s; ~n⟩ intérêt m; **aus Interesse** par intérêt; **für** od **an etw** (dat) **Interesse haben** s'intéresser à qc; **es liegt in deinem Interesse zu** (+ inf) il est de ton intérêt de (+ inf)

Interesse = int**é**r**ê**t

Wird anders geschrieben als englisch „interest".

---

interessehalber adv par curiosité; par simple intérêt

interesselos adj sans intérêt

Interesselosigkeit f ⟨~⟩ manque m d'intérêt

Interessenausgleich m conciliation f d'intérêts contraires

Interessengebiet n domaine auquel on s'intéresse

Interessengemeinschaft f **1.** von Personen communauté f d'intérêts **2.** ÉCON groupement m d'intérêt économique

Interessengruppe f groupement m d'intérêts; bes POL groupe m de pression; lobby m

Interessenkonflikt m conflit m d'intérêts

Interessent(in) m ⟨~en; ~en⟩ (f) ⟨~in; ~innen⟩ personne f qui s'intéresse à qc; amateur m; **e-n Interessenten für etw finden** trouver qn qui s'intéresse à qc

interessieren ⟨sans ge⟩ **I** v/t intéresser; **es interessiert mich, ob ...** je voudrais bien savoir si ... **II** v/r **sich für etw, j-n interessieren** s'intéresser à qc, qn

interessiert I adjt **an etw** (dat) **interessiert sein** s'intéresser à qc **II** advt **interessiert zuschauen** regarder avec intérêt

Interface ['ɪntərfeːs] n ⟨~; ~s⟩ INFORM interface f

Interferenz [ɪntərfe'rɛnts] f ⟨~; ~en⟩ PHYS, OPT, LING interférence f

Interimslösung ['ɪntərɪms-] f solution f provisoire

Interimsregierung f gouvernement m provisoire, intérimaire

Interjektion [ɪntərjɛktsi'oːn] f ⟨~; ~en⟩ GR interjection f

interkontinental adj intercontinental

Interkontinentalrakete f missile intercontinental

Intermezzo [ɪntər'mɛtso] n ⟨~s; ~s ou -zzi⟩ THÉ, MUS, fig intermède m; MUS a intermezzo m

---

intern [ɪn'tɛrn] adj interne

Interna pl affaires f/pl internes

Internat n ⟨~⌀s; ~e⟩ internat m

international adj international

Internationale f ⟨~; ~n⟩ POL, Lied Internationale f

Internatsschule f internat m; pensionnat m

Internatsschüler(in) m(f) élève m,f d'internat

Internet ['ɪntərnɛt] n ⟨~s⟩ Internet m; **per, über das Internet** via Internet

---

Internet-Begriffe

Browser	le navigateur
chatten	chatter
Cyberspace	le cybermonde
E-Mail (Nachricht)	l'e-mail m [imɛl]
(Einrichtung)	le courrier électronique
E-Mail-Adresse	l'adresse f e-mail
herunterladen	télécharger
Homepage	la page d'accueil
Internet	Internet m
im Internet surfen	naviguer sur Internet
Internetprovider	le fournisseur d'accès
Internetsurfer(in)	l'internaute m,f
Modem	le modem
Netz	le Net
offline	hors ligne
online	en ligne
Onlinedienst	le service en ligne
Passwort	le mot de passe
Server	le serveur
Suchmaschine	le moteur de recherche
surfen	naviguer
Web	le Web, la Toile
Website	le site Web

Internetadresse f adresse f Internet

Internetanschluss m connexion f Internet

Internetauftritt m Vertretensein présence f sur Internet; (Homepage) page f d'accueil

Internetauktion f vente f aux enchères sur Internet

Internetcafé n cybercafé m

Internetprovider m fournisseur m d'accès (à Internet)

Internetsurfer(in) m(f) internaute m,f

Internetzugang m accès m à Internet

internieren v/t ⟨sans ge⟩ MIL interner

Internierte(r) f(m) ⟨→ A⟩ interné(e) m(f) (politique)

Internierung *f* ⟨∼; ∼en⟩ internement *m*
Internierungslager *n* camp *m* d'internement
Internist(in) *m* ⟨∼en; ∼en⟩ (*f*) ⟨∼in; ∼innen⟩ (médecin *m*) spécialiste *m,f* des maladies internes
interparlamentarisch *adj* interparlementaire
Interpol ['ɪntərpo:l] *f abr* ⟨∼⟩ (*Internationale kriminalpolizeiliche Organisation*) Interpol *m*
Interpret(in) [ɪntər'pre:t(ɪn)] *m* ⟨∼en; ∼en⟩ (*f*) ⟨∼in; ∼innen⟩ interprète *m,f*
Interpretation *f* ⟨∼; ∼en⟩ interprétation *f*; (*Textinterpretation*) explication *f* (de texte)
interpretieren *v/t* ⟨*sans ge*⟩ THÉ, MUS interpréter; SCHULE expliquer
Interpunktion [ɪntərpʊnktsi'o:n] *f* ⟨∼⟩ ponctuation *f*
Interrailkarte ['ɪntərre:l-] *f* EISENBAHN carte *f* Inter-Rail
Interregio [ɪntər're:gio] *m* ⟨∼s; ∼s⟩ *in Deutschland* train interrégional
Interrogativpronomen [ɪntəroga'ti:f-] *n* pronom, *adjektivisches* adjectif interrogatif
Intervall [ɪntər'val] *n* ⟨∼s; ∼e⟩ intervalle *m*
Intervallschaltung *f* ÉLECT contact *m* pour balayage intermittent
Intervalltraining *n* SPORT entraînement fractionné
intervenieren [ɪntərve'ni:rən] *st/s v/i* ⟨*sans ge*⟩ intervenir
Intervention *f* ⟨∼; ∼en⟩ intervention *f*
Interview [ɪntər'vju:] *n* ⟨∼s; ∼s⟩ interview *f*
interviewen *v/t* ⟨*sans ge*⟩ interviewer
Interviewer(in) *m* ⟨∼s; ∼⟩ (*f*) ⟨∼in; ∼innen⟩ interviewer *m*; intervieweuse, -euse *m,f*; MARKTFORSCHUNG enquêteur, -euse *m,f*
Intifada [ɪnti'fa:da] *f* ⟨∼⟩ POL intifada *f*
intim [ɪn'ti:m] *adj* intime
Intimbereich *m* sexe *m*; *beim Mann* parties *f/pl* (génitales); *bei der Frau* organes génitaux
Intimität [ɪntimi'tɛ:t] *f* ⟨∼; ∼en⟩ **1.** (*Innigkeit*) intimité *f* **2.** (*Vertraulichkeit*) **Intimitäten austauschen** échanger des confidences **3.** *pl* **Intimitäten** (*sexuelle Handlungen*) rapports *m/pl* (intimes)
Intimleben *n* vie *f* intime
Intimpflege *f* toilette *f* intime
Intimsphäre *f* intimité *f*
Intimspray *m od n* déodorant *m* intime
intolerant *adj* intolérant (*gegenüber* envers)
Intoleranz *f* intolérance *f* (envers)
Intonation [ɪntonatsi'o:n] *f* ⟨∼; ∼en⟩ MUS, PHON intonation *f*
Intranet ['ɪntranɛt] *n* ⟨∼s; ∼s⟩ Intranet *m*
intransitiv *adj* GR intransitif
intravenös [-ve'nø:s] *adj* MÉD intraveineux
Intrigant(in) [ɪntri'gant(ɪn)] *m* ⟨∼en; ∼en⟩ (*f*) ⟨∼in; ∼innen⟩ intrigant(e) *m(f)*
Intrige *f* ⟨∼; ∼n⟩ intrigue *f*
intrigieren *v/i* ⟨*sans ge*⟩ intriguer (*gegen* contre)
introvertiert [ɪntrovɛr'ti:rt] *adj* introverti
Introvertiertheit *f* ⟨∼⟩ introversion *f*
Intuition [ɪntuitsi'o:n] *f* ⟨∼; ∼en⟩ intuition *f*
intuitiv *adj* intuitif
intus ['ɪntʊs] F *adv* **etw intus haben** (*begriffen*) F avoir pigé qc; (*im Gedächtnis*) retenir qc; (*verzehrt*) avoir avalé qc; **e-n intus haben** F

être éméché

Invalide [ɪnva'li:də] *m* ⟨∼n; ∼n⟩ invalide *m*
Invalidität *f* ⟨∼⟩ invalidité *f*
Invasion [ɪnvazi'o:n] *f* ⟨∼; ∼en⟩ invasion *f* (*a fig*)
Inventar [ɪnvɛn'ta:r] *n* ⟨∼s; ∼e⟩ **1.** (*Einrichtungsgegenstände*) mobilier *m* **2.** *Verzeichnis* inventaire *m*
Inventur [ɪnvɛn'tu:r] *f* ⟨∼; ∼en⟩ COMM inventaire *m*; **Inventur machen** faire son inventaire
Inversion [ɪnvɛrzi'o:n] *f* ⟨∼; ∼en⟩ inversion *f*
Inversionswetterlage *f* MÉTÉO inversion *f* thermique
investieren [ɪnvɛs'ti:rən] *v/t* ⟨*sans ge*⟩ investir, *Geld a* placer (*in* [+ *acc*] dans)
Investition *f* ⟨∼; ∼en⟩ investissement *m*
Investitionsbereitschaft *f* ⟨∼⟩ propension *f* à investir
Investitionshilfe *f* aide *f* aux investissements
Investitionskosten *pl* frais *m/pl* d'investissement
Investmentfonds [ɪn'vɛstmənt-] *m* fonds commun de placement
Investmentgesellschaft *f* société *f* d'investissement
Investmentpapier *n*, **Investmentzertifikat** *n* certificat *m* d'investissement
Investor *m* ⟨∼s; -toren⟩ investisseur *m*
In-vitro-Fertilisation [ɪn'vi:tro-] *f* ⟨∼; ∼en⟩ MÉD fécondation *f* in vitro
inwendig ['ɪnvɛndɪç] **I** *adj* intérieur **II** *adv* à l'intérieur; au-dedans; *fig* intérieurement; F **etw in- und auswendig kennen** connaître qc comme sa poche
inwiefern, inwieweit I *adv fragend* dans quelle mesure **II** *conj* jusqu'à quel point; dans quelle mesure
Inzahlungnahme *f* ⟨∼⟩ COMM reprise *f*
Inzest [ɪn'tsɛst] *m* ⟨∼es; ∼e⟩ inceste *m*
Inzucht *f* consanguinité *f*; ZO croisement *m* entre individus apparentés
inzwischen *adv* **1.** (*seitdem*) entre-temps; depuis **2.** (*währenddessen*) pendant ce temps-là; (*bis dahin*) d'ici-là
IOK [i:ʔoːˈka:] *n abr* ⟨∼$⟩ (*Internationales Olympisches Komitee*) CIO *m*
Ion [i'o:n] *n* ⟨∼s; ∼en⟩ PHYS, CHIM ion *m*
ionisieren *v/t* ⟨*sans ge*⟩ PHYS, CHIM ioniser
I-Punkt *m* point *m* sur le i
IQ [i:'ku:] *m abr* ⟨∼$; ∼$⟩ (*Intelligenzquotient*) QI *m*
Irak [i'ra:k] *n* ⟨∼s⟩ *od* **der Irak** l'Irak *od* l'Iraq *m*; **im Irak** en Irak *od* Iraq
Iraker(in) *m* ⟨∼s; ∼⟩ (*f*) ⟨∼in; ∼innen⟩ Irakien, -ienne *od* Iraquien, -ienne *m,f*
irakisch *adj* irakien *od* iraquien
Iran [i'ra:n] *n* ⟨∼s⟩ *od* **der Iran** l'Iran *m*; **im Iran** en Iran
Iraner(in) *m* ⟨∼s; ∼⟩ (*f*) ⟨∼in; ∼innen⟩ Iranien, -ienne *m,f*
iranisch *adj* iranien
irden ['ɪrdən] *adj* en terre cuite; en grès
irdisch ['ɪrdɪʃ] *adj* terrestre; REL de ce monde; (*diesseitig*) d'ici-bas
Ire ['i:rə] *m* ⟨∼n; ∼n⟩ Irlandais *m*
irgend ['ɪrgənt] *adv* **1.** F **irgend so ein Dummkopf** un imbécile quelconque **2.** (*irgendwie*) **wenn du irgend kannst ...** si tu as la moindre

possibilité …
irgendein *pr/ind* **I** *adjt* **irgendein Buch** n'importe quel livre; un livre quelconque; **ohne irgendein Hilfsmittel** sans aucune aide **II** *subst* quelqu'un; (*gleichgültig wer*) n'importe qui
irgendetwas *pr/ind* quelque chose; (*gleichgültig was*) n'importe quoi
irgendjemand *pr/ind* quelqu'un; (*gleichgültig wer*) n'importe qui
irgendwann *adv* un jour; (*gleichgültig wann*) n'importe quand
irgendwas F → **irgendetwas**
irgendwelche *pr/ind pl* quelconques; *bei verneintem Sinn* aucun(e)s; **ohne irgendwelche Kosten** sans aucun frais
irgendwer → **irgendjemand**
irgendwie n'importe comment
irgendwo *adv* quelque part; (*gleichgültig wo*) n'importe où
irgendwoher *adv* (de) quelque part
irgendwohin *adv* quelque part; (*gleichgültig wohin*) n'importe où
Irin *f* ⟨∼; ∼nen⟩ Irlandaise *f*
Iris ['iːrɪs] *f* ⟨∼; ∼⟩ ANAT, BOT iris *m*
irisch *adj* irlandais
Irland ['ɪrlant] *n* ⟨∼s⟩ l'Irlande *f*
Irokese [iro'keːzə] *m* ⟨∼n; ∼n⟩, **Irokesin** *f* ⟨∼; ∼nen⟩ Iroquois(e) *m(f)*
Irokesenschnitt *m Frisur* coiffure *f* à l'iroquois
Ironie [iro'niː] *f* ⟨∼; ∼n⟩ ironie *f*
ironisch [i'roːnɪʃ] *adj* ironique; **ironisch werden** faire de l'ironie
irr → **irre**
irrational ['ɪratsionaːl] *adj* irrationnel
irre I *adj* **1.** fou; MÉD *a* aliéné; dément; (*verwirrt*) dérangé **2.** F (*groß, toll*) F dément; F dingue; F super **II** F *adv* F vachement; **irre komisch** F vachement drôle
Irre *f* ⟨∼⟩ **j-n in die Irre führen** égarer qn
Irre(r) *f(m)* ⟨→ A⟩ fou *m*, folle *f*; MÉD *a* aliéné(e) *m(f)*; dément(e) *m(f)*; F **ein armer Irrer** un pauvre fou
irreal ['ɪreaːl] *adj* irréel
irreführen *v/t* induire en erreur; tromper; **sich durch etw irreführen lassen** se laisser prendre à qc
irreführend *adjt* trompeur
irregulär ['ɪreguleːr] *adj* irrégulier
irrelevant ['ɪrelevant] *adj* insignifiant (**für** pour); sans importance (pour)
irremachen *v/t* déconcerter
irren ['ɪrən] **I** *v/i* **1.** (*sn*) (*umherirren*) errer **2.** *geistig* se tromper; *prov* **Irren ist menschlich** *prov* l'erreur est humaine **II** *v/r* **sich irren** se tromper (**im Datum** de date, **in j-m** sur le compte de qn); **wenn ich mich nicht irre** si je ne me trompe; sauf erreur de ma part
Irrenanstalt *f péj*, **Irrenhaus** *n péj* maison *f* de fous
irreparabel ['ɪreparaːbəl] *adj* ⟨-bl-⟩ irréparable; MÉD *Schäden* irréversible
irrewerden *v/i* ⟨*irr, sn*⟩ **an j-m, etw irrewerden** ne plus comprendre qn, qc
Irrfahrt *f* odyssée *f*
Irrgarten *m* labyrinthe *m*; dédale *m*
Irrglaube(n) *m* idée fausse; REL hétérodoxie *f*; hérésie *f*
irrig *adj Ansicht* erroné

Irritation *f* ⟨∼; ∼en⟩ confusion *f*; trouble *m*; MÉD irritation *f*
irritieren [ɪri'tiːrən] *v/t* ⟨*sans ge*⟩ **1.** (*verwirren*) déconcerter; troubler **2.** (*ärgern*) irriter
Irrläufer *m Brief etc* envoi égaré
Irrlehre *f* doctrine erronée, hétérodoxe; hérésie *f*
Irrlicht *n* feu follet
Irrsinn *m* folie *f*
irrsinnig I *adj* **1.** (de) fou; **ein irrsinniger Gedanke** une idée insensée, de fou **2.** F *fig* terrible **II** F *adv* terriblement; F vachement
Irrsinnige(r) *f(m)* ⟨→ A⟩ fou *m*, folle *f*
Irrtum *m* ⟨∼s; -tümer⟩ erreur *f*; (*Versehen*) méprise *f*; **im Irrtum sein** être dans l'erreur; se tromper; **e-n Irrtum begehen** faire, commettre une erreur; COMM **Irrtum vorbehalten** sauf erreur
irrtümlich ['ɪrtyːmlɪç] **I** *adj* erroné **II** *adv* par erreur
Irrweg *m* fausse voie
Irrwisch *m* ⟨∼⊄s; ∼e⟩ *a fig Person* feu follet
Ischias ['ɪʃias] *n od m* ⟨∼⟩ sciatique *f*
Ischiasnerv *m* nerf *m* sciatique
ISDN [iːˈʔɛsdeːˈʔɛn] *n abr* ⟨∼⟩ (*Integrated Services Digital Network*) RNIS *m*
Islam [ɪsˈlaːm] *m* ⟨∼⊄⟩ islam *m*
islamisch *adj* islamique
Islamist(in) *m* ⟨∼en; ∼en⟩ (*f*) ⟨∼in; ∼innen⟩ islamiste *m,f*
Island ['iːslant] *n* ⟨∼s⟩ l'Islande *f*
Isländer(in) ['iːslɛndər(ɪn)] *m* ⟨∼s; ∼⟩ (*f*) ⟨∼in; ∼innen⟩ Islandais(e) *m(f)*
isländisch *adj* islandais
Isolation *f* ⟨∼; ∼en⟩ isolement *m* (*a* ÉLECT, POL); (*Wärmeisolation, Schallisolation*) isolation *f*; (*Isoliermaterial*) isolant *m*
Isolierband [izoˈliːr-] *n* ruban isolant; chatterton *m*
isolieren *v/t* ⟨*sans ge*⟩ isoler
Isolierkanne *f* thermos® *m*
Isoliermaterial *n* isolant *m*; matière isolante
Isolierschicht *f* couche isolante
Isolierstation *f* MÉD service *m* des contagieux
Isolierung *f* ⟨∼; ∼en⟩ → **Isolation**
Isomatte ['iːzomatə] *f* natte isolante (aluminisée)
Isotop [izoˈtoːp] *n* ⟨∼s; ∼e⟩ isotope *m*
Israel ['ɪsraeːl] *n* ⟨∼s⟩ Israël *m*
Israeli [ɪsraˈeːli] *m* ⟨∼⊄s; ∼⊄⟩, *f* ⟨∼; ∼⊄⟩ Israélien, -ienne *m,f*
israelisch *adj* israélien
Israelit(in) [ɪsraeˈliːt(ɪn)] *m* ⟨∼en; ∼en⟩ (*f*) ⟨∼in; ∼innen⟩ Israélite *m,f*
israelitisch *adj* israélite
isst [ɪst] → **essen**
ist [ɪst] → **sein¹**
Istbestand *m* quantité réelle
Isthmus ['ɪstmʊs] *m* ⟨∼; -men⟩ isthme *m*
Italien [iˈtaːliən] *n* ⟨∼s⟩ l'Italie *f*
Italiener(in) *m* ⟨∼s; ∼⟩ (*f*) ⟨∼in; ∼innen⟩ Italien, -ienne *m,f*
italienisch *adj* italien
i-Tüpfelchen *n* point *m* sur le i; **bis aufs i-Tüpfelchen** (**genau**) jusque dans les moindres détails
i. V. *abr* (*in Vertretung*) par intérim
IWF [iːveːˈʔɛf] *m abr* ⟨∼⟩ (*Internationaler Währungsfonds*) FMI *m*

J

J, j [jɔt] *n* ⟨J, j; J, j⟩ J, j *m*
ja [jaː] *adv u conj* **1.** *als Antwort* oui; *ja gewiss!* bien sûr!; *ja doch!, aber ja!* mais oui!, *widersprechend* a mais si! **2.** *feststellend das ist ja furchtbar* mais c'est terrible; *du weißt ja* tu sais bien **3.** *verstärkend ja sogar* et même; voire (même); *tu das ja nicht!* ne fais surtout pas cela! **4.** *einleitend ja, wer kommt denn da!* tiens, qui est-ce qui arrive là! **5.** *int* F *ja zum Donnerwetter!* mais sapristi!
Ja *n* ⟨∼ѕ; ∼ѕ⟩ oui *m*; *das Ja* le oui; *mit Ja antworten* répondre affirmativement; *zu etw Ja sagen* consentir à qc; *mit Ja stimmen* voter pour
Jacht [jaxt] *f* ⟨∼; ∼en⟩ yacht *m*
Jachthafen *m* port *m* de plaisance
Jachtklub *m* yacht-club *m*
Jacke ['jakə] *f* ⟨∼; ∼n⟩ veste *f*; (*Herrenjacke*) a veston *m*; *sportliche* blouson *m*; F *fig das ist Jacke wie Hose* F c'est kif-kif
Jackenkleid *n* tailleur *m* robe
Jackentasche *f* poche *f* de veste
Jacketkrone ['dʒɛkɪt-] *f* MÉD couronne *f* (en) céramique; jaquette *f*
Jackett [ʒa'kɛt] *n* ⟨∼ѕ; ∼ѕ⟩ veston *m*; veste *f*
Jade ['jaːdə] *m* ⟨∼ѕ⟩ *od f* ⟨∼⟩ MINÉR jade *m*
Jagd [jaːkt] *f* ⟨∼; ∼en⟩ chasse *f* (*auf* [+ *acc*] de, à); *auf die Jagd gehen* aller à la chasse; *Jagd machen auf* (+ *acc*) faire la chasse à (*a fig*); *fig* pourchasser; *fig die Jagd nach dem Glück* la course au bonheur
Jagdbeute *f* gibier abattu
Jagdbomber *m* MIL chasseur *m* bombardier
Jagdfieber *n* excitation *f* fébrile (du chasseur)
Jagdflugzeug *n* avion *m* de chasse; chasseur *m*
Jagdgewehr *n* fusil *m* de chasse
Jagdhorn *n* cor *m* de chasse
Jagdhund *m* chien *m* de chasse
Jagdhütte *f* pavillon *m* de chasse
Jagdrevier *n* (terrain *m* de) chasse *f*; chasse gardée
Jagdsaison *f* saison *f* de la chasse
Jagdschein *m* permis *m* de chasse
Jagdunfall *m* accident *m* de chasse
Jagdwurst *f* saucisse fumée à l'ail
Jagdzeit *f* saison *f* de la chasse
jagen ['jaːgən] **I** *v/t* **1.** chasser; *Hasen jagen* chasser le lièvre **2.** (*wegjagen*) chasser (*aus* de) **3.** (*verfolgen*) poursuivre; pourchasser **II** *v/i* **4.** chasser; aller à la chasse **5.** ⟨sn⟩ *fig* aller, courir à toute vitesse; *nach Glück jagen* ⟨h⟩ courir après le bonheur **III** *v/r fig sich jagen Ereignisse* se bousculer; *Nachrichten* se suivre rapidement
Jäger ['jɛːgər] *m* ⟨∼ѕ; ∼⟩ chasseur *m* (*a* MIL, AVIAT)
Jägerhut *m* chapeau tyrolien
Jägerlatein *n* gasconnades *f/pl*

Jägerschnitzel *n* CUIS escalope *f* chasseur
Jaguar ['jaːguaːr] *m* ⟨∼ѕ; ∼e⟩ jaguar *m*
jäh [jɛː] *st/s adj* **1.** (*plötzlich*) subit; soudain; brusque **2.** (*steil*) abrupt; raide; à pic
jählings *st/s adv* soudain(ement)
Jahr [jaːr] *n* ⟨∼ѕ; ∼e⟩ **1.** *als Einheit* an *m*; *Dauer* année *f*; *ein halbes Jahr* six mois; *im Jahr, pro Jahr* par an; *Jahr für Jahr* tous les ans; chaque année; *seit Jahren* depuis des années **2.** *kalendarisch das Jahr 1945* l'année 1945; *das neue Jahr* la nouvelle année; *im Jahr(e) 1948* en 1948; *in diesem Jahr, dieses Jahr* cette année **3.** *Alter mit fünfzig Jahren* à cinquante ans; *zwanzig Jahre alt sein* avoir vingt ans; être âgé de vingt ans; *in den besten Jahren sein* être dans la force de l'âge
jahraus *adv jahraus, jahrein* tous les ans
Jahrbuch *n* annuaire *m*
jahrelang I *adj* (qui dure) des années; *jahrelange Erfahrung* des années d'expérience **II** *adv* pendant des années; (*seit Jahren*) depuis des années
jähren ['jɛːrən] *v/r* **heute jährt sich der Tag, an dem ...** voilà aujourd'hui un an que ...
Jahresabonnement *n* abonnement annuel, d'un an
Jahresabschluss *m* COMM bilan *m* de fin d'année
Jahresanfang *m* commencement *m*, début *m* de l'année
Jahresausgleich *m* STEUER péréquation annuelle
Jahresbeginn *m* → *Jahresanfang*
Jahresbeitrag *m* cotisation annuelle
Jahresbestleistung *f* SPORT record annuel
Jahresdurchschnitt *m* moyenne annuelle; *im Jahresdurchschnitt* en moyenne par an
Jahreseinkommen *n* revenu(s) annuel(s)
Jahresende *n* fin *f* d(e l)'année
Jahresfrist *f* **binnen Jahresfrist** avant, d'ici un an; *nach Jahresfrist* au bout d'un an
Jahresgehalt *n* salaire annuel
Jahreshälfte *f* moitié *f* de l'année
Jahreshauptversammlung *f* assemblée générale annuelle
Jahreskarte *f* carte annuelle
Jahresring *m* im Holz cerne *m*
Jahresrückblick *m* rétrospective *f* (de l'année écoulée)
Jahrestag *m* (jour *m*) anniversaire *m*
Jahresurlaub *m* congé annuel
Jahreswagen *m* voiture achetée au rabais par une personne travaillant dans une usine d'automobiles et revendue au bout d'un an
Jahreswechsel *m* **mit den besten Wünschen zum Jahreswechsel!** avec mes *bzw* nos meilleurs vœux pour le nouvel an, pour la nouvelle année!

Jahreswende f **die Jahreswende** la fin de l'année; **zur Jahreswende** en fin d'année
Jahreszahl f année f
Jahreszeit f saison f
jahreszeitlich adj saisonnier
Jahrgang m **1.** von Personen année f; MIL classe f; **er ist Jahrgang 1950** il est né en 1950 **2.** von Wein année f; millésime m **3.** e-r Zeitschrift année f
Jahrhundert n siècle m; **im 17. Jahrhundert** au XVIIᵉ siècle
jahrhundertealt adj séculaire
jahrhundertelang I adj qui a duré des siècles II adv pendant des siècles
Jahrhundertwende f **die Jahrhundertwende** la fin du siècle; **zur Jahrhundertwende** en fin de siècle
jährlich ['jɛːrlɪç] I adj annuel II adv par an; tous les ans
Jahrmarkt m foire f; kermesse f
Jahrmarktsbude f stand m de foire
Jahrtausend n millénaire m
Jahrtausendfeier f (fête f du) millénaire m
Jahrtausendwende f tournant m du millénaire
Jahrzehnt n ⟨~ᶘs; ~e⟩ période f de dix ans; décennie f
jahrzehntelang I adj qui a duré des dizaines d'années II adv pendant des dizaines d'années
Jähzorn m **1.** Anfall accès m de colère **2.** als Eigenschaft irascibilité f
jähzornig adj colérique; irascible
Jakob ['jaːkɔp] m ⟨~s⟩ Jacques m; BIBL Jacob m
Jakobiner [jako'biːnər] m ⟨~s; ~⟩ HIST Jacobin m
Jakobsmuschel f ZO, CUIS coquille f Saint-Jacques
Jalousie [ʒalu'ziː] f ⟨~; ~n⟩ store vénitien m
Jamaika [ja'maɪka] n ⟨~s⟩ la Jamaïque
Jammer ['jamər] m ⟨~s⟩ **1.** (Elend) misère f; détresse f; **es ist ein Jammer** c'est lamentable; F ça fait pitié **2.** (Wehklagen) plaintes f/pl
Jammergestalt f figure f pitoyable
Jammerlappen F m F chiffe molle
jämmerlich ['jɛmərlɪç] I adj **1.** (ärmlich, bedauernswert) lamentable; pitoyable **2.** péj (schlecht) lamentable II adv **3.** (erbärmlich) lamentablement **4.** (übermäßig) **jämmerlich frieren** avoir terriblement froid **5.** (schlecht) **jämmerlich abschneiden** avoir des résultats lamentables
jammern ['jamərn] v/i **1.** (laut klagen) gémir **2.** **jammern (über** [+ acc]) (sich beklagen) se lamenter (sur); se plaindre (de)
jammerschade adj F **es ist jammerschade** c'est vraiment, très dommage (**um** pour)
Janker ['jaŋkər] m ⟨~s; ~⟩ veste bavaroise en laine feutrée
Jänner ['jɛnər] m ⟨~s; ~⟩ österr → **Januar**
Januar ['januaːr] m ⟨~ᶘs; ~e⟩ (mois m de) janvier m; **im (Monat) Januar** en janvier; au mois de janvier; **der 1. Januar** le premier janvier; le Jour de l'An; **heute ist der 5. Januar** aujourd'hui, c'est le cinq janvier; nous sommes le cinq janvier; **am 14. Januar** le quatorze janvier; **Berlin, den 11. Januar 2007** Berlin, le onze janvier 2007

Japan ['jaːpan] n ⟨~s⟩ le Japon
Japaner(in) m ⟨~s; ~⟩ (f) ⟨~in; ~innen⟩ Japonais(e) m(f)
japanisch adj japonais; du Japon
Jargon [ʒar'gõː] m ⟨~s; ~s⟩ jargon m; péj a argot m
Jasager(in) m ⟨~s; ~⟩ (f) ⟨~in; ~innen⟩ homme m, femme f qui dit oui à tout
Jasmin [jas'miːn] m ⟨~s; ~e⟩ jasmin m
Jasmintee m thé m au jasmin
Jastimme f POL voix f pour; oui m
jäten ['jɛːtən] v/t u v/i ⟨-e-⟩ sarcler
Jauche ['jauxə] f ⟨~; ~n⟩ purin m
Jauchegrube f fosse f à purin
jauchzen ['jauxtsən] v/i ⟨¢ᶘ⟩ pousser des cris de joie; exulter
jaulen [jaulən] v/i glapir (a fig)
Jause ['jauzə] f ⟨~; ~n⟩ österr casse-croûte m
jawohl [ja'voːl] adv oui!; certainement!
Jawort n ⟨~ᶘs; ~e⟩ consentement m au mariage; **j-m sein Jawort geben** consentir à épouser qn
Jazz [dʒɛs ou jats] m ⟨~⟩ MUS jazz m
Jazzband f orchestre m de jazz
Jazzmusik f musique f de jazz
je [jeː] I adv **1.** zeitlich jamais; **haben Sie je so etwas gehört?** avez-vous jamais entendu une chose pareille? **2.** vor Mengenangaben **je zwei und zwei** deux par deux; **die kosten je e-n Euro** c'est un euro la pièce; **in Schachteln zu je zwanzig Stück** par paquets de vingt **3.** (pro) **je Einwohner** par habitant **4.** **je nach** Größe, Alter etc selon; suivant II conj mit comp **je ..., desto** od **um so ...** plus ..., plus ...; **je mehr, desto besser** plus il y en a, mieux ça vaut III int **ach je!, oje!** mon Dieu!
Jeans [dʒiːns] f(pl) ⟨~; ~⟩ jean m od jeans m/pl
Jeansjacke f veste f en jean
Jeansstoff m jean m
jede ['jeːdə], **jeder, jedes** pr/ind I adjt **1.** aus e-r Menge chaque **2.** (alle) tout **3.** mit Zeitangaben (immer) tout; (häufig, immer wieder) chaque; (bald, sofort) a d'un ... à l'autre; **jeden Augenblick** à tout moment; **jeden Tag, mit jedem Tag** chaque jour; tous les jours **4.** mit Zahlenangaben **jedes dritte Haus** une maison sur trois **5.** nach „ohne“ aucun; nul; **ohne jeden Zweifel** sans aucun doute II subst **6.** (der einzelne) chacun(e); **jeder von uns** chacun de nous **7.** generalisierend **jeder**, der quiconque; **jeder spricht davon** tout le monde en parle
jedenfalls adv de toute façon
jedermann pr/ind tout le monde

Jalousie ≠ jalousie

Kannst du bitte die **Jalousie** öffnen?

Peux-tu ouvrir le **store vénitien** ?

Après que son amie l'a quitté, la **jalousie** le ronge.

Nachdem ihn seine Freundin verlassen hat, quält ihn die **Eifersucht**.

jederzeit *adv* à tout moment
jedesmal → *Mal²*
jedoch *conj* pourtant; cependant
Jeep® [dʒiːp] *m* ⟨~s; ~s⟩ jeep® *f*
jegliche ['jeːklɪçə], **jeglicher, jegliches** → *jede*
jeher ['jeːheːr] *adv* **von jeher** de tout temps
jemals ['jeːmaːls] *adv* jamais
jemand ['jeːmant] *pr/ind* ⟨*gén* ~¢s, *dat* ~¢m̂, *acc* ~¢m̂⟩ **1.** *affirmativ u in Fragen* quelqu'un; **jemand anders** quelqu'un d'autre **2.** *bei verneintem Sinn* personne
Jemen ['jeːmən] *n* ⟨~s⟩ *od* **der Jemen** le Yemen
jene ['jeːnə], **jener, jenes** *pr/dém* **I** *adjt* ce ...-la (cet ...-là), cette ...-là, *pl* ces ...-là; **jene Leute** *pl* ces gens-là **II** *subst* celui-là *m*, celle-là *f*; *m/pl* ceux-là; *f/pl* celles-là; **jenes** cela
jenseitig ['jeːnzaɪtɪç] *st/s adj* de l'autre côté
jenseits ['jeːnzaɪts] **I** *adv* de l'autre côté **II** *prép* ⟨*gén*⟩ au-delà de; **jenseits des Rheins** outre--Rhin
Jenseits *n* ⟨~⟩ REL **das Jenseits** l'au-delà *m*; l'autre monde *m*; **im Jenseits** dans l'au-delà
Jerusalem [je'ruːzalem] *n* ⟨~s⟩ Jérusalem
Jesuit [jezu'iːt] *m* ⟨~en; ~en⟩ jésuite *m*
Jesuitenorden *m* ordre *m* des jésuites
Jesus ['jeːzus] *m* ⟨Jesu⟩ Jésus *m*; **Jesus Christus** Jésus-Christ *m*
Jesuskind *n* enfant *m* Jésus
Jet [dʒɛt] *m* ⟨~s; ~s⟩ *Flugzeug* jet *m*
Jetlag ['dʒɛtlɛk] *m* ⟨~s; ~s⟩ effets *m/pl* du décalage horaire
Jetset *m* ⟨~s; ~s⟩ jet-set *m od f*
jetten ['dʒɛtən] F *v/i* ⟨-e-, sn⟩ voyager en jet
jetzig ['jɛtsɪç] *adj* actuel
jetzt [jɛtst] *adv* maintenant; **eben jetzt** à l'instant (même); **bis jetzt** jusqu'à présent; **von jetzt an, ab** à partir de maintenant; désormais
jeweilig ['jeːvaɪlɪç] *adj* **1.** *zeitlich* du moment; de l'époque **2.** (*zugehörig, zugewiesen*) respectif
jeweils ['jeːvaɪls] *adv* (à) chaque fois
Jh. *abr* (*Jahrhundert*) s. (siècle)
JH *abr* (*Jugendherberge*) A.J. (auberge de jeunesse)
jiddisch ['jɪdɪʃ] *adj* yiddish
Job [dʒɔp] *m* ⟨~s; ~s⟩ **1.** F job *m*; F boulot *m* **2.** INFORM tâche *f*; travail *m*
jobben ['dʒɔbən] F *v/i vorübergehend* F faire des petits boulots; *länger* F bosser
Jobbörse *f* bourse *f* de l'emploi
Jobsharing [-ʃɛːrɪŋ] *n* ⟨~s⟩ partage *m* d'un travail, d'un emploi
Joch [jɔx] *n* ⟨~¢s; ~e⟩ AGR, *fig* joug *m*
Jochbein *n* ANAT os *m* malaire
Jockei → *Jockey*
Jockey ['dʒɔke] *m* ⟨~s; ~s⟩ jockey *m*
Jod [joːt] *n* ⟨~¢s⟩ iode *m*
jodeln ['joːdəln] *v/t u v/i* ⟨¢⟩ jodler *od* iodler;
jodhaltig *adj* iodé
Jodler ['joːdlər] *m* ⟨~s; ~⟩ **1.** *Gesang* tyrolienne *f* **2.** *Person* chanteur *m* de tyrolienne
Jodtinktur *f* teinture *f* d'iode
Joga ['joːga] *m od n* ⟨~¢⟩ yoga *m*
joggen ['dʒɔgən] *v/i* faire du jogging; jogger
Jogger(in) *m* ⟨~s; ~⟩ (*f*) ⟨~in; ~innen⟩ joggeur, -euse *m,f*
Jogging *n* ⟨~s⟩ jogging *m*

Jogginganzug *m* jogging *m*
Jog(h)urt ['joːgurt] *m od n* ⟨~¢s; ~¢⟩ yaourt *od* yog(h)ourt *m*
Jog(h)urtbecher *m* pot *m* de yaourt *od* yog(h)ourt
Johanna [jo'hana] *f* ⟨~s⟩ HIST **die heilige Johanna** Jeanne d'Arc
Johannes *m* ⟨~⟩ BIBL **Johannes der Täufer** saint Jean-Baptiste
Johannisbeere *f* **Rote Johannisbeere** groseille *f* rouge; **Schwarze Johannisbeere** cassis *m*
johlen ['joːlən] *v/i* 'hurler
Joint [dʒɔʏnt] F *m* ⟨~s; ~s⟩ F joint *m*
Joint Venture ['dʒɔʏnt'vɛntʃə] *n* ⟨~¢; ~s⟩ ÉCON joint venture *f*
Joker ['joːkər *ou* 'dʒoːkər] *m* ⟨~s; ~⟩ joker *m*
Jolle ['jɔlə] *f* ⟨~; ~n⟩ *Segelboot* bateau *m* à voile; *Beiboot* canot *m*
Jongleur [ʒõ'gløːr] *m* ⟨~s; ~e⟩ jongleur *m*
jonglieren *v/t u v/i* ⟨*sans ge*⟩ jongler
Joppe ['jɔpə] *f* ⟨~; ~n⟩ veste *f*
Jordan ['jɔrdan] *m* ⟨~s⟩ **der Jordan** le Jourdain
Jordanien [jɔr'daːniən] *n* ⟨~s⟩ la Jordanie
Jordanier(in) *m* ⟨~s; ~⟩ (*f*) ⟨~in; ~innen⟩ Jordanien, -ienne *m,f*
jordanisch *adj* jordanien
Jot [jɔt] *n* ⟨~; ~⟩ j *m*; lettre *f* j
Jota ['joːta] *n* ⟨~¢; ~s⟩ *fig* **kein Jota** pas un iota
Joule [dʒuːl] *n* ⟨~¢; ~⟩ PHYS joule *m*
Journal [ʒur'naːl] *n* ⟨~s; ~e⟩ journal *m*
Journalismus *m* ⟨~⟩ journalisme *m*
Journalist(in) *m* ⟨~en; ~en⟩ (*f*) ⟨~in; ~innen⟩ journaliste *m,f*
journalistisch I *adj* journalistique **II** *adv* **journalistisch tätig sein** travailler dans le journalisme
jovial [jovi'aːl] *adj* (*leutselig*) aimable; affable; (*wohlwollend*) bienveillant
Joystick ['dʒɔʏstɪk] *m* ⟨~s; ~s⟩ INFORM manette *f*; manche *m* à balai
jr. *abr* (*junior*) fils
Jubel ['juːbəl] *m* ⟨~s⟩ allégresse *f*; **in Jubel** (*acc*) **ausbrechen** exulter
Jubeljahr *n* jubilé *m*; *fig* **alle Jubeljahre einmal** très rarement
jubeln *v/i* ⟨¢⟩ exulter
Jubilar(in) *m* ⟨~s; ~e⟩ (*f*) ⟨~in; ~innen⟩ celui, celle qui fête un anniversaire important, un jubilé, *etc*
Jubiläum [jubi'lɛːum] *n* ⟨~s; -äen⟩ anniversaire *m*; **fünfzigjähriges Jubiläum** cinquantenaire *m*; jubilé *m*
jubilieren [jubi'liːrən] *st/s v/i* ⟨*sans ge*⟩ pousser des cris de joie
juchzen ['juxtsən] F → *jauchzen*
jucken ['jukən] **I** *v/t, v/i u v/imp* **1.** *physisch* démanger; **es juckt** (*mich*) cela me démange; **ihm juckt der Kopf** il a à la tête qui le démange **2.** **der Stoff juckt sie** le tissu la gratte **3.** F *fig* (*verlocken*) **es juckt mich, das zu probieren** cela me tente d'essayer; (*interessieren*) **denkst du, das juckt mich?** F si tu crois que ça m'intéresse! **II** F *v/r* **sich jucken** (*sich kratzen*) se gratter
Juckpulver *n* poil *m* à gratter
Juckreiz *m* démangeaison *f*
Jude ['juːdə] *m* ⟨~n; ~n⟩ juif *m*

Judenstern *m* étoile juive
Judentum *n* ⟨~s⟩ REL judaïsme *m*; *coll* juifs *m/pl*
Judenverfolgung *f* persécution *f* des juifs
Jüdin ['jy:dɪn] *f* ⟨~; ~nen⟩ juive *f*
jüdisch *adj* juif; HIST, REL judaïque
Judo ['ju:do] *n* ⟨~s⟩ judo *m*
Jugend ['ju:gənt] *f* ⟨~⟩ **1.** *Lebensalter* jeunesse *f*; **von Jugend an, auf** dès ma, ta, *etc* jeunesse **2.** *coll* jeunesse *f*; adolescents *m/pl*
Jugendamt *n* service *m* d'aide sociale à l'enfance
Jugendarbeitslosigkeit *f* chômage *m* des jeunes
Jugendarrest *m* détention spéciale pour délinquants mineurs
Jugendaustausch *m* échange *m* de jeunes
Jugendbuch *n* livre *m* pour la jeunesse
Jugenderinnerungen *f/pl* souvenirs *m/pl* de jeunesse
jugendfrei *adj* *Film* autorisé aux mineurs
Jugendfreund(in) *m(f)* ami(e) *m(f)* d'enfance
jugendgefährdend *adjt* qui représente un danger moral pour la jeunesse
Jugendgericht *n* tribunal *m* pour les mineurs
Jugendgruppe *f* groupe *m* de jeunes
Jugendheim *n* foyer *m*, maison *f* de jeunes
Jugendherberge *f* auberge *f* de jeunesse
Jugendherbergsausweis *m* carte *f* des auberges de jeunesse
Jugendkriminalität *f* délinquance *f* juvénile
Jugendlager *n* camp *m* de jeunesse
jugendlich I *adj* jeune; juvénile **II** *adv* **jugendlich aussehen** avoir l'air jeune; faire jeune
Jugendliche(r) *f(m)* ⟨→ A⟩ adolescent(e) *m(f)*; *coll* **die Jugendlichen** *meist* les jeunes *m/pl*; **Jugendlichen ist der Zutritt verboten** interdit aux moins de dix-huit ans
Jugendliebe *f* amour *m* de jeunesse
Jugendmannschaft *f* SPORT équipe *f* de jeunes
Jugendrichter *m* juge *m* pour enfants
Jugendschutz *m* protection *f* des mineurs
Jugendschutzgesetz *n* loi *f* sur la protection des mineurs
Jugendstil *m* KUNST, ARCH art nouveau
Jugendstrafanstalt *f* centre *m* d'éducation surveillée
Jugendstrafe *f* condamnation pénale pour mineurs
Jugendstrafrecht *n* droit pénal des délinquants mineurs
Jugendstreich *m* fredaine *f* de jeunesse
Jugendsünde *f* péché *m* de jeunesse
Jugendtraum *m* rêve *m* de jeunesse
Jugendzeit *f* (années *f/pl* de) jeunesse *f*
Jugendzentrum *n* maison *f* des jeunes
Jugoslawe [jugo'sla:və] *m* ⟨~n; ~n⟩ HIST Yougoslave *m*
Jugoslawien *n* ⟨~s⟩ HIST la Yougoslavie
Jugoslawin *f* ⟨~; ~nen⟩ HIST Yougoslave *f*
jugoslawisch *adj* HIST yougoslave
Juli ['ju:li] *m* ⟨~$; ~s⟩ (mois *m* de) juillet *m*; → *Januar*
Jumbojet ['jʊmbodʒɛt] *m* ⟨~$; ~s⟩ jumbo-jet *m*; gros porteur
jun. *abr* (*junior*) junior
jung [jʊŋ] **I** *adj* ⟨~er, ~ste⟩ **1.** *Lebensalter* jeune; **die jungen Leute** les jeunes *m/pl*; **Jung und**

Alt jeunes et vieux **2.** (*seit Kurzem, neu*) **die jungen Eheleute** les jeunes mariés **3.** CUIS **junge Erbsen** petits pois extra-fins **II** *adv* **jung heiraten** se marier jeune; **jung aussehen** avoir l'air jeune; faire jeune; **sich jung fühlen** se sentir jeune
Junge *m* ⟨~n; ~n, F *a* Jungs⟩ garçon *m*; **dummer Junge** nigaud *m*; F **schwerer Junge** mauvais garçon
Junge(s) *n* ⟨→ A⟩ *e-s Tieres* petit *m*; **Junge** *pl* **werfen** mettre bas; faire des petits
jungenhaft *adj* gamin
Jungenstreich *m* polissonnerie *f*
jünger ['yŋər] *adj* **1.** plus jeune; *bei Verwandtschaftsbezeichnungen* cadet; **mein jüngerer Bruder** mon (frère) cadet; **sie ist ein Jahr jünger als ich** elle a un an de moins que moi **2.** (*relativ jung*) assez jeune **3.** *zeitlich* **jüngeren Datums** de date récente
Jünger(in) *m* ⟨~s; ~⟩ (*f*) ⟨~in; ~innen⟩ REL, *fig* disciple *m,f*
Jungfer ['jʊŋfər] *f* ⟨~; ~n⟩ *péj* **alte Jungfer** vieille fille
Jungfernfahrt *f* voyage inaugural
Jungfernhäutchen *n* ⟨~s; ~⟩ hymen *m*
Jungfernrede *f* premier discours
Jungfrau *f* **1.** vierge *f*; REL **die Heilige Jungfrau** la (Sainte) Vierge; HIST **die Jungfrau von Orléans** Jeanne d'Arc; la pucelle d'Orléans **2.** ASTR Vierge *f*
jungfräulich *adj* virginal; *fig* vierge
Junggeselle *m* célibataire *m*
Junggesellenbude F *f* F piaule *f* de vieux garçon
Junggesellenwohnung *f* garçonnière *f*
Junggesellin *f* célibataire *f*
Jüngling *st/s m* ⟨~s; ~e⟩ adolescent *m*
jüngst [jʏŋst] *st/s adv* (*neulich*) tout dernièrement, récemment
jüngste *adj* **1.** le plus jeune; **unser Jüngster** notre petit dernier **2.** (*letzte*) dernier; le plus récent
Jungtier *n* jeune bête *f*
Jungunternehmer(in) *m(f)* jeune chef *m* d'entreprise
Jungverheiratete *pl* ⟨→ A⟩ jeunes mariés *m/pl*
Juni [ˈju:ni] *m* ⟨~$; ~s⟩ (mois *m* de) juin *m*; → *Januar*
junior ['ju:niɔr] *adj im Verhältnis zum Vater* junior; COMM fils
Junior *m* ⟨~s; -oren⟩ (*Sohn*) junior *m*; COMM fils *m* du patron
Juniorchef *m* COMM fils *m* du patron
Juniorenmannschaft *f* SPORT équipe *f* junior
Juniorpartner *m* COMM (jeune) associé *m* (*non majoritaire dans une affaire*)
Junkie ['dʒaŋki] *arg m* ⟨~s; ~s⟩ junkie *m,f*
Junktim ['jʊŋktɪm] *n* ⟨~s; ~s⟩ interdépendance *f*
Junta ['xʊnta] *f* ⟨~; -ten⟩ junte *f*
Jupe [ʒy:p] *m* ⟨~s; ~s⟩ *schweiz* (*Rock*) jupe *f*
Jura[1] ['ju:ra] ⟨*sans article ni pl*⟩ *Studienfach* (le) droit *m*; **Jura studieren** faire des études de droit
Jura[2] *m* ⟨~s⟩ **1.** GÉOL jurassique *m* **2.** GÉOGR Jura *m*
Jurastudent(in) *m(f)* étudiant(e) *m(f)* en droit
Jurastudium *n* études *f/pl* de droit

Jurist(in) [ju'rɪst(ɪn)] *m* ⟨~en; ~en⟩ (*f*) ⟨~in; ~innen⟩ juriste *m,f*; *Student* étudiant(e) *m(f)* en droit
juristisch *adj* juridique; de droit; ***juristische Fakultät*** faculté *f* de droit
Juror(in) ['juːroːr (ju'roːrɪn)] *m* ⟨~s; -roren⟩ (*f*) ⟨~in; ~innen⟩ membre *m* d'un *bzw* du jury
Jury [ʒy'riː] *f* ⟨~; ~s⟩ jury *m*
Jus [juːs] *n* ⟨~⟩ *bes österr, schweiz* → *Jura*¹
just [jʊst] *litt, plais adv* juste(ment)
justieren [jʊs'tiːrən] *v/t* ⟨*sans ge*⟩ **1.** *Werkstück* ajuster **2.** *Messgerät* régler
Justiz [jʊs'tiːts] *f* ⟨~⟩ justice *f*
Justizbeamte(r) *m* fonctionnaire *m*, officier *m* de justice; *höherer a* magistrat *m* (judiciaire)
Justizgebäude *n* palais *m* de justice

Justizirrtum *m* erreur *f* judiciaire
Justizminister *m* ministre *m* de la Justice; *in Frankreich a* Garde *m* des Sceaux
Justizministerium *n* ministère *m* de la Justice
Justizmord *m* condamnation (à mort) d'un innocent
Justizvollzugsanstalt *f* ADM établissement *m* pénitentiaire
Jute ['juːtə] *f* ⟨~⟩ jute *m*
Juwel [ju've:l] *n* ⟨~s; ~en, *fig* ~e⟩ joyau *m*; bijou *m* (*beide a fig*); (*Edelstein*) pierre précieuse; *von e-r Person* perle *f*
Juwelier [juve'liːr] *m* ⟨~s; ~e⟩ bijoutier *m*; joaillier *m*
Juweliergeschäft *n* bijouterie *f*
Jux [jʊks] F *m* ⟨~es; ~e⟩ F blague *f*

K

K, k [kaː] *n* ⟨K, k; K, k⟩ K, k *m*
Kabarett [kaba'rɛt] *n* ⟨~s; ~s *ou* ~e⟩ *Ensemble* chansonniers *m/pl*; *Bühne* théâtre *m* de chansonniers; *Show* spectacle *m* de chansonniers
Kabarettist(in) *m* ⟨~en; ~en⟩ (*f*) ⟨~in; ~innen⟩ chansonnier, -ière *m,f*
kabarettistisch *adj* de chansonniers
Kabarettprogramm *n* revue *f* de chansonniers
kabbeln ['kabəln] F *v/r* ⟨¢⟩ ***sich kabbeln*** F se chamailler
Kabel ['kaːbəl] *n* ⟨~s; ~⟩ câble *m*
Kabelanschluss *m* réseau câblé
Kabelbrand *m* incendie *m* d'origine électrique
Kabelfernsehen *n* télévision *f* par câble
Kabeljau ['kaːbəljau] *m* ⟨~s; ~e *ou* ~s⟩ cabillaud *m*
Kabelschacht *m* puits *m* à câbles
Kabeltrommel *f* tambour *m* de câble
Kabine [ka'biːnə] *f* ⟨~; ~n⟩ cabine *f*; AVIAT *a* carlingue *f*; (*Wahlkabine*) isoloir *m*
Kabinett [kabi'nɛt] *n* ⟨~s; ~e⟩ **1.** *Raum* cabinet *m*; POL ministère *m* **2.** *Wein* vin *m* de vendange sélectionnée
Kabinettsbeschluss *m* décision ministérielle
Kabinettsliste *f* liste *f* des ministres
Kabinettsmitglied *n* membre *m* du ministère
Kabinettssitzung *f* conseil *m* des ministres
Kabis ['kaːbɪs] *m* ⟨~⟩ *südd, schweiz* chou blanc
Kabrio(lett) → *Cabrio*
Kabuff [ka'bʊf] F, *a péj n* ⟨~s; ~s⟩ F cagibi *m*; réduit *m*
Kachel ['kaxəl] *f* ⟨~; ~n⟩ carreau *m* (de faïence)
kacheln *v/t* ⟨¢⟩ carreler
Kachelofen *m* poêle *m* de faïence
Kacke ['kakə] P *f* ⟨~⟩ P merde *f*
kacken P *v/i* P chier
Kadaver [ka'daːvər] *m* ⟨~s; ~⟩ cadavre *m*
Kader ['kaːdər] *m* ⟨~s; ~⟩ cadre *m*; SPORT sélection *f*

Kadett [ka'dɛt] *m* ⟨~en; ~en⟩ MIL élève *m* officier
Kadi ['kaːdi] *m* ⟨~s; ~s⟩ F *fig* (*Richter*) juge *m*; ***zum Kadi laufen*** faire un procès
Kadmium ['katmium] *n* ⟨~s⟩ cadmium *m*
Käfer ['kɛːfər] *m* ⟨~s; ~⟩ **1.** ZO insecte *m*; coléoptère *m* **2.** F (*VW*) F coccinelle *f*
Kaff [kaf] F *péj n* ⟨~s; ~e *ou* ~s⟩ F trou *m*; F bled *m*
Kaffee ['kafe *ou* ka'feː] *m* ⟨~s; ~s⟩ café *m*; ***Kaffee mit Milch*** café au lait; *im Lokal* (café) crème *m*; F *fig* ***das ist kalter Kaffee*** F c'est du réchauffé; ***Kaffee trinken*** prendre du café; *am Nachmittag* prendre le café
Kaffeeautomat *m* distributeur *m* de café
Kaffeebohne *f* grain *m* de café
Kaffee-Ernte *f* cueillette *f* du café
Kaffeefahrt *f* **1.** *Ausflug* excursion *f* avec pause café **2.** *Werbefahrt* excursion *f* (avec pause café) organisée à des fins publicitaires
Kaffeefilter *m* filtre *m* à café
Kaffeegeschirr *n* → **Kaffeeservice**
Kaffeehaus *n* *bes österr* café *m* (typiquement viennois) (*établissement*)
Kaffeekanne *f* cafetière *f*
Kaffeeklatsch F *m* (*commérages lors d'une*) réunion de dames prenant le café ou le thé
Kaffeekränzchen *n* **1.** *Treffen:* réunion d'un petit groupe de femmes se rencontrant régulièrement pour prendre le café et bavarder **2.** *Frauen:* petit groupe de femmes se rencontrant régulièrement pour prendre le café et bavarder
Kaffeelöffel *m* cuillère *f* à café
Kaffeemaschine *f* cafetière *f* électrique
Kaffeemühle *f* moulin *m* à café
Kaffeepause *f* pause *f* café
Kaffeesahne *f* crème *f* à café
Kaffeesatz *m* marc *m* de café
Kaffeeservice [-zɛrviːs] *n* service *m* à café

Kaffeesorte f sorte f de café
Kaffeestrauch m caféier m
Kaffeetafel f table mise pour le café
Kaffeetasse f tasse f à café
Käfig ['kɛːfɪç] m ⟨∼s; ∼e⟩ cage f
Käfighaltung f élevage industriel
kahl [kaːl] adj Kopf chauve; Baum, Landschaft, Wand nu; dénudé
Kahlkopf m **1.** Kopf tête f chauve **2.** F Person chauve m
kahlköpfig [-kœpfɪç] adj chauve
Kahlschlag m blanc-étoc m; fig coupe f sombre
Kahn [kaːn] m ⟨∼¢s; ∼e⟩ **1.** (Boot) barque f; (Lastkahn) péniche f **2.** F péj (Schiff) rafiot m
Kahnfahrt f promenade f en barque
Kai [kaɪ] m ⟨∼s; ∼s⟩ quai m
Kaiman ['kaɪman] m ⟨∼s; ∼e⟩ zo caïman m
Kaimauer f mur m du quai
Kairo ['kaɪro] n ⟨∼s⟩ Le Caire
Kaiser ['kaɪzər] m ⟨∼s; ∼⟩ empereur m
Kaiseradler m zo aigle impérial
Kaiserin f ⟨∼; ∼nen⟩ impératrice f
Kaiserkrone f couronne impériale
kaiserlich adj impérial
Kaiserreich n empire m
Kaiserschmarren m österr, südd: plat sucré composé d'une crêpe épaisse coupée en morceaux mélangés à des raisins secs
Kaiserschnitt m césarienne f
Kajak ['kaːjak] m ⟨∼s; ∼s⟩ kayak m
Kajakfahrer(in) m(f) kayakiste m,f
Kajal [ka'jaːl] n ⟨∼¢⟩ khôl m
Kajalstift m crayon m khôl
Kajüte [ka'jyːtə] f ⟨∼; ∼n⟩ MAR cabine f
Kakadu ['kakadu] m ⟨∼s; ∼s⟩ cacatoès m
Kakao [ka'kaʊ] m ⟨∼s; ∼s⟩ cacao m; Getränk a chocolat m; F fig **j-n durch den Kakao ziehen** F se payer la tête de qn
Kakaobaum m cacaoyer m; cacaotier m
Kakaobohne f fève f de cacao
Kakaobutter f beurre m de cacao
Kakaopulver n cacao m en poudre
Kakerlake [kakər'laːkə] f ⟨∼; ∼n⟩ cafard m; blatte f
Kaki ['kaːki] f ⟨∼; ∼s⟩ BOT kaki m
Kaktee [kak'teːə] f ⟨∼; ∼n⟩ cactus m
Kaktus ['kaktʊs] m ⟨∼; -teen⟩ cactus m
Kaktusfeige f figue f de Barbarie
Kalauer ['kaːlaʊər] m ⟨∼s; ∼⟩ calembour m
Kalb [kalp] n ⟨∼¢s; ∼er⟩ veau m
kalben v/i vêler
Kalbfleisch n veau m
Kalbsbraten m rôti m de veau
Kalbsbries n ris m de veau
Kalbsbrust f poitrine f de veau
Kalbsfilet n filet m de veau
Kalbsfrikassee n fricassée f de veau
Kalbshachse f, südd **Kalbshaxe** f jarret m de veau
Kalbskotelett n côte(lette) f de veau
Kalbsleber f foie m de veau
Kalbsleberwurst f saucisse f de foie de veau (à tartiner)
Kalbsleder n veau m
Kalbsmedaillon n médaillon m de veau
Kalbsnierenbraten m rognonnade f
Kalbsschnitzel n escalope f de veau
Kaleidoskop [kalaɪdo'skoːp] n ⟨∼s; ∼e⟩ kaléi-

doscope m
kalendarisch [kalɛnlɛn'daːrɪʃ] adj conforme au calendrier
Kalender m ⟨∼s; ∼⟩ calendrier m; (Taschenkalender) agenda m; fig **im Kalender rot anstreichen** marquer d'une pierre blanche
Kalenderblatt n feuille f de calendrier
Kalenderjahr n année civile
Kalenderspruch m dicton m de calendrier
Kalenderwoche f semaine f (de l'année)
Kali ['kaːli] n ⟨∼s; ∼s⟩ potasse f
Kaliber [ka'liːbər] n ⟨∼s; ∼⟩ calibre m (a F fig)
Kalif [ka'liːf] m ⟨∼en; ∼en⟩ calife m
Kalifornien [kali'fɔrniən] n ⟨∼s⟩ la Californie
Kalium ['kaːliʊm] n ⟨∼s⟩ potassium m
Kalk [kalk] m ⟨∼¢s; ∼e⟩ chaux f; (Kalkstein) calcaire m
Kalkablagerung f dépôt m calcaire
kalken v/t Wand blanchir à la chaux
kalkhaltig adj calcaire
Kalkmangel m MÉD manque m de calcium
Kalksandstein m grès m calcaire
Kalkstein m calcaire m
Kalkül [kal'kyːl] st/s n od m ⟨∼s; ∼e⟩ calcul m
Kalkulation [kalkulatsi'oːn] f ⟨∼; ∼en⟩ COMM, fig calcul(s) m(pl)
kalkulierbar adj prévisible
kalkulieren v/t u v/i ⟨sans ge⟩ calculer
Kalmar ['kalmar] m ⟨∼s; ∼e⟩ Tintenfisch cal(a)-mar m
Kalorie [kalo'riː] f ⟨∼; ∼n⟩ calorie f
kalorienarm adj pauvre en calories
kalorienbewusst **I** adj qui tient compte de la valeur calorique des aliments **II** adv en faisant attention à la valeur calorique des aliments
Kaloriengehalt m valeur f calorique
kalorienreich adj riche en calories
kalt [kalt] **I** adj ⟨∼er, ∼este⟩ froid (a fig); Speisen etc **kalt werden** se refroidir; **es ist kalt** il fait froid; **mir ist kalt** j'ai froid; **kalte Füße haben** avoir froid aux pieds **II** adv **kalt duschen** se doucher à l'eau froide; Getränk **kalt stellen** mettre au frais; **kalt lächelnd** cyniquement; → **kaltlassen**
Kaltblüter m ⟨∼s; ∼⟩ animal m à sang froid
kaltblütig **I** adj (ruhig) qui garde son sang--froid; péj qui est sans scrupules **II** adv (ruhig) avec sang-froid; péj froidement
Kaltblütigkeit f ⟨∼⟩ sang-froid m (a péj)
Kälte ['kɛltə] f ⟨∼⟩ froid m; (Gefühlskälte) froideur f
kältebeständig adj résistant au froid
Kälteeinbruch m arrivée subite du froid
kälteempfindlich adj sensible au froid; Person frileux
Kältegefühl n sensation f de froid
Kältewelle f vague f de froid
Kaltfront f MÉTÉO front froid
kaltherzig adj insensible; froid
kaltlächelnd adj cyniquement
kaltlassen v/t ⟨irr⟩ **das lässt mich kalt** cela me laisse froid
Kaltluft f air froid
Kaltluftfront f MÉTÉO front froid
kaltmachen F v/t **j-n kaltmachen** F refroidir qn; F descendre qn
Kaltmiete f loyer m sans charges
Kaltschale f soupe de fruits servie froide

K

kaltschnäuzig F *adj* insensible; froid
Kaltschnäuzigkeit F *f* ⟨~⟩ insensibilité *f*; froideur *f*
Kaltstart *m* AUTO démarrage *m* à froid; INFORM redémarrage *m* à froid
kaltstellen *v/t* **1.** → *kalt II* **2.** F *fig* **j-n kaltstellen** mettre qn sur une voie de garage
Kalzium ['kaltsiʊm] *n* ⟨~s⟩ calcium *m*
kam [kaːm] → *kommen*
Kambodscha [kam'bɔdʒa] *n* ⟨~s⟩ le Cambodge
Kambodschaner(in) *m* ⟨~s; ~⟩ (*f*) ⟨~in; ~innen⟩ Cambodgien, -ienne *m,f*
kambodschanisch *adj* cambodgien
Kamel [ka'meːl] *n* ⟨~s; ~e⟩ **1.** ZO chameau *m* **2.** F *péj* (*Dummkopf*) F ballot *m*
Kamelhaar *n* poil *m* de chameau
Kamelie [ka'meːliə] *f* ⟨~; ~n⟩ camélia *m*
Kameltreiber *m* **1.** chamelier *m* **2.** F *péj* (*Araber*) F bougnoule *m*
Kamera ['kamera] *f* ⟨~; ~s⟩ FILM, TV caméra *f*; (*Fotoapparat*) appareil *m* photo
Kameraassistent(in) *m*(*f*) assistant(e)-cameraman *m*(*f*)
Kamerad(in) [kamə'raːt (-'raːdɪn)] *m* ⟨~en; ~en⟩ (*f*) ⟨~in; ~innen⟩ camarade *m,f*
Kameradschaft *f* ⟨~⟩ camaraderie *f*
kameradschaftlich **I** *adj* de camarade **II** *adv* en camarade
Kamerafrau *f* cadreuse *f*
Kameramann *m* ⟨~¢s; -männer *ou* -leute⟩ cadreur *m*; cameraman *m*
Kamerun ['kaməruːn] *n* ⟨~s⟩ le Cameroun
Kamikaze [kami'kaːtsə] *m* ⟨~; ~⟩ kamikaze *m*
Kamikazefahrer F *m* kamikaze *m* du volant
Kamille [ka'mɪlə] *f* ⟨~; ~n⟩ camomille *f*
Kamillentee *m* (infusion *f* de) camomille *f*
Kamin [ka'miːn] *m* ⟨~s; ~e⟩ (*offener*) *Kamin* cheminée *f*
Kaminfeger *m* ⟨~s; ~⟩ *bes südd* ramoneur *m*
Kaminfeuer *n* feu *m* de cheminée
Kamingespräch *n bes* POL entretien *m* au coin du feu
Kamm [kam] *m* ⟨~¢s; ~e⟩ **1.** (*Haarkamm*) peigne *m*; **alles über e-n Kamm scheren** mettre tout dans le même sac **2.** des Hahns etc crête *f* **3.** (*Gebirgskamm, Wellenkamm*) crête *f*
kämmen ['kɛmən] *v/t* (*u v/r* **sich kämmen** se) peigner
Kammer ['kamər] *f* ⟨~; ~n⟩ **1.** *Raum* petite pièce **2.** JUR, POL, TECH, (*Verband*) chambre *f* **3.** ANAT ventricule *m*
Kammerdiener *m* valet *m* de chambre
Kammerjäger *m* spécialiste chargé des opérations de déparasitage
Kammermusik *f* musique *f* de chambre
Kammerorchester *n* orchestre *m* de chambre
Kammersänger(in) *m*(*f*) **1.** *Titel:* titre de distinction accordé à un(e) excellent(e) chanteur (-euse) d'opéra **2.** (*Kammermusiker[in]*) chanteur, -euse *m,f* de musique de chambre
Kammerspiel *n*, **Kammerspiele** *pl* (petit) théâtre
Kammerton *m* MUS la *m* normal; diapason *m*
Kammerzofe *f* femme *f* de chambre
Kammgarn *n Garn* laine peignée; *Gewebe* peigné *m*
Kampagne [kam'panjə] *f* ⟨~; ~n⟩ campagne *f*

Kampf [kampf] *m* ⟨~¢s; ~e⟩ MIL, SPORT combat *m*; *fig meist* lutte *f* (**ums Dasein** pour la vie, l'existence); *j-m*, *e-r Sache den Kampf ansagen* déclarer la guerre à qn, qc
Kampfabstimmung *f* POL vote âprement disputé
Kampfansage *f fig* déclaration *f* de guerre
kampfbereit *adj* prêt au combat
kämpfen ['kɛmpfən] *v/i* combattre (**gegen j-n** qn, contre qn); se battre (**gegen** contre); *fig* lutter (**gegen** contre; **für, um** pour; **mit sich** avec soi-même); **für e-e Idee kämpfen** se battre pour une idée; **mit dem Schlaf kämpfen** lutter contre le sommeil; **mit den Tränen kämpfen** être au bord des larmes
Kampfer ['kampfər] *m* ⟨~s⟩ camphre *m*
Kämpfer(in) *m* ⟨~s; ~⟩ (*f*) ⟨~in; ~innen⟩ (*Kämpfende[r]*), MIL combattant(e) *m*(*f*); *fig* (*Kämpfernatur*) battant(e) *m*(*f*)
kämpferisch *adj* combatif (*a fig*)
kampferprobt *adj* aguerri
Kampfflugzeug *n* avion *m* de combat
Kampfgas *n* gaz *m* de combat
Kampfgeist *m* esprit combatif
Kampfgericht *n* SPORT jury *m*
Kampfhahn *m* **1.** coq *m* de combat **2.** F *fig* F bagarreur, -euse *m,f*
Kampfhandlung *f* action *f* militaire
Kampfhund *m* chien *m* de combat
Kampfkraft *f* combativité *f*
kampflos *adj u adv* sans résistance
kampflustig *adj* combatif
Kampfmaßnahme *f* mesure *f* de lutte; action *f*
Kampfrichter *m* arbitre *m*; juge *m*
Kampfsport *m* sport *m* de combat
Kampfstoffe *m/pl Gase* gaz *m/pl* de combat
Kampftruppen *f/pl* troupes combattantes, de combat
kampfunfähig *adj* 'hors de combat
kampieren [kam'piːrən] *v/i* ⟨sans ge⟩ camper
Kanada ['kanada] *n* ⟨~s⟩ le Canada
Kanadier(in) [ka'naːdiər(ɪn)] *m* ⟨~s; ~⟩ (*f*) ⟨~in; ~innen⟩ Canadien, -ienne *m,f*
kanadisch *adj* canadien; du Canada
Kanal [ka'naːl] *m* ⟨~s; Kanäle⟩ **1.** canal *m* (*a* ANAT, TV, *fig*); F *fig* **den Kanal voll haben** (*e-r Sache überdrüssig sein*) F en avoir marre; (*betrunken sein*) F être bourré **2.** (*Abwasserkanal*) égout *m* **3.** GÉOGR *der Kanal* la Manche
Kanalarbeiter *m* égoutier *m*
Kanaldeckel *m* plaque *f* d'égout
Kanalinseln *f/pl* **die Kanalinseln** les îles *f/pl* Anglo-Normandes
Kanalisation [kanalizatsi'oːn] *f* ⟨~; ~en⟩ (*Stadtentwässerung*) égouts *m/pl*; *mit Hausanschlüssen* tout-à-l'égout *m*
kanalisieren *v/t* ⟨sans ge⟩ *Fluss, fig* canaliser; *Stadt* établir les égouts de, dans
Kanaltunnel *m* tunnel *m* sous la Manche
Kanalüberquerung *f* traversée *f* de la Manche
Kanaren [ka'naːrən] *pl* ⟨~⟩ **die Kanaren** les Canaries *f/pl*
Kanarienvogel *m* canari *m*; serin *m*
kanarisch *adj* canarien; **die Kanarischen Inseln** *f/pl* les (îles *f/pl*) Canaries *f/pl*
Kandare [kan'daːrə] *f* ⟨~; ~n⟩ mors *m*; *fig* **j-n an die Kandare nehmen** serrer la bride à qn
Kandidat(in) [kandi'daːt(ɪn)] *m* ⟨~en; ~en⟩ (*f*)

⟨∼in; ∼innen⟩ candidat(e) *m(f)*
Kandidatenliste *f* liste *f* de(s) candidats
Kandidatur [kandida'tuːr] *f* ⟨∼; ∼en⟩ candidature *f* (**auf** [+ *acc*] à)
kandidieren *v/i* ⟨*sans ge*⟩ se porter candidat (**für** à)
kandiert *adjt* confit
Kandis ['kandɪs] ⟨∼⟩, **Kandiszucker** *m* sucre *m* candi
Känguru ['kɛŋguru] *n* ⟨∼s; ∼s⟩ kangourou *m*
Kaninchen [ka'niːnçən] *n* ⟨∼s; ∼⟩ lapin *m*
Kaninchenbau *m* ⟨∼¢s; ∼e⟩ terrier *m* de lapin
Kaninchenfell *n* peau *f* de lapin
Kaninchenstall *m* clapier *m*
Kanister [ka'nɪstər] *m* ⟨∼s; ∼⟩ bidon *m*
kann [kan] → **können**
Kännchen ['kɛnçən] *n* ⟨∼s; ∼⟩ petit pot; *im Café* **ein Kännchen Kaffee** *une cafetière de deux tasses*
Kanne ['kanə] *f* ⟨∼; ∼n⟩ pot *m*; (*Gießkanne*) arrosoir *m*
Kannibale [kani'baːlə] *m* ⟨∼n; ∼n⟩, **Kannibalin** *f* ⟨∼; ∼nen⟩ cannibale *m,f*
kannibalisch *adj* de cannibale(s)
Kannibalismus *m* ⟨∼⟩ cannibalisme *m*
kannte ['kantə] → **kennen**
Kanon ['kaːnɔn] *m* ⟨∼s; ∼s⟩ canon *m*
Kanone [ka'noːnə] *f* ⟨∼; ∼n⟩ **1.** MIL canon *m* **2.** *fig* SPORT *etc* as *m*; crack *m* **3.** F (*Revolver*) F pétard *m* **4.** F **unter aller Kanone** au-dessous de tout
Kanonenboot *n* canonnière *f*
Kanonenfutter F *n* F chair *f* à canon
Kanonenkugel *f* boulet *m* de canon
Kantate [kan'taːtə] *f* ⟨∼; ∼n⟩ cantate *f*
Kante ['kantə] *f* ⟨∼; ∼n⟩ *e-s Gegenstands* bord *m*; *e-s Steins, Balkens*, MATH arête *f*; F *fig* **etwas auf die hohe Kante legen** mettre de l'argent de côté
Kanten *m* ⟨∼s; ∼⟩ *nordd* (*Brotkanten*) entame *f*
Kantholz *n* bois équarri
kantig *adj* à arête vive; *Gesicht* anguleux
Kantine [kan'tiːnə] *f* ⟨∼; ∼n⟩ cantine *f*
Kantinenessen *n* repas *m* de cantine
Kanton [kan'toːn] *m* ⟨∼s; ∼e⟩ canton *m*
Kantonsreglerung *f schweiz* Conseil *m* d'État
Kanu ['kaːnu] *n* ⟨∼s; ∼s⟩ canoë *m*; **Kanu fahren** faire du canoë
Kanufahrer(in) *m(f)* canoéiste *m,f*
Kanüle [ka'nyːlə] *f* ⟨∼; ∼n⟩ canule *f*
Kanute [ka'nuːtə] *m* ⟨∼n; ∼n⟩ canoéiste *m*
Kanzel ['kantsəl] *f* ⟨∼; ∼n⟩ **1.** ÉGL chaire *f* **2.** (*Pilotenkanzel*) cockpit *m*
Kanzlei [kants'lai] *f* ⟨∼; ∼en⟩ POL chancellerie *f*; *e-s Anwalts* cabinet *m*; *e-s Notars* étude *f*
Kanzler ['kantslər] *m* ⟨∼s; ∼⟩ POL chancelier *m*; *e-r Hochschule etwa* directeur administratif
Kanzleramt *n* **1.** *Posten* fonctions *f/pl* de chancelier **2.** *Dienststelle* chancellerie *f*
Kanzlerin *f* ⟨∼; ∼nen⟩ POL chancelière *f*
Kanzlerkandidat(in) *m(f)* candidat(e) *m(f)* à la chancellerie
Kap [kap] *n* ⟨∼s; ∼s⟩ GÉOGR cap *m*
Kapazität [kapatsi'tɛːt] *f* ⟨∼; ∼en⟩ **1.** (*Fassungs-, Leistungsvermögen*) capacité *f* **2.** (*Könner*) sommité *f*
Kapelle [ka'pɛlə] *f* ⟨∼; ∼n⟩ **1.** ÉGL chapelle *f* **2.** MUS orchestre *m*

Kapellmeister *m* chef *m* d'orchestre
Kaper ['kaːpər] *f* ⟨∼; ∼n⟩ câpre *f*
kapern *v/t Schiff* capturer
kapieren [ka'piːrən] F *v/t u v/i* ⟨*sans ge*⟩ F piger
kapillar [kapɪ'laːr] *adj* MÉD capillaire
kapital [kapi'taːl] *adj* capital; **ein kapitaler Hirsch** un superbe cerf
Kapital *n* ⟨∼s; ∼ien *ou* ∼e⟩ *bestimmtes* capital *m*; (*unbestimmte Summen*) capitaux *m/pl*; fonds *m/pl*; *fig* **aus etw Kapital schlagen** tirer profit de qc
Kapitalanlage *f* placement *m*
Kapitaleinkünfte *f/pl* revenus *m/pl* du capital *bzw* des capitaux
Kapitalerhöhung *f* augmentation *f* de capital
Kapitalertrag(s)steuer *f* impôt *m* sur le revenu du capital
Kapitalflucht *f* fuite *f* de capitaux
Kapitalgeber *m* bailleur *m* de fonds
Kapitalgesellschaft *f* société *f* de capitaux
kapitalisieren *v/t* ⟨*sans ge*⟩ capitaliser
Kapitalisierung *f* ⟨∼; ∼en⟩ capitalisation *f*
Kapitalismus [kapita'lɪsmʊs] *m* ⟨∼⟩ capitalisme *m*
Kapitalist(in) *m* ⟨∼en; ∼en⟩ (*f*) ⟨∼in; ∼innen⟩ capitaliste *m,f*
kapitalistisch *adj* capitaliste
kapitalkräftig *adj* disposant de capitaux
Kapitalmarkt *m* marché financier
Kapitalverbrechen *n* crime capital
Kapitän [kapi'tɛːn] *m* ⟨∼s; ∼e⟩ MAR, SPORT capitaine *m*; (*Flugkapitän*) commandant *m* de bord
Kapitänspatent *n* brevet *m* de capitaine
Kapitel [ka'pɪtəl] *n* ⟨∼s; ∼⟩ chapitre *m*; *fig* **das ist ein Kapitel für sich** c'est toute une affaire; *fig* **das ist ein anderes Kapitel** c'est une autre histoire
Kapitell [kapi'tɛl] *n* ⟨∼s; ∼e⟩ ARCH chapiteau *m*
Kapitelüberschrift *f* titre *m* de chapitre
Kapitulation [kapitulatsi'oːn] *f* ⟨∼; ∼en⟩ capitulation *f* (*a fig*)
kapitulieren *v/i* ⟨*sans ge*⟩ capituler (**vor** [+ *dat*] devant; *a fig*)
Kaplan [ka'plaːn] *m* ⟨∼s; Kapläne⟩ vicaire *m*; (*Hauskaplan*) chapelain *m*
Kappe ['kapə] *f* ⟨∼; ∼n⟩ **1.** (*Mütze*) bonnet *m* (*a Narrenkappe*); F **etw auf s-e Kappe nehmen** prendre qc sous son bonnet **2.** (*Verschlusskappe*) capuchon *m* (*a e-s Füllers*) **3.** TECH chape *f*
kappen *v/t* (*abschneiden*) couper; *fig Ausgaben* réduire
Käppi ['kɛpi] *n* ⟨∼s; ∼s⟩ casquette *f*; MIL calot *m*
Kapriole [kapri'oːlə] *f* ⟨∼; ∼n⟩ cabriole *f*
kapriziös [kapritsi'øːs] *adj* capricieux
Kapsel ['kapsəl] *f* ⟨∼; ∼n⟩ capsule *f*
Kapselriss *m* MÉD déchirure *f* d'une capsule articulaire
kaputt [ka'pʊt] F *adj* **1.** (*entzwei*) F cassé; F foutu; *Ehe* brisé; **kaputt machen** *Sachen* casser **2.** (*erschöpft*) F crevé
kaputtgehen F *v/i* (*irr*) **1.** *Sachen* s'abîmer; *feste Gegenstände* se casser **2.** *Tier, Pflanze* crever **3.** *Beziehungen* se défaire **4.** *Menschen* se détruire
kaputtlachen F *v/r* **sich kaputtlachen** F se fendre la gueule; mourir de rire
kaputtmachen F *v/t* **1.** *Sachen* casser **2.** *fig* **das**

macht einen (ganz) kaputt cela me, te, *etc* tue
Kapuze [ka'puːtsə] *f* ⟨∼; ∼n⟩ capuchon *m*
Kapuziner [kapu'tsiːnər] *m* ⟨∼s; ∼⟩ REL capucin
m
Kapuzinerkresse *f* capucine *f*
Karabiner [kara'biːnər] *m* ⟨∼s; ∼⟩ carabine *f*
Karabinerhaken *m* mousqueton *m*
Karacho [ka'raxo] F *n* ⟨∼s⟩ **mit Karacho** à
toute vitesse; AUTO F à fond la caisse; F à pleins
tubes
Karaffe [ka'rafə] *f* ⟨∼; ∼n⟩ carafe *f*
Karambolage [karambo'laːʒə] F *f* ⟨∼; ∼n⟩ (*Zu-*
sammenstoß) collision *f*; (*Massenkarambola-*
ge) carambolage *m*
Karamell [kara'mɛl] *m* ⟨∼s⟩ caramel *m*
Karamellbonbon *m od n* caramel *m*
Karamellpudding *m etwa* crème *f* au caramel
Karaoke [kara'oːkə] *n* ⟨∼$⟩ karaoké *m*
Karat [ka'raːt] *n* ⟨∼¢s; ∼e, *mais* 24 ∼⟩ carat *m*
Karate [ka'raːtə] *n* ⟨∼$⟩ karaté *m*
Karateschlag *m* coup *m* de karaté
...karätig [ẕka'rɛːtɪç] *adj in Zssgn* à ... carats
Karawane [kara'vaːnə] *f* ⟨∼; ∼n⟩ caravane *f*
Karawanenstraße *f* route *f* de caravanes
Kardanantrieb [kar'daːnʔ-] *m* transmission *f*
par cardan
Kardangelenk *n* joint *m* de cardan
Kardanwelle *f* arbre *m* de transmission
Kardinal [kardi'naːl] *m* ⟨∼s; -näle⟩ cardinal *m*
Kardinalfehler *m* erreur fondamentale
Kardinalzahl *f* nombre cardinal
Kardiogramm [kardio'-] *n* ⟨∼s; ∼e⟩ cardio-
gramme *m*
Kardiologe *m* ⟨∼n; ∼n⟩, **Kardiologin** *f* ⟨∼;
∼nen⟩ cardiologue *m,f*
Karenzzeit [ka'rɛnts-] *f* délai *m* de carence
Karfiol [karfi'oːl] *m* ⟨∼s⟩ österr chou-fleur *m*
Karfreitag [kaːr'-] *m* Vendredi saint
karg [kark] **I** *adj Lohn* maigre; *Boden* pauvre;
Mahl frugal **II** *adv* **karg bemessen** compté
avec parcimonie
kärglich ['kɛrklɪç] *adj* → **karg**
Karibik [ka'riːbɪk] ⟨∼⟩ **die Karibik** *Meer* la mer
des Caraïbes; *Inseln* les Antilles *f/pl*
karibisch *adj* caraïbe
kariert [ka'riːrt] *adj Papier* quadrillé; *Stoff* à
carreaux; **blau-weiß kariert** à carreaux bleu(s)
et blanc(s)
Karies ['kaːriɛs] *f* ⟨∼⟩ carie *f*
Karikatur [karika'tuːr] *f* ⟨∼; ∼en⟩ caricature *f*
Karikaturist(in) *m* ⟨∼en; ∼en⟩ (*f*) ⟨∼in; ∼innen⟩
caricaturiste *m,f*
karikieren *v/t* ⟨*sans ge*⟩ caricaturer
kariös [kari'øːs] *adj* carié
karitativ [karita'tiːf] *adj* charitable
Karl [karl] *m* ⟨∼s⟩ Charles *m*; **Karl der Große**
Charlemagne *m*; **Karl V.** Charles Quint
Karma ['karma] *n* ⟨∼s⟩ REL karma *m*
Karmeliter(in) [karme'liːtər(ɪn)] *m* ⟨∼s; ∼⟩ (*f*)
⟨∼in; ∼innen⟩ carme *m*, carmélite *f*
Karneval ['karnəval] *m* ⟨∼s; ∼e *ou* ∼s⟩ carnaval
m; **Karneval feiern** fêter le carnaval
Karnevalist *m* ⟨∼en; ∼en⟩ animateur *m* du car-
naval
karnevalistisch *adj* carnavalesque
Karnevalsgesellschaft *f* société *f*, réunion *f*,
association *f* carnavalesque
Karnevalskostüm *n* costume *m* de carnaval

Karnevalsorden *m* décoration *f* carnavalesque
Karnevalsprinz(essin) *m(f)* prince *m*, princes-
se *f* du carnaval
Karnevalssitzung *f* soirée *f* de carnaval (*avec*
chansons, danses, etc)
Karnevalsverein *m* association destinée à per-
pétuer la tradition du carnaval
Karnevalszug *m* cortège *m* de *od* du carnaval
Karnickel [kar'nɪkəl] *n* ⟨∼s; ∼⟩ regional → **Ka-**
ninchen
Kärnten ['kɛrntən] *n* ⟨∼s⟩ la Carinthie
Karo ['kaːro] *n* ⟨∼s; ∼s⟩ carreau *m*
Karoass *n Spielkarte* as *m* de carreau
Karomuster *n* **mit Karomuster** à carreaux
Karosse [ka'rɔsə] *f* ⟨∼; ∼n⟩ carrosse *m*
Karosserie [-'riː] *f* ⟨∼; ∼n⟩ carrosserie *f*
Karosseriebau *m* ⟨∼¢s⟩ carrosserie *f*
Karotin [karo'tiːn] *n* ⟨∼s⟩ BIOCHEMIE carotène
m
Karotte [ka'rɔtə] *f* ⟨∼; ∼n⟩ carotte *f*
Karpfen ['karpfən] *m* ⟨∼s; ∼⟩ carpe *f*
Karpfenteich *m* étang *m* de carpes
Karre ['karə] *f* ⟨∼; ∼n⟩ **1.** (*Gefährt*) charrette *f*;
kleine carriole *f*; (*Gepäckkarre*) chariot *m*;
(*Schubkarre*) brouette *f*; F *fig* **die Karre, den**
Karren aus dem Dreck ziehen remettre les
choses en ordre; F *fig* **j-m an die Karre, den**
Karren fahren attaquer qn rudement; rentrer
dans le lard à qn **2.** F (*Auto*) F bagnole *f*
Karree [ka'reː] *n* ⟨∼s; ∼s⟩ carré *m*
Karren *m* ⟨∼s; ∼⟩ **j-n vor s-n Karren spannen**
se servir de qn pour arriver à ses fins; → **Karre**
Karriere [kari'eːrə] *f* ⟨∼; ∼n⟩ carrière *f*; **Karriere**
machen faire carrière
Karrierefrau *f* femme *f* qui fait carrière; *péj* car-
riériste *f*
Karrieremacher *m péj* carriériste *m*
Karst [karst] *m* ⟨∼¢s; ∼e⟩ GÉOL karst *m*
Karte ['kartə] *f* ⟨∼; ∼n⟩ carte *f*; (*Speisekarte*) *a*
menu *m*; *für Zug, Flugzeug, Kino, Theater* bil-
let *m*; *für Bus, U-Bahn* ticket *m*; FUSSBALL **die**
Gelbe, Rote Karte le carton jaune, rouge;
nach der Karte essen manger à la carte; **Kar-**
ten spielen jouer aux cartes; **gute, schlechte**
Karten haben avoir du jeu, ne pas avoir de jeu;
fig **sich** (*dat*) **nicht in die Karten sehen las-**
sen cacher son jeu; *fig* **mit offenen Karten**
spielen jouer cartes sur table; *fig* **die Karten**
auf den Tisch legen découvrir son jeu; **alles**
auf e-e Karte setzen mettre tous ses œufs
dans le même panier; **j-m die Karten legen** ti-
rer les cartes à qn
Kartei [kar'taɪ] *f* ⟨∼; ∼en⟩ fichier *m*
Karteikarte *f* fiche *f*
Karteikasten *m* fichier *m*
Karteileiche *f plais* **1.** *Karte*: fiche au contenu
devenu caduc **2.** *Person*: membre enregistré
mais qui n'existe que sur le papier
Kartell [kar'tɛl] *n* ⟨∼s; ∼e⟩ cartel *m*
Kartellamt *n* office *m* des cartels
Kartenhaus *n* château *m* de cartes; **einstürzen**
wie ein Kartenhaus s'écrouler comme un châ-
teau de cartes
Kartenkunststück *n* tour *m* de cartes
Kartenlegen *n* ⟨∼s⟩ cartomancie *f*
Kartenleger(in) *m* ⟨∼s; ∼⟩ (*f*) ⟨∼in; ∼innen⟩ ti-
reur, -euse *m,f* de cartes
Kartenspiel *n* jeu *m* de cartes; *Einzelspiel* par-

tie *f* de cartes
Kartenspieler(in) *m,f* joueur, -euse *m,f* de cartes
Kartentelefon *n* téléphone *m* à cartes
Kartenverkauf *m* vente *f* de billets
Kartenvorverkauf *m* location *f*
Kartoffel [kar'tɔfəl] *f* ⟨~; ~n⟩ pomme *f* de terre
Kartoffelauflauf *m* gratin *m* de pommes de terre
Kartoffelbrei *m* purée *f* de pommes de terre
Kartoffelchips *m/pl* chips *f/pl*
Kartoffelgratin *n* → **Kartoffelauflauf**
Kartoffelkäfer *m* doryphore *m*
Kartoffelklöße *m/pl, südd* **Kartoffelknödel** *m/pl* quenelles *f/pl* de pommes de terre
Kartoffelpuffer *m genre de galette de pommes de terre râpées*
Kartoffelpüree *n* → **Kartoffelbrei**
Kartoffelsalat *m* salade *f* de pommes de terre
Kartoffelstock *m* ⟨~¢s⟩ *schweiz* → **Kartoffelbrei**
Kartoffelsuppe *f* soupe *f* de pommes de terre
Kartograph(in) [karto'graːf(ɪn)] *m* ⟨~en; ~en⟩ (*f*) ⟨~in; ~innen⟩ cartographe *m,f*
Karton [kar'tɔŋ] *m* ⟨~s; ~s⟩ carton *m*
kartoniert *adjt Buch* cartonné
Karussell [karu'sɛl] *n* ⟨~s; ~e *ou* ~s⟩ manège *m*; **Karussell fahren** faire un tour de manège
Karwoche ['kaːr-] *f* semaine sainte
Karzinom [kartsi'noːm] *n* ⟨~s; ~e⟩ MÉD carcinome *m*
Kasachstan ['kazaxstaːn] *n* ⟨~s⟩ le Kazakhstan
Kaschemme [ka'ʃɛmə] F *péj* ⟨~; ~n⟩ bouge *m*
kaschieren [ka'ʃiːrən] *v/t* ⟨*sans ge*⟩ cacher; dissimuler
Kaschmir *m* ⟨~s; ~e⟩ TEXT cachemire *m*
Kaschmirschal *m* châle *m* de cachemire
Käse ['kɛːzə] *m* ⟨~s; ~⟩ **1.** fromage *m* **2.** F *péj* (*Unsinn*) âneries *f/pl*
Käseblatt F *péj n* F feuille *f* de chou
Käsebrot *n* tartine *f* de fromage
Käsebrötchen *n* sandwich *m* au fromage
Käseecke *f* portion *f* de fromage fondu
Käsefondue *n* fondue *f*
Käsegebäck *n* biscuit *m* au fromage
Käseglocke *f* cloche *f* à fromage
Käsekuchen *m* gâteau *m* au fromage blanc
Käsemesser *n* couteau *m* à fromage
Käseplatte *f* plateau *m* de fromages
Kaserne [ka'zɛrnə] *f* ⟨~; ~n⟩ caserne *f*
kasernieren *v/t* ⟨*sans ge*⟩ caserner
Käsestange *f* allumette *f* au fromage
käseweiß, **käsig** F *adj* (*blass*) blanc comme un linge; (*nicht braun*) F blanc comme un cachet d'aspirine
Kasino [ka'ziːno] *n* ⟨~s; ~s⟩ **1.** (*Offizierskasino*) mess *m* **2.** (*Spielkasino*) casino *m*
Kaskoversicherung ['kasko-] *f* (*Vollkaskoversicherung*) assurance *f* tous risques
Kasper ['kaspər] *m* ⟨~s; ~⟩ **1.** (*Puppe*) guignol *m* **2.** F *fig* guignol *m*
Kasper(le)theater *n* guignol *m*
Kaspisch ['kaspɪʃ] *adj* **das Kaspische Meer** la mer Caspienne
Kassa ['kasa] *f* ⟨~; -en⟩ *österr* → **Kasse**
Kassageschäft *n* COMM opération *f* au comptant

Kasse ['kasə] *f* ⟨~; ~n⟩ caisse *f* (a *Krankenkasse*); **Kasse machen** faire sa caisse; **gemeinsame, getrennte Kasse machen** faire bourse commune, à part; (*gut*) **bei Kasse sein** être en fonds; **knapp bei Kasse sein** ne pas être en fonds; F **j-n zur Kasse bitten** présenter la facture à qn
Kasseler *n* ⟨~s; ~⟩, **Kasseler Rippenspeer** *m od n* CUIS côte de porc salée et fumée
Kassenabschluss *m* arrêté *m* de caisse
Kassenarzt *m*, **Kassenärztin** *f* médecin conventionné
Kassenbeleg *m* bon *m* de caisse
Kassenbericht *m* relevé *m* de caisse
Kassenbestand *m* encaisse *f*
Kassenbon *m* ticket *m* de caisse
Kassenbrille F *f* lunettes payées par la Sécurité sociale
Kassenbuch *n* livre *m* de caisse
Kassenerfolg *m* film *m*, pièce *f* à succès
Kassengestell F *n* e-r *Brille* monture de lunettes payée par la Sécurité sociale
Kassenpatient(in) *m(f)* patient(e) *m(f)* affilié(e) obligatoirement à une caisse (d'assurance)
Kassenprüfung *f* vérification *f* de caisse
Kassenraum *m* caisse *f*
Kassenschalter *m* guichet *m* de la caisse
Kassenschlager F *m* article-vedette *m*
Kassenschluss *m* fermeture *f* de caisse
Kassenstunden *f/pl* heures *f/pl* d'ouverture (de la caisse)
Kassensturz F *m* **Kassensturz machen** faire l'état de sa caisse
Kassenwart *m* ⟨~¢s; ~e⟩ trésorier *m*
Kassenzettel *m* ticket *m* de caisse
Kasserolle [kasə'rɔlə] *f* ⟨~; ~n⟩ casserole *f*
Kassette [ka'sɛtə] *f* ⟨~; ~n⟩ **1.** *Behälter* coffret *m* (a *für Bücher, Schallplatten*) **2.** (*Tonbandkassette, Videokassette*) cassette *f*
Kassettendeck *n* platine *f* à cassettes
Kassettenrekorder *m* lecteur *m* de cassettes
kassieren [ka'siːrən] ⟨*sans ge*⟩ **I** *v/t* **1.** *Geld* encaisser **2.** F *fig* (*einstecken müssen*) encaisser; F *fig* (*wegnehmen*) retirer **II** *v/i* (*abkassieren*) encaisser
Kassierer(in) *m* ⟨~s; ~⟩ (*f*) ⟨~in; ~innen⟩ caissier, -ière *m,f*
Kastagnette [kastan'jɛtə] *f* ⟨~; ~n⟩ castagnette *f*
Kastanie [kas'taːniə] *f* ⟨~; ~n⟩ **1.** (*Rosskastanie*) marron *m* (d'Inde); *Baum* marronnier *m* **2.** (*Edelkastanie*) châtaigne *f*; CUIS marron *m*; *Baum* châtaignier *m*; F **für j-n die Kastanien aus dem Feuer holen** tirer les marrons du feu pour qn
Kastanienbaum *m* → **Kastanie**
kastanienbraun *adj* marron; *Haare* châtain
Kästchen ['kɛstçən] *n* ⟨~s; ~⟩ coffret *m*; *auf Formularen etc* case *f*
Kaste ['kastə] *f* ⟨~; ~n⟩ caste *f*
kasteien [kas'taɪən] *v/r* ⟨*sans ge*⟩ **sich kasteien** se mortifier
Kasten ['kastən] *m* ⟨~s; ⁘⟩ **1.** *Behälter* boîte *f*; *größerer* caisse *f* (a *Bierkasten*); F (*Briefkasten*) boîte *f* aux lettres **2.** *österr, schweiz* (*Schrank*) armoire *f* **3.** F *péj* (*Auto*) F caisse *f*; (*Haus*) bloc *m* (de béton); (*Radio, Fernseher*) F engin *m*; F

etwas auf dem Kasten haben F être calé
Kastenbrot *n pain cuit dans un moule rectangulaire*
Kastenwagen *m* fourgonnette *f*
Kastrat [kas'traːt] *m* ⟨~en; ~en⟩ castrat *m*
Kastration *f* ⟨~; ~en⟩ castration *f*
kastrieren *v/t* ⟨*sans ge*⟩ castrer
Kasus ['kaːzʊs] *m* ⟨~; ~⟩ GR cas *m*
Kat [kat] F *m abr* ⟨~s; ~s⟩ (*Katalysator*) catalyseur *m*; pot *m* catalytique
Katakombe [kata'kɔmbə] *f* ⟨~; ~n⟩ catacombe *f*
Katalog [kata'loːk] *m* ⟨~¢s; ~e⟩ catalogue *m*
katalogisieren *v/t* ⟨*sans ge*⟩ cataloguer
Katalysator [kataly'zaːtɔr] *m* ⟨~s; -toren⟩ catalyseur *m* (*a* CHIM, *fig*); AUTO *a* pot *m* catalytique; ***geregelter Katalysator*** catalyseur réglé
Katalysatorwagen *m* voiture *f* à pot catalytique, à catalyseur
Katapult [kata'pʊlt] *m od n* ⟨~¢s; ~e⟩ catapulte *f*
katapultieren *v/t* ⟨*sans ge*⟩ catapulter
Katarr(h) [ka'tar] *m* ⟨~(h)s; ~(h)e⟩ catarrhe *m*
Kataster [ka'tastər] *m od n* ⟨~s; ~⟩ cadastre *m*
Katasteramt *n* cadastre *m*
katastrophal [katastro'faːl] *adj* catastrophique
Katastrophe *f* ⟨~; ~n⟩ catastrophe *f*
Katastrophenalarm *m* alerte *f* à la catastrophe
Katastropheneinsatz *m* intervention *f* des secours en cas de catastrophe
Katastrophengebiet *n* région sinistrée
Katechismus [kate'çɪsmʊs] *m* ⟨~; -men⟩ (livre *m* de) catéchisme *m*
Kategorie [katego'riː] *f* ⟨~; ~n⟩ catégorie *f*
kategorisch *adj* catégorique
Kater ['kaːtər] *m* ⟨~s; ~⟩ **1.** ZO chat *m*; matou *m* **2.** F *fig* ***e-n Kater haben*** F avoir la gueule de bois
Katerfrühstück *n petit-déjeuner à base de hareng mariné que l'on prend lorsqu'on a la gueule de bois*
Katerstimmung F *f* F gueule *f* de bois
Katheder [ka'teːdər] *n od m* ⟨~s; ~⟩ chaire *f*
Kathedrale [kate'draːlə] *f* ⟨~; ~n⟩ cathédrale *f*
Kathete [ka'teːtə] *f* ⟨~; ~n⟩ MATH côté *m* de l'angle droit
Katheter [ka'teːtər] *m* ⟨~s; ~⟩ MÉD sonde *f*
Kathode [ka'toːdə] *f* ⟨~; ~n⟩ cathode *f*
Katholik(in) [kato'liːk(ɪn)] *m* ⟨~en; ~en⟩ (*f*) ⟨~in; ~innen⟩ catholique *m,f*
katholisch *adj* catholique
Katholizismus *m* ⟨~⟩ catholicisme *m*
Katz [kats] *f* F **Katz und Maus mit j-m spielen** jouer au chat et à la souris avec qn; F ***für die Katz*** F pour des prunes
katzbuckeln *v/i* ⟨¢⟩ *péj* faire des courbettes (***vor*** [+ *dat*] devant)
Kätzchen ['kɛtsçən] *n* ⟨~s; ~⟩ chaton *m* (*a* BOT)
Katze ['katsə] *f* ⟨~; ~n⟩ chat *m*; *weibliche* chatte *f*; F ***die Katze im Sack kaufen*** acheter les yeux fermés; F ***die Katze aus dem Sack lassen*** F abattre son jeu; F ***wie die Katze um den heißen Brei herumgehen*** F tourner autour du pot
Katzenauge *n* F (*Rückstrahler*) catadioptre *m*
Katzenfell *n* peau *f* de chat
Katzenhai *m* roussette *f*; chat *m* de mer
Katzenjammer F *m* F (coup *m* de) déprime *f*
Katzensprung F *m* ***es ist nur ein Katzen-***

sprung (***von hier***) c'est à deux pas d'ici
Katzentisch F *plais m* petite table (*où mangent les enfants*)
Katzenwäsche F *f* toilette *f* de chat; ***Katzenwäsche machen*** faire une toilette de chat
Kauderwelsch ['kaudərvɛlʃ] *n* ⟨~$⟩ charabia *m*; (*Mischsprache*) sabir *m*
kauen ['kauən] *v/t u v/i* mâcher; ***an den Nägeln kauen*** se ronger les ongles
kauern ['kauərn] **I** *v/i* être accroupi **II** *v/r* **sich kauern** s'accroupir
Kauf [kauf] *m* ⟨~¢s; Käufe⟩ achat *m*; ***zum Kauf anbieten*** mettre en vente; *fig* ***etw in Kauf nehmen*** être prêt à accepter qc
kaufen *v/t* **1.** acheter (***von j-m*** à qn; ***für j-n*** à, pour qn; ***bei j-m*** chez qn) **2.** ***j-n kaufen*** (*bestechen*) acheter qn
Käufer(in) ['kɔyfər(ɪn)] *m* ⟨~s; ~⟩ (*f*) ⟨~in; ~innen⟩ acheteur, -euse *m,f*; *bei Grundstücken etc* acquéreur *m*
Käuferschicht *f* catégorie *f* d'acheteurs
Kauffrau *f* **1.** (*Geschäftsfrau*) commerçante *f* **2.** (*kaufmännische Angestellte*) employée *f* de commerce
Kaufhaus *n* grand magasin
Kaufhausdetektiv *m* détective *m* de grand magasin
Kaufinteresse *n* intention *f* d'acheter, d'acquérir
Kaufkraft *f* pouvoir *m* d'achat
Kaufleute *pl* commerçants *m/pl*
käuflich ['kɔyflɪç] **I** *adj* **1.** à vendre; ***käufliche Liebe*** prostitution *f* **2.** *péj* vénal **II** *adv* ***etw käuflich erwerben*** acheter qc
Kaufmann *m* ⟨~¢s; -leute⟩ **1.** (*Geschäftsmann*) commerçant *m*; (*Großhändler*) négociant *m* **2.** (*kaufmännischer Angestellter*) employé *m* de commerce
kaufmännisch ['kaufmɛnɪʃ] *adj* commercial; ***kaufmännischer Angestellter*** employé *m* de commerce
Kaufpreis *m* prix *m* d'achat
Kaufrausch *m* frénésie *f* de consommation
Kaufvertrag *m* contrat *m* de vente
Kaufzwang *m* obligation *f* d'achat; *Schild* ***kein Kaufzwang*** entrée libre
Kaugummi *m od n* ⟨~s; ~s⟩ chewing-gum *m*
Kaulquappe ['kaulkvapə] *f* ⟨~; ~n⟩ têtard *m*
kaum [kaum] *adv* à peine; ne … guère; ***es ist kaum zu glauben*** c'est à peine croyable; ***es besteht kaum Hoffnung*** il n'y a guère d'espoir; *Antwort* ***wohl kaum, ich glaube kaum*** je ne le pense guère; ***kaum hatte er es gesagt, als …*** il avait à peine dit cela que …
kausal [kau'zaːl] *adj st/s*, GR causal
Kausalität *f* ⟨~; ~en⟩ causalité *f*
Kausalkette *f* enchaînement *m* logique
Kausalsatz *m* GR (proposition *f*) causale *f*
Kausalzusammenhang *m* lien causal
Kautabak *m* tabac *m* à chiquer
Kaution [kautsi'oːn] *f* ⟨~; ~en⟩ caution *f*; ***e-e Kaution stellen*** verser une caution
Kautschuk ['kautʃuk] *m* ⟨~s; ~e⟩ caoutchouc *m*
Kauz [kauts] *m* ⟨~es; Käuze⟩ **1.** ZO chouette *f* **2.** F *fig* ***ein komischer Kauz*** F un drôle de zèbre
kauzig *adj* bizarre
Kavalier [kava'liːr] *m* ⟨~s; ~e⟩ homme galant;

gentleman *m*; **Kavalier sein** être galant; **Kavalier am Steuer** conducteur courtois
Kavaliersdelikt *n* peccadille *f*
Kavallerie [kavalə'riː] *f* ⟨~; ~n⟩ cavalerie *f*
Kaviar ['kaːviar] *m* ⟨~s; ~e⟩ caviar *m*
KB *abr* (*Kilobyte*) Ko (kilo-octet)
keck [kɛk] *adj* **1.** (*frech*) 'hardi; effronté **2.** (*flott*) *Hut etc* coquet
Keeper ['kiːpər] *m* ⟨~s; ~⟩ *österr* gardien *m* de but
Kefir ['keːfɪr] *m* ⟨~s⟩ kéfir *od* képhir *m*
Kegel ['keːgəl] *m* ⟨~s; ~⟩ **1.** KEGELSPIEL quille *f* **2.** MATH, (*Bergkegel*) cône *m* **3.** (*Lichtkegel*) faisceau *m* **4.** F **mit Kind und Kegel** F avec toute la smala
Kegelabend *m* soirée *f* de jeu de quilles
Kegelbahn *f* piste *f* de quilles
Kegelbruder *m* copain *m* au jeu de quilles
kegelförmig *adj* conique
Kegelklub *m* club *m* de joueurs de quilles
kegeln *v/i* ⟨¢⟩ jouer aux quilles
Kegeln *n* ⟨~s⟩ jeu *m* de quilles
Kegelschnitt *m* (section *f*) conique *f*
Kegelstumpf *m* tronc *m* de cône
Kegler(in) ['keːglər(ɪn)] *m* ⟨~s; ~⟩ (*f*) ⟨~in; ~innen⟩ joueur, -euse *m,f* de quilles
Kehle ['keːlə] *f* ⟨~; ~n⟩ gorge *f*; *fig* **es schnürt mir die Kehle zu** j'en ai la gorge serrée; F *fig* **etw in die falsche Kehle bekommen** prendre qc de travers; **aus voller Kehle** à pleine gorge
Kehlkopf *m* larynx *m*
Kehlkopfentzündung *f* laryngite *f*
Kehlkopfkrebs *m* cancer *m* du larynx
Kehraus ['keːrʔaʊs] *m* ⟨~⟩ fin *f* (d'une fête); *Tanz* dernière danse
Kehre *f* ⟨~; ~n⟩ **1.** (*Kurve*) virage *m* **2.** TURNEN saut latéral dorsal
kehren¹ *v/t u v/i* (*fegen*) balayer
kehren² **I** *v/t* (*wenden*) tourner; **das Oberste zuunterst kehren** mettre tout sens dessus dessous **II** *v/r* **sich nicht an etw** (*acc*) **kehren** ne faire aucun cas de qc; *fig* **in sich** (*acc*) **gekehrt** pensif; songeur
Kehricht ['keːrɪçt] *m od n* ⟨~s⟩ **1.** *st/s* (*Zusammengekehrtes*) balayures *f/pl* **2.** *schweiz* (*Müll*) ordures *f/pl*
Kehrmaschine *f* balayeuse *f*
Kehrreim *m* refrain *m*
Kehrschaufel *f* pelle *f* à ordures
Kehrseite *f* **1.** (*Rückseite*) revers *m*; *e-s Stoffes* envers *m* (*a fig Schattenseite*); *fig* **die Kehrseite**

der Medaille le revers de la médaille **2.** *plais* (*Gesäß*) F postérieur *m*
kehrtmachen *v/i* faire demi-tour; *rasch* faire volte-face
Kehrtwendung *f* MIL, *fig* volte-face *f*
Kehrwert *m* MATH nombre *m* inverse
keifen ['kaɪfən] *v/i* criailler; F glapir
Keil [kaɪl] *m* ⟨~¢s; ~e⟩ *zum Spalten* coin *m*; *zum Unterlegen* cale *f*
Keilabsatz *m* semelle compensée
Keile F *f* ⟨~⟩ F raclée *f*; volée *f*
keilen F *v/r* **sich keilen** se battre
Keiler *m* ⟨~s; ~⟩ sanglier *m* (mâle)
Keilerei F *f* ⟨~; ~en⟩ bagarre *f*; rixe *f*
keilförmig *adj* en (forme de) coin
Keilhose *f* (pantalon *m*) fuseau *m*
Keilriemen *m* courroie *f*
Keilschrift *f* écriture *f* cunéiforme
Keim [kaɪm] *m* ⟨~¢s; ~e⟩ BIOL, MÉD, *fig* germe *m*; **etw im Keim ersticken** étouffer qc dans l'œuf
Keimdrüse *f* glande sexuelle; gonade *f*
keimen *v/i* germer; *fig a* naître
keimfrei *adj* aseptique; *Nahrungsmittel* stérilisé
Keimling *m* ⟨~s; ~e⟩ embryon *m*
keimtötend *adj* stérilisant; antiseptique
Keimzelle *f* **1.** BIOL gamète *m* **2.** *fig* foyer *m*; source *f*
kein [kaɪn] *pr/ind* **1.** *adj* ⟨*f* ~e, *pl* ~e⟩ ne … pas de; *ohne Verb* pas de; *bei* „*sein*" pas un(e) *od* des; **ich habe keine Zeit** je n'ai pas le temps; **kein anderer als X** nul autre que X **2.** *subst* ⟨*m* ~er, *f* ~e, *n* ~¢s, *pl* ~e⟩ aucun(e) … ne; *p/ fort* nul, nulle …ne; personne … ne; **keine** *auf Fragebogen* néant; **ich habe keinen** als Antwort je n'en ai pas; **keiner weiß es** personne ne le sait
keinerlei *adj* ⟨*inv*⟩ ne … aucun
keinesfalls *adv* (ne + *Verb*) en aucun cas
keineswegs *adv* (ne + *Verb*) pas du tout, absolument pas
keinmal *adv* pas une (seule) fois
Keks [keːks] *m* ⟨~¢s; ~e⟩ biscuit *m*; gâteau sec; F **das, der geht mir auf den Keks!** F cela, il me casse les pieds
Kelch [kɛlç] *m* ⟨~¢s; ~e⟩ BOT, (*Messkelch*) calice *m*; *st/s* **den Kelch bis zur Neige leeren** boire le calice jusqu'à la lie; *fig* **der Kelch ist an uns vorübergegangen** nous l'avons échappé belle
Kelchblatt *n* BOT sépale *m*

---

kein(e)   **!FQ**

Vorsicht bei der Übersetzung von **kein(e)**:

Aucun passager **n'**a survécu à l'accident. Kein Mitfahrer hat den Unfall überlebt.	**kein** als Teil des Subjekts wird mit **aucun(e)… ne** übersetzt.
Pas un seul passager **n'**a survécu à l'accident.	Alternative: **pas un(e) seul(e)… ne**
Il **n'**a **pas de** chance. Er hat kein Glück. Elle **n'**a **pas** eu **de** difficultés. Sie hat keine Schwierigkeiten gehabt.	In Verbindung mit einem direkten Objekt: **pas de…**
Elle **n'**a eu **aucune** difficulté. Sie hat keine Schwierigkeit gehabt.	oder verstärkend **ne… aucun(e)**

Kelle ['kɛlə] f ⟨∼; ∼n⟩ **1.** (*Schöpfkelle*) louche f **2.** (*Maurerkelle*) truelle f **3.** *des Verkehrspolizisten etwa* bâton blanc
Keller ['kɛlər] m ⟨∼s; ∼⟩ cave f
Kellerassel f zo cloporte m
Kellerbar f cave f
Kellerei f ⟨∼; ∼en⟩ caves f/pl
Kellerfenster n soupirail m
Kellergeschoss n sous-sol m
Kellergewölbe n voûtes f/pl de la cave
Kellermeister m maître m de chai
Kellertheater n théâtre m en sous-sol
Kellertreppe f escalier m de la cave
Kellertür f porte f de la cave
Kellerwohnung f appartement m en sous-sol
Kellner ['kɛlnər] m ⟨∼s; ∼⟩ garçon m
Kellnerin f ⟨∼; ∼nen⟩ serveuse f
kellnern F v/i travailler comme serveur, serveuse
Kelte ['kɛltə] m ⟨∼n; ∼n⟩ Celte m
Kelter ['kɛltər] f ⟨∼; ∼n⟩ pressoir m
keltern v/t presser
keltisch *adj* celtique *od* celte
Kenia ['keːnia] n ⟨∼s⟩ le Kenya
Kenianer(in) [keni'aːnər(ɪn)] m ⟨∼s; ∼⟩ (*f*) ⟨∼in; ∼innen⟩ Kenyan(e) $m(f)$
kenianisch *adj* kenyan
kennen ['kɛnən] ⟨kannte, gekannt⟩ v/t (*u* v/r **sich kennen** se) connaître; **kennen lernen** → **kennenlernen**
kennenlernen **I** v/t faire la connaissance de; *drohend* **du wirst mich noch kennenlernen!** tu vas voir de quel bois je me chauffe! **II** v/r **sich kennenlernen** faire connaissance
Kenner(in) m ⟨∼s; ∼⟩ (*f*) ⟨∼in; ∼innen⟩ connaisseur, -euse m,f (**von** en)
Kennerblick m coup d'œil m connaisseur; **mit Kennerblick** en connaisseur
kenntlich ['kɛntlɪç] *adj* reconnaissable (**an** [+ *dat*] à); **kenntlich machen** marquer
Kenntnis ['kɛntnɪs] f ⟨∼; ∼se⟩ **1.** connaissance f (**in** [+ *dat*] en); **einige Kenntnisse im Italienischen haben** avoir quelques notions d'italien **2. Kenntnis von etw haben** avoir connaissance de qc; **etw zur Kenntnis nehmen** prendre acte de qc; **j-n von etw in Kenntnis setzen** informer qn de qc; *st/s* **das entzieht sich meiner Kenntnis** je n'en ai pas connaissance
Kenntnisnahme f ⟨∼⟩ ADM **mit der Bitte um Kenntnisnahme** pour information
Kenntnisstand m ⟨∼s⟩ niveau m de connaissances
Kennwort n ⟨∼s; ∼er⟩ *für Eingeweihte* mot m de passe; *bei Zeitungseinsendungen* (mot m) code m
Kennzahl f indice m
Kennzeichen n **1.** (*Merkmal*) caractéristique f; (*Erkennungsmerkmal*) signe m de reconnaissance; *Pass* **besondere Kennzeichen** signes particuliers **2.** AUTO numéro m d'immatriculation
kennzeichnen v/t ⟨-e-⟩ marquer; *beschreibend* caractériser
kennzeichnend *adjt* typique (**für** de)
Kennziffer f indice m
kentern ['kɛntərn] v/i ⟨sn⟩ chavirer
Keramik [ke'raːmɪk] f ⟨∼; ∼en⟩ céramique f
keramisch *adj* céramique

Kerbe ['kɛrbə] f ⟨∼; ∼n⟩ entaille f; encoche f; F *fig* **in dieselbe Kerbe hauen** F enfoncer le clou
Kerbel ['kɛrbəl] m ⟨∼s⟩ cerfeuil m
kerben v/t encocher
Kerbholz F *fig* n **etw auf dem Kerbholz haben** avoir commis un méfait
Kerker ['kɛrkər] m ⟨∼s; ∼⟩ cachot m
Kerl [kɛrl] F m ⟨∼s; ∼e, *nordd* ∼s⟩ F type m; F gars m; **blöder Kerl** idiot m; **kleiner Kerl** F petit bonhomme
Kern [kɛrn] m ⟨∼¢s; ∼e⟩ **1.** *von Steinobst* noyau m; *von Kernobst* pépin m; *von Nüssen* amande f **2.** *fig* cœur m; **der harte Kern** le noyau (dur); **zum Kern der Sache kommen** entrer dans le vif du sujet; **in ihm steckt ein guter Kern** il a un bon fond **3.** (*Atomkern*) noyau m; (*Reaktorkern*) cœur m
Kernbrennstoff m combustible m nucléaire
Kernenergie f énergie f nucléaire
Kernexplosion f explosion f nucléaire
Kernforschung f recherche f nucléaire
Kernfrage f question principale, cruciale
Kernfusion f fusion f nucléaire
Kerngehäuse n BOT trognon m
kerngesund *adj* en parfaite santé
kernig *adj* **1.** *Obst* à pépins **2.** *fig Person* vigoureux; robuste; F *Spruch* cru
Kernkompetenz f compétence f clé
Kernkraft f énergie f nucléaire
Kernkraftgegner(in) $m(f)$ antinucléaire m,f
Kernkraftwerk n centrale f nucléaire
kernlos *adj* sans pépins
Kernobst n fruits m/pl à pépins
Kernphysik f physique f nucléaire
Kernphysiker(in) m,f atomiste m,f
Kernpunkt m point essentiel
Kernreaktion f réaction f nucléaire
Kernreaktor m réacteur m nucléaire
Kernschmelze f ⟨∼⟩ fusion f du cœur (du réacteur)
Kernseife f savon m de Marseille
Kernspaltung f fission f nucléaire
Kernspintomographie f MÉD RMN f (résonance magnétique nucléaire)
Kernstück n partie essentielle; cœur m
Kerntechnik f technique f nucléaire
Kernwaffe f arme f nucléaire
Kernwaffenversuch m essai m nucléaire
Kernzeit f ARBEITSRECHT plage f fixe
Kerosin [kero'ziːn] n ⟨∼s⟩ kérosène m
Kerze ['kɛrtsə] f ⟨∼; ∼n⟩ bougie f (*a Zündkerze*); chandelle f (*a* SPORT); *in der Kirche* cierge m
kerzengerade *adj u adv* tout droit
Kerzenhalter m bougeoir m
Kerzenleuchter m chandelier m
Kerzenlicht n lumière f de bougie(s); **bei Kerzenlicht essen** dîner aux chandelles
Kerzenschein m lueur f de bougie(s)
Kerzenständer m chandelier m
kess [kɛs] *adj* **1.** (*frech*) déluré; (*unverfroren*) 'hardi **2.** (*flott*) **ein kesses Mädchen** une fille qui a du chien
Kessel ['kɛsəl] m ⟨∼s; ∼⟩ **1.** (*Wasserkessel*) bouilloire f **2.** (*Dampfkessel, Heizkessel*) chaudière f **3.** GÉOGR cuvette f
Kesselfleisch n *regional* CUIS poitrine de porc

K

bouillie (*préparée après l'abattage d'un cochon*)
Kesselpauke *f* MUS timbale *f*
Kesselstein *m* tartre *m*
Kesseltreiben *n* ⟨~s; ~⟩ *fig* poursuite acharnée (*gegen* contre)
Ket(s)chup ['kɛtʃap] *m od n* ⟨~ʂ; ~s⟩ ketchup *m*
Kettcar® ['kɛtkaːr] *m* ⟨~s; ~s⟩ kart *m* (pour enfants)
Kette ['kɛtə] *f* ⟨~; ~n⟩ **1.** chaîne *f* (*a* TECH, GÉOGR, *fig*); (*Fessel*) *Ketten pl* fers *m*/*pl*; *e-e Kette bilden* faire la chaîne; *e-e Kette von Ereignissen* une suite d'événements **2.** (*Schmuck: aus Metall* chaîne *f*; *aus Perlen, Edelsteinen* collier *m* **3.** (*Ladenkette, Hotelkette*) chaîne *f*
ketten *v/t* ⟨-e-⟩ attacher (*an* [+ *acc*] à); *fig j-n an sich ketten* s'attacher qn
Kettenbrief *m* chaîne *f*
Kettenfahrzeug *n* véhicule *m* à chenille
Kettenglied *n* chaînon *m*
Kettenhund *m* chien *m* de garde (attaché)
Kettenraucher(in) *m*(*f*) grand(e) fumeur, -euse *m*,*f*
Kettenreaktion *f* réaction *f* en chaîne (*a fig*)
Kettensäge *f* scie *f* à chaîne
Ketzer(in) ['kɛtsər(ɪn)] *m* ⟨~s; ~⟩ (*f*) ⟨~in; ~innen⟩ hérétique *m*,*f* (*a fig*)
Ketzerei *f* ⟨~; ~en⟩ hérésie *f* (*a fig*)
ketzerisch *adj* hérétique (*a fig*)
keuchen ['kɔyçən] *v/i* 'haleter (*a fig*)
Keuchhusten *m* coqueluche *f*
Keule ['kɔylə] *f* ⟨~; ~n⟩ **1.** *Waffe* massue *f* **2.** *vom Hasen, Huhn* cuisse *f*; *vom Hammel* gigot *m*; *vom Wild* cuissot *m*
keusch [kɔyʃ] *adj* chaste
Keuschheit *f* ⟨~⟩ chasteté *f*
Keyboard ['kiːbɔrt] *n* ⟨~s; ~s⟩ MUS orgue *m* électronique; INFORM clavier *m*
Kfz [kaːʔɛfˈtsɛt] *n abr* ⟨~ʂ; ~ʂ⟩ (*Kraftfahrzeug*) véhicule *m* automobile
Kfz... *in Zssgn* → *Kraftfahrzeug...*
Kfz-Brief *etc* → *Kraftfahrzeugbrief etc*
Kfz-Werkstatt *f* garage *m* auto
kg *abr* (*Kilogramm*) kg
KG [kaːˈgeː] *f abr* ⟨~; ~s⟩ → *Kommanditgesellschaft*
khakifarben ['kaːki-] *adj* kaki
Kibbuz [kɪˈbuːts] *m* ⟨~; -zim *ou* ~e⟩ kibboutz *m*
Kichererbse ['kɪçər-] *f* pois *m* chiche
kichern *v/i* ricaner; *verstohlen* rire sous cape
Kick [kɪk] F *m* ⟨~ʂ; ~s⟩ **1.** FUSSBALL coup *m* **2.** (*Nervenkitzel*) grand frisson
Kickboard ['kɪkbɔrt] *n* ⟨~s; ~s⟩ trottinette *f*
kicken ['kɪkən] F **I** *v/t den Ball ins Tor kicken* envoyer le ballon dans le but **II** *v/i* jouer au foot (-ball)
Kicker F *m* ⟨~s; ~ʂ⟩ footballeur *m*
kidnappen ['kɪtnɛpən] *v/t* kidnapper
Kidnapper(in) *m* ⟨~s; ~⟩ (*f*) ⟨~in; ~innen⟩ kidnappeur, -euse *m*,*f*
Kiebitz ['kiːbɪts] *m* ⟨~es; ~e⟩ **1.** ZO vanneau *m* **2.** F (*Zuschauer*) spectateur *m*
Kiefer¹ ['kiːfər] *m* ⟨~s; ~⟩ ANAT mâchoire *f*
Kiefer² *f* ⟨~; ~n⟩ BOT pin *m*
Kieferchirurgie *f* chirurgie *f* dentaire
Kieferhöhle *f* sinus *m* maxillaire
Kieferhöhlenentzündung *f* inflammation *f* des sinus maxillaires

Kiefernzapfen *m* pomme *f* de pin
Kieferorthopädie *f* orthodontie *f*
Kiel¹ [kiːl] *m* ⟨~ʂs; ~e⟩ MAR quille *f*
Kiel² *m* ⟨~ʂs; ~e⟩ (*Federkiel*) tuyau *m* de plume
kieloben *adv* la quille en l'air; *kieloben liegen* avoir la quille en l'air
Kielwasser *n* sillage *m*; *fig in j-s Kielwasser* (*dat*) *schwimmen, segeln* marcher dans le sillage de qn
Kiemen ['kiːmən] *f*/*pl* branchies *f*/*pl*
Kiepe ['kiːpə] *f* ⟨~; ~n⟩ 'hotte *f*
Kies [kiːs] *m* ⟨~es; ~e⟩ **1.** gravier(s) *m*(*pl*); grober caillou *m*/*pl* **2.** F *fig* (*Geld*) F fric *m*
Kiesel ['kiːzəl] *m* ⟨~s; ~⟩ galet *m*; caillou *m*
Kieselerde *f* silice *f*
Kieselsäure *f* acide *m* silicique
Kieselstein *m* galet *m*; caillou *m*
Kiesgrube *f* gravière *f*
Kiesweg *m* chemin recouvert de gravier(s)
kiffen ['kɪfən] *Jargon v/i* F fumer de l'herbe
kikeriki [kikəriˈkiː] *enf int* cocorico!
killekille ['kɪləˈkɪlə] *enf int* guili-guili
killen ['kɪlən] F *v/t* F descendre
Killer F *m* ⟨~s; ~⟩ tueur *m* à gages
Kilo ['kiːlo] *n* ⟨~s; ~s, *mais 5* ~⟩ kilo *m*
Kilobit *n* kilobit *m*
Kilobyte *n* kilo-octet *m*
Kilogramm *n* kilogramme *m*
Kilohertz *n* kilohertz *m*
Kilojoule *n* kilojoule *m*
Kilokalorie *f* kilocalorie *f*
Kilometer [kilo'-] *m* kilomètre *m*
Kilometergeld *n*, **Kilometerpauschale** *f* indemnité *f* kilométrique
Kilometerstand *m* kilométrage *m*
Kilometerstein *m* borne *f* kilométrique
kilometerweit *adv* à des kilomètres; *kilometerweit fahren* faire des kilomètres
Kilometerzähler *m* compteur *m* kilométrique
Kilowatt *n* kilowatt *m*
Kilowattstunde *f* kilowattheure *f*
Kimme ['kɪmə] *f* ⟨~; ~n⟩ cran *m* de mire
Kimono ['kiːmono] *m* ⟨~s; ~s⟩ kimono *m*
Kind [kɪnt] *n* ⟨~ʂs; ~er⟩ enfant *m*,*f*; *kleines Kind* petit(e) enfant; *j-n an Kindes statt annehmen* adopter qn; F *kein Kind von Traurigkeit sein* Γ ne pas engendrer la mélancolie; *von Kind auf, an* depuis *od* dès l'enfance; F *sich bei j-m lieb Kind machen* s'attirer les grâces de qn; F *Kinder, Kinder!* allons les, mes enfants!; *das Kind beim Namen nennen* appeler un chat un chat; *das Kind mit dem Bade ausschütten* jeter le bébé avec l'eau du bain; *prov gebranntes Kind scheut das Feuer prov* chat échaudé craint l'eau froide
Kindbettfieber *n* fièvre puerpérale
Kindchen *n* ⟨~s; ~⟩ petit enfant; *Anrede* mon petit, ma petite
Kinderarbeit *f* travail *m* des enfants
Kinderarzt *m* pédiatre *m*
Kinderärztin *f* pédiatre *m*
Kinderbeihilfe *f österr* allocations familiales
Kinderbett *n* lit *m* d'enfant
Kinderbuch *n* livre *m* pour enfants
Kinderchor *m* chorale *f* d'enfants
Kinderdorf *n* village *m* d'enfants
Kinderei *f* ⟨~; ~en⟩ enfantillage *m*
Kinderermäßigung *f* réduction *f* (pour) en-

K

fant(s)
Kindererziehung *f* éducation *f* des enfants
Kinderfahrrad *n* vélo *m* d'enfant
kinderfeindlich *adj* hostile aux enfants
Kinderfest *n* fête *f* d'enfants
Kinderfilm *m* film *m* pour enfants
Kinderfrau *f* bonne *f* d'enfants
Kinderfreibetrag *m* STEUERWESEN part *f* enfants
kinderfreundlich *adj* *Mensch* qui aime les enfants; *Möbel, Hotel* adapté aux enfants
Kindergarten *m* jardin *m* d'enfants; *in Frankreich* école maternelle
Kindergärtnerin *f* jardinière *f* d'enfants; institutrice *f* d'école maternelle
Kindergeld *n* allocations familiales
Kinderheim *n* maison *f*, foyer *m* d'enfants
Kinderhort *m* garderie *f*
Kinderklinik *f*, **Kinderkrankenhaus** *n* hôpital *m*, clinique *f* pour enfants
Kinderkrankheit *f* maladie infantile; *fig pl* **Kinderkrankheiten** défauts *m/pl* de jeunesse
Kinderkrippe *f* crèche *f*
Kinderlähmung *f* poliomyélite *f*
kinderleicht F *adj* enfantin; simple comme bonjour
kinderlieb *adj* qui aime les enfants
Kinderlied *n* chanson enfantine
kinderlos *adj* sans enfants
Kinderlosigkeit *f* ⟨∼⟩ absence *f* d'enfants
Kindermädchen *n* bonne *f* d'enfants
Kinderpornographie *f* pornographie *f* à caractère pédophile
Kinderpuder *m* talc *m* pour bébés
kinderreich *adj* qui a beaucoup d'enfants; *Familie* nombreux
Kinderschänder *m* ⟨∼s; ∼⟩ délinquant sexuel (*qui abuse d'enfants*)
Kinderschar *f* bande *f* d'enfants
Kinderschreck *m* ⟨∼s⟩ croque-mitaine *m*
Kinderschuh *m* chaussure *f* d'enfant; *fig* **noch in den Kinderschuhen stecken** n'en être qu'à ses débuts
Kindersendung *f* émission *f* pour enfants
kindersicher *adj* conforme aux normes de sécurité pour enfants
Kindersitz *m* siège *m* pour enfant
Kinderspiel *n* jeu *m* d'enfant (*a fig*)
Kinderspielplatz *m* terrain *m* de jeux
Kinderspielzeug *n* jouet *m* d'enfant
Kinderstube *f fig* **e-e gute, schlechte Kinderstube haben** être bien, mal élevé
Kindertagesstätte *f* garderie *f*
Kinderteller *m* **1.** *Teller* assiette *f* d'enfant **2.** *Portion im Restaurant* portion *f*, menu *m* enfant
Kinderwagen *m* poussette *f*; landau *m*
Kinderzimmer *n* chambre *f* d'enfant(s)
Kindesalter *n* enfance *f*
Kindesbeine *n/pl* **von Kindesbeinen an** dès ma, ta, *etc* plus tendre enfance
Kindesmissbrauch *m* violences sexuelles sur enfant
Kindesmisshandlung *f* sévices, mauvais traitements infligés à un enfant
Kindestötung *f* infanticide *m*
kindgemäß *adj* adapté à l'enfant
Kindheit *f* ⟨∼⟩ enfance *f*; **von Kindheit an** dès

l'enfance
kindisch I *adj* puéril; *im Alter* gâteux; **sei nicht kindisch!** ne fais pas l'enfant; II *adv* **sich kindisch benehmen** faire l'enfant; *péj* être puéril
kindlich *adj* enfantin; d'enfant; *im Verhältnis zu den Eltern* filial
Kindskopf *m* F *fig péj* niais *m*; nigaud *m*
Kind(s)taufe *f* baptême *m*
Kindstod *m* **plötzlicher Kindstod** mort subite du nourrisson
kinetisch [ki'neːtɪʃ] *adj* cinétique
King [kɪŋ] F *m* ⟨∼$; ∼s⟩ F chef *m*
Kinkerlitzchen ['kɪŋkərlɪtsçən] F *pl* (*Nichtigkeiten*) futilités *f/pl*; (*Albernheiten*) niaiseries *f/pl*
Kinn [kɪn] *n* ⟨∼¢s; ∼e⟩ menton *m*
Kinnhaken *m* crochet *m* à la mâchoire; uppercut *m*
Kinnlade *f* mâchoire inférieure
Kino ['kiːno] *n* ⟨∼s; ∼s⟩ cinéma *m*
Kinofilm *m* film *m*
Kinokarte *f* billet *m* de cinéma
Kinokasse *f* caisse *f* de cinéma
Kinoleinwand *f* écran *m* de cinéma
Kinoplakat *n* affiche *f* de cinéma
Kinoprogramm *n* programme *m* de cinéma
Kinoreklame *f* **1.** *im Kino* publicité *f* au cinéma **2.** *für Filme* publicité *f* pour un film
Kinosaal *m* salle *f* de cinéma
Kiosk ['kiːɔsk] *m* ⟨∼¢s; ∼e⟩ kiosque *m*
Kipferl ['kɪpfərl] *n* ⟨∼s; ∼n⟩ *österr* croissant *m*
Kippe ['kɪpə] *f* ⟨∼; ∼n⟩ **1.** (*Müllkippe*) décharge *f* **2.** F **auf der Kippe stehen** *Unternehmen* être sur le point de faire faillite, sur la corde raide; (*ungewiss sein*) être incertain **3.** F (*Zigarettenkippe*) F mégot *m*
kippen I *v/t* **1.** (*neigen, stürzen*) faire basculer **2.** (*schütten*) verser; F **einen kippen** F s'en jeter un **3.** F (*zurückziehen*) supprimer; (*absetzen*) renverser II *v/i* ⟨sn⟩ basculer; ÉCOL **der See ist gekippt** l'équilibre biologique du lac est rompu
Kippfenster *n* fenêtre basculante
Kippschalter *m* interrupteur *m* à bascule
Kir [kiːr] *m* ⟨∼s; ∼s⟩ *Getränk* kir *m*; **Kir royal** kir royal
Kirche ['kɪrçə] *f* ⟨∼; ∼n⟩ **1.** *Gebäude* CATH église *f*; PROT temple *m*; **die Kirche im Dorf lassen** garder tout son bon sens **2.** *Institution* Église *f* **3.** (*Gottesdienst*) service (religieux); **in die Kirche gehen** aller à l'église
Kirchenasyl *n* accueil *m* de réfugiés dans une église
Kirchenbuch *n* registre paroissial
Kirchenchor *m* chœur (paroissial)
Kirchendiener *m* sacristain *m*
Kirchenfenster *n* vitrail *m*
Kirchengemeinde *f* paroisse *f*
Kirchenglocke *f* cloche *f*
Kirchenjahr *n* année *f* liturgique
Kirchenlied *n* cantique *m*
Kirchenmusik *f* musique sacrée, religieuse
Kirchenschiff *n* nef *f*
Kirchensteuer *f* impôt destiné à l'Église
Kirchentag *m* congrès *m* de l'Église
Kirchentür *f* portail *m* d'église
Kirchgang *m* **beim Kirchgang** en allant à l'église

Kirchgänger(in) [ˈkɪrçgɛŋər(ɪn)] *m* ⟨∼s; ∼⟩ *(f)* ⟨∼in; ∼innen⟩ personne *f* qui va à l'église; *regelmäßiger* pratiquant(e) *m(f)*
Kirchhof *m* cimetière *m*
kirchlich **I** *adj* de l'Église; *kirchliche Trauung* mariage religieux **II** *adv* *sich kirchlich trauen lassen* se marier à l'église
Kirchturm *m* clocher *m*
Kirchturmuhr *f* horloge *f* du clocher
Kirchweih *f* ⟨∼; ∼en⟩ kermesse *f*
Kirmes [ˈkɪrməs] *f* ⟨∼; ∼sen⟩ kermesse *f*
Kirmesbude *f* baraque foraine
Kirschbaum *m* cerisier *m*
Kirschblüte *f* fleur *f* de cerisier; *Zeit* floraison *f* de cerisiers
Kirsche *f* ⟨∼; ∼n⟩ cerise *f*; *Baum* cerisier *m*; *mit ihm ist nicht gut Kirschen essen* c'est un mauvais coucheur
Kirschkern *m* noyau *m* de cerise
Kirschkuchen *m* tarte *f* aux cerises
Kirschlikör *m* liqueur *f* de cerises
kirschrot *adj* (rouge) cerise
Kirschsaft *m* jus *m* de cerises
Kirschtorte *f* tarte *f* aux cerises
Kirschwasser *n* kirsch *m*
Kissen [ˈkɪsən] *n* ⟨∼s; ∼⟩ coussin *m*; *(Kopfkissen)* oreiller *m*
Kissenbezug *m* 'housse *f* de coussin; *(Kopfkissenbezug)* taie *f* d'oreiller
Kissenschlacht F *f* F bataille *f* de polochons
Kiste [ˈkɪstə] *f* ⟨∼; ∼n⟩ **1.** *größere* caisse *f*; *kleinere* boîte *f* **2.** F *(Auto)* F bagnole *f*; F caisse *f*; *(Flugzeug)* coucou *m*; *(Fernseher)* F télé *f*
Kitsch [kɪtʃ] *m* ⟨∼es; ∼⟩ kitsch *m*
kitschig *adj* kitsch
Kitt [kɪt] *m* ⟨∼es; ∼e⟩ mastic *m*
Kittchen [ˈkɪtçən] F *n* ⟨∼s; ∼⟩ *arg* taule *f*; *ins Kittchen kommen* *arg* aller en taule
Kittel [ˈkɪtəl] *m* ⟨∼s; ∼⟩ **1.** *(Arbeitskittel)* blouse *f* **2.** *(Bluse)* chemisier *m*
Kittelschürze *f* blouse *f* sans manches
kitten *v/t* ⟨-e-⟩ mastiquer; *fig* cimenter
Kitz [kɪts] *n* ⟨∼es; ∼e⟩ *(Rehkitz)* faon *m*; *(Ziegenkitz)* chevreau *m*; chevrette *f*
Kitzel [ˈkɪtsəl] *m* ⟨∼s⟩ **1.** *(Reiz)* attrait *m* **2.** *(Kitzeln)* chatouillement *m*
kitz(e)lig *adj* chatouilleux; *fig* *Frage, Angelegenheit* délicat
kitzeln *v/t u v/i* ⟨∅⟩ chatouiller
Kitzler *m* ⟨∼s; ∼⟩ ANAT clitoris *m*
Kiwi [ˈkiːvi] *f* ⟨∼; ∼s⟩ BOT kiwi *m*
KKW [kaːkaːˈveː] *n* *abr* ⟨∼$; ∼s⟩ *(Kernkraftwerk)* centrale *f* nucléaire
Klacks [klaks] F *m* ⟨∼es; ∼e⟩ **1.** *(Klecks)* giclée *f*; *ein Klacks Sahne* un peu de chantilly **2.** *fig* broutille *f*; rien *m*; *das ist nur ein Klacks* c'est une babiole
Kladde [ˈkladə] *f* ⟨∼; ∼n⟩ cahier *m* de brouillon
klaffen [ˈklafən] *v/i* être béant; *e-e klaffende Wunde* une plaie béante; *in der Wand klafft ein Riss* il y a une fente béante dans le mur
kläffen [ˈklɛfən] *v/i* glapir
Kläffer *m* ⟨∼s; ∼⟩ *péj* roquet *m*
Klage [ˈklaːgə] *f* ⟨∼; ∼n⟩ plainte *f*; JUR *a* action *f*; JUR *Klage erheben* intenter une action (*gegen j-n* contre qn); *Klage führen über* (+ *acc*) se plaindre de; *keinen Grund zur Klage haben* ne pas avoir à se plaindre

Klagelied *n* complainte *f*; *fig* *ein Klagelied anstimmen* se répandre en lamentations
Klagemauer *f* *in Jerusalem* mur *m* des Lamentations
klagen *v/i* **1.** se plaindre (*über* [+ *acc*] de) **2.** STRAFRECHT porter plainte; ZIVILRECHT intenter une action (*auf* [+ *acc*] en; *gegen* contre; *wegen* pour)
Kläger(in) [ˈklɛːgər(ɪn)] *m* ⟨∼s; ∼⟩ *(f)* ⟨∼in; ∼innen⟩ JUR plaignant(e) *m(f)*; *im Zivilprozess* demandeur, -eresse *m,f*
Klageschrift *f* JUR mémoire *m*
Klageweg *m* JUR *auf dem Klageweg* par introduction d'action
kläglich [ˈklɛːklɪç] *adj* *(beklagenswert)* lamentable; *(bemitleidenswert)* pitoyable
klaglos *adv* sans se plaindre
Klamauk [klaˈmauk] F *m* ⟨∼s⟩ *(Lärm)* F boucan *m*; *péj* THÉ comédie bouffonne
klamm [klam] *adj* *Wäsche* froid et humide; *Finger* engourdi; gourd
Klammer [ˈklamər] *f* ⟨∼; ∼n⟩ **1.** *(Wäscheklammer)* pince *f* à linge; *(Haarklammer)* pince *f* (à cheveux); *(Zahnklammer)* appareil *m* dentaire; *(Heftklammer)* agrafe *f*; *(Büroklammer)* trombone *m* **2.** TYPO *runde* parenthèse *f*; *eckige Klammer* crochet *m*; *(etw)* *in Klammern (setzen)* (mettre qc) entre parenthèses **3.** MATH parenthèse *f*
Klammeraffe *m* ZO atèle *m*; INFORM ar(r)obase *f*; ar(r)obas *m*
klammern **I** *v/t mit Heftmaschine* agrafer; *mit Büroklammer* attacher; *Wunde* fermer au moyen d'agrafes **II** *v/r* *sich an j-n, etw klammern* s'accrocher à qn, qc (*a fig*)
klammheimlich F *adj* secret
Klamotte [klaˈmɔtə] F *f* ⟨∼; ∼n⟩ **1.** *pl* *Klamotten* *(Kleider)* F fringues *f/pl* **2.** *péj* THÉ farce *f*
klang [klaŋ] → **klingen**
Klang *m* ⟨∼es; ∼e⟩ son *m*; *e-s Radios etc* sonorité *f*
Klangfarbe *f* timbre *m*
Klangfülle *f* sonorité *f*
klanglich *adv* au point de vue (du) son *bzw* (de la) sonorité
klanglos *adj* *Stimme* sourd
klangvoll *adj* sonore; *Titel, Name* qui sonne bien
Klappbett *n* lit pliant
Klappdeckel *m* couvercle *m* à charnière
Klappe [ˈklapə] *f* ⟨∼; ∼n⟩ **1.** TECH clapet *m*; ANAT, BIOL valvule *f*; *e-r Trompete etc* clé *f*; *e-s Briefumschlages, (Taschenklappe)* rabat *m* **2.** FILM claquette *f* **3.** P *(Mund)* P gueule *f*; *halt die Klappe!* F ferme-la!; F *e-e große Klappe haben* P avoir une grande gueule
klappen **I** *v/t* *nach oben klappen* relever; *nach unten klappen* rabattre **II** F *v/i* *(gelingen)* bien marcher; F coller; *es wird schon klappen* ça ira; ça va marcher
Klappentext *m* texte *m* de présentation
Klapper [ˈklapər] *f* ⟨∼; ∼n⟩ crécelle *f*; *für Kinder* 'hochet *m*
klapperig *adj* branlant (*a fig*)
Klapperkasten F *m*, **Klapperkiste** F *f* *(altes Fahrzeug)* vieux clou
klappern *v/i* *Geschirr, Schreibmaschine* cliqueter; *Storch* craqueter; *Fensterladen, Absätze*

claquer
Klapperschlange f serpent m à sonnettes
Klapperstorch F enf m cigogne f
Klappfenster n vasistas m
Klappmesser n couteau pliant
Klapprad n bicyclette pliante
klapprig adj branlant (a fig)
Klappsitz m siège m rabattable; (Notsitz) strapontin m
Klappstuhl m chaise pliante
Klapptisch m table pliante
Klaps [klaps] F m ⟨~es; ~e⟩ **1.** (leichter Schlag) tape f **2. e-n Klaps haben** F être un peu fêlé
Klapsmühle F péj f maison f de fous
klar [klaːr] **I** adj **1.** clair (a Flüssigkeit, Himmel, Stimme, Blick); Glas a transparent; Wasser, Luft pur **2.** (deutlich) net; (offenbar) évident; **das ist mir klar** je le comprends bien; **sich** (dat) **über etw** (acc) **im Klaren sein** se rendre (bien) compte de qc; F **(na) klar!** bien sûr!; F **alles klar?** tout est clair? **II** adv nettement; **klar und deutlich** nettement; **sich** (dat) **über etw** (acc) **klar werden** commencer à comprendre qc; → **klarsehen**
Kläranlage f station f d'épuration
Klärbecken n bassin m d'épuration
Klare(r) m ⟨→ A⟩ (verre m d')eau-de-vie f
klären ['klɛːrən] **I** v/t **1.** Unklarheiten éclaircir; Problem élucider; Situation clarifier; Frage tirer au clair **2.** Flüssigkeiten épurer **II** v/r **sich klären** s'éclaircir
klargehen F v/i ⟨irr, sn⟩ se passer bien; F **das geht klar** ça ne fait pas de problème
Klarheit f ⟨~⟩ clarté f; fig a netteté f; **sich** (dat) **über etw** (acc) **Klarheit verschaffen** s'informer au sujet de qc
Klarinette [klari'nɛtə] f ⟨~; ~n⟩ clarinette f
Klarinettist(in) m ⟨~en; ~en⟩ (f) ⟨~in; ~innen⟩ clarinettiste m,f
klarkommen v/i ⟨irr, sn⟩ F **mit j-m nicht klarkommen** ne pas (bien) s'entendre avec qn; F **kommst du klar?** F tu t'en sors?
klarmachen v/t **1.** F **j-m etw klarmachen** expliquer qc à qn; F **sich** (dat) **etw klarmachen** se rendre compte de qc **2.** MAR appareiller
klarsehen v/i ⟨irr⟩ fig voir clair
Klarsichtfolie f film transparent
Klarsichtpackung f emballage transparent
Klarspüler m, **Klarspülmittel** n produit m de rinçage
klarstellen v/t **etw klarstellen** tirer qc au clair
Klartext m texte déchiffré bzw non chiffré; fig **im Klartext** en clair
Klärung f ⟨~; ~en⟩ **1.** von Unklarheiten éclaircissement m; e-s Problems élucidation f **2.** von Flüssigkeiten épuration f
Klärwerk n station f d'épuration
klasse ['klasə] F **I** adj ⟨inv⟩ F super; F chouette; **(das ist) klasse!** F c'est super! **II** adv F super bien
Klasse f ⟨~; ~n⟩ classe f (a SCHULE, BIOL, SOZIOLOGIE, BAHN, AVIAT); (Güteklasse) qualité f; SPORT catégorie f; **Fahrkarte f erster, zweiter Klasse** billet m de première, de seconde (classe); SCHULE **in der ersten Klasse sein** être au cours élémentaire première année; F **das ist** **(ganz) große Klasse!** F c'est super!
Klassenarbeit f contrôle m

Klassenausflug m sortie f scolaire
Klassenbeste(r) f(m) premier, -ière m,f de la classe
Klassenbewusstsein n conscience f de classe
Klassenbuch n cahier m de classe
Klassenfahrt f voyage m scolaire
Klassenfeind m ennemi m de classe
Klassengesellschaft f société f de classes
Klassenkamerad(in) m(f) camarade m,f de classe
Klassenkampf m lutte f des classes
Klassenlehrer(in) m(f) professeur principal
klassenlos adj sans classes
Klassenlotterie f loterie f par classes
Klassensprecher(in) m(f) délégué(e) m(f) de classe
Klassentreffen n réunion f d'anciens élèves
Klassenunterschied m différence f entre les classes
Klassenziel n **er hat das Klassenziel nicht erreicht** il n'a pas réussi à passer (dans la classe supérieure)
Klassenzimmer n (salle f de) classe f
Klasseweib F n F femme f super
klassifizieren [klasifi'tsiːrən] v/t ⟨sans ge⟩ classer
Klassifizierung f ⟨~; ~en⟩ classification f
Klassik ['klasɪk] f ⟨~⟩ classicisme m
Klassiker m ⟨~s; ~⟩ (auteur m) classique m
klassisch adj classique
Klassizismus [klasi'tsɪsmʊs] m ⟨~⟩ classicisme m
klassizistisch adj classique
Klatsch [klatʃ] F m ⟨~es⟩ F ragot(s) m(pl)
Klatschbase F f commère f
Klatsche f ⟨~; ~n⟩ (Fliegenklatsche) tapette f
klatschen **I** v/t Takt battre; **etw an die Wand klatschen** faire claquer qc contre le mur **II** v/i **1.** Geräusch battre (**gegen etw** contre qc); fouetter (**gegen etw** qc); Segel im Wind claquer **2.** (applaudieren) applaudir **3.** F (reden) F faire des ragots (**über j-n** sur qn)
Klatschgeschichte F f F ragot m
Klatschmohn m coquelicot m
klatschnass F adj trempé jusqu'aux os
Klatschspalte F f rubrique f des ragots mondains
Klatschweib F péj n commère f
Klaue ['klauə] f ⟨~; ~n⟩ **1.** (Kralle) griffe f; der Raubvögel serre f; fig **in j-s Klauen** (acc) **geraten** tomber sous la griffe de qn **2.** F péj (Handschrift) F écriture f de cochon
klauen F v/t u v/i F faucher
Klausel ['klauzəl] f ⟨~; ~n⟩ clause f
Klaustrophobie [klaustrofo'biː] f claustrophobie f
Klausur [klau'zuːr] f ⟨~; ~en⟩ **1.** REL, fig clôture f **2.** (Prüfungsarbeit) épreuve écrite (d'examen universitaire)
Klausurtagung f réunion f à huis clos
Klaviatur [klavia'tuːr] f ⟨~; ~en⟩ clavier m
Klavier [kla'viːr] n ⟨~s; ~e⟩ piano m
Klavierauszug m partition f pour piano
Klavierbauer m ⟨~s; ~⟩ facteur m de pianos
Klavierbegleitung f accompagnement m au piano
Klavierhocker m tabouret m de piano
Klavierkonzert n Komposition concerto m pour

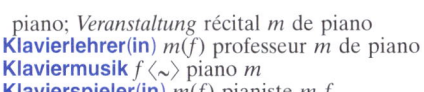

Klavier ≠ **clavier**

Sie spielt gerne **Klavier**.

Elle aime jouer du **piano**.

Avec le nouvel ordinateur, je reçois aussi un nouveau **clavier**.

Mit dem neuen Computer erhalte ich auch eine neue **Tastatur**.

piano; *Veranstaltung* récital *m* de piano
Klavierlehrer(in) *m(f)* professeur *m* de piano
Klaviermusik *f* ⟨~⟩ piano *m*
Klavierspieler(in) *m(f)* pianiste *m,f*
Klavierstimmer *m* ⟨~s; ~⟩ accordeur *m*
Klavierstück *n* morceau *m* de piano
Klavierstunde *f* leçon *f* de piano
Klavierunterricht *m* cours *m/pl* de piano
Klebeband [ˈkleːbaˉ] *n* ruban adhésif
Klebebindung *f* TYPO reliure *f* sans couture
Klebefolie *f* film adhésif
kleben I *v/t* coller (*an* [+ *acc*] sur; *auf* [+ *acc*] sur); F *j-m eine kleben* F en coller une à qn **II** *v/i* (*festkleben*) coller (*an* [+ *dat*] à)
Kleber F *m* ⟨~s; ~⟩ colle *f*
Klebestift *m* bâton *m* de colle
Kleb(e)streifen *m* ruban adhésif
klebrig *adj* collant
Klebstoff *m* colle *f*
kleckern [ˈklɛkərn] F *v/i* faire des taches (*auf* [+ *acc*] sur)
kleckerweise F *adv* petit à petit
Klecks [klɛks] *m* ⟨~es; ~e⟩ tache *f*; (*Tintenklecks*) pâté *m*; (*Senfklecks*) giclée *f*
klecksen *v/i* ⟨¢ɫ⟩ faire des taches; *Schreibfeder* cracher
Klee [kleː] *m* ⟨~s⟩ trèfle *m*
Kleeblatt *n* **1.** BOT feuille *f* de trèfle **2.** *fig* trio *m*
Kleid [klaɪt] *n* ⟨~¢s; ~er⟩ **1.** (*Damenkleid*) robe *f* **2.** *meist pl* **Kleider** vêtements *m/pl*
kleiden [ˈklaɪdən] ⟨-e-⟩ **I** *v/t* **1.** (*stehen*) habiller; *dieser Anzug kleidet ihn gut* ce costume lui va bien **2.** *etw in Worte kleiden* trouver les mots pour exprimer qc **II** *v/r sich kleiden* s'habiller
Kleiderbügel *m* cintre *m*
Kleiderbürste *f* brosse *f* à habits
Kleiderhaken *m* patère *f*; portemanteau *m*
Kleidersack *m* sac *m* de vêtements
Kleidersammlung *f* collecte *f* de vieux vêtements
Kleiderschrank *m* armoire *f*; armoire--penderie *f*
Kleiderständer *m* portemanteau *m*
kleidsam *adj* seyant; qui va bien
Kleidung *f* ⟨~; ~en⟩ vêtements *m/pl*
Kleidungsstück *n* vêtement *m*
Kleie [ˈklaɪə] *f* ⟨~; ~n⟩ AGR son *m*
klein [klaɪn] **I** *adj* **1.** *Ausmaße, Menge, Bedeutung* petit; (*klein u zierlich*) menu; *Buchstabe* minuscule; *verschwindend klein* minime; *fig der kleine Mann* les petites gens; F *beim Bezahlen haben Sie es klein?* vous avez de la monnaie?; *klein, aber fein* petit, mais raffiné **2.** *Alter* petit; *mein kleiner Bruder* mon petit frère; *von klein auf* dès l'enfance **II** *adv ein klein wenig* un petit peu; *Muster klein kariert* à petits carreaux; *klein schneiden* couper en petits morceaux; CUIS 'hacher; F *klein anfangen* débuter modestement

Kleinaktionär *m* petit actionnaire
Kleinanzeige *f* petite annonce
Kleinarbeit *f* travail méticuleux
Kleinasien *n* l'Asie Mineure
Kleinbetrieb *m* petite entreprise
Kleinbildkamera *f* appareil *m* photo format 24x36
Kleinbuchstabe *m* minuscule *f*
kleinbürgerlich *adj* de la petite bourgeoisie
Kleinbus *m* minibus *m*
kleiner *adj* **1.** plus petit; (*geringer*) moindre; *kleiner werden* diminuer **2.** (*ziemlich klein*) assez petit
Kleinfamilie *f* famille *f* parents-enfants
Kleinformat *n* petit format
Kleingärtner *m* jardinier amateur
Kleingedruckte(s) *n* ⟨→ A⟩ *fig das Kleingedruckte* les petits caractères
Kleingeld *n* monnaie *f*; F *iron das nötige Kleingeld haben* avoir l'argent nécessaire

Kleidung	**WF**
der Anorak	**l'anorak** *m*
der BH	**le soutien-gorge**
die Bluse	**le chemisier**
das Hemd	**la chemise**
die Hose	**le pantalon**
die Jeans	**le jean** *oder* **les jeans**
das Kleid	**la robe**
der Mantel	**le manteau**
der Minirock	**la minijupe**
der Pullover	**le pull-over**
der Rock	**la jupe**
der Slip	**le slip**
die Socken	**les chaussettes** *f/pl*
die Strumpfhose	**le collant**
das T-Shirt	**le tee-shirt** (*pl*: **les tee-shirts**)
die Weste	**le gilet**
sich anziehen	**s'habiller**
sich ausziehen	**se déshabiller**
einen Pullover anziehen	<u>mettre</u> un pull-over
das Hemd ausziehen	<u>enlever</u> la chemise

Kleinhandel *m* commerce *m* de détail
Kleinhirn *n* cervelet *m*
Kleinholz *n* petit bois; F *aus etw Kleinholz machen* réduire qc en miettes; F *aus j-m Kleinholz machen* 'hacher qn menu comme chair à pâté
Kleinigkeit *f* ⟨∼; ∼en⟩ **1.** (*Bagatelle*) rien *m*; bagatelle *f* **2.** (*ein wenig*) *e-e Kleinigkeit* un petit quelque chose
kleinkariert *adj* **1.** F (*engstirnig*) borné **2.** *Muster* à petits carreaux
Kleinkind *n* petit enfant
Kleinkram F *m* babioles *f/pl*
Kleinkrieg *m fig* petite guerre
kleinkriegen F *v/t j-n, etw kleinkriegen* venir à bout de qn, qc
Kleinkunstbühne *f* petit théâtre de cabaret; *etwa* café-théâtre *m*
Kleinlaster F *m* camionnette *f*
kleinlaut *adj* penaud; *kleinlaut werden* baisser le ton
kleinlich *adj* (*übergenau*) pointilleux; (*engstirnig*) borné; (*nicht großzügig*) mesquin
Kleinod ['klaɪnʔoːt] *st/s n* ⟨∼¢s; ∼e *ou* -odien⟩ joyau *m* (*a fig*)
kleinschneiden *v/t* ⟨*irr*⟩ → *klein II*
kleinschreiben *v/t* ⟨*irr*⟩ *Wort* écrire avec une minuscule
Kleinschreibung *f* emploi *m* des minuscules
Kleinstaat *m* petit État
Kleinstadt *f* petite ville
kleinstädtisch *adj* de petite ville; provincial
kleinste *adj* le plus petit; (*geringste*) le moindre; *bis ins Kleinste* jusque dans les moindres détails
Kleintransporter *m* petit camion; camionnette *f*
Kleinvieh *n* petit bétail; F *Kleinvieh macht auch Mist* tout est bon à prendre
Kleinwagen *m* petite voiture, cylindrée
kleinwüchsig ['klaɪnvyːksɪç] *adj* de petite taille; *MÉD* anormalement petit
Kleister ['klaɪstər] *m* ⟨∼s; ∼⟩ colle *f* d'amidon
Klematis [kle'maːtɪs] *f* ⟨∼; ∼⟩ *BOT* clématite *f*
Klementine [klemɛn'tiːnə] *f* ⟨∼; ∼n⟩ clémentine *f*
Klemme ['klɛmə] *f* ⟨∼; ∼n⟩ **1.** *TECH* pince *f* **2.** *ÉLECT* borne *f* **3.** F *fig in der Klemme sein* F être dans le pétrin; *j-m aus der Klemme helfen* tirer qn d'embarras
klemmen **I** *v/t* coincer; **II** *v/i* se coincer; *die Schublade klemmt* le tiroir coince **III** *v/r sich* (*dat*) *die Finger in der Tür klemmen* se coincer les doigts dans la porte; F *fig sich hinter etw* (*acc*) *klemmen* s'atteler à qc
Klempner ['klɛmpnər] *m* ⟨∼s; ∼⟩ (*Installateur*) plombier *m*
Kleopatra [kle'oːpatra] *f* ⟨∼⟩ Cléopâtre *f*
Kleptomane [klɛpto'maːnə] *m* ⟨∼n; ∼n⟩ kleptomane *od* cleptomane *m*
Kleptomanie *f* ⟨∼⟩ kleptomanie *od* cleptomanie *f*
Kleptomanin *f* ⟨∼; ∼nen⟩ kleptomane *od* cleptomane *f*
Klerus ['kleːrʊs] *m* ⟨∼⟩ clergé *m*
Klette ['klɛtə] *f* ⟨∼; ∼n⟩ **1.** *BOT* bardane *f* **2.** F *fig Person* F crampon *m*; F *wie e-e Klette an j-m hängen* ne pas lâcher, quitter qn d'une semel-

Klettergerüst ['klɛtər-] *n* portique *m*
klettern *v/i* ⟨sn⟩ grimper (*auf* [+ *acc*] sur); → *Info passé* (*composé*)
Kletterpartie *f* exercice *m* d'escalade; F *Wanderung* randonnée *f* en montagne avec escalade
Kletterpflanze *f* plante grimpante
Kletterrose *f* rosier grimpant
Kletterstange *f* *TURNEN* perche *f*
Kletterwand *f* *SPORT* espaliers *m/pl*
Klettverschluss® *m* (bande *f*) velcro® *m*
klicken ['klɪkən] *v/i* faire clic; *INFORM* cliquer (*auf* [+ *acc*] sur)
Klient [kli'ɛnt] *m* ⟨∼en; ∼en⟩ client *m*
Klientin *f* ⟨∼; ∼nen⟩ cliente *f*
Klima ['kliːma] *n* ⟨∼s; ∼s *ou* -mate⟩ climat *m* (*a fig*)
Klimaänderung *f* changement *m* de climat
Klimaanlage *f* climatisation *f*; *mit Klimaanlage* climatisé
Klimaerwärmung *f* réchauffement *m* climatique
Klimakterium [klimak'teːriʊm] *n* ⟨∼s⟩ *MÉD* ménopause *f*
Klimaschutz *m* protection *f* du climat
klimatisch **I** *adj* climatique **II** *adv* du point de vue du climat
klimatisieren *v/t* ⟨*sans ge*⟩ climatiser
Klimatologie *f* ⟨∼⟩ climatologie *f*
Klimawandel *m* changement *m* climatique
Klimawechsel *m* changement *m* de climat
Klimazone *f* zone *f* climatique
Klimbim [klɪm'bɪm] F *m* ⟨∼s⟩ F tralala *m*
Klimmzug ['klɪm-] *m* traction *f* (à la barre fixe)
klimpern ['klɪmpərn] *v/i* **1.** *mit etw klimpern* faire tinter qc **2.** F *péj auf dem Klavier* pianoter
Klinge ['klɪŋə] *f* ⟨∼; ∼n⟩ lame *f*
Klingel ['klɪŋəl] *f* ⟨∼; ∼n⟩ sonnette *f*
Klingelbeutel *m* *ÉGL* corbeille *f* pour faire la quête
Klingelknopf *m* bouton *m* de sonnette
klingeln ⟨¢⟩ **I** *v/i* sonner **II** *v/imp es klingelt* on sonne
Klingeln *n* ⟨∼s⟩ sonnerie *f*
Klingelton *m e-s Handys* sonnerie *f*
Klingelzeichen *n* coup *m* de sonnette
klingen ['klɪŋən] *v/i* ⟨klang, geklungen⟩ *Glocke, Metall, Glas* tinter; *Stimme* résonner; *das klingt schon besser* c'est déjà mieux; *das klingt, als ob ...* on dirait que ...
Klinik ['kliːnɪk] *f* ⟨∼; ∼en⟩ *private* clinique *f*; *öffentliche* hôpital *m*
Klinikum *n* ⟨∼s; -ka *ou* -ken⟩ centre hospitalier universitaire
klinisch **I** *adj* clinique **II** *adv klinisch tot* cliniquement mort
Klinke ['klɪŋkə] *f* ⟨∼; ∼n⟩ poignée *f* de porte
Klinker ['klɪŋkər] *m* ⟨∼s; ∼⟩ clinker *m*
klipp [klɪp] *adv* F *klipp und klar* très clairement
Klippe ['klɪpə] *f* ⟨∼; ∼n⟩ écueil *m* (*a fig*)
klirren ['klɪrən] *v/i Ketten, Waffen* cliqueter; *Fensterscheiben* vibrer; *Gläser* s'entrechoquer; *klirrende Kälte* froid *m* de canard
Klischee [kli'ʃeː] *n* ⟨∼s; ∼s⟩ cliché *m* (*a fig*)
klischeehaft *adj* stéréotypé
Klischeevorstellung *f* cliché *m*; image stéréotypée
Klitoris ['kliːtorɪs] *f* ⟨∼; ∼ *ou* -torides⟩ clitoris *m*

klitschnass F *adj* trempé jusqu'aux os
klitzeklein ['klɪtsə'-] F *adj* tout petit
Klo [kloː] F *n* ⟨∼s; ∼s⟩ toilettes f/pl; waters m/pl; F petit coin
Kloake [klo'aːkə] *f* ⟨∼; ∼n⟩ cloaque *m*
Kloben ['kloːbən] *m* ⟨∼s; ∼⟩ (*Holzkloben*) bûche *f*
klobig *adj Gegenstand* massif; *fig Person* lourdaud
Klon [kloːn] *m* ⟨∼s; ∼e⟩ clone *m*
klonen *v/t* cloner
klönen ['kløːnən] F *nordd v/i* bavarder; causer
Klopapier F *n* papier *m* hygiénique
klopfen ['klɔpfən] **I** *v/t Teppich* battre; *Fleisch* attendrir **II** *v/i an die Tür etc* frapper (*an* [+ *acc*] à); *Herz* battre; *Motor* cogner **III** *v/imp* **es klopft** on frappe
Klöppel ['klœpəl] *m* ⟨∼s; ∼⟩ **1.** *e-r Glocke* battant *m* **2.** TEXT fuseau *m*
klöppeln *v/i* ⟨*¢*⟩ faire de la dentelle aux fuseaux
Klops [klɔps] *m* ⟨∼es; ∼e⟩ boulette *f*
Klosett [klo'zɛt] *n* ⟨∼s; ∼e *ou* ∼s⟩ cabinets m/pl
Kloß [kloːs] *m* ⟨∼es; ∼e⟩ (grosse) quenelle; (*bes Fleischkloß*) boulette *f*
Kloster ['kloːstər] *n* ⟨∼s; ∼⟩ monastère *m*; couvent *m*
Klosterbruder *m* frère lai, convers
Klosterkirche *f* église *f* du monastère
klösterlich ['kløːstərlɪç] *adj* du monastère; du couvent; monastique (*a fig*)
Klosterschule *f* école conventuelle
Klotz [klɔts] *m* ⟨∼es; ∼e⟩ **1.** (*Holzklotz*) bloc *m* de bois; bille *f*; (*Hackklotz*) billot *m*; F *j-m ein Klotz am Bein sein* être un fardeau, un boulet pour qn **2.** *fig Person* lourdaud *m*
klotzig *adj* massif
Klub [klʊp] *m* ⟨∼s; ∼s⟩ **1.** club *m* **2.** *österr* POL groupe *m* parlementaire
Klubhaus *n* club *m*
Klubkamerad(in) *m(f)* camarade *m,f* de club
Klubmitglied *n* membre *m* d'un club
Klubobfrau *f*, **Klubobmann** *m österr* président(e) *m(f)* de groupe parlementaire
Kluft¹ [klʊft] *f* ⟨∼; ∼e⟩ (*Spalte*) crevasse *f* (*zwischen* [+ *dat*] entre); *fig* fossé *m* (entre)
Kluft² *f* ⟨∼; ∼en⟩ **1.** *uniformähnliche* uniforme *m* **2.** F (*Kleidung*) F fringues f/pl
klug [kluːk] ⟨∼er, ∼ste⟩ *adj* (*intelligent*) intelligent; (*weise*) sage; *aus ihm werde ich nicht klug* je ne le comprends pas; *ich kann daraus nicht klug werden* je n'y comprends rien; *prov der Klügere gibt nach* c'est le plus sage qui cède
klugerweise *adv* sagement; *klugerweise etw gemacht haben* avoir bien fait de faire qc
Klugheit *f* ⟨∼; ∼en⟩ intelligence *f*; (*Weisheit*) sagesse *f*
Klugscheißer P *m* personne *f* qui se veut plus intelligente que les autres, qui a toujours raison; F donneur *m* de leçons
klumpen ['klʊmpən] *v/i Soße* faire des grumeaux
Klumpen *m* ⟨∼s; ∼⟩ morceau *m*; (*Erdklumpen*) motte *f*; in *Soßen* grumeau *m*
Klumpfuß *m* pied bot
klumpig *adj* grumeleux
Klüngel ['klʏŋəl] *m* ⟨∼s; ∼⟩ *péj* clique *f*
Klunker ['klʊŋkər] F *f* ⟨∼; ∼n⟩ *od m* ⟨∼s; ∼⟩ F

caillou *m*
km *abr* (*Kilometer*) km
km/h ['kaː'ʔɛm'haː] *abr* (*Kilometer pro Stunde*) km/h
knabbern ['knabərn] *v/t u v/i* grignoter (*an etw* [*dat*] qc)
Knabe ['knaːbə] *st/s m* ⟨∼n; ∼n⟩ (jeune) garçon *m*; F *alter Knabe!* mon vieux!
Knabenchor *m* chorale *f* de (jeunes) garçons
knabenhaft *adj* d'adolescent
Knäckebrot ['knɛkə-] *n* pain suédois
knacken ['knakən] **I** *v/t* **1.** *Nuss* casser **2.** F *Geldschrank* forcer; *Auto* cambrioler; *Kode* découvrir **II** *v/i* craquer
Knacker *m* ⟨∼s; ∼⟩ F *alter Knacker* F vieux schnock *od* schnoque
Knacki F *m* ⟨∼s; ∼s⟩ *arg* taulard *m*
knackig F *adj* **1.** *Apfel etc* croquant **2.** *fig* (*attraktiv*) à croquer
Knacklaut *m* PHON coup *m* de glotte
Knackpunkt F *m* point crucial
Knacks [knaks] F *m* ⟨∼es; ∼e⟩ (*Knacken*) craquement *m*; (*Riss*) fêlure *f*; *e-n Knacks haben Geschirr etc* être fêlé; *gesundheitlich* avoir un problème de santé; *Ehe, Freundschaft* être ébranlé
Knackwurst *f etwa* saucisse *f* de Francfort
Knall [knal] *m* ⟨∼¢s; ∼e⟩ **1.** *e-s Sprengkörpers* explosion *f*; *e-s Schusses* détonation *f*; *e-r Peitsche, Tür* claquement *m*; *bei e-m Zusammenstoß* choc *m* **2.** F *Knall und Fall od Knall auf Fall* brusquement; F *e-n Knall haben* F être cinglé, marteau
Knallbonbon *m od n* bonbon *m* à pétard
Knalleffekt F *m* effet *m* de surprise
knallen I *v/t Tür* claquer; F *j-m eine knallen* F en flanquer une à qn **II** *v/i Schuss, Knallkörper* péter; *detonieren* détoner; *Tür, Peitsche* claquer; *Korken* sauter; F *gegen etw* (*acc*) *knallen* se heurter violemment contre qc; *es knallte zweimal* il y a eu deux détonations; F *setz dich, oder es knallt!* F assieds-toi ou ça va barder!
Knaller F *m* ⟨∼s; ∼⟩ (*Knallkörper*) pétard *m*
Knallerbse *f* bombe algérienne; *par ext* pétard *m*
Knallfrosch *m* pétard *m*
Knallgas *n* gaz détonant
knallhart F *adj Bursche, Film* brutal; *Geschäft* très dur
knallig F *adj Farben* éclatant
Knallkopf F *m* idiot *m*; F dingue *m*
Knallkörper *m* pétard *m*
knallrot F *adj* d'un rouge éclatant, F pétant
knallvoll F *adj* bondé; plein comme un œuf
knapp [knap] *adj u adv* **1.** *Lebensmittel, Geld* rare; *Zeit* limité; *Vorräte knapp werden* se raréfier **2.** (*wenig*) juste; *Stil* concis; *knapp hinter der Linie* juste derrière la ligne **3.** (*eng*) étroit; serré **4.** (*gerade noch*) tout juste; de justesse; *knapp bemessen sein* être calculé très juste; *Zeit* être limité, compté; F *..., und nicht zu knapp!* F ... et comment!
Knappheit *f* ⟨∼⟩ *der Vorräte, des Geldes, der Zeit* manque *m* (*an* [+ *dat*] de); *von Lebensmitteln a* pénurie *f* (de); *des Stils* concision *f*
Knarre ['knarə] F *f* ⟨∼; ∼n⟩ F flingue *m*
knarren *v/i Tür, Bett, Äste* grincer; *Diele* cra-

quer
Knast [knast] F *m* ⟨~¢s; ~e *ou* e⟩ *arg* taule *f*
Knastbruder F *m arg* taulard *m*
Knatsch [knaːtʃ] F *m* ⟨~¢s⟩ F grabuge *m*
knattern ['knatərn] *v/i Motorrad* pétarader;
Gewehr crépiter
Knäuel ['knɔyəl] *m od n* ⟨~s; ~⟩ **1.** *Garn, Wolle*
pelote *f* **2.** *von Menschen* mêlée *f*
Knauf [knauf] *m* ⟨~¢s; Knäufe⟩ *e-s Schwerts,*
e-s Stocks pommeau *m*; *e-r Tür* bouton *m*
knauserig ['knauzərɪg] F *adj* F radin
knausern F *v/i* F être radin; *mit etw knausern*
être avare de qc
knautschen ['knautʃən] **I** *v/t* froisser **II** *v/i* se
froisser
Knautschlack(leder) *m(n)* cuir verni fripé
Knautschzone *f* zone *f* déformable
Knebel ['kneːbəl] *m* ⟨~s; ~⟩ bâillon *m*
knebeln *v/t* ⟨¢⟩ bâillonner (*a fig*)
Knecht [kneçt] *m* ⟨~¢s; ~e⟩ valet *m*
knechten *st/s v/t* ⟨-e-⟩ asservir
Knechtschaft *st/s f* ⟨~⟩ servitude *f*
kneifen ['knaɪfən] ⟨kniff, gekniffen⟩ **I** *v/t* pin-
cer; *j-n, a v/i j-m in den Arm kneifen* pincer
le bras de qn **II** F *v/i* (*sich drücken*) F se dégon-
fler (*vor* [+ *dat*] devant)
Kneifer *m* ⟨~s; ~⟩ pince-nez *m*
Kneifzange *f* tenailles *f/pl*
Kneipe ['knaɪpə] F *f* ⟨~; ~n⟩ F bistro(t) *m*; café
m
Kneippkur ['knaɪp-] *f* cure *f* hydrothérapique
Kneipp
Knete ['kneːtə] F *f* ⟨~⟩ **1.** (*Knetmasse*) pâte *f* à
modeler **2.** F (*Geld*) F fric *m*
kneten *v/t* ⟨-e-⟩ *Teig etc* pétrir
Knetgummi *n od m* pâte *f* à modeler
Knetmasse *f* pâte *f* à modeler
Knick [knɪk] *m* ⟨~¢s; ~e⟩ *Papier, Stoff* pli *m*;
Straße, Metall coude *m*
knicken I *v/t Papier* plier; *Zweige* briser **II** *v/i*
⟨sn⟩ plier; *Zweige* se casser
knick(e)rig F *adj* F radin
Knicks [knɪks] *m* ⟨~es; ~e⟩ révérence *f*
knicksen *v/i* ⟨¢s⟩ faire une révérence
Knie [kniː] *n* ⟨~s; ~ ['kniː(ə)]⟩ **1.** genou *m*; *auf*
die Knie fallen se mettre à genoux (*a fig*); *j-n*
auf Knien bitten supplier qn à genoux; F *er*
bekam weiche Knie ses genoux se dérobaient
sous lui; F *fig etw übers Knie brechen* expé-
dier qc; F *j-n übers Knie legen* donner une
fessée à qn; *st/s j-n in die Knie zwingen* briser
la résistance de qn **2.** *e-s Flusses, Rohres* coude
m
Kniebeuge *f* flexion *f* de genoux
Kniebundhose *f* knickers *m/pl*
Kniefall *m e-n Kniefall vor j-m machen* tom-
ber aux genoux de qn
kniefrei *adj* laissant voir le(s) genou(x)
Kniegelenk *n* articulation *f* du genou
Kniekehle *f* jarret *m*; creux *m* du genou
knielang *adj* descendant jusqu'aux genoux
knien [kniː(ə)n] ⟨kniet, kniete, gekniet⟩ **I** *v/i*
être à genoux **II** *v/r sich knien* s'agenouiller;
F *sich in die Arbeit knien* se plonger dans son
travail
Kniescheibe *f* rotule *f*
Knieschoner *m* ⟨~s; ~⟩, **Knieschützer** *m* ⟨~s;
~⟩ genouillère *f*

Kniestrumpf *m* chaussette (montante)
knietief *adj u adv* jusqu'aux genoux
kniff [knɪf] → *kneifen*
Kniff *m* ⟨~¢s; ~e⟩ **1.** (*Kneifen*) pincement *m* **2.**
(*Trick*) truc *m* **3.** *im Stoff* pli *m*
kniff(e)lig *adj* délicat; épineux
Knigge ['knɪgə] *m* ⟨~⸖⟩ guide *m* des bonnes
manières
Knilch [knɪlç] F *m* ⟨~s; ~e⟩ F (sale) mec *m*
knipsen ['knɪpsən] F ⟨¢s⟩ **I** *v/t* **1.** *Fahrkarte*
poinçonner **2.** PHOT photographier **II** *v/i* PHOT
prendre une photo
Knirps [knɪrps] *m* ⟨~es; ~e⟩ F (*kleiner Junge*) F
marmot *m*; F même *m*
knirschen ['knɪrʃən] *v/i Schnee, Sand* crisser
knistern ['knɪstərn] *v/i Feuer* pétiller; *Seide*
froufrouter; *Papier* produire un froissement
Knitterfalte ['knɪtər-] *f* (faux) pli *m*
knitterfest, knitterfrei *adj Stoff* infroissable
knittern *v/t* ⟨~¢s; ~e⟩ *Stoff* se froisser
Knobelbecher *m* **1.** (*Würfelbecher*) cornet *m* à
dés; gobelet *m* **2.** F *Soldatensprache* botte
(courte)
knobeln ['knoːbəln] *v/i* **1.** *mit Würfeln* jouer aux
dés **2.** F (*überlegen*) cogiter (*an* [+ *dat*] sur)
Knoblauch ['knoːplaux] *m* ⟨~¢s⟩ ail *m*
Knoblauchbutter *f* beurre *m* à l'ail
Knoblauchknolle *f* tête *f* d'ail
Knoblauchpresse *f* ⟨~; ~n⟩ presse-ail *m*
Knoblauchsalz *n* sel aromatisé à l'ail
Knoblauchzehe *f* gousse *f* d'ail
Knöchel ['knœçəl] *m* ⟨~s; ~⟩ *am Fuß* cheville *f*;
am Finger jointure *f* du doigt
knöchellang *adj Rock* (descendent) jusqu'à la
cheville
knöcheltief *adj u adv* jusqu'aux chevilles
Knochen ['knɔxən] *m* ⟨~s; ~⟩ os *m*; F *sich bis*
auf die Knochen blamieren se rendre parfai-
tement ridicule
Knochenarbeit F *f* F travail *m* d'Hercule
Knochenbau *m* ⟨~¢s⟩ ossature *f*
Knochenbruch *m* fracture *f*
Knochengerüst *n* squelette *m*
knochenhart F *adj* F dur comme du bois
Knochenhaut *f* ⟨~⟩ périoste *m*
Knochenhautentzündung *f* périostite *f*
Knochenmark *n* moelle osseuse, des os
Knochenmehl *n* ⟨~¢s⟩ poudre *f* d'os
Knochenmühle F *f* bagne *m*
Knochenschwund *m* atrophie *f* des os
Knochensplitter *m* éclat *m* d'os
knochentrocken F *adj* très sec
knochig *adj* osseux
Knock-out ⟨~¢; ~s⟩, **Knockout** ⟨~¢; ~s⟩ [nɔk-
'ʔaut] *m* knock-out *m*
Knödel ['knøːdəl] *m* ⟨~s; ~⟩ *bes südd, österr* →
Kloß
Knöllchen ['knœlçən] *n* ⟨~s; ~⟩ F *fig* (*Strafzet-*
tel) papillon *m*; F contredanse *f*
Knolle ['knɔlə] *f* ⟨~; ~n⟩ BOT tubercule *m*
Knollenblätterpilz *m* amanite *f*
Knollennase *f* nez *m* en patate
Knopf [knɔpf] *m* ⟨~¢s; ~e⟩ bouton *m*
Knopfdruck *m auf Knopfdruck* en appuyant
sur un bouton
knöpfen ['knœpfən] *v/t* boutonner
Knopfloch *n* boutonnière *f*
Knopfzelle *f* pile *f* bouton

Knorpel ['knɔrpəl] m ⟨~s; ~⟩ cartilage m
knorp(e)lig adj cartilagineux
knorrig adj noueux; fig bourru
Knospe ['knɔspə] f ⟨~; ~n⟩ (Baumknospe) bourgeon m; (Blütenknospe) bouton m
knospen v/i Baum bourgeonner; Blume boutonner
knoten ['knoːtən] v/t ⟨-e-⟩ (zusammenknoten) nouer; abs faire un nœud
Knoten m ⟨~s; ~⟩ **1.** nœud m (a BOT, MAR, fig) **2.** Frisur chignon m **3.** MÉD nodosité f; (Lymphknoten) ganglion m
Knotenpunkt m (Verkehrsknotenpunkt) carrefour m; (Eisenbahnknotenpunkt) nœud m ferroviaire
Knöterich ['knøːtərɪç] m ⟨~s; ~e⟩ BOT renouée f
Know-how [noːˈhaʊ] n ⟨~$⟩ savoir-faire m
knuffen ['knʊfən] v/t **j-n knuffen** donner un petit coup, une bourrade à qn
Knülch [knʏlç] F m ⟨~s; ~e⟩ → **Knilch**
knüllen ['knʏlən] v/t Papier froisser; chiffonner
Knüller F m ⟨~s; ~⟩ article m, film m, etc à succès
knüpfen ['knʏpfən] v/t nouer (a fig); **Bedingungen an etw** (acc) **knüpfen** mettre des conditions à qc
Knüppel ['knʏpəl] m ⟨~s; ~⟩ **1.** gourdin m; (Polizeiknüppel) matraque f; F **j-m Knüppel zwischen die Beine werfen** mettre des bâtons dans les roues à, de qn **2.** AVIAT manche m (à balai); AUTO levier m de vitesse
knüppeldick F adv **es kam knüppeldick** F on a (sacrément) morflé, dégusté
Knüppelschaltung f AUTO vitesses f/pl au plancher
knurren ['knʊrən] v/i **1.** Hund, fig gronder **2.** Magen gargouiller
knusprig ['knʊsprɪç] adj croustillant
Knute ['knuːtə] f ⟨~; ~n⟩ knout m (fouet constitué de plusieurs lanières de cuir); **unter j-s Knute** sous la domination de qn
knutschen ['knuːtʃən] F v/i F se bécoter
Knutscherei F f ⟨~; ~en⟩ F fricassée f de museaux
Knutschfleck F m suçon m
k. o. [kaˈʔoː] abr (knock-out) adj u adv K.-O.; **j-n k. o. schlagen** mettre qn K.-O.; F fig **k. o. sein** F être sur les rotules
K. o. abr (Knock-out) m ⟨~; ~⟩ K.-O. m
Koala [koˈaːla] m ⟨~s; ~s⟩ koala m
Koalition [koʔaliˈtsioːn] f ⟨~; ~en⟩ coalition f
Koalitionspartei f parti m de coalition
Koalitionspartner m partenaire m de coalition
Koalitionsregierung f gouvernement m de coalition
Kobalt ['koːbalt] n ⟨~s⟩ cobalt m
Kobaltblau n bleu m de cobalt
Kobold ['koːbɔlt] m ⟨~es; ~e⟩ lutin m

Kobra ['koːbra] f ⟨~; ~s⟩ cobra m
Koch [kɔx] m ⟨~es; ≈e⟩ cuisinier m; prov **viele Köche verderben den Brei** prov trop de cuisiniers gâtent la sauce
Kochbeutel m sachet m de cuisson; **Reis** m im **Kochbeutel** riz m en sachet
Kochbuch n livre m de cuisine
kochen I v/t Speisen faire cuire; (garen) cuire; Wäsche faire bouillir; **Tee, Kaffee, Essen kochen** faire du thé, du café, le repas; **was kochst du heute?** qu'est-ce que tu fais à manger aujourd'hui? II v/i **1.** Flüssigkeit, fig bouillir; Speisen cuire; **kochend heiß** bouillant; **er kochte vor Wut** il bouillait de rage **2.** Person faire la cuisine; cuisiner
Kochen n ⟨~s⟩ von Speisen cuisson f; (Sieden) ébullition f
Kocher m ⟨~s; ~⟩ réchaud m
Köcher ['kœçər] m ⟨~s; ~⟩ für Pfeile carquois m; für Fernglas etc étui m
kochfertig adj prêt à cuire
kochfest adj Textilien qui peut bouillir
Kochgelegenheit f (utilisation f de la) cuisine possible
Kochgeschirr n gamelle f
Köchin ['kœçɪn] f ⟨~; ~nen⟩ cuisinière f
Kochkunst f art m culinaire; cuisine f
Kochkurs(us) m cours m de cuisine
Kochlöffel m cuillère f en bois
Kochmulde f table f de cuisson
Kochmütze f toque f (de cuisinier)
Kochnische f coin m cuisine; cuisinette f
Kochplatte f e-s Herdes plaque f électrique; (Kocher) réchaud m
Kochsalz n sel m
Kochsalzlösung f solution f de chlorure de sodium
Kochtopf m faitout m; aus Gusseisen cocotte f; größer marmite f
Kochwäsche f lessive f à 95°
Kode [koːt] m ⟨~s; ~s⟩ code m
Köder ['køːdər] m ⟨~s; ~⟩ appât m (a fig)
ködern v/t appâter (**mit** avec; a fig)
kodieren [koˈdiːrən] v/t ⟨sans ge⟩ coder
Kodierung f ⟨~; ~en⟩ codage m
Koedukation ['koʔedukatsioːn] f ⟨~⟩ éducation f mixte; mixité f
Koeffizient [koʔɛfitsiˈɛnt] m ⟨~en; ~en⟩ coefficient m
Koexistenz f coexistence f
Koffein [kɔfeˈiːn] n ⟨~s⟩ caféine f
koffeinfrei adj décaféiné
Koffer ['kɔfər] m ⟨~s; ~⟩ (Handkoffer) valise f; (großer Reisekoffer) malle f; **s-e Koffer packen** faire ses valises; fig plier bagage
Kofferkuli m caddie® m
Kofferradio n radio portative
Kofferraum m AUTO coffre m
Kognak ['kɔnjak] m ⟨~s; ~s⟩ cognac m

Koffer ≠ coffre

Packe nicht zu viele Schuhe in deinen **Koffer**.

Ne mets pas trop de chaussures dans ta **valise**.

Tu ne peux pas mettre le réfrigérateur dans le **coffre**, il n'y a pas assez de place.

Du kannst den Kühlschrank nicht in den **Kofferraum** tun, da ist nicht genug Platz.

Kohl [koːl] *m* ⟨~¢s; ~e⟩ **1.** BOT chou *m* **2.** F *péj* bêtises *f/pl*

Kohldampf F *m* **Kohldampf haben** F avoir la dent

Kohle ['koːlə] *f* ⟨~; ~n⟩ **1.** charbon *m*; (*Steinkohle*) 'houille *f*; (**wie**) **auf glühenden Kohlen sitzen** être sur des charbons ardents **2.** F (*Geld*) F fric *m*

Kohlenbergbau *m* exploitation *f* de la houille, du charbon

Kohlendioxid *n sc*, **Kohlendioxyd** [-'diːʔɔksyːt] *n* gaz *m* carbonique

Kohlenhändler *m* marchand *m* de charbon; charbonnier *m*

Kohlenhydrat ['-hydraːt] *n* hydrate *m* de carbone

Kohlenmonoxid *n sc*, **Kohlenmonoxyd** [-'mɔnɔksyːt] *n* oxyde *m* de carbone

Kohlenrevier *n* région 'houillère

Kohlensäure *f* CHIM acide *m* carbonique; *in Getränken* gaz *m* carbonique; *Mineralwasser* **ohne Kohlensäure** non gazeuse

Kohlenstaub *m* poussière *f* de charbon

Kohlenstoff *m* carbone *m*

Kohlenwasserstoff *m* hydrocarbure *m*

Kohleofen *m* poêle *m* à charbon

Kohlepapier *n* papier *m* carbone

Kohlestift *m* fusain *m*

Kohletablette *f* pastille *f* de charbon

Kohlezeichnung *f* dessin *m* au fusain

Kohlkopf *m* chou *m*

Kohlmeise *f* mésange charbonnière

kohlrabenschwarz F *adj* noir comme (du) jais

Kohlrabi [-'raːbi] *m* ⟨~s; ~s⟩ chou-rave *m*

Kohlroulade *f* chou farci

Kohlrübe *f* rutabaga *m*

kohlschwarz *adj* noir comme (du) jais

Kohlsprossen *f/pl österr* chou *m* de Bruxelles

Kohlweißling *m* ⟨~s; ~e⟩ ZO piéride *f* du chou

Koitus [-'koːitʊs] *m* ⟨~; ~⟩ coït *m*

Koje ['koːjə] *f* ⟨~; ~n⟩ **1.** MAR couchette *f* **2.** F *plais* (*Bett*) F pieu *m*

Kojote [ko'joːtə] *m* ⟨~n; ~n⟩ coyote *m*

Kokain [koka'iːn] *n* ⟨~s⟩ cocaïne *f*

kokeln ['koːkəln] F *v/i* ⟨¢⟩ jouer avec du feu

kokett [ko'kɛt] *adj* coquet

kokettieren *v/i* ⟨sans ge⟩ **1.** *mit j-m kokettieren* faire du charme à qn **2.** *fig mit etw kokettieren* jouer avec qc; *mit s-m Alter kokettieren* jouer de son âge

Kokon [ko'kõ] *m* ⟨~s; ~s⟩ cocon *m*

Kokosfett ['koːkɔs-] *n* graisse *f* de coco

Kokosflocken *f/pl* flocons *m/pl* de coco

Kokosmilch *f* lait *m* de coco

Kokosnuss *f* noix *f* de coco

Kokospalme *f* cocotier *m*

Kokosraspel *pl* noix *f* de coco râpée

Koks [koːks] *m* ⟨~es; ~e⟩ **1.** (*Kohlenkoks*) coke *m* **2.** *Jargon* (*Kokain*) F coke *f*

koksen *Jargon v/i* ⟨¢⟩ F sniffer de la coke

Kolben ['kɔlbən] *m* ⟨~s; ~⟩ **1.** TECH piston *m* **2.** (*Destillierkolben*) alambic *m* **3.** *am Gewehr* crosse *f* **4.** (*Maiskolben*) épi *m* **5.** F (*dicke Nase*) F pif *m*

Kolbenhirse *f* BOT millet *m* à grappes

Kolbenhub *m* course *f* du *od* de piston

Kolbenring *m* TECH segment *m* de piston

Kolibri ['koːlibri] *m* ⟨~s; ~s⟩ colibri *m*

Kolik ['koːlɪk] *f* ⟨~; ~en⟩ colique *f*

Kollaborateur [kɔlabora'tøːr] *m* ⟨~s; ~e⟩ *bes* POL collaborateur *m*

kollaborieren *v/i* ⟨sans ge⟩ *bes* POL collaborer (*mit* avec)

Kollaps ['kɔlaps] *m* ⟨~es; ~e⟩ MÉD collapsus *m*

Kolleg [kɔ'leːk] *n* ⟨~s; ~s⟩ cours *m* (à l'université)

Kollege [kɔ'leːgə] *m* ⟨~n; ~n⟩ (*Arbeitskollege*) collègue *m*; (*Fachkollege*) confrère *m*; (*Amtskollege*) homologue *m*

kollegial [kɔlegi'aːl] **I** *adj* de collègue; de confrère; **kollegiales Verhältnis** bons rapports entre collègues **II** *adv* en collègue; en confrère

Kollegin *f* ⟨~; ~nen⟩ (*Arbeitskollegin*) collègue *f*; (*Fachkollegin*) consœur *f*; (*Amtskollegin*) homologue *f*

Kollegium [kɔ'leːgium] *n* ⟨~s; -ien⟩ (*Lehrerkollegium*) professeurs *m/pl*

Kollegmappe *f* porte-documents *m*

Kollegstufe *f etwa* classes *f/pl* de lycée

Kollekte [kɔ'lɛktə] *f* ⟨~; ~n⟩ ÉGL quête *f*

Kollektion *f* ⟨~; ~en⟩ collection *f*

kollektiv [kɔlɛk'tiːf] *adj* collectif

Kollektiv *n* ⟨~s; ~e ou ~s⟩ (*Gemeinschaft*) collectivité *f*; (*Team*) équipe *f*

Kollektiveigentum *n* propriété collective

Kollektivwirtschaft *f* économie *f* collectiviste

Kollektor [kɔ'lɛktoːr] *m* ⟨~s; -toren⟩ ÉLECT collecteur *m*

Koller ['kɔlər] F *m* ⟨~s; ~⟩ crise *f* de rage; **e-n Koller kriegen** F piquer une crise

kollidieren [kɔli'diːrən] *st/s v/i* ⟨sans ge, h ou sn⟩ entrer en collision (**mit** avec); *zeitlich* tomber en même temps (que); *fig* être incompatible (avec)

Kollier [kɔli'eː] *n* ⟨~s; ~s⟩ collier *m*

Kollision [kɔlizi'oːn] *f* ⟨~; ~en⟩ collision *f* (*a fig*); *fig a* conflit *m*

Kollisionskurs *m* **auf Kollisionskurs gehen** jouer la politique du pire

Kolloquium [kɔ'loːkviʊm] *n* ⟨~s; -ien⟩ colloque *m*

Köln [kœln] *n* ⟨~s⟩ Cologne

Kölner *adj* ⟨inv⟩ de Cologne

kölnisch *adj* de Cologne

Kölnischwasser *n* eau *f* de Cologne

kolonial [koloni'aːl] *adj* colonial

Kolonialismus *m* ⟨~⟩ colonialisme *m*

Kolonialmacht *f* puissance coloniale

Kolonialzeit *f* époque coloniale

Kolonie [kolo'niː] *f* ⟨~; ~n⟩ colonie *f*

Kolonisation *f* ⟨~; ~en⟩ colonisation *f*

kolonisieren *v/t* ⟨sans ge⟩ coloniser

Kolonne [ko'lɔnə] *f* ⟨~; ~n⟩ colonne *f* (*a* MIL); (*Wagenkolonne*) file *f*; (*Arbeitskolonne*) équipe *f*; **Kolonne fahren** rouler les uns derrière les autres

Koloratur [kolora'tuːr] *f* ⟨~; ~en⟩ MUS vocalise *f*

Koloratursängerin *f* (chanteuse *f*) coloratura *f*

kolorieren [kolo'riːrən] *v/t* ⟨sans ge⟩ colorier

Kolorit [kolo'riːt] *n* ⟨~¢s; ~e ou ~s⟩ PEINT, *fig* coloris *m*

Koloss [ko'lɔs] *m* ⟨~es; ~e⟩ colosse *m* (*a fig*)

kolossal [kolo'saːl] *adj* **1.** colossal **2.** F *fig* F monstre; F bœuf (*inv*)

kolportieren [kɔlpɔr'tiːrən] *st/s v/t* ⟨sans ge⟩ colporter

Kolumbien [ko'lumbiən] *n* ⟨~s⟩ la Colombie
Kolumne [ko'lumnə] *f* ⟨~; ~n⟩ TYPO colonne *f*;
e-r Zeitung chronique *f*
Kolumnentitel *m* TYPO titre courant
Kolumnist(in) *m* ⟨~en; ~en⟩ (*f*) ⟨~in; ~innen⟩
e-r Zeitung chroniqueur, -euse *m,f*
Koma ['koːma] *n* ⟨~s; ~s *ou* ~ta⟩ MÉD coma *m*;
im Koma liegen être dans le coma
Kombi ['kɔmbi] *m* ⟨~s; ~s⟩ commerciale *f*;
break *m*
Kombination *f*⟨~; ~en⟩ combinaison *f*; *Herren-
anzug* ensemble *m*; (*gedankliche Verknüp-
fung*) déduction *f*
Kombinationsgabe *f* ⟨~⟩ perspicacité *f*
Kombinationsschloss *n* cadenas *m* à combi-
naisons
kombinieren *v/t* ⟨sans ge⟩ combiner (*mit* avec);
fig gedanklich déduire
Kombiwagen *m* → *Kombi*
Kombüse [kɔm'byːzə] *f*⟨~; ~n⟩ MAR cuisine *f* de
bord
Komet [ko'meːt] *m* ⟨~en; ~en⟩ comète *f*
kometenhaft *adj fig* fulgurant
Komfort [kɔm'foːr] *m* ⟨~s⟩ confort *m*; *mit al-
lem Komfort* avec tout le confort
komfortabel [kɔmfɔr'taːbəl] *adj* ⟨-bl-⟩ confor-
table
Komik ['koːmɪk] *f* ⟨~⟩ comique *m*
Komiker(in) *m* ⟨~s; ~⟩ (*f*) ⟨~in; ~innen⟩ 1.
Schauspieler(in) comique *m,f* 2. (*Unterhalte-
r[in]*) amuseur, -euse *m,f*
komisch *adj* 1. (*lustig*) comique 2. (*seltsam*)
drôle; bizarre; *ein komischer Einfall* une drô-
le d'idée
komischerweise F *adv* **komischerweise sagt
man …** ce qui est drôle c'est qu'on dit …
Komitee [komi'teː] *n* ⟨~s; ~s⟩ comité *m*
Komma ['kɔma] *n* ⟨~s; ~s *ou* ~ta⟩ virgule *f*; *drei
Komma fünf* trois virgule cinq
Kommafehler *m* faute *f* de virgule
Kommandant [kɔman'dant] *m* ⟨~en; ~en⟩
commandant *m*
Kommandantur *f* ⟨~; ~en⟩ bureau *m* du com-
mandant
Kommandeur *m* ⟨~s; ~e⟩ commandant *m*; chef
m
kommandieren *v/t u v/i* ⟨sans ge⟩ commander
Kommanditgesellschaft [kɔman'diːt-] *f* socié-
té *f* en commandite
Kommando [kɔ'mando] *n* ⟨~s; ~s⟩ 1. (*Befehl,
Befehlsgewalt*) commandement *m* 2. *Abtei-
lung* commando *m*
Kommandobrücke *f* passerelle *f* de comman-
dement
Kommandokapsel *f* RAUMFAHRT module *m* de
commande
Kommandozentrale *f* poste central de com-
mandement
kommen ['kɔmən] ⟨kam, gekommen, sn⟩ **I** *v/i*
1. venir; (*ankommen*) arriver; *in e-n Laden
kommen* entrer dans un magasin; *aus e-m
Haus kommen* sortir d'une maison; *ich
komme ja schon!* j'arrive!; *da kommt er ja!*
le voilà! 2. (*gelangen*) *durch e-e Stadt kom-
men* passer par une ville; *wie komme ich
zum Bahnhof?* quel est le chemin de la gare?
3. *mit p/p*: *gelaufen kommen* venir, arriver en
courant 4. *fig* (*erreichen*) *wie weit bist du mit

deiner Arbeit gekommen? où en es-tu de ton
travail? 5. (*e-n Platz bekommen*) *die Vase
kommt auf den Tisch* le vase se met sur la ta-
ble 6. (*eintreten*) *ich habe es kommen sehen*
je l'ai vu venir; *was auch kommen mag* quoi
qu'il arrive; F *das musste ja so kommen* F ça
n'a pas raté 7. *auf etw* (*acc*) *kommen* (*den Ein-
fall haben*) trouver qc; avoir l'idée de qc; *ich
komme nicht auf s-n Namen* son nom
m'échappe; *wie kommen Sie darauf?*
qu'est-ce qui vous a donné cette idée? 8. *j-n
kommen lassen* faire venir qn; *sich* (*dat*)
etw kommen lassen faire venir qc; *fig auf
j-n nichts kommen lassen* ne pas tolérer
que l'on dise du mal de qn 9. *auf j-n kommen*
(*j-m zufallen*) revenir à qn 10. (*stammen*) *aus
Berlin kommen* être (originaire) de Berlin 11.
von etw kommen (*herrühren*) venir de qc;
provenir de qc; *das kommt davon* voilà ce
que c'est! 12. (*wieder*) *zu sich* (*dat*) *kommen*
revenir à soi 13. *Unheil etc über j-n kommen*
frapper qn 14. *um etw kommen* (*etw verlieren*)
perdre qc 15. *zu etw kommen* (*Zeit finden*)
trouver le temps de faire qc 16. F *komm,
gib her!* allez, donne! 17. F (*kosten*) revenir
à; coûter **II** *v/imp* (*sich ergeben*) *daher kommt
es, dass …* de là vient que …; *wie kommt es,
dass …?* comment se fait-il que … (+ *subj*)?;
es kam zu e-r Schießerei il y a eu des coups
de feu
Kommen *n* ⟨~s⟩ venue *f*; arrivée *f*; *das Kom-
men und Gehen* les allées et venues *f/pl*; le
va-et-vient
kommend *adjt* (*nächste*) prochain; (*künftig*) à
venir; futur
Kommentar [kɔmɛn'taːr] *m* ⟨~s; ~e⟩ commen-
taire *m*
kommentarlos *adv* sans commentaire
kommentieren *v/t* ⟨sans ge⟩ commenter
Kommerz [kɔ'mɛrts] *m* ⟨~es⟩ *péj* commerce *m*;
négoce *m*
kommerziell [kɔmɛrtsi'ɛl] *adj* commercial
Kommilitone [kɔmili'toːnə] *m* ⟨~n; ~n⟩, **Kom-
militonin** *f* ⟨~; ~nen⟩ camarade *m,f* d'études
Kommiss [kɔ'mɪs] F *m* ⟨~es⟩ F régiment *m*
Kommissar(in) [kɔmɪ'saːr(ɪn)] *m* ⟨~s; ~e⟩ (*f*)
⟨~in; ~innen⟩ (*Polizei*) inspecteur *m* de poli-
ce; ADM, POL commissaire *m*
kommissarisch *adj* intérimaire
Kommission [kɔmɪsi'oːn] *f* ⟨~; ~en⟩ commis-
sion *f*
Kommissionsgeschäft *n* COMM commission *f*
Kommissionsware *f* marchandise *f* en com-
mission
Kommode [kɔ'moːdə] *f* ⟨~; ~n⟩ commode *f*
kommunal [kɔmu'naːl] *adj* communal
Kommunalpolitik *f* politique communale
Kommunalwahl *f* élection municipale
Kommune [kɔ'muːnə] *f* ⟨~; ~n⟩ commune *f*
Kommunikation *f* ⟨~⟩ communication *f*
Kommunikationsmittel *n/pl* moyens *m/pl* de
communication
Kommunikationsschwierigkeiten *f/pl* diffi-
cultés *f/pl* de communication
Kommunikationswissenschaft *f* ⟨~⟩ sciences
f/pl de la communication
Kommunikationszentrum *n* centre *m* de ren-
contre

Kommunion [kɔmuni'oːn] $f\langle\sim; \sim$en$\rangle$ CATH communion f; *zur Kommunion gehen* (aller) communier
Kommunionkind n premier, -ière communiant(e) $m(f)$
Kommunionkleid n aube f (*de communion*)
Kommunionunterricht m enseignement religieux qui prépare à la communion
Kommuniqué [kɔmyni'keː] $n\langle\sim$s; $\sim$s$\rangle$ communiqué m
Kommunismus $m\langle\sim\rangle$ communisme m
Kommunist(in) $m\langle\sim$en; $\sim$en$\rangle$ $(f)\langle\sim$in; $\sim$innen$\rangle$ communiste m,f
kommunistisch *adj* communiste
kommunizieren $v/t\langle$sans ge$\rangle$ **1.** st/s, PHYS communiquer **2.** CATH communier
Komödiant(in) [komødi'ant(ɪn)] $m\langle\sim$en; $\sim$en$\rangle$ $(f)\langle\sim$in; $\sim$innen$\rangle$ comédien, -ienne m,f (*a fig*); *péj* cabotin(e) $m(f)$
Komödie [ko'møːdiə] $f\langle\sim; \sim$n$\rangle$ comédie f (*a fig*); *fig* **Komödie spielen** jouer la comédie

---

Komödie

Der wohl berühmteste und einflussreichste Komödiendichter Frankreichs ist Jean-Baptiste Poquelin, besser bekannt unter dem Namen *Molière*.
In seinen Komödien nimmt Molière vor allem menschliche Schwächen und Unarten aufs Korn. So kritisiert er in **Les Précieuses ridicules** den Hochmut sowie die Ignoranz der aristokratischen Damen, in **Le Bourgeois gentilhomme** den kläglichen Versuch eines ungebildeten Bürgers, sich für einen weltmännischen eleganten Herrn auszugeben. Die Auswüchse des Geizes werden in **L'Avare** auf anschauliche Weise verdeutlicht, desgleichen die Folgen von Heuchelei und Arglist in **Tartuffe**. Die Ironie des Schicksals wollte, dass Molière kurz nach der vierten Aufführung seines Stücks **Le Malade imaginaire**, in dem er selbst den eingebildeten Kranken mimte, im Jahre 1673 verstarb.

Kompagnon ['kɔmpanjõː] $m\langle\sim$s; $\sim$s$\rangle$ COMM associé m
kompakt [kɔm'pakt] *adj* compact
Kompanie [kɔmpa'niː] $f\langle\sim; \sim$n$\rangle$ MIL compagnie f
Komparativ ['kɔmparatiːf] $m\langle\sim$s; $\sim$e$\rangle$ comparatif m
Komparse [kɔm'parzə] $m\langle\sim$n; $\sim$n$\rangle$, **Komparsin** $f\langle\sim; \sim$nen$\rangle$ figurant(e) $m(f)$
Kompass ['kɔmpas] $m\langle\sim$es; $\sim$e$\rangle$ boussole f
Kompassnadel f aiguille aimantée
kompatibel [kɔmpa'tiːbəl] *adj* ‹-bl-› compatible (*mit* avec; *a* INFORM)
Kompatibilität $f\langle\sim; \sim$en$\rangle$ compatibilité f (*mit* avec; *a* INFORM)
Kompensation [kɔmpɛnzatsi'oːn] $f\langle\sim; \sim$en$\rangle$ compensation f
Kompensationsgeschäft n ÉCON opération f de compensation
kompensieren $v/t\langle$sans ge$\rangle$ compenser (*durch, mit* par)
kompetent [kɔmpe'tɛnt] *adj* compétent
Kompetenz $f\langle\sim; \sim$en$\rangle$ compétence f
Kompetenzbereich m domaine m de compétence
Komplementärfarbe [kɔmplemɛn'tɛːr-] f couleur f complémentaire
komplett [kɔm'plɛt] *adj* **1.** complet **2.** F *das ist kompletter Wahnsinn* F c'est absolument dingue
komplex [kɔm'plɛks] *adj* complexe
Komplex $m\langle\sim$es; $\sim$e$\rangle$ **1.** (*Gebäudekomplex, Fragenkomplex*) ensemble m; (*Industriekomplex, Gebäudekomplex a*) complexe m **2.** PSYCH complexe m
Komplikation [kɔmplikatsi'oːn] $f\langle\sim; \sim$en$\rangle$ complication f
Kompliment [kɔmpli'mɛnt] $n\langle\sim$¢s; $\sim$e$\rangle$ compliment m
Komplize [kɔm'pliːtsə] $m\langle\sim$n; $\sim$n$\rangle$ complice m
komplizieren $v/t\langle$sans ge$\rangle$ compliquer
kompliziert *adjt* compliqué
Komplizin $f\langle\sim; \sim$nen$\rangle$ complice f
Komplott [kɔm'plɔt] $n\langle\sim$¢s; $\sim$e$\rangle$ complot m; *ein Komplott schmieden* tramer un complot
Komponente [kɔmpo'nɛntə] $f\langle\sim; \sim$n$\rangle$ (*Bestandteil*) composant m; *fig* (*Aspekt*) composante f
komponieren v/t u $v/i\langle$sans ge$\rangle$ composer
Komponist(in) $m\langle\sim$en; $\sim$en$\rangle$ $(f)\langle\sim$in; $\sim$innen$\rangle$ compositeur, -trice m,f
Komposition $f\langle\sim; \sim$en$\rangle$ composition f
Kompost [kɔm'pɔst] $m\langle\sim$¢s; $\sim$e$\rangle$ compost m
Komposthaufen m compost m
kompostieren $v/t\langle$sans ge$\rangle$ mettre en compost
Kompott [kɔm'pɔt] $n\langle\sim$¢s; $\sim$e$\rangle$ compote f
Kompresse [kɔm'prɛsə] $f\langle\sim; \sim$n$\rangle$ compresse f
Kompression $f\langle\sim; \sim$en$\rangle$ compression f
Kompressor $m\langle\sim$s; -ssoren$\rangle$ compresseur m
komprimieren [kɔmpri'miːrən] $v/t\langle$sans ge$\rangle$ comprimer; INFORM compacter
Komprimierung $f\langle\sim; \sim$en$\rangle$ compression f (*a* INFORM); INFORM compactage m
Kompromiss [kɔmpro'mɪs] $m\langle\sim$es; $\sim$e$\rangle$ compromis m (*zwischen* [+ *dat*] entre); *e-n Kompromiss schließen* faire un compromis
kompromissbereit *adj* prêt à (faire) un compromis
Kompromissbereitschaft $f\langle\sim\rangle$ esprit m de compromis
kompromisslos *adj* intransigeant
Kompromisslösung f solution f de compromis
Kompromissvorschlag m proposition f de compromis
kompromittieren [kɔmprɔmɪ'tiːrən] v/t (u v/r) $\langle$sans ge$\rangle$ (*sich kompromittieren* se) compromettre
Kondensation [kɔndɛnzati'oːn] $f\langle\sim; \sim$en$\rangle$ condensation f
Kondensator $m\langle\sim$s; -toren$\rangle$ condensateur m
kondensieren $\langle$sans ge$\rangle$ **I** v/t condenser **II** v/i se condenser
Kondensmilch f lait concentré
Kondensstreifen m traînée f de condensation

Kondenswasser *n* eau *f* de condensation
Kondition [kɔndit͡siˈoːn] *f* ⟨~; ~en⟩ **1.** SPORT condition *f*; **keine Kondition haben** manquer d'entraînement **2.** COMM *meist pl* **Konditionen** conditions *f/pl*
Konditional [kɔnditsioˈnaːl] *m* ⟨~s; ~e⟩ GR (mode *m*) conditionnel *m*
Konditionsschwäche *f* mauvaise forme (physique)
Konditionstraining *n* entraînement *m* pour se mettre en forme
Konditor [kɔnˈdiːtɔr] *m* ⟨~s; -toren⟩ pâtissier *m*
Konditorei *f* ⟨~; ~en⟩ pâtisserie *f*
kondolieren [kɔndoˈliːrən] *v/i* ⟨sans ge⟩ **j-m kondolieren** présenter ses condoléances à qn (**zu** pour)
Kondom [kɔnˈdoːm] *n* ⟨~s; ~e⟩ préservatif *m*
Kondor [ˈkɔndoːr] *m* ⟨~s; ~e⟩ ZO condor *m*
Konfekt [kɔnˈfɛkt] *n* ⟨~⊄s; ~e⟩ confiserie *f*; (*Pralinen*) chocolats *m/pl*
Konfektion [kɔnfɛktsiˈoːn] *f* ⟨~; ~en⟩ (vêtements *m/pl* de) confection *f*; prêt-à-porter *m*
Konfektionsgröße *f* taille *f*
Konferenz [kɔnfeˈrɛnts] *f* ⟨~; ~en⟩ conférence *f*; (*Lehrerkonferenz*) conseil *m* de classe
Konferenzdolmetscher(in) *m(f)* interprète *m,f* de conférence
Konferenzraum *m* salle *f* de conférence
Konferenzschaltung *f* multiplex *m*
Konferenzteilnehmer(in) *m(f)* participant(e) *m(f)* à une conférence
Konferenztisch *m* table *f* de conférence
Konferenzzimmer *n* salle *f* de conférence
konferieren [kɔnfeˈriːrən] *v/i* ⟨sans ge⟩ conférer (**über** [+ *acc*] de qc)
Konfession [kɔnfɛsiˈoːn] *f* ⟨~; ~en⟩ religion *f*; confession *f*
konfessionell *adj* confessionnel
konfessionslos *adj* sans religion
Konfetti [kɔnˈfɛti] *n* ⟨~⊅⟩ confettis *m/pl*
Konfiguration [kɔnfiguratsiˈoːn] *f* ⟨~; ~en⟩ configuration *f* (*a* INFORM)
Konfirmand(in) [kɔnfɪrˈmant (-dɪn)] *m* ⟨~en; ~en⟩ (*f*) ⟨~in; ~innen⟩ PROT confirmand(e) *m(f)*
Konfirmation *f* ⟨~; ~en⟩ confimation *f*
konfirmieren *v/t* ⟨sans ge⟩ confirmer
konfiszieren [kɔnfɪsˈtsiːrən] *v/t* ⟨sans ge⟩ confisquer
Konfitüre [kɔnfiˈtyːrə] *f* ⟨~; ~n⟩ confiture *f*
Konflikt [kɔnˈflɪkt] *m* ⟨~⊄s; ~e⟩ conflit *m*; **mit dem Gesetz in Konflikt geraten sein** avoir des problèmes avec la justice
konfliktfrei *adj* non conflictuel
konfliktgeladen *adjt* conflictuel
konfliktscheu *adj* qui fuit les conflits
Konfliktsituation *f* situation conflictuelle
konform [kɔnˈfɔrm] **I** *adj* conforme (**mit** à) **II** *adv* **mit j-m, etw konform gehen** être d'accord avec qn, qc
konformgehen *v/i* → **konform** II
Konformismus *m* ⟨~⟩ conformisme *m*
Konfrontation [kɔnfrɔntatsiˈoːn] *f* ⟨~; ~en⟩ confrontation *f*; POL affrontement *m*
konfrontieren *v/t* ⟨sans ge⟩ confronter (**mit j-m** avec qn; **mit etw** à qc)
konfus [kɔnˈfuːs] *adj* (*verworren*) confus; *Person* dérouté

Konglomerat [kɔnɡlomeˈraːt] *n* ⟨~⊄s; ~e⟩ GÉOL conglomérat *m*; *fig* mélange confus
Kongo [ˈkɔŋɡo] ⟨~s⟩ **der Kongo** le Congo
Kongolese [kɔŋɡoˈleːzə] *m* ⟨~n; ~n⟩, **Kongolesin** *f* ⟨~; ~nen⟩ Congolais(e) *m(f)*
kongolesisch *adj* congolais
Kongress [kɔnˈɡrɛs] *m* ⟨~es; ~e⟩ congrès *m*
Kongresshalle *f* palais *m* des congrès
Kongressteilnehmer(in) *m(f)* congressiste *m,f*
Kongresszentrum *n* centre *m* de congrès
kongruent [kɔnɡruˈent] *adj* MATH coïncident
Kongruenz *f* ⟨~⟩ MATH, *fig* coïncidence *f*; GR accord *m*
Konifere [koniˈfeːrə] *f* conifère *m*
König [ˈkøːnɪç] *m* ⟨~s; ~e⟩ roi *m* (*a Spielkarte, Schachfigur, fig*)
Königin *f* ⟨~; ~nen⟩ reine *f* (*a* ZO)
Königinmutter *f* reine *f* mère
Königinpastete *f* bouchée *f* à la reine
königlich **I** *adj* royal; de *bzw* du roi **II** *adv* F **sich königlich amüsieren** s'amuser comme un fou
Königreich *n* royaume *m*
Königshaus *n* maison royale
Königskrone *f* couronne royale
Königssohn *m* fils *m* de roi; prince *m*
Königstiger *m* ZO tigre royal
Königstochter *f* fille *f* de roi; princesse *f*
Königstreue(r) *m* ⟨→ A⟩ royaliste *m*
Königtum *n* ⟨~s; -tümer⟩ royauté *f*
konisch [ˈkoːnɪʃ] *adj* conique
Konjugation [kɔnjugatsiˈoːn] *f* ⟨~; ~en⟩ conjugaison *f*
konjugieren *v/t* ⟨sans ge⟩ conjuguer
Konjunktion [kɔnjuŋktsiˈoːn] *f* ⟨~; ~en⟩ conjonction *f* (*a* ASTR)
Konjunktiv [ˈkɔnjuŋktiːf] *m* ⟨~s; ~e⟩ GR (mode *m*) subjonctif *m*
Konjunktur [kɔnjuŋkˈtuːr] *f* ⟨~; ~en⟩ conjoncture *f*
Konjunkturanstieg *m* conjoncture ascendante; accroissement *m* de l'activité économique; reprise conjoncturelle
Konjunkturaufschwung *m* essor *m* économique
konjunkturbedingt **I** *adj* déterminé par les fluctuations de la conjoncture **II** *adv* en fonction de la situation économique
Konjunkturbericht *m* rapport *m* sur la situation économique
konjunkturell *adj* conjoncturel
Konjunkturkrise *f* crise conjoncturelle, de l'activité économique
Konjunkturlage *f* situation *f* de l'économie; conjoncture *f*
Konjunkturpolitik *f* politique *f* conjoncturelle
Konjunkturrückgang *m* récession *f*
Konjunkturschwankung *f* fluctuation *f* de la conjoncture
Konjunkturspritze F *f* mesure *f* de relance (économique)
Konjunkturumschwung *m* renversement *m* de la conjoncture
konkav [kɔnˈkaːf] *adj* concave
konkret [kɔnˈkreːt] *adj* concret
konkretisieren *v/t* ⟨sans ge⟩ concrétiser; (*näher ausführen*) préciser
Konkubine [kɔnkuˈbiːnə] *f* ⟨~; ~n⟩ concubine *f*

K

Konkurs ≠ concours

Dieser Betrieb hat **Konkurs** gemacht.

Pour entrer dans cette grande école, il faut passer un **concours**.

Cette entreprise a fait **faillite**.

Um auf diese „Grande école" zu kommen, muss man eine **Aufnahmeprüfung** machen.

Konkurrent(in) [kɔnkuˈrɛnt(ɪn)] *m* ⟨~en; ~en⟩ *(f)* ⟨~in; ~innen⟩ concurrent(e) *m(f)*; compétiteur, -trice *m,f*
Konkurrenz *f* ⟨~; ~en⟩ concurrence *f*; **außer Konkurrenz** 'hors concours; **j-m Konkurrenz machen** faire concurrence à qn; **das ist unsere Konkurrenz** c'est notre concurrent
konkurrenzfähig *adj* compétitif
Konkurrenzkampf *m* concurrence *f*
konkurrenzlos *adj* défiant toute concurrence
Konkurrenzunternehmen *n* entreprise concurrente
konkurrieren *v/i* ⟨sans ge⟩ **mit j-m (um etw) konkurrieren** être en concurrence, rivaliser avec qn (pour obtenir qc)
Konkurs [kɔnˈkurs] *m* ⟨~es; ~e⟩ faillite *f*; **in Konkurs gehen, Konkurs machen** faire faillite
Konkursmasse *f* actif *m* de la faillite
Konkursverfahren *n* procédure *f* de faillite
Konkursverwalter *m* syndic *m*
können [ˈkœnən] ⟨kann, konnte⟩ **I** *v/aux* of mode ⟨p/p können⟩ **1.** (vermögen) pouvoir; **man kann nie wissen** on ne sait jamais **2.** (beherrschen) savoir; **schwimmen können** savoir nager **3.** (dürfen) pouvoir; P **du kannst mich mal!** F tu peux (toujours) courir! **4.** (möglich sein) **es kann sein, dass ...** il se peut que ... (+ subj); **das kann nicht sein** c'est impossible **5.** (Grund haben) **das kann man wohl sagen!** ça, on peut le dire; F **ich kann dir sagen!** je t'assure! **II** *v/t u v/i* ⟨p/p gekonnt⟩ **6.** (vermögen) pouvoir; **ich kann nicht mehr!** je n'en peux plus!; **ich kann nicht anders** je ne peux pas faire autrement; **so gut ich kann** de mon mieux **7.** (beherrschen) savoir; **er kann etwas** il est capable; **er kann Englisch** il sait l'anglais; (sprechen) il parle anglais **8. ich kann nichts dafür** je n'y peux rien

---

können:
pouvoir oder savoir?

savoir wird verwendet, wenn es sich um etwas Erlerntes handelt, **pouvoir**, wenn die äußeren Umstände es zulassen:

savoir lire   lesen können (*weil man es gelernt hat*)

pouvoir lire lesen können (*weil z.B. die Schrift groß genug ist*)

Können *n* ⟨~s⟩ savoir(-faire) *m*
Könner(in) *m* ⟨~s; ~⟩ *(f)* ⟨~in; ~innen⟩ personne *f* très capable; as *m*
konnte [ˈkɔntə] → **können**
Konsens [kɔnˈzɛns] *st/s m* ⟨~es; ~e⟩ consensus *m*

konsequent [kɔnzeˈkvɛnt] *adj* **1.** (folgerichtig) logique; conséquent **2.** (beharrlich) résolu
Konsequenz *f* ⟨~; ~en⟩ **1.** (Folgerichtigkeit) logique *f* **2.** (Folge) conséquence *f*; **die Konsequenzen aus etw ziehen** tirer les conséquences de qc
konservativ [kɔnzɛrvaˈtiːf] *adj* conservateur
Konservative(r) *f(m)* ⟨→ A⟩ conservateur, -trice *m,f*
Konservatorium *n* ⟨~s; -ien⟩ Conservatoire *m*
Konserve [kɔnˈzɛrvə] *f* ⟨~; ~n⟩ conserve *f*
Konservenbüchse *f*, **Konservendose** *f* boîte *f* de conserve
konservieren *v/t* ⟨sans ge⟩ conserver
Konservierung *f* ⟨~⟩ conservation *f*
Konservierungsmittel *n*, **Konservierungsstoff** *m* conservateur *m*; agent *m* de conservation
Konsistenz [kɔnzɪsˈtɛnts] *f* ⟨~⟩ consistance *f*
Konsole [kɔnˈzoːlə] *f* ⟨~; ~n⟩ console *f*
konsolidieren [kɔnzoliˈdiːrən] *v/t* ⟨sans ge⟩ consolider
Konsonant [kɔnzoˈnant] *m* ⟨~en; ~en⟩ consonne *f*
konsonantisch *adj* consonantique
Konsortium [kɔnˈzɔrtsium] *n* ⟨~s; -ien⟩ consortium *m*
Konspiration [kɔnspiratsiˈoːn] *f* ⟨~; ~en⟩ conspiration *f*
konspirativ *adj* conspirateur
konspirieren *v/i* ⟨sans ge⟩ conspirer (**gegen** contre)
konstant [kɔnˈstant] *adj* constant
Konstante *f* ⟨~n; ~n⟩ constante *f* (a fig)
konstatieren [kɔnstaˈtiːrən] *st/s v/t* ⟨sans ge⟩ constater
Konstellation [kɔnstɛlatsiˈoːn] *f* ⟨~; ~en⟩ ASTR position *f*; fig situation *f*
konsterniert [kɔnstɛrˈniːrt] *adjt* consterné (**über** [+ acc] par)
konstituieren [kɔnstituˈiːrən] *v/t* (u v/r) ⟨sans ge⟩ (**sich konstituieren** se) constituer
Konstitution *f* ⟨~; ~en⟩ constitution *f*
konstitutionell *adj* constitutionnel
konstruieren [kɔnstruˈiːrən] *v/t* ⟨sans ge⟩ construire; fig inventer
Konstruktion *f* ⟨~; ~en⟩ construction *f*
Konstruktionsbüro *n* bureau *m* d'études
Konstruktionsfehler *m* défaut *m* de construction
konstruktiv *adj* constructif
Konsul [ˈkɔnzul] *m* ⟨~s; ~n⟩ consul *m*
Konsulat *n* ⟨~¢s; ~e⟩ consulat *m*
Konsultation [kɔnzultatsiˈoːn] *st/s f* ⟨~; ~en⟩ consultation *f*
konsultieren *st/s v/t* ⟨sans ge⟩ consulter
Konsum [kɔnˈzuːm] *m* ⟨~s⟩ consommation *f*
Konsument(in) *m* ⟨~en; ~en⟩ *(f)* ⟨~in; ~innen⟩

consommateur, -trice *m,f*

Konsumgesellschaft *f* société *f* de consommation

Konsumgüter *n/pl* biens *m/pl* de consommation

konsumieren *v/t* ⟨*sans ge*⟩ consommer

Kontakt [kɔn'takt] *m* ⟨∼ɟ̸s; ∼e⟩ **1.** contact *m* (*mit* avec); *mit j-m Kontakt aufnehmen* prendre contact avec qn **2.** ÉLECT plot *m*

Kontaktabzug *m* PHOT planche *f* de contact

Kontaktadresse *f* adresse *f* d'une personne à contacter

Kontaktanzeige *f* annonce *f* pour recherche de contacts

Kontaktaufnahme *f* prise *f* de contact

kontaktfreudig *adj* liant

Kontaktlinse *f* lentille *f* de contact

Kontaktmann *m* ⟨∼ɟ̸s; -männer *ou* -leute⟩ agent *m* de liaison

Kontamination [kɔntaminatsi'oːn] *f* ⟨∼; ∼en⟩ contamination *f*

kontaminieren *v/t* ⟨*sans ge*⟩ contaminer

Konter ['kɔntər] *m* ⟨∼s; ∼⟩ SPORT contre *m*

Konterfei ['kɔntərfaɪ] *n* ⟨∼s; ∼s *ou* ∼e⟩ *st/s*, *plais* portrait *m*

kontern *v/t u v/i* riposter (à; *a fig*)

Konterrevolution *f* contre-révolution *f*

Kontext ['kɔntɛkst] *m* ⟨∼ɟ̸s; ∼e⟩ contexte *m*

Kontinent ['kɔntinɛnt] *m* ⟨∼ɟ̸s; ∼e⟩ continent *m*

kontinental *adj* continental

Kontingent [kɔntɪŋ'gɛnt] *n* ⟨∼ɟ̸s; ∼e⟩ contingent *m* (*an* [+ *dat*] en, de)

kontingentieren *v/t* ⟨*sans ge*⟩ contingenter

kontinuierlich [kɔntinu'iːrlɪç] *st/s adj* continu

Kontinuität [-i'tɛːt] *st/s f* ⟨∼⟩ continuité *f*

Konto ['kɔnto] *n* ⟨∼s; -ten⟩ compte *m*

Kontoabschluss *m* arrêté *m* de compte

Kontoauszug *m* relevé *m* de compte

Kontoeröffnung *f* ouverture *f* d'un compte

Kontoführung *f* ⟨∼⟩ tenue *f* de compte

Kontoführungsgebühr *f* frais *m/pl* de tenue de compte

Kontoinhaber(in) *m(f)* titulaire *m,f* d'un compte

Kontokorrent *n* ⟨∼s; ∼e⟩ compte courant

Kontonummer *f* numéro *m* de compte

Kontostand *m* état *m* de compte

kontra ['kɔntra] *prép* ⟨*acc*⟩, *adv* contre

Kontra *n* ⟨∼s; ∼s⟩ contre *m*; *j-m Kontra geben* KARTENSPIEL contrer qn; F *fig* riposter vertement à qn

Kontrabass *m* contrebasse *f*

Kontrahent(in) [kɔntra'hɛnt(ɪn)] *m* ⟨∼en; ∼en⟩ (*f*) ⟨∼in; ∼innen⟩ adversaire *m,f*

Kontraindikation *f* MÉD contre-indication *f*

Kontrakt [kɔn'trakt] *m* ⟨∼ɟ̸s; ∼e⟩ contrat *m*

Kontrapunkt *m* MUS contrepoint *m*

konträr [kɔn'trɛːr] *st/s adj* contraire

Kontrast [kɔn'trast] *m* ⟨∼ɟ̸s; ∼e⟩ contraste *m*

kontrastieren *st/s v/i* ⟨*sans ge*⟩ contraster (*mit* avec)

Kontrastmittel *n* MÉD produit *m* de contraste

kontrastreich *adj* riche en contrastes (*a fig*)

Kontrollabschnitt *m* coupon *m* de contrôle

Kontrolle [kɔn'trɔlə] *f* ⟨∼; ∼n⟩ contrôle *m*; *etw unter Kontrolle* (*dat*) *haben* être maître de qc; contrôler qc; *außer Kontrolle geraten* échap-

Kontrolleur [kɔntrɔ'løːr] *m* ⟨∼s; ∼e⟩ contrôleur *m*

Kontrollfunktion *f* fonction *f* de contrôle

Kontrollgang *m* ronde *f*

kontrollieren *v/t* ⟨*sans ge*⟩ contrôler

Kontrolllampe *f* lampe *f* témoin

Kontrollpunkt *m* poste *m*, point *m* de contrôle

Kontrollschild *n* AUTO *schweiz* plaque *f* d'immatriculation

Kontrollturm *m* tour *f* de contrôle

Kontrollzentrum *n* centre *m* de contrôle

Kontroverse [kɔntro'vɛrzə] *st/s f* ⟨∼; ∼n⟩ controverse *f*

Kontur [kɔn'tuːr] *f* ⟨∼; ∼en⟩ contour *m*

Konturenstift *m* crayon *m* à lèvres

Konvention [kɔnvɛntsi'oːn] *f* ⟨∼; ∼en⟩ convention *f*

Konventionalstrafe *f* JUR dédit *m*

konventionell *adj* conventionnel

Konversation [kɔnvɛrzatsi'oːn] *f* ⟨∼; ∼en⟩ conversation *f*

Konversationslexikon *n* encyclopédie *f*

konvertierbar [kɔnvɛr'tiːr-] *adj* convertible

konvertieren ⟨*sans ge*⟩ **I** *v/t* FIN, INFORM convertir **II** *v/i* ⟨h *ou* sn⟩ REL se convertir (*zu* à)

konvex [kɔn'vɛks] *adj* convexe

Konvoi [kɔn'vɔy] *m* ⟨∼s; ∼s⟩ convoi *m*; *im Konvoi fahren* rouler en convoi

Konzentrat [kɔntsɛn'traːt] *n* ⟨∼ɟ̸s; ∼e⟩ (produit *m*) concentré *m*

Konzentration *f* ⟨∼; ∼en⟩ concentration *f*

Konzentrationsfähigkeit *f* capacité *f* de concentration

Konzentrationslager *n* camp *m* de concentration

Konzentrationsschwäche *f* baisse *f* de concentration

konzentrieren *v/t* (*u v/r*) ⟨*sans ge*⟩ (*sich konzentrieren* se) concentrer (*auf* [+ *acc*] sur)

konzentriert I *adjt* concentré **II** *advt* avec concentration

Konzept [kɔn'tsɛpt] *n* ⟨∼ɟ̸s; ∼e⟩ **1.** (*Rohfassung*) brouillon *m* **2.** (*Plan*) plan *m*; idée *f*; *aus dem Konzept kommen* perdre le fil; *j-n aus dem Konzept bringen* faire perdre le fil à qn

Konzeption *f* ⟨∼; ∼en⟩ conception *f*

Konzeptpapier *n* papier *m* brouillon

Konzern [kɔn'tsɛrn] *m* ⟨∼ɟ̸s; ∼e⟩ groupe *m*; trust *m*

Konzert [kɔn'tsɛrt] *n* ⟨∼ɟ̸s; ∼e⟩ *Veranstaltung* concert *m*; *e-s Solisten* récital *m*; *Musikstück* concerto *m*

Konzertabend *m* concert *m* (ayant lieu le soir)

Konzertflügel *m* piano *m* de concert

konzertiert *adjt* *konzertierte Aktion* action concertée

Konzertkarte *f* billet *m*, place *f* de concert

Konzertmeister *m* premier violon

Konzertreise *f* tournée *f*

Konzertsaal *m* salle *f* de concert

Konzession [kɔntsɛsi'oːn] *f* ⟨∼; ∼en⟩ (*Zugeständnis*) concession *f*; COMM licence *f*

konzessiv *adj* GR concessif

Konzil [kɔn'tsiːl] *n* ⟨∼s; ∼e *ou* ∼ien⟩ concile *m*

konziliant *st/s adj* conciliant

konzipieren [kɔntsi'piːrən] *st/s v/t* ⟨*sans ge*⟩

concevoir

Kooperation [koʔoperatsi'oːn] $f \langle \sim; \sim en \rangle$ coopération f

kooperativ *adj* coopératif

kooperieren *v/i* ⟨*sans ge*⟩ coopérer

Koordinate [koʔɔrdi'naːtə] $f \langle \sim; \sim n \rangle$ coordonnée f

Koordination $f \langle \sim; \sim en \rangle$ coordination f

koordinieren *v/t* ⟨*sans ge*⟩ coordonner

Kopf [kɔpf] $m \langle \sim \xcancel{e}s; \xcancel{e} \rangle$ **1.** ANAT, *fig* tête f; **a)** *mit adj u adv* (*um*) *e-n Kopf größer sein als j* avoir une tête de plus que qn; *Kopf hoch!* courage! **b)** *mit subst* *Kopf an Kopf* coude à coude; *von Kopf bis Fuß* de la tête aux pieds; *Kopf und Kragen riskieren* risquer sa vie; *mit dem Kopf durch die Wand wollen* vouloir l'impossible **c)** *mit prép* *nicht auf den Kopf gefallen sein* avoir du plomb dans la cervelle; F *sein ganzes Geld auf den Kopf hauen* F claquer tout son fric; *auf dem Kopf stehen Bild etc* être à l'envers; *alles auf den Kopf stellen* mettre tout sens dessus dessous; *das geht mir nicht aus dem Kopf* cela ne me sort pas de la tête; *sich* (*dat*) *etw aus dem Kopf schlagen* s'ôter qc de la tête, de l'esprit; *sich* (*dat*) *etw durch den Kopf gehen lassen* réfléchir *a od* sur qc; *im Kopf rechnen* calculer de tête; F *nicht (ganz) richtig im Kopf sein* F avoir un grain; *sich* (*dat*) *etw in den Kopf setzen* se mettre qc dans la tête; *das will mir nicht in den Kopf (gehen)* F je n'arrive pas à me mettre ça dans la tête; *die Arbeit wächst mir über den Kopf* je suis débordé de travail; *j-n vor den Kopf stoßen* choquer, brusquer qn; *den Kopf hängen lassen* être découragé, déprimé; F *den Kopf hinhalten müssen* F porter le chapeau; F trinquer (*für* pour); *den Kopf kosten* coûter la vie; *den Kopf schütteln* secouer la tête; *ich weiß nicht, wo mir der Kopf steht* je ne sais pas où donner de la tête; *j-m den Kopf verdrehen* tourner la tête à qn; *den Kopf verlieren* perdre la tête; *j-m den Kopf waschen* laver la tête à qn; F *fig* passer un savon à qn; *sich* (*dat*) *den Kopf* (*über etw* [*acc*]) *zerbrechen* se casser la tête (sur qc); → *kopfstehen* **2.** *fig* (*Person*) esprit *m*; personne f; *ein kluger Kopf* une personne intelligente; *pro Kopf* par personne; par tête **3.** *e-s Briefs* en-tête *m*; *e-s Nagels etc* tête f; *e-s Tisches* 'haut *m*; *e-r Münze* face f **4.** (*Kohlkopf*) chou *m*; (*Salatkopf*) salade f

Kopf-an-Kopf-Rennen *n* course f (au) coude à coude

Kopfarbeit f travail intellectuel

Kopfbahnhof *m* gare f terminus

Kopfball *m* FUSSBALL tête f

Kopfballtor *n* but (marqué) de la tête

Kopfbedeckung f coiffure f; chapeau *m*; *plais* couvre-chef *m*

Kopfbewegung f mouvement *m* de la tête

Köpfchen ['kœpfçən] $n \langle \sim s; \sim \rangle$ F *Köpfchen haben* être intelligent

köpfen ['kœpfən] *v/t* **1.** *j-n* décapiter **2.** (*den Ball*) *köpfen* faire une tête

Kopfende *n* tête f; *des Bettes* chevet *m*

Kopfgeld *n* prime f

Kopfhaar *n* chevelure f

Kopfhaut f cuir chevelu

Kopfhörer *m* casque *m*

...köpfig [...kœpfɪç] *adj in Zssgn* à ... têtes; *e-e vierköpfige Familie* une famille de quatre personnes

Kopfkissen *n* oreiller *m*

Kopfkissenbezug *m* taie f d'oreiller

kopflastig *adj Fahrzeug* trop chargé à l'avant; *fig péj* (trop) intellectuel

Kopflaus f pou *m*

kopflos **I** *adj fig* (*unüberlegt*) irréfléchi; (*gedankenlos*) écervelé; (*in Panik*) affolé **II** *adv* de manière irréfléchie

Kopfnicken *n* ⟨$\sim$s⟩ 'hochement *m* de tête (*zustimmend* en signe d'approbation)

Kopfrechnen *n* calcul mental

Kopfsalat *m* laitue f

kopfscheu *adj* *j-n kopfscheu machen* effaroucher qn

Kopfschmerzen *m/pl* maux *m/pl* de tête; *Kopfschmerzen haben* avoir mal à la tête

Kopfschuss *m* balle f dans la tête

Kopfschütteln *n* ⟨$\sim$s⟩ 'hochement *m* de tête (*verneinend* en signe de refus)

kopfschüttelnd *advt* en 'hochant, en secouant la tête

Kopfsprung *m* plongeon *m*

Kopfstand *m* poirier *m*

kopfstehen *v/i* ⟨*irr*⟩ avoir la tête en bas; F *fig* être sens dessus dessous

Kopfsteinpflaster *n* pavé *m*

Kopfstimme f MUS voix f de tête; fausset *m*

Kopfstütze f repose-tête *m*

Kopftuch *n* ⟨$\sim \xcancel{e}s$; -tücher⟩ foulard *m*

Kopftuch – le foulard

Die Trennung von Kirche und Staat (**la séparation de l'Église et de l'État**) verbietet die Zurschaustellung von religiösen Symbolen in der Schule. Das oberste Verwaltungsgericht Frankreichs (**le Conseil d'État**) hat dazu ein eindeutiges Urteil gefällt. Danach ist es Muslimen untersagt, in der Schule das Kopftuch zu tragen (**porter le foulard**). Über die Frage gibt es in der französischen Öffentlichkeit einen heftigen Streit, da sich immer wieder junge Musliminnen über dieses Verbot hinwegsetzen, weil sie es für eine Einschränkung ihrer Religionsfreiheit halten und damit massive Auseinandersetzungen mit den Schulleitern als Vertretern des Staates provozieren. Damit verknüpft wird immer häufiger die Forderung nach der Integration der Einwanderer (**l'intégration des immigrés**). Dabei ist zu bedenken, dass die muslimische Glaubensgemeinschaft die zweitwichtigste nach der katholischen Kirche in Frankreich ist.

---

kopfüber *adv* la tête la première

Kopfverletzung f blessure f à la tête

Kopfweh F *n* → *Kopfschmerzen*

Kopfzerbrechen $n \langle \sim s \rangle$ ***j-m (großes)* Kopfzerbrechen machen** donner (bien) du souci à qn
Kopie [ko'pi:] $f \langle \sim; \sim n \rangle$ **1.** copie f (*a Abschrift, Nachbildung, Fotokopie*) **2.** *fig* imitation f
kopieren *v/t* $\langle sans\ ge \rangle$ copier (*a fig*)
Kopierer F $m \langle \sim s; \sim \rangle$, **Kopiergerät** n photocopieur m; photocopieuse f
Kopierpapier n papier m pour photocopieur
Kopilot(in) ['ko:pilo:t(ɪn)] $m(f)$ copilote m,f
Koppel[1] ['kɔpəl] $f \langle \sim; \sim n \rangle$ (*Weide*) pâturage m
Koppel[2] $n \langle \sim s; \sim \rangle$ MIL ceinturon m
koppeln *v/t* $\langle \phi \rangle$ **1.** TECH, ÉLECT coupler (**an** [+ *acc*] à); RAUMFAHRT amarrer (à) **2.** *fig* associer (à)
Kopp(e)lung $f \langle \sim; \sim en \rangle$ **1.** TECH, ÉLECT couplage m; RAUMFAHRT amarrage m **2.** *fig* association f (**an** [+ *acc*] à)
Koproduktion f coproduction f
Koproduzent(in) $m(f)$ coproducteur, -trice m,f
kopulieren [kopu'li:rən] *v/i* $\langle sans\ ge \rangle$ copuler
Koralle [ko'ralə] $f \langle \sim; \sim n \rangle$ corail m
Korallenbank $f \langle \sim; -bänke \rangle$ banc m de coraux
Korallenfischer m pêcheur m de corail; corailleur m
Korallenriff n récif m de corail
Koran [ko'ra:n] $m \langle \sim s; \sim e \rangle$ Coran m
Korb [kɔrp] $m \langle \sim \phi s; \approx e \rangle$ **1.** *ohne Henkel* corbeille f; (*Henkelkorb, Einkaufskorb, Basketballkorb*) panier m; (*Tragkorb*) 'hotte f **2.** *fig* refus m; ***j-m e-n Korb geben*** éconduire qn; ***e-n Korb bekommen*** essuyer un refus
Korbball m *sport* proche du basket-ball
Körbchen ['kœrpçən] $n \langle \sim s; \sim \rangle$ *beim BH* bonnet m
Korbflasche f bouteille clissée; *große* bonbonne f
Korbmacher m vannier m
Korbmöbel n/pl meubles m/pl en rotin, *aus Weide* en osier
Korbwaren f/pl (articles m/pl de) vannerie
Kord [kɔrt] $m \langle \sim \phi s; \sim e\ ou \sim s \rangle$ velours côtelé
Kordel ['kɔrdəl] $f \langle \sim; \sim n \rangle$ cordon m
Kordhose f pantalon m en velours côtelé
Korea [ko're:a] $n \langle \sim s \rangle$ la Corée
Koreaner(in) $m \langle \sim s; \sim \rangle$ (*f*) $\langle \sim in; \sim innen \rangle$ Coréen, -éenne m,f
koreanisch *adj* coréen
Korfu ['kɔrfu] $n \langle \sim s \rangle$ Corfou
Koriander [kori'andər] $m \langle \sim s; \sim \rangle$ coriandre f
Korinthe [ko'rɪntə] $f \langle \sim; \sim n \rangle$ raisin m de Corinthe
Kork [kɔrk] $m \langle \sim \phi s; \sim e \rangle$ liège m
Korkeiche f chêne-liège m
Korken $m \langle \sim s; \sim \rangle$ bouchon m
Korkenzieher $m \langle \sim s; \sim \rangle$ tire-bouchon m
Kormoran [kɔrmo'ra:n] $m \langle \sim s; \sim e \rangle$ zo cormoran m
Korn[1] [kɔrn] $n \langle \sim \phi s; \approx er \rangle$ **1.** (*Getreide*) céréales f/pl; *gedroschenes* grain(s) $m(pl)$ **2.** (*einzelnes Getreidekorn, Sandkorn, Salzkorn etc*) grain m **3.** (*Samenkorn*) graine f **4.** *an Handfeuerwaffen* guidon m; ***j-n aufs Korn nehmen*** avoir qn dans le collimateur; ***etw aufs Korn nehmen*** attaquer qc
Korn[2] F $m \langle \sim \phi s; \sim \rangle$ (*Kornbranntwein*) eau-de-vie f de grain
Kornblume f bleuet m
Körnchen ['kœrnçən] $n \langle \sim s; \sim \rangle$ petit grain; *fig*

*ein **Körnchen Wahrheit*** un brin de vérité
Kornfeld n champ m de blé
körnig *adj* granuleux
Kornkammer f *fig* grenier m à blé
Koronargefäß [koro'na:r-] n ANAT vaisseau m coronaire
Körper ['kœrpər] $m \langle \sim s; \sim \rangle$ corps m (*a fig, vom Wein*); GEOMETRIE solide m; ***am ganzen Körper zittern*** trembler de tout son corps
Körperbau m constitution f; stature f
Körperbeherrschung f maîtrise f du corps
körperbehindert *adj* 'handicapé (physique)
Körperbehinderte(r) $f(m)$ 'handicapé(e) $m(f)$ (physique)
Körperfunktion f fonction (corporelle, physiologique)
Körpergeruch m odeur corporelle
Körpergewicht n poids m
Körpergröße f taille f
Körperhaar n poil m
Körperhaltung f maintien m; tenue f
Körperkontakt m contact physique
körperlich *adj* physique
Körperpflege f soins corporels
Körperpuder m talc m
Körperschaft $f \langle \sim; \sim en \rangle$ corps m
Körpersprache f langage m du corps
Körperteil m partie f du corps
Körpertemperatur f température f du corps
Körperverletzung f JUR coups et blessures m/pl
Körperwärme f chaleur f du corps
Korps [ko:r] $n \langle \sim; \sim \rangle$ MIL, DIPL corps m
Korpsgeist *st/s* $m \langle \sim \phi s \rangle$ esprit m de corps
korpulent [kɔrpu'lɛnt] *adj* corpulent
korrekt [kɔ'rɛkt] *adj Auskunft etc* exact; *Satz, Verhalten, Kleidung* correct
Korrektheit $f \langle \sim \rangle$ (*Genauigkeit*) exactitude f; (*korrektes Verhalten*) correction f
Korrektor(in) [kɔ'rɛktɔr (-rɛk'to:rɪn)] $m \langle \sim s; -toren \rangle$ (*f*) $\langle \sim in; \sim innen \rangle$ correcteur, -trice m,f
Korrektur [kɔrɛk'tu:r] $f \langle \sim; \sim en \rangle$ correction f; ***Korrektur lesen*** corriger les épreuves
Korrekturband n ruban correcteur
Korrekturfahne f TYPO épreuve f
Korrekturtaste f touche f de correction
Korrekturzeichen n signe m de correction
Korrespondent(In) [kɔrɛspɔn'dɛnt, -tɪn] $m \langle \sim en; \sim en \rangle$ (*f*) $\langle \sim in; \sim innen \rangle$ **1.** *e-r Zeitung* correspondant(e) $m(f)$ **2.** *e-r Firma* correspondancier, -ière m,f
Korrespondenz $f \langle \sim; \sim en \rangle$ correspondance f
korrespondieren *v/i* $\langle sans\ ge \rangle$ **1.** correspondre (***mit*** avec) **2.** *st/s* (*entsprechen*) correspondre (à)
Korridor ['kɔrido:r] $m \langle \sim s; \sim e \rangle$ couloir m (*a fig*); corridor m
korrigieren [kɔri'gi:rən] *v/t* $\langle sans\ ge \rangle$ corriger
korrodieren [kɔro'di:rən] $\langle sans\ ge \rangle$ **I** *v/t* corroder **II** *v/i* $\langle sn \rangle$ se corroder
Korrosion $f \langle \sim; \sim en \rangle$ corrosion f
Korrosionsschutz m anticorrosif m
korrumpieren [kɔrʊm'pi:rən] *v/t* $\langle sans\ ge \rangle$ corrompre
korrupt [kɔ'rʊpt] *adj* corrompu
Korruption $f \langle \sim; \sim en \rangle$ corruption f
Korse ['kɔrzə] $m \langle \sim n; \sim n \rangle$ Corse m
Korsett [kɔr'zɛt] $n \langle \sim s; \sim s\ ou \sim e \rangle$ corset m
Korsika ['kɔrzika] $n \langle \sim s \rangle$ la Corse

K

Kostüm ≠ costume

Martine mag keine Hosen, sie bevorzugt **Kostüme**.	Martine n'aime pas les pantalons, elle préfère les **tailleurs**.
Pour son mariage, Marc a mis son nouveau **costume**.	Zu seiner Hochzeit hat Marc seinen neuen **Anzug** angezogen.

Korsin f ⟨~; ~nen⟩ Corse f
korsisch adj corse
Korso m ⟨~s; ~s⟩ (*Umzug*) corso m
Kortison [kɔrti'zoːn] n ⟨~s⟩ cortisone f
Koryphäe [kory'fɛːə] f ⟨~; ~n⟩ génie m
koscher ['koːʃər] adj CUIS kascher *od* casher; F *fig* **nicht koscher** louche
Koseform ['koːzə-] f diminutif m
Kosename m petit nom; diminutif m
Kosinus ['koːzinʊs] m ⟨~; ~ *ou* ~se⟩ cosinus m
Kosmetik [kɔs'meːtɪk] f ⟨~⟩ soins m/pl de beauté
Kosmetikabteilung f rayon m (des) cosmétiques
Kosmetikartikel m produit m de beauté; cosmétique m
Kosmetikerin f ⟨~; ~nen⟩ esthéticienne f
Kosmetikindustrie f industrie f des cosmétiques
Kosmetikkoffer m vanity-case m
Kosmetiksalon m institut m de beauté
Kosmetiktasche f trousse f de maquillage
Kosmetikum n ⟨~s; -ka⟩ produit m de beauté
kosmetisch adj cosmétique
kosmisch ['kɔsmɪʃ] adj cosmique
Kosmonaut(in) [kɔsmo'naʊt(ɪn)] m ⟨~en; ~en⟩ (f) ⟨~in; ~innen⟩ cosmonaute m,f
Kosmopolit [kɔsmopo'liːt] m ⟨~en; ~en⟩ cosmopolite m
kosmopolitisch adj cosmopolite
Kosmos ['kɔsmɔs] m ⟨~⟩ cosmos m
Kosovo ['kɔzɔvo] *der od* **das Kosovo** le Kosovo
Kost [kɔst] f ⟨~⟩ nourriture f; (**freie**) **Kost und Logis haben** être logé et nourri
kostbar adj précieux (*a fig*)
Kostbarkeit f ⟨~; ~en⟩ objet précieux
kosten[1] ['kɔstən] ⟨-e-⟩ **I** v/t (*probieren*) goûter; *bes Wein* déguster **II** v/i **von etw kosten** goûter à, de qc
kosten[2] v/t ⟨-e-⟩ (*e-n Preis haben*) coûter (*a fig*); **viel (Geld) kosten** coûter cher; **wie viel, was kostet das?** combien ça coûte?; **das lasse ich mir etwas kosten** je suis prêt à y mettre le prix; **koste es, was es wolle** à tout prix; coûte que coûte
Kosten pl coût m; (*Kostenaufwand*) frais m/pl; **auf Kosten von** aux frais de; *fig* aux dépens de; **auf s-e Kosten kommen** trouver son compte (**bei etw** à qc); **Kosten deckend, sparend** → **kostendeckend, kostensparend**
Kostenaufwand m frais m/pl
Kostendämpfung f réduction f des coûts
kostendeckend adjt couvrant les frais; rentable
Kostenersparnis f économie f (de frais)
Kostenerstattung f remboursement m des frais
Kostenexplosion f explosion f des coûts
Kostenfaktor m facteur m de coût(s)
Kostenfrage f question f de prix

kostengünstig adj avantageux
kostenintensiv adj coûteux
kostenlos adj gratuit
Kosten-Nutzen-Analyse f analyse f coûts-avantages
kostenpflichtig **I** adj payant **II** adv *Fahrzeug* **kostenpflichtig abschleppen** mettre en fourrière
Kostenpunkt m coût m; prix m
Kostenrechnung f calcul m des frais
Kostensenkung f diminution f des frais, coûts
kostensparend adjt qui épargne des dépenses; qui fait faire des économies
Kostenstelle f centre m d'imputation des charges; section f des frais
Kostenvoranschlag m devis m
Kostgeld ['kɔstgɛlt] n ⟨~es⟩ pension f
köstlich ['kœstlɪç] **I** adj *Speise* délicieux; *Anekdote, Witz* savoureux **II** adv **sich amüsieren** merveilleusement bien; **das schmeckt köstlich** c'est délicieux
Köstlichkeit f ⟨~; ~en⟩ *Sache* délice m
Kostprobe f **1.** morceau m, petit bout (pour y goûter) **2.** *fig* échantillon m
kostspielig adj coûteux
Kostüm [kɔs'tyːm] n ⟨~s; ~e⟩ COUT tailleur m; THÉ, *Verkleidung* costume m
Kostümball m, **Kostümfest** n bal costumé
kostümieren v/t (u v/r) ⟨sans ge⟩ (**sich kostümieren** se) costumer (**als** en)
Kostümprobe f répétition f en costume
Kostümverleih m location f de costumes
Kot [koːt] m ⟨~es; ~e⟩ excréments m/pl; *von Tieren a* crotte f
Kotelett [kot'lɛt] n ⟨~s; ~s⟩ CUIS côtelette f; *größeres a* côte f
Koteletten pl (*Backenbart*) favoris m/pl
Köter ['køːtər] F *péj* m ⟨~s; ~⟩ F cabot m
Kotflügel m AUTO aile f
Kotzbrocken P m P bâton merdeux
kotzen ['kɔtsən] P v/i ⟨¢⟩ F dégobiller; P dégueuler; **es ist zum Kotzen!** F merde alors!
kotzübel adj P **mir ist kotzübel** P j'ai envie de dégueuler
Krabbe ['krabə] f ⟨~; ~n⟩ (*Krebs*) crabe m; (*Garnele*) crevette f
Krabbelalter n âge m où un enfant marche à quatre pattes
Krabbelgruppe f garderie parentale pour les enfants (entre six et quinze mois)
krabbeln ['krabəln] v/i ⟨¢, sn⟩ *Kind* marcher à quatre pattes; *Insekt* courir
Krach [krax] m ⟨~es; ~e⟩ **1.** (*Lärm*) bruit m; *Personen a* vacarme m; F boucan m; *plötzlicher, starker* fracas m; **Krach machen** faire du bruit **2.** F (*Streit*) dispute f; querelle f; **mit j-m Krach haben** être brouillé avec qn; **mit j-m Krach anfangen** se brouiller avec qn; **Krach schlagen** faire un esclandre

krachen *v/i* **1.** (*a v/imp*) faire du bruit; *Eis, Balken, Zwieback* craquer; *Holz etc im Feuer, Schuss* éclater; *Knallkörper* péter; F **auf der Autobahn hat es wieder gekracht** F ça a encore cartonné sur l'autoroute; F **..., sonst krachts!** F ... sinon, ça va barder! **2.** ⟨sn⟩ (*zusammenstürzen*) *Eis, Balken* s'effondrer (avec fracas) **3.** ⟨sn⟩ F *Fahrzeug* **gegen etw krachen** s'écraser contre qc
Kracher F *m* ⟨~s; ~⟩ pétard *m*
Kracherl *n* ⟨~s; ~n⟩ *österr* limonade *f*
krächzen ['krɛçtsən] *v/i* ⟨¢$⟩ *Rabe, Krähe* croasser; *Papagei* crier; *Person* parler d'une voix rauque
Krad [kraːt] *n* ⟨~¢s; ꭓer⟩ *bes* MIL moto *f*
Kradfahrer(in) *m(f)* motocycliste *m,f*
kraft [kraft] *prép* ⟨*gén*⟩ en vertu de
Kraft *f* ⟨~; ꭓe⟩ **1.** force *f* (*a* PHYS); (*Lebenskraft*) vigueur *f*; *fig* puissance *f*; *fig* **treibende Kraft** moteur *m*; **aus eigener Kraft** tout seul; **mit letzter Kraft** avec mes, tes, *etc* dernières forces; **mit vereinten Kräften** tous ensemble; **wieder zu Kräften kommen** reprendre des forces; **das geht über meine Kräfte** c'est au-dessus de mes forces; **was in meinen Kräften steht** ce qui est en mon pouvoir **2.** JUR, POL **in Kraft treten, sein** entrer, être en vigueur; **außer Kraft setzen** déclarer sans effet; *Gesetz* abroger **3.** (*Arbeitskraft*) collaborateur, -trice *m,f*
Kraftakt *m* grand effort physique; *fig* tour *m* de force
Kraftanstrengung *f* (grand) effort
Kraftaufwand *m* efforts *m/pl*
Kraftausdruck *m* ⟨~¢s; -drücke⟩ gros mot
Kraftbrühe *f* consommé *m*
Kräfteverhältnis *n* proportion *f* des forces
Kräfteverschleiß *m* usure *f* des forces
Kraftfahrer(in) *m(f)* ADM conducteur, -trice *m,f*; (*Autofahrer*) automobiliste *m,f*
Kraftfahrzeug *n* véhicule *m* automobile
Kraftfahrzeugbrief *m* document établi lors de la mise en circulation d'un véhicule et qui suit ses propriétaires successifs
Kraftfahrzeugkennzeichen *n* numéro *m* d'immatriculation
Kraftfahrzeugmechaniker *m* mécanicien *m* de véhicules automobiles
Kraftfahrzeugschein *m* carte grise
Kraftfahrzeugsteuer *f* impôt *m* sur les véhicules automobiles; vignette *f* (automobile)
Kraftfahrzeugversicherung *f* assurance *f* automobile
Kraftfeld *n* PHYS champ *m* de force
Kraftfutter *n* AGR aliments concentrés
kräftig ['krɛftɪç] **I** *adj Person* fort; vigoureux; *Nahrung* substantiel; *Mahlzeit* F solide; *Schluck* grand; *Farbton* vif **II** *adv* (*stark*) vigoureusement; (*sehr*) fortement; *Körper* **kräftig gebaut sein** être robuste; *beim Essen* **kräftig zulangen** se servir largement
kräftigen *v/t* fortifier
kraftlos *adj* sans force; faible
Kraftprobe *f* épreuve *f* de force
Kraftprotz F *m* ⟨~es; ꭓe⟩ gros bras
Kraftrad *n* ADM motocyclette *f*
Kraftstoff *m* carburant *m*
kraftstrotzend *adjt* plein de vigueur

Kraftverkehr *m* ADM circulation *f* automobile
Kraftverschwendung *f* gaspillage *m* d'énergie
kraftvoll *adj* vigoureux
Kraftwagen *m* ADM (voiture *f*) automobile *f*
Kraftwerk *n* centrale *f* (électrique)
Kraftwort *n* ⟨~¢s; ~e *ou* -wörter⟩ gros mot
Kragen ['kraːgən] *m* ⟨~s; ~⟩ col *m*; **j-n beim Kragen packen** saisir qn au collet; **es geht ihm an den Kragen** ça va aller mal pour lui; F **mir platzt gleich der Kragen** F je vais piquer une crise; F je vais exploser
Kragenweite *f* encolure *f*; F *fig* **das ist meine Kragenweite** c'est mon genre
Krähe ['krɛːə] *f* ⟨~; ~n⟩ corneille *f*; *prov* **e-e Krähe hackt der anderen kein Auge aus** *prov* les loups ne se mangent pas entre eux
krähen *v/i Hahn* chanter
Krähenfüße F *m/pl an den Augen* pattes-d'oie *f/pl*
Krake ['kraːkə] *m* ⟨~n; ~n⟩ pieuvre *f*
Krakeel [kraˈkeːl] F *péj m* ⟨~s⟩ F raffut *m*; F boucan *m*
krakeelen F *péj v/i* ⟨*sans ge*⟩ F faire du boucan; F gueuler
krak(e)lig ['kraːk(ə)lɪç] F *péj adj* griffonné; *Schrift* tremblé
krakeln F *péj v/i* ⟨¢⟩ griffonner
Kralle ['kralə] *f* ⟨~; ~n⟩ griffe *f* (*a fig péj*); *der Raubvögel* serre *f*
krallen I *v/t* **1.** (*mit den Krallen packen*) saisir avec les griffes **2.** **s-e Finger um etw krallen** serrer qc entre ses doigts **II** *v/r* **sich an j-n, etw krallen** s'agripper à qn, qc; **ihre Nägel krallten sich ins Kissen** elle enfonça ses ongles dans l'oreiller
Kram [kraːm] F *m* ⟨~¢s⟩ **1.** (*Zeug*) F fourbi *m*; F bataclan *m* **2.** (*Angelegenheit*) affaires *f/pl*; **das passt mir nicht in den Kram** cela ne m'arrange pas; **mach doch deinen Kram alleine!** débrouille-toi tout seul!
kramen F *v/i* **in etw** (*dat*) **kramen** fouiller dans qc
Krämerseele ['krɛːmər-] *f péj* esprit mesquin; *Person a* pingre *m*
Kramladen F *péj m* bazar *m*
Krampe ['krampə] *f* ⟨~; ~n⟩ crampon *m*
Krampf [krampf] *m* ⟨~¢s; ꭓe⟩ **1.** MÉD crampe *f* **2.** F (*Unsinn*) F foutaise *f*
Krampfader *f* varice *f*
krampfartig *adj* spasmodique
krampfen *v/t* (*u v/r* **sich krampfen** se) crisper; **sich um, in etw** (*acc*) **krampfen** s'agripper à qc
krampfhaft I *adj* **1.** MÉD convulsif **2.** *fig Bemühungen etc* laborieux **II** *adv fig* laborieusement; **sich krampfhaft bemühen** se donner un mal fou (**zu** [+ *inf*] pour [+ *inf*])
krampflösend, krampfstillend *adjt* antispasmodique
Kran [kraːn] *m* ⟨~¢s; ꭓe⟩ TECH grue *f*
Kranführer *m* grutier *m*
Kranich ['kraːnɪç] *m* ⟨~s; ~e⟩ ZO grue *f*
krank [kraŋk] *adj u adv* ⟨ꭓer, ꭓste⟩ malade (**vor Eifersucht** de jalousie); **krank werden** tomber malade
Kranke(r) *f(m)* ⟨→ A⟩ malade *m,f*
kränkeln ['krɛŋkəln] *v/i* ⟨¢⟩ être maladif
kranken *v/i* **an etw** (*dat*) **kranken** souffrir de qc
kränken ['krɛŋkən] *v/t* blesser; vexer

Krankenbesuch *m* visite *f* à un malade
Krankenbett *n* lit *m* de malade
Krankenblatt *n* dossier *m* médical
Krankengeld *n* indemnité journalière
Krankengymnast(in) *m* ⟨~en; ~en⟩ (*f*) ⟨~in; ~innen⟩ kinésithérapeute *m,f*
Krankengymnastik *f* kinésithérapie *f*
Krankenhaus *n* hôpital *m*; *j-n in ein Krankenhaus einliefern* hospitaliser qn; *im Krankenhaus liegen* être à l'hôpital; être hospitalisé
krankenhausreif F *adj* *j-n krankenhausreif schlagen* F démolir qn; envoyer qn à l'hôpital
Krankenkasse, *österr* **Krankenkassa** *f* caisse *f* (de) maladie
Krankenpflege *f* soins infirmiers
Krankenpfleger *m* infirmier *m*
Krankenpflegerin *f* aide soignante
Krankenschein *m* feuille *f* de maladie
Krankenschwester *f* infirmière *f*
Krankenstand *m* taux *m* de malades; *österr im Krankenstand sein* être en congé de maladie
Krankentransport *m* transport *m* d'un malade *bzw* de malades
Krankenversicherung *f* assurance *f* maladie; *private Krankenversicherung* assurance maladie privée
Krankenwagen *m* ambulance *f*
Krankenzimmer *n* chambre *f* de malade *bzw* d'hôpital
krankfeiern F *v/i* pratiquer l'absentéisme
krankhaft *adj* maladif (*a fig*)
Krankheit *f* ⟨~; ~en⟩ maladie *f*
Krankheitsbild *n* tableau *m* clinique
Krankheitserreger *m* agent *m* pathogène
krankheitshalber *adv* pour cause de maladie
Krankheitsverlauf *m* déroulement *m* de la maladie
kranklachen F *v/r* *sich kranklachen* mourir de rire (*über* [+ *acc*] à propos de); F se fendre la gueule
kränklich ['krɛŋklɪç] *adj* maladif
krankmelden *v/r* ⟨-e-⟩ *sich krankmelden* se faire porter malade
Krankmeldung *f* avis *m* d'arrêt maladie
krankschreiben *v/t* ⟨*irr*⟩ *j-n krankschreiben* mettre qn en arrêt de travail
Kränkung *f* ⟨~; ~en⟩ vexation *f*
Kranwagen *m* camion-grue *m*
Kranz [krants] *m* ⟨~es; ~e⟩ couronne *f*
Kränzchen ['krɛntsçən] *n* ⟨~s; ~⟩ *fig* petit cercle (de dames)
Kranzniederlegung *f* dépot *m* de couronne
Krapfen ['krapfən] *m* ⟨~s; ~⟩ beignet *m*
krass [kras] **I** *adj* *Unterschied* gros; *Gegensatz* vif; *Fehler* grossier; *Irrtum, Widerspruch* flagrant **II** *adv* *sich ausdrücken* crûment
Krater ['kraːtər] *m* ⟨~s; ~⟩ cratère *m*
Kraterlandschaft *f* paysage *m* volcanique
Kratersee *m* lac *m* de cratère
Kratzbürste ['krats-] F *f* personne *f* revêche
kratzbürstig F *adj* revêche
Krätze ['krɛtsə] *f* ⟨~⟩ MÉD gale *f*
kratzen ⟨¢$⟩ **I** *v/t* **1.** gratter; (*schaben*) racler; *mit Krallen, Fingernägeln* griffer **2.** (*hineinkratzen*) graver **3.** (*wegkratzen*) gratter; *stärker* racler **4.** F (*stören*) déranger; *das kratzt mich nicht* ça me laisse froid **II** *v/i* (*jucken, brennen*) gratter **III** *v/r* *sich kratzen* se gratter (*am Kopf*

la tête)
Kratzer *m* ⟨~s; ~⟩ *auf der Haut* égratignure *f*; *an Möbeln* rayure *f*
kratzig *adj* *Stoff* rêche; *Stimme* rauque
Kratzwunde *f* égratignure *f*
Kraul [kraul] *n* ⟨~s⟩ (*Freistil*) crawl *m*
kraulen[1] *v/t* *Haar, Hund etc* gratter doucement
kraulen[2] *v/i* ⟨h *ou* sn⟩ SCHWIMMSPORT nager le crawl
kraus [kraus] *adj* *Haar* crépu; frisé (*a* BOT); *péj* (*wirr*) embrouillé; → *krausziehen*
Krause *f* ⟨~; ~n⟩ **1.** (*Halskrause*) collerette *f*; fraise *f* **2.** *im Haar* chevelure crépue
kräuseln ['krɔyzəln] *v/t* (*u v/r*) ⟨¢⟩ (*sich kräuseln*) *Haar, Faser* friser; *Stoff* (se) froncer; *Wasserfläche* (se) rider
Kraushaar *n* cheveux crépus
krausziehen *v/t* ⟨*irr*⟩ *die Stirn krausziehen* froncer les sourcils
Kraut [kraut] *n* ⟨~¢$; *Kräuter*⟩ **1.** BOT herbe *f*; F *dagegen ist kein Kraut gewachsen* il n'y a pas de remède à cela **2.** *von Kartoffeln etc* fanes *f/pl*; *ins Kraut schießen* monter en graine; *fig* se propager rapidement; *fig* *hier sieht es aus wie Kraut und Rüben* c'est un vrai bazar **3.** *bes südd, österr* chou *m*
Kräuterbutter ['krɔytər-] *f* beurre *m* aux fines herbes
Kräuteressig *m* vinaigre *m* aux fines herbes
Kräuterkäse *m* fromage *m* aux fines herbes
Kräuterlikör *m* liqueur *f* aux herbes
Kräutertee *m* tisane *f*
Krautsalat *m* salade *f* de chou
Krautwickel *m* *bes südd, österr* chou farci
Krawall [kra'val] *m* ⟨~s; ~e⟩ **1.** (*Aufruhr*) bagarre *f*; *stärker* émeute *f* **2.** F (*Lärm*) tapage *m*; chahut *m*
Krawallmacher F *m* ⟨~s; ~⟩ casseur *m*
Krawatte [kra'vatə] *f* ⟨~; ~n⟩ cravate *f*
Krawattenknoten *m* nœud *m* de cravate
Krawattenmuffel F *m* personne qui n'aime pas les cravates
Krawattennadel *f* épingle *f* de cravate
kraxeln ['kraksəln] F *bes südd, österr* *v/i* ⟨¢, sn⟩ grimper
Kreation [kreatsi'oːn] *f* ⟨~; ~en⟩ MODE création *f*
kreativ *adj* créatif
Kreativität *f* ⟨~⟩ créativité *f*
Kreatur *f* ⟨~; ~en⟩ créature *f*
Krebs [kreːps] *m* ⟨~es; ~e⟩ **1.** (*Krebstier*) crustacé *m*; (*Flusskrebs*) écrevisse *f*; (*Krabbe*) crabe *m* **2.** MÉD cancer *m*; *Krebs erregend, Krebs erzeugend* cancérigène **3.** ASTR Cancer *m*
Krebserkrankung *f* maladie cancéreuse
krebserregend, krebserzeugend *adjt* cancérigène
Krebsforschung *f* cancérologie *f*
Krebsfrüherkennung *f* dépistage *m* précoce du cancer
Krebsgeschwulst *f* tumeur cancéreuse
Krebsgeschwür *n* ulcère cancéreux; *fig* chancre *m*
krebskrank *adj* cancéreux
Krebskranke(r) *f(m)* cancéreux, -euse *m,f*
Krebsleiden *n* cancer *m*
krebsrot *adj* rouge comme une écrevisse
Krebstiere *n/pl* crustacés *m/pl*

Krebsvorsorge *f* dépistage *m* du cancer
Krebsvorsorgeuntersuchung *f* examen *m* de dépistage du cancer
Krebszelle *f* cellule cancéreuse
Kredit [kreˈdiːt] *m* ⟨-⊄s; -e⟩ crédit *m* (*a fig*); **auf Kredit** à crédit; **j-m e-n Kredit gewähren** accorder un crédit à qn; **e-n Kredit aufnehmen** recourir, avoir recours à un crédit
Kreditabteilung *f* service *m* des crédits
Kreditantrag *m* demande *f* de crédit
Kreditgeber *m* ⟨-s; -⟩ prêteur *m*
Kredithai F *péj m* requin *m* de la finance
Kreditinstitut *n* établissement *m* de crédit
Kreditkarte *f* carte *f* de crédit
Kreditkauf *m* achat *m* à crédit
Kreditnehmer *m* ⟨-s; -⟩ emprunteur *m*
kreditwürdig *adj* solvable
Kreditzinsen *m/pl* taux *m* d'intérêts de l'emprunt
Kredo [ˈkreːdo] *n* ⟨-s; -s⟩ CATH Credo *m*; *st/s fig* credo *m*
Kreide [ˈkraɪdə] *f* ⟨-; -n⟩ **1.** craie *f* (*a* GÉOL); **bei j-m in der Kreide stehen** avoir une ardoise chez qn **2.** (*Kreidezeit*) crétacé *m*
kreidebleich *adj* blanc comme un linge
Kreidefelsen *m* falaise *f* de craie
kreideweiß *adj* blanc comme un linge
Kreidezeichnung *f* dessin *m* au pastel
Kreidezeit *f* crétacé *m*
kreieren [kreˈiːrən] *v/i* ⟨*sans ge*⟩ créer
Kreis [kraɪs] *m* ⟨-es; -e⟩ **1.** MATH, *fig* cercle *m*; **im kleinen Kreis(e)** dans l'intimité; **im engsten Kreise** dans la plus stricte intimité; **in politischen Kreisen** dans les milieux politiques; **weite Kreise der Bevölkerung** une grande partie de la population; **die Affäre zieht immer weitere Kreise** l'affaire prend des proportions; **sich im Kreis(e) drehen** tourner en rond (*a fig*) **2.** ADM canton *m*
Kreisabschnitt *m* segment *m* de cercle
Kreisausschnitt *m* secteur *m* circulaire
Kreisbahn *f* orbite *f*
kreischen [ˈkraɪʃən] *v/i Mensch* pousser des cris perçants; *Möwe, Papagei* crier; *Säge* grincer; *Reifen* crisser
Kreisdurchmesser *m* diamètre *m* du cercle
Kreisel [ˈkraɪzəl] *m* ⟨-s; -⟩ **1.** *Kinderspielzeug* toupie *f* **2.** F (*Kreisverkehr*) sens *m* giratoire; rond-point *m*
kreisen *v/i* tourner (**um** autour de); *Raubvogel, Flugzeug* décrire des cercles; *Flasche* circuler à la ronde; *Blut* circuler; *fig* **um etw kreisen** *Diskussion, Gedanken* tourner autour de qc
Kreisfläche *f* superficie *f* du cercle
kreisförmig *adj* circulaire
Kreislauf *m* **1.** (*Blutkreislauf*) circulation *f* **2.** *der Natur, des Wassers* cycle *m* **3.** *der Wirtschaft* circuit *m*
Kreislaufkollaps *m* collapsus *m*
Kreislaufstörungen *f/pl* troubles *m/pl* circulatoires
Kreislaufversagen *n* arrêt *m* circulatoire
kreisrund *adj* rond
Kreissäge *f* scie *f* circulaire
Kreißsaal [ˈkraɪs-] *m* salle *f* d'accouchement
Kreisstadt *f* chef-lieu *m* de canton
Kreistag *m* POL conseil *m* de canton
Kreisumfang *m* circonférence *f*

Kreisverkehr *m* sens *m* giratoire
Kreisverwaltung *f* administration *f* du canton
Kreiswehrersatzamt *n* bureau *m* du service national
Krem [kreːm] *f* ⟨-; -s⟩ → **Creme**
Krematorium [kremaˈtoːrium] *n* ⟨-s; -ien⟩ crématorium *m*
Kreml [ˈkreməl] *m* ⟨-⟩ **der Kreml** le Kremlin
Krempe [ˈkrɛmpə] *f* ⟨-; -n⟩ bord *m*
Krempel [ˈkrɛmpəl] F *péj m* ⟨-s⟩ F fourbi *m*; F bataclan *m*
Kren [kreːn] *m* ⟨-⊄s⟩ *österr* raifort *m*
krepieren [kreˈpiːrən] ⟨*sans ge*, sn⟩ *v/i* **1.** *Geschoss* éclater **2.** F *Tier* crever; P *Mensch* crever (**an** [+ *dat*] de)
Krepp [krɛp] *m* ⟨-s; -s *ou* -e⟩ crêpe *m*
Krepppapier *n* papier *m* crépon
Kreppsohle *f* semelle *f* (de) crêpe
Kresse [ˈkrɛsə] *f* ⟨-; -n⟩ cresson *m*
Kreta [ˈkreːta] *n* ⟨-s⟩ la Crète
kreuz [krɔyts] *adv* **kreuz und quer** dans tous les sens
Kreuz *n* ⟨-es; -e⟩ **1.** croix *f*; **das Rote Kreuz** la Croix-Rouge; **ans Kreuz schlagen** mettre en croix; crucifier; **zu Kreuze kriechen** courber l'échine; F **es ist ein Kreuz mit ihm** c'est la croix et la bannière avec lui **2.** ANAT reins *m/pl*; F *fig* **j-n aufs Kreuz legen** F avoir qn; *Frau* P se taper qn **3.** *Spielkartenfarbe* trèfle *m* **4.** MUS dièse *m*
Kreuzbein *n* ANAT sacrum *m*
Kreuzchen *n* ⟨-s; -⟩ petite croix
kreuzen ⟨-⊄-⟩ **I** *v/t* croiser (*a Straße, Beine*, BIOL **mit** avec) **II** *v/i* ⟨h *ou* sn⟩ MAR croiser; (**gegen den Wind**) **kreuzen** louvoyer **III** *v/r* **sich kreuzen** se croiser
Kreuzer *m* ⟨-s; -⟩ MAR yacht *m* (de croisière); MIL croiseur *m*
Kreuzfahrer *m* HIST croisé *m*
Kreuzfahrt *f* MAR croisière *f*
Kreuzfeuer *n fig* **ins Kreuzfeuer** (**der Kritik**) **geraten** être pris sous les feux de la critique; **im Kreuzfeuer der Kritik stehen** être la cible des critiques
Kreuzgang *m* cloître *m*
kreuzigen *v/t* crucifier
Kreuzigung *f* ⟨-; -en⟩ crucifixion *f*
kreuzlahm F *adj* éreinté
Kreuzotter *f* vipère (commune)
Kreuzritter *m* HIST croisé
Kreuzschlitzschraube *f* vis *f* cruciforme
Kreuzschlitzschraubenzieher *m* tournevis *m* cruciforme
Kreuzschlüssel *m* clé *f* en croix
Kreuzspinne *f* épeire *f* diadème
Kreuzstich *m* COUT point *m* de croix
Kreuzung *f* ⟨-; -en⟩ **1.** *von Linien, Straßen* croisement *m*; *von Straßen a* carrefour *m*; intersection *f* **2.** BIOL croisement *m*; *Ergebnis* hybride *m*
Kreuzverhör *n* contre-interrogatoire *m*; **j-n ins Kreuzverhör nehmen** soumettre qn à un interrogatoire serré
Kreuzweg *m* REL chemin *m* de croix
kreuzweise *adv* en croix; P **er kann mich** (**mal**) **kreuzweise!** P je lui dis merde!
Kreuzworträtsel *n* mots croisés
Kreuzzeichen *n* ÉGL signe *m* de (la) croix

der Krieg – la guerre

Krieg	la guerre
den Krieg erklären	déclarer la guerre
Kriegserklärung	une déclaration de guerre
mit einem Land Krieg führen	faire la guerre à un pays
angreifen	attaquer
eine Schlacht führen	mener une bataille
Feind	l'ennemi *m*
Atomwaffe	l'arme *f* nucléaire
Atombombe	la bombe atomique
explodieren	exploser
zerstören	détruire
die Besetzung	l'occupation *f*
besetzen	occuper
Gefangener	le prisonnier
Kriegsgefangenenlager	le camp de prisonniers de guerre
Rüstungswettlauf	la course aux armements
Die Schlacht hat Hunderte von Toten gefordert.	La bataille a fait des centaines de morts.
Abrüstung	le désarmement
bekämpfen	combattre
Kriegsdienstverweigerer	l'objecteur *m* de conscience
Deserteur	le déserteur
Panzer	le char
Luftwaffe	l'armée *f* de l'air
Rakete	la fusée
U-Boot	le sous-marin
Flugzeugträger	le porte-avions
französische Atomstreitmacht	la force de frappe
überfallen	envahir
Invasion	l'invasion *f*
Sieger	le vainqueur
besiegen	vaincre
Kapitulation	la capitulation
Waffenstillstand	l'armistice *m*

Kreuzzug *m* croisade *f* (*a fig*)
kribb(e)lig ['krɪb(ə)lɪç] F *adj* nerveux
kribbeln *v/i u v/imp* ⟨ƌ⟩ picoter; *es kribbelt mir in der Nase* j'ai des picotements dans le nez; *fig es kribbelt mir in den Fingern* (*zu* + *inf*) cela me démange (de + *inf*)
kriechen ['kriːçən] *v/i* ⟨kroch, gekrochen, sn⟩ ramper (*a fig vor j-m* devant qn); F (*langsam fahren*) avancer comme une tortue
Kriecher F *péj m* ⟨⁓s; ⁓⟩ F lèche-bottes *m*
kriecherisch *adj péj* rampant; servile
Kriechspur *f* voie réservée aux véhicules lents
Kriechtier *n* reptile *m*
Krieg [kriːk] *m* ⟨⁓⁅s; ⁓e⟩ guerre *f* (*gegen* contre); *der Kalte Krieg* la guerre froide; *im Krieg* pendant la guerre; *Krieg führen* faire la guerre (*gegen* à); *Krieg führend* belligérant; *den Krieg erklären* déclarer la guerre (*a fig*); *in den Krieg ziehen* partir à la guerre
kriegen ['kriːgən] F **I** *v/t* (*bekommen*) avoir; recevoir; *Geld a* toucher; *Flüchtende, Krankheit* attraper; *er kriegt es mit mir zu tun* il aura affaire à moi; *du kriegst gleich eine!* tu veux une claque?; → *bekommen* **II** *v/r sich kriegen* Liebespaar être réunis
Krieger *m* ⟨⁓s; ⁓⟩ guerrier *m*
Kriegerdenkmal *n* monument *m* aux morts
kriegerisch *adj* belliqueux
Kriegerwitwe *f* veuve *f* de guerre
Kriegsausbruch *m* ⟨⁓⁅s⟩ commencement *m* de la guerre
Kriegsbeil *n plais das Kriegsbeil begraben*

enterrer la hache de guerre
Kriegsberichterstatter *m* correspondant *m* de guerre
Kriegsbeschädigte(r) *m* ⟨→ A⟩ mutilé *m* de guerre
Kriegsdienst *m* service *m* militaire
Kriegsdienstverweigerer *m* ⟨⁓s; ⁓⟩ objecteur *m* de conscience
Kriegserklärung *f* déclaration *f* de guerre (*an* [+ *acc*] à)
Kriegsfall *m im Kriegsfall* en cas de guerre
Kriegsfilm *m* film *m* de guerre
Kriegsfolgen *f/pl* séquelles *f/pl* de la guerre
Kriegsfuß *m plais mit j-m auf* (*dem*) *Kriegsfuß stehen* être sur le pied de guerre avec qn; *plais mit etw auf* (*dem*) *Kriegsfuß stehen* être brouillé avec qc
Kriegsgebiet *n* zone *f* d'action (militaire)
Kriegsgefahr *f* danger *m* de guerre
Kriegsgefangene(r) *m* prisonnier *m* de guerre
Kriegsgefangenschaft *f* captivité *f*
Kriegsgegner *m* **1.** (*Feind*) adversaire *m* **2.** (*Pazifist*) pacifiste *m*
Kriegsgericht *n* conseil *m* de guerre
Kriegsgräber *n/pl* tombes *f/pl* de soldats
Kriegskamerad *m* compagnon *m* d'armes
Kriegsmaterial *n* matériel *m* de guerre
Kriegsopfer *n* victime *f* de guerre
Kriegspfad *m plais auf dem Kriegspfad sein* être sur le sentier de la guerre
Kriegsrat *m* ⟨⁓⁅s⟩ *plais Kriegsrat halten* tenir (un) conseil de guerre
Kriegsschauplatz *m* théâtre *m* des opérations

Kriegsschiff *n* navire *m* de guerre
Kriegsspielzeug *n* jouet(s) guerrier(s)
Kriegsteilnehmer *m Soldat* combattant *m*; *Land* belligérant *m*
Kriegsverbrechen *n* crime *m* de guerre
Kriegsverbrecher *m* criminel *m* de guerre
Kriegsveteran *m* ancien combattant
Kriegszustand *m* état *m* de guerre; *im Kriegszustand* en guerre
Krim [krɪm] ⟨~⟩ *die Krim* la Crimée
Krimi ['kriːmi] F *m* ⟨~ʃ; ~ʃ⟩ F polar *m*
Kriminalbeamte(r) [krimi'naːl-] *m* fonctionnaire *m* de la police judiciaire
Kriminalfall *m* affaire criminelle
Kriminalfilm *m* film policier
kriminalistisch *adj* criminalistique
Kriminalität *f* ⟨~⟩ criminalité *f*; *bes in sozialer Hinsicht* délinquance *f*
Kriminalkommissar(in) *m(f)* inspecteur *m* de police
Kriminalpolizei *f* police *f* judiciaire
Kriminalroman *m* roman policier
kriminell [krimi'nɛl] *adj* criminel
Kriminelle(r) *f(m)* ⟨→ A⟩ criminel, -elle *m,f*
Krimsekt *m* (vin *m*) mousseux *m* de Crimée
Krimskrams ['krɪmskrams] F *m* ⟨~es⟩ babioles *f/pl*; bricoles *f/pl*
Kringel ['krɪŋəl] *m* ⟨~s; ~⟩ **1.** (*Kreis*) petit rond **2.** *Gebäck:* pâtisserie *f* de forme ronde
kringeln *v/r* ⟨¢⟩ *sich kringeln Haare* frisotter; F *sich kringeln vor Lachen* se tordre de rire
Kripo ['kriːpo] *f abr* ⟨~⟩ (*Kriminalpolizei*) P.J. *f*
Krippe ['krɪpə] *f* ⟨~; ~n⟩ **1.** (*Futterkrippe*) mangeoire *f* **2.** (*Weihnachtskrippe, Kinderkrippe*) crèche *f*
Krippenfigur *f* personnage *m* de crèche; *aus der Provence* santon *m*
Krippenspiel *n* crèche vivante
Krise ['kriːzə] *f* ⟨~; ~n⟩ crise *f*
kriseln *v/imp* ⟨¢⟩ *es kriselt* il y a des problèmes
krisenanfällig *adj* sensible aux crises; fragile
Krisengebiet *n* région *f* en crise
Krisenherd *m* foyer *m* de crise
Krisenmanagement *n* gestion *f* de crise
Krisenstab *m* état-major *m* de crise
Kristall¹ [krɪs'tal] *m* ⟨~s; ~e⟩ MINÉR cristal *m*
Kristall² *n* ⟨~s⟩ *Glas* cristal *m*; *Gegenstände* cristaux *m/pl*
kristallisieren *v/i* ⟨sans ge⟩ cristalliser
kristallklar *adj Wasser, Stimme, Ton* cristallin
Kristallkugel *f* boule *f* de cristal
Kristallleuchter *m* lustre *m* en cristal
Kristallzucker *m* sucre cristallisé
Kriterium [kri'teːrium] *n* ⟨~s; -ien⟩ critère *m* (*für* de)
Kritik [kri'tiːk] *f* ⟨~; ~en⟩ critique *f* (*an* [+ *dat*] de); F *unter aller Kritik* au-dessous de tout; *an etw, j-m Kritik üben* critiquer qc, qn
Kritiker(in) ['kriːtikər(ɪn)] *m* ⟨~s; ~⟩ (*f*) ⟨~in; ~innen⟩ critique *m,f*
kritiklos I *adj* qui manque d'esprit critique II *adv* sans critique
kritisch I *adj* critique II *adv etw kritisch betrachten* considérer qc d'un œil critique
kritisieren *v/t* ⟨sans ge⟩ critiquer
kritteln ['krɪtəln] *v/i* ⟨¢⟩ *péj* ergoter
Kritzelei [krɪtsə'laɪ] F *f* ⟨~; ~en⟩ griffonnage *m*
kritzeln F *v/t u v/i* ⟨¢⟩ griffonner

Kroate [kro'aːtə] *m* ⟨~n; ~n⟩ Croate *m*
Kroatien [-'aːtsiən] *n* ⟨~s⟩ la Croatie
Kroatin *f* ⟨~; ~nen⟩ Croate *f*
kroatisch *adj* croate
kroch [krɔx] → *kriechen*
Krokant [kro'kant] *m* ⟨~s⟩ nougatine *f*
Krokette [kro'kɛtə] *f* ⟨~; ~n⟩ croquette *f*
Krokodil [kroko'diːl] *n* ⟨~s; ~e⟩ crocodile *m*
Krokodilstränen F *f/pl* larmes *f/pl* de crocodile
Krokus ['kroːkus] *m* ⟨~; ~ ou ~se⟩ crocus *m*
Krone ['kroːnə] *f* ⟨~; ~n⟩ **1.** couronne *f* (*a Zahnkrone, Währung, fig*); *die Krone der Schöpfung* le couronnement de la création; *das setzt allem die Krone auf* c'est le comble; F *einen in der Krone haben* F avoir un petit verre dans le nez **2.** (*Wellenkrone*) crête *f*; (*Baumkrone*) cime *f*
krönen ['krøːnən] *v/t* couronner (*a fig*); *j-n zum Kaiser krönen* couronner qn empereur
Kronerbe *m*, **Kronerbin** *f* héritier, -ière *m,f* de la couronne
Kronjuwelen *n/pl* joyaux *m/pl* de la couronne
Kronkolonie *f* colonie *f* de la Couronne
Kronkorken *m* capsule *f*
Kronleuchter *m* lustre *m*
Kronprinz *m* prince héritier, royal
Kronprinzessin *f* princesse royale
Krönung *f* ⟨~; ~en⟩ couronnement *m* (*a fig*)
Kronzeuge *m*, **Kronzeugin** *f* témoin principal (à charge)
Kropf [krɔpf] *m* ⟨~¢s; ~e⟩ **1.** MÉD goitre *m* **2.** *bei Vögeln* jabot *m*
kross [krɔs] *adj nordd* croustillant
Krösus ['krøːzus] *m* ⟨~ ou ~ses; ~se⟩ *plais ein Krösus sein* être riche comme Crésus
Kröte ['krøːtə] *f* ⟨~; ~n⟩ **1.** ZO crapaud *m* **2.** F *fig pl* **Kröten** F fric *m*
Krötenwanderung *f* migration *f* de crapauds
Krücke ['krykə] *f* ⟨~; ~n⟩ **1.** *Gehhilfe* béquille *f*; *an Krücken* (*dat*) *gehen* marcher avec des béquilles **2.** F *péj* (*Versager*) F minable *m*; F nul *m*
Krückstock *m* canne *f*
Krug [kruːk] *m* ⟨~¢s; ~e⟩ (*bes Tonkrug*) cruche *f*; (*Bierkrug*) chope *f*
Krume ['kruːmə] *f* ⟨~; ~n⟩ (*Brotkrume*) mie *f*
Krümel ['kryːməl] *m* ⟨~s; ~⟩ miette *f*
krümelig *adj* qui s'émiette; (*bröckelig*) friable
krümeln *v/i* ⟨¢⟩ *Brot* s'émietter; *Person* faire des miettes
krumm [krum] I *adj* **1.** (*gebogen*) courbe; (*verbogen*) tordu (*a Nase, Stange, Baumstamm*); (*alterskrumm*) courbé; *Rücken* voûté; *Wirbelsäule* dévié; *krumme Beine n/pl* jambes torses **2.** F *fig krumme Touren f/pl* tripotages *m/pl*; F *ein krummes Ding drehen* faire qc de louche II *adv wachsen* de travers; *krumm biegen* tordre; → *krummbiegen, krummnehmen*
krummbiegen *v/t* tordre
krümmen ['krymən] I *v/t* courber II *v/r sich krümmen* se tordre
krummlachen F *v/r sich krummlachen* F se fendre la gueule; mourir de rire
krummlegen F *v/r sich krummlegen* F se décarcasser
krummnehmen F *v/r* ⟨irr⟩ prendre qc de travers
Krümmung *f* ⟨~; ~en⟩ courbure *f* (*a der Wirbelsäule*); *e-s Flusses* coude *m*
Krupp [krup] *m* ⟨~s⟩ MÉD croup *m*

Krüppel ['krʏpəl] *m* ⟨∼s; ∼⟩ estropié(e) *m(f)*; *j-n zum Krüppel schlagen* estropier qn
Kruste ['krustə] *f* ⟨∼; ∼n⟩ croûte *f*
Krustentiere *n/pl* crustacés *m/pl*
Kruzifix ['kru:tsifɪks] *n* ⟨∼es; ∼e⟩ crucifix *m*
Krypta ['krʏpta] *f* ⟨∼; -ten⟩ crypte *f*
Kuba ['ku:ba] *n* ⟨∼s⟩ Cuba
Kubaner(in) *m* ⟨∼s; ∼⟩ *(f)* ⟨∼in; ∼innen⟩ Cubain(e) *m(f)*
kubanisch *adj* cubain; de Cuba
Kübel ['ky:bəl] *m* ⟨∼s; ∼⟩ *(Eimer)* seau *m*; *(Kasten)* bac *m* *(a für Pflanzen)*; *(Holzkübel)* baquet *m*; F *es gießt wie aus Kübeln* il pleut à seaux
Kubik... [ku'bi:k...] *in Zssgn* ... cube
Kubikmeter *m od n* mètre *m* cube
Kubikzahl *f* cube *m* (d'un nombre)
Kubikzentimeter *m od n* centimètre *m* cube
kubisch ['ku:bɪʃ] *adj* cubique
Kubismus *m* ⟨∼⟩ cubisme *m*
kubistisch *adj* cubiste
Küche ['kʏçə] *f* ⟨∼; ∼n⟩ cuisine *f* *(a Kochkunst)*; *kalte Küche* repas froids
Kuchen ['ku:xən] *m* ⟨∼s; ∼⟩ gâteau *m*; *(Obstkuchen)* tarte *f*
Kuchenblech *n* plaque *f* (à pâtisserie)
Küchenchef *m* chef *m* (cuisinier)
Küchendienst *m* corvée *f* de cuisine
Küchenfee F *plais f plais* cordon-bleu *m*
Kuchenform *f* moule *m* à gâteau
Kuchengabel *f* fourchette *f* à gâteau
Küchenhandtuch *n* essuie-mains *m*
Küchenhilfe *f* aide-cuisinière *f*
Küchenmaschine *f* robot (ménager)
Küchenmesser *n* couteau *m* de cuisine
Küchenpersonal *n* personnel *m* de cuisine
Kuchenplatte *f Geschirr* plat *m* à gâteau
Küchenschabe *f* blatte *f*; cafard *m*
Küchenschrank *m* placard *m* de cuisine
Kuchenteig *m* pâte *f* (à gâteau)
Kuchenteller *m* assiette *f* à dessert
Küchentisch *m* table *f* de cuisine
Küchenwaage *f* balance *f* de cuisine
Küchenzettel *m* menu *m* (pour la semaine)
kuckuck ['kʊkʊk] *int* coucou!
Kuckuck *m* ⟨∼s; ∼e⟩ **1.** ZO coucou *m*; F *zum Kuckuck (noch mal)!* F nom d'une pipe!; *(das) weiß der Kuckuck!* va savoir! **2.** F *fig (Pfandsiegel)* scellés *m/pl*
Kuckucksei *n fig* cadeau empoisonné
Kuckucksuhr *f* coucou *m*
Kuddelmuddel ['kʊdəlmʊdəl] F *m od n* ⟨∼s⟩ F embrouillamini *m*
Kufe ['ku:fə] *f* ⟨∼; ∼n⟩ *(Schlittenkufe, Flugzeugkufe)* patin *m*; *(Schlittschuhkufe)* lame *f*
Küfer ['ky:fər] *m* ⟨∼s; ∼⟩ **1.** *südd, schweiz* tonnelier *m* **2.** *(Weinküfer)* caviste *m*; maître *m* de chai
Kugel ['ku:gəl] *f* ⟨∼; ∼n⟩ **1.** *(runder Körper)* boule *f*; F *e-e ruhige Kugel schieben* F se la couler douce **2.** MATH sphère *f* **3.** *(Gewehrkugel, Pistolenkugel)* balle *f*; *(Kanonenkugel)* boulet *m* **4.** *beim Kugelstoßen* poids *m*
Kugelblitz *m* MÉTÉO boule *f* de feu
kugelförmig *adj* sphérique
Kugelgelenk *n* TECH joint *m* à rotule
Kugelhagel *m* grêle *f* de balles
Kugellager *n* roulement *m* à billes

kugeln ⟨⌀⟩ **I** *v/i* ⟨sn⟩ rouler comme une boule **II** *v/r sich kugeln* se rouler
kugelrund *adj* (tout) rond
Kugelschreiber *m* stylo *m* (à) bille
kugelsicher *adj* à l'épreuve des balles; *Weste* pare-balles
Kugelstoßen *n* ⟨∼⟩ lancer *m* du poids
Kugelstoßer(in) *m* ⟨∼s; ∼⟩ *(f)* ⟨∼in; ∼innen⟩ lanceur, -euse *m,f* de poids
Kuh [ku:] *f* ⟨∼; ∼e⟩ ZO vache *f*; REL, F *fig heilige Kuh* vache sacrée; F *péj dumme Kuh* F crétine *f*
Kuhdorf F *péj n* F bled *m*
Kuhfladen *m* bouse *f* de vache
Kuhglocke *f* cloche *f* de vache; clarine *f*
Kuhhandel F *péj m* marchandage *m*
Kuhhaut *f* F *das geht auf keine Kuhhaut!* c'est inouï, incroyable!
kühl [ky:l] **I** *adj* frais; *fig* froid; *kühl werden* se rafraîchir **II** *adv (abweisend)* froidement; *kühl lagern* conserver au frais
Kühlaggregat *n* groupe *m* frigorifique
Kühlbox *f* glacière *f*
Kühle *f* ⟨∼⟩ fraîcheur *f*; *fig* froideur *f*
kühlen *v/t Lebensmittel* réfrigérer; *Getränk* rafraîchir; *Sekt* frapper
Kühler *m* ⟨∼s; ∼⟩ **1.** AUTO radiateur *m* **2.** *(Sektkühler)* seau *m* à glace
Kühlergrill *m* AUTO calandre *f*
Kühlerhaube *f* capot *m*
Kühlhaus *n* entrepôt *m* frigorifique
Kühlmittel *n* AUTO liquide *m* de refroidissement
Kühlraum *m* chambre frigorifique
Kühlschlange *f* serpentin *m* de refroidissement
Kühlschrank *m* réfrigérateur *m*; frigidaire *m*
Kühltasche *f* sac *m* isotherme
Kühltheke *f* vitrine *f* frigorifique
Kühltruhe *f* congélateur *m*
Kühlung *f* ⟨∼; ∼en⟩ TECH refroidissement *m*; *von Lebensmitteln* réfrigération *f*
Kühlwagen *m* wagon *m* *(Lastwagen* camion *m)* frigorifique
Kühlwasser *n* eau *f* de refroidissement
Kuhmilch *f* lait *m* de vache
kühn [ky:n] *adj* 'hardi; *p/fort* audacieux; *(verwegen)* téméraire
Kühnheit *f* ⟨∼; ∼en⟩ 'hardiesse *f*; *p/fort* audace *f*; *(Verwegenheit)* témérité *f*
Kuhstall *m* étable *f* (à vaches)
k. u. k. ['ka:'ʔʊnt'ka:] *österr* HIST *abr (kaiserlich und königlich)* impérial et royal; *die k. u. k. Monarchie* l'empire austro-hongrois
Küken ['ky:kən] *n* ⟨∼s; ∼⟩ **1.** ZO poussin *m* **2.** *fig (kleines Kind)* F mioche *m,f*
Kukuruz ['kʊkuruts] *m* ⟨∼es⟩ *österr* maïs *m*
kulant [ku'lant] *adj Kaufmann* arrangeant; *Haltung* accommodant
Kulanz *f* ⟨∼⟩ bonne volonté
Kuli[1] ['ku:li] *m* ⟨∼s; ∼s⟩ *(Arbeiter)* coolie *m* *(a fig)*
Kuli[2] F *m* ⟨∼s; ∼s⟩ *(Kugelschreiber)* stylo *m* (à bille)
kulinarisch [kuli'na:rɪʃ] *adj* culinaire
Kulisse [ku'lɪsə] *f* ⟨∼; ∼n⟩ THÉ décors *m/pl*; *fig* décor *m*; *fig hinter den Kulissen* dans les coulisses
kullern ['kʊlərn] F *v/i* ⟨sn⟩ rouler
Kult [kʊlt] *m* ⟨∼⌀s; ∼e⟩ culte *m*; *mit etw., j-m*

e-n Kult treiben rendre un culte à qc, à qn
Kultfigur *f* idole *f*
Kultfilm *m* film *m* culte
Kulthandlung *f* cérémonie cultuelle
kultivieren [kʊlti'viːrən] *v/t* ⟨*sans ge*⟩ cultiver (*a fig*)
kultiviert I *adjt Person* évolué; *Benehmen* élégant; (*gepflegt*) soigné **II** *advt* **kultiviert speisen** faire un repas gastronomique; **sich kultiviert benehmen** avoir de bonnes manières
Kultur [kʊl'tuːr] *f* ⟨∼; ∼en⟩ **1.** *e-r Gesellschaft* civilisation *f*; (*persönliche Bildung*) culture *f*; (*Lebensart*) savoir-vivre *m* **2.** AGR, BIOL culture *f*
Kulturamt *n* *e-r Stadt etc* service culturel
Kulturattaché *m* attaché culturel
Kulturaustausch *m* échange(s) culturel(s)
Kulturbanause *m péj plais* personne *f* sans culture générale
Kulturbeilage *f* *e-r Zeitung* supplément culturel
Kulturbetrieb *m* ⟨∼¢s⟩ vie culturelle
Kulturbeutel *m* trousse *f* de toilette
Kulturdenkmal *n* monument *m* historique
kulturell *adj* culturel
Kulturepoche *f* époque culturelle
Kulturerbe *n* héritage culturel
Kulturfilm *m* (film *m*) documentaire *m*
Kulturgeschichte *f* histoire *f* de la civilisation
Kulturgut *n* patrimoine culturel
Kulturkreis *m* sphère culturelle; culture *f*
Kulturlandschaft *f* paysage domestiqué; *fig* vie culturelle
kulturlos *adj* inculte
Kulturlosigkeit *f* ⟨∼⟩ absence *f* de culture
Kulturmagazin *n* magazine culturel
Kulturpessimismus *m* pessimisme *m* à l'égard de la civilisation
Kulturpflanze *f* plante cultivée
Kulturpolitik *f* politique culturelle
Kulturraum *m* aire culturelle
Kulturrevolution *f* révolution culturelle
Kulturschock *m* SOZIOLOGIE choc *m* des cultures
Kulturstufe *f* degré *m* de civilisation
Kulturtasche *f* trousse *f* de toilette
Kulturvolk *n* peuple civilisé
Kulturzentrum *n* centre culturel
Kultusminister(in) ['kʊltʊs-] *m(f)* ministre *m,f* des Affaires culturelles; *in Frankreich* ministre *m,f* de l'Éducation nationale
Kümmel ['kʏməl] *m* ⟨∼s; ∼⟩ **1.** *Pflanze, Gewürz* carvi *m* **2.** *Branntwein* kummel *m*
Kummer ['kʊmər] *m* ⟨∼s⟩ chagrin *m*; souci(s) *m(pl)*; **j-m Kummer machen** donner du souci à qn
Kummerkasten F *m* boîte aux lettres où l'on dépose, dans une école, une entreprise, ses suggestions, ses réclamations, etc
kümmerlich ['kʏmərlɪç] *adj* **1.** (*schwächlich*) chétif **2.** (*arm*) pauvre **3.** *péj* (*nicht ausreichend*) maigre
kümmern I *v/t* **das kümmert mich nicht** je ne m'en soucie pas; **was kümmert dich das?** qu'est-ce que cela peut te faire? **II** *v/r* **sich um j-n, etw kümmern** s'occuper de qn, qc; **sich darum kümmern, dass ...** veiller à ce que ... (+ *subj*)

kummervoll *adj* plein de chagrin
Kumpan [kʊm'paːn] F *péj m* ⟨∼s; ∼e⟩ acolyte *m*
Kumpel ['kʊmpəl] *m* ⟨∼s; ∼ *ou* F ∼s⟩ **1.** BERGWERK mineur *m* **2.** F (*Kamerad*) F copain *m*
kumpelhaft *adj* familier
kündbar *adj* *Vertrag* résiliable; *Stellung* dont le contrat peut être résilié; *Wohnung* dont le bail peut être résilié; *Arbeitnehmer, Mieter* congédiable
Kunde ['kʊndə] *m* ⟨∼n; ∼n⟩ client *m*
Kundenberatung *f* conseil *m* au client
Kundendienst *m* service *m* après-vente
Kundenfang *m* ⟨∼¢s⟩ *péj* racolage commercial
Kundenkarte *f* *e-s Geschäfts* carte *f* de fidélité; *e-r Bank* carte *f* badge
Kundenkartei *f* fichier *m* clients
Kundenkreis *m* clientèle *f*
Kundenstamm *m* clientèle fixe, habituelle
Kundgebung *f* ⟨∼; ∼en⟩ manifestation *f*
kundig *adj* connaisseur; expert; *st/s* **e-r Sache** (*gén*) **kundig sein** être connaisseur en qc
kündigen ['kʏndɪgən] **I** *v/t Vertrag* résilier; **s-e Stellung kündigen** donner sa démission; **s-e Wohnung kündigen** donner son congé à son propriétaire **II** *v/i* **j-m kündigen** *e-m Arbeitnehmer* licencier qn; *e-m Mieter* donner congé à qn
Kündigung *f* ⟨∼; ∼en⟩ *e-s Vertrags* résiliation *f*; *durch den Arbeitgeber* licenciement *m*; *durch den Arbeitnehmer* démission *f*; MIETRECHT congé *m*
Kündigungsfrist *f* ARBEITSRECHT délai *m* de préavis; MIETRECHT préavis *m*
Kündigungsgrund *m* motif *m* de licenciement
Kündigungsschreiben *n* lettre *f* de licenciement
Kündigungsschutz *m* protection *f* contre les licenciements abusifs
Kundin *f* ⟨∼; ∼nen⟩ cliente *f*
Kundschaft *f* ⟨∼⟩ clientèle *f*
kundtun *st/s v/t* ⟨*irr*⟩ faire connaître, *Meinung* manifester; professer
künftig ['kʏnftɪç] **I** *adj* futur **II** *adv* à l'avenir
Kunst [kʊnst] *f* ⟨∼; ∼e⟩ art *m*; **die bildende Kunst** les arts plastiques; **die schönen Künste** les beaux-arts; **brotlose Kunst sein** ne pas nourrir son homme; ⊢ *fig* **das ist keine Kunst** F ce n'est pas sorcier; **mit s-r Kunst am Ende sein** être au bout de son latin
Kunstakademie *f* école *f* des beaux-arts
Kunstauktion *f* vente *f* aux enchères d'objets d'art
Kunstausstellung *f* exposition *f* d'œuvres d'art
Kunstbanause *m péj* ignorant *m* en matière d'art
Kunstband *m* livre *m* d'art
Kunstdarm *m* peau *f* (de saucisson) artificielle
Kunstdenkmal *n* monument (classé)
Kunstdiebstahl *m* vol *m* d'œuvres d'art
Kunstdruck *m* ⟨∼¢s; ∼e⟩ gravure *f*; reproduction *f*
Kunstdünger *m* engrais *m* chimique
Kunsteis *n* glace artificielle
Kunsteisbahn *f* patinoire *f*
Kunsterziehung *f Schulfach* dessin *m*
Kunstexperte *m*, **Kunstexpertin** *f* expert(e) *m(f)* en matière d'art
Kunstfaser *f* fibre *f* synthétique

K

Kunstfehler *m* MÉD faute médicale
kunstfertig *adj* habile; adroit
Kunstfertigkeit *f* habileté *f*; adresse *f*
Kunstflug *m* acrobatie aérienne
Kunstform *f* forme *f* artistique
Kunstgegenstand *m* objet *m* d'art
kunstgerecht *adv* dans les règles de l'art
Kunstgeschichte *f* histoire *f* de l'art
Kunstgewerbe *n* arts décoratifs
Kunstgriff *m* artifice *m*; truc *m*
Kunsthandel *m* commerce *m* d'art
Kunsthändler(in) *m(f)* marchand(e) *m(f)* d'art
Kunsthandlung *f* magasin *m* d'objets d'art
Kunsthandwerk *n* artisanat *m* d'art
Kunstherz *n* cœur artificiel
Kunsthistoriker(in) *m(f)* historien, -ienne *m,f* d'art
Kunsthonig *m* miel artificiel
Kunstleder *n* similicuir *m*; skaï® *m*
Künstler(in) ['kʏnstlər(ɪn)] *m* ⟨∼s; ∼⟩ (*f*) ⟨∼in; ∼innen⟩ artiste *m,f*
künstlerisch I *adj* artistique II *adv* artistiquement; *künstlerisch wertvoll sein* avoir une valeur artistique
Künstlerkolonie *f* colonie *f* d'artistes
Künstlername *m* pseudonyme *m*
Künstlerpech F *plais n* ⟨∼¢s⟩ petit malheur
Künstlerwerkstatt *f* atelier *m* d'artiste
künstlich *adj* artificiel
Kunstlicht *n* ⟨∼¢s⟩ lumière *f* artificielle
Kunstliebhaber(in) *m(f)* amateur *m* d'art
Kunstmaler(in) *m(f)* artiste *m,f* peintre
Kunstmarkt *m* marché *m* de l'art
Kunstpause *f* silence éloquent
Kunstrasen *m* gazon artificiel
Kunstrichtung *f* tendance *f* de l'art
Kunstsammler(in) *m(f)* collectionneur, -euse *m,f* d'art
Kunstsammlung *f* collection *f* d'objets d'art
Kunstschätze *m/pl* trésors *m/pl* artistiques
Kunstschmied *m* ferronnier *m* (d'art)
Kunstseide *f* rayonne *f*; soie artificielle
Kunstsprache *f* langue artificielle
Kunstspringen *n* ⟨∼s⟩ plongeons *m/pl* de tremplin
Kunstspringer(in) *m(f)* plongeur, -euse *m,f* au tremplin
Kunststoff *m* (matière *f*) plastique *m*
kunststopfen *v/t u v/i* ⟨sans formes séparées des temps simples⟩ COUT stopper
Kunststück *n* (*Glanzleistung*) tour *m* de force; (*Geschicklichkeitskunststück*) tour *m* d'adresse; (*Zauberkunststück*) tour *m* de prestidigitation; F *das ist kein Kunststück* F ce n'est pas sorcier
Kunststudent(in) *m(f)* étudiant(e) *m(f)* des beaux-arts
Kunsttischler *m* ébéniste *m*
Kunstturnen *n* gymnastique *f* artistique
Kunstturner(in) *m(f)* gymnaste *m,f* artistique
Kunstverstand *m* connaissances *f/pl* en matière d'art
kunstvoll I *adj* fait avec art II *adv* avec art
Kunstwerk *n* œuvre *f* d'art
Kunstwort *n* ⟨∼¢s; -wörter⟩ mot formé artificiellement
kunterbunt ['kʊntər-] I *adj* 1. (*bunt*) bariolé 2. (*abwechslungsreich*) varié II *adv* (*durcheinander*) pêle-mêle

Kupfer ['kʊpfər] *n* ⟨∼s⟩ cuivre *m*
Kupferblech *n* feuille *f* de cuivre; cuivre laminé
Kupferdraht *m* fil *m* de cuivre
Kupferkessel *m* chaudron *m* en cuivre
Kupfermünze *f* pièce *f* de cuivre
kupfern *adj* de, en cuivre
kupferrot *adj* cuivré
Kupferstich *m* gravure *f* sur cuivre
kupieren [ku'pi:rən] *v/t* ⟨sans ge⟩ *Schwanz* écourter; *Ohr, Pflanze* tailler
Kupon [ku'põ:] *m* → **Coupon**
Kuppe ['kʊpə] *f* ⟨∼; ∼n⟩ 1. (*Fingerkuppe*) bout *m* 2. (*Bergkuppe*) sommet (arrondi)
Kuppel ['kʊpəl] *f* ⟨∼; ∼n⟩ *innere* coupole *f*; *äußere* dôme *m*
Kuppeldach *n* dôme *m*; toit *m* en coupole
Kuppelei *f* ⟨∼; ∼en⟩ proxénétisme *m*
kuppeln ⟨¢⟩ I *v/t etw an etw* (*acc*) *kuppeln* Anhänger etc atteler qc à qc II *v/i* AUTO (*einkuppeln*) embrayer; (*auskuppeln*) débrayer
Kuppler(in) *m* ⟨∼s; ∼⟩ (*f*) ⟨∼in; ∼innen⟩ *péj* entremetteur, -euse *m,f*
Kupplung *f* ⟨∼; ∼en⟩ 1. (*Anhängerkupplung*) coupleur *m* 2. AUTO embrayage *m*; *die Kupplung treten* débrayer; *die Kupplung kommen lassen* embrayer
Kupplungspedal *n* pédale *f* d'embrayage
Kur [ku:r] *f* ⟨∼; ∼en⟩ cure *f*; *e-e Kur machen* faire une cure
Kür [ky:r] *f* ⟨∼; ∼en⟩ TURNEN exercices *m/pl* libres; EISKUNSTLAUF figures *f/pl* libres
Kuratorium [kura'to:rium] *n* ⟨∼s; -ien⟩ conseil *m* d'administration
Kurbad *n* station thermale; ville *f* d'eaux
Kurbel ['kʊrbəl] *f* ⟨∼; ∼n⟩ manivelle *f*
kurbeln *v/i* ⟨¢⟩ tourner la manivelle
Kurbelwelle *f* vilebrequin *m*
Kürbis ['kʏrbɪs] *m* ⟨∼ses; ∼se⟩ 1. BOT courge *f*; *großer* potiron *m* 2. F *fig* (*Kopf*) F citron *m*
Kürbiskern *m* graine *f* de courge
Kurde ['kʊrdə] *m* ⟨∼n; ∼n⟩, **Kurdin** *f* ⟨∼; ∼nen⟩ Kurde *m,f*
kurdisch *adj* kurde
Kurfürst *m* HIST Électeur *m*
Kurgast *m* curiste *m,f*
Kurhaus *n* établissement thermal
Kurhotel *n* hôtel thermal
Kurie ['ku:riə] *f* ⟨∼; ∼n⟩ CATH curie *f*
Kurier [ku'ri:r] *m* ⟨∼s; ∼e⟩ coursier *m*
Kurierdienst *m* messagerie *f* (rapide)
kurieren *v/t* ⟨sans ge⟩ guérir (*von* de; *a fig*)
kurios [kuri'o:s] *adj* curieux; bizarre
Kuriosität *f* ⟨∼; ∼en⟩ 1. *Eigenschaft* singularité *f* 2. *Gegenstand* curiosité *f*
Kuriosum *st/s n* ⟨∼s; -sa⟩ *Gegenstand* curiosité *f*; *Sachverhalt* fait curieux
Kurklinik *f* clinique *f* d'une station thermale
Kurkonzert *n* concert *m* pour les curistes
Kurort *m* *mit Heilquellen* station thermale; (*Luftkurort*) station *f* climatique
Kurpackung *f* *für die Haare* masque *m* capillaire
Kurpark *m* parc *m* d'une station thermale
Kurpfuscher(in) *m(f)* *péj* charlatan *m*
Kurpfuscherei *f* *péj* charlatanisme *m*
Kurpromenade *f* promenade *f* d'une station thermale

Kurs [kʊrs] *m* ⟨~es; ~e⟩ **1.** MAR route *f*; AVIAT cap *m* (*a fig*); *e-r Rennstrecke* parcours *m*; POL orientation *f*; **Kurs nehmen auf** (+ *acc*) mettre le cap sur; **den Kurs halten** maintenir sa route, *fig* son cap; **den Kurs ändern** changer de route, *fig* de cap **2.** (*Lehrgang*) cours *m*; **an e-m Kurs teilnehmen** suivre un cours **3.** BÖRSE cours *m*; **zum Kurs von** au cours de; **hoch im Kurs stehen** être bien coté; *fig* avoir la cote (**bei** chez)

Kursaal *m* casino *m*
Kursänderung *f* MAR changement *m* de route, AVIAT, *fig* de cap
Kursanstieg *m* 'hausse *f* des cours
Kursbuch *n* indicateur *m* des chemins de fer
Kurschatten F *plais m: personne de l'autre sexe avec qui on sympathise pendant la durée d'une cure*
Kürschner ['kʏrʃnər] *m* ⟨~s; ~⟩ fourreur *m*
Kursgewinn *m* Wertpapiere bénéfice *m* sur le cours; *Devisen* bénéfice *m* de change
kursieren *v/i* ⟨*sans ge,* h *ou* sn⟩ *Geld* circuler; *Gerücht* courir
kursiv TYPO **I** *adj* italique **II** *adv* en italique
Kursivschrift *f* TYPO italique *m*
Kurskorrektur *f* changement *m* d'orientation (*a fig*)
Kursleiter(in) *m*(*f*) professeur *m*
Kursrückgang *m* baisse *f* des cours
Kursschwankung *f* fluctuation *f* des cours
Kursteilnehmer(in) *m*(*f*) participant(e) *m*(*f*) au cours
Kurswagen *m* EISENBAHN voiture directe
Kurswechsel *m* changement *m* d'orientation, de cap
Kurswert *m* *e-r Aktie* cote *f* (d'une action)
Kurszettel *m* cote *f* (de la bourse)
Kurtaxe *f* taxe *f* de séjour
Kurve ['kʊrvə] *f* ⟨~; ~n⟩ **1.** *e-r Straße* virage *m*; **hier macht die Straße e-e scharfe Kurve** ici il y a un virage serré; **in der Kurve** dans le virage; **in die Kurve gehen** prendre le virage; F *fig* **die Kurve nicht kriegen** F ne pas y arriver; F *fig* **die Kurve kratzen** F filer; *unbemerkt* s'éclipser **2.** MATH, STATISTIK courbe *f* **3.** F *pl* **Kurven** rondeurs *f/pl*
kurven *v/i* ⟨sn⟩ **1.** *Fahrzeug* virer; **um die Ecke kurven** prendre le prochain tournant **2.** F *durch etw kurven* sillonner qc
Kurvendiskussion *f* MATH étude *f* de courbes
Kurvenlage *f* AUTO tenue *f* en virage
Kurvenlineal *n* pistolet *m* (à dessin)
kurvenreich *adj* **1.** *Straße* sinueux **2.** F *Frau* aux formes rondes
Kurverwaltung *f* service administratif d'une station thermale
kurz [kʊrts] **I** *adj* u *adv* **1.** *räumlich* court **2.** *zeitlich* court; *Begegnung, Aussprache* bref; **in kurzer Zeit** en peu de temps; **vor Kurzem** il y a peu de temps; récemment; **bis vor Kurzem** il y a encore peu de temps **II** *adv* brièvement; **kurz vorher** peu de temps avant; **kurz darauf, danach** peu après; **es ist kurz vor drei** (**Uhr**) est près de trois heures; **es ist kurz nach fünf** (**Uhr**) il est cinq heures passées; **kurz hinter Paris** un peu après Paris; **kurz und bündig** sans détour; **kurz** (**und gut**) bref; F **kurz und schmerzlos** sans histoires; *fig* **kurz ange-**

bunden sein se montrer brusque, sec; **bei etw zu kurz kommen** ne pas avoir son compte de qc; F **mach's kurz!** sois bref!; → **kurzfassen**, **kurzhalten**, **kurztreten**
Kurzarbeit *f* chômage partiel
kurzarbeiten *v/i* ⟨-e-⟩ être en chômage partiel
Kurzarbeiter *m* chômeur partiel
kurzärm(e)lig *adj* à manches courtes
kurzatmig *adj* qui a le souffle court; MÉD dyspnéique
kurzbeinig *adj* Tier court sur pattes
Kurzbericht *m* bref compte rendu
Kurzbiographie *f* biographie succinte
Kürze ['kʏrtsə] *f* ⟨~⟩ **1.** *zeitlich* brièveté *f*; **in Kürze** sous peu; **in aller Kürze** en peu de mots **2.** *räumlich* peu *m* de longueur
Kürzel *n* ⟨~s; ~⟩ STENOGRAFIE signe *m*; (*Abkürzung*) abréviation *f*
kürzen *v/t* ⟨¢ʃ⟩ **1.** *Kleid, Text* raccourcir (**um** de); *Text a* abréger; *Ausgaben, Löhne* réduire, diminuer (de) **2.** MATH simplifier
kürzer *adj u adv* plus court; **kürzer machen** raccourcir; **den Kürzeren ziehen** tirer le mauvais numéro; → **kürzertreten**
kurzerhand *adv* sans hésiter
kürzertreten *v/i* ⟨*irr,* h *ou* sn⟩ (*sparen*) réduire ses dépenses; (*sich schonen*) se ménager
kürzeste *adj* le plus court; **in kürzester Zeit** dans les plus brefs délais
kurzfassen *v/r* ⟨¢ʃ⟩ **sich kurzfassen** être bref
Kurzfassung *f* version abrégée
Kurzfilm *m* court métrage
kurzfristig *adj u adv* à court terme; **etw kurzfristig absagen** décommander qc peu de temps avant
Kurzgeschichte *f* nouvelle *f*
kurzhaarig *adj* Tier à poils ras
kurzhalten *v/t* ⟨*irr*⟩ **j-n kurzhalten** serrer la vis à qn; donner peu d'argent à qn
kurzlebig *adj* éphémère (*a fig*)
kürzlich *adv* récemment; **erst kürzlich** tout récemment
kurzmachen *v/t* F **mach's kurz!** sois bref!
Kurzmeldung *f*, **Kurznachrichten** *f/pl* flash *m* (d'information)
Kurzparker *m* ⟨~s; ~⟩ personne *f* qui stationne pour une courte durée
Kurzparkzone *f* zone bleue
Kurzreferat *n* exposé *m* de courte durée
kurzschließen *v/t* ⟨*irr*⟩ ÉLECT court-circuiter
Kurzschluss *m* ÉLECT court-circuit *m*
Kurzschlusshandlung *f* action irréfléchie
Kurzschrift *f* sténographie *f*
kurzsichtig *adj* MÉD myope; *fig* Person, Politik imprévoyant; *Politik* à courte vue
Kurzsichtigkeit *f* ⟨~⟩ MÉD myopie *f*; *fig* imprévoyance *f*
Kurzstrecke *f* SPORT petite, courte distance
Kurzstreckenflug *m* vol *m* court-courrier
Kurzstreckenlauf *m* course *f* de vitesse
Kurzstreckenrakete *f* missile *m* à courte portée
kurztreten *v/i* ⟨*irr,* h *ou* sn⟩ (*sparen*) réduire ses dépenses; (*sich schonen*) se ménager
kurzum *adv* bref
Kürzung *f* ⟨~; ~en⟩ **1.** *e-s Kleids, Texts* raccourcissement *m*; *der Ausgaben* réduction *f*; diminution *f* **2.** MATH simplification *f*
Kurzurlaub *m* petites vacances

Kuvert ≠ couvert

Steck die Rechnung in ein **Kuvert** und schick es mir per Post.	Mets la facture dans une **enveloppe** et envoie-la-moi par la poste.
Pour ce soir, Michel a commandé huit **couverts.**	Für heute Abend hat Michel acht **Gedecke** bestellt.

Kurzwaren *f/pl* mercerie *f*
kurzweilig *adj* divertissant
Kurzwelle *f* onde courte
Kurzwort *n* ⟨~¢s; -wörter⟩ abréviation *f*
Kurzzeitgedächtnis *n* mémoire *f* à court terme
kusch(e)lig ['kuʃ(ə)lıç] *adj Stoff* douillet; *Kissen, Wolle* moelleux
kuscheln ⟨¢⟩ **I** *v/i* se blottir l'un contre l'autre **II** *v/r* **sich kuscheln** se blottir (*an* [+ *acc*] contre; *in* [+ *acc*] dans)
Kuscheltier *n* (animal *m* en) peluche *f*
kuschelweich *adj* doux; moelleux
kuschen *v/i Hund* se coucher; F *fig* (*vor j-m*) **kuschen** F s'écraser (devant qn)
Kusine → **Cousine**
Kuss [kʊs] *m* ⟨~es; ¨e⟩ baiser *m*; *j-m e-n* **Kuss geben** donner un baiser à qn; embrasser qn
kussecht *adj Lippenstift* qui tient
küssen ['kysən] **I** *v/t* embrasser; *j-m die Hand* **küssen** baiser la main de qn **II** *v/r* **sich küssen** s'embrasser
Kusshand *f j-m e-e* **Kusshand zuwerfen** envoyer un baiser à qn; F *fig* **mit Kusshand** avec le plus grand plaisir
Küste ['kystə] *f* ⟨~; ~n⟩ *Ufer* côte *f*; *Gebiet* littoral *m*
Küstenfischerei *f* pêche côtière
Küstengewässer *n/pl* eaux territoriales
Küstenschifffahrt *f* cabotage *m*

Küstenstraße *f* route côtière
Küstenstrich *m* littoral *m*
Küstenwacht *f* service *m* de surveillance des côtes
Küster ['kystər] *m* ⟨~s; ~⟩ sacristain *m*
Kutsche ['kutʃə] *f* ⟨~; ~n⟩ **1.** *offene* calèche *f*; *prächtige* carrosse *m*; HIST diligence *f* **2.** F (*altes Auto*) F bagnole *f*
Kutscher *m* ⟨~s; ~⟩ cocher *m*
kutschieren ⟨*sans ge*⟩ **I** *v/t* **j-n kutschieren** conduire qn (en calèche, *etc*) **II** *v/i* ⟨sn⟩ **1.** *mit e-r Kutsche* rouler en calèche, en carrosse **2.** F *durch Frankreich kutschieren* parcourir la France
Kutte ['kutə] *f* ⟨~; ~n⟩ froc *m*
Kutteln ['kutəln] *f/pl* CUIS tripes *f/pl*
Kutter ['kutər] *m* ⟨~s; ~⟩ MAR cotre *m*; (*Fischkutter*) chalutier *m*
Kuvert [ku'veːr] *n* ⟨~s; ~s⟩ enveloppe *f*
Kuvertüre [kuver'tyːrə] *f* ⟨~; ~n⟩ CUIS couverture *f*
Kuwait [ku'vaıt] *n* ⟨~s⟩ le Koweït
kW *abr* (*Kilowatt*) kW
kWh *abr* (*Kilowattstunde*) kWh
Kybernetik [kybɛr'neːtık] *f* ⟨~⟩ cybernétique *f*
kybernetisch *adj* cybernétique
kyrillisch [ky'rılıʃ] *adj* cyrillique
KZ [kaː'tsɛt] *n abr* ⟨~s; ~s⟩ (*Konzentrationslager*) camp *m* de concentration
KZ-Häftling *m* prisonnier, -ière *m,f* d'un camp de concentration

L

L, l [ɛl] *n* ⟨L, l; L, l⟩ L, l *m*
l *abr* (*Liter*) l
Labello® [la'bɛlo] *m* ⟨~$; ~s⟩ stick labial
laben ['laːbən] *st/s* **I** *v/t* rafraîchir **II** *v/r* **sich an etw** (*dat*) **laben** se rafraîchir (en buvant qc); *fig* se délecter à *od* de qc
labern ['laːbərn] F *péj* **I** *v/t* **dummes Zeug labern** débiter des âneries **II** *v/i* F jacter; causer
labil [la'biːl] *adj Person, Charakter, Gleichgewicht* instable; *Gesundheitszustand* précaire
Labilität *f* ⟨~⟩ instabilité *f*
Labor [la'boːr] *n* ⟨~s; ~s *ou* ~e⟩ laboratoire *m*
Laborant(in) [-bo'rant(ın)] *m* ⟨~en; ~en⟩ (*f*) ⟨~in; ~innen⟩ laborantin(e) *m(f)*
Laboratorium *n* ⟨~s; -ien⟩ laboratoire *m*

laborieren *v/i* ⟨*sans ge*⟩ F **an etw** (*dat*) **laborieren** travailler à qc; F **an e-r Krankheit laborieren** être travaillé par une maladie
Laborversuch *m* expérience *f* de laboratoire
Labrador [labra'doːr] *m* ⟨~s; ~e⟩ ZO labrador *m*
Labyrinth [laby'rınt] *n* ⟨~¢s; ~e⟩ labyrinthe *m*; dédale *m* (*beide a fig*)
Lachanfall *m* (crise *f* de) fou rire; **er bekam e-n Lachanfall** il a été pris de fou rire
Lache¹ ['laxə] F *f* ⟨~; ~n⟩ (*Gelächter*) (façon *f* de) rire *m*
Lache² ['la(ː)xə] *f* ⟨~; ~n⟩ (*Pfütze*) flaque *f* (d'eau)
lächeln ['lɛçəln] *v/i* ⟨¢⟩ sourire (**über** [+ *acc*] de)

Lächeln *n* ⟨~s⟩ sourire *m*
lachen ['laxən] **I** *v/t* ***Tränen lachen*** rire aux larmes; ***da gibt es nichts zu lachen*** il n'y a pas de quoi rire; ***er hat nichts zu lachen*** pour lui la vie est dure; F ***das wäre doch gelacht, wenn …*** F ce serait la meilleure, si … **II** *v/i* rire (***über*** [+ *acc*] de); ***schallend lachen*** éclater de rire; F ***dass ich nicht lache!*** laissez-moi rire!; ***du hast gut lachen*** tu peux rire; ***der lachende Dritte*** un troisième larron **III** F *v/r* → ***kaputtlachen***, ***kranklachen***, ***krummlachen***, ***schieflachen***
Lachen *n* ⟨~s⟩ rire *m*; ***in lautes Lachen ausbrechen*** éclater de rire; ***sich vor Lachen nicht halten können*** être écroulé (de rire); ***sich vor Lachen biegen*** se tordre de rire
Lacher *m* ⟨~s; ~⟩ rieur *m*; ***die Lacher auf s-r Seite haben*** avoir les rieurs de son côté
Lacherfolg *m* ***ein Lacherfolg sein***, ***e-n Lacherfolg haben*** faire rire (tout le monde)
lächerlich ['lɛçərlıç] *adj* ridicule; ***sich lächerlich machen*** se rendre ridicule; ***j-n lächerlich machen*** tourner qn en ridicule; ***etw ins Lächerliche ziehen*** tourner qc en ridicule
Lächerlichkeit *f* ⟨~; ~en⟩ ridicule *m*; (*Kleinigkeit*) bagatelle *f*; ***der Lächerlichkeit preisgeben*** tourner en ridicule
Lachfältchen *n* ⟨~s; ~⟩ patte-d'oie *f*
Lachgas *n* gaz hilarant
lachhaft *adj* ridicule
Lachkrampf *m* fou rire
Lachs [laks] *m* ⟨~es; ~e⟩ saumon *m*
Lachsersatz *m* succédané *m* de saumon
lachsfarben, **lachsrot** *adj* saumon
Lachsschinken *m* filet *m* de porc fumé
Lack [lak] *m* ⟨~¢s; ~e⟩ *farbloser* vernis *m*; *farbiger* laque *f*; (*Autolack*) peinture *f*
Lackaffe F *m* F gommeux *m*
Lackfarbe *f* laque *f*; peinture laquée, brillante; émail *m*
lackieren *v/t* ⟨*sans ge*⟩ laquer; *Holz* vernir; *Auto* peindre; (*sich* [*dat*]) ***die Nägel lackieren*** se vernir les ongles
Lackierer *m* ⟨~s; ~⟩ peintre *m* au pistolet
Lackiererei *f* ⟨~; ~en⟩ atelier *m* de peinture
Lackierung *f* ⟨~; ~en⟩ (*Lack*) laque *f*; (*Lackieren*) laquage *m*
Lackleder *n* (cuir *m*) verni *m*
Lackmuspapier ['lakmʊs-] *n* papier *m* de tournesol
Lackreiniger *m* ⟨~s; ~⟩ polish *m*
Lackschaden *m* peinture abîmée
Lackschicht *f* → ***Lackierung***
Lackschuhe *m/pl* chaussures vernies
Ladebühne ['la:də-] *f* plate-forme *f* de chargement
Ladefläche *f* surface *f* de chargement
Ladegerät *n* ÉLECT chargeur *m*
Ladehemmung *f* enrayage *m*; *fig plais* ***Ladehemmung haben*** être dur à la détente
laden¹ *v/t* ⟨lädt, lud, geladen⟩ **1.** MIL, ÉLECT, INFORM charger **2.** (*beladen*) charger; *Waren* charger (***auf*** [+ *acc*] sur); *auf Schiff* embarquer **3.** *fig* ***e-e Schuld auf sich*** (*acc*) ***laden*** se rendre coupable d'une faute
laden² *v/t* ⟨lädt, lud, geladen⟩ **1.** (*einladen*) inviter; ***geladene Gäste*** *m/pl* invités *m/pl* **2.** ***vor Gericht laden*** citer en justice

Laden ['la:dən] *m* ⟨~s; ∺⟩ **1.** boutique *f*; *größerer* magasin *m* **2.** *fig* F ***den Laden dichtmachen*** F fermer boutique; F ***den Laden schmeißen*** F faire marcher l'affaire **3.** (*Fensterladen*) volet *m*
Ladenbesitzer(in) *m(f)* propriétaire *m,f*, patron, -onne *m,f* d'un magasin
Ladendieb(in) *m(f)* voleur, -euse *m,f* à l'étalage
Ladendiebstahl *m* vol *m* à l'étalage
Ladeneinrichtung *f* mobilier *m*, installation *f* de magasin
Ladenfront *f* rangée *f* de boutiques
Ladenhüter F *m* F rossignol *m*
Ladeninhaber(in) *m(f)* → ***Ladenbesitzer(in)***
Ladenkasse *f* caisse enregistreuse
Ladenkette *f* chaîne *f* de magasins
Ladenmiete *f* loyer *m* de magasin
Ladenpassage *f* galerie marchande
Ladenpreis *m* prix *m* de vente
Ladenschild *n* enseigne *f*
Ladenschluss *m* fermeture *f* des magasins
Ladenschlussgesetz *n* BRD loi *f* fixant l'heure de fermeture des magasins
Ladentisch *m* comptoir *m*
Laderampe *f* rampe *f* de chargement
Laderaum *m* MAR, AVIAT soute *f*; MAR *a* cale *f*
Ladezeit *f* MAR (e)starie *f*; ÉLECT durée *f* de charge
lädieren [lɛ'di:rən] *v/t* ⟨*sans ge*⟩ endommager (*a fig*); *abîmer*; *Haut* blesser légèrement
Ladung ['la:dʊŋ] *f* ⟨~; ~en⟩ **1.** (*Fracht*) charge *f*; (*Wagenladung*) chargement *m*; *e-s Schiffes* cargaison *f* **2.** *e-r Feuerwaffe*, ÉLECT charge *f* **3.** JUR citation *f* **4.** F (*Menge*) tas *m*; ***e-e Ladung Touristen*** une cargaison, fournée de touristes
lag [la:k] → ***liegen***
Lage ['la:gə] *f* ⟨~; ~n⟩ **1.** *räumlich*, *fig* situation *f*; position *f*; *e-s Gebäudes* exposition *f*; *e-r Stadt* site *m*; F ***die Lage peilen*** tâter le terrain; ***versetzen Sie sich in meine Lage*** mettez-vous à ma place; ***in der Lage sein, zu*** (+ *inf*) être en mesure de (+ *inf*); ***nach Lage der Dinge*** en l'état actuel des choses **2.** SCHWIMMSPORT ***4x100 m Lagen*** 4x100 m quatre nages **3.** MUS registre *m* **4.** (*Schicht*) couche *f*; GÉOL strate *f* **5.** F ***Lage*** (*Runde*) ***Bier*** tournée *f* de bière
Lagebericht *m* exposé *m* de la situation
Lagebesprechung *f* analyse *f* de la situation
Lageplan *m* plan *m* topographique
Lager ['la:gər] *n* ⟨~s; ~⟩ **1.** *litt* (*Bett*) couche *f* **2.** MIL, POL, *fig* camp *m* **3.** ⟨*pl a* ∺⟩ (*Warenlager*) magasin *m*; dépôt *m*; ***auf Lager haben*** avoir en stock; F *fig* ***etw auf Lager haben*** avoir qc en réserve **4.** GÉOL gisement *m* **5.** TECH coussinet *m*; palier *m*
Lagerbestand *m* stock *m*; ***den Lagerbestand aufnehmen*** faire l'inventaire
Lagerbier *n* bière *f* de garde
lagerfähig *adj* qui se conserve
Lagerfeuer *n* feu *m* de camp
Lagerhalle *f* entrepôt *m*
Lagerhaltung *f* stockage *m*; magasinage *m*
Lagerkosten *pl* frais *m/pl* de stockage
Lagerleiter *m* chef *m* de camp
lagern **I** *v/t* **1.** (*hinlegen*) coucher; étendre (par terre) **2.** *Waren* emmagasiner; stocker **II** *v/i* **3.**

(ruhen) être couché, étendu **4.** *Waren* être en magasin; *Wein* être en cave **5.** *(kampieren)* camper **6.** *fig dieser Fall ist anders gelagert* c'est un cas différent
Lagerobst *n* fruits *m/pl* de garde
Lagerraum *m* → **Lagerhalle**
Lagerschuppen *m* 'hangar *m*
Lagerstätte *f* GÉOL gisement *m*
Lagerung *f* ⟨~⟩ **1.** *(Einlagern)* stockage *m* **2.** *e-s Körperteils* position *f*
Lagerverwalter *m* magasinier *m*
Lagune [la'gu:nə] *f* ⟨~; ~n⟩ lagune *f*
lahm [la:m] *adj* **1.** *(gelähmt)* paralysé **2.** F *(energielos)* mou; F gnangnan; *(schleppend)* languissant; *(langweilig)* barbant; → **lahmlegen**
Lahmarsch P *m* F mollasson, -onne *m,f*
lahmarschig P *adj* F mollasson, -onne
lahmen *v/i* boiter; traîner la jambe
lähmen ['lɛ:mən] *v/t* **1.** MÉD paralyser; *halbseitig gelähmt* hémiplégique **2.** *fig* paralyser; *vor Schreck wie gelähmt* comme paralysé de terreur
lahmlegen *v/t* paralyser
Lähmung ['lɛ:muŋ] *f* ⟨~; ~en⟩ MÉD, *fig* paralysie *f*; *halbseitige Lähmung* hémiplégie *f*
Lähmungserscheinungen *f/pl* signes *m/pl* avant-coureurs de la paralysie
Laib [laɪp] *m* ⟨~¢s; ~e⟩ **Laib Brot** miche *f* de pain; **Laib Käse** meule *f* de fromage
Laich [laɪç] *m* ⟨~¢s; ~e⟩ frai *m*
laichen *v/i* frayer
Laichplatz *m* frayère *f*
Laie ['laɪə] *m* ⟨~n; ~n⟩ **1.** REL laïque *od* laïc *m* **2.** *(Uneingeweihter)* profane *m*; *péj* amateur *m*; *blutiger Laie* parfait profane
laienhaft *adj* de profane; *péj* d'amateur
Laienprediger *m* prédicateur *m* laïque
Laienrichter *m* JUR *(Geschworener)* juré *m*; *(Beisitzer)* etwa assesseur *m* non juriste
Laienschauspieler *m* comédien *m* amateur
Laienspielgruppe *f* troupe *f* de théâtre amateur
Lakai [la'kaɪ] *m* ⟨~en; ~en⟩ laquais *m* *(a fig)*
Lake ['la:kə] *f* ⟨~; ~n⟩ saumure *f*

Laken ['la:kən] *n* ⟨~s; ~⟩ drap *m* de lit
lakonisch [la'ko:nɪʃ] *adj* laconique
Lakritze [la'krɪtsə] *f* ⟨~; ~n⟩ réglisse *f*
Laktose [lak'to:zə] *f* ⟨~⟩ CHIM lactose *m*
lallen ['lalən] *v/t u v/i* balbutier
Lama[1] ['la:ma] *n* ⟨~s; ~s⟩ ZO lama *m*
Lama[2] *m* ⟨~¢; ~s⟩ REL lama *m*
Lamelle [la'mɛlə] *f* ⟨~; ~n⟩ ÉLECT, TECH lame *f*; lamelle *f* *(a* BOT*)*
lamentieren [lamɛn'ti:rən] F *péj* *v/i* ⟨sans ge⟩ se lamenter; gémir
Lametta [la'mɛta] *n* ⟨~s⟩ lamelles *f/pl* d'argent *bzw* d'or
Lamm [lam] *n* ⟨~¢s; ⁀er⟩ agneau *m*
Lammbraten *m* rôti *m* d'agneau
Lammfell *n* peau *f* d'agneau
Lammfleisch *n* (viande *f* d')agneau *m*
lammfromm *adj* doux comme un agneau
Lammkeule *f* gigot *m* d'agneau
Lammkotelett *n* côte(lette) *f* d'agneau
Lammrücken *m* CUIS selle *f* d'agneau
Lampe ['lampə] *f* ⟨~; ~n⟩ lampe *f*
Lampenfieber *n* F trac *m*; *Lampenfieber haben* F avoir le trac
Lampenschirm *m* abat-jour *m*
Lampion [lampi'ɔŋ] *m* ⟨~s; ~s⟩ lampion *m*
lancieren [lã:'si:rən] *st/s v/t* ⟨sans ge⟩ lancer *(a* COMM*)*
Land [lant] *n* ⟨~¢s⟩ **1.** *(Festland)* terre *f*; *Land in Sicht!* terre!; *an Land gehen* débarquer; F *fig (sich [dat]) etw an Land ziehen* F décrocher qc; *(wieder) Land sehen* arriver au bout du tunnel **2.** *(Boden)* terre *f*; sol *m*; *unbebautes Land* terre inculte **3.** *(Grundstück)* terre *f*; terrain *m*; *ein Stück Land* un bout de terrain; un lopin de terre **4.** *flaches Land* pays plat **5.** *Gegensatz zur Stadt* campagne *f*; *auf dem Land wohnen, österr am Land wohnen* habiter (à) la campagne; *aufs Land ziehen* aller vivre à la campagne **6.** ⟨*pl* ⁀er⟩ POL pays *m*; *(Bundesland)* land *m*; *außer Landes sein* être 'hors du pays; *fig Zeit ins Land gehen* s'écouler **7.** BIBL *das Heilige Land* la Terre sainte; *das Gelobte Land* la Terre promise

---

Aus welchem Land kommen Sie?   🔲 FQ

Wenn Sie ausdrücken wollen, **wo** Sie wohnen, **woher** Sie kommen, **wohin** Sie gehen, müssen Sie im Französischen einige Besonderheiten beachten:

Wo? Wohin?

nach / in Frankreich	**en** France *(f)*	Auf die Frage wo? bzw.
nach / in England	**en** Angleterre *(f)*	wohin? steht bei femininen
nach / in Dänemark	**au** Danemark *(m)*	Ländernamen **en** ohne Ar-
in den / in die USA	**aux** États-Unis *(m/pl)*	tikel. Bei maskulinen Län-
		dernamen steht **au**, bei
		Ländern im Plural **aux**.

Woher?

aus Deutschland	**d'**Allemagne	Auf die Frage woher? steht
aus Frankreich	**de** France	bei femininen Länderna-
aus Japan	**du** Japon	men **de** ohne Artikel.
aus den Niederlanden	**des** Pays-Bas	Bei maskulinen Länder-
		namen steht **du** und bei
		Ländern im Plural **des**.

Landammann *m schweiz* président *m* du Conseil d'État
Landarbeiter(in) *m(f)* ouvrier, -ière *m,f* agricole
Landarzt *m* médecin *m* de campagne
Landbesitz *m* propriété foncière
Landbevölkerung *f* population rurale
Landeanflug *m* phase *f* d'approche
Landebahn *f* piste *f* d'atterrissage
Landeerlaubnis *f* permission *f* d'atterrir
Landefähre *f* (*Mondlandefähre*) module *m* lunaire
landeinwärts *adv* vers l'intérieur du pays
Landeklappe *f* AVIAT volet *m*
landen ['landən] **I** *v/t* **1.** MIL mettre à terre; AVIAT poser **2.** F *e-n Treffer landen* réussir un coup **II** *v/i* ⟨sn⟩ **3.** MAR accoster **4.** AVIAT atterrir (*auf* [+ *dat*] sur) **5.** F *fig Person, Brief* F atterrir; *im Gefängnis landen* F échouer en prison
Landenge *f* isthme *m*
Landeplatz *m* AVIAT terrain *m* d'atterrissage; MAR débarcadère *m*
Länder ['lɛndər] → *Land*
Ländereien [lɛndə'raɪən] *pl* terres *f/pl*
Länderkampf *m* **1.** SPORT compétition internationale **2.** → *Länderspiel*
Länderkunde *f* ⟨√⟩ géographie *f*
Länderspiel *n* FUSSBALL match international
Landesfarben *f/pl* couleurs nationales
Landesgrenze *f* frontière nationale; *innerhalb der BRD* limite *f* du land
Landeshauptfrau *f,* **Landeshauptmann** *m* ⟨*pl* -männer *ou* -leute⟩ *österr* chef *m* de l'administration d'une province
Landeshauptstadt *f* capitale *f*
Landesinnere(s) *n* ⟨→ A⟩ intérieur *m* du pays
Landeskunde *f* géographie *f* et civilisation *f* d'un pays
Landesregierung *f* gouvernement *m* (du pays), *BRD* du land
Landessprache *f* langue nationale
Landestracht *f* costume national
landesüblich *adj* d'usage dans le pays
Landesverrat *m* trahison *f*
Landesverräter(in) *m(f)* traître *m,* traîtresse *f* à son pays
Landeswährung *f* unité *f* monétaire du pays; *in Landeswährung* en monnaie nationale
landesweit *adj* à l'échelon du land *bzw* du pays, national
Landflucht *f* exode rural
Landfrau *f* fermière *f*; paysanne *f*
Landfriedensbruch *m* troubles apportés à l'ordre public
Landgericht *n* tribunal *m* de grande instance
landgestützt *adj* MIL basé à terre
Landgut *n* domaine rural
Landhaus *n* maison *f* de campagne
Landkarte *f* carte *f* (géographique)
Landkreis *m* ADM *etwa* district *m*
landläufig *adj* courant
Landleben *n* vie *f* à la campagne
ländlich ['lɛntlɪç] *adj* rural; de la campagne; (*bäurisch*) campagnard
Landluft *f* air *m* de la campagne
Landmine *f* mine *f* terrestre
Landpartie *f* partie *f* de campagne; excursion *f* à la campagne

Landplage *f* calamité publique; fléau *m*
Landrat *m* **1.** *BRD etwa* sous-préfet *m* **2.** *schweiz* Grand Conseil
Landratte F *f Person* F terrien *m*
Landregen *m* pluie persistante
Landschaft *f* ⟨√; √en⟩ paysage *m* (*a fig*)
landschaftlich *adv* **landschaftlich schön** pittoresque
Landschaftsaufnahme *f* (photo *f* de) paysage *m*
Landschaftsbild *n* PEINT paysage *m*
Landschaftsgärtner *m* jardinier *m* paysagiste
Landschaftsmaler *m* (peintre *m*) paysagiste *m*
Landschaftspflege *f* conservation *f* et aménagement *m* des espaces naturels
Landschaftsschutz *m* sauvegarde *f* des paysages
Landschaftsschutzgebiet *n* site protégé
Landschulheim *n* classe verte
Landsitz *m* propriété *f* à la campagne; (*Herrensitz*) manoir *m*
Landsmann *m* ⟨√¢s; -leute⟩, **Landsmännin** *f* ⟨√; √nen⟩ compatriote *m,f*; *was ist er für ein Landsmann?* de quel pays est-il?
Landstraße *f* route départementale
Landstreicher(in) *m* ⟨√s; √⟩ (*f*) ⟨√in; √innen⟩ vagabond(e) *m(f)*
Landstreitkräfte *f/pl* MIL forces *f/pl* terrestres
Landstrich *m* contrée *f*
Landtag *m BRD u österr* parlement *m* d'un land
Landung ['landʊŋ] *f* ⟨√; √en⟩ **1.** AVIAT atterrissage *m* **2.** MAR accostage *m*
Landungsbrücke *f* MAR débarcadère *m*
Landurlaub *m* MAR permission *f* de (descendre à) terre
Landvermessung *f* arpentage *m*
Landweg *m* voie *f* de terre; *auf dem Landweg(e)* par voie de terre
Landwein *m* vin *m* de pays
Landwirt *m* agriculteur *m*; exploitant *m* (agricole)
Landwirtschaft *f* agriculture *f*
landwirtschaftlich *adj* agricole
Landwirtschaftskammer *f* chambre *f* d'agriculture
Landwirtschaftsminister *m* ministre *m* de l'Agriculture
Landwirtschaftsministerium *n* ministère *m* de l'Agriculture
Landzunge *f* langue *f* de terre
lang [laŋ] **I** *adj* ⟨√er, √ste⟩ **1.** *räumlich* long; *20 Meter lang* long de 20 mètres; *gleich lang sein* avoir la même longueur; *fig lang und breit* longuement; en détail **2.** *zeitlich* **lange Zeit** longtemps **II** *adv* longtemps; *ein Jahr lang* pendant une année, un an; → *lange*
langärm(e)lig *adj* à manches longues
langatmig *adj* qui a des longueurs; *Buch, Vortrag* assommant; *Bericht, Rede* verbeux
langbeinig *adj* qui a les jambes longues
lange *adv* ⟨länger, am längsten⟩ **1.** *zeitlich* longtemps; *wie lange (noch)?* combien de temps?; *wie lange sind Sie schon hier?* depuis quand êtes-vous ici?; *er braucht lange um zu* (+ *inf*) il est long, lent à (+ *inf*); *schon lange* depuis longtemps; *so lange, wie ...* tant que ...; *er ist noch lange nicht fertig* il est loin d'avoir ter-

miné, *zum Ausgehen* d'être prêt **2.** (*bei Wei-tem*) *das ist* (*noch*) *lange nicht alles* (et) ce n'est pas tout; *er ist lange nicht so klug wie sie* il est loin d'être aussi intelligent qu'elle
Länge ['lɛŋə] *f* ⟨∼; ∼n⟩ **1.** *räumlich* longueur *f*; long *m*; *e-e Länge von drei Metern haben* avoir trois mètres de long; *der Länge nach* en longueur; dans le sens de la longueur **2.** (*Körperlänge*) taille *f* **3.** *zeitlich* durée *f*; *sich in die Länge ziehen* traîner en longueur **4.** GÉOGR longitude *f* **5.** SPORT longueur *f*
langen ['laŋən] F **I** *v/t* (*darreichen*) passer; *j-m e-e langen* F flanquer une gifle à qn **II** *v/i* **1.** (*ausreichen*) suffire (*für* pour); *das langt bis morgen* Vorrat avec ça on ira, tiendra jusqu'à demain; *jetzt langt es mir aber!* j'en ai assez maintenant! **2.** ([*er*]*reichen*) atteindre
Längengrad *m* degré *m* de longitude
Längenkreis *m* méridien *m*
Längenmaß *n* mesure *f* de longueur
länger *adj u adv* **1.** *räumlich* plus long; *länger machen* allonger; COUT rallonger; *länger wer-den* s'allonger **2.** *zeitlich* plus longtemps; (*ziemlich lang*) assez longtemps; *längere Zeit* quelque temps; *ein Tag länger* un jour de plus
Lang(e)weile *f* ⟨∼⟩ ennui *m*; *Lang(e)weile ha-ben* s'ennuyer
Langfinger *m plais* F chapardeur *m*
langfristig *adj u adv* à long terme
langgehen F → *entlanggehen*; *wissen, wos langgeht* s'y connaître; *ich werd ihm* (*schon*) *zeigen, wos langgeht* je vais lui apprendre à vivre
langhaarig *adj* aux cheveux longs; *Tier* à poil long
langjährig *adj* qui existe depuis des années; *Freundschaft* de longue date; *Erfahrung* long; *Freund* vieux
Langlauf *m* ski *m* de fond
Langläufer(in) *m(f)* skieur, skieuse *m,f* de fond
Langlaufloipe *f* piste *f* de ski de fond
Langlaufski *m* ski *m* de fond
langlebig *adj* BIOL qui vit longtemps; COMM du-rable
Langlebigkeit *f* ⟨∼⟩ BIOL longévité *f*; COMM so-lidité *f*
länglich *adj* allongé; oblong
Langmut *st/s f* ⟨∼⟩ patience *f*; *st/s* longanimité *f*
langmütig *st/s adj* patient
längs [lɛŋs] **I** *prép* ⟨*gén ou dat*⟩ le long de **II** *adv* dans le sens de la longueur
Längsachse *f* axe longitudinal
langsam **I** *adj* **1.** lent; *langsamer werden* ra-lentir; (*sich verlangsamen*) se ralentir **2.** (*all-mählich*) graduel **II** *adv* **3.** lentement; douce-ment; *langsam aber sicher* lentement mais sûrement; *immer langsam!* doucement!; *langsamer fahren* ralentir **4.** (*allmählich*) pe-tit à petit
Langsamkeit *f* ⟨∼⟩ lenteur *f*
Langschläfer(in) *m(f)* lève-tard *m,f*
Langspielplatte *f* trente-trois tours *m*
Längsrichtung *f* sens de la longueur, longitudi-nal
Längsschnitt *m* coupe longitudinale
längst [lɛŋst] *adv* **1.** (*schon lange*) depuis long-temps **2.** (*bei Weitem*) *er ist längst nicht so klug wie ...* il est loin d'être aussi intelligent

que ...; *das ist* (*noch*) *längst nicht alles* (et) ce n'est pas tout(, loin de là)
längste *adj* le plus long
längstens *adv* au plus tard
langstielig *adj* **1.** *Geräte* à manche long; *lang-stieliges Glas* verre *m* à pied **2.** *Blume* à tige longue
Langstreckenflug *m* vol *m* long-courrier
Langstreckenflugzeug *n* (avion *m*) long-cour-rier *m*
Langstreckenlauf *m* course *f* de fond
Langstreckenläufer(in) *m(f)* coureur, -euse *m,f* de fond
Langstreckenrakete *f* fusée *f* à longue portée
Languste [laŋ'gʊstə] *f* ⟨∼; ∼n⟩ langouste *f*
langweilen *v/t* (*u v/r sich langweilen* s')en-nuyer
Langweiler(in) F *m* ⟨∼s; ∼⟩, (*f*) ⟨∼in; ∼innen⟩ F raseur, -euse *m,f*
langweilig *adj* ennuyeux; *mir ist es langweilig* je m'ennuie
Langwelle *f* grandes ondes
langwierig *adj* de longue haleine (*a Arbeit*); *Verhandlungen* laborieux
Langwierigkeit *f* ⟨∼⟩ longue durée
Langzeitarbeitslose(r) *f(m)* chômeur, -euse *m,f* de longue durée
Langzeitarbeitslosigkeit *f* chômage *m* de lon-gue durée
Langzeitgedächtnis *n* mémoire *f* à long terme
Langzeitstudie *f* observation *f* de longue durée
Langzeitwirkung *f* effet *m* à long terme
Lanze ['lantsə] *f* ⟨∼; ∼n⟩ lance *f*; *fig e-e Lanze für j-n brechen* prendre la défense de qn
Laos ['la:ɔs] *n* ⟨von ∼⟩ le Laos
lapidar [lapi'da:r] *st/s adj st/s* lapidaire
Lapislazuli [lapɪs'la:tsuli] *m* ⟨∼; ∼⟩ MINÉR lapis (-lazuli) *m*
Lappalie [la'pa:liə] *f* ⟨∼; ∼n⟩ bagatelle *f*; *pl/fort* (un) rien
Lappe ['lapə] *m* ⟨∼n; ∼n⟩ Lapon *m*
Lappen ['lapən] *m* ⟨∼s; ∼⟩ **1.** (*Wischlappen*) chiffon *m*; F *fig das ist mir durch die Lappen gegangen* F cela m'est passé sous le nez **2.** F (*Geldschein*) billet *m*
läppern ['lɛpərn] *v/r* F *das läppert sich* F cela finit par faire
Lappin *f* ⟨∼; ∼nen⟩ Lapon(n)e *f*
läppisch ['lɛpɪʃ] F *adj* ridicule; *Person a* niais
Lappland *n* ⟨∼s⟩ la Laponie
Laptop ['lɛptɔp] *m* ⟨∼s; ∼s⟩ (ordinateur *m*) por-table *m*
Lärche ['lɛrçə] *f* ⟨∼; ∼n⟩ BOT mélèze *m*
Lärm [lɛrm] *m* ⟨∼s⟩ bruit *m*; (*Gepolter*) vacar-me *m*; (*Krach*) tapage *m*; *fig viel Lärm um nichts* beaucoup de bruit pour rien
Lärmbekämpfung *f* lutte *f* contre le bruit
Lärmbelästigung *f* pollution *f* sonore
lärmempfindlich *adj* sensible au(x) bruit(s)
lärmen *v/i* faire du bruit, du vacarme
lärmend *adjt* bruyant
Lärmpegel *m* niveau *m* sonore
Lärmschutz *m* protection *f* contre le bruit
Lärmschutzwall *m*, **Lärmschutzwand** *f* mur *m* antibruit
Larve ['larfə] *f* ⟨∼; ∼n⟩ **1.** ZO larve *f* **2.** (*Maske*) masque *m*
las [la:s] → *lesen¹*, *lesen²*

Lasagne [la'zanjə] *pl* CUIS lasagnes *f/pl*
lasch [laʃ] **I** *adj* **1.** (*kraftlos*) mou **2.** (*wirkungslos*) inefficace **3.** (*nicht streng*) laxiste **II** *adv* *handhaben etc* avec laxisme
Lasche *f* ⟨∼; ∼n⟩ *an Schuhen* languette *f*; COUT patte *f*; languette *f*
Laser ['le:zər] *m* ⟨∼s; ∼⟩ laser *m*
Laserdruck *m* INFORM impression *f* laser
Laserdrucker *m* INFORM imprimante *f* laser
Lasermedizin *f* médecine *f* au laser
Lasershow *f* spectacle *m* laser
Laserstrahl *m* rayon *m* laser
Lasertechnik *f* technique *f* laser
Laserwaffe *f* arme *f* laser
lassen ['lasən] ⟨lässt, ließ, lasse *ou* lass!⟩ **I** *v/aux de mode* ⟨p/p lassen⟩ **1.** (*zulassen*) laisser; *j-n etw tun lassen* laisser faire qc à qn **2.** (*veranlassen*) faire; *j-n etw tun lassen* faire faire qc à qn; *den Arzt holen lassen* envoyer chercher le médecin; *ich lasse ihn grüßen* saluez-le de ma part **3.** *lass, lasst uns gehen!* partons! **II** *v/t* ⟨p/p gelassen⟩ **4.** (*überlassen*) *j-m etw lassen* laisser, céder qc à qn **5.** (*zubilligen*) *sie ist bescheiden das muss man ihr lassen* il faut le reconnaître **6.** (*unterlassen*) ne pas faire; renoncer à; *lass das!* arrête! **7.** (*zurücklassen*) laisser; abandonner; *fig j-n weit hinter sich* (*dat*) *lassen* distancer qn **8.** *an e-n Ort lassen* laisser aller; *j-n ins Haus lassen* laisser entrer qn **III** *v/i* ⟨p/p gelassen⟩ (*ablassen*) *von etw lassen* renoncer à qc **IV** *v/r* ⟨p/p lassen⟩ *Stoff* *sich gut waschen lassen* se laver bien; être facile à laver; *das lässt sich nicht beschreiben* c'est indescriptible
lässig ['lɛsɪç] **I** *adj* F cool; (*unbekümmert*) *a* nonchalant; *Kleidung a* décontracté; *Haltung a* désinvolte **II** *adv* **1.** avec nonchalance, désinvolture; *lässig gekleidet* habillé de manière décontractée **2.** F (*mühelos*) facilement
Lässigkeit *f* ⟨∼⟩ (*Unbekümmertheit*) nonchalance *f*; décontraction *f*; *der Haltung* désinvolture *f*
Lasso ['laso] *m od n* ⟨∼s; ∼s⟩ lasso *m*
Last [last] *f* ⟨∼; ∼en⟩ **1.** (*Traglast*) charge *f*; *fig* poids *m*; *j-m zur Last fallen* être à charge à qn; *j-m etw zur Last legen* accuser qn de qc; imputer qc à qn; *zu j-s Lasten gehen* être à la charge de qn; COMM *zu j-s Lasten* au débit de qn **2.** *e-s Schiffes* cargaison *f*; fret *m* **3.** *Lasten* (*Abgaben*) charges publiques
Lastauto *n* camion *m*; poids lourd
lasten *v/i* ⟨-e-⟩ peser; *auf etw* (*dat*) *schwer lasten* peser d'un grand poids sur qc; *auf dem Unternehmen lasten schwere Schulden* la firme est grevée de lourdes dettes; *fig Verantwortung auf j-s Schultern* (*dat*) *lasten* peser sur les épaules de qn
Lastenaufzug *m* monte-charge *m*
Lastenausgleich *m* péréquation *f* des charges
Laster[1] ['lastər] *n* ⟨∼s; ∼⟩ (*schlechte Neigung*) vice *m*
Laster[2] F *m* ⟨∼s; ∼⟩ → *Lastwagen*
lasterhaft *adj Leben* dissolu; *Person* immoral
Lästermaul ['lɛstər-] *f* *n* F mauvaise langue
lästern *v/i* *über j-n lästern* médire de qn; dénigrer qn
lästig ['lɛstɪç] *adj* (*aufdringlich*) importun; (*unangenehm*) ennuyeux; (*unbequem*) gênant;

(*störend*) fatigant; *j-m lästig werden, fallen* importuner qn
lästigfallen *v/i* → *lästig*
Lastkahn *m* péniche *f*; chaland *m*
Lastkraftwagen *m* ADM → *Lastwagen*
Last-Minute... [la:st'mɪnɪt...] *in Zssgn* de dernière minute
Last-Minute-Flug *m* vol *m* de dernière minute
Last-Minute-Urlaub *m* vacances *f/pl* de dernière minute
Lastschrift *f* FIN note *f* de débit
Lastschriftverfahren *n* FIN (système *m* de) prélèvement *m* automatique
Lasttier *n* bête *f* de somme
Lastwagen *m* camion *m*; poids lourd
Lastwagenfahrer *m* conducteur *m* de camion; camionneur *m*
Lastzug *m* camion *m* à remorque
Lasur [la'zu:r] *f* ⟨∼; ∼en⟩ vernis *m*
Latein [la'taɪn] *n* ⟨∼s⟩ le latin; *fig mit s-m Latein am Ende sein* ne plus savoir quoi faire; y perdre son latin
Lateinamerika *n* l'Amérique latine
lateinamerikanisch *adj* latino-américain
lateinisch *adj* latin; *lateinische Schrift* caractères romains
latent [la'tɛnt] *adj* latent
Laterne [la'tɛrnə] *f* ⟨∼; ∼n⟩ (*Straßenlaterne*) réverbère *m*; (*Handlaterne*) lanterne *f*
Laternenpfahl *m* (poteau *m* de) réverbère *m*
Latex ['la:tɛks] *m* ⟨∼; Latizes⟩ latex *m*
Latinum [la'ti:num] *n* ⟨∼s⟩ *niveau de connaissances du latin correspondant à plusieurs années d'études*
Latrine [la'tri:nə] *f* ⟨∼; ∼n⟩ latrines *f/pl*
latschen ['la:tʃən] F *v/i* (sn) marcher; (*schlendern*) F se balader; déambuler
Latschen F *m* ⟨∼s; ∼⟩ (*Schuh*) F pompe *f*; F godasse *f*; (*Hausschuh*) F savate *f*
Latte ['latə] *f* ⟨∼; ∼n⟩ (*Holzstange*) latte *f*; SPORT barre *f*; F *fig lange Latte* F asperge *f*
Lattenkiste *f* caisse *f* à claire-voie; cageot *m*
Lattenrost *m* claie *f*
Lattenzaun *m* palissade *f*
Latz [lats] *m* ⟨∼es; ∼e⟩ **1.** *e-r Schürze, für Kinder* bavette *f*; P *j-m e-e vor den Latz knallen* F flanquer un coup à qn **2.** (*Hosenlatz*) pont *m* (de pantalon)
Lätzchen ['lɛtsçən] *n* ⟨∼s; ∼⟩ bavette *f*
Latzhose *f modische*, (*Kinderlatzhose*) salopette *f*; (*Arbeitslatzhose*) bleu *m* de travail
lau [lau] *adj* tiède (*a fig*); attiédi; *Luft, Wetter* doux
Laub [laup] *n* ⟨∼s⟩ feuillage *m*; feuilles *f/pl*
Laubbaum *m* (arbre *m*) feuillu *m*
Laube ['laubə] *f* ⟨∼; ∼n⟩ (*Gartenlaube*) tonnelle *f*
Laubfrosch *m* rainette *f*
Laubsäge *f* scie *f* à découper
Laubwald *m* forêt *f* de feuillus
Lauch [laux] *m* ⟨∼s; ∼e⟩ poireau *m*
Laudatio [lau'da:tsio] *f* ⟨∼; -tiones⟩ discours *m* à la louange d'une personnalité importante; *die Laudatio auf j-n halten* prononcer un discours à la louange de qn
Lauer ['lauər] *f* ⟨∼⟩ F *auf der Lauer sein, liegen* être aux aguets
lauern F *v/i auf etw, j-n lauern* guetter qc, qn

Lauf [lauf] *m* ⟨~¢s; Läufe⟩ **1.** (*Laufen*) course *f* (*a* SPORT) **2.** *fig* (*Fortgang*) cours *m*; *im Laufe der Zeit* avec le temps; *den Dingen ihren Lauf lassen* laisser les choses suivre leur cours; *s-n Tränen freien Lauf lassen* donner libre cours à ses larmes; *im Laufe des Monats* dans le courant du mois **3.** (*Flusslauf*) cours *m* **4.** *e-s Gewehrs* canon *m* **5.** *der Jagdtiere, Hunde* jambe *f*

Laufbahn *f* carrière *f*

Laufbursche *m* garçon *m* de courses

laufen ⟨läuft, lief, gelaufen, lauf(e)!⟩ **I** *v/t* ⟨sn⟩ *Strecke* faire, parcourir (*in e-r Stunde* en une heure); SPORT courir **II** *v/i* ⟨sn⟩ **1.** (*rennen*) courir (→ *Info passé* [*composé*]); (*gehen*) aller (à pied); *in ein Auto laufen* 'heurter une voiture; *j-m in die Arme laufen* tomber sur qn; *das Kind lernt laufen* l'enfant apprend à marcher; *laufen lassen Täter absichtlich* relâcher, *unabsichtlich* F laisser filer **2.** F *die Sache ist gelaufen* l'affaire est décidée **3.** (*gültig sein*) être valable, valide **4.** *Rad* tourner; *Maschine, Motor* fonctionner; marcher; F *das Geschäft läuft gut, schlecht* les affaires vont bien, mal **5.** *Film* passer; *Verhandlungen* être en cours **6.** (*fließen*) couler **7.** (*verlaufen*) *durch, über etw* (*acc*) *laufen* passer par qc **III** *v/imp es läuft sich hier gut* on marche sans peine ici

laufend I *adjt Jahr, Monat, Geschäfte, Ausgaben* courant; *Arbeiten, Untersuchung* en cours; *laufende Nummer* numéro *m* de série; *auf dem Laufenden sein* être au courant; *j-n* (*über etw* [*acc*]) *auf dem Laufenden halten* tenir qn au courant (de qc) **II** *advt* régulièrement; constamment

laufenlassen *v/t* → *laufen II 1*

Läufer ['lɔyfər] *m* ⟨~s; ~⟩ **1.** SPORT coureur *m*; FUSSBALL demi *m* **2.** SCHACH fou *m* **3.** (*schmaler Teppich*) tapis *m*; (*Tischläufer*) chemin *m* de table

Lauferei [laufəˈraɪ] F *f* ⟨~; ~en⟩ *viel Lauferei mit etw haben* F devoir courir beaucoup *od* partout pour qc

Läuferin *f* ⟨~; ~nen⟩ SPORT coureuse *f*

Lauffeuer *n fig wie ein Lauffeuer* comme une traînée de poudre

lauffreudig *adj* SPORT qui aime courir

Laufgitter *n für Kinder* parc *m*

läufig ['lɔyfɪç] *adj Hündin* en chaleur

Laufkran *m* grue roulante; pont roulant

Laufkundschaft *f* clientèle *f* de passage

Laufmasche *f* maille filée, qui file; *ihr Strumpf hat e-e Laufmasche* son bas a filé

Laufpass *m* F *j-m den Laufpass geben* F larguer qn

Laufschritt *m im Laufschritt* au pas de course

Laufstall *m* parc *m* (à bébé)

Laufsteg *m* podium *m*

Laufwerk *n* TECH, *der Uhr* mécanisme *m*; INFORM lecteur *m*

Laufzeit *f* FIN, JUR durée *f* (de validité); *ein Kredit mit dreimonatiger Laufzeit* un crédit de 3 mois

Laufzettel *m* note *f*, fiche *f* de marche à suivre

Lauge ['laugə] *f* ⟨~; ~n⟩ **1.** CHIM solution alcaline **2.** *für die Wäsche* lessive *f*

Laugenbrezel *f* bretzel *m*

Laune ['launə] *f* ⟨~; ~n⟩ (*Stimmung*) humeur *f*; (*Einfall*) caprice *m*; (*bei*) *guter, schlechter Laune sein, gute, schlechte Laune haben* être de bonne, mauvaise humeur; *bei Laune* de bonne humeur; *Launen haben* faire des caprices; être lunatique

launenhaft *adj* capricieux; *Mensch a* lunatique; *Wetter* instable

launig *adj* plein d'humour; amusant

launisch *adj* capricieux; lunatique

Laus [laus] *f* ⟨~; Läuse⟩ pou *m*; F *fig ihm ist e-e Laus über die Leber gelaufen* F il est de mauvais poil

Lausbube F *m* espiègle *m*; galopin *m*

Lauschangriff *m* opération *f* de mise sur écoute

lauschen ['lauʃən] *v/i* **1.** (*zuhören*) écouter **2.** (*horchen*) être aux écoutes; *an der Tür lauschen* écouter aux portes

lauschig *adj Ort* retiré; tranquille; *lauschiges Plätzchen* charmant petit coin

Lausebengel ['lauzəbɛŋəl] F *m*, **Lausejunge** F *m* (*mauvais*) garnement *m*; vaurien *m*; petit voyou

lausen ['lauzən] *v/t* (*u v/r*) ⟨¢/⟩ (*sich lausen*) s')épouiller; F *fig ich denk, mich laust der Affe* F j'en suis baba, sur le cul

lausig *adj* (*schäbig*) F minable; (*widerwärtig*) F sale **II** *adv* F bougrement

laut¹ [laut] **I** *adj Stimme*, MUS fort; *Geräusch*, *Kind* bruyant; *laut werden Stimmen* s'élever; *fig Nachricht* se répandre **II** *adv* fort; 'haut; (*geräuschvoll*) bruyamment; *laut lesen* lire à voix 'haute

laut² *prép* ⟨*gén ou dat*⟩ d'après

Laut *m* ⟨~¢s; ~e⟩ son *m*; *keinen Laut von sich geben* ne pas émettre le moindre son

Laute ['lautə] *f* ⟨~; ~n⟩ MUS luth *m*

lauten *v/i* ⟨~⟩ être; s'énoncer; *wie lautet die Antwort?* quelle est la réponse?

läuten ['lɔytən] *v/t, v/i, v/imp* ⟨-e-⟩ sonner; *es, j läutet an der Tür* on sonne; *es läutet Mittag* midi sonne; *fig ich habe läuten hören, dass ...* j'ai entendu dire que ...

---

laufen mit Richtungsangabe SG

laufen bzw. **rennen** mit Richtungsangabe wird oft nicht mit **courir**, sondern mit anderen Verben und dem Zusatz **en courant** übersetzt:

Sie lief über die Brücke.	**Elle a traversé le pont (en courant).**
Wir laufen durch den Wald.	**Nous traversons la forêt (en courant).**
Er ist nach Hause gerannt.	**Il est rentré en courant.**
Sie mussten zum Bahnhof rennen.	**Ils ont dû aller à la gare en courant.**

lauter[1] ['lautər] *st/s adj Metalle, fig* pur
lauter[2] *adv (nichts als, nur)* ne ... que; rien que; *das sind lauter Lügen* il n'y a que des mensonges
läutern ['lɔytərn] *st/s v/t (u v/r sich läutern* s')épurer
Läuterung *f ⟨~⟩ st/s fig* purification *f*
lauthals *adv* à gorge déployée; *protestieren* bruyamment
Lautlehre *f* phonétique *f*
lautlos *adj* silencieux
Lautmalerei *f sc* onomatopée *f*
Lautschrift *f* transcription *f* phonétique
Lautsprecher *m* 'haut-parleur *m*
Lautsprecheranlage *f* enceinte *f* acoustique
Lautsprecherbox *f* baffle *m*
Lautsprecherwagen *m* voiture *f* à 'haut-parleur
lautstark *adj* bruyant
Lautstärke *f* volume *m* (sonore); *der Stimme* puissance vocale; *mit voller Lautstärke Radio* à plein volume
Lautstärkeregler *m* régulateur *m* du volume (sonore)
Lautverschiebung *f* LING mutation *f* consonantique
lautwerden *v/i →* **laut**[1] I
lauwarm *adj →* **lau**
Lava ['la:va] *f ⟨~; Laven⟩* lave *f*
Lavastrom *m* coulée *f* de lave
Lavendel [la'vɛndəl] *m ⟨~s; ~⟩* lavande *f*
lavieren [la'vi:rən] *v/i ⟨sans ge⟩* MAR louvoyer *(a fig); fig* biaiser
Lawine [la'vi:nə] *f ⟨~; ~n⟩* avalanche *f*
lawinenartig *adj u adv* comme une avalanche *(a fig); fig* **lawinenartig zunehmen, anwachsen** faire boule de neige
Lawinengefahr *f* risque *m* d'avalanche
lax [laks] *adj* relâché; laxiste
Layout ['le:ʔaut] *n ⟨~s; ~s⟩* maquette *f*
Lazarett [latsa'rɛt] *n ⟨~ɟs; ~e⟩* hôpital *m* militaire
leasen ['li:zən] *v/t ⟨ɟɟ⟩* acheter en crédit-bail, en leasing
Leasing ['li:zɪŋ] *n ⟨~s; ~s⟩* leasing *m*; crédit--bail *m*
Leasingfirma *f* société *f* de leasing
Lebedame ['le:bə-] *f* cocotte *f*
Lebemann *m ⟨~ɟs; ɟer⟩* viveur *m*
leben I *v/t* vivre; *sein eigenes Leben leben* vivre sa vie II *v/i* 1. vivre; *(am Leben sein)* être en vie; *von s-r Hände Arbeit leben* vivre de son travail; *leb(e) wohl!* adieu!; *es lebe die Freiheit!* vive la liberté! 2. *(wohnen)* vivre; *er lebt in Paris (dat)* vit il à Paris 3. *nur für j-n, etw leben* ne vivre que pour qn, qc III *v/r* **hier lebt es sich gut** il fait bon vivre ici
Leben *n ⟨~s; ~⟩* 1. vie *f*; *sich (dat) das Leben nehmen* mettre fin à ses jours; *j-n das Leben kosten* coûter la vie à qn; *j-m das Leben retten* sauver la vie à qn; *am Leben sein* être en vie; vivre; *keiner blieb am Leben* aucun n'a survécu; *aus dem Leben gegriffen* pris sur le vif; *etw für sein Leben gern tun* adorer faire qc; *etw ins Leben rufen* donner naissance à qc; *mit dem Leben davonkommen* en réchapper; avoir la vie sauve; *j-m nach dem Leben trachten* en vouloir à la vie de qn; *ums Leben*

kommen trouver la mort *(bei e-m Unfall* dans un accident; F *nie im Leben!* jamais de la vie!; *mein ganzes Leben lang* toute ma vie; *Kampf m auf Leben und Tod* combat *m* à mort; *es geht um Leben und Tod* c'est une question de vie ou de mort 2. *(Lebhaftigkeit)* vie *f*; vivacité *f*; entrain *m*; *Leben in etw (acc) bringen* animer qc
lebend *adjt* vivant
Lebende(r) *f(m) ⟨→ A⟩* vivant(e) *m(f)*
Lebendgewicht *n* poids vif
lebendig [le'bɛndɪç] *adj u adv* vivant; vif; *bei lebendigem Leibe begraben werden* être enterré vivant; *bei lebendigem Leibe verbrannt werden* être brûlé vif; *in j-m lebendig werden Gefühle* naître chez qn; *Erinnerungen* remonter en qn
Lebendigkeit *f ⟨~⟩* vivacité *f*
Lebensabend *m* vieux jours
Lebensabschnitt *m* période *f* de la vie
Lebensalter *n* âge *m*
Lebensangst *f* peur *f* de vivre
Lebensanschauung *f* conception *f* de la vie
Lebensarbeitszeit *f* (durée *f* de la) vie active
Lebensart *f* 1. *(Lebensweise)* manière *f* de vivre 2. *(Benehmen)* savoir-vivre *m*
Lebensaufgabe *f* tâche *f* de toute une vie; *sich (dat) etw zur Lebensaufgabe machen* se consacrer tout entier à qc
Lebensbedingungen *f/pl* conditions *f/pl* de vie
lebensbedrohend *adjt* qui menace la vie
lebensbejahend *adjt* optimiste
Lebensbereich *m* sphère *f*
Lebensdauer *f* durée *f* de la vie; longévité *f*; *e-s Geräts* durée *f* de vie
Lebensende *n* fin *f*; *bis an mein Lebensende* jusqu'à ma mort
Lebenserfahrung *f* expérience *f* de la vie, du monde
Lebenserinnerungen *f/pl* mémoires *f/pl*
Lebenserwartung *f* espérance *f* de vie
lebensfähig *adj* viable
Lebensform *f* forme *f* de vie
Lebensfreude *f* joie *f* de vivre
lebensfroh *adj* heureux de vivre
Lebensgefahr *f* danger *m* de mort; *unter Lebensgefahr* au péril de ma (sa, *etc)* vie; *für j-n besteht Lebensgefahr* qn est en danger de mort
lebensgefährlich *adj* très dangereux
Lebensgefährte *m* compagnon *m*
Lebensgefährtin *f* compagne *f*
Lebensgeister *m/pl* **j-s Lebensgeister wecken** faire reprendre ses esprits à qn
Lebensgemeinschaft *f* communauté *f* de vie
Lebensgeschichte *f* biographie *f*
lebensgroß *adj* grandeur nature
Lebensgröße *f* grandeur *f* nature; *in voller Lebensgröße* grandeur nature; *plais* en chair et en os
Lebenshaltungskosten *pl* coût *m* de la vie
Lebensinhalt *m* raison *f* de vivre
Lebensjahr *n* année *f*
Lebenskraft *f* vitalité *f*; vigueur *f*
Lebenskünstler *m* bon vivant
Lebenslage *f* situation *f* (de la vie)
lebenslang I *adj* qui dure toute une vie II *adv* la vie durant

lebenslänglich *adj* JUR à perpétuité
Lebenslauf *m* vie *f*; *schriftlicher* curriculum vitae *m*; CV *m*
Lebenslust *f* ⟨~⟩ joie *f* de vivre
lebenslustig *adj* qui aime la vie, vivre
Lebensmittel *n/pl* aliments *m/pl*; denrées *f/pl* alimentaires; vivres *m/pl*
Lebensmittelabteilung *f* rayon *m* (d')alimentation
Lebensmittelgeschäft *n* épicerie *f*; (magasin *m* d')alimentation *f*
Lebensmittelgesetz *n* loi *f* sur les denrées alimentaires
Lebensmittelhändler *m* épicier *m*
Lebensmittelindustrie *f* industrie *f* agro-alimentaire
Lebensmittelvergiftung *f* intoxication *f* alimentaire
lebensmüde *adj* dégoûté de la vie; *st/s* las de vivre
lebensnah *adj* proche de la vie; près de la réalité
lebensnotwendig *adj* vital
Lebenspartner(in) *m(f)* compagnon, compagne *m,f*
Lebenspartnerschaft *f* (*eingetragene*) *Lebenspartnerschaft* partenariat civil enregistré
Lebensqualität *f* qualité *f* de la vie
Lebensraum *m* espace vital
Lebensretter(in) *m(f)* sauveteur *m*
Lebensstandard *m* niveau *m* de vie
Lebensstil *m* style *m*, genre *m* de vie
lebenstüchtig *adj* capable de s'organiser
Lebensumstände *pl* conditions *f/pl* de vie
lebensunfähig *adj* non viable
Lebensunterhalt *m* subsistance *f*; *s-n Lebensunterhalt verdienen* gagner sa vie
Lebensversicherung *f* assurance *f* vie
Lebenswandel *m* vie *f*; conduite *f*; mœurs *f/pl*
Lebensweise *f* **1.** mode *m* de vie **2.** (*Gewohnheiten*) mœurs *f/pl*
Lebenswerk *n* œuvre *f* (de toute une vie)
lebenswert *adj* digne d'être vécu
lebenswichtig *adj* vital
Lebenszeichen *n* signe *m* de vie; *kein Lebenszeichen von sich geben* ne pas donner signe de vie (*a fig*)
Lebenszeit *f* durée *f* de la vie; *auf Lebenszeit* Haft à perpétuité; Amt à vie
Leber ['leːbər] *f* ⟨~; ~n⟩ foie *m* (*a* CUIS); F *fig frei, frisch von der Leber weg reden* parler à cœur ouvert, franchement
Leberfleck *m* grain *m* de beauté; MÉD nævus *m*
Leberkäse *m* sorte de pain de viande
Leberknödel *m* boulette *f*, quenelle *f* de foie
Leberknödelsuppe *f* südd, österr. bouillon *avec, comme garniture, des boulettes de foie*
Leberkrebs *m* cancer *m* du foie
Leberpastete *f* pâté *f* de foie
Lebertran *m* huile *f* de foie de morue
Leberwurst *f* pâté *m* de foie (*sous forme de saucisson*)
Leberzirrhose *f* MÉD cirrhose *f*
Lebewesen *n* être vivant; BIOL organisme *m*
Lebewohl *st/s n* ⟨~¢s; ~e *ou* ~s⟩ adieu *m*; *j-m Lebewohl sagen* dire adieu à qn
lebhaft I *adj* vif (*a Diskussion, Fantasie, Beifall,*

Erinnerung, Interesse, Farbe); *Kind* vivant; *Unterhaltung, Streit* animé; *Verkehr* intense; *Handel* actif **II** *adv* vivement; *sich lebhaft an j-n erinnern* garder un souvenir très vivant de qn
Lebhaftigkeit *f* ⟨~⟩ vivacité *f*
Lebkuchen *m* pain *m* d'épice
leblos *adj* sans vie; inanimé
Lebzeiten *f/pl zu s-n Lebzeiten* de son vivant
lechzen ['lɛçtsən] *st/s v/i* ⟨¢⟩ *nach Wasser lechzen* mourir de soif; *fig nach etw lechzen* être assoiffé de qc
leck [lɛk] *adj leck sein Behälter* fuir; *Schiff* faire eau
Leck *n* ⟨~¢s; ~e⟩ *e-s Behälters* fuite *f*; *e-s Schiffs* voie *f* d'eau
lecken¹ ['lɛkən] *v/i Behälter* fuir; *Schiff* faire eau
lecken² *v/t u v/i mit der Zunge* lécher; *an etw* (*dat*) *lecken* lécher qc; P *leck mich!* P va te faire foutre!
lecker ['lɛkər] *adj* délicieux; appétissant (*a Person*)
Leckerbissen *m* régal *m* (*a fig*)
Leckerei *f* ⟨~; ~en⟩ **1.** → **Leckerbissen 2.** (*Süßigkeit*) sucrerie *f*; friandise *f*
Leder ['leːdər] *n* ⟨~s; ~⟩ **1.** cuir *m*; *weiches* peau *f* **2.** F (*Fußball*) ballon *m* **3.** F *gegen j-n, etw vom Leder ziehen* déblatérer contre qn, qc
Lederhandschuh *m* gant *m* de peau
Lederhose *f* culotte *f* de peau; *lange* pantalon *m* de cuir
Lederjacke *f* blouson *m*, veste *f* de cuir
ledern *adj* de cuir; *Haut* tanné; *Fleisch* coriace
Lederschuh *m* chaussure *f* de cuir
Ledersessel *m* fauteuil *m* de cuir
Ledersohle *f* semelle *f* de cuir
Lederwaren *f/pl* articles *m/pl* de maroquinerie
Lederwarengeschäft *n* maroquinerie *f*
ledig ['leːdɪç] *adj* **1.** (*unverheiratet*) célibataire **2.** *st/s e-r Aufgabe* (*gén*) *ledig sein* être libéré d'une tâche
Ledige(r) *f(m)* ⟨→ A⟩ célibataire *m,f*
lediglich *adv* seulement; purement
Lee [leː] *f* ⟨~⟩ MAR côté *m* sous le vent
leer [leːr] **I** *adj* **1.** vide; *Blatt, Seite* blanc; F *leer machen* vider **2.** *fig Worte* creux; *Versprechungen* vain; *Blick* vide **II** *adv leer ausgehen* rester les mains vides; *leer stehen* être vide; *leer stehend* adjt *Zimmer, Haus* inoccupé
Leere *f* ⟨~⟩ vide *m* (*a fig*)
leeren I *v/t* vider; *den Briefkasten leeren* faire la levée **II** *v/r sich leeren* se vider
Leergewicht *n* poids *m* à vide
Leergut *n* bouteilles consignées
Leerlauf *m* **1.** *Auto* point mort **2.** *fig* passage *m* à vide; phase improductive
leermachen F *v/t* vider
leerstehend *adjt* → *leer II*
Leertaste *f* barre *f* d'espacement
Leerung *f* ⟨~; ~en⟩ vidage *m*; *des Briefkastens* levée *f*
Lefze ['lɛftsə] *f* ⟨~; ~n⟩ babine *f*
legal [le'gaːl] *adj* légal
legalisieren *v/t* ⟨*sans ge*⟩ légaliser
Legalität *f* ⟨~⟩ légalité *f*
Legasthenie [legasteˈniː] *f* ⟨~; ~n⟩ dyslexie *f*
Legastheniker(in) *m* ⟨~s; ~⟩ (*f*) ⟨~in; ~innen⟩

dyslexique *m,f*
Legebatterie *f* batterie *f* d'élevage
Legehenne *f* poule pondeuse
legen ['le:gən] **I** *v/t* mettre; poser; placer; *Leitung, Rohre, Fußboden* poser; *Eier* pondre; *etw an s-n Platz legen* remettre qc à sa place **II** *v/r sich legen Person* se coucher; s'étendre; *Wind* tomber; *Zorn* se calmer; *sich ins Bett, sich schlafen legen* (aller) se coucher; *das legt sich mir schwer auf die Seele* ça me pèse
legendär [legen'dɛ:r] *adj* légendaire
Legende [le'gɛndə] *f* ⟨~; ~n⟩ légende *f*
leger [le'ʒe:r] *adj* décontracté
Leggings ['legɪŋs] *pl* caleçon *m*
legieren [le'gi:rən] *v/t* ⟨sans ge⟩ TECH allier
Legierung *f* ⟨~; ~en⟩ alliage *m*
Legion [legi'o:n] *f* ⟨~; ~en⟩ légion *f* (*a fig*)
Legionär *m* ⟨~s; ~e⟩ légionnaire *m*
Legislative [legɪsla'ti:və] *f* ⟨~; ~n⟩ pouvoir législatif
Legislaturperiode *f* législature *f*
legitim [legi'ti:m] *adj* légitime
Legitimation *f* ⟨~; ~en⟩ légitimation *f*
legitimieren ⟨sans ge⟩ **I** *v/t* légitimer **II** *v/r sich legitimieren* justifier de son identité
Leguan [legu'a:n] *m* ⟨~s; ~e⟩ iguane *m*
Lehm [le:m] *m* ⟨~⊄s; ~e⟩ (terre *f*) glaise *f*
Lehmboden *m* sol glaiseux
Lehmhütte *f* cabane *f* en torchis
lehmig *adj* glaiseux
Lehne ['le:nə] *f* ⟨~; ~n⟩ (*Rückenlehne*) dossier *m*; (*Seitenlehne*) bras *m*; accoudoir *m*
lehnen **I** *v/t* appuyer (*an etw* [*acc*] *od* *gegen etw* contre qc) **II** *v/i u v/r an etw* (*dat*) *lehnen, sich an etw* (*acc*) *lehnen* s'appuyer contre qc; *sich aus dem Fenster lehnen* se pencher par la fenêtre
Lehnstuhl *m* fauteuil *m*
Lehnwort *n* ⟨~⊄s; ⁓er⟩ LING emprunt *m*
Lehramt ['le:r-] *n* poste *m* d'enseignant; *höheres Lehramt* professorat *m*
Lehramtskandidat(in) *m(f)* ADM professeur *m,f* stagiaire; candidat(e) *m(f)* à un poste dans l'enseignement secondaire
Lehranstalt *f* ADM établissement *m* scolaire
Lehrbeauftragte(r) *m(f)* chargé *m* de cours
Lehrberuf *m* **1.** (*Beruf des Lehrers*) profession *f* d'enseignant; enseignement *m* **2.** (*Ausbildungsberuf*) profession *f* exigeant un apprentissage
Lehrbetrieb *m* e-r *Universität* cours *m/pl*
Lehrbuch *n* manuel *m*; cours *m*; méthode *f*
Lehre ['le:rə] *f* ⟨~; ~n⟩ **1.** (*Lehrmeinung*) doctrine *f*; théorie *f* **2.** (*Belehrung*) leçon *f*; *lassen Sie sich das e-e Lehre sein!* que cela vous serve de leçon! **3.** (*Lehrzeit*) apprentissage *m*; *in die Lehre gehen* faire un, son apprentissage
lehren *v/t* enseigner; *j-n etw lehren* apprendre qc à qn
Lehrer(in) *m* ⟨~s; ~⟩ (*f*) ⟨~in; ~innen⟩ enseignant(e) *m(f)*; (*Gymnasiallehrer*) professeur *m,f*; (*Grundschullehrer*) instituteur, -trice *m,f*
Lehrerausbildung *f* formation *f* des enseignants
Lehrerkollegium *n* personnel enseignant
Lehrerkonferenz *f etwa* conseil *m* de classe
Lehrermangel *m* pénurie *f* d'enseignants

Lehrerzimmer *n* salle *f* des professeurs
Lehrfach *n* **1.** → *Lehramt* **2.** matière *f*
Lehrgang *m* cours *m*; *kurzer* stage *m*
Lehrgangsteilnehmer(in) *m(f)* participant(e) *m(f)* à un cours
Lehrgeld *n Lehrgeld zahlen* apprendre qc à ses dépens
Lehrjahr *n* année *f* d'apprentissage
Lehrkraft *f* → *Lehrer(in)*
Lehrling *m* ⟨~s; ~e⟩ apprenti(e) *m(f)*
Lehrmädchen *n* apprentie *f*
Lehrmeister *m* **1.** maître *m* d'apprentissage **2.** *fig* maître *m*
Lehrmethode *f* méthode *f* d'enseignement
Lehrmittel *n/pl* matériel *m* pédagogique
Lehrplan *m* programme *m* scolaire
lehrreich *adj* instructif
Lehrstelle *f* place *f* d'apprenti
Lehrstoff *m* programme *m*
Lehrstuhl *m* chaire *f* (*für* de)
Lehrvertrag *m* contrat *m* d'apprentissage
Lehrwerkstatt *f* atelier *m* d'apprentissage
Lehrzeit *f* apprentissage *m*
Leib [laɪp] *m* ⟨~⊄s; ~er⟩ *st/s* (*Körper*) corps *m*; *st/s* (*Bauch*) ventre *m*; *etw am eigenen Leib erfahren, spüren* apprendre qc à ses dépens; *am ganzen Leibe zittern* trembler de tous ses membres; F *j-m zu Leibe rücken* 'harceler qn; *mit Leib und Seele* corps et âme; F *sich* (*dat*) *j-n vom Leibe halten* tenir qn à distance; F *bleib mir damit vom Leibe!* laisse-moi tranquille, en paix avec ça!
Leibarzt *m* médecin personnel
Leibeigene(r) *f(m)* ⟨→ A⟩ serf, serve *m,f*
Leibeigenschaft *f* ⟨~⟩ servage *m*
leiben *v/i das ist er, wie er leibt und lebt* c'est lui tout craché
Leibeserziehung *f* éducation *f* physique
Leibeskräfte *f/pl aus Leibeskräften* de toutes mes, *etc* forces
Leibgericht *n* plat préféré
leibhaftig *adj* (*zu Fleisch geworden*) incarné; (*selbst*) en personne; en chair et en os; *der Leibhaftige* le diable
leiblich *adj* **1.** (*körperlich*) corporel; physique; *leibliche Genüsse m/pl* jouissances matérielles **2.** (*blutsverwandt*) *leibliche Eltern* parents *m/pl* biologiques; vrais parents; *sein leiblicher Sohn* son vrai fils
Leibrente *f* rente viagère
Leibschmerzen *m/pl Leibschmerzen haben* avoir mal au ventre
Leibspeise *f* plat préféré
Leibwache *f* gardes *m/pl* du corps
Leibwächter *m* garde *m* du corps
Leibwäsche *f* sous-vêtements *m/pl*
Leiche ['laɪçə] *f* ⟨~; ~n⟩ cadavre *m*; corps *m*; *fig über j-s Leiche gehen* passer sur le corps de qn; F *nur über meine Leiche!* F tant que je serai vivant, il n'en est pas question!
Leichenbeschauer *m* ⟨~s; ~⟩ médecin *m* légiste
Leichenbestatter *m* ⟨~s; ~⟩ ordonnateur *m* des pompes funèbres
leichenblass *adj* blême
Leichenhalle *f* funérarium *m*
Leichenschänder *m* viol(at)eur *m* de cadavres
Leichenschauhaus *n* morgue *f*

Leichenschmaus *m plais* repas *m* d'enterrement

Leichenstarre *f* rigidité *f* cadavérique

Leichenverbrennung *f* crémation *f*

Leichenwagen *m* corbillard *m*

Leichenzug *st/s m* cortège *m* funèbre

Leichnam ['laɪçnaːm] *st/s m* ⟨∼¢s; ∼e⟩ corps *m*; cadavre *m*

leicht [laɪçt] **I** *adj* **1.** *im Gewicht* léger (*a fig*: *Speise, Schlag, Strafe, Fehler, Kleidung*, MÉD, MÉTÉO); *leichtes Mädchen* fille légère **2.** (*einfach*) facile; *st/s* aisé; *leicht zu* (+ *inf*) facile à (+ *inf*); *es ist ganz leicht* c'est tout simple **II** *adv* légèrement; (*einfach*) facilement; aisément; (*schnell*) facilement; *leicht entzündlich* (facilement) inflammable; *leicht gekleidet* vêtu légèrement; *leicht verdaulich* digeste; *leicht verderblich* périssable; *leicht verletzt* légèrement blessé; *leicht verständlich* facile à comprendre; *es leicht haben* avoir la belle vie; *das ist leichter gesagt als getan* c'est plus facile à dire qu'à faire; *er wird leicht böse* il se fâche facilement; *es könnte leicht sein, dass …* il se pourrait bien que … (+ *subj*); *leichter machen* Last alléger; *fig* faciliter; *j-m etw leicht machen* faciliter qc à qn; *sich* (*dat*) *die Arbeit leicht machen* se faciliter la tâche; *sich* (*dat*) *e-e Entscheidung nicht leicht machen* ne pas prendre une décision à la légère; *es sich* (*dat*) *leicht machen* ne pas se compliquer la vie; → *leichtfallen*, *leichtnehmen*

Leichtathlet(in) *m(f)* athlète *m,f*

Leichtathletik *f* athlétisme *m*

Leichtbauweise *f* construction légère

leichtentzündlich *adj* (facilement) inflammable

Leichter *m* ⟨∼s; ∼⟩ MAR allège *f*

leichtfallen *v/i* ⟨*irr*, sn⟩ *es fällt mir leicht zu* (+ *inf*) il m'est facile de (+ *inf*); *das fällt ihm leicht* cela n'est pas difficile pour lui

leichtfertig **I** *adj* (*unüberlegt*) irréfléchi; (*leichtsinnig*) léger; (*oberflächlich*) frivole **II** *adv* à la légère

Leichtfertigkeit *f* légèreté *f*; frivolité *f*

leichtfüßig *adj* leste; agile

leichtgekleidet *adjt* vêtu légèrement

Leichtgewicht *n*, **Leichtgewichtler** *m* ⟨∼s; ∼⟩ SPORT poids léger

leichtgläubig *adj* crédule

Leichtgläubigkeit *f* crédulité *f*

leichthin *adv* à la légère

Leichtigkeit *f* ⟨∼⟩ **1.** facilité *f*; *mit Leichtigkeit* facilement; aisément; 'haut la main **2.** *e-r Bewegung* légèreté *f*

leichtlebig *adj* insouciant

Leichtlohngruppe *f* (catégorie *f* des) bas salaires

leichtmachen *v/t u v/r* → *leicht* **II**

Leichtmetall *n* métal léger

leichtnehmen *v/t* ⟨*irr*⟩ prendre à la légère; *nehmen Sie es leicht!* F ne vous en faites pas!

Leichtöl *n* huile légère

Leichtsinn *m* **1.** → *Leichtfertigkeit* **2.** (*Unvorsichtigkeit*) inconscience *f*

leichtsinnig *adj* **1.** (*leichtfertig*) léger **2.** (*unvorsichtig*) inconscient

leichtverdaulich *adj* digeste

leichtverderblich *adj* périssable

leichtverletzt *adjt* légèrement blessé

leichtverständlich *adj* facile à comprendre

leid [laɪt] *adj* ⟨*inv*⟩ *etw leid werden* se lasser de qc; *ich bin es leid zu* (+ *inf*) je suis las de (+ *inf*); → *leidtun*

Leid *n* ⟨∼¢s⟩ (*Kummer*) chagrin *m*; (*Schmerz*) souffrance *f*; douleur *f*; *j-m ein Leid zufügen* faire du mal à qn; *j-m sein Leid klagen* confier ses peines à qn; → *leidtun*

leiden ['laɪdən] ⟨litt, gelitten⟩ **I** *v/t* **1.** (*ertragen*) souffrir **2.** (*gernhaben*) *j-n, etw leiden können* aimer (bien) qn, qc; *j-n, etw nicht leiden können* ne pas pouvoir souffrir qn, qc **II** *v/i* souffrir (*an, unter* [+ *dat*] de)

Leiden *n* ⟨∼s; ∼⟩ (*Qual*) souffrance *f*; MÉD mal *m*; affection *f*

leidend *adjt* souffrant

Leidenschaft *f* ⟨∼; ∼en⟩ passion *f*; *Spielen ist s-e Leidenschaft* il a la passion du jeu

leidenschaftlich **I** *adj* passionné **II** *adv* *etw leidenschaftlich gern tun* adorer faire qc

leidenschaftslos *adj u adv* sans passion

Leidensgenosse *m*, **Leidensgenossin** *f* compagnon *m*, compagne *f* d'infortune

Leidensgeschichte *f* REL Passion *f*; *fig j-s Leidensgeschichte* le calvaire, toutes les misères de qn

Leidensweg *m fig* calvaire *m*

leider ['laɪdər] *adv* malheureusement; 'hélas; *leider muss ich Sie verlassen* il faut malheureusement que je vous quitte

leidgeprüft *adjt* éprouvé

leidig *adj* fâcheux; (*verwünscht*) maudit

leidlich **I** *adj* passable **II** *adv* passablement; F pas trop mal

Leidtragende(r) *f(m)* ⟨→ A⟩ victime *f*; *der Leidtragende bei etw sein* faire les frais de qc

leidtun ⟨*irr*⟩ **I** *v/i das tut mir (sehr) leid* j'en suis (très) navré; *er tut mir leid* il me fait pitié; je le plains **II** *v/imp es tut mir leid, dass … od zu* (+ *inf*) je suis désolé que … (+ *subj*) *od* de (+ *inf*); je regrette que … (+ *subj*) *od* de (+ *inf*)

Leidwesen *n zu meinem (großen) Leidwesen* à mon grand regret

Leier ['laɪər] *f* ⟨∼; ∼n⟩ MUS lyre *f*; F *péj es ist immer die alte Leier* c'est toujours la même chanson, rengaine *f*

Leierkasten *m* orgue *m* de Barbarie

leiern ['laɪərn] F *v/t u v/i* **1.** *nach oben, unten leiern* lever, baisser (au moyen d'une manivelle) **2.** (*aufsagen*) psalmodier

Leiharbeit ['laɪʔarbaɪt] *f* travail *m* intérimaire

Leiharbeiter(in) *m(f)* intérimaire *m,f*

Leihbibliothek *f*, **Leihbücherei** *f* bibliothèque *f* de prêt

leihen ['laɪən] *v/t* ⟨lieh, geliehen⟩ **1.** (*verleihen*) prêter **2.** (*entleihen*) emprunter; (*sich* [*dat*]) *etw von j-m leihen* emprunter qc à qn

Leihgabe *f* prêt *m*

Leihgebühr *f* frais *m/pl* de location

Leihhaus *n* mont-de-piété *m*

Leihmutter *f* ⟨∼; ∼⟩ mère porteuse *f*

Leihwagen *m* voiture *f* de location

leihweise *adv* à titre de prêt

Leim [laɪm] *m* ⟨∼¢s; ∼e⟩ colle (forte) *f*; glu *f*; *aus dem Leim gehen* se disloquer (*a fig*); F *fig j-m auf den Leim gehen* F se faire avoir

---

leihen:
emprunter oder prêter?

leihen kann im Deutschen sowohl „ausleihen" als auch „verleihen" bedeuten. Im Französischen muss man sehr genau unterscheiden, ob man etwas <u>aus</u>leiht (**emprunter**), oder ob man etwas <u>ver</u>leiht (**prêter**):

Ich habe mir Geld von Marie geliehen.
J'ai emprunté de l'argent à Marie.

Ich habe Jean mein Auto geliehen.
J'ai prêté ma voiture à Jean.

---

par qn
leimen v/t coller; F *fig* **j-n leimen** F avoir qn
Leine ['laɪnə] f ⟨∼; ∼n⟩ corde f; *für Hunde* laisse f; *Hund* **an der Leine führen** tenir en laisse
Leinen ['laɪnən] n ⟨∼s; ∼⟩ lin m; *Gewebe* toile f; *Buch* **in Leinen** relié (en) toile
Leinöl n huile f de lin
Leinsamen m graine f de lin
Leintuch n ⟨∼¢s; ≈er⟩ drap m de lit
Leinwand f **1.** *Gewebe* toile f (a PEINT) **2.** (*Kinoleinwand*) écran m
leise ['laɪzə] **I** *adj* (*kaum hörbar*) bas; *Musik* doux; *Geräusch, fig Zweifel* léger; **mit leiser Stimme** à voix basse **II** *adv* bas; *sagen a* à voix basse; *sprechen a* doucement
Leiste ['laɪstə] f ⟨∼; ∼n⟩ **1.** (*Sockelleiste*) plinthe f; (*Zierleiste*) baguette f **2.** ANAT aine f
leisten ⟨-e-⟩ **I** v/t **1.** (*vollbringen*) faire **2.** (*liefern*) produire; rendre **II** F v/r **sich** (*dat*) **etw leisten** (*gönnen*) se payer, s'offrir qc; (*erlauben*) se permettre qc
Leisten m ⟨∼s; ∼⟩ forme f; F **alles über e-n Leisten schlagen** mettre tout dans le même sac
Leistenbruch m 'hernie inguinale
Leistung f ⟨∼; ∼en⟩ **1.** (*Geleistetes*) performance f (*a* SPORT); travail m; (*Ergebnis*) résultat m (*a* SCHULE) **2.** *e-s Unternehmens, Arbeiters, e-r Maschine* rendement m; TECH puissance f **3.** (*Zahlung*) prestation f
Leistungsdruck m *bei der Arbeit* obligation f de rendement; SPORT, SCHULE obligation f de réussir; pression f
leistungsfähig *adj* performant; *Person a* efficace; *Motor* puissant
Leistungsfähigkeit f *e-s Arbeiters* productivité f; *e-r Person, e-s Unternehmens* efficacité f; *e-s Autos* performance f
leistungsgerecht *adj* proportionnel au rendement, SCHULE aux résultats obtenus; *Bezahlung* adéquat
Leistungsgesellschaft f société basée sur la compétition, la réussite
Leistungsgrenze f ⟨∼⟩ *e-r Person* les limites f/pl de qn
Leistungskontrolle f SCHULE contrôle m des connaissances
Leistungskurs m matière optionelle à programme renforcé
Leistungskurve f courbe f de puissance

---

leistungsorientiert *adj* fondé sur le principe de la réussite
Leistungsprinzip n principe m de compétitivité
leistungsschwach *adj* peu performant; *Schüler* faible
Leistungssport m sport m de compétition
Leistungsstand m niveau m de productivité
leistungsstark *adj* (très) performant; *Schüler* fort
Leistungssteigerung f accroissement m du rendement
Leistungstest m test m
Leistungsträger m moteur m, pilier m d'une équipe
Leistungsvermögen n → **Leistungsfähigkeit**
Leistungszulage f prime f de rendement
Leitartikel m éditorial m
Leitbild n modèle m
leiten ['laɪtən] v/t ⟨-e-⟩ **1.** ([*hin*]*führen*) conduire; **sich von etw leiten lassen** se laisser guider par qc **2.** *Amt, Unternehmen, Schule, Orchester* diriger; *Verhandlung* présider **3.** PHYS conduire
leitend *adj* **1.** (*führend*) directeur (*a fig*); *bei Berufen* en chef; **leitende Stellung** position dirigeante, de cadre; **leitender Angestellter** cadre supérieur **2.** PHYS **leitend** conducteur; **nicht leitend** non-conducteur
Leiter[1] ['laɪtər] m ⟨∼s; ∼⟩ PHYS conducteur m
Leiter[2] f ⟨∼; ∼n⟩ échelle f (*a fig*)
Leiter(in) m ⟨∼s; ∼⟩ (f) ⟨∼in; ∼innen⟩ *e-s Unternehmens, e-r Schule* directeur, -trice m,f; *e-r Abteilung* chef m; *e-r Filiale* gérant(e) m(f); *e-s Orchesters* chef m d'orchestre; *e-r Versammlung* président(e) m(f)
Leitersprosse f échelon m
Leiterwagen m chariot m à ridelles
Leitfaden m guide m; précis m
leitfähig *adj* PHYS conducteur
Leitfähigkeit f ⟨∼⟩ PHYS conductivité f
Leitgedanke m idée directrice, générale
Leithammel m *fig péj* meneur m
Leitlinie f *auf Straßen* ligne blanche; *fig* ligne directrice
Leitmotiv n leitmotiv m (*a fig*)
Leitplanke f glissière f de sécurité
Leitsatz m principe (directeur)
Leitspruch m maxime f
Leitung ['laɪtʊŋ] f ⟨∼; ∼en⟩ **1.** *e-s Betriebs* direction f; *e-r Filiale* gestion f; *e-r Versammlung* présidence f; *Orchester* **unter der Leitung von** sous la direction de; **die Leitung von etw haben** être à la tête de qc **2.** PHYS conduction f **3.** *für Wasser, Gas*, ÉLECT conduite f; (*Kabel*) câble m; *unterirdisch* canalisation f; **direkte Leitung** ligne directe **4.** TÉL ligne f; F *fig* **e-e lange Leitung haben** F être dur à la détente
Leitungsmast m pylône m
Leitungsnetz n *für Gas, Wasser* canalisation f; ÉLECT réseau m; TÉL réseau m téléphonique
Leitungswasser n eau f du robinet
Leitwährung f monnaie f, devise f de référence
Leitzins m taux directeur
Lektion [lɛktsiˈoːn] f ⟨∼; ∼en⟩ leçon f; *fig* **j-m e-e Lektion erteilen** faire la leçon à qn; → *Info nächste Seite*

Lektion = leçon

Wird anders geschrieben als englisch „lesson".

Lektor(in) ['lɛktɔr (-'toːrɪn)] *m* ⟨~s; -toren⟩ (*f*) ⟨~in; ~innen⟩ lecteur, -trice *m,f*
Lektüre [lɛk'tyːrə] *f* ⟨~; ~n⟩ lecture *f*
Lemming ['lɛmɪŋ] *m* ⟨~s; ~e⟩ lemming *m*
Lende ['lɛndə] *f* ⟨~; ~n⟩ **1.** ANAT **Lenden** *pl* reins *m/pl* **2.** → **Lendenstück**
Lendengegend *f* ⟨~⟩ ANAT région *f* lombaire
lendenlahm *adj* brisé; rompu; *fig* faible; sans énergie
Lendenschurz *m* pagne *m*
Lendenstück *n* CUIS filet *m*; *vom Rind* aloyau *m*; *vom Kalb* longe *f*
Lendenwirbel *m* vertèbre *f* lombaire
lenkbar ['lɛŋk-] *adj* TECH manœuvrable; *Person* maniable
lenken *v/t Auto* conduire; *Flugzeug* piloter; *Rakete* téléguider; *Menschen, Staat* diriger; **die Blicke auf sich** (*acc*) **lenken** être le point de mire
Lenker *m* ⟨~s; ~⟩ **1.** (*Fahrer*) conducteur *m*; chauffeur *m* **2.** *am Fahrrad* guidon *m*
Lenkrad *n* volant *m*
Lenkradschaltung *f* changement *m* de vitesse au volant
Lenkradschloss *n* antivol *m*
Lenksäule *f* AUTO colonne *f* de direction
Lenkstange *f* guidon *m*
Lenkung *f* ⟨~; ~en⟩ *e-s Autos* direction *f*; *fig* (*Ausrichtung*) orientation *f*
Lenz [lɛnts] *poét m* ⟨~es; ~e⟩ printemps *m*
Leopard [leo'part] *m* ⟨~en; ~en⟩ léopard *m*
Lepra ['leːpra] *f* ⟨~⟩ lèpre *f*
Leprakranke(r) *f(m)* lépreux, -euse *m,f*
Lerche ['lɛrçə] *f* ⟨~; ~n⟩ alouette *f*
lernbar ['lɛrn-] *adj* qui s'apprend; qu'on peut apprendre
lernbegierig *adj* avide d'apprendre; studieux
lernbehindert *adj* inadapté (mental)
Lernbehinderte(r) *f(m)* inadapté(e) mental(e)
Lerneifer *m* désir *m* d'apprendre
lernen *v/t u v/i* apprendre; *abs a* travailler; **lesen, Französisch, e-n Beruf lernen** apprendre à lire, le français, un métier; *fig* **aus etw lernen** tirer la leçon de qc
Lerner(in) *m* ⟨~s; ~⟩ (*f*) ⟨~in; ~innen⟩ apprenant(e) *m(f)*
lernfähig *adj* capable d'apprendre
Lernmittel *n/pl* fournitures *f/pl* scolaires
Lernmittelfreiheit *f* ⟨~⟩ gratuité *f* du matériel scolaire
Lernprozess *m* apprentissage *m*
Lernschwäche *f* **e-e Lernschwäche haben** avoir du mal à apprendre
Lernsoftware *f* didacticiel *m*
Lernspiel *n* jeu éducatif
Lernstoff *m* programme *m* (d'étude)
Lernziel *n* objectif *m* pédagogique
Lesart *f* version *f*
lesbar *adj* lisible
Lesbe ['lɛsbə] F *f* ⟨~; ~n⟩, **Lesbierin** [-biərɪn] *f* ⟨~; ~nen⟩ lesbienne *f*
lesbisch *adj* lesbien

Lese ['leːzə] *f* ⟨~; ~n⟩ (*Weinlese*) vendanges *f/pl*
Lesebrille *f* lunettes *f/pl* pour lire
Lesebuch *n* livre *m* de lecture
Lesegerät *n* INFORM lecteur *m*
lesen[1] ⟨liest, las, gelesen⟩ **I** *v/t Text* lire (*a* INFORM); **genau lesen** lire de près; **flüchtig lesen** parcourir; REL **die Messe lesen** dire la messe **II** *v/r* **sich leicht lesen lassen** être facile à lire
lesen[2] *v/t* ⟨liest, las, gelesen⟩ **1.** (*sammeln*) **Trauben lesen** vendanger; **Ähren lesen** glaner **2.** (*verlesen*) trier
lesenswert *adj* qui mérite d'être lu
Leseprobe *f* extrait *m* de texte
Leser(in) *m* ⟨~s; ~⟩ (*f*) ⟨~in; ~innen⟩ lecteur, -trice *m,f*
Leseratte F *f* grand(e) lecteur (lectrice); F fana *m,f* de lecture
Leserbrief *m* **1.** lettre *f* de lecteur **2.** *pl* **Leserbriefe** Rubrik courrier *m* des lecteurs
leserlich *adj* lisible
Leserschaft *f* ⟨~⟩ lecteurs *m/pl*
Lesesaal *m* salle *f* de lecture
Lesestoff *m* lecture *f*
Lesezeichen *n* marque-page *m*; signet *m*
Lesung *f* ⟨~; ~en⟩ lecture *f* (*a* POL)
Lethargie [letar'giː] *f* ⟨~⟩ léthargie *f*
Lette ['lɛtə] *m* ⟨~n; ~n⟩, **Lettin** *f* ⟨~; ~nen⟩ Letton, -onne *m,f*
lettisch *adj* letton
Lettland *n* ⟨~s⟩ la Lettonie
Letzt [lɛtst] **zu guter Letzt** en fin de compte
letzte ['lɛtstə] **I** *adj* dernier; (*vorig*) passé; **letzten Endes** au bout du compte; finalement; **in letzter Zeit** ces derniers temps **II** *subst* **der, die Letzte** le dernier, la dernière; **das Letzte** la dernière chose; la fin; **der Letzte des Monats** le dernier du mois; **bis aufs Letzte** totalement; **bis zum Letzten** jusqu'au bout; F *péj* **das ist doch das Letzte!** c'est au-dessous de tout!
letztendlich *adv* en fin de compte
letztens *adv* dernièrement; l'autre jour
letztere *adj* (*subst* **der Letztere**) dernier
letztgenannt *adjt* cité en dernier; **der Letztgenannte** ce dernier
letztlich *adv* en fin de compte
letztwillig *adj* testamentaire; **letztwillige Verfügung** disposition *f* testamentaire
Leuchtboje *f* bouée lumineuse
Leuchtbombe *f* bombe éclairante
Leuchtdiode *f* diode électroluminiscente
Leuchte ['lɔyçtə] *f* ⟨~; ~n⟩ lampe *f*; F *fig* **er ist keine große Leuchte** F ce n'est pas une lumière
leuchten *v/i* ⟨-e-⟩ *Sonne* luire; *Licht, Augen, Gesicht* briller; (**vor Freude** [*dat*] de joie); *j-m* **leuchten** éclairer qn
leuchtend *adjt* lumineux; *Farben, fig* vif; éclatant; **ein leuchtendes Beispiel** un exemple éclatant
Leuchter *m* ⟨~s; ~⟩ (*Kerzenleuchter*) chandelier *m*; *mehrarmiger* candélabre *m*; (*Kronleuchter*) lustre *m*
Leuchtfarbe *f* couleur phosphorescente, fluo (-rescente)
Leuchtfeuer *n* MAR balise *f* (*a* AVIAT)
Leuchtgas *n* gaz *m* d'éclairage
Leuchtkäfer *m* ver luisant

Leuchtkraft *f* pouvoir éclairant; ASTR luminosité *f*
Leuchtkugel *f* balle traçante
Leuchtpistole *f* pistolet *m* lance-fusées
Leuchtrakete *f* fusée éclairante
Leuchtreklame *f* enseigne lumineuse
Leuchtröhre *f* tube fluorescent
Leuchtschrift *f* inscription lumineuse
Leuchtstift *m* surligneur *m*
Leuchtturm *m* phare *m*
Leuchtturmwärter *m* gardien *m* de phare
Leuchtzifferblatt *n* cadran lumineux
leugnen ['lɔɪɡnən] *v/t* ⟨-e-⟩ nier; *es lässt sich nicht leugnen, dass ...* on ne peut nier que ... (+ *ind*)
Leukämie [lɔɪkɛ'miː] *f* ⟨~; ~n⟩ leucémie *f*
Leukoplast® [lɔɪko'plast] *n* ⟨~¢s⟩ sparadrap *m*
Leumund *st/s* *m* réputation *f*
Leute ['lɔɪtə] *pl* gens *m/pl bzw f/pl*; monde *m*; personnes *f/pl*; *alle Leute* tout le monde; tous les gens; *es waren viele Leute da* il y avait beaucoup de monde; *20 Leute* 20 personnes; *die kleinen Leute* les petites gens; *die feinen Leute* les gens bien; *iron* le beau monde; F *unter die Leute bringen* divulguer
Leutnant ['lɔɪtnant] *m* ⟨~s; ~s *ou* ~e⟩ sous-lieutenant *m*
leutselig *adj* affable; bienveillant
Leviten [le'viːtən] *pl* F *j-m die Leviten lesen* faire la morale à qn
Levkoje [lɛf'koːjə] *f* ⟨~; ~n⟩ giroflée *f*
lexikalisch [lɛksi'kaːlɪʃ] *adj* lexical
Lexikographie *f* ⟨~⟩ lexicographie *f*
Lexikon ['lɛksikɔn] *n* ⟨~s; -ka⟩ dictionnaire *m* encyclopédique; (*Konversationslexikon*) encyclopédie *f*
lfd. *abr* (*laufend*) courant
Liane [li'aːnə] *f* ⟨~; ~n⟩ liane *f*
Libanese [liba'neːzə] *m* ⟨~n; ~n⟩, **Libanesin** *f* ⟨~; ~nen⟩ Libanais(e) *m(f)*
libanesisch *adj* libanais
Libanon ['liːbanɔn] ⟨~s⟩ *der Libanon* le Liban
Libelle [li'bɛlə] *f* ⟨~; ~n⟩ zo libellule *f*
liberal [libə'raːl] *adj* libéral
liberalisieren *v/t* ⟨*sans ge*⟩ libéraliser
Liberalismus *m* ⟨~⟩ libéralisme *m*
Liberalität *f* ⟨~⟩ libéralisme *m*
Liberia [li'beːria] *n* ⟨~s⟩ le Libéria
Libero ['liːbəro] *m* ⟨~s; ~s⟩ libéro *m*
Libido ['liːbido] *f* ⟨~⟩ libido *f*
Libretto [li'brɛto] *n* ⟨~s; ~s *ou* -tti⟩ MUS livret *m*
Libyen ['liːbyən] *n* ⟨~s⟩ la Libye
Libyer(in) *m* ⟨~s; ~⟩ (*f*) ⟨~in; ~innen⟩ Libyen, -enne *m,f*
libysch *adj* libyen
licht [lɪçt] *adj* **1.** *st/s* (*hell*) lumineux **2.** *Haar* clairsemé **3.** *lichte Höhe* 'hauteur *f* de l'ouverture; *lichte Weite* e-r *Tür*, e-s *Fensters* écartement *m*
Licht *n* ⟨~¢s; ~er⟩ **1.** lumière *f*; (*Helle*) clarté *f*; (*Tageslicht*) jour *m*; *Licht machen, das Licht anmachen* faire de, allumer la lumière; *das Licht ausmachen* éteindre la lumière; *etw gegen das Licht halten* tenir qc à contre-jour; *st/s das Licht der Welt erblicken st/s* voir le jour **2.** *fig* lumière *f*; F *da ging mir ein Licht auf* tout à coup, j'ai vu clair; ça a fait tilt; *etw ans Licht bringen* mettre qc au (grand) jour;

dévoiler qc; *ans Licht kommen* éclater au grand jour; *j-n hinters Licht führen* tromper qn **3.** (*Kerze*) bougie *f*; (*Kirchenlicht*) cierge *m*; F *fig er ist kein großes Licht* → **Leuchte**
Lichtanlage *f* installation *f* d'éclairage
lichtbeständig *adj* résistant à la lumière
Lichtbild *n* photo *f* (d'identité)
Lichtbildervortrag *m* conférence *f* avec projection de diapositives
Lichtblick *m* éclaircie *f*; rayon *m* de soleil
lichtdurchlässig *adj* translucide
lichtecht *adj* *Stofffarben* grand teint
lichtempfindlich *adj* sensible
lichten¹ ⟨-e-⟩ **I** *v/t* *Wald* éclaircir **II** *v/r sich lichten* s'éclaircir (*a fig*)
lichten² *v/t* ⟨-e-⟩ *den Anker lichten* lever l'ancre
lichterloh ['lɪçtər'loː] *adv* *lichterloh brennen* flamber; être en flammes
Lichtermeer *n* océan *m* de lumières
Lichtfilter *m* filtre (coloré)
Lichtgeschwindigkeit *f* vitesse *f* de la lumière
Lichtgriffel *m* crayon *m* optique
Lichthof *m* **1.** cour vitrée **2.** PHOT 'halo *m*
Lichthupe *f* appel *m* de phare; *die Lichthupe betätigen* faire un appel de phare
Lichtjahr *n* année-lumière *f*
Lichtkegel *m* faisceau lumineux
Lichtmaschine *f* dynamo *f*
Lichtmast *m* lampadaire *m*
Lichtquelle *f* source lumineuse
Lichtschacht *m* puits *m* de lumière
Lichtschalter *m* interrupteur *m*
Lichtschein *m* lueur *f*
lichtscheu *adj* qui craint le jour
Lichtschranke *f* barrage *m* photo-électrique
Lichtschutzfaktor *m* indice *m* de protection (solaire)
Lichtstärke *f* intensité lumineuse
Lichtstrahl *m* rayon lumineux
lichtundurchlässig *adj* opaque
Lichtung *f* ⟨~; ~en⟩ clairière *f*
Lichtverhältnisse *n/pl* (conditions *f/pl* d')éclairage *m*
Lid [liːt] *n* ⟨~¢s; ~er⟩ paupière *f*
Lidschatten *m* ombre *f*, fard *m* à paupières
Lidstrich *m* (trait *m* d')eye-liner *m*
lieb [liːp] *adj* (*teuer*) cher; (*geliebt*) chéri; (*freundlich, artig*) gentil; *Brief* **Lieber Herr X, ...** Cher Monsieur, ...; *iron das liebe Geld* le maudit argent; *das ist lieb von dir!* c'est gentil de ta part; *es wäre mir lieb, wenn ...* j'aimerais que ... (+ *subj*); *j-n, etw lieb gewinnen* s'attacher à qn, qc; *lieb haben* (bien) aimer
liebäugeln ['liːp⁇ɔʏɡəln] *v/i* ⟨¢⟩ *mit etw liebäugeln* convoiter, lorgner qc; *mit e-r Reise liebäugeln* caresser l'idée de faire un voyage
Liebchen *n* ⟨~s; ~⟩ bien-aimée *f*; *péj* maîtresse *f*
Liebe ['liːbə] *f* ⟨~⟩ **1.** amour *m* (*zu j-m, etw* pour qn, de qc); (*Zuneigung*) affection *f*; *aus Liebe zu s-r Mutter* par amour pour sa mère; *in Liebe* affectueusement; *Liebe auf den ersten Blick* coup *m* de foudre **2.** (*geliebte Person*) amour *m*; *meine große Liebe* l'amour de ma vie
liebebedürftig *adj* qui a besoin d'amour
Liebelei *f* ⟨~; ~en⟩ amourette *f*

lieben I v/t aimer; (*mögen*) bien aimer; *j-n lieben sexuell* faire l'amour avec qn; *es lieben, etw zu tun* aimer faire qc II v/r *sich lieben sich selbst od einander* s'aimer; *sexuell* faire l'amour
liebend I adjt aimant; *die Liebenden* les amants m/pl II advt *ich möchte liebend gern ...* j'aimerais beaucoup ...
liebenswert adj charmant; agréable
liebenswürdig adj aimable; gentil; *das ist sehr liebenswürdig von Ihnen* c'est très aimable od gentil à vous
liebenswürdigerweise adv par amabilité, gentillesse
Liebenswürdigkeit f ⟨~; ~en⟩ amabilité f; gentillesse f
lieber ['liːbər] adv plus volontiers; (*eher*) plutôt; *ich trinke lieber Wein als Bier* j'aime mieux le vin que la bière; je préfère le vin à la bière; *das ist mir lieber* j'aime mieux cela; *bleiben wir lieber hier!* restons plutôt ici
Liebe(r) f(m) ⟨→ A⟩ *mein Lieber!* mon cher!; *meine Liebe!* ma chère!
Liebesabenteuer n, **Liebesaffäre** f aventure amoureuse
Liebesbeziehung f liaison (amoureuse)
Liebesbrief m lettre f d'amour
Liebesdienst m faveur f; service m d'ami
Liebeserklärung f déclaration f (d'amour)
Liebesgedicht n poème m d'amour
Liebesgeschichte f histoire f d'amour
Liebesheirat f mariage m d'amour
Liebeskummer m chagrin m d'amour
Liebesleben n ⟨~s⟩ vie amoureuse
Liebeslied n chanson f d'amour
Liebesmüh(e) f *verlorene Liebesmüh(e)* peine perdue
Liebespaar n couple m d'amoureux
Liebesroman m roman m d'amour
Liebesspiel n jeu m érotique
Liebesszene f scène f d'amour
liebestoll adj fou d'amour
liebevoll adj aimant; tendre
liebgewinnen v/t → **lieb**
liebhaben v/t ⟨irr⟩ (bien) aimer
Liebhaber m ⟨~s; ~⟩ 1. (*Geliebter*) amant m 2. *e-r Sache* amateur m
Liebhaberei f ⟨~; ~en⟩ violon m d'Ingres
Liebhaberin f ⟨~; ~nen⟩ *e-r Sache* amateur m
Liebhaberpreis m prix m d'amateur
Liebhaberstück n pièce f de collection
Liebhaberwert m ⟨~⟡s⟩ valeur f affective
liebkosen st/s v/t ⟨⟡⟡, sans ge⟩ caresser
Liebkosung st/s f ⟨~; ~en⟩ caresse f
lieblich adj *Duft* suave; *Wein, Geschmack* moelleux; *Gegend* charmant
Liebling m ⟨~s; ~e⟩ 1. préféré(e) m(f); *e-s Publikums* F coqueluche f 2. *Kosename* chéri(e) m(f)
Lieblings... in Zssgn favori
Lieblingsthema n sujet favori
lieblos I adj sans amour; (*hartherzig*) dur; (*gefühllos*) sans cœur II adv sans amour; *etw lieblos behandeln* traiter qc sans soin
Liebreiz st/s m grâce f
Liebschaft f ⟨~; ~en⟩ liaison f
liebste I adj favori II adv *am liebsten würde*

ich (+ inf) je préférerais (+ inf)
Liebste(r) f(m) ⟨→ A⟩ → **Geliebte(r)**
Liechtenstein ['lıçtənʃtain] n ⟨~s⟩ le Liechtenstein
Lied [liːt] n ⟨~⟡s; ~er⟩ chanson f; (*Kunstlied*) lied m; (*Kirchenlied*) chant m; F *es ist immer dasselbe od das alte Lied* c'est toujours la même chanson; *davon kann ich ein Lied singen* je suis payé pour le savoir
Liederabend m récital m de chant
Liederbuch n recueil m de chansons
liederlich adj 1. (*unordentlich*) désordonné; (*nachlässig*) négligent; *Arbeit* mal fait; bâclé 2. *Leben(swandel)* dissolu
Liedermacher(in) m ⟨~s; ~⟩ (f) ⟨~in; ~innen⟩ auteur-compositeur m, auteur-compositrice f
lief [liːf] → **laufen**
Lieferant [lifə'rant] m ⟨~en; ~en⟩ fournisseur m
lieferbar ['liːfər-] adj disponible; livrable
Lieferbedingungen f/pl conditions f/pl de livraison
Lieferfirma f fournisseur m
Lieferfrist f délai m de livraison
Liefergarantie f garantie f de livraison
Lieferkosten pl frais m/pl de livraison
liefern v/t 1. fournir; livrer 2. *j-m e-e Schlacht liefern* livrer bataille à qn
Lieferrückstand m retard(s) m(pl) de livraison
Lieferschein m bon m de livraison
Lieferschwierigkeiten f/pl difficultés f/pl de livraison
Liefertermin m date f de livraison
Lieferung f ⟨~; ~en⟩ livraison f
Liefervertrag m contrat m de livraison
Lieferverzug m retard m de livraison
Lieferwagen m camionnette f; voiture f de livraison
Lieferzeit f → **Lieferfrist**
Liege ['liːgə] f ⟨~; ~n⟩ (*Sofa*) divan m; (*Gartenliege*) chaise longue
liegen ⟨lag, gelegen, h ou südd sn⟩ v/i 1. (*in der Horizontalen sein*) être couché 2. (*sich befinden*) se trouver; être; *es liegen viele Bücher auf dem Tisch* il y a beaucoup de livres sur la table; *Fahrzeug gut auf der Straße liegen* avoir une bonne tenue de route; fig *die Entscheidung liegt bei ihm* c'est à lui de décider; *liegen bleiben am Boden, im Bett* rester couché; *Arbeit* rester en suspens; *Schnee* tenir; (*nicht verkauft werden*) ne pas se vendre; (*nicht abgeholt werden*) rester en souffrance; *unterwegs liegen bleiben Auto* tomber en panne; *liegen lassen* laisser; (*vergessen*) oublier; *Arbeit* laisser qc de côté, F en plan 3. (*gelegen sein*) être situé; *Stadt am Fluss liegen* être sur le fleuve; *nach Süden liegen* être exposé au sud; *das Zimmer liegt zur Straße* la chambre donne sur la rue 4. (*vorhanden sein*) *es liegt Schnee* il y a de la neige 5. (*wichtig sein*) *mir liegt daran, dass ... od zu* (+ inf) ... je tiens à ce que ... (+ subj) od à (+ inf); *es ist ihr viel daran gelegen* elle y tient beaucoup 6. (*zurückzuführen sein*) *an j-m, etw liegen* tenir à qn, qc; *daran soll es nicht liegen!* qu'à cela ne tienne!
liegenbleiben v/i → **liegen** 2
liegend adjt couché

liegenlassen v/t → **liegen** 2
Liegenschaften f/pl biens immobiliers
Liegeplatz m MAR mouillage m
Liegesitz m im Auto siège m couchette
Liegestuhl m chaise longue
Liegestütz m ⟨~es; ~e⟩ traction f; F pompe f
Liegewagen m wagon-couchettes m
Liegewiese f pelouse autorisée pour le repos
lieh [li:] → **leihen**
lies! [li:s] → **lesen¹**, **lesen²**
ließ [li:s] → **lassen**
Lift [lɪft] m ⟨~⒡s; ~e ou ~s⟩ **1.** (Fahrstuhl) ascenseur m **2.** (Sessellift) télésiège m; (Schlepplift) téléski m
Liftboy m liftier m; garçon m d'ascenseur
liften v/t ⟨-e-⟩ faire un lifting de; F **sich liften lassen** se faire faire un lifting
Liga ['li:ga] f ⟨~; -gen⟩ ligue f; SPORT division f
light [laɪt] adj ⟨postposé⟩ allégé
liieren [li'i:rən] v/r ⟨sans ge⟩ **er ist mit ihr liiert** il a une liaison avec elle
Likör [li'kø:r] m ⟨~s; ~e⟩ liqueur f
lila ['li:la] adj ⟨inv⟩ lilas; (dunkellila) violet; (helllila) mauve
Lila n ⟨~; ~⟩ (couleur f) lilas m; (Dunkellila) violet m; (Helllila) mauve m
Lilie ['li:liə] f ⟨~; ~n⟩ lys od lis m
Liliputaner(in) [lilipu'ta:nər(ɪn)] m ⟨~s; ~⟩ (f) ⟨~in; ~innen⟩ lilliputien, -ienne m,f
Limette [li'metə] f citron vert
Limit ['lɪmɪt] n ⟨~s; ~s⟩ limite f
limitieren [limi'ti:rən] v/t ⟨sans ge⟩ limiter (**auf** [+ acc] à)
Limo ['lɪmo] F f abr ⟨~; ~s⟩, **Limonade** [limo-'na:də] f ⟨~; ~n⟩ limonade f
Limone f ⟨~; ~n⟩ limon m
Limousine [limu'zi:nə] f ⟨~; ~n⟩ berline f; conduite intérieure
Linde ['lɪndə] f ⟨~; ~n⟩ tilleul m
Lindenblütentee m infusion f de tilleul
lindern ['lɪndərn] v/t soulager
Linderung f ⟨~⟩ soulagement m
lindgrün adj (vert) tilleul
Lineal [line'a:l] n ⟨~s; ~e⟩ règle f
linear [line'a:r] adj linéaire
Linguist(in) [lɪŋgu'ɪst(ɪn)] m ⟨~en; ~en⟩ (f) ⟨~in; ~innen⟩ linguiste m,f
Linguistik f ⟨~⟩ linguistique f
linguistisch adj linguistique
Linie ['li:niə] f ⟨~; ~n⟩ ligne f (a Buslinie etc, MIL, fig); (Familienzweig) a branche f; F **auf die (schlanke) Linie achten** surveiller sa ligne; fig **auf der ganzen Linie** sur toute la ligne; fig **in erster, zweiter Linie** en premier, second lieu
Linienblatt n feuille f de papier réglé
Linienbus m bus m de ligne
Linienflug m vol régulier
Linienflugzeug n, **Linienmaschine** f avion m de ligne
Liniennetz n réseau m
Linienrichter m FUSSBALL juge m de touche; TENNIS juge m de ligne
linientreu adj péj fidèle à la ligne (du parti)
Linienverkehr m service régulier (de transport)
lin(i)ieren [li'ni:rən, -ni'i:-] v/t ⟨sans ge⟩ régler; ligner
Lin(i)ierung f ⟨~; ~en⟩ réglage m

link [lɪŋk] F adj louche; douteux
Link m od n ⟨~s; ~s⟩ INFORM lien m
linke adj gauche (a fig, POL); **linke Seite** côté m gauche; gauche f; e-s Stoffes envers m
Linke f ⟨→ A⟩ **1.** (linke Seite, Hand) gauche f; **zur Linken** à gauche **2.** BOXEN gauche f **3.** POL **die Linke** la gauche
Linke(r) f(m) ⟨→ A⟩ POL homme m, femme f de gauche; p/fort gauchiste m,f
linken F v/t F rouler; gruger
linkisch adj gauche; maladroit
links [lɪŋks] adv à gauche (**von** de); von Stoffen à l'envers; POL **links stehen** être de gauche; F **j-n links liegen lassen** ignorer qn
Linksabbieger m ⟨~s; ~⟩ personne f bzw véhicule m tournant à gauche
Linksabbiegerspur f couloir m de gauche
Linksaußen m ⟨~; ~⟩ SPORT ailier m gauche
linksbündig adj justifié à gauche
Linksdrehung f rotation f à gauche
Linksextremismus m extrémisme m de gauche
Linksextremist(in) m(f) extrémiste m,f de gauche
linksextremistisch adj d'extrême gauche
Linkshänder(in) m ⟨~s; ~⟩ (f) ⟨~in; ~innen⟩ gaucher, -ère m,f
linkshändig I adj gaucher **II** adv de la main gauche
linksherum adv à gauche
Linkskurve f virage m à gauche
Linkspartei f parti m de gauche
linksradikal adj d'extrême gauche
Linksruck m POL glissement m à gauche
linksseitig adj du côté gauche
Linksverkehr m circulation f à gauche
Linoleum [li'no:leum] n ⟨~s⟩ linoléum m
Linolschnitt m linogravure f
Linse ['lɪnzə] f ⟨~; ~n⟩ BOT, OPT lentille f; des Auges cristallin m
Linsensuppe f soupe f aux lentilles
Lippe ['lɪpə] f ⟨~; ~n⟩ lèvre f; F fig **e-e Lippe riskieren** F ouvrir sa grande gueule; **sie konnte kein Wort über die Lippen bringen** elle n'a pas pu prononcer un seul mot
Lippenbekenntnis n péj déclaration f peu sincère
Lippenstift m rouge m à lèvres
liquid [li'kvi:t] adj FIN liquide; (solvent) solvable
Liquidation [-datsi'o:n] f ⟨~; ~en⟩ FIN, JUR liquidation f; (Arztrechnung) note f d'honoraires
liquidieren v/t ⟨sans ge⟩ COMM liquider (a fig töten)
Liquidität f ⟨~⟩ liquidité(s) f(pl)
Lira ['li:ra] f ⟨~; Lire⟩ HIST lire f
lispeln ['lɪspəln] v/i ⟨⒡⟩ zézayer
Lissabon ['lɪsabɔn] n ⟨~s⟩ Lisbonne
List [lɪst] f ⟨~; ~en⟩ ruse f; astuce f; F **mit List und Tücke** à grand renfort d'astuce
Liste ['lɪstə] f ⟨~; ~n⟩ liste f; **auf die schwarze Liste setzen** mettre sur la liste noire
Listenpreis m prix m de catalogue
listig ['lɪstɪç] adj rusé; astucieux
Litanei [lita'naɪ] f ⟨~; ~en⟩ litanie f (a fig)
Litauen ['li:tauən] n ⟨~s⟩ la Lituanie
Litauer(in) m ⟨~s; ~⟩ (f) ⟨~in; ~innen⟩ Lituanien, -ienne m,f

Literatur – la littérature WF

literarischer Text	**le texte littéraire**	Band	**le volume**
Sachtext	**le texte non-litté-**	Einband	**la couverture**
	raire	Herausgeber	**l'éditeur** *m*
Schriftsteller	**l'écrivain** *m*	Ausgabe	**l'édition** *f*
Autor	**l'auteur** *m*	Taschenbuch	**le livre de poche**
Romanschriftsteller	**le romancier**	Taschenbuchaus-	**l'édition** *f* **de poche**
Dichter	**le poète**	gabe	
Werk	**l'œuvre** *f*	Verlag	**la maison d'édition**
Buch	**le livre**	erscheinen	**paraître**
Kapitel	**le chapitre**	gerade erschienen	**vient de paraître**

litauisch *adj* lituanien
Liter ['li:tər] *m od n* ⟨~s; ~⟩ litre *m*; **ein Liter Wein** un litre de vin
literarisch [lɪtə'ra:rɪʃ] *adj* littéraire
Literat(in) *m* ⟨~en; ~en⟩ *(f)* ⟨~in; ~innen⟩ homme *m*, femme *f* de lettres
Literatur *f* ⟨~; ~en⟩ littérature *f*; **schöne Literatur** belles-lettres *f/pl*
Literaturgeschichte *f* histoire *f* de la littérature
Literaturkritik *f* critique *f* littéraire
Literaturkritiker *m* critique *m* littéraire
Literaturpreis *m* prix *m* littéraire
Literaturverzeichnis *n* bibliographie *f*
Literaturwissenschaft *f* lettres *f/pl*
literweise *adv* par litres; **sie trinkt literweise Milch** elle boit des litres de lait
Litfaßsäule ['lɪtfas-] *f* colonne *f* Morris
Lithographie [litogra'fi:] *f* ⟨~; ~n⟩ lithographie *f*
Litschi ['lɪtʃi] *f* ⟨~; ~s⟩ BOT litchi *m*
litt [lɪt] → **leiden**
Liturgie [litʊr'gi:] *f* ⟨~; ~n⟩ liturgie *f*
Litze ['lɪtsə] *f* ⟨~; ~n⟩ *(Tresse)* galon *m*; *(Drahtseil)* toron *m*
live [laɪf] *adv, adj* TV, RAD en direct
Livesendung *f* émission *f* en direct
Livree [li'vre:] *f* ⟨~; ~n⟩ livrée *f*
Lizenz [li'tsɛnts] *f* ⟨~; ~en⟩ licence *f* (*a* JUR); **in Lizenz** sous licence
Lizenzausgabe *f* édition publiée avec l'autorisation de …
Lizenzinhaber *m* détenteur *m* d'une licence; COMM *a* concessionnaire *m*
Lizenznehmer *m* ⟨~s; ~⟩ cessionnaire *m*
Lizenzvertrag *m* contrat *m* de licence
Lkw *m abr* ⟨~s; ~s⟩ → **Lastwagen**
Lkw-Fahrer *m* → **Lastwagenfahrer**
Lkw-Maut *f* péage *m* pour poids lourds
Lob [lo:p] *n* ⟨~es⟩ louange *f*; éloge *m*; **j-m Lob spenden** faire l'éloge de qn; **für etw Lob ernten** recevoir des éloges pour qc
Lobby ['lɔbi] *f* ⟨~; ~s⟩ lobby *m*
loben ['lo:bən] *v/t* faire des compliments à (**für etw** sur qc); faire l'éloge de
lobend **I** *adjt* élogieux **II** *advt erwähnen* en termes élogieux
lobenswert *adj* louable; méritoire
Lobhudelei *f* ⟨~; ~en⟩ adulation *f* (**auf** [+ *acc*] de)

löblich ['løːplɪç] → **lobenswert**
Loblied *n* panégyrique *m*; *fig* **ein Loblied auf j-n, etw singen** chanter les louanges de qn, qc
Lobrede *f* éloge *m*
Loch [lɔx] *n* ⟨~es; ¨er⟩ **1.** trou *m*; F **auf dem letzten Loch pfeifen** être au bout du rouleau **2.** F *(Behausung)* taudis *m* **3.** F *(Gefängnis)* F trou *m*; *arg* taule *f*
lochen *v/t Fahrkarte, Schriftstück* perforer; poinçonner
Locher *m* ⟨~s; ~⟩ perforatrice *f*
löch(e)rig ['lœç(ə)rɪç] *adj* troué
löchern F *v/t* **j-n löchern** F tanner qn
Lochkarte *f* carte perforée
Lochstickerei *f* broderie anglaise
Lochstreifen *m* bande perforée
Lochzange *f für Leder* emporte-pièce *m*; *für Fahrscheine* pince *f* (à poinçonner)
Locke ['lɔkə] *f* ⟨~; ~n⟩ boucle *f*
locken *v/t* **1.** *(ködern)* appâter **2.** *fig (anlocken)* attirer; *(verlocken)* séduire; tenter
Lockenkopf *m* tête bouclée
Lockenwickler *m* rouleau *m*; bigoudi *m*
locker ['lɔkər] **I** *adj* **1.** *Seil, Gewebe, Knoten* lâche; *Schraube* desserré; *Zahn* branlant; *Boden* meuble; **locker machen** → **lockern**; *Seil* **locker lassen** relâcher **2.** *Person* décontracté **3.** *fig Sitten* léger; *Moral, Disziplin* relâché **II** *adv Schraube* **locker sitzen** être desserré; **etw locker handhaben** manier qc de façon libérale
lockerlassen F *v/i* ⟨*irr*⟩ **nicht lockerlassen** insister
lockermachen F *v/t Geld* F lâcher
lockern **I** *v/t Zügel, Seil* relâcher; *Schraube, Knoten* desserrer; *Boden* ameublir; *Muskeln, fig Bestimmungen* assouplir **II** *v/r* **sich lockern** *Griff, Seil* se relâcher (*a* *Disziplin*); *Schraube* se desserrer
Lockerung *f* ⟨~; ~en⟩ relâchement *m*; *e-r Schraube* desserrage *m*
Lockerungsübung *f* exercice *m* d'assouplissement
lockig ['lɔkɪç] *adj* bouclé
Lockmittel *n* appât *m* (*a fig*)
Lockruf *m* appel *m*
Lockung *st/s f* ⟨~; ~en⟩ séduction *f*; *(Versuchung)* tentation *f*
Lockvogel *m* **1.** JAGD appeau *m* **2.** *fig* personne *f*

qui attire qn dans un piège
Loden ['lo:dən] *m* ⟨~s; ~⟩ loden *m*
Lodenmantel *m* manteau *m* en loden
lodern ['lo:dərn] *v/i Flammen* monter; *Feuer*
brûler; flamboyer (*a fig*)
Löffel ['lœfəl] *m* ⟨~s; ~⟩ **1.** cuiller *f*; cuillère *f*;
Maßangabe cuillerée *f* **2.** *des Hasen*, F *des*
Menschen oreille *f*
Löffelbiskuit *n od m* boudoir *m*
löffeln *v/t* ⟨¢⟩ manger à la cuiller
löffelweise *adv* par cuillerées
log [lo:k] → **lügen**
Logarithmentafel [loga'rɪtmən-] *f* table *f* de lo-
garithmes
Logarithmus *m* ⟨~; -men⟩ logarithme *m*
Logbuch *n* journal *m* de bord
Loge ['lo:ʒə] *f* ⟨~; ~n⟩ loge *f*
Loggia ['lɔdʒia] *f* ⟨~; -ien⟩ loggia *f*
Logik ['lo:gɪk] *f* ⟨~⟩ logique *f*
Logis [lo'ʒi:] *n* ⟨~; ~⟩ logement *m*
logisch **I** *adj* logique **II** *adv* logiquement
logischerweise *adv* logiquement
Logistik *f* ⟨~⟩ logistique *f*
logistisch *adj* logistique
logo ['lo:go] F *adj* **logo!** évidemment!
Logo *m od n* ⟨~s; ~s⟩ logo *m*
Logopäde [logo'pɛ:də] *m* ⟨~n; ~n⟩, **Logopä-**
din *f* ⟨~; ~nen⟩ orthophoniste *m,f*
Logopädie *f* ⟨~⟩ orthophonie *f*
Lohn [lo:n] *m* ⟨~¢s; ≈e⟩ **1.** (*Arbeitslohn*) salaire
m **2.** (*Belohnung*) récompense *f*; **zum Lohn**
für en récompense de
Lohnabbau *m* réduction *f* des salaires
Lohnabrechnung *f* feuille *f* de paie
Lohnanspruch *m Anrecht* droit *m* au salaire;
Forderung revendication salariale, de salaire
Lohnanstieg *m* 'hausse *f*, montée *f* des salaires
Lohnarbeit *f* travail salarié
Lohnausfall *m* perte *f* de salaire
Lohnausgleich *m* **bei vollem Lohnausgleich**
sans diminution de salaire
Lohnbuchhalter *m* payeur-comptable *m*
Lohnbuchhaltung *f* comptabilité *f* des salaires
Lohnbüro *n* bureau *m* de paie
Lohnempfänger(in) *m(f)* salarié(e) *m(f)*
lohnen **I** *v/t* **1.** *j-m etw lohnen* récompenser qn
de qc (*mit etw* par qc) **2.** **es lohnt die Mühe**
cela vaut la peine **II** *v/r* **sich lohnen** (*einträg-*
lich sein) être payant; (*der Mühe wert sein*) va-
loir la peine; F valoir le coup
lohnend *adjt* **1.** profitable; (*einträglich*) rentable;
payant
Lohnerhöhung *f* augmentation *f* de salaire
Lohnforderung *f* revendication salariale
Lohnfortzahlung *f* **Lohnfortzahlung im**
Krankheitsfall maintien *m* du paiement du sa-
laire en cas de maladie
Lohngefälle *n* écart *m* des salaires
Lohngefüge *n* structure *f* des salaires
Lohngruppe *f* catégorie salariale
lohnintensiv *adj* à fort coût de main-d'œuvre
Lohnkampf *m* lutte *f* pour l'augmentation des
salaires
Lohnkosten *pl* coûts salariaux; charges salaria-
les
Lohnkürzung *f* réduction *f* de(s) salaire(s)
Lohnliste *f* bordereau *m* des salaires
Lohnnebenkosten *pl* charges sociales

Lohnniveau *n* niveau *m* du salaire, des salaires
Lohnpfändung *f* saisie-arrêt *f* sur le salaire
Lohnpolitik *f* politique salariale, des salaires
Lohn-Preis-Spirale *f* spirale *f* des prix et des
salaires
Lohnsteuer *f* impôt *m* sur le(s) salaire(s)
Lohnsteuerjahresausgleich *m* rembourse-
ment annuel du trop-perçu (fiscal)
Lohnsteuerkarte *f carte avec la catégorie d'im-*
position du contribuable salarié
Lohnstopp *m* blocage *m* des salaires
Lohnstreifen *m*, **Lohnzettel** *m* bulletin *m* de
salaire, paie
Loipe ['lɔypə] *f* ⟨~; ~n⟩ piste *f* de ski de fond
Lok [lɔk] *f* ⟨~; ~s⟩ → **Lokomotive**
lokal [lo'ka:l] *adj* local
Lokal *n* ⟨~¢s; ~e⟩ restaurant *m*; café *m*
Lokalanästhesie *f* MÉD anesthésie locale
Lokalanzeiger *m*, **Lokalblatt** *n* journal local
Lokalfernsehen *n* télévision (privée) locale
lokalisieren *v/t* ⟨sans ge⟩ localiser
Lokalkolorit *n* couleur locale
Lokalnachrichten *f/pl* informations locales; *e-r*
Zeitung chronique locale
Lokalpatriotismus *m* esprit *m* de clocher
Lokalradio *n* radio locale
Lokalredakteur *m* correspondant local
Lokalsender *m* RAD radio locale; TV télévision
(privée) locale
Lokalteil *m* chronique locale
Lokaltermin *m* JUR descente *f* sur les lieux
Lokalverbot *n* **Lokalverbot haben, bekom-**
men se voir interdire l'accès d'un établisse-
ment
Lokalzeitung *f* → **Lokalanzeiger**
Lokführer *m* mécanicien *m*
Lokomotive [lokomo'ti:və] *f* ⟨~; ~n⟩ locomoti-
ve *f*
Lokomotivführer *m* mécanicien *m*
Lokus ['lo:kus] F *m* ⟨~; ~ *ou* ~se⟩ F petit coin
London ['lɔndɔn] *n* Londres
Londoner(in) *m* ⟨~s; ~⟩ (*f*) ⟨~in; ~innen⟩ Lon-
donien, -ienne *m,f*
Longdrink ['lɔŋdrɪŋk] *m* ⟨~s; ~s⟩ long drink *m*
Longe ['lõ:ʒə] *f* ⟨~; ~n⟩ REITEN longe *f*
Look [luk] *m* ⟨~s; ~s⟩ look *m*
Looping ['lu:pɪŋ] *m* ⟨~s; ~s⟩ AVIAT looping *m*
Lorbeer ['lɔrbeːr] *m* ⟨~s; ~en⟩ laurier *m*; *fig*
Lorbeeren ernten cueillir des lauriers; F *fig*
sich auf s-n Lorbeeren ausruhen se reposer
sur ses lauriers
Lorbeerblatt *n* feuille *f* de laurier
Lorbeerkranz *m* couronne *f* de laurier
Lore ['lo:rə] *f* ⟨~; ~n⟩ wagonnet *m* (à bascule)
los [lo:s] **I** *adj u adv* **1.** (*ab*) détaché **2.** **etw, j-n**
los sein être débarrassé de qc, qn **3.** **was ist**
los? qu'est-ce qu'il y a?; qu'est-ce qui se pas-
se?; **was ist denn mit dir los?** F qu'est-ce qui
t'arrive? **II** *int* **los!** (*ab*) allons!; allez!; **los, los!**
(*schnell, schnell*) allez, 'hop!
Los *n* ⟨~es; ~e⟩ **1.** (*Losen*) sort *m*; **etw durchs**
Los entscheiden tirer qc au sort **2.** (*Lotterie-*
los) billet *m* de loterie; *fig* **das große Los zie-**
hen gagner le gros lot **3.** *st/s* (*Schicksal*) sort *m*;
ein schweres Los haben avoir une vie diffi-
cile
lösbar ['lø:sba:r] *adj* soluble
losbekommen *v/t* ⟨*irr, sans ge*⟩ parvenir à dé-

tacher

losbinden v/t ⟨irr⟩ détacher

losbrechen ⟨irr⟩ **I** v/t détacher **II** v/i ⟨sn⟩ se détacher; *Gewitter* éclater; *Sturm, Jubel* se déchaîner

Löschblatt ['lœʃ-] n (papier) buvard m

löschen¹ v/t **1.** *Licht, Feuer* éteindre; **den Durst löschen** désaltérer; **s-n Durst löschen** se désaltérer **2.** *Text, Eintrag, Tonband,* INFORM effacer

löschen² v/t MAR décharger

Löschfahrzeug n autopompe f

Löschmannschaft f pompiers m/pl

Löschpapier n (papier) buvard m

Löschtaste f touche f d'effacement

Löschwasser n eau f (pour éteindre le feu)

Löschzug m autopompes f/pl

lose ['loːzə] **I** adj **1.** → **locker 2.** *Blätter* volant; *Ware* en vrac **3.** F *Sitten* léger; **lose Reden** f/pl propos m/pl (très) libres **II** adv lâchement; **lose binden** nouer sans serrer

Loseblattsammlung f édition f à feuille(t)s mobiles

Lösegeld ['løː zə-] n rançon f

loseisen F ⟨¢$⟩ **I** v/t **1.** *j-n von j-m loseisen* détacher qn de qn; *j-n von etw loseisen* arracher qn à qc **2.** *etw bei j-m loseisen* soutirer qc à qn **II** v/r *sich loseisen* se libérer

losen ['loːzən] v/i ⟨¢$⟩ (**um etw**) tirer (qc) au sort

lösen ['løːzən] ⟨¢$⟩ **I** v/t **1.** (*loslösen*) détacher; enlever **2.** *Geschnürtes* défaire; *Bremse, Schraube* desserrer **3.** *Aufgabe, Rätsel* résoudre **4.** *Vertrag* résilier; *Verlobung* annuler **5.** CHIM dissoudre (**in** [+ dat] dans) **6.** *Husten, Krampf* faire disparaître **7.** *Fahrkarte* prendre **II** v/r *sich lösen* **8.** (*sich loslösen*) se détacher (a fig **von j-m** de qn) **9.** (*sich lockern*) se desserrer (a *Bremse*) **10.** CHIM se dissoudre (**in** [+ dat] dans) **11.** *Husten, Krampf* disparaître

Losentscheid m (décision f par) tirage m au sort

losfahren v/i ⟨irr, sn⟩ (*abfahren*) partir; **auf** (+ acc) **losfahren** (*zufahren*) foncer sur

losgehen v/i ⟨irr, sn⟩ **1.** F → **lösen 2.** *Gewehr, Schuss* partir **3.** **auf j-n losgehen** foncer sur qn; (*angreifen*) prendre qn à partie **4.** F (*anfangen*) commencer **5.** (*weggehen*) partir; s'en aller

loskommen v/i ⟨irr, sn⟩ **1.** F (*wegkommen*) partir **2.** **von etw loskommen** (*loswerden*) se défaire de qc; **von j-m loskommen** se détacher de qn

loskriegen F v/t → **losbekommen**

loslassen v/t ⟨irr⟩ **1.** *Gegenstand, Tier* lâcher **2.** *Häftling* relâcher **3.** F péj (*ansetzen*) *j-n auf j-n, etw loslassen* lâcher qn sur qn, qc

loslegen F v/i s'y mettre; F démarrer

löslich ['løːslɪç] adj soluble (**in** [+ dat] dans)

loslösen ⟨¢$⟩ **I** v/t → **lösen II** v/r *sich loslösen* → **lösen**

losmachen v/t (u v/r *sich losmachen* se) détacher; fig **sich losmachen von** se dégager de

losplatzen v/i ⟨¢$, sn⟩ F pouffer de rire

losreißen ⟨irr⟩ **I** v/t arracher **II** v/r *sich losreißen* s'arracher (**von etw** à qc, **von j-m** des bras de qn); *Tier* se détacher (de)

lossagen v/r *sich lossagen von* renoncer à; se

désolidariser de

losschießen F v/i ⟨irr⟩ **1.** ⟨sn⟩ **auf j-n losschießen** (*losstürzen*) se précipiter sur qn **2.** fig **na, schieß mal los!** (*erzähle*) F vas-y!

losschlagen v/i ⟨irr⟩ MIL attaquer; **auf j-n losschlagen** taper sur qn

losschnallen v/t (u v/r) (**sich**) **losschnallen** (se) détacher

Losung ['loːzʊŋ] f⟨∼; ∼en⟩ MIL mot m de passe; (*Parole*) mot m d'ordre

Lösung ['løːzʊŋ] f⟨∼; ∼en⟩ **1.** CHIM solution f **2.** MATH, fig, e-s Rätsels solution f (**für** de) **3.** e-s Vertrags annulation f; e-r Verlobung rupture f

Lösungsmittel n solvant m

loswerden v/t ⟨irr, sn⟩ se débarrasser de

losziehen F v/i ⟨irr, sn⟩ partir

Lot [loːt] n ⟨∼¢$; ∼e⟩ CONSTR fil m à plomb; MAR sonde f; MATH perpendiculaire f; **das Lot fällen** abaisser la perpendiculaire; fig **wieder ins Lot bringen** remettre en ordre; **nicht im Lot** pas d'aplomb (a fig)

löten ['løːtən] v/t ⟨-e-⟩ souder; braser

Lothringen ['loːtrɪŋən] n ⟨∼s⟩ la Lorraine

Lothringer(in) m ⟨∼s; ∼⟩ (f) ⟨∼in; ∼innen⟩ Lorrain(e) m(f)

lothringisch adj lorrain

Lotion [lotsi'oːn] f ⟨∼; ∼en⟩ lotion f

Lötkolben m fer m à souder

Lötlampe f lampe f à souder

Lotos ['loːtɔs] m ⟨∼; ∼⟩ lotus m

Lotosblume f (fleur f de) lotus m

Lotossitz m ⟨∼es⟩ position f du lotus

lotrecht adj vertical; perpendiculaire

Lotse ['loːtsə] m ⟨∼n; ∼n⟩ MAR pilote m (a fig)

lotsen v/t ⟨¢$⟩ MAR piloter (a fig)

Lotsenboot n bateau m pilote

Lotsendienst m MAR pilotage m

Lötstelle f soudure f; brasure f

Lotterie [lɔtə'riː] f ⟨∼; ∼n⟩ loterie f

Lotteriegewinn m lot m; gain m à la loterie

Lotterielos n billet m de loterie; numéro m

Lotteriespiel n loterie f; fig a entreprise 'hasardeuse

Lotterleben n péj **ein Lotterleben führen** mener une vie déréglée, de bohème; p/fort mener une vie dissolue, de débauche

Lotto ['lɔto] n ⟨∼s; ∼s⟩ loto m; **Lotto spielen** jouer au loto

Lottozahlen f/pl numéros gagnants

Lötzinn m étain m (à souder)

Löwe ['løːvə] m ⟨∼n; ∼n⟩ lion m; ASTR Lion m

Löwenanteil m part f du lion

Löwenmähne f crinière f (a fig)

Löwenmaul n, **Löwenmäulchen** n ⟨∼s; ∼⟩ BOT gueule-de-loup f

Löwenzahn m BOT pissenlit m; dent-de-lion f

Löwin ['løːvɪn] f ⟨∼; ∼nen⟩ lionne f

loyal [loa'jaːl] adj loyal

Loyalität f ⟨∼⟩ loyauté f

LP [ɛl'peː] f abr ⟨∼; ∼s⟩ (*Langspielplatte*) trente-trois tours m

LSD [ɛlʔɛs'deː] n ⟨∼$⟩ LSD m

lt. abr (*laut*) d'après

Luchs [lʊks] m ⟨∼es; ∼e⟩ lynx m; **er passt auf wie ein Luchs** rien ne lui échappe

Lücke ['lʏkə] f ⟨∼; ∼n⟩ lacune f; vide m (beide a fig); in e-r Mauer brèche f; (*Parklücke*) place f (de parking, pour se garer)

Lückenbüßer F *m* F bouche-trou *m*
lückenhaft *adj* incomplet; *Gedächtnis* défaillant
lückenlos *adj* sans lacunes; complet
Lückentext *m* texte *m* à trous
lud [luːt] → **laden¹**, **laden²**
Luder ['luːdər] *n* ⟨∼s; ∼⟩ F *Schimpfwort* F garce *f*; **sie ist ein kleines Luder** c'est une coquine
Ludwig ['luːtvɪç] *m* ⟨∼s⟩ Louis *m*
Luft [luft] *f* ⟨∼; ⁓e⟩ **1.** air *m*; **in die Luft fliegen** sauter **2.** (*Atem*) souffle *m*; (*tief*) **Luft holen** respirer (profondément); **keine Luft bekommen** étouffer; F (*frische*) **Luft schnappen** prendre l'air, le frais **3.** *fig* **aus der Luft gegriffen** fantaisiste; **es liegt etw in der Luft** il y a qc qui se prépare; F **s-m Ärger** *etc* **Luft machen** laisser libre cours à sa colère, *etc*; F **die Luft ist rein** il n'y a pas de danger; F **es ist dicke Luft** il y a de l'orage dans l'air; F **er ist Luft für mich** il n'existe pas pour moi; F **j-n an die** (*frische*) **Luft setzen** mettre, F flanquer qn à la porte
Luftangriff *m* raid aérien
Luftaufnahme *f* vue aérienne
Luftballon *m* ballon *m*
Luftbefeuchter *m* ⟨∼s; ∼⟩ humidificateur *m*
Luftbild *n* vue aérienne
Luftblase *f* bulle *f* d'air
Luftbrücke *f* pont aérien
Lüftchen ['lyftçən] *n* ⟨∼s; ∼⟩ souffle *m*
luftdicht *adj* hermétique; étanche
Luftdruck *m* PHYS pression *f* atmosphérique; *e-s Reifens* pression *f* de gonflage
luftdurchlässig *adj* perméable à l'air
lüften ['lyftən] *v/t* ⟨-e-⟩ *Zimmer, Kleider* aérer; *Hut, Schleier* soulever; *fig Geheimnis* dévoiler
Lüfter *m* ⟨∼s; ∼⟩ ventilateur *m*
Luftfahrt *f* navigation aérienne; (*Luftfahrttechnik*) aéronautique *f*
Luftfahrtgesellschaft *f* compagnie aérienne
Luftfeuchtigkeit *f* humidité *f* de l'air
Luftfilter *m od n* filtre *m* à air
Luftfracht *f* fret aérien
luftgekühlt *adj* refroidi par air
luftgetrocknet *adj* séché à l'air
Luftgewehr *n* carabine *f* à air comprimé
Lufthoheit *f* souveraineté aérienne
Lufthülle *f* atmosphère *f*
luftig ['luftɪç] *adj Raum* bien aéré; *Kleidung* léger
Luftkissenfahrzeug *n* aéroglisseur *m*
Luftkorridor *m* AVIAT couloir aérien
Luftkühlung *f* ⟨∼⟩ TECH refroidissement *m* par air
Luftkurort *m* station *f* climatique
luftleer *adj* vide d'air; **luftleerer Raum** vide *m*
Luftlinie **500 km Luftlinie** 500 km à vol d'oiseau
Luftloch *n* AVIAT trou *m* d'air
Luftmangel *m* ⟨∼s⟩ manque *m* d'air
Luftmasche *f* maille *f* en l'air
Luftmassen *f/pl* masses *f/pl* d'air
Luftmatratze *f* matelas *m* pneumatique
Luftpirat *m* pirate *m* de l'air
Luftpost *f* poste aérienne; **mit, per Luftpost** par avion
Luftpostbrief *m* lettre *f* par avion
Luftpumpe *f* pompe *f* à air; *für Fahrrad* à bicyclette
Luftraum *m* espace aérien

Luftreinhaltung *f* protection *f* (de la pureté) de l'air
Luftrettungsdienst *m* secours *m* d'urgence par hélicoptère
Luftröhre *f* trachée(-artère) *f*
Luftröhrenschnitt *m* trachéotomie *f*
Luftschacht *m* gaine *f* d'aération
Luftschicht *f* couche *f* d'air
Luftschiff *n* dirigeable *m*
Luftschifffahrt *f* aérostation *f*
Luftschlange *f* serpentin *m*
Luftschlösser *n/pl* **Luftschlösser bauen** bâtir des châteaux en Espagne
Luftschutz *m* défense passive
Luftschutzbunker *m*, **Luftschutzkeller** *m*, **Luftschutzraum** *m* abri antiaérien
Luftspieg(e)lung *f* mirage *m*
Luftsprung *m* saut *m*; cabriole *f*
Luftstreitkräfte *f/pl* forces aériennes
Luftstrom *m*, **Luftströmung** *f* courant *m* (d'air)
Lufttemperatur *f* température *f* de l'air
Lüftung ['lyftuŋ] *f* ⟨∼; ⁓en⟩ *von Kleidern, Zimmern* aération *f*; TECH aérage *m*
Lüftungsanlage *f* installation *f* d'aérage, d'aération
Lüftungsklappe *f* clapet *m* de ventilation
Lüftungsschacht *m* → **Luftschacht**
Luftveränderung *f* changement *m* d'air
Luftverkehr *m* trafic aérien
Luftverschmutzung *f* pollution *f* atmosphérique, de l'air
Luftwaffe *f* armée *f* de l'air
Luftweg *m* **auf dem Luftweg** par avion
Luftwege *m/pl* ANAT voies *f/pl* respiratoires
Luftwiderstand *m* résistance *f* de l'air
Luftzufuhr *f* ⟨∼⟩ amenée *f* d'air
Luftzug *m* courant *m* d'air
Lug [luːk] **Lug und Trug** purs mensonges
Lüge ['lyːgə] *f* ⟨∼; ∼n⟩ mensonge *m*; **j-n Lügen strafen** convaincre qn de mensonge
lugen ['luːgən] *v/i* guetter; **aus etw lugen** dépasser de qc
lügen *v/i* ⟨log, gelogen⟩ mentir; F **er lügt wie gedruckt** il ment comme il respire
Lügendetektor *m* détecteur *m* de mensonge
Lügenmärchen *n* mensonge *m*
Lügner(in) *m* ⟨∼s; ∼⟩ (*f*) ⟨∼in; ∼innen⟩ menteur, -euse *m,f*
Luke ['luːkə] *f* (*Dachluke*) lucarne *f*; MAR écoutille *f*
lukrativ [lukra'tiːf] *adj* lucratif
lukullisch [lu'kulɪʃ] *st/s adj* somptueux
Lulatsch ['luːlatʃ] *m* ⟨∼⁓s; ∼e⟩ F **langer Lulatsch** F (grande) perche
Lümmel ['lyməl] *m* ⟨∼s; ∼⟩ **1.** *péj* (*Flegel*) mufle *m*; goujat *m* **2.** F (*Bengel*) garnement *m*
lümmelhaft *adj péj* grossier; malpoli
lümmeln F *v/r* ⟨∉⟩ **sich in e-n Sessel lümmeln** F s'étaler dans un fauteuil
Lump [lump] *m* ⟨∼en; ∼en⟩ canaille *f*
lumpen F *v/r* **sich nicht lumpen lassen** bien faire les choses
Lumpen *m* ⟨∼s; ∼⟩ **1.** (*Lappen*) chiffon *m* **2.** *pl péj* (*zerlumpte Kleider*) guenilles *f/pl*
Lumpengesindel *n*, **Lumpenpack** *n* racaille *f*
Lumpensammler *m* chiffonnier *m*
lumpig *adj péj* (*kümmerlich*) misérable; minable; (*niederträchtig*) sordide

luxuriös ≠ luxurieux, luxurieuse

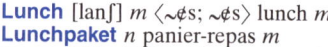

Sie haben eine **luxuriöse** Wohnung in Saint-Tropez gemietet.

Ils ont loué un appartement **luxueux** à Saint-Tropez.

Elle écrit des lettres **luxurieuses** à son amant.

Sie schreibt **wollüstige** Briefe an ihren Geliebten.

Lunch [lanʃ] *m* ⟨~ɇs; ~ɇs⟩ lunch *m*
Lunchpaket *n* panier-repas *m*
Lunge ['luŋə] *f* ⟨~; ~n⟩ poumon *m* (*oft pl*); FLEISCHEREI mou *m*; **eiserne Lunge** poumon d'acier; F *fig* **sich** (*dat*) **die Lunge aus dem Hals schreien** s'époumoner
Lungen... *in Zssgn oft* pulmonaire
Lungenbraten *m österr* filet *m* de bœuf
Lungenembolie *f* MÉD embolie *f* pulmonaire
Lungenentzündung *f* pneumonie *f*
Lungenflügel *m* poumon *m*
lungenkrank *adj* malade des poumons
Lungenkrebs *m* cancer *m* du poumon
Lungenzug *m* **e-n Lungenzug machen** avaler la fumée
Lunte ['luntə] *f* ⟨~; ~n⟩ mèche *f*; F *fig* **Lunte riechen** éventer la mèche
Lupe ['luːpə] *f* ⟨~; ~n⟩ loupe *f*; F *fig* **unter die Lupe nehmen** examiner sous toutes les coutures
lupenrein *adj Edelstein* de la plus belle eau; *fig* irréprochable
lupfen ['lupfən] *südd, schweiz, österr*, **lüpfen** ['lypfən] *v/t* soulever
Lupine [lu'piːnə] *f* ⟨~; ~n⟩ lupin *m*
Lurch [lurç] *m* ⟨~ɇs; ~e⟩ amphibien *m*
Lurex® ['luːrɛks] *n* ⟨~⟩ lurex® *m*
Lust [lust] *f* ⟨~; ≈e⟩ **1.** (*Neigung*) envie *f*; **Lust haben zu** (+ *inf*) avoir envie de (+ *inf*); **er hat zu nichts Lust** rien ne le tente; **Lust auf etw**

(*acc*) **haben** avoir envie de qc **2.** (*Freude*) plaisir *m*; **mit Lust und Liebe arbeiten** avoir du cœur à l'ouvrage **3.** (*sinnliche Begierde*) désir *m*
Lüster ['lystər] *m* ⟨~s; ~⟩ lustre *m*
Lüsterklemme *f* ÉLECT domino *m*
lüstern ['lystərn] *adj* lubrique
lustig I *adj* **1.** (*fröhlich*) gai; joyeux **2.** (*komisch*) amusant; drôle **3. sich über j-n, etw lustig machen** se moquer de qn, qc II *adv* gaiement; joyeusement
Lüstling ['lystlıŋ] *m* ⟨~s; ~e⟩ satyre *m*; F chaud lapin
lustlos *adj* sans entrain; *Börse, fig* terne
Lustlosigkeit *f* ⟨~⟩ manque *m* d'entrain; apathie *f*
Lustmolch F *plais m* → **Lüstling**
Lustmord *m* meurtre *m* avec viol
Lustmörder *m* auteur *m* d'un meurtre avec viol
Lustprinzip *n* ⟨~s⟩ PSYCH principe *m* de plaisir; **nach dem Lustprinzip leben** vivre selon le principe de plaisir
Lustschloss *n* château *m* de plaisance
Lustspiel *n* comédie *f*
lustvoll *adj* voluptueux
Lutheraner(in) [lutə'raːnər(ın)] *m* ⟨~s; ~⟩ (*f*) ⟨~in; ~innen⟩ luthérien, -ienne *m,f*
lutherisch *adj* luthérien
lutschen ['lutʃən] *v/t u v/i* sucer (**an etw** [*dat*] qc)

Lyrik – la poésie   **WF**

Gedicht	le poème	Reim	la rime
Dichter	le poète	sich reimen (mit)	rimer (avec)
lyrisch	lyrique	Klang	la sonorité
eine melancholische, glückliche, romantische, feindliche Atmosphäre schaffen	créer une atmosphère mélancolique, heureuse, romantique, hostile	klangvoll	sonore
		Sammlung	le recueil
		Fabel	la fable
		Sonett	le sonnet
Stimmung, Gemütsverfassung	l'état *m* d'âme	Ballade	la ballade
		Strophe	la strophe
Gefühl	le sentiment	Vers, Zeile	le vers
seinen Gefühlen Ausdruck verleihen	exprimer ses sentiments	Refrain	le refrain
		Dreizeiler	le tercet
Bild	l'image *f*	Vierzeiler	le quatrain
bildhafter Ausdruck	l'expression imagée	Rhythmus	le rythme
Metapher	la métaphore	Zeilensprung	l'enjambement *m*
Symbol	le symbole		

Lutscher m ⟨~s; ~⟩ sucette f
Lüttich ['lʏtɪç] n ⟨~s⟩ Liège
Luv [luːf] f ⟨~⟩ MAR côté m du vent
Luxemburg ['lʊksəmbʊrk] n ⟨~s⟩ *Staat* le
  Luxembourg; *Stadt* Luxembourg
Luxemburger(in) m ⟨~s; ~⟩ (f) ⟨~in; ~innen⟩
  Luxembourgeois(e) m(f)
luxemburgisch adj luxembourgeois
luxuriös [luksuri'øːs] adj luxueux
Luxus ['lʊksʊs] m ⟨~⟩ luxe m
Luxusartikel m article m de luxe
Luxusausführung f modèle m de luxe
Luxusdampfer m paquebot m de luxe

Luxushotel n hôtel m de luxe; palace m
Luxussteuer f taxe f de luxe
Luzern [luˈtsɛrn] n ⟨~s⟩ Lucerne
Lymphdrüse ['lʏmf-] f → **Lymphknoten**
Lymphe f ⟨~; ~n⟩ lymphe f
Lymphgefäß n vaisseau m lymphatique
Lymphknoten m ganglion m lymphatique
lynchen ['lʏnçən] v/t lyncher
Lynchjustiz f lynchage m
Lyrik ['lyːrɪk] f ⟨~⟩ poésie f (lyrique)
Lyriker(in) m ⟨~s; ~⟩ (f) ⟨~in; ~innen⟩ poète m
lyrisch adj lyrique

M

M, m [ɛm] n ⟨M, m; M, m⟩ M, m m
m abr (*Meter*) m
Maas [maːs] ⟨~⟩ die Maas la Meuse
Maat [maːt] m ⟨~ɛs; ~en⟩ MAR (second) maître
Machart f COUT façon f; coupe f
machbar adj réalisable; faisable
Mache F f ⟨~⟩ F frime f; **etw in der Mache ha-
  ben** être occupé à faire qc
machen ['maxən] **I** v/t **1.** (*herstellen, erledigen,
  ausführen*) faire; *Komma, Punkt etc* mettre;
  noch einmal machen refaire; (**sich** [*dat*])
  etw machen lassen (se) faire faire qc; **was
  macht er?** *beruflich* que fait-il dans la vie?;
  (*wie geht es ihm*) comment va-t-il?; **sie macht
  es nicht unter 90 Euro** (*dat*) elle prend au
  moins 90 euros; F **machen wir!** entendu!; d'ac-
  cord!; F (**da ist**) **nichts zu machen** (il n'y a)
  rien à faire; **es so machen, dass …** faire en
  sorte que … (+ *subj*); **er lässt alles mit sich
  machen** on fait de lui ce qu'on veut **2.** *mit
  adj* rendre; **j-n glücklich machen** rendre qn
  heureux **3.** (*ergeben*) **was** *od* **wie viel macht
  das?** combien cela fait-il?; F ça fait combien?;
  2 mal 2 macht 4 2 fois 2 font 4 **4.** (*verursachen*)
  donner; **Durst machen** donner soif **5.** F (*in
  Ordnung bringen*) **das Zimmer machen** faire
  la chambre **6.** (*schaden*) **das macht nichts!** ce-
  la ne fait rien! **7.** *mit prép* **etw aus** *bzw* **mit etw
  machen** faire qc de *bzw* avec qc; **das ist wie
  für Sie gemacht** on dirait que c'est fait (ex-
  près) pour vous **II** v/i **8.** faire; F **lass mich
  nur machen** laisse-moi (donc) faire **9.** F (*sich
  beeilen*) **ich muss machen, dass ich nach
  Hause komme** je dois me dépêcher de rentrer
  à la maison; (**nun**) **mach schon!** dépêche-toi!
  10. F (*s-e Notdurft verrichten*) **ins Bett ma-
  chen** F faire au lit **11.** F **auf vornehm machen**
  faire l'élégant **III** v/r **12.** *Person* **sich machen**
  F (*sich entwickeln*) progresser; **sich hübsch
  machen** se faire beau *bzw* belle **13.** *Sache* **sich
  gut machen** faire un bon effet; faire bien;
  wenn es sich machen lässt si c'est possible

14. *mit prép* **ich mache mir nichts daraus**
  (*mag nicht gern*) je n'y tiens pas; (*nehme es
  leicht*) ça m'est égal; F **mach dir nichts draus!**
  ne t'en fais pas! **15. sich** (*dat*) **ein paar schöne
  Stunden machen** passer un bon moment
Machenschaften f/pl machinations f/pl
Macher m ⟨~s; ~⟩ battant m
Machete [maˈxeːtə] f ⟨~; ~n⟩ machette f
Macho ['matʃo] F m ⟨~ʃ; ~s⟩ macho m
Macht [maxt] f ⟨~; ≈e⟩ pouvoir m; *bes* POL, *fig*
  puissance f; *gesetzmäßige* autorité f; (*Kraft*)
  force f; **die Macht der Gewohnheit** la force
  de l'habitude; **die Macht ergreifen** prendre
  le pouvoir; **an der Macht sein** être au pouvoir;
  mit aller Macht de toute ma, ta, sa, *etc* force;
  sie tut alles, was in ihrer Macht steht elle fait
  tout son possible
Machtbefugnis f pouvoir m; autorité f
Machtbereich m ressort m; compétence f
Machtergreifung f prise f du pouvoir
Machthaber m ⟨~s; ~⟩ dirigeant m
mächtig ['mɛçtɪç] **I** adj **1.** *bes* POL puissant **2.**
  (*sehr groß*) immense; énorme; F **mächtigen
  Hunger haben** F crever de faim **3. e-r Spra-
  che** (*gén*) **mächtig sein** maîtriser une langue
  II adv F (*sehr*) F vachement; **mächtig schrei-
  en** crier très fort
Machtkampf m lutte f pour le pouvoir
machtlos adj impuissant; **dagegen ist man
  machtlos** on ne peut rien y faire
Machtlosigkeit f ⟨~⟩ impuissance f; faiblesse f
Machtmissbrauch m abus m de pouvoir
Machtpolitik f politique f de force
Machtprobe f épreuve f de force
Machtstreben n aspirations f/pl à la puissance;
  recherche f du pouvoir; course f au pouvoir
Machtübernahme f prise f de pouvoir
Machtverhältnisse n/pl structures f/pl du pou-
  voir; rapports m/pl de force
machtvoll adj puissant
Machtwechsel m changement m de pouvoir
Machtwort n ⟨~ɛs; ~e⟩ acte m d'autorité; **ein**

Machtwort sprechen faire acte d'autorité
Machwerk *n péj* ouvrage minable
Macke ['makə] F *f* ⟨∼; ∼n⟩ **1.** (*Tick*) tic *m*; manie *f* **2.** (*Fehler*) défaut *m*
Macker ['makər] *m* ⟨∼s; ∼⟩ *péj* F mec *m*
Madagaskar [mada'gaskar] *n* ⟨∼s⟩ Madagascar
Mädchen ['mɛːtçən] *n* ⟨∼s; ∼⟩ **1.** fille *f* **2.** (*Dienstmädchen*) bonne *f*; *fig* **Mädchen für alles** bonne *f* à tout faire
mädchenhaft *adj* de jeune fille
Mädchenhandel *m* traite *f* des blanches
Mädchenname *m* **1.** *Vorname* nom *m* de fille **2.** *von verheirateten Frauen* nom *m* de jeune fille
Mädchenschule *f* école *f* de (jeunes) filles
Made ['maːdə] *f* ⟨∼; ∼n⟩ asticot *m*; ver *m*; F **wie die Made im Speck leben** vivre comme un coq en pâte
Mädel ['mɛːdəl] F *n* ⟨∼s; ∼, F ∼s⟩ fille *f*
madig *adj* plein de vers; *Obst* véreux
madigmachen F *fig v/t* **etw, j-n madigmachen** F dénigrer qc, qn
Madonna [ma'dɔna] *f* ⟨∼; -nnen⟩ Vierge *f*; *Bild, Statue a* madone *f*
Mafia ['mafia] *f* ⟨∼; ∼s⟩ maf(f)ia *f*
Mafiamethoden *f/pl* méthodes mafieuses
Mafioso [mafi'oːzo] *m* ⟨∼$; -si⟩ membre *m* de la maf(f)ia; maf(f)ieux *m*
mag [maːk] → **mögen**
Magazin [maga'tsiːn] *n* ⟨∼s; ∼e⟩ **1.** (*Lager*) dépôt *m* **2.** *Zeitschrift*, TV, RAD magazine *m* **3.** *e-r Waffe, für Filme* magasin *m*
Magd [maːkt] *f* ⟨∼; ≈e⟩ servante *f*
Magen ['maːgən] *m* ⟨∼s; ≈ *ou* ∼⟩ estomac *m*; **den Magen auspumpen** faire un lavage d'estomac (*j-m* à qn); **auf nüchternen Magen** à jeun; **schwer im Magen liegen** peser sur l'estomac; rester sur l'estomac (*a fig*); F **diese Geschichte liegt mir im Magen** je n'ai toujours pas digéré cette histoire; F **mir knurrt der Magen** F j'ai des gargouillis dans l'estomac
Magenbeschwerden *f/pl* troubles *m/pl* gastriques
Magenbitter *m* ⟨∼s; ∼⟩ liqueur amère; amer *m*
Magenblutung *f* gastrorragie *f*
Magengeschwür *n* ulcère *m* d'estomac
Magengrube *f* creux *m* de l'estomac
Magenknurren *n* ⟨∼s⟩ gargouillement *m*, F gargouillis *m* (de l'estomac); **Magenknurren haben** avoir l'estomac creux
Magenkrampf *m* crampe *f* d'estomac
Magenkrebs *m* cancer *m* de l'estomac
Magensaft *m* suc *m* gastrique
Magensäure *f* acidité *f* gastrique
Magenschleimhaut *f* muqueuse *f* de l'estomac
Magenschleimhautentzündung *f* gastrite *f*
Magenschmerzen *m/pl* maux *m/pl* d'estomac; **Magenschmerzen haben** avoir mal à l'estomac
Magensonde *f* sonde *f* pour l'estomac
Magenspiegelung *f* gastroscopie *f*
Magenspülung *f* lavage *m* d'estomac
Magenverstimmung *f* indigestion *f*
mager ['maːgər] *adj* maigre (*a Kost*, TYPO); *fig Ergebnis* maigre (*vorangestellt*); **mager(er) werden** maigrir; **mageres Fleisch** maigre *m*
Magermilch *f* lait écrémé
Magerquark *m* fromage blanc maigre
Magersucht *f* anorexie *f*

magersüchtig *adj* anorexique
Magie [ma'giː] *f* ⟨∼⟩ magie *f*
Magier ['maːgiər] *m* ⟨∼s; ∼⟩ magicien *m*
magisch *adj* magique
Magister [ma'gɪstəs] *m* ⟨∼s; ∼⟩ **1.** *Titel* maîtrise *f* **2.** *Titelinhaber* titulaire *m,f* d'une maîtrise
Magistrat [magɪs'traːt] *m* ⟨∼¢s; ∼e⟩ municipalité *f*; autorités municipales
Magma ['magma] *n* ⟨∼s; -men⟩ magma *m*
Magnat [ma'gnaːt] *m* ⟨∼en; ∼en⟩ magnat *m*
Magnesium [ma'gneːziʊm] *n* ⟨∼s⟩ magnésium *m*
Magnet [ma'gneːt] *m* ⟨∼¢s *ou* ∼en; ∼e⟩ aimant *m* (*a fig*)
Magnetbahn *f* train *m* à sustentation magnétique
Magnetband *n* bande *f* magnétique
Magnetfeld *n* champ *m* magnétique
magnetisch *adj* magnétique (*a fig*)
Magnetismus *m* ⟨∼⟩ magnétisme *m*
Magnetkarte *f* carte *f* magnétique
Magnetnadel *f* aiguille aimantée
Magnetschwebebahn *f* train *m* à sustentation magnétique
Magnetstreifen *m* piste *f* magnétique
Magnolie [ma'gnoːliə] *f* ⟨∼; ∼n⟩ magnolia *m*
Mahagoni [maha'goːni] *n* ⟨∼s⟩ acajou *m*
Mähdrescher *m* moissonneuse-batteuse *f*
mähen ['mɛːən] *v/t Gras* faucher; *Rasen* tondre; *Getreide* moissonner
Mahl [maːl] *st/s n* ⟨∼s; ≈er *ou* ∼e⟩ repas *m*; *feierliches* festin *m*; banquet *m*
mahlen *v/t* ⟨*p/p* gemahlen⟩ moudre
Mahlwerk *n* rouage *m* (d'un moulin)
Mahlzeit *f* repas *m*; F **Mahlzeit!** F salut!
Mähmaschine *f für Gras* faucheuse *f*; *für Getreide* moissonneuse *f*
Mahnbescheid ['maːn-] *m* sommation *f* de paiement; rappel *m*
Mähne ['mɛːnə] *f* ⟨∼; ∼n⟩ crinière *f* (*a fig plais*)
mahnen ['maːnən] *v/t* **1. j-n zu etw mahnen, j-n mahnen, etw zu tun** exhorter qn à qc, à faire qc; **j-n zu etw** (*acc*), **wegen etw mahnen** rappeler qc à qn; **j-n wegen e-r Schuld mahnen** réclamer le paiement d'une dette à qn **2.** COMM **j-n mahnen** adresser un rappel à qn
Mahngebühr *f* frais *m/pl* de sommation
Mahnmal *n* ⟨∼¢s; ∼e⟩ monument *m*
Mahnschreiben *n* → **Mahnung**
Mahnung *f* ⟨∼; ∼en⟩ **1.** (*Ermahnung*) exhortation *f*; (*Warnung*) avertissement *m* **2.** (*Erinnerung*) rappel *m*; COMM *a* sommation *f*
Mahnverfahren *n* JUR procédure *f* d'avertissement, de mise en demeure, de sommation
Mahnwache *f* protestation silencieuse
Mai [mai] *m* ⟨∼¢s *ou* ∼; ∼e⟩ (mois *m* de) mai *m*; **der Erste Mai** le Premier mai; →**Januar**
Maibaum *m* arbre *m* de mai
Maibowle *f* punch froid aromatisé (*à la reine des bois*)
Maifeier *f* fête *f* du Premier mai
Maiglöckchen *n* BOT muguet *m*
Maikäfer *m* 'hanneton *m*
Mail [meːl] *f* ⟨∼; ∼s⟩ INFORM mail *m*
Mailand ['mailant] *n* ⟨∼s⟩ Milan
Mailbox ['meːlbɔks] *f* INFORM boîte *f* aux lettres
mailen INFORM **I** *v/t* **j-m etw mailen** envoyer qc à qn par e-mail **II** *v/i* **j-m mailen** envoyer un

M

e-mail à qn
Mailing ['meːlɪŋ] *n* ⟨∼s; ∼s⟩ mailing *m*
Mailingliste *f* INFORM liste *f* de diffusion
Mailserver ['meːlzøːrvər] *m* INFORM serveur *m* de messagerie (électronique)
Mainz [maɪnts] *n* ⟨∼⟩ Mayence
Mais [maɪs] *m* ⟨∼es; ∼e⟩ maïs *m*
Maiskolben *m* épi *m* de maïs
Maismehl *n* farine *f* de maïs
Maison(n)ette [mɛzɔ'nɛt] *f* ⟨∼; ∼s⟩, **Maison(n)ettewohnung** *f* duplex *m*
Majestät [majɛs'tɛːt] *f* ⟨∼; ∼en⟩ majesté *f*; *Anrede* (*Eure*) *Majestät* Sire *bzw* Madame
majestätisch *adj* majestueux
Majestätsbeleidigung *f* crime *m* de lèse-majesté
Majonäse → *Mayonnaise*
Major [ma'joːr] *m* ⟨∼s; ∼e⟩ *der Infanterie, Luftwaffe* commandant *m*; *der Kavallerie, Artillerie* chef *m* d'escadron
Majoran ['maːjoran] *m* ⟨∼s; ∼e⟩ marjolaine *f*
makaber [ma'kaːbər] *adj* ⟨-br-⟩ macabre
Makel ['maːkəl] *st/s m* ⟨∼s; ∼⟩ tache *f*
makellos *adj* sans tache, défaut; (*tadellos*) impeccable
mäkeln ['mɛːkəln] *v/i* ⟨¢⟩ *péj* **an etw** (*dat*) **mäkeln** ergoter sur qc
Make-up [meːk'ˀap] *n* ⟨∼s; ∼s⟩ maquillage *m*
Make-up-Entferner *m* ⟨∼s; ∼⟩ démaquillant *m*
Makkaroni [maka'roːni] *pl* macaronis *m/pl*
Makler(in) *m* ⟨∼s; ∼⟩ (*f*) ⟨∼in; ∼innen⟩ courtier, -ière *m,f*; (*Immobilienmakler*) agent immobilier
Maklergebühr *f*, **Maklerprovision** *f* courtage *m*
Makrele [ma'kreːlə] *f* ⟨∼; ∼n⟩ ZO maquereau *m*
Makro ['maːkro] *n* ⟨∼s; ∼s⟩ INFORM macro *f*
makro..., Makro... [makroz] *in Zssgn* macro...
Makrobiotik [makrobi'oːtɪk] *f* ⟨∼⟩ macrobiotique *f*
makrobiotisch *adj* macrobiotique
Makrokosmos *m* macrocosme *m*
Makrone [ma'kroːnə] *f* ⟨∼; ∼n⟩ CUIS macaron *m*
Makulatur [makula'tuːr] *f* ⟨∼; ∼en⟩ TYPO papier *m* de rebut
mal [maːl] *adv* **1.** MATH fois; *zwei mal fünf ist zehn* deux fois cinq (font) dix; *Fläche, Format* *tunf mal neun* cinq sur neuf **2.** F (*einmal*) *denken Sie mal ...* figurez-vous que ...; *nicht mal* même pas **3.** *guck mal!* regarde!; *zeig mal!* fais voir!
Mal[1] *n* ⟨∼¢s; ∼e *ou* ∼er⟩ *auf der Haut* marque *f*; (*Muttermal*) envie *f*
Mal[2] *n* ⟨∼¢s; ∼e⟩ *zeitlich* fois *f*; *jedes Mal* (, *wenn*) chaque fois (que); *zum ersten, letzten Mal* pour la première, dernière fois; *mit e-m Mal* tout à *od* d'un coup; *von Mal zu Mal* de plus en plus
Malaria [ma'laːria] *f* ⟨∼⟩ paludisme *m*; malaria *f*
Malaysia [ma'laɪzia] *n* ⟨∼s⟩ la Malaysia
Malbuch *n* album *m* à colorier
Malediven [male'diːvən] *pl* *die Malediven* les îles *f/pl* Maldives
malen ['maːlən] *v/t u v/i* peindre (*auf* [+ *acc*] sur)
Maler *m* ⟨∼s; ∼⟩ (*Anstreicher*) peintre *m*; *Künstler* (artiste *m*) peintre *m*
Malerei *f* ⟨∼; ∼en⟩ peinture *f* (*a Gemälde*)
Malerin *f* ⟨∼; ∼nen⟩ peintre *m*

malerisch *adj* pittoresque
Malerpinsel *m* brosse *f* (à peindre)
Mali ['maːli] *n* ⟨∼s⟩ le Mali
Malkasten *m* boîte *f* de couleurs
Mallorca [ma'jɔrka] *n* ⟨∼s⟩ (l'île *f* de) Majorque
malnehmen *v/t u v/i* ⟨*irr*⟩ multiplier (*mit* avec)
Maloche [ma'loːxə] F *f* ⟨∼⟩ F boulot (dur)
malochen F *v/i* ⟨*sans ge*⟩ F boulonner; F bosser; F trimer
Malta ['malta] *n* ⟨∼s⟩ (l'île *f* de) Malte
Malve ['malvə] *f* ⟨∼; ∼n⟩ mauve *f*
Malz [malts] *n* ⟨∼es⟩ malt *m*
Malzbier *n* bière *f* de malt
Malzkaffee *m* café *m* de malt
Mama ['mama] *f* ⟨∼; ∼s⟩ maman *f*
Mambo ['mambo] *m* ⟨∼ʃ; ∼s⟩ *od f* ⟨∼; ∼s⟩ *Tanz* mambo *m*
Mami ['mami] F *f* ⟨∼; ∼s⟩ maman *f*
Mammographie [mamogra'fiː] *f* ⟨∼; ∼n⟩ mammographie *f*
Mammut ['mamʊt] *n* ⟨∼s; ∼e *ou* ∼s⟩ ZO mammouth *m*
Mammutbaum *m* sequoia *m*
Mammutsitzung *f* séance *f* interminable, F marathon
Mammutunternehmen *n* entreprise *f* gigantesque; géant *m*
Mammutveranstaltung *f* *Konzert* concert *m* gigantesque; *Demonstration* manifestation *f* monstre
mampfen ['mampfən] F *v/t u v/i* F bouffer
man [man] *pr/ind* on; *man kann nie wissen* on ne sait jamais; *so etwas tut man nicht* ça ne se fait pas; CUIS *man nehme ...* prendre ...
Management ['mɛnɪdʒmənt] *n* ⟨∼s; ∼s⟩ management *m*
managen *v/t* **1.** *Sportler* être manager de; *Künstler* être (l')impresario de **2.** F (*zustande bringen*) arranger; organiser; (*bewältigen*) gérer
Manager(in) *m* ⟨∼s; ∼⟩ (*f*) ⟨∼in; ∼innen⟩ manager *m*; *e-s Künstlers* imprésario *od* impresario *m*; agent *m* (artistique)
Managerkrankheit *f* troubles *m/pl* circulatoires dus au stress
manch [manç] *pr/ind* **I** *adjt* ⟨*a* ∼er, ∼e, ∼es⟩ plus d'un(e); **manche** *pl* nombre de; bien des; *manch einer* certaines personnes; *manches Mal* bien des fois; *mancher reiche Mann* plus d'un riche **II** *subst* ⟨∼er, ∼e, ∼es⟩ il en est qui; bien des choses; **manche** (*Leute*) certains; quelques personnes
mancherlei *pr/ind* ⟨*inv*⟩ **I** *adjt* divers **II** *subst* toutes sortes de choses
manchmal *adv* quelquefois; parfois
Mandant(in) [man'dant(ɪn)] *m* ⟨∼en; ∼en⟩ (*f*) ⟨∼in; ∼innen⟩ client(e) *m(f)*
Mandarine [manda'riːnə] *f* ⟨∼; ∼n⟩ mandarine *f*
Mandat [man'daːt] *n* ⟨∼ʃs; ∼e⟩ mandat *m*
Mandel ['mandəl] *f* ⟨∼; ∼n⟩ **1.** BOT amande *f* **2.** ANAT amygdale *f*
Mandelblüte *f* fleur *f* d'amandier; *Blütezeit* floraison *f* des amandiers
Mandelentzündung *f* amygdalite *f*
mandelförmig *adj* en amande
Mandelmilch *f* lait *m* d'amandes; CUIS *a* orgeat *m*
Mandelsplitter *m/pl* amandes effilées

Mandoline [mando'liːnə] *f* ⟨~; ~n⟩ mandoline *f*
Manege [ma'neːʒə] *f* ⟨~; ~n⟩ piste *f*
Manga ['maŋga] *n od m* ⟨~s; ~s⟩ *Comic* manga *m*
Mangan [maŋ'gaːn] *n* ⟨~s⟩ manganèse *m*
Mangel[1] ['maŋəl] *f* ⟨~; ~n⟩ (*Wäschemangel*) repasseuse *f*; F *fig* **j-n in die Mangel nehmen** F cuisiner qn
Mangel[2] *m* ⟨~s; ~̈⟩ **1.** (*Fehlen*) manque *m* (**an** [+ *dat*] de); *an Lebensmitteln a* pénurie *f* (de); **aus Mangel an** faute de **2.** (*Fehler*) défaut *m*; vice *m*
Mangelberuf *m* profession *f* où on manque de personnel qualifié
Mangelerscheinung *f* MÉD (symptôme *m* de) carence *f*
mangelhaft *adj* **1.** (*fehlerhaft*) défectueux; (*unzureichend*) insuffisant **2.** *Schulnote* → **Fünf**
mangeln[1] *v/t* ⟨¢⟩ *Wäsche* repasser (avec une machine)
mangeln[2] *v/imp* ⟨¢⟩ (*fehlen*) manquer; faire défaut; **es mangelt an Geld** (*dat*) on manque d'argent; **es mangelt mir an nichts** je ne manque de rien; j'ai tout ce qu'il (me) faut; **mangelnde Sorgfalt** négligence *f*
mangels *prép* ⟨*gén*⟩ faute de
Mangelware *f* marchandise *f* rare; *fig* **... ist, sind Mangelware** on manque de ...
Mangelwäsche *f* linge *m* à repasser
Mango ['maŋgo] *f* ⟨~; ~s⟩ mangue *f*
Mangold ['maŋgolt] *m* ⟨~(e)s; ~e⟩ BOT b(l)ette *f*
Manie [ma'niː] *f* ⟨~; ~n⟩ manie *f*
Manier [ma'niːr] *f* ⟨~; ~en⟩ **1.** (*Art u Weise*) manière *f* **2.** (*Benehmen*) **Manieren** *pl* manières *f/pl*; façons *f/pl*; **keine Manieren haben** manquer de manières
manierlich *adj* **1.** qui se tient bien; poli **2.** F *fig* convenable
Manifest [mani'fɛst] *n* ⟨~¢s; ~e⟩ manifeste *m*
manifestieren [-'tiːrən] *v/r* ⟨*sans ge*⟩ **sich manifestieren** se manifester
Maniküre [mani'kyːrə] *f* ⟨~; ~n⟩ manucure *f* (*Pflege u Person*)
maniküren *v/t* ⟨*sans ge*⟩ faire la manucure à
Manipulation [manipulatsi'oːn] *f* ⟨~; ~en⟩ manipulation *f*
manipulieren *v/t* ⟨*sans ge*⟩ manipuler
manisch ['maːnɪʃ] *adj* maniaque
manisch-depressiv *adj* maniacodépressif
Manitu ['maːnitu] *m* ⟨~s⟩ Manitou *m*
Manko ['maŋko] *n* ⟨~s; ~s⟩ **1.** (*Mangel*) manque *m* **2.** (*Nachteil*) inconvénient *m*
Mann [man] *m* ⟨~¢s; ~̈er⟩ **1.** (*Person männlichen Geschlechts*) homme *m*; *alter Mann* vieillard *m*; vieux *m*; *ein gemachter Mann* un homme arrivé; *schwarzer Mann* (*Kinderschreck*) croque-mitaine *m*; *s-n Mann stehen* faire ses preuves; *Mann gegen Mann kämpfen* combattre corps à corps; *von Mann zu Mann* d'homme à homme; *prov* *ein Mann, ein Wort* etwa *prov* chose promise, chose due; F (*mein lieber*) *Mann!* F eh bien, mon vieux! **2.** (*Ehemann*) mari *m* **3.** (*Mensch*) homme *m*; *der Mann auf der Straße* l'homme de la rue; F *an den Mann bringen* Ware placer; *Frau* F caser **4.** ⟨*pl* ~⟩ *Zählgröße*, MAR tête *f*; personne *f*; *pro Mann* par tête; *alle Mann an Deck!* tout le monde sur le pont!; *Mann*

über Bord! un homme à la mer!
Männchen ['mɛnçən] *n* ⟨~s; ~⟩ **1.** (*kleiner Mann*) petit homme; *gezeichnetes* bonhomme *m* **2.** ZO mâle *m* **3.** *Hund Männchen machen* faire le beau
Manndeckung *f* SPORT marquage *m*; **Manndeckung spielen** marquer son adversaire
Mannequin ['manəkɛ̃] *n* ⟨~s; ~s⟩ mannequin *m*
Männerberuf ['mɛnər-] *m* métier *m* d'homme
Männerchor *m* chœur *m* d'hommes
Männerfreundschaft *f* amitié *f* entre hommes
Männerstimme *f* voix *f* d'homme
Mannesalter *st/s n* âge viril; **im besten Mannesalter stehen** être dans la force de l'âge
mannhaft *adj* (*mutig*) brave; (*unerschrocken*) viril
mannigfach, **mannigfaltig** *adj* varié; divers
Mannigfaltigkeit *f* ⟨~⟩ diversité *f*
Männlein ['mɛnlaɪn] *n* ⟨~s; ~⟩ petit homme
männlich ['mɛnlɪç] *adj* **1.** BOT, ZO mâle **2.** GR, *Vorname, Wesen etc* masculin **3.** (*zum Mann geworden*) viril
Männlichkeit *f* ⟨~⟩ virilité *f* (*a fig*)
Mannsbild F *n* F gaillard *m*
Mannschaft *f* ⟨~; ~en⟩ **1.** SPORT équipe *f* **2.** AVIAT, MAR équipage *m* **3.** MIL hommes *m/pl* (de troupe); soldats *m/pl* **4.** F (*Arbeitsmannschaft*) équipe *f*
Mannschaftsaufstellung *f* SPORT composition *f* de l'équipe
Mannschaftsführer *m* SPORT capitaine *m* (de l'équipe)
Mannschaftsgeist *m* esprit *m* d'équipe
Mannschaftskapitän *m* SPORT capitaine *m*
Mannschaftsspiel *n* SPORT jeu *m* d'équipe
Mannschaftssport *m* sport *m* d'équipe
Mannschaftswagen *m* camion *m* pour le transport des troupes *bzw* des policiers
Mannschaftswertung *f* SPORT classement *m* par équipe
mannshoch *adj* à hauteur d'homme
mannstoll F *adj* nymphomane
Mannweib *n* virago *f*
Manometer [mano'meːtər] *n* ⟨~s; ~⟩ **1.** PHYS manomètre *m* **2.** F *Manometer!* F ben alors!; *bei Entsetzen* F aïe!
Manöver [ma'nøːvər] *n* ⟨~s; ~⟩ manœuvre *f* (*a fig*)
Manöverkritik *f* *fig* bilan *m* critique
manövrieren *v/t u v/i* ⟨*sans ge*⟩ manœuvrer
manövrierunfähig *adj* désemparé
Mansarde [man'zardə] *f* ⟨~; ~n⟩ mansarde *f*
Manschette [man'ʃɛtə] *f* ⟨~; ~n⟩ *am Hemd* manchette *f*; F *fig* **Manschetten haben** F avoir la trouille
Manschettenknopf *m* bouton *m* de manchette
Mantel ['mantəl] *m* ⟨~s; ~̈⟩ **1.** *Kleidung* manteau *m*; *fig* voile *m* **2.** *e-s Reifens* enveloppe *f*; *e-s Kabels* gaine *f*; *e-s Geschosses* chemise *f*
Mäntelchen ['mɛntəlçən] *n* ⟨~s; ~⟩ petit manteau; *fig* **sein Mäntelchen nach dem Wind hängen** retourner sa veste
Manteltarif *m*, **Manteltarifvertrag** *m* ARBEITSRECHT convention collective (*réglant les conditions de travail, la durée de travail, les congés, etc*)
Manteltasche *f* poche *f* de manteau
manuell [manu'ɛl] *adj* manuel

M

Manufaktur [-fak'tuːr] $f\langle\sim;\sim$en$\rangle$ manufacture f

Manuskript [-'skrɪpt] $n\langle\sim$¢s; $\sim$e$\rangle$ manuscrit m; *e-r Rede etc* texte m

Mäppchen ['mɛpçən] $n\langle\sim$s; $\sim\rangle$ (*Schreibmäppchen*) trousse f (d'écolier)

Mappe ['mapə] $f\langle\sim;\sim$n$\rangle$ **1.** (*Aktenmappe*) serviette f; (*Schulmappe*) cartable m; sac m (d'écolier) **2.** (*Sammelmappe*) chemise f; (*Zeichenmappe*) carton m

Maracuja [mara'kuːja] $f\langle\sim;\sim$s$\rangle$ *Frucht* maracuja m

Marathon ['maːraton] $m\langle\sim$s; $\sim$s$\rangle$, **Marathonlauf** m marathon m

Marathonläufer(in) $m(f)$ coureur, -euse m,f de marathon

Marathonsitzung f séance f marathon

Märchen ['mɛːrçən] $n\langle\sim$s; $\sim\rangle$ **1.** conte m (de fées) **2.** *fig* (*Lüge*) histoire(s) $f(pl)$

Märchenbuch n livre m de contes

Märchenerzähler(in) $m(f)$ conteur, -euse m,f

Märchenfee f fée f d'un conte

Märchengestalt f personnage m d'un, de conte de fées

märchenhaft *adj* **1.** que l'on dirait tiré d'un conte de fées; (*zauberhaft*) féerique **2.** (*sagenhaft*) fabuleux; fantastique

Märchenland $n\langle\sim$¢s$\rangle$ *fig* pays enchanteur

Märchenprinz m prince charmant (*a fig*)

Märchenschloss n château m féerique

Märchenstunde f TV émission f de contes de fées

Märchenwelt f monde m féerique; *fig* monde irréel

Marder ['mardər] $m\langle\sim$s; $\sim\rangle$ martre f

Margarine [marga'riːnə] $f\langle\sim\rangle$ margarine f

Margerite [margə'riːtə] $f\langle\sim;\sim$n$\rangle$ BOT marguerite f

Maria [ma'riːa] $f\langle\sim$s *ou* REL Mariä$\rangle$ Marie f (*a* REL); REL (*die Jungfrau*) *Maria* la (Sainte) Vierge; la Vierge Marie

Marienbild n madone f; Vierge f

Marienkäfer m coccinelle f

Marienkult m culte marial; marianisme m

Marienverehrung f adoration f de la Vierge

Marihuana [marihu'aːna] $n\langle\sim$s$\rangle$ marijuana f

Marille [ma'rɪlə] $f\langle\sim;\sim$n$\rangle$ *österr* abricot m

Marillenknödel m *österr.* boule de pomme de terre, de mie de pain ou de semoule fourrée à l'abricot, bouillie et servie chaude comme dessert

Marinade [mari'naːdə] $f\langle\sim;\sim$n$\rangle$ marinade f

Marine [ma'riːnə] $f\langle\sim;\sim$n$\rangle$ marine f

marineblau *adj* (bleu) marine

Marineoffizier m officier m de marine

Marinestützpunkt m base navale

marinieren *v/t* $\langle$*sans ge*$\rangle$ (faire) mariner

Marionette [mario'nɛtə] $f\langle\sim;\sim$n$\rangle$ marionnette f (*a fig*); *fig* fantoche m

Marionettenregierung f gouvernement m fantoche

Marionettentheater n théâtre m de marionnettes

Mark¹ [mark] $f\langle\sim;\sim\rangle$ HIST *Währung* mark m; *Deutsche Mark* mark allemand; deutsche mark m; F *fig keine müde Mark* pas un centime

Mark² $n\langle\sim$¢s$\rangle$ **1.** ANAT, BOT moelle f; (*Fruchtmark*) pulpe f; *fig bis ins Mark* jusqu'à la

moelle; *Geräusch j-m durch Mark und Bein gehen* faire frissonner qn **2.** CUIS coulis m; (*Tomatenmark*) concentré m de tomates

markant [mar'kant] *adj* marquant; *Gesicht(s-zug)* marqué

Marke ['markə] $f\langle\sim;\sim$n$\rangle$ **1.** (*Markierung*) marque f; repère m **2.** (*Briefmarke*) timbre(-poste) m; (*Spielmarke*) jeton m; (*Essensmarke*) ticket m; (*Gebührenmarke*) timbre m **3.** COMM marque f **4.** F *das ist vielleicht e-e Marke!* F c'est un drôle de numéro!

Markenartikel m produit m de marque

Markenbutter f beurre m de qualité

Markenfabrikat n produit m de marque

Markenname m nom m de marque

Markenschutz m protection f des marques de fabrique

Markenware f produits m/pl de marque

Markenzeichen n **1.** COMM marque f (de fabrique); griffe f **2.** *fig* trait m caractéristique

markerschütternd *adj Schrei* déchirant; perçant

Marketing ['markətɪŋ] $n\langle\sim$s$\rangle$ marketing m

markieren *v/t* $\langle$*sans ge*$\rangle$ **1.** (*kennzeichnen*) marquer **2.** F (*vortäuschen*) simuler; faire; *den starken Mann markieren* F jouer les gros durs

Markierung $f\langle\sim;\sim$en$\rangle$ **1.** (*Markieren*) marquage m; repérage m **2.** (*Kennzeichen*) marque f; repère m

Markierungslinie f marquage m; tracé m

markig *adj fig* énergique; vigoureux

Markise [mar'kiːzə] $f\langle\sim;\sim$n$\rangle$ store m

Markklößchen n boulette f de moelle

Markklößchensuppe f soupe f aux boulettes de moelle

Markknochen m os m à moelle

Markstück $n\langle\sim$¢s; $\sim$e$\rangle$ HIST pièce f d'un mark

Markt [markt] $m\langle\sim$¢s; $\sim$e$\rangle$ marché m; (*Jahrmarkt, Viehmarkt*) foire f; (*Absatzmarkt*) débouché m; *der Gemeinsame Markt* le Marché commun; *auf den Markt bringen* commercialiser; lancer

Marktabsprache f entente f (illicite) de producteurs

Marktanalyse f analyse f du (*bzw* des) marché(s)

Marktanteil m part f de marché

Marktbedürfnisse n/pl nécessités f/pl, besoins m/pl du marché; demande f sur le marché

marktbeherrschend *adj* qui est numéro un sur, domine le marché

Marktbeherrschung f domination f du marché

Marktbeobachtung f observation f des tendances du marché

Marktbericht m cours m du marché

Marktentwicklung f évolution f du marché

Markterschließung f ouverture f du *bzw* d'un marché

Marktflecken m bourg m; *kleiner* bourgade f

Marktforscher m prospecteur m (de marchés)

Marktforschung f étude f de marché

Marktfrau f marchande f

marktführend *adj* qui domine le marché

Marktführer m leader m sur le marché

Markthalle f marché couvert; 'halle f

Marktlage $f\langle\sim\rangle$ situation f, condition f du marché

Marktlücke f créneau m

M

Marktplatz *m* place *f* du marché
Marktschreier *m* vendeur *m* à la criée
marktschreierisch *adj* tapageur
Marktstand *m* étal *m*
Marktstudie *f* étude *f* du marché
Markttag *m* jour *m* de marché
Marktwert *m* valeur marchande
Marktwirtschaft *f* économie *f* de marché; *freie* **Marktwirtschaft** économie libérale; *soziale* **Marktwirtschaft** économie sociale de marché
Marmelade [marmə'laːdə] *f* ⟨∼; ∼n⟩ confiture *f*

Marmelade ≠ marmelade

die Marmelade = la confiture
la marmelade = das Mus, das Kompott

Marmeladenglas *n* pot *m* de confiture
Marmor ['marmɔr] *m* ⟨∼s; ∼e⟩ marbre *m*
Marmorkuchen *m* gâteau marbré
Marmorplatte *f* plaque *f* de marbre
Marmorsäule *f* colonne *f* de marbre
Marmorstatue *f* statue *f* de *od* en marbre; marbre *m*
marode [ma'roːdə] *adj* pourri
Marokkaner(in) [marɔ'kaːnər(ɪn)] *m* ⟨∼s; ∼⟩ (*f*) ⟨∼in; ∼innen⟩ Marocain(e) *m(f)*
marokkanisch *adj* marocain
Marokko [ma'rɔko] *n* ⟨∼s⟩ le Maroc
Marone [ma'roːnə] *f* ⟨∼; ∼n⟩ marron *m*
Marotte [ma'rɔtə] *f* ⟨∼; ∼n⟩ marotte *f*
Mars [mars] *m* ⟨∼⟩ ASTR (*der*) *Mars* Mars *m*
marsch [marʃ] *int* **marsch!** allons! en route!; F **marsch ins Bett!** allez, allez! au lit!
Marsch [marʃ] *m* ⟨∼¢s; ∼e⟩ MUS, MIL, *fig* marche *f*
Marschall ['marʃal] *m* ⟨∼s; -schälle⟩ maréchal *m*
Marschbefehl *m* ordre *m* de marche
marschbereit *adj* prêt à partir
Marschflugkörper *m* missile *m* de croisière
Marschgepäck *n* bagages *m/pl* de route
marschieren *v/i* ⟨sans ge, sn⟩ marcher; → *Info* **passé** (*composé*)
Marschkolonne *f* colonne *f*, groupe *m* de marche
Marschmusik *f* musique *f* militaire
Marschrichtung *f* direction *f* (de marche); *fig* ligne *f* de conduite
Marschroute *f* itinéraire *m*; *fig* ligne *f* de conduite
Marschtempo *n* ⟨∼s⟩ allure *f*, cadence *f*, vitesse *f* (de marche)
Marschverpflegung *f* vivres *m/pl* de route
Marsmensch *m* Martien *m*
Marstall ['marʃtal] *m* HIST écuries *f/pl* (d'un prince)
Marter ['martər] *st/s* *f* ⟨∼; ∼n⟩ torture *f*
martern *st/s* *v/t* torturer; *seelisch* tourmenter
Marterpfahl *m* poteau *m* de torture
Marterwerkzeug *n* instruments *m/pl* de torture
martialisch [martsi'aːlɪʃ] *st/s* *adj* martial
Martinsfest ['martiːns-] *n* la Saint-Martin
Martinsgans *f* CUIS oie *f* de la Saint-Martin
Martinshorn *n* avertisseur *m* à deux tons (*de la police, etc*)

Märtyrer(in) ['mɛrtyrər(ɪn)] *m* ⟨∼s; ∼⟩ (*f*) ⟨∼in; ∼innen⟩ martyr(e) *m(f)*
Martyrium [mar'tyːriʊm] *n* ⟨∼s; -ien⟩ martyre *m*
Marxismus [mar'ksɪsmʊs] *m* ⟨∼⟩ marxisme *m*
Marxist(in) *m* ⟨∼en; ∼en⟩ (*f*) ⟨∼in; ∼innen⟩ marxiste *m,f*
marxistisch *adj* marxiste
März [mɛrts] *m* ⟨∼¢s; ∼e⟩ (mois *m* de) mars *m*; → *Januar*
Marzipan [martsi'paːn] *n* ⟨∼s; ∼e⟩ pâte *f* d'amandes
Marzipankartoffel *f* sucrerie à la pâte d'amandes en forme de petite pomme de terre
Mascara [mas'kaːra] *f* ⟨∼; ∼s⟩ mascara *m*; fard *m* pour cils
Masche ['maʃə] *f* ⟨∼; ∼n⟩ **1.** (*Schlinge*) maille *f* (*a fig*) **2.** F (*Trick*) F combine *f* **3.** *die neueste* **Masche** la dernière mode *m*
Maschendraht *m* grillage *m*
Maschine [ma'ʃiːnə] *f* ⟨∼; ∼n⟩ **1.** machine *f* **2.** (*Schreibmaschine*) machine *f* (à écrire); *etw* *mit der Maschine schreiben* taper qc à la machine; dactylographier qc **3.** F (*Motorrad*) F machine *f*; (*Motor*) F moulin *m*; (*Auto*) F grosse bagnole; (*Flugzeug*) appareil *m*
maschinell **I** *adj* mécanique **II** *adv* **maschinell** **hergestellt** fait à la machine
Maschinenbau *m* construction *f* mécanique; *Lehrfach* mécanique *f*
Maschinenbauingenieur(in) *m(f)* ingénieur mécanicien
Maschinenfabrik *f* atelier *m* de constructions mécaniques
maschinengeschrieben *adjt* tapé à la machine; dactylographié
Maschinengewehr *n* mitrailleuse *f*
Maschinenlaufzeit *f* durée *f* d'utilisation des équipements
maschinenlesbar *adj* lisible, exploitable par (un) ordinateur
Maschinenöl *n* huile *f* à machine
Maschinenpark *m* parc *m* de machines
Maschinenpistole *f* mitraillette *f*
Maschinenraum *m*, **Maschinensaal** *m* salle *f* des machines
Maschinenschaden *m* avarie *f* de machine
Maschinenschlosser *m* ajusteur *m* mécanicien
Maschinenschreiben *n*, **Maschinenschrift** *f* dactylographie *f*
maschinenwaschbar *adj* lavable en machine
Maschinerie [maʃinə'riː] *f* ⟨∼; ∼n⟩ machinerie *f*; *fig* machine *f*
maschineschreiben → *Maschine*
Maser ['maːzər] *f* ⟨∼; ∼n⟩ veine *f*
Masern ['maːzərn] *pl* rougeole *f*
Maserung *f* ⟨∼; ∼en⟩ veines *f/pl*
Maske ['maskə] *f* ⟨∼; ∼n⟩ **1.** masque *m* (*a fig*, MÉD); *die Maske fallen lassen* se démasquer (*a fig*) **2.** THÉ maquillage *m* **3.** INFORM grille *f* d'écran
Maskenball *m* bal masqué
Maskenbildner(in) *m* ⟨∼s; ∼⟩ (*f*) ⟨∼in; ∼innen⟩ maquilleur, -euse *m,f*
Maskerade [maskə'raːdə] *f* ⟨∼; ∼n⟩ mascarade *f*
maskieren *v/t* (*u v/r*) ⟨sans ge⟩ (**sich maskieren** se) masquer (*a fig*); (*verkleiden*) (se) dégui-

ser (**als** en)

Maskierung f ⟨∼; ∼en⟩ déguisement m

Maskottchen [mas'kɔtçən] n ⟨∼s; ∼⟩ mascotte f; porte-bonheur m

maskulin [masku'liːn] adj masculin

Maskulinum n ⟨∼s; -na⟩ GR masculin m

Masochismus [mazɔ'xɪsmʊs] m ⟨∼⟩ masochisme m

Masochist(in) m ⟨∼en; ∼en⟩ (f) ⟨∼in; ∼innen⟩ masochiste m,f

masochistisch adj masochiste

maß [maːs] → **messen**

Maß[1] n ⟨∼es; ∼e⟩ **1.** (*Maßeinheit, Größe*) mesure f; **Maß nehmen** prendre les mesures (**bei** de); **nach Maß** sur mesure; fig **mit zweierlei Maß messen** avoir deux poids, deux mesures; **das Maß ist voll!** la coupe est pleine! **2.** (*Verhältnis*) proportions f/pl **3.** (*Ausmaß*) dimension f; **in hohem Maß(e)** grandement; dans une large mesure; **in höchstem Maß(e)** au plus 'haut degré; **in dem Maß(e) wie …** dans la mesure où … **4.** fig (*Grenzen*) bornes f/pl; (*Mäßigung*) modération f; **alles mit, in Maßen** avec mesure; st/s **über alle, die Maßen** extrêmement; **Maß halten** → **maßhalten**

Maß[2] f ⟨∼; ∼¢, *mais 2* ∼⟩ südd, österr (*Liter*) litre m (de bière)

Massage [ma'saːʒə] f ⟨∼; ∼n⟩ massage m

Massagegerät n masseur m

Massageinstitut n cabinet m de travail d'un masseur

Massageöl n huile f de massage

Massagesalon m établissement m de massage thaïlandais

Massagestab m vibromasseur m

Massai [ma'sai] m,f ⟨∼; ∼⟩ Mas(s)aï m,f

Massaker [ma'saːkər] n ⟨∼s; ∼⟩ massacre m

massakrieren v/t ⟨sans ge⟩ massacrer

Maßanzug m costume m sur mesure

Maßarbeit f travail m sur mesure; F fig **das war Maßarbeit** F c'était du sur mesure

Masse ['masə] f ⟨∼; ∼n⟩ **1.** (*formloser Stoff*) masse f; **undefinierbare Masse** substance f indéfinissable **2.** (*Menge*) masse f, quantité f (**an** [+ dat], **von** de); F **e-e (ganze) Masse Bücher** F un tas de livres **3.** (*Menschenmasse*) foule f; **die breite Masse** la masse **4.** PHYS, ÉLECT, JUR masse f

Maßeinheit f unité f de mesure

Massenabfertigung f péj **das ist die reinste Massenabfertigung** F c'est l'usine, une véritable usine; **beim Arzt** a c'est soigner les malades en série; **in der Mensa** a c'est de la restauration en série

Massenandrang m affluence f

Massenarbeitslosigkeit f chômage généralisé

Massenartikel m article m de série

Massenaufgebot n mise en action massive (**an** [+ dat] de)

Massenbewegung f mouvement m de masse

Massendemonstration f manifestation f de masse

Massenentlassung f licenciement collectif

Massenerhebung f levée f en masse

Massenfabrikation f fabrication f en grande série

Massenflucht f exode m

Massengesellschaft f civilisation f de masse

Massengrab n fosse commune

massenhaft adj u F adv en masse

Massenhinrichtung f exécutions f/pl en masse

Massenhysterie f hystérie collective

Massenkarambolage f collision f en chaîne

Massenkundgebung f manifestation f

Massenmedien n/pl mass media m/pl

Massenmord m massacre m

Massenmörder(in) m(f) tueur, -euse m,f

Massenproduktion f fabrication f en grande série

Massenpsychose f psychose collective

Massensport m sport m populaire

Massensterben n hécatombe f

Massenstreik m grève massive, p/fort générale

Massentierhaltung f élevage industriel

Massentourismus m tourisme m de masse

Massentransport m transport collectif, de masse

Massenveranstaltung f manifestation f, concert m, spectacle m, etc qui attire une foule de participants bzw spectateurs

Massenverhaftung f arrestation massive, en masse

Massenvernichtungswaffen f/pl armes f/pl de destruction massive

Massenwahn m → **Massenhysterie**

Massenware f marchandise fabriquée en série

massenweise adv massivement; en masse

Masseur(in) [ma'søːr(ɪn)] m ⟨∼s; ∼e⟩ (f) ⟨∼in; ∼innen⟩ masseur, -euse m,f

Masseuse [-'søːzə] f ⟨∼; ∼n⟩ **1.** masseuse f **2.** verhüllend femme f qui pratique le massage thaïlandais

Maßgabe f st/s **nach Maßgabe** (+ gén) conformément à

maßgebend adj Faktor déterminant; (*entscheidend*) décisif; Person, Buch qui fait autorité; Kreise autorisé

maßgeblich **I** adj décisif; autorisé **II** adv de manière décisive; **maßgeblich an etw** (dat) **beteiligt sein** jouer un rôle de premier plan dans qc

maßgerecht adj qui a les mesures prescrites

maßgeschneidert adjt sur mesure; fig adapté

maßhalten v/i ⟨irr⟩ garder la mesure; **im Essen maßhalten** manger avec modération

massieren v/t ⟨sans ge⟩ masser (a MIL)

massig **I** adj massif **II** F adv (*viel*) en masse; **er hat massig Geld** F il a plein de fric

mäßig ['mɛːsɪç] adj **1.** Wind, Geschwindigkeit modéré; im Essen a frugal; Einkommen modeste **2.** (*mittelmäßig*) médiocre

mäßigen st/s v/t (u v/r **sich mäßigen** se) modérer

Mäßigung f ⟨∼⟩ modération f

massiv [ma'siːf] **I** adj **1.** Metalle, Holz massif **2.** Kritik, Drohung violent; Forderung extrême; Druck énorme **II** adv **massiv gebaut** construit en dur

Massiv n ⟨∼s; ∼e⟩ massif m

Massivbauweise f construction f en dur

Maßkrug m chope f à bière (d'un litre)

maßlos **I** adj extrême; Übertreibung, Ansprüche démesuré; Ehrgeiz sans bornes **II** adv excessivement; **sie übertreibt maßlos** elle exagère terriblement

Maßlosigkeit f ⟨∼⟩ démesure f; excès m

Maßnahme ['-naːmə] f ⟨∼; ∼n⟩ mesure f; **Maß-**

M

nahmen treffen, ergreifen prendre des mesures

maßregeln v/t ⟨¢⟩ *j-n maßregeln* chapitrer qn

Maßstab m **1.** (*Norm*) norme f; critère m; *e-n anderen Maßstab anlegen* appliquer un autre critère; *j-n, etw zum Maßstab nehmen* prendre qn, qc pour modèle **2.** *auf Landkarten, fig* échelle f; *im Maßstab 1:100* à l'échelle de 1/100

maßstab(s)gerecht, maßstab(s)getreu adj u adv à l'échelle

maßvoll adj Mensch, Forderung modéré; Urteil mesuré

Mast¹ [mast] m ⟨~¢s; ~en⟩ MAR, (*Fahnenmast*) mât m; (*Telegrafenmast*) poteau m; (*Hochspannungsmast*) pylône m

Mast² f ⟨~; ~en⟩ AGR engraissement m

Mastbaum m MAR mât m

Mastdarm m rectum m

mästen ['mɛstən] v/t ⟨-e-⟩ engraisser

Master ['ma:stər] m ⟨~s; ~⟩ akademischer Grad master m

masturbieren [mastur'bi:rən] v/i ⟨sans ge⟩ se masturber

Match [mɛtʃ] n ⟨~¢s; ~s ou ~e⟩ match m

Matchball m balle f de match

Matchsack m sacoche f

Material [materi'a:l] n ⟨~s; ~ien⟩ **1.** (*Stoff*) matière f; (*Bau-, Werkstoff*) matériau(x) m(pl) **2.** (*Ausrüstung*) matériel m **3.** (*Unterlagen*) matériel m; matériaux m/pl

Materialausgabe f ⟨~⟩ distribution f de matériel

Materialermüdung f fatigue f du matériel

Materialfehler m défaut m technique

Materialismus m ⟨~⟩ matérialisme m

Materialist(in) m ⟨~en; ~en⟩ (f) ⟨~in; ~innen⟩ matérialiste m,f

materialistisch adj matérialiste

Materialkosten pl frais m/pl de matériel

Materialprobe f prélèvement m de matière

Materialprüfung f essai m, contrôle m, examen m des matériaux

Materialschaden m dégât matériel

Materie [ma'te:riə] f ⟨~; ~n⟩ matière f

materiell I adj **1.** Hilfe, Vorteil matériel **2.** péj Person matériel II adv *materiell eingestellt sein* être matérialiste

Matetee ['ma:təte:] m maté m

Mathe ['matə] F f ⟨~⟩ F maths f/pl

Mathematik f ⟨~⟩ mathématiques f/pl

Mathematiker(in) m ⟨~s; ~⟩ (f) ⟨~in; ~innen⟩ mathématicien, -ienne m,f

mathematisch adj mathématique

Matjes ['matjəs] m ⟨~; ~⟩, **Matjeshering** m jeune 'hareng mariné dans du sel

Matratze [ma'tratsə] f ⟨~; ~n⟩ matelas m

Matratzenlager n matelas m(pl) à même le sol

Matriarchat [matriar'ça:t] n ⟨~¢s; ~e⟩ matriarcat m

Matrix ['ma:trɪks] f ⟨~; -izes⟩ matrice f

Matrixdrucker m imprimante matricielle

Matrize [ma'tri:tsə] f ⟨~; ~n⟩ für die Schreibmaschine stencil m

Matrone [ma'tro:nə] f ⟨~; ~n⟩ matrone f

Matrose [ma'tro:zə] m ⟨~n; ~n⟩ matelot m (a MIL); marin m

Matrosenmütze f béret marin

Matsch [matʃ] F m ⟨~¢s⟩ **1.** (*breiige Masse*) bouillie f **2.** (*Schlamm*) boue f; gadoue f **3.** (*Schneematsch*) neige fondue, fondante

matschig F adj **1.** (*breiig*) F en marmelade; *Frucht* blet **2.** (*schlammig*) boueux; *Weg a* détrempé; couvert de gadoue **3.** *durch Schnee* couvert de neige fondante

matt [mat] adj **1.** (*erschöpft*) épuisé; (*schwach*) faible (*a fig Lächeln etc*) **2.** (*glanzlos*) mat; (*trübe*) terne; *Farben a* pâle; mat; *Glas* dépoli **3.** SCHACH mat; *j-n matt setzen* faire qn mat

Matte ['matə] f ⟨~; ~n⟩ (*Flechtwerk*) natte f; (*Fußmatte, Strohmatte*) paillasson m; SPORT tapis m; F fig *auf der Matte stehen* être à pied d'œuvre

Matterhorn ['matərhɔrn] ⟨~¢s⟩ *das Matterhorn* le mont Cervin

Mattglas n verre mat, dépoli

Mattigkeit f ⟨~⟩ fatigue f; lassitude f

Mattscheibe f TV petit écran; F fig *Mattscheibe haben* F avoir un passage à vide

mattsetzen v/t → *matt 3*

Matura [ma'tu:ra] f ⟨~⟩ österr, schweiz baccalauréat m

Mätzchen ['mɛtsçən] F n ⟨~s; ~⟩ **1.** (*Unsinn*) bêtise f **2.** (*Tricks*) blague f; *keine Mätzchen!* pas de blague!

Mauer ['mauər] f ⟨~; ~n⟩ mur m (a st/s fig); coll muraille f; *die Chinesische Mauer* la Muraille de Chine

Mauerblümchen n jeune fille f, femme f qui fait tapisserie

mauern I v/t maçonner II v/i SPORT bétonner

Mauersegler m ZO martinet m

Mauerstein m pierre taillée

Mauerwerk n maçonnerie f; murs m/pl

Maul [maul] n ⟨~¢s; Mäuler⟩ **1.** bei Tieren gueule f; der Pferde bouche f **2.** P (*Mund*) F gueule f; F bec m; *das Maul aufreißen, ein großes Maul haben* F être fort en gueule; *halts Maul!* F (ferme) ta gueule!; F ferme-la!; *j-m das Maul stopfen* F clouer le bec à qn

maulen F péj v/i grogner; (*schmollen*) F faire la gueule; (*schimpfen*) F râler

Maulesel m (petit) mulet

maulfaul F adj peu loquace

Maulheld F m F grande gueule; F fort m en gueule

Maulkorb m muselière f; fig *j-m e-n Maulkorb anlegen* museler qn

Maultier n mulet m; mule f

Maul- und Klauenseuche f fièvre aphteuse

Maulwurf m ZO, fig taupe f

Maulwurfshügel m taupinière f

Maurer m ⟨~s; ~⟩ maçon m

Maurerkelle f truelle f

Mauretanien [maure'ta:niən] n ⟨~s⟩ la Mauritanie

maurisch adj maure od more

Mauritius [mau'ri:tsius] n ⟨von ~⟩ l'île f Maurice

Maus [maus] f ⟨~; Mäuse⟩ **1.** ZO souris f (a INFORM); F fig *weiße Mäuse sehen* avoir des hallucinations; F *e-e graue Maus* un personnage falot **2.** F pl *Mäuse* (*Geld*) F fric m

mauscheln ['mauʃəln] F v/i ⟨¢⟩ F magouiller

Mäuschen ['mɔysçən] n ⟨~s; ~⟩ **1.** souriceau m **2.** F fig Kosewort F petit chou

mäuschenstill F *adj* **es ist mäuschenstill** on entendrait voler une mouche
Mausefalle *f* souricière *f*
Mauseloch *n* trou *m* de souris
Mauser ['mauzər] *f* ⟨∼⟩ zo mue *f*
mausern *v/r* **sich mausern 1.** zo muer **2.** F *fig* faire peau neuve; **sich zum Schriftsteller mausern** se transformer en écrivain
mausetot F *adj* raide mort
Mausklick *m* ⟨∼s; ∼s⟩ INFORM clic *m* (de la souris); **per Mausklick** en un clic de souris
Mausoleum [mauzo'le:um] *n* ⟨∼s; -een⟩ mausolée *m*
Mauspad ['mauspɛt] *n* ⟨∼s; ∼s⟩ tapis *m* (de souris)
Maustaste *f* bouton *m* (de souris); **linke, rechte Maustaste** bouton gauche, droit de la souris
Maut [maut] *f* ⟨∼; ∼en⟩, **Mautgebühr** *f* *bes österr* péage *m*
Mautstelle *f* *bes österr* péage *m*
Mautstraße *f* *bes österr* route *f* à péage
Max [maks] **strammer Max** œuf sur le plat sur du jambon et du pain
Maxi-CD ['maksitse:de:] *f* maxi CD *m*
maximal [maksi'ma:l] **I** *adj* maximum; maximal **II** *adv* au maximum
Maximalforderung *f* exigence *f* maximum
Maximalgeschwindigkeit *f* vitesse maximale; vitesse *f* limite; limite *f* de vitesse
Maxime [ma'ksi:mə] *f* ⟨∼; ∼n⟩ maxime *f*
Maximum ['maksimum] *n* ⟨∼s; -ma⟩ maximum *m* (**an** [+ *dat*] de)
Maxisingle *f* 45 tours *m* double durée
Mayonnaise [majɔ'nɛ:zə] *f* ⟨∼; ∼n⟩ mayonnaise *f*
Mazedonien [matse'do:niən] *n* ⟨∼s⟩ la Macédoine
Mäzen [mɛ'tse:n] *m* ⟨∼s; ∼e⟩ mécène *m*
MB *abr* (*Megabyte*) Mo *m*
MdB *abr* (*Mitglied des Bundestags*) membre *m* du Bundestag
m. E. *abr* (*meines Erachtens*) à mon avis
Mechanik [me'ça:nik] *f* ⟨∼; ∼en⟩ mécanique *f*
Mechaniker *m* ⟨∼s; ∼⟩ mécanicien *m*
mechanisch *adj* mécanique; *fig* machinal
Mechanismus [-'nismus] *m* ⟨∼; -men⟩ mécanisme *m*
meckern ['mɛkərn] *v/i* **1.** *Ziege* bêler **2.** F *fig* (*nörgeln*) F râler
Mecklenburg-Vorpommern ['mɛklənburk-'fo:rpɔmərn] *n* ⟨∼s⟩ le Mecklembourg-Poméranie occidentale
Medaille [me'daljə] *f* ⟨∼; ∼n⟩ médaille *f*
Medaillon [-'jõ:] *n* ⟨∼s; ∼s⟩ médaillon *m* (*a* CUIS)
medial [medi'a:l] *adj* SPIRITISMUS médiumnique;
Mediation [mediatsi'o:n] *f* ⟨∼; ∼en⟩ médiation *f*
Mediator(in) [-'a:to:r (-a'to:rın)] *m* ⟨∼s; -toren⟩ (*f*) ⟨∼in; ∼innen⟩ médiateur, -trice *m,f*
Medien ['me:diən] *pl* → **Medium**
Mediendesigner(in) *m(f)* infographiste *m,f*
Medienereignis *n* événement *m* médiatique
Medienforschung *f* recherches *f/pl* sur les médias
Mediengestalter(in) *m(f)* reálisateur, -trice *m,f* médias
Medienkonzern *m* groupe *m* de communication

Medienlandschaft *f* paysage *m* médiatique
Medienpolitik *f* politique *f* des médias
Medienverbund *m* ⟨∼¢s⟩ **1.** *beim Unterrichten* combinaison *f* de plusieurs supports pédagogiques **2.** COMM groupe *m* de communication
medienwirksam *adj* médiatique
Medikament [medika'mɛnt] *n* ⟨∼¢s; ∼e⟩ médicament *m* (**gegen** contre)
medikamentös [medikamɛn'tø:s] **I** *adj* médicamenteux **II** *adv* **medikamentös behandeln** soigner avec des médicaments
Meditation *f* ⟨∼; ∼en⟩ méditation *f*
Meditationsübung *f* exercice *m* de méditation
meditativ *adj* méditatif
mediterran [medite'ra:n] *adj* méditerranéen
meditieren [medi'ti:rən] *v/i* ⟨*sans ge*⟩ méditer (**über** [+ *acc*] sur)
medium ['me:dium] *adj* ⟨*inv*⟩ CUIS à point
Medium *n* ⟨∼s; -ien⟩ **1.** média *m*; **elektronische Medien** médias électroniques; **die Neuen Medien** les nouveaux médias **2.** ESOTERIK médium *m* **3.** (*Träger*) véhicule *m*
Medizin [medi'tsi:n] *f* ⟨∼; ∼en⟩ **1.** (*Heilkunde*) médecine *f* **2.** (*Arznei*) médicament *m* (**gegen** contre)
Medizinball *m* médecine-ball *m*
Mediziner(in) *m* ⟨∼s; ∼⟩ (*f*) ⟨∼in; ∼innen⟩ **1.** (*Arzt*) médecin *m*; (*Ärztin*) femme *f* médecin **2.** (*Medizinstudent[in]*) étudiant(e) *m(f)* en médecine
medizinisch *adj* de médecine; (*ärztlich*) médical
Medizinmann *m* ⟨∼¢s; ∼er⟩ guérisseur *m*
Medizinstudent(in) *m(f)* étudiant(e) *m(f)* en médecine
Medizinstudium *n* études *f/pl* de médecine
Meer [me:r] *n* ⟨∼¢s; ∼e⟩ mer *f*; *fig a* océan *m*; **am Meer** au bord de la mer
Meerblick *m* **mit Meerblick** avec vue sur la mer
Meerbusen *m* golfe *m*
Meerenge *f* détroit *m*
Meeresbiologie *f* océanographie *f* biologique
Meeresboden *m* fond *m* de la mer
Meeresfrüchte *f/pl* fruits *m/pl* de mer
Meeresgrund *m* fond de la mer
Meereshohe *f*, **Meeresspiegel** *m* niveau *m* de la mer
Meerrettich *m* raifort *m*
Meersalz *n* sel marin
Meerschweinchen *n* ⟨∼s; ∼⟩ cochon *m* d'Inde; *Versuchstier* cobaye *m*
Meerwasser *n* eau *f* de mer
Mega... ['me:ga...] *in Zssgn* méga...
Megabyte *n* méga-octet *m*
Megafon [mega'fo:n] *n* ⟨∼s; ∼e⟩ mégaphone *m*
Megahertz *n* mégahertz *m*
Megastar *m* ⟨∼s; ∼s⟩ mégastar *f*
Megawatt *n* mégawatt *m*
Mehl [me:l] *n* ⟨∼¢s; ∼e⟩ **1.** farine *f* **2.** (*pulverförmiger Stoff*) poudre *f*
mehlig *adj* farineux (*a Frucht*)
Mehlschwitze *f* ⟨∼; ∼n⟩ CUIS roux *m*
Mehlspeise *f* entremets *m* (à base de farine, *österr* sucré)
Mehltau *m* *Pflanzenkrankheit* mildiou *m*
Mehlwurm *m* ver *m* de farine
mehr [me:r] **I** *pr/ind* **1.** plus; *vor subst* plus de;

etwas mehr un peu plus; *noch mehr* (...) encore plus (de ...); *mehr oder weniger* plus ou moins **2.** *in Vergleichen* plus; *vor subst* plus de; *mehr als zwanzig Euro* plus de vingt euros; *mehr als nötig* plus qu'il ne faut; *um so mehr, als* d'autant plus que **3.** *nachgestellt* de plus; *fünf Euro mehr* cinq euros de plus **II** *adv* **4.** (*in größerem Maß, eher*) plus; davantage; *wenn Sie mehr darüber wissen wollen* si vous voulez en savoir davantage **5.** *nicht mehr* ne ... plus; *nichts mehr* (ne ...) plus rien
Mehr *n* ⟨~s⟩ plus *m* (*an* [+ *dat*] de); augmentation *f* (de)
Mehrarbeit *f* surcroît *m* de travail
Mehrausgaben *f/pl* dépenses *f/pl* supplémentaires
mehrbändig *adj* en plusieurs volumes
Mehrbelastung *f* surcharge *f*; charge *f* supplémentaire
Mehrbereichsöl *n* huile *f* multigrade
mehrdeutig *adj* ambigu
Mehreinnahme *f* excédent *m* de recettes
mehren *st/s v/t* (*u v/r sich mehren* se) multiplier; augmenter
mehrere *pr/ind* plusieurs (*von ihnen* d'entre eux); (*verschiedene*) divers
Mehrerlös *m*, **Mehrertrag** *m* surplus *m* de bénéfices
mehrfach **I** *adj* multiple **II** *adv* à différentes reprises
Mehrfachschalter *m* commutateur *m* multiple
Mehrfachsteckdose *f* prise *f* multiple
Mehrfachstecker *m* fiche *f* multiple
Mehrfamilienhaus *n* maison *f* où habitent plusieurs familles
mehrfarbig *adj* à plusieurs couleurs; polychrome
mehrgeschossig *adj* à plusieurs étages
Mehrheit *f* ⟨~; ~en⟩ majorité *f*; *mit großer, knapper Mehrheit* avec une large, courte majorité; *in der Mehrheit sein* être en majorité
mehrheitlich *adv* en majorité
Mehrheitsaktionär(in) *m(f)* actionnaire *m,f* majoritaire
Mehrheitsbeschluss *m* décision *f* majoritaire
mehrheitsfähig *adj* susceptible d'obtenir la majorité
Mehrheitsverhältnisse *n/pl* positions *f/pl* majoritaires
Mehrheitswahlrecht *n* scrutin *m* majoritaire
mehrjährig *adj* de plusieurs années
Mehrkosten *pl* frais *m/pl* supplémentaires; surcoût *m*
mehrmalig *adj* répété; (*häufig*) fréquent
mehrmals *adv* plusieurs fois
Mehrparteiensystem *n* pluripartisme *m*
Mehrplatzrechner *m* système *m* multiposte
Mehrpreis *m* supplément *m* (de prix)
mehrseitig *adj* de plusieurs pages
mehrsilbig *adj* de plusieurs syllabes
mehrsprachig *adj Text* plurilingue; *Person* polyglotte
mehrstellig *adj Zahl* à plusieurs chiffres
mehrstimmig *adj* MUS à plusieurs voix; polyphonique
mehrstöckig *adj* à plusieurs étages
mehrstündig *adj* de plusieurs heures
mehrtägig *adj* de plusieurs jours

Mehrteiler *m* TV feuilleton *m*
mehrteilig *adj* en plusieurs parties
Mehrverbrauch *m* consommation *f* supplémentaire; augmentation *f*, dépassement *m* de consommation
Mehrwegflasche *f* bouteille consignée
Mehrwegverpackung *f* emballage consigné
Mehrwert *m* ⟨~¢s⟩ plus-value *f*; STEUERWESEN valeur ajoutée
Mehrwertsteuer *f* taxe *f* à la valeur ajoutée; TVA *f*
Mehrzahl *f* **1.** (*Mehrheit*) la plupart **2.** GR pluriel *m*
Mehrzweck... *in Zssgn* polyvalent
Mehrzweckhalle *f* salle polyvalente
meiden ['maɪdən] *v/t* ⟨meidet, mied, gemieden⟩ éviter; fuir
Meile ['maɪlə] *f* ⟨~; ~n⟩ mille *m*; HIST *in Frankreich* lieue *f*
Meilenstein *m fig* étape importante
meilenweit *adv* gehen pendant des kilomètres; F *fig meilenweit davon entfernt sein zu* (+ *inf*) être à cent lieues de (+ *inf*)
Meiler ['maɪlər] *m* ⟨~s; ~⟩ (*Kohlenmeiler*) meule *f*; (*Atommeiler*) pile *f* atomique
mein [maɪn] *pr/poss* **I** *adjt* mon *bzw* ma; *e-r meiner Freunde* (l')un de mes amis **II** *subst der, die, das Meine* le mien *bzw* la mienne; *st/s die Meinen* les miens; ma famille
Meineid *m* parjure *m*; *e-n Meineid leisten* faire un faux serment
meinen ['maɪnən] **I** *v/t* **1.** (*denken*) penser; *meinen, dass ...* être d'avis que ... (+ *ind*); penser que ... (+ *ind*); *was meinst du dazu?* qu'en penses-tu? **2.** (*sagen wollen*) entendre, vouloir dire (*mit* par); *damit sind Sie gemeint* c'est à vous que cela s'adresse; *wie meinen Sie das?* que voulez-vous dire par là? **3.** (*gesinnt sein*) *es gut mit j-m meinen* vouloir du bien à qn; *ich habe es gut gemeint* je croyais bien faire **4.** (*sagen*) **II** *v/i* penser; *meinen Sie?* croyez-vous?; *wie du meinst* comme tu veux
meiner *st/s pr/pers* ⟨*gén de* ich⟩ de moi; *gedenke meiner* souviens-toi de moi
meinerseits *adv* de ma part; de mon côté; *ganz meinerseits* tout le plaisir est pour moi
meinesgleichen *pr* ⟨*inv*⟩ mon *bzw* ma pareil(le), semblable *bzw* mes semblables *bzw* pareil(le)s
meinetwegen *adv* **1.** (*wegen mir*) à cause de moi **2.** (*mir zuliebe*) pour moi **3.** (*von mir aus*) quant à moi; *meinetwegen!* soit!
meinige *litt pr/poss* → *mein*
Meinung *f* ⟨~; ~en⟩ opinion *f*; avis *m*; *meiner Meinung nach* à mon avis; selon moi; *ich bin der Meinung, dass ...* je suis d'avis que ...; *s-e Meinung sagen* exprimer, manifester son opinion; *j-m s-e od die Meinung sagen* dire à qn ses quatre vérités; *s-e Meinung ändern* changer d'avis; *geteilter Meinung sein* avoir des avis différents; *j-s Meinung sein* être de l'avis de qn; *mit j-m einer Meinung sein* être du même avis que qn
Meinungsäußerung *f* manifestation *f* d'une opinion
Meinungsaustausch *m* échange *m* de vues
Meinungsbildung *f* prise *f* de position; *von außen* formation *f* de l'opinion *f*

Meinungsforscher(in) *m(f)* sondeur, -euse *m,f*
Meinungsforschung *f* sondage *m* d'opinion
Meinungsforschungsinstitut *n* institut *m* d(e sondage de l')opinion publique
Meinungsfreiheit *f* liberté *f* d'opinion
Meinungsumfrage *f* sondage *m* d'opinion
Meinungsumschwung *m* revirement *m* (d'opinion)
Meinungsverschiedenheit *f* différend *m*; désaccord *m*
Meise ['maɪzə] *f* ⟨~; ~n⟩ mésange *f*; F *fig* **e-e Meise haben** F être dingue
Meißel ['maɪsəl] *m* ⟨~s; ~⟩ ciseau *m*
meißeln *v/t* ⟨¢⟩ tailler au ciseau; *Statue* sculpter
meist [maɪst] *adv* la plupart du temps; le plus souvent; *(gewöhnlich)* d'ordinaire
meistbietend *advt* **meistbietend verkaufen** vendre au plus offrant
Meistbietende(r) *f(m)* ⟨→ A⟩ le plus offrant; dernier enchérisseur
meiste *adj u pr/ind* la plupart de(s); *bei Abstrakta a* le plus de; **die meisten** la plupart; **das meiste** le plus; **am meisten** le plus
meistens, meistenteils *adv* → **meist**
Meister ['maɪstər] *m* ⟨~s; ~⟩ **1.** *im Handwerk* maître *m*; *(Werkmeister)* contremaître *m*; F **s-n Meister machen** passer son brevet de maîtrise **2.** SPORT champion *m* **3.** *fig (Könner)* F as *m*; F champion *m* **4.** *Künstler* **die alten Meister** les maîtres anciens **5.** F *Anrede* F patron *m*; F chef *m*
Meisterbrief *m* brevet *m* de maîtrise
meisterhaft I *adj* magistral **II** *adv* à la perfection
Meisterin *f* ⟨~; ~nen⟩ **1.** *im Handwerk* patronne *f* **2.** SPORT championne *f* **3.** *fig (Könnerin)* F championne *f*
Meisterleistung *f* performance *f* (de champion)
meisterlich → **meisterhaft**
meistern *v/t* venir à bout de; maîtriser
Meisterprüfung *f im Handwerk* examen *m* de maîtrise
Meisterschaft *f* ⟨~; ~en⟩ **1.** *(Können)* maîtrise *f* **2.** SPORT championnat *m*
Meisterschaftsspiel *n* match *m* de championnat
Meisterschaftstitel *m* titre *m* de champion
Meisterschüler(in) *m(f)* élève *m,f* d'un(e) professeur, d'un(e) artiste célèbre
Meisterstück *n* chef-d'œuvre *m* (*a fig*)
Meistertitel *m* SPORT titre *m* de champion
Meisterwerk *n* chef-d'œuvre *m* (*a fig*)
Mekka ['mɛka] *n* ⟨~s⟩ **1.** *Stadt* La Mecque **2.** *fig* la Mecque (*für* de)
Melancholie [melaŋko'liː] *f* ⟨~; ~n⟩ mélancolie *f*
melancholisch [-'koːlɪʃ] *adj* mélancolique
Melange [me'lãːʒ(ə)] *f* ⟨~; ~n, *mais 2* ~⟩ *österr* café *m* au lait
Melanom [mela'noːm] *n* ⟨~s; ~e⟩ MÉD mélanome *m*
Melanzani [melan'tsaːni] *pl österr* aubergines *f/pl*
melden ['mɛldən] ⟨-e-⟩ **I** *v/t* **j-m etw melden** annoncer qc à qn; rapporter qc à qn; F **du hast hier nichts zu melden** tu n'as rien à dire dans cette affaire **II** *v/r* **sich melden** se présenter (*bei* chez); TÉL répondre; SCHULE lever le

doigt; *(von sich hören lassen)* se manifester; **sich auf ein Inserat melden** répondre à une annonce; **meldet euch mal wieder!** faites- -nous *bzw* faites-moi signe!
meldepflichtig *adj* soumis à déclaration
Meldeschluss *m* clôture *f* des déclarations, SPORT des inscriptions
Meldung *f* ⟨~; ~en⟩ **1.** *(Zeitungsmeldung, Radiomeldung)* information *f*; *(Nachricht)* nouvelle *f*; message *m* (*a* INFORM) **2.** *(Anmeldung)* inscription *f* **3.** *(Wortmeldung)* (demande *f* d')intervention *f*
meliert [me'liːrt] *adjt Stoff, Wolle* chiné; *Haar* **(grau)** *mélange* grisonnant
Melisse [me'lɪsə] *f* ⟨~; ~n⟩ mélisse *f*
melken ['mɛlkən] *v/t* ⟨*régulier ou* molk, gemolken⟩ traire
Melodie [melo'diː] *f* ⟨~; ~n⟩ air *m*; mélodie *f*
melodiös [melodi'øːs], **melodisch** *adj (klangvoll)* mélodieux; *(e-e Melodie enthaltend)* mélodique
Melodram(a) [melo'draːm(a)] *n* ⟨~(a)s; -men⟩ mélodrame *m*
melodramatisch *adj* mélodramatique
Melone [me'loːnə] *f* ⟨~; ~n⟩ **1.** BOT melon *m* **2.** F *Hut* (chapeau *m*) melon *m*
Membran [mɛm'braːn] *f* ⟨~; ~en⟩ membrane *f*
Memoiren [memo'aːrən] *pl* mémoires *m/pl*
Memorandum [memo'randum] *n* ⟨~s; -den *ou* -da⟩ mémoire *m*; mémorandum *m*
Menge ['mɛŋə] *f* ⟨~; ~n⟩ **1.** *(Anzahl)* quantité *f* **2.** *(Vielzahl)* masse *f*; F tas *m*; **e-e ganze Menge ...** beaucoup de ...; F **jede Menge ...** F des masses de ... **3.** *(Menschenmenge)* foule *f* **4.** MATH ensemble *m*
mengen *v/t Zutaten* mélanger
Mengenangabe *f* indication *f* de quantités
Mengeneinheit *f* unité *f* de quantité
Mengenlehre *f* théorie *f* des ensembles
mengenmäßig I *adj* quantitatif **II** *adv* quantitativement
Mengenrabatt *m* rabais *m* de quantité
Meningitis [menɪŋ'giːtɪs] *f* ⟨~; -itiden⟩ MÉD méningite *f*
Meniskus [me'nɪskus] *m* ⟨~; -ken⟩ ménisque *m*
Menopause [meno'pauzə] *f* ménopause *f*
Menorca [me'nɔrka] *n* ⟨~s⟩ Minorque
Mensa ['mɛnza] *f* ⟨~; ~s *ou* -sen⟩ restaurant *m* universitaire; F resto U *m*
Mensch [mɛnʃ] *m* ⟨~en; ~en⟩ *Gattung* homme *m*; être humain; *einzelner* a individu *m*; personne *f*; *pl* **Menschen** a gens *m/pl*; **Menschen verachtend** inhumain; **jeder Mensch** chacun; tout le monde; **kein Mensch** personne; F **Mensch, das gibts doch nicht!** F c'est pas vrai!
Menschenaffe *m* singe *m* anthropoïde
Menschenalter *n* âge *m* d'homme
Menschenansammlung *f*, **Menschenauflauf** *m* attroupement *m*
Menschenbild *n* conception *f* de l'homme
Menschenfresser *m* cannibale *m*; *im Märchen* ogre *m*
Menschenfreundlichkeit *f* philanthropie *f*
Menschengedenken *n* **seit Menschengedenken** de mémoire d'homme
Menschengestalt *f* **in Menschengestalt** sous une forme humaine

M

Menschenhandel *m* trafic *m* des hommes
Menschenjagd *f* chasse *f* à l'homme
Menschenkenntnis *f* connaissance *f* des hommes; psychologie *f*
Menschenkette *f* chaîne humaine
Menschenleben *n* vie humaine; *viele Menschenleben kosten* faire de nombreuses victimes
menschenleer *adj* désert
Menschenmenge *f* foule *f*
menschenmöglich *adj* *ich werde alles Menschenmögliche tun* je ferai tout mon possible
Menschenraub *m* rapt *m*
Menschenrechte *n/pl* droits *m/pl* de l'homme

Menschenrechte – les droits de l'homme	
die Menschen- rechte	**les droits** *m/pl* **de l'homme**
die Erklärung der Menschenrechte	**la Déclaration des droits de l'homme**
Gewissensfreiheit	**la liberté de conscience**
Meinungsfreiheit	**la liberté d'opinion**
Referendum, Volksentscheid	**le référendum**
Religionsfreiheit	**la liberté du culte**
die Grundrechte	**les droits fonda- mentaux**
garantieren, zusichern	**garantir**
Selbstbestimmung	**l'autodétermina- tion** *f*
Volksabstimmung	**le plébiscite**

Menschenrechtsorganisation *f* organisation *f* de défense des droits de l'homme
Menschenrechtsverletzung *f* atteinte *f* aux droits de l'homme
menschenscheu *adj* peu sociable; sauvage
Menschenschlag *m* (sorte *f* de) gens *m/pl*; race *f*
Menschenseele *f* âme *f*; *es war keine Menschenseele da* il n'y avait pas âme qui vive; F il n'y avait pas un chat
Menschenskind F *int Menschenskind(er)!* F ça alors!; F nom d'un chien, d'une pipe!
menschenunwürdig *adj* indigne
menschenverachtend *adjt* inhumain
Menschenverstand *m* *der gesunde Menschenverstand* le bon sens
Menschenwürde *f* dignité humaine
menschenwürdig *adj* humain
Menschheit *f* ⟨∿⟩ humanité *f*
menschlich *adj* **1.** humain; (*human*) *a* tolérant **2.** F *fig* (*annehmbar*) acceptable
Menschlichkeit *f* ⟨∿⟩ humanité *f*
Menstruation [mɛnstruatsiˈoːn] *f* ⟨∿; ∿en⟩ MÉD règles *f/pl*

menstruieren *v/i* ⟨*sans ge*⟩ MÉD avoir ses règles
mental [menˈtaːl] *adj* mental
Mentalität *f* ⟨∿; ∿en⟩ mentalité *f*
Menthol [mɛnˈtoːl] *n* ⟨∿s⟩ menthol *m*
Menü [meˈnyː] *n* ⟨∿s; ∿s⟩ CUIS, INFORM menu *m*
Menuett [menuˈɛt] *n* ⟨∿s; ∿e *ou* ∿s⟩ menuet *m*
Meridian [meridiˈaːn] *m* ⟨∿s; ∿e⟩ méridien *m*
Merino [meˈriːno] *m* ⟨∿s; ∿s⟩, **Merinoschaf** *n* mérinos *m*
Merinowolle *f* laine *f* mérinos
Merkblatt [ˈmɛrk-] *n* notice *f*
merken I *v/t etw merken* s'apercevoir de qc; remarquer qc; *der Fehler ist kaum zu merken* le défaut est à peine perceptible; *er ließ mich merken, dass …* il m'a fait sentir que …; F *iron du merkst aber auch alles!* F tu as enfin pigé! **II** *v/r sich* (*dat*) *etw merken* retenir qc; *das werde ich mir merken* um es heimzuzahlen je m'en souviendrai; *merken Sie sich* (*dat*), *dass …* sachez que …
merklich I *adj* sensible; perceptible; (*sichtbar*) visible; (*deutlich*) notable **II** *adv* sensiblement
Merkmal *n* ⟨∿s; ∿e⟩ (*Kennzeichen*) caractéristique *f*; signe distinctif, caractéristique; (*Anzeichen*) indice *m*; *besondere Merkmale* signes particuliers
Merkur [mɛrˈkuːr] *m* ⟨∿s⟩ ASTR (*der*) *Merkur* Mercure
merkwürdig *adj* curieux; étrange
Merkzettel *m* feuille *f* de notes; pense-bête *m*
meschugge [meˈʃʊɡə] F *adj* F cinglé
messbar [ˈmɛs-] *adj* mesurable
Messbecher *m* verre, gobelet gradué
Messdiener *m* CATH enfant *m* de chœur
Messe¹ [ˈmɛsə] *f* ⟨∿; ∿n⟩ CATH, MUS messe *f*
Messe² *f* ⟨∿; ∿n⟩ COMM foire *f*; salon *m*
Messebesucher(in) *m*(*f*) visiteur, -euse *m,f* de la foire
Messegelände *n* parc *m* des expositions
Messehalle *f* pavillon *m* (d'une exposition)
Messekatalog *m* catalogue *m* de la foire *od* de l'exposition
messen ⟨du misst, er misst, maß, gemessen⟩ **I** *v/t* mesurer; TECH jauger; *st/s j-n mit Blicken messen* toiser qn; *gemessen an* (+ *dat*) comparé à **II** *v/i* (*groß sein*) avoir; *Person a* mesurer; faire; *er misst 1,80 m* il mesure 1,80 *m* **III** *v/r sich mit j-m messen* se mesurer à *od* avec qn
Messeneuheit *f* nouveauté présentée à la foire
Messer¹ *n* ⟨∿s; ∿⟩ couteau *m*; *ein Kampf bis aufs Messer* un combat à outrance, à mort; *fig j-n ans Messer liefern* livrer qn au bourreau; *fig auf des Messers Schneide stehen* ne tenir qu'à un fil
Messer² *m* ⟨∿s; ∿⟩ → *Messgerät*
Messergebnis *n* mesure *f*
Messerheld *m* → *Messerstecher*
Messerklinge *f* lame *f* de couteau
Messerrücken *m* dos *m* d'un couteau
messerscharf *adj* tranchant; *fig Verstand* pénétrant; *Kritik* incisif
Messerspitze *f* pointe *f* de couteau; *e-e Messerspitze Zimt* une pincée de cannelle
Messerstecher *m* ⟨∿s; ∿⟩ voyou *m* qui a le couteau facile
Messerstecherei *f* ⟨∿; ∿en⟩ rixe *f* au couteau
Messerstich *m* coup *m* de couteau

Messerwerfer(in) *m* ⟨~s; ~⟩ (*f*) ⟨~in; ~innen⟩ lanceur, -euse *m*,*f* de couteaux
Messestadt *f* ville *f* de foires *bzw* d'expositions
Messestand *m* stand *m*
Messezeit *f* **zur Messezeit** pendant la durée de la foire
Messfehler *m* erreur *f* de mesure
Messfühler *m* TECH capteur *m*
Messgefäß *n* CHIM éprouvette graduée; burette *f*
Messgenauigkeit *f* précision *f* de mesure
Messgerät *n* instrument *m* de mesure
Messglas *n* → **Messgefäß**
Messias [mɛˈsiːas] ⟨~⟩ REL **der Messias** le Messie
Messing [ˈmɛsɪŋ] *n* ⟨~s⟩ laiton *m*; cuivre *m* jaune
Messingdraht *m* fil *m* de laiton
Messingrohr *n* tube *m* en laiton
Messingschild *n* plaque *f* en cuivre (jaune)
Messinstrument *n* → **Messgerät**
Messkelch *m* CATH calice *m*
Messlatte *f* mire *f*; *fig* critère *m*
Messopfer *n* CATH sacrifice *m* de la messe
Messstab *m* jalon *m*
Messtechnik *f* ⟨~⟩ métrologie *f*
Messung *f* ⟨~; ~en⟩ mesurage *m*; TECH jaugeage *m*
Messverfahren *n* procédé *m*, méthode *f* de mesure
Messwein *m* ⟨~¢s⟩ CATH vin *m* de messe
Messwert *m* valeur mesurée
Messzylinder *m* éprouvette graduée
MESZ [ɛmˀeːˀɛsˈtsɛt] *abr* (*mitteleuropäische Sommerzeit*) heure *f* d'été de l'Europe centrale
Metall [meˈtal] *n* ⟨~s; ~e⟩ métal *m*; **Metall verarbeitend** métallurgique
Metallarbeiter *m* métallurgiste *m*
Metallbearbeitung *f* travail *m* des métaux
metallen *adj* de métal; (*metallisch*) métallique
metallic [meˈtalɪk] *adj* ⟨*inv*⟩ métallisé
Metalliclackierung *f* peinture métallisée
Metallindustrie *f* industrie *f* métallurgique; métallurgie *f*
metallisch *adj* métallique
Metallurgie [metalʊrˈgiː] *f* ⟨~⟩ métallurgie *f*
Metamorphose [metamɔrˈfoːzə] *f* ⟨~; ~n⟩ métamorphose *f*
Metapher [meˈtafər] *f* ⟨~; ~n⟩ métaphore *f*
metaphorisch *adj* métaphorique
Metaphysik [metafyˈziːk] *f* métaphysique *f*
metaphysisch *adj* métaphysique
Metastase [metaˈstaːzə] *f* ⟨~; ~n⟩ métastase *f*
Meteor [meteˈoːr] *m* ⟨~s; ~e⟩ météore *m*
Meteorit [-ˈriːt] *m* ⟨~en *ou* ~s; ~en⟩ météorite *m od f*
Meteorologe [meteoroˈloːgə] *m* ⟨~n; ~n⟩ météorologue *m*; météorologiste *m*
Meteorologie *f* ⟨~⟩ météorologie *f*
meteorologisch *adj* météorologique
Meter [ˈmeːtər] *m od n* ⟨~s; ~⟩ mètre *m*; **vier Meter breit** quatre mètres de large
meterdick *adj* (de plus) d'un mètre d'épaisseur
meterhoch *adj* (de plus) d'un mètre de haut
meterlang *adj* (de plus) d'un mètre de longueur
Metermaß *n* mètre *m*
Meterware *f* marchandise *f* au mètre

Methadon [metaˈdoːn] *n* ⟨~s⟩ méthadone *f*
Methode [meˈtoːdə] *f* ⟨~; ~n⟩ méthode *f*
Methodik *f* ⟨~; ~en⟩ méthodologie *f*
methodisch *adj* méthodique
Metier [metiˈeː] *n* ⟨~s; ~s⟩ métier *m*
Metrik [ˈmeːtrɪk] *f* ⟨~; ~en⟩ métrique *f*
metrisch *adj* métrique
Metronom [metroˈnoːm] *n* ⟨~s; ~e⟩ métronome *m*
Metropole [metroˈpoːlə] *f* ⟨~; ~n⟩ métropole *f*
Metrum [ˈmeːtrum] *n* ⟨~s; -tren⟩ *Versmaß* mètre *m*
Mett [mɛt] *n* ⟨~¢s⟩ *regional* viande hachée (de porc)
Mette [ˈmɛtə] *f* ⟨~; ~n⟩ CATH matines *f/pl*
Mettwurst [ˈmɛt-] *f* saucisse (*fumée*) de porc ou de bœuf
Metzger [ˈmɛtsgər] *m* ⟨~s; ~⟩ boucher *m*; (*Schweinemetzger*) charcutier *m*
Metzgerei *f* ⟨~; ~en⟩ boucherie *f*; (*Schweinemetzgerei*) charcuterie *f*
Meuchelmord *m* assassinat *m*
Meute [ˈmɔʏtə] *f* ⟨~; ~n⟩ meute *f* (*a fig*)
Meuterei *f* ⟨~; ~en⟩ mutinerie *f*
Meuterer *m* ⟨~s; ~⟩ mutin *m*
meutern *v/i* **1.** se mutiner (**gegen** contre) **2.** F *fig* F râler (contre)
Mexikaner(in) [mɛksiˈkaːnər(ɪn)] *m* ⟨~s; ~⟩ (*f*) ⟨~in; ~innen⟩ Mexicain(e) *m(f)*
mexikanisch *adj* mexicain
Mexiko [ˈmɛksiko] *n* ⟨~s⟩ **1.** *Land* le Mexique **2.** **Mexiko** (**Stadt**) Mexico
MEZ [ɛmˀeːˈtset] *abr* (*mitteleuropäische Zeit*) heure *f* de l'Europe centrale
Mezzosopran [ˈmɛtsozopraːn] *m* mezzo-soprano *m*
MG [ɛmˈgeː] *n abr* ⟨~¢; ~¢⟩ (*Maschinengewehr*) mitrailleuse *f*
miau [miˈaʊ] *int* miaou!
miauen *v/i* ⟨*sans ge*⟩ miauler
mich [mɪç] *pr/pers* (*acc de ich*) me *bzw* m'; *unverbunden* moi
mick(e)rig [ˈmɪk(ə)rɪç] F *adj* F riquiqui
Midlife-Crisis [ˈmɪtlaɪfkraɪzɪs] *f* ⟨~⟩ crise *f* de la quarantaine *bzw* cinquantaine
mied [miːt] → **meiden**
Mieder [ˈmiːdər] *n* ⟨~s, ~⟩ *Unterbekleidung* corset *m*; gaine *f*; *Oberbekleidung* corselet *m*
Miederhöschen *n* gaine-culotte *f*
Miederwaren *f/pl* gaines *f/pl* et corsets *m/pl*
Mief [miːf] F *m* ⟨~¢s⟩ air vicié; odeur *f* de renfermé
Miene [ˈmiːnə] *f* ⟨~; ~n⟩ mine *f*; (*Ausdruck*) air *m*; **ohne e-e Miene zu verziehen** sans broncher; **gute Miene zum bösen Spiel machen** faire contre mauvaise fortune bon cœur
Mienenspiel *n* ⟨~¢s⟩ jeu *m* de physionomie
mies [miːs] F *adj* F minable; *Mensch* F moche; **sich mies fühlen** se sentir mal; → **miesmachen**
Miesepeter F *m* ⟨~s; ~⟩ F (*vieux*) bougon *m*
miesmachen F *v/t* (*schlechtmachen*) F descendre; F esquinter; **j-m etw miesmachen** dégoûter qn de qc
Miesmacher F *m* rabat-joie *m*
Miesmuschel *f* moule *f*
Mietausfall *m* perte *f* de loyer
Mietauto *n* voiture *f* de location

M

Miete ['mi:tə] *f* ⟨∼; ∼n⟩ (*Wohnungsmiete*) loyer *m*; **zur Miete wohnen** être locataire (*bei j-m* de qn)
Mieteinnahme *f* revenu locatif
mieten *v/t* ⟨-e-⟩ louer
Mieter(in) *m* ⟨∼s; ∼⟩ (*f*) ⟨∼in; ∼innen⟩ locataire *m,f*
Mieterhöhung *f* augmentation *f*, majoration *f* de loyer
Mieterschutz *m* défense *f* des locataires
mietfrei *adv* (avec logement) gratuit
Mietkauf *m* location-vente *f*
Mietpartei *f* colocataire *m,f*
Mietrecht *n* ⟨∼¢s⟩ législation *f* des baux
Mietshaus *n* immeuble locatif
Mietspiegel *m* barème *m* des loyers
Mietverhältnis *n* location *f*
Mietvertrag *m* bail *m*; contrat *m* de location
Mietwagen *m* voiture *f* de location
Mietwohnung *f* appartement loué *bzw* à louer
Mieze ['mi:tsə] *f* ⟨∼; ∼n⟩ **1.** F (*Katze*) minet, -ette *m,f*; F minou *m* **2.** F (*Mädchen*) F nana *f*; F nénette *f*
Miezekatze *enf f* → **Mieze** 1
Migräne [mi'grɛ:nə] *f* ⟨∼; ∼n⟩ migraine *f*
Migrant(in) [mi'grant(ın)] *m* ⟨∼en; ∼en⟩ (*f*) ⟨∼in; ∼innen⟩ SOZIOLOGIE migrant(e) *m(f)*
Mikado [mi'ka:do] *n* ⟨∼s; ∼s⟩ mikado *m*
Mikro ['mi:kro] F *n* ⟨∼s; ∼s⟩ micro *m*
mikro…, Mikro… [mikro… *ou* 'mi:kro…] *in Zssgn* micro(-)…
Mikrobe [mi'kro:bə] *f* ⟨∼; ∼n⟩ microbe *m*
Mikrobiologie ['mi:kro-] *f* microbiologie *f*
Mikrochemie *f* microchimie *f*
Mikrochip *m* INFORM puce *f*
Mikrocomputer *m* micro-ordinateur *m*
Mikroelektronik *f* micro-électronique *f*
Mikrofaser *f* TEXT microfibre *f*
Mikrofilm *m* microfilm *m*
Mikrofon [mikro'fo:n] *n* ⟨∼s; ∼e⟩ microphone *m*
Mikrokosmos *m* microcosme *m*
Mikroorganismus *m* micro-organisme *m*
Mikrophon *n* → **Mikrofon**
Mikropille *f* zur *Empfängnisverhütung* pilule minidosée
Mikroprozessor *m* microprocesseur *m*
Mikroskop [mikro'sko:p] *n* ⟨∼s; ∼e⟩ microscope *m*
mikroskopisch *adj* microscopique
Mikrowelle(nherd) *f(m)* (four *m* à) micro-ondes *m*
Milbe ['mılbə] *f* ⟨∼; ∼n⟩ acarien *m*
Milch [mılç] *f* ⟨∼⟩ lait *m*
Milchbar *f* milk-bar *m*
Milchbrei *m* bouillie *f* au lait
Milchbrötchen *n* petit pain au lait
Milchdrüse *f* glande *f* mammaire
Milcheiweiß *n* protéine *f* du lait
Milchflasche *f* bouteille *f* à lait; *für den Säugling* biberon *m*
Milchgebiss *n* dents *f/pl* de lait
Milchglas *n* TECH verre dépoli
milchig *adj* laiteux
Milchkaffee *m* café *m* au lait; *im Lokal a* café *m* crème; F crème *m*
Milchkännchen *n* petit pot à lait
Milchkanne *f* bidon *m* à lait

Milchkuh *f* vache *f* à lait
Milchmädchenrechnung F *f* mauvais calcul
Milchmann F *m* ⟨∼s; ∼er⟩ laitier *m*
Milchmixgetränk *n* milk-shake *m*
Milchprodukte *n/pl* produits laitiers
Milchpulver *n* lait *m* en poudre
Milchpumpe *f* tire-lait *m*
Milchreis *m* riz *m* au lait
Milchsäure *f* acide *m* lactique
Milchschokolade *f* chocolat *m* au lait
Milchstraße *f* ASTR Voie lactée
Milchsuppe *f* soupe *f* au lait
Milchtüte *f* brique *f* de lait
Milchwirtschaft *f* laiterie *f*
Milchzahn *m* dent *f* de lait
Milchzucker *m* lactose *m*
mild [mılt] **I** *adj* **1.** *Licht, Luft, Seife, Klima* doux; *Kaffee, Tabak* léger; *Klima a* clément; *Essen* peu épicé **2.** *Worte, Kritik* peu sévère; *Richter, Urteil* clément; *Strafe* léger **II** *adv* **mild gewürzt** peu épicé
milde ['mıldə] → **mild**
Milde *f* ⟨∼⟩ douceur *f*; clémence *f*
mildern *v/t* *Schmerz* adoucir; *Worte, Kritik* modérer; *Strafe* atténuer; JUR **mildernde Umstände** *m/pl* circonstances atténuantes
mildtätig *adj* charitable; bienfaisant
Mildtätigkeit *f* charité *f*; bienfaisance *f*
Milieu [mili'ø:] *n* ⟨∼s; ∼s⟩ milieu *m* (*a* BIOL, *fig*)
milieubedingt *adj* conditionné par le milieu
milieugeschädigt *adj* victime *f* de son environnement
Milieustudie *f* étude *f* d'un milieu
militant [mili'tant] *adj* militant
Militär¹ [mili'tɛ:r] *n* ⟨∼s⟩ armée *f*; **zum Militär gehen** entrer dans l'armée
Militär² *m* ⟨∼s; ∼s⟩ militaire *m*
Militärakademie *f* École *f* militaire
Militärarzt *m*, **Militärärztin** *f* médecin *m* des armées
Militärattaché *m* attaché *m* militaire
Militärbündnis *n* alliance *f* militaire
Militärdienst *m* service *m* (militaire)
Militärdiktatur *f* dictature *f* militaire
Militärexperte *m* expert *m* en *od* des questions militaires
Militärflugzeug *n* avion *m* militaire
Militärgefängnis *n* prison *f* militaire
Militärgeistliche(r) *m* aumônier *m* (militaire)
Militärgericht *n* tribunal *m* militaire
militärisch *adj* militaire
Militarismus *m* ⟨∼⟩ militarisme *m*
militaristisch *adj* militariste
Militärjunta *f* junte *f* militaire
Militärkapelle *f* musique *f* militaire
Militärmacht *f* puissance *f* militaire
Militärpolizei *f* police *f* militaire
Militärputsch *m* putsch *m*; coup *m* d'État militaire
Militärregierung *f* gouvernement *m* militaire
Militärstützpunkt *m* base *f* militaire
Military ['mılıtərı] *f* ⟨∼; ∼s⟩ REITSPORT concours complet
Militärzeit *f* ⟨∼⟩ (temps *m* de) service *m* militaire
Miliz [mi'li:ts] *f* ⟨∼; ∼en⟩ milice *f*
Millennium [mı'lɛnium] *n* ⟨∼s; -ien⟩ millénaire *m*

Milliardär(in) [mıliar'dɛːr(ın)] *m* ⟨∼s; ∼e⟩ (*f*) ⟨∼in; ∼innen⟩ milliardaire *m*,*f*
Milliarde [mıli'ardə] *f* ⟨∼; ∼n⟩ milliard *m*
Millibar [mıli'baːr] *n* millibar *m*
Milligramm *n* milligramme *m*
Milliliter *m od n* millilitre *m*
Millimeter *m od n* millimètre *m*
Millimeterarbeit F *f* travail *m* de précision
Millimeterpapier *n* papier millimétré
Million [mıli'oːn] *f* ⟨∼; ∼en⟩ million *m*
Millionär(in) [mılio'nɛːr(ın)] *m* ⟨∼s; ∼e⟩ (*f*) ⟨∼in; ∼innen⟩ millionnaire *m*,*f*
Millionenauflage *f in Millionenauflage* en un million *bzw* en plusieurs millions d'exemplaires
Millionenerbschaft *f* héritage *m* de plusieurs millions
millionenfach I *adj Auflage* de plusieurs millions II *adv* par millions; en millions
Millionengeschäft *n* affaire *f* d'un million *bzw* de plusieurs millions
Millionengewinn *m* 1. *Ertrag* profit *m* d'un million *bzw* de plusieurs millions 2. *im Lotto* lot *m* d'un million *bzw* de plusieurs millions
Millionenheer *n ein Millionenheer von ...* un million *bzw* des millions de ...
Millionenhöhe *f in Millionenhöhe* de plusieurs millions
Millionenkredit *m* crédit *m* d'un million *bzw* de plusieurs millions
Millionenschaden *m* dommage *m* d'un million *bzw* de plusieurs millions
millionenschwer F *adj* F qui pèse des millions; *Person a* multimillionnaire
Millionenstadt *f* ville *f* d'un million *bzw* de plusieurs millions d'habitants
millionste *adj* millionième
Millionstel *n* ⟨∼s; ∼⟩ millionième *m*
Milz [mılts] *f* ⟨∼; ∼en⟩ ANAT rate *f*
Milzbrand *m* ⟨∼⟨e⟩s⟩ charbon *m*
Mime ['miːmə] *st/s m* ⟨∼n; ∼n⟩ acteur *m*
mimen *v/t Gefühl etc* feindre
Mimik *f* ⟨∼⟩ mimique *f*
Mimose [mi'moːzə] *f* ⟨∼; ∼n⟩ 1. BOT mimosa *m* 2. *fig* sensitif, -ive *m*,*f*
mimosenhaft *adj* hypersensible
Min. *abr* (*Minute[n]*) mn
Minarett [mina'rɛt] *n* ⟨∼s; ∼s *ou* ∼e⟩ minaret *m*
minder ['mındər] *st/s adv* moins; *nicht minder* ne pas moins
minderbegabt *adj* peu doué
minderbemittelt *adj* peu fortuné; F *péj er ist geistig minderbemittelt* F il est limité, débile
mindere *adj* moindre; *Wert* inférieur
Minderheit *f* ⟨∼; ∼en⟩ minorité *f*
Minderheitenschutz *m* protection *f* des minorités
Minderheitsregierung *f* gouvernement *m* de (la) minorité
minderjährig *adj* mineur
Minderjährige(r) *f(m)* ⟨→ A⟩ mineur(e) *m(f)*
Minderjährigkeit *f* ⟨∼⟩ minorité *f*
mindern *v/t* (*u v/r sich mindern*) diminuer; (se) réduire; *Preis* rabaisser; *Wert* (se) déprécier
Minderung *f* ⟨∼; ∼en⟩ diminution *f*; *der Preise* réduction *f*; *des Wertes* dépréciation *f*
minderwertig *adj* inférieur; COMM de mauvaise qualité

Minderwertigkeit *f* infériorité *f*; COMM mauvaise qualité
Minderwertigkeitsgefühl *n* sentiment *m* d'infériorité
Minderwertigkeitskomplex *m* complexe *m* d'infériorité
Minderzahl *f* minorité *f*
Mindest... ['mındəst...] *in Zssgn* minimum; minimal;
Mindestalter *n* âge *m* minimum
Mindestanforderung *f* exigence *f* minimum
Mindestarbeitszeit *f* durée de travail minimale
Mindestbesteuerung *f* taux minimal d'imposition
Mindestbetrag *m* (somme *f*) minimum *m*
mindeste *adj* le moindre; *subst das Mindeste* le moins; *nicht im Mindesten* nullement
Mindesteinkommen *n* revenu *m* minimum
mindestens *adv* au moins; au minimum
Mindestforderung *f* exigence minimale
Mindestgebot *n* enchère *f* minimum
Mindestgeschwindigkeit *f* vitesse *f* minimum
Mindestgewicht *n* poids *m* minimum
Mindesthaltbarkeitsdatum *n* date *f* limite de conservation
Mindestlohn *m* salaire *m* minimum
Mindestmaß *n* (strict) minimum *m* (*an* [+ *dat*] de)
Mindestpreis *m* prix *m* minimum, plancher
Mindeststrafe *f* peine *f* minimum
Mindestwert *m* valeur *f* minimum
Mine ['miːnə] *f* ⟨∼; ∼n⟩ (*Bergwerk*, MIL, *Bleistiftmine*, *Kugelschreibermine*) mine *f*
Minenfeld *n* terrain miné; *im Wasser* eaux minées
Minenleger *m* ⟨∼s; ∼⟩ *Schiff* mouilleur *m* de mines; *Panzer* char *m* poseur de mines
Minenräumboot *n*, Minensuchboot *n* dragueur *m* de mines
Minensuchgerät *n* (appareil) détecteur *m* de mines
Mineral [mine'raːl] *n* ⟨∼s; ∼e *ou* ∼ien⟩ 1. *Stoff* minéral *m* 2. ⟨*sans pl*⟩ *südd, österr* → *Mineralwasser*
Mineraldünger *m* engrais minéraux
Mineralien *n/pl* minéraux *m/pl*
Mineralogie [mineralo'giː] *f* ⟨∼⟩ minéralogie *f*
Mineralöl *n* huile minérale
Mineralölgesellschaft *f* société pétrolière
Mineralölindustrie *f* industrie pétrolière
Mineralölsteuer *f* impôt *m* sur les huiles minérales
Mineralquelle *f* source *f* d'eau minérale
Mineralsalz *n* sel minéral
Mineralstoff *m* substance minérale
Mineralwasser *n* eau minérale
Mini F *m* ⟨∼s; ∼s⟩ minijupe *f*
mini..., Mini... *in Zssgn* mini...
Miniatur [minia'tuːr] *f* ⟨∼; ∼en⟩ miniature *f*
Minibar *f* minibar *m*
Minibus *m* minibus *m*
Minidisc® [-dısk] *f* ⟨∼; ∼s⟩ INFORM minidisque *m*
Minigolf *n* golf *m* miniature
Minijob *m* F mini-job *m*
Minikleid *n* minirobe *f*
minimal I *adj* minime; minimal II *adv* très légèrement; à peine

M

Minimalforderung f exigence f minimum
Minimum ['miːnimʊm] n ⟨~s; -ma⟩ minimum m (**an** [+ dat] de)
Minipille F f minipilule f; pilule minidosée
Minirock m minijupe f
Minislip m cache-sexe m
Ministeramt n poste ministériel
Minister(in) [mi'nɪstər(ɪn)] m ⟨~s; ~⟩ (f) ⟨~in; ~innen⟩ ministre m (**für** de)
Ministerialrat m ⟨~¢s; -räte⟩, **Ministerialrätin** f ⟨~; ~nen⟩ in Frankreich etwa administrateur civil
ministeriell adj ministériel
Ministerium n ⟨~s; -ien⟩ ministère m
Ministerkonferenz f conférence interministérielle
Ministerposten m ministère m; portefeuille m (ministériel)
Ministerpräsident(in) m(f) 1. Premier ministre 2. e-s deutschen Bundeslandes président(e) m(f) du Conseil (des ministres)
Ministerrat m ⟨~¢s⟩ conseil m des ministres
Ministrant [mɪnɪs'trant] m ⟨~en; ~en⟩ CATH enfant m de chœur
Minna ['mɪna] f ⟨~; ~s⟩ F **die grüne Minna** F le panier à salade; F **j-n zur Minna machen** mettre qn plus bas que terre
Minnelied ['mɪnə-] n chanson f d'amour
Minnesänger m ménestrel m
Minorität [minori'tɛːt] f ⟨~; ~en⟩ minorité f
minus ['miːnʊs] adv moins
Minus n ⟨~; ~⟩ 1. COMM déficit m 2. fig (Nachteil) 'handicap m
Minuspol m pôle négatif
Minuspunkt m mauvais point
Minuszeichen n signe m moins
Minute [mi'nuːtə] f ⟨~; ~n⟩ minute f; **auf die Minute** à la minute; **in letzter Minute** à la dernière minute
minutenlang I adj de plusieurs minutes II adv pendant plusieurs minutes
Minutenzeiger m aiguille f des minutes; grande aiguille
minuziös [minutsi'øːs] adj minutieux
Minze ['mɪntsə] f ⟨~; ~n⟩ menthe f
Mio. abr (Million[en]) million(s)
mir [miːr] pr/pers (dat de ich) me bzw m'; nach prép moi; betont à moi; F **mir nichts, dir nichts** tout de go
Mirabelle [mira'bɛlə] f ⟨~; ~n⟩ mirabelle f
Mischbatterie ['mɪʃ-] f robinet mélangeur
Mischbrot n pain bis
Mischehe f mariage m mixte
mischen I v/t 1. (vermischen) mêler, mélanger (**mit** à, avec) 2. RAD, TV mixer 3. Karten battre II v/r 4. (sich vermischen) **sich mischen** se mélanger; se mêler 5. (sich einmischen) **sich in etw** (acc) **mischen** se mêler de qc 6. **sich unters Volk mischen** se mêler à la foule
Mischform f mélange m
Mischfutter n fourrage m mixte
Mischgemüse n jardinière f; macédoine f de légumes
Mischkalkulation f calcul m de rentabilité mixte
Mischling m ⟨~s; ~e⟩ métis m; BIOL hybride m
Mischmasch ['mɪʃmaʃ] F m ⟨~¢s; ~e⟩ F salade f; F méli-mélo m

Mischpult n pupitre m de mixage
Mischung f ⟨~; ~en⟩ mélange m (a fig)
Mischungsverhältnis n dosage m
Mischwald m forêt f mixte
miserabel [mizə'raːbəl] adj ⟨-bl-⟩ (jämmerlich) F minable; (armselig) piètre; Wetter pourri; affreux; **ich fühle mich miserabel** je me sens très mal; F je suis mal fichu
Misere [mi'zeːrə] f ⟨~; ~n⟩ situation f déplorable; finanzielle détresse f
Mispel ['mɪspəl] f ⟨~; ~n⟩ nèfle f
missachten [mɪs'ʔ-] v/t ⟨-e-, sans ge⟩ 1. (gering schätzen) dédaigner 2. (nicht beachten) ne pas respecter
Missachtung f 1. (Geringschätzung) dédain m 2. (Nichtbeachtung) non-respect m; **unter Missachtung** (+ gén) au mépris de
Missbehagen n malaise m; déplaisir m
Missbildung f malformation f
missbilligen v/t ⟨sans ge⟩ désapprouver; réprouver
Missbilligung f désapprobation f; réprobation f
Missbrauch m abus m; e-s Medikaments a usage abusif
missbrauchen v/t ⟨sans ge⟩ 1. (übermäßig gebrauchen) abuser de 2. j-n für eigene Zwecke profiter de 3. st/s (vergewaltigen) abuser de
missdeuten v/t ⟨-e-, sans ge⟩ mal interpréter
Missdeutung f fausse interprétation
missen ['mɪsən] st/s v/t ⟨¢ß⟩ se passer de
Misserfolg m échec m
Missernte f mauvaise récolte
Missetat ['mɪsə-] st/s f méfait m
Missetäter(in) st/s m(f) malfaiteur m
missfallen st/s v/i ⟨irr, sans ge⟩ **j-m missfallen** déplaire à qn
Missfallen n ⟨~s⟩ mécontentement m (**über** [+ acc] au sujet de); **j-s Missfallen erregen** provoquer le mécontentement de qn
Missfallensäußerung f expression f de mécontentement
missgebildet adjt mal formé
Missgeburt f enfant mal formé(e)
missgelaunt st/s adj de mauvaise humeur
Missgeschick n 1. (Unglück) malchance f 2. (ärgerlicher Vorfall) mésaventure f
missglücken v/i ⟨sans ge, sn⟩ Versuch ne pas réussir; Plan échouer; Kuchen rater; **es ist ihm missglückt** il n'a pas réussi
missgönnen v/t ⟨sans ge⟩ **j-m etw missgönnen** envier qc à qn
Missgriff m erreur f; faute f
Missgunst f envie f
missgünstig adj envieux
misshandeln v/t ⟨¢, sans ge⟩ maltraiter
Misshandlung f mauvais traitements; sévices m/pl
Mission [mɪsi'oːn] f ⟨~; ~en⟩ mission f
Missionar(in) m ⟨~s; ~e⟩ (f) ⟨~in; ~innen⟩ missionnaire m,f
missionarisch I adj missionnaire II adv comme (un bzw une) missionnaire
missionieren v/t ⟨sans ge⟩ évangéliser
Missklang m 1. MUS dissonance f 2. fig désaccord m
Misskredit m **j-n in Misskredit bringen** discréditer qn; jeter le discrédit sur qn
misslang → **misslingen**

misslich *adj* fâcheux
misslingen [mɪsˈlɪŋən] *v/i* ⟨misslang, misslungen, sn⟩ → **missglücken**
Missmanagement *n* mauvais management; mauvaise gestion
missmutig *adj* de mauvaise humeur; morose
missraten *v/i* ⟨*irr, sans ge*, sn⟩ → **missglücken**
Missstand *m* abus *m*
Missstimmung *f* mauvaise ambiance
misst [mɪst] → **messen**
Misston *m* ⟨⁓ɇs; ⁓e⟩ son faux; dissonance *f*; *fig* fausse note
misstrauen *v/i* ⟨*sans ge*⟩ *j-m, e-r Sache misstrauen* se méfier de qn, qc
Misstrauen *n* ⟨⁓s⟩ méfiance *f* (**gegen** à l'égard de)
Misstrauensantrag *m* motion *f* de censure
Misstrauensvotum *n* vote *m* de défiance
misstrauisch *adj* méfiant (**gegenüber** à l'égard de)
Missverhältnis *n* disproportion *f*
missverständlich *adj* qui prête à (des) malentendus; équivoque
Missverständnis *n* ⟨⁓ses; ⁓se⟩ **1.** malentendu *m* **2.** (*Streitigkeit*) désaccord *m*
missverstehen *v/t* ⟨*irr, sans ge*⟩ mal comprendre
Misswahl *f* élection *f* d'une miss
Misswirtschaft *f* mauvaise gestion
Mist [mɪst] *m* ⟨⁓ɇs⟩ **1.** AGR fumier *m* **2.** F (*Unsinn*) F conneries *f/pl*; F **Mist bauen** F faire des conneries **3.** F (*Schund*) F saloperie *f*; *fig* **so ein Mist!** F zut alors!
Mistel [ˈmɪstəl] *f* ⟨⁓; ⁓n⟩ gui *m*
Mistgabel *f* fourche *f* à fumier
Misthaufen *m* (tas *m* de) fumier *m*
Mistkäfer *m* bousier *m*
Mistkerl P *m* F salaud *m*
Mistkübel *m* österr poubelle *f*
Miststück P *n* F ordure *f*; *Frau* F salope *f*
Mistvieh P *n* **1.** *Tier* F sale bête *f* **2.** *Mensch* F ordure *f*; *Mann a* F fumier *m*
Mistwetter F *n* ⟨⁓s⟩ F temps *m* de chien
mit [mɪt] **I** *prép* ⟨*dat*⟩ **1.** (*zusammen mit, in Begleitung von*) avec; **komm mit mir** viens avec moi; **mit j-m gehen** accompagner qn **2.** *Inhalt*

de; **ein Teller mit Obst** une assiette de fruits **3.** *Mittel* avec; de; par; à; en; **mit Bleistift schreiben** écrire au crayon; **mit e-m Tritt** d'un coup de pied; **mit der Post®** par la poste **4.** *begleitender Umstand* à; *Art und Weise* avec; en; à, par; **mit Tränen in den Augen** les larmes aux yeux; **mit lauter Stimme** à 'haute voix **5.** *zeitlich, Alter* à; **mit jedem Tag** de jour en jour **II** *adv* (*neben anderen*) en; y; **mit dabei sein** en être; y assister; **mit dazugehören** en faire partie; F **mit zu den besten Schülern zählen** figurer parmi les meilleurs élèves
Mitangeklagte(r) *f(m)* coaccusé(e) *m(f)*
Mitarbeit *f* collaboration *f*; **unter Mitarbeit** (*dat*) **von ...** en collaboration avec ...
mitarbeiten *v/i* ⟨-e-⟩ **1.** **an etw** (*dat*) **mitarbeiten** collaborer à qc **2.** *im Unterricht* participer
Mitarbeiter(in) *m(f)* collaborateur, -trice *m,f*
Mitarbeiterstab *m* cercle *m*, équipe *f* de collaborateurs
Mitbegründer(in) *m(f)* cofondateur, -trice *m,f*
mitbekommen *v/t* ⟨*irr, sans ge*⟩ **1.** (*erhalten*) recevoir; (*mitnehmen*) emporter **2.** F (*verstehen*) F piger
mitbenutzen *v/t* ⟨⁓ɇs, *sans ge*⟩ utiliser en commun
mitbestimmen ⟨*sans ge*⟩ **I** *v/t* influencer **II** *v/i* *bei e-r Entscheidung* participer; *im Betrieb* prendre part à la gestion
Mitbestimmung *f* participation *f*; *im Betrieb* cogestion *f*
Mitbestimmungsrecht *n* droit *m* de participation; *im Betrieb* droit *m* de cogestion (du personnel)
Mitbewerber(in) *m(f)* concurrent(e) *m(f)*
Mitbewohner(in) *m(f)* colocataire *m,f*
mitbringen *v/t* ⟨*irr*⟩ **1.** *Person, Sache* (r)amener; *Dinge* (r)apporter **2.** *fig Fähigkeiten* être doué de; *Voraussetzungen, Zeit* avoir
Mitbringsel [ˈmɪtbrɪŋzəl] *n* ⟨⁓s; ⁓⟩ petit cadeau; *e-r Reise* souvenir *m*
Mitbürger(in) *m(f)* concitoyen, -enne *m,f*
mitdenken *v/i* ⟨*irr*⟩ (**bei etw**) **mitdenken** *beim Zuhören* suivre qc attentivement; *bei der Arbeit* participer activement (à qc)
Miteigentümer(in) *m(f)* copropriétaire *m,f*

---

mitbringen und mitnehmen

Je nachdem, ob Personen oder Sachen befördert werden, benutzt man die Komposita von mener (bei Personen) oder porter (bei Sachen):

amener qn j-n mitbringen / mitnehmen	**apporter qc** etwas herbeibringen / mitbringen
ramener qn j-n zurückbringen	**rapporter qc** etwas wiederbringen / zurückbringen
emmener qn j-n mitnehmen	**emporter qc** etwas mitnehmen / wegtragen

Tu peux **emmener** mon père ?	Kannst du meinen Vater mitnehmen?
Si tu veux, tu peux **amener** tes copains.	Wenn du willst, kannst du deine Freunde mitbringen.
Marc va **ramener** tes parents à la gare.	Marc wird deine Eltern mit zum Bahnhof nehmen.
Tu peux **m'apporter** mes gants ?	Kannst du mir meine Handschuhe bringen?
Tu peux **emporter** les déchets ?	Kannst du den Abfall mitnehmen?

miteinander *adv* l'un(e) avec l'autre *bzw* les un(e)s avec les autres; (*gemeinsam*) ensemble
Miteinander *n* ⟨~$⟩ vie commune
Miterbe *m*, **Miterbin** *f* cohéritier, -ière *m,f*
miterleben *v/t* ⟨*sans ge*⟩ **1.** (*mitmachen*) participer à; vivre **2.** (*sehen*) assister à; voir
Mitesser *m* MÉD comédon *m*; point noir
mitfahren *v/i* ⟨*irr*, sn⟩ **mit j-m mitfahren** accompagner qn
Mitfahrgelegenheit *f* place *f* dans une voiture (*pour un certain trajet*)
Mitfahrzentrale *f* organisme *m* d'auto-stop
mitfühlen I *v/t* compatir à **II** *v/i* **mit j-m mitfühlen** prendre part à la tristesse, la peine, *etc* de qn
mitfühlend *adjt* compatissant
mitführen *v/t Gepäck, Güter* porter; transporter; *von Flüssen* charrier
mitgeben *v/t* ⟨*irr*⟩ **j-m etw mitgeben** donner qc à qn
Mitgefangene(r) *f(m)* codétenu(e) *m(f)*
Mitgefühl *n* sympathie *f*; compassion *f*
mitgehen *v/i* ⟨*irr*, sn⟩ **1.** (*mit j-m*) **mitgehen** aller avec qn; accompagner qn; F **etw mitgehen lassen** F faucher qc **2.** *Zuhörer* **begeistert mitgehen** être enthousiasmé
mitgenommen F *adjt Möbel* F esquinté; *Buch, Kleid* F bousillé; (*erschöpft*) F vanné; F crevé
Mitgift *f* ⟨~; ~en⟩ dot *f*
Mitgiftjäger *m* coureur *m* de dot
Mitglied *n* membre *m*; adhérent(e) *m(f)*
Mitgliederversammlung *f* assemblée générale
Mitgliedsausweis *m* carte *f* (de membre)
Mitgliedsbeitrag *m* cotisation *f*
Mitgliedschaft *f* ⟨~⟩ affiliation *f*
Mitgliedskarte *f* carte *f* (de membre)
Mitgliedsland *n* ⟨~$s; -länder⟩, **Mitgliedsstaat** *m* État *m* membre
mithalten *v/i* ⟨*irr*⟩ *im Tempo* suivre le rythme (**mit** de); *bei e-m Wettbewerb* **mithalten können** tenir le coup
mithelfen *v/i* ⟨*irr*⟩ coopérer (**bei** à); prêter son concours, son assistance (à)
Mithilfe *f* concours *m*; assistance *f*
mithören *v/t* **1.** *zufällig* entendre par 'hasard **2.** (*auch anhören*) écouter **3.** (*abhören*) intercepter
Mitinhaber(in) *m(f)* associé(e) *m(f)*; codétenteur, -trice *m,f*
mitkämpfen *v/i* prendre part au combat
mitkommen *v/i* ⟨*irr*, sn⟩ **1.** (**mit j-m**) **mitkommen** venir avec qn **2.** *fig geistig* suivre; *in der Schule* pouvoir suivre
mitkriegen F *v/t* →**mitbekommen**
Mitläufer(in) *m(f) péj* suiveur, -euse *m,f*; mouton *m*
Mitlaut *m* consonne *f*
Mitleid *n* pitié *f*; **mit j-m Mitleid haben** avoir pitié de qn; **aus Mitleid mit** par pitié pour; **Mitleid erregend** pitoyable
Mitleidenschaft *f* **etw in Mitleidenschaft ziehen** (*beschädigen*) endommager qc; *Medikament* affecter qc; **j-n in Mitleidenschaft ziehen** affecter qn
mitleiderregend *adjt* pitoyable
mitleidig I *adj* compatissant **II** *adv* avec pitié
mitmachen I *v/t* **1.** (*teilnehmen*) prendre part (**bei** à); *Mode, Lehrgang* suivre **2.** F (*miterle-*

digen) F se taper aussi **3.** F (*erleiden*) subir; F se taper; F **das mache ich nicht mit** F je ne marche pas **II** *v/i* **4.** y être; **bei etw mitmachen** prendre part à qc **5.** F (*funktionieren*) **nicht mehr mitmachen** F flancher; **meine Beine machen nicht mehr mit** F mes jambes n'en peuvent plus
Mitmensch *m* prochain *m*
mitmischen F *v/i* **bei etw mitmischen** participer à qc; *péj* se mêler de qc
Mitnahme ['mɪtnaːmə] *f* ⟨~⟩ **die Mitnahme von Hunden ist nicht gestattet** les chiens ne sont pas admis
Mitnahmepreis *m* prix emporté, à emporter; **zum Mitnahmepreis von ...** au prix emporté de ...
mitnehmen *v/t* ⟨*irr*⟩ **1.** *Sache* prendre; emporter; *Person* emmener; *Pizza etc* **zum Mitnehmen** à emporter **2.** *Krankheit* éprouver; (*entkräften*) épuiser
Mitra ['miːtra] *f* ⟨~; -tren⟩ mitre *f*
mitrechnen *v/i* ⟨-e-⟩ (*hinzurechnen*) ajouter; **mitgerechnet** y compris; **nicht mitgerechnet** non compris
mitreden ⟨-e-⟩ **I** *v/t fig* **ein Wort mitzureden haben** avoir voix au chapitre **II** *v/i* prendre part à la conversation
Mitreisende(r) *f(m)* compagnon *m*, compagne *f* de voyage
mitreißen *v/t* ⟨*irr*⟩ emporter; *fig* (*begeistern*) entraîner
mitreißend *adjt Redner* captivant; *Spiel* passionnant; *Musik* entraînant
mitsamt *prép* ⟨*dat*⟩ avec
mitschicken *v/i* **etw (mit etw) mitschicken** envoyer qc avec (qc); *im Brief* joindre qc (à qc)
mitschleppen F *v/t Schweres* F trimbal(l)er; (*mitnehmen*) F traîner
mitschneiden *v/t* ⟨*irr*⟩ enregistrer
Mitschnitt *m* enregistrement *m*
mitschreiben ⟨*irr*⟩ **I** *v/t* **etw mitschreiben** prendre qc en note **II** *v/i* prendre des notes
Mitschuld *f* complicité *f* (**an** [+ *dat*] dans)
mitschuldig *adj* complice (**an** [+ *dat*] de)
Mitschüler(in) *m(f)* camarade *m,f* d'école, de classe
mitsingen ⟨*irr*⟩ **I** *v/t* **etw mitsingen** chanter aussi qc **II** *v/i* (**mit j-m**) **mitsingen** chanter avec qn
mitspielen *v/i* **1.** participer au jeu; jouer (*a* SPORT, THÉ) **2.** *Gründe* entrer en jeu **3.** *fig* **j-m übel mitspielen** jouer un mauvais, sale tour à qn
Mitspieler(in) *m(f)* partenaire *m,f*; *e-r Mannschaft* membre *m* de l'équipe
Mitspracherecht *n* participation *f*
Mitstreiter(in) *m(f)* compagnon *m*, compagne *f* d'armes, de lutte
Mittag *m* midi *m*; **am, über Mittag** à midi; **morgen Mittag** demain (à) midi; (**zu**) **Mittag essen** déjeuner
Mittagessen *n* déjeuner *m*
mittags *adv* à midi; **es ist 12 Uhr mittags** il est midi
Mittagshitze *f* chaleur *f* de midi
Mittagspause *f* pause *f* de midi; heure *f* du déjeuner
Mittagsruhe *f*, **Mittagsschlaf** *m* sieste *f*

M

Mittagszeit *f* (heure *f* de) midi *m*; *um die Mittagszeit* à midi

Mittäter(in) *m(f)* complice *m,f*

Mitte ['mɪtə] *f* ⟨∼; ∼n⟩ milieu *m*; (*Mittelpunkt*) centre *m* (*a* POL); *in der Mitte* au milieu; *Mitte Januar* (à la) mi-janvier; *sie ist Mitte dreißig* elle a dans les 35 ans; *in unserer Mitte* parmi nous; F *fig ab durch die Mitte!* F débarrasse-moi *bzw* débarassez-moi le plancher!

mitteilen *v/t j-m etw mitteilen* communiquer qc à qn

mitteilsam *adj* communicatif

Mitteilung *f* communication *f*; *amtliche* avis *m*

Mitteilungsbedürfnis *n* ⟨∼ses⟩ besoin *m* de s'épancher

Mittel ['mɪtəl] *n* ⟨∼s; ∼⟩ **1.** (*Hilfsmittel*) moyen *m*; *mit allen Mitteln* par tous les moyens; *Mittel pl und Wege finden zu* (+ *inf*) trouver le moyen de (+ *inf*); (*nur*) *Mittel zum Zweck sein* (n')être (qu')un moyen pour atteindre le but **2.** *pl* (*Geldmittel*) moyens *m/pl*; *öffentliche Mittel* fonds publics **3.** *zur Reinigung, Pflege* produit *m*; (*Heilmittel*) remède *m* (*gegen* à) **4.** MATH, MÉTÉO moyenne *f*; *im Mittel* en moyenne

Mittelalter *n* Moyen Âge *m*

mittelalterlich *adj* médiéval; moyenâgeux

Mittelamerika *n* l'Amérique centrale

mittelbar *adj* indirect

Mittelding F *n* chose *f* intermédiaire, compromis *m* (*zwischen* [+ *dat*] entre)

Mitteleuropa *n* l'Europe centrale

Mitteleuropäer(in) *m(f)* habitant(e) *m(f)* d'Europe centrale

mitteleuropäisch *adj* d(e l')Europe centrale; *mitteleuropäische Zeit* → *MEZ*

Mittelfeld *n* FUSSBALL milieu *m* du terrain

Mittelfeldspieler *m* FUSSBALL milieu *m* de terrain

Mittelfinger *m* majeur *m*

mittelfristig *adj* à moyen terme

Mittelgebirge *n* moyenne montagne

Mittelgewicht *n*, **Mittelgewichtler** *m* ⟨∼s; ∼⟩ SPORT poids moyen

mittelgroß *adj* de taille moyenne

Mittelklasse *f* classe moyenne

Mittelklassewagen *m* voiture *f* de classe moyenne

Mittellinie *f* ligne médiane; *auf der Straße* ligne blanche; FUSSBALL ligne *f* de milieu

mittellos *adj* sans moyens, ressources

Mittelmaß *n* moyenne *f*; *péj* médiocrité *f*

mittelmäßig *adj* médiocre

Mittelmäßigkeit *f* médiocrité *f*

Mittelmeer *das Mittelmeer* la (mer) Méditerranée

Mittelmeerklima *n* climat méditerranéen

Mittelmeerländer *n/pl* pays méditerranéens

Mittelmeerraum *m* ⟨∼¢s⟩ bassin *m* de la Méditerrané

Mittelohrentzündung *f* otite *f*

Mittelpunkt *m* centre *m* (*a fig*); *im Mittelpunkt stehen* être au centre de l'intérêt

mittels *prép* ⟨*gén*⟩ à l'aide de

Mittelscheitel *m* raie *f* au milieu

Mittelschule *f* *schweiz* lycée *m*

Mittelsmann *m* ⟨∼¢s; -leute *ou* -männer⟩ intermédiaire *m*

Mittelstand *m* classe moyenne

Mittelstreckenlauf *m* course *f* de demi-fond

Mittelstreckenrakete *f* fusée *f* de portée moyenne

Mittelstreifen *m der Autobahn* bande médiane

Mittelstück *n* morceau *m* du milieu

Mittelstufe *f* SCHULE premier cycle (*comprenant la 8ᵉ, 9ᵉ, 10ᵉ année scolaire*)

Mittelstürmer *m* avant-centre *m*

Mittelweg *m* *fig* moyen terme; compromis *m*; *der goldene Mittelweg* le juste milieu

Mittelwelle *f* onde moyenne

Mittelwert *m* (valeur) moyenne *f*

Mittelwort *n* ⟨∼¢s; -wörter⟩ GR participe *m*

mitten *adv* **1.** *räumlich mitten in, auf, unter* (+ *dat*, mouvement + *acc*) au (beau) milieu de; *mitten durch* à travers; *mitten unter ihnen* parmi eux **2.** *zeitlich mitten in der Nacht, im Winter* en pleine nuit, en plein hiver

mittendrin *adv* au (beau) milieu

mittendurch *adv* tout au travers

Mitternacht *f* minuit *m*

mitternächtlich *adj* de minuit; *zu mitternächtlicher Stunde* à, vers minuit

Mittler ['mɪtlər] *m* ⟨∼s; ∼⟩ médiateur *m*

mittlere *adj* **1.** (*in der Mitte befindlich*) du milieu; TECH, GÉOGR médian **2.** (*dazwischenliegend*) du milieu; *fig* intermédiaire **3.** (*durchschnittlich*) moyen; *mittleren Alters* entre deux âges; d'un certain âge

mittlerweile *adv* en attendant

Mittsommer *m* (période *f* du) solstice *m* d'été

Mittsommernacht *f* nuit *f* du solstice d'été

Mittwoch ['mɪtvɔx] *m* ⟨∼¢s; ∼e⟩ mercredi *m*; → *Montag*

mittwochs *adv* le mercredi; tous les mercredis

mitunter *adv* de temps en temps

mitverantwortlich *adj* coresponsable (*für* de)

Mitverantwortung *f* coresponsabilité *f*

mitwirken *v/i* **1.** *bei, an etw mitwirken* collaborer, participer à qc **2.** THÉ jouer

Mitwirkende(r) *f(m)* ⟨→ A⟩ participant(e) *m(f)*

Mitwirkung *f* concours *m*

Mitwisser(in) *m* ⟨∼s; ∼⟩ (*f*) ⟨∼in; ∼innen⟩ complice *m,f*; *e-s Geheimnisses* dépositaire *m,f*

Mitwisserschaft *f* ⟨∼⟩ complicité *f*

mitzählen *v/t u v/t* compter

Mix [mɪks] F *m* ⟨∼; ∼e⟩ mélange *m*

Mixbecher *m* shaker *m*

mixen *v/t* ⟨¢$⟩ *Getränk* mélanger; TV, RAD mixer

Mixer *m* ⟨∼s; ∼⟩ **1.** *Person* barman *m* **2.** *Gerät* mixe(u)r *m*

Mixgetränk *n* boisson (mélangée)

Mixtur *f* ⟨∼; ∼en⟩ mixture *f*

mm *abr* (*Millimeter*) mm

MMS [ɛmʔɛmʔɛs] *f* ⟨∼; ∼⟩ *abr* (*Multimedia Messaging Service*) TÉL *Nachricht* MMS *m*; *j-m e-e MMS schicken* envoyer un (message) MMS à qn

Mob [mɔp] *m* ⟨∼s⟩ *péj* populace *f*

mobben ['mɔbən] *v/t* 'harceler sur le lieu de travail

Mobbing ['mɔbɪŋ] *n* ⟨∼s⟩ 'harcèlement moral

Möbel ['møːbəl] *n* ⟨∼s; ∼⟩ meuble *m*

Möbelausstellung *f* exposition *f* de meubles; *Messe* a salon *m* de l'ameublement

Möbelfabrik *f* fabrique *f* de meubles

Möbelgeschäft *n* magasin *m* d'ameublement

Moderation ≠ modération

Die **Moderation** der neuen Sendung war nicht wirklich sensationell.

La **présentation** de la nouvelle émission n'était pas vraiment sensationnelle.

En ce qui concerne votre façon de traiter les gens, il faudrait plus de **modération**.

Was Ihren Umgang mit den Menschen anbelangt, wäre mehr **Mäßigung** angesagt.

Möbelhändler *m* marchand *m* de meubles
Möbelindustrie *f* industrie *f* du meuble, de l'ameublement
Möbellager *n* entrepôt *m* de meubles
Möbelpacker *m* déménageur *m*
Möbelpolitur *f* produit *m* d'entretien pour meubles
Möbelschreiner *m* menuisier *m* (en meubles); ébéniste *m*
Möbelspediteur *m* déménageur *m*
Möbelspedition *f* entreprise *f* de déménagement et de transport de meubles
Möbelstoff *m* tissu *m* d'ameublement
Möbelstück *n* meuble *m*
Möbeltischler *m* menuisier *m* en meubles; ébéniste *m*
Möbelwagen *m* camion *m* de déménagement
mobil [mo'biːl] *adj* **1.** (*beweglich*) mobile; MIL **mobil machen** mobiliser **2.** F (*rüstig*) alerte
Mobile ['moːbilə] *n* ⟨∼s; ∼s⟩ mobile *m*
Mobilfunk *m* radiotéléphonie *f*
Mobiliar [mobili'aːr] *n* ⟨∼s⟩ mobilier *m*
mobilisieren *v/t* ⟨*sans ge*⟩ mobiliser (*a fig*, MIL)
Mobilisierung *f* ⟨∼; ∼en⟩ mobilisation *f*
Mobilität *f* ⟨∼⟩ mobilité *f*
Mobilmachung *f* ⟨∼; ∼en⟩ mobilisation *f*
Mobiltelefon *n* téléphone *m* mobile
möblieren [mø'bliːrən] *v/t* ⟨*sans ge*⟩ meubler
Möblierung *f* ⟨∼; ∼en⟩ ameublement *m*
mochte, möchte ['mɔxtə, 'mœçtə] → **mögen**
modal [mo'daːl] *adj* modal
Modalität *f* ⟨∼; ∼en⟩ modalité *f*
Modalsatz *m* proposition adverbiale de manière
Modalverb *n* (verbe *m*) auxiliaire *m* de mode; verbe *m* de modalité
Mode ['moːdə] *f* ⟨∼; ∼n⟩ mode *f*; (*in*) **Mode sein** être à la mode; **aus der Mode kommen** passer de mode; **mit der Mode gehen** suivre la mode
Modeartikel *m* article *m* de mode; nouveauté *f*
Modeausdruck *m* ⟨∼¢s; -drücke⟩ expression *f* à la mode, F branchée
modebewusst *adj* qui suit la mode; F branché
Modedesigner(in) *m(f)* styliste *m,f* de mode
Modefarbe *f* couleur *f*, coloris *m* à la mode
Modegeschäft *n* magasin *m* de modes
Modehaus *n* atelier *m* de couture; **die großen Modehäuser** la haute couture
Modeheft *n*, **Modejournal** *n* journal *m* de mode
Modekrankheit *f* maladie *f* à la mode
Model ['mɔdəl] *n* ⟨∼s; ∼s⟩ modèle *m*
Modell [mo'dɛl] *n* ⟨∼s; ∼e⟩ COMM, TECH, PEINT, *fig* modèle *m*; (*Bauart*) type *m*; (*verkleinerte Nachbildung*) maquette *f*; (*j-m*) **Modell stehen** poser (pour qn)
Modellbau *m* ⟨∼¢s⟩ modélisme *m*

Modellbauer *m* ⟨∼s; ∼⟩ modéliste *m*
Modelleisenbahn *f* chemin *m* de fer miniature
Modellflugzeug *n* maquette *f* d'avion
modellieren *v/t* ⟨*sans ge*⟩ modeler
Modellierholz *n* ébauchoir *m*; spatule *f* à modeler
Modelliermasse *f* pâte *f* à modeler
Modellkleid *n* modèle *m*
Modem ['moːdɛm] *n* ⟨∼s; ∼s⟩ modem *m*
Modenschau *f* défilé *m* de mode
Moder ['moːdər] *m* ⟨∼s⟩ pourri *m*
Moderation *f* ⟨∼; ∼en⟩ présentation *f*
Moderator(in) [mode'raːtɔr (-'toːrɪn)] *m* ⟨∼s; -toren⟩ (*f*) ⟨∼in; ∼innen⟩ présentateur, -trice *m,f*; animateur, -trice *m,f*
moderieren *v/t* ⟨*sans ge*⟩ présenter
moderig *adj* pourri; moisi
modern[1] ['moːdərn] *v/i* ⟨h *ou* sn⟩ pourrir
modern[2] [mo'dɛrn] *adj* moderne; (*modisch*) à la mode
Moderne *f* ⟨∼⟩ *Epoche* temps *m/pl* modernes; *Kunstrichtung* moderne *m*
modernisieren *v/t* ⟨*sans ge*⟩ moderniser
Modernisierung *f* ⟨∼; ∼en⟩ modernisation *f*
Modeschmuck *m* bijoux *m/pl* (de) fantaisie
Modeschöpfer(in) *m(f)* grand couturier; créateur, -trice *m,f* de mode
Modetanz *m* danse *f* à la mode
Modetrend *m* tendance *f* de la mode
Modewort *n* ⟨∼¢s; -wörter⟩ mot *m* à la mode, du jour
Modezeichner(in) *m(f)* modéliste *m,f*
Modezeitschrift *f* journal *m* de mode
modifizieren [modifi'tsiːrən] *v/t* ⟨*sans ge*⟩ modifier
Modifizierung *f* ⟨∼; ∼en⟩ modification *f*
modisch *adj* à la mode
modrig *adj* pourri; moisi
Modul [mo'duːl] *n* ⟨∼s; ∼e⟩ INFORM, TECH module *m*
modulieren *v/t* ⟨*sans ge*⟩ moduler
Modus ['moːdus] *m* ⟨∼; -di⟩ GR, *fig* mode *m*
Mofa ['moːfa] *n* ⟨∼s; ∼s⟩ cyclomoteur *m*; mobylette® *f*
Mogelei [moːgə'laɪ] F *f* ⟨∼; ∼en⟩ tricherie *f*
mogeln F *v/i* ⟨¢⟩ tricher
Mogelpackung *f* emballage trompeur
mögen ['møːgən] ⟨mag *ou* möchte; mochte⟩ **I** *v/aux de mode* ⟨p/p mögen⟩ **1.** *Möglichkeit* (se) pouvoir; **das mag sein** cela se peut; peut-être; **sie mochte zwölf sein** elle pouvait avoir douze ans; **mag sein, dass ...** il se peut que ... (+ *subj*); **wo er wohl sein mag?** où peut-il bien être?; **... und wie sie alle heißen mögen** ... ou autres **2.** *einräumend, verallgemeinernd* **was man auch immer sagen mag** quoi que l'on dise; **wie sie auch sein mögen ...** quels qu'ils soient ...; **mag er auch noch so reich sein ...**

si riche qu'il soit … **3.** *st/s Wunsch* **möge dieser Tag …** puisse ce jour … **4.** (*gern mögen*) aimer; (*wünschen*) vouloir; désirer; **lieber mögen** aimer mieux; préférer; **ich möchte gern etwas essen** je voudrais bien manger qc; **ich möchte so gern** (+ *inf*) j'aimerais tant (+ *inf*) **II** *v/t* ⟨*p/p* gemocht⟩ **j-n, etw mögen** aimer qn, qc; **was möchten Sie?** que désirez-vous? **III** *v/i* ⟨*p/p* gemocht⟩ vouloir (bien); **ich mag nicht** je n'ai pas envie; **ich möchte nach Hause** je voudrais rentrer à la maison
möglich ['møːklıç] *adj* possible; (*etwaig*) éventuel; **er verkauft alles Mögliche** il vend de tout; **alles Mögliche tun, um zu** (+ *inf*) employer toutes sortes de moyens pour (+ *inf*); **so schnell, gut** *etc* **wie möglich** le plus vite, le mieux, *etc* possible
möglicherweise *adv* peut-être
Möglichkeit *f* ⟨~; ~en⟩ possibilité *f*; (*möglicher Fall*) éventualité *f*; (*Gelegenheit*) occasion *f*; **nach Möglichkeit** si possible; **es besteht die Möglichkeit, dass …** il est possible que … (+ *subj*)
möglichst I *adv* **1.** (*so viel wie möglich*) autant que possible **2.** (*wenn möglich*) si possible **3.** (*so … wie möglich*) le plus *bzw* moins … possible **II** *subst* **ich werde mein Möglichstes tun** je ferai de mon mieux
Mohair [moˈhɛːr] *m* ⟨~s⟩ mohair *m*
Mohammedaner(in) [mohameˈdaːnər(ın)] *neg!* *m* ⟨~s; ~⟩ (*f*) ⟨~in; ~innen⟩ musulman(e) *m(f)*
mohammedanisch *neg! adj* musulman
Mohn [moːn] *m* ⟨~⟨s; ~e⟩ **1.** BOT pavot *m*; (*Klatschmohn*) coquelicot *m* **2.** *auf Gebäck* graines *f/pl* de pavot
Mohnblume *f* → **Mohn**
Möhre ['møːrə] *f* ⟨~; ~n⟩ carotte *f*
Mohrenkopf *m* CUIS tête *f* de nègre
Mohrrübe *f nordd* carotte *f*
Mokassin [ˈmɔkasiːn] *m* ⟨~s; ~s *ou* ~e⟩ mocassin *m*
Mokick [ˈmoːkık] *n* ⟨~s; ~s⟩ vélomoteur *m*
mokieren [moˈkiːrən] *v/r* ⟨*sans ge*⟩ **sich über j-n, etw mokieren** se moquer de qn, qc
Mokka [ˈmɔka] *m* ⟨~s; ~s⟩ moka *m*
Mokkalöffel *m* cuillère *f* à moka
Mokkatasse *f* tasse *f* à moka
Molch [mɔlç] *m* ⟨~¢s; ~e⟩ ZO triton *m*
Moldawien [mɔlˈdaːviən] *n* ⟨~s⟩ la Moldavie
Mole ['moːlə] *f* ⟨~; ~n⟩ môle *m*; jetée *f*
Molekül [moleˈkyːl] *n* ⟨~s; ~e⟩ molécule *f*
molekular [-kuˈlaːr] *adj* moléculaire
Molke ['mɔlkə] *f* ⟨~; ~n⟩ petit-lait *m*
Molkerei *f* ⟨~; ~en⟩ laiterie *f*
Molkereiprodukt *n* produit laitier
Moll [mɔl] *n* ⟨~⟩ mode, ton mineur
mollig [ˈmɔlıç] F **I** *adj* **1.** (*mollig weich*) douillet; (*angenehm warm*) bien chaud; agréable **2.** (*rundlich*) rondelet **II** *adv* **mollig warm** bien chaud
Molotowcocktail [ˈmɔlotɔf-] *m* cocktail *m* Molotov
Moment[1] [moˈmɛnt] *m* ⟨~¢s; ~e⟩ (*Augenblick*) moment *m*; instant *m*; **im Moment** pour l'instant; F **Moment mal!** attends *bzw* attendez un peu!
Moment[2] *n* ⟨~¢s; ~e⟩ **1.** (*Umstand*) facteur *m* **2.** PHYS moment *m*

momentan [momɛnˈtaːn] *adj* (*vorübergehend*) momentané; (*gegenwärtig*) actuel
Momentaufnahme *f* instantané *m*
Monaco [moˈnako] *n* ⟨~s⟩ Monaco
Monarch(in) [moˈnarç(ın)] *m* ⟨~en; ~en⟩ (*f*) ⟨~in; ~innen⟩ monarque *m*
Monarchie *f* ⟨~; ~n⟩ monarchie *f*
monarchistisch *adj* monarchiste
Monat ['moːnat] *m* ⟨~s; ~e⟩ mois *m*; **im Monat Mai** au mois de mai; **pro Monat, im Monat** par mois; **sie ist im fünften Monat** elle est enceinte de quatre mois
monatelang *adj u adv* des mois durant
monatlich I *adj* mensuel; **monatliche Zahlung** mensualité *f* **II** *adv* (*jeden Monat*) tous les mois; (*im Monat*) par mois; **zahlen** par mensualités
Monatsanfang *m* début *m* de mois
Monatsbeitrag *m* cotisation mensuelle
Monatsbericht *m* rapport mensuel, du mois
Monatsbinde *f* serviette *f* hygiénique
Monatsblutung *f* règles *f/pl*
Monatseinkommen *n* revenu mensuel
Monatsende *n* fin *f* de mois
Monatsgehalt *n* salaire mensuel
Monatskarte *f* carte (d'abonnement) mensuelle
Monatslohn *m* salaire mensuel
Monatsmiete *f* loyer mensuel
Monatsrate *f* mensualité *f*
Monatsverdienst *m* revenu mensuel
Mönch [mœnç] *m* ⟨~¢s; ~e⟩ moine *m*
Mönchskloster *n* monastère *m* (d'hommes)
Mönchskutte *f* froc *m*
Mönchsorden *m* ordre *m* monastique
Mond [moːnt] *m* ⟨~¢s; ~e⟩ lune *f*; ASTR Lune *f*; F *fig* **hinter dem Mond leben** retarder (sur son temps)
mondän [mɔnˈdɛːn] *adj* mondain
Mondaufgang *m* lever *m* de la lune
Mondfinsternis *f* éclipse *f* de Lune
Mondgesicht *n* ⟨~s; ~er⟩ *plais* visage tout rond; F bouille ronde
Mondkalb F *n* F ballot *m*; F taré *m*
Mondkrater *m* cratère *m* lunaire
Mondlandefähre *f* module *m* lunaire
Mondlandschaft *f* paysage *m* lunaire
Mondlandung *f* alunissage *m*
Mondlicht *n* clair *m* de lune
Mondphase *f* phase *f* de la Lune
Mondschein *n m* clair *m* de lune
Mondsichel *f* croissant *m* (de lune)
Mondsonde *f* sonde *f* lunaire
mondsüchtig *adj* somnambule
Mondsüchtige(r) *f(m)* somnambule *m,f*
Mondumlaufbahn *f* orbite *f* lunaire
Monduntergang *m* coucher *m* de la lune
Mondwechsel *m* ASTR changement *m* de lune; phase *f* de la lune; *sc* lunaison *f*
Monegassc [moneˈgasɔ] *m* ⟨~n; ~n⟩, **Monegassin** *f* ⟨~; ~nen⟩ Monégasque *m,f*
monegassisch *adj* monégasque
Moneten [moˈneːtən] F *pl* F fric *m*
Mongole [mɔŋˈgoːlə] *m* ⟨~n; ~n⟩, **Mongolin** *f* ⟨~; ~nen⟩ Mongol(e) *m(f)*
Mongolei ⟨~⟩ **die Mongolei** la Mongolie
mongolisch *adj* mongol
Mongolismus *neg! m* ⟨~⟩ MÉD mongolisme *m*
mongoloid *neg! adj* mongolien

monieren [mo'niːrən] *v/t* ⟨*sans ge*⟩ critiquer
Monitor ['moːnitɔr] *m* ⟨~s; ~e *ou* -toren⟩
INFORM écran *m*; PHYS, MÉD moniteur *m*
mono ['moːno] *adv* en mono
mono..., **Mono...** *in Zssgn* mono...
monogam [mono'gaːm] *adj* monogame
Monogamie *f* ⟨~⟩ monogamie *f*
Monogramm *n* ⟨~s; ~e⟩ monogramme *m*
Monographie *f* ⟨~; ~n⟩ monographie *f*
Monokel [mo'nɔkəl] *n* ⟨~s; ~⟩ monocle *m*
Monokultur *f* AGR monoculture *f*
Monolog [mono'loːk] *m* ⟨~¢s; ~e⟩ monologue *m*
Monopol [mono'poːl] *n* ⟨~s; ~e⟩ monopole *m* (**auf** [+ *acc*] de)
Monopolstellung *f* position *f*, situation *f* de monopole
monoton *adj* monotone
Monotonie *f* ⟨~; ~n⟩ monotonie *f*
Monster ['mɔnstər] *n* ⟨~s; ~⟩ monstre *m*
Monstranz [mɔn'strants] *f* ⟨~; ~en⟩ ostensoir *m*
monströs [mɔn'strøːs] *adj* monstrueux
Monstrum *n* ⟨~s; -ren⟩ monstre *m*
Monsun [mɔn'zuːn] *m* ⟨~s; ~e⟩ mousson *f*
Montag ['moːntaːk] *m* lundi *m*; **am Montag** le lundi; **jeden Montag** tous les lundis; **letzten Montag** lundi dernier; **heute ist Montag, der 5. Oktober** nous sommes le lundi 5 octobre; F **(e-n) blauen Montag machen** F se faire porter pâle le lundi
Montage [mɔn'taːʒə] *f* ⟨~; ~n⟩ montage *m* (*a* TECH, PHOT, FILM)
Montageband *n* ⟨~¢s; -bänder⟩ chaîne *f* de montage
Montagehalle *f* 'hall *m* de montage
Montagmittag *m* lundi *m* (à) midi
montags *adv* le lundi; tous les lundis
Montanindustrie [mɔn'taːn-] *f* industrie *f* du charbon et de l'acier
Montenegro [mɔnte'neːgro] *n* ⟨~s⟩ le Monténégro
Monteur [mɔn'tœːr] *m* ⟨~s; ~e⟩ monteur *m*; installateur *m*
montieren *v/t* ⟨*sans ge*⟩ (*zusammenbauen*) monter; (*anschließen*) installer
Montur [mɔn'tuːr] F *f* ⟨~; ~en⟩ F attirail *m*; **in voller Montur** 'harnaché de pied en cap
Monument [monu'mɛnt] *n* ⟨~¢s; ~e⟩ monument *m*
monumental *adj* monumental
Moonboots ['muːnbuːts] *m/pl* moonboots *m/pl*
Moor [moːr] *n* ⟨~¢s; ~e⟩ (*Sumpf*) marais *m*; (*Torfmoor*) tourbière *f*
Moorbad *n* bain *m* de boue
Moos [moːs] *n* ⟨~es; ~e⟩ **1.** BOT mousse *f* **2.** F (*Geld*) F fric *m*
moosgrün *adj* vert mousse
Moped ['moːpɛt] *n* ⟨~s; ~s⟩ vélomoteur *m*
Mopedfahrer(in) *m(f)* vélomotoriste *m,f*
Mopp [mɔp] *m* ⟨~s; ~s⟩ balai *m* à franges
Mops [mɔps] *m* ⟨~es; ːe⟩ **1.** *Hund* carlin *m* **2.** F *fig* F petit(e) gros, grosse
mopsen F *v/t* ⟨¢s⟩ F faucher; F piquer
Moral [mo'raːl] *f* ⟨~⟩ **1.** (*Sittenlehre*) morale *f*; (*Sittlichkeit*) morale *f*; moralité *f*; **doppelte Moral** morale hypocrite **2.** *e-r Geschichte* morale *f* **3.** (*seelische Verfassung*) moral *m*

Moralapostel *m péj* moralisateur *m*
moralisch *adj* moral
Moralist *m* ⟨~en; ~en⟩ moraliste *m*
Moralpredigt *f* sermon *m*; **j-m e-e Moralpredigt halten** faire un sermon à qn
Morast [mo'rast] *m* ⟨~¢s; ~e *ou* Moräste⟩ bourbe *f*
morastig *adj* bourbeux
Morchel ['mɔrçəl] *f* ⟨~; ~n⟩ morille *f*
Mord [mɔrt] *m* ⟨~¢s; ~e⟩ meurtre *m* (**an** [+ *dat*] de); **e-n Mord begehen** commettre un meurtre; F **das gibt Mord und Totschlag** F ça va barder
Mordanklage *f* **unter Mordanklage stehen** être inculpé, sous l'inculpation de meurtre
Mordanschlag *m* attentat *m* (**auf** [+ *acc*] contre)
Morddrohung *f* menace *f* de mort
morden *v/t u v/i* ⟨-e-⟩ assassiner
Mörder(in) ['mœrdər(ın)] *m* ⟨~s; ~⟩ (*f*) ⟨~in; ~innen⟩ meurtrier, -ière *m,f*
mörderisch F *adj* terrible; F d'enfer; *Hitze, Kälte* mortel; *Kälte a* F de chien; F de canard; *Geschwindigkeit* infernal
Mordfall *m* affaire *f* de meurtre
Mordinstrument *n* instrument *m* du crime
Mordkommission *f etwa* brigade criminelle
Mordprozess *m* procès *m* du crime, du meurtre
Mords... F *in Zssgn* F extraordinaire; *péj* F monstre
Mordsangst F *f* F trouille *f* monstre
Mordsarbeit F *f* travail fou
mordsgefährlich F *adj* F vachement dangereux
Mordsglück F *n* F bol *m* d'enfer
Mordshunger F *m* F faim *f* de loup
Mordslärm F *m* F boucan *m* (d'enfer)
mordsmäßig F *adj* F dingue
Mordsschreck F *m* F trouille *f* épouvantable
Mordsspaß F *m* ⟨~es⟩ plaisir fou
Mordsstimmung F *f* F ambiance *f* d'enfer, dingue, du tonnerre
Mordswut F *f* F rogne *f* terrible
Mordverdacht *m* **unter Mordverdacht** (*dat*) **stehen** être soupçonné de meurtre
Mordversuch *m* tentative *f* d'assassinat, de meurtre
Mordwaffe *f* arme *f* du crime
morgen ['mɔrgən] *adv* (*am nächsten Tag*) demain; **morgen früh** demain matin; **morgen in acht Tagen** demain en huit; **bis morgen!** à demain!
Morgen *m* ⟨~s; ~⟩ matin *m*; (*Vormittag*) matinée *f*; **am Morgen** le matin; **am frühen Morgen** de bon matin; **e-s (schönen) Morgens** un (beau) matin; **am nächsten Morgen** le lendemain matin; **heute Morgen** ce matin; **guten Morgen!** bonjour!
Morgenandacht *f* prières *f/pl* du matin
Morgendämmerung *f* aube *f*; petit jour
morgendlich *adj* du matin; matinal
Morgenessen *n schweiz* petit-déjeuner *m*
Morgengrauen *n* aube *f*; **im Morgengrauen** à l'aube
Morgengymnastik *f* gymnastique matinale
Morgenland *n* ⟨~¢s⟩ Orient *m*; Levant *m*
Morgenluft *f* air *m* du matin; *fig* **Morgenluft wittern** flairer la bonne occasion
Morgenmantel *m* peignoir *m*

Morgenmuffel F *m* personne *f* qui est de mauvaise humeur le matin
Morgenpost *f* distribution *f*, courrier *m* du matin
Morgenrock *m* peignoir *m*
Morgenrot *n* aurore *f*
morgens *adv* le matin; **um acht Uhr morgens** à huit heures du matin; **von morgens bis abends** du matin au soir
Morgenstunde *f* heure matinale; *prov* **Morgenstund hat Gold im Mund** le monde appartient à ceux qui se lèvent tôt
Morgenzeitung *f* journal *m* du matin
morgig *adj* de demain
Mormone [mɔr'moːnə] *m* ⟨~n; ~n⟩, **Mormonin** *f* ⟨~; ~nen⟩ mormon(e) *m(f)*
Morphium ['mɔrfiʊm] *n* ⟨~s⟩ morphine *f*
morphiumsüchtig *adj* morphinomane
morsch [mɔrʃ] *adj* pourri (*a fig*)
Morsealphabet ['mɔrzəʔ-] *n* alphabet *m* morse
morsen *v/t* ⟨¢ß⟩ télégraphier en morse
Mörser ['mœrzər] *m* ⟨~s; ~⟩ mortier *m*
Morsezeichen *n* signal *m* en morse
Mörtel ['mœrtəl] *m* ⟨~s; ~⟩ mortier *m*
Mosaik [moza'iːk] *n* ⟨~s; ~ṇ⟩ mosaïque *f* (*a fig*)
Mosaikstein *m* pièce *f* de mosaïque (*a fig*)
Mosambik [mozam'biːk] *n* ⟨~s⟩ le Mozambique
Moschee [mɔ'ʃeː] *f* ⟨~; ~n⟩ mosquée *f*
Moschus ['mɔʃʊs] *m* ⟨~⟩ musc *m*
Möse ['møːzə] V *f* ⟨~; ~n⟩ V con *m*
Mosel ['moːzəl] ⟨~⟩ **die Mosel** la Moselle
mosern ['moːzərn] F *v/i* F râler
Moskau ['mɔskaʊ] *n* ⟨~s⟩ Moscou
Moskito [mɔs'kiːto] *m* ⟨~s; ~s⟩ moustique *m*
Moskitonetz *n* moustiquaire *f*
Moslem ['mɔslɛm] *m* ⟨~s; ~s⟩ musulman *m*
moslemisch *adj* musulman
Moslime *f* ⟨~; ~n⟩ musulmane *f*
Most [mɔst] *m* ⟨~¢s; ~e⟩ **1.** (*Obstsaft*) moût *m* **2.** *südd* (*Apfelmost*) cidre *m*
Mostrich ['mɔstrɪç] *m* ⟨~s⟩ *bes nordostdeutsch* moutarde *f*
Motel [mo'tɛl] *n* ⟨~s; ~s⟩ motel *m*
Motiv [mo'tiːf] *n* ⟨~s; ~e⟩ **1.** (*Beweggrund*) motif *m*; *für Verbrechen* mobile *m* **2.** MUS, PEINT motif *m*
Motivation *f* ⟨~; ~en⟩ motivation *f*
motivieren *v/t* ⟨*sans ge*⟩ motiver
Moto-Cross [moto'krɔs] *n* ⟨~; ~e⟩ motocross *m*
Motor ['moːtɔr] *m* ⟨~s; -toren⟩ moteur *m* (*a fig*)
Motorboot *n* bateau *m*, canot *m* à moteur
Motorhaube *f* capot *m*
motorisch *adj* MÉD moteur
motorisieren *v/t* ⟨*sans ge*⟩ motoriser
Motorisierung *f* ⟨~⟩ motorisation *f*
Motorjacht *f* yacht *m* à moteur
Motoröl *n* huile *f* moteur
Motorpumpe *f* motopompe *f*
Motorrad *n* moto *f*; motocyclette *f*
Motorradfahrer(in) *m(f)* motocycliste *m,f*
Motorradrennen *n* course *f* motocycliste
Motorradsport *m* sport *m* motocycliste; motocyclisme *m*
Motorraum *m* compartiment *m* moteur
Motorroller *m* scooter *m*
Motorsäge *f* scie *f* à moteur

Motorschaden *m* panne *f* de moteur
Motorsport *m* sport automobile, motocycliste, *etc*
Motorwäsche *f* nettoyage *m* du moteur
Motte ['mɔtə] *f* ⟨~; ~n⟩ mite *f*
Mottenkugel *f* boule *f* de naphtaline
Mottenloch *n* trou *m* de mite
Mottenpulver *n* (poudre *f*) antimite *m*
mottenzerfressen *adj* mité
Motto ['mɔto] *n* ⟨~s; ~s⟩ devise *f*
motzen ['mɔtsən] F *v/i* ⟨¢ß⟩ F râler
Mountainbike ['maʊntənbaɪk] *n* ⟨~s; ~s⟩ vélo *m* tout-terrain; VTT *m*
Mountainbiker(in) *m* ⟨~s; ~⟩ (*f*) ⟨~in; ~innen⟩ vététiste *m,f*
Möwe ['møːvə] *f* ⟨~; ~n⟩ mouette *f*; *große* goéland *m*
Mozambique → **Mosambik**
Mozartkugel ['moːtsart-] *f* bouchée de chocolat fourrée de praliné et de pâte d'amandes
Mozzarella [mɔtsa'rɛla] *m* ⟨~s; ~s⟩ CUIS mozzarella *f*
MP [ɛm'piː] *f* abr ⟨~; ~s⟩ (*Maschinenpistole*) mitraillette *f*
MP3 [ɛmpeː'draɪ] ⟨*sans article*⟩ abr (*Moving Pictures Experts Group Layer 3*) MP3 *m*
MP3-Player [-pleːər] *m* baladeur *m* MP3
Mrd. abr (*Milliarde[n]*) milliard(s)
MS [ɛm'ʔɛs] **1.** (*multiple Sklerose*) sclérose *f* en plaques **2.** (*Motorschiff*) bateau *m* à moteur
MS-Kranke(r) *f(m)* personne atteinte de sclérose en plaques
MTA [ɛmteː'ʔaː] *f* ⟨~; ~s⟩ abr (*medizinisch-technische Assistentin*) assistante, auxiliaire médicale
mtl. abr → **monatlich**
Mücke ['mʏkə] *f* ⟨~; ~n⟩ moustique *m*; cousin *m*; F **aus e-r Mücke e-n Elefanten machen** se faire une montagne de qc
Mückenstich *m* piqûre *f* de moustique
Mucks [mʊks] *m* ⟨~es; ~e⟩ F **keinen Mucks sagen** F ne pas ouvrir le bec; ne (pas) piper mot
mucksen F *v/r* ⟨¢ß⟩ **sich nicht mucksen** ne (pas) piper mot
mucksmäuschenstill → **mäuschenstill**
müde ['myːdə] *adj* **1.** (*erschöpft*) fatigué; **müde sein** être fatigué; (*schläfrig sein*) avoir sommeil; **müde werden** se fatiguer **2.** (*überdrüssig*) **e-r Sache** (*gén*) **müde sein** être las de qc; **er wird nicht müde zu** (+ *inf*) il ne se lasse pas de (+ *inf*)
Müdigkeit *f* ⟨~⟩ fatigue *f*
Müesli ['myːɛsli] *n* schweiz → **Müsli**
Muff [mʊf] *m* ⟨~¢s; ~e⟩ manchon *m*
Muffe *f* ⟨~; ~n⟩ TECH manchon *m*
Muffel F *m* ⟨~s; ~⟩ grincheux *m*
muff(e)lig F *adj* grincheux
Muffensausen P *n* ⟨~s⟩ F trouille *f*; **Muffensausen haben** Γ avoir la trouille
muffig **I** *adj* **1.** *Geruch* de renfermé **2.** F → **muff(e)lig** **II** *adv* **muffig riechen** sentir le renfermé
muh [muː] *int* meuh!
Mühe ['myːə] *f* ⟨~; ~n⟩ peine *f*; mal *m*; effort *m*; **mit Müh und Not** à grand-peine; **sich** (*dat*) **Mühe geben zu** (+ *inf*) s'efforcer de (+ *inf*); **sich** (*dat*) (**mit etw**) **Mühe geben** se donner de la peine (pour qc); **sich** (*dat*) **die Mühe machen zu** (+ *inf*) se donner la peine de (+ *inf*);

keine Mühe scheuen ne pas ménager sa peine; **die Sache ist der Mühe** (*gén*) **wert** la chose en vaut la peine
mühelos *adv* sans peine; facilement
mühen *v/r* **sich mühen** (**, etw zu tun**) se donner du mal (pour faire qc); s'efforcer (de faire qc)
mühevoll *adj* pénible
Mühle ['myːlə] *f* ⟨∼; ∼n⟩ **1.** moulin *m*; *Fabrik* minoterie *f* **2.** *Brettspiel* marelle *f* **3.** F *fig Auto* F bagnole *f*; *Flugzeug* F coucou *m*
Mühlhausen [myːl'hauzən] *n* ⟨∼s⟩ Mulhouse
Mühlrad *n* roue *f* de moulin
Mühlstein *m* meule *f* (de moulin)
Mühsal *st/s f* ⟨∼; ∼e⟩ peines *f/pl*
mühsam *adj*, **mühselig** *st/s adj* pénible; (*ermüdend*) fatigant
Mukoviszidose [mukovɪstsi'doːzə] *f* ⟨∼; ∼n⟩ MÉD mucoviscidose *f*
Mulatte [mu'latə] *m* ⟨∼n; ∼n⟩, **Mulattin** *f* ⟨∼; ∼nen⟩ mulâtre, -esse *m,f*
Mulch [mulç] *m* ⟨∼ɇs; ∼e⟩ JARD couverture *f* (d'herbe sèche, *etc*); *aus Rinde* écorce *f* de pin broyée; *aus Stroh* paillis *m*
mulchen *v/i u v/t* JARD (**den Boden**) **mulchen** couvrir le sol d'herbe sèche, *etc*; *mit Stroh* pailler
Mulde ['muldə] *f* ⟨∼; ∼n⟩ creux *m*
Mull [mul] *m* ⟨∼ɇs⟩ gaze *f*
Müll [myl] *m* ⟨∼s⟩ déchets *m/pl*; (*Hausmüll*) ordures (ménagères); **etw in den Müll werfen** jeter qc à la poubelle
Müllabfuhr *f* enlèvement *m* des ordures; *städtische* service *m* de voirie
Müllbeutel *m* sac *m* poubelle
Mullbinde *f* bande *f* de gaze
Müllcontainer *m* conteneur *m* pour ordures ménagères
Mülldeponie *f* décharge (publique)
Mülleimer *m* poubelle *f*
Müllentsorgung *f* (collecte *f* et) traitement *m* des ordures *bzw* des déchets
Müller(in) ['mylər(ɪn)] *m* ⟨∼s; ∼⟩ (*f*) ⟨∼in; ∼innen⟩ meunier, -ière *m,f*
Müllfahrer *m* éboueur *m*
Müllhalde *f* décharge *f*
Müllkippe *f* décharge (municipale)
Müllmann *m* ⟨∼ɇs; -männer⟩ éboueur *m*; F boueux *m*
Müllsack *m* sac *m* poubelle
Müllschlucker *m* vide-ordures *m*
Mülltonne *f* poubelle *f*
Mülltrennung *f* tri sélectif des ordures *bzw* des déchets
Mülltüte *f* → **Müllsack**
Müllverbrennung *f* incinération *f* des ordures ménagères
Müllverbrennungsanlage *f* usine *f* d'incinération des ordures ménagères
Müllverwertung *f* récupération *f*, recyclage *m* des ordures ménagères
Müllwagen *m* benne *f* à ordures
mulmig ['mulmɪç] F *adj Situation* qui sent le roussi; **mir ist mulmig** je me sens mal
Multi ['multi] F *m* ⟨∼s; ∼s⟩ multinationale *f*
multi…, Multi… [multi…] *in Zssgn* multi…
multifunktional *adj* polyvalent
multikulti [-kulti] F *adj* ⟨*inv*⟩ multiculturel
multikulturell *adj* multiculturel

multilateral *adj* multilatéral
Multimedia… [multi'meːdia…] *in Zssgn* multimédia
multimedial *adj* multimédia
Multimediaprodukt *n* produit *m* multimédia
Multimediashow *f* spectacle *m* multimédia
Multimillionär(in) *m(f)* multimillionnaire *m,f*
multinational *adj* multinational
Multiple-Choice-Frage ['maltɪpəl'tʃɔɪsfraːgə] *f* question *f* à choix multiple
Multiple-Choice-Fragebogen *m* questionnaire *m* à choix multiple; QCM *m*
Multiple-Choice-Test *m* test *m* avec des questions à choix multiple
Multiplikation [multiplikatsi'oːn] *f* ⟨∼; ∼en⟩ multiplication *f*
Multiplikator *m* ⟨∼s; -toren⟩ multiplicateur *m*
multiplizieren *v/t* ⟨*sans ge*⟩ multiplier (**mit** par)
Multivitaminsaft *m* jus (de fruits) multivitaminé
Mumie ['muːmiə] *f* ⟨∼; ∼n⟩ momie *f*
Mumifizierung *f* ⟨∼; ∼en⟩ momification *f*
Mumm [mum] F *m* ⟨∼s⟩ (*Mut*) F cran *m*; (*Kraft*) punch *m*
Mumpitz ['mumpɪts] F *m* ⟨∼es⟩ F foutaise *f*
Mumps [mumps] *m* ⟨∼⟩ oreillons *m/pl*
München ['mynçən] *n* ⟨∼s⟩ Munich
Mund [munt] *m* ⟨∼ɇs; ːer⟩ bouche *f*; F **halt den Mund!** F ferme-la!; F boucle-la!; F **den Mund voll nehmen** faire l'important; F se faire mousser; F **nicht auf den Mund gefallen sein** F ne pas avoir la langue dans sa poche; **in aller Munde sein** être dans toutes les bouches; F *fig Worte etc* **in den Mund nehmen** F utiliser qc; **j-m etw in den Mund legen** faire dire qc à qn; **j-m nach dem Mund(e) reden** passer de la pommade à qn; **von Mund zu Mund** de bouche à oreille
Mundart *f* dialecte *m*; patois *m*
Munddusche *f* hydropulseur *m*
Mündel ['myndəl] *n od m* ⟨∼s; ∼⟩ pupille *m,f*
munden *st/s v/i* ⟨-e-⟩ **j-m munden** être au goût de qn; plaire à qn
münden ['myndən] *v/i* ⟨-e-, sn⟩ **in etw** (*acc*) **münden** *Fluss* se jeter dans qc; *Weg, Gespräch* déboucher sur qc
mundfaul F *adj* F pas très bavard; peu loquace
mundgeblasen *adjt Glas* soufflé
Mundgeruch *m* (**schlechter**) **Mundgeruch** mauvaise haleine; **Mundgeruch haben** avoir mauvaise haleine
Mundharmonika *f* harmonica *m*
mündig *adj* **1.** majeur; **mündig werden** devenir majeur **2.** *fig* responsable
mündlich ['myntlɪç] **I** *adj* verbal; oral (*a Examen*) **II** *adv* de vive voix
Mundpflege *f* hygiène *f* buccale *bzw* dentaire
Mundpropaganda *f* bouche *m* à oreille
Mundraub *m* JUR vol *m* de denrées alimentaires
Mundschutz *m* MÉD masque *m*; *Boxen* protège-dents *m*
Mundstück *n e-r Zigarette* bout *m*; *e-s Blasinstruments* embouchure *f*; *e-r Oboe* bec *m*
mundtot *adj* **j-n mundtot machen** museler qn
Mündung *f* ⟨∼; ∼en⟩ **1.** *e-s Flusses* embouchure *f* **2.** *e-s* (*Geschütz*) *Rohres* bouche *f*; *e-r Feuerwaffe* gueule *f*
Mundwasser *n* ⟨∼s; -wässer⟩ eau *f* dentifrice

Mundwerk F *n* *ein loses Mundwerk haben* F avoir la langue bien pendue
Mundwinkel *m* commissure *f* des lèvres
Mund-zu-Mund-Beatmung *f* bouche-à-bouche *m*
Munition [munitsiˈoːn] *f* ⟨∼⟩ munitions *f/pl*
Munitionslager *n* dépôt *m* de munitions
munkeln [ˈmuŋkəln] F *v/t u v/i* ⟨¢⟩ *man munkelt, dass ...* on chuchote que ...
Münster [ˈmʏnstər] *n* ⟨∼s; ∼⟩ cathédrale *f*
munter [ˈmuntər] *adj* **1.** (*fröhlich*) allègre; (*lebhaft*) vif; plein d'entrain; (*mobil*) alerte **2.** (*wach*) éveillé
Muntermacher F *m* excitant *m*
Münzautomat *m* distributeur *m* (automatique)
Münze [ˈmʏntsə] *f* ⟨∼; ∼n⟩ **1.** pièce *f* (de monnaie); *pl* **Münzen** *a* monnaie *f*; *bare Münze* argent comptant (*a fig*); *fig* *j-m etw mit gleicher Münze heimzahlen* rendre la monnaie de sa pièce à qn **2.** (*Gedenkmünze*) médaille *f*
Münzeinwurf *m* fente *f* pour les pièces
münzen *v/t* ⟨¢⟩ *fig* *das ist auf mich gemünzt* c'est moi qui suis visé
Münzfernsprecher *m* téléphone *m* à pièces
Münzsammlung *f* collection *f* de médailles
Münztankstelle *f* distributeur *m* automatique d'essence
Münzwechsler *m* ⟨∼s; ∼⟩ changeur *m* de monnaie
Muräne [muˈrɛːnə] *f* ⟨∼; ∼n⟩ zo murène *f*
mürbe [ˈmʏrbə] *adj* **1.** *Fleisch* tendre; *Teig* friable; *Apfel* farineux **2.** *Gewebe* mûr **3.** *fig* (*zermürbt*) épuisé; → *mürbemachen*
mürbemachen *v/t* F *fig* *j-n mürbemachen* F avoir qn à l'usure
Mürb(e)teig *m* pâte brisée
Mure [ˈmuːrə] *f* ⟨∼; ∼n⟩ coulée *f* de boue
Murks [murks] F *m* ⟨∼es⟩ travail bâclé; *Murks machen* *a* bâcler son travail
Murmel [ˈmurməl] *f* ⟨∼; ∼n⟩ bille *f*
murmeln *v/t u v/i* ⟨¢⟩ murmurer
Murmeltier *n* marmotte *f*; F *schlafen wie ein Murmeltier* F dormir comme un loir
murren [ˈmurən] *v/i* grogner
mürrisch [ˈmʏrɪʃ] *adj* grincheux; (*brummig*) grognon; (*unfreundlich*) renfrogné
Mus [muːs] *n* ⟨∼es; ∼e⟩ *aus Obst* compote *f*; marmelade *f*; (*Püree*) purée *f*
Muschel [ˈmuʃəl] *f* ⟨∼; ∼n⟩ **1.** zo coquillage *m*; (*Miesmuschel*) moule *f*; *Schale* coquille *f* **2.** TÉL (*Hörmuschel*) écouteur *m*; (*Sprechmuschel*) microphone *m*
Muschelbank *f* ⟨∼; -bänke⟩ banc *m* de moules
muschelförmig *adj* en forme de coquille
Muschi [ˈmuʃi] F *f* ⟨∼; ∼s⟩ (*Vulva*) F chatte *f*
Muse [ˈmuːzə] *f* ⟨∼; ∼n⟩ muse *f*; *die leichte Muse* la musique légère
Museum [muˈzeːum] *n* ⟨∼s; -een⟩ musée *m*
museumsreif F *iron adj* qui a valeur d'antiquité
Museumswärter(in) *m(f)* gardien, -ienne *m,f* de musée
Musical [ˈmjuːzɪkəl] *n* ⟨∼s; ∼s⟩ comédie musicale
Musik [muˈziːk] *f* ⟨∼; ∼en⟩ musique *f*; *Musik machen* faire de la musique
musikalisch *adj* **1.** (*Musik betreffend*) musical **2.** (*begabt für Musik*) musicien
Musikalität *f* ⟨∼⟩ **1.** *e-r Person* sens *m* de la mu-

sique **2.** *e-r Sache* musicalité *f*
Musikant(in) *m* ⟨∼en; ∼en⟩ (*f*) ⟨∼in; ∼innen⟩ musicien, -ienne (ambulant[e])
Musikbegleitung *f* *mit Musikbegleitung* avec de la musique
Musikbox *f* juke-box *m*
Musiker(in) *m* ⟨∼s; ∼⟩ (*f*) ⟨∼in; ∼innen⟩ musicien, -ienne *m,f*
Musikfestspiele *n/pl* festival *m* de musique
Musikhochschule *f* conservatoire *m* (de musique)
Musikinstrument *n* instrument *m* de musique
Musikkapelle *f* orchestre *m*
Musikkassette *f* cassette *f* audio
Musiklehrer(in) *m(f)* professeur *m* de musique
Musiksaal *m* salle *f* de musique
Musikschule *f* école *f* de musique
Musikstück *n* morceau *m* de musique
Musikstunde *f* leçon *f* de musique
Musikunterricht *m* leçons *f/pl* de musique
Musikwissenschaft *f* musicologie *f*
musisch *adj* *Person* artiste; *Veranlagung* d'artiste; *die musischen Fächer* la musique et les beaux-arts
musizieren [muziˈtsiːrən] *v/i* ⟨*sans ge*⟩ faire de la musique
Muskat [musˈkaːt] *m* ⟨∼¢s; ∼e⟩, **Muskatnuss** *f* (noix *f* de) muscade *f*
Muskel [ˈmuskəl] *m* ⟨∼s; ∼n⟩ muscle *m*
Muskelfaser *f* fibre *f* musculaire
Muskelfaserriss *m* déchirure *f* musculaire
Muskelkater F *m* courbature(s) *f(pl)*; *Muskelkater haben* avoir des courbatures; être courbatu(ré)
Muskelkrampf *m* crampe *f*
Muskelpaket F *n*, **Muskelprotz** F *m* F balèze *m*
Muskelriss *m* déchirure *f* musculaire
Muskelschwäche *f* faiblesse *f* musculaire
Muskelschwund *m* atrophie *f* musculaire
Muskelzerrung *f* claquage *m* d'un muscle
Muskulatur [muskulaˈtuːr] *f* ⟨∼; ∼en⟩ musculature *f*
muskulös *adj* musclé
Müsli [ˈmyːsli] *n* ⟨∼s; ∼s⟩ mu(e)sli *m*
Muslim [ˈmuslɪm] → *Moslem*
muss [mus] → *müssen*
Muss *n* ⟨∼⟩ impératif *m*; must *m*
Muße [ˈmuːsə] *st/s f* ⟨∼⟩ loisir *m*; *mit Muße* tranquillement; sans se presser
müssen [ˈmʏsən] ⟨muss, musste⟩ **I** *v/aux de mode* ⟨*p/p* müssen⟩ **1.** *Person* devoir; (*gezwungen sein*) être obligé de (+ *inf*); *man muss* (+ *inf*) il faut (+ *inf*); il est nécessaire de (+ *inf*); *sie muss schlafen* il faut qu'elle dorme; *ich weiß schon, was ich tun muss* je sais ce que j'ai à faire; *er muss es nicht wissen* il n'a pas besoin de le savoir; *wir müssen Ihnen leider mitteilen, dass ...* nous avons le regret de vous faire savoir que ...; *er muss bald kommen* il ne va pas tarder à venir; *sie müsste es ihm sagen* elle devrait (le) lui dire; *Urlaub müsste man haben!* ce qu'il nous faut, ce sont des vacances! **2.** *Sache* *sein müssen* falloir; être nécessaire; *es muss sein* c'est nécessaire; il le faut; *wenn es sein muss* s'il le faut **II** *v/i* ⟨*p/p* gemusst⟩ **3.** (*gehen müssen*) devoir aller; *ich muss nach Hause* je dois rentrer, il faut que je rentre (à la maison) **4.** F *zur Toilette*

ich muss mal il faut que j'aille aux toilettes, F au petit coin
Mußestunde *f* moment *m* de loisir
müßig ['myːsɪç] *adj* **1.** (*tatenlos*) oisif **2.** (*zwecklos*) vain
Müßiggang *st/s m* oisiveté *f*
Müßiggänger(in) [-gɛŋər(ɪn)] *m* ⟨~s; ~⟩ (*f*) ⟨~in; ~innen⟩ oisif, -ive *m,f*
musste ['mʊstə] → *müssen*
Mustang ['mʊstaŋ] *m* ⟨~s; ~s⟩ mustang *m*
Muster ['mʊstər] *n* ⟨~s; ~⟩ **1.** (*Vorlage*) modèle *m* (*für* de); (*Schnittmuster*) patron *m* **2.** *e-s Stoffs etc* motif *m* **3.** (*Warenmuster*) échantillon *m* **4.** *fig* (*Vorbild*) modèle *m* (*an* [+ *dat*] de)
Musterbeispiel *n* exemple *m* type (*für* de)
Musterbetrieb *m* entreprise *f* modèle
Musterexemplar *n* modèle *m*; *ein Musterexemplar von Ehemann* un mari modèle
Mustergatte *m* mari *m* modèle
mustergültig, musterhaft *adj* exemplaire
Musterhaus *n* maison *f* témoin
Musterknabe *m* enfant *m* modèle
Musterkoffer *m* boîte *f* à échantillons
Musterkollektion *f* collection *f* (de modèles)
Mustermesse *f* foire commerciale
mustern *v/t* **1.** (*betrachten*) examiner; toiser **2.** *Rekrut* **gemustert werden** passer le conseil de révision
Musterschüler(in) *m(f)* élève *m,f* modèle
Musterung *f*⟨~; ~en⟩ **1.** (*Prüfung*) examen *m* **2.** *von Rekruten* révision *f*
Musterungsbescheid *m* MIL convocation *f* au conseil de révision
Musterwohnung *f* appartement *m* témoin
Mut [muːt] *m* ⟨~¢s⟩ courage *m*; *j-m Mut machen, zusprechen* encourager qn; *den Mut verlieren, sinken lassen* perdre courage; *s-n ganzen Mut zusammennehmen* prendre son courage à deux mains; *nur Mut!* courage!
Mutation [mutatsi'oːn] *f* ⟨~; ~en⟩ BIOL mutation *f*
mutig *adj* courageux
mutlos *adj* découragé
Mutlosigkeit *f* ⟨~⟩ découragement *m*
mutmaßen ['muːtmaːsən] *v/t* ⟨¢¢⟩ présumer; supposer; conjecturer
mutmaßlich *adj* présumé (*a Täter*); supposé
Mutmaßung *f*⟨~; ~en⟩ présomption *f*, supposition *f*, conjecture *f* (*über* [+ *acc*] sur)
Mutprobe *f* épreuve *f* de courage
Mutter¹ ['mʊtər] *f*⟨~; ⨯⟩ (*Kindesmutter*) mère *f*; *sie wird Mutter* elle attend un bébé; *e-e werdende Mutter* une future mère; F *wie bei Muttern* comme chez nous
Mutter² *f* ⟨~; ~n⟩ TECH écrou *m*
Mutterboden *m* terreau *m*
Mutterbrust *f* sein *m* de la mère
Mütterchen ['mʏtərçən] *n* ⟨~s; ~⟩ *ein altes Mütterchen* une petite vieille

Muttererde *f* terre végétale
Muttergesellschaft *f* ÉCON société *f* mère
Muttergottes *f* (Sainte) Vierge
Mutterhaus *n* COMM maison *f* mère
Mutterinstinkt *m* instinct maternel
Mutterkomplex *m* besoin *m* de materner
Mutterkuchen *m* placenta *m*
Mutterland *n* **1.** (*Kolonialstaat*) métropole *f*; *das französische Mutterland* la France métropolitaine **2.** (*Heimat*) patrie *f*
Mutterleib *m* ventre *m* de la mère
mütterlich ['mʏtərlɪç] *adj* maternel
mütterlicherseits *adv* Verwandte du côté maternel; *Großeltern* maternel
Mutterliebe *f* amour maternel
mutterlos *adj* sans mère
Muttermal *n* envie *f*
Muttermilch *f* lait maternel
Muttermörder(in) *m(f)* parricide *m,f*
Muttermund *m* ANAT (partie saillante du) col *m* de l'utérus; *sc* museau *m* de tanche
Mutterpass *m* carnet *m* de maternité *f*
Mutterschaft *f* ⟨~⟩ maternité *f*
Mutterschaftsgeld *n* allocations *f/pl* (de) maternité
Mutterschaftsurlaub *m* congé *m* de maternité
Mutterschutz *m* protection maternelle et infantile; F *sie ist im Mutterschutz* elle est en congé (de) maternité
mutterseelenallein *adj* tout seul
Muttersöhnchen *n* péj fils *m* à sa maman
Muttersprache *f* langue maternelle
Muttersprachler(in) *m* ⟨~s; ~⟩ (*f*) ⟨~in; ~innen⟩ LING locuteur natif; *französischer Muttersprachler* personne *f* dont la langue maternelle est le français
Mutterstelle *f* *Mutterstelle bei j-m vertreten* tenir lieu de mère à qn
Muttertag *m* fête *f* des mères
Muttertier *n* mère *f*
Mutterwitz *m* bon sens; esprit *m*
Mutti ['mʊti] *enf f* ⟨~; ~s⟩ maman *f*
mutwillig **I** *adj* volontaire **II** *adv* de propos délibéré
Mütze ['mʏtsə] *f*⟨~; ~n⟩ *mit Schirm* casquette *f*; *ohne Schirm* bonnet *m*
MwSt. *abr* (*Mehrwertsteuer*) TVA *f*
Myanmar ['mijanmaːr] *n* ⟨~s⟩ le Myanmar
Myrrhe ['mʏrə] *f*⟨~; ~n⟩ myrrhe *f*
Myrte ['mʏrtə] *f*⟨~; ~n⟩ myrte *m*
mysteriös [mysteri'øːs] *adj* mystérieux
Mystik ['mʏstɪk] *f* ⟨~⟩ mystique *f*
Mystiker(in) *m* ⟨~s; ~⟩ (*f*) ⟨~in; ~innen⟩ mystique *m,f*
mystisch *adj* mystique
mythisch ['myːtɪʃ] *adj* mythique
Mythologie [mytolo'giː] *f*⟨~; ~n⟩ mythologie *f*
mythologisch *adj* mythologique
Mythos ['myːtɔs] *m* ⟨~; -then⟩ mythe *m*

N

N¹, n [ɛn] *n* ⟨N, n; N, n⟩ N, n *m*
N² *abr* (*Nord*[*en*]) N. (nord)
na [na] F *int auffordernd, beschwichtigend* allons!; *neugierig* eh bien!; *nachgebend* **na gut, na schön** bon, si tu veux *od* si vous voulez; *erstaunt* **na so was!** ça alors (, par exemple)!; *herausfordernd* **na und?** et alors?; *resignierend* **na, dann nicht!** tant pis!; **na, wie gehts?** alors, ça va?; **na warte!** attends un peu!; **na und ob!** et comment!; **na endlich!** ah, enfin!; ce n'est pas trop tôt!
Nabe ['naːbə] *f* ⟨∼; ∼n⟩ moyeu *m*
Nabel ['naːbəl] *m* ⟨∼s; ∼⟩ nombril *m*
Nabelschnur *f* cordon ombilical
nach [naːx] **I** *prép* ⟨*dat*⟩ **1.** *Richtung* à; vers; pour; *vor Ländernamen* en, *bei näherer Bestimmung* dans; *vor maskulinen Ländernamen* au; **nach Frankreich** en France; **nach Kanada** au Canada; **nach Berlin** *Post* à (destination de) Berlin; *Zug, Flugzeug* à destination de Berlin; pour Berlin; **nach dieser Seite** de ce côté; **nach Osten** (**zu**) vers l'est; **nach links, rechts** à gauche, à droite; **nach oben, unten** vers le haut, le bas; **nach oben gehen** monter; **nach unten gehen** descendre; **nach vorn, hinten** vers le devant, l'arrière **2.** *zeitlich* après; au bout de; **nach e-r halben Stunde** au bout d'une demi-heure; **es ist zwanzig (Minuten) nach zehn** il est dix heures vingt **3.** *Reihenfolge, Ordnung* après; **der Größe nach** par rang de taille; **bitte, nach Ihnen!** après vous, je vous prie! **4.** (*gemäß*) à; d'après; selon; suivant; conformément à (*a* JUR); **ihrem Aussehen nach** à en juger par sa mine; **s-r Form nach** suivant *od* par *od* étant donné sa forme **II** *adv* **nach und nach** peu à peu; petit à petit; **nach wie vor** toujours; **mir nach!** suivez-moi!
nachäffen ['-ʔɛfən] *v/t* singer
nachahmen ['-ʔaːmən] *v/t* imiter; copier (*a* KUNST)
Nachahmung *f* ⟨∼; ∼en⟩ imitation *f*; *Produkt* contrefaçon *f*
nacharbeiten *v/t* ⟨-e-⟩ *Versäumtes* (travailler à) rattraper
Nachbar ['naxbaːr] *m* ⟨∼n; ∼n⟩ voisin *m*
Nachbar... *in Zssgn meist* voisin
Nachbargrundstück *n* terrain attenant, adjacent
Nachbarhaus *n* maison voisine
Nachbarin *f* ⟨∼; ∼nen⟩ voisine *f*
Nachbarland *n* pays voisin
nachbarlich *adj* **1.** (*benachbart*) voisin **2.** (*dem Nachbarn gehörend*) du voisin
Nachbarort *m* localité voisine
Nachbarschaft *f* ⟨∼⟩ **1.** (*Nähe*) voisinage *m*; **in der Nachbarschaft** près d'ici **2.** (*Nachbarn*) voisinage *m*; voisins *m/pl* **3.** (*nachbarliche Beziehungen*) relations *f/pl* de voisinage, entre voisins

Nachbarschaftshilfe *f* aide *f* entre voisins
Nachbau *m* ⟨∼s; ∼ten⟩ réplique *f*; imitation *f*; copie *f*
Nachbeben *n* dernières secousses
Nachbehandlung *f* traitement consécutif; MÉD *a* suivi (médical)
nachbereiten *v/t* ⟨-e-, *sans ge*⟩ *Lernstoff* revoir; approfondir
nachbessern *v/t* retoucher
Nachbesserung *f* ⟨∼; ∼en⟩ retouche *f*
nachbestellen *v/t u v/i* ⟨*sans ge*⟩ faire, passer une nouvelle commande (de)
nachbeten F *v/t* ⟨-e-⟩ répéter machinalement
nachbezahlen *v/t* ⟨*sans ge*⟩ payer en supplément
nachbilden *v/t* ⟨-e-⟩ reproduire
Nachbildung *f* réplique *f*; reproduction *f*
nachblicken *v/i* **j-m nachblicken** suivre qn des yeux
Nachblutung *f* hémorragie *f* secondaire
nachdatieren *v/t* ⟨*sans ge*⟩ antidater
nachdem *conj* **1.** *zeitlich* après que … (+ *ind*); *bei gleichem Subjekt* après (+ *inf passé*) **2. je nachdem** (**wie**) selon que … (+ *ind*); suivant que … (+ *ind*); **je nachdem!** F c'est selon!; ça dépend!
nachdenken *v/i* ⟨*irr*⟩ réfléchir (**über etw** [*acc*] à, sur qc)
Nachdenken *n* réflexion *f*; méditation *f*
nachdenklich *adj* pensif; songeur; **das machte mich sehr nachdenklich** cela m'a donné à, m'a fait réfléchir
Nachdruck¹ *m* (*Bestimmtheit*) insistance *f*; **auf etw** (*acc*) **Nachdruck legen** insister, mettre l'accent sur qc
Nachdruck² *m* ⟨∼s; ∼e⟩ TYPO réimpression *f*; (*Abdruck*) reproduction *f*
nachdrucken *v/t* réimprimer; (*abdrucken*) reproduire
nachdrücklich **I** *adj* énergique; insistant **II** *adv* *verlangen etc* expressément; avec énergie; avec force
nachdunkeln *v/i* ⟨ȼ, sn⟩ devenir plus foncé; foncer
Nachdurst F *m* soif *f*, envie *f* de boire (après la consommation d'alcool)
nacheifern *v/i* **j-m nacheifern** imiter qn; être l'émule de qn
nacheinander *adv* **1.** (*hintereinander*) l'un après l'autre; **zweimal nacheinander** deux fois de suite **2.** *reflexiv* **sich nacheinander sehnen** avoir la nostalgie l'un de l'autre
nachempfinden *v/t* ⟨*irr, sans ge*⟩ **1.** →**nachfühlen 2.** KUNST *etc* s'inspirer de
nacherzählen *v/t* ⟨*sans ge*⟩ répéter (en d'autres termes); SCHULE raconter
Nacherzählung *f* récit *m*; SCHULE compte rendu

Nachfahr(e) ['naːxfaːr(ə)] *m* ⟨~en; ~en⟩ descendant *m*
nachfahren *v/i* ⟨*irr*, sn⟩ *j-m nachfahren* suivre qn (en voiture, *etc*)
nachfärben *v/t* reteindre
nachfassen F *v/i* (re)demander des précisions
Nachfeier *f* célébration *f* d'une fête après coup
nachfeiern *v/t* célébrer plus tard, après coup
Nachfolge *f* succession *f*
nachfolgend *adj* suivant; *das Nachfolgende* la suite
Nachfolger(in) *m* ⟨~s; ~⟩ (*f*) ⟨~in; ~innen⟩ successeur *m*
Nachforderung *f* demande *f*, exigence *f* supplémentaire
nachforschen *v/i* (*e-r Sache* [*dat*]) *nachforschen* faire des recherches (sur qc)
Nachforschung *f* recherche *f*; *Nachforschungen über j-n, etw anstellen* faire des recherches sur qn, qc
Nachfrage *f* COMM demande *f* (*nach* de); *nach diesem Artikel herrscht e-e große Nachfrage* cet article est très demandé
nachfragen *v/i* 1. (*sich erkundigen*) s'informer (*nach* de) 2. (*wiederholt fragen*) insister (pour savoir)
Nachfrist *f* prolongation *f* du délai
nachfühlen *v/t* *j-m etw nachfühlen können* comprendre (par sympathie) les sentiments de qn
nachfüllen *v/t* Behälter remplir; *Wasser etc* remettre
Nachfüllpackung *f* recharge *f*
nachgeben *v/i* ⟨*irr*⟩ 1. *Ast, Damm etc* céder 2. *fig* céder (+ *dat* à) 3. BÖRSE fléchir
Nachgebühr *f* surtaxe *f*
Nachgeburt *f* arrière-faix *m*
nachgehen *v/i* ⟨*irr*, sn⟩ 1. *j-m nachgehen* suivre qn 2. *e-r Tätigkeit* vaquer à; *e-m Vorfall, Problem* s'occuper de; *e-m Beruf* exercer 3. *Uhr* retarder (*5 Minuten* de 5 minutes)
nachgemacht *adj* imité; (*unecht*) faux; (*künstlich*) factice; (*gefälscht*) contrefait
nachgeordnet *adj* ADM subordonné
Nachgeschmack *m* arrière-goût *m*; *fig e-n bitteren Nachgeschmack hinterlassen* laisser un goût amer
nachgiebig ['-giːbɪç] *adj* 1. *Material* flexible 2. *Person* conciliant; arrangeant
Nachgiebigkeit *f* ⟨~⟩ 1. flexibilité *f* 2. caractère conciliant
nachgießen ⟨*irr*⟩ I *v/t* Getränk resservir; reverser II *v/i* *j-m nachgießen* resservir à boire à qn
nachgrübeln *v/i* ⟨⊄⟩ (*über etw* [*acc*]) *nachgrübeln* se creuser la tête (au sujet de qc)
nachgucken F *v/i* → *nachsehen*
nachhaken F *v/i* (re)demander des précisions; insister pour savoir
nachhallen *v/i* retentir; résonner
nachhaltig *adj* durable (*a Entwicklung*)
nachhause *adv* → *Haus 1*
Nachhauseweg *m* *auf dem Nachhauseweg* sur le chemin du retour
nachhelfen *v/i* ⟨*irr*⟩ *e-r Sache* (*dat*) *nachhelfen* (faire) avancer qc; *j-m nachhelfen* aider qn
nachher *adv* plus tard; après (cela); *bis nachher!* à tout à l'heure!

Nachhilfe *f* cours particuliers
Nachhilfelehrer(in) *m*(*f*) professeur particulier
Nachhilfeschüler(in) *m*(*f*) élève *m,f* particulier, -ière
Nachhilfestunden *f/pl*, **Nachhilfeunterricht** *m* cours particuliers
Nachhinein *im Nachhinein* après coup
Nachholbedarf *m* retard *m*, manque *m* à combler; *den Nachholbedarf decken* combler le retard, le manque
nachholen *v/t* Versäumtes rattraper; *Zeit* récupérer
Nachhut *f* ⟨~; ~en⟩ arrière-garde *f* (*a fig*)
Nachimpfung *f* rappel *m* (de vaccination); revaccination *f*
nachjagen *v/i* ⟨sn⟩ *fig e-r Sache* (*dat*) *nachjagen* rechercher qc; F courir après qc
Nachklang *m* résonance *f*; *fig* souvenir *m*; écho *m*
Nachkomme *m* ⟨~n; ~n⟩ descendant *m*
nachkommen *v/i* ⟨*irr*, sn⟩ 1. (*später kommen*) rejoindre qn 2. (*folgen können*) suivre (*a fig*) 3. *st/s e-m Befehl* se conformer, obéir à; *e-r Forderung* céder, donner suite à; *e-m Wunsch* accéder à; *s-n Verpflichtungen* s'acquitter de
Nachkommenschaft *f* ⟨~⟩ descendants *m/pl*
Nachkömmling ['kœmlɪŋ] *m* ⟨~s; ~e⟩ petit dernier
Nachkriegs... *in Zssgn* d'après-guerre
Nachkriegsjahre *n/pl* années *f/pl* d'après-guerre
Nachkriegszeit *f* (époque *f* d')après-guerre *m*
Nachkur *f* postcure *f*
Nachlass ['naːxlas] *m* ⟨~es; ~e *ou* -lässe⟩ 1. (*Hinterlassenschaft*) succession *f*; *literarischer* œuvres *f/pl* posthumes 2. (*Ermäßigung*) réduction *f*; rabais *m*
nachlassen ⟨*irr*⟩ I *v/t* (*vom Preis*) *etw nachlassen* faire une remise de qc (sur le prix) II *v/i* Hitze, Regen, Kräfte, Begeisterung diminuer; *Lärm, Zorn, Sturm* s'apaiser; *Fieber, Schmerz* se calmer; *Nachfrage, Gedächtnis* faiblir; *Leistung, Kräfte, Sehvermögen* baisser; *Eifer, Aufmerksamkeit* se relâcher
nachlässig *adj* négligent
Nachlässigkeit *f* ⟨~; ~en⟩ négligence *f*
Nachlassverwalter *m* exécuteur *m* testamentaire
nachlaufen *v/i* ⟨*irr*, sn⟩ *j-m, e-r Sache nachlaufen* courir après qn, qc
Nachlese *f* 1. (*Weinnachlese*) grappillage *m* 2. *fig* sélection *f*
nachlesen *v/t* ⟨*irr*⟩ lire
nachliefern *v/t* livrer, fournir plus tard
nachlösen *v/t u v/i* ⟨⊄⊅⟩ se faire délivrer (un supplément)
nachmachen *v/t* 1. (*nachahmen*) imiter (*j-m etw* qc de qn); copier; F *das soll mir (erst mal) einer nachmachen!* fais-en, faites-en donc autant! 2. (*fälschen*) contrefaire 3. (*später machen*) faire plus tard
nachmalen *v/t* copier
nachmessen *v/t* ⟨*irr*⟩ mesurer une seconde fois
Nachmieter(in) *m*(*f*) nouveau, nouvelle locataire *m,f*
Nachmittag *m* après-midi *m od f*; *am Nachmittag* (dans) l'après-midi; *heute Nachmittag* cet après-midi; *morgen, gestern Nachmittag* de-

main, hier après-midi
nachmittags *adv* (dans) l'après-midi; *mit Uhrzeit* de l'après-midi
Nachmittagsunterricht *m* classes *f/pl*, cours *m/pl* de l'après-midi
Nachmittagsvorstellung *f* matinée *f*
Nachnahme ['-naːmə] *f* ⟨~; ~n⟩ *per Nachnahme* contre remboursement
Nachnahmegebühr *f* droit *m* de remboursement
Nachnahmesendung *f* envoi *m* contre remboursement
Nachname *m* nom *m* de famille
nachplappern *v/t etw nachplappern* répéter qc comme un perroquet
Nachporto *n* surtaxe *f*
nachprüfbar *adj* vérifiable
nachprüfen *v/t* contrôler; vérifier
Nachprüfung *f* 1. (*Überprüfung*) examen *m*; contrôle *m*; vérification *f*; révision *f* 2. SCHULE session *f* de rattrapage, de remplacement
nachrechnen *v/t* ⟨-e-⟩ recompter; *abs* vérifier un calcul
Nachrede *f üble Nachrede* diffamation *f*
nachreichen *v/t* fournir plus tard
Nachricht *f* ⟨~; ~en⟩ 1. nouvelle *f*; (*Mitteilung*) information *f*; (*Botschaft*) message *m*; *Nachricht von etw erhalten* avoir des nouvelles de qc; *j-m von etw Nachricht geben* informer, aviser qn de qc 2. RAD, TV *pl Nachrichten* journal *m*; informations *f/pl*; actualités *f/pl*
Nachrichtenagentur *f* agence *f* de presse
Nachrichtendienst *m* 1. *Agentur* agence *f* d'informations 2. (*Geheimdienst*) service *m* de renseignements
Nachrichtenmagazin *n* magazine *m* d'actualités
Nachrichtensatellit *m* satellite *m* de télécommunications
Nachrichtensendung *f* informations *f/pl*
Nachrichtensperre *f* censure *f*
Nachrichtensprecher(in) *m(f)* speaker *m*, speakerine *f*
Nachrichtentechnik *f* technique *f* de télécommunication; télécommunications *f/pl*
Nachrichtenübermittlung *f* transmission *f* des nouvelles, des informations, des renseignements
Nachrichtenwesen *n* ⟨~s⟩ service *m* de(s) renseignements
nachrücken *v/i* ⟨sn⟩ avancer (*a fig*); MIL suivre
Nachruf *m* nécrologie *f*
nachrufen *v/t* ⟨*irr*⟩ *j-m etw nachrufen* crier qc après qn
Nachruhm *m* gloire *f* posthume
nachrüsten ⟨-e-⟩ I *v/t* TECH équiper ultérieurement (*mit* de) II *v/i* MIL augmenter le potentiel militaire
Nachrüstung *f* 1. MIL augmentation *f* du potentiel militaire 2. TECH équipement *m* supplémentaire (*mit* en, avec)
nachsagen *v/t* 1. (*wiederholen*) répéter 2. *j-m etw nachsagen* dire qc de qn
Nachsaison *f* arrière-saison *f*; TOURISMUS *in der Nachsaison* 'hors saison
Nachsatz *m* 1. GR second membre (de la proposition) 2. *in Briefen* post-scriptum *m*
nachschauen *v/i* → *nachsehen*

nachschenken *v/t* resservir
nachschicken *v/t Brief* faire suivre
Nachschlag *m* deuxième portion *f*; supplément *m*
nachschlagen ⟨*irr*⟩ I *v/t u v/i Wort* chercher; *in e-m Buch nachschlagen* consulter un livre II *v/i* ⟨sn⟩ *j-m nachschlagen* tenir de qn
Nachschlagewerk *n* ouvrage *m* de référence
Nachschlüssel *m* fausse clé
Nachschrift *f* post-scriptum *m*
Nachschub *m* MIL ravitaillement *m*
nachsehen ⟨*irr*⟩ I *v/t* 1. (*prüfen*) vérifier 2. *a v/i in e-m Buch nachsehen* chercher, vérifier dans un livre (*etw* qc) 3. *j-m etw nachsehen* passer qc à qn II *v/i* 4. *j-m nachsehen* (*hinterhersehen*) suivre qn des yeux 5. *nachsehen, ob ...* (aller) voir si ...
Nachsehen *n das Nachsehen haben* en être pour ses frais
nachsenden *v/t* ⟨*irr ou régulier*⟩ *Post* faire suivre
Nachsendung *f* réexpédition *f* (par « faire suivre »)
Nachsicht *f* indulgence *f*; *Nachsicht haben, üben* montrer de l'indulgence (*mit j-m* pour qn)
nachsichtig *adj* indulgent (*mit* pour)
Nachsilbe *f* suffixe *m*
nachsinnen *st/s v/i* ⟨*irr*⟩ (*über etw* [*acc*]) *nachsinnen* réfléchir (à qc)
nachsitzen *v/i* ⟨*irr*⟩ être en retenue; F être collé
Nachsommer *m* fin *f* de l'été
Nachsorge *f* suivi médical
Nachspann *m* ⟨~¢s; ~e⟩ FILM générique *m* de fin
Nachspeise *f* dessert *m*
Nachspiel *n* THÉ, *fig* épilogue *m*; (*Konsequenzen*) conséquences *f/pl*
nachspielen I *v/t* MUS rejouer II *v/i* SPORT jouer les arrêts de jeu
Nachspielzeit *f* SPORT arrêts *m/pl* de jeu
nachspionieren *v/i* ⟨*sans ge*⟩ *j-m nachspionieren* épier, espionner qn
nachsprechen *v/t u v/i* ⟨*irr*⟩ *j-m* (*etw*) *nachsprechen* répéter (qc) après qn
nächstbeste *adj der nächstbeste ... in der Qualität* le meilleur ... après; (*beliebig*) le premier ... venu
nächste ['nɛːçstə] I *adj Entfernung, Beziehung* plus proche; *Weg* plus court; *Zeit, Reihenfolge* prochain; *aus nächster Nähe* de très près; *das nächste Mal, nächstes Mal* la prochaine fois; *in nächster Zeit* prochainement; *die nächste Straße rechts* la première rue à droite; *am nächsten Tag* le lendemain; le jour suivant; *der Nächste, bitte!* le suivant, S.V.P.! II *adv am nächsten* le plus près, proche; *j-m, e-r Sache am nächsten kommen* s'approcher le plus de qn, qc
Nächste(r) *st/s m* ⟨→ A⟩ prochain *m*
nachstehen *v/i* ⟨*irr*⟩ *j-m in nichts nachstehen* ne le céder en rien à qn
nachstehend *adj t* suivant; *im Nachstehenden* ci-dessous; *das Nachstehende* ce qui suit
nachstellen I *v/t* 1. GR placer après; postposer 2. *Uhr* retarder 3. (*regulieren*) régler II *v/i j-m nachstellen* poursuivre qn
Nächstenliebe *f* amour *m* du prochain

nächstens *adv* (*demnächst*) prochainement; (*beim nächsten Mal*) la prochaine fois
nächstliegend *adjt* **1.** le plus proche **2.** *fig* le plus simple, évident
nächstmöglich *adj* **der nächstmögliche Termin** la première date possible
nachsuchen *v/i st/s* **um etw nachsuchen** solliciter, demander qc
Nacht [naxt] *f* ⟨∼; ∼e⟩ nuit *f*; **bei Nacht, in der Nacht**, *st/s* **des Nachts** (pendant) la nuit; de nuit; *st/s* nuitamment; **bei Nacht und Nebel** (*heimlich*) secrètement; **über Nacht** pendant la nuit; *fig* du jour au lendemain; **über Nacht bleiben** passer la nuit; **gute Nacht!** bonne nuit!; **es ist Nacht** il fait nuit; **es wird Nacht** la nuit tombe; **heute Nacht** cette nuit; **morgen, gestern Nacht** dans la nuit de demain, d'hier
Nachtarbeit *f* travail *m* de nuit
Nachtasyl *n* asile *m* de nuit
Nachtbar *f* boîte *f* de nuit
nachtblind *adj sc* héméralope
Nachtcreme *f* crème *f* de nuit
Nachtdienst *m* service *m* de nuit; **Nachtdienst haben** être de nuit
Nachteil *m* désavantage *m*; inconvénient *m*; (*Schaden*) préjudice *m*; **er ist im Nachteil** il est désavantagé; **die Sache hat e-n Nachteil** cette affaire a, présente un inconvénient; **zum Nachteil von** au détriment de
nachteilig **I** *adj* désavantageux **II** *adv* **sich nachteilig auswirken für** être préjudiciable à
nächtelang ['nɛçtə-] *adj u adv* (pendant) des nuits entières
Nachtessen *n südd, schweiz* → **Abendessen**
Nachteule F *plais f* couche-tard *m,f*; (*Nachtschwärmer*) noctambule *m,f*
Nachtfalter *m* papillon *m* de nuit
Nachtflug *m* vol *m* de nuit
Nachtfrost *m* gelée *f* nocturne
Nachtgespenst *n* fantôme *m*
Nachthemd *n* chemise *f* de nuit
Nachtigall ['naxtɪgal] *f* ⟨∼; ∼en⟩ rossignol *m*
Nachtisch *m* dessert *m*
Nachtklub *m* boîte *f* de nuit
Nachtlager *n* ⟨∼s; ∼⟩ coucher *m*; lit *m*
Nachtleben *n* vie *f* nocturne
nächtlich ['nɛçtlɪç] *adj* nocturne
Nachtlicht *n* veilleuse *f*
Nachtlokal *n* boîte *f* de nuit
Nachtmahl *n österr* → **Abendessen**
Nachtportier *m* veilleur *m* (de nuit)
Nachtquartier *n* coucher *m*; lit *m*
Nachtrag ['-traːk] *m* ⟨∼¢s; -träge⟩ *zu e-m Buch* supplément *m*; *zum Staatshaushalt* additif *m*
nachtragen *v/t* ⟨*irr*⟩ **1.** (*hinterhertragen*) *j-m etw nachtragen* porter qc derrière qn **2.** (*später eintragen*) ajouter **3.** *fig j-m etw nachtragen* garder rancune, en vouloir à qn de qc
nachtragend *adjt* rancunier
nachträglich ['-trɛːklɪç] **I** *adj* (*später folgend*) ultérieur; (*ergänzend*) supplémentaire **II** *adv* plus tard; après coup
Nachtragshaushalt *m* budget *m* supplémentaire
nachtrauern *v/i j-m, e-r Sache nachtrauern* déplorer la perte de qn, qc
Nachtruhe *f* repos *m* nocturne, de nuit

nachts [naxts] *adv* (dans) la nuit; *mit Uhrzeit* du soir *bzw* du matin
Nachtschicht *f Arbeit* poste *m* de nuit; *Arbeiter* équipe *f* de nuit; **Nachtschicht haben** être de nuit
nachtschlafend *adjt* **zu nachtschlafender Zeit** quand tout le monde dort
Nachtschwärmer(in) *m(f)* noctambule *m,f*
Nachtschwester *f* infirmière *f* de nuit
Nachtspeicherofen *m* accumulateur *m*
Nachtstrom *m* ⟨∼¢s⟩ courant *m* de nuit
Nachttarif *m* tarif *m* de nuit
Nachttisch *m* table *f* de nuit, de chevet
Nachttischlampe *f* lampe *f* de chevet
Nachttopf *m* pot *m* de chambre
Nachttresor *m* dépôt *m* de nuit
Nachtübung *f* MIL exercices *m/pl* de nuit
Nacht-und-Nebel-Aktion *f* action, opération, intervention brutale (et arbitraire); *der Polizei a a* descente *f* surprise
Nachtwache *f* **1.** *Dienst* veille *f*, garde *f* de nuit; **bei j-m Nachtwache halten** veiller qn **2.** *Person* garde *m,f*
Nachtwächter *m* veilleur *m* de nuit
nachtwandeln *v/i* ⟨-¢-, sn *ou* h⟩ être somnambule
Nachtwandeln *n* ⟨∼s⟩ somnambulisme *m*
Nachtwanderung *f* promenade *f* nocturne
Nachtzug *m* train *m* de nuit
Nachuntersuchung *f* examen (médical) de contrôle
nachvollziehbar *adj* compréhensible
nachvollziehen *v/t* ⟨*irr, sans ge*⟩ *Gedanken etc* suivre; comprendre
nachwachsen *v/i* ⟨*irr, sn*⟩ (**wieder**) **nachwachsen** repousser; se reproduire
nachwachsend *adjt Rohstoff* renouvelable
Nachwahl *f* élection *f* complémentaire
Nachwehen *f/pl* MÉD tranchées utérines; *fig* séquelles *f/pl*
Nachweis ['naːxvaɪs] *m* ⟨∼es; ∼e⟩ (*Beweis*) preuve *f*, justification *f* (**über** [+ *acc*] de); (*Beleg*) certificat *m*
nachweisbar **I** *adj* démontrable; CHIM décelable **II** *adv* comme on peut le démontrer
nachweisen *v/t* ⟨*irr*⟩ **1.** (*beweisen*) prouver; *Fehler* montrer **2.** CHIM déceler
nachweislich **I** *adj* prouvé **II** *adv* comme on peut le prouver
Nachwelt *f* postérité *f*
nachwirken *v/i* (**lange**) **nachwirken** avoir un effet durable; *fig* avoir des répercussions
Nachwirkung *f* répercussions *f/pl*; contrecoup *m*
Nachwort *n* ⟨∼¢s; ∼e⟩ épilogue *m*
Nachwuchs *m* **1.** (*junge Generation*) jeunes *m/pl*; *in e-m Beruf* relève *f* **2.** F (*Kinder*) progéniture *f*; enfant(s) *m(pl)*
Nachwuchskraft *f* nouvelle recrue (dans une entreprise)
nachzahlen *v/t* **1.** (*später zahlen*) payer plus tard **2.** *a abs* (*zuzahlen*) payer un supplément (de)
nachzählen *v/t* (re)compter
Nachzahlung *f* paiement ultérieur
nachziehen ⟨*irr*⟩ **I** *v/t* **1.** (*hinterherziehen*) traîner après soi; *Fuß* traîner **2.** (*nachzeichnen*) retracer; *Augenbrauen* refaire au crayon **3.** *Schraube* resserrer **II** *v/i* **4.** ⟨sn⟩ (*hinterherzie-*

hen) *j-m nachziehen* suivre qn **5.** F (*mithalten*) suivre; en faire autant

Nachzügler(in) ['-tsyːklər(ɪn)] *m* ⟨~s; ~⟩ (*f*) ⟨~in; ~innen⟩ retardataire *m,f*; traînard(e) *m*(*f*)

Nackedei ['nakədaɪ] F *plais m* ⟨~s; ~s⟩ *Kind* enfant nu

Nacken ['nakən] *m* ⟨~s; ~⟩ nuque *f*

Nackenhaar *n* cheveux *m/pl* de la nuque

Nackenrolle *f* traversin *m*

Nackenstütze *f* repose-tête *m*

Nackenwirbel *m* vertèbre cervicale

nackt [nakt] *adj* nu; *sich nackt ausziehen* se mettre nu; *nackt baden* se baigner nu

Nacktbadestrand *m* plage *f* de nudistes

Nacktfoto *n* photo *f* de nu

Nacktheit *f* ⟨~⟩ nudité *f*

Nacktkultur *f* ⟨~⟩ nudisme *m*

Nacktschnecke *f* limace *f*

Nackttänzerin *f* danseuse nue

Nadel ['naːdəl] *f* ⟨~; ~n⟩ (*Nähnadel, Kompassnadel*), BOT, MÉD aiguille *f*; (*Stecknadel, Haarnadel, Schmucknadel*) épingle *f*; (*Tonabnehmernadel*) saphir *m*

Nadelbaum *m* conifère *m*

Nadeldrucker *m* INFORM imprimante matricielle

Nadelkissen *n* pelote *f* (d'épingles, d'aiguilles)

Nadelöhr *n* trou *m* d'aiguille; chas *m*

Nadelspitze *f* pointe *f* d'(une) aiguille, d'(une) épingle

Nadelstich *m* piqûre *f* (d'épingle, d'aiguille); *e-r Näharbeit* point *m*; *fig* coup *m* d'épingle

Nadelstreifen *m* rayure *f*

Nadelstreifenanzug *m* costume *m* à rayures

Nadelwald *m* forêt *f* de conifères

Nagel ['naːɡəl] *m* ⟨~s; ~̈⟩ **1.** (*Fingernagel, Zehennagel*) ongle *m*; F *sich* (*dat*) *etw unter den Nagel reißen* faire main basse sur qc **2.** (*Metallnagel*) clou *m*; pointe *f*; F *etw an den Nagel hängen* renoncer à qc; *Studium, Beruf* abandonner qc; F *fig den Nagel auf den Kopf treffen* mettre le doigt dessus; *fig Nägel mit Köpfen machen* ne pas faire les choses à moitié

Nagelbett *n* lit *m* de l'ongle

Nagelbettentzündung *f* panaris *m*

Nagelbrett *n* planche *f* à clous

Nagelbürste *f* brosse *f* à ongles

Nagelfeile *f* lime *f* à ongles

Nagelhaut *f* peau *f* de l'ongle

Nagelhautentferner *m* ⟨~s; ~⟩ émollient *m* (pour cuticule)

Nagellack *m* vernis *m* à ongles

Nagellackentferner *m* ⟨~s; ~⟩ dissolvant *m*

nageln *v/t* ⟨¢⟩ clouer

nagelneu F *adj* flambant neuf

Nagelreiniger *m* ⟨~s; ~⟩ cure-ongles *m*

Nagelschere *f* ciseaux *m/pl* à ongles

Nagelzange *f* pince *f* à ongles

nagen ['naːɡən] *v/i* ronger (*an etw* [*dat*] qc; *a fig*)

nagend *adj fig Zweifel* rongeant

Nager *m* ⟨~s; ~⟩, **Nagetier** *n* (animal) rongeur *m*

Nagezahn *m* incisive *f*

nah → *nah(e)*

Nahaufnahme *f* plan rapproché

nah(e) ['naː(ə)] **I** *adj* ⟨näher, nächste⟩ proche (*a Verwandte*); *nah(e) am od beim Bahnhof* près de la gare **II** *adv* ⟨näher, am nächsten⟩ près; *von Nahem* de près; *von nah und fern* de près et de loin; *nah(e) verwandt sein mit* être proche parent de; *ich war nah(e) daran zu* (+ *inf*) j'ai failli (+ *inf*); *j-m zu nahe treten* froisser qn; → *nahebringen, nahegehen, nahekommen etc*

Nähe ['nɛːə] *f* ⟨~⟩ proximité *f* (*a von Zeit, Verwandtschaft*); *ganz in der Nähe* tout près d'ici; *in s-r Nähe* près de lui; *aus der Nähe* de près

nahebei *adv* tout près

nahebringen *v/t* ⟨*irr*⟩ *j-m etw nahebringen* faire comprendre qc à qn

nahegehen *v/i* ⟨*irr, sn*⟩ *j-m nahegehen* toucher qn

nahekommen ⟨*irr, sn*⟩ **I** *v/i der Wahrheit* (*dat*) *etc nahekommen* approcher de la vérité, *etc* **II** *v/r sich nahekommen* se rapprocher (l'un de l'autre)

nahelegen *v/t j-m etw nahelegen* suggérer qc à qn

naheliegen *v/i* ⟨*irr*⟩ *das liegt nahe* c'est facile à comprendre, à concevoir

naheliegend *adjt Gedanke* concevable; *aus naheliegenden Gründen* pour des raisons faciles à comprendre, à concevoir

nahen *st/s v/i* ⟨sn⟩ (s')approcher

nähen ['nɛːən] *v/t* coudre (*an* [+ *acc*] à); MÉD recoudre

näher ['nɛːər] **I** *adj* plus proche; *Weg* plus court; *nähere Einzelheiten* plus amples détails *m/pl* **II** *adv* plus près; *etw näher ausführen* expliquer qc en détail; *näher kommen räumlich* s'approcher; → *näherbringen, näherkommen*

näherbringen *v/t* ⟨*irr*⟩ *Personen einander näherbringen* rapprocher; *j-m etw näherbringen* faire mieux comprendre qc à qn

Nähere(s) *n* ⟨→ A⟩ précisions *f/pl*; plus amples détails *m/pl*

Näherei [nɛːə'raɪ] *f* ⟨~; ~en⟩ couture *f*

Naherholungsgebiet *n* zone *f* d'excursion, de promenade (à proximité d'une grande ville)

Näherin *f* ⟨~; ~nen⟩ couturière *f*

näherkommen ⟨*irr, sn*⟩ **I** *v/i* **1.** *jetzt kommen wir der Sache* (*dat*) *schon näher* ça se précise **2.** *räumlich* → *näher II* **II** *v/r durch dieses Ereignis sind sie sich nähergekommen* cet événement les a rapprochés

nähern *v/r sich* (*j-m, e-r Sache*) *nähern* (s')approcher (de qn, qc)

nahestehen *v/i* ⟨*irr*⟩ *j-m nahestehen* être lié avec qn

nahestehend *adjt* proche; intime

nahezu *adv* à peu près; presque

Nähfaden *m*, **Nähgarn** *n* fil *m* à coudre

Nahkampf *m* corps-à-corps *m*

Nähkasten *m* boîte *f* à ouvrage

nahm [naːm] → *nehmen*

Nähmaschine *f* machine *f* à coudre

Nähnadel *f* aiguille *f*

Nahost ⟨*sans article*⟩ le Proche-Orient; *par ext* le Moyen-Orient

Nahostkonflikt *m* conflit *m* du Moyen-Orient

Nährboden *m* milieu *m*, *fig* bouillon *m* de culture

nähren ['nɛːrən] **I** v/t nourrir (a fig) **II** v/i être nourrissant

nahrhaft adj nourrissant

Nährlösung f für Hydrokultur engrais m liquide; MÉD liquide m de renutrition; zur Bakterienzucht bouillon m de culture

Nährstoff m substance nutritive

Nahrung ['naːruŋ] f ⟨~⟩ **1.** nourriture f; **flüssige Nahrung** aliments m/pl liquides **2.** fig **e-r Sache** (dat) **neue Nahrung geben** alimenter qc

Nahrungsaufnahme f alimentation f

Nahrungsergänzungsmittel n supplément nutritionnel

Nahrungskette f chaîne f alimentaire

Nahrungsmittel n produit m alimentaire

Nährwert m valeur nutritive

Nähseide f soie f à coudre; soie torse

Naht [naːt] f ⟨~; ≈e⟩ (Kleidernaht) couture f; (Schweißnaht) soudure f; MÉD suture f; F fig **aus den** od **allen Nähten platzen** Person être énorme; Raum être plein à craquer; Institution craquer; exploser

nahtlos adj u adv sans couture; TECH sans soudure; fig sans problème; zeitlich sans interruption

Nahtstelle f **1.** → **Naht 2.** fig charnière f

Nahverkehr m trafic local, de banlieue

Nahverkehrszug m train m de banlieue

Nähzeug n nécessaire m de couture

Nahziel n but, objectif immédiat

naiv [na'iːf] adj naïf; ingénu

Naivität f ⟨~⟩ naïveté f; ingénuité f

Name ['naːmə] m ⟨~ns; ~n⟩ nom m; (Ruf) a renom m; **wie ist Ihr Name?** quel est votre nom?; **j-n bei** od **mit Namen nennen** nommer qn; appeler qn par son nom; **dem Namen nach kennen** connaître de nom; **im Namen** (+ gén) au nom de; **unter falschem Namen** sous un nom d'emprunt

Namen m ⟨~s; ~⟩ → **Name**

Namengedächtnis n ⟨~ses⟩ mémoire f des noms

Namenliste f liste nominale, des noms

namenlos adj **1.** sans nom; anonyme **2.** (unsagbar) indicible

namens ['naːməns] **I** adv du nom de; nommé **II** prép ⟨gén⟩ ADM au nom de

Namensänderung f changement m de nom

Namensnennung f mention f d'un bzw de son nom

Namenspatron m (saint) patron

Namensschild n **1.** an Türen plaque f **2.** an Kleidung badge m; auf Tischen écriteau m

Namenstag m fête f

Namensvetter m homonyme m

namentlich **I** adj nominal **II** adv (mit Namen) nommément; fig (besonders) spécialement

namhaft adj (bedeutend) notable; considérable; (berühmt) renommé

Namibia [na'miːbia] n ⟨~s⟩ la Namibie

nämlich ['nɛːmlɪç] adv **1.** (und zwar) soit; à savoir **2.** begründend en effet; **er war nämlich krank** il faut dire qu'il était malade

nannte ['nantə] → **nennen**

nanu [na'nuː] int ça alors(, par exemple)!

Napalm ['naːpalm] n ⟨~s⟩ napalm m

Napalmbombe f bombe f au napalm

Napf [napf] m ⟨~¢s; ≈e⟩ jatte f; écuelle f

Napfkuchen m kouglof m

Nappa ['napa] n ⟨~¢; ~s⟩, **Nappaleder** n cuir m souple; nappa m

Narbe ['narbə] f ⟨~; ~n⟩ cicatrice f (a fig)

narbig adj marqué de cicatrices

Narkose [nar'koːzə] f ⟨~; ~n⟩ narcose f; anesthésie f; **in Narkose** (dat) sous anesthésie

Narkosearzt m, **Narkoseärztin** f anesthésiste m,f

Narkosemittel n narcotique m

Narkotikum [nar'koːtikum] n ⟨~s; -ka⟩ narcotique m

narkotisch adj narcotique

narkotisieren v/t ⟨sans ge⟩ anesthésier

Narr [nar] m ⟨~en; ~en⟩ (Tor) sot m; (Hofnarr) fou m; **j-n zum Narren halten** se jouer, se moquer de qn

narren st/s v/t **j-n narren** berner qn; (täuschen) abuser qn

Narrenfreiheit f **sie hat bei ihm Narrenfreiheit** avec lui, elle peut faire ce qu'elle veut

narrensicher F adj Handhabung simple; facile; Gerät d'utilisation simple, facile

Närrin ['nɛrɪn] f ⟨~; ~nen⟩ sotte f

närrisch adj **1.** (verrückt) fou (**nach** de) **2.** (karnevalistisch) carnavalesque; du carnaval

Narzisse [nar'tsɪsə] f ⟨~; ~n⟩ narcisse m; gelbe jonquille f

Narzissmus m ⟨~⟩ narcissisme m

Narzisst m ⟨~en; ~en⟩ narcissique m

narzisstisch adj narcissique

NASA ['naːza] f ⟨~⟩ abr (National Aeronautics and Space Administration, Nationale Luft- und Raumfahrtbehörde [der USA]) NASA f

nasal [na'zaːl] adj PHON nasal

Nasal m ⟨~s; ~e⟩ PHON nasale f

naschen ['naʃən] v/t u v/i (von) **etw naschen** manger qc par gourmandise; heimlich goûter secrètement de qc; abs **gern naschen** aimer les friandises; être gourmand

Nascherei f ⟨~; ~en⟩ **1.** (Naschen) grignotage m **2.** (Süßigkeit) meist pl **Naschereien** friandises f/pl; sucreries f/pl

naschhaft adj friand; gourmand

Naschhaftigkeit f ⟨~⟩ gourmandise f

Naschkatze f gourmand(e) m(f)

Nase ['naːzə] f ⟨~; ~n⟩ **1.** ANAT, fig (Flugzeugnase etc) nez m; **in die Nase steigen** monter au nez; **aus der Nase bluten** saigner du nez; **mir läuft die Nase** j'ai le nez qui coule **2.** (Geruchssinn) nez m; odorat m; vom Hund, fig flair m; **e-e feine Nase haben** avoir le nez fin, creux **3.** fig F **immer der Nase nach** tout droit devant soi; F **auf die Nase fallen** F se casser la gueule; F **j-m etw auf die Nase binden** (glauben machen) faire croire qc à qn; (erzählen) mettre qn au courant de qc; **j-n an der Nase herumführen** duper qn; faire marcher qn; **j-m auf der Nase herumtanzen** se moquer, se jouer de qn; F **j-m etw unter die Nase reiben** jeter qc à la figure de qn; F **Bus vor der Nase wegfahren** passer sous le nez de qn; **die Nase voll haben** F en avoir plein le dos, ras le bol; F **s-e Nase in alles stecken** F fourrer son nez partout; F (Person) **pro Nase** par tête de pipe

naselang adv F **alle naselang** à tout bout de

champ
näseln ['nɛːzəln] *v/i* ⟨¢⟩ nasiller
Nasenbein *n* os nasal
Nasenbluten *n* ⟨~s⟩ saignement *m* de nez; **Nasenbluten haben** saigner du nez
Nasenflügel *m* aile *f* du nez
Nasenlänge *f* PFERDERENNEN **um e-e Nasenlänge gewinnen** gagner d'une tête; *fig* **sie ist mir immer um e-e Nasenlänge voraus** elle a toujours une longueur d'avance sur moi
Nasenloch *n* narine *f*
Nasenring *m* anneau *m* (passé par le nez)
Nasenrücken *m* arête *f* du nez
Nasenscheidewand *f* cloison nasale
Nasenschleim *m* morve *f*
Nasenschleimhaut *f* muqueuse *f* nasale
Nasenspitze *f* bout *m* du nez
Nasenspray *m od n* spray nasal
Nasentropfen *m/pl* gouttes nasales
naseweis *adj* (trop) curieux
Nashorn *n* rhinocéros *m*
naslang → **naselang**
nass [nas] *adj* ⟨⁓er *ou* ⁓er, ⁓este *ou* ⁓este⟩ mouillé; (*feucht*) humide; (*ganz durchnässt*) trempé; (*regenreich*) pluvieux; **nass machen** mouiller; **nass werden** se mouiller
nassauern F *v/i* ⟨-¢-⟩ être pique-assiette(s)
Nässe ['nɛsə] *f* ⟨~⟩ humidité *f*
nässen *v/i* ⟨¢$⟩ *Wunde* suinter
nasskalt *adj* froid et humide
nassmachen *v/t* mouiller
Nassrasur *f* rasage *m* au rasoir mécanique
Nasszelle *f* salle *f* d'eau
Nastuch *n* ⟨⁓¢s; -tücher⟩ *schweiz, südd* mouchoir *m*
Natel® ['natɛl] *n* ⟨~s; ~s⟩ *schweiz* (téléphone *m*) portable *m*
Nation [natsi'oːn] *f* ⟨~; ~en⟩ nation *f*
national *adj* national
Nationalelf *f* équipe nationale de football
Nationalfarben *f/pl* couleurs nationales
Nationalfeiertag *m* fête nationale
Nationalflagge *f* drapeau national
Nationalgericht *n* plat national
Nationalheld(in) *m(f)* 'héros national, 'héroïne nationale
Nationalhymne *f* hymne national
Nationalismus *m* ⟨~⟩ nationalisme *m*
nationalistisch *adj* nationaliste
Nationalität *f* ⟨~; ~en⟩ nationalité *f*
Nationalmannschaft *f* équipe nationale
Nationalpark *m* parc national
Nationalrat *m schweiz, österr* **1.** *Gremium* Conseil national **2.** *Mitglied* Membre *m* du Conseil national
Nationalsozialismus *m* national-socialisme *m*
Nationalsozialist(in) *m(f)* national-socialiste *m,f*
nationalsozialistisch *adj* national-socialiste
Nationalspieler(in) *m(f)* international(e) *m(f)*
Nationalversammlung *f* assemblée nationale
NATO, Nato ['naːto] *f abr* ⟨NATO, Nato⟩ (*North Atlantic Treaty Organization*) OTAN *f*
Natrium ['naːtrium] *n* ⟨~s⟩ sodium *m*
Natron ['naːtrɔn] *n* ⟨~s⟩ bicarbonate *m* de soude
Natter ['natər] *f* ⟨~; ~n⟩ couleuvre *f*
Natur [na'tuːr] *f* ⟨~; ~en⟩ nature *f*; (*Wesen*) a na-

turel *m*; (*Charakter*) caractère *m*; **in der freien Natur** en pleine nature; **von Natur (aus)** de *od* par nature; naturellement; **es liegt in der Natur der Sache** c'est dans la nature des choses
Naturalien [natu'raːliən] *pl* denrées *f/pl*; **in Naturalien** (*dat*) (**be**)**zahlen** payer en nature
naturalisieren *v/t* ⟨*sans ge*⟩ naturaliser
Naturalismus *m* ⟨~⟩ naturalisme *m*
naturalistisch *adj* naturaliste
naturbelassen *adj* naturel; non traité
Naturbursche *m* homme *m* plein de naturel
Naturdenkmal *n* site classé
Naturell *n* ⟨~s; ~e⟩ naturel *m*
Naturereignis *n*, **Naturerscheinung** *f* phénomène naturel
Naturfaser *f* fibre naturelle
Naturfilm *m* documentaire *m* sur la nature
Naturforscher(in) *m(f)* naturaliste *m,f*
Naturfreund(in) *m(f)* ami(e) *m(f)* de la nature
naturgemäß *adj* naturel
Naturgeschichte *f* ⟨~⟩ histoire naturelle
Naturgesetz *n* loi *f* de la nature; loi naturelle
naturgetreu **I** *adj* d'après nature **II** *adv* fidèlement
Naturgewalt *f* force naturelle
Naturheilkunde *f* médecines naturelles
Naturheilmittel *n* remède naturel
Naturheilverfahren *n* naturothérapie *f*
Naturkatastrophe *f* catastrophe naturelle
Naturkost *f* alimentation naturelle
Naturkostladen *m* magasin *m* de produits naturels
Naturkunde *f* ⟨~⟩ science *f* de la nature; *Unterrichtsfach* sciences naturelles
Naturlehrpfad *m* sentier *m* écologique
natürlich [na'tyːrlıç] **I** *adj* naturel **II** *adv* naturellement; **natürlich!** bien sûr!
Natürlichkeit *f* ⟨~⟩ naturel *m*
Naturpark *m* parc régional
Naturprodukt *n* produit naturel
naturrein *adj* (purement) naturel; *Saft, Honig etc* pur
Naturschätze *m/pl* richesses naturelles
Naturschauspiel *n* spectacle *m* de la nature
Naturschutz *m* protection *f* de la nature; **unter Naturschutz** (*dat*) **stehen** être protégé
Naturschützer *m* ⟨~s; ~⟩ écologiste *m*
Naturschutzgebiet *n* réserve naturelle
Naturtalent *n* don, talent inné; **sie ist ein Naturtalent** elle est très douée
naturtrüb *adj* non filtré
naturverbunden *adj* près, proche de la nature
Naturvolk *n* peuple primitif
Naturwissenschaften *f/pl* sciences naturelles
Naturwissenschaftler(in) *m(f)* scientifique *m,f*
naturwissenschaftlich *adj* des sciences naturelles
Naturwunder *n* merveille *f* de la nature
Naturzustand *m* état *m* de nature; **im Naturzustand** à l'état naturel
Nautik ['nautık] *f* ⟨~⟩ art *m* nautique
nautisch *adj* nautique
Navigation [navigatsi'oːn] *f* ⟨~⟩ navigation *f*
Navigationsgerät *n* appareil *m* de navigation; AUTO système *m* de navigation
Navigationssystem *n* système *m* de navigation
Nazi ['naːtsi] *m* ⟨~s; ~s⟩ nazi *m*

N

nazistisch *adj* nazi
n. Chr. *abr* (*nach Christus*) apr. J.-C.
Neandertaler [ne'andərtaːlər] *m* ⟨~s; ~⟩ Néandert(h)alien *m*
Neapel [ne'aːpəl] *n* ⟨~s⟩ Naples
Nebel ['neːbəl] *m* ⟨~s; ~⟩ brouillard *m*; *bes* MAR brume *f*; *bei Nebel* par temps de brouillard
Nebelbank *f* ⟨~; ~e⟩ nappe *f* de brouillard
Nebelhorn *n* corne *f* de brume
nebelig *adj* brumeux
Nebelkrähe *f* corneille mantelée, grise
Nebelscheinwerfer *m* (phare *m*) antibrouillard *m*
Nebelschlussleuchte *f* (feu *m* arrière) anti-brouillard *m*
Nebelwand *f* rideau *m* de brouillard
neben ['neːbən] *prép* **1.** *Lage* ⟨*dat*⟩, *Richtung* ⟨*acc*⟩ à côté de; près de **2.** ⟨*dat*⟩ (*verglichen mit*) à côté de **3.** ⟨*dat*⟩ (*außer*) à part; sans compter
nebenan *adv* à côté; *das Haus nebenan* la maison d'à côté
Nebenanschluss *m* TÉL poste *m* (secondaire)
Nebenarbeit *f* travail *m*, activité *f* annexe
Nebenarm *m* -*e*-*s Flusses* bras *m* secondaire
Nebenausgaben *f/pl* dépenses *f/pl* accessoires; extras *m/pl*
Nebenausgang *m* sortie latérale
Nebenbedeutung *f* signification *f* secondaire
nebenbei *adv* **1.** (*beiläufig*) en passant; (*zusätzlich*) accessoirement; *nebenbei gesagt* soit dit en passant **2.** (*außerdem*) en outre; de plus
Nebenberuf *m* activité *f*, profession *f* annexe
nebenberuflich **I** *adj* extra-professionnel **II** *adv* en dehors de la profession (régulière)
Nebenbeschäftigung *f* activité *f* annexe
Nebenbuhler(in) [-buːlər(ɪn)] *m* ⟨~s; ~⟩ (*f*) ⟨~in; ~innen⟩ rival(e) *m(f)*
Nebeneffekt *m* effet *m* secondaire
nebeneinander *adv* **1.** *örtlich* l'un à côté de l'autre; côte à côte; *gehen, fahren* de front; *ne-beneinander bestehen* coexister; → *nebeneinanderlegen*, *nebeneinandersetzen*, *nebeneinanderstellen* **2.** *zeitlich* simultanément
nebeneinanderlegen, **nebeneinandersetzen** ⟨¢$⟩, **nebeneinanderstellen** *v/t* placer, mettre l'un à côté de l'autre; juxtaposer
Nebeneingang *m* entrée latérale
Nebeneinkünfte *pl*, **Nebeneinnahmen** *f/pl* revenus *m/pl* annexes; à-côtés *m/pl*
Nebenerscheinung *f* phénomène *m* accessoire
Nebenfach *n* matière *f* secondaire
Nebenfluss *m* affluent *m*
Nebengebäude *n* annexe *f*; bâtiment attenant
Nebengeräusch *n* RAD bruit *m* parasite; friture *f* (*a* TÉL)
Nebengleis *n* voie *f* secondaire
Nebenhandlung *f* épisode *m*
Nebenhaus *n* maison voisine, d'à côté
nebenher *adv* à côté; (*außerdem*) en outre; de plus
Nebenkläger(in) *m(f)* partie civile
Nebenkosten *pl* (*zusätzliche Kosten*) faux frais; *bei Mieten* charges *f/pl*
Nebenmann *m* ⟨~¢s; -männer *ou* -leute⟩ voisin *m*
Nebenprodukt *n* sous-produit *m*
Nebenraum *m* pièce voisine, d'à côté

Nebenrolle *f* rôle *m* secondaire
Nebensache *f* accessoire *m*; à-côté *m*; *das ist völlig Nebensache* c'est tout à fait accessoire
nebensächlich *adj* accessoire
Nebensaison *f* basse saison
Nebensatz *m* (proposition) subordonnée *f*
nebenstehend *adjt u advt* ci-contre; en marge
Nebenstelle *f* **1.** (*Filiale*) succursale *f* **2.** TÉL poste *m* supplémentaire
Nebenstraße *f* rue *f* secondaire; (*Seitenstraße*) rue latérale
Nebentisch *m* table voisine, d'à côté
Nebenverdienst *m* revenu *m* supplémentaire
Nebenwirkung *f* effet *m* accessoire; PHARM effet *m* secondaire
Nebenzimmer *n* pièce voisine, d'à côté
neblig *adj* brumeux
nebst [neːpst] *litt prép* ⟨*dat*⟩ avec; plus
Necessaire [nesɛ'sɛːr] *n* ⟨~s; ~s⟩ nécessaire *m*; trousse *f*
necken ['nɛkən] *v/t* (*u v/r sich necken* se) taquiner; (s')agacer
neckisch *adj* taquin; (*drollig*) drôle; (*schelmisch*) espiègle
nee [neː] F → *nein*
Neffe ['nɛfə] *m* ⟨~n; ~n⟩ neveu *m*
Negation [negatsi'oːn] *f* ⟨~; ~en⟩ négation *f*
negativ ['neːgatiːf] *adj* négatif
Negativ *n* ⟨~s; ~e⟩ PHOT négatif *m*
Neger(in) ['neːgər(ɪn)] *neg! m* ⟨~s; ~⟩ (*f*) ⟨~in; ~innen⟩ Noir(e) *m(f)*; *pej* nègre *m*, négresse *f*
Negerkuss *m* CUIS tête-de-nègre *f*
negieren [ne'giːrən] *v/t* ⟨*sans ge*⟩ nier
Négligé → *Negligee*
Negligee [negli'ʒeː] *n* ⟨~s; ~s⟩ déshabillé *m*
nehmen ['neːmən] ⟨*nimmt, nahm, genommen*⟩ **I** *v/t* prendre (*a fig*; *von etw* de qc; *aus etw* dans qc); (*annehmen*) recevoir; accepter; (*wegnehmen*) prendre; ôter; *Hindernis* sauter; *j-m die Hoffnung nehmen* enlever à qn ses espoirs; *da, nehmen Sie!* tenez!; *Rezept man nehme ...* prendre ...; F *wie mans nimmt* c'est selon; *streng genommen* à vrai dire; *etw an sich* (*acc*) *nehmen* prendre, garder qc (jusqu'à nouvel ordre); *Gefundenes* empocher qc; *etw auf sich* (*acc*) *nehmen* assumer qc; se charger de qc; *etw zu sich* (*dat*) *nehmen Essen, Trinken* prendre, manger *bzw* boire qc; *er ist hart im Nehmen* BOXEN il encaisse bien (les coups); *fig* il encaisse bien **II** *v/r sich* (*dat*) *etw nehmen* prendre qc; *das lasse ich mir nicht nehmen* je n'en démords pas; *er ließ es sich nicht nehmen zu* (+ *inf*) il a insisté pour (+ *inf*)
Neid [naɪt] *m* ⟨~¢s⟩ envie *f*; jalousie *f*; F *vor Neid platzen* crever d'envie, de jalousie; F *das muss ihm der Neid lassen* on ne peut pas lui contester, enlever, ôter cela
neiden *st/s v/t* ⟨-e-⟩ *j-m etw neiden* envier qc à qn
Neider *m* ⟨~s; ~⟩ envieux *m*; jaloux *m*; *viele Neider haben* faire des envieux
neiderfüllt *adjt* plein d'envie
Neidhammel F *m* envieux, -ieuse *m,f*; jaloux, -ouse *m,f*
neidisch *adj* jaloux; envieux
neidlos *adv* sans envie
Neige ['naɪgə] *st/s f* ⟨~; ~n⟩ reste *m*; (*letzte*

Tropfen) fond *m* (de bouteille); **zur Neige gehen** tirer, toucher à sa fin; *Tag* décliner
neigen I *v/t* pencher; incliner; *Kopf a* baisser **II** *v/i* **zu etw neigen** (*tendieren*) pencher pour qc; *zu Übergewicht, Übertreibungen* avoir tendance à qc; **dazu neigen zu** (+ *inf*) être enclin à (+ *inf*); incliner à (+ *inf*); **er neigt zu Erkältungen** il est sujet aux rhumes **III** *v/r* **sich neigen** *Zweige* s'incliner; *Mauer, Baum* pencher; *Ebene* aller en pente; *st/s Tag* décliner; *Person* **sich** (**nach vorn**) **neigen** se pencher (en avant)
Neigung *f* ⟨∼; ∼en⟩ **1.** *Lage* inclinaison *f*; pente *f* **2.** *fig* (*Vorliebe*) penchant *m* (**zu** pour, à); (*Tendenz*) tendance *f* (à); **die Neigung haben zu** (+ *inf*) avoir tendance à (+ *inf*) **3.** (*Zuneigung*) inclination *f* (**für** pour)
Neigungswinkel *m* angle *m* d'inclinaison
nein [naɪn] *adv* non
Nein *n* ⟨∼$; ∼$⟩ non *m*; **Nein sagen** dire non (*a fig*); **mit Nein stimmen** voter non
Neinstimme *f* non *m*
Nektar ['nɛktar] *m* ⟨∼s; ∼e⟩ **1.** MYTH, BOT, *fig* nectar *m* **2.** *Fruchtgetränk* boisson *f* aux fruits
Nektarine [nɛkta'riːnə] *f* ⟨∼; ∼n⟩ nectarine *f*; brugnon *m*
Nelke ['nɛlkə] *f* ⟨∼; ∼n⟩ **1.** BOT œillet *m* **2.** (*Gewürznelke*) (clou *m* de) girofle *m*
nennen ['nɛnən] ⟨nannte, genannt⟩ **I** *v/t* **1.** nommer; appeler; (*benennen*) dénommer; (*bezeichnen als*) qualifier de; *spottend* traiter de; **nach j-m genannt werden** porter le nom de qn; **das nenne ich e-n Helden!** voilà ce qui s'appelle un 'héros! **2.** *Namen, Grund* donner; *Grund, Preis* indiquer; (*anführen*) citer; mentionner **II** *v/r* **sich nennen** se nommer; s'appeler; F **und so was nennt sich mein Freund!** et ça se dit mon ami!
nennenswert *adj* notable
Nenner *m* ⟨∼s; ∼⟩ dénominateur *m*; **gemeinsamer Nenner** dénominateur commun (*a fig*)
Nennung *f* ⟨∼; ∼en⟩ mention *f*
Nennwert *m* valeur nominale
neo..., Neo... [neoʒ] *in Zssgn oft* néo...
Neofaschismus *m* néofascisme *m*
neofaschistisch *adj* néofasciste
Neologismus [neolo'gɪsmus] *m* ⟨∼, -mɛn⟩ LING néologisme *m*
Neon ['neːɔn] *n* ⟨∼s⟩ néon *m*
Neonazi *m* néonazi *m*
Neonlicht *n* lumière *f* au néon
Neonreklame *f* publicité *f* au néon
Neonröhre *f* tube *m* au néon
Nepal ['neːpal] *n* ⟨∼s⟩ le Népal
Nepp [nɛp] F *m* ⟨∼s⟩ F arnaque *f*
neppen F *v/t* F arnaquer
Nerv [nɛrf] *m* ⟨∼s; ∼en⟩ nerf *m*; **schwache, starke Nerven haben** avoir les nerfs fragiles, solides; **die Nerven verlieren** perdre la maîtrise de soi; **mit den Nerven am Ende,** F **fertig sein** être à bout de nerfs; **die Nerven behalten** garder son calme, son sang-froid; F **sie geht**

mir **auf die Nerven, sie tötet mir den Nerv** elle me tape sur les nerfs, F sur le système; F **der hat** (**vielleicht**) **Nerven!** F il ne manque pas d'air!
nerven F *v/t* **j-n nerven** taper sur les nerfs à qn; *abs* **das nervt!** F ça m'énerve!
Nervenarzt *m*, **Nervenärztin** *f* neurologue *m,f*
nervenaufreibend *adj* énervant
nervenberuhigend *adj* apaisant
Nervenbündel F *n* paquet *m* de nerfs
Nervenentzündung *f* névrite *f*
Nervengas *n* gaz *m*, substance *f* neuroplégique
Nervenheilanstalt *f* hôpital *m* psychiatrique
Nervenkitzel F *m* sensations fortes
Nervenklinik *f* clinique *f* neurologique
nervenkrank *adj* malade des nerfs
Nervenkrieg F *m* guerre *f* des nerfs
Nervenkrise *f* **1.** crise *f* de nerfs **2.** MÉD névralgie *f*
Nervenleiden *n* maladie nerveuse
Nervensäge F *f* F casse-pieds *m*
Nervenschmerz *m* névralgie *f*
Nervenschwäche *f* faiblesse *f* des nerfs
Nervenstrang *m* cordon nerveux
Nervensystem *n* système nerveux; **vegetatives Nervensystem** système neuro-végétatif
Nervenzentrum *n* centre nerveux
Nervenzusammenbruch *m* dépression nerveuse
nervig *adj* *Hand, Arm* nerveux; F (*aufreibend*) tuant
nervlich ['nɛrflɪç] **I** *adj* nerveux **II** *adv* nerveusement
nervös [nɛr'vøːs] *adj* nerveux; **nervös machen** rendre nerveux; *p/fort* énerver
Nervosität [nɛrvozi'tɛːt] *f* ⟨∼⟩ nervosité *f*
nervtötend *adj* énervant; tuant
Nerz [nɛrts] *m* ⟨∼es; ∼e⟩ ZO, *Pelz* vison *m*
Nerzmantel *m* manteau *m* de vison
Nessel ['nɛsəl] *f* ⟨∼; ∼n⟩ ortie *f*; F *fig* **sich in die Nesseln setzen** se mettre, F se fourrer dans un guêpier
Nesselfieber *n*, **Nesselsucht** *f* urticaire *f*
Nessessär *n* → **Necessaire**
Nest [nɛst] *n* ⟨∼$s; ∼er⟩ **1.** (*Vogelnest, Diebesnest*) nid *m*; F **sich ins gemachte Nest setzen** faire un riche mariage **2.** F *péj* (*Dorf*) F trou *m*, F bled *m*
Nestbeschmutzer *m* ⟨∼s; ∼⟩ *péj* personne *f* qui crache dans la soupe
nesteln ['nɛstəln] *v/i* ⟨¢⟩ **an etw** (*dat*) **nesteln** tripoter qc
Nesthäkchen *n* benjamin(e) *m(f)*; petit(e) dernier, -ière
Nestwärme *f* chaleur *f* du foyer familial
nett [nɛt] *adj* **1.** (*freundlich*) gentil (**zu j-m** avec qn); **sei so nett und mach die Tür zu!** sois gentil, ferme la porte **2.** (*reizend*) charmant; mignon; (*angenehm*) sympathique; agréable **3.** (*hübsch*) joli **4.** F (*beträchtlich*) joli; F *iron a* beau

---

nett ≠ net

Wir haben eine sehr **nette** Lehrerin.   Nous avons une prof très **gentille.**

Les prix sont **nets.**   Die Preise sind **netto.**

netto ['nɛto] *adv* net
Nettobetrag *m* somme nette
Nettoeinkommen *n* revenu net
Nettogewicht *n* poids net
Nettogewinn *m* bénéfice net
Nettolohn *m* salaire net
Nettopreis *m* prix net
Nettoverdienst *m* gain net
Netz [nɛts] *n* ⟨~es; ~e⟩ **1.** (*Fischernetz, Einkaufsnetz, Haarnetz, Tennisnetz, Tornetz*) filet *m*; (*Spinnennetz*) toile *f* (d'araignée); *j-m ins Netz gehen* donner, tomber dans le piège de qn (*a fig*) **2.** (*Straßennetz, Eisenbahnnetz, Telefonnetz*, INFORM *etc*) réseau *m*; ÉLECT *a* secteur *m*; *fig* **soziales Netz** protection sociale
Netzanschluss *m* ÉLECT raccordement *m*
Netzbetrieb *m* ⟨~¢s⟩ ÉLECT branchement *m* sur le secteur; alimentation *f* secteur
netzbetrieben *adjt* ÉLECT branché sur le secteur
Netzgerät *n* ÉLECT adaptateur *m*
Netzhaut *f* rétine *f*
Netzhemd *n* chemise *f* en cellular
Netzschalter *m* interrupteur *m*
Netzspannung *f* tension *f* (du) réseau, (du) secteur
Netzstecker *m* fiche *f* de prise de courant
Netzstrumpf(hose) *m(f)* bas *m(pl)* résille
Netzwerk *n* réseau *m*
Netzwerkadministrator(in) [-atmınıstraːtoːr(ın)] *m(f)* INFORM administrateur, -trice *m,f* (de) réseau
neu [nɔy] **I** *adj* nouveau; (*neu gemacht*) neuf; (*kürzlich geschehen*) récent; *neueste Mode* dernière mode; *neueste Nachrichten* dernières nouvelles; *neueren Datums* de fraîche date; *das ist mir neu* c'est nouveau pour moi; *aufs Neue, von Neuem* à *od* de nouveau; F *der, die Neue* le nouveau, la nouvelle; *was gibt es Neues?* qu'y a-t-il od quoi de nouveau, de neuf?; *weißt du schon das Neueste?* tu connais la nouvelle? **II** *adv* nouvellement; récemment; *etw neu einrichten* refaire qc à neuf; *ein Restaurant neu eröffnen* ouvrir un nouveau restaurant; *neu ordnen* réorganiser
Neuankömmling *m* ⟨~s; ~e⟩ nouveau venu, nouvelle venue
Neuanschaffung *f* nouvelle acquisition
neuartig *adj* nouveau; d'un nouveau genre
Neuauflage *f* nouvelle édition; réédition *f* (*a fig*)
Neubau *m* ⟨~¢s; ~ten⟩ nouvelle construction; *im Bau befindlicher* maison *f*, immeuble *m* en construction; *eben fertiggestellter* maison neuve; immeuble neuf
Neubaugebiet *n* nouveaux quartiers
Neubauwohnung *f* appartement neuf
Neubearbeitung *f* nouvelle édition revue et mise à jour
Neubeginn *m* nouveau départ; recommencement *m*
Neubildung *f* **1.** formation (nouvelle); BIOL régénération *f* **2.** LING néologisme *m*
Neueinstellung *f* embauche *f*; nouvel engagement
Neuentwicklung *f* innovation *f*; nouveauté *f*
neuerdings *adv* depuis peu
Neuerer *m* ⟨~s; ~⟩ novateur *m*

Neueröffnung *f* ouverture *f*
Neuerscheinung *f* nouveauté *f*
Neuerung *f* ⟨~; ~en⟩ innovation *f*
Neufassung *f* nouvelle version
Neufundland [nɔy'funtlant] *n* ⟨~s⟩ Terre-Neuve *f*
neugeboren *adjt* nouveau-né; *sich wie neugeboren fühlen* se sentir tout ragaillardi
Neugeborene(s) *n* ⟨→A⟩ nouveau-né *m*
Neugestaltung *f* réorganisation *f*
Neugier *f*, **Neugierde** *f* ⟨~⟩ curiosité *f*
neugierig *adj* curieux (*auf* [+ *acc*] de); *ich bin neugierig, ob* ... je suis curieux de voir si ...
Neugründung *f* (nouvelle) fondation
Neuguinea *n* ⟨~s⟩ la Nouvelle-Guinée
Neuheit *f* ⟨~; ~en⟩ nouveauté *f*
Neuigkeit *f* ⟨~; ~en⟩ nouvelle *f*
Neujahr *n* jour *m* de l'An; nouvel an
Neujahrsbotschaft *f* message *m* de nouvel an
Neujahrsgruß *m* vœux *m/pl* (de bonne année)
Neujahrsnacht *f* nuit *f* de la Saint-Sylvestre
Neujahrstag *m* jour *m* de l'An
Neuland *n* *fig* nouveau domaine; *Neuland betreten* s'aventurer en terrain vierge
neulich *adv* récemment; l'autre jour
Neuling *m* ⟨~s; ~e⟩ novice *m,f*
neumodisch *adj* à la (dernière) mode
Neumond *m* nouvelle lune
neun [nɔyn] *num/c* neuf; *beim Kegeln* **alle neune!** strike!; → *acht*
Neun *f* ⟨~; ~en⟩ neuf *m*; F *ach, du grüne Neune!* F il ne manquait plus que ça!
neun..., **Neun...** → *acht...*, *Acht...*
Neuner *m* ⟨~s; ~⟩ neuf *m*
neunerlei *adj* ⟨*inv*⟩ de neuf sortes, espèces différentes
neunfach **I** *adj* neuf fois; → *achtfach* **II** *adv* neuf fois (plus)
Neunfache(s) *n* ⟨→ A⟩ neuf fois la quantité, la somme, *etc*
neunhundert *num/c* neuf cent(s)
neunjährig *adj* (*neun Jahre alt*) (âgé) de neuf ans; (*neun Jahre lang*) de neuf ans; qui dure neuf ans
neunmal *adv* neuf fois
neunmalklug *adj iron* qui se croit toujours très malin
neunt [nɔynt] *adv* *zu neunt* à neuf; *zu neunt sein* être neuf
neuntausend *num/c* neuf mille
neunte *num/o* neuvième; → *achte*
Neuntel *n* ⟨~s; ~⟩ neuvième *m*
neuntens *adv* neuvièmement
neunzehn *num/c* dix-neuf; → *acht*
neunzig ['nɔyntsıç] *num/c* quatre-vingt-dix; *Belgien, schweiz* nonante; → *achtzig*
Neunzig *f* ⟨~⟩ quatre-vingt-dix *m*
neunziger *adj* ⟨*inv*⟩ *die neunziger Jahre* *n/pl* les années *f/pl* quatre-vingt-dix
neunzigjährig *adj* (*neunzig Jahre alt*) (âgé) de quatre-vingt-dix ans; (*neunzig Jahre lang*) de quatre-vingt-dix ans; qui dure quatre-vingt-dix ans
Neuordnung *f* réorganisation *f*
Neuralgie [nɔyral'giː] *f* ⟨~; ~n⟩ névralgie *f*
neuralgisch [-'ralgıʃ] *adj* névralgique (*a st/s fig Punkt*)
Neureg(e)lung *f* nouvelle réglementation

neureich *adj* parvenu
Neureiche(r) *f(m)* nouveau riche *m*, nouvelle riche *f*; parvenu(e) *m(f)*
Neurochirurgie [nɔʏroçirur'giː] *f* neurochirurgie *f*
Neurodermitis *f* ⟨∼; -tiden⟩ névrodermite *f*
Neurologe *m* ⟨∼n; ∼n⟩, **Neurologin** *f* ⟨∼; ∼nen⟩ neurologue *m,f*
neurologisch *adj* neurologique
Neurose [nɔʏ'roːzə] *f* ⟨∼; ∼n⟩ névrose *f*
Neurotiker(in) *m* ⟨∼s; ∼⟩ *(f)* ⟨∼in; ∼innen⟩ névrosé(e) *m(f)*
neurotisch *adj* névrosé; névrotique
Neuschnee *m* neige fraîche
Neuseeland *n* ⟨∼s⟩ la Nouvelle-Zélande
Neuseeländer(in) [-lɛndər(ɪn)] *m* ⟨∼s; ∼⟩ *(f)* ⟨∼in; ∼innen⟩ Néo-Zélandais(e) *m(f)*
neuseeländisch *adj* néo-zélandais
neusprachlich *adj* de(s) langues vivantes
neutral [nɔʏ'traːl] *adj* neutre *(a* CHIM*)*
neutralisieren *v/t* ⟨*sans ge*⟩ neutraliser *(a* CHIM*)*
Neutralität *f* ⟨∼⟩ neutralité *f*
Neutron ['nɔʏtrɔn] *n* ⟨∼s; -tronen⟩ neutron *m*
Neutronenbombe *f* bombe *f* à neutrons
Neutrum ['nɔʏtrum] *n* ⟨∼s; -tra *ou* -tren⟩ GR neutre *m*
Neuverschuldung *f* POL endettement *m* budgétaire supplémentaire
Neuwagen *m* voiture neuve
Neuwahl *f* nouvelle élection
neuwertig *adj* à l'état neuf; comme neuf
Neuzeit *f* temps *m/pl* modernes; époque contemporaine, actuelle
neuzeitlich *adj* moderne
Neuzugang *m* **1.** *im Krankenhaus* arrivée *f* **2.** *von Waren* nouvel arrivage; *e-r Bibliothek* nouvelle acquisition
Newsgroup ['njuːsgruːp] *f* ⟨∼; ∼s⟩ INFORM groupe *m*, forum *m* de discussion
Newsletter [-lɛtər] *m* ⟨∼$; ∼$⟩ INFORM newsletter *f*
Nicaragua [nika'raːgua] *n* ⟨∼s⟩ le Nicaragua
nicht [nɪçt] *adv* ne ... pas; F pas; *vor Infinitiv* ne pas; *ohne Verb* pas; **nicht ein einziger** pas un seul; **nicht, dass ...** ce n'est pas que ... (+ *subj*); **nicht?, nicht wahr?** n'est-ce pas?; **nicht so schön wie ...** moins beau que ...; **... auch nicht** ... non plus; **nicht rostend** inoxydable
Nicht... *in Zssgn oft* non *od* non-...
Nichtachtung *f* manque *m* d'égard
Nichtangriffspakt *m* pacte *m* de non-agression
Nichtbeachtung *f* non-respect *m*
Nichte ['nɪçtə] *f* ⟨∼; ∼n⟩ nièce *f*
nichtehelich *adj* né hors mariage
Nichteinhaltung *f* *e-s Vertrages* violation *f*
Nichteinmischung *f* non-intervention *f*
Nichterfüllung *f* non-exécution *f*; non-accomplissement *m*
Nichterscheinen *n* absence *f*; **Nichterscheinen vor Gericht** non-comparution *f*
nichtig *adj* **1.** JUR nul; de nulle valeur **2.** *fig* (*nichtssagend*) futile
Nichtigkeit *f* ⟨∼; ∼en⟩ **1.** JUR nullité *f* **2.** *fig* (*Belanglosigkeit*) futilité *f* **3.** (*Bagatelle*) rien *m*
Nichtmitglied *n* non-membre *m*
nichtöffentlich *adj* non public; *Sitzung* à 'huis clos
Nichtraucher *m* non-fumeur *m*; *Schild a* défen-

se de fumer; **ich bin Nichtraucher** je ne fume pas
Nichtraucherabteil *n* compartiment *m* non-fumeurs
Nichtraucherzone *f* zone *f*, espace *m* non-fumeurs
nichts [nɪçts] *pr/ind* ⟨*inv*⟩ rien; *mit Verb* ne ... rien; **nichts and(e)res** rien d'autre; **nichts ahnend** qui ne se doute de rien; **nichts sagend** → **nichtssagend**; F **nichts da!** F pas de ça!; F **nichts wie hin!** vite, allons-y!; F **nichts wie weg!** F tirons-nous!; F filons!; F **für nichts und wieder nichts** pour rien; **ich hatte nichts als Scherereien** je n'ai eu que des ennuis
Nichts *n* ⟨∼⟩ **1.** néant *m*; (*wie*) **aus dem Nichts auftauchen** surgir du néant; **er steht vor dem Nichts** il se retrouve sans rien **2.** *péj* (*Mensch*) minable *m,f*
nichtsahnend *adjt* → **nichts**
Nichtschwimmer(in) *m(f)* non-nageur, -euse *m,f*
nichtsdestotrotz F *plais adv*, **nichtsdestoweniger** *adv* néanmoins
Nichtsesshafte(r) *f(m)* ⟨→ A⟩ personne *f* sans domicile fixe; SDF *m,f*; nomade *m,f*
Nichtsnutz *m* ⟨∼es; ∼e⟩ bon *m*, propre *m* à rien; vaurien *m*
nichtsnutzig *adj* qui ne vaut rien
nichtssagend *adjt* insignifiant; *Worte* vide de sens; futile
Nichtstuer(in) [-tuːər(ɪn)] *m* ⟨∼s; ∼⟩ *(f)* ⟨∼in; ∼innen⟩ fainéant(e) *m(f)*
Nichtstun *n* inaction *f*; oisiveté *f*
Nichtvorhandensein *n* absence *f*
Nichtwähler *m* abstentionniste *m*
Nichtwissen *n* ignorance *f*
Nichtzahlung *f* non-paiement *m*
Nichtzutreffende(s) *n* ⟨→ A⟩ **Nichtzutreffendes streichen** rayer les mentions inutiles
Nickel ['nɪkəl] *n* ⟨∼s⟩ nickel *m*
Nickelbrille *f* lunettes *f/pl* à monture de métal
nicken ['nɪkən] *v/i* faire un signe de (la) tête; *zustimmend* faire un signe de tête affirmatif
Nickerchen F *n* ⟨∼s; ∼⟩ somme *m*; F roupillon *m*; **ein Nickerchen machen** faire un petit somme; F piquer un roupillon
Nicki ['nɪki] *m* ⟨∼$; ∼s⟩ pull *m* en velours
nie [niː] *adv* jamais; *mit Verb* ne ... jamais; **nie und nimmer!** jamais de la vie!; **nie wieder, nie mehr** plus jamais; **noch nie da gewesen** sans précédent
nieder ['niːdər] *adv* à bas (**mit den Verrätern!** les traîtres!)
niederbrennen ⟨*irr*⟩ **I** *v/t* réduire en cendres **II** *v/i* ⟨sn⟩ être détruit par un incendie
niederbrüllen *v/t* conspuer; 'huer
niederdeutsch *adj* de l'Allemagne du Nord
niederdrücken *v/t* **1.** *Taste, Knopf* appuyer sur; *Hebel* abaisser **2.** *fig* accabler; déprimer
niedere *adj* **1.** *im Rang, Wert* bas; petit; inférieur; *Gesinnung* ignoble; bas **2.** BIOL inférieur
Niedergang *st/s m* déclin *m*; décadence *f*
niedergedrückt *adjt* abattu; accablé
niedergehen *v/i* ⟨*irr*, sn⟩ *Gewitter, Regenguss* s'abattre; *Flugzeug* descendre
niedergeschlagen *adjt* abattu; déprimé; (*entmutigt*) découragé
Niedergeschlagenheit *f* ⟨∼⟩ abattement *m*; dé-

couragement *m*

niederknien *v/i* ⟨sn⟩ s'agenouiller; *vor j-m nie-derknien* tomber à genoux devant qn

niederkommen *st/s v/i* ⟨irr, sn⟩ accoucher (*mit* de)

Niederkunft ['-kʊnft] *st/s f* ⟨~; ⸚e⟩ accouchement *m*

Niederlage *f* défaite *f*

Niederlande *n/pl* ⟨~⟩ *die Niederlande* les Pays--Bas *m/pl*

Niederländer(in) ['-lɛndər(ɪn)] *m* ⟨~s; ~⟩ (*f*) ⟨~in; ~innen⟩ Néerlandais(e) *m*(*f*)

niederländisch *adj* néerlandais

niederlassen *v/r* ⟨irr⟩ *sich niederlassen* **1.** *st/s* (*sich setzen*) s'asseoir; *Vögel* se poser **2.** (*ansässig werden*) s'installer

Niederlassung *f* ⟨~; ~en⟩ **1.** (*Sichniederlassen*) installation *f* **2.** COMM succursale *f*; *e-r Bank* agence *f*

niederlegen *v/t* **1.** déposer **2.** *fig Waffen* mettre bas; *sein Amt niederlegen, die Arbeit niederlegen* se démettre **3.** *etw schriftlich niederlegen* mettre qc par écrit

Niederlegung *f* ⟨~; ~en⟩ *e-s Kranzes* dépôt *m*; *e-s Amts* démission *f*

niedermachen *v/t* massacrer

niedermetzeln *v/t* ⟨¢⟩ massacrer

niederprasseln *v/i* ⟨¢, sn⟩ *Regen* crépiter; *fig Kritik etc auf j-n niederprasseln* pleuvoir sur qn

niederreißen *v/t* ⟨irr⟩ *Gebäude* démolir

Niedersachsen *n* la Basse-Saxe

niederschießen *v/t* ⟨irr⟩ abattre

Niederschlag *m* **1.** MÉTÉO *meist pl* **Niederschläge** précipitations *f/pl*; *radioaktiver Niederschlag* retombées radioactives **2.** *fig s-n Niederschlag finden in* (+ *dat*) se manifester dans **3.** CHIM précipité *m*

niederschlagen ⟨irr⟩ **I** *v/t* **1.** (*zu Boden schlagen*) assommer **2.** *Aufstand* réprimer **3.** *Augen* baisser **II** *v/r* *sich niederschlagen* **4.** CHIM se déposer; (se) précipiter **5.** *fig* (*sichtbar werden*) se manifester (*in* [+ *dat*] dans)

niederschlagsarm *adj* peu pluvieux

niederschlagsfrei *adj* sans pluie, précipitations

Niederschlagsmenge *f* régime *m* des pluies; pluviosité *f*

niederschlagsreich *adj* pluvieux

niederschmettern *v/t* terrasser (*a fig*)

niederschmetternd *adjt* bouleversant

niederschreiben *v/t* ⟨irr⟩ mettre par écrit

Niederschrift *f Vorgang* rédaction *f*; (*Geschriebenes*) compte rendu; JUR procès-verbal *m*

Niederspannung *f* basse tension

niederstechen *v/t* ⟨irr⟩ blesser, (*erstechen*) tuer d'un coup de couteau

niederstrecken *st/s v/t* assommer; terrasser

Niedertracht *f* bassesse *f*; infamie *f*

niederträchtig *adj* bas; ignoble; infâme

Niederung *f* ⟨~; ~en⟩ terrain bas; *fig pl* **Niederungen** bas-fonds *m/pl*

niederwerfen *st/s* ⟨irr⟩ *v/t* **I** *Gegner* terrasser; *fig* (*besiegen*) vaincre; *Aufstand* réprimer **II** *v/r* *sich niederwerfen* se jeter à terre; *sich vor j-m niederwerfen* se jeter aux pieds de qn

niedlich ['niːtlɪç] *adj* mignon

niedrig ['niːdrɪç] **I** *adj* bas (*a rang-, wert-, zahlungsmäßig, fig*); *niedriger als etw* inférieur à

qc **II** *adv räumlich, fig* bas

Niedrigkeit *f* ⟨~⟩ bassesse *f* (*a der Gesinnung*)

Niedriglohn *m* bas salaire

Niedriglohnland *n* pays *m* à faibles revenus, à bas salaires

Niedrigpreis *m* bas prix

niemals → *nie*

niemand ['niːmant] *pr/ind Subjekt* personne; *beim Verb* personne … ne; *Objekt* ne … personne; *es war niemand da* il n'y avait personne; *niemand ander(e)s* personne d'autre; nul autre; *niemand mehr* plus personne

Niemandsland *n* no man's land *m*

Niere ['niːrə] *f* ⟨~; ~n⟩ **1.** ANAT rein *m*; F *fig das geht mir an die Nieren* ça me bouleverse **2.** CUIS rognon *m*

Nierenbecken *n* bassinet *m*

Nierenbeckenentzündung *f* pyélite *f*

Nierenentzündung *f* néphrite *f*

nierenförmig *adj Tisch, Schale etc* 'haricot; rognon

Nierenkolik *f* colique *f* néphrétique

Nierenleiden *n* maladie *f* des reins, rénale

Nierenschale *f* MÉD 'haricot *m*

Nierenstein *m* calcul rénal

Nierentransplantation *f* greffe *f* de *bzw* du rein

nieseln ['niːzəln] *v/imp* ⟨¢⟩ bruiner

Nieselregen *m* bruine *f*; crachin *m*

niesen ['niːzən] *v/i* ⟨¢ß⟩ éternuer

Niespulver *n* poudre *f* à éternuer

Niete[1] ['niːtə] *f* ⟨~; ~n⟩ **1.** LOTTERIE billet, numéro perdant **2.** F *fig* (*Versager*) F minable *m*; nullité *f*

Niete[2] *f* ⟨~; ~n⟩ TECH rivet *m*

nieten *v/t* ⟨-e-⟩ river; riveter

Niger ['niːgər] *n* ⟨~s⟩ le Niger

Nigeria [ni'geːria] *n* ⟨~s⟩ le Nigeria

Nihilismus [nihi'lɪsmʊs] *m* ⟨~⟩ nihilisme *m*

Nihilist(in) *m* ⟨~en; ~en⟩ (*f*) ⟨~in; ~innen⟩ nihiliste *m,f*

nihilistisch *adj* nihiliste

Nikolaus ['nɪkolaʊs] *m* ⟨~; ~e⟩ *Gestalt* Saint--Nicolas *m*

Nikolaustag *m* Saint-Nicolas *f*

Nikotin [niko'tiːn] *n* ⟨~s⟩ nicotine *f*

nikotinarm *adj* dénicotinisé

nikotinfrei *adj* exempt de, sans nicotine; dénicotinisé

Nikotingehalt *m* teneur *f* en nicotine

nikotinhaltig *adj* nicotineux

Nil ['niːl] ⟨ß⟩ *der Nil* le Nil

Nilpferd ['niːl-] *n* hippopotame *m*

Nimbus ['nɪmbʊs] *m* ⟨~; ~se⟩ auréole *f* (*a fig*)

Nimmerwiedersehen [nɪmər'-] F *n auf Nimmerwiedersehen verschwinden* F disparaître de la circulation

nimmt [nɪmt] → *nehmen*

Nippel ['nɪpəl] *m* ⟨~s; ~⟩ TECH raccord *m*

nippen ['nɪpən] *v/i* (*an etw* [*dat*]) *nippen* boire (qc) à petits coups; F siroter (qc)

Nippes ['nɪpəs] *pl* bibelots *m/pl*

nirgends ['nɪrgənts], **nirgendwo** *adv mit Verb* ne… nulle part; *ohne Verb* nulle part

Nirwana [nɪr'vaːna] *n* ⟨~ß⟩ nirvâna *m*

Nische ['niːʃə] *f* ⟨~; ~n⟩ niche *f*

Nisse ['nɪsə] *f* ⟨~; ~n⟩ ZO lente *f*

nisten ['nɪstən] *v/i* ⟨-e-⟩ nicher; faire son nid

Nistkasten *m* nichoir *m*

Nistplatz *m* lieu *m* de nidification
Nitrat [ni'traːt] *n* ⟨~¢s; ~e⟩ nitrate *m*
Nitroglyzerin [nitroglytse'riːn] *n* nitroglycérine *f*
Niveau [ni'voː] *n* ⟨~s; ~s⟩ niveau *m*; *Niveau haben* avoir un certain niveau; *kein Niveau haben Artikel, Film* être d'un niveau médiocre; *Person* être nul; *das ist unter meinem Niveau* ce n'est pas de mon niveau
niveaulos *adj* sans valeur intellectuelle
nivellieren [nivɛ'liːrən] *v/t* ⟨sans ge⟩ niveler
Nivellierung *f* ⟨~; ~en⟩ nivellement *m*
nix [nɪks] F → *nichts*
Nixe ['nɪksə] *f* ⟨~; ~n⟩ ondine *f*
Nizza ['nɪtsa] *n* ⟨~s⟩ Nice
nobel ['noːbəl] *adj* ⟨-bl-⟩ **1.** *st/s* (*edel*) noble **2.** F (*freigebig*) généreux **3.** F (*luxuriös*) de luxe; *Haus, Einrichtung etc* élégant; chic
Nobelherberge *f* hôtel *m* de luxe
Nobelkarosse F *f* F super voiture *f*
Nobelpreis [no'bɛl-] *m* prix *m* Nobel
Nobelpreisträger(in) *m(f)* lauréat(e) *m(f)* du prix Nobel
noch [nɔx] **I** *adv* **1.** (*bisher*) encore; *noch nicht* (ne...) pas encore; *noch nie* (ne...) jamais encore; *kaum noch* à peine **2.** (*nicht später als*) encore; *noch heute* aujourd'hui même, encore **3.** (*später*) *er kommt noch* il va venir **4.** (*zusätzlich*) encore; *es sind nur noch fünf Minuten* il n'y a, il ne reste plus que cinq minutes; F *noch und noch* tant et plus **5.** *Vergleich* **zwölf oder noch mehr** douze ou même plus; *man kann noch so vorsichtig sein* on a beau être prudent; *wenn er auch noch so reich wäre* quelque *od* si riche qu'il soit **II** *conj* → *weder*
nochmalig *adj* nouveau
nochmals *adv* encore une fois
Nockenwelle ['nɔkən-] *f* arbre *m* à cames
Nockerl ['nɔkərl] *n* ⟨~s; ~n⟩ *bes österr* quenelle *f*; *Salzburger Nockerln* soufflé *m* à la vanille
Nomade [no'maːdə] *m* ⟨~n; ~n⟩ nomade *m*
Nomadenleben *n* ⟨~s⟩ vie *f* nomade
Nomadenvolk *n* peuple *m* nomade
Nomadin *f* ⟨~; ~nen⟩ nomade *f*
nominal [nomi'naːl] *adj* ÉCON, GR nominal
Nominativ ['noːminatiːf] *m* ⟨~s; ~e⟩ GR nominatif *m*
nominell *adj* nominal
nominieren *v/t* ⟨sans ge⟩ désigner; SPORT sélectionner
No-Name-Produkt ['noːˈneːm-] *n* article *m* sans marque
Nonne ['nɔnə] *f* ⟨~; ~n⟩ religieuse *f*; sœur *f*
Nonnenkloster *n* couvent *m* de femmes
Nonsens ['nɔnzɛns] *m* ⟨~¢s⟩ non-sens *m*
nonstop [nɔn'stɔp] *adv* en non-stop
Nonstopflug *m* vol *m* sans escale
Noppe ['nɔpə] *f* ⟨~; ~n⟩ TEXT nope *f*
Nord ['nɔrd] *m* ⟨sans article ni pl⟩ nord *m*
Nordafrika *n* l'Afrique *f* du Nord
Nordafrikaner(in) *m(f)* Nord-Africain(e) *m(f)*
nordafrikanisch *adj* nord-africain
Nordamerika *n* l'Amérique *f* du Nord
Nordamerikaner(in) *m(f)* Américain(e) *m(f)* du Nord
nordamerikanisch *adj* d(e l)'Amérique du Nord
Nordatlantikpakt *m* Pacte *m* atlantique

norddeutsch *adj* d(e l)'Allemagne du Nord
Norddeutschland *n* l'Allemagne *f* du Nord
Norden ['nɔrdən] *m* ⟨~s⟩ nord *m*; *e-s Lands, e-r Stadt* Nord *m*; *im Norden (von)* au nord (de)
Nordeuropa *n* l'Europe septentrionale, du Nord
Nordic Walking ['nɔrdik'voːkɪŋ] *n* ⟨~s⟩ SPORT marche *f* nordique
Nordirland *n* l'Irlande *f* du Nord
nordisch *adj* nordique
Nordkap *n* cap *m* Nord
Nordkorea *n* la Corée du Nord
Nordküste *f* côte nord, septentrionale
nördlich ['nœrtlɪç] **I** *adj* du nord; septentrional; *Breite* boréal **II** *adv* au nord (*von* de)
Nordlicht *n* aurore boréale
Nordost(en) *m* nord-est *m*
nordöstlich **I** *adj* du nord-est **II** *adv* au nord-est (*von* de)
Nordpol *m* pôle *m* Nord
Nordrhein-Westfalen ['nɔrtraɪnvɛst'faːlen] *n* ⟨~s⟩ la Rhénanie-du-Nord-Westphalie
Nordsee *f* mer *f* du Nord
Nordseite *f* (côté *m*) nord *m*
Nordwand *f e-s Bergs* face *f* nord
nordwärts *adv* vers le nord; au nord
Nordwest(en) *m* nord-ouest *m*
nordwestlich **I** *adj* du nord-ouest **II** *adv* au nord-ouest (*von* de)
Nordwind *m* vent *m* du nord
Nörgelei [nœrgə'laɪ] *f* ⟨~; ~en⟩ ronchonnement *m*; critiques *f/pl*
nörgeln *v/i* ⟨¢⟩ F râler; ronchonner
Nörgler(in) *m* ⟨~s; ~⟩ (*f*) ⟨~in; ~innen⟩ F râleur, -euse *m,f*
Norm [nɔrm] *f* ⟨~; ~en⟩ norme *f* (*a* TECH)
normal *adj* normal; F *er ist nicht (ganz) normal* F il est piqué, cinglé
Normalbenzin *n* essence *f* ordinaire
normalerweise *adv* normalement
Normalfall *m* cas normal; *im Normalfall* normalement
Normalgewicht *n* poids normal
normalisieren ⟨sans ge⟩ *v/t* (*u v/r sich normalisieren* se) normaliser
Normalisierung *f* ⟨~; ~en⟩ normalisation *f*
Normalität *f* ⟨~⟩ normalité *f*
Normalnull *n* ⟨~s⟩ niveau moyen de la mer
Normalsterbliche(r) *m* ⟨→ A⟩ *der Normalsterbliche, ein Normalsterblicher* Monsieur Tout-le-monde
Normalverbraucher *m* consommateur moyen
Normalzustand *m* état normal
Normandie [nɔrman'diː] ⟨~⟩ *die Normandie* la Normandie
normen *v/t*, **normieren** *v/t* ⟨sans ge⟩ normaliser; standardiser
Norwegen ['nɔrveːgən] *n* ⟨~s⟩ la Norvège
Norweger(in) *m* ⟨~s; ~⟩ (*f*) ⟨~in; ~innen⟩ Norvégien, -ienne *m,f*
norwegisch *adj* norvégien
Nostalgie [nɔstal'giː] *f* nostalgie *f*
nostalgisch *adj* nostalgique; *Mode, Musik* rétro
Not [noːt] *f* ⟨~; ~e⟩ **1.** (*Notwendigkeit*) nécessité *f*; besoin *m*; *wenn Not am Mann ist* en cas de nécessité; *aus der Not e-e Tugend machen* faire de nécessité vertu; *zur Not* à la rigueur;

N

Notiz ≠ notice

Ich möchte Sie bitten, sich **Notizen** zu machen. | Je vous prie de prendre des **notes**.

Pour comprendre le fonctionnement de cette cafetière, il faut lire la **notice**. | Um das Funktionieren dieser Kaffeemaschine zu verstehen, muss man die **Bedienungsanleitung** lesen.

→ **nottun 2.** (*Notlage*) détresse *f*; **in Not** (*dat*) **sein** être dans la détresse **3.** (*Mühe*) peine *f*; **mit knapper Not** de justesse; **s-e liebe Not mit etw, j-m haben** avoir bien du mal avec qc, qn **4.** (*Mangel*) pénurie *f*; (*Elend*) misère *f*; **in Not** (*acc*) **geraten** tomber dans la misère; **Not leiden, in Not** (*dat*) **sein** être, se trouver dans la misère, le besoin; **Not leidend** nécessiteux; *p/fort* miséreux

Notar(in) [no'taːr(ɪn)] *m* ⟨~s; ~e⟩ (*f*) ⟨~in; ~innen⟩ notaire *m*

Notariat *n* ⟨~ɛs; ~e⟩ **1.** *Amt* notariat *m* **2.** *Büro* étude *f* de notaire

notariell I *adj* notarié **II** *adv* **notariell beglaubigt** notarié

Notarzt *m*, **Notärztin** *f* médecin *m* d'urgence; → *Info bei* **Notrufnummer**

Notarztwagen *m* unité mobile hospitalière

Notaufnahme *f* im *Krankenhaus* service *m* des urgences

Notaufnahmelager *n* camp *m*, centre *m* d'accueil

Notausgang *m* sortie *f* de secours

Notausstieg *m* AVIAT sortie *f* de secours

Notbehelf *m* pis-aller *m*; expédient *m*

Notbeleuchtung *f* éclairage *m* de secours, *im Theater, Kino etc* de sûreté; veilleuse *f*

Notbremse *f* signal *m* d'alarme; **die Notbremse ziehen** tirer le signal d'alarme; *fig* donner, sonner l'alarme

Notdienst *m* (service *m* de) garde *f*; **Notdienst haben** être de garde

Notdurft ['noːtdʊrft] *st/s f* ⟨~⟩ **s-e Notdurft verrichten** faire ses besoins

notdürftig I *adj* (*knapp*) à peine suffisant; (*behelfsmäßig*) provisoire **II** *adv* provisoirement; sommairement; **notdürftig bekleidet** à peine vêtu

Note ['noːtə] *f* ⟨~; ~n⟩ **1.** DIPL, MUS note *f*; **ganze Note** ronde *f*; **halbe Note** blanche *f*; **nach Noten singen** chanter sur partition **2.** SCHULE, SPORT note *f*; point *m* **3.** *schweiz* (*Banknote*) billet *m* (de banque) **4.** *fig* (*Eigenart*) cachet *m*; (*Gepräge*) note *f*

Notebook ['noːtbʊk] *n* ⟨~s; ~s⟩ (petit ordinateur) portable *m*

Notenbank *f* ⟨~; ~en⟩ banque *f* d'émission

Notenblatt *n* partition *f*

Notendurchschnitt *m* moyenne *f* (des notes)

Notenhals *m* queue *f*

Notenheft *n* cahier *m* de musique

Notenkopf *m* tête *f* d'une note

Notenlinie *f* ligne *f*

Notenpapier *n* papier *m* à musique

Notenschlüssel *m* MUS clé *f*

Notenständer *m* pupitre *m* (à musique)

Notfall *m* urgence *f*; cas *m* de besoin; **im Notfall** en cas de besoin; (*wenn es nicht anders geht*) à

la rigueur; **für den Notfall** en cas de besoin

notfalls *adv* en cas de besoin; (*wenn es nicht anders geht*) à la rigueur; (*schlimmstenfalls*) au pire

notgedrungen *adv* contraint et forcé

Notgroschen *m* réserve *f*; (petites) économies

notieren ⟨*sans ge*⟩ **I** *v/t* **1.** (*sich* [*dat*]) **etw notieren** noter qc **2.** BÖRSE coter **II** *v/i* BÖRSE être coté

Notierung *f* ⟨~; ~en⟩ BÖRSE cotation *f*; cours *m*

nötig ['nøːtɪç] *adj* nécessaire; **es ist nötig zu** (+ *inf*) il faut (+ *inf*); **es ist nötig, dass ...** il faut que ... (+ *subj*); **wenn nötig** si besoin est; **etw nötig haben** avoir besoin de qc; *fig* **das habe ich (doch) nicht nötig** je n'ai pas besoin de ça; F **du hast es gerade nötig** F tu ne manques pas d'air!; **das wäre doch nicht nötig gewesen!** Geschenke etc vous n'auriez pas dû!

nötigen *v/t* **1.** (*zwingen*) **j-n nötigen, etw zu tun** obliger, contraindre qn à faire qc **2.** *st/s* (*dringend bitten*) inviter; prier; **sich nötigen lassen** se faire prier

Nötigung *f* ⟨~; ~en⟩ coercition *f*; contrainte *f* (*a* JUR)

Notiz [no'tiːts] *f* ⟨~; ~en⟩ **1.** (*schriftlicher Vermerk*) note *f*; **sich** (*dat*) **Notizen machen** prendre des notes **2.** (*Zeitungsnotiz*) entrefilet *m* **3.** **von etw Notiz nehmen** prendre note de qc; **keine Notiz von etw nehmen** ne tenir nul compte de qc

Notizblock *m* ⟨~ɛs; ~s *ou* -blöcke⟩ bloc-notes *m*

Notizbuch *n* carnet *m*

Notizzettel *m* fiche *f*

Notlage *f* situation *f* difficile; détresse *f*; embarras *m*

notlanden *v/i* ⟨-e-, -ge-, sn⟩ faire un atterrissage forcé

Notlandung *f* atterrissage forcé

notleidend *adjt* nécessiteux; *p/fort* miséreux

Notlösung *f* expédient *m*; pis-aller *m*

Notlüge *f* pieux mensonge

Notmaßnahme *f* mesure *f* d'urgence

Notopfer *n* impôt exceptionnel

notorisch [no'toːrɪʃ] *adj* notoire

Notruf *m* appel *m* d'urgence

Notrufnummer *f* numéro *m* d'urgence

Notrufsäule *f* poste *m* d'appel d'urgence

Notrutsche *f* AVIAT toboggan *m*

notschlachten *v/t* ⟨-e-, -ge-⟩ abattre

Notschlachtung *f* abattage forcé, d'urgence

Notsignal *n* signal *m* de détresse, d'alarme

Notsitz *m* strapontin *m*

Notstand *m* état *m* d'urgence

Notstandsgebiet *n* région sinistrée

Notstromaggregat *n* groupe *m* (électrogène), génératrice *f* de secours

Nottaufe *f* CATH ondoiement *m*; PROT baptême *m* d'urgence

Notrufnummern

Die folgenden **Notrufnummern** gelten in ganz Frankreich und sind gebührenfrei. Sie können von allen Telefonzellen aus ohne Telefonkarte angewählt werden:

15	Notarzt	**le SAMU** [samy]
17	Polizei	**la police**
18	Feuerwehr	**les pompiers**

---

nottun st/s v/imp ⟨irr⟩ être nécessaire; **es tut not, dass ...** il faut que ... (+ subj)
Notunterkunft f logement m provisoire
Notverband m premier pansement
notwassern v/i ⟨-ge-, sn⟩ faire un amerrissage forcé
Notwasserung f ⟨~; ~en⟩ amerrissage forcé
Notwehr f légitime défense f; **aus Notwehr** en état de légitime défense
notwendig adj nécessaire
Notwendigkeit f ⟨~; ~en⟩ nécessité f
Notzeit f **in Notzeiten** (dat) en temps de crise
Notzucht f viol m
Nougat ['nu:gat] m od n ⟨~s; ~s⟩ praliné m
Novelle [no'vɛlə] f ⟨~; ~n⟩ **1.** (Erzählung) nouvelle f **2.** POL, JUR loi f dérogatoire; amendement m
November [no'vɛmbər] m ⟨~s; ~⟩ (mois m de) novembre m; → **Januar**
Novität [novi'tɛːt] f ⟨~; ~en⟩ nouveauté f
Novize [no'viːtsə] m ⟨~n; ~n⟩, **Novizin** f ⟨~; ~nen⟩ CATH u fig novice m,f
Novum ['noːvʊm] n ⟨~s; -va⟩ nouveauté f; fait nouveau
Nr. abr (Nummer) N°
Nu [nu:] m ⟨~⟩ **im Nu** en un rien de temps; en un clin d'œil
Nuance [ny'ãːsə] f ⟨~; ~n⟩ nuance f (a fig)
nüchtern ['nʏçtərn] adj **1.** (mit leerem Magen) à jeun **2.** (nicht betrunken) à jeun; **nüchtern werden** se dégriser **3.** fig Mensch, Kritik objectif; Stil sobre
nuckeln ['nʊkəln] F v/i ⟨¢⟩ **an etw** (dat) **nuckeln** sucer qc
Nudel ['nuːdəl] f ⟨~; ~n⟩ **1.** CUIS nouille f; (Fadennudel) vermicelle m; **Nudeln** pl a pâtes f/pl **2.** F fig **ulkige Nudel** F fille marrante
Nudelholz n rouleau m à pâtisserie
Nudelsalat m salade f de pâtes, de nouilles
Nudelsuppe f potage m au vermicelle
Nudismus [nu'dɪsmʊs] m ⟨~⟩ nudisme m
Nudist(in) [nu'dɪst(ɪn)] m ⟨~en; ~en⟩ (f) ⟨~in; ~innen⟩ nudiste m,f
Nugat → **Nougat**
nuklear [nukle'aːr] adj nucléaire
Nuklearkrieg m → **Atomkrieg**
Nuklearmedizin f ⟨~⟩ médecine f nucléaire
Nuklearwaffe f arme f nucléaire
null [nʊl] **I** num/c zéro; **null Komma zwei** zéro virgule deux; **für null und nichtig erklären** déclarer nul et non avenu; **null Grad** zéro degré; **null Fehler** zéro faute **II** F adj ⟨inv⟩ **null Ahnung (von)** aucune idée (de)

Null f ⟨~; ~en⟩ zéro m; F fig **Ergebnis gleich Null** (au) résultat: zéro; F **in Null Komma nichts** F en moins de deux; F **er ist e-e Null** F c'est un zéro
Nullachtfünfzehn-... F péj in Zssgn quelconque; ordinaire; commun
Null-Bock-Generation F f F bof-génération f
Nulldiät f régime m sans calories; jeûne complet
Nulllösung f option f zéro
Nullpunkt m zéro m; F fig **auf dem Nullpunkt sein** avoir le moral à zéro
Nullrunde f gel m des salaires
Nulltarif m gratuité f; **zum Nulltarif** à titre gratuit; F gratis
Nullwachstum n croissance f zéro
numerisch [nu'meːrɪʃ] adj numérique
Numerus clausus ['nuːmərus'klauzus] m ⟨~⟩ numerus clausus m
Nummer ['nʊmər] f ⟨~; ~n⟩ numéro m (a Zeitungsnummer etc); (Rückennummer) dossard m; (Große) pointure f; (Vorführung) numéro m; F (Musikstück) morceau m; F **er ist e-e komische Nummer** F c'est un (drôle de) numéro
nummerieren [nume'riːrən] v/t ⟨sans ge⟩ numéroter
Nummerierung f ⟨~; ~en⟩ numérotage m
Nummernschild n plaque f minéralogique, d'immatriculation
nun [nuːn] adv **1.** (jetzt) maintenant; **von nun an** dorénavant; désormais **2.** unbetont **nun** (ja) enfin; **nun, was sagen Sie dazu?** eh bien! qu'en dites-vous?; bei Folgerungen **nun** (aber) or; **was nun?** alors?; **nun denn!, nun gut!** eh bien!; soit!
nunmehr st/s adv à présent; maintenant; (von jetzt an) désormais
nur [nuːr] adv **1.** ausschließlich ne ... que; ohne Verb meist seul; seulement; **nur aus Eitelkeit** par pure vanité; **nicht nur ..., sondern auch** non seulement ..., mais aussi; **nur gut, dass ...** (+ ind) heureusement que ... (+ ind); **alle, nur er nicht** tous excepté od sauf lui; **... nur, dass ...** sauf que... **2.** in Wunschsätzen **alles, nur das nicht!** tout sauf ça, mais pas ça!; **dass er nur nicht kommt!** mais qu'il ne vienne pas! **3.** ermunternd **nur zu** vas-y!; allez-y!; **nur keine Angst!** n'aie bzw n'ayez pas peur!; **geh nur!** va donc! **4.** warnend **er soll nur kommen!** qu'il (y) vienne!; **warte nur, ...!** attends un peu, ...! **5.** fragend, zweifelnd donc; **was soll ich nur sagen?** qu'est-ce que vous voulez que je vous dise? **6.** verallgemeinernd **so viel ich nur kann** (au)tant que je peux **7.** mit „zu", steigernd **ich weiß es nur zu gut** je ne le sais que trop (bien); **nur zu sehr** que trop
Nürnberg ['nʏrnbɛrk] n ⟨~s⟩ Nuremberg
nuscheln ['nʊʃəln] F v/i ⟨¢⟩ bredouiller; manger ses mots
Nuss [nʊs] f ⟨~; ≈e⟩ (Walnuss) noix f; (Haselnuss) noisette f; fig **e-e harte Nuss** un casse-tête
Nussbaum m noyer m (a Holz)
nussbraun adj brun (noyer)
Nussknacker m casse-noix m; für Haselnüsse casse-noisettes m
Nussschale f coquille f de noix (a fig)
Nussschokolade f chocolat m aux noisettes

Nüster ['nʏstər] *f* ⟨~; ~n⟩ naseau *m*
Nut [nuːt] *f* ⟨~; ~en⟩ rainure *f*
Nutte ['nʊtə] P *f* ⟨~; ~n⟩ P putain *f*
Nutzanwendung *f* utilisation *f*; application *f*
nutzbar ['nʊts-] *adj* (*brauchbar*) utilisable; *Boden, Wald, Ölvorkommen* exploitable; *etw nutzbar machen* exploiter qc
Nutzbarmachung *f* ⟨~⟩ utilisation *f*; exploitation *f*
nutzbringend *adjt* profitable; FIN productif
nütze ['nʏtsə] *adj zu etw nütze sein* servir à qc; *zu nichts nütze sein* ne servir à rien
Nutzeffekt *m* rendement *m*; TECH efficacité *f*
nutzen → **nützen**
Nutzen *m* ⟨~s⟩ **1.** (*Nützlichkeit*) utilité *f*; *von Nutzen sein* être utile **2.** (*Gewinn*) profit *m*; *Nutzen aus etw ziehen* tirer profit, parti de qc **3.** (*Vorteil*) avantage *m*; *zum Nutzen von* dans l'intérêt de
nützen ⟨¢ɟ⟩ **I** *v/t* **1.** AGR, TECH utiliser; exploiter **2.** *Gelegenheit etc* profiter de **II** *v/i* (*j-m* [*zu etw*]) *nützen* servir, être utile (à qn [pour qc]); *was nützt es, dass …?* à quoi bon (+ *inf*)?; *nichts nützen* ne servir à rien
Nutzer(in) *m* ⟨~s; ~⟩ (*f*) ⟨~in; ~innen⟩ ADM usager *m*; INFORM utilisateur, -trice *m,f*

Nutzfahrzeug *n* véhicule *m* utilitaire
Nutzfläche *f* surface *f* utile; *landwirtschaftliche Nutzfläche* surface cultivable
Nutzgarten *m* jardin potager
Nutzholz *n* bois *m* de construction
Nutzlast *f* charge *f* utile
nützlich *adj* utile; *sich nützlich machen* se rendre utile
Nützlichkeit *f* ⟨~⟩ utilité *f*
nutzlos *adj* inutile; vain
Nutzlosigkeit *f* ⟨~⟩ inutilité *f*
Nutznießer(in) [-niːsər(ɪn)] *m* ⟨~s; ~⟩ (*f*) ⟨~in; ~innen⟩ bénéficiaire *m,f*; JUR usufruitier, -ière *m,f*
Nutzpflanze *f* plante *f* utile
Nutzung *f* ⟨~; ~en⟩ (*Benutzung*) utilisation *f*; *des Bodens* exploitation *f*
Nutzungsrecht *n* *das Nutzungsrecht* (*an etw* [*dat*]) le droit *m* de jouissance (sur qc)
Nutzwert *m* valeur *f* d'usage
Nylon® ['naɪlɔn] *n* ⟨~s⟩ nylon® *m*
Nylonstrumpf *m* bas *m* nylon
Nymphe ['nʏmfə] *f* ⟨~; ~n⟩ MYTH, *fig* nymphe *f*
Nymphomanin [nʏmfo'maːnɪn] *f* ⟨~; ~nen⟩ nymphomane *f*

O

O¹, o [oː] *n* ⟨O, o; O, o⟩ O, o *m*
O² *abr* (*Ost*[*en*]) E.
o [oː] *int* oh!; *o ja, nein!* oh oui, non!; *o doch!* mais si!; *o Gott!* mon Dieu!
o. a. *abr* (*oben angeführt*) (mentionné) ci-dessus
o. Ä. *abr* (*oder Ähnliche*[*s*]) etwa etc.
Oase [o'aːzə] *f* ⟨~; ~n⟩ oasis *f* (*a fig*)
ob [ɔp] *conj* si; *ob er noch da ist?* je me demande s'il est encore là; *ob … oder …* que … (+ *subj*) ou que … (+ *subj*); *und ob!* et comment!
OB [oː'beː] *m abr* ⟨~ɟ; ~s⟩ (*Oberbürgermeister*) maire *m*
o. B. *abr* MÉD (*ohne Befund*) résultat négatif
Obacht ['oːbaxt] *f* ⟨~⟩ *Obacht!* attention!; *Obacht geben* faire attention (*auf* [+ *acc*] à)
ÖBB [øːbeː'beː] *f/pl* ⟨~⟩ *abr* (*Österreichische Bundesbahnen*) chemins de fer autrichiens
Obdach ['ɔpdax] *st/s n* abri *m*
obdachlos *adj* sans abri; (*nicht sesshaft*) sans domicile fixe
Obdachlose(r) *f(m)* ⟨→ A⟩ sans-abri *m,f*; (*Nichtsesshafte*[*r*]) sans domicile fixe *m,f*; SDF *m,f*
Obdachlosenasyl *n* foyer *m* d'accueil et d'hébergement pour sans-abri
Obdachlosigkeit *f* ⟨~⟩ manque *m* d'abri
Obduktion [ɔpdʊktsi'oːn] *f* ⟨~; ~en⟩ autopsie *f*
obduzieren [ɔpdu'tsiːrən] *v/t* ⟨*sans ge*⟩ faire l'autopsie de; autopsier
O-Beine F *n/pl* jambes arquées
oben ['oːbən] *adv* (*hoch oben*) en 'haut (*auf* [+ *acc ou dat*] de); (*auf der Oberfläche*) à la surface; *auf e-r Liste* en tête; *auf Kisten oben!* 'haut; *oben auf dem Berg* au sommet de la montagne; *oben erwähnt* susmentionné; *oben genannt* susnommé; *links, rechts oben* en 'haut à gauche, à droite; *auf Seite 10 oben* en 'haut de la page 10; F *oben ohne* seins nus
obenan *adv* en première position; *auf e-r Liste* en tête
obenauf *adv* **1.** dessus; (*an der Oberfläche*) à la surface **2.** *fig* *obenauf sein* F être en pleine forme
obendrein *adv* de plus
Oben-ohne-Bedienung *f* serveuse *f* aux seins nus
Ober ['oːbər] *m* ⟨~s; ~⟩ garçon *m*; *Herr Ober!* garçon!; Monsieur!
Ober… *in Zssgn räumlich* supérieur *m*; GÉOGR 'haut; *Rang* (en) chef
Oberarm *m* bras *m*
Oberarzt *m*, **Oberärztin** *f* médecin-chef *m*
Oberaufsicht *f* surveillance générale
Oberbefehl *m* commandement *m* suprême (*über* [+ *acc*] de)
Oberbefehlshaber *m* commandant *m* en chef
Oberbegriff *m* terme *m* générique

Oberbekleidung *f* vêtements *m/pl*
Oberbett *n* couette *f*
Oberbürgermeister *m* maire *m*
Oberdeck *n* MAR pont supérieur
obere *adj* supérieur (*a Schul-, Gesellschafts-klasse, Stockwerk*); *örtlich* d'en 'haut; (*dar-überliegend*) de dessus
Oberfeldwebel *m* sergent-chef *m*
Oberfläche *f* (*Außenseite*) surface *f*; (*Flächen-ausdehnung*) superficie *f*; *fig* **an der Oberflä-che bleiben** rester à la surface des choses
oberflächlich I *adj* superficiel (*a fig*); *Person a* léger **II** *adv behandeln* superficiellement; *ken-nen* vaguement
Oberflächlichkeit *f* ⟨∼⟩ **1.** caractère superficiel **2.** (*Leichtfertigkeit*) légèreté *f*
Oberförster *m* garde forestier d'un district
obergärig *adj* à fermentation 'haute
Obergefreite(r) *m* caporal-chef *m*
Obergeschoss, *österr* **Obergeschoß** *n* étage (supérieur)
Obergrenze *f* plafond *m*
oberhalb *prép* ⟨*gén*⟩ au-dessus de
Oberhand *f* **die Oberhand haben** avoir le des-sus; **die Oberhand (über j-n) gewinnen** pren-dre le dessus (sur qn); l'emporter (sur qn)
Oberhaupt *n* chef *m*
Oberhaus *n* ⟨∼es⟩ POL *in England* **das Ober-haus** la Chambre des lords
Oberhaut *f* épiderme *m*
Oberhemd *n* chemise *f*
Oberherrschaft *f* (*bestimmende Gewalt*) souve-raineté *f*; (*Überlegenheit*) suprématie *f*
Oberhoheit *f* souveraineté *f*
Oberin *f* ⟨∼; ∼nen⟩ **1.** → **Oberschwester 2.** CATH (Mère *f*) supérieure *f*
oberirdisch *adj* à la surface du sol; en surface; ÉLECT aérien
Oberkante *f* bord supérieur
Oberkellner *m* maître *m* d'hôtel
Oberkiefer *m* mâchoire supérieure
Oberkommando *n* 'haut commandement (*über* [+ *acc*] de)
Oberkörper *m* buste *m*; torse *m*; **den Oberkör-per frei machen** se mettre torse nu
Oberlauf *m e-s Flusses* cours supérieur
Oberleder *n* empeigne *f*
Oberlehrer *m fig péj* pédant *m*
Oberleitung *f* caténaire *f*
Oberleutnant *m* lieutenant *m*
Oberlicht *n* **1.** *Licht* lumière *f* d'en 'haut **2.** *Fens-ter* vasistas *m*
Oberliga *f* FUSSBALL quatrième division *f*
Oberlippe *f* lèvre supérieure
Obermaterial *n* **Obermaterial Leder** dessus *m* cuir
Obers *n* ⟨∼⟩ *österr* crème *f* Chantilly
Oberschenkel *m* cuisse *f*
Oberschenkelhalsbruch *m* fracture *f* du col du fémur
Oberschicht *f* classes supérieures (de la socié-té)
Oberschule F *f* lycée *m*
Oberschwester *f* infirmière *f* (en) chef
Oberseite *f* dessus *m*; côté supérieur
Oberst *m* ⟨∼en *ou* ∼s; ∼en⟩ colonel *m*
Oberstaatsanwalt *m* procureur *m* de la Répu-blique

Oberstadtdirektor *m* chef *m* des services de l'administration municipale
oberste *adj* le plus 'haut; *Schublade etc* du haut; *Stockwerk* dernier; *Rang* le plus élevé; *Ziel* premier; *Gewalt* suprême
Oberstleutnant *m* lieutenant-colonel *m*
Oberstudiendirektor *m etwa* proviseur *m*
Oberstudienrat *m*, **Oberstudienrätin** *f* profes-seur *m* de lycée
Oberstufe *f* SCHULE second cycle
Oberteil *n od m* partie supérieure; dessus *m*; *von Kleidungsstücken* 'haut *m*
Oberwasser *n fig* **Oberwasser bekommen** prendre le dessus
Oberweite *f* tour *m* de poitrine
obgleich *st/s* → **obwohl**
Obhut *st/s f* garde *f*; protection *f*; **j-n in s-e Ob-hut nehmen** prendre qn sous sa protection, sa garde
obig ['oːbɪç] *adj* mentionné ci-dessus
Objekt [ɔp'jɛkt] *n* ⟨∼ɛs; ∼e⟩ **1.** objet *m* **2.** (*Im-mobilie*) bien immobilier **3.** GR complément *m* (d'objet)
objektiv [ɔpjɛk'tiːf] *adj* objectif
Objektiv *n* ⟨∼s; ∼e⟩ OPT objectif *m*
Objektivität *f* ⟨∼⟩ objectivité *f*
Objektschutz *m* protection *f* militaire des bâti-ments, installations, *etc*
Objektträger *m des Mikroskops* porte-objet *m*; lame *f*
Oblate [o'blaːtə] *f* ⟨∼; ∼n⟩ **1.** ÉGL hostie *f* **2.** CUIS *etwa* gaufrette *f*
obliegen *st/s v/i* ⟨*irr, sans ge*⟩ **j-m obliegen** être du devoir de qn; incomber à qn
Obligation [obligatsi'oːn] *f* ⟨∼; ∼en⟩ COMM obli-gation *f*
obligatorisch *adj* obligatoire
Obmann *m* ⟨∼ɛs; -männer *ou* -leute⟩, **Obmän-nin** ['ɔpmɛnɪn] *f* ⟨∼; ∼nen⟩ **1.** *e-s Vereins, Kampfgerichts* président(e) *m(f)* **2.** (*Schieds-mann*) tiers(-)arbitre *m* **3.** *in e-m Betrieb* délé-gué(e) *m(f)* du personnel
Oboe [o'boːə] *f* ⟨∼; ∼n⟩ 'hautbois *m*
Obrigkeit ['oːbrɪçkaɪt] *f* ⟨∼; ∼en⟩ autorité(s) *f(pl)*
obschon *st/s* → **obwohl**
Observatorium [ɔpzɛrva'toːrium] *n* ⟨∼s, -ien⟩ observatoire *m*
observieren *v/t* ⟨*sans ge*⟩ surveiller
obsessiv *adj* obsessif
obskur [ɔps'kuːr] *adj* obscur
Obst [oːpst] *n* ⟨∼ɛs⟩ fruits *m/pl*

Obst	WF ⇓
der Apfel	**la pomme**
die Birne	**la poire**
die Kirsche	**la cerise**
der Pfirsich	**la pêche**
die Nektarine	**la nectarine**
die Aprikose	**l'abricot** *m*
die Pflaume	**la prune**
die Feige	**la figue**

die Weintraube	le raisin
die Johannisbeere	la groseille
die Brombeere	la mûre
die Himbeere	la framboise
die Erdbeere	la fraise
die Zitrone	le citron
die Orange	l'orange *f*
die Mandarine	la mandarine
die Grapefruit	le pamplemousse
die Ananas	l'ananas *m*
die Banane	la banane
die Dattel	la datte
die Kokosnuss	la noix de coco

Obstanbau *m* ⟨~⍧s⟩, **Obstbau** *m* ⟨~⍧s⟩ culture fruitière
Obstbaum *m* arbre fruitier
Obsternte *f* récolte *f*, cueillette *f* (des fruits)
Obstessig *m* vinaigre *m* de fruits
Obstgarten *m* verger *m*
Obsthändler(in) *m(f)* marchand(e) *m(f)* de fruits; fruitier, -ière *m,f*
Obstkonserven *f/pl* conserves *f/pl* de fruits
Obstkorb *m* panier *m* à fruits
Obstkuchen *m* tarte *f* (aux fruits)
Obstler ['oːpstlər] *m* ⟨~s; ~⟩ eau-de-vie *f* (de fruits)
Obstmesser *n* couteau *m* à dessert
Obstplantage *f* plantation *f* d'arbres fruitiers
Obstpresse *f* pressoir *m* à fruits
Obstruktion [ɔpstrʊktsiˈoːn] *f* ⟨~; ~en⟩ obstruction *f*
Obstsaft *m* jus *m* de fruits
Obstsalat *m* salade *f* de fruits
Obstschale *f* **1.** (*Haut*) peau *f* **2.** (*Schüssel*) coupe *f* à fruits
Obsttorte *f* → *Obstkuchen*
Obstwasser *n* eau-de-vie *f* (de fruits)
obszön [ɔpsˈtsøːn] *adj* obscène
Obszönität *f* ⟨~; ~en⟩ obscénité *f*
Obus ['oːbʊs] *m* ⟨~ses; ~se⟩ trolleybus *m*
obwohl *conj* quoique, bien que (+ *subj*)
Ochs [ɔks] *m* ⟨~en; ~en⟩ südd, österr, schweiz → *Ochse*
Ochse ['ɔksə] *m* ⟨~n; ~n⟩ bœuf *m* (a F *Person*)
ochsen F *v/i* ⟨⍧⟩ F potasser; F bûcher
Ochsengespann *n* attelage *m* de bœufs
Ochsenmaulsalat *m* museau *m* de bœuf à la vinaigrette
Ochsenschwanzsuppe *f* oxtail *m*
Ochsenzunge *f* langue *f* de bœuf
Ocker ['ɔkər] *m od n* ⟨~s; ~⟩ *Farbe* ocre *m*
ockerfarben, ockergelb *adj* ocre
öde ['øːdə] *adj* **1.** (*menschenleer*) désert **2.** (*unbebaut*) inculte **3.** *fig* (*langweilig*) ennuyeux
Öde *f* ⟨~; ~n⟩ **1.** désert *m*; solitude *f* **2.** *fig* (*Eintönigkeit*) grisaille *f*; monotonie *f*
Ödem [øˈdeːm] *n* ⟨~s; ~e⟩ œdème *m*
oder ['oːdər] *conj* **1.** ou; (*sonst*) sinon; *oder aber* ou bien **2.** *in Fragen* n'est-ce pas?

Ödipuskomplex ['øːdipʊs-] *m* PSYCH complexe *m* d'Œdipe
Ödland *n* ⟨~⍧s⟩ terrain *m*, terre *f* inculte
Odyssee [odyˈseː] *st/s f* ⟨~; ~n⟩ odyssée *f*
OECD [oːʔeːtseːˈdeː] *f abr* ⟨~⟩ (*Organisation für wirtschaftliche Zusammenarbeit und Entwicklung*) OCDE *f*
Ofen ['oːfən] *m* ⟨~s; ⍩⟩ (*Heizofen*) poêle *m*; (*Backofen*) four *m*; (*Herd, Fabrikofen, Schmelzofen*) fourneau *m*; F *jetzt ist der Ofen aus* F c'est foutu
ofenfrisch *adj* tout chaud; qui sort du four
Ofenheizung *f* chauffage *m* par poêle
Ofenrohr *n* tuyau *m* de poêle
offen ['ɔfən] **I** *adj* **1.** (*geöffnet*) ouvert (*a Hemd, Kragen, Wunde*); *Schuhe, Gelände* découvert; *halb offen Tür* entrouvert; *offene See* 'haute mer; large *m*; *offener Wein* vin *m* en carafe; *auf offener Straße* en pleine rue; *mit offenem Mund* (*erstaunt*) bouche bée; *das Geschäft hat, ist offen* le magasin est ouvert **2.** *fig* (*freimütig*) ouvert; franc; *offenes Wesen* ouverture *f* d'esprit **3.** *Stelle* vacant **4.** (*unentschieden*) ouvert; en suspens **5.** *Rechnung etc* non réglé **II** *adv* **6.** *offen bleiben, lassen Tür etc* laisser ouvert; *fig* → *offenbleiben, offenlassen*; *offen stehen Tür etc* être ouvert; *fig* → *offenstehen* **7.** (*sichtbar*) ouvertement **8.** (*freimütig*) franchement; *offen gesagt, gestanden* à vrai dire; franchement
offenbar I *adj* manifeste; évident; *offenbar werden* se manifester (*in* [+ *dat*], *durch* par) **II** *adv* **1.** (*anscheinend*) apparemment **2.** (*offensichtlich*) visiblement
offenbaren *st/s v/t* (*u v/r*) ⟨*sans ge*⟩ (*sich offenbaren* se) manifester; (se) révéler (*a* REL); *Geheimnis* (se) découvrir; *sich j-m offenbaren* ouvrir son cœur à qn
Offenbarung *f* ⟨~; ~en⟩ REL, *fig* révélation *f*
Offenbarungseid *m* serment *m* déclaratoire d'insolvabilité
offenbleiben *v/i* ⟨*irr*, sn⟩ *fig Frage* rester en suspens; *Wunsch* ne pas être réalisé; *Tür etc* → *offen II 6*
Offenheit *f* ⟨~⟩ franchise *f*; sincérité *f*
offenherzig *adj* **1.** franc; ouvert; (*aufrichtig*) sincère; (*mitteilsam*) expansif **2.** F *fig* très décolleté
offenkundig *adj* manifeste; évident; *Tatsache* notoire; *Irrtum* flagrant
offenlassen *v/t* ⟨*irr*⟩ *fig Frage* laisser en suspens; *Tür etc* → *offen II 6*
offensichtlich I *adj* manifeste; évident **II** *adv* de toute évidence; visiblement
offensiv [ɔfɛnˈziːf] *adj* offensif
Offensive *f* ⟨~; ~n⟩ offensive *f*; *in die Offensive gehen* passer à l'offensive (*a fig*)
offenstehen *v/i* ⟨*irr*⟩ **1.** *Stelle* être vacant **2.** *Rechnung* ne pas être payé, réglé **3.** *fig j-m offenstehen* être ouvert à qn; (*zugänglich sein*) être accessible à qn; *es steht ihr offen zu* (+ *inf*) elle est libre de (+ *inf*) **4.** *Tür etc* → *offen II 6*
öffentlich ['œfəntlɪç] **I** *adj* public; *öffentliche Bekanntmachung* avis *m* au public **II** *adv* en public; publiquement; *öffentlich bekannt machen* rendre public
Öffentlichkeit *f* ⟨~⟩ (*Publikum*) public *m*; (*Öf-*

fentlichsein) publicité *f*; **an die Öffentlichkeit bringen** divulguer; **mit etw an die Öffentlichkeit gehen, treten** publier qc; **unter Ausschluss der Öffentlichkeit** à huis clos

Öffentlichkeitsarbeit *f* relations publiques
öffentlich-rechtlich *adj* de droit public
offerieren [ɔfəˈriːrən] *v/t* ⟨*sans ge*⟩ offrir
Offerte [ɔˈfɛrtə] *f* ⟨∼; ∼n⟩ COMM offre *f*
offiziell [ɔfitsiˈɛl] *adj* officiel
Offizier [ɔfiˈtsiːr] *m* ⟨∼s; ∼e⟩ officier *m*
Offiziersanwärter *m* aspirant(-officier) *m*
Offizierskasino *n* mess *m* des officiers
offiziös [ɔfitsiˈøːs] *st/s adj* officieux
offline [ˈɔflaɪn] INFORM ʼhors ligneʼ; déconnecté
Offlinebetrieb *m* ⟨∼ɇs⟩ mode *m* ʼhors ligneʼ
öffnen [ˈœfnən] ⟨-e-⟩ **I** *v/t u v/i* ouvrir; *Flasche mit Kronenverschluss* décapsuler; *Zugekorktes* déboucher; **ein wenig öffnen** entrouvrir **II** *v/r* **sich öffnen** s'ouvrir (*j-m, e-r Sache* à qn, qc)
Öffner *m* ⟨∼s; ∼⟩ (*Büchsenöffner*) ouvre-boîte *m*; (*Flaschenöffner*) ouvre-bouteille *m*; décapsuleur *m*
Öffnung *f* ⟨∼; ∼en⟩ **1.** (*Öffnen*) ouverture *f*; *e-r Flasche mit Korken* débouchage *m* **2.** (*offene Stelle*) ouverture *f*; orifice *m* **3.** POL ouverture *f*
Öffnungszeiten *f/pl* heures *f/pl* d'ouverture
Offroadfahrzeug [ˈɔfrout-] *n* véhicule *m* tout--terrain
Offsetdruck [ˈɔfsɛt-] *m* ⟨∼ɇs; ∼e⟩ TYPO offset *m*
oft [ɔft] *adv* ⟨∼er⟩ souvent; **wie oft?** combien de fois?
öfter [ˈœftər] *adv comp* **1.** *abs* **öfter** *od st/s* **des Öfteren** assez souvent **2. öfter als** plus souvent que
öfters *adv* assez souvent
oftmals *adv* souvent; maintes fois
OG *abr* (*Obergeschoss*) étage (supérieur)
oh [oː] *int* oh!; ah!
OHG [oːhaːˈgeː] *f abr* ⟨∼; ∼s⟩ (*offene Handelsgesellschaft*) société *f* en nom collectif
Ohm [oːm] *n* ⟨∼ɇs; ∼⟩ ÉLECT ohm *m*
ohne [ˈoːnə] **I** *prép* ⟨*acc*⟩ sans; F **das ist nicht** (**ganz**) **ohne** (*nicht schlecht*) cela n'est pas mal; (*das hat es in sich*) F c'est pas de la tarte **II** *conj* **ohne dass ...** sans que ... (+ *subj*); **ohne etw zu nehmen** sans rien prendre
ohnegleichen *adj* sans pareil
ohnehin *adv* de toute façon
Ohnmacht *f* ⟨∼; ∼en⟩ **1.** MÉD évanouissement *m*; **in Ohnmacht** (*acc*) **fallen** s'évanouir **2.** (*Machtlosigkeit*) impuissance *f*
ohnmächtig **I** *adj* **1.** MÉD évanoui; **ohnmächtig werden** s'évanouir **2.** (*machtlos*) impuissant **II** *adv* **sie musste ohnmächtig zusehen, wie ...** impuissante, elle vit ...
oho [oˈhoː] *int* ʼho! ʼho!; F **klein, aber oho!** F petit, mais super!
Ohr [oːr] *n* ⟨∼ɇs; ∼en⟩ **1.** oreille *f*; **gute, schlechte Ohren haben** bien, mal entendre; **j-m etw ins Ohr flüstern** dire qc à l'oreille de qn; **es ist mir zu Ohren gekommen, dass ...** j'ai appris que ... **2.** *fig* **die Ohren spitzen** *Tier* dresser les oreilles; F *Person* dresser l'oreille; F **sich aufs Ohr legen** se coucher; F piquer un somme; F **j-m ein paar hinter die Ohren geben** F frotter les oreilles à qn;

F **schreib dir das hinter die Ohren!** tiens-le-toi pour dit!; **j-m** (**mit etw**) **in den Ohren liegen** casser les oreilles à qn (avec qc); F **j-n übers Ohr hauen** F rouler qn; F **bis über beide Ohren** (**in j-n**) **verliebt sein** être amoureux fou (de qn); F **viel um die Ohren haben** F être débordé; F **j-m etw um die Ohren hauen** jeter qc à la figure de qn; **ich bin ganz Ohr** je suis tout ouïe; F **halt die Ohren steif!** F courage!
Öhr [øːr] *n* ⟨∼ɇs; ∼e⟩ chas *m*
Ohrenarzt *m*, **Ohrenärztin** *f* oto-rhino-laryngologiste *m,f*; F oto-rhino *m,f*
ohrenbetäubend *adjt* assourdissant
Ohrenentzündung *f* otite *f*
Ohrensausen *n* ⟨∼s⟩ bourdonnement *m* d'oreilles
Ohrenschmalz *n* cérumen *m*
Ohrenschmaus *m* régal *m* pour les oreilles
Ohrenschmerzen *m/pl* maux *m/pl* d'oreille(s); **ich habe Ohrenschmerzen** j'ai mal aux oreilles
Ohrenschützer *m/pl starre* protège-oreilles *m*; *flexible* serre-tête *m*
Ohrensessel *m* fauteuil *m* à oreilles
Ohrenzeuge *m*, **Ohrenzeugin** *f* témoin *m* auriculaire
Ohrfeige *f* gifle *f* (*a fig*)
ohrfeigen *v/t* gifler
Ohrklipp *m* ⟨∼s; ∼s⟩ clip *m*
Ohrläppchen *n* ⟨∼s; ∼⟩ lobe *m* de l'oreille
Ohrmuschel *f* pavillon *m* de l'oreille
Ohropax® [ˈoːropaks] *n* ⟨∼⟩ boules *f/pl* Quies®
Ohrring *m* boucle *f* d'oreille
Ohrstecker *m* boucle *f* d'oreille (pour oreilles percées)
Ohrwurm *m* **1.** ZO perce-oreille *m* **2.** F *fig* scie *f*; rengaine *f*
oje(mine) [oˈjeː(minə)] *int* oh! là là!
o. k., O. K. [oˈkeː] F *abr* → **okay**
okay [oˈkeː] F *int* d'accord!; O.K.!
Okay F *n* ⟨∼ɇs; ∼s⟩ accord *m*; **sein Okay zu etw geben** donner son accord pour qc
okkult [ɔˈkʊlt] *adj* occulte
Okkultismus *m* ⟨∼⟩ occultisme *m*
Okkupation [ɔkupatsiˈoːn] *f* ⟨∼; ∼en⟩ occupation *f*
okkupieren *v/t* ⟨*sans ge*⟩ occuper
Öko... [øko...] *in Zssgn* écologique; *Nahrungsmittel* biologique; F bio
Ökobauer [∼n; ∼n] agriculteur *m* biologique
Ökohaus *n* maison *f* écologique
Ökoladen *m* magasin *m* de produits biologiques, F de produits bio
Ökologe *m* ⟨∼n; ∼n⟩, **Ökologin** *f* ⟨∼; ∼nen⟩ écologiste *m,f*
Ökologie *f* ⟨∼⟩ écologie *f*
ökologisch *adj* écologique
Ökonomie [økonoˈmiː] *f* ⟨∼⟩ économie *f*
ökonomisch [-ˈnoːmɪʃ] *adj* économique
Ökosteuer *f* écotaxe *f*
Ökosystem *n* écosystème *m*
Oktan [ɔkˈtaːn] *n* ⟨∼s; ∼e, *mais 90* ∼⟩ CHIM octane *m*
Oktanzahl *f* indice *m* d'octane
Oktave [ɔkˈtaːvə] *f* ⟨∼; ∼n⟩ MUS octave *f*
Oktober [ɔkˈtoːbər] *m* ⟨∼ɇs; ∼⟩ (mois *m* d')octobre *m*; → **Januar**
Oktoberfest *n* Fête *f* de la bière

O

ökumenisch [øku'me:nɪʃ] *adj* œcuménique

Okzident ['ɔktsidɛnt] *st/s m* ⟨~s⟩ Occident *m*

Öl [ø:l] *n* ⟨~ɟs; ~e⟩ (*Speiseöl, Motorenöl*) huile *f*; (*Heizöl*) mazout *m*; fuel *m*; (*Erdöl*) pétrole *m*; AUTO *das Öl wechseln* faire la vidange; *fig Öl ins Feuer gießen* jeter de l'huile sur le feu

Ölbaum *m* → Ölbaum *m*

Ölbild *n* → Ölgemälde

Ölbohrung *f* forage *m* de pétrole

Oldie ['oʊldi] F *m* ⟨~s; ~s⟩ vieux succès (*Film* de l'écran, *Lied* de la chanson)

Öldruck *m* ⟨~ɟs⟩ AUTO pression *f* d'huile

Oldtimer ['oʊldtaɪmər] *m* ⟨~s; ~⟩ voiture ancienne

Oleander [ole'andər] *m* ⟨~s; ~⟩ laurier-rose *m*

ölen *v/t* huiler

Ölfarbe *f* peinture *f* à l'huile

Ölfeld *n* champ *m* pétrolifère

Ölfilm *m* film *m* d'huile

Ölfilter *m od n* filtre *m* à huile

Ölförderland *n* pays producteur de pétrole

Ölgemälde *n* (peinture *f* à l')huile *f*

Ölgötze F *péj m* (*dastehen*) *wie ein Ölgötze* (rester planté là) comme une souche

Ölheizung *f* chauffage *m* au mazout

ölig *adj* 1. huileux 2. *fig péj* mielleux

oliv [o'li:f] *adj* ⟨*inv*⟩ olive

Olive [o'li:və] *f* ⟨~; ~n⟩ olive *f*

Olivenbaum *m* olivier *m*

Olivenhain *m* oliveraie *f*

Olivenöl *n* huile *f* d'olive

olivgrün *adj* vert olive

Öljacke *f* ciré *m*

Ölkännchen *n*, Ölkanne *f* burette *f*

Ölkrise *f* crise *f* du pétrole

Öllampe *f* lampe *f* à huile

Ölleitung *f* pipe-line *m*; oléoduc *m*

Ölmalerei *f* peinture *f* à l'huile

Ölmessstab *m* jauge *f* d'huile

Ölofen *m* poêle *m* à mazout

Ölpest *f* marée noire

Ölquelle *f* puits *m* de pétrole

Ölsardine *f* sardine *f* à l'huile

Ölscheich F *m* magnat *m* du pétrole; F émir *m*

Ölspur *f* traces *f/pl* d'huile

Ölstand *m* niveau *m* d'huile

Öltank *m* cuve *f* à mazout

Öltanker *m* pétrolier *m*

Ölteppich *m* nappe *f* de pétrole

Ölung *f* ⟨~; ~en⟩ huilage *m*; graissage *m*; CATH *Letzte Ölung* extrême-onction *f*

Ölvorkommen *n* gisement *m* de pétrole

Ölwanne *f* AUTO carter *m* inférieur

Ölwechsel *m* vidange *f*; *e-n Ölwechsel machen* (*lassen*) faire (faire) une vidange

Olymp [o'lʏmp] *m* ⟨~s⟩ MYTH Olympe *m*

Olympiade [olʏmpi'a:də] *f* ⟨~; ~n⟩ Jeux *m/pl* olympiques

Olympiadorf [o'lʏmpia-] *n* village *m* olympique

Olympiamannschaft *f* équipe *f* olympique

Olympiasieg *m* victoire *f* olympique

Olympiasieger(in) *m(f)* champion, -ionne *m,f* olympique

Olympiastadion *n* stade *m* olympique

Olympiateilnehmer(in) *m(f)* athlète *m,f* olympique

olympisch *adj* olympique; *Olympische Spiele n/pl* Jeux *m/pl* olympiques

Ölzeug *n* ciré *m* (de marin)

Ölzweig *m* rameau *m* d'olivier

Oma ['o:ma] F *f* ⟨~; ~s⟩ F mamie *f*; F mémé *f* (*a alte Frau*)

Omelett [ɔm(ə)'lɛt] *n* ⟨~ɟs; ~e *ou* ~s⟩ omelette *f*

Omen ['o:mən] *n* ⟨~s; ~ *ou* Omina⟩ présage *m*; augure *m*

Omi ['o:mi] F *enf f* ⟨~; ~s⟩ F mémé *f*; F mamie *f*

ominös [omi'nø:s] *adj* de mauvais augure; (*bedenklich*) suspect

Omnibus ['ɔmni-] *m* ⟨~ses; ~se⟩ autobus *m*; (*Reisebus*) autocar *m*

Omnibus... *in Zssgn* → Bus...

Omnibushaltestelle *f* arrêt *m* d'autobus

Omnibuslinie *f* ligne *f* d'autobus

Onanie [ona'ni:] *f* ⟨~⟩ masturbation *f*

onanieren *v/i* ⟨*sans ge*⟩ se masturber

One-Night-Stand ['van'naɪtstɛnt] *m* ⟨~s; ~s⟩ aventure *f* d'une nuit

Onkel ['ɔŋkəl] *m* ⟨~s; ~ *ou* F ~s⟩ oncle *m*; *enf der Onkel Doktor* le docteur

onkelhaft *adj meist péj* comme un vieux (monsieur)

Onkologe [ɔŋko'lo:gə] *m* ⟨~n; ~n⟩, Onkologin *f* ⟨~; ~nen⟩ cancérologue *m,f*

Onkologie *f* ⟨~⟩ cancérologie *f*

online ['ɔnlaɪn] INFORM en ligne

Online-Banking [-bɛŋkɪŋ] *n* ⟨~s⟩ banque *f* en ligne

Onlinebetrieb *m* mode connecté; opération *f* en ligne

Onlinedienst *m* service *m* en ligne

Onlinekauf *m* achat *m* en ligne

Online-Shopping [-ʃɔpɪŋ] *n* ⟨~s⟩ shopping *m* en ligne

Onlineverkauf *m* vente *f* en ligne

Onyx ['o:nʏks] *m* ⟨~ɟs; ~e⟩ MINÉR onyx *m*

OP [o'pe:] *m abr* ⟨~ɟs; ~ɟs⟩ → Operationssaal

Opa ['o:pa] F *m* ⟨~s; ~s⟩ F papi *m*; F pépé *m* (*a alter Mann*)

Opal [o'pa:l] *m* ⟨~s; ~e⟩ opale *f*

OPEC ['o:pɛk] *f abr* ⟨~⟩ (*Organisation der Erdöl exportierenden Länder*) OPEP *f*

Open-Air-Festival ['o:pən'ʔɛːr-] *n* festival *m* en plein air

Open-End-Diskussion ['o:pən'ʔɛnt-] *f* libre débat *m*

Oper ['o:pər] *f* ⟨~; ~n⟩ opéra *m*; (*Opernhaus*) Opéra *m*

operabel [opə'ra:bəl] *adj* ⟨-bl-⟩ MÉD opérable

Operateur(in) [opəra'tø:r(ɪn)] *m* ⟨~s; ~e⟩ (*f*) ⟨~in; ~innen⟩ chirurgien(ne) *m(f)*

Operation [opəratsi'o:n] *f* ⟨~; ~en⟩ opération *f* (*a* MIL, MATH)

Operationsnarbe *f* cicatrice *f* d'opération

Operationssaal *m* salle *f* d'opération

Operationsschwester *f* infirmière *f* (de la salle) d'opération

Operationstisch *m* table *f* d'opération

operativ [opəra'ti:f] I *adj* 1. MÉD opératoire; *Eingriff* chirurgical 2. MIL opérationnel II *adv* MÉD *operativ entfernen* pratiquer l'ablation de; enlever

Operator(in) [opə'ra:tɔr (-'to:rɪn)] *m* ⟨~s; -toren⟩ (*f*) ⟨~in; ~innen⟩ INFORM opérateur, -trice *m,f*

Operette [opə'rɛtə] *f* ⟨~; ~n⟩ opérette *f*

operettenhaft *adj* d'opérette

operieren [ɔpə'riːrən] ⟨*sans ge*⟩ **I** *v/t* MÉD opérer (**an** [+ *dat*] de); **sich operieren lassen** se faire opérer **II** *v/i* MÉD, *fig* opérer; MIL manœuvrer
Opernarie *f* air *m* d'opéra
Opernball *m* bal *m* de l'Opéra
Opernführer *m* guide *m* d'opéra
Opernglas *n* jumelles *f/pl* de théâtre
Opernhaus *n* Opéra *m*
Opernkomponist *m* compositeur *m* d'opéras
Opernsänger(in) *m*(*f*) chanteur, -euse *m,f* d'opéra
Opfer ['ɔpfər] *n* ⟨∼s; ∼⟩ **1.** REL sacrifice *m* (*a fig*); (*Opfergabe*) offrande *f*; **große Opfer für etw bringen** faire de grands sacrifices pour qc **2.** (*Geschädigter*) victime *f*; **j-m, e-r Sache zum Opfer fallen** être la victime de qn, de qc
opferbereit *adj* prêt à se sacrifier, à se dévouer
Opferbereitschaft *f* esprit *m* de sacrifice; abnégation *f*; dévouement *m*
Opfergabe *f* offrande *f*
Opferlamm *n* F *fig* victime (innocente)
opfern **I** *v/t* REL sacrifier (*a fig*) **II** *v/r* **sich (für j-n, etw) opfern** se sacrifier (pour qn, à qc; *a fig*)
Opferstock *m* tronc *m*
Opfertier *n* animal immolé
Opferung *f* ⟨∼; ∼en⟩ sacrifice *m*
Opi ['oːpi] F *enf m* ⟨∼s; ∼s⟩ F pépé *m*; F papi *od* papy *m*
Opiat [opi'aːt] *n* ⟨∼¢s; ∼e⟩ opiacé *m*
Opium ['oːpium] *n* ⟨∼s⟩ opium *m* (*a fig*)
Opiumhöhle *f* fumerie *f* d'opium
Opiumpfeife *f* pipe *f* à opium
opiumsüchtig *adj* opiomane
Opossum [o'pɔsum] *n* ⟨∼s; ∼s⟩ ZO opossum *m*
opponieren [ɔpo'niːrən] *v/i* ⟨*sans ge*⟩ s'opposer (**gegen** à)
opportun [ɔpɔr'tuːn] *st/s adj* opportun
Opportunismus *m* ⟨∼⟩ opportunisme *m*
Opportunist(in) *m* ⟨∼en; ∼en⟩ (*f*) ⟨∼in; ∼innen⟩ opportuniste *m,f*
opportunistisch *adj* opportuniste
Opposition [ɔpozitsi'oːn] *f* ⟨∼; ∼en⟩ opposition *f*
Oppositionsführer(in) *m*(*f*) chef *m* de l'opposition
Oppositionspartei *f* parti *m* d'opposition
optieren [ɔp'tiːrən] *v/i* ⟨*sans ge*⟩ opter (**für** pour)
Optik ['ɔptɪk] *f* ⟨∼⟩ **1.** *Lehre* optique *f* **2.** *e-s Geräts* système *m* optique **3.** (*Eindruck*) aspect *m*
Optiker(in) *m* ⟨∼s; ∼⟩ (*f*) ⟨∼in; ∼innen⟩ opticien, -ienne *m,f*
optimal **I** *adj* optimal; optimum **II** *adv* de manière optimale
optimieren *v/t* ⟨*sans ge*⟩ optim(al)iser
Optimismus [ɔpti'mɪsmus] *m* ⟨∼⟩ optimisme *m*
Optimist(in) *m* ⟨∼en; ∼en⟩ (*f*) ⟨∼in; ∼innen⟩ optimiste *m,f*

optimistisch **I** *adj* optimiste **II** *adv* avec optimisme
Optimum ['ɔptimum] *n* ⟨∼s; -ma⟩ optimum *m*
Option *f* ⟨∼; ∼en⟩ JUR, COMM option *f* (**für** pour; **auf** [+ *acc*] sur)
optisch *adj* optique; **optische Täuschung** illusion *f* d'optique
opulent [opu'lɛnt] *adj* opulent; somptueux
Opus ['oːpus] *n* ⟨∼; Opera⟩ œuvre *f*; MUS opus *m*
Orakel [o'raːkəl] *n* ⟨∼s; ∼⟩ oracle *m* (*a fig*)
oral [o'raːl] *adj* oral
orange [o'rãːʒ(ə)] *adj* ⟨*inv*⟩ orange
Orange *f* ⟨∼; ∼n⟩ orange *f*
Orangeade [orã'ʒaːdə] *f* ⟨∼; ∼n⟩ orangeade *f*
Orangenbaum *m* oranger *m*
Orangenhaut *f* MÉD cellulite *f*; peau *f* d'orange
Orangensaft *m* jus *m* d'orange
Orangenschale *f* écorce *f* d'orange
Orang-Utan ['oːraŋ'ʔuːtan] *m* ⟨∼s; ∼s⟩ orang-outan(g) *m*
Oratorium [ora'toːrium] *n* ⟨∼s; -ien⟩ MUS oratorio *m*
Orbitalstation [ɔrbi'taːl-] *f* station orbitale
Orchester [ɔr'kɛstər] *n* ⟨∼s; ∼⟩ orchestre *m*
Orchestergraben *m* fosse *f* d'orchestre
Orchestermusik *f* musique orchestrale
Orchidee [ɔrçi'deː(ə)] *f* ⟨∼; ∼n⟩ orchidée *f*
Orden ['ɔrdən] *m* ⟨∼s; ∼⟩ **1.** (*Mönchsorden etc*) ordre *m*; **in e-n Orden eintreten** entrer en religion **2.** (*Auszeichnung*) décoration *f*; **j-m e-n Orden verleihen** décorer qn
Ordensband *n* ⟨∼¢s; -bänder⟩ ruban *m* (d'une décoration)
Ordensbruder *m* religieux *m*
Ordensschwester *f* religieuse *f*
Ordenstracht *f* habit (religieux)
Ordensverleihung *f* distribution *f* d'un ordre; décoration *f*
ordentlich ['ɔrdəntlɪç] **I** *adj* **1.** (*ordnungsliebend*) ordonné **2.** (*anständig*) convenable; **ordentliche Leute** *pl* F des gens *m/pl* bien **3.** *Mitglied, Professor* titulaire **4.** F (*ganz gut*) convenable; **e-e ordentliche Leistung** un bon travail **5.** F (*reichlich*) abondant; **e-e ordentliche Tracht Prügel** F une bonne raclée **II** *adv* **6.** (*geordnet*) de manière ordonnée; (*sorgfältig*) soigneusement **7.** (*anständig*) convenablement **8.** F (*ganz gut*) bien **9.** F (*reichlich*) copieusement
Order ['ɔrdər] *f* ⟨∼; ∼n, COMM ∼s⟩ COMM, MIL ordre *m*
ordern *v/t u v/i* COMM commander
Ordinalzahl [ɔrdi'naːl-] *f* nombre ordinal
ordinär [ɔrdi'nɛːr] *adj péj* vulgaire
Ordinariat [ɔrdinari'aːt] *n* ⟨∼¢s; ∼e⟩ **1.** CATH ordinariat *m* **2.** *an Hochschulen* charge *f* de professeur titulaire
Ordinarius *m* ⟨∼; -ien⟩ professeur *m* titulaire d'une chaire (**für** de)

---

ordinär ≠ ordinaire

Die Jugendlichen bedienen sich häufig einer **ordinären** Sprache.	Les jeunes ont souvent un langage **vulgaire**.
Ce n'est pas un reproche **ordinaire**.	Das ist kein **alltäglicher** Vorwurf.

Ordination f ⟨~; ~en⟩ österr (*Sprechstunde*) heures f/pl de consultation; (*Arztpraxis*) cabinet médical

ordnen ['ɔrdnən] v/t ⟨-e-⟩ **1.** mettre de l'ordre dans; ranger; *nach Größe etc* classer (**nach** par) **2.** (*regeln*) régler

Ordner m ⟨~s; ~⟩ **1.** *Person* membre m du service d'ordre **2.** (*Aktenordner*) classeur m

Ordnung f ⟨~; ~en⟩ **1.** ordre m; *vorgeschriebene* règle f; règlement m; **in Ordnung halten** tenir en ordre; **in Ordnung bringen** (*aufräumen*) ranger; *fig* (*regeln*) régler; *Papiere etc* **in Ordnung sein** être en règle; **es ist alles wieder in Ordnung** tout s'est arrangé; F (**das geht**) **in Ordnung!** parfait!; d'accord!; F ça marche!; F **er ist in Ordnung** F il est bien; **der Ordnung halber** pour que tout soit en règle; pour que les formes soient respectées **2.** (*Reihenfolge*) suite f; (*Grad*) rang m

Ordnungsamt n services municipaux chargés de délivrer les passeports et les déclarations de séjour, d'autoriser les manifestations, etc

Ordnungsdienst m service m d'ordre

ordnungsgemäß I adj réglementaire **II** adv en bonne et due forme

ordnungshalber adv pour la bonne forme

Ordnungshüter m plais gendarme m

Ordnungsliebe f goût m de l'ordre

ordnungsliebend adjt ordonné

Ordnungsruf m rappel m à l'ordre

Ordnungssinn m ⟨~¢⟩ sens m de l'ordre

Ordnungsstrafe f amende f

ordnungswidrig adj irrégulier

Ordnungswidrigkeit f infraction f; contravention f

Ordnungszahl f nombre ordinal

Oregano [o're:gano] m ⟨~⟩ origan m

Organ [ɔr'ga:n] n ⟨~s; ~e⟩ **1.** ANAT, (*Nachrichtenorgan*), *fig* organe m **2.** F (*Stimme*) voix f; **sie hat ein lautes Organ** elle parle fort

Organbank f ⟨~; ~en⟩ banque f d'organes

Organempfänger(in) m(f) receveur, -euse m,f (d'organe)

Organisation [ɔrganizatsi'o:n] f ⟨~; ~en⟩ organisation f

Organisationskomitee n comité organisateur

Organisationstalent n qualités f/pl d'organisateur

Organisator [ɔrgani'za:to:r] m ⟨~s; -toren⟩, **Organisatorin** f ⟨~; ~nen⟩ organisateur, -trice m,f

organisatorisch I adj d'organisation **II** adv sur le plan de l'organisation

organisch adj organique

organisieren ⟨sans ge⟩ **I** v/t **1.** organiser **2.** F (*beschaffen*) **etw organisieren** se procurer qc **II** v/r **sich organisieren** s'organiser; **gewerkschaftlich organisiert** syndiqué

Organismus [ɔrga'nɪsmʊs] m ⟨~; -men⟩ BIOL, *fig* organisme m

Organist(in) [ɔrga'nɪst(ɪn)] m ⟨~en; ~en⟩ (f) ⟨~in; ~innen⟩ organiste m,f

Organizer ['ɔrgənaɪzər] m ⟨~s; ~⟩ assistant m électronique

Organspende f don m (d'organe)

Organspender(in) m(f) donneur, -euse m,f (d'organe)

Organspenderausweis m carte f de donneur (d'organe)

Organtransplantation f transplantation f d'un organe

Orgasmus [ɔr'gasmʊs] m ⟨~; -men⟩ orgasme m

Orgel ['ɔrgəl] f ⟨~; ~n⟩ orgue m

Orgelbauer m ⟨~s; ~⟩ facteur m d'orgues

Orgelkonzert n récital m d'orgue

Orgelpfeife f tuyau m d'orgue; *plais* **wie die Orgelpfeifen** par rang de taille

Orgie ['ɔrgiə] f ⟨~; ~n⟩ orgie f; **e-e Orgie feiern** faire une orgie

Orient ['o:riɛnt] ⟨~s⟩ **der Orient** l'Orient m; **der Vordere Orient** le Proche-Orient

Orientale m ⟨~n; ~n⟩, **Orientalin** f ⟨~; ~nen⟩ Oriental(e) m(f)

orientalisch adj oriental

orientieren [oriɛn'ti:rən] ⟨sans ge⟩ **I** v/t **1.** (*ausrichten*) orienter (**nach Süden** au sud) **2.** (*in Kenntnis setzen*) renseigner (**über** [+ *acc*] sur) **II** v/r **sich orientieren 3.** *räumlich* s'orienter **4.** (*sich informieren*) se renseigner (sur) **5.** **sich an etw, j-m orientieren** prendre qc, qn comme modèle

Orientierung f ⟨~⟩ **1.** orientation f; **die Orientierung verlieren** perdre l'orientation **2.** (*Information*) **zur Orientierung** à titre d'information

Orientierungshilfe f point m de repère

orientierungslos adj désorienté

Orientierungspunkt m (point m de) repère m

Orientierungssinn m sens m de l'orientation

Orientierungsstufe f SCHULE classes f/pl d'orientation

Orientteppich m tapis m d'Orient

Origami [ori'ga:mi] n ⟨~s⟩ origami m

original [origi'na:l] **I** adj original; (*ursprünglich*) d'origine **II** adv **original französische Spitze** véritable dentelle française; **etw original übertragen** diffuser qc en direct

Original n ⟨~s; ~e⟩ original m (a *Person*); (*Originalurkunde*) minute f

Originalausgabe f édition originale; première édition

Originalbeleg m pièce originale; original m

Originalfassung f version originale

Originalgemälde n tableau original

originalgetreu adj fidèle à l'original

Originalität f ⟨~⟩ originalité f

Originalton m ⟨~s⟩ **die Reden** f/pl **von X im Originalton** l'enregistrement original des discours de X; **Originalton Christine** dixit Christine

Originalübertragung f émission f en direct

Originalverpackung f emballage m d'origine

originell adj original

Orkan [ɔr'ka:n] m ⟨~¢s; ~e⟩ ouragan m

orkanartig adj tempétueux; *Sturm* violent; **orkanartiger Beifall** tonnerre m, tempête f d'applaudissements

Ornament [ɔrna'mɛnt] n ⟨~¢s; ~e⟩ ornement m

ornamental adj ornemental

Ornat [ɔr'na:t] m ⟨~¢s; ~e⟩ robe f

Ornithologe [ɔrnito'lo:gə] m ⟨~n; ~n⟩, **Ornithologin** f ⟨~; ~nen⟩ ornithologiste m,f

Ornithologie f ⟨~⟩ ornithologie f

ornithologisch adj ornithologique

Ort [ɔrt] m ⟨~¢s; ~e⟩ lieu m; endroit m; (*Ort-*

schaft) localité *f*; **an Ort und Stelle** sur place; **an Ort und Stelle sein** être à l'endroit convenu; *fig* **vor Ort** (*an Ort und Stelle*) sur place
Örtchen [ˈœrtçən] F *n* ⟨~s; ~⟩ (*stilles*) **Örtchen** (*WC*) F petit coin
orten *v/t* ⟨-e-⟩ localiser; repérer
orthodox [ɔrtoˈdɔks] *adj* orthodoxe
Orthografie → **Orthographie**
orthografisch → **orthographisch**
Orthographie [ɔrtograˈfiː] *f* ⟨~; ~n⟩ orthographe *f*
orthographisch *adj* orthographique; **orthographischer Fehler** faute *f* d'orthographe
Orthopäde [ɔrtoˈpɛːdə] *m* ⟨~n; ~n⟩, **Orthopädin** *f* ⟨~; ~nen⟩ orthopédiste *m*
Orthopädie *f* ⟨~⟩ orthopédie *f*
orthopädisch *adj* orthopédique
örtlich [ˈœrtlɪç] **I** *adj* local (*a Betäubung, Niederschläge*) **II** *adv* **örtlich begrenzen** localiser; circonscrire; MÉD **örtlich betäuben** pratiquer une anesthésie locale
Örtlichkeit *f* ⟨~; ~en⟩ *meist pl* **Örtlichkeiten** lieux *m/pl*
Ortsangabe *f* indication *f* du lieu
ortsansässig *adj* local
Ortsansässige(r) *f(m)* ⟨→ A⟩ résident(e) *m(f)*
Ortsausgang *m* sortie *f* de la localité
Ortsbeschreibung *f* topographie *f*
Ortsbestimmung *f* **1.** GR complément (circonstanciel) de lieu **2.** (*Lokalisierung*) localisation *f*
Ortsbezeichnung *f* nom *m* de *od* du lieu
Ortschaft *f* ⟨~; ~en⟩ endroit *m*; localité *f*; **geschlossene Ortschaft** agglomération *f*
Ortseingang *m* entrée *f* de la localité
ortsfremd *adj* étranger
ortsgebunden *adjt* lié, attaché au lieu; stationnaire
Ortsgespräch *n* TÉL communication urbaine
Ortskenntnis *f* connaissance *f* des lieux
ortskundig *adj* connaissant les lieux
Ortsname *m* nom *m* de lieu
Ortsnetz *n* TÉL réseau urbain
Ortsschild *n* panneau *m* (d'entrée *bzw* de sortie) d'agglomération
Ortstarif *m* TÉL tarif urbain
Ortsteil *m* quartier *m*
ortsüblich *adj* selon l'usage local
Ortsverkehr *m* trafic local
Ortswechsel *m* changement *m* de lieu
Ortszeit *f* heure locale
Ortszulage *f*, **Ortszuschlag** *m* indemnité *f* de résidence
Ortung *f* ⟨~; ~en⟩ repérage *m*
Öse [ˈøːzə] *f* ⟨~; ~n⟩ COUT œillet *m*
Ossi [ˈɔsi] F *m* ⟨~s; ~s⟩ *surnom des Allemands de l'Est*
Ost [ɔst] *m* ⟨*sans article ni pl*⟩ est *m*
Ostasien *n* l'Asie orientale
Ostblock *neg!* *m* HIST bloc *m* de l'Est
ostdeutsch *adj* d(e l)'Allemagne de l'Est
Ostdeutschland *n* l'Allemagne *f* de l'Est
Osten *m* ⟨~s⟩ est *m*; POL **der Osten** l'Est; **der Ferne Osten** l'Extrême-Orient; **der Mittlere Osten** le Moyen-Orient; **der Nahe Osten** le Proche-Orient; **im Osten** (**von**) à l'est (de); **von Osten** de l'est
ostentativ [ɔstɛntaˈtiːf] *st/s adj* ostensible

Osteopathie [ɔsteopaˈtiː] *f* ⟨~; ~n⟩ *Krankheit, Therapie* ostéopathie *f*
Osteoporose [-poˈroːzə] *f* ⟨~; ~n⟩ ostéoporose *f*
Osterei *n* œuf *m* de Pâques
Osterferien *pl* vacances *f/pl* de Pâques
Osterfest *n* Pâques *m od f/pl*
Osterglocke *f* BOT jonquille *f*
Osterhase *m* lapin *m* de Pâques
Osterinsel **die Osterinsel** l'île *f* de Pâques
Osterlamm *n* agneau pascal
österlich [ˈøːstərlɪç] *adj* pascal
Ostermontag *m* lundi *m* de Pâques
Ostern [ˈoːstərn] *n* ⟨~; ~⟩ Pâques *m od f/pl*; **an Ostern** *od* **zu Ostern** à Pâques; **frohe** *od* **fröhliche Ostern!** joyeuses Pâques!
Österreich [ˈøːstəraɪç] *n* ⟨~s⟩ l'Autriche *f*
Österreicher(in) *m* ⟨~s; ~⟩ (*f*) ⟨~in; ~innen⟩ Autrichien, -ienne *m,f*
österreichisch *adj* autrichien; POL *in Zssgn* austro-…
Ostersonntag *m* dimanche *m* de Pâques
Osterweiterung *f* ⟨~⟩ *der EU, der Nato* élargissement *m* à l'Est
Osterwoche *f* (*Karwoche*) semaine sainte; *nach Ostern* semaine *f* de Pâques
Osteuropa *n* l'Europe de l'Est
osteuropäisch *adj* de l'Europe de l'Est
Ostküste *f* côte est, orientale
östlich [ˈœstlɪç] **I** *adj* d(e l)'est; oriental **II** *adv* à l'est; **östlich von** à l'est de
Östrogen [œstroˈgeːn] *n* ⟨~s; ~e⟩ œstrogène *m*
Ostsee *f* (mer *f*) Baltique *f*
Ostseite *f* (côté *m*) est *m*
ostwärts *adv* vers l'est
Ostwind *m* vent *m* d'est
OSZE [oːˈʔɛstsɛtˈʔeː] *f abr* ⟨~⟩ (*Organisation für Sicherheit und Zusammenarbeit in Europa*) OSCE *f*
O-Ton *m* → **Originalton**
Otter[1] [ˈɔtər] *f* ⟨~; ~n⟩ (*Viper*) vipère *f*
Otter[2] *m* ⟨~s; ~⟩ (*Fischotter*) loutre *f*
Ottomotor *m* moteur *m* à essence, à explosion
out [aʊt] F *adj* **out sein** être passé de mode
Outdoorjacke [ˈaʊtdoːrjakə] *f* veste *f* outdoor
outen ⟨-e-⟩ **I** *v/t* révéler l'homosexualité de **II** *v/refl* **sich outen** révéler son homosexualité
Outfit [ˈaʊtfɪt] *n* ⟨~$; ~s⟩ (*Kleidung*) tenue *f*; F fringues *f/pl*; (*Ausrüstung*) équipement *m*
Output [-pʊt] *m od n* ⟨~s; ~s⟩ **1.** ÉCON production totale d'une entreprise **2.** INFORM sortie *f*
Outsider [-saɪdər] *m* ⟨~s; ~⟩ *bes* SPORT outsider *m*
outsourcen [ˈaʊtsɔrsən] *v/t* ⟨$$; ⟩ ÉCON externaliser
Outsourcing [ˈaʊtsɔrsɪŋ] *n* ⟨~$; ~s⟩ ÉCON externalisation *f*
Ouvertüre [uvɛrˈtyːrə] *f* ⟨~; ~n⟩ MUS ouverture *f*
oval [oˈvaːl] *adj* ovale
Oval *n* ⟨~s; ~e⟩ ovale *m*
Ovation [ovatsiˈoːn] *st/s f* ⟨~; ~en⟩ ovation *f*
Overall [ˈoːvərɔːl] *m* ⟨~s; ~s⟩ *ohne Ärmel* salopette *f*; *mit Ärmeln* combinaison *f*; (*Arbeitsoverall*) bleu *m* (de travail)
overdressed [ˈoːvərdrɛst] *adj* trop bien habillé
Overheadfolie [ˈoːvərhɛt-] *f* transparent *m*
Overheadprojektor *m* rétroprojecteur *m*

ÖVP [øːfauˈpeː] *f* ⟨∼⟩ *abr* (*Österreichische Volkspartei*) parti populaire autrichien
Ovulation [ovulatsiˈoːn] *f* ⟨∼; ∼en⟩ ovulation *f*
Oxid [ɔˈksiːt] *n* ⟨∼⨍s; ∼e⟩ *sc,* **Oxyd** [ɔˈksyːt] *n* ⟨∼⨍s; ∼e⟩ oxyde *m*
Oxidation *f* ⟨∼; ∼en⟩ oxydation *f*
oxidieren *v/i* ⟨*sans ge,* h *ou* sn⟩ s'oxyder
Ozean [ˈoːtseaːn] *m* ⟨∼s; ∼e⟩ océan *m*
Ozeandampfer *m* transatlantique *m*

Ozeanien [otseˈaːniən] *n* ⟨∼s⟩ l'Océanie *f*
ozeanisch *adj* océanien
Ozelot [ˈoːtselɔt] *m* ⟨∼s; ∼e⟩ zo, *Pelz* ocelot *m*
Ozon [oˈtsoːn] *n* ⟨∼s⟩ ozone *m*
Ozonalarm *m* alerte *f* à l'ozone
ozonhaltig *adj* ozoné
Ozonloch *n* trou *m* dans la couche d'ozone
Ozonschicht *f* couche *f* d'ozone
Ozonwert *m* taux *m* d'ozone

P

P, p [peː] *n* ⟨P, p; P, p⟩ P, p *m*
paar [paːr] *prl/ind* ⟨*inv*⟩ **ein paar** (*einige*) quelques; **ein paar hundert Bücher** quelques centaines de livres; **ein paar verließen den Saal** quelques-uns ont quitté la salle; **ein paar Mal** quelques fois
Paar *n* ⟨∼⨍s; ∼e⟩ **1.** *bei Sachen* paire *f*; **ein Paar Schuhe** une paire de chaussures **2.** *Personen, Tiere* couple *m*
paaren *v/r* **sich paaren** s'accoupler, s'apparier (**mit** avec); *fig* s'allier, s'associer (à, avec)
Paarlauf *m* patinage *m* par couple(s)
Paarreim *m* METRIK rime plate
Paarung *f* ⟨∼; ∼en⟩ accouplement *m* (*a fig*)
Paarungszeit *f der Säugetiere* rut *m*; *der Vögel* pariade *f*
paarweise *adj u adv* par paires; par couples; par deux
Pacht [paxt] *f* ⟨∼⨍; ∼en⟩ bail *m*; *e-s Geschäfts* gérance *f*; **in Pacht geben** donner à bail; *Geschäft* donner en gérance
pachten *v/t* ⟨-e-⟩ prendre à bail; *Geschäft* prendre en gérance libre; *F* **er tut, als hätte er die Weisheit für sich gepachtet** il se comporte comme s'il avait, possédait la science infuse
Pächter(in) [ˈpɛçtər(ɪn)] *m* ⟨∼s; ∼⟩ (*f*) ⟨∼in; ∼innen⟩ gérant *m*; locataire *m,f*
Pachtung *f* ⟨∼; ∼en⟩ (prise *f* à) ferme *f*; bail *m*
Pachtvertrag *m* (contrat *m* de) bail *m*; **e-n Pachtvertrag abschließen** passer un bail
Pack¹ [pak] *m* ⟨∼⨍s; ∼e *ou* ∼e⟩ (*Packen*) paquet *m*; (*Bündel*) liasse *f*
Pack² *n* ⟨∼⨍s⟩ F *péj* (*Gesindel*) racaille *f*
Päckchen [ˈpɛkçən] *n* ⟨∼s; ∼⟩ petit paquet; **ein Päckchen Zigaretten** un paquet de cigarettes; *fig* **jeder hat sein Päckchen zu tragen** chacun porte sa croix
Packeis *n* banquise *f*
packen **I** *v/t* **1.** *Koffer, Paket* faire; *Waren* emballer; (*hineinpacken*) faire entrer (**in** [+ *acc*] dans) **2.** (*ergreifen*) saisir (*a fig*) **3.** *fig* (*fesseln*) captiver **4.** F *Examen* F décrocher **II** *v/i* (*Koffer packen*) faire ses valises, bagages
Packen *m* ⟨∼s; ∼⟩ gros paquet
packend *adjt* captivant; prenant
Packer(in) *m* ⟨∼s; ∼⟩ (*f*) ⟨∼in; ∼innen⟩ emballeur, -euse *m,f*
Packerl [ˈpakərl] *n* ⟨∼s; ∼n⟩ *österr* **1.** (*Packung*) paquet *m* **2.** (*Postpaket*) colis postal; (*Päckchen*) petit paquet **3.** (*Getränkeverpackung*) brique® *f*
Packesel *m* âne *m* de bât; F *fig* bête *f* de somme
Packpapier *n* papier *m* d'emballage; (papier *m*) kraft *m*
Packung *f* ⟨∼; ∼en⟩ **1.** COMM paquet *m* **2.** MÉD enveloppement *m*
Packungsbeilage *f* notice *f*
Pädagoge [pɛdaˈgoːgə] *m* ⟨∼n; ∼n⟩, **Pädagogin** *f* ⟨∼; ∼nen⟩ pédagogue *m,f*
Pädagogik *f* ⟨∼⟩ pédagogie *f*
pädagogisch *adj* pédagogique
Paddel [ˈpadəl] *n* ⟨∼s; ∼⟩ pagaie *f*
Paddelboot *n* (*Kanu*) canoë *m*; (*Kajak*) kayak *m*
paddeln *v/i* ⟨∼, h *ou* sn⟩ pagayer
pädophil [pɛdoˈfiːl] *adj* pédophile
Paella [paˈɛlja] *f* ⟨∼; ∼s⟩ CUIS paella *f*
paffen [ˈpafən] F **I** *v/t* fumer **II** *v/i* fumer; F cloper
Page [ˈpaːʒə] *m* ⟨∼n; ∼n⟩ page *m*; *im Hotel* chasseur *m*; groom *m*
Pagenkopf *m* cheveux coupés à la Jeanne d'Arc
Pagode [paˈgoːdə] *f* ⟨∼; ∼n⟩ pagode *f*
Paillette [paɪˈjɛtə] *f* ⟨∼; ∼n⟩ COUT paillette *f*
Paket [paˈkeːt] *n* ⟨∼⨍s; ∼e⟩ paquet *m*; (*Postpaket*) colis postal
Paketannahme *f* réception *f* (des colis postaux)
Paketausgabe *f* délivrance *f*, remise *f* (des colis postaux)
Paketdienst *m* messagerie *f*; service *m* de livraison (de colis)
Paketkarte *f* bulletin *m* d'expédition
Paketpost *f* service *m* des colis postaux
Paketschalter *m* guichet *m* des colis postaux
Paketsendung *f* colis (postal)
Paketzustellung *f* distribution *f* des colis
Pakistan [ˈpaːkɪstaːn] *n* ⟨∼s⟩ le Pakistan
Pakistaner(in) *m* ⟨∼s; ∼⟩ (*f*) ⟨∼in; ∼innen⟩, **Pakistani** *m* ⟨∼⨍s; ∼⨍⟩, *f* ⟨∼; ∼⨍⟩ Pakistanais(e) *m(f)*
pakistanisch *adj* pakistanais
Pakt [pakt] *m* ⟨∼⨍s; ∼e⟩ pacte *m*; accord *m*; **e-n**

Pakt (*mit j-m*) *schließen* faire, conclure un pacte (avec qn)

paktieren *v/i* ⟨*sans ge*⟩ pactiser (*mit* avec)

Paläontologe [palɛɔntoˈloːgə] *m* ⟨∼n; ∼n⟩, **Paläontologin** *f* ⟨∼; ∼nen⟩ paléontologue *m*,*f*

Paläontologie *f* ⟨∼⟩ paléontologie *f*

paläontologisch *adj* paléontologique

Palast [paˈlast] *m* ⟨∼¢s; Paläste⟩ palais *m*; *fig* hôtel *m*; palace *m*

Palästina [palɛsˈtiːna] *n* ⟨∼s⟩ la Palestine

Palästinenser(in) [palɛstiˈnɛnzər(in)] *m* ⟨∼s; ∼⟩ (*f*) ⟨∼in; ∼innen⟩ Palestinien, -ienne *m*,*f*

palästinensisch *adj* palestinien

Palatschinke [palaˈtʃɪŋkə] *f* ⟨∼; ∼n⟩ *österr* crêpe *f*

Palaver [paˈlaːvər] F *n* ⟨∼s; ∼⟩ palabres *f/pl*

palavern F *v/i* ⟨*sans ge*⟩ palabrer; tenir des palabres

Palette [paˈlɛtə] *f* ⟨∼; ∼n⟩ palette *f* (*a* TECH); *fig* (*Vielfalt*) gamme *f*; éventail *m*

paletti [paˈlɛti] *adj* F *alles paletti* F tout baigne

Palisade [paliˈzaːdə] *f* ⟨∼; ∼n⟩ palissade *f*

Palisander [paliˈzandər] *m* ⟨∼s; ∼⟩, **Palisanderholz** *n* palissandre *m*

Palme [ˈpalmə] *f* ⟨∼; ∼n⟩ palmier *m*; F *fig j-n auf die Palme bringen* mettre qn en rage; pousser qn à bout

Palmenhain *m* palmeraie *f*

Palm(en)herzen *n/pl* CUIS cœurs *m/pl* de palmier

Palmsonntag *m* dimanche *m* des Rameaux

Palmtop [ˈpaːmtɔp] *m* ⟨∼s; ∼s⟩ assistant *m* électronique

Palmwedel *m*, **Palmzweig** *m* palme *f*

Pampa [ˈpampa] *f* ⟨∼; ∼s⟩ pampa *f*; F *fig in der Pampa* (*weitab von jeglicher Zivilisation*) en pleine brousse

Pampe [ˈpampə] *f* ⟨∼⟩ 1. (*Brei*) bouillie *f*; magma *m* 2. (*Matsch*) gadoue *f*

Pampelmuse [pampəlˈmuːzə] *f* ⟨∼; ∼n⟩ pamplemousse *m*; grape-fruit *m*

Pampers® [ˈpɛmpərs] F *pl* couches-culottes *f/pl*

Pamphlet [pamˈfleːt] *n* ⟨∼¢s; ∼e⟩ pamphlet *m*

pampig [ˈpampɪç] F *adj* (*dreist*) F gonflé; (*unfreundlich*) désagréable

Panade [paˈnaːdə] *f* ⟨∼; ∼n⟩ CUIS panure *f*

Panama [ˈpanama] *n* ⟨∼s⟩ le Panama

panaschieren [panaˈʃiːrən] *v/i* ⟨*sans ge*⟩ POL *bei der Wahl* panacher

Panda [ˈpanda] *m* ⟨∼s; ∼s⟩, **Pandabär** *m* ZO panda *m*

Paneel [paˈneːl] *n* ⟨∼s; ∼e⟩ lambris *m*; panneau *m*

Panflöte [ˈpaːnfløːtə] *f* flûte *f* de Pan

panieren [paˈniːrən] *v/t* ⟨*sans ge*⟩ paner

Paniermehl *n* panure *f*; chapelure *f*

Panik [ˈpaːnɪk] *f* ⟨∼; ∼en⟩ panique *f*; *in Panik* (*acc*) *geraten* F paniquer; *es brach e-e Panik aus* il y a eu panique; F *nur keine Panik!* surtout, pas de panique!

Panikmache F *péj f* alarmisme *m*

Panikstimmung *f* (climat *m* de) panique *f*; affolement *m*

panisch *adj* panique

Panne [ˈpanə] *f* ⟨∼; ∼n⟩ panne *f* (*a fig*); *e-e Panne haben* avoir une, tomber en panne; *e-e Panne* (*am Wagen*) *beheben* dépanner la voiture

Pannendienst *m* (service *m* de) dépannage *m*

Panorama [panoˈraːma] *n* ⟨∼s; -men⟩ panorama *m*

Panoramastraße *f* route *f* panoramique

panschen [ˈpanʃən] F *péj v/t Wein* frelater; F trafiquer

Pansen [ˈpanzən] *m* ⟨∼s; ∼⟩ ZO panse *f*

Pant(h)er [ˈpantər] *m* ⟨∼s; ∼⟩ panthère *f*

Pantoffel [panˈtɔfəl] *m* ⟨∼s; ∼n⟩ pantoufle *f*; mule *f*; F *fig er steht unter dem Pantoffel* c'est sa femme qui porte la culotte

Pantoffelblume *f* calcéolaire *f*

Pantoffelheld F *péj m* mari gouverné, mené par sa femme

Pantoffelkino F *plais n* petit écran

Pantoffeltierchen *n* ⟨∼s; ∼⟩ BIOL paramécie *f*

Pantomime [pantoˈmiːmə] *f* ⟨∼; ∼n⟩ pantomime *f*

pantomimisch **I** *adj* pantomimique **II** *adv pantomimisch darstellen* mimer

pantschen [ˈpantʃən] → *panschen*

Panzer [ˈpantsər] *m* ⟨∼s; ∼⟩ 1. (*Rüstung*) cuirasse *f* 2. ZO cuirasse *f*; carapace *f* 3. MIL char *m* d'assaut; blindé *m*

Panzerabwehr *f* défense *f* antichars

Panzerdivision *f* division blindée

Panzerfaust *f* lance-roquettes *m* antichar; bazooka *m*

Panzerglas *n* verre *m* pare-balles

panzern *v/t* armer d'une cuirasse; cuirasser; blinder

Panzerschrank *m* coffre-fort *m*

Panzerung *f* ⟨∼; ∼en⟩ blindage *m*

Panzerwagen *m* véhicule, engin blindé

Papa [ˈpapa] F *enf m* ⟨∼s; ∼s⟩ papa *m*

Papagallo [papaˈgalo] *m* ⟨∼¢; ∼s *ou* -galli⟩ (jeune) dragueur italien

Papagei [papaˈgaɪ] *m* ⟨∼s *ou* ∼en; ∼e(n)⟩ perroquet *m*

Papamobil [papamoˈbiːl] *n* ⟨∼s; ∼e⟩ papamobile *f*

Paparazzo [papaˈratso] *m* ⟨∼s; -zzi⟩ paparazzi *m*

Papaya [paˈpaja] *f* ⟨∼; ∼s⟩ papaye *f*

Paperback [ˈpeːpəbɛk] *n* ⟨∼s; ∼s⟩ livre (de poche) cartonné

Papi [ˈpapi] ⊢ *enf m* ⟨∼s; ∼s⟩ papa *m*

Papier [paˈpiːr] *n* ⟨∼s; ∼e⟩ 1. papier *m*; *zu Papier bringen* mettre, jeter sur le papier; écrire; *prov Papier ist geduldig* le papier souffre tout 2. *pl Papiere* (*Ausweise*) papiers *m/pl* 3. (*Wertpapier*) titre *m*; valeur *f*; effet *m*

Papierfabrik *f* papeterie *f*

Papierfetzen *m* chiffon *m* de papier

Papiergeld *n* papier-monnaie *m*; billets *m/pl* de banque

Papierhandtuch *n* serviette *f* jetable, en papier

Papierkorb *m* corbeille *f* à papier

Papierkram F *m* F paperasses *f/pl*

Papierkrieg F *m* paperasserie *f*

Papiermesser *n* coupe-papier *m*

Papierrolle *f* rouleau *m* de papier

Papierschlange *f* serpentin *m*

Papierschnitzel *n od m* rognure *f* de papier

Papierserviette *f* serviette *f* en papier

Papiertaschentuch *n* mouchoir *m* en papier

Papiertiger *m fig* tigre *m* de papier

Papiertüte *f kleinere* sachet *m*, *größere* sac *m*,

dreieckige cornet *m* en papier
Papierzufuhr *f* INFORM alimentation *f* papier
Papille [pa'pɪlə] *f* ⟨~; ~n⟩ ANAT papille *f*
papp [pap] F *int* **nicht mehr papp sagen können** être gavé (comme une oie)
Pappbecher ['pap-] *m* gobelet *m* en carton
Pappdeckel *m* carton *m*
Pappe *f* ⟨~; ~n⟩ carton *m*; *dünne* carte *f*; F *das ist nicht von Pappe* F ce n'est pas de la petite bière, pas piqué des vers
Pappel ['papəl] *f* ⟨~; ~n⟩ peuplier *m*
pappen F *v/t u v/i* coller (**an, auf** [*v/t*: + *acc bzw v/i*: + *dat*] à, sur)
Pappenheimer *m* ⟨~s; ~⟩ F *s-e Pappenheimer kennen* connaître son monde
Pappenstiel *m* F *das ist kein Pappenstiel* ce n'est pas rien, une bagatelle
papperlapapp [papərla'pap] *int* taratata!; à d'autres!
pappig *adj* (*breiig*) pâteux; (*klebrig*) poisseux; collant
Pappkarton *m* carton *m*; boîte *f* en carton
Pappmaschee ['papmaʃeː] *n* ⟨~s; ~s⟩ carton-paître *m*; papier mâché
Pappschachtel *f* carton *m*; boîte *f* en carton
Pappschnee *m* neige collante
Pappteller *m* assiette *f* en carton
Paprika ['paprika] *m* ⟨~s; ~$⟩ *Schote* poivron *m*; *Gewürz* piment *m*; paprika *m*
Paprikaschnitzel *n* escalope *f* au paprika
Paprikaschote *f* poivron *m*
Papst [paːpst] *m* ⟨~¢s; ≈e⟩ pape *m* (*a fig*)
päpstlich ['pɛːpstlɪç] *adj* du pape; pontifical; *fig* **päpstlicher sein als der Papst** être plus royaliste que le roi
Papyrus [pa'pyːrʊs] *m* ⟨~; -ri⟩ papyrus *m*
Parabel [pa'raːbəl] *f* ⟨~; ~n⟩ parabole *f*
Parabolantenne [para'boːlʔantɛnə] *f* antenne *f* parabolique
Parabolspiegel *m* miroir *m*, réflecteur *m* parabolique
Parade [pa'raːdə] *f* ⟨~; ~n⟩ **1.** MIL défilé *m*, parade *f* (militaire); revue *f* **2.** SPORT parade *f*
Paradebeispiel *n* exemple éclatant
Paradeiser [para'daɪzər] *m* ⟨~s; ~⟩ *österr* tomate *f*
paradieren *v/i* ⟨sans ge⟩ parader
Paradies [para'diːs] *n* ⟨~es; ~e⟩ paradis *m* (*a fig*)
paradiesisch *adj* du paradis; paradisiaque (*a fig*)
Paradiesvogel *m* **1.** ZO paradisier *m*; oiseau *m* de paradis **2.** *fig* oiseau *m* exotique
Paradigma [para'dɪgma] *n* ⟨~s; -men *ou* -mata⟩ paradigme *m*
paradigmatisch *adj* comme, en paradigme(s)
paradox [para'dɔks] *adj* paradoxal
Paradox *n* ⟨~es; ~e⟩ paradoxe *m*
paradoxerweise *adv* paradoxalement
Paraffin [para'fiːn] *n* ⟨~s; ~e⟩ paraffine *f*
Paragliding ['paːraɡlaɪdɪŋ] *n* ⟨~s⟩ parapente *m*
Paragraph [para'ɡraːf] *m* ⟨~en; ~en⟩ paragraphe *m*; JUR article *m*; titre *m*
Paragraph(en)zeichen *n* paragraphe *m*
Paraguay [paragu'aːi] *n* ⟨~s⟩ le Paraguay
parallel [para'leːl] **I** *adj* parallèle (**mit, zu** à) **II** *adv* **parallel laufen** être parallèle
Parallele *f* ⟨~; ~n⟩ parallèle *f*; *fig* parallèle *m*

Parallelität *f* ⟨~; ~en⟩ parallélisme *m*
Parallelogramm [paralelo'gram] *n* ⟨~s; ~e⟩ parallélogramme *m*
Parallelstraße *f* rue *f* parallèle
Paralympics [para'lɪmpɪks] *pl* Jeux *m/pl* olympiques 'handisports'
Parameter [pa'raːmetər] *m* ⟨~s; ~⟩ MATH paramètre *m* (*a fig*)
paramilitärisch ['paːra-] *adj* paramilitaire
Paranoia [para'nɔya] *f* ⟨~⟩ MÉD paranoïa *f*
paranoid *adj* paranoïde
Paranuss ['paːranʊs] *f* noix *f*, châtaigne *f* du Brésil
paraphieren [para'fiːrən] *v/t* ⟨sans ge⟩ POL, JUR parapher *od* parafer
Parapsychologie *f* parapsychologie *f*
Parasit [para'ziːt] *m* ⟨~en; ~en⟩ parasite *m* (*a fig péj*)
parat [pa'raːt] *adj* prêt; *etw parat haben* avoir qc tout prêt
Paravent [para'vãː] *m od n* ⟨~s; ~s⟩ paravent *m*
Pärchen ['pɛːrçən] *n* ⟨~s; ~⟩ (jeune) couple *m*; F *péj* petit couple
Parcours [par'kuːr] *m* ⟨~; ~⟩ PFERDESPORT parcours *m*
Pardon [par'dõː] *m od n* ⟨~s⟩ (*Verzeihung*) pardon *m*; (*Begnadigung*) grâce *f*; *kein(en) Pardon kennen* être impitoyable, implacable
par excellence [parɛksɛ'lãːs] *st/s adjt* par excellence
Parfum [par'fœ̃ː] *n* ⟨~s; ~s⟩, **Parfüm** [par'fyːm] *n* ⟨~s; ~s⟩ parfum *m*
Parfümerie [parfymə'riː] *f* ⟨~; ~n⟩ parfumerie *f*
parfümieren *v/t* (*u v/r*) ⟨sans ge⟩ (*sich parfümieren* se) parfumer
Parfümzerstäuber *m* vaporisateur *m* (à parfum)
Paria ['paːria] *m* ⟨~s; ~s⟩ paria *m* (*a fig*)
parieren [pa'riːrən] ⟨sans ge⟩ **I** *v/t* SPORT parer **II** F *v/i* (*gehorchen*) obéir; s'exécuter
Paris [pa'riːs] *n* Paris
Pariser F *m* ⟨~s; ~⟩ (*Kondom*) F capote (anglaise)
Pariser(in) *m* ⟨~s; ~⟩ (*f*) ⟨~in; ~innen⟩ Parisien, -ienne *m,f*
Parität [pari'tɛt] *f* ⟨~; ~en⟩ *bes* ÉCON parité *f*; (*Gleichheit*) égalité *f*
paritätisch *adj* paritaire; à égalité
Park [park] *m* ⟨~s; ~s⟩ parc *m*
Parka ['parka] *m* ⟨~s; ~s⟩ parka *f od m*
Parkanlagen *f/pl* parc *m*; espace vert
Parkbank *f* ⟨~; -bänke⟩ banc public
Parkbucht *f* emplacement *m* (pour voitures)
Parkdeck *n* niveau *m* (dans un parking couvert)
parken I *v/t* garer **II** *v/i* se garer; **Parken verboten!** stationnement interdit!
parkend *adjt* en stationnement
Parkett [par'kɛt] *n* ⟨~¢s; ~e⟩ parquet *m*; THÉ orchestre *m*; parterre *m*
Parkett(fuß)boden *m* parquet *m*; parquetage *m*
Parkgebühr *f* taxe *f* de stationnement
Parkgelegenheit *f* parking *m*
Parkhaus *n* parking couvert
parkieren ⟨sans ge⟩ *schweiz* → *parken*
Parkinsonkrankheit *f*, **parkinsonsche Krankheit** ['parkɪnzɔn(ʃə)'krankhaɪt] *die Parkinsonkrankheit, parkinsonsche Krankheit* la maladie de Parkinson

Parkkralle *f* sabot *m* de Denver
Parklücke *f* créneau *m*
Parkplatz *m* **1.** *für viele Autos* parking *m*; parc *m* de stationnement **2.** (*Parkmöglichkeit*) place *f* (pour se garer)
Parkscheibe *f* disque *m* (de stationnement)
Parkschein *m* ticket *m* de stationnement
Parkscheinautomat *m* horodateur *m*
Parkstreifen *m* bande *f* de stationnement
Parksünder F *m* contrevenant(e) *m(f)* aux règles du stationnement
Parkuhr *f* parcmètre *m*
Parkverbot *n* interdiction *f*, défense *f* de stationner; *im Parkverbot stehen* être en stationnement interdit
Parlament [parla'mɛnt] *n* ⟨~ɟs; ~e⟩ parlement *m*; *Europäisches Parlament* Parlement européen
Parlamentarier(in) [parlamɛn'ta:riər(ɪn)] *m* ⟨~s; ~⟩ (*f*) ⟨~in; ~innen⟩ parlementaire *m,f*
parlamentarisch *adj* parlementaire
Parlamentsbeschluss *m* vote *m* du parlement
Parlamentsgebäude *n* parlement *m*
Parlamentsmitglied *n* membre *m* du parlement
Parlamentssitzung *f* séance *f* du parlement
Parlamentswahlen *f/pl* élections (législatives)
parlieren [par'li:rən] *v/i* ⟨sans ge⟩ *st/s, oft iron* bavarder; faire la conversation
Parmaschinken ['parma-] *m* jambon *m* de Parme
Parmesan [parme'za:n] *m* ⟨~s⟩, **Parmesankäse** *m* parmesan *m*
Parodie [paro'di:] *f* ⟨~; ~n⟩ parodie *f* (*auf* [+ *acc*] de)
parodieren *v/t* ⟨sans ge⟩ parodier; faire une parodie de
Parodist(in) *m* ⟨~en; ~en⟩ (*f*) ⟨~in; ~innen⟩ parodiste *m,f*
parodistisch *adj* parodique
Parodontose [parodɔn'to:zə] *f* ⟨~; ~n⟩ MÉD maladie parodontale
Parole [pa'ro:lə] *f* ⟨~; ~n⟩ **1.** slogan *m*; mot *m* d'ordre **2.** MIL mot *m* de passe

---

Parole ≠ parole

die Parole = le mot d'ordre
la parole = das Wort

Paroli [pa'ro:li] *n* *j-m Paroli bieten* tenir tête à qn
Part [part] *m* ⟨~s; ~s *ou* ~e⟩ MUS partie *f*; THÉ, FILM *etc* rôle *m*
Partei [par'taɪ] *f* ⟨~; ~en⟩ **1.** POL, (*Gruppe*) parti *m*; *für, gegen j-n Partei ergreifen* prendre

parti pour, contre qn **2.** JUR partie *f*; *die vertragschließenden Parteien* les parties contractantes
Parteichef(in) *m(f)* chef *m*, leader *m* de parti
Parteifreund(in) *m(f)* camarade *m,f* de parti
Parteiführung *f* direction *f* d'un *bzw* du parti
parteiisch *adj* partial
Parteikongress *m* congrès *m* d'un *bzw* du parti
Parteilichkeit *f* ⟨~⟩ partialité *f*
parteilos *adj* sans parti; indépendant; sans étiquette
Parteilose(r) *f(m)* ⟨→A⟩ sans-parti *m,f*; *im Parlament* non-inscrit(e) *m(f)*
Parteimitglied *n* membre *m*, adhérent *m* (du, d'un parti)
Parteinahme *f* ⟨~; ~n⟩ prise *f* de parti
Parteipolitik *f* politique *f* de parti
parteipolitisch *adj* qui concerne la politique du parti; inspiré par les intérêts du parti
Parteiprogramm *n* programme *m* d'un *bzw* du parti
Parteispende *f* somme *f* d'argent destinée au financement d'un parti
Parteitag *m* congrès *m* du parti
Parteivorsitzende(r) *f(m)* ⟨→A⟩ président(e) *m(f)* d'un *bzw* du parti
Parteivorstand *m* comité directeur d'un *bzw* du parti
Parteizugehörigkeit *f* appartenance *f* à un *bzw* au parti
Parterre [par'tɛr(ə)] *n* ⟨~s; ~s⟩ rez-de-chaussée *m*
Parterrewohnung *f* (logement *m* au) rez-de-chaussée *m*
Partie [par'ti:] *f* ⟨~; ~n⟩ **1.** *beim Spiel* partie *f* **2.** (*Heiratsmöglichkeit*) parti *m*; *e-e gute Partie* un beau parti; *mit von der Partie sein* être de la partie
partiell [partsi'ɛl] *adj* partiel
Partikel [par'ti:kəl] *n* ⟨~s; ~⟩ *od f* ⟨~; ~n⟩ particule *f*
Partikelfilter *m* *bei Dieselmotoren* filtre *m* à particules
Partisan(in) [parti'za:n(ɪn)] *m* ⟨~s *ou* ~en; ~en⟩ (*f*) ⟨~in; ~innen⟩ partisan *m*
Partitur [parti'tu:r] *f* ⟨~; ~en⟩ MUS partition *f*
Partizip [parti'tsi:p] *n* ⟨~s; ~ien⟩ GR participe *m*; *Partizip Präsens, Perfekt* participe présent, passé
Partner(in) ['partnər(ɪn)] *m* ⟨~s; ~⟩ (*f*) ⟨~in; ~innen⟩ partenaire *m,f*; (*Lebensgefährte*) compagnon *m*, compagne *f*; COMM partenaire *m,f*; associé(e) *m(f)*
Partnerlook *m* vêtements assortis (homme et femme); *im Partnerlook* en vêtements assortis (homme et femme)
Partnerschaft *f* ⟨~; ~en⟩ association *f*; partenariat *m*

Parterre ≠ par terre

Die Hausmeisterin wohnt im **Parterre**.	La concierge habite au **rez-de-chaussée**.
Elle a fait un mouvement inattendu et a renversé les verres **par terre**.	Sie hat eine unerwartete Bewegung gemacht und die Gläser **auf den Boden** geschmissen.

---

partout ≠ partout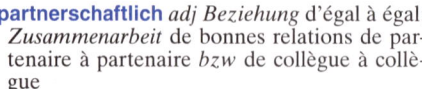

Ich mag ihn **partout** nicht.

La police a cherché la jeune fille **partout**.

Je ne l'aime **absolument** pas.

Die Polizei hat das junge Mädchen **überall** gesucht.

---

partnerschaftlich *adj Beziehung* d'égal à égal; *Zusammenarbeit* de bonnes relations de partenaire à partenaire *bzw* de collègue à collègue

Partnerstadt *f* ville jumelée (**von** *od* [+ *gén*] à)

Partnertausch *m* échange *m* de partenaires; échangisme *m*; partie carrée

Partnerwahl *f* choix *m* d'un(e) partenaire

partout [par'tuː] F *adv* à tout prix; absolument

Party ['paːrti] *f* ⟨∼; ∼s⟩ fête *f*; F boum *f*

Partykeller *m* cave *f* (*aménagée pour les soirées dansantes*)

Partylöwe *m* habitué *m* des soirées; play-boy *m* qui fréquente les soirées dansantes

Partyservice *m* traiteur *m* (livrant à domicile)

Parzelle [par'tsɛlə] *f* ⟨∼; ∼n⟩ parcelle *f*, lot *m* de terrain

Pascha ['paʃa] *m* ⟨∼s; ∼s⟩ pacha *m* (*a fig péj*)

Pass [pas] *m* ⟨∼es; ⁓e⟩ **1.** (*Bergpass*) col *m* **2.** (*Reisepass*) passeport *m* **3.** SPORT passe *f*

passabel [pa'saːbəl] *adj* ⟨-bl-⟩ acceptable; passable

Passage [pa'saːʒə] *f* ⟨∼; ∼n⟩ **1.** (*Durchgang, -fahrt*) passage *m*; überdachte galerie *f*; passage couvert **2.** (*Abschnitt*) passage *m*

Passagier [pasa'ʒiːr] *m* ⟨∼s; ∼e⟩ passager *m*; **blinder Passagier** passager clandestin

---

Passagier = passager

Wird anders geschrieben als englisch „passenger".

Passagierflugzeug *n* avion *m* (de ligne) commercial(e)

Passagierliste *f* liste *f* des passagers

Passagierschiff *n* paquebot *m*; *für Übersee* transatlantique *m*

Passah(fest) ['pasa-] *n* ⟨∼s⟩ (*n*) pâque (juive)

Passant(in) [pa'sant(ɪn)] *m* ⟨∼en; ∼en⟩ (*f* ⟨∼in; ∼innen⟩) passant(e) *m(f)*; piéton, -onne *m,f*

Passat [pa'saːt] *m* ⟨∼¢s; ∼e⟩ alizé *m*

Passbild *n* photo *f* d'identité

passé, passee [pa'seː] *adj* **das ist passé, passee** (*vorbei, vergangen*) c'est passé; (*überlebt*) c'est démodé, dépassé

passen ['pasən] ⟨∼¢⟩ **I** *v/t Ball* **zu j-m passen** passer à qn **II** *v/i* **1.** *Ersatzteil, Schlüssel* **auf etw** (*acc*), **zu etw passen** aller sur, avec qc; **in etw** (*acc*) **passen** aller dans qc **2.** *Kleidung* aller bien (**j-m** à qn) **3.** (*harmonieren*) **passen zu** convenir à; s'accorder avec; être assorti à **4.** (*genehm sein*) convenir; arranger; aller; **dieser Termin passt mir nicht** cette date ne me convient, ne m'arrange pas, ne me va pas; F **das könnte dir so passen!** F c'est ça, et quoi encore?!; F et ta sœur! **5.** KARTENSPIEL passer (*a fig*); FUSSBALL **zu j-m passen** faire une passe

passend *adjt Ersatzteil, Schlüssel* bon, bonne; *Kleidung* qui va bien; juste; seyant; (*harmonierend*) assorti; propre; convenable; *Zeitpunkt* opportun; F **haben Sie es passend?** vous avez la monnaie?; pouvez-vous faire l'appoint?

Passepartout [paspar'tuː] *n, schweiz m* ⟨∼s; ∼s⟩ passe-partout *m*

Passfoto *n* photo *f* d'identité

passierbar [pa'siːrbaːr] *adj Straße* praticable

passieren ⟨*sans ge*⟩ **I** *v/t Fluss, Grenze* passer; *Ort* passer par **II** *v/i* ⟨sn⟩ (*geschehen*) se passer; arriver; **bei dem Unfall ist mir nichts passiert** je suis sorti indemne de, je n'ai rien eu dans cet accident

Passierschein *m* laissez-passer *m*; permis *m*

Passion [pasi'oːn] *f* ⟨∼; ∼en⟩ passion *f*; REL Passion *f*

passioniert *adj* passionné

passiv ['pasiːf] *adj* passif; **passives Wahlrecht** éligibilité *f*

Passiv *n* ⟨∼s; ∼e⟩ GR passif *m*; voix, forme passive

Passiva [pa'siːva] *pl* COMM passif *m*

Passivität *f* ⟨∼⟩ passivité *f*

Passkontrolle *f* contrôle *m* des passeports

Passstraße *f* col *m*

Passus ['pasus] *m* ⟨∼; ∼⟩ passage *m*

Passwort *n* ⟨∼¢s; -wörter⟩ INFORM mot *m* de passe

Paste ['pastə] *f* ⟨∼; ∼n⟩ pâte *f*

Pastell [pas'tɛl] *n* ⟨∼¢s; ∼e⟩ PEINT pastel *m*

Pastellfarbe *f* (couleur *f* à) pastel *m*

Pastellton *m* ton (de) pastel

Pastete [pas'teːtə] *f* ⟨∼; ∼n⟩ (*Blätterteigpastete*) vol-au-vent *m*; bouchée *f* à la reine; (*Leberpastete*) pâté *m*

pasteurisieren [pastøri'ziːrən] *v/t* ⟨*sans ge*⟩ pasteuriser

Pasteurisierung *f* ⟨∼; ∼en⟩ pasteurisation *f*

Pastille [pas'tɪlə] *f* ⟨∼; ∼n⟩ pastille *f*

Pastor ['pastɔr] *m* ⟨∼s; -toren⟩ PROT pasteur *m*; CATH curé *m*

Pastorin *f* ⟨∼; ∼nen⟩ femme *f* pasteur

Patchwork ['pɛtʃvɔːrk] *n* ⟨∼s; ∼s⟩ COUT patchwork *m*

Pate ['paːtə] *m* ⟨∼n; ∼n⟩ parrain *m*

Patenkind *n* filleul(e) *m(f)*

Patenonkel *m* parrain *m*

Patenschaft *f* ⟨∼; ∼en⟩ parrainage *m*

Patensohn *m* filleul *m*

patent [pa'tɛnt] F *adj* F formidable; *Person a* F épatant

Patent *n* ⟨∼¢s; ∼e⟩ brevet *m* (d'invention); **ein Patent anmelden** déposer un brevet (**auf** [+ *acc*] pour)

Patentamt *n* office *m* des brevets (d'invention); *in Frankreich* Institut national de la propriété industrielle; **das Europäische Patentamt**

l'Office européen des brevets
Patentante *f* marraine *f*
Patentanwalt *m* ingénieur-conseil *m* (en propriété industrielle)
patentfähig *adj* brevetable
patentieren *v/t* ⟨*sans ge*⟩ breveter
Patentlösung *f* solution *f* passe-partout; panacée (universelle)
Patentochter *f* filleule *f*
Patentrecht *n* législation *f* sur les brevets
Patentschutz *m* protection *f* des inventions, de la propriété industrielle
Patenturkunde *f* brevet *m* d'invention
Patentverschluss *m* fermeture brevetée, de sûreté
Pater ['paːtər] *m* ⟨∼s; ∼ *ou* Patres⟩ (révérend) père *m*
Paternoster *m* ⟨∼s; ∼⟩ *Aufzug* ascenseur (continu)
pathetisch [pa'teːtɪʃ] *adj* emphatique; pompeux
Pathologie [patolo'giː] *f* ⟨∼⟩ pathologie *f*
pathologisch *adj* pathologique
Pathos ['paːtɔs] *n* ⟨∼⟩ pathos *m*; emphase *f*
Patience [pasi'ãːs] *f* ⟨∼; ∼n⟩ patience *f*; réussite *f*; *e-e Patience legen* faire une patience, une réussite
Patient(in) [patsi'ɛnt(ɪn)] *m* ⟨∼en; ∼en⟩ (*f*) ⟨∼in; ∼innen⟩ malade *m,f*; patient(e) *m(f)*; client(e) *m(f)*
Patientenverfügung *f* JUR: *volontés rédigées par une personne prévoyant les limites des actes médicaux qu'elle accepte de subir en cas de perte d'autonomie intellectuelle*
Patin ['paːtɪn] *f* ⟨∼; ∼nen⟩ marraine *f*
Patina ['paːtina] *f* ⟨∼⟩ patine *f*
Patriarch [patri'arç] *m* ⟨∼en; ∼en⟩ patriarche *m*
patriarchalisch *adj* patriarcal
Patriot(in) [patri'oːt(ɪn)] *m* ⟨∼en; ∼en⟩ (*f*) ⟨∼in; ∼innen⟩ patriote *m,f*
patriotisch *adj* patriotique
Patriotismus *m* ⟨∼⟩ patriotisme *m*
Patron [pa'troːn] *m* ⟨∼s; ∼e⟩ **1.** patron *m* **2.** F *fig ein übler Patron* une canaille, F fripouille
Patrone [pa'troːnə] *f* ⟨∼; ∼n⟩ cartouche *f*
Patronin *f* ⟨∼; ∼nen⟩ patronne *f*
Patrouille [pa'trʊljə] *f* ⟨∼; ∼n⟩ patrouille *f*
patrouillieren *v/i* ⟨*sans ge*, h *ou* sn⟩ patrouiller
Patsche ['patʃə] F *f* ⟨∼; ∼n⟩ **1.** (*Hand*) F patte *f*; F paluche *f* **2.** *in der Patsche sitzen* F être dans le pétrin; *j-m aus der Patsche helfen* tirer qn d'affaire
patsch(e)nass F *adj* F trempé comme une soupe
Patt [pat] *n* ⟨∼s; ∼s⟩ SCHACH pat *m*; *fig* situation bloquée
Pattsituation *f* situation bloquée
patzen ['patsən] F *v/i* ⟨∉∜⟩ F faire une gaffe; F gaffer
Patzer F *m* ⟨∼s; ∼⟩ F gaffe *f*
patzig F *adj* impoli; F mal embouché; insolent
Pauke ['paʊkə] *f* ⟨∼; ∼n⟩ grosse caisse; timbale *f*; F *mit Pauken und Trompeten durchfallen* F (se) ramasser une veste; F *fig auf die Pauke hauen* (*angeben*) frimer; se la jouer; (*feiern*) F faire la bringue
pauken F *v/t u v/i* F bosser; F bûcher; *v/i* bachoter

Paukenschlag *m* coup *m* de timbale
Pauker F *m* ⟨∼s; ∼⟩ (*Lehrer*) F prof *m*
Paukerei F *f* ⟨∼⟩ (*intensives Lernen*) bachotage *m*
Pausbacken ['paʊsbakən] *f/pl* joues rebondies
pausbäckig *adj* joufflu
pauschal [paʊ'ʃaːl] **I** *adj* forfaitaire; global (*a fig*) **II** *adv* à forfait; globalement (*a fig*); *fig* en bloc
Pauschalbetrag *m* montant global, forfaitaire; *Zahlung* paiement *m* unique
Pauschale *f* ⟨∼; ∼n⟩ somme globale, forfaitaire; forfait *m*
pauschalisieren *v/i u v/t* ⟨*sans ge*⟩ (trop) généraliser; mettre dans la même catégorie
Pauschalpreis *m* prix global, à forfait
Pauschalreise *f* voyage organisé
Pauschalurlaub *m* vacances organisées
Pauschalurteil *péj n* jugement global, sans nuances, indifférencié
Pauschalzahlung *f* paiement *m* forfaitaire
Pause ['paʊzə] *f* ⟨∼; ∼n⟩ **1.** pause *f*; *e-e Pause machen* faire une pause; *Pause haben, machen* faire la pause **2.** SCHULE récréation *f*; *kurze* interclasse *m* **3.** THÉ entracte *m*
Pausenbrot *n* casse-croûte *m*; *in der Schule, nachmittags* goûter *m*
pausenlos **I** *adj* continuel **II** *adv* sans arrêt, interruption, cesse; continuellement
Pausenzeichen *n* **1.** MUS pause *f* **2.** RAD indicatif *m*
pausieren *v/i* ⟨*sans ge*⟩ faire une pause
Pavian ['paːviaːn] *m* ⟨∼s; ∼e⟩ babouin *m*
Pavillon ['paviljɔn] *m* ⟨∼s; ∼s⟩ pavillon *m*
Paybackkarte ['peːbɛkkartə] *f* COMM carte *f* de fidélité
Pay-TV [-tiːviː] *n* ⟨∼⟩ chaîne cryptée, à péage
Pazifik [pa'tsiːfɪk] *der Pazifik* le Pacifique
pazifisch *adj* du Pacifique; *der Pazifische Ozean* l'océan *m* Pacifique
Pazifismus [patsi'fɪsmʊs] *m* ⟨∼⟩ pacifisme *m*
Pazifist(in) *m* ⟨∼en; ∼en⟩ (*f*) ⟨∼in; ∼innen⟩ pacifiste *m,f*
pazifistisch *adj* pacifiste
PC [peː'tseː] *m abr* ⟨∼$; ∼$⟩ (*Personal Computer*) micro *m*; PC *m*
PDS [peːdeː'ʔɛs] *f abr* ⟨∼⟩ (*Partei des Demokratischen Sozialismus*) P.D.S. *m* (Parti du socialisme démocratique)
Pech [pɛç] *n* ⟨∼$s; ∼e⟩ **1.** poix *f* **2.** (*Unglück*) malchance *f*; F guigne *f*; déveine *f*
pechschwarz F *adj* noir comme (du) jais, F du cirage
Pechsträhne *f* série noire
Pechvogel *m* malchanceux *m*
Pedal [pe'daːl] *n* ⟨∼s; ∼e⟩ pédale *f*
Pedant(in) [pe'dant(ɪn)] *m* ⟨∼en; ∼en⟩ (*f*) ⟨∼in; ∼innen⟩ (esprit *m*) mesquin *m*, tatillon *m*
pedantisch *adj* tatillon; mesquin; pointilleux
Pediküre [pedi'kyːrə] *f* ⟨∼; ∼n⟩ **1.** (*Fußpflege*) soins *m/pl* des pieds **2.** (*Fußpflegerin*) pédicure *f*
Peeling ['piːlɪŋ] *n* ⟨∼s; ∼s⟩ peeling *m*; gommage *m*
Peep-Show ['piːpʃoː] *f* peep-show *m*
Pegel ['peːgəl] *m* ⟨∼s; ∼⟩ **1.** *Gerät* échelle *f* d'étiage **2.** (*Pegelstand*) niveau *m* des eaux
Pegelstand *m* niveau *m* des eaux

---

penibel ≠ pénible

Was seine Kleidung anbelangt, ist er sehr **penibel**.

En ce qui concerne ses vêtements, il est très **méticuleux**.

Ce type est vraiment **pénible**, il m'agace.

Dieser Typ ist wirklich **nervig**, er geht mir auf den Geist.

---

peilen ['paɪlən] *v/t Wassertiefe* sonder; mesurer; *Richtung* relever
Peilgerät *n* radiogoniomètre *m*
Pein [paɪn] *st/s f ⟨∼⟩* douleur *f*; tourment *m*; supplice *m*
peinigen ['paɪnɪɡən] *st/s v/t* mettre au supplice; tourmenter
Peiniger *st/s m ⟨∼s; ∼⟩* bourreau *m*; (*Folterknecht*) tortionnaire *m*
peinlich I *adj* embarrassant; gênant; fâcheux; désagréable; *dieses Versehen war ihm peinlich* il était confus de sa méprise **II** *adv* **peinlich genau** méticuleux
Peinlichkeit *f ⟨∼; ∼en⟩* **1.** *Eigenschaft* caractère *m* pénible, désagréable **2.** *Sache* chose, situation gênante
Peitsche ['paɪtʃə] *f ⟨∼; ∼n⟩* fouet *m*
peitschen I *v/t* fouetter; *bes als Strafe* donner des coups de fouet (*j-n* à qn) **II** *v/i ⟨sn⟩ Schüsse* claquer; éclater; *Regen gegen die Fensterscheiben peitschen* fouetter les vitres
Peitschenhieb *m* coup *m* de fouet
Pekinese [peki'neːzə] *m ⟨∼n; ∼n⟩ Hunderasse* pékinois *m*
Peking ['peːkɪŋ] *n ⟨∼s⟩* Pékin
Pekingente *f* CUIS canard laqué
Pelikan ['peːlikaːn] *m ⟨∼s; ∼e⟩* pélican *m*
Pelle ['pɛlə] *f ⟨∼; ∼n⟩ regional* **1.** *von Kartoffeln, Obst* pelure *f*; F *j-m auf die Pelle rücken* F se coller contre qn; F *j-m nicht von der Pelle gehen* F coller aux fesses, aux baskets, P au cul de qn **2.** (*Wurstpelle*) peau *f*
pellen *v/t regional* peler; *Kartoffeln* éplucher; *Eier* écaler
Pellkartoffel *f* pomme *f* de terre en robe des champs, de chambre
Pelz [pɛlts] *m ⟨∼es; ∼e⟩* **1.** *der Tiere* peau *f*; pelage *m*; poil *m* **2.** F *sich* (*dat*) *die Sonne auf den Pelz scheinen lassen* F se rôtir au soleil **3.** *Bekleidungsstück* fourrure *f*
pelzig *adj Zunge* pâteux
Pelzjacke *f* veste *f* de fourrure
Pelzkragen *m* col *m* de fourrure
Pelzmantel *m* manteau *m* de fourrure
Pelzmütze *f* bonnet *m* de fourrure
PEN-Club ['pɛnklʊp] *m* PEN-Club *m*
Pendant [pãˈdãː] *n ⟨∼s; ∼s⟩* pendant *m* (*zu* de)
Pendel ['pɛndəl] *n ⟨∼s; ∼⟩* pendule *m*; *e-r Uhr* balancier *m*
pendeln *v/i ⟨¢⟩* **1.** *Gegenstand* se balancer **2.**

⟨sn⟩ *Zug, Person* faire la navette
Pendeluhr *f* pendule *f*
Pendelverkehr *m* trafic *m* de va-et-vient; *mit dem Zug* (service *m* de) navette *f*
Pendler *m ⟨∼s; ∼⟩ aus e-m Vorort* banlieusard *m*; *Pendler sein* faire la navette
penetrant [pene'trant] *adj Geruch* pénétrant; fort; *péj Person* gênant
peng [pɛŋ] *int* pif!; paf!; vlan!
penibel [pe'niːbəl] *adj ⟨-bl-⟩* méticuleux (à l'excès)
Penis ['peːnɪs] *m ⟨∼; ∼se⟩* pénis *m*
Penizillin [penitsɪˈliːn] *n ⟨∼s; ∼e⟩* pénicilline *f*
Pennäler [pɛˈnɛːlər] F *m ⟨∼s; ∼⟩* F potache *m*
Pennbruder ['pɛn-] F *m* clochard *m*; F clodo *m*; F cloche *f*
Penne ['pɛnə] F *f ⟨∼; ∼n⟩* F bahut *m*; F boîte *f*
pennen F *v/i* F roupiller; F pioncer
Penner(in) F *péj m ⟨∼s; ∼⟩* (*f*) ⟨∼in; ∼innen⟩ (*Stadtstreicher*) clochard(e) *m(f)*; F clodo *m*
Pension [pãzi'oːn] *f ⟨∼; ∼en⟩* **1.** (*Ruhegehalt*) pension *f*; retraite *f* **2.** (*Ruhestand*) retraite *f*; *in Pension gehen* prendre sa retraite **3.** (*Unterkunft u Verpflegung, Gästehaus*) pension *f*
Pensionär(in) [pãzio'nɛːr(ɪn)] *m ⟨∼s; ∼e⟩* (*f*) ⟨∼in; ∼innen⟩ pensionné(e) *m(f)*; retraité(e) *m(f)*
pensionieren *v/t ⟨sans ge⟩* mettre à la retraite; *pensioniert* à la, en retraite; retraité
Pensionierung *f ⟨∼; ∼en⟩* (mise *f* à la) retraite *f*
Pensionsanspruch *m* droit *m* à une pension, à la retraite
pensionsberechtigt *adjt* ayant droit à la retraite
Pensionsgast *m* pensionnaire *m*
Pensum ['pɛnzʊm] *n ⟨∼s; -sen ou -sa⟩* **1.** tâche *f*; devoir *m* **2.** (*Lehrstoff*) programme *m* (scolaire)
Pentagon ['pɛntagɔn] *das Pentagon in den USA* le Pentagone
Penthouse ['pɛnthaʊs] *n ⟨∼; ∼s⟩* (étage *m*) attique *m*
Pep [pɛp] F *m ⟨∼$⟩* pep *m*; entrain *m*
Peperoni [pepe'roːni] *f ⟨∼; ∼⟩* piment *m*
Pepita [pe'piːta] *m od n ⟨∼s; ∼s⟩* pied-de-poule *m*
Pepsin [pɛˈpsiːn] *n ⟨∼s; ∼e⟩* CHIM pepsine *f*
per [pɛr] *prép ⟨acc sans article⟩* par; *per Schiff* par bateau; *mit j-m per du sein* tutoyer qn; COMM *per Stück* la pièce

---

Pensionär ≠ pensionnaire

Bald wird man erst mit 67 Jahren **Pensionär** sein.

Bientôt, on ne sera **retraité** qu'à l'âge de 67 ans.

Les **pensionnaires** habitent dans cette partie du lycée.

Die **Internatsschüler** wohnen in diesem Teil des Gymnasiums.

perfekt [pɛr'fɛkt] *adj* **1.** parfait; accompli **2.** (*abgemacht*) conclu; réglé
Perfekt ['pɛrfɛkt] *n* ⟨~ǥs; ~e⟩ GR passé composé
Perfektion *f* ⟨~⟩ perfection *f*
perfektionieren *v/t* ⟨*sans ge*⟩ perfectionner
Perfektionismus *m* ⟨~⟩ perfectionnisme *m*
Perfektionist(in) *m* ⟨~en; ~en⟩ (*f*) ⟨~in; ~innen⟩ perfectionniste *m,f*
perfektionistisch *adj* perfectionniste
perforieren [pɛrfo'riːrən] *v/t* ⟨*sans ge*⟩ perforer
Pergament [pɛrga'mɛnt] *n* ⟨~ǥs; ~e⟩ parchemin *m*
Pergamentpapier *n* papier-parchemin *m*; papier sulfurisé
Periode [peri'oːdə] *f* ⟨~; ~n⟩ **1.** période *f* **2.** BIOL règles *f/pl*; menstruation *f*
Periodensystem *n* CHIM classification *f* périodique
periodisch *adj* périodique
peripher [peri'feːr] **I** *adj* périphérique (*a* INFORM); *fig* secondaire; accessoire **II** *adv* à la périphérie; *fig* accessoirement
Peripherie [perife'riː] *f* ⟨~; ~n⟩ *e-r Stadt* périphérie *f*; INFORM matériel *m* périphérique
Peripheriegerät *n* INFORM périphérique *m*
Perle ['pɛrlə] *f* ⟨~; ~n⟩ **1.** perle *f*; F *fig* **Perlen vor die Säue werfen** jeter des perles aux cochons, pourceaux **2.** (*Sektperle*) bulle *f*; (*Schweißperle*) goutte (lette) *f*
perlen *v/i* **1.** *Sekt etc* pétiller **2.** ⟨h *ou* sn⟩ *Tränen, Schweiß* perler
Perlenkette *f* collier *m* de perles
Perlenschmuck *m* parure *f* de perles
Perlenschnur *f* rang *m* de perles
Perlenstickerei *f* broderie *f* de perles
Perlentaucher *m* pêcheur *m* de perles
Perlhuhn *n* pintade *f*
Perlmutt [-'mʊt] *n* ⟨~s⟩, **Perlmutter** *f* ⟨~⟩ *od n* ⟨~s⟩ nacre *f*
Perlon® ['pɛrlɔn] *n* ⟨~s⟩ perlon® *m*
Perlwein *m* vin mousseux
Perlzwiebel *f* petit oignon blanc
permanent [pɛrma'nɛnt] **I** *adj* permanent **II** *adv* en permanence
Perpetuum mobile [pɛr'peːtuʊm'moːbilə] *n* ⟨~s; ~s *ou* -tua mobilia⟩ mouvement perpétuel
perplex [pɛr'plɛks] F *adj* (*verwirrt*) confus; perplexe; (*verblüfft*) F soufflé
Perron [pɛ'rõː] *m* ⟨~s; ~s⟩ *schweiz* quai *m* (de gare)
Perser ['pɛrzər] *m* ⟨~s; ~⟩ **1.** *Bewohner* Persan *m* **2.** → *Perserteppich*
Perserin *f* ⟨~; ~nen⟩ Persane *f*
Perserkatze *f* (chat *m*) persan *m*
Perserteppich *m* tapis persan
Persianer [pɛrzi'aːnər] *m* ⟨~s; ~⟩, **Persianermantel** *m* (manteau *m* d')astrakan *m*
Persien ['pɛrziən] *n* ⟨~s⟩ la Perse
Persiflage [pɛrzi'flaːʒə] *f* ⟨~; ~n⟩ persiflage *m* (*auf* [+ *acc*] de)
persisch *adj* persan; (*altpersisch*) perse; *der Persische Golf* le golfe Persique
Person [pɛr'zoːn] *f* ⟨~; ~en⟩ **1.** personne *f* (*a* GR); *ich für meine Person* quant à moi; pour ma part; *in Person* en personne; *er ist Gärtner und Chauffeur in e-r Person* il fait fonction de jardinier et chauffeur à la fois **2.** THÉ, *in Romanen* personnage *m* **3.** *péj* (*Frau*) *e-e fre-*

che Person une insolente
Personal *n* ⟨~s⟩ personnel *m*; (*Angestellte*) employés *m/pl*
Personalabbau *m* réduction *f*, compression *f* de personnel
Personalabteilung *f* service *m* du personnel
Personalakte *f* dossier personnel
Personalausweis *m* carte *f* d'identité
Personalbogen *m* fiche signalétique, individuelle
Personalchef(in) *m(f)* chef *m* du personnel
Personal Computer ['pœrsənəl-] *m* ordinateur personnel
Personalien [pɛrzo'naːliən] *pl* identité *f*; *j-s* **Personalien** (*acc*) **aufnehmen, feststellen** relever, prendre, établir l'identité de qn
Personalkosten *pl* coûts salariaux; frais *m/pl* de personnel
Personalpolitik *f* politique *f*, gestion *f* du personnel
Personalpronomen *n* GR pronom personnel
Personalunion *f* **zwei Funktionen in Personalunion ausüben** cumuler deux fonctions
Persönchen [pɛr'zøːnçən] *n* ⟨~s; ~⟩ petit bout de femme
personell *adj* de *bzw* du personnel
Personenaufzug *m* ascenseur *m*
Personenbeschreibung *f* signalement *m*
Personengedächtnis *n* mémoire *f* des personnes, des visages
Personenkontrolle *f* contrôle *m* d'identité
Personenkraftwagen *m* ADM voiture *f* de tourisme
Personenkreis *m* ADM catégorie *f* (de personnes); (un) certain public
Personenkult *m* culte *m* de la personnalité
Personenschaden *m* dommage corporel
Personenschutz *m* sécurité rapprochée
Personenverkehr *m* trafic *m*, service *m* (des) voyageurs
Personenwaage *f* balance *f*; pèse-personne *m*
Personenwagen *m* voiture *f* de tourisme
Personenzug *m* train *m* de voyageurs
personifizieren [pɛrzonifi'tsiːrən] *v/t* ⟨*sans ge*⟩ personnifier; **personifiziert** personnifié; en personne; incarné
persönlich [pɛr'zøːnlɪç] **I** *adj* personnel (*a* GR); *Anspielung, Frage* désobligeant; individuel; (*j-m gegenüber*) **persönlich werden** faire des remarques désobligeantes à qn **II** *adv* en personne; *etw persönlich nehmen* prendre qc pour soi
Persönlichkeit *f* ⟨~; ~en⟩ personnalité *f*; *bedeutende* personnage *m*
Persönlichkeitsspaltung *f* PSYCH dédoublement *m* de la personnalité
Persönlichkeitstest *m* test *m* de personnalité
Perspektive [pɛrspɛk'tiːvə] *f* ⟨~; ~n⟩ perspective *f* (*a fig*)
perspektivisch **I** *adj* *Zeichnung* en perspective; *Wirkung* de perspective **II** *adv* en perspective
Peru [pe'ruː] *n* ⟨~s⟩ le Pérou
Peruaner(in) *m* ⟨~s; ~⟩ (*f*) ⟨~in; ~innen⟩ Péruvien, -ienne *m,f*
peruanisch *adj* péruvien
Perücke [pe'rʏkə] *f* ⟨~; ~n⟩ perruque *f*
pervers [pɛr'vɛrs] *adj* pervers
Perversion *f* ⟨~; ~en⟩ perversion *f*

P

pesen ['pe:zən] F *v/i* ⟨∉, sn⟩ F galoper
Peseta [pe'ze:ta] *f* ⟨∼; -ten⟩ HIST *Währung* peseta *f*
Pessar [pɛ'sa:r] *n* ⟨∼s; ∼e⟩ MÉD pessaire *m*
Pessimismus [pɛsi'mɪsmʊs] *m* ⟨∼⟩ pessimisme *m*
Pessimist(in) *m* ⟨∼en; ∼en⟩ (*f*) ⟨∼in; ∼innen⟩ pessimiste *m,f*
pessimistisch I *adj* pessimiste **II** *adv* avec pessimisme
Pest [pɛst] *f* ⟨∼⟩ peste *f* (*a fig*); F *j-n, etw wie die Pest hassen* 'haïr qn, qc comme la peste; F *wie die Pest stinken* empester
Pestizid [pɛsti'tsi:t] *n* ⟨∼s; ∼e⟩ pesticide *m*
Peter ['pe:tər] *m* ⟨∼s⟩ Pierre *m*; *Schwarzer Peter Kartenspiel* pouilleux *m*; *fig j-m den schwarzen Peter zuschieben* faire porter la responsabilité, F le chapeau à qn
Petersilie [-'zi:liə] *f* ⟨∼; ∼n⟩ persil *m*
Petition [petitsi'o:n] *f* ⟨∼; ∼en⟩ pétition *f*; requête *f*
Petri Heil ['pe:tri'haɪl] *int* bonne pêche!
Petroleum [pe'tro:leum] *n* ⟨∼s⟩ pétrole *m*
Petroleumlampe *f* lampe *f* à pétrole
Petrus ['pe:trʊs] *m* ⟨∼ *ou* Petri⟩ saint Pierre; *plais wenn Petrus mitspielt* si le beau temps est de la partie
Petticoat ['pɛtiko:t] *m* ⟨∼s; ∼s⟩ jupon (amidonné)
Petunie [pe'tu:niə] *f* ⟨∼; ∼n⟩ BOT pétunia *m*
Petze ['pɛtsə] *Schülersprache péj f* ⟨∼; ∼n⟩ F rapporteur, -euse *m,f*; cafard(e) *m(f)*
petzen F *péj v/i* ⟨∉⟩ rapporter; cafarder; F cafter
Pf *abr* (*Pfennig*) HIST pfennig *m*
Pfad [pfa:t] *m* ⟨∼∉s; ∼e⟩ sentier *m*
Pfadfinder(in) *m* ⟨∼s; ∼⟩ (*f*) ⟨∼in; ∼innen⟩ scout *m*; guide *f*; éclaireur, -euse *m,f*
Pfaffe ['pfafə] F *péj m* ⟨∼n; ∼n⟩ F curaillon *m*; F cureton *m*
Pfahl [pfa:l] *m* ⟨∼∉s; ∼e⟩ pieu *m*; (*Pfosten*) poteau *m*; (*Ramm-, Grundpfahl*) pilotis *m*
Pfahlbau *m* ⟨∼∉s; ∼ten⟩ construction *f* sur pilotis
Pfalz [pfalts] ⟨∼⟩ *die Pfalz* le Palatinat
Pfand [pfant] *n* ⟨∼∉s; ∼er⟩ gage *m*; (*Flaschenpfand*) consigne *f*; *als Pfand geben* donner, mettre en gage; *als Pfand nehmen* prendre en gage; *diese Flasche kostet* (*kein*) *Pfand* cette bouteille (n')est (pas) consignée
Pfandbrief *m* obligation *f* hypothécaire
pfänden ['pfɛndən] ⟨-e-⟩ *v/t* saisir
Pfandflasche *f* bouteille consignée
Pfandleiher *m* ⟨∼s; ∼⟩ prêteur *m* sur gage
Pfändung *f* ⟨∼; ∼en⟩ saisie *f*
Pfanne ['pfanə] *f* ⟨∼; ∼n⟩ poêle *f*; F *fig j-n in die Pfanne hauen* F éreinter, F démolir, F esquinter qn
Pfannkuchen *m* (*Eierkuchen*) crêpe *f*; (*Krapfen*) beignet *m*
Pfarrei [pfa'raɪ] *f* ⟨∼; ∼en⟩ paroisse *f*
Pfarrer *m* ⟨∼s; ∼⟩ CATH curé *m*; PROT pasteur *m*; ministre *m*
Pfarrerin *f* ⟨∼; ∼nen⟩ pasteur *m*
Pfarrgemeinderat *m* CATH conseil paroissial
Pfarrhaus *n* CATH cure *f*; presbytère *m*; PROT maison *f* du pasteur
Pfarrkirche *f* église paroissiale

Pfau [pfaʊ] *m* ⟨∼s; ∼en⟩ paon *m*
Pfauenauge *n Schmetterling* paon *m*
Pfd. *abr* (*Pfund*) livre(s) *f(pl)*
Pfeffer ['pfɛfər] *m* ⟨∼s; ∼⟩ poivre *m*; *schwarzer, weißer Pfeffer* poivre gris, blanc; F *er soll hingehen od bleiben, wo der Pfeffer wächst!* qu'il aille au diable!
Pfefferkorn *n* ⟨∼∉s; ∼er⟩ grain *m* de poivre
Pfefferkuchen *m* pain *m* d'épice
Pfefferminz ['pfɛfərmɪnts] ⟨*sans article, inv*⟩ menthe *f*
Pfefferminzbonbon *m od n* bonbon *m* à la menthe
Pfefferminze *f* ⟨∼⟩ menthe *f*
Pfefferminztee *m* (infusion *f* de) menthe *f*
Pfeffermühle *f* moulin *m* à poivre
pfeffern *v/t* **1.** CUIS, *fig* poivrer **2.** F (*werfen*) F balancer; F flanquer
Pfefferschote *f* poivron *m*
Pfeffersteak *n* steak *m* au poivre
Pfefferstreuer *m* poivrier *m*; poivrière *f*
Pfeife ['pfaɪfə] *f* ⟨∼; ∼n⟩ **1.** (*Trillerpfeife*) sifflet *m*; MUS fifre *m*; (*Orgelpfeife*) tuyau *m* (d'orgue); *fig nach j-s Pfeife tanzen* faire les quatre volontés de qn; *fig alles tanzt nach s-r Pfeife* tous lui obéissent à la baguette **2.** (*Tabakspfeife*) pipe *f*; *Pfeife rauchen* fumer la pipe **3.** F *péj* zéro *m*; F nullard(e) *m(f)*
pfeifen ⟨pfiff, gepfiffen⟩ **I** *v/t Lied, Foul* siffler; *leise siffloter* **II** *v/i Wind, Geschosse, Tiere* siffler; *Schiedsrichter* donner le coup de sifflet; F *auf etw* (*acc*) *pfeifen* F se ficher de qc
Pfeifenkopf *m* **1.** tête *f*, fourneau *m* de pipe **2.** *péj* zéro *m*; F nullard(e) *m(f)*
Pfeifenraucher *m* fumeur *m* de pipe
Pfeifkonzert *n* concert *m* de (coups de) sifflets
Pfeifton *m* sifflement *m*
Pfeil [pfaɪl] *m* ⟨∼∉s; ∼e⟩ flèche *f*; *Pfeil und Bogen* arc et flèche; *e-n Pfeil abschießen* décocher une flèche, un trait
Pfeiler *m* ⟨∼s; ∼⟩ pilier *m* (*a fig*); (*Brückenpfeiler*) pile *f*; (*Wandpfeiler*) pilastre *m*
Pfeilrichtung *f* sens *m* de la flèche
pfeilschnell *adj* rapide comme une flèche, l'éclair
Pfeilspitze *f* pointe *f* de la flèche
Pfennig ['pfɛnɪç] *m* ⟨∼s; ∼e, *mais souvent 5* ∼⟩ HIST pfennig *m*; F *fig keinen Pfennig* (*Geld*) *haben* n'avoir pas, être sans le sou; F *fig auf den Pfennig sehen* F être près de ses sous; *prov wer den Pfennig nicht ehrt, ist des Talers nicht wert prov* les petits ruisseaux font les grandes rivières
Pfennigabsatz *m* talon *m* aiguille
Pfennigfuchser F *m* ⟨∼s; ∼⟩ grippe-sou *m*; F pingre *m*; F radin *m*
Pfennigfuchserei F *f* ⟨∼⟩ F pingrerie *f*; F radinerie *f*
pferchen ['pfɛrçən] *v/t* parquer (*in* [+ *acc*] dans)
Pferd [pfe:rt] *n* ⟨∼∉s; ∼e⟩ **1.** cheval *m*; *zu Pferde* à cheval; F *fig mit ihm kann man Pferde stehlen* avec lui j'irais *bzw* on irait jusqu'au bout du monde; F *keine zehn Pferde ...* il n'y a rien, pas de puissance au monde qui ... (+*subj*) *od* capable de ... (+*inf*); F *fig das beste Pferd im Stall* le meilleur élément **2.** *Turngerät* cheval *m* d'arçons

Pferdeapfel *m* crottin *m* de cheval
Pferdefleisch *n* (viande *f* de) cheval *m*
Pferdefuß *m fig* **die Sache hat e-n Pferdefuß** l'affaire présente un inconvénient; F il y a un os
Pferdegebiss F *n* dents *f/pl* de cheval
Pferdehändler *m* marchand *m* de chevaux
Pferdekoppel *f* parc *m* à chevaux
Pferderasse *f* race chevaline
Pferderennbahn *f* hippodrome *m*; turf *m*
Pferderennen *n* course *f* de chevaux
Pferdeschwanz *m* queue *f* de cheval (*a Frisur*)
Pferdesport *m* sports *m/pl* équestres
Pferdestall *m* écurie *f*
Pferdestärke *f* TECH cheval-vapeur *m*
Pferdezucht *f* élevage *m* de(s) chevaux
Pferdezüchter(in) *m(f)* éleveur, -euse *m,f* de chevaux
pfiff [pfɪf] → **pfeifen**
Pfiff *m* ⟨∼¢s; ∼e⟩ **1.** (*Pfeifen*) sifflement *m*; *auf e-r Pfeife* coup *m* de sifflet **2.** F (*Reiz*) chic *m*; pep *m*; **mit Pfiff** avec un petit je-ne-sais-quoi
Pfifferling ['pfɪfərlɪŋ] *m* ⟨∼s; ∼e⟩ chanterelle *f*; girolle *f*; F **das ist keinen Pfifferling wert** F cela ne vaut pas un clou
pfiffig *adj* astucieux; futé; malin
Pfiffikus ['pfɪfikus] F *m* ⟨∼¢¢s; ∼se⟩ (petit) malin; F débrouillard(e) *m(f)*; F finaud *m*
Pfingsten ['pfɪŋstən] *n* ⟨∼; ∼⟩ *od pl* la Pentecôte; **an** *od* **zu Pfingsten** à la Pentecôte
Pfingstferien *pl* vacances *f/pl* de la Pentecôte
Pfingstfest *n* (fête *f* de) la Pentecôte
Pfingstmontag *m* lundi *m* de Pentecôte
Pfingstrose *f* pivoine *f*
Pfingstsonntag *m* dimanche *m* de Pentecôte; la Pentecôte
Pfirsich ['pfɪrzɪç] *m* ⟨∼s; ∼e⟩ pêche *f*
Pfirsichbaum *m* pêcher *m*
Pflanze ['pflantsə] *f* ⟨∼; ∼n⟩ plante *f*
pflanzen *v/t* ⟨¢¢⟩ planter (**in** [+ *acc*] dans)
Pflanzenfett *n* graisse végétale
Pflanzenfresser *m sc* herbivore *m*
Pflanzenkunde *f* botanique *f*
Pflanzenmargarine *f* margarine végétale
Pflanzenöl *n* huile végétale
Pflanzenschutzmittel *n* insecticide *m*; pesticide *m*; produit *m* phytosanitaire
pflanzlich *adj* végétal
Pflanzung *f* ⟨∼; ∼en⟩ plantation *f*
Pflaster ['pflastər] *n* ⟨∼s; ∼⟩ **1.** → *Heftpflaster* **2.** (*Straßenpflaster*) pavé *m*; F *fig* **Paris ist ein teures Pflaster** la vie est chère à Paris
pflastern *v/t* paver
Pflasterstein *m* pavé *m*
Pflaume ['pflaumə] *f* ⟨∼; ∼n⟩ **1.** prune *f*; **getrocknete Pflaume** pruneau *m* **2.** (*Versager*) F *péj* F nouille *f*
Pflaumenbaum *m* prunier *m*
Pflaumenkuchen *m* tarte *f* aux prunes
Pflaumenmus *n* marmelade *f* de prunes
Pflege ['pfleːgə] *f* ⟨∼; ∼n⟩ *e-r Person, des Körpers* soins *m/pl*; (*Unterhaltung*) entretien *m*; maintenance *f*; **in Pflege nehmen** se charger de; *Kind a* prendre en nourrice
pflegebedürftig *adj* qui exige, réclame des soins; *Person a* dépendant
Pflegedienst *m* **1.** TECH, AUTO service *m* d'entretien **2.** MÉD service *m* de soins pour personnes

dépendantes; **ambulanter Pflegedienst** service de soins à domicile
Pflegeeltern *pl* parents nourriciers
Pflegefall *m* personne dépendante *bzw* grabataire
Pflegegeld *n* prestation *f* dépendance
Pflegeheim *n* (*Altenpflegeheim*) maison de retraite médicalisée; hospice *m*
Pflegekind *n* enfant *m* en nourrice, en garde
pflegeleicht *adj* d'entretien facile
Pflegemutter *f* nourrice *f*; mère nourricière
pflegen I *v/t* **1.** soigner; donner des soins à; (*unterhalten*) entretenir; **sie pflegte ihn gesund** elle l'a soigné, lui a donné des soins jusqu'à sa guérison **2.** *Künste, Freundschaft* cultiver **3.** *etw zu tun pflegen* avoir l'habitude, avoir coutume de faire qc **II** *v/r* **sich pflegen** se soigner
Pflegenotstand *m* manque *m* de personnel soignant
Pflegepersonal *n* personnel soignant
Pfleger(in) *m* ⟨∼s; ∼⟩ (*f*) ⟨∼in; ∼innen⟩ garde-malade *m,f*; infirmier, -ière *m,f*
Pflegesohn *m*, **Pflegetochter** *f* enfant *m* en nourrice, en garde
Pflegevater *m* père nourricier
Pflegeversicherung *f* assurance-dépendance *f*
pfleglich *adj* soigneux
Pflicht [pflɪçt] *f* ⟨∼; ∼en⟩ **1.** devoir *m*; obligation *f*; **s-e Pflicht tun, erfüllen** faire, remplir, accomplir son devoir; **es ist meine Pflicht, zu** (+ *inf*) il est de mon devoir de (+ *inf*); **die Pflicht ruft** le devoir nous appelle; *st/s* **j-n in die Pflicht nehmen** engager qn **2.** SPORT exercices imposés; *beim Eiskunstlauf* figures imposées
Pflichtbeitrag *m* cotisation *f* obligatoire
Pflichtbesuch *m* visite *f* de politesse
pflichtbewusst *adj* conscient de son devoir
Pflichtbewusstsein *n* sens *m*, conscience *f* du devoir
Pflichterfüllung *f* accomplissement *m* de son devoir
Pflichtfach *n* matière *f* obligatoire
Pflichtgefühl *n* sens *m* du devoir
pflichtgemäß *adj* conforme au devoir; comme le devoir l'exige
Pflichtteil *m od n* JUR réserve (légale, héréditaire)
Pflichtübung *f* **1.** SPORT exercice imposé **2.** *fig* obligation *f*
pflichtversichert *adjt* soumis à l'assurance obligatoire
Pflichtversicherung *f* assurance *f* obligatoire
Pflichtverteidiger(in) *m(f)* JUR avocat(e) commis(e) d'office
Pflock [pflɔk] *m* ⟨∼¢s; ∼e⟩ piquet *m*
pflücken ['pflʏkən] *v/t* cueillir
Pflug [pfluːk] *m* ⟨∼¢s; ∼e⟩ charrue *f*
pflügen ['pflyːɡən] *v/t* labourer (*a abs*)
Pflugschar *f* soc *m* (de charrue)
Pforte ['pfɔrtə] *f* ⟨∼; ∼n⟩ porte *f* (*a fig*)
Pförtner ['pfœrtnər] *m* ⟨∼s; ∼⟩ concierge *m*; portier *m*
Pförtnerhaus *n* loge *f* de concierge
Pförtnerin *f* ⟨∼; ∼nen⟩ concierge *f*; *in Klöstern* sœur portière
Pförtnerloge *f* loge *f* de concierge

Pfosten ['pfɔstən] *m* ⟨~s; ~⟩ poteau *m* (*a* SPORT); (*Türpfosten*) jambage *m*
Pfötchen ['pføːtçən] *n* ⟨~s; ~⟩ petite patte *f*; **gib Pfötchen!** donne la patte!
Pfote ['pfoːtə] *f* ⟨~; ~n⟩ patte *f* (*a* F *fig*)
Pfropf [pfrɔpf] *m* ⟨~ɕs; ~e⟩ bouchon *m*; (*Blutpfropf*) caillot *m*
pfropfen *v/t* **1.** F (*hineinstopfen*) fourrer, bourrer (**in** [+ *acc*] dans); **gepfropft voll** bondé **2.** *Baum* greffer
Pfropfen *m* ⟨~s; ~⟩ bouchon *m*
Pfründe ['pfryndə] *f* ⟨~; ~n⟩ prébende *f*; *fig* sinécure *f*
pfui [pfui] *int* **pfui** (F *Teufel od Spinne*)! pouah!; be(u)rk!; **pfui rufen** 'huer
Pfund [pfʊnt] *n* ⟨~ɕs; ~e, *mais 3* ~⟩ **1.** *Gewicht* livre *f*; demi-kilo *m* **2.** *Währung* livre *f* **3.** *st/s* **mit s-m Pfunde wuchern** faire valoir son talent
pfundig F *adj* F chic (*inv*); F épatant; F chouette
Pfundskerl F *m* F type épatant; F chic type
pfundweise *adv* à la livre; par livres
Pfusch [pfʊʃ] F *m* ⟨~ɕs⟩ **1.** bâclage *m*; F bousillage *m*; travail bâclé **2.** *österr* (*Schwarzarbeit*) travail *m* (au) noir
pfuschen *v/i* F bâcler; F bousiller
Pfuscher F *m* ⟨~s; ~⟩ F bousilleur *m*
Pfuscherei F *f* ⟨~; ~en⟩ bâclage *m*; F bousillage *m*
Pfütze ['pfʏtsə] *f* ⟨~; ~n⟩ flaque *f* (d'eau); *größere* mare *f*
Phallus ['falʊs] *st/s m* ⟨~; -lli *ou* -llen *ou* ~se⟩ phallus *m*
Phallussymbol *n* symbole *m* phallique
Phänomen [fɛno'meːn] *n* ⟨~s; ~e⟩ phénomène *m*
phänomenal *adj* phénoménal
Phantasie [fanta'ziː] *usw* → *Fantasie*
Phantom [fan'toːm] *n* ⟨~s; ~e⟩ (*Trugbild*) chimère *f*; vision *f*; (*Gespenst*) fantôme *m*
Phantombild *n* portrait *m* robot
Phantomschmerz *m* douleur *f* (dans un membre) fantôme
Pharao ['faːrao] *m* ⟨~s; -onen⟩ HIST pharaon *m*
Pharisäer [fari'zɛːər] *m* ⟨~s; ~⟩ BIBL, *fig* pharisien *m*
Pharmaindustrie ['farmaʔ-] *f* industrie *f* pharmaceutique
Pharmakologie [-kolo'giː] *f* ⟨~⟩ pharmacologie *f*
Pharmakonzern *m* grand groupe pharmaceutique
Pharmareferent(in) *m(f)* visiteur, -euse médical(e)
pharmazeutisch [-'tsɔytɪʃ] *adj* pharmaceutique
Pharmazie [-'tsiː] *f* ⟨~⟩ pharmacie *f*
Phase ['faːzə] *f* ⟨~; ~n⟩ phase *f*; *fig a* stade *m*; degré *m*; PSYCHOANALYSE *anale, genitale, orale Phase* phase anale, génitale, orale
Philatelie [filate'liː] *f* ⟨~⟩ philatélie *f*
Philatelist *m* ⟨~en; ~en⟩ philatéliste *m*
Philharmonie [filharmo'niː] *f* philharmonie *f*; *Gebäude* salle *f* de concert (de l'orchestre philharmonique)
Philharmoniker *m* ⟨~s; ~⟩ membre *m* d'un orchestre philharmonique; *die Wiener Philharmoniker* l'orchestre philharmonique de Vien-

ne
Philippinen [filɪ'piːnən] *pl* **die Philippinen** les Philippines *f/pl*
Philippiner(in) *m* ⟨~s; ~⟩ (*f*) ⟨~in; ~innen⟩ Philippin(e) *m(f)*
philippinisch *adj* philippin
Philodendron [filo'dɛndrɔn] *m od n* ⟨~s; -dren⟩ BOT philodendron *m*
Philologe [filo'loːgə] *m* ⟨~n; ~n⟩, **Philologin** *f* ⟨~; ~nen⟩ philologue *m,f*
Philologie *f* ⟨~⟩ philologie *f*
philologisch *adj* philologique
Philosoph(in) [filo'zoːf(in)] *m* ⟨~en; ~en⟩ (*f*) ⟨~in; ~innen⟩ philosophe *m,f*
Philosophie *f* ⟨~; ~n⟩ philosophie *f*
philosophieren *v/i* ⟨*sans ge*⟩ philosopher (*über* [+ *acc*] sur)
philosophisch *adj* philosophique
phlegmatisch [flɛg'maːtɪʃ] *adj* flegmatique
Phobie [fo'biː] *f* ⟨~; ~n⟩ phobie *f*
Phon [foːn] *n* ⟨~s; ~s, *mais 50* ~⟩ PHYS phone *m*
Phonetik [fo'neːtɪk] *f* ⟨~⟩ phonétique *f*
phonetisch *adj* phonétique
Phönix ['føːnɪks] *m* ⟨~ɕs; ~e⟩ MYTH phénix *m*; *st/s* **wie ein Phönix aus der Asche steigen** renaître de ses cendres
Phosphat [fɔs'faːt] *n* ⟨~ɕs; ~e⟩ phosphate *m*
phosphatfrei *adj* sans phosphate
phosphathaltig *adj* phosphaté
Phosphor ['fɔsfɔr] *m* ⟨~s⟩ phosphore *m*
Photo ['foːto] → *Foto*
Photosynthese *f* ⟨~⟩ BIOCHEMIE photosynthèse *f*
Photozelle *f* cellule *f* photo-électrique
Phrase ['fraːzə] *f* ⟨~; ~n⟩ phrase *f*; *péj* **leere Phrasen** phrases ronflantes; F **Phrasen dreschen** faire des phrases
pH-Wert [peː'haːveːrt] *m* CHIM pH *m*
Physalis ['fyːzalɪs] *f* ⟨~; ~ *ou* -salen⟩ BOT physalis *m*
Physik [fy'ziːk] *f* ⟨~⟩ physique *f*
physikalisch *adj* physique
Physiker(in) *m* ⟨~s; ~⟩ (*f*) ⟨~in; ~innen⟩ physicien, -ienne *m,f*
Physikum *n* ⟨~s; -ka⟩ examen *m* de physique, chimie et biologie (*après deux ans d'études de médecine en Allemagne*)
Physiologie [fyziolo'giː] *f* ⟨~⟩ physiologie *f*
physiologisch *adj* physiologique
Physiotherapeut(in) *m* ⟨~en; ~en⟩ (*f*) ⟨~in; ~innen⟩ physiothérapeute *m,f*
Physiotherapie *f* physiothérapie *f*
physisch ['fyːzɪʃ] *adj* physique
Pi [piː] *n* ⟨~ɕ; ~s⟩ MATH pi *m*; F *Pi mal Daumen* F au pifomètre
Pianist(in) *m* ⟨~en; ~en⟩ (*f*) ⟨~in; ~innen⟩ pianiste *m,f*
piano [pi'aːno] *adv* MUS piano
Piano *n* ⟨~s; ~s *ou* -ni⟩ MUS piano *m*
picheln ['pɪçəln] F *v/i* ⟨ɕ⟩ F picoler
Pickel ['pɪkəl] *m* ⟨~s; ~⟩ **1.** (*Spitzhacke*) pioche *f*; pic *m*; (*Eispickel*) piolet *m* **2.** MÉD (petit) bouton; pustule *f*
pick(e)lig *adj* boutonneux
picken *v/t u v/i* **1.** donner des coups de bec(à); picorer; picoter **2.** F *österr* coller
Picknick ['pɪknɪk] *n* ⟨~s; ~s *ou* ~e⟩ pique-nique *m*

picknicken *v/i* pique-niquer
Picknickkorb *m* panier *m* à pique-nique
picobello ['pi:ko'bɛlo] F *adj* ⟨*inv*⟩ F impec; F nickel
pieken ['pi:kən] F *v/t u v/i* piquer
piekfein F *adj* F chic; tiré à quatre épingles; F bien sapé
piep [pi:p] *int* **piep, piep!** cui-cui!
Piep *m* F **keinen Piep sagen** F ne pas ouvrir le bec; F ne pas moufter
piepe ['pi:pə], **piepegal** *adj* F **das ist mir piepe, piepegal** F je m'en balance; F je m'en fiche
piepen *v/i Küken* piauler; piailler; *kleine Vögel* pépier; F **bei dir piepts wohl?** F ça ne va pas la tête!; t'es pas un peu malade!
Piepen F *pl* (*Geld*) F fric *m*; P flouse *od* flouze *m*; (*DM*) **30 Piepen** 30 marks
Piepmatz *enf m* ⟨∼es; ∼e *ou* ∼e⟩ oiseau *m*
piepsen ['pi:psən] *v/i* ⟨¢⧸⟩ **1.** *Maus* chicoter; *Person* parler d'une petite voix grêle **2.** → **piepen**
Piepser F *m* ⟨∼s; ∼⟩ (*Kleinempfänger*) F bip-bip *m*
piepsig F *adj* **piepsige Stimme** petite voix grêle, aigue
Piepton *m* bip *m* sonore
Pier [pi:r] *m* ⟨∼s; ∼e *ou* ∼s⟩ *od f* ⟨∼; ∼s⟩ MAR môle *m*; appontement *m*
piercen ['pi:rsən] *v/t* ⟨¢⧸⟩ **j-n piercen** faire un piercing à qn; **sich piercen lassen** se faire faire un piercing
Piercing ['pi:rsɪŋ] *n* ⟨∼s; ∼s⟩ piercing *m*
piesacken ['pi:zakən] F *v/t* F asticoter
pieseln ['pi:zəln] F **I** *v/imp* (*nieseln*) bruiner **II** *v/i* (*urinieren*) F faire pipi
Pietät [pie'tɛ:t] *f* ⟨∼⟩ respect *m*; piété *f*
pietätlos *adj* sans respect
Pigment [pɪ'gmɛnt] *n* ⟨∼¢s; ∼e⟩ pigment *m*
Pigmentfleck *m* tache pigmentée
Pik¹ [pi:k] *n* ⟨∼¢s; ∼¢⟩ *Spielkartenfarbe* pique *m*
Pik² *m* ⟨∼¢; ∼¢⟩ F **e-n Pik auf j-n haben** avoir une dent contre qn
pikant [pi'kant] *adj* épicé; piquant (*a fig*); (*frivol*) salé
Pikass *n Spielkarte* as *m* de pique
Pike ['pi:kə] *f* ⟨∼; ∼n⟩ pique *f*; **von der Pike auf lernen** commencer en bas de l'échelle
piken F *v/t u v/i* piquer
pikiert *adjt* offusqué, vexé (**über etw** [*acc*] par qc)
Pikkolo ['pɪkolo] F *m* ⟨∼s; ∼s⟩ *Sekt* mini-bouteille *f* de mousseux
Pikkoloflöte *f* piccolo *m*
piksen ['pi:ksən] F *v/t u v/i* ⟨¢⧸⟩ piquer
Piktogramm [pɪkto'gram] *n* ⟨∼s; ∼e⟩ pictogramme *m*
Pilger(in) ['pɪlgər(ɪn)] *m* ⟨∼s; ∼⟩ (*f*) ⟨∼in; ∼innen⟩ pèlerin *m*, femme *f* pèlerin
Pilgerfahrt *f* pèlerinage *m*
pilgern *v/i* ⟨sn⟩ **1.** aller en, faire un pèlerinage;

nach … pilgern faire le pèlerinage de … **2.** F *fig* marcher
Pille ['pɪlə] *f* ⟨∼; ∼n⟩ pilule *f*; **sie nimmt die Pille** elle prend la pilule; F **die Pille danach** la pilule du lendemain; *fig* **das war e-e bittere Pille für ihn** il a dû avaler la pilule
Pillenknick F *m* dénatalité, chute de la natalité (due à l'emploi de la pilule)
Pilot(in) [pi'lo:t(ɪn)] *m* ⟨∼en; ∼en⟩ (*f*) ⟨∼in; ∼innen⟩ pilote *m*, femme *f* pilote; aviateur, -trice *m,f*
Pilotfilm *m* film-pilote *m*
Pilotprojekt *n* projet-pilote *m*
Pils [pɪls] *n* ⟨∼; ∼⟩ pils *f*
Pilz [pɪlts] *m* ⟨∼es; ∼e⟩ **1.** champignon *m*; **wie Pilze aus der Erde schießen** pousser comme des champignons **2.** F (*Pilzinfektion*) mycose *f*
Pilzinfektion *f* mycose *f*
Pilzkultur *f* culture *f* de champignons
Pilzvergiftung *f* empoisonnement *m*, intoxication *f* par les champignons
Pimmel ['pɪməl] P *m* ⟨∼s; ∼⟩ P bit(t)e *f*; P queue *f*
PIN [pɪn] *f* ⟨∼; ∼s⟩ *abr* (*persönliche Identifikationsnummer*) BANK code confidentiel
Pinakothek [pinako'te:k] *f* ⟨∼; ∼en⟩ pinacothèque *f*
pingelig ['pɪŋəlɪç] F *adj* F pinailleur
Pingpong ['pɪŋpɔŋ] *n* ⟨∼s⟩ ping-pong *m*
Pinguin ['pɪŋgui:n] *m* ⟨∼s; ∼e⟩ pingouin *m*
Pinie ['pi:niə] *f* ⟨∼; ∼n⟩ pin *m* pignon, parasol
Pinienkern *m* pignon *m*
pink [pɪŋk] *adj* ⟨*inv*⟩ rose
Pink *n* ⟨∼s; ∼s⟩ rose *m*
Pinkel ['pɪŋkəl] *m* ⟨∼s; ∼⟩ F **ein feiner Pinkel** un dandy
pinkeln F *v/i* ⟨¢⟩ F faire pipi
Pinkelpause F *f* F arrêt-pipi *m*; F 'halte-pipi *f*
pinnen F *v/t* fixer à l'aide de punaises, de broquettes (**an, auf** [+ *acc*] à)
Pinnwand *f* panneau *m* d'affichage (en liège, *etc*)
Pinscher ['pɪnʃər] *m* ⟨∼s; ∼⟩ pinscher *m*
Pinsel ['pɪnzəl] *m* ⟨∼s; ∼⟩ pinceau *m*; (*Anstreicherpinsel*) brosse *f*
pinseln *v/t* ⟨¢⟩ peindre
Pinselstrich *m* coup *m* de pinceau, de brosse; (*Pinselführung*) touche *f*; brosse *f*
Pin-up-Girl [pɪn'ʔapgø:rl] *n* ⟨∼s; ∼s⟩ pin-up *f*
Pinzette [pɪn'tsɛtə] *f* ⟨∼; ∼n⟩ pince *f*
Pionier [pio'ni:r] *m* ⟨∼s; ∼e⟩ MIL soldat *m* du génie; sapeur *m*; *fig* pionnier *m*
Pionierarbeit *f* travail *m* de pionnier
Pipapo [pipa'po:] *n* ⟨∼s⟩ F **mit allem Pipapo** F avec tout le tralala
Pipeline ['paɪplaɪn] *f* ⟨∼; ∼s⟩ pipe-line *od* pipe-line *m*
Pipette [pi'pɛtə] *f* ⟨∼; ∼n⟩ pipette *f*
Pipi [pi'pi:] *enf n* ⟨∼s⟩ pipi *m*; **Pipi machen** faire pipi

---

pikiert ≠ piqué

Sie ist **pikiert** über das Verhalten ihres Mannes.	Elle est **vexée** à cause du comportement de son mari.
Elle porte une veste **piquée**.	Sie trägt eine **gesteppte** Jacke.

---

planen ≠ planer

Wir **planen** eine Reise nach Spanien.

Nous **projetons** un voyage en Espagne.

Les montgolfières **planent** au-dessus des nuages.

Die Heißluftballons **schweben** über den Wolken.

Pipifax ['pipifaks] F *péj m* ⟨∼⟩ futilités *f/pl*; broutille *f*; rien *m*

Pirat [pi'raːt] *m* ⟨∼en; ∼en⟩ pirate *m*

Piratenschiff *n* (bateau *m*) pirate *m*

Piratensender *m* radio-pirate *f*

Piraterie *f* ⟨∼; ∼n⟩ piraterie *f* (*a* COMM)

Pirouette [piru'ɛtə] *f* ⟨∼; ∼n⟩ pirouette *f*

Pirsch [pɪrʃ] *f* ⟨∼⟩ chasse *f* (à l'approche); *auf die Pirsch gehen* aller chasser

Pisse ['pɪsə] P *f* ⟨∼⟩ P pisse *f*

pissen P *v/i* ⟨¢$⟩ P pisser

Pissoir [pɪs'vaːr] *n* ⟨∼s; ∼e *ou* ∼s⟩ urinoir *m*

Pistazie [pɪs'taːtsiə] *f* ⟨∼; ∼n⟩ pistache *f*

Piste ['pɪstə] *f* ⟨∼; ∼n⟩ piste *f*

Pistenraupe *f* ratrac® *m*

Pistole [pɪs'toːlə] *f* ⟨∼; ∼n⟩ pistolet *m*; *fig j-m die Pistole auf die Brust setzen* mettre le couteau sur, sous la gorge à qn; *wie aus der Pistole geschossen* sans hésitation

Pitbull ['pɪtbul] *m* ⟨∼s; ∼s⟩ ZO pitbull *m*

pitschnass ['pɪtʃ'nas] F *adj* F trempé (comme une soupe)

Pixel ['pɪksəl] *n* ⟨∼$; ∼⟩ INFORM, TV pixel *m*

Pizza ['pɪtsa] *f* ⟨∼; ∼s *ou* Pizzen⟩ pizza *f*

Pizzabäcker *m* personne *f* qui fait les pizzas

Pizzeria [pɪtse'riːa] *f* ⟨∼; ∼s *ou* -ien⟩ pizzeria *f*

Pkw ['peːkaːveː] *m abr* ⟨∼$; ∼$⟩ (*Personenkraftwagen*) voiture *f* de tourisme

Placebo [pla'tseːbo] *n* ⟨∼s; ∼s⟩ PHARM placebo *m*

Placeboeffekt *m* effet *m* placebo

Plackerei F *f* ⟨∼; ∼en⟩ corvée *f*; F galère *f*

plädieren *v/i* ⟨*sans ge*⟩ JUR plaider (une cause) (*a fig*; *für* pour; *gegen* contre)

Plädoyer [plɛdva'jeː] *n* ⟨∼s; ∼s⟩ JUR plaidoirie *f*; plaidoyer *m* (*a fig*); *des Staatsanwalts* réquisitoire *m*

Plage ['plaːgə] *f* ⟨∼; ∼n⟩ **1.** tourment *m*; peine *f* **2.** (*Landplage*) fléau *m*

plagen I *v/t* tourmenter; tracasser **II** *v/r sich* (*mit etw*) **plagen** peiner (sur qc); F s'esquinter (à faire qc)

Plagiat [plagi'aːt] *n* ⟨∼¢s; ∼e⟩ plagiat *m*

Plagiator *m* ⟨∼s; -toren⟩ plagiaire *m*

Plakat [pla'kaːt] *n* ⟨∼¢s; ∼e⟩ affiche *f*; *Plakate* (*an*)*kleben* coller, poser des affiches

plakatieren ⟨*sans ge*⟩ **I** *v/t* faire connaître par voie d'affiches **II** *v/i* afficher; poser, coller des affiches

plakativ *adj* (*wie ein Plakat wirkend*) comme (sur) une affiche; (*einprägsam*) voyant

Plakatwerbung *f* publicité *f* par (voie d')affiches

Plakette [pla'kɛtə] *f* ⟨∼; ∼n⟩ plaquette *f*; (*Abzeichen*) badge *m*; insigne *m*

Plan [plaːn] *m* ⟨∼¢s; ×e⟩ plan *m*; (*Absicht*) dessein *m*; (*Vorhaben*) a projet *m*; (*Fahrplan*) horaire *m*; *Pläne schmieden* faire des projets; *alles läuft nach Plan* tout se déroule comme

prévu; *auf dem Plan stehen* être prévu, programmé, au programme; *j-n auf den Plan rufen* provoquer l'intervention de qn

Plane ['plaːnə] *f* ⟨∼; ∼n⟩ bâche *f*

planen *v/t abs* faire des projets; *Reise, Arbeit* projeter; ÉCON planifier; (*vorsehen*) prévoir; *wie geplant* comme prévu

Planet [pla'neːt] *m* ⟨∼en; ∼en⟩ planète *f*

Planetarium *n* ⟨∼s; -ien⟩ planétarium *m*

planieren *v/t* ⟨*sans ge*⟩ aplanir; égaliser; niveler

Planierraupe *f* bulldozer *m*

Planke ['plankə] *f* ⟨∼; ∼n⟩ planche *f*

Plänkelei [plɛŋkə'laɪ] *f* ⟨∼; ∼en⟩ escarmouche *f* (*a fig*)

Plankton ['planktɔn] *n* ⟨∼s⟩ plancton *m*

planlos *adj u adv* sans méthode; (*aufs Geratewohl*) au hasard

planmäßig *adj u adv* comme prévu; méthodique(ment); *Abfahrt, Ankunft* prévu; *Zug* régulier

Planquadrat *n* carré *m* du plan directeur

Planschbecken ['planʃ-] *n* pataugeoire *f*

planschen F *v/i* barboter

Planstelle *f* poste *m* budgétaire

Plantage [plan'taːʒə] *f* ⟨∼; ∼n⟩ plantation *f*

Planung *f* ⟨∼; ∼en⟩ planification *f*; programmation *f*; plan *m*; *in der Planung sein* être en projet

Planwagen *m* voiture à bâche, bâchée

Planwirtschaft *f* économie dirigée, planifiée

plappern ['plapərn] F *v/t u v/i* babiller; *péj* jacasser

plärren ['plɛrən] F *v/i* F brailler; *Kind* F piailler

Plasma ['plasma] *n* ⟨∼s; -men⟩ plasma *m*

Plastik[1] ['plastɪk] *f* ⟨∼; ∼en⟩ **1.** *Kunst* plastique *f* **2.** *Werk* sculpture *f*

Plastik[2] *n* ⟨∼s⟩ (*Kunststoff*) (matière *f*) plastique *m*

Plastikbecher *m* gobelet *m* en plastique

Plastikbeutel *m* → *Plastiktasche*

Plastikbombe *f* (bombe *f* au) plastic *m*

Plastikflasche *f* bouteille *f* en plastique

Plastikfolie *f* feuille *f* de plastique

Plastikgeld *n* monnaie *f* électronique

Plastiktasche *f*, **Plastiktüte** *f* sac *m*, sachet *m* de, en plastique

plastisch *adj* **1.** plastique; *Film* en relief **2.** *fig* qui a du relief

Platane [pla'taːnə] *f* ⟨∼; ∼n⟩ platane *m*

Plateau [pla'toː] *n* ⟨∼s; ∼s⟩ plateau *m*

Plateauschuh *m* chaussure *f* à semelle compensée

Plateausohle *f* semelle compensée

Platin ['plaːtiːn] *n* ⟨∼s⟩ platine *m*

platonisch [pla'toːnɪʃ] *adj* **1.** de Platon **2.** *fig Liebe* platonique

platsch [platʃ] *int* plouf!

platschen *v/i* **1.** faire plouf; claquer **2.** ⟨+ *indication de direction* sn⟩ battre, fouetter (*an,* *auf*, *gegen etw* [*acc*] qc)

plätschern ['plɛtʃərn] *v/i* gargouiller; *kleine Wellen* clapoter; (*planschen*) barboter

platt [plat] *adj* **1.** (*flach*) plat; *Reifen* à plat; F *e-n Platten haben* avoir un pneu à plat, crevé; F avoir crevé **2.** (*geistlos*) plat; banal **3.** F *vor Staunen* ébahi; F épaté; F sidéré

Platt *n* ⟨~ƨ⟩ bas allemand

plattdeutsch *adj* bas allemand

Platte *f* ⟨~; ~n⟩ **1.** *aus Metall, Glas* plaque *f*; *aus Stein* dalle *f*; carreau *m*; *aus Blech* lame *f* **2.** *zum Servieren* plat *m*; *kalte Platte* plat de viande froide, de charcuterie; assiette anglaise **3.** (*Schallplatte*) disque *m* **4.** (*Druckplatte*) planche *f* (d'imprimerie) **5.** (*Tischplatte*) dessus *m* (de table) **6.** (*Kochplatte*) plaque *f* (électrique) **7.** F (*Glatze*) calvitie *f*

Plattenbau *m* ⟨~ƨs; ~ten⟩ (immeuble) préfabriqué *m*

Plattenspieler *m* tourne-disque *m*; platine *f* (tourne-disque)

Plattform *f* plate-forme *f* (*a fig*)

Plattfuß *m* **1.** pied plat **2.** F *fig am Reifen* crevaison *f*; pneu à plat, crevé

Platz [plats] *m* ⟨~es; ~e⟩ **1.** (*Sitzplatz*) place *f*; *Platz nehmen* prendre place; s'asseoir **2.** (*Sportplatz*) terrain *m* (de sport); (*Tennisplatz*) court *m*; *vom Platz stellen* expulser **3.** *in e-r Stadt* place *f*; *runder* rond-point *m* **4.** (*Ort*) endroit *m*; lieu *m*; (*Stelle*) emplacement *m*; (*nicht*) *an s-m Platz sein* (ne pas) être à sa place; *fig fehl am Platze sein* être déplacé **5.** (*Stellung*) place *f*; poste *m*; *den zweiten Platz belegen* prendre, obtenir la deuxième place **6.** (*Raum*) place *f*; espace *m*; *j-m Platz machen* faire place à qn; *Platz raubend* encombrant; *Platz sparend* peu encombrant

Platzangst *f* **1.** F claustrophobie *f* **2.** PSYCH agoraphobie *f*

Platzanweiser(in) *m* ⟨~s; ~⟩ (*f*) ⟨~in; ~innen⟩ placeur *m*; ouvreuse *f*

Plätzchen ['plɛtsçən] *n* ⟨~s; ~⟩ *Gebäck* gâteau sec; biscuit *m*

platzen ['platsən] *v/i* ⟨¢ƨ, sn⟩ **1.** crever; *mit Getöse* éclater (*a Reifen*); exploser **2.** F *fig Vorhaben* tomber à l'eau; Γ avorter **3.** *vor Neugier platzen* F mourir de curiosité; *vor Wut platzen* exploser (de colère)

platzieren [pla'tsi:rən] ⟨*sans ge*⟩ **I** *v/t* placer **II** *v/r* SPORT *sich platzieren als* ... se classer ...

Platzierung *f* ⟨~; ~en⟩ classement *m*

Platzkarte *f* billet *m* de réservation, de location

Platzkonzert *n* concert *m* en plein air

Platzmangel *m* manque *m* de place, d'espace

Platzpatrone *f* cartouche *f* à blanc

platzraubend *adjt* encombrant

Platzregen *m* averse *f*; ondée *f*

Platzreservierung *f* réservation *f* de place

platzsparend *adjt* peu encombrant

Platzverweis *m* SPORT expulsion *f*

Platzvorteil *m* avantage *m* du terrain

Platzwechsel *m* changement *m* de place

Platzwette *f* pari (mutuel) sur un cheval placé

Platzwunde *f* plaie (ouverte); déchirure *f*

Plauderei [plaudə'rai] *f* ⟨~; ~en⟩ causerie *f*

plaudern *v/i* causer; bavarder

Plausch [plauʃ] *m* ⟨~¢ƨs; ~e⟩ *regional* (brin *m* de) causette *f*

plausibel [plauzi:bəl] *adj* ⟨-bl-⟩ plausible; vraisemblable; *j-m etw plausibel machen* faire comprendre qc à qn

Play-back ['ple:bɛk] *n* ⟨~s; ~s⟩ play-back *m*

Playboy ['ple:bɔi] *m* play-boy *m*

Plazenta [pla'tsɛnta] *f* ⟨~; ~s *ou* -ten⟩ PHYSIOLOGIE placenta *m*

pleite ['plaitə] F *adj* en faillite; *pleite sein* être en faillite; *fig ich bin pleite* (*habe kein Geld mehr*) F je suis fauché, à sec; → *pleitegehen*

Pleite F *f* ⟨~; ~n⟩ **1.** FIN faillite *f*; banqueroute *f*; F déconfiture *f*; *Pleite machen* faire faillite, banqueroute; → *pleitegehen* **2.** *fig* échec *m*; F bide *m*

pleitegehen *v/i* ⟨*irr*, sn⟩ faire faillite, banqueroute

plemplem [plɛm'plɛm] F *adj* F zinzin; F cinglé

Plenarsaal [ple'na:r-] *m* (grande) salle de réunion

Plenum ['ple:num] *n* ⟨~s⟩ assemblée plénière; plénum *m*

Pleuelstange ['plɔyəl-] *f* bielle *f*

Plissee [plɪ'se:] *n* ⟨~s; ~s⟩ plissé *m*

Plisseerock *m* jupe plissée

PLO [pe:'ʔəl'ʔo:] *f abr* ⟨~⟩ (*Palestine Liberation Organization*) OLP *f*

Plombe ['plɔmbə] *f* ⟨~; ~n⟩ **1.** (*Bleisiegel*) plomb *m* **2.** (*Zahnfüllung*) plombage *m*; obturation *f*

plombieren *v/t* ⟨*sans ge*⟩ plomber; *Zahn a* obturer

plötzlich ['plœtslɪç] **I** *adj* subit; soudain; (*unerwartet*) imprévu; inattendu **II** *adv* subitement; soudain; tout à coup

plump [plump] *adj* **1.** (*dick*), *Lüge, Fälschung* grossier **2.** (*schwerfällig*) lourd; balourd; pesant **3.** (*ungeschickt*) maladroit

Plumpheit *f* ⟨~; ~en⟩ grossièreté *f*; lourdeur *f*; balourdise *f*; maladresse *f*

plumps [plumps] *int auf den Boden* pouf!; *ins Wasser* plouf!; ploc!; floc!

plumpsen F *v/i* ⟨¢ƨ, sn⟩ *auf den Boden* faire pouf; *ins Wasser* faire plouf

Plumpsklo F *n* cabinets *m/pl* rudimentaires (avec fosse d'aisances)

Plunder ['plundər] F *m* ⟨~s⟩ F vieilleries *f/pl*; bazar *m*

Plünd(e)rer ['plynd(ə)rər] *m* ⟨~s; ~⟩ pillard *m*; pilleur *m*; *bes* MIL maraudeur *m*

Plundergebäck *n variété de pâtisserie feuilletée*

plündern *v/t* piller; dépouiller; *Stadt* saccager; mettre à sac

Plünderung *f* ⟨~; ~en⟩ pillage *m*; (mise *f* à) sac *m*; saccage *m*

Plural ['plu:ra:l] *m* ⟨~s; ~e⟩ pluriel *m*

Pluralbildung *f* formation *f* du pluriel

Pluralendung *f* terminaison *f* du pluriel

Pluralismus *m* ⟨~⟩ pluralisme *m*

pluralistisch *adj* pluraliste

plus [plus] *adv* plus

Plus *n* ⟨~⟩ **1.** (*Überschuss*) surplus *m*; excédent *m* **2.** MATH plus *m* **3.** *fig* (*Vorteil*) avantage *m*; plus *m*

Plüsch [plyːʃ *ou* plyʃ] *m* ⟨~¢ƨs; ~e⟩ peluche *f*

Plüschtier *n* animal *m* en peluche

Pluspol *m* pôle positif

Pluspunkt *m* bon point

Plusquamperfekt ['pluskvamperfɛkt] *n* GR

Politesse ≠ politesse

In dieser Zone muss man sich vor den **Po-** Dans cette zone, il faut se
litessen hüten.   méfier des **contractuelles**.

Ce jeune homme manque de **politesse**.   Diesem jungen Mann fehlt es an **Höflich-
                                           keit**.

---

plus-que-parfait *m*
Pluszeichen *n* signe *m* plus
Pluto ['pluːto] ⟨~⟩ ASTR (**der**) **Pluto** Pluton
Plutonium [pluˈtoːnium] *n* ⟨~s⟩ plutonium *m*
PLZ *abr* (*Postleitzahl*) code postal
Pneu [pnɔy] *m* ⟨~s; ~s⟩ *bes schweiz* pneu *m*
Po [poː] F *m* ⟨~s; ~s⟩ derrière *m*; F postérieur *m*
Pöbel ['pøːbəl] *m* ⟨~s⟩ *péj* populace *f*
pochen ['pɔxən] *st/s v/i* **1.** (*klopfen*) frapper (**an**
[+ *acc*], **gegen** à, contre); *Herz* battre; palpiter
2. *fig* **auf etw** (*acc*) **pochen** faire valoir qc
pochieren [pɔˈʃiːrən] *v/t* ⟨*sans ge*⟩ CUIS pocher
Pocken *pl* variole *f*
Pockenschutzimpfung *f* vaccination *f* antiva-
riolique
Podest [poˈdɛst] *m od n* ⟨~¢s; ~e⟩ **1.** (*Podium*)
estrade *f* **2.** (*Treppenabsatz*) palier *m*
Podium ['poːdium] *n* ⟨~s; -ien⟩ estrade *f*; (*Red-
nerpodium*) tribune *f*
Podiumsdiskussion *f* débat *m* en public
Poesie [poeˈziː] *f* ⟨~; ~n⟩ poésie *f*
Poesiealbum *n* album *m* de poésies
Poet [poˈeːt] *st/s, plais m* ⟨~en; ~en⟩ poète *m*
poetisch *adj* poétique
Pogrom [poˈgroːm] *m od n* ⟨~s; ~e⟩ pogrom(e)
m
Pointe [poˈɛ̃ːtə] *f* ⟨~; ~n⟩ bon mot, trait *m* de la
fin
Pokal [poˈkaːl] *m* ⟨~s; ~e⟩ coupe *f*
Pokalfinale *n* finale *f* de la coupe
Pokalsieger(in) *m(f)* vainqueur *m* de coupe
Pokalspiel *n* match *m* de coupe
Pökelfleisch ['pøːkəl-] *n* viande salée
pökeln *v/t* ⟨¢⟩ saler
Poker ['poːkər] *n od m* ⟨~s⟩ poker *m* (*a fig*)
Pokerface ['poːkərfeːs] *n* ⟨~; ~s⟩ visage *m*, per-
sonne *f* impassible
pokern *v/i* jouer au poker
Pol [poːl] *m* ⟨~s; ~e⟩ pôle *m*; *fig* **der ruhende
Pol** la source d'équilibre
polar *adj* polaire
Polarexpedition *f* expédition *f* polaire
Polarforscher *m* explorateur *m* des régions po-
laires
Polarkreis *m* cercle *m* polaire; **nördlicher,
südlicher Polarkreis** cercle polaire arctique,
antarctique
Polarlicht *n* aurore *f* polaire
Polarmeer *n* océan glacial
Polarnacht *f* nuit *f* polaire
Polarstern *m* Étoile *f* polaire
Pole ['poːlə] *m* ⟨~n; ~n⟩ Polonais *m*
Polemik [poˈleːmɪk] *f* ⟨~; ~en⟩ polémique *f*
polemisch *adj* polémique
polemisieren *v/i* ⟨*sans ge*⟩ polémiquer (**gegen
j-n** contre qn)
Polen *n* ⟨~s⟩ la Pologne
Polente [poˈlɛntə] F *f* ⟨~⟩ F poulets *m/pl*; F flics
m/pl

Poleposition ['poːlpozɪʃən] *f* ⟨~⟩ *beim Auto-
rennen* pole position *f*
Police [poˈliːsə] *f* ⟨~; ~n⟩ police *f* (d'assurance)
Polier [poˈliːr] *m* ⟨~s; ~e⟩ contremaître *m*
polieren *v/t* ⟨*sans ge*⟩ *Möbel* faire briller, relui-
re; *Metalle* fourbir
Poliklinik ['poːliklɪːnɪk] *f* policlinique *f*
Polin *f* ⟨~; ~nen⟩ Polonaise *f*
Polio ['poːlio] *f* ⟨~⟩ MÉD polio *f*
Politesse [poliˈtɛsə] *f* ⟨~; ~n⟩ contractuelle *f*
Politik [poliˈtiːk] *f* ⟨~; ~en⟩ politique *f*
Politiker(in) *m* ⟨~s; ~⟩ (*f*) ⟨~in; ~innen⟩ homme
m, femme *f* politique
Politikum *n* ⟨~s; -ka⟩ fait *m* politique; **ein Po-
litikum sein, zum Politikum werden** être po-
litisé
Politikwissenschaft *f* sciences *f/pl* politiques;
politologie *f*
politisch I *adj* politique II *adv* **politisch kor-
rekt** politiquement correct
politisieren ⟨*sans ge*⟩ I *v/t* politiser II *v/i* parler
politique
Politologe *m* ⟨~n; ~n⟩, **Politologin** *f* ⟨~; ~nen⟩
politologue *m,f*
Politologie *f* ⟨~⟩ politologie *f*; sciences *f/pl* po-
litiques
Politur [poliˈtuːr] *f* ⟨~; ~en⟩ **1.** (*Glanz*) poli *m*;
(*Schutzschicht*) vernis *m* **2.** *Mittel* vernis *m*; en-
duit *m*
Polizei [poliˈtsaɪ] *f* ⟨~; ~en⟩ police *f*; → *Info bei*
Notrufnummer
Polizeiaktion *f* opération *f* de police; rafle *f*
Polizeiaufgebot *n* déploiement *m* de (forces
de) police
Polizeiauto *n* voiture *f* de police
Polizeibeamte(r) *m*, **Polizeibeamtin** *f* fonc-
tionnaire *m,f* de (la) police; policier *m*
Polizeidienststelle *f* commissariat *m* (de la poli-
ce)
Polizeidirektion *f* direction *f* de la police
Polizeifunk *m* radio *f* de la police
Polizeigewahrsam *m* garde *f* à vue
Polizeihund *m* chien policier
Polizeikontrolle *f* contrôle *m* de (la) police
polizeilich I *adj* de (la) police; policier II *adv*
par la police
Polizeipräsident *m* préfet *m* de police
Polizeipräsidium *n* préfecture *f* de police
Polizeirevier *n* commissariat *m* de police, de
quartier
Polizeischutz *m* protection policière
Polizeistaat *m* État, régime policier
Polizeistreife *f* patrouille *f* de police
Polizeistunde *f* heure *f* de fermeture (des cafés,
des restaurants, *etc*)
Polizeiwache *f* poste *m* de police
Polizist(in) [poliˈtsɪst(ɪn)] *m* ⟨~en; ~en⟩ (*f*)
⟨~in; ~innen⟩ agent *m* de police; gardien *m*
de la paix

Polka ['pɔlka] *f* ⟨∼; ∼s⟩ polka *f*
Pollen ['pɔlən] *m* ⟨∼s; ∼⟩ BOT pollen *m*
Pollenflug *m* pollinisation *f* par le vent
Pollenflug-Vorhersage *f* bulletin *m* allergo-
-pollinique
polnisch ['pɔlnɪʃ] *adj* polonais
Polo ['poːlo] *n* ⟨∼s⟩ SPORT polo *m*
Polohemd *n* polo *m*
Polospiel *n* polo *m*
Polster ['pɔlstər] *n* ⟨∼s; ∼⟩ **1.** (*Polsterung*) rem-
bourrage *m*; capitonnage *m* **2.** (*Polsterauflage*)
garniture *f*; (*Kissen*) coussin *m* **3.** fig réserves
f/pl
Polstergarnitur *f* salon (capitonné)
Polstermöbel *n/pl* meubles capitonnés
polstern *v/t* rembourrer; capitonner
Polstersessel *m* siège rembourré, capitonné
Polsterung *f* ⟨∼; ∼en⟩ **1.** rembourrage *m*; capi-
tonnage *m* **2.** *Auflage* coussin *m*
Polterabend ['pɔltər-] *m* joyeuse fête où l'on
casse de la vaisselle à la veille des noces
poltern *v/i* *Sache* faire du bruit (en tombant, en
roulant); *Person* faire du tapage
Polyester [poly'ʔɛstər] *m* ⟨∼s; ∼⟩ polyester *m*
Polygamie [polyga'miː] *f* ⟨∼⟩ polygamie *f*
Polynesien [poly'neːziən] *n* ⟨∼s⟩ la Polynésie
Polynesier(in) *m* ⟨∼s; ∼⟩ (*f*) ⟨∼in; ∼innen⟩ Po-
lynésien, -ienne *m,f*
polynesisch *adj* polynésien
Polyp [po'lyːp] *m* ⟨∼en; ∼en⟩ **1.** ZO, MÉD polype
m **2.** F (*Polizist*) F flic *m*
Pomade [po'maːdə] *f* ⟨∼; ∼n⟩ pommade *f*
pomadig *adj* **1.** *Haar* pommadé; brillantiné **2.** F
fig (*träge*) flegmatique
Pommes ['pɔməs] F *pl* frites *f/pl*
Pommes frites [pɔm'frɪt] *pl* (pommes) frites
f/pl
Pomp [pɔmp] *m* ⟨∼¢s⟩ pompe *f*; faste *m*
pompös [pɔm'pøːs] *adj* pompeux
Pony[1] ['pɔni] *n* ⟨∼s; ∼s⟩ ZO poney *m*
Pony[2] *m* ⟨∼s; ∼s⟩ *Frisur* (coiffure *f* à) frange *f*
Pool [puːl] *m* ⟨∼s; ∼s⟩ **1.** piscine *f* **2.** ÉCON pool *m*
Poolbillard *n* billard américain
Pop [pɔp] *m* ⟨∼¢⟩ → *Popmusik*
Popanz ['poːpants] *m* ⟨∼es; ∼e⟩ *péj* épouvantail
m
Pop-Art ['pɔpʔaːrt] *f* ⟨∼⟩ pop'art *m*
Popcorn ['pɔpkɔrn] *n* ⟨∼s⟩ pop-corn *m*
popelig *adj* (*armselig*) pitoyable; F minable;
(*gewöhnlich*) petit … de rien du tout
Popelinemantel [popə'liːn(ə)-] *m* manteau *m*
en popeline
popeln ['poːpəln] F *v/i* ⟨¢⟩ (*in der Nase*) po-
peln se fourrer les doigts dans le nez
Popfestival *n* festival *m* pop
Popgruppe *f* groupe *m* pop
Popkonzert *n* concert *m* pop
Popmusik *f* musique *f* pop
Popo [po'poː] F *m* ⟨∼s; ∼s⟩ derrière *m*; F pos-
térieur *m*
Popsänger(in) *m(f)* chanteur, -euse *m,f* pop
Popstar *m* star *f* de la pop
populär [popu'lɛːr] *adj* populaire
Popularität *f* ⟨∼⟩ popularité *f*
Pore ['poːrə] *f* ⟨∼; ∼n⟩ pore *m*
Porno ['pɔrno] F *m* ⟨∼s; ∼s⟩ F porno *m*
Pornofilm *m* film *m* porno
Pornographie *f* ⟨∼⟩ pornographie *f*

pornographisch *adj* pornographique
Pornoheft *n* revue *f* porno
porös [po'røːs] *adj* poreux
Porree ['pɔre] *m* ⟨∼s; ∼s⟩ poireau *m*
Portal [pɔr'taːl] *n* ⟨∼s; ∼e⟩ portail *m* (*a* INFORM)
Portemonnaie [pɔrtmɔ'neː] *n* ⟨∼s; ∼s⟩ porte-
-monnaie *m*
Portier [pɔrti'eː] *m* ⟨∼s; ∼s⟩ concierge *m*; por-
tier *m*
Portion [pɔrtsi'oːn] *f* ⟨∼; ∼en⟩ portion *f*; F fig
e-e halbe Portion une demi-portion
portionieren *v/t* ⟨sans ge⟩ diviser en parts, en
portions
Porto ['pɔrto] *n* ⟨∼s; ∼s *ou* -ti⟩ port *m*
portofrei **I** *adj* franc de port **II** *adv* franco (de
port); port payé
Porträt [pɔr'trɛː] *n* ⟨∼s; ∼s⟩ portrait *m*; → *Info*
nächste Seite
porträtieren *v/t* ⟨sans ge⟩ faire le portrait de
Portugal ['pɔrtugal] *n* ⟨∼s⟩ le Portugal
Portugiese [pɔrtu'giːzə] *m* ⟨∼n; ∼n⟩, **Portugie-
sin** *f* ⟨∼; ∼nen⟩ Portugais(e) *m(f)*
portugiesisch *adj* portugais
Portwein ['pɔrtvaɪn] *m* porto *m*
Porzellan [pɔrtsɛ'laːn] *n* ⟨∼s; ∼e⟩ porcelaine *f*
Porzellanfigur *f* figurine *f*, petite statue de por-
celaine
Posaune [po'zaʊnə] *f* ⟨∼; ∼n⟩ trombone *m*
posaunen *v/i* ⟨sans ge⟩ jouer du trombone
Posaunist *m* ⟨∼en; ∼en⟩ (joueur *m* de) trombo-
ne *m*
Pose ['poːzə] *f* ⟨∼; ∼n⟩ pose *f*
posieren *v/i* ⟨sans ge⟩ poser; prendre une pose
Position [pozitsi'oːn] *f* ⟨∼; ∼en⟩ **1.** position *f*;
berufliche *a* poste *m*; situation *f* **2.** COMM poste
m
positionieren *v/t* ⟨sans ge⟩ positionner (*a*
ÉCON)
positiv ['poːzitiːf] *adj* positif; (*bejahend*) *a* af-
firmatif
Positur [pozi'tuːr] *f* ⟨∼; ∼en⟩ posture *f*; pose *f*;
sich in Positur setzen, F *werfen* prendre la,
une pose
Posse ['pɔsə] *f* ⟨∼; ∼n⟩ THÉ farce *f*; *Possen rei-
ßen* faire de grosses farces
Possesivpronomen [pɔsɛ'siːf-] *n* GR (adjectif
m bzw pronom *m*) possessif *m*
possierlich [pɔ'siːrlɪç] *adj* drôle
Post® [pɔst] *f* ⟨∼⟩ **1.** (*Postdienste*) poste *f*; (*Post-
amt*) (bureau *m* de) poste *f* **2.** (*Postsendung*)
courrier *m*; *elektronische Post* courrier élec-
tronique; *mit gleicher, getrennter Post* par le
même courrier, par courrier séparé; → *Info*
übernächste Seite
postalisch *adj* postal
Postamt *n* (bureau *m* de) poste *f*
Postanschrift *f* adresse postale
Postanweisung *f* mandat postal
Postauto *n* voiture *f* des postes
Postbank *f* ⟨∼⟩ service *m* bancaire de la poste
Postbeamte(r) *m*, **Postbeamtin** *f* employé(e)
m(f) des postes; postier, -ière *m,f*
Postbote *m*, **Postbotin** *f* facteur, -trice *m,f*;
ADM préposé(e) *m(f)*
Postdienst *m* service postal, des postes
Posteingang *m* courrier *m* arrivé, reçu
Posten *m* ⟨∼s; ∼⟩ **1.** (*Stellung*) poste *m*; emploi
m **2.** (*Warenposten*) lot *m*; (*Rechnungsposten*)

Porträt – le portrait   **WF**

Er / sie ist ungefähr … Jahre alt.	Il / elle a environ... ans.	Er / sie hat einen weichen / harten Blick.	Il / elle a un regard doux / dur.
Er / sie ist verheiratet.	Il est marié / elle est mariée.	… einen lustigen / traurigen / düsteren Blick	… un regard gai / triste / sombre
… alleinstehend / Single	… célibataire		
… geschieden	… divorcé / divorcée	… einen klaren / zärtlichen / kalten Blick	… un regard clair / tendre / froid
… Witwer / Witwe	… veuf / veuve	… einen lebendigen / apathischen Blick	… un regard vif / apathique
Er / sie ist groß.	Il est grand / elle est grande.		
… mittelgroß	… de taille moyenne	Er trägt einen Bart / einen Schnäuzer.	Il a une barbe / une moustache.
… schlank	… svelte	Er / sie sieht jung / sportlich / gepflegt aus.	Il / elle a l'air jeune / sportif / soigné.
… dünn	… mince		
… stämmig	… trapu / trapue		
… korpulent	… corpulent / corpulente	… vernachlässigt / einfach / elegant	… négligé / simple / élégant
Er / sie hat blonde Haare.	Il / elle a les cheveux blonds.	… fröhlich / glücklich / unglücklich	… gai / heureux / malheureux
… schwarze Haare	… les cheveux noirs	… zufrieden / unzufrieden	… content / mécontent
… graue Haare	… les cheveux gris	… sympathisch / unsympathisch	… sympathique / antipathique
… kurze / lange Haare	… les cheveux courts / longs	… ausgeruht / müde	… reposé / fatigué
… glatte Haare	… les cheveux raides	Er ist Student / sie ist Studentin.	Il est étudiant / elle est étudiante.
… lockige Haare	… les cheveux bouclés	… leitende(r) Angestellte(r)	… cadre
Er hat eine Glatze.	Il est chauve.	… Musiker(in)	… musicien(ne)
Er / sie trägt eine Brille.	Il / elle porte des lunettes.	… Buchhalter(in)	… comptable
Er / sie hat dunkle / helle Augen.	Il / elle a les yeux foncés / clairs.	… Arzt / Ärztin	… médecin
…blaue / braune / graue / grüne Augen	… les yeux bleus / bruns / gris / verts	… Hausfrau	… ménagère
		… Angestellte(r)	… employé(e)

P

poste *m* **3.** (*Wachtposten*) sentinelle *f*; **Posten stehen** être en sentinelle, en faction; *fig* **auf verlorenem Posten kämpfen, stehen** défendre une position, cause perdue; F **nicht auf dem Posten sein** ne pas être dans son assiette; F ne pas être d'attaque
Poster ['poːstər] *n od m* ⟨∼s; ∼$⟩ poster *m*
Postfach *n* boîte postale
Postgeheimnis *n* secret postal
Postgiroamt *n* service *m* de virement postal
Postgirokonto *n* compte courant postal
posthum [pɔst'huːm] **I** *adj* posthume **II** *adv* après la mort

postieren *v/t* (*u v/r*) ⟨*sans ge*⟩ (**sich postieren** se) poster
Postkarte *f* carte postale
Postkutsche *f* diligence *f*
postlagernd *adj u advt* poste restante
Postleitzahl *f* code postal
Pöstler(in) ['pœstlər(ɪn)] *m* ⟨∼s; ∼⟩ (*f*) ⟨∼in; ∼innen⟩ *schweiz* facteur, -trice *m,f*
postmodern *adj* postmoderne
Postmoderne *f* époque *f* postmoderne
Postomat [pɔsto'maːt] *m* ⟨∼en; ∼en⟩ *schweiz* distributeur *m* (automatique) de billets
Postsendung *f* envoi postal

Auf der Post®	WF
der Briefkasten	**la boîte aux lettres**
die Briefmarke	**le timbre**
einen Brief aufgeben	**expédier une lettre**
einen Brief freimachen	**affranchir une lettre**
das Einschreiben	**la lettre recommandée**
das Fax	**le fax**
eine Nachricht faxen	**faxer un message**
mit Luftpost	**par avion**
das Päckchen	**le petit paquet**
das Paket	**le colis**
auf der Post®	**à la poste**
die Postkarte	**la carte postale**
der Schalter	**le guichet**
der Stempel	**le cachet**
das Telefon	**le téléphone**
die Telefonkarte	**la télécarte**
die Telefonzelle	**la cabine téléphonique**

Postsparbuch *n* livret *m* de caisse d'épargne postale
Poststempel *m* cachet *m* de la poste
Postvermerk *m* indication *f* de service
Postweg *m* **auf dem Postweg** par la poste; par voie postale
postwendend *advt* **1.** par retour du courrier **2.** *fig* tout de suite; immédiatement
Postwertzeichen *n* ADM timbre-poste *m*
Postwurfsendung *f* envoi *m* en nombre
Postzustellung *f* distribution *f* du courrier
potent [po'tɛnt] *adj* **1.** *Liebhaber* viril **2.** *(finanzstark)* qui a de gros moyens
Potenz [po'tɛnts] *f* ⟨~; ~en⟩ **1.** MATH puissance *f* **2.** *(Manneskraft)* virilité *f*; puissance sexuelle
Potenzial *n* ⟨~s; ~e⟩ potentiel *m* (*an* [+ *dat*] de)
potenziell *adj* PHYS potentiel; *fig* virtuel
potenzieren *v/t* ⟨*sans ge*⟩ MATH élever à la nième puissance
Pottasche *f* (carbonate *m* de) potasse *f*
potthässlich F *adj* F laid, moche comme un pou
Pottsau P *f* ⟨~; -säue⟩ P dégueulasse *m,f*
Pottwal *m* cachalot *m*
Poularde [pu'lardə] *f* ⟨~; ~n⟩ poularde *f*; *über 1200 g a* poulet *m*
Poulet [pu'leː] *n* ⟨~s; ~s⟩ *schweiz* poulet rôti
Powidl ['pɔvidəl] *m* ⟨~s⟩ *österr* CUIS mousse *f* de pruneaux
PR [peː'ʔɛr] *abr* (*Public Relations*) relations publiques
Präambel [prɛ'ambəl] *f* ⟨~; ~n⟩ préambule *m*
Pracht [praxt] *f* ⟨~⟩ magnificence *f*; somptuo-

sité *f*; splendeur *f*
Prachtexemplar F *n* superbe exemplaire *m*
prächtig ['prɛçtɪç] *adj* magnifique; somptueux; splendide; *Wetter* superbe; *(großartig)* F formidable
Prachtkerl F *m* F type épatant, formidable
Prachtstraße *f* avenue *f* magnifique, de luxe
Prachtstück F *n* superbe exemplaire *m*
prachtvoll → **prächtig**
Prädikat [prɛdi'kaːt] *n* ⟨~¢s; ~e⟩ **1.** GR verbe *m* **2.** *(Zensur)* mention *f*
prädikativ *adj* GR **prädikatives Adjektiv** adjectif *m* attribut
Präferenz [prɛfe'rɛnts] *f* ⟨~; ~en⟩ préférence *f*; traitement préférentiel
Präfix [prɛ'fiks] *n* ⟨~es; ~⟩ LING préfixe *m*
Prag [praːk] *n* ⟨~s⟩ Prague
prägen ['prɛːgən] *v/t* TECH estamper; TEXT, *Papier* gaufrer; *fig* donner son empreinte à; *Wort* créer; **Münzen prägen** battre monnaie
pragmatisch *adj* pragmatique
prägnant [prɛ'gnant] *adj* *(treffend)* frappant; *(knapp)* concis; dense
Prägnanz *f* ⟨~⟩ concision *f*; densité *f*
Prägung *f* ⟨~; ~en⟩ TECH estampage *m*; TEXT gaufrage *m*; *fig* empreinte *f*; *e-s Worts* création *f*
prähistorisch [prɛhɪs'toːrɪʃ] *adj* préhistorique
prahlen ['praːlən] *v/i* se vanter (**mit** de)
Prahlerei *f* ⟨~; ~en⟩ vantardise *f*; fanfaronnade *f*
Prahlhans F *m* ⟨~es; -hänse⟩ frimeur *m*; fanfaron *m*; F crâneur *m*
praktikabel [prakti'kaːbəl] *adj* ⟨-bl-⟩ praticable
Praktikant(in) *m* ⟨~en; ~en⟩ (*f*) ⟨~in; ~innen⟩ stagiaire *m,f*
Praktiken *f/pl* pratiques *f/pl*
Praktikum *n* ⟨~s; -ka⟩ stage *m*
praktisch **I** *adj* pratique; **praktischer Arzt** généraliste *m*; omnipraticien *m* **II** *adv* **1.** pratiquement; dans la *od* en pratique **2.** *fig* (*quasi*) pratiquement; pour ainsi dire
praktizieren *v/t* ⟨*sans ge*⟩ pratiquer
Prälat [prɛ'laːt] *m* ⟨~en; ~en⟩ CATH prélat *m*
Praline [pra'liːnə] *f* ⟨~; ~n⟩ chocolat *m*; crotte *f* de, en chocolat
prall [pral] *adj* ferme et élastique; *Körperteile* rebondi; dodu; **in der prallen Sonne** en plein soleil
prallen *v/i* ⟨sn⟩ cogner, 'heurter (**gegen, auf, an etw** [*acc*] qc)
Prämie ['prɛːmiə] *f* ⟨~; ~n⟩ prix *m*; prime *f*
Prämiensparen *n* épargne *f* à primes
prämieren, prämiieren *v/t* ⟨*sans ge*⟩ accorder un prix, une prime à; *Aussteller* primer; **präm(i)iert** couronné
Prämisse [prɛ'mɪsə] *f* ⟨~; ~n⟩ prémisse *f*
prangen ['praŋən] *v/i* **1.** *(auffallen)* attirer, *p/fort* accrocher le(s) regard(s) **2.** *st/s (glänzen)* resplendir; briller d'un vif éclat
Pranger *m* ⟨~s; ~⟩ pilori *m*; **j-n an den Pranger stellen** mettre, clouer qn au pilori (*a fig*)
Pranke ['praŋkə] *f* ⟨~; ~n⟩ **1.** ZO patte *f* **2.** F (*große Hand*) F grosse patte; F battoir *m*
Präparat [prɛpa'raːt] *n* ⟨~¢s; ~e⟩ préparation *f* (pharmaceutique)
präparieren *v/t* ⟨*sans ge*⟩ préparer
Präposition [prɛpozitsi'oːn] *f* ⟨~; ~en⟩ GR pré-

position *f*
Prärie [prɛ'riː] *f* ⟨∼; ∼n⟩ prairie *f*
Präsens ['prɛːzəns] *n* ⟨∼; -sentia *ou* -senzien⟩ GR présent *m*
präsent [prɛ'zɛnt] *adj* présent; *etw (nicht) präsent haben* (n')avoir (pas) qc présent à l'esprit
Präsent *n* ⟨∼¢s; ∼e⟩ présent *m*; cadeau *m*
präsentieren *v/t* (*u v/r*) ⟨*sans ge*⟩ (*sich präsentieren* se) présenter
Präsentierteller *m* F *auf dem Präsentierteller sitzen* être exposé aux regards de tous
Präsentkorb *m* panier-cadeaux *m*
Präsenz *f* ⟨∼⟩ présence *f*
Präsenzbibliothek *f* bibliothèque *f* de consultation sur place
Präsenzdienst *m* österr service *m* militaire
Präservativ [prɛzɛrva'tiːf] *n* ⟨∼s; ∼e⟩ préservatif *m*
Präsident(in) [prɛzi'dɛnt(ɪn)] *m* ⟨∼en; ∼en⟩ (*f*) ⟨∼in; ∼innen⟩ président(e) *m(f)*

Die Präsidenten der V. Republik (seit 1958)	
Charles de Gaulle	1958 – 1969
Georges Pompidou	1969 – 1974
Valéry Giscard d'Estaing	1974 – 1981
François Mitterrand	1981 – 1995
Jacques Chirac	1995 – 2007
Nicolas Sarkozy	seit 2007

Präsidentschaft *f* ⟨∼; ∼en⟩ présidence *f*
präsidieren *v/i* ⟨*sans ge*⟩ présider
Präsidium *n* ⟨∼s; -ien⟩ 1. (*Vorsitz*) présidence *f* 2. (*Vorstand*) comité directeur 3. (*Polizeipräsidium*) préfecture *f* (de police)
prasseln ['prasɛln] *v/i* ⟨¢, + *indication de direction* sn⟩ *Regen* tomber dru; tambouriner; *Feuer* crépiter; pétiller
prassen ['prasən] *v/i* ⟨¢$⟩ bambocher; mener joyeuse vie; (*schlemmen*) F faire la bombe; F faire ripaille
Präteritum [prɛ'teːritum] *n* ⟨∼s; -ta⟩ GR prétérit *m*
Praxis ['praksɪs] *f* ⟨∼; -xen⟩ 1. (*nicht Theorie*) pratique *f*; (*Erfahrung*) expérience *f*; *in die Praxis umsetzen* mettre en pratique 2. (*Arztpraxis, Anwaltspraxis*) cabinet *m*
praxisbezogen *adj* fondé sur la pratique
Praxisgebühr *f* MÉD frais *m/pl* de consultation
praxisnah *adj* fondé sur la pratique
praxisorientiert *adj* axé sur la pratique
Präzedenzfall [prɛtse'dɛntsfal] *m* précédent *m*; *e-n Präzedenzfall schaffen* créer un précédent
präzis(e) [prɛ'tsiːs (-'tsiːzə)] *adj* précis; exact
präzisieren *v/t* ⟨*sans ge*⟩ préciser
Präzision *f* ⟨∼⟩ précision *f*
Präzisionsarbeit *f* travail *m* de précision
predigen ['preːdɪɡən] *v/t u v/i* prêcher
Prediger *m* ⟨∼s; ∼⟩ prédicateur *m*
Predigt ['preːdɪçt] *f* ⟨∼; ∼en⟩ sermon *m* (*a fig*); PROT *a* prêche *m*; *e-e Predigt halten* prononcer un sermon; PROT faire un prêche

Preis [praɪs] *m* ⟨∼es; ∼e⟩ 1. COMM prix *m*; *um jeden Preis* à tout prix; coûte que coûte; *zum halben Preis* à moitié prix 2. *Auszeichnung* prix *m*; prime *f*; (*Belohnung*) récompense *f*; *der Große Preis von ...* le Grand Prix de …
Preisabsprache *f* entente *f* sur les prix
Preisänderung *f* modification *f* du *bzw* des prix
Preisangabe *f* indication *f* de prix
Preisanstieg *m* 'hausse *f*, montée *f* des prix
Preisausschreiben *n* concours *m*
preisbewusst *adj* qui a conscience des prix
Preisbindung *f* fixation *f*, imposition *f* des prix
Preiselbeere ['praɪzəl-] *f* airelle *f* rouge
preisen *st/s v/t* ⟨¢$, pries, gepriesen⟩ vanter; louer; *sich glücklich preisen (können)* (pouvoir) s'estimer heureux
Preiserhöhung *f* augmentation *f* des prix
Preisfrage *f* 1. (*Preisaufgabe*) question *f* de concours 2. (*Geldfrage*) question *f* de prix
Preisgabe *st/s f* abandon *m*; *von Geheimnissen* révélation *f*; divulgation *f*
preisgeben *st/s v/t* ⟨*irr*⟩ 1. (*aufgeben*) abandonner 2. (*verraten*) trahir 3. (*ausliefern*) livrer (+ *dat* à)
Preisgefälle *n* disparité *f* des prix
Preisgefüge *n* structure *f* des prix
preisgekrönt *adj* couronné; primé
Preisgericht *n* jury *m*
Preisgestaltung *f* fixation *f* des prix
Preisgrenze *f* *obere Preisgrenze* limite supérieure des prix; prix *m* plafond; *untere Preisgrenze* limite inférieure des prix; prix *m* plancher
preisgünstig *adj* → **preiswert**
Preislage *f* catégorie *f* de prix
Preis-Leistungs-Verhältnis *n* rapport *m* qualité-prix
preislich *adv* en ce qui concerne le(s) prix
Preisliste *f* prix courants; liste *f* des prix; tarif *m*
Preisnachlass *m* remise *f*; rabais *m*; réduction *f*
Preispolitik *f* politique *f* des prix
Preisrätsel *n* jeu-concours *m*
Preisrichter(in) *m(f)* juge *m,f* (de concours)
Preisrückgang *m* recul *m*, baisse *f* des prix
Preisschild *n* étiquette *f*
Preissenkung *f* réduction *f*, baisse *f* des prix
Preisspanne *f* marge *f*, différence *f* de prix
Preissteigerung *f* augmentation *f* des prix
Preisträger(in) *m(f)* lauréat(e) *m(f)*
Preistreiberei *f* ⟨∼; ∼en⟩ 'hausse illicite, abusive des prix
Preisunterschied *m* différence *f*, écart *m* de prix
Preisvergleich *m* comparaison *f* des prix
Preisverleihung *f* remise *f* d'un prix
preiswert *adj* (à) bon marché; avantageux
prekär [pre'kɛːr] *st/s adj* précaire
Prellbock ['prɛl-] *m* EISENBAHN butoir *m*; 'heurtoir *m*; *fig* tampon *m*
prellen *v/t* 1. *Ball* faire rebondir 2. MÉD meurtrir; contusionner 3. *fig* (*betrügen*) tromper; duper; *j-n um etw prellen* frustrer qn de qc
Prellung *f* ⟨∼; ∼en⟩ MÉD meurtrissure *f*; contusion *f*
Premier [prəmi'e:] *m* ⟨∼s; ∼s⟩ Premier ministre *m*
Premiere [prəmi'eːrə] *f* ⟨∼; ∼n⟩ première *f*

die Presse – la presse

Medien	**les médias** *m/pl*	Redakteur	**le rédacteur**
Boulevardpresse	**la presse à sensation**	einen Artikel verfassen	**rédiger un article**
Regenbogenpresse	**la presse du cœur**	Titelseite	**la une**
überregionale Zeitung	**le journal national**	Schlagzeile	**la manchette**
Zeitschrift	**la revue**	Spalte	**la colonne**
		Vermischtes	**les faits divers**
Wochenzeitschrift	**l'hebdomadaire** *m*	Bericht	**le compte rendu**
Monatszeitschrift	**le mensuel**	Leserbriefe	**le courrier des lecteurs**
Beilage	**le supplément**		
Zeitschrift, Magazin	**le magazine**	Briefe von Ratsuchenden	**le courrier du cœur**
erscheinen	**paraître**		
veröffentlichen	**publier**	Nachricht	**la nouvelle**
Auflage	**le tirage**	die neuesten Nachrichten lesen	**lire les dernières nouvelles**
Vertrieb	**la diffusion**		
Leser, Leserin	**le lecteur, la lectrice**	Werbung	**la publicité**
		Fortsetzungsroman	**le roman-feuilleton**
Journalist	**le journaliste**	politische Tendenz	**la tendance**
Stellung beziehen für / gegen	**prendre position pour / contre**	unterhaltsam	**divertissant**
		informativ	**instructif, instructive**
Meinung, Auffassung	**l'opinion** *f*		
		Zensur	**la censure**
Standpunkt	**le point de vue**	die öffentliche Meinung manipulieren	**manipuler l'opinion publique**
Kommentar	**le commentaire**		
kritisieren	**critiquer**	Untersuchung, Umfrage	**l'enquête** *f*

Premierenpublikum *n* public *m* de première
Premierminister(in) [prəmi'e:-] *m(f)* Premier ministre
Prepaidkarte ['pri:pe:tkartə] *f* carte prépayée
preschen ['prɛʃən] *v/i* ⟨sn⟩ F foncer; ***nach vorne preschen*** se précipiter en avant
Presse ['prɛsə] *f* ⟨~; ~n⟩ **1.** (*Zeitungswesen*) presse *f* **2.** TECH presse *f*; (*Fruchtpresse*) pressoir *m*
Presseagentur *f* agence *f* de presse
Presseamt *n* service *m* de presse
Presseausweis *m* carte *f* de presse
Presseball *m* bal *m* de la presse
Pressebericht *m* reportage *m*
Pressechef *m* chef *m* du service de presse
Presseempfang *m* réception *f* de la presse
Presseerklärung *f* déclaration *f* à la presse
Pressefotograf *m* reporter *m* photographe
Pressefreiheit *f* liberté *f* de la presse
Pressegesetz *n* loi *f* sur la presse
Pressekampagne *f* campagne *f* de presse
Pressekonferenz *f* conférence *f* de presse
Pressemeldung *f*, **Pressemitteilung** *f* information *f* par la presse
pressen *v/t* ⟨¢⟩ **1.** (*drücken*) presser; serrer **2.** (*zusammenpressen*) comprimer **3.** *Frucht* presser; pressurer; *Saft* extraire
Pressenotiz *f* entrefilet *m*
Pressereferent *m* attaché *m* de presse
Pressespiegel *m* revue *f* de (la) presse
Pressesprecher *m* attaché *m* de presse; porte-parole *m*
pressieren [prɛ'si:rən] *v/i* ⟨sans ge⟩ *bes südd, österr, schweiz* presser; être urgent, pressant
Pressluft *f* air comprimé
Pressluftbohrer *m* perforatrice *f* à air comprimé
Presslufthammer *m* marteau *m* pneumatique, piqueur
Prestige [prɛs'ti:ʒə] *n* ⟨~s⟩ prestige *m*
Prestigefrage *f* question *f* de prestige
Prestigeverlust *m* perte *f* de prestige
Preuße ['prɔysə] *m* ⟨~n; ~n⟩, **Preußin** *f* ⟨~; ~nen⟩ Prussien, -ienne *m,f*
Preußen *n* ⟨~s⟩ HIST la Prusse
preußisch *adj* prussien
prickeln ['prɪkəln] *v/i* ⟨¢⟩ (*kribbeln*) picoter; *Getränk* pétiller
prickelnd *adj* picotant; pétillant; *fig* excitant
Priel [pri:l] *m* ⟨~¢s; ~e⟩ filet *m* d'eau (*dans les fonds sablonneux*)
Priem [pri:m] *m* ⟨~¢s; ~e⟩ chique *f*

priemen *v/i* chiquer
pries [priːs] → **preisen**
Priester(in) ['priːstər(ɪn)] *m* ⟨~s; ~⟩ (*f*) ⟨~in; ~innen⟩ prêtre, -esse *m,f*
priesterlich *adj* sacerdotal
Priesterseminar *n* (grand) séminaire
Priesterweihe *f* ordination *f*; prêtrise *f*
prima ['priːma] F **I** *adj* ⟨*inv*⟩ F formidable; F épatant; chouette; **ein prima Kerl** F un chic type; **das ist prima!** c'est génial, F super **II** F *adv* parfaitement; superbement; F super (bien)
Primaballerina *f* première danseuse; danseuse étoile
primär [pri'mɛːr] **I** *adj* primaire **II** *adv* en priorité; en premier lieu
Primararzt [pri'maːrʔ-] *m*, **Primarärztin** *f* österr médecin-chef *m*
Primärliteratur *f* œuvres *f/pl* (littéraires, philosophiques)
Primarschule *f schweiz* école *f* primaire
Primarstufe *f* (enseignement *m*) primaire *m*
Primaten *m/pl* zo primates *m/pl*
Primel ['priːməl] *f* ⟨~; ~n⟩ primevère *f*
Primetime ['praɪmtaɪm] *f* ⟨~⟩ TV prime time *m*
primitiv [primi'tiːf] *adj* primitif (*a péj*)
Primitivität *f* ⟨~⟩ caractère primitif
Primzahl ['priːm-] *f* nombre premier
Printe ['prɪntə] *f* ⟨~; ~n⟩ CUIS (langue *f* de) pain *m* d'épices
Printmedien ['prɪnt-] *n/pl* presse écrite
Prinz [prɪnts] *m* ⟨~en; ~en⟩ prince *m*
Prinzenpaar *n* prince *m* et princesse *f* (de carnaval)
Prinzessbohne *f* ('haricot *m*) princesse *m*
Prinzessin [prɪn'tsɛsɪn] *f* ⟨~; ~nen⟩ princesse *f*
Prinzip [prɪn'tsiːp] *n* ⟨~s; ~ien⟩ principe *m*; **im Prinzip** en principe; **aus Prinzip** par principe
prinzipiell I *adj* de principe **II** *adv* par, en principe
Prinzipienreiter *m* doctrinaire *m*
Prinzregent *m* prince régent
Priorität [priori'tɛːt] *f* ⟨~; ~en⟩ priorité *f*; **Prioritäten setzen** fixer des priorités
Prise ['priːzə] *f* ⟨~; ~n⟩ **e-e Prise Salz** une pincée de sel
Prisma ['prɪsma] *n* ⟨~s; -men⟩ prisme *m*
Pritsche ['prɪtʃə] *f* ⟨~; ~n⟩ lit *m* de camp; *im Gefängnis* bat-flanc *m*
privat [pri'vaːt] **I** *adj* privé; particulier; (*persönlich*) personnel **II** *adv* à titre privé, personnel; **j-n privat sprechen** parler à qn en privé; avoir un entretien personnel avec qn; **privat versichert** couvert par une assurance privée
Privatadresse *f* adresse privée, personnelle
Privatangelegenheit *f* affaire personnelle, particulière, privée
Privataudienz *f* audience particulière
Privatbesitz *m* propriété privée
Privatbesuch *m* visite privée
Privatdetektiv *m* détective (privé)
Privatdozent *m in Deutschland* privat-docent *od* privat-dozent *m*; *etwa* chargé *m* de cours
Privateigentum *n* propriété privée
Privatfahrzeug *n* véhicule particulier
Privatfernsehen *n* chaîne (de télévision) privée
Privatflugzeug *n* avion particulier
Privatgespräch *n* conversation, TÉL communication privée

Privatinitiative *f* initiative privée
privatisieren *v/t* ⟨*sans ge*⟩ privatiser; transférer au secteur privé; dénationaliser
Privatisierung *f* ⟨~; ~en⟩ privatisation *f*
Privatklinik *f* clinique (privée)
Privatleben *n* vie privée
Privatlehrer *m* personne *f* qui donne des cours particuliers
Privatmann *m* ⟨~⸢s; -männer *ou* -leute⟩ particulier *m*
Privatpatient(in) *m(f)* MÉD client(e) privé(e)
Privatperson *f* personne privée
Privatsache *f* affaire personnelle
Privatschule *f* école privée, *konfessionelle* libre
Privatsekretär(in) *m(f)* secrétaire privé(e), particulier (-ière)
Privatsender *m* **1.** chaîne (de télévision) privée **2.** (station *f* de) radio privée, libre
Privatsphäre *f* vie privée; intimité *f*
Privatstunde *f* leçon particulière; cours particulier
Privatunterricht *m* leçons particulières; cours particuliers
Privatvergnügen F *n* plaisir (particulier)
privatversichert *adjt* → **privat II**
Privatversicherung *f* assurance privée
Privatwagen *m* voiture particulière
Privatwirtschaft *f* économie privée; secteur privé
Privatwohnung *f* domicile personnel
Privileg [privi'leːk] *n* ⟨~⸢s; ~ien⟩ privilège *m*
privilegiert *adjt* privilégié
pro [proː] *prép* ⟨*acc sans article*⟩ par; **1000 Stück pro Stunde** 1000 unités à l'heure
Pro (*das*) **Pro und** (*das*) **Kontra** le pour et le contre
pro... *in Zssgn* pro...
Probe ['proːbə] *f* ⟨~; ~n⟩ **1.** (*Prüfung*) test *m*; essai *m*; *fig a* épreuve *f*; (*Beweis*), MATH preuve *f*; *zur od* **auf Probe** à l'essai; **j-n auf die Probe stellen** mettre qn à l'épreuve; **die Probe aufs Exempel machen** faire la preuve par l'exemple **2.** THÉ répétition *f* **3.** (*kleine Menge*) échantillon *m*; spécimen *m*
Probealarm *m* exercice *m* d'alerte
Probefahrt *f* essai *m*
proben *v/t u v/i* THÉ répéter
probeweise *adj u adv* à l'essai; à titre d'essai
Probezeit *f* période *f* d'essai
probieren *v/t u v/i* ⟨*sans ge*⟩ **1.** (*versuchen*) essayer **2.** *Speisen* goûter; *Wein* déguster
probiotisch [probi'oːtɪʃ] *adj bes Joghurt* probiotique
Problem [pro'bleːm] *n* ⟨~s; ~e⟩ problème *m*
Problematik *f* ⟨~⟩ caractère *m* problématique; problèmes *m/pl*
problematisch *adj* problématique
Problembewusstsein *n* conscience *f* de l'existence d'un problème, de problèmes
Problemkind *n* enfant *m* difficile, à problèmes
problemlos I *adj* qui ne pose pas de problème(s); *Kind* facile **II** *adv verlaufen etc* sans accroc
Problemstellung *f* données *f/pl* du problème; problématique *f*
Produkt [pro'dukt] *n* ⟨~s; ~e⟩ produit *m* (*a* MATH); (*Ergebnis*) résultat *m*
Produktion *f* ⟨~; ~en⟩ production *f*; fabrication

f
Produktionsassistent *m* assistant *m* de production
Produktionsausfall *m* perte *f* de production
Produktionskosten *pl* coût *m* de la production
Produktionsleiter *m* chef *m* de production
Produktionsmittel *n/pl* moyens *m/pl* de production
Produktionsrückgang *m* recul *m*, baisse *f* de la production
Produktionssteigerung *f* augmentation *f* de la production
produktiv *adj* productif
Produktivität *f* ⟨~⟩ productivité *f*
Produktmanager *m* chef *m* de produit
Produktpalette *f* gamme *f* de produits
Produktpiraterie *f* piraterie commerciale
Produzent(in) [produ'tsɛnt(ɪn)] *m* ⟨~en; ~en⟩ (*f*) ⟨~in; ~innen⟩ producteur, -trice *m,f*
produzieren *v/t* ⟨*sans ge*⟩ produire
Prof. *abr* (*Professor*) professeur (d'université)
profan [pro'faːn] *adj* profane
professionell [profesio'nɛl] *adj* professionnel
Professor(in) [prɔ'fɛsɔr (-fɛ'soːrɪn)] *m* ⟨~s; -ssoren⟩ (*f*) ⟨~in; ~innen⟩ (femme *f*) professeur *m* (d'université)
Professur *f* ⟨~; ~en⟩ chaire *f* (de professeur) (*für* de)
Profi ['proːfi] F *m* ⟨~s; ~s⟩ F pro *m*
Profi... *in Zssgn* professionnel
Profifußball *m* football professionnel
Profil [pro'fiːl] *n* ⟨~s; ~e⟩ **1.** profil *m*; (*Reifenprofil*) sculptures *f/pl*; *im Profil* de profil **2.** *fig* caractère *m*; (forte) personnalité *f*
profilieren *v/r* ⟨*sans ge*⟩ *sich profilieren* s'imposer
profiliert *adjt* marquant
Profilneurose *f* obsession *f* de la réussite (professionnelle); *e-e Profilneurose haben* être obsédé par son image de marque
Profilreifen *m* pneu *m* à sculptures
Profilsohle *f* semelle crantée, à relief antidérapant
Profit [pro'fiːt] *m* ⟨~¢s; ~e⟩ profit *m*; gain *m*; bénéfice *m*
Profitgier *f* avidité *f*, âpreté *f* au gain
profitieren *v/i* ⟨*sans ge*⟩ *profitieren bei, von* profiter de
pro forma [proː'fɔrma] pour la forme; pro forma
profund [pro'funt] *st/s adj* profond
Prognose [prog'noːzə] *f* ⟨~; ~n⟩ pronostic *m* (*a* MÉD); prévision *f*
Programm [pro'gram] *n* ⟨~s; ~e⟩ programme *m*; TV, RAD chaîne *f*
Programmänderung *f* changement *m* de programme
programmgemäß *adj u adv* suivant le programme; comme prévu
Programmgestaltung *f* programmation *f*
Programmheft *n* programme *m*
Programmhinweis *m* annonce *f* du, concernant le programme
programmierbar *adj* programmable
programmieren *v/t* ⟨*sans ge*⟩ programmer
Programmierer(in) *m* ⟨~s; ~⟩ (*f*) ⟨~in; ~innen⟩ programmeur, -euse *m,f*
Programmiersprache *f* langage *m* de program-

mation
Programmierung *f* ⟨~; ~en⟩ programmation *f*
Programmkino *n etwa* ciné-club *m*
Programmvorschau *f* KINO prochains films; RAD, TV prochaines émissions
Programmzeitschrift *f* magazine *m* de radiotélévision
progressiv [progrɛ'siːf] *adj* **1.** (*fortschrittlich*) progressiste **2.** (*fortschreitend*) progressif
Projekt [pro'jɛkt] *n* ⟨~¢s; ~e⟩ projet *m*
Projektion *f* ⟨~; ~en⟩ projection *f*
Projektleiter(in) *m(f)*, **Projektmanager(in)** *m(f)* chef *m* de projet
Projektor *m* ⟨~s; -toren⟩ projecteur *m*
Projektplanung *f* ingénierie *f*
Projektwoche *f* SCHULE semaine *f* d'activités éducatives interdisciplinaires
projizieren [proji'tsiːrən] *v/t* projeter (*auf* [+ *acc*] sur)
Proklamation [proklamatsi'oːn] *f* ⟨~; ~en⟩ proclamation *f*
proklamieren *v/t* ⟨*sans ge*⟩ proclamer
Pro-Kopf-Einkommen *n* revenu *m* par tête
Pro-Kopf-Verbrauch *m* consommation individuelle
Prokura [pro'kuːra] *f* ⟨~; -ren⟩ procuration *f*
Prokurist(in) *m* ⟨~en; ~en⟩ (*f*) ⟨~in; ~innen⟩ fondé(e) *m(f)* de pouvoir
Prolet [pro'leːt] *m* ⟨~en; ~en⟩ *péj* rustre *m*
Proletariat [~'aːt] *n* ⟨~¢s; ~e⟩ prolétariat *m*
Proletarier *m* ⟨~s; ~⟩ prolétaire *m*
proletarisch *adj* prolétarien; prolétaire
Prolog [pro'loːk] *m* ⟨~¢s; ~e⟩ prologue *m*
Promenade [promə'naːdə] *f* ⟨~; ~n⟩ promenade *f*
Promenadendeck *n* pont-promenade *m*
Promenadenmischung *f plais* bâtard *m*
Promille [pro'mɪlə] *n* ⟨~¢s; ~⟩ **1.** (*Tausendstel*) pour mille **2.** F *pl* alcoolémie *f*; *2,5 Promille* 2 grammes 5 d'alcoolémie, d'alcool dans le sang
Promillegrenze *f* taux légal d'alcoolémie
prominent [promi'nɛnt] *adj* éminent; de premier plan
Prominente(r) *f(m)* ⟨→ A⟩ personnalité *f* de premier plan; célébrité *f*
Prominenz *f* ⟨~⟩ *coll* personnalités marquantes; célébrités *f/pl*
Promotion [promotsi'oːn] *f* ⟨~; ~en⟩ promotion *f* (au grade de docteur)
promovieren [promo'viːrən] *v/i* ⟨*sans ge*⟩ passer son doctorat (*über* [+ *acc*] sur)
prompt [prɔmpt] I *adj* prompt; immédiat II *adv* promptement; immédiatement; F (*erwartungsgemäß*) (comme de) bien entendu
Pronomen [pro'noːmən] *n* ⟨~s; ~ *ou* -mina⟩ GR pronom *m*
Propaganda [propa'ganda] *f* ⟨~⟩ propagande *f*
propagieren *v/t* ⟨*sans ge*⟩ faire de la propagande pour; (*verbreiten*) propager
Propangas [pro'paːn-] *n* propane *m*
Propeller [pro'pɛlər] *m* ⟨~s; ~⟩ hélice *f*
Prophet(in) [pro'feːt(ɪn)] *m* ⟨~en; ~en⟩ (*f*) ⟨~in; ~innen⟩ prophète *m*, prophétesse *f* (*a fig*)
prophetisch *adj* prophétique
prophezeien [profe'tsaɪən] *v/t* ⟨*sans ge*⟩ prophétiser; (*voraussagen*) prédire
Prophezeiung *f* ⟨~; ~en⟩ prophétie *f*; prédic-

Wohin mit den Objektpronomen?

Im Präsens

Je **les rencontre** cet après-midi.	Ich **treffe sie** heute Nachmittag.	Im Gegensatz zum Deutschen stehen die **Objektpronomen** und die **Reflexivpronomen** im Französischen **vor dem Verb**, auf das sie sich beziehen.
Je **lui téléphone** tous les jours.	Ich **rufe ihn** jeden Tag an.	
Je **me lave** les pieds.	Ich **wasche mir** die Füße.	

Bei zusammengesetzten Zeiten

Je **les ai** rencontrés hier soir.	Ich **habe sie** gestern Abend getroffen.	Die Objektpronomen und Reflexivpronomen stehen **vor dem konjugierten Hilfsverb**.
Ils **m'avaient** téléphoné avant.	Sie **hatten mich** vorher angerufen.	
Je **me suis** assis dans un café.	Ich **habe mich** in ein Café gesetzt.	

Bei Verben mit Infinitivanschluss und beim futur composé

Je **vais lui téléphoner** dans la journée.	Ich **werde ihn** im Laufe des Tages **anrufen**.	Die Pronomen stehen **vor dem Infinitiv**.
Tu **peux l'acheter** si tu veux.	Du **kannst es kaufen**, wenn du magst.	
Je **vais m'occuper** de ce problème bientôt.	Ich **werde mich** bald um das Problem **kümmern**.	

---

tion f
Prophylaxe f ⟨~; ~n⟩ prophylaxie f
Proportion [proportsi'oːn] f ⟨~; ~en⟩ proportion f
proportional adj proportionnel (**zu** à)
Proporz [pro'ports] m ⟨~es; ~e⟩ représentation proportionnelle
proppenvoll ['propən'fɔl] F adj F plein à craquer
Prosa ['proːza] f ⟨~⟩ prose f
prosaisch adj st/s fig prosaïque; terre à terre
Prosecco [pro'zɛko] m ⟨~$; ~s ou -cchi [-ki], mais 3 ~⟩ Prosecco m
Proseminar n cours m, séminaire m de premier cycle
prosit ['proːzɪt] int à votre santé!; **prosit Neujahr!** bonne année!
Prosit n ⟨~s; ~s⟩ toast m; **ein Prosit der** (dat) od **auf die Gastgeberin!** à la santé de la maîtresse de maison!
Prospekt [pro'spɛkt] m ⟨~¢s; ~e⟩ prospectus m; gefalteter dépliant m
prost [proːst] F → **prosit**
Prostata ['prɔstata] f ⟨~; -tae⟩ prostate f
Prostituierte [prostitu'iːrtə] f ⟨→ A⟩ prostituée f
Prostitution f ⟨~⟩ prostitution f
Protagonist(in) [protago'nɪst(ɪn)] m ⟨~en; ~en⟩ (f) ⟨~in; ~innen⟩ a fig protagoniste m,f
protegieren [prote'ʒiːrən] v/t ⟨sans ge⟩ protéger; patronner
Protein [prote'iːn] n ⟨~s; ~e⟩ BIOCHEMIE protéine f
Protektion [protɛktsi'oːn] f⟨~; ~en⟩ protection f; patronage m
Protest [pro'tɛst] m ⟨~¢s; ~e⟩ protestation f;

aus Protest (**gegen**) en signe de protestation (contre); (**gegen etw**) **Protest einlegen** protester (contre qc)
Protestaktion f campagne f de protestation
Protestant(in) m ⟨~en; ~en⟩ (f) ⟨~in; ~innen⟩ protestant(e) m(f)
protestantisch adj protestant
Protestbewegung f mouvement m de protestation; contestation f
Protestgeschrei n 'huées f/pl
protestieren v/i ⟨sans ge⟩ protester (**gegen** contre)
Protestkundgebung f meeting m, manifestation f de protestation
Protestmarsch m marche f de protestation
Protestwelle f vague f de protestation(s)
Prothese [pro'teːzə] f ⟨~; ~n⟩ prothèse f; (Zahnprothese) prothèse f dentaire; dentier m
Protokoll [proto'kɔl] n ⟨~s; ~e⟩ **1.** procès-verbal m; **ein Protokoll aufnehmen** dresser un procès-verbal; (**das**) **Protokoll führen** rédiger le procès-verbal; **etw zu Protokoll geben** faire inscrire qc au procès-verbal **2.** DIPL protocole m
Protokollführer(in) m(f) rédacteur, -trice m,f du procès-verbal
protokollieren v/t ⟨sans ge⟩ dresser, rédiger le procès-verbal
Proton ['proːtɔn] n ⟨~s; -tonen⟩ PHYS NUCL proton m
Prototyp ['proːtotyːp] m ⟨~s; ~en⟩ prototype m
protzen ['prɔtsən] F v/i ⟨¢$⟩ faire étalage (**mit etw** de qc); F frimer
protzig F adj prétentieux; (luxuriös) d'un luxe provocant
Proviant [provi'ant] m ⟨~s; ~e⟩ provisions f/pl

(de voyage)
Provider [pro'vaɪdər] *m* ⟨∼s; ∼⟩ INFORM fournisseur *m* (d'accès)
Provinz [pro'vɪnts] *f* ⟨∼; ∼en⟩ province *f*
provinziell *adj* provincial
Provinzler F *péj m* ⟨∼s; ∼⟩ provincial *m*
Provinznest F *péj n* F bled *m*; F trou *m*
Provinzstadt *f* ville *f* de province
Provision [provizi'oːn] *f* ⟨∼; ∼en⟩ commission *f*
Provisionsbasis *f* **auf Provisionsbasis arbeiten** travailler à la commission
provisorisch [provi'zoːrɪʃ] *adj* provisoire
Provisorium *n* ⟨∼s; -ien⟩ provisoire *m*; solution *f* provisoire
Provokation [provokatsi'oːn] *f* ⟨∼; ∼en⟩ provocation *f*
provokativ *adj* provocant; provocateur, -trice
provozieren [provo'tsiːrən] ⟨*sans ge*⟩ **I** *v/t* provoquer **II** *v/i* faire de la provocation
Prozedur [protse'duːr] *f* ⟨∼; ∼en⟩ opération *f* (de longue haleine)
Prozent [pro'tsɛnt] *n* ⟨∼¢s; ∼e, *mais* 5 ∼⟩ **1.** (*Hundertstel*) pour cent **2.** F *pl* **Prozente** (*Gewinnanteil*) pourcentage *m*; tant *m* pour cent; (*Rabatt*) réduction *f*; remise *f*
Prozentpunkt *m* point *m*
Prozentrechnung *f* ⟨∼⟩ calcul *m* des pourcentages
Prozentsatz *m* pourcentage *m*; taux *m*
prozentual I *adj* (exprimé) en pourcentage; proportionnel **II** *adv* selon un pourcentage; proportionnellement
Prozentzeichen *n* symbole *m* du pourcentage
Prozess [pro'tsɛs] *m* ⟨∼es; ∼e⟩ **1.** JUR procès *m*; *e-n Prozess gegen j-n anstrengen* intenter un procès à qn; *e-n Prozess führen* être en procès (*gegen j-n* avec qn); *j-m den Prozess machen* traduire qn en justice; F *mit j-m, etw kurzen Prozess machen* en finir rapidement, vivement avec qn, qc **2.** (*Verfahren*) procédé *m*
prozessieren *v/i* ⟨*sans ge*⟩ intenter, faire un procès (*mit, gegen* à)
Prozession *f* ⟨∼; ∼en⟩ procession *f*
Prozesskosten *pl* frais *m/pl* de procès; dépens *m/pl*
Prozessor *m* ⟨∼s; -ssoren⟩ INFORM processeur *m*
prüde ['pryːdə] *adj* prude
Prüderie *f* ⟨∼; ∼n⟩ pruderie *f*
prüfen ['pryːfən] *v/t* examiner; TECH essayer; contrôler; (*nachprüfen*) vérifier; *j-n prüfen* (*in* [+ *dat*]) faire passer à qn un examen (en, de); *etw auf s-e Genauigkeit prüfen* vérifier, contrôler l'exactitude de qc; *prov* *drum prüfe, wer sich ewig bindet* il ne faut pas se marier à la légère
Prüfer(in) *m* ⟨∼s; ∼⟩ (*f*) ⟨∼in; ∼innen⟩ examinateur, -trice *m,f*; TECH, COMM contrôleur, -euse *m,f*; inspecteur, -trice *m,f*
Prüfling *m* ⟨∼s; ∼e⟩ candidat(e) *m(f)* (à un examen)
Prüfstand *m* banc *m* d'essai; *fig* **auf dem Prüfstand stehen** être au banc d'essai
Prüfstein *m* *fig* pierre *f* de touche (**für** de)
Prüfung *f* ⟨∼; ∼en⟩ examen *m*; TECH contrôle *m*; essai *m*; test *m*; (*Nachprüfung*) vérification *f*; *mündliche Prüfung* (examen) oral *m*; épreuve orale; *schriftliche Prüfung* (examen) écrit *m*;

épreuve écrite
Prüfungsamt *n* office *m*, service *m* des examens
Prüfungsangst *f* peur *f* (d'un examen)
Prüfungsarbeit *f* épreuve écrite; *Hausarbeit etwa* dissertation *f*
Prüfungsaufgabe *f* sujet *m* d'examen
Prüfungsausschuss *m* *bei Examen* jury *m*; commission *f* d'examen; COMM, TECH *etc* commission *f* de contrôle, de vérification
Prüfungsergebnis *n* résultat *m* de l'examen
Prüfungsfach *n* matière *f* d'examen
Prüfungsfrage *f* question *f* d'examen
Prüfungskandidat(in) *m(f)* candidat(e) *m(f)* (à un examen)
Prüfungskommission *f* jury *m*; commission *f* d'examen
Prüfungsordnung *f* règlement *m* des examens
Prüfungstermin *m* jour *m*, date *f* de l'examen
Prüfungsthema *n* sujet *m* d'examen
Prügel ['pryːgəl] *m* ⟨∼¢s⟩ **1.** (*Knüppel*) (gros) bâton *m*; gourdin *m* **2.** *pl* **Prügel bekommen, beziehen** recevoir une volée, F raclée
Prügelei *f* ⟨∼; ∼en⟩ bagarre *f*; rixe *f*
Prügelknabe *m* bouc *m* émissaire; tête *f* de Turc
prügeln ⟨¢⟩ **I** *v/t* *j-n prügeln* donner des coups (de bâton) à qn; battre qn; F donner une raclée à qn **II** *v/r* *sich prügeln* se battre
Prügelstrafe *f* (peine *f* de la) bastonnade *od* bâtonnade *f*
Prunk [prʊŋk] *m* ⟨∼¢s⟩ pompe *f*; apparat *m*; faste *m*
prunken *v/i* étaler un grand faste; briller; *mit etw prunken* faire étalage, montre de qc
Prunkstück *n* (le plus) bel objet; (la plus) belle pièce; le plus beau fleuron; *fig* joyau *m*
prunkvoll *adj* fastueux; pompeux
prusten ['pruːstən] F *v/i* ⟨¢⟩ s'ébrouer; *vor Lachen prusten* pouffer (de rire)
PS [peː'ʔɛs] *n* *abr* ⟨∼⟩ **1.** (*Pferdestärke*) ch **2.** (*Postskript[um]*) P.-S.
Psalm [psalm] *m* ⟨∼s; ∼en⟩ psaume *m*
Psalter ['psaltər] *m* ⟨∼s; ∼⟩ psautier *m*
Pseudo... ['psɔydo...] *in Zssgn* pseudo...
Pseudonym [psɔydo'nyːm] *n* ⟨∼s; ∼e⟩ pseudonyme *m*; nom *m* d'emprunt; *e-s Schriftstellers a* nom *m* de plume
pst [pst] *int* **1.** (*Ruhe!*) chut! **2.** (*he!*) psitt!; pst!
Psyche ['psyːçə] *f* ⟨∼; ∼n⟩ psychisme *m*; psyché *f*
Psychiater(in) [psyçi'aːtər(ɪn)] *m* ⟨∼s; ∼⟩ (*f*) ⟨∼in; ∼innen⟩ psychiatre *m,f*
Psychiatrie *f* ⟨∼⟩ psychiatrie *f*
psychiatrisch *adj* psychiatrique
psychisch *adj* psychique
Psychoanalyse [psyço'ʔanaˈlyːzə] *f* psychanalyse *f*
Psychoanalytiker *m* psychanalyste *m*
psychoanalytisch *adj* psychanalytique
Psychodrama *n* psychodrame *m*
Psychologe *m* ⟨∼n; ∼n⟩, **Psychologin** *f* ⟨∼; ∼nen⟩ psychologue *m,f*
Psychologie *f* ⟨∼⟩ psychologie *f*
psychologisch *adj* psychologique
Psychopath *m* ⟨∼en; ∼en⟩ psychopathe *m*
psychopathisch *adj* psychopathique
Psychopharmakon *n* ⟨∼s; -ka⟩ psychotrope *m*

P

Psychose [psy'çoːzə] f ⟨~; ~n⟩ psychose f
psychosomatisch adj psychosomatique
Psychoterror m terrorisme m psychologique
Psychotherapeut m psychothérapeute m
Psychotherapie f psychothérapie f
Psychothriller m thriller m
pubertär [pubɛr'tɛːr] adj pubertaire
Pubertät f ⟨~⟩ puberté f
Publicity [pa'blɪsɪtɪ] f ⟨~⟩ publicité f (faite autour de qn)
publicityscheu adj qui fuit la publicité
Public Relations ['pablɪkrɪ'leːʃəns] pl relations publiques
publik [pu'bliːk] adj public; **publik machen** rendre public; publier
Publikation f ⟨~; ~en⟩ publication f
publikmachen v/t → **publik**
Publikum n ⟨~s⟩ public m
Publikumserfolg m succès m auprès du public
Publikumsliebling m personne aimée du public; coqueluche f
Publikumsmagnet m grosse attraction
publizieren [publi'tsiːrən] v/t ⟨sans ge⟩ publier
Publizistik f ⟨~⟩ journalisme m
Puck [puk] m ⟨~s; ~s⟩ palet m
Pudding ['pudɪŋ] m ⟨~s; ~e ou ~s⟩ flan m
Puddingpulver n préparation f pour flan
Pudel ['puːdəl] m ⟨~s; ~⟩ caniche m
Pudelmütze f bonnet m de laine
pudelnackt F adj nu comme un ver
pudelnass F adj trempé comme une soupe, jusqu'aux os
pudelwohl adj F **sich pudelwohl fühlen** se sentir bien dans sa peau
Puder ['puːdər] m ⟨~s; ~⟩ poudre f
Puderdose f boîte f de od à poudre; poudrier m
pudern v/t poudrer
Puderzucker m sucre m glace
Puff[1] [puf] F m ⟨~¢s; ≈e⟩ (Stoß) coup m; tape f; bourrade f
Puff[2] P m od n ⟨~s; ~s⟩ (Bordell) P bordel m
puffen F v/t donner une tape, une bourrade à
Puffer m ⟨~s; ~⟩ TECH amortisseur m; EISENBAHN tampon m
Pufferzone f zone f tampon
Puffmutter P f F maquerelle f
Puffreis m riz soufflé
puh [puː] int pouah!; be(u)rk!
Pulk [pulk] m ⟨~¢s; ~s ou ~e⟩ groupe m; rassemblement m
Pulle ['pulə] F f ⟨~; ~n⟩ bouteille f; fig **volle Pulle** F à pleins tubes
Pulli ['puli] F m ⟨~s; ~s⟩ F pull m
Pullover [pu'loːvər] m ⟨~s; ~⟩ pull-over m; dicker chandail m
Pullunder [pu'lundər] m ⟨~s; ~⟩ débardeur m
Puls [puls] m ⟨~es; ~e⟩ pouls m; **j-m den Puls fühlen** tâter, prendre le pouls à qn
Pulsader f artère f; **sich** (dat) **die Pulsadern aufschneiden** s'ouvrir les veines
Pulsfrequenz f PHYSIOLOGIE fréquence f du pouls
pulsieren v/i ⟨sans ge⟩ (schlagen) battre; Blut circuler; **pulsierendes Leben** vie f, animation f intense
Pulsschlag m pouls m; pulsation f
Pulsschlagader f artère radiale
Pult [pult] n ⟨~¢s; ~e⟩ pupitre m

Pulver ['pulfər] n ⟨~s; ~⟩ poudre f
Pulverfass n baril m de poudre; fig **auf e-m Pulverfass sitzen** être assis sur un volcan
pulv(e)rig adj pulvérulent; poudreux
pulverisieren v/t ⟨sans ge⟩ pulvériser
Pulverkaffee m café soluble (instantané)
Pulverschnee m (neige f) poudreuse f
Puma ['puːma] m ⟨~s; ~s⟩ puma m
pumm(e)lig ['pum(ə)lɪç] F adj potelé; grassouillet
Pump [pump] F m ⟨~s⟩ **auf Pump** à crédit
Pumpe ['pumpə] f ⟨~; ~n⟩ pompe f
pumpen v/t **1.** pomper **2.** F (borgen) **j-m etw pumpen** prêter qc à qn; **etw von j-m pumpen** emprunter qc à qn; Geld a F taper qn de qc
Pumpernickel ['pumpərnɪkəl] m ⟨~s; ~⟩ pumpernickel m
Pumps [pœmps] m ⟨~; ~⟩ escarpin m
Punk [paŋk] m ⟨~$; ~s⟩ punk m
Punker(in) m ⟨~s; ~⟩ (f) ⟨~in; ~innen⟩ punk m,f
Punkrock m ⟨~¢s⟩ punk m
Punkt [puŋkt] m ⟨~¢s; ~e⟩ point m (a fig); e-s Vertrags article m; **Punkt für Punkt** point par point; **der springende Punkt** le point décisif; **schwacher, wunder Punkt** point faible, sensible; **toter Punkt** point mort; impasse f; **etw auf den Punkt bringen** formuler, dégager l'essentiel de qc; **Punkt ein Uhr, Punkt zwölf** (à) une heure juste, (à) midi juste
punkten v/i ⟨-e-⟩ **1.** Sportler mettre des points **2.** Kampfrichter noter
punktgenau I adj exact II adv pile
punktieren v/t ⟨sans ge⟩ **1.** pointiller; **punktierte Linie** pointillé m **2.** MÉD ponctionner
Punktion f ⟨~; ~en⟩ MÉD ponction f
pünktlich ['pyŋktlɪç] I adj ponctuel; exact; **pünktlich sein** être à l'heure II adv **pünktlich kommen** venir à l'heure
Pünktlichkeit f ⟨~⟩ ponctualité f; exactitude f
Punktrichter(in) m(f) SPORT pointeur, -euse m,f
Punktsieg m SPORT victoire f aux points
Punktspiel n SPORT match m aux points
punktuell [puŋktu'ɛl] adj ponctuel
Punktzahl f nombre m de(s) points; SPORT score m
Punsch [punʃ] m ⟨~¢s; ~e ou ≈e⟩ punch m
Pupille [pu'pɪlə] f ⟨~; ~n⟩ pupille f
Puppe ['pupə] f ⟨~; ~n⟩ **1.** Spielzeug poupée f **2.** (Marionette) marionnette f; pantin m; fig die **Puppen tanzen lassen** (feiern) F faire la noce, la foire **3.** (Schaufensterpuppe, Schneiderpuppe) mannequin m **4.** ZO chrysalide f; nymphe f **5.** F (Mädchen) F nénette f; F nana f
Puppenspiel n (jeu m de) marionnettes f/pl
Puppenspieler m montreur m de marionnettes
Puppenstube f maison f de poupée
Puppentheater n théâtre m de marionnettes
Puppenwagen m voiture f de poupée(s)
Pups [puːps] F m ⟨~es; ~e⟩ F pet m
pupsen F v/i ⟨¢$⟩ F lâcher un pet; F péter
pur [puːr] adj pur (a fig)
Püree [py'reː] n ⟨~s; ~s⟩ purée f
pürieren v/t ⟨sans ge⟩ réduire en purée
Pürierstab m presse-purée m
Purist(in) m ⟨~en; ~en⟩ (f) ⟨~in; ~innen⟩ puriste m,f
puritanisch [puri'taːnɪʃ] adj puritain

Purpur ['pʊrpʊr] *m* ⟨~s⟩ *Farbstoff* pourpre *f*; *Farbton* pourpre *m*
purpurrot *adj* pourpre
Purzelbaum *m* culbute *f*; F galipette *f*; **e-n Purzelbaum schlagen** faire une culbute, *etc*
purzeln ['pʊrtsəln] F *v/i* ⟨¢, sn⟩ tomber; F dégringoler
Puste ['puːstə] F *f* ⟨~⟩ souffle *m*; haleine *f*; **außer Puste sein** être 'hors d'haleine; **mir geht die Puste aus** je suis essouflé
Pusteblume F *f* dent-de-lion *f*; pissenlit *m*
Pustekuchen *m* F (*ja*) **Pustekuchen!** F tintin!
Pustel ['pʊstəl] *f* ⟨~; ~n⟩ MÉD pustule *f*
pusten ['puːstən] ⟨-e-⟩ *v/t u v/i* souffler
Pute ['puːtə] *f* ⟨~; ~n⟩ **1.** ZO dinde *f* **2.** F *péj* **dumme Pute** dinde *f*
Putenbrust *f* blanc *m* de dinde
Putenschinken *m* jambon *m* de dindonneau
Putenschnitzel *n* escalope *f* de dinde
Puter *m* ⟨~s; ~⟩ dindon *m*
puterrot *adj* cramoisi
Putsch [pʊtʃ] *m* ⟨~¢s; ~e⟩ putsch *m*
putschen *v/i* faire un putsch
Putschist *m* ⟨~en; ~en⟩ putschiste *m*
Putt [pʊt, pat] *m* ⟨~s; ~s⟩ GOLF putt *m*
Putte ['pʊtə] *f* ⟨~; ~n⟩ putto *m*; angelot *m*
putten ['pʊtən, 'patən] *v/t u v/i* ⟨-e-⟩ GOLF putter
Putter *m* ⟨~s; ~⟩ GOLF putter *m*
Putz [pʊts] *m* ⟨~es⟩ enduit *m*; crépi *m*; F *fig* **auf**

den Putz hauen (*feiern*) faire la fête, F la nouba; (*angeben*) F crâner; frimer
putzen *v/t* ⟨¢$⟩ nettoyer; *Brille* essuyer; *Gemüse, Salat* éplucher; **sich** (*dat*) **die Nase putzen** se moucher; **putzen gehen** faire des ménages
Putzfimmel F *m* manie *f* de la propreté
Putzfrau *f*, **Putzhilfe** *f* femme *f* de ménage
putzig F *adj* mignon
Putzkolonne *f* service *m* de nettoyage
Putzlappen *m* chiffon *m*, torchon *m* (à nettoyer)
Putzmittel *n* produit *m* de nettoyage, d'entretien
putzmunter F *adj* plein d'entrain; F en pleine forme
Puzzle ['pazəl] *n* ⟨~s; ~s⟩, **Puzzlespiel** *n* puzzle *m* (*a fig*)
PVC [peːfauˈtseː] *n abr* ⟨~$⟩ (*Polyvinylchlorid*) PVC *m*
Pygmäe [pyˈgmɛːə] *m* ⟨~n; ~n⟩ pygmée *m*
Pyjama [pyˈdʒaːma] *m* ⟨~s; ~s⟩ pyjama *m*
Pyramide [pyraˈmiːdə] *f* ⟨~; ~n⟩ pyramide *f*
Pyrenäen [pyreˈnɛːən] *pl* **die Pyrenäen** les Pyrénées *f/pl*
Pyromane [pyroˈmaːnə] *m* ⟨~n; ~n⟩, **Pyromanin** *f* ⟨~; ~nen⟩ pyromane *m,f*
Pyrrhussieg ['pyrusziːk] *m* victoire *f* à la Pyrrhus
Pythagoras [pyˈtaːgoras] *m* Pythagore *m*
Pythonschlange ['pyːtɔn-] *f* python *m*

Q

Q, q [kuː] *n* ⟨Q, q; Q, q⟩ Q, q *m*
QbA *abr* (*Qualitätswein bestimmter Anbaugebiete*) V.D.Q.S. (vins délimités de qualité supérieure)
Quacksalber ['kvakzalbər] *m* ⟨~s; ~⟩ *péj* charlatan *m*
Quaddel ['kvadəl] *f* ⟨~; ~n⟩ enflure *f*
Quader ['kvaːdər] *m* ⟨~s; ~⟩ **1.** MATH parallélépipède *m* rectangle **2.** CONSTR pierre *f* de taille
Quadrant [kvaˈdrant] *m* ⟨~en; ~en⟩ MATH quart *m* de cercle; quadrant *m*
Quadrat [kvaˈdraːt] *n* ⟨~¢s; ~e⟩ carré *m* (*a* MATH); **drei im Quadrat** 3 au carré
quadratisch *adj* carré; **quadratische Gleichung** équation *f* du second degré
Quadratkilometer *m* kilomètre carré
Quadratlatschen F *pl* **1.** (*große Füße*) F grands panards **2.** (*große Schuhe*) F croquenots *m/pl*; F godillots *m/pl*
Quadratmeter *m od n* mètre carré
Quadratur *f* ⟨~; ~en⟩ quadrature *f*; *st/s fig* **die Quadratur des Kreises** la quadrature du cercle
Quadratwurzel *f* racine carrée (**aus** de)
Quadratzahl *f* (nombre) carré *m*

Quadratzentimeter *m od n* centimètre carré
quadrieren *v/t* ⟨*sans ge*⟩ élever au carré
Quadriga [kvaˈdriːga] *f* ⟨~; -gen⟩ quadrige *m*
quadrophon [kvadroˈfoːn] *adj* tétraphonique
Quadrophonie *f* ⟨~⟩ tétraphonie *f*
quaken ['kvaːkən] *v/i Frosch* coasser; *Ente* cancaner; faire couin, couin
quäken ['kvɛːkən] *v/i Stimme, Radio* glapir; *Kleinkind* F piailler
Quäker(in) ['kvɛːkər(ɪn)] *m* ⟨~s; ~⟩ (*f*) ⟨~in; ~innen⟩ quaker, -keresse *m,f*
Qual [kvaːl] *f* ⟨~; ~en⟩ tourment *m*; torture *f*; supplice *m*; **die Qual der Wahl** l'embarras *m* du choix; **für j-n e-e Qual sein** être un supplice pour qn
quälen ['kvɛːlən] **I** *v/t* tourmenter; (*foltern*) torturer; (*belästigen*) 'harceler **II** *v/r* **sich quälen** souffrir le martyre; être au supplice; (*sich abmühen*) se donner bien du mal, de la peine
quälend *adj* qui tourmente; *Sorgen* obsédant; lancinant; *Schmerz* atroce
Quälerei *f* ⟨~; ~en⟩ supplice *m*; torture *f*
Quälgeist F *m* F casse-pieds *m*
Qualifikation [kvalifikatsiˈoːn] *f* ⟨~; ~en⟩ qualification *f*; (*Befähigung*) aptitude *f*; compé-

tence *f*
qualifizieren [kvalifi'tsiːrən] *v/t* (*u v/r*) ⟨*sans ge*⟩ (*sich* [*für etw*] *qualifizieren* se) qualifier (pour qc)
Qualität [kvali'tɛːt] *f* ⟨∼; ∼en⟩ qualité *f*
qualitativ *adj* qualitatif
Qualitätsarbeit *f* travail *m* de qualité
qualitätsbewusst *adj* conscient de la qualité
Qualitätserzeugnis *n* produit *m* de choix
Qualitätsgarantie *f* garantie *f* de qualité
Qualitätskontrolle *f* contrôle *m* de (la) qualité
Qualitätsmanagement *n* management *m* de la qualité
Qualitätssicherung *f* assurance *f* qualité
Qualitätsunterschied *m* différence *f* de qualité
Qualle ['kvalə] *f* ⟨∼; ∼n⟩ méduse *f*
Qualm [kvalm] *m* ⟨∼¢s⟩ fumée épaisse; nuage *m*, bouffées *f/pl* de fumée
qualmen I F *v/t* (*rauchen*) F griller **II** *v/i* **1.** répandre une fumée épaisse **2.** F (*rauchen*) F fumer comme un pompier, une locomotive
qualvoll *adj* très douloureux; cruel
Quant [kvant] *n* ⟨∼s; ∼en⟩ PHYS quantum *m*
Quäntchen ['kvɛntçən] *st/s n* ⟨∼s; ∼⟩ soupçon *m*; *ein Quäntchen Hoffnung* une lueur d'espoir
Quanten F *pl* F (grands) panards *m/pl*
Quantensprung *m* saut *m* quantique
Quantentheorie *f* théorie *f* quantique, des quanta
Quantität *f* ⟨∼; ∼en⟩ quantité *f*
quantitativ *adj* quantitatif
Quantum *n* ⟨∼s; -ten⟩ portion *f*, part *f* (*an* [+ *dat*] de)
Quarantäne [karan'tɛːnə] *f* ⟨∼; ∼n⟩ quarantaine *f*
Quark [kvark] *m* ⟨∼s⟩ **1.** fromage blanc **2.** F *fig* → *Quatsch*
Quarkspeise *f* dessert *m* à base de fromage blanc
Quartal [kvar'taːl] *n* ⟨∼s; ∼e⟩ trimestre *m*
Quartalsäufer F *m* personne qui a des crises d'ivrognerie
Quarte *f* ⟨∼; ∼n⟩ MUS quarte *f*
Quartett [kvar'tɛt] *n* ⟨∼¢s; ∼e⟩ **1.** MUS quatuor *m* **2.** *fig* bande *f* des quatre **3.** *jeu de cartes qui consiste à réunir des carrés*
Quartier [kvar'tiːr] *n* ⟨∼s; ∼e⟩ logement *m*; MIL *a* quartiers *m/pl*; *Quartier beziehen* loger (*bei j-m* chez qn)
Quarz [kvaːrts] *m* ⟨∼es; ∼e⟩ quartz *m*
Quarzuhr *f* montre *f* à quartz
quasi ['kvaːzi] *adv* pour ainsi dire; F quasiment
quasseln ['kvasəln] F *v/i u v/t* jacasser
Quasselstrippe F *f* **1.** *péj Person* F moulin *m* à paroles **2.** *plais* (*Telefon*) F bigophone *m*
Quaste ['kvastə] *f* ⟨∼; ∼n⟩ **1.** (*Puderquaste*) 'houppe(tte) *f* **2.** (*Troddel*) gland *m*; pompon *m*

Quatsch [kvatʃ] F *m* ⟨∼¢s⟩ bêtise(s) *f/pl*; F connerie(s) *f(pl)*; *das ist Quatsch!* F c'est de la foutaise!
quatschen F **I** *v/t* F sortir **II** *v/i* **1.** (*klatschen*) papoter; cancaner **2.** (*dumm reden*) dire des sottises, âneries; F déconner
Quatschkopf F *m* (*Schwätzer*) F moulin *m* à paroles; (*Dummkopf*) crétin *m*
Quecksilber ['kvɛkzɪlbər] *n* mercure *m*
Quell *poét m* ⟨∼¢s; ∼e⟩ source *f* (*a fig*)
Quelle ['kvɛlə] *f* ⟨∼; ∼n⟩ source *f* (*a fig*); fontaine *f*; (*Ursprung*) origine *f*; F *fig an der Quelle sitzen* être bien placé (pour obtenir, savoir, *etc* qc)
quellen¹ *v/i* ⟨quillt, quoll, gequollen, sn⟩ *Wasser etc* jaillir; couler
quellen² **I** *v/t* ⟨quellt, quellte, gequellt⟩ *Erbsen* faire gonfler **II** *v/i* ⟨quillt, quoll, gequollen, sn⟩ *Erbsen, Holz* gonfler; *Karton* (se) gondoler
Quellenangabe *f* indication *f* des sources; référence *f*
Quellensteuer *f* impôt prélevé à la source
Quellwasser *n* ⟨∼s; ∼⟩ eau *f* de source
Quengelei F *f* ⟨∼; ∼en⟩ F pleurnicheries *f/pl*; (*Nörgelei*) F ronchonnements *m/pl*
queng(e)lig F *adj* F pleurnichard; F grognon; (*nörgelnd*) F ronchonneur
quengeln ['kvɛŋəln] F *v/i* ⟨¢⟩ F pleurnicher; (*nörgeln*) F ronchonner
quer [kveːr] *adv* (*schräg*) de travers; (*von e-r Längsachse abweichend*) en travers (de); *quer durch, quer über* (+ *acc*) à travers; → *querlegen*
Querachse *f* axe transversal
Querbalken *m* traverse *f*
Querdenker *m* non-conformiste *m*
Quere *f* ⟨∼⟩ *j-m in die Quere kommen* contrecarrer, contrarier les projets, desseins de qn
Quereinsteiger(in) *m* ⟨∼s; ∼⟩ (*f*) ⟨∼in; ∼innen⟩ *im Studium, beruflich* personne *f* qui change de cap
querfeldein *adv* à travers champs
Querfeldeinrennen *n* cyclo-cross *m*
Querflöte *f* flûte traversière
Querformat *n* format *m* oblong
Querkopf F *m* F cabochard(e) *m(f)*
querlegen *v/r* F *fig sich querlegen* se buter; se braquer
Querpass *m* SPORT transversale *f*
Querschiff *n* ARCH transept *m*
Querschläger *m* MIL ricochet *m*
Querschnitt *m* **1.** section, coupe (transversale) **2.** *Ansicht* vue *f* en coupe; profil *m* **3.** *fig* (*Überblick*) aperçu *m*
querschnitt(s)gelähmt *adjt* paraplégique
Querschnitt(s)gelähmte(r) *f(m)* ⟨→ A⟩ paraplégique *m,f*
Querschnitt(s)lähmung *f* paraplégie *f*
Querstraße *f* rue transversale

Quartier ≠ quartier

Für diese Nacht müssen wir ein **Quartier** suchen.	Pour cette nuit, il nous faut chercher un **logement**.
Dans ce **quartier**, tu ne trouveras pas de supermarché.	In diesem Viertel wirst du keinen **Supermarkt** finden.

---

quittieren ≠ quitter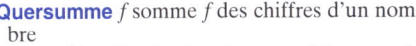

Ich möchte Sie höflichst bitten, diese Rechnung zu **quittieren**.

Je vous prie de bien vouloir **acquitter** cette facture.

Je vous prie de bien vouloir **quitter** le restaurant.

Ich möchte Sie höflichst bitten, das Restaurant zu **verlassen**.

Quersumme *f* somme *f* des chiffres d'un nombre

Quertreiber F *m* intrigant *m*; empêcheur *m* de danser en rond

Querulant(in) [kveru'lant(ɪn)] *m* ⟨∼en; ∼en⟩ (*f*) ⟨∼in; ∼innen⟩ *péj* F râleur, -euse *m,f*

Querverbindung *f* liaison transversale; *fig* lien *m*

Querverweis *m* in e-m *Text* renvoi *m* (**auf** [+ *acc*] à)

quetschen ['kvɛtʃən] *v/t* **1.** (*pressen*) presser; pressurer; *zu Brei* écraser **2.** MÉD meurtrir; contusionner **3. sich** (*dat*) **die Finger quetschen** se coincer les doigts

Quetschkommode F *f* accordéon *m*

Quetschung *f* ⟨∼; ∼en⟩ contusion *f*; meurtrissure *f*

Queue [kø:] *n* ⟨∼s; ∼s⟩ BILLARD queue *f* (de billard)

quicklebendig ['kvɪkle'bɛndɪç] F *adj* vif; alerte

Quickstepp ['kvɪkstɛp] *m* ⟨∼s; ∼s⟩ *Tanz* step *m*

quieken *v/i* pousser des petits cris (aigus); F couiner

quietschen ['kvi:tʃən] *v/i Tür, Bremse* grincer

quietschvergnügt F *adj* gai comme un pinson; tout joyeux

quillt [kvɪlt] → **quellen¹**

Quinte ['kvɪntə] *f* ⟨∼; ∼n⟩ MUS quinte *f*

Quintessenz *st/s f* quintessence *f*

Quintett [kvɪn'tɛt] *n* ⟨∼⊄s; ∼e⟩ MUS quintette *m*

Quirl [kvɪrl] *m* ⟨∼⊄s; ∼e⟩ **1.** CUIS batteur *m* **2.** F *fig* tourbillon *m*

quirlen *v/t* battre

quirlig *adj* remuant

quitt [kvɪt] F *adj* quitte; **nun sind wir quitt** nous voilà quittes

Quitte ['kvɪtə] *f* ⟨∼; ∼n⟩ coing *m*

quittieren *v/t* ⟨*sans ge*⟩ *Rechnung* acquitter; **den Dienst quittieren** quitter ses fonctions

Quittung *f* ⟨∼; ∼en⟩ **1.** quittance *f*, reçu *m* (**über** [+ *acc*] pour) **2.** *fig* réponse *f*

Quittungsblock *m* ⟨∼s; ∼s *ou* -blöcke⟩ carnet *m* de quittances

Quiz [kvɪs] *n* ⟨∼; ∼⟩ quiz *m*; jeu *m* de questions--réponses

Quizmaster ['-ma:stər] *m* ⟨∼s; ∼⟩ animateur, -trice *m,f* (de jeux télévisés *etc*)

Quizsendung *f* émission *f* de jeux (radiophoniques *bzw* télévisés); quiz *m*

quoll [kvɔl] → **quellen¹**

Quote ['kvo:tə] *f* ⟨∼; ∼n⟩ quota *m*; contingent *m*

Quotenregelung *f* contingentement *m* des postes réservés aux femmes

Quotient [kvotsi'ɛnt] *m* ⟨∼en; ∼en⟩ quotient *m*

R

R, r [ɛr] *n* ⟨R, r; R, r⟩ R, r *m*

Rabatt [ra'bat] *m* ⟨∼⊄s; ∼e⟩ remise *f*; réduction *f*; rabais *m*

Rabatte [ra'batə] *f* ⟨∼; ∼n⟩ plate-bande *f*; bordure *f*

Rabauke [ra'baukə] F *m* ⟨∼n; ∼n⟩ vandale *m*; mufle *m*

Rabbi ['rabi] *m* ⟨∼⊄$; Rabbinen *ou* ∼s⟩ rabbin *m*

Rabbiner [ra'bi:nər] *m* ⟨∼s; ∼⟩ rabbin *m*

Rabe ['ra:bə] *m* ⟨∼n; ∼n⟩ corbeau *m*

Rabenmutter *f* ⟨∼; -mütter⟩ mère dénaturée; marâtre *f*

rabenschwarz *adj* noir comme un corbeau, comme (du) jais

rabiat [rabi'a:t] *adj* **1.** (*gewalttätig*) violent; (*roh*) brutal **2.** (*wütend*) furieux

Rache ['raxə] *f* ⟨∼⟩ vengeance *f*; **aus Rache für etw** pour se venger de qc; (**an j-m, für etw**) **Rache nehmen** se venger (de qn, de qc); **Rache**

schwören jurer de se venger

Racheakt *m* acte *m* de vengeance

Rachen ['raxən] *m* ⟨∼s; ∼⟩ **1.** ANAT gorge *f*; gosier *m*; *sc* pharynx *m* **2.** zo gueule *f* (*a fig*)

rächen ['rɛçən] **I** *v/t* venger **II** *v/r* **1. sich rächen** se venger (**an j-m, für etw** de qn, de qc); **sich für etw an j-m rächen** se venger de qc sur qn **2.** *fig* **das wird sich rächen** cela va se payer

Rachenmandel *f* ANAT amygdale *f*

Rächer *m* ⟨∼s; ∼⟩ vengeur *m*

Rachgier *f* soif *f* de vengeance

rachgierig *adj* vindicatif

Rachitis [ra'xi:tɪs] *f* ⟨∼; -tiden⟩ rachitisme *m*

rachitisch *adj* rachitique

Rachsucht *f* soif *f* de vengeance

rachsüchtig *adj* vindicatif

rackern ['rakərn] F *v/i* F trimer

Rad [ra:t] *n* ⟨∼⊄s; ∼er⟩ **1.** roue *f*; *fig* **das fünfte Rad am Wagen sein** être la cinquième roue du carrosse; **unter die Räder kommen** *e-s Au-tos* se faire écraser; F *fig* aller à sa perte; sombrer **2.** (*Fahrrad*) bicyclette *f*; vélo *m*; (**mit dem**) **Rad fahren** faire du vélo; *in e-e bestimmte Richtung* aller à bicyclette, en vélo; F *fig péj* **Rad fahren** F faire de la lèche **3.** SPORT, *Pfau* **ein Rad schlagen** faire la roue

Radar [ra'da:r] *n od m* ⟨∼s⟩ radar *m*
Radarfalle F *f* contrôle-radar (non signalé)
Radargerät *n* (appareil *m*) radar *m*
Radarkontrolle *f* contrôle-radar *m*
Radarschirm *m* écran *m* radar
Radau [ra'dau] F *m* ⟨∼s⟩ F boucan *m*; F raffut *m*; chahut *m*; potin *m*
Raddampfer *m* bateau *m* (à vapeur) à aubes
radebrechen ['ra:dəbrɛçən] *v/i* (*u v/t*) ⟨radebrecht, radebrechte, geradebrecht⟩ (**e-e Sprache**) **radebrechen** ânonner, baragouiner une langue; parler petit nègre
radeln F *v/i* ⟨∉, sn⟩ → **Rad**
Rädelsführer ['rɛ:dəls-] *m* instigateur *m*; meneur *m*
rädern ['rɛ:dərn] *v/t* **1.** HIST rouer **2.** *fig* **wie gerädert sein** être rompu (de fatigue), F vanné, F crevé
radfahren → **Rad 2**
Radfahrer(in) *m(f)* **1.** cycliste *m,f* **2.** F *péj* F lèche-bottes *m*
Radi ['ra:di] *m* ⟨∼s; ∼⟩ *österr, südd* radis blanc
Radicchio [ra'dɪkio] *m* ⟨∼s⟩ salade *f* de Trévise
radieren [ra'di:rən] *v/t* ⟨*sans ge*⟩ effacer (à la gomme); gommer
Radiergummi *m* gomme *f*
Radierung *f* ⟨∼; ∼en⟩ (gravure *f* à l')eau-forte *f*
Radieschen [ra'di:sçən] *n* ⟨∼s; ∼⟩ (petit) radis
radikal [radi'ka:l] *adj* radical; F extrémiste
Radikale(r) *f(m)* ⟨→ A⟩ POL extrémiste *m,f*
radikalisieren *v/t* ⟨*sans ge*⟩ radicaliser
Radikalismus *m* ⟨∼; -men⟩ extrémisme *m*
Radikalkur *f* MÉD, *fig* cure radicale
Radio ['ra:dio] *n* ⟨∼s; ∼s⟩ radio *f*; **im Radio** à la radio; **Radio hören** écouter la radio
radioaktiv [radio²ak'ti:f] *adj* radioactif
Radioaktivität *f* ⟨∼⟩ radioactivité *f*
Radioapparat *m*, **Radiogerät** *n* récepteur *m* radio; (poste *m* de) radio *f*
Radiologie *f* ⟨∼⟩ radiologie *f*
Radiosender *m* station *f* de radio
Radiosendung *f* émission *f* radiophonique
Radiowecker *m* radioréveil *m*
Radium ['ra:dium] *n* ⟨∼s⟩ radium *m*
Radius ['ra:dius] *m* ⟨∼; -ien⟩ MATH rayon *m*
Radkappe *f* enjoliveur *m*; chapeau *m* de roue
Radler F *m* ⟨∼s; ∼⟩ **1.** cycliste *m* **2.** → **Radlermaß**
Radlerhose *f* COUT cycliste *m*
Radlermaß *f Getränk* panaché *m*
Radrennbahn *f* vélodrome *m*
Radrennen *n* course *f* cycliste
Radrennfahrer(in) *m(f)* coureur *m* cycliste
radschlagen *v/i* → **Rad 3**
Radsport *m* cyclisme *m*
Radtour *f* tour *m* en vélo
Radwanderung *f* randonnée *f* à bicyclette; cyclotourisme *m*
Radweg *m* piste *f* cyclable
RAF [ɛr²a:²'²ɛf] ⟨∼⟩ *abr* (*Rote-Armee-Fraktion*) POL **die RAF** la Fraction Armée Rouge
raffen ['rafən] *v/t* **1.** (**an sich** [*acc*]) **raffen** em-

porter; enlever **2.** *Kleid* relever; retrousser
Raffgier *f* cupidité *f*; *p/fort* rapacité *f*
Raffinade [rafi'na:də] *f* ⟨∼; ∼n⟩ sucre raffiné
Raffinerie [rafinə'ri:] *f* ⟨∼; ∼n⟩ raffinerie *f*
Raffinesse [rafi'nɛsə] *f* ⟨∼; ∼n⟩ **1.** ruse *f*; astuce *f* **2.** *in der Ausstattung* raffinement *m*; subtilités *f/pl*
raffinieren *v/t* ⟨*sans ge*⟩ raffiner
raffiniert *adj* **1.** *Plan* ingénieux; astucieux; *Mensch* rusé; fin **2.** (*verfeinert*) raffiné
Rafting ['ra:ftɪŋ] *n* ⟨∼s⟩ rafting *m*
Rage ['ra:ʒə] F *f* ⟨∼⟩ colère *f*; rage *f*; **j-n in Rage bringen** mettre qn en rage
ragen ['ra:gən] *v/i* **aus etw ragen** surgir de qc; **in etw** (*acc*) **ragen** se dresser au-dessus de qc; **in etw** (*acc*) **ragen** vertikal se dresser, s'élever dans qc
Ragout [ra'gu:] *n* ⟨∼s; ∼s⟩ ragoût *m*
Rahm [ra:m] *m* ⟨∼¢s⟩ **1.** crème *f* (du lait) **2.** → **Schlagsahne**
rahmen ['ra:mən] *v/t* encadrer
Rahmen ['ra:mən] *m* ⟨∼s; ∼⟩ **1.** (*Bilderrahmen*) cadre *m*; encadrement *m*; (*Fensterrahmen*) châssis *m* **2.** (*Fahrradrahmen*) cadre *m*; (*Autorahmen*) châssis *m* **3.** *fig* cadre *m*; **im Rahmen bleiben** ne pas sortir du cadre; **aus dem Rahmen fallen** sortir de l'ordinaire
Rahmenabkommen *n* accord-cadre *m*; contrat-cadre *m*
Rahmenbedingungen *f/pl* conditions générales
Rahmenbestimmung *f* disposition *f* type, de base
Rahmenerzählung *f* récit-cadre *m*
Rahmenhandlung *f* action *f* d'un récit-cadre
Rahmenprogramm *n* programme-cadre *m*
Rain [raɪn] *m* ⟨∼¢s; ∼e⟩ lisière *f* d'un champ
räkeln ['rɛ:kəln] → **rekeln**
Rakete [ra'ke:tə] *f* ⟨∼; ∼n⟩ fusée *f*; MIL missile *m*; roquette *f*
Raketenabwehrsystem *n* système *m* antimissile
Rallye ['rali *ou* 'rɛli] *f* ⟨∼; ∼s⟩ rallye *m*
RAM [ram] *n* *abr* ⟨∼¢; ∼¢⟩ INFORM (*random access memory*) mémoire vive
rammen *v/t* ['ramən] **1.** **etw in etw** (*acc*) **rammen** enfoncer qc dans qc **2.** *Fahrzeug* rentrer dans; tamponner; *von hinten* emboutir; (**seitlich**) **rammen** prendre en écharpe
Rampe ['rampə] *f* ⟨∼; ∼n⟩ rampe *f*
Rampenlicht *n* **im Rampenlicht** (**der Öffentlichkeit**) **stehen** être en vedette, au premier plan, sur le devant de la scène
ramponieren [rampo'ni:rən] F *v/t* ⟨*sans ge*⟩ abîmer; F esquinter
Ramsch [ramʃ] *m* ⟨∼¢s; ∼e⟩ **1.** *péj* (*Plunder*) F camelote *f*; F saloperie *f* **2.** COMM (marchandise *f* de) rebut *m*
Ramschladen F *péj m* bazar *m*
ran [ran] F *adv* (**jetzt aber**) **ran!** on y va!; allez!; vas-y!; **ran an die Arbeit!** au boulot!; → **heran**
Rand [rant] *m* ⟨∼¢s; ∼er⟩ **1.** (*Grenze*) bord *m*; (*Waldrand*) lisière *f*; (*Stadtrand*) périphérie *f*; abords *m/pl*; banlieue *f*; (*Wundrand*) bords *m/pl*; lèvres *f/pl*; **bis an den** *od* **zum Rand** à ras bord(s); **am Rande erwähnen** faire remarquer en passant; **am Rande der Verzweiflung sein** être au (bord du) désespoir **2.** (*Einfassung*) bordure *f*; (*Brillenrand*) bord *m*; (*Buch-*

rand, Heftrand) marge *f*; (*Augenrand*) cerne *m*; F **außer Rand und Band sein** être déchaîné **3.** *fig* **mit etw zu Rande kommen** → **zurande**

Randale [ran'daːlə] F *f* ⟨~⟩ bagarre *f*; *mit Sachbeschädigung* F casse *f*

randalieren *v/i* ⟨*sans ge*⟩ provoquer une bagarre; F faire de la casse

Randalierer *m* ⟨~s; ~⟩ F bagarreur *m*; casseur *m*

Randbemerkung *f* note marginale; annotation *f* (en marge); *fig* remarque *f*

Randgebiet *n* **1.** *e-r Stadt* banlieue *f*; périphérie *f*; abords *m/pl* **2.** *e-r Wissenschaft* domaine *m* annexe

Randgruppe *f* groupe marginal; frange *f*; (**soziale**) **Randgruppen** marginaux *m/pl*

randlos *adj Brille* non cerclé

Randstreifen *m* accotement *m*

Randstück *n* (*Anschnitt*) entame *f*; *bei Brot* croûton *m*

randvoll *adj* plein à ras bord(s)

rang [raŋ] → **ringen**

Rang [raŋ] *m* ⟨~¢s; ≈e⟩ **1.** (*Stellung*) rang *m*; (*Stand*) classe *f*; condition *f*; MIL grade *m*; **ersten Ranges** de premier ordre; **alles, was Rang und Namen hat** tous les gens très connus; **j-m den Rang ablaufen** supplanter, évincer, éclipser qn **2.** THÉ balcon *m*; galeries *f/pl* **3.** *pl* **Ränge** *e-s Stadions* gradins *m/pl*

Range ['raŋə] *f* ⟨~; ~n⟩ polisson *m*

rangehen F *v/i* ⟨*irr*, sn⟩ F ne pas avoir froid aux yeux; *bei der Arbeit* F abattre du boulot

Rangelei [raŋə'laɪ] F *f* ⟨~; ~en⟩ F bagarre *f*

rangeln F *v/i* se bagarrer

Rangfolge *f* 'hiérarchie *f*

Rangierbahnhof [raŋ'ʒiːr-] *m* gare *f* de triage

rangieren ⟨*sans ge*⟩ **I** *v/t Fahrzeug* manœuvrer; BAHN trier **II** *v/i fig* se placer (**vor** [+ *dat*] devant; **hinter** [+ *dat*] derrière)

Rangiergleis *n* voie *f* de triage

Rangliste *f* classement *m* (*a* SPORT)

Rangordnung *f* 'hiérarchie *f*; ordre *m* hiérarchique

ranhalten *v/r* ⟨*irr*⟩ F **sich ranhalten** se dépêcher; F se grouiller; (*sich anstrengen*) F s'accrocher

rank [raŋk] *adj* **rank und schlank** svelte

Ranke ['raŋkə] *f* ⟨~; ~n⟩ BOT vrille *f*; *der Weinrebe* sarment *m*

Ränke ['rɛŋkə] *st/s pl* intrigues *f/pl*; machinations *f/pl*; **Ränke schmieden** intriguer

ranken I *v/i* ⟨h *ou* sn⟩ donner des vrilles, *Reben* des sarments **II** *v/r* **sich um etw ranken** s'entortiller, s'enrouler autour de qc; *fig* être tissé autour de qc

ranklotzen F *v/i* ⟨¢s⟩ s'y mettre (sérieusement); y aller à bras raccourcis

ranlassen F *v/t* ⟨*irr*⟩ **j-n ranlassen** (*heranlassen*) laisser qn (s')approcher; *fachlich* laisser qn faire ses preuves; *sexuell* (accepter de) coucher avec qn

ranmachen F *v/r* **sich an j-n ranmachen** F draguer qn

rann [ran] → **rinnen**

rannte ['rantə] → **rennen**

Ranzen ['rantsən] *m* ⟨~s; ~⟩ cartable *m*; sac *m* d'écolier, d'école

ranzig ['rantsɪç] *adj* rance; ranci; **ranzig wer-**

den rancir

Rap [rɛp] *m* ⟨~¢; ~s⟩ MUS rap *m*

rapid(e) [ra'piːt (ra'piːdə)] *adj* rapide

Rapmusik *f* musique *f* rap

Rappe ['rapə] *m* ⟨~n; ~n⟩ cheval noir

Rappel ['rapəl] F *m* ⟨~s; ~⟩ lubie *f*; F toquade *f*; **den Rappel kriegen** F flipper

rappeln F *v/i u v/imp* ⟨¢⟩ (*klappern*) claquer; *Wecker* sonner

rappen ['rɛpən] *v/i* MUS rapper

Rappen ['rapən] *m* ⟨~s; ~⟩ *schweiz* centime *m*

Rapper(in) ['rɛpər(ɪn)] *m* ⟨~s; ~⟩ (*f*) ⟨~in; ~innen⟩ MUS rappeur, -euse *m,f*

Rapport [ra'pɔrt] *m* ⟨~s; ~e⟩ rapport *m*

Raps [raps] *m* ⟨~es⟩ colza *m*

Rapsöl *n* huile *f* de colza

Rapunzel [ra'pʊntsəl] *f* ⟨~; ~n⟩ BOT mâche *f*; doucette *f*

rar [raːr] *adj* rare

Rarität *f* ⟨~; ~en⟩ rareté *f*; (objet *m* de) curiosité *f*

rasant [ra'zant] F **I** *adj Tempo* vertigineux; F dingue; *Wagen, Frau* qui a de la classe **II** *adv* à une vitesse folle, vertigineuse; **rasant fahren** F rouler à fond la caisse

rasch [raʃ] **I** *adj* prompt; rapide; *Bewegung* preste **II** *adv* vite; rapidement

rascheln ['raʃəln] *v/i* ⟨¢⟩ *Papier, Stoff* faire un (léger) bruit; *Seide* froufrouter

rasen ['raːzən] *v/i* ⟨¢s⟩ **1.** ⟨sn⟩ (*eilen*) aller à toute vitesse, à une vitesse folle; *Auto a* F foncer; **das Auto raste gegen e-n Baum** la voiture s'est écrasée contre un arbre **2. vor Wut rasen** tempêter; être 'hors de soi; se déchaîner

Rasen ['raːzən] *m* ⟨~s; ~⟩ gazon *m*; (*Rasenplatz*) pelouse *f* (*a* SPORT)

rasend I *adj* **1.** *Geschwindigkeit* fou; vertigineux **2.** (*wütend*) fou; furieux; fou furieux; (*wahnsinnig*) forcené; frénétique; **rasend werden** enrager; **j-n rasend machen** rendre qn fou, F dingue **3.** *Schmerz* violent; *Beifall* frénétique; **rasende Zahnschmerzen** *m/pl* rage *f* de dents **II** F *advt* follement; **etw rasend gern tun** adorer faire qc

Rasenmäher *m* ⟨~s; ~⟩ tondeuse *f* à gazon

Rasensprenger *m* ⟨~s; ~⟩ arroseur *m*

Raser F *m* ⟨~s; ~⟩ F mordu *m* de la vitesse; *Autofahrer a* fou *m* du volant

Raserei *f* ⟨~; ~en⟩ **1.** (*Wüten*) rage *f*; colère folle; fureur *f* **2.** F (*schnelles Fahren*) vitesse folle

Rasierapparat [ra'ziːr-] *m* rasoir *m* mécanique; **elektrischer Rasierapparat** rasoir électrique

Rasiercreme *f* crème *f* à raser

rasieren *v/t* (*u v/r*) ⟨*sans ge*⟩ (**sich rasieren** se) raser

Rasierer F *m* ⟨~s; ~⟩ rasoir *m* (électrique)

Rasierklinge *f* lame *f* de rasoir

Rasiermesser *n* rasoir *m* à main

Rasierpinsel *m* blaireau *m*

Rasierschaum *m* ⟨~¢s⟩ mousse *f* à raser

Rasierseife *f* savon *m* à barbe

Rasierwasser *n* (lotion *f*) après-rasage *m*; after-shave *m*

Rasierzeug *n* nécessaire *m* à raser

Räson [rɛ'zɔŋ] *f* ⟨~⟩ **j-n zur Räson bringen** mettre qn à la raison; raisonner qn

Raspel ['raspəl] *f* ⟨~; ~n⟩ râpe *f*

raspeln *v/t* ⟨¢⟩ râper

Rasse ['rasə] *f* ⟨~; ~n⟩ race *f*
Rassehund *m* chien *m* de race
Rassel ['rasəl] *f* ⟨~; ~n⟩ (*Klapper*) crécelle *f*; *für Kinder* 'hochet *m*
rasseln *v/i* ⟨∅⟩ **1.** faire un bruit de ferraille; (*klirren*) cliqueter **2.** ⟨sn⟩ *Fahrzeug* rouler avec un grand bruit **3.** F ⟨sn⟩ *durchs Examen rasseln* échouer; F se faire étendre (à un examen)
Rassen... *in Zssgn* racial
Rassendiskriminierung *f* discrimination raciale
Rassenhass *m* 'haine raciale; racisme *m*
Rassentrennung *f* ⟨~⟩ ségrégation raciale
Rassenunruhen *f/pl* émeutes raciales
Rassepferd *n* cheval *m* de race
rassig *adj Pferd* fringant; fougueux; *Frau* qui a de la classe
rassisch *adj* racial
Rassismus *m* ⟨~⟩ racisme *m*
Rassist(in) *m* ⟨~en; ~en⟩, (*f*) ⟨~in; ~innen⟩ raciste *m,f*
rassistisch *adj* raciste
Rast [rast] *f* ⟨~; ~en⟩ repos *m*; pause *f*; *bes* MIL 'halte *f*
Rasta ['rasta] *m* ⟨~s; ~s⟩ rasta *m*
Rastafari [-'faːri] *m* ⟨~s; ~s⟩ rastafari *m*
Rastalocken *f/pl* dreadlocks *f/pl*
rasten *v/i* ⟨-e-⟩ se reposer; faire une 'halte
Raster *n* ⟨~s; ~⟩ **1.** TV mire *f*; grille *f*; réseau *m* **2.** *fig* schéma *m*; trame *f*
Rasterfahndung *f der Polizei: recherches assistées par ordinateur établissant une trame afin de cerner le cercle des suspects*
Rasthaus *n* → **Raststätte**
rastlos *adj* sans relâche; sans répit; sans trêve ni repos; infatigable
Rastplatz *m* étape *f*; 'halte *f*; *an Autobahnen* aire *f* (de repos)
Raststätte *f* restaurant *m* (d'autoroute); relais routier; restoroute® *m*
Rasur *f* ⟨~; ~en⟩ rasage *m*
Rat [raːt] *m* ⟨~∅s⟩ **1.** (*Ratschlag*) conseil *m*; avis *m*; *auf j-s Rat* (*acc*) (*hin*) sur le(s) conseil(s) de qn; *j-m e-n Rat geben* donner (un) conseil à qn; conseiller qn; *j-n um Rat fragen* demander conseil à qn; consulter qn; (*sich* [*dat*]) *keinen Rat mehr wissen* ne plus savoir que faire, quoi faire; *j-n zu Rate ziehen* consulter qn; prendre l'avis de qn **2.** ⟨*pl* ~e⟩ *Gremium* conseil *m*; *Mitglied* conseiller *m*
Rate ['raːtə] *f* ⟨~; ~n⟩ **1.** (*Prozentsatz*) taux *m*; (*Verhältnisanteil*) quote-part *f* **2.** (*Teilzahlung*) versement *m*; (*Monatsrate*) mensualité *f*; *in Raten* (*dat*) *zahlen* payer par versements échelonnés
raten *v/t u v/i* ⟨rät, riet, geraten⟩ **1.** (*empfehlen*) conseiller; donner un (bon) conseil (à); *j-m etw od zu e-r Sache raten* conseiller, recommander qc à qn; *j-m raten, etw zu tun* conseiller à qn de faire qc **2.** (*erraten*) deviner
Ratenzahlung *f* paiement *m* par acomptes, à tempérament
Ratespiel *n* devinette *f*; énigme *f*
Ratgeber *m* ⟨~s; ~⟩ **1.** *Person* conseiller *m* **2.** *Buchtitel* guide *m* pratique
Ratgeberin *f* ⟨~; ~nen⟩ conseillère *f*
Rathaus *n* hôtel *m* de ville; *in kleineren Orten* mairie *f*

ratifizieren [ratifi'tsiːrən] *v/t* ⟨sans ge⟩ ratifier
Ratifizierung *f* ⟨~; ~en⟩ ratification *f*
Ration [ratsi'oːn] *f* ⟨~; ~en⟩ ration *f*; *eiserne Ration* réserve *f* de vivres
rational *adj* rationnel (*a* MATH)
rationalisieren *v/t* ⟨sans ge⟩ rationaliser
Rationalisierung *f* ⟨~; ~en⟩ rationalisation *f*
Rationalismus *m* ⟨~⟩ rationalisme *m*
rationell *adj* rationnel
rationieren *v/t* ⟨sans ge⟩ rationner
Rationierung *f* ⟨~; ~en⟩ rationnement *m*
ratlos *adj* embarrassé; perplexe
Ratlosigkeit *f* ⟨~⟩ embarras *m*; perplexité *f*
rätoromanisch [rɛtoro'maːnɪʃ] *adj die rätoromanische Sprache, das Rätoromanische* le rhéto-roman; *schweiz* le romanche
ratsam *adj* opportun; indiqué; conseillé; recommandé
ratschen ['raːtʃən] F *bes südd, österr v/i* bavarder; papoter
Ratschlag *m* conseil *m*
Rätsel ['rɛːtsəl] *n* ⟨~s; ~⟩ énigme *f* (*a fig*); (*Rätselspiel*) devinette *f*
rätselhaft *adj* énigmatique; mystérieux
Rätselheft *n* magazine *m* de jeux, devinettes, mots croisés, *etc*
rätseln *v/i* ⟨∅⟩ (*über etw* [*acc*]) *rätseln* se creuser la tête (sur qc)
Rattan ['ratan] *n* ⟨~s⟩ rotin *m*
Rattanmöbel *n/pl* meubles *m/pl* en rotin
Ratte ['ratə] *f* ⟨~; ~n⟩ rat *m*
Rattenfänger *m* ⟨~s; ~⟩ *fig* enjôleur *m*
Rattengift *n* mort-aux-rats *f*
Rattenschwanz *m* F *fig* (*endlose Folge*) série *f*, cascade *f* (*von de*)
rattern ['ratərn] *v/i* **1.** *Maschinengewehr* crépiter; *Motor* pétarader **2.** *Wagen* ⟨sn⟩ rouler avec fracas
Ratzefummel ['ratsəfuməl] F *plais m* ⟨~s; ~⟩ gomme *f*
ratzekahl ['ratsə'kaːl] F *adv alles ratzekahl aufessen* F liquider les restes; ne pas faire de restes
ratzfatz ['rats'fats] F *adv* F à la vitesse grand V; en un rien de temps
rau [rau] *adj* **1.** (*uneben*) rude; *Wolle, Stoff* rêche; bourru; *Fläche* rugueux; raboteux; âpre; *Haut* très sec; rêche; *Hände* (*aufgesprungen*) gercé **2.** *Klima* rude; âpre **3.** *Stimme* rauque; enroué; *Kehle* sec; enflammé **4.** *Gegend* sauvage **5.** *fig Ton, Mensch* bourru; revêche; *Sitten* rude **6.** F *in rauen Mengen* F en masse; en (grande) quantité
Raub [raup] *m* ⟨~∅s⟩ (*Rauben*) vol *m*; (*Straßenraub*) brigandage *m*; pillage *m*; (*Menschenraub*) enlèvement *m*; *st/s* *ein Raub der Flammen werden* être la proie des flammes
Raubbau *m* ⟨∅s⟩ ÉCOL déprédation *f*; *st/s mit od an s-n Kräften Raubbau treiben* abuser de ses forces
Raubdruck *m* ⟨~s; ~e⟩ édition *f* pirate
raubeinig F *adj* bourru; dur; rude
rauben *v/t* voler; faire main basse sur; *fig j-m etw rauben Schlaf, Hoffnung* priver qn de qc
Räuber ['rɔybər] *m* ⟨~s; ~⟩ voleur *m*; (*Straßenräuber*) brigand *m*; *pl/fort* bandit *m*; pillard *m*
Räuberbande *f* bande *f* de brigands, de voleurs
räuberisch *adj* de brigand

Räuberleiter *f* *e-e Räuberleiter machen* faire la courte échelle

Raubfisch *m* poisson carnassier, vorace

Raubkatze *f* félidé *m*

Raubkopie *f* copie *f* pirate

Raubmord *m* vol *m* et meurtre *m*; crime crapuleux

Raubmörder *m* auteur *m* d'un vol et meurtre

Raubritter *m* chevalier pillard

Raubtier *n* carnassier *m*; fauve *m*

Raubüberfall *m* attaque *f*, agression *f* à main armée; 'hold-up *m*

Raubvogel *m* oiseau *m* de proie; rapace *m*

Raubzug *m* expédition *f* de pillage; razzia *f*

Rauch [raux] *m* ⟨~s⟩ fumée *f*; *fig* *sich in Rauch auflösen* se dissiper, s'évanouir en fumée

Rauchbombe *f* bombe *f* fumigène

rauchen *v/t*, *v/i*, *v/imp* fumer; *Rauchen verboten!* défense de fumer!

Raucher(in) *m* ⟨~s; ~⟩ (*f*) ⟨~in; ~innen⟩ fumeur, -euse *m,f*

Räucheraal ['rɔyçər-] *m* anguille fumée

Raucherabteil *n* compartiment *m* fumeurs

Raucherbein *n* artérite *f* des membres inférieurs

Raucherhusten *m* toux *f*, bronchite *f* (chronique) du fumeur

Räucherlachs *m* saumon fumé

räuchern *v/t* Fisch, Fleisch fumer

Räucherspeck *m* lard fumé

Räucherstäbchen *n* bâtonnet *m* d'encens

rauchfrei *adj* sans fumée; *a auf Schildern* *rauchfreie Zone für Nichtraucher* (espace *m*) non fumeurs

rauchig *adj* (*voller Rauch*) enfumé; *Stimme* rauque

Rauchmelder *m* ⟨~s; ~⟩ détecteur *m* de fumée

Rauchsäule *f* colonne *f* de fumée

Rauchverbot *n* défense *f*, interdiction *f* de fumer

Rauchvergiftung *f* intoxication *f* par la fumée

Rauchwolke *f* nuage *m* de fumée

Rauchzeichen *n* signal *m* de *od* par fumée

räudig ['rɔydɪç] *adj* galeux

rauf [rauf] F → *herauf*, *hinauf*

Raufasertapete *f* papier *m* ingrain

Raufbold ['raufbɔlt] *m* ⟨~s; ~e⟩ bagarreur *m*; batailleur *m*

raufen *v/i* (*u v/r sich raufen*) se bagarrer; se battre

Rauferei *f* ⟨~; ~en⟩ rixe *f*; bagarre *f*

rauflustig *adj* bagarreur; batailleur

rauh [rau] → *rau*

Rauhaardackel *m* teckel *m* à poil dur

Rauheit *f* ⟨~⟩ rudesse *f*; âpreté *f*

Raum [raum] *m* ⟨~es; Räume⟩ 1. espace *m*; (*Ausdehnung*) étendue *f*; *fig* *etw im Raum stehen lassen* laisser qc en suspens 2. (*Räumlichkeit*) local *m*; *e-r Wohnung* pièce *f* 3. (*Gebiet*) région *f*

Raumausstatter(in) *m* ⟨~s; ~⟩ (*f*) ⟨~in; ~innen⟩ décorateur, -trice *m,f*

Raumdeckung *f* ⟨~⟩ SPORT défense *f* de zone

räumen ['rɔymən] *v/t* 1. (*wegschaffen*) enlever; déblayer; COMM *Lager* liquider; → *beiseiteräumen* 2. (*an e-n Ort schaffen*) ranger; mettre 3. (*frei machen*) vider; débarrasser; *Wohnung*

quitter; *Polizei* (*leer machen*) évacuer

Raumfähre *f* navette spatiale

Raumfahrer(in) *m*(*f*) astronaute *m,f*; cosmonaute *m,f*

Raumfahrt *f* astronautique *f*; navigation spatiale

Raumfahrtbehörde *f* agence spatiale

Raumfahrttechnik *f* technique *f* de navigation spatiale

Räumfahrzeug *n* engin *m* de déblaiement

Raumflug *m* vol spatial; mission spatiale

Rauminhalt *m* volume *m*; cubage *m*; capacité *f*

Raumkapsel *f* capsule spatiale

räumlich ['rɔymlɪç] *adj* de *od* dans l'espace; OPT stéréoscopique; (*dreidimensional*) à trois dimensions

Räumlichkeit *f* ⟨~; ~en⟩ local *m*; *Räumlichkeiten pl* (*Räume*) locaux *m/pl*

Raummaß *n* mesure *f* de volume

Raummeter *m od n* stère *m*

Raumordnung *f* aménagement *m* du territoire

Raumpflegerin *f* femme *f* de ménage

Raumschiff *n* vaisseau, véhicule spatial

Raumsonde *f* sonde spatiale

Raumstation *f* station spatiale, orbitale

Raumtemperatur *f* température ambiante

Raumtransporter *m* navette spatiale

Räumung *f* ⟨~; ~en⟩ 1. (*Wegschaffen*) enlèvement *m* 2. COMM *e-s Lagers* liquidation *f* 3. *der Polizei* évacuation *f*; (*Zwangsräumung*) expulsion *f*

Räumungsarbeiten *f/pl* travaux *m/pl* de déblaiement

Räumungsklage *f* JUR demande *f* d'expulsion

Räumungsverkauf *m* liquidation totale des stocks

raunen ['raunən] *v/t* murmurer; chuchoter; *ein Raunen ging durch die Menge* un murmure parcourut la foule

Raupe ['raupə] *f* ⟨~; ~n⟩ ZO, TECH chenille *f*

Raupenfahrzeug *n* véhicule *m* à chenilles

Raureif *m* ⟨~s⟩ givre *m*

raus [raus] F → *heraus*, *hinaus*; *raus* (*mit dir*)! dehors!; F tire-toi!; F casse-toi!; *Nazis raus!* les nazis dehors!

Rausch [rauʃ] *m* ⟨~es; Räusche⟩ (*Betrunkenheit*) ivresse *f* (*a fig*); *e-n Rausch haben* être ivre, soûl; *sich* (*dat*) *e-n Rausch antrinken* se soûler; *s-n Rausch ausschlafen* cuver son vin

rauscharm *adj* TECH avec réducteur de bruit

rauschen *v/i* 1. *Blätter* frémir; *st/s* bruire; *Wind st/s* bruire; *Brandung* mugir; *Bach* murmurer; TECH faire un bruit de fond 2. ⟨sn⟩ (*sich schnell bewegen*) passer en trombe

Rauschen *n* ⟨~s⟩ frémissement *m*; *st/s* bruissement *m*; mugissement *m*; murmure *m*; bruit *m* de fond

rauschend *adjt Beifall* retentissant; *Fest* magnifique

Rauschgift *n* stupéfiant *m*; drogue *f*; *Rauschgift nehmen* se droguer

Rauschgifthandel *m* trafic *m* de stupéfiants, de (la) drogue

Rauschgifthändler *m* trafiquant *m* de drogue

rauschgiftsüchtig *adj* toxicomane

Rauschgiftsüchtige(r) *f*(*m*) toxicomane *m,f*; drogué(e) *m*(*f*)

rausfliegen F *v/i* ⟨irr, sn⟩ F se faire virer

rauskriegen F *v/t* **1.** (*erfahren*) apprendre **2.** *Rätsel* trouver
räuspern ['rɔʏspərn] *v/r* **sich räuspern** se racler la gorge
rausschmeißen F *v/t* ⟨*irr*⟩ F virer; F flanquer à la porte, dehors
Rausschmeißer F *m* ⟨~s; ~⟩ F videur *m*
Rausschmiss F *m* ⟨~es; ~e⟩ F vidage *m*
Raute ['raʊtə] *f* ⟨~; ~n⟩ losange *m*
rautenförmig ['raʊtənfœrmɪç] *adj* en losange; *sc* rhombique
Rave [reːv] *m* ⟨~$; ~s⟩ *Party* rave *f*
Raver(in) *m* ⟨~s; ~⟩ (*f*) ⟨~in; ~innen⟩ raveur, -euse *m,f*
Ravioli [ravi'oːli] *pl* CUIS ravioli *m/pl*
Razzia ['ratsia] *f* ⟨~; -ien⟩ rafle *f*; descente *f* de police
Reagenzglas [rea'gɛnts-] *n* éprouvette *f*
reagieren [rea'giːrən] *v/i* ⟨*sans ge*⟩ réagir, répondre (**auf** [+ *acc*] à)
Reaktion [reaktsi'oːn] *f* ⟨~; ~en⟩ réaction *f* (*a* CHIM, POL); réflexe *m*; *fig* réponse *f* (**auf** [+ *acc*] à)
reaktionär [reaktsio'nɛːr] *adj* réactionnaire
Reaktionär(in) *m* ⟨~s; ~e⟩ (*f*) ⟨~in; ~innen⟩ réactionnaire *m,f*
reaktionsfähig *adj* en mesure de réagir
Reaktionsfähigkeit *f* ⟨~⟩ réactivité *f*; *par ext* réflexes *m/pl*
reaktionsschnell *adj* qui réagit rapidement
Reaktionsvermögen *n* réactivité *f*
reaktivieren [reakti'viːrən] *v/t* ⟨*sans ge*⟩ réactiver
Reaktor [re'aktɔr] *m* ⟨~s; -toren⟩ réacteur *m*; pile *f* atomique
Reaktorunfall *m* accident *m* nucléaire
real [re'aːl] *adj* effectif; réel
Realeinkommen *n* revenus réels
Realisation *f* ⟨~; ~en⟩ réalisation *f*
realisierbar *adj* réalisable
realisieren *v/t* ⟨*sans ge*⟩ réaliser
Realisierung *f* ⟨~; ~en⟩ réalisation *f*
Realismus *m* ⟨~⟩ réalisme *m*
Realist(in) *m* ⟨~en; ~en⟩ (*f*) ⟨~in; ~innen⟩ réaliste *m,f*
realistisch *adj* réaliste
Realität *f* ⟨~; ~en⟩ réalité *f*
Reallohn *m* salaire réel, effectif
Realschule *f etwa* collège *m*
Rebe ['reːbə] *f* ⟨~; ~n⟩ vigne *f*
Rebell(in) [re'bɛl(in)] *m* ⟨~en; ~en⟩ (*f*) ⟨~in; ~innen⟩ rebelle *m,f*
rebellieren *v/i* ⟨*sans ge*⟩ se rebeller (**gegen** contre)
Rebellion *f* ⟨~; ~en⟩ rébellion *f*
rebellisch *adj* rebelle (**gegen** à)
Rebhuhn ['reːphuːn] *n* perdrix *f*
Rebsorte *f* cépage *m*
Rebstock *m* cep *m*, pied *m* de vigne
Receiver [ri'siːvər] *m* ⟨~s; ~⟩ RAD récepteur *m*
rechen ['rɛçən] *v/t* ratisser
Rechen *m* ⟨~s; ~⟩ râteau *m*
Rechenart ['rɛçən?-] *f* type *m* d'opération arithmétique
Rechenaufgabe *f* problème *m* d'arithmétique
Rechenexempel *n* problème *m* de calcul
Rechenfehler *m* erreur *f*, faute *f* de calcul
Rechenmaschine *f* machine *f* à calculer

Rechenoperation *f* opération *f* arithmétique
Rechenschaft ['rɛçənʃaft] *f* ⟨~⟩ *j-m* (*über etw* [*acc*]) *Rechenschaft schuldig sein* être obligé de rendre (des) compte(s), raison à qn (de qc); (*j-m*) *Rechenschaft über etw* (*acc*) *ablegen* rendre compte, raison de qc (à qn); *j-n* (*für etw*) *zur Rechenschaft ziehen* demander des comptes, raison à qn (de qc)
Rechenschaftsbericht *m* compte rendu
Rechenschieber *m* règle *f* à calcul(er)
Rechenzentrum *n* centre *m* de calcul
Recherche [re'ʃɛrʃə] *f* ⟨~; ~n⟩ recherches *f/pl*; *Recherchen über e-n Fall, über j-n anstellen* faire des recherches sur un cas, sur qn
recherchieren [reʃɛr'ʃiːrən] *v/t* ⟨*sans ge*⟩ faire des recherches sur
rechnen ['rɛçnən] ⟨-e-⟩ **I** *v/t u v/i* **1.** MATH calculer; faire un calcul; (*zählen*) compter; *von heute an gerechnet* à compter d'aujourd'hui **2.** (*veranschlagen*) *er rechnet 50 Euro die Stunde* il compte 50 euros de l'heure; *alles in allem gerechnet* tout compte fait **3.** (*einbeziehen*) compter; *er rechnet mich zu seinen Freunden* il me compte parmi ses amis **4.** (*erwarten*) *mit etw rechnen* s'attendre à qc; tabler sur qc **5.** (*sich verlassen*) *auf j-n rechnen* compter, tabler sur qn **II** *v/r* *sich rechnen* être rentable
Rechnen *n* ⟨~s⟩ calcul *m* (*a* SCHULE)
Rechner *m* ⟨~s; ~⟩ calculateur *m*; (*Computer*) ordinateur *m*
rechnergesteuert *adjt* assisté, contrôlé par ordinateur
rechnerisch *adj u adv* par voie de calcul
rechnerunterstützt *adjt* assisté par ordinateur
Rechnung *f* ⟨~; ~en⟩ **1.** (*Rechnen*) calcul *m* **2.** (*Abrechnung*) compte *m*; *an Firmen* facture *f*; *an Privatleute* note *f*; *im Restaurant* addition *f*; *das geht auf meine Rechnung* c'est moi qui règle la note, qui paie; (*laissez!*) c'est pour moi; *etw in Rechnung stellen* facturer qc **3.** *fig Ihre Rechnung geht nicht auf* votre calcul est faux; *e-r Sache* (*dat*) *Rechnung tragen* tenir compte de qc
Rechnungsbetrag *m* montant *m* de la facture *bzw* note
Rechnungshof *m* Cour *f* des comptes
Rechnungsprüfer(in) *m*(*f*) commissaire *m,f* aux comptes
Rechnungswesen *n* comptabilité *f*
recht¹ [rɛçt] **I** *adj* (*richtig*) juste; (*wirklich*) vrai; (*geeignet*) propre; (*gelegen*) opportun; *alles, was recht ist, aber …* tout ce que vous voulez, mais …; *recht so!* très bien!; bravo!; à la bonne heure!; *das ist mir recht* c'est bon, d'accord; cela m'arrange **II** *adv* (*richtig*) bien; (*angebracht*) comme il faut; (*gelegen*) à propos; (*sehr*) *vor adj u adv* très; fort; bien; *vor Verben* beaucoup; bien; *recht herzliche Grüße* (*an* [+ *acc*] …)*!* (mes) amitiés (à …)!; *es j-m recht machen* contenter qn; *Sie kommen gerade recht* vous venez, arrivez à point; vous tombez bien; *ganz recht!* c'est bien cela!; très bien!; parfaitement!
recht² *subst* *recht haben* avoir raison; *recht behalten* avoir finalement raison; *j-m recht geben* donner raison à qn
Recht *n* ⟨~$s; ~e⟩ **1.** (*Anspruch*) droit *m* (*auf* [+ *acc*] à); (*Befugnis*) faculté *f*; *mit welchem*

Recht? de quel droit?; à quel titre?; **mit, zu Recht** à bon droit; à juste titre; avec raison; **im Recht sein** être dans son droit; **Recht haben, behalten, geben** → **recht²** 2. (*Gerechtigkeit*) justice *f*; **sein Recht bekommen** obtenir justice 3. (*Gesamtheit der Gesetze*) droit *m*; **Recht sprechen** rendre la justice; **von Rechts wegen** de par la loi

rechte *adj* droit; POL de droite; **rechte Seite** côté droit; droite *f*; *e-s Stoffes* endroit *m*

Rechte *f* ⟨→ A⟩ 1. (*rechte Hand, Seite*) droite *f*; **zur Rechten** à droite 2. BOXEN droit *m* 3. POL **die Rechte** la droite

Rechte(r) *f(m)* ⟨→ A⟩ 1. → **Richtige(r)** 2. POL homme *m*, femme *f* de droite

Rechte(s) *n* ⟨→ A⟩ **nach dem Rechten sehen** veiller à ce que tout soit en ordre *bzw* tout se passe bien

Rechteck *n* rectangle *m*

rechteckig *adj* rectangulaire

rechtens ['rɛçtəns] **es ist rechtens** c'est de droit

rechtfertigen *v/t* (*u v/r* **sich rechtfertigen** se) justifier (**wegen** de)

Rechtfertigung *f* justification *f*

rechtgläubig *adj* orthodoxe

rechthaberisch *adj* qui veut toujours avoir raison; ergoteur

rechtlich *adj* légal; juridique

rechtlos *adj* sans droits

rechtmäßig *adj* légal; légitime

Rechtmäßigkeit *f* ⟨∼⟩ légalité *f*; légitimité *f*

rechts [rɛçts] *adv* à droite (**von** de); *von Stoffen* à l'endroit; POL **rechts stehen** être de droite

Rechtsabbieger *m* ⟨∼s; ∼⟩ personne *f bzw* véhicule *m* tournant à droite

Rechtsabbiegerspur *f* file *f* de droite

Rechtsabteilung *f* JUR service *m*, section *f* juridique; bureau *m* du contentieux

Rechtsanspruch *m* (prétention fondée en) droit *m* (**auf** [+ *acc*] à); droit *m* légitime

Rechtsanwalt *m*, **Rechtsanwältin** *f* avocat(e) *m(f)*; *Anrede* Maître *m*

Rechtsaußen *m* ⟨∼; ∼⟩ SPORT ailier droit

Rechtsbeistand *m* avocat-conseil *m*; conseil *m* juridique

Rechtsbeugung *f* contournement *m* de la loi, de la législation

Rechtsbruch *m* violation *f* du droit

rechtsbündig *adj* TYPO justifié à droite

rechtschaffen *adj* honnête; loyal; probe

Rechtschaffenheit *f* ⟨∼⟩ honnêteté *f*; loyauté *f*; probité *f*

Rechtschreibfehler *m* faute *f* d'orthographe

Rechtschreibprogramm *n* INFORM correcteur *m* orthographique

Rechtschreibreform *f* réforme *f* de l'orthographe

Rechtschreibschwäche *f* dysorthographie *f*; *par ext* dyslexie *f*

Rechtschreibung *f* orthographe *f*

Rechtsextremismus *m* extrémisme *m* de droite

Rechtsextremist(in) *m(f)* extrémiste *m,f* de droite

rechtsextremistisch *adj* d'extrême droite

Rechtsfrage *f* question *f* de droit

Rechtsgelehrte(r) *f(m)* jurisconsulte *m*; juriste

m,f

Rechtsgrundlage *f* base *f*, fondement *m* juridique

rechtsgültig *adj* valide

Rechtshänder(in) ['rɛçtshɛndər(ɪn)] *m* ⟨∼s; ∼⟩ (*f*) ⟨∼in; ∼innen⟩ droitier, -ière *m,f*

rechtshändig **I** *adj* droitier **II** *adv* de la main droite

rechtsherum *adv* à droite

rechtskräftig *adj* qui a force de chose jugée; *Urteil* exécutoire

rechtskundig *adj* qui connaît le droit

Rechtskurve *f* virage *m* à droite

Rechtslage *f* ⟨∼⟩ situation *f* juridique

Rechtsmittel *n* JUR recours *m*; **ein Rechtsmittel einlegen** former un recours

Rechtsnachfolger *m* ayant cause *m*

Rechtspfleger(in) *m(f)* greffier, -ière *m,f* à attributions juridictionnelles

Rechtsprechung *f* ⟨∼; ∼en⟩ jurisprudence *f*

rechtsradikal *adj* d'extrême droite

Rechtsruck *m* POL glissement *m* à droite

Rechtsschutz *m* protection *f* juridique

Rechtsschutzversicherung *f* assurance *f* protection juridique

Rechtsstaat *m* État *m* de droit

Rechtsstreit *m* litige *m*; *par ext* procès *m*

Rechtsverkehr *m* circulation *f* à droite

Rechtsvertreter *m* représentant légal; mandataire *m*

Rechtsweg *m* voie *f* de droit, judiciaire; **den Rechtsweg beschreiten** avoir recours à la justice, aux tribunaux

rechtswidrig *adj* illégal

Rechtswidrigkeit *f* illégalité *f*

Rechtswissenschaft *f* (science *f* du) droit *m*

rechtwink(e)lig *adj* rectangle

rechtzeitig **I** *adj* opportun **II** *adv* à temps; en temps voulu

Reck [rɛk] *n* ⟨∼s; ∼e *ou* ∼s⟩ TURNEN barre *f* fixe

recken ['rɛkən] **I** *v/t Glieder* étirer; *Hals* allonger **II** *v/r* **sich recken** s'étirer

Recorder [re'kɔrdər] *m* ⟨∼s; ∼⟩ (*Kassettenrecorder*) magnétophone *m*; (*Videorecorder*) magnétoscope *m*

recycelbar [ri'saɪkəlbaːr] *adj* ÉCOL recyclable

recyceln *v/t* ⟨¢, *sans ge*⟩ ÉCOL recycler

Recycling *n* ⟨∼s⟩ ÉCOL recyclage *m*

Recyclingpapier *n* papier recyclé

Redakteur(in) [redak'tøːr(ɪn)] *m* ⟨∼s; ∼e⟩ (*f*) ⟨∼in; ∼innen⟩ rédacteur, -trice *m,f*; *e-r Zeitung* a journaliste *m*

Redaktion *f* ⟨∼; ∼en⟩ rédaction *f*

redaktionell *adj* rédactionnel

Redaktionsschluss *m* date *f od* heure *f* limite (de bouclage d'une édition)

Rede ['reːdə] *f* ⟨∼; ∼n⟩ 1. (*Reden*) parole *f*; propos *m*; GR **(in)direkte Rede** discours (in)direct; **danach kam die Rede auf** (+ *acc*) on aborda ensuite; on en vint ensuite à parler de; **das ist nicht der Rede wert** cela ne vaut pas la peine d'en parler; **es ist die Rede davon, dass …** il est question que … (+ *subj*) *od* de (+ *inf*); **davon kann keine Rede sein** il ne peut en être question; **j-m (für etw) Rede und Antwort stehen** répondre (de qc), donner des explications (sur qc) à qn; **j-n (wegen etw) zur Rede stellen** demander une explication à qn (de qc); **langer**

R

od **der langen Rede kurzer Sinn** (enfin) bref; pour résumer; en un mot **2.** (*Ansprache*) discours *m*; *kürzere* allocution *f*; *e-e Rede halten* prononcer, faire un discours
Redefreiheit *f* liberté *f* de parole
redegewandt *adj* éloquent
Redegewandtheit *f* éloquence *f*; élocution aisée
reden ⟨-e-⟩ **I** *v/t u v/i* (*sprechen*) parler (*über* [+ *acc*], *von* de; *mit* à, avec); (*sagen*) dire; (*e-e Rede halten*) faire, prononcer un discours; *mit sich* (*dat*) *reden lassen* ne pas être intransigeant; *viel von sich* (*dat*) *reden machen* faire parler beaucoup de soi; *du hast gut reden* tu en parles à ton aise; *sie reden nicht mehr miteinander* ils ne se parlent plus **II** *v/r sich heiser reden* s'enrouer (à force de parler)
Reden *n* ⟨~s⟩ *prov* **Reden ist Silber, Schweigen ist Gold** *prov* la parole est d'argent, mais le silence est d'or; *das Reden fällt ihm schwer* il parle difficilement; il a de la peine à parler
Redensart *f* tournure *f*; façon *f* de parler; *sprichwörtliche Redensart* dicton *m*
Redeschwall *m* déluge *m*, flot *m* de paroles
Redeweise *f* (*Ausdrucksweise*) manière *f*, façon *f* de parler; (*Sprechweise*) élocution *f*
Redewendung *f* expression *f*; tournure *f*; LING locution *f*
redigieren [redi'giːrən] *v/t* ⟨*sans ge*⟩ rédiger
redlich ['reːtlɪç] **I** *adj* honnête; intègre **II** *adv sich redlich bemühen* faire des efforts sincères
Redlichkeit *f* ⟨~⟩ honnêteté *f*; intégrité *f*
Redner(in) *m* ⟨~s; ~⟩ (*f*) ⟨~in; ~innen⟩ orateur *m*; (*Vortragsredner*) conférencier, -ière *m,f*
Rednerbühne *f* tribune *f*
Rednerpult *n* pupitre *m*
redselig *adj* loquace; causeur; disert
Redseligkeit *f* loquacité *f*
redundant [redun'dant] *adj* LING, INFORM, *sc* redondant
Redundanz *f* ⟨~; ~en⟩ redondance *f*
reduzieren [redu'tsiːrən] *v/t* (*u v/r*) ⟨*sans ge*⟩ (*sich reduzieren* se) réduire (*auf* [+ *acc*] à)
Reede ['reːdə] *f* ⟨~; ~n⟩ MAR rade *f*
Reeder *m* ⟨~s; ~⟩ armateur *m*
Reederei *f* ⟨~; ~en⟩ compagnie *f* maritime
reell [re'ɛl] *adj* **1.** *Preis* honnête; convenable; correct; *Firma* de confiance **2.** (*wirklich*) réel
Referat [refe'raːt] *n* ⟨~s; ~e⟩ **1.** (*Vortrag*) conférence *f*; exposé *m*; *ein Referat halten* → **referieren 2.** (*Abteilung*) section *f*; service *m*
Referendar(in) [referen'daːr(ın)] *m* ⟨~s; ~e⟩ (*f*) ⟨~in; ~innen⟩ (*Lehramtsreferendar*) professeur *m* stagiaire; JUR juriste *m,f* stagiaire
Referendariat *n* ⟨~¢s; ~e⟩ stage *m* (*préparant au deuxième examen d'État en Allemagne*)
Referendum [refe'rɛndum] *n* ⟨~s; -den *ou* -da⟩ référendum *m*
Referent(in) *m* ⟨~en; ~en⟩ (*f*) ⟨~in; ~innen⟩ **1.** (*Vortragende*[*r*]) conférencier, -ière *m,f* **2.** *e-r Abteilung* responsable *m,f* d'un service, d'une section
Referenz *f* ⟨~; ~en⟩ référence *f*; recommandation *f*
referieren *v/t u v/i* ⟨*sans ge*⟩ faire une conférence, un exposé (*über* [+ *acc*] sur)

reflektieren [reflɛk'tiːrən] *v/t* ⟨*sans ge*⟩ *Licht* réfléchir
Reflektor *m* ⟨~s; -toren⟩ réflecteur *m*
Reflex [re'flɛks] *m* ⟨~es; ~e⟩ PHYS reflet *m*; *fig*, MÉD réflexe *m*
Reflexbewegung *f* (mouvement *m*) réflexe *m*
reflexiv *adj* GR réfléchi; pronominal

Vorsicht bei reflexiven Verben!

Achtung: **Reflexive Verben (les verbes pronominaux**) bilden im Französischen – im Gegensatz zum Deutschen – das **passé composé** immer mit **être**.

Je me suis trompé(e).	Ich habe mich geirrt.
Elles se sont dépêchées.	Sie haben sich beeilt.

Reflexivpronomen *n* GR pronom réfléchi
Reform [re'fɔrm] *f* ⟨~; ~en⟩ réforme *f*
Reformation *f* ⟨~⟩ HIST REL *die Reformation* la Réforme; la Réformation
Reformator *m* ⟨~s; -toren⟩ *a* HIST REL réformateur *m*
reformbedürftig *adj* qui nécessite une réforme
Reformbestrebungen *f/pl* tendances réformatrices
Reformer(in) *m* ⟨~s; ~⟩ (*f*) ⟨~in; ~innen⟩ réformateur, -trice *m,f*
Reformhaus *n* magasin *m* de produits diététiques
reformieren *v/t* ⟨*sans ge*⟩ réformer
reformiert *adj bes schweiz* REL réformé
Reformierte(r) *f(m)* ⟨→A⟩ *bes schweiz* REL réformé(e) *m(f)*
Reformkost *f* aliments *m/pl*, produits *m/pl* diététiques
Reformpolitik *f* politique *f* de réformes, réformatrice
Reformstau *m* gel *m* des réformes
Refrain [rə'frɛ̃ː] *m* ⟨~s; ~s⟩ refrain *m*
Regal [re'gaːl] *n* ⟨~s; ~e⟩ étagère *f*; rayon *m*; rayonnage *m*
Regalbrett *n* rayon *m*; étagère *f*
Regalwand *f* (grande) étagère
Regatta [re'gata] *f* ⟨~; -tten⟩ régates *f/pl*
rege ['reːgə] *adj* (*rüstig*) actif; (*lebhaft*), *Phantasie* vif; *geistig* agile; *Verkehr* intense; *Nachfrage* fort; grand
Regel ['reːgəl] *f* ⟨~; ~n⟩ **1.** (*Vorschrift*) règle *f*; règlement *m*; (*Norm*) norme *f*; *in der Regel* normalement; habituellement; en règle générale; *es ist die Regel, dass ...* il est de règle que ... (+ *subj*); F *nach allen Regeln der Kunst* dans, selon (toutes) les règles de l'art **2.** MÉD règles *f/pl*
regelbar *adj* réglable
Regelfall *m* cas normal
regellos *adj* sans règle; (*unordentlich*) déréglé; désordonné
regelmäßig *adj* régulier; *Briefwechsel* suivi
Regelmäßigkeit *f* régularité *f*
regeln *v/t* ⟨¢⟩ régler; *durch Verordnungen* ré-

R

Reflexiv im Deutschen, aber nicht im Französischen

Einige reflexive Verben im Deutschen sind **im Französischen nicht reflexiv**:

sich bewegen	**bouger**
	Niemand hat sich bewegt.
	Personne n'a bougé.
sich verändern	**changer**
	Sie hat sich sehr verändert.
	Elle a beaucoup changé.
sich fürchten vor	**craindre**
	Sie fürchten sich vor der Arbeitslosigkeit.
	Ils craignent le chômage.
sich verringern	**diminuer**
	Die Zahl der Drogenabhängigen hat sich verringert.
	Le nombre de toxicomanes a diminué.
sich verschlechtern	**empirer**
	Die Situation der Einwanderer hat sich verschlechtert.
	La situation des immigrés a empiré.
sich schämen	**avoir honte**
	Ihr solltet euch schämen, einen Einwanderer anzugreifen.
	Vous devriez avoir honte d'attaquer un immigré.
sich beteiligen	**participer**
	Viele Jugendliche beteiligen sich an der Demonstration gegen Rassismus.
	Beaucoup de jeunes participent à la manifestation contre le racisme.
sich gedulden	**patienter**
	Auf dem Rathaus muss man sich gedulden.
	À la mairie, il faut patienter.
sich weigern	**refuser**
	Sie haben sich geweigert, den Diebstahl zu gestehen.
	Ils ont refusé d'avouer le vol.
sich bedanken	**remercier**
	Sie haben sich beim Bürgermeister für seine Hilfe bedankt.
	Ils ont remercié le maire de son aide.
sich die Freiheit nehmen	**prendre la liberté de**
	Sie haben sich die Freiheit genommen, nicht zur Schule zu gehen.
	Ils ont pris la liberté de ne pas aller à l'école.

R

glementer

regelrecht I *adj* **1.** conforme aux règles; dans les règles; correct **2.** *fig* (*wirklich*) véritable; vrai **II** *adv* vraiment

Regelstudienzeit *f* durée maximale autorisée des études universitaires

Regelung *f* ⟨~; ~en⟩ règlement *m*; *gesetzliche* réglementation *f*; TECH, ÉCON régulation *f*

Regelverstoß *m* infraction *f* aux règles

regelwidrig *adj* contraire à la règle; irrégulier

Regelwidrigkeit *f* irrégularité *f*

regen ['reːgən] *st/s v/r* **sich regen 1.** (*sich bewegen*) remuer; bouger; se mouvoir **2.** *Gefühle* s'éveiller; naître; *Gewissen* se faire sentir

Regen ['reːgən] *m* ⟨~s; ~⟩ pluie *f*; **bei Regen**

par temps de pluie; **im Regen** sous la pluie; → *Info nächste Seite*

regenarm *adj* avec peu de pluie

Regenbogen *m* arc-en-ciel *m*

Regenbogenfarben *f/pl* couleurs *f/pl* de l'arc-en-ciel

Regenbogenpresse *f* presse *f* du cœur

Regeneration [regenератsi'oːn] *f* ⟨~⟩ régénération *f*

regenerativ *adj Energie* renouvelable

regenerieren *v/t* (*u v/r*) ⟨*sans ge*⟩ (**sich regenerieren** se) régénérer

Regenfälle *m/pl* chutes *f/pl* de pluie

Regenguss *m* ondée *f*; averse *f*

Regenjacke *f* (veste *f*) imperméable *m*

Schon wieder Regen? 〔WF〕	
der Regenschauer	**l'averse** *f*
es regnet in Strömen	**il pleut à torrents**
es schüttet	**il pleut à verse**
es schüttet wie aus Eimern	**il pleut à seaux**
es nieselt	**il bruine**
es ist neblig	**il y a du brouillard**
es schneit	**il neige**
es hagelt	**il grêle**
es donnert	**il tonne**
es blitzt	**il y a des éclairs**
es ist windig	**il y a du vent**
es ist schwül	**il fait lourd**

Regenmantel *m* imperméable *m*
regenreich *adj* pluvieux
Regenrinne *f* gouttière *f*
Regensburg ['reːgənsbʊrk] *n* ⟨∼s⟩ Ratisbonne
Regenschauer *m* averse *f*; ondée *f*
Regenschirm *m* parapluie *m*
Regent(in) *m* ⟨∼en; ∼en⟩ (*f*) ⟨∼in; ∼innen⟩ (*Herrscher[in]*) souverain(e) *m(f)*; (*Stellvertreter[in]*) régent(e) *m(f)*
Regentag *m* jour pluvieux, de pluie
Regentropfen *m* goutte *f* de pluie
Regentschaft *f* ⟨∼; ∼en⟩ régence *f*
Regenumhang *m* cape *f* de pluie
Regenwald *m* (*tropischer*) **Regenwald** forêt tropicale
Regenwasser *n* eau *f* de pluie
Regenwetter *n* temps pluvieux, de pluie
Regenwolke *f* nuage *m* de pluie
Regenwurm *m* ver *m* de terre; lombric *m*
Regenzeit *f* saison *f* des pluies
Reggae ['rɛgeː] *m* ⟨∼$⟩ MUS reggae *m*
Regie [re'ʒiː] *f* ⟨∼⟩ **1.** THÉ, FILM mise *f* en scène; FILM, TV *a* réalisation *f*; (*bei etw*) **Regie führen** faire la mise en scène (de qc); **unter der Regie von ...** sous la direction (artistique et technique) de ... **2.** (*Verwaltung*) régie *f*; **in eigener Regie** à son propre compte
Regieanweisung *f* indication *f* scénique
Regieassistent(in) *m(f)* assistant(e) *m(f)* (du réalisateur, du metteur en scène)
regieren [re'giːrən] ⟨*sans ge*⟩ **I** *v/t* **1.** gouverner; diriger **2.** GR régir **II** *v/i* *Minister* gouverner; *Regierung, Partei* être au pouvoir; *König* régner; **über j-n, etw regieren** régner sur qn,

qc; gouverner qn, qc
Regierung *f* ⟨∼; ∼en⟩ gouvernement *m*; (*Regierungszeit e-s Monarchen*) règne *m*; **an die Regierung kommen** arriver, parvenir au pouvoir
Regierungsbeamte(r) *m*, **Regierungsbeamtin** *f* fonctionnaire *m,f* du gouvernement
Regierungsbezirk *m* division administrative la plus importante d'un land
Regierungsbildung *f* formation *f* du gouvernement
Regierungschef *m* chef *m* du gouvernement
Regierungserklärung *f* déclaration gouvernementale, ministérielle
Regierungskoalition *f* coalition gouvernementale
Regierungskrise *f* crise gouvernementale, ministérielle
Regierungspartei *f* parti au pouvoir, gouvernant
Regierungspräsident(in) *m(f)* BRD chef *m* d'un « Regierungsbezirk »; *etwa* préfet *m*
Regierungsrat *m* ⟨∼¢s; -räte⟩ **1.** titre de haut fonctionnaire dans l'administration allemande **2.** *schweiz* (membre *m* du) Conseil *m* d'État
Regierungssitz *m* siège *m* du gouvernement
Regierungssprecher(in) *m(f)* porte-parole *m* du gouvernement
regierungstreu *adj* loyal (envers le gouvernement)
Regierungsumbildung *f* remaniement ministériel
Regierungswechsel *m* changement *m* de gouvernement
Regiestuhl *m* fauteuil *m* de metteur en scène
Regime [re'ʒiːm] *n* ⟨∼s; ∼ [-mə]⟩ régime *m*; système *m* politique
Regimekritiker(in) *m(f)* dissident(e) *m(f)*
Regiment [regi'mɛnt] *n* ⟨∼¢s; ∼e, MIL ∼er⟩ **1.** (*Herrschaft*) gouvernement *m* **2.** MIL régiment *m*
Region [regi'oːn] *f* ⟨∼; ∼en⟩ région *f*
regional *adj* régional
Regionalbahn *f* train régional (*desservant les gares des petites villes*)
Regionalexpress *m* train *m* express (*desservant régulièrement les grandes gares d'une région et circulant toutes les heures*)
Regisseur(in) [reʒɪ'søːr(ɪn)] *m* ⟨∼s; ∼e⟩ (*f*) ⟨∼in; ∼innen⟩ THÉ, FILM metteur *m* en scène; FILM, TV *a* réalisateur, -trice *m,f*
Register [re'gɪstər] *n* ⟨∼s; ∼⟩ **1.** (*Verzeichnis*) registre *m*; ADM rôle *m* **2.** *e-s Buches* index *m*; répertoire *m* **3.** MUS registre *m*; *fig* **alle Register ziehen** mettre tout en œuvre; employer tous les moyens
registrieren [regɪs'triːrən] *v/t* ⟨*sans ge*⟩ **1.** (*eintragen*) enregistrer **2.** *fig* saisir; retenir; constater
Registrierkasse *f* caisse enregistreuse

Regie ≠ régie 〔FF〕

Coline Serreau führt **Regie**.

C'est Coline Serreau qui s'occupe de la **mise en scène**.

Mathieu, tu peux venir dans la **régie**, s'il te plaît ?

Mathieu, kannst du mal in den **Regieraum** kommen?

R

Regisseur ≠ régisseur

Für diesen Film haben wir einen neuen **Regisseur** engagiert.

Pour ce film, nous avons engagé un nouveau **metteur en scène**.

Nathalie, tu peux venir voir le **régisseur**, s'il te plaît ?

Nathalie, kannst du bitte einmal zum **Aufnahmeleiter** kommen?

Registrierung f ⟨~; ~en⟩ enregistrement m
reglementieren [reglemɛn'tiːrən] v/t ⟨sans ge⟩ réglementer
Regler m ⟨~s; ~⟩ TECH régulateur m
reglos adj immobile; inerte
regnen v/imp ⟨-e-⟩ pleuvoir; **es regnet** il pleut
regnerisch adj pluvieux
Regress [re'grɛs] m ⟨~es; ~e⟩ JUR recours m
Regressanspruch m droit m de recours
regresspflichtig adj civilement responsable
regsam st/s adj actif; geistig vif
regulär [regu'lɛːr] adj (vorschriftsmäßig) régulier; (normal) habituel
regulierbar [regu'liːrbaːr] adj réglable; ajustable
regulieren v/t ⟨sans ge⟩ TECH régler; Verkehr, Fluss régulariser; (einstellen) ajuster
Regulierung f ⟨~; ~en⟩ réglage m; régulation f; régularisation f; ajustage m
Regung f ⟨~; ~en⟩ (Bewegung) mouvement m; (Gefühlsregung) sentiment (naissant); (Gemütsregung) émotion f
regungslos adj immobile; inerte
Reh [reː] n ⟨~¢s; ~e⟩ chevreuil m
Rehabilitation [rehabilitatsi'oːn] f ⟨~; ~en⟩ 1. MÉD rééducation f 2. JUR, fig réhabilitation f
Rehabilitationszentrum n centre m de rééducation
rehabilitieren v/t ⟨sans ge⟩ JUR, fig réhabiliter
Rehazentrum ['reːhaː-] F n centre m de rééducation
Rehbock m chevreuil m
Rehbraten m rôti m de chevreuil
Rehkitz n faon m
Rehrücken m selle f de chevreuil
Reibach ['raɪbax] F m ⟨~s⟩ **bei etw (e-n) Reibach machen** F se sucrer dans qc
Reibe ['raɪbə] f ⟨~; ~n⟩, **Reibeisen** n râpe f
Reibekuchen m → **Kartoffelpuffer**
reiben ⟨rieb, gerieben⟩ I v/t frotter; frictionner; CUIS râper II v/r **sich reiben** se frotter; **sich** (dat) **die Hände reiben** se frotter les mains (a fig); fig se réjouir; fig **sich an j-m reiben** se frotter à qn; chercher querelle à qn
Reibereien f/pl frictions f/pl (**mit** avec)
Reibung f ⟨~; ~en⟩ 1. (Reiben) frottement m; friction f (a PHYS) 2. fig pl **Reibungen** frictions f/pl
reibungslos adj u adv sans difficultés, accrocs, anicroches
Reibungsverlust m perte f par frottement
Reibungswärme f chaleur produite par frottement
reich [raɪç] I adj riche (**an** [+ dat] en); fortuné; Ernte abondant; fig Wissen étendu; **reich machen** enrichir; **reich werden** s'enrichir; faire fortune II adv (sehr) très; **reich geschmückt** richement décoré; très orné
Reich [raɪç] n ⟨~¢s; ~e⟩ 1. POL, HIST empire m;

das Dritte Reich le IIIᵉ Reich 2. fig REL, der Träume royaume m; der Tiere, Pflanzen règne m; **das Reich Gottes** le royaume de Dieu
Reiche(r) f(m) ⟨→ A⟩ (homme m) riche m; femme f riche
reichen ['raɪçən] I v/t 1. (geben) donner; tendre; (herüberreichen) passer; **j-m die Hand reichen** tendre la main à qn 2. st/s (servieren) servir; présenter II v/i 3. (sich erstrecken) **reichen** (**bis**) aller (jusqu'à); in der Fläche s'étendre (jusqu'à); **er reicht mir nicht bis ans Kinn** il ne m'arrive pas au menton 4. (langen) être suffisant; suffire; **das reicht** cela suffit; c'est assez; **jetzt reichts** (**mir**) **aber!** j'en ai assez!; F j'en ai marre
reichgeschmückt adjt → **reich** II
reichhaltig adj riche; abondant; Mahlzeit riche; Angebot etc varié
reichlich I adj copieux; abondant II adv 1. copieusement; largement 2. F (ziemlich) très
reichmachen v/t enrichir
Reichsstadt f HIST ville impériale
Reichstag m 1867-1945 Reichstag m; bis 1806 Diète f d'Empire
Reichtum m ⟨~s; ×er⟩ richesse f (**an** [+ dat] en); (Vermögen) fortune f; (Fülle) abondance f; (Vielfalt) (grande) variété
Reichweite f portée f (a fig); **etw in Reichweite haben** avoir qc à portée de main
reif [raɪf] mûr (a fig); (voll entwickelt), Käse fait; **reif werden** mûrir; F **e-e reife Leistung** une belle performance; F **er ist reif für die Klapsmühle** il est bon pour l'asile; **die Zeit ist reif für Investitionen** c'est le moment d'investir
Reif¹ [raɪf] m ⟨~¢s; ~e⟩ poét (Fingerreif) anneau m; (Armreif) bracelet m; (Haarreif) serre-tête m
Reif² m ⟨~¢s⟩ (gefrorener Tau) gelée blanche; (Raureif) givre m
Reife f ⟨~⟩ maturité f (a fig); **mittlere Reife** etwa brevet m d'études du premier cycle
reifen v/i ⟨sn⟩ mûrir (a fig); st/s **zum Manne reifen** atteindre l'âge mûr
Reifen m ⟨~s; ~⟩ 1. Spielzeug, Sportgerät cerceau m 2. → **Reif¹** 3. (Autoreifen, Fahrradreifen) pneu m
Reifendruck m ⟨~¢s⟩ pression f des pneus
Reifenpanne f crevaison f
Reifenprofil n sculptures f/pl
Reifenschaden m pneu endommagé
Reifenwechsel m changement m de pneu
Reifeprüfung f baccalauréat m
Reifezeugnis n diplôme m du baccalauréat
Reifglätte f (léger) verglas
reiflich adj mûr; approfondi; **nach reiflicher Überlegung** après mûre réflexion; tout bien considéré
Reigen ['raɪgən] m ⟨~s; ~⟩ ronde f; **den Reigen**

der Redner eröffnen prendre la parole en premier

Reihe ['raɪə] f ⟨~; ~n⟩ **1.** *hintereinander* file f; *nebeneinander* rangée f; rang m; (*Folge, Anzahl*) suite f; série f (*a* MATH); succession f; **e-e Reihe von Jahren** plusieurs années f/pl; **e-e Reihe von Unfällen** une série d'accidents; **sich in e-r Reihe aufstellen** s'aligner; *fig* **aus der Reihe tanzen** ne pas faire comme les autres; faire bande à part; **in Reih und Glied** en rangs **2.** (*Reihenfolge*) tour m; **wer ist an der Reihe?** à qui le tour?; **außer der Reihe** avant son tour; **der Reihe nach** l'un après l'autre; à tour de rôle; **der Reihe nach erzählen** raconter dans l'ordre

reihen I v/t **1.** *Perlen* enfiler **2.** COUT froncer **II** v/r **sich an etw** (*acc*) **reihen** suivre qc (immédiatement)

Reihenfolge f suite f; (*Ordnung*) ordre m

Reihenhaus n maison mitoyenne

Reihenschaltung f ÉLECT couplage m, montage m en série

Reihenuntersuchung f MÉD examen m de dépistage (collectif et obligatoire)

reihenweise adv par rangs, files, séries

Reiher ['raɪər] m ⟨~s; ~⟩ 'héron m

reihern F v/i P gerber

reihum adv en faisant le tour; **etw reihum gehen lassen** faire passer qc

Reim [raɪm] m ⟨~¢s; ~e⟩ rime f; **darauf kann ich mir keinen Reim machen** je n'y comprends rien

reimen v/t (*u* v/r **sich reimen**) rimer (**auf** [+ acc] en)

Reimschema n agencement m des rimes

rein¹ [raɪn] **I** adj **1.** (*unvermischt*) pur; *Wein, Saft* naturel; **reine Seide, Wolle** pure soie, laine **2.** (*sauber*) propre; net; *Luft, Wasser, Klang* pur; **rein machen** nettoyer; **etw ins Reine schreiben** mettre qc au propre **3.** *fig* **e-e Sache ins Reine bringen** tirer qc au clair; régler qc; **mit j-m ins Reine kommen** régler ses problèmes avec qn **4.** F **das ist der reinste Wahnsinn** c'est de la folie pure **II** adv **5.** (*ausschließlich*) purement; uniquement **6.** F (*ganz, völlig*) absolument; tout à fait; **rein gar nichts** absolument rien; rien de rien

rein² F → **herein, hinein**

Reineclaude [rɛːnəˈkloːdə] f ⟨~; ~n⟩ BOT reine--claude f

Reineke ['raɪnəkə] *in der Literatur* **Reineke Fuchs** m maître m Renard

Reinemachefrau f femme f de ménage

reinemachen v/i *regional* nettoyer

Reinemachen n ⟨~s⟩ nettoyage m

Reinerlös m, **Reinertrag** m produit net

Reinfall F m échec m; fiasco m; *Film, Reise etc* F bide m; **glatter Reinfall** fiasco complet

reinfallen F *fig* v/i ⟨*irr*, sn⟩ F tomber dans le panneau; F se faire avoir (**mit etw** avec qc; **auf j-n** par qn); F se faire rouler (**auf j-n** par qn)

Reingewinn m bénéfice net

Reinhaltung f ⟨~⟩ *der Umwelt* protection f

reinhauen F ⟨*irr*⟩ **I** v/t **j-m e-e reinhauen** F casser la gueule à qn **II** v/i *beim Essen* dévorer

Reinheit f ⟨~⟩ pureté f; (*Sauberkeit*) netteté f; propreté f; (*Klarheit*) clarté f

reinigen v/t nettoyer; *Wasser, Luft,* REL purifier;

TECH, *fig* épurer; *von Schmutz* décrasser; *Schuhe* décrotter; *von Flecken* détacher; **chemisch reinigen** nettoyer à sec

Reinigung f ⟨~; ~en⟩ **1.** nettoyage m; épuration f (*a fig*); purification f **2.** *Betrieb* pressing m; **chemische Reinigung** nettoyage m à sec

Reinigungsmilch f lait démaquillant

Reinigungsmittel n nettoyant m

Reinkarnation [reʔɪnkarnatsiˈoːn] f réincarnation f

Reinkultur f bouillon m de culture; *fig* **in Reinkultur** par excellence; cent pour cent

reinlegen F v/t F rouler; F avoir

reinlich adj propre

Reinlichkeit f ⟨~⟩ propreté f

reinmachen v/t nettoyer

reinrassig adj de race pure

reinreißen, reinreiten F v/t ⟨*irr*⟩ **j-n reinreißen, reinreiten** entraîner qn dans sa ruine; mettre qn sur la paille

reinriechen v/i ⟨*irr*⟩ F **in etw** (*acc*) **reinriechen** se faire une idée de qc; se familiariser avec qc

Reinschrift f copie f au net, au propre

reinwaschen v/t (*u* v/r) ⟨*irr*⟩ (**sich reinwaschen** se) blanchir

reinwürgen F *fig* v/t **j-m e-e** od **eins reinwürgen** tracasser qn; mettre à qn des bâtons dans les roues

reinziehen F v/t ⟨*irr*⟩ **sich** (*dat*) **etw reinziehen** *Essen, Getränk* F s'enfiler, s'envoyer qc; **sich** (*dat*) **e-n Film reinziehen** F se faire une toile

Reis [raɪs] m ⟨~es⟩ riz m

Reisbrei m riz m au lait

Reise ['raɪzə] f ⟨~; ~n⟩ voyage m; (*Geschäftsreise*) déplacement m; **e-e Reise machen** faire un voyage; **auf Reisen gehen, e-e Reise antreten** partir en voyage; **auf Reisen sein** être en voyage

Reiseandenken n souvenir m (de voyage)

Reiseapotheke f pharmacie f de voyage

Reisebegleiter(in) m(f) compagnon m, compagne f de voyage

Reisebekanntschaft f personne rencontrée en voyage

Reisebüro n agence f de voyages

Reisebus m car m de tourisme

reisefertig adj prêt à partir (en voyage)

Reisefieber n fièvre f du départ

Reiseführer m *Buch, Mensch* guide m

Reiseführerin f guide f

Reisegepäck n bagages m/pl

Reisegepäckversicherung f assurance-bagages f (disparus)

Reisegesellschaft f, **Reisegruppe** f groupe m d'un voyage (organisé)

Reisekoffer m malle f; *kleiner* valise f

Reisekosten pl frais m/pl de voyage, COMM de déplacement

Reisekostenabrechnung f remboursement m des frais de déplacement

Reiseland n pays m touristique

Reiseleiter(in) m(f) guide m,f; accompagnateur, -trice m,f

Reiseleitung f **1.** *Tätigkeit* organisation f du voyage **2.** → **Reiseleiter(in)**

reiselustig adj qui aime beaucoup les voyages

reisen v/i ⟨¢$, sn⟩ *ohne Zielangabe* voyager (→ Info **passé** [**composé**]); *mit Zielangabe* aller, faire un voyage, se rendre (**nach** à *bzw* en); (*abreisen*) partir (**nach** pour); **durch ein Land reisen** traverser un pays

Reisende(r) *f(m)* ⟨→ A⟩ voyageur, -euse *m,f*; (*Fahrgast*) passager, -ère *m,f*; (*Urlaubsreisende[r]*) touriste *m,f*; (*Handlungsreisende[r]*) voyageur, -euse *m,f* de commerce

Reisepass *m* passeport *m*

Reiseprospekt *m* prospectus *m*, dépliant *m* touristique

Reiseroute *f* itinéraire *m*

Reiserücktrittsversicherung *f* assurance *f* annulation

Reiseruf *m Rundfunk* message personnel

Reisescheck *m* chèque *m* de voyage; traveller's chèque *m*

Reisetasche *f* sac *m* de voyage

Reiseveranstalter *m* tour-opérateur *m*; voyagiste *m*

Reiseverkehr *m* trafic *m* (de) voyageurs; *durch Urlaubsreisen* circulation *f* de départs en vacances

Reisewecker *m* réveil *m* de voyage

Reisewelle *f* grands départs (en vacances)

Reisewetter *n* (beau) temps *m* pour voyager

Reisewetterbericht *m* bulletin *m* météo pour les vacanciers

Reisezeit *f* période *f* pour voyager; (*Urlaubszeit*) période *f* de vacances

Reiseziel *n* destination *f*

Reisfeld *n* rizière *f*

Reisig *n* ⟨⌐s⟩ brindilles *f/pl*

Reiskorn *n* grain *m* de riz

Reißaus *m* **Reißaus nehmen** s'enfuir; prendre ses jambes à son cou; F détaler

Reißbrett *n* planche *f* à dessin

Reißbrettstift *m* punaise *f*

reißen ['raɪsən] ⟨¢$, riss, gerissen⟩ **I** *v/t* **1.** (*wegreißen*) tirer (fortement); entraîner; arracher; *etw an sich* (*acc*) *reißen* tirer qc à soi; *fig* s'emparer de qc; *j-n zu Boden reißen* renverser (violemment) qn; *sich* (*dat*) *die Kleider vom Leibe reißen* arracher ses vêtements; *sie riss den Wagen, das Lenkrad nach rechts* elle donna un brusque coup de volant à droite **2.** *Raubtiere* (chasscr ct) tuer **II** *v/i* **3.** *an etw* (*dat*) *reißen* tirer violemment sur qc **4.** ⟨sn⟩ *Schnur* (se) rompre; *Stoff, Papier* se déchirer; (*Löcher bekommen*) se trouer **III** *v/r fig* **sich um etw, j-n reißen** s'arracher qc, qn; se disputer qc, qn; *sich nicht um etw reißen* Auftrag ne pas se battre pour qc

Reißen *n* ⟨⌐s⟩ **1.** (*Zerreißen*) déchirement *m*; rupture *f* **2.** MÉD tiraillements *m/pl*

reißend *adjt Tiere* féroce; *Fluss* impétueux; rapide; *Schmerz* qui donne des élancements; *Ware* *reißenden Absatz finden* se vendre comme des petits pains

Reißer F *m* ⟨⌐s; ⌐⟩ livre *m*, film *m* à suspense

reißerisch *adj* qui fait sensation

reißfest *adj* indéchirable

Reißleine *f* corde *f* de décrochage

Reißnagel *m* punaise *f*

Reißverschluss *m* fermeture *f* éclair®, à glissière; zip® *m*

Reißwolf *m* déchiqueteur *m*

Reißzahn *m* canine *f*

Reißzwecke *f* ⟨⌐; ⌐n⟩ punaise *f*

Reiswaffel *f* galette *f* de riz

Reiswein *m* saké *m*

Reitbahn ['raɪt-] *f* manège *m*

reiten ⟨reitet, ritt, geritten⟩ **I** *v/t* monter **II** *v/i* ⟨sn⟩ monter à cheval; *als Sport* faire du cheval, de l'équitation; *irgendwohin* aller à cheval; *auf e-m Pferd reiten* être à cheval; aller à cheval

Reiten *n* ⟨⌐s⟩ équitation *f*

Reiter *m* ⟨⌐s; ⌐⟩ cavalier *m*

Reiterei *f* ⟨⌐; ⌐en⟩ MIL cavalerie *f*

Reiterin *f* ⟨⌐; ⌐nen⟩ cavalière *f*; amazone *f*

Reithose *f* culotte *f* de cheval

Reitlehrer(in) *m(f)* professeur *m* d'équitation

Reitpeitsche *f* cravache *f*

Reitpferd *n* cheval *m* de selle; monture *f*

Reitschule *f* école *f* d'équitation; manège *m*

Reitsport *m* sport *m* hippique; hippisme *m*

Reitstall *m* écurie *f*

Reitstiefel *m* botte *f* d'équitation

Reitstunde *f* heure *f*, cours *m* d'équitation

Reitturnier *n* concours *m* hippique

Reitunterricht *m* cours *m/pl* d'équitation

Reitweg *m* allée, piste cavalière

Reiz [raɪts] *m* ⟨⌐es; ⌐e⟩ **1.** BIOL excitation *f*; stimulus *m* **2.** (*Anziehungskraft*) attrait *m*; *e-r Sache a* intérêt *m*; charme *m*; **weibliche Reize** charmes féminins; *e-n* (**großen**) **Reiz auf j-n ausüben** attirer, intéresser (beaucoup) qn

reizbar *adj* irritable; excitable

Reizbarkeit *f* ⟨⌐⟩ irritabilité *f*; excitabilité *f*

reizen *v/t* ⟨¢$⟩ **1.** (*erregen*), MÉD exciter; *p/fort* irriter; (*ärgern*) agacer; (*anregen*) stimuler; (*herausfordern*) provoquer; *in gereiztem Ton* d'un ton irrité **2.** (*anziehen*) attirer; (*locken*) tenter; *das kann mich nicht reizen* cela ne me tente, ne m'attire pas **3.** *beim Skat* demander

reizend *adjt* (*anziehend*) ravissant; séduisant; charmant; (*goldig*) mignon

Reizgas *n* gaz irritant

Reizhusten *m* toux sèche

Reizklima *n* climat stimulant

reizlos *adj* sans attrait, charme; fade

Reizschwelle *f* seuil *m* d'excitation

Reizthema *n* ⟨⌐s; -men⟩ sujet délicat à aborder, explosif

Reizüberflutung *f* ⟨⌐⟩ *durch Massenmedien, Werbung etc* sollicitation excessive; matraquage *m*

Reizung *f* ⟨⌐; ⌐en⟩ MÉD excitation *f*; *bes* (*Hautreizung*) irritation *f*

reizvoll *adj* **1.** plein de charme, d'attrait **2.** (*interessant*) intéressant; attrayant

Reizwäsche *f* ⟨⌐⟩ dessous affriolants, sexy

Reizwort *n* expression *f*, mot *m* déclenchant de vives réactions

rekapitulieren *v/t* ⟨sans ge⟩ récapituler

rekeln ['re:kəln] *v/r* ⟨¢⟩ **sich rekeln** s'étirer; *behaglich* se prélasser

Reklamation [reklamatsi'o:n] *f* ⟨⌐; ⌐en⟩ réclamation *f*

Reklame [re'kla:mə] *f* ⟨⌐; ⌐n⟩ publicité *f*; réclame *f*

reklamieren *v/t u v/i* ⟨sans ge⟩ réclamer (*a* SPORT)

rekonstruieren [rekɔnstru'i:rən] *v/t* ⟨sans ge⟩ reconstituer (*a fig*)

Rekonstruktion [rekɔnstrʊktsi'o:n] *f* ⟨⌐; ⌐en⟩

R

reconstitution *f* (*a fig*)
Rekonvaleszent(in) [rekɔnvalɛs'tsɛnt(ɪn)] *m*
⟨∼en; ∼en⟩ (*f*) ⟨∼in; ∼innen⟩ convalescent(e)
m(*f*)
Rekord [re'kɔrt] *m* ⟨∼¢s; ∼e⟩ record *m* (*in* [+
dat] de) (*a fig*); *e-n Rekord aufstellen, halten*
établir, détenir un record
Rekordbesuch *m* chiffre *m* record de visiteurs
Rekordergebnis *n* résultat *m* record
Rekordernte *f* récolte *f* record
Rekordgeschwindigkeit *f* vitesse *f* record
Rekordhalter(in) *m*(*f*) détenteur, -trice *m*,*f* du
record; recordman *m*, recordwoman *f*
Rekordjahr *n* année *f* record
Rekordzeit *f* temps *m* record
Rekrut [re'kruːt] *m* ⟨∼en; ∼en⟩ MIL conscrit *m*;
recrue *f*
rekrutieren *v/t* (*u v/r*) ⟨*sans ge*⟩ (*sich rekrutie-*
ren) MIL, *fig* (se) recruter (*aus* dans, parmi)
rektal *adj* MÉD rectal
Rektor(in) ['rɛktɔr (-'toːrɪn)] *m* ⟨∼s; -toren⟩ (*f*)
⟨∼in; ∼innen⟩ *e-r Hochschule* recteur *m*; *e-r*
Schule directeur, -trice *m*,*f*
Relais [rə'lɛː] *n* ⟨∼; ∼ [rə'lɛːs]⟩ ÉLECT relais *m*
Relation [relatsi'oːn] *f* ⟨∼; ∼en⟩ rapport *m*
relativ *adj* relatif
relativieren *v/t* ⟨*sans ge*⟩ donner une valeur re-
lative à; relativiser
Relativität *f* ⟨∼; ∼en⟩ relativité *f* (*a* PHYS)
Relativitätstheorie *f* théorie *f* de la relativité
Relativpronomen *n* pronom relatif
Relativsatz *m* (proposition *f*) relative *f*
relaxen [ri'lɛksən] F *v/i* ⟨*sans ge*⟩ (*entspannen*)
se détendre; *relaxed* décontracté
relevant [rele'vant] *adj* important; *Bemerkung*
pertinent (*für* pour); *Information* utile
Relief [reli'ɛf] *n* ⟨∼s; ∼s *ou* ∼e⟩ relief *m*
Religion [religi'oːn] *f* ⟨∼; ∼en⟩ religion *f*; (*Kon-*
fession) confession *f*; *Schulfach* instruction re-
ligieuse
Religionsbekenntnis *n* confession *f* (de foi)
Religionsfreiheit *f* liberté religieuse, du culte
Religionsgemeinschaft *f* communauté reli-
gieuse

Religionslehrer(in) *m*(*f*) professeur *m*,*f* d'ins-
truction religieuse
Religionsunterricht *m* instruction religieuse
Religionswissenschaft *f* ⟨∼⟩ science *f* des re-
ligions; théologie *f*
Religionszugehörigkeit *f* (appartenance *f* à
une) confession *f*
religiös [religi'øːs] *adj* religieux; (*fromm*)
pieux; (*gläubig*) croyant
Religiosität [religiozi'tɛːt] *f* ⟨∼⟩ religiosité *f*;
piété *f*
Relikt [re'lɪkt] *n* ⟨∼¢s; ∼e⟩ vestige *m*
Reling ['reːlɪŋ] *f* ⟨∼; ∼s *ou* ∼e⟩ bastingage *m*;
rambarde *f*
Reliquie [re'liːkviə] *f* ⟨∼; ∼n⟩ relique *f*
Reliquienschrein *m* reliquaire *m*; châsse *f*
Remake [ri'meːk] *n* ⟨∼s; ∼s⟩ FILM remake *m*
remis [rə'miː] *adv* *remis spielen* faire match
nul
Remis *n* ⟨∼; ∼ [rə'miːs] *ou* ∼en⟩ match nul
Remittende [remɪ'tɛndə] *f* ⟨∼; ∼n⟩ BUCHHAN-
DEL (exemplaire *m*) invendu *m*; ZEITUNGSHAN-
DEL *Remittenden* bouillons *m/pl*
Remmidemmi [rɛmi'demi] F *n* ⟨∼s⟩ F raffut *m*;
F boucan *m*; F ramdam *m*
Remoulade [remu'laːdə] *f* ⟨∼; ∼n⟩, **Remoula-**
densoße *f* rémoulade *f*
rempeln ['rɛmpəln] F *v/t* ⟨¢⟩ bousculer; FUSS-
BALL *etc* charger
Ren [rɛn] *n* ⟨∼s; ∼s⟩ renne *m*
Renaissance [rənɛ'sãːs] *f* ⟨∼; ∼n⟩ *Stil, Epoche*
Renaissance *f*; *fig* renaissance *f*; renouveau *m*
Rendezvous [rãde'vuː] *n* ⟨∼; ∼ [-'vuːs]⟩ ren-
dez-vous (amoureux) *m*
Rendite [rɛn'diːtə] *f* ⟨∼; ∼n⟩ (taux *m* de) rende-
ment *m*
Reneklode [reːnə'kloːdə] *f* ⟨∼; ∼n⟩ BOT reine-
-claude *f*
renitent [reni'tɛnt] *adj* réfractaire; récalcitrant
Renke ['rɛŋkə] *f* ⟨∼; ∼n⟩ ZO corégone *f*; lavaret
m
Rennbahn ['rɛn-] *f* (*Pferderennbahn*) champ *m*
de course; hippodrome *m*; (*Radrennbahn*) vé-
lodrome *m*; piste *f*; (*Autorennbahn*) autodro-

Die Relativpronomen ⟨!FQ⟩

Voilà le monsieur **qui** m'a volé mon vélo.	**Wer?** oder	Subjekt
C'est le vélo **qui** se trouve devant le magasin.	**Was?**	
C'est un monsieur **que** j'ai déjà vu.	**Wen?** oder	Objekt
C'est le vélo **que** mon oncle m'a offert.	**Was?**	
J'ai rencontré la dame **dont** la fille m'a accompagné à Paris.	**Wessen?**	Ersatz für eine Ergänzung mit
C'est un roman **dont** on parle souvent aujourd'hui.	**Wovon?**	de
C'est la maison **où** ma grand-mère a vécu.	**Wo?**	Ort
C'est le pays **où** je voudrais partir en vacances.	**Wohin?**	
Ce sont les copains **avec qui** j'ai passé mes vacances.	**Mit wem?**	Präposition + Person
C'est la moto **avec laquelle** je suis allé en Espagne.	**Womit?**	Präposition + Sache
C'est le pays **auquel** je pense toujours.	**Woran?**	

R

me *m*; circuit *m* automobile
Rennboot *n* 'hors-bord *m*
rennen *v/i* ⟨rannte, gerannt, sn⟩ courir; (*vorwärtsstürzen*) se précipiter; s'élancer; **gegen etw rennen** se heurter, se cogner contre qc; 'heurter, cogner qc
Rennen *n* ⟨∼s; ∼⟩ course *f*; **das Rennen machen** (*a fig*) gagner (la course)
Renner F *m* ⟨∼s; ∼⟩ article *m* qui se vend beaucoup, marche bien
Rennfahrer *m* coureur *m* (automobile, motocycliste, cycliste); pilote *m* de course
Rennpferd *n* cheval *m* de course
Rennplatz *m* champ *m* de course; hippodrome *m*
Rennrad *n* vélo *m* de course
Rennsport *m* course *f*; (*Pferderennsport*) sport *m* hippique; turf *m*
Rennstrecke *f* parcours *m*; (*Rundstrecke*) circuit *m*
Rennwagen *m* voiture *f* de course; bolide *m*
Renommee [reno'me:] *n* ⟨∼s; ∼s⟩ réputation *f*; renom *m*; renommée *f*
renommiert *adjt* renommé, fameux (**wegen** pour)
renovieren [reno'vi:rən] *v/t* ⟨sans ge⟩ rénover; remettre à neuf
Renovierung *f* ⟨∼; ∼en⟩ rénovation *f*; remise *f* à neuf
rentabel [rɛn'ta:bəl] *adj* ⟨-bl-⟩ rentable; lucratif; de bon rapport
Rentabilität *f* ⟨∼⟩ rentabilité *f*; bon rendement, rapport
Rente ['rɛntə] *f* ⟨∼; ∼n⟩ (*gesetzliche Altersrente*) assurance *f*, pension *f* vieillesse; *Geldbetrag, Zustand* retraite *f*; (*Kapitalrente*) rente *f*; F **in Rente gehen, sein** prendre sa retraite, être à la retraite
Rentenalter *n* âge *m* de la retraite
Rentenanspruch *m* droit *m* à une (pension de) retraite, à une pension
Rentenfonds fonds *m* d'obligations
Rentenreform *f* réforme *f* (du régime) des retraites
Rentenversicherung *f* assurance *f* vieillesse
Rentier ['rɛnti:r] *n* zo renne *m*
rentieren [rɛn'ti:rən] *v/r* ⟨sans ge⟩ **sich rentieren** rapporter; être rentable; *fig* (*sich lohnen*) valoir la peine
Rentner(in) *m* ⟨∼s; ∼⟩ (*f*) ⟨∼in; ∼innen⟩ retraité(e) *m(f)*
reparabel [repa'ra:bəl] *adj* ⟨-bl-⟩ réparable
Reparatur *f* ⟨∼; ∼en⟩ réparation *f* (**an** [+ *dat*] de); *für Autos* a dépannage *m*
reparaturanfällig *adj* peu fiable; fragile
Reparaturarbeiten *f/pl* travaux *m/pl* de réparation
reparaturbedürftig *adj* qui a besoin d'être réparé
Reparaturwerkstatt *f* atelier *m* de réparations; *für Autos* a service *m* de dépannage; garage *m*
reparieren *v/t* ⟨sans ge⟩ réparer; *Auto* a dépanner
Repertoire [repɛrto'a:r] *n* ⟨∼s; ∼s⟩ répertoire *m* (*a fig*)
Repetitorium *n* ⟨∼s; -ien⟩ cours particuliers assurant une préparation aux examens
Reportage [repɔr'ta:ʒə] *f* ⟨∼; ∼n⟩ reportage *m*

Reporter(in) *m* ⟨∼s; ∼⟩ (*f*) ⟨∼in; ∼innen⟩ reporter *m*; (femme *f*) reporter *m*
Repräsentant(in) [reprɛzɛn'tant(in)] *m* ⟨∼en; ∼en⟩ (*f*) ⟨∼in; ∼innen⟩ représentant(e) *m(f)*
Repräsentation *f* ⟨∼⟩ représentation *f*
repräsentativ *adj* représentatif (**für** de)
repräsentieren ⟨sans ge⟩ **I** *v/t* représenter **II** *v/i* remplir ses obligations officielles
Repressalie [reprɛ'sa:liə] *f* ⟨∼; ∼n⟩ représailles *f/pl*
Reproduktion [reproduktsi'o:n] *f* reproduction *f*
reproduzieren *v/t* ⟨sans ge⟩ reproduire
Reptil [rɛp'ti:l] *n* ⟨∼s; ∼ien⟩ reptile *m*
Republik [repu'bli:k] *f* ⟨∼; ∼en⟩ république *f*
Republikaner(in) *m* ⟨∼s; ∼⟩ (*f*) ⟨∼in; ∼innen⟩ **1.** (*Republikanhänger*) républicain(e) *m(f)* **2.** *BRD* membre *m* du parti républicain
republikanisch *adj* républicain
Requiem ['re:kviɛm] *n* ⟨∼s; ∼s⟩ requiem *m*
Requisit [rekvi'zi:t] *n* ⟨∼¢s; ∼en⟩ **1.** THÉ accessoire *m* **2.** *fig* chose *f* nécessaire
resch [rɛʃ] *adj* *österr* **1.** (*knusprig*) croustillant **2.** F (*lebhaft*) fringant
Reservat *n* ⟨∼¢s; ∼e⟩ réserve *f*
Reserve [re'zɛrvə] *f* ⟨∼; ∼n⟩ **1.** (*Zurückhaltung*) réserve *f*; retenue *f*; F **j-n aus der Reserve locken** F faire sortir qn de sa réserve, de sa coquille **2.** (*Vorrat*) réserve *f* (*a* MIL, SPORT); **stille Reserven** réserves cachées, occultes
Reservebank *f* ⟨∼; -bänke⟩ SPORT banc *m* des remplaçants
Reservekanister *m* *für Benzin* jerrycan *m*
Reserveoffizier *m* officier *m* de réserve
Reserverad *n* roue *f* de rechange, de secours
Reservereifen *m* pneu *m* de rechange
Reservespieler(in) *m(f)* remplaçant(e) *m(f)*
Reservetank *m* réservoir *m* de secours
reservieren *v/t* ⟨sans ge⟩ réserver; retenir; **e-n Platz, ein Zimmer reservieren** a faire une réservation
reserviert *adjt* réservé (*a fig*)
Reservierung *f* ⟨∼; ∼en⟩ réservation *f*
Reservist *m* ⟨∼en; ∼en⟩ réserviste *m*
Reservoir [rezɛrvo'a:r] *n* ⟨∼s; ∼e⟩ réservoir *m* (*a fig*)
Residenz [rezi'dɛnts] *f* ⟨∼; ∼en⟩ résidence *f*
Residenzstadt *f* résidence *f*; (*Hauptstadt*) capitale *f*
residieren *v/i* ⟨sans ge⟩ résider
Resignation *f* ⟨∼; ∼en⟩ résignation *f*
resignieren [rezɪ'gni:rən] *v/i* ⟨sans ge⟩ se résigner
resistent [rezɪs'tɛnt] *adj* résistant (**gegen** contre)
resolut [rezo'lu:t] *adj* résolu; déterminé
Resolution *f* ⟨∼; ∼en⟩ résolution *f*
Resonanz [rezo'nants] *f* ⟨∼; ∼en⟩ **1.** PHYS, MUS résonance *f* **2.** *fig* écho *m* (**auf** [+ *acc*] à)
Resonanzboden *m* MUS table *f* d'harmonie
Resopal® [rezo'pa:l] *n* ⟨∼s⟩ formica® *m*
resozialisieren *v/t* ⟨sans ge⟩ réinsérer
Resozialisierung *f* ⟨∼; ∼en⟩ réinsertion sociale
Respekt [re'spɛkt] *m* ⟨∼¢s⟩ respect *m*; **vor j-m, etw Respekt haben** avoir du respect pour qn, qc; **sich** (*dat*) **Respekt verschaffen** se faire respecter
respektabel [rɛspɛk'ta:bəl] *adj* ⟨-bl-⟩ respecta-

R

ble
respektieren v/t ⟨sans ge⟩ respecter
respektlos adj sans respect; irrespectueux
Respektlosigkeit f ⟨~⟩ manque m de respect; irrespect m
Respektsperson f personnage m respectable
respektvoll adj respectueux
Ressentiment [resãti'mã:] st/s n ⟨~s; ~s⟩ ressentiment m (**gegenüber** à l'égard de)
Ressort [rɛ'so:r] n ⟨~s; ~s⟩ ressort m; département m
Ressource [rɛ'sʊrsə] f ⟨~; ~n⟩ ÉCON, FIN ressources f/pl
Rest [rɛst] m ⟨~¢s; ~e⟩ **1.** reste m (a MATH); restant m; fig (Spur) vestige m; F fig **j-m den Rest geben** donner le coup de grâce à qn **2.** pl **Reste** (Speiserest) restes m/pl
Restalkohol m résidu m d'alcool (dans le sang)
Restaurant [rɛsto'rã:] n ⟨~s; ~s⟩ restaurant m
Restaurator(in) [rɛstau'ra:tɔr (-ra'to:rɪn)] m ⟨~s; -toren⟩ (f) ⟨~in; ~innen⟩ restaurateur, -trice m,f
restaurieren v/t ⟨sans ge⟩ restaurer
Restaurierung f ⟨~; ~en⟩ restauration f
Restbestand m an Waren reste m du stock
Restbetrag m restant m; reliquat m
restlich adj restant; qui reste
restlos adv totalement; F **restlos glücklich** comblé
Restmüll m déchets m/pl non recyclables
Restposten m fin f de série
Restrisiko n risque m non évaluable
Resturlaub m **ich habe noch drei Tage Resturlaub** il me reste encore trois jours de vacances
Resultat [rezul'ta:t] n ⟨~¢s; ~e⟩ résultat m
resultieren v/i ⟨sans ge⟩ **aus etw resultieren** résulter de qc; **daraus resultiert, dass ...** il en résulte que
Resümee [rezy'me:] n ⟨~s; ~s⟩ résumé m
resümieren v/t ⟨sans ge⟩ résumer
Retorte [re'tɔrtə] f ⟨~; ~n⟩ cornue f; alambic m; F fig **aus der Retorte** factice
Retortenbaby F n bébé-éprouvette m
Retourkutsche F f in Worten réponse f, a Handlung riposte f du tac au tac
Retrospektive [retrospɛk'ti:və] f ⟨~; ~n⟩ rétrospective f
retten ['rɛtən] ⟨-e-⟩ **I** v/t sauver (**aus, vor** [+ dat] de); (befreien) délivrer; F **bist du noch zu retten?** F ça va pas la tête? **II** v/r **sich retten** échapper (**aus, vor** [+ dat] à)
rettend adjt qui sauve; Einfall salutaire
Retter(in) m ⟨~s; ~⟩ (f) ⟨~in; ~innen⟩ (Lebensretter) sauveteur m; fig sauveur m
Rettich ['rɛtɪç] m ⟨~s; ~e⟩ radis m (noir)
Rettung f ⟨~; ~en⟩ **1.** sauvetage m (a fig); fig **letzte Rettung** (Heil) salut m; planche f de salut **2.** österr → **Rettungsdienst**, **Rettungswagen**
Rettungsaktion f opération f de sauvetage
Rettungsanker m fig planche f de salut
Rettungsboje f bouée (lumineuse)
Rettungsboot n canot m de sauvetage
Rettungsdienst m service m de sauvetage
Rettungshubschrauber m hélicoptère m de sauvetage
Rettungsinsel f radeau m pneumatique

Rettungsmannschaft f équipe f de secours; sauveteurs m/pl
Rettungsring m **1.** bouée f de sauvetage **2.** F plais (Fettwulst) bourrelet(s) m(pl) autour de la taille
Rettungsschwimmer(in) m(f) sauveteur m
Rettungsversuch m tentative f de sauvetage
Rettungswagen m ambulance f
Rettungsweste f gilet m de sauvetage
retuschieren [retu'ʃi:rən] v/t ⟨sans ge⟩ retoucher
Reue ['rɔʏə] f ⟨~⟩ repentir m (**über** [+ acc] de); bes REL contrition f; pénitence f
reuen st/s v/t, v/imp **es reut mich, das getan zu haben** je regrette d'avoir fait cela
reuevoll st/s, **reuig** st/s, **reumütig** ['rɔʏmy:tɪç] **I** adj repentant **II** adv le cœur contrit
Reuse ['rɔʏzə] f ⟨~; ~n⟩ nasse f
Revanche [re'vã:ʃ(ə)] f ⟨~; ~n⟩ revanche f

Revanche = revanche

Wird anders geschrieben als englisch „revenge".

---

revanchieren v/r ⟨sans ge⟩ **sich (bei j-m) revanchieren** positiv u negativ rendre la pareille (à qn); negativ prendre sa revanche (sur qn); **sich bei j-m für etw revanchieren** positiv u negativ revaloir qc à qn
Revers [rə'vɛːr] n ⟨~; ~ [-'vɛːrs]⟩ COUT revers m
revidieren [revi'di:rən] v/t ⟨sans ge⟩ réviser
Revier [re'vi:r] n ⟨~s; ~e⟩ **1.** (Jagdrevier) chasse f **2.** (Polizeirevier) commissariat m (de police, de quartier) **3.** zo territoire m **4.** fig (Bereich) domaine m
Revision [revizi'o:n] f révision f; JUR pourvoi m en cassation; **Revision einlegen, in die Revision gehen** se pourvoir, aller en cassation
Revolte [re'vɔltə] f ⟨~; ~n⟩ révolte f
revoltieren v/i ⟨sans ge⟩ (**gegen j-n, etw**) revoltieren se révolter (contre qn, qc)
Revolution [revolutsi'o:n] f ⟨~; ~en⟩ révolution f; **die Französische Revolution** la Révolution (française)
revolutionär [revolutsio'nɛːr] adj révolutionnaire
Revolutionär(in) m ⟨~s; ~e⟩ (f) ⟨~in; ~innen⟩ révolutionnaire m,f
revolutionieren v/t ⟨sans ge⟩ révolutionner
Revoluzzer [revo'lutsər] m ⟨~s; ~⟩ péj révolutionnaire m; F anar m
Revolver [re'vɔlvər] m ⟨~s; ~⟩ revolver m
Revolverblatt F n journal m bzw revue f à sensation, à scandale
Revolverheld m péj individu m toujours prêt à dégainer
Revue [re'vy:] f ⟨~; ~n⟩ revue f; fig **Revue passieren lassen** passer en revue
Rezensent(in) [retsɛn'zɛnt(ɪn)] m ⟨~en; ~en⟩ (f) ⟨~in; ~innen⟩ critique m; auteur m d'une critique littéraire, etc
rezensieren v/t ⟨sans ge⟩ faire la critique de
Rezension f ⟨~; ~en⟩ critique f; compte rendu m
Rezept [re'tsɛpt] n ⟨~¢s; ~e⟩ **1.** CUIS recette f **2.** MÉD ordonnance f **3.** F fig remède m (**gegen** pour)

rezeptfrei *adj u adv* sans ordonnance; en vente libre
Rezeption [retsɛptsi'oːn] *f* ⟨~; ~en⟩ réception *f*
rezeptpflichtig *adj* délivré seulement sur ordonnance
Rezession [retsɛsi'oːn] *f* ⟨~; ~en⟩ récession *f*
reziprok [retsi'proːk] *adj* réciproque
Rezitativ [retsita'tiːf] *n* ⟨~s; ~e⟩ MUS récitatif *m*
rezitieren *v/t* ⟨*sans ge*⟩ réciter
R-Gespräch *n* TÉL P.C.V. *m*
Rhabarber [ra'barbər] *m* ⟨~s⟩ rhubarbe *f*
Rhapsodie [rapso'diː] *f* ⟨~; ~n⟩ MUS rhapsodie *f*
Rhein [raɪn] ⟨~s⟩ *der Rhein* le Rhin
rheinisch *adj* rhénan; du Rhin
Rheinland *das Rheinland* la Rhénanie
Rheinländer(in) ['raɪnlɛndər(ɪn)] *m* ⟨~s; ~⟩ (*f*) ⟨~in; ~innen⟩ Rhénan(e) *m(f)*
Rheinland-Pfalz *n* ⟨von ~⟩ la Rhénanie-Palatinat
Rhesusfaktor ['reːzʊs-] *m* MÉD facteur *m* rhésus
Rhetorik [re'toːrɪk] *f* ⟨~; ~en⟩ rhétorique *f*
rhetorisch *adj* de rhétorique; rhétorique
Rheuma ['rɔyma] *n* ⟨~s⟩ rhumatisme(s) *m(pl)*; *zu Rheuma neigen* être sujet aux rhumatismes
Rheumatiker(in) *m* ⟨~s; ~⟩ (*f*) ⟨~in; ~innen⟩ rhumatisant(e) *m(f)*
rheumatisch *adj* rhumatismal
Rheumatismus *m* ⟨~; -men⟩ rhumatisme *m*
Rhinozeros [ri'noːtserɔs] *n* ⟨~¢¢s; ~se⟩ rhinocéros *m*
Rhododendron [rodo'dɛndrɔn] *m od n* ⟨~s; -dren⟩ rhododendron *m*
Rhodos ['rɔdɔs] *n* Rhodes
Rhombus ['rɔmbʊs] *m* ⟨~; -ben⟩ losange *m*
Rhone ['roːnə] ⟨~⟩ *die Rhone* le Rhône
Rhönrad ['røːnraːt] *n* SPORT roue vivante
rhythmisch ['rʏtmɪʃ] *adj* rythmique
Rhythmus *m* ⟨~; -men⟩ rythme *m*
Ribisel ['riːbiːzəl] *f* ⟨~; ~n⟩ *österr* groseille *f*
richten ['rɪçtən] ⟨-e-⟩ **I** *v/t* **1.** (*in die richtige Stellung bringen*) disposer; (ar)ranger; (*gerade richten*) redresser; TECH dresser **2.** (*lenken*) diriger, orienter (*auf* [+ *acc*], *gegen* sur, vers); *Blick* porter (*auf* [+ *acc*] sur); tourner (vers); *Fernrohr, Gewehr* braquer (*auf* [+ *acc*] sur); *Bitte, Brief, Frage* adresser (*an* [+ *acc*] à); *Aufmerksamkeit, Bemühungen* porter, concentrer (*auf* [+ *acc*] sur); *Wut, Anklage* diriger (*gegen* contre); *Gedanken* tourner, diriger (*auf* [+ *acc*] vers) **3.** (*in Ordnung bringen*) mettre en ordre; ranger; (*ausbessern*) réparer **4.** *Mahlzeit* préparer **5.** JUR *j-n richten* juger qn **II** *v/r* **6.** *sich nach etw richten* se conformer à qc; suivre qc; (*abhängen von*) dépendre de qc; *ich werde mich danach richten* j'agirai en conséquence; *sich nach j-m richten* se régler sur qn; suivre qn **7.** *sich auf etw* (*acc*) *richten Blicke, Aufmerksamkeit* se fixer, se concentrer sur qc; *sich gegen j-n richten Wut etc* se porter contre qn; *Worte, Kritik* viser qn **III** *v/i* JUR *über j-n richten* juger qn
Richter(in) *m* ⟨~s; ~⟩ (*f*) ⟨~in; ~innen⟩ juge *m,f*; magistrat(e) *m(f)* du siège
richterlich *adj* judiciaire
Richterskala *f* ⟨~⟩ échelle *f* de Richter
Richterspruch *m* sentence *f*; verdict *m*

Richtfest *n* fête célébrant la fin du gros œuvre
Richtfunk *m* radio *f* relais
Richtgeschwindigkeit *f* vitesse maximale conseillée
richtig ['rɪçtɪç] **I** *adj* (*nicht falsch*) juste; correct; bon; (*genau*) exact; (*geeignet*) propre; opportun; (*echt, wirklich*) vrai; véritable; *richtig!* c'est ça!; c'est juste!; *der richtige Weg* le bon chemin; *er ist ein richtiger Idiot* c'est un parfait imbécile, F un con fini **II** *adv richtig rechnen* calculer juste; *richtig gehen Uhr* être à l'heure; donner l'heure exacte; *richtig gehend Uhr*: (*ausgesprochen*) → *richtiggehend I 1, II*; (*es*) *für richtig halten zu* (+ *inf*) juger bon, à propos de (+ *inf*); → *richtigstellen*
Richtige(r) *f(m)* ⟨→ A⟩ homme *m*, femme *f* qu'il faut, idéal(e); *iron an den Richtigen geraten* bien tomber
Richtige(s) *n* ⟨→ A⟩ *das Richtige für uns* ce qu'il nous faut; *nichts Richtiges gelernt haben* ne pas avoir appris grand-chose
richtiggehend I *adjt* **1.** (*ausgesprochen*) vrai; véritable **2.** *Uhr* → *richtig II* **II** *advt* vraiment
Richtigkeit *f* ⟨~⟩ justesse *f*; (*Genauigkeit*) exactitude *f*; *damit hat es s-e Richtigkeit* c'est exact, vrai
richtigstellen *v/t* (*berichtigen*) rectifier; mettre au point
Richtigstellung *f* rectification *f*; mise *f* au point
Richtlinie *f* directive *f*
Richtmikrofon *n* microphone directionnel
Richtpreis *m* prix indicatif, conseillé
Richtschnur *f* ⟨~; ~en⟩ *fig* ligne directrice
Richtung *f* ⟨~; ~en⟩ **1.** direction *f*; sens *m*; *in Richtung ...* en direction, dans la direction de ...; *nach allen Richtungen* en tous sens; dans toutes les directions; *in entgegengesetzter Richtung* en sens inverse; *die Züge aus Richtung ...* les trains en provenance de ..., venant de ...; *ein erster Schritt in Richtung* (*auf den*) *Frieden* un premier pas vers la paix; F *fig die Richtung stimmt* on est, ils sont, *etc* sur la bonne voie **2.** *fig* (*Tendenz*) tendance *f*; courant *m*
Richtungsänderung *f* changement *m* de direction; *fig*, POL coup *m* de barre
Richtungspfeil *m* flèche *f* d'orientation
Richtungswechsel *m* → *Richtungsänderung*
richtungweisend *adjt* qui ouvre, montre la voie; pilote
Richtwert *m* valeur indicative, de base
Ricke ['rɪkə] *f* ⟨~; ~n⟩ ZO chevrette *f*
rieb [riːp] → *reiben*
riechen ['riːçən] ⟨roch, gerochen⟩ **I** *v/t* sentir; F *fig etw nicht riechen können* ne pas pouvoir deviner qc; F *fig j-n nicht riechen können* ne pas pouvoir sentir, supporter qn; F avoir qn dans le nez **II** *v/i* sentir (*nach, an etw* [*dat*] qc); *gut, schlecht riechen* sentir bon, mauvais; *aus dem Mund riechen* avoir mauvaise haleine
Riecher F *m* ⟨~s; ~⟩ *e-n guten Riecher* (*für etw*) *haben* avoir du flair (pour qc)
Ried [riːt] *n* ⟨~¢s; ~e⟩ marécage (couvert de roseaux)
rief [riːf] → *rufen*
riefeln ['riːfəln] *v/t* ⟨¢⟩ canneler

R

Riege ['riːgə] *f* ⟨~; ~n⟩ SPORT section *f*
Riegel ['riːgəl] *m* ⟨~s; ~⟩ **1.** verrou *m*; *fig* **e-r Sache** (*dat*) **e-n Riegel vorschieben** mettre un terme, le holà à qc **2.** (*Schokoladenriegel*) barre *f*
Riemen ['riːmən] *m* ⟨~s; ~⟩ **1.** courroie *f*; *langer, schmaler* lanière *f*; (*Tragriemen, Gewehrriemen*) bretelle *f*; F *fig* **sich am Riemen reißen** F se prendre par la main **2.** (*Ruder*) rame *f*; aviron *m*
Ries [riːs] *n* ⟨~es; ~e, *mais 4* ~⟩ **ein Ries Papier** une rame de papier
Riese ['riːzə] *m* ⟨~n; ~n⟩ géant *m*
rieseln ['riːzəln] *v/i* ⟨⊄, sn⟩ *Sand, Tropfen* couler; *Wasser* ruisseler
Riesen... *in Zssgn* gigantesque; géant
Riesenbaby F *n* F gros patapouf
Riesenerfolg F *m* succès fou, F bœuf; énorme succès *m*
riesengroß → **riesig**
Riesenhunger F *m* faim *f* de loup
Riesenrad *n* grande roue
Riesenschlange *f* boa *m*; python *m*
Riesenschritt *m* **mit Riesenschritten** à pas de géant
Riesenslalom *m* slalom géant
riesig **I** *adj* **1.** géant; colossal; gigantesque; énorme **2.** F (*hervorragend*) F super; F génial **II** F *adv* terriblement; énormément; **ich habe mich riesig gefreut** ça m'a fait terriblement plaisir
Riesling ['riːslɪŋ] *m* ⟨~s; ~e⟩ *Wein* riesling *m*
riet [riːt] → **raten**
Riff [rɪf] *n* ⟨~⊄s; ~e⟩ récif *m*
rigoros [rigo'roːs] *adj* rigoureux; (*streng*) sévère
Rigorosum *n* ⟨~s; -sa⟩ oral *m* du doctorat
Rikscha ['rɪkʃa] *f* ⟨~; ~s⟩ pousse-pousse *m*
Rille ['rɪlə] *f* ⟨~; ~n⟩ rainure *f*; cannelure *f*; *der Schallplatte* sillon *m*
Rind [rɪnt] *n* ⟨~⊄s; ~er⟩ **1.** ZO bovin *m* **2.** (*Rindfleisch*) bœuf *m*
Rinde ['rɪndə] *f* ⟨~; ~n⟩ (*Baumrinde*) écorce *f*; (*Brotrinde, Käserinde*) croûte *f*
Rinderbraten *m* rôti *m* de bœuf
Rinderfilet *n* filet *m* de bœuf
Rindergulasch *n* goulasch *od* goulache *m od f* (de bœuf)
Rinderleber *f* foie *m* de génisse
Rinderlende *f* aloyau *m*
Rinderschmorbraten *m* bœuf braisé, en daube
Rinderwahn(sinn) *m* maladie *f* de la vache folle

Rinderzucht *f* élevage bovin
Rinderzunge *f* langue *f* de bœuf
Rindfleisch *n* bœuf *m*
Rindfleischsuppe *f* consommé *m* (*à base de viande de bœuf*)
Rindsleder *n* cuir *m* de bœuf
Rindvieh *n* **1.** bovin *m* **2.** F *fig* (*Dummkopf*) imbécile *m,f*; F andouille *f*
Ring [rɪŋ] *m* ⟨~⊄s; ~e⟩ **1.** anneau *m*; *Schmuck*, TECH bague *f*; (*Trauring*) alliance *f* **2.** *um die Augen* cerne *m* **3.** BOXEN ring *m*; TURNEN **Ringe** *pl* anneaux *m/pl* **4.** (*Straße*) périphérique *m*
Ringbuch *n* classeur *m* (à anneaux)
Ringelblume *f* BOT souci *m*
ringeln ['rɪŋəln] *v/r* ⟨⊄⟩ **sich ringeln** s'enrouler (**um etw** autour de qc); *Haare* boucler
Ringelnatter *f* couleuvre *f* à collier
Ringelreihen *m* ⟨~s; ~⟩ ronde (enfantine) *f*
Ringelspiel *n österr* → **Karussell**
Ringeltaube *f* (pigeon *m*) ramier *m*; palombe *f*
ringen ⟨rang, gerungen⟩ **I** *v/t* **die Hände ringen** se tordre les mains **II** *v/i* **1.** (*kämpfen*) SPORT, *fig* lutter (**mit** contre) **2.** *fig* se débattre (**mit** contre); **nach Atem ringen** respirer avec peine; *pl/fort* suffoquer
Ringen *n* ⟨~s⟩ SPORT, *fig* lutte *f* (**um** pour)
Ringer *m* ⟨~s; ~⟩ lutteur *m*
Ringfinger *m* annulaire *m*
ringförmig *adj* annulaire
Ringkampf *m* lutte *f*
Ringkämpfer *m* lutteur *m*
Ringrichter *m* arbitre *m*
rings [rɪŋs] *adv* (tout) autour (**um** de)
ringsherum *adv* tout autour; (*auf allen Seiten*) de tous côtés
Ringstraße *f* boulevard extérieur
ringsum, ringsumher → **ringsherum**
Rinne ['rɪnə] *f* ⟨~; ~n⟩ (*Abflussrinne*) rigole *f*; *in der Straße* caniveau *m*; (*Dachrinne*) gouttière *f*
rinnen *v/i* ⟨rann, geronnen⟩ **1.** ⟨sn⟩ (*langsam fließen*) couler (*lentement*); *Regen, Tränen, Blut a* ruisseler **2.** ⟨h⟩ *südd* (*undicht sein*) fuir
Rinnsal *n* ⟨~⊄s; ~e⟩ ruisselet *m*; filet *m* d'eau
Rinnstein *m* caniveau *m*
Rippchen *n* ⟨~s; ~⟩ CUIS côtelette *f*
Rippe ['rɪpə] *f* ⟨~; ~n⟩ **1.** ANAT côte *f* **2.** CONSTR, BOT nervure *f*; (*Schokoladenrippe*) barre *f*
Rippenbruch *m* MÉD fracture *f* des côtes
Rippenfell *n* ANAT plèvre *f*
Rippenfellentzündung *f* MÉD pleurésie *f*
Rippenspeer *m od n* ⟨~⊄s⟩ (**Kasseler**) **Rippenspeer** côtelette de porc salée et fumée
Risiko ['riːziko] *n* ⟨~s; -ken⟩ risque *m*; **auf eigenes Risiko** à mes, tes, *etc* risques et périls

---

Rinderwahnsinn

Die Krankheit, die wir im Deutschen „Rinderwahnsinn" nennen, heißt auf Französisch **la maladie de la vache folle** (wörtlich ‚die Krankheit der verrückten Kuh').

Die französische Entsprechung für die deutsche Kurzform „BSE" lautet **ESB** [əɛsbe] (abgeleitet aus **encéphalopathie spongiforme bovine**).

Risiko = risque

Wird anders geschrieben als englisch „risk".

Risikobereitschaft *f* goût *m* du risque
Risikofaktor *m* facteur *m* de risque
Risikogruppe *f* groupe *m* à risque(s)
Risikokapital *n* capital-risque *m*
risikoreich *adj* risqué; plein de risques
Risikoschwangerschaft *f* grossesse *f* à risque(s)

riskant [rɪsˈkant] *adj* risqué; osé
riskieren *v/t* ⟨*sans ge*⟩ risquer (, **dass** que [+ *subj*], de [+ *inf*])
Rispe [ˈrɪspə] *f* ⟨∿; ∿n⟩ BOT panicule *f*
riss [rɪs] → **reißen**
Riss *m* ⟨∿es; ∿e⟩ *im Gewebe, Papier* déchirure *f* (*a Hautriss, Muskelriss*); *durch Hängenbleiben* accroc *m*; *tiefer* crevasse *f*; fissure *f* (*a fig*); *durch Kälteeinwirkung* gerçure *f*; *in Holz* fente *f*; *in Porzellan, Ton* fêlure *f*; *in Lack* craquelure *f*; (*Mauerriss*) lézarde *f*; **Risse bekommen** se déchirer; se fendre; se fissurer; se fêler; se lézarder; *fig Freundschaft* en prendre un coup
rissig *adj* crevassé; *Haut a* gercé; fêlé; fissuré; craquelé; lézardé
Rist [rɪst] *m* ⟨∿es; ∿e⟩ (*Fußrücken*) cou-de-pied *m*; (*Handrücken*) dos *m* de la main
ritt [rɪt] → **reiten**
Ritt *m* ⟨∿s; ∿e⟩ tour *m*, promenade *f* à cheval; chevauchée *f*
Ritter [ˈrɪtər] *m* ⟨∿s; ∿⟩ chevalier *m* (*a e-s Ordens*); **j-n zum Ritter schlagen** armer qn chevalier
ritterlich *adj* chevaleresque; *fig* galant; courtois
Ritterlichkeit *f* ⟨∿⟩ *fig* courtoisie *f*; galanterie *f*
Ritterorden *m* ordre *m* de chevalerie
Ritterrüstung *f* armure *f*
Ritterschlag *m* accolade *f*
Rittersporn *m* ⟨∿s; ∿e⟩ BOT pied-d'alouette *m*
Rittertum *n* ⟨∿s⟩ chevalerie *f*
rittlings *adv* **rittlings sitzen** être à califourchon, à cheval
Ritual [ritu'aːl] *n* ⟨∿s; ∿e⟩ rituel *m*
rituell *adj* rituel
Ritus [ˈriːtus] *m* ⟨∿; -ten⟩ rite *m*
Ritz [rɪts] *m* ⟨∿es; ∿e⟩ **1.** (*Schramme*) rayure *f*; *in der Haut* égratignure *f*; éraflure *f* **2.** → **Ritze**
Ritze *f* ⟨∿; ∿n⟩ (petite) fente; fissure *f*
Ritzel [ˈrɪtsəl] *n* ⟨∿s; ∿⟩ TECH pignon *m*
ritzen (*∿s*) **I** *v/t* **1.** rayer; *Haut* égratigner; érafler **2.** (*einritzen*) graver (**in** [+ *acc*] dans) **II** *v/r* **sich ritzen** s'égratigner; s'érafler
Rivale [ri'vaːlə] *m* ⟨∿n; ∿n⟩, **Rivalin** *f* ⟨∿; ∿nen⟩ rival(e) *m(f)*
rivalisieren *v/i* ⟨*sans ge*⟩ (**mit j-m**) **rivalisieren** rivaliser (avec qn)
Rivalität *f* ⟨∿; ∿en⟩ rivalité *f*
Riviera [rivi'eːra] ⟨∿⟩ **die Riviera** *französische* la Côte d'Azur; *italienische* la Riviera
Rizinusöl [ˈriːtsinusˀøːl] *n* huile *f* de ricin
Roastbeef [ˈroːstbiːf] *n* ⟨∿s; ∿s⟩ rosbif *m*
Robbe [ˈrɔbə] *f* ⟨∿; ∿n⟩ phoque *m*
robben *v/i* ⟨sn⟩ ramper
Robbenfang *m* chasse *f* aux phoques
Robbenfänger *m* ⟨∿s; ∿⟩ chasseur *m* de phoques
Robe [ˈroːbə] *f* ⟨∿; ∿n⟩ (*festliches Kleid*) robe *f* de soirée; (*Richterrobe*) robe *f*
Robin Hood [ˈrɔbɪnˈhut] *m* ⟨∿s⟩ HIST Robin *m* des Bois
Roboter [ˈrɔbɔtər] *m* ⟨∿s; ∿⟩ robot *m*
Robotertechnik *f* robotique *f*
robust [roˈbust] *adj* robuste
Robustheit *f* ⟨∿⟩ robustesse *f*
roch [rɔx] → **riechen**
Rochade [rɔˈxaːdə] *f* ⟨∿; ∿n⟩ SCHACH roque *m*
röcheln [ˈrœçəln] *v/i* ⟨∿⟩ râler
Röcheln *n* ⟨∿s⟩ râle *m*

Rochen [ˈrɔxən] *m* ⟨∿s; ∿⟩ ZO raie *f*
Rock[1] [rɔk] *m* ⟨∿es; ∵e⟩ **1.** (*Damenrock*) jupe *f* **2.** (*Jackett*) veston *m*; veste *f* **3.** *schweiz* (*Kleid*) robe *f*
Rock[2] *m* ⟨∿s⟩ MUS rock *m*
Rock and Roll [rɔkənˈroːl] *m* ⟨∿; ∿s⟩ *Musik u Tanz* rock (and roll) *m*
Rockband *f* groupe *m* rock
Rocker *m* ⟨∿s; ∿⟩ F loubard *m*
Rockerbande *f* F bande *f* de loubards
Rockgruppe *f* groupe *m* de rock
Rockmusik *f* musique *f* rock
Rocksänger(in) *m(f)* chanteur, -euse *m,f* rock; rocker, -euse *m,f*
Rockzipfel *m* pan *m* d'habit; basque *f*; **an Mutters Rockzipfel hängen** être toujours pendu aux basques de sa mère
Rodelbahn [ˈroːdəl-] *f* piste *f* de luge
rodeln *v/i* ⟨∵, sn *ou* h⟩ faire de la luge
Rodelschlitten *m* luge *f*
roden [ˈroːdən] *v/t* ⟨-e-⟩ défricher
Rodler(in) *m* ⟨∿s; ∿⟩ (*f*) ⟨∿in; ∿innen⟩ lugeur, -euse *m,f*
Rodung *f* ⟨∿; ∿en⟩ défrichement *m*; défrichage *m*
Rogen [ˈroːgən] *m* ⟨∿s; ∿⟩ œufs *m/pl* de poissons
Roggen [ˈrɔgən] *m* ⟨∿s⟩ seigle *m*
Roggenbrot *n* pain *m* de seigle
roh [roː] *adj* **1.** (*ungekocht*) cru **2.** (*nicht bearbeitet*) brut **3.** *fig Person* brutal; barbare; rude; *Verhalten* barbare; rude; *Gewalt* brutal
Rohbau *m* ⟨∿es; ∿ten⟩ gros œuvre *m*
Rohheit *f* ⟨∿; ∿en⟩ **1.** *Benehmen* rudesse *f* **2.** (*Rücksichtslosigkeit*), *Handlung* brutalité *f*; barbarie *f*
Rohkost *f* crudités *f/pl*
Rohling *m* ⟨∿s; ∿e⟩ *Person* brute *f*
Rohmaterial *n* matière première
Rohöl *n* pétrole brut
Rohr [roːr] *n* ⟨∿es; ∿e⟩ **1.** TECH tuyau *m*; *kleineres* tube *m*; (*Leitungsrohr*) conduite *f*; conduit *m*; (*Geschützrohr*) canon *m* **2.** (*Schilfrohr*) roseau *m* **3.** *südd, österr* (*Backrohr*) four *m*
Rohrbruch *m* rupture *f* de tuyau
Röhrchen *n* ⟨∿s; ∿⟩ *für Medikamente* tube *m*; *beim Alkoholtest* **ins Röhrchen blasen** F souffler dans le ballon
Rohrdommel [ˈroːrdɔməl] *f* ⟨∿; ∿n⟩ ZO butor *m*
Röhre [ˈrøːrə] *f* ⟨∿; ∿n⟩ **1.** TECH (*Leitungsröhre*) conduite *f*; conduit *m*; tuyau *m*; ÉLECT tube *m* **2.** (*Backröhre*) four *m*; F *fig* **in die Röhre gucken** F faire tintin **3.** RAD lampe *f* **4.** F (*Fernseher*) F télé *f*; F téloche *f*
röhren [ˈrøːrən] *v/i* **1.** *Hirsch* bramer **2.** *Motor* 'hurler
röhrenförmig *adj* tubulaire
Röhrenpilz *m* bolet *m*
Rohrleitung *f* tuyau *m*; conduit *m*; conduite *f*
Rohrpost *f* (système *m* de courrier acheminé par) pneumatique *m*
Rohrschelle *f* TECH collier *m* (de serrage)
Rohrspatz *m* F **schimpfen wie ein Rohrspatz** pester; fulminer; tempêter
Rohrstock *m* canne *f* de jonc
Rohrzange *f* pince *f* multiprise
Rohrzucker *m* sucre *m* de canne
Rohstoff *m* matière première

R

Rohstoffmangel *m* ⟨~s⟩ pénurie *f* de matières premières
Rokoko ['rɔkoko] *n* ⟨~s⟩ rococo *m*
Rollbahn *f* AVIAT piste *f*
Rollbraten *m* épaule roulée
Rolle ['rɔlə] *f* ⟨~; ~n⟩ **1.** TECH (*Walze*) rouleau *m*; *beim Flaschenzug* poulie *f*; *unter Möbeln* roulette *f* **2.** (*Zusammengerolltes, Schriftrolle*) rouleau *m*; (*Spule, Garnrolle*) bobine *f*; *an der Angel* moulinet *m* **3.** THÉ, *fig* rôle *m*; *e-e Rolle spielen* jouer un rôle (*a fig*); *fig aus der Rolle fallen* avoir une réaction déplacée; F gaffer **4.** TURNEN roulé-boulé *m*; roulade *f*
rollen I *v/t* rouler; (*wickeln*) enrouler; *das R rollen* rouler les r **II** *v/i* ⟨sn⟩ rouler; *Räder* tourner; *etw ins Rollen bringen* faire rouler, *fig* démarrer qc
Rollenspiel *n* jeu *m* de rôles
Rollentausch *m* échange *m* de rôles
Rollenverhalten *n* SOZIOLOGIE comportement spécifique lié à un rôle
Rollenverteilung *f* **1.** THÉ distribution *f* des rôles **2.** SOZIOLOGIE attribution *f* de rôles spécifiques
Roller *m* ⟨~s; ~⟩ *für Kinder* trottinette *f*; patinette *f*; (*Motorroller*) scooter *m*
Rollfeld *n* AVIAT aire *f* d'atterrissage et de décollage
Rolli F *m* ⟨~s; ~s⟩ pull *m* à col roulé
Rollkragen *m* col roulé
Rollkragenpullover *m* pull-over *m* à col roulé
Rollladen *m* volet roulant
Rollmops *m* CUIS rollmops *m*
Rollo *n* ⟨~s; ~s⟩ store *m* (enrouleur)
Rollschinken *m* jambon fumé roulé
Rollschrank *m* classeur *m* à rideau
Rollschuh *m* patin *m* à roulettes; *Rollschuh laufen* faire du patin à roulettes
Rollschuhläufer(in) *m(f)* patineur, -euse *m,f* à roulettes
Rollsplitt *m* gravillons *m/pl*; gravier *m*
Rollsteig *m* ⟨~¢s; ~e⟩ tapis roulant
Rollstuhl *m* fauteuil roulant
Rollstuhlfahrer(in) *m(f)* handicapé(e) *m(f)* (dans un fauteuil roulant)
Rolltreppe *f* escalier roulant, mécanique; escalator *m*
Rom [roːm] *n* ⟨~s⟩ Rome; *prov alle Wege führen nach Rom prov* tous les chemins mènent à Rome
ROM [rɔm] *n abr* ⟨~¢; ~¢⟩ INFORM (*read-only memory*) mémoire morte
Roma ['roːma] *m/pl* Tsiganes *m/pl*; Rom *m/pl*
Roman [roˈmaːn] *m* ⟨~s; ~e⟩ roman *m*
Romanfigur *f* personnage *m* de roman
Romanheld(in) *m(f)* 'héros *m*, héroïne *f* de roman
Romanik *f* ⟨~⟩ ARCH roman *m*
romanisch *adj* ARCH, *Sprache* roman; *Land, Volk, Kultur* latin
Romanist(in) *m* ⟨~en; ~en⟩ (*f*) ⟨~in; ~innen⟩ *Student(in)* étudiant(e) *m(f)* en langues romanes; *Wissenschaftler(in)* romaniste *m,f*
Romanistik *f* ⟨~⟩ (études *f/pl* des) langues, (des) littératures et (des) civilisations romanes
Romanschriftsteller(in) *m(f)* romancier, -ière *m,f*

Romantik [roˈmantɪk] *f* ⟨~⟩ romantisme *m*
Romantiker *m* ⟨~s; ~⟩ romantique *m* (*a fig*)
romantisch *adj* romantique (*a fig*)
Romanze [roˈmantsə] *f* ⟨~; ~n⟩ idylle *f*; aventure amoureuse
Römer ['røːmər] *m* ⟨~s; ~⟩ **1.** *Bewohner* Romain *m* **2.** *Weinglas* verre *m* à pied (*réservé au vin blanc*)
Römerbrief *m* BIBL Épître *f* aux Romains
Römerin *f* ⟨~; ~nen⟩ Romaine *f*
Römertopf® *m* cocotte *f* en terre allant au four
römisch *adj* romain
römisch-katholisch *adj* catholique; romain
röm.-kath. → *römisch-katholisch*
Rommé ['rɔme] *n* ⟨~s; ~s⟩ *Kartenspiel* rami *m*
röntgen ['rœntɡən] *v/t* radiographier; faire une radio de
Röntgenaufnahme *f*, **Röntgenbild** *n* radio (-graphie) *f*
Röntgenfilm *m* film *m* radiographique
Röntgengerät *n* appareil *m* de radiographie
Röntgenologie *f* ⟨~⟩ radiologie *f*
Röntgenstrahlen *m/pl* rayons *m/pl* X
Röntgenuntersuchung *f* examen *m* radiographique; radioscopie *f*; F radio *f*
rosa ['roːza] *adj* ⟨*inv*⟩ rose
Rosa *n* ⟨~s; ~⟩ (couleur *f*) rose *m*
rosafarben, rosafarbig, rosarot *adj* rose
rösch [røːʃ *ou* rœʃ] *adj südd* croustillant
Röschen ['røːsçən] *n* ⟨~s; ~⟩ petite rose
Rose ['roːzə] *f* ⟨~; ~n⟩ **1.** BOT rose *f* **2.** MÉD érysipèle *m*
rosé [roˈzeː] *adj* ⟨*inv*⟩ rose
Rosé *m* ⟨~s; ~s⟩ *Wein* rosé *m*
Rosengarten *m* roseraie *f*
Rosenkavalier *m* MUS *Der Rosenkavalier* Le Chevalier à la rose
Rosenkohl *m* chou *m* de Bruxelles
Rosenkranz *m* REL chapelet *m*
Rosenkrieg *m* (*Ehekrieg*) guerre *f* sans merci
Rosenmontag *m* lundi gras
Rosenmontagszug *m* défilé *de chars lors du carnaval le lundi gras*
Rosenpaprika *m* paprika (fort)
Rosenquarz *m* quartz *m* hyalin rose
Rosenschere *f* sécateur *m*
Rosenstock *m* rosier *m*
Rosette [roˈzɛtə] *f* ⟨~; ~n⟩ (*Bandschleife*), BOT rosette *f*; ARCH rosace *f*
Roséwein *m* rosé *m*
rosig I *adj* **1.** (*rosa*) (de) rose **2.** *fig* rose; *Zukunft, Lage* brillant II *adv uns geht es nicht gerade rosig* ça n'est pas vraiment tout rose
Rosine [roˈziːnə] *f* ⟨~; ~n⟩ raisin sec; F (*große*) *Rosinen im Kopf haben* voir trop grand
Rosinenbrot *n* pain *m* aux raisins secs
Rosmarin ['roːsmariːn] *m* ⟨~s⟩ romarin *m*
Ross [rɔs] *st/s n* ⟨~es; ~e *ou* ¨er⟩ cheval *m*; *hoch zu Ross* à cheval; *fig auf dem hohen Ross sitzen* faire l'important
Rosshaar *n* crin *m*
Rosskastanie *f Baum* marronnier *m* d'Inde; *Frucht* marron *m* d'Inde
Rosskur F *f* remède *m* de cheval
Rost¹ [rɔst] *m* ⟨~¢s⟩ *auf Eisen* rouille *f*
Rost² *m* ⟨~¢s; ~e⟩ **1.** (*Bratrost*) gril *m* **2.** (*Gitter*) grille *f*; claie *f*
rostbeständig *adj* inoxydable

Rostbraten *m* grillade *f*
Rostbratwurst *f* saucisse grillée
rostbraun *adj* rouille
rosten *v/i* ⟨-e-⟩ (se) rouiller
rösten ['rø:stən] *v/t* ⟨-e-⟩ *Kaffee* torréfier; *Brot*, *Kastanien* griller; *Kartoffeln* rissoler; faire sauter
Rostfleck *m* tache *f* de rouille
rostfrei *adj* sans rouille; (*nicht rostend*) inoxydable
Rösti ['rø:sti] *pl* CUIS röstis *m/pl*; pommes de terre sautées
rostig *adj* rouillé
Röstkartoffeln *f/pl* pommes de terre rissolées, sautées
Rostlaube F *f* F bagnole toute rouillée
Rostschutzmittel *n* (agent *m*) antirouille *m*
rot [ro:t] *adj* ⟨ẍer *ou* ⌣er, ẍeste *ou* ⌣este⟩ rouge (*a* POL); *Bart*, *Haar* roux; *Lippen* vermeil; (*hochrot*) rubicond; *fig* **der rote Faden** le fil conducteur; l'idée directrice; **das Rote Meer** la mer Rouge; **rot werden** rougir (→ *Info* **passé** [**composé**]); **rot glühend** porté, chauffé au rouge
Rot *n* ⟨⌣s; ⌣⟩ rouge *m*; **die Ampel steht auf, zeigt Rot** le feu est au rouge; *Auto* **bei Rot durchfahren** passer au rouge; brûler, F griller un feu rouge
Rotation [rotatsi'o:n] *f* ⟨⌣; ⌣en⟩ rotation *f*
rotbäckig *adj* aux joues rouges
Rotbarsch *m* sébaste *m*
rotblond *adj* blond roux
rotbraun *adj* rouge brun
Rotbuche *f* 'hêtre *m* pourpre
Röte ['rø:tə] *f* ⟨⌣⟩ rouge *m*
Röteln ['rø:təln] *pl* rubéole *f*
Rötelstift *m* crayon *m* rouge; sanguine *f*
Rötelzeichnung *f* sanguine *f*
röten *v/r* ⟨-e-⟩ **sich röten** rougir
Rotfuchs *m* **1.** *Fuchs* renard (commun) **2.** *Pferd* (cheval) alezan *m*
rotglühend *adjt* → **rot**
rot-grün *adj* POL **rot-grüne Koalition** coalition *f* entre les Verts et les sociaux-démocrates (allemands)
rothaarig *adj* (aux cheveux) roux; rousse
Rothaut F *f* Peau-Rouge *m*
Rothirsch *m* cerf (commun)
rotieren [ro'ti:rən] *v/i* ⟨sans ge⟩ **1.** tourner, pivoter (sur son axe) **2.** F *fig* (*hektisch sein*) F paniquer
Rotkäppchen ['ro:tkɛpçən] *n* ⟨⌣s⟩ le Petit Chaperon rouge
Rotkehlchen *n* ⟨⌣s; ⌣⟩ ZO rouge-gorge *m*
Rotkohl *m*, *südd*, *österr* **Rotkraut** *n* chou *m* rouge
rötlich *adj* rougeâtre; *Haar* roussâtre
Rotlicht *n* lumière *f* rouge; *der Ampel* feu *m* rouge
Rotlichtbezirk F *m*, **Rotlichtviertel** F *n* quartier *m* des prostituées
rotsehen F *v/i* ⟨irr⟩ voir rouge
Rotstift *m* crayon *m* rouge; *fig* **den Rotstift ansetzen** faire des coupes (dans un budget, *etc*)
Rotte ['rotə] *f* ⟨⌣; ⌣n⟩ *péj* bande *f*; clique *f*
Rottweiler ['rotvaɪlər] *m* ⟨⌣s; ⌣⟩ ZO rottweil(l)er *m*
Rötung *f* ⟨⌣; ⌣en⟩ rougeur *f*

rotwangig *st/s adj* aux joues rouges
Rotwein *m* vin *m* rouge
Rotweinglas *n* verre *m* à vin rouge
Rotwild *n* cerfs *m/pl* et chevreuils *m/pl*
Rotz [rots] *m* ⟨⌣es⟩ morve *f*; F **Rotz und Wasser heulen** F pleurer comme un veau, comme une madeleine
Rotzfahne P *f* P tire-jus *m*
rotzfrech, **rotzig** F *adj* F gonflé; culotté
Rotznase *f* **1.** P nez morveux **2.** F *fig* F morveux, -euse *m,f*
Rouge [ru:ʒ] *n* ⟨⌣s; ⌣s⟩ rouge *m* à joues
Roulade [ru'la:də] *f* ⟨⌣; ⌣n⟩ CUIS roulade *f*; *vom Kalb* paupiette *f*
Roulett *n* ⟨⌣¢s; ⌣e⟩, **Roulette** [ru'lɛt] *n* ⟨⌣s; ⌣s⟩ roulette *f*; **russisches Roulett, Roulette** roulette *f* russe
Route ['ru:tə] *f* ⟨⌣; ⌣n⟩ itinéraire *m*; route *f*
Routenplaner *m* atlas routier électronique
Routine [ru'ti:nə] *f* ⟨⌣⟩ **1.** (*Erfahrung*) expérience *f*, habitude *f* (**in etw** [*dat*] de qc) **2.** (*Gewohnheit*) routine *f*
routinemäßig *adj* habituel; de routine
Routineuntersuchung *f* contrôle habituel, automatique
routiniert *adjt* expérimenté; habile
Rowdy ['raudi] *m* ⟨⌣s; ⌣s⟩ vandale *m*; casseur *m*
Ruanda [ru'anda] *n* ⟨⌣s⟩ le Ruanda
Rubbellos F *n* billet *m* de loterie à gratter
rubbeln ['rubəln] *v/i u v/t* ⟨¢⟩ frotter; *beim Glücksspiel* gratter
Rübe ['ry:bə] *f* ⟨⌣; ⌣n⟩ **1.** BOT betterave *f*; **Rote Rübe** betterave *f* rouge; *südd* **Gelbe Rübe** carotte *f* **2.** F *fig* (*Kopf*) F caboche *f*; F cafetière *f*
Rubel ['ru:bəl] *m* ⟨⌣s; ⌣⟩ rouble *m*; F **der Rubel rollt** F le fric rentre
Rübenkraut *n regional* marmelade *f* de mélasse
rüber ['ry:bər] F *adv* → **herüber, hinüber**
rüberbringen F *v/t* ⟨irr⟩ (*vermitteln können*) faire passer
rüberkommen F *v/i* ⟨irr⟩ (*verstanden werden*) passer
Rübezahl *m* ⟨⌣s⟩ ogre célèbre dans les contes allemands
Rubin [ru'bi:n] *m* ⟨⌣s; ⌣e⟩ rubis *m*
Rübkohl *m schweiz* chou-rave *m*
Rubrik [ru'bri:k] *f* ⟨⌣; ⌣en⟩ (*Zeitungsrubrik*) rubrique *f*; (*Klasse*) catégorie *f*
ruchbar ['ru:xba:r] *st/s adj* **ruchbar werden** devenir public
Ruck [ruk] *m* ⟨⌣¢s; ⌣e⟩ saccade *f*; (*Stoß*) secousse *f*; (à-)coup *m*; F *fig* **sich** (*dat*) **e-n Ruck geben** faire un effort
Rückansicht *f* vue arrière *od* de derrière
Rückantwort *f* réponse *f*; **Postkarte mit Rückantwort** carte-réponse *f*
ruckartig **I** *adj* saccadé **II** *adv* par saccades, secousses
Rückbesinnung ['rʏk-] *f* retour *m* (**auf** [+ *acc*] à)
rückbezüglich *adj* GR réfléchi
Rückblende *f* FILM retour *m* en arrière; flashback *m*
Rückblick *m* rétrospective *f* (**auf** [+ *acc*] sur, de)
rückblickend *advt* rétrospectivement
rückdatieren *v/t* ⟨sans ge⟩ antidater
ruckeln ['rukəln] F *v/i* ⟨¢⟩ *Fahrzeug* donner des

secousses, des saccades
rucken *v/i* avancer par à-coups
rücken ['rʏkən] **I** *v/t* (*verrücken*) déplacer; (*bewegen*) remuer; bouger; **den Tisch ans Fenster rücken** approcher la table de la fenêtre **II** *v/i* ⟨sn⟩ *vorwärts* (s')avancer; *näher* (s')approcher; *zur Seite* se pousser; *fig* **an j-s Stelle** (*acc*) **rücken** prendre la place de qn
Rücken ['rʏkən] *m* ⟨∼s; ∼⟩ **1.** *e-s Menschen, Tieres* dos *m*; CUIS selle *f*; *von Wild* râble *m*; **es lief mir eiskalt über den Rücken** *od* **den Rücken hinunter** cela me donna froid dans le dos; *fig* **j-m den Rücken stärken** encourager, épauler, appuyer, soutenir qn; *fig* **j-m, e-r Sache den Rücken kehren** tourner le dos à qn, qc; *fig* **hinter j-s Rücken** (*dat*) derrière le dos, à l'insu de qn; *fig* **j-m in den Rücken fallen** tirer dans le dos de qn **2.** (*Handrücken, Messerrücken, Buchrücken etc*) dos *m*; (*Gebirgsrücken*) crête *f*
Rückendeckung *f* **1.** MIL couverture *f* de l'arrière **2.** *fig* appui *m*; soutien *m*; **j-m Rückendeckung geben** aider, soutenir qn
rückenfrei *adj* décolleté dans le dos
Rückenlage *f* position couchée sur le dos; *beim Schwimmen* planche *f*
Rückenlehne *f* dossier *m*; dos *m*
Rückenmark *n* moelle épinière
Rückenmark(s)anästhesie *f* péridurale *f*
Rückenmuskulatur *f* muscles du dos, dorsaux
Rückennummer *f* dossard *m*
Rückenschmerzen *m/pl* mal *m* au dos
Rückenschwimmen *n* nage *f* sur le dos
Rückenstärkung *f* soutien (moral); encouragement *m*
Rückenwind *m* vent *m* dans le dos; vent *m* arrière
Rückenwirbel *m* vertèbre dorsale
rückerstatten *v/t* ⟨-e-, *sans ge*⟩ restituer; rembourser
Rückerstattung *f* restitution *f*; remboursement *m*
Rückfahrkarte *f*, **Rückfahrschein** *m* billet *m* de retour; *Hin- u Rückfahrt* (billet *m* d')aller et retour *m*
Rückfahrscheinwerfer *m/pl* feux *m/pl* de recul
Rückfahrt *f* retour *m*
Rückfall *m* **1.** MÉD rechute *f* **2.** (*Zurückfallen*) retour *m* (**in** [+ *acc*] à) **3.** JUR récidive *f*
rückfällig *adj Straftäter* récidiviste; *Suchtkranker* qui rechute; **rückfällig werden** récidiver; rechuter
Rückfallquote *f von Straftätern* taux *m* de récidive; *von Suchtkranken* taux *m* de rechute
Rückfenster *n* glace *f* arrière
Rückflug *m* vol *m* (de) retour
Rückfluss *m* reflux *m*
Rückfrage *f* demande *f* de précisions
rückfragen *v/i* demander des précisions
Rückführung *f von Flüchtlingen* rapatriement *m*
Rückgabe *f* restitution *f*; remise *f*; *von Leergut* retour *m*; *beim Fußball* passe *f* en arrière
Rückgang *m* recul *m*; baisse *f*; *der Geschäfte* récession *f*; régression *f*; (*Abnahme*) diminution *f*
rückgängig *adj* **rückgängig machen** *Entscheidung* revenir sur; COMM annuler

Rückgeld *n* monnaie *f* (à rendre *bzw* rendue)
Rückgewinnung *f* TECH récupération *f*
Rückgrat *n* ⟨∼(e)s; ∼e⟩ épine dorsale; colonne vertébrale; échine *f*; *fig* **Rückgrat haben** être ferme; avoir le courage de ses opinions
Rückgrat(s)verkrümmung *f* scoliose *f*
Rückhalt *m* soutien *m*; appui *m*
rückhaltlos *adv* sans réserve
Rückhand *f* SPORT revers *m*
Rückkauf *m* rachat *m*
Rückkaufsrecht *n* ⟨∼(e)s⟩ droit *m* de rachat; JUR *a* clause *f* de réméré
Rückkehr *f* ⟨∼⟩ retour *m*; *ins Haus* rentrée *f*
Rückkopp(e)lung *f* ÉLECT rétroaction *f*; feed-back *m*
Rücklage *f* ÉCON (fonds *m* de) réserve *f*; (*Ersparnisse*) économies *f/pl*
Rücklauf *m* retour *m*; *von Flüssigkeiten* reflux *m*; *beim Tonband* retour *m* rapide (arrière)
rückläufig *adj* (*sinkend*) en baisse; **rückläufige Entwicklung** régression *f*
Rücklicht *n* e-s *Autos, Fahrrads* feu *m* arrière
rücklings *adv* en arrière; (*von hinten*) par derrière; *fallen* à la renverse
Rückmeldung *f* **1.** *an der Universität* réinscription *f* **2.** (*Feedback*) feed-back *m*
Rücknahme *f* ⟨∼⟩ **1.** reprise *f*; retrait *m* **2.** *fig e-s Verbots* levée *f*; *e-r Behauptung* rétractation *f*; *e-r Beleidigung* retrait *m*
Rückpass *m* passe *f* en arrière
Rückporto *n* port *m* de retour
Rückreise *f* (voyage *m* de) retour *m*
Rückreiseverkehr *m* retour *m* des vacanciers; grands retours (de vacances)
Rückruf *m* **1.** TÉL rappel *m* **2.** COMM mise *f* 'hors circuit de produits
Rückrufaktion *f* campagne *f* de mise 'hors circuit (de produits)
Rucksack ['rʊkzak] *m* sac *m* à dos
Rucksacktourist(in) *m*(*f*) F routard(e) *m*(*f*)
Rückschau *f* rétrospective *f*
Rückschlag *m fig* revers *m*; échec *m*
Rückschluss *m* conclusion *f* (a posteriori); déduction *f*
Rückschritt *m* pas *m* en arrière; régression *f*
rückschrittlich *adj* réactionnaire; rétrograde
Rückseite *f* e-r *Seite, Münze* revers *m*; (*hintere Seite*) derrière *m*; face *f* arrière; dos *m*; e-s *Blattes* verso *m*
Rücksendung *f* renvoi *m*; retour *m*
Rücksicht *f* ⟨∼⟩ égards *m/pl*; considération *f*; (**keine**) **Rücksicht auf j-n, etw nehmen** (*beachten*) (ne pas) tenir compte de qn, qc; (*schonen*) (ne pas) ménager qn, qc; **mit Rücksicht auf** (+ *acc*) eu égard à; **mit Rücksicht darauf, dass** ... vu que ...; **ohne Rücksicht auf** (+ *acc*) ... sans égard, considération pour ...
Rücksichtnahme *f* ⟨∼⟩ égards *m/pl*; considération *f*
rücksichtslos I *adj* **1.** (*verantwortungslos*) sans égards, ménagements; *Verhalten* brutal **2.** (*schonungslos*) impitoyable **II** *adv* brutalement; sans égards, ménagements
Rücksichtslosigkeit *f* ⟨∼; ∼en⟩ manque *m* d'égards
rücksichtsvoll *adj* plein d'égards; délicat
Rücksitz *m beim Auto, Motorrad* siège *m* arrière

Rückspiegel *m* rétroviseur *m*
Rückspiel *n* SPORT match *m* retour
Rücksprache *f* entretien *m*; *mit j-m Rückspra-*
che halten, nehmen conférer avec qn
Rückstand *m* **1.** arriéré *m*; reste *m* **2.** (*Rest*),
CHIM résidu *m* **3.** (*Zurückbleiben*) retard *m*;
(*mit etw*) *im Rückstand sein* être en retard
(dans qc); *er ist mit seiner Miete zwei Monate*
im Rückstand il doit deux mois de loyer
rückständig *adj* **1.** (*rückschrittlich*) rétrograde;
arriéré **2.** (*unterentwickelt*) sous-développé;
wirtschaftlich en retard **3.** *Gelder* arriéré
Rückstau *m* **1.** TECH retenue *f* **2.** *im Verkehr*
bouchon *m*
Rückstoß *m* TECH réaction *f*; *von Waffen* (choc
m de) recul *m*
Rückstrahler *m* réflecteur *m*; catadioptre *m*
Rücktaste *f* touche *f* de retour arrière
Rücktritt *m* **1.** *vom e-m Amt* démission *f*; départ
m; retraite *f*; *von e-m Vertrag* résiliation *f*; dé-
nonciation *f*; *s-n Rücktritt erklären* donner sa
démission; démissionner **2.** *beim Fahrrad* ré-
tropédalage *m*
Rücktrittbremse *f* frein *m* à rétropédalage
Rücktrittserklärung *f* *vom Amt* annonce *f*
d'une démission
Rücktrittsgesuch *n* offre *f* de démission
Rücktrittsrecht *n* droit *m* de résiliation
rückvergüten *v/t* ⟨-e-, *sans ge*⟩ rembourser; ris-
tourner
Rückvergütung *f* remboursement *m*; ristourne
f
rückversichern *v/r* ⟨*sans ge*⟩ *sich rückversi-*
chern (*sich vergewissern*) vérifier
Rückversicherung *f* **1.** *fig* vérification *f* **2.** JUR
réassurance *f*
Rückwand *f* paroi *f*, partie *f* arrière
rückwärtig *adj* arrière; de *od* à l'arrière
rückwärts ['rʏkvɛrts] *adv* en arrière; TURNEN
Rolle rückwärts roulade *f* arrière; → *rück-*
wärtsfahren, rückwärtsgehen
rückwärts... *mit Verben* à reculons
rückwärtsfahren *v/i* ⟨*irr*, sn⟩ faire marche ar-
rière
Rückwärtsgang *m* AUTO marche *f* arrière
rückwärtsgehen *v/i* ⟨*irr*, sn⟩ aller, marcher à
reculons; *fig* (*Rückschritte machen*) aller à re-
culons
Rückweg *m* (chemin *m* du) retour *m*; *auf dem*
Rückweg au retour
ruckweise *adv* par saccades; par secousses; par
à-coups
rückwirkend **I** *adj* rétroactif **II** *advt* *rückwir-*
kend vom ... à dater du ...
Rückwirkung *f* **1.** (*Auswirkung*) répercussion *f*
(*auf* [+ *acc*] sur) **2.** (*Gültigkeit*) effet rétroactif
Rückzahlung *f* remboursement *m*
Rückzieher *m* ⟨~s; ~⟩ **1.** FUSSBALL retourné *m* **2.**
F *fig e-n Rückzieher machen* revenir sur sa
décision; faire machine arrière
ruck, zuck [rʊk'tsʊk] F *adv* F en cinq sec
Rückzug *m* retraite *f*; *den Rückzug antreten*
battre en retraite (*a fig*)
Rucola ['ruːkola] *Pflanze f* ⟨~⟩, *Salat m* ⟨~⟩ ro-
quette *f*
rüde ['ryːdə] *adj* grossier
Rüde ['ryːdə] *m* ⟨~n; ~n⟩ (chien *m*, *etc*) mâle *m*
Rudel ['ruːdəl] *n* ⟨~s; ~⟩ *von Wölfen, Kindern*

bande *f*; *von Hirschen, Rehen* 'harde *f*
Ruder ['ruːdər] *n* ⟨~s; ~⟩ MAR rame *f*; aviron *m*;
(*Steuer*) gouvernail *m*; *bei Ruderbooten* barre
f; *fig am Ruder sein* être à, tenir la barre; *fig*
ans Ruder kommen prendre la barre, le pou-
voir; *fig aus dem Ruder laufen* ne plus être
contrôlable
Ruderboot *n* canot *m*; barque *f*
Ruderer *m* ⟨~s; ~⟩, **Ruderin** *f* ⟨~; ~nen⟩ rameur,
-euse *m,f*
rudern *v/t u v/i* ⟨h *ou* sn⟩ ramer; SPORT faire de
l'aviron; *fig mit den Armen rudern* agiter,
beim Gehen balancer les bras
Rudern *n* ⟨~s⟩ canotage *m*; SPORT aviron *m*
Ruderregatta *f* régate *f* (à l'aviron)
Rudersport *m* aviron *m*
rudimentär *adj st/s* (*nicht voll ausgebildet*), BIOL
rudimentaire
Ruf [ruːf] *m* ⟨~⟨e⟩s; ~e⟩ **1.** (*Schrei*) cri *m* (*a e-s*
Tiers) **2.** (*Forderung*) demande *f* (*nach* de);
der Ruf nach Freiheit l'appel *m* à la liberté
3. (*Ernennung*) nomination *f*; *e-n Ruf an*
die Universität ... erhalten recevoir une offre
de nomination à l'université de ... **4.** (*Leu-*
mund) réputation *f*; renom *m*; renommée *f*;
e-n guten, hervorragenden Ruf genießen
jouir d'une bonne, excellente réputation;
e-n schlechten Ruf haben avoir mauvaise ré-
putation; *j-n, etw in schlechten Ruf bringen*
décrier, dénigrer qn, qc
rufen ⟨rief, gerufen⟩ **I** *v/t* **1.** (*ausrufen*) crier **2.**
(*herbeirufen*) appeler; *j-n rufen lassen* faire
venir qn; *wie gerufen kommen* arriver à point
(nommé); tomber bien **II** *v/i* crier (*a Tiere*);
nach j-m rufen appeler qn
Rüffel ['rʏfəl] F *m* ⟨~s; ~⟩ réprimande *f*; F savon
m
Rufmord *m* atteinte calomnieuse à la réputa-
tion de qn
Rufname *m* prénom usuel
Rufnummer *f* numéro *m* de téléphone
Rufsäule *f* borne *f* d'appel
Rufweite *f in, außer Rufweite* à, 'hors de por-
tée de la voix
Rugby ['rakbi] *n* ⟨~⟩ rugby *m*
Rugbyspieler *m* rugbyman *m*
Rüge ['ryːgə] *f* ⟨~; ~n⟩ réprimande *f*; blâme *m*;
j-m e-e Rüge erteilen réprimander qn
rügen *v/t j-n rügen* réprimander qn
Ruhe ['ruːə] *f* ⟨~⟩ **1.** *innere* tranquillité *f*; (*Stille*,
Gelassenheit) calme *m*; (*Friede*) paix *f*; (*Erho-*
lung) repos *m*; *wohlverdiente Ruhe* repos
bien gagné; *fig die ewige Ruhe* le repos éter-
nel; *lass mich in Ruhe!* laisse-moi tranquille!;
er lässt sich nicht aus der Ruhe bringen il ne
perd jamais son sang-froid; F *die Ruhe weg-*
haben F être cool; (*die*) *Ruhe bewahren* gar-
der son calme, son sang-froid; F *immer mit der*
Ruhe! du calme!; doucement! **2.** (*Schweigen*)
silence *m*; *Ruhe!* silence!; du calme! **3.** (*Ruhe-*
stand) *sich zur Ruhe setzen* se retirer
ruhebedürftig *adj* qui a besoin de repos
Ruhegehalt *n*, **Ruhegeld** *n* (pension *f* de) re-
traite *f*; pension *f*
ruhelos *adj* sans repos; toujours en mouve-
ment; agité; (*unruhig*) inquiet
Ruhelosigkeit *f* ⟨~⟩ agitation continuelle; in-
quiétude *f*

R

ruhen v/i 1. (*ausruhen*) se reposer; prendre du repos 2. *st/s* (*schlafen*) dormir; faire un somme 3. *st/s von Toten* **hier ruht ...** ici repose ...; ci-gît ...; **ruhe in Frieden!** repose en paix 4. *fig Verhandlung, Arbeit* être suspendu, arrêté 5. (*liegen*) **ruhen auf** (+ *dat*) reposer, être posé sur; *fig* reposer sur; *Blicke* s'arrêter, se fixer sur
Ruhepause f pause f; moment m de repos
Ruheraum m pièce f où on peut se reposer
Ruhestand m retraite f; **im Ruhestand** à la, en retraite; retraité; **in den Ruhestand versetzen** mettre à la retraite; **in den Ruhestand treten, gehen** prendre sa retraite; se retirer
Ruhestätte *st/s* f *fig* **letzte Ruhestätte** dernière demeure
Ruhestörer(in) m(f) personne f faisant du tapage
Ruhestörung f atteinte f à la tranquillité publique; **nächtliche Ruhestörung** tapage m nocturne
Ruhetag m jour m de repos
ruhig I adj 1. tranquille; calme (*a See, Börse*); (*friedlich*) paisible; *Atmung* régulier; *Hand* sûr 2. (*still*) silencieux II adj 3. tranquillement; calmement; (*ohne Zwischenfälle*) sans incidents; (*gelassen*) avec calme; **sich ruhig verhalten** se tenir tranquille; **ruhig stellen** *Arm, Bein* immobiliser 4. F (*getrost*) sans problèmes; **du könntest ruhig (ein)mal** (+ *inf*) tu ferais bien de (+ *inf*)
ruhigstellen v/i *Arm, Bein* immobiliser
Ruhm [ruːm] m ⟨-¢s⟩ gloire f; célébrité f
rühmen ['ryːmən] I v/t célébrer; glorifier; vanter; **j-n wegen etw rühmen** faire l'éloge de qn pour qc II v/r **sich e-r Sache** (*gén*) **rühmen** se vanter, se glorifier de qc
rühmenswert adj digne d'éloges; glorieux; louable
Ruhmesblatt n *fig* **es war kein Ruhmesblatt für ihn** cela n'était pas à son honneur
ruhmlich adj glorieux; louable
ruhmreich, ruhmvoll adj glorieux
Ruhr [ruːr] f ⟨-⟩ MÉD dysenterie f
Rührei ['ryːr²aɪ] n œufs brouillés
rühren I v/t 1. (*bewegen*) mouvoir; remuer; bouger 2. (*umrühren*) remuer 3. (*in Rührung versetzen*) toucher; attendrir; émouvoir II v/i 4. (*umrühren*) remuer 5. **das rührt daher, dass ...** cela vient de ce que ... III v/r **sich rühren** se remuer; bouger
rührend adj touchant (*a iron*); émouvant
Ruhrgebiet **das Ruhrgebiet** la Ruhr
rührig adj actif; dynamique
rührselig adj sentimental; *péj* larmoyant
Rührteig m CUIS pâte à gâteau de consistance molle
Rührung f ⟨-⟩ émotion f; attendrissement m
Ruin [ru'iːn] m ⟨-s⟩ ruine f; perte f; **er steht vor dem Ruin** il est au bord de la ruine
Ruine f ⟨-; -n⟩ ruine f
ruinieren v/t (*u v/r*) ⟨*sans ge*⟩ (**sich ruinieren** se) ruiner
ruinös [rui'nøːs] adj ruineux
rülpsen ['rʏlpsən] F v/i ⟨-¢s⟩ F roter
Rülpser F m ⟨-s; -⟩ F rot m
rum [rum] F → **herum**
Rum [rum] m ⟨-s; -s⟩ rhum m
Rumäne [ru'mɛːnə] m ⟨-n; -n⟩, **Rumänin** f ⟨-;

-nen⟩ Roumain(e) m(f)
Rumänien n ⟨-s⟩ la Roumanie
rumänisch adj roumain
Rumba ['rumba] m ⟨-s; -s⟩ *od* f ⟨-; -s⟩ *Tanz* rumba f
rumgammeln F v/i ⟨-¢⟩ traîner; F glander
rumhängen F v/i ⟨*irr*⟩ traîner; **immer bei j-m rumhängen** F être toujours fourré chez qn
rumkommen F v/i ⟨*irr*, sn⟩ voyager; **viel rumkommen** beaucoup voyager; F bourlinguer
rumkriegen F v/t 1. *Zeit* tuer 2. (*überreden*) persuader; F manœuvrer
Rumkugel f chocolat fourré au rhum
rumlungern F v/i *p/fort* F ne rien foutre
rummachen F v/i **an etw rummachen** F tripoter qc; **an j-m rummachen** F peloter qn
Rummel ['rumal] F m ⟨-s⟩ 1. (*Betrieb*) F foire f; (*Lärm*) F boucan m; (*Reklamerummel*) bruit m; battage m; **e-n großen Rummel um etw machen** F faire tout un plat de qc 2. (*Jahrmarkt*) foire f; fête foraine
Rummelplatz m champ m de foire
rumoren [ru'moːrən] v/i ⟨*sans ge*⟩ faire du tapage, du bruit; F **es rumort in meinem Bauch** F mon ventre gargouille
Rumpelkammer ['rumpəl-] F f débarras m; F cagibi m
rumpeln F v/i ⟨-¢⟩ 1. (*poltern*) faire du tapage 2. ⟨sn⟩ *Fahrzeug* cahoter
Rumpelstilzchen ['rumpəlʃtɪltsçən] n ⟨-s⟩ personnage d'un conte de fées allemand (*dont le nom doit rester secret afin de garder son pouvoir magique*)
Rumpf [rumpf] m ⟨-¢s; ≈e⟩ ANAT tronc m; (*Schiffsrumpf*) coque f; carcasse f; (*Flugzeugrumpf*) fuselage m
Rumpfbeuge f GYMNASTIQUE flexion f du tronc
rümpfen ['rʏmpfən] v/t **die Nase rümpfen** faire la moue; (**über etw** [*acc*]) **die Nase rümpfen** faire le *bzw* la dégoûté(e) (à propos de qc)
Rumpsteak ['rumpsteːk] n romsteck m
Rumtopf m CUIS fruits (marinés) dans du rhum
rumtreiben F v/r ⟨*irr*⟩ **sich rumtreiben** traîner
Rumtreiber(in) F m ⟨-s; -⟩ (f) ⟨-in; -innen⟩ personne f qui traîne dans les rues, les cafés, *etc*; (*Streuner[in]*) vagabond(e) m(f)
Run [ran] m ⟨-s; -s⟩ ruée f (**auf** [+ *acc*] sur)
rund [runt] I adj rond (*a Zahl*); (*abgerundet*) arrondi; (*kreisförmig*) circulaire; (*kugelförmig*) sphérique; (*dicklich*) rondelet; *Gesicht* plein; joufflu; *Backen* rebondi; plein II adv 1. **rund um etw** tout autour de qc 2. *fig* **alles rund ums Haus, Kochen** tout ce qui concerne la maison, la cuisine 3. F (*etwa*) environ; en chiffres ronds
Rundbau m ⟨-¢s; -ten⟩ rotonde f
Rundblick m panorama m
Rundbogen m ARCH (arc m en plein) cintre m
Rundbrief m circulaire f
Runde f ⟨-; -n⟩ 1. (*Rundgang*) ronde f; **die Runde machen** *Gerücht* faire le tour 2. (*Gesellschaft*) compagnie f; cercle m; (*Tischrunde*) tablée f; **in die Runde blicken** jeter un coup d'œil circulaire 3. *bei Getränken* tournée f 4. *beim Laufen, Rennen* tour m; *beim Spielen* partie f; manche f; BOXEN round m; reprise f; F *fig* (**mit etw**) **über die Runden kommen** F s'en tirer (avec qc)

runden *v/t* (*u v/r*) ⟨-e-⟩ (**sich runden** s')arrondir

runderneuern *v/t* ⟨*sans ge*⟩ *Reifen* rechaper

Rundfahrt *f* circuit *m* (touristique); tour *m*

Rundflug *m* circuit aérien

Rundfrage *f* (petite) enquête

Rundfunk *m* **1.** (*Hörfunk*) radio(diffusion) *f*; *im Rundfunk* à la radio **2.** *Einrichtung, Gebäude* station *f* de radiodiffusion; radio *f*

Rundfunkansprache *f* allocution radiodiffusée, à la radio

Rundfunkanstalt *f* station *f* de radiodiffusion

Rundfunkdurchsage *f* message radiodiffusé, radio

Rundfunkgebühr *f* redevance *f* radio

Rundfunkgerät *n* poste *m*, appareil *m* de radio

Rundfunkhörer(in) *m(f)* auditeur, -trice *m,f* (de la radio)

Rundfunkprogramm *n Sendung* programme *m* des émissions radio(phoniques)

Rundfunkreportage *f* radioreportage *m*

Rundfunkreporter(in) *m(f)* radioreporter *m,f*

Rundfunksender *m* (poste *m*) émetteur *m* de radio

Rundfunksendung *f* émission *f* radiophonique, de radio

Rundfunksprecher(in) *m(f)* speaker *m*, speakerine *f* à la radio

Rundfunkstation *f* station *f* radiophonique; station émettrice de radiodiffusion

Rundfunkübertragung *f* retransmission *f* radiophonique

Rundgang *m* tour *m*; *e-s Wächters* ronde *f*

rundgehen F *v/imp* ⟨*irr*, sn⟩ *es geht rund* (*es ist viel los*) c'est le coup de feu; (*es geht hoch her*) il y a de l'ambiance; ça y va; ça donne

rundheraus *adv* franchement; tout net

rundherum *adv* **1.** (*ringsum*) tout autour (*um* de); à la ronde **2.** (*völlig*) parfaitement; *rundherum glücklich* parfaitement heureux

rundlich *adj* arrondi; *Person* rondelet; *bes Kind* potelé

Rundreise *f* tour *m*; circuit *m*; périple *m*

Rundruf *m durch Telefon, Funk* message *m*

Rundschreiben *n* circulaire *f*

rundum → *rundherum*

Rundung *f* ⟨~; ~en⟩ rondeur *f*; rond *m*

Rundwanderweg *m* circuit *m* pédestre (qui ramène au point de départ)

rundweg F *adv* tout net; F carrément

Rundweg *m* circuit *m* pédestre

Rune ['ru:nə] *f* ⟨~; ~n⟩ rune *f*

Runkelrübe ['ruŋkəl-] *f* betterave fourragère

runter ['runtər] F → *herunter, hinunter*

runterhauen *v/t* ⟨*irr*⟩ F *j-m e-e runterhauen* F flanquer une gifle à qn

runterholen I F *v/t* descendre II *v/r* P *sich* (*dat*) *e-n runterholen* P se branler

Runzel ['runtsəl] *f* ⟨~; ~n⟩ ride *f*

runz(e)lig *adj* ridé; *runz(e)lig werden* se rider

runzeln *v/t* (*u v/r*) ⟨¢⟩ (**sich runzeln** se) rider; froncer; *die Stirn runzeln* froncer les sourcils

Rüpel ['ry:pəl] *m* ⟨~s; ~⟩ mufle *m*; malotru *m*

Rüpelei *f* ⟨~; ~en⟩ grossièreté *f*; muflerie *f*

rüpelhaft *adj* grossier; mufle

rupfen ['rupfən] *v/t Unkraut* arracher; *Geflügel* plumer; F *fig j-n rupfen* F plumer, tondre qn

Rupie ['ru:piə] *f* ⟨~; ~n⟩ roupie *f*

ruppig ['rupıç] *adj Person, Benehmen* grossier; *Ton* brusque

Ruppigkeit *f* ⟨~⟩ grossièreté *f*

Ruprecht ['ru:prɛçt] *m regional Knecht Ruprecht* père Fouettard

Rüsche ['ry:ʃə] *f* ⟨~; ~n⟩ COUT ruche *f*

Ruß [ru:s] *m* ⟨~es⟩ suie *f*

Russe ['rusə] *m* ⟨~n; ~n⟩ Russe *m*

Rüssel ['rysəl] *m* ⟨~s; ~⟩ **1.** (*Elefantenrüssel, Insektenrüssel*) trompe *f*; *des Schweins* groin *m* **2.** F *fig* (*Nase*) F pif *m*

rußen *v/i* fumer

Rußfilter *m* AUTO filtre *m* à particules

rußig *adj* couvert de suie

Russin *f* ⟨~; ~nen⟩ Russe *f*

russisch *adj* russe; CUIS *russische Eier* *n/pl* œufs *m/pl* à la russe

Russland ['rus-] *n* ⟨~s⟩ la Russie

Russlanddeutsche(r) *f(m)* Allemand(e) *m(f)* de souche né·e en Russie

Rußpartikelfilter *m* AUTO filtre *m* à particules

rüsten ['rystən] ⟨-e-⟩ I *v/i* MIL armer; *zum Krieg rüsten* faire des préparatifs de guerre II *v/r st/s* *sich rüsten* (*zu*) se préparer (à, pour)

Rüster ['rystər] *f* ⟨~; ~n⟩ BOT orme *m*

rüstig *adj* robuste; (*noch rüstig*) vert; gaillard

rustikal [rusti'ka:l] *adj Möbel* de style rustique; *Essen* campagnard

Rüstung *f* ⟨~; ~en⟩ **1.** (*Aufrüstung*) armements *m/pl* **2.** (*Ritterrüstung*) armure *f*

Rüstungsindustrie *f* industrie *f* d'armement

Rüstungskontrolle *f* contrôle *m* des armements

Rüstungsstopp *m* arrêt *m* du processus d'armement

Rüstungswettlauf *m* course *f* aux armements

Rute ['ru:tə] *f* ⟨~; ~n⟩ **1.** (*Gerte*) verge *f*; baguette *f* **2.** (*Schwanz*) queue *f* **3.** (*Angelrute*) canne *f* à pêche

Rutsch [rutʃ] *m* ⟨~¢s; ~e⟩ **1.** (*Erdrutsch*) glissement *m*; éboulement *m*; F *fig in e-m Rutsch* d'un (seul) coup **2.** F *guten Rutsch* (*ins neue Jahr*)*!* bonne année!

Rutschbahn *f* glissoire *f*; toboggan *m*

Rutsche *f* ⟨~; ~n⟩ toboggan *m*

rutschen *v/i* ⟨sn⟩ glisser; *Auto* déraper; *Erdreich* s'ébouler; (*herunterrutschen*) *Person* se laisser glisser; F *rutsch mal ein Stück!* pousse-toi!

rutschfest *adj* antidérapant

rutschig *adj* glissant

Rutschpartie F *f* glissades *f/pl*

rütteln ['rytəln] ⟨¢⟩ I *v/t* secouer II *v/i* *an etw* (*dat*) *rütteln* secouer qc; *fig daran ist nicht zu rütteln* c'est définitif

R

S

S¹, s [ɛs] *n* ⟨S, s; S, s⟩ S, s *m*
S² *abr* **1.** (*Süd[en]*) S. (sud) **2.** HIST (*Schilling*) schilling
s *abr* (*Sekunde*) s
s. *abr* (*siehe*) v. (voir, voyez)
S. *abr* (*Seite*) p.
Saal [zaːl] *m* ⟨ ⁓¢s; Säle⟩ salle *f*
Saar [zaːr] *die Saar* la Sarre
Saarbrücken *n* ⟨ ⁓s⟩ Sarrebruck
Saarland *das Saarland* la Sarre
Saarländer(in) *m* ⟨ ⁓s; ⁓⟩ (*f*) ⟨ ⁓in; ⁓innen⟩ Sarrois(e) *m(f)*
saarländisch *adj* sarrois
Saat [zaːt] *f* ⟨ ⁓; ⁓en⟩ **1.** (*Säen*) semailles *f/pl* **2.** (*Saatgut*) semence(s) *f(pl)*
Saatgut *n* semences *f/pl*
Saatkartoffel *f* pomme *f* de terre de semence
Saatkrähe *f* freux *m*
Sabbat ['zabat] *m* ⟨ ⁓s; ⁓e⟩ sabbat *m*
Sabbatjahr *n* année *f* sabbatique
sabbern ['zabɐn] F *v/i* baver
Säbel ['zɛːbəl] *m* ⟨ ⁓s; ⁓⟩ sabre *m*
säbeln F *péj v/i* ⟨¢⟩ (mal) couper
Sabotage [zaboˈtaːʒə] *f* ⟨ ⁓; ⁓n⟩ sabotage *m*
Sabotageakt *m* acte *m* de sabotage
Saboteur(in) [-ˈtøːr(ɪn)] *m* ⟨ ⁓s; ⁓e⟩ (*f*) ⟨ ⁓in; ⁓innen⟩ saboteur, -euse *m,f*
sabotieren *v/t* ⟨sans ge⟩ saboter
Saccharin [zaxaˈriːn] *n* ⟨ ⁓s⟩ saccharine *f*
Sachbearbeiter(in) ['zax-] *m(f)* responsable *m,f* (d'un dossier); personne compétente
Sachbeschädigung *f* détérioration *f* volontaire
sachbezogen **I** *adj* approprié; pertinent **II** *adv* à propos
Sachbuch *n* livre spécialisé
sachdienlich *adj* ADM pertinent; *Hinweis* utile
Sache ['zaxə] *f* ⟨ ⁓; ⁓n⟩ **1.** (*Ding*) chose *f*; *fig* **Sachen** *pl* (*Habseligkeiten*) affaires *f/pl*; F **mach keine Sachen!** ne fais pas d'histoires! **2.** (*Angelegenheit*) affaire *f*; question *f*; **es ist beschlossene Sache, dass …** il est convenu, il a été décidé que … (+ *ind*); **das ist so e-e Sache** c'est délicat; c'est difficile à dire; **ganz bei der Sache sein** être très concentré; **nicht bei der Sache sein** être distrait; **zur Sache kommen** (en) venir au fait; **das tut nichts zur Sache** cela ne change rien à l'affaire, à la question; **mit j-m gemeinsame Sache machen** faire cause commune avec qn **3.** (*Anliegen*) cause *f*; **in eigener Sache** pro domo; en son propre nom **4.** JUR affaire *f*; cause *f*; *fig* **in Sachen …** en matière de … **5.** F (*Stundenkilometer*) **mit hundert Sachen** à cent à l'heure
Sachertorte ['zaxɐtɔrtə] *f* CUIS gâteau viennois au chocolat
Sachfrage *f* question *f* de fond, de fait
sachfremd *adj* impropre; inadéquat

Sachgebiet *n* domaine *m*; matière *f*
sachgemäß, sachgerecht *adj Verpackung, Behandlung* adéquat; convenable; *Darstellung, Bericht* objectif; conforme aux faits
Sachkenntnis *f* connaissance *f* de la matière, des faits; compétence *f*
sachkundig *adj* expert; compétent
Sachlage *f* état *m* de choses, de fait; situation *f*
sachlich *adj* objectif; **sachlich sein** s'en tenir aux faits
sächlich ['zɛçlɪç] *adj* GR neutre
Sachlichkeit *f* ⟨ ⁓⟩ objectivité *f*
Sachregister *n* index *m*; répertoire *m*
Sachschaden *m* dégâts matériels
Sachse ['zaksə] *m* ⟨ ⁓n; ⁓n⟩ Saxon *m*
Sachsen *n* ⟨ ⁓s⟩ la Saxe
Sachsen-Anhalt ['- -'ʔanhalt] *n* ⟨ ⁓s⟩ la Saxe--Anhalt
Sächsin ['zɛksɪn] *f* ⟨ ⁓; ⁓nen⟩ Saxonne *f*
sächsisch *adj* saxon
Sachspende *f* don *m* (en nature)
sacht(e) ['zaxt(ə)] *adv* doucement; (*allmählich*) pas à pas; peu à peu
Sachverhalt *m* ⟨ ⁓¢s; ⁓e⟩ → **Sachlage**
Sachverstand *m* compétence(s) *f(pl)*
sachverständig *adj* compétent; expert
Sachverständige(r) *f(m)* ⟨→ A⟩ expert *m*
Sachverständigengutachten *n* expertise *f*; rapport *m* d'expert(s)
Sachwert *m* valeur réelle; **Sachwerte** *pl* biens réels
Sachwissen *n* connaissances *f/pl*; savoir *m*
Sachzwang *m* force *f* des choses; contrainte *f* (due aux circonstances)
Sack [zak] *m* ⟨ ⁓¢s; ⁓e⟩ **1.** sac *m*; **der gelbe Sack** le sac jaune pour les emballages recyclables; F **mit Sack und Pack** avec armes et bagages; F avec ses cliques et ses claques **2.** P (*Hodensack*) P couilles *f/pl*
sacken *v/i* ⟨sn⟩ s'affaisser
Sackgasse *f* voie *f* sans issue; cul-de-sac *m*; impasse *f* (*a fig*)
Sackhüpfen *n* ⟨ ⁓s⟩ course *f* en sac
Sackkarre *f* diable *m*
Sadismus [zaˈdɪsmʊs] *m* ⟨ ⁓⟩ sadisme *m*
Sadist(in) *m* ⟨ ⁓en; ⁓en⟩ (*f*) ⟨ ⁓in; ⁓innen⟩ sadique *m,f*
sadistisch *adj* sadique
Sadomasochismus [zadomazɔˈxɪsmʊs] *m* sadomasochisme *m*
Sadomasochist(in) *m(f)* sadomasochiste *m,f*
sadomasochistisch *adj* sadomasochiste
säen ['zɛːən] *v/t* semer; *fig* **dünn gesät** rare
Safari [zaˈfaːri] *f* ⟨ ⁓; ⁓s⟩ safari *m*
Safe [seːf] *m od n* ⟨ ⁓s; ⁓s⟩ coffre-fort *m*; *e-r Bank a* coffre *m*
Safran ['zafra(ː)n] *m* ⟨ ⁓s; ⁓e⟩ safran *m*
safrangelb *adj* safran

Saft [zaft] *m* ⟨~⌀s; ⁓e⟩ **1.** *Getränk, von Früchten* jus *m* **2.** BOT sève *f*; *fig* **ohne Saft und Kraft sein** manquer de force, de vigueur **3.** (*Fleischsaft*) jus *m*; **im eigenen Saft** (**schmoren**) (cuire, mijoter) dans son jus **4.** PHARM sirop *m* **5.** F (*Strom*) F jus *m*

saftig *adj* **1.** juteux; *Wiese* gras **2.** F *fig Preis, Rechnung* F salé

Saftladen F *péj m* F sale boîte *f*

saftlos *adj fig* **saft- und kraftlos** sans force

Saftpresse *f* presse-fruits *m*

Saga ['zaː(ː)ga] *f* ⟨~; ⁓s⟩ saga *f*

Sage ['zaːgə] *f* ⟨~; ⁓n⟩ légende *f*

Säge ['zɛːgə] *f* ⟨~; ⁓n⟩ scie *f*

Sägeblatt *n* lame *f* de scie

Sägefisch *m* poisson-scie *m*

Sägemehl *n* sciure *f* (de bois)

sagen ['zaːgən] **I** *v/t* **1.** (*mitteilen*) dire (**zu** à; **über** [+ *acc*] de); **so etwas sagt man nicht** cela ne se dit pas; **was ich** (**noch**) **sagen wollte** à propos; pour en revenir à notre question; **was Sie nicht sagen!** pas possible!; F vous m'en direz tant!; **wie gesagt** comme je l'ai dit; je le répète; F **na, wer sagts denn!** alors, tu vois! **2.** (*befehlen*) commander; **er hat hier nichts zu sagen** il n'a pas d'ordre à donner ici; **sie hat das Sagen** c'est elle qui commande; **lassen Sie sich** (*dat*) **das gesagt sein!** tenez-le--vous pour dit! **3.** (*bedeuten*) signifier; **das hat nichts zu sagen** ça ne veut rien dire **4.** (*meinen*) dire; **was sagst du dazu?** qu'est-ce que tu en dis?; **was wollen Sie damit sagen?** que voulez-vous dire par là? **II** *v/i* dire; **wenn ich so sagen darf** si j'ose dire; si j'ose m'exprimer ainsi; **unter uns gesagt** soit dit entre nous; de vous à moi; **sag mal, ...** dis-moi (F un peu), ...; F **sag bloß!** F ne me dis pas!; ce n'est pas vrai!

sägen I *v/t* scier **II** *v/i* F (*schnarchen*) ronfler

sagenhaft I *adj* légendaire (*a fig*); F *fig* (*toll*) fabuleux; formidable **II** F *adv* (*sehr*) terriblement

sagenumwoben *adj* légendaire

Sägespäne *m/pl* copeaux *m/pl*

Sägewerk *n* scierie *f*

sah [zaː] → **sehen**

Sahara [za'haːra] ⟨~⟩ **die Sahara** le Sahara

Sahne ['zaːnə] *f* ⟨~⟩ crème *f*

Sahnebonbon *m od n* caramel *m*

Sahnequark *m* fromage blanc avec 40% de matières grasses

Sahnetorte *f* gâteau *m* à la crème

sahnig *adj* crémeux

Saibling ['zaɪplɪŋ] *m* ⟨~s; ⁓e⟩ ZO omble *m*

Saison [zɛ'zõː] *f* ⟨~; ⁓s⟩ saison *f*

Saisonarbeiter(in) *m(f)* (travailleur) saisonnier *m*; travailleuse saisonnière

saisonbedingt *adj t* saisonnier

Saite ['zaɪtə] *f* ⟨~; ⁓n⟩ MUS corde *f*; *fig* **andere Saiten aufziehen** changer de ton

Saiteninstrument *n* instrument *m* à cordes

Sake ['zaːkə] *m* ⟨~⟩ *Reiswein* saké *m*

Sakko ['zako] *m od n* ⟨~s; ⁓s⟩ veston *m*

sakral [za'kraːl] *adj* sacré

Sakrament [zakra'mɛnt] *n* ⟨~⌀s; ⁓e⟩ sacrement *m*

Sakrileg [zakri'leːk] *n* ⟨~s; ⁓e⟩ sacrilège *m*

Sakristei [zakrɪs'taɪ] *f* ⟨~; ⁓en⟩ sacristie *f*

Salamander [zala'mandər] *m* ⟨~s; ⁓⟩ salaman-

dre *f*

Salami [za'laːmi] *f* ⟨~; ⁓⌀⟩ salami *m*

Salat [za'laːt] *m* ⟨~⌀s; ⁓e⟩ CUIS salade *f*; (*Kopfsalat*) laitue *f*; **gemischter Salat** salade mixte, composée; **grüner Salat** salade verte; (*Kopfsalat*) laitue *f*; **ein Kopf Salat** une (tête de) salade; F *fig* **da haben wir den Salat!** nous voilà dans de beaux draps!

Salatbesteck *n* couvert *m*, service *m* à salade

Salatblatt *n* feuille *f* de salade

Salatgurke *f* concombre *m*

Salatkopf *m* (tête *f* de) salade *f*

Salatschleuder *f* essoreuse *f* à salade

Salatschüssel *f* saladier *m*

Salatsoße *f* sauce *f* de salade; vinaigrette *f*

Salbe ['zalbə] *f* ⟨~; ⁓n⟩ pommade *f*; onguent *m*

Salbei ['zalbaɪ] *m* ⟨~s⟩ sauge *f*

salben *v/t* oindre

Salbung *f* ⟨~; ⁓en⟩ onction *f*

salbungsvoll *adj péj* onctueux; mielleux

Saldo ['zaldo] *m* ⟨~s; ⁓s *ou* -di⟩ solde *m* (de compte); **per Saldo** pour solde

Säle ['zɛːlə] → **Saal**

Saline [za'liːnə] *f* ⟨~; ⁓n⟩ saline *f*

Salm [zalm] *m* ⟨~⌀s; ⁓e⟩ ZO saumon *m*

Salmiak [zalmi'ak] *m od n* ⟨~s⟩ sel ammoniac

Salmiakgeist *m* ammoniaque *f*

Salmonelle [zalmo'nɛlə] *f* ⟨~; ⁓n⟩ salmonelle *f*

salomonisch *st/s adj* **salomonisches Urteil** jugement *m* de Salomon, sage

Salon [za'lõː] *m* ⟨~s; ⁓s⟩ salon *m*; *für Schönheitspflege a* institut *m*

salonfähig *adj* présentable; sortable; *Witz* **nicht salonfähig** inconvenant; indécent

salopp [za'lɔp] *adj* **1.** décontracté; *péj* négligé; (*lässig*) libre; désinvolte **2.** *Ausdruck* familier

Salpeter [zal'peːtər] *m* ⟨~s⟩ salpêtre *m*

Salpetersäure *f* acide *m* nitrique

Salsa ['zalza] *m od f* MUS salsa *f*

Salto ['zalto] *m* ⟨~s; ⁓s *ou* -ti⟩ saut périlleux; **Salto mortale** saut *m* de la mort

Salut [za'luːt] *m* ⟨~⌀s; ⁓e⟩ salut *m*; **Salut schießen** saluer par des coups de canon

salutieren *v/i* ⟨*sans ge*⟩ saluer

Salve ['zalvə] *f* ⟨~; ⁓n⟩ salve *f* (*a fig*)

Salz [zalts] *n* ⟨~es; ⁓e⟩ sel *m* (*a* CHIM)

salzarm I *adj* pauvre en sel **II** *adv* avec peu de sel; peu salé

Salzbergwerk *n* mine *f* de sel (gemme); saline *f*

Salzbrezel *f* bretzel *m*

Salzburg *n* ⟨~s⟩ Salzbourg

salzen *v/t* ⟨⌀s, *p/p* gesalzen⟩ saler

Salzgebäck *n* petits gâteaux salés

Salzgewinnung *f* saliculture *f*; *von Meersalz a* saunage *m*

Salzgurke *f* cornichon *m* au sel

salzhaltig *adj* salin

Salzhering *m* hareng salé

salzig *adj* **1.** (*gesalzen*) salé **2.** (*Salz enthaltend*) salin

Salzkartoffel *f* pomme *f* de terre à l'anglaise

salzlos *adj u adv* sans sel

Salzsäure *f* acide *m* chlorhydrique

Salzstange *f* baguette salée; stick *m*

Salzstreuer *m* ⟨~s; ⁓⟩ salière *f*

Salzwasser *n* eau salée

Samariter [zama'riːtər] *m* ⟨~s; ⁓⟩ **der Barmherzige Samariter** le bon Samaritain

Samba ['zamba] *m* ⟨~s; ~s⟩ *od f* ⟨~; ~s⟩ samba *f*
Sambia ['zambia] *n* ⟨~⟩ la Zambie
Samen ['zaːmən] *m* ⟨~s; ~⟩ **1.** вот semence *f*; AGR graine *f* **2.** (*Sperma*) sperme *m* **3.** *fig* (*Keim*) germe *m*
Samenbank *f* ⟨~; ~en⟩ banque *f* du sperme
Samenerguss *m* éjaculation *f*
Samenflüssigkeit *f* liquide séminal; sperme *m*
Samenkorn *n* grain *m*; graine *f*
Samenleiter *m* canal déférent
Samenspende *f* don *m* de sperme
Samenspender *m* donneur *m* de sperme
Samenzelle *f* spermatozoïde *m*
Sämereien [zɛːmə'raɪən] *f/pl* semences *f/pl*; graines *f/pl*
sämig ['zɛːmɪç] *adj* velouté; épais
Sammelband ['zaməl-] *m* ⟨~¢s; -bände⟩ recueil *m*
Sammelbecken *n* réservoir *m*; *fig* réceptacle *m*
Sammelbegriff *m* (nom *m*) collectif *m*
Sammelbestellung *f* commande groupée
Sammelbüchse *f* boîte *f* à collecte(s)
Sammelmappe *f* chemise *f*
sammeln ['zaməln] ⟨¢⟩ **I** *v/t* **1.** *Pilze, Holz* ramasser **2.** (*anhäufen*) amasser; accumuler; rassembler (*a Kräfte*) **3.** (*e-e Sammlung anlegen*) collectionner **4.** *Geld, Spenden* collecter **II** *v/i* **5.** faire une collecte (**für** pour) **III** *v/r* **sich sammeln 6.** (*zusammenkommen*) s'assembler; (*sich anhäufen*) s'amasser **7.** *fig* (*sich konzentrieren*) se concentrer
Sammelplatz *m* lieu *m* de rassemblement; rendez-vous *m*
Sammelsurium [zaməl'zuːrium] F *péj n* ⟨~s; -ien⟩ ramassis *m*
Sammler(in) *m* ⟨~s; ~⟩ (*f*) ⟨~in; ~innen⟩ collectionneur, -euse *m,f*
Sammlerstück *n* pièce *f* de collection
Sammlerwert *m* valeur *f* de collection
Sammlung *f* ⟨~; ~en⟩ **1.** *wohltätige* collecte *f*; quête *f* **2.** *von Kunstwerken, Briefmarken* collection *f* **3.** (*Zusammenstellung*) rassemblement *m*; (*Aufsatzsammlung*) recueil *m* **4.** *fig* (*Konzentration*) recueillement *m*; concentration *f*
Samoa [za'moːa] *n* ⟨~s⟩, **Samoainseln** *f/pl* (les îles *f/pl*) Samoa
Samowar [zamo'vaːr] *m* ⟨~s; ~e⟩ samovar *m*
Sampler ['saːmplər] *m* ⟨~s; ~⟩ *etwa* compilation *f* multichanteurs
Samstag ['zamstaːk] *m* samedi *m*; →*Montag*
samstags *adv* le samedi; tous les samedis
samt [zamt] **I** *adv* **samt und sonders** tous sans exception **II** *prép* ⟨*dat*⟩ avec; accompagné de
Samt *m* ⟨~¢s; ~e⟩ velours *m*
samten *adj* **1.** (*aus Samt*) de velours **2.** (*wie Samt*) velouté
Samthandschuh *m fig* **j-n mit Samthandschuhen anfassen** prendre des gants avec qn
sämtlich ['zɛmtlɪç] *pr/ind* tout; **sämtliche** *pl* tous ensemble; **sämtliche Werke** *n/pl* **von X** les œuvres complètes de X
samtweich *adj* velouté
Samurai [zamu'raɪ] *m* ⟨~$; ~$⟩ samouraï *od* samurai *m*
Sanatorium [zana'toːrium] *n* ⟨~s; -ien⟩ maison *f* de repos, de santé
Sand [zant] *m* ⟨~¢s⟩ sable *m*; *fig* **j-m Sand in**

die Augen streuen jeter de la poudre aux yeux de qn; *fig* **im Sande verlaufen** finir en queue de poisson; F *fig* **etw in den Sand setzen** rater, F louper qc; F *... gibt es wie Sand am Meer* ce ne sont pas les ... qui manquent
Sandale [zan'daːlə] *f* ⟨~; ~n⟩ sandale *f*
Sandalette [zanda'lɛtə] *f* ⟨~; ~n⟩ sandalette *f*
Sandbank *f* ⟨~; -bänke⟩ banc *m* de sable; *in e-m Fluss* ensablement *m*
Sandburg *f* château *m* de sable
Sanddorn *m* вот hippophaé *m*; argousier *m*
Sandelholz ['zandəlhɔlts] *n* (bois *m* de) santal *m*
Sandhaufen *m* tas *m* de sable
sandig *adj* sableux; sablonneux
Sandkasten *m* bac *m* à sable
Sandkorn *n* grain *m* de sable
Sandkuchen *m etwa* biscuit *m* de Savoie
Sandmann *m*, **Sandmännchen** *n* marchand *m* de sable
Sandpapier *n* papier *m* de verre; papier émeri
Sandsack *m* sac *m* de sable
Sandstein *m* grès *m*
Sandstrand *m* plage *f* de sable
Sandsturm *m* tempête *f* de sable
sandte ['zantə] → *senden*
Sanduhr *f* sablier *m*
Sandwich ['zɛntvɪtʃ] *m od n* ⟨~s; ~¢s⟩ sandwich *m*
Sandwüste *f* désert *m* de sable
sanft [zanft] *adj* **1.** doux (*a fig*); **sanfte Geburt** accouchement *m* sans violence **2.** (*leicht*) léger **3.** *Person* tendre; (*ruhig*) tranquille
Sänfte ['zɛnftə] *f* ⟨~; ~n⟩ chaise *f* à porteurs; litière *f*
Sanftheit *f* ⟨~⟩ douceur *f*
Sanftmut *f* ⟨~⟩ douceur *f*
sanftmütig *adj* doux
sang [zaŋ] → *singen*
Sänger(in) ['zɛŋər(ɪn)] *m* ⟨~s; ~⟩ (*f*) ⟨~in; ~innen⟩ chanteur, -euse *m,f*
sanglos *adv* F **sang- und klanglos** sans tambour ni trompette
Sangria [zaŋ'griːa] *f* ⟨~; ~s⟩ *Getränk* sangria *f*
sanieren [za'niːrən] *v/t* ⟨sans ge⟩ *Stadtviertel, Wirtschaft, Unternehmen* assainir; *Altbau* réhabiliter; *Finanzen* redresser
Sanierung *f* ⟨~; ~en⟩ assainissement *m*; réhabilitation *f*; redressement *m*
sanierungsbedürftig *adj Gebäude* qui a besoin d'être réhabilité; *Firma* en difficultés (financières)
Sanierungsmaßnahmen *f/pl* mesures *f/pl* d'assainissement, COMM *a* de redressement
Sanierungsplan *m* plan *m*, projet *m* d'assainissement, COMM *a* de redressement
sanitär [zani'tɛːr] *adj* sanitaire
Sanitäter *m* ⟨~s; ~⟩ secouriste *m*; MIL infirmier *m*
Sanitätsdienst *m* service *m* de santé
Sanitätswagen *m* ambulance *f*
sank [zaŋk] → *sinken*
Sankt [zaŋkt] *adj* ⟨inv⟩ saint
Sanktion [zaŋktsi'oːn] *f* ⟨~; ~en⟩ sanction *f*
sanktionieren *v/t* ⟨sans ge⟩ sanctionner
Sanktionierung *f* ⟨~; ~en⟩ sanction *f*
San Marino [zanma'riːno] *n* ⟨~s⟩ (république *f* de) Saint-Marin

S

sann [zan] → **sinnen**
Sansibar ['zanziba:r] n ⟨∼s⟩ Zanzibar
Sanskrit ['zanskrɪt] n ⟨∼s⟩ sanscrit od sanskrit m
Saphir ['zaːfɪr] m ⟨∼s; ∼e⟩ saphir m
sapperlot [zapər'loːt] F regional int F saperlotte!; saperlipopette!
Sarde ['zardə] m ⟨∼n; ∼n⟩ Sarde m
Sardelle [zar'dɛlə] f ⟨∼; ∼n⟩ anchois m
Sardellenpaste f pâte f d'anchois
Sardin f ⟨∼; ∼nen⟩ Sarde f
Sardine [zar'diːnə] f ⟨∼; ∼n⟩ sardine f
Sardinien [zar'diːniən] n ⟨∼s⟩ la Sardaigne
Sardinier(in) m ⟨∼s; ∼⟩ (f) ⟨∼in; ∼innen⟩ Sarde m,f
sardinisch, **sardisch** adj sarde
Sarg [zark] m ⟨∼¢s; ∼e⟩ cercueil m; bière f
Sargnagel m 1. clou m de cercueil 2. F plais (Zigarette) F clope f; F sèche f
Sargträger m porteur m
Sari ['zaːri] m ⟨∼$; ∼s⟩ sari m
Sarkasmus [zar'kasmʊs] m ⟨∼; -men⟩ sarcasme m
sarkastisch adj sarcastique
Sarkophag [zarko'faːk] m ⟨∼s; ∼e⟩ sarcophage m
saß [zaːs] → **sitzen**
Satan ['zaːtan] m ⟨∼s; ∼e⟩ 1. BIBL Satan m 2. F péj fig diable m
satanisch adj de Satan; satanique
Satellit [zatɛ'liːt] m ⟨∼en; ∼en⟩ satellite m
Satellitenbild n photo f (retransmise par) satellite
Satellitenfernsehen n télévision f par satellite
Satellitenfoto n photo f satellite
Satellitenschüssel F f antenne f parabolique
Satellitenstaat m État m satellite
Satellitenstadt f ville f satellite
Satellitentelefon n téléphone m satellite
Satellitenübertragung f diffusion f, retransmission f par satellite
Satin [za'tɛ̃ː] m ⟨∼s; ∼s⟩ satin m
Satire [za'tiːrə] f ⟨∼; ∼n⟩ satire f
Satiriker(in) m ⟨∼s; ∼⟩ (f) ⟨∼in; ∼innen⟩ auteur m satirique
satirisch adj satirique
satt [zat] I adj 1. rassasié; fig ich bin es satt zu (+ inf) j'en ai assez de (+ inf); danke, ich bin satt non merci, je n'ai plus faim 2. fig Farben intense; soutenu; Klang plein II adv 3. sich satt essen se rassasier; manger à sa faim; satt machen rassasier; fig → sattbekommen, satthaben 4. F Kaviar, Sonne satt F du caviar à gogo, du soleil à volonté
sattbekommen v/t ⟨irr, sans ge⟩ F fig etw, j-n sattbekommen en avoir assez de qc, qn
Sattel ['zatəl] m ⟨∼s; ∼⟩ selle f; fig fest im Sattel sitzen être bien en selle
sattelfest adj sattelfest sein être imbattable, F incollable, F calé (in [+ dat] en)
satteln v/t ⟨¢⟩ seller
Sattelschlepper m semi-remorque m
Satteltasche f sacoche f
sattessen v/r → satt II 3
satthaben v/t ⟨irr⟩ F fig etw, j-n satthaben en avoir assez de qc, qn
sättigen ['zɛtɪgən] I 1. st/s rassasier (mit de) (a fig) 2. CHIM, PHYS saturer (mit de) II v/i Nah-

rungsmittel être nourrissant, substantiel
sättigend adjt nourrissant; substantiel
Sättigung f ⟨∼; ∼en⟩ fig saturation f (mit de)
Sattler m ⟨∼s; ∼⟩ sellier m
sattmachen v/t rassasier
sattsam st/s adv amplement; à satiété
Saturn [za'tʊrn] m ⟨∼s⟩ ASTR (der) Saturn Saturne
Satz [zats] m ⟨∼es; ≈e⟩ 1. GR phrase f; proposition f 2. Teil e-s Musikstücks mouvement m 3. TYPO composition f 4. (zusammengehörige Gegenstände) jeu m; série f 5. SPORT set m 6. (Sprung) saut m; bond m 7. (Bodensatz) dépôt m; lie f; (Kaffeesatz) marc m 8. (Tarif) taux m
Satzaussage f GR verbe m (d'une proposition)
Satzball m balle f de set
Satzbau m GR construction f (de la phrase)
Satzergänzung f GR complément m
Satzgefüge n GR phrase f complexe
Satzgegenstand m GR sujet m
Satzglied n GR membre m de phrase
Satzlehre f GR syntaxe f
Satzmelodie f mélodie f, intonation f de la phrase
Satzspiegel m TYPO e-r Seite format m utile d'une page
Satzteil m → **Satzglied**
Satzung f ⟨∼; ∼en⟩ statuts m/pl
Satzzeichen n signe m de ponctuation
Sau [zau] f ⟨∼; Säue⟩ 1. ZO truie f; bes südd (Schwein) cochon m; P das ist unter aller Sau c'est au-dessous de tout; P j-n zur Sau machen F engueuler qn comme du poisson pourri; F die Sau rauslassen F s'éclater 2. P fig (schmutziger Mensch) F cochon, -onne m,f; (gemeiner Mensch) F salaud m; F salope f
sauber ['zaubər] I adj 1. propre (a Wäsche); net; Umwelt non pollué 2. fig (anständig) honnête 3. Schrift, Arbeit soigné; iron saubere Arbeit du beau travail; F du propre II adv sauber machen nettoyer
Sauberkeit f ⟨∼⟩ propreté f (a fig); netteté f
säuberlich ['zɔʏbərlɪç] adv (fein) säuberlich soigneusement; avec soin
saubermachen v/t nettoyer
Saubermann m ⟨∼¢s; -männer⟩ meist iron (Moralapostel) frère prêcheur; moraliste m
säubern v/t 1. nettoyer 2. fig épurer; purger
Säuberung f ⟨∼; ∼en⟩ nettoyage m; fig épuration f; purge f
Säuberungsaktion f POL épuration f; purge f; MIL, der Polizei (opération f de) nettoyage m
saublöd(e) P adj P très con
Saubohne f fève f
Saudi ['zaudi] m ⟨∼s; ∼s⟩, **Saudi-Araber(in)** m(f) Saoudien, -ienne m,f
Saudi-Arabien n ⟨∼s⟩ l'Arabie f Saoudite
saudi-arabisch adj saoudien
saudumm P adj P très con
sauer ['zauər] I adj ⟨saurer, sauerste⟩ 1. acide (a Frucht, CHIM); unangenehm aigre; Milch tourné; saurer Regen pluies f/pl acides 2. F (verärgert) fâché (auf j-n contre qn) II adv 3. CUIS sauer einlegen mariner dans du vinaigre 4. F sauer reagieren F se mettre en rogne (auf [+ acc] à cause de)
Sauerampfer ['zauər⁹ampfər] m ⟨∼s; ∼⟩ oseil-

le *f*
Sauerbraten *m* rôti *m* de bœuf mariné
Sauerei P *péj f* ⟨∼; ∼en⟩ P saloperie *f*; F cochonnerie *f*
Sauerkirsche *f* griotte *f*
Sauerkraut *n* choucroute *f*
säuerlich ['zɔyərlıç] *adj* **1.** acidulé; *Wein* aigrelet; *Obst* acide; aigrelet **2.** (*missmutig*) renfrogné
Sauermilch *f* lait caillé
Sauerrahm *m etwa* crème *f* aigre
Sauerstoff *m* oxygène *m*
Sauerstoffflasche *f* bouteille *f* d'oxygène
Sauerstoffgerät *n* inhalateur *m* d'oxygène
Sauerstoffmangel *m* ⟨∼s⟩ manque *m* d'oxygène
Sauerstoffmaske *f* masque *m* à oxygène
Sauerstoffzelt *n* tente *f* à oxygène
Sauerstoffzufuhr *f* oxygénation *f*; alimentation *f* en oxygène
Sauerteig *m* levain *m*
Saufbruder P *péj m* F poivrot *m*; F soûlard *m*
saufen ['zaufən] ⟨säuft, soff, gesoffen⟩ *v/t u v/i* **1.** *Tier* boire **2.** P *Mensch* F picoler; **saufen wie ein Loch** P boire comme un trou
Säufer ['zɔyfər] P *péj m* ⟨∼s; ∼⟩ P soûlard *m*; F poivrot *m*; F soiffard *m*
Sauferei P *f* ⟨∼; ∼en⟩ beuverie *f*; F soûlerie *f*
Säuferin P *péj f* ⟨∼; ∼nen⟩ P soûlarde *f*
Saufgelage P *n* beuverie *f*; F soûlerie *f*
Saufkumpan *m* compagnon *m* de beuverie
säuft [zɔyft] → **saufen**
saugen ['zaugən] ⟨sog *ou régulier*, gesogen *ou régulier*⟩ **I** *v/t u v/i* **1.** *an etw* (*dat*) **saugen** sucer qc; **den Saft aus e-r Orange saugen** sucer une orange **2.** ⟨*régulier*⟩ *Säuglinge, Tierjunge* téter **3.** ⟨*régulier*⟩ → **staubsaugen 4.** ⟨*régulier*⟩ TECH aspirer **II** *v/r* **sich voll Wasser saugen** s'imbiber, s'imprégner d'eau
säugen ['zɔygən] *v/t* allaiter
Säugetier *n* mammifère *m*
saugfähig *adj* absorbant
Saugfähigkeit *f* ⟨∼⟩ capacité *f* d'absorption; pouvoir absorbant
Saugglocke *f* MÉD ventouse obstétricale
Säugling *m* ⟨∼s; ∼e⟩ nourrisson *m*; poupon *m*
Säuglingspflege *f* puériculture *f*
Säuglingssterblichkeit *f* mortalité *f* infantile
Saugnapf *m* ventouse *f* (*a* zo)
Saugrüssel *m* suçoir *m*; trompe *f*
Sauhaufen P *m* P bande *f* de cons
säuisch ['zɔyıʃ] P *péj adj* ordurier
saukalt F *adj* glacial; polaire; **es ist saukalt** il fait un froid de canard, de chien
Sauklaue P *f* F écriture *f* de cochon
Säule ['zɔylə] *f* ⟨∼; ∼n⟩ **1.** CONSTR colonne *f* **2.** *fig* pilier *m*
Säulengang *m* colonnade *f*; péristyle *m*
Säulenhalle *f* salle *f* hypostyle
Saum [zaum] *m* ⟨∼*s*; Säume⟩ **1.** COUT ourlet *m* **2.** *st/s* (*Waldsaum*) lisière *f*; orée *f*
Saumagen *m* CUIS (*Pfälzer*) **Saumagen** panse *f* de porc farcie (à la palatine)
saumäßig P **I** *adj* **1.** *péj* F cochonné **2.** (*sehr groß*) **ein saumäßiges Glück haben** F avoir une veine de pendu, de cocu **II** *adv* **3.** *péj* F comme un cochon **4.** (*sehr*) F drôlement; F vachement

säumen ['zɔymən] *v/t* COUT ourler; border (*a st/s fig*)
säumig *st/s adj* retardataire; *Zahler* mauvais
Sauna ['zauna] *f* ⟨∼; ∼s *ou* -en⟩ sauna *m*; **in die Sauna gehen** aller au sauna
Säure ['zɔyrə] *f* ⟨∼; ∼n⟩ **1.** *Geschmack* acidité *f*; *unangenehme* aigreur *f* **2.** CHIM acide *m*
säurebeständig *adj* résistant aux acides
Säuregehalt *m* teneur *f* en acide; acidité *f*
Saure-Gurken-Zeit F *f* morte-saison *f*
Säuremantel *m* film *m* acide (de l'épiderme)
Saurier ['zaurıər] *m* ⟨∼s; ∼⟩ saurien *m* fossile
Saus [zaus] *m* **in Saus und Braus leben** mener la grande vie
säuseln ['zɔyzəln] ⟨¢⟩ **I** *v/t fig* susurrer **II** *v/i Blätter* bruire; frémir; *Wind* murmurer; chuchoter
sausen ['zauzən] *v/i* ⟨¢$, sn⟩ **1.** *Geschoss* siffler **2.** *Mensch* filer; foncer; *Auto, Zug* passer en trombe; foncer
Sauseschritt *m* F *plais* **im Sauseschritt** au pas de charge; en coup de vent
Saustall *m* porcherie *f* (*a* F *péj fig*)
sauteuer P *adj* F vachement cher; **sauteuer sein** *a* F coûter la peau des fesses
Sauwetter P *n* temps *m* de chien
sauwohl *adv* P **sich sauwohl fühlen** F se sentir vachement bien (dans sa peau)
Savanne [za'vanə] *f* ⟨∼; ∼n⟩ savane *f*
Saxofon → **Saxophon**
Saxophon [zakso'fo:n] *n* ⟨∼s; ∼e⟩ saxophone *m*
SB-... [ɛs'be:ʦ] *in Zssgn abr* (*Selbstbedienung*) libre-service; self-service
S-Bahn ['ɛsba:n] *f* RER *m*
S-Bahn-Station *f* station *f* de RER
SBB [ɛsbe'be:] *abr* (*Schweizerische Bundesbahnen*) C.F.F. *m/pl* (Chemins de fer fédéraux)
SB-Laden *m* self-service *m*; libre-service *m*
SC [ɛs'tse:] *abr* (*Sportclub*) club sportif
Scampi ['skampi] *pl* langoustines *f/pl*; CUIS *a* scampi *m/pl*
scannen ['skɛnən] *v/i u v/t* scanner
Scanner *m* ⟨∼s; ∼⟩ scanner *m*
Schabe ['ʃa:bə] *f* ⟨∼; ∼n⟩ blatte *f*; cafard *m*
schaben *v/t* racler; gratter
Schaber *m* ⟨∼s; ∼⟩ grattoir *m*; racloir *m*
Schabernack ['ʃa:bərnak] *m* ⟨∼¢s; ∼e⟩ tour *m*; niche *f*; farce *f*; **j-m e-n Schabernack spielen** jouer un bon tour à qn
schäbig ['ʃɛ:bıç] *adj* **1.** (*abgenutzt*) usé; râpé; élimé; (*ärmlich*) minable; miteux **2.** (*gemein, kleinlich*) mesquin; sordide
Schablone [ʃa'blo:nə] *f* ⟨∼; ∼n⟩ **1.** modèle *m*; (*Malschablone*) pochoir *m* **2.** *fig* cliché *m*; stéréotype *m*
schablonenhaft I *adj* stéréotypé **II** *adv* de façon stéréotypée; sur le même schéma
Schach [ʃax] *m* ⟨∼s; ∼s⟩ échecs *m/pl*; **Schach!** échec au roi!; **Schach spielen** jouer aux échecs; **Schach bieten** faire échec; F *fig* **in Schach halten** tenir en échec
Schachbrett *n* échiquier *m*
Schachbrettmuster *n* (décoration *f* en) damier *m*
Schachcomputer *m* jeu *m* d'échecs électronique
Schächer ['ʃɛçər] *m* ⟨∼s; ∼⟩ BIBL larron *m*

S

schachern ['ʃaxərn] *v/i péj* marchander (**um etw** qc)
Schachfigur *f* pièce *f* (d'un jeu d'échecs)
schachmatt *adj* échec et mat
Schachpartie *f* partie *f* d'échecs
Schachspiel *n* **1.** (jeu *m* d')échecs *m/pl* **2.** (*Schachpartie*) partie *f* d'échecs
Schacht [ʃaxt] *m* ⟨~¢s; ~e⟩ **1.** BERGBAU puits *m* **2.** (*Aufzugsschacht*) cage *f*; (*Luftschacht*) canal *m* d'aération
Schachtel ['ʃaxtəl] *f* ⟨~; ~n⟩ **1.** boîte *f*; carton *m*; **e-e Schachtel Zigaretten** un paquet de cigarettes **2.** F *péj* **alte Schachtel** F vieille toupie
Schachturnier *n* tournoi *m* d'échecs
Schachzug *m* coup *m*; *fig* **ein geschickter Schachzug** une manœuvre, un coup habile
schade ['ʃaːdə] *adj* (**das ist** [**sehr**]) **schade!** c'est (bien) dommage!; **wie schade** (, **dass ...**)**!** quel dommage (que ... + *subj*); **schade drum!** tant pis!; **es ist schade um ihn** dommage pour lui; *Dinge* **zu schade für etw sein** être trop beau pour qc
Schädel ['ʃɛːdəl] *m* ⟨~s; ~⟩ **1.** ANAT crâne *m* **2.** F (*Kopf*) cigare *m*
Schädelbasisbruch *m* MÉD fracture *f* de la base du crâne
Schädelbruch *m* fracture *f* du crâne
Schädeldecke *f* ANAT voûte crânienne
schaden ['ʃaːdən] *v/i* ⟨-e-⟩ *j-m*, *e-r Sache* **schaden** nuire à qn, qc; F **das schadet** (**gar**) **nichts** ça ne fait rien (du tout)
Schaden *m* ⟨~s; ~̈⟩ **1.** *an Sachen* dommage *m*; *durch Unwetter, Feuer* dégâts *m/pl*; VERSICHERUNG sinistre *m* **2.** *für Personen, fig* (*Nachteil*) préjudice *m*; **zu Schaden kommen** se faire du mal; se blesser
Schadenersatz *m* dommages-intérêts *m/pl*; réparation *f*; (*j-m für etw*) **Schadenersatz leisten** indemniser (qn de qc)
Schadenersatzanspruch *m* droit *m* à dédommagement, aux *od* à des dommages-intérêts
Schadenersatzforderung *f* demande *f* d'indemnisation, de dommages-intérêts
Schadenfreiheitsrabatt *m* VERSICHERUNGSWESEN bonus *m*
Schadentreude *f* joie maligne; malin plaisir
schadenfroh *adj* qui se réjouit du malheur des autres
Schadensbegrenzung *f* ⟨~⟩ limitation *f* des dommages
Schadensfall *m* sinistre *m*
schadhaft *adj* défectueux
schädigen ['ʃɛːdɪɡən] *v/t* nuire à; faire du tort à
Schädigung *f* ⟨~; ~en⟩ (*Schädigen*) atteinte *f* (+ *gén* à); (*Schaden*) dommage *m*; MÉD lésion *f*
schädlich *adj* nuisible; *für die Gesundheit* malsain; nocif
Schädlichkeit *f* ⟨~⟩ nocivité *f*
Schädling *m* ⟨~s; ~e⟩ plante *f*, insecte *m* nuisible; parasite *m*
Schädlingsbekämpfung *f* lutte *f* antiparasitaire
Schädlingsbekämpfungsmittel *n* pesticide *m*
schadlos *adj* **sich an j-m, etw schadlos halten** se rattraper, se rabattre sur qn, qc
Schadstoff *m* polluant *m*; (*Giftstoff*) (substance *f*) toxique *m*
schadstoffarm *adj* peu polluant

Schadstoffausstoß *m* émissions polluantes
Schadstoffbelastung *f* taux *m*, degré *m* de pollution
schadstofffrei *adj* non polluant
Schaf [ʃaːf] *n* ⟨~¢s; ~e⟩ **1.** mouton *m*; (*Mutterschaf*), *fig*, BIBL brebis *f*; **Schafe** *coll* ovins *m/pl*; *fig* **das schwarze Schaf sein** être la brebis galeuse **2.** F *fig* (*Dummkopf*) F andouille *f*
Schafbock *m* bélier *m*
Schäfchen ['ʃɛːfçən] *n* ⟨~s; ~⟩ **1.** (*kleines Schaf*) petit mouton; F **sein(e) Schäfchen ins Trockene bringen** F faire son beurre **2.** ⟨*pl*⟩ F (*Schutzbefohlene*) ouailles *f/pl*
Schäfchenwolke *f* mouton *m*
Schäfer ['ʃɛːfər] *m* ⟨~s; ~⟩ berger *m*
Schäferhund *m* (**Deutscher**) **Schäferhund** berger (allemand)
Schäferin *f* ⟨~; ~nen⟩ bergère *f*
Schäferstündchen *n* ⟨~s; ~⟩ rendez-vous amoureux, galant
Schaffell *n* peau *f* de mouton
schaffen ['ʃafən] **I** *v/t* ⟨schuf, geschaffen *ou régulier*⟩ **1.** *Werk, Arbeitsplatz, Bedürfnis*, REL créer; *Werk a* produire; **Ordnung schaffen** mettre de l'ordre (**in** [*dat*] dans) **2.** ⟨*régulier*⟩ **es schaffen, etw zu tun** réussir, arriver à faire qc; **er hat es geschafft** (*beendet*) il a terminé; (*erreicht*) il y est arrivé **3.** **damit habe ich nichts zu schaffen** je n'ai rien à voir avec cela **4.** ⟨*régulier*⟩ F (*erschöpfen*) F crever; F claquer **II** *v/i* ⟨*régulier*⟩ **5.** *j-m zu schaffen machen* donner bien du mal à qn; **sich** (*dat*) (**unbefugt**) **an etw** (*dat*) **zu schaffen machen** toucher à qc **6.** *südd* (*arbeiten*) F bosser
Schaffen *n* ⟨~s⟩ création *f*; **das geistige Schaffen** le travail intellectuel; *plais* **frohes Schaffen!** bon courage!
Schaffensdrang *m* ⟨~¢s⟩ désir ardent de créer *od* de faire qc; élan créateur
Schaffenskraft *f* puissance, énergie créatrice
Schaffner(in) ['ʃafnər(ɪn)] *m* ⟨~s; ~⟩ (*f*) ⟨~in; ~innen⟩ (*Bahnschaffner[in]*) contrôleur, -euse *m,f*; (*Straßenbahnschaffner[in]*) receveur, -euse *m,f*
Schaffung *f* ⟨~⟩ création *f*
Schafgarbe *f* BOT millefeuille *f*
Schafherde *f* troupeau *m* de moutons
Schafhirt *m* berger *m*
Schafkälte *f* période *f* de mauvais temps, souvent à la mi-juin
Schafott [ʃaˈfɔt] *n* ⟨~¢s; ~e⟩ échafaud *m*
Schafpelz *m* peau *f* de mouton
Schafskäse *m* fromage *m* de brebis
Schafstall *m* bergerie *f*
Schaft [ʃaft] *m* ⟨~¢s; ~̈e⟩ *e-r Lanze, Fahne* 'hampe *f*; (*Stiefelschaft*) tige *f*; (*Gewehrschaft*) fût *m*
Schaftstiefel *m* botte *f* à tige 'haute
Schafwolle *f* laine *f* de mouton
Schafzucht *f* élevage *m* de moutons
Schafzüchter *m* éleveur *m* de moutons
Schah [ʃaː] *m* ⟨~s; ~s⟩ schah *od* chah *m*
Schakal [ʃaˈkaːl] *m* ⟨~s; ~e⟩ chacal *m*
schäkern ['ʃɛːkərn] *v/i* **1.** (*scherzen*) taquiner (**mit j-m** qn) **2.** (*flirten*) *plais* batifoler; flirter
schal [ʃaːl] *adj* fade (*a fig*); insipide; (*abgestanden*) éventé
Schal *m* ⟨~s; ~s *ou* ~e⟩ écharpe *f*; (*Seidenschal*)

foulard *m*
Schälchen [ˈʃɛːlçən] *n* ⟨~s; ~⟩ (*Schüsselchen*) (petite) coupe; petit bol
Schale [ˈʃaːlə] *f* ⟨~; ~n⟩ **1.** *von Früchten, Gemüse* peau *f*; *von Orangen, Zitronen* écorce *f*; *abgeschält* épluchure *f*; pelure *f*; *von Nüssen* coque *f*; coquille *f*; (*Eierschale*) coquille *f* **2.** *der Krebse* carapace *f*; *der Muscheln* coquille *f* **3.** (*Gefäß*) coupe *f*; bol *m*; (*Waagschale*) plateau *m* **4.** F *sich in Schale werfen* se mettre sur son trente et un
schälen [ˈʃɛːlən] **I** *v/t Obst, Kartoffeln* peler; éplucher; *Hülsenfrüchte, Eier* écaler **II** *v/r sich schälen Haut* peler
Schalensitz *m* im *Auto* baquet *m*
Schalk [ʃalk] *m* ⟨~¢s; ~e ou ⸚e⟩ espiègle *m*
schalkhaft *st/s adj* espiègle
Schall [ʃal] *m* ⟨~¢s; ~e ou ⸚e⟩ son *m*
schalldämmend *adjt* insonorisant
Schalldämpfer *m* silencieux *m*
schalldicht *adj* insonore; insonorisé
schallen *v/i* ⟨scholl *ou régulier*, geschallt⟩ retentir
schallend *adjt Ohrfeige* retentissant; *Stimme, Lachen* éclatant
Schallgeschwindigkeit *f* vitesse *f* du son
Schallmauer *f* mur *m* du son; *die Schallmauer durchbrechen* franchir le mur du son
Schallplatte *f* disque *m*
Schallschutz *m* isolation *f* acoustique, phonique; insonorisation *f*
Schallwelle *f* onde *f* sonore
Schalmei [ʃalˈmaɪ] *f* ⟨~; ~en⟩ chalumeau *m*
Schalotte [ʃaˈlɔtə] *f* ⟨~; ~n⟩ échalote *f*
schalt [ʃalt] → **schelten**
schalten [ˈʃaltən] ⟨-e-⟩ **I** *v/t* ÉLECT mettre en circuit; monter **II** *v/i* **1.** *auf „aus" schalten* mettre sur «arrêt» **2.** AUTO changer de vitesse; *in den ersten Gang schalten* passer en première **3.** *st/s frei schalten und walten (können)* disposer librement **4.** F *fig* (*begreifen*) F piger
Schalter *m* ⟨~s; ~⟩ **1.** ÉLECT commutateur *m*; interrupteur *m* **2.** (*Postschalter, Fahrkartenschalter*) guichet *m*
Schalterbeamte(r) *m* guichetier *m*
Schalterhalle *f*, **Schalterraum** *m* 'hall *m* des guichets
Schalterschluss *m* fermeture *f* du (*od* des) guichet(s)
Schalterstunden *f/pl* ouverture *f* du (*od* des) guichet(s)
Schaltgetriebe *n* boîte *f* de vitesses mécanique
Schaltjahr *n* année *f* bissextile
Schaltkasten *m* ÉLECT boîte *f*, coffret *m* de distribution, de couplage
Schaltknüppel *m* levier *m* de changement de vitesse
Schaltkreis *m* ÉLECT circuit *m*
Schaltplan *m* ÉLECT schéma *m* de montage, de circuit
Schaltpult *n* pupitre *m* de commande
Schalttafel *f* tableau *m* de commande
Schalttag *m* jour *m* intercalaire
Schaltuhr *f* minuteur *m*
Schaltung *f* ⟨~; ~en⟩ **1.** ÉLECT montage *m*; *integrierte Schaltung* circuit intégré **2.** (*Gangschaltung*) changement *m* de vitesse
Scham [ʃaːm] *f* ⟨~⟩ **1.** *Gefühl* 'honte *f*; pudeur *f*

2. ANAT région pubienne
Schamane [ʃaˈmaːnə] *m* ⟨~n; ~n⟩ chaman *m*
Schambehaarung *f* poils *m/pl* du pubis
schämen [ˈʃɛːmən] *v/r sich (für od wegen etw) schämen* avoir 'honte, être 'honteux (de qc); *schäm dich!* tu n'as pas 'honte!
Schamgefühl *n* 'honte *f*; pudeur *f*
Schamhaar(e) *n(pl)* poils *m/pl* du pubis
schamhaft *adj* pudique
Schamlippen *f/pl* ANAT lèvres *f/pl* (de la vulve)
schamlos *adj* **1.** sans pudeur **2.** (*unverschämt*) impudent; éhonté
Schamlosigkeit *f* ⟨~; ~en⟩ **1.** impudeur *f* **2.** (*Unverschämtheit*) impudence *f*
schamponieren [ʃampoˈniːrən] *v/t* ⟨sans ge⟩ shampouiner
Schampus [ˈʃampʊs] F *m* ⟨~⟩ champagne *m*
schamrot *adj* rouge de honte; *schamrot werden* rougir de honte
Schamröte *f* rouge *m* (de la honte); *j-m die Schamröte ins Gesicht treiben* faire rougir qn de honte
Schande [ˈʃandə] *f* ⟨~⟩ 'honte *f*; *st/s* ignominie *f*; *j-m (keine) Schande machen* (ne pas) faire 'honte à qn; *es ist e-e (wahre) Schande* c'est une (véritable) 'honte
schänden [ˈʃɛndən] *v/t* ⟨-e-⟩ *Ruf* déshonorer; *Grab, sexuell* violer; (*entweihen*) profaner
Schandfleck *m* souillure *f*; tare *f*
schändlich *adj* (*verwerflich*) 'honteux; déshonorant; *Verbrechen* odieux; (*empörend*) scandaleux
Schändlichkeit *f* ⟨~; ~en⟩ ignominie *f*
Schandmaul F *n* mauvaise, méchante langue
Schandtat *f* ignominie *f*; infamie *f*
Schändung *f* ⟨~; ~en⟩ violation *f*; profanation *f*; *sexuelle* viol *m*
Schanghai [ˈʃaŋhaɪ, ʃaŋˈhaɪ] *n* ⟨~s⟩ Chang-hai *od* Shanghai
Schanktisch [ˈʃaŋk-] *m* comptoir *m*
Schanze [ˈʃantsə] *f* ⟨~; ~n⟩ (*Sprungschanze*) tremplin *m*
Schanzenrekord *m* SKISPORT record *m* de saut au tremplin
Schar [ʃaːr] *f* ⟨~; ~en⟩ bande *f*; foule *f*; *von Vögeln* volée *f*; *in Scharen (dat)* en masse; en foule
Scharade [ʃaˈraːdə] *f* ⟨~; ~n⟩ charade *f*
scharen I *v/t um sich scharen* rassembler autour de soi; rallier **II** *v/r sich um j-n scharen* se rallier autour de qn
scharenweise *adv* en foule; en masse
scharf [ʃarf] **I** *adj* ⟨⸚er, ⸚ste⟩ **1.** (*schneidend*) tranchant; coupant; *Zähne, Nägel, Krallen* acéré; *Kante* vif; *Kurve* serré **2.** *Gegensätze* (bien) tranché; *Umrisse, Foto* net **3.** *Brille, Fernglas* fort **4.** *Speisen* épicé; *Senf* fort **5.** *Kontrolle* sévère; rigoureux; *Protest* vif; *Kritik* caustique; *Worte* cinglant **6.** *Gehör* fin; *Verstand* pénétrant; subtil; *Auge* perçant; *Blick* pénétrant **7.** *Wind* cinglant **8.** *Munition* pour tir réel; *Sprengkörper* amorcé **9.** *das scharfe S* le «ß» (en allemand) **10.** F (*geil*) F allumé; *auf etw (acc) scharf sein* avoir très envie de qc; *auf j-n scharf sein* F avoir envie de qn **11.** *Hund* méchant **II** *adv* **12.** (*genau*) *scharf (ein)stellen* mettre au point; *scharf bewachen* surveiller de près; *scharf nachdenken*

se concentrer **13.** (*stark*) **scharf bremsen** freiner brutalement; **scharf würzen** épicer fortement
Scharfblick *m* clairvoyance *f*; *p*/*fort* perspicacité *f*
Schärfe ['ʃɛrfə] *f* ⟨~; ~n⟩ **1.** *e-s Messers* acuité *f* **2.** *von Speisen* goût relevé, épicé **3.** (*Deutlichkeit*) netteté *f*; précision *f* **4.** PHOT netteté *f* **5.** *des Verstandes* pénétration *f*; *des Gehörs, der Augen* acuité (auditive, visuelle) **6.** (*Strenge*) sévérité *f*; rigueur *f*; *e-r Diskussion* âpreté *f* **7.** (*Bissigkeit*) causticité *f*; acrimonie *f*
schärfen *v*/*t* aiguiser (*a fig*); affûter; affiler
scharfkantig *adj* à arête(s) vive(s); à angle(s) vif(s)
Scharfmacher F *m* agitateur *m*; provocateur *m*
Scharfrichter *m* bourreau *m*
Scharfschütze *m* tireur *m* d'élite
scharfsichtig *adj* clairvoyant; *p*/*fort* perspicace
Scharfsinn *m* finesse *f* d'esprit; subtilité *f*; sagacité *f*
scharfsinnig *adj* fin; subtil
scharfstellen *v*/*t* mettre au point
scharfzüngig *adj* caustique
Scharia [ʃaˈriːa] *f* ⟨~⟩ REL charia *f*
Scharlach ['ʃarlax] *m* ⟨~s⟩ scarlatine *f*
Scharlatan ['ʃarlatan] *m* ⟨~s; ~e⟩ charlatan *m*
Scharmützel [ʃarˈmʏtsəl] *n* ⟨~s; ~⟩ MIL escarmouche *f* (*a fig*)
Scharnier [ʃarˈniːr] *n* ⟨~s; ~e⟩ charnière *f*
Schärpe ['ʃɛrpə] *f* ⟨~; ~n⟩ écharpe *f*
scharren ['ʃarən] **I** *v*/*t* creuser en grattant **II** *v*/*i* gratter (**in der Erde** le sol)
Scharte ['ʃartə] *f* ⟨~; ~n⟩ brèche *f*; *fig* **e-e Scharte auswetzen** réparer une faute
Schaschlik ['ʃaʃlɪk] *m od n* ⟨~s; ~s⟩ CUIS brochette *f*
schassen ['ʃasən] F *v*/*t* F virer
Schatten ['ʃatən] *m* ⟨~s; ~⟩ ombre *f* (*a fig*); **im Schatten** à l'ombre; **e-n Schatten werfen** faire de l'ombre; *fig* **j-n, etw in den Schatten stellen** éclipser qn, qc; *fig* **niemand kann über s-n Schatten springen** personne ne peut sortir de sa peau
Schattenboxen *n* shadow-boxing *m*
Schattendasein *n* **ein Schattendasein führen** vivre dans l'ombre
schattenhaft *adj* vague; (*unwirklich*) fantomatique
Schattenkabinett *n* cabinet *m* fantôme
Schattenmorelle [-morɛlə] *f* ⟨~; ~n⟩ griotte *f*
Schattenseite *f* côté *m* de l'ombre; *fig* envers *m*; revers *m* de la médaille
Schattenspiel *n* ombres chinoises
Schattenwirtschaft *f* économie souterraine
schattieren *v*/*t* ⟨*sans ge*⟩ PEINT ombrer; nuancer; dégrader
Schattierung *f* ⟨~; ~en⟩ **1.** PEINT répartition *f* des ombres; dégradé *m* **2.** *fig* nuance *f*; ton *m*; POL tendance *f*
schattig *adj* ombragé
Schatulle [ʃaˈtʊlə] *f* ⟨~; ~n⟩ coffret *m*
Schatz [ʃats] *m* ⟨~es; ~e⟩ **1.** trésor *m* (*a fig*) **2.** F *Kosewort* (mon) trésor **3.** (*hilfsbereiter Mensch*) ange *m*
Schatzamt *n* trésorerie *f*; Trésor *m*
Schatzanweisung *f* FIN bon *m* du Trésor
schätzen ['ʃɛtsən] *v*/*t* ⟨¢ǂ⟩ **1.** (*abschätzen*) esti-

mer; apprécier; évaluer **2.** (*achten*) estimer; apprécier; F (*annehmen*) penser
Schatzgräber ['-grɛːbər] *m* ⟨~s; ~⟩ chercheur *m* de trésors
Schatzinsel *f* île *f* au trésor
Schatzkammer *f* trésor *m*
Schatzmeister *m* trésorier *m*
Schatzsuche *f* chasse *f* au(x) trésor(s)
Schätzung *f* ⟨~; ~en⟩ estimation *f*; appréciation *f*; évaluation *f*
schätzungsweise *adv* approximativement; à peu près
Schau [ʃau] *f* ⟨~; ~en⟩ **1.** (*Ausstellung*) exposition *f*; *fig* **etw zur Schau stellen** faire étalage de qc **2.** (*Vorführung*) (grand) spectacle; revue *f*; **j-m die Schau stehlen** voler la vedette à qn
Schaubild *n* graphique *m*
Schauder ['ʃaudər] *st*/*s m* ⟨~s; ~⟩ frisson *m*; *fig* (*Entsetzen*) horreur *f*
schauderhaft F *adj* horrible; affreux
schaudern *v*/*i* frissonner (**vor** [+ *dat*] de); (*beben*) frémir; **mir** *od* **mich schaudert** *od* **es schaudert mich** je frémis, frissonne
schauen *v*/*i* **1.** regarder; **schau, schau!** tiens, tiens! **2.** *fig* **nach j-m, etw schauen** s'occuper de qn, qc; **auf etw** (*acc*) **schauen** veiller à qc
Schauer ['ʃauər] *m* ⟨~s; ~⟩ **1.** (*Schauder*) frisson *m* **2.** (*Regenschauer*) averse *f*; ondée *f*
schauerartig *adj* **schauerartige Regenfälle** *m*/*pl* averses *f*/*pl*
Schauergeschichte *f* histoire *f* à faire frémir
schauerlich *adj* **1.** épouvantable; effroyable; terrifiant **2.** F *fig* (*fürchterlich*) abominable; affreux
Schauermärchen *péj n* **j-m Schauermärchen erzählen** raconter des horreurs à qn
schauern → **schaudern**
Schaufel ['ʃaufəl] *f* ⟨~; ~n⟩ pelle *f*
Schaufellader *m* ⟨~s; ~⟩ TECH pelleteuse *f*
schaufeln ⟨¢⟩ *v*/*t* pelleter; *Grab* creuser; *Schnee* enlever (à la pelle)
Schaufenster *n* vitrine *f*
Schaufensterauslage *f* étalage *m*
Schaufensterbummel *m* lèche-vitrines *m*
Schaufensterdekoration *f* décoration *f* d'étalage
Schaufensterpuppe *f* mannequin *m*
Schaufensterscheibe *f* glace *f* de (la) vitrine
Schaukampf *m* BOXEN démonstration *f*
Schaukasten *m* vitrine *f*
Schaukel ['ʃaukəl] *f* ⟨~; ~n⟩ balançoire *f*
schaukeln ⟨¢⟩ **I** *v*/*t* (*schwingen*) balancer; (*wiegen*) bercer **II** *v*/*i* **1.** se balancer **2.** *Schiff* rouler
Schaukelpferd *n* cheval *m* à bascule
Schaukelstuhl *m* fauteuil *m* à bascule
Schaulauf *m*, **Schaulaufen** *n* EISLAUF gala *m* de patinage artistique, de danse sur glace
Schaulust *f* curiosité *f*
schaulustig *adj* curieux
Schaulustige(r) *m* ⟨→ A⟩ badaud *m*
Schaum [ʃaum] *m* ⟨~ǂs; Schäume⟩ écume *f*; (*Bierschaum, Seifenschaum*) mousse *f*; *Eiweiß* **zu Schaum schlagen** battre en neige
Schaumbad *n* bain *m* (de) mousse
schäumen ['ʃɔymən] *v*/*i* écumer (*a fig*); *Bier, Sekt, Seife* mousser
Schaumfestiger *m* ⟨~s; ~⟩ mousse coiffante, de coiffage

S

Schaumgummi *m* caoutchouc *m* mousse

schaumig *adj* écumeux; *Getränk, Speise* mousseux

Schaumkrone *f das Meer hat Schaumkronen* la mer moutonne

Schaumreiniger *m* mousse *f* de nettoyage

Schaumschläger *m* F frimeur *m*

Schaumstoff *m* mousse *f*

Schaumwein *m* (vin) mousseux *m*

Schauplatz *m* scène *f*; théâtre *m*

Schauprozess *péj m* grand procès politique; *st/s* simulacre *m* de procès

schaurig [ˈʃauʁɪç] *adj* **1.** (*unheimlich*) à faire frémir; épouvantable; macabre **2.** F (*grässlich*) abominable; affreux

Schauspiel *n* **1.** (*Bühnenstück*) pièce *f* de théâtre; *Gattung* drame *m* **2.** *st/s fig* spectacle *m*

Schauspieler(in) *m(f)* acteur, -trice *m,f*; comédien, -ienne *m,f* (*a fig*)

Schauspielerei *f* **1.** *Beruf* métier *m* d'acteur **2.** F *péj* comédie *f*

schauspielern *v/i fig péj* jouer la comédie

Schauspielführer *m* guide *m* de pièces de théâtre

Schauspielhaus *n* théâtre *m*

Schauspielschule *f* école *f* d'art dramatique

Schauspieltruppe *f* troupe *f* de comédiens; troupe théâtrale

Schausteller(in) *m* ⟨~s; ~⟩ (*f*) ⟨~in; ~innen⟩ forain(e) *m(f)*

Schautafel *f* tableau, panneau explicatif

Schauturnen *n* démonstration *f* de gymnastique

Scheck [ʃɛk] *m* ⟨~s; ~s⟩ chèque *m* (*über* [+ *acc*] de)

Scheckbetrüger(in) *m(f)* émetteur, -trice *m/f* de chèque(s) sans provision *bzw* falsifié(s)

Scheckbuch *n*, **Scheckheft** *n* chéquier *m*; carnet *m* de chèques

scheckig *adj* tacheté; *Pferd* pie

Scheckkarte *f* carte *f* bancaire

scheel [ʃeːl] F *adj* envieux; *j-n scheel ansehen* regarder qn de travers

scheffeln [ˈʃɛfəln] F *péj v/t* ⟨⊄⟩ *Geld scheffeln* ramasser beaucoup d'argent

Scheibe [ˈʃaɪbə] *f* ⟨~; ~n⟩ **1.** *runde* disque *m*; *kleine* rondelle *f*; (*Schießscheibe*) cible *f* **2.** *von Brot, Wurst, Obst etc* tranche *f*; (*Obstscheibe, Wurstscheibe*) *a* rondelle *f* **3.** (*Fensterscheibe*) vitre *f*; carreau *m*; *vom Auto, Schaufenster* glace *f*

Scheibenbremse *f* frein *m* à disque

Scheibenkleister F *m Scheibenkleister!* F mince!; F miel!

Scheibenwaschanlage *f* lave-glace *m*

Scheibenwischer *m* essuie-glace *m*

Scheich [ʃaɪç] *m* ⟨~⊄s; ~s *ou* ~e⟩ cheik(h) *m*

Scheide [ˈʃaɪdə] *f* ⟨~; ~n⟩ **1.** *e-s Schwerts* fourreau *m* **2.** ANAT vagin *m*

scheiden ⟨scheidet, schied, geschieden⟩ **I** *v/t e-e Ehe scheiden* prononcer un divorce; *geschieden werden* être divorcé(e); *sich* (*von j-m*) *scheiden lassen* divorcer (de, d'avec qn) **II** *v/i* ⟨sn⟩ *st/s* s'en aller; partir; *aus dem Dienst, Amt scheiden* quitter le service, son poste

Scheideweg *m fig am Scheideweg stehen* être à la croisée des chemins

Scheidung *f* ⟨~; ~en⟩ divorce *m*; *die Schei-*

dung einreichen demander le divorce

Scheidungsanwalt *m*, **Scheidungsanwältin** *f* avocat(e) *m(f)* spécialisé(e) dans les affaires de divorce

Scheidungsgrund *m* cause *f bzw* motif *m* du divorce

Scheidungsklage *f* demande *f*, action *f* en divorce

Scheidungsprozess *m* instance *f* en divorce

Scheidungsurteil *n* jugement *m* de divorce

Schein¹ [ʃaɪn] *m* ⟨~⊄s; ~e⟩ **1.** (*Bescheinigung*) certificat *m* **2.** (*Geldschein*) billet *m* **3.** HOCHSCHULE unité *f* de valeur

Schein² *m* ⟨~⊄s⟩ **1.** (*Lichtschein*) lumière *f*; (*Schimmer*) lueur *f* **2.** (*Anschein*) apparence *f*; *den* (*äußeren*) *Schein wahren* sauver les apparences; (*nur*) *zum Schein* pour la forme; *der Schein trügt* les apparences sont trompeuses

Scheinasylant(in) F *péj m(f)* faux demandeur, fausse demandeuse d'asile

scheinbar **I** *adj* apparent **II** *adv* en apparence

Scheinehe *f* mariage fictif, blanc

scheinen *v/i* ⟨schien, geschienen⟩ **1.** *Sonne* briller; luire; *die Sonne scheint a* il fait (du) soleil; il y a du soleil; *der Mond scheint* il y a clair de lune **2.** (*den Anschein haben*) sembler; avoir l'air de; paraître; *mir scheint,* (*dass*) ... il me semble que ... (+ *ind od subj*); *wie es scheint* à ce qu'il semble, paraît

Scheinfirma *f* société fictive

Scheingeschäft *n* transaction, opération fictive

scheinheilig *adj* hypocrite

Scheinheiligkeit *f* hypocrisie *f*

Scheinschwangerschaft *f* grossesse nerveuse

scheinselbstständig *adj scheinselbstständig sein* être un(e) faux, fausse indépendant(e)

scheintot *adj* en état de mort apparente

Scheinwerfer *m* projecteur *m*; AUTO phare *m*

Scheinwerferlicht *n* lumière *f* des projecteurs, AUTO des phares

Scheiß [ʃaɪs] P *m* ⟨~⟩ P connerie(s) *f(pl)*; *erzähl keinen Scheiß!* F tu déconnes!

Scheiß... [ʃaɪs] P *in Zssgn* P de merde; P putain de ...

Scheißdreck P *m* P merde *f*

Scheiße [ˈʃaɪsə] P *f* ⟨~⟩ P merde *f*; *Scheiße bauen* P faire des conneries

scheißegal P *adj das ist mir scheißegal* F je m'en fous complètement

scheißen P *v/i* ⟨⊄, schiss, geschissen⟩ P chier; *fig auf etw* (*acc*) *scheißen* F se foutre complètement de qc

scheißfreundlich P *adj* mielleux; *Person scheißfreundlich sein* être tout sucre, tout miel

Scheißhaus P *n* P chiottes *f/pl*

Scheißkerl P *m* P salaud *m*

Scheit [ʃaɪt] *n* ⟨~⊄s; ~e⟩ bûche *f*

Scheitel [ˈʃaɪtəl] *m* ⟨~s; ~⟩ **1.** *der Frisur* raie *f* **2.** *vom Scheitel bis zur Sohle* de pied en cap

scheiteln *v/t* ⟨⊄⟩ *das Haar scheiteln* faire la raie

Scheitelpunkt *m* sommet *m*; ASTR zénith *m*

Scheiterhaufen *m* bûcher *m*

scheitern [ˈʃaɪtərn] *v/i* ⟨sn⟩ échouer; *Person* subir un échec

Scheitern *n* ⟨~s⟩ échec *m*; insuccès *m*; **zum Scheitern verurteilt** voué, condamné à l'échec

Schelle ['ʃɛlə] *f* ⟨~; ~n⟩ **1.** (*Glöckchen*) grelot *m*; clochette *f* **2.** (*Klingel*) sonnette *f* **3.** TECH collier *m*

schellen *v/i u v/imp* sonner; **es schellt** on sonne

Schellenbaum *m* chapeau chinois

Schellfisch *m* aiglefin *od* églefin *m*

Schelm [ʃɛlm] *m* ⟨~es; ~e⟩ farceur, -euse *m,f*; espiègle *m,f*; **kleiner Schelm** petit(e) coquin(e)

schelmisch *adj* farceur; espiègle

Schelte ['ʃɛltə] *st/s f* ⟨~; ~n⟩ réprimande *f*; **Schelte bekommen** être réprimandé

schelten ⟨schilt, schalt, gescholten⟩ *v/t u v/i* **1.** *st/s od südd* **j-n, mit j-m schelten** réprimander qn; gronder qn **2.** *st/s* **j-n e-n Dummkopf schelten** traiter qn d'imbécile

Schema ['ʃeːma] *n* ⟨~s; ~s *ou* ~ta *ou* -men⟩ **1.** (*Muster*) modèle *m*; F *péj* **nach Schema F** sur le même moule, modèle **2.** (*grafische Darstellung*) schéma *m*

schematisch *adj* schématique

Schemel ['ʃeːməl] *m* ⟨~s; ~⟩ tabouret *m*

Schemen ['ʃeːmən] *m* ⟨~s; ~⟩ fantôme *m*

schemenhaft *adj* vague; fantomatique

Schenke ['ʃɛŋkə] *f* ⟨~; ~n⟩ débit *m* de boissons

Schenkel ['ʃɛŋkəl] *m* ⟨~s; ~⟩ **1.** (*Oberschenkel*) cuisse *f* **2.** *e-s Winkels* côté *m*

schenken ['ʃɛŋkən] *v/t* **1.** **j-m etw schenken** offrir qc à qn; faire cadeau de qc à qn; **etw zu Weihnachten geschenkt bekommen** recevoir qc pour Noël; *fig* **mir ist im Leben nichts geschenkt worden** la vie ne m'a pas fait de cadeaux; *billige Ware* F **das ist ja geschenkt!** c'est donné! **2.** *st/s* **j-m, e-r Sache Aufmerksamkeit schenken** prêter (son) attention à qn, qc

Schenkung *f* ⟨~; ~en⟩ donation *f*

scheppern ['ʃɛpərn] F *v/i* cliqueter; faire un bruit de ferraille

Scherbe ['ʃɛrbə] *f* ⟨~; ~n⟩ morceau *m* (d'un verre, pot cassé); *von Glas, Ton* a tesson *m*; **Scherben** *pl* a débris *m/pl* (*a fig*); *prov* **Scherben bringen Glück** etwa à quelque chose, malheur est bon

Schere ['ʃeːrə] *f* ⟨~; ~n⟩ **1.** ciseaux *m/pl*; (*Blechschere*) cisailles *f/pl*; **e-e Schere** une paire de ciseaux **2.** *der Krebse* pince *f*

scheren[1] *v/t* ⟨schor, geschoren⟩ *Schafe, Haare* tondre

scheren[2] ⟨*régulier*⟩ *v/r* **1.** **sich (nicht) um etw, j-n scheren** (ne pas) s'occuper, se soucier de qc, de qn **2.** F **sich scheren** (*wegscheren*) F filer

Scherenschnitt *m* silhouette *f*

Scherereien [ʃeːrə'raɪən] F *f/pl* ennuis *m/pl*; contrariétés *f/pl*; tracasseries *f/pl*

Scherflein ['ʃɛrflaɪn] *st/s n* ⟨~s; ~⟩ **sein Scherflein (zu etw) beitragen** *od* **beisteuern** apporter son obole (à qc)

Scherge ['ʃɛrgə] *st/s m* ⟨~n; ~n⟩ sbire *m*

Scherz [ʃɛrts] *m* ⟨~es; ~e⟩ plaisanterie *f*; farce *f*; blague *f*; **Scherz beiseite!** trêve de plaisanterie!; **aus, im, zum Scherz** pour rire; pour plaisanter; **s-n Scherz, s-e Scherze mit j-m treiben** se jouer de qn

Scherzartikel *m* attrape *f*; *pl* farces et attrapes *f/pl*

scherzen *v/i* ⟨¢ß⟩ plaisanter; badiner; **damit ist nicht zu scherzen** on ne plaisante pas avec ça

Scherzfrage *f* devinette *f*

scherzhaft *adj* plaisant

scheu [ʃɔy] *adj* timide; (*menschenscheu*) farouche; *Pferd* ombrageux; *Pferd* **scheu machen** effaroucher

Scheu *f* ⟨~⟩ **1.** (*scheues Wesen*) timidité *f* **2.** (*Ehrfurcht*) crainte *f*, appréhension *f* (**vor** [+ *dat*] de)

scheuchen *v/t* chasser; F **j-n aus dem Haus scheuchen** chasser qn de la maison

scheuen I *v/t* reculer devant **II** *v/i Pferd* s'effaroucher **III** *v/r* **sich scheuen, etw zu tun** hésiter à faire qc; craindre de faire qc

Scheuerbürste ['ʃɔyər-] *f* brosse *f* (à récurer)

Scheuerlappen *m* serpillière *f*

scheuern I *v/t* **1.** *Töpfe* récurer; *Fußboden* frotter **2.** F **j-m eine scheuern** donner une claque, une gifle à qn **II** *v/i* frotter; gratter **III** *v/r* **sich wund scheuern** s'écorcher

Scheuerpulver *n* poudre *f* à récurer

Scheuertuch *n* ⟨~ß; -tücher⟩ serpillière *f*

Scheuklappe *f* œillère *f* (*a fig*)

scheumachen *v/t* effaroucher

Scheune ['ʃɔynə] *f* ⟨~; ~n⟩ grange *f*

Scheunendrescher *m* ⟨~s; ~⟩ F **er frisst wie ein Scheunendrescher** F il bouffe comme quatre, comme un ogre

Scheusal ['ʃɔyzaːl] *n* ⟨~s; ~e⟩ monstre *m*

scheußlich ['ʃɔyslɪç] *adj* **1.** (*hässlich*) 'hideux; horrible; affreux **2.** (*schrecklich*) horrible; *Verbrechen* a atroce; *Wetter* a épouvantable

Schi [ʃiː] → **Ski**

Schicht [ʃɪçt] *f* ⟨~; ~en⟩ **1.** couche *f*; *dünne film m* **2.** GÉOL strate *f* **3.** (*Gesellschaftsschicht*) couche sociale **4.** (*Arbeitszeit*) poste *m*; équipe *f*; **Schicht arbeiten** faire les trois-'huit; travailler par roulement

Schichtarbeit *f* travail posté, par roulement

Schichtarbeiter(in) *m(f)* travailleur, -euse *m,f* posté(e)

Schichtdienst *m* → **Schichtarbeit**; **im Schichtdienst arbeiten** travailler par roulement; **in drei Schichten** faire les trois-'huit

schichten *v/t* ⟨-e-⟩ empiler

Schichtwechsel *m* relève *f* (des équipes)

schick [ʃɪk] **I** *adj* chic; élégant **II** *adv* avec chic

Schick *m* ⟨~¢s⟩ chic *m*

schicken I *v/t* envoyer; (*verschicken*) expédier; **etw an j-n** *od* **j-m etw schicken** a adresser qc à qn **II** *v/r* **1.** *a v/imp* (*geziemen*) **sich schicken (für)** convenir (à); **das schickt sich nicht** cela ne se fait pas; *st/s* c'est inconvenant **2.** **sich in etw** (*acc*) **schicken** se résigner à qc

Schickeria [ʃɪka'riːa] F *f* ⟨~⟩ F gratin *m*; F crème *f*

Schickimicki ['ʃɪki'mɪki] F *péj m* ⟨~s; ~s⟩ minet *m*

schicklich *st/s adj* convenable; décent; bienséant

Schicksal ['ʃɪkzaːl] *n* ⟨~s; ~e⟩ sort *m*; (*höhere Macht*) a destin *m*; *e-s einzelnen* destinée *f*; **j-n s-m Schicksal überlassen** abandonner qn à son sort; F (**das ist**) **Schicksal** c'est le destin

schicksalhaft *adj* fatal; fatidique
Schicksalsschlag *m* revers *m* de fortune
Schiebedach ['ʃiːbə-] *n* toit ouvrant
schieben ['ʃiːbən] ⟨schob, geschoben⟩ **I** *v/t* pousser; *in den Mund, in die Tasche* mettre; glisser **II** *v/i* F *mit Waren* trafiquer; F fricoter **III** *v/r* **sich zwischen etw** (*acc*) (**und etw** [*acc*]) **schieben** se glisser entre qc (et qc); → **vorwärtsschieben**
Schieber F *péj m* ⟨∾s; ∾⟩ trafiquant *m*; F fricoteur *m*
Schiebetür *f* porte coulissante
Schieblehre *f* pied *m* à coulisse
Schiebung F *f* ⟨∾; ∾en⟩ **1.** *mit Waren* trafic *m* illicite (**mit** de) **2.** (*Mogelei*) F triche *f*; (**das ist**) **Schiebung!** F c'est de la triche!
schied [ʃiːt] → **scheiden**
Schiedsgericht *n* JUR tribunal arbitral; SPORT comité *m* d'arbitrage
Schiedsmann *m* ⟨∾¢s; ∾er *ou* -leute⟩ arbitre *m*
Schiedsrichter(in) *m(f)* arbitre *m*
Schiedsrichterassistent *m* arbitre *m* assistant
Schiedsrichterball *m* entre-deux *m*
Schiedsrichterbeleidigung *f* injure *f* à l'encontre d'un arbitre
Schiedsrichterentscheidung *f* décision *f* de l'arbitre
Schiedsspruch *m* sentence arbitrale
Schiedsstelle *f* autorité *f* d'arbitrage
Schiedsurteil *n* sentence arbitrale
Schiedsverfahren *n* procédure *f* d'arbitrage
schief [ʃiːf] **I** *adj* **1.** (*schräg*) oblique; (*geneigt*) incliné; penché **2.** *fig* Bild faux; Vergleich, Argumentation boiteux **II** *adv* **3.** de travers; **schief hängen** pencher d'un côté; **schief stehen** pencher; être incliné, penché **4.** F *fig* **j-n schief ansehen** regarder qn de travers; → **schiefgehen**, **schiefgewickelt**, **schieflachen**, **schieflaufen** etc
Schiefer ['ʃiːfər] *m* ⟨∾s; ∾⟩ MINÉR schiste *m*; *zum Dachdecken* ardoise *f*
Schieferdach *n* toit *m* d'ardoise
Schiefergebirge *n* montagnes schisteuses
Schiefertafel *f* SCHULE ardoise *f*
schiefgehen F *fig v/i* ⟨irr, sn⟩ aller de travers; tourner mal
schiefgewickelt F *fig adjt* **schiefgewickelt sein** se mettre, se fourrer le doigt dans l'œil
schieflachen F *v/r* **sich schieflachen** F se fendre la pêche, la pipe; F s'en payer une tranche
schieflaufen F *fig v/i* ⟨irr, sn⟩ aller de travers; tourner mal
schiefliegen F *fig v/i* ⟨irr⟩ être à côté de la plaque
schielen ['ʃiːlən] *v/i* loucher; F *fig* **nach etw schielen** lorgner, guigner qc; loucher sur qc
schien [ʃiːn] → **scheinen**
Schienbein *n* tibia *m*
Schienbeinschützer *m* ⟨∾s; ∾⟩ protège-tibia *m*
Schiene ['ʃiːnə] *f* ⟨∾; ∾n⟩ **1.** BAHN rail *m* **2.** (*Laufschiene*) glissière *f* **3.** MÉD éclisse *f*; attelle *f*
schienen *v/t* MÉD éclisser
Schienenbus *m* automotrice *f*; autorail *m*
Schienenfahrzeug *n* véhicule *m* sur rails
Schienennetz *n* réseau *m* ferroviaire
schier [ʃiːr] **I** *adj* pur **II** *adv* (*fast*) presque; **schier unmöglich** pratiquement impossible

Schierling ['ʃiːrlɪŋ] *m* ⟨∾s; ∾e⟩ ciguë *f*
Schießbefehl ['ʃiːs-] *m* ordre *m* de tirer
Schießbude *f* (stand *m* de) tir *m*
Schießbudenfigur F *fig f* **wie e-e Schießbudenfigur aussehen** avoir l'air grotesque, l'air d'un clown
schießen ['ʃiːsən] ⟨¢s, schoss, geschossen⟩ **I** *v/t* **1.** *Kugel, Pfeil* tirer **2.** FUSSBALL tirer; **das 1:0 schießen** marquer le premier but **3.** F **ein paar Fotos schießen** faire quelques photos **II** *v/i* **4.** *mit e-r Schusswaffe* tirer (**auf j-n, etw** sur qn, qc); faire feu; **scharf schießen** tirer à balles; F **das ist zum Schießen** F c'est tordant **5.** FUSSBALL tirer; shooter **6.** ⟨sn⟩ *fig* (*sich schnell bewegen*) se précipiter; **aus etw schießen** Blut, Wasser jaillir de qc; Preise **in die Höhe schießen** monter en flèche; **das Blut schoss ihm ins Gesicht** le sang lui monta au visage **7.** ⟨sn⟩ *Pflanzen, Kinder* pousser rapidement
Schießerei *f* ⟨∾; ∾en⟩ échange *m* de coups de feu; fusillade *f*
Schießhund *m* F **aufpassen wie ein Schießhund** être aux aguets
Schießpulver *n* poudre *f* (à canon)
Schießscharte *f* meurtrière *f*
Schießscheibe *f* cible *f*
Schießsport *m* tir (sportif)
Schießstand *m* (stand *m* de) tir *m*
Schießübung *f* exercice *m* de tir
Schiff [ʃɪf] *n* ⟨∾¢s; ∾e⟩ bateau *m*; *großes* navire *m*; bâtiment *m*
schiffbar *adj* navigable
Schiffbau *m* construction navale
Schiffbruch *m* naufrage *m*; **Schiffbruch erleiden** faire naufrage (*a fig*)
schiffbrüchig *adj* naufragé
Schiffbrüchige(r) *f(m)* ⟨→ A⟩ naufragé(e) *m(f)*
Schiffchen *n* ⟨∾s; ∾⟩ **1.** (*kleines Schiff*) petit bateau *m* **2.** *e-r Nähmaschine* navette *f*
schiffen P **I** *v/i* P pisser **II** *v/imp* **es schifft** F il flotte
Schiffer *m* ⟨∾s; ∾⟩ capitaine *m* d'un navire; (*Binnenschiffer*) batelier *m*; marinier *m*
Schifferklavier *n* accordéon *m*
Schifffahrt *f* navigation *f*
Schifffahrtsgesellschaft *f* compagnie *f* maritime, de navigation
Schifffahrtslinie *f* route *f*, ligne *f* maritime
Schifffahrtsweg *m* voie *f* navigable; (*Route*) route *f* maritime
Schiffsarzt *m* médecin *m* de bord
Schiffsbauch F *m* cale *f*
Schiffsbesatzung *f* équipage *m* (d'un navire)
Schiffschaukel *f* balançoire *f* (en forme de nacelle)
Schiffsdeck *n* pont *m*
Schiffseigner *m* armateur *m*
Schiffsfahrt *f* traversée *f*; *Ausflug* tour *m* en bateau
Schiffsjunge *m* mousse *m*
Schiffskoch *m* cuisinier *m* de bord; coq *m*
Schiffsladung *f* cargaison *f*
Schiffsreise *f* voyage *m* en bateau; (*Kreuzfahrt*) croisière *f*
Schiffsrumpf *m* coque *f*
Schiffsschraube *f* hélice *f*
Schiffsverkehr *m* auf Flüssen trafic fluvial; auf

See trafic *m* maritime
Schiit [ʃiˈiːt] *m* ⟨∼en; ∼en⟩ chiite *m*
schiitisch *adj* chiite
Schikane [ʃiˈkaːnə] *f* ⟨∼; ∼n⟩ **1.** (*Quälerei*) tracasserie *f*; brimade *f* **2.** F *fig* (*Raffinesse*) *mit allen Schikanen* avec tous les extras
schikanieren *v/t* ⟨sans ge⟩ faire des tracasseries à; brimer
schikanös [ʃikaˈnøːs] *adj* vexatoire
Schild[1] [ʃɪlt] *m* ⟨∼¢s; ∼e⟩ **1.** (*Schutzschild*) bouclier *m*; *fig etw im Schilde führen* méditer un coup; F mijoter qc **2.** (*Wappenschild*) écusson *m*
Schild[2] *n* ⟨∼¢s; ∼er⟩ (*Tafel, Verkehrsschild*) panneau *m*; (*Hinweisschild*) écriteau *m*; (*Ladenschild*) enseigne *f*; (*Namensschild, Türschild*) plaque *f*; (*Preisschild*) étiquette *f*
Schildbürgerstreich *m* acte saugrenu
Schilddrüse *f* glande *f* thyroïde
Schilddrüsenhormon *n* thyroxine *f*
Schilddrüsenüberfunktion *f* hyperthyroïdie *f*
Schilddrüsenunterfunktion *f* hypothyroïdie *f*
schildern [ˈʃɪldərn] *v/t* décrire; (dé)peindre
Schilderung *f* ⟨∼; ∼en⟩ description *f*
Schilderwald F *péj m* forêt *f* de panneaux
Schildkröte *f* tortue *f*
Schildkrötensuppe *f* potage *m* à la tortue
Schildlaus *f* cochenille *f*
Schildpatt *n* écaille *f*
Schilf [ʃɪlf] *n* ⟨∼¢s; ∼e⟩, **Schilfrohr** *n* roseau *m*
schillern [ˈʃɪlərn] *v/i* chatoyer; miroiter
schillernd *adjt Farbe* changeant; *Begriff, Person* ambigu
Schilling [ˈʃɪlɪŋ] *m* ⟨∼s; ∼e⟩ HIST schilling *m*
schilt [ʃɪlt] → *schelten*
Schimmel[1] [ˈʃɪməl] *m* ⟨∼s⟩ *Belag* moisi *m*; moisissure *f*
Schimmel[2] *m* ⟨∼s; ∼⟩ ZO cheval blanc
schimmelig *adj* moisi
schimmeln *v/i* ⟨¢, h *ou* sn⟩ moisir
Schimmelpilz *m* (champignon *m* de) moisissure *f*
Schimmer [ˈʃɪmər] *m* ⟨∼s; ∼⟩ (*Schein*) lueur *f*; (faible) lumière *f*; (*Glanz*) reflets *m/pl*; F *fig keinen blassen Schimmer von etw haben* ne pas avoir la moindre idée de qc
schimmern *v/i* (re)luire; *Gold* briller
schimmlig → *schimmelig*
Schimpanse [ʃɪmˈpanzə] *m* ⟨∼n; ∼n⟩ chimpanzé *m*
Schimpf [ʃɪmpf] *st/s m mit Schimpf und Schande* 'honteusement; *st/s* ignominieusement
schimpfen I *v/t j-n e-n Dummkopf schimpfen* traiter qn d'imbécile **II** *v/i* pester (*auf od über etw, j-n* contre qc, qn); *mit j-m schimpfen* gronder qn
Schimpfkanonade F *f* bordée *f* d'injures, d'insultes
schimpflich *st/s adj* 'honteux; *st/s* ignominieux
Schimpfname *m* nom injurieux
Schimpfwort *n* ⟨∼¢s; ∼er⟩ injure *f*
Schindel [ˈʃɪndəl] *f* ⟨∼; ∼n⟩ bardeau *m*
Schindeldach *n* toit *m* de bardeaux
schinden [ˈʃɪndən] ⟨schindet, schindete, geschunden⟩ **I** *v/t* **1.** (*quälen*) éreinter **2.** F *Zeit schinden* tirer des heures **II** *v/r F sich schinden* s'éreinter; F se crever

Schinderei *f* ⟨∼; ∼en⟩ travail *m* de chien; corvée *f*
Schindluder *n* F *mit s-r Gesundheit Schindluder treiben* mettre en jeu sa santé
Schinken [ˈʃɪŋkən] *m* ⟨∼s; ∼⟩ **1.** CUIS jambon *m*; *roher Schinken* jambon cru; *gekochter Schinken* jambon cuit, blanc **2.** F *fig Buch* F pavé *m*; *Gemälde* F croûte *f*
Schinkenbrot *n* tartine (garnie) de jambon
Schinkenspeck *m* lard *m* maigre
Schinkenwurst *f grosse saucisse avec des petits morceaux de jambon*
Schintoismus [ʃɪntoˈɪsmus] *m* ⟨∼⟩ REL shintoïsme *m*
Schintoist(in) *m* ⟨∼en; ∼en⟩ (*f*) ⟨∼in; ∼innen⟩ shintoïste *m,f*
schintoistisch *adj* shintoïste
Schippe [ˈʃɪpə] *f* ⟨∼; ∼n⟩ **1.** (*Schaufel*) pelle *f* **2.** *Schippen n Spielkartenfarbe* pique *m*
schippen *v/t* pelleter; *Schnee schippen* enlever la neige (à la pelle)
Schiri [ˈʃiːri] *m* ⟨∼s; ∼s⟩ SPORT *Jargon* arbitre *m*
Schirm [ʃɪrm] *m* ⟨∼¢s; ∼e⟩ (*Regenschirm*) parapluie *m*; (*Sonnenschirm*) parasol *m*
Schirmherr(in) *m(f)* protecteur, -trice *m,f*
Schirmherrschaft *f* patronage *m*; parrainage *m*
Schirmmütze *f* casquette *f*
Schirmständer *m* porte-parapluies *m*
schiss [ʃɪs] → *scheißen*
Schiss *m* ⟨∼es⟩ P *Schiss haben* F avoir la trouille, la frousse, les jetons
Schiwa [ˈʃiːva] *m* ⟨∼s⟩ REL Shiva *m*
schizophren [ʃɪtsoˈfreːn] *adj* schizophrène
Schizophrenie *f* ⟨∼; ∼n⟩ schizophrénie *f*
schlabbern [ˈʃlabərn] F **I** *v/t Tier* laper **II** *v/i* **1.** *beim Essen* baver **2.** *Kleider* F pendouiller
Schlacht [ʃlaxt] *f* ⟨∼; ∼en⟩ bataille *f*; *die Schlacht bei, von …* la bataille de …; *sich* (*dat*) *e-e Schlacht liefern* se livrer bataille
schlachten *v/t* ⟨-e-⟩ tuer; abattre
Schlachtenbummler *m* ⟨∼s; ∼⟩ SPORT supporter *m*
Schlachter *m* ⟨∼s; ∼⟩ *nordd* boucher *m*
Schlächter [ˈʃlɛçtər] *m* ⟨∼s; ∼⟩ *fig* bourreau *m*
Schlachterei *f* ⟨∼; ∼en⟩ *nordd* boucherie *f*
Schlachtfeld *n* champ *m* de bataille
Schlachtfest *n* jour *m* où l'on tue le porc
Schlachthaus *n*, **Schlachthof** *m* abattoir(s) *m(pl)*
Schlachtplan *m* MIL, *fig* plan *m* de bataille
Schlachtplatte *f plat à base de boudins et de poitrine de porc* (*souvent garni de choucroute*)
Schlachtschiff *n* MIL cuirassé *m* d'escadre
Schlachtung *f* ⟨∼; ∼en⟩ abattage *m*
Schlachtvieh *n* animaux *m/pl* de boucherie
Schlacke [ˈʃlakə] *f* ⟨∼; ∼n⟩ scories *f/pl*; (*Hochofenschlacke*) laitier *m*
schlackern [ˈʃlakərn] *v/i Kleider* flotter; *mit den Armen, Beinen schlackern* balancer les bras, les jambes
Schlaf [ʃlaːf] *m* ⟨∼¢s⟩ sommeil *m*; *aus dem Schlaf auffahren, hochfahren* se réveiller en sursaut; *j-n aus dem Schlaf reißen* tirer qn de son sommeil; *im Schlaf* en dormant; *fig etw im Schlaf können* pouvoir faire qc les yeux fermés
Schlafanzug *m* pyjama *m*
Schlafanzughose *f* pantalon *m* de pyjama

S

Schläfchen [ˈʃlɛːfçən] *n* ⟨~s; ~⟩ petit somme; (*Mittagsschläfchen*) sieste *f*
Schlafcouch *f* canapé-lit *m*
Schläfe [ˈʃlɛfə] *f* ⟨~; ~n⟩ tempe *f*
schlafen *v/i* ⟨schläft, schlief, geschlafen⟩ **1.** dormir; **tief und fest schlafen** dormir profondément, à poings fermés; **mit j-m schlafen** F coucher avec qn; **schlafen gehen** (aller) se coucher **2.** F *fig* (*nicht aufpassen*) dormir
Schlafengehen *n* ⟨~s⟩ coucher *m*; **vor dem Schlafengehen** avant de se coucher
Schlafenszeit *f* **es ist Schlafenszeit** il est l'heure de (*od* d'aller) se coucher
Schläfer [ˈʃlɛːfər] *m* ⟨~s; ~⟩ **1.** dormeur *m* **2.** *Terrorist* agent dormant
Schläferin *f* ⟨~; ~nen⟩ dormeuse *f*
schlaff [ʃlaf] **I** *adj* **1.** *Seil* lâche; *Haut* flasque; (*weich*) mou; **schlaff werden** se relâcher **2.** *fig Person* mou; sans énergie, vigueur **II** *adv fig* sans force, vigueur
Schlafgelegenheit *f* endroit *m* où dormir; lit *m*
Schlafkrankheit *f* maladie *f* du sommeil
Schlaflied *n* berceuse *f*
schlaflos *adj* éveillé; MÉD insomniaque; **schlaflose Nacht** nuit blanche; **schlaflose Nächte haben** avoir des insomnies
Schlaflosigkeit *f* ⟨~⟩ insomnie *f*
Schlafmittel *n* somnifère *m*
Schlafmütze F *f* **1.** (*Langschläfer*) lève-tard *m* **2.** (*Tranfunzel*) endormi(e) *m(f)*
schläfrig [ˈʃlɛːfrɪç] *adj* somnolent; **schläfrig sein** avoir sommeil; **schläfrig werden** avoir envie de dormir
Schlafsaal *m* dortoir *m*
Schlafsack *m* sac *m* de couchage
Schlafsofa *n* canapé-lit *m*
Schlafstadt *f* cité-dortoir *f*; ville-dortoir *f*
Schlafstörungen *f/pl* troubles *m/pl* du sommeil
schläft [ʃlɛːft] → **schlafen**
Schlaftablette *f* comprimé *m* pour dormir; somnifère *m*
schlaftrunken *st/s adj* (encore) tout endormi; ensommeillé
Schlafwagen *m* wagon-lit *m*
Schlafwagenabteil *n* compartiment *m* de wagon-lit; sleeping *m*
schlafwandeln *v/i* ⟨¢, h *ou* sn⟩ être somnambule
Schlafwandler(in) *m* ⟨~s; ~⟩ (*f*) ⟨~in; ~innen⟩ somnambule *m,f*
Schlafzimmer *n* chambre *f* à coucher
Schlafzimmerblick F *plais m* regard de vamp, aguichant
Schlag [ʃlaːk] *m* ⟨~¢s; ~e⟩ **1.** (*Hieb*) coup *m* (*a* BOXEN, TENNIS, *fig*); (*Klaps*) tape *f*; **Schläge bekommen** recevoir des coups; *fig* **Schlag auf Schlag** coup sur coup; *fig* **ein Schlag ins Gesicht** une gifle; *fig* **ein Schlag ins Wasser** un coup d'épée dans l'eau; F *fig* **auf e-n Schlag** d'un (seul) coup; tout d'un coup **2.** (*Schicksalsschlag*) coup *m* **3.** *Geräusch* coup *m*; bruit *m*; **Schlag zehn Uhr** sur le coup de dix heures **4.** (*Stromschlag*) décharge *f*; **e-n Schlag bekommen** recevoir une décharge (électrique) **5.** F (*Schlaganfall*) attaque *f* (d'apoplexie); **wie vom Schlag gerührt** *od* **getroffen sein** F être sidéré **6.** (*Herzschlag*) battement *m*; (*Pulsschlag*) pulsation *f* **7.** (*Men-*

schenschlag) espèce *f* **8.** F (*Portion*) portion *f* **9.** *österr* (*Schlagsahne*) crème fouettée
Schlagabtausch *m* SPORT échange *m* de coups; *fig* joute *f* oratoire
Schlagader *f* artère *f*
Schlaganfall *m* attaque *f* d'apoplexie
schlagartig **I** *adj* subit; soudain; *Bewegung* brusque **II** *adv* tout à coup; subitement
Schlagbaum *m* barrière *f*
Schlagbohrer *m*, **Schlagbohrmaschine** *f* perceuse *f* à percussion
Schlägel [ˈʃlɛːɡəl] *m* ⟨~s; ~⟩ (*Trommelschlägel*) baguette *f*
schlagen ⟨schlägt, schlug, geschlagen⟩ **I** *v/t* **1.** *einmal* frapper (*j-n ins Gesicht* qn au visage); *mehrmals* battre; frapper; taper sur; (*e-n Klaps geben*) taper; **j-m etw aus der Hand schlagen** faire tomber qc des mains de qn; **e-n Nagel in die Wand schlagen** planter, enfoncer un clou dans le mur; **die Hände vors Gesicht schlagen** enfoncer sa tête dans ses mains; **zu Boden schlagen** assommer; terrasser **2.** *Holz* couper; abattre **3.** *Sahne, Eier* fouetter; battre **4.** *Falten, Rad* faire **5.** **etw in Papier** (*acc*) **schlagen** envelopper qc dans du papier **6.** **ein Bein übers andere schlagen** croiser les jambes **7.** (*besiegen*) battre; SCHACHSPIEL prendre **8.** *Uhr* sonner; **es hat (gerade) zwölf Uhr geschlagen** midi vient de sonner **II** *v/i* **9.** (*hauen*) frapper; **nach j-m schlagen** porter un coup à qn; **um sich schlagen** se débattre **10.** *Herz, Puls* battre **11.** *Uhr, Glocke* sonner **12.** ⟨sn⟩ (*aufprallen*) **gegen** *od* **an etw** (*acc*) **schlagen** cogner contre qc; 'heurter qc; *Regen* fouetter (contre) qc; *Wellen* battre qc **13.** ⟨sn⟩ *Flammen* **aus etw schlagen** jaillir de qc; *Blitz* ⟨*a* h⟩ **in etw** (*acc*) **schlagen** tomber sur qc **14.** ⟨sn⟩ **nach j-m schlagen** (*ähneln*) ressembler à qn **15.** ⟨sn⟩ **j-m auf den Magen schlagen** se porter sur l'estomac de qn **III** *v/r* **sich mit j-m** (*um etw*) **schlagen** se battre avec qn (pour [avoir] qc); **sich tapfer schlagen** se battre vaillamment
schlagend *adjt Beweis* concluant; *Argument* pertinent; massue; percutant
Schlager *m* ⟨~s; ~⟩ **1.** MUS chanson *f* à succès; F tube *m* **2.** (*Verkaufsschlager*) succès *m* de vente
Schläger [ˈʃlɛːɡər] *m* ⟨~s; ~⟩ **1.** *péj* brute *f*; (*Raufbold*) bagarreur *m* **2.** (*Federballschläger*, [*Tisch*]*Tennisschläger*) raquette *f*; ([*Eis*]*Hockeyschläger*) crosse *f*; (*Golfschläger*) club *m*
Schlägerei *f* ⟨~; ~en⟩ rixe *f*; bagarre *f*
Schlägermusik *f* musique *f* de variété
Schlägermütze F *f* casquette *f* (de voyou, de mauvais garçon)
Schlagersänger(in) *m(f)* chanteur, -euse *m,f* à succès
Schlagerwettbewerb *m* concours *m* de chansons
schlagfertig **I** *adj* prompt à la riposte **II** *adv* **schlagfertig antworten** riposter; répondre du tac au tac
Schlagfertigkeit *f* ⟨~⟩ esprit *m* d'à-propos, de repartie
Schlaginstrument *n* instrument *m* à percussion
Schlagkraft *f* MIL combativité *f*; *fig* efficacité *f*
schlagkräftig *adj* MIL puissant; *Argument* massue

Schlagloch *n* trou *m*; nid-de-poule *m*
Schlagobers *n* ⟨∼⟩ *österr*, **Schlagrahm** *m südd* → *Schlagsahne*
Schlagring *m* coup-de-poing (américain)
Schlagsahne *f* crème fouettée, Chantilly; Chantilly *f*
Schlagseite *f* MAR gîte *f*; *Schlagseite haben* donner de la bande, de la gîte
Schlagstock *m* matraque *f*
Schlagwort *n* ⟨∼¢s; -wörter *ou* ∼e⟩ **1.** (*Parole*) slogan *m*; (*Gemeinplatz*) cliché *m* **2.** ⟨*pl* -wörter⟩ *e-s Verzeichnisses* mot-clé *m*
Schlagwortkatalog *m* catalogue-matières *m*
Schlagzeile *f* manchette *f*; gros titre
Schlagzeug *n* batterie *f*
Schlagzeuger *m* ⟨∼s; ∼⟩ batteur *m*
schlaksig ['ʃlaːksɪç] F *adj* F dégingandé
Schlamassel [ʃla'masəl] F *m od n* ⟨∼s⟩ embarras *m*; F pétrin *m*
Schlamm [ʃlam] *m* ⟨∼¢s; ∼e *ou* ∼̈e⟩ *in Gewässern* vase *f*; (*aufgeweichte Erde*) boue *f*
schlammig *adj* (*Schlamm enthaltend*) limoneux; (*morastig*) boueux; bourbeux
Schlammlawine *f* coulée *f* de boue
Schlampe ['ʃlampə] F *f* ⟨∼; ∼n⟩ (*ungepflegte Frau*) F cochonne *f*; (*Flittchen*) F traînée *f*
schlampen F *v/i* bâcler
Schlamperei F *f* ⟨∼; ∼en⟩ (*Nachlässigkeit*) négligence *f*; bâclage *m*; bousillage *m*; (*Unordentlichkeit*) désordre *m*
schlampig F *adj* (*ungepflegt*) négligé; débraillé; *Arbeit* bâclé; bousillé
schlang [ʃlaŋ] → *schlingen*
Schlange ['ʃlaŋə] *f* ⟨∼; ∼n⟩ **1.** zo serpent *m*; (*Giftschlange*) vipère *f* (*a fig péj*) **2.** *von Menschen* queue *f*; *von Autos* file *f*; *Schlange stehen* faire la queue
schlängeln ['ʃlɛŋəln] *v/r* ⟨¢⟩ *sich schlängeln* *Weg, Fluss* serpenter; *Weg a* faire des lacets; *Fluss a* décrire des méandres; *Tier* ramper; *fig* se glisser
Schlangenbeschwörer(in) *m* ⟨∼s; ∼⟩ (*f*) ⟨∼in; ∼innen⟩ charmeur, -euse *m,f* de serpents
Schlangenbiss *m* morsure *f* de serpent
Schlangengift *n* venin *m* de serpent
Schlangenleder *n* (peau *f* de) serpent *m*
Schlangenlinie *f* ligne serpentine; *in Schlangenlinien fahren, gehen* zigzaguer
Schlangenmensch *m* homme *m* serpent; contorsionniste *m*
schlank [ʃlaŋk] *adj Person, Taille* mince; *Taille a* (*Person, Gestalt*) svelte; *Gestalt, Wuchs* élancé; *fig* ÉCON dégraissé; *Kleidung* *schlank machen* amincir
Schlankheit *f* ⟨∼⟩ minceur *f*; sveltesse *f*
schlankmachen *v/t Kleidung* amincir
schlapp [ʃlap] *adj* **1.** (*abgespannt*) fatigué; fourbu; → *schlappmachen* **2.** F (*ohne Energie*) mou; avachi; amorphe
Schlappe *f* ⟨∼; ∼n⟩ échec *m*; revers *m*; défaite *f*
Schlappen F *m* ⟨∼s; ∼⟩ pantoufle *f*; babouche *f*
Schlapphut *m* chapeau mou (à large bord)
schlappmachen F *v/i* F flancher
Schlappohr F *n* oreille pendante
Schlappschwanz *m* F dégonflé *m*; F lavette *f*
Schlaraffenland [ʃla'rafən-] *n* Pays *m* de cocagne
schlau [ʃlau] *adj* **1.** (*gewitzt*) astucieux; (*listig*)

rusé; malin; futé **2.** F *aus etw, j-m nicht schlau werden* ne pas comprendre qc, qn, saisir qc
Schlauberger ['ʃlaubɛrgər] F *m* ⟨∼s; ∼⟩ finaud *m*; fine mouche; futé *m*
Schlauch [ʃlaux] *m* ⟨∼¢s; Schläuche⟩ **1.** tuyau *m*; (*Fahrradschlauch, Autoschlauch*) chambre *f* à air **2.** F *auf dem Schlauch stehen* F ne rien piger
Schlauchboot *n* canot *m* pneumatique
schlauchen F *v/t* F crever
schlauchlos *adj Reifen* sans chambre à air
Schlauchwagen *m* dévidoir *m* sur chariot, à roues
Schläue ['ʃlɔyə] *f* ⟨∼⟩ (*Klugheit*) astuce *f*; (*Gerissenheit*) ruse *f*
schlauerweise *adv* astucieusement; *sie hat schlauerweise den Zug genommen* elle a (vraiment) bien fait de prendre le train
Schlaufe ['ʃlaufə] *f* ⟨∼; ∼n⟩ *am Gürtel* passant *m*; *am Skistock, Schirm* dragonne *f*
Schlaufuchs F *m* → *Schlauberger*
Schlauheit *f* ⟨∼⟩ → *Schläue*
Schlaukopf F *m*, **Schlaumeier** F *m* ⟨∼s; ∼⟩ → *Schlauberger*
Schlawiner [ʃla'viːnər] F *m* ⟨∼s; ∼⟩ **1.** (*Gauner*) F roublard *m* **2.** (*Schlingel*) (petit) coquin; garnement *m*
schlecht [ʃlɛçt] **I** *adj* **1.** mauvais; *Arbeit* mal fait; *Luft* pollué; (*das ist*) *nicht schlecht!* ce n'est pas mal! **2.** *Ware* de mauvaise qualité **3.** *Zeiten* dur; *Spaß* de mauvais goût **4.** (*ungenießbar*) *schlecht werden* se gâter **5.** (*böse*) méchant **6.** *mir ist schlecht* je me sens mal; j'ai mal au cœur **II** *adv* **7.** mal; *schlecht bezahlt* mal payé; *schlecht gelaunt* de mauvaise humeur; *schlecht verstehen* comprendre mal; → *schlechtmachen* **8.** (*schlimm*) *es sieht schlecht aus* c'est inquiétant; *es geht ihm schlecht geschäftlich* ses affaires vont mal; *schlechter werden* se détériorer; empirer; *immer schlechter* de mal en pis **9.** (*kaum*) *das kann ich schlecht sagen* je suis incapable de le dire *od* de l'affirmer; *morgen geht es schlecht* demain ça ne me convient pas *od* ne m'arrange pas **10.** (*krank*) *schlecht aussehen* avoir mauvaise mine; *es geht ihm schlecht* il ne va pas bien **11.** *mehr schlecht als recht* tant bien que mal
schlechtbezahlt *adjt* mal payé
schlechtgehen *v/imp* → *schlecht* II 8, 10
schlechtgelaunt *adj* de mauvaise humeur
schlechthin *adv* **1.** + *adj* absolument **2.** + *subst* par excellence
Schlechtigkeit *f* ⟨∼; ∼en⟩ méchanceté *f*; bassesse *f*
schlechtmachen *v/t j-n, etw schlechtmachen* médire de, dire du mal de qn, qc
Schlechtwetterfront *f* front *m* des intempéries
Schlechtwettergeld *n* indemnité *f* de mauvais temps
Schlechtwetterperiode *f* période *f* de mauvais temps
Schlechtwetterzone *f* zone *f* de mauvais temps
schlecken ['ʃlɛkən] *südd, österr* **I** *v/t Eis* lécher; sucer; *Milch* laper **II** *v/i* **1.** *an etw* (*dat*) *schlecken* lécher qc **2.** (*naschen*) manger des sucreries

Schleckermaul F *plais* n gourmand(e) *m(f)*
Schlegel ['ʃleːgəl] *m* ⟨~s; ~⟩ (*Hühnerschlegel*) cuisse *f* (de poulet)
Schlehe ['ʃleːə] *f* ⟨~; ~n⟩ prunelle *f*
schleichen ['ʃlaɪçən] ⟨sn, schlich, geschlichen⟩ **I** *v/i* ⟨sn⟩ **1.** *heimlich* se glisser, se couler (*in* [+ *acc*] dans); *leise* aller, marcher à pas de loup; *heimlich aus etw schleichen* sortir furtivement de qc **2.** (*langsam fahren*) se traîner **II** *v/r* *sich schleichen* se glisser; *sich heimlich aus etw schleichen* sortir furtivement de qc
schleichend *adj* *Gift* lent; *Krankheit* insidieux; *Inflation* rampant
Schleichweg *m* petit chemin; (*Abkürzung*) raccourci *m*
Schleichwerbung *f* publicité clandestine
Schleie ['ʃlaɪə] *f* ⟨~; ~n⟩ zo tanche *f*
Schleier ['ʃlaɪər] *m* ⟨~s; ~⟩ voile *m* (*a fig*)
Schleiereule *f* effraie *f*
schleierhaft F *adj* mystérieux; *das ist mir schleierhaft* c'est un mystère pour moi
Schleierkraut *n* BOT gypsophile *f*
Schleiertanz *m* danse *f* du voile
Schleierwolke *f* cirrostratus *m*
Schleife ['ʃlaɪfə] *f* ⟨~; ~n⟩ **1.** (*Bandschleife, Haarschleife*) nœud *m* **2.** *e-s Flusses* boucle *f*; méandre *m*; AVIAT boucle *f* **3.** INFORM boucle *f*
schleifen¹ *v/t* ⟨schliff, geschliffen⟩ **1.** (*schärfen*) aiguiser; affûter; affiler **2.** (*glätten*) poncer; polir; *Edelsteine* tailler **3.** MIL (*drillen*) *j-n schleifen* dresser qn
schleifen² ⟨*régulier*⟩ **I** *v/t* **1.** (*nachziehen*) traîner (*a* F *fig*) **2.** MIL, *Festung etc* démanteler; raser **II** *v/i* traîner (*auf dem Boden* par terre); F *fig* *etw schleifen lassen* négliger qc
schleifenlassen *v/t* → **schleifen²** II
Schleiflack *m* vernis *m* à poncer, à polir
Schleifmaschine *f* ponceuse *f*
Schleifmittel *n* (produit *m*) abrasif *m*
Schleifpapier *n* papier *m* émeri
Schleifspur *f* trace *f* (de frottement)
Schleifstein *m* pierre *f* à aiguiser; *drehbarer* meule *f*
Schleim [ʃlaɪm] *m* ⟨~es; ~e⟩ **1.** MÉD mucosité(s) *f(pl)*; glaire *f*; *der Nase a* morve *f*; *Schleim aushusten, auswerfen* expectorer **2.** CUIS crème *f* (d'avoine)
schleimen *v/i* fig péj F faire de la lèche
Schleimer(in) F *m* ⟨~s; ~⟩ (*f*) ⟨~in; ~innen⟩ F lèche-bottes *m*
Schleimhaut *f* muqueuse *f*
schleimig *adj* **1.** glaireux; muqueux; *Fisch etc* visqueux **2.** *fig péj* doucereux
schleimlösend *adj* MÉD expectorant
Schleimscheißer P *m* P lèche-cul *m*
schlemmen ['ʃlɛmən] *v/i* festoyer; faire bombance
Schlemmer(in) *m* ⟨~s; ~⟩ (*f*) ⟨~in; ~innen⟩ gourmand(e) *m(f)*
Schlemmerlokal *n* restaurant *m* gastronomique
schlendern ['ʃlɛndərn] *v/i* ⟨sn⟩ flâner
Schlendrian ['ʃlɛndriaːn] F péj *m* ⟨~es; ~e⟩ laisser-aller *m*; train-train *m*
schlenkern ['ʃlɛŋkərn] *v/i* *mit etw schlenkern* balancer qc; *mit den Armen schlenkern* balancer les bras

Schleppe ['ʃlɛpə] *f* ⟨~; ~n⟩ traîne *f*
schleppen I *v/t* **1.** (*hinterherziehen*) traîner (*a fig*); MAR, AUTO remorquer **2.** (*mühsam tragen*) porter avec peine **II** *v/r* *sich schleppen* (*mühsam gehen*) se traîner; *fig* (*sich hinziehen*) (se) traîner
schleppend *adj* lent; *Tonfall* traînant; *Unterhaltung*, COMM languissant
Schlepper *m* ⟨~s; ~⟩ **1.** AGR tracteur *m*; MAR remorqueur *m* **2.** F péj (*Kundenwerber*) rabatteur *m*; (*Fluchthelfer*) passeur *m*
Schlepplift *m* téléski *m*; remonte-pente *m*
Schleppnetz *n* chalut *m*
Schlepptau *n* remorque *f*; *ins Schlepptau nehmen* prendre en remorque
Schlesien ['ʃleːziən] *n* ⟨~s⟩ la Silésie
Schlesier(in) *m* ⟨~s; ~⟩ (*f*) ⟨~in; ~innen⟩ Silésien, -ienne *m,f*
schlesisch *adj* de (la) Silésie; silésien
Schleswig-Holstein ['ʃleːsviç'hɔlʃtaɪn] *n* ⟨~s⟩ le Schleswig-Holstein
Schleuder ['ʃlɔydər] *f* ⟨~; ~n⟩ **1.** *Wurfgerät* fronde *f*; lance-pierres *m* **2.** (*Wäscheschleuder*) essoreuse *f*
Schleudergang *m* der Waschmaschine essorage *m*
Schleudergefahr *f* Verkehrszeichen chaussée glissante
schleudern I *v/t* **1.** *mit der Hand* jeter; lancer; projeter; *mit der Schleuder* tirer (au lance-pierres); *Auto aus e-r Kurve geschleudert werden* sortir d'un virage **2.** *Wäsche* essorer **II** *v/i* ⟨sn⟩ *Auto* déraper; *ins Schleudern kommen* *Auto* déraper; F *fig Person* perdre le contrôle de la situation
Schleuderpreis F *m* prix sacrifié
Schleudersitz *m* siège *m* éjectable
schleunigst ['ʃlɔynɪçst] *adv* **1.** (*schnell*) au plus vite **2.** (*sofort*) sur-le-champ; immédiatement
Schleuse ['ʃlɔyzə] *f* ⟨~; ~n⟩ **1.** *e-s Flusses* écluse *f* **2.** (*Luftschleuse*) sas *m*
schleusen *v/t* ⟨¢ş⟩ **1.** *Schiff* écluser **2.** *fig* *j-n durch die Stadt schleusen* piloter, guider qn à travers la ville; *etw ins Ausland schleusen* faire passer qc clandestinement à l'étranger
Schleusenkammer *f* sas *m* (d'écluse)
Schleusentor *n* (porte *f* d')écluse *f*
Schleusenwärter *m* éclusier *m*
schlich [ʃlɪç] → **schleichen**
Schliche *m/pl* manœuvres *f/pl*; ruses *f/pl*; *hinter j-s Schliche* (*acc*), *j-m auf die Schliche kommen* déjouer les manœuvres de qn
schlicht [ʃlɪçt] **I** *adj* simple; *Wesen, Kleidung a* modeste **II** *adv* simplement
schlichten *v/t* ⟨-e-⟩ *Streit* régler; *durch Schiedsspruch* arbitrer
Schlichter(in) *m* ⟨~s; ~⟩ (*f*) ⟨~in; ~innen⟩ médiateur, -trice *m,f*; *durch Schiedsspruch* arbitre *m*
Schlichtheit *f* ⟨~⟩ simplicité *f*
Schlichtung *f* ⟨~; ~en⟩ règlement *m*; médiation *f*; conciliation *f*; *durch Schiedsspruch* arbitrage *m*
Schlichtungsstelle *f* organisme *m*, office *m* de conciliation
Schlichtungsverfahren *n* procédure *f* de conciliation, d'arbitrage

schlichtweg *adv* tout simplement

Schlick [ʃlɪk] *m* ⟨~¢s; ~e⟩ vase *f*

schlief [ʃliːf] → **schlafen**

Schliere ['ʃliːrə] *f* ⟨~; ~n⟩ **1.** TECH *in Glas etc* paille *f* **2.** (*Schmutzschliere*) trace *f* (de saleté); salissure *f*

Schließe *f* ⟨~; ~n⟩ *e-s Gürtels* boucle *f*

schließen ['ʃliːsən] ⟨¢ß, schloss, geschlossen⟩ **I** *v/t* **1.** (*zumachen*) fermer; **mit geschlossenen Füßen** à pieds joints **2.** *j-n in die Arme schließen* prendre, serrer qn dans ses bras **3.** (*beenden*) terminer; *Versammlung* clore; *Sitzung* lever **4.** (*abschließen*) *Vertrag* conclure; *Bündnis, Ehe, Freundschaft* contracter; *Frieden* faire **5.** (*folgern*) conclure (**aus** de) **II** *v/i* **6.** *Tür, Fenster, Dose* (**leicht, nicht richtig**) **schließen** fermer (facilement, mal) **7.** *Geschäft, Unternehmen* fermer **8.** (*enden*) se terminer **9.** (*folgern*) conclure; **auf etw** (*acc*) **schließen lassen** dénoter qc; **von sich** (*dat*) **auf andere schließen** juger autrui d'après soi-même **III** *v/r* **sich schließen** se fermer

Schließfach *n der Post*® boîte postale; *der Bank* coffre *m*; *am Bahnhof* consigne *f* automatique

schließlich *adv* **1.** (*endlich*) finalement; en fin de compte; enfin **2.** (*immerhin*) après tout

Schließmuskel *m* sphincter *m*

Schließung *f* ⟨~; ~en⟩ fermeture *f*; *e-r Versammlung* clôture *f*

schliff [ʃlɪf] → **schleifen¹**

Schliff *m* ⟨~¢s; ~e⟩ **1.** *e-s Edelsteins* taille *f* **2.** (*Politur*) poli *m*; (*Schärfe*) fil *m* **3.** *fig* (*Manieren*) politesse raffinée; savoir-vivre *m*; **e-r Sache** (*dat*) **den letzten Schliff geben** fignoler, peaufiner qc

schlimm [ʃlɪm] **I** *adj* **1. a)** (*schlecht*) *Lage, Nachricht, Gedanken* mauvais **b)** (*böse*) *Mensch, Charakter* méchant; *Kind, Wort* vilain **c)** (*schwer*) *Lage, Fehler, Krankheit* grave; *Zeit* difficile; **das ist nicht so schlimm** ce n'est pas si grave que ça **d)** F *Wunde* vilain; mauvais **2.** *comp* pire; **und was** (**noch**) **schlimmer ist** et qui pis est; **schlimmer werden** empirer **3.** *sup* **das Schlimmste ist, dass …** le pire est que … **II** *adv* **4.** mal; **schlimm dran sein** être en mauvaise posture **5.** **schlimmer** pire; **um so schlimmer!** c'est encore pire

schlimmstenfalls *adv* à la rigueur; en mettant les choses au pire

Schlinge ['ʃlɪŋə] *f* ⟨~; ~n⟩ **1.** (*Schlaufe*) boucle *f*; *sich zusammenziehende* nœud coulant **2.** *zum Tierfang* collet *m*; lacet *m* **3.** MÉD écharpe *f*

Schlingel ['ʃlɪŋəl] *m* ⟨~s; ~⟩ galopin *m*; garnement *m*

schlingen ⟨schlang, geschlungen⟩ **I** *v/t* **etw um etw schlingen** enrouler qc autour de qc; **zu e-m Knoten schlingen** nouer **II** *v/i* dévorer; engloutir **III** *v/r* **sich um etw schlingen** s'entortiller, s'enrouler, s'enlacer autour de qc

schlingern ['ʃlɪŋərn] *v/i* rouler

Schlingpflanze *f* plante grimpante

Schlips [ʃlɪps] F *m* ⟨~es; ~e⟩ cravate *f*; F *fig j-m* **auf den Schlips treten** F marcher sur les pieds de qn

Schlitten ['ʃlɪtən] *m* ⟨~s; ~⟩ **1.** traîneau *m*; (*Rodelschlitten*) luge *f*; **Schlitten fahren** aller en traîneau; (*rodeln*) faire de la luge; F *fig* **mit j-m Schlitten fahren** F en faire baver à qn **2.** F (*Auto*) F caisse *f*

Schlittenfahrt *f* promenade *f* en traîneau

Schlittenhund *m* chien *m* de traîneau

schlittern ['ʃlɪtərn] *v/i* ⟨sn⟩ ([*aus*]*gleiten*) glisser; *mit Anlauf* faire des glissades

Schlittschuh *m* patin *m* (à glace); **Schlittschuh laufen** patiner

Schlittschuhbahn *f* patinoire *f*; piste *f* de patinage

Schlittschuhlaufen *n* patinage *m*

Schlittschuhläufer(in) *m(f)* patineur, -euse *m,f*

Schlitz [ʃlɪts] *m* ⟨~es; ~e⟩ fente *f* (*a e-s Kleids, Rocks*); (*Hosenschlitz*) braguette *f*

Schlitzauge *n* œil bridé

schlitzäugig *adj* qui a les yeux bridés

Schlitzohr F *n* F roublard *m*

schlohweiß ['ʃloːˈvaɪs] *adj* blanc comme (la) neige

schloss [ʃlɔs] → **schließen**

Schloss *n* ⟨~es; ˌer⟩ **1.** (*Türschloss*) serrure *f*; (*Vorhängeschloss*) cadenas *m*; F **hinter Schloss und Riegel** sous les verrous **2.** *Gebäude* château *m*

Schlosser *m* ⟨~s; ~⟩ serrurier *m*

Schlosserei *f* ⟨~; ~en⟩ serrurerie *f*

Schlossgarten *m* jardin *m* du château

Schlossherr(in) *m(f)* châtelain(e) *m(f)*

Schlosshund *m* F **heulen wie ein Schlosshund** F pleurer comme un veau, une Madeleine

Schlosspark *m* parc *m* du château

Schlossplatz *m* place *f*, esplanade *f* du château

Schlot [ʃloːt] *m* ⟨~¢s; ~e⟩ cheminée *f*; F **rauchen wie ein Schlot** fumer comme un pompier

schlottern ['ʃlɔtərn] *v/i Knie* flageoler; *vor Angst, Kälte* trembler (**vor** [+ *dat*] de); *Kleider* flotter

Schlucht [ʃlʊxt] *f* ⟨~; ~en⟩ gorge(s) *f(pl)*; ravin *m*

schluchzen ['ʃlʊxtsən] *v/i* ⟨¢ß⟩ sangloter

Schluchzen *n* ⟨~s⟩ sanglots *m/pl*

Schluchzer *m* ⟨~s; ~⟩ sanglot *m*

Schluck [ʃlʊk] *m* ⟨~¢s; ~e⟩ gorgée *f*; **ein Schluck Wasser** une gorgée d'eau; **ein Schluck Kaffee** une goutte de café

Schluckauf *m* ⟨~s⟩ 'hoquet *m*

Schluckbeschwerden *f/pl* troubles *m/pl* de la déglutition; **Schluckbeschwerden haben** *a* avoir du mal à avaler

Schlückchen ['ʃlʏkçən] *n* ⟨~s; ~⟩ goutte *f*

schlucken I *v/t* **1.** avaler; déglutir **2.** F (*verbrauchen*) engloutir; *Öl, Benzin* F bouffer **3.** F (*glauben*) avaler; F gober **4.** (*einstecken*) avaler **5.** *Schall, Licht, Firma* absorber **II** *v/i* avaler; déglutir

Schlucker *m* ⟨~s; ~⟩ F **armer Schlucker** pauvre diable *m*

Schluckimpfung *f* vaccination *f* par voie orale

Schluckspecht F *plais m* F soiffard(e) *m(f)*

schlud(e)rig I *adj Arbeit* bâclé; bousillé; *Kleidung* débraillé **II** *adv* **schlud(e)rig arbeiten** bâcler son travail

schludern ['ʃluːdərn] F *v/i* bâcler (**bei etw** qc)

schlug [ʃluːk] → **schlagen**

S

Schlummer ['ʃlumər] *st/s m* ⟨~s⟩ (petit) somme
schlummern *st/s v/i* sommeiller (*a fig*)
Schlumpf [ʃlumpf] *m* ⟨~s; ~e⟩ *Comicfigur* schtroumpf *m*
Schlund [ʃlunt] *m* ⟨~ɟs; ~e⟩ **1.** ANAT gosier *m* **2.** ZO gueule *f* **3.** *st/s fig* gouffre *m*
schlüpfen ['ʃlʏpfən] *v/i* ⟨sn⟩ se glisser, se couler (*in* [+ *acc*] dans); *aus dem Ei schlüpfen* sortir de l'œuf; éclore; *in den, aus dem Mantel schlüpfen* enfiler, enlever son manteau
Schlüpfer *m* ⟨~s; ~⟩ culotte *f*
Schlupfloch ['ʃlupflɔx] *n* **1.** *von Tieren* trou *m*; *von Räubern* repaire *m* **2.** *fig* lacune *f*
schlüpfrig ['ʃlʏpfrɪç] *adj* **1.** (*glatt*) glissant **2.** *fig péj* scabreux; grivois
Schlupfwinkel *m* repaire *m*
schlurfen ['ʃlurfən] *v/i* ⟨sn⟩ traîner les pieds
schlürfen ['ʃlʏrfən] *v/t geräuschvoll* boire bruyamment; *genussvoll* boire à petits coups; F siroter
Schluss [ʃlus] *m* ⟨~es; ~e⟩ **1.** (*Ende*) fin *f*; *e-r Debatte* clôture *f*; *zum Schluss* à la fin; pour terminer; *Schluss damit!* (en voilà) assez!; ça suffit!; (*mit etw*) *Schluss machen* (en) finir (avec qc); F *mit j-m Schluss machen* rompre avec qn **2.** (*Folgerung*) conclusion *f*; *Schlüsse aus etw ziehen* tirer des conclusions de qc; *daraus ziehe ich den Schluss, dass …* j'en conclus que …
Schlussabstimmung *f* vote, scrutin final
Schlussakkord *m* accord final
Schlussakt *m* dernier acte
Schlussakte *f* communiqué, acte final
Schlussbemerkung *f* remarque finale; conclusion *f*
Schlussbericht *m* rapport final, de clôture
Schlussbestimmung *f* disposition finale
Schlüssel ['ʃlʏsəl] *m* ⟨~s; ~⟩ **1.** (*Türschlüssel*) clé *od* clef *f* (*a fig*, MUS, TECH) (*zu* de) **2.** (*Verteilerschlüssel*) barème *m*
Schlüsselanhänger *m* porte-clés *m*
Schlüsselbein *n* clavicule *f*
Schlüsselblume *f* primevère *f*; coucou *m*
Schlüsselbund *m od n* ⟨~ɟs; ~e⟩ trousseau *m* de clés
Schlüsseldienst *m* clé-minute *m*
Schlüsselerlebnis *n* PSYCH expérience *f* clé
Schlüsseletui *n* porte-clés *m*
schlüsselfertig *adj Gebäude* clés en main
Schlüsselfigur *f* personnage *m* clé
Schlüsselfrage *f* question *f* clé
Schlüsselkind F *n* enfant livré à lui-même (, *quand ses parents travaillent*)
Schlüsselloch *n* trou *m* de la serrure
Schlüsselposition *f* position *f* clé
Schlüsselroman *m* roman *m* à clé
Schlüsselstellung *f* position *f*, poste *m* clé
Schlüsselübergabe *f* remise *f* des clés
Schlüsselwort *n* ⟨~ɟs; -wörter⟩ mot *m* clé; code *m*
Schlussergebnis *n* résultat final, définitif
Schlussfeier *f* fête *f*, cérémonie *f* de clôture
schlussfolgern *v/t* déduire, conclure (*aus* de)
Schlussfolgerung *f* conclusion *f*, déduction *f* (*aus* de)
schlüssig ['ʃlʏsɪç] *adj* **1.** *Argument* concluant; *Beweis* probant **2.** *sich* (*dat*) *schlüssig sein* être décidé; *sich* (*dat*) *schlüssig werden* se

résoudre (*etw zu tun* à faire qc)
Schlusskapitel *n* dernier chapitre
Schlussleuchte *f* feu *m* arrière
Schlusslicht *n* **1.** AUTO feu *m* arrière **2.** F *fig* lanterne *f* rouge
Schlusspfiff *m* coup *m* de sifflet final
Schlusspunkt *m* point final (*a fig*)
Schlussstrich *m fig* *e-n Schlussstrich unter etw* (*acc*) *ziehen* mettre un point final à qc
Schlussverkauf *m* soldes *m/pl*
Schmach [ʃmaːx] *st/s f* ⟨~⟩ 'honte *f*; *st/s* ignominie *f*; *st/s* opprobre *m*
schmachten ['ʃmaxtən] *st/s v/i* ⟨-e-⟩ languir (*nach etw* après qc)
schmachtend *adj Blicke* langoureux
schmächtig ['ʃmɛçtɪç] *adj* chétif; fluet
Schmachtlocke F *f* accroche-cœur *m*
schmachvoll *adj* 'honteux; *st/s* ignominieux
schmackhaft ['ʃmakhaft] *adj* savoureux; F *fig j-m etw schmackhaft machen* essayer de persuader qn de faire qc
schmähen ['ʃmɛːən] *st/s v/t* diffamer
schmählich *st/s adj st/s* ignominieux
Schmähung *f* ⟨~; ~en⟩ diffamation *f*
schmal [ʃmaːl] *adj* ⟨~er *ou* ~er, ~ste *ou* ~ste⟩ **1.** (*eng*) étroit **2.** (*dünn*) *Glieder*, *Gestalt* fluet; frêle; *Hände* effilé; *Hüften*, *Lippen* mince; *Gesicht* fin
schmälern ['ʃmɛːlərn] *v/t* diminuer; réduire; *Ansehen* rabaisser
Schmalfilm *m* film *m* super-huit
Schmalfilmkamera *f* caméra *f* super-huit
Schmalhans F *m* *bei j-m ist Schmalhans Küchenmeister* chez qn il n'y a pas grand-chose à se mettre sous la dent
Schmalspurakademiker(in) F *péj m(f)* personne *f* qui a fait des études universitaires très courtes
Schmalspurausbildung *f* formation *f* au rabais
Schmalz[1] [ʃmalts] *n* ⟨~es; ~e⟩ CUIS graisse fondue; (*Schweineschmalz*) saindoux *m*
Schmalz[2] F *péj m* ⟨~es⟩ sentimentalité *f*
Schmalzbrot *n* tartine *f* au saindoux
schmalzig F *péj adj* (très) sentimental; à l'eau de rose
Schmand [ʃmant] *m* ⟨~ɟs⟩ *regional* CUIS crème épaisse
Schmankerl ['ʃmaŋkərl] *n* ⟨~s; ~n⟩ *bayrisch*, *österr* a fig régal *m*
schmarotzen [ʃmaˈrɔtsən] *v/i* ⟨ɟʃ, sans ge⟩ BOT, ZO, *Person* vivre en parasite; *Person* a laisser toujours payer les autres
Schmarotzer *m* ⟨~s; ~⟩ BOT, ZO parasite *m* (*a fig péj*); *fig péj* a pique-assiette *m*
Schmarren ['ʃmarən] *m* ⟨~s; ~⟩ **1.** *südd*, *österr* CUIS omelette sucrée **2.** F (*Unsinn*) F ânerie *f*; connerie *f*
schmatzen ['ʃmatsən] *v/i* ⟨ɟʃ⟩ faire du bruit en mangeant
Schmaus [ʃmaʊs] *m* ⟨~es; Schmäuse⟩ régal *m*; festin *m*
schmausen *v/i* ⟨ɟʃ⟩ se régaler; F se taper la cloche
schmecken ['ʃmɛkən] **I** *v/t* (*wahrnehmen*) sentir le goût de; (*probieren*) goûter **II** *v/i* (*gut*) *schmecken* avoir bon goût; être bon; *nach etw schmecken* avoir un goût de qc; *mir schmeckt es* je trouve que c'est bon; *lasst*

es euch schmecken! bon appétit!

Schmeichelei [ʃmaɪçəˈlaɪ] *f* ⟨~; ~en⟩ flatterie *f*

schmeichelhaft *adj* flatteur

schmeicheln *v/i* ⟨¢⟩ *j-m schmeicheln* flatter qn

Schmeichler(in) *m* ⟨~s; ~⟩ (*f*) ⟨~in; ~innen⟩ flatteur, -euse *m,f*

schmeichlerisch *adj* flatteur

schmeißen [ˈʃmaɪsən] F ⟨¢$, schmiss, geschmissen⟩ **I** *v/t* **1.** (*werfen*) jeter; lancer; F flanquer **2.** (*abbrechen*) F laisser en plan; F lâcher **3.** *e-e Runde schmeißen* payer une tournée **II** *v/i mit Geld um sich schmeißen* F faire valser l'argent

Schmeißfliege *f* mouche bleue

Schmelze [ˈʃmɛltsə] *f* ⟨~; ~n⟩ fonte *f*

schmelzen ⟨¢$, schmilzt, schmolz, geschmolzen⟩ **I** *v/t* (faire) fondre **II** *v/i* ⟨sn⟩ **1.** *Eis etc* fondre **2.** *fig Vermögen etc* se dissiper

Schmelzkäse *m* fromage fondu

Schmelzofen *m* four(neau) *m* de fusion

Schmelzpunkt *m* point *m* de fusion

Schmelztiegel *m* creuset *m* (*a fig*)

Schmelzwärme *f* chaleur *f* de fusion

Schmelzwasser *n* ⟨~s; ~⟩ *der Schneeschmelze* eaux *f/pl* de la fonte des neiges

Schmelzzeit *f* temps *m*, durée *f* de fusion

Schmerbauch [ˈʃmɛːr-] *f* *m* F panse *f*; F bedaine *f*

Schmerz [ʃmɛrts] *m* ⟨~es; ~en⟩ **1.** douleur *f*; *Schmerzen im Kreuz haben* avoir des douleurs dans les reins; avoir mal aux reins **2.** (*Kummer*) chagrin *m*; peine *f*

schmerzempfindlich *adj* sensible à la douleur

schmerzen *v/i u v/t* ⟨¢$⟩ **1.** *körperlich* faire mal (à); *mir schmerzt der Kopf* j'ai mal à la tête **2.** (*bekümmern*) faire de la peine (à); chagriner

Schmerzensgeld *n* pretium doloris *m*

Schmerzensschrei *m* cri *m* de douleur

schmerzerfüllt *adjt* accablé de douleur

Schmerzforschung *f* sophrologie *f*

schmerzfrei *adj* sans douleur; *Person schmerzfrei sein* ne plus avoir de douleurs

Schmerzgefühl *n* sensation *f* de douleur

Schmerzgrenze *f fig die Schmerzgrenze ist erreicht* c'est la limite absolue

schmerzhaft *adj* douloureux

Schmerzklinik *f* clinique *f* sophrologique

schmerzlich *adj Ereignis*, *Verzicht* douloureux; affligeant; *Pflicht, Aufgabe* pénible; *Verlust* sensible

schmerzlindernd *adjt* calmant

schmerzlos *adj Operation* indolore; *Geburt* sans douleurs

Schmerzmittel *n* analgésique *m*

schmerzstillend *adjt* analgésique

Schmerztablette *f* analgésique *m*

schmerzverzerrt *adjt* contracté par la douleur

Schmetterball *m* smash *m*

Schmetterling [ˈʃmɛtərlɪŋ] *m* ⟨~s; ~e⟩ papillon *m*

Schmetterlingsstil *m* brasse *f* papillon

schmettern [ˈʃmɛtərn] **I** *v/t* **1.** (*schleudern*) jeter, lancer avec violence **2.** *Lied* chanter à pleine voix **II** *v/i* **3.** ⟨sn⟩ *gegen etw schmettern* 'heurter violemment qc **4.** TENNIS *etc* smasher **5.** MUS retentir

Schmied [ʃmiːt] *m* ⟨~¢s; ~e⟩ forgeron *m*

Schmiede *f* ⟨~; ~n⟩ forge *f*

schmiedeeisern *adj* en fer forgé

schmieden *v/t* ⟨-e-⟩ **1.** forger **2.** *fig Pläne schmieden* faire des projets

schmiegen [ˈʃmiːɡən] *v/r sich an j-n schmiegen* se blottir contre qn; *Kleid sich an j-s Körper* (*acc*) *schmiegen* être moulant

schmiegsam *adj* flexible; souple

Schmiere [ˈʃmiːrə] *f* ⟨~; ~n⟩ **1.** (*Fett*) graisse *f*; (*fettiger Schmutz*) crasse poisseuse **2.** F *péj* THÉ troupe *f* médiocre, de cabotins **3.** F (*bei etw*) *Schmiere stehen* faire le guet, F le pet (pendant qc)

schmieren *v/t* **1.** (*verstreichen*) étaler (*auf etw* [*acc*] sur qc); *Butter aufs Brot schmieren* beurrer du pain **2.** TECH lubrifier; *mit Fett* graisser; F *das läuft od geht wie geschmiert* F ça va, marche comme sur des roulettes; F ça baigne **3.** F *fig* (*bestechen*) F graisser la patte à; F arroser **4.** F (*unsauber schreiben*) gribouiller **5.** F *j-m e-e schmieren* F flanquer une gifle à qn

Schmierenkomödiant(in) *m*(*f*) *péj* cabotin(e) *m*(*f*)

Schmierentheater *n péj Theatertruppe* troupe *f* médiocre, de cabotins; *fig* (*Posse*) farce *f*

Schmiererei F *f* ⟨~; ~en⟩ gribouillage *m*

Schmierfett *n* graisse *f*

Schmierfink F *m* **1.** (*Schmutzfink*) F cochon *m* **2.** *beim Schreiben* gribouilleur *m*

Schmiergeld F *péj n* pot-de-vin *m*; dessous-de--table *m*

schmierig *adj* **1.** (*fettig*) graisseux **2.** (*klebrig*) poisseux **3.** *fig péj Person* visqueux

Schmierkäse *m regional* fromage *m* à tartiner

Schmiermittel *n* lubrifiant *m*

Schmieröl *n* huile *f* de graissage

Schmierpapier *n* papier *m* (pour) brouillon

Schmierseife *f* savon noir

schmilzt [ʃmɪltst] → *schmelzen*

Schminke [ˈʃmɪŋkə] *f* ⟨~; ~n⟩ fard *m*

schminken *v/t* (*u v/r sich schminken*) se maquiller; (se) farder

Schminkkasten *m* boîte *f* de fard

schmirgeln [ˈʃmɪrɡəln] *v/t* ⟨¢⟩ poncer

Schmirgelpapier *n* papier *m* émeri

schmiss [ʃmɪs] → *schmeißen*

Schmiss *m* ⟨~es; ~e⟩ (*Narbe*) balafre *f*; estafilade *f*

schmissig F *adj* entraînant; enlevé

Schmöker [ˈʃmøːkər] F *m* ⟨~s; ~⟩ (gros) bouquin; F pavé *m*

schmökern F *v/i* bouquiner

schmollen [ˈʃmɔlən] *v/i* bouder

Schmollmund *m* moue boudeuse; *e-n Schmollmund machen* faire la moue

Schmollwinkel *m sich in den Schmollwinkel zurückziehen* aller bouder dans son coin

schmolz [ʃmɔlts] → *schmelzen*

Schmorbraten [ˈʃmoːr-] *m* daube *f*; (*Rinderschmorbraten*) bœuf *m* en daube

schmoren *v/t u v/i* **1.** CUIS cuire à l'étouffée **2.** F *fig in der Sonne schmoren* rôtir au soleil

Schmortopf *m* cocotte *f*; daubière *f*

Schmu [ʃmuː] F *m* ⟨~s⟩ *Schmu machen* F truander; *beim Spiel* tricher

schmuck [ʃmʊk] *adj* (*hübsch*) joli; pimpant; (*sauber*) propret

Schmuck *m* ⟨~¢s⟩ **1.** (*Schmuckstücke*) bijoux

m/pl; joyaux *m/pl* **2.** (*Zierde*) ornement *m*
schmücken [ˈʃmʏkən] *v/t* **1.** (*u v/r* **sich**) **schmücken** (**mit**) (s')orner (de); (se) parer (de) **2.** (*verzieren*) garnir; décorer (**mit** de)
Schmuckgeschäft *n* bijouterie *f*
Schmuckkästchen *n* écrin *m*
schmucklos *adj* sans ornements; (*schlicht*) sobre
Schmuckstück *n* bijou *m* (*a fig*); joyau *m*
Schmuckwaren *f/pl* (articles *m/pl* de) bijouterie *f*; joaillerie *f*
schmudd(e)lig [ˈʃmʊd(ə)lıç] F *péj adj* négligé; sale
Schmuggel [ˈʃmʊgəl] *m* ⟨~s⟩ contrebande *f*
schmuggeln ⟨¢⟩ **I** *v/t* **etw schmuggeln** faire la contrebande de qc **II** *v/i* faire de la contrebande
Schmuggelware *f* (marchandise *f* de) contrebande *f*
Schmuggler(in) *m* ⟨~s; ~⟩ (*f*) ⟨~in; ~innen⟩ contrebandier, -ière *m,f*
schmunzeln [ˈʃmʊntsəln] *v/i* ⟨¢⟩ sourire (**über** [+ *acc*] de)
Schmus [ʃmuːs] F *m* ⟨~es⟩ baratin *m*
Schmusekatze F *f* (petite) câline
schmusen F *v/i* ⟨¢$⟩ faire (un) câlin; **mit j-m schmusen** faire (un) câlin, F des mamours à qn; câliner qn
Schmutz [ʃmʊts] *m* ⟨~es⟩ saleté *f* (*a fig*); (*Straßenschmutz*) boue *f*; *auf der Haut, auf Gegenständen* crasse *f*; *fig* **j-n, etw in den Schmutz ziehen** traîner qn dans la boue; dénigrer qc
schmutzabweisend *adjt* non salissant; *Textilien* (traité) anti-taches
schmutzen *v/i* ⟨¢$⟩ se salir; être salissant
Schmutzfink F *m* (*Dreckfink*, *obszöner Mensch*) F cochon *m*
Schmutzfleck *m* salissure *f*
schmutzig *adj* **1.** (*unsauber*) sale; malpropre; (*voller Schmutz*) crasseux; boueux; *p/fort* crotté; **schmutzig werden** se salir **2.** *fig Worte, Witze* ordurier; (*unflätig*) obscène **3.** *fig Geschäft* malhonnête
Schmutzschicht *f* couche *f* de crasse
Schmutzwasser *n* ⟨~s; -wässer⟩ eaux sales, usées
Schmutzzulage *f* indemnité *f* pour travaux salissants
Schnabel [ˈʃnaːbəl] *m* ⟨~s; ~⟩ bec *m* (*a fig e-r Kanne*, F *fig Mund*)
schnäbeln [ˈʃnɛːbəln] *v/i* ⟨¢⟩ *Vögel* se becqueter
Schnabeltasse *f* tasse *f* à bec
schnabulieren [ʃnabuˈliːrən] F *v/t* ⟨*sans ge*⟩ se délecter de; savourer
Schnake [ˈʃnaːkə] *f* ⟨~; ~n⟩ moustique *m*; cousin *m*
Schnalle [ˈʃnalə] *f* ⟨~; ~n⟩ boucle *f*
schnallen *v/t* **1.** boucler; **etw enger, weiter schnallen** serrer, relâcher qc **2.** F *fig* (*begreifen*) F piger
schnalzen [ˈʃnaltsən] *v/i* ⟨¢$⟩ **mit der Zunge schnalzen** faire claquer sa langue
Schnäppchen [ˈʃnɛpçən] *n* ⟨~s; ~⟩ (belle) occasion; **ein Schnäppchen machen** faire une trouvaille
Schnäppchenjagd F *f* chasse *f* aux bonnes affaires

schnappen [ˈʃnapən] **I** *v/t* **1.** *Tier* **etw schnappen** 'happer, attraper qc **2.** F *Diebe* F pincer; F épingler **II** *v/i* **3.** ⟨sn⟩ **die Tür schnappt ins Schloss** la porte se ferme (en faisant entendre un déclic) **4.** *Tier* **nach etw schnappen** chercher à 'happer, à attraper qc; **nach j-m schnappen** chercher à mordre qn
Schnappschloss *n* serrure *f* à ressort
Schnappschuss *m* instantané *m*
Schnaps [ʃnaps] *m* ⟨~es; ~e⟩ eau-de-vie *f*; schnaps *m*
Schnapsbrennerei *f* distillerie *f*
Schnapsflasche *f* bouteille *f* à, *volle* d'eau-de- -vie
Schnapsglas *n* verre *m* à liqueur; petit verre
Schnapsidee F *f* idée saugrenue
Schnapsnase F *f* F nez *m* de poivrot
Schnapszahl F *plais f nombre composé de plusieurs chiffres identiques*
schnarchen [ˈʃnarçən] *v/i* ronfler
schnarren [ˈʃnarən] *v/i* faire un bruit de crécelle
schnattern [ˈʃnatərn] *v/i* **1.** *Gans* criailler; *Ente* nasiller **2.** F *fig* (*schwatzen*) bavarder; jacasser
schnauben [ˈʃnaubən] *v/i* respirer, souffler bruyamment; *Pferd* s'ébrouer
schnaufen [ˈʃnaufən] *v/i* souffler bruyamment
Schnauzbart [ˈʃnauts-] *m* moustache *f*
Schnauze [ˈʃnautsə] *f* ⟨~; ~n⟩ **1.** *von Tieren* museau *m*; gueule *f* **2.** F *e-s Autos* avant *m*; *e-s Flugzeugs* nez *m* **3.** P (*Mund*) F gueule *f*; (**halt die**) **Schnauze!** F (ferme) ta gueule!; **die Schnauze (von etw) voll haben** F en avoir marre, plein le dos (de qc)
schnäuzen [ˈʃnɔʏtsən] *v/r* ⟨¢$⟩ **sich schnäuzen, sich** (*dat*) **die Nase schnäuzen** se moucher
Schnauzer *m* ⟨~s; ~⟩ **1.** *Hund* schnauzer *m* **2.** F (*Schnurrbart*) moustache *f*
Schnecke [ˈʃnɛkə] *f* ⟨~; ~n⟩ **1.** **mit Haus** escargot *m* (*a* CUIS); (*Nacktschnecke*) limace *f*; F **j-n zur Schnecke machen** F secouer les puces à qn **2.** *Gebäck* petit pain aux raisins
schneckenförmig *adj* en spirale; à vis; *sc* hélicoïdal
Schneckenfraß *m* dommage fait par les limaces
Schneckenhaus *n* coquille *f* d'escargot
Schneckentempo *n* F **im Schneckentempo** comme un escargot; d'un pas de tortue
Schnee [ʃneː] *m* ⟨~s⟩ **1.** neige *f*; F *fig* **Schnee von gestern** de l'histoire ancienne **2.** CUIS (*Eischnee*) blancs d'œufs battus en neige; **zu Schnee schlagen** battre en neige **3.** *Jargon* (*Kokain*) *arg* neige *f*
Schneeball *m* boule *f* de neige
Schneeballschlacht *f* bataille *f* de boules de neige
Schneeballsystem *n* système *m* boule de neige
schneebedeckt *adjt* couvert de neige; enneigé
Schneebesen *m* CUIS fouet *m*
schneeblind *adj* atteint, frappé d'ophtalmie des neiges
Schneebrett *n* corniche *f* de neige; neige *f* en surplomb
Schneebrille *f* lunettes *f/pl* de ski
Schneedecke *f* couche *f* de neige; neiges *f/pl*

Schneefall *m* chute *f* de neige
Schneeflocke *f* flocon *m* de neige
Schneegestöber *n* rafale *f*, tourmente *f* de neige
Schneeglätte *f* neige verglacée
Schneeglöckchen *n* perce-neige *m*
Schneegrenze *f* **1.** GÉOGR limite *f* des neiges éternelles **2.** MÉTÉO limite *f* des chutes de neige
Schneehaufen *m* tas *m* de neige
Schneekanone *f* canon *m* à neige
Schneeketten *f/pl* chaînes *f/pl*
Schneekönig *m* F *sich freuen wie ein Schneekönig* être heureux comme un roi
Schneelandschaft *f* paysage (couvert) de neige
Schneeleopard *m* léopard *m*, panthère *f* des neiges; *sc* once *f*
Schneemann *m* ⟨~¢s; ¨er⟩ bonhomme *m* de neige
Schneemassen *f/pl* neiges *f/pl*
Schneematsch *m* neige fondante
Schneepflug *m* chasse-neige *m*
Schneeregen *m* neige fondue
Schneeschauer *m* giboulée *f* de neige
Schneeschmelze *f* fonte *f* des neiges
schneesicher *adj Gebiet* skiable
Schneesturm *m* tempête *f* de neige
Schneetreiben *n* rafales *f/pl* de neige
Schneeverhältnisse *n/pl* (conditions *f/pl* d')enneigement *m*
Schneeverwehung *f* congère *f*
Schneewehe *f* congère *f*
schneeweiß *adj* blanc comme (la) neige
Schneewittchen [ʃneːˈvɪtçən] *n* ⟨~s⟩ Blanche--Neige *f*
Schneid [ʃnaɪt] F *m* ⟨~¢s⟩ F cran *m*; *j-m den Schneid abkaufen* couper son élan, enlever son courage à qn
Schneidbrenner *m* TECH chalumeau *m*
Schneide [ˈʃnaɪdə] *f* ⟨~; ~n⟩ tranchant *m*; fil *m*
schneiden ⟨schneidet, schnitt, geschnitten⟩ **I** *v/t u v/i* **1.** couper; (*abschneiden*) trancher; *Bäume, Hecken* tailler; *in Scheiben schneiden* couper en tranches; *Kleid eng, weit geschnitten* serré; ample **2.** *Film* découper **3.** *Kurve* couper; *ein anderes Fahrzeug* faire une queue de poisson à **4.** F *j-n schneiden* ignorer qn; éviter qn **II** *v/r sich schneiden* **5.** (*sich verletzen*) se couper **6.** *Linien* se couper **7.** F *fig sich* (*gewaltig*) *schneiden* se mettre le doigt dans l'œil
schneidend *adj t Kälte* mordant; *Stimme* tranchant; *Wind* cinglant
Schneider *m* ⟨~s; ~⟩ tailleur *m*; F *fig wir sind aus dem Schneider* le plus dur est passé
Schneiderei *f* ⟨~; ~en⟩ atelier *m* de couture
Schneiderin *f* ⟨~; ~nen⟩ couturière *f*
schneidern I *v/t* confectionner; coudre **II** *v/i* faire de la couture
Schneiderpuppe *f* mannequin *m*; poupée *f* de tailleur
Schneidersitz *m* ⟨~es⟩ position assise en tailleur *od* à la turque; *im Schneidersitz* en tailleur; à la turque
Schneidezahn *m* (dent *f*) incisive *f*
schneidig *adj* F plein de cran; fringant
schneien [ˈʃnaɪən] *v/imp* neiger; *es schneit* il neige
Schneise [ˈʃnaɪzə] *f* ⟨~; ~n⟩ percée *f*

schnell [ʃnɛl] **I** *adj* rapide; *Erwiderung, Bewegung* prompt **II** *adv* rapidement; vite; promptement; *schnell fahren* rouler vite; F *schnell machen* se dépêcher; *nicht so schnell!* pas si vite!; doucement!
Schnellbahn *f* RER *m*
Schnelle *f* ⟨~⟩ **1.** → *Schnelligkeit* **2.** F *auf die Schnelle* à la va-vite
schnellen *v/i* ⟨sn⟩ *aus dem Wasser schnellen Fisch* faire un bond hors de l'eau; *in die Höhe schnellen Person* bondir; faire un bond (*a fig Preise*)
Schnellfeuergewehr *n* fusil *m* à tir rapide
Schnellhefter *m* chemise *f* (avec relieur)
Schnelligkeit *f* ⟨~⟩ vitesse *f*; rapidité *f*
Schnellimbiss *m* fast-food *m*; snack(-bar) *m*
Schnellkochtopf *m* autocuiseur *m*
schnelllebig *adj Zeit* trépidant
Schnellreinigung *f* nettoyage *m* express
Schnellschuss F *fig m* travail, livre, *etc* fait à la va-vite
schnellstens *adv* au plus vite
Schnellstraße *f* voie *f* express
Schnellverfahren *n* **1.** JUR procédure *f* sommaire **2.** *fig im Schnellverfahren* rapidement; en vitesse
Schnellzug *m* (train *m*) rapide *m*
Schnepfe [ˈʃnɛpfə] *f* ⟨~; ~n⟩ bécasse *f*
schneuzen [ˈʃnɔʏtsən] → *schnäuzen*
Schnickschnack [ˈʃnɪkʃnak] F *m* ⟨~¢s⟩ **1.** *wertloser* babioles *f/pl* **2.** (*Geschwätz*) F blabla(bla) *m*
schniefen [ˈʃniːfən] *v/i* renifler
Schnippchen [ˈʃnɪpçən] *n* ⟨~s; ~⟩ F *j-m ein Schnippchen schlagen* faire la nique à qn
schnippeln [ˈʃnɪpəln] F ⟨¢⟩ *v/t* (dé)couper en petits morceaux
schnippen I *v/t* envoyer d'une chiquenaude **II** *v/i mit den Fingern schnippen* faire claquer ses doigts
schnippisch *adj* impertinent
Schnipsel [ˈʃnɪpsəl] *m od n* ⟨~s; ~⟩ petit morceau
schnitt [ʃnɪt] → *schneiden*
Schnitt *m* ⟨~¢s; ~e⟩ **1.** (*Haarschnitt*) coupe *f*; taille *f* (*a für Bäume*); F *fig e-n od s-n Schnitt bei etw machen* faire de gros bénéfices, ⊢ bénefs sur qc **2.** (*Schnittwunde*) coupure *f*; *tiefer* entaille *f* **3.** (*Einschnitt*) incision *f* **4.** COUT (*Machart*) coupe *f*; (*Schnittmuster*) patron *m* **5.** FILM découpage *m*; montage *m* **6.** MATH intersection *f*; *der goldene Schnitt* MATH la section en moyenne et extrême raison; ARCH, KUNST le nombre d'or; la section dorée **7.** F (*Durchschnitt*) moyenne *f*; *im Schnitt* en moyenne
Schnittblume *f* fleur coupée
Schnittbohne *f* 'haricot vert (coupé)
Schnittchen *n* ⟨~s; ~⟩ (petite) tartine de fromage, jambon, *etc*
Schnitte [ˈʃnɪtə] *f* ⟨~; ~n⟩ **1.** (*Scheibe*) tranche *f* **2.** (*bestrichene Brotschnitte*) tartine *f*
schnittfest *adj* ferme
Schnittfläche *f* coupe *f*
schnittig *adj* élégant; *Auto* racé
Schnittkäse *m* fromage *m* en tranches
Schnittlauch *m* ciboulette *f*; civette *f*
Schnittmenge *f* MATH intersection *f*

S

Schnittmuster n COUT patron m
Schnittpunkt m (point m d')intersection f
Schnittstelle f interface f
Schnittwunde f coupure f; tiefe entaille f
Schnitzel ['ʃnɪtsəl] n ⟨~s; ~⟩ **1.** CUIS escalope f **2.** (Schnipsel) petit morceau; bout m
Schnitzeljagd f jeu m de piste
schnitzen ['ʃnɪtsən] v/t u v/i ⟨¢$⟩ sculpter (**aus Holz** sur bois)
Schnitzer m ⟨~s; ~⟩ **1.** (Holzschnitzer) sculpteur m sur bois **2.** F (Fehler) bévue f; F gaffe f
Schnitzerei f ⟨~; ~en⟩ sculpture f sur bois
schnodd(e)rig ['ʃnɔd(ə)rɪç] F adj (lässig) désinvolte; (respektlos) insolent; impertinent
schnöde ['ʃnøːdə] st/s **I** adj (verachtenswert) sordide; Eifersucht bas; **schnöder Mammon** vil argent **II** adv st/s ignominieusement
Schnorchel ['ʃnɔrçəl] m ⟨~s; ~⟩ **1.** bei U-Booten schnorchel m **2.** SPORT tuba m
schnorcheln v/i ⟨¢⟩ faire de la plongée avec tuba
Schnörkel ['ʃnœrkəl] m ⟨~s; ~⟩ **1.** beim Schreiben fioriture f; enjolivure f **2.** CONSTR ornement m (baroque)
schnörkelig adj plein, chargé de fioritures; baroque; Schrift orné
schnorren ['ʃnɔrən] F v/t u v/i mendier; **etw bei od von j-m schnorren** F taper qn de qc
Schnorrer(in) F m ⟨~s; ~⟩ (f) ⟨~in; ~innen⟩ F péj mendigot(e) m(f); F tapeur, -euse m,f
Schnösel ['ʃnøːzəl] F m ⟨~s; ~⟩ jeune arrogant, impertinent; bêcheur m
schnuck(e)lig ['ʃnʊk(ə)lɪç] F adj mignon; F craquant; joli (a Sache)
schnüffeln ['ʃnʏfəln] ⟨¢⟩ **I** v/i Drogenjargon sniffer **II** v/i **1.** renifler, Tier a flairer (**an etw** [dat] qc) **2.** F fig (spionieren) fureter; F fouiner
Schnüffler F m ⟨~s; ~⟩ **1.** fureteur m; fouineur m **2.** von Drogen sniffeur m
Schnuller ['ʃnʊlər] m ⟨~s; ~⟩ sucette f
Schnulze ['ʃnʊltsə] F péj f ⟨~; ~n⟩ chanson f, film m très sentimental(e)
schnupfen ['ʃnʊpfən] v/t Tabak priser
Schnupfen m ⟨~s; ~⟩ rhume m; **e-n Schnupfen haben** être enrhumé; **e-n Schnupfen bekommen** s'enrhumer; attraper un rhume
Schnupfenmittel n remède m contre le rhume
Schnupfenspray n od m spray nasal
Schnupftabak m tabac m à priser
schnuppe ['ʃnʊpə] adj/inv F **das ist mir (total) schnuppe** je m'en moque (complètement); F je m'en balance
schnuppern ['ʃnʊpərn] v/t u v/i **etw schnuppern** od **an etw** (dat) **schnuppern** renifler qc
Schnur [ʃnuːr] f ⟨~; ≈e⟩ (Bindfaden) ficelle f; (Kordel) cordon m; (Kabel) fil m
Schnürchen ['ʃnyːrçən] n ⟨~s; ~⟩ F **wie am Schnürchen gehen** aller, marcher comme sur des roulettes
schnüren ['ʃnyːrən] v/t (zusammenbinden) lier, serrer avec un cordon; **mit Bindfaden** ficeler; Schuhe lacer
schnurgerade adj u adv tout droit
schnurlos adj **schnurloses Telefon** téléphone m sans fil
Schnurrbart m moustache f
schnurren ['ʃnʊrən] v/i ronronner
Schnürriemen m lacet m

Schnürschuh m chaussure f, soulier m à lacets
Schnürsenkel [-zɛŋkəl] m lacet m
Schnürstiefel m bottine f à lacet; chaussure f, soulier m montant(e) à lacet
schnurstracks F adv **1.** (geradeaus) tout droit **2.** (sofort) sur-le-champ
schnurz [ʃnʊrts] → **schnuppe**
Schnute ['ʃnuːtə] F f ⟨~; ~n⟩ **1.** (Mund) F (petit) museau **2.** **e-e Schnute ziehen** faire la moue
Schoah ['ʃoːa] f ⟨~⟩ HIST Shoah f
schob [ʃoːp] → **schieben**
Schock [ʃɔk] m ⟨~¢s; ~s⟩ choc m; **e-n Schock erleiden** recevoir un choc; **unter Schock stehen** être en état de choc
schocken F v/t choquer
Schocker F m ⟨~s; ~⟩ livre-choc m, film-choc m, etc
schockieren v/t ⟨sans ge⟩ choquer
Schockwirkung f effet m de choc
schofel ['ʃoːfəl] ⟨-fl-⟩, **schof(e)lig** F adj mesquin; chiche
Schöffe ['ʃœfə] m ⟨~n; ~n⟩ juré m
Schöffenamt n fonction f de juré
Schöffenbank f ⟨~; ≈e⟩ etwa banc m du jury
Schöffengericht n tribunal formé d'un magistrat et de deux jurés
Schöffin f ⟨~; ~nen⟩ etwa assesseur m non juriste
Schoko ['ʃoːko] F f ⟨~; ~s⟩ chocolat m
Schokolade [ʃoko'laːdə] f ⟨~; ~n⟩ chocolat m (a Trinkschokolade)
schokolade(n)braun adj chocolat
Schokolade(n)eis n glace f au chocolat
Schokolade(n)figur f figurine f en chocolat
Schokolade(n)guss m glaçage m au chocolat
Schokolade(n)hase m lapin m en chocolat
Schokolade(n)keks m, **Schokolade(n)plätzchen** n pastille f de chocolat
Schokolade(n)pudding m flan m, crème f au chocolat
Schokolade(n)raspel m/pl chocolat râpé
Schokolade(n)seite F f beau(x), bon(s) côté(s); côté flatteur; **sich von s-r Schokolade(n)seite zeigen** se faire voir sous son meilleur jour
Schokolade(n)soße f sauce f au chocolat
Schokolade(n)streusel m/pl od n/pl chocolat pailleté, en granulés
Schokolade(n)torte f gâteau m au chocolat
Schokoriegel m barre f de chocolat
scholl [ʃɔl] → **schallen**
Scholle¹ ['ʃɔlə] f ⟨~; ~n⟩ **1.** (Erdscholle) motte f (de terre); glèbe f (a fig) **2.** (Eisscholle) glaçon m
Scholle² f ⟨~; ~n⟩ zo plie f; carrelet m
Scholli ['ʃɔli] F **mein lieber Scholli!** F ben, mon vieux!
schon [ʃoːn] **I** adv **1.** (bereits) déjà; **schon morgen** dès demain; **schon heute** aujourd'hui même; **schon wieder** encore **2.** (allein, nur) (allein) **schon der Gedanke daran** rien que d'y penser **3.** (sogar) même; **schon für drei Euro** à partir de trois euros **4.** (inzwischen) **schon (mal)** toujours **II** Partikel **5.** verstärkend **du wirst schon sehen!** tu verras bien! **6.** (ohnehin) **das ist schon teuer genug** c'est déjà assez cher comme ça **7.** einräumend **das ist schon wahr, aber ...** c'est bien vrai, mais

S

...; *schon gut!* allons, allons! **8.** *beruhigend* **er wird schon kommen** il va bien finir par arriver; F *es wird schon wieder (werden)* ça s'arrangera **9.** F *(endlich) nun komm schon!* allez, viens!; mais viens! **10.** *abwertend was weißt du schon (davon)!* mais qu'est-ce que tu en sais, toi?

schön [ʃøːn] **I** *adj* beau; *Leben, Zeiten a* agréable; bon; *Wetter* **wieder schön werden** se remettre au beau; F *j-n, etw schön machen* embellir qn, qc; F *sich schön machen* se faire beau *bzw* belle; *das Schöne daran ist, dass ...* ce qu'il y a de bien (F avec ça), c'est que ...; *in schönster Ordnung* en bon ordre; *iron das wäre ja noch schöner!* ce serait le comble, le pompon, le bouquet!; F *(alles) gut und schön, aber ...* tout cela est bien beau, mais ...; *das ist schön von Ihnen* c'est bien de votre part **II** *adv* bien; *schön warm, weich* tout chaud, moelleux; F *er ist (ganz) schön dumm, dass er ...* il est vraiment bête de (+ *inf*); F *er hat uns ganz schön angelogen* il nous a joliment menti **III** F *Partikel verstärkend* *sei schön artig!* sois bien sage!; *bleib schön sitzen!* reste assis!
Schonbezug *m* 'housse *f*
Schöne *f* ⟨→ A⟩ belle *f*; beauté *f*
schonen ['ʃoːnən] **I** *v/t* ménager; *(verschonen)* épargner **II** *v/r* **sich schonen** se ménager
schonend I *adj* plein d'égards **II** *adv* avec ménagement; *etw schonend behandeln* ménager qc
Schoner *m* ⟨~s; ~⟩ MAR goélette *f*
Schönfärberei *f* présentation flatteuse
Schönfrist *f* délai *m* de grâce
Schöngeist *m* bel esprit
schöngeistig *adj* esthétique; *schöngeistige Literatur* belles-lettres *f/pl*
Schönheit *f* ⟨~; ~en⟩ beauté *f* (*a schöne Person, Sache*)
Schönheitschirurg(in) *m(f)* spécialiste *m,f* de chirurgie esthétique
Schönheitschirurgie *f* chirurgie *f* esthétique
Schönheitsfarm *f* établissement spécialisé dans les soins esthétiques
Schönheitsfehler *m* petit défaut; imperfection *f*; *fig* inconvénient *m*
Schönheitsfleck *m* mouche *f*
Schönheitsideal *n* idéal *m* de (la) beauté
Schönheitskönigin *f* reine *f* de beauté
Schönheitsoperation *f* opération *f* de chirurgie esthétique
Schönheitspflege *f* soins *m/pl* esthétiques, de beauté
Schönheitsreparatur *f* réparation locative
Schönheitssinn *m* sens *m* esthétique, du beau
Schönheitswettbewerb *m* concours *m* de beauté
Schonkost *f* régime *m*
Schönling *m* ⟨~s; ~e⟩ *péj* bellâtre *m*
schönmachen *v/t u v/r* → *schön* I
schönreden *v/i* ⟨-e-⟩ *péj* *j-m schönreden* flatter, *st/s* flagorner qn
Schonung *f* ⟨~; ~en⟩ **1.** *(schonende Behandlung)* ménagement *m*; *(Rücksichtnahme)* égards *m/pl* **2.** *im Wald* plant *m* d'arbres
schonungslos I *adj* *(rücksichtslos)* sans ménagement; *(erbarmungslos)* impitoyable **II** *adv*

sans ménagement; *(erbarmungslos)* sans pitié
Schönwetterlage *f*, **Schönwetterperiode** *f* période *f* de beau temps
Schönwetterwolke *f* cumulus *m*
Schonzeit *f* (durée *f* de la) fermeture *f*; *es ist Schonzeit* la chasse est fermée
Schopf [ʃɔpf] *m* ⟨~¢s; ~e⟩ *(Haarschopf)* cheveux *m/pl*; *wirrer* tignasse *f*; *der Vögel* 'huppe *f*; *fig die Gelegenheit beim Schopf(e) packen* saisir la balle au bond; sauter sur l'occasion
schöpfen ['ʃœpfən] *v/t* **1.** puiser (*aus* à, dans, *fig* dans) **2.** *st/s (frische) Luft schöpfen* prendre l'air; *fig neue Hoffnung schöpfen* reprendre espoir
Schöpfer *m* ⟨~s; ~⟩ *(Erschaffer)* créateur *m*; auteur *m*; *(Gott)* Créateur *m*
Schöpferin *f* ⟨~; ~nen⟩ créatrice *f*; auteur *m*
schöpferisch *adj* créateur; créatif
Schöpfkelle *f*, **Schöpflöffel** *m* louche *f*
Schöpfung *f* ⟨~; ~en⟩ **1.** BIBL Création *f* **2.** *st/s (Werk)* création *f*; œuvre *f*
Schöpfungsgeschichte *f* Genèse *f*
Schoppen ['ʃɔpən] *m* ⟨~s; ~⟩ chopine *f*; *ein Schoppen Wein* un quart *bzw* un demi-litre de vin
schor [ʃoːr] → *scheren¹*
Schorf [ʃɔrf] *m* ⟨~¢s; ~e⟩ *e-r Wunde* croûte *f*
Schorle ['ʃɔrlə] *f* ⟨~; ~n⟩ *mélange soit de vin soit de jus de pommes et d'eau minérale gazeuse*
Schornstein ['ʃɔrnʃtaɪn] *m* cheminée *f*
Schornsteinfeger *m* ⟨~s; ~⟩ ramoneur *m*
schoss [ʃɔs] → *schießen*
Schoß [ʃoːs] *m* ⟨~es; ~e⟩ **1.** giron *m*; *Kind auf den Schoß nehmen* prendre sur ses genoux; *fig im Schoße der Familie* au sein de la famille; *fig j-m in den Schoß fallen* tomber du ciel à qn **2.** *st/s (Mutterleib)* sein *m*
Schoßhund *m*, **Schoßhündchen** *n* bichon, -onne *m,f*
Schössling ['ʃœslɪŋ] *m* ⟨~s; ~e⟩ BOT pousse *f*
Schote ['ʃoːtə] *f* ⟨~; ~n⟩ cosse *f*; gousse *f*
Schott [ʃɔt] *n* ⟨~¢s; ~en⟩ MAR cloison *f* étanche
Schotte ['ʃɔtə] *m* ⟨~n; ~n⟩ Écossais *m*
Schottenmuster *n* écossais *m*
Schottenrock *m* jupe écossaise
Schotter ['ʃɔtər] *m* ⟨~s; ~⟩ **1.** *(Geröll)* pierraille *f* **2.** STRASSENBAU empierrement *m*; EISENBAHN ballast *m*
Schottin *f* ⟨~; ~nen⟩ Écossaise *f*
schottisch *adj* écossais; d'Écosse
Schottland *n* ⟨~s⟩ l'Écosse *f*
schraffieren [ʃraˈfiːrən] *v/t* ⟨sans ge⟩ 'hachurer
Schraffierung *f* ⟨~; ~en⟩ 'hachures *f/pl*
schräg [ʃrɛːk] **I** *adj* **1.** *Linie, Wand* oblique; *(geneigt)* penché; incliné **2.** F *fig Musik, Vorstellungen* insolite; *p/fort* excentrique; F *ein schräger Vogel* F un drôle d'oiseau **II** *adv* de *od* en biais; *schräg über die Straße gehen* *a* traverser la rue en diagonale; *den Kopf schräg halten* avoir la tête penchée *od* inclinée (de côté); *schräg gegenüber (von)* presque en face (de)
Schräge *f* ⟨~; ~n⟩ *Fläche* plan incliné; *e-r Wand* inclinaison *f*
Schräglage *f* position inclinée, oblique; *e-s Schiffs* bande *f*
Schrägstrich *m* barre *f* oblique

S

schrak [ʃraːk] → *schrecken*
Schramme [ˈʃramə] *f* ⟨~; ~n⟩ éraflure *f*; égratignure *f*; *auf Möbeln* rayure *f*
schrammen I *v/t* érafler; égratigner **II** *v/r* **sich** (*dat*) **die Hand schrammen** s'égratigner, s'érafler la main (**an etw** [*dat*] avec qc)
Schrank [ʃraŋk] *m* ⟨~¢s; ≈e⟩ armoire *f*; (*Wandschrank*) placard *m*; (*Geschirrschrank*) buffet *m*
Schranke [ˈʃraŋkə] *f* ⟨~; ~n⟩ **1.** (*Eisenbahnschranke, Zollschranke*) barrière *f* (*a fig*) **2.** *fig* (*Grenze*) borne *f*; limite *f*; **j-n in s-e Schranken (ver)weisen** remettre qn à sa place
schrankenlos *adj* (*unbeschränkt*) sans bornes, limites; (*zügellos*) effréné
Schrankenwärter *m* garde-barrière *m*
Schrankkoffer *m* malle *f* porte-habits
Schranktür *f* porte *f* d'armoire
Schrankwand *f* éléments muraux
Schraubdeckel [ˈʃraub-] *m* couvercle *m* à visser
Schraube *f* ⟨~; ~n⟩ **1.** TECH vis *f*; F *fig* **bei ihm ist e-e Schraube locker** F il est fêlé; il a un grain **2.** (*Schiffsschraube*) hélice *f* **3.** SPORT tire-bouchon *m*
schrauben I *v/t* **1.** (*anschrauben, festschrauben*) visser (**an etw** [*acc*] à, sur qc) **2.** (*abschrauben*) dévisser (**von** de) **3.** *fig* **in die Höhe schrauben** (faire) monter; augmenter **II** *v/r* **sich in die Höhe schrauben** *Flugzeug* prendre de la hauteur
Schraubendreher *m* tournevis *m*
Schraubenschlüssel *m* clé *f* (à écrous)
Schraubenzieher *m* ⟨~s; ~⟩ tournevis *m*
Schraubstock *m* étau *m*
Schraubverschluss *m* fermeture *f* à vis
Schraubzwinge *f* serre-joint(s) *m*
Schrebergarten [ˈʃreːbərgartən] *m* jardin ouvrier
Schreck [ʃrɛk] *m* ⟨~¢s; ≈e⟩ peur *f*; frayeur *f*; **e-n Schreck bekommen** s'effrayer; avoir peur; **j-m e-n Schreck einjagen** faire peur à qn; effrayer qn; F **ach du (mein) Schreck!** bonté divine!; grand Dieu!
schrecken I *st/s v/t* effrayer **II** *v/i* ⟨*régulier ou* schrickt, schrak, geschrocken, sn⟩ (*aufschrecken*) sursauter (de peur) **III** *v/r österr* **sich schrecken** s'effrayer (**vor** [+ *dat*] de)
Schrecken *m* ⟨~s; ~⟩ **1.** (*Schreck*) frayeur *f*; (*Entsetzen*) épouvante *f*; terreur *f*; (*Angst*) peur *f*; *plais* **lieber ein Ende mit Schrecken als ein Schrecken ohne Ende** il vaut mieux en finir tout de suite; **mit dem Schrecken davonkommen** s'en tirer avec, en être quitte pour la peur **2.** *st/s* (*Schrecklichkeit*) horreur *f*; **ein Bild des Schreckens** une vision de cauchemar **3.** *fig* (*gefürchtete Person*) terreur *f*
Schreckensherrschaft *f* régime *m*, règne *m* de la terreur
Schreckensschrei *m* cri *m* d'horreur, de terreur
Schreckgespenst *n* spectre *m*
schreckhaft *adj* craintif; émotif
schrecklich I *adj* **1.** terrible; (*erschreckend*) effrayant; (*entsetzlich*) terrifiant; épouvantable; *Anblick, Unfall* affreux; **wie schrecklich!** quelle horreur! **2.** F **ein schrecklicher**

Mensch un type désagréable, antipathique **3.** F *fig* (*sehr groß*) terrible **II** *adv* F *fig* (*sehr*) terriblement; **schrecklich viel Geld** énormément d'argent
Schreckschraube F *f* chipie *f*; 'harpie *f*; mégère *f*
Schreckschuss *m* coup tiré en l'air (pour faire peur)
Schreckschusspistole *f* pistolet *m* d'alarme
Schrecksekunde *f* temps *m* de réaction
Schrei [ʃraɪ] *m* ⟨~¢s; ≈e⟩ cri *m*; F *fig* **der letzte Schrei** le dernier cri
Schreibblock *m* ⟨~¢s; ~s *ou* ≈e⟩ bloc-notes *m*
Schreibe F *f* ⟨~⟩ (*Schreibstil*) façon *f*, manière *f* d'écrire
schreiben [ˈʃraɪbən] *v/t u v/i* ⟨schrieb, geschrieben⟩ **1.** écrire (**j-m** *od* **an j-n** à qn; **über etw** [*acc*] sur qc); *Rechnung* dresser; établir; **Wort mit ss schreiben** écrire avec deux s; **richtig, falsch schreiben** orthographier correctement, mal; **die Zeitung schreibt ...** on lit dans le journal ... **2.** *st/s* **man schrieb das Jahr 1918** on était en 1918
Schreiben *n* ⟨~s; ~⟩ (*Brief*) lettre *f*; (*Schriftstück*) écrit *m*
Schreiber(in) *m* ⟨~s; ~⟩ (*f*) ⟨~in; ~innen⟩ auteur *m*
schreibfaul *adj* qui n'aime pas trop écrire
Schreibfehler *m* faute *f* d'orthographe
schreibgeschützt *adj* protégé contre l'écriture
Schreibheft *n* cahier *m*
Schreibkraft *f* dactylo(graphe) *f*
Schreibmappe *f* nécessaire *m* à correspondance
Schreibmaschine *f* machine *f* à écrire; **mit der Schreibmaschine schreiben** écrire, taper à la machine
Schreibmaschinenpapier *n* papier *m* (pour) machine (à écrire)
Schreibpapier *n* papier *m* pour écrire
Schreibschrift *f* écriture manuscrite
Schreibschutz *m* INFORM protection *f* contre l'écriture
Schreibtisch *m* bureau *m*
Schreibtischgarnitur *f* accessoires de bureau (coordonnés)
Schreibtischlampe *f* lampe *f* de bureau
Schreibtischsessel *m* fauteuil *m* de bureau
Schreibtischtäter *m* cerveau *m* (d'une bande, *etc*); organisateur *m* (d'un crime de guerre, *etc*)
Schreibung *f* ⟨~; ~en⟩ graphie *f*; (*Rechtschreibung*) orthographe *f*
Schreibunterlage *f* sous-main *m*
Schreibwaren *f/pl* articles *m/pl* de papeterie
Schreibwarengeschäft *n* papeterie *f*
Schreibwarenhändler(in) *m(f)* papetier, -ière *m,f*
Schreibwarenhandlung *f* papeterie *f*
Schreibweise *f* → *Schreibung*
Schreibzeug *n* crayons *m/pl*, stylos *m/pl*, *etc*
schreien *v/t u v/i* ⟨schrie, geschrie(e)n⟩ crier (*a Tier*); pousser des cris; (*ausrufen*) s'écrier; *Esel* braire; *Eule* 'hululer; **nach etw schreien** réclamer qc à grands cris; F **das ist zum Schreien!** F c'est crevant!
schreiend *adj* *Farbe* criard; *Ungerechtigkeit* criant
Schreihals F *m* F braillard(e) *m(f)*

Schreikrampf *m* cris convulsifs; ***e-n Schreikrampf bekommen*** (commencer à) pousser des cris hystériques

Schrein [ʃraɪn] *st/s m* ⟨~¢s; ~e⟩ *für Reliquien* reliquaire *m*; châsse *f*

Schreiner(in) [ˈʃraɪnər(ɪn)] *m* ⟨~s; ~⟩ (*f*) ⟨~in; ~innen⟩ menuisier, -ière *m,f*

Schreinerei *f* ⟨~; ~en⟩ menuiserie *f*

schreiten [ˈʃraɪtən] *st/s v/i* ⟨schreitet, schritt, geschritten⟩ 1. marcher; *im Zimmer auf und ab schreiten* arpenter la pièce 2. *fig zu etw schreiten* passer, procéder à qc

schrickt [ʃrɪkt] → *schrecken*

schrie [ʃriː] → *schreien*

schrieb [ʃriːp] → *schreiben*

Schrieb F *m* ⟨~s; ~e⟩ F bafouille *f*

Schrift [ʃrɪft] *f* ⟨~; ~en⟩ 1. (*Handschrift*) écriture *f* 2. (*Buchstabensystem*) alphabet *m*; *in arabischer Schrift* en caractères arabes 3. TYPO caractères *m/pl*; lettres *f/pl* 4. (*Schriftstück*) écrit *m*; (*Werk*) ouvrage *m*; *die Heilige Schrift* l'Écriture (sainte)

Schriftart *f* caractère *m*

Schriftbild *n* individuelles graphisme *m*; TYPO typographie *f*

Schriftdeutsch *n* allemand écrit

Schriftführer(in) *m*(*f*) secrétaire *m,f*

Schriftgelehrte(r) *m* BIBL scribe *m*; docteur *m* de la Loi

Schriftgrad *m*, **Schriftgröße** *f* TYPO corps *m* (d'un caractère)

schriftlich I *adj* écrit II *adv* par écrit

Schriftsatz *m* 1. TYPO composition *f* 2. JUR mémoire *m*

Schriftsetzer *m* typographe *m*

Schriftsprache *f* langue écrite

Schriftsteller(in) *m* ⟨~s; ~⟩ (*f*) ⟨~in; ~innen⟩ écrivain *m*; homme *m*, femme *f* de lettres

Schriftstellerei *f* ⟨~⟩ métier *m*, profession *f* d'écrivain, d'homme de lettres

schriftstellerisch I *adj* littéraire II *adv* comme écrivain

Schriftstück *n* pièce *f*; document *m*

Schrifttum *n* ⟨~s⟩ littérature *f*

Schriftverkehr *m*, **Schriftwechsel** *m* correspondance *f*

Schriftzeichen *n* caractère *m*

schrill [ʃrɪl] *adj* Stimme, Ton, Schrei aigu; perçant; strident (*a Lachen*)

schrillen *v/i* rendre un son aigu, strident, perçant

Schrimps [ʃrɪmps] *m/pl* crevettes *f/pl*

schritt [ʃrɪt] → *schreiten*

Schritt *m* ⟨~¢s; ~e⟩ 1. pas *m* (*a Tanzschritt*); *fig den ersten Schritt machen* faire le premier pas; *auf Schritt und Tritt* à chaque pas; *Schritt für Schritt* pas à pas; *Auto* (*im*) *Schritt fahren* rouler au pas; *mit schnellen Schritten* d'un pas pressé; *fig mit etw Schritt halten* suivre le rythme de qc; *fig mit der Entwicklung Schritt halten* rester dans la course 2. (*a ~*⟩ *Entfernung* pas *m*; *nur ein paar Schritt(e) von hier entfernt* à deux pas d'ici 3. *fig* (*Maßnahme*) démarche *f*; mesure *f* 4. *e-r Hose* entrejambes *m*

Schrittgeschwindigkeit *f* ⟨~⟩ (*mit*) *Schrittgeschwindigkeit fahren* rouler, aller au pas

Schrittmacher *m* 1. → *Herzschrittmacher* 2.

RADSPORT entraîneur *m* 3. *fig* pionnier *m*

Schritttempo *n* (*im*) *Schritttempo fahren* rouler au pas

schrittweise I *adj* progressif; lent II *adv* pas à pas; progressivement

schroff [ʃrɔf] *adj* 1. *Felsen* escarpé; abrupt 2. *Wesen* brusque; rude; *Ton* cassant; sec 3. (*unvermittelt*) brusque

schröpfen [ˈʃrœpfən] F *v/t* saigner

Schrot [ʃroːt] *m od n* ⟨~¢s; ~e⟩ 1. (*Bleischrot*) (grenaille *f* de) plomb *m* 2. (*Getreideschrot*) blé, grain concassé 3. *fig ein Mann von echtem Schrot und Korn* un homme (de) bien

schroten *v/t* ⟨-e-⟩ concasser

Schrotflinte *f* fusil *m* de chasse

Schrotkugel *f* plomb *m* (de chasse)

Schrotladung *f* charge *f* de plomb

Schrott [ʃrɔt] *m* ⟨~¢s; ~e⟩ 1. ferraille *f*; *von Maschinen, Autos* casse *f*; *e-n Wagen zu Schrott fahren* F casser une voiture 2. F (*wertloses Zeug*) F camelote *f*

Schrotthändler *m* ferrailleur *m*

Schrotthaufen *m* tas *m* de ferraille (*a fig Auto*)

Schrottplatz *m* casse *f*; parc *m* à ferraille

schrottreif *adj* bon pour la ferraille, la casse

Schrottwert *m* prix *m* de la casse

schrubben [ˈʃrʊbən] *v/t* frotter (avec un balai-brosse); lessiver

Schrubber *m* ⟨~s; ~⟩ balai-brosse *m*

Schrulle [ˈʃrʊlə] *f* ⟨~; ~n⟩ lubie *f*; marotte *f*

schrullig *adj* bizarre; maniaque

schrump(e)lig [ˈʃrʊmp(ə)lɪç] F *adj* ridé; ratatiné

schrumpeln F *v/i* ⟨¢, sn⟩ se rider; se ratatiner

schrumpfen [ˈʃrʊmpfən] *v/i* ⟨sn⟩ 1. se rétrécir (*a* TECH); *Früchte* se rider; se ratatiner 2. *fig* (*abnehmen*) diminuer; *Einnahmen* s'amenuiser; *Kapital* s'amoindrir

Schrumpfkopf *m* tête réduite

Schub [ʃuːp] *m* ⟨~¢s; ~e⟩ 1. (*Schubkraft*) poussée *f* 2. *fig Personen etc* groupe *m*; F fournée *f* 3. (*Krankheitsschub*) poussée *f*

Schubfach *n* tiroir *m*

Schubkarre(n) *f*(*m*) brouette *f*

Schubkraft *f* poussée *f*

Schublade *f* tiroir *m*

Schubs [ʃʊps] F *m* ⟨~es; ~e⟩ poussée *f*

schubsen F *v/t* ⟨¢$⟩ pousser; bousculer

Schubumkehr *f* AVIAT inversion *f* de poussée

schubweise *adv* (*in Gruppen*) par (petits) groupes; F par fournées; (*nach u nach*) peu à peu; MÉD par poussées

schüchtern [ˈʃʏçtərn] *adj* timide

Schüchternheit *f* ⟨~⟩ timidité *f*

schuf [ʃuːf] → *schaffen*

Schuft [ʃʊft] *m* ⟨~¢s; ~e⟩ canaille *f*; F fripouille *f*

schuften F *v/i* ⟨-e-⟩ F trimer; F turbiner

Schufterei F *f* ⟨~; ~en⟩ travail fou, F dingue

Schuh [ʃuː] *m* ⟨~¢s; ~e⟩ chaussure *f*; soulier *m*; *hohe Schuhe* chaussures montantes; *sich* (*dat*) *die Schuhe anziehen* (*ausziehen*) se (dé)chausser; mettre (enlever) ses chaussures; F *fig j-m etw in die Schuhe schieben* mettre qc sur le dos de qn; F *fig sie weiß, wo ihn der Schuh drückt* elle sait où le bât blesse, chez lui

Schuhabsatz *m* talon *m*

S

Schuhanzieher *m* ⟨∼s; ∼⟩ chausse-pied *m*
Schuhbürste *f* brosse *f* à chaussures
Schuhcreme *f* cirage *m*
Schuhgeschäft *n* magasin *m* de chaussures
Schuhgröße *f* pointure *f*; ***Schuhgröße 39 haben*** chausser, faire du 39; ***welche Schuhgröße haben Sie?*** quelle pointure faites-vous?
Schuhkarton *m* carton *m*, boîte *f* à chaussures
Schuhlöffel *m* chausse-pied *m*
Schuhmacher *m* cordonnier *m*
Schuhmacherei *f* ⟨∼; ∼en⟩ cordonnerie *f*
Schuhplattler *m* ⟨∼s; ∼⟩ *danse folklorique tyrolienne, bavaroise*
Schuhputzer *m* ⟨∼s; ∼⟩ cireur *m*
Schuhriemen *m regional* lacet *m*
Schuhschachtel *f* carton *m*, boîte *f* à chaussures
Schuhschrank *m* placard *m*
Schuhsohle *f* semelle *f*
Schuhspanner *m* embauchoir *m*
Schuhspitze *f* bout *m* (de chaussure)
Schuhwerk *n* chaussures *f/pl*
Schukostecker® [ˈʃuːko-] *m* ÉLECT fiche *f* avec terre
Schulabgänger(in) [ˈʃuːlʔapgɛŋər, -rɪn] *m* ⟨∼s; ∼⟩ (*f*) ⟨∼in; ∼innen⟩ élève *m,f* ayant terminé sa scolarité
Schulabschluss *m* diplôme *m* de fin d'études
Schulamt *n etwa* inspection *f* académique
Schulanfang *m nach den Ferien* rentrée *f* (scolaire, des classes); *am Morgen* début *m* des (heures de) cours
Schulanfänger(in) *m(f)* enfant *m,f* nouvellement scolarisé(e)
Schulangst *f* peur *f* de l'école
Schularbeit *f* **1.** (*Hausaufgabe*) devoir *m* **2.** *österr* → ***Klassenarbeit***
Schulaufgabe *f* **1.** (*Hausaufgabe*) devoir *m* **2.** *in Bayern* → ***Klassenarbeit***
Schulausflug *m* excursion *f* scolaire
Schulbank *f* ⟨∼; -bänke⟩ banc *m* d'école; F ***die Schulbank drücken*** user ses fonds de culotte sur les bancs de l'école
Schulbeginn *m* → ***Schulanfang***
Schulbeispiel *n* exemple *m* classique, typique (***für*** de)
Schulbesuch *m* fréquentation *f* scolaire; scolarité *f*
Schulbildung *f* formation *f* scolaire
Schulbrot *n* casse-croûte *m*; *in der Schule, nachmittags* goûter *m*
Schulbuch *n* livre *m*, manuel *m* scolaire; livre *m* de classe
Schulbuchverlag *m* maison *f* d'édition de livres, manuels scolaires
Schulbus *m* car *m* de ramassage scolaire
Schulchor *m* chorale *f* (d'une *bzw* de l'école)
Schuld [ʃʊlt] *f* ⟨∼; ∼en⟩ **1.** (*Geldschuld*) dette *f*; ***Schulden machen*** faire, contracter des dettes; ***bei j-m 1000 Euro Schulden haben*** devoir 1000 euros à qn; *st/s* ***ich stehe*** *od* ***bin tief in Ihrer Schuld*** je vous suis infiniment obligé **2.** (*Verantwortlichkeit*) faute *f*; responsabilité *f*; (*Unrecht*) tort *m*; culpabilité *f* (*a* JUR); ***wer hat Schuld?, wessen Schuld ist es?*** à qui la faute?; ***an etw*** (*dat*) ***Schuld haben*** *od* ***schuld sein*** être responsable de qc; ***es ist meine Schuld, ich habe Schuld*** c'est (de)

ma faute; ***ich bin schuld daran, dass …*** c'est par ma faute que …; ***j-m die Schuld für etw geben*** rendre qn responsable de qc; ***die Schuld auf j-n schieben, j-m die Schuld zuschieben*** rejeter la faute sur qn

---

Schuld (*Geldschuld*) = **dette**

Wird anders geschrieben als englisch „debt".

Schuldbekenntnis *n* aveu *m*
schuldbewusst *adj* qui se sent coupable; *Miene* contrit
Schuldbewusstsein *n* conscience *f* de sa (propre) faute *od* culpabilité
schulden *v/t* ⟨-e-⟩ ***j-m etw schulden*** devoir qc à qn (*a fig*)
Schuldenberg F *m* montagne *f* de dettes
Schuldenerlass *m* remise *f* de dettes
schuldenfrei *adj* sans dettes; *Haus* non hypothéqué
Schuldenlast *f* (poids *m* des) dettes *f/pl*
Schuldfähigkeit *f* ⟨∼⟩ JUR responsabilité pénale; ***verminderte Schuldfähigkeit*** responsabilité atténuée
Schuldfrage *f* question *f* de culpabilité, de responsabilité
Schuldgefühl *n* sentiment *m* de culpabilité
Schuldgeständnis *n* aveu *m*
schuldhaft *adj* coupable; fautif
Schuldienst *m* enseignement *m*
schuldig *adj* **1.** coupable; fautif; (*verantwortlich*) responsable; ***für schuldig erklären, schuldig sprechen*** déclarer coupable; ***sich e-s Verbrechens schuldig machen*** se rendre coupable d'un crime; ***j-m etw schuldig sein*** devoir qc à qn (*a fig*); ***j-m etw schuldig bleiben*** avoir encore une dette auprès de qn; être encore redevable à qn de qc **2.** *st/s* (*gebührend*) dû
Schuldige(r) *f(m)* ⟨→ A⟩ coupable *m,f*
Schuldiger *m* ⟨∼s; ∼⟩ REL *im Vaterunser* ***wie auch wir vergeben unsern Schuldigern*** comme nous pardonnons aussi à ceux qui nous ont offensés
Schuldigkeit *f* ⟨∼; ∼en⟩ devoir *m*; ***nur s-e*** (***Pflicht und***) ***Schuldigkeit tun*** ne faire que son devoir
schuldigsprechen *v/t* ⟨*irr*⟩ déclarer coupable
Schuldkomplex *m* PSYCH complexe *m* de culpabilité
schuldlos *adj* ***an etw*** (*dat*) ***schuldlos sein*** ne pas être coupable de qc
Schuldner(in) *m* ⟨∼s; ∼⟩ (*f*) ⟨∼in; ∼innen⟩ débiteur, -trice *m,f*
Schuldschein *m* titre *m* de créance; *privatrechtlicher* reconnaissance *f* de dette
Schuldspruch *m* verdict *m* de culpabilité
Schuldverschreibung *f* FIN obligation *f*
Schuldzuweisung *f* accusation *f*
Schule [ˈʃuːlə] *f* ⟨∼; ∼n⟩ **1.** école *f*; (*Unterricht*) cours *m/pl*; classe *f*; ***höhere Schule*** collège *m*; lycée *m*; ***in die*** *od* ***zur Schule gehen*** aller à l'école, en cours *bzw* en classe; ***in die Schule kommen*** (*eingeschult werden*) être scolarisé **2.** *fig* école *f*; ***aus der Schule plaudern*** bavar-

der; *Schule machen* faire école
schulen *v/t Person* former; *Fähigkeit, Auge, Ohr* exercer
Schulenglisch *n* anglais *m* scolaire
Schüler ['ʃyːlər] *m* ⟨~s; ~⟩ **1.** élève *m* **2.** *fig* élève *m*; (*Anhänger*) disciple *m*
Schüleraustausch *m* échange *m* scolaire
Schülerausweis *m* carte *f* d'identité scolaire
Schülerin *f* ⟨~; ~nen⟩ **1.** élève *f* **2.** *fig* élève *f*; (*Anhängerin*) disciple *f*
Schülerkarte *f Bus etc* carte *f* (d'abonnement pour scolaires); THÉ billet *m* de faveur, de réduction, à prix réduit pour élèves
Schülerlotse *m* élève chargé de faire traverser les autres élèves devant une école
Schülermitverwaltung *f* **1.** *Tätigkeit* participation *f* des élèves à la vie administrative des établissements scolaires **2.** *Gremium etwa* délégués *m/pl* de classe
Schülervertretung *f* représentants *m/pl* des élèves
Schülerzeitung *f* journal *m* scolaire
Schulfach *n* discipline *f*; matière *f*
Schulfeier *f* fête *f* scolaire, de l'école
Schulferien *pl* vacances *f/pl* scolaires
Schulfranzösisch *n* français *m* scolaire
schulfrei *adj Tag* de congé; *heute ist schulfrei* il n'y a pas cours *bzw* classe aujourd'hui
Schulfreund(in) *m(f)* camarade *m,f* d'école
Schulfunk *m* radio *f* scolaire
Schulgebäude *n* bâtiment *m* scolaire; école *f*
Schulgelände *n* (enceinte *f* de l')établissement *m* scolaire; *auf dem Schulgelände* dans tout l'établissement scolaire
Schulgeld *n* frais *m/pl* de scolarité
Schulgottesdienst *m* office religieux scolaire
Schulhaus *n* école *f*
Schulheft *n* cahier *m* d'écolier
Schulhof *m* cour *f* de l'école
schulisch *adj* scolaire
Schuljahr *n* **1.** *Zeitraum* année *f* scolaire **2.** *Klasse* classe *f*
Schuljunge *m* écolier *m*
Schulkamerad(in) *m(f)* camarade *m,f* d'école
Schulkind *n* écolier, -ière *m,f*
Schulkindergarten *m* école maternelle
Schulklasse *f* classe *f*
Schullandheim *n etwa* classe verte
Schulleiter(in) *m(f)* directeur, -trice *m,f* (d'école); *e-s Gymnasiums* proviseur *m*
Schulleitung *f* direction *f* (d'un établissement scolaire)
Schulmädchen *n* écolière *f*
Schulmappe *f* cartable *m*; sac *m* d'école
Schulmedizin *f* médecine officielle
Schulmeister *m* **1.** F *plais* maître *m* d'école **2.** *péj* pédant *m*
Schulorchester *n* orchestre *m* d'une école, d'un lycée, *etc*
Schulordnung *f* règlement intérieur d'une école
Schulpflicht *f* enseignement *m*, scolarité *f* obligatoire
schulpflichtig *adj* soumis à l'enseignement obligatoire; *Kind* en âge d'aller à l'école
Schulpsychologe *m*, **Schulpsychologin** *f* psychologue *m,f* scolaire
Schulranzen *m* cartable *m*

Schulrat *m*, **Schulrätin** *f etwa* inspecteur, -trice *m,f* (de l'enseignement) primaire
Schulräume *m/pl* locaux *m/pl* scolaires
Schulrecht *n* droit *m* scolaire
Schulreform *f* réforme *f* scolaire
Schulschiff *n* navire-école *m*
Schulschluss *m* sortie *f* des classes
Schulspeisung *f* restauration *f* scolaire; demi--pension *f*
Schulsport *m* sport *m* scolaire
Schulsprecher(in) *m(f)* délégué(e) *m(f)* des élèves
Schulstress *m* stress *m* scolaire
Schulstunde *f* heure *f* de cours *bzw* de classe
Schulsystem *n* système *m* scolaire, d'enseignement
Schultafel *f* tableau (noir)
Schultag *m* jour *m* de classe, d'école
Schultasche *f* → *Schulranzen*
Schulter ['ʃultər] *f* ⟨~; ~n⟩ épaule *f*; *breite Schultern haben* être large d'épaules; *Schulter an Schulter* coude à coude (*a fig*); *mit den Schultern zucken* 'hausser les épaules; *j-m die kalte Schulter zeigen* battre froid à qn; *etw auf die leichte Schulter nehmen* prendre qc à la légère
Schulterblatt *n* omoplate *f*
schulterfrei *adj Kleid* qui dégage les épaules
Schultergurt *m* bretelle *f*
schulterlang *adj Haar* qui tombe sur les épaules
schultern *v/t* mettre sur l'épaule
Schulterpolster *n* épaulette *f*
Schulterriemen *m* bretelle *f*
Schulterschluss *m* coude à coude *m*, cohésion *f* (*zwischen* [+ *dat*] entre)
Schultertasche *f* sac *m* en bandoulière; sacoche *f*
Schultüte *f gros cornet de sucreries offert aux enfants pour leur premier jour de classe*
Schultyp *m* type *m* d'établissement scolaire
Schulung *f* ⟨~; ~en⟩ **1.** *e-r Person* formation *f* **2.** → *Lehrgang*
Schulunterricht *m* enseignement *m* scolaire
Schulversagen *n* échec *m* scolaire
Schulverwaltung *f* administration *f* des établissements scolaires
Schulwanderung *f* → *Schulausflug*
Schulwechsel *m* changement *m* d'établissement (scolaire)
Schulweg *m* chemin *m* de l'école
Schulwesen *n* enseignement *m*
Schulwissen *n* savoir *m*, connaissances *f/pl* scolaire(s)
Schulzahnarzt *m* dentiste *m* scolaire
Schulzeit *f* scolarité *f*
Schulzentrum *n* complexe *m* scolaire
Schulzeugnis *n* bulletin *m* scolaire
Schulzimmer *n* salle *f* de cours *bzw* classe
schummeln ['ʃumǝln] F *v/i* ⟨¢⟩ tricher
schumm(e)rig ['ʃum(ǝ)rɪç] F *adj Licht* faible; pâle; *Raum* sombre
Schund [ʃunt] *m* ⟨~¢s⟩ *péj* F camelote *f*; *p/fort* F saleté *f*; *Roman, Film* œuvre *f* minable; mauvais roman, film
schunkeln ['ʃuŋkǝln] *v/i* ⟨¢⟩ se balancer (*bras dessus, bras dessous au rythme d'une musique*)
Schuppe ['ʃupǝ] *f* ⟨~; ~n⟩ zo, bot écaille *f*; *auf*

dem Kopf pellicule *f*

schuppen I *v/t Fisch* écailler **II** *v/r* **sich schuppen** *Haut* se desquamer

Schuppen ['ʃupən] *m* ⟨~s; ~⟩ **1.** *für Wagen, Geräte* remise *f* **2.** F (*Lokal*) boîte *f*

Schuppenflechte *f* psoriasis *m*

Schur [ʃuːr] *f* ⟨~; ~en⟩ tonte *f*

schüren ['ʃyːrən] *v/t* attiser (*a fig*)

schürfen ['ʃʏrfən] **I** *v/t Gold etc* extraire **II** *v/i* BERGBAU fouiller **III** *v/r* **sich schürfen, sich** (*dat*) **die Haut schürfen** s'écorcher; s'érafler

Schürfwunde *f* écorchure *f*

Schürhaken *m* tisonnier *m*

Schurke ['ʃʊrkə] *m* ⟨~n; ~n⟩ canaille *f*; crapule *f*

Schurwolle *f* laine *f* vierge

Schurz [ʃʊrts] *m* ⟨~es; ~e⟩ tablier *m* (de cuir); (*Lendenschurz*) pagne *m*

Schürze ['ʃʏrtsə] *f* ⟨~; ~n⟩ tablier *m*

schürzen *v/t* ⟨¢$⟩ *Rock* trousser

Schürzenjäger F *m* coureur *m* de jupons

Schuss [ʃus] *m* ⟨~es; ~e, *mais* 2 ~ *Munition*⟩ **1.** coup *m* (de feu, de canon, *etc*) (**auf** [+ *acc*] sur); **e-n Schuss abgeben** tirer un coup (de feu); **fünf Schuss Munition** cinq balles *f/pl*; F *fig* **ein Schuss in den Ofen** F un bide; F *fig* **der Schuss ging nach hinten los** cela a produit l'effet contraire; F *fig* **er ist keinen Schuss Pulver wert** il ne vaut pas la corde pour le pendre; F *fig* **weit(ab) vom Schuss sein** être loin du danger **2.** *Menge* goutte *f*; doigt *m*; **ein Schuss** *Rum, Whisky etc* une rasade de; *Essig* un filet de; **ein(e) Cola mit Schuss** un coca avec un peu de cognac, de rhum, *etc* **3.** *Drogenjargon* shoot *m* **4.** SKISPORT **Schuss fahren** descendre (en) schuss **5.** FUSSBALL tir *m* (**aufs Tor** au but); shoot *m* **6.** F **gut in Schuss** en bon état; F **in Schuss bringen** mettre en train, sur pied

Schussel ['ʃusəl] F *m* ⟨~s; ~⟩ étourneau *m*; tête *f* de linotte

Schüssel ['ʃʏsəl] *f* ⟨~; ~n⟩ *flache* plat *m*; (*Salatschüssel*) saladier *m*; (*Suppenschüssel*) soupière *f*

schusselig F *adj* écervelé; étourdi

Schusseligkeit F *f* ⟨~⟩ étourderie *f*

Schussfahrt *f* SKISPORT schuss *m*

Schusslinie *f* ligne *f* de tir; *fig* **in die Schusslinie geraten** devenir la cible de la critique

Schussverletzung *f* blessure *f* par balle

Schusswaffe *f* arme *f* à feu

Schusswechsel *m* échange *m* de coups de feu

Schuster ['ʃuːstər] *m* ⟨~s; ~⟩ cordonnier *m*; *plais* **auf Schusters Rappen reisen** F aller à pied

Schutt [ʃut] *m* ⟨~¢s⟩ décombres *m/pl*; (*Bauschutt*) gravats *m/pl*; **Schutt abladen verboten!** défense de déposer des ordures!; *st/s* **in Schutt und Asche liegen** être complètement détruit

Schuttabladeplatz *m* décharge *f*

Schüttelfrost ['ʃʏtəl-] *m* frissons *m/pl*

schütteln ⟨¢⟩ **I** *v/t* secouer; *Gefäß* agiter; **der Ekel schüttelte mich** je tremblais de dégoût **II** *v/imp* **es schüttelt mich vor Kälte** je tremble, frissonne de froid **III** *v/r* **sich schütteln** se secouer; **sich vor Lachen schütteln** se tordre de rire

schütten ['ʃʏtən] ⟨-e-⟩ **I** *v/t Flüssigkeit* verser (**in** [+ *acc*] dans); *Sand* jeter; mettre **II** *v/r* **sich** (*dat*) **Saft über die Hose schütten** renverser du jus sur son pantalon **III** *v/imp* F **es schüttet** il tombe des cordes

schütter ['ʃʏtər] *adj* clairsemé

Schuttplatz *m* décharge *f*

Schutz [ʃuts] *m* ⟨~es⟩ protection *f* (**vor** [+ *dat*] contre); (*Obhut*) sauvegarde *f*; (*Zuflucht*) abri *m*; refuge *m*; **zum Schutze** (+ *gén*) pour protéger le *bzw* la *bzw* les …; **j-n (vor j-m, etw) in Schutz nehmen** défendre qn (contre qn, qc); **vor j-m, etw Schutz suchen** chercher (un) refuge contre qn, qc; chercher (un) abri contre qc; **im Schutz(e) der Nacht** à la faveur de la nuit

Schutzanstrich *m* enduit protecteur, de protection

Schutzanzug *m* vêtement protecteur, de protection

schutzbedürftig *adj* qui a besoin de protection

Schutzblech *n* garde-boue *m*

Schutzbrief *m* AUTO assurance *f* multirisque

Schutzbrille *f* lunettes *f/pl* de protection

Schütze ['ʃʏtsə] *m* ⟨~n; ~n⟩ **1.** tireur *m*; (*Torschütze*) marqueur *m*; **im Schützenverein** membre *m* d'un club de tir **2.** ASTR Sagittaire *m*

schützen I *v/t* ⟨¢$⟩ protéger (**vor etw, j-m** contre *od* de qc, qn); (*bewahren*) garantir (de qc, qn); *durch Vorsicht* préserver (de qc); *Bürger, Leben* sauvegarder; **vor Nässe, Licht schützen!** tenir à l'abri de l'humidité, de la lumière **II** *v/i* **das schützt vor Kälte** cela protège du *od* contre le froid **III** *v/r* **sich** (**vor etw, j-m**) **schützen** se protéger (contre *od* de qc, qn)

Schützenbruder *m* membre *m* d'un *bzw* du même club de tir

Schützenfest *n* fête *f* organisée par un club de tir avec concours de tir

Schutzengel *m* ange gardien

Schützengraben *m* tranchée *f*

Schützenhilfe F *f* soutien *m*; **j-m Schützenhilfe geben** épauler qn

Schützenkönig *m* champion *m* de tir (*lors de la fête des clubs de tir*)

Schützenpanzer *m* char *m* d'assaut et de transport de troupes

Schützenverein *m* club *m* de tir

Schutzfilm *m* couche *f* de protection

Schutzgebühr *f* contribution *f* symbolique

Schutzgeld *n* argent *m* du racket

Schutzgelderpressung *f* racket *m*

Schutzgitter *n* grille *f* de protection

Schutzgott *m*, **Schutzgöttin** *f* dieu *m*, déesse *f* tutélaire

Schutzhandschuh *m* gant protecteur

Schutzheilige(r) *f(m)* patron, -onne *m,f*

Schutzhelm *m* casque (protecteur)

Schutzherr(in) *m(f)* protecteur, -trice *m,f*

Schutzherrschaft *f* protectorat *m*

Schutzhülle *f* 'housse *f*

Schutzhütte *f* refuge *m*; abri *m*

Schutzimpfung *f* vaccination préventive

Schützin *f* ⟨~; ~nen⟩ tireuse *f*

Schutzkleidung *f* vêtements *m/pl* de protection

Schützling ['ʃʏtslɪŋ] *m* ⟨~s; ~e⟩ protégé(e) *m(f)*

schutzlos *adj* sans protection, défense
Schutzmann F *m* ⟨∼¢s; -leute *ou* -männer⟩ agent *m* (de police)
Schutzmaßnahme *f* mesure *f* de protection
Schutzpatron(in) *m(f)* patron, -onne *m,f*
Schutzschicht *f* couche protectrice
Schutzschild *m* bouclier *m*
Schutzumschlag *m* couvre-livre *m*
schwabb(e)lig ['ʃvab(ə)lıç] F *adj Körperteil* flasque; *Pudding* gélatineux
schwabbeln F *v/i* ⟨¢⟩ ballotter
Schwabe ['ʃva:bə] *m* ⟨∼n; ∼n⟩ Souabe *m*
schwäbeln ['ʃvɛ:bəln] *v/i* ⟨¢⟩ parler le dialecte souabe; *(mit schwäbischem Akzent sprechen)* avoir l'accent souabe
Schwaben *n* ⟨∼s⟩ la Souabe
Schwäbin ['ʃvɛ:bın] *f* ⟨∼; ∼nen⟩ Souabe *f*
schwäbisch *adj* souabe
schwach [ʃvax] **I** *adj* ⟨∼er, ∼ste⟩ **1.** faible; *(kraftlos)* frêle; défaillant; **schwach werden** s'affaiblir; *fig (schwanken)* F flancher; *(nachgeben)* craquer **2.** *(schlecht)* faible; *Gedächtnis, Augen* mauvais; *Herz* faible; *Motor* peu puissant; *Brille* pas fort; *fig Film, Buch, Ergebnis* médiocre; *Schüler* faible; F *fig **das ist aber ein schwaches Bild!*** c'est bien décevant **3.** *(gering)* faible *(a Puls, Atem)*; **schwächer werden** *Stimme, Ton* s'affaiblir; faiblir; *Atem, Puls* ralentir **4.** *Getränk* pas fort; *Kaffee, Tee* léger; *Gift* faible **5.** GR régulier **II** *adv* **6.** faiblement; **sich nur schwach wehren** ne se défendre qu'à moitié **7.** *(schlecht)* assez mal **8.** *(gering)* peu; **schwach besucht sein** avoir attiré peu de visiteurs; *Ausstellung etc* être peu fréquenté
Schwäche ['ʃvɛçə] *f* ⟨∼; ∼n⟩ **1.** faiblesse *f (a fig)*; *(Kraftlosigkeit)* défaillance *f* **2.** *(schwache Seite)* point *m* faible **3.** *(Vorliebe)* faible *m* (**für** pour)
Schwächeanfall *m* malaise *m*; défaillance *f*; faiblesse *f*
schwächeln ['ʃvɛçəln] F *v/i* ⟨¢⟩ donner des signes de faiblesse
schwächen *v/t* affaiblir *(a fig)*
Schwachheit *f* ⟨∼; ∼en⟩ faiblesse *f*
Schwachkopf F *m* F abruti *m*
schwächlich *adj* faible; *gesundheitlich* fragile; *(kränklich)* chétif
Schwächling *m* ⟨∼s; ∼e⟩ *péj* mauviette *f*
Schwachpunkt *m* défaut *m*; point *m* faible
Schwachsinn *m* **1.** MÉD débilité mentale F *(Unsinn)* âneries *f/pl*
schwachsinnig *adj* MÉD, F *(unsinnig)* débile
Schwachstelle *f* point *m* faible
Schwachstrom *m* courant *m* (à) basse tension
Schwächung *f* ⟨∼⟩ affaiblissement *m*
schwachwerden *v/i* → **schwach I 1**
Schwaden ['ʃva:dən] *m* ⟨∼s; ∼⟩ nuage *m*
Schwadron [ʃva'dro:n] *f* ⟨∼; ∼en⟩ MIL escadron *m*
schwadronieren *v/i* ⟨sans ge⟩ *péj* pérorer
schwafeln ['ʃva:fəln] F *v/t u v/i* ⟨¢⟩ radoter
Schwager ['ʃva:gər] *m* ⟨∼s; ∼⟩ beau-frère *m*
Schwägerin ['ʃvɛ:gərın] *f* ⟨∼; ∼nen⟩ belle-sœur *f*
Schwalbe ['ʃvalbə] *f* ⟨∼; ∼n⟩ hirondelle *f*; *prov* **e-e Schwalbe macht noch keinen Sommer** *prov* une hirondelle ne fait pas le printemps

Schwalbennest *n* nid *m* d'hirondelle
Schwall [ʃval] *m* ⟨∼¢s; ∼e⟩ flot *m* (*a fig*)
schwamm [ʃvam] → **schwimmen**
Schwamm *m* ⟨∼¢s; ∼e⟩ **1.** ZO, *(Putzschwamm)* éponge *f*; F *fig **Schwamm drüber!*** passons l'éponge! **2.** *südd, österr (Pilz)* champignon *m*
Schwammerl ['ʃvamərl] *bayrisch m* ⟨∼s; ∼⟩, *österr n* ⟨∼s; ∼n⟩ champignon *m*
schwammig *adj* **1.** spongieux **2.** *fig (aufgedunsen)* bouffi **3.** *fig péj (unklar)* flou; vague
Schwammtuch *n* ⟨∼¢s; -tücher⟩ carré *m* vaisselle
Schwan [ʃva:n] *m* ⟨∼¢s; ∼e⟩ cygne *m*
schwand [ʃvant] → **schwinden**
schwanen ['ʃva:nən] F *v/i **mir schwant etwas*** j'ai le pressentiment de qc
schwang [ʃvaŋ] → **schwingen**
schwanger ['ʃvaŋər] *adj* enceinte (**von j-m** de qn); **sie ist im sechsten Monat schwanger** elle est enceinte de cinq mois
Schwangere *f* ⟨→ A⟩ femme enceinte
Schwangerenberatung *f* consultation *f* de maternité
schwängern ['ʃvɛŋərn] *v/t* mettre, rendre enceinte
Schwangerschaft *f* ⟨∼; ∼en⟩ grossesse *f*
Schwangerschaftsabbruch *m* interruption *f* volontaire de grossesse; IVG *f*
Schwangerschaftsgymnastik *f* gymnastique prénatale
Schwangerschaftsstreifen *m* vergeture *f*
Schwangerschaftstest *m* test *m* de grossesse
Schwank [ʃvaŋk] *m* ⟨∼¢s; ∼e⟩ **1.** THÉ farce *f* **2.** *(lustige Geschichte)* histoire *f* drôle
schwanken ['ʃvaŋkən] *v/i* **1.** ⟨+ indication de direction sn⟩ *(wanken)* vaciller; tituber; chanceler; *Boot, Zweig* se balancer **2.** *Preise, Temperatur* varier **3.** *fig (zögern)* hésiter
schwankend *adj* **1.** vacillant; chancelant *(bei de a fig)* **2.** *(unentschlossen)* indécis; hésitant
Schwankung *f* ⟨∼; ∼en⟩ **1.** vacillement *m* (*a fig*) **2.** *(Veränderung)* variation *f*; oscillation *f*; *der Preise a* fluctuation *f*
Schwanz [ʃvants] *m* ⟨∼es; ∼e⟩ queue *f* (*a* P *fig Penis*); F *fig **den Schwanz einziehen*** en rabattre; F *fig **j-m auf den Schwanz treten*** marcher sur les pieds de qn; F *fig **kein Schwanz*** pas un chat
schwänzeln ['ʃvɛntsəln] *v/i* ⟨¢⟩ *Hund* remuer la queue
schwänzen ['ʃvɛntsən] F *v/t* ⟨¢s⟩ F sécher
Schwanzfeder *f* plume *f* de la queue
Schwanzflosse *f* nageoire caudale
schwappen ['ʃvapən] *v/i* *(hin und her)* **schwappen** clapoter; **aus etw schwappen** ⟨sn⟩ déborder de qc
Schwarm [ʃvarm] *m* ⟨∼¢s; ∼e⟩ **1.** *von Bienen, Kindern* essaim *m*; *von Insekten, Personen* nuée *f*; *von Vögeln* volée *f*; vol *m*; *von Fischen* banc *m* **2.** F *fig (Angebetete[r])* F béguin *m*; coqueluche *f*
schwärmen ['ʃvɛrmən] *v/i* **1.** *Bienen* essaimer **2.** ⟨+ indication de direction sn⟩ *Insekten, Vögel* voler; **für j-n, etw schwärmen** s'enthousiasmer pour qn, qc; **von etw schwärmen** s'extasier sur qc
Schwärmerei *f* ⟨∼; ∼en⟩ enthousiasme *m* (**für** pour)

schwärmerisch *adj* **1.** (*überschwänglich*) exalté; (*zu gefühlsbetont*) romanesque **2.** (*begeistert*) enthousiaste
Schwarte ['ʃvartə] *f* ⟨∼; ∼n⟩ **1.** (*Speckschwarte*) couenne *f*; F *fig* (*Haut*) peau *f* **2.** F *Buch* F gros bouquin; pavé *m*
schwarz [ʃvarts] *adj* ⟨ϰer, ϰeste⟩ **1.** noir (*a Hautfarbe, fig*); *das Schwarze Meer* la mer Noire; *schwarz werden* se noircir; *mir wurde schwarz vor den Augen* j'ai eu un éblouissement; F *da kann er warten,* **bis er schwarz wird** F jusqu'à la saint-glinglin; *schwarz auf weiß* noir sur blanc **2.** (*illegal*) illégal; *Kasse, Markt* noir **3.** F *fig* (*konservativ*) conservateur **4.** → *schwarzärgern, schwarzmalen, schwarzsehen etc*
Schwarz *n* ⟨∼ϛ; ∼⟩ noir *m*; couleur noire
Schwarzafrika *n* l'Afrique noire
Schwarzarbeit *f* travail *m* au noir
schwarzarbeiten *v/i* ⟨-e-⟩ travailler au noir
Schwarzarbeiter *m* travailleur *m* au noir
schwarzärgern F *v/r* *sich schwarzärgern* F être furax, furibard
Schwarzbrot *n* pain noir
Schwarze(r) *f(m)* ⟨→ A⟩ (*Schwarzhäutige[r]*) Noir(e) *m(f)*
Schwarze(s) *n* ⟨→ A⟩ **1.** *Farbe* noir *m*; *ins Schwarze treffen* mettre dans le mille; faire mouche (*a fig*) **2.** *das kleine Schwarze* la petite robe noire
Schwärze ['ʃvɛrtsə] *f* ⟨∼⟩ noir *m*
schwärzen *v/t* ⟨ϛ⟩ noircir
schwarzfahren *v/i* ⟨irr, sn⟩ voyager sans billet; resquiller
Schwarzfahrer(in) *m(f)* voyageur, -euse *m,f* sans billet; resquilleur, -euse *m,f*
Schwarzgeld *n* argent *m* sale
schwarzhaarig *adj* aux cheveux noirs
Schwarzhandel *m* marché noir; trafic *m* (*mit de*)
Schwarzhändler *m* trafiquant *m*
Schwarzhörer *m* auditeur *m* qui n'a pas payé sa redevance
schwärzlich *adj* noirâtre
schwarzmalen *v/i* voir tout en noir; être pessimiste
Schwarzmarkt *m* marché noir
schwarzsehen *v/i* ⟨irr⟩ **1.** TV resquiller; regarder la télévision sans payer sa redevance **2.** (*pessimistisch sein*) voir tout en noir; être pessimiste
Schwarzseher *m* **1.** pessimiste *m* **2.** TV téléspectateur *m* qui n'a pas payé sa redevance; resquilleur *m*
Schwarzwald *der Schwarzwald* la Forêt-Noire
Schwarzwälder ['ʃvartsvɛldər] *adj* *Schwarzwälder Kirschtorte* gâteau *m* forêt-noire
schwarzweiß *adj* noir et blanc
Schwarzweißfernsehgerät *n* téléviseur noir et blanc
Schwarzweißfilm *m* PHOT pellicule *f* en noir et blanc; KINO film *m* en noir et blanc
Schwarzweißfoto(grafie) *n(f)* photo(graphie) *f* en noir et blanc
schwarzwerden *v/i* → *schwarz 1*
Schwarzwurzel *f* salsifis *m*
Schwatz [ʃvats] F *m* ⟨∼es; ∼e⟩ F causette *f*

schwatzen, schwätzen ['ʃvɛtsən] *v/t u v/i* ⟨ϛ⟩ bavarder (*a péj*); papoter; *péj* jaser (*über* [+ acc] de, sur)
Schwätzer(in) *m* ⟨∼s; ∼⟩ (*f*) ⟨∼in; ∼innen⟩ *péj* bavard(e) *m(f)*
schwatzhaft *adj péj* bavard
Schwebe ['ʃve:bə] *f* ⟨∼⟩ *in der Schwebe sein* être en suspens
Schwebebahn *f* (*Hängebahn*) monorail suspendu; (*Seilschwebebahn*) téléférique *m*
Schwebebalken *m* poutre horizontale
schweben *v/i* **1.** ⟨+ indication de direction sn⟩ *in der Luft* planer; *im Wasser* flotter; *im Raum* être suspendu **2.** *fig* en danger (+ *dat*) *schweben* être en danger; JUR *schwebendes Verfahren* procès pendant, en suspens
Schwede ['ʃve:də] *m* ⟨∼n; ∼n⟩, **Schwedin** *f* ⟨∼; ∼nen⟩ Suédois(e) *m(f)*
Schweden *n* ⟨∼s⟩ la Suède
schwedisch *adj* suédois
Schwefel ['ʃve:fəl] *m* ⟨∼s⟩ soufre *m*
schwefelhaltig *adj* sulfureux
schwef(e)lig *adj* sulfureux
schwefeln *v/t* ⟨ϛ⟩ soufrer
Schwefelsäure *f* acide *m* sulfurique
Schweif [ʃvaɪf] *m* ⟨∼ϛs; ∼e⟩ *st/s* (*Schwanz*) queue *f* (*a fig e-s Kometen*)
schweifen *st/s v/i* ⟨sn⟩ *Blick* errer; *s-e Gedanken schweifen lassen* laisser vagabonder sa pensée
Schweigegeld ['ʃvaɪgə-] *n* pot-de-vin *m* (pour acheter le silence de qn)
Schweigemarsch *m* marche silencieuse
Schweigeminute *f* minute *f* de silence
schweigen *v/i* ⟨schwieg, geschwiegen⟩ se taire (*über etw* [*acc*] sur qc); *fig* (*verstummen*) se taire; cesser; *die schweigende Mehrheit* la majorité silencieuse; *ganz zu schweigen von* … sans parler de …
Schweigen *n* ⟨∼s⟩ silence *m*; (*Nichtredenwollen*) mutisme *m*; *zum Schweigen bringen* faire taire; réduire au silence; *sein Schweigen brechen* rompre le silence
Schweigepflicht *f* secret professionnel
schweigsam *adj* silencieux; taciturne
Schwein [ʃvaɪn] *n* ⟨∼ϛs; ∼e⟩ **1.** cochon *m*; porc *m* (*a* CUIS) **2.** F *fig* (*schmutziger, unanständiger Mensch*) F cochon, -onne *m,f*; (*gemeiner Mensch*) P salaud *m* **3.** F (*Mensch*) *kein Schwein* personne; pas un chat; *armes Schwein* F pauvre type **4.** F (*Glück*) F veine *f*; *Schwein haben* F avoir du pot, de la veine
Schweinebauch *m* poitrine *f* de porc
Schweinebraten *m* rôti *m* de porc
Schweinefilet *n* filet *m* de porc
Schweinefleisch *n* porc *m*
Schweinegeld F *n* *ein Schweinegeld verdienen* gagner gros, un argent fou
Schweinehirt *m* porcher *m*
Schweinehund P *m* P salaud *m*; F *plais ich kann meinen inneren Schweinehund nicht überwinden* je n'arrive pas à me dominer
Schweinepest *f* peste porcine
Schweinerei F *f* ⟨∼; ∼en⟩ **1.** (*Schmutz*) F cochonnerie *f* **2.** *fig* (*Gemeinheit*) F saloperie *f*; F vacherie *f* **3.** (*Zote, unanständige Handlung*) F cochonnerie *f*
Schweineschmalz *n* saindoux *m*

Schweineschnitzel *n* escalope *f* de porc
Schweinestall *m* porcherie *f* (*a fig*)
Schweinezucht *f* élevage *m* de porcs
Schweinigel F *m a fig* F cochon *m*
schweinisch F *adj* F cochon
Schweinsgalopp F *plais m* **im Schweinsga-**
lopp au galop; *fig* à la va-vite
Schweinshachse, *südd* **Schweinshaxe** *f* jam-
bonneau *m*
Schweinsleder *n* peau *f* de porc
Schweiß [ʃvaɪs] *m* ⟨~es⟩ sueur *f* (*a fig*); **in**
Schweiß gebadet sein être en nage; **ihm**
steht der Schweiß auf der Stirn la sueur per-
le, coule sur son front
Schweißausbruch *m* transpiration abondante
Schweißband *n* ⟨~¢s; ~er⟩ **1.** *im Hut* cuir inté-
rieur **2.** *am Arm* bracelet *m*
Schweißbrenner *m* chalumeau *m*
Schweißdrüse *f* glande *f* sudoripare
schweißen *v/t* ⟨¢ß⟩ souder
Schweißer *m* ⟨~s; ~⟩ soudeur *m*
Schweißfuß *m* **Schweißfüße haben** transpirer
des pieds
schweißgebadet *adjt* baigné de sueur; en nage
Schweißgerät *n* poste *m* de soudage
Schweißgeruch *m* odeur *f* de transpiration, de
sueur
Schweißnaht *f* TECH soudure *f*
Schweißperle *f* goutte *f* de sueur
schweißtreibend *adjt* qui fait transpirer
Schweiz [ʃvaɪts] ⟨~⟩ **die** (**deutsche, französi-**
sche) **Schweiz** la Suisse (allemande, ro-
mande)
Schweizer¹ *m* ⟨~s; ~⟩ Suisse *m*
Schweizer² *adj* suisse; **Schweizer Käse** froma-
ge *m* suisse; (*Emmentaler*) emmenthal *m*
schweizerdeutsch *adj* suisse-allemand
Schweizergarde *f* ⟨~⟩ *des Papstes* garde *f* suisse
Schweizerin *f* ⟨~; ~nen⟩ Suisse *od* Suissesse *f*
schweizerisch *adj* suisse
Schwelbrand [ˈʃveːl-] *m* feu couvant (sous la
cendre)
schwelen *v/i* couver (*a fig*)
schwelgen [ˈʃvɛlɡən] *v/i* **1.** *im Essen, Trinken*
se régaler (**in** [+ *dat*] de) **2.** *fig* **in etw** (*dat*)
schwelgen se complaire dans qc
Schwelle [ˈʃvɛlə] *f* ⟨~; ~n⟩ seuil *m* (*a fig*);
(*Bahnschwelle*) traverse *f*
schwellen [ˈʃvɛlən] **I** *st/s v/t Segel etc* gonfler **II**
v/i ⟨schwillt, schwoll, geschwollen, sn⟩ → **an-**
schwellen
Schwellenangst *f* appréhension *f*
Schwellenland *n* ⟨~¢s; ~er⟩ pays nouvellement
industrialisé
Schwellkörper *m* corps caverneux, érectile *m*
Schwellung *f* ⟨~; ~en⟩ enflure *f*
Schwemme [ˈʃvɛmə] *f* ⟨~; ~n⟩ surplus *m*, excès
m (**an** [+ *dat*] de)
schwemmen *v/t* (*anschwemmen*) déposer;
(*fortschwemmen*) emporter
Schwengel [ˈʃvɛŋəl] *m* ⟨~s; ~⟩ (*Pumpen-*
schwengel) bras *m*; (*Glockenschwengel*) bat-
tant *m*
Schwenk [ʃvɛŋk] *m* ⟨~s; ~s⟩ **1.** (*Umschwung*)
virage *m* **2.** FILM, TV panoramique *m*
schwenkbar *adj* orientable; tournant
Schwenkbraten *m* grillade *f*
schwenken I *v/t* **1.** *Hut, Fahne* agiter; TECH faire

pivoter; *Kamera* tourner; orienter **2.** (*spülen*)
rincer **II** *v/i* ⟨sn⟩ **nach links schwenken** tour-
ner vers la gauche
schwer [ʃveːr] **I** *adj* **1.** *im Gewicht* lourd (*a fig*);
Motorrad, Gepäck gros; **zwei Kilo schwer**
sein peser deux kilos **2.** (*schwierig*) difficile;
(*anstrengend*) fatigant; (*hart*) dur; rude; *Arbeit*
pénible **3.** (*schlimm*) grave; *Verbrechen* capi-
tal; *Schicksal* cruel; *Strafe* sévère; lourd; *Zei-*
ten dur; difficile; *Enttäuschung, Gewitter,*
Schnupfen gros; *Schock* dur; *fig Speise* lourd
II *adv* **4.** lourdement; **schwer beladen** lourde-
ment chargé; **schwer tragen, heben** porter,
soulever qc de lourd **5.** (*schwierig*) difficile-
ment; **es schwer** (**mit j-m, etw**) **haben** avoir
du mal (avec qn, qc); **es j-m schwer machen**
rendre la tâche *od* la situation difficile à qn; **es**
sich (*dat*) **schwer machen** se compliquer la
vie; **schwer verdaulich** indigeste (*a fig*); →
schwerfallen, schwernehmen 6. (*mühsam*)
difficilement; avec peine; **schwer arbeiten**
travailler dur; → **schwertun 7.** (*ernstlich*) gra-
vement; **schwer krank** gravement, sérieuse-
ment malade; **schwer beschädigt** très en-
dommagé; **schwer verletzt, verwundet** griè-
vement blessé; **schwer behindert** → **schwer-**
behindert 8. (*sehr*) beaucoup; énormément;
schwer bewaffnet armé jusqu'aux dents; F
schwer bestrafen punir sévèrement; F
schwer aufpassen F faire très attention; F
sie ist schwer in Ordnung F elle est vache-
ment bien
Schwerarbeit *f* travail *m* de force
Schwerarbeiter *m* travailleur *m* de force
Schwerathletik *f* (*Gewichtheben*) haltérophilie
f; (*Ringen*) lutte *f*; (*Boxen*) boxe *f*
schwerbehindert *adjt* invalide; **schwerbehin-**
dert sein être un invalide (du travail), un in-
firme civil
Schwerbehinderte(r) *f(m)* grand(e) invalide
m,f (du travail); infirme civil
Schwerbehindertenausweis *m* ADM carte *f*
d'invalidité
schwerbeladen *adjt* lourdement chargé
schwerbeschädigt *adjt* très endommagé
schwerbewaffnet *adjt* armé jusqu'aux dents
Schwere *f* ⟨~⟩ **1.** PHYS pesanteur *f*; gravité *f* **2.**
fig der Verantwortung poids *m*; *e-r Krankheit,*
e-s Verbrechens gravité *f*
schwerelos *adj* en état d'apesanteur
Schwerelosigkeit *f* ⟨~⟩ apesanteur *f*
Schwerenöter [ˈʃveːrənøːtər] F *plais m* ⟨~s; ~⟩
bourreau *m* des cœurs
schwerfallen *v/i* ⟨irr, sn⟩ **j-m schwerfallen** être
difficile à qn; **es fällt mir schwer zu** (+ *inf*) j'ai
du mal à (+ *inf*); il m'est difficile de (+ *inf*); il
m'en coûte de (+ *inf*)
schwerfällig *adj* lourd; lourdaud; pesant
Schwerfälligkeit *f* lourdeur *f*; pesanteur *f*
Schwergewicht *n* **1.** SPORT, *Person* poids lourd
2. *fig* accent *m*
schwergewichtig *adj* massif
Schwergewichtler *m* ⟨~s; ~⟩ poids lourd
schwerhörig *adj* malentendant; dur d'oreille
Schwerhörige(r) *f(m)* ⟨→ A⟩ personne *f* qui est
dure d'oreille
Schwerhörigkeit *f* surdité partielle
Schwerindustrie *f* industrie lourde

Schwerkraft *f* pesanteur *f*
schwerkrank *adj* → **schwer** *II 7*
schwerlich *st/s adv* avec peine; difficilement; ne … guère
schwermachen *v/t* → **schwer** *II 5*
Schwermetall *n* métal lourd
Schwermut *f* ⟨∼⟩ mélancolie *f*
schwermütig *adj* mélancolique
schwernehmen *v/t* ⟨irr⟩ prendre au tragique, trop au sérieux
Schwerpunkt *m* **1.** PHYS centre *m* de gravité **2.** *fig* accent *m*; point principal
schwerpunktmäßig **I** *adj* sélectif **II** *adv* d'une façon sélective; sur des points précis
Schwert [ʃveːrt] *n* ⟨∼ǂs; ∼er⟩ épée *f*
Schwertfisch *m* espadon *m*
Schwertlilie *f* BOT iris *m*
Schwertransport *m* convoi exceptionnel
schwertun *v/r* ⟨irr⟩ F **sich (mit etw) schwertun** avoir des difficultés (avec qc)
Schwerverbrecher(in) *m(f)* grand(e) criminel, -elle *m,f*
schwerverdaulich *adj* → **schwer** *II 5*
schwerverletzt *adjt* grièvement blessé
Schwerverletzte(r) *f(m)* grand(e) blessé(e) *m(f)*
schwerverwundet *adjt* grièvement blessé
Schwerverwundete(r) *f(m)* grand(e) blessé(e) *m(f)*
schwerwiegend *adjt* grave; (très) sérieux
Schwester ['ʃvɛstər] *f* ⟨∼; ∼n⟩ **1.** sœur *f* **2.** (*Krankenschwester*) infirmière *f* **3.** (*Ordensschwester*) religieuse *f*; sœur *f*
schwesterlich *adj* de *od* d'une sœur
Schwesternschülerin *f* élève infirmière
Schwesternwohnheim *n* foyer *m* d'infirmières
schwieg [ʃviːk] → **schweigen**
Schwiegereltern ['ʃviːgər-] *pl* beaux-parents *m/pl*
Schwiegermutter *f* belle-mère *f*
Schwiegersohn *m* gendre *m*
Schwiegertochter *f* belle-fille *f*
Schwiegervater *m* beau-père *m*
Schwiele ['ʃviːlə] *f* ⟨∼; ∼n⟩ callosité *f*; durillon *m*
schwielig *adj* calleux
schwierig ['ʃviːrɪç] *adj* difficile; *Problem* ardu; épineux; (*heikel*) délicat; (*verwickelt*) compliqué
Schwierigkeit *f* ⟨∼; ∼en⟩ difficulté *f*; **Schwierigkeiten bekommen, in Schwierigkeiten** (*acc*) **geraten** avoir des difficultés
Schwierigkeitsgrad *m* degré *m* de difficulté
Schwimmbad ['ʃvɪm-] *n* piscine *f*
Schwimmbagger *m* drague flottante
Schwimmbecken *n* bassin *m*; piscine *f*
Schwimmblase *f* ZO vessie *f* natatoire
schwimmen ⟨schwamm, geschwommen, sn; *sans indication de direction* h *ou* sn⟩ **I** *v/t* nager **II** *v/i* **1.** *Lebewesen* nager (→ *Info* **passé** [*composé*]); **schwimmen gehen** aller nager **2.** *Dinge* flotter **3.** ⟨h⟩ F *fig* (*unsicher sein*) nager
Schwimmen *n* ⟨∼s⟩ natation *f*
Schwimmer *m* ⟨∼s; ∼⟩ **1.** *Mensch* nageur *m* **2.** *der Angel*, TECH flotteur *m*
Schwimmerbecken *n* bassin *m* des nageurs
Schwimmerin *f* ⟨∼; ∼nen⟩ nageuse *f*
Schwimmflosse *f* SPORT palme *f*

Schwimmhalle *f* piscine couverte
Schwimmhaut *f* ZO palmure *f*
Schwimmlehrer(in) *m(f)* professeur *m* de natation
Schwimmreifen *m* bouée *f*
Schwimmsport *m* natation *f*
Schwimmverein *m* club *m* de natation
Schwimmweste *f* gilet *m* de sauvetage
Schwindel ['ʃvɪndəl] *m* ⟨∼s⟩ **1.** MÉD vertige *m*; (*Schwindelanfall*) étourdissement *m*; **Schwindel erregend** vertigineux (*a fig*) **2.** F (*Betrug*) escroquerie *f*
Schwindelanfall *m* étourdissement *m*
Schwindelei *f* ⟨∼; ∼en⟩ **1.** (*Unwahrheiten*) histoires *f/pl*; F bobards *m/pl* **2.** (*Betrug*) escroquerie *f*
schwindelerregend *adjt* vertigineux (*a fig*)
schwindelfrei *adj* qui n'est pas sujet au vertige
schwindelig *adj* **leicht schwindelig werden** être sujet à des vertiges; **mir ist *od* wird (es) schwindelig** j'ai le vertige; j'ai un étourdissement; je suis pris de vertige
schwindeln ⟨ǂ⟩ **I** F *v/t u v/i* raconter des histoires, F des bobards **II** *v/imp* **mir *od* mich schwindelt** j'ai le vertige; **schwindelnde Höhe** 'hauteur vertigineuse
schwinden ['ʃvɪndən] *st/s v/i* ⟨schwindet, schwand, geschwunden, sn⟩ diminuer; décroître; *Interesse* baisser; *Einnahmen* s'amenuiser; *Macht* s'affaiblir; *Kräfte* décliner
Schwindler(in) *m* ⟨∼s; ∼⟩ (*f*) ⟨∼in; ∼innen⟩ **1.** (*Lügner[in]*) menteur, -euse *m,f* **2.** (*Betrüger[in]*) escroc *m*
schwindlig → **schwindelig**
Schwindsucht *f* phtisie *f*
schwindsüchtig *adj* tuberculeux; phtisique
Schwinge ['ʃviŋə] *st/s f* ⟨∼; ∼n⟩ aile *f* (*a fig*)
schwingen ⟨schwang, geschwungen⟩ **I** *v/t hin u her* balancer; *Fahne* agiter; *Keule* brandir **II** *v/i* ⟨h *ou* sn⟩ *hin u her*, *Pendel* osciller; se balancer; *Saite* vibrer **III** *v/r* **sich über die Mauer schwingen** sauter par-dessus le mur; **sich auf sein Fahrrad schwingen** enfourcher sa bicyclette; *Vogel* **sich in die Luft schwingen** prendre son essor; s'envoler
Schwinger *m* ⟨∼s; ∼⟩ BOXEN swing *m*
Schwingtür *f* porte battante
Schwingung *f* ⟨∼; ∼en⟩ PHYS vibration *f*; oscillation *f* (*a* ÉLECT)
Schwippschwager ['ʃvɪp-] F *m* beau-frère *m* par alliance
Schwippschwägerin F *f* belle-sœur *f* par alliance
Schwips [ʃvɪps] F *m* ⟨∼es; ∼e⟩ **e-n Schwips haben** F être éméché, pompette
schwirren ['ʃvɪrən] *v/i* ⟨sn⟩ *Pfeil*, *Kugel* siffler; *Insekt* bourdonner; **mir schwirrte alles Mögliche durch den Kopf** mille choses me passaient par la tête
schwitzen ['ʃvɪtsən] *v/i* ⟨ǂs⟩ **1.** *Mensch* transpirer; *p/fort* suer **2.** *Wand* suinter; *Fenster* être couvert de buée
Schwitzkasten *m* ⟨∼s⟩ RINGEN prise *f* de tête; **j-n in den Schwitzkasten nehmen** faire une prise de tête à qn
schwofen F *v/i* F guincher; aller au dancing
schwoll [ʃvɔl] → **schwellen**
schwören ['ʃvøːrən] *v/t u v/i* ⟨schwor, geschwo-

ren〉 **1.** JUR jurer (*a fig*); *abs* prêter serment **2.** *fig* **auf etw, j-n schwören** ne jurer que par qc, qn

Schwuchtel [ˈʃvʊxtəl] F *péj f* 〈~; ~n〉 F tante *f*; F tantouse *f*

schwul [ʃvuːl] F *adj* F pédé; gay

schwül [ʃvyːl] *adj* lourd; étouffant; **es ist schwül** il fait lourd

Schwule(r) F *m* 〈→ A〉 gay *m*; F *péj* pédé *m*

Schwüle *f* 〈~〉 chaleur étouffante; temps lourd

Schwulität [ʃvuliˈtɛːt] F *f* 〈~; ~en〉 **in Schwulitäten sein** F être dans le pétrin; être dans l'embarras

schwülstig [ˈʃvylstɪç] *adj Stil* pompeux; emphatique; *Architektur* surchargé (d'ornements)

schwumm(e)rig [ˈʃvʊm(ə)rɪç] F *adj* **mir ist (ganz) schwumm(e)rig** (*unwohl*) F je me sens patraque; (*benommen*) j'ai la tête qui tourne

Schwund [ʃvʊnt] *m* 〈~¢s〉 diminution *f*; MÉD atrophie *f*; COMM perte *f* de poids

Schwung [ʃvʊŋ] *m* 〈~¢s; ≈e〉 **1.** *Bewegung* élan *m*; lancée *f*; **Schwung holen** prendre son élan **2.** *fig* (*Elan*) entrain *m*; élan *m*; allant *m*; F **etw in Schwung bringen** donner une impulsion à qc; lancer qc; F **in Schwung kommen** *Unternehmen* prendre son essor; *Person* se mettre en train **3.** F (*Menge*) *Papier, Bücher* pile *f*; tas *m*; *Leute* groupe *m*; bande *f*

schwunghaft *adj* florissant

schwunglos *adj Person* qui manque d'entrain, d'élan; *Rede* terne

schwungvoll *adj* plein d'entrain; *Musik a* entraînant; *Rede* plein de verve

schwupp(diwupp) [ˈʃvʊp(diˈvʊp)], **schwups** [ʃvʊps] *int* paf!

Schwur [ʃvuːr] *m* 〈~¢s; ≈e〉 serment *m*

Schwurgericht *n* cour *f* d'assises

Science-Fiction [ˈsaɪənsˈfɪkʃən] *f* 〈~〉 science-fiction *f*

Science-Fiction-Roman *m* roman *m* de science-fiction

Scrabble® [ˈskrɛbəl] *n* 〈~s; ~s〉 scrabble® *m*

scrollen [ˈskrɔːlən] INFORM **I** *v/t* faire défiler **II** *v/i* défiler

sechs [zɛks] *num/c* six; → **acht**

Sechs *f* 〈~; ~en〉 **1.** *Zahl* six *m* **2.** *Schulnote* insuffisant; *in Frankreich etwa* zéro *m*, un *m*, deux *m*, trois *m*, quatre *m* (sur vingt)

sechs..., **Sechs...** → **acht...,** **Acht...**

Sechseck *n* hexagone *m*

sechseckig *adj* hexagonal

Sechser *m* 〈~s; ~〉 six *m*; → **Sechs**

sechserlei *adj* 〈*inv*〉 de six sortes, espèces différentes

sechsfach **I** *adj* sextuple; → **achtfach** **II** *adj* six fois (plus)

Sechsfache(s) *n* 〈→ A〉 sextuple *m*

sechshundert *num/c* six cent(s)

sechsjährig *adj* (*sechs Jahre alt*) (âgé) de six ans; (*sechs Jahre lang*) de six ans; qui dure six ans

Sechsling *m* 〈~s; ≈e〉 un(e) des sextuplé(e)s; *pl* **Sechslinge** sextuplé(e)s *m(f)* *pl*

sechsmal *adv* six fois

sechsstellig *adj* de *od* à six chiffres

sechst [zɛkst] *adv* **zu sechst** à six; **zu sechst sein** être six

Sechstagerennen *n* six-jours *m/pl*

sechstausend *num/o* six mille

sechste *num/o* sixième; → **achte**

Sechstel *n* 〈~s; ~〉 sixième *m*

sechstens *adv* sixièmement

sechzehn [ˈzɛçtseːn] *num/c* seize; → **acht**

sechzig [ˈzɛçtsɪç] *num/c* soixante; **etwa, rund sechzig** (**Personen**) une soixantaine (de personnes); **etwa, rund sechzig** (**Jahre alt**) **sein** avoir la soixantaine; → **achtzig**

Sechzig *f* 〈~〉 soixante *m*

sechziger *adj* 〈*inv*〉 **die sechziger Jahre** *n/pl* les années *f/pl* soixante

sechzigjährig *adj* (*sechzig Jahre alt*) (âgé) de soixante ans; (*sechzig Jahre lang*) de soixante ans; qui dure soixante ans

Secondhandkleidung [ˈsɛkəntˈhɛntklaɪduŋ] *f* vêtements *m/pl* d'occasion, de seconde main

Secondhandladen *m* magasin *m* (de vêtements) d'occasion

SED [ɛsʔeːˈdeː] *f abr* 〈~〉 HIST (*Sozialistische Einheitspartei Deutschlands*) Parti socialiste unifié de la RDA

Sediment [zediˈmɛnt] *n* 〈~¢s; ~e〉 sédiment *m*

See¹ [zeː] *m* 〈~s; ~n〉 (*Binnensee*) lac *m*

See² *f* 〈~〉 **1.** (*Meer*) mer *f*; **in See stechen** appareiller; prendre la mer; **an die See fahren** aller au bord de la mer *od* à la mer; **an der See** au bord de la mer; **auf** (**hoher**) **See** en (pleine, 'haute) mer **2.** (*Seegang*) mer *f*; **schwere** *od* **raue See** grosse mer

Seebad *n* station *f* balnéaire

Seebär *m* F *fig* loup *m* de mer

Seebeben *n* séisme sous-marin

Seebestattung *f* dispersion *f* des cendres en mer; immersion *f* d'une urne funéraire (en 'haute mer)

Seeblick *m* **mit Seeblick** avec vue sur le lac *bzw* la mer

Seefahrt *f* **1.** navigation *f* maritime **2.** (*Schiffsreise*) voyage *m* en bateau

Seefisch *m* poisson *m* de mer

Seegang *m* 'houle *f*; **schwerer** *od* **hoher Seegang** grosse mer

Seegras *n* BOT zostère *f*; *als Polstermaterial* crin végétal

Seehafen *m* port *m* maritime

Seehecht *m* colin *m*; merlu *m*

Seehund *m* phoque *m*

Seeigel *m* oursin *m*

Seekarte *f* carte marine

Seeklima *n* climat *m* maritime

seekrank *adj* qui a le mal de mer

Seekrankheit *f* mal *m* de mer

Seelachs *m* lieu (noir)

Seele [ˈzeːlə] *f* 〈~; ~n〉 âme *f* (*a fig*); **e-e treue Seele** un(e) fidèle; **er ist e-e Seele von Mensch** c'est un brave type; **aus tiefster Seele** du fond du cœur; **Sie sprechen mir aus der Seele** c'est exactement ce que je pense; **das tut mir in der Seele weh** cela me fait mal au cœur

Seelenfriede(n) *m* paix *f* de l'âme

Seelenheil *n* salut *m* (de l'âme)

Seelenruhe *f* **in aller Seelenruhe** en toute tranquillité

seelenruhig *adv* imperturbablement; en toute tranquillité

Seelenverwandtschaft f affinités f/pl; sympathie f (de deux âmes)
Seelenwanderung f réincarnation f
Seeleute pl marins m/pl; gens m/pl de mer
seelisch I adj moral; (psychisch) psychique **II** adv **seelisch bedingt** qui a des causes psychologiques
Seelöwe m lion m de mer; otarie f
Seelsorge f aide, assistance spirituelle
Seelsorger m ⟨~s; ~⟩ prêtre m; PROT pasteur m; SCHULE, MIL aumônier m
seelsorgerisch adj Betreuung spirituel
Seeluft f air marin, de la mer
Seemacht f puissance f maritime
Seemann m ⟨~¢s; -leute⟩ marin m
seemännisch adj de marin
Seemannsgarn n histoires f/pl de marin; **Seemannsgarn spinnen** raconter des histoires
Seemannsknoten m nœud m de marin
Seemeile f mille marin
Seemöwe f mouette f
Seenot f détresse f
Seenotrettungsdienst m service m de sauvetage en mer
Seenotruf m appel m de détresse
Seenotzeichen n signal m de détresse
Seepferd n, **Seepferdchen** n ⟨~s; ~⟩ hippocampe m
Seeräuber m pirate m
Seerecht n droit m maritime
Seereise f voyage m en mer
Seerose f nénuphar m
Seesack m sac m de marin
Seeschiffahrt f navigation f maritime
Seeschlacht f bataille navale
Seestern m étoile f de mer
Seestreitkräfte f/pl forces navales; marine f
Seetang m goémon m; varech m
seetüchtig adj en état de naviguer
Seeufer n bord m du lac
Seevogel m oiseau m de mer
Seeweg m route f, voie f maritime
Seewind m vent m du large
Seezeichen n signal m maritime
Seezunge f sole f
Segel ['ze:gəl] n ⟨~s; ~⟩ voile f; **die Segel streichen** amener les voiles; st/s fig baisser pavillon (**vor** [+ dat] devant)
Segelboot n bateau m à voiles
Segelfliegen n vol m à voile
Segelflieger(in) m(f) pilote m de planeur; vélivole m,f
Segelflug(sport) m vol m à voile
Segelflugzeug n planeur m
Segeljacht f voilier m; yacht m à voiles
segeln v/i ⟨¢, + indication de direction sn⟩ Segelschiff naviguer; SPORT faire de la voile; **segeln nach** faire voile sur
Segelohren F n/pl F oreilles f/pl en feuille de chou
Segelregatta f régate f de voiliers
Segelschiff n bateau m à voiles; voilier m
Segelsport m voile f
Segeltuch n ⟨~¢s; ~e⟩ toile f (à voiles)
Segen ['ze:gən] m ⟨~s; ~⟩ **1.** REL bénédiction f; **den Segen über j-n, etw sprechen** donner sa bénédiction à qn, qc **2.** st/s fig richesses f/pl; des Himmels don m **3.** (Glück) bonheur m;

chance f; (**j-m**) **Segen bringen** porter bonheur (à qn)
segensreich adj heureux; prospère; Erfindung utile; profitable
Segenswünsche m/pl bénédictions f/pl
Segler m ⟨~s; ~⟩ **1.** Person navigateur m sur voilier **2.** Schiff voilier m
Seglerin f ⟨~; ~nen⟩ navigatrice f sur voilier
Segment [zɛ'gmɛnt] n ⟨~¢s; ~e⟩ segment m
segnen ['ze:gnən] v/t ⟨-e-⟩ **1.** REL bénir **2.** fig **mit etw gesegnet sein** être doté de qc; avoir le bonheur d'avoir qc; st/s **im gesegneten Alter von 90 Jahren** à l'âge vénérable de 90 ans
Segnung f ⟨~; ~en⟩ **1.** REL bénédiction f **2.** fig **Segnungen** pl bienfaits m/pl
Sehbeteiligung ['ze:-] f TV taux m d'écoute
sehen ⟨sieht, sah, gesehen⟩ **I** v/t **1.** voir; (ansehen) regarder; (treffen) voir; **zu sehen sein** se voir; être visible; (ausgestellt sein) être exposé, montré; **er sieht es gern, wenn man ihn bedient** il aime être servi; **ich habe sie kommen (ge)sehen** je l'ai vue venir; F fig **ich kann ihn nicht mehr sehen** F je ne peux plus le sentir; F **da sieht man (es) mal wieder!** (ich habe es doch gleich gesagt) c'est bien ce que je vous bzw t'avais dit **2.** mit lassen **sich sehen lassen** se montrer; se faire voir; **sich sehen lassen können** être présentable; F **lass mal sehen!** mais fais voir!; montre (donc)! **3.** mit p/p **gern bei j-m gesehen sein** être bien vu, être le bzw la bienvenu(e) chez qn; **menschlich gesehen** du point de vue humain **II** v/i **4.** voir; **gut, schlecht sehen** voir bien; mal; avoir une bonne, mauvaise vue; **sieh doch!** mais, regarde!; F **sieh mal einer an!** F voyez-moi ça!; **na, siehst du** tu vois!; (**und**) **siehe da, ...** et voilà que ...; Verweis **siehe ...** voir ... **5.** mit prép **auf etw** (acc) **sehen** regarder qc; **aus dem Fenster sehen** regarder par la fenêtre; **in den Spiegel sehen** se regarder dans la glace; **nach etw, j-m sehen** sorgend s'occuper de qc, qn **III** v/r **sich sehen** se voir; **sie sah sich schon als Filmstar** elle se voyait déjà vedette de cinéma
Sehen n ⟨~s⟩ vue f; vision f; **j-n vom Sehen kennen** connaître qn de vue
sehenlassen v/r → **sehen** I 2
sehenswert adj qui vaut la peine d'être vu; qui est à voir
Sehenswürdigkeit f ⟨~; ~en⟩ curiosité f; attraction f touristique
Sehfehler m défaut m de la vue; trouble visuel
Sehkraft f vue f
Sehne ['ze:nə] f ⟨~; ~n⟩ **1.** ANAT tendon m **2.** MATH, e-s Bogens corde f
sehnen ['ze:nən] v/r **sich nach etw sehnen** désirer ardemment qc; aspirer à qc; **sich nach j-m sehnen** s'ennuyer de qn
Sehnenscheidenentzündung f tendinite f
Sehnerv m nerf m optique
sehnig adj Fleisch filandreux; Arm, Gestalt nerveux
sehnlich adj Wunsch ardent; Erwartung impatient
Sehnsucht f désir ardent, intense (**nach** de)
sehnsüchtig adj plein de désir; (ungeduldig) impatient

sehr: très oder beaucoup?			**FQ**
Das ist ein sehr altes Schmuckstück.	C'est un bijou **très ancien**.	sehr **beim Adjektiv**	**très**
Er hat diese Arbeit sehr schnell erledigt.	Il a fait ce travail **très rapidement**.	sehr **beim Adverb**	**très**
Dieses Theaterstück interessiert mich sehr.	Cette pièce de théâtre m'intéresse **beaucoup**.	sehr **beim Verb**	**beaucoup**

sehr [ze:r] *adv vor Adjektiv, Adverb* très; bien; fort; *vor Verb* beaucoup; bien; **sehr viel** beaucoup; bien; **so sehr, dass ...** à ce point que ...; **wie sehr** à quel point; combien

Sehschwäche *f* insuffisance visuelle

Sehstörung *f* trouble visuel

Sehtest *m* test visuel

Sehvermögen *n* vue *f*; acuité visuelle

sei [zaɪ] → **sein¹**

seicht [zaɪçt] *adj* **1.** *Wasser* bas; peu profond **2.** *fig* creux; superficiel; *Unterhaltung* banal

Seide ['zaɪdə] *f* ⟨∼; ∼n⟩ soie *f*

Seidel ['zaɪdəl] *n* ⟨∼s; ∼⟩ chope *f*

seiden *adj* **1.** (*aus Seide*) de *od* en soie **2.** (*seidig*) soyeux

Seidenbluse *f* chemisier *m* en soie

Seidenmalerei *f* peinture *f* sur soie

seidenmatt *adj Foto* mat

Seidenpapier *n* papier *m* de soie

Seidenraupe *f* ver *m* à soie

Seidenstraße *f* route *f* de la soie

Seidenstrumpf *m* bas *m* de soie

Seidentuch *n* ⟨∼¢s; ∼er⟩ foulard *m* en *od* de soie

seidig *adj* soyeux

Seife ['zaɪfə] *f* ⟨∼; ∼n⟩ savon *m*

Seifenblase *f* bulle *f* de savon (*a fig*)

Seifenlauge *f* lessive *f*

Seifenoper *f péj* série (télévisée) mélo

Seifenpulver *n* savon *m* en poudre

Seifenschale *f* porte-savon *m*

Seifenschaum *m* mousse *f* de savon

Seifenwasser *n* ⟨∼s⟩ eau savonneuse

seihen ['zaɪən] *v/t* passer; filtrer

Seil [zaɪl] *n* ⟨∼¢s; ∼e⟩ corde *f*; *starkes* câble *m*

Seilbahn *f* (*Standseilbahn*) funiculaire *m*; (*Drahtseilbahn*) téléphérique *m*

Seilschaft *f* ⟨∼; ∼en⟩ **1.** cordée *f* **2.** *fig péj* clique *f*

Seilspringen *n* ⟨∼s⟩ saut *m* à la corde

Seiltanz *m* danse *f* sur la corde raide

Seiltänzer(in) *m(f)* funambule *m,f*; danseur, -euse *m,f* de corde

Seilwinde *f* treuil *m* à câble

Seilzug *m* palan *m*

sein¹ [zaɪn] ⟨bin, bist, ist, sind, seid, sind; sei, seist, sei; war; wäre; gewesen; sei!, seid!; sn⟩ **I** *v/i* **1.** être (→ *Info* **passé** [**composé**]); **ich bin's!** c'est moi!; **sie ist Französin** elle est Française **2.** (*bestehen*) être; exister; **wenn sie nicht gewesen wäre ...** si elle n'avait pas été là ...; sans elle ...; F **ist was?** il y a quelque chose qui ne va pas? **3.** (*sich befinden*) se trouver **4.** *Zeitangabe* être; **morgen ist Mittwoch** demain c'est mercredi **5.** (*stattfinden*) se faire; avoir lieu; **muss das sein?** est-ce

vraiment nécessaire?; F **sein lassen** ne pas faire; laisser (tomber); F **lass das sein!** arrête! **6.** (*bedeuten*) signifier; **was soll das sein?** qu'est-ce que cela signifie? **wie dem auch sei** quoi qu'il en soit **7.** (*ergeben*) faire; **fünf und zwei sind sieben** cinq et deux font sept **8.** (*stammen*) **von, aus ... sein** venir de ...; être originaire de ... **9.** *Empfinden* F **mir ist nicht nach Feiern** je n'ai pas la tête à m'amuser **II** *v/imp* **10.** *bei Witterungsangaben* faire; **es ist schön** il fait beau **11.** *Zeitangabe* être; **es war an e-m Freitag** c'est arrivé, c'était un vendredi **12. was darf es sein?** *im Geschäft* que désirez-vous?; **das wär's!** voilà!; *beim Einkaufen* c'est tout!; **wie wäre es, wenn Sie die Arbeit machten?** et si vous faisiez le travail (qu'en dites-vous)? **III** *v/aux* **13.** *zur Bildung zusammengesetzter Zeiten* être; avoir; **wir sind gegangen** nous sommes partis; **sie ist gelaufen** elle a couru **14.** *mit zu + inf* **das Haus ist zu verkaufen** la maison est à vendre; **er ist nicht zu sprechen** on ne peut pas lui parler

sein² *pr/poss* **I** *adjt* son *bzw* sa; **einer seiner Freunde** (l')un de ses amis; **mein und sein Bruder** mon frère et le sien **II** *subst* **der, die, das Seine** le sien *bzw* la sienne; *st/s* **die Seinen** les siens; sa famille; **das Seine dazu beitragen** y apporter sa contribution

Sein *n* ⟨∼s⟩ être *m*; (*Dasein*) existence *f*

seiner *st/s pr/pers* (*gén de* er, es) de lui

seinerseits *adv* de sa part; de son côté

seinerzeit *adv* à cette époque(-là)

seinesgleichen *pr* ⟨*inv*⟩ son pareil *bzw* sa pareille *bzw* ses pareil(le)s; son *bzw* sa *bzw* ses semblable(s); **das sucht seinesgleichen** c'est sans égal; ça reste inégalé

seinetwegen *adv* **1.** (*wegen ihm*) à cause de lui **2.** (*ihm zuliebe*) pour lui **3.** (*von ihm aus*) quant à lui

seinige *pr/poss* → **sein² II**

seinlassen *v/t* → **sein¹ I 5**

Seismograph [zaɪsmo'gra:f] *m* ⟨∼en; ∼en⟩ sismographe *m*

Seismologe *m* ⟨∼n; ∼n⟩, **Seismologin** *f* ⟨∼; ∼nen⟩ sismologue *od* séismologue *m,f*

seit [zaɪt] **I** *prép* ⟨*dat*⟩ depuis; (*von ... an*) à partir de; **seit Langem, Kurzem** depuis longtemps, peu; **seit zehn Tagen ist er verreist** il y a dix jours qu'il est parti **II** *conj* depuis que

seitdem **I** *adv* depuis (ce temps-là) **II** *conj* depuis que

Seite ['zaɪtə] *f* ⟨∼; ∼n⟩ **1.** *Körperteil* côté *m*; flanc *m* (*a e-s Tieres*); **Seite an Seite** côte à côte; **j-m zur Seite stehen** soutenir qn; être aux côtés de qn **2.** *e-s Gegenstandes* côté *m*; **zur**

S

Seite *gehen od* **treten** s'écarter; faire place; *auf od von beiden Seiten* de part et d'autre; des deux côtés; *etw zur Seite legen* mettre qc de côté, F *etw auf die Seite legen* (*sparen*) mettre qc de côté **3.** (*Aspekt*) côté *m*; aspect *m*; *Angelegenheit von allen Seiten betrachten* examiner sous toutes ses faces, sous tous ses aspects; *auf der einen Seite ..., auf der anderen* (*Seite*) ... d'une part ..., d'autre part ... **4.** (*Richtung*) sens *m*; *nach allen Seiten* de tous côtés; dans tous les sens; *von allen Seiten* de toutes parts; de tous côtés **5.** (*Eigenschaft*) côté *m*; F *schwache, starke Seite* faible *m*; fort *m*; *sich von s-r besten Seite zeigen* se montrer sous son meilleur jour **6.** (*Partei*) côté *m*; parti *m*; *auf j-s Seite* (*dat*) *sein od* **stehen** être du côté, du parti de qn; *auf Seiten* (+ *gén*) du côté de; *von Seiten* (+ *gén*) du côté de; de la part de **7.** (*Buchseite, Zeitungsseite*) page *f*; *auf Seite 102* à la page 102; TÉL *Gelbe Seiten*® *etwa* pages *f*/*pl* jaunes

Seitenairbag *m* airbag latéral
Seitenansicht *f* vue latérale, de côté; profil *m*
Seitenausgang *m* sortie latérale
Seitenblick *m* regard *m* de côté, en coin
Seiteneingang *m* entrée latérale, sur le côté
Seiteneinsteiger *m* ⟨~s; ~⟩ *er ist ein Seiteneinsteiger* il n'a pas eu un parcours professionnel, politique, *etc* classique
Seitenflügel *m e-s Gebäudes* aile *f*; annexe *f*; *e-s Altars* volet *m*
Seitenhieb *m fig* coup *m* de griffe; flèche *f* (*auf* [+ *acc*] à)
seitenlang *adj* (long) de plusieurs pages; F *péj* F qui a des pages et des pages
Seitenlinie *f* **1.** FUSSBALL touche *f*; TENNIS ligne *f* de côté **2.** GENEALOGIE ligne collatérale
Seitennummerierung *f* pagination *f*
seitens *prép* ⟨*gén*⟩ ADM de la part de; du côté de
Seitenscheitel *m* raie *f* de côté
Seitenschiff *n e-r Kirche* nef latérale
Seitensprung *m fig* infidélité *f*; escapade *f*
Seitenstechen *n*, **Seitenstiche** *m*/*pl* point *m* de côté
Seitenstraße *f* rue latérale, transversale
Seitenstreifen *m* accotement *m*
seitenverkehrt *adj* à l'envers
Seitenwechsel *m* SPORT changement *m* de camp, côté
seitenweise *adv* **1.** (*seitenlang*) des pages (et des pages) **2.** (*Seite für Seite*) page par page
Seitenwind *m* vent *m* de côté
Seitenzahl *f* **1.** *Anzahl* nombre *m* de pages **2.** *einzelne* numéro *m* de la page
seither *adv* depuis (lors)
seitlich **I** *adj* latéral; de côté **II** *adv* sur le côté; *seitlich von etw gelegen* situé à côté de qc
seitwärts *adv* **1.** (*zur Seite*) de côté **2.** (*auf der Seite*) à côté; sur le côté
sek., Sek. *abr* (*Sekunde*) s (seconde)
Sekret [zeˈkreːt] *n* ⟨~⊄s; ~e⟩ sécrétion *f*
Sekretär [zekreˈtɛːr] *m* ⟨~s; ~e⟩ *Möbel* secrétaire *m*
Sekretär(in) *m* ⟨~s; ~e⟩ (*f*) ⟨~in; ~innen⟩ secrétaire *m,f*
Sekretariat [zekretariˈaːt] *n* ⟨~⊄s; ~e⟩ secrétariat *m*
Sekt [zɛkt] *m* ⟨~⊄s; ~e⟩ vin mousseux

Sekte [ˈzɛktə] *f* ⟨~; ~n⟩ secte *f*
Sektflasche *f leere* bouteille *f* à champagne; *volle* bouteille *f* de vin mousseux
Sektfrühstück *n* petit-déjeuner *m* au vin mousseux
Sektglas *n* verre *m* à champagne
Sektion [zɛktsiˈoːn] *f* ⟨~; ~en⟩ **1.** (*Abteilung*) section *f* **2.** MÉD autopsie *f*
Sektkellerei *f* cave *f* à vins mousseux, (*Champagnerkellerei*) à champagne
Sektkorken *m* bouchon *m* de champagne
Sektkübel *m*, **Sektkühler** *m* seau *m* à champagne
Sektor [ˈzɛktɔr] *m* ⟨~s; -toren⟩ **1.** ÉCON, MATH, MIL secteur *m* **2.** *fig* domaine *m*
sekundär [zekʊnˈdɛːr] *adj* secondaire
Sekundärliteratur *f* littérature *f* critique; *zu e-m Autor* littérature *f* sur les œuvres d'un auteur
Sekundarschule *f schweiz* collège *m*
Sekundarstufe *f* **Sekundarstufe I** collège *m*; **Sekundarstufe II** lycée *m*
Sekunde [zeˈkʊndə] *f* ⟨~; ~n⟩ seconde *f* (*a* MATH, MUS); *Uhr auf die Sekunde genau gehen* marcher à la seconde près
Sekundenbruchteil *m* fraction *f* de seconde
Sekundenkleber *m* colle *f* à prise rapide
sekundenlang *adj u adv* pendant des secondes
Sekundenschlaf *m beim Autofahren* micro-sommeil *m*
Sekundenschnelle *f in Sekundenschnelle* en une fraction de seconde
Sekundenzeiger *m* trotteuse *f*; aiguille *f* des secondes
selbe [ˈzɛlbə] *pr*/*dém* même; *zur selben Zeit* en même temps
selber F *pr*/*dém* ⟨*inv*⟩ → *selbst*
selbst [zɛlpst] **I** *pr*/*dém* ⟨*inv*⟩ (*persönlich*) même; (*in eigener Person*) en personne; (*ohne fremde Hilfe*) tout seul; *ich selbst* moi-même; *sie ist die Güte selbst* elle est la bonté même; *von selbst* de soi-même; tout seul; *selbst gebacken Kuchen* (fait à la) maison; *Brot* de ménage; *selbst gemacht* qu'on a fait soi-même; *Wurst, Marmelade* (fait à la) maison **II** *adv* (*sogar*) même; *selbst wenn ...* même si ...
Selbstachtung *f* respect *m*, estime *f* de soi-même
selbständig [ˈzɛlpʃtɛndɪç] → *selbstständig*
Selbstauslöser *m* déclencheur *m* automatique
Selbstbedienung *f* libre-service *m*
Selbstbedienungsladen *m* self-service *m*; libre-service *m*
Selbstbedienungsrestaurant *n* (restaurant *m*) libre-service *m*; self-service *m*
Selbstbefriedigung *f* masturbation *f*
Selbstbeherrschung *f* maîtrise *f* de soi
Selbstbestätigung *f* valorisation *f* de soi (-même)
Selbstbestimmung *f* libre disposition *f* de soi (-même); POL autodétermination *f*
Selbstbeteiligung *f bei Versicherung* franchise *f*; *bei Krankenversicherung* ticket *m* modérateur
selbstbewusst *adj* sûr de soi; conscient de sa propre valeur
Selbstbewusstsein *n* confiance *f* en soi; sentiment *m* de sa propre valeur

Selbstbildnis *n* autoportrait *m*
Selbstbräuner *m* ⟨∼s; ∼⟩ autobronzant *m*
Selbstdisziplin *f* autodiscipline *f*
Selbsterhaltungstrieb *m* instinct *m* de conservation
Selbsterkenntnis *f* connaissance *f* de soi (-même)
selbstgefällig I *adj* content de soi; suffisant; fat II *adv* avec suffisance
Selbstgefälligkeit *f* fatuité *f*; suffisance *f*
selbstgerecht *adjt st/s* infatué de soi(-même), de ses mérites
Selbstgespräch *n* monologue *m*; **Selbstgespräche führen** parler tout seul; monologuer
Selbstheilungskräfte *f/pl* forces naturelles de guérison
selbstherrlich *adj* autoritaire; impérieux
Selbsthilfe *f* effort personnel
Selbsthilfegruppe *f* groupe *m* d'entraide
Selbstjustiz *f* justice *f* que l'on se fait à soi-même; **Selbstjustiz üben** se faire justice
Selbstklebefolie *f* feuille *f* de plastique autocollante
selbstklebend *adjt* autocollant
Selbstkontrolle *f* autocontrôle *m*; (*Zurückhaltung*) retenue *f*
Selbstkostenpreis *m* prix coûtant, de revient
Selbstkritik *f* autocritique *f*
selbstkritisch *adj* critique vis-à-vis de soi-même
Selbstlaut *m* voyelle *f*
Selbstlerner *m* auto-apprenant *m*
selbstlos *adj* désintéressé; altruiste
Selbstmitleid *n péj* apitoiement *m* sur son propre sort
Selbstmord *m* suicide *m*; **Selbstmord begehen** se suicider; se tuer
Selbstmordanschlag *m*, **Selbstmordattentat** *n* attentat *m* suicide
Selbstmordattentäter(in) *m(f)* kamikaze *m,f*
Selbstmorddrohung *f* menace *f* de suicide
Selbstmörder(in) *m(f)* suicidé(e) *m(f)*
selbstmörderisch *adj* suicidaire
Selbstmordgedanke *m* pensée *f* suicidaire
selbstmordgefährdet *adjt* suicidaire
Selbstmordkandidat(in) *m(f)* F candidat(e) *m(f)* au suicide; personne *f* suicidaire
Selbstmordkommando *n* opération-suicide *f*
Selbstmordrate *f* taux *m* de suicides
Selbstmordversuch *m* tentative *f* de suicide
Selbstporträt *n* autoportrait *m*
selbstredend *advt* bien sûr
selbstsicher I *adj* sûr de soi; *Haltung* plein d'assurance II *adv* avec assurance
Selbstsicherheit *f* assurance *f*
selbstständig ['zɛlpstʃtɛndɪç] I *adj* (*eigenständig*) autonome; (*unabhängig*), *beruflich* indépendant; *beruflich* **selbstständig sein** être, travailler à son compte; **sich selbstständig machen** se mettre à son compte II *adv* **selbstständig handeln** agir en toute indépendance, de sa propre initiative
Selbstständige(r) *f(m)* ⟨→ A⟩ travailleur, -euse *m,f* indépendant(e)
Selbstständigkeit *f* ⟨∼⟩ indépendance *f*
Selbstsucht *f* égoïsme *m*
selbstsüchtig *adj* égoïste
selbsttätig *adj* automatique

Selbsttäuschung *f* illusion *f*; aveuglement *m*
Selbstüberwindung *f* effort *m* sur soi-même
Selbstverpflegung *f im Urlaub* **mit Selbstverpflegung** sans pension
selbstverschuldet *adjt* dû à sa propre faute
Selbstversorger *m* personne *f* qui pourvoit elle-même à ses besoins
selbstverständlich I *adj* naturel; **das ist selbstverständlich** cela va de soi II *adv* naturellement; évidemment; bien entendu
Selbstverständlichkeit *f* ⟨∼; ∼en⟩ évidence *f*; **das ist e-e Selbstverständlichkeit** cela va de soi; c'est bien naturel
Selbstverständnis *n* ⟨∼ses⟩ idée *f* que l'on a de soi-même
Selbstversuch *m* expérimentation *f* sur soi (-même); **im Selbstversuch** en expérimentant sur soi(-même)
Selbstverteidigung *f* autodéfense *f*
Selbstvertrauen *n* confiance *f* en soi
Selbstverwaltung *f* autogestion *f*
Selbstverwirklichung *f* épanouissement *m* de sa personnalité
Selbstwertgefühl *n* conscience *f* de sa propre valeur; amour-propre *m*
selbstzufrieden *adj* content de soi
Selbstzweck *m* fin *f* en soi
Selbstzweifel *m* doute *m* de soi
Selen [ze'leːn] *n* ⟨∼s⟩ sélénium *m*
selig ['zeːlɪç] *adj* **1.** (*glücklich*) très heureux; ravi **2.** REL bienheureux; → **seligsprechen 3.** (*gestorben*) défunt
Seligkeit *f* ⟨∼; ∼en⟩ grand bonheur; béatitude *f* (*a* REL)
seligsprechen *v/t* ⟨*irr*⟩ béatifier
Seligsprechung *f* ⟨∼; ∼en⟩ béatification *f*
Sellerie ['zɛləri] *m* ⟨∼s; ∼s⟩ *od f* ⟨∼; ∼⟩ céleri *m*
selten ['zɛltən] I *adj* rare II *adv* **1.** rarement; **höchst selten** presque jamais; **es kommt selten vor, dass …** il est rare que … (+ *subj*) *bzw* de (+ *inf*) **2.** (*sehr, besonders*) exceptionnellement; **selten schön** *Mädchen* d'une rare beauté
Seltenheit *f* ⟨∼; ∼en⟩ rareté *f*
Selterswasser ['zɛltɐs-] *n* eau *f* de Seltz
seltsam ['zɛltzaːm] *adj* étrange; curieux; (*wunderlich*) bizarre
seltsamerweise *adv* curieusement
Semantik [ze'mantɪk] *f* ⟨∼⟩ sémantique *f*
semantisch *adj* sémantique
Semester [ze'mɛstɐ] *n* ⟨∼s; ∼⟩ semestre *m*
Semesterferien *pl* vacances *f/pl* universitaires
Semikolon [zemi'koːlɔn] *n* ⟨∼s; ∼s *ou* -la⟩ point-virgule *m*
Seminar [zemi'naːr] *n* ⟨∼s; ∼e⟩ *Institut* institut *m*; *Lehrveranstaltung* séminaire *m*
Seminararbeit *f* exposé (écrit) pour un séminaire *bzw* cours
Seminarschein *m* unité *f* de valeur
Semit(in) [ze'miːt(ɪn)] *m* ⟨∼en; ∼en⟩ (*f*) ⟨∼in; ∼innen⟩ Sémite *m,f*
semitisch *adj* sémite; *Sprache* sémitique
Semmel ['zɛməl] *f* ⟨∼; ∼n⟩ petit pain; F **weggehen wie warme Semmeln** se vendre comme des petits pains
Semmelbrösel *m/pl*, *österr n/pl* chapelure *f*
Semmelknödel *m* quenelle *f* (à base de pain)
sen. *abr* (*senior*) père

Senat [ze'na:t] *m* ⟨~¢s; ~e⟩ Sénat *m*
Senator [ze'na:tɔr] *m* ⟨~s; -toren⟩ sénateur *m*
Sendeanstalt *f* office *m* de radiodiffusion et télévision
Sendebereich *m*, **Sendegebiet** *n* zone *f* d'émission
Sendeleiter *m* producteur *m*
Sendemast *m* pylône émetteur
senden ['zɛndən] *v/t* **1.** *st/s* ⟨sendet, sandte *ou* sendete, gesandt *ou* gesendet⟩ (*schicken*) envoyer **2.** ⟨*régulier*⟩ RAD, TV diffuser; TÉLÉCOMM émettre
Sendepause *f* RAD, TV pause *f*; F *fig* **er hat gerade Sendepause** pour l'instant il est muet
Sender *m* ⟨~s; ~⟩ émetteur *m*
Senderaum *m* studio *m* (d'émission)
Sendereihe *f* série *f* d'émissions
Sendersuchlauf *m* recherche *f* automatique des stations
Sendeschluss *m* fin *f* des émissions
Sendezeit *f* heures *f/pl* d'antenne; *e-r Sendung* tranche *f* horaire
Sendung *f* ⟨~; ~en⟩ **1.** (*Gesandtes*) envoi *m* **2.** *st/s* (*Auftrag*) mission *f* **3.** RAD, TV émission *f*; *Jargon* **auf Sendung sein** être sur l'antenne
Senegal ['ze:negal] *n* ⟨~s⟩ *od* **der Senegal** le Sénégal
Senegalese [zenega'le:zə] *m* ⟨~n; ~n⟩, **Senegalesin** *f* ⟨~; ~nen⟩ Sénégalais(e) *m(f)*
senegalesisch *adj* sénégalais
Senf [zɛnf] *m* ⟨~¢s; ~e⟩ moutarde *f*; F *fig* **s-n Senf dazugeben** F y mettre son grain de sel
Senfgas *n* gaz *m* moutarde; ypérite *f*
Senfgurke *f* gros cornichon aux graines de moutarde
Senfsoße *f* sauce *f* (à la) moutarde
sengen ['zɛŋən] **I** *v/t* roussir; brûler **II** *v/i* brûler; **sengend** *Hitze* torride
senil [ze'ni:l] *adj* sénile
Senilität *f* ⟨~⟩ sénilité *f*
senior ['ze:nio:r] *adj* **Herr L. senior** monsieur L. père
Senior *m* ⟨~s; -oren⟩ **1.** COMM père *m* **2.** SPORT senior *m* **3.** (*Ältester*) doyen *m* **4.** (*älterer Mensch*) personne âgée; *pl* **die Senioren** *a* le troisième âge
Seniorenheim *n* maison *f* de retraite
Seniorenpass *m* carte *f* vermeil
Seniorin *f* ⟨~; ~nen⟩ **1.** COMM mère *f* **2.** SPORT senior *f* **3.** (*Älteste*) doyenne *f* **4.** (*ältere Frau*) femme âgée
Senkblei ['zɛŋk-] *n* fil *m* à plomb
Senke *f* ⟨~; ~n⟩ dépression *f* (de terrain); affaissement *m*
senken **I** *v/t* **1.** *Kopf* baisser; incliner; *Augen, Stimme* baisser **2.** *fig Preis* baisser; *Kosten* diminuer; *Steuern* réduire; *Niveau* abaisser; *Fieber* faire baisser **II** *v/r* **sich senken** s'abaisser (*a Boden*); *Gebäude* s'affaisser
Senkfuß *m* pied *m* à voûte plantaire affaissée
senkrecht *adj* vertical; MATH perpendiculaire (**zu** à, sur)
Senkrechte *f* (*senkrechte Linie*) verticale *f*; MATH perpendiculaire *f*
Senkrechtstarter *m* **1.** AVIAT avion *m* à décollage vertical **2.** F *Person* personne *f* qui (a) fait une carrière fulgurante
Senkung *f* ⟨~; ~en⟩ **1.** (*Senken*) abaissement *m*;

des Bodens affaissement *m* **2.** *der Preise, Steuern* baisse *f*; réduction *f*
Senner(in) ['zɛnər(ɪn)] *m* ⟨~s; ~⟩ (*f*) ⟨~in; ~innen⟩ *bayrisch, österr* AGR alpagiste *m,f*
Sennhütte *f* chalet *m* d'alpage
Sensation [zɛnzatsi'o:n] *f* ⟨~; ~en⟩ sensation *f*
sensationell *adj* sensationnel; à sensation
Sensationsmeldung *f* nouvelle sensationnelle
Sensationspresse *f* presse *f* à sensation, à scandales
Sensationsprozess *m* procès *m* à sensation
Sense ['zɛnzə] *f* ⟨~; ~n⟩ faux *f*; F **jetzt ist Sense!** terminé!; maintenant, ça suffit!
Sensenmann *litt fig m* ⟨~¢s⟩ (*Tod*) *litt* camarde *f*
sensibel [zɛn'zi:bəl] *adj* ⟨-bl-⟩ sensible
sensibilisieren *v/t* ⟨sans ge⟩ sensibiliser (**für** à)
Sensibilität *f* ⟨~⟩ sensibilité *f*
Sensor ['zɛnzɔr] *m* ⟨~s; -soren⟩ capteur *m*; détecteur *m*
Sensortaste *f* touche sensitive
sentimental [zɛntimɛn'ta:l] *adj* sentimental
Sentimentalität *f* ⟨~; ~en⟩ sentimentalité *f*
separat [zepa'ra:t] **I** *adj* séparé; particulier **II** *adv* à part
Separatist *m* ⟨~en; ~en⟩ séparatiste *m*
separatistisch *adj* séparatiste
Sepia ['ze:pia] *f* ⟨~; -ien⟩ **1.** ZO seiche *f* **2.** PEINT sépia *f*
September [zɛp'tɛmbər] *m* ⟨~¢s; ~⟩ (mois *m* de) septembre *m*; → **Januar**
Sequenz [ze'kvɛnts] *f* ⟨~; ~en⟩ séquence *f*
Serbe ['zɛrbə] *m* ⟨~n; ~n⟩, **Serbin** *f* ⟨~; ~nen⟩ Serbe *m,f*
Serbien *n* ⟨~s⟩ la Serbie
serbisch *adj* serbe
serbokroatisch [zɛrbokro'a:tɪʃ] *adj* serbo-croate
Serenade [zere'na:də] *f* ⟨~; ~n⟩ sérénade *f*
Serie ['ze:riə] *f* ⟨~; ~n⟩ **1.** série *f* (*a fig*); **in Serie gehen** être fabriqué en série **2.** TV feuilleton *m*; série *f*
seriell *adj* INFORM séquentiel
Serienkiller F *m* serial killer *m*
serienmäßig *adj u adv* en série
Serienmörder *m* tueur *m* en série; serial killer *m*
Serienproduktion *f* production *f* en série
serienreif *adj* prêt pour la fabrication en série
Serientäter *m* multirécidiviste *m*; homme *m* qui a commis des infractions en série
seriös [zeri'ø:s] *adj* sérieux
Seriosität [zeriozi'tɛ:t] *f* ⟨~⟩ sérieux *m*
Serpentine [zɛrpɛn'ti:nə] *f* ⟨~; ~n⟩ **1.** (*Windung*) lacet *m* **2.** (*Serpentinenstraße*) route *f* en lacets
Serum ['ze:rum] *n* ⟨~s; -ren *ou* -ra⟩ sérum *m*
Server ['zɛrvər] *m* ⟨~s; ~⟩ INFORM serveur *m*
Service[1] [zɛr'vi:s] *n* ⟨~; ~⟩ (*Geschirr*) service *m*
Service[2] ['zɶrvɪs] *m od n* ⟨~; ~s [-vɪsɪs]⟩ **1.** (*Bedienung, Kundendienst*) service *m* **2.** TENNIS service *m*
servieren [zɛr'vi:rən] *v/t* ⟨sans ge⟩ **1.** (*auftragen*) servir (**j-m etw** qc à qn) **2.** TENNIS servir
Serviererin *f* ⟨~; ~nen⟩, *schweiz* **Serviertochter** serveuse *f*
Servierwagen *m* table roulante
Serviette [zɛrvi'ɛtə] *f* ⟨~; ~n⟩ serviette *f* (de ta-

ble)

Serviettenring *m* rond *m* de serviette
Servobremse ['zɛrvo-] *f* servofrein *m*
Servolenkung *f* direction assistée
Servomotor *m* servomoteur *m*
servus ['zɛrvʊs] *int südd, österr* salut!
Sesam ['zeːzam] *m* ⟨∼s; ∼s⟩ sésame *m*
Sesambrötchen *n* petit pain au sésame
Sesamöl *n* huile *f* de sésame
Sessel ['zɛsəl] *m* ⟨∼s; ∼⟩ fauteuil *m*; *österr* chaise *f*
Sesselbahn *f*, **Sessellift** *m* télésiège *m*
sesshaft ['zɛshaft] *adj* sédentaire; **sesshaft werden** s'établir
Set [sɛt] *n od m* ⟨∼$; ∼s⟩ **1.** (*Satz*) assortiment *m* **2.** (*Platzdeckchen*) set *m*
setzen ['zɛtsən] ⟨¢$⟩ **I** *v/t* **1.** *Gegenstand* mettre; poser (**auf den Boden** par terre); *Kind, Kranken* asseoir; *bei Tisch* **j-n neben j-n setzen** placer qn à côté de qn **2.** *Pflanze* planter **3.** *Segel* 'hisser; *Denkmal* ériger **4.** TYPO composer **5.** (*schreiben*) *Punkt, Komma* mettre **6.** *bei Wetten* miser (**auf** [+ *acc*] sur) **II** *v/i* **7.** *beim Wetten* miser (**auf** [+ *acc*] sur) **8.** ⟨h *ou* sn⟩ **über e-n Graben setzen** sauter, franchir un fossé; **über e-n Fluss setzen** traverser, passer une rivière **III** *v/r* **sich setzen 9.** (*Platz nehmen*) s'asseoir (**auf e-n Stuhl** sur une chaise; **zu j-m** à côté de qn); se mettre (**in e-n Sessel** dans un fauteuil); **sich ins Auto setzen** monter en voiture **10.** *feste Bestandteile* se déposer
Setzer(in) *m* ⟨∼s; ∼⟩ (*f*) ⟨∼in; ∼innen⟩ TYPO compositeur, -trice *m,f*; typographe *m,f*
Setzling *m* ⟨∼s; ∼e⟩ *Pflanze* plant *m*
Seuche ['zɔʏçə] *f* ⟨∼; ∼n⟩ épidémie *f*
Seuchenbekämpfung *f* lutte *f* contre les épidémies
Seuchengebiet *n* région contaminée
Seuchengefahr *f* danger *m* d'épidémie
Seuchenherd *m* foyer *m* d'épidémie *bzw* de l'épidémie
seufzen ['zɔʏftsən] *v/i u v/t* ⟨¢$⟩ soupirer
Seufzer *m* ⟨∼s; ∼⟩ soupir *m*
Sex [zɛks] F *m* ⟨∼¢$⟩ **1.** (*dargestellte Sexualität*) sexe *m* **2.** (*Geschlechtsverkehr*) rapports sexuels
Sex-Appeal ['zɛks(ʔ)əpiːl] *m* ⟨∼s⟩ sex-appeal *m*
Sexbombe F *f* F femme *f* très sexy
Sexfilm *m* film *m* érotique, *p/fort* porno (-graphique)
Sexismus [zɛ'ksɪsmʊs] *m* ⟨∼⟩ sexisme *m*
Sexist(in) *m* ⟨∼en; ∼en⟩ (*f*) ⟨∼in; ∼innen⟩ sexiste *m,f*
sexistisch *adj* sexiste
Sexparty *f* F partouze *f*
Sexshop [-ʃɔp] *m* ⟨∼s; ∼s⟩ sex-shop *m*
Sexstar *m* ⟨∼s; ∼s⟩ idole sexuelle
Sextant [zɛks'tant] *m* ⟨∼en; ∼en⟩ sextant *m*
Sextett [zɛks'tɛt] *n* ⟨∼¢s; ∼e⟩ sextuor *m*
Sextourismus F *m* tourisme sexuel, de la prostitution
Sextourist F *m* touriste *m* sexuel
Sexualdelikt [zɛksu'aːl-] *n* délit sexuel
Sexualerziehung *f* éducation sexuelle
Sexualhormon *n* hormone sexuelle
Sexualität *f* ⟨∼⟩ sexualité *f*
Sexualkunde *f* éducation sexuelle

Sexualkundeunterricht *m* cours *m* d'éducation sexuelle
Sexualleben *n* vie sexuelle
Sexualmord *m* meurtre *m* avec viol; crime *m* à mobile sexuel
Sexualmörder *m* auteur *m* d'un meurtre avec viol; criminel *m* à mobile sexuel
Sexualobjekt *n* objet sexuel
Sexualpartner *m* partenaire sexuel
Sexualtrieb *m* instinct sexuel
Sexualverbrechen *n* délit sexuel
Sexualverbrecher *m* délinquant sexuel
Sexualwissenschaft *f* sexologie *f*
sexuell [zɛksu'ɛl] *adj* sexuel
sexy ['zɛksi] F *adj* ⟨*inv*⟩ F sexy
Seychellen [ze'ʃɛlən] *pl* **die Seychellen** les Seychelles *f/pl*
sezieren [ze'tsiːrən] *v/t* ⟨*sans ge*⟩ disséquer
sfr., *schweiz* **sFr.** *abr* (*Schweizer Franken*) FS (franc suisse)
SGML [ɛsgeː'ʔɛm'ʔɛl] *f abr* ⟨∼⟩ (*Standard Generalized Mark-up Language*) INFORM SGML *m*
Shakehands ['ʃeːkhɛnts] *n* ⟨∼; ∼⟩ *zwischen zwei Personen* poignée *f* de main; *zwischen mehreren Personen* échange *m* de poignées de mains
Shampoo [ʃam'puː] *n* ⟨∼s; ∼s⟩, **Shampoon** [ʃam'poːn] *n* ⟨∼s; ∼s⟩ shampo(o)ing *m*
Shareware ['ʃɛːrveːr] *f* ⟨∼; ∼s⟩ INFORM shareware *m*
Sheriff ['ʃɛrɪf] *m* ⟨∼s; ∼s⟩ shérif *m*
Sheriffstern *m* étoile *f* de shérif
Sherry ['ʃɛri] *m* ⟨∼s; ∼s, *mais* 5 ∼⟩ sherry *m*; xérès *m*
shoppen ['ʃɔpən] *v/i* faire du shopping; **shoppen gehen** aller faire du shopping, les magasins
Shopping ['ʃɔpɪŋ] *n* ⟨∼s⟩ shopping *m*
Shorts [ʃɔrts] *pl* short *m*
Show [ʃoː] *f* ⟨∼; ∼s⟩ show *m*
Showgeschäft *n* show-business *m*
Showmaster [-maːstər] *m* ⟨∼s; ∼⟩ animateur *m*
Shrimps [ʃrɪmps] *m/pl* crevettes *f/pl*
Shuttle ['ʃatəl] *m* ⟨∼s; ∼s⟩, **Shuttlebus** *m* navette *f*
siamesisch [zia'meːzɪʃ] *adj* **siamesische Zwillinge** *m/pl* frères siamois *bzw* sœurs siamoises
Siamkatze *f* (chat) siamois *m*
Sibirien [zi'biːriən] *n* ⟨∼s⟩ la Sibérie
sibirisch *adj* sibérien
sich [zɪç] *pr/pers* **I** *3. Person sg, dat u acc* se; *mit prép* lui *bzw* elle; *unpersönlich* soi; **an** (**und für**) **sich** en fait; au fond; **etw von sich** (*dat*) **aus tun** faire qc par soi-même; *passivisch* **in diesem Bett schläft es sich gut** on dort bien dans ce lit **II** *3. Person pl, dat u acc* **1.** *reflexiv* se; *mit prép* eux *bzw* elles; **sie bleiben für sich** ils restent entre eux **2.** *reziprok* se
Sichel ['zɪçəl] *f* ⟨∼; ∼n⟩ **1.** *Werkzeug* faucille *f* **2.** (*Mondsichel*) croissant *m*
sicher ['zɪçər] **I** *adj* **1.** (*gewiss*) sûr; certain; **sich** (*dat*) **s-r Sache** (*gén*) **sicher sein** être sûr de son fait; **der Erfolg ist uns sicher** notre succès est assuré **2.** (*nicht gefährdet*) *Erfolg, Zukunft, Stellung* assuré; *Person* **vor j-m, etw sicher sein** être à l'abri de qn, qc **3.** (*zuverlässig*)

sûr; infaillible; *aus sicherer Quelle* de bonne source 4. (*nicht gefährlich*) sûr; pas dangereux 5. (*selbstbewusst*) sûr de soi; *ein sicheres Auftreten haben* avoir de l'assurance **II** *adv* 6. (*gewiss*) sûrement; certainement; (*aber*) *sicher!* bien sûr!; *er wird sicher kommen* il viendra sûrement, à coup sûr 7. (*gefahrlos*) en (toute) sécurité 8. *sicher Auto fahren* bien conduire 9. *sicher auftreten* avoir de l'assurance

sichergehen *v/i ⟨irr, sn⟩* s'(en) assurer; *um sicherzugehen* pour être sûr de son fait

Sicherheit *f ⟨~; ~en⟩* 1. (*Gewissheit*) certitude *f*; *mit (einiger) Sicherheit* avec (quelque) certitude 2. (*Schutz*) sûreté *f*; sécurité *f*; *in Sicherheit bringen* mettre à l'abri, en lieu sûr 3. (*Selbstsicherheit*) assurance *f* 4. COMM garantie *f*; (*Bürgschaft*) caution *f*

Sicherheitsabstand *m* distance *f* de sécurité
Sicherheitsbeauftragte(r) *f(m) ⟨→ A⟩* responsable *m,f* de la sécurité
Sicherheitsbestimmung *f* règle *f*, consigne *f* de sécurité
Sicherheitsbindung *f am Ski* fixation *f* de sécurité
Sicherheitsdienst *m* **privater Sicherheitsdienst** police privée
Sicherheitsfaktor *m* coefficient *m* de sécurité
Sicherheitsglas *n* verre *m* de sécurité
Sicherheitsgurt *m im Auto, Flugzeug* ceinture *f* de sécurité
sicherheitshalber *adv* pour plus de sûreté
Sicherheitskontrolle *f* contrôle *m* de sécurité
Sicherheitskopie *f* sauvegarde *f*
Sicherheitsmaßnahme *f* mesure *f* de sécurité, de sûreté
Sicherheitsnadel *f* épingle *f* de sûreté, de nourrice
Sicherheitsrat *m der UNO* Conseil *m* de sécurité
Sicherheitsschloss *n* serrure *f* de sûreté
Sicherheitsventil *n* soupape *f* de sûreté
Sicherheitsverschluss *m* fermoir *m* de sûreté
Sicherheitsvorkehrung *f* mesure *f* de sûreté, de sécurité
Sicherheitsvorschriften *f/pl* consignes *f/pl* de sécurité
sicherlich *adv* sûrement; certainement
sichern **I** *v/t* 1. (*sicherstellen*) assurer; (*gewährleisten*) garantir; *Frieden, Position* consolider 2. *Schusswaffe* mettre le cran de sûreté à 3. (*schützen*) protéger, garantir (*vor* [+ *dat*], *gegen* de, contre) 4. INFORM sauvegarder **II** *v/r sich* (*dat*) *etw sichern* s'assurer qc
sicherstellen *v/t* 1. (*gewährleisten*) assurer; garantir 2. (*beschlagnahmen*) confisquer; saisir
Sicherung *f ⟨~; ~en⟩* 1. (*Schutz*) préservation *f*, sauvegarde *f* (*vor* [+ *dat*], *gegen* contre) 2. TECH (arrêt *m* de) sûreté *f*; *an Schusswaffen* cran *m* de sûreté 3. ÉLECT fusible *m*; plomb *m* 4. INFORM sauvegarde *f*
Sicherungsdiskette *f* disquette *f* de sauvegarde
Sicherungskasten *m* boîte *f* à fusibles
Sicherungskopie *f* sauvegarde *f*
Sicht [zɪçt] *f ⟨~⟩* 1. vue *f*; (*Sichtverhältnisse*) visibilité *f*; *in Sicht* en vue; *in Sicht kommen* apparaître; *heute ist gute, klare Sicht* aujourd'hui on a une bonne visibilité 2. (*Betrach-*

tungsweise) vue *f*; façon *f* de voir; *auf kurze, lange Sicht* à court, long terme; *aus meiner Sicht* à mon avis
sichtbar *adj* 1. visible 2. (*offenkundig*) apparent; évident
sichten *v/t ⟨-e-⟩* 1. *Papiere, Beweismaterial* examiner; parcourir (des yeux) 2. (*erblicken*) apercevoir; repérer
sichtlich **I** *adj* visible **II** *adv* visiblement; *sichtlich erfreut* visiblement content
Sichtverhältnisse *n/pl* (conditions *f/pl* de) visibilité *f*
Sichtvermerk *m* visa *m*
Sichtweite *f* visibilité *f*; *außer, in Sichtweite* 'hors de, en vue
sickern ['zɪkərn] *v/i ⟨sn⟩* suinter
Sideboard ['zaɪtbɔrt] *n ⟨~s; ~s⟩* buffet (bas)
sie [ziː] *pr/pers 3. Person* **I** *sg f* 1. *Nominativ* elle (*a unverbunden*) 2. *acc* la **II** *pl* 3. *Nominativ* ils *bzw* elles; *unverbunden* eux *bzw* elles 4. *acc* les
Sie *pr/pers Anrede* vous; *j-n mit Sie anreden* dire vous à qn; vouvoyer qn
Sieb [ziːp] *n ⟨~⟨e⟩s; ~e⟩* CUIS passoire *f*; *grobes* crible *m*; *feineres* tamis *m*
sieben¹ ['ziːbən] *v/t* 1. *Mehl, Sand etc* tamiser 2. *fig Personen* trier
sieben² *num/c* sept; → *acht*
Sieben *f ⟨~; ~en⟩* sept *m*
sieben..., **Sieben...** → *acht...*, *Acht...*
Siebenbürgen [ziːbən'byrgən] *n ⟨~s⟩* la Transylvanie
Siebener *m ⟨~s; ~⟩* sept *m*
siebenerlei *adj ⟨inv⟩* de sept sortes, espèces différentes
siebenfach **I** *adj* septuple; → *achtfach* **II** *adv* sept fois (plus)
Siebenfache(s) *n ⟨→ A⟩* septuple *m*
siebenhundert *num/c* sept cent(s)
siebenjährig *adj* (*sieben Jahre alt*) (âgé) de sept ans; (*sieben Jahre lang*) de sept ans; qui dure sept ans
Siebenkampf *m* heptathlon *m*
siebenmal *adv* sept fois
Siebenmeilenstiefel *m/pl* bottes *f/pl* de sept lieues
Siebensachen F *f/pl* F barda *m*; affaires *f/pl*
Siebenschläfer *m* 1. zo loir *m* 2. *Tag* 27 juin
siebenstellig *adj* de *od* à sept chiffres
siebentausend *num/c* sept mille
siebente → *siebte*
siebt [ziːpt] *adv* *zu siebt* à sept; *zu siebt sein* être sept
siebte *num/o* septième; → *achte*
Siebtel *n ⟨~s; ~⟩* septième *m*
siebtens *adv* septièmement
siebzehn ['ziːptseːn] *num/c* dix-sept; → *acht*
siebzig ['ziːptsɪç] *num/c* soixante-dix; *Belgien, schweiz* septante; → *achtzig*
Siebzig *f ⟨~⟩* soixante-dix *m*; *Belgien, schweiz* septante *m*
siebziger *adj ⟨inv⟩* *die siebziger Jahre n/pl* les années *f/pl* soixante-dix
siebzigjährig *adj* (*siebzig Jahre alt*) (âgé) de soixante-dix ans; (*siebzig Jahre lang*) de soixante-dix ans; qui dure soixante-dix ans
Siechtum ['ziːçtuːm] *st/s n ⟨~s⟩* infirmité *f*
siedeln ['ziːdəln] *v/i ⟨¢⟩* s'établir
sieden ['ziːdən] *v/i ⟨siedet, sott ou siedete, ge-*

sotten *ou* gesiedet⟩ bouillir
Siedepunkt *m* point *m* d'ébullition
Siedler *m* ⟨~s; ~⟩ colon *m*
Siedlung *f* ⟨~; ~en⟩ **1.** (*Ansiedlung*) colonie *f* **2.** (*Wohngebiet*) lotissement *m*; cité *f*
Sieg [ziːk] *m* ⟨~¢s; ~e⟩ victoire *f* (**über** [+ *acc*] sur)
Siegel ['ziːɡəl] *n* ⟨~s; ~⟩ cachet *m*; *amtliches* sceau *m*; JUR scellé *m*
Siegelring *m* chevalière *f*
siegen *v/i* gagner; triompher; **über j-n siegen** remporter la victoire sur qn; l'emporter sur qn
Sieger(in) *m* ⟨~s; ~⟩ (*f*) ⟨~in; ~innen⟩ vainqueur *m*; SPORT *a* gagnant(e) *m(f)*
Siegerehrung *f* remise *f* des prix *bzw* des médailles
Siegermannschaft *f* équipe victorieuse, gagnante
Siegerpodest *n* podium *m*
Siegerpokal *m* coupe *f* du vainqueur
Siegerurkunde *f* titre *m* de vainqueur
siegessicher *adj* sûr de la victoire, de triompher
Siegestreffer *m* but décisif
siegreich *adj* victorieux; vainqueur; SPORT *a* gagnant
sieht [ziːt] → **sehen**
Siesta [zi'ɛsta] *f* ⟨~; -sten *ou* ~s⟩ sieste *f*; **Siesta halten** faire la sieste
siezen ['ziːtsən] *v/t* ⟨¢¢⟩ vouvoyer; dire vous (**j-n** à qn)
Signal [zi'gnaːl] *n* ⟨~s; ~e⟩ signal *m*
Signalfarbe *f* couleur très voyante
signalisieren *v/t* ⟨*sans ge*⟩ **1.** signaler **2.** (*zu verstehen geben*) **j-m etw signalisieren** faire comprendre qc à qn
Signalton *m* ⟨~¢s; -töne⟩ *e-s Anrufbeantworters* bip *m* sonore
Signatur [zɪgna'tuːr] *f* ⟨~; ~en⟩ **1.** *e-s Künstlers* signature *f* **2.** (*Bibliothekssignatur*) cote *f*
signieren [zɪ'gniːrən] *v/t* ⟨*sans ge*⟩ signer; *Autor* dédicacer
Silbe ['zɪlbə] *f* ⟨~; ~n⟩ syllabe *f*; *fig* **etw mit keiner Silbe erwähnen** ne pas faire la moindre allusion à qc
Silbenrätsel *n* charade *f*
Silbentrennung *f* division *f* (des mots) en syllabes
Silber ['zɪlbər] *n* ⟨~s⟩ **1.** *Farbe, Metall* argent *m* **2.** (*Tafelsilber*) argenterie *f*
Silberbesteck *n* couvert *m* en, d'argent
Silberblick F *m* F coquetterie *f* dans l'œil
Silberdistel *f* chardon argenté
Silberfischchen *n* *Insekt* poisson *m* d'argent
silbergrau *adj* gris argenté
Silberhochzeit *f* noces *f/pl* d'argent
Silbermedaille *f* médaille *f* d'argent
silbern *adj* **1.** (*aus Silber*) d'argent **2.** (*silberfarben*) argenté
Silberstreif(en) *m* *fig* **ein Silberstreif(en) am Horizont** une lueur d'espoir
Silberzwiebel *f* petit oignon (au vinaigre)
silbrig *adj* argenté
Silhouette [zilu'ɛtə] *f* ⟨~; ~n⟩ silhouette *f*
Silicium [zi'liːtsium] *n* ⟨~s⟩ silicium *m*
Silikon [zili'koːn] *n* ⟨~s; ~e⟩ silicone *f*
Silo ['ziːlo] *m od n* ⟨~s; ~s⟩ silo *m*
Silvester [zɪl'vɛstər] *m od n* ⟨~s; ~⟩ la Saint-Sylvestre
Silvesternacht *f* nuit *f* de la Saint-Sylvestre
Simbabwe [zɪm'bapvə] *n* ⟨~s⟩ le Zimbabwe
simpel ['zɪmpəl] *adj* ⟨-pl-⟩ **1.** (*einfach*) simple **2.** *oft péj* (*schlicht*) banal **3.** *péj* (*einfältig*) simplet
Sims [zɪms] *m od n* ⟨~es; ~e⟩ (*Fenstersims, Kaminsims*) rebord *m*; CONSTR corniche *f*
simsen ['zɪmzən] F I *v/t* (*per SMS mitteilen*) envoyer par texto®, par SMS; **j-m etw simsen** envoyer qc à qn par texto®, par SMS II *v/i* (*e-e SMS senden*) (**j-m**) **simsen** envoyer un texto®, un SMS (à qn)
Simulant(in) [zimu'lant(ɪn)] *m* ⟨~en; ~en⟩ (*f*) ⟨~in; ~innen⟩ simulateur, -trice *m,f*
Simulation *f* ⟨~; ~en⟩ simulation *f*
Simulator *m* ⟨~s; -toren⟩ simulateur *m*
simulieren ⟨*sans ge*⟩ I *v/t* simuler (*a* TECH); feindre II *v/i* feindre d'être malade; simuler une maladie
simultan [zimul'taːn] *adj* simultané
Simultandolmetschen *n* ⟨~s⟩ traduction simultanée; interprétariat simultané
Simultandolmetscher(in) *m(f)* interprète simultané(e)
Sinfonie [zɪnfo'niː] *f* ⟨~; ~n⟩ symphonie *f*
Sinfoniekonzert *n* concert *m* symphonique
Sinfonieorchester *n* orchestre *m* symphonique
sinfonisch *adj* symphonique
Singapur ['zɪŋapuːr] *n* ⟨~s⟩ Singapour
singen ['zɪŋən] *v/t u v/i* ⟨sang, gesungen⟩ **1.** chanter; **j-n in den Schlaf singen** endormir qn en chantant **2.** F *vor der Polizei* parler; F se mettre à table
Single[1] ['zɪŋ(g)əl] *f* ⟨~; ~s⟩ CD, *Schallplatte* quarante-cinq tours *m*; single *m*
Single[2] *m* ⟨~¢; ~s⟩ (*Alleinstehende[r]*) personne seule
Singsang *m* ⟨~¢s⟩ chant *m* monotone
Singular ['zɪŋgulaːr] *m* ⟨~s; ~e⟩ singulier *m*
Singvogel *m* oiseau chanteur
sinken ['zɪŋkən] *v/i* ⟨sank, gesunken, sn⟩ **1.** *Sonne* baisser; décliner; *Schiff* couler; sombrer; **auf den** *od* **zu Boden sinken** s'affaisser **2.** *Thermometer* descendre; *Temperatur* baisser; tomber; *Preise* baisser; diminuer **3.** *fig Hoffnung, Laune* s'évanouir; *moralisch* **tief gesunken sein** être tombé bien bas
Sinn [zɪn] *m* ⟨~¢s; ~e⟩ **1.** (*Wahrnehmungsfähigkeit*) sens *m*; **der sechste Sinn** le sixième sens; **die fünf Sinne** les cinq sens; F **s-e fünf Sinne beisammenhaben** avoir toute sa tête **2.** *st/sg* (*Bewusstsein*) **nicht bei Sinnen sein, von Sinnen sein** ne pas avoir toute sa tête **3.** (*Verständnis*) sens *m*; **Sinn für etw haben** avoir le sens de qc **4.** (*Geist, Gesinnung*) esprit *m*; **in j-s Sinne** (*dat*) **handeln** agir dans le sens de qn; **sich** (*dat*) **etw aus dem Sinn schlagen** s'ôter qc de l'esprit; **etw im Sinn(e) haben** avoir qc en tête; **es kam mir in den Sinn, dass** … il me vint à l'idée, à l'esprit que … **5.** (*Bedeutung*) sens *m*; *e-s Wortes, Satzes etc* signification *f*; acception *f*; **im eigentlichen, engeren, übertragenen Sinn(e)** au sens propre, strict, figuré; **im weiteren Sinn(e)** par extension; au sens large; F **Sinn machen** être logique **6.** (*Zweck*) sens *m*; **der Sinn des Lebens** le sens de la vie; **ohne Sinn und Verstand** sans rime ni raison; **keinen Sinn haben**, F **machen**

ne pas avoir de sens
Sinnbild *n* symbole *m*
sinnbildlich *adj* symbolique
sinnen *st/s v/i* 〈sann, gesonnen〉 songer; réfléchir; **auf etw** (*acc*) **sinnen** songer, rêver à qc; méditer qc
sinnentstellend *adj* déformant le sens
Sinneseindruck *m* sensation *f*
Sinnesorgan *n* organe *m* des sens
Sinnestäuschung *f* illusion *f* des sens; *krankhafte* hallucination *f*
Sinneswahrnehmung *f* perception sensorielle
Sinneswandel *m* changement *m* d'attitude
sinngemäß I *adj* conforme au sens II *adv* **etw sinngemäß wiedergeben** redonner le sens général de qc
sinnieren *v/i* 〈*sans ge*〉 (**über etw** [*acc*]) **sinnieren** méditer (sur qc)
sinnig *adj meist iron* fin; intelligent
sinnigerweise *adv meist iron* intelligemment; **sinnigerweise hat sie ihm alles erzählt** c'est fin, elle est allée tout lui raconter
sinnlich *adj* 1. *Mund, Liebe, Mensch* sensuel 2. (*wahrnehmbar*) sensoriel
Sinnlichkeit *f* 〈~〉 sensualité *f*
sinnlos I *adj* 1. (*unsinnig*) absurde; *p/fort* insensé 2. (*zwecklos*) inutile 3. (*maßlos*) insensé; démesuré II *adv* **sinnlos betrunken** ivre mort
Sinnlosigkeit *f* 〈~; ~en〉 1. absurdité *f* 2. inutilité *f*
Sinnspruch *m* maxime *f*; sentence *f*
sinnverwandt *adj* synonyme
sinnvoll *adj* 1. (*vernünftig*) raisonnable; sage 2. (*e-n Sinn ergebend*) judicieux; (*zweckmäßig*) utile 3. (*mit Sinn erfüllt*) *Arbeit* qui a un sens
Sinologe [zino'lo:gə] *m* 〈~n; ~n〉, **Sinologin** *f* 〈~; ~nen〉 sinologue *m,f*
Sinologie *f* 〈~〉 sinologie *f*
Sintflut ['zɪntfluːt] *f* BIBL Déluge *m*; F **nach uns die Sintflut!** après nous le déluge!
sintflutartig *adj Regenfälle* diluvien
Sinti ['zɪnti] *m/pl* **Sinti und Roma** *m/pl* Tziganes *od* Tsiganes *m/pl*
Sinus ['zi:nus] *m* 〈~; ~ *ou* ~se〉 MATH sinus *m*
Sinuskurve *f* MATH sinusoïde *f*
Siphon ['zi:fõ *ou* zi'fo:n] *m* 〈~s; ~s〉 siphon *m*
Sippe ['zɪpə] *f* 〈~; ~n〉 parenté *f*; tribu *f*; clan *m* (*a péj*)
Sippschaft *f* 〈~; ~en〉 *péj* 1. (*Verwandte*) clan *m* 2. (*Gesindel*) clique *f*
Sirene [zi're:nə] *f* 〈~; ~n〉 sirène *f*
Sirtaki [zɪr'taːki] *m* 〈~; ~s〉 sirtaki *m*
Sirup ['zi:rup] *m* 〈~s; ~e〉 (*Fruchtsirup*) sirop *m*; (*Zuckerrübensirup*) mélasse *f*
Sisal ['zi:zal] *m* 〈~s〉 BOT, TEXT sisal *m*
Sisyphusarbeit ['zi:zyfusʔarbaɪt] *f* tâche *f* interminable; *par ext* travail *m* de Romain
Sitte ['zɪtə] *f* 〈~; ~n〉 1. (*Brauch*) coutume *f*; usage *m*; **Sitten** *pl* mœurs *f/pl*; **Sitten und Gebräuche** us *m/pl* et coutumes 2. (*Moral*) (**gute**) **Sitten** *pl* (bonnes) mœurs 3. (*Benehmen*) *pl* **Sitten** manières *f/pl*
Sittenlehre *f* morale *f*; éthique *f*
Sittenpolizei *f* brigade mondaine
Sittenrichter *m* moralisateur *m*
sittenstreng *adj* de mœurs austères; puritain
Sittenstrolch F *m* satyre *m*
sittenwidrig *adj* 1. (*ungesetzlich*) illicite 2. (*un-*

moralisch) immoral
Sittich ['zɪtɪç] *m* 〈~s; ~e〉 perruche *f*
sittlich *adj* moral
Sittlichkeit *f* 〈~〉 moralité *f*; (bonnes) mœurs
Sittlichkeitsverbrechen *n* crime *m* contre les mœurs
Sittlichkeitsverbrecher *m* auteur *m* d'un crime contre les mœurs
sittsam *st/s adj* (*tugendhaft*) sage; vertueux; (*keusch*) pudique
Situation [zituatsi'o:n] *f* 〈~; ~en〉 situation *f*
Situationskomik *f* comique *m* de situation
situiert [zitu'i:rt] *adj* **gut situiert** fortuné; aisé; **gut situiert sein** vivre, être dans l'aisance
Sitz [zɪts] *m* 〈~es; ~e〉 1. (*Stelle, Sitzplatz, Regierungssitz*) siège *m*; *e-r Firma* siège social; *im Kino, Theater* place *f* 2. *Kleidung* **e-n guten Sitz haben** aller bien 3. (*Sitzhaltung*) position assise
Sitzbank *f* 〈~; ~e〉 banquette *f*; banc *m*
Sitzblockade *f* sit-in *m*
Sitzecke *f* banc *m* d'angle (et fauteuils assortis)
sitzen *v/i* 〈¢$, saß, gesessen, *südd, österr, schweiz* sn〉 1. être assis (**auf e-m Stuhl, in e-m Sessel** sur une chaise, dans un fauteuil); *Vögel* être perché 2. *fig* **sitzen bleiben** F *Schüler* redoubler une classe; F **auf e-r Ware sitzen bleiben** ne pas réussir à vendre sa marchandise; F **sitzen lassen** (*im Stich lassen*) planter là; (*nicht heiraten*) F plaquer; **etw nicht auf sich** (*dat*) **sitzen lassen** ne pas encaisser qc; F **er hat e-n sitzen** F il a bu un coup de trop 3. *Firma* avoir son siège; *Regierung, Behörden* siéger 4. *Kleidung* aller bien 5. F *Hieb* toucher (juste) (*a fig*); *Bemerkung* porter juste; *Geübtes* **das muss sitzen** ça doit être parfait 6. *Nagel, Brett* **fest, locker sitzen** bien, mal tenir 7. F (*eingesperrt sein*) être en prison
sitzenbleiben *v/i* → **sitzen** 2
Sitzenbleiber(in) F *m* 〈~s; ~〉 (*f*) 〈~in; ~innen〉 redoublant(e) *m(f)*
sitzenlassen *v/t* → **sitzen** 2
Sitzfleisch *n* F *plais* **kein Sitzfleisch haben** F avoir la bougeotte
Sitzgelegenheit *f* siège *m*; place *f*
Sitzgruppe *f* ensemble *m* fauteuils et canapé; salon *m*
Sitzhaltung *f* position assise
Sitzheizung *f* siège chauffant
Sitzkissen *n* coussin *m*
Sitzmöbel *n* siège *m*
Sitzordnung *f* disposition *f* des places
Sitzplatz *m* place assise
Sitzpolster *n* coussin *m*; *e-s gepolsterten Stuhls* siège *m*
Sitzreihe *f* rang *m*
Sitzstreik *m* grève *f* sur le tas
Sitzung *f* 〈~; ~en〉 séance *f* (*a fig*)
Sitzungsperiode *f* session *f*
Sitzungsprotokoll *n* procès-verbal *m* de la séance
Sitzungssaal *m*, **Sitzungszimmer** *n* salle *f* des séances
Sitzverteilung *f* im *Parlament* répartition *f* des sièges
sixtinisch [zɪks'ti:nɪʃ] *adj* **die Sixtinische Kapelle** la chapelle Sixtine
Sizilianer(in) [zitsili'a:nər(ɪn)] *m* 〈~s; ~〉 (*f*)

⟨∼in; ∼innen⟩ Sicilien, -ienne *m,f*
sizilianisch *adj* sicilien
Sizilien [zi'tsi:liən] *n* ⟨∼s⟩ la Sicile
Skala ['ska:la] *f* ⟨∼; -len *ou* ∼s⟩ graduation *f*; *fig*, MUS, (*Farbskala*) gamme *f*
Skalp [skalp] *m* ⟨∼s; ∼e⟩ scalp *m*
Skalpell [skal'pɛl] *n* ⟨∼s; ∼e⟩ scalpel *m*
skalpieren *v/t* ⟨sans ge⟩ scalper
Skandal [skan'da:l] *m* ⟨∼s; ∼e⟩ scandale *m*; esclandre *m*
Skandalgeschichte *f* histoire scandaleuse; affaire corsée
skandalös [skanda'lø:s] *adj* scandaleux
Skandalpresse *f péj* presse *f* à scandales
Skandalprozess *m* procès scandaleux
skandalumwittert *adj* qui attire le scandale
skandieren [skan'di:rən] *v/t* ⟨sans ge⟩ scander
Skandinavien [skandi'na:viən] *n* ⟨∼s⟩ la Scandinavie
Skandinavier(in) *m* ⟨∼s; ∼⟩ (*f*) ⟨∼in; ∼innen⟩ Scandinave *m,f*
skandinavisch *adj* scandinave
Skat [ska:t] *m* ⟨∼¢s; ∼e *ou* ∼s⟩ jeu de cartes allemand
Skatbruder F *m* joueur *m* de skat
Skateboard ['ske:tbɔrt] *n* ⟨∼s; ∼s⟩ skate(-board) *m*; planche *f* à roulettes; **Skateboard fahren** faire du skate(-board)
skateboarden ['ske:tbɔrdən] *v/i* ⟨ -e-, *p/p* ge-skateboardet, sn⟩ faire du skate(-board)
skaten ['ske:tən] *v/i* ⟨-e-, sn⟩ **1.** (*Skateboard fahren*) faire du skate(-board) **2.** (*inlineskaten*) faire du roller
Skater(in) *m* ⟨∼s; ∼⟩ (*f*) ⟨∼in; ∼innen⟩ **1.** (*Skateboardfahrer[in]*) skateur, -euse *m,f* **2.** (*In-line-Skater[in]*) patineur, -euse *m,f* (en ligne)
Skelett [ske'lɛt] *n* ⟨∼¢s; ∼e⟩ squelette *m* (*a fig*)
Skepsis ['skɛpsɪs] *f* ⟨∼⟩ scepticisme *m*
Skeptiker(in) *m* ⟨∼s; ∼⟩ (*f*) ⟨∼in; ∼innen⟩ sceptique *m,f*
skeptisch *adj* sceptique
Sketch [skɛtʃ] *m* ⟨∼ *ou* ∼es; ∼e$ *ou* ∼s⟩ sketch *m*
Ski [ʃi:] *m* ⟨∼s; ∼ *ou* ∼er⟩ ski *m*; **Ski laufen** *od* **fahren** faire du ski; skier; **auf Skiern** à *od* en skis
Skiakrobatik *f* ski *m* artistique
Skianzug *m* combinaison *f* de ski
Skibindung *f* fixation *f* de ski
Skibob *m* ski-bob *m*; véloski *m*
Skibrille *f* lunettes *f/pl* de ski
Skifahrer(in) *m(f)* skieur, skieuse *m,f*
Skifliegen *n* saut *m* à skis
Skigebiet *n* domaine *m* skiable
Skigymnastik *f* gymnastique *f* pour le ski
Skihaserl [-ha:zərl] *n* ⟨∼s; ∼(n)⟩ *plais südd, österr Frau* jeune skieuse *f*; *Kind* petit skieur, petite skieuse
Skihose *f* pantalon *m* de ski
Skihütte *f* chalet *m* de ski
Skikurs *m* cours *m* de ski
Skilager *n* classe *f* de neige
Skilanglauf *m* ski *m* de fond
Skilauf(en) *m(n)* ski *m*
Skiläufer(in) *m(f)* skieur, skieuse *m,f*
Skilehrer(in) *m(f)* moniteur, -trice *m,f* de ski
Skilift *m* remontée *f* mécanique
Skinhead ['skɪnhɛt] *m* ⟨∼s; ∼s⟩ skinhead *m*
Skioverall *m* combinaison *f* de ski

Skipiste *f* piste *f* de ski
Skipper ['skɪpər] *m* ⟨∼s; ∼⟩ MAR skipper *m*
Skischuh *m* chaussure *f* de ski
Skischule *f* école *f* de ski
Skisport *m* ski *m*
Skispringen *n* ⟨∼s⟩ saut *m* à skis
Skispringer(in) *m(f)* sauteur, -euse *m,f* à skis
Skistiefel *m* chaussure *f* de ski
Skistock *m* bâton *m* de ski
Skiträger *m am Auto* porte-skis *m*
Skiverleih *m* location *f* de skis
Skiwachs *n* fart *m*
Skiwandern *n* ski *m* de randonnée
Skizirkus *m* **1.** *Gebiet* espace *m* de ski **2.** *Veranstaltungen* compétitions *f/pl* (de ski)
Skizze ['skɪtsə] *f* ⟨∼; ∼n⟩ esquisse *f*; *Zeichnung a* croquis *m*; (*Entwurf*) ébauche *f*
Skizzenblock *m* bloc *m* de *bzw* à croquis
Skizzenbuch *n* album *m* de *bzw* à croquis
skizzieren *v/t* ⟨sans ge⟩ esquisser (*a fig*); ébaucher
Sklave ['skla:və] *m* ⟨∼n; ∼n⟩ esclave *m* (*a fig*)
Sklavenhandel *m* commerce *m*, trafic *m* des esclaves
Sklavenhändler *m* marchand *m* d'esclaves
Sklaverei *f* ⟨∼⟩ esclavage *m*
Sklavin *f* ⟨∼; ∼nen⟩ esclave *f* (*a fig*)
sklavisch *adj* d'esclave; servile
Sklerose [skle'ro:zə] *f* ⟨∼; ∼n⟩ **multiple Sklerose** sklérose *f* en plaques
Skoliose [skoli'o:zə] *f* ⟨∼; ∼n⟩ MÉD scoliose *f*
Skonto ['skɔnto] *m od n* ⟨∼s; ∼s⟩ COMM escompte *m*
Skorbut [skɔr'bu:t] *m* ⟨∼¢s⟩ scorbut *m*
Skorpion [skɔrpi'o:n] *m* ⟨∼s; ∼e⟩ **1.** ZO scorpion *m* **2.** ASTR Scorpion *m*
Skript [skrɪpt] *n* ⟨∼¢s; ∼en *ou* ∼s⟩ **1.** (*Manuskript*) manuscrit *m* **2.** *e-r Vorlesung* notes *f/pl* **3.** (*Filmskript*) scénario *m*; RAD, TV script *m*
Skrupel ['skru:pəl] *m* ⟨∼s; ∼⟩ scrupule *m*
skrupellos *adj u adv* sans scrupules
Skrupellosigkeit *f* ⟨∼⟩ absence *f* de scrupules
Skulptur [skulp'tu:r] *f* ⟨∼; ∼en⟩ sculpture *f*
skurril [sku'ri:l] *adj* grotesque; bizarre
S-Kurve *f* virage *m* en S
Skyline ['skaɪlaɪn] *f* ⟨∼; ∼s⟩ silhouette *f* (d'une ville)
Slalom ['sla:lɔm] *m* ⟨∼s; ∼s⟩ slalom *m*
Slang [slɛŋ] *m* ⟨∼s⟩ argot *m*; (*Jargon*) jargon *m*
Slapstick ['slɛpstɪk] *m* ⟨∼s; ∼s⟩ gag *m*
Slash [slɛʃ] *m* ⟨∼$; ∼s⟩ TYPO slash *m*; barre *f* oblique
Slawe ['sla:və] *m* ⟨∼n; ∼n⟩, **Slawin** *f* ⟨∼; ∼nen⟩ Slave *m,f*
slawisch *adv* slave
Slawist(in) *m* ⟨∼en; ∼en⟩ (*f*) ⟨∼in; ∼innen⟩ *Student(in)* étudiant(e) *m(f)* en langues slaves; *Wissenschaftler(in)* slaviste *m,f*
Slawistik *f* ⟨∼⟩ (études *f/pl* des) langues, (des) littératures et (des) civilisations slaves
Slip [slɪp] *m* ⟨∼s; ∼s⟩ slip *m*
Slipeinlage *f* protège-slip *m*
Slogan ['slo:gən] *m* ⟨∼s; ∼s⟩ slogan *m*
Slowake [slo'va:kə] *m* ⟨∼n; ∼n⟩, **Slowakin** *f* ⟨∼; ∼nen⟩ Slovaque *m,f*
Slowakei [slova'kaɪ] ⟨∼⟩ **die Slowakei** la Slovaquie
slowakisch *adj* slovaque

Slowene [sloˈveːnə] *m* ⟨∼n; ∼n⟩, **Slowenin** *f* ⟨∼; ∼nen⟩ Slovène *m,f*
Slowenien *n* ⟨∼s⟩ la Slovénie
slowenisch *adj* slovène
Slum [slam] *m* ⟨∼s; ∼s⟩ bidonville *m*
SM [ɛsˈʔɛm] *Jargon m* ⟨∼ɕ⟩ *abr* (*Sadomasochismus*) F sadomaso *m*
Smaragd [smaˈrakt] *m* ⟨∼¢s; ∼e⟩ émeraude *f*
Smiley [ˈsmaɪli] *n* ⟨∼s; ∼s⟩ INFORM smiley *m*
Smog [smɔk] *m* ⟨∼ɕ; ∼s⟩ smog *m*
Smogalarm *m* alerte *f* au smog
Smoking [ˈsmoːkɪŋ] *m* ⟨∼s; ∼s⟩ smoking *m*
SMS [ɛsˈɛmˈʔɛs] *abr* (*Short Message Service*) **I** *f* ⟨∼; ∼⟩ *Nachricht* SMS *m*; **j-m e-e SMS schicken** envoyer un SMS à qn **II** *m* ⟨∼⟩ *Dienst* SMS *m*
SMV [ɛsʔɛmˈfaʊ] *f* ⟨∼; ∼s⟩ *abr* → **Schülermitverwaltung**
Snack [snɛk] *m* ⟨∼s; ∼s⟩ casse-croûte *m*
Snackbar *f* snack-bar *m*
Snob [snɔp] *m* ⟨∼s; ∼s⟩ snob *m*
Snobismus *m* ⟨∼⟩ snobisme *m*
snobistisch *adj péj* snob
Snowboard [ˈsnoːbɔːrt] *n* ⟨∼s; ∼s⟩ *Brett* surf *m*; *Sport* snowboard *m*; surf *m* des neiges
Snowboarder(in) *m* ⟨∼s; ∼⟩ (*f*) ⟨∼in; ∼innen⟩ snowboardeur, -euse *m,f*
Snowboardfahren *n* snowboard *m*; surf *m* des neiges
so [zoː] **I** *adv* **1.** (*in dieser Weise*) ainsi; comme cela, F ça; **so ist es!** F c'est (bien comme) ça!; **so oder so** d'une manière ou d'une autre; **so genannt** → **sogenannt**; **das kam so**: ... voici comment la chose s'est passée: ... **2.** (*derartig*) tel; pareil; F **so e-r, e-e, eins** *Gegenstand* F un, une comme ça; **so ein Dummkopf!** quel imbécile! **3.** *mit adj, adv* si; tellement; tant; **so groß** grand comme ça; **so sehr** tant; tellement; **so viel** autant; **doppelt so viel** deux fois plus; **so wenig** (tout) aussi peu; **ich kann es so wenig wie du** j'en suis aussi incapable que toi; F **so weit sein** être prêt; **es geht ihm so weit ganz gut** il va assez bien; **ich bin nicht so dumm, das zu glauben** je ne suis pas assez bête pour le croire **4.** F (*ungefähr*) à peu près **5.** (*unverändert, in demselben Zustand*) tel(s) quel(s); **die Dinge so lassen, wie sie sind** laisser les choses telles quelles **6.** F **das schaffe ich auch so** F je vais y arriver comme ça; F (*umsonst*) **das bekommen Sie so** c'est gratuit **7.** *bei Zitaten* **...**, **so der Minister** ... ... d'après le ministre; **so lauteten s-e Worte** telles furent ses paroles **8.** *heißt sie nicht Margret oder so ähnlich?* ou quelque chose comme

ça? **9.** *erstaunt* **so?** vraiment?; *meist iron* **so, so!** ah! ah! tu vois! *bzw* vous voyez! **10.** *Vergleich* **so wie ..., so ...** de même que ..., de même ...; ainsi que ..., ainsi ...; **so weit wie möglich** dans la mesure de mon, *etc* possible; → **möglich II** *conj* **11.** *st/s* (*wenn*) si **12.** → **sodass III** *Partikel* **13. so ziemlich** assez bien; à peu près; pas trop mal; **ich habe das nur so gesagt** j'ai dit cela sans trop y réfléchir **14.** *Aufforderung* **so hör doch!** (mais) écoute donc!

s. o. *abr* (*siehe oben*) v. ci-dessus, plus 'haut
sobald *conj* dès que; aussitôt que
Söckchen [ˈzœkçən] *n* ⟨∼s; ∼⟩ socquette *f*
Socke [ˈzɔkə] *f* ⟨∼; ∼n⟩ chaussette *f*; F **sich auf die Socken machen** F filer; F **von den Socken sein** F être épaté
Sockel [ˈzɔkəl] *m* ⟨∼s; ∼⟩ *e-r Säule* socle *m*; *e-r Statue* piédestal *m*; *e-s Gebäudes* base *f*
Soda¹ [ˈzoːda] *f* ⟨∼⟩ *od n* ⟨∼s⟩ CHIM soude *f*
Soda² *n* ⟨∼s⟩ (*Sodawasser*) soda *m*; eau (minérale) gazeuse
sodann *st/s adv* ensuite; puis
sodass *conj* **...**, **sodass** ... de *od* en sorte, de manière, de façon que ... (*konsekutiv*: *ind*; *final*: *subj*)
Sodawasser *n* ⟨∼s; -wässer⟩ → **Soda²**
Sodbrennen [ˈzoːtbrɛnən] *n* ⟨∼s⟩ brûlures *f/pl* d'estomac
Sodom [ˈzoːdɔm] *st/s n* ⟨∼⟩ BIBL **Sodom und Gomorrha** Sodome et Gomorrhe; *fig* lieu *m* de débauche
Sodomie [zodoˈmiː] *f* ⟨∼⟩ rapports sexuels avec les animaux; zoophilie *f*
soeben *adv* à l'instant; tout à l'heure; **soeben etw getan haben** venir de faire qc
Sofa [ˈzoːfa] *n* ⟨∼s; ∼s⟩ canapé *m*
sofern *conj* (*falls*) si; pourvu que (+ *subj*); (*insoweit*) dans la mesure où
soff [zɔf] → **saufen**
sofort *adv* tout de suite; immédiatement; **ich bin sofort fertig** je suis prêt dans un instant
Sofortbildkamera *f* polaroïd® *m*
Soforthilfe *f* aide immédiate
sofortig *adj* immédiat; prompt
Sofortmaßnahme *f* mesure *f* d'urgence
Softeis [ˈzɔftʔaɪs] *n* glace *f* à l'italienne
Softie [ˈzɔfti] F *m* ⟨∼s; ∼s⟩ tendre *m*
Software [ˈsɔftvɛːr] *f* ⟨∼; ∼s⟩ logiciel *m*; software *m*
Softwareingenieur *m* ingénieur *m* (en) software
Softwarepaket *n* progiciel *m*
sog [zoːk] → **saugen**

---

so und seine Übersetzungen

Warum war er so unvorsichtig?	Pourquoi est-ce qu'il a été **si** imprudent ?	**so** (*vor Adjektiv + Adverb*)	**si**
Das hat sich so abgespielt: Nicole wurde von einem Auto umgefahren.	Cela s'est passé **ainsi** : Nicole a été renversée par une voiture.	**so** (= *auf diese Weise*)	**ainsi**
Sie hat so geschrien, dass ihre Mutter den Arzt gerufen hat.	Elle a **tant** crié que sa mère a appelé le médecin.	**so (sehr)**	**tant**

Sog m ⟨~¢s; ~e⟩ **1.** *e-s Flusses, Schiffs* remous m/pl; TECH aspiration f **2.** *fig* attrait m
sogar adv même
sogenannt adjt soi-disant; prétendu
sogleich st/s → **sofort**
Sohle ['zo:lə] f ⟨~; ~n⟩ **1.** (*Fußsohle*) plante f (du pied); *fig* **auf leisen Sohlen** à pas feutrés; à pas de loup **2.** (*Schuhsohle*) semelle f; (*Einlegesohle*) semelle intérieure **3.** (*Talsohle*) fond m
Sohn [zo:n] m ⟨~¢s; ⟨e⟩ fils m; BIBL **der verlorene Sohn** l'enfant m prodigue
Sohnemann F m ⟨~¢s⟩ F fiston m
Soja ['zo:ja] f ⟨~; Sojen⟩ *Pflanze* soja m
Sojabohne f (graine f de) soja m
Sojaöl n huile f de soja
Sojasoße f sauce f au soja
Sojasprossen m/pl pousses f/pl de soja
Sokrates ['zo:kratεs] m ⟨~⟩ Socrate m
solange conj aussi longtemps que; tant que
solar [zo'la:r] adj solaire
Solaranlage f panneaux m/pl solaires
Solarbatterie f pile f solaire
Solarenergie f énergie f solaire
Solarheizung f chauffage m solaire
Solarium [zo'la:rium] n ⟨~s; -ien⟩ solarium m
Solarkollektor m capteur m solaire
Solarkraftwerk n centrale f solaire
Solarplexus [zo'la:rplεksυs] m ⟨~; ~ [-u:s]⟩ plexus m solaire
Solartechnik f solaire m
Solarzelle f pile f solaire
solch [zɔlç] pr/dém **1.** adjt tel; pareil; **ein solcher** od **solch ein Mensch** un tel homme; un homme pareil; **ich hätte solche Lust, ihn zu sehen** j'aimerais tellement le voir; **die Philosophie als solche** la philosophie en tant que telle **2.** subst **er hat schon solche** *Briefmarken etc* il en a déjà
Sold [zɔlt] m ⟨~¢s; ~e⟩ MIL solde f
Soldat [zɔl'da:t] m ⟨~en; ~en⟩ soldat m; militaire m; **auf Zeit** engagé m
Soldatenfriedhof m cimetière m militaire
Soldatin f ⟨~; ~nen⟩ femme f soldat
Söldner ['zœldnər] m ⟨~s; ~⟩ mercenaire m
Sole ['zo:lə] f ⟨~; ~n⟩ saumure f
Solei n œuf cuit et conservé dans de l'eau salée
solid [zo'li:t] → **solide**
Solidargemeinschaft [zoli'da:r-] f communauté f solidaire
solidarisch adj solidaire; **sich mit j-m solidarisch erklären** se déclarer solidaire de qn; se solidariser avec qn
solidarisieren v/r ⟨sans ge⟩ **sich** (**mit j-m**) **solidarisieren** se solidariser (avec qn)
Solidarität f ⟨~⟩ solidarité f
Solidaritätszuschlag m contribution f de solidarité
solide [zo'li:də] adj **1.** (*haltbar*) solide (a fig) **2.** *Unternehmen* sérieux **3.** *Lebenswandel* réglé; *Mensch* rangé; sérieux
Solidität f ⟨~⟩ solidité f
Solist(in) [zo'lɪst(ɪn)] m ⟨~en; ~en⟩ (f) ⟨~in; ~innen⟩ soliste m,f
Soll [zɔl] n ⟨~$⟩ **1.** COMM doit m; **Soll und Haben** le débit et le crédit **2.** (*Plansoll*) objectif m de production; **sein Soll erfüllen** atteindre son objectif de production

sollen ['zɔlən] ⟨soll, sollte⟩ **I** v/aux de mode ⟨p/p sollen⟩ **1.** *Auftrag, Aufforderung* devoir; **du sollst arbeiten** tu dois travailler; **er soll kommen** il faut, je veux qu'il vienne **2.** *Pflicht* devoir; *Notwendigkeit* il faut que … (+ subj); il faut (+ inf) **3.** *Rat, Erwartung* **das hätte er nicht tun sollen** il n'aurait pas dû faire cela; **er soll lieber mehr lernen** il vaudrait mieux qu'il travaille plus; **man sollte ihn bestrafen** il faudrait le punir **4.** *Ratlosigkeit* **was soll ich nur tun?** que (dois-je) faire?; que veux-tu bzw voulez-vous que je fasse?; **wie soll das** (**nur** od **bloß**) **weitergehen?** que va-t-on devenir? **5.** *Absicht* **soll das für mich sein?** c'est pour moi?; **was soll das heißen?** qu'est-ce cela veut dire? **6.** *Vermutung* **man sollte doch meinen, dass …** il me semble pourtant que …; **sollte es möglich sein?** serait-ce possible? **7.** *Fall* **wenn es regnen sollte …** s'il venait à pleuvoir …; **sollte dies der Fall sein …** s'il en était ainsi …; si c'était le cas … **8.** *Gerücht* **sie soll sehr krank sein** on dit, prétend qu'elle est très malade; **er soll abgereist sein** il serait parti; il est parti, dit-on **9.** *Schicksal* **es sollte ganz anders kommen, als er dachte** ça s'est passé bien autrement qu'il ne l'avait pensé; *litt* **es hat nicht sollen sein** c'était perdu d'avance; c'était écrit **II** v/i u v/t ⟨p/p gesollt⟩ **der Brief soll auf die Post**® il faut porter cette lettre à la poste; **was soll das?** qu'est-ce que cela signifie?; pourquoi tout ça?; **soll ich?** d'accord?; je peux?; F **was solls?** tant pis!; F bof!
Sollzinsen m/pl intérêts débiteurs
solo ['zo:lo] adj u adv **1.** MUS en soliste **2.** F (tout) seul
Solo n ⟨~s; ~s ou -li⟩ MUS solo m
Solosänger(in) m(f) soliste m,f
Solotänzer(in) m(f) danseur, -euse m,f étoile
Solothurn ['zo:loturn] n ⟨~⟩ Soleure
solvent [zɔl'vεnt] adj solvable
Somalia [zo'ma:lia] n ⟨~s⟩ la Somalie
Sombrero [zɔm'bre:ro] m ⟨~s; ~s⟩ sombrero m
somit adv donc; par conséquent; ainsi
Sommer ['zɔmər] m ⟨~s; ~⟩ été m; **im Sommer** en été
Sommerabend m soir m, soirée f d'été
Sommeranfang m début m de l'été
Sommerfahrplan m horaire m d'été
Sommerfell n pelage m d'été
Sommerferien pl grandes vacances
Sommerfest n fête f d'été
Sommerfrische f villégiature f
Sommerhalbjahr n semestre m d'été
Sommerkleid n **1.** COUT robe f d'été **2.** zo pelage m d'été; *bei Vögeln* plumage m d'été
sommerlich adj d'été; de l'été; estival
Sommerloch F n période creuse (en été); F calme plat
Sommermonat m mois m d'été
Sommernacht f nuit f d'été
Sommerolympiade f Jeux m/pl olympiques d'été
Sommerpause f vacances f/pl d'été; THÉ relâche estivale
Sommerreifen m pneu m standard
Sommerschlussverkauf m soldes m/pl, abus f/pl d'été

Sonett ≠ sonnette

Für morgen müsst ihr dieses **Sonett** lernen.

Vous devez apprendre ce **sonnet** pour demain.

Tu n'a pas entendu la **sonnette?**

Hast du die **Klingel** nicht gehört?

Sommersemester *n* semestre *m* d'été
Sommerskigebiet *n* région *f* de ski d'été
Sommerspiele *n/pl* **die Olympischen Sommerspiele** les Jeux *m/pl* olympiques d'été
Sommersprossen *f/pl* taches *f/pl* de rousseur
Sommertag *m* jour *m* d'été
Sommerurlaub *m* → **Sommerferien**
Sommerzeit *f* **1.** *Jahreszeit* été *m* **2.** *Uhrzeit* heure *f* d'été; **auf Sommerzeit** (*acc*) **umstellen** passer à l'heure d'été
Sonate [zo'naːtə] *f* ⟨~; ~n⟩ sonate *f*
Sonde ['zɔndə] *f* ⟨~; ~n⟩ sonde *f*
Sonder... ['zɔndər...] *in Zssgn meist* spécial; extraordinaire
Sonderabgabe *f* taxe *f* extraordinaire
Sonderanfertigung *f* fabrication *f*, exécution *f* 'hors série, spéciale
Sonderangebot *n* offre spéciale; **im Sonderangebot** en promotion
Sonderausführung *f* modèle *m* 'hors série
Sonderausgabe *f* **1.** TYPO édition spéciale **2.** FIN dépense *f* extraordinaire; STEUERWESEN **Sonderausgaben** *pl* charges *f/pl* déductibles du revenu
sonderbar *adj* (*ungewöhnlich*) singulier; (*befremdend*) étrange; (*wunderlich*) bizarre
Sonderbeauftragte(r) *f(m)* mandataire spécial(e); chargé(e) *m(f)* de mission
Sonderbeilage *f e-r Zeitung* supplément (spécial)
Sonderberichterstatter *m* envoyé spécial
Sonderbestimmung *f* disposition spéciale; *in e-m Vertrag* clause spéciale
Sonderfall *m* cas particulier, spécial
Sondergenehmigung *f* autorisation spéciale
sondergleichen *adv* sans pareil
Sonderkommando *n* unité spéciale
sonderlich **I** *adj* **1.** (*sonderbar*) étrange; bizarre **2.** *Verneinung* **kein sonderlicher Unterschied** pas de différence notable, considérable **II** *adv* **nicht sonderlich** pas particulièrement
Sonderling *m* ⟨~s; ~e⟩ original *m*
Sondermarke *f* timbre *m* de collection
Sondermaschine *f* vol spécial
Sondermodell *n* modèle spécial
Sondermüll *m* déchets *m/pl* dangereux
sondern ['zɔndərn] *conj* mais
Sondernummer *f* numéro spécial
Sonderpädagoge *m*, **Sonderpädagogin** *f* → **Sonderschullehrer(in)**
Sonderpädagogik *f etwa* éducation spéciale
Sonderpreis *m* prix exceptionnel
Sonderrabatt *m* rabais *m*, remise *f* spécial(e)
Sonderrecht *n* privilège *m*
Sonderschule *f* établissement *m* scolaire pour enfants handicapés ou inadaptés
Sonderschüler(in) *m(f)* élève *m,f* d'un établissement d'éducation spécialisée
Sonderschullehrer(in) *m(f) etwa* éducateur, -trice spécialisé(e)

Sondertarif *m* tarif spécial, exceptionnel
Sonderurlaub *m* congé spécial; MIL permission spéciale
Sonderwunsch *m* souhait particulier
Sonderzug *m* train spécial
sondieren [zɔn'diːrən] *v/t* ⟨*sans ge*⟩ sonder
Sondierungsgespräch *n* entretien *m* préparatoire, préliminaire
Sonett [zo'nɛt] *n* ⟨~¢s; ~e⟩ sonnet *m*
Song [zɔŋ] *m* ⟨~s; ~s⟩ chanson *f*
Sonnabend ['zɔnʔaːbɛnt] *m bes nordd* samedi *m*; → **Montag**
sonnabends *adv bes nordd* le samedi; tous les samedis
Sonne ['zɔnə] *f* ⟨~; ~n⟩ soleil *m*; ASTR Soleil *m*
sonnen *v/r* **sich sonnen** prendre un bain de soleil
Sonnenanbeter(in) *m(f) plais* fanatique *m,f* du soleil, du bronzage
Sonnenaufgang *m* lever *m* du soleil
Sonnenbad *n* bain *m* de soleil
sonnenbaden *v/i* ⟨*p/p* sonnengebadet⟩ prendre un bain de soleil
Sonnenbank *f* ⟨~; -bänke⟩ solarium *m*
Sonnenbestrahlung *f* ensoleillement *m*
Sonnenblende *f* **1.** PHOT visière *f* **2.** *im Auto* pare-soleil *m*
Sonnenblume *f* tournesol *m*
Sonnenblumenkern *m* graine *f* de tournesol
Sonnenblumenöl *n* huile *f* de tournesol
Sonnenbrand *m* coup *m* de soleil
Sonnenbrille *f* lunettes *f/pl* de soleil
Sonnencreme *f* crème *f* solaire
Sonnendach *n* store *m*
Sonnendeck *n* MAR pont supérieur
Sonneneinstrahlung *f* insolation *f*
Sonnenenergie *f* énergie *f* solaire
Sonnenfinsternis *f* éclipse *f* de Soleil
Sonnenfleck *m* tache *f* solaire
sonnengebräunt *adj* bronzé
sonnenhungrig *adj* fanatique du soleil
Sonnenhut *m* chapeau *m* de soleil
sonnenklar *adj* F *fig* clair comme le jour
Sonnenkollektor *m* capteur *m* solaire
Sonnenkönig *m* HIST Roi-Soleil *m*
Sonnenlicht *n* lumière *f* du soleil
Sonnenöl *n* huile *f* solaire
Sonnenschein *m* soleil *m*
Sonnenschirm *m zum Tragen* ombrelle *f*; *für Garten* parasol *m*
Sonnenschutz *m* protection *f* contre le soleil
Sonnenschutzmittel *n* produit *m* solaire
Sonnensegel *n* **1.** (*Schutzdach*) store *m* **2.** RAUMFAHRT panneau *m* solaire
Sonnenseite *f* côté exposé au soleil; *fig* bon côté
Sonnenstich *m* insolation *f*
Sonnenstrahl *m* rayon *m* de soleil
Sonnenstudio *n* institut *m* de bronzage
Sonnensystem *n* système *m* solaire

S

---

sortieren ≠ sortir

Viele Menschen haben sich noch nicht da-
ran gewöhnt, den Müll zu **sortieren**.

Il faut **sortir** les valises du coffre.

Beaucoup de gens ne se sont
pas encore habitués à **trier** les déchets.

Die Koffer müssen **aus** dem Kofferraum
geholt werden.

Sonnenuhr f cadran m solaire
Sonnenuntergang m coucher m du soleil
sonnig adj **1.** *Wetter, Tag* ensoleillé **2.** *fig (hei-ter)* enjoué; *(unbeschwert)* heureux; insouciant
Sonntag ['zɔntaːk] m dimanche m; **Weißer Sonntag** jour m de la première communion; → **Montag**
sonntags adv le dimanche; tous les dimanches
Sonntagsfahrer m péj conducteur m du dimanche
Sonntagskind n enfant né le dimanche; *fig* **er ist ein Sonntagskind** il est né coiffé
sonst [zɔnst] adv **1.** *(außerdem)* par ailleurs; **sonst nichts** rien d'autre; rien de plus; F **sonst was** quelque chose d'autre; F **sonst wie** d'une autre manière; F **sonst wo** ailleurs; **haben Sie sonst noch Fragen?** à part ça, avez vous d'autres questions? **2.** *(gewöhnlich)* d'ha-bitude; *(bei anderen Gelegenheiten)* en d'au-tres cas; **wie sonst** comme d'habitude **3.** *(an-dernfalls)* sinon **4. wer (denn) sonst?** qui d'autre?
sonstig adj autre; „**Sonstiges**" «Divers»
sooft conj **1.** *(jedesmal, wenn)* **sooft du kommst** toutes les fois que tu viendras **2.** *(wie oft auch immer)* **sooft Sie wollen** autant de fois, tant que vous voudrez
Sopran [zo'praːn] m ⟨∼s; ∼e⟩ soprano m
Sopranistin f ⟨∼; ∼nen⟩ soprano m
Sorbinsäure [zɔr'biːn-] f CHIM acide m sorbi-que
Sorge ['zɔrgə] f ⟨∼; ∼n⟩ **1.** souci m; **j-m Sorgen machen** donner des soucis à qn; **sich** *(dat)* **Sorgen machen** se faire du souci *(wegen od um* pour) **2.** *(Unruhe)* inquiétude f; **(um etw, j-n) in Sorge** *(dat)* **sein** se faire du souci (pour qc, qn) **3. dafür Sorge tragen, dass …** veiller à ce que … (⏐ *subj)*
sorgen I v/i **1. für j-n sorgen** prendre soin de qn; **für etw sorgen** veiller à qc; *(sich kümmern um)* s'occuper de qc; avoir, prendre soin de qc; *(vorsorgen)* pourvoir à qc; **dafür sorgen, dass …** veiller à ce que … (+ *subj)* **2.** *(bewirken)* causer **II** v/r **sich sorgen** se faire du souci *(um* pour)
Sorgenfalten f/pl rides dues aux soucis
sorgenfrei adj u adv sans souci
Sorgenkind n enfant m qui donne des soucis
sorgenvoll adj soucieux
Sorgerecht n droit m de garde; **das Sorge-recht für ein Kind haben** avoir la garde d'un enfant; **ihr wurde das Sorgerecht für die Kinder zugesprochen** elle a eu la garde des enfants
Sorgfalt ['zɔrkfalt] f ⟨∼⟩ soin m; **Sorgfalt auf etw** *(acc)* **verwenden** apporter du soin à qc
sorgfältig ['zɔrkfɛltɪç] adj soigneux
Sorgfältigkeit f ⟨∼⟩ application f
sorglos adj **1.** *(unbekümmert)* sans souci; in-

souciant **2.** *(nicht sorgfältig)* négligent
Sorglosigkeit f ⟨∼; ∼en⟩ **1.** insouciance f **2.** né-gligence f
sorgsam adj soigneux
Sorte ['zɔrtə] f ⟨∼; ∼n⟩ **1.** *(Art)* sorte f; espèce f *(a péj von Personen)*; *(Marke)* marque f **2.** FIN **Sorten** pl devises f/pl
sortieren [zɔr'tiːrən] v/t ⟨sans ge⟩ trier; classer; **nach Größe, Farben sortieren** trier, classer par grandeur, par couleurs
Sortiment [zɔrti'mɛnt] n ⟨∼¢s; ∼e⟩ assortiment m
Sortimentsbuchhandlung f librairie f
SOS [ɛsˀoːˀɛs] n ⟨∼⟩ SOS m
sosehr conj **sosehr … (auch)** bien que … (+ *subj)*
SOS-Kinderdorf n village m d'enfants *(orga-nisme à but humanitaire spécialisé dans l'aide à l'enfance)*
SOS-Ruf m SOS m
Soße ['zoːsə] f ⟨∼; ∼n⟩ sauce f
Soßenlöffel m cuillère f à sauce
Soßenschüssel f saucière f
sott [zɔt] → **sieden**
Soufflé [zu'fleː] n ⟨∼s; ∼s⟩ CUIS soufflé m
Souffleur [zu'fløːr] m ⟨∼s; ∼e⟩, **Souffleuse** [-'fløːzə] f ⟨∼; ∼n⟩ souffleur, -euse m,f
soufflieren v/t u v/i ⟨sans ge⟩ souffler
Soul [zoul] m ⟨∼s⟩, **Soulmusik** f ⟨∼⟩ (musique f) soul m
Sound [zaunt] m ⟨∼s; ∼s⟩ son m; sonorité f
Soundkarte f INFORM carte f son
soundso F **I** adv **soundso oft** tant de fois; **so-undso viel** tant **II** adj ⟨inv⟩ **Herr, Frau Sound-so** Monsieur Un tel, Madame Une telle
Soundtrack ['zaunttrɛk] m ⟨∼s; ∼s⟩ bande f so-nore
Souterrain ['zuterɛ̃] n ⟨∼s; ∼s⟩ sous-sol m
Souterrainwohnung f appartement m au sous--sol
Souvenir [zuvə'niːr] n ⟨∼s; ∼s⟩ souvenir m
souverän [zuvə'rɛːn] **I** adj **1.** POL souverain **2.** *fig* supérieur **II** adv siegen de main de maître
Souverän m ⟨∼s; ∼e⟩ souverain m
Souveränität f ⟨∼⟩ souveraineté f
soviel conj autant que (+ *subj)*; → **so**
soweit conj autant que (+ *subj)*; → **so**
sowenig conj si peu que … (+ *subj)*; →**so**
sowie conj **1.** *(als auch)* ainsi que; aussi bien que **2.** *(sobald)* dès que
sowieso adv en tout cas; de toute façon; F **das sowieso!** ça, c'est certain!
sowjetisch [zɔ'vjetɪʃ] adj HIST soviétique
Sowjetunion ⟨∼⟩ HIST **die Sowjetunion** l'Union f Soviétique
sowohl conj **sowohl … als auch …** non seule-ment … mais aussi od encore …
sozial [zotsi'aːl] **I** adj social **II** adv **sozial den-ken** avoir l'esprit civique

Sozialabbau *m* démontage social
Sozialabgaben *f*/*pl* charges sociales
Sozialamt *n* bureau *m* d'aide sociale
Sozialarbeiter(in) *m*(*f*) assistant(e) *m*(*f*) socia-l(e)
Sozialdemokrat(in) *m*(*f*) social-démocrate *m*,*f*
Sozialdemokratie *f* social-démocratie *f*
sozialdemokratisch *adj* social-démocrate
Sozialfall *m* cas social
Sozialhilfe *f* aide sociale
Sozialhilfeempfänger(in) *m*(*f*) bénéficiaire *m*,*f* de l'aide sociale
sozialisieren *v*/*t* ⟨*sans ge*⟩ socialiser
Sozialisierung *f* ⟨~; ~en⟩ socialisation *f*
Sozialismus *m* ⟨~⟩ socialisme *m*
Sozialist(in) *m* ⟨~en; ~en⟩ (*f*) ⟨~in; ~innen⟩ socialiste *m*,*f*
sozialistisch *adj* socialiste
sozialkritisch *adj* critique envers la société
Sozialkunde *f* ⟨~⟩ instruction *f* civique
Sozialleistungen *f*/*pl* prestations sociales; *e-s Betriebs* avantages sociaux
Sozialpädagoge *m*, **Sozialpädagogin** *f* etwa assistant(e) social(e) (*avec un diplôme du troisième cycle*)
Sozialpädagogik *f* etwa animation socio-éducative
Sozialplan *m* plan social
Sozialpolitik *f* politique sociale
Sozialprodukt *n* produit national
Sozialstaat *m* État social
Sozialversicherung *f* Sécurité sociale
Sozialwohnung *f* HLM *m* od *f*
Soziologe [zotsio'lo:gə] *m* ⟨~n; ~n⟩, **Soziologin** *f* ⟨~; ~nen⟩ sociologue *m*,*f*
Soziologie *f* ⟨~⟩ sociologie *f*
soziologisch *adj* sociologique
Sozius ['zo:tsius] *m* ⟨~; ~se⟩ **1.** ⟨*pl a* -zii⟩ COMM associé *m* **2.** (*Soziussitz*) tan-sad *m*
sozusagen *adv* pour ainsi dire
Spaceshuttle ['spe:sʃatl] *m* ⟨~s; ~s⟩ navette spaciale
Spachtel ['ʃpaxtəl] *m* ⟨~s; ~⟩ od *f* ⟨~; ~n⟩ spatule *f*
spachteln *v*/*t* ⟨¢⟩ **1.** *Gips*, *Farbe* colmater, boucher à la spatule **2.** F *a* v/*i* (*essen*) s'empiffrer (**etw** de qc)
Spagat [ʃpa'ga:t] *m* od *n* ⟨~¢s; ~e⟩ SPORT grand écart
Spag(h)etti [ʃpa'gɛti] *pl* spaghetti *m*/*pl*
Spag(h)ettifresser P *péj* m P rital *m*
Spag(h)ettiträger *m* COUT bretelle fine
spähen ['ʃpɛ:ən] *v*/*i* guetter (**aus dem Fenster** par la fenêtre; **nach j-m, etw** qn, qc)
Spalier [ʃpa'li:r] *n* ⟨~s; ~e⟩ **1.** AGR espalier *m*; VIT treille *f* **2.** *fig von Menschen* 'haie *f*; **Spalier stehen** faire, former la haie
Spalt [ʃpalt] *m* ⟨~¢s; ~e⟩ fente *f*; *kleiner* fissure *f*; (*Türspalt*) entrebâillement *m*; → **Spaltbreit**
spaltbar *adj* NUCL fissile
Spaltbreit *m* ⟨~⟩ **die Tür e-n Spaltbreit öffnen** entrouvrir, entrebâiller la porte
Spalte *f* ⟨~; ~n⟩ **1.** → **Spalt 2.** TYPO colonne *f*
spalten ⟨-e-, *p*/*p* gespaltet *ou* gespalten⟩ **I** v/*t* **1.** *Holz* fendre **2.** NUCL désintégrer **3.** *fig* diviser; *Partei a* scinder **II** v/*r* **sich spalten 4.** se fendre **5.** *Partei* se diviser; se scinder
Spaltung *f* ⟨~; ~en⟩ **1.** CHIM scission *f*; NUCL fis-

sion *f* **2.** *fig* division *f*; *e-r Partei* scission *f*
Spam [spɛm] *m* od *n* ⟨~s; ~s⟩ INFORM spam *m*
Spamfilter *m* INFORM antispam *m*; filtre *m* spam
Spam-Mail *f* INFORM spam *m*; pourriel *m*
spammen ['spɛmən] *v*/*i* INFORM spammer
Span [ʃpa:n] *m* ⟨~¢s; ≈e⟩ copeau *m*; (*Feilspan*) limaille *f*
Spanferkel *n* cochon *m* de lait
Spange ['ʃpaŋə] *f* ⟨~; ~n⟩ (*Haarspange*) barrette *f*; (*Zahnspange*) appareil *m*; (*Armspange*) bracelet *m*
Spaniel ['ʃpa:niəl] *m* ⟨~s; ~s⟩ épagneul *m*
Spanien ['ʃpa:niən] *n* ⟨~s⟩ l'Espagne *f*
Spanier(in) *m* ⟨~s; ~⟩ (*f*) ⟨~in; ~innen⟩ Espagnol(e) *m*(*f*)
spanisch *adj* espagnol; F **das kommt mir spanisch vor** ça me semble bizarre
spann [ʃpan] → **spinnen**
Spann *m* ⟨~¢s; ~e⟩ cou-de-pied *m*
Spannbetttuch *n* drap-'housse *m*
Spanne ['ʃpanə] *f* ⟨~; ~n⟩ **1.** (*Unterschied*) écart *m* **2.** (*Zeitspanne*) espace *m* de temps **3.** COMM marge *f*
spannen **I** v/*t* **1.** (*dehnen*) tendre; *Waffe* armer **2.** (*befestigen*) tendre **3.** TECH fixer (**in den Schraubstock** dans l'étau); *e-n Bogen Papier* **in die Schreibmaschine spannen** mettre, glisser dans la machine à écrire **4.** F (*merken*) F piger **II** v/*i* *Kleidung* serrer; être trop juste **III** v/*r* **sich spannen** *Seil*, *Muskeln* se tendre
spannend *adj*t captivant; passionnant; palpitant
Spanner *m* ⟨~s; ~⟩ **1.** TECH, (*Hosenspanner*) tendeur *m*; (*Schuhspanner*) embauchoir *m* **2.** F *fig* (*Voyeur*) voyeur *m*
Spannkraft *f* élasticité *f* (*a fig*)
Spannlaken *n* drap-'housse *m*
Spannung *f* ⟨~; ~en⟩ **1.** TECH, ÉLECT tension *f*; ÉLECT *a* voltage *m*; **unter Spannung** (*dat*) **stehen** être sous tension **2.** *fig* (*gespannte Aufmerksamkeit*) attention soutenue; **mit Spannung erwarten** attendre avec impatience **3.** *in e-m Film etc* suspense *m* **4.** PSYCH, *fig* (*gespanntes Verhältnis*) tension *f*
Spannungsgebiet *n* zone *f* de tension; point chaud
spannungsgeladen *adj*t tendu
Spannungsmesser *m* ⟨~s; ~⟩ voltmètre *m*
Spannungsprüfer *m* ÉLECT indicateur *m* de tension
Spannweite *f* **1.** *ё-s Vogels*, *Flugzeugs* envergure *f* **2.** CONSTR portée *f*
Spanplatte *f* panneau *m* d'aggloméré
Sparbrief *m* certificat de compte d'épargne
Sparbuch *n* livret *m* de caisse d'épargne
Sparbüchse *f*, **Spardose** *f* tirelire *f*
sparen ['ʃpa:rən] **I** v/*t* **1.** (*zurücklegen*) épargner **2.** (*einsparen*) économiser **3.** *fig Zeit* épargner; *Kräfte* économiser **II** v/*i* **4.** (*zurücklegen*) épargner **5.** (*einsparen*) faire des économies; économiser; **an allem sparen** économiser sur tout
Sparer(in) *m* ⟨~s; ~⟩ (*f*) ⟨~in; ~innen⟩ épargnant(e) *m*(*f*)
Spargel ['ʃpargəl] *m* ⟨~s; ~⟩ asperge *f*
Spargelcremesuppe *f* velouté *m* d'asperges
Spargelmesser *n* coupe-asperges *m*
Spargelspitze *f* pointe *f* d'asperge

Spargelsuppe *f* potage *m* aux pointes d'asperges

Spargelzeit *f* saison *f* des asperges

Spargroschen F *m* pécule *m*; petit magot

Sparguthaben *n* (dépôt *m* sur un) compte *m* d'épargne

Sparkasse *f* caisse *f* d'épargne

Sparkassenbuch *n* →**Sparbuch**

Sparkonto *n* compte *m* d'épargne

spärlich ['ʃpɛːrlɪç] **I** *adj Vegetation, Mittel* peu abondant; *Ergebnis, Ernte* maigre; *Haar* clairsemé; *Lohn* modeste **II** *adv* peu

Sparmaßnahme *f* mesure *f* d'économie

Sparren ['ʃparən] *m* ⟨~s; ~⟩ CONSTR chevron *m*

sparsam **I** *adj* **1.** *Person* économe **2.** (*wirtschaftlich*) économique **3.** *fig Einrichtung* modeste; *Dekoration* simple; *Beleuchtung* restreint; *Bewegung* limité **II** *adv* avec économie; ***sparsam leben*** vivre simplement; ***sparsam mit etw umgehen*** économiser qc (*a fig*)

Sparsamkeit *f* ⟨~⟩ (sens *m* de l')économie *f*; ***aus Sparsamkeit*** par économie

Sparschwein *n* tirelire *f*

Sparstrumpf *m plais* bas *m* de laine

spartanisch *adj* spartiate (*a fig*)

Sparte ['ʃpartə] *f* ⟨~; ~n⟩ **1.** (*Abteilung*) section *f*; (*Gebiet*) domaine *m* **2.** (*Rubrik*) rubrique *f*

Spaß [ʃpaːs] *m* ⟨~es; ~e⟩, *österr a* **Spass** [ʃpas] *m* ⟨Spasses; Spässe⟩ **1.** (*Vergnügen*) plaisir *m*; amusement *m*; ***viel Spaß!*** amuse-toi *bzw* amusez-vous bien!; ***ein teurer Spaß*** une fantaisie qui coûte cher; ***Spaß an etw*** (*dat*) ***haben*** apprécier, aimer qc; ***Spaß machen*** faire plaisir **2.** (*Scherz*) plaisanterie *f*; blague *f*; ***Spaß machen*** plaisanter; ***aus, zum Spaß*** pour plaisanter, rire; ***(keinen) Spaß verstehen*** (ne pas) comprendre la plaisanterie

spaßen *v/i* ⟨¢⟩ plaisanter; badiner; blaguer; ***damit ist nicht zu spaßen*** il ne faut pas plaisanter, badiner avec ces choses-là; ***nicht mit sich*** (*dat*) ***spaßen lassen*** ne pas plaisanter

spaßeshalber *adv* pour rire, plaisanter

spaßig *adj* amusant; (*drollig*) drôle

Spaßmacher *m*, **Spaßvogel** *m* farceur *m*; blagueur *m*

Spastiker(in) ['ʃpastɪkər(ɪn)] *m* ⟨~s; ~⟩ (*f*) ⟨~in; ~innen⟩ 'handicapé(e) *m(f)* moteur

spastisch **I** *adj* 'handicapé moteur; *sc* spastique **II** *adv* ***spastisch gelähmt*** paralysé spastique

spät [ʃpɛːt] **I** *adj* (*spät eintretend*) tardif; (*zeitlich fortgeschritten*) avancé; ***das späte Mittelalter*** la fin du Moyen Âge; ***es ist, wird spät*** il est, se fait tard; ***wie spät ist es?*** quelle heure est-il? **II** *adv* tard; ***zu spät kommen*** être en retard

spätabends *adv* tard dans la soirée

Spätdienst *m* garde *f* (*service recouvrant la tranche horaire de 15⁰⁰-23⁰⁰*); ***Spätdienst haben*** être de garde

Spatel ['ʃpaːtəl] *m* ⟨~s; ~⟩ spatule *f*

Spaten ['ʃpaːtən] *m* ⟨~s; ~⟩ bêche *f*

später **I** *adj* **1.** (*danach kommend*) postérieur **2.** (*zukünftig*) futur **II** *adv* plus tard; ***bis später!*** à tout à l'heure

spätestens ['ʃpɛːtəstəns] *adv* au plus tard

Spätfolgen *f/pl* séquelles *f/pl*

Spätherbst *m* arrière-saison *f*; fin *f* de l'automne

Spätlese *f* **1.** *Lese* vendanges tardives **2.** *Wein* vin *m* de vendanges tardives

Spätnachrichten *f/pl* dernières nouvelles

Spätschaden *m* dommage *m* à long terme

Spätschalter *m* guichet *m* de nuit

Spätschicht *f Arbeit* poste *m* de l'après-midi; *Arbeiter* équipe *f* de l'après-midi

Spätsommer *m* fin *f* de l'été

Spätvorstellung *f* dernière séance

Spatz [ʃpats] *m* ⟨~en *ou* ~es; ~en⟩ moineau *m*; F ***das pfeifen die Spatzen von den Dächern*** cela court les rues; c'est un secret de Polichinelle

Spätzle ['ʃpɛtslə] *pl* CUIS *pâtes fraîches typiques de la Souabe*

spazieren [ʃpa'tsiːrən] *v/i* ⟨*sans ge*, sn⟩ **1.** (*herumgehen*) aller et venir **2.** ***spazieren fahren*** se promener; ***j-n spazieren fahren*** promener qn; ***spazieren gehen*** (aller) se promener; faire une promenade

Spazierfahrt *f* promenade *f*

Spaziergang *m* promenade *f*

Spaziergänger(in) [-gɛŋər(ɪn)] *m* ⟨~s; ~⟩ (*f*) ⟨~in; ~innen⟩ promeneur, -euse *m,f*

Spazierstock *m* canne *f*

Spazierweg *m* sentier *m*

SPD [ɛspeː'deː] *f abr* ⟨~⟩ (*Sozialdemokratische Partei Deutschlands*) S.P.D. *m* (Parti social-démocrate allemand)

Specht [ʃpɛçt] *m* ⟨~¢s; ~e⟩ ZO pic *m*

Speck [ʃpɛk] *m* ⟨~¢s; ~e⟩ lard *m* (*a* F *beim Menschen*); F ***Speck ansetzen*** grossir

speckig *adj* crasseux

Speckschwarte *f* couenne *f* de lard

Speckstreifen *m*, **Speckwürfel** *m* lardon *m*

Spediteur [ʃpedi'tøːr] *m* ⟨~s; ~e⟩ transporteur *m*; (*Möbelspediteur*) déménageur *m*

Spedition *f* ⟨~; ~en⟩ entreprise *f* de transport; (*Möbelspedition*) entreprise *f* de déménagement

Speditionsfirma *f* entreprise *f* de transport; (*Möbelspeditionsfirma*) entreprise *f* de déménagement

Speditionskaufmann *m etwa* agent *m* d'une entreprise de transport

Speer [ʃpeːr] *m* ⟨~¢s; ~e⟩ javelot *m*

Speerwerfen *n* ⟨~s⟩ (lancement *m* du) javelot *m*

Speiche ['ʃpaɪçə] *f* ⟨~; ~n⟩ **1.** TECH rayon *m* **2.** ANAT radius *m*

Speichel ['ʃpaɪçəl] *m* ⟨~s⟩ salive *f*

Speichellecker *m* ⟨~s; ~⟩ *péj* lèche-bottes *m*

Speicher ['ʃpaɪçər] *m* ⟨~s; ~⟩ **1.** (*Lagerhaus*) entrepôt *m* **2.** (*Dachboden*) grenier *m* **3.** INFORM mémoire *f*

Speicherkapazität *f*, **Speicherleistung** *f* capacité *f* de stockage, INFORM *a* de mémoire

Speichermedien *n/pl* moyens *m/pl* d'enregistrement

speichern *v/t* **1.** *Waren* emmagasiner; *Vorräte* entreposer; stocker **2.** *Wärme* emmagasiner; *Strom* accumuler **3.** *Informationen* enregistrer; INFORM *Daten* mémoriser; *Text* sauvegarder

Speicherplatz *m* INFORM espace *m* de mémoire

Speicherung *f* ⟨~; ~en⟩ **1.** *von Waren* emmagasinage *m*; stockage *m* **2.** *von Wärme* emmagasinage *m*; *von Strom* accumulation *f* **3.** *von In-*

S

Spektakel ≠ spectacle

Die Delegierten machen ein furchtbares **Spektakel**.

Les délégués font un **boucan** terrible.

La mise en scène de Tartuffe était un **spectacle** sensationnel.

Die Aufführung des Tartuffe war eine sensationelle **Vorstellung**.

---

formationen enregistrement *m*; INFORM *von Daten* mémorisation *f*; *von Texten* sauvegarde *f*

speien ['ʃpaɪən] *st/s v/t u v/i* ⟨spie, gespie(e)n⟩ **1.** (*spucken*) cracher **2.** (*sich übergeben*) vomir

Speise ['ʃpaɪzə] *f* ⟨∼; ∼n⟩ **1.** *st/s* (*Nahrung*) nourriture *f* **2.** (*Gericht*) mets *m*; plat *m*

Speiseeis *n* glace *f*

Speisekammer *f* cellier *m*

Speisekarte *f* carte *f*; menu *m*

speisen ⟨∉∮⟩ **I** *v/t* **1.** (*essen*) manger **2.** TECH alimenter **II** *st/s v/i* manger; prendre son repas

Speiseöl *n* huile *f* de table

Speisepilz *m* champignon *m* comestible

Speiseplan *m* liste *f* des menus

Speisequark *m* fromage blanc

Speiseröhre *f* ANAT œsophage *m*

Speisesaal *m* salle *f* à manger; *in Internaten, Klöstern* réfectoire *m*

Speisewagen *m im Zug* wagon-restaurant *m*

Speisezimmer *n* salle *f* à manger

speiübel *adj* **mir ist speiübel** je me sens très mal; j'ai envie de vomir

Spektakel[1] [ʃpɛk'taːkəl] F *m* ⟨∼s; ∼⟩ **1.** (*Lärm*) F raffut *m*; F boucan *m* **2.** (*Streit*) bagarre *f*

Spektakel[2] *n* ⟨∼s; ∼⟩ (*Schauspiel*) spectacle *m*

spektakulär [ʃpɛktaku'lɛːr] *adj* spectaculaire

Spektralanalyse [ʃpɛk'traːl-] *f* analyse spectrale, du spectre

Spektralfarbe *f* couleur *f* du spectre

Spektrum ['ʃpɛktrʊm] *n* ⟨∼s; -tren⟩ **1.** PHYS spectre *m* **2.** *fig* (*Vielfalt*) éventail *m*; diversité *f*

Spekulant(in) [ʃpeku'lant(ɪn)] *m* ⟨∼en; ∼en⟩ (*f*) ⟨∼in; ∼innen⟩ spéculateur, -trice *m,f*

Spekulation *f* ⟨∼; ∼en⟩ spéculation *f*

Spekulatius [ʃpeku'laːtsiʊs] *m* ⟨∼; ∼⟩ biscuit sablé épicé, de formes diverses

spekulativ *adj* spéculatif

spekulieren *v/i* ⟨sans ge⟩ **1.** F *fig* **auf etw** (*acc*) **spekulieren** compter sur qc **2.** COMM spéculer (**mit** sur); **an der Börse spekulieren** jouer à la Bourse **3.** (*mutmaßen*) spéculer (**über** [+ *acc*] sur)

Spelunke [ʃpe'lʊŋkə] *f* ⟨∼; ∼n⟩ *péj* bouge *m*

Spelze ['ʃpɛltsə] *f* ⟨∼; ∼n⟩ *des Getreidekorns* balle *f*

spendabel [ʃpɛn'daːbəl] F *adj* ⟨-bl-⟩ généreux; large

Spende ['ʃpɛndə] *f* ⟨∼; ∼n⟩ don *m*

spenden *v/t* ⟨-e-⟩ **1.** *als Spende* donner; faire don de (*a Organ*) **2.** *Sakramente* administrer; *st/s fig Schatten* donner; *Wärme* dispenser; **Beifall spenden** applaudir; (**j-m**) **Trost spenden** consoler (qn)

Spendenaktion *f* collecte *f*

Spendenaufruf *m* appel *m* à la générosité

Spendenbescheinigung *f* reçu *m* de don

Spendenkonto *n* compte *m* (*où adresser ses*

dons)

Spender(in) *m* ⟨∼s; ∼⟩ (*f*) ⟨∼in; ∼innen⟩ donateur, -trice *m,f*; (*Organ-, Blutspender[in]*) donneur, -euse *m,f*

spendieren F *v/t* ⟨sans ge⟩ **j-m etw spendieren** offrir, payer qc à qn

Spendierhosen *f/pl* F *plais* **die Spendierhosen anhaben** être très généreux

Spengler ['ʃpɛŋlər] *m* ⟨∼s; ∼⟩ *südd, österr, schweiz* → **Klempner**

Sperber ['ʃpɛrbər] *m* ⟨∼s; ∼⟩ ZO épervier *m*

Sperenzchen [ʃpe'rɛntsçən] *pl* F **Sperenzchen machen** donner du fil à retordre; faire du (des) chichi(s)

Sperling ['ʃpɛrlɪŋ] *m* ⟨∼s; ∼e⟩ moineau *m*

Sperma ['ʃpɛrma] *n* ⟨∼s; -men *ou* ∼ta⟩ sperme *m*

sperrangelweit ['ʃpɛr'ʔaŋəl'vaɪt] F *adv* **die Tür stand sperrangelweit offen** la porte était grande ouverte

Sperrbezirk *m* zone interdite

Sperre *f* ⟨∼; ∼n⟩ **1.** *auf e-r Straße* barrage *m*; barrière *f*; barricade *f* **2.** (*Bahnsteigsperre*) portillon *m*; (*Kontrolle*) contrôle *m* **3.** TECH arrêt *m*; blocage *m* **4.** (*Sperrfrist*), SPORT suspension *f* **5.** COMM embargo *m*

sperren I *v/t* **1.** *Zugang* barrer; *Straße* interdire à la circulation **2.** TECH arrêter **3.** *Gas, Strom* couper; *Urlaub* annuler; supprimer; *Konto* bloquer; *Sportler, Zahlungen* suspendre; **e-n Scheck sperren** faire opposition à un chèque **4. in den Keller sperren** enfermer dans la cave **II** *v/r* **sich sperren** (*sich sträuben*) résister (**gegen** à)

Sperrfrist *f* période *f* de suspension; délai *m* d'attente

Sperrgebiet *n* zone interdite

Sperrholz *n* contreplaqué *m*

sperrig *adj* encombrant

Sperrmüll *m* encombrants *m/pl*

Sperrsitz *m* THÉ fauteuil *m* d'orchestre; *im Kino* loge *f*; *im Zirkus* place *f* de devant

Sperrstunde *f* → **Polizeistunde**

Sperrung *f* ⟨∼; ∼en⟩ **1.** *e-r Straße* barrage *m* **2.** *von Gas, Strom* coupure *f* **3.** *fig* FIN blocage *m*; *e-s Schecks* opposition *f*; *von Zahlungen* suspension *f*

Sperrvermerk *m im Sparbuch etc* indication *f* d'une restriction; *bei e-r Bewerbung etc* **Sperrvermerke werden berücksichtigt** toute discrétion assurée

Spesen ['ʃpeːzən] *pl* frais *m/pl* (de représentation *bzw* de déplacement)

Spesenkonto *n*, **Spesenrechnung** *f* note *f* de frais

Spezi[1] ['ʃpeːtsi] *m* ⟨∼s; ∼$⟩ F *südd, österr* (*Kumpel*) F pote *m*

Spezi®[2] ['ʃpeːtsi] F *n* ⟨∼s; ∼$⟩ boisson à base de coca-cola et de limonade

spielen: jouer de oder jouer à?	!FQ
Bei Musikinstrumenten heißt es **jouer de**:	
Sie spielt Gitarre.	**Elle joue de la guitare.**
Er spielt Klavier.	**Il joue du piano.**
Bei Sportarten oder Spielen heißt es **jouer à**:	
Er spielt Basketball.	**Il joue au basket-ball.**
Sie spielt Schach.	**Elle joue aux échecs.**
Bei Sportarten wird oft auch **faire de** verwendet:	
Sie spielt Tennis.	**Elle fait du tennis.**
Spielst du Golf?	**Tu fais du golf ?**

Spezial... [ʃpetsi'aːl...] *in Zssgn meist* spécial
Spezialfall *m* cas spécial, particulier
Spezialgebiet *n* spécialité *f*
Spezialgeschäft *n* magasin spécialisé
spezialisieren *v/r* ⟨*sans ge*⟩ **sich** (**auf etw** [*acc*]) **spezialisieren** se spécialiser (dans qc)
Spezialist(in) *m* ⟨~en; ~en⟩ (*f*) ⟨~in; ~innen⟩ spécialiste *m,f* (**für** de)
Spezialität *f* ⟨~; ~en⟩ spécialité *f*
Spezialitätenrestaurant *n* restaurant *m* de spécialités
Spezialslalom *m* slalom spécial
speziell [ʃpetsi'ɛl] *adj* spécial; particulier
Spezies ['ʃpeːtsiɛs] *f* ⟨~; ~⟩ BOT, ZO espèce *f*
spezifisch [ʃpe'tsiːfɪʃ] *adj* spécifique
spezifizieren *v/t* ⟨*sans ge*⟩ spécifier; détailler
Sphäre ['sfɛːrə] *f* ⟨~; ~n⟩ sphère *f*
sphärisch *adj* sphérique
Sphinx [sfɪŋks] *f* ⟨~; ~e *ou* -gen⟩ MYTH Sphinx *m*; KUNST, *fig* sphinx *m*
spicken ['ʃpɪkən] **I** *v/t* **1.** CUIS (entre)larder **2.** F *fig Rede* **gespickt mit ...** farci, truffé de ... **II** F *v/i* (*abschreiben*) copier, F pomper (**bei j-m** sur qn)
Spickzettel F *m arg* pompe *f*; antisèche *f*
spie [ʃpiː] → **speien**
Spiegel ['ʃpiːgəl] *m* ⟨~s; ~⟩ **1.** miroir *m* (*a fig*); glace *f*; *fig* **im Spiegel der Presse** aux yeux de la presse **2.** (*Wasserspiegel*) surface *f*; (*Wasserstand*) niveau *m* **3.** (*Alkoholspiegel, Blutzuckerspiegel*) taux *m*
Spiegelbild *n* reflet *m* (*a fig*)
spiegelbildlich *adj* inversé
Spiegelei *n* œuf *m* sur le plat
spiegelglatt *adj Wasseroberfläche* lisse; *Straße* verglacé
spiegeln ⟨*¢*⟩ **I** *v/t* refléter **II** *v/i* **1.** (*glänzen*) briller; miroiter **2.** (*wie ein Spiegel wirken*) réfléchir **III** *v/r* **sich spiegeln** se refléter (*a fig*)
Spiegelreflexkamera *f* (appareil *m*) reflex *m*
Spiegelschrank *m* armoire *f* à glace
Spiegelschrift *f* ⟨~⟩ écriture *f* spéculaire, en miroir
Spiegelung *f* ⟨~; ~en⟩ **1.** *von Licht* réverbération *f*; PHYS réflexion *f* **2.** (*Spiegelbild*) reflet *m*
spiegelverkehrt *adj* inversé
Spiel [ʃpiːl] *n* ⟨~¢s; ~e⟩ **1.** jeu *m* (*a fig der Farben, Muskeln*); **sein Spiel mit j-m treiben** jouer un (petit) jeu avec qn **2.** THÉ, MUS jeu *m* **3.** (*Wettspiel*) partie *f*; (*Glücksspiel, Gesell-*

schaftsspiel) jeu *m*; *fig* **mit j-m leichtes Spiel haben** avoir beau jeu avec qn **4.** SPORT match *m*; partie *f*; (*Spielweise*) jeu *m* **5.** *fig, mit prép* **aufs Spiel setzen** mettre en jeu; risquer; **auf dem Spiel stehen** être en jeu; **j-n aus dem Spiel lassen** tenir qn à l'écart; **etw aus dem Spiel lassen** laisser qc de côté; **mit im Spiel sein** être en jeu **6.** TECH jeu *m*
Spielart *f* **1.** BOT, ZO variété *f* **2.** *fig* forme *f*; aspect *m*
Spielautomat *m* machine *f* à sous
Spielball *m* **1.** SPORT balle *f*; TENNIS balle *f* de jeu; BILLARD bille *f* (rouge) **2.** *fig* jouet *m*
Spielbank *f* ⟨~; ~en⟩ casino *m*
Spieldose *f* boîte *f* à musique
Spielekonsole *f* → **Spielkonsole**
spielen I *v/t* **1.** jouer (*a* SPORT, MUS, THÉ); *Film, Schallplatte* passer; **Karten, Tennis, Cowboy spielen** jouer aux cartes, au tennis, au cow-boy; **Geige, Klavier spielen** jouer du violon, du piano; **den Hamlet spielen** jouer le rôle d'Hamlet; F *fig* **was wird hier gespielt?** qu'est-ce qu'il se passe? **2.** (*vorgeben*) **den Kranken spielen** jouer au malade; faire le malade; **mit gespieltem Ernst** avec un sérieux feint **II** *v/i* **3.** jouer (*a* SPORT, MUS, THÉ); **mit Puppen, auf der Gitarre, dem Klavier spielen** jouer à la poupée, de la guitare, du piano; **um etw spielen** jouer qc; **um Geld spielen** jouer pour de l'argent **4.** *Handlung* se passer; se dérouler **5.** *fig* **s-e Muskeln, Beziehungen spielen lassen** faire jouer ses muscles, ses relations
spielend *advt* avec aisance; sans peine
spielenlassen *v/t* → **spielen** II 5
Spieler(in) *m* ⟨~s; ~⟩ (*f*) ⟨~in; ~innen⟩ joueur, -euse *m,f*
Spielerei *f* ⟨~; ~en⟩ **1.** (*Leichtigkeit*) jeu *m* (d'enfant) **2.** (*Zeitvertreib*) passe-temps *m*; **e-e Spielerei mit Zahlen** un jeu de chiffres **3.** (*Herumspielen*) enfantillage *m* **4.** (*Schnickschnack*) bricole *f*
spielerisch *adj* **1.** (*leicht*) enjoué; insouciant; **mit spielerischer Leichtigkeit** avec aisance **2.** SPORT (*spieltechnisch*) concernant le jeu
Spielfeld *n* SPORT terrain *m*; TENNIS court *m*
Spielfilm *m* film *m*; long métrage
Spielführer *m* SPORT capitaine *m*
Spielgefährte *m*, **Spielgefährtin** *f* camarade *m,f* de jeu

Spielgeld n ⟨-¢s⟩ **1.** (*Spieleinsatz*) enjeu m **2.** (*Spielzeuggeld*) argent m pour jouer

Spielhälfte f **1.** *des Spielfelds* camp m **2.** (*Halbzeit*) mi-temps f

Spielhalle f maison f de jeux

Spielhölle F *péj* f tripot m

Spielkamerad(in) m(f) camarade m,f de jeu

Spielkarte f carte f à jouer

Spielkasino n casino m

Spielkonsole f INFORM console f de jeux (vidéo)

Spielleiter m **1.** THÉ, FILM metteur m en scène **2.** TV présentateur m

Spielmannszug m fifres m/pl et tambours m/pl

Spielmarke f jeton m

Spielminute f minute f (de jeu); *in der letzten Spielminute* dans la dernière minute de jeu

Spielothek [ʃpiːlo'teːk] f ⟨-; -en⟩ **1.** (*Spielverleih*) maison f de location de jeux; ludothèque f **2.** → **Spielhalle**

Spielpause f repos m

Spielplan m THÉ répertoire m; (programme m des) spectacles m/pl

Spielplatz m terrain m de jeux

Spielraum m **1.** TECH jeu m; tolérance f **2.** *fig* liberté f (d'action); marge f (*a* FIN)

Spielregel f règle f du jeu

Spielsachen f/pl jouets m/pl

Spielstand m score m

Spielstein m pion m

Spielstraße f rue à vitesse limitée dans un quartier résidentiel

Spielsucht f passion f du jeu

Spieltisch m table f de jeu; *im Kasino* tapis vert

Spieluhr f boîte f à musique

Spielverderber(in) m ⟨-s; -⟩ (f) ⟨-in; -innen⟩ trouble-fête m,f; rabat-joie m,f

Spielwaren f/pl jouets m/pl

Spielwarengeschäft n magasin m de jouets

Spielwarenhändler m marchand m de jouets

Spielzeit f **1.** THÉ saison f **2.** SPORT durée f du match

Spielzeug n jouet(s) m(pl)

Spielzeugeisenbahn f train m miniature

Spieß [ʃpiːs] m ⟨-es; -e⟩ **1.** *Waffe* pique f; F *fig den Spieß umdrehen* renvoyer la balle **2.** (*Bratspieß*) broche f; *kleinerer* brochette f; *am Spieß* à la broche **3.** F MIL F juteux m

Spießbürger(in) m(f) *péj* petit-bourgeois m, petite-bourgeoise f

spießbürgerlich adj *péj* (de) petit-bourgeois

spießen v/t ⟨-¢t⟩ *etw auf etw spießen* piquer qc dans qc; *etw in etw* (acc) *spießen* enfoncer qc dans qc

Spießer F *péj* m ⟨-s; -⟩ petit-bourgeois m; F beauf m

spießig adj *péj* petit-bourgeois

Spießrute f *Spießruten laufen* HIST passer par les verges; *fig* passer sous les regards curieux et hostiles

Spikes [ʃpaiks] pl **1.** SPORT (chaussures f/pl à) pointes f/pl **2.** *Autoreifen* pneus m/pl à clous

Spikesreifen m pneu m à clous

Spinat [ʃpi'naːt] m ⟨-¢s; -e⟩ BOT épinard m; CUIS épinards m/pl

Spind [ʃpint] m od n ⟨-¢s; -e⟩ casier m; placard m

Spindel ['ʃpindəl] f ⟨-; -n⟩ fuseau m

spindeldürr adj maigre comme un clou

Spinett [ʃpi'nɛt] n ⟨-¢s; -e⟩ MUS épinette f

Spinne ['ʃpinə] f ⟨-; -n⟩ araignée f

spinnefeind F (*mit*) *j-m spinnefeind sein* F ne pas pouvoir blairer qn

spinnen ['ʃpinən] ⟨spann, gesponnen⟩ **I** v/t **1.** filer **2.** *fig Intrigen* tramer **II** v/i **3.** filer **4.** F *fig* (*verrückt sein*) être fou, F cinglé; *du spinnst wohl!* F ça va pas la tête!

Spinnennetz n toile f d'araignée

Spinner(in) m ⟨-s; -⟩ (f) ⟨-in; -innen⟩ **1.** *Beruf* fileur, -euse m,f **2.** F *péj* F cinglé(e) m(f)

Spinnerei f ⟨-; -en⟩ **1.** (*Spinnen*), *Betrieb* filature f **2.** F *péj* folies f/pl

spinnert ['ʃpinərt] F, *bes südd* adj F toqué; F cinglé

Spinnrad n rouet m

Spinnwebe f ⟨-; -n⟩ fil m d'araignée

Spion [ʃpi'oːn] m ⟨-s; -e⟩ **1.** (*Agent*) espion m **2.** *in der Tür* judas m

Spionage [ʃpio'naːʒə] f ⟨-⟩ espionnage m

Spionageabwehr f **1.** *Tätigkeit* contre-espionnage m **2.** (*Spionageabwehrdienst*) service m de contre-espionnage

spionieren v/i ⟨sans ge⟩ faire de l'espionnage; *fig* mettre son nez partout

Spionin f ⟨-; -nen⟩ espionne f

Spirale [ʃpi'raːlə] f ⟨-; -n⟩ **1.** spirale f (*a fig*) **2.** (*Pessar*) stérilet m

Spiralfeder f ressort m en spirale

spiralförmig adj en spirale

Spiritismus m [ʃpiri'tismus] m ⟨-⟩ spiritisme m

Spiritist(in) m ⟨-en; -en⟩ (f) ⟨-in; -innen⟩ spirite m,f

spiritistisch adj spirite

Spirituosen [ʃpiritu'oːzən] f/pl spiritueux m/pl

Spiritus ['ʃpiːritus] m ⟨-; -se⟩ alcool m à brûler

Spirituskocher m réchaud m à alcool

Spital [ʃpi'taːl] n ⟨-s; -er⟩ *bes österr, schweiz* hôpital m

spitz [ʃpits] **I** adj **1.** pointu; *Winkel* aigu; *Gesicht* effilé **2.** *fig Bemerkung* cinglant; mordant; *Schrei* perçant **II** adv en pointe

Spitz m ⟨-es; -e⟩ *Hund* loulou m

Spitzbart m bouc m

Spitzbube m *plais Mann* filou m; *Junge* petit filou

spitzbübisch [-byːbiʃ] adj coquin

spitze ['ʃpitsə] F → *klasse*

Spitze f ⟨-; -n⟩ **1.** pointe f (*a Haarspitze*); *e-s Turms* a flèche f; sommet m; (*Schuhspitze, Fingerspitze, Nasenspitze*) bout m; *e-s Baums* cime f; *e-s Bergs, Dreiecks* sommet m; *fig die Dinge auf die Spitze treiben* pousser les choses à l'extrême **2.** *fig e-s Zugs, e-r Firma* tête f; SPORT *an der Spitze liegen* od *stehen* être en tête **3.** *fig* (*Bosheit*) pointe f **4.** *Gewebe* dentelle f **5.** (*Spitzengruppe*) groupe m de tête **6.** F *einsame Spitze sein* F être super

Spitzel ['ʃpitsəl] m ⟨-s; -⟩ indicateur m

spitzen v/t ⟨-¢t⟩ *Bleistift* tailler

Spitzenbluse f blouse f de dentelle

Spitzenerzeugnis n produit m de qualité supérieure, de première qualité, de grande classe

Spitzengeschwindigkeit f vitesse f de pointe

Spitzengruppe f SPORT peloton m, *e-r Tabelle* groupe m de tête

Sport	**WF**

Egal ob Sommer oder Winter: **Sport** macht Spaß und hält fit!

Fußball spielen	**jouer au football**
Tennis spielen	**jouer au tennis**
inlineskaten	**faire du roller**
schwimmen gehen	**aller nager**
segeln	**faire de la voile**
Fallschirm springen	**faire du parachutisme**
Rad fahren	**faire du vélo**
wandern	**faire des randonnées**
reiten	**faire du cheval**
Ski fahren	**faire du ski**
Schlittschuh laufen	**patiner**

Spitzenkandidat(in) m(f) tête f de liste
Spitzenklasse f classe supérieure; élite f; **ein Hotel der Spitzenklasse** un hôtel de grande classe; F **Spitzenklasse sein** F être super
Spitzenkraft f personne 'hautement qualifiée
Spitzenleistung f e-s Arbeiters rendement m maximum; SPORT performance f
Spitzenpolitiker m personnalité f politique de premier plan
Spitzenposition f position f de leader
Spitzenprodukt n → **Spitzenerzeugnis**
Spitzenqualität f qualité exceptionnelle, supérieure
Spitzenreiter m SPORT leader m; FUSSBALL équipe f de tête; fig, in der Hitparade numéro un m; leader m
Spitzenspiel n match m vedette
Spitzensportler m champion m
Spitzenstellung f position (très) élevée
Spitzentechnologie f technologie f de pointe
Spitzenverdiener(in) m(f) gros salaire
Spitzenwert m valeur f maximum
Spitzer m ⟨~s; ~⟩ taille-crayon m
spitzfindig adj tatillon; chicanier
Spitzfindigkeit f ⟨~; ~en⟩ ergotage m; chicanerie f
Spitzhacke f pic m; pioche f
Spitzkohl m chou m à feuilles lisses (se terminant en pain de sucre)
spitzkriegen F v/t découvrir
Spitzname m sobriquet m; surnom m
spitzwink(e)lig adj à angle aigu
Spleen [ʃpliːn] m ⟨~s; ~e ou ~s⟩ lubie f; **e-n Spleen haben** être dérangé
Splint [ʃplɪnt] m ⟨~es; ~e⟩ goupille fendue
Spliss m ⟨~es⟩ der Haarspitzen fourche f; **Spliss haben** avoir les cheveux fourchus
Splitt [ʃplɪt] m ⟨~es; ~e⟩ gravillon m
splitten [ˈʃplɪtən] v/t ⟨-e-⟩ 1. ÉCON diviser 2. POL panacher
Splitter [ˈʃplɪtər] m ⟨~s; ~⟩ (Holzsplitter, Glassplitter, Granatsplitter) éclat m; in der Haut écharde f
splitterfasernackt F plais adj tout nu; nu comme un ver

Splittergruppe f petit groupe; groupuscule m
splittern v/i 1. ⟨sn⟩ (zerbrechen) voler en éclats; Holz se fendre 2. (Splitter bilden) se fendiller
splitternackt F adj tout nu; nu comme un ver
Splitting [ˈʃplɪtɪŋ] n ⟨~s⟩ STEUERWESEN système de péréquation fiscale des revenus d'un couple marié
SPÖ [ɛspeːˈʔøː] f ⟨~⟩ abr (Sozialdemokratische Partei Österreichs) parti social-démocrate d'Autriche
Spoiler [ˈʃpɔylər] m ⟨~s; ~⟩ spoiler m
sponsern [ˈʃpɔnzərn] v/t sponsoriser
Sponsor [ˈʃpɔnzɔr] m ⟨~s; -soren⟩ sponsor m
spontan [ʃpɔnˈtaːn] adj spontané
Spontanität f ⟨~⟩ spontanéité f
sporadisch [ʃpoˈraːdɪʃ] adj sporadique
Spore [ˈʃpoːrə] f ⟨~; ~n⟩ BOT spore f
Sporn [ʃpɔrn] m ⟨~⟨¢⟩s; Sporen⟩ éperon m; **e-m Pferd die Sporen geben** éperonner un cheval
Sport [ʃpɔrt] m ⟨~¢s⟩ sport m; **Sport treiben** faire du sport
Sportabzeichen n brevet sportif
Sportanzug m tenue f de sport
Sportart f sport m
Sportartikel m article m de sport
Sportarzt m, **Sportärztin** f médecin m spécialiste de médecine sportive; bei e-r Veranstaltung médecin m soigneur
Sportausrüstung f équipement m de sport
Sportbeilage f e-r Zeitung supplément sportif
Sportbekleidung f vêtements m/pl de sport; habillement sportif
Sportfest n fête f du Sport
Sportflugzeug n avion m de tourisme
Sportfreund m 1. (Sportliebhaber) sportif m; amateur m de sport 2. (Sportkamerad) camarade m de sport
Sportgeist m esprit sportif
Sportgerät n appareil m de gymnastique
Sportgeschäft n magasin m d'articles de sport
Sporthalle f salle f omnisports
Sporthochschule f institut m universitaire de formation des professeurs d'éducation physique

S

Sprache – langue, langage oder parole?			**FQ**
Er spricht sechs Sprachen.	Il parle six **langues**.	**Sprache** (*einer Nation*)	**la langue**
Es ist schwierig, die Sprache der Jugendlichen zu verstehen.	Il est difficile de comprendre **le langage** des jeunes.	**Sprache** (= *Sprechweise*)	**le langage**
Er hat die Sprache bei einem Verkehrsunfall verloren.	Il a perdu **la parole** dans un accident de la route.	**Sprache** (= *Sprechvermögen*)	**la parole**

Sporthotel *n* hôtel *m* avec complexe sportif
Sportjournalist(in) *m(f)* chroniqueur, -euse *m,f* de sport; journaliste sportif, -ive
Sportlehrer(in) *m(f)* professeur *m* d'éducation physique
Sportler(in) *m* ⟨∼s; ∼⟩ (f) ⟨∼in; ∼innen⟩ sportif, -ive *m,f*
sportlich *adj* sportif; *Kleidung* sport
Sportmedizin *f* médecine *f* du sport, sportive
Sportplatz *m* terrain *m* de sport
Sportrad *n* vélo *m* de sport
Sportredakteur(in) *m(f)* rédacteur, -trice sportif, -ive
Sportreportage *f* reportage sportif
Sportreporter(in) *m(f)* reporter sportif
Sportschuh *m* **1.** (*Turnschuh*) chaussure *f* de sport **2.** (*sportlicher Schuh*) chaussure *f* sport
Sportsendung *f* (émission *f* des) sports *m/pl*; émission sportive
Sportsgeist *m* esprit sportif
Sportskanone F *f* F crack *m*; as *m*
Sportsmann *m* ⟨∼¢s; -männer *ou* -leute⟩ sportif *m*
Sportstadion *n* stade *m*
Sportstudent(in) *m(f)* étudiant(e) *m(f)* en sports
Sporttaucher(in) *m(f)* plongeur, -euse *m,f* sous-marin(e)
Sportteil *m e-r Zeitung* rubrique sportive; page(s) sportive(s)
Sporttrikot *n* maillot *m* de sport
Sportunfall *m* accident *m* de sport
Sportunterricht *m* éducation *f* physique
Sportveranstaltung *f* rencontre, manifestation sportive
Sportverein *m* club sportif
Sportverletzung *f* blessure *f* de sport
Sportwagen *m* **1.** *Auto* voiture *f* de sport **2.** *Kinderwagen* poussette *f*
Spot [spɔt] *m* ⟨∼s; ∼s⟩ spot *m*
Spott [ʃpɔt] *m* ⟨∼¢s⟩ moquerie *f*; **s-n Spott mit etw, j-m treiben** se moquer de qc, qn
spottbillig F **I** *adj* très bon marché **II** *adv* pour une bouchée de pain
spötteln ['ʃpœtəln] *v/i* ⟨¢⟩ se moquer (**über** [+ *acc*] de)
spotten *v/i* ⟨-e-⟩ se moquer (**über** [+ *acc*] de)
Spötter(in) *m* ⟨∼s; ∼⟩ (f) ⟨∼in; ∼innen⟩ moqueur, -euse *m,f*; railleur, -euse *m,f*
spöttisch *adj* moqueur; railleur
Spottpreis *m* prix *m* dérisoire; **für e-n Spottpreis** pour une bouchée de pain
sprach [ʃpraːx] → **sprechen**
Sprachbegabung *f* don *m* des langues

Sprache ['ʃpraːxə] *f* ⟨∼; ∼n⟩ langue *f*; (*Ausdrucksweise*) langage *m*; (*Rede*) parole *f*; (*Sprachstil*) style *m*; (*Redeweise*) parler *m*; **in französischer Sprache** en français; **die Sprache auf etw, j-n bringen** mettre, amener la conversation sur qc, qn; **etw zur Sprache bringen** mettre qc en discussion; F **heraus mit der Sprache!** F accouche!
Sprachfehler *m* défaut *m* de prononciation
Sprachführer *m* guide *m* de conversation
Sprachgebiet *n* **das französische, deutsche Sprachgebiet** les pays *m/pl* de langue française, allemande
Sprachgebrauch *m* usage *m*
Sprachgefühl *n* ⟨∼¢s⟩ sens *m* de la langue
Sprachkenntnisse *f/pl* connaissances *f/pl* de la langue *bzw* des langues; **ihre französischen Sprachkenntnisse** ses connaissances en *od* de français; *par ext* son français
Sprachkurs *m* cours *m* de langue
Sprachlabor *n* laboratoire *m* de langues
Sprachlehre *f* grammaire *f*
sprachlich *adj* qui concerne la langue; linguistique
sprachlos *adj* (*wortlos*) muet; (*verblüfft*) stupéfait; sans voix
Sprachrohr *n fig* porte-parole *m*
Sprachunterricht *m* enseignement *m* des langues; **französischer Sprachunterricht** cours *m/pl* de français
Sprachwissenschaft *f* linguistique *f*
Sprachwissenschaftler(in) *m(f)* linguiste *m,f*
sprachwissenschaftlich *adj* linguistique
sprang [ʃpraŋ] → **springen**
Spray [ʃpreː] *m od n* ⟨∼s; ∼s⟩ aérosol *m*; spray *m*
Spraydose *f* bombe *f*
sprayen *v/t* vaporiser; *Graffiti* F bomber; taguer
Sprayer(in) *m* ⟨∼s; ∼⟩ (f) ⟨∼in; ∼innen⟩ tagueur, -euse *m,f*
Sprechanlage ['ʃpreç-] *f* interphone *m*
Sprechblase *f* bulle *f*
Sprechchor *m* THÉ chœur parlé; *fig* chœur *m*
sprechen ⟨spricht, sprach, gesprochen⟩ **I** *v/t u v/i* **1.** parler (**zu j-m** à qn; **mit j-m** avec qn; **von** *od* **über** [+ *acc*] de); *Urteil* prononcer; rendre; *Wahrheit, Gebet, Gedicht* dire; **über Politik, Kunst sprechen** *a* parler politique, art; **auf etw, j-n zu sprechen kommen** en venir à parler de qc, qn; **gut, schlecht von j-m sprechen** dire du bien, du mal de qn; **sie ist schlecht** *od* **nicht gut auf mich zu sprechen** il ne faut pas lui parler de moi **2.** **j-n sprechen** parler à qn;

(*für j-n*) *zu sprechen sein* recevoir (qn); *kann ich bitte Frau Funke sprechen?* je voudrais parler à Mme Funke **3.** *fig das spricht für, gegen ihn* cela joue en sa faveur, contre lui; *was spricht* (*denn*) *dafür, dagegen?* quel en est (donc) l'avantage, l'inconvénient? **II** *v/r sich sprechen* se parler; *wir sprechen uns noch!* nous nous reverrons *od* retrouverons!

Sprecher(in) *m* ⟨~s; ~⟩ (*f*) ⟨~in; ~innen⟩ personne *f* qui parle; (*Wortführer*[*in*]) porte-parole *m*; RAD, TV speaker, speakerine *m,f*; (*Erzähler*[*in*]) narrateur, -trice *m,f*

Sprechfunk *m* radiotéléphonie *f*

Sprechfunkgerät *n* radiotéléphone *m*; *tragbares* talkie-walkie *m*

Sprechgesang *m* récitatif *m*

Sprechstunde *f* heures *f/pl* de consultation; *Sprechstunde haben* consulter; donner des consultations

Sprechstundenhilfe *neg! f* secrétaire médicale

Sprechweise *f* manière *f* de parler; élocution *f*

Sprechzeit *f* **1.** *e-s Arztes, Anwalts* heure(s) *f(pl)* de consultation **2.** (*Redezeit*) temps *m* de parole

Sprechzimmer *n* cabinet *m* de consultation

spreizen ['ʃpraɪtsən] ⟨¢ʃ⟩ *v/t Beine, Finger* écarter; *Flügel* déployer

Spreizfuß *m* pied tourné en dehors

Sprengel ['ʃprɛŋəl] *m* ⟨~s; ~⟩ **1.** *e-s Pfarrers* paroisse *f*; *e-s Bischofs* diocèse *m* **2.** *österr* (*Verwaltungsbezirk*) circonscription *f*

sprengen ['ʃprɛŋən] *v/t* **1.** (*in die Luft*) *sprengen* faire sauter; *mit Dynamit* dynamiter **2.** *Tür, Schloss* faire sauter **3.** *Ketten* rompre; *fig Versammlung* disperser; *Bank* faire sauter **4.** *Garten, Straße* arroser; *Wäsche* humecter

Sprengkopf *m* ogive *f*

Sprengkraft *f* force explosive

Sprengladung *f* charge explosive

Sprengsatz *m* charge explosive

Sprengstoff *m* explosif *m*

Sprengstoffanschlag *m* attentat *m* au plastic; plasticage *od* plastiquage *m*

Sprengung *f* ⟨~; ~en⟩ destruction *f* par explosif; *mit Dynamit* dynamitage *m*

sprenkeln ['ʃprɛŋkəln] *v/t* ⟨¢⟩ moucheter; tacheter

Spreu [ʃprɔy] *f* ⟨~⟩ balle *f*; *fig die Spreu vom Weizen trennen* séparer le bon grain de l'ivraie

spricht [ʃrɪçt] → **sprechen**

Sprichwort ['ʃprɪçvɔrt] *n* ⟨~¢s; ≈er⟩ proverbe *m*

sprichwörtlich *adj* proverbial (*a fig*)

sprießen ['ʃpriːsən] *v/i* ⟨spross, gesprossen, sn⟩ *Pflanze* pousser; sortir de terre; *Bart* pousser

Springbrunnen ['ʃprɪŋ-] *m* fontaine *f*; jet *m* d'eau

springen ⟨sprang, gesprungen⟩ **I** *v/t* ⟨h *ou* sn⟩ *Sprung* exécuter; *Entfernung, Höhe, Rekord* sauter **II** *v/i* ⟨sn⟩ **1.** sauter (*über etw* qc) (*a fig*, SPORT); → *Info* **passé** (*composé*); bondir; *Ampel auf Rot springen* passer au rouge; F *fig* **100 Euro springen lassen** F se fendre de 100 euros **2.** *Porzellan, Glas* se fêler; se fissurer; *gesprungene Lippen* *f/pl* lèvres gercées

springenlassen *v/t* → **springen** *II 1*

Springer *m* ⟨~s; ~⟩ **1.** SPORT sauteur *m*;

SCHWIMMSPORT plongeur *m* **2.** *Schachfigur* cavalier *m* **3.** *in e-r Firma* personne *f* qui fait partie du personnel volant

Springerin *f* ⟨~; ~nen⟩ **1.** SPORT sauteuse *f*; SCHWIMMSPORT plongeuse *f* **2.** *in e-r Firma* personne *f* qui fait partie du personnel volant; *als Sekretärin* secrétaire volante

Springflut *f* grande marée

Springform *f* CUIS moule *m* démontable

Springmesser *n* couteau *m* à cran d'arrêt

Springpferd *n* sauteur *m*

Springreiten *n* jumping *m*

Springrollo *n* store *m* à enrouler

Springseil *n* corde *f* à sauter

Sprinkleranlage ['ʃprɪŋklər-] *f* installation *f* d'arrosage

Sprint [ʃprɪnt] *m* ⟨~s; ~s⟩ sprint *m*

sprinten *v/i* ⟨-e-, sn⟩ sprinter

Sprinter(in) *m* ⟨~s; ~⟩ (*f*) ⟨~in; ~innen⟩ sprinter, -euse *m,f*

Sprit [ʃprɪt] F *m* ⟨~¢s⟩ **1.** (*Benzin*) essence *f*; F jus *m* **2.** (*Schnaps*) F gnôle *f*

Spritze ['ʃprɪtsə] *f* ⟨~; ~n⟩ **1.** (*Injektionsspritze*) seringue *f* **2.** (*Injektion*) piqûre *f*; *j-m e-e Spritze geben* faire une piqûre à qn

spritzen ⟨¢ʃ⟩ **I** *v/t* **1.** *Garten* arroser (*mit* de); *Obst* traiter; *j-n nass spritzen* arroser qn; *j-m Soße auf die Kleider spritzen* éclabousser de sauce les vêtements de qn **2.** MÉD injecter **3.** (*lackieren*) peindre au pistolet **II** *v/i* **4.** *mit Wasser spritzen* lancer de l'eau **3.** ⟨h, + indication de direction sn⟩ *Blut, Wasser, Fett* gicler **6.** F (*Rauschgift spritzen*) F se shooter

Spritzer *m* ⟨~s; ~⟩ **1.** (*Farbspritzer*) éclaboussure *f* **2.** (*kleine Menge*) quelques gouttes *f/pl* (de …)

spritzig *adj Person* pétillant; (*geistreich*) spirituel; *Vorstellung* vivant; animé; *Auto* nerveux; *Wein* pétillant

Spritzlackierung *f* peinture *f* au pistolet

Spritzpistole *f* pistolet *m*

Spritztour F *f* F virée *f*

spröde ['ʃprøːdə] *adj* **1.** *Material* cassant; *Haut, Haar, Lippen* sec **2.** *fig Person* revêche; *Thema* rébarbatif

spross [ʃprɔs] → **sprießen**

Spross *m* ⟨~es; ~e⟩ **1.** BOT pousse *f* **2.** *st/s* (*Nachkomme*) descendant *m*

Sprosse ['ʃprɔsə] *f* ⟨~; ~n⟩ **1.** *e-r Leiter* échelon *m*; barreau *m* **2.** *e-s Fensters* croisillon *m*

Sprossenwand *f* SPORT espaliers *m/pl*

Sprössling ['ʃprœslɪŋ] F *plais m* ⟨~s; ~e⟩ F rejeton *m*

Sprotte ['ʃprɔtə] *f* ⟨~; ~n⟩ ZO sprat *m*; *Kieler Sprotten* sprats fumés

Spruch [ʃprux] *m* ⟨~¢s; ≈e⟩ **1.** (*Wahlspruch*) devise *f*; (*Sinnspruch*) adage *m*; (*Bibelspruch*) verset *m* **2.** (*Schiedsspruch*) décision *f* **3.** F *péj Sprüche klopfen od machen* F être fort en gueule; *das sind doch nur Sprüche!* c'est du vent!

Spruchband *n* ⟨~¢s; -bänder⟩ banderole *f*; calicot *m*

Sprücheklopfer ['ʃprʏçəklɔpfər] F *péj m* ⟨~s; ~⟩ F grande gueule

spruchreif *adj* (*noch nicht*) *spruchreif sein* (ne pas encore) être au point

Sprudel ['ʃpruːdəl] *m* ⟨~s; ~⟩ eau gazeuse

sprudeln v/i ⟨¢⟩ **1.** ⟨+ indication de direction sn⟩ (heraussprudeln) jaillir (**aus** de) **2.** (aufwallen) bouillonner **3.** Getränk pétiller

Sprühdose ['ʃpry:-] f bombe f

sprühen ['ʃpry:ən] **I** v/t Funken faire; jeter; Flüssigkeit pulvériser **II** v/i ⟨+ indication de direction sn⟩ Funken jaillir; Wasser, Regen gicler; **von** od **vor Geist, Witz** (dat) **sprühen** pétiller d'esprit, de malice

Sprühflasche f bombe f; kleinere, bes für Parfüm atomiseur m; vaporisateur m

Sprühpflaster n pansement m liquide

Sprühregen m bruine f; pluie fine

Sprühverband m → **Sprühpflaster**

Sprung [ʃpruŋ] m ⟨∼¢s; ∼e⟩ **1.** saut m; bond m; SCHWIMMSPORT plongeon m; **zum Sprung ansetzen** prendre son élan; F fig **keine großen Sprünge machen können** ne pas pouvoir faire des folies; F **auf dem Sprung sein** être sur le point de partir; F **nur auf e-n Sprung bei j-m vorbeikommen** ne faire qu'un saut chez qn; F **j-m auf die Sprünge helfen** mettre qn sur la voie **2.** in Glas, Porzellan fêlure f; fissure f

Sprungbrett n tremplin m (a fig)

Sprungfeder f ressort m

Sprunggelenk n ANAT articulation f de la cheville; bei Tieren jarret m

sprunghaft I adj **1.** Person versatile **2.** (schnell) très rapide; Preisanstieg vertigineux **II** adv **sprunghaft ansteigen** faire un bond

Sprungschanze f SKISPORT tremplin m

Sprungtuch n ⟨∼¢s; -tücher⟩ toile f de sauvetage

Sprungturm m SCHWIMMSPORT plongeoir m

Spucke ['ʃpukə] f F ⟨∼⟩ salive f; **ihm blieb die Spucke weg** F il en est resté baba

spucken v/t u v/i cracher

Spuk [ʃpu:k] m ⟨∼¢s; ∼e⟩ apparition f de fantômes; fig horreur f; monstruosité f

spuken I v/imp **es spukt (in diesem Haus)** il y a des revenants (dans cette maison); cette maison est 'hantée **II** v/i Gedanke **in j-s Kopf** (dat) **spuken** 'hanter qn

Spülbecken n évier m

Spülbürste f brosse f (pour la vaisselle)

Spule ['ʃpu:lə] f ⟨∼; ∼n⟩ bobine f; e-r Nähmaschine canette f

Spüle f ⟨∼; ∼n⟩ évier m

spulen v/t Film, Garn embobiner; Film a, Tonband enrouler

spülen ['ʃpy:lən] **I** v/t **1.** Wäsche, Mund rincer **2.** Geschirr laver; faire **3. etw ans Ufer spülen** jeter qc sur le rivage **II** v/i **4.** Geschirr laver, faire la vaisselle **5.** am WC tirer la chasse d'eau

Spüllappen m lavette f

Spülmaschine f lave-vaisselle m

Spülmittel n produit m (pour la) vaisselle

Spültuch n ⟨∼¢s; -tücher⟩ lavette f

Spülung f ⟨∼; ∼en⟩ **1.** (Scheidenspülung, Magenspülung) lavage m **2.** beim WC chasse f d'eau

Spülwasser n eau f de vaisselle

Spulwurm m ascaride m

Spund [ʃpunt] m **1.** ⟨∼¢s; ∼e⟩ e-s Fasses bonde f **2.** ⟨∼¢s; ∼e⟩ F **junger Spund** F petit jeune, jeunot

Spundloch n bonde f

Spundwand f palplanches f/pl

Spur [ʃpu:r] f ⟨∼; ∼en⟩ **1.** (Fußspur, Blutspur, Bremsspur, JAGD, fig) trace f; (Fährte, SKISPORT, fig) piste f; (Reifenspur) ornière f; **j-m, e-r Sache auf die Spur kommen** dépister qn, qc **2.** e-r Verletzung marque f; e-r alten Kultur traces f/pl **3.** (kleine Menge) **e-e Spur Salz** un soupçon, une pincée de sel; F **keine** od **nicht die Spur!** pas du tout! **4.** AUTO parallélisme m **5.** TECH → **Spurweite 6.** (Fahrspur) voie f; file f; **die Spur wechseln** déboîter **7.** e-s Tonbands etc piste f

spürbar ['ʃpy:r-] adj sensible; perceptible; (beträchtlich) considérable

spuren I v/t Loipe tracer **II** F fig v/i marcher droit

spüren v/t (fühlen) sentir; (wahrnehmen) s'apercevoir de; **etw zu spüren bekommen** ressentir qc; **von Mitleid war nichts zu spüren** il n'y avait pas la moindre pitié

Spurenelemente n/pl oligo-éléments m/pl

Spürhund m limier m (a fig); (Polizeispürhund) chien policier

spurlos adv sans laisser de traces

Spürsinn m e-s Hundes flair m; fig e-r Person intuition f

Spurt [ʃpurt] m ⟨∼s; ∼e ou ∼s⟩ sprint m

spurten v/i ⟨-e-, + indication de direction sn⟩ sprinter

Spurweite f écartement m

sputen ['ʃpu:tən] v/r ⟨-e-⟩ **sich sputen** se dépêcher

Squash [skvɔʃ] n ⟨∼⟩ squash m

Sri Lanka ['sri:laŋka] n ⟨∼s⟩ le Sri Lanka

SS[1] abr (Sommersemester) semestre m d'été

SS[2] [ɛs'ʔɛs] f abr ⟨∼⟩ HIST (Schutzstaffel) SS f; meist SS m/pl

SSV [ɛs'ʔɛs'faʊ] m abr ⟨∼⟩ (Sommerschlussverkauf) soldes m/pl d'été

St. abr **1.** (Sankt) S[t] **2.** (Stück) pièce f

Staat [ʃta:t] m ⟨∼¢s; ∼en⟩ **1.** POL État m; **die Staaten** (USA) les États-Unis m/pl; **von Staats wegen** pour raison d'État **2. damit kannst du keinen Staat machen** avec ça tu ne peux pas épater la galerie; **in vollem Staat** en grande toilette, tenue

Staatenbund m confédération f

staatenlos adj apatride

staatlich I adj de l'État; Schule, Einrichtung, Behörde public **II** adv par l'État; **staatlich geprüft** diplômé; breveté

Staatsaffäre F f **e-e Staatsaffäre aus etw machen** F faire tout un plat, toute une histoire de qc

Staatsakt m cérémonie officielle

Staatsangehörige(r) f(m) ressortissant(e) m(f)

Staatsangehörigkeit f ⟨∼⟩ nationalité f; **doppelte Staatsangehörigkeit** double nationalité

Staatsanwalt m, **Staatsanwältin** f procureur m

Staatsanwaltschaft f ministère public; parquet m

Staatsbegräbnis n obsèques nationales

Staatsbesuch m visite officielle

Staatsbürger(in) m(f) citoyen, -enne m,f; **er ist deutscher Staatsbürger** il est de nationalité allemande

staatsbürgerlich adj civique

Staatsbürgerschaft f nationalité f

Staatschef *m* chef *m* d'État
Staatsdienst *m* service public
Staatsempfang *m* réception officielle
Staatsexamen *n* licence *f*; *zweites Staatsexamen für das höhere Lehramt* CAPES *m*
Staatsform *f* régime *m*; système gouvernemental
Staatsgast *m* invité(e) *m(f)* officiel, -ielle
Staatsgebiet *n* territoire national
Staatsgeheimnis *n* secret *m* d'État (*a* F *fig*)
Staatsgewalt *f* autorité publique
Staatsgrenze *f* frontière *f*
Staatshaushalt *m* budget *m* de l'État
Staatskasse *f* Trésor public
Staatskosten *pl* *auf Staatskosten* aux frais de l'État
Staatsmann *m* ⟨~¢s; -männer⟩ homme *m* d'État
staatsmännisch *adj* d'homme d'État
Staatsoberhaupt *n* chef *m* d'État
Staatspräsident *m* président *m* de la République
Staatsschuld(en) *f(pl)* dette publique
Staatssekretär(in) *m(f)* secrétaire *m,f* d'État
Staatsstreich *m* coup *m* d'État
Staatstrauer *f* deuil national
Staatsverschuldung *f* endettement *m* de l'État
Stab [ʃtaːp] *m* ⟨~¢s; ≈e⟩ **1.** (*Stock*) bâton *m*; *dünner* baguette *f*; (*Eisenstab*) barre *f*; (*Gitterstab*) barreau *m*; STABHOCHSPRUNG perche *f*; (*Staffelstab*) témoin *m*; *st/s* *den Stab über j-n brechen* jeter la pierre à qn **2.** MIL état-major *m* **3.** (*Mitarbeiterstab*) équipe *f*
Stäbchen [ˈʃtɛːpçən] *n* ⟨~s; ~⟩ bâtonnet *m*; baguette *f* (*a* Essstäbchen)
Stabhochspringer(in) *m(f)* sauteur, -euse *m,f* à la perche
Stabhochsprung *m* saut *m* à la perche
stabil [ʃtaˈbiːl] *adj* *Gleichgewicht, Wirtschaft* stable; (*haltbar*), *Gesundheit* robuste; (*nicht wacklig*) solide
stabilisieren *v/t* (*u v/r*) ⟨*sans ge*⟩ (*sich stabilisieren* se) stabiliser
Stabilisierung *f* ⟨~⟩ stabilisation *f*
Stabilität *f* ⟨~⟩ stabilité *f*
Stablampe *f* torche *f* électrique
Stabreim *m* allitération *f*
Stabsarzt *m* médecin-capitaine *m*
Stabsoffizier *m* officier supérieur
stach [ʃtaːx] → *stechen*
Stachel [ˈʃtaxəl] *m* ⟨~s; ~n⟩ **1.** BOT épine *f* **2.** *von Insekten* aiguillon *m*; dard *m*; *vom Igel* piquant *m*
Stachelbeere *f* groseille *f* à maquereau
Stacheldraht *m* (fil *m* de fer) barbelé *m*
Stacheldrahtzaun *m* 'haie *f* de barbelés
stach(e)lig *adj* BOT, ZO épineux; *Igel a* 'hérissé; *Bart* piquant (*a* ZO)
Stachelschwein *n* porc-épic *m*
Stadel [ˈʃtaːdəl] *m* ⟨~s; ~, *österr a* ~n⟩ *südd, schweiz, österr* grange *f*
Stadion [ˈʃtaːdiɔn] *n* ⟨~s; -ien⟩ stade *m*
Stadium [ˈʃtaːdium] *n* ⟨~s; -ien⟩ phase *f*; stade *m*
Stadt [ʃtat] *f* ⟨~; ≈e⟩ **1.** ville *f*; *die Stadt Berlin* la ville de Berlin **2.** (*Stadtverwaltung*) municipalité *f*
Stadt... *in Zssgn* → *städtisch*

Stadtarchiv *n* archives municipales
stadtauswärts *adv* en sortant de la ville
Stadtautobahn *f* autoroute urbaine
Stadtbahn *f* RER *m*
Stadtbewohner(in) *m(f)* habitant(e) *m(f)* d'une *bzw* de la ville; citadin(e) *m(f)*
Stadtbezirk *m* arrondissement *m*
Stadtbibliothek *f* bibliothèque municipale
Stadtbummel *m* tour *m*, promenade *f* en ville
Städtchen [ˈʃtɛ(ː)tçən] *n* ⟨~s; ~⟩ petite ville
Stadtdirektor *m* BRD *in einigen Ländern* responsable *m* de l'organisation des services municipaux
Städtebau *m* urbanisme *m*
stadteinwärts *adv* direction centre ville
Städtepartnerschaft *f* jumelage *m*
Städter(in) *m* ⟨~s; ~⟩ (*f*) ⟨~in; ~innen⟩ citadin(e) *m(f)*
Stadtflucht *f* ⟨~⟩ désertion *f*, évasion *f* des villes
Stadtführer *m* guide *m* de la ville
Stadtgarten *m* jardin municipal, public
Stadtgebiet *n* territoire *m* de la ville
Stadtgespräch *n* **1.** TÉL communication urbaine **2.** *fig das ist Stadtgespräch* toute la ville en parle
Stadthalle *f* salle municipale; *oft a* salle polyvalente
städtisch *adj* de (la) ville; *bes* ADM municipal; (*urban*) citadin; urbain; des villes
Stadtkämmerer [-kɛmərər] *m* ⟨~s; ~⟩ administrateur *m* des finances municipales
Stadtkasse *f* **1.** *Finanzen* budget *m* de la ville **2.** *Behörde* service *m* des finances municipales
Stadtkern *m* centre *m* (de la ville)
Stadtmauer *f* rempart(s) *m(pl)*
Stadtmitte *f* centre *m* (de la) ville
Stadtplan *m* plan *m* d'une ville
Stadtrand *m* périphérie *f*
Stadtrat *m* **1.** *Gremium* conseil municipal **2.** *Person* conseiller municipal
Stadtrundfahrt *f* visite guidée (en bus); tour *m* de ville
Stadtstaat *m* ville-État *f*
Stadtstreicher(in) *m(f)* clochard(e) *m(f)*
Stadtteil *m* quartier *m*
Stadttor *n* porte *f* de la ville
Stadtverkehr *m* circulation urbaine
Stadtverordnete(r) *f(m)* ⟨→ A⟩ conseiller, -ère municipal(e)
Stadtverwaltung *f* municipalité *f*
Stadtviertel *n* quartier *m*
Stadtwerke *n/pl* services municipaux d'électricité, de gaz et d'eau
Stadtzentrum *n* centre *m* (de la) ville
Staffel [ˈʃtafəl] *f* ⟨~; ~n⟩ **1.** AVIAT escadrille *f* **2.** (*Staffellauf*) (course *f* de) relais *m*
Staffelei *f* ⟨~; ~en⟩ chevalet *m*
Staffellauf *m* (course *f* de) relais *m*
Staffelläufer(in) *m(f)* relayeur, -euse *m,f*
staffeln *v/t* (*u v/r*) ⟨¢⟩ (*sich staffeln* s')échelonner
Staffelung *f* ⟨~; ~en⟩ échelonnement *m*
Stagnation [ʃtagnatsiˈoːn] *f* ⟨~; ~en⟩ stagnation *f*
stagnieren *v/i* ⟨*sans ge*⟩ stagner; être stagnant
stahl [ʃtaːl] → *stehlen*
Stahl *m* ⟨~¢s; ≈e *ou* ~e⟩ acier *m*; *aus Stahl* en acier; *Nerven aus Stahl haben* avoir des nerfs

à toute épreuve
Stahlarbeiter *m* ouvrier *m* métallurgiste
Stahlbau *m* ⟨~¢s; ~ten⟩ *Technik, Gebäude* construction *f* métallique
Stahlbeton *m* béton armé
stahlblau *adj* bleu acier
Stahlblech *n* tôle *f* d'acier
stählen ['ʃtɛːlən] *st/s v/t* aguerrir; *Körper* endurcir
stählern *adj* d'acier (*a fig*)
stahlgrau *adj* gris acier
stahlhart *adj* d'acier (*a fig*)
Stahlhelm *m* casque *m* d'acier
Stahlindustrie *f* industrie *f* sidérurgique
Stahlrohr *n* tube *m* d'acier
Stahlwerk *n* aciérie *f*
Stahlwolle *f* paille *f* de fer
stak [ʃtaːk] → **stecken**
Stakkato [ʃta'kaːto, sta-] *n* ⟨~s; ~s *ou* -ti⟩ MUS staccato *m*
staksen ['ʃtaːksən] F *v/i* ⟨sn⟩ marcher les jambes raides
staksig F *adj* raide
Stalagmit [ʃtala'gmiːt] *m* ⟨~s *ou* ~en; ~eŋ⟩ stalagmite *f*
Stalaktit [ʃtalak'tiːt] *m* ⟨~s *ou* ~en; ~eŋ⟩ stalactite *f*
Stall [ʃtal] *m* ⟨~¢s; ~e⟩ **1.** (*Kuhstall*) étable *f*; (*Pferdestall*) écurie *f*; (*Schweinestall*) porcherie *f*; (*Hühnerstall*) poulailler *m*; (*Kaninchenstall*) clapier *m*; (*Schafstall*) bergerie *f* **2.** (*Rennstall*) écurie *f*
Stallbursche *m* garçon *m* d'écurie; palefrenier *m*
Stallmeister *m* écuyer *m*
Stallungen *f/pl für Pferde* écuries *f/pl; für Kühe* étables *f/pl*
Stamm [ʃtam] *m* ⟨~¢s; ~e⟩ **1.** (*Baumstamm*) tronc *m* **2.** (*Personalstamm*) personnel permanent **3.** (*Volksstamm*) tribu *f* **4.** (*Geschlecht*) famille *f*; lignée *f*; race *f* **5.** LING radical *m*
Stammaktie *f* action *f* de capital
Stammbaum *m* arbre *m* généalogique; *von Tieren* pedigree *m*
Stammbuch *n* livret *m* de famille
stammeln ['ʃtaməln] *v/t u v/i* ⟨¢⟩ bégayer; balbutier
stammen *v/i* **stammen** (**aus, von**) (*kommen, hervorgehen*) sortir (de); (*beheimatet sein*) être originaire (de); (*herkommen*) provenir (de) (*a Dinge*); (*datieren*) dater (de; remonter (à); **dieser Vorschlag stammt von Felix** c'est Félix qui a eu cette idée; c'est une idée de Félix
Stammformen *f/pl* GR temps premiers, primitifs
Stammgast *m* habitué(e) *m(f)*
Stammhalter *m plais* héritier *m*
stämmig ['ʃtɛmɪç] *adj* trapu
Stammkneipe F *f* café, bistrot habituel
Stammkunde *m*, **Stammkundin** *f* habitué(e) *m(f)*; client(e) *m(f)* fidèle
Stammlokal *n* bistrot, restaurant habituel
Stammplatz *m* place habituelle
Stammtisch *m Tisch* table *f* des habitués; (*Stammtischrunde*) groupe *m* des habitués; *Treffen* réunion *f* des habitués
Stammwähler *m* électeur *m* fidèle
Stammzelle *f* BIOL, MÉD cellule *f* souche
stampfen ['ʃtampfən] **I** *v/t* **1.** *Erde* tasser; *mit*

Ramme damer **2.** *Kartoffeln, Kraut* écraser **3.** *Rhythmus* battre **4.** *fig* **etw aus dem Boden stampfen** créer qc de toutes pièces **II** *v/i* **5.** *mit den Füßen* piétiner; trépigner; *Pferd* piaffer; **mit dem Fuß auf die Erde stampfen** frapper le sol du pied **6.** ⟨sn⟩ (*sich stampfend fortbewegen*) marcher à pas lourds
Stampfer *m* ⟨~s; ~⟩ CUIS pilon *m*
stand [ʃtant] → **stehen**
Stand *m* ⟨~¢s; ~e⟩ **1.** (*Stehen*) station *f* debout; *Sprung m* **aus dem Stand** saut *m* sans élan; F *fig* **aus dem Stand** (**heraus**) au pied levé; spontanément; *fig* **e-n schweren Stand haben** être dans une situation difficile, délicate **2.** (*Standort*) place *f*; emplacement *m* **3.** (*Marktstand*) étal *m*; (*Ausstellungsstand, Informationsstand*) stand *m* **4.** (*Wasserstand*) niveau *m*; (*Barometerstand*) 'hauteur *f*; *der Papiere, Aktien* cours *m*; cote *f* **5.** SPORT (*Spielstand*) score *m* **6.** *fig* (*Zustand*) état *m*; niveau *m*; **der Stand der Dinge** l'état *m* des choses; **etw auf den neuesten Stand bringen** mettre qc à jour **7.** *gesellschaftlich* classe *f*; condition *f*; (*Beruf*) profession *f*; HIST **der dritte Stand** le tiers état **8.** (*Familienstand*) situation *f* de famille **9.** **außer Stande** → **außerstande**; **im Stande** → **imstande**; **in Stand** → **instand**; **zu Stande** → **zustande**
Standard ['ʃtandart] *m* ⟨~s; ~s⟩ standard *m*
Standardausführung *f* type *m*, modèle *m* standard
standardisieren *v/t* ⟨sans ge⟩ standardiser
Standardisierung *f* ⟨~; ~en⟩ standardisation *f*
Standarte [ʃtan'dartə] *f* ⟨~; ~n⟩ fanion *m*; MIL étendard *m*
Standbein *n fig* **das Antiquitätengeschäft ist ihr zweites Standbein** le magasin d'antiquités est sa deuxième béquille
Standbild *n* statue *f*; *kleines* statuette *f*
Ständchen ['ʃtɛntçən] *n* ⟨~s; ~⟩ (*Abendständchen*) sérénade *f*; **j-m ein Ständchen bringen** donner une sérénade à qn
Ständer ['ʃtɛndər] *m* ⟨~s; ~⟩ **1.** (*Gestell*) support *m*; (*Kleiderständer*) portemanteau *m*; (*Kerzenständer*) chandelier *m*; *am Fahrrad* béquille *f* **2.** P **e-n Ständer haben, kriegen** P bander
Ständerat *m schweiz* **1.** *Gremium* Conseil *m* des États **2.** *Mitglied* membre *m* du Conseil des États
Standesamt *n* bureau *m* de l'état civil
standesamtlich *adj* d'état civil; *Trauung* civil
Standesbeamte(r) *m* officier *m* de l'état civil
Standesdünkel *m péj* orgueil *m* de caste
standesgemäß *adj* conforme au rang; selon son rang, état
Standesunterschied *m* différence *f* de classe (sociale), de rang (social)
standfest *adj* **1.** stable; fixe **2.** *fig* ferme; résolu
Standfestigkeit *f* stabilité *f*; *fig* fermeté *f*
Standgericht *n* cour martiale
standhaft **I** *adj* ferme; inébranlable **II** *adv* **standhaft bleiben** rester ferme
Standhaftigkeit *f* ⟨~⟩ fermeté *f*
standhalten *v/i* ⟨irr⟩ tenir bon; ne pas céder; **j-m, e-r Sache standhalten** résister à qn, qc
ständig ['ʃtɛndɪç] **I** *adj* constant; continuel; *Lärm* ininterrompu; *Mitglied, Ausschuss* per-

manent; *Wohnsitz* fixe **II** *adv* constamment; (*immer*) toujours; sans cesse

Standlicht *n* feux *m/pl* de position

Standort *m* ⟨~¢s; ~e⟩ **1.** position *f* (*a* MAR, *fig*); place *f*; *e-s Betriebs* emplacement *m*; site *m* **2.** MIL garnison *f*

Standpauke F *f* sermon *m*; **j-m e-e Standpauke halten** F passer un savon à qn

Standpunkt *m* point *m* de vue; avis *m*; **den Standpunkt vertreten** *od* **auf dem Standpunkt stehen, dass …** être d'avis que … (+ *subj*)

Standrecht *n* loi martiale

standrechtlich I *adj* d'après la loi martiale **II** *adv* **standrechtlich erschießen** passer par les armes

Standspur *f* bande *f* d'arrêt d'urgence

Standuhr *f* horloge *f*; pendule *f*

Stange ['ʃtaŋə] *f* ⟨~; ~n⟩ **1.** (*Holzstange*) perche *f*; (*Eisenstange*) tige *f*; barre *f*; (*Metallstange, Gardinenstange*) tringle *f*; (*Fahnenstange*) 'hampe *f*; (*Vogelstange*) perchoir *m*; F **Kleider** *n/pl* **von der Stange** vêtements *m/pl* de confection; prêt-à-porter *m*; F **e-e (schöne) Stange Geld** beaucoup d'argent; F pas mal de fric; F *fig* **j-m die Stange halten** prendre parti pour qn; F *fig* **bei der Stange bleiben** persévérer; tenir bon **2.** *von Lakritze, Zimt* bâton *m*; (*Stange Zigaretten*) cartouche *f*

Stängel ['ʃtɛŋəl] *m* ⟨~s; ~⟩ BOT tige *f*

Stangenbrot *n* baguette *f*

Stangenspargel *m* (tiges *f/pl* d')asperges *f/pl*

stank [ʃtaŋk] → **stinken**

stänkern ['ʃtɛŋkərn] F *v/i* F râler; F rouspéter

Stanniol [ʃtani'oːl] *n* ⟨~s; ~e⟩ feuille *f* d'aluminium, d'argent

stanzen ['ʃtantsən] *v/t* ⟨¢$⟩ *Blech* poinçonner; (*prägen*) estamper

Stapel ['ʃtaːpəl] *m* ⟨~s; ~⟩ **1.** pile *f* **2.** MAR **vom Stapel laufen** être lancé; être mis à l'eau

Stapellauf *m* lancement *m*; mise *f* à l'eau

stapeln *v/t* (*u v/r*) ⟨¢⟩ (**sich stapeln** s')empiler

stapfen ['ʃtapfən] *v/i* ⟨sn⟩ marcher à pas lourds, lourdement

Star¹ [ʃtaːr] *m* ⟨~¢s; ~e⟩ ZO étourneau *m*; sansonnet *m*

Star² *m* ⟨~¢s; ~e⟩ MÉD (**grauer**) **Star** cataracte *f*; **grüner Star** glaucome *m*

Star³ [ʃtaːr *ou* staːr] *m* ⟨~s; ~s⟩ FILM, THÉ *etc* star *f*; vedette *f*; étoile *f*

Staralüren *f/pl* airs *m/pl* de star

Staranwalt *m*, **Staranwältin** *f* avocat(e) *m(f)* célèbre, très connu(e), en vue

starb [ʃtarp] → **sterben**

stark [ʃtark] **I** *adj* ⟨≈er, ≈ste⟩ **1.** (*kraftvoll, fest*) fort (*a fig*); *körperlich* robuste; vigoureux; solide (*a Nerven, Herz*); puissant (*a Motor, TECH*); → **starkmachen 2.** *Kaffee, Tee, Tabak* fort **3.** (*dick*) épais; gros; (*beleibt*) corpulent **4.** (*intensiv*) fort; *Verkehr* grand; intense; *Kälte* intense; *Hitze, Erkältung, Esser* gros; *Interesse, Hunger, Durst, Trinker, Raucher* grand **5.** *Verb* fort **6.** (*zahlenmäßig groß*) **1000 Mann stark** fort de mille hommes **7.** *Jugendsprache* (**echt**) **stark** F super; F génial **II** *adv* fort(ement); (*viel*) beaucoup; très; **stark rauchen** fumer beaucoup; **stark regnen** pleuvoir très fort

Starkbier *n* bière forte

Stärke ['ʃtɛrkə] *f* ⟨~; ~n⟩ **1.** (*Kraft*) force *f* (*a Willensstärke, Lichtstärke*); vigueur *f*; solidité *f* (*a von Nerven, Herz*); *e-s Motors, e-r Armee, der Gefühle* puissance *f* **2.** (*Dicke*) épaisseur *f*; grosseur *f* **3.** (*Intensität*) force *f*; *des Windes, Regens* violence *f*; *des Verkehrs etc* intensité *f* **4.** *zahlenmäßige* nombre *m* **5.** *fig* (*starke Seite*) (point) fort *m* **6.** (*Wäschestärke*) amidon *m*; CUIS fécule *f*

stärken I *v/t* **1.** *Gesundheit etc* fortifier **2.** *fig* renforcer; fortifier **3.** *Wäsche* amidonner; empeser **II** *v/r* **sich stärken** se restaurer

stärker → **stark**

starkmachen F *v/r* **sich für j-n, etw starkmachen** soutenir qn, qc à fond

stärkste → **stark**

Starkstrom *m* courant *m* (à) haute tension

Stärkung *f* ⟨~; ~en⟩ **1.** *der Gesundheit* affermissement *m*; *der Position, Macht* renforcement *m*; affermissement *m* **2.** (*Imbiss*) collation *f*

Starlet(t) ['ʃtaːrlɛt *ou* 'staːrlɛt] *n* ⟨~(t)s; ~(t)s⟩ starlette *f*

starr [ʃtar] *adj* (*unbeweglich, steif*) raide; rigide (*a fig Gesetz*); *Blick* fixe; *Gesichtsausdruck* figé; **starr vor Schreck** (*dat*) glacé d'épouvante

Starre *f* ⟨~⟩ rigidité *f*; raideur *f*

starren *v/i* **1.** *auf, in etw* (*acc*) **starren** regarder fixement qc **2.** *vor Schmutz* (*dat*) **starren** disparaître sous la saleté

Starrheit *f* ⟨~⟩ raideur *f*; rigidité *f* (*a fig von Gesetzen*); *des Blicks* fixité *f*

starrköpfig *adj* entêté; obstiné

Starrsinn *m* entêtement *m*; obstination *f*

starrsinnig *adj* entêté; obstiné

Start [ʃtart] *m* ⟨~¢s; ~s⟩ départ *m* (*a* SPORT, *fig*); AVIAT décollage *m*; *e-s Motors, fig* démarrage *m*; *fig* **an den Start gehen** prendre le départ

Startbahn *f* piste *f* de décollage, d'envol

startbereit *adj* prêt au départ; *Flugzeug* prêt à décoller

Startblock *m* ⟨~¢s; -blöcke⟩ LEICHTATHLETIK starting-block *m*

starten ⟨-e-⟩ **I** *v/t Rakete, Offensive* lancer; *Motor, Computer* mettre en marche; *Auto* faire démarrer; *Reise* commencer **II** *v/i* ⟨sn⟩ partir; SPORT prendre le départ; *Rakete* être lancé; *Flugzeug* décoller; *Motor* démarrer; partir

Starter *m* ⟨~s; ~⟩ AUTO démarreur *m*

Starterlaubnis *f* **1.** AVIAT autorisation *f* de décoller **2.** SPORT autorisation *f* de participer

Starthilfe *f* **1.** (*Unterstützung*) aide financière **2.** *beim Auto* **j-m Starthilfe geben** aider qn à démarrer sa voiture

Starthilfekabel *n* câble *m* de démarrage

Startkapital *n* capital *m* de départ

startklar → **startbereit**

Startloch *n* SPORT trou *m* de départ; *fig* **in den Startlöchern sitzen** être sur le point de faire qc

Startnummer *f* SPORT dossard *m*

Startrampe *f* rampe *f* de lancement

Startschuss *m* SPORT signal *m* de départ; *fig* **den Startschuss zu** *od* **für etw geben** donner le feu vert à qc

Startverbot *n* **1.** AVIAT interdiction *f* de décoller **2.** SPORT suspension *f*

Startzeichen *n* signal *m* de départ

Statement ['steːtmənt] *n* ⟨~s; ~s⟩ *meist* POL dé-

claration *f*
Statik ['ʃtaːtɪk] *f* ⟨∼⟩ statique *f*
Station [ʃtatsioːn] *f* ⟨∼; ∼en⟩ **1.** (*Haltestelle*) station *f* **2.** (*Funkstation, Sendestation, Forschungsstation*) station *f* **3.** im *Krankenhaus* service *m* **4.** (*Zwischenstation*) étape *f*; 'halte *f*; **in Paris Station machen** faire 'halte, s'arrêter à Paris
stationär [ʃtatsioˈnɛːr] **I** *adj* **1.** (*ortsfest*) fixe **2.** *Behandlung* hospitalier **II** *adv* **j-n stationär behandeln** garder qn en hospitalisation
stationieren *v/t* ⟨sans ge⟩ *Raketen* déployer; *Truppen* baser
Stationierung *f* ⟨∼; ∼en⟩ déploiement *m*
Stationsarzt *m*, **Stationsärztin** *f* médecin *m* responsable d'un service hospitalier
Stationsschwester *f* surveillante *f*
Stationsvorsteher *m* chef *m* de gare
statisch *adj* statique
Statist(in) [ʃtaˈtɪst(ɪn)] *m* ⟨∼en; ∼en⟩ (*f*) ⟨∼in; ∼innen⟩ figurant(e) *m(f)* (*a fig*)
Statistik [ʃtaˈtɪstɪk] *f* ⟨∼; ∼en⟩ statistique *f*
Statistiker(in) *m* ⟨∼s; ∼⟩ (*f*) ⟨∼in; ∼innen⟩ statisticien, -ienne *m,f*
statistisch *adj* statistique
Stativ [ʃtaˈtiːf] *n* ⟨∼s; ∼e⟩ PHOT pied *m*
statt [ʃtat] **I** *prép* ⟨gén⟩ à la place de; au lieu de; *st/s* **an Kindes statt annehmen** adopter **II** *conj* → **anstatt**
stattdessen *adv* au lieu de cela
Stätte ['ʃtɛtə] *st/s f* ⟨∼; ∼n⟩ lieu *m*
stattfinden *v/i* ⟨irr⟩ avoir lieu; se passer
stattgeben *v/i* ⟨irr⟩ ADM **e-m Antrag stattgeben** donner suite à une requête
statthaft *st/s adj* admissible; permis
Statthalter *m* HIST gouverneur *m*
stattlich *adj* *Person* d'un aspect imposant; *Gebäude etc* imposant; majestueux; *Summe, Vermögen* important; considérable
Statue ['ʃtaːtuə] *f* ⟨∼; ∼n⟩ statue *f*
Statur [ʃtaˈtuːr] *f* ⟨∼; ∼en⟩ stature *f*; taille *f*; **von kleiner Statur** de petite taille
Status ['ʃtaːtus] *m* ⟨∼; ∼ [-tuːs]⟩ état *m*; *rechtlicher* statut *m*; situation *f*
Status quo ['staːtusˈkvoː] *st/s m* ⟨∼⟩ statu quo *m*
Statussymbol *n* marque *f* de standing
Statut [ʃtaˈtuːt] *n* ⟨∼¢s; ∼en⟩ statut *m*
Stau [ʃtau] *m* ⟨∼¢s; ∼s ou ∼e⟩ **1.** (*Verkehrsstau*) bouchon *m*; embouteillage *m* **2.** von *Flüssigkeiten* engorgement *m*
Staub [ʃtaup] *m* ⟨∼¢s; Stäube⟩ poussière *f*; **Staub saugen** passer l'aspirateur; **Staub wischen** épousseter les meubles, *etc*; F **sich aus dem Staub(e) machen** F filer; F se sauver; s'éclipser
stauben *v/i* faire de la poussière
Staubflocke *f* flocon *m* de poussière
Staubgefäß *n* BOT étamine *f*
staubig *adj* couvert de poussière; poussiéreux
Staublappen *m* chiffon *m* à poussière
staubsaugen *v/i* (*u v/t*) passer l'aspirateur (sur)
Staubsauger *m* aspirateur *m*
Staubschicht *f* couche *f* de poussière
Staubtuch *n* ⟨∼¢s; -tücher⟩ chiffon *m* à poussière
Staubwedel *m* plumeau *m*
Staubwolke *f* nuage *m* de poussière

Staudamm *m* barrage *m*
Staude ['ʃtaudə] *f* ⟨∼; ∼n⟩ plante herbacée vivace
stauen **I** *v/t* Wasser retenir; *Fluss* endiguer; *Blut* empêcher de circuler **II** *v/r* **sich stauen** Wasser s'amasser; *Menschenmenge* s'entasser; *Hitze* s'accumuler; *Verkehr* former un bouchon; *Blut* ne pas circuler
staunen ['ʃtaunən] *v/i* (**über etw, j-n**) **staunen** s'étonner (de qc, qn); être étonné (de qc, qn); *advt* **staunend** avec étonnement; F **da staunst du, was?** F ça te sidère, hein?
Staunen *n* ⟨∼s⟩ étonnement *m*; **j-n in Staunen** (*acc*) **versetzen** étonner qn; **ich komme aus dem Staunen nicht (mehr) heraus** je n'en reviens pas
Stauraum *m* espace *m* de rangement
Stausee *m* lac *m* de retenue
Stauung *f* ⟨∼; ∼en⟩ **1.** von *Wasser* accumulation *f*; *e-s Flusses* endiguement *m*; (*Blutstauung*) congestion passive **2.** → **Stau**
Std. *abr* (*Stunde*) h
Steak [steːk] *n* ⟨∼s; ∼s⟩ steak *m*; bifteck *m*
Steakhaus *n* grill-room *m*; grill *m*
stechen ['ʃteçən] ⟨sticht, stach, gestochen⟩ **I** *v/t* **1.** *Insekt, Dorn, mit Nadel* piquer (*a abs*); **j-n mit e-m Messer stechen** donner un coup de couteau à qn **2.** *Spargel* couper; *Torf* extraire **3.** KARTENSPIEL prendre **II** *v/i* **4.** *Sonne* être brûlant; taper **5.** **mit etw in etw** (*acc*) **stechen** enfoncer, planter qc dans qc **6.** SPORT se départager **7.** (*die Stechuhr betätigen*) pointer **8.** KARTENSPIEL couper **III** *v/r* **sich** (*dat od acc*) **in den Finger stechen** se piquer le doigt
Stechen *n* ⟨∼s; ∼⟩ SPORT épreuve finale
stechend *adjt Blick* perçant; *Schmerz* lancinant; *Geruch* âcre
Stechkarte *f* carte *f* de pointage
Stechmücke *f* moustique *m*
Stechpalme *f* 'houx *m*
Stechuhr *f* pointeuse *f*
Steckbrief ['ʃtɛk-] *m* avis *m* de recherche
steckbrieflich *adv* par avis de recherche
Steckdose *f* prise *f* de courant
stecken **I** *v/t* **1.** **etw durch etw stecken** glisser, passer qc à travers *od* par qc; **etw in etw** (*acc*) **stecken** mettre, faire entrer qc dans qc; (*hineinstopfen*) fourrer qc dans qc; F **j-n ins Gefängnis stecken** F flanquer qn en prison **2.** (*befestigen*) **etw an etw** (*acc*) **stecken** fixer, attacher, *mit e-r Nadel* épingler qc à qc **II** *v/i* (*régulier ou st/s* stak, gesteckt) être; se trouver; **an etw** (*dat*) **stecken** être fixé, attaché à qc; **in etw** (*dat*) **stecken** *Pfahl, Stange* être enfoncé dans qc; **stecken bleiben** rester bloqué, enfoncé (**in etw** [*dat*] dans qc); *Fahrzeug a* ne plus pouvoir avancer; (*verbleiben*) rester; F *fig beim Reden* ne plus trouver ses mots; **den Schlüssel stecken lassen** laisser la clé sur la porte; **der Schlüssel steckt** (**im Schloss**) la clé est dans la serrure; F **wo hast du nur gesteckt?** F où étais-tu passé?; F *fig* **wer steckt dahinter?** qui est derrière?
Stecken *m* ⟨∼s; ∼⟩ *bes südd* bâton *m*
steckenbleiben *v/i* → **stecken II**
Steckenpferd *n* dada *m* (*a fig*)
Stecker *m* ⟨∼s; ∼⟩ ÉLECT fiche *f*
Steckling *m* ⟨∼s; ∼e⟩ bouture *f*

Stecknadel *f* épingle *f*; F *fig* **e-e Stecknadel im Heuhaufen suchen** chercher une aiguille dans une botte de foin

Steg [ʃteːk] *m* ⟨~ɛs; ~e⟩ **1.** (*kleine Brücke, Bootssteg*) passerelle *f* **2.** *an Saiteninstrumenten* chevalet *m*

Stegreif [ˈʃteːkraɪf] *m* **aus dem Stegreif** au pied levé; *Rede* **aus dem Stegreif halten** improviser

Stehaufmännchen *n Spielzeug* poussah *m*; F *fig* personne *f* qui retombe toujours sur ses pieds

Stehempfang *m* réception *f*; cocktail *m*

stehen [ˈʃteːən] ⟨stand, gestanden, *südd, österr, schweiz* sn⟩ **I** *v/i* **1.** (*aufrecht stehen*) être, se tenir debout; **stehen bleiben** rester debout; *fig* **das Geschäft steht und fällt mit ihm** toute l'affaire repose sur lui **2.** (*sich befinden*) être (**am Fenster** à la fenêtre); se trouver; **stehen bleiben** (*zurückgelassen werden*) être oublié; (*unverändert bleiben*) rester; (*keine Fortschritte machen*) ne pas progresser; **wo sind wir stehen geblieben?** où en sommes-nous (restés)?; **stehen lassen** laisser; *Speise* ne pas toucher à; (*vergessen*) laisser; oublier; F **sich** (*dat*) **e-n Bart stehen lassen** se laisser pousser la barbe; **alles stehen und liegen lassen** quitter tout; tout laisser tomber **3.** (*sein*) être; **so wie die Dinge stehen** dans ces circonstances, conditions; au point où nous en sommes; **wie steht das Spiel?** où en est le match, la partie?; **das Spiel steht 2 zu 3** le score est de 2 à 3 **4.** GR **das Adverb steht hinter dem Verb** l'adverbe se met après le verbe; **der Konjunktiv steht nach folgenden Verben** les verbes suivants régissent le subjonctif **5.** FIN **wie steht der Dollar?** quel est le cours du dollar?; **die Aktien stehen auf ...** (*dat*) les actions sont à ... **6.** *Kleider, Farben etc* **j-m gut, schlecht stehen** aller bien, mal à qn **7.** (*geschrieben stehen*) être écrit; **stehen lassen** *Fehler* laisser passer; **was steht auf dem Plakat?** qu'est-ce qu'il y a d'écrit sur l'affiche? **8.** *Signal etc* **auf „Halt" stehen** être à l'arrêt; *Ampel* **auf Rot stehen** être au rouge; *Zeiger* **auf 3 Uhr stehen** marquer 3 heures **9.** **darauf steht Gefängnis** c'est puni de prison **10.** (*stillstehen*) *Maschine, Uhr* être arrêté; **stehen bleiben** s'arrêter (*a Uhr*) **11.** *fig* **zu j-m stehen** soutenir qn; être du côté de qn; **wie stehst du dazu?** qu'en penses-tu? **12.** **für etw stehen** (*gewährleisten*) garantir qc; (*stellvertretend sein*) représenter qc **13.** F **auf etw** (*acc*) **stehen** F être fana de qc; **auf j-n stehen** F en pincer pour qn **II** *v/imp* **14.** **wie steht's um ihn?** comment va-t-il?; **wie steht's mit Ihrer Gesundheit?** comment va la santé? **15.** **es steht zu befürchten, dass ...** il est à craindre que ... (*+ subj*) **III** *v/r* **sich gut, schlecht mit j-m stehen** être bien, mal avec qn; être en bons, mauvais termes avec qn

stehenbleiben *v/i* → **stehen** *I 1, 2, 10*
stehenlassen *v/i* → **stehen** *I 2, 7*

Stehimbiss *m* snack-bar *m* (*où l'on consomme debout*)

Stehkneipe *f* bar *m*

Stehlampe *f* lampadaire *m*

Stehleiter *f* échelle *f* double

stehlen [ˈʃteːlən] ⟨stiehlt, stahl, gestohlen⟩ **I** *v/t u v/i* (**j-m etw**) **stehlen** voler (qc à qn); F **er kann mir gestohlen bleiben** F je me fiche pas mal de lui **II** *v/r* **sich aus dem Haus stehlen** sortir furtivement de la maison

Stehplatz *m* place *f* debout

Stehpult *n* pupitre *m* (pour écrire debout)

Stehvermögen *n* endurance *f*

Steiermark [ˈʃtaɪərmark] ⟨~⟩ **die Steiermark** la Styrie

steif [ʃtaɪf] **I** *adj* **1.** raide; rigide; *vor Kälte* engourdi; *Gelenk* ankylosé; *Kragen* empesé; F *Penis* raide; en érection; **steif werden** se raidir; *Glieder* s'engourdir; **Sahne steif schlagen** battre la crème **2.** *fig im Benehmen* guindé; (*gezwungen*) contraint; (*förmlich*) cérémonieux **3.** *Brise* fort **II** *adv* **steif und fest behaupten, dass ...** F soutenir mordicus que ... (*+ ind*)

steifschlagen *v/t* → **steif** *I 1*

Steigbügel [ˈʃtaɪk-] *m* étrier *m*

Steige *f* ⟨~; ~n⟩ *südd für Obst* cageot *m*

steigen [ˈʃtaɪɡən] *v/i* ⟨stieg, gestiegen, sn⟩ **1.** (*hinaufsteigen*) monter; *Flugzeug* prendre de la hauteur; monter; *Nebel, Ballon* s'élever; (*klettern*) grimper; **auf etw** (*acc*) **steigen** monter sur qc; *österr* (*treten*) marcher sur qc; **auf e-n Berg steigen** escalader une montagne; **ins Auto, in den Zug, ins Flugzeug, aufs Fahrrad, Pferd steigen** monter en voiture, dans le train, dans l'avion, à vélo, à cheval; **aus dem Auto, Zug, Flugzeug, vom Fahrrad, Pferd steigen** descendre de (la) voiture, de train, de l'avion, de vélo, de cheval; **über die Mauer steigen** passer par-dessus le mur **2.** (*ansteigen*) monter (**auf** [+ *acc*] à; **um** de); *Temperatur* s'élever (**auf** [+ *acc*] à; **um** de) **3.** F **eine Party steigt** il y a une soirée

steigern [ˈʃtaɪɡərn] **I** *v/t* **1.** *Preise* augmenter; faire monter; *Ansprüche, Chancen, Tempo* augmenter; *Leistung, Produktion* élever; augmenter; *Furcht, Spannung* intensifier **2.** GR mettre au comparatif *bzw* superlatif **II** *v/r* **sich steigern** *Preise* s'élever; monter; *Tempo, Ansprüche, Chancen* s'accroître; augmenter; *Furcht, Spannung* s'intensifier; *Leistung, Produktion* s'élever

Steigerung *f* ⟨~; ~en⟩ **1.** augmentation *f*; *der Furcht, Spannung* intensification *f*; (*Leistungssteigerung*) amélioration *f* **2.** GR degrés *m/pl* de comparaison; → *Info nächste Seite*

Steigung *f* ⟨~; ~en⟩ montée *f*; inclinaison *f*

steil [ʃtaɪl] **I** *adj* escarpé; abrupt; raide; *Karriere* en flèche; fulgurant **II** *adv* **steil ansteigen** *Kurve* monter en flèche; *Weg* monter à pic

Steilhang *m* pente raide, escarpée

Steilküste *f* falaise *f*

Steilpass *m* FUSSBALL passe *f* en chandelle

Steilwand *f im Gebirge* paroi *f*, versant *m* à pic

Stein [ʃtaɪn] *m* ⟨~ɛs; ~e⟩ pierre *f*; (*Kieselstein*) galet *m*; *kleinerer* caillou *m*; *im Steinobst* noyau *m*; (*Spielstein*) pion *m*; MÉD calcul *m*; *st/s* **der Stein der Weisen** la pierre philosophale; **mir fällt ein Stein vom Herzen** me voilà soulagé d'un grand poids; *fig* **j-m Steine in den Weg legen** mettre des bâtons dans les roues à qn; *fig* **den Stein ins Rollen bringen** mettre l'affaire en train, en branle; F *fig* **bei**

Unregelmäßige Steigerung		SG
Beachten Sie die unregelmäßige Steigerung folgender Adjektive und Adverbien:		
bon(ne) (gut *adj*)	**meilleur(e)**	**le meilleur / la meilleure**
	Le déjeuner est meilleur aujourd'hui (Heute ist das Mittagessen besser).	C'est le meilleur déjeuner que j'ai jamais eu (Das ist das beste Mittagessen, das ich jemals bekommen habe).
mauvais(e) (schlecht)	**pire**	**le / la pire**
	Cette solution est pire que l'autre (Diese Lösung ist schlechter als die andere).	C'est la solution la pire de toutes (Das ist die schlechteste Lösung von allen).
bien (gut *adv*)	**mieux**	**le mieux**
	Elle travaille mieux que son frère (Sie arbeitet besser als ihr Bruder).	C'est elle qui travaille le mieux de tous (Sie arbeitet am besten von allen).
peu (wenig)	**moins**	**le moins**
	Elle dépense moins que toi (Sie gibt weniger aus als du).	C'est elle qui dépense le moins de tous (Sie gibt von allen am wenigsten aus).
beaucoup (viel)	**plus**	**le plus**
	Marie parle plus que sa sœur (Marie redet mehr als ihre Schwester).	C'est Marie qui parle le plus (Marie redet am meisten).

j-m e-n Stein im Brett haben être dans les petits papiers de qn
steinalt F *adj* F vieux comme le monde
Steinbock *m* **1.** zo bouquetin *m* **2.** ASTR Capricorne *m*
Steinboden *m im Haus* dallage *m*; carrelage *m*
Steinbruch *m* carrière *f*
Steinbutt [-bʊt] *m* turbot *m*
Steinchen *n* ⟨∼s; ∼⟩ petite pierre; caillou *m*
steinern *adj* **1.** de, en pierre **2.** *fig Gesicht* de marbre
Steingarten *m etwa* jardin alpin
Steingut *n* ⟨∼¢s; ∼e⟩ faïence *f*; grès *m*
steinhart *adj* dur comme (la) pierre
steinig *adj* pierreux; cailouteux
steinigen *v/t* lapider
Steinigung *f* ⟨∼; ∼en⟩ lapidation *f*
Steinkohle *f* ˈhouille *f*
Steinkohlenbergwerk *n* ˈhouillère *f*
Steinkrug *m* cruche *f* de grès
Steinmarder *m* fouine *f*
Steinmetz [-mɛts] *m* ⟨∼en; ∼en⟩ tailleur *m* de pierre(s)
Steinobst *n* fruits *m/pl* à noyau
Steinpilz *m* cèpe *m*
steinreich F *adj* richissime
Steinschlag *m* chute *f* de pierres
Steinschleuder *f* fronde *f*; lance-pierres *m*
Steinzeit *f* âge *m* de pierre
Steinzeitmensch *m* homme *m* préhistorique
Steiß [ʃtaɪs] *m* ⟨∼es; ∼e⟩ **1.** (*Steißbein*) coccyx *m* **2.** (*Gesäß*) fesses *f/pl*
Steißbein *n* coccyx *m*
Steißlage *f* MÉD présentation *f* par le siège

Stelldichein *n* ⟨∼s; ∼s⟩ rendez-vous *m*
Stelle [ˈʃtɛlə] *f* ⟨∼; ∼n⟩ **1.** (*Ort*) place *f*; lieu *m*; (*bestimmter Bereich*) endroit *m*; *fig* **e-e schwache Stelle** un point faible; *A an die Stelle von B setzen* substituer A à B; *an j-s Stelle* (*acc*) *treten* prendre la place de qn; *auf der Stelle* sur-le-champ; tout de suite; *fig auf der Stelle treten, nicht von der Stelle kommen* piétiner; ne pas avancer; *zur Stelle sein* être présent **2.** (*Arbeitsstelle*) place *f*; emploi *m*; poste *m*; *e-e freie Stelle* un poste vacant **3.** (*Behörde, Dienststelle*) service(s) *m(pl)* administratif(s) **4.** *in e-m Schrift-, Musikstück* passage *m* **5.** *in e-r Reihenfolge* lieu *m*; rang *m*; *an erster Stelle stehen* venir en premier lieu; SPORT *an vierter Stelle liegen* être en quatrième place, position **6.** (*Dezimalstelle*) décimale *f*; *diese Zahl hat drei Stellen* ce nombre a trois chiffres
stellen I *v/t* **1.** (*setzen, legen*) mettre; poser; placer; (*aufrecht stellen*) mettre debout; *in e-r bestimmten Ordnung* ranger; disposer **2.** *Verbrecher, Wild* arrêter **3.** *Aufgabe* imposer; donner; *Bedingungen* mettre; poser **4.** *Ersatzmann, Bürgen* fournir; *j-m etw stellen* mettre qc à la disposition de qn **5.** *Radio leiser, lauter stellen* baisser, monter; F mettre moins, plus fort; *den Wecker auf sieben Uhr stellen* mettre le réveil à sept heures **6.** *gut, schlecht gestellt sein* vivre à l'aise, modestement; *ganz auf sich* (*acc*) *gestellt* sans (l')aide, (l')appui de personne **II** *v/r* **7.** *sich stellen* (*nicht setzen*) se mettre debout; (*sich hinstellen*) se mettre; *sich auf die Zehenspitzen stellen* se dresser

Stellungnahme – la prise de position [WF]

zustimmen, begrüßen	**approuver**	was mich betrifft	**pour ma part**
		was mich anbelangt	**de mon côté**
Er stimmt der Auffassung von Jacques zu.	**Il approuve l'opinion de Jacques.**	etwas fantastisch / interessant / amüsant finden	**trouver qc formidable / intéressant / amusant**
Ablehnung	**le refus**	etwas verabscheuen	**détester qc**
einverstanden sein mit	**être d'accord avec**	gewöhnlich	**banal**
gegen etwas protestieren	**protester contre qc**	langweilig	**ennuyeux, ennuyeuse**
etwas anfechten	**contester qc**	unangenehm	**désagréable**
der Meinung sein, dass	**être d'avis que** (+ *Indikativ*)	Das überrascht mich.	**Ça m'étonne.**
einer Sache sicher sein	**être sûr de qc**	Das ist nichts wert.	**Ça ne vaut rien.**
es ist wahrscheinlich, dass	**il est probable que** (+ *Indikativ*)	Das ist mir egal.	**Ça m'est égal.**
es ist offensichtlich, dass	**il est évident que** (+ *Indikativ*)	etwas wertschätzen	**apprécier qc**
		empfinden	**ressentir**
den Eindruck haben, dass	**avoir l'impression que** (+ *Indikativ*)	Ich empfinde seinen Brief als Beleidigung.	**Je ressens sa lettre comme un affront.**
finden, dass	**trouver que** (+ *Indikativ*)	hässlich finden	**ne pas trouver beau**
		scheußlich	**affreux, affreuse**
persönlich (*adv*)	**personnellement**	sonderbar	**étrange**
meiner Meinung nach	**à mon avis**	unwahrscheinlich	**invraisemblable**

sur la pointe des pieds; *fig* **sich vor j-n stellen** prendre la défense de qn; *fig* **sich hinter j-n stellen** se mettre du côté de qn; *fig* **sich gegen j-n stellen** s'opposer à qn **8. sich dumm, tot, taub stellen** faire l'idiot, le mort, la sourde oreille *od* le sourd **9. sich (der Polizei) stellen** se livrer (à la police); **sich zum Kampf, der Kritik stellen** faire face à l'ennemi, à la critique **10. sich mit j-m gut stellen** se mettre bien avec qn

Stellenangebot *n* offre *f* d'emploi
Stellenanzeige *f* annonce *f* d'offre d'emploi
Stellenausschreibung *f* avis *m* de vacance d'un poste; mise *f* au concours d'un poste
Stellenbörse *f* bourse *f* de l'emploi
Stellengesuch *n* demande *f* d'emploi
Stellenmarkt *m* marché *m* du travail, de l'emploi
Stellensuche *f* recherche *f* d'un emploi, d'un travail
stellenweise *adv* par endroits; MÉTÉO localement
Stellenwert *m* **1.** MATH valeur *f* **2.** *fig* importance *f*
Stellfläche *f* place *f*
Stellplatz *m* place *f* de parking
Stellschraube *f* vis *f* de réglage
Stellung *f* ⟨∼; ∼en⟩ **1.** (*Haltung, Position*) position *f* (*a* MIL, *fig*); (*Körperhaltung*) *a* pose *f*; posture *f*; **die Stellung der Frau in der Gesellschaft** la place de la femme dans la société **2.** (*Einstellung*) position *f*; **Stellung nehmen** prendre position (**zu** sur) **3.** (*Anstellung*) place *f*; poste *m*; emploi *m*
Stellungnahme ['ʃtɛluŋnaːmə] *f* ⟨∼; ∼n⟩ **1.** (*Meinung*) prise *f* de position **2.** *Äußerung* avis *m*; commentaire *m*
stellvertretend *adjt* remplaçant; adjoint; **stellvertretender Vorsitzender** vice-président *m*
Stellvertreter(in) *m*(*f*) adjoint(e) *m*(*f*); remplaçant(e) *m*(*f*); suppléant(e) *m*(*f*)
Stellvertretung *f* remplacement *m*
Stellwerk *n* EISENBAHN poste *m* d'aiguillage
Stelze ['ʃtɛltsə] *f* ⟨∼; ∼n⟩ échasse *f*
Stemmeisen ['ʃtɛm-] *n* ciseau *m* de menuisier
stemmen I *v*/*t* **1.** *Gewicht, Last* soulever **2.** (*drücken*) appuyer (**gegen** contre) II *v*/*r* **sich gegen etw stemmen** s'appuyer contre qc; *fig* résister, s'opposer à qc
Stempel ['ʃtɛmpəl] *m* ⟨∼s; ∼⟩ **1.** *Instrument, Abdruck,* (*Poststempel*) cachet *m*; *bei Edelmetallen* poinçon *m* **2.** *fig* empreinte *f*; **e-r Sache, j-m s-n Stempel aufdrücken** marquer qc, qn de son empreinte **3.** BOT pistil *m*
Stempelkissen *n* tampon (encreur)
stempeln *v*/*t* (*u v*/*i*) ⟨∉⟩ timbrer; *Briefmarke*

oblitérer; *Edelmetall* poinçonner
Stengel → *Stängel*
Steno ['ʃteːno] F *f* ⟨~⟩ (*Stenografie*) sténo *f*
Stenografie *f* ⟨~; ~n⟩ sténographie *f*
stenografieren ⟨sans ge⟩ **I** *v/t* prendre en sténo
II *v/i* sténographier
Stenogramm *n* ⟨~s; ~e⟩ sténogramme *m*
Stenotypistin *f* ⟨~; ~nen⟩ sténodactylo *f*
Steppdecke *f* couette *f*
Steppe ['ʃtɛpə] *f* ⟨~; ~n⟩ steppe *f*
steppen¹ ['ʃtɛpən] *v/t* COUT piquer
steppen² *v/i tanzen* faire des claquettes
Steppjacke *f* blouson *m*, veste *f* matelassé(e)
Steppke ['ʃtɛpkə] F *regional m* ⟨~$; ~s⟩ F gosse *m*
Stepptanz *m* claquettes *f/pl*
Stepptänzer(in) *m(f)* danseur, -euse *m,f* à claquettes
Sterbebett *n* lit *m* de mort
Sterbefall *m* décès *m*
Sterbehilfe *f* euthanasie *f*
sterben ['ʃtɛrbən] *v/i* ⟨stirbt, starb, gestorben, sn⟩ mourir (**an**, F *fig* **vor** [+ *dat*] de); F *fig* **sie ist für mich gestorben** je ne veux plus entendre parler d'elle; *im Sterben liegen* être mourant; agoniser
Sterbensangst *f* peur bleue
sterbenskrank *adj* **1.** malade à en mourir **2.** *fig* F malade à crever
Sterbenswort *n*, **Sterbenswörtchen** *n* *kein Sterbenswort, Sterbenswörtchen sagen* ne pas dire un traître mot
Sterbesakramente *n/pl* derniers sacrements
Sterbeurkunde *f* acte *m* de décès
sterblich *adj* mortel
Sterbliche(r) *f(m)* ⟨→ A⟩ mortel, -elle *m,f*; *ein gewöhnlicher Sterblicher* un simple mortel
Sterblichkeit *f* ⟨~⟩ mortalité *f*
stereo ['ʃteːreo] *adv* en stéréo
Stereoanlage *f* chaîne *f* stéréo, 'hi-fi
Stereoaufnahme *f* enregistrement *m* stéréo
Stereophonie *f* ⟨~⟩ stéréophonie *f*
Stereoton *m* ⟨~¢s; -töne⟩ son *m* stéréophonique
stereotyp *adj fig* stéréotypé
steril [ʃteˈriːl] *adj* stérile (*a fig*)
Sterilisation *f* ⟨~; ~en⟩ stérilisation *f*
sterilisieren *v/t* ⟨sans ge⟩ stériliser
Sterilisierung *f* ⟨~; ~en⟩ stérilisation *f*
Sterilität *f* ⟨~⟩ stérilité *f* (*a fig*)
Sterlingsilber *n* ['ʃtɛrlɪŋ-, 'stɛrlɪŋ-] argent fin
Stern [ʃtɛrn] *m* ⟨~¢s; ~e⟩ étoile *f* (*a fig*); ASTR *a* astre *m*; *Restaurant mit drei Sternen* trois étoiles; *das steht noch in den Sternen* ce n'est pas pour demain; F *fig Sterne sehen* en voir trente-six chandelles; *Unternehmen unter keinem guten Stern stehen* ne pas être placé sous une bonne étoile
Sternbild *n* constellation *f*
Sternchen *n* ⟨~s; ~⟩ **1.** TYPO astérisque *m* **2.** (*Filmsternchen*) starlette *f*
Sterndeuter(in) *m* ⟨~s; ~⟩ (*f*) ⟨~in; ~innen⟩ astrologue *m,f*
Sternenbanner *n* bannière étoilée
sternenklar *adj* étoilé
Sternfahrt *f* rallye *m*
sternhagelvoll F *adj* F bourré
sternklar *adj* étoilé

Sternkunde *f* astronomie *f*
Sternschnuppe *f* ⟨~; ~n⟩ étoile filante
Sternsinger *m* ⟨~s; ~⟩ *regional: enfant déguisé en roi mage qui va de maison en maison et chante pour fêter l'Épiphanie*
Sternstunde *st/s f* heure *f* de gloire
Sternwarte *f* observatoire *m*
Sternzeichen *n* signe *m* (du zodiaque)

Sternzeichen	WF
Widder	**le Bélier**
Stier	**le Taureau**
Zwillinge	**les Gémeaux** *m/pl*
Krebs	**le Cancer**
Löwe	**le Lion**
Jungfrau	**la Vierge**
Waage	**la Balance**
Skorpion	**le Scorpion**
Schütze	**le Sagittaire**
Steinbock	**le Capricorne**
Wassermann	**le Verseau**
Fische	**les Poissons** *m/pl*
Sternzeichen werden im Französischen immer großgeschrieben.	
Welches Sternzeichen bist du?	**Tu es de quel signe ?**
Ich bin (ein) Löwe.	**Je suis Lion.**
Ich bin (ein) Fisch.	**Je suis Poissons.**

stet [ʃteːt] *st/s adj* (*andauernd*) incessant; continuel; permanent; (*gleichbleibend*) constant
Stethoskop [ʃtetoˈskoːp] *n* ⟨~s; ~e⟩ stéthoscope *m*
stetig *adj* (*kontinuierlich*) continu (*a* MATH); (*beständig*) incessant
stets [ʃteːts] *st/s adv* toujours
Steuer¹ ['ʃtɔyər] *n* ⟨~s; ~⟩ MAR barre *f*; AUTO volant *m*; AUTO *sich ans od hinters Steuer setzen* prendre le volant; *fig das Steuer fest in der Hand haben* avoir les choses bien en main
Steuer² *f* ⟨~; ~n⟩ FIN impôt *m*; ADM, JUR contribution *f*; *auf Waren* taxe *f*; *Steuern zahlen* payer des impôts; *etw von der Steuer absetzen* déduire qc de l'impôt
Steuerberater(in) *m(f)* conseiller, -ère *m,f* fiscal(e)
Steuerbescheid *m* avis *m* d'imposition
Steuerbord *n* tribord *m*
Steuereinnahmen *f/pl* recettes fiscales
Steuererhöhung *f* augmentation *f* des impôts
Steuererklärung *f* déclaration *f* d'impôt(s)
Steuerermäßigung *f* réduction *f* d'impôt(s)
Steuerfahndung *f* enquête fiscale; détection *f* des fraudes fiscales
Steuerflucht *f* évasion fiscale
steuerfrei *adj* exempt, exonéré d'impôt
Steuerfreibetrag *m* montant exempt d'impôts;

abattement *m* à la base
Steuergelder *n/pl* impôts *m/pl*
Steuerhinterziehung *f* fraude fiscale
Steuerkarte *f* → **Lohnsteuerkarte**
Steuerklasse *f* catégorie *f*, tranche *f* d'imposition
Steuerknüppel *m* AVIAT manche *m* à balai
steuerlich **I** *adj* fiscal **II** *adv* **steuerlich absetzbar** déductible du revenu
Steuermann *m* ⟨~¢s; -leute *ou* -männer⟩ timonier *m*; *e-s Ruderboots* barreur *m*
steuern **I** *v/t* AUTO conduire; AVIAT piloter; MAR gouverner; piloter; TECH commander; *fig Prozess, Meinung* manœuvrer; *Gespräch* conduire **II** *v/i* ⟨sn⟩ MAR piloter; (*fahren*) faire route (**nach** vers)
Steueroase F *f*, **Steuerparadies** F *n* paradis fiscal
steuerpflichtig *adj* imposable; soumis à l'impôt
Steuerpflichtige(r) *f(m)* ⟨→ A⟩ contribuable *m,f*
Steuerrad *n* AUTO volant *m*; MAR roue *f* du gouvernail
Steuerrecht *n* droit fiscal
Steuerreform *f* réforme fiscale
Steuersatz *m* taux *m* d'imposition
Steuerschuld *f* dette fiscale
Steuersenkung *f* réduction *f* d'impôts
Steuerung *f* ⟨~; ~en⟩ **1.** *Handlung* AUTO, AVIAT pilotage *m*; TECH commande *f* **2.** *Mechanismus* TECH commande *m*; AUTO direction *f*
Steuerungstaste *f* INFORM touche *f* de contrôle
Steuervergünstigung *f* avantage fiscal; faveur fiscale
Steuervorauszahlung *f* acompte provisionnel d'impôts; paiement anticipé d'impôts
Steuervorteil *m* avantage fiscal
Steuerzahler(in) *m(f)* contribuable *m,f*
Steward ['stju:ərt] *m* ⟨~s; ~s⟩ steward *m*
Stewardess ['stju:ərdɛs] *f* ⟨~; ~en⟩ hôtesse *f* de l'air
StGB [ɛste:ge:'be:] *n abr* ⟨~⟩ (*Strafgesetzbuch*) code pénal
stibitzen [ʃti'bɪtsən] F *v/t* ⟨¢$, sans ge⟩ F chiper; F faucher
Stich [ʃtɪç] *m* ⟨~¢s; ~e⟩ **1.** (*Nadelstich, Insektenstich*) piqûre *f* **2.** (*Messerstich*) coup *m* (de couteau) **3.** *j-n im Stich lassen* (*ohne Hilfe lassen*) délaisser qn; (*fallen lassen*) laisser tomber qn; (*verlassen*) abandonner qn; **sein Gedächtnis ließ ihn im Stich** sa mémoire l'a trahi **4.** COUT point *m* **5.** *Schmerz* point *m*; élancement *m*; *fig* **es gab ihr einen Stich** (**ins Herz**) cela lui a donné, fait un coup au cœur **6.** *fig* (*boshafte Bemerkung*) pique *f*; pointe *f* **7.** (*Kupferstich, Stahlstich*) gravure *f* **8.** KARTENSPIEL pli *m*; levée *f* **9.** F **e-n Stich haben** *Wein* être piqué; *Milch* être aigre; *Person* avoir un grain; *Farbe* **e-n Stich ins Blaue haben** tirer sur le bleu
Stichelei F *péj* *f* ⟨~; ~en⟩ coup *m* d'épingle; piques *f/pl*
sticheln F *péj* *v/i* ⟨¢⟩ lancer, envoyer des piques (**gegen** à)
Stichflamme *f* jet *m* de flamme
stichhaltig *adj* solide; concluant; valable
Stichhaltigkeit *f* ⟨~⟩ bien-fondé *m*
Stichling *m* ⟨~s; ~e⟩ ZO épinoche *f*

Stichprobe *f* contrôle ponctuel; STATISTIK échantillon *m*
Stichsäge *f* scie sauteuse
sticht [ʃtɪçt] → **stechen**
Stichtag *m* jour fixé
Stichwahl *f* (scrutin *m* de) ballottage *m*
Stichwort *n* ⟨~¢s; ~er *ou* ~e⟩ **1.** ⟨*pl* ~er⟩ *im Wörterbuch* entrée *f* **2.** ⟨*pl* ~e⟩ THÉ réplique *f* **3.** ⟨*pl* ~e⟩ *zusammenfassendes* note *f*
Stichwortverzeichnis *n* index *m*
Stichwunde *f* blessure (faite avec une arme pointue)
sticken ['ʃtɪkən] *v/t u v/i* broder
Sticker ['stɪkər] *m* ⟨~s; ~⟩ autocollant *m*
Stickerei *f* ⟨~; ~en⟩ broderie *f*
stickig *adj* étouffant; suffocant
Stickoxid, **Stickoxyd** *n* oxyde *m* d'azote
Stickstoff *m* azote *m*
stieben ['ʃti:bən] *st/s v/i* ⟨*régulier ou* stob, gestoben, sn *ou* h⟩ jaillir
Stiefbruder ['ʃti:f-] *m* demi-frère *m*
Stiefel ['ʃti:fəl] *m* ⟨~s; ~⟩ botte *f*
Stiefelette [-'lɛtə] *f* ⟨~; ~n⟩ bottillon *m*; bottine *f*
stiefeln F *v/i* ⟨¢, sn⟩ marcher (à grandes enjambées, à grands pas)
Stiefeltern *pl* beau-père *m* et belle-mère *f*
Stiefgeschwister *pl* demi-frères *m/pl* et demi-sœurs *f/pl*
Stiefkind *n* **1.** beau-fils *m* *bzw* belle-fille *f* **2.** *fig* laissé(e) *m(f)* pour compte
Stiefmutter *f* belle-mère *f*
Stiefmütterchen *n* BOT pensée *f*
stiefmütterlich *adj fig péj* **j-n, etw stiefmütterlich behandeln** négliger qn, qc
Stiefschwester *f* demi-sœur *f*
Stiefsohn *m* beau-fils *m*
Stieftochter *f* belle-fille *f*
Stiefvater *m* beau-père *m*
stieg [ʃti:k] → **steigen**
Stiege ['ʃti:gə] *f* ⟨~; ~n⟩ escalier (étroit)
Stieglitz ['ʃti:glɪts] *m* ⟨~es; ~e⟩ chardonneret *m*
stiehlt [ʃti:lt] → **stehlen**
Stiel [ʃti:l] *m* ⟨~¢s; ~e⟩ **1.** *an e-m Werkzeug* manche *m*; *e-r Pfanne* queue *f* **2.** (*Stängel*) tige *f*; *e-r Frucht, e-s Blattes* queue *f*
Stielauge *n* F *fig* **Stielaugen machen** lorgner
Stielkamm *m* peigne *m* à manche
stier [ʃti:r] *adj Blick* fixe
Stier *m* ⟨~¢s; ~e⟩ **1.** ZO taureau *m* **2.** ASTR Taureau *m*
stieren *v/i* **auf etw** (*acc*) **stieren** regarder fixement qc
Stierkampf *m* corrida *f*; course *f* de taureaux
Stierkämpfer *m* torero *m*
Stiernacken *m fig* cou *m* de taureau
stieß [ʃti:s] → **stoßen**
Stift¹ [ʃtɪft] *m* ⟨~¢s; ~e⟩ **1.** (*Schreibstift*) crayon *m* **2.** TECH (*Bolzen*) goujon *m*; (*Drahtstift*) pointe *f* **3.** F *fig* (*Lehrling*) F arpète *m,f*
Stift² *n* ⟨~¢s; ~e⟩ **1.** REL maison religieuse; (*Privatschule*) institution religieuse **2.** *österr* (*Kloster*) couvent *m*
stiften *v/t* ⟨-e-⟩ **1.** *Kloster, Schule* fonder; établir; *Orden, Sekte* créer **2.** *Geld* faire une donation, un don de; *Preis* fonder **3.** (*schaffen*) susciter; *Frieden* rétablir; *Zwietracht* semer

Stifter(in) *m* ⟨~s; ~⟩ (*f*) ⟨~in; ~innen⟩ fonda-teur, -trice *m,f*; (*Spender*) donateur, -trice *m,f*
Stiftskirche *f* (église) collégiale *f*
Stiftung *f* ⟨~; ~en⟩ *Handlung* donation *f*; *Institution* fondation *f*
Stiftzahn *m* dent (artificielle) à pivot
Stigma [ˈʃtɪgma *ou* ˈstɪgma] *n* ⟨~s; -men *ou* ~ta⟩ stigmate *m*
stigmatisieren *v/t* ⟨*sans ge*⟩ stigmatiser
Stil [ʃtiːl] *m* ⟨~¢s; ~e⟩ style *m*; (*Art*) *a* manière *f*
Stilblüte *f* perle *f*
Stilbruch *m* rupture *f* de style; *fig* incohérence *f*
Stilebene *f bes* LING niveau *m* de langue
Stilett [ʃtiˈlɛt] *n* ⟨~s; ~e⟩ stylet *m*
stilisieren *v/t* ⟨*sans ge*⟩ styliser
stilistisch I *adj* stylistique **II** *adv* au point de vue (du) style
still [ʃtɪl] *adj* (*ruhig*) tranquille; calme; (*friedlich*) paisible; (*schweigsam*) silencieux; *Hoffnung* secret; *der Stille Ozean* l'océan *m* Pacifique; *stilles Wasser* eau minérale non gazeuse; eau plate; *im Stillen* secrètement; *still sitzen* rester tranquille; ne pas bouger; *seid still!* silence!; taisez-vous!; *es wurde still* il se fit un silence
Still-BH *m* soutien-gorge *m* d'allaitement
Stille *f* ⟨~⟩ (*Schweigen*) silence *m*; (*Ruhe*) tranquillité *f*; calme *m*; (*Friede*) paix *f*; repos *m*; *in der Stille der Nacht* dans le silence de la nuit; *in aller Stille Hochzeit, Beisetzung* dans la plus stricte intimité
stillen I *v/t* **1.** *Säugling* allaiter; *im Moment* donner le sein à **2.** *Blutung* arrêter **3.** *Schmerz* apaiser; calmer; *Durst* étancher; *Hunger, Neugier* assouvir; *Verlangen* satisfaire **II** *v/i* allaiter; *im Moment* donner le sein au bébé
stillhalten *v/i* ⟨*irr*⟩ ne pas bouger; se tenir tranquille
Stillleben nature morte
stilllegen *v/t Betrieb* fermer; *Eisenbahnstrecke* supprimer
Stilllegung *f* ⟨~; ~en⟩ *e-s Betriebs* fermeture *f*; *e-r Eisenbahnstrecke* suppression *f*
Stillschweigen *n* silence *m*; (*über etw, j-n*) *Stillschweigen bewahren* garder le silence (sur qc qn)
stillschweigend I *adj* **1.** (*wortlos*) muet **2.** *Abmachung* tacite **II** *adv* **3.** (*stumm*) sans mot dire; en silence **4.** *etw stillschweigend übergehen* passer qc sous silence
stillsitzen *v/i* → **still**
Stillstand *m* arrêt *m*; *zum Stillstand bringen Maschine, Blutung* arrêter; *Verkehr* paralyser
stillstehen *v/i* ⟨*irr*⟩ **1.** (*anhalten*) s'arrêter; *Maschine* être arrêté; *Verkehr* être paralysé **2.** (*sich nicht rühren*) ne pas bouger; MIL *stillgestanden!* garde-à-vous!
Stillzeit *f* période *f* d'allaitement
Stilmittel *n* procédé *m* de style
Stilmöbel *n/pl* meubles *m/pl* de style
Stilrichtung *f* style *m*
stilvoll I *adj* de bon goût **II** *adv* avec goût
Stimmabgabe *f* [ˈʃtɪm-] vote *m*; scrutin *m*
Stimmband *n* ⟨~¢s; ⸚er⟩ corde vocale
stimmberechtigt *adj* qui a (le) droit de vote, de voter
Stimmberechtigte(r) *f(m)* personne *f* qui a (le) droit de vote, de voter

Stimmbruch *m* mue *f*; *im Stimmbruch sein* muer
Stimme *f* ⟨~; ~n⟩ **1.** voix *f* (*a* MUS, *fig*); *mit lauter, leiser Stimme* à voix 'haute, basse **2.** (*Wahlstimme*) voix *f*; suffrage *m*; vote *m*; *s-e Stimme abgeben* voter (*für* pour) **3.** (*Meinung*) avis *m*; opinion *f*; *die kritischen Stimmen in der Öffentlichkeit* l'opinion critique du public
stimmen I *v/t* **1.** *Instrument* accorder; *höher, tiefer stimmen* 'hausser, baisser le ton de **2.** *fig j-n traurig stimmen* attrister qn; *das stimmte mich nachdenklich* cela m'a donné à réfléchir; *j-n froh, heiter stimmen* égayer, dérider qn **II** *v/i* **3.** (*richtig sein*) être juste, exact; *da stimmt etwas nicht* il y a qc qui ne va pas, qui cloche; F *bei ihm stimmt etwas nicht* il est bizarre; *beim Bezahlen* F *stimmt so!* gardez la monnaie! **4.** (*wahr sein*) être vrai **5.** POL *für, gegen j-n stimmen* voter pour, contre qn
Stimmengewirr *n* brouhaha *m*
Stimmengleichheit *f* partage *m* des voix; *bei Stimmengleichheit* s'il y a partage
Stimmenmehrheit *f* majorité *f* des voix
Stimmenthaltung *f* abstention *f*
Stimmgabel *f* diapason *m*
stimmhaft *adj* sonore
stimmig *adj* harmonieux; *Argumentation* logique; juste
Stimmlage *f* MUS registre *m*
stimmlos *adj* sourd
Stimmrecht *n* droit *m* de vote
Stimmung *f* ⟨~; ~en⟩ **1.** (*Gemütsverfassung, Laune*) humeur *f*; (*seelische Verfassung*) moral *m*; (*in*) *guter, schlechter Stimmung sein* de bonne, mauvaise humeur; *in Stimmung kommen* s'animer; se mettre en train **2.** (*Atmosphäre*) *e-s Bildes* atmosphère *f*; *e-r Gruppe, e-s Fests* ambiance *f*
Stimmungskanone F *f* boute-en-train *m*
Stimmungsumschwung *m* saute *f* d'humeur; *in der Bevölkerung* revirement *m* d'opinion (publique)
stimmungsvoll *adj* plein d'ambiance; PEINT, *Gedicht* évocateur
Stimmzettel *m* bulletin *m* (de vote)
Stimulans [ˈʃtiːmulans *ou* ˈstiː-] *st/s n* ⟨~; -lanzien *ou* -lantia⟩ MÉD, *fig* stimulant *m*
stimulieren *v/t* ⟨*sans ge*⟩ stimuler
Stinkbombe *f* boule puante
Stinkefinger F *m etwa* bras *m* d'honneur; *j-m den Stinkefinger zeigen etwa* faire un bras d'honneur à qn
stinken [ˈʃtɪŋkən] *v/i* ⟨stank, gestunken⟩ **1.** *péj* puer, empester (*nach etw* qc); *es stinkt* ça pue; ça sent très mauvais **2.** F *fig diese Arbeit stinkt mir* F j'en ai marre, ras le bol de ce travail; F *mir stinkts!* F j'en ai ras le bol!
stinkfaul F *adj* F très flemmard; F très cossard
stinklangweilig F *adj* F rasoir; F assommant; P chiant
stinknormal F *adj* F hypernormal
stinkreich F *adj* F plein aux as
stinksauer P *adj* F fou furieux, F furax
Stinkstiefel P *m* F type odieux
Stinktier *n* mouffette *f*
Stinkwut F *f e-e Stinkwut haben* F être furax,

Stock ≠ stock

Die Perrins wohnen im dritten **Stock**.

Les Perrin habitent au troisième **étage**.

C'est un livre très ancien, mais nous l'avons encore en **stock**.

Das ist ein sehr altes Buch, aber wir **haben** es noch **vorrätig**.

---

en rogne (**auf j-n** contre qn)

Stipendiat(in) [ʃtipɛndi'aːt(ɪn)] *m* ⟨~en; ~en⟩ (*f*) ⟨~in; ~innen⟩ boursier, -ière *m,f*

Stipendium *n* ⟨~s; -ien⟩ bourse *f*

Stippvisite ['ʃtɪp-] *f f* visite *f* éclair

stirbt [ʃtɪrpt] → **sterben**

Stirn [ʃtɪrn] *f* ⟨~; ~en⟩ front *m*; **die Stirn runzeln** froncer les sourcils; *fig* **j-m, e-r Sache die Stirn bieten** faire face, faire front, tenir tête à qn, qc

Stirnband *n* ⟨~¢s; ⸚er⟩ bandeau *m*; serre-tête *m*

Stirnhöhle *f* sinus frontal

Stirnhöhlenentzündung *f* sinusite *f*

Stirnrunzeln *n* ⟨~s⟩ froncement *m* de(s) sourcils

stob [ʃtoːp] → **stieben**

stöbern ['ʃtøːbərn] F *v/i* **in etw** (*dat*) **stöbern** F (far)fouiller, F fouiner dans qc

stochern ['ʃtɔxərn] *v/i* **in etw** (*dat*) **stochern** piquer dans qc; **im Feuer stochern** tisonner le feu; **in den Zähnen stochern** se curer les dents

Stock¹ [ʃtɔk] *m* ⟨~¢s; ⸚e⟩ **1.** (*Stab*) bâton *m*; (*Zeigestock, Taktstock*) baguette *f*; (*Spazierstock*) canne *f*; (*Skistock*) bâton *m* de ski; ([*Eis*]*Hockeyschläger*) crosse *f*; **am Stock gehen** marcher avec une canne; F *fig* (*erschöpft sein*) F être complètement crevé **2.** (*Rosenstock*) pied *m*; (*Rebstock*) cep *m* (de vigne) **3.** *fig* **über Stock und Stein** par monts et par vaux

Stock² *m* ⟨~¢s; ~⟩ (*Stockwerk*) étage *m*

stockbesoffen F *adjt* F complètement bourré

stockdunkel F *adj* **es ist stockdunkel** il fait noir comme dans un four

Stöckelschuh ['ʃtœkəl-] *m* chaussure *f* à talon aiguille; **Stöckelschuhe** des talons *m/pl* aiguilles

stocken ['ʃtɔkən] *v/i* (*stillstehen*) s'arrêter (*a Herz, Atem*); *Verkehr* se ralentir; *Gespräch, Verhandlungen* s'interrompre; *beim Sprechen* hésiter; **ihm stockte der Atem** il en eut la respiration, le souffle coupé(e)

Stockente *f* colvert *m*

stockfinster → **stockdunkel**

Stockfisch *m* morue séchée; stockfisch *m*

stockkonservativ F *adj* très conservateur; *p/fort* F réac

stocknüchtern F *adj* très sobre

stocksauer F *adj* F fou furieux (*nur m*), F furax (**auf j-n** contre qn)

stocksteif F *adj* raide comme un piquet

Stockung *f* ⟨~; ~en⟩ arrêt *m*; *des Verkehrs, der Produktion* ralentissement *m*; paralysie *f*; *der Verhandlungen* interruption *f*

Stockwerk *n* étage *m*

Stoff [ʃtɔf] *m* ⟨~¢s; ~e⟩ **1.** (*Gewebe*) étoffe *f*; tissu *m* **2.** CHIM, PHYS substance *f* **3.** (*Werkstoff*)

matériau *m* **4.** (*Thema*) matière *f*; sujet *m* (*a Gesprächsstoff*); (*Lehrstoff*) programme *m* **5.** F (*Rauschgift*) arg dope *f*; (*Alkohol*) alcool *m*

Stoffballen *m* rouleau *m* de tissu

Stoffel ['ʃtɔfəl] F *péj m* ⟨~s; ~⟩ balourd *m*; lourdaud *m*

stoff(e)lig F *péj adj* balourd; lourdaud

Stoffrest *m* reste *m*

Stofftier *n* (animal *m* en) peluche *f*

Stoffwechsel *m* métabolisme *m*

Stoffwechselkrankheit *f* troubles *m/pl* du métabolisme

stöhnen ['ʃtøːnən] *v/i* gémir (**vor Schmerz** de douleur); (*sich beklagen*) se plaindre (**über** [+ *acc*] de)

Stöhnen *n* ⟨~⟩ gémissement *m*

stoisch ['ʃtoːɪʃ *ou* 'ʃtoːɪʃ] *adj* **1.** PHILOS stoïcien **2.** *fig* stoïque

Stola ['ʃtoːla] *f* ⟨~; -len⟩ châle *m*; *aus Pelz, e-s Priesters* étole *f*

Stollen ['ʃtɔlən] *m* ⟨~s; ~⟩ **1.** BERGBAU galerie *f* **2.** (*unterirdischer Gang*) galerie souterraine **3.** *an Sportschuhen* crampon *m* **4.** CUIS gâteau *m* de Noël

stolpern ['ʃtɔlpərn] *v/i* ⟨sn⟩ faire un faux pas; trébucher (**über etw** [*acc*] sur qc); *fig* **über ein Wort stolpern** buter sur un mot; **er ist über diese Affäre gestolpert** F il s'est cassé la figure dans cette affaire

stolz [ʃtɔlts] *adj* **1.** fier (**auf** [+ *acc*] de) **2.** *fig* (*stattlich*) imposant; majestueux **3.** F *fig Summe* F coquet; *Preis* F joli

Stolz *m* ⟨~es⟩ fierté *f*; **er ist der Stolz s-s Vaters** il est, fait la fierté de son père

stolzgeschwellt *st/s adj* **mit stolzgeschwellter Brust** la poitrine gonflée d'orgueil

stolzieren *v/i* ⟨*sans ge*, sn⟩ parader; se pavaner

stop [ʃtɔp, ʃtɔp] *int* stop!

Stop-and-go-Verkehr ['stɔpʔɛnt'goː-] *m* circulation *f* en accordéon

stopfen ['ʃtɔpfən] **I** *v/t* **1.** COUT repriser; raccommoder **2.** (*hineinstopfen*) **etw in etw** (*acc*) **stopfen** fourrer qc dans qc **3.** *Loch* boucher **4.** (*füllen*) *Pfeife* bourrer; F **gestopft voll** plein à craquer **II** *v/i* **5.** MÉD constiper **6.** F (*sättigen*) F bourrer

Stopfgarn *n* coton *m* à repriser

Stopfnadel *f* aiguille *f* à repriser

stopp [ʃtɔp] *int* stop!

Stopp *m* ⟨~s; ~s⟩ **1.** (*Anhalten*) stop *m* **2.** (*Unterbrechung*) blocage *m*

Stoppel ['ʃtɔpəl] *f* ⟨~; ~n⟩ (*Feldstoppel*) chaume *m*; (*Bartstoppel*) poil *m* raide

Stoppelbart F *m* barbe *f* de plusieurs jours

Stoppelfeld *n* chaume *m*

stopp(e)lig *adj Feld* couvert de chaumes; *Kinn* mal rasé

stoppen I *v/t* **1.** (*anhalten*) stopper; arrêter **2.**

mit der Stoppuhr chronométrer **II** *v/i* stopper; s'arrêter
Stoppschild *n* panneau *m* stop
Stoppstraße *f* rue *f*, route *f* avec obligation d'arrêt
Stopptaste *f* touche *f* d'arrêt
Stoppuhr *f* chronomètre *m*
Stoppzeichen *n* signal *m* d'arrêt; stop *m*
Stöpsel ['ʃtœpsəl] *m* ⟨~s; ~⟩ **1.** (*Verschluss*) bouchon *m*; tampon *m*; *e-r Badewanne* bonde *f* **2.** ÉLECT fiche *f*
Stör [ʃtøːr] *m* ⟨~¢s; ~e⟩ zo esturgeon *m*
störanfällig ['ʃtøːr-] *adj* fragile; peu résistant
Storch [ʃtɔrç] *m* ⟨~¢s; ~e⟩ cigogne *f*
Storchennest *n* nid *m* de cigogne
Store [ʃtoːr] *m* ⟨~s; ~s⟩ voilage *m*
stören I *v/t* **1.** *Person, Veranstaltung* déranger; (*belästigen*) gêner; **lassen Sie sich nicht stören!** ne vous dérangez pas (pour moi)! **2.** *Ruhe, Frieden, Beziehung* troubler; *Unterricht* perturber **3.** RAD, TÉL brouiller **4.** (*missfallen*) déplaire **II** *v/i* déranger; **störe ich?** je vous *bzw* te dérange?; **bitte nicht stören!** prière de ne pas déranger **III** *v/r* F **sich an etw, j-m stören** désapprouver qc, qn
störend *adjt u advt* gênant; **störend wirken** déranger; gêner
Störenfried ['ʃtøːrənfriːt] *m* ⟨~¢s; ~e⟩ gêneur *m*; importun *m*
Störfall *m* NUCL incident *m*
stornieren [ʃtɔrˈniːrən] *v/t* ⟨sans ge⟩ *Auftrag, Reise* annuler; FIN contre-passer
Stornierung *f* ⟨~; ~en⟩ annulation *f*; contre-passation *f*
Storno ['ʃtɔrno] *m od n* ⟨~s; -ni⟩ annulation *f*
störrisch ['ʃtœrɪʃ] *adj Person* entêté; têtu (*a Esel*); *fig Haar* rebelle
Störung *f* ⟨~; ~en⟩ **1.** dérangement *m*; **verzeihen Sie die Störung** excusez-moi de vous déranger **2.** TECH perturbation *f*; dérangement *m*; (*Betriebsstörung*) incident *m* technique; MÉTÉO perturbation *f*; RAD parasites *m/pl* **3.** MÉD *pl* **Störungen** troubles *m/pl*
Störungsstelle *f* TÉL (service *m* des) réclamations *f/pl* et dérangements *m/pl*
Stoß [ʃtoːs] *m* ⟨~es; ~e⟩ **1.** coup *m*; **j-m e-n Stoß versetzen** porter un coup à qn **2.** (*Erschütterung*) choc *m*; secousse *f* (*a Erdstoß*); (*Ruck*) cahot *m* **3.** (*Haufen*) pile *f*; tas *m*; *von Papieren, Briefen* liasse *f*
Stoßdämpfer *m* amortisseur *m*
Stößel ['ʃtøːsəl] *m* ⟨~s; ~⟩ pilon *m*
stoßen ⟨stößt, stieß, gestoßen⟩ **I** *v/t* **1.** (*anstoßen*) pousser; *heftig* 'heurter; choquer; cogner; (*anrempeln*) bousculer; **j-n in die Rippen stoßen** donner une bourrade à qn **2.** SPORT *Kugel* lancer **3.** **j-m das Messer in die Brust stoßen** donner à qn un coup de couteau dans la poitrine **4.** (*zerstoßen*) piler; broyer; concasser **II** *v/i* **5.** (*grenzen*) **an etw** (*acc*) **stoßen** être attenant, contigu à qc **6.** ⟨sn⟩ **gegen** *od* **an etw** (*acc*) **stoßen** se cogner, se heurter, buter contre qc; **mit dem Fuß gegen etw stoßen** 'heurter, buter du pied contre qc **7.** **auf j-n, etw stoßen** tomber sur qn, qc; rencontrer (par 'hasard) qn, qc; **auf Schwierigkeiten** (*acc*) **stoßen** rencontrer des, se heurter à des difficultés **8.** ⟨sn⟩ **zu j-m stoßen** (re)joindre qn **III** *v/r*

sich stoßen se heurter; se cogner; **sich an etw** (*dat*) **stoßen** se heurter, se cogner contre qc; *fig* désapprouver qc
stoßfest *adj* antichoc
Stoßgebet *n* prière instante
Stoßseufzer *m* profond soupir
Stoßstange *f* pare-chocs *m*
stößt [ʃtøːst] → **stoßen**
Stoßtrupp *m* unité *f* de choc
Stoßverkehr *m* (circulation *f* aux) heures *f/pl* de pointe
stoßweise *adv* **1.** (*in Stapeln*) par piles, tas **2.** (*ruckweise*) par saccades; par à-coups
Stoßzahn *m* zo défense *f*
Stoßzeit *f* heures *f/pl* de pointe
stottern ['ʃtɔtərn] *v/t u v/i* bégayer
Stövchen ['ʃtøːfçən] *n* ⟨~s; ~⟩ réchaud *m*
Str. *abr* (*Straße*) rue
Strafanstalt ['ʃtraːf-] *f* ADM établissement *m* pénitentiaire; prison *f*
Strafantrag *m* **1.** *des Staatsanwalts* réquisitoire *m* **2.** *des Klägers* plainte *f*
Strafanzeige *f* plainte *f*
Strafarbeit *f* punition *f*
Strafbank *f* ⟨~; -bänke⟩ SPORT banc *m* de pénalisation
strafbar *adj* punissable; répréhensible; *pl/fort* criminel; **sich strafbar machen** encourir une peine
Strafbefehl *m* procès-verbal *m* de contravention
Strafe *f* ⟨~; ~n⟩ punition *f*; *bes* JUR peine *f*; sanction (pénale); (*Geldstrafe*) amende *f*; (*Züchtigung*) châtiment *m*; **zur Strafe (für ...)** en punition (de ...); **etw unter Strafe** (*acc*) **stellen** frapper qc d'une peine
strafen *v/t* punir; (*züchtigen*) châtier; **ein strafender Blick** un regard réprobateur, plein de reproches
Straferlass *m* remise *f* de peine
straff [ʃtraf] **I** *adj* **1.** *Seil* (fortement) tendu; raide; *Haut* ferme **2.** *fig Organisation, Führungsstil* rigoureux; rigide **II** *adv* **straff spannen** tendre fortement
straffällig *adj* ADM passible de sanction; **straffällig werden** encourir une peine
straffen *v/t* **1.** tendre; raidir; *Haut* raffermir **2.** *Text* condenser **II** *v/r* **sich straffen** *Seil* se tendre; *Körper* se raidir
straffrei I *adj* impuni **II** *adv* **straffrei ausgehen** rester impuni
Straffreiheit *f* impunité *f*
Strafgefangene(r) *m* détenu *m*; prisonnier *m*
Strafgesetz *n* loi pénale
Strafgesetzbuch *n* code pénal
sträflich ['ʃtrɛːflɪç] **I** *adj* impardonnable **II** *adv* d'une façon impardonnable
Sträfling ['ʃtrɛːflɪŋ] *m* ⟨~s; ~e⟩ bagnard *m*; forçat *m*; (*Gefangener*) prisonnier *m*
Strafmandat *n* contravention *f*
Strafmaß *n* peine *f*
Strafminute *f* exclusion *f* temporaire d'une minute; EISHOCKEY minute *f* de prison
Strafporto *n* surtaxe *f*
Strafpredigt F *f* sermon *m*
Strafprozess *m* procès pénal
Strafpunkt *m* (point *m* de) pénalisation *f*
Strafraum *m* surface *f* de réparation

Strafrecht *n* droit pénal
strafrechtlich I *adj* pénal II *adv* *j-n strafrecht-lich verfolgen* engager des poursuites pénales contre qn
Strafregister *n* casier *m* judiciaire
Strafrichter(in) *m(f)* juge pénal
Strafsache *f* affaire, cause pénale
Strafstoß *m* penalty *m*
Straftat *f* délit *m*
Straftäter *m* délinquant *m*
Strafverfahren *n* procédure pénale
strafversetzen *v/t* ⟨*p/p* strafversetzt⟩ déplacer, muter par mesure disciplinaire
Strafverteidiger *m* avocat *m* (spécialisé en droit pénal)
Strafvollzug *m* régime *m* pénitentiaire
Strafzettel F *m* contravention *f*
Strahl [ʃtraːl] *m* ⟨~¢s; ~en⟩ **1.** (*Lichtstrahl*, OPT) rayon *m*; PHYS faisceau *m* **2.** *e-r Flüssigkeit* jet *m*
strahlen *v/i* **1.** *Gestirn* rayonner (*a fig*); (*glänzen*) resplendir (*a fig*); *strahlend weiß* d'un blanc étincelant; *strahlender Sonnenschein* soleil radieux **2.** *fig* (*lächeln*) être rayonnant; *vor Glück, Freude strahlen* rayonner de bonheur, de joie **3.** PHYS rayonner; NUCL irradier
Strahlenbehandlung *f* radiothérapie *f*
Strahlenbelastung *f* exposition *f* aux radiations, NUCL à l'irradiation
strahlenförmig I *adj* rayonné II *adv angeordnet* en rayons
Strahlenschutz *m* radioprotection *f*
Strahlentherapie *f* radiothérapie *f*
strahlenverseucht *adjt* irradié
Strahler *m* ⟨~s; ~⟩ **1.** (*Heizstrahler*) radiateur *m* **2.** (*Lichtstrahler*) spot *m*
Strahltriebwerk *n* réacteur *m*
Strahlung *f* ⟨~; ~en⟩ **1.** PHYS rayonnement *m*; émission *f* (de rayons) **2.** NUCL irradiation *f*
Strähnchen *n* ⟨~s; ~⟩ *im Haar* mèche *f*; *sich* (*dat*) *Strähnchen machen lassen* se faire faire un balayage
Strähne ['ʃtrɛːnə] *f* ⟨~; ~n⟩ mèche *f* (de cheveux)
strähnig *adj Haar* raide et gras
stramm [ʃtram] I *adj* **1.** (*straff*) (fortement) tendu; *Kleider* serré **2.** (*kräftig*) robuste; solide **3.** *Haltung* rigide II *adv* **4.** *stramm sitzen Kleidung* être serré; serrer; → *strammstehen* **5.** F *stramm marschieren* marcher d'un bon pas
strammstehen *v/i* ⟨*irr*⟩ être au garde-à-vous
Strampelhöschen ['ʃtrampəl-] *n* grenouillère *f*
strampeln *v/i* ⟨¢⟩ **1.** *Baby* se trémousser; F gigoter **2.** F ⟨*sn*⟩ *beim Radfahren* pédaler **3.** F *fig* (*sich anstrengen*) F se décarcasser; F ramer
Strand [ʃtrant] *m* ⟨~¢s; ~e⟩ (*Badestrand*) plage *f*; (*Sandstrand*) grève *f*; *am Strand* sur, à la plage
Strandbad *n* plage *f*
stranden *v/i* ⟨-e-, sn⟩ MAR (s')échouer; *fig* échouer
Strandgut *n* épaves *f/pl*
Strandkorb *m* grand fauteuil de plage (en osier)
Strandpromenade *f* promenade *f*
Strang [ʃtraŋ] *m* ⟨~¢s; ~e⟩ **1.** (*Seil*) corde *f*; F *über die Stränge schlagen* dépasser les bornes; *fig am selben Strang ziehen* avoir, suivre

le même objectif **2.** *von Garn* écheveau *m*
strangulieren [ʃtraŋgu'liːrən] *v/t* ⟨*sans ge*⟩ étrangler
Strapaze [ʃtra'paːtsə] *f* ⟨~; ~n⟩ fatigue *f*
strapazieren *v/t* ⟨*sans ge*⟩ *Haut, Kleidung* abîmer; *Geduld, Nerven* mettre à l'épreuve
strapazierfähig *adj* robuste; solide
strapaziös [ʃtrapatsi'øːs] *adj* fatigant; épuisant
Straps [ʃtraps] F *m* ⟨~es; ~e⟩ **1.** (*Strumpfhalter*) jarretelle *f* **2.** (*Hüftgürtel*) porte-jarretelles *m*
Strass [ʃtras] *m* ⟨~ *ou* ~es; ~e⟩ strass *m*
Straßburg ['ʃtraːsburk] *n* ⟨~s⟩ Strasbourg
Straße ['ʃtraːsə] *f* ⟨~; ~n⟩ **1.** rue *f*; (*Landstraße, Fahrstraße*) route *f*; *auf der Straße* dans la rue; *über die Straße gehen* traverser la rue; F *j-n auf die Straße setzen Arbeiter* F flanquer qn à la porte; mettre qn sur le pavé; *Mieter* jeter, mettre qn à la rue; F *auf der Straße liegen od sitzen* (*arbeitslos sein*) chômer; être sur le pavé (*a keine Wohnung haben*); F *auf die Straße gehen* (*demonstrieren*) descendre dans la rue **2.** (*Meerenge*) détroit *m*; *Straße von Dover* pas *m* de Calais
Straßenbahn *f* tram(way) *m*
Straßenbahnhaltestelle *f* arrêt *m* du tram (-way)
Straßenbahnlinie *f* ligne *f* de tram(way)
Straßenbau *m* ⟨~¢s⟩ construction *f* des routes
Straßenbenutzungsgebühr *f* péage *m*
Straßencafé *n* café *m* (avec terrasse)
Straßenecke *f* coin *m* de (la) rue
Straßenglätte *f* route glissante
Straßengraben *m* fossé *m*
Straßenhändler *m* marchand ambulant; camelot *m*
Straßenkampf *m* combat *m* de rue
Straßenkarte *f* carte routière
Straßenkehrer *m* ⟨~s; ~⟩ balayeur *m*
Straßenkind *n* enfant *m* des rues
Straßenkreuzer F *m* F grosse bagnole
Straßenkreuzung *f* carrefour *m*; croisement *m*
Straßenlaterne *f* réverbère *m*
Straßenmusikant *m* musicien ambulant
Straßenname *m* nom *m* de rue
Straßenrand *m* bord *m* de la route
Straßenreinigung *f* nettoyage *m* des rues
Straßenschild *n* plaque *f* de rue
Straßenschlacht *f* combat *m* de rue
Straßenseite *f* *e-r Straße* côté *m* de la rue; *e-s Hauses* côté *m* rue
Straßensperre *f* barrage routier
Straßenüberführung *f* passerelle *f*
Straßenunterführung *f* passage souterrain
Straßenverhältnisse *n/pl* état *m* des routes
Straßenverkauf *m* vente *f* (de plats) à emporter
Straßenverkehr *m* circulation routière; trafic routier
Straßenverkehrsamt *n* etwa service *m* des Mines
Straßenverkehrsordnung *f* code *m* de la route
Straßenzustand *m* état *m* des routes
Stratege [ʃtra'teːgə] *m* ⟨~n; ~n⟩ stratège *m*
Strategie *f* ⟨~; ~n⟩ stratégie *f*
strategisch *adj* stratégique
Stratosphäre [ʃtrato'sfɛːrə] *f* stratosphère *f*
sträuben ['ʃtrɔybən] I *v/t Haare, Federn, Fell* dresser; 'hérisser II *v/r sich sträuben* **1.** *Haa-*

S

re, *Federn, Fell* se dresser; se hérisser **2.** *fig* regimber; résister (***gegen*** à)

Strauch [ʃtraux] *m* ⟨~ɑs; Sträucher⟩ arbuste *m*; *großer* arbrisseau *m*

straucheln [ˈʃtrauxəln] *st/s v/i* ⟨ɕ, sn⟩ **1.** (*stolpern*) trébucher **2.** *fig* (*auf die schiefe Bahn geraten*) se perdre

Strauchtomate *f* tomate *f* en grappe

Strauß[1] [ʃtraus] *m* ⟨~es; ~e⟩ zo autruche *f*

Strauß[2] *m* ⟨~es; Sträuße⟩ (*Blumenstrauß*) bouquet *m*

Straußenei *n* œuf *m* d'autruche

Straußenfeder *f* plume *f* d'autruche

Strebe [ˈʃtreːbə] *f* ⟨~; ~n⟩ contre-fiche *f*

streben [ˈʃtreːbən] *v/i* **1.** (*trachten*) ***nach etw streben*** s'efforcer d'atteindre qc; aspirer à qc **2.** ⟨sn⟩ *räumlich **zu** od **nach etw streben*** s'orienter vers qc

Streben *n* ⟨~s⟩ tendance *f* (***nach*** à); aspiration *f* (vers); quête *f* (de)

Strebepfeiler *m* culée *f*; contrefort *m*

Streber(in) *m* ⟨~s; ~⟩ (*f*) ⟨~in; ~innen⟩ *péj* arriviste *m,f*; *in der Schule* F bûcheur, -euse *m,f*; F bosseur, -euse *m,f*; *arg* polar *m*

strebsam *adj* ambitieux; (*eifrig*) zélé; (*fleißig*) appliqué

Strebsamkeit *f* ⟨~⟩ ambition *f*; zèle *m*; application *f*

Strecke [ˈʃtrɛkə] *f* ⟨~; ~n⟩ **1.** (*Entfernung*) distance *f*; *zurückzulegende* trajet *m*; parcours *m*; F *fig **auf der Strecke bleiben** Person* rester sur le carreau; *Plan* F louper; rater **2.** (*Eisenbahnlinie*) ligne *f*; ***auf freier Strecke*** en rase campagne **3.** SPORT parcours *m* **4.** ***zur Strecke bringen** Wild* abattre; *fig Person* vaincre; abattre

strecken I *v/t* **1.** (*gerade machen*) étendre; (*dehnen*) tendre; allonger **2.** ***die Hände durch das Gitter strecken*** tendre les mains à travers la grille **3.** *Vorräte* faire durer; *Sauce* allonger **II** *v/r **sich strecken*** s'étirer; s'étendre; s'allonger

Streckennetz *n* EISENBAHN réseau *m* de lignes

streckenweise *adv* **1.** *räumlich* par-ci, par-là; par endroits **2.** *zeitlich* par moments

Streetworker(in) [ˈstriːtvøːrkər(in)] *m* ⟨~s; ~⟩ (*f*) ⟨~in; ~innen⟩ éducateur, -trice *m,f* de rues

Streich [ʃtraiç] *m* ⟨~ɕs; ~e⟩ **1.** *st/s* (*Schlag*) coup *m*; *litt **auf e-n Streich*** d'un seul coup **2.** (*Schabernack*) tour *m*; ***ein dummer, lustiger Streich*** un sale, bon tour; ***j-m e-n Streich spielen*** jouer un tour à qn

Streicheleinheiten F *plais f/pl* gestes affectueux d'approbation, d'encouragement

streicheln [ˈʃtraiçəln] *v/t u v/i* ⟨ɕ⟩ caresser

streichen ⟨strich, gestrichen⟩ I *v/t* **1.** (*anstreichen*) peindre; ***frisch gestrichen!*** attention, peinture fraîche! **2.** (*bestreichen*) enduire (***mit*** de) **3.** *Butter, Creme* mettre (***auf*** [+ *acc*] sur) **4.** (*ausstreichen*) radier, rayer (***von der Liste*** de la liste); (*durchstreichen*) barrer; (*tilgen*) supprimer; *Auftrag* annuler **II** *v/i* **5.** (***mit der Hand***) ***über etw*** (*acc*) ***streichen*** passer la main sur qc **6.** (*anstreichen*) peindre **7.** (*umherstreichen*) errer; rôder (***um etw herum*** autour de qc)

Streicher *m* ⟨~s; ~⟩ musicien *m* jouant d'un instrument à cordes

Streichholz *n* allumette *f*

Streichholzschachtel *f* boîte *f* d'allumettes

Streichinstrument *n* instrument *m* à cordes

Streichkäse *m* fromage *m* à tartiner

Streichquartett *n* quatuor *m* à cordes

Streichung *f* ⟨~; ~en⟩ **1.** *im Text* rature *f* **2.** (*Wegfall*) suppression *f*

Streichwurst *f etwa* pâté *m*

Streife [ˈʃtraifə] *f* ⟨~; ~n⟩ ronde *f*; patrouille *f*

streifen [ˈʃtraifən] I *v/t* **1.** (*berühren*) effleurer; frôler; ***sein Blick streifte mich*** son regard m'effleura, me frôla **2.** *fig Thema* effleurer **3.** *Ärmel **in die Höhe streifen*** retrousser **4.** → ***abstreifen*** **II** *v/i* ⟨sn⟩ (*umherstreifen*) vagabonder; flâner

Streifen *m* ⟨~s; ~⟩ **1.** (*Stoffstreifen, Papierstreifen*) bande *f*; (*Metallstreifen*) lamelle *f*; languette *f*; ruban *m*; (*Speckstreifen*) tranche *f* **2.** *Muster* bande *f*; *im Stoff* raie *f*; rayure *f* **3.** F (*Filmstreifen*) bande *f*

Streifendienst *m* patrouille *f*

Streifenwagen *m* voiture *f* de police

Streifschuss *m* éraflure *f*

Streifzug *m* randonnée *f*; excursion *f*; *fig* incursion *f*

Streik [ʃtraik] *m* ⟨~ɕs; ~s⟩ grève *f*; ***in den Streik treten*** se mettre en grève

Streikbrecher *m* briseur *m* de grève

streiken *v/i* **1.** faire grève; être en grève **2.** F *fig Gerät* F être en panne; ***ich streike*** F je ne marche plus

Streikende(r) *f(m)* ⟨→ A⟩ gréviste *m,f*

Streikgeld *n* indemnités *f/pl* de grève

Streikkasse *f* caisse *f* de solidarité pour grévistes

Streikleitung *f* comité *m* de grève

Streikposten *m* piquet *m* de grève

Streikrecht *n* droit *m* de grève

Streikwelle *f* vague *f* de grèves

Streit [ʃtrait] *m* ⟨~ɕs; ~e⟩ querelle *f* (***über*** [+ *acc*] au sujet de); (*Zank*) altercation *f*; démêlé *m*; (*Meinungsstreit*) différend *m*; controverse *f*; (*Wortstreit*) dispute *f*; (*Konflikt*) conflit *m*; JUR litige *m*; procès *m*; ***mit j-m Streit anfangen*** s'attaquer à qn; ***mit j-m in Streit geraten*** se fâcher avec qn

streitbar *st/s adj* combatif; (*kampflustig*) querelleur

streiten ⟨streitet, stritt, gestritten⟩ I *v/i* **1.** (*zanken*) (***mit j-m über etw*** [*acc*]) ***streiten*** se batailler, se disputer (avec qn au sujet de qc) **2.** *poét* (*kämpfen*) lutter; combattre **II** *v/r **sich mit j-m*** (***über etw*** [*acc*]) ***streiten*** se quereller avec qn (au sujet de qc); ***sich um etw streiten*** se disputer qc

Streiterei *f* ⟨~; ~en⟩ querelles *f/pl*; F chamailleries *f/pl*

Streitfall *m* litige *m*

Streitfrage *f* différend *m*; point litigieux

Streitgespräch *n* débat *m*; discussion *f*

streitig *adj **j-m etw streitig machen*** disputer, contester qc à qn

Streitigkeiten *f/pl* querelles *f/pl*; conflits *m/pl*

Streitkräfte *f/pl*, **Streitmacht** *f* forces (armées); armée *f*

Streitpunkt *m* point litigieux

streitsüchtig *adj* querelleur

streng [ʃtrɛŋ] I *adj* **1.** *Lehrer, Eltern, Erziehung* sévère; *Untersuchung, Person a* rigoureux; *Sit-*

ten austère; *Blick* dur; sévère **2.** *Regeln, Prinzipien* strict; *Diät* sévère **3.** *Kälte, Winter* rigoureux **4.** *Geruch* âcre; *Geschmack* âpre **5.** *Stil* austère; *Kleid* strict; sobre; *Frisur* sévère **II** *adv* **streng genommen** à proprement parler; **streng verboten** strictement, rigoureusement interdit; *j-n* **streng bestrafen** punir sévèrement qn; *j-n* **streng bewachen** surveiller étroitement qn; **streng riechen** sentir fort

Strenge *f* ⟨∼⟩ **1.** sévérité *f*; rigueur *f*; *der Sitten* austérité *f*; *des Blicks* dureté *f*; sévérité *f* **2.** *der Kälte* rigueur *f* **3.** *des Geruchs* âcreté *f*; *des Geschmacks* âpreté *f* **4.** *des Stils* austérité *f*

strenggläubig *adj* orthodoxe

strengstens *adv* rigoureusement; strictement; **strengstens verboten** rigoureusement interdit

Stress [ʃtrɛs] *m* ⟨es; ∼e⟩ stress *m*; **unter Stress** (*dat*) **stehen** F être stressé

stressen F *v/t* ⟨∉s⟩ F stresser

stressig F *adj* F stressant

Stresssituation *f* F situation stressante

Stretch [strɛtʃ] *m* ⟨∼∉s; ∼es⟩ stretch *m*

Stretchhose *f* pantalon *m* (en) stretch

Stretching ['strɛtʃɪŋ] *n* ⟨∼s⟩ SPORT stretching *m*

streuen ['ʃtrɔʏən] *v/t Kies, Sand etc* répandre (**auf** [+ *acc*] sur); **Zucker auf den Kuchen streuen** saupoudrer le gâteau de sucre; **Blumen auf den Weg streuen** parsemer, joncher le chemin de fleurs; *bei Glatteis* (**die Straße**) **streuen** sabler la route

Streuer *m* ⟨∼s; ∼⟩ (*Salzstreuer*) salière *f*; (*Pfefferstreuer*) poivrière *f*; (*Streudose*) saupoudreuse *f*

Streufahrzeug *n* sableuse *f*

streunen ['ʃtrɔʏnən] *v/i* ⟨*souvent* sn⟩ *Person* vagabonder; *Tier* errer; *Hund* **streunend** errant

Streusalz *n* sel *m*

Streusand *m* sable *m*

Streusel ['ʃtrɔʏzəl] *m od n* ⟨∼s; ∼⟩ grain de pâte sablée

Streuselkuchen *m* gâteau recouvert de petits grains de pâte sablée

strich [ʃtrɪç] → **streichen**

Strich *m* ⟨∼∉s; ∼e⟩ **1.** (*Linie*) trait *m*; (*Querstrich*) barre *f*; *auf e-r Skala* degré *m*; F *fig j-m e-n* **Strich durch die Rechnung machen** F gâcher, saboter, bousiller les projets de qn; *fig* **unter dem Strich** tout compte fait **2.** (*Bürstenstrich, Pinselstrich*) coup *m* **3.** *e-s Fells, Gewebes* sens *m*; **gegen den Strich** *Fell* à contre-poil; à rebrousse-poil; *fig* à rebours; F **das geht mir gegen den Strich** passt mir nicht F ça ne me va, convient pas; *ist mir lästig* F ça me casse les pieds; *stört mich* F ça me chiffonne; F **nach Strich und Faden** à tour de bras **4.** *der Strich* (*Prostitution*) F le trottoir; F le tapin; *Gegend* le quartier chaud; **auf den Strich gehen** F faire le trottoir, le tapin; F tapiner

stricheln ['ʃtrɪçəln] *v/t* ⟨∉⟩ 'hachurer; **gestrichelt** *Linie* discontinu

Strichjunge F *m* jeune prostitué (homosexuel)

Strichkode *m* code-barres *m*

Strichmädchen F *n* fille (publique)

Strichmännchen *n* petit bonhomme (dessiné)

Strichpunkt *m* point-virgule *m*

strichweise *adv* par endroits (*bes* MÉTÉO)

Strick [ʃtrɪk] *m* ⟨∼∉s; ∼e⟩ corde *f*; *fig j-m e-n* **Strick aus etw drehen** retourner l'action, les paroles de qn contre lui; F *fig* **wenn alle Stricke reißen** au pire

stricken *v/t u v/i* tricoter

Strickjacke *f* veste tricotée; cardigan *m*

Strickleiter *f* échelle *f* de corde

Strickmaschine *f* machine *f* à tricoter

Strickmuster *n* (*Vorlage*) patron *m*; *fig plais* formule *f*

Stricknadel *f* aiguille *f* à tricoter

Strickwaren *f/pl* articles tricotés, en tricot

Strickzeug *n* ⟨∼∉s⟩ tricot *m*

striegeln ['ʃtriːɡəln] *v/t* ⟨∉⟩ étriller; panser

Strieme ['ʃtriːmə] *f* ⟨∼; ∼n⟩, **Striemen** *m* ⟨∼s; ∼⟩ zébrure *f*

strikt [ʃtrɪkt] **I** *adj* rigoureux; strict **II** *adv* **strikt gegen etw sein** être absolument contre qc

stringent [ʃtrɪŋ'ɡɛnt] **I** *adj* évident; logique **II** *adv* avec évidence, logique

Strip F *m* ⟨∼s; ∼s⟩ (*Striptease*) strip-tease *m*

Strippe ['ʃtrɪpə] F *f* ⟨∼; ∼n⟩ fil *m* (téléphonique); *j-n an der* **Strippe haben** F avoir qn au bout du fil

strippen ['ʃtrɪpən] F *v/i* faire du strip-tease

Stripper(in) F *m* ⟨∼s; ∼⟩ (*f*) ⟨∼in; ∼innen⟩ strip-teaseur, -euse *m,f*

Striptease ['ʃtrɪptiːs] *m od n* ⟨∼⟩ strip-tease *m*

Stripteaselokal *n* strip-tease *m*

Stripteasetänzer(in) *m(f)* strip-teaseur, -euse *m,f*

stritt [ʃtrɪt] → **streiten**

strittig *adj* (*umstritten*) litigieux; (*bestreitbar*) discutable; contestable

Stroh [ʃtroː] *n* ⟨∼∉s⟩ paille *f*; (*Dachstroh*) a chaume *m*

Strohballen *m* balle *f* de paille

strohblond *adj* blond comme les blés

Strohdach *n* toit *m* de chaume

strohdumm F *adj* F con comme un balai

Strohfeuer *n* *fig* feu *m* de paille

Strohhalm *m* brin *m* de paille; fétu *m*; *zum Trinken* paille *f*; *fig* **sich an e-n Strohhalm klammern** se cramponner à une bouée de sauvetage

Strohhut *m* chapeau *m* de paille

Strohmann *m* ⟨∼∉s; -männer⟩ homme *m* de paille; prête-nom *m*

Strohwitwe *f*, **Strohwitwer** *m* F *plais* célibataire *m,f*; F veuf, veuve *m,f*

Strolch [ʃtrɔlç] *m* ⟨∼∉s; ∼e⟩ **1.** *péj* (*Lump*) voyou *m* **2.** F *plais* (*Schlingel*) F canaille *f*

Strom [ʃtroːm] *m* ⟨∼∉s; ∼e⟩ **1.** (*Fluss*) fleuve *m*; *fig* flot *m*; *von Tränen* torrent *m*; **es regnet in Strömen** il pleut à verse, à torrents; **der Wein, das Blut floss in Strömen** le vin, le sang coulait à flots **2.** (*Strömung*) courant *m*; *fig* **mit dem Strom schwimmen** suivre le courant; *fig* **gegen den Strom schwimmen** nager à contre-courant **3.** ÉLECT courant *m*; **unter Strom** (*dat*) **stehen** être sous tension (*a fig*)

stromabwärts *adv* en aval

stromaufwärts *adv* en amont

Stromausfall *m* panne *f* de courant

strömen ['ʃtrøːmən] *v/i* ⟨sn⟩ **1.** *Regen, Wasser* couler (à flots); **strömender Regen** pluie battante **2.** *Menschenmenge* affluer (**in** [+ *acc*] dans, **nach** vers)

Stromkabel n câble m (électrique)

Stromkreis m circuit m

Stromleitung f câble m, fil m (électrique)

stromlinienförmig adj aérodynamique; caréné

Stromnetz n réseau m électrique

Stromquelle f source f de courant

Stromschlag m décharge f électrique

Stromschnelle f ⟨~; ~n⟩ rapide m (d'un fleuve)

Stromstärke f intensité f du courant

Stromstoß m impulsion f

Strömung f ⟨~; ~en⟩ courant m (a MÉTÉO, fig)

Stromverbrauch m consommation f d'électricité

Stromzähler m compteur m électrique

Strophe ['ʃtroːfə] f ⟨~; ~n⟩ strophe f

strotzen ['ʃtrɔtsən] v/i **von** od **vor etw** (dat) **strotzen** regorger de qc; être plein de qc; **vor** od **von Kraft, Gesundheit strotzen** déborder de force, de santé

strubb(e)lig ['ʃtrub(ə)lıç] adj ébouriffé

Strudel ['ʃtruːdəl] m ⟨~s; ~⟩ **1.** (Wasserstrudel) tourbillon m (a fig) **2.** CUIS strudel m

Struktur [ʃtrʊk'tuːr] f ⟨~; ~en⟩ structure f

strukturell adj structurel

strukturieren v/t ⟨sans ge⟩ structurer

Strukturwandel m changement structurel, de structure

Strumpf [ʃtrʊmpf] m ⟨~ɛs; ~e⟩ (Damenstrumpf) bas m; (Socke) chaussette f

Strumpfband n ⟨~ɛs; -bänder⟩ jarretière f

Strumpfhalter m jarretelle f

Strumpfhose f collant m

Strumpfmaske f cagoule f

Strunk [ʃtrʊŋk] m ⟨~ɛs; ~e⟩ (Gemüsestrunk) trognon m; (Baumstrunk) souche f

struppig ['ʃtrʊpıç] adj 'hérissé

Struwwelpeter ['ʃtruvəlpeːtər] m Pierre l'Ébouriffé

Strychnin [ʃtryç'niːn] n ⟨~s⟩ strychnine f

Stube ['ʃtuːbə] f ⟨~; ~n⟩ **1.** pièce f; **die gute Stube** la salon **2.** MIL chambrée f

Stubenarrest m privation f de sortie; **Stubenarrest haben** être privé de sortie

Stubenhocker F péj m ⟨~s; ~⟩ F pantouflard m; casanier m

stubenrein adj **1.** Tier propre **2.** fig plais Witz convenable

Stuck [ʃtʊk] m ⟨~ɛs⟩ stuc m

Stück [ʃtyk] n ⟨~ɛs; ~e, mais 5 ~⟩ **1.** pièce f; abgetrenntes morceau m; abgesprungenes éclat m; e-r Sammlung pièce f; von Land, Papier, Schnur, e-s Wegs bout m; **ein Stück Fleisch, Kuchen, Seife** un morceau de viande, gâteau, savon; **in Stücke gehen** se briser; **in Stücke reißen, schneiden, schlagen** déchirer, couper, mettre en morceaux; **am** od **im Stück** en un seul morceau; F fig **in e-m Stück** (ununterbrochen) sans arrêt; **ein hartes Stück Arbeit** un dur travail; **zwei Euro das Stück** deux euros (la) pièce; fig **aus freien Stücken** de son plein gré; F fig **große Stücke auf j-n halten** faire grand cas de qn **2.** F **das ist (ja) ein starkes Stück!** F (ça,) c'est gonflé!; F c'est un peu fort (de café)! **3.** THÉ pièce f **4.** MUS morceau m **5.** Vieh tête f **6.** F (Person) **ein freches Stück** F un(e) sacré(e) culotté(e)

Stückchen n ⟨~s; ~⟩ petit morceau; von Schokolade carré m

Stückgut n colis m

Stücklohn m salaire m aux pièces

Stückpreis m prix m à l'unité

stückweise adv (einzeln) morceau par morceau; à la pièce; COMM au détail

Stückwerk n bricolage m (a fig)

Stückzahl f nombre m de pièces

Student [ʃtu'dɛnt] m ⟨~en; ~en⟩ étudiant m (der Medizin en médecine)

Studentenausweis m carte f d'étudiant

Studentenbude F f F piaule f d'étudiant

Studentenfutter n quatre mendiants m/pl

Studentenstadt f cité f universitaire

Studentenverbindung f corporation étudiante

Studentenwerk n etwa CROUS m

Studentenwohnheim n cité f universitaire

Studentin f ⟨~; ~nen⟩ étudiante f

studentisch adj estudiantin; d'étudiant(s)

Studie ['ʃtuːdiə] f ⟨~; ~n⟩ étude f

Studienabbrecher(in) m ⟨~s; ~⟩ (f) ⟨~in; ~innen⟩ personne f ayant interrompu ses études

Studienabschluss m diplôme m

Studienaufenthalt m séjour m d'études

Studienberatung f orientation f universitaire

Studiendirektor m professeur m de lycée titularisé

Studienfach n matière f; spécialité f

Studiengang m filière f

Studiengebühren f/pl droits m/pl universitaires

Studienplatz m place f à l'université

Studienrat m, **Studienrätin** f professeur m de lycée titularisé

Studienreferendar m professeur m stagiaire

Studienreise f voyage m d'études

Studienzeit f (années f/pl d')études f/pl

studieren [ʃtu'diːrən] ⟨sans ge⟩ **I** v/t an der Hochschule faire des études de; (untersuchen) étudier **II** v/i faire des, ses études; être étudiant

Studierende(r) f(m) ⟨→ A⟩ étudiant(e) m(f)

Studierte(r) F f(m) ⟨→ A⟩ homme m, femme f qui a fait des, ses études

Studio ['ʃtuːdio] n ⟨~s; ~s⟩ **1.** studio m; e-s Künstlers a atelier m **2.** (Fernsehstudio, Filmstudio) studio m

Studium ['ʃtuːdium] n ⟨~s; -ien⟩ **1.** (Hochschulstudium) études f/pl **2.** (Forschung) étude(s) f(pl); **Studien (über etw** [acc]**) betreiben** se livrer à l'étude (de qc)

Stufe ['ʃtuːfə] f ⟨~; ~n⟩ **1.** e-r Treppe marche f; degré m **2.** fig (Rang) degré m; échelon m; rang m; (Niveau) niveau m; **j-n mit j-m auf e-e** od **auf die gleiche Stufe stellen** mettre qn au niveau de qn **3.** bei Pumpen, Turbinen, Raketen étage m **4.** GÉOL, im Gelände terrasse f

Stufenbarren m SPORT barres f/pl asymétriques

stufenlos adv TECH sans paliers; **stufenlos verstellbar** réglable par degrés

stufenweise **I** adj graduel; progressif **II** adv graduellement; progressivement

stufig **I** adj Hang, Gelände en terrasses; Haar (en) dégradé **II** adv Haar **stufig geschnitten** coupé en dégradé

Stuhl [ʃtuːl] m ⟨~ɛs; ~e⟩ **1.** chaise f; **der Heilige Stuhl** le Saint-Siège; **der elektrische Stuhl** la chaise électrique; fig **zwischen zwei Stühlen sitzen** se trouver, être assis entre deux chaises;

fig j-m den Stuhl vor die Tür setzen mettre qn à la porte; F *das hat mich fast vom Stuhl gehauen* ça m'a renversé **2.** (*Stuhlgang*) selles *f/pl*

Stuhlbein *n* pied *m* de chaise

Stuhlgang *m* selles *f/pl*; *Stuhlgang haben* aller à la selle

Stuhllehne *f* dos(sier) *m* de chaise

Stulle ['ʃtulə] *f* ⟨∼; ∼n⟩ *nordd* tartine *f*

stülpen ['ʃtʏlpən] *v/t etw auf etw* (*acc*) *stülpen* mettre qc sur qc; *nach außen stülpen* retourner vers l'extérieur

stumm [ʃtum] *adj* muet (*a fig*, LING); (*schweigsam*) silencieux

Stummel ['ʃtuməl] *m* ⟨∼s; ∼⟩ (*Bleistiftstummel, Kerzenstummel*) bout *m*; (*Zigarrenstummel, Zigarettenstummel*) F mégot *m*

Stummfilm *m* film muet

Stümper(in) ['ʃtʏmpər(in)] *m* ⟨∼s; ∼⟩ (*f*) ⟨∼in; ∼innen⟩ F bousilleur, -euse *m,f*

Stümperei *f* ⟨∼; ∼en⟩ bousillage *m*

stümperhaft **I** *adj* bousillé **II** *adv stümperhaft ausgeführt* mal fait

stümpern *v/i* bousiller

stumpf [ʃtumpf] *adj* **1.** *Messer, Schere* émoussé **2.** *Nadel, Degen* sans pointe; *Winkel* obtus; *Kegel* tronqué; *Nase* épaté **3.** *Haar, Metall, Farbe* terne **4.** *fig Sinne* émoussé; *Mensch* abruti; *insensible; Blick* terne; atone

Stumpf *m* ⟨∼ɟs; ∼e⟩ (*Baumstumpf*) souche *f*; (*Kerzenstumpf*) bout *m*; (*Armstumpf, Beinstumpf*) moignon *m*; (*Zahnstumpf*) chicot *m*; *mit Stumpf und Stiel ausrotten* exterminer

Stumpfsinn *m* **1.** *e-s Menschen* abrutissement *m*; *st/s* hébétude *f* **2.** *e-r Arbeit etc* stupidité *f*

stumpfsinnig *adj* **1.** *Mensch, Blick* hébété **2.** *Arbeit* abrutissant; stupide

stumpfwink(e)lig *adj* obtusangle

Stunde ['ʃtundə] *f* ⟨∼; ∼n⟩ **1.** heure *f*; *e-e halbe Stunde* une demi-heure; *e-e Stunde lang* une heure durant; *zur Stunde* à l'heure qu'il est; *in e-r schwachen, stillen Stunde* dans un moment de faiblesse, tranquillité; *ihre letzte Stunde ist gekommen, hat geschlagen* sa dernière heure est arrivée, a sonné **2.** (*Unterrichtsstunde*) cours *m*; leçon *f*

stunden *v/t* ⟨-e-⟩ *j-m e-e Summe stunden* accorder à qn un délai de paiement

Stundengeschwindigkeit *f* vitesse *f* horaire

Stundenhotel *n* hôtel *m* de passe

Stundenkilometer *m* kilomètre-heure *m*; *zehn Stundenkilometer* dix kilomètres à l'heure

stundenlang **I** *adj* qui dure des heures (entières) **II** *adv* pendant des heures

Stundenlohn *m* salaire *m* horaire

Stundenplan *m* emploi *m* du temps; horaire *m*

stundenweise *adv* à l'heure; par heure

Stundenzeiger *m* aiguille *f* des heures

stündlich ['ʃtʏntlɪç] *adv* **1.** (*jede Stunde*) toutes les heures **2.** (*in der Stunde*) *dreimal stündlich* trois fois par heure **3.** (*jeden Augenblick*) à chaque instant; d'un instant à l'autre

Stundung *f* ⟨∼; ∼en⟩ délai *m* de paiement

Stunk [ʃtuŋk] F *m* ⟨∼s⟩ bagarre *f*; *Stunk machen* chercher la bagarre

Stuntgirl ['stantgœːrl] *n* cascadeuse *f*

Stuntman [-mɛn] *m* ⟨∼s; -men⟩ cascadeur *m*

stupide [ʃtu'piːdə] *adj* stupide; *Person a* borné

Stups [ʃtups] F *m* ⟨∼es; ∼e⟩ légère bourrade

stupsen *v/t* ⟨ɟs⟩ pousser légèrement; donner une légère bourrade à

Stupsnase *f* nez retroussé

stur [ʃtuːr] **I** *adj* (*eigensinnig*) entêté; têtu; (*unbeirrbar*) obstiné **II** *adv* obstinément

Sturheit *f* ⟨∼⟩ entêtement *m*

Sturm [ʃturm] *m* ⟨∼ɟs; ∼e⟩ **1.** tempête *f* (*a fig*) **2.** *fig der Gefühle* tumulte *m*; *ein Sturm der Entrüstung* une explosion d'indignation **3.** SPORT attaque *f* **4.** MIL assaut *m* (*auf* [+ *acc*] de); *Sturm läuten od klingeln* sonner le tocsin; *etw im Sturm nehmen* prendre qc d'assaut; *gegen etw Sturm laufen* se rebeller contre qc

Sturmangriff *m* assaut *m*

Sturmbö *f* rafale *f*

stürmen ['ʃtʏrmən] **I** *v/t* **1.** (*im Sturm nehmen*) prendre ... d'assaut **2.** *fig Geschäfte* se précipiter sur *bzw* dans **II** *v/i* **3.** SPORT attaquer **4.** ⟨sn⟩ *fig* (*rennen*) courir; s'élancer **III** *v/imp es stürmt* il y a de la tempête

Stürmer(in) *m* ⟨∼s; ∼⟩ (*f*) ⟨∼in; ∼innen⟩ avant *m*

Sturmflut *f* raz *m* de marée

sturmfrei *adj plais heute Abend haben wir e-e sturmfreie Bude* ce soir on peut faire ce qu'on veut (dans l'appartement)

stürmisch ['ʃtʏrmɪʃ] **I** *adj* **1.** *Wetter* orageux **2.** *fig* (*ungestüm*) impétueux; *Auseinandersetzung* tumultueux; *Protest* violent; *Beifall* frénétique **3.** *fig* (*rasant*) extrêmement, très rapide **II** *adv begrüßen* avec enthousiasme

Sturmlauf *m* assaut *m*

Sturmschaden *m* dégâts causés par la tempête

Sturmspitze *f* SPORT avant-centre *m*

Sturmtief *n* zone *f* de basse pression avec tempête

Sturmwarnung *f* avis *m* de tempête

Sturz [ʃturts] *m* ⟨∼es; ∼e⟩ **1.** (*Fall*) chute *f* (*a fig*) **2.** *e-r Regierung* renversement *m* **3.** (*Preissturz, Temperatursturz*) chute *f* **4.** ⟨*pl* ∼e *ou* ∼e⟩ CONSTR linteau *m*

Sturzbach *m* torrent *m*

stürzen ['ʃtʏrtsən] ⟨ɟs⟩ **I** *v/t* **1.** faire tomber; précipiter (*j-n in e-n Abgrund* qn dans un abîme) **2.** *Regierung, Minister* renverser **3.** *Gefäß etc* renverser **II** *v/i* ⟨sn⟩ **4.** (*fallen*) tomber, faire une chute (*vom Fahrrad* de bicyclette); *schwer, unglücklich stürzen* faire une mauvaise chute, une chute malencontreuse **5.** (*rennen*) se précipiter, se jeter, s'élancer (*auf die Straße, nach draußen* dans la rue, dehors) **III** *v/r sich auf etw, j-n stürzen* se précipiter, s'élancer, se jeter sur qc, qn; *sich aus dem Fenster stürzen* se jeter par la fenêtre

Sturzflug *m* (vol *m* en) piqué *m*

Sturzhelm *m* casque *m*

Stuss [ʃtus] F *m* ⟨∼es⟩ P connerie(s) *f(pl)*

Stute ['ʃtuːtə] *f* ⟨∼; ∼n⟩ jument *f*

Stütze ['ʃtʏtsə] *f* ⟨∼; ∼n⟩ (*Halt*), *fig* appui *m*; soutien *m*; (*Ständer*), *fig* support *m*

stutzen¹ ['ʃtutsən] *v/t* ⟨ɟs⟩ *Hecke, Bart* tailler; *Flügel* rogner; *Schwanz* écourter

stutzen² *v/i* ⟨ɟs⟩ (*innehalten*) s'arrêter court; rester interdit

Stutzen *m* ⟨∼s; ∼⟩ (*Rohransatz*) tubulure *f*; (*Einfüllstutzen*) raccord *m* (de pompe)

S

stützen ⟨¢ʂ⟩ **I** v/t (*abstützen, unterstützen*) soutenir (*a fig*); *mit Balken* étayer (*a fig*) **II** *sich auf etw* (*acc*) *stützen* s'appuyer sur qc (*a fig*)

stutzig adj *stutzig werden* être intrigué; *stutzig machen* intriguer

Stützkorsett n corset m orthopédique

Stützmauer f mur m de soutènement

Stützpfeiler m pilier m de soutien

Stützpunkt m base f (*a fig*)

Stützrad n stabilisateur m

Stützstrumpf m bas m à varices

StVO [ɛsteːfauˈʔoː] f abr ⟨∼⟩ (*Straßenverkehrsordnung*) code m de la route

stylen [ˈstaɪlən] v/t *Frisur, Person* donner un look, style à

Styling [ˈstaɪlɪŋ] n ⟨∼s; ∼s⟩ (création f d'un) style, *e-r Person a* (d'un) look

Stylist(in) m ⟨∼en; ∼en⟩ (f) ⟨∼in; ∼innen⟩ styliste m,f

Styropor® [ʃtyroˈpoːr] n ⟨∼s⟩ polystyrène m

s. u. abr (*siehe unten*) v. ci-dessous, plus bas

Suaheli n ⟨∼ʂ⟩ *Sprache* souahéli m

subaltern [zʊpˈʔalˈtɛrn] adj subalterne

Subjekt [zʊpˈjɛkt] n ⟨∼¢s; ∼e⟩ **1.** GR sujet m **2.** *péj* individu m

subjektiv adj subjectif

Subjektivität f ⟨∼⟩ subjectivité f

Subkontinent [ˈzʊp-] m sous-continent m

Subkultur f contre-culture f

sublimieren [zubliˈmiːrən] v/t ⟨sans ge⟩ CHIM, PSYCH sublimer

Subskription [zupskrɪptsiˈoːn] f ⟨∼; ∼en⟩ souscription f (+ *gén* à)

Subskriptionspreis m prix m de souscription

Substantiv [ˈzʊpstantiːf] n ⟨∼s; ∼e⟩ nom m; substantif m

substantivisch adj substantif

Substanz [zʊpˈstants] f ⟨∼; ∼en⟩ substance f; F *fig j-m an die Substanz gehen* F vider qn

substanziell [zupstantsiˈɛl] adj substantiel

subtil [zʊpˈtiːl] adj subtil

Subtilität f ⟨∼; ∼en⟩ subtilité f

subtrahieren [zuptraˈhiːrən] v/t ⟨sans ge⟩ soustraire (*von* de)

Subtraktion f ⟨∼; ∼en⟩ soustraction f

Subtropen [ˈzʊp-] pl régions subtropicales

subtropisch adj subtropical

Subunternehmer(in) m(f) sous-traitant m

Subvention [zupvɛntsiˈoːn] f ⟨∼; ∼en⟩ subvention f

subventionieren v/t ⟨sans ge⟩ subventionner

subversiv [zʊpvɛrˈziːf] adj subversif

Suchaktion f recherches f/pl; *im Gelände* battue f

Suchautomatik f RAD recherche f automatique

Suche [ˈzuːxə] f ⟨∼; ∼n⟩ recherche f; quête f; *auf der Suche nach* à la recherche de; *auf die Suche nach j-m, etw gehen, sich auf die Suche nach j-m, etw machen* aller à la recherche de qn, qc; se mettre en quête de qn, qc

suchen I v/t **1.** chercher; *intensiv* rechercher; (*sammeln*) ramasser; F *fig du hast da nichts zu suchen* tu n'as rien à faire ici **2.** (*sich bemühen um*) chercher (*a Hilfe, Schutz*); *j-s Freundschaft, Gesellschaft* rechercher; *Rat bei j-m suchen* demander conseil à qn; consulter qn **3.** *st/s* (*versuchen*) *suchen zu* (+

inf) chercher à (+ *inf*); tenter de (+ *inf*) **II** v/i *nach etw, j-m suchen* rechercher qc, qn; être à la recherche de qc, qn

Sucher m ⟨∼s; ∼⟩ PHOT viseur m

Sucherei F f ⟨∼; ∼en⟩ recherche f sans fin

Suchhund m → **Spürhund**

Suchlauf m TV, RAD recherche f automatique

Suchmaschine f INFORM moteur m de recherche

Sucht [zʊxt] f ⟨∼; ∼e⟩ manie f (*nach* de); (*exzessives Verlangen*) passion f (de); (*Arzneimittelsucht, Drogensucht*) toxicomanie f

Suchtgefahr f risque m de toxicomanie

süchtig [ˈzʏçtɪç] adj **1.** (*arzneimittelsüchtig, drogensüchtig*) toxicomane; *süchtig machen* rendre dépendant **2.** *fig* (*versessen*) avide (*nach* de)

Süchtige(r) f(m) ⟨→ A⟩ toxicomane m,f

suchtkrank adj toxicomane

Suchtkranke(r) f(m) toxicomane m,f

Suchtmittel n drogue f; stupéfiant m

Suchtrupp m équipe f de sauvetage

Sud [zuːt] m ⟨∼¢s; ∼e⟩ **1.** CUIS bouillon m **2.** (*Extrakt*) décoction f

Süd [zyːt] m ⟨sans article ni pl⟩ sud m

Südafrika n l'Afrique f du Sud

Südafrikaner(in) m(f) Sud-Africain(e) m(f)

südafrikanisch adj sud-africain

Südamerika n l'Amérique f du Sud

Südamerikaner(in) m(f) Sud-Américain(e) m(f)

südamerikanisch adj sud-américain

Sudan [zuˈdaːn] ⟨∼s⟩ *der Sudan* le Soudan

süddeutsch adj de l'Allemagne du Sud

Süddeutschland n l'Allemagne f du Sud

sudeln [ˈzuːdəln] F v/i ⟨¢⟩ gribouiller

Süden [ˈzyːdən] m ⟨∼s⟩ sud m; *e-s Lands, e-r Stadt* Sud m; *im Süden* (*von*) au sud (de)

Südeuropa n l'Europe du Sud, méridionale

südeuropäisch adj européen du Sud; de l'Europe du Sud, méridionale

Südfrankreich n le Midi

Südfranzose m, **Südfranzösin** f Méridional(e) m(f)

südfranzösisch adj du Midi; méridional

Südfrüchte f/pl fruits tropicaux

Südkorea n la Corée du Sud

Südküste f côte méridionale

Südländer(in) m ⟨∼s; ∼⟩ (f) ⟨∼in; ∼innen⟩ méridional(e) m(f)

südländisch adj méridional

südlich I adj du sud; méridional; *Breite* austral **II** adv au sud (*von* de)

Südost(en) m sud-est m

südöstlich I adj du sud-est **II** adv au sud-est (*von* de)

Südpol m pôle m Sud

Südsee f Pacifique m sud; mers f/pl du Sud

Südseite f (côté m) sud m

Südstaaten m/pl *in Amerika* États m/pl du Sud

Südtirol n le Tyrol du Sud

südwärts adv vers le sud; au sud

Südwest(en) m sud-ouest m

südwestlich I adj du sud-ouest **II** adv au sud-ouest (*von* de)

Südwind m vent m du sud

Sueskanal [ˈzuːɛs-] m ⟨∼s⟩ canal m de Suez

Suff [zʊf] P m ⟨∼¢s⟩ F soûlographie f; *im Suff* F

bien bourré
süffig ['zʏfɪç] F *adj* gouleyant
süffisant [zʏfi'zant] *adj péj* suffisant
Suffix [zu'fɪks] *n* ⟨~es; ~e⟩ LING suffixe *m*
suggerieren [zʊge'riːrən] *v/t* ⟨*sans ge*⟩ suggérer
Suggestion *f* ⟨~; ~en⟩ suggestion *f*
suggestiv [zʊgɛs'tiːf] *adj* suggestif
Suggestivfrage *f* question *f* à la réponse implicite
suhlen ['zuːlən] *v/r* **sich suhlen** se vautrer
Sühne ['zyːnə] *st/s f* ⟨~; ~n⟩ expiation *f*
sühnen *st/s* **I** *v/t* **1.** (*büßen*) expier **2.** (*bestrafen*) punir **II** *v/i* **für etw sühnen** expier qc
Suite ['sviːt(ə)] *f* ⟨~; ~n⟩ suite *f*
sukzessiv [zuktsɛ'siːf] *adj* successif
sukzessive *adv* successivement
Sulfat [zʊl'faːt] *n* ⟨~¢s; ~e⟩ sulfate *m*
Sulfid [zʊl'fiːt] *n* ⟨~¢s; ~e⟩ sulfure *m*
Sulfonamid [sʊlfona'miːt] *n* ⟨~¢s; ~e⟩ sulfamide *m*
Sultan ['zʊltan] *m* ⟨~s; ~e⟩ sultan *m*
Sultanat *n* ⟨~¢s; ~e⟩ sultanat *m*
Sultanine [zʊlta'niːnə] *f* ⟨~; ~n⟩ raisin *m* de Smyrne
Sülze ['zʏltsə] *f* ⟨~; ~n⟩ CUIS **1.** *Speise* viande *f bzw* poisson *m* en aspic; (*Schweinskopfsülze*) fromage *m* de tête **2.** (*Aspik*) aspic *m*
summarisch [zʊ'maːrɪʃ] *adj* sommaire
summa summarum ['zumazu'maːrum] *st/s adv* en tout et pour tout
Summe ['zumə] *f* ⟨~; ~n⟩ somme *f*
summen ['zumən] **I** *v/t Melodie* fredonner **II** *v/i Biene* bourdonner; *Motor* ronronner
Summer *m* ⟨~s; ~⟩ sonnerie *f*
summieren *v/r* ⟨*sans ge*⟩ **sich summieren** s'accumuler
Sumo ['zuːmo] *n* ⟨~⟩ SPORT sumo *m*
Sumoringer *m* (lutteur *m* de) sumo *m*
Sumpf [zumpf] *m* ⟨~¢s; ~e⟩ marais *m*; marécage *m*; *fig* bas-fonds *m/pl*
Sumpfgebiet *n* marécages *m/pl*; marais *m/pl*
sumpfig *adj* marécageux
Sund [zunt] *m* ⟨~¢s; ~e⟩ détroit *m*
Sünde ['zʏndə] *f* ⟨~; ~n⟩ péché *m*
Sündenbekenntnis *n* confession *f*
Sündenbock F *m* bouc *m* émissaire
Sündenfall *m* REL chute *f*
Sünder(in) *m* ⟨~s; ~⟩ (*f*) ⟨~in; ~innen⟩ pécheur *m*, pécheresse *f*
sündhaft **I** *adj* **1.** *st/s* coupable; REL pécheur **2.** F *fig Preis* F faramineux **II** F *adv* **sündhaft teuer** F horriblement cher; 'hors de prix
sündig *adj* **1.** REL pécheur **2.** (*lasterhaft*) immoral
sündigen *v/i* pécher
Sunnit [zʊ'niːt] *m* ⟨~en; ~en⟩ sunnite *m*
sunnitisch *adj* sunnite
super ['zuːpər] F *adj* ⟨*inv*⟩ F super; F giga
Super F *n* ⟨~s⟩ *Benzin* F super *m*
super... F *in Zssgn* ultra(-)...
Superbenzin *n* supercarburant *m*
Super-GAU F *m* catastrophe *f* nucléaire
superklug *adj iron* **superklug sein** se croire malin
Superlativ ['zuːpərlatiːf] *m* ⟨~s; ~e⟩ superlatif *m*
Supermacht *f* superpuissance *f*

Supermann F *m* ⟨~¢s; -männer⟩ F superman *m*
Supermarkt *m* supermarché *m*
supermodern F *adj* ultramoderne
Superstar F *m* F superstar *f*
Süppchen ['zʏpçən] *n* ⟨~s; ~⟩ soupe *f*; F *fig* **sein eigenes Süppchen kochen** ne s'occuper que de ses petites affaires
Suppe ['zupə] *f* ⟨~; ~n⟩ **1.** CUIS soupe *f*; *feinere* potage *m*; F *fig* **die Suppe auslöffeln müssen** payer les pots cassés **2.** F *fig* (*starker Nebel*) purée *f* de pois
Suppenfleisch *n* pot-au-feu *m*
Suppengrün *n* légumes verts pour la soupe
Suppenhuhn *n* poule *f*; *Gericht* poule *f* au pot
Suppenkelle *f* louche *f*
Suppenlöffel *m* cuiller *od* cuillère *f* à soupe
Suppenschüssel *f* soupière *f*
Suppentasse *f* tasse *f* à consommé
Suppenteller *m* assiette creuse
Suppenterrine *f* soupière *f*
Suppentopf *m* marmite *f*
Suppenwürfel *m* cube *m* de bouillon
Surfbrett ['zœrf-] *n* *fürs Windsurfen* planche *f* à voile; *fürs Wellenreiten* (planche *f* de) surf *m*
surfen ['zœrfən] *v/i* ⟨h *ou* sn, + *indication de direction* sn⟩ (*windsurfen*) faire de la planche à voile; (*wellenreiten*) faire du surf; surfer; **im Internet surfen** surfer, naviguer sur Internet
Surfer(in) *m* ⟨~s; ~⟩ (*f*) ⟨~in⟩ (*Windsurfer*) véliplanchiste *m,f*; (*Wellenreiter[in]*) surfeur, -euse *m,f*; (*Internetsurfer*) internate *m,f*
Surinam [zuri'nam] *n* ⟨~s⟩ le Surinam
Surrealismus [zurea'lɪsmus] *m* ⟨~⟩ surréalisme *m*
surrealistisch *adj* surréaliste
surren ['zurən] *v/i* **1.** (*summen*) *Insekt* bourdonner; *Motor* ronronner **2.** ⟨sn⟩ (*schwirren*) fendre l'air en sifflant
Surrogat [zuro'gaːt] *st/s n* ⟨~¢s; ~e⟩ succédané *m*
Sushi ['zuːʃi] *n* ⟨~s; ~s⟩ CUIS sushi *m*
suspekt [zus'pɛkt] *adj* suspect
suspendieren [zuspɛn'diːrən] *v/t* ⟨*sans ge*⟩ suspendre (**vom Dienst** de ses fonctions)
Suspendierung *f* ⟨~; ~en⟩ suspension *f*
süß [zyːs] **I** *adj* **1.** doux; (*gezuckert*), *Duft*, *Geschmack* sucré **2.** *fig Lacheln*, *Worte* doux; *Kind* mignon; gentil; (*lieblich*) suave **II** *adv* **3.** **süß schmecken, riechen** avoir un goût sucré, une odeur sucrée **4.** *fig* joliment
Süße *f* ⟨~⟩ douceur *f*; *im Duft* odeur sucrée; *im Geschmack* goût sucré
süßen *v/t* ⟨¢s⟩ sucrer
Süßholz *n* réglisse *m*; F *fig* **Süßholz raspeln** F faire du plat; conter fleurette
Süßigkeit *f* ⟨~; ~en⟩ *meist pl* sucrerie *f*
süßlich *adj* douceâtre (*a fig péj*); *fig péj* doucereux
süßsauer **I** *adj* **1.** aigre-doux **2.** F *fig Gesicht* mi-figue, mi-raisin **II** *adv* **süßsauer lächeln** sourire jaune
Süßspeise *f* entremets *m*
Süßstoff *m* édulcorant *m*; sucrette® *f*
Süßwaren *f/pl* sucreries *f/pl*
Süßwarengeschäft *n* confiserie *f*
Süßwasser *n* ⟨~s; ~⟩ eau douce
Swahili [sva'hiːli] → **Suaheli**
Sweatshirt ['svɛtʃœrt] *n* ⟨~s; ~s⟩ sweat-shirt *m*

Swimmingpool ['svɪmɪŋpuːl] *m* ⟨~s; ~s⟩ piscine *f*

Symbiose [zʏmbi'oːzə] *f* ⟨~; ~n⟩ symbiose *f*

Symbol [zʏm'boːl] *n* ⟨~s; ~e⟩ symbole *m*; INFORM icône *f*

Symbolcharakter *m* **Symbolcharakter haben** avoir un caractère symbolique, de symbole

Symbolfigur *f* symbole *m*

symbolhaft *adj* symbolique (**für** de)

Symbolik *f* ⟨~⟩ symbolique *f*

symbolisch *adj* symbolique

symbolisieren *v/t* ⟨sans ge⟩ symboliser

Symbolleiste *f* INFORM barre *f* d'outils

Symmetrie [zʏme'triː] *f* ⟨~; ~n⟩ symétrie *f*

symmetrisch *adj* symétrique

Sympathie [zʏmpa'tiː] *f* ⟨~; ~n⟩ sympathie *f*; **für j-n Sympathie empfinden** éprouver de la sympathie pour qn

Sympathieträger(in) *m(f)* personne *f* qui rallie toutes les sympathies

Sympathisant(in) *m* ⟨~en; ~en⟩ (*f*) ⟨~in; ~innen⟩ sympathisant(e) *m(f)*

sympathisch *adj* sympathique; **sie ist mir sympathisch** elle m'est sympathique

sympathisieren *v/i* ⟨sans ge⟩ sympathiser (**mit** avec)

Symphonie [zʏmfo'niː] *f* → **Sinfonie**

Symposion [zʏm'poːziɔn] *n* ⟨~s; -ien⟩, **Symposium** [zʏm'poːzium] *n* ⟨~s; -ien⟩ symposium *m*; congrès *m*

Symptom [zʏmp'toːm] *n* ⟨~s; ~e⟩ MÉD, *fig* symptôme *m*

symptomatisch *adj* symptomatique (**für** de)

Synagoge [zyna'goːgə] *f* ⟨~; ~n⟩ synagogue *f*

synchron [zʏn'kroːn] *adj* synchrone

Synchronisation *f* ⟨~; ~en⟩ TECH synchronisation *f*; *e-s Films* doublage *m*

synchronisieren *v/t* ⟨sans ge⟩ TECH synchroniser; *Film* doubler

Synchronisierung *f* ⟨~; ~en⟩ → **Synchronisation**

Synchronschwimmen *n* natation synchronisée

Synchronsprecher(in) *m(f)* doubleur, -euse *m,f*

Syndrom [zʏn'droːm] *n* ⟨~s; ~e⟩ syndrome *m*

Synergie [zynɛr'giː] *f* ⟨~⟩ synergie *f* (*a* ÉCON)

Synkope [zʏn'koːpə] *f* ⟨~; ~n⟩ MUS syncope *f*

Synode [zy'noːdə] *f* ⟨~; ~n⟩ synode *m*

synonym [zyno'nyːm] *adj* synonyme

Synonym *n* ⟨~s; ~e⟩ synonyme *m*

syntaktisch [zʏn'taktɪʃ] *adj* syntaxique

Syntax ['zʏntaks] *f* ⟨~; ~en⟩ syntaxe *f*

Synthese [zʏn'teːzə] *f* ⟨~; ~n⟩ synthèse *f* (**aus, von, zwischen** [+ *dat*] de)

Synthesizer ['sɪntəsaɪzər] *m* ⟨~s; ~⟩ MUS synthétiseur *m*

synthetisch [zʏn'teːtɪʃ] *adj* synthétique

Syphilis ['zyːfilɪs] *f* ⟨~⟩ syphilis *f*

Syrer(in) ['zyːrər(ɪn)] *m* ⟨~s; ~⟩ (*f*) ⟨~in; ~innen⟩ Syrien, -ienne *m,f*

Syrien *n* ⟨~s⟩ la Syrie

syrisch *adj* syrien

System [zʏs'teːm] *n* ⟨~s; ~e⟩ système *m* (*a* POL, PHYS, BIOL, INFORM); POL *a* régime *m*; **System haben** être méthodique, systématique

Systematik *f* ⟨~; ~en⟩ systématique *f*

systematisch *adj* systématique

systematisieren *v/t* ⟨sans ge⟩ systématiser

Systemfehler *m* INFORM erreur *f* de système

Systemkritiker(in) *m(f)* critique *m* du système

Systemzwang *m* contraintes *f/pl* du système

Szenario [stse'naːrio] *n* ⟨~s; ~s⟩ THÉ, FILM, *fig* POL scénario *m*

Szene ['stseːnə] *f* ⟨~; ~n⟩ **1.** THÉ scène *f*; *fig* **sich in Szene setzen** se pavaner **2.** *fig* (*Auseinandersetzung*) scène *f*; **j-m e-e Szene machen** faire une scène à qn **3.** F *fig* **die Szene** les milieux branchés; **die politische Szene** les milieux politiques

Szenegänger(in) [-gɛnər(ɪn)] *m* ⟨~s; ~⟩ (*f*) ⟨~in; ~innen⟩ *Jargon* personne branchée; branché(e) *m(f)*

Szenelokal *n* café, restaurant branché

Szenenwechsel *m* changement *m* de décor

Szenerie *f* ⟨~; ~n⟩ **1.** THÉ décors *m/pl* **2.** *fig* cadre *m*

szenisch **I** *adj* scénique **II** *adv* scéniquement

T

T, t [teː] *n* ⟨T, t; T, t⟩ T, t *m*

Tabak ['ta(ː)bak] *m* ⟨~s; ~e⟩ tabac *m*

tabakbraun *adj* tabac

Tabakindustrie *f* industrie *f* du tabac

Tabakladen *m* (bureau *m* de) tabac *m*

Tabakpflanze *f* tabac *m*

Tabaksbeutel *m* blague *f* à tabac

Tabaksdose *f* tabatière *f*

Tabakspfeife *f* pipe *f*

Tabaksteuer *f* impôt *m* sur le tabac

Tabakwaren *f/pl* tabacs *m/pl*

tabellarisch *adj u adv* sous forme de tableau

Tabelle [ta'bɛlə] *f* ⟨~; ~n⟩ **1.** (*Übersicht*) barème *m*; tableau *m*; table *f* **2.** SPORT classement *m*

Tabellenform *f* **in Tabellenform** sous forme de tableau

Tabellenführer *m* leader *m* du classement

Tabellenkalkulation *f*, **Tabellenkalkulationsprogramm** *n* tableur *m*

Tabellenstand *m* SPORT classement *m*

tabellieren *v/t* ⟨sans ge⟩ présenter sous forme de tableau

Tablette ≠ tablette

Sie müssen drei **Tabletten** pro Tag neh-men.

Vous devez prendre trois com-**primés** par jour.

J'aime le chocolat. Je m'en suis acheté cinq **tablettes**.

Ich liebe Schokolade. Ich habe mir fünf **Tafeln** gekauft.

Tabernakel [tabɛr'naːkəl] *n od m* ⟨~s; ~⟩ taber-nacle *m*

Tablett [ta'blɛt] *n* ⟨~⍧s; ~e *ou* ~s⟩ plateau *m*

Tablette [ta'blɛtə] *f* ⟨~; ~n⟩ comprimé *m*; cachet *m*

tabu [ta'buː] *adj* tabou

Tabu *n* ⟨~s; ~s⟩ tabou *m*

tabuisieren *v/t* ⟨sans ge⟩ rendre tabou

Tabula rasa ['taːbula'raːza] **Tabula rasa ma-chen** faire table rase

Tabulator [tabu'laːtɔr] *m* ⟨~s; -toren⟩ tabula-teur *m*

Tabulatortaste *f* touche *f* de tabulation

Tacheles ['taxələs] F **mit j-m Tacheles reden** dire son fait à qn (sans prendre de gants); dire ses quatre vérités à qn

Tacho ['taxo] F *m* ⟨~s; ~s⟩, **Tachometer** *m od n* compteur *m* de vitesse

Tadel ['taːdəl] *m* ⟨~s; ~⟩ **1.** blâme *m* (*a* SCHULE); (*Rüge*) réprimande *f* **2.** *st/s* **ohne Tadel** irrépro-chable

tadellos I *adj* **1.** (*ohne Fehler*) impeccable; irré-prochable; parfait **2.** F (*großartig*) merveilleux **II** *adv* **3.** *Kleidung* **tadellos sitzen** aller parfai-tement **4.** F (*großartig*) à merveille

tadeln *v/t* ⟨¢⟩ **1.** (*missbilligen*) réprouver; dé-sapprouver **2.** (*rügen*) réprimander; **j-n wegen etw tadeln** reprocher qc à qn; blâmer qn de qc

tadelnswert *adj* blâmable; critiquable

Tadschikistan [tat'ʃiːkistaːn] *n* ⟨~s⟩ le Tadji-kistan

Taekwondo [tɛk'vɔndo] *n* ⟨~⟩ taekwondo *m*

Tafel ['taːfəl] *f* ⟨~; ~n⟩ **1.** (*Informationstafel*) panneau *m*; tableau *m*; (*Gedenktafel*) plaque commémorative **2.** SCHULE tableau (noir) **3.** **e-e Tafel Schokolade** une tablette, une pla-que de chocolat **4.** *st/s* (*Tisch*) table *f*

tafelfertig *adj* prêt à servir

Tafelgeschirr *n* service *m* de table; vaisselle *f*

tafeln *st/s v/i* ⟨¢⟩ festoyer; faire bonne chère, un festin

täfeln ['tɛːfəln] *v/t* ⟨¢⟩ lambrisser

Tafelobst *n* fruits *m/pl* (servis à table)

Tafelsilber *n* argenterie *f*

Täfelung *f* ⟨~; ~en⟩ lambris *m*

Tafelwasser *n* eau minérale

Taft [taft] *m* ⟨~⍧s; ~e⟩ taffetas *m*

Tag¹ [taːk] *m* ⟨~⍧s; ~e⟩ **1.** *punktuelle Zeitangabe* jour *m*; **Tag für Tag** jour après jour; **am folgen-den Tag, am Tag darauf** le lendemain; le jour d'après, suivant; **am Tag davor** *od* **zuvor** la veille; le jour précédent; **e-s (schönen) Tages** un (beau) jour; **was ist heute für ein Tag?** quel jour sommes-nous aujourd'hui?; *fig* **in den Tag hinein leben** vivre au jour le jour **2.** *in s-m Verlauf* journée *f*; **den ganzen Tag** (**über**) toute la journée; **den lieben langen Tag** toute la sainte journée; *fig* **schwarzer Tag** jour sombre; **e-n schlechten Tag haben**

être dans un, son mauvais jour; **guten Tag!** bonjour! **3.** *Gegensatz: Nacht* **am, bei Tag(e** *st/s*) de jour; (pendant) le jour; pendant la jour-née; **es ist Tag** il fait jour; **es wird Tag** le jour se lève; **Tag und Nacht** nuit et jour **4.** *fig* **an den Tag bringen** mettre au jour; révéler; **an den Tag kommen** se révéler; éclater au grand jour **5.** **Tag der offenen Tür** journée *f* portes ouvertes; **der Jüngste Tag** le jour du Juge-ment dernier **6.** BERGBAU **über Tage** à ciel ou-vert; **unter Tage** au fond **7.** → **Tage**

Tag² [tɛk] *n* ⟨~s; ~s⟩ INFORM balise *f*

tagaktiv *adj* zo diurne

tagaus *adv* **tagaus, tagein** jour après jour

Tage *pl* **1.** (*Lebenszeit*) **auf s-e alten Tage** sur ses vieux jours; **in unseren Tagen** de nos jours **2.** F (*Menstruation*) **sie hat ihre Tage** elle a ses règles

Tagebau *m* ⟨~⍧s; ~e⟩ exploitation *f* à ciel ouvert

Tagebuch *n* journal *m* (intime)

Tagedieb *m* fainéant *m*

tagelang I *adj* qui dure des jours entiers, des journées entières **II** *adv* des jours entiers; des journées entières

Tagelöhner *m* ⟨~s; ~⟩ journalier *m*

tagen I *v/i* *Versammlung* siéger **II** *st/s v/imp* (*dämmern*) **es tagt** le jour se lève; *st/s* le jour point

Tagesablauf *m* déroulement *m* d'une journée

Tagesanbruch *m* pointe *f* du jour; aube *f*; **bei Tagesanbruch** à la pointe du jour

Tagescreme *f* KOSMETIK crème *f* de jour

Tagesdecke *f* couvre-lit *m*; dessus-de-lit *m*

Tagesfahrt *f* voyage *m*, excursion *f* d'une journée

Tagesgericht *n* plat *m* du jour

Tagesgeschehen *n* actualité quotidienne

Tagesgespräch *n* nouvelle *f* du jour

Tageskarte *f* carte *f*, billet *m* valable pour la journée; *im Restaurant* menu *m* du jour

Tageskasse *f* bureau *m* de location

Tageslicht *n* (lumière *f* du) jour *m*; **bei Tages-licht** en plein jour; *fig* **ans Tageslicht kom-men** se révéler; éclater au grand jour

Tageslichtprojektor *m* rétroprojecteur *m*

Tagesmutter *f* ⟨~; -mütter⟩ nourrice *f*; assis-tante maternelle

Tagesordnung *f* ordre *m* du jour; *fig* **an der Ta-gesordnung sein** être à l'ordre du jour

Tagesordnungspunkt *m* point *m* de l'ordre du jour

Tagesrückfahrkarte *f* aller (et) retour *m* valable une journée

Tagesschau *f* TV journal télévisé

Tageszeit *f* moment *m* de la journée; **zu jeder Tageszeit** à toute heure; → *Info nächste Seite*

Tageszeitung *f* (journal) quotidien *m*

Tagetes [ta'geːtɛs] *f* ⟨~; ~⟩ BOT tagète *m*; œillet *m* d'Inde

tageweise *adv* à la journée

T

<table>
<tr><td colspan="2">**Die Tageszeiten** 🔲FQ</td></tr>
<tr><td>morgens ...</td><td>**le** matin...</td></tr>
<tr><td>nachmittags ...</td><td>**l'**après-midi...</td></tr>
<tr><td>abends ...</td><td>**le** soir...</td></tr>
<tr><td>nachts ...</td><td>**la** nuit...</td></tr>
<tr><td>**aber:**</td><td>**mais :**</td></tr>
<tr><td>mittags ...</td><td>**à** midi...</td></tr>
<tr><td>um Mitternacht ...</td><td>**à** minuit...</td></tr>
<tr><td>Es ist zwei Uhr morgens.</td><td>Il est deux heures **du** matin.</td></tr>
<tr><td>Es ist elf Uhr abends.</td><td>Il est onze heures **du** soir.</td></tr>
</table>

taghell *adj* clair comme en plein jour; **es ist taghell** il fait grand jour

Tagliatelle [talja'tɛlə] *pl* CUIS tagliatelles *f/pl*

täglich ['tɛːklɪç] **I** *adj* quotidien; journalier; de tous les jours; de chaque jour **II** *adv* **1.** (*jeden Tag*) tous les jours; chaque jour **2.** (*pro Tag*) par jour

tags [taːks] *adv* **1. tags zuvor** la veille; le jour précédent; **tags darauf** le lendemain; le jour d'après, suivant **2.** (*am Tag*) de jour; (pendant) le jour

Tagschicht *f* équipe *f* de jour; **Tagschicht haben** être de jour

tagsüber *adv* pendant la journée

tagtäglich **I** *adj* quotidien; journalier **II** *adv* tous les jours

Tagung *f* ⟨~; ~en⟩ congrès *m*

Tagungsteilnehmer(in) *m(f)* participant(e) *m(f)* à un congrès; congressiste *m,f*

Tai-Chi [taɪ'tʃiː] *n* ⟨~⟩ SPORT taï chi *m*

Taifun [taɪ'fuːn] *m* ⟨~s; ~e⟩ typhon *m*

Taiga ['taɪga] *f* ⟨~⟩ GÉOGR taïga *f*

Taille ['taljə] *f* ⟨~; ~n⟩ taille *f*; COUT **auf Taille gearbeitet** cintré

tailliert [ta'jiːrt] *adjt* cintré

Taiwan ['taɪvan] *n* ⟨~s⟩ Taïwan

Takelage [takə'laːʒə] *f* ⟨~; ~n⟩ gréement *m*

Takt [takt] *m* ⟨~¢s; ~e⟩ **1.** MUS mesure *f*; **den Takt schlagen** battre la mesure; **aus dem Takt kommen** perdre la mesure **2.** (*rhythmischer Bewegungsablauf*) rythme *m*; cadence *f*; **im Takt** en cadence **3.** → **Taktgefühl**

Taktgefühl *n* tact *m*; délicatesse *f*

taktieren *v/i* ⟨sans ge⟩ recourir à une tactique (habile); manœuvrer (habilement)

Taktik *f* ⟨~; ~en⟩ tactique *f*

Taktiker *m* ⟨~s; ~⟩ tacticien *m*

taktisch *adj* tactique

taktlos **I** *adj* qui manque de tact **II** *adv* sans tact

Taktlosigkeit *f* ⟨~; ~en⟩ **1.** (*taktlose Art*) manque *m* de tact **2.** *Handlung* indélicatesse *f*

Taktstock *m* baguette *f* (de chef d'orchestre)

taktvoll **I** *adj* plein de tact **II** *adv* avec tact

Tal [taːl] *n* ⟨~¢s; ~er⟩ vallée *f*; *poét u in Namen* val *m*; **kleines Tal** vallon *m*

Talar [ta'laːr] *m* ⟨~s; ~e⟩ robe *f*; *bes der Professoren* toge *f*

Talbrücke *f* viaduc *m*

Talent [ta'lɛnt] *n* ⟨~¢s; ~e⟩ **1.** *Eigenschaft* don *m*, talent *m* (**zu** de) **2.** *Person* talent *m*

talentiert *adj* talentueux

Taler ['taːlər] *m* ⟨~s; ~⟩ HIST thaler *m*

Talfahrt *f* **1.** descente *f* **2.** ÉCON (période *f* de) récession *f*; **die Talfahrt des Dollars** la baisse, *pl/fort* chute du dollar

Talg [talk] *m* ⟨~¢s; ~e⟩ **1.** *tierischer* suif *m* **2.** (*Haartalg*) sébum *m*

Talgdrüse *f* glande sébacée

Taliban [tali'baːn] *pl* talibans *m/pl*

Talisman ['taːlɪsman] *m* ⟨~s; ~e⟩ talisman *m*; porte-bonheur *m*

Talkessel *m* cuvette *f*; cirque *m*

Talkmaster ['tɔːkmaːstər] *m* ⟨~s; ~⟩ animateur *m* d'un débat télévisé

Talkshow ['-ʃoː] *f* débat télévisé

Talmi ['talmi] *n* ⟨~s⟩ clinquant *m*; toc *m*

Talmud ['talmuːt] *m* ⟨~¢s⟩ REL Talmud *m*

Talsohle *f* **1.** GÉOGR fond *m* de vallée **2.** *fig* ÉCON creux *m* (de la vague)

Talsperre *f* barrage *m*

Talstation *f* station inférieure, dans la vallée

Tamburin [tambu'riːn] *n* ⟨~s; ~e⟩ tambourin *m*

Tampon ['tampɔn] *m* ⟨~s; ~s⟩ tampon *m*

Tamtam [tam'tam] F *péj n* ⟨~s⟩ **Tamtam machen** faire du tamtam (**um** à propos de)

Tand [tant] *m* ⟨~¢s⟩ colifichets *m/pl*

Tandem ['tandɛm] *n* ⟨~s; ~s⟩ tandem *m*

Tang [taŋ] *m* ⟨~¢s; ~e⟩ goémon *m*; varech *m*

Tanga ['taŋga] *m* ⟨~s; ~s⟩ tanga *m*

Tangaslip *m* (slip *m*) tanga *m*

Tangente [taŋ'gɛntə] *f* ⟨~; ~n⟩ tangente *f*

tangieren *v/t* ⟨sans ge⟩ **1.** être tangent à **2.** *st/s fig* affecter

Tango ['taŋgo] *m* ⟨~s; ~s⟩ tango *m*

Tank [taŋk] *m* ⟨~¢s; ~s⟩ réservoir *m* (*a* AUTO); citerne *f*

tanken *v/t u v/i* (**Benzin**) **tanken** prendre de l'essence; *fig* **neue Kräfte tanken** reprendre des forces

Tanker *m* ⟨~s; ~⟩ pétrolier *m*

Tankfüllung *f* AUTO contenu *m* d'un *bzw* du réservoir

Tanksäule *f* pompe *f* (à essence); distributeur *m* d'essence

Tankstelle *f* station-service *f*

Tankwagen *m* camion-citerne *m*

Tankwart *m* ⟨~¢s; ~e⟩ pompiste *m*

Tanne ['tanə] *f* ⟨~; ~n⟩ sapin *m*

Tannenbaum *m* sapin *m*; (*Weihnachtsbaum*) arbre *m* de Noël

Tannennadel *f* aiguille *f* de sapin

Tannenzapfen *m* pomme *f* de pin

Tannenzweig *m* rameau *m* de sapin

Tansania [tanza'niːa] *n* ⟨~s⟩ la Tanzanie

Tante ['tantə] *f* ⟨~; ~n⟩ tante *f*

Tante-Emma-Laden [tantə'ʔɛma-] *m* petite épicerie du coin

Tantieme [tãti'eːmə] *f* ⟨~; ~n⟩ tantième *m*; **Tantiemen** *e-s Autors* droits *m/pl* d'auteur

Tanz [tants] *m* ⟨~es; ~e⟩ **1.** danse *f* (*a Musikstück*) **2.** *Veranstaltung* bal *m*

Tanzabend *m* soirée dansante

Tanzbein F *n* **das Tanzbein schwingen** danser

tänzeln ['tɛntsəln] *v/i* ⟨¢⟩ *Person* sautiller; *Pferd* piaffer

tanzen *v/t u v/i* ⟨+ indication de direction sn⟩ danser

Tänzer(in) m ⟨∼s; ∼⟩ (f) ⟨∼in; ∼innen⟩ **1.** danseur, -euse m,f **2.** (*Tanzpartner[in]*) cavalier, -ière m,f
Tanzfläche f piste f de danse
Tanzkapelle f orchestre m de danse
Tanzlehrer(in) m(f) professeur m de danse
Tanzlokal n dancing m
Tanzmusik f musique f de danse
Tanzorchester n orchestre m de danse
Tanzpartner(in) m(f) cavalier, -ière m,f
Tanzsaal m salle f de danse
Tanzschritt m pas m de danse
Tanzschule f école f de danse
Tanzschüler(in) m(f) élève m,f d'une école de danse
Tanzstunde f *Kurs* cours m de danse
Tanztee m thé dansant
Tapet [ta'pe:t] F n **etw aufs Tapet bringen** F mettre qc sur le tapis
Tapete [ta'pe:tə] f ⟨∼; ∼n⟩ papier peint
Tapetenwechsel F m changement m de décor
tapezieren [tape'tsi:rən] tapisser
Tapezierer m ⟨∼s; ∼⟩ tapissier m (décorateur)
tapfer ['tapfər] adj (*unerschrocken*) brave; vaillant; (*mutig*) courageux
Tapferkeit f ⟨∼⟩ bravoure f; vaillance f; courage m
tappen ['tapən] v/i **1.** ⟨+ indication de direction sn⟩ (*stapfen*) marcher d'un pas maladroit; **durchs Zimmer tappen** traverser la pièce en marchant à tâtons **2.** (*tastend greifen*) tâtonner; **nach dem Schalter tappen** chercher l'interrupteur à tâtons
tapsig ['tapsɪç] F adj maladroit; pataud
Tara ['ta:ra] f ⟨∼; Taren⟩ tare f
Tarantel [ta'rantəl] f ⟨∼; ∼n⟩ tarentule f; fig **wie von der Tarantel gestochen** comme mordu, piqué de la tarentule
Tarif [ta'ri:f] m ⟨∼s; ∼e⟩ **1.** (*Gebühr*) tarif m **2.** (*Lohntarif, Gehaltstarif*) grille f (des salaires)
Tarifabkommen n accord m, convention f tarifaire
Tarifabschluss m accord m sur la (nouvelle) convention collective
Tarifautonomie f autonomie f des partenaires sociaux
Tariferhöhung f augmentation f, majoration f de tarif; relèvement m tarifaire, de tarif
Tarifgruppe f catégorie f d'une grille de salaires
Tarifkommission f commission f négociant la convention collective
Tarifkonflikt m conflit m à propos des négociations sur la convention collective
tariflich adj **1.** (*die Gebühren betreffend*) tarifaire **2.** (*den Lohn- u Gehaltstarif betreffend*) relatif à la convention collective
Tariflohn m salaire conventionnel
Tarifparteien f/pl, **Tarifpartner** m/pl partenaires sociaux
Tarifpolitik f politique f en matière de convention collective
Tarifrunde f, **Tarifverhandlungen** f/pl négociations f/pl sur la convention collective
Tarifvertrag m convention collective
Tarifzone f der öffentlichen Verkehrsmittel zone f
Tarnanzug m vêtement m de camouflage
tarnen ['tarnən] v/t (u v/r **sich tarnen** se) camoufler (**als** en)

Tarnfarbe f couleur f, peinture f de camouflage
Tarnung f ⟨∼; ∼en⟩ camouflage m
Tasche ['taʃə] f ⟨∼; ∼n⟩ **1.** zum Tragen sac m **2.** an Kleidungsstücken poche f; **etw aus eigener Tasche bezahlen** payer qc de sa poche; F fig **j-n in die Tasche stecken** mettre qn dans sa poche; fig **j-m auf der Tasche liegen** vivre aux crochets de qn; F fig **sich** (dat) **in die eigene Tasche lügen** se faire des illusions; F se raconter des histoires (à soi-même)
Taschenbuch n livre m de poche
Taschendieb m pickpocket m; voleur m à la tire
Taschengeld n argent m de poche
Taschenkalender m agenda m; calendrier m de poche
Taschenlampe f lampe f de poche
Taschenmesser n couteau m de poche; canif m
Taschenrechner m calculette f; calculatrice f (de poche)
Taschenspiegel m miroir m de poche
Taschentuch n mouchoir m
Taschenuhr f montre f de poche
Tässchen ['tɛsçən] n ⟨∼s; ∼⟩ petite tasse f
Tasse ['tasə] f ⟨∼; ∼n⟩ tasse f; **e-e Tasse Kaffee** une tasse de café; F fig **nicht alle Tassen im Schrank haben** F avoir une case en moins, vide; → Info bei **tasse**
Tastatur [tasta'tu:r] f ⟨∼; ∼en⟩ clavier m
Taste ['tastə] f ⟨∼; ∼n⟩ touche f
tasten ⟨-e-⟩ **I** v/i tâtonner; **nach etw tasten** chercher qc à tâtons **II** v/r → **vorwärtstasten**
Tasteninstrument n instrument m à clavier
Tastentelefon n téléphone m à touches
Tastsinn m toucher m
tat [ta:t] → **tun**
Tat [ta:t] f ⟨∼; ∼en⟩ **1.** action f; acte m; **gute Tat** bonne action; st/s **zur Tat schreiten** passer à l'action, aux actes **2.** (*Straftat*) délit m; acte criminel; **auf frischer Tat ertappen** prendre sur le fait, en flagrant délit **3. in der Tat** en effet; effectivement
Tatar [ta'ta:r] n ⟨∼s; ∼$⟩ CUIS (steak m) tartare m
Tatbestand m faits m/pl (a JUR); état m de faits
Tatendrang m besoin m d'activité, d'agir
tatenlos adv sans rien faire
Täter(in) ['tɛ:tər(ɪn)] m ⟨∼s; ∼⟩ (f) ⟨∼in; ∼innen⟩ auteur m; coupable m,f
Tathergang m cours m des événements; déroulement m des faits
tätig ['tɛ:tɪç] adj **1.** (*berufstätig*) actif; **tätig sein als, in** (+ dat) travailler comme, dans; **tätig werden** entrer en action **2.** Vulkan en activité
tätigen v/t Geschäft réaliser; effectuer; Einkäufe faire
Tätigkeit f ⟨∼; ∼en⟩ **1.** (*Aktivität*) activité f **2.** (*Beruf*) activité f; fonction f **3.** (*In-Betrieb-Sein*) fonctionnement m
Tatkraft f énergie f; allant m
tatkräftig adj actif; (*schwungvoll*) dynamique; énergique
tätlich adj **tätlich werden** se livrer à des voies de fait (**gegen j-n** sur qn)
Tätlichkeiten f/pl voies f/pl de fait
Tatmotiv n mobile m (d'un crime)
Tatort m lieux m/pl du crime
tätowieren [tɛto'vi:rən] v/t ⟨sans ge⟩ tatouer
Tätowierung f ⟨∼; ∼en⟩ tatouage m
Tatsache f fait m; **Tatsache ist, dass ...** le fait

est que...; F ***Tatsache?*** c'est vrai?; ***j-n vor voll-endete Tatsachen stellen*** mettre qn devant le fait accompli

tatsächlich I *adj* (*wirklich*) réel; effectif; (*wahr*) vrai; véritable **II** *adv* (*in Wirklichkeit*) en réa-lité; (*wirklich*) réellement; ***tatsächlich?*** vrai-ment?

tätscheln ['tɛtʃəln] *v/t* ⟨¢⟩ tapoter

Tattergreis ['tatərgraɪs] F *péj m* F vieux fossile; F *péj* vieux gâteux

tatterig ['tatəriç] *adj* tremblotant

Tattoo [ta'tuː] *m od n* ⟨~s; ~s⟩ tatouage *m*

tattrig ['tatriç] *adj* tremblotant

Tatverdacht *m* soupçons *m/pl* (pesant sur l'au-teur présumé du crime); ***unter Tatverdacht stehen*** être soupçonné du crime

tatverdächtig *adj* suspect

Tatwaffe *f* arme *f* du crime

Tatze ['tatsə] *f* ⟨~; ~n⟩ patte (*a* F *Hand*)

Tau¹ [tau] *m* ⟨~¢s⟩ MÉTÉO rosée *f*

Tau² *n* ⟨~¢s; ~e⟩ MAR cordage *m*; câble *m*

taub [taup] *adj* **1.** (*ohne Gehör*) sourd; ***auf e-m Ohr taub sein*** être sourd d'une oreille **2.** *Gliedmaßen* engourdi **3.** *Blüte, Gestein* stérile; *Ähre, Nuss* vide

Taube ['taubə] *f* ⟨~; ~n⟩ **1.** ZO pigeon *m* **2.** *poét,* BIBL, POL colombe *f*

Taube(r) *f(m)* ⟨→ A⟩ sourd(e) *m(f)*

Taubenschlag *m* pigeonnier *m*; colombier *m*; F *fig* ***das ist der reinste Taubenschlag*** on entre ici comme dans un moulin

Taubheit *f* ⟨~⟩ **1.** (*Gehörlosigkeit*) surdité *f* **2.** *der Gliedmaßen* engourdissement *m*

taubstumm *adj* sourd-muet

Taubstumme(r) *f(m)* ⟨→ A⟩ sourd-muet *m*, sourde-muette *f*

Taubstummensprache *f* langage *m* des sourds--muets

tauchen ['tauxən] **I** *v/t* plonger, tremper (*in* [+ *acc*] dans) **II** *v/i* ⟨sn *ou* h⟩ plonger (→ *Info* ***pas-sé*** [***composé***]); ***nach Perlen tauchen*** pêcher des perles

Tauchen *n* ⟨~s⟩ plongée *f*

Taucher(in) *m* ⟨~s; ~⟩ (*f*) ⟨~in; ~innen⟩ plon-geur, -euse *m,f*; *mit Taucheranzug* scaphan-drier *m*

Taucheranzug *m* scaphandre *m*

Taucherbrille *f* lunettes *f/pl* de plongée

Tauchsieder *m* ⟨~s; ~⟩ thermoplongeur *m*

Tauchsport *m* plongée sous-marine

Tauchstation *f* F *fig* ***auf Tauchstation gehen*** (*sich verstecken*) se terrer

tauen ['tauən] **I** *v/t* (*zum Tauen bringen*) faire fondre **II** *v/i* ⟨sn⟩ fondre **III** *v/imp* ***es taut*** c'est le dégel

Taufbecken ['tauf-] *n* fonts baptismaux

Taufe *f* ⟨~; ~n⟩ baptême *m*; *fig* ***aus der Taufe heben*** fonder; créer

taufen *v/t* baptiser; ***katholisch getauft sein*** être baptisé catholique; ***er ist auf den Namen ... getauft*** son nom de baptême est ...

Taufkleid *n* robe *f* de baptême

Täufling ['tɔyflɪŋ] *m* ⟨~s; ~e⟩ enfant *m bzw* per-sonne *f* qui reçoit le baptême

Taufpate *m* parrain *m*

Taufpatin *f* marraine *f*

taufrisch *adj* **1.** humide, frais de rosée **2.** *fig* frais comme une rose

Taufschein *m* extrait *m* de baptême

taugen ['taugən] *v/i* **1.** (*geeignet sein*) être bon (***zu*** à); être apte (à); convenir (à) **2.** (*wert sein*) valoir

Taugenichts *m* ⟨~¢s; ~e⟩ vaurien *m*; propre *m,f* à rien

tauglich *adj* **1.** (*brauchbar*) bon (***zu*** à); apte (à) **2.** MIL bon pour le service; apte au service

Taumel ['tauməl] *m* ⟨~s⟩ **1.** (*Schwindel*) vertige *m* **2.** (*Überschwang*) ivresse *f*; enivrement *m*

taumeln *v/i* **1.** chanceler; tituber **2.** ⟨+ *indica-tion de direction* sn⟩ tituber (***zum Bett*** jusqu'à son, *etc* lit)

Tausch [tauʃ] *m* ⟨~¢s; ~e⟩ échange *m*; troc *m* (*a* COMM); ***im Tausch gegen ...*** en échange de ...

tauschen I *v/t* ***tauschen*** (***gegen***) échanger (contre); changer (contre); COMM troquer (con-tre) **II** *v/i* ***mit j-m tauschen*** faire un échange avec qn

täuschen ['tɔyʃən] **I** *v/i* **1.** (*hintergehen*) trom-per; *st/s* abuser; (*irreführen*) mystifier; ***wenn mich nicht alles täuscht ...*** si je ne me trompe ...; sauf erreur de ma part ... **2.** SPORT, *Gegner* feinter **II** *v/i* **3.** (*trügerisch sein*) être trompeur; tromper **4.** SPORT feinter **III** *v/r* ***sich täuschen*** se tromper (***in*** [+ *dat*] sur); faire erreur

täuschend I *adj* trompeur **II** *adv* ***j-m täu-schend ähnlich sehen*** ressembler à qn à s'y méprendre

Tauschgeschäft *n*, **Tauschhandel** *m* troc *m*

Täuschung *f* ⟨~; ~en⟩ **1.** (*Irreführung*) trompe-rie *f*; mystification *f*; *des Gegners* feinte *f* **2.** (*falscher Eindruck*) illusion *f* **3.** (*Selbsttäu-schung*) erreur *f*; illusion *f*

Täuschungsmanöver *n* feinte *f* (*a fig*)

tausend ['tauzənt] *num/c* mille; ***tausend Dank*** mille mercis; ***tausend und abertausend*** des mille et des cents

Tausend¹ *n* **1.** ⟨~s; ~⟩ *Einheit* mille *m*; (*fünf*) ***vom Tausend*** (cinq) pour mille **2.** ***Tausende*** *pl* (*Unmengen*) des milliers *m/pl*; ***zu Tausen-den*** par milliers; → ***Hundert¹***

Tausend² *f* ⟨~; ~en⟩ *Zahl* mille *m*

Tausender *m* ⟨~s; ~⟩ **1.** MATH mille *m* **2.** F *Geld-schein* billet *m* de mille

Tausendfüß(l)er *m* ⟨~s; ~⟩ mille-pattes *m*

tausendjährig *adj* millénaire

tausendmal *adv* mille fois

Tausendmarkschein *m* HIST billet *m* de mille marks

Tausendsas(s)a [-sasa] *m* ⟨~s; ~¢⟩ F diable *m* d'homme

tausendste *num/o* millième

tausendstel *adj* ⟨inv⟩ millième

Tausendstel *n* ⟨~s; ~⟩ millième *m*

Tauwetter *n* dégel *m* (*a fig*, POL)

Tauziehen *n* ⟨~s⟩ **1.** SPORT lutte *f* à la corde **2.** *fig* tiraillements *m/pl*

Taxcard ['takskart] *f* ⟨~; ~s⟩ *schweiz* télécarte *f*

Taxe ['taksə] *f* ⟨~; ~n⟩ **1.** (*Gebühr*) taxe *f* **2.** (*ge-schätzter Preis*) valeur estimée **3.** → *Taxi*

Taxi ['taksi] *n* ⟨~s; ~s⟩ taxi *m*

taxieren *v/t* ⟨*sans ge*⟩ **1.** *Wert* estimer; évaluer **2.** F (*kritisch prüfen*) jauger

Taxifahrer(in) *m(f)* chauffeur *m* de taxi

Taxistand *m* station *f* de taxis

Tb(c) [teːˈbeː (teːbeːˈtseː)] *f abr* ⟨Tb(c)⟩ (*Tu-berkulose*) tuberculose *f*

Französische Taxis

Französische **Taxis** haben keine einheitliche Farbe. Man erkennt sie nur an dem Taxischild auf dem Dach. Die Tarife sind festgelegt, man handelt also nicht um den Preis.

Teakholz ['tiːk-] *n* (bois *m* de) teck *m*
Team [tiːm] *n* ⟨∼s; ∼s⟩ équipe *f*
Teamarbeit *f* travail *m* en équipe *od* d'équipe
Teamgeist *m* esprit *m* d'équipe
Teamwork ['-vœrk] *n* ⟨∼s⟩ → *Teamarbeit*
Technik ['tɛçnɪk] *f* ⟨∼; ∼en⟩ 1. technique *f*; *auf dem neuesten Stand der Technik* conforme, conformément aux techniques les plus modernes 2. (*Ausrüstung*) équipements *m/pl* 3. (*Funktionsweise*) fonctionnement *m*
Techniker(in) *m* ⟨∼s; ∼⟩ (*f*) ⟨∼in; ∼innen⟩ technicien, -ienne *m,f*
technisch I *adj* technique **II** *adv* **technisch begabt** doué pour la technique; **technisch unmöglich** matériellement impossible
Techno ['tɛkno] *n od m* ⟨∼*ʃ*⟩ (musique *f*) techno *f*
Technokrat [tɛçno'kraːt] *m* ⟨∼en; ∼en⟩ technocrate *m*
Technologie *f* ⟨∼; ∼n⟩ technologie *f*
Technologiepark *m* parc *m* scientifique
technologisch *adj* technologique
Techtelmechtel [tɛçtəl'mɛçtəl] F *n* ⟨∼s; ∼⟩ amourette *f*; flirt *m*
TED [tɛt] *m* ⟨∼s⟩ *abr* (*Teledialog*) ordinateur stockant les données provenant d'une enquête par téléphone auprès des téléspectateurs
Teddy ['tɛdi] *m* ⟨∼s; ∼s⟩, **Teddybär** *m* ours *m* en peluche; *enf* nounours *m*
Tee [teː] *m* ⟨∼s; ∼s⟩ (*schwarzer Tee*) thé *m*; (*Kräutertee*) infusion *f*; tisane *f*; **Tee trinken** boire *bzw* prendre du thé
Teebeutel *m* sachet *m* de thé
Tee-Ei *n* œuf *m* à thé
Teegebäck *n* petits gâteaux secs
Teeglas *n* verre *m* à thé
Teekanne *f* théière *f*
Teekessel *m* bouilloire *f*
Teeküche *f* petite cuisine
Teelicht *n* bougie *f* pour chauffe-plats
Teelöffel *m* petite cuillère
Teenager ['tiːneːdʒər] *m* ⟨∼s; ∼⟩, **Teenie** ['tiːni] *m* ⟨∼s; ∼s⟩ teenager *m,f*; adolescent(e) *m(f)*
Teer [teːr] *m* ⟨∼*ʃs*; ∼e⟩ goudron *m*
teeren *v/t* goudronner
Teesieb *n* passe-thé *m*; passoire *f* à thé
Teestrauch *m* théier *m*
Teestube *f* salon *m* de thé
Teetasse *f* tasse *f* à thé
Teetrinker *m* buveur *m* de thé
Teewagen *m* table roulante
Teich [taɪç] *m* ⟨∼*ʃs*; ∼e⟩ étang *m*
Teig [taɪk] *m* ⟨∼*ʃs*; ∼e⟩ pâte *f*
teigig *adj* pâteux; *fig Gesicht* empâté
Teigwaren *f/pl* pâtes *f/pl* alimentaires
Teil [taɪl] ⟨∼*ʃs*; ∼e⟩ 1. *m e-s Ganzen* partie *f*; *aus e-r Teilung hervorgehend* portion *f*; **der größte Teil der Menschen** la plupart des hommes; **zum Teil** en partie; partiellement; **zum gro-**

ßen *Teil* en grande partie; **zum größten Teil** pour une bonne part; pour la plupart 2. *m od n* (*Anteil*) part *f*; **zu gleichen Teilen** à parts égales; **ich für mein(en) Teil** quant à moi; pour ma part 3. *n* (*Einzelteil, Stück*) partie *f*; pièce *f*; COMM **jedes Teil 5 Euro** 5 euros (la) pièce 4. *m od n* (*Beitrag*) part *f*; contribution *f*
teilbar *adj* divisible (*a* MATH); partageable
Teilbetrag *m* montant partiel
Teilchen *n* ⟨∼s; ∼⟩ 1. (*kleines Stück*) petite partie 2. NUCL particule *f* 3. *Gebäck* petit gâteau
teilen I *v/t* 1. (*zerteilen*) partager; diviser; MATH **durch 2 teilen** diviser par 2 2. (*aufteilen*) partager; **etw unter sich** (*dat*) **teilen** se partager qc 3. *fig j-s Ansicht, Schicksal* partager; *j-s Leid, Freude* prendre part à **II** *v/r* 4. **sich** (*dat*) **etw mit j-m teilen** se partager qc avec qn 5. (*auseinandergehen*) **sich teilen** se diviser; *Weg* bifurquer
Teiler *m* ⟨∼s; ∼⟩ MATH diviseur *m*
Teilerfolg *m* succès partiel
teilhaben *v/i* ⟨*irr*⟩ avoir, prendre part (**an** [+ *dat*] à)
Teilhaber(in) *m* ⟨∼s; ∼⟩ (*f*) ⟨∼in; ∼innen⟩ associé(e) *m(f)*
Teilkaskoversicherung *f* assurance automobile couvrant plusieurs dégâts
Teilmenge *f* MATH sous-ensemble *m*
teilmöbliert *adjt* partiellement meublé
Teilnahme ['taɪlnaːmə] *f* ⟨∼⟩ 1. *aktive, passive* participation *f* (**an etw** [*dat*] à qc) 2. (*Anwesenheit*) assistance *f*; présence *f* 3. *fig* (*Anteilnahme*) intérêt *m*; sympathie *f*
Teilnahmebedingungen *f/pl* conditions *f/pl* de participation
Teilnahmebescheinigung *f* certificat *m* d'assiduité
teilnahmslos *adj* indifférent; *p/fort* apathique
Teilnahmslosigkeit *f* ⟨∼⟩ indifférence *f*; *p/fort* apathie *f*
teilnahmsvoll *adj* compatissant
teilnehmen *v/i* ⟨*irr*⟩ 1. (*beiwohnen*) en être; y participer; **an etw** (*dat*) **teilnehmen** assister, être présent, prendre part à 2. *fig* **an j-s Freude, Leid teilnehmen** prendre part à la joie, à la douleur de qn
Teilnehmer(in) *m* ⟨∼s; ∼⟩ (*f*) ⟨∼in; ∼innen⟩ 1. participant(e) *m(f)*; *an e-m Wettkampf* concurrent(e) *m(f)* 2. → *Fernsprechteilnehmer*
Teilnehmerliste *f* liste *f* des participants
teils [taɪls] *adv* en partie; *wie fühlst du dich?* F **teils, teils** F comme ci, comme ça
Teilstrecke *f* tronçon *m*; section *f*
Teilstück *n* section *f*
Teilung *f* ⟨∼; ∼en⟩ 1. division *f* (*a* MATH, BIOL) 2. (*Aufteilung*) partage *m*
Teilungsartikel *m* GR article partitif
teilweise I *adj* partiel **II** *adv* partiellement; en partie
Teilzahlung *f* paiement échelonné
Teilzeitarbeit *f* travail *m* à temps partiel
teilzeitbeschäftigt *adjt* employé à temps partiel
Teilzeitbeschäftigte(r) *f(m)* employé(e) *m(f)* à temps partiel
Teilzeitbeschäftigung *f* travail *m*, activité *f* à temps partiel
Teilzeitjob F *m* F boulot *m* à temps partiel
Teilzeitkraft *f* travailleur, -euse *m,f* à temps par-

tiel
Tein [te'iːn] *n* ⟨~s⟩ théine *f*
Teint [tɛ̃ː] *m* ⟨~s; ~s⟩ teint *m*
Tel. *abr* (*Telefon*) tél. (téléphone)
Telearbeit ['teːlə-] *f* télétravail *m*
Telearbeiter(in) *m(f)* télétravailleur, -euse *m,f*
Telefax *n Kopie* télécopie *f*; fax *m*; *Gerät* télécopieur *m*
Telefaxgerät *n* télécopieur *m*
Telefon [tele'foːn *ou* 'teːlefoːn] *n* ⟨~s; ~e⟩ téléphone *m*; appareil *m* téléphonique; *schnurloses Telefon* téléphone sans fil; *Telefon haben* avoir le téléphone
Telefonanlage *f* installation *f* téléphonique
Telefonanruf *m* appel *m* téléphonique; coup *m* de téléphone
Telefonanschluss *m* branchement *m*, raccordement *m* téléphonique
Telefonapparat *m* → *Telefon*
Telefonat *n* ⟨~⊄s; ~e⟩ → *Telefongespräch*
Telefonauskunft *f* renseignements *m/pl* (téléphoniques)
Telefonbanking [--'-bɛŋkɪŋ] *n* ⟨~s⟩ transactions *f/pl* bancaires télématiques
Telefonbuch *n* annuaire *m* (du téléphone)
Telefongebühr(en) *f(pl)* taxe *f* téléphonique
Telefongespräch *n* conversation *f*, communication *f* téléphonique
Telefonhörer *m* récepteur *m*; combiné *m*
Telefonie *f* ⟨~⟩ téléphonie *f*
telefonieren *v/i* ⟨sans ge⟩ téléphoner (*mit j-m* à qn); donner un coup de téléphone (à qn); *nach Paris telefonieren* téléphoner à Paris
telefonisch I *adj* téléphonique **II** *adv* par téléphone
Telefonist(in) *m* ⟨~en; ~en⟩ (*f*) ⟨~in; ~innen⟩ téléphoniste *m,f*; standardiste *m,f*
Telefonkabel *n* câble *m* téléphonique
Telefonkabine *f schweiz* cabine *f* téléphonique
Telefonkarte *f* télécarte *f*; → *Info bei télécarte*
Telefonkonferenz *f* téléconférence *f*
Telefonleitung *f* ligne *f* téléphonique
Telefonnetz *n* réseau *m* téléphonique
Telefonnummer *f* numéro *m* de téléphone

Telefonnummern

Französische **Telefonnummern** sind zehnstellig und beginnen immer mit einer Null; die ersten beiden Ziffern stehen für die Region:

01	**Paris/Île de France**
02	**région Nord-Ouest**
03	**région Nord-Est**
04	**région Sud-Est et Corse**
05	**région Sud-Ouest**

Innerhalb des Landes wird bei Stadt- und Ferngesprächen immer die komplette zehnstellige Nummer gewählt.
Bei Gesprächen aus dem Ausland wird nach der Landesvorwahl (0033 für Frankreich) die Null weggelassen.

Telefonrechnung *f* note *f* de téléphone
Telefonseelsorge *f etwa* S.O.S. Amitié
Telefonsex F *m etwa* téléphone *m* rose
Telefonverbindung *f* communication *f* téléphonique
Telefonwertkarte *f österr* télécarte *f*
Telefonzelle *f* cabine *f* téléphonique
Telefonzentrale *f* standard *m*
telegen [tele'geːn] *adj* télégénique
Telegraf [tele'graːf] *m* ⟨~en; ~en⟩ télégraphe *m*
Telegrafie *f* ⟨~⟩ télégraphie *f*
telegrafieren *v/t u v/i* ⟨sans ge⟩ télégraphier (*j-m* à qn; *nach* à)
telegrafisch I *adj* télégraphique **II** *adv* par télégramme; *Geld telegrafisch anweisen* envoyer par mandat télégraphique
Telegramm *n* ⟨~s; ~e⟩ télégramme *m*
Telegrammstil *m* style *m* télégraphique
Telekolleg *n* cours télévisés (*permettant d'obtenir un diplôme dans le cadre de la formation continue*)
Telekom ['telekɔm] *f* ⟨~⟩ service *m* des télécommunications
Telekommunikation *f* télécommunications *f/pl*
Telemark ['teːləmark] *m* ⟨~s; ~s⟩, **Telemarkschwung** *m* SKISPORT Télémark *m*
Teleobjektiv *n* téléobjectif *m*
Telepathie [telepa'tiː] *f* ⟨~⟩ télépathie *f*
Teleshopping ['teləʃɔpɪŋ] *n* ⟨~s⟩ téléachat *m*
Teleskop [tele'skoːp] *n* ⟨~s; ~e⟩ télescope *m*
Telespiel *n* jeu *m* vidéo
Telex ['teːlɛks] *n* ⟨~; ~⊄⟩ télex *m*
Teller ['tɛlər] *m* ⟨~s; ~⟩ assiette *f*; *flacher, tiefer Teller* assiette plate, creuse
Tellergericht *n* plat (*servi sur une assiette*)
Tellerrand *m fig nicht über den eigenen Tellerrand hinausschauen* ne pas voir plus loin que le bout de son nez
Tellerwärmer *m* ⟨~s; ~⟩ chauffe-assiettes *m*
Tellerwäscher *m* ⟨~s; ~⟩ plongeur *m*; *fig vom Tellerwäscher zum Millionär* du plongeur au millionnaire
Tempel ['tɛmpəl] *m* ⟨~s; ~⟩ temple *m*
Temperament [tɛmpera'mɛnt] *n* ⟨~⊄s; ~e⟩ **1.** (*Wesensart*) tempérament *m* **2.** (*Schwung*) entrain *m*; *Temperament haben* être plein de vie, d'entrain; F *sein Temperament ist mit ihm durchgegangen* il s'est laissé emporter
temperamentlos *adj* sans ressort; sans entrain
temperamentvoll *adj* plein d'entrain
Temperatur [tɛmpera'tuːr] *f* ⟨~; ~en⟩ température *f*; *Person* (*erhöhte*) *Temperatur haben* avoir, faire de la température
Temperaturabfall *m* chute *f* de température
Temperaturanstieg *m* 'hausse *f* de température
Temperaturrückgang *m* baisse *f* de température
Temperaturschwankung *f* variation *f*, fluctuation *f* de température
Temperatursturz *m* chute *f* de température
Temperaturunterschied *m* différence *f*, écart *m* de température
temperieren *v/t* ⟨sans ge⟩ rendre agréable la température de; *Wein* chambrer
Tempo[1] ['tɛmpo] *n* ⟨~s; ~s, MUS -pi⟩ **1.** (*Geschwindigkeit*) vitesse *f*; allure *f*; train *m*; (*Rhythmus*) rythme *m*; cadence *f* (*alle a* SPORT); *mit hohem Tempo fahren* à toute allure; F

(**nun aber**) **Tempo!** allez, vite!; en vitesse! **2.** MUS tempo *m*; mouvement *m*

Tempo®² F *n* ⟨∼s; ∼s⟩ → **Tempotaschentuch**

Tempolimit *n* limitation *f* de vitesse

temporär [tɛmpoˈrɛːr] *adj* temporaire

Temposünder(in) *m(f)* conducteur, -trice *m,f* en infraction pour excès de vitesse

Tempotaschentuch® F *n* mouchoir *m* en papier

Tempus *n* ⟨∼; -pora⟩ GR temps *m* (du verbe)

Tendenz [tɛnˈdɛnts] *f* ⟨∼; ∼en⟩ tendance *f* (**zu etw** à qc); BÖRSE **steigende, fallende** *od* **rückläufige Tendenz** tendance à la hausse, baisse

tendenziell *adj* de tendance; **e-e tendenzielle Verbesserung** une tendance à l'amélioration

tendenziös *adj* péj tendancieux

tendieren *v/i* ⟨*sans ge*⟩ avoir une tendance, tendre (**zu** à)

Teneriffa [teneˈrɪfa] *n* ⟨∼s⟩ Tenerife *od* Ténériffe

Tenne [ˈtɛnə] *f* ⟨∼; ∼n⟩ aire *f* (de battage)

Tennis [ˈtɛnɪs] *n* ⟨∼⟩ tennis *m*

Tennisball *m* balle *f* de tennis

Tennishalle *f* court couvert

Tennisklub *m* club *m* de tennis

Tennismatch *n* match *m* de tennis

Tennismeisterschaft *f* championnat *m* de tennis

Tennispartner(in) *m(f)* partenaire *m,f* de tennis

Tennisplatz *m* court *m* de tennis

Tennisschläger *m* raquette *f* (de tennis)

Tennisschuhe *m/pl* chaussures *f/pl* de tennis

Tennisspiel *n* match *m*, partie *f* de tennis

Tennisspieler(in) *m(f)* joueur, -euse *m,f* de tennis

Tennisturnier *n* tournoi *m* de tennis

Tenor¹ [teˈnoːr] *m* ⟨∼s; -nöre⟩ MUS ténor *m*

Tenor² [ˈteːnɔr] *m* ⟨∼s⟩ (*Inhalt*) teneur *f*; idée générale

Tensid [tɛnˈsiːt] *n* ⟨∼ǂs; ∼e⟩ détersif *m*

Teppich [ˈtɛpɪç] *m* ⟨∼s; ∼e⟩ tapis *m* (*a fig*); F *fig* **auf dem Teppich bleiben** rester les pieds sur terre; F *fig* **etw unter den Teppich kehren** occulter qc

Teppichboden *m* moquette *f*

Teppichklopfer *m* ⟨∼s; ∼⟩ tapette *f*

Termin [tɛrˈmiːn] *m* ⟨∼s; ∼e⟩ **1.** (*vereinbarter Tag*) date *f*; (*vereinbarte Zeit*) rendez-vous *m*; **sich** (*dat*) **e-n Termin geben lassen** prendre (un) rendez-vous **2.** JUR audience *f*

Terminal [ˈtœrmɪnəl] *n od m* ⟨∼s; ∼s⟩ **1.** ⟨*seulement n*⟩ INFORM terminal *m* **2.** AVIAT terminal *m*; aérogare *f*

termingemäß, termingerecht *adv* dans les délais

Termingeschäft *n* opération *f* à terme

Terminkalender *m* agenda *m*

Terminologie *f* ⟨∼; ∼n⟩ terminologie *f*

Terminus [ˈtɛrminʊs] *m* ⟨∼; -ni⟩ terme *m*; **Terminus technicus** ⟨-ni technici⟩ terme technique

Terminverlängerung *f* prolongation *f*, prorogation *f* d'un délai

Termite [tɛrˈmiːtə] *f* ⟨∼; ∼n⟩ termite *m*

Termitenhügel *m* termitière *f*

Terpentin [tɛrpɛnˈtiːn] *n* ⟨∼s; ∼e⟩ térébenthine *f*

Terrain [tɛˈrɛ̃ː] *n* ⟨∼s; ∼s⟩ terrain *m* (*a fig*)

Terrakotta [tɛraˈkɔta] *f* ⟨∼; -tten⟩ terre cuite

Terrarium [tɛˈraːriʊm] *n* ⟨∼s; -ien⟩ terrarium *m*

Terrasse [tɛˈrasə] *f* ⟨∼; ∼n⟩ terrasse *f*

terrassenförmig *adj u adv* en terrasse(s)

Terrazzo [tɛˈratso] *m* ⟨∼ǂ; -zzi⟩ terrazzo *m*

Terrier [ˈtɛriər] *m* ⟨∼s; ∼⟩ ZO terrier *m*

Terrine [tɛˈriːnə] *f* ⟨∼; ∼n⟩ soupière *f*

territorial [tɛritoriˈaːl] *adj* territorial

Territorialgewässer *n/pl* eaux territoriales

Territorialhoheit *f* souveraineté territoriale

Territorium *n* ⟨∼s; -ien⟩ territoire *m*

Terror [ˈtɛrɔr] *m* ⟨∼s⟩ **1.** (*Entsetzen, Schreckensherrschaft*) terreur *f*; (*Ausübung von Terror*) terrorisme *m* **2.** F *fig* drame *m*; **Terror machen** F faire tout un cirque

Terrorakt *m* acte *m* de terrorisme

Terroranschlag *m* attentat *m* terroriste

Terrorherrschaft *f* régime *m* de terreur

terrorisieren *v/t* ⟨*sans ge*⟩ terroriser

Terrorismus *m* ⟨∼⟩ terrorisme *m*

Terrorist(in) *m* ⟨∼en; ∼en⟩ (*f*) ⟨∼in; ∼innen⟩ terroriste *m,f*

terroristisch *adj* terroriste

Terrorszene *f* milieux *m/pl* terroristes

Terrorwelle *f* vague *f* de terrorisme

tertiär [tɛrtsiˈɛːr] *adj* tertiaire

Tertiär *n* ⟨∼s⟩ GÉOL tertiaire *m*

Terz [tɛrts] *f* ⟨∼; ∼en⟩ MUS tierce *f*

Terzett [tɛrˈtsɛt] *n* ⟨∼ǂs; ∼e⟩ trio *m* (de chant)

Tesafilm® [ˈteːza-] *m* ruban adhésif; scotch® *m*

Tessin [tɛˈsiːn] *n* ⟨∼s⟩ **das Tessin** le Tessin

Test [tɛst] *m* ⟨∼ǂs; ∼s⟩ test *m*

Testament [tɛstaˈmɛnt] *n* ⟨∼ǂs; ∼e⟩ **1.** JUR testament *m* **2.** REL **Altes, Neues Testament** Ancien, Nouveau Testament

testamentarisch **I** *adj* testamentaire **II** *adv* par testament

Testamentseröffnung *f* ouverture *f* de *od* du testament

Testamentsvollstrecker(in) *m(f)* exécuteur, -trice *m,f* testamentaire

Testamentsvollstreckung *f* exécution *f* de *od* du testament

Testbild *n* mire *f* (de réglage)

testen *v/t* ⟨-e-⟩ tester

Testflug *m* vol *m* d'essai

Testfrage *f* question-test *f*

Testosteron [tɛstosteˈroːn] *n* ⟨∼s⟩ MÉD testostérone *f*

Testperson *f* sujet *m* d'expérience; cobaye *m*

Testpilot *m* pilote *m* d'essai

Testreihe *f* batterie *f*, série *f* de tests

Teststrecke *f* piste *f*, parcours *m* d'essai

Testverfahren *n* méthode *f*, procédé *m* de test

Tetanus [ˈte(ː)tanʊs] *m* ⟨∼⟩ tétanos *m*

Tetanusschutzimpfung *f* vaccination *f* antitétanique

Tetraeder [tetraˈʔeːdər] *n* ⟨∼s; ∼⟩ MATH tétraèdre *m*

teuer [ˈtɔyər] **I** *adj* ⟨teurer, teuerste⟩ **1.** (*kostspielig*) cher; coûteux; **furchtbar teuer** 'hors de prix'; **wie teuer** (**ist das**)**?** combien cela coûte-t-il, vaut-il?; **teurer werden** *a* renchérir **2.** *st/s* (*geschätzt*) cher; **teure Freunde!** chers amis!; *plais* **meine Teuerste!** ma très chère! **II** *adv* cher; *fig a* chèrement; **teuer bezahlen** payer cher; *fig* **das wird ihn teuer zu stehen kommen** il le payera cher; *fig* **teuer erkauft** Sieg chèrement acquis

Teuerung *f* ⟨∼; ∼en⟩ 'hausse *f* des prix; renchérissement *m*

Teuerungsrate *f* taux *m* de renchérissement

Teufel ['tɔʏfəl] *m* ⟨∼s; ∼⟩ diable *m*; F *armer Teufel bedauernswerter* pauvre diable, bougre; *mittelloser* pauvre 'hère; miséreux *m*; F *wie der Teufel* comme un diable; *der Teufel ist los* F c'est la panique; F *bist du des Teufels?* as-tu perdu la tête?; F *hol dich der Teufel, der Teufel soll dich holen!* que le diable t'emporte!; F *weiß der Teufel* Dieu seul le sait!; F *auf Teufel komm raus* à tout prix; F *in Teufels Küche kommen* F se fourrer dans un guêpier; F *j-n zum Teufel jagen* envoyer qn au diable; F *scher dich zum Teufel!* va te faire foutre!; *wo zum Teufel …?* où diable …?

Teufelsaustreibung *f* exorcisation *f*; exorcisme *m*

Teufelskerl F *m* diable *m* d'homme

Teufelskreis *m* cercle vicieux

Teufelszeug *n* F chose, boisson, *etc* infernale, diabolique

teuflisch I *adj* **1.** (*bösartig*) diabolique **2.** (*groß*) terrible; épouvantable; infernal **II** F *adv* diablement; terriblement

Text [tɛkst] *m* ⟨∼⊄s; ∼e⟩ **1.** (*Geschriebenes*) texte *m*; F *fig* *weiter im Text!* continuez! **2.** (*Liedtext*) paroles *f/pl*

Textanalyse *f* LING analyse *f* de texte

Textaufgabe *f* MATH devoir *m*; problème *m*

Textbaustein *m* INFORM module *m*

Textbuch *n* THÉ livret *m*

texten *v/i* (*u v/t*) ⟨-e-⟩ **1.** MUS composer les paroles (de) **2.** WERBUNG rédiger le texte (de)

Texter *m* ⟨∼s; ∼⟩ **1.** MUS parolier *m* **2.** → *Werbetexter*

Texterfassung *f* INFORM saisie *f* (d'un texte)

Textgestaltung *f* rédaction *f*

textil *adj* textile

Textilfaser *f* fibre *f* textile

Textilien [tɛks'ti:liən] *pl* textiles *m/pl*

Textilindustrie *f* (industrie *f*) textile *m*

Textmarker *m* ⟨∼s; ∼⟩ surligneur *m*

Textstelle *f* passage *m*

Textverarbeitung *f* traitement *m* de texte

Thailand ['taɪlant] *n* ⟨∼s⟩ la Thaïlande

Thailänder(in) *m* ⟨∼s; ∼⟩ (*f*) ⟨∼in; ∼innen⟩ Thaïlandais(e) *m(f)*

thailändisch *adj* thaïlandais

Theater [te'a:tər] *n* ⟨∼s; ∼⟩ **1.** *Gebäude* théâtre *m* **2.** (*Vorstellung*) spectacle *m*; *ins Theater gehen* aller au théâtre, au spectacle **3.** F *fig* *so ein Theater!* quel cinéma!; quelle comédie!

Theaterabonnement *n* abonnement *m* au théâtre

Theateraufführung *f* représentation *f* théâtrale; spectacle *m*

Theaterbesuch *m* sortie *f* au théâtre

Theaterbesucher(in) *m(f)* spectateur, -trice *m,f*

Theaterkarte *f* billet *m* de théâtre

Theaterkasse *f* caisse *f* (du théâtre)

Theaterkritiker(in) *m(f)* critique *m* de théâtre

Theaterstück *n* pièce *f* (de théâtre)

theatralisch *adj* théâtral

Theke ['te:kə] *f* ⟨∼; ∼n⟩ comptoir *m*; bar *m*

Thema ['te:ma] *n* ⟨∼s; -men⟩ **1.** *e-s Artikels, Vor*trags *etc* sujet *m*; (*Gesprächsthema, Aufsatzthema*) thème *m* **2.** MUS thème *m*; motif *m*

Thematik *f* ⟨∼; ∼en⟩ thématique *f*

thematisch *adj* thématique

thematisieren *v/t* ⟨*sans ge*⟩ prendre pour sujet, thème

Themenstellung *f* manière *f*, façon *f* de poser un sujet *bzw* des sujets

Themse ['tɛmzə] ⟨∼⟩ *die Themse* la Tamise

Theologe [teo'lo:gə] *m* ⟨∼n; ∼n⟩, **Theologin** *f* ⟨∼; ∼nen⟩ théologien, -ienne *m,f*

Theologie *f* ⟨∼; ∼n⟩ théologie *f*

theologisch *adj* théologique

Theoretiker(in) [teo're:tikər(ın)] *m* ⟨∼s; ∼⟩ (*f*) ⟨∼in; ∼innen⟩ théoricien, -ienne *m,f*

theoretisch *adj* théorique

Theorie *f* ⟨∼; ∼n⟩ théorie *f*

Therapeut(in) [tera'pɔʏt(ın)] *m* ⟨∼en; ∼en⟩ (*f*) ⟨∼in; ∼innen⟩ thérapeute *m,f*

therapeutisch *adj* thérapeutique

Therapie *f* ⟨∼; ∼n⟩ thérapie *f*

Thermalbad [tɛr'ma:lba:t] *n Ort* station thermale; (*Kuranstalt*) établissement thermal

Thermalquelle *f* source thermale

Thermalwasser *n* eau thermale

Therme ['tɛrmə] *f* **1.** source thermale; *pl* *Thermen* (*Bäder*) thermes *m/pl* **2.** TECH chauffe-eau *m*

Thermik *f* ⟨∼⟩ ascendance *f* thermique

thermisch *adj* thermique

Thermohose *f* pantalon *m* thermo

Thermometer *n* thermomètre *m*

Thermosflasche® ['tɛrmɔsflaʃə] *f* (bouteille *f*) thermos® *m od f*

Thermoskanne® *f* cafetière *f* *bzw* verseuse *f* isotherme

Thermostat [tɛrmo'sta:t] *m* ⟨∼⊄s *ou* ∼en; ∼eɴ⟩ thermostat *m*

These ['te:zə] *f* ⟨∼; ∼n⟩ thèse *f*

Thora [to'ra:] *f* ⟨∼⟩ REL Torah *od* Thora *f*

Thorax ['to:raks] *m* ⟨∼⊄$; ∼e⟩ ANAT thorax *m*

Thriller ['θrılər] *m* ⟨∼s; ∼⟩ film *m bzw* roman *m* à suspense

Thrombose [trɔm'bo:zə] *f* ⟨∼; ∼n⟩ thrombose *f*

Thron [tro:n] *m* ⟨∼⊄s; ∼e⟩ trône *m*

Thronbesteigung *f* accession *f*, avènement *m* au trône

thronen *v/i* trôner (*a iron*)

Thronerbe *m*, **Thronerbin** *f* héritier, -ère *m,f* du trône

Thronfolge *f* succession *f* au trône

Thronfolger(in) *m* ⟨∼s; ∼⟩ (*f*) ⟨∼in; ∼innen⟩ héritier, -ière *m,f* du trône

Thunfisch ['tu:nfıʃ] *m* thon *m*

Thurgau ['tu:rgau] *m* ⟨∼s⟩ *der Thurgau* la Thurgovie

Thüringen ['ty:rıŋən] *n* ⟨∼s⟩ la Thuringe

Thüringer(in) *m* ⟨∼s; ∼⟩ (*f*) ⟨∼in; ∼innen⟩ Thuringien, -ienne *m,f*

thüringisch *adj* thuringien

Thymian ['ty:mia:n] *m* ⟨∼s; ∼e⟩ thym *m*

Tibet ['ti:bɛt] *n* ⟨∼s⟩ le Tibet

tibetisch *adj* tibétain; du Tibet

Tick¹ [tık] *m* ⟨∼⊄s; ∼s⟩ MÉD tic *m*

Tick² [tık] F *m* ⟨∼⊄s; ∼s⟩ **1.** (*wunderliche Eigenart*) tic *m*; manie *f*; *e-n Tick haben* avoir un grain **2.** *e-n Tick höher* un tout petit peu plus 'haut

ticken v/i **1.** *Uhr* faire tic tac **2.** F *fig* **du tickst wohl nicht richtig** F tu n'es pas un peu fêlé, cinglé, givré?
Ticket ['tɪkət] *n* ⟨∼s; ∼s⟩ ticket *m*
ticktack ['tɪk'tak] *int* tic tac!
Tie-Break ['taɪbreːk] *m od n* ⟨∼s; ∼s⟩ tie-break *m*
tief I *adj* **1.** *Ausdehnung* profond; **der Teich ist 6 m tief** l'étang a 6 m de profondeur **2.** *Wölbung* profond; **tiefes Tal** vallée profonde **3.** *auf e-r Skala, Temperatur, Ton, Niveau* bas; **tiefe Stimme** voix *f* grave **4.** (*weit im Innern*) profond; **im tiefsten Winter, Afrika** au cœur de l'hiver, de l'Afrique **5.** (*intensiv*) profond; *fig* **tiefer Schlaf** profond sommeil **II** *adv* **6.** *nach unten* **tief graben** creuser profondément; **sich tief verbeugen** faire une profonde révérence; **tief hinunterreichen** descendre (très) bas; *nach innen* **tief eindringen** pénétrer profondément; *Augen* **tief liegend** enfoncé **7.** (*weit unten*) **tief unten** tout en bas; (*weit innen*) **tief im Wald** au fond des bois; **bis tief in den Winter** jusqu'au cœur de l'hiver **8.** (*nicht hoch*) *Ort* **tief liegen** être situé à basse altitude; **tief liegend** bas; **sehr tief fliegen** voler très bas **9.** *Glocke* **tief klingen** rendre un son grave; **etwas tiefer singen** chanter un peu plus bas **10.** (*sehr*) **tief atmen** respirer profondément; **tief beeindrucken** faire une profonde impression sur; **tief betrübt** profondément affligé; **tief greifend, tief schürfend** profond; **tief verschneit** enseveli sous la neige
Tief *n* ⟨∼s; ∼s⟩ MÉTÉO dépression *f* (*a fig*); zone *f* de basse pression
Tiefbau *m* travaux publics
Tiefbauamt *n etwa* (service *m* des) ponts *m/pl* et chaussées *f/pl*
tiefblau *adj* bleu profond, intense
Tiefdruck *m* ⟨∼¢s; ∼e⟩ **1.** MÉTÉO basses pressions **2.** TYPO héliogravure *f*
Tiefdruckgebiet *n* → **Tief**
Tiefe *f* ⟨∼; ∼n⟩ **1.** *nach unten, innen* profondeur *f* (*a fig*) **2.** (*Innerstes*) fond *m*; cœur *m* **3.** (*Hintergrund*) fond *m* **4.** *e-s Tons* gravité *f*
Tiefebene *f* plaine basse
Tiefenpsychologie *f* psychologie *f* de l'inconscient
Tiefenschärfe *f* PHOT profondeur *f* de champ
Tiefenwirkung *f* **1.** OPT effet *m* de relief **2.** MÉD action *f* en profondeur
Tiefflug *m* (vol *m* en) rase-mottes *m*
Tiefgang *m* MAR tirant *m* d'eau; *fig* bon niveau intellectuel
Tiefgarage *f* parking souterrain
tiefgekühlt *adjt* surgelé; congelé
tiefgründig *adj* profond
Tiefkühlfach *n* → **Gefrierfach**
Tiefkühlkost *f* produits surgelés
Tiefkühltruhe *f* congélateur *m*
Tieflader *m* ⟨∼s; ∼⟩ remorque *f*, wagon *m* à plate-forme surbaissée
Tiefland *n* plaine *f*
Tiefpunkt *m* *fig* creux *m* (de la vague); dépression *f*
Tiefschlag *m* BOXEN coup bas
tiefschwarz *adj* noir profond
Tiefsee *f* grands fonds
Tiefsinn *m* profondeur *f* d'esprit; (*Trübsinn*) mélancolie *f*
tiefsinnig *adj* profond
Tiefstand *m* niveau le plus bas, très bas
tiefstapeln v/i être trop modeste
Tiefstwert *m* valeur minimale; minimum *m*; MÉTÉO température minimale
Tiegel ['tiːgəl] *m* ⟨∼s; ∼⟩ **1.** CUIS poêlon *m* **2.** (*Schmelztiegel*) creuset *m*
Tier [tiːr] *n* ⟨∼¢s; ∼e⟩ **1.** animal *m*; *Gegensatz*: *Mensch* bête *f* **2.** F *fig* **hohes Tier** F gros bonnet; F grosse légume; F huile *f*

Tiere auf dem Bauernhof	WF
das Ferkel	le porcelet
die Gans	l'oie *f*
der Hahn	le coq
die Henne	la poule
das Kalb	le veau
die Kuh	la vache
das Küken	le poussin
das Pferd	le cheval (*pl*: les chevaux)
das Schaf	le mouton
das Schwein	le cochon
die Ziege	la chèvre

Tierart *f* espèce animale
Tierarzt *m*, **Tierärztin** *f* vétérinaire *m,f*
Tierchen *n* ⟨∼s; ∼⟩ petit animal; petite bête; F **jedem Tierchen sein Pläsierchen** F à chacun son dada, sa marotte
Tierfreund *m* ami *m* des animaux
Tiergarten *n* → **Tier**
Tierhalter *m* ADM détenteur *m*, propriétaire *m* d'un animal, d'animaux
Tierhaltung *f* possession *f* d'un animal, d'animaux; AGR élevage *m* de bétail
Tierhandlung *f* animalerie *f*
Tierheilkunde *f* → **Tiermedizin**
Tierheim *n* fourrière *f*
tierisch I *adj* **1.** (*vom Tier*) animal **2.** *fig* (*tierhaft*) bestial; brutal **3.** F (*sehr groß*) monstrueux; abominable **II** F *adv* (*sehr*) F vachement
Tierkreiszeichen *n* signe *m* du zodiaque
tierlieb *adj* qui aime les animaux
Tierliebe *f* amour *m* des animaux
Tiermedizin *f* médecine *f* vétérinaire
Tiermehl *n* farine(s) *f(pl)* animale(s)
Tiername *m* nom *m* d'animal
Tierpark *m* jardin *m* zoologique; zoo *m*
Tierpfleger(in) *m(f)* gardien, -ienne *m,f* d'animaux
Tierquäler(in) *m(f)* personne *f* qui tourmente les animaux
Tierquälerei *f* cruauté *f* envers les animaux
Tierreich *n* règne animal
Tierschutz *m* protection *f* des animaux
Tierschützer(in) *m(f)* membre *m(f)* d'une association de protection *bzw* de défense des

animaux

Tierschutzverein *m* société protectrice des animaux; SPA *f*

Tierversuch *m* expérimentation animale

Tierwärter(in) *m(f)* → *Tierpfleger(in)*

Tierwelt *f* monde, règne animal

Tierzucht *f* élevage *m* d'animaux; *sc* zootechnie *f*

Tiger(in) ['tiːɡər(ɪn)] *m* ⟨∼s; ∼⟩ *(f)* ⟨∼in; ∼innen⟩ tigre *m*, tigresse *f*

tigern F *v/i* ⟨sn⟩ F *durch die Stadt tigern* trotter d'un bout à l'autre de la ville

Tilde ['tɪldə] *f* ⟨∼; ∼n⟩ tilde *m*

tilgen ['tɪlɡən] *v/t* **1.** *st/s (auslöschen)* effacer; supprimer; *(streichen)* rayer; radier **2.** *Schuld* amortir; *Hypothek* purger; *Kredit* rembourser

Tilgung *f* ⟨∼; ∼en⟩ **1.** effaçage *od* effacement *m*; radiation *f* **2.** amortissement *m*; purge *f*; remboursement *m*

Tilgungsplan *m* plan *m* d'amortissement

Tilgungsrate *f* *jährliche Tilgungsrate* annuité *f* d'amortissement

Till [tɪl] *m* *Till Eulenspiegel* Till *m* l'espiègle

Tilsiter ['tɪlzɪtər] *m* ⟨∼s; ∼⟩ *ou adj* ⟨*inv*⟩ *Tilsiter (Käse* m) tilsit *m*

timen ['taɪmən] *v/t* calculer; minuter

Timing ['taɪmɪŋ] *n* ⟨∼s; ∼s⟩ minutage *m*

Tinktur [tɪŋk'tuːr] *f* ⟨∼; ∼en⟩ teinture *f*

Tinnef ['tɪnef] F *m* ⟨∼s⟩ pacotille *f*; F camelote *f*

Tinnitus ['tɪnitus] *m* ⟨∼⟩ MÉD acouphène *m*

Tinte ['tɪntə] *f* ⟨∼; ∼n⟩ encre *f*; F *fig in der Tinte sitzen* F être dans le pétrin, dans de beaux draps

Tintenfass *n* encrier *m*

Tintenfisch *m* seiche *f*

Tintenklecks *m* tache *f* d'encre

Tintenstrahldrucker *m* imprimante *f* à jet d'encre

Tipp [tɪp] *m* ⟨∼s; ∼s⟩ **1.** F *(Hinweis)* F tuyau *m*; *j-m e-n Tipp geben* F tuyauter qn **2.** *beim Wetten* pari *m*

tippen ['tɪpən] **I** *v/t* **1.** F *(Maschine schreiben)* F taper à la machine **2.** *Zahl* jouer **II** *v/i* **3.** *(leicht berühren)* *an etw (acc)*, *gegen etw tippen* toucher qc du bout du doigt **4.** LOTTO *etc* jouer; *(setzen auf)* *tippen (auf* [+ *acc])* parier (sur); miser (sur) **5.** *(vermuten)* parier (*auf* [+ *acc*] sur)

Tippfehler F *m* faute *f* de frappe

Tippschein *m* bulletin *m*

Tippse ['tɪpsə] F *péj f* ⟨∼; ∼n⟩ dactylo *f*

tipptopp ['tɪp'tɔp] F **I** *adj (sauber)* F impec; *fig* épatant **II** *adv* de façon épatante

Tirol [ti'roːl] *n* ⟨∼s⟩ le Tyrol

Tiroler *adj* ⟨*inv*⟩ tyrolien

Tiroler(in) *m* ⟨∼s; ∼⟩ *(f)* ⟨∼in; ∼innen⟩ Tyrolien, -ienne *m,f*

Tirolerhut *m* chapeau tyrolien

Tisch [tɪʃ] *m* ⟨∼ɕes; ∼e⟩ **1.** table *f*; *fig* POL *runder Tisch* table ronde; *den Tisch decken* mettre la table, le couvert; *den Tisch abdecken* desservir, débarrasser (la table); *fig reinen Tisch machen* faire table rase; F *fig etw unter den Tisch fallen lassen* passer qc sous silence; escamoter qc; F *fig Problem* *vom Tisch sein* être réglé; F *j-n über den Tisch ziehen* F avoir qn; *fig am grünen Tisch, vom grünen Tisch aus* d'un point de vue, de façon bureaucratique,

technocratique **2.** *st/s (Mahlzeit)* *bei Tisch sitzen* être à table; *vor (nach) Tisch* avant (après) le repas; *bitte zu Tisch!* à table!; *zu Tisch gehen* passer à table

Tischbein *n* pied *m* de table

Tischdame *f* voisine *f* de table

Tischdecke *f* nappe *f*

Tischfußball *m* baby-foot *m*

Tischgebet *n* bénédicité *m*

Tischgespräch *n* propos *m/pl* de table

Tischherr *m* voisin *m* de table

Tischkante *f* bord *m* de table

Tischkarte *f* carton *m* (de table)

Tischlampe *f* lampe *f* (de table)

Tischler *m* ⟨∼s; ∼⟩ menuisier *m*

Tischlerei *f* ⟨∼; ∼en⟩ menuiserie *f*

tischlern **I** *v/t* travailler; menuiser **II** *v/i* faire de la menuiserie

Tischmanieren *f/pl* *gute Tischmanieren haben* savoir se tenir à table

Tischnachbar(in) *m(f)* voisin(e) *m(f)* de table

Tischplatte *f* dessus *m* de table

Tischrede *f* discours *m* de banquet

Tischtennis *n* tennis *m* de table; ping-pong *m*

Tischtennisball *m* balle *f* de ping-pong

Tischtennisplatte *f* table *f* de ping-pong

Tischtennisschläger *m* raquette *f* de ping--pong

Tischtuch *n* ⟨∼ɕes; -tücher⟩ nappe *f*

Tischwäsche *f* linge *m* de table

Tischwein *m* vin *m* de table

Titan[1] [ti'taːn] *n* ⟨∼s⟩ CHIM titane *m*

Titan[2] *m* ⟨∼en; ∼en⟩ MYTH titan *m*

Titel ['tiːtəl] *m* ⟨∼s; ∼⟩ **1.** *e-r Person* titre *m* (*a* SPORT); *akademischer Titel* titre *m* **2.** *(Überschrift, Buchtitel, Musiktitel)* titre *m*

Titelanwärter(in) *m(f)* prétendant(e) *m(f)* à un titre, au titre; SPORT *a* challenger *m*

Titelbild *n* *e-s Buchs* frontispice *m*; *e-r Zeitschrift* couverture *f*

Titelblatt *n* (page *f* de) titre *m*

Titelgeschichte *f* article *m* qui fait la une;

Titelheld *m* personnage principal

Titelkampf *m* match *m* qui met un titre en jeu

Titelrolle *f* rôle *m* (du personnage) principal

Titelseite *f* *e-r Zeitschrift* couverture *f*; *e-r Zeitung* première page

Titelsong *m* chanson *f* titre d'un album

Titelverteidiger(in) *m(f)* défenseur *m* du titre

Titte ['tɪtə] P *f* ⟨∼; ∼n⟩ F nichon *m*

titulieren *v/t* ⟨*sans ge*⟩ *meist iron* donner le titre de … (*j-n* à qn); *(bezeichnen)* qualifier (*als* de)

tja [tja] *int* eh bien!

Toast [toːst] *m* ⟨∼ɕes; ∼e *ou* ∼s⟩ **1.** CUIS toast *m* **2.** *(Trinkspruch)* toast *m*

Toastbrot *n* pain *m* de mie

toasten *v/t* ⟨-e-⟩ CUIS griller

Toaster *m* ⟨∼s; ∼⟩ grille-pain *m*

Tobak ['toːbak] F *m* *das ist starker Tobak* c'est un comble; F c'est fort de café

toben ['toːbən] *v/i* **1.** *vor Wut* être en rage; tempêter **2.** *(lärmen)* être déchaîné **3.** ⟨+ *indication de direction* sn⟩ *die Kinder sind durch den Garten getobt* les enfants ont fait les fous, folâtré dans le jardin **4.** *Wind* se déchaîner; être déchaîné (*a* Meer); faire rage (*a* Schlacht)

Tobsucht *f* folie furieuse

tobsüchtig *adj* fou furieux

Tobsuchtsanfall *m* accès *m* de folie furieuse, de fureur

Tochter ['tɔxtər] *f* ⟨∼; ∴⟩ **1.** fille *f* **2.** ÉCON filiale *f*

Tochtergesellschaft *f* filiale *f*

Tod [toːt] *m* ⟨∼¢s; ∼e⟩ **1.** (*Lebensende*) mort *f*; (*Todesfall*) décès *m*; *e-s gewaltsamen, natürlichen Todes sterben* mourir de mort violente, naturelle; *mit dem Tod(e) ringen* lutter avec la mort; être à l'agonie **2.** *verstärkend* F *auf den Tod nicht leiden können* 'haïr à mort'; *zu Tode betrübt* profondément affligé; F *sich zu Tode langweilen, schämen* mourir d'ennui, de honte

todernst F *adj* F sérieux comme un pape

Todesangst *f* **1.** angoisse *f* de la mort **2.** *fig* (*große Angst*) frayeur mortelle; *Todesängste ausstehen* être dans des transes mortelles

Todesanzeige *f* avis *m* de décès; *in der Zeitung* annonce *f* nécrologique

Todesfall *m* décès *m*

Todesfolge *f* JUR *Körperverletzung mit Todesfolge* coups et blessures ayant entraîné la mort

Todesgefahr *f* danger *m* de mort

Todesjahr *n* année *f* de la mort (de qn)

Todeskampf *m* agonie *f*

todesmutig *adj* bravant la mort

Todesnachricht *f* nouvelle *f* de la mort (de qn)

Todesopfer *n* mort *m*; victime *f*

Todesqualen *f/pl* tourments *m/pl* de la mort; *fig* *Todesqualen ausstehen* souffrir mille morts

Todesschütze *m* auteur *m* d'un *bzw* du coup de feu mortel

Todesspirale *f* SPORT spirale *f* dehors avant; spirale *f* de la mort

Todesstoß *m* coup mortel

Todesstrafe *f* peine capitale, de mort

Todestag *m* **1.** jour *m* de la mort **2.** *Jahrestag* anniversaire *m* de la mort (de qn)

Todesursache *f* cause *f* de (la) mort

Todesurteil *n* arrêt *m* de mort; sentence capitale

Todesverachtung *f* mépris *m* de la mort

Todeszelle *f* cellule *f* des condamnés à mort

Todfeind(in) *m(f)* ennemi(e) *m(f)* mortel, -elle

todkrank *adj* à l'article de la mort; à l'agonie

tödlich ['tøːtlɪç] *adj Krankheit, Gefahr* mortel; *Ausgang, Irrtum st/s* fatal

todmüde *adj* mort de fatigue

todschick F *adj* très chic

todsicher F **I** *adj* absolument sûr **II** *adv* sans aucun doute

Todsünde *f* péché mortel

todunglücklich F *adj* malheureux comme les pierres

Tofu ['toːfu] *m* ⟨∼ˢ⟩ CUIS tofu *m*

Togo ['toːgo] *n* ⟨∼s⟩ le Togo

Tohuwabohu [tohuva'boːhu] *n* ⟨∼ˢ; ∼s⟩ chaos *m*; F tohu-bohu *m*

Toilette [toa'lɛtə] *f* ⟨∼; ∼n⟩ **1.** (*WC*) W.-C. *m/pl*; toilettes *f/pl*; *auf die Toilette gehen* aller aux toilettes, cabinets **2.** (*Körperpflege*) toilette *f*

Toilettenartikel *m/pl* articles *m/pl* de toilette

Toilettenfrau *f* préposée *f* aux toilettes; dame *f* pipi

Toilettenpapier *n* papier *m* hygiénique

toi, toi, toi ['tɔy'tɔy'tɔy] *int* **1.** (*unberufen*) *toi, toi, toi!* touchons *bzw* je touche du bois! **2.** (*alles Gute*) bonne chance!

tolerant [tole'rant] *adj* tolérant

Toleranz *f* ⟨∼; ∼en⟩ tolérance *f*

tolerieren *v/t* ⟨*sans ge*⟩ tolérer

toll [tɔl] **I** *adj* **1.** F (*großartig*) F super; F formidable; F épatant; F génial **2.** F (*stark*) F infernal; terrible; dément *es herrschte ein tolles Gedränge* il y avait un monde fou **3.** F (*unerhört*) fou; F dingue; *e-e tolle Geschichte* une histoire dingue **II** *adv* **4.** F (*großartig*) formidablement; *das hat er toll gemacht* il s'est débrouillé comme un chef **5.** F (*heftig*) follement; terriblement; *es zu toll treiben* aller trop loin

tollen ['tɔlən] *v/i* **1.** s'amuser follement; folâtrer; faire le(s) fou(s) **2.** ⟨+ *indication de direction* sn⟩ *die Kinder sind durch den Garten getollt* les enfants ont folâtré dans le jardin

tollkühn *adj* téméraire

Tollpatsch ['tɔlpatʃ] *m* ⟨∼ˢs; ∼e⟩ lourdaud *m*; pataud *m*; F empoté *m*

tollpatschig *adj* lourdaud; pataud; F empoté

Tollwut *f* MÉD rage *f*

tollwütig *adj* MÉD enragé

Tölpel ['tœlpəl] *m* ⟨∼s; ∼⟩ balourd *m*; rustre *m*; malotru *m*

tölpelhaft → **tollpatschig**

Tomate [to'maːtə] *f* ⟨∼; ∼n⟩ tomate *f*; F *plais* *treulose Tomate* F lâcheur, -euse *m,f*

Tomatencremesuppe *f* velouté *m* de tomates

Tomatenket(s)chup *m od n* ketchup *m*

Tomatenmark *n* concentré *m* de tomates

Tomatensaft *m* jus *m* de tomates

Tomatensalat *m* salade *f* de tomates

Tomatensoße *f* sauce *f* tomate

Tomatensuppe *f* soupe *f* à la tomate

Tombola ['tɔmbola] *f* ⟨∼; ∼s⟩ tombola *f*

Tomogramm [tomo'gram] *n* ⟨∼s; ∼e⟩ tomogramme *m*

Tomograph *m* ⟨∼en; ∼en⟩ tomographe *m*

Tomographie *f* ⟨∼⟩ tomographie *f*

Ton¹ [toːn] *m* ⟨∼¢s; ∼e⟩ **1.** GÉOL argile *f* **2.** TÖPFEREI (terre *f*) glaise *f*

Ton² *m* ⟨∼¢s; ∼e⟩ **1.** (*Tonhöhe*) ton *m*; MUS, *fig* *den Ton angeben* donner le ton **2.** FILM, TV, TECH son *m* **3.** (*Benehmen, Umgangston*) ton *m*; *es gehört zum guten Ton* (+ *inf*) il est de bon ton de (+ *inf*); *ich verbitte mir diesen Ton!* je ne vous permets pas de me parler sur ce ton! **4.** F (*Äußerung*) mot *m*; F *große Töne spucken* se donner de grands airs; *keinen Ton herausbringen* être incapable de sortir un mot; *hast du Töne?* c'est incroyable! **5.** (*Farbton*) ton *m*; teinte *f* **6.** (*Betonung*) accent *m* (tonique)

Tonabnehmer *m* tête *f* de lecture; lecteur *m*

tonangebend *adjt* qui donne le ton

Tonarm *m* bras *m* (de lecture)

Tonart *f* tonalité *f*; *fig* ton *m*

Tonaufnahme *f* prise *f* de son; enregistrement *m* sonore

Tonband *n* ⟨∼¢s; -bänder⟩ **1.** *Band* bande *f* magnétique **2.** F *Gerät* magnétophone *m*

Tonbandgerät *n* magnétophone *m*

tönen ['tøːnən] **I** *v/t* teinter; *das Haar tönen* faire un rinçage **II** *v/i* **1.** (*klingen*) sonner; résonner; retentir **2.** F (*prahlen*) se vanter; faire le fanfaron

Toner ['toːnər] *m* ⟨∼s; ∼⟩ toner *m*; *für Kopierer* encre *f*

Tonerde f *essigsaure Tonerde* acétate m d'aluminium

tönern ['tøːnərn] *adj* de (terre) glaise; d'argile

Tonfall m intonation f; (*Akzent*) accent m

Tonfolge f suite f, succession f de sons; mélodie f

Tongefäß n vase m de terre

Tonhöhe f 'hauteur tonale

Tonic ['tɔnik] n ⟨∼ʃ; ∼s⟩ tonic m (water)

Toningenieur m ingénieur m du son

Tonkopf m tête f de lecture; lecteur m

Tonlage f registre m

Tonleiter f MUS gamme f

tonlos *adj* atone

Tonmeister m ingénieur m du son

Tonnage [tɔ'naːʒə] f ⟨∼; ∼n⟩ tonnage m

Tonne ['tɔnə] f ⟨∼; ∼n⟩ **1.** *Maß, Gefäß* tonne f **2.** (*Registertonne*) tonneau m **3.** F fig (*dicke Person*) F grosse dondon

tonnenweise *adv* **1.** par tonnes **2.** F (*in großen Mengen*) en masse; par tonneaux

Tonspur f piste f sonore

Tonstörung f brouillage m sonore

Tonsur [tɔn'zuːr] f ⟨∼; ∼en⟩ tonsure f

Tontaube f pigeon artificiel

Tontaubenschießen n ball-trap m

Tontechniker(in) m(f) preneur m de son

Tonträger m support m de son

Tönung f ⟨∼; ∼en⟩ coloration f; *der Haare* rinçage m

Tonwiedergabe f reproduction f sonore; *e-s Radios* musicalité f

Tool [tuːl] n ⟨∼s; ∼s⟩ INFORM outil m

Toolbox f INFORM boîte f à outils

Top [tɔp] n ⟨∼s; ∼s⟩ COUT 'haut m

TOP [tɔp] m ⟨∼⟩ *abr* (*Tagesordnungspunkt*) point m de l'ordre du jour

topaktuell *adj Informationen* d'une actualité brûlante; *Mode, Produkt* dernier cri

Topas [to'paːs] m ⟨∼es; ∼e⟩ topaze f

Topf [tɔpf] m ⟨∼ʃs; ∼e⟩ **1.** (*tiefes Gefäß*) pot m **2.** (*Kochtopf*) casserole f; (*Henkeltopf*) fait-tout *od* faitout m; marmite f; *fig* **alles in e-n Topf werfen** mettre tout dans le même sac **3.** (*Nachttopf*) pot m de chambre; F *plais* (*Toilette*) F petit coin

Topfblume f fleur f en pot

Topfdeckel m couvercle m de pot

Topfen ['tɔpfən] m ⟨∼s⟩ *österr* fromage blanc

Topfenstrudel m *österr, südd* strudel m au fromage blanc

Töpfer(in) m ⟨∼s; ∼⟩ (f) ⟨∼in; ∼innen⟩ potier, -ière m,f

Töpferei f ⟨∼; ∼en⟩ **1.** *Handwerk* poterie f **2.** *Werkstatt* (atelier m de) poterie f

töpfern I v/t fabriquer **II** v/i faire de la poterie

Töpferscheibe f tour m de potier

Töpferware f poterie f

topfit *adj* en pleine forme

Topflappen m manique f

Topform f pleine forme

Topfpflanze f plante f, fleur f en pot

Topfreiniger m tampon m à récurer

Topfschlagen n *Kinderspiel: variante de colin-maillard où il faut trouver un pot caché à l'aide d'une cuillère*

Tophit m MUS F tube m

Topinambur [topinam'buːr] m ⟨∼s; ∼s *ou* ∼e⟩

od f ⟨∼; ∼en⟩ BOT topinambour m

Topmanagement n cadres dirigeants, supérieurs

Topmanager m, **Topmanagerin** f manager m au plus 'haut niveau; top manager m

Topmodel n mannequin-vedette m

Topographie [topogra'fiː] f ⟨∼; ∼n⟩ topographie f

toppen F v/t (*übertreffen*) *Person* battre; *Sache* dépasser; *das ist nicht zu toppen!* on ne peut pas mieux faire!

Tor[1] [toːr] n ⟨∼ʃs; ∼e⟩ **1.** porte f (*a Stadttor*); portail m **2.** SPORT but m **3.** SLALOM porte f

Tor[2] m ⟨∼en; ∼en⟩ *st/s* (*Narr*) sot m; (*Verrückter*) fou m

Torbogen m porche m; arceau m

Torchance f SPORT chance f, occasion f de marquer un but

Tordifferenz f SPORT score m; *mehrerer Spiele* goal-average m

Toreinfahrt f porte cochère

Torero [to're:ro] m ⟨∼ʃ; ∼s⟩ torero m

Torf [tɔrf] m ⟨∼ʃs⟩ tourbe f

Torfmoor n tourbière f

Torheit *st/s* f ⟨∼; ∼en⟩ sottise f; folie f; bêtise f

Torhüter m → **Torwart**

töricht ['tøːriçt] *st/s adj* sot; insensé

Torjäger m buteur m

torkeln ['tɔrkəln] F v/i ⟨ɛ; + indication de direction sn⟩ tituber; zigzaguer

Torlinie f ligne f de but

torlos *adj* sans but

Tormann m → **Torwart**

Tornado [tɔr'naːdo] m ⟨∼s; ∼s⟩ tornade f

torpedieren [tɔrpe'diːrən] v/t ⟨sans ge⟩ MIL, fig torpiller

Torpedo [tɔr'peːdo] m ⟨∼s; ∼s⟩ MIL torpille f

Torpedoboot n torpilleur m

Torpfosten m poteau m

Torraum m SPORT surface f de but

Torschlusspanik f *Torschlusspanik bekommen* être pris de panique à l'idée de ne plus pouvoir y arriver; *aus Torschlusspanik heiraten* se marier par peur de ne plus trouver de mari, femme

Torschütze m marqueur m de but

Torso ['tɔrzo] m ⟨∼s; ∼s *ou* -si⟩ SCULP torse m; *st/s fig* fragment m

Törtchen ['tœrtçən] n ⟨∼s; ∼⟩ tartelette f

Torte ['tɔrtə] f ⟨∼; ∼n⟩ gâteau m; (*Obsttorte*) tarte f

Tortenboden m fond m de tarte

Tortenguss m gelée f de fruits pour pâtisserie

Tortenheber m ⟨∼s; ∼⟩, **Tortenschaufel** f pelle f à gâteau

Tortur [tɔr'tuːr] f ⟨∼; ∼en⟩ torture f

Torwart m ⟨∼ʃs; ∼e⟩ gardien m de but

tosen ['toːzən] v/i ⟨ɛʃ; + indication de direction sn⟩ *Meer* mugir; *Wildbach* gronder; *das Tosen der Brandung* le mugissement de la mer; *tosender Beifall* applaudissements m/pl frénétiques

tot [toːt] *adj* **1.** *Lebewesen* mort (*a fig*); *das Tote Meer* la mer Morte; *tot geboren* mort-né; *Tot Geglaubte(r)* f(m) prétendu(e) mort(e) m(f); *sich tot stellen* faire le mort **2.** *poét* (*menschenleer*) mort; désert **3.** ÉCOL mort **4.** *Kapital* improductif; *Sprache* mort

total [to'ta:l] **I** *adj* total **II** F *adv* complètement

totalitär [totali'tɛ:r] *adj* totalitaire

Totaloperation *f* ablation totale; *der Gebärmutter* (hystérectomie) totale *f*

Totalschaden *m* dommage intégral; perte totale

totarbeiten F *v/r* ‹-e-› **sich totarbeiten** se tuer au travail

totärgern F *v/r* **sich totärgern** étouffer, suffoquer de rage

Tote(r) *f(m)* ‹→ A› mort(e) *m(f)*

Totem ['to:tɛm] *n* ‹~s; ~s› totem *m*

Totempfahl *m* totem *m*

töten ['tø:tən] *v/t* ‹-e-› tuer (*a fig Gefühl*); **getötet werden** être tué; se faire tuer

totenblass, totenbleich *adj* pâle comme la mort

Totenglocke *f* glas *m*

Totengräber *m* fossoyeur *m*

Totenhemd *n* suaire *m*; linceul *m*

Totenkopf *m* tête *f* de mort

Totenkult *m* culte *m* des morts

Totenmaske *f* masque *m* mortuaire

Totenmesse *f* messe *f* des morts

Totenschädel *m* tête *f* de mort

Totenschein *m* certificat *m* de décès

Totensonntag *m* PROT jour *m*, fête *f* des morts

Totenstarre *f* rigidité *f* cadavérique

totenstill *adj* **es war totenstill** il régnait un silence de mort

Totenstille *f* silence *m* de mort

Totenwache *f* veillée *f* funèbre

totfahren *v/t* ‹irr› écraser

Totgeburt *f* (enfant) mort-né *m*

Totgeglaubte(r) *f(m)* ‹→ A› présumé(e) mort(e) *m(f)*

Totgesagte(r) *f(m)* ‹→ A› prétendu(e) mort(e) *m(f)*

totlachen F *v/r* **sich totlachen** mourir de rire; F se fendre la gueule

Toto ['to:to] *n od m* ‹~s; ~s› loto sportif

totschießen *v/t* ‹irr› abattre, tuer d'un coup de feu

Totschlag *m* homicide *m* involontaire

totschlagen *v/t* ‹irr› assommer; tuer; *fig* **die Zeit totschlagen** tuer le temps

Totschläger *m* **1.** *Person* meurtrier *m* **2.** *Waffe* matraque *f*; casse-tête *m*

totschweigen *v/t* ‹irr› passer sous silence

tottreten *v/t* ‹irr› écraser du pied

Tötung *f* ‹~› homicide *m*; *e-s Tiers* abattage *m*

Touch [tatʃ] *m* ‹~s; ~s› touche *f*; teinte *f*; pointe *f*

Touchscreen ['tatʃskri:n] *m* ‹~s; ~s› écran *m* tactile

Toupet [tu'pe:] *n* ‹~s; ~s› postiche *m*

toupieren *v/t* ‹*sans ge*› *Haar* crêper

Tour [tu:r] *f* ‹~; ~en› **1.** (*Ausflug*) excursion *f*; randonnée *f* **2.** TECH tour *m*; **auf Touren kommen** prendre de la vitesse; atteindre son régime; *fig* (*angeregt werden*) se mettre en train; *fig* **auf vollen Touren laufen** marcher à plein régime (*a fig*); F *fig* **j-n auf Touren bringen** animer qn; mettre qn en train; F **in e-r Tour** sans cesse; sans répit **3.** F *fig* **auf die feine, vornehme Tour** d'une façon distinguée; **er hat mir die Tour vermasselt** F il m'a cassé la baraque

Tourenwagen *m* voiture *f* grand tourisme (pour rallyes)

Tourismus *m* ‹~› tourisme *m*

Tourist(in) *m* ‹~en; ~en› (*f*) ‹~in; ~innen› touriste *m,f*

Touristenklasse *f* classe *f* touriste

Touristik *f* ‹~› tourisme *m*

touristisch *adj* touristique

Tournee [tʊr'ne:] *f* ‹~; ~n *ou* ~s› tournée *f*; **auf Tournee gehen** partir en tournée

Tower ['tauər] *m* ‹~$; ~› AVIAT tour *f* de contrôle

Toxikologe *m* ‹~n; ~n›, **Toxikologin** *f* ‹~; ~nen› toxicologue *m,f*

Toxikologie *f* ‹~› toxicologie *f*

toxisch *adj* toxique

Trab [tra:p] *m* ‹~s› trot *m*; **im Trab** (**reiten**) (aller) au trot, au grand trot; F **j-n auf Trab bringen** secouer, aiguillonner qn

Trabant [tra'bant] *m* ‹~en; ~en› satellite *m*

Trabantenstadt *f* ville *f* satellite

traben *v/i* ‹sn› trotter (*a* F *von Menschen*); aller au trot

Trabrennbahn *f* champ *m* de courses, hippodrome *m* (réservé aux courses de trot)

Trabrennen *n* course *f* de trot

Tracht [traxt] *f* ‹~; ~en› **1.** (*Volkstracht*) costume folklorique (régional) **2.** F **Tracht Prügel** correction *f*; volée *f* (de coups)

trachten *st/s* *v/i* ‹-e-› **nach etw trachten** aspirer, viser, tendre à qc

Trachtenanzug *m* costume folklorique, régional

trächtig ['trɛçtiç] *adj* zo pleine

Tradition [traditsi'o:n] *f* ‹~; ~en› tradition *f*

traditionell *adj* traditionnel

traditionsbewusst *adj* traditionaliste

traf [tra:f] → **treffen**

Trafik [tra'fɪk] *f* ‹~; ~en› *österr* bureau *m* de tabac

Trafo ['tra:fo] *m* ‹~$; ~s› (*Transformator*) transformateur *m*; F transfo *m*

Tragbahre *f* civière *f*; brancard *m*

tragbar *adj* **1.** (*transportabel*) portable; portatif **2.** *Kleidung* mettable **3.** *fig* (*erträglich*) supportable; tolérable

Trage *f* ‹~; ~n› → **Tragbahre**

träge ['trɛ:gə] *adj* (*lustlos*) indolent; inerte (*a* PHYS); mou; (*langsam*) lent; (*faul*) paresseux

Tragegriff *m* poignée *f* de transport

Tragegurt *m* bretelle *f*; courroie *f*

tragen ['tra:gən] ‹trägt, trug, getragen› **I** *v/t* **1.** (*transportieren*) porter; **bei sich** (*dat*) **tragen** avoir sur soi **2.** (*stützen, belastbar sein*) supporter; soutenir; CONSTR **tragende Wand** mur porteur; *fig* **tragende Rolle** rôle principal, capital **3.** (*ertragen*) supporter; subir **4.** *Kosten, Folgen, Risiko* supporter; prendre à sa charge **5.** *Kleidung; Schmuck, Frisur* porter; **getragene Kleidung** vêtements usagés **6.** *Titel, Namen, Datum, Unterschrift* porter **7.** (*Frucht bringen*) porter, donner (des fruits); produire **8.** *mit Abstrakta* **die Schuld an etw** (*dat*) **tragen** être la cause de qc; (**voll**) **zum Tragen kommen** jouer (à plein) **II** *v/i* **9.** *Eis* porter **10.** *Stimme* **weit tragen** porter loin **11.** (*trächtig sein*) porter **12.** *fig* **schwer an etw** (*dat*) **tragen** *od* **zu tragen haben** être accablé par qc **III** *v/r* **13.** *Kleidung* **sich gut tragen** être agréable à porter **14.** *sich mit der Absicht tragen, zu* (+ *inf*) avoir l'intention de (+ *inf*)

Träger ['trɛ:gər] *m* ⟨~s; ~⟩ **1.** *an Kleidung* bretelle *f* **2.** CONSTR support *m*; poutre *f*

Träger(in) *m* ⟨~s; ~⟩ (*f*) ⟨~in; ~innen⟩ **1.** (*Lastenträger*) porteur, -euse *m,f* (*a e-s Titels*); *e-s Amts* titulaire *m,f* **2.** ADM organisme *m* ([+ *gén*] responsable de)

Trägerkleid *n* robe *f* à bretelles

trägerlos *adj Kleidung* sans bretelles

Trägerrakete *f* fusée porteuse

Tragetasche *f* sac *m* (en plastique)

tragfähig *adj* capable de porter; solide (*a fig Mehrheit*)

Tragfläche *f* AVIAT aile *f*; voilure *f*

Tragflügelboot *n* hydrofoil *m*

Trägheit *f* ⟨~; ~en⟩ (*Lustlosigkeit*) indolence *f*; inertie *f* (*a* PHYS); (*Faulheit*) paresse *f*

Tragik ['tra:gɪk] *f* ⟨~⟩ tragique *m*

tragikomisch *adj* tragi-comique

Tragikomödie *f* tragi-comédie *f*

tragisch I *adj* tragique; F *das ist* (*doch*) *nicht so tragisch* ce n'est (quand même) pas si grave **II** *adv* F *etw tragisch nehmen* prendre qc au tragique

Traglast *f* charge *f*; fardeau *m*

Tragödie [tra'gø:diə] *f* ⟨~; ~n⟩ tragédie *f*

Tragweite *f* portée *f* (*a fig*)

Trainer(in) ['trɛ:nər(ɪn)] *m* ⟨~s; ~⟩ (*f*) ⟨~in; ~innen⟩ SPORT entraîneur, -euse *m,f*

trainieren ⟨*sans ge*⟩ **I** *v/t j-n trainieren* entraîner qn; *Fußball trainieren* s'entraîner au football **II** *v/i* s'entraîner

Training *n* ⟨~s; ~s⟩ entraînement *m*

Trainingsanzug *m* survêtement *m*

Trainingslager *n* camp *m* d'entraînement

Trainingslauf *m* course *f* d'entraînement

Trainingsspiel *n* match *m* d'entraînement

Trainingszeit *f* temps réalisé à l'entraînement

Trakt [trakt] *m* ⟨~⊄s; ~e⟩ ARCH aile *f*

traktieren *v/t* ⟨*sans ge*⟩ maltraiter; *j-n mit Fußtritten traktieren* donner des coups de pied à qn

Traktor ['traktɔr] *m* ⟨~s; -toren⟩ tracteur *m*

trällern ['trɛlərn] *v/t u v/i* fredonner

Tram [tram] *f* ⟨~; ~s⟩ *südd, schweiz* tram *m*

Trambahn *f südd, schweiz* tram(way) *m*

Trampel ['trampəl] F *m* ⟨~s; ~⟩ lourdaud(e) *m(f)*; pataud(e) *m(f)*

trampeln F ⟨⊄⟩ **I** *v/t j-n zu Tode trampeln* piétiner qn à mort **II** *v/i* ⟨+ *indication de direction* sn⟩ (*mit den Füßen treten*) trépigner

Trampelpfad *m* sentier battu

Trampeltier *n* **1.** ZO chameau *m* **2.** F *fig* → *Trampel*

trampen ['trɛmpən] *v/i* ⟨sn⟩ faire de l'auto-stop; F faire du stop

Tramper(in) *m* ⟨~s; ~⟩ (*f*) ⟨~in; ~innen⟩ auto-stoppeur, -euse *m,f*

Trampolin ['trampoli:n] *n* ⟨~s; ~e⟩ trampoline *m*

Tran [tra:n] *m* ⟨~⊄s; ~e⟩ **1.** huile *f* (de baleine, *etc*) **2.** F *fig im Tran sein* F être dans les vapes, le cirage

Trance [trã:s] *f* ⟨~; ~n⟩ transe *f*

tranchieren [trã'ʃi:rən] *v/t* ⟨*sans ge*⟩ découper

Tranchiermesser *n* couteau *m* à découper

Träne ['trɛ:nə] *f* ⟨~; ~n⟩ larme *f*; *ihr kommen*

die Tränen elle se met à pleurer; *j-m keine Träne nachweinen* ne pas regretter, déplorer le départ de qn; *zu Tränen gerührt* ému, touché aux larmes

tränen *v/i meine Augen tränen, mir tränen die Augen* j'ai les yeux qui larmoient

Tränendrüse *f* glande lacrymale

tränenerstickt *adj mit tränenerstickter Stimme* avec des larmes dans la voix

Tränengas *n* gaz *m* lacrymogène

tränenüberströmt *adjt* noyé de larmes

Tranfunzel F *f* **1.** (*trübes Licht*) lumignon *m* **2.** *fig Mensch* F lambin(e) *m(f)*; F veau *m*

tranig *adj* **1.** *Geschmack* qui a un goût d'huile de poisson **2.** F *fig* (*träge*) F lambin

trank [traŋk] → *trinken*

Trank *st/s m* ⟨~⊄s; ⁓e⟩ *st/s* breuvage *m*

Tränke ['trɛŋkə] *f* ⟨~; ~n⟩ abreuvoir *m*

tränken *v/t* **1.** *Tier* abreuver; donner à boire à; faire boire **2.** (*sich vollsaugen lassen*) imbiber, imprégner (*mit* de)

trans..., Trans... [trans...] *in Zssgn* trans...

Transaktion *f* transaction *f*

transatlantisch *adj* transatlantique

Transfer [trans'fɛr] *m* ⟨~s; ~s⟩ transfert *m*

transferieren *v/t* ⟨*sans ge*⟩ transférer

Transformator *m* ⟨~s; -toren⟩ transformateur *m*

transformieren *v/t* ⟨*sans ge*⟩ transformer

Transfusion *f* ⟨~; ~en⟩ transfusion (sanguine) *f*

transgen [trans'ge:n] *adj sc* transgénique

Transistor [tran'zɪstɔr] *m* ⟨~s; -toren⟩ transistor *m*

Transistorradio *n* transistor *m*

Transit [tran'zɪt *ou* 'tran-] *m* ⟨~s; ~e⟩ transit *m*

transitiv *adj* transitif

Transitverkehr *m* trafic *m* de transit

transparent [transpa'rɛnt] *adj* transparent

Transparent *n* ⟨~⊄s; ~e⟩ banderole *f*; pancarte *f*

Transparenz *f* ⟨~⟩ transparence *f* (*a fig*)

transpirieren [transpi'ri:rən] *v/i* ⟨*sans ge*⟩ transpirer

Transplantat [-plan'ta:t] *n* ⟨~⊄s; ~e⟩ greffon *m*; transplant *m*

Transplantation *f* ⟨~; ~en⟩ transplantation *f*; greffe *f*

transplantieren *v/t* ⟨*sans ge*⟩ transplanter

Transport [trans'pɔrt] *m* ⟨~⊄s; ~e⟩ transport *m*

transportabel *adj* ⟨-bl-⟩ transportable

Transporter *m* ⟨~s; ~⟩ AUTO camionnette *f*; fourgon *m*; AVIAT avion *m* de transport

Transporteur [--'tø:r] *m* ⟨~s; ~e⟩ transporteur *m*

transportfähig *adj* transportable

transportieren *v/t* ⟨*sans ge*⟩ transporter

Transportkosten *pl* frais *m/pl* de transport

Transportmittel *n* moyen *m* de transport

Transportschaden *m* avarie *f* de transport

Transportunternehmer *m* entrepreneur *m* de transport; transporteur *m*

Transportversicherung *f* assurance-transport *f*

Transportweg *m* voie *f* de transport

transsexuell *adj* transsexuel

transsibirisch *adj* transsibérien; *die Transsibirische Eisenbahn* le Transsibérien

Transvestit [transvɛs'ti:t] *m* ⟨~en; ~en⟩ travesti *m*; F travelo *m*

Trapez [tra'pe:ts] *n* ⟨~es; ~e⟩ SPORT, MATH trapè-

Trapezkünstler(in) *m*(*f*) trapéziste *m,f*

trappeln ['trapəln] *v/i* ⟨*¢*, sn⟩ trottiner

Trara [tra'raː] F *n* ⟨~s⟩ *viel Trara* (*um etw*) *machen* faire beaucoup d'histoires (pour qc)

Trasse ['trasə] *f* ⟨~; ~n⟩ *geplante* tracé *m*; *bestehende* ligne *f*

trat [traːt] → *treten*

Tratsch [traːtʃ] F *m* ⟨~es⟩ F ragots *m/pl*; F commérages *m/pl*

tratschen F *v/i* cancaner

Traualtar *st/s m* *j-n zum Traualtar führen* mener qn à l'autel; épouser qn

Traube ['traubə] *f* ⟨~; ~n⟩ **1.** (*Weintraube*) raisin *m*; grappe *f* (de raisin) **2.** *fig* (*große Menge*) grappe *f*; (*Menschentraube*) grappe humaine

Traubensaft *m* jus *m* de raisin

Traubenzucker *m* glucose *m*

trauen¹ ['trauən] *v/t Brautpaar* marier; *sich trauen lassen* se marier

trauen² **I** *v/i* *j-m, e-r Sache trauen* faire confiance à qn; avoir confiance en qn, en *od* dans qc; *s-n Augen, Ohren nicht trauen* ne pas en croire ses yeux, ses oreilles **II** *v/r* *sich* (*acc*) *trauen zu* (+ *inf*) oser (+ *inf*)

Trauer ['trauər] *f* ⟨~⟩ **1.** *Gefühl* tristesse (profonde); affliction *f*; *um Tote* deuil *m*; *in Todesanzeigen* *in tiefer, stiller Trauer* (profonds) regrets **2.** (*Trauerkleidung*) deuil *m*; *Trauer tragen* porter le deuil

Trauerakt *m* cérémonie *f* funèbre

Traueranzeige *f* faire-part *m* de décès

Trauerarbeit *f* travail *m* de deuil

Trauerfall *m* deuil *m*

Trauerfeier *f* funérailles *f/pl*

Trauerflor *m* crêpe *m* (de deuil)

Trauergottesdienst *m* service *m* funèbre

Trauerkleidung *f* (vêtements *m/pl* de) deuil *m*

Trauerkloß F *m* F rabat-joie *m*; F éteignoir *m*

Trauermarsch *m* marche *f* funèbre

trauern *v/i* être affligé; *um j-n trauern* pleurer (la mort, la perte de) qn; *um od über etw trauern* s'affliger de qc

trauernd *adjt* endeuillé; en deuil

Trauerrand *m* *mit Trauerrand* encadré de noir

Trauerrede *f* discours *m* funèbre

Trauerspiel *n* tragédie *f*; F *fig* *das ist ja ein Trauerspiel!* c'est lamentable!

Trauerweide *f* saule pleureur

Trauerzug *m* cortège *m* funèbre

Traufe ['traufə] *f* ⟨~; ~n⟩ gouttière *f*; F *fig* *vom Regen in die Traufe kommen* tomber de mal en pis

träufeln ['trɔyfəln] *v/t* ⟨*¢*⟩ verser goutte à goutte

Traum [traum] *m* ⟨~¢s; Träume⟩ rêve *m* (*a fig*); *st/s* songe *m*; *e-n Traum haben* faire un rêve; F *das fällt mir nicht im Traum(e) ein* loin de moi cette idée; *ein Traum von e-m Haus* une maison de rêve

Trauma ['trauma] *n* ⟨~s; -men *ou* ~ta⟩ traumatisme *m*

traumatisch *adj* MÉD, PSYCH traumatique

traumatisieren *v/t* ⟨*sans ge*⟩ traumatiser

Traumberuf F *m* *mein, sein etc Traumberuf* le métier de mes, ses, *etc* rêves

Traumdeutung *f* interprétation *f* des rêves

träumen ['trɔymən] **I** *v/t* rêver (*dass* que); *etw*

Schönes träumen faire un beau rêve **II** *v/i* **1.** *im Schlaf, fig* (*Wünsche haben*) rêver (*von* de) **2.** (*vor sich hin träumen*) rêver; rêvasser; *mit offenen Augen träumen* rêver les yeux ouverts **III** *v/r* *das hätte ich mir nie träumen lassen!* j'étais loin d'y penser!

Träumer(in) *m* ⟨~s; ~⟩ (*f*) ⟨~in; ~innen⟩ rêveur, -euse *m,f*; *fig* utopiste *m,f*

Träumerei *f* ⟨~; ~en⟩ rêverie *f*

träumerisch *adj* rêveur

Traumfabrik *f* *die Traumfabrik Hollywood* les studios *m/pl* de Hollywood

Traumfrau F *f* femme idéale; *meine, seine Traumfrau* la femme de ma, sa vie

traumhaft *adj* **1.** (*wie im Traum*) comme un rêve; de rêve **2.** F (*sehr schön*) fantastique; merveilleux; de rêve

Traummann F *m* homme idéal; *mein, ihr Traummann* l'homme de ma, sa vie

Traumtänzer *péj m* songe-creux *m*

Traumwelt *f* monde *m* imaginaire

traurig ['traurɪç] *adj* **1.** (*betrübt*) triste (*über* [+ *acc*] de); *p/fort* affligé; *traurig werden* s'attrister; *traurig machen* attrister **2.** (*betrüblich*) attristant; *p/fort* affligeant **3.** (*kläglich*) pitoyable; piteux

Traurigkeit *f* ⟨~⟩ tristesse *f*

Trauring *m* alliance *f*

Trauschein *m* acte *m* de mariage

traut [traut] *poét adj* intime; familier

Trauung *f* ⟨~; ~en⟩ (cérémonie *f* du) mariage *m*; *kirchliche, standesamtliche Trauung* mariage religieux, civil

Trauzeuge *m* témoin *m* (de mariage)

Travellerscheck ['trɛvələrʃɛk] *m* traveller's chèque *m*; chèque *m* de voyage

Travestie [travɛs'tiː] *f* ⟨~; ~n⟩ parodie *f*

Treck [trɛk] *m* ⟨~s; ~s⟩ convoi *m*

Trecker *m* ⟨~s; ~⟩ tracteur *m*

Treff F *m* ⟨~s; ~s⟩ **1.** (*Begegnung*) rencontre *f*; (*Verabredung*) rendez-vous *m* **2.** → *Treffpunkt*

treffen ['trɛfən] ⟨trifft, traf, getroffen⟩ **I** *v/t* **1.** *Ziel* toucher; frapper; atteindre; *nicht treffen* manquer; *j-n am Bein treffen* toucher qn à la jambe **2.** (*begegnen*) rencontrer **3.** (*herausfinden*) *den richtigen Ton treffen* trouver le ton juste; *es gut treffen, getroffen haben* avoir de la chance; *er ist gut getroffen* *auf e-m Foto* son portrait est bien réussi **4.** (*erschüttern*) *das hat mich tief getroffen* cela m'a touché; affecté profondément **5.** (*ereilen*) *j-n treffen* *Fluch, Schicksal, Unglück* frapper qn; *dich trifft keine Schuld* tu n'y es pour rien; ce n'est pas (de) ta faute **II** *v/i* **6.** *Schuss* toucher la cible; *Schütze* *er hat getroffen!* il a touché juste! **7.** ⟨sn⟩ *auf j-n, etw* (*acc*) *treffen* rencontrer qn, qc; tomber sur qn, qc **III** *v/r* **8.** (*begegnen*) *sich treffen* se rencontrer; *sich mit j-m treffen* rencontrer qn **9.** *das trifft sich gut* cela tombe bien

Treffen *n* ⟨~s; ~⟩ (*Begegnung*) rencontre *f* (*a* POL; SPORT); (*Verabredung*) rendez-vous *m*; (*Zusammenkunft*) réunion *f*

treffend *adjt Antwort, Ausdruck etc* juste; approprié; pertinent

Treffer *m* ⟨~s; ~⟩ **1.** *beim Schießen, fig* coup réussi **2.** BALLSPIELE but *m* **3.** *Los* billet gagnant

---

Tresor ≠ trésor

Die wichtigen Dokumente muss man in den **Tresor** legen.	Les documents importants, il faut les mettre dans un **coffre-fort**.
Les pirates avaient découvert un **trésor**.	Die Piraten hatten einen **Schatz** gefunden.

---

trefflich *st/s adj* excellent; parfait
Treffpunkt *m* (lieu *m* de) rendez-vous *m*; lieu *m* de rencontre
treffsicher *adj* **1.** *im Schießen* qui a la main sûre, l'œil juste **2.** *fig Bemerkung* bien senti
Treffsicherheit *f* **1.** justesse *f*, précision *f* de *od* du tir **2.** *fig* justesse *f*; précision *f*
Treibeis *n* glaces flottantes
treiben ['traɪbən] ⟨trieb, getrieben⟩ **I** *v/t* **1.** *in e-e Richtung* pousser; chasser **2.** (*drängen*) **j-n zu etw treiben** pousser qn à (faire) qc; **j-n in den Tod treiben** pousser qn à la mort; **j-n zum Äußersten treiben** pousser qn à bout **3.** *Pfahl* **in die Erde treiben** enfoncer (dans le sol); *Tunnel* **in den Berg treiben** creuser, percer dans la montagne **4.** BOT donner; **Blüten treiben** produire, donner des fleurs; fleurir **5.** *Gewerbe* exercer; *Sport, Musik, Hobby* pratiquer; **was treibst du?** qu'est-ce que tu fais? **6.** *mit ,es'* **treib es nicht zu weit!** n'exagère pas; F **es mit j-m treiben** F coucher avec qn **II** *v/i* ⟨sn⟩ **7.** **im Wind treiben** dériver au gré du vent; **auf dem Wasser treiben** flotter à la dérive; *fig* **die Dinge treiben lassen** laisser faire, aller les choses **8.** *Pflanze* pousser
Treiben *n* ⟨~s⟩ **1.** (*Geschäftigkeit*) agitation *f*; animation *f* **2.** *péj* agissements *m/pl*
treibenlassen *v/t* → **treiben** II 7
Treiber *m* ⟨~s; ~⟩ **1.** JAGD rabatteur *m* **2.** INFORM drive(u)r *m*
Treibgas *n in Spraydosen* (gaz *m*) propulseur *m*
Treibgut *n* épaves *f/pl* (de mer)
Treibhaus *n* serre *f*
Treibhauseffekt *m* effet *m* de serre
Treibhauspflanze *f* plante *f* de serre (chaude)
Treibholz *n* bois flottant
Treibjagd *f* battue *f*
Treibsand *m* sables mouvants
Treibstoff *m* carburant *m*
Trekking ['trɛkɪŋ] *n* ⟨~s; ~s⟩ TOURISMUS trekking *m*
Trekkingbike [-baɪk] *n* ⟨~s; ~s⟩, **Trekkingrad** *n* VTC *m* (vélo *m* tout chemin)
Trema ['treːma] *n* ⟨~s; ~s ou ~ta⟩ tréma *m*
Tremolo *n* ⟨~s; ~s ou -li⟩ MUS trémolo *m*
Trend [trɛnt] *m* ⟨~s; ~s⟩ (*Tendenz*) tendance *f* (**zu** à); (*Mode*) mode *f*
Trendsetter ['trɛntzɛtər] *m* ⟨~s; ~⟩ **1.** *Person* initiateur *m* de nouvelles tendances; *in der Mode* lanceur *m* de mode(s) **2.** *Sache* produit *m* qui annonce une nouvelle mode, un progrès technique
trennbar ['trɛn-] *adj* séparable
trennen I *v/t* **1.** (*abtrennen*) séparer; (*loslösen*) détacher; **Müll trennen** trier les ordures **2.** *Naht* défaire; *Angenähtes* découdre **3.** *Personen, Sachen* séparer (**von** de) **4.** (*unterscheiden*) séparer; distinguer **5.** (*dazwischenliegen*) séparer; *fig* **uns trennen Welten** des mondes

nous séparent **6.** TÉL couper **7.** *Wort in Silben* couper **II** *v/r* **sich trennen** se séparer (**von j-m, etw** de qn, de qc); **sie trennen sich als Freunde** ils se quittent, se séparent bons amis; SPORT **sich unentschieden trennen** se séparer sur un match nul
Trennkost *f* régime dissocié
Trennung *f* ⟨~; ~en⟩ **1.** (*Trennen, Getrenntsein*) séparation *f* **2.** (*Unterscheidung*) distinction *f* **3.** *von Silben, e-s Wortes* division *f*
Trennungslinie *f* ligne *f* de séparation
Trennungsschmerz *m* ⟨~es⟩ douleur *f* de la séparation
Trennungsstrich *m* TYPO tiret *m*
Trennungszeichen *n* GR, TYPO division *f*
Trennwand *f* cloison *f*
treppab *adv* en descendant l'escalier
treppauf *adv* en montant l'escalier
Treppe ['trɛpə] *f* ⟨~; ~n⟩ escalier *m*; (*Freitreppe*) perron *m*; **auf der Treppe** dans l'escalier
Treppenabsatz *m* palier *m*
Treppengeländer *n* rampe *f*
Treppenhaus *n* cage *f* d'escalier
Tresen ['treːzən] *m* ⟨~s; ~⟩ comptoir *m*
Tresor [tre'zoːr] *m* ⟨~s; ~e⟩ coffre-fort *m*
Tresse ['trɛsə] *f* ⟨~; ~n⟩ galon *m*
Trester ['trɛstər] *m* ⟨~s; ~⟩ marc *m*
Tretboot *n* pédalo *m*
treten ['treːtən] ⟨tritt, trat, getreten⟩ **I** *v/t* **1.** (*e-n Tritt geben*) donner un coup de pied à; *Ball* botter; **j-n auf den Fuß treten** marcher sur le pied de qn **2.** (*betätigen*) actionner, faire marcher avec le(s) pied(s) **II** *v/i* **3.** (*sich begeben*) se mettre; se placer; **treten Sie näher!** approchez!; *zu e-m Besucher* entrez!; **treten an** (+ *acc*) *Fenster etc* s'approcher de; s'avancer vers; **ins Zimmer treten** entrer dans la pièce **4.** **auf etw** (*acc*) **treten** marcher sur qc; **j-m auf den Fuß treten** ⟨h⟩ marcher sur le pied de qn; **in e-e Pfütze treten** marcher dans une flaque (d'eau) **5.** *Tränen* **in die Augen treten** venir aux yeux; **mit j-m in Briefwechsel treten** entrer en correspondance avec qn
Treter F *m/pl* F pompes *f/pl*; F godasses *f/pl*
Tretmine *f* mine *f* antipersonnel
Tretmühle F *péj f* (morne) routine *f*; train-train *m*
Tretroller *m* trottinette *f*
treu [trɔy] *adj* fidèle; **sich, e-r Sache** (*dat*) **treu bleiben** rester fidèle à soi-même, à qc; **zu treuen Händen übergeben** remettre en mains sûres
Treue *f* ⟨~⟩ **1.** (*Verlässlichkeit*) fidélité *f*; (*Pflichttreue*) loyauté *f*; **eheliche Treue** fidélité conjugale; **j-m die Treue halten** rester fidèle à qn **2.** (*Genauigkeit*) conformité *f*; fidélité *f*
Treuhänder ['trɔyhɛndər] *m* ⟨~s; ~⟩ (administrateur *m*) fiduciaire *m*
treuhänderisch à titre fiduciaire

treuherzig I *adj* candide; ingénu **II** *adv* avec candeur
treulos *adj* infidèle; déloyal
Triangel ['triːaŋəl] *m* ⟨~s; ~⟩ MUS triangle *m*
Triathlon ['triːatlɔn] *n* ⟨~s; ~s⟩ triathlon *m*
Tribunal *n* ⟨~s; ~e⟩ tribunal *m*
Tribüne [tri'byːnə] *f* ⟨~; ~n⟩ tribune *f*
Tribut [tri'buːt] *m* ⟨~¢s; ~e⟩ HIST, *fig* tribut *m*; *fig* **e-r Sache** (*dat*) **Tribut zollen** payer tribut à qc
Trichine [trɪ'çiːnə] *f* ⟨~; ~n⟩ trichine *f*
Trichter ['trɪçtər] *m* ⟨~s; ~⟩ entonnoir *m* (*a Bombentrichter*, GÉOGR)
trichterförmig *adj* en (forme d')entonnoir
Trick [trɪk] *m* ⟨~s; ~s⟩ truc *m*; F combine *f*
Trickaufnahme *f* trucage *od* truquage *m*
Trickbetrüger(in) *m(f)* auteur *m* d'une combine frauduleuse; escroc *m*
Trickfilm *m* dessins animés
tricksen F *v/t* F goupiller
trieb [triːp] → **treiben**
Trieb *m* ⟨~¢s; ~e⟩ **1.** *innerer* impulsion *f*; PSYCH pulsion *f*; *angeborener* instinct *m* **2.** BOT pousse *f*
Triebfeder *f fig* mobile *m*
triebhaft *adj* pulsionnel (*a* PSYCH); instinctif
Triebtäter *m*, **Triebverbrecher** *m* maniaque sexuel
Triebwagen *m* autorail *m*
Triebwerk *n* AVIAT réacteur *m*
triefen ['triːfən] *v/i* ruisseler (**von** de); F *fig péj* **von** *od* **vor etw** (*dat*) **triefen** déborder de qc; **triefend nass** trempé; dégoulinant
Trier ['triːər] *n* ⟨~s⟩ Trèves
triezen ['triːtsən] F *v/t* ⟨¢⟩ **j-n triezen** agacer, F asticoter qn
triftig ['trɪftɪç] *adj* valable; pertinent
Trigonometrie [trigonome'triː] *f* ⟨~⟩ trigonométrie *f*
Trikolore [triko'loːrə] *f* ⟨~; ~n⟩ drapeau *m* tricolore
Trikot¹ [tri'koː] *m od n* ⟨~s; ~s⟩ *Gewebe* tricot *m*
Trikot² *n* ⟨~s; ~s⟩ *Kleidungsstück* maillot *m*
Triller ['trɪlər] *m* ⟨~s; ~⟩ trille *m*
trillern *v/i* faire des trilles; *Lerche* grisoller
Trillerpfeife *f* sifflet *m* à roulette
Trillion [trɪli'oːn] *f* ⟨~; ~en⟩ trillion *m*
Trilogie [trilo'giː] *f* ⟨~; ~n⟩ trilogie *f*
Trimester [tri'mɛstər] *n* ⟨~s; ~⟩ trimestre *m*
Trimm-dich-Pfad ['trɪm--] *m* parcours *m* de santé
trimmen I *v/t* **1.** SPORT entraîner **2.** F **etw auf alt trimmen** donner à qc l'aspect du vieux *od* de l'ancien **3.** *Hund* toiletter **II** *v/r* **sich trimmen** s'entraîner
Trinitatis [trini'taːtɪs] *n* ⟨~⟩ REL (dimanche *m* de) la Trinité
trinkbar ['trɪŋk-] *adj* buvable
trinken ⟨trank, getrunken⟩ **I** *v/t* boire; *Kaffee, Tee a* prendre; **was möchten Sie trinken?** qu'est-ce que vous prenez?; **e-n trinken** boire un coup **II** *v/i* **1. aus der Flasche trinken** boire à (même) la bouteille; **aus e-m Glas trinken** boire dans un verre **2.** (*alkoholsüchtig sein*) boire
Trinken *n* ⟨~s⟩ boire *m*; (*Trunksucht*) ivrognerie *f*
Trinker(in) *m* ⟨~s; ~⟩ (*f*) ⟨~in; ~innen⟩ buveur,

trinken

Das Wort „trinken" heißt auf Französisch **boire**. Das ist nicht weiter schwierig. Aufpassen muss man allerdings, wenn man die zugehörige Präposition übersetzen will:

Jeanne trinkt ihren Whisky *aus* einem Glas.
Jeanne boit son whisky <u>dans</u> un verre.

Bernard trinkt seinen Tee *aus* einer Tasse.
Bernard boit son thé <u>dans</u> une tasse.

Thierry trinkt immer *aus* der Flasche.
Thierry a l'habitude de boire <u>à</u> la bouteille.

-euse *m,f*; alcoolique *m,f*
trinkfest *adj* qui supporte (bien) l'alcool
Trinkgelage *n* beuverie *f*
Trinkgeld *n* pourboire *m*

Trinkgeld

In französischen Lokalen bekommt man die Rechnung meistens auf einem Tellerchen serviert. In dieses legt man das Geld, das die Bedienung dann abholt. Nachdem sie das Wechselgeld gebracht hat, kann man ein **Trinkgeld** in dem Tellerchen liegen lassen – falls man mit Essen und Service zufrieden war!

Trinkglas *n* verre *m* (à boire)
Trinkhalle *f* buvette *f*
Trinkhalm *m* paille *f*
Trinkschale *f* bol *m*
Trinkspruch *m* toast *m*
Trinkwasser *n* eau *f* potable
Trinkwasseraufbereitung *f* traitement *m* de l'eau (destinée à la distribution publique)
Trinkwasserversorgung *f* approvisionnement *m* en eau potable
Trio ['triːo] *n* ⟨~s; ~s⟩ MUS, *fig* trio *m*
Trip [trɪp] *m* ⟨~s; ~s⟩ **1.** F (*Reise*) voyage *m* **2.** *Jargon* (*Drogenrausch*) F trip *m*; *arg* défonce *f* **3.** F trip *m*; F **auf dem religiösen** *etc* **Trip sein** faire sa crise religieuse, *etc*
trippeln ['trɪpəln] *v/i* ⟨¢, sn⟩ trottiner
Tripper ['trɪpər] *m* ⟨~s; ~⟩ blennorragie *f*
trist [trɪst] *adj* triste; morne
tritt [trɪt] → **treten**
Tritt *m* ⟨~¢s; ~e⟩ **1.** (*Aufsetzen des Fußes*) pas *m* **2.** (*Gleichschritt*) pas *m*; **Tritt fassen** se mettre au pas; **aus dem Tritt kommen** perdre la cadence **3.** (*Fußtritt*) coup *m* de pied; **j-m e-n Tritt versetzen** donner un coup de pied à qn **4.** → **Trittleiter**
Trittbrett *n* marchepied *m*
Trittbrettfahrer *m fig péj* personne *f* qui prend le train en marche

Trittleiter *f* escabeau *m*
Triumph [tri'umf] *m* ⟨~¢s; ~e⟩ triomphe *m* (**über** [+ *acc*] sur)
triumphal *adj* triomphal
Triumphbogen *m* arc *m* de triomphe
triumphieren *v/i* ⟨*sans ge*⟩ triompher (**über** [+ *acc*] de)
Triumphzug *m* marche, entrée triomphale (*a fig*)
trivial [trivi'a:l] *adj* banal; plat
Trivialität *f* ⟨~; ~en⟩ banalité *f*; platitude *f*
Trivialliteratur *f* littérature *f* de gare
trocken ['trɔkən] **I** *adj* **1.** (*nicht nass*) sec (*a Haut, Haar*); **im Trockenen** à l'abri; au sec; F *fig* **auf dem Trockenen sitzen** F être à sec **2.** *Wetter, Klima* sec; *Boden* aride **3. trockenes Brot** (*ohne Beilage*) (du) pain sec **4.** *Wein* sec; *Sekt, Champagner* brut **5.** *fig Stil* sec; *Thema* aride; **er hat e-n trockenen Humor** c'est un pince-sans-rire **II** *adv* **trocken aufbewahren** tenir, conserver au sec; **sich trocken rasieren** se raser au rasoir électrique
Trockendock *n* cale sèche; bassin *m* de radoub
Trockeneis *n* neige *f* carbonique; anhydride *m* carbonique solide
Trockenfutter *n* AGR fourrage sec
Trockenhaube *f* casque *m*
Trockenhefe *f* levain sec
Trockenheit *f* ⟨~⟩ (*Dürreperiode*) sécheresse *f*; *e-r Landschaft* aridité *f* (*beide a fig*)
trockenlegen *v/t* **1.** *Sumpf* assécher; mettre à sec **2.** *Baby* changer
Trockenmilch *f* lait *m* en poudre
Trockenobst *n* fruits secs
Trockenraum *m* séchoir *m*
Trockenübung *f* entraînement *m* en salle; *fig* galop *m* d'essai
Trockenzeit *f* saison sèche
trocknen ['trɔknən] *v/t* (*u v/i* ⟨sn⟩) sécher
Trockner *m* ⟨~s; ~⟩ → **Händetrockner**, **Wäschetrockner**
Troddel ['trɔdəl] *f* ⟨~; ~n⟩ 'houppe *f*
Trödel ['trø:dəl] F *m* ⟨~s⟩ bric-à-brac *m*
Trödelei F *f* ⟨~; ~en⟩ lenteur *f*; F lambinerie *f*
Trödelladen *m* (boutique *f* de) brocanteur *m*; brocante *f*
Trödelmarkt *m* foire *f* à la brocante
trödeln F *v/i* ⟨¢⟩ traîner (**bei der Arbeit** dans son travail); F lambiner; F traînailler
Trödler(in) F *m* ⟨~s; ~⟩ (*f*) ⟨~in; ~innen⟩ **1.** (*Händler*) brocanteur, -euse *m,f* **2.** *péj* (*Bummler*) F lambin(e) *m(f)*
trog [tro:k] → **trügen**
Trog *m* ⟨~¢s; ⁓e⟩ auge *f*; (*Futtertrog*) *a* mangeoire *f*
trollen ['trɔlən] *v/r* F **sich trollen** F filer
Trommel ['trɔməl] *f* ⟨~; ~n⟩ MUS tambour *m*; (*Waschmaschinentrommel*) tambour *m*; (*Wickeltrommel*) enrouleur *m*; (*Revolvertrommel*) barillet *m*
Trommelbremse *f* frein *m* à tambour
Trommelfell *n* tympan *m*
Trommelfeuer *n* feu roulant (*a fig*)
trommeln ⟨¢⟩ **I** *v/t* battre **II** *v/i* battre le tambour; tambouriner (*a fig*)
Trommelschlägel *m*, **Trommelstock** *m* baguette *f* de tambour
Trommelwirbel *m* roulement *m* de tambour

Trommler(in) *m* ⟨~s; ~⟩ (*f*) ⟨~in; ~innen⟩ tambour *m*
Trompete [trɔm'pe:tə] *f* ⟨~; ~n⟩ trompette *f*; (**die**) **Trompete blasen** jouer de la trompette
trompeten ⟨-e-, *sans ge*⟩ **I** *v/t* jouer à la trompette **II** *v/i* jouer de la trompette; *Elefant* barrir
Trompeter(in) *m* ⟨~s; ~⟩ (*f*) ⟨~in; ~innen⟩ trompettiste *m,f*
Tropen ['tro:pən] *pl* tropiques *m/pl*; **in den Tropen** sous les tropiques
Tropenhelm *m* casque colonial
Tropeninstitut *n* institut *m* de médecine tropicale
Tropenklima *n* climat tropical
tropentauglich *adj* apte à supporter le climat tropical
Tropentauglichkeit *f* aptitude *f* à supporter le climat tropical
Tropf[1] [trɔpf] F *m* ⟨~¢s; ⁓e⟩ *Person* nigaud *m*; **armer Tropf** pauvre bougre *m*
Tropf[2] *m* ⟨~¢s; ⁓e⟩ MÉD goutte-à-goutte *m*; **am Tropf hängen** être sous perfusion
Tröpfchen ['trœpfçən] *n* ⟨~s; ~⟩ gouttelette *f*
Tröpfcheninfektion *f* infection transmise par les sécrétions des voies respiratoires
tröpfchenweise *adv* goutte à goutte
tröpfeln ['trœpfəln] ⟨¢⟩ **I** *v/t* → **tropfen II** *v/i* → **tropfen III** F *v/imp* **es tröpfelt** il tombe des gouttes (*de pluie*)
tropfen ['trɔpfən] **I** *v/t* verser goutte à goutte **II** *v/i* **1.** ⟨ + *indication de direction* sn⟩ couler goutte à goutte (**in** [+ *acc*] dans; **aus, von** de) **2.** *Flüssigkeit, Hahn, Wäsche* goutter
Tropfen *m* ⟨~s; ~⟩ **1.** goutte *f*; **es regnet dicke Tropfen** il pleut à grosses gouttes; **das ist ein Tropfen auf den heißen Stein** c'est une goutte d'eau dans la mer **2.** PHARM **Tropfen** *pl* gouttes *f/pl* **3.** F (*Alkohol*) **ein guter, edler Tropfen** une bonne bouteille
Tropfenfänger *m* ⟨~s; ~⟩ attrape-gouttes *m*
Tropfenform *f* forme *f* de goutte
tropfenförmig *adj* en forme de goutte
tropfenweise *adv* goutte à goutte
Tropfenzähler *m* compte-gouttes *m*
Tropfflasche *f* flacon *m* compte-gouttes
Tropfinfusion *f* perfusion *f*; goutte-à-goutte *m*
tropfnass *adj* trempé
Tropfstein *m herabhängender* stalactite *f*; *vom Boden aufsteigender* stalagmite *f*
Tropfsteinhöhle *f* grotte *f* (de stalactites *bzw* de stalagmites)
Trophäe [tro'fɛ:ə] *f* ⟨~; ~n⟩ trophée *m*
tropisch *adj* tropical
Trosse ['trɔsə] *f* ⟨~; ~n⟩ ('h)aussière *f*
Trost [tro:st] *m* ⟨~es⟩ consolation *f*; réconfort *m*; **j-m Trost zusprechen** consoler qn; F **du bist wohl nicht (ganz, recht) bei Trost!** F tu dérailles!
trösten ['trø:stən] ⟨-e-⟩ **I** *v/t* consoler; réconforter (**mit etw** par qc); **tröstende Worte** *n/pl* paroles *f/pl* de consolation **II** *v/r* **sich trösten** se consoler (**mit dem Gedanken, dass ...** à la pensée que ... *od* de [+ *inf*])
tröstlich *adj* consolant; réconfortant
trostlos *adj Anblick, Zustand, Wetter* désolant; (*öde*) triste; morne; désolé; *Kindheit* malheureux
Trostlosigkeit *f* ⟨~⟩ *e-r Gegend* tristesse *f*; *e-s*

Zustandes caractère désolant
Trostpflaster *n plais* petite consolation
Trostpreis *m* prix *m* de consolation
trostreich *adj* réconfortant
Trott [trɔt] *m* ⟨∼ɟ̷s; ∼e⟩ **1.** *Gangart* petit trot **2.** F *péj* (*Routine*) train-train *m*; *in den alten Trott verfallen* retrouver son petit train-train
Trottel F *m* ⟨∼s; ∼⟩ F gourde *f*; idiot(e) *m(f)*
trottelig F *adj* F gâteux
trotten F *v/i* ⟨-e-, sn⟩ marcher d'un pas lourd
Trottoir [trɔto'aːr] *n* ⟨∼s; ∼e⟩ *regional* trottoir *m*
trotz [trɔts] *prép* ⟨*gén, rarement dat*⟩ malgré; en dépit de; *trotz alle(de)m* malgré tout (cela)
Trotz *m* ⟨∼es⟩ esprit contrariant; obstination *f*; *j-m, e-r Sache zum Trotz* en dépit de qn, de qc
trotzdem *adv* quand même; tout de même
trotzen *v/i* ⟨ɟ̷s⟩ **1.** *st/s* (*widerstehen*) *j-m, e-r Sache trotzen* braver, affronter, défier qn, qc **2.** (*schmollen*) faire la mauvaise tête; bouder
trotzig *adj* entêté; obstiné
Trotzkopf *m* esprit obstiné; *Kind* petit(e) obstiné(e)
Trotzphase *f* phase *f* d'opposition, du « non »
Trotzreaktion *f* réaction *f* de défi
Trouble ['trabəl] F *m* ⟨∼s⟩ embêtements *m/pl*; F emmerdes *f/pl*
trüb(e) [tryːp ('tryːbə)] *adj* **1.** *Flüssigkeit* trouble **2.** *Glas, Spiegel* terni; *Licht* sans éclat; *Augen* terne **3.** *Wetter* sombre; gris; *es ist trüb(e)* il fait gris **4.** *fig Stimmung, Aussichten, Zeiten* sombre; *Gedanken* noir
Trubel ['truːbəl] *m* ⟨∼s⟩ agitation *f*; tumulte *m*; tohu-bohu *m*
trüben ['tryːbən] **I** *v/t* **1.** (*trübe machen*) troubler; (*glanzlos machen*) ternir **2.** (*beeinträchtigen*) troubler; gâter **II** *v/r sich trüben Flüssigkeit* se troubler; *Glas, Silber, Spiegel* se ternir; *Blick* se brouiller
Trübsal *st/s f* ⟨∼⟩ affliction *f*; F *Trübsal blasen* broyer du noir
trübselig *adj* triste; mélancolique; morose; *Gegend* morne; *Wetter* gris
Trübsinn *m* tristesse *f*; *p/fort* mélancolie *f*
trübsinnig *adj* triste; mélancolique; morne
Trübung *f* ⟨∼; ∼en⟩ **1.** (*Getrübtsein*) état *m* trouble **2.** (*Trübwerden*) opacification *f*; MÉTÉO assombrissement *m* **3.** (*Beeinträchtigung*) détérioration *f*; dégradation *f*
Truck [trak] *m* ⟨∼s; ∼s⟩ camion *m*; poids lourd
Trucker *m* ⟨∼s; ∼⟩ routier *m*; camionneur *m*
trudeln ['truːdəln] *v/i* ⟨ɟ̷, sn⟩ AVIAT faire la vrille; *ins Trudeln kommen* tomber en vrille
Trüffel ['tryfəl] *f* ⟨∼; ∼n⟩ truffe *f*
Trüffelleberpastete *f* pâté *m* de foie gras truffé
trug [truːk] → *tragen*
Trugbild *n* mirage *m*; illusion *f*
trügen ['tryːgən] *v/t* ⟨trog, getrogen⟩ **I** *v/t* tromper; abuser; *wenn mich nicht alles trügt* si je ne m'abuse **II** *v/i* être trompeur
trügerisch *adj* trompeur; illusoire
Trugschluss *m* conclusion fausse
Truhe ['truːə] *f* ⟨∼; ∼n⟩ coffre *m*
Trümmer ['trymər] *pl* débris *m/pl*; *von Bauwerken* ruines *f/pl*; décombres *m/pl*; *in Trümmern liegen* être en ruines
Trümmerfrau *f* oft pl (*en Allemagne*) *femme travaillant à déblayer les décombres* (*après la Deuxième Guerre mondiale*)

Trümmerhaufen *m* amas *m* de décombres (*a fig*)
Trumpf [trumpf] *m* ⟨∼ɟ̷s; ∼e⟩ atout *m* (*a fig*); *Trumpf* (*aus*)*spielen* jouer atout; *fig alle Trümpfe in der Hand haben* avoir tous les atouts en main; *fig Trumpf sein* (*gefragt sein*) être demandé *od* en faveur; (*Mode sein*) être en vogue, dans le vent
Trumpfkarte *f* atout *m* (*a fig*)
Trunk [truŋk] *st/s m* ⟨∼ɟ̷s; ∼e⟩ boisson *f*; *dem Trunk ergeben sein* s'adonner à la boisson
trunken *st/s adj* ivre (*vor, von* de); *vor Freude trunken* ivre de joie
Trunkenbold ['--bɔlt] *m* ⟨∼ɟ̷s; ∼e⟩ ivrogne *m*
Trunkenheit *f* ⟨∼⟩ ivresse *f*; ADM ébriété *f*; *Trunkenheit am Steuer* conduite *f* en état d'ivresse, ADM d'ébriété
Trunksucht *f* ivrognerie *f*; alcoolisme *m*
trunksüchtig *adj* alcoolique
Trupp [trup] *m* ⟨∼s; ∼s⟩ troupe *f*; bande *f*; (*Arbeitstrupp*) brigade *f*; MIL détachement *m*
Truppe *f* ⟨∼; ∼n⟩ **1.** (*militärischer Verband*) troupe *f* **2.** MIL (*Streitkräfte*) troupes *f/pl* **3.** THÉ, ZIRKUS troupe *f*; compagnie *f*
Truppengattung *f* arme *f*
Truppentransport *m* transport *m* de *bzw* des troupes; convoi *m* militaire
Truppenübung *f* manœuvre *f*; exercice *m*
Truppenübungsplatz *m* champ *m* de manœuvres
Truthahn ['truːt-] *m* dindon *m*; *junger* dindonneau *m*; CUIS dinde *f*
Truthenne *f* dinde *f*
Tsatsiki [tsa'tsiːki] *m od n* ⟨∼s; ∼s⟩ CUIS tzaziki *m*
Tschad [tʃat] ⟨∼s⟩ *der Tschad* le Tchad
Tschador [tʃa'doːr] *m* ⟨∼s; ∼s⟩ tchador *m*
Tscheche ['tʃɛçə] *m* ⟨∼n; ∼n⟩, **Tschechin** *f* ⟨∼; ∼nen⟩ Tchèque *m,f*
Tschechien *n* ⟨∼s⟩ la République tchèque
tschechisch *adj* tchèque
Tschetschene [tʃe'tʃeːnə] *m* ⟨∼n; ∼n⟩, **Tschetschenin** *f* ⟨∼; ∼nen⟩ Tchétchène *m,f*
Tschetschenien *n* ⟨∼s⟩ la Tchétchénie
tschetschenisch *adj* tchétchène
tschüs [tʃys] F *int* F salut! (*formule d'adieu*)
Tsetsefliege ['tseːtse-] *f* mouche *f* tsé-tsé
T-Shirt ['tiːʃœrt] *n* ⟨∼s; ∼s⟩ tee-shirt *m*
Tsunami [tsu'naːmi] *m* ⟨∼s; ∼$⟩ MEERESKUNDE tsunami *m*
Tuba ['tuːba] *f* ⟨∼; -ben⟩ MUS tuba *m*
Tube ['tuːbə] *f* ⟨∼; ∼n⟩ tube *m*; F *fig auf die Tube drücken* F appuyer sur le champignon
Tuberkulose [tubɛrku'loːzə] *f* ⟨∼; ∼n⟩ tuberculose *f*
Tuch [tuːx] *n* ⟨∼ɟ̷s; ∼er⟩ **1.** ⟨*pl* ∼e⟩ TEXT drap *m* **2.** (*Kopftuch, Halstuch*) foulard *m*; (*Umschlagtuch*) châle *m*; (*Schultertuch*) fichu *m* **3.** (*Staubtuch*) chiffon *m* **4.** F *fig das ist ein rotes Tuch für mich* quand je vois ça, je vois rouge
Tuchfühlung *f* ⟨∼⟩ *auf Tuchfühlung* coude à coude; *auf Tuchfühlung bleiben* rester en contact (étroit) (*mit j-m* avec qn)
tüchtig ['tyçtiç] **I** *adj* **1.** (*gut, leistungsfähig*) bon; efficace; (*fähig*) capable; (*fleißig*) travailleur **2.** F (*gehörig*) *Portion, Tracht Prügel* bon **II** F *adv* (*viel*) beaucoup; bien; *tüchtig essen* manger copieusement

Tüchtigkeit f ⟨∼⟩ efficacité f; capacité(s) f(pl); valeur f

Tücke ['tʏkə] f ⟨∼; ∼n⟩ **1.** (*Hinterhältigkeit*) perfidie f; malignité f; **die Tücke des Objekts** la malignité des choses **2.** ⟨*souvent pl*⟩ (*verborgene Gefahr*) vice, défaut caché

tuckern ['tʊkərn] v/i *Motor* faire teuf-teuf

tückisch adj *Person* perfide; sournois; *Sache* traître

Tuffstein ['tʊf-] m tuf m

tüfteln ['tʏftəln] F v/i ⟨¢⟩ bricoler (**an etw** [*dat*] qc); **an e-m Problem tüfteln** essayer de résoudre un problème

Tüftler F m ⟨∼s; ∼⟩ (*Denker*) fignoleur m; (*Bastler*) bricoleur (minutieux)

Tugend ['tu:gənt] f ⟨∼; ∼en⟩ vertu f

tugendhaft adj vertueux

Tugendhaftigkeit f ⟨∼⟩ vertu f

Tüll [tʏl] m ⟨∼s; ∼e⟩ tulle m

Tülle ['tʏlə] f ⟨∼; ∼n⟩ e-r Kanne bec m

Tulpe ['tʊlpə] f ⟨∼; ∼n⟩ tulipe f (*a Glas*)

Tulpenzwiebel f oignon m de tulipe

tummeln ['tʊməln] v/r ⟨¢⟩ **sich tummeln 1.** (*herumtollen*) s'ébattre **2.** (*sich beeilen*) se dépêcher

Tummelplatz m **1.** (*beliebter Aufenthaltsort*) lieu m de prédilection; *für Kinder* terrain m de jeu **2.** fig terrain m d'action

Tümmler ['tʏmlər] m ⟨∼s; ∼⟩ marsouin m

Tumor ['tu:mɔr] m ⟨∼s; -moren⟩ tumeur f

Tümpel ['tʏmpəl] m ⟨∼s; ∼⟩ mare f

Tumult [tu'mʊlt] m ⟨∼¢s; ∼e⟩ **1.** (*Lärm*) tumulte m **2.** (*Aufruhr*) agitation f; pl/fort émeute f

tumultartig adj tumultueux

tun [tu:n] ⟨tue, tust, tut; tat (du tat[e]st, ihr tatet); getan; tu(e)!⟩ **I** v/t **1.** (*machen*) faire; **das tut man nicht** cela ne se fait pas; **was (ist zu) tun?** que faire?; **damit ist es nicht getan** cela ne suffit pas; **du tust** bzw **tätest gut daran, zu** (+ inf) tu ferais bien de (+ inf); F **es tun** (*koitieren*) faire la chose **2.** (*arbeiten*) faire; (**etw**) **zu tun haben** avoir (qc) à faire **3.** (*antun*) faire; **der Hund tut (dir) nichts** le chien ne (te) fera rien **4. zu tun haben** (*zu schaffen haben*) avoir affaire (**mit j-m, etw** à, avec qn, qc); **etw zu tun haben** (*Bezug haben*) avoir qc à faire, à voir (**mit j-m, etw** avec qn, qc); **damit habe ich nichts zu tun** cela ne me concerne pas **5.** F (*bringen*) mettre **6.** F (*ausreichen*) suffire; **das tut es auch** cela fera aussi l'affaire **7.** F **es (nicht mehr) tun** (*funktionieren*) (ne plus) marcher **8. er bekommt es mit mir zu tun!** il aura affaire à moi!; **es mit der Angst zu tun bekommen** prendre peur **II** v/i **so tun, als ob ...** (+ subj) faire semblant de (+ inf); **er tut nur so** il fait semblant; **tun Sie doch nicht so!** ne prenez pas ces airs-là! **III** F v/r **es tut sich etw** il se passe qc

Tun n ⟨∼s⟩ action f

Tünche ['tʏnçə] f ⟨∼; ∼n⟩ **1.** Farbe badigeon m **2.** fig péj Oberfläche vernis m

tünchen v/t badigeonner

Tundra ['tʊndra] f ⟨∼; -dren⟩ toundra f

tunen ['tju:nən] v/t AUTO régler; bricoler

Tuner ['tju:nər] m ⟨∼s; ∼⟩ tuner m; syntoniseur m

Tunesien [tu'ne:ziən] n ⟨∼s⟩ la Tunisie

Tunesier(in) m ⟨∼s; ∼⟩ (f) ⟨∼in; ∼innen⟩ Tunisien, -ienne m,f

tunesisch adj tunisien

Tunfisch ['tu:nfɪʃ] m thon m

Tunichtgut ['tu:nɪçtgu:t] m ⟨∼ ou ∼¢s; ∼e⟩ vaurien m

Tunika ['tu:nika] f ⟨∼; -ken⟩ tunique f

Tunke ['tʊŋkə] f ⟨∼; ∼n⟩ sauce f

tunken v/t tremper (**in** [+ acc] dans)

tunlichst ['tu:nlɪçst] adv **1.** (*möglichst*) autant que possible **2.** (*unbedingt*) absolument

Tunnel ['tʊnəl] m ⟨∼s; ∼¢⟩ tunnel m

tunneln v/t ⟨¢⟩ Jargon FUSSBALL faire un petit pont à

Tunte ['tʊntə] F f ⟨∼; ∼n⟩ F tante f

tuntig F péj adj bes von Homosexuellen (*feminin*) F de tante

Tüpfelchen ['tʏpfəlçən] n ⟨∼s; ∼⟩ point m; fig **das Tüpfelchen auf dem i** la dernière touche

tüpfeln v/t ⟨¢⟩ moucheter

tupfen ['tʊpfən] v/t **1.** (*betupfen*) tamponner **2.** (*tüpfeln*) moucheter

Tupfen m ⟨∼s; ∼⟩ pois m; point m

Tupfer ['tʊpfər] m ⟨∼s; ∼⟩ **1.** MÉD tampon m **2.** F → **Tupfen**

Tür [ty:r] f ⟨∼; ∼en⟩ **1.** porte f; (*Autotür, Zugtür*) portière f; **Tür an Tür wohnen** habiter l'un à côté de l'autre; **von Tür zu Tür gehen** faire du porte-à-porte **2.** fig e-r Sache (dat) **Tür und Tor öffnen** ouvrir (toute grande) la porte à qc; F **offene Türen einrennen** enfoncer des portes ouvertes; F **mit der Tür ins Haus fallen** mettre les pieds dans le plat; F **j-n vor die Tür setzen** mettre, F flanquer qn à la porte; **Weihnachten steht vor der Tür** Noël approche; F **zwischen Tür und Angel** entre deux portes

Türangel f gond m

Turban [tur'ba:n] m ⟨∼s; ∼e⟩ turban m

Turbine [tur'bi:nə] f ⟨∼; ∼n⟩ turbine f

turbinengetrieben adjt mû par turbine

Turbo ['turbo] m ⟨∼s; ∼s⟩ (*Turbolader*) turbo m; AUTO turbo f

Turbolader m ⟨∼s; ∼⟩ turbocompresseur m

Turbomotor m moteur m turbo; turbomoteur m

turbulent [turbu'lent] adj tumultueux; *Versammlung a* 'houleux; *Leben a* agité

Turbulenz f ⟨∼; ∼en⟩ PHYS turbulence f

Türdrücker m **1.** (*Klinke*) poignée f de porte **2.** → **Türöffner**

Türgriff m poignée f (de porte)

Türke ['tʏrkə] m ⟨∼n; ∼n⟩ Turc m

Türkei ⟨∼⟩ **die Türkei** la Turquie

türken F v/t falsifier; truquer

Türkin f ⟨∼; ∼nen⟩ Turque f

türkis [tʏr'ki:s] adj turquoise

Türkis m ⟨∼es; ∼e⟩ turquoise f

türkisch ['tʏrkɪʃ] adj turc; **türkischer Honig** etwa nougat m

türkisfarben adj (couleur) turquoise

Türklinke f poignée f de porte; bec-de-cane m

Türknauf m bouton m de porte

Turm [turm] m ⟨∼¢s; ∼e⟩ **1.** ARCH tour f (a SCHACH); (*Kirchturm*) clocher m **2.** (*Sprungturm*) plongeoir m

Turmbau m ⟨∼¢s⟩ BIBL **der Turmbau zu Babel** la tour de Babel

Türmchen ['tʏrmçən] n ⟨∼s; ∼⟩ tourelle f

türmen[1] v/t (u v/r) (*stapeln*) (**sich türmen**) s')entasser; (s')amonceler; (s')empiler

türmen² F v/i ⟨sn⟩ (*weglaufen*) F se barrer; F se tailler
Turmfalke m crécerelle f
turmhoch adj très 'haut; gigantesque
Turmspringen n plongeons m/pl de haut vol
Turmspringer(in) m(f) plongeur, -euse m,f de haut vol
Turmuhr f horloge f
Turnbeutel m sac m de sport
turnen ['tʊrnən] I v/t *Übung* faire; exécuter II v/i **1.** faire de la gymnastique; *am Barren turnen* faire des barres parallèles **2.** F (*klettern*) grimper (*über* [+ *acc*] sur)
Turnen n ⟨~s⟩ gymnastique f; (*Turnunterricht*) éducation f physique
Turner(in) m ⟨~s; ~⟩ (f) ⟨~in; ~innen⟩ gymnaste m,f
turnerisch adj gymnastique; de gymnaste
Turngeräte n/pl agrès m/pl
Turnhalle f gymnase m
Turnhose f short m
Turnier [tʊr'niːr] n ⟨~s; ~e⟩ tournoi m; (*Reitturnier*) concours m
Turnlehrer(in) m(f) professeur m d'éducation physique, de gymnastique
Turnschuh m tennis m; *knöchelhoher* basket f
Turnstunde f cours m de gymnastique
Turnübung f exercice m de gymnastique
Turnunterricht m éducation f physique
Turnus ['tʊrnʊs] m ⟨~; ~se⟩ roulement m
turnusmäßig adj u adv par roulement; à tour de rôle
Turnverein m club m de gymnastique
Turnzeug n affaires f/pl de gymnastique
Türöffner m système m d'ouverture automatique d'une porte
Türöffnung f baie f, embrasure f (de porte)
Türpfosten m montant m de porte
Türrahmen m encadrement m de porte
Türschild n plaque f de porte
Türschloss n serrure f
Türschnalle f österr → **Türklinke**
Türschwelle f seuil m
Türspalt m fente f de la porte
Türsteher m portier m
turteln ['tʊrtəln] v/i ⟨¢⟩ *Verliebte* roucouler

Turteltaube f tourterelle f
Tusch [tʊʃ] m ⟨~¢s; ~e⟩ fanfare f
Tusche ['tʊʃə] f ⟨~; ~n⟩ encre f de Chine
tuscheln v/i u v/t ⟨¢⟩ chuchoter
tuschen I v/i PEINT teinter avec de l'encre de Chine II v/r *sich* (*dat*) *die Wimpern tuschen* se farder les cils
Tuschzeichnung f lavis m
Tussi ['tʊsi] F f ⟨~; ~s⟩ F nana f
Tüte ['tyːtə] f ⟨~; ~n⟩ sac m; *kleine* sachet m; *spitze* cornet m; F fig *das kommt nicht in die Tüte!* non! rien à faire!
tuten ['tuːtən] v/i ⟨-e-⟩ corner; *Signalhorn* retentir
TÜV [tʏf] m abr ⟨~⟩ (*Technischer Überwachungsverein*) contrôle m technique; F *sein Auto durch* od *über den TÜV bringen* faire passer le contrôle technique à sa voiture
TÜV-Plakette f plaquette f servant de certificat de contrôle technique d'un véhicule
Tweed [tviːt] m ⟨~s; ~s ou ~e⟩ tweed m
Twen [tven] m ⟨~s; ~s⟩ personne f qui a entre vingt et trente ans
Twinset ['tvɪnsɛt] n od m ⟨~¢s; ~s⟩ TEXT twin-set m
Twist m ⟨~s; ~s⟩ *Tanz* twist m
Typ [tyːp] m ⟨~s; ~en⟩ **1.** (*Menschentyp*) type m; F *sie ist nicht mein Typ* ce n'est pas mon genre **2.** F ⟨*gén a* ~en⟩ (*Mann*) F mec m **3.** TECH type m; modèle m
Type f ⟨~; ~n⟩ **1.** TYPO lettre f, caractère m (d'imprimerie); type m **2.** F fig F type m
Typhus ['tyːfʊs] m ⟨~⟩ (fièvre f) typhoïde f; (*Flecktyphus*) typhus m exanthématique
Typhusimpfung f vaccination f antityphoïdique
typisch I adj typique (*für* de) II adv *typisch deutsch, Mann* typiquement allemand, masculin
Typographie [typogra'fiː] f ⟨~; ~n⟩ typographie f
Tyrann [ty'ran] m ⟨~en; ~en⟩ tyran m
Tyrannei f ⟨~⟩ tyrannie f
tyrannisch adj tyrannique
tyrannisieren v/t ⟨sans ge⟩ tyranniser

U

U, u [uː] n ⟨U, u; U, u⟩ U, u m
u. abr (*und*) et
u. a. abr (*unter anderem*) entre autres
UB [uː'beː] f ⟨~; ~s⟩ abr (*Universitätsbibliothek*) B.U. f (bibliothèque universitaire)
U-Bahn f métro m
U-Bahnhof m, **U-Bahn-Station** f station f de métro
übel ['yːbəl] I adj ⟨übler, übelste⟩ **1.** (*schlecht*)

mauvais **2.** (*verwerflich*) *e-e üble Geschichte* F une sale histoire; *ein übler Bursche* F un sale type **3.** *mir ist, wird übel* j'ai mal au cœur od envie de vomir II adv **4.** (*schlecht*) mal; *übel riechen* sentir mauvais; *übel riechend* malodorant; F *nicht übel!* pas mal! **5.** *j-n übel zurichten* F massacrer qn; *etw übel nehmen* prendre qc de travers; *j-m etw übel nehmen* en vouloir à qn de qc

Übel n ⟨∼s; ∼⟩ mal m; **zu allem Übel** pour comble de malheur; **das kleinere Übel** le moindre mal; **von Übel sein** être nuisible
Übelkeit f ⟨∼⟩ mal m au cœur; nausée(s) $f(pl)$
übelnehmen v/t → **übel** II 5
übelriechend *adjt* malodorant
Übeltäter(in) $m(f)$ coupable m,f
üben ['y:bən] **I** v/t **1.** (s')exercer, s'entraîner à; *Musikstück, Szene* étudier; **mit geübter Hand** d'une main experte **2.** *st/s* **Geduld üben** faire preuve de patience **II** v/i faire des exercices
über ['y:bər] **I** *prép* **1.** *räumlich Lage* ⟨*dat*⟩ (*oberhalb*) au-dessus de; (*auf*) sur; par-dessus; **Nebel liegt über dem Tal** le brouillard s'étend sur la vallée **2.** *räumlich Richtung* ⟨*acc*⟩ (*oberhalb von*) au-dessus de; (*auf*) sur; **über etw** (**hinweg**) par-dessus qc **3.** (*via*) ⟨*acc*⟩ par; via **4.** *Rangfolge* ⟨*dat*⟩ supérieur à; au-dessus de; **über j-m stehen** être supérieur à *od* le supérieur de qn **5.** *Ausdehnung* ⟨*acc*⟩ au-dessus de; au-delà de; plus de; plus que **6.** *mit Abstrakta* ⟨*acc*⟩ **über alles** par-dessus tout; **es geht nichts über …** il n'y a rien de tel que … **7.** *zeitlich* ⟨*acc*⟩ pendant; durant; **den ganzen Tag über** (*pendant*) toute la journée **8.** (*bei, während*) ⟨*dat*⟩ **über der Arbeit einschlafen** s'endormir sur son travail **9.** (*betreffs*) ⟨*acc*⟩ **ein Buch über …** un livre sur …; **ein Scheck über …** un chèque de … **10.** (*mittels*) ⟨*acc*⟩ par; **über e-n Bekannten** von **etw erfahren** par (l'intermédiaire d')un ami **11.** *Häufung* ⟨*acc*⟩ **Fehler über Fehler** faute sur faute **II** *adv* **12.** (*mehr als*) plus de; au-dessus de; **über dreißig Jahre alt sein** avoir plus de trente ans **13.** (*völlig*) **über und über** tout (à fait); entièrement; complètement
überall *adv* (*an allen Orten*) partout; (*bei jeder Gelegenheit*) toujours; (*auf allen Gebieten*) dans tous les domaines
überallher *adv* de partout
überallhin *adv* partout
Überalterung f ⟨∼⟩ vieillissement m
Überangebot n offre f excédentaire; excédent m (**an** [+ *dat*] de)
überängstlich *adj* très anxieux
überanstrengen v/t (*u v/r*) ⟨*sans ge*⟩ (**sich überanstrengen** se) surmener
Überanstrengung f surmenage m
überarbeiten ⟨-e-, *sans ge*⟩ **I** v/t *Text* remanier **II** v/r **sich überarbeiten** se surmener
Überarbeitung f ⟨∼; ∼en⟩ *e-s Textes* remaniement m
überaus *st/s adv* extrêmement
überbacken v/t ⟨*irr, sans ge*⟩ (faire) gratiner
überbeanspruchen v/t ⟨*sans ge*⟩ **1.** *Mensch* surmener **2.** TECH *Material* soumettre à une contrainte excessive
Überbeanspruchung f **1.** surmenage m **2.** contrainte excessive
Überbein n MÉD exostose f
überbelegt *adjt Raum, Haus* surpeuplé
überbelichten v/t ⟨-e-, *sans ge*⟩ surexposer
überbetonen v/t ⟨*sans ge*⟩ trop insister sur
überbewerten v/t ⟨-e-, *sans ge*⟩ surestimer; surévaluer
überbieten v/t ⟨*irr, sans ge*⟩ **1.** *bei e-r Auktion* **j-n, etw überbieten** enchérir sur qn, qc; **j-n um hundert Euro überbieten** offrir cent euros de

plus que qn **2.** *fig* surpasser; dépasser; *Rekord* battre; **diese Frechheit ist nicht zu überbieten** c'est une effronterie sans pareille
Überbleibsel ['y:bərblaipsəl] F n ⟨∼s; ∼⟩ **1.** reste(s) $m(pl)$ **2.** *e-r Kultur* vestiges m/pl
Überblick m **1.** (*Aussicht*) vue f d'ensemble (**über** [+ *acc*] de) **2.** (*Kurzdarstellung*) aperçu m, exposé m (sommaire) (de) **3.** *fig* vue f d'ensemble (de *od* sur); **sich** (*dat*) **e-n Überblick verschaffen** se faire une idée d'ensemble (de); **den Überblick verlieren** ne plus s'y retrouver
überblicken v/t ⟨*sans ge*⟩ *Gegend* embrasser du regard; *fig* saisir la portée de
überbringen v/t ⟨*irr, sans ge*⟩ **j-m etw überbringen** remettre qc à qn
Überbringer(in) m ⟨∼s; ∼⟩ (f) ⟨∼in; ∼innen⟩ porteur, -euse m,f
überbrücken v/t ⟨*sans ge*⟩ *Gegensätze* concilier; *Zeit* passer
Überbrückung f ⟨∼⟩ *von Gegensätzen* conciliation f; *e-s Zeitraums* transition f; soudure f
Überbrückungsgeld n allocation f temporaire
Überbrückungskredit m crédit-relais m; prêt m de dépannage
überbuchen v/t ⟨*sans ge*⟩ *Hotel, Flug* surbooker
Überbuchung f surbooking m
überdachen v/t ⟨*sans ge*⟩ couvrir d'un toit; **überdacht** couvert
überdauern v/t ⟨*sans ge*⟩ **etw überdauern** survivre à qc
überdecken v/t ⟨*sans ge*⟩ (re)couvrir; *fig* masquer
überdehnen v/t ⟨*sans ge*⟩ distendre
überdenken v/t ⟨*irr, sans ge*⟩ réfléchir à *od* sur; *Probleme* (**nochmals**) **überdenken** repenser; reconsidérer
überdies *adv* en outre; de plus
überdimensional *adj* démesuré; surdimensionné
Überdosis f dose excessive; surdose f; *an Drogen* overdose f
überdrehen v/t ⟨*sans ge*⟩ *Gewinde* faire foirer
überdreht F *fig adjt* exalté; excentrique
Überdruck m ⟨∼s; -drücke⟩ surpression f
Überdruckventil n soupape f de sûreté *od* sécurité
Überdruss ['y:bərdrʊs] m ⟨∼es⟩ dégoût m; satiété f; **bis zum Überdruss** à satiété
überdrüssig ['y:bərdrʏsıç] *adj* **e-r Sache** (*gén*) **überdrüssig sein** être las, dégoûté de qc
überdurchschnittlich **I** *adj* au-dessus de la moyenne **II** *adv* plus … que la moyenne
Übereifer m excès m de zèle
übereifrig *adj* trop zélé
übereignen v/t ⟨-e-, *sans ge*⟩ **j-m etw übereignen** transmettre, transférer qc à qn
übereilen v/t ⟨*sans ge*⟩ **etw übereilen** précipiter qc
übereilt **I** *adjt* précipité; 'hâtif; (*unbedacht*) inconsidéré **II** *advt* **übereilt handeln** agir avec précipitation, sans réfléchir
übereinander *adv* l'un sur l'autre; → **übereinanderlegen**, **übereinanderschlagen**
übereinanderlegen v/t mettre l'un sur l'autre; superposer
übereinanderschlagen v/t ⟨*irr*⟩ *Beine* croiser

übereinkommen *v/i* ⟨*irr*, sn⟩ se mettre d'accord (**mit j-m** avec qn); *wir sind darin übereingekommen, dass ...* nous avons convenu que ...

Übereinkommen *n* ⟨~s; ~⟩, **Übereinkunft** [-kunft] *f* ⟨~; -künfte⟩ accord *m* (**über** [+ *acc*] de); convention *f* (sur); arrangement *m*

übereinstimmen *v/i* **1.** (*sich gleichen*) concorder; être en harmonie (*mit etw* avec qc) **2.** (*e-r Meinung sein*) *mit j-m* (*in etw* [*dat*]) *übereinstimmen* être d'accord avec qn (sur qc)

übereinstimmend I *adjt* concordant; conforme; *nach übereinstimmender Meinung* de l'avis unanime **II** *advt* à l'unanimité

Übereinstimmung *f* concordance *f* (*mit* avec); accord *m* (avec); *etw in Übereinstimmung* (*acc*) *mit etw bringen* faire concorder, accorder qc avec qc; *in Übereinstimmung mit* conformément à

überempfindlich *adj* hypersensible (**gegen** à)

Überempfindlichkeit *f* hypersensibilité *f*

überfahren *v/t* ⟨*irr, sans ge*⟩ **1.** *Mensch, Tier* écraser **2.** *Signal* brûler; griller

Überfahrt *f* traversée *f* (*über* [+ *acc*] de); *über e-n Fluss* passage *m* (de)

Überfall *m* **1.** MIL, (*Raubüberfall*) attaque *f*; agression *f*; *bewaffneter Überfall* attaque *f* à main armée **2.** F *fig plais* visite-surprise *f*

überfallen *v/t* ⟨*irr, sans ge*⟩ **1.** attaquer par surprise; assaillir (*a auf der Straße*); *Bank* attaquer **2.** *fig j-n mit* (**s-n**) *Fragen überfallen* assaillir qn de questions

überfällig *adj* en retard (sur l'horaire)

Überfallkommando F *n* police *f* secours

überfliegen *v/t* ⟨*irr, sans ge*⟩ survoler (*a Text*)

überfließen *v/i* ⟨*irr*, sn⟩ déborder

überflügeln *v/t* ⟨*⌀, sans ge*⟩ *j-n überflügeln* surpasser, devancer qn

Überfluss *m* (sur)abondance *f*, (*Fülle*) profusion *f* (*an* [+ *dat*] de); *im Überfluss* en abondance, à profusion; *im Überfluss vorhanden sein* (sur)abonder; *zu allem Überfluss* pour comble (de malheur, de malchance)

überflüssig *adj* superflu; inutile; *ich komme mir hier überflüssig vor* j'ai l'impression d'être de trop ici

überfluten *v/t* ⟨-e-, *sans ge*⟩ inonder; submerger

Überflutung *f* ⟨~; ~en⟩ inondation *f*; submersion *f*; *durch e-e Menschenmenge* envahissement *m*

überfordern *v/t* ⟨*sans ge*⟩ *j-n, etw überfordern* trop exiger de qn, qc; trop demander à qn, qc; *sich überfordert fühlen* se sentir dépassé, débordé; *er ist überfordert* il est dépassé

überfragt *adjt* *da bin ich überfragt* je suis incapable de répondre

Überfremdung *neg! f* ⟨~⟩ envahissement *m* par les étrangers

überfrieren *v/i* ⟨*irr, sans ge*, sn⟩ se (re)couvrir (d'une mince couche) de glace; *überfrierende Nässe* brouillard verglaçant

überführen *v/t* ⟨*sans ge*⟩ **1.** *Leiche* transférer **2.** *j-n e-s Verbrechens überführen* convaincre qn d'un crime

Überführung *f* **1.** (*Transport*) transfert *m* **2.** *e-s Verbrechers* preuve *f* de culpabilité **3.** (*Brücke*) passage (à niveau) supérieur; (*Fußgängerüberführung*) passerelle *f*

überfüllt *adj* *Saal, Bus* comble; bondé; *Straße*

encombré; *Klasse* surchargé

Überfüllung *f* encombrement *m*; *wegen Überfüllung geschlossen* complet

überfüttern *v/t* ⟨*sans ge*⟩ suralimenter

Übergabe *f* **1.** remise *f*, transmission *f* (**an** [+ *acc*] à); (*Amtsübergabe*) passation *f* **2.** MIL reddition *f*

Übergang *m* **1.** passage *m* (**über** [+ *acc*] de) **2.** (*Wechsel*) passage *m* (**von ... zu ...** de ... à ...); transition *f* (**von ... zu ...** entre ... et ...)

Übergangsbestimmungen *f/pl* dispositions *f/pl* transitoires

übergangslos *adj* sans transition

Übergangslösung *f* solution *f* transitoire, provisoire

Übergangsregierung *f* gouvernement *m* de transition

Übergangsstadium *n* stade *m* transitoire, de transition

Übergangszeit *f* **1.** période *f* de transition **2.** (*Herbst bzw Frühling*) demi-saison *f*

übergeben ⟨*irr, sans ge*⟩ **I** *v/t* **1.** *Gegenstand* remettre; transmettre (*a Amt, Angelegenheit*) **2.** MIL rendre; livrer **II** *v/r* **sich übergeben** vomir; rendre

übergehen[1] *v/i* ⟨*irr*, sn⟩ **1.** *übergehen zu* passer à; *dazu übergehen, etw zu tun* se mettre à faire qc **2.** *Besitz auf j-n übergehen* passer, se transmettre à qn; *in Privatbesitz übergehen* devenir propriété privée **3.** (*sich verwandeln*) *übergehen in* (+ *acc*) se changer, se transformer en; *in Fäulnis, Verwesung übergehen* entrer en putréfaction; *die Augen gingen ihm über* il a été très étonné

übergehen[2] *v/t* ⟨*irr, sans ge*⟩ **1.** *Dinge* passer sur; *etw mit Stillschweigen übergehen* passer qc sous silence **2.** *Person* omettre; oublier

übergeordnet *adjt* supérieur; GR *Satz* principal

Übergepäck *n* excédent *m* de bagages

übergeschnappt F *adjt* timbré; F siphonné; F cinglé

Übergewicht *n* **1.** *bei Dingen* excédent *m* de poids; *bei Personen* excès *m* de poids; embonpoint *m* **2.** *fig* prépondérance *f*; prédominance *f* **3.** F *Übergewicht bekommen, kriegen* perdre l'équilibre

übergießen *v/t* ⟨*irr, sans ge*⟩ arroser (*mit* de)

überglücklich *adj* extrêmement heureux

übergreifen *v/i* ⟨*irr*⟩ *Feuer* **übergreifen auf** *etw* (*acc*) envahir, gagner qc; se communiquer à qc

Übergriff *m* empiètement *m* (**auf** [+ *acc*] sur)

übergroß *adj* très grand; (*gewaltig*) énorme

Übergröße *f* grande taille

überhaben F *v/t* ⟨*irr*⟩ *etw überhaben* avoir assez de qc; F en avoir plein le dos de qc

überhandnehmen *v/i* ⟨*irr*⟩ augmenter, s'accroître excessivement; *Unkraut, Ungeziefer* proliférer

Überhang *m* **1.** *von Felsen* surplomb *m* **2.** (*Warenüberhang*) excédent *m*; surplus *m*

überhängen[1] *v/t* (*j-m*) *etw überhängen* mettre qc sur les épaules (de qn)

überhängen[2] *v/i* ⟨*irr*⟩ *Felsen* surplomber

Überhangmandat *n* POL mandat *m* supplémentaire

überhäufen *v/t* ⟨*sans ge*⟩ *überhäufen* (**mit**) couvrir (de); *mit Geschenken* combler (de);

mit *Vorwürfen, Fragen, Arbeit* accabler (de)

überhaupt *adv* **1.** (*im Allgemeinen*) généralement; en général **2.** (*schließlich*) somme toute; après tout **3.** (*außerdem*) d'ailleurs; du reste **4.** ***überhaupt nicht*** pas du tout; nullement (*beide mit* ne *beim Verb*) **5.** (*eigentlich*) à vrai dire; ***was willst du überhaupt?*** qu'est-ce que tu veux, au juste?

überheblich *adj* présomptueux; arrogant

Überheblichkeit *f* ⟨~⟩ présomption *f*; arrogance *f*

überhitzen *v/t* ⟨¢$, sans ge⟩ trop chauffer; surchauffer (*a fig*)

überhöht *adj Preis, Geschwindigkeit* excessif

überholen *v/t* ⟨sans ge⟩ **1.** *im Straßenverkehr* doubler; dépasser **2.** *fig* surpasser; devancer **3.** TECH réviser

Überholmanöver *n* (manœuvre *f* de) dépassement *m*

Überholspur *f* file *f* de dépassement

überholt *adj* dépassé; démodé

Überholverbot *n* interdiction *f* de dépasser, de doubler

Überholvorgang *m* (manœuvre *f* de) dépassement *m*

überhören *v/t* ⟨sans ge⟩ ne pas entendre (par inattention); *absichtlich* ne pas vouloir entendre

Über-Ich *n* PSYCH surmoi *m*

überirdisch *adj* supraterrestre

überkandidelt ['y:bərkandi:dəlt] F *adj* F loufoque; *p/fort* F braque

überkleben *v/t* ⟨sans ge⟩ ***etw mit etw überkleben*** coller qc sur qc

überkochen *v/i* ⟨sn⟩ déborder (en bouillant); F *fig* s'échauffer; F bouillir

überkommen *v/t* ⟨sans ge⟩ *Gefühl* ***j-n überkommen*** s'emparer de qn; saisir, prendre qn

überladen *v/t* ⟨irr, sans ge⟩ surcharger (*a fig*)

überlagern ⟨sans ge⟩ **I** *v/t* recouvrir; PHYS interférer avec **II** *v/r* ***sich überlagern*** se superposer; interférer (*a fig*)

Überlandbus *m* (auto)car *m*

Überlandleitung *f* ÉLECT ligne *f* à haute tension

Überlänge *f Film* ***mit Überlänge*** d'une durée exceptionnelle

überlappen *v/t* (*u v/r*) ⟨sans ge⟩ (***sich überlappen*** se) recouvrir partiellement

überlassen *v/t* ⟨irr, sans ge⟩ **1.** (*geben, verkaufen*) laisser; céder **2.** ***ich überlasse es Ihnen zu*** (+ *inf*) je vous laisse le soin de (+ *inf*); ***das überlasse ich Ihnen*** je m'en remets à vous; ***sich*** (*dat*) ***selbst überlassen sein*** être livré à soi-même

überlasten *v/t* ⟨-e-, sans ge⟩ surcharger (*a fig* ***mit*** de)

Überlastung *f* ⟨~; ~en⟩ surcharge *f*; TÉL *a* encombrement *m*

Überlauf *m* TECH trop-plein *m*; déversoir *m*

überlaufen¹ *v/i* ⟨irr, sn⟩ **1.** *Gefäß, Flüssigkeit* déborder **2.** MIL ***zum Feind überlaufen*** passer à l'ennemi

überlaufen² *v/imp* ⟨irr, sans ge⟩ ***es überlief mich*** (***heiß und***) ***kalt*** cela m'a donné le frisson, des sueurs froides

überlaufen³ *adj* assiégé (***von j-m*** par qn); *Gegend* envahi; très *od* trop fréquenté; *Arztpraxis, Beruf* encombré

Überläufer *m* transfuge *m* (*a fig*)

Überlaufventil *n* soupape *f* de trop-plein

überleben ⟨sans ge⟩ **I** *v/t* ***j-n, etw überleben*** survivre à qn, qc; ***sie überlebt uns noch alle*** elle nous enterrera tous; *fig* ***du wirst es überleben*** tu n'en mourras pas **II** *v/r* ***sich überlebt haben*** être dépassé

Überleben *n* survie *f*

Überlebende(r) *f(m)* ⟨→ A⟩ survivant(e) *m(f)*; *e-r Katastrophe* rescapé(e) *m(f)*

Überlebenschancen *f/pl* chances *f/pl* de survie

überlebensgroß *adj* plus grand que nature

Überlebenstraining *n* expérience *f* de survie

überlegen¹ ⟨sans ge⟩ **I** *v/t* ***etw überlegen*** réfléchir à *od* sur qc; ***es sich*** (*dat*) ***anders überlegen*** changer d'avis; ***ich werde es mir überlegen*** j'y réfléchirai **II** *v/i* réfléchir

überlegen² *adj* supérieur; (*souverän*) souverain; ***j-m überlegen sein*** être supérieur à qn

Überlegenheit *f* ⟨~⟩ supériorité *f*

überlegt **I** *adj* bien réfléchi, pesé **II** *adv* avec réflexion

Überlegung *f* ⟨~; ~en⟩ **1.** réflexion *f*; considération *f*; ***ohne Überlegung*** sans réfléchir **2.** *meist pl* (*Gedankengang*) raisonnement *m*

überleiten *v/i* ⟨-e-⟩ passer (***zu*** à)

Überleitung *f* ⟨~; ~en⟩ passage *m*

überlesen *v/t* ⟨irr, sans ge⟩ **1.** (*flüchtig durchlesen*) parcourir **2.** (*übersehen*) sauter; passer

überliefern *v/t* ⟨sans ge⟩ transmettre

Überlieferung *f* tradition *f*

überlisten *v/t* ⟨-e-, sans ge⟩ duper; tromper

überm ['y:bərm] F = ***über dem***

Übermacht *f* ⟨~⟩ supériorité *f*

übermächtig *adj* **1.** *Gegner* trop puissant **2.** *Gefühl* très fort; violent

übermalen *v/t* ⟨sans ge⟩ recouvrir; repeindre

übermannen *v/t* ⟨sans ge⟩ *Gefühle* s'emparer de; saisir; *Schlaf* prendre

Übermaß *n* ⟨~es⟩ excès *m* (***an*** [+ *dat*] de); ***im Übermaß*** à l'excès

übermäßig **I** *adj* démesuré; excessif **II** *adv* trop

Übermensch *m* surhomme *m*

übermenschlich *adj* surhumain

übermitteln *v/t* ⟨¢, sans ge⟩ transmettre; *Meldung* communiquer

Übermittlung *f* ⟨~⟩ transmission *f*; communication *f*

übermorgen *adv* après-demain

übermüdet *adj* épuisé; surmené

Übermüdung *f* ⟨~⟩ épuisement *m*; surmenage *m*

Übermut *m* pétulance *f*

übermütig [-my:tɪç] *adj* pétulant

übern ['y:bərn] F = ***über den***

übernächste *adj* ***an der übernächsten Haltestelle*** à deux arrêts d'ici; ***übernächstes Jahr*** d'ici *od* dans deux ans; ***am übernächsten Tag*** le surlendemain

übernachten *v/i* ⟨-e-; sans ge⟩ passer la nuit; coucher

übernächtig *adj* österr → ***übernächtigt***

übernächtigt [y:bər'nɛçtɪçt] *adj* ***übernächtigt sein*** être fatigué (d'avoir veillé)

Übernachtung *f* ⟨~; ~en⟩ nuit *f* (à l'hôtel, chez qn); TOURISTIK nuitée *f*; ***Übernachtung und Frühstück*** chambre *f* et petit déjeuner

Übernahme ['y:bərnɑːmə] *f* ⟨~; ~n⟩ *von Kos-*

ten, Verantwortung, e-s Falls prise *f* en charge; *e-r Idee* adoption *f*; (*Amtsübernahme*) entrée *f* en fonction; (*Geschäftsübernahme*) reprise *f* (d'un commerce)
übernatürlich *adj* surnaturel
übernehmen ⟨*irr, sans ge*⟩ **I** *v/t* **1.** *Lieferung* prendre en charge **2.** FIN *Kosten* prendre en charge; assumer; *Hypothek* reprendre **3.** *als Nachfolger: Arbeit, Aufgabe* prendre en charge; *Erbe,* JUR *Fall, Geschäft, Belegschaft* reprendre **4.** *Verpflichtung* assumer; *Verantwortung a* prendre (sur soi) **5.** (*in die Hand nehmen*) *Amt, Aufgabe* assumer; *Leitung, Vorsitz* prendre; *Fall, Arbeit* se charger de **6.** *Macht, Kommando* prendre **7.** *Standpunkt* adopter **II** *v/r* **sich übernehmen** se surmener (**bei** à)
überordnen *v/t* ⟨-e-⟩ donner la priorité à
überparteilich *adj* indépendant (de tout parti politique); neutre
Überproduktion *f* surproduction *f*
überprüfen *v/t* ⟨*sans ge*⟩ réviser; contrôler; (*nachprüfen*) vérifier
Überprüfung *f* révision *f*; contrôle *m*; vérification *f*
überqualifiziert *adjt* surqualifié
überquellen *v/i* ⟨*irr, sn*⟩ déborder (**von** de; *a fig*)
überquer *adv bes österr* en croix
überqueren *v/t* ⟨*sans ge*⟩ *Fläche* traverser; *Linie* franchir
Überquerung *f* ⟨∼; ∼en⟩ traversée *f*; franchissement *m*
überragen *v/t* ⟨*sans ge*⟩ *an Größe* dépasser; (*sich erheben über*) surmonter; *fig* surpasser (**an** [+ *dat*] en)
überragend I *adjt* éminent
überraschen [y:bər'raʃən] *v/t* ⟨*sans ge*⟩ surprendre (**bei etw** en train de faire qc); (*unvorbereitet treffen*) prendre à l'improviste; **vom Regen überrascht werden** être surpris par la pluie
überraschend I *adjt* surprenant **II** *advt* par surprise; à l'improviste
Überraschung *f* ⟨∼; ∼en⟩ surprise *f*
Überraschungsangriff *m* MIL attaque-surprise *f*; attaque *f* par surprise
Überraschungseffekt *m* effet *m* de surprise
Überraschungsmoment *n* facteur *m* surprise
überreden *v/t* ⟨-e-, *sans ge*⟩ **j-n zu etw überreden** persuader qn de faire qc
Überredung *f* ⟨∼⟩ persuasion *f*
Überredungskunst *f* don *m* de persuasion
überregional *adj Zentrum* interrégional; **die überregionale Presse** la presse nationale
überreich *adj* extrêmement riche
überreichen *v/t* ⟨*sans ge*⟩ **j-m etw überreichen** remettre, *feierlich* présenter qc à qn
überreichlich *adj* surabondant
Überreichung *f* ⟨∼; ∼en⟩ remise *f*; présentation *f*
überreif *adj* trop mûr; *bes Birne* blet
überreizen *v/t* ⟨∉, *sans ge*⟩ surexciter
überrennen *v/t* ⟨*irr, sans ge*⟩ *Feind* culbuter
Überrest *m meist pl* reste(s) *m(pl)*; *st/s* **die sterblichen Überreste** les cendres *f/pl*
Überrollbügel *m* arceau *m* de sécurité
überrollen *v/t* ⟨*sans ge*⟩ **1.** *Mensch, Tier* écraser (*a fig*) **2. etw überrollen** passer sur qc

überrumpeln *v/t* ⟨∉, *sans ge*⟩ surprendre; prendre à l'improviste
überrunden *v/t* ⟨-e-, *sans ge*⟩ **1.** SPORT prendre un tour d'avance sur; doubler **2.** *fig* surpasser
übers ['y:bərs] F = **über das**
übersät [y:bər'zɛ:t] *adj* parsemé (**mit** de)
übersättigen *v/t* ⟨*sans ge*⟩ *fig Person* saturer (**mit** de); CHIM sursaturer
Übersättigung *f* satiété *f*; dégoût *m*; CHIM sursaturation *f* (*a fig*)
Überschallflugzeug *n* avion *m* supersonique
Überschallgeschwindigkeit *f* vitesse *f* supersonique
überschatten *v/t* ⟨-e-, *sans ge*⟩ ombrager; *fig* assombrir
überschätzen *v/t* (*u v/r*) ⟨∉, *sans ge*⟩ (**sich überschätzen** se) surestimer
Überschätzung *f* surestimation *f*
überschaubar *adj* → **übersehbar**
überschauen *v/t* ⟨*sans ge*⟩ → **übersehen**
überschäumen *v/i* ⟨*sn*⟩ déborder (**vor** [+ *dat*] de; *a fig*)
überschlafen *v/t* ⟨*irr, sans ge*⟩ **etw überschlafen** laisser passer la nuit sur qc
Überschlag *m* **1.** estimation approximative **2.** TURNEN culbute *f*
überschlagen ⟨*irr, sans ge*⟩ **I** *v/t* **1.** (*grob abschätzen*) estimer, évaluer approximativement **2.** *Seiten* sauter **II** *v/r* **sich überschlagen 3.** *Fahrzeug* se retourner; capoter; *Auto a* faire un tonneau **4.** *Ereignisse* se précipiter **5.** *Stimme* dérailler; se fausser
überschnappen F *v/i* ⟨*sn*⟩ F dérailler
überschneiden *v/r* ⟨*irr, sans ge*⟩ **sich überschneiden 1.** *räumlich* se croiser **2.** *zeitlich* coïncider **3.** *inhaltlich* (se) chevaucher
Überschneidung *f* ⟨∼; ∼en⟩ **1.** intersection *f*; croisement *m* **2.** coïncidence *f* **3.** chevauchement *m*
überschreiben *v/t* ⟨*irr, sans ge*⟩ **1.** COMM reporter; JUR transcrire **2.** *Text* intituler
überschreiten *v/t* ⟨*irr, sans ge*⟩ **1.** *Grenze* franchir; *Frist, Geschwindigkeit* dépasser; *Anzahl* excéder; *Maß* passer **2.** *Befugnisse* outrepasser
Überschrift *f* titre *m*
überschuldet *adj* surendetté
Überschuss *m* excédent *m*; surplus *m*
überschüssig [-ʃʏsɪç] *adj* excédentaire
überschütten *v/t* ⟨-e-, *sans ge*⟩ *mit Geschenken* combler (de); *mit Vorwürfen* accabler (de)
Überschwang *m* ⟨∼∉s⟩ exubérance *f*
überschwänglich ['y:bərʃvɛŋlɪç] *adj* excessif; débordant
überschwappen F *v/i* ⟨*sn*⟩ *Gefäß, Flüssigkeit* déborder
überschwemmen *v/t* ⟨*sans ge*⟩ inonder; noyer; *völlig* submerger (*alle a fig*)
Überschwemmung *f* ⟨∼; ∼en⟩ inondation *f* (*a fig*); submersion *f*
Überschwemmungsgebiet *n* région inondée
Überschwemmungskatastrophe *f* inondation(s) *f(pl)* catastrophique(s); sinistre causé par les inondations
überschwenglich → **überschwänglich**
Übersee ⟨*sans article*⟩ **in, nach Übersee** outre--mer; **aus, von Übersee** d'outre-mer
Überseehafen *m* grand port maritime
Überseehandel *m* commerce *m* d'outre-mer

überseeisch *adj* d'outre-mer

übersehbar *adj Zeitraum* (dé)limité; (*abschätz-bar*) calculable; *Lage* clair

übersehen *v/t ⟨irr, sans ge⟩* **1.** *Gelände* embrasser d'un coup d'œil **2.** *Sachlage* avoir une vue d'ensemble de; *Ausmaß* mesurer l'ampleur de **3.** (*nicht bemerken*) ne pas voir; *mit Absicht* ignorer; *das habe ich übersehen* cela m'a échappé

übersenden *v/t ⟨irr, sans ge⟩* envoyer; expédier

Übersendung *f* envoi *m*; expédition *f*

übersetzen[1] *⟨¢$⟩* (*hinüberfahren*) **I** *v/t* faire passer sur l'autre rive **II** *v/i ⟨h ou sn⟩* passer (en bateau) sur l'autre rive; traverser

übersetzen[2] *v/t ⟨¢$, sans ge⟩ in e-e andere Spra-che* traduire (**aus** de; **in** [+ *acc*] en)

Übersetzer(in) *m ⟨~s; ~⟩* (*f*) *⟨~in; ~innen⟩* traducteur, -trice *m,f*

Übersetzung *f ⟨~; ~en⟩* **1.** traduction *f* (**aus** de; **in** [+ *acc*] en); SCHULE *in die Muttersprache* version *f*; *in e-e fremde Sprache* thème *m* **2.** TECH multiplication *f*; *beim Fahrrad* développement *m*

Übersetzungsbüro *n* bureau *m* de traduction

Übersetzungsfehler *m* faute *f* de traduction

Übersetzungsübung *f* exercice *m* de traduction

Übersicht *f ⟨~; ~en⟩* **1.** *⟨sans pl⟩* coup *m* d'œil (**über** [+ *acc*] sur); vue *f* d'ensemble (de) (*a fig*); *die Übersicht verlieren* ne plus s'y retrouver **2.** (*Darstellung*) aperçu *m*, précis *m* (de); (*Zusammenfassung*) résumé *m*; sommaire *m*

übersichtlich *adj* **1.** *Darstellung etc* clair; net **2.** *Gelände* dégagé

Übersichtskarte *f* carte *f* à grande échelle; *von Bahn-, Bus-, Fluglinien* carte *f* schématique des lignes

Übersichtsplan *m* plan *m* d'ensemble

Übersichtstafel *f* tableau *m* synoptique

übersiedeln *v/i ⟨¢, sn⟩* aller s'établir (**nach** e-m *Land* en *od* à, *e-r Stadt* à)

übersinnlich *adj* surnaturel

überspannt *adjt* **1.** *Person* exalté; excentrique **2.** *Idee* exagéré

überspielen *v/t ⟨sans ge⟩* **1.** *Schwächen* masquer; dissimuler **2.** *Kassette* repiquer

überspitzen *v/t ⟨¢$, sans ge⟩* outrer; exagérer; *überspitzt dargestellt* représenté de manière outrée

überspringen[1] *v/i ⟨irr, sn⟩* **1.** *Funke* jaillir; sauter **2.** *fig* **überspringen auf** (+ *acc*) se communiquer à

überspringen[2] *v/t ⟨irr, sans ge⟩ Hindernis* sauter (*a fig auslassen*)

überstaatlich *adj* supranational

überstehen[1] *v/i ⟨irr⟩* räumlich faire saillie; dépasser

überstehen[2] *v/t ⟨irr, sans ge⟩ Operation* supporter; *Gefahr* échapper à; *Krise* surmonter; *Krankheit* réchapper de; (*überleben*) survivre à

übersteigen *v/t ⟨irr, sans ge⟩* **1.** *Mauer* escalader; *Hindernis* franchir **2.** *fig Erwartungen, Kräfte* dépasser

übersteuern *⟨sans ge⟩* **I** *v/t* ÉLECT surmoduler **II** *v/i* AUTO survirer

überstimmen *v/t ⟨sans ge⟩* mettre en minorité

überstrahlen *v/t ⟨sans ge⟩* éclipser

überstrapazieren *v/t ⟨sans ge⟩* (*überanstrengen*) éreinter; surmener; *Geduld* abuser de

überstreichen *v/t ⟨irr, sans ge⟩* peindre par-dessus (**mit** avec)

überstreifen *v/t* passer; enfiler

überströmen *v/i ⟨sn⟩* déborder (**vor** [+ *dat*] de)

überstülpen *v/t* mettre

Überstunde *f* heure *f* supplémentaire; *Überstunden machen* faire des heures supplémentaires

überstürzen *⟨¢$, sans ge⟩* **I** *v/t* précipiter; *Entscheidung a* brusquer; *überstürzt abreisen* partir précipitamment **II** *v/r sich überstürzen Ereignisse* se précipiter

übertariflich *adj* dépassant le niveau fixé par la convention collective

überteuert *adj* excessivement cher

übertönen *v/t ⟨sans ge⟩ Lärm etc* couvrir; dominer

Übertopf *m* cache-pot *m*

Übertrag ['y:bərtra:k] *m ⟨~$; -träge⟩* BUCHFÜHRUNG report *m*

übertragbar *adj* **1.** *Besitz, Recht* transmissible, transférable, JUR *a* cessible (**auf** [+ *acc*] à); *nicht übertragbar* incessible **2.** MÉD transmissible; contagieux **3.** (*anwendbar*) applicable

übertragen[1] *⟨irr, sans ge⟩* **I** *v/t* **1.** *Besitz, Recht* transmettre, transférer, JUR *a* céder (*j-m, auf j-n* à qn); *Befugnisse, Vollmacht* déléguer **2.** (*übersetzen*) traduire (**in** [+ *acc*] en) **3.** (*eintragen*) reporter **4.** MÉD *Krankheit* transmettre (**auf** [+ *acc*] à); *Blut* transfuser **5.** RAD, TV retransmettre; diffuser **II** *v/r sich übertragen Krankheit* se transmettre, *fig Erregung* se communiquer (**auf** [+ *acc*] à)

übertragen[2] *adj Wort in übertragener Bedeutung* au (sens) figuré

Übertragung *f ⟨~; ~en⟩* **1.** *e-s Besitzes, Rechtes* transmission *f*; transfert *m*; JUR *a* cession *f*; *von Befugnissen, der Vollmacht* délégation *f* **2.** (*Übersetzung*) traduction *f* **3.** MÉD, *e-r Krankheit* transmission *f*; *von Blut* transfusion **4.** RAD, TV retransmission *f*; diffusion *f*

Übertragungsfehler *m* erreur *f* de report

Übertragungswagen *m* voiture *f* de reportage

übertreffen *v/t ⟨irr, sans ge⟩* **1.** *Personen* surpasser (**in** *od* **an** [+ *dat*] en); être supérieur à **2.** *Hoffnungen* dépasser

übertreiben *v/t ⟨irr, sans ge⟩* exagérer; *in e-m Bericht* grossir

Übertreibung *f ⟨~; ~en⟩* exagération *f*

übertreten[1] *v/i ⟨irr, sn⟩* **1.** SPORT mordre sur la ligne **2.** (*wechseln*) *zu j-m übertreten* se ranger du côté de qn; *zum Islam übertreten* se convertir à l'islam

übertreten[2] *v/t ⟨irr, sans ge⟩ Gesetz, Vorschrift* enfreindre; transgresser

Übertretung *f ⟨~; ~en⟩* infraction *f*; transgression *f*

übertrieben *adjt* exagéré; excessif

Übertritt *m* passage *m* (**zu** à); REL conversion *f* (à)

übertrumpfen *v/t ⟨sans ge⟩* surcouper; *fig* surpasser

übertünchen *v/t ⟨sans ge⟩* badigeonner; *fig* masquer

übervölkern *v/t ⟨sans ge⟩* surpeupler

Übervölkerung *f* ⟨∼⟩ surpeuplement *m*; surpopulation *f*
übervorteilen *v/t* ⟨*sans ge*⟩ tromper; duper
überwachen *v/t* ⟨*sans ge*⟩ surveiller; contrôler
Überwachung *f* ⟨∼⟩ surveillance *f*; contrôle *m*
überwältigen [yːbərˈvɛltɪɡən] *v/t* ⟨*sans ge*⟩ **1.** *Gegner* vaincre; maîtriser **2.** *fig* (*beeindrucken*) vivement impressionner; subjuguer **3.** → **überkommen**
überwältigend *adjt* **1.** *Anblick* grandiose; *Erfolg* foudroyant; *iron* **nicht** (**gerade**) **überwältigend** F pas terrible, fameux **2.** *Mehrheit* écrasant
überwechseln *v/i* ⟨sn⟩ passer (**von ... zu ...** de ... à ...)
überweisen *v/t* ⟨*irr, sans ge*⟩ **1.** *Geld* virer; transférer **2.** MÉD **j-n zu e-m Facharzt überweisen** adresser qn à un spécialiste
Überweisung *f* **1.** *von Geld* virement *m* (**auf ein Konto** sur un compte); transfert *m* **2.** MÉD *e-s Patienten* recommandation *f* (**zu** à)
Überweisungsauftrag *m* ordre *m*, mandat *m* de virement
Überweisungsformular *n* formule *f* de virement
Überweisungsschein *m* formulaire par lequel un médecin adresse un malade à un collègue
überwerfen[1] *v/t* ⟨*irr, sans ge*⟩ (**j-m**) **etw überwerfen** jeter qc sur les épaules (de qn)
überwerfen[2] *v/r* ⟨*irr, sans ge*⟩ **sich mit j-m überwerfen** se brouiller avec qn
überwiegen ⟨*irr, sans ge*⟩ *v/i* prédominer; être prépondérant
überwiegend **I** *adjt* prépondérant; **überwiegende Mehrheit** forte majorité **II** *advt* principalement; essentiellement; surtout
überwinden ⟨*irr, sans ge*⟩ **I** *v/t* *Bedenken, Misstrauen* vaincre; *Hindernis, Schwierigkeit* surmonter; *Angst, Ekel* dominer **II** *v/r* **sich überwinden** faire un effort sur soi-même (**etw zu tun** pour faire qc)
Überwindung *f* **nach Überwindung** *vieler Schwierigkeiten* après avoir surmonté; **das hat mich viel Überwindung gekostet** cela m'a coûté
überwintern *v/i* ⟨*sans ge*⟩ (*Winterschlaf halten*) hiberner; *Vieh, Truppen* hiverner
überwuchern *v/t* ⟨*sans ge*⟩ envahir
Überzahl *f* majorité *f*; **in der Überzahl sein** être en majorité, plus nombreux
überzählig *adj* en excédent; en trop; en surnombre; *Personal a* surnuméraire
überzeichnen *v/t* ⟨*-e-, sans ge*⟩ *Porträt* charger
überzeugen ⟨*sans ge*⟩ **I** *v/t* **j-n von etw überzeugen** convaincre, persuader qn de qc **II** *v/i* être convaincant **III** *v/r* **sich von etw überzeugen** se convaincre de qc
überzeugend *adjt* convaincant; persuasif
überzeugt *adjt* convaincu; (**sehr**) **von sich überzeugt sein** être (très) imbu de soi-même
Überzeugung *f* (*Überzeugtsein*) conviction *f*; (*Ansicht*) convictions *f/pl*; **der Überzeugung sein, dass ...** être convaincu que ...
Überzeugungskraft *f* pouvoir *m* de persuasion
überziehen[1] *v/t* ⟨*irr*⟩ **1.** *Mantel* mettre; (**rasch**) **überziehen** enfiler **2.** F **j-m eins überziehen** F flanquer une raclée à qn
überziehen[2] ⟨*irr, sans ge*⟩ **I** *v/t* **1.** (*bedecken*)

(re)couvrir (**mit** de); *Bett* **frisch überziehen** changer les draps **2.** FIN *Konto* mettre à découvert; **sein Konto um 80 Euro überziehen** avoir un découvert de 80 euros **3.** *zeitlich* dépasser le temps, la durée de **II** *v/i* (**um 5 Minuten**) **überziehen** dépasser (de 5 minutes) le temps de parole, la durée d'une émission **III** *v/r* **sich überziehen** *Himmel* se couvrir (**mit** de)
Überziehung *f* *e-s Kontos* découvert *m*
Überziehungskredit *m* crédit *m* à découvert
überzüchtet *adjt* **1.** BIOL dégénéré **2.** *fig Motor* supersophistiqué
Überzug *m* couverture *f*; TECH revêtement *m*; couche *f*
üblich [ˈyːplɪç] *adj* courant; usuel; (*gewöhnlich*) habituel; normal; **das ist so üblich** c'est l'usage; cela se fait; **wie üblich** comme d'habitude
U-Boot *n* sous-marin *m*; submersible *m*
übrig [ˈyːbrɪç] *adj* de reste; restant; **das, alles Übrige** le reste; **die, alle Übrigen** les autres; **übrig sein** rester; être de reste; **ich habe Geld übrig** il me reste de l'argent; **im Übrigen** du reste; **übrig bleiben** rester; être de reste; *fig* **es blieb mir nichts anderes übrig, als zu** (+ *inf*) il ne me restait plus qu'à (+ *inf*); **übrig lassen** laisser
übrigbleiben *v/i* → **übrig**
übrigens [ˈyːbrɪɡəns] *adv* du reste; d'ailleurs
übrighaben *v/t* ⟨*irr*⟩ *fig* **etw übrighaben für** avoir de la sympathie pour; **nichts übrighaben für** n'avoir aucune sympathie pour
übriglassen *v/t* → **übrig**
Übung *f* ⟨∼; ∼en⟩ **1.** entraînement *m*; pratique *f*; **aus der Übung kommen** perdre l'habitude **2.** MIL, SCHULE, SPORT exercice *m*

Übung = exercice

Wird anders geschrieben als englisch „exercise".

Übungsarbeit *f*, **Übungsaufgabe** *f* exercice *m*
Übungsbuch *n* livre *m* d'exercices
Übungsgelände *n* terrain *m* d'entraînement, d'exercice; MIL *a* champ *m* de manœuvre
Übungshang *m* *für Skifahrer* pente *f* d'entraînement
Übungsheft *n* cahier *m* d'exercices, de brouillon(s)
Übungssache *f* **das ist Übungssache** c'est une question d'entraînement
u. d. M. *abr* (*unter dem Meeresspiegel*) au-dessous du niveau de la mer
ü. d. M. *abr* (*über dem Meeresspiegel*) au-dessus du niveau de la mer
UEFA [uˈeːfa] ⟨∼⟩ *abr* (*Union européenne de football association, Europäischer Fußballverband*) **die UEFA** l'UEFA *f*
UEFA-Cup *m*, **UEFA-Pokal** *m* coupe *f* de l'UEFA
Ufer [ˈuːfər] *n* ⟨∼s; ∼⟩ bord *m*; *e-s Flusses, Sees a* rive *f*; **über die Ufer treten** déborder; sortir de son lit
Uferböschung *f* berge *f*
Uferpromenade *f* promenade *f* (le long d'un

fleuve, d'un lac); quai *m*

Uferstraße *f* quai *m*

Ufo [ˈuːfo] *n abr* ⟨.s; .s⟩ (*unbekanntes Flugobjekt*) ovni *m*

Uganda [uˈganda] *n* ⟨.s⟩ l'Ouganda *m*

Ugander(in) *m* ⟨.s; .⟩ (*f*) ⟨.in; .innen⟩ Ougandais(e) *m(f)*

ugandisch *adj* ougandais

U-Haft *f* détention préventive, provisoire

Uhr [uːr] *f* **1.** ⟨.; .en⟩ (*Armbanduhr, Taschenuhr*) montre *f*; (*Standuhr, Turmuhr*) horloge *f*; (*Wanduhr*) pendule *f*; **meine Uhr geht richtig** ma montre est à l'heure; F **rund um die Uhr** vingt-quatre heures sur vingt-quatre **2.** ⟨*inv*⟩ *bei Zeitangaben* heure *f*; **wie viel Uhr ist es?** quelle heure est-il?; **um wie viel Uhr?** à quelle heure?; **es ist ein, vier Uhr** il est une heure, quatre heures; **acht Uhr dreißig** 'huit heures trente

Uhrarmband *n* bracelet *m* (de montre)

Uhrenvergleich *m* réglage *m* des montres

Uhrmacher(in) *m* ⟨.s; .⟩ (*f*) ⟨.in; .innen⟩ horloger, -ère *m,f*

Uhrwerk *n* mouvement *m*, rouages *m/pl* d'une montre, *etc*

Uhrzeiger *m* aiguille *f* de montre

Uhrzeigersinn *m* **im, entgegen dem Uhrzeigersinn** dans le sens, en sens inverse des aiguilles d'une montre

Uhrzeit *f* heure *f*; **nach der Uhrzeit fragen** demander l'heure; **haben Sie die genaue Uhrzeit?** avez-vous l'heure exacte?

Uhu [ˈuːhu] *m* ⟨.s; .s⟩ zo grand-duc *m*

Ukraine [ukraˈiːnə *ou* uˈkraɪnə] ⟨.⟩ **die Ukraine** l'Ukraine *f*

Ukrainer(in) *m* ⟨.s; .⟩ (*f*) ⟨.in; .innen⟩ Ukrainien, -ienne *m,f*

ukrainisch *adj* ukrainien

UKW [uːkaːˈveː] ⟨*sans article*⟩ *abr* (*Ultrakurzwelle*) FM *f*

Ulk [ʊlk] *m* ⟨.s; .e⟩ plaisanterie *f*; farce *f*; blague *f*

ulkig F *adj* drôle

Ulme [ˈʊlmə] *f* ⟨.; .n⟩ bot orme *m*

ultimativ [ʊltimaˈtiːf] **I** *adj* en, sous forme d'ultimatum **II** *adv* **j-n ultimativ auffordern, etw zu tun** exiger impérativement de qn qu'il fasse qc

Ultimatum [ʊltiˈmaːtʊm] *n* ⟨.s; -ten⟩ ultimatum *m*; **ein Ultimatum stellen** adresser un ultimatum (*j-m* à qn)

Ultrakurzwelle [ʊltra'--] *f* **1.** PHYS, RAD *Welle* onde ultracourte **2.** RAD *Bereich* modulation *f* de fréquence; → **UKW**

ultramarin *adj* ⟨*inv*⟩ outremer

Ultramarin *n* ⟨.s⟩ outremer *m*

Ultraschall *m* ultrason *m*

Ultraschallgerät *n* appareil *m* ultrasonique

Ultraschalltherapie *f* thérapie *f* par ultrasons; sc ultrasonothérapie *f*

Ultraschalluntersuchung *f* échographie *f*

Ultraschallwelle *f* onde *f* ultrasonore

ultraviolett *adj* ultraviolet

um [ʊm] **I** *prép* ⟨*acc*⟩ **1.** *örtlich* **um ... (herum)** autour de ...; **ein Graben läuft um die Stadt** un fossé entoure la ville; **um sich schauen** regarder autour de soi **2.** *zeitlich ungefähr* vers; *bestimmt* à; **um elf (Uhr)** à onze heures; **um**

die Mittagszeit (**herum**) vers midi **3.** (*für*) *Preis* pour; de; **nicht um alles in der Welt** pour rien au monde (*mit ne beim Verb*) **4.** *Unterschied, Abstand* de; **um die Hälfte größer** plus grand de moitié; **um sechs Euro billiger** de six euros de moins **II** *conj* **5.** *Zweck* **um zu** (+ *inf*) pour (+ *inf*); afin de (+ *inf*) **6.** *Folge* pour; **es ist zu spät, um zu** (+ *inf*) il est trop tard pour (+ *inf*) **7.** → **umso III** *adv* **8.** (*etwa*) autour de; dans les **9.** (*vorüber*) **um sein** *Zeit* être passé, révolu

umändern *v/t* changer; transformer; modifier

umarbeiten *v/t* ⟨-e-⟩ *Garderobe* transformer (**zu** en); *Buch* remanier; *gänzlich* refondre

umarmen *v/t* ⟨*sans ge*⟩ prendre dans ses bras; enlacer; *p/fort* étreindre; **umarmen** *und küssen* embrasser

Umarmung *f* ⟨.; .en⟩ étreinte *f*; *bes zur Begrüßung* embrassade *f*

Umbau *m* ⟨.¢s; .ten⟩ transformation *f* (*a fig*)

umbauen[1] (*anders bauen*) **I** *v/t* transformer (**zu** en) **II** *v/i* faire des transformations

umbauen[2] *v/t* ⟨*sans ge*⟩ (*durch Bauen einschließen*) entourer (de bâtiments)

umbenennen *v/t* ⟨*irr, sans ge*⟩ débaptiser; rebaptiser

umbesetzen *v/t* ⟨¢$, *sans ge*⟩ **e-n Ministerposten umbesetzen** changer l'affectation d'un poste de ministre; THÉ **die Rollen umbesetzen** changer la distribution des rôles

umbestellen *v/t* ⟨*sans ge*⟩ **j-n umbestellen** modifier le rendez-vous avec qn; **etw umbestellen** modifier la commande de qc

umbetten *v/t* ⟨-e-⟩ *Kranken* changer de lit

umbiegen *v/t* ⟨*irr*⟩ replier; (*krümmen*) recourber

umbilden *v/t* ⟨-e-⟩ réorganiser; *Regierung* remanier

Umbildung *f* réorganisation *f*; remaniement *m*

umbinden *v/t* ⟨*irr*⟩ *Krawatte, Schürze* mettre

umblättern *v/i* (*u v/t*) tourner

umblicken *v/r* → **umsehen**

umbrechen *v/t* ⟨*irr, sans ge*⟩ TYPO mettre en pages

umbringen ⟨*irr*⟩ **I** *v/t* tuer; (*ermorden*) assassiner **II** *v/r* **sich umbringen** se suicider

Umbruch *m* **1.** (*Umwälzung*) bouleversement *m* **2.** TYPO mise *f* en pages

umbuchen *v/t* **1.** *Reise, Flug* modifier la réservation de **2.** FIN passer, transférer d'un compte à un autre

Umbuchung *f* **1.** *e-r Reise, e-s Fluges* modification *f* de réservation **2.** FIN transfert *m* d'un compte à un autre

umdatieren *v/t* ⟨*sans ge*⟩ modifier la date de

umdenken *v/i* ⟨*irr*⟩ modifier sa façon de penser

umdisponieren *v/i* ⟨*sans ge*⟩ modifier ses projets

umdrehen **I** *v/t* retourner; *Schlüssel* tourner **II** *v/i* ⟨h *ou* sn⟩ → **umkehren III** *v/r* **sich umdrehen** se (re)tourner

Umdrehung *f* **um e-e Achse** rotation *f*; *e-s Motors* tour *m*

Umdrehungszahl *f* nombre *m* de tours

umeinander *adv* (*gegenseitig*) l'un pour l'autre

umfahren[1] *v/t* ⟨*irr*⟩ (*überfahren*) renverser

umfahren[2] *v/t* ⟨*irr, sans ge*⟩ (*um ... herumfahren*) faire le tour de; contourner; MAR *Kap* dou-

bler
umfallen v/i ⟨irr, sn⟩ **1.** tomber; se renverser; **tot umfallen** tomber mort **2.** F péj (s-e Meinung ändern) F retourner sa veste; tourner casaque
Umfang m **1.** (äußerer Kreisumfang) circonférence f; tour m; MATH a périmètre m **2.** (Ausdehnung, Größe) étendue f (a Stimmumfang); e-s Buches volume m **3.** fig (Ausmaß) étendue f; envergure f; ampleur f; **in großem Umfang** dans une large mesure; **in vollem Umfang** dans toute son étendue, ampleur
umfangreich adj volumineux; Wissen, Studien étendu; vaste; ample
umfassen v/t ⟨¢$, sans ge⟩ fig englober; comprendre; comporter
umfassend adjt Kenntnisse étendu; vaste
Umfeld n environnement m; **das soziale Umfeld** l'environnement, le milieu social
umformen v/t **1.** transformer (in [+ acc], **zu** en); remodeler **2.** ÉLECT convertir (in [+ acc] en)
Umformer m ÉLECT convertisseur m
Umfrage f enquête f; sondage m
umfüllen v/t transvaser (in [+ acc] dans)
umfunktionieren v/t ⟨sans ge⟩ transformer (in [+ acc], **zu** en)
Umgang m **1.** fréquentations f/pl; rapports m/pl; relations f/pl; **mit j-m Umgang haben, pflegen** avoir, entretenir des relations avec qn; fréquenter qn **2.** mit Werkzeug, Geld, Menschen maniement m (**mit** de)
umgänglich ['ʊmgɛŋlıç] adj sociable; agréable; liant
Umgangsformen f/pl **gute Umgangsformen haben** avoir du savoir-vivre, de bonnes manières
Umgangssprache f langage familier
umgangssprachlich adj familier
umgarnen v/t ⟨sans ge⟩ **j-n umgarnen** attirer, prendre qn dans ses filets
umgeben v/t (u v/r) ⟨irr, sans ge⟩ (**sich umgeben** s')entourer (**mit** de)
Umgebung f ⟨∼; ∼en⟩ **1.** alentours m/pl; environs m/pl; **unmittelbare Umgebung** voisinage m **2.** (Milieu) entourage m; milieu m; **in s-r gewohnten Umgebung sein** être dans son environnement
umgehen[1] v/i ⟨irr, sn⟩ **1.** Gerücht courir; circuler; Krankheit, Angst se répandre **2.** Gespenst in e-m Haus umgehen 'hanter une maison **3.** mit etw umgehen Gegenstand manipuler qc; Werkzeug se servir de qc; Geld manier qc; **er kann nicht mit Geld umgehen** il ne sait pas gérer son budget **4.** (behandeln) **mit j-m umzugehen verstehen** savoir s'y prendre avec qn
umgehen[2] v/t ⟨irr, sans ge⟩ (um … herumgehen) contourner (a fig Gesetz); faire le tour de; Schwierigkeit éluder; esquiver
umgehend I adj immédiat **II** adv immédiatement
Umgehung f ⟨∼; ∼en⟩ contournement m
Umgehungsstraße f route f, voie f de contournement; rocade f
umgekehrt I adjt renversé; (entgegengesetzt) inverse; contraire; **im umgekehrten Fall(e)** à l'inverse **II** advt inversement; **und umgekehrt** et vice versa
umgestalten v/t ⟨-e-, p/p umgestaltet⟩ **1.** Raum, Park transformer **2.** fig refondre; réorganiser

Umgestaltung f **1.** transformation f **2.** fig refonte f; réorganisation f
umgewöhnen v/r ⟨p/p umgewöhnt⟩ **sich umgewöhnen** changer d'habitudes; prendre de nouvelles habitudes
umgraben v/t ⟨irr⟩ retourner; bêcher
umgruppieren v/t ⟨sans ge⟩ regrouper; grouper autrement
umhaben F v/t ⟨irr⟩ Tuch, Uhr porter
Umhang m pèlerine f; cape f
umhängen v/t **1.** Mantel mettre sur les épaules **2.** Bild suspendre, accrocher ailleurs
Umhängetasche f sac m à bandoulière
umhauen v/t ⟨irr⟩ **1.** abattre à coups de hache **2.** F fig (verblüffen) renverser; (fertigmachen) Hitze F tuer
umhegen st/s v/t ⟨sans ge⟩ dorloter
umher adv çà et là; par-ci, par-là
umher… in Zssgn → **herum…**
umhergehen v/i ⟨irr, sn⟩ aller çà et là; déambuler
umherirren v/i ⟨sn⟩ errer; vagabonder
umherstreifen v/i ⟨sn⟩, **umherziehen** v/i ⟨irr, sn⟩ rôder; vagabonder
umhinkönnen v/i ⟨irr⟩ **ich kann nicht umhin zu** (+ inf) je ne peux m'empêcher de (+ inf)
umhören v/r **sich umhören** se renseigner à droite et à gauche (**nach etw** sur qc)
umhüllen v/t ⟨sans ge⟩ envelopper, recouvrir (**mit etw** de qc)
umjubeln v/t ⟨¢, sans ge⟩ **j-n umjubeln** acclamer, fêter qn
Umkehr f ⟨∼⟩ retour m (a fig)
umkehrbar adj réversible
umkehren I v/t **1.** (umstülpen, wenden) retourner **2.** (ins Gegenteil verkehren) renverser **II** v/i ⟨sn⟩ retourner en arrière; rebrousser chemin
umkippen I v/t renverser **II** v/i ⟨sn⟩ **1.** se renverser; culbuter; basculer **2.** F fig Stimmung basculer **3.** F fig (ohnmächtig werden) F tomber dans les pommes **4.** ÉCOL **der See ist umgekippt** l'équilibre biologique du lac est rompu
umklammern v/t ⟨sans ge⟩ étreindre; fest se cramponner à
Umklammerung f ⟨∼; ∼en⟩ étreinte f
umklappen v/t rabattre
Umkleidekabine f cabine f (Im Kaufhaus d'essayage, zum Baden de bain)
umkleiden st/s v/r ⟨-e-⟩ **sich umkleiden** se changer; changer de vêtements
Umkleideraum m vestiaire m
umknicken v/i ⟨sn⟩ (**mit dem Fuß**) **umknicken** se fouler le pied
umkommen v/i ⟨irr, sn⟩ **1.** (**bei etw**) **umkommen** périr, mourir (dans qc) **2.** F fig **vor Hitze** (dat) **umkommen** F crever de chaud
Umkreis m environs m/pl; alentours m/pl; **im Umkreis von zehn Metern** dans un rayon de dix mètres
umkreisen v/t ⟨¢$, sans ge⟩ tourner autour de (a fig)
umkrempeln v/t ⟨¢⟩ Ärmel retrousser; F fig changer complètement
umladen v/t ⟨irr⟩ transborder
Umlage f contribution f
umlagern v/t ⟨sans ge⟩ assiéger (a fig)
Umland n environs m/pl
Umlauf m **1.** ASTR révolution f **2.** ADM (Rund-

schreiben) circulaire *f* **3.** (*Kreislauf, Zirkulation*) circulation *f*; **im Umlauf sein** être en circulation; circuler; *nur Geld* avoir cours; **in Umlauf bringen** mettre en circulation; *nur Geld* émettre; *Falschgeld* écouler; *Gerücht* faire courir

Umlaufbahn *f* ASTR orbite *f*

Umlaut *m* LING voyelle infléchie; inflexion *f* (vocalique)

umlegen *v/t* **1.** *Kette* mettre (autour de son cou) **2.** *Kragen* rabattre; plier; *Hebel* manœuvrer **3.** (*zum Liegen bringen*) coucher; (*fällen*) abattre **4.** F *fig* (*ermorden*) abattre; F descendre **5.** *Termin* remettre (**auf** [+ *acc*] à) **6.** *Kosten* répartir (**auf** [+ *acc*] entre)

umleiten *v/t* ⟨-e-⟩ *Fluss, Verkehr* détourner; *Verkehr a* dévier

Umleitung *f* détournement *m*; déviation *f*

umlernen *v/i* **1.** (*sich umstellen*) changer de méthode; (*umdenken*) changer sa façon de penser **2.** (*umschulen*) se recycler

umliegend *adj* environnant

Umluft *f* ⟨∼⟩ TECH air pulsé

ummauern *v/t* ⟨sans ge⟩ entourer d'un mur, de murs

ummelden I *v/t* **sein Auto ummelden** changer de plaque d'immatriculation **II** *v/réfl* **sich ummelden** faire une déclaration de changement de domicile

ummodeln ['ʊmoːdəln] *v/t* ⟨¢⟩ modifier; transformer

Umnachtung *st/s f* ⟨∼; ∼en⟩ **geistige Umnachtung** aliénation mentale; folie *f*

umorganisieren *v/t* ⟨sans ge⟩ réorganiser

umorientieren *v/réfl* ⟨sans ge⟩ **sich umorientieren** se réorienter

umpacken *v/t Koffer* refaire

umpflanzen *v/t* ⟨¢$⟩ transplanter

umpflügen *v/t* labourer

umpolen *v/t* ÉLECT inverser les pôles de

umprogrammieren *v/t* ⟨sans ge⟩ INFORM reprogrammer

umquartieren *v/t* ⟨sans ge⟩ loger ailleurs

umrahmen *v/t* ⟨sans ge⟩ encadrer; *fig* **e-e Feier musikalisch umrahmen** donner un cadre musical à une cérémonie

umranden *v/t* ⟨-e-, sans ge⟩ border; encadrer

Umrandung *f* ⟨∼; ∼en⟩ bordure *f*; encadrement *m*

umräumen *v/t* ranger, disposer autrement; *Zimmer* changer la disposition de

umrechnen *v/t* ⟨-e-⟩ *Währung, Maße* convertir (**in** [+ *acc*] en)

Umrechnungsfaktor *m* facteur *m*, coefficient *m* de conversion

Umrechnungskurs *m* taux *m* de change

Umrechnungstabelle *f* table *f* de conversion

Umrechnungsverhältnis *n* taux *m* de conversion

umreißen[1] *v/t* ⟨irr⟩ (*zu Boden reißen*) renverser

umreißen[2] *v/t* ⟨irr, sans ge⟩ (*darstellen*) esquisser

umrennen *v/t* ⟨irr⟩ renverser (en courant)

umringen *v/t* ⟨sans ge⟩ entourer

Umriss *m* contour(s) *m*(*pl*); silhouette *f*; (*Skizze*) ébauche *f*; esquisse *f* (*beide a fig*); **etw in groben Umrissen schildern** esquisser qc

umrühren *v/t* remuer; brasser

umrüsten *v/t* ⟨-e-⟩ TECH **umrüsten** (**auf** [+ *acc*]) adapter (à)

ums [ʊms] = **um das**

umsägen *v/t Baum* scier

umsatteln F *fig v/i* ⟨¢⟩ se reconvertir (**auf** [+ *acc*] dans)

Umsatz *m* chiffre *m* d'affaires

Umsatzbeteiligung *f* participation *f* au chiffre d'affaires

Umsatzprämie *f* prime *f* sur le chiffre d'affaires

Umsatzprovision *f* commission *f* sur le chiffre d'affaires

Umsatzrückgang *m* baisse *f* du chiffre d'affaires

Umsatzsteigerung *f* augmentation *f* du chiffre d'affaires

Umsatzsteuer *f* impôt *m* sur le chiffre d'affaires

umsäumen *st/s v/t* ⟨sans ge⟩ border

umschalten ⟨-e-⟩ **I** *v/t* **1.** ÉLECT commuter **2.** *Maschine* inverser la marche de **II** *v/i* RAD changer de poste; TV changer de chaîne; RAD, TV **wir schalten um nach Berlin** nous passons l'antenne à Berlin

Umschalttaste *f* touche *f* de majuscule

umschauen → umsehen

umschichten *v/t* ⟨-e-⟩ **1.** *Gegenstände* changer la disposition de **2.** *Finanzmittel* redistribuer; répartir autrement

Umschichtung *f* **1.** *von Gegenständen* disposition (différente) **2.** ÉCON *von Mitteln* répartition différente **3.** (*Umstrukturierung*) restructuration *f*

umschiffen *v/t* ⟨sans ge⟩ *Klippe, Insel* contourner; *Kap* doubler

Umschlag *m* **1.** (*Briefumschlag*) enveloppe *f*; pli *m*; (*Buchumschlag*) jaquette *f*; couverture *f* **2.** MÉD compresse *f*; **feuchter Umschlag** enveloppement *m* **3.** (*Güterumschlag*) transbordement *m* **4.** COUT revers *m*

umschlagen ⟨irr⟩ **I** *v/t* ⟨h⟩ **1.** *Kragen* rabattre; *Ärmel* retrousser **2.** *Buchseite* tourner **3.** COMM transborder **II** *v/i* ⟨sn⟩ *Wetter, Meinung* (se) changer (subitement); *Wind, Glück* tourner; **in Gewalt** (*acc*) **umschlagen** dégénérer en violence

Umschlaghafen *m* port *m* de transbordement

Umschlagplatz *m* lieu *m*, centre *m* de transbordement

umschließen *v/t* ⟨irr, sans ge⟩ **1.** (*umgeben*) entourer **2.** (*beinhalten*) renfermer

umschlingen *v/t* ⟨irr, sans ge⟩ **eng umschlungen** étroitement enlacés

umschmeißen F *v/t* ⟨irr⟩ → **umwerfen**

umschnallen *v/t Gürtel* boucler; *Degen* ceindre

umschreiben[1] *v/t* ⟨irr⟩ **1.** *Text* récrire **2.** *Besitz* transférer (**auf** [+ *acc*] à)

umschreiben[2] *v/t* ⟨irr, sans ge⟩ (*anders ausdrücken*) exprimer par une périphrase

Umschreibung *f* périphrase *f*; circonlocution *f*

Umschrift *f* LING **phonetische Umschrift** transcription *f* phonétique

umschulden *v/t* ⟨-ete, sép, -ge-, h⟩ rééchelonner; convertir

Umschuldung *f* ⟨∼; ∼en⟩ rééchelonnement *m* d'une, de la dette

umschulen I *v/t* **1.** *Schulkind* envoyer à une autre école **2.** *Berufstätige* recycler; reconvertir **II** *v/i* se recycler, se reconvertir (**auf** [+ *acc*] dans le métier de)

Umschulung *f* **1.** changement *m* d'école **2.** reconversion *f*; recyclage *m*

umschütten *v/t* ⟨-e-⟩ *Glas* renverser

umschwärmen *v/t* ⟨*sans ge*⟩ **1.** *Insekten* voltiger autour de **2.** *fig* **j-n umschwärmen** adorer qn

Umschweife *pl* **ohne Umschweife** sans ambages; sans détour(s)

umschwenken *v/i* ⟨sn⟩ *fig* changer d'opinion; faire volte-face

Umschwung *m fig* changement subit, brusque; POL renversement *m*

umsegeln *v/t* ⟨¢, *sans ge*⟩ faire le tour de … en voilier

Umseg(e)lung *f* ⟨~; ~en⟩ *e-r Klippe, e-s Kaps* passage *m*; HIST périple *m*

umsehen *v/r* ⟨*irr*⟩ **1. sich umsehen** regarder autour de soi; **sich an e-m Ort umsehen** explorer un lieu **2. sich umsehen** (*zurücksehen*) se retourner (**nach j-m** sur qn) **3. sich nach Arbeit umsehen** (re)chercher du travail

umseitig *adj u adv* au verso

umsetzen ⟨¢\$⟩ **I** *v/t* **1.** *an e-e andere Stelle* changer de place; déplacer; *Pflanzen* transplanter; *auf e-n anderen Arbeitsplatz* affecter à un autre (poste de) travail **2.** (*anders setzen*) mettre, disposer autrement **3.** (**in die Tat**) **umsetzen** mettre en pratique; réaliser **4.** *Waren* vendre **II** *v/r* **sich umsetzen** (*den Platz wechseln*) changer de place

Umsetzung *f* ⟨~; ~en⟩ **1.** (*Versetzen*) changement *m* de place; (*Umpflanzung*) transplantation *f* **2.** (*Umwandlung*) conversion *f* (*a* COMM), transformation *f* (**in** [+*acc*] en); MUS, *künstlerisch* transposition *f* **3.** (*Verwirklichung*) mise *f* en pratique; réalisation *f*; mise *f* en œuvre

Umsicht *f* ⟨~⟩ circonspection *f*; prudence *f*

umsichtig **I** *adj* circonspect; prudent **II** *adv* avec circonspection, réflexion

umsiedeln ⟨¢⟩ **I** *v/t Personen* déplacer; transplanter **II** *v/i* ⟨sn⟩ se transplanter (**nach Frankreich** en France)

Umsiedler *m* personne déplacée

Umsiedlung *f* transfert *m*, déplacement *m* (de population); transplantation *f*

umso *conj* **umso größer** d'autant plus grand; **umso mehr** d'autant plus

umsonst *adv* **1.** (*kostenlos*) gratuitement; pour rien; gratis **2.** (*vergebens*) en vain

umsorgen *v/t* ⟨*sans ge*⟩ **j-n umsorgen** entourer qn de ses soins

umspannen *v/t* ⟨*sans ge*⟩ **1. mit den Händen, Armen umspannen** étreindre avec ses mains, dans ses bras **2.** *fig* (*beinhalten*) embrasser

Umspannwerk *n* ÉLECT station *f*, poste *m* de transformation

umspielen *v/t* ⟨*sans ge*⟩ FUSSBALL dribbler

umspringen *v/i* ⟨*irr*, sn⟩ **1.** *Ampel* **von … auf** (+ *acc*) **umspringen** passer de … à **2.** F *péj* **mit j-m grob umspringen** traiter qn de façon cavalière

umspulen *v/t* rembobiner

Umstand *m* **1.** (*Gegebenheit*) circonstance *f*; (*Tatsache*) fait *m*; **die näheren Umstände** les détails *m/pl*; **unter Umständen** le cas échéant; **unter allen Umständen** en tout cas; **in anderen Umständen sein** être enceinte **2.** *meist pl* **Umstände** (*Förmlichkeiten*) cérémonies *f/pl*; (*Gehabe*) façons *f/pl*; **ohne Umstände** sans façon, cérémonies; **j-m Umstände machen** causer du dérangement à qn; **das macht keine Umstände** ça ne dérange pas

umständehalber *adv* en raison des, par suite des circonstances

umständlich [ˈʊmʃtɛntlɪç] *adj* **1.** *a Person* compliqué **2.** (*unpraktisch*) incommode **3.** (*übergenau*) trop minutieux

Umstandskleid *n* robe *f* de grossesse

Umstandskleidung *f* vêtement *m* de grossesse

Umstandskrämer F *péj m* personne vétilleuse, pointilleuse, qui complique les choses inutilement

Umstandswort *n* ⟨~¢s; -wörter⟩ GR adverbe *m*

umstehend → **umseitig**

umsteigen *v/i* ⟨*irr*, sn⟩ **1.** changer (de train, de voiture, *etc*) **2.** F *fig* **umsteigen auf** (+ *acc*) *Studium* se réorienter vers; **umsteigen von … auf** (+ *acc*) passer de … à

umstellen¹ **I** *v/t* **1.** *Möbel* placer, disposer autrement **2.** (*anders ordnen*) changer l'ordre de **3.** *Hebel* manœuvrer; *Uhr* changer l'heure de **4. etw umstellen auf** (+ *acc*) adapter qc à **II** *v/i* (*übergehen zu*) **umstellen auf** (+ *acc*) passer à; ÉCON se reconvertir dans **III** *v/r* **sich umstellen** s'adapter (**auf** [+ *acc*] à)

umstellen² *v/t* ⟨*sans ge*⟩ *Verbrecher, Haus* entourer; cerner

Umstellung *f* **1.** (*das Sichumstellen*) changement *m* **2.** *von Möbeln* changement *m* de place **3.** ÉCON **Umstellung** (**auf** [+ *acc*]) réadaptation *f* (à); reconversion *f* (en) **4.** (*Anpassung*) **Umstellung** (**auf** [+ *acc*]) adaptation *f* (à); (*Einführung*) adoption *f* (de)

umstimmen *v/t* **j-n umstimmen** faire changer qn d'avis

umstoßen *v/t* ⟨*irr*⟩ **1.** renverser **2.** *fig Plan* bouleverser

umstritten *adj†* controversé; contesté

umstrukturieren *v/t* ⟨*sans ge*⟩ restructurer; réorganiser

umstülpen *v/t* **1.** *Eimer* renverser **2.** *Taschen* retourner

Umsturz *m* révolution *f*; subversion *f*

umstürzen ⟨¢\$⟩ **I** *v/t* renverser **II** *v/i* ⟨sn⟩ se renverser; verser; *Baum* s'abattre

Umstürzler *m* ⟨~s; ~⟩ révolutionnaire *m*

umtaufen *v/t* F *fig* rebaptiser

Umtausch *m* échange *m*; (*Geldumtausch*) change *m*; … **sind vom Umtausch ausgeschlossen** … ne sont ni repris ni échangés

umtauschen *v/t* échanger (**gegen** contre); *Geld* changer (**in** [+ *acc*] en)

Umtauschfrist *f* délai *m* d'échange

Umtauschrecht *n* droit *m* d'échange

umtopfen *v/t* JARD dépoter; rempoter

Umtriebe *st/s péj m/pl* machinations *f/pl*; agissements *m/pl*; menées *f/pl*

Umtrunk *m* F pot *m*

umtun F *v/r* ⟨*irr*⟩ **sich nach etw, j-m umtun** être à la recherche de qc, qn

umverteilen *v/t* ⟨*sans ge*⟩ redistribuer; répartir autrement

Umverteilung *f* redistribution *f*; nouvelle répartition

umwälzen *v/t* ⟨¢\$⟩ TECH faire circuler

umwälzend *adjt fig* révolutionnaire
Umwälzpumpe *f* TECH pompe *f* de circulation
Umwälzung *f* ⟨~; ~en⟩ *fig* bouleversement *m*
umwandeln *v/t* ⟨¢⟩ changer, CHIM, PHYS, *fig* transformer (*in* [+ *acc*] en); *Strafe* commuer (*in* [+ *acc*] en); *sie war wie umgewandelt* elle était (comme) métamorphosée
Umwandlung *f* changement *m*, CHIM, PHYS, *fig* transformation *f* (*in* [+ *acc*] en); *e-r Strafe* commutation *f*
umwechseln *v/t* ⟨¢⟩ *Geld* changer
Umweg *m* détour *m* (*a fig*); *auf Umwegen* indirectement; de biais; *auf dem Umweg über* (+ *acc*) par le biais de
Umwelt *f* environnement *m*
Umwelt... *in Zssgn* de l'environnement; écologique; éco-
Umweltbedingungen *f/pl* conditions *f/pl* de l'environnement
Umweltbelastung *f* nuisance(s) *f(pl)*; pollution *f* de l'environnement
Umweltbewegung *f* écologisme *m*; mouvement *m* écologiste
umweltbewusst *adj* respectueux de l'environnement
Umwelteinfluss *m* influence *f* de l'environnement
umweltfeindlich *adj* polluant; nuisible à l'environnement
Umweltforschung *f* écologie *f*
umweltfreundlich *adj* Auto, *Verpackung* non polluant; *Produit, Vorrichtung* antipollution; *Maßnahme* écologique
Umweltgift *n* polluant *m* toxique
Umweltkatastrophe *f* catastrophe *f* écologique
Umweltkriminalität *f* délits *m/pl* d'atteinte à l'environnement
Umweltminister(in) *m(f)* ministre *m* de l'Environnement
Umweltministerium *n* ministère *m* de l'Environnement
Umweltpapier *n* papier recyclé
Umweltpolitik *f* politique *f* de l'environnement
Umweltschäden *m/pl* dégâts causés à l'environnement
umweltschädlich *adj* polluant; nuisible à l'environnement
umweltschonend *adjt* écologique

Umwelt – l'environnement   WF

Umwelt	**l'environnement** *m*	Hausmüll	**les ordures ménagères**
Umweltschutz	**l'écologie** *f*		
Umweltschützer	**l'écologiste** *m*	Mülltrennung	**le tri des ordures**
sich engagieren	**s'engager**	Mülldeponie	**la décharge**
Engagement	**l'engagement** *m*	wiederverwertbar	**recyclable**
aus Überzeugung handeln	**agir avec conviction**	wiederverwerten	**recycler**
Trinkwasser	**l'eau** *f* **potable**	Müllverwertungsanlage	**l'usine** *f* **de traitement des déchets**
Umweltverschmutzung	**la pollution**	Kompostierung	**le compostage**
verschmutzen	**polluer**	Müllverbrennungsanlage	**l'usine** *f* **d'incinération des déchets**
Ökosystem	**l'écosystème** *m*	natürliche Ressourcen	**les ressources naturelles**
Verseuchung	**la contamination**	verschwenden	**gaspiller**
Zerstörung	**la destruction**	Verschwendung	**le gaspillage**
Verschwinden	**la disparition**	Kohlendioxidausstoß	**l'émission** *f* **de gaz carbonique**
Auspuffgase	**les gaz** *m/pl* **d'échappement**	ein giftiger Stoff	**un produit toxique**
saurer Regen	**les pluies** *f/pl* **acides**	Umweltzerstörung	**la destruction de l'environnement**
Waldsterben	**la mort des forêts**	Schäden	**les dégâts** *m/pl*
Spraydose	**la bombe aérosol**	Rodung	**le déboisement**
Ozonschicht	**la couche d'ozone**	abholzen	**déboiser**
Treibhauseffekt	**l'effet** *m* **de serre**	erschließen	**aménager**
Erwärmung der Erdatmosphäre	**le réchauffement de l'atmosphère**	aufforsten	**reboiser**
bedrohen	**menacer**	renaturieren	**renaturer**
Abfälle	**les déchets** *m/pl*		

Umweltschutz *m* défense *f*, protection *f* de l'environnement

Umweltschützer(in) *m* ⟨~s; ~⟩ (*f*) ⟨~in; ~innen⟩ écologiste *m,f*; F écolo *m,f*

Umweltsünder F *m* pollueur *m*

Umwelttechnik *f* techniques *f/pl* antipollution

Umweltverschmutzer *m* ⟨~s; ~⟩ pollueur *m*

Umweltverschmutzung *f* pollution *f* (de l'environnement)

umweltverträglich *adj* non polluant

Umweltverträglichkeit *f* caractère non polluant

Umweltzeichen *n* label vert

Umweltzerstörung *f* destruction *f* de l'environnement, des milieux naturels

umwenden ⟨*irr ou régulier*⟩ **I** *v/t* tourner **II** *v/r* **sich umwenden** se retourner

umwerben *v/t* ⟨*irr, sans ge*⟩ courtiser (*a fig*)

umwerfen *v/t* ⟨*irr*⟩ renverser (*a fig*)

umwerfend F *fig adj* renversant

umwickeln *v/t* ⟨∉, *sans ge*⟩ envelopper, entourer (**mit** de)

umzäunen [ʊmˈtsɔynən] *v/t* ⟨*sans ge*⟩ entourer d'une clôture

umziehen ⟨*irr*⟩ **I** *v/t* ⟨h⟩ **j-n umziehen** changer les vêtements de qn **II** *v/r* **sich umziehen** se changer **III** *v/i* ⟨sn⟩ déménager (**in** [+ *acc*] dans; **nach** à, en)

umzingeln [ʊmˈtsɪŋəln] *v/t* ⟨∉, *sans ge*⟩ encercler; cerner

Umzug *m* **1.** déménagement *m* **2.** (*Festzug*) cortège *m*

UN [uːˈʔɛn] ⟨~⟩ *abr* (*United Nations*) (*Vereinte Nationen*) *pl* **die UN** les Nations Unies

unabänderlich *adj Gesetz* invariable; *Entschluss* irrévocable; *Schicksal* inévitable

unabdingbar *adj* indispensable

unabhängig **I** *adj* indépendant (**von** de); **von j-m unabhängig sein** ne pas dépendre de qn **II** *adv* **unabhängig von ...** indépendamment de ...

Unabhängigkeit *f* indépendance *f*

Unabhängigkeitsbewegung *f* mouvement *m* indépendantiste

Unabhängigkeitserklärung *f* HIST déclaration *f* d'indépendance

unabkömmlich *adj* indisponible

unablässig [ʊnˈʔaplɛsɪç] *adj* continuel; perpétuel

unabsehbar *adj fig Folgen* imprévisible; incalculable

unabsichtlich **I** *adj* non intentionnel; involontaire **II** *adv* sans intention

unabwendbar *adj* inévitable

unachtsam *adj* (*unaufmerksam*) inattentif; (*zerstreut*) distrait

Unachtsamkeit *f* inattention *f*; distraction *f*

unähnlich *adj* dissemblable

unanfechtbar *adj* inattaquable

unangebracht *adj* déplacé

unangefochten *adj* incontesté

unangemeldet *adj Gast* inattendu; *Demonstra-*

tion sans préavis

unangemessen *adj* inadéquat; *Ausdruck a* impropre

unangenehm *adj* désagréable; (*peinlich*) gênant; **es ist mir sehr unangenehm, dass** il m'est très désagréable de (+ *inf*); **unangenehm werden** devenir (très) désagréable

unangetastet *adj* intact; **etw unangetastet lassen** ne pas toucher à qc

unangreifbar *adj* inattaquable (*a fig*)

unannehmbar *adj* inacceptable; irrecevable

Unannehmlichkeit *f* désagrément *m*; ennui *m*; **Unannehmlichkeiten bekommen** avoir des ennuis, des désagréments

unansehnlich *adj* **1.** (*unschön*) disgracieux; (*hässlich*) laid **2.** *durch Abnutzung* défraîchi; **unansehnlich werden** se défraîchir

unanständig *adj Witz* inconvenant; indécent (*a Personen, Verhalten*)

Unanständigkeit *f* inconvenance *f*; indécence *f*

unantastbar *adj* inviolable; intangible

unappetitlich *adj* peu ragoûtant; (*unsauber*) pas très propre

Unart *f* ⟨~; ~en⟩ mauvaise habitude; (*ungehöriges Betragen*) inconvenance *f*

unartig *adj Kind* vilain; mal élevé

unästhetisch *adj* inesthétique

unaufdringlich *adj* discret

unauffällig *adj* discret; *Äußeres* effacé

unauffindbar *adj* introuvable

unaufgefordert *adv* sans y avoir été invité; de son propre chef

unaufhaltsam *adj* qu'on ne peut arrêter; irrésistible

unaufhörlich **I** *adj* continuel; incessant **II** *adv* sans cesse

unauflösbar *adj* indissoluble

unaufmerksam *adj* inattentif; (*zerstreut*) distrait

Unaufmerksamkeit *f* inattention *f*; distraction *f*

unaufrichtig *adj* hypocrite; dissimulé

unaufschiebbar *adj* qu'on ne peut remettre, différer; (*dringend*) pressant; urgent

unausbleiblich *adj* inévitable

unausgefüllt *adj Leben* vide

unausgeglichen *adj* mal équilibré

Unausgeglichenheit *f* **1.** *der Bilanz* déséquilibre *m* **2.** *des Charakters* manque *m* d'équilibre

unausgegoren *adj fig péj* pas encore mûr

unausgewogen *adj* mal équilibré

unauslöschlich *st/s adj Eindruck* indélébile; ineffaçable

unausrottbar *adj* indéracinable

unaussprechlich *adj fig Glück, Elend* inexprimable; indicible

unausstehlich *adj* insupportable; odieux

unausweichlich *adj* inévitable

unbändig [ˈʊnbɛndɪç] *adj* **1.** *Temperament* indomptable **2.** *Freude* exubérant; effréné; *Zorn, Gelächter* fou

unbarmherzig *adj* impitoyable

unbeabsichtigt *adj* involontaire

unbeachtet **I** *adj* inaperçu; ignoré **II** *adv* **unbeachtet lassen** ne pas faire attention à

unbeanstandet **I** *adj* incontesté **II** *adv* sans contestation, opposition

unbeantwortet *adj* **unbeantwortet bleiben** rester sans réponse

U

unbearbeitet *adj* non travaillé; brut
unbeaufsichtigt *adj* non surveillé; sans surveillance
unbebaut *adj* **1.** AGR inculte; non cultivé **2.** *Baugelände* non bâti
unbedacht *adj* inconsidéré; (*unüberlegt*) irréfléchi
unbedarft *adj* naïf; inexpérimenté
unbedenklich *adj u adv* sans risque, danger
unbedeutend *adj* peu important; insignifiant; *Einzelheit* négligeable
unbedingt I *adj Vertrauen, Zuverlässigkeit* absolu **II** *adv* (*auf jeden Fall*) en tout cas; à tout prix; absolument
unbefahrbar *adj Straße* impraticable
unbefangen I *adj* **1.** (*unparteiisch*) impartial **2.** (*natürlich*) naturel; (*ungehemmt*) F sans complexes **II** *adv* **3.** sans parti pris **4.** avec naturel; F sans complexes
Unbefangenheit *f* **1.** impartialité *f* **2.** naturel *m*
unbefleckt *st/s fig adj* sans tache; (*rein*) pur; (*jungfräulich*) vierge; CATH **die Unbefleckte Empfängnis** l'Immaculée Conception
unbefriedigend *adj* peu satisfaisant
unbefriedigt *adj* insatisfait (*a sexuell*); mécontent
unbefristet *adj* de durée illimitée; *Streik* illimité
unbefugt I *adj* non autorisé; **Zutritt für Unbefugte verboten!** entrée interdite à toute personne étrangère au service **II** *adv* sans autorisation
unbegabt *adj* sans talent; peu doué
unbegreiflich *adj* incompréhensible; inconcevable
unbegrenzt I *adj* illimité **II** *adv* sans limites, bornes
unbegründet *adj* non fondé; injustifié
Unbehagen *n* embarras *m*; malaise *m*
unbehaglich *adj* **1.** incommode **2.** *fig* embarrassé **II** *adv* **sich unbehaglich fühlen** se sentir mal à l'aise
unbehelligt *adj u adv* sans être importuné
unbeherrscht I *adj* **1.** *Person* qui ne sait pas se maîtriser **2.** *Reaktion* incontrôlé **II** *adv* sans aucune maîtrise, aucun contrôle
Unbeherrschtheit *f* manque *m* de maîtrise (de soi)
unbeholfen [ˈʊnbəhɔlfən] *adj* maladroit; gauche; (*plump*) lourd
Unbeholfenheit *f* ⟨~⟩ maladresse *f*; gaucherie *f*; (*Plumpheit*) lourdeur *f*
unbeirrbar *adj* (*u adv*) inébranlable(ment); imperturbable(ment)
unbeirrt *adv* sans se laisser détourner, déconcerter
unbekannt I *adj* inconnu (**j-m** à, de qn); ignoré; **das ist mir unbekannt** je l'ignore; je n'en sais rien; JUR **Anzeige f gegen Unbekannt (erstatten)** (déposer une) plainte contre X **II** *adv* **unbekannt verzogen** parti sans laisser d'adresse
Unbekannte(r) *f(m)* inconnu(e) *m(f)*; MATH **Unbekannte** *f* inconnue *f*
unbekleidet *adj* nu
unbekümmert *adj* insouciant
unbelastet *adj* **1.** *fig* (*sorgenfrei*) sans soucis **2.** *fig* (*ohne Schuld*) non fautif **3.** FIN *Grundstück* non grevé d'hypothèques

unbelehrbar *adj* incorrigible
unbeleuchtet *adj* **1.** non éclairé **2.** *Fahrzeug* tous feux éteints
unbelichtet *adj* PHOT non exposé, impressionné
unbeliebt *adj* qui n'est pas aimé; *Vorgesetzter, Kollege* impopulaire (**bei** auprès de, parmi)
Unbeliebtheit *f* impopularité *f*
unbemannt *adj* RAUMFAHRT non habité; MAR sans équipage
unbemerkt *adv* sans être remarqué; **unbemerkt bleiben** passer inaperçu
unbenommen *adj* **es ist, bleibt Ihnen unbenommen zu** (+ *inf*) vous serez toujours libre de (+ *inf*); libre à vous de (+ *inf*)
unbenutzt *adj* inutilisé; inemployé; (*neu*) neuf
unbeobachtet I *adj* qui n'est pas observé, surveillé **II** *adv* sans que personne y prête attention
unbequem *adj* **1.** *Sessel, Haltung* incommode; inconfortable **2.** *fig* (*lästig*) *Frage* embarrassant; gênant; *Mensch* pas commode; difficile; **ein unbequemer Autor** un auteur dérangeant
Unbequemlichkeit *f* incommodité *f*; manque *m* de confort
unberechenbar *adj* **1.** incalculable; imprévisible **2.** (*sprunghaft*) déconcertant
unberechtigt *adj* **1.** *Person* non autorisé **2.** *Forderung* non fondé
unberechtigterweise *adv* sans autorisation; sans justification
unberücksichtigt *adj* **etw unberücksichtigt lassen** ne pas tenir compte de qc
unberufen *int* touchons du bois!
unberührt *adj* intact; *Mädchen, Natur* vierge; **von etw unberührt bleiben** ne pas être touché par qc
unbeschadet *prép* ⟨*gén*⟩ sans préjudice de; (*trotz*) malgré
unbeschädigt *adj* non endommagé; intact
unbeschäftigt *adj* inoccupé; désœuvré
unbescheiden *adj* qui manque de modestie; présomptueux; *Forderung* exagéré
unbescholten *adj* intègre; JUR sans antécédents judiciaires
unbeschrankt *adj Bahnübergang* non gardé
unbeschränkt *adj* illimité
unbeschreiblich I *adj* indescriptible; (*außerordentlich*) extraordinaire **II** *adv* (*sehr*) extrêmement; infiniment
unbeschrieben *adj Blatt, Seite* blanc; vierge
unbeschwert *adj Gewissen* net; (*sorglos*) sans souci
unbesehen *adv* sans examen (préalable); sans l'avoir vu
unbesetzt *adj Stelle, Posten* vacant; *Schalter* fermé
unbesiegbar *adj* invincible
unbesiegt *adj* invaincu
unbesonnen *adj* inconsidéré; irréfléchi; (*leichtsinnig*) étourdi; léger
Unbesonnenheit *f* **1.** ⟨*sans pl*⟩ *Eigenschaft* irréflexion *f*; (*Leichtsinn*) étourderie *f* **2.** *Handlung* étourderie *f*
unbesorgt *adj* sans souci; **seien Sie unbesorgt!** soyez tranquille, sans inquiétude!
unbespielt *adj Kassette* vierge
unbeständig *adj Mensch* inconstant; (*labil*) instable (*a Wetter*); *in der Leistung* irrégulier

unbestätigt *adj Nachricht* non confirmé
unbestechlich *adj* **1.** incorruptible **2.** *fig* intègre
unbestimmt *adj* **1.** (*nicht festgelegt*) indéterminé (*a* MATH); indéfini (*a* GR); vague **2.** (*unsicher*) incertain
unbestreitbar *adj* incontestable; indéniable
unbestritten *adj* incontesté
unbeteiligt **I** *adj* **1.** (*passiv*) étranger (*an* [+ *dat*] à); *ein Unbeteiligter* une personne non concernée, non impliquée **2.** (*gleichgültig*) indifférent **II** *adv* avec indifférence
unbetont *adj* inaccentué; atone
unbeträchtlich *adj* peu considérable
unbeugsam *adj Wille, Stolz* inflexible
unbewacht *adj Person* non surveillé; *Parkplatz* non gardé
unbewaffnet *adj* non armé; sans armes
unbewältigt *adj Vergangenheit* non assumé
unbeweglich **I** *adj* (*nicht zu bewegen*) immobile; *Feiertag* fixe; *Gesicht* impassible; (*steif*) raide; *geistig* qui manque de souplesse **II** *adv* *unbeweglich dastehen* se tenir immobile
Unbeweglichkeit *f* immobilité *f*
unbewegt *adj Gesicht* impassible
unbeweisbar *adj* sans preuve(s); indémontrable
unbewiesen *adj* non prouvé, démontré
unbewohnbar *adj* inhabitable
unbewohnt *adj* inhabité; (*leer stehend*) vide
unbewusst *adj* inconscient
unbezahlbar *adj* **1.** (*unerschwinglich*) 'hors de prix; *Preis* inabordable **2.** *fig* (*unersetzlich*) *unbezahlbar sein* valoir de l'or; *fig plais* *du bist einfach unbezahlbar!* tu es impayable!
unbezahlt *adj Rechnung* impayé; non réglé; *Arbeit* non rémunéré, rétribué
unbezähmbar *adj* indomptable
unbezwingbar *adj* invincible
Unbilden ['ʊnbɪldən] *st/s pl* *die Unbilden des Wetters* les intempéries *f*/*pl*
unblutig **I** *adj* non sanglant (*a* MÉD *Eingriff*) **II** *adv* sans effusion de sang
unbrauchbar *adj* inutilisable
unbürokratisch *adj u adv* sans paperasserie, formalités
unchristlich *adj* peu chrétien; indigne d'un chrétien
und [ʊnt] *conj* et; *bei negativer Verbindung* ne ... ni ... ni; *kein Brot und kein Geld haben* n'avoir ni pain ni argent; *und so weiter* et ainsi de suite; et cetera; (*immer*) *größer und größer* de plus en plus grand; *lauf hin und sag es ihm!* cours le lui dire!; F *der und Angst haben!* lui, avoir peur!
Undank *m* ingratitude *f*
undankbar *adj* ingrat (*gegenüber j-m* envers qn)
Undankbarkeit *f* ingratitude *f*
undatiert *adj* non daté; sans date
undefinierbar *adj* indéfinissable
undenkbar *adj* inimaginable; impensable
undeutlich *adj* **1.** indistinct (*a Aussprache*); *Schrift* peu lisible; illisible **2.** *fig* (*ungenau*) confus; vague; indistinct
undicht *adj Fenster* qui joint mal; *Fass, Dach* non étanche; *e-e undichte Stelle* une fuite (*a fig*)
Unding *n* *das ist ein Unding* c'est une absur-

dité, un non-sens
undiszipliniert *adj* indiscipliné
unduldsam *adj* intolérant
undurchdringlich *adj* impénétrable (*a fig*)
undurchführbar *adj* impraticable; infaisable
undurchlässig *adj* für *Wasser* imperméable; *für Luft* hermétique
undurchsichtig *adj* **1.** opaque **2.** *fig Charakter* impénétrable; *Geschäfte* trouble; louche
uneben *adj* inégal; *Fläche* raboteux; *Gelände a* accidenté
unecht *adj* **1.** *Schmuck* faux; en simili; *Haar* postiche **2.** (*vorgetäuscht*) simulé; faux
unehelich *adj* illégitime; naturel
unehrenhaft *st/s adj* déshonorant
unehrlich *adj* malhonnête; déloyal; (*unaufrichtig*) de mauvaise foi
Unehrlichkeit *f* malhonnêteté *f*; déloyauté *f*
uneigennützig **I** *adj* désintéressé; altruiste **II** *adv* avec désintéressement
uneingeschränkt **I** *adj* illimité; *Macht* absolu **II** *adv* sans restriction
uneinheitlich *adj* qui manque d'unité; hétérogène
uneinig *adj* en désaccord (*mit j-m* avec qn; *in* [+ *dat*], *über* [+ *acc*] sur)
Uneinigkeit *f* désaccord *m*
uneinnehmbar *adj Festung* imprenable; inexpugnable
uneins *adj* → *uneinig*
unempfänglich *adj* insensible, inaccessible (*für* à)
unempfindlich *adj* **1.** insensible (*gegenüber* à) **2.** *fig* (*gleichgültig*) impassible; *Stoff* résistant
Unempfindlichkeit *f* insensibilité *f* (*a fig*)
unendlich **I** *adj* infini (*a fig*, MATH); (*unermesslich*) immense **II** *adv* *unendlich klein* infiniment petit; infinitésimal
Unendlichkeit *f* **1.** infinité *f*; immensité *f* **2.** *fig* F, *st/s* (*Ewigkeit*) éternité *f*
unentbehrlich *adj* indispensable (*für j-n, etw* à qn, qc)
unentgeltlich *adj* gratuit; bénévole
unentrinnbar *st/s adj* inévitable; inéluctable
unentschieden **I** *adj* **1.** indécis; *Frage a* en suspens; (*noch schwebend*) pendant **2.** SPORT nul **II** *adv* SPORT *unentschieden spielen* faire match nul
Unentschieden *n* ⟨∼s; ∼⟩ SPORT égalité *f* de points; match nul
unentschlossen *adj* irrésolu; indécis
Unentschlossenheit *f* irrésolution *f*; indécision *f*
unentschuldbar *adj* inexcusable
unentschuldigt **I** *adj Fehlen* non excusé **II** *adv* *unentschuldigt fehlen* être absent sans excuse
unentwegt [ʊnˀɛntˈveːkt] **I** *adj* **1.** (*beharrlich*) inébranlable **2.** (*ständig*) continuel **II** *adv* **3.** (*beharrlich*) inlassablement **4.** (*ständig*) sans cesse
unentwirrbar *adj a fig* inextricable
unerbittlich *adj* inexorable; (*erbarmungslos*) impitoyable
unerfahren *adj* inexpérimenté; sans expérience
Unerfahrenheit *f* inexpérience *f*
unerfindlich *st/s adj* inexplicable
unerforscht *adj* inexploré

unerfreulich I *adj* peu réjouissant; désagréable II *adv* de façon désagréable, déplaisante

unerfüllbar *adj Wunsch* irréalisable

unerfüllt *adj Leben* non rempli; *Wunsch* irréalisé

unergiebig *adj* improductif (*a fig*)

unergründlich *adj* insondable; impénétrable

unerheblich *adj* insignifiant

unerhört *adj* **1.** (*unglaublich*) inouï **2.** (*sehr groß*) inouï; extraordinaire

unerkannt *adv* sans être reconnu; **unerkannt bleiben** rester ignoré

unerklärlich *adj* inexplicable

unerlässlich [-ˈlɛslɪç] *adj* indispensable

unerlaubt I *adj* non autorisé; illicite; (*illegal*) illégal II *adv* sans autorisation

unerledigt *adj Arbeit* inachevé; en souffrance; *Post* (qui reste) à faire

unermesslich *adj* immense; énorme

unermüdlich I *adj* infatigable; inlassable II *adv* inlassablement

unerreichbar *adj* 'hors d(e l)'atteinte (**für** de); inaccessible (à)

unerreicht *adj* inégalé; sans égal

unersättlich *adj a fig* insatiable

unerschlossen *adj* (*nicht verwertet*) inexploité; (*unerforscht*) inexploré

unerschöpflich *adj* inépuisable

unerschrocken *adj* intrépide

unerschütterlich *adj* inébranlable; imperturbable

unerschwinglich *adj Waren* 'hors de prix; *Preise* exorbitant

unersetzlich *adj* irremplaçable; *Verlust* irréparable

unerträglich *adj* insupportable; intolérable

unerwähnt *adj* non mentionné; **etw unerwähnt lassen** passer qc sous silence

unerwartet I *adj* inattendu; (*unverhofft*) inespéré II *adv* à l'improviste; **das kommt für mich unerwartet** je ne m'y attendais pas

unerwidert *adj* **unerwidert bleiben** rester sans réponse; **unerwiderte Liebe** amour non partagé

unerwünscht *adj* indésirable

UNESCO [uˈnɛsko] ⟨~⟩ *abr* (*United Nations Educational, Scientific and Cultural Organization, Organisation der Vereinten Nationen für Erziehung, Wissenschaft u Kultur*) **die UNESCO** l'Unesco *f*

unfähig *adj* **1.** incapable (**zu** de) **2.** *péj* incompétent

Unfähigkeit *f* ⟨~⟩ **1.** incapacité *f* (**zu** de) **2.** *péj* incompétence *f*

unfair *adj* déloyal (**gegenüber** envers)

Unfall *m* accident *m*

Unfallarzt *m* médecin *m* du SAMU, du service des urgences

Unfallflucht *f* délit *m* de fuite

Unfallfolgen *f/pl* séquelles *f/pl* d'un, de l'accident

unfallfrei *adj u adv* sans accident

Unfallgefahr *f* risque *m* d'accident(s)

Unfallkrankenhaus *n* centre *m*, clinique *f* de traumatologie

Unfallmeldung *f* déclaration *f* d'accident

Unfallopfer *n* victime *f* (d'un accident)

Unfallort *m* lieu *m* de l'accident

Unfallstation *f* service *m* des urgences; SAMU *m*

Unfallstatistik *f* statistique *f* des accidents

Unfallstelle *f* lieu *m* de l'accident

Unfalltod *m* mort accidentelle

Unfallursache *f* cause *f* d'un accident

Unfallversicherung *f* assurance *f* contre les accidents

Unfallwagen *m* **1.** (*Rettungswagen*) ambulance *f* **2.** (*durch e-n Unfall beschädigter Wagen*) voiture accidentée

unfassbar *adj* **1.** incompréhensible **2.** (*unglaublich*) inconcevable; incroyable

unfehlbar *adj* infaillible; *Instinkt* sûr

Unfehlbarkeit *f* ⟨~⟩ infaillibilité *f*

unfein *adj Benehmen* peu délicat; indélicat; peu raffiné

unfertig *adj* **1.** inachevé **2.** *fig* (*unreif*) immature

unflätig [ˈunflɛːtɪç] *st/s péj adj* ordurier

unförmig *adj* (*formlos*) informe; (*missgestaltet*) difforme; mal fait

unfrankiert *adj* non affranchi; en port dû

unfrei *adj* **1.** *Volk, Person* qui n'est pas libre **2.** (*gehemmt*) F inhibé; complexé **3.** (*unfrankiert*) en port dû

unfreiwillig *adj* **1.** (*unbeabsichtigt*) involontaire **2.** (*erzwungen*) forcé

unfreundlich I *adj* peu aimable; désobligeant; maussade (*a Wetter*); (*feindselig*) inamical; (*abweisend*) rébarbatif; *Haus, Stadt* inhospitalier II *adv* de manière, façon peu aimable, inamicale, désobligeante

Unfreundlichkeit *f* caractère *m* revêche, maussade; *Verhalten* manières peu aimables, désobligeantes

Unfriede(n) *m* discorde *f*

UN-Friedenstruppen *f/pl* troupes *f/pl* de l'ONU, des Nations Unies

unfruchtbar *adj* stérile; infécond; infertile (*alle a fig*)

Unfruchtbarkeit *f* stérilité *f*; infécondité *f*; infertilité *f*

Unfug [ˈunfuːk] *m* ⟨~¢s⟩ bêtise *f*; JUR **grober Unfug** acte *m* provoquant un trouble de l'ordre public; **Unfug treiben** faire des bêtises

Ungar(in) [ˈuŋɡar(ɪn)] *m* ⟨~n; ~n⟩ (*f*) ⟨~in; ~innen⟩ 'Hongrois(e) *m(f)*

ungarisch *adj* 'hongrois

Ungarn *n* ⟨~s⟩ la Hongrie

ungastlich *adj* inhospitalier (*a fig*)

ungeachtet *st/s prép* ⟨*gén*⟩ malgré; en dépit de

ungeahnt *adj* insoupçonné; inattendu

ungebeten *adj* non invité

ungebildet *adj* inculte; illettré

ungebräuchlich *adj* inusité; rare

ungebraucht *adj* inutilisé

ungebrochen *adj fig* non abattu

ungebührlich *st/s adj* peu convenable; inconvenant

ungebunden *adj Person* libre (de tout lien); (*ledig*) célibataire

ungedeckt *adj* **1.** FIN à découvert; *Scheck* sans provision **2.** MIL sans protection; (à) découvert; SPORT démarqué

Ungeduld *f* impatience *f*

ungeduldig *adj* impatient; **ungeduldig werden** s'impatienter

ungeeignet *adj Sachen* impropre (**zu, für** à); *Person* inapte (à); *Augenblick* inopportun

ungefähr ['ʊngəfɛːr] **I** *adj* approximatif **II** *adv* à peu près; environ; **ungefähr dreißig** une trentaine (de); **so ungefähr** plus ou moins

ungefährlich *adj* sans danger; non dangereux (**für** pour); (*harmlos*) inoffensif

ungefragt *adv* sans avoir été interrogé; sans en avoir été prié

ungehalten *st/s adj* **ungehalten sein** être fâché, irrité (**über j-n, etw** contre qn, de qc)

ungeheizt *adj* non chauffé

ungehemmt **I** *adj* **1.** qui n'est pas entravé **2.** (*ohne Hemmungen*) sans complexe **II** *adv* **3.** sans entraves

ungeheuer **I** *adj* énorme; monstrueux **II** *adv* extrêmement; énormément

Ungeheuer *n* ⟨~s; ~⟩ monstre *m* (*a fig*)

ungeheuerlich *adj péj* monstrueux; (*empörend*) révoltant

Ungeheuerlichkeit *f* ⟨~; ~en⟩ monstruosité *f; a Äußerung* infamie *f*

ungehindert **I** *adj* libre **II** *adv* sans (en) être empêché; librement

ungehobelt *adj fig* grossier

ungehörig *adj Betragen* inconvenant; *Bemerkung* fâcheux

ungehorsam *adj* désobéissant

Ungehorsam *m* désobéissance *f*

ungeklärt *adj* **1.** non éclairci; obscur; *Ursache* inexpliqué **2.** *Abwässer* non traité

ungekündigt *adj* **in ungekündigter Stellung sein** être encore, toujours en poste

ungekünstelt *adj* sans affectation

ungekürzt **I** *adj Text* non abrégé; complet; *Ausgabe a* intégral; *Film* en version intégrale **II** *adv* en entier

ungeladen *adj* **1.** *Waffe* non chargé **2.** *Gast* non invité

ungelegen *adj Zeitpunkt* indu; inopportun; *Besuch* importun; **j-m ungelegen kommen** déranger qn

Ungelegenheit *f* **j-m Ungelegenheiten bereiten** importuner, déranger qn

ungelernt *adj Arbeiter* non qualifié

ungelogen F *adv* sans mentir

ungemein **I** *adj* énorme; extraordinaire **II** *adv* extrêmement

ungemütlich *adj Ort* peu accueillant; *Wetter* vilain; F **ungemütlich werden** *Person* devenir désagréable

ungenannt *adj* qui n'est pas nommé; anonyme; **ungenannt bleiben** rester anonyme

ungenau **I** *adj* **1.** inexact; imprécis **2.** *Erinnerung, Vorstellung* vague; flou **II** *adv* **3.** sans précision **4.** *arbeiten* sans soin

Ungenauigkeit *f* inexactitude *f*; imprécision *f*

ungeniert *adj u adv* sans-gêne

ungenießbar *adj* **1.** *Speise* immangeable; *Getränk* imbuvable; *Pilz* non comestible **2.** F *fig* insupportable; F imbuvable

ungenügend *adj* **1.** insuffisant; *Leistung* peu satisfaisant **2.** *Schulnote →* **Sechs**

ungenutzt, ungenützt **I** *adj* inutilisé **II** *adv Gelegenheit* **ungenutzt, ungenützt lassen** laisser passer

ungepflegt *adj* négligé

ungerade *adj Zahl* impair

ungerecht *adj* injuste

ungerechtfertigt *adj* non justifié; injustifié

Ungerechtigkeit *f* injustice *f*

ungeregelt *adj* non réglé; *Leben* déréglé

ungereimt *adj fig péj* illogique; confus

ungern *adv* à contrecœur; **ich tue das ungern** je ne le fais pas volontiers

ungerührt **I** *adj* impassible **II** *adv* sans émotion

ungesalzen *adj* non salé

ungesättigt *adj* CHIM non saturé

ungeschehen *adj* **das lässt sich nicht** (**mehr**) **ungeschehen machen** ce qui est fait est fait

Ungeschicklichkeit *f* maladresse *f*; gaucherie *f*

ungeschickt *adj* maladroit; inhabile; (*linkisch*) gauche

ungeschliffen *adj* **1.** TECH non taillé; brut **2.** *fig péj* impoli; grossier

ungeschminkt *adj* sans fard (*a fig*)

ungeschoren *adj u adv fig* **j-n ungeschoren lassen** épargner qn; **ungeschoren davonkommen** s'en tirer sans dommage

ungeschrieben *adj fig* **ein ungeschriebenes Gesetz** une règle établie

ungeschützt *adj* **1.** non protégé **2.** *gegen Wind u Wetter* non abrité

ungesellig *adj* insociable

ungesetzlich *adj* illégal

Ungesetzlichkeit *f* illégalité *f*

ungesittet *adj* grossier

ungestört **I** *adj* non troublé **II** *adv* en paix; sans être dérangé

ungestraft *adj* impuni

ungestüm ['ʊngəʃtyːm] *st/s adj* impétueux; fougueux; (*heftig*) véhément

ungesund *adj* **1.** malsain (*a fig*); *Luft, Wohnung* insalubre; **Rauchen ist ungesund** fumer nuit à la santé **2.** *Aussehen* maladif

ungeteilt *adj* **1.** non divisé, partagé **2.** *fig Zustimmung* unanime

ungetrübt *adj* serein; *Glück a* sans nuage

Ungetüm ['ʊngətyːm] *n* ⟨~⟨e⟩s; ~e⟩ monstre *m*

ungeübt *adj* qui manque d'exercice, d'entraînement; non exercé

ungewaschen *adj* non lavé

ungewiss *adj* incertain; **j-n** (**über etw** [*acc*]) **im Ungewissen lassen** laisser qn dans l'incertitude (au sujet de qc)

Ungewissheit *f* incertitude *f*

ungewöhnlich **I** *adj* extraordinaire; inhabituel; (*seltsam*) étrange; singulier **II** *adv* **ungewöhnlich schön** d'une beauté peu commune, extraordinaire

ungewohnt *adj Anblick, Umgebung, Arbeit* inhabituel; inaccoutumé

ungewollt *adj* non voulu; involontaire

ungezählt *adj* non compté

Ungeziefer ['ʊngətsiːfər] *n* ⟨~s⟩ vermine *f*

ungezogen *adj* mal élevé; (*frech*) insolent; impertinent

ungezügelt *adj* sans frein; effréné

ungezwungen **I** *adj Benehmen* non affecté; non guindé; simple; *Unterhaltung* naturel **II** *adv* sans contrainte, affectation

Ungezwungenheit *f* ⟨~⟩ aisance *f* (des manières)

ungläubig *adj* **1.** incrédule; sceptique **2.** REL incroyant; infidèle

Ungläubige(r) *f(m)* REL incroyant(e) *m(f)*; infi-

dèle *m,f*
unglaublich *adj* incroyable; (*unerhört*) inouï
unglaubwürdig *adj* *Geschichte* incroyable; *Zeuge* peu digne de foi
ungleich *adj* **1.** *Kampf, Bedingungen* inégal **2.** (*verschieden*) différent; (*unähnlich*) dissemblable
Ungleichgewicht *n* déséquilibre *m*
ungleichmäßig *adj* inégal; irrégulier
Unglück *n* ⟨∼¢s; ∼e⟩ malheur *m*; *im Leben a* adversité *f*; (*Pech*) malchance *f*; (*Unfall*) accident *m*; (*Zugunglück, Flugzeugunglück*) catastrophe *f*; *durch Naturkatastrophe* calamité *f*; *j-n ins Unglück stürzen* précipiter qn dans le malheur; (*j-m*) *Unglück bringen* porter malheur (à qn); *zu allem Unglück* pour comble de malheur
unglücklich **I** *adj* **1.** malheureux; *Person a* malchanceux; (*sich*) *unglücklich machen* (se) rendre malheureux **2.** (*ungünstig*) malencontreux; (*verhängnisvoll*) funeste; fatal **II** *adv* (*ungünstig*) mal; *unglücklich verliebt sein* éprouver un amour non partagé
unglücklicherweise *adv* malheureusement; malencontreusement
unglückselig *adj* (*verhängnisvoll*) funeste; désastreux
Unglücksfall *m* accident *m*
Unglücksrabe F *m* malchanceux, -euse *m,f*
Unglückstag *m* jour *m* de malheur; jour *m* néfaste
Ungnade *f* (*bei j-m*) *in Ungnade* (*acc*) *fallen* tomber en disgrâce (auprès de qn)
ungnädig *adj* sans bienveillance
ungültig *adj* non valable; *Fahrkarte, Pass* périmé; *Geld* qui n'a pas, plus cours; *Stimme*, JUR nul; *für ungültig erklären* annuler; JUR invalider
Ungültigkeit *f* JUR nullité *f*
Ungunsten *pl* *zu j-s Ungunsten* au préjudice, détriment, désavantage de qn
ungünstig *adj* *Wetter, Bescheid* défavorable; *Urteil, Lage* désavantageux; *im ungünstigsten Falle* au pire
ungut *adj* *ich habe ein ungutes Gefühl dabei* ça ne me dit rien qui vaille; *nichts für ungut!* ne m'en veuillez pas!
unhaltbar *adj* **1.** *Zustand* insupportable **2.** *Argument* insoutenable **3.** SPORT *Ball* imparable
unhandlich *adj* peu maniable
Unheil *n* grand malheur; calamité *f*; *Unheil anrichten* causer de grands malheurs
unheilbar *adj* incurable; inguérissable
unheilvoll *adj* funeste; *Entwicklung* néfaste
unheimlich **I** *adj* **1.** sinistre; (*Angst einflößend*) inquiétant; *p/fort* angoissant; *das ist mir unheimlich* ça me donne le frisson **2.** F (*außerordentlich*) énorme; F terrible **II** *adv* F (*sehr*) énormément; F terriblement
unhöflich *adj* impoli
Unhöflichkeit *f* impolitesse *f*
Unhold ['ʊnhɔlt] *m* ⟨∼¢s; ∼e⟩ **1.** *im Märchen* esprit malin **2.** *fig Mensch* monstre *m*
unhörbar *adj* imperceptible (à l'oreille); inaudible
unhygienisch *adj* peu hygiénique
uni ['yni] *adj* ⟨*inv*⟩ (*einfarbig*) uni
Uni ['ʊni] F *f* ⟨∼; ∼s⟩ F fac *f*

UNICEF ['uːnitsɛf] ⟨∼⟩ *abr* (*United Nations International Children's Emergency Fund, Weltkinderhilfswerk der Vereinten Nationen*) *die UNICEF* l'UNICEF *m*
Uniform *f* ⟨∼; ∼en⟩ uniforme *m*; tenue *f*
uniformiert *adjt* en uniforme
Unikat [uni'kaːt] *n* ⟨∼¢s; ∼e⟩ seul et unique exemplaire
Unikum ['uːnikʊm] *n* ⟨∼s; ∼s⟩ F *Mensch* F numéro *m*; F phénomène *m*
uninteressant *adj* peu, non intéressant; sans intérêt
uninteressiert *adj* indifférent; détaché
Union [uni'oːn] *f* ⟨∼; ∼en⟩ union *f*; *Europäische Union* Union européenne
Universalerbe [univɛr'zaːl-] *m*, **Universalerbin** *f* légataire universel, -elle
universell *adj* universel
Universität *f* ⟨∼; ∼en⟩ université *f*
Universitäts... *in Zssgn* universitaire
Universitätsbibliothek *f* bibliothèque *f* universitaire, de l'université
Universitätsklinik *f* clinique *f* universitaire
Universitätsprofessor(in) *m(f)* professeur *m,f* d'université
Universitätsstadt *f* ville *f* universitaire
Universitätsstudium *n* études *f/pl* universitaires
Universum *n* ⟨∼s⟩ univers *m*
Unke ['ʊŋkə] *f* ⟨∼; ∼n⟩ zo crapaud *m*
unken *v/i* prédire le pire
unkenntlich *adj* méconnaissable
Unkenntlichkeit *f* ⟨∼⟩ *bis zur Unkenntlichkeit entstellt* complètement défiguré
Unkenntnis *f* ⟨∼⟩ ignorance *f*; *in Unkenntnis der Gefahr* dans l'ignorance du danger
unklar *adj* **1.** *Angaben* imprécis; *Geräusch, Umrisse* indistinct **2.** (*ungewiss*) incertain; vague; *j-n im Unklaren lassen* laisser qn dans le vague, l'incertitude (*über etw* [*acc*] au sujet, à propos de qc) **3.** (*unerklärlich*) inexplicable
Unklarheit *f* imprécision *f*; manque *m* de précision; (*Unverständlichkeit*) manque *m* de clarté; (*Ungewissheit*) incertitude *f*; *Unklarheiten beseitigen* donner des éclaircissements, des précisions
unklug *adj* pas très intelligent
unkollegial *adj* qui ne se fait pas entre collègues
unkompliziert *adj* peu compliqué; (*einfach*) simple
unkontrollierbar *adj* incontrôlable
unkontrolliert *adj* incontrôlé
unkonventionell *adj* non conventionnel
unkonzentriert *adj* déconcentré; inattentif
unkorrekt *adj* incorrect
Unkosten *pl* frais *m/pl*; (*Ausgaben*) dépenses *f/pl*; JUR dépens *m/pl*; F *sich in Unkosten* (*acc*) *stürzen* se mettre en frais
Unkostenvergütung *f* remboursement *m* des frais
Unkraut *n* mauvaise(s) herbe(s)
Unkrautvertilgungsmittel *n* herbicide *m*
unkritisch *adj* *Bericht* non critique
unkultiviert *adj* *Person* barbare; *Benehmen* fruste; primitif
unkündbar *adj* *Vertrag* non résiliable; *Person* inamovible; *Stellung* permanent
unlängst *adv* dernièrement; récemment

unlauter *adj* JUR **unlauterer Wettbewerb** concurrence déloyale
unleserlich *adj* illisible
unliebsam *adj* désagréable; fâcheux
unlogisch *adj* illogique
unlösbar *adj* *Problem* insoluble
Unlust *f* ennui *m*
unmanierlich I *adj* qui n'a pas de bonnes manières, de savoir-vivre II *adv* **unmanierlich essen** ne pas savoir se tenir (convenablement) à table
unmaßgeblich *adj* sans (aucune) importance; *Urteil* incompétent
unmäßig *adj* immodéré (*a im Genuss*); démesuré; (*übertrieben*) excessif
Unmenge *f* quantité *f*, nombre *m* énorme (**von, an** [+ *dat*] de)
Unmensch *m* monstre *m*; (*Rohling*) brute *f*
unmenschlich *adj* **1.** *Tat* monstrueux; inhumain (*a Bedingungen*); barbare; cruel **2.** F *Anstrengung* surhumain
Unmenschlichkeit *f* inhumanité *f*; barbarie *f*
unmerklich *adj* insensible; imperceptible
unmissverständlich I *adj* clair; non équivoque II *adv* sans équivoque
unmittelbar I *adj* *Nachfolger*, *Nähe* immédiat; *Kontakt*, *Vorgesetzter* direct II *adv* **1.** **unmittelbar vor** (+ *dat bzw acc*) räumlich à deux pas de; **unmittelbar bevorstehen** être imminent **2.** (*direkt*) directement; **unmittelbar zum Ziel führen** mener droit au but
unmöbliert *adj* non meublé; sans meubles
unmodern *adj* passé de mode; démodé
unmöglich I *adj* impossible (*a* F *fig Person, Benehmen, Kleidung*); **sich unmöglich machen** se rendre impossible II F *adv* **ich kann es unmöglich tun** il m'est impossible de le faire; *péj* **sich unmöglich benehmen** se conduire de façon impossible
Unmögliche(s) *n* 〈→ A〉 impossible *m*; **Unmögliches leisten** faire l'impossible
Unmöglichkeit *f* impossibilité *f*; **ein Ding der Unmöglichkeit** une chose impossible, infaisable
unmoralisch *adj* immoral
unmotiviert *adj* sans motif; gratuit
unmündig *adj* **1.** JUR mineur **2.** *fig* qui n'est pas adulte; (*unreif*) immature
unmusikalisch *adj* **unmusikalisch sein** ne pas être musicien
Unmut *st/s m* mauvaise humeur
unnachahmlich *adj* inimitable
unnachgiebig *adj* inflexible
unnachsichtig *adj* sévère; sans indulgence
unnahbar *adj* inaccessible; inabordable
unnatürlich I *adj* **1.** (*künstlich*) non naturel; artificiel **2.** (*gekünstelt*) peu naturel; affecté; guindé II *adv* (*gekünstelt*) d'une façon peu naturelle, affectée
unnormal *adj* anormal
unnötig *adj* inutile; superflu
unnütz *adj* inutile; vain; superflu
UNO ['u:no] 〈~〉 *abr* (*United Nations Organization, Organisation der Vereinten Nationen*) **die UNO** l'ONU *f*
unordentlich *adj* **1.** *Zimmer* en désordre; *Arbeit* peu soigné **2.** *Person* désordonné; (*nachlässig*) peu soigneux

Unordnung *f* désordre *m*; (*Durcheinander*) fouillis *m*; **in Unordnung** (*acc*) **bringen** mettre en désordre (*a fig*); **in Unordnung** (*acc*) **geraten** se désorganiser
unorthodox *adj* peu, non orthodoxe
unparteiisch I *adj* impartial II *adv* sans parti pris
Unparteiische(r) *f(m)* 〈→ A〉 SPORT arbitre *m*
unpassend *adj* *Zeitpunkt* mal choisi; inopportun; *Bemerkung* incongru; déplacé
unpassierbar *adj* *Straße* impraticable
unpässlich ['ʊnpɛslɪç] *adj* indisposé
unpersönlich *adj* impersonnel (*a* GR)
unplugged ['ʌnplakt] *adj*, *adv* unplugged
unpolitisch *adj* non politique; apolitique
unpopulär *adj* impopulaire
unpraktisch *adj* pas (très) pratique; *Person a* maladroit
unproduktiv *adj* improductif
unproportioniert *adj* disproportionné
unpünktlich *adj* **1.** (*verspätet*) en retard **2.** (*nie pünktlich*) *Person* pas très ponctuel
Unpünktlichkeit *f* inexactitude *f*
unqualifiziert *adj* *Arbeit*, *Arbeitskraft* non qualifié
unrasiert *adj* non rasé
Unrat *st/s m* 〈~es〉 immondices *f/pl*
unrealistisch *adj* irréaliste
unrecht[1] *st/s* I *adj* mauvais; *Zeitpunkt* inopportun; **zur unrechten Zeit** mal à propos II *adv* **unrecht handeln** agir mal
unrecht[2] *subst* **unrecht haben** avoir tort; **j-m unrecht geben** donner tort à qn; **j-m unrecht tun** faire du tort à qn
Unrecht *n* **1.** injustice *f*; tort *m*; **im Unrecht sein** avoir tort; **zu Unrecht** à tort; injustement; **nicht zu Unrecht** non sans raison **2.** **Unrecht haben, geben, tun** → **unrecht**[2]
unrechtmäßig *adj* illégitime
unredlich *st/s adj* malhonnête; déloyal
unregelmäßig *adj* irrégulier
Unregelmäßigkeit *f* irrégularité *f*
unreif *adj* qui n'est pas mûr (*a fig*); *Frucht a* vert; *Person a* immature
Unreife *f* manque *m* de maturité (*a fig*); *fig* immaturité *f*
unrein *adj* **1.** (*schmutzig*) malpropre; sale; *Haut* qui présente des impuretés; *Wasser* impur (*a fig*, REL) **2.** **ins Unreine schreiben** écrire au brouillon
unrentabel *adj* 〈-bl-〉 pas rentable
unrettbar *adv* **unrettbar verloren sein** être condamné
unrichtig *adj* (*falsch*) faux; incorrect; (*ungenau*) inexact
Unruhe *f* 〈~; ~n〉 **1.** (*Besorgnis*) inquiétude *f*; (*Nervosität*) nervosité *f* **2.** (*Trubel*) agitation *f*; (*Lärm*) bruit *m* **3.** (*Unfrieden*) **Unruhen** *pl* troubles *m/pl*; désordres *m/pl*; **Unruhe stiften** provoquer des troubles
Unruheherd *m* foyer *m* de troubles
Unruhestifter *m péj* fauteur *m* de troubles; perturbateur *m*
unruhig *adj* **1.** (*besorgt*) inquiet; **unruhig werden** s'inquiéter **2.** (*ruhelos*) agité (*a Meer, Leben*); *Zeit a* troublé; (*nervös*) nerveux **3.** (*laut*) bruyant
unrühmlich *adj* peu glorieux

uns [ʊns] *pr/pers (dat et acc de* wir) (à) nous
unsachgemäß I *adj* inapproprié; incorrect **II** *adv* de façon inappropriée
unsachlich *adj* non objectif; subjectif
unsagbar, unsäglich [ʊn'zɛːklɪç] *st/s adj Leid, Freude st/s* indicible
unsanft *adv* sans douceur
unsauber *adj* **1.** (*schmutzig*) malpropre **2.** (*nachlässig*) qui n'est pas soigné **3.** (*nicht präzise*) imprécis; *Klang* qui n'est pas juste **4.** (*unlauter*) *Geschäft* malhonnête; sale
unschädlich *adj Mittel* inoffensif; anodin; **unschädlich machen** mettre 'hors d'état de nuire
unscharf *adj Bild* flou; imprécis
Unschärfe *f* flou *m*; imprécision *f*
unschätzbar *adj* inestimable
unscheinbar *adj* insignifiant
unschicklich *st/s adj* inconvenant
unschlagbar *adj* imbattable
unschlüssig *adj* irrésolu; indécis; (**sich** [*dat*]) **unschlüssig sein** hésiter
Unschlüssigkeit *f* ⟨∼⟩ irrésolution *f*; indécision *f*
unschön *adj* qui n'est pas beau; *Haus, Gegend, Benehmen* laid; *Lage, Erfahrung* désagréable
Unschuld *f* ⟨∼⟩ **1.** innocence *f*; *bes* JUR non-culpabilité *f* **2.** (*Jungfräulichkeit*) virginité *f*
unschuldig I *adj* **1.** (*schuldlos*) innocent (**an etw** [*dat*] de qc); *bes* JUR non coupable **2.** (*sexuell unberührt*) vierge **II** *adv* **unschuldig verurteilt werden** être condamné à tort
Unschuldige(r) *f(m)* innocent(e) *m(f)*
Unschuldslamm *n iron* innocent(e) *m(f)*
Unschuldsmiene *f* air innocent
unschwer *adv* facile; sans difficulté
unselb(st)ständig *adj* **1.** *Mensch in s-m Tun* qui dépend trop des autres; peu autonome **2.** ADM **unselb(st)ständige Arbeit** travail salarié
Unselb(st)ständigkeit *f* manque *m* d'indépendance, d'initiative; (*Abhängigkeit*) dépendance *f*
unselig *st/s adj* funeste
unser ['ʊnzər] **I** *pr/poss* **1.** *adjt* (*f et pl* **unsere**) notre; *pl* nos **2.** *subst* **der, die, das unsere** le *bzw* la nôtre; *st/s* **die Unser(e)n, Unsren** *pl* les nôtres **II** *st/s pr/pers* (*gén de* wir) de nous; **in unser aller Namen** en notre nom à tous
unsereiner, unsereins F *pr/ind* nous autres; des gens comme nous
unsererseits *adv* de notre côté; de notre part
unseresgleichen *pr* ⟨*inv*⟩ des gens comme nous
unseriös *adj* douteux; louche
unsertwegen *adv* **1.** (*wegen uns*) à cause de nous **2.** (*uns zuliebe*) pour nous **3.** (*von uns aus*) en ce qui nous concerne; quant à nous
unsicher I *adj* **1.** (*gefahrvoll*) peu sûr; dangereux; F *fig plais* **Paris unsicher machen** aller à Paris pour bien s'amuser **2.** (*nicht selbstsicher*) qui manque d'assurance; **j-n unsicher machen** troubler qn **3.** (*ungewiss*) peu sûr; incertain **4.** (*unzuverlässig*) *Methode, Gedächtnis* non fiable; *Quelle* douteux **II** *adv* **unsicher fahren** manquer d'assurance au volant
Unsicherheit *f* **1.** (*Gefährlichkeit*) insécurité *f* **2.** (*Unsichersein*) manque *m* de sûreté; manque *m* d'assurance **3.** (*Ungewissheit*) incertitude

f; *der Existenz, Lage* précarité *f* **4.** (*Unklarheit*) incertitude *f*
Unsicherheitsfaktor *m* (élément *m* d')incertitude *f*; *par ext* chose *f* imprévisible
unsichtbar *adj* invisible
Unsinn *m* **1.** non-sens *m*; ineptie *f*; absurdité *f*; **das ist blanker Unsinn** c'est complètement absurde **2.** (*Unfug*) bêtises *f/pl*; âneries *f/pl*; **Unsinn machen, reden** faire, dire des bêtises
unsinnig *adj* insensé; absurde
Unsitte *f* mauvaise habitude
unsittlich *adj* immoral
unsolide *adj Mensch* peu sérieux (*a Firma*); *Lebenswandel a* déréglé
unsozial *adj* antisocial
unsportlich *adj* **1.** pas sportif **2.** → **unfair**
unsre ['ʊnzrə] → **unser**
unsrerseits → **unsererseits**
unsresgleichen → **unseresgleichen**
unsrige ['ʊnzrɪɡə] *st/s pr/poss* **der, die, das unsrige, die Unsrigen** → **unser**
unsterblich I *adj* immortel **II** F *adv* **unsterblich verliebt** éperdument amoureux
Unsterblichkeit *f* immortalité *f*
unstet *st/s adj Mensch* inconstant; versatile; *Leben, Blick* errant
unstillbar *adj Verlangen* insatiable
Unstimmigkeit *f* ⟨∼; ∼en⟩ (*Uneinigkeit*) désaccord *m*; (*Fehler*) erreur *f*
unstreitig *adj u adv* sans contredit
Unsumme *f* somme énorme
unsympathisch *adj* peu sympathique; antipathique
unsystematisch *adj* peu systématique, méthodique
untad(e)lig *adj* irréprochable
Untat *st/s f* forfait *m*
untätig *adj* inactif; (*müßig*) oisif; désœuvré
Untätigkeit *f augenblickliche* inaction *f*; *dauernde* inactivité *f*
untauglich *adj* inapte (**zu, für** à)
unteilbar *adj* indivisible
unten ['ʊntən] *adv* en bas; *auf Kisten* **unten!** bas!; **da unten** là en bas; **rechts unten** en bas à droite; **nach unten** vers le bas; **von unten** d'en bas; **weiter unten** plus bas; **auf Seite 10 unten** en bas de la page 10; **unten erwähnt** mentionné ci-dessous
unter ['ʊntər] **I** *prép* **1.** *räumlich Lage* ⟨*dat*⟩ sous; (*unterhalb*) au-dessous de; **unter dem Schrank hervorkommen** sortir de dessous l'armoire **2.** *räumlich Richtung* ⟨*acc*⟩ sous **3.** (*unterhalb e-r Grenze*) ⟨*dat ou acc*⟩ au-dessous de; **Kinder unter acht Jahren** enfants de moins, au-dessous de huit ans **4.** *Unterordnung* ⟨*dat ou acc*⟩ **unter j-m stehen** venir après qn; **etw unter sich** (*dat*) **haben** *Betrieb etc* avoir la direction de qc; **unter Karl dem Großen** sous Charlemagne **5.** *Art u Weise* ⟨*dat*⟩ à; sous; dans; **unter großen Schmerzen** avec, dans de grandes douleurs **6.** *mit Verbalsubstantiv* (*durch*) ⟨*dat*⟩ **unter Verwendung von etw** en employant qc **7.** (*zwischen*) *Lage* ⟨*dat*⟩ parmi; entre; **unter Freunden** entre amis; **unter uns (gesagt)** entre nous; **unter anderem** entre autres; **unter den Zuschauern** parmi les spectateurs **II** *adv* (*weniger als*) moins de
Unterabteilung *f* subdivision *f*

Unterarm *m* avant-bras *m*
Unterart *f* BIOL sous-espèce *f*; variété *f*
unterbelichtet *adj* PHOT sous-exposé
Unterbelichtung *f* PHOT sous-exposition *f*
unterbesetzt *adj* **unterbesetzt sein** être en sous-effectif
unterbewerten *v/t* ⟨-e-, *sans ge*⟩ sous-évaluer
unterbewusst *adj* subconscient
Unterbewusstsein *n* subconscient *m*
unterbieten *v/t* ⟨*irr, sans ge*⟩ **1. j-n, die Konkurrenz unterbieten** vendre moins cher que qn, que la concurrence **2.** *bes* SPORT *Rekord* battre
unterbinden *v/t* ⟨*irr, sans ge*⟩ (*verhindern*) empêcher; (*beenden*) faire cesser
unterbleiben *v/i* ⟨*irr, sans ge*, sn⟩ (*nicht geschehen*) ne pas avoir lieu; (*nicht wieder eintreten*) ne plus se reproduire
Unterbodenschutz *m* AUTO protection *f* du dessous de caisse
unterbrechen *v/t* ⟨*irr, sans ge*⟩ **1.** interrompre; *Arbeit, Diskussion a* suspendre **2.** *Leitung* couper; *Strom a* déconnecter
Unterbrechung *f* interruption *f* (*a* ÉLECT); *zeitweilige* suspension *f*
unterbreiten *st/s v/t* ⟨-e-, *sans ge*⟩ *Plan, Vorschlag* présenter; soumettre
unterbringen *v/t* ⟨*irr*⟩ **1.** (*verstauen*) mettre; ranger **2.** (*beherbergen*) héberger; loger **3.** (*in Obhut geben*) mettre **4.** F (*e-e Stellung verschaffen*) placer; caser
Unterbringung *f* ⟨∼; ∼en⟩ hébergement *m*; logement *m*
unterbuttern F *v/t* **sich nicht unterbuttern lassen** ne pas se laisser faire
Unterdeck *n* MAR pont inférieur
unterderhand → **Hand**
unterdessen *adv* entre-temps
Unterdruck *m* ⟨∼¢s; -drücke⟩ TECH dépression *f*
unterdrücken *v/t* ⟨*sans ge*⟩ **1.** *Gefühl etc* réprimer; retenir; refouler; *Lachen* étouffer **2.** *Aufstand* réprimer; *Personengruppen* opprimer
Unterdrücker *m* oppresseur *m*
Unterdrückung *f* ⟨∼; ∼en⟩ **1.** *e-s Gefühls* refoulement *m* **2.** *e-s Volkes* oppression *f*; *e-s Aufstands* répression *f*
untere *adj* inférieur; bas; (*darunterliegend*) d'en bas; **der untere Teil** la partie inférieure; **die unteren Klassen** *f/pl e-r Schule* les petites classes
untereinander *adv* **1.** (*räumlich*) l'un(e) au-dessous de l'autre **2.** (*miteinander*) entre eux (nous, *etc*)
unterentwickelt *adj* **1.** *wirtschaftlich* sous-développé **2.** *körperlich, geistig* retardé (dans son développement)
unterernährt *adj* sous-alimenté
Unterernährung *f* sous-alimentation *f*
Unterfangen *st/s n* ⟨∼s⟩ entreprise *f*
unterfordern *v/t* ⟨*sans ge*⟩ exiger trop peu de; *Arbeit a* être trop facile pour
Unterführung *f* passage souterrain
Unterfunktion *f* MÉD fonctionnement déficient; **Unterfunktion der Schilddrüse** hypothyroïdie *f*
Untergang *m* **1.** (*Sonnenuntergang, Monduntergang*) coucher *m* **2.** *e-s Schiffs* naufrage *m* **3.** *fig* (*Zugrundegehen*) ruine *f*; naufrage *m*; *e-s Reichs* décadence *f*

Untergebene(r) *f(m)* ⟨→ A⟩ subordonné(e) *m(f)*; subalterne *m,f*
untergehen *v/i* ⟨*irr*, sn⟩ **1.** *Sonne, Mond* se coucher **2.** *im Wasser, Schiff* couler; sombrer; *Mensch* se noyer **3.** *fig* (*zugrunde gehen*) décliner; périr; sombrer
untergeordnet *adj* **1.** subordonné (*a* GR) **2.** (*zweitrangig*) secondaire
Untergeschoss, *österr* **Untergeschoß** *n* sous-sol *m*
Untergewicht *n* manque *m*, insuffisance *f* de poids
untergliedern *v/t* ⟨*sans ge*⟩ (sub)diviser (**in** [+ *acc*] en)
untergraben *v/t* ⟨*irr, sans ge*⟩ *Autorität* saper
Untergrenze *f* limite inférieure
Untergrund *m* **1.** PEINT fond *m* **2.** CONSTR sol *m* d'infrastructure **3.** *fig*, POL clandestinité *f*
Untergrundbahn *f* métro *m*
Untergrundbewegung *f* mouvement clandestin
Untergrundorganisation *f* organisation clandestine
Untergruppe *f* sous-groupe(ment) *m*
unterhaken F *v/t* **j-n unterhaken** prendre le bras de qn; **untergehakt** bras dessus, bras dessous
unterhalb *prép* ⟨*gén*⟩ au-dessous de
Unterhalt *m* **1.** (*Instandhaltung[skosten]*) entretien *m* **2.** (*Lebensunterhalt*) subsistance *f*; entretien *m*; **für j-s Unterhalt aufkommen** subvenir aux besoins de qn **3.** (*Unterhaltszahlung*) pension *f* alimentaire
unterhalten ⟨*irr, sans ge*⟩ **I** *v/t* **1.** *Person* (*versorgen*) entretenir; subvenir aux besoins de **2.** (*instand halten*) entretenir **3.** *Beziehungen* entretenir **4.** *Gäste* divertir; amuser; distraire **II** *v/r* **5. sich mit j-m (über etw** [*acc*]**) unterhalten** s'entretenir avec qn (de qc) **6.** (*amüsieren*) **sich unterhalten** s'amuser; se divertir; **wir haben uns gut unterhalten** nous nous sommes bien amusés
unterhaltsam *adj* amusant; divertissant
Unterhaltsanspruch *m* droit *m* à une pension alimentaire
unterhaltsberechtigt *adj* à charge
Unterhaltsforderung *f* créance *f* alimentaire
Unterhaltsklage *f* demande *f* de pension alimentaire; action *f* alimentaire
Unterhaltskosten *pl* frais *m/pl* d'entretien
Unterhaltspflicht *f* obligation *f* alimentaire; devoir *m* d'entretien
unterhaltspflichtig *adj* **unterhaltspflichtig sein** avoir le devoir d'entretien
Unterhaltszahlung *f* (paiement *m* de la) pension *f* alimentaire
Unterhaltung *f* ⟨∼; ∼en⟩ **1.** (*Pflege, Erhaltung*) entretien *m* **2.** (*Gespräch*) entretien *m*; conversation *f* **3.** (*Vergnügen*) divertissement *m*; amusement *m*; distraction *f*
Unterhaltungselektronik *f* électronique *f* de loisir
Unterhaltungsliteratur *f* littérature divertissante, récréative
Unterhaltungsmusik *f* musique légère
Unterhaltungsprogramm *n* programme *m* de divertissement
Unterhaltungssendung *f* émission *f* de varié-

tés

Unterhändler *m* négociateur *m*

Unterhaus *n* ⟨~es⟩ POL *in England* **das Unterhaus** la Chambre basse *od* des communes

Unterhemd *n* (*Herrenunterhemd*) maillot *m*, tricot *m* de corps; (*Damenunterhemd*) chemise *f*; caraco *m*

unterhöhlen *v/t* ⟨*sans ge*⟩ miner (*a fig*); saper; creuser

Unterholz *n* sous-bois *m*

Unterhose *f* (*Herrenunterhose*) caleçon *m*; (*Damenunterhose*) (petite) culotte; (*Slip*) slip *m*

unterirdisch **I** *adj* souterrain **II** *adv* sous terre

unterjochen *v/t* ⟨*sans ge*⟩ asservir

unterjubeln F *v/t* ⟨¢⟩ *j-m etw unterjubeln* refiler qc à qn

Unterkante *f* bord inférieur

unterkellert *adjt* muni d'une cave

Unterkiefer *m* mâchoire inférieure

unterkommen *v/i* ⟨*irr, sn*⟩ **1.** (*Unterkunft finden*) trouver à se loger **2.** F (*Stellung finden*) trouver un emploi

Unterkörper *m* partie inférieure du corps

unterkriegen F *v/t* **sich nicht unterkriegen lassen** ne pas se laisser abattre; **lass dich nicht unterkriegen!** tiens bon!

unterkühlt *adjt* **1.** MÉD en état d'hypothermie **2.** *fig péj* froid

Unterkühlung *f* MÉD hypothermie *f*

Unterkunft ['untərkunft] *f* ⟨~; -künfte⟩ hébergement *m*; logement *m*; gîte *m*; **Unterkunft und Verpflegung** le vivre et le couvert

Unterlage *f* **1.** support *m*; base *f*; (*untere Schicht*) couche (inférieure); (*Gummiunterlage*) alaise *od* alèse *f*; (*Schreibunterlage*) sous-main *m* **2.** *pl* **Unterlagen** (*Belege, Papiere*) documents *m/pl*; dossier *m*

Unterlass *m* **ohne Unterlass** sans cesse, relâche

unterlassen *v/t* ⟨*irr, sans ge*⟩ s'abstenir de; (*versäumen*) omettre

Unterlassung *f* ⟨~; ~en⟩ abstention *f* (*a* JUR); (*Versäumnis*) omission *f*

Unterlauf *m* *e-s Flusses* cours inférieur

unterlaufen ⟨*irr, sans ge*⟩ **I** *v/t fig Bestimmungen* (*contourner* **II** *v/i* ⟨*sn*⟩ *mir ist ein Fehler unterlaufen* je me suis trompé(e)

unterlegen[1] *v/t* (*unter … legen*) mettre, placer (des)sous

unterlegen[2] *v/t* ⟨*sans ge*⟩ *fig* **etw mit Musik unterlegen** donner un fond musical à qc

unterlegen[3] **I** *p/p* → **unterliegen** **II** *adjt j-m* (**zahlenmäßig**) **unterlegen sein** être inférieur (en nombre) à qn

Unterlegene(r) *f(m)* ⟨→ A⟩ vaincu(e) *m(f)*

Unterlegenheit *f* ⟨~⟩ infériorité *f*

Unterleib *m* bas-ventre *m*; abdomen *m*

unterliegen *v/i* ⟨*irr, sans ge*⟩ **1.** ⟨*sn*⟩ (*besiegt werden*) succomber; avoir le dessous; *j-m unterliegen* être vaincu, battu par qn **2.** *e-r Bestimmung, Steuer* être soumis à; *e-r Schwankung* être sujet à

Unterlippe *f* lèvre inférieure

unterm ['untərm] F = **unter dem**

untermalen *v/t* ⟨*sans ge*⟩ **mit Musik untermalen** donner un fond sonore à

Untermalung *f* ⟨~; ~en⟩ **musikalische Unter-**

malung musique *f* de fond; KINO, RAD, TV fond *m* sonore

untermauern *v/t* ⟨*sans ge*⟩ *fig* étayer (**mit** de)

untermengen *v/t* mêler; incorporer

Untermiete *f* **bei j-m zur Untermiete wohnen** être sous-locataire de *od* chez qn

Untermieter(in) *m(f)* sous-locataire *m,f*

unterminieren *v/t* ⟨*sans ge*⟩ MIL, *fig* miner; saper

untermischen *v/t* mêler

untern ['untərn] F = **unter den**

unternehmen *v/t* ⟨*irr, sans ge*⟩ entreprendre; faire; (*eingreifen*) **etwas unternehmen** faire quelque chose; intervenir

Unternehmen *n* ⟨~s; ~⟩ (*Vorhaben, Firma*) entreprise *f*

Unternehmensberater(in) *m(f)* conseil *m od* conseiller, -ère *m,f* en gestion d'entreprise

Unternehmensform *f* forme *f* d'entreprise

Unternehmensführung *f* gestion *f* (de l'entreprise)

Unternehmer(in) *m* ⟨~s; ~⟩ (*f*) ⟨~in; ~innen⟩ entrepreneur, -euse *m,f*

Unternehmung *f* ⟨~; ~en⟩ → **Unternehmen**

Unternehmungsgeist *m* esprit *m* d'entreprise, d'initiative

unternehmungslustig *adj* entreprenant

Unteroffizier *m* sous-officier *m*

unterordnen ⟨-e-⟩ **I** *v/t* subordonner (+ *dat* à) **II** *v/r* **sich unterordnen** se soumettre (**e-r Sache, j-m** à qc, à qn)

Unterordnung *f* subordination *f*; soumission *f*

unterprivilegiert *adjt* défavorisé

Unterredung *f* ⟨~; ~en⟩ entretien *m*

Unterricht ['untərrɪçt] *m* ⟨~¢s; ~e⟩ cours *m(pl)*; *in der Grundschule* classe *f*; *Tätigkeit* enseignement *m*; **Unterricht geben** enseigner; donner des cours; **Unterricht nehmen** prendre des cours, des leçons; **im Unterricht** en classe

unterrichten ⟨-e-, *sans ge*⟩ **I** *v/t* **1.** (*lehren*) **etw unterrichten** enseigner qc; donner, faire des cours de qc; *j-n in etw* (*dat*) **unterrichten** enseigner qc à qn **2.** (*informieren*) *j-n über etw* (*acc*), **von etw unterrichten** informer qn de qc **II** *v/i* enseigner (**an** [+ *dat*] à); donner, faire des cours **III** *v/r* **sich über etw** (*acc*) **unterrichten** s'informer de qc

Unterrichtsfach *n* matière *f*; discipline *f*

Unterrichtsgegenstand *m* matière *f* (à enseigner, d'enseignement)

Unterrichtsmethode *f* méthode *f* d'enseignement

Unterrichtsstoff *m* (contenu *m* du) programme *m*

Unterrichtsstunde *f* cours *m*; classe *f*

Unterrichtung *f* ⟨~; ~en⟩ information *f*

Unterrock *m* jupon *m*

unters ['untərs] F = **unter das**

untersagen *v/t* ⟨*sans ge*⟩ → **verbieten**

Untersatz *m* → **Untersetzer**; F *plais* **fahrbarer Untersatz** F bagnole *f*

unterschätzen *v/t* ⟨*sans ge*⟩ sous-estimer

unterscheiden ⟨*irr, sans ge*⟩ **I** *v/t* distinguer; discerner; (*den Unterschied hervorheben*) différencier **II** *v/i* faire une différence, une distinction (**zwischen** [+ *dat*] entre) **III** *v/r* **sich unterscheiden** se distinguer, différer (**durch**

par; **von** de)
Unterscheidung f distinction f; discernement m; différenciation f
Unterscheidungsmerkmal n marque distinctive; signe distinctif
Unterschenkel m jambe f
Unterschicht f classes inférieures (de la société)
unterschieben v/t ⟨irr⟩ Kissen, Stuhl glisser dessous
Unterschied ['ʊntərʃiːt] m ⟨-¢s; -e⟩ **1.** (das Unterscheidende) différence f; **feiner Unterschied** nuance f; **im Unterschied zu** à la différence de **2.** (Unterscheidung) distinction f; **ohne Unterschied** sans distinction; indistinctement
unterschiedlich adj différent; (verschieden[artig]) divers; (uneinheitlich) variable
unterschiedslos adv indistinctement
unterschlagen v/t ⟨irr, sans ge⟩ **1.** (veruntreuen) soustraire; détourner **2.** Nachricht cacher; dissimuler; Brief intercepter
Unterschlagung f ⟨-; -en⟩ **1.** soustraction f; détournement m **2.** e-s Testaments suppression f; von Briefen interception f; e-r Nachricht dissimulation f
Unterschlupf ['ʊntərʃlʊpf] m ⟨-¢s; -e⟩ (Zufluchtsort) refuge m; abri m; (Versteck) cache f; cachette f
unterschlüpfen F v/i ⟨sn⟩ trouver un abri, un refuge (**bei j-m** chez qn)
unterschreiben v/t ⟨irr, sans ge⟩ **1.** signer **2.** F fig souscrire à
unterschreiten v/t ⟨irr, sans ge⟩ rester inférieur à
Unterschrift f signature f
Unterschriftenliste f liste f de signatures
Unterschriftenmappe f chemise f pour les pièces, le courrier à signer
Unterschriftensammlung f pétition f
unterschriftsberechtigt adj autorisé à signer
unterschwellig ['ʊntərʃvelɪç] adj subconscient; bes PSYCH subliminal
Unterseeboot n → **U-Boot**
Unterseite f dessous m
Untersetzer m für Schüsseln dessous-de-plat m; für Gläser dessous-de-verre m
untersetzt adj Gestalt trapu; râblé
unterspülen v/t ⟨sans ge⟩ miner; saper
Unterstand m abri m (a MIL)
unterste adj le plus bas; **das unterste Fach** le rayon du bas
unterstehen ⟨irr, sans ge⟩ **I** v/i **j-m unterstehen** être subordonné à qn **II** v/r **sich unterstehen**, **etw zu tun** avoir l'audace de faire qc
unterstellen¹ **I** v/t **1.** unter etw mettre dessous **2.** zum Schutz mettre à l'abri; Wagen remiser **II** v/r **sich unterstellen** se mettre à l'abri
unterstellen² v/t ⟨sans ge⟩ **1.** (unterordnen) subordonner à **2.** fig **j-m böse Absichten unterstellen** faire un procès d'intention à qn **3.** (annehmen) présumer; supposer
Unterstellung f (falsche Behauptung) insinuation f
unterstreichen v/t ⟨irr, sans ge⟩ souligner (a fig)
Unterstreichung f soulignage m; fig insistance f (+ gén sur)

Unterstufe f SCHULE premier cycle
unterstützen v/t ⟨-¢$, sans ge⟩ Person, Antrag appuyer; soutenir; Personen secourir (a finanziell); aider; assister; finanziell subventionner
Unterstützung f ⟨-; -en⟩ **1.** (das Unterstützen) appui m; soutien m; von Personen secours m (a finanzielle); (Hilfe) aide f; assistance f **2.** finanzielle subvention f; subside m; soziale allocation f
untersuchen v/t ⟨sans ge⟩ **1.** Beschaffenheit, Funktion, MÉD examiner; wissenschaftlich étudier; CHIM analyser **2.** Ursachen rechercher; Fall examiner **3.** (überprüfen) vérifier; contrôler
Untersuchung f ⟨-; -en⟩ **1.** examen m; wissenschaftliche recherche f; étude f; CHIM analyse f **2.** von Ursachen recherche f; enquête f **3.** (Überprüfung) vérification f; contrôle m
Untersuchungsausschuss m commission f d'enquête
Untersuchungsergebnis n résultat m de l'enquête, de l'analyse, etc
Untersuchungsgefangene(r) f(m) détenu(e) m(f) provisoire
Untersuchungsgefängnis n maison f d'arrêt
Untersuchungshaft f détention f provisoire
Untersuchungskommission f → **Untersuchungsausschuss**
Untersuchungsrichter m juge m d'instruction
Untersuchungszimmer n beim Arzt salle f d'auscultation
Untertan m ⟨-s ou -en; -en⟩ sujet m
Untertasse f soucoupe f; **fliegende Untertasse** soucoupe volante
untertauchen **I** v/t plonger; immerger **II** v/i ⟨sn⟩ **1.** plonger **2.** fig in der Menge disparaître; **untergetaucht sein** se cacher
Unterteil n od m partie inférieure; bas m; dessous m
unterteilen v/t ⟨sans ge⟩ (sub)diviser (**in** [+ acc] en)
Unterteilung f (sub)division f
Untertitel m sous-titre m
Unterton m ⟨-¢s; -töne⟩ fig nuance f; teinte f; pointe f
untertreiben v/i ⟨irr, sans ge⟩ minimiser l'importance des choses
Untertreibung f ⟨-; -en⟩ propos très réservés, en dessous de la vérité; (Euphemismus) euphémisme m
untertunneln v/t ⟨¢, sans ge⟩ percer un tunnel sous
untervermieten v/t ⟨-e-, sans ge⟩ sous-louer
unterversichert adjt assuré insuffisamment; sous-assuré
unterwandern v/t ⟨¢, sans ge⟩ s'infiltrer dans; POL noyauter
Unterwanderung f infiltration f; noyautage m
Unterwäsche f ⟨-⟩ linge m de corps; sous-vêtements m/pl; (Damenunterwäsche) dessous m/pl; lingerie f
Unterwasseraufnahme f photo sous-marine
Unterwasserkamera f appareil photo m, caméra f sous-marin(e)
Unterwassermassage f massage m sous l'eau
unterwegs adv **1.** (sich auf dem Wege befindend) en chemin; chemin faisant **2.** (während der Reise) en cours de route **3.** (außer Haus)

dehors; **vier Tage unterwegs sein** être parti quatre jours

unterweisen *st/s v/t* ⟨*irr, sans ge*⟩ instruire (**in** [+ *dat*] dans)

Unterweisung *f* ⟨∼; ∼en⟩ instruction *f*

Unterwelt *f* **1.** MYTH enfers *m/pl* **2.** (*Verbrecherwelt*) milieu *m*; pègre *f*

unterwerfen *v/t* (*u v/r*) ⟨*irr, sans ge*⟩ (**sich unterwerfen** se) soumettre

Unterwerfung *f* ⟨∼; ∼en⟩ asservissement *m*, soumission *f* (**unter** [+ *acc*] à)

unterwürfig ['ʊntərvʏrfɪç] *adj péj* servile; obséquieux

Unterwürfigkeit *f* ⟨∼⟩ *péj* servilité *f*; obséquiosité *f*

unterzeichnen *v/t* ⟨-e-, *sans ge*⟩ signer

Unterzeichnung *f* signature *f*

unterziehen[1] *v/t* ⟨*irr*⟩ *Kleidung* mettre par-dessous

unterziehen[2] ⟨*irr, sans ge*⟩ **I** *v/t* **j-n, etw e-r Sache** (*dat*) **unterziehen** soumettre qn, qc à qc **II** *v/r* **sich e-r Sache** (*dat*) **unterziehen** se soumettre à qc; **sich e-r Operation unterziehen** subir une opération

Untiefe *f* bas-fond *m*; 'haut-fond *m*

Untier *n* monstre *m*

untragbar *adj* insupportable (*a finanziell*); intolérable

untrennbar *adj* inséparable

untreu *adj* infidèle (*a fig*); **j-m untreu werden** être infidèle à qn; **s-n Prinzipien untreu werden** s'écarter de ses principes

Untreue *f* infidélité *f*

untröstlich *adj* inconsolable; désolé

untrüglich *adj* infaillible

Untugend *f* mauvaise habitude

untypisch *adj* non typique, caractéristique (**für** de)

unüberbrückbar *adj Gegensätze* inconciliable; insurmontable

unüberhörbar *adj fig Warnungen* clair; sans équivoque

unüberlegt *adj* irréfléchi; inconsidéré

unübersehbar *adj* **1.** (*offenkundig*) manifeste; patent **2.** (*sehr groß*) immense

unübersetzbar *adj* intraduisible

unübersichtlich *adj* **1.** *Darstellung* pas très, peu clair; confus; compliqué **2.** *Kurve* à mauvaise *bzw* sans visibilité

unübertrefflich *adj* insurpassable; inégalable

unübertroffen *adj* inégalé

unüberwindlich *adj* insurmontable; invincible

unüblich *adj* pas très, peu courant

unumgänglich *adj* indispensable; inévitable

unumschränkt [ʊnˀʊmˈʃrɛŋkt] *adj Herrscher* absolu

unumstößlich [-ˈʃtøːslɪç] *adj Entschluss* irrévocable; indiscutable

unumstritten *adj* incontesté

unumwunden *adv* sans détour

ununterbrochen **I** *adj* ininterrompu **II** *adv* sans interruption

unveränderlich *adj* invariable; immuable; (*beständig*) constant; fixe

unverändert *adj* inchangé

unverantwortlich *adj Person* irresponsable; *Verhalten* impardonnable; inexcusable

unveräußerlich *st/s adj Recht* inaliénable

unverbesserlich *adj* incorrigible

unverbindlich **I** *adj* **1.** (*nicht verpflichtend*) qui n'engage à rien **2.** (*zurückhaltend*) réservé **II** *adv* **3.** sans engagement **4.** de façon réservée

unverbleit *adj Benzin* sans plomb

unverblümt [ʊnfɛrˈblyːmt] **I** *adj* (tout) cru **II** *adv* carrément; franchement

unverbraucht *adj Kräfte* intact; frais

unverdächtig *adj* non suspect

unverdaulich *adj* indigeste (*a fig*)

unverdaut *adj* **1.** non digéré **2.** *fig* mal assimilé, F digéré

unverdient *adj* **1.** *Lob* immérité **2.** *Strafe* injuste

unverdorben *adj fig* non corrompu, dépravé; (*rein*) pur; innocent

unverdrossen *adv* sans se lasser

unverdünnt *adj Flüssigkeit* non dilué; *Getränk* non coupé; pur

unvereinbar *adj* imcompatible, inconciliable (**mit** avec)

unverfälscht *adj* **1.** (*ursprünglich*) naturel; authentique **2.** *Wein* non frelaté

unverfänglich *adj* inoffensif, anodin

unverfroren *adj* insolent; effronté

Unverfrorenheit *f* ⟨∼; ∼en⟩ insolence *f*; effronterie *f*

unvergänglich *adj* impérissable; immortel

Unvergänglichkeit *f* immortalité *f*

unvergessen *adj* qu'on n'oublie pas

unvergesslich *adj* inoubliable

unvergleichlich *adj* incomparable; sans pareil

unverhältnismäßig *adv* excessivement; démesurément

unverheiratet *adj* célibataire

unverhofft **I** *adj* inespéré; inattendu; (*unvorhergesehen*) imprévu **II** *adv* à l'improviste

unverhohlen *adj* non dissimulé; (*offen*) franc

unverkäuflich *adj* **1.** (*nicht absetzbar*) invendable **2.** (*nicht zum Verkauf bestimmt*) pas à vendre

unverkennbar *adj* manifeste; évident

unverletzt *adj* sans blessure(s); indemne

unvermeidbar, unvermeidlich *adj* inévitable; inéluctable

unvermindert *adj* constant

unvermittelt *adj* soudain; brusque

Unvermögen *n* incapacité *f*; impuissance *f*

unvermutet **I** *adj* inopiné; inattendu **II** *adv* à l'improviste

Unvernunft *f* manque *m* de raison; déraison *f*

unvernünftig *adj* déraisonnable

unveröffentlicht *adj* inédit; non publié

unverrichtet *adj†* **unverrichteter Dinge zurückkehren** rentrer, revenir bredouille

unverschämt **I** *adj* **1.** *Person, Benehmen* insolent; effronté; impertinent **2.** F (*sehr groß*) extraordinaire; inouï; *bes Preis* exorbitant **II** *adv* **3.** avec insolence **4.** F (*sehr*) démesurément

Unverschämtheit *f* ⟨∼; ∼en⟩ insolence *f*; effronterie *f*; impertinence *f*

unverschuldet *adj* (*ohne eigene Schuld*) sans qu'il y ait de ma, ta, *etc* faute

unversehens *adv* à l'improviste

unversehrt *adj* **1.** (*unbeschädigt*) non endommagé; intact **2.** (*unverletzt*) indemne; (*wohlbehalten*) sain et sauf

unversöhnlich *adj* irréconciliable (*a fig*)

unverstanden *adj* incompris; (*verkannt*) méconnu

unverständlich *adj* incompréhensible; inintelligible; *es ist mir unverständlich, wie ...* je ne comprends pas comment ...

Unverständlichkeit *f st/s* inintelligibilité *f*; *st/s* incompréhensibilité *f*; *fig* obscurité *f*

Unverständnis *n* manque *m* de compréhension; incompréhension *f*

unversucht *adj* **nichts unversucht lassen** tenter l'impossible; épuiser tous les moyens

unverträglich *adj* **1.** (*nicht vereinbar*), MÉD, PHARM incompatible **2.** (*nicht bekömmlich*) indigeste **3.** *Person* peu accommodant

Unverträglichkeit *f* **1.** (*Unvereinbarkeit*), MÉD, PHARM incompatibilité *f* **2.** (*Unbekömmlichkeit*) caractère *m* indigeste **3.** *e-r Person* mauvais caractère

unverwechselbar *adj* qu'on ne peut confondre

unverwundbar *adj* invulnérable

unverwüstlich *adj* **1.** *Material* inusable; *Maschine a* indestructible **2.** *fig Humor* imperturbable; *Gesundheit* inaltérable; *Mensch* d'une résistance à toute épreuve

unverzeihlich *adj* impardonnable; inexcusable

unverzichtbar *adj* indispensable

unverzinslich *adj* FIN sans intérêt

unverzüglich **I** *adj* immédiat **II** *adv* sans délai

unvollendet *adj* inachevé

unvollkommen *adj Mensch, Arbeit* imparfait

Unvollkommenheit *f des Menschen, e-r Arbeit* imperfection *f*; (*Fehlerhaftigkeit*) défectuosité *f*

unvollständig *adj* incomplet

Unvollständigkeit *f* état incomplet (de qc)

unvorbereitet **I** *adj* non préparé; improvisé **II** *adv* **1.** (*ohne Vorbereitung*) sans préparation **2.** (*unversehens*) à l'improviste; au dépourvu

unvoreingenommen *adj* non prévenu; sans préjugé

Unvoreingenommenheit *f* absence *f* de préjugés

unvorhergesehen *adj* imprévu

unvorhersehbar *adj* imprévisible

unvorsichtig *adj* imprudent

Unvorsichtigkeit *f* ⟨∼; ∼en⟩ imprudence *f*

unvorstellbar **I** *adj* inimaginable **II** *adv* (*sehr*) énormément; infiniment

unvorteilhaft *adj* désavantageux; (*ungünstig*) défavorable

unwahr *adj* faux

Unwahrheit *f* contrevérité *f*; mensonge *m*; *die Unwahrheit sagen* mentir

unwahrscheinlich *adj* **1.** invraisemblable; improbable **2.** F *unerhört* incroyable

Unwahrscheinlichkeit *f* invraisemblance *f*; improbabilité *f*

unwegsam *adj Gelände* impraticable

unweigerlich *adj* inévitable; inéluctable

unweit **I** *prép* ⟨*gén*⟩ non loin de **II** *adv* **unweit von** non loin de

Unwesen *n* **an e-m Ort sein Unwesen treiben** sévir dans un lieu

unwesentlich **I** *adj* non essentiel; (*nebensächlich*) secondaire **II** *adv a vor comp* (*wenig*) un (tout) petit peu

Unwetter *n* (*Gewitter*) orage *m*; (*Sturm*) tempête *f*

unwichtig *adj* peu important; (*belanglos*) insi-

---

gnifiant

unwiderlegbar *adj* irréfutable

unwiderruflich *adj* irrévocable

unwiderstehlich *adj* irrésistible

unwiederbringlich *st/s* **I** *adj Verlust* irréparable **II** *adv* **unwiederbringlich verloren** perdu à jamais, sans retour

Unwille *st/s m* dépit *m*; (*Entrüstung*) indignation *f*

unwillig **I** *adj* irrité; fâché **II** *adv* à contrecœur

unwillkommen *adj* (*ungelegen*) qui tombe mal; *Besuch* importun; (*unerwünscht*) indésirable

unwillkürlich *adj* instinctif; (*ungewollt*) involontaire; machinal

unwirklich *adj* irréel

unwirksam *adj* inefficace

Unwirksamkeit *f* inefficacité *f*

unwirsch ['ʊnvɪrʃ] *adj* brusque

unwirtlich *adj* inhospitalier

unwirtschaftlich *adj* improductif; non rentable

Unwissen *n* ignorance *f*

unwissend *adj* ignorant

Unwissenheit *f* ⟨∼⟩ ignorance *f*

unwissenschaftlich *adj* non scientifique

unwissentlich *adv* sans s'en rendre compte; sans le savoir

unwohl *adv* **mir ist unwohl, ich fühle mich unwohl** *körperlich* je ne me sens pas bien; (*unbehaglich*) je suis mal à l'aise

Unwohlsein *n* indisposition *f*

Unwucht *f* TECH déséquilibre *m*; *der Räder a* balourd *m*

Unzahl *f* **e-e Unzahl von ...** une multitude de ...

unzählbar, **unzählig** *adj* innombrable

Unze ['ʊntsə] *f* ⟨∼; ∼n⟩ once *f*

Unzeit *st/s f* **zur Unzeit** mal à propos

unzeitgemäß *adj* inactuel; démodé

unzerbrechlich *adj* incassable

unzerkaut *adj* non mâché

unzerstörbar *adj* indestructible

unzertrennlich *adj* inséparable

unzivilisiert *adj péj* non civilisé

Unzucht *f* impudicité *f*; JUR attentat *m* à la pudeur

unzüchtig *adj* impudique; obscène

unzufrieden *adj* mécontent (*mit* de)

Unzufriedenheit *f* mécontentement *m*

unzugänglich *adj* **1.** *Ort* inaccessible (*für* à) **2.** *fig Person* renfermé

unzulänglich *st/s adj* insuffisant

Unzulänglichkeit *f* ⟨∼; ∼en⟩ insuffisance *f*

unzulässig *adj* inadmissible; (*verboten*) interdit

unzumutbar *adj* qui ne peut être exigé

unzurechnungsfähig *adj* JUR irresponsable (de ses actes)

Unzurechnungsfähigkeit *f* JUR irresponsabilité *f*

unzureichend *adj* insuffisant

unzusammenhängend *adj* incohérent; décousu

unzustellbar *adj Postvermerk* destinataire inconnu à l'adresse indiquée

unzutreffend *adj* inexact; non pertinent; *Unzutreffendes bitte streichen!* prière de rayer, biffer les mentions inutiles

unzuverlässig *adj Mensch* sur qui on ne peut

compter; *Gedächtnis* infidèle; *Nachrichten-quelle* peu sûr; douteux

Unzuverlässigkeit *f e-s Menschen* manque *m* de sérieux, de fiabilité; *des Gedächtnisses* infidélité *f*

unzweckmäßig *adj* (*ungeeignet*) inadéquat; impropre; inapproprié; (*unpraktisch*) pas pratique; (*unpassend*) inopportun

Unzweckmäßigkeit *f* caractère *m* impropre, inadéquat

unzweideutig *adj* non équivoque

unzweifelhaft *adj* indubitable

Update ['apdeːt] *n* ⟨∼s; ∼s⟩ INFORM mise *f* à jour

Upload ['aploːt] *m* ⟨∼s; ∼s⟩ INFORM téléchargement *m*

uploaden *v/t* ⟨-e-, -ge-⟩ INFORM télécharger

üppig ['ʏpɪç] *adj Vegetation* luxuriant; exubérant; *Haarwuchs* abondant; *Mahl* plantureux; copieux; *Körperformen* opulent; plantureux

Urabstimmung *f bei Streik* vote *m* (sur la grève)

Urahn(e) *m(f)* ancêtre *m,f*; **die Urahnen** *pl* les aïeux *m/pl*, ancêtres *m/pl*

uralt *adj* **1.** (*sehr alt*) très vieux **2.** (*e-r alten Zeit angehörend*) très ancien; vieux comme le monde; *Brauch* immémorial

Uran [u'raːn] *n* ⟨∼s⟩ uranium *m*

uranhaltig *adj* uranifère

uraufführen *v/t* THÉ représenter pour la première fois; créer

Uraufführung *f* première *f*

urbar ['uːrbaːr] *adj* **urbar machen** défricher; mettre en culture

Urbarmachung *f* ⟨∼; ∼en⟩ défrichage *m*; défrichement *m*; mise *f* en culture

Urbevölkerung *f* premiers habitants; autochtones *m/pl*

Urbild *n* archétype *m*; original *m*; prototype *m*

ureigen *adj* personnel, -elle; **unsere ureigensten Interessen** nos intérêts les plus personnels

Ureinwohner(in) *m(f)* autochtone *m,f*; *bes Australiens* aborigène *m,f*; *pl* **die Ureinwohner** les premiers habitants

Urenkel(in) *m(f)* arrière-petit-fils *m*; arrière-petite-fille *f*; *pl* arrière-petits-enfants *m/pl*

urgemütlich F *adj Ort* extrêmement confortable; *Stimmung* extrêmement agréable

Urgeschichte *f* préhistoire *f*

urgeschichtlich *adj* préhistorique

Urgestein *n* roche primitive

Urgroßeltern *pl* arrière-grands-parents *m/pl*; bisaïeuls *m/pl*

Urgroßmutter *f* arrière-grand-mère *f*; bisaïeule *f*

Urgroßvater *m* arrière-grand-père *m*; bisaïeul *m*

Urheber(in) *m* ⟨∼s; ∼⟩ (*f*) ⟨∼in; ∼innen⟩ auteur *m*

Urheberrecht *n* droit *m* d'auteur

urheberrechtlich *adv* **urheberrechtlich geschützt** tous droits d'auteur réservés

Urheberschaft *f* ⟨∼⟩ paternité *f*

urig ['uːrɪç] *adj Mensch* naturel; nature; *Lokal* vrai; authentique

Urin [u'riːn] *m* ⟨∼s; ∼e⟩ urine *f*

urinieren *v/i* ⟨*sans ge*⟩ uriner

Urinstinkt *m* instinct fondamental

Urknall *m* big bang *m*

urkomisch *adj* extrêmement drôle

Urkunde *f* ⟨∼; ∼n⟩ document *m*; acte *m*; titre *m*

Urkundenfälschung *f* falsification *f* de document; JUR faux *m* en écriture

urkundlich **I** *adj* documentaire; authentique **II** *adv* **urkundlich belegen** documenter

Urlaub ['uːrlaup] *m* ⟨∼¢s; ∼e⟩ congé *m*; (*Ferien*) vacances *f/pl*; MIL permission *f*; **in Urlaub fahren** partir en vacances; **Urlaub haben, auf** *od* **in** *od* **im Urlaub sein** être en vacances, en congé

Endlich Urlaub!	WF
campen	**faire du camping**
die Ferien	**les vacances** *f/pl*
die Ferienwohnung	**la location**
das Flugticket	**le billet d'avion**
das Fremden-verkehrsbüro	**l'office** *m* **du tourisme**
das Hotel	**l'hôtel** *m*
die Kreuzfahrt	**la croisière**
die Pauschalreise	**le voyage organisé**
das Reisebüro	**l'agence** *f* **de voyage**
der Reisebus	**le car**
die Reiseroute	**l'itinéraire** *m*
die Sehens-würdigkeiten	**les curiosités** *f/pl* **touristiques**
der Tourismus	**le tourisme**
der Tourist	**le touriste**
die Touristin	**la touriste**
das Wohnmobil	**le camping-car**

Urlauber(in) *m* ⟨∼s; ∼⟩ (*f*) ⟨∼in; ∼innen⟩ vacancier, -ière *m,f*; touriste *m,f*

Urlaubsanschrift *f* adresse *f* de vacances

Urlaubsanspruch *m* **Urlaubsanspruch haben** avoir droit à un congé, MIL à une permission

Urlaubsantrag *m* demande *f* de congé

Urlaubsgeld *n* prime *f* de vacances

Urlaubsort *m* lieu *m* de vacances

Urlaubsparadies *n* lieu de séjour, de vacances enchanteur

Urlaubspläne *m/pl* projets *m/pl* de vacances

urlaubsreif F *adj* **urlaubsreif sein** avoir besoin de vacances

Urlaubsreise *f* voyage *m* de vacances

Urlaubsreisende(r) *f(m)* vacancier, -ière *m,f*

Urlaubssperre *f* ARBEITSRECHT interdiction *f* de prendre ses congés; MIL suspension *f* des permissions

Urlaubstag *m* jour *m* de vacances, de congé

Urlaubswoche *f* semaine *f* de vacances, de congé

Urlaubszeit *f* période *f* des vacances

Urlaut *m* son primitif

Urmensch *m* premier homme; homme primitif,

préhistorique
Urmutter *f* ⟨∼; -mütter⟩ mère *f* de l'humanité
Urne ['urnə] *f* ⟨∼; ∼n⟩ urne *f*
Urnenbeisetzung *f* dépôt *m* d'une urne funé-
raire
Urnenfriedhof *m* columbarium *m*
Urnengang *m* POL vote *m*
Urnengrab *n* tombe *f* à urne(s)
Urologe [uro'loːgə] *m* ⟨∼n; ∼n⟩, **Urologin** *f* ⟨∼;
∼nen⟩ urologue *m,f*
Urologie *f* ⟨∼⟩ urologie *f*
Uroma F *f* F arrière-grand-maman *f*
Uropa F *m* F arrière-grand-papa *m*
urplötzlich *adj* soudain; subit
Ursache *f* cause *f*; (*Grund*) motif *m*; raison *f*;
keine Ursache! (il n'y a) pas de quoi!; je vous
en prie!
ursächlich *adj* causal; ***ursächlicher Zusam-
menhang*** relation *f* de causalité
Urschrei *m* PSYCH cri primal
Urschrift *f* original *m*; *e-r Urkunde* minute *f*
Ursprung *m* origine *f*; (*Herkunft*) provenance *f*;
s-n Ursprung in etw (*dat*) ***haben*** provenir de
qc; tirer son origine de qc
ursprünglich ['uːrʃpryŋlɪç] **I** *adj* **1.** (*anfänglich*)
premier; initial; originel (*a Bedeutung*) **2.**
(*echt, natürlich*) naturel; vrai **II** *adv* (*anfangs*)
à l'origine; (*zuerst*) d'abord
Ursprungsland *n* pays *m* d'origine
Ursprungszeugnis *n* certificat *m* d'origine
Urteil ['urtaɪl] *n* ⟨∼s; ∼e⟩ **1.** (*Bewertung, Mei-
nung*) jugement *m*; opinion *f*; avis *m*; ***sich***
(*dat*) ***ein Urteil* (*über etw, j-n*) *bilden*** se faire
une opinion (sur qc, qn) **2.** JUR (*Urteilsspruch*)
jugement *m*; *e-s höheren Gerichtshofes* arrêt
m; *e-s Geschworenengerichts* sentence *f*; *der
Geschworenen* verdict *m*; ***ein Urteil fällen*** ren-
dre un jugement; ***das Urteil lautet auf*** (+ *acc*)
… c'est une sentence, un verdict de …
urteilen *v/i* juger (***über etw, j-n*** de qc, qn); por-
ter un jugement (sur qc, qn); ***nach ihrer Miene
zu urteilen, …*** à en juger par sa mine …; ***ur-
teilen Sie selbst*** jugez vous-même; à vous de
juger
Urteilsbegründung *f* attendus *m/pl*, motifs
m/pl (d'un jugement)
urteilsfähig *adj* capable de juger, de discerne-
ment
Urteilsfähigkeit *f* jugement *m*; (*Unterschei-
dungsvermögen*) discernement *m*
Urteilsspruch *m* → **Urteil**
Urteilsverkündung *f* prononcé *m* du jugement

Urteilsvermögen *n* → **Urteilsfähigkeit**
Urtext *m* (texte) original *m*
urtümlich *adj* **1.** (*ursprünglich*) naturel; vrai **2.**
(*urweltlich*) primitif; préhistorique
Uruguay [urugu'aːi] *n* ⟨∼s⟩ l'Uruguay *m*
Uruguayer(in) *m* ⟨∼s; ∼⟩ (*f*) ⟨∼in; ∼innen⟩ Uru-
guayen, -enne *m,f*
uruguayisch *adj* uruguayen
Ururenkel *m* descendant *m* de la quatrième gé-
nération; F arrière-arrière-petit-fils *m*
Ururgroßmutter *f* trisaïeule *f*
Ururgroßvater *m* trisaïeul *m*
Urvertrauen *n* confiance fondamentale
Urvieh F *plais m* ⟨∼¢s; -viecher⟩ F phénomène
m; original(e) *m(f)*
Urwald *m* forêt *f* vierge
urwüchsig ['uːrvyːksɪç] *adj* **1.** (*ursprünglich*)
primitif **2.** (*natürlich*) naturel
Urzeit *f* temps primitifs, préhistoriques; *fig* ***seit
Urzeiten*** depuis des temps immémoriaux
Urzustand *m* état primitif, initial
USA [uːʔɛs'ʔaː] *abr* (*United States of America*)
die USA *pl* les U.S.A. *m/pl*
USB [uːʔɛs'beː] *m* ⟨∼s; ∼s⟩ *abr* (*Universal Se-
rial Bus*) INFORM USB *m*
Usbekistan [us'beːkistaːn] *n* ⟨∼s⟩ l'Ouzbékis-
tan *m*
USB-Stick [uːʔɛs'beːstɪk] *m* ⟨∼s; ∼s⟩ INFORM
clé *f* USB
US-Dollar [uːʔɛs'dɔlar] *m* dollar U.S. *m*
User(in) ['juːzər(ɪn)] *m* ⟨∼s; ∼⟩ (*f*) ⟨∼in; ∼in-
nen⟩ INFORM utilisateur, -trice *m,f*
Usus ['uːzus] F *m* ⟨∼⟩ ***das ist hier so Usus***
c'est l'usage, l'habitude ici
usw. *abr* (*und so weiter*) etc.
Utensilien [utɛn'ziːliən] *n/pl* ustensiles *m/pl*;
affaires *f/pl*
Uterus ['uːterus] *m* ⟨∼; -ri⟩ ANAT utérus *m*
Utopie [uto'piː] *f* ⟨∼; ∼n⟩ utopie *f*
utopisch [u'toːpɪʃ] *adj* utopique
u. U. *abr* (*unter Umständen*) éventuellement; le
cas échéant
UV [uː'fau] *abr* (*ultraviolett*) UV (ultraviolet)
u. v. a. (m.) *abr* (*und viele[s] andere [mehr]*) et
beaucoup, bien d'autres (choses)
UV-Lampe *f* lampe *f* à bronzer (aux rayons ul-
traviolets)
UV-Strahlen *m/pl* rayons ultraviolets
UV-Strahlung *f* rayons *m/pl* cosmiques
Ü-Wagen ['yːvaːgən] *m abr* (*Übertragungswa-
gen*) RAD, TV voiture *f* de reportage

V

V¹, v [faʊ] *n* ⟨V, v; V, v⟩ V, v *m*
V² *abr* (*Volt*) V (volt)
Vagabund [vaga'bʊnt] *m* ⟨~en; ~en⟩ vagabond *m*
vagabundieren *v/i* ⟨*sans ge*, sn⟩ vagabonder; errer
vage ['vaːgə] *adj* vague
Vagina ['vaːgina *ou* va'giːna] *f* ⟨~; -nen⟩ ANAT vagin *m*
vaginal *adj* ANAT vaginal
vakant [va'kant] *adj* vacant; libre
Vakuum ['vaːkuʊm] *n* ⟨~s; -kua *ou* -kuen⟩ PHYS, *fig* vide *m*
vakuumverpackt *adjt* emballé sous vide
Vakuumverpackung *f* emballage *m* sous vide
Valentinstag *m* la Saint-Valentin
Valenz [va'lɛnts] *f* ⟨~; ~en⟩ valence *f*
Valuta [va'luːta] *f* ⟨~; -ten⟩ FIN monnaie étrangère; devise *f*
Vamp [vɛmp] *m* ⟨~s; ~s⟩ vamp *f*
Vampir [vam'piːr] *m* ⟨~s; ~e⟩ vampire *m*
Vandale [van'daːlə] → *Wandale*
Vanille [va'nɪl(j)ə] *f* ⟨~⟩ vanille *f*
Vanilleeis *n* glace *f* à la vanille
Vanillegeschmack *m* goût *m* (de) vanille
Vanillepudding *m etwa* flan *m* à la vanille
Vanillesauce *f* sauce *f* à la vanille
Vanilleschote *f* gousse *f* de vanille
Vanillesoße *f* sauce *f* à la vanille
Vanillestange *f* gousse *f* de vanille
Vanillezucker *m* sucre vanillé
Vanillin [vanɪ'liːn] *n* ⟨~s⟩ vanilline *f*
variabel [vari'aːbəl] ⟨-bl-⟩ *adj* variable
Variable *f* ⟨→ A⟩ MATH variable *f*
Variante [vari'antə] *f* ⟨~; ~n⟩ variante *f*
Variation *f* ⟨~; ~en⟩ MUS, MATH, *fig* variation *f* (*über* [+ *acc*], *zu* sur)
Varieté → *Varietee*
Varietee [varie'teː] *n* ⟨~s; ~s⟩ music-hall *m*; *Aufführung* spectacle *m* de variétés
variieren *v/t u v/i* ⟨*sans ge*⟩ varier
Vasall [va'zal] *m* ⟨~en; ~en⟩ HIST vassal *m*
Vase ['vaːzə] *f* ⟨~; ~n⟩ vase *m*
Vaseline [vaze'liːnə] *f* ⟨~⟩ vaseline *f*
Vater ['faːtər] *m* ⟨~s; ∺⟩ **1.** père *m*; *wie der Vater, so der Sohn* tel père, tel fils; *plais* **Vater Staat** l'État *m* **2.** REL *der Heilige Vater* le Saint-Père
Vaterfigur *f* père *m*; *fig* **er ist e-e Vaterfigur für mich** je le considère comme un père
Vaterhaus *n* maison paternelle
Vaterland *n* ⟨~¢s; -länder⟩ patrie *f*
Vaterlandsliebe *f* amour *m* de la patrie; patriotisme *m*
Vaterlandsverräter *m* péj traître *m* à sa patrie, son pays
väterlich **I** *adj* paternel **II** *adv* comme un père
väterlicherseits *adv* du côté paternel; *Großva-ter* paternel

vaterlos *adj* orphelin de père
Vaterschaft *f* ⟨~⟩ *bes* JUR paternité *f*
Vaterschaftsklage *f* JUR action *f* en recherche de paternité
Vaterschaftstest *m* test *m* de paternité
Vaterstadt *st/s f* ville natale
Vatertag *m* fête *f* des pères
Vaterunser *n* ⟨~s; ~⟩ REL Notre Père *m*
Vati *enf m* ⟨~s; ~s⟩ *enf* papa *m*
Vatikan [vati'kaːn] ⟨~s⟩ *der Vatikan* le Vatican
vatikanisch *adj* du Vatican; *nur f* vaticane
Vatikanstadt *f* ⟨~⟩ cité *f* du Vatican
V-Ausschnitt ['faʊ-] *m* col *m*, décolleté *m* en V
v. Chr. *abr* (*vor Christus*) av. J.-C.
VEB [faʊʔeːˈbeː] *m abr* ⟨~; ~s⟩ (*volkseigener Betrieb*) HIST *DDR* entreprise nationalisée
Veganer(in) [ve'gaːnər(ɪn)] *m* ⟨~s; ~⟩ (*f*) ⟨~in; ~innen⟩ végétalien, -ienne *m,f*
Vegetarier(in) [vege'taːriər(ɪn)] *m* ⟨~s; ~⟩ (*f*) ⟨~in; ~innen⟩ végétarien, -ienne *m,f*
vegetarisch *adj* végétarien
Vegetation *f* ⟨~; ~en⟩ végétation *f*
vegetativ *adj* BIOL végétatif
vegetieren *v/i* ⟨*sans ge*⟩ *péj* végéter; vivoter
vehement [vehe'mɛnt] *adj* véhément
Vehemenz *f* ⟨~⟩ véhémence *f*
Vehikel [ve'hiːkəl] *n* ⟨~s; ~⟩ *von e-m Auto* guimbarde *f*; F (vieille) bagnole *f*
Veilchen ['faɪlçən] *n* ⟨~s; ~⟩ **1.** BOT violette *f* **2.** F (*blaues Auge*) œil poché, au beurre noir
veilchenblau *adj* violet
Vektor ['vɛktɔr] *m* ⟨~s; -toren⟩ PHYS, MATH vecteur *m*
Velo ['veːlo] *n* ⟨~s; ~s⟩ *schweiz* vélo *m*
Velours [və'luːr, ve-] *m* ⟨~; ~⟩ TEXT velours *m*
Veloursleder *n* daim *m*
Vene ['veːnə] *f* ⟨~; ~n⟩ ANAT veine *f*
Venedig [ve'neːdɪç] *n* ⟨~s⟩ Venise *f*
Venenentzündung *f* MÉD phlébite *f*
Venezolaner(in) [venetso'laːnər(ɪn)] *m* ⟨~s; ~⟩ (*f*) ⟨~in; ~innen⟩ Vénézuélien, -ienne *m,f*
venezolanisch *adj* vénézuélien
Venezuela [venetsu'eːla] *n* ⟨~s⟩ le Venezuela
Ventil [vɛn'tiːl] *n* ⟨~s; ~e⟩ **1.** TECH soupape *f*; *e-s Reifens* valve *f* **2.** MUS piston *m* **3.** *fig* dérivatif *m*
Ventilation *f* ⟨~⟩ ventilation *f*
Ventilator *m* ⟨~s; -toren⟩ ventilateur *m*
Venus ['veːnʊs] *f* ⟨~⟩ ASTR, MYTH Vénus *f*
verabreden ⟨-e-, *sans ge*⟩ **I** *v/t* convenir (*etw* de qc); *verabreden, dass ...* décider de (+ *inf*) *bzw* que ... (*meist* + *Futur*) **II** *v/r* *sich verabreden* fixer un rendez-vous; *mit j-m verabredet sein* avoir rendez-vous avec qn
Verabredung *f* ⟨~; ~en⟩ **1.** (*Treffen*) rendez-vous *m* **2.** → *Vereinbarung*
verabreichen *v/t* ⟨*sans ge*⟩ donner; *Medizin* ad-

ministrer
verabscheuen *v/t* ⟨*sans ge*⟩ détester; *p*/*fort*, *st*/*s* exécrer
verabschieden ⟨-e-, *sans ge*⟩ **I** *v/t* **1.** *Gäste* dire au revoir à **2.** (*entlassen*) fêter officiellement le départ de **II** *v/r* **sich verabschieden** prendre congé (**von** *od* **bei j-m** de qn)
Verabschiedung *f* ⟨∼; ∼en⟩ **1.** *von Gästen* remerciements *m*/*pl* (au départ) **2.** (*Entlassung*) mise *f* en congé
verachten *v/t* ⟨-e-, *sans ge*⟩ mépriser; dédaigner
verächtlich **I** *adj* **1.** (*geringschätzig*) méprisant; dédaigneux **2.** (*Verachtung verdienend*) méprisable **II** *adv* avec dédain
Verachtung *f* ⟨∼⟩ mépris *m*; dédain *m*
veralbern *v/t* ⟨*sans ge*⟩ rendre ridicule
verallgemeinern *v/t* ⟨*sans ge*⟩ généraliser
Verallgemeinerung *f* ⟨∼; ∼en⟩ généralisation *f*
veralten *v/i* ⟨-e-, *sans ge*, sn⟩ vieillir; se démoder
veraltet *adjt* vieilli; (*überholt*) suranné
Veranda [ve'randa] *f* ⟨∼; -den⟩ véranda *f*
veränderlich *adj* variable; changeant; *Wetter* instable
Veränderlichkeit *f* ⟨∼⟩ variabilité *f*; instabilité *f*
verändern ⟨*sans ge*⟩ **I** *v/t* changer; modifier; transformer **II** *v/r* **sich verändern** **1.** changer; se modifier; se transformer **2.** *beruflich* changer d'emploi
Veränderung *f* ⟨∼; ∼en⟩ changement *m*; transformation *f*; *teilweise* modification *f*; *berufliche* changement d'emploi
verängstigt *adjt* effrayé; apeuré
verankern *v/t* ⟨*sans ge*⟩ ancrer (*a fig*)
Verankerung *f* ⟨∼; ∼en⟩ **1.** ancrage *m* (*a fig*) **2.** (*Halterung*) fixation *f*; attache *f*
veranlagen *v/t* ⟨*sans ge*⟩ FIN **j-n veranlagen** imposer qn
veranlagt *adjt* prédisposé (**für** à); **praktisch veranlagt sein** avoir le sens pratique
Veranlagung *f* ⟨∼; ∼en⟩ **1.** (*Talent, Neigung*) talent *m* (**für** pour); (pré)disposition *f* (**für** à) (*a* MÉD) **2.** FIN établissement *m* de l'assiette de l'impôt
veranlassen *v/t* ⟨¢$, *sans ge*⟩ **1.** **j-n zu etw veranlassen** amener, déterminer à qc **2.** **etw veranlassen** ordonner qc; faire faire qc; **wir werden alles Weitere veranlassen** nous nous chargerons du reste
Veranlassung *f* ⟨∼; ∼en⟩ **1.** (*Grund*) cause *f* (**zu etw** de qc); (*Anlass*) sujet *m*; matière *f*; (*Beweggrund*) motif *m*; **wir haben keinerlei Veranlassung zu** (+ *inf*) nous n'avons aucune raison, aucun motif de (+ *inf*) **2.** (*Initiative*) impulsion *f*; instigation *f*; initiative *f*; **auf j-s Veranlassung** (*acc*) (**hin**) sur l'ordre, l'intervention de qn
veranschaulichen *v/t* ⟨*sans ge*⟩ illustrer; concrétiser
Veranschaulichung *f* ⟨∼; ∼en⟩ illustration *f*; concrétisation *f*
veranschlagen *v/t* ⟨*sans ge*⟩ estimer, évaluer (**mit** à)
veranstalten *v/t* ⟨-e-, *sans ge*⟩ *Fest, Ausstellung* organiser; *Umfrage* faire; mener
Veranstalter(in) *m* ⟨∼s; ∼⟩ (*f*) ⟨∼in; ∼innen⟩ organisateur, -trice *m*,*f*
Veranstaltung *f* ⟨∼; ∼en⟩ **1.** (*das Veranstalten*)

organisation *f* **2.** (*Sportveranstaltung, Kulturveranstaltung*) manifestation *f*; SPORT *a* rencontre *f*; (*Abendveranstaltung*) soirée *f*
verantworten ⟨-e-, *sans ge*⟩ **I** *v/t* **etw verantworten** répondre de qc; prendre, assumer la responsabilité de qc **II** *v/r* **sich für etw verantworten** se justifier de qc (**vor j-m** auprès de qn)
verantwortlich *adj* responsable (**für** de); **j-n für etw verantwortlich machen** rendre qn responsable de qc
Verantwortliche(r) *f(m)* ⟨→ A⟩ responsable *m*,*f*
Verantwortlichkeit *f* ⟨∼; ∼en⟩ responsabilité *f*
Verantwortung *f* ⟨∼; ∼en⟩ responsabilité *f*; **die Verantwortung tragen** porter la responsabilité, être responsable (**für** de); **etw auf eigene Verantwortung tun** prendre le risque de faire qc; **die Verantwortung für etw übernehmen** se porter garant de qc
verantwortungsbewusst *adj* conscient de ses responsabilités
Verantwortungsbewusstsein *n* conscience *f* de ses responsabilités
Verantwortungsgefühl *n* sens *m* des responsabilités
verantwortungslos *adj* irresponsable; léger
Verantwortungslosigkeit *f* ⟨∼⟩ irresponsabilité *f*; légèreté *f*
verantwortungsvoll *adj* **1.** *Aufgabe* de responsabilité **2.** *Person* responsable
veräppeln F *v/t* ⟨¢, *sans ge*⟩ **j-n veräppeln** F mettre qn en boîte
verarbeiten *v/t* ⟨-e-, *sans ge*⟩ **1.** (*als Material verwenden*) employer, utiliser (**zu etw** à qc); (*bearbeiten*) transformer; travailler; INFORM traiter; **gut, schlecht verarbeitet** d'une bonne, mauvaise finition **2.** *psychisch, geistig* assimiler **3.** *Nahrung* assimiler; digérer
Verarbeitung *f* ⟨∼; ∼en⟩ **1.** (*Verwendung*) emploi *m*; (*Bearbeitung*) transformation *f* **2.** (*geistige Bewältigung*) assimilation *f* **3.** *der Nahrung* assimilation *f*; digestion *f* **4.** (*Verarbeitungsqualität*) finition *f*
verärgern *v/t* ⟨*sans ge*⟩ irriter; fâcher
Verärgerung *f* ⟨∼; ∼en⟩ irritation *f*
verarmen *v/i* ⟨*sans ge*, sn⟩ s'appauvrir (*a fig*)
Verarmung *f* ⟨∼⟩ appauvrissement *m* (*a fig*)
verarschen P *v/t* ⟨*sans ge*⟩ **j-n verarschen** F se payer la gueule, poire de qn
verarzten F *v/t* ⟨-e-, *sans ge*⟩ soigner
verästeln [-'ʔestəln] *v/r* ⟨-e-, *sans ge*⟩ **sich verästeln** se ramifier (*a fig*)
Verästelung *f* ⟨∼; ∼en⟩ ramification *f* (*a fig*)
verätzen *v/t* ⟨¢$, *sans ge*⟩ brûler à l'acide
verausgaben *v/r* ⟨*sans ge*⟩ **sich verausgaben** *physisch* se dépenser; s'épuiser
veräußern *v/t* ⟨*sans ge*⟩ *bes* JUR aliéner; (*verkaufen*) vendre
Veräußerung *f* ⟨∼; ∼en⟩ *bes* JUR aliénation *f*; (*Verkauf*) vente *f*
Verb [vɛrp] *n* ⟨∼s; ∼en⟩ GR verbe *m*
verbal *adj* *st*/*s*, GR verbal
Verband *m* ⟨∼¢s; ∼e⟩ **1.** MÉD pansement *m*; bandage *m* **2.** (*Zusammenschluss*) fédération *f*; union *f*; (*Verein*) association *f*; (*Gewerkschaftsverband, Arbeitgeberverband*) syndicat *m* **3.** MIL formation *f*; unité *f*
Verband(s)kasten *m* boîte *f* à pansements; *im*

Auto mallette *f* de secours
Verband(s)material *n* (nécessaire *m* à) panse-ments *m/pl*
Verband(s)mull *m* gaze *f* hydrophile, à panse-ment
Verband(s)päckchen *n* compresse *f* aseptique
Verband(s)zeug *n* (nécessaire *m* à) pansements *m/pl*
verbannen *v/t* ⟨*sans ge*⟩ bannir (*a fig*); exiler
Verbannte(r) *f(m)* ⟨→ A⟩ banni(e) *m(f)*; exi-lé(e) *m(f)*
Verbannung *f* ⟨~; ~en⟩ bannissement *m*; exil *m*
verbarrikadieren *v/t* (*u v/r*) ⟨*sans ge*⟩ (**sich ver-barrikadieren** se) barricader
verbauen ⟨*sans ge*⟩ **I** *v/t* **1.** *j-m die Aussicht verbauen* masquer, boucher la vue de qn (par une construction) **2.** *Material* utiliser dans la construction **II** *v/r fig* **sich** (*dat*) **die Zukunft verbauen** gâcher son avenir
verbeamten *v/t* ⟨-e-, *sans ge*⟩ *j-n verbeamten* titulariser qn
Verbeamtung *f* ⟨~⟩ *e-r Person* titularisation *f*
verbeißen *v/r* ⟨*irr, sans ge*⟩ **1.** *bes Hund* **sich in etw** (*acc*) **verbeißen** s'acharner sur qc (*a fig*) **2.** *sich* (*dat*) **das Lachen nicht verbeißen kön-nen** ne pouvoir s'empêcher de rire
verbergen *v/t* ⟨*irr, sans ge*⟩ **1.** cacher (*j-n, etw vor j-m* qn, qc à qn); dissimuler (*a Tränen*) **2.** *j-m etw verbergen* (*verheimlichen*) dissimuler qc à qn
verbessern ⟨*sans ge*⟩ **I** *v/t* **1.** *qualitativ* améli-o-rer; rendre meilleur; (*vervollkommnen*) per-fectionner **2.** *Fehler* (*berichtigen*) corriger **II** *v/r* **sich verbessern 3.** *qualitativ* s'améliorer **4.** (*sich korrigieren*) se corriger; *beim Sprechen* se reprendre **5.** *bes beruflich* trouver une meil-leure place, situation
Verbesserung *f* ⟨~; ~en⟩ **1.** amélioration *f*; per-fectionnement *m* **2.** correction *f*
Verbesserungsvorschlag *m* proposition *f* pour l'amélioration, le perfectionnement (**für etw** de qc)
verbeugen *v/r* ⟨*sans ge*⟩ **sich verbeugen** s'in-cliner (**vor j-m** devant qn)
Verbeugung *f* ⟨~; ~en⟩ révérence *f*
verbeulen *v/t* ⟨*sans ge*⟩ bosseler; cabosser
verbiegen *v/t* (*u v/r*) ⟨*irr, sans ge*⟩ (**sich verbie-gen** se) tordre; (se) déformer; *bes Rad* (se) voi-ler
verbieten *v/t* ⟨*irr, sans ge*⟩ **1.** (*untersagen*) dé-fendre, interdire ([*j-m*] **etw** qc [à qn]); *amtlich a* prohiber; **Rauchen verboten** défense de fu-mer **2.** *Partei, Buch* interdire; *Buch a* proscrire
verbilligen ⟨*sans ge*⟩ **I** *v/t* diminuer, réduire le prix de **II** *v/r* **sich verbilligen** devenir moins cher
verbilligt *adjt* à prix réduit
verbinden ⟨*irr, sans ge*⟩ **I** *v/t* **1.** *Wunde* panser **2.** *j-m die Augen verbinden* bander les yeux de qn **3.** (*zusammenfügen*) joindre; réunir; as-sembler; **Drähte miteinander verbinden** join-dre, relier des fils les uns aux autres **4.** *Ver-kehrswege, Städte* relier; (ré)unir **5.** ÉLECT rac-corder; connecter; brancher; TÉL passer (**mit j-m** qn); **ich verbinde** (**Sie**) je vous passe la communication; je vous le *od* la passe; **Sie sind falsch verbunden** vous avez fait un mau-vais numéro **6.** (*verknüpfen*) combiner (**mit** à)

7. **mit Kosten verbunden sein** entraîner des frais, dépenses **8.** (*e-e Beziehung herstellen*) unir; lier **9.** **was verbinden Sie mit diesem Wort?** à quoi ce mot vous fait-il penser? **10.** *st/s* **ich bin Ihnen dafür sehr verbunden** je vous en suis très obligé **II** *v/r* **sich verbinden 11.** (*sich vermengen*) se mélanger; CHIM se com-biner (**mit** à) **12.** (*ein Bündnis schließen*) s'unir; s'associer **13.** (*erinnern an*) **damit verbindet sich die Vorstellung ...** cela évoque, rappelle ...
verbindend *adjt* **verbindende Worte** *n/pl* paro-les *f/pl* de transition
verbindlich I *adj* **1.** (*bindend*) obligatoire; **für j-n verbindlich sein** lier, engager qn **2.** (*lie-benswürdig*) obligeant; courtois **II** *adv* **etw verbindlich zusagen** promettre qc ferme-ment
Verbindlichkeit *f* ⟨~; ~en⟩ **1.** *von Gesetzen* ca-ractère *m* obligatoire **2.** (*Höflichkeit*) obli-geance *f* **3.** COMM **Verbindlichkeiten** *pl* engage-ments *m/pl*
Verbindung *f* ⟨~; ~en⟩ **1.** *zwischen Personen* contact *m*; liaison *f*; (*Bündnis*) alliance *f*; *menschliche* (*Beziehung*) relation *f* (*a* COMM); rapport *m*; **in Verbindung** (*dat*) **bleiben mit ...** rester en contact avec ...; **sich in Verbin-dung** (*acc*) **setzen** prendre contact (**mit** avec); **mit j-m in Verbindung** (*dat*) **stehen** avoir des *od* être en contact avec qn; **mit j-m Verbin-dung aufnehmen** prendre contact avec qn **2.** *zwischen Dingen* lien *m* **3.** (*Verkehrsverbin-dung*) voie *f* de communication; **e-e direkte Verbindung nach ...** une ligne directe avec ... **4.** TÉL, TÉLÉCOMM communication *f* **5.** *stu-dentische* corporation étudiante **6.** TECH jonc-tion *f*; raccordement *m*; (*Verbindungsstück*) raccord *m* **7.** CHIM combinaison *f* (*Vorgang u Ergebnis*); *nur Ergebnis* composé *m* (chimi-que)
Verbindungsgang *m* galerie *f* de communica-tion; couloir *m*
Verbindungskabel *n* câble *m* de jonction, de raccord(ement)
Verbindungslinie *f* ligne *f* de communication
Verbindungsmann *m* ⟨~¢s; -männer *ou* -leute⟩ homme *m*, agent *m* de liaison
Verbindungsschnur *f* cordon *m* de branche-ment, de raccordement
Verbindungsstecker *m* fiche *f* de connexion, de raccordement
Verbindungsstelle *f* TECH point *m* de jonction, de raccordement
Verbindungsstraße *f* voie *f* de raccordement, de jonction
Verbindungsstück *n* raccord *m*
Verbindungstür *f* porte *f* de communication
verbissen *adjt* **1.** *Widerstand* acharné; opiniâtre **2.** **ein verbissenes Gesicht machen** avoir un air obstiné, têtu
Verbissenheit *f* ⟨~⟩ acharnement *m*; opiniâtre-té *f*
verbitten *v/r* ⟨*irr, sans ge*⟩ **sich** (*dat*) **etw verbit-ten** ne pas tolérer qc; **ich verbitte mir diesen Ton!** je vous interdis de me parler sur ce ton!
verbittert *adjt* aigri; amer
Verbitterung *f* ⟨~⟩ aigreur *f*; amertume *f*
verblassen *v/i* ⟨¢$, *sans ge*, sn⟩ **1.** *Tinte, Schrift*

pâlir; *Stoff* passer; se faner **2.** *fig Erinnerung* s'effacer

Verbleib *st/s m* 〈~¢s〉 (*Aufenthaltsort*) lieu *m* de séjour; *e-r Sache* endroit *m* (où se trouve qc)

verbleiben *v/i* 〈*irr, sans ge*, sn〉 **1.** *sie waren so verblieben, dass ...* ils avaient convenu de (+ *inf*) **2.** *st/s od* ADM (*bleiben*) rester; demeurer **3.** *Briefschluss*: *mit besten Grüßen verbleibe ich Ihr ...* veuillez agréer, Monsieur *bzw* Madame, mes meilleures salutations

verbleichen *v/i* 〈verblich, verblichen, sn〉 pâlir; se faner

verbleit *adjt Benzin* contenant du plomb

verblenden *v/t* 〈-e-, *sans ge*〉 (*irreführen*) aveugler

Verblendung *f* aveuglement *m*

verblöden F *v/i* 〈-e-, *sans ge*, sn〉 s'abêtir; s'abrutir

Verblödung F *f* 〈~〉 abêtissement *m*; abrutissement *m*

verblüffen [fɛr'blʏfən] *v/t u v/i* 〈*sans ge*〉 stupéfier; ahurir; abasourdir; ébahir; *verblüfft a* stupéfait; *sie verblüffte mit ihrer Leistung* elle a eu, obtenu des résultats stupéfiants

verblüffend *adjt* stupéfiant; ahurissant; renversant

Verblüffung *f* 〈~〉 stupéfaction *f*; ahurissement *m*

verblühen *v/i* 〈*sans ge*, sn〉 se faner

verbluten *v/i* 〈-e-, *sans ge*, sn〉 perdre tout son sang (*a fig*)

verbocken F *v/t* 〈-e-, *sans ge*, sn〉 *etw verbocken* gâcher qc

verbohren *v/r* 〈*sans ge*〉 F *fig sich in etw* (*acc*) *verbohren* s'obstiner dans qc

verbohrt F *péj adjt* obstiné

Verbohrtheit F *péj f* 〈~〉 obstination *f*

verborgen I *p/p* → **verbergen II** *adjt* caché; *im Verborgenen* en cachette; *es ist Ihnen sicher nicht verborgen geblieben, dass ...* vous n'êtes pas sans savoir que ...

Verbot [fɛr'boːt] *n* 〈~¢s; ~e〉 défense *f*; interdiction *f*; *amtlich a* prohibition *f* (+ *gén*, *von, zu* de)

verboten I *p/p* → **verbieten II** *advt* F **verboten aussehen** F avoir une touche pas possible

Verbotsschild *n* panneau *m* d'interdiction

verbraten F *v/t* (*ausgeben*) F claquer

Verbrauch *m* 〈~¢s〉 consommation *f* (*an* [+ *dat*] de); *zum alsbaldigen Verbrauch bestimmt* à consommer frais, immédiatement

verbrauchen *v/t* 〈*sans ge*〉 consommer; (*aufbrauchen*) épuiser

Verbraucher(in) *m* 〈~s; ~〉 (*f*) 〈~in; ~innen〉 consommateur, -trice *m,f*

verbraucherfeindlich *adj* qui n'est pas dans l'intérêt des consommateurs

verbraucherfreundlich *adj* dans l'intérêt des consommateurs

Verbrauchermarkt *m etwa* hypermarché *m*

Verbraucherschutz *m* défense *f* du consommateur

verbraucht *adjt fig*, *Kräfte* épuisé; *Mensch* usé; *Luft* vicié; confiné

verbrechen *v/t* 〈*irr, sans ge*〉 **1.** F *plais was hat er denn schon wieder verbrochen?* F qu'est-ce qu'il a encore fabriqué? **2.** F *plais*, *Kunstwerk, Gedicht* commettre

Verbrechen *n* 〈~s; ~〉 crime *m* (*an* [+ *dat*], *gegen* contre); *ein Verbrechen begehen* commettre, perpétrer un crime

Verbrechensbekämpfung *f* lutte *f* contre la délinquance, la criminalité

Verbrecher *m* 〈~s; ~〉 criminel *m*

Verbrecherbande *f* bande *f*, association *f* de malfaiteurs; gang *m*

Verbrecherin *f* 〈~; ~nen〉 criminelle *f*

verbrecherisch *adj* criminel

verbreiten 〈-e-, *sans ge*〉 **I** *v/t* répandre; *Nachricht, Krankheit a* propager **II** *v/r* **sich verbreiten** se répandre; se propager

verbreitern *v/t* (*u v/r*) 〈*sans ge*〉 (*sich verbreitern* s')élargir

Verbreitung *f* 〈~; ~en〉 propagation *f*; *von Nachrichten a* diffusion *f*

verbrennen 〈*irr, sans ge*〉 **I** *v/t* brûler; *Abfälle, Leichen* incinérer **II** *v/i* 〈sn〉 brûler; *es riecht verbrannt* ça sent le brûlé **III** *v/r* **sich verbrennen** se brûler (*mit* avec); *er hat sich die Hand verbrannt* il s'est brûlé la main

Verbrennung *f* 〈~; ~en〉 **1.** (*Verbrennen*) combustion *f*; (*Leichenverbrennung*) crémation *f*; incinération *f* (*a von Abfällen*) **2.** *Verletzung* brûlure *f*

Verbrennungsmotor *m* moteur *m* à explosion

Verbrennungsofen *m für Leichen* four *m* crématoire; *für Abfälle* incinérateur *m*

verbringen *v/t* 〈*irr, sans ge*〉 *Zeit, Ferien* passer; *s-e Zeit mit etw verbringen* passer son temps à (faire) qc

verbrüdern *v/r* 〈*sans ge*〉 *sich verbrüdern* fraterniser (*mit j-m* avec qn)

Verbrüderung *f* 〈~; ~en〉 fraternisation *f*

verbrühen 〈*sans ge*〉 **I** *v/t* échauder **II** *v/r* **sich verbrühen** s'ébouillanter; s'échauder

verbuchen *v/t* 〈*sans ge*〉 FIN, COMM comptabiliser; *auf e-m Konto verbuchen* inscrire sur un compte; *fig e-n Erfolg* (*für sich*) *verbuchen* obtenir, remporter un succès

verbuddeln F *v/t* 〈¢, *sans ge*〉 enterrer; enfouir

verbummeln F *péj v/t* 〈¢, *sans ge*〉 *Zeit* gaspiller

verbunden *p/p* → **verbinden**

verbünden [fɛr'bʏndən] *v/r* 〈-e-, *sans ge*〉 *sich verbünden* s'allier (*mit* à *od* avec)

Verbundenheit *f* 〈~〉 solidarité *f* (*mit* avec)

Verbündete(r) *f(m)* 〈→ A〉 allié(e) *m(f)*; coalisé(e) *m(f)*

Verbundglas *n* verre sandwich, feuilleté

verbürgen *v/r* 〈*sans ge*〉 *sich für j-n, etw verbürgen* cautionner qn, qc; se porter garant pour qn, de qc

verbürgt *adjt* **1.** *Nachricht* authentique; de source sûre **2.** *Rechte* garanti

verbüßen *v/t* 〈¢s, *sans ge*〉 *Strafe* purger

Verbüßung *f* 〈~〉 *nach Verbüßung der Strafe ...* après avoir purgé ma, sa, *etc* peine ...

verchromen *v/t* 〈*sans ge*〉 chromer

verchromt *adjt* chromé

Verdacht [fɛr'daxt] *m* 〈~¢s; ~e〉 soupçon *m*; suspicion *f*; *Verdacht schöpfen* (commencer à) avoir des soupçons; *in Verdacht geraten* se rendre suspect; *j-n wegen etw in od im Verdacht haben* soupçonner qn de qc; MÉD *es besteht Verdacht auf Meningitis* (*acc*) on craint une méningite

verdächtig [fɛr'dɛçtɪç] *adj* suspect; *Angelegen-*

heit douteux; **sich verdächtig machen** éveiller les soupçons; **das kommt mir verdächtig vor** ça me paraît louche
Verdächtige(r) *f(m)* ⟨→ A⟩ suspect(e) *m(f)*
verdächtigen *v/t* ⟨sans ge⟩ **j-n verdächtigen** suspecter, (faire) soupçonner qn
Verdächtigung *f* ⟨~; ~en⟩ suspicion *f*; soupçon *m*
Verdachtsmoment *n bes* JUR indice *m*
verdammen [fɛr'damən] *v/t* ⟨sans ge⟩ maudire; REL dammer; réprouver
verdammt F **I** *int* **verdammt (noch mal), verdammt und zugenäht!** F zut (alors)!; F mince (alors)!; F nom d'une pipe, F d'un chien! **II** *adjt* **1.** F sacré; F fichu; **verdammter Mist!** P merde! **2.** (*groß*) F sacré; F terrible; (**ein**) **verdammtes Glück** F une sacrée chance **III** *advt* (*sehr*) F vachement; F drôlement; **das schmeckt verdammt gut** F c'est vachement bon
verdampfen *v/t* (*u v/i* ⟨sn⟩) ⟨sans ge⟩ (s')évaporer; PHYS (se) vaporiser
Verdampfer *m* TECH évaporateur *m*
verdanken *v/t* ⟨sans ge⟩ **j-m etw verdanken** devoir qc à qn
verdattert [-'datərt] F *adj* ahuri
verdauen [-'dauən] *v/t u v/i* ⟨sans ge⟩ digérer (*a fig*)
verdaulich *adj* digestible; digeste; **schwer verdaulich sein** être indigeste
Verdauung *f* ⟨~⟩ digestion *f*
Verdauungsapparat *m* appareil digestif
Verdauungsbeschwerden *f/pl* troubles digestifs; indigestion *f*
Verdauungsorgan *n* organe *m* de la digestion
Verdauungsschnaps *m* digestif *m*
Verdauungsspaziergang *m* promenade digestive
Verdauungsstörungen *f/pl* troubles digestifs; indigestion *f*
Verdauungstrakt *m* appareil digestif
Verdeck *n* ⟨~ɇs; ~e⟩ capote *f*
verdecken *v/t* ⟨sans ge⟩ couvrir; (*dem Blick entziehen*) masquer; cacher
verdenken *v/t* ⟨irr, sans ge⟩ **j-m etw nicht verdenken (können)** ne pas (pouvoir) en vouloir à qn de qc
verderben ⟨verdirbt, verdarb, verdorben⟩ **I** *v/t* **1.** gâter; abîmer; *moralisch* corrompre; dépraver **2.** **j-m die Freude verderben** gâter, gâcher la joie de qn **3.** **es mit niemandem verderben wollen** vouloir rester en bons termes avec tout le monde **II** *v/i* ⟨sn⟩ *Lebensmittel* s'abîmer; se gâter **III** *v/r* **sich** (*dat*) **die Augen verderben** s'abîmer la vue, les yeux; **sich** (*dat*) **den Magen verderben** se faire une indigestion
Verderben *n* ⟨~s⟩ perte *f*; ruine *f*; **j-n ins Verderben stürzen** perdre qn; **ins Verderben rennen** courir à sa perte
verderblich *adj* **1.** *Ware* périssable **2.** *Einfluss* pernicieux; funeste
verdeutlichen *v/t* ⟨sans ge⟩ expliciter; (*erklären*) expliquer
Verdeutlichung *f* ⟨~; ~en⟩ explicitation *f*; (*Erklärung*) explication *f*
verdichten ⟨-e-, sans ge⟩ **I** *v/t* PHYS condenser; comprimer **II** *v/r* **sich verdichten 1.** PHYS se condenser (*a fig*); se comprimer **2.** *Nebel* s'épaissir **3.** *fig Verdacht* se préciser

Verdickung *f* ⟨~; ~en⟩ épaississement *m*; renflement *m*
verdienen *v/t* ⟨sans ge⟩ **1.** *Geld* gagner; *abs* **gut verdienen** gagner bien sa vie **2.** *Lob, Strafe* mériter
Verdiener *m* ⟨~s; ~⟩ personne *f* gagnant de l'argent
Verdienst¹ *m* ⟨~ɇs; ~e⟩ (*Einkommen*) salaire *m*; (*Gewinn*) gain *m*; profit *m*
Verdienst² *n* ⟨~ɇs; ~e⟩ (*Leistung*) mérite *m*; **es ist sein Verdienst, dass …** son mérite, c'est que …
Verdienstausfall *m* perte *f* de salaire; manque *m* à gagner
Verdienstbescheinigung *f* attestation *f*, relevé *m* de salaire
Verdienstkreuz *n etwa* ordre *m* du mérite
Verdienstmöglichkeit *f* possibilité *f* de gain
Verdienstorden *m* ordre *m* du mérite
Verdienstspanne *f* marge *f* bénéficiaire, de bénéfice
verdienstvoll *adj* **1.** *Tat* méritoire **2.** *Person* de mérite
verdient *adjt* **1.** (*verdienstvoll*) de mérite; **sich um j-n, etw verdient machen** faire beaucoup pour qn, qc **2.** (*gerechtfertigt*) mérité
verdientermaßen *adv* selon ses, tes, *etc* mérites
Verdikt [vɛr'dɪkt] *st/s n* ⟨~ɇs; ~e⟩ verdict *m*
verdonnern F *v/t* ⟨sans ge⟩ condamner (**zu** à)
verdoppeln ⟨ɇ, sans ge⟩ **I** *v/t* doubler; *fig Bemühungen* redoubler **II** *v/r* **sich verdoppeln** doubler
Verdopp(e)lung *f* ⟨~; ~en⟩ doublement *m*; *fig* redoublement *m*
verdorben [fɛr'dɔrbən] *p/p* → **verderben**
verdorren [fɛr'dɔrən] *v/i* ⟨sans ge, sn⟩ se dessécher
verdrängen *v/t* ⟨sans ge⟩ **1.** *Wasser* déplacer **2.** *aus e-r Stellung* évincer; déloger **3.** ([*schrittweise*] *ersetzen*) supplanter; remplacer **4.** PSYCH refouler
Verdrängung *f* ⟨~; ~en⟩ **1.** déplacement *m* **2.** éviction *f* **3.** remplacement *m* **4.** refoulement *m*
Verdrängungswettbewerb *m* COMM concurrence acharnée (*pour évincer les concurrents*)
verdreckt F *péj adjt* (très) sale; crasseux; F crado
verdrehen *v/t* ⟨sans ge⟩ **1.** tordre; *Augen* rouler **2.** F *péj Tatsachen* déformer
verdreht F *péj adjt* **1.** *Ansichten* saugrenu **2.** *Person* fou
verdreifachen *v/t* (*u v/r*) ⟨sans ge⟩ (**sich verdreifachen**) tripler
verdreschen F *v/t* ⟨irr, sans ge⟩ F flanquer une raclée à
verdrießen [fɛr'driːsən] *st/s v/t* ⟨ɇɇ, verdross, verdrossen⟩ contrarier
verdrießlich *adj* de mauvaise humeur; maussade; renfrogné
verdrossen [fɛr'drɔsən] **I** *p/p* → **verdrießen II** *adjt* (*mürrisch*) maussade; de mauvaise humeur; renfrogné **III** *advt* à contrecœur; de mauvaise grâce
Verdrossenheit *f* ⟨~⟩ (mauvaise) humeur; morosité *f*
verdrücken F ⟨sans ge⟩ **I** *v/t* avaler; engloutir; F engouffrer **II** *v/r* **sich verdrücken** F se tirer; F se barrer

Verdruss [fɛr'drʊs] *m* ⟨~es; ~e⟩ dépit *m*; ennui(s) *m(pl)*
verduften *v/i* ⟨-e-, *sans ge*, sn⟩ F (*sich entfernen*) F s'évaporer; s'éclipser
Verdummung *f* ⟨~⟩ abêtissement *m*; abrutissement *m*
verdunkeln ⟨¢, *sans ge*⟩ **I** *v/t* obscurcir; assombrir **II** *v/r* **sich verdunkeln** s'obscurcir; s'assombrir (*a fig Gesichtsausdruck*)
Verdunk(e)lung *f* ⟨~; ~en⟩ **1.** obscurcissement *m*; assombrissement *m* **2.** LUFTSCHUTZ black-out *m* **3.** JUR *von Tatbeständen* dissimulation *f*; camouflage *m*
verdünnen *v/t* ⟨*sans ge*⟩ *Flüssigkeit* diluer
Verdünner *m* ⟨~s; ~⟩ CHIM diluant *m*
verdünnisieren F *v/r* ⟨*sans ge*⟩ **sich verdünnisieren** s'évaporer
Verdünnung *f* ⟨~; ~en⟩ dilution *f*
verdunsten *v/i* ⟨-e-, *sans ge*, sn⟩ s'évaporer
Verdunstung *f* ⟨~⟩ évaporation *f*
verdursten *v/i* ⟨-e-, *sans ge*, sn⟩ mourir de soif
verdüstern *v/t* (*u v/r*) ⟨*sans ge*⟩ (**sich verdüstern** s')assombrir (*a fig*); (s')obscurcir
verdutzt [fɛr'dʊtst] *adj* ébahi; pantois
verebben *v/i* ⟨*sans ge*, sn⟩ diminuer peu à peu; décroître
veredeln *v/t* ⟨¢, *sans ge*⟩ AGR, JARD greffer; TECH (r)affiner; *Rohstoffe* transformer
Vered(e)lung *f* ⟨~; ~en⟩ AGR, JARD greffe *f*; greffage *m*; TECH (r)affinage *m*; transformation *f*
verehren *v/t* ⟨*sans ge*⟩ **1.** *st/s* (*bewundern*) admirer; **verehrte Anwesende!** Mesdames et Messieurs! **2.** REL (*anbeten*) vénérer **3.** *plais* **j-m etw verehren** faire cadeau, présent de qc à qn
Verehrer(in) *m* ⟨~s; ~⟩ (*f*) ⟨~in; ~innen⟩ **1.** (*Bewunderer[in]*) admirateur, -trice *m,f* **2.** *plais* (*Liebhaber*) soupirant *m*; amoureux *m*
Verehrung *f* ⟨~⟩ **1.** (*Bewunderung*) admiration *f* **2.** (*Anbetung*) culte *m*; vénération *f*
vereidigen *v/t* ⟨*sans ge*⟩ **j-n vereidigen** assermenter qn; faire prêter serment à qn (**auf etw** [*acc*] sur qc)
vereidigt *adj* assermenté; juré
Vereidigung *f* ⟨~; ~en⟩ prestation *f* de serment
Verein *m* ⟨~s; ~e⟩ association *f*; *kleinerer* cercle *m*; club *m*; **eingetragener Verein** association déclarée
vereinbar *adj* compatible, conciliable (**mit** avec)
vereinbaren *v/t* ⟨*sans ge*⟩ **1. etw vereinbaren** convenir de qc (**mit j-m** avec qn); *Termin* fixer **2. sich nicht mit etw vereinbaren lassen** ne pas être compatible avec qc
Vereinbarung *f* ⟨~; ~en⟩ convention *f*; accord *m*; **e-e Vereinbarung treffen** conclure un accord (**über etw** [*acc*] sur qc); **nach Vereinbarung** beim Arzt sur rendez-vous
vereinbarungsgemäß *adv* comme convenu
vereinen *st/s v/t u v/r* ⟨*sans ge*⟩ → **vereinigen**
vereinfachen *v/t* ⟨*sans ge*⟩ simplifier
Vereinfachung *f* ⟨~; ~en⟩ simplification *f*
vereinheitlichen *v/t* ⟨*sans ge*⟩ uniformiser; standardiser
Vereinheitlichung *f* ⟨~; ~en⟩ uniformisation *f*; standardisation *f*
vereinigen ⟨*sans ge*⟩ **I** *v/t* réunir (**mit** à); unir (à *od* avec); associer (à) **II** *v/r* **sich vereinigen** se réunir (**mit** avec); s'unir (avec); s'associer (à *od*

avec); *Flüsse* confluer (avec); se (re)joindre; *fig Anmut mit Geist* s'allier (à)
vereinigt *adj* uni; (**die**) **Vereinigte(n) Arabische(n) Emirate** *n/pl* (les) Émirats arabes unis; (**die**) **Vereinigte(n) Staaten** *m/pl* (**von Amerika**) (les) États-Unis *m/pl* (d'Amérique)
Vereinigung *f* ⟨~; ~en⟩ **1.** (*das Vereinigen*) réunion *f*; union *f*; association *f* **2.** (*Zusammenschluss*) association *f*; union *f*
vereinnahmen *v/t* ⟨*sans ge*⟩ **1.** COMM encaisser **2.** *fig* (*völlig beanspruchen*) monopoliser; **j-n** (**für sich**) **vereinnahmen** accaparer qn; *plais* réquisitionner qn
vereinsamen *v/i* ⟨*sans ge*, sn⟩ devenir solitaire; s'isoler
Vereinsamung *f* ⟨~⟩ isolement *m*; solitude *f*
Vereinskamerad(in) *m(f)* camarade *m,f* de club
Vereinskasse *f* caisse *f* de l'association
Vereinsleben *n* vie associative
Vereinslokal *n* lieu *m* de rencontre du club, de l'association
Vereinsvorsitzende(r) *m* président *m* de l'association, de la société
Vereinsvorstand *m* direction *f*, comité directeur de l'association, de la société
vereinzelt **I** *adj* isolé; (*vereinzelt auftretend*) sporadique **II** *advt* (*zeitlich*) de temps en temps; (*örtlich*) çà et là
vereisen ⟨¢¢, *sans ge*⟩ **I** *v/t* MÉD insensibiliser (par le froid) **II** *v/i* ⟨sn⟩ *Straßen* se couvrir de verglas; AVIAT givrer
vereist *adj Straßen* verglacé
vereiteln *v/t* ⟨¢, *sans ge*⟩ *j-s Pläne* déjouer; faire échouer
vereitert *adj* purulent
Vereiterung *f* ⟨~; ~en⟩ suppuration *f*; (*Geschwür*) abcès *m*
verekeln *v/t* ⟨¢, *sans ge*⟩ **j-m etw verekeln** dégoûter qn de qc
verenden *v/i* ⟨-e-, *sans ge*, sn⟩ *bes Tiere* mourir; crever
verengen *v/t* (*u v/r*) ⟨*sans ge*⟩ (**sich verengen** se) rétrécir; (se) resserrer
Verengung *f* ⟨~; ~en⟩ rétrécissement *m*; resserrement *m*
vererben ⟨*sans ge*⟩ **I** *v/t* **1.** *Besitz* laisser, léguer (**j-m etw** qc à qn) **2.** BIOL transmettre (qc à qn) **II** *v/r* **sich vererben** BIOL se transmettre héréditairement (**auf j-n** à qn)
Vererbung *f* ⟨~; ~en⟩ BIOL hérédité *f*
verewigen *v/r* ⟨*sans ge*⟩ **sich verewigen** laisser des traces de son passage
Verf. *abr* (*Verfasser*) auteur
verfahren[1] ⟨*irr, sans ge*⟩ **I** *v/t Benzin* dépenser en trajets **II** *v/i* ⟨sn⟩ (*vorgehen*) procéder; agir (**mit j-m** envers qn) **III** *v/r* **sich verfahren** se tromper de chemin, de route
verfahren[2] F *adj* **verfahrene Situation** impasse *f*; **völlig verfahren sein** être au point mort
Verfahren *n* ⟨~s; ~⟩ **1.** (*Vorgehen*) procédé *m*; manière *f* d'agir **2.** (*Arbeitsweise*) méthode *f*; TECH, CHIM procédé *m* **3.** JUR procédure *f*
Verfall *m* **1.** *baulich* dégradation *f*; délabrement *m*; *fig körperlich* dépérissement *m* **2.** *fig e-s Reiches, e-r Kultur* déclin *m*; **sittlicher Verfall** déchéance morale
verfallen *v/i* ⟨*irr, sans ge*, sn⟩ **1.** *baulich* tomber

en ruine; se délabrer; *fig körperlich* dépérir **2.** *fig Reich, Kultur* être en déclin; *Sitten* être décadent **3.** *Fahrkarten* se périmer; *Pass* expirer **4.** *j-m, e-r Sache verfallen* devenir l'esclave de qn, qc; *dem Alkohol verfallen* sombrer dans l'alcool **5.** *auf etw (acc) verfallen* s'aviser de qc; avoir l'idée de qc **6.** *in etw (acc) verfallen* (re)tomber dans qc

Verfallsdatum *n* date *f* de péremption

verfälschen *v/t* ⟨*sans ge*⟩ **1.** *Nahrungsmittel* falsifier; *Getränke a* frelater **2.** *Wahrheit* dénaturer; altérer; *Text* falsifier

verfangen *v/r* ⟨*irr, sans ge*⟩ *sich verfangen* s'empêtrer, s'embrouiller (*in* [+ *dat*] dans) (*a fig*)

verfänglich [fɛr'fɛnlɪç] *adj Frage, Situation* embarrassant; *Brief* compromettant

verfärben *v/r* ⟨*sans ge*⟩ *sich verfärben* changer de couleur

Verfärbung *f* ⟨~; ~en⟩ **1.** *Vorgang* changement *m* de couleur; altération *f* de la couleur **2.** *Resultat* couleur changée, altérée

verfassen *v/t* ⟨⊄$, *sans ge*⟩ écrire; *Text a* rédiger; *Gedicht a* composer

Verfasser(in) *m* ⟨~s; ~⟩ (*f*) ⟨~in; ~innen⟩ auteur *m*; femme *f* auteur

Verfassung *f* ⟨~; ~en⟩ **1.** POL Constitution *f* **2.** (*Zustand*) état *m*; *körperliche* condition *f*; forme *f*; *seelische* disposition *f*; moral *m*; *in guter Verfassung sein* être en bonne condition; être en forme

Verfassungsänderung *f* révision constitutionnelle, de la Constitution

Verfassungsbeschwerde *f* recours constitutionnel

Verfassungseid *m* serment *m* à la Constitution

verfassungsfeindlich *adj* hostile à la Constitution; subversif

Verfassungsgericht *n* cour constitutionnelle

verfassungsmäßig *adj* constitutionnel

Verfassungsschutz *m* **Bundesamt** *n* **für Verfassungsschutz** BRD Office fédéral pour la protection de la Constitution

verfassungswidrig *adj* anticonstitutionnel; contraire à la Constitution

verfaulen *v/i* ⟨*sans ge*, sn⟩ pourrir; se putréfier

verfechten *v/t* ⟨*irr, sans ge*⟩ *Ansicht, Meinung* soutenir; se faire le champion de; *Recht* défendre

Verfechter(in) *m* ⟨~s; ~⟩ (*f*) ⟨~in; ~innen⟩ défenseur *m*; avocat(e) *m(f)*

verfehlen *v/t* ⟨*sans ge*⟩ **1.** *Person, Zug, Ziel* manquer; rater; *Weg* se tromper de **2.** *fig Zweck* manquer; *Thema* ne pas traiter

verfehlt *adjt* (*falsch*) faux; (*unangebracht*) inopportun

Verfehlung *f* ⟨~; ~en⟩ manquement *m*

verfeinden *v/r* ⟨-e-, *sans ge*⟩ *sich verfeinden* se brouiller, se fâcher (*mit j-m* avec qn)

verfeindet *adjt* hostile; ennemi; *sie sind miteinander verfeindet* ils se son brouillés

verfeinern *v/t* (*u v/r*) ⟨*sans ge*⟩ (*sich verfeinern*) *Sitten, Geschmack* (s')affiner; ([*sich*] *verbessern*) (s')améliorer; *verfeinert Sitten, Geschmack* raffiné

verfestigen *v/t* (*u v/r*) ⟨*sans ge*⟩ (*sich verfestigen* se) solidifier

verfeuern *v/t* ⟨*sans ge*⟩ **1.** *Holz* consommer;

brûler **2.** *Munition* épuiser

verfilmen *v/t* ⟨*sans ge*⟩ *Roman* porter à l'écran

Verfilmung *f* ⟨~; ~en⟩ adaptation *f* cinématographique

verfilzen *v/i* ⟨⊄$, *sans ge*, sn⟩ *Wolle* se feutrer; *Haare* s'emmêler

verfilzt *adj Wolle* feutré; *Haare* embroussaillé; emmêlé

verfinstern *v/t* (*u v/r*) ⟨*sans ge*⟩ (*sich verfinstern* s')obscurcir; (s')assombrir (*a fig Gesicht*); ASTR (s')éclipser

verflachen *v/i* ⟨*sans ge*, sn⟩ *fig Gespräch* devenir superficiel; tomber dans la platitude

verflechten ⟨*irr, sans ge*⟩ *v/t* **1.** *Bänder* entrelacer; entremêler (*a fig*) **2.** (*eng*) *verflochten sein* avoir des liens étroits

Verflechtung *f* ⟨~; ~en⟩ entrelacement *m*; ÉCON interpénétration *f*; interdépendance *f*

verfliegen ⟨*irr, sans ge*⟩ **I** *v/i* ⟨sn⟩ **1.** (*vorbeigehen*) *Zeit, Zorn* passer **2.** (*sich verflüchtigen*) *Duft* se dissiper **II** *v/r* **sich verfliegen** AVIAT s'égarer

verfließen *v/i* ⟨*irr, sans ge*, sn⟩ *Farben, fig Begriffe* (*ineinander*) *verfließen* s'interpénétrer; se fondre; se mélanger

verflixt [fɛr'flɪkst] F → *verdammt*

verflossen [fɛr'flɔsən] **I** *p/p* → *verfließen* **II** *adjt* passé; F *ihr verflossener Freund* F son ex-copain

verfluchen *v/t* ⟨*sans ge*⟩ maudire (*a fig*); *ich verfluche den Tag, an dem ...* maudit soit le jour où ...

verflucht F → *verdammt*

verflüchtigen *v/r* ⟨*sans ge*⟩ *sich verflüchtigen* **1.** CHIM se volatiliser **2.** *Geruch etc* se dissiper

verflüssigen *v/t* (*u v/r*) ⟨*sans ge*⟩ (*sich verflüssigen* se) liquéfier; *Dampf* (se) condenser

verfolgen *v/t* ⟨*sans ge*⟩ **1.** (*einzuholen versuchen*) poursuivre; *p/fort* pourchasser; traquer (*a* JAGD); *j-n auf Schritt und Tritt verfolgen* ne pas quitter qn d'une semelle **2.** (*bedrängen*) poursuivre; 'harceler; persécuter; *dieser Gedanke verfolgt mich* cette idée m'obsède, me poursuit **3.** *fig politische Gegner etc* persécuter **4.** *Spur, Weg* suivre (*a fig Gedankengang*) **5.** *fig Absicht, Ziel* poursuivre; *e-e Sache weiter verfolgen* suivre qc; (*aufmerksam beobachten*) suivre; observer

Verfolger *m* ⟨~s; ~⟩ *e-s Flüchtenden* poursuivant *m*

Verfolgte(r) *f(m)* ⟨→ A⟩ POL persécuté(e) *m(f)*

Verfolgung *f* ⟨~; ~en⟩ *e-s Flüchtenden* poursuite *f* (*a fig e-r Absicht*); *politische* persécution *f*; *die Verfolgung aufnehmen* se lancer à la poursuite

Verfolgungsjagd *f* poursuite effrénée; *mit Autos* F rodéo *m*

Verfolgungsrennen *n* RADSPORT poursuite *f*

Verfolgungswahn *m* PSYCH délire *m*, manie *f* de la persécution

verformen *v/t* (*u v/r*) ⟨*sans ge*⟩ (*sich verformen* se) déformer

Verformung *f* ⟨~; ~en⟩ TECH déformation *f*

verfrachten *v/t* ⟨-e-, *sans ge*⟩ **1.** *Waren* charger **2.** F *Gepäck, plais Person* F caser

verfranzen F *v/r* ⟨⊄$, *sans ge*⟩ *sich verfranzen* F se paumer

verfremden *v/t* ⟨-e-, *sans ge*⟩ *in der Kunst* donner un caractère artificiel, étrange

verfressen F *péj adj* glouton; goinfre

verfroren *adj* frileux

verfrüht *adj* prématuré

verfügbar *adj* disponible

Verfügbarkeit *f* ⟨~⟩ disponibilité *f*

verfügen ⟨*sans ge*⟩ **I** *v/t* ADM (*anordnen*) ordonner; arrêter; décréter **II** *v/i* **über j-n, etw** (*acc*) **verfügen** disposer de qn, qc

Verfügung *f* ⟨~; ~en⟩ **1.** ADM (*Anordnung*) ordonnance *f*; décret *m* **2.** (*Disposition*) disposition *f* (*a* JUR); **j-m etw zur Verfügung stellen** mettre qc à la disposition de qn; **j-m zur Verfügung stehen** être à la disposition de qn

verführen *v/t* ⟨*sans ge*⟩ **j-n verführen** séduire qn; (*verleiten*) **j-n zu etw verführen** inciter, entraîner qn à qc

Verführer(in) *m* ⟨~s; ~⟩ (*f*) ⟨~in; ~innen⟩ séducteur, -trice *m,f* (*a sexuell*)

verführerisch *adj* **1.** (*verlockend*) tentant; séduisant **2.** (*sehr reizvoll*) séducteur; séduisant

Verführung *f* ⟨~; ~en⟩ séduction *f*; *bes* JUR **Verführung Minderjähriger** détournement *m* de mineurs

Verführungskunst *f* art *m* de séduire, de la séduction

verfünffachen ⟨*sans ge*⟩ **I** *v/t* quintupler **II** *v/r* **sich verfünffachen** quintupler

verfüttern *v/t* ⟨*sans ge*⟩ donner comme fourrage (**an** [+ *acc*] à)

Vergabe *f* attribution *f*; adjudication *f*; *e-s Auftrags* passation *f*

vergackeiern [fɛrˈgakˀaɪərn] F *v/t* ⟨*sans ge*⟩ **j-n vergackeiern** se jouer, se moquer de qn

vergällen [-ˈgɛlən] *v/t* ⟨*sans ge*⟩ **1.** CHIM dénaturer **2.** *fig Freude* gâter; gâcher; *Leben* empoisonner

vergammeln F *v/i* ⟨*sans ge*, sn⟩ *Lebensmittel* pourrir; *Person* se clochardiser

vergammelt *adj t Lebensmittel* pourri; *Gebäude* délabré; *Person, Kleidung* débraillé

vergangen [fɛrˈgaŋən] **I** *p/p →* **vergehen II** *adj t Zeit* passé; écoulé; **vergangene Woche** la semaine passée, dernière

Vergangenheit *f* ⟨~; ~en⟩ passé *m* (*a* GR); temps passé

Vergangenheitsbewältigung *f* prise *f* de conscience du passé; *p/fort* maîtrise *f* du passé

vergänglich [fɛrˈgɛŋlɪç] *adj* éphémère

Vergänglichkeit *f* ⟨~⟩ caractère *m* éphémère

vergasen *v/t* ⟨¢¢, *sans ge*⟩ *Menschen* gazer; *Ungeziefer* fumiger

Vergaser *m* ⟨~s; ~⟩ AUTO carburateur *m*

vergaß [fɛrˈgaːs] → **vergessen**

vergeben *v/t* ⟨*irr, sans ge*⟩ **1.** *st/s* (*verzeihen*) pardonner (**j-m etw** qc à qn); *Sünden* remettre **2.** (*geben*) (**an j-n**) **vergeben** donner (à qn); *Preis, Stelle* attribuer (à qn); *Auftrag* passer (à qn) **3.** *bes* SPORT *Chance* laisser passer **4.** **sich** (*dat*) **etw, nichts vergeben** perdre, ne pas perdre la face

vergebens I *adj* **es war vergebens** ça n'a servi à rien **II** *adv* en vain; vainement; inutilement

vergeblich I *adj* (en) vain; inutile, infructueux **II** *adv →* **vergebens**

Vergebung *st/s f* ⟨~⟩ (*Verzeihung*) pardon *m*; *der Sünden* rémission *f*

vergegenwärtigen *v/r* ⟨*sans ge*⟩ **sich** (*dat*) **etw**

vergegenwärtigen se représenter qc

vergehen ⟨*irr, sans ge*⟩ **I** *v/i* ⟨sn⟩ **1.** *Zeit* passer; s'écouler **2.** *Schmerz etc* passer; diminuer; *Schönheit* s'évanouir; s'effacer; **davon ist mir der Appetit vergangen** ça m'a coupé l'appétit **3.** *fig* **vor** (+ *dat*) **vergehen** mourir de ... **II** *v/r* **4.** **sich gegen das Gesetz vergehen** transgresser, enfreindre la loi **5.** *sexuell* **sich an j-m vergehen** abuser de qn

Vergehen *n* ⟨~s; ~⟩ faute *f*; JUR délit *m*; *geringfügiges* infraction *f*

vergelten *v/t* ⟨*irr, sans ge*⟩ rendre; **Gleiches mit Gleichem vergelten** rendre la pareille

Vergeltung *f* ⟨~; ~en⟩ revanche *f*; **Vergeltung üben** prendre sa revanche

Vergeltungsmaßnahme *f* (mesure *f* de) représailles *f/pl*, rétorsion *f*

Vergeltungsschlag *m* représailles *f/pl*

vergessen [fɛrˈgɛsən] ⟨vergisst, vergaß, vergessen⟩ *v/t* oublier; *fig* **j-m etw nie vergessen** (*dankbar sein*) revaloir qc à qn; (*böse sein*) ne pas pardonner qc à qn; F **vergiss es!** F laisse tomber! **II** *v/r* **sich vergessen** s'emporter

Vergessenheit *f* ⟨~⟩ oubli *m*; **in Vergessenheit geraten** tomber dans l'oubli

vergesslich *adj* oublieux; distrait

Vergesslichkeit *f* ⟨~⟩ oubli *m*; distraction *f*

vergeuden [fɛrˈgɔʏdən] *v/t* ⟨-e-, *sans ge*⟩ gaspiller

Vergeudung *f* ⟨~; ~en⟩ gaspillage *m*

vergewaltigen *v/t* ⟨*sans ge*⟩ violer; violenter; *fig* faire violence à

Vergewaltiger *m* ⟨~s; ~⟩ violeur *m*

Vergewaltigung *f* ⟨~; ~en⟩ viol *m*; *fig* violence *f* (+ *gén* faite à)

vergewissern [fɛrgəˈvɪsərn] *v/r* ⟨*sans ge*⟩ **sich e-r Sache** (*gén*) **vergewissern** s'assurer de qc

vergießen *v/t* ⟨*irr, sans ge*⟩ répandre; *Blut, Tränen* verser

vergiften *v/t* (*u v/r*) ⟨-e-, *sans ge*⟩ (**sich vergiften**) s'empoisonner (*a fig*); MÉD (s')intoxiquer

Vergiftung *f* ⟨~; ~en⟩ **1.** (*das Vergiften*) empoisonnement *m* (*a fig*) **2.** *Erkrankung* intoxication *f*

vergilben [fɛrˈgɪlbən] *v/i* ⟨*sans ge*, sn⟩ *Papier* jaunir

Vergissmeinnicht *n* ⟨~¢s; ~e⟩ BOT myosotis *m*

vergittert *adj t* grillagé

verglasen *v/t* ⟨¢¢, *sans ge*⟩ vitrer

Verglasung *f* ⟨~; ~en⟩ vitrage *m*

Vergleich *m* ⟨~¢s; ~e⟩ **1.** comparaison *f*; parallèle *m*; **e-n Vergleich ziehen** établir une comparaison, un parallèle; **im Vergleich mit, zu** comparé à ... **2.** JUR transaction *f*

vergleichbar *adj* comparable (**mit** à)

vergleichen ⟨*irr, sans ge*⟩ **I** *v/t* comparer (**mit** à, avec); **das ist** (*doch gar*) **nicht zu vergleichen** ce n'est pas (du tout) comparable **II** *v/r* JUR **sich mit j-m vergleichen** conclure une transaction avec qn

vergleichend *adj t* comparatif

Vergleichsform *f* GR degré *m* de comparaison

Vergleichsmöglichkeit *f* éléments *m/pl* de comparaison

Vergleichsverfahren *n* règlement *m* judiciaire

vergleichsweise *adv* comparativement

Vergleichswert *m* valeur *f* de référence

Vergleichszeitraum *m* période *f* de référence,

correspondante

verglimmen v/i ⟨irr, sans ge, sn⟩ s'éteindre peu à peu

verglühen v/i ⟨sans ge, sn⟩ Satellit se désagréger

vergnügen [fɛrˈɡnyːɡən] v/r ⟨sans ge⟩ **sich mit etw vergnügen** s'amuser, se divertir à od avec qc

Vergnügen n ⟨∼s; ∼⟩ plaisir m; amusement m; (Zerstreuung) distraction f; divertissement m; **mit (dem größten) Vergnügen** avec (le plus grand) plaisir; **viel Vergnügen!** amusez-vous bien!; iron je vous souhaite bien du plaisir!; **mit wem habe ich das Vergnügen (zu sprechen)?** à qui ai-je l'honneur?; **es ist mir ein Vergnügen** c'est un plaisir pour moi; F **ein teures Vergnügen** un plaisir qui coûte cher

vergnüglich adj amusant; plaisant

vergnügt adjt gai; enjoué

Vergnügung f ⟨∼; ∼en⟩ amusement m; divertissement m

Vergnügungsausschuss m comité m des fêtes

Vergnügungspark m parc m d'attractions

Vergnügungsreise f voyage m d'agrément

Vergnügungssteuer f taxe f sur les spectacles et divertissements

Vergnügungssucht f goût m des plaisirs

vergnügungssüchtig adj avide de plaisirs

Vergnügungsviertel n quartier m des boîtes de nuit

vergolden v/t ⟨-e-, sans ge⟩ dorer (a fig)

Vergoldung f ⟨∼; ∼en⟩ dorure f

vergönnt adjt **es war mir nicht vergönnt zu** (+ inf) je n'ai pas eu le plaisir de (+ inf)

vergöttern v/t ⟨sans ge⟩ adorer; péj idolâtrer

vergraben ⟨irr, sans ge⟩ **I** v/t enterrer; enfouir **II** v/r **sich vergraben** Tiere se terrer (**in** [+ dat ou acc] dans); F fig **sich in s-e Bücher vergraben** se plonger dans ses livres

vergrämen v/t ⟨sans ge⟩ mécontenter; p/fort fâcher

vergrämt adjt Gesicht rongé de chagrin

vergraulen F v/t ⟨sans ge⟩ **j-n vergraulen** faire fuir qn (en étant désagréable)

vergreifen v/r ⟨irr, sans ge⟩ **1. sich im Ton vergreifen** mal choisir ses mots **2. sich an fremdem Eigentum vergreifen** se saisir des biens d'autrui **3. sich an j-m vergreifen** porter la main sur qn

vergriffen [fɛrˈɡrɪfən] adjt Buch épuisé

vergrößern ⟨sans ge⟩ **I** v/t **1.** (erweitern) agrandir (a Geschäft) **2.** (vermehren) accroître; augmenter **3.** OPT grossir; PHOT agrandir **II** v/r **sich vergrößern** s'agrandir (a Geschäft, Familie); Kapital s'accroître; augmenter

Vergrößerung f ⟨∼; ∼en⟩ **1.** agrandissement m **2.** accroissement m; augmentation f **3.** PHOT agrandissement m; OPT grossissement m

Vergrößerungsglas n loupe f; verre grossissant

vergucken F v/r ⟨sans ge⟩ (verlieben) **sich in j-n vergucken** s'enticher de qn

Vergünstigung f ⟨∼; ∼en⟩ faveur f; steuerliche, soziale avantage m

vergüten v/t ⟨-e-, sans ge⟩ **1.** Arbeit payer; rémunérer **2. j-m etw vergüten** Auslagen rembourser qn de qc; Verlust(e) dédommager, indemniser qn de qc

Vergütung f ⟨∼; ∼en⟩ **1.** paiement m; rémunération f **2.** remboursement m; dédommagement m **3.** Summe indemnité f

verh. abr (verheiratet) marié

verhaften v/t ⟨-e-, sans ge⟩ arrêter; appréhender

Verhaftete(r) f(m) ⟨→ A⟩ personne f en état d'arrestation

Verhaftung f ⟨∼; ∼en⟩ arrestation f; JUR prise f de corps

verhallen v/i ⟨sans ge, sn⟩ Ton se perdre; expirer

verhalten[1] v/r ⟨irr, sans ge⟩ **sich verhalten 1.** (sich benehmen) se conduire, se comporter (**gegen j-n, j-m gegenüber** avec qn, envers qn); **sich ruhig verhalten** se tenir tranquille **2.** (beschaffen sein) **wie verhält sich die Sache?** où en est l'affaire?

verhalten[2] adjt **1.** Freude contenu; Groll rentré **2. mit verhaltener Stimme** à mi-voix **3.** Fahrweise sans agressivité; Kritik mesuré; modéré

Verhalten n ⟨∼s⟩ conduite f; comportement m; attitude f; (Vorgehen) manière f d'agir

Verhaltensforschung f éthologie f

verhaltensgestört adj qui présente des troubles du comportement

Verhaltensmaßregeln f/pl instructions f/pl; directives f/pl

Verhaltensstörung f trouble m du comportement

Verhaltensweise f comportement m

Verhältnis [fɛrˈhɛltnɪs] n ⟨∼ses; ∼se⟩ **1.** (Größenverhältnis) rapport m; proportion f; **im Verhältnis zu** en proportion de; par rapport à; **im Verhältnis 1 zu 3** dans un rapport de 1 à 3; **in keinem Verhältnis stehen (zu)** être disproportionné (à, avec) **2.** (Beziehung) rapports m/pl; relations f/pl; **ein gutes Verhältnis zu j-m haben** avoir de bons rapports avec qn **3.** F (Liebesverhältnis) liaison f **4. Verhältnisse** pl situation f; conditions f/pl; (Umstände) circonstances f/pl; **über s-e Verhältnisse leben** vivre au-dessus de ses moyens

verhältnismäßig adj relatif; proportionnel

Verhältniswahl f vote, scrutin proportionnel

Verhältniswahlrecht n ⟨∼¢s⟩ représentation proportionnelle; proportionnelle f

Verhältniswort n ⟨∼¢s; -wörter⟩ GR préposition f

verhandeln ⟨¢, sans ge⟩ **I** v/t JUR **e-n Fall verhandeln** strafrechtlich juger; zivilrechtlich entendre une cause **II** v/i **über etw** (acc) **verhandeln** négocier qc; (beraten) débattre (de) qc

Verhandlung f ⟨∼; ∼en⟩ **1.** bes POL, COMM négociation f; discussion f; **Verhandlungen** pl a pourparlers m/pl **2.** JUR audience f; débats m/pl

Verhandlungsbasis f base f des négociations, des discussions; **Verhandlungsbasis 3000 Euro** 3000 euros à débattre

verhandlungsbereit adj prêt à négocier

Verhandlungsbereitschaft f volonté f de négocier

Verhandlungsgeschick n habileté f à négocier, à mener des négociations

Verhandlungspause f suspension f d'audience

Verhandlungssaal m salle f d'audience

Verhandlungsschluss m clôture f des débats

Verhandlungstag m jour m d'audience, des débats

Verhandlungstermin *m* date fixée pour l'audience, pour les débats

Verhandlungstisch *m* table *f* de négociations; *fig* **sich an den Verhandlungstisch setzen** engager des négociations

Verhandlungsweg *m* **auf dem Verhandlungsweg(e)** par la négociation

verhangen *adj Himmel* nuageux; gris

verhängen *v/t ⟨sans ge⟩ Fenster* recouvrir (**mit** de); *Strafe* prononcer (**über j-n** contre qn)

Verhängnis *n ⟨∼ses; ∼se⟩* fatalité *f*; malheur *m*; **j-m zum Verhängnis werden** être fatal à qn

verhängnisvoll *adj* fatal; funeste

verharmlosen *v/t ⟨¢$, sans ge⟩* minimiser

Verharmlosung *f ⟨∼; ∼en⟩* minimisation *f*

verhärmt [fɛr'hɛrmt] *adj* rongé par les soucis

verharren *v/i ⟨sans ge, h ou sn⟩* **1.** (*innehalten*) rester; demeurer **2.** (*beibehalten*) **in etw** (*dat*) **verharren** persister dans qc

verhärten *v/r ⟨-e-, sans ge⟩* **sich verhärten** se durcir (*a fig*, MÉD)

Verhärtung *f ⟨∼; ∼en⟩* **1.** *fig* endurcissement *m*; *der Fronten* durcissement *m* **2.** MÉD induration *f*

verhaspeln F *v/r ⟨¢, sans ge⟩* **sich verhaspeln** *beim Sprechen* s'embrouiller

verhasst *adj* odieux; détesté; **sich bei j-m verhasst machen** se faire 'haïr de qn

verhätscheln *v/t ⟨¢, sans ge⟩ Kind* dorloter; F chouchouter

verhauen F ⟨*p/p* verhauen⟩ **I** *v/t* **1.** **j-n verhauen** F flanquer une raclée à qn; rosser qn **2.** *Aufsatz* F louper **II** *v/r* **sich verhauen** (*sich irren*) F se gourer

verheben *v/r ⟨irr, sans ge⟩* **sich verheben** se faire un tour de reins

verheddern [fɛr'hɛdərn] F *v/r ⟨sans ge⟩* **sich verheddern** *Fäden* s'emmêler; s'embrouiller; **sich in etw** (*dat*) **verheddern** s'empêtrer dans qc; *fig beim Sprechen* **sich verheddern** s'embrouiller

verheerend *adj* dévastateur; *Folgen* catastrophique; F (*scheußlich*) horrible

verhehlen *st/s v/t ⟨sans ge⟩* **man kann nicht verhehlen, dass ...** il faut bien avouer que

verheilen *v/i ⟨sans ge, sn⟩ Wunde* se fermer; (se) guérir

verheimlichen *v/t ⟨sans ge⟩* cacher, dissimuler (**j-m etw, etw vor j-m** qc à qn)

verheiraten ⟨-e-, *sans ge*⟩ **I** *v/t* marier (**mit** avec, à) **II** *v/r* **sich verheiraten** se marier (**mit j-m** avec qn)

verheiratet *adj* marié

Verheiratete(r) *f(m)* ⟨→ A⟩ marié(e) *m(f)*; homme marié, femme mariée

verheißen *st/s v/t ⟨irr, sans ge⟩* promettre

Verheißung *f ⟨∼; ∼en⟩* promesse *f*

verheißungsvoll *adj* plein de promesses; prometteur

verheizen *v/t ⟨sans ge⟩* **1.** brûler; utiliser comme moyen de chauffage **2.** F MIL **j-n verheizen** utiliser qn comme chair à canon

verhelfen *v/i ⟨irr, sans ge⟩* **j-m zu etw verhelfen** aider qn à obtenir qc

verherrlichen *v/t ⟨sans ge⟩* glorifier; faire l'apologie de

Verherrlichung *f ⟨∼; ∼en⟩* glorification *f*; apo-

logie *f*

verheult F *adj* gonflé, rougi par les larmes

verhexen *v/t ⟨¢$, sans ge⟩* ensorceler; envoûter; F *fig* **es ist wie verhext!** F c'est la poisse!; tout va de travers!

verhindern *v/t ⟨sans ge⟩* empêcher; *Unglück* prévenir

Verhinderung *f ⟨∼; ∼en⟩* empêchement *m*

verhöhnen *v/t ⟨sans ge⟩* tourner en dérision; railler

verhökern [-'høːkərn] F *v/t ⟨sans ge⟩* brader; bazarder

Verhör *n ⟨∼¢s; ∼e⟩* interrogatoire *m*

verhören *⟨sans ge⟩* **I** *v/t* **j-n verhören** interroger qn **II** *v/r* **sich verhören** mal entendre

verhüllen *v/t ⟨sans ge⟩* voiler (*a fig*)

verhüllend *adjt* LING euphémique

verhundertfachen *v/t* (*u v/r*) *⟨sans ge⟩* (**sich verhundertfachen**) centupler

verhungern *v/i ⟨sans ge, sn⟩* mourir de faim; **ganz verhungert aussehen** avoir l'air affamé; F *fig* **am Verhungern sein** F crever de faim

verhunzen [fɛr'hʊntsən] F *péj v/t ⟨¢$, sans ge⟩ Landschaft, Stadtbild* abîmer; *Gedicht* estropier

verhüten *v/t ⟨-e-, sans ge⟩* (*verhindern*) empêcher; *Unglück* prévenir

verhütten *v/t ⟨-e-, sans ge⟩ Erz* traiter; fondre

Verhütung *f ⟨∼⟩* **1.** empêchement *m*; (*Vorbeugung*) prévention *f* **2.** (*Empfängnisverhütung*) contraception *f*

Verhütungsmittel *n* contraceptif *m*

verhutzelt [fɛr'hʊtsəlt] F *adj* ratatiné

verifizieren *v/t ⟨sans ge⟩* vérifier

verinnerlichen *v/t ⟨sans ge⟩* intérioriser

verirren *v/r ⟨sans ge⟩* **sich verirren** s'égarer; se perdre; se fourvoyer

Verirrung *f ⟨∼; ∼en⟩* égarement *m*

verjagen *v/t ⟨sans ge⟩* chasser (**aus, von** de)

verjähren [fɛr'jɛːrən] *v/i ⟨sans ge, sn⟩* JUR se prescrire

Verjährung *f ⟨∼; ∼en⟩* JUR prescription *f*

Verjährungsfrist *f* JUR délai *m* de prescription

verjubeln F *v/t ⟨¢, sans ge⟩* F claquer

verjüngen *⟨sans ge⟩* **I** *v/t* rajeunir (*a Personal*) **II** *v/r* **sich verjüngen** *Säule* s'amincir; s'effiler

Verjüngung *f ⟨∼; ∼en⟩* **1.** rajeunissement *m* **2.** amincissement *m*

verkabeln *v/t ⟨¢, sans ge⟩* TV câbler; **verkabelt sein** être câblé

Verkabelung *f ⟨∼; ∼en⟩* TV câblage *m*

verkalken *v/i ⟨sans ge, sn⟩* **1.** MÉD se calcifier **2.** F *fig* (*geistig altern*) devenir gâteux, F gaga **3.** *Waschmaschine etc* s'entartrer

verkalkt *adjt fig* **1.** MÉD sclérosé (*a fig*); *Person a* gâteux; F gaga **2.** *Waschmaschine* entartré

verkalkulieren *v/r ⟨sans ge⟩* **sich verkalkulieren** (*falsch beurteilen*) se tromper; F se gourer

Verkalkung *f ⟨∼; ∼en⟩* **1.** MÉD calcification *f* **2.** F *fig péj* sénilité *f*; gâtisme *m* **3.** *e-r Waschmaschine etc* entartrage *m*

verkannt [fɛr'kant] **I** *p/p* → **verkennen II** *adjt* méconnu

verkappt *adj* déguisé; camouflé

verkatert F *adj* **verkatert sein** avoir mal aux cheveux; F avoir la gueule de bois

Verkauf *m* **1.** vente *f*; (*Absatz*) débit *m*; écoulement *m*; **zum Verkauf stehen** être à vendre **2.**

Abteilung service *m* des ventes
verkaufen ⟨*sans ge*⟩ **I** *v/t* vendre; (*absetzen*) écouler; placer; ***j-m etw verkaufen, etw an j-n verkaufen*** vendre qc à qn **II** *v/r* **sich** (**gut, schlecht**) **verkaufen** *Ware* se vendre (bien, mal)
Verkäufer(in) *m(f)* vendeur, -euse *m,f*
verkäuflich *adj* (*zum Verkauf geeignet*) vendable; (*zum Verkauf bestimmt*) à vendre; **leicht verkäuflich** de vente facile; facile à vendre
Verkaufserlös *m* produit *m* de la vente
Verkaufsförderung *f* promotion *f* des ventes
Verkaufsleiter *m* chef *m*, directeur *m* de(s) vente(s)
verkaufsoffen *adj* **verkaufsoffener Sonntag** dimanche *m* où les magasins restent ouverts
Verkaufspreis *m* prix *m* de vente
Verkaufsschlager *m* succès commercial
Verkehr [fɛrˈkeːr] *m* ⟨**∼s**⟩ **1.** (*Straßenverkehr*) circulation *f*; *bes starker a* trafic *m*; **stockender Verkehr** ralentissement(s) *m(pl)*; **dem Verkehr übergeben** ouvrir à la circulation; **öffentlicher Verkehr** transports publics **2.** (*Geldverkehr, Güterverkehr*) circulation *f*; (*Handelsverkehr*) trafic commercial; **aus dem Verkehr ziehen** retirer de la circulation; F *fig* **j-n aus dem Verkehr ziehen** mettre qn 'hors d'état de nuire **3.** (*Kontakt*) rapports *m/pl*; relations *f/pl*; (*Umgang*) commerce *m* **4.** (*Geschlechtsverkehr*) rapports sexuels; **mit j-m Verkehr haben** avoir des rapports sexuels avec qn

---

Verkehr = trafic

Wird anders geschrieben als englisch „traffic".

---

verkehren ⟨*sans ge*⟩ **I** *v/i* **1.** ⟨*h ou sn*⟩ *Bahn, Bus* circuler (**zwischen** [+ *dat*] entre); *regelmäßig* desservir **2. in e-m Haus verkehren** fréquenter une maison **3. mit j-m verkehren** fréquenter qn; avoir des rapports, des relations avec qn **4.** *sexuell* **mit j-m verkehren** avoir des rapports sexuels avec qn **II** *v/r* **sich ins Gegenteil verkehren** se transformer en son contraire
Verkehrsampel *f* feux *m/pl* (de signalisation)
Verkehrsamt *n* office *m* du tourisme
verkehrsberuhigt *adj* **verkehrsberuhigte Zone** zone (résidentielle) à vitesse limitée
Verkehrschaos *n* embouteillages *m/pl* (monstres)
Verkehrsdelikt *n* infraction *f* au code de la route
Verkehrsdichte *f* densité *f* du trafic
Verkehrsdurchsage *f* message *m* routier
Verkehrserziehung *f* enseignement *m* du code de la route (à l'école)
Verkehrsfunk *m* radioguidage *m*
verkehrsgünstig *adj* *Lage* à proximité des transports en commun
Verkehrshindernis *n* obstacle *m* (à la circulation)
Verkehrsinsel *f* refuge *m* (pour piétons)
Verkehrsknotenpunkt *m* *Straße* nœud routier; *par ext* plaque tournante
Verkehrskontrolle *f* contrôle *m* de police
Verkehrslärm *m* bruit(s) *m(pl)* de la circulation
Verkehrsmeldung *f* message *m* routier

Verkehrsminister(in) *m(f)* ministre *m* des Transports
Verkehrsministerium *n* ministère *m* des Transports
Verkehrsmittel *n* moyen *m* de transport; **öffentliche Verkehrsmittel** *n/pl* transports *m/pl* en commun, publics
Verkehrsnetz *n* réseau *m* de voies de communication
Verkehrsopfer *n* victime *f* de la circulation
Verkehrsordnung *f* code *m* de la route; règlement *m* de la circulation
Verkehrspolizei *f* police routière, de la route
Verkehrspolizist(in) *m(f)* agent *m* de la circulation
Verkehrsregel *f* règle *f* de la circulation
verkehrsreich *adj* *Straße* fréquenté; à grande circulation
Verkehrsschild *n* panneau *m* de signalisation (routière)
Verkehrssicherheit *f* sécurité *f* sur la route
Verkehrsstörung *f* interruption *f* du trafic
Verkehrssünder *m* contrevenant *m* au code de la route
Verkehrsteilnehmer *m* usager *m* de la route
Verkehrsüberwachung *f* surveillance *f* de la circulation
Verkehrsunfall *m* accident *m* de la route, de la circulation
Verkehrsverbindung *f* voie *f* de communication
Verkehrsverbund *m* ÉCON groupement *m* (interrégional, intercommunal) d'entreprises de transports en commun
verkehrswidrig *adj* en infraction au code de la route
Verkehrszählung *f* comptage *m* des voitures
Verkehrszeichen *n* → **Verkehrsschild**; **die Verkehrszeichen** la signalisation routière
verkehrt [fɛrˈkeːrt] **I** *adj* faux; **der verkehrte Weg** le mauvais chemin **II** *adv* de travers; **es verkehrt anfangen** s'y prendre mal, de travers
verkeilen ⟨*sans ge*⟩ **I** *v/t* caler **II** *v/r* **sich verkeilen** s'imbriquer, s'encastrer (**in** [+ *acc*] dans)
verkennen *v/t* ⟨*irr, sans ge*⟩ *Person* méconnaitre; *Situation* se tromper sur
Verkettung *f* ⟨∼; ∼en⟩ *fig* enchaînement *m*
verklagen *v/t* ⟨*sans ge*⟩ **j-n verklagen** intenter une action (judiciaire) contre qn (**wegen etw** pour *od* en qc); **j-n auf Schadenersatz verklagen** poursuivre qn en dommages-intérêts
Verklagte(r) *f(m)* ⟨→ A⟩ défendeur *m*, défenderesse *f*
verklappen *v/t* ⟨*sans ge*⟩ déverser (dans la mer)
Verklappung *f* ⟨∼; ∼en⟩ déversement *m* (dans la mer)
verklären *v/t* (*u v/r*) ⟨*sans ge*⟩ (**sich verklären** se) transfigurer; *fig, Gesicht* (s')illuminer; (s')éclairer
verklärt *adj* transfiguré; *fig, Gesicht a* serein; *p/fort* ravi
verklausulieren [fɛrklauzuˈliːrən] *v/t* ⟨*sans ge*⟩ formuler de façon incompréhensible
verkleben ⟨*sans ge*⟩ **I** *v/t* **1.** coller **2.** (*zukleben*) boucher à la colle **II** *v/i* ⟨*sn*⟩ (*aneinanderkleben*) coller; être collé
verkleiden *v/t* ⟨*-e-, sans ge*⟩ **1.** (*a v/r* **sich verkleiden** se) déguiser (**als** en); (se) travestir

(en) **2.** TECH, CONSTR revêtir (**mit** de); *mit Holz* lambrisser

Verkleidung *f* ⟨~; ~en⟩ **1.** (*das Verkleiden*) travestissement *m*; (*Kostüm*) déguisement *m*; costume *m* **2.** TECH, CONSTR revêtement *m*; *mit Holz* boiserie *f*

verkleinern ⟨*sans ge*⟩ **I** *v/t* **1.** (*kleiner machen*) rapetisser; réduire; (*verringern*) diminuer **2.** *fig Bedeutung* minimiser **II** *v/r* **sich verkleinern 3.** (*kleiner werden*) rapetisser; se réduire **4.** (*sich verringern*) diminuer

Verkleinerung *f* ⟨~; ~en⟩ rapetissement *m*; réduction *f*; diminution *f* (*a fig*)

Verkleinerungsform *f* GR diminutif *m*

verklemmt *adj* PSYCH inhibé; F coincé

verklickern F *v/t* ⟨*sans ge*⟩ **j-m etw verklickern** expliquer qc à qn (en détail)

verklingen *v/i* ⟨*irr, sans ge*, sn⟩ *Ton* expirer

verkloppen F *v/t* ⟨*sans ge*⟩ (*verprügeln*) F tabasser; F filer une trempe à

verknacken F ⟨*sans ge*⟩ **j-n zu drei Monaten Gefängnis verknacken** F coller, F flanquer trois mois de prison à qn

verknacksen F *v/r* ⟨¢ʃ, *sans ge*⟩ **sich** (*dat*) **den Fuß verknacksen** se fouler le pied

verknallen F *v/r* ⟨*sans ge*⟩ **sich in j-n verknallen** F se toquer de qn; F **in j-n verknallt sein** être fou, F toqué de qn

verkneifen F *v/r* ⟨*irr, sans ge*⟩ **sich** (*dat*) **etw verkneifen** *Lachen* réprimer qc; *Bemerkung* se retenir de faire qc; **sich** (*dat*) **verkneifen, etw zu tun** se passer de faire qc

verkniffen [fɛrˈknɪfən] **I** *p/p* → **verkneifen II** *adj péj Gesicht, Miene* pincé

verknöchert *adj* F *fig Mensch* encroûté

verknoten *v/t* (*u v/r*) ⟨-e-, *sans ge*⟩ (**sich verknoten**) se) nouer

verknüpfen *v/t* ⟨*sans ge*⟩ **1.** *Fäden* lier (**mit** à); nouer **2.** *fig* (*verbinden*) lier (**mit** à); combiner (avec); associer (à)

Verknüpfung *f* ⟨~; ~en⟩ *fig* lien *m*; (*Assoziierung*) association *f*; (*Verkettung*) enchaînement *m*

verkohlen ⟨*sans ge*⟩ **I** ⌐ *v/t* **j-n verkohlen** monter un bateau à qn; F se payer la tête de qn **II** *v/i* ⟨sn⟩ se carboniser

verkommen¹ *v/i* ⟨*irr, sans ge*, sn⟩ **1.** *Besitz* être laissé à l'abandon; *Gebäude* se délabrer **2.** *Mensch* déchoir; tomber dans la déchéance

verkommen² *adj* **1.** *Besitz* laissé à l'abandon; *Gebäude* délabré **2.** *Mensch* tombé bien bas

verkorken *v/t* ⟨*sans ge*⟩ *Flasche* boucher

verkorksen [fɛrˈkɔrksən] F *v/r* ⟨¢ʃ, *sans ge*⟩ **sich** (*dat*) **den Magen verkorksen** F se détraquer l'estomac

verkörpern *v/t* ⟨*sans ge*⟩ incarner (*a* THÉ); personnifier

verköstigen [fɛrˈkœstɪgən] *v/t* ⟨*sans ge*⟩ nourrir

verkrachen F *v/r* ⟨*sans ge*⟩ **sich mit j-m verkrachen** se brouiller avec qn

verkracht *adj Student etc* raté; **er ist e-e verkrachte Existenz** c'est un raté

verkraften *v/t* ⟨-e-, *sans ge*⟩ supporter

verkrampfen *v/r* ⟨*sans ge*⟩ **sich verkrampfen** se crisper; se contracter

verkriechen *v/r* ⟨*irr, sans ge*⟩ **sich verkriechen** *Tiere, fig Mensch* se terrer (**in** [+ *acc, dat*] dans)

verkrümeln F *v/r* ⟨¢, *sans ge*⟩ **sich verkrümeln** F filer (à l'anglaise); F s'évaporer

verkrümmt déformé; *Wirbelsäule* dévié

Verkrümmung *f* ⟨~; ~en⟩ déformation *f*; *der Wirbelsäule* déviation *f*

verkrüppelt *adj Mensch* estropié; *Bäume* rabougri

verkrusten *v/i* ⟨-e-, *sans ge*, sn⟩ se couvrir d'une croûte; s'encroûter

verkühlen *v/r* ⟨*sans ge*⟩ *regional* **sich verkühlen** prendre froid

verkümmern *v/i* ⟨*sans ge*, sn⟩ *Pflanzen, Menschen* s'étioler; se rabougrir (*beide a fig*); dépérir; *Glieder, Organe* s'atrophier (*a fig Talent*)

verkünden *v/t* ⟨-e-, *sans ge*⟩ annoncer (*a fig*); *öffentlich* proclamer; *Gesetz* promulguer; *Urteil* prononcer

verkündigen *st/s v/t* ⟨*sans ge*⟩ **1.** → **verkünden 2.** *Evangelium* annoncer; (*verbreiten*) prêcher

Verkündung *f* ⟨~; ~en⟩ **1.** *des Urteils* prononcé *m*; prononciation *f* **2.** (*Bekanntgabe*) annonce *f*; *öffentliche* proclamation *f*; *e-s Gesetzes* promulgation *f*

verkuppeln *v/t* ⟨¢, *sans ge*⟩ *fig péj* **zwei Personen miteinander verkuppeln** jouer les entremetteurs (entre deux personnes)

verkürzen ⟨¢ʃ, *sans ge*⟩ **I** *v/t Länge* raccourcir (**um** de); *Zeitdauer* écourter; abréger; réduire **II** *v/r* **sich verkürzen** *Länge, Zeit* se raccourcir; se réduire **III** *v/i* SPORT **auf 2:3 verkürzen** réduire l'écart de 2 à 3

Verladebahnhof *m* gare *f* de chargement, d'embarquement

Verladebrücke *f* pont transbordeur *od* de chargement; pont roulant

Verladebühne *f* plateforme *f* de chargement, *bes* MAR d'embarquement

Verladekran *m* grue *f* (de chargement, *bes* MAR d'embarquement)

verladen *v/t* ⟨*irr, sans ge*⟩ **1.** charger (**auf** [+ *acc*] sur); *bes* MAR embarquer **2.** F **j-n verladen** F rouler qn

Verlag [fɛrˈlaːk] *m* ⟨~¢s; ~e⟩ maison *f* d'édition; éditions *f/pl*; **dieses Buch erscheint im Verlag ...** ce livre paraît chez ...

verlagern ⟨*sans ge*⟩ **I** *v/t Gewicht* déplacer (*a fig*) **II** *v/r* **sich verlagern** *Gewicht*, MÉTÉO *Hoch, Tief* se déplacer (*a fig*)

Verlagerung *f* ⟨~; ~en⟩ déplacement *m*

Verlagsprogramm *n* ensemble *m* des publications (d'une maison d'édition)

Verlagswesen *n* ⟨~s⟩ édition *f*

verlangen ⟨*sans ge*⟩ **I** *v/t* demander; requérir; *p/fort* exiger; *sein Recht* réclamer; revendiquer; **das ist zu viel verlangt** c'est trop demander; *als Gegenleistung* **30 Euro verlangen** demander 30 euros **II** *st/s v/i* **nach etw verlangen** désirer vivement qc; avoir grande envie de qc; **nach j-m verlangen** réclamer qn

Verlangen *n* ⟨~s; ~⟩ **1.** (*Forderung*) demande *f*; exigence *f*; *e-s Rechts* réclamation *f*; **auf Verlangen** sur demande **2.** (*Sehnsucht*) désir *m*, envie *f* (**nach etw** de qc)

verlängern ⟨*sans ge*⟩ **I** *v/t* **1.** *Kleidung* (r)allonger; *Strecke, Zeitraum* prolonger (**um** de); **verlängertes Wochenende** long week-end **2.**

Pass, Vertrag proroger (**um** de); renouveler (pour) **3.** *Sauce* allonger **II** *v/r* **sich verlängern 4.** (*länger werden*) s'allonger **5.** *Gültigkeit, Zeit* se prolonger (**um** de)

Verlängerung *f* ⟨∼; ∼en⟩ **1.** rallongement *m*; prolongement *m* **2.** renouvellement *m*; prorogation *f* **3.** (*Verlängerungsstück*) rallonge *f* **4.** SPORT (*nachgespielte Zeit*) prolongations *f/pl*

Verlängerungsschnur *f* ÉLECT rallonge *f*

Verlängerungsstück *n* rallonge *f*

verlangsamen *v/t* (*u v/r*) ⟨*sans ge*⟩ (**sich verlangsamen** se) ralentir

Verlass *m* ⟨∼es⟩ **es ist** (**kein**) **Verlass auf ihn** on (ne) peut (pas) compter sur lui

verlassen[1] ⟨*irr, sans ge*⟩ **I** *v/t* **1.** *Ort* quitter; *für immer* déserter **2.** (*im Stich lassen*) abandonner; délaisser **II** *v/r* **sich auf j-n, etw verlassen** compter sur qn, qc; **ich verlasse mich darauf** j'y compte bien

verlassen[2] *adj* abandonné; *bes Personen* délaissé; *Haus a* inhabité; *Gegend a* désert

verlässlich [fɛr'lɛslɪç] *adj* sur qui, quoi on peut compter; sûr; fiable

Verlässlichkeit *f* ⟨∼⟩ fiabilité *f*

Verlaub [fɛr'laup] *litt m* **mit Verlaub** (**gesagt**) avec votre permission; sauf votre respect

Verlauf *m* **1.** (*Hergang*) cours *m*; marche *f*; (*Entwicklung*) déroulement *m*; évolution *f*; **im weiteren Verlauf** par la suite; **glücklicher Verlauf** heureuse issue; **e-n guten Verlauf nehmen** tourner bien **2.** *e-r Straße, Grenze* tracé *m*

verlaufen ⟨*irr, sans ge*⟩ **I** *v/i* **1.** (*vor sich gehen*) se passer; se dérouler **2.** (*sich entwickeln*) se développer; évoluer **3.** *Grenze* passer **4.** *Farben* (*ineinander*) **verlaufen** se fondre **II** *v/r* **sich verlaufen 5.** *Menschenmenge* se disperser **6.** (*sich verirren*) s'égarer; se perdre

verlaust *adj* pouilleux

verlautbaren *v/t* ⟨*sans ge*⟩ ADM (*bekannt geben*) publier; porter à la connaissance du public

Verlautbarung *f* ⟨∼; ∼en⟩ **amtliche Verlautbarung** communiqué officiel

verlauten *v/i* ⟨-e-, *sans ge*, sn⟩ s'ébruiter; **wie verlautet** à ce qu'on dit

verleben *v/t* ⟨*sans ge*⟩ **1.** *Ferien* passer **2.** F *Geld* gaspiller

verlebt *adj* **verlebt aussehen** avoir le visage marqué, ravagé

verlegen[1] **I** *v/t* ⟨*sans ge*⟩ **1.** *an einen anderen Ort* déplacer; *Wohnsitz, Patienten* transférer **2.** *Termin* différer; remettre (**auf** [+ *acc*] à) **3.** *Gleise, Leitungen, Fliesen, Teppich* poser **4.** (*veröffentlichen*) éditer; publier **5.** (*an die falsche Stelle legen*) égarer **II** *v/r* **sich verlegen auf** (+ *acc*) *Malerei, Musik* s'adonner, se consacrer à

verlegen[2] *adj* **1.** (*befangen*) embarrassé; gêné; **verlegen machen** embarrasser **2.** **nie um e-e Antwort verlegen sein** avoir réponse à tout

Verlegenheit *f* ⟨∼⟩ embarras *m* (*a finanziell*); gêne *f*; **j-n in Verlegenheit bringen** mettre qn dans l'embarras; **j-m aus der Verlegenheit helfen** tirer qn d'embarras

Verlegenheitslösung *f* (*Ausweg*) expédient *m*; (*Notbehelf*) pis-aller *m*; (*Provisorium*) solution *f* de fortune

Verleger(in) *m* ⟨∼s; ∼⟩ (*f*) ⟨∼in; ∼innen⟩ éditeur, -trice *m,f*

verlegerisch *adj* d'éditeur

Verlegung *f* ⟨∼; ∼en⟩ **1.** *an e-n anderen Ort* déplacement *m*; transfert *m* **2.** *e-s Termins* report *m*; ajournement *m* **3.** *von Gleisen, Leitungen, Fliesen* pose *f*

verleiden *v/t* ⟨-e-, *sans ge*⟩ **j-m etw verleiden** dégoûter qn de qc

Verleih *m* ⟨∼s; ∼e⟩ **1.** location *f*; *von Filmen a* distribution *f* **2.** (*Verleihfirma*) distributeur *m*

verleihen *v/t* ⟨*irr, sans ge*⟩ **1.** prêter; *für Geld* louer (**j-m, an j-n** à qn) **2.** *fig Kraft, Nachdruck, Würde* donner; conférer **3.** *Amt, Titel* conférer; *Rechte* concéder; *Preis, Orden* décerner

Verleihung *f* ⟨∼; ∼en⟩ **1.** prêt *m*; *für Geld* louage *m*; location *f* **2.** *e-s Amts, Titels, Preises* attribution *f*; *e-s Preises a* remise *f*; *e-s Rechts* concession *f*

verleiten *v/t* ⟨-e-, *sans ge*⟩ **j-n zu etw verleiten** inciter, entraîner, pousser qn à (faire) qc

verlernen *v/t* ⟨*sans ge*⟩ **etw verlernen** désapprendre qc; oublier qc

verlesen ⟨*irr, sans ge*⟩ **I** *v/t* lire (à 'haute voix) **II** *v/r* **sich verlesen** se tromper en lisant

verletzbar *adj* vulnérable

Verletzbarkeit *f* ⟨∼⟩ vulnérabilité *f*

verletzen ⟨¢s, *sans ge*⟩ **I** *v/t* **1.** (*Verletzung zufügen*) blesser; léser **2.** (*kränken*) blesser; offenser; froisser **3.** (*verstoßen gegen*) *Anstand* offenser; *Pflicht* manquer à; *Gesetz, Grenze* violer **II** *v/r* **sich verletzen** se blesser (**an** [+ *dat*] à)

verletzend *adj* blessant; offensant

verletzlich *adj* vulnérable

Verletzte(r) *f* (*m*) ⟨→ A⟩ blessé(e) *m(f)*

Verletzung *f* ⟨∼; ∼en⟩ **1.** (*Wunde*) blessure *f*; lésion *f* **2.** (*Kränkung*) blessure *f*; offense *f*; froissement *m* **3.** *e-s Gesetzes, der Grenzen* violation *f*

verleugnen *v/t* ⟨-e-, *sans ge*⟩ nier; **das lässt sich nicht verleugnen** c'est indéniable; **sich verleugnen lassen** faire dire qu'on est absent

Verleugnung *f* ⟨∼⟩ reniement *m* (*a* BIBL); désaveu *m*

verleumden [fɛr'lɔʏmdən] *v/t* ⟨-e-, *sans ge*⟩ calomnier; diffamer

Verleumder(in) *m* ⟨∼s; ∼⟩ (*f*) ⟨∼in; ∼innen⟩ calomniateur, -trice *m,f*; diffamateur, -trice *m,f*

verleumderisch *adj* calomniateur; détracteur

Verleumdung *f* ⟨∼; ∼en⟩ calomnie *f*; diffamation *f*

Verleumdungskampagne *f* campagne *f* de calomnies

Verleumdungsklage *f* JUR plainte *f* en diffamation

verlieben *v/r* ⟨*sans ge*⟩ **sich in j-n verlieben** tomber amoureux de qn; s'éprendre de qn

verliebt *adj* **verliebt** (**in** [+ *acc*]) amoureux (de); épris (de)

Verliebte(r) *f* (*m*) ⟨→ A⟩ amoureux, -euse *m,f*

Verliebtheit *f* ⟨∼⟩ fait *m* d'être amoureux

verlieren [fɛr'liːrən] ⟨*verlor, verloren*⟩ **I** *v/t* perdre (*a Haare, Blätter, Prozess, Wette*); *Reifen* **Luft verlieren** perdre de l'air; F **er hat hier nichts verloren** il n'a rien à faire ici **II** *v/i* perdre; **an Boden verlieren** perdre du terrain; **an Wert verlieren** perdre de sa valeur **III** *v/r* **sich verlieren** se perdre; disparaître (*bes Gefühle*);

sich aus den Augen verlieren se perdre de vue; **sich in Einzelheiten** (*dat*) **verlieren** se perdre, se noyer dans les détails

Verlierer(in) *m* ⟨∼s; ∼⟩ (*f*) ⟨∼in; ∼innen⟩ perdant(e) *m(f)*

Verlies [fɛrˈliːs] *n* ⟨∼es; ∼e⟩ oubliettes *f/pl*

verloben *v/r* ⟨*sans ge*⟩ **sich verloben** se fiancer (**mit** à *od* avec)

verlobt *adjt* fiancé

Verlobte(r) *f(m)* ⟨→ A⟩ fiancé(e) *m(f)*

Verlobung *f* ⟨∼; ∼en⟩ fiançailles *f/pl*

Verlobungsanzeige *f* faire-part *m* de fiançailles; *in e-r Zeitung* annonce *f* de fiançailles

Verlobungsring *m* bague *f* de fiançailles; (*Trauring*) *a* alliance *f*

verlocken *v/t* ⟨*sans ge*⟩ inviter, inciter (**zu etw** à qc)

verlockend *adjt* tentant; *Idee* séduisant; *Angebot* alléchant

Verlockung *f* ⟨∼; ∼en⟩ attrait *m*; tentation *f*; séduction *f*

verlogen *adj péj* **1.** *Person* faux; menteur **2.** *Moral* faux

Verlogenheit *f* ⟨∼⟩ **1.** *e-r Person* fausseté *f*; penchant *m* au mensonge **2.** *von Moral* duplicité *f*; hypocrisie *f*

verloren [fɛrˈloːrən] **I** *p/p* → **verlieren II** *adjt.* **1.** *etw verloren geben* considérer qc comme perdu; *verloren gehen* se perdre; *Briefe a* s'égarer; *meine Brieftasche ist verloren gegangen* j'ai perdu mon portefeuille **2.** BIBL *der verlorene Sohn* l'enfant *m* prodigue **3.** CUIS *verlorene Eier* *n/pl* œufs pochés

verlorengeben *v/t*, **verlorengehen** *v/i* → **verloren II 1**

verlöschen *v/i* ⟨verlischt, verlosch, verloschen, sn⟩ *Licht* s'éteindre (*a fig*)

verlosen *v/t* ⟨¢s, *sans ge*⟩ tirer au sort

Verlosung *f* ⟨∼; ∼en⟩ tirage *m* (au sort); *Veranstaltung a* tombola *f*

verlottern [fɛrˈlɔtərn] F *péj v/i* ⟨*sans ge*, sn⟩ *Mensch* mal tourner; *Sachen* être laissé à l'abandon

Verlust [fɛrˈlʊst] *m* ⟨∼¢s; ∼e⟩ perte *f*; *von Rechten a* déchéance *f*; *e-n Verlust erleiden* éprouver, subir une perte; *mit Verlust verkaufen* vendre à perte

Verlustgeschäft *n* COMM transaction *f*, opération *f* à perte

Verlustmeldung *f* (transmission *f* de l')état *m* des pertes

verlustreich *adj* **1.** COMM déficitaire **2.** *Schlacht* sanglant; *Angriff* coûteux

vermachen *v/t* ⟨*sans ge*⟩ **j-m etw vermachen** laisser par testament, léguer qc à qn

Vermächtnis [fɛrˈmɛçtnɪs] *n* ⟨∼ses; ∼se⟩ JUR legs *m* (*a fig*); testament *m*

vermählen [fɛrˈmɛːlən] *st/s v/r* ⟨*sans ge*⟩ **sich mit j-m vermählen** épouser qn

Vermählung *st/s f* ⟨∼; ∼en⟩ mariage *m*

vermaledeit [fɛrmaleˈdaɪt] F *adjt* maudit

vermarkten *v/t* ⟨*sans ge*⟩ commercialiser

Vermarktung *f* ⟨∼; ∼en⟩ commercialisation *f*

vermasseln [fɛrˈmasəln] F *v/t* ⟨*sans ge*⟩ **1.** *j-m etw vermasseln* gâcher qc à qn **2.** *Prüfung* F louper; rater

vermehren ⟨*sans ge*⟩ **I** *v/t* **1.** augmenter; accroître; *zahlenmäßig* multiplier **2.** BIOL propager **II**

v/r **sich vermehren 3.** augmenter; s'accroître; se multiplier **4.** BIOL se multiplier; se propager

Vermehrung *f* ⟨∼⟩ **1.** augmentation *f*; accroissement *m*; multiplication *f* **2.** BIOL propagation *f*; multiplication *f*

vermeidbar *adjt* évitable; *dieser Fehler wäre vermeidbar gewesen* on aurait pu éviter cette faute

vermeiden *v/t* ⟨*irr, sans ge*⟩ éviter; *p/fort* fuir; *das ist nicht zu vermeiden* c'est inévitable

vermeintlich [fɛrˈmaɪntlɪç] *adj* prétendu; présumé

vermengen *v/t* ⟨*sans ge*⟩ mêler (**mit** avec); mélanger

Vermerk *m* ⟨∼¢s; ∼e⟩ *bes* ADM note *f*; mention *f*

vermerken *v/t* ⟨*sans ge*⟩ noter; prendre note de

vermessen[1] *v/t* ⟨*irr, sans ge*⟩ mesurer; *Land* arpenter

vermessen[2] *st/s adj* présomptueux

Vermessenheit *f* ⟨∼⟩ présomption *f*

Vermessung *f* ⟨∼; ∼en⟩ mesurage *m*; arpentage *m*

Vermessungsingenieur *m etwa* géomètre-expert *m*

vermiesen F *v/t* ⟨¢¢, *sans ge*⟩ **j-m etw vermiesen** dégoûter qn de qc

vermieten *v/t* ⟨-e-, *sans ge*⟩ *Haus, Autos* louer; donner, mettre en location (*j-m od* **an j-n** à qn)

Vermieter(in) *m(f)* loueur, -euse *m,f*; *e-r Wohnung* propriétaire *m,f*

Vermietung *f* ⟨∼; ∼en⟩ location *f*; louage *m*

vermindern ⟨*sans ge*⟩ **I** *v/t* diminuer; réduire; amoindrir **II** *v/r* **sich vermindern** diminuer; se réduire

Verminderung *f* diminution *f*; réduction *f*; amoindrissement *m*

verminen *v/t* ⟨*sans ge*⟩ miner

vermischen *v/t* (*u v/r*) ⟨*sans ge*⟩ (**sich vermischen** se) mêler; (se) mélanger (**mit** à *od* avec)

Vermischung *f* mélange *m*

vermissen *v/t* ⟨¢¢, *sans ge*⟩ **1.** (*das Fehlen bemerken*) ne pas retrouver; *von Personen* remarquer l'absence de **2.** (*schmerzlich entbehren*) ressentir, regretter l'absence de; *wir vermissen dich sehr* tu nous manques beaucoup

vermisst [fɛrˈmɪst] *adjt* disparu

Vermisste(r) *f(m)* ⟨→ A⟩ disparu(e) *m(f)*

Vermisstenanzeige *f* déclaration *f* de disparition

vermitteln ⟨¢, *sans ge*⟩ **I** *v/t* **1.** *Stelle, Geschäft* procurer (**j-m** à qn) **2.** *Treffen* arranger **3.** *Bild, Eindruck* donner; *Kenntnisse* transmettre; communiquer **4.** TÉL *ein Gespräch vermitteln* établir une communication téléphonique **II** *v/i* servir de médiateur (**bei, in** [+ *dat*] dans; **zwischen** [+ *dat*] entre)

Vermittler(in) *m(f)* **1.** *zwischen Parteien* médiateur, -trice *m,f*; (*Schlichter*) conciliateur, -trice *m,f* **2.** *e-s Geschäfts* intermédiaire *m,f*

Vermittlerrolle *f* **1.** *zwischen Parteien* rôle *m* de médiateur **2.** *bei e-m Geschäft* rôle *m* d'intermédiaire

Vermittlung *f* ⟨∼; ∼en⟩ **1.** (*helfendes Eingreifen*) entremise *f*; médiation *f* **2.** (*Schlichtung*) conciliation *f* **3.** *von Wissen* transmission *f*; communication *f* **4.** TÉL central *m* (téléphonique)

Vermittlungsausschuss *m* commission *f*, comité *m* de médiation, de conciliation

Vermittlungsgebühr f commission f
vermöbeln F v/t ⟨¢, sans ge⟩ (verhauen) F flanquer une raclée à
vermodern v/i ⟨sans ge, sn⟩ pourrir; se décomposer; se putréfier
vermögen st/s v/t ⟨irr, sans ge⟩ *etw zu tun vermögen* pouvoir faire qc
Vermögen n ⟨∼s; ∼⟩ **1.** st/s (Fähigkeit) faculté f; capacité f **2.** (Besitz) fortune f; biens m/pl
vermögend adj fortuné; aisé
Vermögensaufstellung f état m, inventaire m des biens
Vermögenslage f situation financière, de fortune
Vermögenssteuer f impôt m sur la fortune
Vermögensverhältnisse n/pl situation financière
Vermögensverwalter m administrateur m de biens
Vermögenswerte m/pl valeurs f/pl de od en capital
vermögenswirksam adj FIN *vermögenswirksame Leistungen* f/pl prestations (de l'employeur) contribuant à la formation d'un capital pour le(s) salarié(s); in Frankreich etwa plan m d'épargne d'entreprise
vermummen v/t (u v/r *sich vermummen*) ⟨sans ge⟩ ([sich] verkleiden) (se) masquer; (se) déguiser; ([sich] warm anziehen) (s')emmitoufler
Vermummung f ⟨∼; ∼en⟩ bei Demonstrationen port m de cagoules, etc
Vermummungsverbot n interdiction du port de cagoules, etc
vermurksen [fɛrˈmʊrksən] F v/t ⟨¢$, sans ge⟩ gâcher
vermuten [fɛrˈmuːtən] v/t ⟨-e-, sans ge⟩ présumer; supposer; se douter de
vermutlich **I** adj présumé **II** adv probablement
Vermutung f ⟨∼; ∼en⟩ présomption f; supposition f; conjecture f (*über* [+ acc] sur)
vernachlässigen v/t ⟨sans ge⟩ négliger
Vernachlässigung f ⟨∼; ∼en⟩ négligence f
vernageln v/t ⟨¢, sans ge⟩ clouer
vernähen v/t ⟨sans ge⟩ Faden arrêter; Wunde coudre
vernarben v/i ⟨sans ge, sn⟩ se cicatriser
vernarrt adj t *in j-n, etw vernarrt sein* adorer qn, qc
vernaschen v/t ⟨sans ge⟩ **1.** dépenser en friandises **2.** F sexuell *j-n vernaschen* F s'envoyer, F se taper qn
vernebeln v/t ⟨¢, sans ge⟩ entourer d'un nuage de fumée
vernehmbar st/s adj perceptible (à l'oreille); audible
vernehmen v/t ⟨irr, sans ge⟩ **1.** st/s (hören) entendre; (erfahren) apprendre **2.** JUR e-n Zeugen entendre
Vernehmen n ⟨∼s⟩ *dem Vernehmen nach* à ce qu'on dit
vernehmlich adj Stimme distinct; intelligible
Vernehmung f ⟨∼; ∼en⟩ JUR von Zeugen audition f
vernehmungsfähig adj Angeklagter en état d'être interrogé; Zeuge en état de déposer
verneigen st/s v/r ⟨sans ge⟩ *sich verneigen* s'incliner
Verneigung f inclination f

verneinen v/t ⟨sans ge⟩ **1.** Frage répondre négativement à; abs a dire (que) non **2.** (negieren, ablehnen) nier
verneinend adj t négatif; LING a privatif
Verneinung f ⟨∼; ∼en⟩ e-r Frage réponse négative; GR négation f
vernetzen v/t ⟨sans ge⟩ sc interconnecter
Vernetzung f ⟨∼; ∼en⟩ sc interconnexion f
vernichten v/t ⟨-e-, sans ge⟩ Feind, Stadt écraser; anéantir; (zerstören) détruire; (ausrotten) exterminer
vernichtend **I** adj t **1.** destructeur; Niederlage écrasant **2.** fig Kritik impitoyable; Blick foudroyant **II** advt MIL, SPORT *vernichtend schlagen* écraser
Vernichtung f ⟨∼; ∼en⟩ anéantissement m (a fig); écrasement m; destruction f; extermination f
verniedlichen v/t ⟨sans ge⟩ minimiser
Verniedlichung f ⟨∼; ∼en⟩ minimisation f
Vernissage [vɛrnɪˈsaːʒə] st/s f ⟨∼; ∼n⟩ e-r Ausstellung vernissage m
Vernunft [fɛrˈnʊnft] f ⟨∼⟩ raison f; *j-n* (*wieder*) *zur Vernunft bringen* (r)amener qn à la raison; *Vernunft annehmen* entendre raison
Vernunftehe f mariage m de raison
vernünftig [fɛrˈnʏnftɪç] **I** adj **1.** raisonnable; (überlegt) sensé; judicieux; sage **2.** F (ordentlich) convenable; acceptable **II** adv **3.** *vernünftig argumentieren* raisonner juste **4.** F (ordentlich) comme il faut
veröden ⟨-e-, sans ge⟩ **I** v/t MÉD Krampfadern scléroser **II** v/i ⟨sn⟩ **1.** Landschaft devenir désert **2.** Städte, Häuser se dépeupler
veröffentlichen v/t ⟨sans ge⟩ publier
Veröffentlichung f ⟨∼; ∼en⟩ publication f
verordnen v/t ⟨-e-, sans ge⟩ **1.** MÉD ordonner; prescrire **2.** ADM ordonner; décréter
Verordnung f ⟨∼; ∼en⟩ MÉD ordonnance f (a ADM); ADM décret m
verpachten v/t ⟨-e-, sans ge⟩ donner à bail; affermer
Verpächter(in) m(f) bailleur m, bailleresse f
Verpachtung f location f à bail; affermage m
verpacken v/t ⟨sans ge⟩ emballer; empaqueter
Verpackung f emballage m; empaquetage m
Verpackungsmaterial n matériel m d'emballage
verpassen v/t ⟨¢$, sans ge⟩ **1.** Zug, Gelegenheit, Person manquer; rater **2.** F (geben) administrer; F flanquer; F *j-m eins verpassen* F flanquer un coup, un gnon à qn
verpatzen F v/t ⟨¢$, sans ge⟩ F louper; bousiller
verpennen F ⟨sans ge⟩ **I** v/t Tag F passer à pioncer, roupiller **II** v/i se réveiller trop tard
verpesten v/t ⟨-e-, sans ge⟩ péj, Luft empester; empoisonner (a fig)
verpetzen F v/t ⟨¢$, sans ge⟩ F cafarder; caf(e)ter
verpfänden v/t ⟨-e-, sans ge⟩ mettre en gage; engager; fig *sein Wort verpfänden* engager sa parole
verpfeifen F péj v/t ⟨irr, sans ge⟩ F balancer; donner; dénoncer (*bei* à)
verpflanzen v/t ⟨¢$, sans ge⟩ transplanter
Verpflanzung f transplantation f
verpflegen v/t ⟨sans ge⟩ nourrir; alimenter
Verpflegung f ⟨∼⟩ alimentation f; (Nahrung)

Die Verneinung – la négation

Verneinungselemente

Elle **ne** danse **pas**.	Sie tanzt **nicht**.
Elle **ne** danse **jamais**.	Sie tanzt **nie**.
Elle **ne** danse **plus**.	Sie tanzt **nicht mehr**.
Elle **ne** chante **pas encore**.	Sie singt **noch nicht**.
Elle **ne** dit **rien**.	Sie sagt **nichts**.
Elle **n'**aime **personne**.	Sie liebt **niemand**.
Elle **ne** danse **pas du tout**.	Sie tanzt **überhaupt nicht**.
Elle **ne** chante **pas non plus**.	Sie singt **auch nicht**.

Stellung der Verneinung

Die Verneinungswörter umschließen das konjugierte Verb, bei den zusammengesetzten Zeiten das konjugierte Hilfsverb:

Ils **ne** travaillent **pas** aujourd'hui.
Hier, ils **n'**ont **pas** travaillé.
Et demain, ils **ne** vont **pas** travailler non plus.

Bei **ne... personne** steht das Verneinungswort **personne** nach dem Participe passé und dem Infinitiv:

Nous **n'**avons vu **personne**.
Je **ne** vais voir **personne** aujourd'hui.

Personne ne und **rien ne** können Subjekt des Satzes sein. Achtung, kein **pas**:

Personne n'est venu. (Niemand ist gekommen.)
Rien ne s'est passé. (Nichts ist passiert.)

---

alimentation *f*; nourriture *f*; vivres *m/pl*
verpflichten ⟨-e-, *sans ge*⟩ **I** *v/t* **1.** *j-n zu etw ver-pflichten* obliger, engager qn à qc; *j-m* (*zu Dank*) *verpflichtet sein* être l'obligé de qn **2.** *Schauspieler, Sportler* engager **II** *v/r* **sich zu etw verpflichten** s'engager à qc
Verpflichtung *f* ⟨~; ~en⟩ **1.** (*Pflicht*) obligation *f*; engagement *m*; (*Obliegenheit*) charge *f*; *moralische* devoir *m*; *e-e Verpflichtung einge-hen* prendre un engagement **2.** *meist pl* **Ver-pflichtungen** (*Schulden*) obligations *f/pl*; engagements *m/pl*
verpfuschen F *v/t* ⟨*sans ge*⟩ bousiller; *fig Leben, Karriere* gâcher
verpissen P *v/r* ⟨¢¢, *sans ge*⟩ **sich verpissen** P foutre le camp; **verpiss dich!** *a* P va te faire foutre!
verplanen *v/t* ⟨*sans ge*⟩ *Zeit* programmer; *Gelder* attribuer (**für** à)
verplappern F *péj v/r* ⟨*sans ge*⟩ **sich verplap-pern** laisser échapper un secret (en bavardant)
verplempern [-'plɛmpɔrn] F *v/t* ⟨*sans ge*⟩ *Geld, Zeit* gaspiller
verplomben *v/t* ⟨*sans ge*⟩ plomber
verpönt [fɛr'pøːnt] *adj* vu d'un mauvais œil; mal vu
verprassen *v/t* ⟨¢¢, *sans ge*⟩ *Geld* gaspiller à faire la fête
verprügeln *v/t* ⟨-e-, *sans ge*⟩ rouer de coups; rosser; passer à tabac
verpuffen *v/i* ⟨*sans ge*, sn⟩ **1.** TECH déflagrer **2.** *fig, Wirkung* se perdre (en fumée)

Verpuffung *f* ⟨~; ~en⟩ TECH déflagration *f*
verpulvern F *v/t* ⟨*sans ge*⟩ *Geld* jeter par les fenêtres
verpuppen *v/r* ⟨*sans ge*⟩ ZO **sich verpuppen** se transformer en chrysalide
Verputz *m* crépi *m*
verputzen *v/t* ⟨¢¢, *sans ge*⟩ **1.** *Fassade* crépir **2.** F (*aufessen*) engloutir; F engouffrer
verqualmt F *adj* enfumé
verquirlen *v/t* ⟨*sans ge*⟩ CUIS mélanger; battre
verquollen [-'kvɔlən] *adj* *Holz, Augen* gonflé; *Augen a* bouffi
verrammeln F *v/t* ⟨¢, *sans ge*⟩ *Tür* barricader
verramschen F *péj v/t* ⟨*sans ge*⟩ *Waren* brader; bazarder
Verrat [fɛr'raːt] *m* ⟨~ɛs⟩ trahison *f*; (*Niedertracht*) traîtrise *f*; **Verrat an j-m, etw begehen** trahir qn, qc
verraten ⟨*irr, sans ge*⟩ **I** *v/t* **1.** *Geheimnis, Komplizen* trahir; livrer; F *plais* **kannst du mir den Grund verraten?** je peux savoir pourquoi? **2.** (*im Stich lassen*) *Freunde* trahir; *Ideale* renier **3.** (*erkennen lassen*) trahir; dénoter **II** *v/r* **sich** (**durch einen Blick**) **verraten** se trahir (par un regard)
Verräter(in) [fɛr'rɛːtər(ɪn)] *m* ⟨~s; ~⟩ (*f*) ⟨~in; ~innen⟩ traître, -esse *m,f*
verräterisch *adj* traître
verrauchen *v/i* ⟨*sans ge*, sn⟩ *fig Zorn* se dissiper; passer
verräuchert *adj* *Zimmer, Kneipe* enfumé
verrechnen ⟨-e-, *sans ge*⟩ **I** *v/t* **1.** (*ausgleichen*)

compenser; *Summe* déduire (*mit etw* de qc) **2.**
(*gutschreiben*) porter au crédit de qn **II** *v/r sich*
verrechnen se tromper dans ses calculs (*a fig*)
Verrechnung *f* (*Ausgleich*) compensation *f*;
Scheck **nur zur Verrechnung** à porter en
compte
Verrechnungsscheck *m* chèque barré
verrecken P *v/i* ⟨*sans ge*, sn⟩ F crever
verregnet *adj* pluvieux; *Fest* arrosé
verreiben *v/t* ⟨*irr, sans ge*⟩ étendre (en frottant)
verreisen *v/i* ⟨*¢¢, sans ge*, sn⟩ partir, aller en
voyage
verreißen *v/t* ⟨*irr, sans ge*⟩ THÉ éreinter; démo-
lir
verrenken *v/r* ⟨*sans ge*⟩ **1.** → **ausrenken 2.** F
sich verrenken se contorsionner; faire des
contorsions
Verrenkung *f* ⟨~; ~en⟩ **1.** MÉD luxation *f* **2.** (*Ver-*
biegen des Körpers) contorsion(s) *f(pl)*
verrennen *v/r* ⟨*irr, sans ge*⟩ **sich verrennen 1.**
in s-n Gedanken, Handlungen se fourvoyer **2.**
(*starr festhalten*) s'obstiner, s'entêter (*in* [+ *acc*]
dans)
verrichten *v/t* ⟨-e-, *sans ge*⟩ *Arbeit, Aufgabe* fai-
re; exécuter; accomplir
verriegeln *v/t* ⟨*¢, sans ge*⟩ verrouiller
verringern [fɛr'rɪŋɡərn] ⟨*sans ge*⟩ **I** *v/t* dimi-
nuer; réduire **II** *v/r* **sich verringern** diminuer
Verringerung *f* ⟨~; ~en⟩ diminution *f*; réduction
f
verrinnen *v/i* ⟨*irr, sans ge*, sn⟩ *st/s Zeit* s'écou-
ler; s'enfuir
Verriss *m* démolissage *m*; THÉ éreintement *m*
verrohen *v/i* ⟨*sans ge*, sn⟩ devenir grossier, bru-
tal
verrosten *v/i* ⟨-e-, *sans ge*, sn⟩ (se) rouiller (*a*
fig)
verrotten *v/i* ⟨-e-, *sans ge*, sn⟩ **1.** (*verfaulen*) (se)
pourrir **2.** (*verfallen*) se délabrer
verrucht [-'ruːxt] *litt adj* infâme; scélérat
verrücken *v/t* ⟨*sans ge*⟩ déplacer
verrückt F *adj* **1.** (*geistesgestört*) fou; (*überge-*
schnappt) détraqué; **du bist wohl verrückt!**
F tu dérailles!; F tu es cinglé!; **ich werd ver-**
rückt! les bras m'en tombent!; → **verrückt-**
spielen 2. (*überspannt, ungewöhnlich*) *Einfall,*
Person fou; F cinglé; F dingue; *nur Sache* in-
sensé; bizarre; *nur Einfall* absurde **3.** (*begie-*
rig) **nach j-m, etw, auf etw** (*acc*) **ganz ver-**
rückt sein être fou de qn, qc
Verrückte(r) F *f(m)* ⟨→ A⟩ fou *m*, folle *f* (*a fig*);
F cinglé(e) *m(f)*; détraqué(e) *m(f)*
Verrücktheit *f* ⟨~; ~en⟩ folie *f* (*a fig*)
verrücktspielen *v/i* **1.** *Person* F déménager; per-
dre la tête **2.** *Gerät, Wetter* se détraquer
Verrücktwerden *n* ⟨~s⟩ **das ist zum Verrückt-**
werden c'est à devenir fou
Verruf *m* ⟨~¢s⟩ **in Verruf bringen** discréditer; **in**
Verruf kommen tomber en discrédit
verrufen *adj* de mauvaise réputation; *Ort, Lo-*
kal a mal famé
verrühren *v/t* ⟨*sans ge*⟩ mêler, mélanger en re-
muant
verrußt *adj* couvert, encrassé de suie
verrutschen *v/i* ⟨*sans ge*, sn⟩ glisser; se dépla-
cer
Vers [fɛrs] *m* ⟨~es; ~e⟩ **1.** METRIK vers *m*; *plais*
Verse schmieden composer des vers **2.** (*Stro-*

phe) couplet *m*; strophe *f*; (*Bibelvers*) verset *m*
versachlichen *v/t* ⟨*sans ge*⟩ objectiver; *Diskus-*
sion dépassionner
versagen ⟨*sans ge*⟩ **I** *st/s v/t* (*nicht gewähren*)
j-m etw versagen refuser qc à qn; **die Beine**
versagten ihr (**den Dienst**) ses jambes refu-
saient de la porter **II** *v/i Stimme, Kräfte* man-
quer (**j-m** à qn); *Schusswaffe* rater; *Bremse* lâ-
cher; *Motor* rester en panne; *Person* ne pas
remplir sa tâche
Versagen *n* ⟨~s⟩ **menschliches, technisches**
Versagen défaillance *f* humaine, technique
Versager(in) *m* ⟨~s; ~⟩ (*f*) ⟨~in; ~innen⟩ *Person*
raté(e) *m(f)*; fruit sec
versalzen *v/t* ⟨*¢¢, p/p* versalzen⟩ **1.** CUIS trop sa-
ler **2.** F *fig* (*verderben*) gâcher
versammeln ⟨*¢, sans ge*⟩ **I** *v/t* (r)assembler;
réunir **II** *v/r* **sich versammeln** s'assembler
Versammlung *f* assemblée *f*; réunion *f*; *politi-*
sche a meeting *m*
Versammlungsfreiheit *f* liberté *f* de réunion
Versammlungsverbot *n* interdiction *f* de se
réunir
Versand [fɛr'zant] *m* ⟨~¢s⟩ **1.** (*das Versenden*)
expédition *f*; envoi *m* **2.** *Abteilung* service *m*
d'expédition
Versandabteilung *f* service *m* d'expédition
Versandbuchhandel *m* vente *f* de livres sur ca-
talogue
versanden *v/i* ⟨-e-, *sans ge*, sn⟩ s'ensabler
versandfertig *adj* prêt à être expédié, pour l'ex-
pédition; *Waren* **versandfertig machen** pré-
parer l'expédition de
Versandhandel *m* vente *f* par correspondance
Versandhaus *n* maison *f* de vente par corres-
pondance
Versandhauskatalog *m* catalogue *m* de vente
par correspondance
Versandkosten *pl* frais *m/pl* d'expédition
Versandtasche *f* enveloppe matelassée
Versatzamt *n bes österr* crédit municipal
versauen P *v/t* ⟨*sans ge*⟩ F cochonner; F salo-
per; **sie hat uns den ganzen Abend versaut**
elle nous a gâché toute notre soirée
versauern *v/i* ⟨*sans ge*, sn⟩ F *fig* s'encroûter
versaufen P *v/t* ⟨*irr, sans ge*⟩ **sein Geld versau-**
fen dépenser son argent à boire; F boire tout
son argent
versäumen *v/t* ⟨*sans ge*⟩ **1.** *Zug, Termin* man-
quer (*a Unterricht*); rater **2.** *Pflicht* manquer
à; **versäumen, etw zu tun** manquer, négliger
de faire qc
Versäumnis *n* ⟨~ses; ~se⟩ négligence *f*; omis-
sion *f*; oubli *m*
verschachern *péj v/t* ⟨*sans ge*⟩ se débarrasser
de
verschachtelt *adj Satz* (de structure) compli-
qué; **verschachtelte Straßen** *f/pl* rues, ruelles
enchevêtrées
verschaffen ⟨*sans ge*⟩ **I** *v/t* **j-m etw verschaf-**
fen procurer qc de qc **II** *v/r* **sich** (*dat*) **etw ver-**
schaffen se procurer qc; *iron* **was verschafft**
mir die Ehre? qu'est-ce qui me vaut cet hon-
neur?
verschalen *v/t* ⟨*sans ge*⟩ CONSTR coffrer
Verschalung *f* ⟨~; ~en⟩ coffrage *m*
verschämt *adj* timide; gêné
verschandeln F *v/t* ⟨*¢, sans ge*⟩ déparer; enlai-

dir; défigurer

verschanzen v/r ⟨¢⊄, sans ge⟩ MIL, fig **sich verschanzen** se retrancher (**hinter etw** [dat] derrière qc)

verschärfen ⟨sans ge⟩ **I** v/t Strafe, Lage aggraver; Gegensätze accentuer; renforcer (a Kontrolle, Bestimmungen) **II** v/r **sich verschärfen** Gegensätze s'accentuer; se renforcer (a Kontrolle); Lage s'aggraver

Verschärfung f ⟨~; ~en⟩ aggravation f; renforcement m

verscharren v/t ⟨sans ge⟩ enfouir; enterrer

verschätzen v/r ⟨sans ge⟩ **sich verschätzen** se tromper dans son estimation, ses calculs (**in etw** [dat] au sujet de qc)

verschaukeln F v/t ⟨¢, sans ge⟩ **j-n verschaukeln** F mener qn en bateau

verscheiden st/s v/i ⟨irr, sans ge, sn⟩ expirer; st/s trépasser

verschenken v/t ⟨sans ge⟩ donner en cadeau; faire cadeau de (a fig)

verscherbeln [-'ʃɛrbəln] F v/t ⟨¢, sans ge⟩ bazarder

verscherzen v/r ⟨¢⊄, sans ge⟩ **sich** (dat) **etw verscherzen** perdre qc par sa faute

verscheuchen v/t ⟨sans ge⟩ Tiere effaroucher; chasser (a fig, Sorgen)

verscheuern F v/t ⟨sans ge⟩ bazarder

verschicken v/t ⟨sans ge⟩ **1.** → **versenden 2.** zur Kur envoyer

verschieben ⟨irr, sans ge⟩ **I** v/t **1.** räumlich déplacer (**um** de) **2.** zeitlich remettre (**auf** [+ acc] à); reporter (à); différer; ajourner; décaler (**um** de). **3.** F Waren, Waffen faire le trafic de **II** v/r **sich verschieben 4.** (räumlich) se déplacer; (verrutschen) glisser **5.** (zeitlich) être remis, reporté; être décalé (**um** de); être différé, ajourné

Verschiebung f ⟨~; ~en⟩ **1.** déplacement m **2.** remise f; report m; décalage m

verschieden [fɛr'ʃiːdən] **I** adj **1.** différent; Meinungen a divergent; **verschieden sein** a différer; varier **2.** nur im pl **verschiedene** divers; (mehrere) a plusieurs **II** adv d'une manière différente; **verschieden groß** d'une taille différente

verschiedenartig adj (unterschiedlich) d'espèce, de nature différente; (vielfältig) varié

Verschiedene(s) n ⟨→ A⟩ différentes, diverses choses; Zeitungsrubrik faits divers

verschiedenerlei adj ⟨inv⟩ de différentes espèces; différents

Verschiedenheit f ⟨~; ~en⟩ différence f; dissemblance f; der Meinungen divergence f; (Vielfältigkeit) variété f; diversité f

verschiedentlich adv à plusieurs, diverses, différentes reprises

verschießen v/t ⟨irr, sans ge⟩ **1.** (als Munition verwenden) tirer; Pfeile décocher **2.** (verbrauchen) épuiser **3.** FUSSBALL **den Elfmeter verschießen** rater son penalty

verschiffen v/t ⟨sans ge⟩ transporter par eau (**nach** à)

verschimmeln v/i ⟨¢, sans ge, sn⟩ moisir

verschlafen¹ ⟨irr, sans ge⟩ **I** v/t **1.** Tag passer à dormir **2.** Termin se réveiller trop tard pour; F fig (vergessen) oublier **II** v/i se réveiller trop tard

verschlafen² adj (schlaftrunken) mal réveillé; encore tout endormi

Verschlag m appentis m; réduit m

verschlagen¹ v/t ⟨irr, sans ge⟩ **1.** Seite im Buch perdre **2.** Ball mal prendre **3.** **j-m den Atem verschlagen** couper le souffle à qn; **j-m die Sprache verschlagen** laisser qn pantois **4.** **es hat ihn nach London verschlagen** il s'est retrouvé à Londres

verschlagen² adj péj sournois; cauteleux

Verschlagenheit f ⟨~⟩ péj sournoiserie f

verschlammen v/i ⟨sans ge, sn⟩ s'envaser; devenir boueux

verschlampen F péj v/t ⟨sans ge⟩ (verlieren, verlegen) **etw verschlampen** perdre, F paumer qc

verschlechtern ⟨sans ge⟩ **I** v/t détériorer; aggraver; Lage a dégrader **II** v/r **sich verschlechtern 1.** se détériorer; s'aggraver; se dégrader; empirer **2.** finanziell être moins bien payé

Verschlechterung f ⟨~; ~en⟩ détérioration f; aggravation f; dégradation f

verschleiern v/t ⟨sans ge⟩ voiler; fig a dissimuler; camoufler

verschleimt adj MÉD plein de, obstrué par des mucosités

Verschleiß [fɛr'ʃlaɪs] m ⟨~es⟩ usure f

verschleißen ⟨¢⊄, verschliss, verschlissen⟩ **I** v/t user **II** v/i ⟨sn⟩ (u v/r **sich verschleißen**) s'user

Verschleißerscheinung f signe m d'usure

verschleppen v/t ⟨sans ge⟩ **1.** Menschen déporter; déplacer **2.** Seuche répandre **3.** Krankheit traîner (en ne la soignant pas); Prozess faire traîner en longueur; retarder

Verschleppung f ⟨~; ~en⟩ **1.** von Menschen déportation f; déplacement m **2.** (Verzögerung) retardement m

verschleudern v/t ⟨sans ge⟩ **1.** (billig verkaufen) vendre à vil prix **2.** péj (verschwenden) gaspiller

verschließbar adj qui ferme (à clé)

verschließen I v/t ⟨irr, sans ge⟩ **1.** (abschließen) fermer à clé **2.** (zumachen) fermer; Öffnung obturer; boucher; fig **die Augen vor etw** (dat) **verschließen** fermer les yeux devant qc **3.** (wegschließen) enfermer **II** v/r **sich j-m, e-r Sache verschließen** se fermer, se refuser à qn, qc

verschlimmbessern F plais v/t ⟨sans ge⟩ rendre pire en voulant mieux faire

verschlimmern ⟨sans ge⟩ **I** v/t rendre pire; aggraver **II** v/r **sich verschlimmern** s'aggraver; empirer

Verschlimmerung f ⟨~; ~en⟩ aggravation f

verschlingen ⟨irr, sans ge⟩ **I** v/t avaler; engloutir; dévorer (a fig Geld, Buch) **II** v/r **sich ineinander verschlingen** s'entrelacer; s'enlacer

verschlissen [fɛr'ʃlɪsən] **I** p/p → **verschleißen II** adj bes Stoff, Kleider usé; râpé; élimé

verschlossen I p/p → **verschließen II** adj **1.** Person renfermé; peu communicatif **2.** Tür fermé (à clé); clos (a Brief); fig **hinter verschlossenen Türen** à huis clos

Verschlossenheit f ⟨~⟩ e-s Menschen caractère renfermé; extrême réserve f

verschlucken ⟨sans ge⟩ **I** v/t avaler (a fig Silben, Wörter) **II** v/r **sich verschlucken** avaler de travers

verschlungen [fɛrˈʃluŋən] **I** p/p → **verschlingen II** adjt Ornamente entrelacé; enlacé; Wege sinueux; tortueux (beide a fig)

Verschluss m fermeture f; an e-m Schmuckstück fermoir m; PHOT obturateur m; **unter Verschluss** sous clé

verschlüsseln v/t ⟨sans ge⟩ coder; chiffrer

Verschlusskappe f capuchon m

Verschlusslaut m occlusive f

Verschlusssache f document secret, confidentiel

verschmähen st/s v/t ⟨sans ge⟩ dédaigner; faire fi de

verschmelzen ⟨irr, sans ge⟩ **I** v/t TECH, fig fondre (**mit** avec); nur fig unir (à) **II** v/i ⟨sn⟩ fig se fondre; s'unir

verschmerzen v/t ⟨sans ge⟩ **etw verschmerzen** se consoler de qc

verschmieren v/t ⟨sans ge⟩ **1.** Öffnung boucher; Fugen jointoyer **2.** (schmutzig machen) salir; Papier, Wand barbouiller **3.** (verwischen) Farbe effacer

verschmitzt [fɛrˈʃmɪtst] **I** adj astucieux; futé **II** adv **verschmitzt lächeln** sourire d'un air malicieux

verschmust F adj câlin; caressant

verschmutzen ⟨sans ge⟩ **I** v/t salir; encrasser; Umwelt polluer **II** v/i ⟨sn⟩ se salir; s'encrasser

Verschmutzung f ⟨∼; ∼en⟩ encrassement m; der Umwelt pollution f

verschnaufen v/i (u v/r) ⟨sans ge⟩ (**sich verschnaufen**) reprendre haleine; souffler

Verschnaufpause f pause f, 'halte f pour souffler, reprendre son souffle

verschneit adjt enneigé

Verschnitt m ⟨∼¢s; ∼e⟩ (Mischung) mélange m; bes Wein a coupage m

verschnörkelt adjt orné, chargé de fioritures

verschnupft adjt enrhumé; F fig vexé; fâché

verschnüren v/t ⟨sans ge⟩ Paket ficeler

verschollen [fɛrˈʃɔlən] adj disparu

verschonen v/t ⟨sans ge⟩ épargner; ménager; **j-n mit etw verschonen** épargner qc à qn

verschönern [fɛrˈʃøːnərn] v/t ⟨sans ge⟩ embellir

Verschönerung f ⟨∼; ∼en⟩ embellissement m

verschossen [fɛrˈʃɔsən] adjt F **in j-n verschossen sein** être entiché de qn; en pincer pour qn

verschrammen v/t ⟨sans ge⟩ érafler; égratigner

verschränken [-ˈʃrɛŋkən] v/t ⟨sans ge⟩ Arme croiser

verschrauben v/t ⟨sans ge⟩ visser; boulonner

verschreiben ⟨irr, sans ge⟩ **I** v/t **1.** Medikament ordonner, prescrire (**j-m** à qn) **2.** (verbrauchen) Papier consommer **II** v/r **sich verschreiben 3.** (etw falsch schreiben) faire une faute d'orthographe; écrire de travers **4. sich e-r Sache** (dat) **verschreiben** se donner, se consacrer, se vouer à qc

verschreibungspflichtig adj PHARM délivré sur ordonnance

verschrie(e)n [fɛrˈʃriː(ə)n] adj décrié (**wegen** pour); **als Geizhals verschrie(e)n sein** passer pour (un) avare

verschroben [fɛrˈʃroːbən] adj bizarre; excentrique

verschrotten v/t ⟨-e-, sans ge⟩ mettre à la ferraille, à la casse

Verschrottung f ⟨∼; ∼en⟩ mise f à la ferraille; von Autos casse f

verschrumpeln F v/i ⟨¢, sn⟩ se ratatiner; se racornir

verschüchtern v/t ⟨sans ge⟩ intimider

verschulden ⟨-e-, sans ge⟩ **I** v/t **etw verschulden** être, se rendre responsable de qc **II** v/r **sich verschulden** s'endetter

Verschulden n ⟨∼s⟩ faute f

verschuldet adjt endetté

Verschuldung f ⟨∼; ∼en⟩ endettement m

verschult adj péj Ausbildung, Studium scolaire

verschütten v/t ⟨-e-, sans ge⟩ **1.** Flüssigkeit répandre **2.** Menschen, Häuser ensevelir

Verschüttete(r) f(m) ⟨→ A⟩ personne ensevelie

verschwägert [fɛrˈʃvɛːɡərt] adj **verschwägert sein** être parent par alliance

verschweigen v/t ⟨irr, sans ge⟩ **etw verschweigen** taire qc (**j-m** à qn); cacher qc (à qn)

verschwenden [fɛrˈʃvɛndən] v/t ⟨-e-, sans ge⟩ gaspiller (a fig Kräfte, Zeit); Geld a dilapider

Verschwender(in) m ⟨∼s; ∼⟩ (f) ⟨∼in; ∼innen⟩ gaspilleur, -euse m,f; dépensier, -ière m,f

verschwenderisch I adj **1.** prodigue (**mit** de); gaspilleur; dépensier; dilapidateur **2.** (üppig) **in verschwenderischer Fülle** à profusion **II** adv à profusion; avec prodigalité

Verschwendung f ⟨∼; ∼en⟩ gaspillage m; dissipation f; dilapidation f

Verschwendungssucht f ⟨∼⟩ prodigalité f

verschwendungssüchtig adj prodigue

verschwiegen [fɛrˈʃviːɡən] **I** p/p → **verschweigen II** adjt **1.** Person discret **2.** Ort secret; caché

Verschwiegenheit f ⟨∼⟩ discrétion f; **unter dem Siegel der Verschwiegenheit** sous le sceau du secret

verschwimmen v/i ⟨irr, sans ge, sn⟩ Umrisse s'estomper; devenir flou; vor den Augen se brouiller

verschwinden v/i ⟨irr, sans ge, sn⟩ **1.** disparaître; **etw verschwinden lassen** escamoter qc **2.** F (sich davonmachen) F filer; décamper; **verschwinde!** F tire-toi! **3.** F **ich muss mal verschwinden** il faut que j'aille au petit coin

Verschwinden n disparition f

verschwindend advt **verschwindend klein** infiniment petit

verschwitzen v/t ⟨sans ge⟩ **1.** Kleidung mouiller de sueur **2.** F fig (vergessen) oublier

verschwollen [fɛrˈʃvɔlən] adjt bouffi

verschwommen [fɛrˈʃvɔmən] **I** p/p → **verschwimmen II** adjt **1.** Umrisse, PHOT flou **2.** fig Vorstellungen confus; vague; nébuleux

verschwören v/r ⟨irr, sans ge⟩ **sich gegen j-n, etw verschwören** comploter, conspirer, se conjurer contre qn, qc

Verschwörer(in) m ⟨∼s; ∼⟩ (f) ⟨∼in; ∼innen⟩ conspirateur, -trice m,f; comploteur m; conjuré(e) m(f)

Verschwörung f ⟨∼; ∼en⟩ conspiration f; complot m; conjuration f

versehen ⟨irr, sans ge⟩ **I** v/t **1. j-n, etw mit etw versehen** pourvoir, munir qn, qc de qc **2.** Amt remplir; Dienst a accomplir **II** v/r **3.** (versorgen) **sich mit etw versehen** se pourvoir, se

munir de qc **4. *sich versehen*** (*sich irren*) se tromper; se méprendre **5. *ehe man sich's versieht*** avant qu'on ait le temps de dire ouf
Versehen *n* ⟨~s; ~⟩ erreur *f*; méprise *f*; ***aus Versehen*** → ***versehentlich***
versehentlich *adv* par mégarde, inadvertance, méprise
Versehrte(r) [fɛrˈzeːrtə(r)] *f(m)* ⟨→ A⟩ invalide *m,f*; mutilé(e) *m(f)*
Versehrtensport *m* 'handisport *m*
verselbstständigen *v/r* ⟨*sans ge*⟩ ***sich verselbstständigen*** devenir autonome, indépendant; *Diskussion a* s'éloigner de son sujet
versenden *v/t* ⟨*irr, sans ge*⟩ envoyer; expédier
Versendung *f* ⟨~⟩ envoi *m*; expédition *f*
versengen *v/t* ⟨*sans ge*⟩ brûler; *bes Sonnenhitze* griller; *beim Bügeln* roussir
versenken *v/t* ⟨*sans ge*⟩ **1.** *im Wasser* immerger; *Schiff* couler **2.** *in e-e Grube etc* descendre; *in die Erde* enterrer
Versenkung *f* **1.** *in Wasser* immersion *f*; *in e-e Vertiefung* descente *f*; enfoncement *m* **2.** F *fig* ***in der Versenkung verschwinden*** disparaître
versessen [fɛrˈzɛsən] *adj* ***auf etw, j-n versessen sein*** être fou de qc, qn; ***ganz darauf versessen sein, etw zu tun*** brûler de faire qc
versetzen ⟨*sans ge*⟩ **I** *v/t* **1.** *räumlich* déplacer; changer de place **2.** *Beamte* muter; déplacer **3.** *Schüler* ***versetzt werden*** passer (dans la classe supérieure) **4.** (*in e-n anderen Zustand*) mettre; ***j-n in Angst*** (***und Schrecken***) ***versetzen*** faire peur à qn; effrayer qn **5. *j-m e-n Schlag, Stoß versetzen*** donner, porter, *p/fort* assener un coup à qn **6. *etw versetzen*** (*verpfänden*) engager qc; mettre qc en gage; F (*verkaufen*) monnayer qc **7.** F ***j-n versetzen*** (*vergeblich warten lassen*) faire faux bond à qn **II** *v/r* ***sich in j-n*** (*od* ***j-s Lage***) ***versetzen*** se mettre à la place de qn
Versetzung *f* ⟨~; ~en⟩ **1.** *räumlich* déplacement *m*; changement *m* de place **2.** *von Beamten* mutation *f*; changement *m* de poste **3.** *von Schülern* passage *m* (dans la classe supérieure)
Versetzungszeugnis *n* bulletin *m* scolaire de troisième trimestre
verseuchen *v/t* ⟨*sans ge*⟩ infecter; contaminer (*a radioaktiv*)
Verseuchung *f* ⟨~⟩ infection *f*; contamination *f*
Versform *f* ***in Versform*** en vers
Versfuß *m* pied *m*
Versicherer *m* ⟨~s; ~⟩ assureur *m*
versichern ⟨*sans ge*⟩ **I** *v/t* **1.** (*vertraglich absichern*) assurer (***gegen*** contre; ***bei*** auprès de); ***sein Leben versichern*** s'assurer sur la vie; prendre, contracter une assurance vie **2.** (*beteuern*) assurer (***j-m etw*** qn de qc); ***eidesstattlich versichern*** affirmer sous (la foi du) serment **II** *v/r* **3. *sich versichern*** s'assurer (***gegen*** contre); prendre, contracter une assurance **4.** *st/s* ***sich e-r Sache*** (*gén*) ***versichern*** s'assurer de qc
Versicherte(r) *f(m)* ⟨→ A⟩ assuré(e) *m(f)*
Versichertenkarte *f* (*Krankenversichertenkarte*) carte *f* d'assuré(e) social(e); *in Frankreich a* carte Vitale
Versicherung *f* **1.** assurance *f* (***gegen*** contre); ***e-e Versicherung abschließen*** prendre, con-

tracter une assurance **2.** (*Beteuerung*) affirmation *f*; ***eidesstattliche Versicherung*** affirmation *f* sous (la foi du) serment **3.** (*Gesellschaft*) compagnie *f* d'assurances
Versicherungsagent *m* courtier *m*, agent *m* d'assurances
Versicherungsanspruch *m* droit *m* à l'assurance
Versicherungsantrag *m* demande *f* d'assurance
Versicherungsbedingungen *f/pl* conditions *f/pl* d'assurance
Versicherungsbeginn *m* date à laquelle le contrat d'assurance prend effet
Versicherungsbeitrag *m* prime *f* d'assurance
Versicherungsbetrug *m* escroquerie *f* à l'assurance
Versicherungsfall *m* sinistre *m*
Versicherungsgesellschaft *f* compagnie *f* d'assurances
Versicherungskarte *f* AUTO carte verte
Versicherungsmakler *m* courtier *m* d'assurances
Versicherungsnehmer(in) *m(f)* assuré(e) *m(f)*
Versicherungspflicht *f* obligation *f* de s'assurer
versicherungspflichtig *adj* assujetti à l'assurance
Versicherungspolice *f* police *f* d'assurance
Versicherungsprämie *f* prime *f* d'assurance
Versicherungsschein *m* police *f* d'assurance
Versicherungsschutz *m* couverture *f* de l'assurance
Versicherungssumme *f* montant assuré
Versicherungsträger *m* organisme assureur
Versicherungsumfang *m* étendue *f* de l'assurance
Versicherungsvertrag *m* contrat *m* d'assurance
Versicherungsvertreter *m* courtier *m*, agent *m* d'assurances
versickern *v/i* ⟨*sans ge*, sn⟩ s'infiltrer (***in etw*** [*dat*] dans qc)
versieben F *v/t* ⟨*sans ge*⟩ **1.** (*verderben*) gâcher; (faire) rater **2.** (*verlieren*) F paumer
versiegeln *v/t* ⟨¢, *sans ge*⟩ **1.** *Brief, Paket* cacheter **2.** *gerichtlich* sceller; mettre sous scellés
Versiegelung *f* ⟨~; ~en⟩ **1.** (*das Versiegeln*) *e-s Briefes* apposition *f* d'un cachet, d'un sceau; *gerichtliche* apposition *f* des scellés **2.** (*Siegel*) sceau *m*; JUR scellés *m/pl*
versiegen *st/s* *v/i* ⟨*sans ge*, sn⟩ (se) tarir; s'épuiser (*beide a fig*)
versiert [vɛrˈziːrt] *adj* expérimenté; chevronné; ***in etw*** (*dat*) ***versiert sein*** être versé, expert dans qc
versilbern *v/t* ⟨*sans ge*⟩ **1.** argenter **2.** F *fig* (*zu Geld machen*) monnayer
versinken *v/i* ⟨*irr, sans ge*, sn⟩ **1.** s'enfoncer (*a in e-m Sessel*); *im Sand, Schlamm a* s'enliser; *Schiff* sombrer; couler **2.** *fig* ***in den Boden versinken*** rentrer sous terre
versinnbildlichen *v/t* ⟨*sans ge*⟩ symboliser
Version [vɛrˈzi̯oːn] *f* ⟨~; ~en⟩ version *f*
versklaven *v/t* ⟨*sans ge*⟩ rendre esclave (*a fig*); asservir
Versklavung *f* ⟨~; ~en⟩ asservissement *m*
Versmaß *n* mètre *m*
versnobt *adj péj* (devenu) snob

versoffen [fɛrˈzɔfən] P **I** *p/p* → **versaufen II**
adjt péj Person ivrogne; **versoffene Stimme**
F voix *f* d'ivrogne
versohlen F *v/t* ⟨*sans ge*⟩ **j-n versohlen** rosser
qn; F tanner le cuir à qn
versöhnen [fɛrˈzøːnən] *v/t u v/r* ⟨*sans ge*⟩ (**sich
versöhnen** se) réconcilier (**mit** avec)
versöhnlich *adj* **1.** (*zur Versöhnung bereit*) conciliant; accommodant **2.** (*tröstlich*) réjouissant
Versöhnung *f* ⟨∼; ∼en⟩ réconciliation *f*
versonnen [fɛrˈzɔnən] *adj* rêveur; songeur
versorgen *v/t* ⟨*sans ge*⟩ **1. j-n mit etw versorgen** pourvoir, munir qn de qc; fournir qc à qn;
mit Vorräten approvisionner qn en *od* de qc;
ravitailler qn **2.** TECH, *Körper, Organe* alimenter (**mit** en); **mit Strom versorgen** alimenter
en électricité **3.** *Familie* entretenir **4.** *Haushalt,
Kranke* s'occuper de; prendre soin de
Versorgung *f* ⟨∼⟩ **1.** fourniture *f* (**mit** de); *mit
Vorräten* approvisionnement *m*; ravitaillement
m **2.** *mit Strom, Gas* alimentation *f* **3.** *e-r Familie* entretien *m* **4.** *von Kranken, Kindern etc*
soins *m/pl* (+ *gén* donnés à)
Versorgungsanspruch *m* droit *m* à une rente,
à une pension
Versorgungsausgleich *m* ⟨∼¢s⟩ JUR *partage
des droits à la retraite acquis par les deux
conjoints* (*jusqu'à la date du divorce*)
Versorgungslage *f* situation *f* de l'approvisionnement
Versorgungslücke *f* insuffisance *f* de l'approvisionnement
Versorgungsnetz *n* réseau *m*; ÉLECT secteur *m*
verspachteln *v/t* ⟨¢, *sans ge*⟩ **1.** TECH *Risse, Fugen* mastiquer; boucher avec du mastic **2.** F
(*aufessen*) F bouffer; F boulotter
verspannen *v/r* ⟨*sans ge*⟩ **sich verspannen**
MÉD se contracter
Verspannung *f* contracture *f*
verspäten *v/r* ⟨-e-, *sans ge*⟩ **sich verspäten** se
mettre en retard; être en retard
verspätet I *adjt* tardif **II** *advt* en retard
Verspätung *f* ⟨∼; ∼en⟩ retard *m*; **e-e Stunde
Verspätung** une heure de retard; **Verspätung
haben** être en retard
verspeisen *st/s v/t* ⟨*sans ge*⟩ manger; consommer
verspekulieren *v/r* ⟨*sans ge*⟩ **sich verspekulieren 1.** F (*etw falsch einschätzen*) faire un mauvais calcul **2.** FIN, BÖRSE faire une mauvaise
spéculation, de mauvaises affaires
versperren *v/t* ⟨*sans ge*⟩ *Straße, Weg* barrer;
obstruer; barricader; *Aussicht* masquer; boucher
verspielen ⟨*sans ge*⟩ **I** *v/t* perdre au jeu; *fig
Chance, Recht* perdre **II** *v/i fig* perdre; F **bei
j-m verspielt haben** F être grillé auprès de qn
verspielt *adjt Kind, Hund* joueur
verspotten *v/t* ⟨-e-, *sans ge*⟩ se moquer de; railler
versprechen ⟨*irr, sans ge*⟩ **I** *v/t* **1.** promettre
(**j-m etw** qc à qn); **j-m versprechen, etw zu
tun** promettre à qn de faire qc **2.** *fig* promettre;
das Wetter verspricht gut zu werden le
temps est prometteur **II** *v/r* **3. sich versprechen** se tromper en parlant; faire un lapsus
4. sich (*dat*) **viel von etw versprechen** attendre beaucoup de qc

Versprechen *n* ⟨∼s; ∼⟩ promesse *f*; **sein Versprechen nicht halten** manquer à sa promesse
Versprecher *m* ⟨∼s; ∼⟩ lapsus *m*
Versprechung *f* ⟨∼; ∼en⟩ promesse *f*
verspritzen *v/t* ⟨¢¢, *sans ge*⟩ *Wasser* faire jaillir;
Gift lancer
versprühen *v/t* ⟨*sans ge*⟩ pulvériser; vaporiser
verspüren *v/t* ⟨*sans ge*⟩ (res)sentir; éprouver
verstaatlichen *v/t* ⟨*sans ge*⟩ nationaliser; étatiser
Verstaatlichung *f* ⟨∼; ∼en⟩ nationalisation *f*;
étatisation *f*
Verstädterung [fɛrˈʃtɛtərʊŋ] *f* ⟨∼; ∼en⟩ urbanisation *f*
Verstand [fɛrˈʃtant] *m* ⟨∼¢s⟩ **1.** (*Denkvermögen*) intelligence *f*; PHILOS intellect *m*; (*Begriffsvermögen*) entendement *m*; **scharfer
Verstand** esprit pénétrant **2.** (*Vernunft*) raison
f; bon sens; **den Verstand verlieren** perdre la
raison; **er ist nicht recht bei Verstand** il n'a
pas toute sa tête; **das geht über meinen Verstand** cela me dépasse
verstandesmäßig *adj* rationnel; logique
Verstandesmensch *m* intellectuel, -elle *m,f*;
cérébral(e) *m(f)*
verständig *adj* **1.** (*vernünftig*) raisonnable; sensé; sage **2.** (*gescheit*) intelligent; judicieux
verständigen ⟨*sans ge*⟩ **I** *v/t* **j-n von etw** (*acc*)
verständigen informer qn de qc **II** *v/r* **1. sich
mit j-m verständigen** s'entendre, tomber
d'accord avec qn (**über etw** [*acc*] sur qc) **2.
sich verständigen** *in e-r Sprache* se faire comprendre
Verständigung *f* ⟨∼; ∼en⟩ **1.** (*Benachrichtigung*)
information *f* **2.** (*Übereinkunft*) entente *f*; accord *m* **3.** *sprachliche* compréhension *f* **4.** *akustische* audibilité *f*; réception *f*
Verständigungsschwierigkeiten *f/pl* sprachliche difficultés *f/pl* de compréhension
verständlich [fɛrˈʃtɛntlɪç] *adj* **1.** (*deutlich*) intelligible; **sich verständlich machen** se faire
comprendre, entendre **2.** (*begreiflich*) compréhensible; **j-m etw verständlich machen** expliquer, faire comprendre qc à qn
verständlicherweise *adv* ce qui est bien compréhensible, concevable
Verständlichkeit *f* ⟨∼⟩ intelligibilité *f*; clarté *f*
Verständnis [fɛrˈʃtɛntnɪs] *n* ⟨∼ses⟩ **1.** compréhension *f*; (**kein**) **Verständnis für j-n, etw haben** (ne pas) comprendre qn, qc; **wir bitten um
Ihr Verständnis** nous vous demandons de bien
vouloir nous excuser **2.** (*das Verstehen*) compréhension *f*; **zum besseren Verständnis**
pour mieux (vous) faire comprendre
verständnislos *adj* incompréhensif
Verständnislosigkeit *f* ⟨∼⟩ manque *m* de compréhension
verständnisvoll *adj* compréhensif; plein de
compréhension
verstärken ⟨*sans ge*⟩ **I** *v/t* **1.** *Mauer* renforcer;
fortifier **2.** *zahlenmäßig* augmenter; renforcer
3. *Druck* augmenter; renforcer; accroître **4.** *fig
Eindruck* renforcer; confirmer; *Zweifel* augmenter; accroître **II** *v/r* **sich verstärken**
Druck, Schmerzen augmenter; s'accroître;
Zweifel se renforcer
Verstärker *m* ⟨∼s; ∼⟩ RAD amplificateur *m*

Verstärkung f **1.** (*Stabilisierung*) renforcement m **2.** *zahlenmäßige* renforcement m (des effectifs); (*hinzukommende Personen*) renforts m/pl **3.** (*Intensivierung*) augmentation f; accroissement m

verstauben v/i ⟨*sans ge*, sn⟩ se couvrir de poussière

verstaubt adj poussiéreux (a fig); nur fig péj démodé

verstauchen [fɛr'ʃtauxən] v/r ⟨*sans ge*⟩ **sich** (*dat*) **den Fuß verstauchen** se faire une entorse au pied

Verstauchung f ⟨∼; ∼en⟩ entorse f; foulure f

verstauen v/t ⟨*sans ge*⟩ mettre, placer, caser (*in* [+ *dat ou acc*] dans)

Versteck n ⟨∼s; ∼e⟩ cachette f; cache f; **Versteck spielen** jouer à cache-cache (a fig)

verstecken v/t (u v/r) ⟨*sans ge*⟩ (**sich verstecken** se) cacher (**vor j-m** à qn); fig **sich hinter etw** (*dat*) **verstecken** se retrancher derrière qc

Versteckspiel n (jeu m de) cache-cache m (a fig)

versteckt adj **1.** caché; dissimulé **2.** fig (*geheim*) secret **3.** fig (*indirekt*) **versteckte Anspielungen** f/pl insinuations f/pl; mots couverts; **versteckter Vorwurf** reproche indirect

verstehen ⟨*irr, sans ge*⟩ **I** v/t **1.** *akustisch* entendre; comprendre; **schlecht zu verstehen sein** être à peine audible **2.** (*begreifen*) comprendre; concevoir; saisir; **Französisch verstehen** comprendre le français **3.** (*deuten*) entendre; comprendre; **verstehen Sie mich nicht falsch!** entendons-nous bien!; **j-m etw zu verstehen geben** faire comprendre qc à qn **4.** (*Verständnis haben*) comprendre **5.** (*gut können*) savoir; connaître; **ich verstehe nichts davon** je ne m'y connais pas; je n'y comprends rien **II** v/r **6. sich mit j-m gut verstehen** bien s'entendre avec qn **7. das versteht sich von selbst** cela va sans dire; cela va de soi **8. sich auf etw** (*acc*) **verstehen** s'y connaître en qc

versteifen ⟨*sans ge*⟩ **I** v/t **1.** COUT entoiler; *Glieder* raidir **II** v/i ⟨sn⟩ **2.** *Gelenke* se raidir **III** v/r **3. sich versteifen** *Gelenke* se raidir **4.** fig **sich auf etw** (*acc*) **versteifen** s'obstiner dans qc

versteigen v/r ⟨*irr, sans ge*⟩ st/s fig **sich zu etw versteigen** aller jusqu'à faire qc

versteigern v/t ⟨*sans ge*⟩ vendre aux enchères

Versteigerung f vente f, mise f aux enchères

versteinern v/i ⟨*sans ge*, sn⟩ *Holz etc* (se) pétrifier; *Pflanzen, Tiere* se fossiliser; fig **wie versteinert dastehen** rester comme pétrifié, médusé

Versteinerung f ⟨∼; ∼en⟩ **1.** (*das Versteinern*) fossilisation f; pétrification f **2.** (*zu Stein Gewordenes*) fossile m

verstellbar adj réglable; ajustable

verstellen ⟨*sans ge*⟩ **I** v/t **1.** (*anders einstellen*) régler **2.** (*falsch stellen*) *Uhr* dérégler **3.** (*von der Stelle rücken*) déplacer; changer de place **4. j-m den Weg verstellen** barrer le chemin à qn **5.** *Stimme* déguiser **II** v/r **sich verstellen** jouer la comédie; simuler

versterben st/s v/i ⟨*irr, sans ge*, sn⟩ décéder

versteuern v/t ⟨*sans ge*⟩ **etw versteuern** payer l'impôt sur qc; **zu versteuerndes Einkommen** revenu(s) m(pl) imposable(s)

verstiegen adj (*überspannt*) excentrique; bizarre

verstimmen v/t ⟨*sans ge*⟩ **1.** *Instrument* désaccorder **2.** fig **j-n verstimmen** mettre qn de mauvaise humeur; fâcher qn

verstimmt adj **1. das Klavier ist verstimmt** le piano (s')est désaccordé **2.** fig **verstimmt sein** être de mauvaise humeur; être fâché

Verstimmung f fig mauvaise humeur f

verstockt adj péj obstiné; entêté; buté

verstohlen [fɛr'ʃtoːlən] adj *Blick* furtif; dérobé

verstopfen ⟨*sans ge*⟩ **I** v/t **1.** boucher; *Rohre a* engorger **2.** *Straßen* encombrer; emboutiller **II** v/i ⟨sn⟩ *Rohre* se boucher

Verstopfung f ⟨∼; ∼en⟩ MÉD constipation f; **an Verstopfung leiden** être constipé

verstorben [fɛr'ʃtɔrbən] st/s adj st/s défunt; ADM décédé

Verstorbene(r) st/s f(m) ⟨→ A⟩ st/s défunt(e) m(f)

verstört adj effaré; p/fort bouleversé; *Miene* 'hagard

Verstoß m **Verstoß** (**gegen**) faute f (contre); gegen ein Gesetz infraction f (à)

verstoßen ⟨*irr, sans ge*⟩ **I** v/t chasser; expulser **II** v/i **gegen etw verstoßen** manquer à qc; ne pas respecter qc; **gegen die guten Sitten verstoßen** être contraire aux bonnes mœurs

verstrahlen v/t ⟨*sans ge*⟩ *radioaktiv* irradier; contaminer (par rayonnement radioactif)

Verstrahlung f contamination radioactive

Verstrebung f ⟨∼; ∼en⟩ contre-fiche f

verstreichen ⟨*irr, sans ge*⟩ **I** v/t (*verteilen*) étendre; *Butter* étaler; **1.** (*zustreichen*) boucher **II** st/s v/i ⟨sn⟩ *Zeit* passer; s'écouler; **e-e Frist verstreichen lassen** laisser expirer un délai

verstreuen v/t ⟨*sans ge*⟩ éparpiller; disperser

verstreut adj (*vereinzelt*) dispersé; éparpillé

verstricken st/s fig ⟨*sans ge*⟩ **I** v/t **j-n in etw** (*acc*) **verstricken** impliquer qn dans qc **II** v/r **sich in etw** (*acc*) **verstricken** s'empêtrer dans qc

verstümmeln [fɛr'ʃtʏməln] v/t ⟨¢, *sans ge*⟩ mutiler (a fig); estropier

Verstümmelung f ⟨∼; ∼en⟩ mutilation f (a fig)

verstummen v/i ⟨*sans ge*, sn⟩ **1.** st/s *Person* devenir muet; se taire **2.** st/s *Geräusch*, fig *Protest* cesser; s'arrêter

Versuch [fɛr'zuːx] m ⟨∼¢s; ∼e⟩ **1.** essai m; tentative f; **das kommt auf e-n Versuch an** on peut toujours essayer **2.** (*Experiment*) expérience f (**mit** avec; **an** [+ *dat*] sur)

versuchen v/t ⟨*sans ge*⟩ **1.** essayer; (*sich bemühen*) tenter; tâcher; **sein Glück versuchen** tenter sa chance; **es mit j-m versuchen** faire un essai avec qn; **versuchs doch!** essaie voir! **2.** a v/i (**von**) **etw versuchen** (*kosten*) essayer qc; goûter à qc

Versuchsanordnung f conditions requises, préparatifs requis pour une expérience

Versuchsanstalt f station f d'essai

Versuchsballon m ballon-sonde m; ballon m d'essai (a fig)

Versuchsgelände n terrain m d'essai

Versuchskaninchen n fig cobaye m

Versuchsperson f sujet m (d'étude, d'expérience)

Versuchsreihe f série f de tests, d'essais, d'expériences

Versuchsstadium *n* stade *m* d'essai

Versuchstier *n* animal *m* de laboratoire

versuchsweise *adv* à titre d'essai; à titre expérimental

Versuchszweck *m* **zu Versuchszwecken** en vue d'expériences

versucht *adjt* JUR **versuchte Bestechung** tentative *f* de corruption

Versuchung *f* ⟨∼; ∼en⟩ tentation *f*; **in Versuchung** (*acc*) **führen** tenter; **in Versuchung kommen zu** (+ *inf*) être tenté de (+ *inf*)

versumpfen *v/i* ⟨*sans ge*, sn⟩ **1.** ÉCOL se transformer en marais; devenir marécageux **2.** F *fig* (*verwahrlosen*) tomber bien bas **3.** F (*lange feiern*) F faire la bringue, la noce

versündigen *st/s v/r* ⟨*sans ge*⟩ **sich an j-m, etw versündigen** pécher contre qn, qc

versunken [fɛrˈzʊŋkən] **I** *p/p* → **versinken II** *adjt fig* **versunken in** (+ *acc*) *Anblick, Gedanken* absorbé dans, par

versüßen ⟨∅, *sans ge*⟩ **I** *v/t fig* adoucir; édulcorer **II** *v/r* **sich** (*dat*) **das Leben versüßen** se rendre la vie plus douce

vertäfeln [fɛrˈtɛːfəln] *v/t* ⟨∅, *sans ge*⟩ boiser; lambrisser

Vertäf(e)lung *f* ⟨∼; ∼en⟩ boiserie *f*; lambris *m*

vertagen ⟨*sans ge*⟩ **I** *v/t* **vertagen** (**auf** [+ *acc*]) ajourner (à); remettre (à) **II** *v/r* **sich vertagen** ajourner, remettre les débats, la séance

Vertagung *f* ajournement *m*; renvoi *m*, remise *f*

vertäuen [fɛrˈtɔʏən] *v/t* ⟨*sans ge*⟩ amarrer

vertauschen *v/t* ⟨*sans ge*⟩ **1.** (*austauschen*) (é)changer, troquer (**mit** contre) **2.** (*verwechseln*) prendre l'un pour l'autre; confondre

verteidigen [fɛrˈtaɪdɪgən] ⟨*sans ge*⟩ **I** *v/t* (*u v/r* **sich verteidigen** se) défendre (*a* JUR) **II** *v/i* SPORT être en défense; défendre

Verteidiger(in) *m* ⟨∼s; ∼⟩ (*f*) ⟨∼in; ∼innen⟩ défenseur *m*; JUR *a* avocat plaidant; FUSSBALL arrière *m*

Verteidigung *f* ⟨∼; ∼en⟩ défense *f* (*a* JUR, SPORT)

Verteidigungsminister *m* ministre *m* de la Défense (nationale)

Verteidigungsministerium *n* ministère *m* de la Défense (nationale)

Verteidigungsrede *f* JUR plaidoirie *f*; *fig* plaidoyer *m*

verteilen ⟨*sans ge*⟩ **I** *v/t* **1.** (*austeilen*) distribuer (**an** [+ *acc*] à) **2.** (*aufteilen, zuweisen*) partager, répartir (**auf** [+ *acc*], **unter** [+ *acc*] entre) **II** *v/r* **sich verteilen 3.** (*sich aufteilen*) se répartir; se partager (**auf** [+ *acc*], **unter** [+ *acc*] entre) **4.** (*sich verstreuen*) se répartir; *Personen* se disperser

Verteiler *m* ⟨∼s; ∼⟩ **1.** ÉLECT, COMM distributeur *m* **2.** ADM liste *f* des destinataires

Verteilerkasten *m* ÉLECT boîte *f* de distribution

Verteilerschlüssel *m* ADM clé *f*, base *f* de répartition

Verteilung *f* **1.** (*Ausgabe*) distribution *f* (**an** [+ *acc*] à) **2.** (*Aufteilung*) partage *m* (**auf** [+ *acc*], **unter** [+ *acc*] entre); répartition *f*

verteuern ⟨*sans ge*⟩ **I** *v/t* rendre plus cher **II** *v/r* **sich verteuern** devenir plus cher; augmenter; renchérir

Verteuerung *f* augmentation *f* (des prix); renchérissement *m*

verteufeln *v/t* ⟨*sans ge*⟩ condamner

verteufelt F **I** *adjt* satané **II** *advt* (*sehr*) F diablement; F bougrement

vertiefen ⟨*sans ge*⟩ **I** *v/t* rendre plus profond (**um** de); approfondir (*a fig*) **II** *v/r fig* **sich in etw** (*acc*) **vertiefen** se plonger dans qc

Vertiefung *f* ⟨∼; ∼en⟩ **1.** *Handlung* approfondissement *m* **2.** (*tiefere Stelle*) creux *m*; renfoncement *m*; *im Gelände* dépression *f*; (*Hohlraum*) cavité *f*

vertikal [vɛrtiˈkaːl] *adj* vertical

Vertikale *f* ⟨→ A⟩ verticale *f*

vertilgen *v/t* ⟨*sans ge*⟩ **1.** (*vernichten*) exterminer; tuer; détruire **2.** F (*verzehren*) ingurgiter; F engouffrer

vertippen F *v/r* ⟨*sans ge*⟩ **sich vertippen** faire une faute de frappe

vertonen *v/t* ⟨*sans ge*⟩ mettre en musique; adapter

Vertonung *f* ⟨∼; ∼en⟩ adaptation musicale

vertrackt [fɛrˈtrakt] F *adj* embrouillé

Vertrag [fɛrˈtraːk] *m* ⟨∼e∅; ∼e⟩ contrat *m*; *zwischen Staaten* traité *m*; **e-n Vertrag** (**ab**)**schließen** faire, conclure un contrat; **j-n unter Vertrag nehmen** engager qn (par contrat); **bei j-m unter Vertrag stehen** être engagé par qn (sous contrat)

vertragen ⟨*irr, sans ge*⟩ **I** *v/t* (*aushalten*) supporter; **sie verträgt keinen Fisch** le poisson ne lui réussit pas; F **ich könnte e-n Schluck vertragen** je prendrais bien un petit verre **II** *v/r* **sich vertragen 1.** *Personen* s'entendre, s'accorder (**mit j-m** avec qn) **2.** *Sachen, Farben* être compatible (**mit** avec); aller ensemble

vertraglich I *adj* contractuel **II** *adv* par contrat; **vertraglich vereinbart** prévu par le, dans le contrat

verträglich [fɛrˈtrɛːklɪç] *adj* **1.** *Person* conciliant; accommodant **2.** *Speisen* (**leicht**) **verträglich** digeste; digestible; *Medikament* **gut verträglich** bien toléré

Vertragsabschluss *m* passation *f*, conclusion *f* d'un contrat; POL conclusion *f* d'un traité

Vertragsänderung *f* modification *f* du contrat

Vertragsbruch *m* rupture *f* de contrat; POL violation *f* d'un traité

vertragsbrüchig *adj* **vertragsbrüchig werden** rompre un *bzw* le contrat; POL violer un *bzw* le traité

vertragschließend *adjt* contractant

Vertragsentwurf *m* projet *m* de contrat

Vertragsgegenstand *m* objet *m* du contrat

vertragsgemäß I *adj* conforme au contrat; contractuel **II** *adv* conformément au contrat *bzw* au traité

Vertragshändler *m* concessionnaire *m*

Vertragspartner *m* contractant *m*

Vertragsrecht *n* législation *f* en matière de contrats

Vertragsstrafe *f* peine conventionnelle; dédit *m*

Vertragswerkstatt *f* AUTO garage agréé

vertragswidrig *adj* contraire au contrat, POL au traité

vertrauen *v/i* ⟨*sans ge*⟩ **j-m vertrauen** avoir confiance en qn; **auf j-n, etw vertrauen** se fier à qn, qc; faire confiance à qn, qc

Vertrauen *n* ⟨∼s⟩ **1.** confiance *f*; **Vertrauen haben** avoir confiance (**in** [+ *acc*] *od* **zu** en, wenn

Artikel folgt dans); **Vertrauen erweckend** qui inspire confiance; **im Vertrauen auf** (+ *acc*) confiant en 2. **im Vertrauen** (**gesagt**) en confidence; (soit dit) entre nous; **j-n ins Vertrauen ziehen** mettre qn dans la confidence
vertrauenerweckend *adjt* qui inspire confiance
Vertrauensarzt *m* médecin-conseil *m*
Vertrauensbeweis *m* preuve *f* de confiance
Vertrauensbruch *m* abus *m* de confiance
Vertrauensfrage *f* POL **die Vertrauensfrage stellen** poser la question de confiance
Vertrauensfrau *f der Gewerkschaft* déléguée syndicale
Vertrauenslehrer(in) *m(f)* professeur chargé des problèmes relationnels
Vertrauensmann *m* ⟨~¢s; -männer *od* -leute⟩ homme *m* de confiance; *der Gewerkschaft* délégué syndical
Vertrauensperson *f* personne *f* de confiance
Vertrauenssache *f* affaire *f*, question *f* de confiance
vertrauensselig *adj* trop confiant; crédule
Vertrauensstellung *f* place *f*, poste *m* de confiance
Vertrauensverhältnis *n* rapports *m/pl* de confiance
vertrauensvoll I *adj* confiant; plein de confiance II *adv* en toute confiance
vertrauenswürdig *adj* fiable; digne de (toute) confiance
vertraulich *adj* 1. confidentiel; **streng vertraulich** strictement confidentiel 2. (*vertraut*) intime; familier
Vertraulichkeit *f* ⟨~; ~en⟩ 1. *e-r Mitteilung* caractère confidentiel 2. *im Verhalten* intimité *f*; familiarité *f*; *bes gegenüber Frauen* **Vertraulichkeiten** *pl* privautés *f/pl*
verträumt *adjt* 1. *Person* rêveur; perdu dans ses rêves 2. *Ort* idyllique
vertraut *adj* 1. *Beziehung* intime; **mit j-m vertraut sein** être intime avec qn 2. (*bekannt*) familier; **mit etw vertraut sein** connaître qc à fond; **sich mit etw vertraut machen** se familiariser avec qc
Vertraute(r) *f(m)* ⟨→ A⟩ confident(e) *m(f)*; intime *m,f*; familier *m*
Vertrautheit *f* ⟨~⟩ intimité *f*; familiarité *f*
vertreiben ⟨*irr, sans ge*⟩ I *v/t* 1. chasser (*a fig Sorgen, Kummer*); **j-n aus s-r Heimat vertreiben** expulser qn de son pays 2. COMM distribuer; diffuser II *v/r* **sich** (*dat*) **die Zeit mit etw vertreiben** passer son temps à faire qc
Vertreibung *f* ⟨~; ~en⟩ expulsion *f* (**aus** de)
vertretbar *adj* 1. *Standpunkt* défendable 2. *Kosten, Risiko* raisonnable
vertreten ⟨*irr, sans ge*⟩ I *v/t* 1. (*vorübergehend ersetzen*) remplacer; ADM suppléer 2. *ein Land, e-e Gattung etc* représenter 3. (*für e-e Firma verkaufen*) représenter 4. (*eintreten für*) soutenir; défendre; *vor Gericht* **j-n vertreten** plaider la cause de qn; **j-s Sache vertreten** prendre fait et cause pour qn 5. **die Ansicht vertreten, dass ...** être d'avis que ... (+ *subj*) 6. *bes* JUR **etw zu vertreten haben** répondre de qc II *v/r* 7. F **sich** (*dat*) **die Beine vertreten** se dégourdir les jambes
Vertreter(in) *m* ⟨~s; ~⟩ (*f*) ⟨~in; ~innen⟩ 1. (*Interessenvertreter[in]*) représentant(e) *m(f)*; POL

gewählte(r) délégué(e) *m(f)* 2. (*Handelsvertreter[in]*) représentant(e) *m(f)*, voyageur *m* (de commerce); agent commercial 3. (*Stellvertreter[in]*) remplaçant(e) *m(f)*; ADM suppléant(e) *m(f)* 4. (*Verfechter*) défenseur *m*
Vertretung *f* ⟨~; ~en⟩ 1. (*Stellvertretung*) remplacement *m*; ADM suppléance *f*; **in Vertretung** par délégation 2. *Person* remplaçant(e) *m(f)*; ADM suppléant(e) *m(f)* 3. *e-s Landes* représentation *f*; COMM agence *f*
Vertretungsstunde *f* SCHULE heure *f* de remplacement
vertretungsweise *adv* en remplacement (**für** de)
Vertrieb *m* ⟨~¢s⟩ COMM distribution *f*; *von Büchern a* diffusion *f*
Vertriebene(r) *f(m)* ⟨→ A⟩ personne déplacée; expulsé(e) *m(f)*
Vertriebsabteilung *f* service des ventes, commercial
Vertriebsleiter *m* chef *m* des ventes
vertrimmen F *v/t* ⟨*sans ge*⟩ **j-n vertrimmen** F flanquer une raclée, F filer une trempe à qn
vertrinken *v/t* ⟨*irr, sans ge*⟩ **sein Geld vertrinken** dépenser son argent à boire
vertrocknen *v/i* ⟨-e-, *sans ge*, sn⟩ se dessécher
vertrödeln F *péj v/t* ⟨¢, *sans ge*⟩ **die Zeit vertrödeln** perdre, gâcher son temps
vertrösten *v/t* ⟨-e-, *sans ge*⟩ **j-n vertrösten** demander à qn de patienter (**auf** [+ *acc*] jusqu'à)
vertrottelt F *adjt* gâteux; F ramolli
vertun ⟨*irr, sans ge*⟩ I *v/t* dissiper; gaspiller II F *v/r* **sich vertun** F se gourer
vertuschen *v/t* ⟨*sans ge*⟩ *Fehler* cacher; dissimuler; *Skandal* étouffer
verübeln *v/t* ⟨¢, *sans ge*⟩ **j-m etw verübeln** en vouloir à qn de qc
verüben *v/t* ⟨*sans ge*⟩ *Verbrechen* commettre; JUR perpétrer
verulken *v/t* ⟨*sans ge*⟩ se moquer de
verunglimpfen [fɛrˈʔʊnɡlɪmpfən] *st/s v/t* ⟨*sans ge*⟩ dénigrer
Verunglimpfung *st/s f* ⟨~; ~en⟩ dénigrement *m*
verunglücken *v/i* ⟨*sans ge*, sn⟩ 1. avoir un accident; **tödlich verunglücken** se tuer dans un accident 2. F *fig* (*missglücken*) rater
Verunglückte(r) *f(m)* ⟨→ A⟩ accidenté(e) *m(f)*; victime *f* (d'un accident)
verunreinigen *v/t* ⟨*sans ge*⟩ *Wasser, Luft* polluer
Verunreinigung *f* pollution *f*
verunsichern *v/t* ⟨*sans ge*⟩ insécuriser; (*verwirren*) déconcerter; désorienter
Verunsicherung *f* insécurité *f*; (*Verwirrung*) désorientation *f*
verunstalten *v/t* ⟨-e-, *sans ge*⟩ défigurer; déparer; (*hässlich machen*) enlaidir
veruntreuen *v/t* ⟨*sans ge*⟩ *Gelder* détourner
Veruntreuung *f* ⟨~; ~en⟩ détournement *m*; malversation *f*
verursachen *v/t* ⟨*sans ge*⟩ causer; *Schmerzen, Aufregung* produire; provoquer; *Kosten* entraîner
Verursacherprinzip *n* ⟨~s⟩ ÉCOL principe *m* pollueur-payeur
verurteilen *v/t* ⟨*sans ge*⟩ 1. JUR condamner (**zu** à) 2. (*missbilligen*) condamner; réprouver
Verurteilte(r) *f(m)* ⟨→ A⟩ condamné(e) *m(f)*

Verurteilung f ⟨∼; ∼en⟩ condamnation f (a JUR)
vervielfachen v/t (u v/r) ⟨sans ge⟩ (**sich vervielfachen** se) multiplier (a fig)
vervielfältigen v/t ⟨sans ge⟩ PHOT, TYPO reproduire; faire des copies de
Vervielfältigung f ⟨∼; ∼en⟩ reproduction f
vervierfachen ⟨sans ge⟩ **I** v/t quadrupler **II** v/r **sich vervierfachen** quadrupler
vervollkommnen v/t (u v/r) ⟨-e-, sans ge⟩ (**sich vervollkommnen** se) perfectionner
Vervollkommnung f ⟨∼; ∼en⟩ perfectionnement m
vervollständigen v/t ⟨sans ge⟩ compléter
Vervollständigung f ⟨∼; ∼en⟩ complément m; par ext enrichissement m
verw. abr (verwitwet) veuf
verwachsen[1] v/i ⟨irr, sans ge, sn⟩ **miteinander verwachsen** s'enchevêtrer (en poussant)
verwachsen[2] adjt **1.** fig **mit j-m, etw verwachsen sein** être étroitement lié, attaché à qn, qc **2.** (missgestaltet) contrefait; difforme
verwackelt adjt Bild bougé
verwählen v/r ⟨sans ge⟩ **sich verwählen** se tromper de numéro
verwahren ⟨sans ge⟩ **I** v/t (bien) garder (a Kind); (wegschließen) mettre sous clé **II** v/r **sich gegen etw verwahren** protester contre qc
verwahrlosen v/i ⟨sans ge, sn⟩ se clochardiser; bes Kinder être négligé; être laissé à l'abandon
verwahrlost adjt négligé; (laissé) à l'abandon
Verwahrlosung f ⟨∼⟩ clochardisation f; bes von Kindern négligence f; abandon m
Verwahrung f ⟨∼⟩ garde f; dépôt m; **etw in Verwahrung** (acc) **geben** donner qc en garde; mettre qc en dépôt
verwaist adjt **1.** orphelin **2.** st/s fig Haus, Platz abandonné; délaissé
verwalten v/t ⟨-e-, sans ge⟩ Behörde administrer; Vermögen, Haus gérer
Verwalter(in) m ⟨∼s; ∼⟩ (f) ⟨∼in; ∼innen⟩ administrateur, -trice m,f; (Hausverwalter[in]) gérant(e) m(f); (Gutsverwalter[in]) régisseur m; intendant(e) m(f)
Verwaltung f ⟨∼; ∼en⟩ administration f; gestion f
Verwaltungsangestellte(r) f(m) employé(e) m(f) de l'administration
Verwaltungsapparat m appareil administratif
Verwaltungsbeamte(r) m, **Verwaltungsbeamtin** f fonctionnaire m,f de l'administration; in Frankreich a agent administratif
Verwaltungsbezirk m district m; circonscription administrative
Verwaltungsdirektor m directeur administratif
Verwaltungsgebäude n bâtiment administratif
Verwaltungsgebühr f taxe f
Verwaltungsgericht n tribunal administratif
Verwaltungskosten pl frais m/pl d'administration, de gestion
verwandeln ⟨¢, sans ge⟩ **I** v/t **1.** (verändern) changer (**in** [+ acc] en); transformer (en); fig **sie ist wie verwandelt** elle a tout à fait changé **2.** SPORT **e-n Strafstoß verwandeln** transformer un penalty **II** v/i SPORT **zum 2:0 verwandeln** porter le score à 2 à 0 **III** v/r **sich verwandeln** se transformer
Verwandlung f changement m; transformation

f; MYTH, fig, ZO métamorphose f
Verwandlungskünstler m mime m (qui incarne plusieurs personnages)
verwandt[1] [fɛr'vant] p/p → **verwenden**
verwandt[2] adj **1.** parent (**mit** de); **er ist mit mir verwandt** (lui et moi,) nous sommes parents **2.** fig, Anschauungen etc apparenté
Verwandte(r) f(m) ⟨→ A⟩ parent(e) m(f); **die Verwandten** pl → **Verwandtschaft**
Verwandtschaft f ⟨∼; ∼en⟩ **1.** (Verwandtsein) parenté f (a fig) **2.** die Verwandtschaft (die Verwandten) la parenté; la famille
verwandtschaftlich adj de parent
Verwandtschaftsgrad m degré m de parenté
Verwandtschaftsverhältnis n parenté f
verwanzt adj plein, infesté de punaises
verwarnen v/t ⟨sans ge⟩ donner un avertissement à
Verwarnung f avertissement m; **gebührenpflichtige Verwarnung** contravention f
verwaschen adj **1.** (ausgewaschen) délavé; décoloré **2.** Farben pâle; délavé
verwässern v/t ⟨sans ge⟩ **1.** mettre trop d'eau dans **2.** fig délayer
verwechseln v/t ⟨¢, sans ge⟩ confondre (**mit** avec); **er hat sie miteinander verwechselt** il a pris l'un(e) pour l'autre; **sie sehen sich zum Verwechseln ähnlich** ils se ressemblent à s'y méprendre
Verwechs(e)lung f ⟨∼; ∼en⟩ **1.** confusion f **2.** (Vertauschung) échange m involontaire
verwegen adj téméraire; audacieux
Verwegenheit f ⟨∼; ∼en⟩ témérité f; audace f
verwehen v/t ⟨sans ge⟩ **1.** (wegtragen) vom Wind emporter; **Vom Winde verweht** Buchtitel Autant en emporte le vent **2.** Spur effacer
verwehren v/t ⟨sans ge⟩ **j-m etw verwehren** interdire, défendre qc à qn
verweichlicht adjt amolli; Männer a efféminé
Verweichlichung f ⟨∼⟩ amollissement m
verweigern ⟨sans ge⟩ **I** v/t refuser (**j-m etw** qc à qn); **den Wehrdienst verweigern** être objecteur de conscience **II** v/i Pferd refuser (l'obstacle)
Verweigerung f refus m
verweilen st/s v/i ⟨sans ge⟩ **1.** (stehen bleiben) s'arrêter; rester; demeurer **2.** (sich aufhalten) séjourner (**bei j-m** chez qn)
verweint adj **verweinte Augen haben, verweint aussehen** avoir les yeux gonflés de larmes
Verweis [fɛr'vaɪs] m ⟨∼es; ∼e⟩ **1.** (Rüge) réprimande f; ADM, SCHULE avertissement m; **j-m e-n Verweis erteilen** réprimander qn **2.** (Hinweis) renvoi m
verweisen v/t ⟨irr, sans ge⟩ **1.** a v/i **verweisen auf** (+ acc) renvoyer à **2.** **j-n verweisen an** (+ acc) (r)envoyer, adresser qn à **3.** (von) der Schule verweisen renvoyer qn de l'école, du lycée, etc; **j-n des Landes verweisen** expulser qn (du territoire); SPORT **s-e Gegner auf die Plätze verweisen** devancer ses adversaires
verwelken v/i ⟨sans ge, sn⟩ se faner; se flétrir
verwendbar adj utilisable
Verwendbarkeit f ⟨∼⟩ utilité f pratique
verwenden ⟨irr, sans ge⟩ **I** v/t **1.** (benutzen) employer, utiliser (**für, zu** à; **als** comme); Metho-

V

de, Technik a appliquer **2.** (*aufwenden*) *Zeit, Mühe* consacrer (**auf** [+ *acc*] à) **II** *st/s v/r* **sich für j-n verwenden** intervenir, intercéder pour qn (**bei j-m** auprès de qn)

Verwendung *f* emploi *m*; utilisation *f*; **keine Verwendung für etw haben** ne pas savoir quoi faire de qc

Verwendungsmöglichkeit *f* possibilité *f* d'utilisation

Verwendungszweck *m* emploi prévu; *auf Schecks etc* motif *m* du paiement

verwerfen ⟨*irr, sans ge*⟩ **I** *v/t* rejeter (*a* JUR *Klage*); repousser **II** *v/r* **sich verwerfen** *Holz* gauchir; se déjeter

verwerflich *st/s adj* répréhensible; condamnable

verwertbar *adj* utilisable

verwerten *v/t* ⟨-e-, *sans ge*⟩ utiliser; *Erfindung* exploiter; mettre à profit

Verwertung *f* utilisation *f*; exploitation *f*; mise *f* à profit

verwesen *v/i* ⟨*sans ge, sn*⟩ se décomposer; se putréfier

Verwesung *f* ⟨∼⟩ décomposition *f*; putréfaction *f*

verwetten *v/t* ⟨-e-, *sans ge*⟩ **Geld verwetten** perdre de l'argent en pariant

verwickeln ⟨⊄, *sans ge*⟩ **I** *v/t* **j-n in etw** (*acc*) **verwickeln** engager, impliquer qn dans qc **II** *v/r* **1.** *Garn etc* **sich verwickeln** s'emmêler; s'enchevêtrer **2.** *fig* **sich in Widersprüche verwickeln** s'empêtrer dans des contradictions

verwickelt *adj Angelegenheit* compliqué; embrouillé

Verwicklung *f* ⟨∼; ∼en⟩ implication *f*

verwildern *v/i* ⟨*sans ge, sn*⟩ **1.** *Haustier* (re)devenir sauvage **2.** *Garten* être (laissé) à l'abandon; être négligé

verwildert *adj* **1.** *Haustier* (re)devenu sauvage **2.** *Garten* inculte; abandonné

verwinden *st/s v/t* ⟨*irr, sans ge*⟩ *Kummer* surmonter

verwirken *st/s v/t* ⟨*sans ge*⟩ *Recht* perdre

verwirklichen ⟨*sans ge*⟩ **I** *v/t* réaliser **II** *v/r* **sich verwirklichen** **1.** se réaliser; s'accomplir **2.** **sich** (**selbst**) **verwirklichen** se réaliser (dans la vie)

Verwirklichung *f* ⟨∼; ∼en⟩ réalisation *f*

verwirren ⟨*sans ge*⟩ **I** *v/t* **1.** *Fäden* embrouiller; enchevêtrer; *Haare* emmêler **2.** *fig* **j-n verwirren** rendre qn confus; troubler, déconcerter qn **II** *v/r* **sich verwirren** *Fäden* s'embrouiller; s'enchevêtrer; *Haar* s'emmêler

verwirrend *adj* troublant; déconcertant

verwirrt *adj* confus; *Person a* troublé; déconcerté

Verwirrung *f* ⟨∼; ∼en⟩ confusion *f*; trouble *m*; **Verwirrung stiften** provoquer la confusion; **in Verwirrung geraten** s'embrouiller; se troubler

verwischen *v/t* (*u v/r*) ⟨*sans ge*⟩ (**sich verwischen**) s')effacer (*a fig*); *Unterschiede* (s')atténuer; (s')estomper

verwittern *v/i* ⟨*sans ge, sn*⟩ s'éroder, s'effriter (sous l'influence de l'air)

verwitwet *adj* veuf

verwöhnen [fɛr'vøːnən] *v/t* ⟨*sans ge*⟩ gâter; choyer

verwöhnt *adj* **1.** gâté; choyé **2.** (*anspruchsvoll*) exigeant; difficile (à contenter)

verworren [fɛr'vɔrən] *adj* confus

verwundbar *adj* vulnérable (*a fig*)

Verwundbarkeit *f* ⟨∼⟩ vulnérabilité *f* (*a fig*)

verwunden *v/t* ⟨-e-, *sans ge*⟩ blesser (*a fig Gefühle etc*); **schwer verwundet** grièvement blessé

verwunderlich *adj* étonnant; surprenant; **es ist nicht verwunderlich, dass …** rien d'étonnant (à ce) que … (+*subj*)

verwundern *v/t* ⟨*sans ge*⟩ étonner; surprendre; **es verwundert mich, dass …** je suis étonné, surpris que … (+ *subj*)

Verwunderung *f* ⟨∼⟩ étonnement *m*; surprise *f*

Verwundete(r) *f*(*m*) ⟨→ A⟩ blessé(e) *m*(*f*)

Verwundung *f* ⟨∼; ∼en⟩ blessure *f*

verwunschen [fɛr'vʊnʃən] *adj* enchanté

verwünschen *v/t* ⟨*sans ge*⟩ maudire

Verwünschung *f* ⟨∼; ∼en⟩ malédiction *f*

verwurzelt *adj fig* **tief verwurzelt sein in** (+ *dat*) être profondément enraciné dans

verwüsten *v/t* ⟨-e-, *sans ge*⟩ ravager; dévaster

Verwüstung *f* ⟨∼; ∼en⟩ ravage *m*; dévastation *f*

verzagen *st/s v/i* ⟨*sans ge, sn*⟩ perdre courage; se décourager

verzagt *adj* découragé; abattu

verzählen *v/r* ⟨*sans ge*⟩ **sich verzählen** se tromper en comptant

verzahnt *adj* TECH endenté; engrené (**mit etw** dans qc)

verzapfen *v/t* ⟨*sans ge*⟩ F *fig* **Unsinn verzapfen** débiter des bêtises, des âneries

verzärteln [fɛr'tsɛːrtəln] *v/t* ⟨⊄, *sans ge*⟩ bichonner; dorloter

verzaubern *v/t* ⟨*sans ge*⟩ enchanter (*a fig*); ensorceler; **verzaubern in** (+ *acc*) métamorphoser en

Verzauberung *f* ⟨∼; ∼en⟩ enchantement *m* (*a fig*); ensorcellement *m*

verzehnfachen *v/t* (*u v/r*) ⟨*sans ge*⟩ (**sich verzehnfachen** se) décupler

Verzehr [fɛr'tseːr] *m* ⟨∼⊄s⟩ consommation *f*

verzehren *st/s* ⟨*sans ge*⟩ **I** *v/t* consommer **II** *v/r fig* **sich verzehren** se consumer, se ronger, se miner (**vor** [+ *dat*] de)

verzeichnen *v/t* ⟨-e-, *sans ge*⟩ **1.** (*falsch zeichnen*) mal dessiner **2.** (*festhalten*) noter; prendre note de; ADM enregistrer; **verzeichnet sein** figurer (**auf** [+ *dat*] sur; **in** [+ *dat*] dans) **3.** *fig Erfolg* **zu verzeichnen haben** pouvoir enregistrer

Verzeichnis *n* ⟨∼ses; ∼se⟩ (*Liste*) liste *f*; relevé *m*; (*Register*) registre *m*; répertoire *m* (*a* INFORM)

verzeihen [fɛr'tsaɪən] *v/t* ⟨*irr, sans ge*⟩ pardonner (**j-m etw** qc à qn); (*entschuldigen*) excuser; **verzeihen Sie!** pardon!; pardonnez-moi!; excusez-moi!

verzeihlich *adj* pardonnable; excusable

Verzeihung *f* ⟨∼⟩ pardon *m*; **Verzeihung!** pardon!; excusez-moi!; **j-n um Verzeihung bitten** demander pardon à qn

verzerren ⟨*sans ge*⟩ **I** *v/t* **1.** *Bild, Ton* déformer (*a fig Tatsachen*); distordre **2.** *Gesichtszüge* (dis)tordre; crisper **II** *v/r* **sich verzerren** *Gesichtszüge* se décomposer; se crisper; se convulser

Verzerrung f **1.** *e-s Bildes, Tons* déformation f (*a fig der Tatsachen*); distorsion f **2.** *der Gesichtszüge* décomposition f

verzetteln v/r ⟨¢, *sans ge*⟩ **sich verzetteln** s'éparpiller

Verzicht [fɛr'tsɪçt] m ⟨~¢s; ~e⟩ **Verzicht** (*auf* [+ *acc*]) renoncement m, renonciation f (à); résignation f; abandon m (de); JUR renonciation (à); désistement m (de)

verzichten v/i ⟨-e-, *sans ge*⟩ (*auf etw* [*acc*]) **verzichten** renoncer (à qc); JUR *a* se désister (de qc)

verziehen ⟨*irr, sans ge*⟩ **I** v/t **1.** *das Gesicht verziehen* grimacer; faire la grimace **2.** (*schlecht erziehen*) gâter; mal élever **II** v/i ⟨sn⟩ déménager (*nach* à) **III** v/r **sich verziehen 3.** TECH se voiler; se fausser; *Holz* se déjeter; gauchir **4.** *Gewitter, Rauch* disparaître; se dissiper **5.** F (*sich davonmachen*) s'en aller; F se tirer; F filer

verzieren v/t ⟨*sans ge*⟩ orner; décorer (*a* CUIS); ornementer

Verzierung f ⟨~; ~en⟩ **1.** (*das Verzieren*) décoration f; ornementation f **2.** (*Schmuck*) décoration f (*a* CUIS); ornement m (*a* CONSTR, RHÉT); enjolivement m

verzinsen ⟨*sans ge*⟩ **I** v/t rémunérer **II** v/r **sich verzinsen** rapporter des intérêts; **sich mit 6% verzinsen** rapporter six pour cent

Verzinsung f ⟨~; ~en⟩ rapport m; intérêts m/pl; rémunération f

verzogen [fɛr'tso:gən] adjt **1.** (*schlecht erzogen*) gâté **2.** *Holz* déjeté; gauchi

verzögern ⟨*sans ge*⟩ **I** v/t **1.** (*aufschieben*) retarder **2.** (*verlangsamen*) ralentir (*a* TECH) **II** v/r **sich verzögern** être retardé (*um* de)

Verzögerung f ⟨~; ~en⟩ **1.** (*Aufschub*) retardement m; remise f; renvoi m **2.** (*Verlangsamung*) ralentissement m; PHYS décélération f

verzollen v/t ⟨*sans ge*⟩ dédouaner; payer des droits de douane sur; **haben Sie etw zu verzollen?** avez-vous qc à déclarer?

verzückt [fɛr'tsʏkt] adjt ravi; extasié; en extase

Verzückung f ⟨~; ~en⟩ ravissement m; extase f; **in Verzückung geraten** s'extasier; tomber en extase

Verzug m ⟨~¢s⟩ retard m; délai m; **in Verzug sein** être en retard (*mit* de); **in Verzug geraten** se mettre en retard (*mit* dans)

Verzugszinsen m/pl intérêts m/pl moratoires

verzweifeln v/i ⟨*sans ge*, sn⟩ désespérer (*an j-m, etw* de qn, qc); *abs* se désespérer

verzweifelt adjt désespéré

Verzweiflung f ⟨~⟩ désespoir m; **j-n zur Verzweiflung bringen** mettre qn au désespoir; désespérer qn

verzweigen v/r ⟨*sans ge*⟩ **sich verzweigen** se ramifier (*a fig*)

Verzweigung f ⟨~; ~en⟩ ramification f (*a fig*)

verzwickt F adj compliqué; inextricable

Vesper ['fɛspər] f ⟨~; ~n⟩ **1.** CATH vêpres f/pl **2.** *a* n ⟨~s; ~⟩ *südd* (*Imbiss*) casse-croûte m; *für Kinder* goûter m

vespern *bes südd* **I** v/t *etw vespern* manger qc (comme casse-croûte); *bes Kinder* manger qc au goûter **II** v/i manger son casse-croûte; casse-croûter; *bes Kinder* goûter

Vesuv [ve'zu:f] ⟨~⟩ GÉOGR *der Vesuv* le Vésuve

Veteran [vete'ra:n] m ⟨~en; ~en⟩ vétéran m (*a fig*)

Veterinär [veteri'nɛ:r] m ⟨~s; ~e⟩ vétérinaire m

Veterinärmedizin f ⟨~⟩ médecine f vétérinaire

Veto ['ve:to] n ⟨~s; ~s⟩ veto m; (*s*)*ein Veto einlegen* mettre, opposer son veto (*gegen* à)

Vetorecht n droit m de veto

Vetter ['fɛtər] m ⟨~s; ~n⟩ cousin m

Vetternwirtschaft f péj népotisme m

v-förmig, V-förmig adj en V; **v-förmige, V-förmige Anordnung** disposition f en V

vgl. abr (*vergleiche*) v. (voir); cf. (confer)

VHS [faʊha:'ʔɛs] f abr ⟨~; ~⟩ (*Volkshochschule*) université f populaire

via ['vi:a] prép ⟨*acc*⟩ **via Paris** par, via Paris

Viadukt [via'dʊkt] m od n ⟨~¢s; ~e⟩ viaduc m

Viagra® [vi'a:gra] n ⟨~s⟩ PHARM viagra® m

Vibration [vibratsi'o:n] f ⟨~; ~en⟩ vibration f

Vibrator m ⟨~s; -toren⟩ vibrateur m

vibrieren v/i ⟨*sans ge*⟩ vibrer (*a Stimme*)

Video ['vi:deo] n ⟨~s; ~s⟩ vidéo f

Video... in Zssgn vidéo...; vidéo (*nachgestellt inv*)

Videoaufnahme f enregistrement m vidéo

Videoband n ⟨~¢s; -bänder⟩ bande f vidéo

Videoclip m vidéoclip m

Videofilm m film m vidéo

Videogerät n magnétoscope m

Videokamera f caméscope m; caméra f vidéo

Videokassette f vidéocassette f; cassette f vidéo

Videokonferenz f visioconférence f; vidéoconférence f

Videorecorder m magnétoscope m

Videospiel n jeu m vidéo

Videotechnik f technique f vidéo

Videotext m vidéographie f

Videothek [video'te:k] f ⟨~; ~en⟩ vidéothèque f

Videoüberwachung f vidéosurveillance f

Viech [fi:ç] F n ⟨~¢s; ~er⟩ bête f; *kleines* bestiole f

Vieh [fi:] n ⟨~¢s⟩ **1.** coll bétail m; bestiaux m/pl **2.** F (*Tier*) bête f

Viehbestand m cheptel m

Viehfutter n fourrage m

Viehhaltung f ⟨~⟩ élevage m (de bétail)

Viehhändler m marchand m de bestiaux

viehisch adj péj brutal; bestial

Viehmarkt m marché m aux bestiaux

Viehstall m étable f

Viehtränke f abreuvoir m

Viehtransporter m bétaillère f

Viehwaggon m wagon m à bestiaux

Viehzucht f élevage m (de bétail, de bestiaux)

Viehzüchter m éleveur m (de bétail, de bestiaux)

viel [fi:l] **I** pr/ind ⟨mehr, meiste⟩ **1.** ⟨*pl*⟩ adjt beaucoup de; bien du *bzw* de la *bzw* des; *subst* beaucoup; *vieles* bien des, beaucoup de choses; **sehr viele ...** un grand nombre de ...; **viele hundert** (*Menschen*) des centaines f/pl (de personnes); **viele sind gekommen** beaucoup sont venus; ils sont venus nombreux **2.** ⟨*sg*⟩ adjt beaucoup de; *subst* beaucoup; *das viele Geld* tout cet argent; *in vielem* à beaucoup d'égards; *um vieles größer* (de) beaucoup plus grand **II** adv **3.** ⟨*suivi d'un comp*⟩ (*bei Weitem*) beaucoup; bien; *nicht viel anders als* pas très différent de **4.** *mit zu viel zu viel*

viel: nicht immer beaucoup?   🔊FQ

Ich habe in den Ferien viele Bücher gelesen.	J'ai lu **beaucoup de** livres pendant les vacances.	viel(e)	**beaucoup de**
Er kennt sehr viele Leute, aber er lädt sie nie ein.	Il connaît **bien des** gens, mais ne les invite jamais.	sehr viel(e)	**bien du / bien de la / bien des**
Es waren so viele Menschen dort, dass man die Bühne nicht sehen konnte.	Il y avait **tellement de /** **tant de** gens qu'on ne pouvait pas voir la scène.	so viel(e)	**tellement de /** **tant de**
Er hat zu viel Eis gegessen.	Il a mangé **trop de** glace.	zu viel(e)	**trop de**

beaucoup trop; *viel zu wenig* beaucoup trop peu **5.** (*oft, häufig*) beaucoup; souvent; *viel beschäftigt* très affairé, occupé; *viel sagend* significatif; *viel versprechend* prometteur

vielbeschäftigt *adjt* très affairé, occupé

vieldeutig *adj* ambigu; équivoque

Vieleck *n* polygone *m*

Vielehe *f* polygamie *f*

vielerlei *adj* ⟨*inv*⟩ **1.** ⟨*subst*⟩ toutes sortes de choses **2.** ⟨+ *subst*⟩ divers

vielfach I *adj* multiple; *auf vielfachen Wunsch* à la demande générale **II** *adv* souvent; fréquemment

Vielfache(s) *n* ⟨→ A⟩ multiple *m*; *ein Vielfaches von …* un multiple de …

Vielfalt ['fiːlfalt] *f* ⟨~⟩ multiplicité *f*; (*Mannigfaltigkeit*) diversité *f*; variété *f*

vielfältig ['fiːlfɛltɪç] *adj* multiple; (*mannigfaltig*) divers; varié

Vielfraß *m* **1.** zo glouton *m* **2.** F *fig Mensch* glouton *m*; goinfre *m*

vielleicht [fi'laɪçt] **I** *adv* **1.** peut-être **2.** (*ungefähr*) à peu près; environ **II** *Partikel* **3.** (*etwa, eventuell*) par 'hasard; *glauben Sie vielleicht …?* croyez-vous par 'hasard …?; *kannst du mir vielleicht einmal helfen?* tu pourrais m'aider un peu? **4.** (*wirklich*) *sie waren vielleicht überrascht!* qu'est-ce qu'ils étaient surpris!

vielmals ['fiːlmaːls] *adv* bien des fois; *ich bitte vielmals um Entschuldigung* mille pardons!; *danke vielmals!* merci bien!; merci beaucoup!

vielmehr [fiːl'meːr *ou* 'fiːlmeːr] *adv u conj* **1.** (*genauer gesagt*) plutôt **2.** (*im Gegenteil*) au contraire

vielsagend *adjt* significatif

vielschichtig *adj fig* complexe

vielseitig *adj* **1.** (*auf vielen Gebieten einsetzbar*) polyvalent **2.** (*an vielem interessiert*) d'une grande ouverture d'esprit; très ouvert **3.** (*umfassend*) étendu; vaste

Vielseitigkeit *f* ⟨~⟩ polyvalence *f*

vielsprachig *adj* polyglotte

vielstimmig *adj* à plusieurs voix; polyphonique

vielversprechend *adjt* prometteur

Vielvölkerstaat *m* État multinational, plurinational

Vielweiberei *f* ⟨~⟩ polygamie *f*

Vielzahl *f* multitude *f*; multiplicité *f*; pluralité *f*

vier [fiːr] *num/c* quatre; F *auf allen vieren* à quatre pattes; F *alle viere von sich* (*dat*) *strecken* se laisser choir; s'affaler; → *acht*

Vier *f* ⟨~; ~en⟩ **1.** *Zahl* quatre *m* **2.** *Schulnote* passable; *in Frankreich etwa* dix *m* (sur vingt)

Vierbeiner *m* ⟨~s; ~⟩ quadrupède *m*; (*Hund*) chien *m*

vierbeinig *adj Möbel* à quatre pieds; *Tier* à quatre pattes

vierdimensional *adj* à quatre dimensions

Viereck *n* quadrilatère *m*; (*Quadrat*) carré *m*

viereckig *adj* quadrangulaire; (*quadratisch*) carré

viereinhalb *num/c* quatre et demi

Vierer *m* ⟨~s; ~⟩ **1.** RUDERN canot *m* à quatre ra-

vielleicht – peut-être   🔊FQ

Vielleicht hat **mein Vater** recht. **Vielleicht** hat **er** recht.	**Peut-être que** mon père a raison. **Peut-être qu'il a** raison. **Peut-être a-t-il** raison.	Nach satzeinleitendem **peut-être** steht entweder **que** oder die Inversion des Subjektpronomens.
Vielleicht hat **mein Vater** diesen Brief gelesen.	Peut-être **que mon père** a lu cette lettre. Peut-être **mon père a-t-il lu** cette lettre.	Ist das Subjekt ein Nomen, so steht nach **peut-être** entweder **que** oder die absolute Frageform, das heißt, das Subjekt (**mon père**) wird in der Inversion noch einmal durch das Subjektpronomen (**il**) aufgegriffen.

V

meurs; quatre *m* **2.** *südd, österr, schweiz (Vier)* quatre *m*; → **Vier**
Viererbob *m* bobsleigh *m* à quatre
viererlei *adj* ⟨*inv*⟩ quatre sortes, espèces de …; quatre … différents
vierfach I *adj* quadruple; → **achtfach II** *adv* quatre fois (plus)
Vierfarbendruck *m* ⟨~¢s; ~e⟩ TYPO impression *f* en quatre couleurs; *t/t* quadrichromie *f*
vierhändig ['fiːrhɛndɪç] *adj, adv* MUS à quatre mains
vierhundert *num/c* quatre cent(s)
vierjährig *adj* (*vier Jahre alt*) (âgé) de quatre ans; (*vier Jahre lang*) de quatre ans; qui dure quatre ans
Vierjährige(r) *f(m)* ⟨→ A⟩ garçon *m*, fille *f* de quatre ans
Vierkantschlüssel ['fiːrkant-] *m* clé carrée
Vierling *m* ⟨~s; ~e⟩ un(e) *m(f)* des quadruplé(e)s; *pl* **Vierlinge** quadruplé(e)s *m(f)pl*
viermal *adv* quatre fois
viermalig *adj* répété quatre fois
Viermaster *m* ⟨~s; ~⟩ MAR quatre-mâts *m*
Vierradantrieb *m* traction *f* quatre roues motrices; **ein Wagen mit Vierradantrieb** une quatre-quatre; une 4 x 4
vierschrötig ['fiːrʃrøːtɪç] *adj* carré; trapu
viersilbig *adj* quadrisyllabique
vierspurig *adj Straße* à quatre voies
vierstellig *adj Zahl* de à quatre chiffres
Viersternehotel *n* (hôtel *m*) quatre-étoiles *m*
viert [fiːrt] *adv* **zu viert** à quatre; **zu viert sein** être quatre
Viertakter *m* ⟨~s; ~⟩, **Viertaktmotor** *m* moteur *m* à quatre temps
viertausend *num/c* quatre mille
vierte *num/o* quatrième
vierteilen *v/t* HIST écarteler
viertel ['fɪrtəl] *adj* ⟨*inv*⟩ **ein viertel Meter** un quart de mètre
Viertel *n* ⟨~s; ~⟩ **1.** quart *m*; **ein Viertel Wein** un quart de vin; **(ein) Viertel vor eins** une heure moins le quart; **(ein) Viertel nach eins** une heure et *od* un quart **2.** (*Stadtviertel*) quartier *m*
Viertelfinale *n* quart *m* de finale
Vierteljahr *n* trimestre *m*; trois mois *m/pl*
vierteljährlich *adj* trimestriel
Viertelliter *m od n* quart *m* de litre
vierteln *v/t* ⟨¢⟩ partager en quatre
Viertelnote *f* noire *f*
Viertelpause *f* soupir *m*
Viertelpfund *n* quart *m* (de livre)
Viertelstunde *f* quart *m* d'heure
viertens *adv* quatrièmement
viertürig *adj* à quatre portes, *Auto a* portières
Viervierteltakt *m* ⟨~¢s⟩ MUS mesure *f* à quatre temps
Vierwaldstätter See [fiːr'valtʃtɛtər'zeː] **der Vierwaldstätter See** le lac des Quatre-Cantons
vierzehn *num/c* quatorze; **vierzehn Tage** quinze jours; une quinzaine; → **acht**
vierzehntägig ['fɪrtseːntɛːgɪç] *adj* de quinze jours
Vierzeiler *m* ⟨~s; ~⟩ quatrain *m*
vierzeilig *adj* à *od* de quatre lignes
vierzig ['fɪrtsɪç] *num/c* quarante; → **achtzig**

Vierzig *f* ⟨~⟩ quarante *m*
vierziger *adj* ⟨*inv*⟩ **die vierziger Jahre** *n/pl* les années *f/pl* quarante
vierzigjährig *adj* (*vierzig Jahre alt*) (âgé) de quarante ans; (*vierzig Jahre lang*) de quarante ans; qui dure quarante ans
Vierzigjährige(r) *f(m)* ⟨→ A⟩ quadragénaire *m,f*; homme *m*, femme *f* de quarante ans
Vierzigstundenwoche *f* semaine *f* de quarante heures
Vierzimmerwohnung *f* appartement *m* de quatre pièces
Vierzylinder F *m* (voiture *f* à) quatre cylindres *f*
Vietnam [viɛt'nam] *n* ⟨~s⟩ le Viêt-nam
Vietnamese [viɛtna'meːzə] *m* ⟨~n; ~n⟩, **Vietnamesin** *f* ⟨~; ~nen⟩ Vietnamien, -ienne *m,f*
vietnamesisch *adj* vietnamien
Vietnamkrieg *m* ⟨~¢s⟩ guerre *f* du Viêt-nam
Vignette [vɪn'jɛtə] *f* ⟨~; ~n⟩ (*Autobahnvignette*) vignette (*annuelle ou hebdomadaire de péage autoroutier*)
Vikar [vi'kaːr] *m* ⟨~s; ~e⟩ ÉGL vicaire *m*
viktorianisch *adj* victorien
Villa ['vɪla] *f* ⟨~; Villen⟩ villa *f*
Villenviertel *n* quartier *m* résidentiel
Viola [vi:'oːla] *f* ⟨~; -len⟩ MUS viole *f*
violett [vio'lɛt] *adj* violet
Violine [vio'liːnə] *f* ⟨~; ~n⟩ violon *m*
Violinkonzert *n* **1.** *Musikstück* concerto *m* pour violon **2.** *Veranstaltung* récital *m* de violon
Violinschlüssel *m* clé *f* de sol
Violoncello [violɔn'tʃɛlo] *n* ⟨~s; -celli⟩ MUS violoncelle *m*
VIP [vɪp] *f abr* ⟨~; ~s⟩ (*very important person*) (*sehr wichtige Person*) VIP *m*
Viper ['viːpər] *f* ⟨~; ~n⟩ vipère *f*
Viren → **Virus**
Virenschutzprogramm *n*, **Virensuchprogramm** *n* programme *m* antivirus
Virologe [viro'loːgə] *m* ⟨~n; ~n⟩, **Virologin** *f* ⟨~; ~nen⟩ virologiste *m,f*; virologue *m,f*
Virologie *f* ⟨~⟩ virologie *f*
virtuell [vɪrtu'ɛl] *adj* virtuel
virtuos [vɪrtu'oːs] **I** *adj* qui fait preuve de virtuosité **II** *adv* avec virtuosité
Virtuose *m* ⟨~n; ~n⟩, **Virtuosin** *f* ⟨~; ~nen⟩ virtuose *m,f*
Virtuosität *f* ⟨~⟩ virtuosité *f*
Virus ['viːrus] *m od n* ⟨~; Viren⟩ virus *m*; INFORM virus informatique
Virusforscher(in) *m(f)* virologiste *m,f*; virologue *m,f*
Virusforschung *f* ⟨~⟩ virologie *f*
Virusinfektion *f* infection virale
Viruskrankheit *f* virose *f*
Visa → **Visum**
Visage [vi'zaːʒə] F *péj f* ⟨~; ~n⟩ F gueule *f*; F tronche *f*
Visagist(in) *m* ⟨~en; ~en⟩ (*f*) ⟨~in; ~innen⟩ visagiste *m,f*
vis-a-vis, vis-à-vis [viza'viː] **I** *prép* ⟨*dat*⟩ vis-à-vis de; en face de **II** *adv* vis-à-vis; en face
Visier [vi'ziːr] *n* ⟨~s; ~e⟩ **1.** *am Gewehr* 'hausse *f* **2.** *am Helm* visière *f*
Vision [vizi'oːn] *f* ⟨~; ~en⟩ vision *f*
visionär [vizio'nɛːr] *adj* visionnaire
Visite [vi'ziːtə] *f* ⟨~; ~n⟩ visite *f*
Visitenkarte *f* carte *f* (de visite)

V

Viskose *f* ⟨~⟩ TEXT viscose *f*
visuell [vizu'ɛl] *adj* visuel
Visum ['viːzum] *n* ⟨~s; Visa *ou* Visen⟩ visa *m*
vital [vi'taːl] *adj* **1.** (*lebenswichtig*) vital **2.** (*voller Lebenskraft*) tonique; plein de vitalité
Vitalität *f* ⟨~⟩ vitalité *f*
Vitamin [vita'miːn] *n* ⟨~s; ~e⟩ vitamine *f*; F *plais* **Vitamin B** (*Beziehungen*) F piston *m*
vitaminarm *adj* pauvre en vitamines
Vitamingehalt *m* ⟨~¢s; ~e⟩ teneur *f* en vitamines
vitaminhaltig *adj* vitaminé
Vitaminmangel *m* ⟨~s⟩ carence *f* en vitamines
vitaminreich *adj* riche en vitamines
Vitaminstoß *m* forte dose de vitamines; vitaminothérapie *f* à fortes doses
Vitamintablette *f* comprimé *m* de vitamines
Vitrine [vi'triːnə] *f* ⟨~; ~n⟩ vitrine *f*
Vizekanzler ['fiːtsə-] *m* vice-chancelier *m*
Vizepräsident *m* vice-président *m*
Vlies [fliːs] *n* ⟨~es; ~e⟩ toison *f*
V-Mann ['fauman] *m* → **Verbindungsmann**
Vogel ['foːgəl] *m* ⟨~s; ≈⟩ **1.** oiseau *m* **2.** F fig **komischer Vogel** drôle *m* de coco, F de pistolet **3.** F *fig iron* **den Vogel abschießen** F décrocher la timbale; **e-n Vogel haben** avoir un grain; F être cinglé, fêlé; **j-m den Vogel zeigen** se toucher le front (pour dire à qn qu'il est cinglé)
Vogelbauer *n od m* cage *f* (d'oiseau)
Vogelbeere *f* sorbe *f*
Vogelfänger *m* ⟨~s; ~⟩ oiseleur *m*
Vogelflug *m* vol *m* (des oiseaux)
Vogelfutter *n* graines *f/pl* pour les oiseaux
Vogelgrippe *f* grippe *f* aviaire
Vogelkäfig *m* cage *f*; *großer* volière *f*
Vogelkunde *f* ⟨~⟩ ornithologie *f*
vögeln ['føːgəln] *vulgär v/t u v/i* ⟨¢⟩ (*j-n od mit j-m*) **vögeln** P baiser ([avec] qn)
Vogelnest *n* nid *m* d'oiseau
Vogelperspektive *f* ⟨~⟩ **aus der Vogelperspektive** à vol d'oiseau
Vogelscheuche ['foːgəlʃɔʏçə] *f* ⟨~; ~n⟩ épouvantail *m* (*a fig*)
Vogelspinne *f* mygale *f*
Vogelstimme *f* cri *m* (d'un oiseau)
Vogelwarte *f* ⟨~; ~n⟩ station *f* ornithologique
Vogerlsalat ['foːgərl-] *m* österr mâche *f*; doucette *f*
Vogesen [voˈgeːzən] *pl* **die Vogesen** les Vosges *f/pl*
Voicemail ['vɔʏsmeːl] *f* TÉL boîte vocale
Vokabel [voˈkaːbəl] *f* ⟨~; ~n⟩ mot *m* (d'une langue étrangère); **Vokabeln lernen** apprendre du vocabulaire
Vokabelheft *n* carnet *m* de vocabulaire
Vokabular [vokabuˈlaːr] *n* ⟨~s; ~e⟩ vocabulaire *m*
Vokal [voˈkaːl] *m* ⟨~s; ~e⟩ voyelle *f*
Vokalmusik *f* musique vocale
Volk [fɔlk] *n* ⟨~¢s; ≈er⟩ **1.** (*Volksstamm*) peuple *m*; **das Volk der Kurden** le peuple kurde **2.** (*Bevölkerung*) peuple *m*; population *f*; *e-s Landes a* nation *f*; **ein Mann aus dem Volk** un homme du peuple **3.** F (*Gruppe von Menschen*) monde *m*; foule *f*; **viel Volk** beaucoup de gens, de monde **4.** (*Bienenvolk*) colonie *f*
Völkchen ['fœlkçən] *n* ⟨~s; ~⟩ *fig* **ein lustiges**

Völkchen une joyeuse société; une troupe joyeuse
Völkerball ['fœlkər-] *m* ⟨~¢s⟩ SPORT ballon prisonnier
Völkerkunde *f* ⟨~⟩ ethnologie *f*
Völkerkundler *m* ⟨~s; ~⟩ ethnologue *m*
Völkermord *m* génocide *m*
Völkerrecht *n* droit international public; droit *m* des gens
Völkerrechtler *m* ⟨~s; ~⟩ spécialiste *m* du, de droit international
völkerrechtlich *adj* de droit international
Völkerverständigung *f* entente *f* entre les, rapprochement *m* des peuples
Völkerwanderung *f* **1.** migration *f* des peuples **2.** HIST grandes invasions
Volksabstimmung *f* plébiscite *m*; référendum *m*
Volksaufstand *m* insurrection *f* (populaire)
Volksbefragung *f* POL consultation *f* populaire
Volksbegehren *n* ⟨~s; ~⟩ POL initiative *f* populaire
volkseigen *adj* HIST *DDR* nationalisé; **volkseigener Betrieb** entreprise nationalisée
Volksentscheid *m* → **Volksabstimmung**
Volksfest *n* fête *f* populaire
Volksgruppe *f* groupe *m* ethnique; ethnie *f*
Volksheld *m* 'héros national
Volkshochschule *f* université *f* populaire
Volkskammer *f* ⟨~⟩ HIST *DDR* Chambre *f* du Peuple
Volkskunde *f* ⟨~⟩ études *f/pl* de culture régionale
Volkslied *n* chanson *f* populaire, folklorique
Volksmund *m* ⟨~¢s⟩ **im Volksmund** dans le langage populaire
Volksmusik *f* musique *f* populaire, folklorique
Volkspolizei *f* ⟨~⟩ HIST *DDR* police *f* populaire
Volksrepublik *f* république *f* populaire
Volksschule *f* österr, HIST *BRD* → **Hauptschule**
Volkssport *m* sport *m* populaire
Volksstamm *m* tribu *f*; peuplade *f*
Volkstanz *m* danse *f* populaire, folklorique
Volkstheater *n* théâtre *m* populaire
Volkstracht *f* costume national, folklorique
Volkstrauertag *m* jour *m* de deuil national allemand
volkstümlich [-tyːmlɪç] *adj* populaire; *Brauch, Lied, Tanz a* folklorique
Volksverdummung F *péj f* (politique *f* d')abêtissement général
Volksvertreter(in) *m(f)* représentant(e) *m(f)* du peuple; (femme *f*) député *m*
Volksvertretung *f* représentation du peuple, nationale; parlement *m*
Volkswirt(in) *m(f)* économiste *m,f*
Volkswirtschaft *f* **1.** (*Wirtschaft e-s Landes*) économie nationale **2.** → **Volkswirtschaftslehre**
volkswirtschaftlich *adj* d'économie politique; économique
Volkswirtschaftslehre *f* ⟨~⟩ économie *f* politique
Volkszählung *f* recensement *m* de la population
Volkszorn *m* colère *f* du peuple
voll [fɔl] **I** *adj* **1.** (*gefüllt*) plein, rempli (**von** de); **war es sehr voll?** y avait-il beaucoup de monde?; **voll(er) Wasser** plein d'eau; **aus dem**

Vollen schöpfen puiser, dépenser largement; F *voll sein* (*satt*) avoir le ventre plein; (*betrunken*) être soûl, F bourré **2.** (*bedeckt mit*) *voll*(*er*) *Flecken* plein, couvert de taches **3.** *von Körperformen* arrondi; replet; *Backen, Brüste* rebondi **4.** *Stimme* plein; sonore; *Aroma* riche; *Haar* abondant; dru; épais **5.** (*vollständig*) complet; entier; *den vollen Fahrpreis bezahlen* payer (le) plein tarif; *der Mond ist voll* c'est (la) pleine lune; *in voller Fahrt* à toute vitesse; en pleine vitesse; *in voller Blüte* tout en fleur(s); *mit vollem Recht* à juste titre; à bon droit **6.** *volle zwei Wochen* deux semaines entières; *volle acht Tage* 'huit jours pleins; *zur vollen Stunde* à l'heure pleine **II** *adv voll und ganz* pleinement; entièrement; tout à fait; *voll verantwortlich* pleinement, entièrement responsable; F *fig j-n nicht für voll nehmen* ne pas prendre qn au sérieux; → *vollgießen*, *vollaufen*, *vollmachen etc*

vollauf ['fɔlˀauf *ou* fɔl'ˀauf] *adv* largement; entièrement

vollautomatisch *adj* entièrement automatique

Vollbad *n* bain *m*

Vollbart *m* barbe *f*

Vollbeschäftigung *f* plein emploi

Vollbesitz *m im Vollbesitz s-r geistigen Kräfte* en pleine possession de ses facultés

Vollblut *n*, **Vollblutpferd** *n* pur sang

Vollbremsung *f* freinage *m* à bloc; *e-e Vollbremsung machen* freiner à mort; piler

vollbringen *st/s v/t* ⟨*irr, sans ge*⟩ accomplir; *Leistung* réaliser; BIBL *es ist vollbracht!* tout est accompli!

vollbusig *adj* à la poitrine généreuse

Volldampf F *m mit Volldampf* à toute vapeur

Völlegefühl ['fœlə-] *n* pesanteur *f*, lourdeur *f* d'estomac

vollenden *v/t* ⟨-e-, *sans ge*⟩ (par)achever; accomplir

vollendet *adjt* (*vollkommen*) accompli; parfait

vollends *adv* entièrement; tout à fait

Vollendung *f* **1.** achèvement *m*; accomplissement *m* **2.** (*Vollkommenheit*) perfection *f*; parachèvement *m*; *mit, nach Vollendung des 60. Lebensjahres* à soixante ans révolus

voller → *voll*

Völlerei [fœlə'raɪ] *f* ⟨~; ~en⟩ *péj* goinfrerie *f*; gloutonnerie *f*

Volleyball ['vɔlibal] *m* volley-ball *m*

Volleyballspieler(in) *m*(*f*) joueur, -euse *m,f* de volley-ball

vollführen *v/t* ⟨*sans ge*⟩ faire; *Kunststück* exécuter

Vollgas *n mit Vollgas* à pleins gaz (*a fig*); *Vollgas geben* accélérer à fond; F appuyer sur le champignon

vollgießen *v/t* ⟨*irr*⟩ remplir à ras bord

Vollidiot F *péj m* parfait idiot

völlig ['fœlıç] **I** *adj* (*gänzlich*) entier; total; (*vollständig*) complet **II** *adv* (*gänzlich*) entièrement; totalement; (*vollständig*) complètement; (*ganz und gar*) tout à fait

volljährig *adj* majeur; *volljährig werden* atteindre sa majorité

Volljährigkeit *f* ⟨~⟩ majorité *f*

Vollkaskoversicherung *f* AUTO assurance *f* tous

risques

vollkommen *adj* **1.** [-'--] *ou* ['---] (*perfekt*) parfait; (*vollendet*) achevé; consommé **2.** ['---] (*vollständig*) → *völlig*

Vollkommenheit *f* ⟨~⟩ perfection *f*

Vollkornbrot *n* pain complet

volllaufen *v/i* ⟨*irr*, sn⟩ *etw vollaufen lassen* remplir qc; F *fig sich vollaufen lassen* F se soûler la gueule

vollmachen F *v/t Gefäß* remplir (*mit* de); *fig um das Maß vollzumachen* pour faire bonne mesure

Vollmacht *f* ⟨~; ~en⟩ pouvoir *m* (*a Urkunde*); plein(s) pouvoir(s); mandat *m*; JUR procuration *f* (*a Urkunde*); *j-m Vollmacht erteilen* donner procuration à qn

Vollmilch *f* lait entier, non écrémé

Vollmilchschokolade *f* chocolat *m* au lait

Vollmond *m* pleine lune; *es ist Vollmond, wir haben Vollmond* c'est la pleine lune; *bei Vollmond* par la, au moment de la pleine lune

vollmundig *adj Wein etc* bien en bouche; corsé

Vollnarkose *f* anesthésie générale

vollpacken *v/t Wagen* charger (*mit* de); *Koffer* remplir (*mit* de)

Vollpension *f* ⟨~⟩ pension complète

vollpumpen *v/t* F *fig j-n mit etw vollpumpen* bourrer qn de qc

vollsaugen *v/r sich vollsaugen* s'imbiber (*mit* de)

vollschlank *adj* bien en chair; (*rundlich*) *a* rondelet; potelé

vollschmieren F *v/t* barbouiller; (*beschmutzen*) salir

vollschreiben *v/t* ⟨*irr*⟩ *Seite* remplir complètement

Vollsperrung *f* fermeture (totale) à la circulation

vollspritzen *v/t* éclabousser

vollständig I *adj* complet; (*ganz*) entier; total; (*ungekürzt*) intégral **II** *adv* en entier; (*ganz u gar*) tout à fait

Vollständigkeit *f* ⟨~⟩ intégralité *f*; intégrité *f*; *der Vollständigkeit halber* pour compléter (qc)

vollstopfen F **I** *v/t* remplir, bourrer (*mit* de) (*a fig*) **II** *v/r sich vollstopfen* (*mit*) se bourrer (de) (*a fig*)

vollstrecken *v/t* ⟨*sans ge*⟩ JUR exécuter; mettre à exécution

Vollstreckung *f* ⟨~; ~en⟩ exécution *f* (*a* JUR)

Vollstreckungsbefehl *m* mandat *m*, ordre *m* d'exécution

volltanken *v/t das Auto volltanken* faire le plein (d'essence); *bitte volltanken!* le plein, s'il vous plaît!;

Volltreffer *m* coup *m* en plein dans le mille, qui fait mouche (*beide a fig*)

volltrunken *adj* ivre mort

Vollversammlung *f* assemblée plénière

Vollwaise *f* orphelin(e) *m*(*f*) de père et (de) mère

Vollwaschmittel *n* lessive *f* (utilisable à) toutes (les) températures

vollwertig *adj* qui a toute sa valeur

Vollwertkost *f* aliments complets

vollzählig I *adj* complet; *vollzählig sein* être au grand complet **II** *adv sie sind vollzählig er-*

schienen ils sont tous venus
vollziehen ⟨*irr, sans ge*⟩ **I** *v/t* (*verwirklichen*) effectuer; (*ausführen*) exécuter **II** *v/r* **sich vollziehen** se faire; s'effectuer
Vollzug *m* **1.** exécution *f*; accomplissement *m* **2.** → **Strafvollzug**
Vollzugsanstalt *f* établissement *m* pénitentiaire
Vollzugsbeamte(r) *m*, **Vollzugsbeamtin** *f* fonctionnaire *m,f* de l'administration pénitentiaire
Volontär(in) [volɔn'tɛr(ɪn)] *m* ⟨~s; ~e⟩ (*f*) ⟨~in; ~innen⟩ stagiaire *m,f*
Volontariat [volɔntari'aːt] *n* ⟨~¢s; ~e⟩ **1.** *Stelle* poste *m* de stagiaire (*surtout dans l'édition*) **2.** *Zeit* stage *m* (*surtout dans l'édition*)
Volt [vɔlt] *n* ⟨~ *ou* ~¢s; ~⟩ volt *m*
Volumen [vo'luːmən] *n* ⟨~s; ~ *ou* -mina⟩ volume *m*
voluminös [volumi'nøːs] *adj* volumineux
vom [fɔm] = **von dem**
von [fɔn] *prép* ⟨*dat*⟩ **1.** *örtlich* de; **vom Land** de la campagne; **ich komme von meiner Mutter** je viens de chez ma mère; **von Leipzig ab, an** … à partir de Leipzig …; **von … bis …** de … à …; *Sie fahren nach Paris?* **ich komme von** j'en viens; **von Osten nach Westen** de l'est à l'ouest; **von oben** d'en 'haut; **von oben nach unten** de haut en bas; **von links nach rechts** de gauche à droite **2.** *zeitlich* de; dès; depuis; à partir de; **von … an,** F **von … ab** depuis …; dès …; **von morgen an** à partir de, dès demain; **von … bis …** de … à … **3.** *Herkunft* de; *Ursache, beim Passiv* par; de; **ein Gedicht von …** un poème de …; **vom langen Warten** par une longue attente; *instrumental* **von Hand (gefertigt)** fait main **4.** *Eigenschaft, Maß* de; *Kind* **von zehn Jahren** de dix ans **5.** *statt gén* de **6.** *Teil e-s Ganzen* de; **e-r von uns** l'un de nous, d'entre nous; **acht von zehn Kindern** 'huit enfants *m/pl* sur dix **7.** (*vonseiten*) de la part de; à; **das ist sehr freundlich von Ihnen** c'est bien aimable à vous, de votre part **8.** *Adelsbezeichnung* de
voneinander *adv* l'un de l'autre
vonnöten [fɔn'nøːtən] *adj* **vonnöten sein** être nécessaire
vonseiten *prép* ⟨*gén*⟩ de la part de; du côté de
vonstattengehen [fɔn'ʃtatən-] *v/i* ⟨*irr*, sn⟩ avoir lieu
vor [foːr] **I** *prép* **1.** *Lage* ⟨*dat*⟩, *Richtung* ⟨*acc*⟩ devant; (*in Richtung auf*) à avant; **vor dem Haus** devant la maison; **das letzte Haus vor dem Wald** la dernière maison avant la forêt **2.** *zeitlich* ⟨*dat*⟩ avant; *mit Angabe vergangener Zeit* il y a; **vor Sonnenaufgang** avant l'au-

rore; **fünf (Minuten) vor vier (Uhr)** quatre heures moins cinq; **vor acht Tagen** il y a huit jours **3.** *Rang* ⟨*dat*⟩ avant; **vor allem** avant tout **4.** (*in Gegenwart von*) ⟨*dat*⟩ devant; **vor j-s Augen** sous les yeux de qn **5.** *Ursache* ⟨*dat*⟩ de; **vor Freude** de joie **II** *adv* **vor und zurück** en avant et en arrière
vorab *adv* par anticipation; à l'avance
Vorabend *m* veille *f* (*a fig*)
Vorahnung *f* pressentiment *m*
Voralpen *pl* **die Voralpen** les Préalpes *f/pl*
voran *adv* en tête; en avant; devant
vorangehen *v/i* ⟨*irr*, sn⟩ **1.** *räumlich* marcher devant (**j-m** qn); marcher en tête **2.** *Arbeit* avancer **3.** *zeitlich* **e-r Sache** (*dat*) **vorangehen** devancer, précéder qc
vorankommen *v/i* ⟨*irr*, sn⟩ avancer
Vorankündigung *f* préavis *m*; **ohne Vorankündigung** sans prévenir; sans avertissement
Voranmeldung *f* préavis *m*
voranstellen *v/t* mettre, placer en tête (+ *dat* de)
vorantreiben *v/t* ⟨*irr*⟩ faire avancer; activer
Vorarbeit *f* **Vorarbeit (zu)** travaux *m/pl* préliminaires, travail *m* préparatoire (à, pour)
vorarbeiten ⟨-e-⟩ **I** *v/t* **e-n (freien) Tag vorarbeiten** faire des heures supplémentaires pour prendre un jour de congé **II** *v/i* faire les travaux préparatoires **III** *v/r* **sich vorarbeiten** se frayer un chemin; *fig* avancer
Vorarbeiter(in) *m(f)* contremaître, -esse *m,f*; chef *m* d'équipe
Vorarlberg ['foːrʔarlbɛrk] *n* ⟨~s⟩ GÉOGR le Vorarlberg
voraus **I** *prép* ⟨*dat*⟩ [-'-] **j-m, s-r Zeit (weit) voraus sein** être (très) en avance sur qn, son époque **II** *adv* ['--] **im Voraus** d'avance; à l'avance
vorausahnen *v/t* pressentir
vorausberechnen *v/t* ⟨-e-, *sans ge*⟩ calculer, évaluer d'avance
vorausbezahlen *v/t* ⟨*sans ge*⟩ payer d'avance
vorauseilen *v/i* ⟨sn⟩ prendre les devants
vorausfahren *v/i* ⟨*irr*, sn⟩ prendre les devants
vorausgehen *v/i* ⟨*irr*, sn⟩ **1.** aller, marcher devant (**j-m** qn) **2.** **e-r Sache** (*dat*) **vorausgehen** précéder qc
voraushaben *v/t* ⟨*irr*⟩ **j-m etw voraushaben** avoir sur qn l'avantage de qc
vorausplanen *v/t* planifier
Voraussage *f* prédiction *f*; pronostics *m/pl*
voraussagen *v/t* prédire; pronostiquer
vorausschauend *advt* avec prévoyance
vorausschicken *v/t* **1.** envoyer par *od* à l'avance **2.** *fig* **e-e Bemerkung vorausschicken** faire

---

vor: avant, devant oder il y a?

devant la maison	vor dem Haus	vor (räumlich): **devant**
Il arrive **avant** neuf heures / **avant** l'arrivée de son amie.	Er kommt vor neun Uhr / vor der Ankunft seiner Freundin an.	vor (zeitlich): **avant**
Il y a cinq ans nous avons déménagé à Paris. Le train est arrivé **il y a** trois minutes.	Vor fünf Jahren sind wir nach Paris umgezogen. Der Zug ist vor drei Minuten angekommen.	vor (ein Ereignis wird vom Sprechzeitpunkt aus betrachtet): **il y a**

une remarque préliminaire

voraussehen v/t ⟨irr⟩ prévoir; **das war vorauszusehen** c'était prévisible

voraussetzen v/t **1.** (erfordern) présupposer; **vorausgesetzt, dass ...** à condition que, pourvu que (+ subj) **2.** (annehmen) supposer; présupposer

Voraussetzung f ⟨∼; ∼en⟩ **1.** (Vorbedingung) condition f; **unter der Voraussetzung, dass ...** à condition que (+ subj); **die Voraussetzungen erfüllen** satisfaire, répondre aux exigences **2.** (Annahme) supposition f; présupposition f

Voraussicht f ⟨∼⟩ **aller Voraussicht nach** selon toute probabilité; plais **in weiser Voraussicht** par mesure de prudence, de précaution

voraussichtlich adj probable

Vorauszahlung f paiement d'avance, anticipé

Vorbau m ⟨∼¢s; ∼ten⟩ partie saillante; avant--corps m

vorbauen v/i **e-r Sache** (dat) **vorbauen** parer à qc; prévenir qc

Vorbedingung f condition f préliminaire, préalable; préalable m

Vorbehalt m ⟨∼¢s; ∼e⟩ réserve f; restriction f; **nur unter Vorbehalt** sous toutes réserves; **unter dem Vorbehalt, dass ...** sous réserve que (+ subj); sauf à (+ inf)

vorbehalten[1] ⟨irr, sans ge⟩ v/r **sich** (dat) (**das Recht**) **vorbehalten zu** (+ inf) se réserver (le droit) de (+ inf)

vorbehalten[2] adjt **Änderungen vorbehalten** sous réserve de modifications

vorbehaltlich prép ⟨gén⟩ ADM sous réserve de

vorbehaltlos adj inconditionnel; sans réserve (a adv)

vorbei adv **1.** zeitlich passé; fini; **alles war vorbei** tout était fini; **es ist 8 Uhr vorbei** il est 'huit heures passées **2.** räumlich **vorbei!** (daneben) raté!; **an etw** (dat) **vorbei** le long de, à côté de, devant qc

vorbeifahren v/i ⟨irr, sn⟩ passer (**an** [+ dat] devant, à côté de, près de)

vorbeigehen v/i ⟨irr, sn⟩ **1.** (vorbeilaufen) passer (**an** [+ dat] devant, à côté de); **im Vorbeigehen** a fig en passant **2.** Schuss manquer, rater le but **3.** F (besuchen) **kurz bei j-m vorbeigehen** passer chez qn **4.** (vergehen) passer

vorbeikommen v/i ⟨irr, sn⟩ **1.** passer (**an etw, j-m** devant qc, qn; **bei j-m** chez qn) **2.** F (besuchen) **bei j-m vorbeikommen** passer chez qn **3.** (vorbeigehen können) (pouvoir) passer

vorbeilassen F v/t ⟨irr⟩ **j-n, etw vorbeilassen** laisser passer qn, qc

vorbeimarschieren v/i ⟨sans ge, sn⟩ défiler (**an** [+ dat] devant)

vorbeireden v/i ⟨-e-⟩ **sie reden aneinander vorbei** c'est un dialogue de sourds

vorbeischießen ⟨irr⟩ v/i manquer, rater le but

vorbeiziehen v/i ⟨irr, sn⟩ passer (**an** [+ dat] devant, à côté de)

vorbelastet adj **erblich vorbelastet sein** avoir une lourde hérédité

Vorbemerkung f remarque f préalable

vorbereiten v/t (u v/r) ⟨-e-, sans ge⟩ (**sich vorbereiten** se) préparer (**auf** [+ acc] à); **auf alles vorbereitet sein** être prêt à tout

Vorbereitung f ⟨∼; ∼en⟩ préparation f (**auf etw**

[acc] à qc); **Vorbereitungen treffen** faire des préparatifs (**zu, für etw** pour qc); **in Vorbereitung sein** être en préparation; se préparer

Vorbereitungs... in Zssgn préparatoire; de préparation

Vorbereitungsklasse f classe f, cours m de préparation

Vorbereitungskurs m cours m de préparation

Vorbereitungszeit f temps m de préparation

Vorbesitzer(in) m(f) ancien, -ienne propriétaire

Vorbesprechung f réunion f préliminaire, préparatoire

vorbestellen v/t ⟨sans ge⟩ commander d'avance; Plätze louer d'avance; réserver (a Zimmer)

Vorbestellung f commande f préalable; location f; réservation f

vorbestraft adj JUR qui a déjà subi une condamnation; **nicht vorbestraft** sans antécédents judiciaires

Vorbestrafte(r) f(m) ⟨→ A⟩ récidiviste m,f; **mehrfach Vorbestrafter** multirécidiviste m,f; repris m de justice

vorbeten v/i ⟨-ete⟩ diriger la prière

Vorbeter m chef m de prière

vorbeugen I v/i **e-r Sache** (dat) **vorbeugen** parer à qc; prévenir qc (a MÉD) II v/r **sich vorbeugen** se pencher (en avant)

vorbeugend adjt préventif; MÉD prophylactique

Vorbeugung f prévention f; MÉD prophylaxie f; **zur Vorbeugung** préventivement; par mesure de prévention

Vorbeugungsmaßnahmen f/pl mesures préventives, MÉD a prophylactiques

Vorbild n modèle m; exemple m; (**sich** [dat]) **j-n, etw zum Vorbild nehmen** prendre qn, qc pour, comme modèle

vorbildlich adj exemplaire; modèle

Vorbildung f ⟨∼⟩ formation f; connaissances f/pl

Vorbote m signe m avant-coureur, précurseur

vorbringen v/t ⟨irr⟩ Anliegen présenter; exprimer; Argumente avancer; Gründe alléguer

vorchristlich adj avant l'ère chrétienne

Vordach n auvent m; avant-toit m

vordatieren v/t ⟨sans ge⟩ postdater

Vordenker m esprit m qui devance son temps

Vorderachse f essieu m, train m avant

Vorderansicht f vue f de face

Vorderbein n patte f, bes e-s Pferdes jambe f de devant

vordere ['fɔrdərə] adj de devant; bes Körperteile antérieur; **die vorderen Reihen** f/pl les premiers rangs; **vordere Seite** devant m

Vordergrund m premier plan; fig **im Vordergrund stehen** être au premier plan

vordergründig ['-grʏndɪç] adj superficiel

Vorderhaus n maison f de devant

Vorderlauf m ⟨∼¢s; -läufe⟩ ZO patte antérieure, de devant

Vorderlicht n des Fahrrads phare m avant

Vordermann m ⟨∼¢s; -männer⟩ **mein Vordermann** la personne devant moi; F fig **j-n auf Vordermann bringen** mettre qn au pas

Vorderpfote f patte antérieure, de devant

Vorderrad n roue f avant

Vorderradantrieb m traction f avant

V

Vorderradbremse f frein m avant
Vorderschinken m épaule f (de porc)
Vorderseite f devant m; e-r Münze face f; avers m
Vordersitz m siège m avant
vorderste adj le plus avancé; le premier; **in der vordersten Reihe** au tout premier rang
Vorderteil n od m devant m
Vordertür f porte f avant
vordrängen v/r **sich vordrängen 1.** se faufiler (pour passer) devant **2.** fig se mettre en avant, en vedette
vordringen v/i ⟨irr, sn⟩ avancer; progresser; **zu j-m vordringen** se frayer un chemin jusqu'à qn
vordringlich I adj très urgent; prioritaire **II** adv d'extrême urgence
Vordruck m ⟨~⟂s; ~e⟩ formulaire m; formule f
vorehelich adj avant (le) mariage
voreilig I adj précipité; (verfrüht) prématuré **II** adv précipitamment; trop vite; **voreilig (über j-n, etw) urteilen** porter un jugement hâtif (sur qn, qc)
voreinander adv **sich voreinander fürchten** avoir peur l'un de l'autre; **Geheimnisse voreinander haben** avoir des secrets l'un pour l'autre
voreingenommen adj prévenu (**gegen** contre; **gegenüber** à l'égard de); partial
Voreingenommenheit f⟨~⟩ parti pris; préjugés m/pl; partialité f
vorenthalten v/t ⟨irr, sans ge⟩ **j-m etw vorenthalten** priver qn de qc
Vorentscheidung f décision f préalable, préliminaire
vorerst adv pour le moment, l'instant
Vorfahr m ⟨~en; ~en⟩ ancêtre m
vorfahren ⟨irr⟩ v/t u v/i ⟨sn⟩ **1. bei j-m vorfahren** arrêter sa voiture devant la porte de qn **2.** (vorausfahren) partir devant **3.** (nach vorn fahren) avancer
Vorfahrt f priorité f; **Vorfahrt haben** avoir (la) priorité (**vor** [+ dat] sur)
Vorfahrtsregel f règle f de priorité
Vorfahrtsschild n panneau m indiquant la priorité
Vorfahrtsstraße f route f bzw rue f prioritaire; voie f prioritaire
Vorfall m incident m; affaire f
vorfallen v/i ⟨irr, sn⟩ arriver; se passer
Vorfeld n MIL glacis m; AVIAT aire f de stationnement; fig **im Vorfeld der Konferenz** pendant la phase préparatoire de la conférence
Vorfilm m court métrage (qu'on passe avant le film)
vorfinden v/t ⟨irr⟩ trouver (à son arrivée)
Vorfreude f joie anticipée
Vorfrühling m début m, premiers jours du printemps
vorfühlen v/i tâter le terrain; **bei j-m vorfühlen** pressentir, sonder qn
Vorführeffekt m plais effet m Bonaldi
vorführen v/t **1.** (zeigen) présenter **2.** (demonstrieren) faire la démonstration de (**j-m** à qn); Versuch montrer **3.** Film (aufführen) présenter; (projizieren) projeter **4. j-n dem Richter vorführen** amener qn devant le juge
Vorführgerät n **1.** (Projektor) projecteur m **2.** (Demonstrationsmodell) modèle m de dé-

monstration
Vorführraum m (Filmvorführraum) cabine f de projection
Vorführung f **1.** présentation f **2.** démonstration f **3.** présentation f; projection f
Vorführwagen m véhicule m de démonstration
Vorgabe f **1.** (Richtlinie) directive f **2.** SPORT 'handicap m
Vorgang m **1.** (Prozess) processus m; (Ereignis) événement m **2.** ADM (Akten) dossier m
Vorgänger(in) ['foːrgɛŋər(ɪn)] m ⟨~s; ~⟩ (f) ⟨~in; ~innen⟩ prédécesseur m; devancier, -ière m,f
Vorgarten m jardin(et) m devant la maison
vorgaukeln v/t ⟨⟂⟩ **j-m etw vorgaukeln** faire miroiter qc à qn
vorgeben v/t ⟨irr⟩ **1.** (im Voraus festlegen) fixer à l'avance **2.** SPORT Punkte rendre; Meter donner un 'handicap de **3.** (behaupten) prétendre
Vorgebirge n contrefort m
vorgedruckt adjt Formular imprimé
vorgefasst adjt **vorgefasste Meinung** opinion préconçue; préjugé m
vorgefertigt adjt préfabriqué
Vorgefühl n pressentiment m
vorgehen v/i ⟨irr, sn⟩ **1.** F (nach vorn gehen) avancer **2.** (vorausgehen) aller devant; prendre les devants; Uhr avancer **3.** (Vorrang haben) avoir la préférence, la priorité; passer le premier **4.** (geschehen) se passer **5.** (handeln) agir; procéder; **wie können wir hier vorgehen?** comment allons-nous procéder?; **gegen j-n, etw vorgehen** prendre des mesures contre qn, qc
Vorgehen n ⟨~s⟩ manière f d'agir; procédé m
Vorgehensweise f procédure f; (Methode) méthode f
vorgekocht adjt précuit
vorgelagert adjt situé devant; **der Küste** (dat) **vorgelagert** proche du littoral
vorgerückt adjt Stunde, Alter avancé; **zu vorgerückter Stunde** a tard dans la soirée
Vorgeschichte f **1.** (Urgeschichte) préhistoire f **2.** (vorausgehende Ereignisse) antécédents m/pl
vorgeschichtlich adj préhistorique
Vorgeschmack m avant-goût m
vorgesehen I p/p → **vorsehen II** adjt prévu
Vorgesetzte(r) f(m) ⟨→ A⟩ supérieur(e) m(f); chef m
vorgestern adv avant-hier
vorgestrig adj d'avant-hier
vorgreifen v/i ⟨irr⟩ **1.** beim Erzählen anticiper (**auf** [+ acc] sur) **2. j-m vorgreifen** devancer les intentions de qn; **e-r Sache** (dat) **vorgreifen** devancer, prévenir qc
Vorgriff m anticipation f (**auf** [+ acc] sur)
vorhaben v/t ⟨irr⟩ projeter; avoir en vue; compter faire; **was haben Sie heute Abend vor?** que comptez-vous faire ce soir?; **heute Abend habe ich schon etwas vor** ce soir je suis déjà pris
Vorhaben n ⟨~s; ~⟩ projet m; plan m; (Absicht) dessein m; intention f
Vorhalle f vestibule m; 'hall m; e-s Theaters foyer m
vorhalten ⟨irr⟩ **I** v/t **1. j-m etw vorhalten** Gegenstand tenir, mettre qc devant qn; **hinter**

vorgehaltener Hand en cachette; en sous-main **2.** *fig* **j-m etw vorhalten** reprocher qc à qn **II** F *v/i* Essen tenir au ventre; *Vorsätze* **(nicht) lange vorhalten** (ne pas) tenir longtemps, faire effet longtemps

Vorhaltung *f* **j-m Vorhaltungen machen** faire des reproches, des remontrances à qn

Vorhand *f* ⟨∼⟩ TENNIS coup droit

vorhanden *adj* (*existent*) existant; présent; (*verfügbar*) disponible; **vorhanden sein** exister; subsister

Vorhandensein *n* ⟨∼s⟩ existence *f*; présence *f*

Vorhang *m* rideau *m* (*a* THÉ)

Vorhängeschloss *n* cadenas *m*

Vorhaut *f* prépuce *m*

vorher *adv* avant; au préalable; antérieurement; auparavant; **am Tag vorher** la veille

vorherbestimmen *v/t* ⟨*sans ge*⟩ prédéterminer; REL prédestiner

vorhergehend *adjt* précédent; qui a précédé

vorherig *adj* antérieur; préalable

Vorherrschaft *f* POL, *fig* prédominance *f*; hégémonie *f*

vorherrschen *v/i* prédominer; prévaloir; **die vorherrschende Meinung** l'opinion la plus répandue

Vorhersage *f* prévision *f*; pronostic *m*; (*Wettervorhersage*) prévisions *f/pl* (météorologiques)

vorhersagen *v/t* prédire; pronostiquer

vorhersehbar *adj* prévisible

vorhersehen *v/t* ⟨*irr*⟩ prévoir

vorhin ['foːrhɪn *ou* foːr'hɪn] *adv* tout à l'heure; à l'instant

Vorhof *m* avant-cour *f*; cour *f* d'entrée

Vorhut *f* ⟨∼; ∼en⟩ MIL, *fig* avant-garde *f*

vorig *adj* précédent; antérieur; *Jahr, Monat* passé; dernier

Vorjahr *n* année précédente, passée

vorjährig *adj* de l'année précédente, passée

vorjammern F *v/t* **j-m etw vorjammern** importuner qn par, avec ses lamentations

Vorkämpfer(in) *m(f)* champion, -ionne *m,f* (**für e-e Sache** d'une cause); pionnier, -ière *m,f*

vorkauen *v/t* **j-m etw vorkauen** mâcher qc à qn (*a* F *fig*)

Vorkaufsrecht *n* droit *m* de préemption

Vorkehrung *f* ⟨∼; ∼en⟩ mesure (préventive, de sécurité); **Vorkehrungen treffen** prendre des mesures, des dispositions

Vorkenntnisse *f/pl* connaissances *f/pl* préliminaires; acquis *m/pl* préalables

vorknöpfen F *v/r* **sich** (*dat*) **j-n vorknöpfen** F passer un savon à qn

vorkommen ⟨*irr*, sn⟩ **I** *v/i* **1.** (*sich ereignen*) arriver; se produire; **so etwas ist mir noch nicht vorgekommen** je n'ai jamais rien vu de pareil; **dass mir so etwas nicht wieder vorkommt!** que cela ne se reproduise pas! **2.** *Pflanzen, Tiere* se rencontrer; se trouver **3.** (*scheinen*) sembler, paraître (*j-m* à qn); **es kommt mir vor, als ob** il me semble que (+ *ind*) **4.** F (*nach vorn kommen*) avancer **5.** (*hervorkommen*) sortir (**hinter etw** [*dat*] de derrière qc) **II** *v/r* **sich** (*dat*) **vorkommen wie ...** se croire ...

Vorkommen *n* ⟨∼s; ∼⟩ **1.** existence *f*; présence *f* **2.** GÉOL gisement *m*

Vorkommnis *n* ⟨∼ses; ∼se⟩ événement *m*; incident *m*

Vorkriegszeit *f* (époque *f* d')avant-guerre *m od f*

vorladen *v/t* ⟨*irr*⟩ convoquer; *vor Gericht a* assigner; *als Zeuge a* citer

Vorladung *f* convocation *f*; assignation *f*; citation *f*

Vorlage *f* **1.** (*das Vorlegen*) présentation *f*; production *f* **2.** (*Entwurf*) projet *m*; (*Gesetzesvorlage*) projet *m* de loi **3.** (*Muster*) modèle *m* **4.** SPORT passe *f* (en avant)

vorlassen *v/t* ⟨*irr*⟩ **j-n vorlassen** beim Anstehen laisser qn passer devant; (*empfangen*) recevoir qn

Vorlauf *m* **1.** beim Rekorder avance *f* rapide **2.** SPORT course *f* de série

Vorläufer *m* précurseur *m*

vorläufig I *adj* provisoire; temporaire **II** *adv* pour le moment; pour l'instant

Vorlauftaste *f* touche *f* avance rapide

vorlaut *adj* qui parle avant son tour

Vorleben *n* passé *m*

Vorlegegabel *f* grande fourchette

Vorlegelöffel *m* grande cuiller *od* cuillère

vorlegen *v/t* **1.** *Klotz* mettre, placer, poser devant **2.** *Kette* mettre; *Riegel a* pousser **3.** *st/s Speisen* servir **4.** *Urkunde* présenter; produire; **etw zur Unterschrift vorlegen** présenter qc à la signature **5.** *bes* FUSSBALL passer **6.** *Geld* prêter **7.** F **ein tolles Tempo vorlegen** aller à un train d'enfer

Vorleger *m* ⟨∼s; ∼⟩ carpette *f*

Vorleistung *f* prestation *f* préalable

vorlesen ⟨*irr*⟩ **I** *v/t* **j-m etw vorlesen** lire qc à qn **II** *v/i* **j-m vorlesen** faire la lecture à qn

Vorlesung *f* cours *m*; **Vorlesungen hören, besuchen** suivre des cours; **e-e Vorlesung belegen** s'inscrire à un cours

Vorlesungsverzeichnis *n* programme *m* des cours

vorletzte *adj* avant-dernier

Vorliebe *f* prédilection *f*, préférence *f* (**für** pour); **mit Vorliebe** de préférence

vorliebnehmen *v/i* ⟨*irr*⟩ **mit j-m, etw vorliebnehmen** se contenter de qn, qc

vorliegen *v/i* ⟨*irr*⟩ **1.** (*vorhanden sein*) être (déjà) là; **j-m vorliegen** avoir été présenté, soumis à qn **2.** (*bestehen*) exister; **es liegt nichts gegen ihn vor** on n'a rien à lui reprocher; **hier liegt ein Irrtum vor** il y a erreur; **im vorliegenden Fall(e)** dans le cas présent; en l'occurrence

vorlügen F *v/t* ⟨*irr*⟩ **j-m etw vorlügen** dire des mensonges à qn

vorm [foːrm] F = **vor dem**

vormachen F *v/t* **1.** **j-m vormachen, wie es gemacht wird** montrer à qn comment s'y prendre **2.** (*täuschen*) **j-m etw vormachen** raconter des histoires à qn; en faire accroire à qn; **wir wollen uns nichts vormachen!** parlons franchement!

Vormacht(stellung) *f* ⟨∼(stellung)⟩ prépondérance *f*; hégémonie *f*; prédominance *f*

vormalig *adj* ancien (*vorangestellt*)

vormals *adv* anciennement; autrefois

Vormarsch *m* MIL, *fig* marche *f* en avant; avance *f*; **auf dem Vormarsch sein** avancer

vormerken *v/t* noter; prendre note de; *Datum* retenir

Vormittag *m* matin *m*; (*ganze Vormittagszeit*)

matinée *f*; **am Vormittag** dans la matinée; **heute, morgen Vormittag** ce, demain matin

vormittags *adv* le matin

Vormittagsunterricht *m* cours *m/pl* du matin

Vormonat *m* mois précédent

Vormund *m* ⟨~¢s; ~e *ou* -münder⟩ tuteur *m*, tutrice *f*

Vormundschaft *f* ⟨~; ~en⟩ tutelle *f*

Vormundschaftsgericht *n* tribunal *m* des tutelles

Vormundschaftsrichter(in) *m(f)* juge *m*,*f* des tutelles

vorn [fɔrn] *adv* **1.** (*an der Vorderseite*) devant; F **nach vorn gehen, liegen** *Zimmer* donner sur la rue, la place, *etc*; **von vorn** par-devant; de, en face **2.** *auf e-r Liste, in e-r Reihe* en tête; devant; **nach vorn kommen** avancer; **von vorn** anfangen par le début, le commencement; F **von vorn bis hinten** d'un bout à l'autre **3.** (*im Vordergrund*) **vorn im Bild** au premier plan de la photo

Vorname *m* prénom *m*

vorne ['fɔrnə] → **vorn**

vornehm ['foːreːm] **I** *adj* **1.** (*zur besseren Gesellschaft gehörig*) distingué; élégant; *nur Personen* d'un rang élevé; de qualité; **die vornehmen Leute** la haute volée **2.** (*edelmütig*) noble **II** *adv* **vornehm tun** se donner de grands airs

vornehmen ⟨*irr*⟩ **I** *v/t* (*durchführen*) faire; effectuer **II** *v/r* **1.** **sich** (*dat*) **e-e Arbeit vornehmen** se mettre à un travail; F **sich** (*dat*) **j-n vornehmen** faire la leçon à qn **2.** (*planen*) **sich** (*dat*) **etw vornehmen** se proposer de faire qc

vornehmlich *st/s adv* surtout; avant tout; particulièrement

vornherein ['--- *ou* --'-] *adv* **von vornherein** dès le début; de prime abord; a priori

vornüber *adv* la tête la première

Vorort *m* banlieue *f*

Vorortzug *m* train *m* de banlieue

Vorplatz *m* esplanade *f*

Vorposten *m* MIL avant-poste *m* (*a fig*)

Vorprogramm *n* KINO programme présenté en début de séance

vorprogrammieren *v/t* (*sans ge*) INFORM programmier (à l'avance); *fig* **vorprogrammiert sein** être inévitable

Vorprüfung *f* examen *m* préalable, préliminaire

vorragen *v/i* émerger (**aus** de)

Vorrang *m* ⟨~¢s⟩ **1.** priorité *f*; préférence *f*; **den Vorrang vor j-m haben** avoir le pas sur qn; **den Vorrang vor etw** (*dat*) **haben** avoir priorité sur qc **2.** *österr* (*Vorfahrt*) priorité *f*

vorrangig I *adj* prioritaire **II** *adv* en premier lieu; en priorité

Vorrangstellung *f* ⟨~⟩ prééminence *f*; (*Vortritt*) préséance *f*

Vorrat ['foːrraːt] *m* ⟨~¢s; -räte⟩ provisions *f/pl* (**an** [+ *dat*] de); réserve *f*, COMM stock *m* (de); **auf Vorrat** en réserve; **solange der Vorrat reicht** jusqu'à épuisement des stocks

vorrätig ['foːrreːtıç] *adj* disponible; COMM en stock; en magasin

Vorratsbehälter *m* réservoir *m*

Vorratskammer *f* garde-manger *m*

Vorratskeller *m* cellier *m*

Vorratsraum *m* magasin *m*; entrepôt *m*

Vorratsschrank *m* garde-manger *m*

Vorraum *m* *e-r Wohnung* entrée *f*

vorrechnen *v/t* ⟨-e-⟩ **j-m etw vorrechnen** énumérer, détailler qc à qn

Vorrecht *n* privilège *m*; *ausschließliches* prérogative *f*

Vorrede *f fig* **sich nicht lange bei der Vorrede aufhalten** entrer tout de suite dans le vif du sujet

Vorredner *m* orateur précédent

Vorreiter *m fig* pionnier *m*

Vorrichtung *f* dispositif *m*; mécanisme *m*

vorrücken I *v/t* avancer **II** *v/i* ⟨sn⟩ (s')avancer (*a Zeit, Zeiger*); MIL *a* progresser; **auf den zweiten Platz vorrücken** avancer à la deuxième place

Vorruhestand *m* préretraite *f*

Vorrunde *f* SPORT qualifications *f/pl*; sélections *f/pl*

vors [foːrs] F = **vor das**

vorsagen *v/t* **j-m etw vorsagen** *bes* SCHULE souffler qc à qn

Vorsaison *f* avant-saison *f*

Vorsatz *m* (*Entschluss*) résolution *f*; (*Absicht*) intention *f*, JUR préméditation *f*

vorsätzlich ['foːrzɛtslıç] **I** *adj* intentionnel; voulu; *bes* JUR prémédité **II** *adv* exprès; à dessein; JUR avec préméditation

Vorschau *f* → **Programmvorschau**

Vorschein *m* **zum Vorschein kommen** (ap)paraître; se montrer; **zum Vorschein bringen** faire (ap)paraître

vorschieben *v/t* ⟨*irr*⟩ **1.** *Riegel* pousser; mettre **2.** (*nach vorn schieben*) pousser (en avant) **3.** → **vorschützen**

vorschießen F *v/t* ⟨*irr*⟩ *Geld* avancer, prêter (**j-m** à qn)

Vorschlag *m* proposition *f*; suggestion *f*

vorschlagen *v/t* ⟨*irr*⟩ proposer (**j-m etw** qc à qn)

Vorschlaghammer *m* frappe-devant *m*

vorschnell *adj u adv* → **voreilig**

vorschreiben *v/t* ⟨*irr*⟩ (*anordnen, festlegen*) prescrire; ordonner; **ich lasse mir von dir nichts vorschreiben!** je n'ai pas d'ordre à recevoir de toi!

Vorschrift *f* prescription *f*; (*Anweisung*) instruction *f*; directive *f*; **die Vorschriften** *coll* le règlement; **gegen die Vorschriften** contraire au règlement; **Vorschrift sein** être de rigueur

vorschriftsmäßig *adj* conforme aux instructions, au règlement; réglementaire

vorschriftswidrig *adj* contraire aux instructions, au règlement

Vorschub *m* **j-m Vorschub leisten** aider qn; **e-r Sache** (*dat*) **Vorschub leisten** favoriser qc

Vorschulalter *n* âge *m* préscolaire

Vorschule *f etwa* école maternelle

Vorschulerziehung *f* éducation *f* préscolaire

Vorschuss *m* avance *f*, acompte *m* (**auf** [+ *acc*] sur)

Vorschusslorbeeren *m/pl* éloges anticipés

vorschützen *v/t* ⟨¢$⟩ prétexter; se retrancher derrière

vorschweben *v/i* **mir schwebt etwas ganz anderes vor** j'ai une tout(e) autre idée; **mir schwebt vor zu** (+ *inf*) j'ai vaguement l'intention, j'envisage de (+ *inf*)

vorsehen ⟨*irr*⟩ **I** *v/t* prévoir; **dieser Fall ist im**

Gesetz nicht vorgesehen ce cas n'a pas été prévu par la loi **II** *v/r* **sich vorsehen** (**vor** [+ *dat*]) prendre garde (à)

Vorsehung *f* ⟨∼⟩ Providence (divine)

vorsetzen *v/t* ⟨¢$⟩ *1. Fuß, Stuhl* avancer *2. Speisen* servir

Vorsicht *f* ⟨∼⟩ prudence *f;* (*Umsicht*) circonspection *f;* précaution *f;* **Vorsicht!** attention!; **Vorsicht, Stufe!** attention à la marche!

vorsichtig I *adj* prudent; circonspect; **sei vorsichtig!** (fais) attention! **II** *adv* avec circonspection, prudence, précaution

vorsichtshalber *adv* par (mesure de) précaution

Vorsichtsmaßnahme *f* mesure *f* de précaution

Vorsilbe *f* préfixe *m*

vorsingen *v/t* ⟨*irr*⟩ *j-m etw vorsingen* chanter qc à qn

vorsintflutlich F *fig adj* antédiluvien

Vorsitz *m* présidence *f;* **den Vorsitz haben** avoir la présidence; présider

Vorsitzende(r) *f(m)* ⟨→ A⟩ président(e) *m(f)*

Vorsorge *f* ⟨∼⟩ prévoyance *f;* précaution *f;* **Vorsorge treffen** prendre les dispositions nécessaires (**für etw** pour assurer qc)

vorsorgen *v/i* prendre les dispositions nécessaires (**für etw** pour assurer qc)

Vorsorgeuntersuchung *f* examen *m* de dépistage

vorsorglich I *adj* prévoyant **II** *adv* par précaution

Vorspann *m* ⟨∼¢s; ∼e⟩ FILM générique *m;* (*Einleitung*) chapeau *m*

Vorspeise *f* entrée *f;* 'hors-d'œuvre *m*

Vorspiegelung *f* tromperie *f;* bes JUR **Vorspiegelung falscher Tatsachen** altération *f* des faits

Vorspiel *n* **1.** MUS prélude *m* (*a fig*) **2.** THÉ prologue *m;* lever *m* de rideau **3.** *sexuelles* préliminaires *m/pl*

vorspielen *v/t* ⟨*irr*⟩ *j-m etw vorspielen* MUS, THÉ jouer qc à qn; (*vortäuschen*) jouer à qn la comédie de qc

vorsprechen ⟨*irr*⟩ **I** *v/t* **1. e-n Satz vorsprechen** prononcer une phrase pour la faire répéter **2.** *bei Prüfungen* réciter **II** *v/i* **3. vorsprechen bei** faire une démarche auprès de **4.** (**bei e-m Theater**) **vorsprechen** donner une audition (dans un théâtre)

vorspringen *v/i* ⟨*irr*⟩ **1. hinter e-m Busch vorspringen** surgir d'un buisson **2.** (*herausragen*) faire saillie; saillir

Vorsprung *m* **1.** *bei Mauern, Felsen* saillie *f;* avance *f* **2. Vorsprung** (**vor** [+ *dat*]) avance *f* (sur)

Vorstadt *f* faubourg *m*

Vorstand *m* comité directeur, de direction; *par ext a* direction *f;* *e-r Partei* bureau *m*

Vorstandsmitglied *n* membre *m* du comité directeur

Vorstandssitzung *f* séance *f* du comité directeur, du comité de direction *bzw* du directoire

Vorstandsvorsitzende(r) *f(m)* *e-r AG nach deutschem Recht* président(e) *m(f)* du directoire; *e-r AG nach französischem Recht* président-directeur général; P.D.G. *m*

Vorstandswahl *f* élection *f* du comité de direction

vorstehen *v/i* ⟨*irr*⟩ **1.** *Zähne* avancer; *Kinn, Mauer, Felsen* saillir **2.** *st/s e-m Unternehmen* avoir la direction de

vorstehend *adjt* **1.** *in e-m Text* précédent; *im Vorstehenden* dans ce qui précède **2.** (*vorspringend*) saillant

Vorsteher(in) *m* ⟨∼s; ∼⟩ (*f*) ⟨∼in; ∼innen⟩ directeur, -trice *m,f;* chef *m*

vorstellbar *adj* imaginable; concevable

vorstellen I *v/t* **1.** *Fuß, Gegenstand* avancer (*a Uhr*) **2.** (*bekannt machen*) présenter (*j-m* à qn) **3.** F *fig* **er stellt etwas vor** (*sieht gut aus*) F il présente bien; (*gilt als Persönlichkeit*) c'est un personnage **4.** (*bedeuten*) signifier **II** *v/r* **5. sich** (*dat*) **etw vorstellen** s'imaginer, se figurer qc; se faire une idée de qc; (*sich vergegenwärtigen*) se représenter qc; **stell dir vor, ...** figure-toi ...; **ich kann mir nicht vorstellen, dass** je ne puis m'imaginer que (+ *ind od subj*) **6. sich j-m vorstellen** se présenter à qn

vorstellig *st/s adj* **bei j-m vorstellig werden** faire une démarche auprès de qn

Vorstellung *f* **1.** (*Vorstellen*) présentation *f* **2.** THÉ représentation *f;* KINO séance *f* (de cinéma) **3.** (*Begriff*) idée *f;* notion *f* **4.** (*Vorstellungsvermögen*) imagination *f*

Vorstellungsgespräch *n* entretien *m* (d'embauche)

Vorstellungskraft *f,* **Vorstellungsvermögen** *n* imagination *f*

Vorstopper *m* FUSSBALL arrière, défenseur central

Vorstoß *m* **1.** (*Versuch*) démarche *f;* **e-n Vorstoß bei j-m unternehmen** entreprendre une démarche auprès de qn **2.** MIL attaque (brusquée); raid *m*

vorstoßen *v/i* ⟨*irr*, sn⟩ (*vorwärtsrücken*) (s')avancer (**in** [+ *acc*] dans)

Vorstrafe *f* JUR condamnation antérieure; **Vorstrafen** *f* casier *m* judiciaire

vorstrecken *v/t* **1.** *Arm* tendre; étendre; *Hand* avancer **2.** *Geld* avancer (*j-m* à qn)

Vorstufe *f* premier degré (**zu** de)

Vortag *m* veille *f;* **am Vortag** la veille

vortäuschen *v/t* simuler; feindre

Vortäuschung *f* simulation *f* (**von** de)

Vorteil *m* avantage *m* (*a* SPORT); **Vorteil aus etw ziehen** tirer avantage, profit, parti de qc; **im Vorteil sein** bénéficier d'un avantage; **zum Vorteil von** à l'avantage de; **er hat sich zu s-m Vorteil verändert** il a changé en bien

vorteilhaft I *adj* avantageux (**für** pour) **II** *adv* **sie ist vorteilhaft gekleidet** ses vêtements l'avantagent beaucoup

Vortrag ['foːrtraːk] *m* ⟨∼¢s; -träge⟩ **1.** (*Rede*) conférence *f;* (*Referat*) exposé *m* **2.** (*Darbietung*) *e-s Textes* récitation *f;* déclamation *f;* *e-s Musikstücks* exécution *f*

vortragen *v/t* ⟨*irr*⟩ **1.** (*darlegen*) exposer **2.** *Text* réciter; déclamer; *Musikstück* exécuter; *Lied* chanter

Vortragende(r) *f(m)* ⟨→ A⟩ conférencier, -ière *m,f*

Vortragsreihe *f* cycle *m,* série *f* de conférences

Vortragsreise *f* tournée *f* de conférences

Vortragssaal *m* salle *f* de conférences

vortrefflich I *adj* excellent; de premier ordre **II**

adv à la perfection

vortreten *v/i* ⟨*irr*, sn⟩ faire un pas en avant; (s')avancer

Vortritt *m* **1.** préséance *f*; **den Vortritt vor j-m haben** avoir la préséance sur qn; **j-m den Vortritt lassen** céder le pas à qn **2.** *schweiz (Vorfahrt)* priorité *f*

vorüber *adv* **1.** *zeitlich* passé **2.** *räumlich* **an j-m, etw vorüber** devant qn, qc; auprès, à côté de qn, qc

vorübergehen *v/i* ⟨*irr*, sn⟩ passer; **an j-m, etw vorübergehen** passer devant *od* auprès de *od* à côté de qn, qc; **im Vorübergehen** en passant

vorübergehend *adj t (von kurzer Dauer)* passager; éphémère; momentané; *(zeitweilig)* temporaire; *(für e-e Übergangszeit)* transitoire

Vorurteil *n* préjugé *m*

vorurteilsfrei, vorurteilslos *adj* sans préjugés

Vorväter *st/s m/pl* ancêtres *m/pl*; *st/s* aïeux *m/pl*

Vorvergangenheit *f* plus-que-parfait *m*; passé antérieur

Vorverkauf *m* location *f*; **im Vorverkauf** en prévente

Vorverkaufskasse *f*, **Vorverkaufsstelle** *f* (guichet *m*, bureau *m* de) location *f*

vorverlegen *v/t* ⟨*sans ge*⟩ avancer (**auf** [+ *acc*] à, **um** de)

vorvorgestern *adv* il y a trois jours

vorwagen *v/r* **sich vorwagen** oser avancer; **sich zu weit vorwagen** s'avancer trop; aller trop loin *(beide a fig)*

Vorwahl *f* **1.** POL premier tour de scrutin; scrutin *m* éliminatoire **2.** TÉL indicatif *m*

Vorwahlnummer *f* TÉL indicatif *m*

Vorwand *m* ⟨∼∉s; -wände⟩ prétexte *m*; **etw zum Vorwand nehmen** prendre prétexte de qc

vorwärmen *v/t* chauffer à l'avance

vorwarnen *v/t* prévenir

Vorwarnung *f* alerte préventive; *a fig* **ohne Vorwarnung** sans prévenir

vorwärts *adv* en avant; **vorwärts!** en avant!; allons! (allez!); en route!; → **vorwärtsgehen**, **vorwärtskommen** *etc*

Vorwärtsgang *m* AUTO marche *f* avant

vorwärtsgehen *v/i* ⟨*irr*, sn⟩ avancer; progresser

vorwärtskommen *v/i* ⟨*irr*, sn⟩ avancer; faire des progrès; *im Leben* faire son chemin

vorwärtsschieben *v/r* ⟨*irr*⟩ **sich vorwärtsschieben** *Menschenmenge* avancer (lentement)

vorwärtstasten *v/r* ⟨-e-⟩ **sich vorwärtstasten** marcher, avancer à tâtons

Vorwäsche *f* prélavage *m*

vorweg *adv* **1.** *(zuvor)* d'avance; à l'avance **2.** *(voraus)* en tête

Vorwegnahme *f* ⟨∼⟩ anticipation *f*

vorwegnehmen *v/t* ⟨*irr*⟩ anticiper

Vorweihnachtszeit *f* période *f* qui précède Noël

vorweisen *v/t* ⟨*irr*⟩ montrer

vorwerfen ⟨*irr*⟩ **I** *v/t* **1.** **j-m etw vorwerfen** reprocher qc à qn **2.** **e-m Tier etw vorwerfen** jeter qc à un animal **II** *v/r* **sich** (*dat*) **etw vorwerfen** se reprocher qc

vorwiegend *adv* surtout; *(in der Mehrheit)* pour la plupart; en majorité

vorwitzig *adj* trop curieux; indiscret; *(frech)* impertinent

Vorwort *n* ⟨∼∉s; ∼e⟩ avant-propos *m*; préface *f*

Vorwurf *m* reproche *m*; **j-m etw zum Vorwurf machen** reprocher qc à qn

vorwurfsvoll **I** *adj* plein de reproches; réprobateur **II** *adv* d'un air de reproche

Vorzeichen *n* **1.** MATH signe *m* **2.** *(Omen)* signe précurseur, avant-coureur **3.** MUS altération *f*

vorzeichnen *v/t* ⟨-e-⟩ tracer (*a fig*)

vorzeigbar F *adj* présentable

vorzeigen *v/t* montrer; *Ausweis a* présenter

Vorzeit *f* **in grauer Vorzeit** dans la nuit des temps

vorzeitig **I** *adj* prématuré; anticipé **II** *adv* avant le temps, l'heure, terme

Vorzelt *n* auvent *m*

vorziehen *v/t* ⟨*irr*⟩ **1.** *(bevorzugen)* préférer **2.** *Vorhang* tirer **3.** *zeitlich* avancer; anticiper **4.** *Möbel* avancer

Vorzimmer *n* antichambre *f*; *par ext a* secrétariat *m*

Vorzimmerdame F *f* secrétaire (particulière)

Vorzug *m* **1.** *(gute Eigenschaft)* qualité *f*; *(Vorteil)* avantage *m* **2.** *(Vorrang)* préférence *f*; priorité *f*

vorzüglich [foːrˈtsyːklɪç] *adj* excellent; supérieur; *Speisen a* exquis

Vorzugsaktie *f* action privilégiée

Vorzugspreis *m* prix *m* de faveur

vorzugsweise *adv* de préférence

Votum [ˈvoːtʊm] *n* ⟨∼s; Voten *ou* Vota⟩ vote *m*; suffrage *m*; voix *f*

Voyeur [voaˈjøːr] *m* ⟨∼s; ∼e⟩ voyeur *m*

vulgär [vʊlˈgɛːr] *adj* vulgaire; trivial

Vulgärlatein *n* latin *m* vulgaire

Vulkan [vʊlˈkaːn] *m* ⟨∼s; ∼e⟩ volcan *m*

Vulkanausbruch *m* éruption *f* volcanique

vulkanisch *adj* volcanique

vulkanisieren *v/t* ⟨*sans ge*⟩ vulcaniser

W

W¹, w [veː] *n* ⟨W, w; W, w⟩ W, w *m*

W² *abr* **1.** ÉLECT (*Watt*) W (watt) **2.** (*West*[*en*]) O. (ouest)

Waadt [vaːt] ⟨∼⟩ *die Waadt, der Kanton Waadt* le canton de Vaud

Waage ['vaːgə] *f* ⟨∼; ∼n⟩ **1.** TECH balance *f; fig sich die Waage halten* s'équilibrer **2.** ASTR Balance *f*

waagerecht *adj* horizontal; de niveau

Waagschale *f* plateau *m* de balance; *fig etw in die Waagschale werfen* mettre qc dans la balance; *fig s-e Worte auf die Waagschale legen* peser ses mots

wabb(e)lig ['vab(ə)lıç] F *adj* mou; flasque

Wabe ['vaːbə] *f* ⟨∼; ∼n⟩ rayon *m* (de miel); gâteau *m* de cire, de miel

Wabenhonig *m* miel *m* en rayons

wach [vax] *adj* **1.** (r)éveillé; *wach werden* se réveiller (*a fig*); *wach liegen* rester éveillé; ne pas pouvoir dormir **2.** *fig* vif; éveillé; → *wachhalten*

Wachablösung *f* MIL relève *f* de la garde

Wache ['vaxə] *f* ⟨∼; ∼n⟩ **1.** *Tätigkeit* garde *f*; MAR quart *m*; *Wache stehen, haben* être de garde, de faction; MAR être de quart **2.** *Person* garde *m*; sentinelle *f*; MAR vigie *f* **3.** *Gebäude* poste *m* (de garde, de police) **4.** *bei e-m Kranken* veille *f*

wachen *v/i* veiller (*über* [+ *acc*] sur); *bei j-m wachen* veiller qn

wachhalten *v/t* ⟨*irr*⟩ *Interesse* maintenir; soutenir

Wachhund *m* chien *m* de garde

wachliegen *v/i* ⟨*irr*⟩ → *wach 1*

Wachmann *m* ⟨∼s; -männer *ou* -leute⟩ **1.** (*Aufseher*) vigile *m* **2.** österr agent *m* de police

Wachmannschaft *f* MIL (hommes *m/pl* de) garde *f*

Wacholder [va'xɔldər] *m* ⟨∼s; ∼⟩ *Strauch* genévrier *m*; genièvre *m* (*a Beere, Schnaps*)

Wacholderbeere *f* (baie *f* de) genièvre *m*

Wachposten *m* garde *m*; sentinelle *f*

wachrufen *v/t* ⟨*irr*⟩ **1.** *Vergangenes* évoquer **2.** *Interesse, Gefühle* susciter

wachrütteln *v/t* ⟨¢⟩ *Gewissen* secouer

Wachs [vaks] *n* ⟨∼es; ∼e⟩ cire *f*; (*Bohnerwachs*) encaustique *f*; (*Skiwachs*) fart *m*

wachsam *adj* vigilant; sur le qui-vive

Wachsamkeit *f* ⟨∼⟩ vigilance *f*

wachsen¹ ['vaksən] *v/i* ⟨wächst, wuchs, gewachsen, sn⟩ **1.** *Mensch, Tier* grandir (→ *Info passé* [*composé*]); *Pflanze, Bart, Fingernägel* pousser; *Mensch gut gewachsen* bien bâti; bien fait; *fig e-r Sache* (*dat*) *gewachsen sein* être à la hauteur de qc **2.** (*zunehmen*) augmenter; s'accroître

wachsen² *v/t* ⟨¢⟩ *mit Wachs* cirer; *Ski* farter

wachsend *adj* croissant; grandissant (*beide a fig*)

wächsern ['vɛksərn] *adj* de cire

Wachsfigur *f* figurine *f*, *lebensgroße* figure *f* en *od* de cire

Wachsfigurenkabinett *n* cabinet *m*, musée *m* de figures de cire

Wachsmalkreide *f*, **Wachsmalstift** *m* crayon *m* (de couleur en) cire

Wachstuch *n* ⟨∼¢s; -tücher⟩ toile cirée

Wachstum *n* ⟨∼s⟩ BIOL, ÉCON, *fig* croissance *f*; ÉCON *a* expansion *f*

wachstumsfördernd *adj* favorable à la croissance

Wachstumshormon *n* hormone *f* de croissance

Wachstumsrate *f* ÉCON taux *m* d'expansion *od* de croissance

Wachstumsstörung *f* MÉD trouble *m* de croissance

Wachtel ['vaxtəl] *f* ⟨∼; ∼n⟩ caille *f*

Wächter(in) ['vɛçtər(ın)] *m* ⟨∼s; ∼⟩ (*f*) ⟨∼in; ∼innen⟩ garde *m*; gardien, -ienne *m,f*

Wachtmeister *m* agent *m* de police; *Herr Wachtmeister!* Monsieur l'agent!

Wachtposten *m* → *Wachposten*

Wach(t)turm *m* MIL mirador *m*

Wach- und Schließgesellschaft *f* société (privée) de surveillance

wachwerden *v/i* ⟨*irr*, sn⟩ *fig* se réveiller

wackelig ['vakəlıç] *adj* **1.** (*nicht stabil*) branlant (*a Zahn*); *Möbel* boiteux **2.** F *Person* chancelant **3.** F *fig Arbeitsplätze* menacé; *Kompromiss, Frieden* boiteux

Wackelkontakt *m* mauvais contact

wackeln *v/i* ⟨-e-⟩ **1.** *Dinge* branler (*a Zahn*); vaciller; *Tisch, Stuhl, Stuhl* être branlant, boiteux **2.** *mit dem Kopf wackeln* branler de la tête **3.** F ⟨sn⟩ (*wanken*) chanceler; tituber **4.** F *fig Stellung etc* être menacé

Wackelpudding F *m* entremets à base de gélatine

wacker ['vakər] *st/s, oft iron adj* (*bieder*) brave; (*mutig*) *st/s* vaillant

wacklig → *wackelig*

Wade ['vaːdə] *f* ⟨∼; ∼n⟩ ANAT mollet *m*

Wadenkrampf *m* crampe *f* au mollet

Waffe ['vafə] *f* ⟨∼; ∼n⟩ arme *f* (*a fig*); *st/s die Waffen strecken* déposer, rendre les armes (*a fig*); *fig j-n mit s-n eigenen Waffen schlagen* battre qn avec ses propres armes

Waffel ['vafəl] *f* ⟨∼; ∼n⟩ gaufre *f*; *kleine* gaufrette *f*

Waffeleisen *n* gaufrier *m*

Waffenbesitz *m* (*unerlaubter*) *Waffenbesitz* détention (illégale) d'armes

Waffengewalt *f* ⟨∼⟩ *mit Waffengewalt* par la force des armes

Waffenhändler *m* armurier *m*; *illegaler* trafiquant *m* d'armes

Waffenlager *n* dépôt *m* d'armes
Waffenruhe *f* suspension *f* des hostilités; trêve *f*
Waffenschein *m* permis *m* de port d'armes
Waffenstillstand *m* armistice *m*
wagemutig ['vaːgə-] *adj* audacieux
wagen I *v/t* **1.** oser (*etw zu tun* faire qc) **2.** (*aufs Spiel setzen*) risquer II *v/r* **sich an etw** (*acc*) **wagen** oser s'attaquer à qc
Wagen ['vaːgən] *m* ⟨∼s; ∼⟩ **1.** (*Auto, Pferdewagen*) voiture *f*; (*Handwagen*) chariot *m*; *auf zwei Rädern* charrette *f*; (*Eisenbahnwagen*) wagon *m* **2.** ASTR *der Große Wagen* la Grande Ourse
Wagenheber *m* ⟨∼s; ∼⟩ cric *m*
Wagenladung *f* voiturée *f*
Wagenpapiere *n/pl* papiers *m/pl* d'un véhicule
Wagenpark *m* parc *m* automobile
Wagenstandanzeiger *m* CH DE FER tableau *m* de composition des trains
Wagenwäsche *f* lavage *m* de (la) voiture
Wag(g)on [va'gõː *ou* -'gɔŋ *ou* -'goːn] *m* ⟨∼s; ∼s, österr a ∼e⟩ wagon *m*
waghalsig *adj* téméraire; risque-tout (*inv*); *Unternehmen* 'hasardeux
Wagnis *n* ⟨∼ses; ∼se⟩ risque *m*; entreprise risquée
Wahl [vaːl] *f* ⟨∼; ∼en⟩ **1.** (*Auswahl*) choix *m*; *die* (*freie*) *Wahl haben* avoir le (libre) choix; *mir bleibt keine andere Wahl* je n'ai pas le choix; *s-e Wahl treffen* faire son choix; *zur Wahl stehen* être au choix; *in die engere Wahl kommen* être retenu au cours d'une première sélection; *prov wer die Wahl hat, hat die Qual* il a, nous avons, *etc* l'embarras du choix **2.** *in ein Amt* élection *f*; vote *m*; (*Art der Wahl*) scrutin *m*; *geheime Wahl* scrutin secret; *sich zur Wahl stellen* se porter candidat **3.** COMM *erster, zweiter Wahl* de premier, deuxième choix
Wahlausgang *m* résultat *m* des élections
wählbar ['vɛːl-] *adj* éligible
Wahlbenachrichtigung *f* convocation envoyée aux électeurs (*inscrits*)
wahlberechtigt *adj* **wahlberechtigt sein** avoir le droit de vote
Wahlberechtigte(r) *f(m)* électeur, -trice *m,f* (*inscrit[e]*)
Wahlbeteiligung *f* participation électorale
Wahlbezirk *m* circonscription (électorale)
wählen I *v/t* **1.** (*auswählen*) choisir **2.** TÉL composer **3.** *durch Abstimmung* élire; *j-n in den Bundestag wählen* élire qn au Bundestag **4.** (*stimmen für*) voter pour II *v/i* **5.** choisir (*zwischen* [+ *dat*] entre); faire son choix **6.** TÉL composer le numéro **7.** POL voter

---

wählen: choisir oder voter?

1. Stehen mehrere Personen bzw. Dinge zur Auswahl und man entscheidet sich für eine Person bzw. Sache, so verwendet man **choisir**:

Lassen Sie sich Zeit und wählen Sie den Hut, der Ihnen am besten gefällt!
Prenez votre temps et choisissez le chapeau que vous aimez le plus !

---

2. Geht man zur Wahl und gibt seine Stimme einem Kandidaten oder einer Partei, so verwendet man **voter**:

rechts wählen (= eine Partei des rechten politischen Spektrums wählen)
voter à droite

links wählen
voter à gauche

den Kandidaten der Partei X wählen
voter pour le candidat du parti X

Wähler(in) *m* ⟨∼s; ∼⟩ (*f*) ⟨∼in; ∼innen⟩ POL électeur, -trice *m,f*
Wählerauftrag *m* mandat (confié par les électeurs à l'élu)
Wahlerfolg *m* succès électoral
Wahlergebnis *n* résultat *m* des élections
wählerisch *adj* difficile (*in* [+ *dat*] sur)
Wählerliste *f* liste électorale
Wählerschaft *f* ⟨∼⟩ corps électoral; électeurs *m/pl*
Wählerstimme *f* voix *f*; suffrage *m*
Wahlfach *n* SCHULE matière facultative, à option
Wahlfälschung *f* fraude électorale
Wahlgang *m* tour *m* de scrutin
Wahlgeheimnis *n* secret *m* du vote
Wahlheimat *f* patrie *f* d'adoption
Wahlhelfer *m Beisitzer* assesseur *m* (pour les élections); (*Stimmenauszähler*) scrutateur *m*; *im Wahlkampf* assistant *m*
Wahlkabine *f* isoloir *m*
Wahlkampagne *f* campagne électorale
Wahlkampf *m* campagne électorale
Wahlkreis *m* circonscription (électorale)
Wahllokal *n* bureau *m* de vote
wahllos *adv* sans discernement; au hasard
Wahlmöglichkeit *f* option *f*
Wahlniederlage *f* défaite électorale
Wahlordnung *f* règlement électoral; modalités électorales, d'élection
Wahlperiode *f* législature *f*
Wahlpflicht *f* vote *m* obligatoire
Wahlpflichtfach *n* SCHULE (matière *f* à) option *f* obligatoire
Wahlplakat *n* affiche électorale
Wahlprogramm *n* programme électoral
Wahlpropaganda *f* propagande électorale
Wahlrecht *n aktives* droit *m* de vote; *passives Wahlrecht* éligibilité *f*; *allgemeines Wahlrecht* suffrage universel
Wahlrede *f* discours électoral
Wählscheibe *f* TÉL cadran *m*
Wahlschein *m* formulaire de vote (par correspondance)
Wahlsieg *m* victoire électorale
Wahlspruch *m* devise *f*
Wahlsystem *n* système électoral
Wahltag *m* jour *m* de l'élection *bzw* des élections
Wahlurne *f* urne électorale
Wahlversammlung *f* réunion électorale
Wahlversprechungen *f/pl* promesses électorales

W

Wahlverwandtschaft *st/s f* affinité *f*
wahlweise *adv* facultativement; au choix
Wahlzelle *f* isoloir *m*
Wahlzettel *m* bulletin *m* de vote
Wahn [va:n] *m* ⟨~¢s⟩ *st/s* illusion *f*; (*Verblendung*) aveuglement *m*
wähnen ['vɛ:nən] *st/s v/t* **sich in Sicherheit wähnen** se croire en sécurité
Wahnsinn *m* **1.** MÉD aliénation mentale; folie *f*; démence *f* **2.** F **das ist heller Wahnsinn** c'est de la pure folie
wahnsinnig I *adj* **1.** MÉD fou; dément; aliéné **2.** F *fig Angst, Schmerz, Hunger* F terrible; atroce; *Tempo* F dingue **II** F *adv* **wahnsinnig viel zu tun haben** F avoir un travail fou, monstre
Wahnsinnige(r) *f(m)* ⟨→ A⟩ fou *m*, folle *f*; F dingue *m,f*
Wahnvorstellung *f* hallucination *f*
wahnwitzig *adj* démentiel; insensé
wahr [va:r] *adj* **1.** vrai; véridique; F *fig* **das kann doch nicht wahr sein!** F c'est pas vrai!; **wahr werden** se réaliser; **nicht wahr?** n'est-ce pas?; **etwas Wahres wird schon daran sein** il y a sûrement du vrai là-dedans **2.** (*tatsächlich*) véritable; vrai; **ein wahrer Freund** un vrai, véritable ami; F *fig* **das ist auch nicht das Wahre** ce n'est pas (non plus) l'idéal
wahren ['va:rən] *st/s v/t Interessen, Rechte* sauvegarder; défendre
währen ['vɛ:rən] *st/s v/i* durer; *prov* **was lange währt, wird endlich gut** *prov* tout vient à point à qui sait attendre
während I *prép* ⟨gén⟩ pendant; durant **II** *conj* **1.** *zeitlich* pendant que … (+ *ind*) **2.** (*wohingegen*) tandis que … (+ *ind*)
währenddessen *adv* pendant, durant ce temps
wahrhaben *v/t* ⟨seulement inf⟩ **etw nicht wahrhaben wollen** ne pas vouloir convenir de qc
wahrhaft *st/s* **I** *adj* véridique; (*aufrichtig*) sincère **II** *adv* →
wahrhaftig *st/s adv* vraiment
Wahrheit *f* ⟨~; ~en⟩ vérité *f*; **die Wahrheit sagen** dire vrai; dire la vérité; **bei der Wahrheit bleiben** s'en tenir à la vérité
wahrheitsgemäß, **wahrheitsgetreu** *adj* conforme, fidèle à la vérité
Wahrheitsliebe *f* amour *m* de la vérité
wahrheitsliebend *adjt* véridique; sincère
wahrlich *st/s adv* en vérité; **wahrlich!** vraiment!; ma foi!
wahrnehmbar *adj* perceptible
wahrnehmen *v/t* ⟨irr⟩ **1.** *sinnlich* percevoir; (*hören*) entendre; (*sehen*) voir; (*bemerken*) remarquer; s'apercevoir de; *flüchtig* apercevoir **2.** *Gelegenheit* profiter de; saisir; *s-e Rechte* faire valoir
Wahrnehmung *f* ⟨~; ~en⟩ **1.** *sinnliche* perception *f* **2.** *von Interessen* défense *f*
Wahrnehmungsvermögen *n* perception *f*
wahrsagen, **wahrsagen I** *v/t* **j-m etw wahrsagen** prédire qc à qn **II** *v/i* prédire l'avenir; dire la bonne aventure
Wahrsager(in) *m* ⟨~s; ~⟩ (*f*) ⟨~in; ~innen⟩ diseur, -euse *m,f* de bonne aventure
wahrscheinlich *adj* vraisemblable; probable
Wahrscheinlichkeit *f* ⟨~; ~en⟩ vraisemblance *f*; probabilité *f*; **aller Wahrscheinlichkeit nach** selon toute vraisemblance

Wahrscheinlichkeitsrechnung *f* calcul *m* des probabilités
Wahrung *f* ⟨~⟩ **1.** *der Interessen* sauvegarde *f*; défense *f* **2.** *e-s bestimmten Zustandes* maintien *m*
Währung *f* ⟨~; ~en⟩ monnaie *f*
Währungsabkommen *n* accord *m* monétaire
Währungsausgleich *m* égalisation *f* des changes
Währungseinheit *f* unité *f* monétaire
Währungsfonds *m* fonds *m* monétaire
Währungskrise *f* crise *f* monétaire
Währungsreform *f* réforme *f* monétaire
Währungssystem *n* système *m* monétaire
Währungsumstellung *f* conversion *f* monétaire
Währungsunion *f* union *f* monétaire
Wahrzeichen *n* emblème *m*
Waise ['vaɪzə] *f* ⟨~; ~n⟩ orphelin(e) *m(f)*
Waisenhaus *n* orphelinat *m*
Waisenkind *n* → **Waise**
Waisenknabe *m* F *fig* **er ist ein Waisenknabe gegen ihn** il ne lui arrive pas à la cheville
Waisenrente *f* pension *f* d'orphelin
Wal [va:l] *m* ⟨~¢s; ~e⟩ baleine *f*
Wald [valt] *m* ⟨~¢s; ~er⟩ forêt *f*; *kleinerer* bois *m*; **tief im Wald** au fond des bois; *fig* **er sieht den Wald vor lauter Bäumen nicht** les arbres lui cachent la forêt; *prov* **wie man in den Wald hineinruft, so schallt es heraus** on récolte toujours ce qu'on a semé
Waldarbeiter *m* ouvrier *m* des Eaux et Forêts
Waldboden *m* sol forestier
Waldbrand *m* incendie *m* de forêt
Wäldchen ['vɛltçən] *n* ⟨~s; ~⟩ petit bois; bosquet *m*
Walderdbeere *f* **1.** *Beere* fraise *f* des bois **2.** *Pflanze* fraisier *m* des bois
Waldhorn *n* cor *m* de chasse
waldig *adj* boisé
Waldlauf *m* jogging *m* (en forêt)
Waldmeister *m* ⟨~s⟩ aspérule odorante; reine *f* des bois
Waldorfschule ['valdorf-] *f* école *f* Rudolf Steiner
Waldrand *m* lisière *f* de la forêt
waldreich *adj* riche en forêts
Waldsterben *n* ⟨~s⟩ dépérissement *m*, mort *f* des forêts
Waldstück *n* parcelle boisée
Waldweg *m* chemin forestier
Wales [ve:ls] *n* le pays de Galles
Walfang *m* pêche *f* à la baleine
Walfänger *m* ⟨~s; ~⟩ **1.** *Person* baleinier *m* **2.** *Schiff* baleinière *f*
Walfisch F *m* baleine *f*
Waliser(in) [va'li:zər(ın)] *m* ⟨~s; ~⟩ (*f*) ⟨~in; ~innen⟩ Gallois(e) *m(f)*
walisisch *adj* gallois
Walkie-Talkie ['wɔkı'tɔ:kı] *n* ⟨~¢; ~s⟩ talkie-walkie *m*
Walkman® ['wɔ:kmən] *m* ⟨~s; -men⟩ baladeur *m*; walkman® *m*
Walküre [val'ky:rə] *f* ⟨~; ~n⟩ MYTH Walkyrie *f*
Wall [val] *m* ⟨~¢s; ~e⟩ rempart *m* (*a fig*)
Wallach ['valax] *m* ⟨~¢s; ~e⟩ (cheval *m*) 'hongre *m*
wallend *st/s adjt Kleider, Haare* flottant

Wallfahrer(in) *m(f)* pèlerin *m*
Wallfahrt *f* pèlerinage *m*
Wallfahrtskirche *f* église *f* de pèlerinage
Wallfahrtsort *m* (lieu *m* de) pèlerinage *m*
Wallis ['valɪs] ⟨∼⟩ *das Wallis* le Valais
Wallone [va'loːnə] *m* ⟨∼n; ∼n⟩, **Wallonin** *f* ⟨∼; ∼nen⟩ Wallon, -onne *m,f*
Wallonien *n* ⟨∼s⟩ la Wallonie
wallonisch *adj* wallon
Wallung *st/s f* ⟨∼; ∼en⟩ *in Wallung* (*acc*) *geraten* s'enflammer; s'échauffer
Walnuss ['valnʊs] *f* noix *f*
Walnussbaum *m* noyer *m*
Walpurgisnacht [val'pʊrgɪs-] *f* nuit *f* de Walpurgis; MYTH sabbat *m* des sorcières
Walross ['valrɔs] *n* ⟨∼es; ∼e⟩ ZO morse *m*
walten ['valtən] *st/s v/i* ⟨-e-⟩ *s-s Amtes walten* s'acquitter de ses fonctions; *Gnade walten lassen* user de clémence
Walze ['valtsə] *f* ⟨∼; ∼n⟩ cylindre *m*; rouleau *m* (*a Schreibmaschinenwalze*); (*Straßenwalze*) rouleau compresseur
walzen *v/t* ⟨¢$⟩ TECH cylindrer; *Metall* laminer; *Straße* passer au rouleau
wälzen ['vɛltsən] ⟨¢$⟩ **I** *v/t* **1.** rouler; CUIS *in Mehl wälzen* rouler, passer dans la farine **2.** F *fig Akten* compulser **3.** F *fig Probleme* miner **II** *v/r sich am Boden, im Schmutz wälzen* se rouler par terre, dans la boue
walzenförmig *adj* cylindrique
Walzer *m* ⟨∼s; ∼⟩ valse *f*
Wälzer F *m* ⟨∼s; ∼⟩ F gros bouquin; F pavé *m*
Walzstraße *f*, **Walzwerk** *n* laminoir *m*
Wampe ['vampə] F *péj f* ⟨∼; ∼n⟩ F bide *m*; F bedaine *f*
wand [vant] → *winden*
Wand [vant] *f* ⟨∼; ∼e⟩ **1.** *von Gebäuden* mur *m*; F *in meinen vier Wänden* chez moi; entre mes quatre murs; *fig j-n an die Wand stellen* (*erschießen*) coller qn au mur **2.** (*Trennwand*) cloison *f*; *e-s Gefäßes*, ANAT paroi *f*; *spanische Wand* paravent *m* **3.** (*Felswand*) paroi (rocheuse)
Wandale [van'daːlə] *m* ⟨∼n; ∼n⟩ **1.** HIST Vandale *m* **2.** *fig* vandale *m*
Wandalismus *m* ⟨∼⟩ vandalisme *m*
Wandanstrich *m* peinture *f*
Wandbehang *m* tapisserie *f*
Wandbeleuchtung *f* applique *f*
Wandbild *n* tableau mural
Wandel ['vandəl] *m* ⟨∼s⟩ changement *m*; *im Wandel der Zeiten* au fil du temps
wandeln *v/t* (*u v/r*) ⟨¢⟩ (*sich wandeln* se) changer, transformer (*in* [+ *acc*] en)
Wanderausstellung ['vandər-] *f* exposition itinérante
Wanderbühne *f* comédiens ambulants
Wanderdüne *f* dune mouvante
Wanderer *m* ⟨∼s; ∼⟩ randonneur *m*
Wanderfalke *m* faucon *m* pèlerin
Wanderheuschrecke *f* criquet migrateur, pèlerin
Wanderin *f* ⟨∼; ∼nen⟩ randonneuse *f*
Wanderkarte *f* topoguide *m*
Wanderlied *n* chanson *f* de route
wandern *v/i* ⟨sn⟩ **1.** faire une *bzw* des randonnée(s); faire de la marche **2.** *Vögel* émigrer; *Düne, Sonne* se déplacer **3.** F *fig* (*kommen*)

F atterrir (*in den Papierkorb* dans la corbeille à papier)
Wanderpokal *m* SPORT challenge *m*
Wanderprediger *m* prédicateur itinérant
Wanderschaft *f* ⟨∼⟩ voyage *m* (à pied); *auf Wanderschaft gehen* partir pour une (grande) randonnée
Wanderschuh *m* chaussure *f* de marche
Wanderstock *m* bâton *m*
Wandertag *m* SCHULE (journée *f* d')excursion
Wanderung *f* ⟨∼; ∼en⟩ **1.** (*Ausflug*) randonnée *f* (à pied); marche *f* **2.** *von Völkern, Tieren* migration *f*
Wanderweg *m* sentier *m* de (grande) randonnée
Wanderzirkus *m* cirque ambulant
Wandfliese *f* carreau (mural)
Wandgemälde *n* peinture murale; fresque *f*
Wandkalender *m* calendrier (mural)
Wandkarte *f* carte murale
Wandlampe *f*, **Wandleuchter** *m* applique *f*
Wandlung *f* ⟨∼; ∼en⟩ changement *m*; *grundlegende* transformation *f*
Wandmalerei *f* peinture murale
Wandregal *n* étagère murale
Wandschmuck *m* décor mural
Wandschrank *m* placard *m*
Wandspiegel *m* miroir mural
Wandtafel *f* tableau noir
Wandtäfelung *f* lambris *m*
wandte ['vantə] → *wenden*
Wandteller *m* assiette décorative
Wandteppich *m* tapisserie *f*
Wanduhr *f* pendule, horloge murale
Wandverkleidung *f* revêtement *m*; *hölzerne* lambris *m*; boiserie *f*
Wandzeitung *f* journal mural
Wange ['vaŋə] *st/s f* ⟨∼; ∼n⟩ joue *f*
Wankelmotor ['vaŋkəlmoːr] *m* moteur *m* Wankel, à piston rotatif
Wankelmut *st/s m* versatilité *f*; (*Unbeständigkeit*) inconstance *f*
wankelmütig *st/s adj* versatile; inconstant
wanken ['vaŋkən] *v/i* chanceler; vaciller (*beide a fig*); *Knie* flageoler; *ins Wanken geraten* être ébranlé
wann [van] *adv* quand; *seit wann?* depuis quand?; *bis wann?* jusqu'à quand?; *von wann an?* à partir de quand?; *von wann bis wann?* de quand à quand?
Wanne ['vanə] *f* ⟨∼; ∼n⟩ **1.** (*Badewanne*) baignoire *f* **2.** TECH bassine *f*; cuve *f*
Wanst [vanst] F *péj m* ⟨∼¢s; ∼e⟩ F bedaine *f*; F panse *f*
Wanze ['vantsə] *f* ⟨∼; ∼n⟩ **1.** ZO punaise *f* **2.** F (*Abhörgerät*) micro clandestin
Wappen ['vapən] *n* ⟨∼s; ∼⟩ armoiries *f/pl*; armes *f/pl*; blason *m*
Wappenkunde *f* (science *f*) héraldique *f*
Wappentier *n* animal *m* héraldique
wappnen ['vapnən] *st/s v/r* ⟨-e-⟩ *sich gegen etw wappnen* s'armer contre qc
warb [varp] → *werben*
ward [vart] → *werden*
Ware ['vaːrə] *f* ⟨∼; ∼n⟩ marchandise *f*; (*Artikel*) article *m*; (*Produkt*) produit *m*
Warenabsatz *m* débit *m* de marchandises vendues; ventes *f/pl*

Warenangebot *n* offre *f* de marchandises
Warenannahme *f* réception *f* des marchandises
Warenausfuhr *f* exportation *f* (de marchandises)
Warenausgabe *f* remise *f*, délivrance *f* des marchandises
Warenbestand *m* stock *m* (de marchandises)
Wareneinfuhr *f* importation *f* (de marchandises)
Warenhaus *n* grand magasin
Warenhausdetektiv *m* détective *m* (dans un grand magasin)
Warenhausdiebstahl *m* vol *m* (dans un grand magasin)
Warenkorb *m* STATISTIK panier *m* de la ménagère
Warenkunde *f* étude *f*, connaissance *f* des marchandises
Warenlager *n* dépôt *m* de marchandises; entrepôt *m*
Warenlieferung *f* fourniture *f*, livraison *f* de marchandises
Warenmuster *n*, **Warenprobe** *f* échantillon *m*; spécimen *m*
Warenschein *m* COMM warrant *m*
Warensendung *f* envoi *m* de marchandises
Warenwert *m* valeur *f* des marchandises
Warenzeichen *n* marque *f* de fabrique; *früher* *eingetragenes Warenzeichen* marque déposée; nom déposé
warf [varf] → **werfen**
warm [varm] **I** *adj* ⟨ʒer, ʒste⟩ **1.** chaud; *etw Warmes trinken* boire qc de chaud; *warm werden* se réchauffer; *es ist warm* il fait chaud; *mir ist warm* j'ai chaud **2.** (*herzlich*) chaleureux; *warmer Empfang* accueil chaleureux; *mit j-m nicht warm werden* ne pas s'entendre, sympathiser avec qn **II** *adv* chaudement; *warm machen Speisen* faire chauffer; *warm essen* manger chaud; *Speisen warm stellen* mettre au chaud; *den Motor warm laufen lassen* faire tourner le moteur; SPORT *sich warm laufen* s'échauffer; → **warmhalten**
Warmblüter *m* ⟨ʒs; ʒ⟩ animal *m* à sang chaud
warmblütig *adj* à sang chaud
Warmduscher F *m* ⟨ʒs; ʒ⟩ petite nature
Wärme ['vɛrmə] *f* ⟨ʒ⟩ chaleur *f* (*a* PHYS, TECH, *fig*)
Wärmedämmung *f* isolation *f* thermique
wärmeempfindlich *adj* sensible à la chaleur
Wärmegewitter *n* orage *m* de chaleur
Wärmeisolierung *f* isolation *f* thermique
Wärmekraftwerk *n* centrale *f* thermique
Wärmelehre *f* thermique *f*
wärmen **I** *v/t Essen* faire chauffer; (*aufwärmen*) réchauffer **II** *v/i Sonne, Feuer* chauffer; *Kleidung* tenir chaud **III** *v/r sich wärmen* se (ré)chauffer
Wärmepumpe *f* pompe *f* thermique
Wärmetechnik *f* technique *f* thermique
Wärmezufuhr *f* amenée *f*, adduction *f* de chaleur
Wärmflasche *f* bouillotte *f*
Warmfront *f* MÉTÉO front chaud
warmhalten *v/i* ⟨*irr*⟩ F *sich* (*dat*) *j-n warmhalten* cultiver ses relations avec qn
Warmhalteplatte *f* chauffe-plats *m*
warmherzig *adj* chaleureux; cordial

Warmherzigkeit *f* ⟨ʒ⟩ chaleur *f*; cordialité *f*
Warmluft *f* air chaud
warmmachen *v/t* → **warm** II
Warmmiete F *f* loyer *m* chauffage compris
warmstellen *v/t* → **warm** II
wärmstens *adv* *j-n, etw wärmstens empfehlen* recommander chaudement qn, qc
Warmwasserbereitung *f* production *f* d'eau chaude
Warmwasserheizung *f* chauffage (central) à eau chaude
Warmwasserversorgung *f* ravitaillement *m* en eau chaude
warmwerden *v/i fig* → **warm** I 2
Warnblinkanlage ['varn-] *f*, **Warnblinkleuchte** *f* AUTO feux *m/pl* de détresse
Warndreieck *n* AUTO triangle *m* de présignalisation
warnen *v/t j-n* (*vor e-r Gefahr*) *warnen* avertir, prévenir qn (d'un danger); *vor Taschendieben wird gewarnt!* attention aux pickpockets!
Warnlicht *n* signal lumineux
Warnschild *n* panneau *m* de danger
Warnschuss *m* coup tiré en l'air
Warnsignal *n* signal *m* de danger
Warnstreik *m* grève *f* d'avertissement
Warnsystem *n* système *m* d'alerte
Warnung *f* ⟨ʒ; ʒen⟩ avertissement *m*
Warschau ['varʃau] *n* ⟨ʒs⟩ Varsovie
Warte ['vartə] *st/s fig f* ⟨ʒ; ʒn⟩ *von s-r Warte aus* (*gesehen*) de son point de vue
Wartehalle *f* EISENBAHN salle *f* d'attente; AVIAT salle *f* d'embarquement
Wartehäuschen *n* abri *m*; *in Frankreich* abribus® *m*
Warteliste *f* liste *f* d'attente; *auf der Warteliste stehen* être, figurer sur la liste d'attente
warten ⟨-e-⟩ **I** *v/t Maschine* entretenir **II** *v/i* attendre (*auf j-n, etw* qn, qc); F *da können sie lange warten!* vous pouvez toujours attendre!; *Drohung warte nur!* attends un peu!
Wärter(in) ['vɛrtər(ın)] *m* ⟨ʒs; ʒ⟩ (*f*) ⟨ʒin; ʒinnen⟩ gardien, -ienne *m,f*
Warteraum *m*, **Wartesaal** *m* salle *f* d'attente
Warteschlange *f* file *f* d'attente
Warteschleife *f* AVIAT circuit *m* d'attente
Wartezeit *f* période *f* d'attente
Wartezimmer *n* salle *f* d'attente
Wartung *f* ⟨ʒ; ʒen⟩ *von Maschinen* entretien *m*; maintenance *f*
Wartungsdienst *m* service *m* d'entretien
wartungsfrei *adj* qui ne nécessite, demande pas d'entretien
warum [va'rum] *adv* pourquoi; pour quelle raison; *warum nicht?* pourquoi pas?
Warze ['vartsə] *f* ⟨ʒ; ʒn⟩ verrue *f*
Warzenschwein *n* zo phacochère *m*
was [vas] **I** *pr/int* **1.** *allein u betont* quoi; *unbetont:* Nominativ que; qu'est-ce qui; *acc* que; qu'est-ce que; F *unhöflich was?* F quoi?; F 'hein?; *was ist* (*denn*)? qu'est-ce qu'il y a?; *was ist das?* qu'est-ce que c'est (que ça)? **2.** *was für ein(e)* quel; *was für ein Auto fährt er?* qu'est-ce qu'il a comme voiture? **3.** *was kostet …?* combien coûte …? **II** *pr/rel* **4.** Nominativ ce qui; *acc* ce que; *ich weiß, was du willst* je sais ce que tu veux; *was auch immer es ist* quoi que ce soit **5.** *weiterführend …, was*

Was im indirekten Fragesatz			
Direkter Fragesatz		**Indirekter Fragesatz**	
Was interessiert ihn?	**Qu'est-ce qui** l'intéresse ?	Ich weiß nicht, **was** ihn interessiert.	Je ne sais pas **ce qui** l'intéresse.
Was hat dein Freund gemacht?	**Qu'est-ce que** ton copain a fait ?	Ich weiß nicht, **was** mein Freund gemacht hat.	Je ne sais pas **ce que** mon copain a fait.

„Was" im indirekten Fragesatz wird mit **ce qui** oder **ce que** übersetzt. **ce qui** ist Subjekt (Frage: Wer? Was?), **ce que** ist Objekt des Verbs (Frage: Wen? Was?) im Relativsatz. **ce que** wird vor Vokal und stummem h zu **ce qu'** verkürzt.

ich bereue … que je regrette; *was noch schlimmer ist* qui pis est **III** F *pr/ind (etwas)* quelque chose; *das ist was anderes* c'est autre chose **IV** F *adv (wie sehr)* *was haben wir gelacht!* qu'est-ce qu'on a ri!

Waschanlage ['vaʃ-] f lavage m (automatique) de voitures

Waschanleitung f instructions f/pl de lavage

Waschautomat m lave-linge m; machine f à laver

waschbar *adj* lavable

Waschbär m raton laveur

Waschbecken n lavabo m

Waschbenzin n benzine f

Waschbrett n planche f à laver; batte f (de blanchisseuse)

Waschbrettbauch m abdominaux m/pl en tablettes de chocolat

Wäsche ['vɛʃə] f ⟨~; ~n⟩ **1.** (*Wäschestücke*) linge m; *Wäsche waschen* faire la lessive **2.** (*Unterwäsche*) linge m (de corps); F *fig dumm aus der Wäsche gucken* F en rester baba **3.** (*das Waschen*) lavage m (*a* TECH); (*große*) *Wäsche* lessive f; *in der Wäsche sein* être à la lessive

Wäschebeutel m sac m à linge

waschecht *adj* **1.** résistant au lavage; (*farbecht*) grand teint **2.** *fig ein waschechter Berliner* un Berlinois cent pour cent, pur sang

Wäschegarnitur f parure f

Wäscheklammer f épingle f, pince f à linge

Wäschekorb m corbeille f à linge

Wäscheleine f corde f à linge

waschen ⟨wäscht, wusch, gewaschen⟩ **I** v/t laver (*a* AUTO, TECH) **II** v/i (*Wäsche waschen*) faire la lessive **III** v/r *sich waschen* se laver; faire sa toilette

Wäscherei f ⟨~; ~en⟩ blanchisserie f

Wäscheschleuder f essoreuse f

Wäschespinne f séchoir m parapluie

Wäscheständer m séchoir m (à linge)

Wäschetrockner m **1.** *Gestell* séchoir m (à linge) **2.** *Maschine* sèche-linge m

Waschgang m der Waschmaschine (phase f de) lavage m

Waschgelegenheit f lavabo m; coin m toilette

Waschhandschuh m gant m, main f de toilette

Waschküche f **1.** buanderie f **2.** F *fig* (*Nebel*) purée f de pois

Waschlappen m **1.** gant m, main f de toilette **2.** F *fig* (*Feigling*) F lavette f; F chiffe (molle)

Waschmaschine f lave-linge m; machine f à laver

waschmaschinenfest *adj* lavable en machine

Waschmittel n lessive f; détergent m; produit m de lavage

Waschprogramm n programme m de lavage

Waschpulver n lessive f

Waschraum m cabinet m de toilette

Waschsalon m laverie f (automatique)

Waschschüssel f cuvette f

Waschstraße f lavage m (automatique) de voitures

wäscht [vɛʃt] → *waschen*

Waschtisch m lavabo m

Waschwasser n eau f de la lessive

Waschweib F *péj* n F pipelet, -ette m,f; F concierge m,f

Waschzeug n ustensiles m/pl, nécessaire m de toilette

Wasser ['vasər] n ⟨~s; ~⟩ **1.** eau f; *Wasser abweisend* hydrofuge; *ins Wasser gehen* aller nager, se baigner; *fig j-m das Wasser abgraben* saper, miner la position de qn; *fig Pläne ins Wasser fallen* tomber à l'eau **2.** (*Wasseroberfläche*) eau f; *unter Wasser* sous l'eau; *unter Wasser setzen* inonder; submerger; *fig sich über Wasser halten* s'en tirer (tout juste) **3.** (*Gewässer*) eau f; *stehendes Wasser* eau dormante, stagnante; *fig mit allen Wassern gewaschen sein* avoir plus d'un tour dans son sac **4.** *Körperflüssigkeit* eau f; *da läuft e-m das Wasser im Munde zusammen* cela fait venir l'eau à la bouche; *verhüllend Wasser lassen* uriner; MÉD *Wasser in den Beinen haben* avoir les jambes gonflées d'œdèmes

wasserabweisend *adj* hydrofuge

Wasserader f source souterraine

Wasseranschluss m prise f d'eau

wasserarm *adj* aride

Wasserbad n CUIS bain-marie m

Wasserball m **1.** (*Strandball*) ballon m (de plage) **2.** *Spiel* water-polo m

Wasserbecken n bassin m

Wasserbehälter m réservoir m d'eau

Wasserbett n matelas m à eau

Wasserburg f château fort entouré d'eau

Wässerchen ['vɛsərçən] n ⟨~s; ~⟩ *fig er sieht aus, als könne er kein Wässerchen trüben* on lui donnerait le bon Dieu sans confession

Wasserdampf m vapeur f d'eau

wasserdicht *adj* **1.** *Kleidung* imperméable **2.** MAR, TECH étanche **3.** F *fig Alibi, Vertrag* F en béton

Wasserdruck *m* ⟨~¢s; -drücke⟩ pression *f* de l'eau, TECH hydraulique
Wasserfahrzeug *n* bateau *m*; embarcation *f*
Wasserfall *m* cascade *f*; chute *f* (d'eau); *großer* cataracte *f*
Wasserfarbe *f* couleur *f*, peinture *f* à l'eau
Wasserfloh *m* puce *f* d'eau; daphnie *f*
Wasserflugzeug *n* hydravion *m*
wassergekühlt *adjt* refroidi, à refroidissement par eau
Wasserglas *n Gefäß* verre *m* à eau
Wassergraben *m* fossé (rempli d'eau); FORTIF douve *f*; SPORT rivière *f*
Wasserhahn *m* robinet *m* (d'eau)
wässerig → *wässrig*
Wasserkessel *m* bouilloire *f*
Wasserkocher *m* bouilloire *f* électrique
Wasserkopf *m* **1.** MÉD hydrocéphalie *f*; *Mensch* hydrocéphale *m* **2.** *fig péj*, *bes der Verwaltung* hypertrophie *f*
Wasserkraft *f* énergie *f*, force *f* hydraulique
Wasserkraftwerk *n* centrale *f* hydro-électrique
Wasserlauf *m* cours *m* d'eau
Wasserleiche *f* noyé(e) *m(f)*
Wasserleitung *f* conduite *f* d'eau
wasserlöslich *adj* soluble dans l'eau
Wassermangel *m* manque *m*, pénurie *f* d'eau
Wassermann *m* ⟨~¢s; -männer⟩ ASTR Verseau *m*
Wassermassen *f/pl* masses *f/pl* d'eau
Wassermelone *f* pastèque *f*
wassern *v/i* ⟨h *ou* sn⟩ amerrir
wässern ['vɛsərn] *v/t* **1.** (*in Wasser legen*) faire tremper; *Hering* dessaler **2.** *Pflanze* arroser (abondamment)
Wasseroberfläche *f* surface *f* de l'eau
Wasserpfeife *f* narguilé *od* narghilé *m*
Wasserpflanze *f* plante *f* aquatique
Wasserpistole *f* pistolet *m* à eau
Wasserpumpe *f* pompe *f* à eau
Wasserrad *n* roue *f* hydraulique
Wasserratte *f* **1.** ZO rat *m* d'eau **2.** F *fig plais* personne *f* qui adore (être dans) l'eau
Wasserrohr *n* conduite *f* d'eau
Wasserrohrbruch *m* rupture *f* de conduite d'eau
Wasserschaden *m* degâts causés par l'eau; inondation *f*; ADM dégâts des eaux
Wasserscheide *f* GÉOGR ligne *f* de partage des eaux
wasserscheu *adj* **wasserscheu sein** avoir peur de l'eau; ne pas aimer l'eau
Wasserschloss *n* château entouré d'eau
Wasserschutzgebiet *n* zone *f* de protection des eaux; *auf Schildern* nappe *f* phréatique
Wasserschutzpolizei *f für Binnengewässer* police fluviale; *für Küstengewässer* police *f* maritime
Wasserski[1] *n* ⟨~ß⟩ *Sportart* ski *m* nautique
Wasserski[2] *m Sportgerät* ski *m* nautique
Wasserspiegel *m* → *Wasserstand*
Wassersport *m* sports *m/pl* nautiques
Wasserspülung *f* chasse *f* d'eau
Wasserstand *m* niveau *m* d'eau, *e-s Flusses* des eaux
Wasserstelle *f* point *m* d'eau
Wasserstoff *m* hydrogène *m*
Wasserstoffbombe *f* bombe *f* H, à hydrogène

Wasserstrahl *m* jet *m* d'eau
Wasserstraße *f* voie *f* navigable
Wassertank *m* réservoir *m* d'eau
Wassertemperatur *f* température *f* de l'eau
Wassertiefe *f* profondeur *f* de l'eau
Wassertropfen *m* goutte *f* d'eau
Wasserturm *m* château *m* d'eau
Wasseruhr *f* compteur *m* à eau
Wasserverbrauch *m* consommation *f* d'eau
Wasserverschmutzung *f* pollution *f* des eaux
Wasserversorgung *f* alimentation *f* en eau
Wasservogel *m* oiseau *m* aquatique
Wasserwaage *f* niveau *m* (à bulle)
Wasserweg *m* voie *f* navigable; *auf dem Wasserweg(e)* par eau
Wasserwerfer *m* **1.** *Gerät* lance *f*, canon *m* à eau **2.** *Fahrzeug* autopompe *f*
Wasserwerk *n* usine *f* hydraulique; *pl* **städtische Wasserwerke** service *m* des eaux
Wasserzähler *m* compteur *m* à eau
Wasserzeichen *n* filigrane *m*
wässrig ['vɛsrɪç] *adj* **1.** qui contient de l'eau **2.** *Geschmack* insipide; sans goût
waten ['vaːtən] *v/i* ⟨-e-, sn⟩ patauger
Waterkant ['vaːtərkant] *f* ⟨~⟩ *plais* côte (allemande) de la mer du Nord
watscheln ['va(ː)tʃəln] F *v/i* ⟨sn⟩ se dandiner
Watt[1] [vat] *n* ⟨~¢s; ~en⟩ GÉOGR estran *m*
Watt[2] *n* ⟨~¢s; ~⟩ ÉLECT watt *m*
Watte ['vatə] *f* ⟨~; ~n⟩ ouate *f*; coton *m* hydrophile
Wattebausch *m* tampon *m* d'ouate; (morceau *m* de) coton *m*
Wattenmeer *n* → *Watt*[1]
Wattestäbchen *n* coton-tige® *m*
wattiert *adj* ouaté
Wattwanderung *f* promenade *f* sur les grèves à marée basse
Wauwau ['vauvau] *enf m* ⟨~s; ~s⟩ *enf* toutou *m*
WC [veːˈtseː] *n abr* ⟨~ß; ~ß⟩ (*Wasserklosett*) W.-C. *m/pl*
WC-Sitz *m* siège *m* (de) W.-C.
Web [vɛp] *n* ⟨~ß⟩ INFORM Web *m*; Toile *f*
Webbrowser *m* INFORM navigateur *m* Web
Webcam [-kɛm] *f* ⟨~; ~s⟩ INFORM webcam *f*
Webdesign *n* INFORM webdesign *m*
Webdesigner(in) *m(f)* INFORM webdesigner *m,f*
weben ['veːbən] *v/t* ⟨*régulier ou st/s* wob, gewoben⟩ tisser (*a Spinne*)
Weber(in) *m* ⟨~s; ~⟩ (*f*) ⟨~in; ~innen⟩ tisserand(e) *m(f)*
Weberei *f* ⟨~; ~en⟩ *Betrieb* tissage *m*
Weberknecht *m* ZO faucheur *od* faucheux *m*
Webfehler *m* défaut *m* de tissage
Webkante *f* lisière *f*
Weblog ['vɛplɔk] *n od m* ⟨~s; ~s⟩ INFORM weblog *m*; blog *m*
Webmaster ['vɛpmaːstər] *m* ⟨~s; ~⟩ INFORM webmaster *m*
Webseite *f* INFORM page *f* Web
Webserver *m* INFORM serveur *m* Web
Website [-saɪt] *f* ⟨~; ~s⟩ INFORM site *m* Web
Webstuhl *m* métier *m* à tisser
Wechsel ['vɛksəl] *m* ⟨~s; ~⟩ **1.** (*Veränderung*) changement *m*; (*Schwankung*) variation *f* **2.** (*Auswechseln*) changement *m*; SPORT (*Spielerwechsel*) remplacement *m* **3.** (*Sichabwechseln*) alternance *f* **4.** (*Überwechseln*) passage *m*;

SPORT (*Seitenwechsel*) changement *m* de camp **5.** (*Geldwechsel*) change *m* **6.** COMM lettre *f* de change; traite *f*

Wechselbad *n* bain alterné, alternativement chaud et froid; *fig* **das ist das reinste Wechselbad** c'est la douche écossaise

Wechselbeziehung *f* corrélation *f*; **in Wechselbeziehung** (**zueinander**) **stehen** être en corrélation

Wechselfälle *m/pl* **die Wechselfälle des Lebens** les vicissitudes *f/pl* de l'existence

Wechselgeld *n* monnaie *f*

Wechselgesang *m* chant alterné

wechselhaft *adj Wetter* variable; instable; *Charakter* versatile

Wechseljahre *n/pl* retour *m* d'âge; ménopause *f*

Wechselkurs *m* cours *m* (du change)

wechseln ⟨¢⟩ **I** *v/t* **1.** *Wohnung, Schule, Beruf, Partner, Besitzer, Kleidung, Namen, Thema, Stellung, Farbe* changer de **2.** (*austauschen*) *Worte, Blicke* échanger **3. Geld wechseln** changer de l'argent; *in Kleingeld* faire de la monnaie; **können Sie mir hundert Euro wechseln?** pouvez-vous (me) changer cent euros?; pouvez-vous me donner la monnaie de cent euros? **II** *v/i* changer; **zu e-m anderen Verein wechseln** changer de club; passer dans un autre club

wechselnd *adj Wetter* variable; instable; *Stimmung* changeant; **mit wechselndem Erfolg** avec plus ou moins de succès

Wechselobjektiv *n* objectif *m* interchangeable

Wechselrahmen *m* passe-partout *m*

Wechselschalter *m* ÉLECT (commutateur *m*) inverseur *m*

wechselseitig *adj* mutuel; réciproque

Wechselstrom *m* courant alternatif

Wechselstube *f* bureau *m* de change

wechselvoll *adj Leben* avec des ʿhauts et des bas; (*bewegt*) agité; mouvementé

Wechselwähler *m* POL électeur *qui ne vote pas systématiquement pour le même parti*

wechselweise *adv* (*abwechselnd*) alternativement; tour à tour

Wechselwirkung *f* interaction *f*

Weckdienst *m* réveil *m* par téléphone

wecken ['vɛkən] *v/t* réveiller; *fig Interesse* éveiller; susciter; *Erinnerungen* réveiller

Wecken *m* ⟨~s; ~⟩ *südd, österr* **1.** (*Brötchen*) petit pain **2.** (*längliches Brot*) pain blanc ovale

Wecker *m* ⟨~s; ~⟩ réveil *m*; F **j-m auf den Wecker gehen, fallen** F taper sur les nerfs à qn

Weckruf *m* réveil *m*

Wedel ['veːdəl] *m* ⟨~s; ~⟩ **1.** (*Staubwedel*) plumeau *m* **2.** (*Farnwedel, Palmwedel*) fronde *f*

wedeln *v/i* ⟨¢⟩ **1. mit dem Schwanz wedeln** remuer, agiter la queue **2.** SKISPORT godiller

weder ['veːdər] *conj* **weder ... noch ...** ni ... ni ... (*mit ne beim Verb*)

weg [vɛk] F *adv* **1.** (*schon weg*) parti; sorti; (*nicht da*) absent; **weg da!** ôte-toi *bzw* ôtez-vous de là!; F (allez,) ouste!; **Kopf weg!** gare (à) la tête!; **Hände weg!** bas les mains!; F pas touche!; F bas les pattes!; **weg damit!** enlève-moi *bzw* enlevez-moi ça! **2.** F *fig geistig* absent; **ich war sofort weg** (*eingeschlafen*) je me suis endormi tout de suite; **sie war auf einmal weg**

(*bewusstlos*) F tout à coup, elle est tombée dans les pommes; **ganz weg sein** (*begeistert sein*) être enthousiasmé, F emballé **3.** (*entfernt*) **weit weg** loin (**von** de)

Weg [veːk] *m* ⟨~¢s; ~e⟩ **1.** *im Gelände* chemin *m*; voie *f* (*beide a fig*); *in Gärten, Parks* allée *f*; **am Weg(e)** au, sur le bord du chemin **2.** (*einzuschlagende Richtung*) chemin *m*; route *f*; *fig* voie *f*; **der Weg nach ...** le chemin de ...; **auf dem kürzesten Weg** en prenant le chemin le plus court; **auf dem richtigen Weg** *a fig* sur la bonne voie; **etw in die Wege leiten** mettre qc en route **3.** (*Unterwegssein, Reise*) **auf dem Weg(e)** en route; en chemin; chemin faisant; **sich auf den Weg machen** se mettre en route, en chemin; **auf dem besten Weg(e) sein zu** (+ *inf*) être en passe de (+ *inf*); **auf dem Weg nach ...** en allant à ...; sur le chemin de ...; **auf dem Weg von ...** en venant de ... **4.** (*eingeschlagener Weg*) chemin *m*; **j-m aus dem Weg gehen** laisser passer qn; (se ranger pour) faire place à qn; *fig* éviter, fuir qn; *fig* **e-r Frage aus dem Weg(e) gehen** éluder, esquiver une question; **aus dem Weg!** ôte-toi *bzw* ôtez-vous de là!; *fig* **j-m im Weg(e) stehen, sein** gêner qn; **j-n aus dem Weg räumen** (*töten*) supprimer qn; (*loswerden*) se débarrasser de qn; **etw aus dem Weg räumen** écarter qc (*a fig*); F **j-m über den Weg laufen** tomber sur qn; **j-m nicht über den Weg trauen** n'avoir aucune confiance en qn; *fig* **j-m Hindernisse in den Weg legen** créer des difficultés à qn; **auf halbem Weg(e)** *a fig* à mi-chemin; *fig* **s-n Weg gehen** suivre son chemin **5.** *fig* (*Methode, Lösungsweg*) moyen *m*; **ich sehe keinen anderen Weg zu** (+ *inf*) je ne vois pas d'autre moyen de (+ *inf*) **6.** *fig* **auf schnellstem Wege** le plus rapidement possible

wegbekommen *v/t* ⟨*irr, sans ge*⟩ *Fleck* parvenir à enlever

Wegbereiter(in) *m* ⟨~s; ~⟩ (*f*) ⟨~in; ~innen⟩ précurseur *m*; pionnier, -ière *m,f*

wegblasen *v/t* ⟨*irr*⟩ F **wie weggeblasen sein** avoir disparu comme par enchantement

wegbleiben F *v/i* ⟨*irr, sn*⟩ **1.** → **fortbleiben 2.** *Strom* être coupé

wegbringen *v/t* ⟨*irr*⟩ **1.** → **fortbringen 2.** → **wegkriegen**

wegdenken *v/t* ⟨*irr*⟩ (**sich** [*dat*]) **etw wegdenken** faire abstraction de qc; **er ist aus meinem Leben nicht mehr wegzudenken** je ne peux plus m'imaginer une vie sans lui

wegdürfen F *v/i* ⟨*irr*⟩ avoir la permission de partir *bzw* de sortir

Wegelagerer *m* ⟨~s; ~⟩ voleur *m* de grand chemin

wegen ['veːgən] *prép* ⟨*gén, + subst sans terminaison, a dat*⟩ **1.** *Ursache* à cause de; pour; pour cause de; (*infolge*) par suite de; **wegen schlechten Wetters** à cause du mauvais temps **2.** *Bezug* en ce qui concerne; pour ce qui est de; F **von wegen!** penses-tu! **3.** *Zweck* à cause de; pour

wegfahren ⟨*irr*⟩ **I** *v/t* emmener (en voiture, *etc*) **II** *v/i* ⟨*sn*⟩ partir (en voiture, *etc*); **sie fahren oft weg** ils sont souvent en voyage

Wegfahrsperre *f* (**elektronische**) **Wegfahrsperre** système *m* antidémarrage

W

Wegfall *m* suppression *f*
wegfallen *v/i* ⟨*irr*, sn⟩ être supprimé; *Hindernisse*, *Vorteile a* tomber
wegfegen *v/t* balayer (*a fig*)
wegfliegen *v/i* ⟨*irr*, sn⟩ s'envoler (*nach* pour)
wegführen *v/t* emmener; *das würde uns zu weit vom Thema wegführen* cela nous écarterait trop de notre sujet
Weggabelung *f* bifurcation *f*
Weggang *m* départ *m*
weggeben *v/t* ⟨*irr*⟩ se débarrasser de
Weggefährte *m* compagnon *m* de voyage, *fig* de route
weggehen *v/i* ⟨*irr*, sn⟩ **1.** s'en aller; partir; F *geh mir weg damit!* fais-moi grâce de ça! **2.** F *Ware* se vendre **3.** F (*verschwinden*) disparaître; *Fleck*, *Schmutz etc* partir
weggießen *v/t* ⟨*irr*⟩ jeter
weghaben F *v/t* ⟨*irr*⟩ *auf e-m bestimmten Gebiet etwas weghaben* F être calé (en …); F assurer
weghören ne pas écouter
wegjagen *v/t* chasser
wegkommen F *v/i* ⟨*irr*⟩ **1.** (*sich entfernen können*) partir; s'en aller; F se tirer; *machen Sie, dass Sie wegkommen!* F tirez-vous! **2.** (*abhandenkommen*) disparaître **3.** *bei etw gut wegkommen* s'en tirer bien
wegkönnen F *v/i* ⟨*irr*⟩ arriver à partir, s'en aller, sortir
wegkriegen F *v/t Fleck* arriver à enlever, ôter
weglassen *v/t* ⟨*irr*⟩ **1.** *j-n weglassen* laisser partir qn **2.** (*wegfallen lassen*) F laisser tomber; supprimer
weglaufen *v/i* ⟨*irr*, sn⟩ → *fortlaufen*
weglegen *v/t* (*beiseitelegen*) mettre de côté; (*aus der Hand legen*) poser
weglocken *v/t j-n von j-m, etw weglocken* (réussir à) faire partir qn (en employant des moyens détournés, la ruse, *etc*)
wegmachen F *v/t* enlever; faire partir
wegmüssen F *v/i* ⟨*irr*⟩ **1.** (*gehen müssen*), *Post* devoir partir **2.** (*verbraucht werden müssen*) devoir être consommé; (*entfernt werden müssen*) devoir être enlevé
wegnehmen *v/t* ⟨*irr*⟩ **1.** *störenden Gegenstand* enlever **2.** (*j-m*) *etw wegnehmen* prendre qc (à qn) **3.** *viel Platz wegnehmen* prendre beaucoup de place
Wegrand *m am Wegrand* sur le bord, au bord du chemin
wegrationalisieren *v/t* ⟨*sans ge*⟩ *Arbeitsplätze wegrationalisieren* supprimer des emplois en rationalisant la production
wegräumen *v/t* **1.** (*aufräumen*) ranger **2.** *Schutt* déblayer; *Hindernisse*, *fig* écarter
wegrennen F *v/i* ⟨*irr*, sn⟩ se sauver, s'enfuir (*vor* [+ *dat*] devant)
wegschaffen *v/t* → *fortschaffen*
wegscheren F *v/r sich wegscheren* F filer; F se barrer; F se tirer
wegschicken *v/t Person* renvoyer; *Brief*, *Paket* envoyer; expédier
wegschieben *v/t* ⟨*irr*⟩ repousser; écarter (en poussant)
wegschleichen *v/i* ⟨*irr*, sn⟩ (*u v/r sich wegschleichen*) s'esquiver
wegschleppen *v/t* emporter; traîner

wegschließen *v/t* ⟨*irr*⟩ mettre sous clé
wegschmeißen F *v/t* ⟨*irr*⟩ jeter; F balancer
wegschnappen *v/t Ball* 'happer; attraper; *Freundin*, *Posten* F piquer; F souffler; *j-m etw vor der Nase wegschnappen* F piquer qc à qn sous le nez
wegschütten *v/t* ⟨-e-⟩ jeter
wegsehen *v/i* ⟨*irr*⟩ **1.** détourner les yeux **2.** F *fig über etw* (*acc*) *wegsehen* fermer les yeux sur qc
wegsetzen *v/r* ⟨¢$⟩ *sich wegsetzen* changer de place
wegstecken *v/t* mettre de côté; F *fig Schlag*, *Beleidigung* F digérer
wegstehlen *v/r* ⟨*irr*⟩ *sich wegstehlen* s'esquiver
wegstellen *v/t* mettre ailleurs
wegstoßen *v/t* ⟨*irr*⟩ repousser
wegstreichen *v/t* ⟨*irr*⟩ *Geschriebenes* barrer; rayer
wegtragen *v/t* ⟨*irr*⟩ emporter
wegtreten ⟨*irr*⟩ **I** *v/t* écarter du pied **II** *v/i* ⟨sn⟩ se retirer; MIL rompre les rangs; F *fig* (*geistig*) *weggetreten sein* étre absent, dans la lune
wegtun F *v/t* ⟨*irr*⟩ **1.** *an andere Stelle* enlever **2.** (*wegwerfen*) jeter
Wegweiser *m* ⟨∼s; ∼⟩ poteau, panneau indicateur
Wegwerf… *in Zssgn* jetable
wegwerfen *v/t* ⟨*irr*⟩ jeter
wegwerfend *adjt* dédaigneux; méprisant
Wegwerfgesellschaft *f péj* société *f* de gaspillage
wegwischen *v/t* essuyer; effacer
wegwollen F *v/i* ⟨*irr*⟩ vouloir s'en aller, partir
wegziehen ⟨*irr*⟩ **I** *v/t Hand*, *Gegenstand* retirer; enlever; *Person* entraîner **II** *v/i* ⟨sn⟩ (*umziehen*) déménager (*von*, *aus* de)
weh [ve:] **I** *int o weh!* aïe!; aïe aïe aïe! **II** *adv* → *wehtun*
wehe ['ve:ə] *int st/s* *wehe* (*dir*), *wenn du …!* gare à toi, si tu …!
Wehe *f* ⟨∼; ∼n⟩ *pl* *Wehen* contractions *f/pl*; *in den Wehen liegen* être en train d'accoucher; avoir des contractions
wehen ['ve:ən] **I** *v/t* emporter; chasser **II** *v/i* **1.** *Wind* souffler **2.** *Fahnen*, *Haare* flotter
Wehklage *st/s f* lamentation(s) *f(pl)*
wehleidig *adj péj* pleurnicheur; F geignard; *Stimme*, *Miene* plaintif; dolent
Wehmut *st/s f* ⟨∼⟩ (*Sehnsucht*) nostalgie *f*; (*Schwermut*) (douce) mélancolie
wehmütig *adj* nostalgique; mélancolique
Wehr¹ [ve:r] *f* ⟨∼⟩ *sich zur Wehr setzen* se défendre; opposer de la résistance
Wehr² *n* ⟨∼¢s; ∼e⟩ TECH barrage *m*
Wehrdienst *m* service *m* militaire
Wehrdienstverweigerer *m* ⟨∼s; ∼⟩ objecteur *m* de conscience
Wehrdienstverweigerung *f* objection *f* de conscience
wehren *v/r* **1.** *sich wehren körperlich*, *fig* se défendre (*gegen* contre, de); (*Widerstand leisten*) résister (à) **2.** (*sich weigern*) *sich* (*dagegen*) *wehren*, *etw zu tun* se refuser à faire qc
wehrfähig *adj* en âge d'être soldat; capable de porter les armes
wehrlos *adj* désarmé; sans défense (*a Tiere*);

j-m, e-r Sache wehrlos ausgeliefert sein être livré sans défense à qn, qc
Wehrlosigkeit *f* ⟨∼⟩ incapacité *f* de se défendre
Wehrpass *m* livret *m* militaire
Wehrpflicht *f* service *m* militaire obligatoire
wehrpflichtig *adj* **in wehrpflichtigem Alter** en âge d'être incorporé
Wehrpflichtige(r) *m* ⟨→ A⟩ conscrit *m*
Wehrsold *m* prêt *m*; solde *f*
wehtun *v/i* ⟨irr⟩ *j-m wehtun* faire mal à qn; *fig* faire du mal à qn; *der Kopf tut mir weh* j'ai mal à la tête; *wo tut es dir weh?* où as-tu mal?
Wehwehchen *n* ⟨∼s; ∼⟩ bobo *m*
Weib [vaɪp] *n* ⟨∼¢s; ∼er⟩ **1.** *poét*, BIBL femme *f* **2.** F (*Eheweib*) épouse *f*; *ein tolles Weib* F une nana super; F *péj ein böses Weib* une mégère; *pl die Weiber* F les bonnes femmes
Weibchen *n* ⟨∼s; ∼⟩ zo femelle *f*
Weiberheld *m péj* → **Frauenheld**
weibisch *adj péj* efféminé; (de) femme
weiblich *adj* **1.** féminin (*a* GR) **2.** BOT, ZO femelle
Weiblichkeit *f* ⟨∼⟩ nature féminine; féminité *f*
Weibsbild, **Weibsstück** F *péj n* garce *f*
weich [vaɪç] **I** *adj* **1.** mou; *Fleisch, Holz, Gestein* tendre; *Frucht* fondant; *Bett* douillet; *Polster, Kissen* moelleux; *ein weiches, weich gekochtes Ei* un œuf à la coque **2.** (*formbar*) plastique; malléable; *weich machen* (r)amollir **3.** (*schmiegsam*) souple; *Stoff, Haut, Fell* doux; *Wolle* moelleux; *Haar* souple **4.** *fig, Herz* tendre; sensible; F *weich werden* céder **5.** *Droge* doux **6.** *Wasser* doux **II** *adv weich landen* atterrir en douceur
Weiche¹ [ˈvaɪçə] *f* ⟨∼; ∼n⟩ BAHN aiguillage *m*; aiguille *f*; *e-e Weiche stellen* manœuvrer un aiguillage
Weiche² *f* ⟨∼; ∼n⟩ (*Flanke*) *meist pl* **Weichen** flancs *m/pl*
Weichei F *n* petite nature
weichen¹ *v/i* ⟨sn⟩ *in Flüssigkeit* tremper; *weichen lassen* faire tremper
weichen² *v/i* ⟨wich, gewichen, sn⟩ **1.** (*Platz machen*), *fig* céder, reculer (*vor* [+ *dat*] devant); *nicht von der Stelle weichen* ne pas bouger; *j-m nicht von der Seite weichen* ne pas quitter qn d'une semelle **2.** *Angst* se dissiper; disparaître
weichgekocht *adjt* → **weich I 1**
weichherzig *adj* (au cœur) tendre; sensible
Weichkäse *m* fromage *m* à pâte molle
weichlich *adj péj* **1.** (*etwas weich*) mou **2.** *fig* mou; (*zimperlich*) douillet; (*weibisch*) efféminé
Weichling *m* ⟨∼s; ∼e⟩ *péj* mou *m*; (*weibischer Mann*) efféminé *m*; (*Schwächling*) femmelette *f*
weichmachen *v/t* (r)amollir
Weichmacher *m* ⟨∼s; ∼⟩ TECH, CHIM plastifiant *m*
Weichsel [ˈvaɪksəl] ⟨∼⟩ *die Weichsel* la Vistule
Weichspüler *m* ⟨∼s; ∼⟩ adoucissant *m*; assouplissant *m*
Weichteile *n/pl* **1.** ANAT parties molles **2.** F (*Genitalien*) F parties *f/pl*
Weichtiere *n/pl* mollusques *m/pl*
weichwerden *v/i* ⟨irr, sn⟩ F *fig* céder
Weichzeichner *m* PHOT objectif *m* *bzw* filtre *m* pour flou artistique

Weide¹ [ˈvaɪdə] *f* ⟨∼; ∼n⟩ *Baum* saule *m*; (*Korbweide*) osier *m*
Weide² *f* ⟨∼; ∼n⟩ (*Viehweide*) pâturage *m*; pré *m*; herbage *m*
Weidefläche *f*, **Weideland** *n* pâturage(s) *m(pl)*; herbages *m/pl*
weiden ⟨-e-⟩ **I** *v/i* paître; pâturer; brouter (l'herbe) **II** *st/s v/r sich an etw* (*dat*) *weiden* se repaître, se délecter de qc (*a péj*)
Weidenkätzchen *n* chaton *m* de saule
Weidewirtschaft *f* ⟨∼⟩ exploitation *f* de(s) pâturages, herbages
weidlich *adv* amplement; largement
weidmännisch [ˈvaɪtmɛnɪʃ] **I** *adj* de chasseur **II** *adv* selon les règles, traditions de la chasse
Weidmannsheil *int* **Weidmannsheil!** bonne chasse!
weigern [ˈvaɪɡərn] *v/r sich weigern* refuser (*etw zu tun* de faire qc)
Weigerung *f* ⟨∼; ∼en⟩ refus *m*
Weihbischof *m* CATH évêque *m* auxiliaire
Weihe [ˈvaɪə] *f* ⟨∼; ∼n⟩ REL consécration *f*; *e-s Priesters* ordination *f*
weihen *v/t* **1.** REL consacrer; *bes* CATH *Brot, Wasser* bénir; *j-n zum Priester weihen* ordonner qn prêtre **2.** *st/s* **dem Tode geweiht sein** être voué à la mort
Weiher [ˈvaɪər] *m* ⟨∼s; ∼⟩ *bes südd* étang *m*; (*Fischweiher*) vivier *m*
weihnachten *v/imp* ⟨-e-⟩ *es weihnachtet* Noël approche
Weihnachten *n* ⟨∼; ∼⟩ Noël *m*; *zu od südd an Weihnachten* à Noël; *frohe od fröhliche Weihnachten!* joyeux Noël!; *weiße Weihnachten* Noël sous la neige
weihnachtlich **I** *adj* de Noël **II** *adv weihnachtlich geschmückt* décoré pour Noël
Weihnachtsabend *m* veille *f* de Noël
Weihnachtsbaum *m* arbre *m* de Noël
Weihnachtsbrauch *m* coutume *f* de Noël
Weihnachtseinkäufe *m/pl* achats *m/pl* de Noël
Weihnachtsfeier *f* fête *f* de Noël
Weihnachtsfeiertag *m der erste Weihnachtsfeiertag* le jour de Noël; *der zweite Weihnachtsfeiertag* le 26 décembre; *pl Weihnachtsfeiertage* fêtes *f/pl* de Noël
Weihnachtsferien *pl* vacances *f/pl* de Noël
Weihnachtsfest *n* fête *f* de Noël; Noël *m*
Weihnachtsgebäck *n* petits gâteaux de Noël
Weihnachtsgeld *n* prime *f* de fin d'année
Weihnachtsgeschenk *n* cadeau *m* de Noël
Weihnachtskrippe *f* crèche *f* de Noël
Weihnachtslied *n* cantique *m*, chant *m* de Noël; noël *m*
Weihnachtsmann *m* ⟨∼¢s; -männer⟩ père *m* Noël
Weihnachtsmarkt *m* marché *m* de Noël
Weihnachtsstern *m* **1.** *aus Papier, Stroh* étoile *f* de Noël **2.** BOT poinsettia *m*
Weihnachtstag *m* → **Weihnachtsfeiertag**
Weihnachtszeit *f* époque *f* de Noël
Weihrauch *m* encens *m*
Weihwasser *n* eau bénite
Weihwasserbecken *n* bénitier *m*
weil [vaɪl] *conj* parce que; *bei gleichem Subjekt a* pour (+ *inf passé*)
Weilchen *n* ⟨∼s⟩ *ein Weilchen* un petit moment
Weile [ˈvaɪlə] *f* ⟨∼⟩ moment *m*; (un) certain laps

W

de temps; **e-e ganze Weile** assez longtemps; un bon moment; *prov* **eile mit Weile!** *prov* hâte-toi lentement!

weilen *st/s v/i* séjourner; *fig* **er weilt nicht mehr unter uns** (*dat*) il n'est plus parmi nous; il nous a quittés

Weiler ['vaɪlər] *m* ⟨∼s; ∼⟩ 'hameau *m*

Wein [vaɪn] *m* ⟨∼s; ∼e⟩ **1.** *Getränk* vin *m*; *fig* **j-m reinen Wein einschenken** dire à qn la vérité toute crue **2.** (*Weinreben*) vigne(s) *f(pl)*

Wein(an)bau *m* ⟨∼¢s⟩ viticulture *f*

Weinbauer *m* ⟨∼n; ∼n⟩ vigneron *m*; *im Großen* viticulteur *m*

Weinbaugebiet *n* région *f* vinicole *od* viticole

Weinbeere *f* grain *m* de raisin

Weinberg *m* vignoble *m*; vigne *f*

Weinbergschnecke *f* escargot *m* de Bourgogne

Weinbrand *m* eau-de-vie *f* de raisin; *par ext* cognac *m*

weinen ['vaɪnən] *v/i* pleurer (**über** [+ *acc*], **vor** [+ *dat*] sur, de); **um j-n weinen** pleurer (la perte de) qn; **j-n zum Weinen bringen** faire pleurer qn; **es ist zum Weinen!** c'est à désespérer!

weinerlich *adj* pleurnicheur; *Stimme a* larmoyant

Weinessig *m* vinaigre *m* (de vin)

Weinfass *n* tonneau *m* à vin

Weinflasche *f* bouteille *f* à vin

Weingegend *f* région *f* viticole, de vignobles

Weingeist *m* esprit-de-vin *m*

Weinglas *n* verre *m* à vin

Weingut *n* domaine *m* viticole

Weinhändler *m* marchand *m* de vin(s)

Weinhandlung *f* débit *m* de vin

Weinkarte *f* carte *f* des vins

Weinkeller *m* cave *f* à vin

Weinkenner *m* connaisseur *m* en vins

Weinkrampf *m* crise *f* de larmes

Weinlese *f* vendange(s) *f(pl)*

Weinlokal *n* bar *m* à vins

Weinprobe *f* dégustation *f* (de vin)

Weinrebe *f* vigne *f*; (*Rebstock*) cep *m* de vigne

weinrot *adj* vineux; (couleur) lie de vin

Weinschorle *f* mélange de vin et d'eau minérale gazeuse

Weinstein *m* tartre *m*

Weinstock *m* (pied *m*, cep *m* de) vigne *f*

Weinstube *f* débit *m* de vin

Weintraube *f* (grappe *f* de) raisin *m*

weise ['vaɪzə] *adj* sage

Weise ['vaɪzə] *f* ⟨∼; ∼n⟩ **1.** (*Art*) manière *f*; façon *f*; **auf diese Weise** de cette manière, façon; **auf meine Weise** à ma manière, façon; **in gewohnter Weise** comme d'habitude **2.** MUS air *m*; mélodie *f*

weisen ⟨¢ʃ, wies, gewiesen⟩ **I** *v/t st/s fig* **j-m die Tür weisen** montrer la porte à qn; *fig* **etw von sich** (*dat*) **weisen** repousser, rejeter qc **II** *v/i* **auf etw** (*acc*) **weisen** indiquer qc

Weisheit *f* ⟨∼; ∼en⟩ **1.** sagesse *f*; **der Weisheit letzter Schluss** la réponse à tout; la solution idéale; F **mit s-r Weisheit am Ende sein** ne plus savoir que faire **2.** (*weiser Rat, Spruch*) adage *m*; maxime *f*

Weisheitszahn *m* dent *f* de sagesse

weismachen F *v/t* **j-m etw weismachen** faire, laisser croire qc à qn

weiß[1] [vaɪs] → **wissen**

weiß[2] *adj* blanc; (*bleich*) pâle; **das Weiße Haus** la Maison Blanche; **weiße Weihnachten** *n/pl* Noël *m* sous la neige

Weiß *n* ⟨∼¢ʃ; ∼⟩ blanc *m*

weissagen *v/t* prédire; prophétiser

Weissagung *f* ⟨∼; ∼en⟩ prédiction *f*; prophétie *f*

Weißbier *n* bière blanche

Weißblech *n* fer-blanc *m*

weißblond *adj* d'un blond (tirant sur le) blanc

Weißbrot *n* pain blanc

Weißdorn *m* ⟨∼¢s; ∼e⟩ BOT aubépine *f*

Weiße *f* ⟨∼; ∼n⟩ **Berliner Weiße** (**mit Schuss**) bière blanche de Berlin (servie avec du sirop de framboise)

Weiße(r) *f(m)* ⟨→ A⟩ Blanc *m*; Blanche *f*

weißen *v/t* ⟨¢ʃ⟩ *Wände* blanchir; (*tünchen*) badigeonner

Weißglut *f* incandescence *f*; F *fig* **j-n zur Weißglut bringen** pousser qn à bout

Weißgold *n* or blanc

weißhaarig *adj* aux cheveux blancs

Weißkohl *m*, *bes südd*, *österr* **Weißkraut** *n* chou blanc

weißlich *adj* blanchâtre

Weißmacher *m* ⟨∼s; ∼⟩ *im Waschmittel* agent blanchissant

Weißrusse *m*, **Weißrussin** *f* Biélorusse *m,f*

weißrussisch *adj* biélorusse

Weißrussland *n* ⟨∼s⟩ la Biélorussie

Weißwein *m* vin blanc

Weißwurst *f* boudin blanc

Weisung *st/s ou* ADM *f* ⟨∼; ∼en⟩ directive *f*

Weisungsbefugnis *f* pouvoir *m* de direction

weit [vaɪt] **I** *adj* **1.** (*ausgedehnt*) vaste; large; étendu; **weite Teile des Landes** une grande partie du pays; **im weitesten Sinne des Wortes** dans toute l'acception du terme **2.** *Reise*, *Weg* long; *Ziel* éloigné; **das Weite suchen** prendre le large **3.** *Kleidung* large; COUT (*weit geschnitten*) ample **II** *adv* **4.** (*ausgedehnt*) **weit verbreitet** très répandu; **weit gereist sein** avoir beaucoup voyagé; **die Augen weit aufmachen** faire, ouvrir de grands yeux; **weit und breit** partout; **weit blickend, gehend, reichend** → **weitblickend, weitgehend, weitreichend 5.** (*entfernt*) loin; **weit entfernt von ...** très loin de ...; **weit weg** au loin; très loin; **von Weitem** de loin; à distance; **wie weit ist es nach ...?** quelle distance y a-t-il d'ici à ...? **6.** *zeitlich* loin; **weit zurückliegend** lointain; **er ist weit über fünfzig** il a largement dépassé la cinquantaine **7.** *in der Entwicklung* loin; **wie weit bist du** (**mit deiner Arbeit**)**?** où en es-tu (de *od* avec ton travail)?; **das geht zu weit** c'en est trop **8.** (*weitaus*) de loin; de beaucoup; **weit mehr** beaucoup plus; **j-m weit überlegen sein** surpasser qn de loin, de beaucoup; **bei Weitem nicht vollständig** loin d'être complet

weitab *adv* loin d'ici, de là

weitaus *adv* de loin; de beaucoup

Weitblick *m* clairvoyance *f*

weitblickend *adj* qui voit loin; prévoyant

Weite *f* ⟨∼; ∼n⟩ **1.** (*Weitsein*) (vaste) étendue *f* **2.** (*Größe*) dimensions *f/pl*; largeur *f*; ampleur *f* (*a e-s Kleidungsstücks*) **3.** (*weiter Raum*) vaste espace *m*; (*Ferne*) lointain *m* **4.** (*Länge*) *e-s Weges*, SPORT longueur *f*

weiten *v/t* (*u v/r*) ⟨-e-⟩ (**sich weiten** s')élargir;

Öffnung (s')évaser

weiter *adv* **1.** (*nur*) *weiter!, weiter so!* continue *bzw* continuez!; *weiter auf Seite drei* suite en page trois **2.** (*anschließend*) ensuite; après; *was geschah weiter?* qu'est-ce qui s'est passé ensuite?; *weiter bestehen* continuer d'exister; subsister **3.** (*außerdem*) de, en plus; encore; *weiter nichts?* c'est tout?; F *wenn es weiter nichts ist!* F si ce n'est que ça! **4.** *zur Steigerung* plus; *weiter unten, vorn* plus bas, en avant

weiterarbeiten *v/i* continuer à travailler
weiterbeschäftigen *v/t* ⟨*sans ge*⟩ garder
weiterbestehen *v/i* → *weiter 2*
weiterbilden *v/t u v/r* ⟨-e-⟩ → *fortbilden*
Weiterbildung *f* → *Fortbildung*
weiterbringen *v/t* ⟨*irr*⟩ avancer
weiterdenken *v/i* ⟨*irr*⟩ réfléchir aux conséquences (de qc)
weitere *adj* **1.** (*zusätzlich*) de plus; autre; *haben sie noch weitere Fragen?* avez-vous d'autres questions?; → *Weitere(s)* **2.** (*anschließend*) *die weitere Entwicklung* l'évolution ultérieure; *zur weiteren Behandlung* pour la suite du traitement; → *Weitere(s)*
Weitere(s) *n* ⟨→ A⟩ *das Weitere* ce qui suit; la suite; le reste; *des Weiteren* en outre; de, en plus; *bis auf Weiteres* jusqu'à nouvel ordre; *ohne Weiteres* sans (plus de) façon(s)
weiterempfehlen *v/t* ⟨*irr, sans ge*⟩ recommander (à qn, à d'autres personnes)
weiterentwickeln *v/i* ⟨¢, *sans ge*⟩ **I** *v/t* développer; *Erfindung* perfectionner **II** *v/r* *sich weiterentwickeln* se développer; *Wissenschaft, Vorstellung etc* évoluer; progresser
weitererzählen *v/t* ⟨*sans ge*⟩ **1.** (*ausplaudern*) propager; divulguer **2.** (*fortfahren zu erzählen*) continuer à raconter
weiterfahren *v/i* ⟨*irr, sn*⟩ poursuivre, continuer sa route, son voyage
weiterführen *v/t u v/i* continuer; *weiterführende Schulen* *f/pl* enseignement *m* secondaire
weitergeben *v/t* ⟨*irr*⟩ transmettre; (*herumreichen*) faire passer, circuler
weitergehen *v/i* ⟨*irr, sn*⟩ **1.** (*weiterlaufen*) poursuivre, continuer son chemin; *weitergehen!* circulcz! **2.** (*sich fortsetzen*) continuer; *Verhandlungen* se poursuivre; *so kann es nicht weitergehen* ça ne peut pas durer, continuer comme ça
weiterhelfen *v/i* ⟨*irr*⟩ *j-m* (*mit etw*) *weiterhelfen* aider qn (à faire qc)
weiterhin *adv* **1.** (*außerdem*) en outre; encore **2.** (*in Zukunft*) à l'avenir **3.** (*noch immer*) toujours; encore
weiterkommen *v/i* ⟨*irr, sn*⟩ **1.** *auf s-m Weg* avancer; F *mach, dass du weiterkommst!* F fiche, fous le camp! **2.** *bei der Arbeit* avancer (*in* [+ *dat*], *mit* dans); *im Beruf* gravir les échelons; monter en grade
weiterleiten *v/t* ⟨-e-⟩ transmettre; *Brief* acheminer
weitermachen F *v/t u v/i* continuer (*mit etw* à, de faire qc)
weiterreichen *v/t* transmettre; (*herumreichen*) faire passer, circuler
weitersagen *v/t* répéter; *nicht weitersagen!* ne le répète, répétez pas!

weitersehen *v/i* ⟨*irr*⟩ *dann sehen wir weiter* après, on verra
weiterspielen *v/t u v/i* continuer à jouer
weiterverarbeiten *v/t* ⟨-e-, *sans ge*⟩ transformer; traiter; usiner
weiterverfolgen *v/t* ⟨*sans ge*⟩ *e-e Sache weiterverfolgen* suivre qc; donner suite à qc
weiterverkaufen *v/t* ⟨*sans ge*⟩ revendre
weiterwissen *v/i* ⟨*irr*⟩ *nicht* (*mehr*) *weiterwissen* ne plus savoir que faire
weiterziehen *v/i* ⟨*irr, sn*⟩ continuer, poursuivre son chemin, sa route
weitgehend **I** *adj* large; (*beträchtlich*) considérable **II** *adv* en grande partie
weitgereist *adj* → *weit II 4*
weither *st/s adv* de loin
weitherzig *adj* large; généreux
weithin *adv* au, de loin
weitläufig **I** *adj* **1.** *Gebäude* étendu; *p/fort* vaste **2.** *Verwandter* éloigné **3.** *Schilderung* détaillé **II** *adv* **4.** *sie sind weitläufig verwandt* ils sont parents éloignés **5.** *schildern* en détail
weiträumig *adv* *etw weiträumig umfahren* faire un grand détour autour de qc
weitreichend *adj* *räumlich* à longue portée; *Vollmacht* étendu; *Einfluss* grand
weitschweifig *adj* *Schilderung* prolixe; interminable
weitsichtig *adj* **1.** MÉD hypermétrope; *im Alter* presbyte **2.** *fig* prévoyant
Weitsichtigkeit *f* ⟨∼⟩ MÉD hypermétropie *f*; *im Alter* presbytie *f*
Weitsprung *m* saut *m* en longueur
weitverbreitet *adj* très répandu
Weitwinkelobjektiv *n* objectif *m* (à) grand angle
Weizen ['vaɪtsən] *m* ⟨∼s⟩ blé *m*; froment *m*
Weizenbier *n* bière blanche
Weizenmehl *n* farine *f* de froment, de blé
welch [vɛlç] *st/s pr/int* ⟨*inv*⟩ *in Ausrufen* quel; *welch ein Glück!* quelle chance!
welche ['vɛlçə] **I** *pr/int* **1.** *adjt* quel **2.** *subst* lequel; *welcher von beiden?* lequel des deux? **II** *pr/rel* **3.** *Nominativ* **welcher, welche, welches,** *pl* **welche** qui; *zur Vermeidung e-s Doppelsinnes a* lequel **4.** *dat* **welchem, welcher,** *pl* **welchen** auquel; *mit Bezug auf Personen a* à qui **5.** *acc* **welchen, welche, welches,** *pl* **welche** que; *nach prép* lequel; *mit Bezug auf Personen a* qui **III** *pr/ind* **6.** **welcher, welche, welches,** *pl* **welche, … auch** (*immer*) *vor subst* quelque … que (+ *subj*) **7.** *unbestimmte Menge* **welchen, welche, welches,** *pl* **welche** en; *haben Sie Brot?* *ich habe welches* j'en ai
welk [vɛlk] *adj* fané; flétri (*beide a fig*)
welken *v/i* ⟨*sn*⟩ se faner; se flétrir
Wellblech ['vɛl-] *n* tôle ondulée
Wellblechdach *n* toit *m* de tôle ondulée
Wellblechhütte *f* baraque *f* en tôle ondulée
Welle ['vɛlə] *f* ⟨∼; ∼n⟩ **1.** (*Woge*) vague *f* (*a fig*); *hohe lame f; fig* *hohe Wellen schlagen* provoquer des remous **2.** *im Haar* **Wellen** *pl* ondulations *f/pl* **3.** TECH arbre *m* **4.** (*Lichtwelle, Schallwelle, Radiowelle*) onde *f* **5.** *im Verkehr* *grüne Welle* feux synchronisés
wellen *v/r* *sich wellen* former des ondulations, des plis
Wellenbad *n* piscine *f* à vagues (artificielles)

Wellenbereich *m* RAD bande *f* de fréquences

Wellenbewegung *f* mouvement *m* ondulatoire; ondulation *f*

Wellenbrecher *m* brise-lames *m*

wellenförmig **I** *adj* onduleux **II** *adv* par ondes; comme une onde

Wellengang *m* MAR 'houle *f*

Wellenkamm *m* crête *f* d'une vague

Wellenlänge *f* longueur *f* d'onde (*a* F *fig*)

Wellenlinie *f* ligne ondulée; ondulation *f*

Wellenreiten *n* surf *m*

Wellensittich *m* perruche *f*

wellig *adj Haare, Oberfläche* ondulé

Wellness ['vɛlnɛs] *f* ⟨∼⟩ bien-être *m*; bonne forme (physique) et vitalité *f*

Wellnessbereich *m* espace *m* bien-être

Wellnesscenter [-sɛntər] *n* centre *m* de bien--être

Wellnesshotel *n* (hôtel *m* avec) centre *m* de bien-être

Wellnesswochenende *n* week-end *m* bien-être

Wellpappe *f* carton ondulé

Welpe ['vɛlpə] *m* ⟨∼n; ∼n⟩ *Hund* chiot *m*; *Wolf* louveteau *m*; *Fuchs* renardeau *m*

Wels [vɛls] *m* ⟨∼es; ∼e⟩ ZO silure *m*

welsch [vɛlʃ] *adj schweiz* de la Suisse romande

Welschland *n schweiz* Suisse romande

Welt [vɛlt] *f* ⟨∼; ∼en⟩ **1.** monde *m*; *alle Welt* tout le monde; *die Alte, Neue Welt* l'Ancien, le Nouveau monde; *die Dritte, Vierte Welt* le tiers, quart monde; *die ganze Welt* le monde entier; *die Welt des Theaters* le monde du théâtre; *ein Mann von Welt* un homme du monde; *nicht um alles in der Welt* pour rien au monde (*mit ne beim Verb*); *was in aller Welt ...?* que ... donc!; *zur Welt bringen* mettre au monde; *etw aus der Welt schaffen* liquider, régler qc; *auf die Welt kommen* venir au monde; *e-e Reise um die Welt machen* faire le tour du monde; F *péj in die Welt setzen Gerücht* faire courir, circuler **2.** (*Weltall*) univers *m*; *zwischen uns liegen Welten* des mondes nous séparent

Welt... *in Zssgn* mondial; du monde

Weltall *n* univers *m*

Weltanschauung *f* conception *f*, vision *f* du monde; (*Ideologie*) idéologie *f*

Weltatlas *m* atlas *m* du monde

Weltausstellung *f* exposition universelle

weltbekannt *adj*, **weltberühmt** *adj* célèbre dans le monde entier

Weltbevölkerung *f* population mondiale

weltbewegend *adjt* révolutionnaire

Weltbild *n* image *f*, vision *f* du monde

Weltenbummler(in) *m(f)* globe-trotter *m,f*

Welterfolg *m* succès mondial

Weltergewicht ['vɛltər-] *n* poids *m* welter; poids mi-moyen

weltfremd *adj* détaché; peu réaliste

Weltfriede(n) *m* paix mondiale, universelle

Weltgeltung *f* réputation mondiale, universelle

Weltgeschichte *f* histoire universelle

Weltgesundheitsorganisation *f* ⟨∼⟩ Organisation mondiale de la santé

weltgewandt *adj* qui a l'usage du monde; qui a beaucoup de savoir-vivre

Welthandel *m* commerce mondial

Welthandelsorganisation *f* Organisation mon-

diale du commerce

Weltherrschaft *f* hégémonie mondiale

Weltkarte *f* mappemonde *f*

Weltklasse *f bes* SPORT élite mondiale

Weltkrieg *m* guerre mondiale; *der Erste Weltkrieg* la Première Guerre mondiale; la Grande Guerre; *der Zweite Weltkrieg* la Seconde Guerre mondiale

Weltkugel globe *m* (terrestre)

Weltkulturerbe *n* patrimoine mondial de l'humanité

weltlich *adj* de ce monde; (*nicht kirchlich*) séculier

Weltliteratur *f* littérature universelle

Weltmacht *f* puissance mondiale

weltmännisch *adj* d'homme du monde

Weltmarkt *m* marché mondial

Weltmeer *n* océan *m*

Weltmeister(in) *m(f)* champion, -ionne *m,f* du monde

Weltmeisterschaft *f* championnat *m* du monde

Weltmeistertitel *m* titre *m* de champion du monde

weltoffen *adj Mensch, Charakter* qui a une grande ouverture d'esprit; *Stadt* cosmopolite

Weltpolitik *f* politique internationale, mondiale

weltpolitisch *adj* de (la) politique internationale, mondiale

Weltrang *m* niveau international

Weltraum *m* espace *m*

Weltraum... *in Zssgn* → *Raum...*

Weltreich *n* empire *m*

Weltreise *f* tour *m* du monde

Weltrekord *m* record mondial

Weltrekordinhaber(in) *m(f)*, **Weltrekordler(in)** *m* ⟨∼s; ∼⟩ (*f*) ⟨∼in; ∼innen⟩ détenteur, -trice *m,f* du record mondial *od* du monde

Weltreligion *f* grande religion du monde

Weltruf *m* renommée, réputation universelle, mondiale

Weltschmerz *m* ⟨∼es⟩ mal *m* du siècle; spleen *m*

Weltsicherheitsrat *m* ⟨∼ɕs⟩ Conseil *m* de sécurité (des Nations Unies)

Weltsprache *f* langue universelle

Weltstadt *f* grande métropole; ville *f* cosmopolite

weltstädtisch *adj* de grande métropole; cosmopolite

Weltstar *m* ⟨∼s; ∼s⟩ vedette, star internationale

Weltumseg(e)lung *f* ⟨∼; ∼en⟩ tour *m* du monde à la voile

Weltuntergang *m* fin *f* du monde

Weltuntergangsstimmung *f* ambiance *f* de fin du monde, d'apocalypse

Welturaufführung *f* première mondiale

Weltverbesserer *m* ⟨∼s; ∼⟩ *iron* personne *f* qui veut refaire le monde; *par ext* redresseur *m* de torts

weltweit *adj* mondial; universel

Weltwirtschaft *f* économie mondiale

Weltwirtschaftskonferenz *f* conférence économique internationale

Weltwirtschaftskrise *f* crise économique mondiale

Weltwunder *n* merveille *f* du monde

wem [ve:m] (*dat de* wer) **I** *pr/int* à qui?; *wem gehört das?* c'est à qui? **II** *pr/rel* celui à qui

wen [veːn] *(acc de* wer) **I** *pr/int* qui?; qui est-ce que?; *an wen denkst du?* à qui est-ce que tu penses? **II** *pr/rel* celui que; *wen man auch immer wählt, …* qui que l'on choisisse, …
Wende ['vɛndə] *f* ⟨∼; ∼n⟩ **1.** *(Wenden, Wendepunkt)* virage *m (a* SPORT) **2.** *zeitliche* tournant *m*; *um die Wende des 19. Jahrhunderts* autour de 1900 **3.** *(Änderung)* changement *m*; tournant *m*
Wendehals *m* **1.** zo torcol *m* **2.** F *péj* POL girouette *f*
Wendekreis *m* **1.** ASTR, GÉOGR tropique *m* **2.** AUTO rayon *m* de braquage
Wendeltreppe ['vɛndəl-] *f* escalier *m* en colimaçon, en hélice, à vis
Wendemanöver *n* (manœuvre *f* de) demi-tour *m*
Wendemöglichkeit *f* possibilité *f* de (faire) demi-tour
wenden ⟨wendet, wendete *ou* wandte, gewendet *ou* gewandt⟩ **I** *v/t (umdrehen)* tourner; *Braten, Heu* retourner; *Fahrzeug* faire demi-tour avec **II** *v/i (umkehren)* faire demi-tour; *(umblättern)* *bitte wenden!* tournez, s'il vous plaît **III** *v/r sich wenden* **1.** *(sich ändern)* changer; tourner; *sich zum Guten, Bösen wenden* bien, mal tourner **2.** *(sich hinwenden, zuwenden)* se tourner; *sich zur Tür wenden* se diriger vers la porte **3.** *sich an j-n wenden* s'adresser à qn *(mit, in e-r Sache* au sujet de qc)
Wendepunkt *m fig* tournant *m*
wendig *adj* **1.** *Fahrzeug* (très) maniable; facile à manœuvrer **2.** *(geistig beweglich)* vif
Wendung *f* ⟨∼; ∼en⟩ **1.** *(Veränderung)* changement *m*; *(Umschwung)* revirement *m*; *e-e unerwartete Wendung nehmen* prendre un tour inattendu; *e-e Wendung zum Besseren nehmen* prendre une bonne tournure; s'améliorer **2.** *(Redewendung)* locution *f*; expression *f*
wenig ['veːniç] **I** *pr/ind* **1.** *adjt (au Sg: mit zählbaren Mengen pl* **wenige** … peu de …; quelques …; *wenig Wasser* peu d'eau; *wenige Dinge n/pl* peu de choses; *in wenigen Minuten* dans quelques minutes; *die wenigen Menschen, die …* les quelques, les rares personnes qui … **2.** *subst; pl* **wenige** peu; *Personen a* peu de gens, personnes; *einige wenige* quelques-un(e)s; *e-e, e-r der wenigen (, die …)* une des rares personnes (qui …); *das wissen nur wenige* il n'y a que peu de gens qui le sachent **II** *adv* **3.** *(nicht sehr)* ne … guère; peu; à peine; *sich wenig um etw kümmern* ne pas se soucier beaucoup de qc **4.** *(unwesentlich)* peu; à peine; *nur wenig besser* juste un peu mieux **5.** *ein wenig (etwas)* un peu; *ein (ganz) klein wenig* un (tout) petit peu; *ein wenig schneller* un peu plus vite
weniger **I** *pr/ind* moins; *vor subst* moins de; *weniger als* … moins que …; *vor Zahlen* moins de …; *eins weniger* un de moins; *viel weniger* bien, beaucoup moins; *nicht weniger als* … pas moins que …, *vor Zahlen* pas moins de … *(mit ne beim Verb)*; *nicht mehr und nicht weniger* ni plus ni moins; *weniger werden* diminuer; se réduire **II** *adv (minus)* *10 weniger 4* 10 moins 4
Wenigkeit *f* ⟨∼⟩ *plais meine Wenigkeit* ma mo-

deste personne
wenigste *pr/ind* *das wenigste, am wenigsten* le moins; *die wenigsten wissen das* très peu de gens le savent
wenigstens *adv* au moins; du moins; pour le moins
wenn [vɛn] *conj* **1.** *temporal* quand; lorsque; *sagen Sie es ihm, wenn er kommt* dites-le-lui, quand il viendra; *jedes Mal wenn* chaque fois que; toutes les fois que **2.** *konditional* si; *wenn Sie wollen* si vous voulez; *wenn ich ehrlich sein soll* à vous parler franchement; *außer wenn* sauf si; *wenn ich bloß wüsste …!* si seulement je savais …! **3.** *konzessiv* *wenn auch, auch wenn* quoique, bien que … (+ *subj*); *auch wenn es noch so weit ist* quelle qu'en soit la distance; *selbst wenn* même si … (+ *ind*)
Wenn F *n* ⟨∼s; ∼ *ou* F ∼s⟩ *ohne Wenn und Aber* sans réserve
wenngleich *conj* quoique (+*subj*); bien que (+*subj*)
wennschon F *adv* **wennschon, dennschon** tant qu'à faire!; *na, wennschon!* qu'importe!; et pourquoi pas!
wer [veːr] **I** *pr/int* qui?; qui est-ce qui?; *wer von beiden?* lequel, laquelle des deux? **II** *pr/rel* qui; celui qui; *wer es auch sei* qui que ce soit
Werbeabteilung ['vɛrbə-] *f* service *m* (de la) publicité
Werbeagentur *f* agence *f* de publicité
Werbeaktion *f* opération *f* publicitaire
Werbeartikel *m* article *m* de publicité
Werbebanner *n* INFORM bannière *f* (publicitaire)
Werbeetat *m* budget *m* publicitaire, de publicité
Werbeexemplar *n* exemplaire *m* de publicité
Werbefeldzug *m* campagne *f* publicitaire, de publicité
Werbefernsehen *n* publicité télévisée
Werbefilm *m* film *m* publicitaire
Werbefläche *f* panneau *m* publicitaire; panneau-réclame *m*
Werbefunk *m* publicité radio-diffusée
Werbegag *m* gag *m* publicitaire
Werbegeschenk *n* prime *f*; cadeau *m* publicitaire
Werbegrafik *f* art *m* de la publicité commerciale
Werbegrafiker(in) *m(f)* dessinateur, -trice *m,f* publicitaire
Werbematerial *n* matériel *m* de publicité
Werbemittel *n* moyen *m* de publicité
werben ⟨wirbt, warb, geworben⟩ **I** *v/t Mitglieder* recruter; *Kunden* prospecter **II** *v/i* **1.** *für etw werben* faire de la publicité pour qc **2.** *st/s um j-s Gunst werben* solliciter les faveurs de qn
Werbesendung *f* émission *f* publicitaire
Werbeslogan *m* slogan *m* publicitaire
Werbespot *m* spot *m* publicitaire
Werbesprache *f* langage *m* publicitaire, F de la pub
Werbespruch *m* slogan *m* publicitaire
Werbetext *m* texte *m* publicitaire
Werbetexter *m* rédacteur *m* publicitaire
Werbetrommel *f* F *die Werbetrommel rühren*

faire du battage publicitaire

werbewirksam *adj* d'une grande efficacité publicitaire

Werbezwecke *m/pl* **für Werbezwecke** à des fins publicitaires

Werbung *f* ⟨∼; ∼en⟩ **1.** *von Mitgliedern* recrutement *m* **2.** (*Reklame*) publicité *f*; réclame *f*; propagande *f* (*a* POL)

Werbungskosten *pl* **1.** STEUERRECHT frais professionnels **2.** frais *m/pl* publicitaires, de publicité

Werdegang *m* **1.** *e-s Menschen* évolution *f*; *beruflicher* carrière *f* **2.** *e-r Sache* développement *m*

werden ['veːrdən] ⟨wirst, wird, wurde *ou poét* ward; sn⟩ **I** *v/i* ⟨*p/p* geworden⟩ devenir; **Arzt werden** devenir médecin; **Abteilungsleiter werden** passer chef de service; **was soll aus ihm werden?** que va-t-il devenir?; **was soll daraus werden?** qu'est-ce que cela va donner?; **was willst du (einmal) werden?** qu'est-ce que tu veux faire plus tard?; F **ist das Bild etwas geworden?** est-ce que la photo est réussie? **II** *v/imp* ⟨*p/p* geworden⟩ **es wird kalt** il commence à faire froid; **mir wird kalt** je commence à avoir froid; **mir wird schlecht** je ne me sens pas bien; **es wird Sommer** l'été approche; F **es wird schon werden** tout s'arrangera **III** *v/aux* ⟨*p/p* worden⟩ **1.** *zur Bildung des Futurs* **ich werde es ihm sagen** je le lui dirai; *sofort* je vais le lui dire **2.** *zur Bildung des Passivs* être; **geliebt werden** être aimé; *unpersönlich* **es wurde gelacht** on a ri; **das wird kalt getrunken** cela se boit froid **3.** *zur Umschreibung des Konjunktivs* **er würde kommen, wenn …** il viendrait si …; **würden Sie bitte** (+ *inf*) veuillez (+ *inf*) **4.** *Vermutung* **er wird es nicht gehört haben** il ne l'aura pas entendu; **es wird ihm doch nichts passiert sein?** j'espère qu'il ne lui est rien arrivé

werfen ['vɛrfən] ⟨wirft, warf, geworfen⟩ **I** *v/t* **1.** *Stein, Ball* jeter; lancer; *Speer, Bomben* lancer **2. ein Tor werfen** marquer un but; *beim Würfeln* **e-e Sechs werfen** faire (un), jouer un six **3. etw ins Wasser, aus dem Fenster werfen** jeter qc dans l'eau, par la fenêtre; **die Tür ins Schloss werfen** claquer la porte; **j-n aus dem Haus werfen** mettre qn dehors **II** *v/i* **4. mit etw werfen** lancer, jeter, envoyer qc; **mit etw nach j-m, etw werfen** lancer qc sur qn, qc; *fig* **mit Geld um sich werfen** dépenser sans compter **5.** ZO mettre bas **III** *v/r* **6. sich auf den Boden werfen** se jeter par terre; *fig* **sich auf etw** (*acc*) **werfen** se lancer dans qc; **sich vor e-n Zug werfen** se jeter sous un train **7.** *Holz* **sich werfen** se déjeter; gauchir

Werft [vɛrft] *f* ⟨∼; ∼en⟩ chantier naval

Werftarbeiter *m* ouvrier *m* d'un chantier naval

Werk [vɛrk] *n* ⟨∼¢s; ∼e⟩ **1.** (*Arbeit*) œuvre *f*; ouvrage *m*; **am Werk sein** être à l'œuvre; **ans Werk gehen** se mettre à l'œuvre, à l'ouvrage **2.** (*Tat*) œuvre *f*; acte *m* **3.** (*Resultat*), *e-s Künstlers, Autors* œuvre *f*; **gesammelte Werke** œuvres complètes **4.** (*Fabrik*) usine *f*

Werkbank *f* ⟨∼; ≈e⟩ établi *m*

werkeln *v/i* ⟨¢⟩ bricoler

Werken *n* ⟨∼s⟩ *Schulfach* travaux manuels

werkgetreu *adj Inszenierung* fidèle, conforme

Werk(s)angehörige(r) *f(m)* membre *m* du personnel (de l'entreprise)

Werk(s)arzt *m* médecin *m* d'entreprise

Werkschutz *m* surveillance *f* et sécurité *f* d'une entreprise

Werk(s)gelände *n* terrain *m*, enceinte *f* de l'usine

Werk(s)halle *f* 'hall *m* d'usine; atelier *m*

Werk(s)kantine *f* cantine *f* (de l'entreprise)

Werk(s)kindergarten *m* crèche *f* d'entreprise

Werk(s)küche *f* cuisine *f* d'entreprise

Werk(s)leiter *m* directeur *m* de l'usine, de l'entreprise

Werk(s)leitung *f* direction *f* de l'usine, de l'entreprise

Werk(s)spionage *f* espionnage industriel

Werkstatt *f* ⟨∼; -stätten⟩, **Werkstätte** *f* atelier *m*

Werkstattleiter(in) *m(f)* chef *m* d'atelier

Werkstoff *m* matériau *m*; matériel *m*

Werkstoffprüfung *f* essai *m* des matériaux

Werkstück *n* pièce *f* (à usiner)

Werkstudent(in) *m(f)* étudiant(e) *m(f)* qui travaille pour financer ses études

Werk(s)wohnung *f* logement *m* d'entreprise

Werk(s)zeitung *f* journal *m* d'entreprise

Werktag *m* jour *m* ouvrable

werktags *adv* les jours ouvrables; en semaine

werktätig *adj* actif

Werktätige(r) *f(m)* ⟨→ A⟩ travailleur, -euse *m,f*

Werkunterricht *m* → **Werken**

Werkverzeichnis *n bes* MUS liste *f* des œuvres complètes

Werkzeug *n* outil *m*; *coll* outils *m/pl*; outillage *m*

Werkzeugkasten *m* boîte *f*, coffre *m* à outils

Werkzeugmacher *m* outilleur *m*

Wermut ['veːrmuːt] *m* ⟨∼¢s⟩ **1.** *Getränk* vermouth *m* **2.** BOT absinthe *f*

Wermutstropfen *st/s fig m* goutte *f* d'amertume

wert [veːrt] *adj* **1. wert sein** valoir; **das ist nicht viel wert** cela ne vaut pas grand-chose; *fig* **das ist schon viel wert** c'est un (grand) point (d')acquis **2.** *st/s* (*geehrt*) honoré; **werter Herr** cher monsieur

Wert *m* ⟨∼¢s; ∼e⟩ **1.** (*Marktwert*) valeur *f*; **im Wert steigen, sinken** augmenter, diminuer de valeur **2.** *pl* **Werte** (*Wertsachen*) objets *m/pl* de valeur **3.** (*Bedeutung*) valeur *f*; importance *f*; **großen Wert auf etw** (*acc*) **legen** attacher une grande importance à qc **4.** (*Messwert, Zahlenwert*) valeur *f*; *Ergebnis* résultat *m*

Wertarbeit *f* fabrication soignée

wertbeständig *adj* **1.** *Ware* de valeur stable **2.** *Währung* stable; stabilisé

werten *v/t* ⟨-e-⟩ **1.** estimer; évaluer; **etw als Erfolg werten** considérer qc comme un succès **2.** SPORT noter

wertfrei **I** *adj* neutre; impartial **II** *adv* avec impartialité

Wertgegenstand *m* objet *m* de valeur

Wertigkeit *f* ⟨∼; ∼en⟩ CHIM valence *f*

wertlos *adj* sans valeur

Wertmarke *f* ADM timbre *m*; COMM bon *m*

Wertmaßstab *m* critère *m*, mesure *f* (de valeur)

Wertminderung *f* dépréciation *f*

Wertpaket *n* colis *m* avec valeur déclarée

Wertpapier *n* valeur (mobilière); effet *m*; titre

m

Wertsache *f* objet *m* de valeur
Wertschätzung *st/s f* estime *f*
Wertschöpfung *f* ÉCON création *f* de valeur
Wertschöpfungskette *f* ÉCON chaîne *f* de création de valeur
Wertsteigerung *f* augmentation *f* de la valeur; plus-value *f*
Wertstoff *m* matériau *m* recyclable
Wertstoffhof *m* déchetterie *f* avec tri sélectif
Wertung *f* ⟨~; ~en⟩ **1.** (*Einschätzung*) estimation *f*; évaluation *f* **2.** SPORT classement *m*
Werturteil *n* jugement *m* de valeur
wertvoll *adj* précieux
Wertvorstellungen *f/pl* valeurs morales
Wertzuwachs *m* plus-value *f*
Werwolf ['ve:r-] *m* loup-garou *m*
Wesen ['ve:zən] *n* ⟨~s; ~⟩ **1.** (*Wesensart, Charakter*) nature *f*; caractère *m*; naturel *m*; *ein freundliches Wesen haben* être (d'un naturel) aimable **2.** (*Lebewesen*) être (vivant)
Wesensart *f* → *Wesen*
wesensfremd *adj* étranger à la nature (+ *dat* de)
Wesenszug *m* trait *m* caractéristique
wesentlich **I** *adj* essentiel; substantiel; *Bestandteil* intégrant; constitutif; (*grundlegend*) fondamental; *im Wesentlichen* en substance; *wesentlicher Unterschied* différence fondamentale **II** *adv* *wesentlich größer* beaucoup, bien plus grand
weshalb → *warum*
Wespe ['vɛspə] *f* ⟨~; ~n⟩ guêpe *f*
Wespennest *n* guêpier *m*; F *fig in ein Wespennest stechen* mettre le feu aux poudres
Wespenstich *m* piqûre *f* de guêpe
Wespentaille *f* taille *f* de guêpe
wessen ['vɛsən] *pr/int* **1.** (*gén de* wer) de qui?; *wessen Sohn ist er?* de qui est-il le fils?; *wessen Mantel ist das?* à qui est ce manteau? **2.** (*gén de* was) de quoi?; *wessen klagt man dich an?* de quoi t'accuse-t-on?
Wessi ['vɛsi] F *m* ⟨~s; ~s⟩ surnom des Allemands de l'*Ouest*
West [vɛst] *m* (*sans article ni pl*) ouest *m*
westdeutsch *adj* POL de l'Allemagne de l'Ouest; GÉOGR de l'Allemagne occidentale
Westdeutschland *n* POL l'Allemagne *f* de l'Ouest; GÉOGR l'Allemagne occidentale
Weste *f* ⟨~; ~n⟩ gilet *m*; F *fig e-e weiße Weste haben* n'avoir rien à se reprocher; avoir les mains propres
Westen *m* ⟨~s⟩ ouest *m*; POL *der Westen* l'Occident *m*; l'Ouest *m*; *der Wilde Westen* le Far West; *im Westen* (*von*) à l'ouest (de); *von Westen* de l'ouest
Westentasche *f* poche *f* de gilet; F *fig etw wie s-e Westentasche kennen* connaître qc comme sa poche
Western *m* ⟨~s; ~⟩ western *m*
Westeuropa *n* l'Europe *f* de l'Ouest
Westeuropäer(in) *m(f)* Européen, -éenne *m,f* de l'Ouest
westeuropäisch *adj* de l'Europe de l'Ouest
Westfalen [vɛst'fa:lən] *n* ⟨~s⟩ la Westphalie
westfälisch [-'fɛ:lɪʃ] *adj* westphalien
Westjordanland *n* ⟨~s⟩ *das Westjordanland* la Cisjordanie

Westküste *f* côte *m* ouest
westlich **I** *adj* de l'ouest; d'ouest; occidental **II** *adv* à l'ouest (*von* de)
Westseite *f* (côté *m*) ouest
westwärts *adv* vers l'ouest
Westwind *m* vent *m* d'ouest
weswegen → *warum*
Wettbewerb ['vɛt-] *m* ⟨~¢s; ~e⟩ **1.** *Veranstaltung*, SPORT concours *m*; compétition *f* **2.** COMM concurrence *f*
Wettbewerber(in) *m(f)* concurrent(e) *m(f)*
Wettbewerbsbedingung *f* condition *f* d'un concours, d'une compétition
Wettbewerbsbeschränkung *f* restriction *f* à la concurrence
wettbewerbsfähig *adj* compétitif
Wettbewerbsfähigkeit *f* compétitivité *f*
Wettbewerbsfreiheit *f* liberté *f* de (la) concurrence
Wettbewerbsklausel *f* clause *f* de non-concurrence
Wettbewerbsteilnehmer *m* concurrent *m*
Wettbewerbsverbot *n* interdiction *f* de concurrence
Wettbewerbsverzerrung *f* distorsion *f* de la concurrence
Wettbüro *n* PMU *m*
Wette *f* ⟨~; ~n⟩ pari *m*; *e-e Wette eingehen, abschließen* faire un pari; *die Wette gilt!* je tiens le pari; F chiche!; *um die Wette* à qui mieux mieux
wetteifern *v/i mit j-m um etw wetteifern* rivaliser avec qn pour qc
Wetteinsatz *m* mise *f*
wetten ⟨-e-⟩ *v/t u v/i* parier (*dass* que); *mit j-m um etw wetten* parier qc avec qn; (*wollen wir*) *wetten?* on parie?; *fig so haben wir nicht gewettet* ce n'est pas ce qui a été dit, convenu; *p/fort* F pas question!
Wetter ['vɛtər] *n* ⟨~s; ~⟩ temps *m*; *es ist schönes Wetter* il fait beau (temps); *bei schönem Wetter* par beau temps

Wetter	
Die Sonne scheint.	**Il fait du soleil.**
Es ist warm.	**Il fait chaud.**
Es ist heiß.	**Il fait très chaud.**
Es ist schwül.	**Il fait lourd.**
Es ist kalt.	**Il fait froid.**
Es regnet.	**Il pleut.**
Es hagelt.	**Il grêle.**
Es schneit.	**Il neige.**
Es ist windig.	**Il fait du vent.**

Wetteramt *n* → *Wetterdienst*
Wetteraussichten *f/pl* prévisions *f/pl* météorologiques
Wetterbericht *m* bulletin *m* météorologique; météo *f*
Wetterdienst *m* service *m* météorologique; météo *f*

W

Wetterfahne *f* girouette *f*
wetterfest *adj* résistant aux intempéries
Wetterfrosch *m fig plais* météorologue *m,f*
wetterfühlig *adj* sensible aux changements de temps
Wetterhahn *m* girouette *f* (*en forme de coq*)
Wetterkarte *f* carte *f* météorologique
Wetterkunde *f* météorologie *f*
Wetterlage *f* situation *f* météorologique
Wetterleuchten *n* ⟨~s⟩ éclairs *m/pl* de chaleur
wettern F *v/i* F pester (*gegen etw, j-n* contre qc, qn)
Wettersatellit *m* satellite *m* météorologique
Wetterscheide *f* limite *f* météorologique
Wetterseite *f* côté exposé aux intempéries
Wetterstation *f* station *f* météorologique
Wetterumschwung *m* brusque changement *m* de temps
Wetterverhältnisse *n/pl* conditions *f/pl* météorologiques
Wettervorhersage *f* prévisions *f/pl* météorologiques; météo *f*
Wettfahrt *f* course *f*
Wettkampf *m* compétition *f*
Wettkämpfer(in) *m(f)* concurrent(e) *m(f)*
Wettlauf *m* course *f* (*a fig **mit der Zeit*** contre la montre)
wettmachen F *v/t* compenser
Wettrennen *n* course *f* (*a fig*)
Wettrüsten *n* ⟨~s⟩ course *f* aux armements
Wettschuld *f* dette *f* de pari
Wettschwimmen *n* compétition *f* de natation
Wettstreit *m* concours *m*; lutte *f*; *fig* rivalité *f*
wetzen ['vɛtsən] **I** *v/t Messer, Schnabel* aiguiser **II** F *v/i* ⟨sn⟩ (*rennen*) F filer
WEZ [veˈʔeːtsɛt] *f abr* ⟨~⟩ (*westeuropäische Zeit*) heure *f* de l'Europe occidentale
WG [veːˈgeː] F *f abr* ⟨~; ~s⟩ (*Wohngemeinschaft*) communauté *f*
Whg. *abr* (*Wohnung*) appt (appartement)
Whirlpool ['vœrlpuːl] *m* ⟨~s; ~s⟩ jacuzzi® *m*; bain *m* à remous
Whisky ['vɪski] *m* ⟨~s; ~s⟩ whisky *m*
WHO [veːhaːˈʔoː] *f abr* ⟨~⟩ (*World Health Organization*) (*Weltgesundheitsorganisation der UNO*) OMS *f*
wich [vɪç] → **weichen²**
Wichse ['vɪksə] F *f* ⟨~; ~n⟩ **1.** (*Schuhwichse*) cirage *m* **2.** (*Prügel*) F volée *f*; F raclée *f*
wichsen ⟨⊄⟩ **I** F *v/t Schuhe* cirer **II** P *v/i* (*onanieren*) P se branler
Wichser P *m* ⟨~s; ~⟩ *Schimpfwort* P salaud *m*; P enfoiré *m*
Wicht [vɪçt] *m* ⟨~⊄s; ~e⟩ **1.** *péj* (*Mensch*) individu *m* **2.** F (*Kind*) mioche *m*
Wichtel *m* ⟨~s; ~⟩, **Wichtelmännchen** *n* lutin *m*
wichtig ['vɪçtɪç] *adj* important; *höchst wichtig* de la plus 'haute importance; *wichtig nehmen* prendre au sérieux; *Wichtigeres zu tun haben* avoir d'autres chats à fouetter; → *wichtigmachen, wichtigtun*
Wichtigkeit *f* ⟨~⟩ importance *f*; *von großer Wichtigkeit* d'une grande importance
wichtigmachen *v/r péj **sich wichtigmachen*** faire l'important
Wichtigtuer(in) *m* ⟨~s; ~⟩ (*f*) ⟨~in; ~innen⟩ *péj* personne *f* qui fait l'important
wichtigtuerisch *adj péj* qui fait l'important

wichtigtun *v/i* ⟨*irr*⟩ *péj* faire l'important
Wicke ['vɪkə] *f* ⟨~; ~n⟩ (*Gartenwicke*) pois *m* de senteur
Wickel ['vɪkəl] *m* ⟨~s; ~⟩ MÉD enveloppement *m*; F *fig **j-n beim Wickel kriegen*** saisir qn au collet
Wickelkind *n* bébé *m*; poupon *m*
Wickelkommode *f* table *f* à langer
wickeln *v/t* ⟨⊄⟩ **1.** (*aufwickeln*) enrouler (*um, auf etw* [*acc*] autour de, sur qc); *Wolle* mettre en pelote **2.** (*einwickeln*) envelopper (*in* [+ *acc*] dans); *etw in Papier* (*acc*) *wickeln* emballer qc (dans du papier) **3.** *Säugling* langer; *frisch wickeln* changer **4.** *Gliedmaßen* mettre un bandage à
Wickelrock *m* jupe *f* (en) portefeuille
Wickeltisch *m* table *f* à langer
Widder ['vɪdər] *m* ⟨~s; ~⟩ **1.** ZO bélier *m* **2.** ASTR Bélier *m*
wider ['viːdər] *st/s prép* ⟨*acc*⟩ contre
widerborstig *adj* récalcitrant; rebelle (*a Haare*)
widerfahren *st/s v/i* ⟨*irr, sans ge*, sn⟩ *j-m widerfahren* arriver, advenir à qn; *j-m Gerechtigkeit widerfahren lassen* rendre justice à qn
Widerhaken *m* crochet *m*
Widerhall *m* écho *m* (*a fig*)
widerhallen *v/i* retentir; résonner
widerlegen *v/t* ⟨*sans ge*⟩ réfuter
widerlich *adj* dégoûtant; écœurant; répugnant
widernatürlich *adj* contre nature
widerrechtlich *adj* contraire au droit, à la loi; (*ungesetzlich*) illégal
Widerrede *f* réplique *f*; *keine Widerrede!* pas de discussion!; *ohne Widerrede* sans répliquer
Widerruf *m e-r Verfügung* révocation *f*; *e-r Behauptung* rétractation *f*; désaveu *m*; *bis auf Widerruf* jusqu'à nouvel ordre
widerrufen ⟨*irr, sans ge*⟩ **I** *v/t Verfügung* révoquer; *Behauptung* rétracter; désavouer; *Befehl* annuler **II** *v/i* se rétracter
Widersacher(in) *st/s m* ⟨~s; ~⟩ (*f*) ⟨~in; ~innen⟩ adversaire *m,f*; ennemi(e) *m(f)*
Widerschein *st/s m* reflet *m*
widersetzen *v/r* ⟨⊄, *sans ge*⟩ *sich* (*j-m, e-r Sache*) *widersetzen* résister (à qn, qc); s'opposer (à qn, qc)
widersinnig *adj* absurde
widerspenstig ['-ʃpɛnstɪç] *adj* récalcitrant; rétif; (*aufsässig*) rebelle (*a Haar*); réfractaire
Widerspenstigkeit *f* ⟨~; ~en⟩ humeur récalcitrante; (*Aufsässigkeit*) insoumission *f*
widerspiegeln *v/t* (*u v/r*) ⟨⊄⟩ (*sich widerspiegeln*) OPT, *fig* (se) refléter
widersprechen *v/i* ⟨*irr, sans ge*⟩ **1.** (*j-m*) *widersprechen* contredire qn; *e-r Behauptung widersprechen* contredire, réfuter une affirmation **2.** *fig widersprechen* (+ *dat*) être en contradiction avec; *einander, sich* (*dat*) *widersprechen* se contredire; *Aussagen einander widersprechend* contradictoire
Widerspruch *m* **1.** (*Einspruch*) opposition *f* (*a* JUR) **2.** (*innerer Gegensatz*) contradiction *f*; opposition *f*; *zu etw im Widerspruch stehen* → *widersprechen*
widersprüchlich ['-ʃprʏçlɪç] *adj* contradictoire
Widersprüchlichkeit *f* ⟨~; ~en⟩ contradiction *f*

widerspruchslos *adv* sans contestation; sans protester

Widerstand *m* **1.** résistance *f* (**gegen** à; *a* POL); **Widerstand leisten** opposer de la résistance (**gegen** à); **auf Widerstand** (*acc*) **stoßen** rencontrer de la résistance **2.** PHYS, TECH résistance *f*

Widerstandsbewegung *f* mouvement *m* de résistance

widerstandsfähig *adj* résistant (**gegen** à)

Widerstandsfähigkeit *f* résistance *f* (**gegen** à)

Widerstandskämpfer *m* résistant *m*

Widerstandskraft *f* (force *f* de) résistance *f*

widerstandslos *adv* sans (opposer de) résistance

widerstehen *v/i* ⟨*irr, sans ge*⟩ (**e-r Sache, j-m**) **widerstehen** résister (à qc, qn)

widerstreben *v/i* ⟨*sans ge*⟩ **es widerstrebt mir zu** (+ *inf*) il me répugne de (+ *inf*)

widerstrebend *advt* à contrecœur; de mauvaise grâce

Widerstreit *m* conflit *m*; antagonisme *m*; **im Widerstreit stehen mit** être en conflit, en contradiction avec

widerwärtig ['vi:dərvɛrtɪç] *adj* **1.** (*unangenehm*) désagréable; *Person a* contrariant **2.** (*abstoßend*) repoussant

Widerwärtigkeit *f* ⟨~; ~en⟩ désagrément *m*

Widerwille *m* répugnance *f* (**gegen** pour); (*Abneigung*) aversion *f* (pour, contre)

widerwillig *adv* à contrecœur

widmen ['vɪtmən] ⟨-e-⟩ **I** *v/t* **1.** *Zeit, Leben* **j-m, e-r Sache etw widmen** consacrer, *p/fort* vouer qc à qn **2.** *Buch* dédier **II** *v/r* **sich e-r Sache, j-m widmen** se consacrer, se dévouer à qc, qn

Widmung *f* ⟨~; ~en⟩ dédicace *f*; *Buch* **mit e-r Widmung versehen** dédicacer

widrig ['vi:drɪç] *adj Umstand* fâcheux; *Geschick* adverse

Widrigkeit *f* ⟨~; ~en⟩ (*Unannehmlichkeit*) désagrément *m*; (*Missgeschick*) adversité *f*

wie [vi:] **I** *adv* **1.** (*auf welche Art und Weise*) comment; de quelle manière, façon; **wie bitte?** vous disiez?; pardon? **2.** *in Fragen nach Eigenschaften od Merkmalen* comment; **wie war das Wetter?** quel temps a-t-il fait? **3.** *Ausmaß, Grad e-r Eigenschaft* quel; combien; **wie breit ist …?** de quelle largeur est …?; quelle est la largeur de …?; **wie schön!** que, comme c'est beau!; **für wie lange?** pour combien de temps?; **wie viel(e)** combien (de); F **und wie!** F et comment! **4.** *relativisch* **wie man**

es auch macht, … quoi qu'on fasse, … **II** *conj* **5.** *Vergleich* comme; **schnell wie der Blitz** rapide comme l'éclair; **ein Mann wie er** un homme comme lui **6.** (*zum Beispiel*) comme; tel, telle que; **Städte wie Paris oder Amsterdam** des villes comme *od* telles que Paris ou Amsterdam **7.** *erklärend* **wie ich glaube** à ce que je crois; **wie du siehst** comme tu le vois **8.** *zeitlich* (*als*) au moment où; comme; lorsque **9.** *mit Verb der Wahrnehmung* **ich sah, wie er aufstand** je l'ai vu se lever

Wiedehopf ['vi:dəhɔpf] *m* ⟨~¢s; ~e⟩ ZO 'huppe *f*

wieder ['vi:dər] *adv* **1.** (*noch einmal*) de nouveau; à nouveau; encore (une fois); **wieder einmal** une fois de plus; **wieder aufbauen** *Haus, Stadt* reconstruire; *Wirtschaft* relever; **wieder aufnehmen** reprendre; JUR *Verfahren* réviser; **wieder beleben** *fig Tradition* faire revivre; ranimer; *Wirtschaft* relancer; MÉD → **wiederbeleben**; **wieder eröffnen** rouvrir; **wieder verwenden** réemployer; réutiliser; **wieder verwerten** recycler; **wieder wählen** réélire; → **wiederaufbereiten, wiederauftauchen, wiederentdecken, wiederverwertbar** etc **2.** *Rückkehr in den vorherigen Zustand* **ich bin gleich wieder da** je reviens tout de suite; **er ist wieder gesund** il est rétabli **3.** (*andererseits*) **das ist auch wieder wahr** c'est vrai aussi

wieder… *in Zssgn oft* re…; ré…

Wiederaufbau *m* reconstruction *f*

wiederaufbauen *v/t Haus, Stadt* reconstruire; *Wirtschaft* relever

wiederaufbereiten *v/t* ⟨-e-, *sans ge*⟩ TECH, NUCL retraiter

Wiederaufbereitung *f* NUCL retraitement *m*

Wiederaufbereitungsanlage *f* NUCL usine *f* de retraitement

Wiederaufnahme *f von Verhandlungen* reprise *f*; JUR *e-s Verfahrens* révision *f*

wiederaufnehmen *v/t* → **wieder** 1

Wiederaufrüstung *f* réarmement *m*

wiederauftauchen *v/i* ⟨sn⟩ *Gerücht, Mensch* reparaître; réapparaître

Wiederbeginn *m* recommencement *m*

wiederbekommen *v/t* ⟨*irr, sans ge*⟩ récupérer

wiederbeleben *v/t* ⟨*sans ge*⟩ MÉD ranimer; réanimer; *fig* → **wieder** 1

Wiederbelebung *f* **1.** réanimation *f* **2.** *fig von Traditionen* rétablissement *m*; *der Wirtschaft* relance *f*

---

wie – comment, comme oder combien?   🔲 FQ

		wie	comment
Ich weiß nicht, wie er nach Hause gekommen ist.	Je ne sais pas **comment** il est arrivé à la maison.	(= *auf welche Art und Weise*)	
Wie kann man es ihm erklären?	**Comment** est-ce qu'on peut le lui expliquer ?		
Er spricht wie seine Mutter.	Il parle **comme** sa mère.	(genauso) wie	comme
Du weißt nicht, wie du mich verletzt hast.	Tu ne sais pas **combien** tu m'as blessé.	wie (sehr)	combien

W

Wiederbelebungsversuch *m* tentative *f* de réanimation

wiederbringen *v/t* ⟨*irr*⟩ rapporter

Wiedereinführung *f* rétablissement *m*; réintroduction *f*

Wiedereingliederung *f* réintégration *f* (*in* [+ *acc*] dans)

wiederentdecken *v/t* ⟨*sans ge*⟩ redécouvrir

Wiederentdeckung *f* redécouverte *f*

wiedererkennen *v/t* ⟨*irr, sans ge*⟩ reconnaître; **nicht wiederzuerkennen** méconnaissable

wiedererlangen *v/t* ⟨*sans ge*⟩ récupérer; *Freiheit* retrouver; **das Bewusstsein wiedererlangen** reprendre connaissance

wiedereröffnen *v/t* ⟨-e-, *sans ge*⟩ rouvrir

Wiedereröffnung *f e-s Geschäftes* réouverture *f*

wiederfinden *v/t* ⟨*irr*⟩ retrouver

Wiedergabe *f* **1.** (*Bericht*) compte rendu; exposé *m* **2.** (*Bildwiedergabe, Tonwiedergabe*) reproduction *f*

wiedergeben *v/t* ⟨*irr*⟩ **1.** (*zurückgeben*) rendre; restituer; redonner **2.** (*berichten*) exposer; relater **3.** (*reproduzieren*) reproduire

Wiedergeburt *f* **1.** *st/s fig* renaissance *f* **2.** REL régénération *f*

wiedergewinnen *v/t* ⟨*irr*⟩ *Freiheit, Gleichgewicht* retrouver; *st/s* recouvrer

wiedergutmachen *v/t* réparer; *finanziell* indemniser; **nicht wiedergutzumachen(d)** irréparable

Wiedergutmachung *f* ⟨∼; ∼en⟩ réparation *f*; *finanzielle* indemnisation *f*

wiederhaben *v/t* ⟨*irr*⟩ être de nouveau en possession de; *nur im inf* ravoir

wiederherstellen *v/t* ⟨*p/p* wiederhergestellt⟩ *Kontakt, Ordnung, Gesundheit* rétablir; *Gebäude* restaurer

Wiederherstellung *f* rétablissement *m*; réfection *f*; restauration *f*

wiederholen[1] *v/t* (*u v/r* **sich** [+ *dat*]) **etw wiederholen** (*zurückholen*) aller reprendre, rechercher qc

wiederholen[2] ⟨*sans ge*⟩ **I** *v/t* **1.** (*nochmals sagen*) répéter; *Forderung* réitérer **2.** *Lernstoff* revoir; réviser; repasser **3.** SPORT *Spiel* rejouer; RAD, TV rediffuser; **e-e Klasse wiederholen** redoubler (une classe) **II** *v/r* **sich wiederholen** se répéter

wiederholt I *adj* répété; réitéré **II** *adv* à plusieurs reprises; maintes fois

Wiederholung *f* ⟨∼; ∼en⟩ **1.** *von Gesagtem, von Vorgängen* répétition *f*; *e-r Forderung* réitération *f* **2.** *von Lernstoff* révision *f* **3.** THÉ, MUS reprise *f*; TV, RAD rediffusion *f*

Wiederholungstäter(in) *m(f)* JUR récidiviste *m,f*

Wiederholungszeichen *n* MUS signe *m* de reprise

Wiederhören *n* **auf Wiederhören!** TÉL au revoir!

wiederkäuen *v/t* **1.** ZO ruminer **2.** *péj fig* rabâcher; ressasser

Wiederkäuer *m* ⟨∼s; ∼⟩ ruminant *m*

Wiederkehr *f* ⟨∼⟩ retour *m*

wiederkehren *st/s v/i* ⟨sn⟩ → **wiederkommen**

wiederkommen *v/i* ⟨*irr*, sn⟩ **1.** (*zurückkommen*) revenir **2.** (*sich wiederholen*) se répéter

Wiederschauen *n südd, österr* **auf Wiederschauen!** au revoir!

wiedersehen *v/t* (*u v/r*) ⟨*irr*⟩ (**sich**) **wiedersehen** (se) revoir

Wiedersehen *n* ⟨∼s; ∼⟩ revoir *m*; **auf Wiedersehen!** au revoir!; *plais beim Verleihen* **Wiedersehen macht Freude** il *bzw* elle s'appelle « revient »

Auf Wiedersehen! `SG`

Wenn man sich von Freunden verabschieden will, kann man außer **au revoir** (auf Wiedersehen) auch sagen:

à bientôt !	bis bald!
à tout à l'heure !	bis später!
salut !	tschüs!

adieu sagt man nur dann, wenn man sich für längere Zeit von jemandem verabschiedet.

Wiedersehensfreude *f* joie *f* des retrouvailles

wiederum ['viːdərʊm] *adv* **1.** (*erneut*) à, de nouveau **2.** (*hingegen*) d'autre part; en revanche

Wiedervereinigung *f* réunion *f*; POL réunification *f*

wiederverwenden *v/t* ⟨*sans ge*⟩ réemployer; réutiliser

wiederverwertbar *adj* recyclable

wiederverwerten *v/t* ⟨-e-, *sans ge*⟩ recycler

Wiederverwertung *f* recyclage *m*

Wiederwahl *f* réélection *f*; **sich zur Wiederwahl stellen** se présenter pour un nouveau mandat

wiederwählen *v/t* réélire

Wiege ['viːgə] *f* ⟨∼; ∼n⟩ berceau *m* (*a fig*)

Wiegemesser *n* CUIS 'hachoir *m*

wiegen[1] ['viːgən] *v/t u v/i* ⟨wog, gewogen⟩ (*abwiegen*) peser; **ich wiege 60 Kilo** je pèse *od* je fais 60 kilos; *fig* **schwer wiegen** peser lourd

wiegen[2] **I** *v/t Kind* bercer **II** *v/r* **sich wiegen** se balancer (**im Wind** au gré du vent); **sich in Sicherheit wiegen** se croire en sécurité

Wiegenfest *st/s n* anniversaire *m*

Wiegenlied *n* berceuse *f*

wiehern ['viːərn] *v/i* 'hennir; F *fig* (*laut lachen*) rire aux éclats

Wien [viːn] *n* ⟨∼s⟩ Vienne *f*

Wiener I *adj* ⟨*inv*⟩ de Vienne; viennois; **Wiener Schnitzel** escalope viennoise; **Wiener Walzer** valse viennoise **II 1.** *m* ⟨∼s; ∼⟩ Viennois *m* **2.** *f* ⟨∼; ∼⟩ *Wurst etwa* saucisse *f* de Strasbourg

Wienerin *f* ⟨∼; ∼nen⟩ Viennoise *f*

wienern ['viːnərn] F *v/t* astiquer

wies [viːs] → **weisen**

Wiese ['viːzə] *f* ⟨∼; ∼n⟩ pré *m*; prairie *f*

Wiesel ['viːzəl] *n* ⟨∼s; ∼⟩ belette *f*

wieso *adv* pourquoi

wieviel [viːˈfiːl *ou* 'viːfiːl] → **wie I 3**

wievielmal *adv* combien de fois

wievielt zu wievielt wart ihr? combien étiez-vous?

wievielte *adj* **den Wievielten haben wir heute?** quel jour, F le combien sommes-nous (aujourd'hui)?

Wigwam ['vɪkvam] *m* ⟨∼s; ∼s⟩ wigwam *m*

Wikinger ['viːkɪŋər] *m* ⟨∼s; ∼⟩ HIST *pl* **die Wikinger** les Vikings *m/pl*

wild [vɪlt] **I** *adj* **1.** (*im Naturzustand*), *bes* ZO, BOT sauvage; *Volk* sauvage; primitif; **wilde Tiere** (*Raubtiere*) fauves *m/pl*; bêtes *f/pl* féroces **2.** (*ungeordnet*) *Haar* 'hirsute; *Leben* agité; tumultueux **3.** *Parken, Zelten* irrégulier; sauvage; **wilde Ehe** union *f* libre **4.** (*ungestüm*) *Kinder* turbulent; bruyant; F **ganz wild auf etw** (*acc*) **sein** raffoler de qc **5.** (*wütend*) furieux; F furax; **wild werden** devenir furieux **6.** *Spekulationen* insensé; *Gerüchte* incroyable **II** *adv* **7.** **wild leben, wachsen** vivre, pousser à l'état sauvage; **wild lebend, wachsend** sauvage **8.** **wild zelten** pratiquer le camping sauvage **9.** **wild um sich schlagen** se débattre violemment; F **wild entschlossen sein** être farouchement décidé

Wild *n* gibier *m*

Wildbach *m* torrent *m*

Wildbahn *f* **in freier Wildbahn** en liberté

Wildbret *n* ⟨∼s⟩ gibier *m*

Wilddieb *m* braconnier *m*

Wilde(r) *f(m)* ⟨→ A⟩ sauvage *m,f*

Wildente *f* canard *m* sauvage

Wilderei *f* ⟨∼; ∼en⟩ braconnage *m*

Wilderer *m* ⟨∼s; ∼⟩ braconnier *m*

wildern *v/i* braconner

Wildfang *m* petit diable; petite diablesse

wildfremd F *adj* parfaitement inconnu, étranger

Wildgans *f* oie *f* sauvage

Wildgehege *n* parc *m*, réserve *f* à gibier

Wildheit *f* ⟨∼⟩ **1.** *der Natur* caractère *m* sauvage **2.** (*Heftigkeit*) violence *f*; (*Ungestüm*) fougue *f*

Wildhüter *m* garde-chasse *m*

Wildkatze *f* chat *m* sauvage

wildlebend *adjt* sauvage

Wildleder *n* daim *m*

Wildnis *f* ⟨∼; ∼se⟩ région sauvage, déserte

Wildpark *m* parc *m*, réserve *f* à gibier

Wildsau *f* laie *f*

Wildschwein *n* sanglier *m*

Wildtaube *f* ramier *m*

wildwachsend *adjt* sauvage

Wildwechsel *m* **1.** passage *m* du gibier; *Verkehrszeichen* passage de gibier **2.** (*Weg*) passée *f*

Wildwestfilm *m* western *m*

Wildwuchs *m* croissance exubérante, incontrôlée (*a fig*)

Wilhelm ['vɪlhɛlm] *m* ⟨∼s⟩ Guillaume *m*; **Wilhelm der Eroberer** Guillaume le Conquérant

wilhelminisch [vɪlhɛl'miːnɪʃ] *adj* **das Wilhelminische Zeitalter** l'ère wilhelmienne

will [vɪl] → **wollen¹**

Wille ['vɪlə] *m* ⟨∼ns⟩ volonté *f*; (*Absicht*) intention *f*; **Letzter Wille** dernières volontés; **freier Wille** libre arbitre *m*; **aus freiem Willen** de son plein gré; **beim besten Willen** avec la meilleure volonté (du monde); **j-m s-n Willen lassen** laisser faire qn; **gegen j-s Willen** contre le gré de qn; **wider Willen** à contrecœur

willen *prép* **um j-s, e-r Sache willen** à cause de qn, qc; dans l'intérêt de qn, qc

Willen *m* ⟨∼s⟩ → **Wille**

willenlos *adj* sans volonté

Willenlosigkeit *f* ⟨∼⟩ manque *m*, absence *f* de volonté

willens *st/s adj* **willens sein, etw zu tun** avoir l'intention de faire qc; vouloir faire qc

Willensäußerung *f* (manifestation *f* de la) volonté *f*

Willenserklärung *f* JUR déclaration *f* de volonté

Willensfreiheit *f* libre arbitre *m*

Willenskraft *f* (force *f* de) volonté *f*

willensschwach *adj* faible; sans volonté

willensstark *adj* volontaire

Willensstärke *f* (force *f* de) volonté *f*

willentlich *adv* délibérément

willig *adj* de bonne volonté; BIBL **der Geist ist willig, aber das Fleisch ist schwach** l'esprit est prompt, mais la chair est faible

willkommen *adj* bienvenu; *Abwechslung* qui vient à point; **seien Sie** (**mir**) **willkommen!** soyez le (la) bienvenu(e); **j-n willkommen heißen** souhaiter la bienvenue à qn

Willkommen *n* ⟨∼s; ∼⟩ bienvenue *f*

Willkommensgruß *m* discours *m*, bouquet *m*, *etc* de bienvenue

Willkür ['vɪlkyːr] *f* ⟨∼⟩ arbitraire *m*

Willkürakt *m* acte *m* arbitraire

Willkürherrschaft *f* despotisme *m*; tyrannie *f*

willkürlich *adj* arbitraire

wimmeln ['vɪməln] ⟨⊄⟩ **I** *v/i Sache, Ort* **wimmeln von ...** fourmiller, grouiller de ...; foisonner de, en ... **II** *v/imp* **es wimmelt von ...** F ça grouille de ...; **in diesem Text wimmelt es von Fehlern** les fautes fourmillent dans ce texte

wimmern ['vɪmərn] *v/i* geindre

Wimpel ['vɪmpəl] *m* ⟨∼s; ∼⟩ fanion *m*; banderole *f*

Wimper ['vɪmpər] *f* ⟨∼; ∼n⟩ cil *m*; **ohne mit der Wimper zu zucken** sans sourciller

Wimperntusche *f* mascara *m*

Wind [vɪnt] *m* ⟨∼⊄s; ∼e⟩ vent *m*; **bei Wind und Wetter** par tous les temps; **es geht ein starker Wind** il fait, il y a beaucoup de vent; **in alle** (**vier**) **Winde zerstreut** dispersé aux quatre coins du monde; F **viel Wind um etw machen** F faire tout un plat de qc; F *fig* **wissen, woher der Wind weht** savoir prendre le vent; F *fig* **j-m den Wind aus den Segeln nehmen** couper l'herbe sous le pied de qn; **etw in den Wind schlagen** ne tenir aucun compte de qc; F *fig* **von etw Wind bekommen** avoir vent de qc; flairer qc

Windbeutel *m Gebäck* chou *m* à la crème

Windbö(e) *f* rafale *f* de vent

Winde ['vɪndə] *f* ⟨∼; ∼n⟩ **1.** BOT liseron *m* **2.** TECH (*Seilwinde*) treuil *m*; (*Ankerwinde*) guindeau *m*

Windel ['vɪndəl] *f* ⟨∼; ∼n⟩ couche *f*

Windelhöschen *n* couche-culotte *f*

windelweich F *adj* **j-n windelweich schlagen** battre qn comme plâtre

winden ⟨windet, wand, gewunden⟩ **I** *v/t st/s* **Blumen zu Kränzen winden** faire, tresser des couronnes de fleurs **II** *v/r* **sich winden** se tordre (**vor Schmerzen** de douleur); **sich um etw winden** s'enrouler, s'entortiller autour de qc

Windenergie *f* énergie éolienne

Windeseile *f* **mit, in Windeseile** à toute allure

Windfang *m* tambour *m*

windgeschützt *adjt* à l'abri du vent
Windgeschwindigkeit *f* vitesse *f* du vent
Windhose *f* MÉTÉO tornade *f*; trombe *f*
Windhund *m* **1.** zo lévrier *m* **2.** F *péj* F fumiste *m,f*
windig *adj* **1.** venteux; exposé au vent; **es ist windig** il fait du vent **2.** F *péj* louche
Windjacke *f* coupe-vent *m*; anorak *m*
Windjammer *m* ⟨∼s; ∼⟩ grand voilier
Windkanal *m* **1.** TECH soufflerie *f*; tunnel *m* aérodynamique **2.** *der Orgel* porte-vent *m*
Windkraftanlage *f* éolienne *f*
Windlicht *n* photophore *m*
Windmühle *f* moulin *m* à vent
Windpocken *f/pl* varicelle *f*
Windrad *n* éolienne *f*
Windrichtung *f* direction *f* du vent
Windrose *f* rose *f* des vents
Windsack *m* manche *f* à air
Windschaden *m* dégât(s) causé(s) par le vent
Windschatten *m* côté *m* sous le vent, abrité du vent
windschief *adj péj* tout de travers; penché
windschlüpfig, **windschnittig** *adj* aérodynamique; caréné
Windschutz *m* brise-vent *m*; abri *m* contre le vent
Windschutzscheibe *f* pare-brise *m*
Windspiel *n* **1.** *Mobile* carillon *m* **2.** zo → **Windhund**
Windstärke *f* force *f*, intensité *f* du vent
windstill *adj* calme; **es ist windstill** il fait un temps calme; il n'y a pas de vent
Windstille *f* calme *m*; absence *f* de vent
Windstoß *m* coup *m* de vent; rafale *f*
windsurfen *v/i* ⟨*seulement inf*⟩ faire de la planche à voile
Windsurfen *n* ⟨∼s⟩ planche *f* à voile
Windsurfer(in) *m(f)* véliplanchiste *m,f*
Windung *f* ⟨∼; ∼en⟩ (*Krümmung*) courbe *f*; ANAT circonvolution *f*; *pl* **Windungen** *e-r Straße* lacets *m/pl*; sinuosités *f/pl*
Wink [vɪŋk] *m* ⟨∼¢s; ∼e⟩ signe *m*; *fig* F tuyau *m*; **j-m e-n Wink geben** F tuyauter qn
Winkel ['vɪŋkəl] *m* ⟨∼s; ∼⟩ **1.** MATH angle *m*; **rechter Winkel** angle droit; **toter Winkel** angle mort **2.** (*Ecke*) coin *m* (*a fig*) **3.** *fig* (*Ort*) coin *m* **4.** *Werkzeug* équerre *f*
Winkeladvokat *m péj* avocat marron
Winkelhalbierende *f* ⟨→ A⟩ MATH bissectrice *f*
winkelig *adj* Gasse tortueux
Winkelmesser *m* ⟨∼s; ∼⟩ MATH rapporteur *m*
Winkelzüge *m/pl péj* détours *m/pl*; manœuvres *f/pl* (louches)
winken I *v/t* **j-n zu sich winken** faire signe à qn d'approcher II *v/i* **1.** **j-m winken** *zum Näherkommen* faire signe à qn; **j-m zum Abschied winken** faire des signes d'adieu à qn **2.** **den Gewinnern winken tolle Preise** des prix fabuleux attendent les gagnants
winklig → **winkelig**
winseln ['vɪnzəln] *v/i* ⟨¢⟩ *Hund* gémir; geindre (*beide a fig*)
Winter ['vɪntər] *m* ⟨∼s; ∼⟩ hiver *m*; **im Winter** en hiver; **den Winter über** durant l'hiver
Winteranfang *m* début *m* de l'hiver
Winterausrüstung *f* équipement *m* d'hiver
Wintercamping *n* camping *m* en hiver

Winterfahrplan *m* horaire *m* d'hiver
Winterfell *n* pelage *m* d'hiver
Winterferien *pl* vacances *f/pl* d'hiver
winterfest *adj Pflanze* résistant à l'hiver; *Kleidung* pour l'hiver
Wintergarten *m* jardin *m* d'hiver; serre *f*
Winterhalbjahr *n* semestre *m* d'hiver
winterhart *adj* résistant à l'hiver, au froid d'hiver
Winterlandschaft *f* paysage *m* d'hiver
winterlich *adj* d'hiver; de l'hiver; hivernal
Wintermantel *m* manteau *m* d'hiver
Wintermonat *m* mois *m* d'hiver
Winterolympiade *f* Jeux *m/pl* olympiques d'hiver
Winterpause *f* inactivité hivernale
Winterreifen *m* pneu *m* neige
Winterschlaf *m* zo hibernation *f*; **Winterschlaf halten** hiberner
Winterschlussverkauf *m* soldes *m/pl*, abus *f/pl* d'hiver
Wintersemester *n* semestre *m* d'hiver
Winterspiele *n/pl* **die Olympischen Winterspiele** les Jeux *m/pl* olympiques d'hiver
Wintersport *m* sports *m/pl* d'hiver
Wintersportler(in) *m(f)* amateur *m* de sports d'hiver
Wintersportort *m* station *f* de sports d'hiver
Wintertag *m* jour *m*, journée *f* d'hiver
Winterurlaub *m* vacances *f/pl* d'hiver
Winterzeit *f* **1.** *Jahreszeit* hiver *m* **2.** *Uhrzeit* heure *f* d'hiver
Winzer(in) ['vɪntsər(ɪn)] *m* ⟨∼s; ∼⟩ (*f*) ⟨∼in; ∼innen⟩ vigneron, -onne *m,f*; viticulteur, -trice *m,f*
winzig ['vɪntsɪç] *adj* tout petit; minuscule
Wipfel ['vɪpfəl] *m* ⟨∼s; ∼⟩ cime *f*; sommet *m*
Wippe ['vɪpə] *f* ⟨∼; ∼n⟩ bascule *f*; balançoire *f*
wippen *v/i* se balancer; **mit dem Fuß wippen** balancer le pied
wir [viːr] *pr/pers* nous; **wir sind es** c'est nous; **wir Deutschen** nous les Allemands
Wirbel ['vɪrbəl] *m* ⟨∼s; ∼⟩ **1.** PHYS tourbillon *m*; remous *m* **2.** *fig* (*Trubel*) tourbillon *m*; agitation *f*; **viel Wirbel um etw, j-n machen** faire beaucoup de bruit autour de qc, qn **3.** ANAT vertèbre *f* **4.** (*Haarwirbel*) épi *m* (de cheveux)
wirbeln I *v/t* faire tourbillonner II *v/i* tourbillonner; tournoyer
Wirbelsäule *f* colonne vertébrale
Wirbelsturm *m* cyclone *m*
Wirbeltiere *n/pl* vertébrés *m/pl*
Wirbelwind *m* tourbillon *m*
wirbt [vɪrpt] → **werben**
wird [vɪrt] → **werden**
wirft [vɪrft] → **werfen**
wirken ['vɪrkən] I *v/t* TEXT tricoter II *v/i* **1.** (*e-e bestimmte Wirkung haben*) agir, opérer (**auf** [+ *acc*] sur); (*wirksam sein*) être efficace; (*Wirkung ausüben*) avoir de l'effet (sur); **beruhigend wirken** être calmant; **die Arznei hat gewirkt** le remède a agi **2.** (*scheinen*) **auf j-n wirken wie …** faire à qn l'effet de …; **größer wirken** paraître plus grand **3.** *st/s* (*tätig sein*) exercer son activité (**als** de)
wirklich I *adj* (*tatsächlich*) réel; (*echt*) véritable; vrai II *adv* (*tatsächlich*) réellement; effectivement; (*wahrhaftig*) vraiment; **wirklich?** c'est

vrai?

Wirklichkeit *f* ⟨~; ~en⟩ réalité *f*; *in Wirklichkeit* (*dat*) en réalité; *Wirklichkeit werden* se réaliser

wirklichkeitsfremd *adj* peu réaliste

wirksam *adj* **1.** efficace **2.** ADM, JUR en vigueur

Wirksamkeit *f* ⟨~⟩ efficacité *f*

Wirkstoff *m* agent *m*; principe actif

Wirkung *f* ⟨~; ~en⟩ **1.** effet *m*; action *f*; *s-e Wirkung verfehlen* ne pas avoir l'effet souhaité **2.** JUR, ADM *mit sofortiger Wirkung* avec effet immédiat

Wirkungsbereich *m* domaine *m*; champ *m*, sphère *f* d'activité

Wirkungsgrad *m* (degré *m* d')efficacité *f*; TECH rendement *m*

wirkungslos *adj* sans effet; inefficace; inopérant

wirkungsvoll *adj* efficace

Wirkungsweise *f e-s Wirkstoffs* mode *m* d'action; TECH mode *m* de fonctionnement

wirr [vɪr] *adj* **1.** (*verwirrt*) confus; embrouillé **2.** (*unordentlich*) désordonné; *Haar* ébouriffé

Wirren *pl* troubles *m/pl*; désordre *m*

Wirrkopf *m* esprit confus, embrouillé

Wirrwarr ['vɪrvar] *m* ⟨~s⟩ désordre *m* inextricable; F pagaille *f*

Wirsing ['vɪrzɪŋ] *m* ⟨~s⟩, **Wirsingkohl** *m* chou frisé; chou *m* (de) Milan

Wirt(in) *m* ⟨~¢s; ~e⟩ (*f*) ⟨~in; ~innen⟩ (*Gastwirt*) patron, -onne *m,f*

Wirtschaft *f* ⟨~; ~en⟩ **1.** ÉCON économie *f* **2.** (*Haushalt*) ménage *m* **3.** (*Gastwirtschaft*) café *m*; bar *m*; F bistro(t) *m*; restaurant *m* **4.** F *péj* (*Unordnung*) désordre *m*; F pagaille *f*

wirtschaften *v/i* ⟨-e-⟩ **1.** *gut* (*mit etw*) *wirtschaften* bien administrer, gérer (qc); *sparsam wirtschaften* être économe **2.** (*sich betätigen*) travailler

Wirtschafterin *f* ⟨~; ~nen⟩ gouvernante *f*

wirtschaftlich *adj* **1.** *Wachstum etc* économique **2.** (*finanziell*) pécuniaire; financier **3.** (*sparsam*) économique

Wirtschaftlichkeit *f* ⟨~⟩ rentabilité *f*

Wirtschafts... *in Zssgn* économique

Wirtschaftsabkommen *n* accord *m* économique

Wirtschaftsaufschwung *m* essor *m*, reprise *f* économique

Wirtschaftsbeziehungen *f/pl* relations *f/pl* économiques

Wirtschaftsexperte *m*, **Wirtschaftsexpertin** *f* économiste *m,f*; spécialiste *m.f* en économie

Wirtschaftsflüchtling *neg!* *m* réfugié(e) *m(f)* pour raisons économiques

Wirtschaftsförderung *f* aide *f* économique

Wirtschaftsgebäude *n/pl* dépendances *f/pl*; communs *m/pl*

Wirtschaftsgeld *n* argent *m* (pour les dépenses) du ménage

Wirtschaftshilfe *f* aide *f*, assistance *f* économique

Wirtschaftsjahr *n* exercice *m*

Wirtschaftskommission *f* commission *f* économique

Wirtschaftskriminalität *f* criminalité *f* économique

Wirtschaftskrise *f* crise *f* économique

Wirtschaftsminister *m* ministre *m* de l'Économie

Wirtschaftsministerium *n* ministère *m* de l'Économie

Wirtschaftspolitik *f* politique *f* économique

wirtschaftspolitisch *adj* en matière de politique économique

Wirtschaftsprüfer *m* expert-comptable *m*

Wirtschaftsprüfung *f* vérification *f* de la gestion et des comptes

Wirtschaftsraum *m* **1.** ÉCON espace *m* économique **2.** *e-s Hotels* cuisine *f bzw* entrepôt *m bzw* buanderie *f*

Wirtschaftsrecht *n* droit *m*, législation *f* économique

Wirtschaftsreform *f* réforme *f* économique

Wirtschaftssystem *n* système *m* économique

Wirtschaftsteil *m e-r Zeitung* chronique *f*, rubrique *f* économique

Wirtschaftswachstum *n* croissance *f* économique

Wirtschaftswissenschaft *f* science *f* économique

Wirtschaftswissenschaftler(in) *m(f)* économiste *m,f*

Wirtschaftswunder F *n* miracle *m* économique

Wirtschaftszweig *m* secteur *m* économique

Wirtshaus *n* café *m*; F bistro(t) *m*; (*Gasthaus*) auberge *f*

Wirtsleute *pl von* **Wirt(in)**

Wisch [vɪʃ] F *péj m* ⟨~¢s; ~e⟩ chiffon *m* (de papier); F papelard *m*

wischen *v/t* **1.** (*wegwischen*) essuyer; *Staub wischen* enlever la poussière **2.** (*säubern*) nettoyer

Wischer *m* ⟨~s; ~⟩ AUTO essuie-glace *m*

Wischerblatt *n* AUTO balai *m* d'essuie-glace

wischfest *adj Farbe* résistant au frottement

Wischiwaschi [vɪʃi'vaʃi] F *péj n* ⟨~s⟩ F blabla (-bla) *m*

Wischlappen *m*, **Wischtuch** *n* ⟨~¢s; ~er⟩ **1.** (*Aufwischlappen*) serpillière *f* **2.** *zum Abwischen* chiffon *m*

Wisent ['viːzɛnt] *m* ⟨~s; ~e⟩ bison *m* d'Europe

Wismut ['vɪsmuːt] *n* ⟨~¢s⟩ bismuth *m*

wispern *v/t u v/i* chuchoter

Wissbegier(de) ['vɪs-] *f* ⟨~(de)⟩ curiosité *f* (d'esprit); soif *f* de savoir

wissbegierig *adj* curieux; avide de savoir

wissen ['vɪsən] ⟨weiß, wusste, gewusst⟩ **I** *v/t* **1.** savoir; *etw von j-m od durch j-n wissen* savoir qc par qn; *ich weiß* (*es*) *nicht* je ne sais pas; *j-n wissen, der ...* connaître qn qui ...; F *was weiß ich!* qu'est-ce que j'en sais, moi!; *nicht, dass ich wüsste* pas que je sache; *soviel ich weiß* autant que je sache; F *man kann nie wissen* on ne sait jamais; *weißt du noch, als ...* te rappelles-tu le temps où ... **2.** *sich zu benehmen wissen* savoir se conduire **3.** F *intensivierend wer weiß wo* Dieu sait où **II** *v/i von, st/s um etw wissen* avoir connaissance de qc

Wissen *n* ⟨~s⟩ savoir *m*; (*Kenntnisse*) connaissances *f/pl*; *ohne mein Wissen* à mon insu; *meines Wissens* à ma connaissance; *wider besseres Wissen* sans conviction; *nach bestem Wissen und Gewissen* en mon, ton, *etc* âme et conscience

wissend adjt Blick, Lächeln entendu
Wissenschaft f ⟨~; ~en⟩ science f
Wissenschaftler(in) m ⟨~s; ~⟩ (f) ⟨~in; ~innen⟩ savant m; bes (Naturwissenschaftler) scientifique m,f
wissenschaftlich adj scientifique
Wissensdrang m, **Wissensdurst** m désir m, soif f de savoir
Wissensgebiet n domaine m (scientifique)
Wissenslücke f lacune f
Wissensstand m niveau m des connaissances
wissenswert adj qui vaut la peine d'être connu; intéressant
wissentlich I adj délibéré; intentionnel II adv en connaissance de cause; sciemment
wittern ['vɪtərn] v/t JAGD, fig flairer
Witterung f ⟨~; ~en⟩ 1. (Wetter) temps m 2. JAGD (Geruchssinn) flair m; (Geruch) vent m; fumet m
Witterungseinflüsse m/pl influences f/pl atmosphériques, du temps
Witterungsverhältnisse n/pl conditions f/pl atmosphériques, météorologiques
Witwe ['vɪtvə] f ⟨~; ~n⟩ veuve f
Witwenrente f pension f de veuve
Witwer m ⟨~s; ~⟩ veuf m
Witz [vɪts] m ⟨~es; ~e⟩ 1. (lustige Geschichte) histoire f (pour rire); (Scherz) plaisanterie f; F blague f; **Witze reißen** F en raconter de (bien) bonnes; fig **mach keine Witze!** F sans blague!; F (arrête,) tu déconnes? 2. (Geist) esprit m
Witzbold F m ⟨~¢s; ~e⟩ farceur m; F blagueur m; plaisantin m
witzeln v/i ⟨¢⟩ plaisanter (**über j-n, etw** à propos de qn, sur qc)
Witzfigur f caricature f (a F péj)
witzig adj Person spirituel; Sache amusant; drôle
witzlos adj 1. (geistlos) peu spirituel 2. F fig (zwecklos) sans intérêt; inutile
WM [veː'ʔɛm] f abr ⟨~⟩ (Weltmeisterschaft) championnat m du monde
wo [voː] I adv interrogativ u relativisch où; **wo auch immer** où que ... (+ subj); **jetzt, wo ...** maintenant que ... II conj 1. (da) **wo ... (einmal) ...** puisque ... 2. (obwohl) **wo ... doch ...** alors que ...
woanders adv ailleurs; autre part; **mit s-n Gedanken ganz woanders sein** être absent; être dans la lune
woandershin adv ailleurs; autre part
wob [voːp] → **weben**
wobei adv 1. interrogativ **wobei hast du dich verletzt?** en faisant quoi, à quelle occasion, comment t'es-tu blessé? 2. relativisch **..., wobei mir einfällt ...** ... ce qui me rappelle ...
Woche ['vɔxə] f ⟨~; ~n⟩ semaine f; **diese Woche** cette semaine; **zweimal die, in der Woche** deux fois par semaine
Wochenarbeitsstunden f/pl heures f/pl de travail hebdomadaire
Wochenbett n MÉD couches f/pl
Wochenblatt n (journal m) hebdomadaire m
Wochenendausflug m excursion f de week-end
Wochenende n week-end m; fin f de semaine; **am Wochenende** en fin de semaine; au week-end; **schönes Wochenende!** bon week-end!

Wochenendhaus n résidence f secondaire
Wochenkarte f carte f (d'abonnement) hebdomadaire f
wochenlang I adj qui dure des semaines (entières) II adv (pendant) des semaines entières
Wochenlohn m salaire m hebdomadaire
Wochenmarkt m marché m hebdomadaire
Wochentag m jour m de semaine; (Werktag) jour m ouvrable
wochentags adv en semaine; les jours ouvrables
wöchentlich ['vœçəntlɪç] I adj hebdomadaire II adv chaque semaine; **zweimal wöchentlich** deux fois par semaine
wochenweise adv par semaine
Wochenzeitung f (revue f, journal m) hebdomadaire m
Wöchnerin ['vœçnərɪn] f ⟨~; ~nen⟩ femme f en couches; accouchée f
Wodka ['vɔtka] m ⟨~s; ~s⟩ vodka f
wodurch adv 1. interrogativ par quoi?; par quel moyen? 2. relativisch par quoi; par lequel
wofür adv 1. interrogativ pour quoi?; **wofür halten Sie mich?** pour qui me prenez-vous? 2. relativisch pour lequel; pour quoi
wog [voːk] → **wiegen¹**
Woge ['voːgə] f ⟨~; ~n⟩ vague f (a fig)
wogegen I adv 1. interrogativ contre quoi?; **wogegen ist sie allergisch?** à quoi est-elle allergique? 2. relativisch contre quoi; contre lequel II conj tandis que; alors que
wogen v/i Meer, Kornfeld ondoyer (a fig Menge); onduler
woher adv 1. interrogativ d'où?; de quel côté? 2. relativisch d'où
wohin adv interrogativ u relativisch où
wohingegen conj tandis que; alors que
wohl [voːl] adv 1. (gesund) bien; bien portant; **ich fühle mich nicht wohl** je ne me sens pas bien 2. (behaglich) à l'aise; bien; **mir ist nicht ganz wohl dabei** cette affaire m'inquiète; **wohl oder übel** bon gré, mal gré 3. (durchaus) (très) bien; **ich weiß wohl, dass ...** je sais bien que ... 4. (ungefähr) bien; **wohl (an die) tausend Zuschauer** bien (dans les) mille spectateurs 5. st/s **sehr wohl(, mein Herr)!** très bien(, Monsieur)! 6. (vermutlich) probablement; sans doute; bien; **das ist wohl möglich** c'est bien possible; F ça se pourrait bien; **wohl kaum!** penses-tu bzw pensez-vous!; que non! 7. verstärkend bien; **das kann man wohl sagen** c'est (bien) le cas de le dire 8. (gut) **wohl bekannt** bien connu; st/s **wohl erzogen** bien élevé; st/s **wohl genährt** bien nourri; st/s **wohl proportioniert** bien proportionné; **wohl überlegt** bien réfléchi; **wohl verdient** bien mérité; **wohl gemeint, klingend, riechend** etc → **wohlgemeint, wohlklingend, wohlriechend**
Wohl n ⟨~¢s⟩ bien m; bien-être m; **das leibliche Wohl** le bien-être; **auf j-s Wohl** (acc) **trinken** boire à la santé de qn; **auf Ihr, dein Wohl!**, **zum Wohl!** à votre, ta santé!; als Antwort à la vôtre!; à la tienne!
wohlauf st/s adj **er ist wohlauf** il se porte bien; il va bien; il est bien portant
Wohlbefinden n bien-être m; (bonne) santé
Wohlbehagen n (sentiment m de) bien-être m

wohlbehalten *adj* sain et sauf

wohlbekannt *adjt* bien connu

Wohlergehen *n* ⟨∼s⟩ → **Wohlbefinden**

wohlerzogen *st/s adjt* bien élevé

Wohlfahrt *f* **1.** *st/s* (*Wohlergehen*) bien-être *m*; prospérité *f* **2.** *früher* (*öffentliche Fürsorge*) assistance publique

Wohlfahrtsstaat *m* État *m* providence

wohlfühlen *v/r* **ich fühle mich nicht wohl** je ne me sens pas bien

Wohlgefallen *st/s n* ⟨∼s⟩ plaisir *m*; satisfaction *f*; *plais* **sich in Wohlgefallen auflösen** (*ein gutes Ende nehmen*) se terminer à la satisfaction générale; (*verschwinden*) se volatiliser; (*zerfallen*) tomber en lambeaux

wohlgefällig *st/s* **I** *adj Blick* satisfait; content **II** *adv* avec plaisir, satisfaction

wohlgeformt *st/s adjt Körper* bien fait; *Beine* bien galbé

Wohlgefühl *n* sentiment *m* de bien-être

wohlgemeint *adjt* bien intentionné; *Rat* amical

wohlgemerkt *advt* bien entendu

wohlgemut *st/s* **I** *adj* enjoué **II** *adv* gaiement

wohlgenährt *st/s adjt* bien nourri

Wohlgeruch *st/s m* parfum *m*; odeur *f* agréable; senteur *f*

wohlgesinnt *adjt* **j-m wohlgesinnt sein** être bien disposé envers qn

wohlhabend *adj* fortuné; cossu

wohlig *adj Gefühl, Wärme* agréable

Wohlklang *st/s m* harmonie *f*; son harmonieux

wohlklingend *st/s adjt* harmonieux; mélodieux

wohlmeinend *st/s adjt* bien intentionné

wohlproportioniert *st/s adjt* bien proportionné

wohlriechend *st/s adjt* d'une odeur agréable; odorant; parfumé

wohlschmeckend *st/s adjt* qui a bon goût; savoureux

Wohlsein *st/s n* (**zum**) **Wohlsein!** à votre *bzw* ta santé!; *Antwort* à la vôtre *bzw* tienne!

Wohlstand *m* prospérité *f*; aisance *f*; **im Wohlstand leben** vivre dans l'aisance; *plais* **bei dir ist wohl der Wohlstand ausgebrochen!** tu as gagné au loto, ma parole!

Wohlstandsgesellschaft *f* société *f* d'abondance, de consommation

Wohltat *f* **das ist e-e wahre Wohltat** c'est un véritable délice

Wohltäter(in) *m(f)* bienfaiteur, -trice *m,f*

wohltätig *adj* charitable

Wohltätigkeit *f* bienfaisance *f*; charité *f*

Wohltätigkeits... *in Zssgn* de charité

wohltuend *adjt* agréable; bienfaisant; (*lindernd*) qui soulage

wohlüberlegt *adjt* bien réfléchi

wohlverdient *adjt* bien mérité

wohlweislich *adv* (très) sagement; prudemment

Wohlwollen *n* ⟨∼s⟩ bienveillance *f*

wohlwollend **I** *adjt* bienveillant **II** *advt* avec bienveillance

Wohnanhänger ['voːn-] *m* caravane *f*

Wohnanlage *f* ensemble immobilier; résidence *f*

Wohnblock *m* ⟨∼¢s; ∼s⟩ pâté *m* de maisons; îlot *m*

wohnen *v/i* habiter; demeurer; *vorübergehend* loger, être logé (**bei j-m** chez qn)

Wohnfläche *f* surface *f* habitable

Wohngebiet *n* zone résidentielle

Wohngeld *n* indemnité *f* de logement

Wohngemeinschaft *f* communauté *f*

wohnhaft *adj* ADM demeurant, domicilié, résidant (**in** [+ *dat*] à)

Wohnhaus *n* bâtiment *m*, immeuble *m* d'habitation

Wohnheim *n* foyer *m*

Wohnküche *f* grande cuisine

Wohnkultur *f* art *m*, confort *m* de l'habitat

Wohnlage *f* **Haus in günstiger Wohnlage** maison bien située

wohnlich *adj* confortable; commode

Wohnmobil *n* ⟨∼s; ∼e⟩ camping-car *m*

Wohnort *m* domicile *m*; résidence *f*

Wohnraum *m* **1.** (*Wohnzimmer*) (salle *f* de) séjour *m*; living *m* **2.** (*Wohnungen*) habitations *f/pl*; logements *m/pl*

Wohnsiedlung *f* lotissement *m*; cité *f*

Wohnsitz *m* domicile *m*; résidence *f*; **fester, ständiger Wohnsitz** domicile légal; **zweiter Wohnsitz** résidence secondaire

Wohnung *f* ⟨∼; ∼en⟩ appartement *m*

Wohnung = **appart͟ement**

Wird anders geschrieben als englisch „apartment".

Wohnungsamt *n service* (*d'une mairie*) *chargé de l'attribution des logements*

Wohnungsbau *m* ⟨∼¢s⟩ construction *f* de logements; **sozialer Wohnungsbau** construction d'HLM, de logements sociaux

Wohnungseinrichtung *f* ameublement *m*; mobilier *m*

Wohnungsinhaber *m* **1.** *Besitzer* propriétaire *m* d'appartement **2.** *Mieter* locataire *m*

Wohnungsmarkt *m* marché *m* du logement

Wohnungsnot *f* crise *f* du logement

Wohnungssuche *f* recherche *f* d'un logement, appartement

Wohnungstür *f* porte *f* de l'appartement

Wohnverhältnisse *n/pl* conditions *f/pl* d'habitation; habitat *m*

Wohnviertel *n* quartier résidentiel

Wohnwagen *m* caravane *f*; (*Zirkuswagen*) roulotte *f*

Wohnzimmer *n* (salle *f* de) séjour *m*; living *m*

Wok [vɔk] *m* ⟨∼; ∼s⟩ CUIS wok *m*

wölben ['vœlbən] *v/r* **sich wölben** s'arrondir; *Brust, Straße* se bomber; *Rücken* se voûter

Wölbung *f* ⟨∼; ∼en⟩ bombement *m*; CONSTR voussure *f*

Wolf [vɔlf] *m* ⟨∼¢s; ∼e⟩ **1.** ZO loup *m*; *fig* **ein Wolf im Schafspelz** une personne dont il faut se méfier **2.** F (*Hautwolf*) écorchure *f* **3.** F (*Fleischwolf*) 'hachoir *m*

Wölfin ['vœlfɪn] *f* ⟨∼; ∼nen⟩ louve *f*

Wolfram *n* ⟨∼s⟩ CHIM tungstène *m*

Wolfsmilch *f* BOT euphorbe *f*

Wolga ['vɔlga] ⟨∼⟩ **die Wolga** la Volga

Wolke ['vɔlkə] *f* ⟨∼; ∼n⟩ nuage *m*; F *fig* **aus allen Wolken fallen** tomber des nues

Wolkenbruch *m* pluie torrentielle

Wolkendecke *f* couche *f* de nuages

Wolkenkratzer *m* gratte-ciel *m*
wolkenlos *adj* sans nuages; dégagé
wolkig *adj* nuageux
Wolldecke ['vɔl-] *f* couverture *f* de laine
Wolle *f* ⟨∼; ∼n⟩ laine *f*; F (*Haare*) toison *f*; F *fig* **sich in die Wolle kriegen** s'empoigner
wollen[1] ['vɔlən] ⟨will, wollte⟩ **I** *v/aux de mode* ⟨*p/p* wollen⟩ **1.** (*wünschen*) vouloir; **etw tun wollen** vouloir faire qc **2.** (*im Begriff sein*) aller; être sur le point de; **ich wollte gerade abreisen** j'allais partir **3.** *in Aufforderungen* vouloir; **wollen Sie mir bitte folgen!** voulez-vous *od* veuillez me suivre!; F **wollt ihr (wohl) endlich Ruhe geben!** allez-vous enfin rester tranquilles! **4.** (*behaupten*) prétendre; **er will es gesehen haben** il prétend l'avoir vu **5.** *umschreibend* **das will nichts sagen** cela ne veut rien dire **6.** (*müssen*) devoir; falloir; **das will überlegt sein** cela demande réflexion **II** *v/t* ⟨*p/p* gewollt⟩ **7.** (*wünschen*) vouloir; **ich wollte, es wäre schon Sonntag** je voudrais que ce soit déjà dimanche; **das habe ich nicht gewollt** ce n'était pas mon intention **8.** (*haben wollen*) vouloir; **willst du Tee oder Kaffee?** veux-tu du thé ou du café?; **etw lieber wollen** aimer mieux qc; préférer qc **III** *v/i* ⟨*p/p* gewollt⟩ **9.** (*den Willen haben*) vouloir; **man mag wollen oder nicht** qu'on le veuille ou non; **ganz wie Sie wollen** (tout) comme vous voudrez **10.** *mit weggelassenem inf* vouloir; **wo willst du hin?** où vas-tu?; **zu wem wollen Sie?** qui cherchez-vous?; **meine Beine wollen nicht mehr** mes jambes n'en peuvent plus
wollen[2] *adj* de *od* en laine
wollig *adj* laineux
Wolljacke *f* veste *f* de *od* en laine; cardigan *m*
Wollknäuel *n* pelote *f* de laine
Wollsachen *f/pl* lainages *m/pl*
Wollsocken *f/pl* chaussettes *f/pl* de *od* en laine
Wollstoff *m* étoffe *f* de laine; lainage *m*
Wollstrumpf *m* bas *m* de laine
Wollust ['vɔlʊst] *st/s f* ⟨∼⟩ volupté *f*; *litt* luxure *f*
wollüstig ['vɔlʏstɪç] *st/s adj* voluptueux; *litt* luxurieux
Wolpertinger ['vɔlpərtɪŋər] *m* ⟨∼s; ∼⟩ *bayrisch* dahu *m*
womit *adv* **1.** *interrogativ* avec quoi?; **womit beschäftigt ihr euch?** de quoi vous occupez-vous? **2.** *relativisch* avec quoi; avec lequel
womöglich *adv* peut-être
wonach *adv* **1.** *interrogativ* après quoi?; **wonach fragt er?** qu'est-ce qu'il demande? **2.** *relativisch* après quoi; après lequel
Wonne ['vɔnə] *f* ⟨∼; ∼n⟩ grande joie; délice *m*
wonnig F *adj* ravissant
woran *adv* **1.** *interrogativ* à quoi?; **woran ist er gestorben?** de quoi est-il mort? **2.** *relativisch* à quoi; auquel
worauf *adv* **1.** *interrogativ* sur quoi?; **worauf wartest du?** qu'est-ce que tu attends? **2.** *relativisch* sur quoi (*a zeitlich*); sur lequel; **das Einzige, worauf es ankommt** la seule chose qui compte
woraus *adv* **1.** *interrogativ* de quoi?; *Material* en quoi?; *Herkunft* d'où? **2.** *relativisch* (ce) dont; de quoi; duquel; *Herkunft* d'où
worden ['vɔrdən] → **werden**
worin *adv* **1.** *interrogativ* dans quoi?; **worin be-**

steht der Unterschied? en quoi consiste la différence? **2.** *relativisch* en *od* dans quoi; où; dans lequel
Workaholic [vøːrkəˈhɔlɪk] *m* ⟨∼s; ∼s⟩ drogué(e) *m(f)* du travail
Workshop ['vøːrkʃɔp] *m* ⟨∼s; ∼s⟩ atelier *m*
Workstation [-steːʃən] *f* ⟨∼; ∼s⟩ INFORM station *f* de travail
World Wide Web ['vøːrlt'vait'vεp] *n* ⟨∼∮⟩ INFORM World Wide Web *m*; **im World Wide Web** sur le World Wide Web
Wort [vɔrt] *n* ⟨∼¢s; ∼er *ou* ∼e⟩ **1.** ⟨*pl* ∼er; *parfois* ∼e⟩ *einzelnes* mot *m*; (*Ausdruck*) terme *m* **2.** ⟨*pl* ∼e⟩ (*ausgesprochenes Wort, Rede*) mot *m*; parole *f*; **davon ist kein Wort wahr** il n'y a pas un mot de vrai là-dedans; **das Wort hat …** la parole est à …; *fig* **das letzte Wort haben** avoir le dernier mot; **ein gutes Wort für j-n einlegen** intercéder pour qn, en faveur de qn; **ein ernstes Wort mit j-m reden** avoir deux mots à dire à qn; **glaube ihm kein Wort!** ne crois rien de ce qu'il dit!; **kein Wort mehr!** pas un mot de plus!; **ein Wort gab das andere** un mot en amena, entraîna un autre; **ich verstehe kein Wort davon** je n'y comprends rien; **man kann sein eigenes Wort nicht verstehen** on ne s'entend plus (parler); **kein Wort über etw** (*acc*) **verlieren** ne pas évoquer qc; **sich zu Wort melden, ums Wort bitten** demander la parole; **das Wort ergreifen** prendre la parole; **nicht zu Wort(e) kommen** ne pas arriver à placer un mot; **ohne ein Wort zu sagen** sans mot dire; **mir fehlen die Worte!** F ça me la coupe!; **j-m aufs Wort glauben** croire qn sur parole; **Wort für Wort** (*nacheinander, wörtlich*) mot à mot; (*wortgetreu*) mot pour mot; **j-m ins Wort fallen** couper la parole à qn; **mit e-m Wort** en un mot; bref; **mit anderen Worten** en d'autres termes **3.** (*Versprechen*) parole *f*; **sein Wort brechen** manquer à sa parole; **(sein) Wort halten** tenir (sa) parole; **j-s Wort haben** avoir la parole de qn; **j-n beim Wort nehmen** prendre qn au mot **4. geflügelte Worte** mots *m/pl*, citations *f/pl* célèbres
Wortart *f* catégorie grammaticale
Wortbildung *f* formation *f* des mots
Wortbruch *m* manquement *m* à la parole donnée
wortbrüchig *adj* **wortbrüchig werden** manquer à sa parole
Wörtchen ['vœrtçən] *n* ⟨∼s; ∼⟩ F **ein Wörtchen mitzureden haben** avoir son, mon, *etc* mot à dire; avoir voix au chapitre
Wörterbuch *n* dictionnaire *m*
Wörterverzeichnis *n* vocabulaire *m*
Wortfamilie *f* LING famille *f* de mots
Wortfeld *n* LING champ *m* sémantique
Wortfetzen *m/pl* bribes *f/pl* de conversation
Wortführer(in) *m(f)* porte-parole *m*
Wortgefecht *n* dispute *f*
wortgetreu *adj* littéral
wortgewandt *adj* éloquent
wortkarg *adj* *Mensch* peu loquace; taciturne; *Antwort* laconique
Wortklauberei *f* ⟨∼; ∼en⟩ *péj* ergotage *m*
Wortlaut *m* teneur *f*; texte (intégral); **im (vollen) Wortlaut** intégralement; in extenso
wörtlich ['vœrtlɪç] **I** *adj* littéral; textuel **II** *adv*

wörtlich übersetzen traduire littéralement, mot à mot; *etw wörtlich nehmen* prendre qc à la lettre

wortlos I *adj Einverständnis* tacite **II** *adv* sans mot dire

Wortmeldung *f gibt es noch (weitere) Wortmeldungen?* y a-t-il d'autres personnes qui demandent la parole?

Wortschatz *m* vocabulaire *m*

Wortschwall *m* flot *m*, avalanche *f* de paroles

Wortspiel *n* jeu *m* de mots; calembour *m*

Wortstamm *m* GR radical *m*

Wortstellung *f* GR ordre *m* des mots

Wortwahl *f* choix *m* des mots

Wortwechsel *m* altercation *f*; vive discussion; dispute *f*

Wortwitz *m* calembour *m*

wortwörtlich *adv* mot à mot; mot pour mot

worüber *adv* **1.** *interrogativ* sur quoi?; *worüber lachst du?* de quoi ris-tu? **2.** *relativisch* sur quoi; sur lequel

worum *adv* **1.** *interrogativ* *worum handelt es sich?* de quoi s'agit-il? **2.** *relativisch* *alles, worum es sich handelt* tout ce dont il s'agit

worunter *adv* **1.** *interrogativ* sous quoi?; *worunter leidet er?* de quoi souffre-t-il? **2.** *relativisch* sous quoi; sous lequel

wovon *adv* **1.** *interrogativ* de quoi?; d'où? **2.** *relativisch* de quoi; duquel; dont; d'où

wovor *adv* **1.** *interrogativ* devant quoi?; *wovor fürchtest du dich?* de quoi as-tu peur? **2.** *relativisch* devant quoi; devant lequel; *das Einzige, wovor er Angst hat* la seule chose dont il a peur

wozu *adv* **1.** *interrogativ* à quoi?; (*warum*) pourquoi?; à quoi bon?; dans quel but? **2.** *relativisch* à quoi; auquel

Wrack [vrak] *n* ⟨~¢s; ~s *ou* ~e⟩ épave *f* (*a fig Mensch*)

Wrestling ['(v)rɛslɪŋ] *n* ⟨~s⟩ *etwa* catch *m*

wringen ['vrɪŋən] *v/t* ⟨wrang, gewrungen⟩ *Wäsche* tordre; essorer

WS *abr* (*Wintersemester*) semestre *m* d'hiver

WSV [veːˀɛsˈfaʊ] *m abr* ⟨~⟩ (*Winterschlussverkauf*) soldes *m/pl*, *abus f/pl* d'hiver

Wucher ['vuːxər] *m* ⟨~s⟩ usure *f*

Wucherer *m* ⟨~s; ~⟩ usurier *m*

wuchern *v/i Pflanzen* proliférer; foisonner (*a fig*); MÉD proliférer

Wucherpreis *m* prix *m* usuraire

Wucherung *f* ⟨~; ~en⟩ MÉD, BOT **1.** *Vorgang* prolifération *f* **2.** *Resultat* excroissance *f*; (*Geschwulst*) tumeur *f*

Wucherzinsen *m/pl* intérêts *m/pl* usuraires

wuchs [vuːks] → *wachsen*[1]

Wuchs *m* ⟨~es⟩ **1.** (*Wachstum*) croissance *f* **2.** (*Gestalt*) taille *f*; stature *f*

Wucht [vʊxt] *f* ⟨~; ~en⟩ **1.** force *f*; (*Heftigkeit*) violence *f*; *mit voller Wucht* de toute sa force **2.** F *das ist e-e Wucht!* F c'est super, épatant, chouette!

wuchten *v/t* ⟨-e-⟩ soulever, traîner avec effort

wuchtig *adj* **1.** (*massig*) imposant; massif **2.** (*kraftvoll*) vigoureux; *Schlag* violent

wühlen ['vyːlən] **I** *v/i Person* fouiller (*in* [+ *dat*] dans); *Tier* fouir **II** *v/r sich in etw* (*acc*) *wühlen* s'enfouir dans qc

Wühlmaus *f* campagnol *m*

Wühltisch F *m* présentoir *m* (où les articles soldés sont en vrac)

Wulst [vʊlst] *m* ⟨~¢s; ~e⟩ bourrelet *m*

wulstig *adj* qui forme un bourrelet; *Lippen* épais

wund [vʊnt] *adj* écorché; *sich* (*dat*) *die Füße wund laufen* s'écorcher les pieds en marchant; (*sich*) *wund reiben* (s')écorcher; *sich wund liegen* avoir des escarres; *fig wunder Punkt* point *m* faible, sensible

Wunde ['vʊndə] *f* ⟨~; ~n⟩ blessure *f*; (*Wundfläche*) plaie *f* (*beide a fig*)

Wunder ['vʊndər] *n* ⟨~s; ~⟩ miracle *m* (*a* REL); *der Natur, Technik* merveille *f*; *das grenzt an ein Wunder* cela tient du miracle; *wie durch ein Wunder* comme par miracle; F *sein blaues Wunder erleben* avoir une mauvaise surprise; *Wunder wirken* faire merveille; *das ist kein Wunder* ce n'est pas étonnant; F *sich* (*dat*) *Wunder was einbilden* s'imaginer Dieu sait quoi

wunderbar *adj* **1.** (*übernatürlich*) miraculeux **2.** (*herrlich*) merveilleux

Wunderding *n* (*wahre*) *Wunderdinge von j-m, etw erzählen* dire des merveilles de qn, qc

Wunderglaube *m* croyance *f* aux miracles

Wunderheiler(in) *m* ⟨~s; ~⟩ (*f*) ⟨~in; ~innen⟩ guérisseur, -euse *m,f*

wunderhübsch *adj* ravissant

Wunderkerze *f* cierge *m* magique

Wunderkind *n* enfant *m* prodige

Wunderlampe *f* lampe merveilleuse

wunderlich *adj* bizarre; étrange

Wundermittel *n* remède *m* miracle

wundern I *v/t Sache j-n wundern* étonner qn **II** *v/r sich über etw, j-n wundern* s'étonner de qc, qn; F *du wirst dich* (*noch mal*) *wundern!* tu vas voir ce que tu vas voir! **III** *v/imp es wundert mich* *od* *mich wundert, dass …* je suis étonné que … (+ *subj*)

wunderschön *adj* splendide; merveilleusement beau

wundertätig *adj* miraculeux

Wundertüte *f* pochette *f* surprise

wundervoll *adj* merveilleux; magnifique

Wunderwaffe *f* arme absolue

Wunderwerk *n* merveille *f*

Wundfieber *n* fièvre *f* traumatique

wundlaufen *v/t,* **wundliegen** *v/r,* **wundreiben** *v/t* (*u v/r*) → *wund*

Wundsalbe *f* pommade cicatrisante

Wundstarrkrampf *m* tétanos *m*

Wunsch [vʊnʃ] *m* ⟨~¢s; ~e⟩ **1.** (*Begehren*) désir *m*; (*Hoffnung*) souhait *m*; vœu *m*; *j-m e-n Wunsch erfüllen* répondre, satisfaire au désir de qn; *haben Sie sonst noch e-n Wunsch?* vous désirez autre chose?; et avec ça?; *auf Wunsch* (*acc*) sur demande; *alles geht nach Wunsch* tout marche selon mes, tes, *etc* désirs **2.** (*Glückwunsch*) souhait *m*; vœu *m*; *beste Wünsche* meilleurs vœux

Wunschbild *n* idéal *m*

Wunschdenken *n das ist Wunschdenken* (*bei ihm*) il prend ses désirs pour la réalité

Wünschelrute ['vʏnʃəl-] *f* baguette *f* de sourcier

Wünschelrutengänger(in) *m* ⟨~s; ~⟩ (*f*) ⟨~in; ~innen⟩ sourcier, -ière *m,f*; radiesthésiste *m*

wünschen ['vynʃən] *v/t* **1.** (*begehren*) désirer; (*wollen*) vouloir (avoir); *ich wünsche mir ein Fahrrad* je voudrais (avoir) un vélo; (*viel*) *zu wünschen übrig lassen* laisser (beaucoup) à désirer; *Sie wünschen?* vous désirez? **2.** (*herbeiwünschen*) souhaiter; *ich wünsche euch e-e gute Reise* je vous souhaite bon voyage; *j-m frohe Ostern wünschen* souhaiter de bonnes, joyeuses Pâques à qn

wünschenswert *adj* désirable; souhaitable

Wunschgegner(in) *m(f)* adversaire *m,f* idéal(e)

wunschgemäß *adv* conformément à, selon votre *bzw* vos désir(s)

Wunschkind *n* enfant désiré

Wunschkonzert *n* RAD concert *m* des auditeurs

wunschlos *adv* **wunschlos glücklich** parfaitement heureux; comblé

Wunschtraum *m* beau rêve; chimère *f*

Wunschzettel *m* liste *f* de ce qu'on désirerait avoir (pour son noël, *etc*)

wurde ['vʊrdə] → **werden**

Würde ['vyrdə] *f* ⟨∼; ∼n⟩ *das ist unter meiner Würde* je vaux mieux que cela; *zu höchsten Würden gelangen* parvenir aux plus 'hautes dignités

würdelos *adj* indigne; dépourvu de dignité

Würdenträger *m* dignitaire *m*

würdevoll *adj* digne; plein de dignité

würdig I *adj* **1.** (*wert*) digne; *j-s, e-r Sache würdig sein* être digne de qn, de qc **2.** (*würdevoll*) digne; (*ehrwürdig*) respectable; vénérable **II** *adv* **3.** (*angemessen*) comme il se doit **4.** (*würdevoll*) avec dignité; dignement

würdigen *v/t* **1.** *j-n keines Blickes würdigen* ne pas daigner regarder qn **2.** (*anerkennen*) reconnaître; (*schätzen*) apprécier

Würdigung *f* ⟨∼; ∼en⟩ reconnaissance *f*; appréciation *f*

Wurf [vʊrf] *m* ⟨∼¢s; ∼e⟩ **1.** (*Werfen*) jet *m*; lancement *m*; lancer *m*; *beim Spiel, Würfeln* coup *m* **2.** zo portée *f*

Würfel ['vyrfəl] *m* ⟨∼s; ∼⟩ **1.** MATH cube *m* **2.** (*Spielwürfel*) dé *m*; *fig die Würfel sind gefallen* le sort en est jeté

Würfelbecher *m* cornet *m* à dés

würfeln ⟨¢⟩ **I** *v/t* **1.** *e-e Sechs würfeln* faire, jouer un six **2.** (*in Würfel schneiden*) couper en dés, cubes **II** *v/i* jouer aux dés; *um etw würfeln* jouer qc aux dés

Würfelspiel *n* jeu *m* de dés

Würfelzucker *m* sucre *m* en morceaux

Wurfgeschoss, *österr* **Wurfgeschoß** *n* projectile *m*

Wurfsendung *f* publipostage *m*

Würgegriff *m* étranglement *m*

Würgemal *n pl* **Würgemale** traces *f/pl* de strangulation

würgen ['vyrgən] **I** *v/t* **j-n würgen** étrangler qn **II** *v/i* **1.** *an etw* (*dat*) *würgen* avoir du mal à avaler qc **2.** *vor dem Erbrechen* avoir envie de vomir

Wurm¹ [vʊrm] *m* ⟨∼¢s; ∼er⟩ zo ver *m*; F *fig da ist der Wurm drin* F il y a quelque chose qui cloche; F *fig j-m die Würmer aus der Nase ziehen* tirer les vers du nez à qn

Wurm² F *n* ⟨∼¢s; ∼er⟩ (*hilfloses Kind*) *das arme Wurm* ce(tte) pauvre petit(e)

wurmen F *v/t* **j-n wurmen** tracasser qn

Wurmfortsatz *m* ANAT appendice *m* (vermiculaire)

Wurmmittel *n* PHARM vermifuge *m*

wurmstichig *adj Holz* piqué des vers; vermoulu; *Obst* véreux

wursch [vʊrʃt] F *er, das ist mir wurscht* F je m'en balance *od* fiche

wurschteln → **wursteln**

Wurst [vʊrst] *f* ⟨∼; ∼e⟩ saucisse *f*; (*Hartwurst*) saucisson *m*; (*Aufschnitt*) charcuterie *f*; F *fig jetzt geht es um die Wurst* c'est le moment décisif; F *fig das ist mir wurst* F je m'en fiche, fous

Wurstbrot *n* sandwich *m* au saucisson

Würstchen ['vyrstçən] *n* ⟨∼s; ∼⟩ **1.** CUIS saucisse *f* **2.** F *péj* F pauvre type *m*

Würstchenbude *f*, **Würstchenstand** *m* stand *m* de saucisses

Würstel *n* ⟨∼s; ∼⟩ *bes österr* saucisse *f*

wursteln F ⟨¢⟩ *v/r* **sich durchs Leben wursteln** se débrouiller tant bien que mal

Wurstende *n* bout *m* de la saucisse *bzw* du saucisson

Wurstfinger F *péj m/pl* doigts boudinés

Wursthaut *f* peau *f* de saucisse *bzw* de saucisson

Wurstigkeit F *f* ⟨∼⟩ F je-m'en-foutisme *m*; F je--m'en-fichisme *m*

Wurstpelle F *f* peau *f* (de la saucisse)

Wurstsalat *m etwa* cervelas *m* en salade

Wurstscheibe *f* tranche *f* de saucisse

Wurstwaren *f/pl* charcuterie *f*

Wurstzipfel *m* bout *m* de saucisse

Württemberg ['vyrtəmbɛrk] *n* ⟨∼s⟩ le Wurtemberg

württembergisch *adj* du Wurtemberg; wurtembergeois

Würze ['vyrtsə] *f* ⟨∼; ∼n⟩ **1.** *Substanz* assaisonnement *m*; condiment *m*; (*Gewürz*) épice *f* **2.** (*würziger Geschmack*) saveur *f* (*a fig*)

Wurzel ['vʊrtsəl] *f* ⟨∼; ∼n⟩ racine *f* (*a fig*); *Wurzeln schlagen Pflanze* prendre racine; s'enraciner (*a fig*); MATH *die Wurzel ziehen aus* extraire la racine carrée de

Wurzelballen *m* (racines *f/pl* avec la) motte

Wurzelbehandlung *f* ZAHNMEDIZIN traitement *m* de la racine

Wurzelbürste *f* brosse dure

wurzeln *v/i* ⟨¢⟩ **1.** BOT, *fig* être enraciné (*in* [+ *dat*] dans) **2.** *fig* (*s-n Ursprung haben*) *in etw* (*dat*) *wurzeln* avoir ses racines dans qc

Wurzelwerk *n* racines *f/pl*

Wurzelzeichen *n* MATH radical *m*

würzen *v/t* ⟨¢$⟩ **1.** *Speisen* assaisonner, épicer (*mit* de); relever (avec) **2.** *fig* relever, pimenter (de)

würzig *adj* épicé; assaisonné; relevé; *dem Geruch nach* aromatique

wusch [vuːʃ] → **waschen**

wuschelig ['vuːʃəlɪç] F *adj Haar* épais et bouclé *od* frisé

Wuschelkopf F *m* tignasse (épaisse)

wusste ['vʊstə] → **wissen**

Wust [vuːst] *m* ⟨∼¢s⟩ *péj* tas *m*; fatras *m*; ramassis *m*

wüst [vyːst] *adj* **1.** (*öde*) désert **2.** (*unordentlich*) en désordre; *ein wüstes Durcheinander* F un fouillis inextricable **3.** (*ausschweifend*) déréglé; dissolu **4.** (*grob, derb*) grossier; rude

Wüste *f* ⟨∼; ∼n⟩ désert *m* (*a fig*); F *fig* ***j-n in die Wüste schicken*** limoger qn

Wüstenfuchs *m* renard *m* des sables; fennec *m*

Wüstenklima *n* climat *m* désertique

Wüstensand *m* sable *m* (du désert)

Wüstling *m* ⟨∼s; ∼e⟩ débauché *m*

Wut [vuːt] *f* ⟨∼⟩ rage *f*; fureur *f*; (*Zorn*) colère *f*; ***vor Wut schäumen*** écumer de rage; ***in Wut*** (*acc*) ***geraten*** entrer dans une colère noire; se mettre en colère, en fureur; ***j-n in Wut*** (*acc*) ***bringen*** mettre qn en rage, en colère, en fureur

Wutanfall *m*, **Wutausbruch** *m* accès *m* de fureur, de rage

wüten ['vyːtən] *v/i* ⟨-e-⟩ *Randalierer, Seuche* sévir; *Sturm, Feuer* faire rage; *Krieg a* faire des ravages

wütend *adj* furieux; ***wütend werden*** entrer, se mettre en colère, en fureur; ***j-n wütend machen*** mettre qn en colère, en rage, en fureur; ***auf j-n wütend sein*** être furieux, en rage contre qn

wutentbrannt *adjt* furieux; furibond; *p/fort* fou de rage

wutschnaubend *adjt u advt* écumant de rage

Wwe *abr* (*Witwe*) Vve

X, x [ɪks] *n* ⟨X, x; X, x⟩ X, x *m*; *fig* ***j-m ein X für ein U vormachen*** faire prendre à qn des vessies pour des lanternes

x-Achse *f* axe *m* des x

Xanthippe [ksan'tɪpə] *f* ⟨∼; ∼n⟩ *péj* furie *f*; mégère *f*

X-Beine *n/pl* genoux cagneux

x-beinig *adj* cagneux

x-beliebig F *adj* ***e-e x-beliebige Zahl*** n'importe quel chiffre; un chiffre quelconque; ***jeder x-Beliebige*** n'importe qui

X-Chromosom *n* chromosome *m* X

x-fach *adj* multiple

x-fache(s) *n* ⟨→ A⟩ multiple *m*

x-mal F *adv* F trente-six fois; ***ich habe es ihm x-mal gesagt*** je le lui ai dit je ne sais combien de fois

x-te F *adj* énième; nième; ***zum x-ten Mal*** pour la nième fois

Xylophon [ksylo'foːn] *n* ⟨∼s; ∼e⟩ xylophone *m*

Y, y ['ʏpsilɔn] *n* ⟨Y, y; Y, y⟩ Y, y *m*

y-Achse *f* axe *m* des y

Yacht → *Jacht*

Yang [jaŋ] *n* ⟨∼$⟩ PHILOS yang *m*

Y-Chromosom *n* chromosome *m* Y

Yen [jɛn] *m* ⟨∼$; ∼$; *mais* 100 ∼⟩ *Währung* yen *m*

Yeti ['jeːti] *m* ⟨∼s; ∼s⟩ yéti *m*

Yin [jɪn] *n* ⟨∼$⟩ PHILOS yin *m*

Yoga ['joːga] *n od m* ⟨∼$⟩ yoga *m*

Yogi ['joːgi] *m* yogi *m*

Ypsilon ['ʏpsilɔn] *n* ⟨∼$; ∼s⟩ i grec

Yucca ['juka] *f* ⟨∼; ∼s⟩ BOT yucca *m*

Yuppie ['jupi] *m* ⟨∼s; ∼s⟩ yuppie *m*

Z

Z, z [tsɛt] *n* ⟨Z, z; Z, z⟩ Z, z *m*
Zabaione [tsaba'joːnə] *f* ⟨∼; ∼s⟩ CUIS sabayon *m*
zack [tsak] F *int* **zack, zack!** F et que ça saute!
Zack F *m* **j-n auf Zack bringen** mettre qn au pas; **auf Zack sein** être dégourdi
Zacke ['tsakə] *f* ⟨∼; ∼n⟩ dent *f*; *e-s Sterns* pointe *f*; branche *f*
Zacken *m* ⟨∼s; ∼⟩ → **Zacke**; F **deswegen fällt dir kein Zacken aus der Krone** ce n'est pas une 'honte
zackig *adj* **1.** garni de pointes; dentelé **2.** *fig* (*schneidig*) d'allure militaire
zaghaft *adj* (*ängstlich*) craintif; peureux; (*zögernd*) hésitant; irrésolu
zäh [tsɛː] *adj* **1.** tenace (*a fig*); *Flüssigkeit* épais; visqueux; *Fleisch* dur; coriace **2.** (*hartnäckig*) opiniâtre; coriace **3.** *Unterhaltung* qui traîne en longueur **4.** *Gesundheit* résistant
zähflüssig *adj* visqueux; **zähflüssiger Verkehr** ralentissements *m/pl*
Zähigkeit *f* ⟨∼⟩ ténacité *f*; (*Widerstandsfähigkeit*) résistance *f*
Zahl [tsaːl] *f* ⟨∼; ∼en⟩ nombre *m*; (*Ziffer*) chiffre *m*; **zehn an der Zahl** au nombre de dix; **in großer Zahl** en grand nombre; **in den roten, schwarzen Zahlen sein** être dans le rouge; faire des profits
zahlbar *adj* payable
zählbar ['tsɛːl-] *adj* dénombrable
zählebig *adj Tiere, Pflanzen* résistant; *Vorurteil* qui a la vie dure
Zahlemann F *plais* **morgen heißt es Zahlemann und Söhne** F demain il faut casquer
zahlen *v/t u v/i* payer; (**Herr Ober,**) **bitte zahlen!** (garçon,) l'addition, s'il vous plaît!
zählen **I** *v/t* compter; *Bevölkerung* recenser; *Stimmen* dénombrer; **j-n zu s-n Freunden zählen** compter qn parmi ses amis **II** *v/i* compter; **auf j-n zählen** compter sur qn; **zählen zu** compter parmi; appartenir à; **das zählt nicht** cela ne compte pas
Zahlenangaben *f/pl* données *f/pl* numériques
Zahlenbeispiel *n* exemple *m* numérique
Zahlenfolge *f* suite *f*, série *f* de nombres
Zahlengedächtnis *n* ⟨∼ses⟩ mémoire *f* des chiffres, des nombres
Zahlenkombination *f* combinaison *f* de chiffres
Zahlenlotto *n* loto *m*
zahlenmäßig *adj* numérique
Zahlenschloss *n* serrure *f* à combinaison
Zähler *m* ⟨∼s; ∼⟩ **1.** (*Stromzähler, Gaszähler*) compteur *m*; **den Zähler ablesen** relever le compteur **2.** MATH numérateur *m*
Zählerstand *m* relevé *m* de compteur; **den Zählerstand ablesen** relever le compteur
Zahlkarte *f* mandat-carte *m*
zahllos *adj* innombrable

zahlreich *adj* nombreux
Zahltag *m* jour *m* de paie
Zahlung *f* ⟨∼; ∼en⟩ paiement *od* payement *m*; **in Zahlung nehmen** prendre en paiement
Zählung *f* ⟨∼; ∼en⟩ comptage *m*; *der Bevölkerung* recensement *m*; *der Stimmen* dénombrement *m*
Zahlungsanweisung *f* mandat *m* de paiement
Zahlungsaufforderung *f* sommation *f* de payer; mise *f* en demeure
Zahlungsaufschub *m* délai *m*, sursis *m* de paiement
Zahlungsbedingungen *f/pl* conditions *f/pl* de paiement, de règlement
Zahlungsbeleg *m* récépissé *m* de paiement
Zahlungsempfänger *m* bénéficiaire *m* d'un paiement
zahlungsfähig *adj* solvable
Zahlungsfähigkeit *f* ⟨∼⟩ solvabilité *f*
Zahlungsfrist *f* délai *m* de paiement
zahlungskräftig *adj* F **zahlungskräftig sein** F avoir les moyens
Zahlungsmittel *n* moyen *m* de paiement
Zahlungsschwierigkeiten *f/pl* difficultés *f/pl* de paiement
zahlungsunfähig *adj* insolvable
Zahlungsunfähigkeit *f* ⟨∼⟩ insolvabilité *f*
Zahlungsverkehr *m* paiements *m/pl*; opérations *f/pl* de paiement
Zahlungsverpflichtungen *f/pl* obligations *f/pl*; engagements *m/pl*
Zahlungsweise *f* mode *m* de paiement
Zählwerk *n* (mécanisme *m*) compteur *m*
Zahlwort *n* ⟨∼s; -wörter⟩ (adjectif *m*) numéral *m*
zahm [tsaːm] *adj* **1.** *Tier* apprivoisé **2.** F *fig Person* docile; *Kritik* anodin
zähmen ['tsɛːmən] *v/t Tier* apprivoiser; (*bändigen*) dompter; (*zu e-m Haustier machen*) domestiquer
Zähmung *f* ⟨∼; ∼en⟩ *von Tieren* apprivoisement *m*; (*Bändigung*) domptage *m*; *zum Haustier* domestication *f*
Zahn [tsaːn] *m* ⟨∼s; ∼e⟩ **1.** dent *f*; **sich** (*dat*) **die Zähne putzen** se laver, se brosser les dents; **Zähne bekommen** faire, percer ses dents; **die Zähne zusammenbeißen** serrer les dents (*a fig*); **mit den Zähnen klappern, knirschen** claquer, grincer des dents **2.** *fig* F **der Zahn der Zeit** les ravages *m/pl* du temps; F **bis an die Zähne bewaffnet** armé jusqu'au dents; **j-m auf den Zahn fühlen** sonder (les intentions de) qn; F **sich** (*dat*) **die Zähne an etw, j-m ausbeißen** se casser les dents sur qc, qn **3.** F **e-n (ganz schönen) Zahn draufhaben** F rouler à fond la caisse
Zahnarzt *m*, **Zahnärztin** *f* (chirurgien *m*) dentiste *m,f*

Zahnarzthelferin *f* assistante *f* dentaire
zahnärztlich *adj* de *od* du dentiste; dentaire
Zahnarztpraxis *f* cabinet *m* dentaire
Zahnausfall *m* chute *f* des dents
Zahnbehandlung *f* soins *m/pl* dentaires
Zahnbelag *m* plaque *f* dentaire
Zahnbürste *f* brosse *f* à dents
Zahncreme *f* (pâte *f*) dentifrice *m*
zähnefletschend ['tsɛːnə-] **I** *adjt* qui montre les dents **II** *advt* en montrant les dents
zähneklappernd *advt* en claquant des dents
zähneknirschend *advt fig* en grinçant des dents
zahnen *v/i* faire, percer ses dents
Zahnersatz *m* prothèse *f* dentaire
Zahnfleisch *n* gencive(s) *f(pl)*
Zahnfleischbluten *n* ⟨∼s⟩ saignement *m* des gencives
Zahnfleischentzündung *f* gingivite *f*
Zahnfleischschwund *m* parodontose *f*
Zahnfüllung *f* plombage *m*
Zahnhals *m* collet *m* d'une dent
Zahnhygiene *f* hygiène *f* dentaire
Zahnklammer *f* appareil *m* dentaire
Zahnklinik *f* institut *m* dentaire
zahnlos *adj* sans dents; édenté
Zahnlücke *f* dent ébréchée; creux *m* entre les dents
Zahnmedizin *f* dentisterie *f*; chirurgie *f* dentaire
Zahnpasta *f* ⟨∼; -sten⟩ (pâte *f*) dentifrice *m*
Zahnpflege *f* soins *m/pl* dentaires
Zahnprothese *f* prothèse *f* dentaire; dentier *m*
Zahnputzbecher *m*, **Zahnputzglas** *n* verre *m* à dents
Zahnrad *n* roue dentée
Zahnradbahn *f* chemin *m* de fer à crémaillère
Zahnschmelz *m* émail *m* des dents
Zahnschmerz *m* mal *m* de dent; **Zahnschmerzen haben** avoir mal aux dents
Zahnseide *f* fil *m* dentaire
Zahnspange *f* appareil *m* dentaire
Zahnstein *m* tartre *m*
Zahnstocher *m* cure-dent *m*
Zahnstummel, **Zahnstumpf** *m* chicot *m*
Zahntechniker(in) *m(f)* prothésiste *m,f* dentaire
Zahnweh *n* mal *m* de dent; **Zahnweh haben** avoir mal aux dents
Zahnzwischenräume *m/pl* interstices *m/pl* dentaires
Zaire [zaˈiːr] *n* ⟨∼s⟩ HIST le Zaïre
Zander ['tsandər] *m* ⟨∼s; ∼⟩ sandre *m od f*
Zange ['tsaŋə] *f* ⟨∼; ∼n⟩ **1.** (*Kneifzange*) tenaille(s) *f(pl)*; (*Flachzange*) pince (plate); (*Geburtszange*) forceps *m*; F *fig* **j-n in die Zange nehmen** forcer la main à qn **2.** zo pince *f*
Zangengeburt *f* accouchement *m* au forceps, aux fers
Zank [tsaŋk] *m* ⟨∼¢s⟩ querelle *f*; dispute *f*
Zankapfel *m* pomme *f* de discorde
zanken *v/r* **sich** (**mit j-m**) **zanken** se disputer, se quereller (avec qn); **sich um etw zanken** se disputer qc, pour qc
zänkisch ['tsɛŋkɪʃ] *adj* querelleur
Zäpfchen ['tsɛpfçən] *n* ⟨∼s; ∼⟩ **1.** ANAT luette *f* (du palais); *sc* uvule *f* **2.** MÉD suppositoire *m*
zapfen ['tsapfən] *v/t Wein, Bier* tirer (au ton-

neau)
Zapfen *m* ⟨∼s; ∼⟩ **1.** *e-s Fasses* fausset *m* **2.** BOT cône *m* **3.** (*Eiszapfen*) glaçon *m*
Zapfenstreich *m* MIL couvre-feu *m*
Zapfhahn *m* robinet *m*
Zapfsäule *f* pompe *f* à essence
zappelig ['tsapəlɪç] F *adj* F qui a la bougeotte; agité; (*nervös*) nerveux
zappeln *v/i* ⟨¢⟩ F gigoter; s'agiter; F *fig* **j-n zappeln lassen** tenir qn sur des charbons ardents; F laisser mijoter qn
Zappelphilipp F *m* ⟨∼s; ∼e *ou* ∼s⟩ F enfant *m* qui gigote sans cesse; **ein Zappelphilipp sein** F avoir la bougeotte
zappen ['tsapən] *v/i* TV zapper
zappenduster ['tsapən'duːstər] F *adj a. fig* sombre
zapplig → **zappelig**
Zar [tsaːr] *m* ⟨∼en; ∼en⟩ tsar *m*
Zarin *f* ⟨∼; ∼nen⟩ tsarine *f*
zaristisch *adj* tsariste
zart [tsaːrt] *adj* **1.** tendre (*a Fleisch, Gemüse, Farben*); *Gesundheit, Farben, Kuss* délicat; *Stimme, Klang* doux; *Gewebe* fin **2.** (*zärtlich*) tendre **3. zart besaitet, fühlend** → **zartbesaitet**, **zartfühlend**
zartbesaitet *adjt* sensible; susceptible
zartbitter *adj Schokolade* noir extra fin
zartfühlend *adjt* délicat; (*taktvoll*) qui a du tact
Zartgefühl *n* délicatesse *f* (de sentiment); tact *m*
Zartheit *f* ⟨∼⟩ délicatesse *f*; *der Haut, der Stimme* douceur *f*; *e-s Gewebes* finesse *f*
zärtlich ['tsɛːrtlɪç] *adj* tendre; affectueux
Zärtlichkeit *f* ⟨∼; ∼en⟩ tendresse *f*; affection *f*; **Zärtlichkeiten** *pl* (*Liebkosungen*) caresses *f/pl*
zartrosa *adj* rose tendre (*inv*)
Zaster ['tsastər] F *m* ⟨∼s⟩ F fric *m*
Zäsur [tsɛ'zuːr] *f* ⟨∼; ∼en⟩ **1.** METRIK césure *f* **2.** *fig* (*Einschnitt*) événement décisif; tournant *m*
Zauber ['tsaubər] *m* ⟨∼s; ∼⟩ **1.** (*Zauberhandlung*) magie *f*; (*Zauberkraft*) charme *m*; enchantement *m*; (*böser Zauber*) sortilège *m*; F *péj* **fauler Zauber** bluff *m* **2.** *fig* (*Reiz*) charme *m*; (*Getue*) F cirque *m*
Zauberei *f* ⟨∼; ∼en⟩ **1.** (*Zaubern*) magie *f* **2.** (*Zaubertrick*) tour *m* de magie, de prestidigitation
Zauberer *m* ⟨∼s; ∼⟩ *im Zirkus* magicien *m*; *fig* sorcier *m*
Zauberflöte *f* **Die Zauberflöte** La Flûte enchantée
Zauberformel *f* formule *f* magique
zauberhaft *adj* enchanteur; ravissant
Zauberin *f* ⟨∼; ∼nen⟩ magicienne *f*; *fig* sorcière *f*
Zauberkasten *m* mallette *f* de magicien
Zauberkraft *f* pouvoir *m*, vertu *f* magique
Zauberkünstler *m* prestidigitateur *m*; illusionniste *m*
Zauberlehrling *m* apprenti sorcier
zaubern **I** *v/t* **etw aus der Tasche zaubern** faire sortir qc de sa poche comme par enchantement **II** *v/i* pratiquer la magie
Zauberspruch *m* formule *f* magique
Zauberstab *m* baguette *f* magique
Zaubertrank *m* potion *f* magique; philtre *m*
Zaubertrick *m* tour *m* de magie, de prestidigitation
Zauberwort *n* ⟨∼¢s; ∼e⟩ parole *f* magique

zaudern ['tsaʊdərn] *st/s v/i* hésiter (**etw zu tun** à faire qc)

Zaum [tsaʊm] *m* ⟨–⁊s; Zäume⟩ bride *f*; *st/s fig* **im Zaum halten** contenir; dominer

zäumen ['tsɔʏmən] *v/t* brider

Zaumzeug *n* bride *f*

Zaun [tsaʊn] *m* ⟨–⁊s; Zäune⟩ clôture *f*; *aus Pfählen* palissade *f*; **e-n Streit vom Zaun brechen** chercher querelle

Zaungast *m* spectateur (inofficiel)

Zaunkönig *m sc* troglodyte *m*; *abus* roitelet *m*

Zaunpfahl *m* pieu *m*; F *fig* **ein Wink mit dem Zaunpfahl** un appel du pied

Zaziki [tsa'tsi:ki] *m od n* ⟨–⁊s; –s⟩ CUIS tzaziki *m*

z. B. *abr* (*zum Beispiel*) par ex. (par exemple)

ZDF [tsɛtde:'ʔɛf] *n abr* ⟨–⟩ (*Zweites Deutsches Fernsehen*) Deuxième chaîne *f* de la télévision allemande

Zebra ['tse:bra] *n* ⟨–⁊s; –s⟩ zèbre *m*

Zebrastreifen *m* passage *m* pour piétons

Zebu ['tse:bu] *m od n* ⟨–⁊s; –s⟩ zébu *m*

Zeche ['tsɛçə] *f* ⟨–; –n⟩ **1.** (*Rechnung*) addition *f*; F **die Zeche prellen** partir sans payer ses consommations; F *fig* **die Zeche bezahlen müssen** F devoir payer les pots cassés **2.** BERGBAU mine *f*; (*Steinkohlenzeche*) 'houillère *f*

zechen *v/i* boire; F picoler

Zecher *m* ⟨–⁊s; –⟩ buveur *m*

Zechpreller *m* ⟨–⁊s; –⟩ client *m* qui part sans payer ses consommations

Zechprellerei *f* ⟨–; –en⟩ grivèlerie *f*

Zecke ['tsɛkə] *f* ⟨–; –n⟩ tique *f*

Zeder ['tse:dər] *f* ⟨–; –n⟩ cèdre *m*

Zedernholz *n* (bois *m* de) cèdre *m*

Zeh [tse:] *m* ⟨–⁊s; –en⟩ → **Zehe**

Zehe ['tse:ə] *f* ⟨–; –n⟩ **1.** orteil *m*; doigt *m* de pied; **große Zehe** gros orteil **2.** (*Knoblauchzehe*) gousse *f*

Zehennagel *m* ongle *m* d'orteil

Zehenspitze *f* pointe *f* du pied; **auf Zehenspitzen** sur la pointe des pieds

zehn [tse:n] *num/c* dix

Zehn *f* ⟨–; –en⟩ dix *m*

Zehner *m* ⟨–⁊s; –⟩ **1.** MATH dizaine *f* **2.** F *Geldschein* billet *m* de dix **3.** F *Münze* pièce *f* de dix cents **4.** *regional* (*Zehn*) dix *m*

Zehnerkarte *f* billet *m* de dix entrées, trajets, *etc*

Zehnerpackung *f* paquet *m* de dix

Zehnerstelle *f* dizaine *f*

zehnfach I *adj Vergrößerung* de dix (fois); *Betrag etc* dix fois plus grand **II** *adv* dix fois plus; au décuple

zehnjährig *adj* (*zehn Jahre alt*) (âgé) de dix ans; (*zehn Jahre lang*) de dix ans

Zehnjährige(r) *f(m)* ⟨→ A⟩ enfant *m,f* de dix ans

Zehnkampf *m* SPORT décathlon *m*

Zehnkämpfer *m* décathlonien *m*

zehnmal *adv* dix fois

Zehnmarkschein *m* HIST billet *m* de dix marks

Zehnpfennigstück *n* HIST pièce *f* de dix pfennigs

zehnt [tse:nt] *adv* **zu zehnt** à dix

zehntausend *num/c* dix mille

zehnte *num/o* dixième

Zehntel *n* ⟨–⁊s; –⟩ dixième *m*

zehntens *adv* dixièmement

zehren ['tse:rən] *v/i* **1. von etw zehren** vivre sur qc, *fig* de qc **2.** *Sorge* **an j-m zehren** miner, ronger, consumer qn

Zeichen ['tsaɪçən] *n* ⟨–s; –⟩ signe *m*; verabredetes signal *n*; (*Kennzeichen*) marque *f*; (*Merkzeichen*) repère *m*; (*Namenszeichen*) sigle *m*; MÉD, *fig* symptôme *m*; *e-r Würde* insignes *m/pl*; (*Beweis*) preuve *f*; témoignage *m*; CHIM, MATH symbole *m*; (*Sternzeichen*) signe *m*; **die Zeichen der Zeit** les signes des temps; ADM **Ihr Zeichen** votre référence; **j-m ein Zeichen geben** faire signe à qn; **das ist ein gutes Zeichen** c'est bon signe; **zum Zeichen, dass ...** pour montrer, prouver que ...

Zeichenblock *m* ⟨–⁊s; ⁊e *ou* –s⟩ bloc *m* de papier à dessin

Zeichenbrett *n* planche *f* à dessin

Zeichenerklärung *f* légende *f*

Zeichenheft *n* cahier *m* à dessin

Zeichenkohle *f* fusain *m*

Zeichenpapier *n* papier *m* à dessin

Zeichensatz *m* INFORM jeu *m* de caractères

Zeichensetzung *f* ⟨–⟩ ponctuation *f*

Zeichensprache *f* langage *m* par signes, par gestes

Zeichenstift *m* crayon *m* à dessin

Zeichentrickfilm *m* dessin animé; film *m* d'animation

Zeichenunterricht *m* leçons *f/pl* de dessin

zeichnen ['tsaɪçnən] ⟨–e-⟩ **I** *v/t* **1.** (*malen*) dessiner; *Linie* tracer **2.** (*kennzeichnen*), *fig Sorge, Krankheit* marquer **3.** *bes* COMM (*unterzeichnen*) signer; *e-e Anleihe* souscrire **II** *v/i* **4.** (*malen*) dessiner **5.** *bes* COMM signer; **für etw verantwortlich zeichnen** avoir la responsabilité de qc

Zeichner(in) *m* ⟨–⁊s; –⟩ (*f*) ⟨–in; –innen⟩ dessinateur, -trice *m,f*; **technischer Zeichner** dessinateur industriel

zeichnerisch *adj* **zeichnerisches Talent** talent(s) *m(pl)* de dessinateur

Zeichnung *f* ⟨–; –en⟩ **1.** (*Bild, Muster*) dessin *m* **2.** *bes* COMM souscription *f*

zeichnungsberechtigt *adj* COMM autorisé à signer

Zeigefinger ['tsaɪgə-] *m* index *m*

zeigen I *v/t* montrer; faire voir; (*zur Schau stellen*) étaler; *Weg* indiquer; *Film* passer; *Mut, Geduld* faire preuve de; (dé)montrer; F **es j-m zeigen** dire à qn sa façon de penser **II** *v/i* **auf j-n, etw zeigen** montrer, désigner qn, qc; **nach Norden zeigen** indiquer, montrer le nord; *Uhrzeiger* **auf 12 Uhr zeigen** marquer, indiquer midi **III** *v/r* **sich zeigen 1.** (*sich sehen lassen*) se montrer; (*erscheinen*) (ap)paraître; **sich von s-r besten Seite zeigen** se présenter sous son meilleur jour **2. sich mutig etc zeigen** faire preuve de courage, *etc* **3.** (*zutage treten*) se manifester (**in** [+ *dat*] par); **das wird sich bald zeigen** on ne tardera pas à le voir

Zeiger *m* ⟨–⁊s; –⟩ aiguille *f*; TECH *a* index *m*

Zeigestock *m* baguette *f*

Zeile ['tsaɪlə] *f* ⟨–; –n⟩ ligne *f* (*a* TV); *von Häusern* rangée *f*; file *f*; **neue Zeile!** à la ligne! **j-m ein paar Zeilen hinterlassen** laisser un petit mot à qn; *fig* **zwischen den Zeilen** entre les lignes

Zeilenabstand *m* interligne *m*

Zeilenlänge *f* justification *f*

Zeisig ['tsaɪzɪç] *m* ⟨~s; ~e⟩ tarin *m*
zeit [tsaɪt] *prép* ⟨*gén*⟩ **zeit s-s Lebens** pendant toute sa vie; sa vie durant
Zeit [tsaɪt] *f* ⟨~; ~en⟩ **1.** temps *m* (*a* GR); **Zeit raubend** → **zeitraubend**; **die Zeit totschlagen** tuer le temps; **das hat noch Zeit** ce n'est pas urgent; cela ne presse pas; **j-m Zeit lassen** donner du temps à qn; **sich** (*dat*) **Zeit lassen** prendre son temps; **viel Zeit kosten** exiger, prendre beaucoup de temps; SPORT (**von etw**) **die Zeit nehmen** chronométrer (qc); SPORT **e-e gute Zeit laufen** faire, réaliser un bon temps (en courant); **du liebe Zeit!** ah, mon Dieu!; **die ganze Zeit** (**über**) tout le temps; **e-e Zeit lang** pendant quelque temps; un certain temps; F SPORT **auf Zeit spielen** essayer de gagner du temps; **mit der Zeit** avec le temps; à la longue; **nach einiger Zeit** au bout d'un certain temps; **seit langer Zeit** depuis longtemps; **von Zeit zu Zeit** de temps en temps; de temps à autre; **vor einiger Zeit** il y a quelque temps; **vor langer Zeit** il y a longtemps **2.** (*Zeitabschnitt*) temps *m*; période *f*; (*Zeitalter*) *a* époque *f*; **schlechte Zeiten** mauvais jours; **die vorgeschichtliche Zeit** l'âge *m* préhistorique; **mit der Zeit gehen** être de son temps; **für alle Zeiten** pour toujours; à jamais; **in der heutigen Zeit** de nos jours; **in alten Zeiten** au temps jadis; autrefois; **zu keiner Zeit** à aucune époque; jamais (*mit ne beim Verb*); **zu e-r Zeit, da ...** en *od* dans un temps où ...; **zur Zeit** (+ *gén*) à l'époque de; au temps de **3.** (*Zeitpunkt*) moment *m*; (*Datum*) date *f*; (*Uhrzeit*) heure *f*; **es ist** (**an der**) **Zeit zu** (+ *inf*) il est temps de (+ *inf*); **es war höchste Zeit** il était grand temps; **seit der Zeit, von der Zeit an** dès lors; depuis ce temps-là; **um welche Zeit?** (*um wie viel Uhr*) à quelle heure?; **nächstes Jahr um diese Zeit** l'année prochaine à cette date; **zur Zeit** (*gegenwärtig*) → **zurzeit**; **zu gegebener Zeit** en temps utile; **zu jeder Zeit** toujours; à toute heure; **zur rechten Zeit** au bon moment; **zur gleichen Zeit** en même temps; **alles zu s-r Zeit** chaque chose en son temps **4.** (*Jahreszeit*) saison *f* **5.** (*Frist*) délai *m*; **es sind zwei Tage über die Zeit** le délai est dépassé de deux jours
Zeitabschnitt *m* période *f*; époque *f*
Zeitabstand *m* intervalle *m*; **in regelmäßigen Zeitabständen** à intervalles réguliers; périodiquement
Zeitalter *n* âge *m*; siècle *m*; époque *f*
Zeitangabe *f* indication *f* de temps
Zeitansage *f* im *Radio* heure exacte; am *Telefon* horloge parlante
Zeitarbeit *f* travail *m* temporaire, intérimaire
Zeitarbeiter(in) *m(f)* intérimaire *m,f*
Zeitarbeit(s)firma *f* société *f* d'intérim
Zeitarbeit(s)vertrag *m* contrat *m* de travail temporaire
Zeitaufwand *m* temps passé, nécessaire
Zeitbestimmung *f* GR complément *m* (circonstanciel) de temps
Zeitbombe *f* bombe *f* à retardement
Zeitdauer *f* durée *f*; période *f*
Zeitdruck *m* **unter Zeitdruck** (**stehen**) (être) pressé (par le temps)
Zeiteinteilung *f* emploi *m* du temps
Zeitenfolge *f* GR concordance *f* des temps

Zeiterscheinung *f* phénomène *m* d'une époque; *aktuelle* phénomène d'actualité
Zeitersparnis *f* gain *m*, économie *f* de temps
Zeitfaktor *m* ⟨~s⟩ facteur *m* temps
Zeitform *f* GR temps *m*
Zeitfrage *f* question *f*, affaire *f* de temps
Zeitgefühl *n* notion *f* du temps
Zeitgeist *m* esprit *m* du temps, du siècle
zeitgemäß *adj* moderne; actuel
Zeitgenosse *m*, **Zeitgenossin** *f* contemporain(e) *m(f)*
zeitgenössisch *adj* contemporain
Zeitgeschehen *n* événements *m/pl* du jour; actualité *f*
Zeitgeschichte *f* histoire contemporaine
Zeitgeschmack *m* goût *m* du jour, de l'époque
Zeitgewinn *m* gain *m* de temps
zeitgleich *adv* SPORT avec le même temps (**mit** que); ex æquo
zeitig *adv* tôt; de bonne heure
Zeitkarte *f* (carte *f* d')abonnement *m*
zeitkritisch *adj* critique de son époque
Zeitlang *f* → **Zeit** 1
zeitlebens *adv* durant toute ma, sa, *etc* vie
zeitlich I *adj* **1.** PHILOS, GR, REL temporel; *st/s* **das Zeitliche segnen** rendre l'âme **2.** **zeitliche Reihenfolge** ordre *m* chronologique II *adv* **zeitlich begrenzt** temporaire
zeitlos *adj Kleidung* qui ne se démode pas, est toujours à la mode
Zeitlupe *f* FILM ralenti *m*; **in Zeitlupe** au ralenti
Zeitlupenaufnahme *f* prise *f* de vues au ralenti; ralenti *m*
Zeitlupentempo *n* **im Zeitlupentempo** au ralenti
Zeitmanagement *n* gestion *f* du temps
Zeitmangel *m* manque *m* de temps; **aus Zeitmangel** faute de temps
Zeitmessung *f* chronométrage *m* (*a* SPORT)
zeitnah *adj* actuel
Zeitnehmer *m* ⟨~s; ~⟩ chronométreur *m*
Zeitnot *f* **in Zeitnot** (*dat*) **sein** être pressé par le temps
Zeitplan *m* emploi *m* du temps; horaire *m*; *für Veranstaltungen* minutage *m*
Zeitpunkt *m* moment *m*; date *f*
Zeitraffer *m* ⟨~s; ~⟩ FILM accéléré *m*
zeitraubend *adj* qui exige, prend beaucoup de temps
Zeitraum *m* période *f*; laps *m* de temps
Zeitrechnung *f* chronologie *f*; **vor unserer Zeitrechnung** avant notre ère
Zeitschaltuhr *f* minuteur *m*
Zeitschrift *f* revue *f*; magazine *m*
Zeitsoldat *m* engagé *m*
Zeitspanne *f* période *f*
Zeittakt *m* TÉL (durée *f* d'une) unité *f* téléphonique
Zeitumstellung *f* changement *m* d'heure
Zeitung ['tsaɪtʊŋ] *f* ⟨~; ~en⟩ journal *m*; **in der Zeitung stehen** être dans le journal
Zeitungsabonnement *n* abonnement *m* à un journal
Zeitungsabonnent(in) *m(f)* abonné(e) *m(f)* à un journal
Zeitungsannonce *f*, **Zeitungsanzeige** *f* annonce *f*
Zeitungsartikel *m* article *m* de journal

Zeitungsausschnitt *m* coupure *f* de journal
Zeitungsausträger(in) *m(f)* porteur, -euse *m,f* de journaux
Zeitungsbeilage *f* supplément *m*
Zeitungshändler(in) *m(f)* marchand(e) *m(f)* de journaux
Zeitungsinserat *n* annonce *f*
Zeitungsjunge *m* porteur *m* de journaux
Zeitungskiosk *m* kiosque *m* à journaux
Zeitungsleser *m* lecteur *m* (de journaux)
Zeitungsmeldung *f*, **Zeitungsnotiz** *f* entrefilet *m*
Zeitungspapier *n* papier *m* journal
Zeitungsredakteur(in) *m(f)* rédacteur, -trice *m,f* de journal
Zeitungsredaktion *f* rédaction *f* d'un journal
Zeitungsstand *m* kiosque *m* à journaux
Zeitungsständer *m* porte-journaux *m*
Zeitungsverkäufer(in) *m(f)* vendeur, -euse *m,f* de journaux
Zeitungsverlag *m* maison *f* d'édition d'un journal
Zeitungsverleger *m* éditeur *m* d'un journal
Zeitungswerbung *f* publicité-presse *f*
Zeitunterschied *m in der Uhrzeit* différence *f* d'heure
Zeitvergeudung *f* gaspillage *m* de temps
Zeitverlust *m* perte *f* de temps
Zeitverschiebung *f* décalage *m* horaire
Zeitverschwendung *f* gaspillage *m* de temps
zeitversetzt *adjt* décalé; RAD, TV (en) différé
Zeitvertrag *m* contrat *m* à durée déterminée
Zeitvertreib *m* ⟨~¢s; ~e⟩ passe-temps *m*; *zum Zeitvertreib* pour passer le temps
Zeitvorsprung *m* avance *f* (*gegenüber j-m* sur qn)
zeitweilig *adj* temporaire
zeitweise *adv* quelquefois; par moments; (*zeitweilig*) temporairement
Zeitwert *m* valeur actuelle
Zeitwort *n* ⟨~¢s; ≈er⟩ verbe *m*
Zeitzeichen *n im Radio* signal *m*, top *m* horaire
Zeitzone *f* fuseau *m* horaire
Zeitzünder *m* fusée *f* à retardement
zelebrieren [tsele'bri:rən] *v/t* ⟨sans ge⟩ *Messe* célébrer
Zelle ['tsɛlə] *f* ⟨~; ~n⟩ cellule *f*; (*Telefonzelle*) cabine *f* téléphonique; F *plais die (kleinen) grauen Zellen* F la matière grise
Zellfaser *f* cellulose *f*
Zellforschung *f* cytologie *f*
Zellgewebe *n* tissu *m* cellulaire
Zellgift *n* cytolytique *m*
Zellkern *m* noyau *m* de la cellule; nucléus *m*
Zellstoff *m* cellulose *f*
Zellstruktur *f* structure *f* cellulaire
Zellteilung *f* division *f* cellulaire
Zellulitis [tsɛlu'li:tɪs] *f* ⟨~; -tiden⟩ cellulite *f*
Zelluloid [-'lɔyt] *n* ⟨~¢s⟩ celluloïd *m*
Zellulose [-'lo:zə] *f* ⟨~; ~n⟩ cellulose *f*
Zellwolle *f* laine *f* cellulosique; fibranne *f*
Zelt [tsɛlt] *n* ⟨~¢s; ~e⟩ tente *f*; *fig s-e Zelte abbrechen* lever le camp; partir; *im Zelt* sous la tente
Zeltbahn *f* toile *f* de tente
Zeltdach *n* **1.** *beim Zelt* toit *m* de la tente **2.** CONSTR toit *m* en pavillon
zelten *v/i* ⟨-e-⟩ faire du camping; camper

Zelten *n* ⟨~s⟩ camping *m*
Zeltlager *n* camp *m*; campement *m*
Zeltpflock *m* piquet *m* de tente
Zeltplane *f* bâche *f*
Zeltplatz *m* (terrain *m* de) camping *m*
Zeltstadt *f* grand campement; village *m* de toile
Zeltstange *f* mât *m* de tente
Zement [tse'mɛnt] *m* ⟨~¢s; ~e⟩ ciment *m*
Zementfabrik *f* cimenterie *f*
zementieren *v/t* ⟨sans ge⟩ cimenter
Zementwerk *n* cimenterie *f*
Zen [zɛn, tsɛn] *n* ⟨~¢⟩ zen *m*
Zenbuddhismus *m* bouddhisme *m* zen
Zenit [tse'ni:t] *m* ⟨~¢s⟩ zénith *m* (*a fig*)
zensieren [tsɛn'zi:rən] *v/t* ⟨sans ge⟩ **1.** *Presse, Film* soumettre à la censure; *durch Streichungen* censurer **2.** SCHULE noter; donner une note à
Zensor *m* ⟨~s; -soren⟩ censeur *m*
Zensur *f* ⟨~; ~en⟩ **1.** (*Kontrolle*) censure *f* **2.** (*Note*) note *f*
Zentigramm [tsɛnti'-, 'tsɛnti-] *n* centigramme *m*
Zentiliter *m od n* centilitre *m*
Zentimeter *m od n* centimètre *m*
Zentimetermaß *n* centimètre *m*
Zentner ['tsɛntnər] *m* ⟨~s; ~⟩ **1.** 50 kilos *m/pl* **2.** *österr, schweiz* (*100 kg*) quintal *m*
Zentnerlast *f fig* fardeau accablant
zentnerschwer *adj fig* accablant
zentral *adj* central
Zentralafrika *n* l'Afrique centrale
Zentralafrikanische Republik *die Zentralafrikanische Republik* la République centrafricaine
Zentralamerika *n* l'Amérique centrale
Zentralasien *n* l'Asie centrale
Zentralbank *f* ⟨~; ~en⟩ banque centrale; *Europäische Zentralbank* Banque centrale européenne
Zentrale *f* ⟨~; ~n⟩ bureau central; direction centrale; TÉL standard *m*; central *m* (téléphonique)
Zentraleinheit *f* INFORM unité centrale
Zentralheizung *f* chauffage central
zentralisieren *v/t* ⟨sans ge⟩ centraliser
Zentralisierung *f* ⟨~; ~en⟩ centralisation *f*
Zentralismus *m* ⟨~⟩ centralisme *m*
zentralistisch *adj* centraliste
Zentralkomitee *n* POL comité central
Zentralmassiv *das Zentralmassiv* le Massif central
Zentralnervensystem *n* système nerveux central
Zentralregierung *f* gouvernement central
Zentralverband *m* association centrale
Zentralverriegelung *f im Auto* verrouillage central
zentrieren *v/t* ⟨sans ge⟩ TECH centrer
Zentrierung *f* ⟨~; ~en⟩ centrage *m*
Zentrifugalkraft [tsɛntrifu'ga:l-] *f* force *f* centrifuge
Zentrifuge *f* ⟨~; ~n⟩ centrifugeuse *f*
Zentrum ['tsɛntrum] *n* ⟨~s; -tren⟩ centre *m*
Zeppelin ['tsɛpəli:n] *m* ⟨~s; ~e⟩ dirigeable *m*
Zepter ['tsɛptər] *n od m* ⟨~s; ~⟩ sceptre *m*
zerbeißen [tsɛr'baɪsən] ⟨irr, sans ge⟩ casser avec les dents; croquer

zerbersten *v/i* ⟨*irr, sans ge*, sn⟩ éclater; voler en éclats

zerbomben *v/t* ⟨*sans ge*⟩ détruire par les bombes

zerbrechen ⟨*irr, sans ge*⟩ **I** *v/t* casser **II** *v/i* ⟨sn⟩ se casser; se briser (*a fig Ehe*)

zerbrechlich *adj* fragile

Zerbrechlichkeit *f* ⟨∼⟩ fragilité *f*

zerbröckeln ⟨¢, *sans ge*⟩ **I** *v/t Brot* émietter **II** *v/i* ⟨sn⟩ s'émietter; *Gestein* s'effriter

zerdeppern [tsɛr'dɛpərn] F *v/t* ⟨*sans ge*⟩ mettre en miettes; casser (en mille morceaux)

zerdrücken *v/t* ⟨*sans ge*⟩ écraser

Zerealien [tsere'a:liən] *f/pl* céréales *f/pl*

Zeremonie [tseremo'ni: *ou* -'mo:niə] *f* ⟨∼; ∼n⟩ cérémonie *f*

zeremoniell *adj* cérémonieux

Zeremoniell *n* ⟨∼s; ∼e⟩ cérémonial *m*

Zerfall *m* ⟨∼¢s; ≈e⟩ **1.** *e-s Gebäudes, Reiches* ruine *f*; délabrement *m* **2.** NUCL désintégration *f*

zerfallen *v/i* ⟨*irr, sans ge*, sn⟩ **1.** *Gebäude, Reich* tomber en ruine; se délabrer **2.** NUCL se désintégrer

Zerfallserscheinung *f* symptôme *m* de décadence

Zerfallsprodukt *n* NUCL produit *m* de désintégration

zerfetzen *v/t* ⟨¢ß, *sans ge*⟩ mettre en lambeaux; *Geschoss* déchiqueter

zerfleddert *adj* abîmé; usé

zerfleischen *v/t* ⟨*sans ge*⟩ déchiqueter

zerfließen *v/i* ⟨*irr, sans ge*, sn⟩ **1.** (*schmelzen*) fondre **2.** *Konturen etc* s'estomper

zerfressen *v/t* ⟨*irr, sans ge*⟩ ronger; CHIM corroder

zerfurcht *adj Stirn* ridé

zergehen *v/i* ⟨*irr, sans ge*, sn⟩ fondre

zerhacken *v/t* ⟨*sans ge*⟩ 'hacher

zerhauen *v/t* ⟨*irr, sans ge*⟩ tailler, mettre en pièces

zerkauen *v/t* ⟨*sans ge*⟩ mâcher

zerkleinern *v/t* ⟨*sans ge*⟩ concasser; broyer

zerklüftet [-'klʏftət] *adj* crevassé; *Küste* déchiqueté

zerknautschen F *v/t* ⟨*sans ge*⟩ froisser; chiffonner

zerknirscht *adj* contrit

zerknittern *v/t* ⟨*sans ge*⟩ froisser; chiffonner

zerknüllen *v/t* ⟨*sans ge*⟩ froisser; chiffonner

zerkocht *adj* trop cuit

zerkratzen *v/t* ⟨¢ß, *sans ge*⟩ égratigner; *mit Krallen* griffer

zerkrümeln *v/t* ⟨¢, *sans ge*⟩ émietter

zerlassen *v/t* ⟨*irr, sans ge*⟩ *Fett* faire fondre

zerlegen *v/t* ⟨*sans ge*⟩ *Maschine* démonter; *Fleisch* découper; **in zwei Teile zerlegen** diviser en deux; **etw in s-e Bestandteile zerlegen** réduire qc à ses composants

zerlesen *adj Buch* usé; fatigué

zerlumpt *adj* en lambeaux; en guenilles

zermahlen *v/t* ⟨*irr, sans ge*⟩ moudre

zermalmen [-'malmən] *v/t* ⟨*sans ge*⟩ écraser; broyer

zermartern *v/r* ⟨*sans ge*⟩ **sich** (*dat*) **das Hirn, den Kopf zermartern** se creuser la tête

zermürben *v/t* ⟨*sans ge*⟩ user; démoraliser

zerpflücken *v/t* ⟨*sans ge*⟩ éplucher

zerplatzen *v/i* ⟨¢ß, *sans ge*, sn⟩ crever; éclater

zerquetschen *v/t* ⟨*sans ge*⟩ écraser

Zerrbild *n* caricature *f*

zerreden *v/t* ⟨-e-, *sans ge*⟩ **etw zerreden** rabâcher, ressasser qc

zerreiben *v/t* ⟨*irr, sans ge*⟩ triturer; broyer; *zu Pulver* pulvériser

zerreißen ⟨*irr, sans ge*⟩ **I** *v/t* déchirer (*a fig*); *Faden* casser; rompre; (*zerfleischen*) déchiqueter; **das zerreißt mir das Herz** cela me fend le cœur; F *plais* **ich kann mich doch nicht zerreißen** je ne peux pas être partout à la fois **II** *v/i* ⟨sn⟩ se déchirer; *Faden* (se) casser; se rompre

Zerreißprobe *f fig* rude épreuve *f*

zerren ['tsɛrən] **I** *v/t u v/i* tirer (**an etw** [*dat*] sur qc) **II** *v/r* MÉD **sich** (*dat*) **e-n Muskel zerren** se froisser un muscle

zerrinnen *v/i* ⟨*irr, sans ge*, sn⟩ (se) fondre (*a fig*); **das Geld zerrinnt ihm unter den Fingern** l'argent lui file entre les doigts

zerrissen [tsɛr'rɪsən] *adjt* déchiré (*a fig*)

Zerrissenheit *f* ⟨∼⟩ déchirement *m*; conflits intérieurs

Zerrspiegel *m* miroir déformant

Zerrung *f* ⟨∼; ∼en⟩ MÉD claquage *m*; froissement *m*

zerrupfen *v/t* ⟨*sans ge*⟩ déchirer (en menus morceaux); *Blume* effeuiller

zerrütten [tsɛr'rʏtən] *v/t* ⟨-e-, *sans ge*⟩ *Finanzen* ruiner; *Ehe* détruire

Zerrüttung *f* ⟨∼⟩ *der Finanzen* ébranlement *m*; ruine *f*; *e-r Ehe* destruction *f*; *der Gesundheit* ruine *f*; délabrement *m*

zersägen *v/t* ⟨*sans ge*⟩ scier

zerschellen [-'ʃɛlən] *v/i* ⟨*sans ge*, sn⟩ *Schiff* se fracasser; *Flugzeug* s'écraser (**an** [+ *dat*] contre)

zerschlagen[1] ⟨*irr, sans ge*⟩ **I** *v/t Geschirr* casser; *Organisation* démanteler **II** *v/r* **sich zerschlagen** *Pläne, Hoffnungen* s'effondrer

zerschlagen[2] *adj* **ich fühle mich wie zerschlagen** je me sens tout rompu, moulu

zerschmettern *v/t* ⟨*sans ge*⟩ fracasser; écraser

zerschneiden *v/t* ⟨*irr, sans ge*⟩ couper (en morceaux, en tranches); découper

zerschunden [-'ʃundən] *adj* égratigné

zersetzen ⟨¢ß, *sans ge*⟩ **I** *v/t* **1.** CHIM décomposer; dissoudre **2.** *fig* décomposer; désagréger **II** *v/r* **sich zersetzen** CHIM se dissoudre; se décomposer

Zersetzung *f* ⟨∼; ∼en⟩ CHIM, *fig* décomposition *f*; dissolution *f*

Zersetzungsprozess *m* processus *m* de décomposition

zersiedeln *v/t* ⟨¢, *sans ge*⟩ déstructurer; *p/fort* détruire par l'urbanisation

Zersied(e)lung *f* mitage *m*; déstructuration *f*

zersplittern *v/i* ⟨*sans ge*, sn⟩ voler en éclats

zersprengen *v/t* ⟨*sans ge*⟩ faire éclater; exploser, sauter

zerspringen *v/i* ⟨*irr, sans ge*, sn⟩ se briser; se casser; (*zerplatzen*) éclater

zerstampfen *v/t* ⟨*sans ge*⟩ concasser; broyer; *Kartoffeln* écraser

zerstäuben [-'ʃtɔybən] *v/t* ⟨*sans ge*⟩ pulvériser; *Parfüm* vaporiser; *Flüssigkeit* atomiser

Zerstäuber *m* ⟨∼s; ∼⟩ pulvérisateur *m*; *für Parfüm* atomiseur *m*; vaporisateur *m*

zerstechen *v/t* ⟨*irr, sans ge*⟩ *Autoreifen* lacérer (à coups de couteau); *von Mücken zerstochen* dévoré par les moustiques

zerstören *v/t* ⟨*sans ge*⟩ détruire; *fig Glück* ruiner

Zerstörer *m* ⟨~s; ~⟩ **1.** *Mensch* destructeur *m* **2.** MAR destroyer *m*

zerstörerisch *adj* destructeur; destructif

Zerstörung *f* destruction *f*; démolition *f*

Zerstörungstrieb *m* instinct *m* de destruction

Zerstörungswut *f* rage *f* de destruction; vandalisme *m*

zerstoßen *v/t* ⟨*irr, sans ge*⟩ broyer; concasser; *im Mörser* piler

zerstreuen *v/t* (*u v/r*) ⟨*sans ge*⟩ (**sich zerstreuen**) **1.** *Menschenmenge* (se) disperser; *Bedenken* dissiper **2.** (*ablenken*) (se) distraire; (s')amuser

zerstreut *adj fig* distrait

Zerstreutheit *f* ⟨~⟩ distraction *f*; inattention *f*

Zerstreuung *f* (*Ablenkung*) distraction *f*; (*Belustigung*) divertissement *m*; amusement *m*

zerstritten [tsɛr'ʃtrɪtən] *adj* **mit j-m zerstritten sein** être en désaccord avec qn

zerstückeln *v/t* ⟨¢, *sans ge*⟩ mettre en morceaux; découper

zerteilen *v/t* (*u v/r*) ⟨*sans ge*⟩ (**sich zerteilen** se) diviser (en plusieurs parties)

Zertifikat [tsɛrtifi'kaːt] *n* ⟨~¢s; ~e⟩ certificat *m*

zertrampeln *v/t* ⟨¢, *sans ge*⟩ piétiner; fouler aux pieds

zertreten *v/t* ⟨*irr, sans ge*⟩ écraser (du pied)

zertrümmern *v/t* ⟨*sans ge*⟩ détruire; fracasser

Zervelatwurst [tsɛrvə'laːt-] *f* saucisson sec

zerwühlen *v/t* ⟨*sans ge*⟩ fouiller; *Bett* mettre en désordre; *Haare* ébouriffer

Zerwürfnis [tsɛr'vyrfnɪs] *st/s n* ⟨~ses; ~se⟩ différend *m*; désaccord *m*

zerzausen *v/t* ⟨¢$, *sans ge*⟩ **j-m die Haare zerzausen** ébouriffer qn

Zeter ['tseːtər] *F* **Zeter und Mordio schreien** pousser les 'hauts cris; protester avec véhémence

zetern ['tseːtərn] *F v/i* pousser les 'hauts cris; vociférer; *F* gueuler

Zettel ['tsɛtəl] *m* ⟨~s; ~⟩ bout *m* de papier; *beschriebener* billet *m*; (*Notizzettel*) note *f*; (*Anschlagzettel*) affiche *f*

Zettelkasten *m* fichier *m*

Zettelwirtschaft *F péj f* ⟨~; ~en⟩ *F* fouillis *m* de notes, de bouts de papier

Zeug [tsɔyk] *n* ⟨~¢s; ~e⟩ **1.** *F* (*Sachen*) *F* fourbi *m*; *péj* (*Plunder*) *F* bazar *m*; (*Gerät*) *F* attirail *m*; *fig was das Zeug hält* tant qu'on peut; *er hat das Zeug zum Chef* il a l'étoffe d'un chef **2.** *F* **dummes Zeug!** quelle bêtise!; *F* c'est du flan! **3.** (*Kleider*) vêtements *m/pl*

Zeuge ['tsɔygə] *m* ⟨~n; ~n⟩ témoin *m* (*der Anklage* à charge); *fig Zeugen der Vergangenheit* témoins du passé; *vor Zeugen* (*dat*) devant témoins

zeugen¹ *v/t* BIOL procréer; engendrer

zeugen² *v/i fig* **von etw zeugen** témoigner de qc; prouver qc

Zeugenaussage *f* déposition *f* du témoin

Zeugenstand *m* barre *f* des témoins

Zeugenvernehmung *f* audition *f* des témoins

Zeugin *f* ⟨~; ~nen⟩ témoin *m*

Zeugnis ['tsɔyknɪs] *n* ⟨~ses; ~se⟩ **1.** *Bescheini-*

gung, (*Arbeitszeugnis*) certificat *m*; attestation *f*; SCHULE bulletin *m* scolaire **2.** *st/s* **von etw Zeugnis ablegen** rendre témoignage de qc

Zeugnisheft *n* livret *m* scolaire

Zeugniskonferenz *f* réunion *f* d'évaluation

Zeugs [tsɔyks] *F péj n* ⟨~⟩ *F* bazar *m*; (*Plunder*) *F* fourbi *m*

Zeugung *f* ⟨~; ~en⟩ BIOL procréation *f*

Zeugungsakt *m* acte *m* de procréation; *sc* coït *m*

zeugungsfähig *adj* apte à la génération, à procréer

Zeugungsfähigkeit *f* capacité *f* de procréer; d'engendrer

zeugungsunfähig *adj* stérile

Zeugungsunfähigkeit *f* stérilité *f*

Zeus [tsɔys] *m* ⟨~⟩ MYTH Zeus *m*

z. H., z. Hd. *abr* (*zu Händen*) à l'attention de

Zicke ['tsɪkə] *f* ⟨~; ~n⟩ **1.** → **Ziege 2. mach keine Zicken!** (ne fais) pas de manières!

zickig *F péj adj* capricieux

Zicklein *n* ⟨~s; ~⟩ chevreau *m*

Zickzack ['tsɪktsak] *m* ⟨~¢s; ~e⟩ zigzag *m*; *im Zickzack laufen* marcher en zigzag; zigzaguer

zickzackförmig *adj* en zigzag

Zickzackkurs *m* zigzags *m/pl* (*a fig*); POL politique *f* en zigzag

Zickzacklinie *f* (ligne *f* en) zigzag *m*

Zickzackmuster *n* ornement *m* à zigzags

Ziege ['tsiːgə] *f* ⟨~; ~n⟩ **1.** ZO chèvre *f*; *F* bique *f* **2.** *F péj* **alte Ziege** *F* vieille bique; **dumme Ziege** *F* cruche *f*; gourde *f*

Ziegel ['tsiːgəl] *m* ⟨~s; ~⟩ brique *f*; (*Dachziegel*) tuile *f*

Ziegelbrennerei *f* → **Ziegelei**

Ziegeldach *n* toit *m* de tuiles

Ziegelei *f* ⟨~; ~en⟩ briqueterie *f*; *für Dachziegel* tuilerie *f*

Ziegelstein *m* brique *f*

Ziegenbart *m* barbiche *f* de bouc; *F* (*Spitzbart*) bouc *m*

Ziegenbock *m* bouc *m*

Ziegenkäse *m* fromage *m* de chèvre

Ziegenleder *n* chevreau *m*

Ziegenmilch *f* lait *m* de chèvre

Ziegenpeter *F m* ⟨~s⟩ → **Mumps**

ziehen ['tsiːən] ⟨zog, gezogen⟩ **I** *v/t* **1.** tirer; *Wagen* traîner; *j-n am Ohr ziehen* tirer l'oreille à qn; *j-n an sich* (*acc*) *ziehen* tirer qn à soi; *fig die Blicke auf sich* (*acc*) *ziehen* attirer les regards sur soi; *etw durch etw ziehen* passer qc par qc; *fig nach sich* (*dat*) *ziehen* entraîner; être suivi de **2.** *Zigaretten* (*am Automaten*) *ziehen* prendre des cigarettes (au distributeur) **3.** *Linie* tirer; tracer; *Scheitel* faire; *Graben* faire; creuser **4.** *Pflanzen* cultiver **5.** *Pistole* tirer; *etw aus der Tasche ziehen* sortir qc de sa poche **6.** *Zahn* extraire; arracher **7.** *bei Brettspielen* jouer **8. ein Gesicht ziehen** faire la grimace, la moue **9.** *fig* **e-e Lehre aus etw ziehen** tirer une leçon de qc **II** *v/i* **10.** tirer; *an etw* (*dat*) *ziehen* tirer sur qc **11.** *Ofen, Pfeife, Auto* tirer **12.** *F* **das zieht bei mir nicht** cela ne prend pas avec moi **13.** CUIS **ziehen lassen** faire macérer; *Tee* laisser infuser **14.** ⟨*sn*⟩ *Personen, Zugvögel* partir (**nach** pour); émigrer (**nach** vers, en); (*umziehen*) déménager; *in die Stadt ziehen* aller s'installer en ville; *aufs*

Land ziehen aller vivre à la campagne; **zu j-m ziehen** emménager chez qn **III** v/r **sich ziehen** (*sich erstrecken*) s'étendre **IV** v/imp **es zieht hier** il y a un courant d'air ici
Ziehharmonika f accordéon m
Ziehung f ⟨∼; ∼en⟩ LOTTERIE tirage m
Ziel [tsi:l] n ⟨∼¢s; ∼e⟩ **1.** *e-r Person, Handlung* but m; objectif m (a MIL); *fig* a fin(s) f(pl); (*Bestimmungsort*) destination f; **sich** (*dat*) **ein Ziel setzen** se fixer un but; **sein Ziel erreichen** atteindre son objectif; **am Ziel s-r Wünsche sein** voir ses désirs comblés; **über das Ziel hinausschießen** (dé)passer les bornes **2.** SPORT arrivée f; **durchs Ziel gehen** franchir la ligne d'arrivée **3.** (*Zielscheibe*) cible f
Zielband n ⟨∼¢s; ∼er⟩ SPORT fil m d'arrivée
zielbewusst adj résolu; fermement décidé
zielen v/i viser; **auf j-n, etw zielen** viser qn, qc (a fig); **auf den Kopf zielen** viser à la tête
Zielfernrohr n lunette f de tir
Zielfoto n photo-finish f
Zielgenauigkeit f précision f du tir
Zielgerade f SPORT dernière ligne droite
Zielgruppe f WERBUNG cible f
Ziellinie f SPORT ligne f d'arrivée
ziellos adj u adv sans but
Zielpunkt m point m de mire; but m
Zielrichter(in) m(f) SPORT juge m,f à l'arrivée
Zielscheibe f cible f (a fig)
Zielsetzung f ⟨∼; ∼en⟩ but visé
zielsicher adj **1.** *Schütze* précis **2.** *fig* déterminé
Zielsicherheit f **1.** précision f (du tir) **2.** *fig* détermination f
zielstrebig adj → **zielbewusst**
Zielstrebigkeit f détermination f
ziemen ['tsi:mən] st/s v/imp u v/r convenir; être de mise; **es ziemt sich für ein junges Mädchen nicht zu** (+*inf*) il ne convient pas à une jeune fille de (+*inf*); il ne convient pas qu'une jeune fille … (*subj*)
ziemlich ['tsi:mlıç] **I** F *adj* assez considérable, grand **II** *adv* **1.** assez; passablement; **ziemlich gut** assez bon; assez bien; **ziemlich viele Leute** pas mal de gens, de monde **2.** F (*ungefähr*) à peu près
ziepen ['tsi:pən] *regional* **I** v/t **j-n an den Haaren ziepen** tirer les cheveux à *od* de qn **II** v/i *Vogel* pépier
Zier [tsi:r] st/s, *poét* f ⟨∼⟩, **Zierde** f ⟨∼; ∼n⟩ ornement m; décoration f; **zur Zier, Zierde dienen** être décoratif
zieren I st/s v/t orner, décorer (**mit** de) **II** v/r **sich zieren** faire des façons, des simagrées
Zierfisch m poisson m d'aquarium
Ziergarten m jardin m d'agrément
Ziergewächs n → **Zierpflanze**
Ziergräser n/pl herbes d'ornement, ornementales
Zierleiste f AUTO baguette f
zierlich adj gracile; (*anmutig*) gracieux
Ziernaht f COUT surpiqûre f
Zierpflanze f plante ornementale, d'ornement
Zierstich m COUT point m de fantaisie
Zierstrauch m arbuste ornemental
Ziffer ['tsıfər] f ⟨∼; ∼n⟩ chiffre m; **in Ziffern** en chiffres
Zifferblatt n cadran m
zig [tsıç] F *adj* ⟨*inv*⟩ pas mal de; **es waren zig**

Leute da il y avait du monde
Zigarette [tsiga'rɛtə] f ⟨∼; ∼n⟩ cigarette f
Zigarettenasche f cendre(s) f(pl) de cigarettes
Zigarettenautomat m distributeur m de cigarettes
Zigarettenetui n étui m à cigarettes; porte-cigarettes m
Zigarettenmarke f marque f de cigarettes
Zigarettenpackung f paquet m de cigarettes
Zigarettenpapier n papier m à cigarettes
Zigarettenpause F f courte pause (pour fumer une cigarette)
Zigarettenraucher(in) m(f) fumeur, -euse m,f de cigarettes
Zigarettenschachtel f paquet m de cigarettes
Zigarettenspitze f fume-cigarette m
Zigarettenstummel m F mégot m
Zigarettentabak m tabac m à cigarettes
Zigarillo [tsiga'rılo] m od n ⟨∼s; ∼s⟩ cigarillo m
Zigarre [tsi'garə] f ⟨∼; ∼n⟩ cigare m
Zigarrenabschneider m coupe-cigares m
Zigarrenanzünder m allume-cigare m
Zigarrenkiste f boîte f de cigares
Zigeuner(in) [tsi'gɔʏnər(ın)] *neg!* m ⟨∼s; ∼⟩ (f) ⟨∼in; ∼innen⟩ Tzigane m,f; gitan(e) m(f); bohémien, -ienne m,f; *péj* romanichel, -elle m,f
Zigeunerleben n ⟨∼s⟩ a fig vie f de bohémiens
Zigeunermusik f musique f tzigane
Zigeunerschnitzel n escalope de veau ou de porc dans une sauce relevée de poivrons, d'oignons, de tomates, etc
Zigeunerstamm m tribu f de gitans
zigmal F *adv* F cent, mille fois
zigtausend F *num/c* des, plusieurs milliers
Zikade [tsi'ka:də] f ⟨∼; ∼n⟩ cigale f
Zimmer ['tsımər] n ⟨∼s; ∼⟩ pièce f; (*Schlafzimmer, Hotelzimmer*) chambre f; *großes* salle f; **Zimmer frei** chambre à louer; **haben Sie ein Zimmer frei?** avez-vous une chambre libre?

Zimmer: chambre, pièce oder salle?

Das allgemeine Wort für „Zimmer" ist **la pièce**:

eine Dreizimmerwohnung	**un trois-pièces**

Ein Zimmer, in dem man auch schläft, ist **la chambre**:

Schlafzimmer	**la chambre à coucher**
Gästezimmer	**la chambre d'ami(s)**
Kinderzimmer	**la chambre d'enfant(s)**

Andere Räume werden oft mit **la salle** übersetzt:

Wohnzimmer	**la salle de séjour**
Esszimmer	**la salle à manger**
Badezimmer	**la salle de bains**

Zimmerantenne *f* antenne intérieure
Zimmerdecke *f* plafond *m*
Zimmereinrichtung *f* ameublement *m*
Zimmerflucht *f* enfilade *f* de pièces
Zimmerkellner *m* garçon *m* d'étage
Zimmerlautstärke *f Radio* **auf Zimmerlautstärke stellen** baisser le son (pour ne pas déranger)
Zimmermädchen *n* femme *f* de chambre
Zimmermann *m* ⟨~¢s; -leute⟩ charpentier *m*
zimmern *v/t* faire; construire
Zimmernachbar(in) *m(f)* voisin(e) *m(f)* de chambre
Zimmernachweis *m* → **Zimmervermittlung**
Zimmernummer *f* numéro *m* de chambre
Zimmerpflanze *f* plante *f* d'appartement
Zimmerservice *m* service *m* des chambres
Zimmersuche *f* recherche *f* d'une chambre
Zimmertemperatur *f* température *f* de la pièce; *(mittlere Zimmertemperatur)*, *für Wein* température ambiante
Zimmervermittlung *f* (service *m* de) réservation *f* de chambres
zimperlich ['tsɪmpərlɪç] *adj* douillet
Zimperliese F *péj f* ⟨~; ~n⟩ mijaurée *f*; pimbêche *f*
Zimt [tsɪmt] *m* ⟨~¢s; ~e⟩ cannelle *f*
Zimtstange *f* bâton *m* de cannelle
Zimtstern *m biscuit à la cannelle en forme d'étoile*
Zimtzicke F *péj f* F chameau *m*; F cruche *f*
Zink [tsɪŋk] *n* ⟨~¢s⟩ zinc *m*
Zinke ['tsɪŋkə] *f* ⟨~; ~n⟩ dent *f*
zinken *v/t Spielkarten* biseauter
Zinken *m* ⟨~s; ~⟩ F *plais (große Nase)* F pif *m*; F blair *m*
Zinksalbe *f* pommade *f* (à l'oxyde) de zinc
Zinn [tsɪn] *n* étain *m*
Zinne ['tsɪnə] *f* ⟨~; ~n⟩ créneau *m*
Zinnober [tsɪ'noːbər] *m* ⟨~s; ~⟩ MINÉR cinabre *m*; PEINT vermillon *m*
zinnoberrot *adj* rouge vermillon *(inv)*
Zinnsoldat *m* soldat *m* de plomb
Zins [tsɪns] *m* **1.** ⟨~es; ~en⟩ *auf Kapital meist pl* **Zinsen** intérêts *m/pl*; **Zinsen bringen** rapporter des intérêts **2.** ⟨~es; ~e⟩ *südd, österr, schweiz (Mietzins)* loyer *m*
Zinsabschlagsteuer *f* prélèvement *m* à la source sur les revenus financiers
zinsbringend I *adjt* rapportant des intérêts; productif d'intérêts; **zinsbringende Kapitalanlage** placement *m* à intérêts **II** *advt* **zinsbringend anlegen** placer à intérêts
Zinserhöhung *f* relèvement *m* du taux d'intérêt; augmentation *f* des intérêts
Zinsertrag *m* produit *m* d'intérêts
Zinseszins *m* ⟨~es; ~en⟩ intérêts composés, capitalisés
Zinseszinsrechnung *f* calcul *m* des intérêts composés
zinsfrei *adj* sans intérêts; ne portant pas intérêts; *vom Standpunkt des Zinspflichtigen aus gesehen* exempt d'intérêts; **zinsfreies Kapital** capital non productif d'intérêts
Zinsfuß *m* taux *m* d'intérêt
zinslos I *adj* sans intérêts **II** *adv* sans produire d'intérêts
Zinspolitik *f* politique *f* des taux d'intérêt

Zinsrechnung *f* calcul *m* des intérêts
Zinssatz *m* taux *m* d'intérêt
Zinssenkung *f* baisse *f* du taux d'intérêt
Zionismus [tsio'nɪsmus] *m* ⟨~⟩ sionisme *m*
Zionist(in) *m* ⟨~en; ~en⟩ *(f)* ⟨~in; ~innen⟩ sioniste *m,f*
zionistisch *adj* sioniste
Zipfel ['tsɪpfəl] *m* ⟨~s; ~⟩ *e-s Tuches* coin *m*; pointe *f (a fig e-s Landes)*; *e-s Rocks* pan *m*; *der Wurst* bout *m*
Zipfelmütze *f* bonnet *m* à pointe
Zipp® [tsɪp] *m* ⟨~s; ~s⟩, **Zippverschluss** *m österr* fermeture *f* éclair®; zip® *m*
zirka ['tsɪrka] *adv* environ
Zirkel ['tsɪrkəl] *m* ⟨~s; ~⟩ **1.** *Instrument* compas *m* **2.** *von Personen* cercle *m*
zirkeln *v/t* ⟨¢⟩ mesurer avec précision
Zirkulation [tsɪrkulatsi'oːn] *f* ⟨~; ~en⟩ circulation *f*
zirkulieren *v/i* ⟨*sans ge*, h *ou* sn⟩ circuler
Zirkumflex [tsɪrkʊm'flɛks] *m* ⟨~es; ~e⟩ LING (accent *m*) circonflexe *m*
Zirkus ['tsɪrkʊs] *m* ⟨~; ~se⟩ cirque *m* (a F *fig*)
Zirkusdirektor *m* directeur *m* od du cirque
Zirkusvorstellung *f* spectacle *m* de cirque
Zirkuswagen *m* roulotte *f* (d'un cirque)
Zirkuszelt *n* chapiteau *m*
zirpen ['tsɪrpən] *v/i Zikaden* chanter; *Grillen* grésiller
zischen ['tsɪʃən] **I** *v/i Dampf, Tier, Person* siffler; *Fett* grésiller **II** *v/t* F *fig* **einen zischen** prendre, F siffler un verre
Zischlaut *m* PHON sifflante *f*; chuintante *f*
ziselieren [tsizə'liːrən] *v/t* ⟨*sans ge*⟩ ciseler
Zisterne [tsɪs'tɛrnə] *f* ⟨~; ~n⟩ citerne *f*
Zitadelle [tsita'dɛlə] *f* ⟨~; ~n⟩ citadelle *f*
Zitat [tsi'taːt] *n* ⟨~¢s; ~e⟩ citation *f* (**aus** de)
Zitatensammlung *f* recueil *m* de citations
Zither ['tsɪtər] *f* ⟨~; ~n⟩ cithare *f*
zitieren *v/t* ⟨*sans ge*⟩ **1.** *Autor, Worte* citer **2.** *j-n* **zu sich zitieren** convoquer qn
Zitronat [tsitro'naːt] *n* ⟨~¢s; ~e⟩ écorce *f* de citron confite
Zitrone [tsi'troːnə] *f* ⟨~; ~n⟩ citron *m*; **mit Zitrone** citronné; au citron
Zitroneneis *n* glace *f* au citron
Zitronenfalter *m* ZO citron *m*
zitronengelb *adj* jaune citron
Zitronengras *n* citronnelle *f*
Zitronenlikör *m* citronnelle *f*
Zitronenlimonade *f* citronnade *f*
Zitronenmelisse *f* citronnelle *f*; mélisse officinale
Zitronenpresse *f* presse-citron *m*
Zitronensaft *m* jus *m* de citron
Zitronenschale *f* pelure *f*, écorce *f* de citron; CUIS zeste *m* de citron
Zitronenscheibe *f* rondelle *f*, tranche *f* de citron
Zitrusfrucht ['tsiːtrʊs-] *f* agrume *m*
Zitruspresse *f* presse-agrume *m*
zitterig ['tsɪtərɪç] *adj* tremblotant; *Schrift* tremblé
zittern *v/i* trembler; *leicht* trembloter; *vor Kälte, Angst* frémir, frissonner (**vor** [+ *dat*] de); **vor j-m zittern** trembler devant qn
Zitterpappel *f* tremble *m*
Zitterpartie *f* partie serrée; *fig* suspense *m*

zittrig → *zitterig*
Zitze ['tsɪtsə] $f \langle \sim; \sim n \rangle$ mamelle f
Zivi ['tsiːvi] F $m \langle \sim s; \sim s \rangle$ jeune homme m qui fait son service civil
zivil [tsi'viːl] *adj* civil; *Preise* modéré
Zivil $n \langle \sim s \rangle$ (*Kleidung*) tenue civile; **in Zivil** en civil
Zivilbevölkerung f population civile; civils m/pl
Zivilcourage f courage m de ses opinions
Zivildienst m service civil
Zivildienstleistende(r) $m \langle \rightarrow A \rangle$ jeune homme m qui fait son service civil
Zivilgericht n tribunal civil
Zivilisation $f \langle \sim; \sim en \rangle$ civilisation f
Zivilisationskrankheit f maladie engendrée par la vie moderne
zivilisationsmüde *adj* dégoûté par le mode de vie moderne
zivilisieren *v/t* $\langle sans\ ge \rangle$ civiliser
Zivilist(in) $m \langle \sim en; \sim en \rangle$ (f) $\langle \sim in; \sim innen \rangle$ civil(e) $m(f)$
Zivilkammer f JUR chambre civile
Zivilklage f JUR action civile
Zivilkleidung f tenue civile
Zivilperson f civil m
Zivilprozess m procès civil
Zivilprozessordnung f code m de procédure civile
Zivilrecht n droit civil
zivilrechtlich I *adj* de droit civil **II** *adv* **j-n zivilrechtlich verfolgen** poursuivre qn au civil
Zivilrichter m juge (au) civil
Zivilschutz m POL protection civile
z. K. *abr* (*zur Kenntnisnahme*) pour (votre) information
Zloty ['zlɔti, 'slɔti] $m \langle \sim s; \sim s, mais\ 10 \sim \rangle$ *Währung* zloty m
Znüni ['tsnyːni] $m\ od\ n \langle \sim s; \sim \rangle$ *schweiz:* collation du milieu de la matinée
Zobel ['tsoːbəl] $m \langle \sim s; \sim \rangle$ ZO, *Pelz* zibeline f
zocken ['tsɔkən] F *v/i* jouer (**um** pour)
Zocker F $m \langle \sim s; \sim \rangle$ joueur m
Zofe ['tsoːfə] $f \langle \sim; \sim n \rangle$ *früher* femme f de chambre
Zoff [tsɔf] F $m \langle \sim s \rangle$ bagarre f; F engueulade f; **Zoff machen** chercher la bagarre; **mit j-m Zoff haben** être brouillé avec qn; (*e-e Auseinandersetzung haben*) F s'engueuler avec qn
zog [tsoːk] → *ziehen*
zögerlich ['tsøːgərlɪç] *adj* hésitant
zögern *v/i* hésiter, tarder (**etw zu tun** à faire qc)
Zögern $n \langle \sim s \rangle$ hésitation f; **ohne Zögern** sans hésiter; sans (la moindre) hésitation; **nach anfänglichem Zögern** après avoir hésité au début
Zögling ['tsøːklɪŋ] $m \langle \sim s; \sim e \rangle$ pensionnaire m,f; élève m,f
Zölibat [tsøli'baːt] $n\ od\ m \langle \sim s \rangle$ célibat m
Zoll¹ [tsɔl] $m \langle \sim s; \sim e \rangle$ **1.** *Behörde* douane f **2.** *Abgabe* (droit[s] $m[pl]$ de) douane f
Zoll² $m \langle \sim s; \sim \rangle$ *Maß* pouce m
Zollabfertigung f dédouanement m
Zollabkommen n accord douanier
Zollamt n (bureau m de) douane f
Zollbeamte(r) m douanier m
Zollbehörde f (administration f des) douanes f/pl; douane f

Zollbezirk m circonscription douanière
zollen *st/s v/t* **j-m Bewunderung zollen** avoir de l'admiration pour qn
Zollerklärung f déclaration f en douane
Zollfahnder m contrôleur m des fraudes douanières
Zollfahndung f (service m de) contrôle m et répression f des fraudes douanières
Zollformalitäten f/pl formalités douanières, de douane
zollfrei *adj u adv* 'hors taxes; en franchise
Zollfreiheit f franchise douanière
Zollgebiet n zone douanière
Zollgrenzbezirk m zone frontalière sous contrôle douanier
Zollgrenze f limite f de zone douanière; ligne f de douane
Zollkontrolle f visite douanière; contrôle douanier
Zöllner ['tsœlnər] $m \langle \sim s; \sim \rangle$ **1.** douanier m **2.** BIBL publicain m
zollpflichtig *adj* soumis aux droits de douane
Zollschranken f/pl barrières douanières
Zollstock m mètre pliant
Zollunion f union douanière
Zollvorschrift f règlement m de douane
Zombie ['tsɔmbi] $m \langle \sim s; \sim s \rangle$ zombie *od* zombi m
Zone ['tsoːnə] $f \langle \sim; \sim n \rangle$ zone f
Zoo [tsoː] $m \langle \sim s; \sim s \rangle$ zoo m
Zoodirektor m directeur m du *bzw* d'un jardin zoologique
Zoohandlung f animalerie f
Zoologe [tsoo'loːgə] $m \langle \sim n; \sim n \rangle$, **Zoologin** $f \langle \sim; \sim nen \rangle$ zoologiste m,f
Zoologie $f \langle \sim \rangle$ zoologie f
zoologisch *adj* zoologique; **zoologischer Garten** jardin m zoologique
Zoom [zuːm] $m \langle \sim s; \sim s \rangle$ zoom m
Zoowärter(in) $m(f)$ gardien, -ienne m,f de zoo
Zopf [tsɔpf] $m \langle \sim s; \sim e \rangle$ natte f; tresse f; *fig* **die alten Zöpfe abschneiden** se débarrasser d'habitudes démodées
Zopfmuster n point m de torsade; *Pullover* **mit Zopfmuster** à torsades
Zorn [tsɔrn] $m \langle \sim s \rangle$ colère f
Zornausbruch m accès m de colère
zornig *adj* en colère; fâché; **zornig werden** se mettre en colère; se fâcher; **zornig sein** être en colère; **zornig machen** fâcher; irriter
Zote ['tsoːtə] $f \langle \sim; \sim n \rangle$ gauloiserie f; grossièreté f
zottelig *adj Haar* en broussaille; ébouriffé; *Bart* 'hirsute; *Fell* à longs poils rudes
Zotteln ['tsɔtəln] F f/pl cheveux ébouriffés
zottig *adj* → *zottelig*
z. T. *abr* (*zum Teil*) en partie
zu [tsuː] **I** *prép* $\langle dat \rangle$ **1.** *örtlich* à; (*in j-s Wohnung*) chez; (*in j-s Nähe*) (au)près de; (*in Richtung nach*) vers; **der Weg zum Bahnhof** le chemin de la gare; **die Tür zum Garten** la porte donnant sur le jardin; *st/s* **der Dom zu Köln** la cathédrale de Cologne **2.** *zeitlich* à; de; en; **zu Mittag** à midi; **zu gleicher Zeit** en même temps; **von Tag zu Tag** de jour en jour **3.** *Art u Weise* à; par; en; pour; **mir ist nicht zum Lachen** je n'ai pas le cœur à rire; **zu dritt** à trois; **zu Hunderten** par centaines **4.** *Preis* à

5. *Verhältnis* à; SPORT **fünf zu drei gewinnen** gagner par cinq à trois **6.** *Ziel, Zweck* à; pour; **heißes Wasser zum Waschen** de l'eau chaude pour (se) laver **7.** *Ergebnis* en; **zu Eis werden** se transformer en glace; **zu Pulver zerstoßen** pulvériser **8.** *Verbindung* avec; **Weißwein zum Fisch trinken** boire du vin blanc avec le poisson **II** *adv* **9.** *(allzu)* trop; **zu sehr, zu viel** trop; **das ist zu viel** en voilà trop; c'en est trop; **einer zu viel** un de trop; F *fig* **zu viel kriegen** voir rouge; **zu wenig** trop peu; **einer zu wenig** un en moins **10.** *Richtung* vers; **auf mich zu** vers moi **11.** F *(geschlossen)* fermé; **der Laden ist zu** le magasin est fermé; **Augen zu!** ferme(z) les yeux! **III** *conj* **12.** *mit inf* de; à; **Haus zu verkaufen** maison à vendre; **ich habe zu arbeiten** il faut que je travaille; j'ai du travail **13.** *mit p/pr* **ein kaum zu erfüllender Wunsch** un souhait difficilement réalisable

zuallererst *adv* en tout premier lieu; avant tout
zuallerletzt *adv* en tout dernier lieu
zuarbeiten *v/i* ⟨-e-⟩ **j-m zuarbeiten** aider, assister qn (en faisant les menus travaux)
zubauen *v/t* construire des maisons, *etc* sur; *Aussicht* boucher
Zubehör ['tsuːbəhøːr] *n* ⟨∼⊄s; ∼e⟩ accessoires *m/pl*
Zubehörteil *n* accessoire *m*
zubeißen *v/i* ⟨irr⟩ mordre; 'happer
zubekommen F *v/t* ⟨irr, sans ge⟩ *Koffer, Tür* arriver à fermer
zubereiten *v/t* ⟨-e-, sans ge⟩ préparer; faire
Zubereitung *f* ⟨∼; ∼en⟩ préparation *f*
zubetonieren *v/t* ⟨sans ge⟩ bétonner
Zubettgehen *n* ⟨∼s⟩ coucher *m*; **beim Zubettgehen** en se couchant
zubilligen *v/t* **j-m etw zubilligen** octroyer, concéder, accorder qc à qn
zubinden *v/t* ⟨irr⟩ attacher (pour fermer); ficeler
zubleiben *v/i* ⟨irr, sn⟩ rester fermé
zublinzeln *v/i* ⟨⊄⟩ **j-m zublinzeln** faire un clin d'œil à qn
zubringen *v/t* ⟨irr⟩ *Zeit* passer
Zubringer *m* ⟨∼s; ∼⟩ **1.** *(Autobahnzubringer)* bretelle *f* **2.** *Verkehrsmittel* navette *f*
Zubringerbus *m* navette *f*
Zubringerdienst *m* service *m* de correspondance
Zubringerstraße *f* *zur Autobahn* bretelle *f*
Zubrot *n* ⟨∼⊄s⟩ salaire *m* d'appoint; **sich** *(dat)* **ein Zubrot verdienen** améliorer ses fins de mois
Zucchini [tsuˈkiːni] *pl* courgettes *f/pl*
Zucht [tsuxt] *f* ⟨∼; ∼en⟩ **1.** *von Tieren* élevage *m*; *von Pflanzen* culture *f* **2.** *Tiere* race *f*; *Pflanzen* sorte *f* **3.** *st/s* **Zucht und Ordnung** ordre *m* et discipline *f*
Zuchtbulle *m* taureau *m* reproducteur
züchten ['tsʏçtən] *v/t* ⟨-e-⟩ *Tiere* faire l'élevage de; *Pflanzen* cultiver
Züchter(in) *m* ⟨∼s; ∼⟩ *(f)* ⟨∼in; ∼innen⟩ *von Tieren* éleveur, -euse *m,f*; *von Pflanzen* horticulteur, -trice *m,f*
Zuchthaus *n* *früher* **1.** pénitencier *m* **2.** *(Zuchthausstrafe)* réclusion *f*
Zuchthengst *m* étalon *m*
züchtig ['tsʏçtɪç] *st/s adj* vertueux; décent

züchtigen *st/s v/t* corriger; *litt* châtier
Zuchtperle *f* perle *f* de culture
Zuchtstute *f* (jument *f*) poulinière *f*
Zuchttier *n* animal *m* destiné à la reproduction
Züchtung *f* ⟨∼; ∼en⟩ → **Zucht**
Zuchtwahl *f* BIOL sélection *f*
zuckeln ['tsʊkəln] F *v/i* ⟨⊄, sn⟩ avancer lentement
zucken ['tsʊkən] *v/i* faire un mouvement brusque; *(zusammenzucken)* tressaillir; *(aufschrecken)* sursauter; *Flammen* vaciller; *Person*: *krampfhaft* avoir des mouvements convulsifs; *Blitz* jaillir
zücken ['tsʏkən] *v/t* *st/s Schwert, Messer* tirer; *plais Brieftasche* sortir
Zucker ['tsʊkɐr] *m* ⟨∼s; ∼⟩ **1.** sucre *m*; **ein Stück Zucker** un (morceau de) sucre **2.** F MÉD **Zucker haben** être diabétique
Zuckerbrot *n* **mit Zuckerbrot und Peitsche** en employant la carotte ou le bâton
Zuckerdose *f* sucrier *m*
Zuckererbsen *f/pl* (pois *m/pl*) mange-tout *m/pl*
Zuckerfabrik *f* sucrerie *f*
Zuckerguss *m* glaçage *m* (de sucre)
Zuckerhut *m* pain *m* de sucre
zuckerkrank *adj* diabétique
Zuckerkranke(r) *f(m)* diabétique *m,f*
Zuckerkrankheit *f* diabète *m*
Zuckerl *n* ⟨∼s; ∼ń⟩ *österr, südd* bonbon *m*
Zuckerlecken *n* F **das ist kein Zuckerlecken** F c'est pas de la tarte
zuckern *v/t* sucrer
Zuckerpuppe F *f* petite mignonne
Zuckerrohr *n* canne *f* à sucre
Zuckerrübe *f* betterave sucrière, à sucre
Zuckerschoten *f/pl* mange-tout *m/pl*
Zuckerstange *f* (bâton *m* de) sucre *m* d'orge
Zuckerstreuer *m* saupoudreuse *f*
zuckersüß *adj* **1.** sucré **2.** *fig péj* doucereux; mielleux
Zuckerwasser *n* ⟨∼s⟩ eau sucrée
Zuckerwatte *f* barbe *f* à papa
Zuckerzange *f* pince *f* à sucre
Zuckung *f* ⟨∼; ∼en⟩ tressaillement *m*; mouvement convulsif
zudecken *v/t* (*u v/r* **sich zudecken**) se) couvrir (**mit** de)
zudem *adv* en outre; au surplus
zudrehen *v/t* **1.** *Ventil, Hahn* fermer **2.** → **zuwenden**
zudringlich *adj* gênant; *Frauen gegenüber* entreprenant
Zudringlichkeit *f* ⟨∼; ∼en⟩ comportement gênant, entreprenant
zudrücken *v/t* fermer (en appuyant)
zueinander *adv*; **seid nett zueinander!** soyez gentils les uns avec les autres!; → **zueinanderfinden, zueinanderhalten, zueinanderpassen**
zueinanderfinden *v/i* ⟨irr⟩ se trouver
zueinanderhalten *v/i* ⟨irr⟩ se serrer les coudes
zueinanderpassen *v/i* aller bien ensemble
zuerkennen *v/t* ⟨irr, sans ge⟩ attribuer; *Preis* décerner
zuerst *adv* **1.** *(als Erste[r])* le premier, la première **2.** *(an erster Stelle)* d'abord; premièrement; en premier lieu; **zuerst etw tun** commencer par faire qc **3.** *(anfangs)* au début

zufahren *v/i* ⟨*irr*, sn⟩ **auf j-n, etw zufahren** se diriger vers qn, qc; F **fahr zu!** allons, vite!; vas--y!

Zufahrt *f* accès *m*

Zufahrtsstraße *f* voie *f*, route *f* d'accès

Zufahrtsweg *m* chemin *m* d'accès

Zufall *m* 'hasard *m*; (*Zusammentreffen*) coïncidence *f*; **glücklicher Zufall** heureux 'hasard; chance *f*; **reiner Zufall** pur hasard; **durch Zufall** par hasard

zufallen *v/i* ⟨*irr*, sn⟩ **1.** *Tür, Deckel* se fermer brusquement **2.** **j-m zufallen** *Erbe* revenir à qn; *Aufgabe* incomber à qn

zufällig I *adj* accidentel; fortuit **II** *adv* par hasard; accidentellement; **rein zufällig** tout à fait par hasard; **zufällig j-n treffen** tomber sur qn

Zufallsbekanntschaft *f* personne rencontrée par hasard

Zufallsgenerator *m* générateur *m* de nombres aléatoires

Zufallstreffer *m* coup *m* de chance

zufassen *v/i* ⟨¢$⟩ → **zugreifen**

zufliegen *v/i* ⟨*irr*, sn⟩ **1.** F *Tür* se fermer brusquement **2.** **auf j-n, etw zufliegen** voler en direction de qn, qc **3.** **j-m zufliegen** *Vogel* se réfugier chez qn; *fig* **alle Herzen flogen ihm zu** il a gagné tous les cœurs

zufließen *v/i* ⟨*irr*, sn⟩ **e-r Sache zufließen** *Fluss* couler vers qc; *fig Gelder* affluer à qc

Zuflucht *f* refuge *m*; asile *m*; **bei j-m Zuflucht suchen, finden** chercher, trouver refuge, asile auprès de *od* chez qn; **zu etw s-e Zuflucht nehmen** se réfugier dans qc

Zufluchtsort *m* (lieu *m* de) refuge *m*

Zufluss *m* (*Nebenfluss*) affluent *m*

zuflüstern *v/t* **j-m etw zuflüstern** souffler, chuchoter qc à qn

zufolge *prép* ⟨*derrière un nom au datif*⟩ suivant; d'après

zufrieden [tsu'fri:dən] *adj* content (**mit** de); (*zufriedengestellt*) satisfait (de); **zufrieden stellen** contenter; satisfaire; **zufrieden stellend** satisfaisant; → **zufriedengeben, zufriedenlassen**

zufriedengeben *v/r* ⟨*irr*⟩ **sich mit etw zufriedengeben** se contenter de qc

Zufriedenheit *f* ⟨~⟩ contentement *m*; (*Befriedigung*) satisfaction *f*; **zu meiner vollen Zufriedenheit** à mon entière satisfaction

zufriedenlassen *v/t* ⟨*irr*⟩ **j-n zufriedenlassen** laisser qn tranquille, en paix

zufriedenstellen *v/t* contenter; satisfaire

zufriedenstellend *adjt* satisfaisant

zufrieren *v/i* ⟨*irr*, sn⟩ geler complètement; prendre

zufügen *v/t* **1.** **j-m etw zufügen** *Schaden, Verluste* causer qc à qn; *Niederlage* infliger qc à qn **2.** (*hinzufügen*) ajouter

Zufuhr ['tsu:fu:r] *f* ⟨~⟩ TECH arrivée *f*; *von Wasser a* adduction *f*; *von Waren* arrivage *m*

zuführen I *v/t* *Luft etc* amener; conduire; (*beschicken*) alimenter (**etw e-r Sache** [*dat*] qc en qc); **s-r Bestimmung** (*dat*) **zuführen** rendre à sa destination **II** *v/i* **auf etw** (*acc*) **zuführen** conduire à qc

Zug¹ [tsu:k] *m* ⟨~¢s; ~e⟩ **1.** *Bahn* train *m*; *der U-Bahn* rame *f* (de métro) **2.** *von Personen* colonne *f*; file *f*; (*Umzug*) procession *f*; *feierlicher*

cortège *m*; MIL section *f* **3.** (*das Ziehen*) marche *f*; (*Feldzug*) campagne *f*; expédition *f* (*a Streifzug, Beutezug*); (*Durchzug, Vorbeizug*) passage *m*; *von Vögeln in den Süden* migration *f* **4.** (*Zugluft*) courant *m* d'air **5.** *bei Öfen* tirage *m* **6.** (*Gesichtszug, Wesenszug*) trait *m*; caractéristique *f*; **das war kein schöner Zug von ihm** ce n'était pas gentil de sa part **7.** *fig* **in großen** *od* **großen Zügen** à grands traits **8.** *advt* **im Zuge** (+ *gén*) au cours de **9.** *beim Brettspiel* coup *m*; *fig* **nicht zum Zuge kommen** ne pas avoir l'occasion d'intervenir, d'agir; *fig* **Zug um Zug** petit à petit **10.** *beim Trinken* coup *m*; trait *m*; *beim Rauchen* bouffée *f*; **in einem Zug leeren** vider d'un trait, d'un seul coup; **etw in vollen Zügen genießen** savourer à fond qc; F **in den letzten Zügen liegen** F n'en avoir plus pour longtemps (à vivre)

Zug² *n* ⟨~s⟩ GÉOGR Zoug

Zugabe *f* **1.** COMM supplément *m*; prime *f* **2.** *e-s Künstlers* (morceau *m* en) bis *m*; **Zugabe!** bis!; encore! **3.** (*das Hinzufügen*) addition *f*

Zugabteil *n* compartiment *m*

Zugang *m* **1.** (*Eingang[sweg]*) accès *m*; entrée *f* **2.** (*Zutritt*) accès *m*; **Zugang zu j-m haben** avoir accès auprès de qn **3.** → **Neuzugang**

zugange F **mit j-m, etw zugange sein** avoir à faire à qn; s'occuper de qn, qc

zugänglich ['tsu:gɛŋlıç] *adj* accessible, abordable (**für** à) (*a fig*); **leicht zugänglich sein** être d'un accès facile

Zugangsstraße *f*, **Zugangsweg** *m* voie *f* d'accès

Zuganschluss *m* correspondance *f* (des trains)

Zugbegleiter(in) *m(f)* contrôleur, -euse *m,f*

Zugbrücke *f* pont-levis *m*

zugeben *v/t* ⟨*irr*⟩ **1.** (*hinzufügen*) ajouter **2.** COMM donner en plus, en supplément **3.** *fig* (*einräumen*) admettre; convenir de; concéder

zugegebenermaßen *adv* **zugegebenermaßen … j'admets, je reconnais que …; er hatte zugegebenermaßen Recht** j'admets qu'il a eu raison

zugegen *st/s adv* **bei etw zugegen sein** être présent, assister à qc

zugehen ⟨*irr*, sn⟩ **I** *v/i* **1.** F *Tür, Koffer* (se) fermer; *Knopf* se boutonner **2.** **auf j-n, etw zugehen** aller, se diriger, s'avancer vers qn, qc; *a v/imp* **es geht auf den Winter zu** l'hiver est proche **3.** ADM **j-m zugehen** (**lassen**) (faire) parvenir à qn **II** *v/imp u v/i* (*geschehen*) arriver; se passer; se faire; **es ging sehr lustig zu** c'était gai; on s'amusait beaucoup

Zugeherin *f* ⟨~; ~nen⟩, **Zugehfrau** *f bes österr, südd* femme *f* de ménage

zugehörig *adj* correspondant; **zugehörig zu** *od* (+ *dat*) qui fait partie de

Zugehörigkeit *f* ⟨~⟩ appartenance *f* (**zu** à)

Zugehörigkeitsgefühl *n* ⟨~s⟩ sentiment *m* d'appartenance (**zu** à)

zugeknöpft F *fig adjt* très réservé

Zügel ['tsy:gəl] *m* ⟨~s; ~⟩ rêne *f*; bride *f*; *fig* **die Zügel fest in der Hand haben** tenir les rênes

zügellos *adj* *Leidenschaft* effréné; *Leben* dévergondé

Zügellosigkeit *f* ⟨~; ~en⟩ *Zustand* débridement *m*; *Verhalten* dévergondage *m*

zügeln ⟨¢⟩ *v/t* **1.** *Pferd* tenir en bride **2.** *fig* refréner; maîtriser

Zugende *n* queue *f* du train

zugeneigt *adjt st/s j-m, etw sehr zugeneigt sein* éprouver beaucoup d'affection pour qn, d'attirance pour qc

Zugereiste(r) *f(m)* ⟨→ A⟩ étranger, -ère *m,f*; nouveau venu, nouvelle venue

zugesellen *v/r sich j-m zugesellen* se joindre, s'associer à qn

Zugeständnis *n* concession *f* (*an* [+ *acc*] à); *gewisse Zugeständnisse machen* faire certaines concessions

zugestehen *v/t* ⟨*irr, p/p* zugestanden⟩ *j-m etw zugestehen* concéder qc à qn

zugetan *st/s adj j-m zugetan sein* avoir de l'affection pour qn

Zugewinn *m* gain *m* (*an* [+ *dat*] de); JUR acquêt *m*

Zugewinngemeinschaft *f* JUR communauté réduite aux acquêts

Zugführer *m* **1.** EISENBAHN chef *m* de train **2.** MIL chef *m* de section

zugießen *v/t* ⟨*irr*⟩ ajouter

zugig *adj* exposé aux courants d'air

zügig [ˈtsyːgɪç] *adj* rapide

Zugkraft *f* **1.** PHYS force *f* de traction **2.** *fig* (force *f* d')attraction *f*

zugkräftig *adj fig* qui attire le public

zugleich *adv* en même temps; *schön und reich zugleich* à la fois beau, belle et riche

Zugluft *f* courant *m* d'air

Zugmaschine *f* tracteur *m*

Zugpferd *n* **1.** cheval *m* de trait **2.** *fig* locomotive *f*

zugreifen *v/i* ⟨*irr*⟩ **1.** prendre, saisir (+ *acc*) **2.** *bei Tisch* se servir **3.** *fig* saisir l'occasion **4.** (*helfen*) mettre la main à la pâte

Zugriff *m* **1.** (*Ergreifen*) prise *f*; mainmise *f*; *sich j-s Zugriff entziehen* se soustraire à qn **2.** (*Zugang*), INFORM accès *m* (*auf* [+ *acc*] à)

Zugriffsberechtigung *f*, **Zugriffsrecht** *n* INFORM droit *m* d'accès

Zugriffszeit *f* INFORM temps *m* d'accès

zugrunde *adv* **1.** *zugrunde gehen Mensch* mourir (*an* [+ *dat*] de); *Kultur* se perdre; *zugrunde richten* ruiner **2.** *etw* (*e-r Sache* [*dat*]) *zugrunde legen* prendre qc pour base (de qc)

Zugschaffner *m* contrôleur *m*

Zugspitze GÉOGR *die Zugspitze* la Zugspitze

Zugtelefon *n* téléphone *m* dans un *bzw* le train

Zugtier *n* bête *f* de trait

zugucken F *v/i* → *zusehen*

Zugunglück *n* accident *m* de chemin de fer

zugunsten *prép* ⟨*gén*⟩ *u adv zugunsten von* en faveur de; au profit de

zugutehalten *v/t* ⟨*irr*⟩ *st/s j-m etw zugutehalten* tenir compte à qn de qc

zugutekommen *v/i* ⟨*irr, sn*⟩ *st/s j-m zugutekommen* profiter, servir à qn

Zugverbindung *f* liaison *f* ferroviaire

Zugverkehr *m* trafic *m* ferroviaire

Zugvogel *m* oiseau *m* migrateur

Zugzwang *m in Zugzwang sein, unter Zugzwang stehen* être forcé d'agir

zuhaben F *v/i* ⟨*irr*⟩ être fermé

zuhalten *v/t* ⟨*irr*⟩ *Tür* tenir fermé; fermer; *j-m den Mund zuhalten* fermer la bouche à qn;

sich (*dat*) *die Ohren, die Nase zuhalten* se boucher les oreilles, le nez

Zuhälter [ˈtsuːhɛltər] *m* ⟨~s; ~⟩ souteneur *m*; JUR proxénète *m*; F maquereau *m*

Zuhälterei *f* ⟨~⟩ JUR proxénétisme *m*

zuhängen *v/t* (re)couvrir d'un rideau, d'une toile, *etc*

zuhause *adv* → *Haus 1*

Zuhause *n* ⟨~$⟩ chez-soi (chez-moi, *etc*) *m*

zuheilen *v/i* ⟨*sn*⟩ *Wunde* se fermer; *wieder zuheilen* se refermer

Zuhilfenahme [tsuˈhɪlfənaːmə] *f* ⟨~⟩ *unter Zuhilfenahme von ...* avec le secours de ...

zuhören *v/i* écouter (*j-m* qn)

Zuhörer(in) *m(f)* auditeur, -trice *m,f*

Zuhörerschaft *f* ⟨~⟩ auditoire *m*

zujubeln *v/i* ⟨¢⟩ *j-m zujubeln* acclamer qn; ovationner qn

zukehren *v/t j-m den Rücken zukehren* tourner le dos à qn

zuklappen I *v/t Deckel* fermer; *Wagentür* claquer **II** *v/i* ⟨*sn*⟩ *Deckel* se fermer; *Wagentür* claquer

zukleben *v/t* coller; *Briefumschlag* cacheter

zuknallen F **I** *v/t* (faire) claquer **II** *v/i* ⟨*sn*⟩ claquer; se fermer brusquement

zuknöpfen *v/t* boutonner

zuknoten *v/t* ⟨-e-⟩ nouer; fermer par un nœud

zukommen *v/i* ⟨*irr, sn*⟩ **1.** *auf j-n zukommen* s'avancer, aller, venir vers qn; (*j-m bevorstehen*) attendre qn; *fig die Dinge auf sich* (*acc*) *zukommen lassen* laisser venir les choses **2.** *st/s j-m etw zukommen lassen* faire parvenir, passer qc à qn **3.** *j-m zukommen* (*gebühren*) revenir à qn; être dû à qn

zukriegen F *v/t* → *zubekommen*

Zukunft [ˈtsuːkunft] *f* ⟨~⟩ avenir *m*; GR futur *m*; *in Zukunft* à l'avenir; (*von jetzt ab*) désormais; *in naher Zukunft* dans un proche avenir; *Beruf mit Zukunft* qui a de l'avenir

zukünftig [ˈtsuːkʏnftɪç] **I** *adj* futur; à venir **II** *adv* à l'avenir

Zukünftige(r) F *f(m)* ⟨→ A⟩ (*künftiger Ehepartner*) futur(e) *m(f)*

Zukunftsangst *f* peur *f* du futur

Zukunftsaussichten *f/pl* perspectives *f/pl* d'avenir

Zukunftsforscher *m* futurologue *m*

Zukunftsforschung *f* ⟨~⟩ futurologie *f*

Zukunftsmusik F *f* ⟨~⟩ vision *f* utopique; rêves *m/pl*; (*Pläne*) projets *m/pl* en l'air

zukunftsorientiert *adj* orienté vers l'avenir

Zukunftsperspektive *f* perspective *f* d'avenir

Zukunftspläne *m/pl* projets *m/pl* (d'avenir)

Zukunftsroman *m* roman *m* de science-fiction

zulächeln *v/i* ⟨¢⟩ *j-m zulächeln* sourire à qn

Zulage *f* (*Erhöhung*) augmentation *f*, majoration *f*, supplément *m* (de salaire, de traitement, *etc*); (*Gefahrenzulage, Schmutzzulage*) prime *f*, indemnité *f* (*für* de)

zulangen F *v/i* (*nehmen*) prendre (+ *acc*); *bei Tisch* se servir

zulassen¹ F *v/t* ⟨*irr*⟩ *Tür etc* laisser fermé

zulassen² *v/t* ⟨*irr*⟩ **1.** (*den Zutritt erlauben*) admettre (*zu* à) **2.** (*erlauben*) permettre; *e-e Ausnahme zulassen* tolérer une exception **3.** *zu e-r Prüfung zulassen* autoriser à passer un examen **4.** *als Anwalt zulassen* inscrire au barreau; **als Arzt zulassen** inscrire à l'ordre des médecins **5.** ADM *Fahrzeug* autoriser à circuler; **auf j-s Namen** (*acc*) **zugelassen sein** être immatriculé au nom de qn

zulässig ['tsuːlɛsɪç] *adj* admis; admissible; (*erlaubt*) permis; JUR recevable

Zulassung *f* ⟨∼; ∼en⟩ **1.** autorisation *f* (**zum Studium** pour étudier); *zur mündlichen Prüfung* admission *f* (**zu** à) **2. Zulassung als Anwalt** inscription *f* au barreau; **Zulassung als Arzt** inscription *f* à l'ordre des médecins **3.** ADM *e-s Fahrzeugs* autorisation *f* (de circuler); F (*Kfz-Schein*) *etwa* carte grise

Zulassungspapiere *n/pl* papiers *m/pl* du véhicule

Zulassungsstelle *f* bureau *m* d'immatriculation, de délivrance des cartes grises

zulasten *prép* ⟨*gén*⟩ u *adv* **zulasten von** à la charge de; FIN au débit de; **zulasten j-s gehen** être à la charge de qn

Zulauf *m* **großen Zulauf haben** *Veranstaltung* être très fréquenté; *Geschäft, Arzt* avoir une grande clientèle

zulaufen *v/i* ⟨*irr*, sn⟩ **1.** *Wasser in ein Becken* arriver; couler **2. spitz zulaufen** se terminer en pointe **3. auf j-n zulaufen** courir à *od* vers qn **4. uns ist ein Hund zugelaufen** on a recueilli un chien (perdu)

zulegen I *v/t* F (*hinzufügen*) rajouter; mettre en plus **II** *v/r* **sich** (*dat*) **etw zulegen** s'acheter qc; **sich** (*dat*) **e-n Bart zulegen** se faire, laisser pousser la barbe **III** F *v/i an Tempo* F se grouiller; *an Gewicht* grossir

zuleide *adv* **j-m etwas zuleide tun** faire du mal à qn

zuleiten *v/t* ⟨-e-⟩ **1.** *Wasser, Strom* amener **2.** (*weitergeben*) **j-m zuleiten** transmettre à qn; faire parvenir à qn

Zuleitung *f* TECH alimentation *f*; *von Wasser* adduction *f*; (*Rohr*) tuyau *m* d'amenée

zuletzt *adv* **1.** F (*zum letzten Mal*) pour la dernière fois **2.** (*zum Schluss*) à la fin; **bis zuletzt** jusqu'à la fin; **immer an sich** (*acc*) **selbst zuletzt denken** penser toujours à soi en dernier **3.** → *letztlich* **4.** (*als der Letzte*) **zuletzt kommen** arriver le dernier

zuliebe *adv* **j-m, e-r Sache zuliebe** pour l'amour de qn, qc

Zulieferbetrieb *m* entreprise *f* de sous-traitance

Zulieferer *m* ⟨∼s; ∼⟩ sous-traitant *m*

zum [tsʊm] = **zu dem**

zumachen I *v/t* *Tür, Fenster* fermer; *Brief* cacheter; **kein Auge zumachen** ne pas fermer l'œil **II** *v/i* F *Geschäfte* fermer

zumal I *adv* (*besonders*) surtout; particulièrement **II** *conj* (*vor allem weil*) d'autant plus que

zumauern *v/t* murer; maçonner

zumeist *adv* la plupart du temps

zumindest *adv* au moins

zumüllen F *v/t* inonder (**mit** de)

zumutbar *adj* acceptable; raisonnable

zumute *adv* **ihr könnt euch denken, wie mir zumute war** vous pouvez vous imaginer ce que j'ai ressenti, je ressentais; **mir ist nicht nach Lachen zumute** je n'ai pas envie de rire

zumuten ⟨-e-⟩ **I** *v/t* **j-m etw zumuten** demander, exiger qc à qn **II** *v/r* **sich** (*dat*) **zu viel zumuten** présumer de ses forces

Zumutung *f* ⟨∼; ∼en⟩ exigence *f*, demande *f* inacceptable; **dieses Essen ist e-e Zumutung** ce repas est immangeable

zunächst *adv* (*vorerst*) pour le moment; (*zuerst*) d'abord; en premier lieu

zunageln *v/t* ⟨∉⟩ clouer

zunähen *v/t* (re)coudre

Zunahme ['tsuːnaːmə] *f* ⟨∼; ∼n⟩ augmentation *f* (*a des Gewichts*); accroissement *m*

Zuname *m* nom *m* de famille

zündeln ['tsʏndəln] *v/i* ⟨∉⟩ jouer avec le feu

zünden ['tsʏndən] ⟨-e-⟩ **I** *v/t* allumer; *Rakete, Bombe* mettre le feu à **II** *v/i* s'allumer; s'enflammer; prendre feu

zündend *adj* *Rede, Worte* enflammé; *Idee* passionnant; *Rhythmus* excitant

Zunder ['tsʊndər] *m* ⟨∼s⟩ amadou *m*; **brennen wie Zunder** brûler comme un rien; F *fig* **j-m Zunder geben** F passer un savon à qn

Zünder *m* ⟨∼s; ∼⟩ **1.** *in Sprengkörpern* détonateur *m*; amorce *f* **2.** *pl österr* (*Zündhölzer*) allumettes *f/pl*

Zündholz *n* ⟨∼es; -hölzer⟩ *bes südd, österr, schweiz* allumette *f*

Zündkabel *n* câble *m* d'allumage

Zündkerze *f* bougie *f* (d'allumage)

Zündschloss *n* serrure *f* de contact

Zündschlüssel *m* clé *f* de contact

Zündschnur *f* mèche (lente)

Zündspule *f* bobine *f* d'allumage

Zündstoff *m* dynamite *f*; *fig* thème explosif

Zündung *f* ⟨∼; ∼en⟩ **1.** (*Zünden*) inflammation *f*; mise *f* à feu **2.** AUTO allumage *m*

Zündverteiler *m* AUTO allumeur *m*

zunehmen ⟨*irr*⟩ **I** *v/t an Gewicht* prendre; **drei Kilo zunehmen** prendre trois kilos **II** *v/i* **1.** augmenter (**an** [+ *dat*] de); (*anwachsen*) s'accroître; grandir; *Übel* s'aggraver; *Verkehr* s'intensifier; *Mond* croître **2.** *Person* (*dicker werden*) grossir

zunehmend I *adj* **zunehmender Mond** lune croissante; **in zunehmendem Maße** de plus en plus **II** *advt* **es wird zunehmend kälter** il fait de plus en plus froid

zuneigen *v/r* **sich j-m zuneigen** se pencher vers qn; **sich dem Ende zuneigen** tirer à sa fin

Zuneigung *f* ⟨∼⟩ affection *f*, attachement *m*, sympathie *f* (**zu** pour)

Zunft ['tsʊnft] *f* ⟨∼; ∼e⟩ HIST corporation *f*

zünftig ['tsʏnftɪç] *adj Lokal* bien, très typique; *Kleidung* adéquat; tout à fait approprié

Zunge ['tsʊŋə] *f* ⟨∼; ∼n⟩ langue *f*; **e-e scharfe, spitze Zunge haben** avoir la langue bien affilée; **sich** (*dat*) **auf die Zunge beißen** se mordre la langue (*a fig*); **auf der Zunge zergehen** fondre dans la bouche; **das Wort liegt mir auf der Zunge** j'ai le mot sur le bout de la langue

züngeln ['tsʏŋəln] *v/i* ⟨∉⟩ *Schlange* darder la langue; *Flammen* s'élever

Zungenbelag *m* enduit *m* de la langue

Zungenbrecher F *m* mot *m*, phrase *f* difficile à prononcer

Zungenkuss *m* baiser profond

Zungenspatel *m* MÉD abaisse-langue *m*

Zungenspitze *f* pointe *f*, bout *m* de langue

Zungenwurst *f* pâté *m* de langue

Zünglein ['tsʏŋlaɪn] *n* ⟨∼s; ∼⟩ *fig* **das Zünglein an der Waage sein** faire pencher la balance

zunichtemachen *v/t Pläne, Hoffnungen* détruire; réduire à néant

zunicken *v/i* **j-m zunicken** faire un signe de tête à qn

zunutze *adv* **sich** (*dat*) **etw zunutze machen** profiter, tirer profit de qc

zuoberst *adv* tout en 'haut; **das Unterste zuoberst kehren** mettre tout sens dessus dessous

zuordnen *v/t* ⟨-e-⟩ classer (+ *dat* dans)

Zuordnung *f e-s Begriffs* classement *m*

zupacken *v/i* → **zugreifen**

zuparken *v/t Auto, Person: Ausfahrt* bloquer

zupfen ['tsʊpfən] **I** *v/t* tirer; *Saite* pincer; *Unkraut* sarcler; **j-n am Ärmel zupfen** tirer qn par la manche **II** *v/i* **an etw** (*dat*) **zupfen** tirer sur qc

Zupfinstrument *n* instrument *m* à cordes pincées

zuprosten *v/i* ⟨-e-⟩ **j-m zuprosten** boire, lever son verre à la santé de qn

zur [tsuːr *ou* tsʊr] = **zu der**

zurande *adv* **mit etw zurande kommen** venir à bout de qc

zurate *adv* **j-n, etw zurate ziehen** consulter qn, qc

zuraten *v/i* ⟨*irr*⟩ **j-m zuraten, etw zu tun** conseiller à qn de faire qc

zurechnen *v/t* ⟨-e-⟩ compter; *Künstler* **den Modernen zurechnen** compter parmi les modernes

zurechnungsfähig *adj* responsable de ses actes

Zurechnungsfähigkeit *f* responsabilité *f* de ses actes

zurechtbiegen F *v/t* ⟨*irr*⟩ *fig Angelegenheit* arranger

zurechtfinden *v/r* ⟨*irr*⟩ **sich zurechtfinden** (pouvoir) s'orienter (*a auf e-r Karte etc*); se reconnaître

zurechtkommen *v/i* ⟨*irr*, sn⟩ se débrouiller (**mit etw** avec qc); **mit j-m zurechtkommen** (parvenir à) s'arranger, s'entendre avec qn

zurechtlegen I *v/t* préparer **II** *v/r fig* **sich** (*dat*) **etw zurechtlegen** *Antwort* avoir tout prêt, en réserve qc

zurechtmachen I *v/t* préparer **II** *v/r* **sich zurechtmachen** s'arranger

zurechtrücken *v/t* ranger; arranger

zurechtschneiden *v/t* ⟨*irr*⟩ couper, tailler (en une forme précise)

zurechtweisen *v/t* ⟨*irr*⟩ blâmer; réprimander

Zurechtweisung *f* blâme *m*; réprimande *f*

zureden *v/i* ⟨-e-⟩ **j-m zureden**(, **etw zu tun**) exhorter qn (à faire qc); **j-m gut zureden** encourager qn

zureiten ⟨*irr*⟩ **I** *v/t Pferd* dresser (à être monté) **II** *v/i* ⟨sn⟩ **auf j-n, etw zureiten** s'avancer vers qn, qc à cheval

Zürich ['tsyːrɪç] *n* ⟨∼s⟩ Zurich

zurichten *v/t* ⟨-e-⟩ **1.** TECH (*einrichten*) ajuster; *Stoff, Leder* apprêter **2.** (*beschädigen*) abîmer; F bousiller; F **j-n schlimm, übel zurichten** amocher qn; mettre qn dans un bel état

zürnen ['tsʏrnən] *st/s v/i* **j-m zürnen** être fâché, irrité contre qn

Zurschaustellung *f* ⟨∼; ∼en⟩ exhibition *f*; *péj* étalage *m*

zurück [tsuˈrʏk] *adv* **1.** (*hinten*) en arrière; **zurück!** (en) arrière! **2.** (*zurückgeblieben*) arrié-

ré; attardé **3.** F **mit etw zurück sein** *im Rückstand* être en retard dans qc **4.** (*zurückgekehrt*) de retour; **ich bin gleich wieder zurück** je reviens tout de suite; **es gibt kein Zurück** (**mehr**) on ne peut pas revenir en arrière

zurückbehalten *v/t* ⟨*irr*, sans ge⟩ **1.** retenir; *unrechtmäßigerweise* détenir **2.** *Schaden* garder

zurückbekommen *v/t* ⟨*irr*, sans ge⟩ récupérer; **ich habe das Buch zurückbekommen** on m'a rendu le livre; **ich bekomme noch Geld zurück** vous me devez encore de l'argent

zurückbesinnen *v/r* ⟨*irr*, sans ge⟩ **sich auf etw** (*acc*) **zurückbesinnen** se rappeler qc

zurückbeugen *v/t* pencher en arrière; *Kopf* renverser (en arrière)

zurückbiegen *v/t* ⟨*irr*⟩ courber (en arrière); recourber

zurückbilden *v/r* ⟨-e-⟩ **sich zurückbilden** se résorber; *Organ* s'atrophier

zurückbleiben *v/i* ⟨*irr*, sn⟩ **1.** (*nicht Schritt halten*) rester en arrière; *Schüler in s-n Leistungen* ne pas suivre; **hinter j-s Erwartungen** (*dat*) **zurückbleiben** ne pas répondre à l'attente de qn **2.** (*übrig bleiben*) rester

zurückblicken *v/i* jeter un regard en arrière; *fig* **auf etw** (*acc*) **zurückblicken** jeter un coup d'œil rétrospectif sur qc

zurückbringen *v/t* ⟨*irr*⟩ rapporter; *Person, Fahrzeug, fig* ramener

zurückdatieren *v/t* ⟨sans ge⟩ antidater

zurückdenken *v/i* ⟨*irr*⟩ **an etw, j-n zurückdenken** se rappeler qc, qn; **soweit ich zurückdenken kann** autant que je m'en souvienne

zurückdrängen *v/t* repousser; refouler (*a fig*); *fig* réprimer

zurückdrehen *v/t* tourner en arrière

zurückdürfen F *v/i* ⟨*irr*⟩ avoir la permission de retourner

zurückeilen *v/i* ⟨sn⟩ se dépêcher de retourner

zurückerhalten *v/t* ⟨*irr*, sans ge⟩ → **zurückbekommen**

zurückerinnern *v/r* ⟨sans ge⟩ **sich an etw, j-n zurückerinnern** se rappeler qc, qn

zurückerobern *v/t* ⟨sans ge⟩ reconquérir (*a fig*)

zurückerstatten *v/t* ⟨-e-, sans ge⟩ rendre; restituer; *Auslagen* rembourser

zurückfahren ⟨*irr*⟩ **I** *v/t* ramener (en voiture) **II** *v/i* ⟨sn⟩ **1.** retourner (en voiture, train, *etc*) **2.** *fig vor Schreck* reculer brusquement

zurückfallen *v/i* ⟨*irr*, sn⟩ **1.** (*zurückbleiben*) rester en arrière; SPORT **auf den dritten Platz zurückfallen** rétrograder à la troisième place **2.** *fig Vorwurf* **auf j-n zurückfallen** retomber, rejaillir sur qn **3.** *fig* **in etw** (*acc*) **zurückfallen** retomber dans qc **4.** (*nach hinten fallen*) tomber en arrière

zurückfinden *v/i* ⟨*irr*⟩ retrouver son chemin

zurückfliegen *v/i* ⟨*irr*, sn⟩ revenir, retourner (en avion)

zurückfließen *v/i* ⟨*irr*, sn⟩ refluer

zurückfordern *v/t* réclamer; demander la restitution de; *Rechte* revendiquer

zurückführen I *v/t* **1.** (*zurückbegleiten*) ramener; reconduire **2.** *fig* **auf etw** (*acc*) **zurückführen** ramener, *Grund* attribuer, imputer à qc **II** *v/i Weg* **zurückführen zu, auf** (+ *acc*) ramener qn à

zurückgeben *v/t* ⟨*irr*⟩ rendre; redonner

zurückgeblieben *adjt fig geistig* arriéré; attardé
zurückgehen *v/i* ⟨*irr*, sn⟩ **1.** (s'en) retourner; **zurückgehen lassen** *Waren* renvoyer; retourner **2.** *Handel, Geschäfte* péricliter; fléchir; *Hochwasser* baisser; se retirer; *Fieber* tomber **3.** *auf etw* (*acc*) **zurückgehen** remonter à qc; *auf j-n zurückgehen* être attribué à qn
zurückgewinnen *v/t* ⟨*irr*, *sans ge*⟩ regagner
zurückgezogen *adjt* **ein zurückgezogenes Leben führen** mener une vie retirée
Zurückgezogenheit *f* ⟨~⟩ vie retirée, de solitaire; *par ext* solitude *f*
zurückgreifen *v/i* ⟨*irr*⟩ **auf etw, j-n zurückgreifen** recourir à qc, qn
zurückhaben F *v/t* ⟨*irr*⟩ avoir récupéré; ravoir (*nur inf*)
zurückhalten I *v/t* ⟨*irr*⟩ retenir; *Gefühle* contenir; réprimer **II** *v/i* **mit etw zurückhalten** cacher, dissimuler qc; **mit s-r Meinung nicht zurückhalten** ne pas mâcher ses mots **III** *v/r* **sich zurückhalten** se retenir; (*sich zügeln*) se contenir
zurückhaltend *adjt Person, Lob, Kritik, Empfang* réservé; **zurückhaltend sein**, *advt* **sich zurückhaltend äußern** se montrer réticent
Zurückhaltung *f* ⟨~⟩ réserve *f*; *st/s* **Zurückhaltung üben** mettre, témoigner de la réserve, réticence
zurückholen *v/t* aller rechercher, reprendre
zurückkämmen *v/t Haar* peigner en arrière
zurückkaufen *v/t* racheter
zurückkehren *v/i* ⟨sn⟩ retourner; revenir; *nach Hause* rentrer
zurückklappen *v/t* replier
zurückkommen *v/i* ⟨*irr*, sn⟩ revenir; *fig* **auf etw** (*acc*) **zurückkommen** revenir sur (*od* à) qc
zurückkönnen F *v/i* ⟨*irr*⟩ (*zurückkehren können*) pouvoir retourner; (*zurückweichen können*) pouvoir reculer; *fig* **nicht mehr zurückkönnen** ne plus pouvoir faire autrement
zurückkriegen F *v/t* → **zurückbekommen**
zurücklassen *v/t* ⟨*irr*⟩ laisser
zurücklaufen *v/i* ⟨*irr*, sn⟩ retourner (à pied)
zurücklegen I *v/t* **1.** *Kopf* mettre, placer en arrière **2.** (*beiseitelegen*) mettre de côté, en réserve; (*reservieren*) réserver; **Geld zurücklegen** mettre de l'argent de côté **3.** *Weg* faire; parcourir **4.** (*auf s-n Platz*) **zurücklegen** remettre (à sa place) **II** *v/r* **sich zurücklegen** se renverser
zurücklehnen *v/r* **sich zurücklehnen** se pencher en arrière
zurückliegen *v/i* ⟨*irr*⟩ **1.** **einige Jahre zurückliegen** remonter à plusieurs années **2.** SPORT être *bzw* rester en arrière
zurückmelden *v/r* **sich zurückmelden** annoncer son retour
zurückmüssen F *v/i* ⟨*irr*⟩ être obligé de revenir, *nach Hause* rentrer
zurücknehmen *v/t* ⟨*irr*⟩ **1.** *Gegenstand, Ware* reprendre **2.** *Beleidigung* retirer; *Versprechen* revenir sur; *Geständnis* rétracter
zurückprallen *v/i* ⟨sn⟩ rebondir (**von** sur)
zurückreichen *v/i* **weit zurückreichen** remonter loin
zurückrufen ⟨*irr*⟩ **I** *v/t* **1.** (*auffordern zurückzukommen*) rappeler; faire revenir **2.** *als Antwort* répondre (en criant) **3.** TÉL rappeler **II** *v/i* TÉL rappeler

zurückschalten *v/i* ⟨-e-⟩ *im Auto* rétrograder
zurückschauen *v/i bes südd, österr, schweiz* → **zurückblicken**
zurückschicken *v/t* renvoyer; *nur Sachen* retourner; réexpédier
zurückschieben *v/t* ⟨*irr*⟩ repousser
zurückschlagen ⟨*irr*⟩ **I** *v/t* **1.** *Feind* repousser; refouler **2.** *Bettdecke* rejeter; *Kragen* rabattre **3.** *Ball* renvoyer **II** *v/i* contre-attaquer (*a fig*)
zurückschneiden *v/t* ⟨*irr*⟩ *Bäume, Sträucher* tailler
zurückschnellen *v/i* ⟨sn⟩ rebondir; *Feder* se détendre
zurückschrauben *v/t Ansprüche* réduire
zurückschrecken *v/i* ⟨sn⟩ reculer (**vor etw** [*dat*] devant qc); s'effrayer (de qc)
zurückschreiben *v/t u v/i* ⟨*irr*⟩ répondre (par écrit)
zurücksehnen *v/r* **sich zu j-m, nach Paris zurücksehnen** avoir la nostalgie de qn, de Paris
zurücksenden *st/s v/t* ⟨*irr*⟩ → **zurückschicken**
zurücksetzen ⟨*¢$*⟩ **I** *v/t* **1.** *Gegenstand, Auto* reculer **2.** *fig* **j-n zurücksetzen** désavantager qn; défavoriser qn **II** *v/i* AUTO faire marche arrière
Zurücksetzung *f* ⟨~; ~en⟩ (*Ungerechtigkeiten*) injustice *f*; *durch Bevorzugung e-s anderen* passe-droit *m*
zurückspielen *v/t Ball* renvoyer
zurückspringen *v/i* ⟨*irr*, sn⟩ **1.** faire un bond, saut en arrière **2.** *Ball* rebondir
zurückspulen *v/t* rembobiner
zurückstecken I *v/t* remettre **II** *v/i* F en rabattre
zurückstehen *v/i* ⟨*irr*⟩ *Haus* être en retrait; *fig* **hinter j-m zurückstehen** le céder à qn
zurückstellen *v/t* **1.** (*nach hinten stellen*) reculer; repousser **2.** *an s-n Platz* remettre à sa place **3.** *Uhr* retarder (**um** de); *Heizung* baisser **4.** → **zurücklegen**; *Wehrpflichtigen* mettre en sursis **5.** (*verschieben*) renvoyer, remettre à plus tard; ajourner **6.** (*hintanstellen*) reléguer au second plan
zurückstoßen *v/t* ⟨*irr*⟩ repousser
zurückstreichen *v/t* ⟨*irr*⟩ *Haar* ramener en arrière (avec la main)
zurückstreifen *v/t Ärmel* retrousser
zurückströmen *v/i* ⟨sn⟩ refluer
zurückstufen *v/t* rétrograder (**in** [+ *acc*] à)
zurücktreten *v/i* ⟨*irr*, sn⟩ **1.** faire un pas en arrière; **zurücktreten!** reculez!; faites place! **2.** (*verzichten*) renoncer (**von** à); JUR se désister (**von** de); **von e-m Vertrag zurücktreten** résilier un contrat **3.** *fig* (*in den Hintergrund treten*) s'effacer **4.** *Regierung* démissionner; **von s-m Amt zurücktreten** se démettre de ses fonctions
zurückverfolgen *v/t* ⟨*sans ge*⟩ remonter jusqu'à l'origine de
zurückverlangen *v/t* ⟨*sans ge*⟩ réclamer; redemander
zurückversetzen ⟨*¢$*, *sans ge*⟩ **I** *v/t in die Vergangenheit* ramener (en arrière) **II** *v/r* **sich zurückversetzen in** (+ *acc*) se reporter à
zurückweichen *v/i* ⟨*irr*, sn⟩ reculer (**vor etw, j-m** devant qc, qn); (*nachgeben*) céder (à qc, qn)
zurückweisen *v/t* ⟨*irr*⟩ refuser; *Bitte, Vorwurf* repousser; rejeter
Zurückweisung *f* refus *m*; *e-r Bitte* rejet *m*

zurückwerfen *v/t* ⟨*irr*⟩ **1.** rejeter; *Ball* renvoyer **2.** (*reflektieren*) réfléchir; refléter; *Schall* répercuter **3.** *Feind* repousser **4.** *in e-r Entwicklung* 'handicaper; désavantager; *e-e Arbeit* retarder la réalisation de

zurückwollen *v/i* ⟨*irr*⟩ vouloir retourner

zurückwünschen *v/t* **etw zurückwünschen** souhaiter le retour de qc

zurückzahlen *v/t* **1.** rembourser; rendre **2.** F *fig* **es j-m zurückzahlen** rendre la monnaie de sa pièce à qn

zurückziehen ⟨*irr*⟩ **I** *v/t* retirer (*a fig Bewerbung, Beschwerde*); *Kündigung* révoquer; *Auftrag* annuler **II** *v/r* **sich zurückziehen** se retirer (*a* MIL); *fig* **sich aus der Politik zurückziehen** abandonner la politique

zurückzucken *v/i* ⟨sn⟩ reculer en sursautant

Zuruf *m* appel *m*; acclamation *f*; **durch Zuruf** par acclamation

zurufen *v/t* ⟨*irr*⟩ **j-m etw zurufen** crier qc à qn

zurzeit *adv* en ce moment; actuellement

Zusage *f* ⟨∼; ∼n⟩ *auf e-e Einladung* acceptation *f*; (*Einwilligung*) consentement *m*; assentiment *m*; (*Versprechen*) promesse *f*

zusagen I *v/t* **j-m etw zusagen** promettre qc à qn **II** *v/i* **1.** *auf e-e Einladung, ein Angebot* accepter **2.** (*gefallen*) **j-m zusagen** plaire, convenir à qn

zusammen [tsu'zamən] *adv* ensemble; (*gemeinsam*) en commun; de concert; (*im Ganzen*) en tout; au total; **alle zusammen** tous ensemble; **zusammen sein** être ensemble; **er besitzt mehr als alle anderen zusammen** il est plus riche que tous les autres réunis; F **guten Morgen zusammen!** F salut tout le monde!

Zusammenarbeit *f* collaboration *f*; coopération *f*; **in Zusammenarbeit mit** en collaboration avec

zusammenarbeiten *v/i* ⟨-e-⟩ travailler ensemble; collaborer (**mit j-m** avec qn)

zusammenballen I *v/t* mettre en boule **II** *v/r* **sich zusammenballen** s'amasser; s'amonceler; s'accumuler (*alle a fig*)

zusammenbauen *v/t* assembler; monter

zusammenbeißen *v/t* ⟨*irr*⟩ *Zähne* serrer

zusammenbekommen *v/t* ⟨*irr, sans ge*⟩ **1.** (*ansammeln*) parvenir à réunir; *Geld, Summe* recueillir; réunir **2.** F *fig im Gedächtnis* se rappeler

zusammenbinden *v/t* ⟨*irr*⟩ lier; *Haar* attacher; *zu e-m Bündel* faire un paquet de

zusammenbleiben *v/i* ⟨*irr*, sn⟩ rester ensemble

zusammenbrauen I *v/t* F *Getränk* concocter **II** *v/r* **sich zusammenbrauen** *Gewitter, Unangenehmes* se préparer; *fig* **da braut sich was zusammen** il se trame qc

zusammenbrechen *v/i* ⟨*irr*, sn⟩ s'effondrer; s'écrouler (*a fig*); *seelisch* craquer; *Versorgung(snetz)* être *od* tomber en panne; *Verkehr* être paralysé; *fig* **für sie brach e-e Welt zusammen** tout son univers s'est écroulé

zusammenbringen *v/t* ⟨*irr*⟩ *Personen* mettre en contact, en relation; (*näher bringen*) rapprocher

Zusammenbruch *m* effondrement *m* (*a fig*); *vor Erschöpfung* écroulement *m*; FIN ruine *f*

zusammendrängen *v/t* (*u v/r* **sich zusammendrängen** se) serrer; (s')entasser

zusammendrücken *v/t* presser; serrer; comprimer

zusammenfahren *v/i* ⟨*irr*, sn⟩ **1.** *Autos, Züge* entrer en collision **2.** *fig vor Schreck* sursauter; tressaillir

zusammenfallen *v/i* ⟨*irr*, sn⟩ **1.** (*einstürzen*) s'effondrer; s'écrouler (*beide a fig*); crouler **2.** *zeitlich* coïncider **3.** *Behauptung* **in sich** (*acc*) **zusammenfallen** s'effondrer; s'écrouler

zusammenfalten *v/t* ⟨-e-⟩ plier

zusammenfassen *v/t* ⟨ɕ⟩ **1.** (*vereinigen*) réunir; rassembler; grouper (**zu** en) **2.** *Gesagtes* résumer; récapituler

zusammenfassend *advt* en résumé

Zusammenfassung *f* (*Bericht*) résumé *m*

zusammenfegen *v/t* balayer

zusammenflicken *v/t* rapiécer

zusammenfließen *v/i* ⟨*irr*, sn⟩ *Flüsse* confluer; se joindre; se réunir

zusammenfügen *v/t* joindre; réunir; unir; *einzelne Teile* assembler

zusammenführen *v/t* réunir

zusammengehören *v/i* ⟨*p/p* zusammengehört⟩ aller ensemble; *Schuhe* faire la paire

zusammengehörig *adj* allant ensemble; (bien) assorti

Zusammengehörigkeit *f* ⟨∼⟩ affinité *f*; cohésion *f*

Zusammengehörigkeitsgefühl *n* solidarité *f*

zusammengewürfelt *adjt Gruppe* (très) bigarré, hétéroclite

zusammenhaben F *v/t* ⟨*irr*⟩ avoir recueilli, rassemblé

Zusammenhalt *m* cohésion *f*; solidarité *f*

zusammenhalten ⟨*irr*⟩ **I** *v/t* tenir ensemble; **sein Geld zusammenhalten** être économe **II** *v/i fig* être solidaires; s'entraider

Zusammenhang *m* lien *m*; (*Beziehung*) rapport *m*; relation *f*; *e-s Textes* contexte *m*; *zwischen zwei abstrakten Dingen* corrélation *f*; **innerer Zusammenhang** *von Ideen* cohérence *f*; **etw mit etw in Zusammenhang bringen** mettre qc en rapport, en relation avec qc; **in welchem Zusammenhang?** à quel propos?; **in diesem Zusammenhang** dans cet ordre d'idées; sous ce rapport; **im Zusammenhang mit** à propos de; **aus dem Zusammenhang gerissen** isolé du contexte

zusammenhängen *v/i* ⟨*irr*⟩ **1.** (*mit etw*) **zusammenhängen** être attaché (à qc) **2.** *fig* **mit etw zusammenhängen** être en rapport avec qc; tenir à qc

zusammenhängend *adjt fig* cohérent

zusammenhang(s)los *adj* décousu; incohérent

zusammenhauen F *v/t* ⟨*irr*⟩ *Arbeit, Artikel* bâcler; torcher

zusammenheften *v/t* ⟨-e-⟩ agrafer

zusammenkauern *v/r* **sich zusammenkauern** s'accroupir; se blottir

zusammenkehren *v/t* balayer

zusammenketten *v/t* ⟨-e-⟩ enchaîner ensemble

zusammenklappbar *adj* pliant

zusammenklappen I *v/t Stuhl* (re)plier; *Messer* refermer **II** *v/i* ⟨sn⟩ F *Person* craquer

zusammenklauben *v/t südd, österr* ramasser

zusammenkleben *v/t* (*u v/i*) coller; (s')agglutiner

zusammenkneifen v/t ⟨irr⟩ serrer; *Augen* plisser; *Lippen, Mund* pincer

zusammenknüllen v/t *Papier* froisser; friper

zusammenkommen v/i ⟨irr, sn⟩ **1.** *Personen* s'assembler; se réunir; (*sich treffen*) se rencontrer; se voir; **mit j-m zusammenkommen** rencontrer qn **2.** *Dinge* s'amasser; s'entasser; s'accumuler

zusammenkratzen v/t ⟨¢$⟩ F **sein letztes Geld zusammenkratzen** F racler les fonds de tiroirs

Zusammenkunft [tsu'zamənkunft] f ⟨~; -künfte⟩ *vieler Personen* réunion f; assemblée f; *bes von zwei Personen* rencontre f; entrevue f

zusammenläppern F v/r **sich zusammenläppern** s'amasser petit à petit

zusammenlaufen v/i ⟨irr⟩ **1.** *Personen* accourir; s'assembler **2.** *Farben* se fondre

zusammenleben v/i vivre ensemble

Zusammenleben n vie commune; vie f en commun; cohabitation f

zusammenlegen **I** v/t **1.** mettre ensemble **2.** (*falten*) plier **3.** (*verbinden*) réunir **4.** *Kranke* installer dans une chambre **II** v/i (*Geld zusammenlegen*) (se) cotiser

zusammenleimen v/t coller

zusammennageln v/t ⟨¢⟩ clouer

zusammennähen v/t coudre

zusammennehmen ⟨irr⟩ **I** v/t *Mut, Kräfte* rassembler; **alles zusammengenommen** à tout prendre **II** v/r **sich zusammennehmen** faire un effort sur soi-même; (*sich beherrschen*) se contenir; (*sich fassen*) se ressaisir; se reprendre

zusammenpacken **I** v/t mettre en paquet; empaqueter **II** v/i ranger ses affaires

zusammenpassen v/i ⟨¢$⟩ aller bien ensemble; s'accorder; *zwei Teile* s'adapter (l'un à l'autre); *Farben* **nicht zusammenpassen** jurer

zusammenpferchen v/t *Vieh, Menschen* entasser; parquer

Zusammenprall m ⟨~¢s; ~e⟩ choc m; 'heurt m (*beide a fig*)

zusammenprallen v/i ⟨sn⟩ **1.** se heurter (**mit** à); *Fahrzeuge* entrer en collision (avec) **2.** *fig* s'affronter, se heurter (à)

zusammenpressen v/t ⟨¢$⟩ presser

zusammenraffen v/t *Papiere etc* prendre, rassembler en vitesse; *péj Vermögen* amasser

zusammenraufen F v/r **sich zusammenraufen** s'entendre après des accrochages

zusammenrechnen v/t ⟨-e-⟩ additionner; totaliser

zusammenreimen F v/r **sich** (*dat*) **etw zusammenreimen** s'expliquer qc; **wie reimt sich das zusammen?** à quoi ça rime?

zusammenreißen F v/r ⟨irr⟩ **sich zusammenreißen** se ressaisir; prendre sur soi

zusammenrollen v/t (*u v/r* **sich zusammenrollen**) s')enrouler

zusammenrotten [-rɔtən] v/r **sich zusammenrotten** s'attrouper; s'ameuter

zusammenrücken **I** v/t rapprocher **II** v/i ⟨sn⟩ se serrer

zusammenrufen v/t ⟨irr⟩ convoquer

zusammensacken v/i ⟨sn⟩ (**in sich** [*acc*]) **zusammensacken** *Gegenstand* s'affaisser; *Mensch* s'effondrer

zusammenscheißen P v/t ⟨irr⟩ F engueuler comme du poisson pourri

zusammenschieben v/t ⟨irr⟩ rapprocher

zusammenschlagen ⟨irr⟩ **I** v/t **1.** (*falten*) plier **2.** *Hacken* claquer; **die Hände zusammenschlagen** battre des mains **3.** F **j-n zusammenschlagen** F démolir qn **II** v/i ⟨sn⟩ **über j-m zusammenschlagen** *Wellen* engloutir qn; *fig Verhängnis* s'abattre sur qn

zusammenschließen v/r ⟨irr⟩ **sich zusammenschließen** s'associer; *Unternehmen* fusionner

Zusammenschluss m association f; *Unternehmen* fusion f

zusammenschrauben v/t visser

zusammenschreiben v/t ⟨irr⟩ **1.** *in e-m Wort* écrire en un mot **2.** *péj Text* F pondre

zusammenschrumpfen v/i ⟨sn⟩ **1.** se ratatiner; se rétrécir **2.** *fig* fondre; diminuer

zusammenschustern F *péj* v/t bricoler

zusammenschütten v/t ⟨-e-⟩ verser ensemble; mélanger

zusammenschweißen v/t souder (*a fig*)

Zusammensein n ⟨~s⟩ (*Treffen*) rencontre f

zusammensetzen ⟨¢$⟩ **I** v/t **1.** mettre ensemble; *aus mehreren Bestandteilen* composer (**aus** de); TECH assembler; monter **2.** *Personen* asseoir *od* placer côte à côte **II** v/r **3. sich zusammensetzen** s'asseoir l'un auprès de l'autre, côte à côte; (*zusammenkommen*) se rencontrer **4. sich aus etw zusammensetzen** se composer de qc

Zusammensetzung f ⟨~; ~en⟩ composition f; LING (*mot m*) composé m

zusammensinken v/i ⟨irr, sn⟩ → **zusammensacken**

zusammensitzen v/i ⟨irr⟩ être (assis) ensemble

zusammensparen v/t économiser petit à petit

Zusammenspiel n SPORT jeu m d'équipe; (*Kombinieren*) combinaison f; *fig* interaction f

zusammenstauchen v/t F **j-n zusammenstauchen** F engueuler qn

zusammenstecken **I** v/t *mit Nadeln* assembler avec des épingles **II** F *fig* v/i *Personen* **sie stecken immer zusammen** ils sont toujours ensemble

zusammenstehen v/i ⟨irr⟩ **1.** être ensemble **2.** *fig* faire bloc

zusammenstellen v/t **1.** *räumlich: Sachen* mettre ensemble **2.** *Programm, Menü, Team* composer; *Unterlagen* rassembler; réunir; *Liste* établir

Zusammenstellung f ⟨~; ~en⟩ *e-s Programms, Menüs, Teams* composition f; *e-r Liste* établissement m; *von Farben* combinaison f; (*Liste*) liste f; (*Tabelle*) table f; tableau m

Zusammenstoß m choc m; 'heurt m (**mit** avec); *von Verkehrsmitteln* collision f (avec)

zusammenstoßen v/i ⟨irr, sn⟩ se heurter (**mit** à) (*a fig*); *Fahrzeuge* entrer en collision (avec)

zusammenströmen v/i ⟨sn⟩ *Menschen* affluer

zusammensuchen v/t ramasser; recueillir

zusammentragen v/t ⟨irr⟩ **1.** ramasser **2.** *fig Material* réunir; rassembler

zusammentreffen v/i ⟨irr, sn⟩ **1.** *Personen* se rencontrer; **mit j-m zusammentreffen** rencontrer qn **2.** *zeitlich* coïncider

Zusammentreffen n rencontre f; *zeitliches* coïncidence f

Z

zusammentreten *v/i* ⟨*irr*, sn⟩ *Ausschuss* se réunir; se rassembler

zusammentrommeln F *v/t* ⟨¢⟩ réunir

zusammentun F *v/r* ⟨*irr*⟩ **sich zusammentun** se rassembler; se réunir

zusammenwachsen *v/i* ⟨*irr*, sn⟩ BIOL se souder; *fig* (*ineinander aufgehen*) fusionner

zusammenwirken *v/i* coopérer

zusammenzählen *v/t* additionner; totaliser

zusammenziehen ⟨*irr*⟩ **I** *v/t Muskel* contracter; *Truppen* rassembler; concentrer **II** *v/i* ⟨sn⟩ *in e-e Wohnung* emménager ensemble **III** *v/r* **sich zusammenziehen** se contracter

zusammenzucken *v/i* ⟨sn⟩ tressaillir

Zusatz *m Vorgang, Ergebnis* addition *f*; *zu e-m Schriftstück* ajout *m*; (*Lebensmittelzusatz*) additif *m*

Zusatzbestimmung *f* prescription, disposition, *zu e-m Vertrag a* clause additionnelle

Zusatzgerät *n* appareil *m*, dispositif *m* complémentaire

zusätzlich ['tsuːzɛtslɪç] **I** *adj* supplémentaire; additionnel **II** *adv* de plus; en plus; en outre

Zusatzrente *f* retraite *f* complémentaire

Zusatzstoff *m* additif *m*

Zusatzvereinbarung *f* accord additionnel, complémentaire; convention additionnelle, annexe

Zusatzversicherung *f* assurance *f* complémentaire

Zusatzzahl *f im Lotto* numéro *m* complémentaire

zuschanden *adv* **zuschanden machen** *Pläne* déjouer; *Hoffnungen* anéantir

zuschanzen ['tsuːʃantsən] *v/t* ⟨¢⟩ F **j-m etw zuschanzen** F procurer qc à qn par combine

zuschauen *v/i südd, österr, schweiz* →**zusehen**

Zuschauer(in) *m* ⟨~s; ~⟩ (*f*) ⟨~in; ~innen⟩ spectateur, -trice *m,f*

Zuschauerbeteiligung *f* participation *f* du public

Zuschauerplätze *m/pl* places *f/pl* des spectateurs

Zuschauerraum *m* salle *f* de spectacle

Zuschauertribüne *f* tribune *f* du public, des spectateurs

zuschaufeln *v/t* ⟨¢⟩ remplir, boucher (à la pelle); *Grab* refermer

zuschicken *v/t* **j-m etw zuschicken** envoyer, expédier qc à qn

zuschieben *v/t* ⟨*irr*⟩ **1.** *Schublade* fermer **2.** *j-m etw zuschieben* pousser qc vers qn; *fig Unangenehmes* se décharger de qc sur qn; **j-m die Schuld zuschieben** rejeter la faute sur qn

zuschießen ⟨*irr*⟩ **I** *v/t* F *Geld* rajouter **II** *v/i* ⟨sn⟩ **auf j-n zuschießen** se précipiter vers qn

Zuschlag *m* **1.** (*Preiszuschlag*) supplément *m* **2.** *bei Lohn, Gehalt* prime *f* **3.** *auf Auktionen* adjudication *f*; **j-m den Zuschlag für etw erteilen** adjuger qc à qn

zuschlagen ⟨*irr*⟩ **I** *v/t* **1.** *Tür* fermer brusquement; (faire) claquer; *Buch* fermer **2.** *bei Auktionen j-m etw zuschlagen* adjuger qc à qn **II** *v/i* **3.** (*draufloschlagen*) porter un coup, des coups **4.** *Tür* se fermer brusquement; claquer

zuschlagpflichtig *adj* BAHN à supplément

zuschließen *v/t u v/i* ⟨*irr*⟩ fermer à clé

zuschnappen *v/i* **1.** ⟨sn⟩ *Tür* se refermer rapi-

dement **2.** (*zubeißen*) mordre

zuschneiden *v/t* ⟨*irr*⟩ **1.** COUT couper; *Holz* débiter **2.** *fig* **zugeschnitten auf** (+ *acc*) conçu pour

zuschneien *v/i* ⟨sn⟩ se couvrir de neige

Zuschnitt *m* **1.** COUT coupe *f*; façon *f* **2.** *fig* genre *m*; envergure *f*

zuschnüren *v/t Paket* ficeler; *Schuhe* lacer

zuschrauben *v/t* visser

zuschreiben *v/t* ⟨*irr*⟩ **j-m etw zuschreiben** attribuer qc à qn; **er hat es sich** (*dat*) **selbst zuschreiben** il n'a qu'à s'en prendre à lui-même

Zuschrift *f* lettre *f*; *auf e-e Annonce* réponse *f*

zuschulden *adv* **sich** (*dat*) **etw zuschulden kommen lassen** se rendre coupable de qc

Zuschuss *m* **Zuschuss** (**zu**) (*finanzielle Hilfe*) aide *f* (à); *staatlich* subvention *f* (à)

Zuschussbetrieb *m* entreprise subventionnée

zuschustern *v/t* F **j-m etw zuschustern** F procurer qc à qn par combine

zuschütten *v/t* ⟨-e-⟩ *Graben* combler

zusehen *v/i* ⟨*irr*⟩ **1.** regarder (**bei etw** qc); **j-m bei der Arbeit zusehen** regarder qn travailler **2.** **zusehen, dass ...** veiller à ce que ... (+ *subj*); **sieh zu, wo du bleibst!** débrouille-toi tout seul!

zusehends *adv* à vue d'œil

zusein → **zu**

zusenden *v/t* ⟨*irr*⟩ → **zuschicken**

zusetzen ⟨¢$⟩ **I** *v/t* **e-r Sache** (*dat*) **etw zusetzen** ajouter une chose à une autre **II** *v/i* **j-m zusetzen** *mit Fragen* 'harceler qn (**mit** de); *Hitze, Rauch* déranger qn

zusichern *v/t* **j-m etw zusichern** assurer qc à qn

Zusicherung *f* assurance *f*

zusperren *v/t u v/i bes südd, österr* fermer à clé

Zuspiel *n* SPORT passe *f*

zuspielen *v/t* **j-m etw zuspielen** *Ball* passer qc à qn; *fig Informationen* faire passer qc à qn

zuspitzen ⟨¢$⟩ *v/r* **sich zuspitzen** *Lage* s'aggraver; *Konflikt* s'intensifier

Zuspitzung *f* ⟨~; ~en⟩ aggravation *f*

zusprechen *v/t* ⟨*irr*⟩ **j-m etw zusprechen** (*zuerkennen*) attribuer, adjuger qc à qn

Zuspruch *st/s m* **1.** (*Trost*) consolation *f*; (*Ermunterung*) encouragement *m* **2.** →**Zulauf**

Zustand *m* **1.** (*Beschaffenheit, Verfassung*) état *m*; **in flüssigem Zustand** à l'état liquide; **in gutem Zustand** en bon état; **in betrunkenem Zustand** en état d'ivresse; F **Zustände kriegen** F piquer une crise **2.** (*Lage*) état de choses; situation *f*; **das sind unhaltbare Zustände** c'est un état de choses intenable

zustande *adv* **etw zustande bringen** faire aboutir qc; réussir à faire qc; **zustande kommen** avoir lieu; *Vertrag* se réaliser

zuständig ['tsuːʃtɛndɪç] *adj* compétent; **zuständig für** responsable de; **dafür ist er zuständig** cela relève de sa compétence

Zuständigkeit *f* ⟨~; ~en⟩ compétence *f*; **in j-s Zuständigkeit** (*acc*) **fallen** être du ressort, de la compétence de qn

Zuständigkeitsbereich *m* ressort *m*

zustattenkommen [tsuːʃtatən-] *v/i* ⟨*irr*, sn⟩ **j-m zustattenkommen** être d'un grand secours à qn

zustechen *v/i* ⟨*irr*⟩ donner un coup de couteau,

de poignard, *etc*

zustecken *v/t* ***j-m etw zustecken*** donner qc à qn en cachette

zustehen *v/i* ⟨*irr*⟩ ***j-m zustehen*** revenir à qn; ***das steht ihm nicht zu*** il n'y a pas droit

zusteigen *v/i* ⟨*irr*, sn⟩ monter; ***ist noch jemand zugestiegen?*** *etwa* vos billets, s'il vous plaît!

zustellen *v/t Post* distribuer

Zustellgebühr *f für Post* factage *m*

Zustellung *f* ⟨~; ~en⟩ *der Post* distribution *f*

Zustellungsurkunde *f* ADM acte *m* de notification

zusteuern *v/i* ⟨sn⟩ ***auf etw, j-n zusteuern*** se diriger vers qc, qn

zustimmen *v/i* être d'accord (***j-m, e-r Sache*** avec qn, qc)

Zustimmung *f* consentement *m*, approbation *f* (***zu*** à); ***allgemeine Zustimmung finden*** faire l'unanimité

zustopfen *v/t* boucher

zustöpseln *v/t* ⟨⚇⟩ boucher

zustoßen ⟨*irr*⟩ **I** *v/t Tür* fermer (en poussant) **II** *v/i* **1.** ⟨sn⟩ ***j-m zustoßen*** arriver à qn **2.** → ***zustechen***

zustreben *v/i* ⟨sn⟩ ***dem Ausgang zustreben*** se diriger (rapidement) vers la sortie

Zustrom *m von Menschen* affluence *f*; afflux *m* (*a von Kapital*)

zustürzen *v/i* ⟨⚇, sn⟩ ***auf j-n zustürzen*** se précipiter vers qn

zutage *adv* ***zutage bringen, fördern*** mettre au jour; révéler; ***zutage treten*** apparaître; se révéler

Zutat *f* CUIS ingrédient *m*

zuteil → ***zuteilwerden***

zuteilen *v/t* ***j-m etw zuteilen*** donner, attribuer qc à qn

Zuteilung *f* **1.** attribution *f* **2.** (*Kontingent*) contingent *m*; (*Ration*) ration *f*

zuteilungsreif *adj Bausparvertrag* arrivé à échéance

zuteilwerden *st/s v/i* ⟨*irr*, sn⟩ ***j-m zuteilwerden*** être réservé à qn

zutiefst *adv* très profondément; *Vorwurf* ***j-n zutiefst treffen*** toucher, piquer qn au vif

zutragen ⟨*irr*⟩ **I** *v/t fig péj* rapporter **II** *st/s v/r* ***sich zutragen*** se produire

zuträglich ['tsuːtrɛːklɪç] *adj* profitable; utile; bon (+ *dat* pour); ***der Gesundheit*** (+*dat*) ***zuträglich*** *a* qui fait du bien à la santé

zutrauen *v/t* ***j-m etw zutrauen*** croire qn capable de (faire) qc; ***sich*** (*dat*) ***nicht viel zutrauen*** douter de ses capacités; ***das traue ich mir nicht zu*** je ne m'en sens pas capable; ***ihr ist alles zuzutrauen*** elle est capable de tout

Zutrauen *n* ⟨~s⟩ confiance *f* (***zu*** en)

zutraulich *adj* plein de confiance; confiant

zutreffen *v/i* ⟨*irr*⟩ (*stimmen*) être exact, juste; (*gelten*) être valable (***auf*** [+ *acc*], ***für*** pour)

zutreffend *adjt* exact; juste; ***Zutreffendes bitte ankreuzen*** prière de cocher la case correspondante

zutreiben *v/i* ⟨*irr*, sn⟩ ***auf die Klippen zutreiben*** être entraîné (par le courant) vers les écueils

zutrinken *v/i* ⟨*irr*⟩ ***j-m zutrinken*** boire à la santé de qn

Zutritt *m* accès *m*; entrée *f*; ***Zutritt verboten!***

entrée interdite!; ***sich*** (*dat*) ***zu etw Zutritt verschaffen*** réussir à s'introduire dans qc

zutun F *v/t* ⟨*irr*⟩ ***kein Auge zutun*** ne pas fermer l'œil

Zutun *n* ⟨~s⟩ ***ohne j-s Zutun*** sans que qn y soit pour rien

zuungunsten *prép* ⟨*gén*⟩ u *adv* ***zuungunsten von*** au préjudice de

zuunterst *adv* tout en bas

zuverlässig ['tsuːfɛrlɛsɪç] *adj Person, Maschine* fiable; *Freund* sûr; *Nachricht* authentique

Zuverlässigkeit *f* ⟨~⟩ fiabilité *f*; *e-r Nachricht* authenticité *f*

Zuversicht ['tsuːfɛrzɪçt] *f* ⟨~⟩ confiance *f*

zuversichtlich **I** *adj* confiant; plein de confiance **II** *adv* avec confiance

zuviel → ***zu***

zuvor *adv* au préalable; préalablement; ***kurz zuvor*** peu de temps avant; ***wie zuvor*** comme avant

zuvorderst *adv* tout à l'avant

zuvorkommen *v/i* ⟨*irr*, sn⟩ ***j-m, e-r Sache zuvorkommen*** devancer qn, qc

zuvorkommend *adjt* prévenant

Zuwachs ['tsuːvaks] *m* ⟨~es; -wächse⟩ accroissement *m*, augmentation *f* (***an*** [+ *dat*] de); *plais* ***die Familie Molter hat Zuwachs bekommen*** il y a une naissance chez les Molter

zuwachsen *v/i* ⟨*irr*, sn⟩ **1.** *Wunde* se fermer **2.** *Beet* être recouvert

Zuwachsrate *f* taux *m* de croissance

Zuwanderer *m* immigrant *m*

zuwandern *v/i* ⟨sn⟩ immigrer

Zuwanderung *f* immigration *f*

zuwege *adv* ***etw zuwege bringen*** réussir à faire qc

zuweilen *st/s adv* parfois

zuweisen *v/t* ⟨*irr*⟩ ***j-m etw zuweisen*** attribuer, assigner qc à qn

zuwenden ⟨*irr ou régulier*⟩ **I** *v/t* ***j-m, e-r Sache etw zuwenden*** (*zudrehen*) tourner qc vers qn, qc; *fig Geld etc* faire don de qc à qn; ***j-m den Rücken zuwenden*** tourner le dos à qn **II** *v/r* ***sich j-m zuwenden*** se tourner vers qn; *fig* ***sich e-r Sache*** (*dat*) ***zuwenden*** se consacrer à qc

Zuwendung *f* **1.** (*Beihilfe*) aide *f*; *staatliche* subvention *f*; (*Schenkung*) don *m* **2.** *fig* (*Zuneigung*) affection *f*

zuwenig → ***zu***

zuwerfen *v/t* ⟨*irr*⟩ **1.** ***j-m etw zuwerfen*** jeter, lancer qc à qn **2.** *Tür* fermer violemment; (*faire*) claquer

zuwider *adj* ***es ist ihr zuwider, das zu tun*** il lui répugne de faire cela; ***diese Speise ist ihm zuwider*** ce plat le dégoûte

zuwiderhandeln *v/i* ⟨⚇⟩ *bes* ADM ***e-r Sache*** (*dat*) ***zuwiderhandeln*** contrevenir à qc

Zuwiderhandlung *f* ADM infraction *f*

zuwiderlaufen *v/i* ⟨*irr*, sn⟩ ***e-r Sache*** (*dat*) ***zuwiderlaufen*** être contraire à qc

zuwinken *v/i* ***j-m zuwinken*** faire signe de la main à qn

zuzahlen *v/t* payer en plus, en supplément

zuzählen *v/t* ajouter

zuzeln ['tsuːtsəln] *v/t u v/i* ⟨⚇⟩ F *bayrisch, österr* (*saugen*) sucer (***an etw*** [*dat*] qc)

zuziehen ⟨*irr*⟩ **I** *v/t* **1.** *Vorhang* tirer; fermer;

Knoten serrer **2.** → *hinzuziehen* **II** *v/r* **sich** (*dat*) **etw zuziehen** *Zorn* s'attirer qc; *Krankheit* contracter, attraper qc **III** *v/i* s'établir

Zuzug *m* arrivée *f*; (*Einwanderung*) immigration *f*

zuzüglich ['tsuːtsyːklɪç] *prép* ⟨*gén*⟩ en plus; *50 € zuzüglich Porto* port non compris

zuzwinkern *v/i* **j-m zuzwinkern** faire un clin d'œil à qn

ZVS [tsɛtfau'ʔɛs] *f abr* ⟨~⟩ (*Zentralstelle für die Vergabe von Studienplätzen*) *centre national d'attribution des places dans les universités allemandes*

zwang [tsvaŋ] → *zwingen*

Zwang *m* ⟨~⟨e⟩s; ~e⟩ contrainte *f*; (*Druck*) pression *f*; **unter Zwang handeln** agir sous la contrainte; **Zwang auf j-n ausüben** user de contrainte envers qn; **j-m Zwang antun** contraindre, forcer qn; *iron* **tun Sie sich** (*dat*) **keinen Zwang an!** ne vous gênez pas!

zwängen ['tsvɛŋən] **I** *v/t* **etw in etw** (*acc*) **zwängen** faire entrer qc de force dans qc **II** *v/r* **sich durch e-e Öffnung zwängen** passer de force à travers une ouverture

zwanghaft *adj* compulsif

zwanglos *adj* sans façon; décontracté (*a Party, Ton, Kleidung*)

Zwanglosigkeit *f* ⟨~⟩ absence *f* de façons; décontraction *f*

Zwangsarbeit *f früher* JUR travaux forcés

Zwangsarbeiter *m* forçat *m*

Zwangseinweisung *f* internement *m*

Zwangsernährung *f* alimentation forcée

Zwangshandlung *f* acte obsessionnel

Zwangsjacke *f* camisole *f* de force

Zwangslage *f* (*Notlage*) nécessité *f*

zwangsläufig *adj* forcé; (*unvermeidlich*) inévitable

Zwangsmaßnahme *f* mesure coercitive

Zwangsneurose *f* névrose obsessionnelle

Zwangsräumung *f e-r Wohnung* expulsion *f*

Zwangsversteigerung *f* JUR vente *f* judiciaire; adjudication forcée

Zwangsvollstreckung *f* JUR exécution forcée

Zwangsvorstellung *f* idée *f* fixe; obsession *f*

zwangsweise *adv* par force

zwanzig ['tsvantsɪç] *num/c* vingt; →*achtzig*

Zwanzig *f* ⟨~⟩ vingt *m*

zwanziger *adj* ⟨*inv*⟩ **die zwanziger Jahre** *n/pl* les années *f/pl* vingt

Zwanziger F *m* ⟨~s; ~⟩ billet *m* de vingt

zwanzigjährig *adj* (*zwanzig Jahre alt*) (âgé) de vingt ans; (*zwanzig Jahre lang*) qui dure vingt ans

Zwanzigjährige(r) *f(m)* ⟨→A⟩ homme *m*, femme *f* de vingt ans

Zwanzigmarkschein *m* HIST billet *m* de vingt marks

zwar [tsvaːr] *adv* **1.** *einräumend* certes; en effet; il est vrai **2. und zwar** et pour préciser; **und zwar so** et voici comment

Zweck [tsvɛk] *m* ⟨~⟨e⟩s; ~e⟩ (*Ziel*) but *m*; objectif *m*; (*Endzweck*) fin *f*; (*Verwendungszweck*) usage *m*; fonction *f*; (*Sinn*) sens *m*; *Geld* **für e-n guten Zweck** pour une bonne cause; **s-n Zweck erfüllen** remplir sa fonction; **das hat keinen Zweck** cela ne sert à rien; **zu welchem Zweck?** dans quel but?; pour quoi fai-

re?; **zu diesem Zweck** à cette fin

Zweckbau *m* ⟨~⟨e⟩s; ~ten⟩ construction *f* (purement) utilitaire

zweckdienlich *adj* ADM utile

zweckentfremdet *adjt* désaffecté

zweckentsprechend *adjt* (*passend*) adéquat; approprié; (*nützlich*) utile

zweckfrei *adj* non affecté

zweckgebunden *adjt* affecté à un usage (bien) défini

zweckgemäß → *zweckentsprechend*

zwecklos *adj* inutile

Zwecklosigkeit *f* ⟨~⟩ inutilité *f*

zweckmäßig *adj* (*zweckentsprechend*) fonctionnel; (*praktisch*) pratique; (*nützlich*) utile; (*angebracht*) opportun

Zweckmäßigkeit *f* ⟨~⟩ utilité *f*; opportunité *f*

Zweckoptimismus *m* optimisme *m* de circonstance

zwecks [tsvɛks] ADM *prép* ⟨*gén*⟩ en vue de; pour

zweckvoll → *zweckmäßig*

zwei [tsvaɪ] *num/c* deux; **für zwei essen** manger comme quatre; → *acht*

Zwei [tsvaɪ] *f* ⟨~; ~en⟩ **1.** *Zahl* deux *m*; →*Acht*¹ **2.** *Schulnote* bien; *in Frankreich etwa* quatorze *m* (sur vingt)

zwei..., Zwei... → *acht...*, *Acht...*

Zweibeiner *m* ⟨~s; ~⟩ bipède *m*

zweibeinig *adj* bipède

Zweibettzimmer *n* chambre *f* à deux lits

Zweibrücken *n* ⟨~s⟩ Deux-Ponts *m*

zweideutig *adj* à double sens; ambigu; équivoque (*a péj*)

Zweideutigkeit *f* ⟨~; ~en⟩ ambiguïté *f*; caractère *m* équivoque

zweidimensional *adj* à deux dimensions

Zweidrittelmehrheit *f* majorité *f* des deux tiers

zweieiig ['tsvaɪʔaɪɪç] *adj* bivitellin; **zweieiige Zwillinge** *m/pl* faux jumeaux *m/pl*

Zweier *m* ⟨~s; ~⟩ **1.** RUDERN canot *m* à deux rameurs **2.** → *Zwei*

Zweierbeziehung *f* vie *f* à deux, de couple

Zweierbob *m* bobsleigh *m* à deux

zweierlei *adj* ⟨*inv*⟩ de deux sortes, espèces différentes; **das ist zweierlei** ce sont deux choses différentes

zweifach **I** *adj* double; → *achtfach* **II** *adv* deux fois (plus); en double

Zweifache(s) *n* ⟨→ A⟩ double *m*

Zweifamilienhaus *n* maison *f* pour deux familles

Zweifel ['tsvaɪfəl] *m* ⟨~s; ~⟩ doute *m* (**an** [+ *dat*] au sujet de); **ohne** (**jeden**) **Zweifel** sans aucun doute; **außer Zweifel stehen** ne faire aucun doute; **über etw** (*acc*) **im Zweifel sein** être dans le doute au sujet de qc; **mir kommen Zweifel** je finis par avoir des doutes

zweifelhaft *adj* (*ungewiss*) douteux; incertain; (*fraglich*) problématique; (*verdächtig*) suspect

zweifellos *adv* sans aucun doute

zweifeln *v/i* ⟨¢⟩ **an etw, j-m zweifeln** douter de qc, qn; **daran ist nicht zu zweifeln** c'est 'hors de doute

Zweifelsfall *m* **im Zweifelsfall(e)** en cas de doute

zweifelsohne *adv* sans aucun doute; incontestablement

zweifeln = douter

Wird anders geschrieben als englisch „to doubt".

Zweifler(in) *m* ⟨∼s; ∼⟩ (*f*) ⟨∼in; ∼innen⟩ sceptique *m,f*

Zweig [tsvaɪk] *m* ⟨∼¢s; ∼e⟩ rameau *m*; *dicker*, *fig* branche *f*; F **auf keinen grünen Zweig kommen** ne pas réussir

zweigeteilt *adj* divisé en deux

zweigleisig **I** *adj Eisenbahn* à deux voies; *fig* à double orientation **II** *adv fig* **zweigleisig fahren** avoir deux cordes à son arc

Zweigniederlassung *f*, **Zweigstelle** *f* succursale *f*

zweihändig ['tsvaɪhɛndɪç] *adj u adv* à deux mains

zweihundert *num/c* deux cent(s)

zweijährig *adj* (*zwei Jahre alt*) (âgé) de deux ans; (*zwei Jahre lang*) de deux ans; qui dure deux ans

Zweijährige(r) *f(m)* ⟨→A⟩ enfant *m,f* de deux ans

Zweikampf *m* duel *m* (*a fig*)

Zweikanalton *m* ⟨∼¢s⟩ TV *son stéréo avec possibilité de capter la version originale d'un film*

zweimal *adv* deux fois

zweimalig *adj* répété deux fois; double

Zweimarkstück *n* HIST pièce *f* de deux marks

Zweimaster *m* ⟨∼s; ∼⟩ MAR deux-mâts *m*

Zweirad *n* deux-roues *m*

Zweireiher *m* ⟨∼s; ∼⟩ complet croisé

zweireihig *adj Anzug* croisé

Zweisamkeit *f* ⟨∼⟩ tête-à-tête *m*; **in trauter Zweisamkeit** en tête à tête

zweischneidig *adj* à double tranchant

zweiseitig *adj* **1.** POL bilatéral **2.** *Schriftstück* de deux pages

Zweisitzer *m* ⟨∼s; ∼⟩ voiture *f* à deux places; biplace *f*

zweisprachig *adj* bilingue; *Text a* en deux langues

Zweisprachigkeit *f* ⟨∼⟩ bilinguisme *m*

zweispurig *adj Straße* à deux voies; à double voie

zweistellig *adj* de *od* à deux chiffres

zweistimmig *adj* à deux voix

zweistöckig [-ʃtœkɪç] *adj* à deux étages

zweistündig [-ʃtʏndɪç] *adj* de deux heures

zweit [tsvaɪt] *adv* **zu zweit** à deux; **zu zweit sein** être deux

Zweitakter *m* ⟨∼s; ∼⟩, **Zweitaktmotor** *m* moteur *m* à deux temps

zweitälteste *adj* second; cadet

zweitausend *num/c* deux mille

zweitbeste *adj* deuxième

zweite *num/o* second; *bei weiterer Folge* deuxième; *fig* **ein zweiter Napoleon** un autre, second Napoléon; **zum Zweiten!** *bei Versteigerungen* deux fois!; F **im Zweiten** *Programm* F sur la deux; → **achte**

zweiteilig *adj* en deux parties; **zweiteiliger Badeanzug** deux-pièces *m*

zweitens *adv* deuxièmement; secundo

zweitgrößte *adj* deuxième (en taille, grandeur)

zweithöchste *adj* deuxième (en altitude, en

'hauteur)

zweitklassig *adj péj* de deuxième catégorie

zweitletzte *adj* avant-dernier

zweitrangig *adj* secondaire; de second ordre

Zweitschlüssel *m* double *m* (d'une clé)

Zweitstimme *f* POL deuxième voix *f*

zweitürig *adj* à deux portes, *Auto* portières

Zweitwagen *m* deuxième voiture *f*

Zweitwohnung *f* résidence *f* secondaire

Zweizimmerwohnung *f* deux-pièces *m*

Zwerchfell ['tsvɛrçfɛl] *n* diaphragme *m*

zwerchfellerschütternd *adj fig* désopilant

Zwerg [tsvɛrk] *m* ⟨∼¢s; ∼e⟩ nain *m* (*a fig*)

zwergenhaft *adj* nain

Zwergin *f* ⟨∼; ∼nen⟩ naine *f* (*a fig*)

Zwergpudel *m* caniche nain

Zwergwuchs *m* nanisme *m*

zwergwüchsig [-vy:ksiç] *adj* nain

Zwetsch(g)e ['tsvɛtʃ(g)ə] *f* ⟨∼; ∼n⟩ quetsche *f*

Zwetsch(g)enbaum *m* prunier *m*

Zwetsch(g)enkuchen *m* tarte *f* aux quetsches

Zwetsch(g)enwasser *n* ⟨∼s; -wässer⟩ (eau-de--vie *f* de) quetsche *f*

Zwetschke ['tsvɛtʃkə] *f* ⟨∼; ∼n⟩ *österr* quetsche *f*

Zwetschkenknödel *m österr* CUIS: *quenelle de pommes de terre fourrée aux quetsches*

Zwickel ['tsvɪkəl] *m* ⟨∼s; ∼⟩ COUT soufflet *m*

zwicken ['tsvɪkən] **I** *v/t* pincer (**ins Bein** à la jambe) **II** *v/i* serrer

Zwicker *m* ⟨∼s; ∼⟩ pince-nez *m*

Zwickmühle F *f fig* **in der Zwickmühle sein** F être coincé

Zwieback ['tsvi:bak] *m* ⟨∼¢s; ∼e *ou* ∼e⟩ biscotte *f*

Zwiebel ['tsvi:bəl] *f* ⟨∼; ∼n⟩ oignon *m*; (*Blumenzwiebel*) bulbe *m*

Zwiebelkuchen *m* tarte *f* aux oignons

Zwiebelmuster *n* motif *m* oignon bleu

Zwiebelring *m* rondelle *f* d'oignon

Zwiebelschale *f* pelure *f* d'oignon

Zwiebelsuppe *f* à l'oignon

Zwiebelturm *m* clocher *m* à bulbe

Zwiegespräch ['tsvi:-] *st/s n* dialogue *m*; *vertrauliches* tête-à-tête *m*

Zwielicht *n* demi-jour *m*; *fig* **ins Zwielicht geraten** devenir suspect

zwielichtig *adj* louche

Zwiespalt *m* ⟨∼¢s; ∼e *ou* -spälte⟩ *innerer* conflit *m*

zwiespältig [-ʃpɛltɪç] *adj Gefühl, Eindruck* partagé

Zwiesprache ['tsvi:-] *st/s f* dialogue *m*; **mit j-m Zwiesprache halten** communiquer avec qn

Zwietracht *st/s f* ⟨∼⟩ discorde *f*; zizanie *f*

Zwilling ['tsvɪlɪŋ] *m* ⟨∼s; ∼e⟩ jumeau, -elle *m,f*; **siamesische Zwillinge** frères, sœurs siamois(es); **eineiige Zwillinge** vrais jumeaux; **zweieiige Zwillinge** faux jumeaux; ASTR **Zwillinge** Gémeaux *m/pl*

Zwillingsbruder *m* frère jumeau

Zwillingsgeburt *f* accouchement *m* gémellaire

Zwillingspaar *n* jumeaux *m/pl*; *weibliches* jumelles *f/pl*

Zwillingsschwangerschaft *f* grossesse *f* gémellaire, double

Zwillingsschwester *f* sœur jumelle

Zwinge ['tsvɪŋə] *f* ⟨∼; ∼n⟩ serre-joint *m*

zwingen v/t (u v/r) ⟨zwang, gezwungen⟩ (**sich zwingen** se) forcer (**zu etw** à qc; **etw zu tun** à od de faire qc); *durch moralischen Zwang* (s')obliger (à qc; à od de faire qc); **sich gezwungen sehen, etw zu tun** se voir obligé de faire qc

zwingend *adjt Notwendigkeit* absolu; *Beweis* irréfutable; *Grund* impératif

Zwinger m ⟨∼s; ∼⟩ *für Hunde* chenil m

zwinkern ['tsviŋkərn] v/i (**mit den Augen**) **zwinkern** cligner des yeux

zwirbeln ['tsvirbəln] v/t ⟨¢⟩ tortiller

Zwirn [tsvirn] m ⟨∼¢s; ∼e⟩ fil retors

zwischen ['tsviʃən] *prép Lage* ⟨dat⟩, *Richtung* ⟨acc⟩ entre; (*mitten unter*) parmi; au milieu de

Zwischenablage f INFORM presse-papiers m

Zwischenaufenthalt m 'halte f

Zwischenbemerkung f remarque (intempestive)

Zwischenbericht m rapport m provisoire

Zwischenbescheid m réponse f provisoire

Zwischenbilanz f bilan m provisoire

Zwischenblutung f saignements m/pl en dehors des règles

Zwischendeck n MAR entrepont m

Zwischending n ⟨∼¢s; ∼er⟩ → **Mittelding**

zwischendrin F adv au milieu

zwischendurch adv **1.** *räumlich* (*zwischen etw hindurch*) à, au travers; (*hier und da*) par-ci, par-là **2.** (*inzwischen*) entre-temps; (*ab und zu*) de temps en temps

Zwischenergebnis n résultat m provisoire

Zwischenfall m incident m

Zwischenfinanzierung f prêt-relais m

Zwischenfrage f question incidente

Zwischengericht n CUIS plat servi entre deux plats (principaux)

Zwischengeschoss, *österr* **Zwischengeschoß** n entresol m

Zwischengröße f taille f intermédiaire; demi-taille f

Zwischenhandel m demi-gros m

Zwischenhändler(in) m(f) intermédiaire m,f

Zwischenhoch n MÉTÉO ligne f de hautes pressions

Zwischenlager n NUCL site m, lieu m de stockage provisoire

zwischenlagern v/t ⟨p/p zwischengelagert⟩ stocker provisoirement

Zwischenlagerung f stockage m provisoire

zwischenlanden v/i ⟨-e-, p/p zwischengelandet⟩ faire escale

Zwischenlandung f escale f

Zwischenlösung f solution f provisoire

Zwischenmahlzeit f casse-croûte m; *am Nachmittag* goûter m

zwischenmenschlich adj relationnel; **zwischenmenschliche Beziehungen** relations humaines

Zwischenprüfung f examen m intermédiaire

Zwischenraum m *räumlich, zeitlich* intervalle m; *räumlich a* espace m

Zwischenrechnung f facture f provisoire

Zwischenruf m interruption f

Zwischenrunde f SPORT éliminatoires f/pl

Zwischensaison f mi-saison f

Zwischenspiel n intermède m

Zwischenspurt m sprint m

zwischenstaatlich adj entre États; international

Zwischenstadium n phase f intermédiaire, transitoire

Zwischenstation f 'halte f

Zwischenstellung f position f intermédiaire

Zwischenstopp m AVIAT escale f

Zwischenstück n pièce f intermédiaire; raccord m

Zwischenstufe f phase f intermédiaire

Zwischensumme f total m intermédiaire

Zwischenton m ⟨∼¢s; ∼e⟩ nuance f

Zwischentür f porte communicante

Zwischenwand f cloison f

Zwischenzeit f intervalle m (de temps); **in der Zwischenzeit** durant, pendant ce temps(-là); entre-temps

zwischenzeitlich adv entre-temps

Zwischenzeugnis n *in der Schule* bulletin m du premier semestre

Zwist [tsvist] *st/s* m ⟨∼¢s; ∼e⟩ *litt* dissension f; différend m

zwitschern ['tsvitʃərn] **I** v/t **1.** *Vögel* chanter **2.** F *fig* **einen zwitschern** F siffler un verre **II** v/i *Vögel* gazouiller; chanter

Zwitter ['tsvitər] m ⟨∼s; ∼⟩ hermaphrodite m; *fig* hybride m

zwo [tsvoː] → **zwei**

zwölf [tsvœlf] *num/c* douze; **um zwölf Uhr** *mittags* à midi; *nachts* à minuit; F *fig* **es ist fünf Minuten vor zwölf!** c'est le dernier moment!; → **acht**

Zwölf f ⟨∼; ∼en⟩ douze m; → **Acht¹**

Zwölffingerdarm m duodénum m

Zwölftonmusik f musique sérielle, dodécaphonique

Zyankali [tsya:n'ka:li] n ⟨∼s⟩ cyanure m de potassium

zyklisch **I** adj cyclique **II** adv suivant un cycle

Zyklon [tsy'klo:n] m ⟨∼s; ∼e⟩ MÉTÉO cyclone m

Zyklop [tsy'klo:p] m ⟨∼en; ∼en⟩ MYTH cyclope m

Zyklus ['tsy:klus] m ⟨∼; -klen⟩ cycle m

Zylinder [tsi'lindər] m ⟨∼s; ∼⟩ **1.** cylindre m **2.** *e-r Petroleumlampe* verre m de lampe **3.** (*Zylinderhut*) 'haut-de-forme m

zylinderförmig adj cylindrique

Zylinderkopf m culasse f

zylindrisch adj cylindrique

Zyniker(in) ['tsy:nikər(ɪn)] m ⟨∼s; ∼⟩ (f) ⟨∼in; ∼innen⟩ cynique m,f

zynisch adj cynique

Zynismus m ⟨∼; -men⟩ cynisme m

Zypern ['tsy:pərn] n ⟨∼s⟩ (l'île f de) Chypre f

Zyprer(in) m ⟨∼s; ∼⟩ (f) ⟨∼in; ∼innen⟩ Cypriote m,f

Zypresse [tsy'prɛsə] f ⟨∼; ∼n⟩ cyprès m

Zypriot(in) [tsypri'o:t(ɪn)] m ⟨∼en; ∼en⟩ (f) ⟨∼in; ∼innen⟩ Cypriote m,f

zypriotisch adj cypriote

zyprisch adj cypriote

Zyste ['tsystə] f ⟨∼; ∼n⟩ kyste m

zz(t). abr (*zurzeit*) en ce moment; actuellement

Z

Plural der französischen Substantive und Adjektive

Der Plural der Substantive und Adjektive wird im Allgemeinen durch Anhängung von **s** an die Singularform gebildet:

> le fleuve – les fleuve**s**
> grand, grande – grand**s**, grande**s**

Substantive, die im Singular auf **s**, **x** oder **z** enden, bleiben im Plural unverändert. Dies gilt auch für die Adjektive auf **s** und **x**:

> le pas – les pas
> la voix – les voix
> le nez – les nez
> anglais, heureux (*Maskulinum Singular und Plural*)

Alle Abweichungen von diesen beiden Regeln werden im Wörterbuch in jedem Einzelfall angegeben:

> **manteau** ⟨**∼x**⟩: *Plural* les manteau**x**
> **journal** ⟨**-aux**⟩: *Plural* les journ**aux**
> **garde-boue** ⟨*inv*⟩: *Plural unverändert* les garde-boue
> **coffre-fort** ⟨**coffres-forts**⟩: *Plural* les coffre**s**-fort**s**
> **national** ⟨**∼e; -aux**⟩: *Maskulinum Plural* nation**aux**

Femininum der französischen Adjektive

Das Femininum (die weibliche Form) wird durch Anhängung von **e** an das Maskulinum (die männliche Form) gebildet (ausgenommen Adjektive, die schon auf e enden: *utile*, *sage*).

Darüber hinaus weist das Femininum der französischen Adjektive viele Besonderheiten in Form und Aussprache auf. Deshalb wird im Wörterbuch zu jedem Adjektiv das Femininum (einschließlich Aussprache) angegeben:

> **chaud** ⟨**chaude** [ʃod]⟩: *Femininum* chaud**e**
> **gras** ⟨**grasse** [gʀɑs]⟩: *Femininum* gras**se**
> **ancien** ⟨**-ienne** [-jɛn]⟩: *Femininum* ancien**ne**, *Aussprache* [ɑ̃sjɛn]
> **actif** ⟨**-ive** [-iv]⟩: *Femininum* act**ive**, *Aussprache* [aktiv]
> **heureux** ⟨**-euse** [-øz]⟩: *Femininum* heur**euse**, *Aussprache* [øʀøz]
> **cruel** ⟨**∼le**⟩: *Femininum* cruel**le**, *Aussprache wie Maskulinum*
> **snob** ⟨*f inv*⟩: *Femininum Singular unverändert,*
>   *Maskulinum und Femininum Plural* snobs
> **marron** ⟨*inv*⟩: *Femininum und Plural unverändert*

Konjugation der französischen Verben
1. Regelmäßige Verben auf -er

donner

Temps simples			
INDICATIF			
Présent	*Imparfait*	*Passé simple*	*Futur*
je donne	donnais	donnai	donnerai
tu donnes	donnais	donnas	donneras
il donne	donnait	donna	donnera
nous donnons	donnions	donnâmes	donnerons
vous donnez	donniez	donnâtes	donnerez
ils donnent	donnaient	donnèrent	donneront
SUBJONCTIF		*IMPÉRATIF*	*CONDITIONNEL*
je donne	(donnasse)*)		donnerais
tu donnes	(donnasses)	donne!	donnerais
il donne	donnât		donnerait
nous donnions	(donnassions)	donnons!	donnerions
vous donniez	(donnassiez)	donnez!	donneriez
ils donnent	(donnassent)		donneraient

PARTICIPE PRÉSENT: donnant   *PARTICIPE PASSÉ*: donné

Temps composés			
INDICATIF			
Passé composé	*Plus-que-parfait*	*Passé antérieur*	*Futur antérieur*
j' ai donné	avais donné	eus donné	aurai donné
tu as donné	avais donné	eus donné	auras donné
il a donné	avait donné	eut donné	aura donné
nous avons donné	avions donné	eûmes donné	aurons donné
vous avez donné	aviez donné	eûtes donné	aurez donné
ils ont donné	avaient donné	eurent donné	auront donné
SUBJONCTIF			*CONDITIONNEL PASSÉ*
j' aie donné	(eusse donné)*)		aurais donné
tu aies donné	(eusses donné)		aurais donné
il ait donné	eût donné		aurait donné
nous ayons donné	(eussions donné)		aurions donné
vous ayez donné	(eussiez donné)		auriez donné
ils aient donné	(eussent donné)		auraient donné

INFINITIF PASSÉ: avoir donné

*) Die eingeklammerten Formen sind heute ungebräuchlich und werden meist durch den Subjonctif Présent ersetzt.

2. Unregelmäßige Formen der Verben auf -er

avancer ⟨-ç-⟩

Présent	Imparfait	Passé simple	Participe présent
nous avan**ç**ons	j'avan**ç**ais	j'avan**ç**ai	
	tu avan**ç**ais	tu avan**ç**as	(en) avan**ç**ant
	il avan**ç**ait	il avan**ç**a	
	ils avan**ç**aient	nous avan**ç**âmes	
		vous avan**ç**âtes	

diriger ⟨-ge-⟩

Présent	Imparfait	Passé simple	Participe présent
nous diri**ge**ons	je diri**ge**ais	je diri**ge**ai	
	tu diri**ge**ais	tu diri**ge**as	(en) diri**ge**ant
	il diri**ge**ait	il diri**ge**a	
	ils diri**ge**aient	nous diri**ge**âmes	
		vous diri**ge**âtes	

peser ⟨-è-⟩

Présent	Futur	Conditionnel	Impératif
je p**è**se	je p**è**serai	je p**è**serais	p**è**se!
tu p**è**ses	tu p**è**seras	tu p**è**serais	
il p**è**se	*etc.*	*etc.*	
ils p**è**sent			

céder ⟨-è-⟩

Présent		Impératif
je c**è**de	(*aber* je céderai	c**è**de!
tu c**è**des	*etc.*)	
il c**è**de		
ils c**è**dent		

projeter ⟨-tt-⟩

Présent	Futur	Conditionnel	Impératif
je proje**tt**e	je proje**tt**erai	je proje**tt**erais	proje**tt**e!
tu proje**tt**es	tu proje**tt**eras	tu proje**tt**erais	
il proje**tt**e	*etc.*	*etc.*	
ils proje**tt**ent			

épeler ⟨-ll-⟩

Présent	Futur	Conditionnel	Impératif
j'épe**ll**e	j'épe**ll**erai	j'épe**ll**erais	épe**ll**e!
tu épe**ll**es	tu épe**ll**eras	tu épe**ll**erais	
il épe**ll**e	*etc.*	*etc.*	
ils épe**ll**ent			

employer ⟨-oi-⟩

Présent	Futur	Conditionnel	Impératif
j'emploie	j'emploierai	j'emploierais	emploie!
tu emploies	tu emploieras	tu emploierais	
il emploie	*etc.*	*etc.*	
ils emploient			

appuyer ⟨-ui-⟩

Présent	Futur	Conditionnel	Impératif
j'appuie	j'appuierai	j'appuierais	appuie!
tu appuies	tu appuieras	tu appuierais	
il appuie	*etc.*	*etc.*	
ils appuient			

essayer ⟨-ay- *od* -ai-⟩

Présent		Futur		
j'essaye [ʒesɛj]	*oder* j'essaie [ʒesɛ]	j'essayerai [ʒesɛjʀe]	*od.*	j'essaierai [ʒesɛʀe]
tu essayes	*oder* tu essaies	tu essayeras	*od.*	tu essaieras
il essaye	*oder* il essaie	*etc.*		
ils essayent	*oder* ils essaient			

Impératif		Conditionnel	
		j'essayerais	*oder* j'essaierais
essaye	*oder* essaie!	tu essayerais	*oder* tu essaierais
		etc.	

3. Regelmäßige Verben auf -ir

finir

Temps simples			
INDICATIF			
Présent	*Imparfait*	*Passé simple*	*Futur*
je finis	finissais	finis	finirai
tu finis	finissais	finis	finiras
il finit	finissait	finit	finira
nous finissons	finissions	finîmes	finirons
vous finissez	finissiez	finîtes	finirez
ils finissent	finissaient	finirent	finiront
SUBJONCTIF		**IMPÉRATIF**	**CONDITIONNEL**
je finisse	(finisse)		finirais
tu finisses	(finisses)	finis!	finirais
il finisse	finît		finirait
nous finissions	(finissions)	finissons!	finirions
vous finissiez	(finissiez)	finissez!	finiriez
ils finissent	(finissent)		finiraient

PARTICIPE PRÉSENT: finissant   *PARTICIPE PASSÉ*: fini

Temps composés			
INDICATIF			
Passé composé	*Plus-que-parfait*	*Passé antérieur*	*Futur antérieur*
j' ai fini	avais fini	eus fini	aurai fini
tu as fini	avais fini	eus fini	auras fini
il a fini	avait fini	eut fini	aura fini
nous avons fini	avions fini	eûmes fini	aurons fini
vous avez fini	aviez fini	eûtes fini	aurez fini
ils ont fini	avaient fini	eurent fini	auront fini
SUBJONCTIF			**CONDITIONNEL PASSÉ**
j' aie fini	(eusse fini)		aurais fini
tu aies fini	(eusses fini)		aurais fini
il ait fini	eût fini		aurait fini
nous ayons fini	(eussions fini)		aurions fini
vous ayez fini	(eussiez fini)		auriez fini
ils aient fini	(eussent fini)		auraient fini

INFINITIF PASSÉ: avoir fini

4. Unregelmäßige Verben

Im Wörterbuch werden zu jedem unregelmäßigen Verb diejenigen Grundformen angegeben, aus denen sich die restlichen Formen ableiten lassen.

HILFSVERB avoir ⟨j'ai, tu as, il a, nous avons, vous avez, ils ont; j'avais; j'eus; j'aurai; que j'aie, qu'il ait, que nous ayons; aie!, ayons!, ayez!; ayant; avoir eu⟩

Temps simples			
INDICATIF			
Présent	*Imparfait*	*Passé simple*	*Futur*
j' **ai**	**avais**	**eus**	**aurai**
tu **as**	avais	eus	auras
il **a**	avait	eut	aura
nous **avons**	avions	eûmes	aurons
vous **avez**	aviez	eûtes	aurez
ils **ont**	avaient	eurent	auront
SUBJONCTIF		*IMPÉRATIF*	*CONDITIONNEL*
j' **aie**	(eusse)		aurais
tu aies	(eusses)	**aie!**	aurais
il **ait**	eût		aurait
nous **ayons**	(eussions)	**ayons!**	aurions
vous ayez	(eussiez)	**ayez!**	auriez
ils aient	(eussent)		auraient
PARTICIPE PRÉSENT: **ayant** *PARTICIPE PASSÉ*: **eu**			
Temps composés			
INDICATIF			
Passé composé	*Plus-que-parfait*	*Passé antérieur*	*Futur antérieur*
j' ai **eu**	avais **eu**	eus **eu**	aurai **eu**
tu as **eu**	avais **eu**	eus **eu**	auras **eu**
etc.	*etc.*	*etc.*	*etc.*
SUBJONCTIF			*CONDITIONNEL PASSÉ*
j' aie **eu**	(eusse **eu**)		aurais **eu**
tu aies **eu**	(eusses **eu**)		aurais **eu**
etc.	*etc.*		*etc.*
INFINITIF PASSÉ: **avoir eu**			

HILFSVERB **être** ⟨je suis, tu es, il est, nous sommes, vous êtes, ils sont; j'étais; je fus; je serai; que je sois, qu'il soit, que nous soyons; sois!, soyons!, soyez!; étant; avoir été⟩

Temps simples			
INDICATIF			
	Présent	*Imparfait*	*Passé simple*	*Futur*
j(e)	**suis**	**étais**	**fus**	**serai**
tu	**es**	étais	fus	seras
il	**est**	était	fut	sera
nous	**sommes**	étions	fûmes	serons
vous	**êtes**	étiez	fûtes	serez
ils	**sont**	étaient	furent	seront

	SUBJONCTIF		*IMPÉRATIF*	*CONDITIONNEL*
je	**sois**	(fusse)		serais
tu	sois	(fusses)	**sois**!	serais
il	**soit**	fût		serait
nous	**soyons**	(fussions)	**soyons**!	serions
vous	soyez	(fussiez)	**soyez**!	seriez
ils	soient	(fussent)		seraient

PARTICIPE PRÉSENT: **étant**   *PARTICIPE PASSÉ*: **été**

Temps composés			
INDICATIF			
	Passé composé	*Plus-que-parfait*	*Passé antérieur*	*Futur antérieur*
j'	ai **été**	avais **été**	eus **été**	aurai **été**
tu	as **été**	avais **été**	eus **été**	auras **été**
il	a **été**	avait **été**	eut **été**	aura **été**
nous	avons **été**	avions **été**	eûmes **été**	aurons **été**
vous	avez **été**	aviez **été**	eûtes **été**	aurez **été**
ils	ont **été**	avaient **été**	eurent **été**	auront **été**

	SUBJONCTIF		*CONDITIONNEL PASSÉ*
j'	aie **été**	(eusse **été**)	aurais **été**
tu	aies **été**	(eusses **été**)	aurais **été**
il	ait **été**	eût **été**	aurait **été**
nous	ayons **été**	(eussions **été**)	aurions **été**
vous	ayez **été**	(eussiez **été**)	auriez **été**
ils	aient **été**	(eussent **été**)	auraient **été**

INFINITIF PASSÉ: **avoir été**

aller ⟨je vais, tu vas, il va, nous allons, ils vont; j'allais; j'allai; j'irai; que j'aille, que nous allions; va!, *aber*: vas-y! [vazi]; allant; être allé⟩

	INDICATIF			
	Présent	*Imparfait*	*Passé simple*	*Futur*
j(e)	**vais**	**allais**	**allai**	**irai**
tu	**vas**	allais	allas	iras
il	**va**	allait	alla	ira
nous	**allons**	allions	allâmes	irons
vous	allez	alliez	allâtes	irez
ils	**vont**	allaient	allèrent	iront

	SUBJONCTIF		*IMPÉRATIF*	*CONDITIONNEL*
j'	**aille**	(allasse)		irais
tu	ailles	(allasses)	**va**! (**vas-y**!, va-t'en!)	irais
il	aille	allât		irait
nous	**allions**	(allassions)	allons!	irions
vous	alliez	(allassiez)	allez!	iriez
ils	aillent	(allassent)		iraient

PART. PRÉS.: **allant**   *PART. PASSÉ*: **allé**   *INF. PASSÉ*: **être allé**

conduire ⟨je conduis, il conduit, nous conduisons; je conduisais; je conduisis; je conduirai; que je conduise; conduisant; conduit⟩

	INDICATIF			
	Présent	*Imparfait*	*Passé simple*	*Futur*
je	**conduis**	**conduisais**	**conduisis**	**conduirai**
tu	conduis	conduisais	conduisis	conduiras
il	**conduit**	conduisait	conduisit	conduira
nous	**conduisons**	conduisions	conduisîmes	conduirons
vous	conduisez	conduisiez	conduisites	conduirez
ils	conduisent	conduisaient	conduisirent	conduiront

	SUBJONCTIF		*IMPÉRATIF*	*CONDITIONNEL*
je	**conduise**	(conduisisse)		conduirais
tu	conduises	(conduisisses)	conduis!	conduirais
il	conduise	conduisît		conduirait
nous	conduisions	(conduisissions)	conduisons!	conduirions
vous	conduisiez	(conduisissiez)	conduisez!	conduiriez
ils	conduisent	(conduisissent)		conduiraient

PART. PRÉS.: **conduisant**   *P. PASSÉ*: **conduit**   *INF. PASSÉ*: avoir **conduit**

devoir ⟨je dois, il doit, nous devons, ils doivent; je devais; je dus; je devrai; que je doive; devant; dû, due⟩

	INDICATIF			
	Présent	*Imparfait*	*Passé simple*	*Futur*
je	**dois**	**devais**	**dus**	**devrai**
tu	dois	devais	dus	devras
il	**doit**	devait	dut	devra
nous	**devons**	devions	dûmes	devrons
vous	devez	deviez	dûtes	devrez
ils	**doivent**	devaient	durent	devront

	SUBJONCTIF		IMPÉRATIF	CONDITIONNEL
je	**doive**	(dusse)		devrais
tu	doives	(dusses)	dois!	devrais
il	doive	dût		devrait
nous	devions	(dussions)	devons!	devrions
vous	deviez	(dussiez)	devez!	devriez
ils	doivent	(dussent)		devraient

PART. PRÉS.: **devant**   *PART. PASSÉ*: **dû, due**   *INF. PASSÉ*: avoir **dû**

faire ⟨je fais, il fait, nous faisons [f(ə)zõ], vous faites, ils font; je faisais [f(ə)zɛ]; je fis; je ferai; que je fasse, que nous fassions; faisant [f(ə)zã]; fait⟩

	INDICATIF			
	Présent	*Imparfait*	*Passé simple*	*Futur*
je	**fais**	**faisais**	**fis**	**ferai**
tu	fais	faisais	fis	feras
il	**fait**	faisait	fit	fera
nous	**faisons**	faisions	fîmes	ferons
vous	**faites** (!)	faisiez	fîtes	ferez
ils	**font**	faisaient	firent	feront

	SUBJONCTIF		IMPÉRATIF	CONDITIONNEL
je	**fasse**	(fisse)		ferais
tu	fasses	(fisses)	fais!	ferais
il	fasse	fît		ferait
nous	**fassions**	(fissions)	faisons!	ferions
vous	fassiez	(fissiez)	faites!	feriez
ils	fassent	(fissent)		feraient

PART. PRÉS.: **faisant**   *PART. PASSÉ*: **fait**   *INF. PASSÉ*: avoir **fait**

falloir ⟨il faut; il fallait; il fallut; il a fallu; il faudra; qu'il faille; qu'il fallût⟩

Nur in der 3. Person Singular gebräuchlich			
INDICATIF			
	Présent	*Imparfait*	*Passé simple*	*Futur*
il	**faut**	**fallait**	**fallut**	**faudra**
	SUBJONCTIF		*IMPÉRATIF*	*CONDITIONNEL*
il	**faille**	**fallût**	–	faudrait
PART. PRÉS.: – *PART. PASSÉ*: **fallu** *INF. PASSÉ*: avoir **fallu**			

mettre ⟨je mets, il met, nous mettons; je mettais; je mis; je mettrai; que je mette; mettant; mis⟩

INDICATIF			
	Présent	*Imparfait*	*Passé simple*	*Futur*
je	**mets**	**mettais**	**mis**	**mettrai**
tu	mets	mettais	mis	mettras
il	**met**	mettait	mit	mettra
nous	**mettons**	mettions	mîmes	mettrons
vous	mettez	mettiez	mîtes	mettrez
ils	mettent	mettaient	mirent	mettront
	SUBJONCTIF		*IMPÉRATIF*	*CONDITIONNEL*
je	**mette**	(misse)		mettrais
tu	mettes	(misses)	mets!	mettrais
il	mette	mît		mettrait
nous	mettions	(missions)	mettons!	mettrions
vous	mettiez	(missiez)	mettez!	mettriez
ils	mettent	(missent)		mettraient
PART. PRÉS.: **mettant** *PART. PASSÉ*: **mis** *INF. PASSÉ*: avoir **mis**			

mourir ⟨je meurs, il meurt, nous mourons, ils meurent; je mourais; je mourus; je mourrai; que je meure, que nous mourions; mourant; être mort⟩

INDICATIF			
	Présent	*Imparfait*	*Passé simple*	*Futur*
je	**meurs**	**mourais**	**mourus**	**mourrai**
tu	meurs	mourais	mourus	mourras
il	**meurt**	mourait	mourut	mourra
nous	**mourons**	mourions	mourûmes	mourrons
vous	mourez	mouriez	mourûtes	mourrez
ils	**meurent**	mouraient	moururent	mourront
	SUBJONCTIF		*IMPÉRATIF*	*CONDITIONNEL*
je	**meure**	(mourusse)		mourrais
tu	meures	(mourusses)	meurs!	mourrais
il	meure	mourût		mourrait
nous	**mourions**	(mourussions)	mourons!	mourrions
vous	mouriez	(mourussiez)	mourez!	mourriez
ils	meurent	(mourussent)		mourraient
PART. PRÉS.: **mourant** *PART. PASSÉ*: **mort** *INF. PASSÉ*: **être mort**			

mouvoir ⟨je meus, il meut, nous mouvons, ils meuvent; je mouvais; je mus; je mouvrai; que je meuve, que nous mouvions; mouvant; mû, mue⟩

	Selten bis auf Infinitiv, indicatif présent und participe passé			
	INDICATIF			
	Présent	*Imparfait*	*Passé simple*	*Futur*
je	**meus**	**mouvais**	**mus**	**mouvrai**
tu	meus	mouvais	mus	mouvras
il	**meut**	mouvait	mut	mouvra
nous	**mouvons**	mouvions	mûmes	mouvrons
vous	mouvez	mouviez	mûtes	mouvrez
ils	**meuvent**	mouvaient	murent	mouvront
	SUBJONCTIF		*IMPÉRATIF*	*CONDITIONNEL*
je	**meuve**	musse		mouvrais
tu	meuves	musses	meus!	mouvrais
il	meuve	mût		mouvrait
nous	**mouvions**	mussions	mouvons!	mouvrions
vous	mouviez	mussiez	mouvez!	mouvriez
ils	meuvent	mussent		mouvraient
PART. PRÉS.: **mouvant** *PART. PASSÉ:* **mû, mue** *INF. PASSÉ:* avoir **mû**				

peindre ⟨je peins, il peint, nous peignons; je peignais; je peignis; je peindrai; que je peigne; peignant; peint⟩

	INDICATIF			
	Présent	*Imparfait*	*Passé simple*	*Futur*
je	**peins**	**peignais**	**peignis**	**peindrai**
tu	peins	peignais	peignis	peindras
il	**peint**	peignait	peignit	peindra
nous	**peignons**	peignions	peignîmes	peindrons
vous	peignez	peigniez	peignîtes	peindrez
ils	peignent	peignaient	peignirent	peindront
	SUBJONCTIF		*IMPÉRATIF*	*CONDITIONNEL*
je	**peigne**	(peignisse)		peindrais
tu	peignes	(peignisses)	peins!	peindrais
il	peigne	peignît		peindrait
nous	peignions	(peignissions)	peignons!	peindrions
vous	peigniez	(peignissiez)	peignez!	peindriez
ils	peignent	(peignissent)		peindraient
PART. PRÉS.: **peignant** *PART. PASSÉ:* **peint** *INF. PASSÉ:* avoir **peint**				

plaire ⟨je plais, il plaît, nous plaisons; je plaisais; je plus; je plairai; que je plaise; plaisant; plu (*inv*)⟩

	INDICATIF			
	Présent	*Imparfait*	*Passé simple*	*Futur*
je	**plais**	**plaisais**	**plus**	**plairai**
tu	plais	plaisais	plus	plairas
il	**plaît**	plaisait	plut	plaira
nous	**plaisons**	plaisions	plûmes	plairons
vous	plaisez	plaisiez	plûtes	plairez
ils	plaisent	plaisaient	plurent	plairont
	SUBJONCTIF		IMPÉRATIF	CONDITIONNEL
je	**plaise**	(plusse)		plairais
tu	plaises	(plusses)	plais!	plairais
il	plaise	plût		plairait
nous	plaisions	(plussions)	plaisons!	plairions
vous	plaisiez	(plussiez)	plaisez!	plairiez
ils	plaisent	(plussent)		plairaient

PART. PRÉS.: **plaisant**   PART. PASSÉ: **plu**   INF. PASSÉ: avoir **plu**

pleuvoir ⟨il pleut, *fig* ils pleuvent; il pleuvait; il plut, *fig* ils plurent; il pleuvra; qu'il pleuve; pleuvant; plu⟩

Nur in der 3. Person Singular, bildlich auch in der 3. Person Plural gebräuchlich			
	INDICATIF			
	Présent	*Imparfait*	*Passé simple*	*Futur*
il	**pleut**	**pleuvait**	**plut**	**pleuvra**
ils	**pleuvent**	pleuvaient	**plurent**	pleuvront
	SUBJONCTIF		IMPÉRATIF	CONDITIONNEL
il	**pleuve**		–	pleuvrait
ils	pleuvent		–	pleuvraient

PART. PRÉS.: **pleuvant**   PART. PASSÉ: **plu**   INF. PASSÉ: avoir **plu**

pouvoir ⟨je peux *oder st/s* je puis (*aber immer* puis-je?), tu peux, il peut, nous pouvons, ils peuvent; je pouvais; je pus; je pourrai; que je puisse; pouvant; pu (*inv*)⟩

	INDICATIF			
	Présent	*Imparfait*	*Passé simple*	*Futur*
je	**peux (puis)**	**pouvais**	**pus**	**pourrai**
tu	**peux**	pouvais	pus	pourras
il	**peut**	pouvait	put	pourra
nous	**pouvons**	pouvions	pûmes	pourrons
vous	pouvez	pouviez	pûtes	pourrez
ils	**peuvent**	pouvaient	purent	pourront
	SUBJONCTIF		IMPÉRATIF	CONDITIONNEL
je	**puisse**	(pusse)		pourrais
tu	puisses	(pusses)	–	pourrais
il	puisse	pût		pourrait
nous	puissions	(pussions)	–	pourrions
vous	puissiez	(pussiez)	–	pourriez
ils	puissent	(pussent)		pourraient

PART. PRÉS.: **pouvant**   PART. PASSÉ: **pu**   INF. PASSÉ: avoir **pu**

prendre ⟨je prends, il prend, nous prenons, ils prennent; je prenais; je pris; je prendrai; que je prenne, que nous prenions; prenant; pris⟩

	INDICATIF			
	Présent	*Imparfait*	*Passé simple*	*Futur*
je	**prends**	**prenais**	**pris**	**prendrai**
tu	prends	prenais	pris	prendras
il	**prend**	prenait	prit	prendra
nous	**prenons**	prenions	prîmes	prendrons
vous	prenez	preniez	prîtes	prendrez
ils	**prennent**	prenaient	prirent	prendront
	SUBJONCTIF		IMPÉRATIF	CONDITIONNEL
je	**prenne**	(prisse)		prendrais
tu	prennes	(prisses)	prends!	prendrais
il	prenne	prît		prendrait
nous	**prenions**	(prissions)	prenons!	prendrions
vous	preniez	(prissiez)	prenez!	prendriez
ils	prennent	(prissent)		prendraient

PART. PRÉS.: **prenant**   *PART. PASSÉ:* **pris**   *INF. PASSÉ:* avoir **pris**

recevoir ⟨je reçois, il reçoit, nous recevons, ils reçoivent; je recevais; je reçus; je recevrai; que je reçoive, que nous recevions; recevant; reçu⟩

	INDICATIF			
	Présent	*Imparfait*	*Passé simple*	*Futur*
je	**reçois**	**recevais**	**reçus**	**recevrai**
tu	reçois	recevais	reçus	recevras
il	**reçoit**	recevait	reçut	recevra
nous	**recevons**	recevions	reçûmes	recevrons
vous	recevez	receviez	reçûtes	recevrez
ils	**reçoivent**	recevaient	reçurent	recevront
	SUBJONCTIF		IMPÉRATIF	CONDITIONNEL
je	**reçoive**	(reçusse)		recevrais
tu	reçoives	(reçusses)	reçois!	recevrais
il	reçoive	reçût		recevrait
nous	**recevions**	(reçussions)	recevons!	recevrions
vous	receviez	(reçussiez)	recevez!	recevriez
ils	reçoivent	(reçussent)		recevraient

PART. PRÉS.: **recevant**   *PART. PASSÉ:* **reçu**   *INF. PASSÉ:* avoir **reçu**

rendre ⟨je rends, il rend, nous rendons; je rendais; je rendis; je rendrai; que je rende; rendant; rendu⟩

	INDICATIF			
	Présent	*Imparfait*	*Passé simple*	*Futur*
je	**rends**	**rendais**	**rendis**	**rendrai**
tu	rends	rendais	rendis	rendras
il	**rend**	rendait	rendit	rendra
nous	**rendons**	rendions	rendîmes	rendrons
vous	rendez	rendiez	rendîtes	rendrez
ils	rendent	rendaient	rendirent	rendront
	SUBJONCTIF		IMPÉRATIF	CONDITIONNEL
je	**rende**	(rendisse)		rendrais
tu	rendes	(rendisses)	rends!	rendrais
il	rende	rendît		rendrait
nous	rendions	(rendissions)	rendons!	rendrions
vous	rendiez	(rendissiez)	rendez!	rendriez
ils	rendent	(rendissent)		rendraient

PART. PRÉS.: **rendant**   *PART. PASSÉ*: **rendu**   *INF. PASSÉ*: avoir **rendu**

savoir ⟨je sais, il sait, nous savons; je savais; je sus; je saurai; que je sache, que nous sachions; sachant; su⟩

	INDICATIF			
	Présent	*Imparfait*	*Passé simple*	*Futur*
je	**sais**	**savais**	**sus**	**saurai**
tu	sais	savais	sus	sauras
il	**sait**	savait	sut	saura
nous	**savons**	savions	sûmes	saurons
vous	savez	saviez	sûtes	saurez
ils	savent	savaient	surent	sauront
	SUBJONCTIF		IMPÉRATIF	CONDITIONNEL
je	**sache**	(susse)		saurais
tu	saches	(susses)	sache!	saurais
il	sache	sût		saurait
nous	**sachions**	(sussions)	sachons!	saurions
vous	sachiez	(sussiez)	sachez!	sauriez
ils	sachent	(sussent)		sauraient

PART. PRÉS.: **sachant**   *PART. PASSÉ*: **su**   *INF. PASSÉ*: avoir **su**

sentir ⟨je sens, il sent, nous sentons; je sentais; je sentis; je sentirai; que je sente; sentant; senti⟩

	INDICATIF			
	Présent	*Imparfait*	*Passé simple*	*Futur*
je	**sens**	**sentais**	**sentis**	**sentirai**
tu	sens	sentais	sentis	sentiras
il	**sent**	sentait	sentit	sentira
nous	**sentons**	sentions	sentîmes	sentirons
vous	sentez	sentiez	sentîtes	sentirez
ils	sentent	sentaient	sentirent	sentiront
	SUBJONCTIF		**IMPÉRATIF**	**CONDITIONNEL**
je	**sente**	(sentisse)		sentirais
tu	sentes	(sentisses)	sens!	sentirais
il	sente	sentît		sentirait
nous	sentions	(sentissions)	sentons!	sentirions
vous	sentiez	(sentissiez)	sentez!	sentiriez
ils	sentent	(sentissent)		sentiraient

PART. PRÉS.: **sentant**   *PART. PASSÉ:* **senti**   *INF. PASSÉ:* avoir **senti**

valoir ⟨je vaux, il vaut, nous valons; je valais; je valus; je vaudrai; que je vaille, que nous valions; valant; valu⟩

	INDICATIF			
	Présent	*Imparfait*	*Passé simple*	*Futur*
je	**vaux**	**valais**	**valus**	**vaudrai**
tu	vaux	valais	valus	vaudras
il	**vaut**	valait	valut	vaudra
nous	**valons**	valions	valûmes	vaudrons
vous	valez	valiez	valûtes	vaudrez
ils	valent	valaient	valurent	vaudront
	SUBJONCTIF		**IMPÉRATIF**	**CONDITIONNEL**
je	**vaille**	(valusse)		vaudrais
tu	vailles	(valusses)	vaux!	vaudrais
il	vaille	valût		vaudrait
nous	**valions**	(valussions)	valons!	vaudrions
vous	valiez	(valussiez)	valez!	vaudriez
ils	vaillent	(valussent)		vaudraient

PART. PRÉS.: **valant**   *PART. PASSÉ:* **valu**   *INF. PASSÉ:* avoir **valu**

venir ⟨je viens, il vient, nous venons, ils viennent; je venais; je vins, nous vînmes; je viendrai; que je vienne, que nous venions; venant; être venu⟩

	INDICATIF			
	Présent	*Imparfait*	*Passé simple*	*Futur*
je	**viens**	**venais**	**vins**	**viendrai**
tu	viens	venais	vins	viendras
il	**vient**	venait	vint	viendra
nous	**venons**	venions	**vînmes**	viendrons
vous	venez	veniez	vîntes	viendrez
ils	**viennent**	venaient	vinrent	viendront
	SUBJONCTIF		*IMPÉRATIF*	*CONDITIONNEL*
je	**vienne**	(vinsse)		viendrais
tu	viennes	(vinsses)	viens!	viendrais
il	vienne	vînt		viendrait
nous	**venions**	(vinssions)	venons!	viendrions
vous	veniez	(vinssiez)	venez!	viendriez
ils	viennent	(vinssent)		viendraient

PART. PRÉS.: **venant**   *PART. PASSÉ*: **venu**   *INF. PASSÉ*: **être venu**

vouloir ⟨je veux, il veut, nous voulons, ils veulent; je voulais; je voulus; je voudrai; que je veuille, que nous voulions; voulant; voulu; *Imperativ der höflichen Aufforderung* veuillez⟩

	INDICATIF			
	Présent	*Imparfait*	*Passé simple*	*Futur*
je	**veux**	**voulais**	**voulus**	**voudrai**
tu	veux	voulais	voulus	voudras
il	**veut**	voulait	voulut	voudra
nous	**voulons**	voulions	voulûmes	voudrons
vous	voulez	vouliez	voulûtes	voudrez
ils	**veulent**	voulaient	voulurent	voudront
	SUBJONCTIF		*IMPÉRATIF*	*CONDITIONNEL*
je	**veuille**	(voulusse)		voudrais
tu	veuilles	(voulusses)	veuille!	voudrais
il	veuille	voulût		voudrait
nous	**voulions**	(voulussions)	veuillons!	voudrions
vous	vouliez	(voulussiez)	**veuillez!**	voudriez
ils	veuillent	(voulussent)		voudraient

PART. PRÉS.: **voulant**   *PART. PASSÉ*: **voulu**   *INF. PASSÉ*: avoir **voulu**

Silbentrennung im Französischen

Die Trennung am Zeilenende erfolgt nach Sprechsilben und folgenden Regeln:

1. Ein einzelner Konsonant zwischen zwei Vokalen tritt zur folgenden Silbe:
   di-ri-ger, pay-san, pro-me-ner, thé-ra-pie

   Ausnahme: Bei **x** zwischen zwei Vokalen wird im Allgemeinen nicht getrennt:
   Saxon, fixer

2. Von zwei oder mehr Konsonanten zwischen zwei Vokalen tritt nur der letzte Konsonant zur folgenden Silbe:
   par-tir, ex-cur-sion, res-ter, doc-ker, chas-seur, nom-mer, ail-leurs
   (Doppel-l, das wie [j] gesprochen wird, ist trennbar)
   comp-ter, ryth-mer, cons-cien-cieux, subs-tan-tif
   (auch etymologische Trennung **con-science, sub-stantif** ist möglich)

   Dabei gelten folgende Ausnahmen:
   a) Konsonant + l oder + r werden nicht getrennt:
      ci-ble, es-clan-dre, an-glais, af-freux, ins-truit

   b) Die Konsonantenpaare ch, gn, ph, th werden nicht getrennt:
      ro-cher, ga-gner, bio-gra-phie, or-tho-don-tie

3. Mehrere aufeinanderfolgende Vokale werden nicht getrennt:
   théâ-tral, priè-re, sec-tion, voya-geur, muet, croyons, louaient

   Ausnahme: Ein Präfix kann vom Stamm getrennt werden: **pré-avis**

4. Ein einzelner Vokal am Anfang eines Worts kann nicht abgetrennt werden:
   état, oser

   Ausnahme: Möglich sind Trennungen wie: **qu'a-vec, l'é-tui, s'a-me-ner**

5. Nach dem Apostroph darf nicht getrennt werden: **au-jour-d'hui, puis-qu'il**

Zeichensetzung im Französischen

1. Punkt, Strichpunkt, Doppelpunkt, Fragezeichen, Ausrufezeichen, Gedankenstrich, Klammern, Auslassungspunkte und Anführungszeichen (im Französischen « ») werden im Wesentlichen wie im Deutschen gebraucht. An geringen Abweichungen sind zu erwähnen:

   Kein Punkt steht nach Ordnungszahlen: **1er** bzw. **1re**, **2e**, **3e** usw.
   Das Datum wird meist so geschrieben: **12/10/08**

2. Einige bedeutende Abweichungen vom Deutschen gibt es dagegen beim Gebrauch des Kommas:
   a) Adverbiale Bestimmungen zu Beginn eines Satzes werden durch Komma abgetrennt: **À trois heures, il n'était toujours pas arrivé. Avec lui, il faut se méfier.**

   b) Nicht durch Komma abgetrennt werden dagegen:
      Objektsätze (**Je sais qu'il a tort.**)
      indirekte Fragesätze (**Je me demande s'il n'est pas malade.**)
      nachgestellte Adverbialsätze (**J'irai le voir avant qu'il parte.**)
      zum Verständnis des Hauptsatzes notwendige Relativsätze (**Le livre que tu m'as prêté ne me plaît pas.**)
      Infinitivgruppen (**Il m'a prié de l'aider.**)

   c) Vor „etc." steht im Französischen ein Komma: **Paris, Londres, Berlin, etc.**

Empfohlene neue Schreibweisen
im Französischen

Der *Conseil supérieur de la langue française* empfiehlt einige Änderungen zur französischen Rechtschreibung, die allerdings nicht verbindlich sind. Sowohl die alte als auch die neue Schreibweise sind also korrekt. Es bleibt abzuwarten, ob sich die neuen Schreibweisen durchsetzen. Hier die wichtigsten Empfehlungen mit einigen Beispielen; s. a. www.orthographe-recommandee.info:

1. Zusammengesetzte Zahlen sollen immer mit Bindestrich geschrieben werden.

alte Schreibweise	*neue Schreibweise*
vingt et un	**vingt-et-un**
deux cents	**deux-cents**

2. Bei mit Bindestrich zusammengesetzten Wörtern des Typs *pèse-lettre* (Verb + Substantiv) oder *sans-abri* (Präposition + Substantiv) soll gelten:
Steht das Wort im Singular, so wird das zweite Element in der Singularform angegeben.

alte Schreibweise	*neue Schreibweise*
un brise-lames	**un brise-lame**

Steht das Wort im Plural, so wird das zweite Element in der Pluralform angegeben.

alte Schreibweise	*neue Schreibweise*
des après-midi	**des après-midis**

3. In den Futur- und Conditionnel-Formen der Verben, die wie *céder* konjugiert werden, soll der Accent aigu durch den Accent grave ersetzt werden.

alte Schreibweise	*neue Schreibweise*
je céderai	**je cèderai**
ils régleraient	**ils règleraient**

Auch bei den Schreibvarianten *événement* und *évènement* soll künftig die Form mit Accent grave (*évènement*) bevorzugt werden.

4. Auf i und u soll kein Accent circonflexe mehr gesetzt werden.

alte Schreibweise	*neue Schreibweise*
coût	**cout**
entraîner	**entrainer**

Ausnahmen: Der Accent circonflexe bleibt erhalten in
a) den Verbendungen des Subjonctif und des Passé simple;
b) einigen Wörtern, die durch den Verlust des Accent circonflexe nicht mehr eindeutig wären (z.B. *sur* ↔ *sûr*).

5. Verben auf -eler bzw. -eter sollen wie *peler* bzw. *acheter* konjugiert werden.

alte Schreibweise	*neue Schreibweise*
tu époussetteras	**tu époussèteras**

Ausnahmen: *appeler*, *jeter* und deren Zusammensetzungen.

6. Der Plural von Fremdwörtern im Französischen soll genauso gebildet werden wie bei französischen Wörtern.

alte Schreibweise	*neue Schreibweise*
des matches	**des matchs**

Auch Akzente sollen in Fremdwörtern wie in französischen Wörtern gesetzt werden.

alte Schreibweise	neue Schreibweise
revolver	**révolver**

7. Eine Reihe von Wörtern, die mit Bindestrich geschrieben werden, sollen künftig in einem Wort geschrieben werden. Dies gilt vor allem für

a) mit *contre-* und *entre-* zusammengesetzte Wörter:

alte Schreibweise	neue Schreibweise
entre-temps	**entretemps**

b) Fremdwörter im Französischen:

alte Schreibweise	neue Schreibweise
week-end	**weekend**

8. Verben, die auf *-otter* enden, sollen künftig nur noch mit einem Konsonanten geschrieben werden.

alte Schreibweise	neue Schreibweise
grelotter	**greloter**

9. In den Buchstabenfolgen *-güe-* und *-güi-* soll das Trema künftig auf dem u stehen.

alte Schreibweise	neue Schreibweise
aiguë	**aigüe**
ambiguïté	**ambigüité**

10. Genauso wie das Participe passé von *faire* soll künftig auch das Participe passé von *laisser* unveränderlich sein, wenn es vor einem Infinitiv steht.

alte Schreibweise	neue Schreibweise
je les ai laissés partir	**je les ai laissé partir**

11. Darüber hinaus gibt es Empfehlungen zur Schreibweise einzelner Wörter:

alte Schreibweise	neue Schreibweise
allô	**allo**
s'asseoir	**s'assoir**
boursouflé(e)	**boursoufflé(e)**
chariot	**charriot**
combatif, combative	**combattif, combattive**
combativité	**combattivité**
interpeller	**interpeler**
joaillier, joaillière	**joailler, joaillère**
leader	**leadeur**
nénuphar	**nénufar**
oignon	**ognon**
pagaïe, pagaille	**pagaille**
papeterie	**papèterie**
se rasseoir	**se rassoir**
relais	**relai**
serpillière	**serpillère**

Zahlwörter
Adjectifs numéraux

Grundzahlen – Nombres cardinaux

0 *null* zéro
1 *eins* un, une
2 *zwei* deux
3 *drei* trois
4 *vier* quatre
5 *fünf* cinq
6 *sechs* six
7 *sieben* sept
8 *acht* huit
9 *neun* neuf
10 *zehn* dix
11 *elf* onze
12 *zwölf* douze
13 *dreizehn* treize
14 *vierzehn* quatorze
15 *fünfzehn* quinze
16 *sechzehn* seize
17 *siebzehn* dix-sept
18 *achtzehn* dix-huit
19 *neunzehn* dix-neuf
20 *zwanzig* vingt
21 *einundzwanzig* vingt et un(e)
22 *zweiundzwanzig* vingt-deux
23 *dreiundzwanzig* vingt-trois
24 *vierundzwanzig* vingt-quatre
25 *fünfundzwanzig* vingt-cinq
26 *sechsundzwanzig* vingt-six
27 *siebenundzwanzig* vingt-sept
28 *achtundzwanzig* vingt-huit
29 *neunundzwanzig* vingt-neuf
30 *dreißig* trente
31 *einunddreißig* trente et un(e)
32 *zweiunddreißig* trente-deux
40 *vierzig* quarante
50 *fünfzig* cinquante
60 *sechzig* soixante
70 *siebzig* soixante-dix
71 *einundsiebzig* soixante et onze
72 *zweiundsiebzig* soixante-douze

73 *dreiundsiebzig*
    soixante-treize
77 *siebenundsiebzig*
    soixante-dix-sept
80 *achtzig* quatre-vingt(s)
81 *einundachtzig*
    quatre-vingt-un(e)
82 *zweiundachtzig*
    quatre-vingt-deux
90 *neunzig* quatre-vingt-dix
91 *einundneunzig*
    quatre-vingt-onze
92 *zweiundneunzig*
    quatre-vingt-douze
100 *(ein)hundert* cent
101 *(ein)hunderteins* cent un(e)
102 *(ein)hundertzwei* cent deux
200 *zweihundert* deux cent(s)
300 *dreihundert* trois cent(s)
400 *vierhundert* quatre cent(s)
500 *fünfhundert* cinq cent(s)
600 *sechshundert* six cent(s)
700 *siebenhundert* sept cent(s)
800 *achthundert* huit cent(s)
900 *neunhundert* neuf cent(s)
1 000 *(ein)tausend* mille
1 001 *(ein)tausendeins* mille un(e)
1 002 *(ein)tausendzwei* mille deux
1 100 *(ein)tausendeinhundert* od.
    elfhundert onze cent(s)
1 200 *(ein)tausendzweihundert* od.
    zwölfhundert douze cent(s)
    ou mille deux cent(s)
2 000 *zweitausend* deux mille
10 000 *zehntausend* dix mille
100 000 *hunderttausend* cent mille
1 000 000 *eine Million* un million
1 000 000 000 *eine Milliarde* un milliard

Ordnungszahlen – Nombres ordinaux

1.	*(der, die, das) erste*	**1er**	(le) premier
		1re	(la) première
2.	*zweite*	**2e**	deuxième; second(e)
3.	*dritte*	**3e**	troisième
4.	*vierte*	**4e**	quatrième
5.	*fünfte*	**5e**	cinquième
6.	*sechste*	**6e**	sixième
7.	*sieb(en)te*	**7e**	septième
8.	*achte*	**8e**	huitième
9.	*neunte*	**9e**	neuvième
10.	*zehnte*	**10e**	dixième
11.	*elfte*	**11e**	onzième
12.	*zwölfte*	**12e**	douzième
13.	*dreizehnte*	**13e**	treizième
14.	*vierzehnte*	**14e**	quatorzième
15.	*fünfzehnte*	**15e**	quinzième
16.	*sechzehnte*	**16e**	seizième
17.	*siebzehnte*	**17e**	dix-septième
18.	*achtzehnte*	**18e**	dix-huitième
19.	*neunzehnte*	**19e**	dix-neuvième
20.	*zwanzigste*	**20e**	vingtième
21.	*einundzwanzigste*	**21e**	vingt et unième
22.	*zweiundzwanzigste*	**22e**	vingt-deuxième
23.	*dreiundzwanzigste*	**23e**	vingt-troisième
30.	*dreißigste*	**30e**	trentième
31.	*einunddreißigste*	**31e**	trente et unième
32.	*zweiunddreißigste*	**32e**	trente-deuxième
40.	*vierzigste*	**40e**	quarantième
50.	*fünfzigste*	**50e**	cinquantième
60.	*sechzigste*	**60e**	soixantième
70.	*siebzigste*	**70e**	soixante-dixième
71.	*einundsiebzigste*	**71e**	soixante et onzième
72.	*zweiundsiebzigste*	**72e**	soixante-douzième
80.	*achtzigste*	**80e**	quatre-vingtième
81.	*einundachtzigste*	**81e**	quatre-vingt-unième
82.	*zweiundachtzigste*	**82e**	quatre-vingt-deuxième
90.	*neunzigste*	**90e**	quatre-vingt-dixième
91.	*einundneunzigste*	**91e**	quatre-vingt-onzième
92.	*zweiundneunzigste*	**92e**	quatre-vingt-douzième
100.	*hundertste*	**100e**	centième
101.	*hunderterste*	**101e**	cent unième
102.	*hundertzweite*	**102e**	cent deuxième
200.	*zweihundertste*	**200e**	deux centième
300.	*dreihundertste*	**300e**	trois centième
1 000.	*tausendste*	**1 000e**	millième
2 000.	*zweitausendste*	**2 000e**	deux millième
100 000.	*hunderttausendste*	**100 000e**	cent millième
1 000 000.	*millionste*	**1 000 000e**	millionième

Falsche Freunde – faux amis

Im Deutschen gibt es viele Wörter, die lateinischen, griechischen oder englischen Ursprungs sind. Beim Erlernen der französischen Sprache vermuten Lerner häufig, dass diese Wörter auch im Französischen existieren. Aber **Achtung**: Hier ist **Vorsicht** geboten! So gibt es das Wort *prominent* im Französischen gar nicht. Oder die Wörter sind in beiden Sprachen zum Verwechseln ähnlich, haben aber völlig unterschiedliche Bedeutungen: *Sie geht aufs Gymnasium* heißt nicht *elle va au gymnase* (= *Sporthalle!*), sondern *elle va au lycée. Gymnasium* und *gymnase* sind falsche Freunde (*faux amis*), die beim Übersetzen zu Fehlern und Missverständnissen führen können.

Deshalb ist es wichtig, sich gleich die richtige französische Übersetzung einzuprägen. Hier einige Beispiele:

alarmieren (*Polizei, Feuerwehr, Nachbarn*)	**alerter**	kursiv	*adj* **italique**; *adv* **en italique**
Apparat	**appareil** *m*	luxuriös	**luxueux, luxueuse**
Attest	**certificat** *m*	Manege (*im Zirkus*)	**piste** *f*
Attribut	**épithète** *m*	Manko (*Mangel*)	**manque** *m*; **défaut** *m*
Bagage	**racaille** *f*	marode (*herunter-gekommen*)	**pourri**
bagatellisieren	**minimiser**		
Baiser (*Gebäck*)	**meringue** *f*	nett (*freundlich*)	**gentil, gentille**
Batterie (*für Elektro-geräte*)	**pile** *f*	ordinär	**vulgaire**
		Parterre	**rez-de-chaussée** *m*
brav (*Kind*)	**sage**	partout	**absolument**
Brikett	**briquette** *f*	Pass (*Reisepass*)	**passeport** *m*
Computer	**ordinateur** *m*	patent	**épatant**
Demo	**manif** *f*	pikiert	**vexé**
Demonstration	**manifestation** *f*	progressiv (*fort-schrittlich*)	**progressiste**
effektiv (*wirksam*)	**efficace**		
Emigrant(in) (*Aus-gewanderte[r]*)	**émigré(e)** *m(f)*	prominent	**éminent; célèbre**
		Protest	**protestation** *f*
Fantasie (*Vorstel-lungskraft*)	**imagination** *f*	Protokoll (*einer Sit-zung, Tagung, Ver-handlung*)	**procès-verbal** *m*
flexibel (*Person, Ma-terial, Bestimmung*)	**souple**		
		renitent	**réfractaire; récalci-trant**
Fontäne	**jet** *m* **d'eau**		
forcieren (*Arbeit*)	**accélérer; pousser**	Rezension	**critique** *f*
Gymnasium	*bis zur „troisième"* = *etwa 9. Klasse* **collège** *m; danach* **lycée** *m*	Rezept (*vom Arzt*)	**ordonnance** *f*
		Roller (*für Kinder*)	**trottinette** *f*
		sadistisch	**sadique**
impotent	**impuissant**	sakral	**sacré**
indiskutabel	**inacceptable**	signieren (*Buch*)	**dédicacer**
in flagranti	**en flagrant délit**	Souterrain	**sous-sol** *m*
intensiv (*stark*)	**intense**	Telefonat	**conversation** *f* **télé-phonique; coup** *m* **de téléphone**
irrelevant	**insignifiant**		
karitativ	**charitable**		
Kompass	**boussole** *f*	Tempo (*Geschwin-digkeit*)	**vitesse** *f*
Konsens	**consensus** *m*		
Konzept (*Entwurf*)	**brouillon** *m*	Toto	**loto sportif**
korrupt	**corrompu**	Toupet	**postiche** *m*
Kulanz	**bonne volonté**	Trikot (*eines Sportlers*)	**maillot** *m*

Verzeichnis der Info-Fenster

Kategorien von Info-Fenstern

 Falsche Freunde    Fehlerquellen    Landeskunde    Sprachgebrauch    Wortfelder

Falsche Freunde (siehe auch S. 1318)

Fehlerquellen

Landeskunde

Sprachgebrauch

Wortfelder

Im Wörterbuch verwendete Abkürzungen
Abréviations employées dans ce dictionnaire

auch	*a*	aussi
wird wie das Adjektiv dekliniert	→ A	se décline comme l'adjectif qualificatif épithète
Abkürzung	*abr*	abréviation
absolut (gebraucht), ohne Objekt	*abs*	(employé d'une façon) absolu(e)
fälschlich	*abus*	abusivement
Akkusativ	*acc*	accusatif
Adjektiv, Eigenschaftswort	*adj*	adjectif (qualificatif)
attributives Indefinitpronomen	*adj/ind*	adjectif indéfini
attributives Possessivpronomen	*adj/poss*	adjectif possessif
adjektivisch gebraucht	*adjt*	adjectivement
Verwaltung(ssprache)	ADM	administration, langage administratif
Adverb, Umstandswort	*adv*	adverbe
adverbial gebraucht	*advt*	adverbialement
Landwirtschaft	AGR	agriculture
Anatomie	ANAT	anatomie
Architektur, Baukunst	ARCH	architecture
Ganovensprache, Jargon	*arg*	argot
Astronomie, Astrologie	ASTR	astronomie, astrologie
Kraftfahrzeug	AUTO	automobile
Luftfahrt	AVIAT	aviation
besonders	*bes*	particulièrement
Bibel(sprache)	BIBL	Bible, langage biblique
Biologie	BIOL	biologie
Botanik, Pflanzenkunde	BOT	botanique
beziehungsweise	*bzw*	respectivement
katholisch(e Kirche)	CATH	(Église) catholique
Jagd, Jägersprache	CH	(terme de) chasse
Eisenbahn	CH DE FER	chemin de fer
Chemie	CHIM	chimie
Film(wesen), Kino	CIN	cinéma
Kollektivum, Sammelname	*coll*	terme collectif
Handel	COMM	commerce
Komparativ	*comp*	comparatif
Konjunktion, Bindewort	*conj*	conjonction
Bauwesen	CONSTR	construction
Schneiderei, Mode	COUT	couture
Küche	CUIS	cuisine
Dativ	*dat*	datif
defektiv, unvollständig	*déf*	défectif
Departement	*Dep.*	département
Diplomatie	DIPL	diplomatie
Umwelt(schutz), Ökologie	ÉCOL	écologie
Wirtschaft	ÉCON	économie
eine	*e-e*	un(e)
Kirche	ÉGL	Église
Elektrotechnik	ÉLECT	électrotechnique
Elektronik	ÉLECTRON	électronique
einem	*e-m*	à un(e)
einen	*e-n*	un(e)
Kindersprache	*enf*	langage des enfants
einer	*e-r*	d'un(e), à un(e)
eines	*e-s*	d'un(e)
und so weiter	*etc*	et cetera
etwas	*etw*	quelque chose
Femininum, weiblich	*f*	(nom) féminin

Umgangssprache, familiär	F	familier
figürlich, bildlich	*fig*	(au sens) figuré
Finanzen	FIN	finances
Befestigungsanlagen	FORTIF	fortifications
französisch	*frz*	français
Genitiv	*gén*	génitif
Geografie, Erdkunde	GÉOGR	géographie
Geologie	GÉOL	géologie
Grammatik	GR	grammaire
Hilfsverb: haben	h	verbe auxiliaire: haben
Geschichte, historisch	HIST	histoire, historique
Indikativ	*ind*	indicatif
Infinitiv	*inf*	infinitif
Informatik, Internet	INFORM	informatique, Internet
Interjektion, Ausruf	*int*	interjection
unveränderlich	*inv*	invariable
ironisch	*iron*	ironique
zusammengesetztes unregelmäßiges Verb	*irr*	verbe irrégulier composé (se conjugue comme le verbe simple)
jemand	*j*	quelqu'un
Gartenbau	JARD	jardinage
jemandem	*j-m*	à quelqu'un
jemanden	*j-n*	quelqu'un
jemandes	*j-s*	de quelqu'un
Recht(ssprache)	JUR	droit, langage juridique
Linguistik, Sprachwissenschaft	LING	linguistique
literarisch	*litt*	littéraire
Maskulinum, männlich	*m*	(nom) masculin
Marine, Schifffahrt, Seemannssprache	MAR	marine, navigation, langage des marins
Mathematik	MATH	mathématiques
Medizin	MÉD	médecine
Meteorologie	MÉTÉO	météorologie
Militär	MIL	terme militaire
Mineralogie	MINÉR	minéralogie
Musik	MUS	musique
Mythologie	MYTH	mythologie
Neutrum, sächlich	*n*	(nom) neutre
wird oft als beleidigend empfunden	*neg!*	souvent perçu comme outrageant
norddeutsch	*nordd*	allemand du Nord
Kernphysik, Kerntechnik	NUCL	(physique) nucléaire
Grundzahl	*num/c*	numéral cardinal
Ordnungszahl	*num/o*	numéral ordinal
direktes Objekt	*obj/dir*	complément d'objet direct
präpositionales Objekt	*obj/indir*	complément d'objet indirect
oder	*od*	ou
Optik	OPT	optique
österreichisch	*österr*	autrichien
derb	P	populaire, grossier
im weiteren Sinne	*par ext*	par extension
Malerei	PEINT	peinture
pejorativ, verächtlich	*péj*	péjoratif
im verstärkten Sinne	*p/fort*	plus fort
Pharmazie	PHARM	pharmacie
Philosophie	PHILOS	philosophie
Phonetik, Lautlehre	PHON	phonétique
Fotografie	PHOT	photographie
Physik	PHYS	physique
Plural, Mehrzahl	*pl*	pluriel
scherzhaft	*plais*	par plaisanterie
poetisch, dichterisch	*poét*	poétique